Oxford

ENGLISH-ENGLISH-BENGALI Dictionary

ইংরেজি-ইংরেজি-বাংলা অভিধান

Oxford

ENGLISH-ENGLISH-BENGALI Dictionary

ইংরেজি-ইংরেজি-বাংলা অভিধান

Editors

Moitreyee Mitra
Dipendranath Mitra

OXFORD
UNIVERSITY PRESS

OXFORD
UNIVERSITY PRESS

Oxford University Press is a department of the University of Oxford.
It furthers the University's objective of excellence in research, scholarship,
and education by publishing worldwide. Oxford is a registered trademark of
Oxford University Press in the UK and in certain other countries.

Published in India by
Oxford University Press
22 Workspace, 2nd Floor, 1/22 Asaf Ali Road, New Delhi 110 002

First published in 2017
Ninth impression 2023

ISBN-13: 978-0-19-947807-1
ISBN-10: 0-19-947807-4

Typeset in Times New Roman, Helvetica and Satyajit
by Computer Club, Kolkata 700073
Printed in India by Thomson Press India Ltd.

Illustrations by Agantuk

সূচিপত্র

ভূমিকা

ইংরেজি-বাংলা অভিধান ধারায় নবতম এই অভিধানটি একটি বিশিষ্ট সংযোজন। এটি তৈরি করার সময়ে যুগোপযোগী ও বিষয়ানুযায়ী শব্দচয়ন ও বিন্যাস এবং অর্থবিন্যাসে আধুনিকতম অভিধান প্রণয়ন-শিল্পের কথা মাথায় রাখা হয়েছে। যেসব ছাত্রছাত্রীর মাতৃভাষা বাংলা বা যাদের শিক্ষার মাধ্যম বাংলা এবং যারা দ্বিতীয় ভাষা হিসেবে ইংরেজি শিখছে, তারা ছাড়াও ইংরেজি ভাষার শিক্ষক, অনুবাদক এবং সাধারণ পাঠক এই অভিধানটি থেকে বিশেষ উপকৃত হবেন বলে আশা করা যায়।

এতে মূল শীর্ষশব্দ, উপশীর্ষশব্দ, মূলোদ্ভূত শব্দ, বহুসংখ্যক সমাসবদ্ধ শব্দ, প্রচুর বাগ্ধারা ও প্রয়োগবিধির দৃষ্টান্ত আছে। ইংরেজি ভাষার নিজস্ব প্রচলিত শব্দ ছাড়াও ভারতীয় ভাষায় শিক্ষা ও জীবনের নানা ক্ষেত্র থেকে গৃহীত সাধারণ ও বিশেষ বেশ কিছু শব্দ এর মধ্যে স্থান পেয়েছে, যেমন কম্পিউটার-বিজ্ঞান, গণিত, বিজ্ঞান ও প্রযুক্তি, বাণিজ্য, ভূবিদ্যা, অর্থনীতি ইত্যাদি। ব্যবহারকারীর দৈনন্দিন প্রয়োজনের প্রতি দৃষ্টি রেখেই এটি সংকলিত।

এই অভিধানটি একটি ইংরেজি-ইংরেজি-বাংলা অভিধান। এখানে প্রতিটি শীর্ষশব্দের প্রথমে ইংরেজিতে ও পরে বাংলায় অর্থ দেওয়া হয়েছে। এর প্রধান উদ্দেশ্য দুটি : (১) শব্দের মানে বোঝানো এবং (২) ইংরেজি ভাষার ব্যবহার-পদ্ধতি সাধ্যমত শেখানো। প্রয়োজনে একাধিক বাক্যের সাহায্যে অর্থ বোঝানো হয়েছে। কোনো কোনো ক্ষেত্রে সেটি আরও স্পষ্ট করার জন্য রেখাচিত্র এবং ছবির সাহায্য নেওয়া হয়েছে।

আন্তর্জাতিক শব্দবিদ্যাসম্মত উচ্চারণচিহ্নের সঙ্গে সঙ্গে শব্দগুলির ব্যাকরণগত অবস্থান, বৈশিষ্ট্য এবং পদসম্বন্ধীয় তথ্যাদি দেওয়া হয়েছে। মূল শীর্ষশব্দগুলির সঙ্গে সম্পর্কিত অন্যান্য নানাবিধ শব্দের ব্যাখ্যা হালকা ধূসর প্রেক্ষাপটের উপর চৌখুপির মধ্যে দেওয়া হয়েছে এবং তাদের বিভিন্ন ধরনের ব্যবহার দেখানো হয়েছে। এছাড়াও শব্দের সঠিক প্রয়োগকৌশল ও ব্যবহারপদ্ধতি সম্বন্ধে সমস্ত অভিধান জুড়েই নানা টিপ্পনী ও মন্তব্য আছে। উপক্রমণিকা ও পরিশিষ্ট অংশে আলাদাভাবে ব্যাকরণ, উচ্চারণ, সংখ্যা প্রভৃতি বিষয়ে বিস্তারিত আলোচনা ছাড়াও প্রয়োজনীয় বিভিন্ন বিষয়ের কয়েকটি তালিকাও আছে। প্রায় পঞ্চাশ হাজারেরও বেশি শব্দ ও শব্দ-নির্দেশ আছে।

যতদূর সম্ভব বাংলা ভাষার স্বাভাবিকতা বজায় রেখে কথ্য ও প্রচলিত বাংলা ব্যবহারের চেষ্টা করা হয়েছে।

বাংলা বানানে এখনও সমতার অভাব। সেই কথা মনে রেখে বানানে, সাধ্যমত সমতাবিধানের ব্যাপারে পশ্চিমবঙ্গ বাংলা আকাদেমির বানানবিধি অনুসরণ করা হয়েছে। বাংলা লেখার রীতিতেও প্রয়োগগত সমতাবিধানের জন্য স্বরচিহ্নযুক্ত একক ব্যঞ্জন বা যুক্তব্যঞ্জনবর্ণের বিন্যাসে সেগুলিকে যথাসম্ভব একই চেহারায় নিয়ে আসার চেষ্টা করা হয়েছে (যেমন শু > শু, রু > রু অথবা ক্ত > ক্ত, স্তু > স্তু)। এবিষয়ে পশ্চিমবঙ্গ বাংলা আকাদেমির যুক্তিসংগত সিদ্ধান্তকেই শিরোধার্য বলে মনে করা হয়েছে—"আধুনিক মুদ্রণে যেহেতু আর পূর্ব থেকে প্রস্তুত করা ঢালাই হরফের প্রয়োগ বা ব্যবহার অপরিহার্য নয়, তাই হরফের সমতাবিধান বর্তমানে সম্ভব ও সংগত। কেবল সামান্য অভ্যাসেই তা চোখে মানানসই ও ব্যবহারে সন্তোষজনক হতে পারে।"

সীমিত পরিসর ও ক্ষমতার মধ্যে যতদূর সম্ভব অভিধানটি এমনভাবে তৈরি করার চেষ্টা করা হয়েছে যে আশা করা যায় ইংরেজি ভাষা শেখা এবং সে বিষয়ে আরও জানার ক্ষেত্রে বাংলাভাষাভাষী সর্বস্তরের পাঠক পাঠিকার জন্যই এটি বিশেষ কার্যকরী হবে।

এই জাতীয় একটি কাজ একক প্রচেষ্টায় সম্পন্ন করা অসম্ভব। বলাই বাহুল্য আমরাও আমাদের পূর্বসূরী বিভিন্ন ধরনের অভিধান-প্রণেতাদের বইগুলি থেকে সাহায্য নিয়েছি, অনেক কিছু শিখেছি। তাঁদের সকলের কাছে আমরা কৃতজ্ঞ।

যথেষ্ট যত্ন নেওয়া সত্ত্বেও মুদ্রণ প্রমাদ বা অন্যান্য আরও কিছু ভুলত্রুটি থেকে যেতে পারে। ব্যবহারকারী এ বিষয়ে আমাদের দৃষ্টি আকর্ষণ করে সুপরামর্শ দিলে আমরা উপকৃত হব।

মৈত্রেয়ী মিত্র
দীপেন্দ্রনাথ মিত্র

এই অভিধানের প্রধান বৈশিষ্ট্যসমূহ

শীর্ষশব্দ ইংরেজিতে মোটা হরফে দেওয়া হয়েছে।

যেখানে কোনো শীর্ষশব্দের **আমেরিকান বানান** আলাদা সেখানে বন্ধনীর মধ্যে *AmE* চিহ্নের পরে আমেরিকান বানান দেওয়া হয়েছে।

paediatrics (*AmE* **pediatrics**) / ˌpiːdiˈætrɪks ˌপীডি'অ্যাট্রিক্স্ / *noun* [U] the area of medicine connected with the diseases of children চিকিৎসা-শাস্ত্রের শিশুরোগ সম্পর্কিত ক্ষেত্র ▶ **paediatric** (*AmE* **pediatric**) *adj.* শিশুরোগ-সংক্রান্ত

সাধারণভাবে **শীর্ষশব্দের** প্রথম অক্ষর ছোটো অক্ষর দিয়ে শুরু করা হয়েছে। কিন্তু নামবাচক বিশেষ্যের ক্ষেত্রে শীর্ষশব্দ বড়ো হরফে আরম্ভ হয়।

Parkinson's disease / ˈpɑːkɪnsnz dɪziːz 'পা:কিন্‌স্‌ন্‌জ্‌ ডিজ়ীজ্‌ / *noun* [U] a disease that gets worse over a period of time and causes the muscles to become weak and the arms and legs to shake একধরনের স্নায়ুজনিত অসুখ যাতে পেশিসমূহ দুর্বল হয়ে পড়ে এবং হাত-পায়ে কাঁপুনি দেখা যায় এবং ক্রমশ এই রোগটির কারণে রোগীর শারীরিক অবনতি ঘটতে থাকে; পারকিনসন্‌স্‌ ডিজিজ

কিছু কিছু **শীর্ষশব্দের** একের অধিক **প্রকারভেদ** ব্যবহৃত হয়। একটি অন্তর্ভুক্তির মধ্যে এইধরনের বিস্তৃত বিবরণ দিতে গেলে তাদের আকার বৃদ্ধি হবে এই কথা ভেবে এই-ধরনের প্রকারভেদের আলাদা আলাদা অন্তর্ভুক্তি তৈরি করে সেগুলি সংখ্যা দ্বারা চিহ্নিত করা হয়েছে।

কোনো কোনো **শীর্ষশব্দের** ঠিক উপরে ডানদিকে **1**, **2** প্রভৃতি সংখ্যা দেওয়া হয়েছে। এরকম সেখানেই করা হয়েছে যেখানে বানান এক হলেও শব্দগুলির উচ্চারণ এবং/অথবা অর্থ একেবারেই আলাদা।

page[1] / peɪdʒ পেইজ্‌ / *noun* [C] **1** (*abbr.* **p**) one or both sides of a piece of paper in a book, magazine, etc. বই, পত্রিকা ইত্যাদির পাতা বা পৃষ্ঠা *The letter was three pages long.* ○ ***the front page of a newspaper*** **2** (*computing*) a section of data or information that can be shown on a computer screen at any one time কম্পিউটার স্ক্রীনে একসঙ্গে বা একটি বারে যেসকল তথ্য বা ডাটাসমূহ দেখা যায় ➪ **home page** দেখো।

page[2] / peɪdʒ পেইজ্‌ / *verb* [T] to call sb by sending a message to a small machine (**a pager**) that sb carries, or by calling sb's name publicly through a device fixed to the wall (**a loudspeaker**) ছোটো বিশেষ ধরনের মেশিনের (পেজার) মাধ্যমে কোনো ব্যক্তিকে বার্তা পাঠানো, দেয়ালে লাগানো লাউডস্পিকারের দ্বারা কোনো ব্যক্তির নাম ধরে ডাকা

কোনো কোনো ইংরেজি শব্দের একের বেশি **রূপভেদ বা বানান-ভেদ** হতে পারে। সেইসব ক্ষেত্রে সাধারণভাবে প্রযুক্ত রূপ বা বানান শীর্ষশব্দ হিসেবে দেওয়া হয়েছে। অতিরিক্ত রূপ বা বানান লঘু বন্ধনীর মধ্যে দেওয়া হয়েছে।

postbox / ˈpəʊstbɒks 'প্যাউস্ট্‌বক্স্‌ / (*also* **letter box**, *AmE* **mailbox**) *noun* [C] a box in a public place where you put letters, etc. that you want to send ডাকবাক্স; পোস্টবক্স ➪ **pillar box** দেখো।

শীর্ষশব্দের ঠিক পরে তির্যক রেখাদুটির মধ্যে ইংরেজি ও বাংলা হরফে উচ্চারণ দেওয়া হয়েছে।

postman / ˈpəʊstmən 'প্যাউস্ট্‌ম্যান্‌ / (*AmE* **mail man**) *noun* [C] (*pl.* **-men** / -mən -ম্যান্‌ /) a person whose job is to collect letters, packages, etc. and take them to people's houses পিওন, ডাকহরকরা, ডাক-বিলিকারক

উচ্চারণের ভিন্ন রূপ বন্ধনীর মধ্যে দেওয়া হয়েছে। উচ্চারণ রীতিতে ব্যবহৃত চিহ্নের সম্পূর্ণ তালিকা পৃষ্ঠা xiii এবং xiv পৃষ্ঠায় দেওয়া হয়েছে।

ব্যাকরণগতভাবে শব্দের রূপ (*noun, adj., prep.* ইত্যাদি) উচ্চারণের ঠিক পরেই ইংরেজিতে হেলানো হরফে দেওয়া হয়েছে।

বিশেষ্যপদের গণনীয় বা অগণনীয় রূপ তৃতীয় বন্ধনীর মধ্যে দেওয়া হয়েছে। যেমন [C], [U]।

patriarchy / ˈpeɪtriɑːki ˈপেইট্রিআ:কি / *noun* [C, U] (*pl.* **patriarchies**) a social system that gives power and control to men rather than women এমন সামাজিক ব্যবস্থা যাতে ক্ষমতা এবং নিয়ন্ত্রণ ক্ষমতা পুরুষদের কাছে থাকে, মেয়েদের কাছে নয়; পিতৃতন্ত্র ➪ **matriarchy** দেখো।

বিশেষ্যপদ ব্যবহারের অনিয়মিত রূপ বন্ধনীর মধ্যে দেওয়া হয়েছে।

fiancé (*feminine* **fiancée**) / fiˈɒnseɪ ফিˈঅন্‌সেই / *noun* [C] a person who has promised to marry sb বাগ্‌দত্তা, বাগ্‌দত্ত *This is my fiancé Prem. We got engaged a few weeks ago*

কোনো কোনো বিশেষ্যপদের বিপরীত লিঙ্গ বন্ধনীর মধ্যে দেওয়া হয়েছে।

কোনো কোনো বিশেষ্যপদের পরে বন্ধনীর মধ্যে [*sing.*] বা [*pl.*] দেওয়া হয়েছে এই বোঝানোর জন্য যে ঐ বিশেষ্যপদটি কেবলমাত্র একবচন [*sing.*] বা বহুবচন [*pl.*] হিসেবে ব্যবহৃত হতে পারে।

the Roman alphabet *noun* [*sing.*] the letters A to Z, used especially in Western European languages A থেকে Z অবধি বর্ণমালা যা বিশেষত পশ্চিম ইউরোপের ভাষাগুলিতে ব্যবহার করা হয়

ক্রিয়াপদের বানানের ক্ষেত্রে যেখানে অন্তিম ব্যঞ্জনবর্ণের দ্বিত্ব ঘটেছে সেখানে তা নিম্নরেখা দ্বারা চিহ্নিত করা হয়েছে।

ক্রিয়াপদের সকর্মক বা অকর্মক রূপ তৃতীয় বন্ধনীর মধ্যে [T], [I] দেখানো হয়েছে।

run[1] / rʌn রান্ / *verb* [I, T] (*pres. part.* **run<u>n</u>ing;** *pt* **ran** / ræn র‍্যান্ /; *pp* **run**) **1** [I, T] to move using your legs, going faster than a walk দৌড়োনো *I had to run to catch the bus.* ○ *I often* ***go running*** *in the evenings* (= as a hobby). ○ *I ran nearly ten kilometres this morning.*

ক্রিয়াপদের বিভিন্ন কালদ্যোতক শব্দ, ইংরেজি এবং বাংলা উচ্চারণসহ বন্ধনীর মধ্যে *pres. part., pt, pp* ইত্যাদি সাং-কেতিক চিহ্নের পরে দেওয়া হয়েছে।

কিছু কিছু শব্দের রূপভেদের **সংক্ষিপ্ত রূপ** দেওয়া হয়েছে। আর তাদের পূর্ণরূপ পাওয়া যাবে xvii নং পৃষ্ঠায় প্রদত্ত সংক্ষেপিত রূপের তালিকার মধ্যে।

rosy / ˈrəʊzi ˈর‍্যাউজ়ি / *adj.* (**rosier; rosiest**) **1** pink and pleasant in appearance গোলাপী এবং মনোরম *rosy cheeks* **2** full of good possibilities উত্তম সম্ভাবনাপূর্ণ, উজ্জ্বল *The future was looking rosy.*

বিশেষণের তুলনামূলক এবং চরম উৎকর্ষতাদ্যোতক রূপ বন্ধনীর মধ্যে দেওয়া হয়েছে।

ব্যাকরণ সম্পর্কিত অন্যান্য তথ্য ব্যাকরণগত শ্রেণির উল্লেখের পরে বন্ধনীর মধ্যে হেলানো হরফে দেওয়া হয়েছে।

rogue / rəʊg র‍্যাউগ্ / *adj.* (*only before a noun*) behaving differently from other similar people or things, often causing damage একই রকম অন্যান্য ব্যক্তি বা বস্তুবর্গ হতে পৃথক আচরণবিশিষ্ট (প্রায়ই ক্ষতিকারক) *a rogue gene/progra*

শব্দটি কোন শ্রেণিভুক্ত বা ব্যাবহারিক ক্ষেত্রে তার প্রয়োগ কোথায় এসকল তথ্য শব্দটির অর্থের আগে সংক্ষিপ্ত বা পূর্ণ রূপে, হেলানো হরফে, বন্ধনীর মধ্যে দেওয়া হয়েছে। এই জাতীয় শব্দশ্রেণির পূর্ণ তালিকা xv পৃষ্ঠায় দেখা যাবে।

modular / ˈmɒdjələ(r) ˈমডিঅ্যাল্যা(র্) / *adj.* (*technical*) (used about machines, buildings, etc.) consisting of separate parts or units that can be joined together (যন্ত্রপাতি, ঘরবাড়ি ইত্যাদি সম্বন্ধে ব্যবহৃত) একত্রে সন্নিবিষ্ট করা যায় এমন ভিন্ন ভিন্ন অংশ অথবা এককবিশিষ্ট

ংরেজি বা বাংলায় শব্দের **অর্থ** একাধিক বাক্য বা শব্দের দ্বারা বোঝানো হয়েছে।

অনেক সময়েই শব্দের অর্থ আরও স্পষ্ট করার জন্য বন্ধনীর মধ্যে অতিরিক্ত তথ্য দেওয়া হয়েছে।

rosary / ˈrəʊzəri ˈর‍্যাউজ়্যারি / *noun* [C] (*pl.* **rosaries**) a string of small round pieces of wood, etc. used by some Roman Catholics for counting prayers কাঠ ইত্যাদির গোল দানা দিয়ে তৈরি মালা (যা রোমান ক্যাথলিকগণ প্রার্থনা বা জপের জন্য ব্যবহার করে); জপমালা

বাংলায় একটিমাত্র শব্দে তখনই অর্থ দেওয়া হয়েছে যখন তার অর্থ ইংরেজি ভাষার অর্থের সঙ্গে হুবহু মিলে গেছে।

mixture / ˈmɪkstʃə(r) ˈমিক্‌স্‌চ্যা(র্) / *noun* **1** [*sing.*] a combination of different things বিভিন্ন জিনিসের সংযুক্তি *Monkeys eat a mixture of leaves and fruit.* **2** [C, U] a substance that is made by mixing other substances together অন্যান্য পদার্থ মিশ্রিত করে তৈরি কোনো পদার্থ *cake mixture* ○ *a mixture of eggs, flour and milk*

কখনো কখনো একটি শব্দের একাধিক অর্থ হয়। সেই ক্ষেত্রে 1, 2, 3 যুক্ত করে আলাদা আলাদা অর্থ দেওয়া হয়েছে।

বেশি সংখ্যক উপযুক্ত ইংরেজি **উদাহরণ** সহযোগে অর্থ অধিকতর স্পষ্ট করা হয়েছে। এই উদাহরণগুলি হেলানো হরফে দেওয়া হয়েছে। দুই বা ততোধিক উদাহরণ ○ চিহ্ন দ্বারা আলাদা করা হয়েছে।

root² / ruːt রুট্ / *verb*
PHR V **root about/around (for sth)** to search for sth by moving things জিনিসপত্র এদিক-ওদিক নাড়িয়ে-চাড়িয়ে কোনো কিছু খোঁজা *What are you rooting around in my desk for?*

শীর্ষশব্দের সঙ্গে সম্পর্কিত **উপবাক্য, পদবন্ধ, ক্রিয়াপদ** এবং বাগ্‌ধারা ইত্যাদিকে **PHR V**, **IDM** ইত্যাদি দ্বারা চিহ্নিত করার পর মোটা হরফে দেওয়া হয়েছে।

parenthesis / pəˈrenθəsɪs প্যা'রেন্‌থ্যাসিস্ / *noun*
IDM **in parenthesis** as an extra comment or piece of information বাড়তি মন্তব্য অথবা অতিরিক্ত কোনো তথ্য

rot / rɒt রট্ / *verb* [I, T] (**rotting; rotted**) to go bad or make sth go bad as part of a natural process পচা, পচানো *Too many sweets will rot your teeth!* ✪ সম **decay** ▶ **rot** *noun* [U] পচন, ক্ষয়

শীর্ষশব্দ সম্পর্কিত **বিপরীতার্থক ও সমার্থক** শব্দ ✪ চিহ্নের পরে মোটা হরফে দেওয়া হয়েছে।

শীর্ষশব্দ থেকে ব্যুৎপন্ন (প্রত্যয়ের কারণে) অথবা সমাসজনিত শব্দ **উপশীর্ষ শব্দের রূপে** ▶ চিহ্নের পরে মোটা হরফে দেওয়া হয়েছে।

patriot / ˈpeɪtriət ˈপেইট্রিঅ্যাট্ / *noun* [C] a person who loves his/her country and is ready to defend it against an enemy দেশপ্রেমিক, দেশহিতৈষী, দেশভক্ত ▶ **patriotism** ˈpeɪtriətɪzəm; ˈpæt- ˈপেইট্রিঅ্যাটিজ়্যাম্; ˈপ্যাট্- / *noun* [U] দেশপ্রেম, দেশহিতৈষণা, দেশভক্তি

patriotic / ˌpeɪtriˈɒtɪk; ˌpæt- ˌপেইট্রি'অটিক্; ˌপ্যাট্- / *adj.* having or showing great love for your country নিজের দেশের প্রতি গভীর প্রেম আছে বা তা প্রকাশ করা হচ্ছে এমন ▶ **patriotically** / -kli -ক্লি / *adv.* দেশপ্রেমে পূর্ণ এমনভাবে

প্রয়োজন অনুসারে **উপশীর্ষশব্দের** উচ্চারণ এবং তার প্রকারভেদ, প্রয়োগবিধি ও বানানবিধি, ব্যাকরণ ইত্যাদি সম্বন্ধে শীর্ষশব্দের মতোই বিস্তারিতভাবে বলা হয়েছে।

শীর্ষশব্দের সঙ্গে সম্পর্ক আছে এমন **অন্যান্য প্রাসঙ্গিক শব্দ** বা শব্দসমূহ ➪ চিহ্নের পরে মোটা হরফে দেওয়া হয়েছে।

patio / ˈpætiəʊ ˈপ্যাটিঅ্যাউ / *noun* [C] (*pl.* **patios** / -əʊz -অ্যাউজ়্ /) a flat, hard area, usually behind a house, where people can sit, eat, etc. outside শক্ত, সমতল জায়গা, সাধারণত বাড়ির পিছন দিকে, যেখানে লোক বাইরে আকাশের নীচে বসতে পারে, খাওয়াদাওয়া করতে পারে ইত্যাদি; উঠোন, আঙিনা, চত্বর ➪ **balcony, verandah** এবং **terrace** দেখো।

pain[1] / pem পেইন্ / *noun* **1** [C, U] the unplesant feeling that you have when a part of your body has been hurt or when you are ill বেদনা, ব্যথা, কষ্ট, যন্ত্রণা *to* ***be in pain*** ○ *He screamed with pain.*

এইসব **NOTE**-এর মধ্যে শীর্ষ-শব্দের সঙ্গে সম্পর্কিত অন্যান্য শব্দের বিভিন্ন ধরনের সঠিক প্রয়োগ দেখানো হয়েছে।

শীর্ষশব্দগুলির সঙ্গে সম্পর্কিত অন্যান্য নানাবিধ শব্দের উপর **ব্যাখ্যা বা টিপ্পনী** হালকা ধূসর প্রেক্ষাপটের উপর ছাপা চৌখুপির মধ্যে **NOTE** চিহ্নিত অংশে দেওয়া হয়েছে।

NOTE দীর্ঘস্থায়ী এবং অবিরাম কোনো ব্যথা বোঝানোর জন্য আমরা **ache** শব্দটি ব্যবহার করে থাকি এবং আচমকা, ক্ষণস্থায়ী এবং তীক্ষ্ণ কোনো যন্ত্রণার জন্য **pain** শব্দটি ব্যবহার করে থাকি। আমরা সাধারণত বলি—*I've got earache/backache/toothache/a headache* কিন্তু **pain** শব্দটি এই ভাবে প্রয়োগ করা হয়—*He was admitted to hospital with pains in his chest.*

possess / pəˈzes প্যা'জ়েস্ / *verb* [T] (*not used in the continuous tenses*) **1** (*formal*) to have or own sth স্বত্বাধিকারে থাকা বা অধিকারে থাকা *They lost everything they possessed in the fire.* ○ *Parul possesses a natural ability to make people laugh.* **2** to influence sb or to make sb do sth কাউকে কিছু করানো বা কিছু করতে প্রভাবিত করা *What possessed you to say a thing like that!*

এই **NOTE**-এর মধ্যেই শব্দের উদাহরণসহ **ব্যাকরণগত ব্যাখ্যা** এবং তার সঠিক প্রয়োগ হেলানো হরফে দেওয়া হয়েছে।

ব্যাকরণ সম্পর্কে বিভিন্ন ধরনের তথ্য এইসব **NOTE** চিহ্নিত অংশের মধ্যে বিস্তারিতভাবে দেওয়া হয়েছে।

NOTE এই ক্রিয়াপদটির (verb) ব্যবহার ঘটমান কালে (continuous tenses) হয় কিন্তু '-ing' সহযোগে এর বর্তমান কৃদন্ত (present participle) রূপটি সাধারণভাবে অত্যন্ত প্রচলিত—*Any student possessing the necessary qualifications will be considered for the course.*

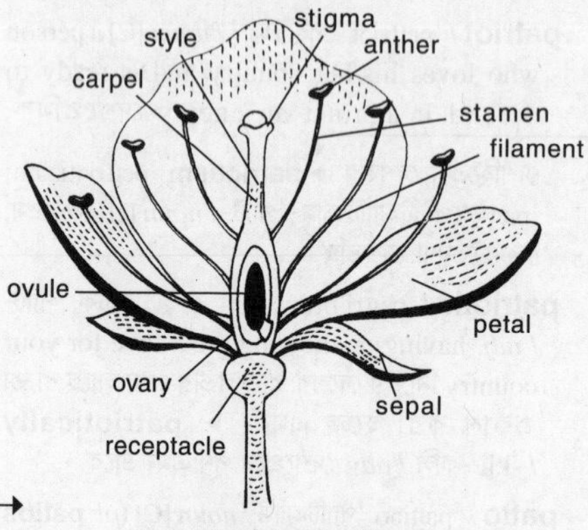

stigma
style
anther
carpel
stamen
filament
ovule
petal
ovary
sepal
receptacle

cross-section of a flower

এইসব ছবিগুলির মাধ্যমে শব্দের অর্থ ভালোভাবে এবং স্পষ্টভাবে দেখানো হয়েছে।

এই অভিধানটিতে ২০০-র বেশি শিরোনামাঙ্কিত রেখাচিত্র দেওয়া হয়েছে।

উচ্চারণ রীতি

এই অভিধানে বাংলা হরফে ইংরেজি শব্দের যে উচ্চারণ দেখানো হয়েছে তা International Phonetic Alphabet (IPA)-এর রীতি অনুসারে দেওয়া হয়েছে। এই উচ্চারণ রীতি অনুযায়ী প্রতিটি ইংরেজি ধ্বনির জন্য বিশেষ একটি হরফ-চিহ্ন ব্যবহার করা হয়। বাংলা হরফেও এগুলিকে যথাসম্ভব অনুসরণ করা হয়েছে। নীচে তার বিস্তৃত সূচি দেওয়া হল।

Consonants

IPA* symbol	Usage	Bengali symbol	Usage
p	cap /kæp/	প্	/ ক্যাপ্ /
b	rub /rʌb/	ব্	/ রাব্ /
t	fit /fɪt/	ট্	/ ফিট্ /
d	red /red/	ড্	/ রেড্ /
k	break /breɪk/	ক্	/ ব্রেইক্ /
g	flag /flæg/	গ্	/ ফ্ল্যাগ্ /
tʃ	rich /rɪtʃ/	চ্	/ রিচ্ /
dʒ	badge /bædʒ/	জ্	/ ব্যাজ্ /
f	life /laɪf/	ফ্	/ লাইফ্ /
v	wave /weɪv/	ভ্	/ উএইভ্ /
ত্র	myth /mɪত্র /	থ্	/ মিথ্ /
ক্ষ	bathe /beɪক্ষ/	দ্	/ বেইদ্ /
s	fuss /fʌs/	স্	/ ফাস্ /
z	zoo /zuː/	জ়	/ 'জু /
ʃ	fish /fɪʃ/	শ্	/ ফিশ্ /
ʒ	vision /'vɪʒn/	জ়	/ 'ভিজ়ন্ /
h	hat /hæt/	হ্	/ হ্যাট্ /
m	fame /feɪm/	ম্	/ ফেইম্ /
n	fin /fɪn/	ন্	/ ফিন্ /
ত্র	ring /rɪত্র /	ং	/ রিং /
l	file /faɪl/	ল্	/ ফাইল্ /
r	run /rʌn/	র্	/ রান্ /
(r)	for /fɔː(r)/	(র্)	/ ফঃ(র্) /
j	yes / jes /	ই + এ	/ ইএস্ /
w	won /wʌn/	উ + আ	/ উআন্ /
	win / wɪn	উ + ই	/ উইন্ /

Vowels and dipthongs

i	happy /hæpi/	ই / ি	/ হ্যাপি /
ɪ	fig /fɪg/	ই / ি	/ ফিগ্ /
iː	see /siː/	ঈ / ী	/ সী /
e	ten /ten/	এ / ে	/ টেন্ /
æ	cat /kæt/	অ্যা / ্যা	/ ক্যাট্ /
ɑː	far /fɑː(r)/	আ: / া:	/ ফা:(র্) /
ɒ	lot /lɒt/	অ	/ লট্ /
ɒ̃	croissant / ˈkrwæsɒ̃/	ঁ	/ ˈকুঅ্যাসঁ /
ɔː	saw /sɔː/	অ: / :	/ স: /
ʊ	put /pʊt/	উ / ু	/ পুট্ /
u	actual / ˈæktʃuəl/	উ / ু	/ ˈঅ্যাক্চুঅ্যাল্ /
uː	boot /buːt/	ঊ / ূ	বুট্
ʌ	cut /kʌt/	আ / া	/ কাট্ /
ɜː	bird /bɜːd/	অ্য / ্য	/ ব্যড /
ə	about; paper /əˈbaʊt; ˈpeɪpə(r)/	অ্যা / ্যা	/ অ্যা'বাউট্; 'পেইপ্যা(র্) /
eɪ	fade /feɪd/	এ + ই / ে + ই	/ ফেইড় /
əʊ	go /gəʊ/	অ্যা + উ	/ গ্যাউ /
aɪ	five /faɪv/	আ + ই / া + ই	/ ফাইভ্ /
ɔɪ	boy /bɔɪ/	অ + ই	/ বই /
aʊ	now /naʊ/	আ + উ / া + উ	/ নাউ /
ɪə	near /nɪə(r)/	ই + অ্যা / ি + অ্যা	/ নিঅ্যা(র্) /
eə	chair /tʃeə(r)/	এ + অ্যা / ে + অ্যা	/ চেঅ্যা(র্) /
ʊə	pure /pjʊə(r) /	উ + অ্যা / ু + অ্যা	/ পিউঅ্যা(র্) /

শ্বাসাঘাত (stress)

। ˈ । এই চিহ্নের পরে আসা অক্ষরসমূহের (syllable) উপর অধিক শ্বাসাঘাত দেওয়া হয়। উদাহরণস্বরূপ, **repeat** / riˈpːˈt রি'পীট্/ শব্দটিতে দ্বিতীয় অক্ষরসমূহ / ˈpiːt 'পীট্ / -এর উপর শ্বাসাঘাত পড়ে। কিন্তু **rigid** / ˈridʒid 'রিজিড্ / শব্দটিতে প্রথম অক্ষর / ˈri 'রি /-এর উপর শ্বাসাঘাত পড়ে।

। ˌ। এই চিহ্নের পরে প্রদত্ত অক্ষরসমূহের উপর অন্য অক্ষরসমূহের থেকে বেশি শ্বাসাঘাত দেওয়া হয় কিন্তু সেটি । ˈ । -এই চিহ্নের পরে বলা অক্ষরসমূহের থেকে কম প্রবল। উদাহরণস্বরূপ **residential** / ˌreziˈdenʃl ˌরেজ়ি'ডেন্শ্ল্ / শব্দটিতে প্রাথমিক শ্বাসাঘাত দ্বিতীয় অক্ষরসমূহ / ˈden 'ডেন্ / -এ পড়ে এবং গৌণ শ্বাসাঘাত প্রথম অক্ষর / ˌre ˌরে / -তে পড়ে।

শব্দ পরিচয় তালিকা

also	এছাড়াও
abbr.	সংক্ষেপিত রূপ
chemistry	রসায়নশাস্ত্র
compounds	যৌগিক শব্দ
computing	কমপিউটর বিজ্ঞান
exclamation	বিস্ময়সূচক শব্দ
feminine	স্ত্রীলিঙ্গ
figurative	আলংকারিক
formal	পোশাকি, কেতাবি
geography	ভূগোল
geology	ভূতত্ত্ববিদ্যা
geometry	জ্যামিতি
grammar	ব্যাকরণ
humorous	হাস্যোদ্রেককর
informal	আটপৌরে, কথ্য
law	আইন
literary	সাহিত্য সংক্রান্ত, সাহিত্যানুগ, পুঁথিগত
mathematics	গণিত
medical	চিকিৎসা
music	সংগীত
official	সরকারি, আধিকারিক, আনুষ্ঠানিক
old-fashioned	অপ্রচলিত
philosophy	দর্শনশাস্ত্র
physics	পদার্থবিদ্যা
slang	অপভাষা, অপপ্রয়োগ
spoken	কথ্য
symbol	চিহ্ন
technical	পরিভাষা
written	লিখিত

IDM (idiom)	বাগ্‌ধারা
NOTE	টিপ্পনী, অতিরিক্ত তথ্য
PHR V (phrasal verb)	বিশিষ্ট শব্দসমষ্টির দ্বারা গঠিত ক্রিয়াপদ

ব্যাকরণের বিভিন্ন বিষয়

active	কর্তৃবাচ্য
adjective	বিশেষণপদ
adverb	ক্রিয়াবিশেষণপদ
auxiliary verb	সহায়ক ক্রিয়াপদ
comparative	তুলনামূলক
conjunction	সংযোগমূলক অব্যয়
continuous tense	ঘটমান কাল
countable noun	গণনীয় বিশেষ্যপদ
definite article	নির্দিষ্টসূচক আর্টিকল
determiner	নির্দেশক
direct object	মুখ্য কর্ম
indefinite article	অনির্দিষ্ট আর্টিকল
indirect object	গৌণ কর্ম
infinitive verb	ক্রিয়ার সরল রূপ যার কোনো পরিবর্তন হয় না
intransitive verb	অকর্মক ক্রিয়াপদ
linking verb	সংযোজক ক্রিয়াপদ
modal verb	সহকারী ক্রিয়াপদ অর্থাৎ যে ক্রিয়াপদ অন্য একটি ক্রিয়াপদের সঙ্গে ব্যবহৃত হয়, মোডাল ক্রিয়া
negative	নঞর্থক, নেতিবাচক
noun	বিশেষ্যপদ
passive	কর্মবাচ্য
past participle	অতীতকালবোধক কৃদন্তপদ বা রূপ
perfect tense	পুরাঘটিত কাল
past tense	অতীত কাল
plural	বহুবচন
preposition	পদান্বয়ী অব্যয়
present participle	বর্তমানকালবোধক কৃদন্তপদ বা রূপ
positive	ইতিবাচক, হ্যাঁ সূচক
question	প্রশ্ন
short form	সংক্ষিপ্ত রূপ
singular	একবচন
strong form	প্রবলরূপ
superlative	সর্বোচ্চ মাত্রা বা গুণসূচক
third person singular	প্রথম পুরুষ একবচন
uncountable noun	অগণনীয় বিশেষ্যপদ
verb	ক্রিয়াপদ

সংক্ষেপিত রূপ

abbr.	abbreviation	সংক্ষিপ্ত রূপ
adj.	adjective	বিশেষণপদ
adv.	adverb	ক্রিয়াবিশেষণ বা বিশেষণের বিশেষণপদ
AmE	American English	আমেরিকান ইংরেজি
BrE	British English	ব্রিটিশ ইংরেজি
[C]	countable noun	গণনীয় বিশেষ্যপদ
conj.	conjunction	সংযোগমূলক অব্যয়পদ
det.	determiner	নির্ধারক
[I]	intransitive verb	অকর্মক ক্রিয়াপদ
IndE	Indian English	ভারতীয় ইংরেজি
pl.	plural	বহুবচন
pp	past participle	অতীতকালবোধক কৃদন্ত পদ বা রূপ
pres. part.	present participle	বর্তমানকালবোধক কৃদন্ত পদ বা রূপ
pt	past tense	অতীত কাল
prep.	preposition	পদান্বয়ী অব্যয়
sb	somebody	কেউ, কোনো একজন, কোনো ব্যক্তি
sth	something	কিছু, কোনো কিছু, কোনো বস্তু
3rd person sing.	third person singular	প্রথম পুরুষ একবচন
sing.	singular	একবচন
[T]	transitive verb	সকর্মক ক্রিয়াপদ
TM	trade mark	কোম্পানির নিজস্ব বিশেষ চিহ্ন; ট্রেডমার্ক
[U]	uncountable noun	অগণনীয় বিশেষ্যপদ

A a

A, a[1] / eɪ এই / *noun* [C, U] (*pl.* **A's; a's** / eɪz এইজ্ /) **1** the first letter of the English alphabet ইংরেজি বর্ণমালার প্রথম অক্ষর বা বর্ণ *'Aparna' begins with an 'A'.* **2** the highest mark given for an exam or piece of work কোনো পরীক্ষা অথবা কোনো একটি কাজ ভালোভাবে সম্পন্ন করার জন্য প্রদত্ত সর্বোচ্চ-বোধক চিহ্ন; সর্বোৎকৃষ্ট, সর্বোত্তম, প্রথম শ্রেণির, সেরা, অতি চমৎকার *I got an 'A' for my essay.*

IDM from A to B from one place to another এক স্থান থেকে অন্য স্থানে *All I need is a car that gets me from A to B.*

a[2] / ə; *strong form* eɪ অ্যা; *প্রবল রূপ* এই / (*also* **an** / ən; *strong form* æn অ্যান্; *প্রবল রূপ* অ্যান /) *indefinite article* **NOTE** স্বরবর্ণ বা স্বরবর্ণের উচ্চারণ দিয়ে শুরু হওয়া শব্দের পূর্বে **a**-র পরিবর্তে **an** ব্যবহৃত হয়—*an egg* ○ *an hour* ○ *an historical novel.* **1** one এক, একটি *A cup of coffee, please.* ○ *We've got an apple, a banana and two oranges.* **2** used when you talk about one example of sth for the first time প্রথমবার কোনো কিছুর সম্বন্ধে উল্লেখ করার সময়ে অথবা কোনো কিছুর দৃষ্টান্ত দেওয়ার জন্য ব্যবহৃত অভিব্যক্তি; কোনো একজন বা কোনো একটি *I saw a dog chasing a cat this morning.* ○ *Have you got a dictionary* (= any dictionary)*?* **3** used for saying what kind of person or thing sb/sth is কোনো ব্যক্তি অথবা বস্তুর শ্রেণি বা বর্গ বোঝানোর জন্য অথবা তার প্রকৃতি বা পরিচয় জ্ঞাপন করার জন্য ব্যবহৃত অভিব্যক্তিবিশেষ *He's a doctor.* ○ *'Is that an eagle?' 'No, it's a falcon.'* **4** (used with prices, rates, measurements) each (মূল্য, পরিমাপ, হার, অনুপাত বা গড়ের সঙ্গে ব্যবহৃত) প্রতি, পিছু *I usually drink two litres of water a day.* ○ *twice a week* ○ *80 kilometres an hour.* **5** used with some expressions of quantity সংখ্যা বা পরিমাণসূচক কোনো কোনো অভিব্যক্তির সঙ্গে ব্যবহৃত *a lot of money* ○ *a few cars* **6** used when you are talking about a typical example of sth কোনো বস্তুর জাতিগত ধরন বা বৈশিষ্ট্যের দৃষ্টান্ত উল্লেখ করার জন্য ব্যবহৃত অভিব্যক্তিবিশেষ *An elephant can live for up to eighty years.* **NOTE** এই অর্থে বহুবচনও ব্যবহার করা যেতে পারে—*Elephants can live for up to eighty years.*

> **NOTE** Indefinite article সম্বন্ধে আরও বিশদভাবে জানার জন্য এই অভিধানের শেষাংশে **Quick Grammar Reference** অংশটি দেখো।

a- / eɪ এই / *prefix* (*in nouns, adjectives and adverbs*) not; without না, নয়; ছাড়া, ব্যতীত (না-বাচক উপসর্গ যেমন অ, বি-, নি, নিঃ ইত্যাদির সঙ্গে তুলনীয়) *atheist* ○ *amoral*

aback / əˈbæk অ্যা'ব্যাক্ / *adv.*

PHR V take sb aback ➪ **take** দেখো।

abacus / ˈæbəkəs 'অ্যাব্যাক্যাস্ / *noun* [C] (*pl.* **abacuses**) a frame containing wires with small balls that move along them. It is used for counting তারে গলানো ছোটো ছোটো বল দিয়ে তৈরি একধরনের ফ্রেম, যাতে বলগুলি তারের মধ্যে ইচ্ছেমতো সরিয়ে গণনার জন্য ব্যবহার করা হয়, একরকম সরল গণনা-যন্ত্র; বলফ্রেম; অ্যাবাকাস

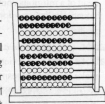

abandon / əˈbændən অ্যা'ব্যানড্যান্ / *verb* [T] **1** to leave sb/sth that you are responsible for, usually permanently এমন কোনো ব্যক্তি বা বস্তুকে সাধারণত স্থায়ীভাবে পরিত্যাগ করা বা ছেড়ে দেওয়া যার প্রতি দায়বদ্ধতা আছে *The bank robbers abandoned the car just outside the city.* **2** to stop doing sth without finishing it or without achieving what you wanted to do কোনো কাজ অসম্পূর্ণভাবে অথবা উদ্দেশ্যসাধন না করে মাঝপথে ছেড়ে দেওয়া বা ক্ষান্তি দেওয়া *The search for the missing sailors was abandoned after two days.* ▶ **abandonment** *noun* [U] পরিত্যাগ, বর্জন, বিসর্জন

abandoned / əˈbændənd অ্যা'ব্যানড্যান্ড্ / *adj.* left completely and no longer used or wanted সম্পূর্ণরূপে পরিত্যক্ত অথবা অবাঞ্ছিত; অনাকাঙ্ক্ষিত *an abandoned ship*

abashed / əˈbæʃt অ্যা'ব্যাশ্‌ট্ / *adj.* feeling guilty and embarrassed because of sth that you have done নিজের কৃতকর্মের জন্য কুণ্ঠিত অথবা লজ্জিত; অপ্রতিভ, অপ্রস্তুত *'I'm sorry', said Ali, looking* ***abashed.***

abate / əˈbeɪt অ্যা'বেইট্ / *verb* [I, T] to become less strong; to make sth less strong উপশমিত হওয়া, প্রশমিত হওয়া; অপসারিত করা, কমানো *The storm showed no signs of abating.* ○ *Steps are to be taken to abate pollution.*

abattoir / ˈæbətwɑː(r) 'অ্যাব্যাটুআ:(র্) / (*BrE*) = **slaughterhouse**

abbess / ˈæbes 'অ্যাবেস্ / *noun* [C] a woman who is the head of a religious community for **nuns** কোনো বিশেষ ধর্মাবলম্বী (খ্রিস্টান) সন্ন্যাসিনীদের প্রধানা; আশ্রমমাতা, মঠাধ্যক্ষা

abbey / ˈæbi ˈঅ্যাবি / *noun* [C] a large church together with a group of buildings where religious communities of **monks** or **nuns** live or used to live কোনো বড়ো গির্জার সংলগ্ন অট্টালিকাসমূহ যেখানে বিশেষ ধর্মাবলম্বী (খ্রিস্টান) সন্ন্যাসী বা সন্ন্যাসিনীরা থাকেন বা থাকতেন; মঠ, আশ্রম

abbot / ˈæbət ˈঅ্যাব্যাট্ / *noun* [C] a man who is the head of a religious community for **monks** ধার্মিক সম্প্রদায় (খ্রিস্টান) বা সাধুসমাজের প্রধান; মঠাধ্যক্ষ, মহান্ত, মহারাজ

abbr. (*also* **abbrev.**) *abbr.* = **abbreviation**

abbreviate / əˈbriːvieɪt অ্যাˈব্রীভিএইট্ / *verb* [T] to make sth shorter, especially a word or phrase কোনো কিছু, বিশেষত কোনো শব্দ বা বাক্যাংশকে সংক্ষিপ্ত বা সংক্ষেপিত করা *'Kilometre' is usually abbreviated to 'km'.* ➪ **abridge** দেখো।

abbreviation / əˌbriːviˈeɪʃn অ্যা,ব্রীভিˈএইশ্ন্ / *noun* [C] a short form of a word or phrase কোনো শব্দ বা বাক্যাংশের সংক্ষিপ্ত রূপ; সংক্ষিপ্তকরণ, সংক্ষেপণ *In this dictionary 'sth' is the abbreviation for 'something'.*

ABC / ˌeɪ biː ˈsiː ˌএই বী ˈসী / *noun* [*sing.*] **1** the alphabet; the letters of English from A to Z ইংরেজি ভাষার A থেকে Z পর্যন্ত অক্ষর বা বর্ণ; বর্ণমালা, বর্ণানুক্রম **2** the simple facts about sth কোনো বিষয় সম্বন্ধে প্রাথমিক জ্ঞান বা তথ্য *an ABC of Gardening*

abdicate / ˈæbdɪkeɪt ˈঅ্যাব্ডিকেইট্ / *verb* **1** [I] to give up being King or Queen সিংহাসনের অধিকার অথবা সম্রাট বা সম্রাজ্ঞী হওয়ার অধিকার পরিত্যাগ করা *The Queen abdicated in favour of her son* (= her son became king). **2** [T] to give sth up, especially power or a position কোনো কিছু স্বেচ্ছায় পরিত্যাগ করা বিশেষত কোনো ক্ষমতা বা উচ্চতর পদাধিকার *to **abdicate responsibility*** (= to refuse to be responsible for sth) ► **abdication** / ˌæbdɪˈkeɪʃn ˌঅ্যাব্ডিˈকেইশ্ন্ / *noun* [C, U] স্বেচ্ছায় সিংহাসন ত্যাগ

abdomen / ˈæbdəmən ˈঅ্যাব্ড্যাম্যান্ / *noun* [C] **1** a part of your body below the chest that contains the stomach, **bowels**, etc. অন্ত্র, পাচন-যন্ত্রাদিসহ বুকের নীচে শরীরের যে অংশ; পেট, পাকস্থলী, উদর, তলপেট, কুক্ষি **2** the end part of an insect's body পতঙ্গদেহের পশ্চাদ্‌ভাগ ➪ **thorax** দেখো। ► **abdominal** / æbˈdɒmɪnl অ্যাবˈডমিন্ল্ / *adj.* উদর সংক্রান্ত বা ঘটিত; পেটের

abduct / æbˈdʌkt অ্যাবˈডাক্ট্ / *verb* [T] to take hold of sb and take him/her away illegally বলপূর্বক কোনো ব্যক্তিকে অপহরণ করা বা অবৈধভাবে তাকে ধরে নিয়ে যাওয়া ► **abduction** *noun* [C, U] অপহরণ

aberration / ˌæbəˈreɪʃn ˌঅ্যাব্যাˈরেইশ্ন্ / *noun* [C, U] (*formal*) a fact, an action or a way of behaving that is not typical, and that may be unacceptable এমন কোনো তথ্য, কর্ম অথবা আচরণ যা প্রত্যাশিত বা স্বাভাবিক অবস্থা থেকে বিচ্যুত বা ব্যতিক্রম এবং যা অগ্রহণীয় বা অপ্রীতিকরও হতে পারে; বিপথগামিতা, বিপথচারিতা, নৈতিক বিচ্যুতি

abet / əˈbet অ্যাˈবেট্ / *verb* [T] (**abe<u>t</u>ting**; **abe<u>t</u>ted**)
IDM aid and abet ➪ **aid**[2] দেখো।

abhinaya *noun* [U] (in Indian classical dance) the presentation of dramatic action silently through gestures and expressions (ভারতীয় ধ্রুপদী নৃত্যে) মূক অঙ্গভঙ্গি এবং অভিব্যক্তির মাধ্যমে নাট্যক্রিয়ার উপস্থাপনা; অভিনয় *Even after so many years of performance his abhinaya lacks maturity.*

abhor / əbˈhɔː(r) অ্যাব্ˈহ:(র্) / *verb* [T] (**abho<u>r</u>ring**; **abho<u>r</u>red**) to hate sth very much কোনো বস্তুকে তীব্রভাবে ঘৃণা করা

abhorrence / əbˈhɒrəns অ্যাব্ˈহর‍্যান্স্ / *noun* [U] a strong feeling of hate; disgust তীব্র ঘৃণা; বিতৃষ্ণা, বিরাগ

abhorrent / əbˈhɒrənt অ্যাব্ˈহর‍্যান্ট্ / *adj.* that makes you feel hate or disgust ঘৃণাউদ্দীপক, ঘৃণ্য, ঘৃণার্হ, জঘন্য *The idea of slavery is **abhorrent to** us nowadays.*

abide / əˈbaɪd অ্যাˈবাইড্ / *verb*
IDM can't/couldn't abide sb/sth/doing sth to hate sb/sth; to not like sb/sth at all (কোনো বস্তু বা ব্যক্তিকে) ঘৃণা করা; সম্পূর্ণরূপে অপছন্দ করা
PHR V abide by sth to obey a law, etc.; to do what sb has decided আইন, কথা, চুক্তি, নিয়ম ইত্যাদি মেনে চলা; অন্য কোনো ব্যক্তির সিদ্ধান্ত অনুযায়ী চলা বা কাজ করা

ability / əˈbɪləti অ্যাˈবিল্যাটি / *noun* [C, U] (*pl.* **abilities**) (**an**) **ability to do sth** the mental or physical power or skill that makes it possible to do sth (মানসিক বা শারীরিক) যোগ্যতা, ক্ষমতা, সাধ্য, নিপুণতা, পারদর্শিতা *an ability to make decisions*

abject / ˈæbdʒekt ˈঅ্যাব্জেক্ট্ / *adj.* **1** terrible and without hope শোচনীয় এবং নিরাশাব্যঞ্জক *abject poverty/misery/failure* **2** without any pride or respect for yourself আত্মসম্মানহীন, দীনহীন, হেয়, হীন, অধম *an abject apology*

ablation / əˈbleɪʃn অ্যাˈব্লেইশ্ন্ / *noun* [U] (*technical*) the loss of material from a large mass of ice, snow or rock as a result of the action of the sun, wind or rain সূর্য, বায়ু বা বৃষ্টির ক্রিয়ার কারণে কোনো বৃহৎ তুষার বা প্রস্তরখণ্ডের বিনষ্টি বা ক্ষয়প্রাপ্তি; ক্ষয়করণ, অপসারণ

ablaze / əˈbleɪz অ্যাˈব্লেইজ্ / *adj.* (*not before a noun*) burning strongly; completely on fire দাউ দাউ করে জ্বলছে এমন; দাহ্যমান, প্রজ্বলিত; বহ্নিমান, জ্বলন্ত *Soldiers used petrol to **set** the building **ablaze**.*

able / ˈeɪbl ˈএইব্‌ল্ / *adj.* **1 able to do sth** (*used as a modal verb*) to have the ability, power, opportunity, time, etc. to do sth কোনো কিছু করার জন্য যোগ্যতা, ক্ষমতা, সুযোগ, সময় ইত্যাদি আছে এমন; সক্ষম, সমর্থ *Will you be able to come to a meeting next week?* ○ *I was able to solve the problem quickly.*

> **NOTE** কর্মবাচ্য বা passive বাক্যে **can/could** শব্দ দুটি ব্যবহার করা হয়, কিন্তু **be able** ব্যবহার করা হয় না—*The arrangement can't be changed.* Modal verbs সম্বন্ধে আরও বিশদভাবে জানার জন্য অভিধানের শেষাংশে **Quick Grammar Reference** অংশটি দেখো।

2 (**abler** / ˈeɪblə(r) ˈএইব্‌ল্যা(র্) / ; **ablest** / ˈeɪblɪst ˈএইব্‌লিস্ট্ /) clever; doing your job well গুণসম্পন্ন, বিচক্ষণ; নিজের কাজ ভালোভাবে সম্পন্ন করে এমন; এলেমদার, দক্ষ, ওস্তাদ *one of the ablest students in the class.* ○ *an able politician* ▶ **ably** / ˈeɪbli ˈএইব্‌লি / *adv.* যোগ্যতার সঙ্গে, সুদক্ষভাবে

able-bodied *adj.* physically healthy and strong; having full use of your body সুস্বাস্থ্যের অধিকারী; স্বাস্থ্যবান, সুস্থ-সবল, বলিষ্ঠ

abnormal / æbˈnɔ:ml অ্যাব্‌ˈন:মল্ / *adj.* different from what is normal or usual, in a way that worries you or that is unpleasant অস্বাভাবিক, অদ্ভুত, খাপছাড়া ✪ বিপ **normal** ▶ **abnormally** *adv.* অস্বাভাবিকভাবে, অস্বাভাবিক রকমের *abnormally high temperatures*

abnormality / ˌæbnɔ:ˈmæləti ˌঅ্যাব্‌ন:ˈম্যাল্যাটি / *noun* [C, U] (*pl.* **abnormalities**) something that is not normal, especially in a person's body যা স্বাভাবিক নয়, কোনো বস্তু বা অবস্থা ইত্যাদি (বিশেষত শরীরের কোনো অঙ্গে); অস্বাভাবিকতা *He was born with an abnormality of the heart.*

aboard / əˈbɔ:d অ্যাˈব:ড্ / *adv., prep.* on or onto a train, ship, aircraft or bus রেলগাড়ি, জাহাজ, বিমান অথবা বাসে ভ্রাম্যমান অবস্থায় অথবা আরূঢ়াবস্থায় *We climbed aboard the train and found a seat.* ○ *Welcome aboard this flight to Bengaluru.*

abode / əˈbəʊd অ্যাˈব্যাউড্ / *noun* [*sing.*] (*written*) the place where you live গৃহ, বাসস্থান, আবাস, ঘর **IDM** **(of) no fixed abode/address** ➪ **fixed** দেখো।

abolish / əˈbɒlɪʃ অ্যাˈবলিশ্ / *verb* [T] to end a law or system officially (কোনো আইন বা প্রথা ইত্যাদি আইনসম্মতভাবে বা আনুষ্ঠানিকভাবে) রদ করা, রহিত করা, বাতিল করা, উচ্ছেদ করা, উঠিয়ে বা তুলে দেওয়া *When was capital punishment abolished here?*

abolition / ˌæbəˈlɪʃn ˌঅ্যাব্যাˈলিশ্‌ন্ / *noun* [U] the act of ending a law or system officially আইনসম্মতভাবে কোনো আইন অথবা প্রথার উচ্ছেদ, বাতিল বা বিলোপ *the abolition of slavery*

abominable / əˈbɒmɪnəbl অ্যাˈবমিন্যাব্‌ল্ / *adj.* very bad; shocking ঘৃণ্য, কদর্য, জঘন্য, বিশ্রী; অত্যন্ত অশোভন ▶ **abominably** / -əbli -অ্যাব্‌লি / *adv.* ঘৃণ্যভাবে, কদর্যভাবে, বিশ্রীভাবে

Aborigine / ˌæbəˈrɪdʒəni ˌঅ্যাব্যাˈরিজ্যানি / *noun* [C] **1** (*usually pl.*) a member of the race of people who were the original inhabitants of a country or region কোনো দেশ অথবা অঞ্চলের আদিম বৃক্ষরাজি, প্রাণীকুল অথবা অধিবাসীদের একজন সদস্য; উপজাতি, আদিম অধিবাসী, আদিবাসী **2** a member of the race of people who were the original inhabitants of Australia অস্ট্রেলিয়ার আদিম প্রজাতির একজন সদস্য ▶ **aboriginal** *adj.* আদিম, আদিযুগের, আদি *aboriginal traditions*

abort / əˈbɔ:t অ্যাˈব:ট্ / *verb* [T] **1** to end sth before it is complete কোনো কাজ বা পরিকল্পনা সম্পূর্ণ হওয়ার আগেই শেষ করে দেওয়া; ছেদ টানা *The company aborted the project suddenly.* **2** to end a pregnancy early in order to prevent a baby from developing and being born alive গর্ভপাত করা, গর্ভস্থ ভ্রূণ নষ্ট করা

abortion / əˈbɔ:ʃn অ্যাˈব:শ্‌ন্ / *noun* [C, U] a medical operation that ends a pregnancy at an early stage গর্ভপাত, ভ্রূণমোচন *to have an abortion* ➪ **miscarriage** দেখো।

abortionist / əˈbɔ:ʃənɪst অ্যাˈব:শ্যানিস্ট্ / *noun* [C] a person who performs a medical operation, especially illegally, that causes a pregnancy to end earlier বিশেষত অবৈধভাবে অস্ত্রোপচার করে গর্ভপাত বা ভ্রূণহত্যা করে যে ব্যক্তি

abortive / əˈbɔ:tɪv অ্যাˈব:টিভ্ / *adj.* not completed successfully; failed ব্যর্থ, নিষ্ফল; অপরিণত *He made two abortive attempts to escape from prison.*

abound / əˈbaʊnd অ্যাˈবাউন্ড্ / *verb* [I] **1** to exist in large numbers প্রচুর পরিমাণে বিদ্যমান থাকা, রাশি রাশি থাকা, থিকথিক বা গিজগিজ করা *Animals abound in the forest.* **2 abound with sth** to contain large numbers of sth কোনো কিছু প্রচুর সংখ্যায় থাকা অথবা ধারণ করা *The lake abounds with fish.*

about[1] / əˈbaʊt অ্যাˈবাউট্ / *adv.* **1** (*AmE* **around**) a little more or less than; approximately কমবেশি, কাছাকাছি; প্রায়, মোটামুটিভাবে, মোটের উপর *It's about three kilometres from here to the city.* ○ *I got home at about half past seven.* **2** (*informal*) almost; nearly প্রায়, কাছাকাছি; অদূরবর্তী, আসন্ন *Dinner's just about ready.* **3** (*also* **around**) in many directions or places চতুর্দিকে, চারধারে; এখানে-ওখানে, যত্রতত্র *I could hear people moving about upstairs.* ০ *Don't leave your clothes lying about all over the floor.* **4** (*also* **around**) (*used after certain verbs*) without doing anything in particular বিশেষ কোনো কিছু না করে *The kids spend most evenings sitting about, bored.* **5** (*also* **around**) present in a place; existing কোনো স্থানে উপস্থিত বা বিদ্যমান; বিরাজমান, বর্তমান *It was very late and there were few people about.* ০ *There isn't much good music about these days.*

IDM **be about to do sth** to be going to do sth very soon খুব শীঘ্র কোনো কাজ আরম্ভ করার জন্য প্রস্তুত থাকা *The film's about to start.* ০ *I was just about to explain when she interrupted me.*

about² / ə'baʊt অ্যা'বাউট্ / *prep.* **1** on the subject of কোনো কিছুর সম্বন্ধে, সম্পর্কে বা বিষয়ে *Let's talk about something else.* ০ *He told me all about his family.* **2** (*also* **around**) in many directions or places; in different parts of sth চতুস্পার্শ্বে, চারিদিকে, আশেপাশে; কোনো কিছুর বিভিন্ন অংশে *We wandered about the town for an hour or two.* ০ *Lots of old newspapers were scattered about the room.* **3** in the character of sb/sth কোনো ব্যক্তি বা বস্তুর চরিত্রে বা স্বভাবে *There's something about him that I don't quite trust.*

IDM **how/what about...?** **1** (used when asking for information about sb/sth or for sb's opinion or wish) কোনো ব্যক্তি অথবা বস্তু সম্বন্ধে কোনো তথ্য অথবা অন্য কোনো ব্যক্তির মতামত বা ইচ্ছা জানার জন্য ব্যবহৃত অভিব্যক্তিবিশেষ *How about Rani? Have you heard from her lately?* ০ *I'm going to have chicken. What about you?* **2** (used when making a suggestion) প্রস্তাব, পরামর্শ অথবা যুক্তি দেওয়ার জন্য ব্যবহৃত অভিব্যক্তিবিশেষ *What about going to a film tonight?*

about-turn (*AmE* **about-face**) *noun* [C] a complete change of opinion, plan or behaviour কোনো মতামত, মনোভাব, পরিকল্পনা অথবা স্বভাব বা আচরণের সম্পূর্ণ বিপরীতমুখী পরিবর্তন *The government did an about-turn over tax.* ⇨ **U-turn** দেখো।

above / ə'bʌv অ্যা'বাভ্ / *prep., adj., adv.* **1** in a higher place (অপেক্ষাকৃতভাবে) উঁচু জায়গাতে, উচ্চতর স্থানে, উঁচুতে *The people in the flat above make a lot of noise.* ০ *The coffee is in the cupboard above the sink.* **2** in an earlier part (of sth written) (লিখিত কোনো বিবৃতিতে) পূর্ব-কথিত, উপরে যা বলা বা লেখা হয়েছে; পূর্বোক্ত, উপরোক্ত, পূর্বোল্লিখিত *Contact me at the above address* (= the address above). ✿ বিপ **below** **NOTE** খেয়াল রেখো যে **below** শব্দটি

বিশেষ্যপদের (noun) পূর্বে ব্যবহৃত হয় না—*Contact me at the address below.* **3** more than a number, amount, price, etc. কোনো সংখ্যা, পরিমাণ, মূল্য ইত্যাদির থেকে অপেক্ষাকৃতভাবে বেশি; অধিকতর *children aged 11 and above* ০ *You must get above 50 per cent to pass the exam.* ০ *above-average temperatures* ✿ বিপ **below** ⇨ **over** দেখো। **4** with a higher position in an organization, etc. কোনো প্রতিষ্ঠান, সংস্থা ইত্যাদিতে অপেক্ষাকৃত উচ্চপদে আসীন *The person above me is the department manager.* ✿ বিপ **below** **5** too proud to do sth কোনো কাজ সম্পর্কে অবজ্ঞার মনোভাব বা নাকউঁচু ভাব; (কোনো কাজের) ঊর্ধ্বে, অতীত, বাইরে *He seems to think he's above helping with the cleaning.*

IDM **above all** (used to emphasize the main point) most importantly (মূল বা প্রধান বক্তব্যের গুরুত্ব বোঝাতে ব্যবহৃত অভিব্যক্তিবিশেষ) সবথেকে বড়ো কথা; সর্বোপরি *Above all, stay calm!*

(be) above board (used especially about a business deal, etc.) honest and open (বিশেষত কোনো ব্যাবসায়িক চুক্তি ইত্যাদির সম্বন্ধে ব্যবহৃত) খোলাখুলি, সৎ, স্বচ্ছ

above-mentioned *adj.* (*only before a noun*) (*written*) mentioned or named earlier in the same letter, book, etc. (একই চিঠি, বই ইত্যাদিতে) পূর্বোল্লিখিত, পূর্ব-কথিত, পূর্বোক্ত, উপরোক্ত

abrasion / ə'breɪʒn অ্যা'ব্রেইজ়ন্ / *noun* (*technical*) **1** [C] a damaged area of the skin where it has been rubbed against sth hard and rough অমসৃণ বা খরখরে কোনো বস্তুতে ঘষে বা ছড়ে যাওয়া ত্বকের ক্ষতস্থান **2** [U] damage to a surface caused by rubbing sth very hard against it কোনো বস্তুর পৃষ্ঠতলে শক্ত বা অমসৃণ কোনো বস্তু দ্বারা ঘর্ষণজনিত ক্ষয়

abrasive / ə'breɪsɪv অ্যা'ব্রেইসিভ্ / *adj.* **1** rough and likely to scratch খসখসে, রুক্ষ, কর্কশ, খরখরে *Do not use abrasive cleaners on the basin.* **2** (used about a person) rude and rather aggressive (কোনো ব্যক্তি সম্বন্ধে ব্যবহৃত) রূঢ় এবং কলহপ্রিয় বা কর্কশ

abreast / ə'brest অ্যা'ব্রেস্ট্ / *adv.* **abreast (of sb/sth)** next to or level with sb/sth and going in the same direction একই দিকে চলা ব্যক্তি বা বস্তুর পাশাপাশি পিছিয়ে না পড়ে কাঁধে কাঁধ মিলিয়ে চলা হয় এমন *The soldiers marched two abreast.*

IDM **be/keep abreast of sth** to have all the most recent information about sth কোনো বিষয় সম্বন্ধে সাম্প্রতিক কালের অথবা আজকালকার তথ্য বা খবরাখবর রাখা বা থাকা

abridge / ə'brɪdʒ অ্যা'ব্রিজ্ / *verb* [T] to make sth (usually a book) shorter by removing parts of it (সাধারণত কোনো বই) সংক্ষিপ্ত করা, সংক্ষেপিত করা, হ্রস্বীকৃত করা বা হ্রস্ব করা, ছোটো করা বা ছেঁটে দেওয়া ➪ **abbreviate** দেখো।

abroad / əˈbrɔːd অ্যা'ব্রঃড্ / *adv.* in or to another country or countries বিদেশে, স্বদেশের বাইরে, প্রবাসে *They found it difficult to get used to living abroad.* ○ *She often* ***goes abroad*** *on business.*

abrupt / əˈbrʌpt অ্যা'ব্রাপ্ট্ / *adj.* **1** sudden and unexpected আকস্মিক এবং অপ্রত্যাশিত, হঠাৎ এবং আচমকা *an abrupt change of plan* **2** seeming rude and unfriendly আপাতদৃষ্টিতে রূঢ় এবং বিরাগপূর্ণ বা অমিত্রোচিত ▶ **abruptdly** *adv.* হঠাৎ করে, আকস্মিকভাবে, অপ্রত্যাশিতভাবে ▶ **abruptness** *noun* [U] আকস্মিকতা

abscess / ˈæbses 'অ্যাব্সেস্ / *noun* [C] a swelling on or in the body, containing a thick yellow liquid (**pus**) পুঁজসহ ফোড়া; স্ফোটক

abscond / əbˈskɒnd অ্যাব্'স্কন্ড্ / *verb* [I] *(formal)* **abscond (from sth) (with sth)** to run away from a place where you should stay, sometimes with sth that you should not take ফেরার হওয়া, আত্মগোপন করা, গা ঢাকা দেওয়া (কখনো কখনো এমন কিছু সঙ্গে নিয়ে যাওয়া যা নেওয়া উচিত নয়) *to abscond from prison* ○ *She absconded with all the company's money.*

abseil / ˈæbseɪl 'অ্যাব্সেইল্ / (*AmE* **rappel**) *verb* [I] to go down a steep cliff or rock while you are fastened to a rope, pushing against the rock with your feet দড়ি বাঁধা অবস্থায় পাথরে পা দিয়ে ঠেলে ঠেলে খাড়া পর্বত থেকে নেমে আসা বা অবতরণ করা

absence / ˈæbsəns 'অ্যাব্স্যান্স্ / *noun* **1** [C, U] a time when sb is away from somewhere; the fact of being away from somewhere (কোনো ব্যক্তির) অনুপস্থিতিকাল, অনুপস্থিতির সময়; অনুপস্থিতি, গরহাজিরি, কামাই *Frequent absences due to illness meant he was behind with his work.* ○ *I have to make all the decisions in my boss's absence.* **2** [U] the fact of sth/sb not being there; lack কোনো ব্যক্তি বা বস্তুর অনুপস্থিতি বা গরহাজিরি; অভাব, ঘাটতি, অবর্তমানতা ***In the absence of*** *a doctor, try to help the injured person yourself.* ✪ বিপ **presence**

absent / ˈæbsənt 'অ্যাব্স্যান্ট্ / *adj.* **1 absent (from sth)** not present somewhere কোনো স্থানে উপস্থিত নেই এমন; অনুপস্থিত *He was absent from work because of illness.* ✪ বিপ **present** **2** showing that you are not really looking at or thinking about what is happening around you অন্যমনস্ক, অন্যমনা, আনমনা, বিমনা *an absent expression/stare* ▶ **absently** *adv.* অন্যমনস্কভাবে, আনমনে, অমনোযোগীভাবে

absentee / ˌæbsənˈtiː ˌঅ্যাব্স্যান্'টী / *noun* [C] a person who is not in the place where he/she should be যে স্থানে থাকা উচিত সেই স্থানে গরহাজির বা অনুপস্থিত ব্যক্তি

absenteeism / ˌæbsənˈtiːɪzəm ˌঅ্যাব্স্যান্'টীইজ্‌ম্ / *noun* [U] the problem of workers or students often not going to work or school কর্মীদের বা বিদ্যার্থীদের কাজের জায়গায় বা বিদ্যালয়ে প্রায়ই বিনা কারণে অনুপস্থিত থাকার অভ্যাস সংক্রান্ত যে সমস্যা

absent-minded *adj.* often forgetting or not noticing things, because you are thinking about sth else অন্যমনস্ক, অন্যমনা, অমনোযোগী, বিমনা ▶ **absent-mindedly** *adv.* অন্যমনস্কভাবে, আনমনাভাবে

absolute / ˈæbsəluːt 'অ্যাব্স্যালূট্ / *adj.* **1** complete; total সম্পূর্ণ; পুরোপুরি, একেবারে *The trip was an absolute disaster.* **2** not measured in comparison with sth else অন্য কোনো কিছুর সঙ্গে তুলনামূলক বিচার ছাড়াই; অনাপেক্ষিক, সম্যক *Spending on health services has increased* ***in absolute terms.***

absolutely *adv.* **1** / ˈæbsəluːtli 'অ্যাব্স্যালূট্লি / completely; totally সম্পূর্ণরূপে; পুরোপুরিভাবে, একেবারে *It's absolutely freezing outside!* ○ *He made absolutely no effort to help me.* **2** / ˌæbsəˈluːtli ˌঅ্যাব্স্যা'লূট্লি / (used when you are agreeing with sb) yes; certainly (কোনো ব্যক্তির সঙ্গে একমত হওয়া অথবা সম্মতি দেওয়ার জন্য ব্যবহৃত অভিব্যক্তিবিশেষ) হ্যাঁ; নিশ্চয়ই, অবশ্যই *'It is a good idea, isn't it?' 'Oh, absolutely!'*

absolute majority *noun* [C] (in an election) more than half of the total number of votes cast or all the seats (কোনো নির্বাচনে) সমগ্র প্রদত্ত ভোট সংখ্যা অথবা আসন সংখ্যার অর্ধেকের বেশি; নিরঙ্কুশ সংখ্যাগরিষ্ঠতা *A total of 280 seats are needed for an absolute majority in the National Assembly.*

absolute zero *noun* [U] the lowest temperature that is thought to be possible সম্ভাব্য সর্বনিম্ন তাপাঙ্ক; পরম শূন্য, চরম ডিগ্রী

absolution / ˌæbsəˈluːʃn ˌঅ্যাব্স্যা'লূশ্ন্ / *noun* [U] (especially in the Christian Church) a formal statement that a person is forgiven for what he or she has done wrong (বিশেষত কোনো খ্রিস্টান গির্জায়) পাপমুক্তি অথবা অপরাধ মার্জনা হওয়ার আনুষ্ঠানিক ঘোষণা; পাপস্খালন ঘোষণা

absolve / əbˈzɒlv অ্যাব্'জ়ল্ভ্ / *verb* [T] **absolve sb (from/of sth)** to say formally that sb does not have to take responsibility for sth আনুষ্ঠানিকভাবে কোনো ব্যক্তিকে বিশেষ কোনো দায়িত্ব বা বাধ্যবাধকতা থেকে অব্যাহতি বা মুক্তি দেওয়া *The driver was absolved of any blame for the train crash.*

absorb / əbˈzɔːb; əbˈsɔːb অ্যাব্ˈজ়:ব্; অ্যাব্ˈস:ব্ / *verb* [T] **1 absorb sth (into sth)** to take in and hold sth (a liquid, heat, etc.) (কোনো তরল পদার্থ, তাপ ইত্যাদি) শুষে নেওয়া; বিশোষণ করা *a drug that is quickly absorbed into the bloodstream* **2** to take sth into the mind and understand it কোনো কিছু হৃদয়ংগম করা বা তার অর্থোদ্ধার করা *I found it impossible to absorb so much information so quickly.* **3 absorb sth (into sth)** to take sth into sth larger, so that it becomes part of it (কোনো বস্তুকে বৃহত্তর বস্তুর) অন্তর্গত করা, অঙ্গীভূত করে নেওয়া, অন্তর্ভুক্ত করা *Over the years many villages have been absorbed into the city.* **4** to hold sb's attention completely or interest sb very much কোনো ব্যক্তির মনোযোগ সম্পূর্ণভাবে আকর্ষণ করা অথবা কোনো ব্যক্তির আগ্রহ উদ্রেক করা; মগ্ন করা, নিবিষ্ট বা তন্ময় করা *History is a subject that absorbs her.* **5** to reduce the effect of a sudden violent knock, hit, etc. আকস্মিক কোনো প্রবল বা তীব্র ধাক্কা, আঘাত ইত্যাদির প্রভাব হ্রাস বা প্রশমিত করা *The front of the car is designed to absorb most of the impact of a crash.*

absorbed /əbˈzɔːbd; əbˈsɔːbd অ্যাব্ˈজ়:ব্ড্; অ্যাব্ˈস:ব্ড্ / *adj.* **absorbed (in sth)** giving all your attention to sth কোনো কিছুতে গভীরভাবে নিবিষ্ট বা নিমগ্ন; তন্ময় *He was absorbed in his work and didn't hear me come in.*

absorbent / əbˈzɔːbənt; əbˈsɔːbənt অ্যাব্ˈজ়:ব্যান্ট্; অ্যাব্ˈস:ব্যান্ট্ / *adj.* able to take in and hold liquid বিশোষক, শোষণকারী পদার্থ, চোষক *an absorbent cloth*

absorbing / əbˈzɔːbɪŋ; əbˈsɔːbɪŋ অ্যাব্ˈজ়:বিং; অ্যাব্ˈস:বিং / *adj.* holding all your interest and attention মনমাতানো, নিবিষ্টকারী, অতীব চিত্তাকর্ষক *an absorbing book*

absorption / əbˈsɔːpʃn; əbˈzɔːpʃn অ্যাব্ˈস:প্শ্ন্; অ্যাব্ˈজ়:প্শ্ন্ / *noun* [U] **1** the process of a liquid, gas or other substance being taken in তরল, বায়বীয় বা অন্য কোনো পদার্থের শোষণ প্রক্রিয়া; বিশোষণ *Vitamin D is necessary to aid the absorption of calcium from food.* **2** the process of a smaller group, country, etc. becoming part of a larger group or country কোনো ছোটো দল, দেশ ইত্যাদির কোনো বৃহত্তর দল বা দেশ ইত্যাদিতে অন্তর্ভুক্তিকরণের প্রক্রিয়া *the absorption of immigrants into the host country* **3 absorption (in sth)** the fact of sb being very interested in sth so that it takes all his/her attention (কোনো ব্যক্তির) সমাহিতভাব, একাগ্রচিত্ততা, অখণ্ড মনোনিবেশ *His work suffered because of his total absorption in sport.*

abstain / əbˈsteɪn অ্যাব্ˈস্টেইন্ / *verb* [I] **1** (*formal*) **abstain (from sth/doing sth)** to stop yourself from doing sth that you enjoy নিজের পছন্দের কোনো কাজ থেকে নিজেকে নিবৃত্ত করা অথবা সেই কাজ থেকে বিরত থাকা *The doctor said I should abstain from smoking.* ▶ **abstinence** *noun* **2** (in a vote) to say that you are not voting either for or against sth (নির্বাচনে ভোটদান থেকে) নিজেকে নিবৃত্ত করা, বিরত থাকা; কোনো রাজনৈতিক দলের পক্ষে অথবা বিপক্ষে ভোটপ্রদান না করা *Two people voted in favour, two voted against and one abstained.* ▶ **abstention** *noun* নিবৃত্তি, সংযম

abstainer / əbˈsteɪnə(r) অ্যাব্ˈস্টেইন্যা(র্) / *noun* [C] **1** a person who chooses not to vote either in favour of or against sth (নির্বাচনে) কারও পক্ষে বা বিপক্ষে স্বেচ্ছায় মতপ্রদান অথবা ভোটদান থেকে বিরত থাকে যে ব্যক্তি **2** a person who never drinks alcohol মদ্যপান থেকে নিজেকে নিবৃত্ত রাখে যে ব্যক্তি; মাদক-বর্জনকারী

abstention / əbˈstenʃn অ্যাব্ˈস্টেন্শ্ন্ / *noun* [C, U] an act of choosing not to vote either for or against sth নির্বাচনে মতপ্রদান অথবা ভোটদান করা থেকে স্বেচ্ছায় বিরত থাকার ক্রিয়া

abstinence / ˈæbstɪnəns ˈঅ্যাব্স্টিন্যান্স্ / *noun* [U] (*formal*) stopping yourself from having or doing sth that you enjoy উপভোগ্য কিছু থেকে যখন নিজেকে সংযত বা নিবৃত্ত রাখা হয়; সংযম, নিবৃত্তি *The doctor advised total abstinence from alcohol.* ▶ **abstain** *verb* সংযম করা, মিতাচার করা

abstract[1] / ˈæbstrækt ˈঅ্যাব্স্ট্র্যাক্ট্ / *adj.* existing only as an idea, not as a physical thing কেবলমাত্র কল্পনায় যার অস্তিত্ব, বাস্তব নয়; দুর্বোধ্য, বস্তুনিরপেক্ষ, নির্বস্তুক *It is hard to imagine an abstract idea like 'eternity'.* ✪ বিপ **concrete**

abstract[2] / ˈæbstrækt ˈঅ্যাব্স্ট্র্যাক্ট্ / *noun* [C] **1** an example of abstract art বিমূর্ত শিল্পকলার একটি উদাহরণ **2** a short piece of writing that tells you the main contents of a book, speech, etc. কোনো বই, বক্তৃতা ইত্যাদির লিখিত সারসংক্ষেপ বা সারাংশ

IDM in the abstract only as an idea, not in real life শুধুমাত্র কল্পনারূপে, বাস্তব জীবনে নয়

abstract art *noun* [U] art that does not show people or things as they really look, but which shows the artist's feelings about them যে শিল্পকলা বাস্তব জীবনের মানুষ, সামগ্রী বা বিষয়বস্তুর প্রকৃতি তুলে ধরে না, কিন্তু তাদের সম্বন্ধে শিল্পীর অনুভূতি ব্যক্ত করে; বিমূর্ত শিল্পকলা

abstraction / æbˈstrækʃn অ্যাব্ˈস্ট্র্যাক্শ্ন্ / *noun* **1** [C, U] (*formal*) a general idea not based on any particular real person, thing or situation যে সাধারণ ধারণা বাস্তবসম্মত কোনো ব্যক্তি, বস্তু বা পরিস্থিতির উপর ভিত্তি করে গড়ে ওঠে না **2** [U] (*formal*) the state of thinking deeply about sth and not paying attention to what is around you চারপাশের সবকিছু ভুলে চিন্তায় বা গভীর অন্যমনস্কতায় নিমগ্ন অবস্থা **3** [U, C] (*technical*) the act of removing sth from sth else অপসারণ; পৃথকীকরণ *water abstraction from rivers*

abstract noun *noun* [C] (*grammar*) a noun, for example 'goodness' or 'freedom', that refers to an idea or a general quality, not to a physical object (ব্যাকরণ) কোনো বিশেষ্যপদ, যেমন 'goodness' (ভালোত্ব) অথবা 'freedom' (স্বাধীনতা) যেটি কোনো ভাব অথবা সাধারণ গুণ বোঝায়, শারীরিক বা দৈহিক বৈশিষ্ট্যকে বোঝায় না; ভাববাচক বিশেষ্য

absurd / əb'sɜːd অ্যাব্'স্য:ড্ / *adj.* not at all logical or sensible; ridiculous অযৌক্তিক, অর্থহীন; হাস্যকর, উদ্ভট *It would be absurd to spend all your money on one book.* ▶ **absurdity** *noun* [C, U] (*pl.* **absurdities**) অযৌক্তিকতা, অসম্ভাব্যতা, যুক্তিহীনতা, মূঢ়তা, অসামঞ্জস্য ▶ **absurdly** *adv.* যুক্তিহীনভাবে, অযৌক্তিকভাবে, অর্থহীনভাবে

abundance / ə'bʌndəns অ্যা'বান্ড্যান্স্ / *noun* [U, C, *sing.*] a very large quantity of sth (কোনো বস্তুর) প্রাচুর্য, বহুলতা, অজস্রতা *These flowers grow here **in abundance**. ○ There is an abundance of wildlife in the forest.*

abundant / ə'bʌndənt অ্যা'বান্ড্যান্ট্ / *adj.* existing in very large quantities; more than enough অঢেল, ঢের, প্রচুর, প্রভূত, অপরিমিত ▶ **abundantly** *adv.* প্রয়োজনাধিক পরিমাণে

abuse¹ / ə'bjuːz অ্যা'বিউজ্ / *verb* [T] **1** to use sth in a bad or dishonest way কোনো বস্তুকে অপব্যবহার করা, অন্যায় সুবিধা নেওয়া বা কুকাজে লাগানো *The politician was accused of abusing his position in order to enrich himself.* **2** to say rude things to sb রূঢ় বা অপমানকর ভাষায় কোনো ব্যক্তিকে কিছু বলা; অবমাননা করা, গালাগালি করা **3** to treat sb badly, often violently কোনো ব্যক্তির সঙ্গে দুর্ব্যবহার বা অন্যায় আচরণ করা (প্রায়ই নির্মমভাবে বা উগ্রভাবে) *The girl had been physically abused.*

abuse² / ə'bjuːs অ্যা'বিউস্ / *noun* **1** [C, U] using sth in a bad or dishonest way (কোনো বস্তুর) অপব্যবহার, অপপ্রয়োগ *an abuse of power ○ the dangers of drug abuse* **2** [U] rude words, used to insult another person কোনো ব্যক্তিকে অপমান বা অবমাননা করার জন্য ব্যবহৃত রূঢ় বচন; গালিগালাজ, কটুবাক্য, কটূক্তি *The other driver leaned out of the car and **hurled abuse** at me. ○ racial abuse* **3** [U] bad, usually violent treatment of sb কোনো ব্যক্তির প্রতি খারাপ (সাধারণত কর্কশ বা উগ্র) ব্যবহার *He subjected his children to verbal and physical abuse. ○ a victim of sexual abuse*

abusive / ə'bjuːsɪv অ্যা'বিউসিভ্ / *adj.* using rude language to insult sb কোনো ব্যক্তিকে অপমান বা অমর্যাদা করার জন্য রূঢ় ভাষার ব্যবহার; অপব্যবহারমূলক, গালিগালাজপূর্ণ *an abusive remark*

abysmal / ə'bɪzməl অ্যা'বিজ্ম্যাল্ / *adj.* very bad; of very poor quality অত্যন্ত খারাপ, কু, মন্দ; খুব নীচু মানের, নিকৃষ্ট ▶ **abysmally** *adv.* অত্যন্ত খারাপভাবে; নিকৃষ্টভাবে

abyss / ə'bɪs অ্যা'বিস্ / *noun* [C] a very deep hole that seems to have no bottom অতলস্পর্শী; অতল গহ্বর

abyssal / ə'bɪsəl অ্যা'বিস্যাল্ / *adj.* (in geography) connected with the deepest parts of the ocean or the ocean floor (ভূগোলে) মহাসাগর বা মহাসমুদ্রের গভীরতম অংশ অথবা তলদেশ সংক্রান্ত; সমুদ্রতল সংক্রান্ত, সমুদ্রতলস্থ

AC / ˌeɪ'siː ˌএই'সী / *abbr.* **1 = air conditioning 2 = alternating current**

a/c *abbr.* **1 = account 2 = air conditioning**

acacia / ə'keɪʃə অ্যা'কেইশ্যা / (*also* **acacia tree**) *noun* [C] a tree with yellow or white flowers. There are several types of acacia trees, some of which produce a sticky liquid একশ্রেণির বাবলা-গোত্রীয় গাছ যাতে হলুদ বা সাদা ফুল হয়। এই গাছ অনেক প্রকারের হয়। কোনো কোনো প্রকারের গাছে এক ধরনের তরল আঠালো পদার্থ উৎপন্ন হয়

academic¹ / ˌækə'demɪk ˌঅ্যাক্যা'ডেমিক্ / *adj.* **1** connected with education, especially in schools and universities বিদ্যালয়, মহাবিদ্যালয় এবং বিশ্ব-বিদ্যালয়ের শিক্ষা-সংক্রান্ত; সারস্বত *The academic year begins in April.* **2** connected with subjects of interest to the mind rather than technical or practical subjects চিত্তাকর্ষক বিষয়সমূহের সঙ্গে সংযুক্ত বিষয়, প্রযুক্তিবিদ্যা অথবা ব্যাবহারিক সম্বন্ধীয় নয়; পাণ্ডিত্যপূর্ণ, তাত্ত্বিক *academic subjects such as History* ✪ বিপ **non-academic** **3** not connected with reality; not affecting the facts of a situation বাস্তববিষয়ক বা বাস্তবতা সম্বন্ধীয় নয়; কোনো পরিস্থিতির বিষয়বস্তুকে প্রভাবিত করে না এমন; অবাস্তবিক *It's academic which one I prefer because I can't have either of them.* ▶ **academically** / ˌækə'demɪkli ˌঅ্যাক্যা'ডেমিক্লি / *adv.* অধ্যয়নগতভাবে, পুঁথিগতভাবে, তত্ত্বগতভাবে

academic² / ˌækə'demɪk ˌঅ্যাক্যা'ডেমিক্ / *noun* [C] a person who teaches and/or does research at a university or college বিশ্ববিদ্যালয়ের অথবা মহাবিদ্যালয়ের শিক্ষক এবং/অথবা গবেষক

academician / əˌkædə'mɪʃn অ্যা,ক্যাড্যা'মিশ্ন্ / *noun* [C] a member of an official group of people who are important in art, science or literature কলা, বিজ্ঞান বা সাহিত্যের ক্ষেত্রে কোনো স্বীকৃত জনগোষ্ঠীর একজন গুরুত্বপূর্ণ সদস্য; বিদ্বান, জ্ঞানী-গুণী ব্যক্তি

academy / əˈkædəmi অ্যা'ক্যাড্যামি / *noun* [C] (*pl.* **academies**) **1** a school for special training বিশেষ ধরনের প্রশিক্ষণ প্রদান করে এমন বিদ্যালয় অথবা প্রতিষ্ঠান *a military academy* **2** (*also* **Academy**) an official group of people who are important in art, science or literature কলা, বিজ্ঞান বা সাহিত্যে গৌরব অথবা প্রতিষ্ঠা অর্জন করেছে এমন স্বীকৃত কোনো গোষ্ঠী অথবা পরিষদ; অ্যাকাডেমি *the Indian Academy of Sciences*

accede / əkˈsiːd অ্যাক্'সীড্ / *verb* [I] **1 accede (to sth)** (*formal*) to agree to a request, demand, etc. কোনো অনুরোধ, দাবি ইত্যাদি মেনে নেওয়া অথবা সম্মতি দেওয়া, রাজি হওয়া *He acceded to demands for his resignation.* **2** to achieve a high position, especially to become king or queen কোনো উচ্চ পদ অথবা মর্যাদার অধিকারী হওয়া, বিশেষত সম্রাট অথবা সম্রাজ্ঞী হওয়া ▶ **accession** *noun* সিংহাসনে অধিষ্ঠান; উচ্চপদ প্রাপ্তি

accelerate / əkˈseləreɪt অ্যাক্'সেল্যারেইট্ / *verb* [I, T] to go faster; to make sth go faster or happen more quickly অপেক্ষাকৃত দ্রুতভাবে যাওয়া, গতিবৃদ্ধি হওয়া; কোনো বস্তুকে ত্বরান্বিত করা অথবা কোনো ঘটনা তাড়াতাড়ি ঘটানো বা এগিয়ে আনা *The driver slowed down for the bend then accelerated away.* ○ *to accelerate the pace of reform* ▶ **acceleration** / əkˌseləˈreɪʃn অ্যাক্,সেল্যা'রেইশ্‌ন্ / *noun* [U] ক্রমান্বয়ে গতিবেগ বৃদ্ধি; ত্বরণ

accelerator / əkˈseləreɪtə(r) অ্যাক্'সেল্যারেই-ট্যা(র্) / *noun* [C] the control in a vehicle that you press with your foot in order to make it go faster মোটরগাড়ি বা কোনো বাহনের গতি নিয়ন্ত্রণকারী যন্ত্রাংশ-বিশেষ যার উপর পা দিয়ে চাপ দিলে তার গতি বৃদ্ধি করা যায়; ত্বরক; অ্যাকসিলারেটর

accent / ˈæksənt; ˈæksent 'অ্যাক্স্যান্ট্; 'অ্যাক্সেন্ট্ / *noun* **1** [C, U] a particular way of pronouncing words that is connected with the country, area or social class that you come from দেশ, কোনো এলাকা বা সামাজিক শ্রেণির সঙ্গে সম্পর্কযুক্ত কোনো ব্যক্তি বিশেষের নির্দিষ্ট বাচনভঙ্গি বা উচ্চারণভঙ্গি; টান *He speaks with a strong Bengali accent.* **2** [C] the greater force that you give to a particular word or part of a word when you speak উচ্চারণের সময়ে কোনো বিশেষ শব্দ অথবা শব্দাংশের উপরে জোর; শ্বাসাঘাত, স্বরাঘাত *In the word 'because' the accent is on the second syllable.* **3** [C] (in writing) a mark, usually above a letter, that shows that it has to be pronounced in a certain way (লেখার সময়ে) কোনো অক্ষরের বিশেষ উচ্চারণভঙ্গি ইঙ্গিত করার জন্য অক্ষরের নীচে বা উপরে ব্যবহৃত বিশেষ চিহ্ন; শ্বাসাঘাতচিহ্ন, ঝোঁকনির্দেশক চিহ্ন **4** [C] the particular importance that is given to sth কোনো বিষয়কে বা বস্তুকে দেওয়া বিশেষ গুরুত্ব বা তাৎপর্য *In all our products the accent is on quality.*

accentuate / əkˈsentʃueɪt অ্যাক্'সেনচুএইট্ / *verb* [T] to emphasize sth or make sth easier to notice কোনো বস্তুকে বিশেষ গুরুত্ব দেওয়া অথবা কোনো বস্তুর প্রতি বিশেষভাবে দৃষ্টি আকর্ষণ করা *She uses make-up to accentuate her beautiful eyes.*

accept / əkˈsept অ্যাক্'সেপ্ট্ / *verb* **1** [I, T] to agree to take sth that sb offers you কোনো ব্যক্তির কাছ থেকে কোনো দান ইত্যাদি গ্রহণ করতে সম্মত বা রাজি হওয়া *Please accept this small gift.* ○ *Why won't you accept my advice?* **2** [I, T] to say yes to sth or to agree to sth কোনো কিছুতে সম্মত হওয়া, হ্যাঁ বলা, রাজি হওয়া *Thank you for your invitation. I am happy to accept.* ○ *She has accepted the job.* **3** [I, T] to admit or recognize that sth unpleasant is true কোনো অপ্রিয় সত্যকে স্বীকার করা বা মেনে নেওয়া *They refused to accept responsibility for the accident.* **4** [T] to allow sb to join a group, etc. কোনো ব্যক্তিকে কোনো দলে অথবা গোষ্ঠী ইত্যাদিতে সংযুক্ত হওয়ার বা যোগদান করার অনুমতি বা সম্মতি দেওয়া *The university has accepted me on the course.*

acceptable / əkˈseptəbl অ্যাক্'সেপ্ট্যাব্‌ল্ / *adj.* **1** that can be allowed গ্রহণযোগ্য, স্বীকার্য *One or two mistakes are acceptable but no more than that.* **2** good enough; satisfactory পর্যাপ্ত, বেশ ভালো; সন্তোষজনক, পরিতোষজনক *We hope that you will consider our offer acceptable.* ✪ বিপ **unacceptable** ▶ **acceptability** / əkˌseptəˈbɪləti অ্যাক্,সেপ্ট্যা'বিল্যাটি / *noun* [U] গ্রহণযোগ্যতা, স্বীকার্যতা ▶ **acceptably** / -bli -ব্‌লি / *adv.* গ্রহণযোগ্যভাবে

acceptance / əkˈseptəns অ্যাক্'সেপ্ট্যান্স্ / *noun* [C, U] the act of accepting or being accepted স্বীকৃত হওয়ার ক্রিয়া; গ্রহণ, সমর্থন, স্বীকৃতি *His ready acceptance of the offer surprised me.* ○ *to* ***gain acceptance*** *in the group*

access[1] / ˈækses 'অ্যাক্‌সেস্ / *noun* [U] **1 access (to sth)** a way of entering or reaching a place কোনো জায়গায় প্রবেশ করা বা পৌঁছোনোর রাস্তা; ঢোকার রাস্তা, প্রবেশপথ, দ্বার *Access to the garden is through the kitchen.* **2 access (to sth)** the chance or right to use or have sth কোনো কিছু পাওয়া বা ব্যবহার করার সুযোগ অথবা অধিকার; প্রবেশাধিকার, অধিগম্যতা *Do you have access to a computer?* **3 access (to sb)** permission, especially legal or official, to see sb কোনো ব্যক্তির সঙ্গে সাক্ষাৎ করার জন্য সরকারি-

ভাবে স্বীকৃত অথবা আইনসম্মত মঞ্জুরি বা অনুমতি *They are divorced, but he has regular access to the children.*

access² / ˈækses ˈঅ্যাক্‌সেস্ / *verb* [T] to find information on a computer কম্পিউটারে কোনো বিশেষ তথ্য খোঁজা *Click on the icon to access a file.*

accessible / əkˈsesəbl অ্যাক্‌ˈসেস্যাব্‌ল্ / *adj.* **1** possible to be reached or entered যে স্থানে সহজে প্রবেশ করা সম্ভব; সহজগম্য, সুগম *The island is only accessible by boat.* **2** easy to get, use or understand যা সহজে পাওয়া, বোঝা অথবা ব্যবহার করা যায় এমন; সহজবোধ্য, সহজগম্য *This television programme aims to make history more accessible to children.* ✪ বিপ **inaccessible** ▶ **accessibility** / əkˌsesəˈbɪləti অ্যাক্‌ˌসেস্যাˈবিল্যাটি / *noun* [U] সহজগম্যতা, সুগম্যতা, সহজবোধ্যতা *Computers have given people greater accessibility to information.*

accession / ækˈseʃn অ্যাক্‌ˈসেশ্‌ন্ / *noun* [U] the act of taking a very high position, especially as ruler of a country or head of sth উচ্চাসন প্রাপ্তি, বিশেষত কোনো রাষ্ট্রের শাসকরূপে অধিষ্ঠান অথবা কোনো সংস্থার প্রধানরূপে কার্যভার গ্রহণের ক্রিয়া *the accession of Queen Elizabeth to the throne in 1952* ▶ **accede** *verb* উচ্চ কোনো পদে বা শাসকরূপে অধিষ্ঠিত হওয়া অথবা প্রধানরূপে কার্যভার গ্রহণ করা

accessory / əkˈsesəri অ্যাক্‌ˈসেস্যারি / *noun* [C] (*pl.* **accessories**) **1** an extra item that is added to sth and is useful or attractive but not of great importance কোনো মূল বস্তুর সঙ্গে সংযুক্ত কোনো অতিরিক্ত জিনিস যা কার্যকর, প্রয়োজনীয় এবং আকর্ষণীয় কিন্তু অপরিহার্য, গুরুত্বপূর্ণ বা তাৎপর্যময় নয়; আনুষঙ্গিক *The car has accessories such as an electronic alarm.* **2** [*usually pl.*] a thing that you wear or carry that matches your clothes, for example a piece of jewellery, a bag etc. পোশাক-পরিচ্ছদের সঙ্গে ব্যবহৃত মানানসই কোনো বস্তু যেমন কোনো অলংকার, ব্যাগ ইত্যাদি **3 an accessory (to sth)** (in law) a person who helps sb to do sth illegal (আইনে) আইনবিরুদ্ধ অথবা অবৈধ কোনো কাজে সাহায্যকারী ব্যক্তি; শাগরেদ, সাঙাত *He was charged with being an accessory to murder.*

accident / ˈæksɪdənt ˈঅ্যাক্‌সিড্যান্ট্ / *noun* [C] an unpleasant event that happens unexpectedly and causes damage, injury or death আকস্মিক এবং অপ্রিয় কোনো ঘটনা যা অপ্রত্যাশিতভাবে ঘটে এবং যার ফলে ক্ষতি, আঘাতপ্রাপ্তি অথবা মৃত্যু হয়; অঘটন, অনর্থ, দুর্ঘটনা *I hope they haven't **had an accident**.* ○ *a fatal accident* (= when sb is killed)

IDM **by accident** by chance; without intending to দৈবক্রমে, হঠাৎ; অনিচ্ছাকৃতভাবে *I knocked the vase over by accident as I was cleaning.*

accidental / ˌæksɪˈdentl ˌঅ্যাক্‌সিˈডেন্‌ট্‌ল্ / *adj.* happening by chance; not planned আকস্মিক, দুর্ঘটনামূলক, আপতিক; পূর্বপরিকল্পনা ছাড়া *Police do not know if the explosion was accidental or caused by a bomb.* ▶ **accidentally** / ˌæksɪˈdentəli ˌঅ্যাক্‌সিˈডেন্‌ট্যালি / *adv.* দৈবক্রমে, দৈবাৎ, ঘটনাচক্রে *She accidentally took the wrong coat.*

accident-prone *adj.* often having accidents দুর্ঘটনা-প্রবণ, দুর্ঘটনা-পরায়ণ

acclaim / əˈkleɪm অ্যাˈক্লেইম্ / *verb* [T] to express a very high opinion of sth/sb কোনো ব্যক্তি বা বস্তু সম্পর্কে উচ্চধারণা পোষণ করা, মুক্তকণ্ঠে বা উচ্চস্বরে প্রশংসা করা অথবা বাহবা দেওয়া; অভিনন্দিত করা *a **highly acclaimed** new film* ○ *The novel has been **acclaimed as** a modern classic.* ▶ **acclaim** *noun* [U] প্রশংসাধ্বনি, জয়ধ্বনি, অভিবন্দনা, উচ্চস্বরে সাধুবাদ জ্ঞাপন

acclamation / ˌækləˈmeɪʃn ˌঅ্যাক্‌ল্যাˈমেইশ্‌ন্ / *noun* [U] (*formal*) loud and enthusiastic approval or welcome সোচ্চার এবং উৎসাহজনক প্রশংসাজ্ঞাপন, সমর্থন অথবা সম্বর্ধনা

acclimatize (*also* **-ise**) / əˈklaɪmətaɪz অ্যাˈক্লাইম্যাটাইজ্ / *verb* [I, T] **acclimatize (yourself/sb/sth) (to sth)** to get used to a new climate, a new situation, etc. so that it is not a problem anymore নতুন জলবায়ু, নতুন পরিবেশ বা পরিস্থিতি ইত্যাদির সঙ্গে মানিয়ে নেওয়া অথবা অভ্যস্ত হওয়া যাতে পরবর্তী সময়ে কোনো সমস্যার সম্মুখীন না হতে হয়, অভিযোজিত করা বা হওয়া ▶ **acclimatization** (*also* **-isation**) / əˌklaɪmətaɪˈzeɪʃn অ্যাˌক্লাইম্যাটাইˈজ়েইশ্‌ন্ / *noun* [U] নতুন আবহাওয়া, পরিবেশ বা পরিস্থিতিতে অভ্যস্তকরণ; অভিযোজন ▶ **acclimatized** (*also* **-ised**) *adj.* নতুন পরিস্থিতি অথবা পরিবেশে অভ্যস্ত

accolade / ˈækəleɪd ˈঅ্যাক্যালেইড্ / *noun* [C] a comment, prize, etc. that you receive that shows people's high opinion of sth that you have done কৃতকর্মের জন্য প্রশংসা, পুরস্কার ইত্যাদির প্রাপ্তি যার মাধ্যমে জনগণের উচ্চ ধারণা অভিব্যক্ত হয়; প্রশংসাপত্র, পুরস্কার ইত্যাদি

accommodate / əˈkɒmədeɪt অ্যাˈকম্যাডেইট্ / *verb* [T] **1** to have enough space for sb/sth, especially for a certain number of people কোনো ব্যক্তি বা বস্তুর জন্য অথবা বিশেষ কিছু সংখ্যক লোকের জন্য স্থান সংকুলান হওয়া *Each apartment can accommodate up to six people.* **2** to provide sb with a place to stay, live or work কোনো ব্যক্তিকে বসবাস করা অথবা জীবিকা অর্জন করার জন্য জায়গার ব্যবস্থা করে দেওয়া; বন্দোবস্ত করা বা আশ্রয় দেওয়া *During the conference, you will be accommodated in a nearby hotel.* **3** (*formal*) to do or provide what sb wants or needs কোনো ব্যক্তির প্রয়োজন অথবা চাহিদা জোগানো বা পূরণ করা; উপকার পরায়ণ হওয়া

accommodating / əˈkɒmədeɪtɪŋ অ্যা'কম্যা-ডেইটিং / *adj.* (used about a person) agreeing to do or provide what sb wants (কোনো ব্যক্তি সম্বন্ধে ব্যবহৃত) অন্য কোনো ব্যক্তির প্রয়োজন অথবা চাহিদা পূরণ করতে ইচ্ছুক

accommodation / əˌkɒməˈdeɪʃn অ্যা,কম্যা-'ডেইশ্‌ন্ / *noun* **1** [U] a place for sb to live or stay কোনো ব্যক্তির থাকার জায়গা; আশ্রয়, বন্দোবস্ত, বাসস্থান *We lived in rented accommodation before buying this house.* ○ *The price of the holiday includes flights and accommodation.*

> **NOTE** ব্রিটিশ ইংরেজিতে **accommodation** শব্দটি অগণনীয় এবং 'I will help you to find an accommodation' সঠিক ব্যবহার নয়। এই অর্থে— *'I will help you to find somewhere to live.'* যথার্থ ব্যবহার।

2 accommodations [*pl.*] (*AmE*) somewhere to live or stay, often also providing food or other services বাসযোগ্য স্থান যা (প্রায়শ) আহার ও অন্যান্য পরিষেবা প্রদান করে **3** [U] (*technical*) the way in which part of your eye (**the lens**) automatically becomes flatter or thicker in order to create a clear image of the object that you want to look at কোনো বস্তু স্পষ্টভাবে দেখার সময়ে পরিষ্কার ছবি তৈরি করার জন্য চোখের লেন্সের স্বতঃস্ফূর্ত অভিযোজন ➪ **eye**-এ ছবি দেখো।

accompaniment / əˈkʌmpənimənt অ্যা'কাম্-প্যানিম্যান্ট্/ *noun* [C] something that goes together with another more important thing অত্যন্ত গুরুত্বপূর্ণ বস্তুর আনুষঙ্গিক কোনো তাৎপর্যপূর্ণ বস্তু; সহগামী

accompanist / əˈkʌmpənɪst অ্যা'কাম্প্যানিস্ট্ / *noun* [C] a person who plays the piano or another instrument, while sb else plays or sings the main part of the music (সংগীতে) মূল গায়ক, কণ্ঠশিল্পী বা বাদ্যকারের সহযোগী বাদ্যকার যে পিয়ানো বা অন্য কোনো বাদ্যযন্ত্র বাজায়; সংগতকারী, সহায়ক বাদ্যকার

accompany / əˈkʌmpəni অ্যা'কাম্প্যানি / *verb* [T] (*pres. part.* **accompanying**; *3rd person sing. pres.* **accompanies**; *pt, pp* **accompanied**) **1** to go together with sb/sth কোনো ব্যক্তি অথবা বস্তুর সঙ্গে যাওয়া অথবা সঙ্গী বা সহযোগী হওয়া *Massive publicity accompanied the film's release.* **2 accompany sb (on sth)** to play music for a singer or another instrument কোনো কণ্ঠশিল্পী অথবা অন্য কোনো বাদ্যযন্ত্রের সঙ্গে সংগত করা *She accompanied him on the guitar.*

accomplice / əˈkʌmplɪs অ্যা'কাম্প্লিস্ / *noun* [C] **an accomplice (to/in sth)** a person who helps sb to do sth bad, especially a crime দুষ্কর্মে বিশেষত কোনো অন্যায় কাজে সহায়ক ব্যক্তি অথবা সহচর; শাগরেদ, অনুচর, সাঙাত

accomplish / əˈkʌmplɪʃ অ্যা'কাম্প্লিশ্ / *verb* [T] to succeed in doing sth difficult that you planned to do পূর্বপরিকল্পিত কোনো কঠিন কাজ সফলভাবে সম্পন্ন বা সম্পাদন করা *I managed to accomplish my goal of writing ten letters a day.*

accomplished / əˈkʌmplɪʃt অ্যা'কাম্প্লিশ্ট্ / *adj.* highly skilled at sth সুদক্ষ, সুশিক্ষিত, কৃতবিদ্য *an accomplished actor*

accomplishment / əˈkʌmplɪʃmənt অ্যা'কাম্প্লিশ্-ম্যান্ট্ / *noun* **1** [U] the act of completing sth successfully সফলভাবে কোনো কর্ম সম্পাদনের ক্রিয়া; নিষ্পাদন *the accomplishment of a plan* **2** [C] something difficult that sb has succeeded in doing or learning কোনো ব্যক্তির দ্বারা নিষ্পাদিত বা সম্পাদিত কোনো কঠিন কাজ অথবা অর্জিত নৈপুণ্য বা গুণাবলী

accord[1] / əˈkɔːd অ্যা'ক:ড্ / *noun* [C] an agreement, especially between countries (বিশেষত বিভিন্ন দেশের মধ্যে) মতৈক্য, চুক্তি, সন্ধি, বোঝাপড়া *the Helsinki accords on human rights*

IDM in accord in agreement about sth কোনো বিষয়ে একমত

of your own accord without being forced or asked বাধ্য হয়ে নয়; স্বেচ্ছাপ্রণোদিতভাবে, স্বেচ্ছায় *He wasn't sacked from his job—he left of his own accord.*

accord[2] / əˈkɔːd অ্যা'ক:ড্ / *verb* (*formal*) **1** [T] to give sth to sb (কোনো ব্যক্তি অথবা বস্তুকে কোনো কিছু) অর্পণ অথবা প্রদান করা; দেওয়া **2** [I] **accord (with sth)** to match; to agree with (কোনো কিছুর সঙ্গে) সংগতি বা সামঞ্জস্য রাখা; ঐকমত্য থাকা, রাজি হওয়া

accordance / əˈkɔːdns অ্যা'ক:ড্‌ন্স্ / *noun*

IDM in accordance with sth in a way that follows or obeys sth কোনো কিছু অনুসারে বা অনুযায়ী *to act in accordance with instructions*

accordingly / əˈkɔːdɪŋli অ্যা'ক:ডিংলি / *adv.* **1** in a way that is suitable তদনুসারে, যথাযোগ্যভাবে, যথাযথভাবে, সেইমতো *I realized that I was in danger and acted accordingly.* **2** (*formal*) therefore; for that reason তাই, সুতরাং; সেই কারণে, সেইজন্য

according to / əˈkɔːdɪŋ tə; *before vowels* tu; অ্যা'ক:ডিং ট্যা; *স্বরবর্ণের পূর্বে* টু *prep.* **1** as stated by sb; as shown by sth কোনো ব্যক্তির বিবৃতি অথবা বস্তু দ্বারা যা দেখানো হয়েছে তার অনুপাতে; অনুযায়ী, তদনুসারে *According to Madhuri, it's a brilliant film.* ○ *More people now have a high standard of living, according to the statistics.* **2** in a way that matches, follows or depends on sth কোনো কিছুর সঙ্গে মানানসইভাবে, কোনো কিছুকে অনুসরণ অথবা তার উপরে নির্ভরতার মাধ্যমে; সেইমতো, তদনুপাতে *Everything went off **according to plan**.* ○ *The salary will be fixed according to age and experience.*

accordion / əˈkɔːdiən অ্যা'ক:ডিঅ্যান্ / *noun* [C] a musical instrument that you hold in both hands and play by pulling the two sides apart and then pushing them together, while pressing the keys and/or buttons with your fingers দুহাতে ধরে বাজানো হয় এমন একধরনের বাদ্যযন্ত্র যার দুইপাশ টেনে ধরে ও ঠেলে দিয়ে এবং একইসঙ্গে তার চাবি বা বোতামে চাপ দিয়ে সেটি বাজানো যায়; অ্যাকর্ডিয়ন ➪ **music**-এ ছবি দেখো।

accost / əˈkɒst অ্যা'কস্ট্ / *verb* [T] to go up and talk to a stranger in a way that is rude or frightening নিজে প্রথমে এগিয়ে গিয়ে বা আগ বাড়িয়ে কোনো অচেনা অথবা অপরিচিত ব্যক্তির সঙ্গে রূঢ় বা অশোভনভাবে কথা বলা

account¹ / əˈkaʊnt অ্যা'কাউন্ট্ / *noun* [C] **1** somebody's report or description of sth that has happened (কোনো ব্যক্তির দ্বারা প্রদত্ত) কোনো ঘটনার বর্ণনা, বৃত্তান্ত অথবা বিবরণ *She gave the police a full account of the robbery.* **2** (*abbr.* **a/c**) the arrangement by which a bank, post office, etc. looks after your money for you ব্যাংক অথবা ডাকঘর ইত্যাদিতে কারও সঞ্চিত অর্থ দেখাশোনার যে ব্যবস্থা *to open/close an account* ○ *I paid the cheque into my bank account.* **3** (*usually pl.*) a record of all the money that a person or business has received or paid out কোনো ব্যক্তির ব্যক্তিগত বা ব্যাবসা সংক্রান্ত আয় অথবা ব্যয়ের লিখিত নথিপত্র; আয়ব্যয়পত্র *If you are self-employed you have to **keep** your own **accounts**.* **4** an arrangement with a shop, etc. that allows you to pay for goods or services at a later date (দোকান ইত্যাদিতে) ধারে অথবা বাকিতে পণ্য বিক্রয়ের বা পরিষেবা প্রদানের হিসাবের খাতা *Most customers **settle/pay** their **account** in full at the end of each month.*

IDM **by all accounts** according to what everyone says সর্বজনগ্রাহ্য; সকলের মতে *By all accounts, she's a very good doctor.*

by your own account according to what you say yourself নিজের ব্যক্তিগত মতামত অনুসারে *By his own account, Mohit was not very good at his job.*

on account of because of সেই কারণে, তার জন্য; হেতু, কারণবশত *Our flight was delayed on account of bad weather.*

on no account; not on any account not for any reason কোনো কারণেই নয়; কোনোক্রমেই নয়, কিছুতেই নয় *On no account should you walk home by yourself.*

take account of sth; take sth into account to consider sth, especially when deciding or judging sth বিশেষত কোনো সিদ্ধান্ত নেওয়ার আগে বা বিচার করার পূর্বে কোনো বিষয়ে বিবেচনা করা *We'll take account of your comments.* ○ *We'll take your comments into account.*

account² / əˈkaʊnt অ্যা'কাউন্ট্ / *verb*

PHR V **account for sth 1** to explain or give a reason for sth কোনো কিছুর কৈফিয়ত দেওয়া; সন্তোষজনক কারণ দেখানো, জবাবদিহি করা *How can we account for these changes?* **2** to form the amount that is mentioned উল্লিখিত মোট পরিমাণের পূর্ণ হিসেব দেখানো *Sales to Europe accounted for 80% of our total sales last year.*

accountable / əˈkaʊntəbl অ্যা'কাউন্ট্যাব্ল্ / *adj.* expected to give an explanation of your actions, etc.; responsible কোনো বিশেষ কাজ ইত্যাদির জন্য কৈফিয়ত দিতে অথবা জবাবদিহি করতে বাধ্য; ব্যাখ্যাসাধ্য, দায়ী, দায়বদ্ধ *She is too young to **be held accountable** for what she did.* ► **accountability** / -əˈbɪləti -অ্যা'বিল্যাটি / *noun* [U] কৈফিয়ত দেওয়ার দায়িত্ব; জবাবদিহি করার বাধ্যবাধকতা

accountancy / əˈkaʊntənsi অ্যা'কাউন্ট্যান্সি / *noun* [U] the work or profession of an accountant হিসাবরক্ষকের কাজ অথবা পেশা; হিসাবশাস্ত্র

accountant / əˈkaʊntənt অ্যা'কাউন্ট্যান্ট্ / *noun* [C] a person whose job is to keep or examine the financial accounts of a business, etc. গাণণিক, হিসাবরক্ষক, হিসাব-পরিদর্শক; অ্যাকাউন্ট্যান্ট

accreditation / əˌkredɪˈteɪʃn অ্যা,ক্রেডি'টেইশ্ন্ / *noun* [U] official approval given by an organization when sb/sth achieves a certain standard কোনো ব্যক্তি অথবা বস্তু নির্দিষ্ট গুণমানসম্পন্ন হওয়ার জন্য অথবা কৃতিত্ব অর্জন করার জন্য কোনো প্রতিষ্ঠিত সংস্থার দ্বারা (তাকে) আনুষ্ঠানিকভাবে প্রদান করা প্রকাশ্য স্বীকৃতি; সর্বজনস্বীকৃতি

accrue / əˈkruː অ্যা'ক্রূ / *verb* (*formal*) **1** [I] **accrue (to sb) (from sth)** to increase over a period of time (নির্দিষ্ট কোনো সময়কাল ধরে) বৃদ্ধি পাওয়া; পুঞ্জীভূত হওয়া, উপচয় করা *interest accruing to savers from their bank accounts* **2** [T] to allow a sum of money or debts to grow over a period of time নির্দিষ্ট সময়কাল ধরে টাকার অথবা ঋণের অঙ্ক জমে উঠতে বা বৃদ্ধি পেতে দেওয়া ✪ সম **accumulate**

accumulate / əˈkjuːmjəleɪt অ্যা'কিউমিঅ্যালেইট্ / *verb* **1** [T] to collect a number or quantity of sth over a period of time দীর্ঘ সময়কাল ধরে কোনো কিছু বিপুলভাবে সংগ্রহ করা অথবা সঞ্চিত করা; একত্রিত অথবা

রাশিকৃত করা *Over the years, I've accumulated hundreds of books.* **2** [I] to increase over a period of time নির্দিষ্ট সময়কাল ধরে বিপুলভাবে সঞ্চিত হওয়া অথবা বৃদ্ধি পাওয়া ▶ **accumulation** / ə,kju:mjə'leɪʃn অ্যা,কিউমিঅ্যা'লেইশ্‌ন্ / *noun* [C, U] জমা, সঞ্চয়, সংগ্রহ ▶ **accumulative** / ə'kju:mjələtɪv অ্যা'কিউমিঅ্যাল্যাটিভ্ / *adj.* পুঞ্জীভবনশীল, সঞ্চয়জাত, সঞ্চয়কারক, সঞ্চয়ী

accurate / 'ækjərət 'অ্যাকিঅ্যার‍্যাট্ / *adj.* exact and correct; without mistakes যথাযথ এবং নির্ভুল; যথার্থ এবং সঠিক; নিখুঁত, অভ্রান্ত *He managed to give the police an accurate description of the robbers.* ✪ বিপ **inaccurate** ▶ **accuracy** / 'ækjərəsi 'অ্যাকিঅ্যার‍্যাসি / *noun* [U] ভ্রমশূন্যতা, অভ্রান্ততা, একান্ত সঠিকতা ✪ বিপ **inaccuracy** ▶ **accurately** *adv.* যথাযথভাবে

accusation / ,ækju'zeɪʃn ,অ্যাকিউ'জ়েইশ্‌ন্ / *noun* [C, U] a statement saying that sb has done sth wrong অভিযোগ, নালিশ, অভিযুক্তকরণ, দোষারোপ

accusative / ə'kju:zətɪv অ্যা'কিউজ়্যাটিভ্ / *noun* [C] (*grammar*) the form of a noun, a pronoun, or an adjective in some languages when it is, or is connected with, the **direct object** of a verb (ব্যাকরণ) কোনো কোনো ভাষার ব্যাকরণে বিশেষ্য, বিশেষণ, সর্বনাম ইত্যাদি পদের যে রূপটি ক্রিয়াপদের মুখ্য কর্মের সঙ্গে যুক্ত থাকে কর্মকারক সম্বন্ধীয়; কর্মকারক *In the sentence 'I bought them.', 'them' is in the accusative.* ➪ **dative, genitive, nominative** এবং **vocative** দেখো। ▶ **accusative** *adj* কর্মকারক বা কর্মকারক সম্বন্ধীয়

accuse / ə'kju:z অ্যা'কিউজ্ / *verb* [T] **accuse sb (of sth/doing sth)** to say that sb has done sth wrong or broken the law কোনো ব্যক্তিকে অন্যায় অথবা বেআইনি কাজের জন্য অভিযুক্ত করা; কারও বিরুদ্ধে অভিযোগ বা নালিশ করা *He was accused of murder and sent for trial.* ▶ **accuser** *noun* [C] ফরিয়াদি, অভিযোক্তা

the accused / ə'kju:zd অ্যা'কিউজ়্ড্ / *noun* [C] (*pl.* **the accused**) (used in a court of law) the person who is said to have broken the law (ফৌজদারি আদালতে ব্যবহৃত) আসামী, অভিযুক্ত ব্যক্তি *The jury found the accused not guilty of murder.*

accusing / ə'kju:zɪŋ অ্যা'কিউজ়িং / *adj.* showing that you think sb has done sth wrong অভিযোগপূর্ণ ব্যবহার করে এমন; অভিযোগের সুর অথবা মনোভাবসম্পন্ন *He gave me an accusing look.* ▶ **accusingly** *adv.* অভিযোগপূর্ণভাবে

accustom / ə'kʌstəm অ্যা'কাস্ট্যাম্ / *verb* [T] **accustom yourself/sb/sth to sth** to make yourself/sb/sth get used to sth (নিজেকে অথবা কোনো ব্যক্তি বা বস্তুকে) নতুন অবস্থা, পরিস্থিতি অথবা রীতির সঙ্গে মানিয়ে নেওয়া, পরিচিত বা অভ্যস্ত করানো, খাপ খাইয়ে নেওয়া *It took me a while to accustom myself to working nights.*

accustomed / ə'kʌstəmd অ্যা'কাস্ট্যাম্ড্ / *adj.* **1 accustomed to sth** if you are accustomed to sth, you are used to it and it is not strange for you কোনো কিছুর সঙ্গে পরিচিত অথবা কোনো পরিস্থিতিতে অভ্যস্ত এমন; স্বভাবসিদ্ধ, ধাতস্থ *She's accustomed to travelling a lot in her job.* **2** (*formal*) usual; regular সাধারণ, নিয়মমতো; প্রচলিত, নিয়মিত

ace / eɪs এইস্ / *noun* [C] **1** a playing card which has a single shape on it. An ace has either the lowest or the highest value in a game of cards তাসখেলায় কোনো একটি তাস যাতে কেবল একটিমাত্র চিহ্ন থাকে এবং এটি খেলার মধ্যে উচ্চতম বা নিম্নতম মানসম্পন্ন হতে পারে; তাসের টেক্কা *the ace of spades* ➪ **card**-এ নোট দেখো **2** (in tennis) a **service** that the person playing against you cannot hit back (টেনিস খেলায়) যে সার্ভ অথবা সার্ভিস প্রতিদ্বন্দ্বী ফেরাতে পারে না *to serve an ace*

acetate / 'æsɪteɪt 'অ্যাসিটেইট্ / *noun* [U] **1** a chemical compound that is made from a type of acid (**acetic acid**) and that is used in making plastics একপ্রকারের অম্ল অথবা অ্যাসিড (সিরকাম্ল অথবা অ্যাসিটিক অ্যাসিড) থেকে তৈরি রাসায়নিক যৌগ পদার্থ যা প্লাস্টিক উৎপাদন করতে ব্যবহার করা হয়; সিরকাম্লের লবণ বা সল্ট; অ্যাসিটেট্ **2** a smooth type of artificial cloth একপ্রকারের খুব মসৃণ এবং মোলায়েম কৃত্রিম কাপড় বা বস্ত্র

acetic acid / ə,si:tɪk 'æsɪd অ্যা,সীটিক্ 'অ্যাসিড্ / *noun* [U] a type of acid that is in **vinegar** এক প্রকারের অম্ল বা অ্যাসিড যা ভিনিগার বা সিরকাতে পাওয়া যায়; সিরকাম্ল; অ্যাসিটিক অ্যাসিড

acetone / 'æsɪtəʊn 'অ্যাসিট্যাউন্ / *noun* [U] a colourless liquid with a strong smell used for cleaning things, making paint thinner and producing various chemicals বর্ণহীন উগ্র গন্ধযুক্ত তরল পদার্থ যা জিনিসপত্র পরিষ্কার করার জন্য, রংয়ের ঘনত্ব কমানোর জন্য বা বিভিন্ন রাসায়নিক পদার্থ উৎপাদন করার জন্য ব্যবহার করা হয়; অ্যাসিটোন

acetylene / ə'setəli:n অ্যা'সেট্যালীন্ / *noun* [U] (*symbol* C_2H_2) a gas that burns with a very hot bright flame, used for cutting or joining metal বর্ণহীন বায়বীয় পদার্থ বা গ্যাস যা দহনকালে উজ্জ্বল শিখা সৃষ্টি করে এবং ধাতব বস্তু কাটা বা জোড়ার কাজে ব্যবহৃত হয়; অ্যাসিট্যালীন

ache[1] / eɪk এইক / *noun* [C, U] a pain that lasts for a long time দীর্ঘস্থায়ী অথবা অবিরাম যন্ত্রণা, একটানা ব্যথা অথবা বেদনা *to have toothache/earache/stomachache*

A

> **NOTE** **Ache** শব্দটি প্রায়শ যৌগিক শব্দে ব্যবহৃত হয়। ব্রিটিশ ইংরেজিতে এই শব্দগুলির পূর্বে 'a' অথবা 'an' ব্যবহার করা হয় না—*I've got toothache.* কিন্তু আমরা headache শব্দটির পূর্বে সর্বদা 'a' ব্যবহার করি—*I've got a bad headache.* অবশ্য আমেরিকান ইংরেজিতে**ache** শব্দটি সাধারণত 'a' অথবা 'an'-এর সঙ্গে ব্যবহৃত হয়, বিশেষত যখন কোনো নির্দিষ্ট ধরনের ব্যথার কথা উল্লেখ করা হয়—*I have an awful toothache.*

ache² / eɪk এইক্ / *verb* [I] to feel a continuous pain একটানা যন্ত্রণা, ব্যথা অথবা বেদনা বোধ করা *His legs ached after playing football.*

achieve / əˈtʃiːv অ্যা'চীভ্ / *verb* [T] **1** to complete sth by hard work and skill পরিশ্রম এবং দক্ষতার দ্বারা কোনো কাজ সাধন অথবা সম্পন্ন করা *They have achieved a lot in a short time.* **2** to gain sth, usually by effort or skill নিজের প্রচেষ্টা, উদ্যম অথবা নৈপুণ্যের দ্বারা কোনো কিছু অর্জন করা *You have achieved the success you deserve.* ▶ **achievable** *adj.* সাধনযোগ্য, অর্জনীয়, সম্পাদনযোগ্য *Profits of Rs 100 lakh look achievable.* ○ *achievable goals*

achievement / əˈtʃiːvmənt অ্যা'চীভ্ম্যান্ট / *noun* [C, U] something that you have done successfully, especially through hard work or skill দক্ষতা অথবা প্রচেষ্টার দ্বারা সাফল্যলাভ; সিদ্ধিলাভ, সাধন, সম্পাদন *He enjoys climbing mountains because it gives him **a sense of achievement**.*

Achilles heel / əˌkɪliːz ˈhiːl অ্যা,কিলীজ্ 'হীল্ / *noun* [C] a weak point or fault in sb/sth (কোনো ব্যক্তি বা বস্তুর) দুর্বলতা অথবা দুর্বল স্থান, খুঁত অথবা ত্রুটি; অ্যাকিলিসের গোড়ালি

Achilles tendon / əˌkɪliːz ˈtendən অ্যা,কিলীজ্ 'টেন্ড্যান্ / *noun* [C] (*medical*) the strong thin material inside your leg that connects the muscles at the back of the lower part of your leg (**calf**) to the back part of your foot (**heel**) গোড়ালির হাড়ের সঙ্গে পায়ের নীচের অংশের পিছনদিকের পেশিগুলোকে যে সূক্ষ্ম তন্তুরজ্জু সংযুক্ত করে; কন্ডরা

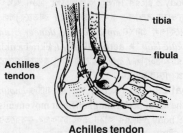

tibia
fibula
Achilles tendon

Achilles tendon

acid¹ / ˈæsɪd 'অ্যাসিড্ / *noun* [C, U] (in chemistry) a chemical, usually a liquid, that contains hydrogen and has a pH of less than 7. It can dissolve metal and often burn holes in or damage things they touch (রসায়নশাস্ত্রে) তরল রাসায়নিক পদার্থ যার pH মান ৭-এর থেকে কম হয়; অ্যাসিড। অ্যাসিড ধাতু দ্রবীভূত করতে পারে এবং কোনো বস্তু স্পর্শ করলে সেটিকে ক্ষতিগ্রস্ত করে বা সেটিকে দগ্ধ করে ছিদ্রযুক্ত করে; অম্ল, অম্লপদার্থ *sulphuric acid* ➪ **alkali** এবং **base** দেখো এবং **pH**-এ ছবি দেখো।

acid² / ˈæsɪd 'অ্যাসিড্ / *adj.* **1** (used about a fruit, etc.) with a sour taste (ফল ইত্যাদি সম্বন্ধে ব্যবহৃত) টক স্বাদযুক্ত **2** (*also* **acidic** / əˈsɪdɪk অ্যা'সিডিক্) containing an acid অম্লযুক্ত; অ্যাসিডযুক্ত *an acid solution* ➪ **alkaline** দেখো এবং **pH**-এ ছবি দেখো।

acidity / əˈsɪdəti অ্যা'সিড্যাটি / *noun* [U] the quality of being acid অম্লত্ব, অম্লতা, আম্লিকতা, অম্লগুণ *to measure the acidity of soil*

acid rain *noun* [U] rain that has harmful chemicals in it from factory gases etc. that causes damage to trees, crops, buildings and rivers উচ্চমাত্রায় ক্ষতিকারক রাসায়নিক পদার্থ (কলকারখানা থেকে নির্গত দূষিত গ্যাস ইত্যাদি) যুক্ত বৃষ্টি যা গাছপালা, শস্য, নদীনালা এবং অট্টালিকাসমূহকে ক্ষতিগ্রস্ত করে; অ্যাসিড রেন

acknowledge / əkˈnɒlɪdʒ অ্যাক্'নলিজ্ / *verb* [T] **1** to accept or admit that sth is true or exists কোনো কিছুর সত্যতা, বাস্তবতা অথবা অস্তিত্ব গ্রহণ করা বা স্বীকার করা *He **acknowledged (the fact) that** he had made a mistake.* ○ *He is acknowledged to be the country's greatest writer.* **2** to show that you have seen or noticed sb/sth or received sth কোনো ব্যক্তি বা বস্তুর উল্লেখ করা অথবা কোনো কিছুর প্রাপ্তি স্বীকার করা *The manager sent a card to all the staff to acknowledge their hard work.*

acknowledgement / əkˈnɒlɪdʒmənt অ্যাক্'নলিজ্ম্যান্ট *noun* **1** [U] the act of showing that you have seen or noticed sb/sth লক্ষিত হয়েছে এমন ব্যক্তি বা বস্তুর উল্লেখ বা প্রকাশ; প্রাপ্তি-স্বীকার *The president gave a smile of acknowledgement to the photographers.* **2** [C, U] a letter, etc. that says that sth has been received or noticed প্রাপ্তি স্বীকারের চিঠি, রসিদ ইত্যাদি *I haven't received (an) acknowledgement of my job application yet.* **3** [C, *usually pl.*] a few words of thanks that an author writes at the beginning or end of a book to the people who have helped him/her কোনো বইয়ের প্রারম্ভে অথবা অন্তিমে যাঁরা ঐ বই লেখার কাজে সাহায্য করেছেন তাঁদের উদ্দেশ্যে কৃতজ্ঞতা স্বীকার করে লেখকের ধন্যবাদ-জ্ঞাপক শব্দাবলী

acne / ˈækni 'অ্যাকনি / *noun* [U] a skin disease that usually affects young people. When you have acne you get a lot of spots on your face একধরনের

চর্মরোগ যা সাধারণত তরুণ-তরুণী বা কিশোর-কিশোরীদের মধ্যে দেখা যায় এবং এর ফলে মুখে প্রচুর দাগ দেখা দেয়; ব্রণ

acorn / ˈeɪkɔːn ˈএইক:ন্ / *noun* [C] the small nut of the **oak** tree, that grows in a base shaped like a cup ওক গাছের ফল; ওকফল

acoustic / əˈkuːstɪk অ্যাˈকুস্টিক্ / *adj.* **1** connected with sound or the sense of hearing ধ্বনি অথবা শ্রবণেন্দ্রিয় সম্পর্কিত; শ্রৌত **2** (of a musical instrument) not electric (বাদ্যযন্ত্র সম্বন্ধে ব্যবহৃত) বিদ্যুৎচালিত নয় এমন *an acoustic guitar* ⇨ **music**-এ ছবি দেখো।

acoustics / əˈkuːstɪks অ্যাˈকুস্টিক্স্ / *noun* [*pl.*] the qualities of a room, etc. that make it good or bad for you to hear music, etc. in (ঘর, ইত্যাদির সম্বন্ধে ব্যবহৃত) যে ধরনের গঠনের উপর সেখানে অনুষ্ঠিত সংগীত ইত্যাদির শ্রবণযোগ্যতা নির্ভর করে; ধ্বনি-পরিবেশনযোগ্যতা *The theatre has excellent acoustics.*

acquaint / əˈkweɪnt অ্যাˈকুএইন্ট্ / *verb* [T] **acquaint sb/yourself with sth** (*formal*) to make sb or yourself become familiar with sth নিজেকে অথবা অন্য কাউকে কোনো ব্যক্তি বা বস্তুর সঙ্গে পরিচিত করানো অথবা আলাপ করানো; সচেতন বা অবহিত করা *I spent several hours acquainting myself with the new computer system.*

acquaintance / əˈkweɪntəns অ্যাˈকুএইনট্যান্স্ / *noun* **1** [C] a person that you know but who is not a close friend পরিচিত কিন্তু ঘনিষ্ঠ বন্ধু নয় এমন কোনো ব্যক্তি; অল্প চেনা, চেনাশোনা **2** [U] **acquaintance with sb/sth** a slight knowledge of sb/sth কোনো ব্যক্তি অথবা বস্তুর সম্বন্ধে সামান্য বা সীমিত জ্ঞান বা ধারণা

acquainted / əˈkweɪntɪd অ্যাˈকুএইনটিড্ / *adj.* (*formal*) **1 acquainted with sth** knowing sth (কোনো কিছু সম্বন্ধে) সচেতন, অবহিত অথবা পরিচিত *I went for a walk to **get acquainted** with my new neighbourhood.* **2 acquainted (with sb)** knowing sb, but usually not very closely কোনো ব্যক্তির সঙ্গে অল্প-পরিচিত (ঘনিষ্ঠভাবে নয়), সীমিত পরিচিত; জানাশোনা

acquiesce / ˌækwiˈes ˌঅ্যাকুইˈএস্ / *verb* [I] (*written*) **acquiesce in/to sth** to accept sth without argument, although you may not agree with it বিনা আপত্তিতে বা নির্বিবাদে (অনেক সময় একমত না হলেও) কোনো কিছু মেনে নেওয়া; সম্মত হওয়া ► **acquiescence** / ˌækwiˈesns ˌঅ্যাকুইˈএস্ন্স্ / *noun* [U] (*formal*) মৌনসম্মতি, প্রশ্নহীন সম্মতি

acquire / əˈkwaɪə(r) অ্যাˈকুআইঅ্যা(র্) / *verb* [T] (*formal*) to obtain or buy sth কোনো বস্তু সংগ্রহ করা, অর্জন করা অথবা ক্রয় করা *The company has acquired shares in a rival business.*

acquisition / ˌækwɪˈzɪʃn ˌঅ্যাকুইˈজিশ্ন্ / *noun* (*formal*) **1** [U] the act of obtaining or buying sth কোনো বস্তুর অর্জন অথবা ক্রয় *a study of language acquisition in children* **2** [C] something that you have obtained or bought নিজের দ্বারা অর্জিত অথবা ক্রীত দ্রব্য; স্বোপার্জিত *This sculpture is the museum's latest acquisition.*

acquit / əˈkwɪt অ্যাˈকুইট্ / *verb* [T] (**acquitting; acquitted**) **1 acquit sb (of sth)** to state formally that a person is not guilty of a crime বিধিসম্মতভাবে কোনো অভিযুক্ত ব্যক্তিকে নিরপরাধ ঘোষণা করা; বেকসুর খালাস করা *The jury acquitted her of murder.* ✪ বিপ **convict** **2** (*formal*) **acquit yourself...** to behave in the way that is mentioned উল্লিখিতভাবে ব্যবহার করা, আশানুরূপ অথবা প্রত্যাশানুযায়ী ব্যবহার করা *He **acquitted himself well** in his first match.* ► **acquittal** / əˈkwɪtl অ্যাˈকুইট্ল্ / *noun* [C, U] বেকসুর খালাস; অব্যাহতি, মুক্তি

acre / ˈeɪkə(r) ˈএইক্যা(র্) / *noun* [C] a measure of land; 0·405 of a hectare জমি পরিমাপের একক, একর; এক একর হল ০.৪০৫ হেক্টর *a farm of 20 acres/a 20-acre farm*

acrid / ˈækrɪd ˈঅ্যাক্রিড্ / *adj.* having a strong and bitter smell or taste that is unpleasant (কোনো বস্তুর স্বাদ বা গন্ধ সম্বন্ধে ব্যবহৃত) ঝাঁজালো, উগ্র, তীব্র, কটু *acrid smoke from the factory*

acrimony / ˈækrɪməni ˈঅ্যাক্রিম্যানি / *noun* [U] (*formal*) angry and bitter feelings or words ক্রোধযুক্ত এবং তিক্ত মনোভাব অথবা কটু বাক্য; মেজাজ বা স্বভাবের রুক্ষতা বা উগ্রতা *The dispute was settled without acrimony.* ► **acrimonious** / ˌækrɪˈməʊniəs ˌঅ্যাক্রিˈম্যাউনিঅ্যাস্ / *adj.* (*formal*) কটু, বিদ্বেষপূর্ণ; ঝাঁজালো, তিক্ত *an acrimonious divorce*

acrobat / ˈækrəbæt ˈঅ্যাক্র্যাব্যাট্ / *noun* [C] a person who performs difficult movements of the body, especially in a **circus** বিশেষত সার্কাসে যে ব্যক্তি রকমারি চমকপ্রদ শারীরিক কসরত প্রদর্শন করে; ট্র্যাপিজের খেলোয়াড়; ব্যায়ামকুশলী, রজ্জুনর্তক

acrobatic / ˌækrəˈbætɪk ˌঅ্যাক্র্যাˈব্যাটিক্ / *adj.* performing or involving difficult movements of the body শরীরের বিভিন্ন অঙ্গপ্রত্যঙ্গ কঠিন অথবা দুঃসাধ্যভাবে সঞ্চালন অথবা প্রদর্শনের ক্রীড়াকৌশল; ব্যায়ামকৌশল প্রদর্শন *an acrobatic dancer* ○ *an acrobatic leap* ► **acrobatically** / ˌækrəˈbætɪkli ˌঅ্যাক্র্যাˈব্যাটিক্লি / *adv.* শরীরের নানা কলাকৌশলের খেলা প্রদর্শনের মাধ্যমে

acrobatics / ˌækrəˈbætɪks ˌঅ্যাক্র্যাˈব্যাটিক্স্ / *noun* [U] (the art of performing) difficult movements of the body শরীরের কঠিন এবং চমকপ্রদ কসরতের প্রদর্শন কৌশল; ব্যায়ামকৌশল; অ্যাক্রোব্যটিক্স

acronym / ˈækrənɪm ˈঅ্যাক্র্যানিম্ / *noun* [C] **an acronym (for sth)** a short word that is made from the first letters of a group of words কোনো শব্দগুচ্ছের প্রথম অক্ষরগুলি দিয়ে গঠিত সংক্ষিপ্ত নির্দেশক শব্দ; আদ্যক্ষর শব্দ; অ্যাক্রোনিম *AIDS is an acronym for 'acquired immune deficiency syndrome'.*

across / ə'krɒs অ্যা'ক্রস্ / *adv., prep.* **1** from one side of sth to the other (কোনো বস্তুর) একদিক থেকে অন্যদিকে, একপাশ থেকে অন্যপাশে *He walked across the field.* ○ *A smile spread across his face.* ○ *The river was about 20 metres across.* **2** on the other side of sth কোনো কিছুর অন্যদিকে, অপর পারে, ওপারে, কোনো কিছু অতিক্রম করে *There's a bank just across the road.*

> **NOTE** 'On' অথবা 'to the other side'-এর অর্থে **across** অথবা **over** শব্দগুলো ব্যবহার করা যেতে পারে—*I ran across/over the road.* কিন্তু উঁচু কোনো কিছু অতিক্রম করার কথা বলার সময়ে সাধারণত **over** শব্দটি ব্যবহৃত হয়—*I can't climb over that wall.* 'Room' শব্দটির ক্ষেত্রে সাধারণত **across** শব্দটির প্রয়োগ করা হয়—*I walked across the room to the door.*

IDM **across the board** involving or affecting all groups, members, cases, etc. কোনো (গোষ্ঠী, সদস্য, বর্গ, ঘটনা, মকদ্দমা ইত্যাদির) সর্বস্তরে প্রযোজ্য, সকলের জন্য; সর্বজনীন

acrylic / ə'krɪlɪk অ্যা'ক্রিলিক্ / *noun* [C, U] an artificial material that is used in making clothes and paint কাপড় এবং রং তৈরি করতে ব্যবহৃত এক প্রকারের কৃত্রিম পদার্থ; অ্যাক্রিলিক

act¹ / ækt অ্যাক্ট্ / *verb* **1** [I] **act (on sth)** to do sth; to take action কোনো কর্ম করা; কোনো কর্মপ্রক্রিয়া শুরু করা *The doctor knew he had to act quickly to save the child.* **2** [I] **act as sth** to perform a particular function কোনো নির্দিষ্ট অথবা বিশেষ ধরনের কাজ করা; কোনো বিশেষ দায়িত্ব পালন করা *The man we met on the plane to Tokyo was kind enough to act as our guide.* **3** [I] to behave in the way that is mentioned উল্লিখিতভাবে ব্যবহার বা আচরণ করা, *Stop **acting like** a child!* ○ *Although she was trying to act cool, I could see she was really upset.* **4** [I, T] to perform in a play or film কোনো নাটক অথবা চলচ্চিত্রে অভিনয় বা পার্ট করা *I acted in a play at school.*

act² / ækt অ্যাক্ট্ / *noun* [C] **1** a thing that you do কাজ, কর্ম, ক্রিয়া *In a typical act of generosity they refused to accept any money.* ○ *to commit a violent act* **2** (*often* **Act**) one of the main divisions of a play or an opera কোনো নাটক অথবা গীতিনাট্যের যে-কোনো একটি অঙ্ক *How many scenes are there in Act 4 of King Lear?* **3** a short piece

of entertainment, especially as part of a show কোনো প্রদর্শনীর অন্তর্ভুক্ত বিনোদনমূলক অনুষ্ঠানের ক্ষুদ্র অংশবিশেষ *Did you enjoy the clown's act?* **4** (*often* **Act**) a law made by a government সরকার দ্বারা প্রণীত আইন *The government passed an act forbidding the keeping of guns.* **5** behaviour that hides your true feelings যে আচরণ প্রকৃত মনোভাব বা অনুভবকে আড়ালে রাখে; অভিনয়, ভান, ছল *She seems very happy but she's just **putting on an act**.*

IDM **a hard act to follow** ⇨ **hard¹** দেখো।

be/get in on the act become involved in an activity that is becoming popular এমন কোনো কাজকর্ম বা কার্যকলাপের সঙ্গে লিপ্ত অথবা যুক্ত হওয়া যেটা ক্রমশ জনপ্রিয় হয়ে উঠছে

get your act together to organize yourself so that you can do sth properly কোনো কাজ যথার্থভাবে সম্পন্ন করার জন্য নিজেকে গুছিয়ে নেওয়া অথবা প্রস্তুত করে তোলা *If he doesn't get his act together he's going to lose his job.*

in the act (of doing sth) while doing sth, especially sth wrong কোনো কিছু করার সময়ে, বিশেষ করে অন্যায় কোনো কাজ *He was looking through the papers on her desk and she caught him in the act.*

acting¹ / 'æktɪŋ 'অ্যাক্টিং / *adj.* doing the job mentioned for a short time অল্পসময়ের জন্য কোনো উল্লিখিত বা নির্দিষ্ট কাজ করা হচ্ছে এমন; সাময়িকভাবে বা অস্থায়ীভাবে অন্য কোনো ব্যক্তির কার্যভার গ্রহণ করা অথবা কোনো বিশেষ পদে কর্মরত থাকা হয়েছে এমন; নির্বাহী, ভারপ্রাপ্ত *Mr Sen will be the acting director while Ms Ray is away.*

acting² / 'æktɪŋ 'অ্যাক্টিং / *noun* [U] the art or profession of performing in plays or films নাটক অথবা চলচ্চিত্রে অভিনয় করার কলা বা শিল্প অথবা পেশা; অভিনয়রীতি

action / 'ækʃn 'অ্যাক্শ্‌ন্ / *noun* **1** [U] doing things, often for a particular purpose প্রায়ই বিশেষ কোনো অভিপ্রায়ে কোনো কাজ করা হচ্ছে এমন; কর্মপ্রক্রিয়া, কর্মশীলতা, তৎপরতা *If we don't take action quickly it'll be too late!* ◑ বিপ **inaction** **2** something that you do ক্রিয়া, কাজ, নিষ্পাদিত কর্ম *They should be judged by their actions, not by what they say.* **3** [*sing.*] the most important events in a story or play কোনো কাহিনি অথবা নাটকে তাৎপর্যময় কোনো ঘটনা বা ঘটনাবলি; নাট্যক্রিয়া *The action takes place in Jaipur.* **4** [U] exciting things that happen চাঞ্চল্যকর ঘটনা বা ঘটনাবলি *There's not much action in this boring town.* ○ *an **action-packed** film* **5** [U] fighting in a war যুদ্ধরত *Their son was **killed in action**.* **6** [*sing.*] the effect that one substance has on another কোনো একটি পদার্থের উপর অন্য কোনো

পদার্থের প্রভাব *They're studying the **action** of alcohol **on** the brain.* **7** [C, U] the process of settling an argument in a court of law আইনসম্মতভাবে বা আদালতে কোনো মতান্তর বা মামলা মোকদ্দমার নিষ্পত্তি করার প্রক্রিয়া বা পদ্ধতি *He is going to **take legal action** against the hospital.*

IDM in action in operation; while working or doing sth কর্মরত; ক্রিয়ারত বা কর্মশীল অবস্থায় *We shall have a chance to see their new team in action next week.*

into action into operation কোনো কিছু ক্রিয়াশীল বা চালু আছে এমন *We'll put the plan into action immediately.*

out of action not able to do the usual things; not working স্বাভাবিক কর্মপ্রক্রিয়া করতে অক্ষম; নিষ্ক্রিয় *The coffee machine's out of action again.*

activate / ˈæktɪveɪt ˈঅ্যাক্টিভেইট্/ *verb* [T] to make sth start working (কোনো বস্তুকে) সক্রিয় করা, কর্মতৎপর করা, কার্যকর করা *A slight movement can activate the car alarm.*

active / ˈæktɪv ˈঅ্যাক্টিভ্ / *adj.* **1** involved in activity; lively সক্রিয়, কর্মতৎপর, কর্মঠ, পরিশ্রমী, অনলস; প্রাণবন্ত, প্রাণোচ্ছল, প্রাণচঞ্চল *My grandfather is very active for his age.* ✪ বিপ **inactive** **2** that produces an effect; that is in operation সক্রিয়, জীবন্ত, ফলপ্রদ; কার্যকরী, কর্মরত *an active volcano* (= one that still erupts) **3** used about the form of a verb or a sentence when the subject of the sentence performs the action of the verb (ব্যাকরণ) ক্রিয়াপদের কোনো রূপ বা বাক্যে ক্রিয়াপদে ব্যক্ত কর্মটি যখন কর্তা নিষ্পন্ন করে সেই সম্বন্ধে ব্যবহৃত; কর্তৃবাচ্যনিষ্পন্ন, কর্তৃবাচ্য *In the sentence 'The dog bit him', the verb is active.* **NOTE** এই অর্থে 'The verb is in the active'. অভিব্যক্তিটিও ব্যবহার করা যেতে পারে। ➪ **passive** দেখো। ▸ **actively** *adv.* সক্রিয়ভাবে, সচেষ্টভাবে *She was actively looking for a job.*

activist / ˈæktɪvɪst ˈঅ্যাক্টিভিস্ট্ / *noun* [C] a person who takes action to cause political or social change, usually as a member of a group সামাজিক অথবা রাজনৈতিক পরিবর্তন আনতে তৎপর এমন কোনো গোষ্ঠীর সক্রিয় কর্মী

activity / ækˈtɪvəti অ্যাক্ˈটিভ্যাটি / *noun* (*pl.* **activities**) **1** [U] a situation in which there is a lot of action or movement (কোনো পরিস্থিতি সম্বন্ধে ব্যবহৃত) কর্মচাঞ্চল্য, কর্মমুখরতা, কর্মতৎপরতা *The house was full of activity on the morning of the wedding.* ✪ বিপ **inactivity** **2** [C] something that you do, usually regularly and for enjoyment সাধারণত নিয়মিতভাবে এবং বিনোদনের জন্য করা হয় এমন কোনো কাজকর্ম *The hotel offers a range of leisure activities.*

actor / ˈæktə(r) ˈঅ্যাক্ট্যা(র্) / *noun* [C] a man or woman whose job is to act in a play or film or on television নাটক, চলচ্চিত্র অথবা দূরদর্শনের পেশাদার অভিনেতা অথবা অভিনেত্রী; নট ➪ **actress**-এ নোট দেখো।

actress / ˈæktrəs ˈঅ্যাক্ট্র্যাস্ / *noun* [C] a woman whose job is to act in a play or film or on television নাটক, চলচ্চিত্র অথবা দূরদর্শনের পেশাদার অভিনেত্রী; নটী **NOTE** প্রচলিত ভাষারীতি অনুযায়ী অভিনেতা এবং অভিনেত্রী উভয় ক্ষেত্রেই **actor** শব্দটি বেশি প্রচলিত।

actual / ˈæktʃuəl ˈঅ্যাক্চুঅ্যাল্ / *adj.* real; that happened আসল, প্রকৃত; বাস্তবিক, যা ঘটে গেছে *The actual damage to the car was not as great as we had feared.*

actually / ˈæktʃuəli ˈঅ্যাক্চুঅ্যালি / *adv.* **1** really; in fact সত্যিই, নিঃসন্দেহে; আসলে, বস্তুত, প্রকৃতপক্ষে, কার্যত *I can't believe that I'm actually going to America!* **2** although it may seem strange কোনো কিছু অবিশ্বাস্য অথবা বিচিত্র বলে মনে হলেও সত্যি বা বাস্তব *He actually expected me to cook his meal for him!*

> **NOTE** কোনো ব্যক্তির মনোযোগ আকর্ষণ করার জন্য অথবা নম্রভাবে কোনো ব্যক্তিকে তার ভুল ধরিয়ে দেওয়ার জন্য কথোপকথনে প্রায়ই **actually** শব্দটির ব্যবহার হয়—*Actually, I wanted to show you something. Do you have a minute?* ○ *I don't agree about the book. I think it's rather good, actually.*
>
> ইংরেজিতে **actually** শব্দটির অর্থ 'at the present time' নয়।এই অর্থে **currently**, **at present** অথবা **at the moment** অভিব্যক্তিগুলি ব্যবহৃত হয়—*He's currently working on an article about China.* ○ *I'm studying for my exams at present.*

actuary / ˈæktʃuəri ˈঅ্যাক্চুঅ্যারি / *noun* [C] (*pl.* **actuaries**) a person whose job involves calculating insurance risks and payments for insurance companies by studying how frequently accidents, fires, deaths, etc. happen বিমা সংক্রান্ত হিসাবে দক্ষ ব্যক্তি যে কোনো বিমা সংগঠনের জন্য দুর্ঘটনা, অগ্নিকাণ্ড, মৃত্যুর হার সম্পর্কে তত্ত্বানুসন্ধান করে বিমা ঝুঁকি এবং দেয় অর্থ গণনা বা নির্ধারণ করে; বিমা গাণনিক, বিমা পরতালক

acumen / ˈækjəmən ˈঅ্যাকিঅ্যাম্যান্ / *noun* [U] the ability to understand and judge things quickly and clearly কোনো কিছু দ্রুত এবং স্পষ্টভাবে বোঝার এবং বিচার-বিবেচনা করার ক্ষমতা অথবা যোগ্যতা; অন্তর্দৃষ্টি, সূক্ষ্মদর্শিতা, সূক্ষ্মদৃষ্টি, সূক্ষ্মবুদ্ধি *business/financial acumen*

acupuncture / ˈækjupʌŋktʃə(r) ˈঅ্যাকিউপাংক্‌চ্যা(র্) / *noun* [U] a way of treating an illness or stopping pain by putting thin needles into parts of the body শরীরের বিশেষ বিশেষ স্থানে সূক্ষ্ম সূচ ফুটিয়ে রোগ নিরাময় অথবা বেদনা কমানোর চিকিৎসা পদ্ধতি; আকুপাংচার

acupuncturist / ˈækjupʌŋktʃərɪst ˈঅ্যাকিউপাংক্‌চ্যারিস্ট্ / *noun* [C] a person who is trained to perform acupuncture আকুপাংচার করার যোগ্যতা আছে এমন অথবা এই বিষয়ে প্রশিক্ষণপ্রাপ্ত ব্যক্তি

acute / əˈkju:t অ্যাˈকিউট্ / *adj.* **1** very serious; very great গুরুতর, সংকটজনক, উদ্বেগজনক; তীব্র, প্রচণ্ড *an acute shortage of food* ○ *acute pain* **2** (used about an illness) becoming dangerous very quickly (কোনো রোগ সম্বন্ধে ব্যবহৃত) হঠাৎ বেড়ে গেছে অথবা মারাত্মক হয়ে উঠেছে এমন; আশুবর্ধিত *acute appendicitis* ➪ **chronic** দেখো। **3** (used about feelings or the senses) very strong (অনুভূতি অথবা ইন্দ্রিয় সম্বন্ধে ব্যবহৃত) তীব্র, প্রখর, তীক্ষ্ণ *Dogs have an acute sense of smell.* **4** showing that you are able to understand things easily তীক্ষ্ণ, প্রখর, সূক্ষ্ম বোধশক্তি সম্পন্ন, ক্ষিপ্রগ্রাহী *The report contains some acute observations on the situation.* ▶ **acutely** *adv.* তীব্রভাবে, সূক্ষ্মভাবে

acute angle *noun* [C] (**mathematics**) an angle of less than 90°, ৯০° থেকে কম মাপের কোণ; সূক্ষ্মকোণ ➪ **obtuse angle, reflex angle** এবং **right angle** দেখো।

AD / ˌeɪˈdi: ˌএই ˈডী / *abbr.* from the Latin 'anno domini'; used in dates for showing the number of years after the time when Jesus Christ was born ল্যাটিন ভাষা থেকে নেওয়া 'anno domini'-র সংক্ষিপ্ত রূপ; খ্রিস্টের জন্মের পরে অতিবাহিত সময়কাল বা বৎসর সংখ্যা তারিখে নির্দেশ করার জন্য ব্যবহৃত অভিব্যক্তিবিশেষ; খ্রিস্টাব্দ; এডি *AD 44* ➪ **BC** দেখো।

ad / æd অ্যাড্ / *noun* (*informal*) = **advertisement** *I saw your ad in the local paper.*

adage / ˈædɪdʒ ˈঅ্যাডিজ্ / *noun* [C] a well-known phrase expressing sth that is always true about people or the world কোনো বহুল প্রচলিত বাক্যাংশ যেটি জনসাধারণ বা এই জগৎ সম্পর্কে সর্বদা সত্য কোনো ভাব বা ব্যঞ্জনা অভিব্যক্ত করে; জনশ্রুতি, লোকশ্রুতি, প্রবাদবাক্য, প্রবচন

adamant / ˈædəmənt ˈঅ্যাড্যাম্যান্ট্ / *adj.* (*formal*) very sure; refusing to change your mind বদ্ধপরিকর, স্থির; জেদি, গোঁয়ার ▶ **adamantly** *adv.* বদ্ধপরিকর হয়ে; স্থির মনোভাবের সঙ্গে

Adam's apple / ˌædəmz ˈæpl ˌঅ্যাড্যাম্জ্ ˈঅ্যাপ্ল্ / *noun* [C] the part at the front of the throat which moves up and down when a man talks or swallows (পুরুষের) কণ্ঠমণি, কণ্ঠা, ফলগ্রন্থি, টুঁটি

adapt / əˈdæpt অ্যাˈড্যাপ্ট্ / *verb* **1** [I, T] **adapt (yourself) (to sth)** to become familiar with a new situation and to change your behaviour accordingly পরিবর্তিত অথবা নতুন পরিস্থিতির সঙ্গে নিজেকে মানিয়ে নেওয়া অথবা অভ্যস্ত করে তোলা এবং তদনুসারে নিজের স্বভাবের পরিবর্তন করা; নিজেকে খাপ খাওয়ানো *He was quick to adapt (himself) to the new system.* **2** [T] **adapt sth (for sth)** to change sth so that you can use it in a different situation কোনো বস্তুকে পরিবর্তিত পরিস্থিতিতে ব্যবহারযোগ্য করে তোলার জন্য প্রয়োজনমতো বদলানো বা উপযোগী করে নেওয়া *The bus was adapted for disabled people.*

adaptable / əˈdæptəbl অ্যাˈড্যাপ্ট্যাব্‌ল্ / *adj.* able to change to suit new situations নতুন পরিস্থিতিতে উপযোগী হতে বা মানিয়ে নিতে সমর্থ; পরিবর্তনযোগ্য, অভিযোজনীয় ▶ **adaptability** / əˌdæptəˈbɪləti অ্যা,ড্যাপ্ট্যাˈবিল্যাটি / *noun* [U] অভিযোজনীয়তা, উপযোগিতা

adaptation / ˌædæpˈteɪʃn ˌঅ্যাড্যাপ্ˈটেইশ্‌ন্ / *noun* **1** [C] a play or film that is based on a novel, etc. কোনো উপন্যাস ইত্যাদি অবলম্বনে প্রস্তুত নাটক অথবা চলচ্চিত্র; রূপান্তর **2** [U] the state or process of changing to suit a new situation কোনো নতুন পরিস্থিতিকে উপযুক্ত করে তোলার অবস্থা অথবা প্রক্রিয়া; অভিযোজন, প্রতিযোজন, উপযোগীকরণ

adaptor (*also* **adapter**) / əˈdæptə(r) অ্যাˈড্যাপ্‌ট্যা(র্) / *noun* [C] **1** a device that allows you to connect more than one piece of electrical equipment to an electricity supply point (**socket**) একটি বৈদ্যুতিক সরবরাহ (সকেট) থেকে একাধিক বিদ্যুৎচালিত সরঞ্জাম অথবা উপকরণ ব্যবহারার্থে সেই বৈদ্যুতিক সরবরাহের সঙ্গে যুক্ত যন্ত্রাংশবিশেষ; অ্যাড্যাপটর **2** a device for connecting pieces of electrical equipment that were not designed to be fitted together একসঙ্গে ব্যবহারের জন্য তৈরি হয়নি এমন বৈদ্যুতিক যন্ত্রাংশগুলিকে যে উপকরণ একত্রে সন্নিবিষ্ট করে; উপযোজক

add / æd অ্যাড্ / *verb* **1** [I, T] **add (sth) (to sth)** to put sth together with sth else, so that you increase the size, number, value, etc. কোনো বস্তুকে অন্য কোনো বস্তুর সঙ্গে জুড়ে দেওয়া যাতে তার আকার, সংখ্যা, মূল্য ইত্যাদি বৃদ্ধি পায়; সংযোজিত করা, যোগ করা, বাড়ানো *I added a couple more items to the list.* ○ *The juice contains no added sugar.* **2** [I, T] to put numbers or amounts together so that you get a total যোগ করে মোট সংখ্যা অথবা পরিমাণ বার করা; যোগফল বার করা *If you **add** 3 **and** 3 **together** you get 6.* ✪ বিপ **subtract** **3** [T] to say sth more অতিরিক্ত অথবা বাড়তি কিছু বলা *'By the way, please don't tell anyone I phoned you,' she added.*

PHR V **add sth on (to sth)** to include sth কোনো কিছু অন্তর্ভুক্ত করা, অঙ্গীভূত করা, জুড়ে দেওয়া *Ten per cent will be added on to your bill as a service charge.*

add up to seem to be a true explanation সত্য বা প্রকৃত কৈফিয়ত বা কারণ বলে মনে হওয়া *I'm sorry, but your story just doesn't add up.*

add (sth) up to find the total of several numbers কয়েকটি সংখ্যার যোগফল বার করা *The waiter hadn't added up the bill correctly.*

add up to sth to have as a total যোগ করে মোট পরিমাণ বার করা; সমষ্টি করা *How much does all the shopping add up to?*

added to *prep.* in addition to sth; as well as তার উপরে, তদতিরিক্ত; তাছাড়া, এবং

addendum / ə'dendəm অ্যা'ডেন্ড্যাম্ / *noun* [C] (*pl.* **addenda** / -də -ড্যা/) (*formal*) an item of extra information that is added to sth, especially to a book অতিরিক্ত তথ্য, যা বিশেষত কোনো বইয়ের শেষাংশে যুক্ত করা হয়; পরিশিষ্ট, সংযোজন

adder / 'ædə(r) 'অ্যাড্যা(র্) / *noun* [C] a small poisonous snake ছোটো বিষধর সাপ

addict / 'ædɪkt 'অ্যাডিক্ট্ / *noun* [C] a person who cannot stop taking or doing sth harmful মন্দ অথবা ক্ষতিকারক অভ্যাসে আসক্ত ব্যক্তি; নেশাগ্রস্ত ব্যক্তি *a drug addict* ► **addicted** / ə'dɪktɪd অ্যা'ডিক্টিড্ / *adj.* **addicted (to sth)** নেশায় আসক্ত, নেশাগ্রস্ত *He is addicted to heroin.* ✪ সম **hooked on** ► **addiction** *noun* [C, U] অত্যাসক্তি, নেশায় আসক্তি *the problem of teenage drug addiction*

addictive / ə'dɪktɪv অ্যা'ডিক্টিভ্ / *adj.* difficult to stop taking or doing যে আসক্তি অথবা নেশা থেকে বেরিয়ে আসা কঠিন; আসক্তিজনক *a highly addictive drug* ○ *an addictive game*

addition / ə'dɪʃn অ্যা'ডিশ্ন্ / *noun* **1** [U] adding sth, especially two or more numbers যোগকরণ, বিশেষত দুই অথবা ততোধিক সংখ্যা ➪ **subtraction** দেখো। **2** [C] **an addition (to sth)** a person or thing that is added to sth অন্য কিছুর সঙ্গে যোগ করা হয়েছে এমন ব্যক্তি অথবা বস্তু

IDM **in addition (to sth)** as well as এবং, তদতিরিক্ত, তা ছাড়া *She speaks five foreign languages in addition to English.*

additional / ə'dɪʃənl অ্যা'ডিশ্যান্ল্ / *adj.* added; extra সংযোজিত, সংযুক্ত; বাড়তি, অতিরিক্ত *a small additional charge for the use of the swimming pool* ► **additionally** / -ʃənəli -শ্যান্যালি / *adv.* এছাড়াও, বাড়তিভাবে, অতিরিক্তভাবে

additive / 'ædətɪv 'অ্যাড্যাটিভ্ / *noun* [C] a substance that is added to sth in small amounts for a special purpose বিশেষ উদ্দেশ্যে স্বল্প মাত্রায় সংযোজনের পদার্থবিশেষ; সংযোগী *food additives* (= to add colour or flavour)

address[1] / ə'dres অ্যা'ড্রেস্ / *noun* [C] **1** the number of the building and the name of the street and place where sb lives or works কোনো ব্যক্তির বাসস্থান অথবা কার্যালয় যে অট্টালিকায় বা বাড়িতে অবস্থিত তার নম্বর এবং সেই স্থান বা রাস্তার নাম; ঠিকানা *my home/business address* **change of address** **2** a series of words and/or numbers that tells you where you can find sb/sth using a computer কম্পিউটারের সাহায্যে কোনো ব্যক্তি অথবা বস্তুকে সন্ধান করার জন্য ক্রমবিন্যস্ত শব্দ এবং/অথবা সংখ্যাসমূহ *What's your email address?* **3** a formal speech that is given to an audience আনুষ্ঠানিক বক্তব্য যা কোনো দর্শক বা শ্রোতার সামনে উপস্থাপিত করা হয়; বক্তৃতা, ভাষণ, অভিভাষণ

address[2] / ə'dres অ্যা'ড্রেস্ / *verb* [T] **1 address sth (to sb/sth)** to write the name and address of the person you are sending a letter, etc. to পত্র ইত্যাদি পাঠানোর জন্য চিঠির উপরে পত্রপ্রাপকের নাম এবং ঠিকানা লেখা *The parcel was returned because it had been wrongly addressed.* **2** to make an important speech to an audience কোনো সভায় জনসমক্ষে কোনো গুরুত্বপূর্ণ বক্তৃতা দেওয়া **3** (*formal*) **address (yourself to) sth** to try to deal with a problem, etc. কোনো সমস্যার সঙ্গে মোকাবিলা করার চেষ্টা করা *The government is finally addressing the question of corruption.* **4 address sb as sth** to talk or write to sb using a particular name or title বিশেষ কোনো নাম বা পদবি ব্যবহার করে কোনো ব্যক্তির সঙ্গে কথা বলা বা তাকে কিছু লেখা *She prefers to be addressed as 'Ms'.* **5** (*formal*) **address sth to sb** to make a comment, etc. to sb কোনো ব্যক্তির প্রতি মন্তব্য, টিপ্পনী ইত্যাদি করা *Would you kindly address any complaints you have to the manager.*

adenoids / 'ædənɔɪdz 'অ্যাড্যানইড্জ় / *noun* [*pl.*] soft areas at the back of the nose and throat that can swell up and cause breathing difficulties, especially in children (বিশেষত শিশুদের মধ্যে) নাক এবং গলার পিছন দিকের নরম অংশ যা ফুলে গেলে শ্বাসপ্রক্রিয়ায় বিঘ্ন ঘটে; নরমগ্রন্থি; অ্যাডেনয়েড্স্

adept / ə'dept অ্যা'ডেপ্ট্ / *adj.* **adept (at sth)** very good or skilful at sth সুদক্ষ, কুশলী, পারদর্শী, পাকা ✪ বিপ **inept**

adequate / 'ædɪkwət 'অ্যাডিকুঅ্যাট্ / *adj.* **1** enough for what you need পর্যাপ্ত, যথোচিত, যথেষ্ট, প্রয়োজনমতো; কুলিয়ে যায় এমন *Make sure you take an adequate supply of water with you.* **2** just good enough; acceptable মোটামুটি, সন্তোষজনক;

স্বীকার্য, গ্রহণযোগ্য *Your work is adequate but I'm sure you could do better.* ✪ বিপ **inadequate** ▶ **adequacy** / ˈædɪkwəsi ˈঅ্যাডিকুঅ্যাসি / *noun* [U] প্রাচুর্য, পর্যাপ্ততা ▶ **adequately** *adv.* পর্যাপ্ত পরিমাণে *The mystery has never been adequately explained.*

adhere / ədˈhɪə(r) অ্যাড্ˈহিঅ্যা(র্) / *verb* [I] (*formal*) **1 adhere (to sth)** to stick firmly to sth কিছুর সঙ্গে দৃঢ়বন্ধ হয়ে এঁটে যাওয়া; দৃঢ়সংলগ্ন হয়ে থাকা, লেগে থাকা *Make sure that the paper adheres firmly to the wall.* **2 adhere to sth** to continue to support an idea, etc.; to follow a rule কোনো মতবাদ, আদর্শ ইত্যাদিকে দৃঢ়ভাবে সমর্থন করতে থাকা; কোনো নিয়মের অনুগত থাকা

adherent / ədˈhɪərənt অ্যাড্ˈহিঅ্যার‍্যান্ট্ / *noun* [C] somebody who supports a particular idea কোনো বিশেষ মতবাদ অথবা আদর্শে বিশ্বাসী ব্যক্তি ▶ **adherence** *noun* [U] আনুগত্য, নিষ্ঠা, দৃঢ় সংলগ্নতা, আসঞ্জন

adhesion / ədˈhiːʒn অ্যাড্ˈহীজ্ন্ / *noun* [U] (*technical*) the process of sticking or the ability to stick to sth সংযুক্ত থাকার প্রক্রিয়া অথবা আসঞ্জনের ক্ষমতা; দৃঢ়সংলগ্নতা, সংসক্তি

adhesive[1] / ədˈhiːsɪv অ্যাড্ˈহীসিভ্ / *noun* [C] a substance that makes things stick together আঠালো বা চটচটে কোনো বস্তু যা দিয়ে কোনো জিনিস এঁটে বা চিটিয়ে দেওয়া যায় বা জোড়া লাগানো যায়; আসঞ্জক

adhesive[2] / ədˈhiːsɪv অ্যাড্ˈহীসিভ্ / *adj.* that can stick, or can cause two things to stick together যে বস্তু আটকাতে পারে অথবা দুটো বস্তুকে জুড়তে সাহায্য করে; আসঞ্জনশীল *He sealed the parcel with adhesive tape.* ✪ সম **sticky**

ad hoc / ˌæd ˈhɒk ˌঅ্যাড্ ˈহক্ / *adj.* made or done suddenly for a particular purpose পূর্ব পরিকল্পনা ছাড়া কোনো বিশেষ উদ্দেশ্যে হঠাৎ করে তৈরি অথবা কৃত; তদর্থক *They set up an ad hoc committee to discuss the matter.* ○ *Staff training takes place occasionally* ***on an ad hoc basis***.

ad infinitum / ˌæd ˌɪnfɪˈnaɪtəm ˌঅ্যাড্ˌইন্ফিˈনাই-ট্যাম্ / *adv.* for ever; again and again অনন্তকালাবধি, সীমাহীনভাবে, চিরকালের জন্য; বারংবার, পুনঃপুন *We can't stay ad infinitum.* ○ *and so on, ad infinitum*

adjacent / əˈdʒeɪsnt অ্যাˈজেইস্ন্ট্ / *adj.* **adjacent (to sth)** situated next to or close to sth (কোনো কিছুর) সংলগ্ন, সমীপবর্তী, সন্নিহিত, লাগোয়া, পার্শ্ববর্তী *She works in the office adjacent to mine.*

adjectival / ˌædʒekˈtaɪvl ˌঅ্যাজেক্ˈটাইভ্ল্ / *adj.* that contains or is used like an adjective বিশেষণ সম্বন্ধীয় অথবা বিশেষণসদৃশ; বিশেষণীয়, বিশেষণিক *The adjectival form of 'smell' is 'smelly'.*

adjective / ˈædʒɪktɪv ˈঅ্যাজিক্টিভ্ / *noun* [C] (*grammar*) a word that tells you more about a noun (ব্যাকরণ) বিশেষ্যপদের সম্বন্ধে আরও কিছু বলে বা তার গুণ প্রকাশ করে যে শব্দ; বিশেষণ *The adjective 'reserved' is often applied to British people.* ○ *What adjective would you use to describe my sister?*

adjoining / əˈdʒɔɪnɪŋ অ্যাˈজইনিং / *adj.* next to, nearest to or joined to sth কোনো কিছুর লাগোয়া; সংলগ্ন, সন্নিহিত *A scream came from the adjoining room.*

adjourn / əˈdʒɜːn অ্যাˈজ্যন্ / *verb* [I, T] to stop a meeting, a trial, etc. for a short time and start it again later কোনো সভা সমাগম, আদালতের মামলা, বিচার ইত্যাদি স্বল্প সময়ের জন্য স্থগিত অথবা মুলতুবি রাখা এবং পরে আবার আরম্ভ করা *The trial was adjourned until the following week.* ▶ **adjournment** *noun* [C] স্থগিতকরণ, মুলতুবি

adjudicate / əˈdʒuːdɪkeɪt অ্যাˈজুডিকেইট্ / *verb* [I, T] (*written*) to act as an official judge in a competition or to decide who is right when two people or groups disagree about sth কোনো প্রতিযোগিতায় আনুষ্ঠানিকভাবে নিযুক্ত বিচারক হিসেবে রায়দান করা অথবা দুজন ব্যক্তি বা গোষ্ঠীর মধ্যে বিবাদে আইনসম্মতভাবে মীমাংসা করা, বিচার করা, ন্যায় নির্ণয় করা

adjudicator / əˈdʒuːdɪkeɪtə(r) অ্যাˈজুডিকেইট্যা(র্) / *noun* [C] a person who acts as a judge, especially in a competition (বিশেষত কোনো প্রতিযোগিতায়) বিচারক, ন্যায়-নির্ণায়ক, ন্যায়াধীশ, বিচারপতি

adjunct / ˈædʒʌŋkt ˈঅ্যাজাংক্ট্ / *noun* [C] **1** (*grammar*) an adverb or a phrase that adds meaning to the verb in a sentence or part of a sentence (ব্যাকরণ) বাক্য অথবা বাক্যের অংশবিশেষের ক্রিয়ার গুণ-প্রকাশক বা অর্থ-সম্প্রসারক ক্রিয়াবিশেষণ অথবা বাক্যাংশ *In the sentence 'He ran away in a panic', 'in a panic' is an adjunct.* **2** (*formal*) a thing that is added or joined to sth larger or more important কোনো বৃহত্তর অথবা অধিক গুরুত্বপূর্ণ বস্তুর আনুষঙ্গিক বিষয় অথবা বস্তু

adjust / əˈdʒʌst অ্যাˈজাস্ট্ / *verb* **1** [T] to change sth slightly, especially because it is not in the right position যথাস্থানে না থাকা বস্তু সাজিয়ে রাখা অথবা প্রয়োজনমতো সুবিন্যস্ত করা; সামঞ্জস্যবিধান করা *The seat can be adjusted to different positions.* **2** [I] **adjust (to sth)** to get used to new conditions or a new situation কোনো নতুন অবস্থায় অথবা নতুন পরিস্থিতিতে মানিয়ে নেওয়া; অভিযোজিত করা অথবা খাপ খাইয়ে নেওয়া *She found it hard to adjust to working at night.* ▶ **adjustment** *noun* [C, U] অভিযোজন, সামঞ্জস্য-বিধান, সঠিক বিন্যাস *We'll just* ***make*** *a few* ***minor adjustments*** *and the room will look perfect.*

adjustable / ə'dʒʌstəbl অ্যা'জাস্ট্যাব্‌ল্ / *adj.* that can be adjusted যা সুবিন্যস্ত অথবা পুনর্বিন্যস্ত করা যায়; অভিযোজনসাধ্য, নিয়ন্ত্রণযোগ্য *an adjustable mirror*

adjustable spanner (*BrE*) (*AmE* **monkey wrench**) *noun* [C] a tool that can be adjusted to hold and turn things of different widths বিভিন্ন প্রস্থের অথবা বহরের জিনিসকে শক্তভাবে ধরে ঘোরানো অথবা পাক দেওয়ার জন্য উপযোগী যন্ত্রবিশেষ ➪ **spanner** এবং **wrench** দেখো এবং **tool**-এ ছবি দেখো।

ad lib / ˌæd 'lɪb ˌঅ্যাড্‌ 'লিব্‌ / *adj., adv.* done or spoken without preparation বিনা প্রস্তুতিতে কিছু বলা অথবা করা হয়েছে এমন; তাৎক্ষণিক *She had to speak ad lib because she couldn't find her notes.* ▶ **ad lib** *verb* [I] (**ad libbing; ad libbed**) পূর্ব প্রস্তুতি ছাড়া বলা অথবা করা *He forgot his notes so he had to ad lib.*

admin = **administration**

administer / əd'mɪnɪstə(r) অ্যাড্‌'মিনিস্ট্যা(র্‌) / *verb* [T] (*formal*) **1** to control or manage sth কোনো কিছু পরিচালনা, দেখাশোনা, তদারকি অথবা নিয়ন্ত্রণ করা; শাসনকার্য বা প্রশাসন চালানো **2** to give sb sth, especially medicine কোনো ব্যক্তিকে কিছু দেওয়া, বিশেষত ওষুধ

administration / ədˌmɪnɪ'streɪʃn অ্যাড্‌ˌমিনি'স্ট্রেই-শ্‌ন্‌ / *noun* **1** (*also* **admin** /'ædmɪn 'অ্যাড্‌মিন্‌ /) [U] the control or the act of managing sth, for example a system, an organization or a business কোনো ব্যবস্থা, সংগঠন অথবা ব্যাবসার পরিচালনা বা নিয়ন্ত্রণ *The administration of a large project like this is very complicated.* ○ *A lot of the teachers' time is taken up by admin.* **2** (*also* **admin** / 'ædmɪn 'অ্যাড্‌মিন্‌/) [*sing.*] the group of people or part of a company that organizes or controls sth পরিচালকমণ্ডলী, প্রশাসন কর্তা, শাসকবর্গ, কর্তৃপক্ষ *the hospital administration* ○ *She works in admin, on the second floor.* **3 the Administration** [C] the government of a country, especially the US (কোনো দেশের, বিশেষ করে মার্কিন যুক্তরাষ্ট্রের) শাসকবর্গ, প্রশাসন, সরকার, রাষ্ট্রপ্রধানের কার্যকাল *the Bush Administration*

administrative / əd'mɪnɪstrətɪv অ্যাড্‌'মিনিস্ট্র্যাটিভ্‌ / *adj.* connected with the organization of a country, business, etc., and the way in which it is managed কোনো দেশ, ব্যাবসা ইত্যাদির পরিচালনা, সংগঠন বা প্রশাসন সংক্রান্ত; প্রশাসনিক

administrator / əd'mɪnɪstreɪtə(r) অ্যাড্‌'মিনিস্-ট্রেইট্যা(র্‌) / *noun* [C] a person whose job is to organize or manage a system, a business, etc. কোনো ব্যবস্থা, ব্যাবসা, প্রতিষ্ঠান ইত্যাদি সংগঠিত অথবা পরিচালনা করে যে ব্যক্তি; পরিচালক, প্রশাসক, তত্ত্বাবধায়ক

admirable / 'ædmərəbl 'অ্যাড্‌ম্যার্যাব্‌ল্‌ / *adj.* (*formal*) that you admire; excellent প্রশংসনীয়, প্রশংসার্হ; অপূর্ব, শ্লাঘ্য, চমৎকার ▶ **admirably** / 'ædmərəbli 'অ্যাড্‌ম্যার্যাব্‌লি / *adv.* প্রশংসনীয়ভাবে; চমৎকারভাবে *She dealt with the problem admirably.*

admiral / 'ædmərəl 'অ্যাড্‌ম্যার্যাল্‌ / *noun* [C] the most important officer in the navy নৌবাহিনীর সর্বোচ্চপদস্থ কর্মকর্তা; নৌসেনাধ্যক্ষ, নৌসেনাপতি; অ্যাডমিরল

admiration / ˌædmə'reɪʃn ˌঅ্যাড্‌ম্যা'রেইশ্‌ন্‌ / *noun* [U] **admiration (for/of sb/sth)** a feeling of liking and respecting sb/sth very much কোনো ব্যক্তি অথবা বস্তুর প্রতি অপরিসীম মুগ্ধতা এবং শ্রদ্ধা; কোনো কিছু সম্বন্ধে উচ্চ ধারণা পোষণ *I have great admiration for what he's done.*

admire / əd'maɪə(r) অ্যাড্‌'মাইঅ্যা(র্‌) / *verb* [T] **admire sb/sth (for sth/doing sth)** to respect or like sb/sth very much; to look at sb/sth with pleasure কোনো ব্যক্তি অথবা বস্তুকে অত্যন্ত শ্রদ্ধা অথবা পছন্দ করা; কোনো ব্যক্তি অথবা বস্তুর দিকে প্রীতিমিশ্রিত শ্রদ্ধার দৃষ্টিতে অথবা মুগ্ধভাবে তাকিয়ে থাকা, প্রশংসা করা, তারিফ করা *I've always admired her for being such a wonderful mother.* ○ *We stopped at the top of the hill to admire the view.*

admirer / əd'maɪərə(r) অ্যাড্‌'মাইঅ্যার্যা(র্‌) / *noun* [C] a person who admires sb/sth (ব্যক্তি) প্রশংসাকারী; গুণমুগ্ধ *I've always been a great admirer of her work.*

admiring / əd'maɪərɪŋ অ্যাড্‌'মাইঅ্যারিং / *adj.* feeling or expressing admiration (অনুভূতি বা অভিব্যক্তি) প্রশংসাসূচক, প্রশংসাপূর্ণ ▶ **admiringly** *adv.* সশ্রদ্ধভাবে; মুগ্ধভাবে; প্রশংসাপূর্ণভাবে

admissible / əd'mɪsəbl অ্যাড্‌'মিস্যাব্‌ল্‌ / *adj.* that can be allowed or accepted, especially in a court of law (বিশেষত কোনো আদালতে) গ্রাহ্য, গ্রহণযোগ্য, বিবেচনাযোগ্য; স্বীকার্য *The judge ruled the tapes to be admissible as evidence.*

admission / əd'mɪʃn অ্যাড্‌'মিশ্‌ন্‌ / *noun* **1** [C, U] **admission (to sth)** the act of allowing sb to enter a school, club, public place, etc. (বিদ্যালয়, ক্লাব, সর্বসাধারণের জন্য উন্মুক্ত স্থান ইত্যাদিতে) ভর্তি; প্রবেশাধিকার, প্রবেশানুমতি *Admissions to British universities have increased by 15% this year.* ➪ **entrance** দেখো। **2** [U] the amount of money that you have to pay to enter a place কোনো স্থানে প্রবেশ করার সময়ে যে অর্থ প্রদান করতে হয়; প্রবেশমূল্য *The museum charges half-price admission on Mondays.* **3** [C] a statement that admits that sth is true সত্যতার স্বীকৃতিস্বরূপ যে বিবৃতি; স্বীকারোক্তি, কবুল

admit / əd'mɪt অ্যাড্‌'মিট্‌ / *verb* (**admitting; admitted**) **1** [I, T] **admit sth; admit to sth/doing**

sth; admit (that...) to agree that sth unpleasant is true or that you have done sth wrong কোনো অপ্রিয় সত্য মেনে নেওয়া অথবা নিজের দোষ স্বীকার অথবা কবুল করে নেওয়া, স্বীকারোক্তি করা *He refused to admit to the theft.* ○ *I have to admit (that) I was wrong.* ○ *She admitted having broken the computer.* ✪ বিপ **deny** **2** [T] **admit sb/sth (into/to sth)** to allow sb/sth to enter; to take sb into a place (কোনো ব্যক্তি অথবা বস্তুকে) ভিতরে আসতে বা প্রবেশ করতে দেওয়া, প্রবেশাধিকার দেওয়া; ভর্তি করা *He was admitted to hospital with suspected appendicitis.*

admittance / ədˈmɪtns অ্যাড্‌'মিট্‌ন্স্ / *noun* [U] (*formal*) being allowed to enter a place; the right to enter কোনো স্থানে প্রবেশ করার অধিকার; ভিতরে যাওয়ার অনুমতি; প্রবেশাধিকার *The journalist tried to gain admittance to the minister's office.*

admittedly / ədˈmɪtɪdli অ্যাড্‌'মিটিড্‌লি / *adv.* it must be admitted (that...) এটি স্বীকার করে নিয়ে (যে...); সর্বসম্মতিক্রমে, নিঃসন্দেহে *The work is very interesting. Admittedly, I do get rather tired.*

admonish / ədˈmɒnɪʃ অ্যাড্‌'মনিশ্‌ / *verb* [T] (*formal*) **1 admonish sb (for sth/for doing sth)** to tell sb firmly that you do not approve of sth that he/she has done দৃঢ়ভাবে কোনো ব্যক্তিকে এটা বলে দেওয়া যে তার দ্বারা কৃত কাজটি সমর্থন বা অনুমোদন করা হয়নি, মৃদু তিরস্কার, হালকা বকুনি; ধমক, ভর্ৎসনা *He was admonished for arriving late at work.* **2** to strongly advise sb to do sth কোনো ব্যক্তিকে কড়া উপদেশ অথবা সাবধানবাণী দেওয়া, সতর্ক করা *She admonished the staff to call off the strike.*

ad nauseam / ˌædˈnɔːziæm ˌঅ্যাড্‌'নঃজ়িঅ্যাম্ / *adv.* if a person does or says sth **ad nauseam** he/she does or says it again and again until it becomes boring and annoying কোনো কাজের এতবার পুনরাবৃত্তি করা অথবা কোনো শব্দাবলির এতবার পুনরুক্তি করা যে সেটি একঘেয়ে হয়ে যায় এবং বিরক্তি উৎপাদন করে

ado / əˈduː অ্যা'ডু / *noun*
IDM without further/more ado (*old-fashioned*) without delaying; immediately দেরি না করে, অবিলম্বে; তৎক্ষণাৎ, এখনই

adobe / əˈdəʊbi অ্যা'ড্যাউবি / *noun* [U] mud that is dried in the sun, mixed with **straw** and used as a building material রোদে পোড়ানো বা পাকানো মাটি যা খড়ের সঙ্গে মিশিয়ে গৃহাদি নির্মাণের প্রয়োজনে ব্যবহৃত হয়

adolescence / ˌædəˈlesns ˌঅ্যাড্যা'লেস্‌ন্স্ / *noun* [U] the period of a person's life between being a child and becoming an adult, between the ages of about 13 and 17 কোনো ব্যক্তির ১৩ থেকে ১৭ বছর বয়সের মধ্যবর্তী সময়কাল; শৈশবকাল ও বয়ঃপ্রাপ্তির মধ্যবর্তী সময়; কৈশোর, বয়ঃসন্ধিকাল

adolescent / ˌædəˈlesnt ˌঅ্যাড্যা'লেস্‌ন্ট্ / *noun* [C] a young person who is no longer a child and not yet an adult, between the ages of about 13 and 17; ১৩ থেকে ১৭ বছরের মধ্যবর্তী কিশোর অথবা কিশোরী; বয়ঃসন্ধিকালীন, যৌবনোন্মুখ *the problems of adolescents* ○ *an adolescent daughter* ➪ **teenager** দেখো।

adopt / əˈdɒpt অ্যা'ডপ্ট্ / *verb* **1** [I, T] to take a child into your family and treat him/her as your own child by law (আইনসম্মতভাবে কোনো বাচ্চাকে) পোষ্য অথবা দত্তক নেওয়া; নিজের সন্তানরূপে পালন করা *They couldn't have children so they adopted.* ○ *They're hoping to adopt a child.* **2** [T] to take and use sth কোনো বস্তুকে পরিগ্রহণ করা *What approach did you adopt when dealing with the problem?* ▶ **adopted** *adj.* (সন্তান) দত্তক অথবা পোষ্যরূপে গৃহীত *an adopted child* ▶ **adoption** *noun* [C, U] দত্তকগ্রহণ; পোষ্যগ্রহণ *The number of adoptions has risen in the past year* (= the number of children being adopted).

adoptive / əˈdɒptɪv অ্যা'ডপ্টিভ্ / *adj.* (used about parents) having legally taken a child to live with them as part of their family (মাতাপিতা বা অভিভাবকগণ সম্বন্ধে ব্যবহৃত) নিজের পরিবারের অংশ হিসেবে একই সঙ্গে বসবাস করার জন্য যারা কোনো শিশুকে আইনসম্মতভাবে দত্তক নিয়েছে *the baby's adoptive parents*

adorable / əˈdɔːrəbl অ্যা'ডঃর‍্যাব্‌ল্ / *adj.* (used about children or animals) very attractive and easy to feel love for (শিশু অথবা পশুদের সম্বন্ধে ব্যবহৃত) আকর্ষণীয় এবং প্রীতি বা ভালোবাসার যোগ্য; আনন্দদায়ক, মনোহর ✪ সম **lovely**

adore / əˈdɔː(r) অ্যা'ডঃ(র্) / *verb* [T] **1** to love and admire sb/sth very much কোনো ব্যক্তি অথবা বস্তুকে গভীর প্রীতি, প্রশংসা এবং শ্রদ্ধার চোখে দেখা *Kirti adores her older sister.* **2** to like sth very much কোনো বস্তুকে খুব পছন্দ করা *She adores chocolates.* ▶ **adoration** / ˌædəˈreɪʃn ˌঅ্যাড্যা'রেইশ্‌ন্ / *noun* [U] গভীর প্রীতি এবং ভালোবাসা; ভক্তি, আরাধনা, শ্রদ্ধা ▶ **adoring** *adj.* প্রেমপূর্ণ, সপ্রেম, গুণমুগ্ধ *his adoring fans*

adorn / əˈdɔːn অ্যা'ডঃন্ / *verb* [T] **adorn sth (with sth)** to add sth in order to make a thing or person more attractive or beautiful কোনো ব্যক্তি অথবা বস্তুকে আরও সুন্দর অথবা আকর্ষণীয় করে তোলার জন্য কোনো দ্রব্যের দ্বারা সুশোভিত করা অথবা অলংকৃত করা ▶ **adornment** *noun* [C, U] সজ্জা, অলংকার, ভূষণ, সৌন্দর্য সম্পাদন, সাজ

adrenal / əˈdriːnl অ্যা'ড্রীন্‌ল্ / *adj.* connected with the production of **adrenalin** অ্যাড্রিনালিন উৎপাদন সম্বন্ধীয়

adrenalin / ə'drenəlɪn অ্যা'ড্রেন্যালিন্ / *noun* [U] a substance that your body produces when you are very angry, frightened or excited and that makes your heart go faster অত্যন্ত ক্রুদ্ধ, আতঙ্কিত অথবা উত্তেজিত হওয়ার ফলে অ্যাড্রিনাল গ্রন্থি থেকে যে রস নিঃসৃত হয় এবং যার কারণে হৃৎস্পন্দন দ্রুততর হয়; অ্যাড্রিনালিন

adrift / ə'drɪft অ্যা'ড্রিফ্ট্ / *adj.* (*not before a noun*) (used about a boat) not tied to anything or controlled by anyone (নৌকা সম্বন্ধে ব্যবহৃত) নোঙরহীন বা নিয়ন্ত্রণহীনভাবে ভাসমান অবস্থায়

adroit / ə'drɔɪt অ্যা'ড্রইট্ / *adj.* (*written*) **adroit** (**at sth**) skilful and clever, especially in dealing with people সুদক্ষ, পটু, কুশলী, নিপুণ, চালাকচতুর (বিশেষত জনসংযোগে) *She is adroit at avoiding awkward questions.*

adulation / ˌædju'leɪʃn অ্যাডিউ'লেইশ্‌ন্ / *noun* [U] (*formal*) extreme admiration অতিমাত্রায় প্রশংসা, মুগ্ধতা অথবা তারিফ; তোষামোদ, স্তুতি *The band learned to deal with the adulation of their fans.*

adult / 'ædʌlt; ə'dʌlt 'অ্যাড্যাল্ট্, অ্যা'ডাল্ট্ / *noun* [C] a person or an animal that is fully grown (কোনো ব্যক্তি) প্রাপ্তবয়স্ক, পরিণত, বয়ঃপ্রাপ্ত, সাবালক; (পশু) পূর্ণ পরিণত *This film is suitable for both adults and children.* ► **adult** *adj.* বয়ঃপ্রাপ্ত, প্রাপ্তবয়স্ক

adult education (*also* **continuing education**) *noun* [U] education for adults that is available outside the formal education system, for example at evening classes প্রথাগত অথবা প্রচলিত শিক্ষাব্যবস্থার বাইরে (সান্ধ্য বিদ্যালয় ইত্যাদিতে) প্রাপ্তবয়স্কদের জন্য শিক্ষা; বয়স্কশিক্ষা

adulterate / ə'dʌltəreɪt অ্যা'ডাল্ট্যারেইট্ / *verb* [T] (*often passive*) **adulterate sth** (**with sth**) to make food or drink less pure or of lower quality by adding sth to it কোনো অশুদ্ধ জিনিস মিশিয়ে খাদ্য অথবা পানীয়ের গুণমান বা বিশুদ্ধতা নষ্ট করা; অপমিশ্রণ করা, ভেজাল মেশানো

adulterer / ə'dʌltərə(r) অ্যা'ডাল্ট্যারা(র্) / *noun* [C] (*formal*) a person who commits adultery (ব্যক্তি) ব্যভিচারী, অগম্যাগামী

adultery / ə'dʌltəri অ্যা'ডাল্ট্যারি / *noun* [U] (*formal*) sex between a married person and sb who is not his/her wife/husband ব্যভিচার, অগম্যাগমন, পরস্ত্রীগমন, পরপুরুষ বা পরনারী সহবাস *to commit adultery* ► **adulterous** / ə'dʌltərəs অ্যা'ডাল্ট্যারাস্ / *adj.* ব্যভিচার সম্বন্ধীয়, ব্যভিচারদুষ্ট *an adulterous relationship*

adulthood / 'ædʌlthʊd; ə'dʌlt- 'অ্যাডাল্ট্হুড্; অ্যা'ডাল্ট্- / *noun* [U] the time in your life when you are an adult বয়ঃপ্রাপ্ত বা পরিণত অবস্থা; সাবালকত্ব

Advaita *noun* [U] (*IndE*) a branch of Hindu philosophy that emphasizes the unity of the individual and God মানুষ এবং ঈশ্বরের একত্বের উপর গুরুত্ব প্রদান করে হিন্দু দর্শনশাস্ত্রের যে শাখা; অদ্বৈত (দার্শনিক) মত *Advaita philosophy*

advance¹ / əd'vɑːns অ্যাড্'ভাːন্স্ / *verb* **1** [I] to move forward এগিয়ে যাওয়া *The army advanced towards the city.* ✪ বিপ **retreat** **2** [I, T] to make progress or help sth make progress উন্নতি করা অথবা উন্নতি করতে সাহায্য করা, অগ্রসর হওয়া বা অগ্রসর হতে সাহায্য করা *Our research has not advanced much recently.*

advance² / əd'vɑːns অ্যাড্'ভাːন্স্ / *noun* **1** [C, *usually sing.*] forward movement অগ্রগমন, অগ্রগতি, অগ্রসরণ *the army's advance towards the border* ✪ বিপ **retreat** **2** [C, U] progress in sth কোনো নির্দিষ্ট ক্ষেত্রে অগ্রগতি *advances in computer technology* **3** [C] an amount of money that is paid to sb before the time when it is usually paid অর্থের নির্দিষ্ট পরিমাণ; অগ্রিম, আগাম, দাদন

IDM in advance (**of sth**) before a particular time or event কোনো নির্দিষ্ট সময় অথবা গুরুত্বপূর্ণ ঘটনার পূর্বে *You should book tickets for the film well in advance.*

advance³ / əd'vɑːns অ্যাড্'ভাːন্স্ / *adj.* (*only before a noun*) that happens before sth আগামী, আগাম, ভাবী *There was no advance warning of the earthquake.*

advanced / əd'vɑːnst অ্যাড্'ভাːন্স্ট্ / *adj.* **1** of a high level উচ্চস্তরের, উচ্চতর, উচ্চ পর্যায়ের *an advanced English class* **2** highly developed অগ্রবর্তী, উন্নত, উন্নতিপ্রাপ্ত *a country that is not very advanced industrially*

advancement / əd'vɑːnsmənt অ্যাড্'ভাːন্স্ম্যান্ট্ / *noun* (*formal*) **1** [U, C] the process of helping sth to make progress and succeed অগ্রগতি, প্রগতি, উন্নতি, উন্নয়ন *the advancement of knowledge/science* **2** [U] progress in a job, social class, etc. কর্ম, সামাজিক শ্রেণি বা স্তর ইত্যাদিতে অগ্রসরণ *There is good opportunity for advancement if you have the right skills.*

advantage / əd'vɑːntɪdʒ অ্যাড্'ভাːন্টিজ্ / *noun* **1** [C] **an advantage** (**over sb**) something that may help you to do better than other people অন্যদের বা অন্যের থেকে উন্নততর অবস্থা বা প্রাধান্য পেতে সাহায্য করে যে বস্তু; অপেক্ষাকৃত সুবিধাজনক অথবা অনুকূল অবস্থান *Her experience gave her a big advantage over the other people applying for the job.* ○ *Some runners try to gain an unfair advantage by taking drugs.* **2** [C, U] something that helps you or that will bring you a good result এমন কিছু (সুবিধা বা সুযোগ) যা অগ্রগতির পথ সুগম করে এবং সুফল প্রাপ্তিতে সাহায্য করে *the advantages and disadvantages of a plan* ✪ বিপ **disadvantage**

IDM take advantage of sb/sth 1 to make good or full use of sth সুযোগের পূর্ণ সদ্ব্যবহার করা অথবা কোনো বস্তুকে লাভজনকভাবে কাজে লাগানো *We should take full advantage of these low prices while they last.* 2 to make unfair use of sb or of sb's kindness, etc. in order to get what you want নিজের স্বার্থসিদ্ধির জন্য কোনো ব্যক্তিকে প্রতারিত করা অথবা অন্যায্যভাবে তার দুর্বলতা ইত্যাদির সুযোগ গ্রহণ করা; ঠকানো, বোকা বানানো *Don't let him take advantage of you like this.*

turn sth to your advantage to use or change a bad situation so that it helps you কোনো প্রতিকূল পরিস্থিতিকে অনুকূল অবস্থায় বদলে লাভজনকভাবে নিজের কাজে লাগানো

advantageous / ˌædvənˈteɪdʒəs ˌঅ্যাড্ভ্যান্'টেইজ্যাস্ / *adj.* that will help you or bring you a good result সহায়ক, উপযোগী, লাভজনক, সুবিধাজনক; কার্যকর

advent / ˈædvent 'অ্যাড্ভেন্ট্ / *noun* [*sing.*] 1 (*formal*) the fact of sb/sth arriving (কোনো ব্যক্তি অথবা বস্তুর) আগমন, সমাগম, আবির্ভাব, অভ্যাগম 2 **Advent** (in the Christian year) the four weeks before Christmas (খ্রিস্টাব্দ অনুসারে) বড়দিন বা খ্রিস্টমাসের পূর্বের চার সপ্তাহ

adventure / ədˈventʃə(r) অ্যাড্'ভেন্চ্যা(র্) / *noun* [C, U] an experience or event that is very unusual, exciting or dangerous (কোনো অভিজ্ঞতা অথবা ঘটনা) অসাধারণ, রোমাঞ্চকর, বিপদসংকুল, দুঃসাহসিক; অ্যাডভেঞ্চার *Our journey through the jungle was quite an adventure!*

adventurer / ədˈventʃərə(r) অ্যাড্'ভেন্চ্যার্যা(র্) / *noun* [C] 1 a person who enjoys exciting new experiences, especially going to unusual places বিরল অভিজ্ঞতা লাভ করা বা দুঃসাহসিক কাজ করার জন্য দুর্গম স্থানে যেতে প্রবৃত্ত ব্যক্তি; অভিযাত্রী, রোমাঞ্চসন্ধানী 2 a person who is capable of taking risks and perhaps acting dishonestly in order to gain money or power ঝুঁকিপূর্ণ এবং অসাধু পদ্ধতিতে আর্থিক মুনাফা বা ক্ষমতা অর্জনে সক্ষম ব্যক্তি; ফাটকাবাজ

adventurous / ədˈventʃərəs অ্যাড্'ভেন্চ্যার্যাস্ / *adj.* 1 (used about a person) liking to try new things or have adventures (কোনো ব্যক্তি সম্বন্ধে ব্যবহৃত) নতুন কিছু করতে ইচ্ছুক বা ঝুঁকি নিতে প্রস্তুত; অভিযাত্রীসুলভ, উদ্যোগী 2 involving adventure রোমাঞ্চকর, অভিযান-কেন্দ্রিক *For a more adventurous holiday try mountain climbing.*

adverb / ˈædvɜːb 'অ্যাড্ভ্যব / *noun* [C] (*grammar*) a word that adds more information about place, time, manner, cause or degree to a verb, an adjective, a phrase or another adverb (ব্যাকরণ) কোনো স্থান, কাল, রীতি, মাত্রা, কারণ অথবা মান সম্বন্ধে কোনো ক্রিয়াপদ, বিশেষণপদ, বাক্যাংশ অথবা অন্য কোনো ক্রিয়াবিশেষণপদের সঙ্গে অতিরিক্ত তথ্য সংযুক্ত করে যে শব্দ; ক্রিয়াবিশেষণ, বিশেষণের বিশেষণ বা ক্রিয়াবিশেষণের বিশেষণ *In 'speak slowly', 'extremely funny', 'arrive late' and 'I know her well', 'slowly', 'extremely', 'late' and 'well' are adverbs.* ▶ **adverbial** / ædˈvɜːbiəl অ্যাড্'ভ্যবিঅ্যাল্ / *adj.* ক্রিয়াবিশেষণ, বিশেষণের বিশেষণ বা ক্রিয়াবিশেষণের বিশেষণ সংক্রান্ত *'Very quickly indeed' is an adverbial phrase.*

adversary / ˈædvəsəri 'অ্যাড্ভ্যাস্যারি / *noun* [C] (*pl.* **adversaries**) (*formal*) an enemy, or an opponent in a competition শত্রু (কোনো প্রতিযোগিতায়), প্রতিদ্বন্দ্বী, প্রতিপক্ষ, বিপক্ষ

adverse / ˈædvɜːs 'অ্যাড্ভ্যস্ / *adj.* (*formal*) making sth difficult for sb প্রতিকূল, বিরোধী, অসুবিধাজনক *Our flight was cancelled because of adverse weather conditions.* ✪ বিপ **favourable** ➪ **unfavourable** দেখো। ▶ **adversely** *adv.* প্রতিকূলভাবে; অনুকূল অবস্থায়

adversity / ədˈvɜːsəti অ্যাড্'ভ্যস্যাটি / *noun* [C, U] (*pl.* **adversities**) (*formal*) difficulties or problems প্রতিকূলতা অথবা সমস্যা

advertise / ˈædvətaɪz 'অ্যাড্ভ্যাটাইজ্ / *verb* 1 [I, T] to put information in a newspaper, on television, on a picture on the wall, etc. in order to persuade people to buy sth, to interest them in a new job, etc. (সংবাদপত্র, দূরদর্শন, দেয়াললিখন ইত্যাদির মাধ্যমে সর্বসাধারণের কাছে ক্রয়যোগ্য কোনো বস্তু বা নতুন কর্মস্থান খালির) বিজ্ঞাপন দেওয়া বা বিজ্ঞাপিত করা; চাউর করা, প্রচার করা *a poster advertising a new car* ○ *The job was advertised in the local newspapers.* 2 [I] **advertise for sb/sth** to say publicly in a newspaper, on a sign, etc. that you need sb to do a particular job, want to buy sth, etc. (কোনো নির্দিষ্ট কাজের জন্য লোক চেয়ে, কিছু ক্রয় করার ইচ্ছা ইত্যাদি প্রকাশ করে সংবাদপত্র, বিজ্ঞাপন ইত্যাদির মাধ্যমে সর্বসাধারণের কাছে) প্রচার করা *The shop is advertising for a sales assistant.* ▶ **advertising** *noun* [U] বিজ্ঞাপন দেওয়ার বিষয় বা কাজ; বিজ্ঞাপন সংক্রান্ত *The magazine gets a lot of money from advertising.* ○ *an advertising campaign*

advertisement / ədˈvɜːtɪsmənt অ্যাড্'ভ্যটিস্ম্যান্ট্ / (*informal*) (*also* **ad**) *noun* [C] a piece of information in a newspaper, on television, a picture on a wall, etc. that tries to persuade people to buy sth, to interest them in a new job, etc. (কিছু কেনার জন্য, কোনো চাকুরি ইত্যাদিতে যোগদান করার জন্য) সংবাদপত্র, দূরদর্শন, দেয়ালচিত্র ইত্যাদিতে দেওয়া যে তথ্যাংশ মানুষকে প্ররোচিত করার চেষ্টা করে; বিজ্ঞপ্তি, বিজ্ঞাপন, প্রচার, ঘোষণা *an advertisement for a new product*

advertiser / ˈædvətaɪzə(r) ˈঅ্যাড্ভ্যাটাইজ়্যা(র্) / *noun* [C] a person or company that pays to put an advertisement in a newspaper, etc. যে ব্যক্তি অথবা সংস্থা অর্থের বিনিময়ে সংবাদপত্র ইত্যাদিতে বিজ্ঞাপন দেয়; বিজ্ঞাপনদাতা, বিজ্ঞাপক

advice / ədˈvaɪs অ্যাড্ˈভাইস্ / *noun* [U] an opinion that you give sb about what he/she should do উপদেশ, মতামত, পরামর্শ, মন্ত্রণা *She **took** her doctor's **advice** and gave up smoking.* ○ *Let me **give** you some **advise**.*

> **NOTE** **Advice** শব্দটি একটি অগণনীয় বিশেষ্যপদ (uncountable noun) এবং সেই কারণে 'an advice' অথবা 'some advices' অভিব্যক্তিগুলির প্রয়োগ সঠিক নয়। এর সঠিক ব্যবহার হল *'a piece of advice'* অথবা *'a lot of advice'*.

advisable / ədˈvaɪzəbl অ্যাড্ˈভাইজ়্যাব্‌ল্ / *adj.* (*formal*) that is a good thing to do; sensible যুক্তিযুক্ত, উপদেশনীয়; সুবিবেচনাপ্রসূত, সমীচীন, উপদেশ-যোগ্য *It is advisable to reserve a seat.* ✪ বিপ **inadvisable**

advise / ədˈvaɪz অ্যাড্ˈভাইজ় / *verb* **1** [I, T] **advise sb (to do sth); advise (sb) (against sth/against doing sth); advise (sb) on sth** to tell sb what you think he/she should do কোনো ব্যক্তিকে সুবিবেচিত উপদেশ বা সুপরামর্শ দেওয়া *He did what the doctor advised.* ○ *She advises the government on economic affairs.* **2** [T] (*formal*) **advise sb (of sth)** to officially tell sb sth; to inform sb কর্তৃপক্ষের নিয়ম অনুসারে অথবা রীতিসম্মত-ভাবে কোনো ব্যক্তিকে নির্দেশ করা; কোনো ব্যক্তিকে কোনো তথ্য বা সংবাদ জ্ঞাপন করা

adviser (*AmE* **advisor**) / ədˈvaɪzə(r) অ্যাড্-ˈভাইজ়্যা(র্) / *noun* [C] a person who gives advice to a company, government, etc. (কোনো প্রতিষ্ঠান, সরকার ইত্যাদির) পরামর্শদাতা, উপদেষ্টা, মন্ত্রণাদাতা *an adviser on economic affairs*

advisory / ədˈvaɪzəri অ্যাড্ˈভাইজ়্যারি / *adj.* giving advice only; not having the power to make decisions কেবল পরামর্শ বা উপদেশ দানের ক্ষমতাসম্পন্ন ব্যক্তি; সিদ্ধান্ত গ্রহণের অধিকার নেই এমন ব্যক্তি; উপদেশক, উপদেষ্টা

advocacy / ˈædvəkəsi ˈঅ্যাড্ভ্যাক্যাসি / *noun* [U] **1 advocacy (of sth)** (*formal*) the giving of public support to an idea, a course of action or a belief কোনো মত বা কার্যসূচি বা বিশ্বাসকে জনসমর্থন প্রদান; সপক্ষতা, সমর্থন **2** (*technical*) the work of lawyers who speak about cases in courts of law ওকালতি

advocate[1] / ˈædvəkeɪt ˈঅ্যাড্ভ্যাকেইট্ / *verb* [T] (*formal*) to recommend or say that you support a particular plan or action কোনো বিশেষ পরিকল্পনা অথবা কর্মপ্রক্রিয়ার সুপারিশ করা অথবা তার পক্ষ সমর্থন করা

advocate[2] / ˈædvəkət ˈঅ্যাড্ভ্যাক্যাট্ / *noun* [C] **1 an advocate (of/for sth/sb)** a person who supports or speaks in favour of sb or of a public plan or action যে ব্যক্তি অন্য কোনো ব্যক্তি, জনপরিকল্পনা অথবা কোনো কর্মপ্রক্রিয়ার সমর্থক অথবা প্রবক্তা; পক্ষ সমর্থক, অধিবক্তা **2** a lawyer who defends sb in a court of law (আদালতে) আইনজীবী, উকিল; অ্যাডভোকেট

advocate general *noun* [C] an advocate of a country or other jurisdiction in charge of advising the courts or government on legal matters রাষ্ট্রীয় বিচারব্যবস্থা বা অন্যান্য অধিক্ষেত্রের ভারপ্রাপ্ত আইনজীবী যে আদালতসমূহ বা সরকারকে আইন-বিষয়ক পরামর্শ প্রদান করে; মহা-অধিবক্তা, অ্যাডভোকেট জেনারেল

adze (*AmE* **adz**) / ˈædz ˈঅ্যাড্জ় / *noun* [C] a heavy tool with a curved edge at 90° to the handle, used for cutting or shaping large pieces of wood (ছুতোর মিস্ত্রির যন্ত্রবিশেষ) বাইস, কুড়ালি, বাটালি ⇨ **tools**-এ ছবি দেখো।

aeolian (*AmE* **eolian**) / iːˈəʊliən ঈˈঅ্যাউলিঅ্যান্ / adj. (*technical*) connected with or caused by the action of the wind বায়ু সংক্রান্ত অথবা বায়ুক্রিয়া জনিত; বায়ব

aeon (BrE) (*also* **eon**) / ˈiːən ˈঈঅ্যান্ / *noun* [C] (*formal*) an extremely long period of time; thousands of years অত্যন্ত দীর্ঘ সময়কাল; যুগযুগান্ত, অনন্ত, অপরিমেয় কাল; হাজার হাজার বছর

aerate / ˈeəreɪt ˈএঅ্যারেইট্ / *verb* [T] **1** to make it possible for air to become mixed with soil, water, etc. (মাটি, জল ইত্যাদিকে) বায়ুমিশ্রিত করা **2** to add a gas to a liquid under pressure কোনো তরল পদার্থের উপর চাপ সৃষ্টি করে গ্যাস বা বায়ু প্রবেশ করানো বা মেশানো; বাতান্বিত করা, বায়ুপূরিত করা *Soda is water that has been aerated.* ▶ **aerated** *adj.* বায়ুপূর্ণ, বাতান্বিত, বায়ুপূরিত *aerated water*

aerial[1] / ˈeəriəl ˈএঅ্যারিঅ্যাল্ / (*AmE* **antenna**) *noun* [C] a long metal stick on a building, car, etc. that receives radio or television signals দূরদর্শন বা বেতারতরঙ্গ গ্রহণের জন্য গাড়ি, অট্টালিকা ইত্যাদিতে লাগানো দীর্ঘ ধাতুদণ্ড; আকাশতার, এরিঅ্যাল

aerial[2] / ˈeəriəl ˈএঅ্যারিঅ্যাল্ / *adj.* from or in the air বায়ু হতে বা বায়ুতে; বায়ব, শূন্যমার্গে, বায়ুমণ্ডলীয়, বায়ুমণ্ডলজাত *an aerial photograph of the town*

aerobic / eəˈrəʊbɪk এঅ্যাˈর‍্যাউবিক্ / *adj.* **1** connected with or needing **oxygen** অক্সিজেন সংক্রান্ত বা অক্সিজেন প্রয়োজন হয় এমন; বায়ুজীবী ➪ **respiration**-এ ছবি দেখো। **2** (used about physical exercise) that we do to improve the way our bodies use **oxygen** (দৈহিক ব্যায়াম বা শরীরচর্চা সম্বন্ধে ব্যবহৃত) শরীরে অক্সিজেন গ্রহণের ক্ষমতা বাড়ানোর জন্য যে ব্যায়াম বা অঙ্গসঞ্চালন করা হয়; এয়ারোবিক্ ➪ **anaerobic** দেখো।

aerobics / eəˈrəʊbɪks এঅ্যাˈর‍্যাউবিক্স্ / *noun* [U] physical exercises that people do to music সংগীতের তালে তালে যে শরীরচর্চা বা ব্যায়াম করা হয়; এয়ারোবিক্স্ *I do aerobics twice a week to keep fit.*

aerodrome / ˈeərədrəʊm ˈএঅ্যার‍্যাড্র্যাউম্ / (*AmE* **airdrome**) *noun* [C] a small airport, used mainly by private planes প্রধানত ব্যক্তিগত বিমানের জন্য ব্যবহৃত ছোটো বিমানবন্দর অথবা বিমানঘাঁটি

aerodynamics / ˌeərəʊdaɪˈnæmɪks ˌএঅ্যার‍্যাউডাইˈন্যামিক্স্ / *noun* [U] the scientific study of the way that things move through the air বায়ুগতিবিজ্ঞান, বায়ুগতিক ▶ **aerodynamic** *adj.* বায়ুগতিবিষয়ক; বায়ুগতিবিজ্ঞান সংক্রান্ত *the aerodynamic design of a racing car* ▶ **aerodynamically** / -kli -কলি / *adv.* বায়ুগতিবিজ্ঞান দ্বারা পরিচালিত

aeronautics / ˌeərəˈnɔːtɪks ˌএঅ্যার‍্যাˈন:টিক্স / *noun* [U] the science or practice of building and flying aircraft বিমাননির্মাণ বা বিমানচালনা সংক্রান্ত বিজ্ঞান অথবা শাস্ত্র; বিমানচালনবিদ্যা অথবা কৌশল ▶ **aeronautical** / -ˈnɔːtɪkl -ˈন:টিক্‌ল্ / *adj.* বিমান বিজ্ঞান সংক্রান্ত, বিমান সম্বন্ধীয় *an aeronautical engineer*

aeroplane / ˈeərəpleɪn ˈএঅ্যার‍্যাপ্লেইন্ / (*also* **plane;** *AmE* **airplane**) *noun* [C] a vehicle that can fly through the air, with wings and one or more engines একটি অথবা একাধিক ইঞ্জিনসহ বিমান, উড়োজাহাজ; প্লেন, এরোপ্লেন ➪ **plane**-এ ছবি দেখো।

aerosol / ˈeərəsɒl ˈএঅ্যার‍্যাসল্ / *noun* [C] a container in which a liquid substance is kept under pressure. When you press a button the liquid comes out in a fine spray যে পাত্রে বায়ুর চাপের দ্বারা ঘনীকৃত তরল পদার্থ ভরে রাখা যায় এবং বোতাম টিপলে যার থেকে ফোয়ারার মতো তরল পদার্থটি বেরিয়ে আসে

aerospace / ˈeərəʊspeɪs ˈএঅ্যার‍্যাউস্পেইস্ / *noun* [U] (*often used as an adjective*) the industry of building aircraft, and vehicles and equipment to be sent into space বিমাননির্মাণ এবং মহাকাশে পাঠানোর জন্য যান অথবা যন্ত্রপাতি তৈরি করে এমন উৎপাদনশিল্প

aesthete (*AmE* **esthete**) / ˈiːsθiːt ˈঈস্থীট্ / *noun* [C] (*formal*) a person who has a love and understanding of art and beautiful things কলাবিদ্যাবিশারদ, সৌন্দর্যবোধসম্পন্ন, শিল্পরুচিসম্পন্ন, সুরুচিসম্পন্ন

aesthetic / iːsˈθetɪk ঈস্ˈথেটিক্ / (*AmE* **esthetic** / esˈθetɪk এস্ˈথেটিক্ /) *adj.* concerned with beauty or art নন্দনতত্ত্ব ও শিল্পকলা অথবা সৌন্দর্য সংক্রান্ত; নান্দনিক *The columns are there for purely aesthetic reasons* (= only to look beautiful). ▶ **aesthetically** (*AmE* **esthetically**) / -kli -কলি/ *adv.* সৌন্দর্যবোধযুক্ত; নান্দনিকভাবে *The design is **aesthetically pleasing** as well as practical.*

aesthetics / iːsˈθetɪks ঈস্ˈথেটিক্স্ / (*AmE* **esthetics**) *noun* [U] the study of beauty, especially in art সৌন্দর্যতত্ত্ব, নন্দনতত্ত্ব, কান্তিবিদ্যা, কলাশাস্ত্র

aetiology (*AmE* **etiology**) / ˌiːtiˈɒlədʒi ˌঈটিˈঅল্যাজি / *noun* [U] the scientific study of the causes of disease রোগের কারণ নির্ণয়ের বিজ্ঞানসম্মত শিক্ষাপ্রণালী; কারণতত্ত্ব, হেতুতত্ত্ব, নিদানতত্ত্ব

afar / əˈfɑː(r) অ্যাˈফা:(র্) / *adv.* (*written*)

IDM from afar from a long distance away বহুদূর থেকে, দূর দূরান্তে

affable / ˈæfəbl ˈঅ্যাফ্যাবল্ / *adj.* pleasant, friendly and easy to talk to মিশুকে, সদালাপী, অমায়িক ▶ **affability** / ˌæfəˈbɪləti ˌঅ্যাফ্যাˈবিল্যাটি / *noun* [U] অমায়িকতা, শিষ্টাচার, ভদ্রতা ▶ **affably** / ˈæfəbli ˈঅ্যাফ্যাব্লি / অমায়িকভাবে, ভদ্রভাবে

affair / əˈfeə(r) অ্যাˈফেঅ্যা(র্) / *noun* **1** [C] an event or a situation ব্যাপার, কাজ, ঘটনা, বিষয়, কারবার, পরিস্থিতি *The whole affair has been extremely unpleasant.* **2 affairs** [*pl.*] important personal, business, national, etc. matters গুরুত্বপূর্ণ ব্যক্তিগত বিষয়, ব্যাবসায়িক বা রাষ্ট্রীয় কাজকর্ম *the minister for foreign affairs* ○ *current affairs* (= the political and social events that are happening at the present time) **3** [*sing.*] something private that you do not want other people to know about কোনো নিতান্ত ব্যক্তিগত বিষয় যা অন্যের জানা অনভিপ্রেত *What happened between us is my affair. I don't want to discuss it.*

IDM state of affairs ➪ **state**[1] দেখো।

affect / əˈfekt অ্যাˈফেক্ট্ / *verb* [T] **1** make sb/sth change in a particular way; to influence sb/sth কোনো ব্যক্তি অথবা বস্তুকে বিশেষভাবে বদলানো বা পরিবর্তন করা; কোনো ব্যক্তি বা বস্তুকে প্রভাবিত করা *Her personal problems seem to be affecting her work.* ○ *This* *disease affects the brain.* ➪ **influence**-এ নোট দেখো। **2** to make sb feel very sad, angry, etc. কোনো ব্যক্তিকে দুঃখ দেওয়া, বিচলিত করা, রাগিয়ে দেওয়া ইত্যাদি *The whole community was affected by the terrible tragedy.*

> **NOTE** লক্ষ করো যে **affect** শব্দটি ক্রিয়াপদ (verb) এবং **effect** শব্দটি বিশেষ্যপদ (noun)—*Smoking can affect your health.* ○ *Smoking can have a bad effect on your health.*

affected / əˈfektɪd অ্যা'ফেক্টিড্ / *adj.* (used about a person or his/her behaviour) not natural or sincere (কোনো ব্যক্তি অথবা তার আচরণ সম্বন্ধে ব্যবহৃত) স্বাভাবিক বা আন্তরিক নয়; কৃত্রিম, মেকি ✪ বিপ **unaffected** ▶ **affectation** / ˌæfekˈteɪʃn ˌঅ্যাফেক্'টেইশ্ন্ / *noun* [C, U] কৃত্রিম অথবা মেকি আচরণ; ভান

affection / əˈfekʃn অ্যা'ফেকশ্ন্ / *noun* [C, U] **(an) affection (for/towards sb/sth)** a feeling of loving or liking sb/sth (কোনো ব্যক্তি বা বস্তুর প্রতি) প্রীতি, মায়া, মমতা, ভালোবাসা

affectionate / əˈfekʃənət অ্যা'ফেক্শ্যান্যাট্ / *adj.* showing that you love or like sb very much স্নেহময়, মমতাময়, স্নেহশীল, প্রেমময়, দরদী ▶ **affectionately** *adv.* স্নেহপূর্ণভাবে, স্নেহমিশ্রিতভাবে

affidavit / ˌæfəˈdeɪvɪt ˌঅ্যাফ্যা'ডেইভিট্ / *noun* [C] (*technical*) a written statement that you say officially is true, and that can be used as evidence in a court of law আদালতে প্রমাণ হিসাবে গ্রাহ্য হয় এবং বিধিসম্মতভাবে স্বীকৃতি পায় এমন কোনো লিখিত বিবৃতি; স্বীকৃতিপত্র, হলফনামা, শপথপত্র *to make/swear/sign an affidavit*

affiliate / əˈfɪlieɪt অ্যা'ফিলিএইট্ / *verb* [T] (*usually passive*) **affiliate sth (to sth)** to connect an organization to a larger organization কোনো প্রতিষ্ঠানকে আরও বড়ো কোনো প্রতিষ্ঠানের সঙ্গে সম্বন্ধযুক্ত বা সংযুক্ত করা *Our local club is affiliated to the national association.* ▶ **affiliated** *adj.* অন্তর্ভুক্ত, সংযুক্ত, সন্নিবিষ্ট ▶ **affiliation** / əˌfɪliˈeɪʃn অ্যা,ফিলি-'এইশ্ন্ / *noun* [C, U] সংযুক্তিকরণ, অন্তর্ভুক্তিকরণ

affinity / əˈfɪnəti অ্যা'ফিন্যাটি / *noun* [C, U] (*pl.* **affinities**) **1 (an) affinity (for/with sb/sth)** a strong feeling that you like and understand sb/sth, usually because you feel similar to him/her/it in some way (কোনো ব্যক্তি বা বস্তুর প্রতি) সাধারণত একাত্মবোধ থেকে উৎপন্ন তীব্র অনুভূতি, আকর্ষণ অথবা প্রীতি; অনুরক্তি, জ্ঞাতিত্ব *He had always had an affinity for wild and lonely places.* **2 (an) affinity (with sb/sth); (an) affinity (between A and B)** a similar quality in two or more people or things (দুই বা ততোধিক ব্যক্তির মধ্যে) সাদৃশ্য, মিল, ঐক্য, সাযুজ্য

affirm / əˈfɜːm অ্যা'ফ্যম্ / *verb* [T] (*formal*) to say formally or clearly that sth is true or that you support sth strongly আনুষ্ঠানিকভাবে বা স্পষ্টভাবে কোনো কিছু সত্য বলে স্বীকার করা বা দৃঢ়তা সহকারে সমর্থন করা ▶ **affirmation** / ˌæfəˈmeɪʃn ˌঅ্যাফ্যা'মেইশ্ন্ / *noun* [C, U] প্রতিজ্ঞাপূর্ণ কথন, প্রত্যয়পূর্ণ সমর্থন, দৃঢ়বচন

affirmative / əˈfɜːmətɪv অ্যা'ফ্যম্যাটিভ্ / *adj.* (*formal*) meaning 'yes' হ্যাঁ-সূচক, ইতিবাচক *an affirmative answer* **NOTE** একই অর্থে নিম্নলিখিত বাক্যাংশেরও প্রয়োগ করা যেতে পারে—*an answer in the affirmative* ✪ বিপ **negative**

affix[1] / əˈfɪks অ্যা'ফিক্স্ / *verb* [T] (*often passive*) (*formal*) **affix sth (to sth)** to stick or join sth to sth else (দুটি বস্তুকে একসঙ্গে) সংযুক্ত করা, জুড়ে দেওয়া, আটকানো, লাগানো *The label should be firmly affixed to the package.*

affix[2] / ˈæfɪks 'অ্যাফিক্স্ / *noun* [C] (*grammar*) a letter or group of letters that are added to the beginning or end of a word and that change its meaning কোনো শব্দের শুরুতে বা শেষে যুক্ত বর্ণ বা বর্ণসমূহ যা শব্দটির অর্থ পরিবর্তন করে; উপসর্গ বা প্রত্যয় *The 'un-' in 'unhappy' and the '-less' in 'painless' are affixes.* ➪ **prefix** এবং **suffix** দেখো।

afflict / əˈflɪkt অ্যা'ফ্লিক্ট / *verb* [T] (*usually passive*) (*formal*) **afflict sb/sth (with sth)** to cause sb/sth to suffer pain, sadness, etc. কোনো ব্যক্তি অথবা বস্তুকে দুঃখ, যন্ত্রণা ইত্যাদি দেওয়া; উৎপীড়ন করা, ক্লিষ্ট করে তোলা ▶ **affliction** *noun* [C, U] পীড়া, ক্লেশ, যন্ত্রণা, দুর্ভোগ

affluent / ˈæfluənt 'অ্যাফ্লুঅ্যান্ট্ / *adj.* having a lot of money ধনী, বিত্তবান, বৈভবশালী, ধনাঢ্য ▶ **affluence** *noun* [U] সমৃদ্ধি, বৈভব, প্রাচুর্য, ঐশ্বর্য *Increased exports have brought new affluence.*

afford / əˈfɔːd অ্যা'ফ:ড্ / *verb* [T] (*usually after can, could or be able to*) **afford sth/to do sth** **1** to have enough money or time to be able to do sth (কোনো কিছু করার জন্য) সময় বা অর্থব্যয়ের সংগতি থাকা, যথেষ্ট সামর্থ্য অথবা ক্ষমতা থাকা *We couldn't afford a television in those days.* ○ *I've spent more money than I can afford.* **2** to not be able to do sth or let sth happen because it would have a bad result for you ভালো ফল হবে না জেনে কোনো কাজ করতে না পারা অথবা কিছু ঘটতে না দেওয়া *The other team was very good so we couldn't afford to make any mistakes.* ▶ **affordable** *adj.* সাধ্যায়ত্ত *affordable prices*

afforestation / əˌfɒrɪˈsteɪʃn অ্যা,ফরি'স্টেইশ্ন্ / *noun* [U] planting trees on an area of land in order to form a forest বনায়ন, অরণ্যায়ন, বনসৃজন, অরণ্যসৃষ্টি ✪ বিপ **deforestation**

affront / ə'frʌnt অ্যা'ফ্রান্ট্ / *noun* [C] **an affront (to sb/sth)** something that you say or do that is insulting to sb/sth কোনো ব্যক্তি অথবা বস্তুর প্রতি অবমাননাকর বা অসম্মানজনক উক্তি বা কাজ

afloat / ə'fləʊt অ্যা'ফ্ল্যাউট্ / *adj.* (*not before a noun*) **1** on the surface of the water; not sinking যা ভেসে আছে, ভাসমান; ডুবছে না এমন, ভাসন্ত *A life jacket helps you* ***stay afloat*** *if you fall in the water.* **2** (used about a business, an economy, etc.) having enough money to survive (কোনো ব্যাবসা, অর্থনীতি ইত্যাদি সম্বন্ধে ব্যবহৃত) পর্যাপ্ত আর্থিক সংগতিসম্পন্ন, আর্থিকভাবে সচ্ছল; সমৃদ্ধিশালী

afoot / ə'fʊt অ্যা'ফুট্ / *adj.* (*not before a noun*) being planned or prepared পরিকল্পনা অথবা প্রস্তুতির পর্যায়ে

aforementioned / ə,fɔː'menʃənd অ্যা,ফ:'মেন্শ্যান্ড্ / (*also* **aforesaid** / ə'fɔːsed অ্যা'ফ:সেড্ /) *adj.* (*not before a noun*) (*formal*) or (*law*) mentioned before, in an earlier sentence পূর্ববর্তী বাক্যে উল্লিখিত; পূর্বোল্লিখিত, পূর্বকথিত *The aforementioned person was seen acting suspiciously.*

aforethought / ə'fɔːθɔːt অ্যা'ফ:থ:ট্ / *adj.*

IDM with malice aforethought ➪ **malice** দেখো।

afraid / ə'freɪd অ্যা'ফ্রেইড্ / *adj.* (*not before a noun*) **1 afraid (of sb/sth); afraid (of doing sth/to do sth)** having or showing fear; frightened ভীত, শঙ্কিত; সন্ত্রস্ত, ত্রস্ত *Are you afraid of dogs?* ○ *I was too afraid to answer the door.* **2 afraid (that...); afraid (of doing sth)** worried about sth কোনো কিছু সম্বন্ধে চিন্তিত, পরিণাম সম্বন্ধে শঙ্কিত অথবা দ্বিধান্বিত *We were afraid that you would be angry.* ○ *to be afraid of offending sb* **3 afraid for sb/sth** worried that sb/sth will be harmed, lost, etc. (কোনো বস্তু বা ব্যক্তির ক্ষতি হবে, হারিয়ে যাবে ইত্যাদি সম্বন্ধে) উদ্বিগ্ন, আশঙ্কান্বিত *When I saw the gun I was afraid for my life.*

> **NOTE Afraid** এবং **frightened** শব্দ দুটি তুলনা করো। **Afraid** শব্দটি কেবলই বিশেষ্যপদের (noun) পরে ব্যবহৃত হয় কিন্তু **frightened** শব্দটি বিশেষ্যপদের পরে এবং আগে দুইভাবেই ব্যবহৃত হতে পারে—*a frightened animal* ○ *The animal was afraid/frightened.*

IDM I'm afraid (that...) used for saying politely that you are sorry about sth কোনো বিষয়ে নম্রভাবে ক্ষমা চেয়ে দুঃখ প্রকাশ করার জন্য ব্যবহৃত অভিব্যক্তিবিশেষ *I'm afraid I can't come on Sunday.* ○ *'Is this seat free?' 'I'm afraid not/it isn't.'*

afresh / ə'freʃ অ্যা'ফ্রেশ্ / *adv.* (*formal*) again, in a new way পুনরায়, নতুনভাবে; আবার *to start afresh*

aft / ɑːft আ:ফ্ট্ / *adv., adj.* (*technical*) at, near or towards the back of a ship or an aircraft (জাহাজ বা বিমানের) পিছনের অংশে, তার নিকটে অথবা পিছনের দিকে ➪ **fore** দেখো।

after / 'ɑːftə(r) 'আ:ফ্ট্যা(র্) / *prep., conj., adv.* **1** later than sth; at a later time কোনো কিছুর পরবর্তী সময়ে, উত্তরকালীন; পরবর্তীকালে *the week after next* ○ *I hope to arrive some time after lunch.* ○ *They arrived at the station after the train had left.* ○ *I went out yesterday morning, and* ***after that*** *I was at home all day.* ○ *That was in April. Soon after, I heard that he was ill.* **NOTE Afterwards** শব্দটি সাধারণত বাক্যের শেষে ব্যবহৃত হয়—*We played tennis and went to Charu's house afterwards.* **2 ... after...** repeated many times or continuing for a long time বারংবার, বারবার, একাদিক্রমে, একটার পরে একটা; দীর্ঘ সময় ধরে চলছে এমন ***day after day*** *of hot weather* ○ *I've told them* ***time after time*** *not to do that.* **3** following or behind sb/sth (কোনো ব্যক্তি অথবা বস্তুর) অনুসরণে বা পশ্চাদ্‌বর্তী, পিছনে পিছনে *Shut the door after you.* ○ *C comes after B in the English alphabet.* **4** looking for or trying to catch or get sb/sth কোনো ব্যক্তি অথবা বস্তুর তল্লাশি করা হচ্ছে অথবা তাকে ধরার প্রচেষ্টা করা হচ্ছে এমন *The police were after him.* **5** because of sth (কোনো কিছুর) জন্য, কারণবশত, পরিণামে, পরিপ্রেক্ষিতে *After the way he behaved, I won't invite him here again.* **6** used when sb/sth is given the name of another person or thing কোনো একটি নির্দিষ্ট ব্যক্তি বা বস্তুর নাম ভিন্ন কোনো ব্যক্তি বা বস্তুর জন্য ব্যবহার করার সময়ে ব্যবহৃত অভিব্যক্তিবিশেষ *We called our son Aryan after his grandfather.*

IDM after all 1 used when sth is different in reality to what sb expected or thought তবুও, তা সত্ত্বেও, তাহলেও, যাইহোক না কেন *So you decided to come after all!* (= I thought you weren't going to come) **2** used for reminding sb of a certain fact কোনো ব্যক্তিকে কোনো নির্দিষ্ট প্রকৃত সত্য অথবা বাস্তবিকতা মনে করিয়ে দেওয়ার জন্য ব্যবহৃত অভিব্যক্তিবিশেষ *She can't understand. After all, she's only two.*

after-effect *noun* [C] an unpleasant result of sth that comes some time later কোনো কিছুর অপ্রীতিকর পরিণাম যা কিছু সময়কাল পরে জানা যায় ➪ **effect** এবং **side effect** দেখো।

afterlife / 'ɑːftəlaɪf 'আ:ফ্ট্যালাইফ্ / *noun* [*sing.*] a life that some people believe exists after death

মৃত্যু-পরবর্তী জীবনের অস্তিত্ব যা কিছু মানুষ বিশ্বাস করে; পরকাল, পরলোক, লোকান্তর

aftermath / ˈɑːftəmæθ ˈআ:ফ্‌ট্যাম্যাথ্ / *noun* [*sing.*] a situation that is the result of an important or unpleasant event কোনো গুরুত্বপূর্ণ অথবা অপ্রিয় ঘটনার পরিণাম বা ফলাফলের জন্য যে পরিস্থিতি তৈরি হয়

afternoon / ˌɑːftəˈnuːn ˌআ:ফ্‌ট্যাˈনুন্ / *noun* [C, U] the part of a day between midday and about six o'clock মধ্যাহ্নের পর থেকে প্রায় সন্ধ্যা ছ-টা পর্যন্ত যে সময়; অপরাহ্ণ *I studied all afternoon.* ○ *I usually go for a walk* ***in the afternoon****.* ○ *He goes swimming every afternoon.*

> **NOTE** কোনো নির্দিষ্ট অপরাহ্ণের কথা বোঝাতে **on Monday, Tuesday, Wednesday, etc. afternoon** অভিব্যক্তিগুলি ব্যবহৃত হয় কিন্তু যখন সাধারণভাবে আমরা দিনেরবেলায় কোনো কাজ করার কথা বলি তখন **in the afternoon** বাক্যাংশটি ব্যবহার করি।

good afternoon exclamation used when you see sb for the first time in the afternoon অপরাহ্ণে প্রথম সাক্ষাৎকালীন অথবা বিদায়কালীন প্রত্যভিবাদন বিশেষ **NOTE** এই একই অর্থে কেবল 'afternoon' শব্দটিও ব্যবহার করা যেতে পারে—*'Good afternoon, Mrs Mitra.' 'Afternoon, Raju.'* ➪ **morning**-এ নোট দেখো।

aftershave / ˈɑːftəʃeɪv ˈআ:ফ্‌ট্যাশেইভ্ / *noun* [C,U] a liquid with a pleasant smell that men put on their faces after shaving দাড়ি কামানোর পরে মুখে লাগানোর জন্য তরল সুগন্ধিবিশেষ; আফটারশেভ

aftershock / ˈɑːftəʃɒk ˈআ:ফ্‌ট্যাশক্ / *noun* [C] a smaller **earthquake** that happens after a bigger one কোনো বড়ো ভূমিকম্পের পরে অনুভূত হালকা কম্পন

aftertaste / ˈɑːftəteɪst ˈআ:ফ্‌ট্যাটেইস্ট্/*noun* [*sing.*] a taste (usually an unpleasant one) that stays in your mouth after you have eaten or drunk sth কোনো কিছু খাওয়ার অথবা পান করার পর মুখের বিস্বাদ ভাব, খাবার বা পানীয়ের যে (সাধারণত অপ্রিয়) স্বাদ মুখে লেগে থাকে

afterthought / ˈɑːftəθɔːt ˈআ:ফ্‌ট্যাথ:ট্/ *noun* [C, *usually sing.*] something that you think of or add to sth else at a later time কোনো ঘটনা ঘটে যাওয়ার পরবর্তীকালের যে চিন্তা বা বিচার-বিবেচনা; অনুধ্যান, আচিন্তন

afterwards / ˈɑːftəwədz ˈআ:ফ্‌ট্যাউঅ্যাড্‌জ্ / (*AmE* **afterward**) *adv.* at a later time পরে, পরবর্তীকালে, পরিশেষে, তৎপরে *He was taken to hospital and died shortly afterwards.*

again / əˈgen; əˈgeɪn অ্যাˈগেন্; অ্যাˈগেইন্ / *adv.* **1** once more; another time পুনরায়, পুনর্বার; অন্য সময়ে, পুনশ্চ *Could you say that again, please?* ○ *Don't ever do that again!* **2** in the place or condition that sb/sth was in before (কোনো বস্তু অথবা ব্যক্তির স্থান বা পরিস্থিতি) আগের বা পূর্বের মতো; আগেকার *I hope you'll soon be well again.* **3** in addition to sth তদতিরিক্ত, তদুপরি *'Is that enough?' 'No, I'd like half as much again, please.'* (= one-and-a-half times the original amount)

IDM **again and again** many times পুনঃপুন, বারংবার, ক্রমাগত *He said he was sorry again and again, but she wouldn't listen.*

then/there again used to say that sth you have just said may not happen or be true এখন যে কথা বলা হয়েছে তা পরবর্তীকালে না ঘটতে পারে বা সত্যি না হতে পারে এই ইঙ্গিত করার জন্য ব্যবহৃত অভিব্যক্তিবিশেষ *She might pass her test, but then again she might not.*

yet again ➪ **yet** দেখো।

against / əˈgenst; əˈgeɪnst অ্যাˈগেন্‌স্ট্; অ্যাˈগেইন্‌স্ট্ / *prep.* **1** being an opponent to sb/sth in a game, competition, etc., or an enemy of sb/sth in a war or fight (কোনো খেলা, প্রতিযোগিতা ইত্যাদিতে) প্রতিপক্ষ, বিপক্ষ (কোনো যুদ্ধ বা লড়াইয়ে) শত্রুপক্ষ, বিরুদ্ধপক্ষ *We played football against a school from another district.* **2** not agreeing with or supporting sb/sth কোনো ব্যক্তি অথবা বস্তুর সঙ্গে রাজি না হওয়া বা সমর্থন না করা; বিপক্ষে, বিরুদ্ধে *Are you for or against the plan?* ○ *She felt that everybody was against her.* **3** what a law, rule, etc. says you must not do (আইন, রীতি ইত্যাদির) বিরুদ্ধে *It's* ***against the law*** *to buy cigarettes before you are sixteen.* **4** to protect yourself from sb/sth নিজেকে কোনো ব্যক্তি অথবা বস্তুর থেকে সুরক্ষিত রাখার জন্য *Take these pills as a precaution against malaria.* **5** in the opposite direction to sth (কোনো বস্তুর) বিপরীত দিকে, উলটোদিকে, প্রতিকূলে *We had to cycle against the wind.* **6** touching sb/sth for support হেলান দেওয়া বা ঠেসান দেওয়া অবস্থায় *I put the ladder against the wall.*

agate / ˈægət ˈঅ্যাগ্যাট্ / *noun* [U, C] a hard stone with bands or areas of colour, used in jewellery দাগওয়ালা বা ডোরাকাটা রঙিন কঠিন পাথরবিশেষ যা অলংকারে ব্যবহৃত হয়; অকীক

age[1] / eɪdʒ এইজ্ / *noun* **1** [C, U] the length of time that sb has lived or that sth has existed বয়স, অস্তিত্বকাল, স্থায়িত্বকাল, অতিবাহিত জীবনকাল, আয়ু, পরমায়ু *Ali is 17* ***years of age****.* ○ *Children of all ages will enjoy this film.*

> **NOTE** কোনো ব্যক্তির বয়স জানতে চেয়ে প্রশ্ন করতে হলে আমরা বলি—*How old is she?* এই প্রশ্নের উত্তর হতে পারে—*She's eighteen.* অথবা *She's eighteen*

years old. কিন্তু *She's eighteen years.* বাক্যটি সঠিক ব্যবহার নয়। বয়স সম্বন্ধে বাক্যালাপ করার আরও কিছু উদাহরণ দেওয়া হল—*I'm nearly nineteen.* ○ *a girl of eighteen* ○ *an eighteen-year old girl*

2 [C, U] a particular period in sb's life কোনো ব্যক্তির জীবনের নির্দিষ্ট কোনো কাল, পর্যায় বা সময়পর্ব ***middle age/old age*** **3** [U] the state of being old বার্ধক্য, জরা *a face lined with age* ○ *The doctor said she **died of old age**.* ➪ **youth** দেখো। **4** [C] a particular period of history ইতিহাসের বিশেষ কোনো অধ্যায়, সময় বা যুগ; কালপর্যায় *the computer age* **5 ages** [*pl.*] (*informal*) a very long time দীর্ঘদিন, দীর্ঘকাল *We had to wait (for) ages at the hospital.* ○ *It's ages since I've seen her.*

IDM **come of age** to become an adult in law (আইনত) বয়ঃপ্রাপ্ত বা সাবালকত্ব প্রাপ্ত হওয়া

feel your age ➪ **feel**[1] দেখো।

under age not old enough by law to do sth (আইনত) অপ্রাপ্তবয়স্ক, নাবালক

age[2] / eɪdʒ এইজ্ / *verb* [I, T] (*pres. part.* **ageing** or **aging;** *pt, pp* **aged** / eɪdʒd এইজ্‌ড্ /) to become or look old; to cause sb to look old বুড়িয়ে যাওয়া বা বয়স্ক লাগা, বার্ধক্যগ্রস্ত হওয়া; বয়েসের ছাপ পড়া *I could see her illness had aged her.* ○ *an ageing aunt*

aged / eɪdʒd এইজ্‌ড্ / *adj.* (*not before a noun*) **1** of the age mentioned উল্লিখিত বয়সের; বয়সি, বয়স্ক *The woman, aged 26, was last seen at the New Delhi railway station.* **2 the aged** / ˈeɪdʒɪd ˈএইজিড্ / *noun* [*pl.*] very old people অতি বৃধ্ব, বয়স্ক ব্যক্তি, প্রাচীন, বয়স্থ, প্রবীণ NOTE এই অর্থে **senior citizen** অভিব্যক্তিটি বেশি প্রচলিত ব্যবহার।

age group *noun* [C] people of about the same age or within a particular range of ages প্রায় সমবয়স্ক ব্যক্তিবর্গ অথবা একই বয়ঃসীমার অন্তর্ভুক্ত ব্যক্তিগণ *This club is very popular with the 20–30 age group.*

ageism (*also* **agism**) / ˈeɪdʒɪzəm ˈএইজিজ্যাম্ / *noun* [U] unfair treatment of people because they are considered too old বৃধ্ব অথবা প্রবীণ বলে কোনো ব্যক্তির সঙ্গে অসম অথবা অন্যায্য ব্যবহার ▶ **ageist** / ˈeɪdʒɪst ˈএইজিস্ট্ / *noun* এইধরনের ব্যবহার করে যে ব্যক্তি ▶ **ageist** / ˈeɪdʒɪst ˈএইজিস্ট্ / *adj.* এইধরনের ব্যবহার

ageless / ˈeɪdʒləs ˈএইজ্‌ল্যাস্ / *adj.* (*written*) **1** never seeming to grow old চিরতরুণ, কালজয়ী **2** existing for ever; impossible to give an age to অনন্তকাল ধরে বিদ্যমান, চিরন্তন শাশ্বত; যার বয়স মাপা যায় না *the ageless mystery of the universe*

age limit *noun* [C] the oldest or youngest age at which you are allowed to do sth কোনো কাজ করার জন্য ন্যূনতম অথবা সর্বোচ্চ বয়ঃসীমা *to be over/under the age limit*

agency / ˈeɪdʒənsi ˈএইজ্যান্সি / *noun* [C] (*pl.* **agencies**) **1** a business that provides a particular service কোনো নির্দিষ্ট পরিষেবা প্রদান করে এমন ব্যাবসায়িক প্রতিষ্ঠান; এজেন্সি *an advertising agency* **2** (*AmE*) a government department কোনো সরকারি বিভাগ

agenda / əˈdʒendə অ্যা'জেন্‌ড্যা / *noun* [C] a list of matters that need to be discussed or dealt with আলোচ্যসূচি বা সম্পাদ্য কার্যাবলি; এজেন্ডা *The first item **on the agenda** at the meeting will be security.* ○ *The government have **set an agenda** for reform over the next ten years.*

agent / ˈeɪdʒənt ˈএইজ্যান্ট্ / *noun* [C] **1** a person whose job is to do business for a company or for another person অন্য প্রতিষ্ঠান বা ব্যক্তির প্রতিনিধি-স্বরূপ ব্যাবসা পরিচালনা করে যে ব্যক্তি, অনুমোদিত প্রতিনিধি; আহিলকার, মুৎসুদ্দি, কারিন্দা *a travel agent* ○ *an estate agent* **2** = **secret agent**

age-old *adj.* that has existed for a very long time সুপ্রাচীন, দীর্ঘপ্রচলিত *an age-old custom/problem*

aggravate / ˈæɡrəveɪt ˈঅ্যাগ্র্যাভেইট্ / *verb* [T] **1** to make sth worse or more serious কোনো কিছুকে অধিক গুরুতর অথবা শোচনীয় করে তোলা, কোনো অবস্থার অবনতি ঘটানো, কোনো কিছুর প্রকোপ বৃধ্বি করা **2** (*informal*) to make sb angry or annoyed কোনো ব্যক্তিকে রাগিয়ে তোলা অথবা উত্ত্যক্ত করা ▶ **aggravation** / ˌæɡrəˈveɪʃn ˌঅ্যাগ্র্যা'ভেইশ্‌ন্ / *noun* [C, U] (পরিস্থিতি) গুরুতর বা শোচনীয় করার কাজ

aggregate / ˈæɡrɪɡət ˈঅ্যাগ্রিগ্যাট্ / *noun*

IDM **on aggregate** in total সব মিলিয়ে, সমষ্টিগত-ভাবে; একত্রে *Our team won 3–1 on aggregate.*

aggression / əˈɡreʃn অ্যা'গ্রেশ্‌ন্ / *noun* [U] **1** angry feelings or behaviour that make you want to attack other people আক্রমণাত্মক বা শত্রুতামূলক মনোভাব বা ব্যবহার, বৈরী আচরণ *People often react to this kind of situation with fear or aggression.* **2** the act of starting a fight or war without reasonable cause বিনা প্ররোচনায় অথবা বিনা কারণেই বিবাদ অথবা যুদ্ধের সূত্রপাত করার ক্রিয়া

aggressive / əˈɡresɪv অ্যা'গ্রেসিভ্ / *adj.* **1** ready or likely to fight or argue আক্রমণাত্মক, আক্রমণপ্রবণ *an aggressive dog* ○ *Some people get aggressive after drinking alcohol.* **2** using or showing force or pressure in order to succeed উদ্যমী, উদ্যমশীল, উদ্যোগী *an aggressive salesman* ▶ **aggressively** *adv.* আক্রমণাত্মকভাবে *The boys responded aggressively when I asked them to make less noise.*

aggressor / əˈgresə(r) অ্যা'গ্রেস্যা(র্) / *noun* [C] a person or country that attacks sb/sth or starts fighting first প্রথম আক্রমণকারী ব্যক্তি বা দেশ; আগ্রাসক

aggrieved / əˈgri:vd অ্যা'গ্রীভ্‌ড্ / *adj.* (*formal*) upset or angry at being treated unfairly (অন্যায্য আচরণের কারণে) ক্ষুব্ধ, ব্যথিত, দুঃখিত

aghast / əˈgɑ:st অ্যা'গা:স্ট্ / *adj.* (*not before a noun*) (*written*) **aghast (at sth)** filled with horror and surprise when you see or hear sth (কোনো কিছু দেখে অথবা শুনে) আতঙ্কে হতবুদ্ধি; ভীত, ভয়ার্ত, আতঙ্কগ্রস্ত *He stood aghast at the sight of so much blood.*

agile / ˈædʒaɪl 'অ্যাজাইল্ / *adj.* able to move quickly and easily ক্ষিপ্র, তৎপর, দ্রুত, সক্রিয়, চটপটে ▶ **agility** / əˈdʒɪləti অ্যা'জিল্যাটি / *noun* [U] দ্রুতমননশীলতা, ক্ষিপ্রতা, তৎপরতা *This sport is a test of both physical and mental agility.*

agitate / ˈædʒɪteɪt 'অ্যাজিটেইট্ / *verb* [I] **agitate (for/against sth)** to make other people feel very strongly about sth so that they want to help you achieve it (মানুষকে) প্রবলভাবে আন্দোলিত করা, উত্তেজিত করা, আলোড়িত করা *to agitate for reform*

agitated / ˈædʒɪteɪtɪd 'অ্যাজিটেইটিড্ / *adj.* worried or excited উত্তেজিত বা উদ্বিগ্ন; বিক্ষুব্ধ ▶ **agitation** / ˌædʒɪˈteɪʃn ˌঅ্যাজি'টেইশন্ / *noun* [U] বিক্ষোভ, আন্দোলন, আলোড়ন, উদ্বেগ

agitator / ˈædʒɪteɪtə(r) 'অ্যাজিটেইট্যা(র্) / *noun* [C] a person who tries to persuade people to take part in political protest জনগণকে রাজনৈতিক প্রতিবাদে অংশগ্রহণের জন্য প্রণোদিত করে যে ব্যক্তি; আন্দোলনকারী

aglow / əˈgləʊ অ্যা'গ্ল্যাউ / *adj.* (*written*) shining with warmth or happiness উজ্জ্বল, ঝলমলে, আনন্দোচ্ছল, দীপ্যমান *The children's faces were aglow with excitement.*

agnostic / ægˈnɒstɪk অ্যাগ্'নস্‌টিক্ / *noun* [C] a person who is not sure if God exists or not ঈশ্বরের অস্তিত্ব সম্বন্ধে সন্দেহ পোষণ করে এমন ব্যক্তি; অজ্ঞেয়বাদী

ago / əˈgəʊ অ্যা'গ্যাউ / *adv.* in the past; back in time from now আগে, অতীতে; পূর্বে *Pawan left ten minutes ago* (= if it is twelve o'clock now, he left at ten to twelve). ○ *That was **a long time** ago.* **NOTE** **Ago** শব্দটি সাধারণত সাধারণ অতীতকালের (simple past tense) সঙ্গে ব্যবহৃত হয়, পুরাঘটিত বর্তমান কালের (present perfect tense) সঙ্গে নয়—*I arrived in Hyderabad three months ago.*

agog / əˈgɒg অ্যা'গগ্ / *adj.* (*not before a noun*) very excited while waiting to hear sth (কোনো সংবাদ শোনার অপেক্ষায়) আকুল, ব্যগ্র, উৎসুক *We were all agog when she said she had good news.*

agonize (*also* **-ise**) / ˈægənaɪz 'অ্যাগ্যানাইজ্ / *verb* [I] to worry or think for a long time about a difficult problem or situation (কোনো কঠিন সমস্যা বা পরিস্থিতির কারণে) দীর্ঘ সময় ধরে চিন্তা বা উদ্বেগ বোধ করা, তীব্র যন্ত্রণা ভোগ করা বা দেওয়া *to agonize over a difficult decision*

agonized (*also* **-ised**) / ˈægənaɪzd 'অ্যাগ্যানাইজ্‌ড্ / *adj.* showing extreme pain or worry (মানসিক) যন্ত্রণাকাতর, যন্ত্রণাদগ্ধ, ব্যথিত *an agonized cry*

agonizing (*also* **-ising**) / ˈægənaɪzɪŋ 'অ্যাগ্যা-নাইজ়িং / *adj.* causing extreme worry or pain তীব্র পীড়াদায়ক; মর্মান্তিক *an agonizing choice* ○ *an agonizing headache*

agony / ˈægəni 'অ্যাগ্যানি / *noun* [C, U] (*pl.* **agonies**) great pain or suffering (মানসিক) তীব্র বেদনা, মর্মান্তিক কষ্ট, অসহ্য যন্ত্রণা; উৎকণ্ঠা *to be/scream in agony*

agoraphobia / ˌægərəˈfəʊbiə ˌঅ্যাগ্যার্যা'ফ্যাউ-বিঅ্যা / *noun* [U] fear of being in public places where there are a lot of people জনাকীর্ণ উন্মুক্ত স্থানে যাওয়ার আতঙ্ক, প্রকাশ্য স্থানের আতঙ্ক; মুক্তস্থানাতঙ্ক ▶ **agoraphobic** *adj.* মুক্তস্থানাতঙ্ক সংক্রান্ত

agrarian / əˈgreəriən অ্যা'গ্রেঅ্যারিঅ্যান্ / *adj.* (*formal*) connected with farming and the use of land for farming কৃষিকাজ এবং কৃষিজমির ব্যবহারের সঙ্গে সংযুক্ত বা সেই সংক্রান্ত, কৃষিজীবন বা কৃষককেন্দ্রিক; কৃষিভূমিসংক্রান্ত

agree / əˈgri: অ্যা'গ্রী / *verb* **1** [I] **agree (with sb/sth); agree (that...)** to have the same opinion as sb/sth কোনো ব্যক্তি বা কোনো কিছুর সঙ্গে একমত হওয়া, মতৈক্য হওয়া, ঐকমত্য পোষণ করা *'I think we should leave now.' 'Yes, I agree.'* ○ *I agree with Praveen.* ✪ বিপ **disagree** **2** [I] **agree (to sth/ to do sth)** to say yes to sth কোনো কিছুতে সম্মতি জানানো, রাজি হওয়া, হ্যাঁ বলা *I asked my boss if I could go home early and she agreed.* ✪ বিপ **refuse** **3** [I, T] **agree (to do sth); agree (on sth)** to make an arrangement or decide sth with sb কোনো ব্যক্তির সঙ্গে কোনো বন্দোবস্ত বা পরিকল্পনা করা অথবা কোনো সিদ্ধান্ত নেওয়া *They agreed to meet again the following day.* ○ *Can we agree on a price?* **4** [I] **agree with sth** to think that sth is right কোনো কিছু সঠিক অথবা ন্যায্য বলে মনে করা, সহমত হওয়া *I don't agree with experiments on animals.* **5** [I] to be the same as sth কোনো কিছুর মতো হওয়া, একরকম হওয়া, সংগতিপূর্ণ হওয়া, মানানসই হওয়া, সামঞ্জস্য থাকা *The two accounts of the accident do not agree.*

agreeable / əˈgri:əbl অ্যা'গ্রীঅ্যাব্‌ল্ / *adj.* **1** pleasant; nice প্রীতিকর, মনোরম; শোভন, অমায়িক ✪ বিপ **disagreeable** **2** (*formal*) ready to agree মানতে রাজি, সম্মত হতে প্রস্তুত *If you are agreeable,* *we would like to visit your offices on 21 May.* ▶ **agreeably** / -əbli -অ্যাব্‌লি / *adv.* প্রীতিকরভাবে, খুশি হয়ে *I was agreeably surprised by the film.*

agreement / əˈgriːmənt অ্যা'গ্রীম্যান্ট্ / *noun* **1** [U] the state of agreeing with sb/sth মতৈক্য, সামঞ্জস্য, ঐক্য, ঐকমত্য *We **are totally in agreement with** what you have said.* ✪ বিপ **disagreement** **2** [C] a contract or decision that two or more people have made together (দুই অথবা ততোধিক ব্যক্তিদের মধ্যে) চুক্তিপত্র, চুক্তি, সংবিদা *The leaders **reached an agreement** after five days of talks.* ○ ***break and agreement.***

agriculture / ˈægrɪkʌltʃə(r) 'অ্যাগ্‌রিকাল্‌চ্যা(র্) / *noun* [U] keeping animals and growing crops for food; farming কৃষিকাজ ও পশুপালন; চাষবাস, চাষ, কৃষিবিদ্যা *the Minister of Agriculture* ▶ **agricultural** / ˌægrɪˈkʌltʃərəl ˌঅ্যাগ্রি'কাল্‌চ্যার‍্যাল্ / *adj.* কৃষিসংক্রান্ত, কৃষিবিষয়ক

agrochemical / ˌægrəʊkemɪkl ˌঅ্যাগ্‌র্যাউ-কেমিক্‌ল্ / *noun* [C] a chemical used in farming, especially for killing insects or for making plants grow better গাছের স্বাস্থ্যরক্ষার্থে এবং ক্ষতিকারক কীট নাশ করতে চাষের জমিতে ব্যবহৃত রাসায়নিক পদার্থবিশেষ

agronomist / əˈgrɒnəmɪst অ্যা'গ্রন্যামিস্ট্ / *noun* [C] a scientist who studies the relationship between the plants that farmers grow and the environment পরিবেশ এবং কৃষিকাজের মধ্যে সম্পর্ক বিষয়ে চর্চা বা গবেষণা করে যে বৈজ্ঞানিক; কৃষিবিদ, কৃষিঅর্থনীতিবিদ ▶ **agronomy** *noun* [U] চাষবাস, কৃষিবিদ্যা, কৃষিঅর্থনীতি

aground / əˈgraʊnd অ্যা'গ্রাউন্ড্ / *adv.* if a ship **runs/goes aground,** it touches the ground in water that is not deep enough and it cannot move (জাহাজ সম্বন্ধে ব্যবহৃত) অগভীর জলে আটকে গেছে অথবা চড়ায় ঠেকে গেছে এমন *The oil tanker ran/went aground off the Spanish coast.* ▶ **aground** *adj.* অগভীর জলে আবদ্ধ অবস্থায়

ah / ɑː আঃ / *exclamation* used for expressing surprise, pleasure, understanding, etc. বিস্ময়, আনন্দ, উপলব্ধি প্রভৃতি ভাবপ্রকাশক অব্যয়পদ; আঃ *Ah, there you are.*

aha / ɑːˈhɑː আঃ'হাঃ / *exclamation* used when you suddenly find or understand sth হঠাৎ কোনো জিনিস খুঁজে পাওয়া বা উপলব্ধি করতে পারার ভাবপ্রকাশক অব্যয়পদ; আহা *Aha! Now I understand.*

ahead / əˈhed অ্যা'হেড্ / *adv., adj.* **ahead (of sb/sth) 1** in front of sb/sth কোনো ব্যক্তি অথবা বস্তুর আগে, পূর্বে অথবা সামনে, সোজা সামনের দিকে; সম্মুখবর্তী *The path ahead looked narrow and steep.* ○ *Look **straight ahead** and don't turn round!* **2** before or more advanced than sb/sth কোনো ব্যক্তির বা বস্তুর থেকে অগ্রগামী; অগ্রসর, আগুয়ান *Jai arrived a few minutes ahead of us.* ○ *The Japanese are **way ahead** of us in their research.* **3** into the future ভবিষ্যতে, আগামী দিনে *We must **think ahead** and make a plan.* **4** winning in a game, competition, etc. কোনো প্রতিদ্বন্দ্বিতায় বা খেলায় অগ্রগামী *The goal put Italy 2–1 **ahead** at half-time.* ➪ **behind** দেখো।

IDM **ahead of your time** so modern that people do not understand you অতি আধুনিক চিন্তাধারার ফলে সমসাময়িক মানুষদের বোধশক্তির বাইরে; অগ্রগামী

streets ahead ➪ **street** দেখো।

ahimsa *noun* [U] (*IndE*) the belief in non-violence অহিংসার প্রতি বিশ্বাস; অহিংসাবাদ

aid[1] / eɪd এইড্ / *noun* **1** [U] help সাহায্য, সহায়তা, উপকার *to walk **with the aid of** a stick* ○ *He had to **go to the aid of** a child in the river.* ➪ **first aid** দেখো। **2** [C] a person or thing that helps you (ব্যক্তি অথবা বস্তু) সাহায্যকারী; সরঞ্জাম *a hearing aid* ○ *dictionaries and other study aids* **3** [U] money, food, etc. that is sent to a country or to people in order to help them কোনো দেশ বা দেশবাসীকে সাহায্য করার জন্য যে অর্থ, খাদ্য প্রভৃতি সরবরাহ করা হয়; সাহায্য-প্রকল্প *We sent aid to the earthquake victims.* ○ *economic aid*

IDM **in aid of sb/sth** in order to collect money for sb/sth, especially for a charity কোনো ব্যক্তি অথবা বস্তুর সাহায্যার্থে, বিশেষত কোনো দাতব্য কাজে সংগ্রহের জন্য *a concert in aid of children in need*

aid[2] / eɪd এইড্ / *verb* [T] (*formal*) to help sb/sth (কোনো ব্যক্তি অথবা বস্তুকে) সাহায্য করা, সহায়তা করা, মদত করা *Sleep aids recovery from illness.*

IDM **aid and abet** to help sb to do sth that is not allowed by law (কোনো ব্যক্তিকে) আইনত নিষিদ্ধ এমন কোনো কাজ করতে সাহায্য করা, দুষ্কর্মে সহায়তা করা

aide / eɪd এইড্ / *noun* [C] a person who helps sb important in the government, etc.; an assistant সরকার ইত্যাদিতে কোনো গুরুত্বপূর্ণ পদে কর্মরত ব্যক্তির সাহায্যকারী; একান্ত সহকারী

AIDS (*also* **Aids**) / eɪdz এইড্‌জ্ / *noun* [U] an illness which destroys the body's ability to fight infection এইডস রোগ যা শরীরের প্রতিরোধ ক্ষমতা নষ্ট করে দেয় *to contract AIDS* ○ *the AIDS virus*

NOTE **Acquired Immune Deficiency Syndrome**-এর সংক্ষিপ্ত রূপ হল **AIDS.**

ailing / ˈeɪlɪŋ 'এইলিং / *adj.* not in good health; weak অসুস্থ, ক্লিষ্ট; দুর্বল, ক্ষীণ *an ailing economy*

ailment / ˈeɪlmənt 'এইল্‌ম্যান্ট্ / *noun* [C] (*formal*) any illness that is not very serious (কঠিন বা দুরারোগ্য নয় এমন) পীড়া, অসুস্থতা, রোগ, অসুখ

aim[1] / eɪm এইম্ / *noun* **1** [C] something that you intend to do; a purpose উদ্দেশ্য, লক্ষ্য, অভিপ্রায়;

অভিসন্ধি *Our aim is to open offices in India.* ○ *His only aim in life is to make money.* **2** [U] the act of pointing sth at sb/sth before trying to hit him/her/it with it (কোনো ব্যক্তি অথবা বস্তুর দিকে) নিশানা করা, টিপ করা, তাক বা তাগ করার ক্রিয়া *She picked up the gun, **took aim** and fired.* ○ *Jyoti's aim was good and she hit the target.*

aim² / eɪm এইম্ / *verb* **1** [I] **aim to do sth; aim at/for sth** to intend to do or achieve sth কোনো কিছু অর্জন করার জন্য মনস্থ করা বা লক্ষ্য অর্জনের প্রয়াস করা অথবা কোনো কাজ সম্পন্ন করে ফেলা *The company is aiming at a 25% increase in profit.* ○ *to aim for perfection* **2** [T] **aim sth at sb/sth** to direct sth at a particular person or group বিশেষ কোনো গোষ্ঠী বা ব্যক্তিকে উদ্দেশ্য করে কোনো কাজ করা; উদ্দেশ্য-মূলকভাবে কাজ করা *The advertising campaign is aimed at young people.* **3** [I, T] **aim (sth) (at sb/sth)** to point sth at sb/sth before trying to hit him/her/it with it কোনো ব্যক্তি অথবা বস্তুর দিকে কিছু মারার জন্য নিশানা করা *She aimed (the gun) at the target and fired.*

IDM be aimed at sth/doing sth to be intended to achieve sth সাফল্য লাভের অথবা লক্ষ্য অর্জনের উদ্দেশ্যে কিছু *The new laws are aimed at reducing heavy traffic in cities.*

aimless / ˈeɪmləs ˈএইম্ল্যাস্ / *adj.* having no purpose উদ্দেশ্যহীন, লক্ষ্যহীন, এলোমেলো, লক্ষ্যহারা *an aimless discussion* ► **aimlessly** *adv.* লক্ষ্যহীনভাবে, এলোমেলোভাবে

ain't / eɪnt এইন্ট / (*informal*) ➩ **am not, is not, are not, has not, have not**-এর সংক্ষিপ্ত রূপ

NOTE Ain't শব্দটির প্রয়োগ অশুদ্ধ বলে গণ্য করা হয়।

AIR / ˌeɪaɪˈaː(r) ˌএইআই'আ:(র্) / *noun* [U] *abbr.* All India Radio. It is the radio broadcaster of India অল ইন্ডিয়া রেডিও; ভারতের বেতার সম্প্রসারণ পরিষেবা; আকাশবাণী

air¹ / eə(r) এঅ্যা(র্) / *noun* **1** [U] the mixture of gases that surrounds the earth and that people, animals and plants breathe বিভিন্ন বায়ুর মিশ্রণ যা পৃথিবীকে পরিবেষ্টন করে আছে এবং মানুষ, প্রাণী ও সকল উদ্ভিদজগৎ যার মাধ্যমে শ্বাসগ্রহণ করে ; বাতাস, বায়ু, পবন, অনিল ***fresh air*** ○ *The air was polluted by smoke from the factory.* **2** [U] the space around and above things শূন্য, বায়ুমণ্ডল, বাতাবরণ, পরিমণ্ডল *to throw a ball high **into the air*** ○ *in **the open air*** (= outside) **3** [U] travel or transport in an aircraft বিমানযোগে বা বিমানপথে ভ্রমণ অথবা পরিবহণ *to travel **by air*** ○ *an air ticket* **4** [*sing.*] **an air (of sth)** the particular feeling or impression that is given by sb/sth (কোনো ব্যক্তি অথবা বস্তুর দ্বারা প্রদত্ত) বাহ্যিক ধারণা; হাবভাব, চালচলন *She has a confident air.*

IDM a breath of fresh air ➩ **breath** দেখো।

clear the air ➩ **clear³** দেখো।

in the air probably going to happen soon যা শীঘ্রই ঘটতে চলেছে বা ঘটার সম্ভাবনা আছে *A feeling of change was in the air.*

in the open air ➩ **open¹** দেখো।

on (the) air sending out programmes on the radio or television বেতার বা দূরদর্শনে অনুষ্ঠান সম্প্রচার *This radio station is on the air 24 hours a day.*

vanish, etc. into thin air ➩ **thin¹** দেখো।

air² / eə(r) এঅ্যা(র্) / *verb* **1** [I, T] to put clothes, etc. in a warm place or outside in the fresh air to make sure they are completely dry; to become dry in this way কোনো উষ্ম স্থানে বা খোলা হাওয়ায় জামাকাপড় ইত্যাদি সম্পূর্ণরূপে শুকোনোর জন্য মেলে দেওয়া; এইভাবে শুকোনো **2** [I, T] to make a room, etc. fresh by letting air into it; to become fresh in this way হাওয়া চলাচল করিয়ে কোনো ঘর ইত্যাদিকে তরতাজা করা; এইভাবে সতেজ হওয়া **3** [T] to tell people what you think about sth কোনো বিষয়ে নিজের মতামত অন্য ব্যক্তিকে জানানো *The discussion gave people a chance to **air** their **views**.*

airbase / ˈeəbeɪs ˈএঅ্যাবেইস্ / *noun* [C] an airport for military aircraft সামরিক বিমানের জন্য বিমানঘাঁটি

airborne / ˈeəbɔːn ˈএঅ্যাব:ন্ / *adj.* **1** (used about a plane or passengers) flying in the air (বিমান অথবা বিমানযাত্রীদের সম্বন্ধে ব্যবহৃত) আকাশে উড্ডীন, উড্ডীয়মান *Five minutes after getting on the plane we were airborne.* **2** (*only before a noun*) carried through the air বায়ুবাহিত, বাতাসবাহিত ➩ **water-borne** দেখো।

airbrush¹ / ˈeəbrʌʃ ˈএঅ্যাব্রাশ্ / *noun* [C] an artist's tool for spraying paint onto a surface, that works by air pressure কোনো পৃষ্ঠতলের উপর রং ছিটোনোর জন্য চিত্রকর দ্বারা ব্যবহৃত হয় এবং বায়ুচাপ দ্বারা কার্যকরী হয় এমন সরঞ্জামবিশেষ; এয়ারব্রাশ

airbrush² / ˈeəbrʌʃ ˈএঅ্যাব্রাশ্ / *verb* [T] **airbrush sth (out)** to paint sth with an airbrush; to change a detail in a photograph using this tool এয়ারব্রাশ দিয়ে কোনো বস্তুর উপরে রং করা; এই বিশেষ উপকরণ ব্যবহার করে কোনো ফোটোগ্রাফে সূক্ষ্ম পরিবর্তন করা *Somebody had been airbrushed out of the picture.*

air conditioner *noun* [C] a machine that cools and dries air তাপমাননিয়ন্ত্রণকারী যন্ত্র, শীততাপ-নিয়ন্ত্রক; এয়ার কন্ডিশনার

air conditioning *noun* [U] (*abbr.* **a/c**) the system that keeps the air in a room, building, etc. cool and dry কোনো ঘর অট্টালিকা ইত্যাদি বাতানুকূল রাখার ব্যবস্থা বা পদ্ধতি; শীতাতপ নিয়ন্ত্রণ পদ্ধতি ► **air-conditioned** *adj.* শীতাতপ নিয়ন্ত্রিত, বাতানুকূল *air-conditioned offices*

air-cooler (*also* **room-cooler**) *noun* [C] (*IndE*) a device used for cooling and reducing the temperature inside buildings. It works on the principle of air being passed over water অট্টালিকার ভিতরের তাপমাত্রা কমানো এবং নিয়ন্ত্রণে রাখার জন্য ব্যবহৃত যন্ত্র এই পদ্ধতিতে হাওয়া জলের উপর দিয়ে প্রবাহিত করে ঠান্ডা করা হয়; এয়ারকুলার

aircraft / ˈeəkrɑːft ˈএঅ্যাক্রা:ফ্ট্ / *noun* [C] (*pl.* **aircraft**) any vehicle that can fly in the air, for example a plane বিমানপোত, উড়োজাহাজ

aircraft carrier *noun* [C] a ship that carries military aircraft and that has a long flat area where they can take off and land বিশাল সমতল জায়গাসমেত সামরিক বিমানবাহী জাহাজ যেখান থেকে বা যেখানে বিমান ওঠা-নামা করতে পারে; সামরিক বিমানবাহী জাহাজ

aircrew / ˈeəkruː ˈএঅ্যাক্রু / *noun* [C, *with sing. or pl. verb*] the pilot and other people who fly a plane, especially in the air force বিশেষত বিমানবাহিনীতে নিযুক্ত কর্মীবৃন্দ অথবা বিমান চালকদল

airdrome / ˈeədrəʊm ˈএঅ্যাড্র্যাউম্ / (*AmE*) = **aerodrome**

airdrop / ˈeədrɒp ˈএঅ্যাড্রপ্ / *noun* [C] the act of dropping supplies, equipment, soldiers, etc. from an aircraft using a **parachute** প্যারাশ্যুট ব্যবহার করে বিমান থেকে রসদ, উপকরণ, সৈন্য ইত্যাদি নীচে নামানো বা ফেলার ক্রিয়া

airfield / ˈeəfiːld ˈএঅ্যাফীল্ড / *noun* [C] an area of land where aircraft can land or take off. An airfield is smaller than an airport বিমানবন্দর থেকে ছোটো এমন অঞ্চল যেখানে বিমান ওঠা-নামা করে; বিমানক্ষেত্র, বিমানঘাঁটি

air force *noun* [C, *with sing. or pl. verb*] the part of a country's military organization that fights in the air (কোনো রাষ্ট্রের সামরিক শক্তির অন্তর্গত) বায়ুসেনা, বিমানবহর, বিমানবাহিনী ➪ **army** এবং **navy** দেখো।

air gun (*also* **air rifle**) *noun* [C] a gun that uses air pressure to fire small metal balls (**pellets**) বায়ুচাপের দ্বারা যে বন্দুক থেকে ছোটো ছোটো ধাতব বল নির্গত হয়; বায়ুবন্দুক; এয়ারগান

air hostess (*also* **hostess**) *noun* [C] a woman who looks after the passengers on a plane বিমানের যাত্রীদের দেখাশোনা করেন যে মহিলা; বিমান-সেবিকা ✪ সম **stewardess** ➪ **steward** দেখো।

airless / ˈeələs ˈএঅ্যাল্যাস্ / *adj.* not having enough fresh air যথেষ্ট পরিমাণে সতেজ হাওয়ার অভাব; চাপা, বায়ুশূন্য, নিবাত *The room was hot and airless.*

airlift / ˈeəlɪft ˈএঅ্যালিফ্ট্ / *noun* [C] an operation to take people, soldiers, food, etc. to or from an area by plane, especially in an emergency or when roads are closed or dangerous মানুষ, সৈন্য, খাদ্যদ্রব্যাদি স্থানান্তর করার জন্য ব্যবহৃত বিমান-পরিবহণব্যবস্থা, বিশেষত জরুরি অবস্থায় যখন স্থলপথে সফর করা বিপজ্জনক হয়ে থাকে অথবা রাস্তা বন্ধ থাকে ▶ **airlift** *verb* [T] বিমানযোগে দ্রব্যাদি বহন করা *Two casualties were airlifted to safety.*

airline / ˈeəlaɪn ˈএঅ্যালাইন্ / *noun* [C] a company that provides regular flights for people or goods in aircraft (মানুষ এবং পণ্যদ্রব্যের জন্য) নিয়মিত বিমান-পরিবহণব্যবস্থা চালায় যে কোম্পানি বা প্রতিষ্ঠান; বিমান-পরিবহণব্যবস্থা; এয়ারলাইন

airliner / ˈeəlaɪnə(r) ˈএঅ্যালাইন্যা(র্) / *noun* [C] a large plane that carries passengers যাত্রীবাহী বৃহৎ বিমান

airlock / ˈeəlɒk ˈএঅ্যালক্ / *noun* [C] **1** a small room with a tightly closed door at each end, which you go through to reach another area at a different air pressure, for example on a spacecraft or **submarine** (মহাকাশযান অথবা ডুবোজাহাজে) প্রতি প্রান্তে দৃঢ়বন্ধ দরজাওয়ালা ছোটো ঘর যার দ্বারা বা যেটি ব্যবহার করে ভিন্নতর বায়ুচাপযুক্ত স্থানে পৌঁছোনো যায়; বায়ুরুদ্ধ ঘর, বায়ু-কুলুপ **2** a bubble of air that blocks the flow of liquid in a pipe or **pump** পাম্প অথবা পাইপের মধ্যে কোনো তরল পদার্থের প্রবাহ রোধ করে যে হাওয়া বা বায়ুবুদ্‌বুদ

airmail / ˈeəmeɪl ˈএঅ্যামেইল্ / *noun* [U] the system for sending letters, packages, etc. by plane বিমানবাহিত ডাকব্যবস্থা; বিমান-ডাক *I sent the parcel (by) airmail.*

airplane / ˈeəpleɪn ˈএঅ্যাপ্লেইন্ / (*AmE*) = **aeroplane**

air pocket *noun* [C] **1** a closed area that becomes filled with air কোনো আবদ্ধ স্থান যেখানে হাওয়া ভরে যায়; বায়ু-রন্ধ্র *Make sure there are no air pockets around the roots of the plant.* **2** an area of low air pressure that makes a plane suddenly drop while flying আকাশপথে নিম্ন বায়ুচাপ সম্বলিত অঞ্চল যা উড়ন্ত বিমানকে হঠাৎ নিম্নতর উচ্চতায় নামিয়ে আনে; বায়ুগহ্বর, বায়ু-খাদ, বায়ুকোষ্ঠ

airport / ˈeəpɔːt ˈএঅ্যাপ:ট্ / *noun* [C] a place where aircraft can land and take off and that has buildings for passengers to wait in যে স্থানে বিমান নামতে বা যেখান থেকে উড়তে পারে এবং যেখানে যাত্রীদের অপেক্ষা করার ব্যবস্থা আছে; বিমানবন্দর, বিমানপত্তন

air raid *noun* [C] an attack by military aircraft (সামরিক বিমানসমূহ অথবা বিমানবাহিনী দ্বারা) বিমানহানা, বিমান-আক্রমণ

air rifle = **air gun**

airship / ˈeəʃɪp ˈএঅ্যাশিপ্ / *noun* [C] a large aircraft without wings, filled with gas that is lighter than air, and driven by engines বাতাসের চেয়ে হালকা গ্যাসে ভর্তি এবং ডানাবিহীন বৃহদাকার আকাশযান যা ইঞ্জিন দ্বারা চালিত হয়

airsick / ˈeəsɪk ˈএঅ্যাসিক্ / *adj.* feeling sick or vomiting as a result of travelling on a plane বিমানযাত্রার সময়ে অসুস্থতা বা বমি করার প্রবণতা ▶ **air-sickness** *noun* [U] বিমানযাত্রাকালীন অসুস্থতা বা বমনরোগ ⇨ **carsick**, **seasick** এবং **travel-sick** দেখো।

airspace / ˈeəspeɪs ˈএঅ্যাস্পেইস্ / *noun* [U] the part of the sky that is above a country and that belongs to that country by law কোনো রাষ্ট্রের উপরস্থ অঞ্চল যা আইনতভাবে সেই রাষ্ট্রের অধিকারভুক্ত; আকাশসীমা, বাতাবকাশ

airstrip / ˈeəstrɪp ˈএঅ্যাস্ট্রিপ্ / (*also* **landing strip**) *noun* [C] a narrow piece of land where aircraft can take off and land বিমান উত্তরণ এবং অবতরণের জন্য ব্যবহৃত জমির সরু ফালি; বিমানক্ষেত্র, ধাবনপথ

airtight / ˈeətaɪt ˈএঅ্যাটাইট্ / *adj.* that air cannot get into or out of বায়ুনিরোধী, বায়ুরোধী

airtime / ˈeətaɪm ˈএঅ্যাটাইম্ / *noun* [U] **1** the amount of time that is given to a subject on radio or television বেতার অথবা দূরদর্শনে কোনো অনুষ্ঠান অথবা বিষয়বস্তু সম্প্রচারের জন্য প্রদত্ত নির্দিষ্ট সময়ের পরিমাণ **2** the amount of time that is paid for when you use a **mobile phone** মোবাইল ফোন ব্যবহার করার যে সময়কালের জন্য মূল্যপ্রদান করা হয় *This deal gives you 90 minutes free airtime a week.*

air-to-air *adj.* (*usually before a noun*) from one aircraft to another while they are both flying উড্ডীয়মান অবস্থায় এক বিমান থেকে অন্য বিমানে *an air-to-air missile*

air traffic controller *noun* [C] a person whose job is to organize routes for aircraft, and to tell pilots by radio when they can land and take off বিমান চলাচলের পথ সুসংবদ্ধ এবং নিয়ন্ত্রণ করে এবং বিমানচালক অথবা পাইলটদের বেতারের মাধ্যমে বিমান উত্তরণ এবং অবতরণের জন্য নির্দেশ দেয় যে ব্যক্তি

airwaves / ˈeəweɪvz ˈএঅ্যাউএইভ্জ্ / *noun* [*pl.*] radio waves that are used in sending out radio and television programmes বেতার অথবা দূরদর্শনে অনুষ্ঠান সম্প্রচার করার জন্য ব্যবহৃত বেতারতরঙ্গ বা আকাশতরঙ্গ *A well-known voice came* ***over the airwaves.***

airway / ˈeəweɪ ˈএঅ্যাউএই / *noun* [C] the passage from your nose and throat down into your lungs, through which you breathe নাক এবং গলার মধ্যে দিয়ে ফুসফুস পর্যন্ত যে নালীর সাহায্যে শ্বাসকার্য চলে; শ্বাসনালী

airworthy / ˈeəwɜːði ˈএঅ্যাউঅ্যদি / *adj.* (used about aircraft) safe to fly (বিমান সম্বন্ধে ব্যবহৃত) ওড়ার জন্য সুরক্ষিত; নভোচারণযোগ্য, নভোযোগ্য ▶ **airworthiness** *noun* [U] বিমান চলাচলের যোগ্যতা

airy / ˈeəri ˈএঅ্যারি / *adj.* having a lot of fresh air inside প্রচুর হাওয়া খেলে এমন; খোলামেলা, সুবীজিত, আলোবাতাসপূর্ণ

aisle / aɪl আইল্ / *noun* [C] a passage between the rows of seats in a church, theatre, etc. (গির্জা, থিয়েটার ইত্যাদিতে) আসনের সারির মধ্যবর্তী গমনপথ, দুই সারি আসনের মধ্যবর্তী পথ

ajar / əˈdʒɑː(r) অ্যা'জা:(র্) / *adj.* (*not before a noun*) (used about a door) slightly open (দরজা সম্বন্ধে ব্যবহৃত) সামান্য খোলা; আধভেজানো

akin / əˈkɪn অ্যা'কিন্ / *adj.* **akin to sth** similar to sth সমগোত্রীয়, সগোত্র, সদৃশ, একজাতীয়

à la carte / ˌɑː lɑː ˈkɑːt ˌআ: লা: ˈকা:ট্ /*adj., adv.* (used about a meal in a restaurant) where each dish on the list of available dishes (**menu**) has a separate price and there is not a fixed price for a complete meal (রেস্তোরাঁয় আহার বা আহার্যবস্তু সম্বন্ধে ব্যবহৃত) যেখানে খাদ্য তালিকায় অথবা মেনুতে প্রতিটি লভ্য আহারের মূল্য পৃথকভাবে উল্লিখিত থাকে এবং একটি সম্পূর্ণ ভোজনের কোনো নির্দিষ্ট মূল্য বা ধার্যমূল্য থাকে না

alap (*also* **alaap**) *noun* [U] (*IndE*) the improvised opening section of a Hindustani classical performance that starts at a low tempo উত্তর ভারতীয় শাস্ত্রীয় সংগীতের তাৎক্ষণিক উদ্ভাবিত প্রারম্ভিক পর্ব বা ভাগ যা মন্থর লয়ে শুরু হয়; আলাপ

alarippu *noun* [C, U] (*IndE*) a short opening prayer with which a **Bharatanatyam** performance usually begins. It is an introductory piece in which the dancer pays respect to the guru, the gods and the spectators একটি সংক্ষিপ্ত প্রারম্ভিক দেববন্দনা যার প্রদর্শনের মাধ্যমে ভারতনাট্যম নৃত্য আরম্ভ করা হয়। এই সূচনাপর্বের মধ্যে দিয়ে শিল্পী তাঁর গুরু, ঈশ্বর এবং দর্শকবৃন্দের প্রতি শ্রদ্ধাজ্ঞাপন করেন; আলারিপু

alarm[1] / əˈlɑːm অ্যা'লা:ম্ / *noun* **1** [U] a sudden feeling of fear or worry (আকস্মিক) আতঙ্ক, ত্রাস, আশঙ্কা *She jumped up* ***in alarm*** **2** [*sing.*] a warning of danger বিপদসংকেত, বিপদসংকেতধ্বনি *A small boy saw the smoke and* ***raised the alarm.*** **3** [C] a machine that warns you of danger, for example by ringing a loud bell জোরালো ঘণ্টা বাজিয়ে বিপদ সম্পর্কে সতর্ক করার যন্ত্রবিশেষ; সংকেতজ্ঞাপক যন্ত্র *The burglars* ***set off the alarm*** *when they broke the window.* ○ ***The fire/burglar alarm*** *went off in the middle of the night.* **4** [C] = **alarm clock**
IDM **a false alarm** ⇨ **false** দেখো।

alarm[2] / əˈlɑːm অ্যা'লা:ম্ / *verb* [T] to make sb/sth feel suddenly frightened or worried কোনো ব্যক্তি অথবা বস্তুকে হঠাৎ উদ্বিগ্ন বা আতঙ্কিত করা

alarm clock (*also* **alarm**) *noun* [C] a clock that you can set to make a noise at a particular time to wake you up অ্যালার্মঘড়ি *She set the alarm clock for half past six.*

alarmed / əˈlɑːmd অ্যা'লা:মড্ / *adj.* **alarmed (at/ by sth)** feeling frightened or worried আতঙ্কিত অথবা চিন্তিত বোধ হচ্ছে এমন

alarming / əˈlɑːmɪŋ অ্যা'লা:মিং / *adj.* that makes you frightened or worried বিপদসংকেতপূর্ণ; আতঙ্ক-জনক, ভীতিসঞ্চারকারী, ভীতিপ্রদ ▶ **alarmingly** *adv.* ভীতিসঞ্চারকভাবে, বিপৎসংকুলভাবে

alarmist / əˈlɑːmɪst অ্যা'লা:মিস্ট্ / *adj.* causing unnecessary fear and worry অপ্রয়োজনীয় ভীতি ও উদ্বেগের কারণ ঘটায় এমন *The reports of a flu epidemic were alarmist.* ▶ **alarmist** *noun* [C] তুচ্ছ কারণে যে ব্যক্তি আতঙ্ক সৃষ্টি করে

alas / əˈlæs অ্যা'ল্যাস্ / *exclamation* (*formal*) used for expressing sadness about sth কোনো কিছুর সম্বন্ধে দুঃখ অথবা করুণা প্রকাশ করতে ব্যবহৃত অব্যয়পদ; হায়

albatross / ˈælbətrɒs 'অ্যাল্ব্যাট্রস্ / *noun* [C] **1** a very large white seabird with long wings that lives in the Pacific and Southern Oceans প্রশান্ত মহাসাগর এবং দক্ষিণ মহাসাগরীয় অঞ্চলের অতিকায় দীর্ঘপক্ষবিশিষ্ট শুভ্র বর্ণের পাখি; অ্যালবাট্রস ➪ **seabird**-এ ছবি দেখো। **2** [*usually sing.*] (*written*) a thing that causes problems or that prevents you from doing sth কোনো সমস্যার সৃষ্টি করে বা কোনো কাজে বাধার সৃষ্টি করে যে বস্তু; প্রতিবন্ধক *The national debt is an albatross around the government's neck.*

albeit / ˌɔːlˈbiːɪt ˌঅ:ল্'বীইট্/ *conj.* (*formal*) although যদিও, যদ্যপি *He finally agreed to come, albeit unwillingly.*

albino / ælˈbiːnəʊ অ্যাল্'বীন্যাউ / *noun* [C] (*pl.* **albinos**) a person or animal with very white skin, white hair and pink eyes অস্বাভাবিক সাদা ত্বক, সাদা চুল এবং গোলাপী চোখ যে ব্যক্তির অথবা প্রাণীর; অ্যালবিনো

album / ˈælbəm 'অ্যালব্যাম্ / *noun* [C] **1** a collection of songs on one CD, cassette, etc. সিডি, ক্যাসেট ইত্যাদিতে সংগৃহীত গানসমূহ; অ্যালবাম *The band are about to release their third album.* ➪ **single** দেখো। **2** a book in which you can keep stamps, photographs, etc. that you have collected ডাকটিকিট বা স্ট্যাম্প, ছবি প্রভৃতি জমানোর বা সংরক্ষণের খাতা; অ্যালবাম

albumen / ˈælbjumɪn 'অ্যালবিউমিন্ / *noun* [U] the clear inside part of an egg that turns white when you cook it ডিমের ভিতরের স্বচ্ছ অংশ যা রান্না করলে সাদা হয়ে যায়; অ্যালবুমিন

alchemist / ˈælkəmɪst 'অ্যাল্ক্যামিস্ট্ / *noun* [C] a person who studied alchemy যে ব্যক্তি অপরসায়ন চর্চা করে; অপরসায়নবিদ

alchemy / ˈælkəmi 'অ্যাল্ক্যামি/ *noun* [U] **1** a form of chemistry in the Middle Ages which involved trying to discover how to change ordinary metals into gold সাধারণ ধাতুকে সোনায় রূপান্তরকরণের প্রণালী আবিষ্কার করার প্রচেষ্টায় রত ছিল যে মধ্যযুগীয় রসায়নশাস্ত্র; অপরসায়ন; অ্যালকেমি **2** (*written*) magic power that can change things যে জাদুবিদ্যার সাহায্যে কোনো জিনিস বদলে ফেলা যায়

alcohol / ˈælkəhɒl 'অ্যাল্ক্যাহল্ / *noun* **1** [U] drinks such as beer, wine, etc. that contain alcohol বিভিন্ন ধরনের পানীয় যেমন বিয়ার, ওয়াইন ইত্যাদি যার মধ্যে কোহল আছে; সুরাসারযুক্ত পানীয় **2** [U, C] the colourless liquid that is found in drinks such as beer, wine, etc. and is used in medicines, cleaning products, etc. বর্ণশূন্য তরলপদার্থ যা বিভিন্ন ধরনের পানীয় যেমন বিয়ার, ওয়াইন ইত্যাদির মধ্যে উপস্থিত থাকে এবং ওষুধে বা শোধকজাতীয় বা শুদ্ধিকারক পদার্থ ইত্যাদিতে ব্যবহৃত হয়; সুরাসার, কোহল, অ্যালকোহল

alcoholic[1] / ˌælkəˈhɒlɪk ˌঅ্যাল্ক্যা'হলিক্ / *adj.* containing alcohol সুরাসারযুক্ত, কোহলযুক্ত *alcoholic drinks* ✪ বিপ **non-alcoholic** **NOTE** কোহলহীন পানীয়কে **soft drinks** বলা হয়।

alcoholic[2] / ˌælkəˈhɒlɪk ˌঅ্যাল্ক্যা'হলিক্ / *noun* [C] a person who cannot stop drinking large amounts of alcohol (ব্যক্তি) সুরাসক্ত, মদ্যাসক্ত; মাতাল, নেশাখোর

alcoholism / ˈælkəhɒlɪzəm 'অ্যাল্ক্যাহলিজ্যাম্ / *noun* [U] a medical condition that is caused by regularly drinking a large amount of alcohol and not being able to stop নিয়মিতভাবে খুব বেশি পরিমাণে মদ্যপানের ফলে এবং সেটি বন্ধ করতে না পারার ফলে যে শারীরিক অসুস্থতা; অধিক মদ্যপানজনিত অসুস্থতা; সুরাসক্তি, মদের নেশা

alcove / ˈælkəʊv 'অ্যাল্ক্যাউভ্ / *noun* [C] a small area in a room where one part of the wall is further back than the rest of the wall কোনো কক্ষের আংশিকভাবে পরিবেষ্টিত বর্ধিতাংশ; কুলুঙ্গি

ale / eɪl এইল্ / *noun* [U, C] a type of beer একপ্রকারের বিয়ার; যব-সুরা

alert[1] / əˈlɜːt অ্যা'ল্যট্ / *adj.* **alert (to sth)** watching, listening, etc. for sth with all your attention হুঁশিয়ার, সতর্ক, সজাগ, তৎপর *Security guards must be alert at all times.*

alert[2] / əˈlɜːt অ্যা'ল্যট্ / *noun* [C] a warning of possible danger হুঁশিয়ারি, সতর্কতাসূচক সংকেত, বিপদ সংকেত *a bomb alert*

IDM **on the alert (for sth)** ready or prepared for danger or an attack আসন্ন বিপদ অথবা আক্রমণের জন্য প্রস্তুত, সতর্ক বা হুঁশিয়ার

alert[3] / əˈlɜːt অ্যা'ল্যট্ / *verb* [T] **alert sb (to sth)** to warn sb of danger or a problem কোনো ব্যক্তিকে আসন্ন বিপদ বা সমস্যা সম্বন্ধে সতর্ক, সচেতন অথবা অবহিত করা

alfalfa / ælˈfælfə অ্যাল্'ফ্যাল্ফ্যা / *noun* [U] a plant with small divided leaves and purple flowers, grown as food for farm animals and as a salad vegetable বেগুনি রঙের পুষ্পবিশিষ্ট এবং ছোটো ছোটো বিভক্ত পত্রবিশিষ্ট উদ্ভিদবিশেষ যা পশুখাদ্যরূপে এবং স্যালাডে ব্যবহৃত হয়

algae / ˈældʒiː; ˈælgiː 'অ্যাল্জী; 'অ্যাল্গী / *noun* [*pl., with sing. or pl. verb*] very simple plants that grow mainly in water সামুদ্রিক বা জলজ মৌলিক উদ্ভিদ; শৈবাল, শ্যাওলা

algebra / ˈældʒɪbrə 'অ্যাল্জিব্র্যা / *noun* [U] (*mathematics*) a type of mathematics in which letters and symbols are used to represent numbers (গণিত) সংখ্যার প্রতীক হিসেবে বর্ণ ও চিহ্ন ব্যবহৃত হয় গণিতশাস্ত্রের যে শাখায়; বীজগণিত, অ্যালজেবরা ▶ **algebraic** / ˌældʒɪˈbreɪɪk ˌঅ্যাল্জি'ব্রেইক্ / *adj.* বীজগাণিতীয়, বীজগাণিতিক *an algebraic equation*

algorithm / ˈælgərɪðəm 'অ্যাল্গ্যারিদ্যাম্ / *noun* [C] (*computing, mathematics*) a set of rules that must be followed when solving a particular problem বিশেষ কোনো সমস্যার সমাধানের জন্য অনুসৃত নিয়মাবলী

alias[1] / ˈeɪliəs 'এইলিঅ্যাস্ / *noun* [C] a false name, for example one that is used by a criminal or actor ছদ্মনাম, ওরফে (যেমন কোনো অপরাধী অথবা অভিনেতা দ্বারা ব্যবহৃত)

alias[2] / ˈeɪliəs 'এইলিঅ্যাস্ / *adv.* used for giving sb's false name কোনো ব্যক্তির আসল নাম গোপন করে ছদ্মনাম বলার জন্য ব্যবহৃত অভিব্যক্তিবিশেষ; ওরফে *Mick Clark, alias Sidd Brown*

alibi / ˈæləbaɪ 'অ্যাল্যাবাই / *noun* [C] (*pl.* **alibis**) **an alibi (for sth)** a statement by sb that says you were in a different place at the time of a crime and so cannot be guilty of the crime অপরাধমূলক ঘটনা ঘটাকালীন ঘটনাস্থলে অভিযুক্ত ব্যক্তির অনুপস্থিতির প্রমাণসাক্ষ্য; অ্যালিবাই

alien[1] / ˈeɪliən 'এইলিঅ্যান্ / *noun* [C] **1** a creature that comes from another planet অন্য গ্রহ বা জগৎ থেকে আগত প্রাণী বা জীব **2** (*formal*) a person who comes from another country (ব্যক্তি) বিদেশি, বৈদেশিক, বিদেশানুগত

alien[2] / ˈeɪliən 'এইলিঅ্যান্ / *adj.* **1** of another country; foreign অন্য দেশের; বিদেশি, বৈদেশিক *an alien land* **2 alien (to sb)** very strange and completely different from your normal experience (সাধারণের থেকে) অন্যরকম, সম্পূর্ণ ভিন্ন, অপরিচিত, প্রকৃতিবিরুধ

alienate / ˈeɪliəneɪt 'এইলিঅ্যানেইট্ / *verb* [T] **1** to make people feel that they cannot share your opinions any more নিজস্ব মত বা ইচ্ছা থেকে লোকজনকে দূরে সরিয়ে দেওয়া, বিচ্ছেদ বা বিভেদ সৃষ্টি করা *The Prime Minister's new policies on defence have alienated many of his supporters.* **2 alienate sb (from sb/sth)** to make sb feel that he/she does not belong somewhere or is not part of sth কোনো ব্যক্তিকে অনুভব করানো যে সে কোনো স্থানে উপযুক্ত বা মানানসই নয় অথবা কোনো কিছুর অংশ নয় ▶ **alienation** / ˌeɪliəˈneɪʃn ˌএইলিঅ্যা'নেইশ্ন্ / *noun* [U] বিচ্ছিন্নকরণ, বিচ্ছিন্নতা, বিভেদ, দূরবর্তিতা, অনন্বয়, বিচ্ছেদ

alight[1] / əˈlaɪt অ্যা'লাইট্ / *adj.* on fire; burning প্রজ্বলিত, জ্বলন্ত; উদ্ভাসিত, আলোকিত *A cigarette* ***set*** *the petrol* ***alight****.*

> **NOTE** **Alight** শব্দটির প্রয়োগ কেবলমাত্র বিশেষ্যপদের (noun) পরে করা হয়, কিন্তু বিশেষ্যপদের পূর্বে একই অর্থে **burning** শব্দটি ব্যবহার করা যেতে পারে—*The whole building was alight.* ○ *a burning building*

alight[2] / əˈlaɪt অ্যা'লাইট্ / *verb* [I] (*written*) **alight (from sth)** to get off a bus, train, etc. (বাস, ট্রেন ইত্যাদি থেকে) নেমে আসা, নামা, অবতরণ করা, অবরোহণ করা

align / əˈlaɪn অ্যা'লাইন্ / *verb* [T] **1 align sth (with sth)** to arrange things in a straight line or so that they are parallel to sth else কোনো বস্তুসমূহ একটি সারিতে বা কোনো বস্তুর সঙ্গে সমান্তরালভাবে সাজানো; পঙ্ক্তিবিন্যাস করা **2 align yourself with sb** to say that you support the opinions of a particular group, country, etc. কোনো বিশেষ গোষ্ঠী, দেশ ইত্যাদির মতামত বা বিবেচনা, সমর্থন করা; সন্ধি স্থাপন করা, চুক্তিবধ্ব বা মৈত্রীবধ্ব হওয়া

alignment / əˈlaɪnmənt অ্যা'লাইন্ম্যান্ট / *noun* **1** [U] arrangement in a straight line or parallel to sth else কোনো বস্তুর সঙ্গে সমান্তরালভাবে অথবা সরলরেখায় বিন্যাস অথবা স্থাপন; পঙ্ক্তিবিন্যাস **2** [C, U] an agreement between political parties, countries, etc. to support the same thing একাধিক রাজনৈতিক দল, বিভিন্ন দেশ ইত্যাদির মধ্যে কোনো বিষয়কে সমর্থন করে চুক্তি, মৈত্রী, জোট

alike / əˈlaɪk অ্যা'লাইক্ / *adj., adv.* (*not before a noun*) **1** very similar একরকম, অনুরূপ, অভিন্ন, সদৃশ *The two boys are very alike.* **2** in the same way একভাবে, সমানভাবে, তুল্যরূপে, সমরূপে *to treat women and men alike* ○ *The book is popular with adults and children alike.*

alimentary canal / ˌælɪmentəri kəˈnæl ˌঅ্যালিমেন্ট্যারি ক্যা'ন্যাল্ / *noun* [*sing.*] the long passage inside your body which food moves along, from the mouth to the opening where it leaves your body as waste শরীরের মধ্যে যে লম্বা পথে খাদ্যবস্তু মুখগহ্বর থেকে বাহিত হয়ে বর্জ্য পদার্থ ত্যাগ করার স্থান পর্যন্ত পৌঁছোয়; পৌষ্টিক নালি

alimony / ˈælɪməni ˈঅ্যালিম্যানি / *noun* [U] money that you have to pay by law to your former wife or husband after getting divorced বিবাহবিচ্ছেদের পরে আইনসম্মতভাবে স্ত্রী অথবা স্বামীকে দেয় বৃত্তি অথবা অর্থ, ভরণপোষণের জন্য দেয় অর্থ; খোরপোষ

alive / əˈlaɪv অ্যাˈলাইভ্ / *adj.* **1** not dead; living জীবন্ত, জ্যান্ত, জীয়ন্ত, প্রাণযুক্ত *The quick action of the doctors **kept** the child **alive**.*

> **NOTE** **Alive** শব্দটির প্রয়োগ কেবলমাত্র বিশেষ্যপদের (noun) পরে করা হয়, কিন্তু বিশেষ্যপদের পূর্বে একই অর্থে **living** শব্দটির ব্যবহার করা যেতে পারে—*Are her parents still alive?* ○ *Does she have any living relatives?*

2 continuing to exist বর্তমান, প্রচলিত, সক্রিয় *Many old traditions are very much alive in this area of the country.* **3** full of life প্রাণোচ্ছল, চনমনে, প্রাণময়, প্রাণবন্ত *In the evening the town really **comes alive**.*

alkali / ˈælkəlaɪ ˈঅ্যাল্‌ক্যালাই / *noun* [C, U] a chemical substance that reacts with acid to form a salt. An alkali has a pH value of more than 7 যে রাসায়নিক পদার্থের অম্লের সঙ্গে বিক্রিয়া ঘটলে কোনো লবণ সৃষ্টি হয়। এর pH মান ৭-এর থেকে বেশি হয়; ক্ষার; অ্যালক্যালি ➪ **acid** এবং **base** দেখো এবং **pH**-এ ছবি দেখো। ► **alkaline** *adj.* ক্ষারযুক্ত, ক্ষারধর্মবিশিষ্ট, ক্ষারীয়

alkaloid / ˈælkəlɔɪd ˈঅ্যাল্‌ক্যালইড্ / *noun* [C] a poisonous substance that is found in some plants. Some alkaloids are used in drugs কোনো কোনো উদ্ভিদে প্রাপ্ত একপ্রকার বিষাক্ত পদার্থ, উপক্ষার। কিছু উপক্ষার ওষুধ তৈরির কাজে ব্যবহৃত হয়

alkane / ˈælkeɪn ˈঅ্যালকেইন্ / *noun* [C] any of a series of gases that contain **hydrogen** and **carbon** হাইড্রোজেন এবং কার্বনযুক্ত গ্যাসসমূহের যে-কোনো একটি *Methane and propane are alkanes.*

alkene / ˈælkiːn ˈঅ্যাল্‌কীন্ / *noun* [C] any of a series of gases that contain **hydrogen** and **carbon** and that have a double **bond** holding atoms together হাইড্রোজেন এবং কার্বনযুক্ত গ্যাসসমূহের যে-কোনো একটি যার মধ্যে পরমাণুগুলি ধরে রাখার দ্বিগুণ শক্তি থাকে

all[1] / ɔːl অ:ল্ / *det., pronoun* **1** the whole of a thing or of a period of time (কোনো বস্তু অথবা সময়কালের) সমস্ত, সমগ্র, সব, সমুদয় *All (of) the food has gone.* ○ *all week/month/year* ○ *He worked hard all his life.* **2** every one of a group কোনো গোষ্ঠী বা দলের প্রত্যেক ব্যক্তি; সবাই, সকলে *The people at the meeting all voted against the plan.* ○ *All of them voted against the plan.* **3** everything that; the only thing that সেইসমস্ত, যাবতীয়; শুধুমাত্র, কেবলমাত্র *I wrote down all I could remember.* ○ *All I've eaten today is one banana.*

IDM **above all** ➪ **above** দেখো।

after all ➪ **after** দেখো।

for all 1 in spite of এ সত্ত্বেও, তাহলেও *For all her wealth and beauty, she was never very happy.* **2** used to show that sth is not important or of no interest or value to you কোনো বস্তু গুরুত্বপূর্ণ অথবা চিত্তাকর্ষক নয় এই অনুভূতি ব্যক্ত করার জন্য ব্যবহৃত অভিব্যক্তিবিশেষ ***For all I know** he's probably remarried by now.*

in all in total সব মিলিয়ে, সর্বসমেত , মোট *There were ten of us in all.*

not all that... not very ততটা নয়, অত বেশি নয়, *The film wasn't all that good.*

(not) at all (not) in any way একেবারেই না, মোটেও না, কোনোভাবেই নয় *I didn't enjoy it at all.*

not at all used as a polite reply when sb thanks you for something কোনো ব্যক্তিকে ধন্যবাদ জানালে তার উত্তরে ব্যবহৃত সৌজন্যসূচক শব্দগুচ্ছ

all[2] / ɔːl অ:ল্ / *adv.* **1** completely; very সম্পূর্ণভাবে, পরিপূর্ণভাবে, পুরোপুরি, একেবারে; অত্যন্ত, খুব *I didn't watch that programme—I forgot all about it.* ○ *They got all excited about it.* **2** (in sport) for each side (খেলাধূলায়) দুই দলের ক্ষেত্রেই *The score was two all.*

IDM **all along** from the beginning প্রথম থেকেই, সূচনাপর্ব থেকেই *I knew you were joking all along.*

all the better, harder, etc. even better, harder, etc. than before আগের থেকে আরও ভালো, আরও কঠিন ইত্যাদি *It will be all the more difficult with two people missing.*

all- / ɔːl অ:ল্ / *prefix* (*used in adjectives and adverbs*) **1** completely পুরোপুরি, সম্পূর্ণভাবে, সর্ব *an all-Indian show* ○ *an all-inclusive price* **2** in the highest degree সর্বাপেক্ষা, সব থেকে বেশি *all-important* ○ *all-powerful*

Allah *noun* the name for God in Islam আল্লা, আল্লাহ্, আল্লাহ্‌তালা

allay / əˈleɪ অ্যাˈলেই / *verb* [T] (*formal*) to make sth less strong (কোনো কিছু) কমানো, হ্রাস করা, উপশম করা, প্রশমিত করা, দমন করা

the all-clear *noun* [*sing.*] a signal telling you that a situation is no longer dangerous বিপন্মুক্তিসূচক সংকেত

allege / ə'ledʒ অ্যা'লেজ্ / *verb* [T] (*formal*) to say that sb has done sth wrong, but without having any proof that this is true বিনা প্রমাণে কোনো ব্যক্তিকে অভিযুক্ত করা অথবা দোষারোপ করা *The woman alleged that Ranjit had attacked her with a knife.* ▶ **allegation** / ˌælə'geɪʃn ˌঅ্যাল্যা'গেইশ্ন্ / *noun* [C] (প্রমাণহীন) অভিযোগ, নালিশ, দোষারোপ *to **make allegations** of police corruption* ▶ **alleged** / ə'ledʒd অ্যা'লেজ্ড্ / *adj.* (*only before a noun*) (নির্দিষ্ট কোনো অভিযোগে) আরোপিত, বর্ণিত, কথিত ▶ **allegedly** / ə'ledʒɪdli অ্যা'লেজিড্লি / *adv.* এই অভিযোগে, অভিযোগের সঙ্গে *The man was allegedly shot while trying to escape.*

allegiance / ə'li:dʒəns অ্যা'লীজ্যান্স্ / *noun* [C, U] (*formal*) support for a leader, government, belief, etc. (কোনো নেতা, সরকার, বিশ্বাস, মত ইত্যাদির প্রতি) সমর্থন, আনুগত্য, বাধ্যতা *Many people **switched allegiance** and voted against the government.*

allegory / 'æləgəri 'অ্যাল্যাগ্যারি / *noun* [C, U] (*pl.* **allegories**) a story, play, picture, etc. in which each character or event is a symbol representing an idea or a quality, such as truth, evil, death, etc.; the use of such symbols যে সকল কাহিনি, নাটক, চিত্রকলা বা ছবি ইত্যাদিতে বর্ণিত বা প্রদর্শিত চরিত্র বা ঘটনার মাধ্যমে কোনো বিশেষ আদর্শ, চিন্তা বা গুণ (যেমন সত্য, অশুভ, মৃত্যু ইত্যাদি) প্রতীকায়িত হয়; রূপক, অর্থালংকার, প্রতিবস্তুপমা, অপ্রস্তুত প্রশংসা ▶ **allegorical** / ˌælə'gɒrɪkl ˌঅ্যাল্যা'গরিক্‌ল্ / *adj.* রূপকধর্মী, রূপকাশ্রিত, রূপকার্থক

allele / ə'li:l অ্যা'লীল্ / *noun* [C] (*technical*) one of two or more possible forms of a **gene** that are found at the same place on a **chromosome** কোনো ক্রোমোসোমের একই স্থানে পাওয়া যায় এমন জিন বা বংশাণুর দুটি বা তার অধিক সম্ভাব্য রূপের যে-কোনো একটি

allergen / 'ælədʒən 'অ্যাল্যাজ্যান্ / *noun* [C] any substance that makes some people ill when they eat, touch or breathe it এমন কোনো বস্তু অথবা পদার্থ যা খেলে, ছুঁলে অথবা নিঃশ্বাসের সঙ্গে শরীরের ভিতরে গেলে বা কোনো প্রকারে তার সংস্পর্শে এলে কোনো কোনো ব্যক্তি অসুস্থ হয়ে পড়ে; অতিপ্রতিক্রিয়া সৃষ্টিকারী বস্তু

allergic / ə'lɜ:dʒɪk অ্যা'ল্যজিক্ / *adj.* **1 allergic** (**to sth**) having an allergy (বিশেষ কোনো বস্তুর প্রতি) স্পর্শকাতরতা, অতিপ্রতিক্রিয়া প্রবণতা; অ্যালার্জি *I'm allergic to pepper.* **2** caused by an allergy অ্যালার্জির হেতু বা কারণ *an allergic reaction to dust*

allergy / 'ælədʒi 'অ্যাল্যাজি / *noun* [C] (*pl.* **allergies**) **an allergy** (**to sth**) a medical condition that makes you ill when you eat, touch or breathe sth that does not normally make other people ill কোনো বস্তু খাওয়া, স্পর্শ করা অথবা নিশ্বাসের সঙ্গে তা গ্রহণ করায় একধরনের শারীরিক অসুস্থতা যাতে সাধারণত অন্যান্য ব্যক্তিগণ অসুস্থবোধ করে না; অনুভূতিপ্রবণতা, অতিপ্রতিক্রিয়া, প্রতিক্রিয়াপ্রবণতা

alleviate / ə'li:vieɪt অ্যা'লীভিএইট্ / *verb* [T] to make sth less strong or bad লাঘব করা, কমানো, সহনীয় করে তোলা, উপশম করা, প্রশমিত করা *The doctor gave me an injection to alleviate the pain.* ▶ **alleviation** / əˌli:vi'eɪʃn অ্যাˌলীভি'এইশ্ন্ / *noun* [U] উপশম, লাঘব, হ্রাস

alley /'æli 'অ্যালি / (*also* **alleyway** / 'æliweɪ 'অ্যালিউএই /) *noun* [C] a narrow passage between buildings গলি, সরু গলি, অলিগলি, কানাগলি

alliance / ə'laɪəns অ্যা'লাইঅ্যান্স্ / *noun* [C] an agreement between groups, countries, etc. to work together and support each other (দুই বা ততোধিক দেশ, গোষ্ঠী ইত্যাদির মধ্যে) মৈত্রীচুক্তি, মৈত্রীবন্ধন; মৈত্রীস্থাপন, জোট *The two parties **formed an alliance**.* ➪ **ally** দেখো।

allied / 'ælaɪd 'অ্যালাইড্ / *adj.* **1** (used about organizations, countries, etc.) having an agreement to work together and support each other (প্রতিষ্ঠান, দেশ ইত্যাদির সম্বন্ধে ব্যবহৃত) একসঙ্গে কাজ করা এবং একে অন্যকে সহযোগিতা এবং সমর্থন করার জন্য চুক্তিবদ্ধ বা প্রতিশ্রুতিবদ্ধ **2** / ə'laɪd অ্যা'লাইড্ / **allied** (**to sth**) connected with; existing together with সম্বন্ধযুক্ত, জড়িত, সম্পর্কিত; মিলিত, সহাবস্থিত *The newspaper is closely allied to the government.*

alligator / 'ælɪgeɪtə(r) 'অ্যালিগেইট্যা(র্) / *noun* [C] a large reptile with a long tail and a big mouth with sharp teeth. Alligators live in the lakes and rivers of America and China আমেরিকা ও চিনের নদী বা হ্রদে বসবাসকারী বিশাল মুখ, লম্বা লেজ ও ধারালো দাঁতওয়ালা একজাতীয় কুমীর; অ্যালিগেটর ➪ **crocodile** দেখো।

all-in *adj.* including everything সব কিছু ধরে, সমস্ত মিলে, প্রতিটি জিনিস ধরে, সব মিলিয়ে *an all-in price*

alliteration / əˌlɪtə'reɪʃn অ্যাˌলিট্যা'রেইশ্ন্ / *noun* [U] (*technical*) the use of the same letter or sound at the beginning of words that are close together, as in 'he built a big boat' পার্শ্ববর্তী প্রতিটি শব্দের শুরুতে একই স্বরবর্ণ বা ব্যঞ্জনবর্ণ বা তার ধ্বনির প্রয়োগ; অনুপ্রাস

allocate / 'æləkeɪt 'অ্যাল্যাকেইট্ / *verb* [T] **allocate sth** (**to/for sb/sth**) to give sth to sb as his/her share or to decide to use sth for a particular purpose কাউকে তার অংশ হিসেবে কিছু দেওয়া বা নির্দিষ্ট কোনো উদ্দেশ্যে কিছু ব্যবহারের সিদ্ধান্ত নেওয়া, বরাদ্দ করা, বণ্টন করা, বিলি করা *The government has allocated half the budget for education.* ▶ **allocation** / ˌælə'keɪʃn ˌঅ্যাল্যা'কেইশ্ন্ / *noun* [C, U] বরাদ্দ, বণ্টন, বিলি; স্থান নির্দেশ

allot / ə'lɒt অ্যা'লট্ / *verb* [T] (**allotting; allotted**) **allot sth (to sb/sth)** to give a share of work, time, etc. to sb/sth কোনো ব্যক্তি অথবা বস্তুকে কাজ, সময়, প্রভৃতি ভাগ করে দেওয়া অথবা নির্দিষ্ট করে দেওয়া *Different tasks were allotted to each member of the class.* o *the allotted time*

allotment / ə'lɒtmənt অ্যা'লট্‌ম্যান্ট্ / *noun* [C, U] (*formal*) an amount of sth that sb is given or is allowed to have; the process of giving sth to sb কোনো ব্যক্তিকে দেওয়া কোনো বিশেষ অংশ বা পরিমাণ; কোনো ব্যক্তিকে কিছু বণ্টন করা বা দেওয়ার প্রক্রিয়া; আবণ্টন

allotropy / ə'lɒtrəpi অ্যা'লট্রাপি / *noun* [U] (in chemistry) the ability that certain substances have to exist in more than one physical form (রসায়নশাস্ত্রে) একই পদার্থের একাধিক ভৌত রূপ বা আকারে থাকার ক্ষমতা; ভিন্নরূপ, বিচিত্রতা

all out *adj., adv.* using all your strength, etc. নিজের সমস্ত শক্তি ইত্যাদি ব্যবহার করে *an all-out effort*

allow / ə'laʊ অ্যা'লাউ / *verb* [T] **1 allow sb/sth to do sth; allow sth** to give permission for sb/ sth to do sth or for sth to happen কোনো ব্যক্তি অথবা বস্তুকে কোনো কাজ করার অনুমতি দেওয়া বা মঞ্জুর করা অথবা কোনো কিছু ঘটতে দেওয়া *Photography is not allowed inside the temple.*

> **NOTE** Allow, permit এবং let শব্দগুলির মধ্যে তুলনা করো। ইংরেজিতে **allow** শব্দটি কথ্য এবং লেখ্য দুভাবেই প্রয়োগ করা যায়। এই শব্দটির passive (কর্মবাচ্য) রূপ **be allowed to** বেশি প্রচলিত প্রয়োগ। **Permit** শব্দটি সাধারণত লিখিত ভাষায় প্রচলিত এবং এই একই অর্থে **let** শব্দটি কথ্যভাষায় বেশি ব্যবহৃত হয়ে থাকে। **Allow sb to do sth** এবং **let sb do sth** (to ব্যবহার না করে) সঠিক প্রয়োগ। **Let** শব্দটি passive রূপে ব্যবহার করা যায় না—*Visitors are not allowed/permitted to smoke in this area.* o *Smoking is not allowed/ permitted.* o *I am not allowed to smoke in my bedroom.*

2 to give permission for sb/sth to be or go somewhere কোনো ব্যক্তিকে অথবা বস্তুকে কোনো জায়গায় থাকার অথবা কোনো জায়গায় যাওয়ার অনুমতি দেওয়া *No dogs allowed.* o *I'm only allowed out on Friday and Saturday nights.* **3 allow sb/sth** to let sb have sth কোনো ব্যক্তিকে কোনো কিছু নেওয়ার অনুমতি দেওয়া *My contract allows me four weeks' holiday a year.* **4 allow sb/sth to do sth** to make it possible for sb/sth to do sth কোনো ব্যক্তিকে কোনো কাজ করার সুযোগ করে দেওয়া *Working part-time would allow me to spend more time with my family.* **5 allow sth** (**for sb/sth**) to provide

money, time, etc. for sb/sth কোনো ব্যক্তি অথবা বস্তুর জন্য অর্থ, সময় ইত্যাদি মঞ্জুর করা বা নির্দিষ্ট করা *You should allow about 30 minutes for each question.*

PHRV **allow for sb/sth** to think about possible problems when you are planning sth and include extra time, money, etc. for them কোনো কিছু পরিকল্পনা করার সময়ে ভবিষ্যৎ সম্ভাব্য সংকটের কথা বিবেচনা করে সময়, অর্থ ইত্যাদি ধর্তব্যের মধ্যে রাখা *The journey should take about two hours, allowing for heavy traffic.*

allowable / ə'laʊəbl অ্যা'লাউঅ্যাব্‌ল্ / *adj.* that is allowed, especially by law or by the rules (বিশেষ করে আইনগতভাবে) সংগত, অনুমোদিত

allowance / ə'laʊəns অ্যা'লাউঅ্যান্স্ / *noun* [C] **1** an amount of sth that you are allowed (কোনো বস্তুর বিশেষ পরিমাণের জন্য) মঞ্জুরি, আজ্ঞা, সম্মতি *Most flights have a 20 kg baggage allowance.* **2** an amount of money that you receive regularly to help you pay for sth that you need বৃত্তি, ভাতা,অনুদান

IDM **make allowances for sb/sth** to judge a person or his/her actions in a kinder way than usual because he/she has a particular problem or disadvantage নির্দিষ্ট কোনো সমস্যা অথবা অসুবিধা থাকার কারণে প্রথার বাইরে গিয়ে কোনো ব্যক্তিকে বা তার কাজকে লঘুভাবে বিচার করা, কোনো ব্যক্তির দোষত্রুটি লঘুভাবে দেখে তার সম্বন্ধে কোনো সিদ্ধান্তে আসা

alloy / 'ælɔɪ অ্যালই / *noun* [C, U] a metal made by mixing two types of metal together দুই ধাতুর মিশ্রণে তৈরি অন্য একটি ধাতু; সংকরধাতু *Brass is an alloy of copper and zinc.*

all right (*informal* **alright**) *exclamation, adv., adj.* (*not used before a noun*) **1** good enough; OK যথেষ্ট ভালো; ঠিকঠাক *Is everything all right?* **2** safe; not hurt; well; OK নিরাপদ; আঘাত পায়নি এমন; ভালো আছে; ঠিক আছে *I hope the children are all right.* o *Do you feel all right?* **3** showing you agree to do what sb has asked; OK (যে কাজ করতে বলা হয়েছে তা করতে) রাজি; সম্মত, নিশ্চয়, অবশ্যই; ঠিক আছে *'Can you get me some stamps?' 'Yes, all right.'*

> **NOTE** যখন কোনো ব্যক্তি ধন্যবাদ প্রদান করে বা নিজের ভুলের জন্য ক্ষমা প্রার্থনা করে তখন বলা হয় 'That's all right,'—*'Thanks for the lift home.'* *'That's (quite) all right.'* o *'I'm so sorry I'm late.' 'That's all right. We haven't started yet anyway.'*

all-round *adj.* (*only before a noun*) able to do many different things well; good in many different ways নানা কাজে পারদর্শী; বিভিন্ন দিকে ভালো

বা উন্নত *a superb all-round athlete* ○ *The school aims at the all-round development of the child.*

all-rounder *noun* [C] a person who can do many different things well যে ব্যক্তি অনেক ধরনের কাজ ভালোভাবে করতে পারে; নানা কাজে পারদর্শী ব্যক্তি; কর্মদক্ষ, বাহাদুর, তুখোড়, চৌকশ

all-time *adj.* (*only before a noun*) (used when you are comparing things or saying how good or bad sb/sth is) of any time (কোনো ব্যক্তি বা বস্তুর তুলনা করার সময়ে অথবা তার গুণ পরখ করার জন্য ব্যবহৃত) বরাবরের, সর্বকালের *It's my all-time favourite song.* ○ *an all-time great athlete.* ○ *Unemployment is at an all-time high.*

allude / əˈluːd অ্যা'লুড্ / *verb* [I] (*formal*) **allude to sb/sth** to speak about sb/sth in an indirect way কোনো ব্যক্তি বা বস্তু সম্বন্ধে ঘুরিয়ে বলা, পরোক্ষভাবে উল্লেখ করা, ইঙ্গিত করা ▶ **allusion** / əˈluːʒn অ্যা'লুজ্‌ন্ / *noun* [C, U] পরোক্ষ উল্লেখ *He likes to **make allusions to** the size of his salary.*

allure / əˈlʊə(r) অ্যা'লুঅ্যা(র্) / *noun* [U] (*written*) the quality of being attractive and exciting চিত্তাকর্ষক এবং প্রাণবন্ত হওয়ার গুণ; প্রলোভন, আকর্ষণ *the allure of the big city*

alluring / əˈlʊərɪŋ অ্যা'লুঅ্যারিং / *adj.* attractive and exciting in a way that is not easy to understand or explain ব্যাখ্যাতীত অথবা দুর্বোধ্যভাবে উত্তেজনাপূর্ণ এবং আকর্ষণীয়; লোভনীয়, মোহময় *an alluring smile* ▶ **alluringly** *adv.* লোভনীয়ভাবে, মোহনীয়ভাবে

alluvial / əˈluːviəl অ্যা'লুভিঅ্যাল্/ *adj.* (in geography) made of sand and earth that is left by rivers or floods (ভূগোলে) নদীর জল অথবা বন্যা পরিত্যক্ত বালি এবং নরম মাটির তৈরি; পালল, পাললিক, পলিজ *alluvial deposits/soil/plains*

alluvium / əˈluːviəm অ্যা'লুভিঅ্যাম্ / *noun* [U] (in geography) sand and earth that is left by rivers or floods (ভূগোলে) পলিমাটি, পলি, হোড়

ally / ˈælaɪ 'অ্যালাই / *noun* [C] (*pl.* **allies**) **1** a country that has an agreement to support another country, especially in a war (বিশেষত যুদ্ধের সময়ে) অন্য দেশকে সাহায্য করতে চুক্তিবন্ধ কোনো দেশ; মিত্রপক্ষ, সমর্থনকারী *India and its Asian allies* ➪ **alliance** দেখো। **2** a person who helps and supports you, especially when other people are against you বন্ধুভাবাপন্ন, সহযোগী, সমর্থনকারী ব্যক্তি, বিশেষত যখন অন্যরা বিরুদ্ধতা করে *the Prime Minister's political allies*

almanac / ˈɔːlmənæk 'অ:ল্‌ম্যান্যাক্ / *noun* [C] a book published every year that contains information about the movements of the planets, the phases of the moon, etc. প্রতি বছর গ্রহসমূহের স্থানপরিবর্তন, চন্দ্রের দশা ইত্যাদি সম্পর্কে তথ্যসম্বলিত বই বা গ্রন্থ; পঞ্জিকা, পঞ্জি, পাঁজি

almighty / ɔːlˈmaɪti অ:ল্'মাইটি / *adj.* **1** having the power to do anything সর্বশক্তিমান, ঈশ্বর *Almighty God* **2** very great (*informal*) (*only before a noun*) মহান, মোক্ষম, জোরালো, প্রচণ্ড, সাংঘাতিক *Suddenly we heard the most almighty crash.* **3 The Almighty** *noun* [*sing*] God ভগবান, অন্তর্যামী, ঈশ্বর

almirah *noun* [C] (*IndE*) a cupboard, a wardrobe আলমারি *She keeps her jewellery locked up in the almirah.*

almond / ˈɑːmənd 'আ:ম্যান্ড্ / *noun* [C] a flat pale nut কাগজি বাদাম ➪ **nut**-এ ছবি দেখো।

almost / ˈɔːlməʊst 'অ:ল্‌ম্যাউস্ট্ / *adv.* very nearly; not quite প্রায়, কাছাকাছি; ঠিক পুরোপুরি নয় এমন *By nine o'clock almost everybody had arrived.* ○ *The film has almost finished.*

alms / ɑːmz আ:ম্জ্ / *noun* [*pl.*] money, food and clothes given to poor people অর্থ, খাবার এবং বস্ত্র যা দরিদ্রদের প্রদান করা হয়; ভিক্ষা *She believes in giving alms regularly.*

alone / əˈləʊn অ্যা'ল্যাউন্ / *adj., adv.* **1** without any other person একা, একাকী, সঙ্গীহীন, নিঃসঙ্গ, একলা *The old man lives alone.*

> **NOTE** **Alone** এবং **lonely** দুটি শব্দেরই মানে একা অথবা নিঃসঙ্গ। **Lonely** (*AmE* **lonesome**) শব্দটি নিঃসঙ্গতার দুঃখ বোঝাতে ব্যবহার করা হয়, কিন্তু **alone** শব্দটির সঙ্গে কোনো সুখ বা দুঃখের অনুভূতি জড়িত থাকে না। **Alone** শব্দটি বিশেষ্যপদের (noun) পূর্বে ব্যবহার করা যায় না। একলা কোনো কাজ করার কথা বলতে গেলে **on your own** এবং **by yourself** অভিব্যক্তি দুটি ব্যবহৃত হয়। এগুলি আলংকারিক প্রয়োগ নয় এবং ইংরেজি কথ্য ভাষায় বহুল প্রচলিত।

2 (*after a noun or pronoun*) only কেবলমাত্র, নিছক, শুধুমাত্র, এককভাবে *You alone can help us.* ○ *The rent alone takes up most of my salary.*

IDM go it alone to start working on your own without the usual help সাধারণত অভ্যস্ত সাহায্য ছাড়াই কোনো কাজ করা অথবা কোনো কাজ শুরু করে দেওয়া

leave sb/sth alone ➪ **leave**[1] দেখো।

let alone ➪ **let** দেখো।

along / əˈlɒŋ অ্যা'লং / *prep., adv.* **1** from one end to or towards the other end of sth কোনো কিছুর এক প্রান্ত থেকে অন্য প্রান্ত অবধি *I walked slowly along the road.* **2** on or beside sth long কোনো কিছুর দৈর্ঘ্য বরাবর, কোনো কিছুর পাশে বা ধারে; সমান্তরালভাবে *Wild flowers grew along both sides of the river.* **3** forward সামনের দিকে, আগের দিকে *We moved* *along slowly with the crowd.* **4** (*informal*) with sb কোনো ব্যক্তির সঙ্গে, সঙ্গী হিসাবে; একত্রে *We're going for a walk. Why don't you* ***come along*** *too?*

IDM all along ➪ **all²** দেখো।

along with sb/sth together with sb/sth কোনো ব্যক্তি বা বস্তুর সঙ্গে ; একসঙ্গে

go along with sb/sth to agree with sb's ideas or plans কোনো ব্যক্তির মত বা পরিকল্পনার সঙ্গে একমত হওয়া

alongside / əˌlɒŋˈsaɪd অ্যা,লং'সাইড্ / *adv., prep.* **1** next to sb/sth or at the side of sth (কোনো ব্যক্তি অথবা বস্তুর)পাশাপাশি, গায়ে গায়ে, পাশ ঘেঁসে **2** together with sb/sth কোনো ব্যক্তি অথবা বস্তুর সঙ্গে; একসঙ্গে *the opportunity to work alongside experienced musicians*

aloof / əˈluːf অ্যা'লুফ্ / *adj.* **1** not friendly to other people; distant অন্য লোকদের প্রতি বন্ধুত্বপূর্ণ নয়; উদাসীন, নির্লিপ্ত, আগ্রহহীন *Her shyness made her seem aloof.* **2 aloof (from sb/sth)** not involved in sth; apart নির্লিপ্ত; স্পৃহাহীন, অনাগ্রহী

aloud / əˈlaʊd অ্যা'লাউড্ / (*also* **out loud**) *adv.* in a normal speaking voice that other people can hear; not silently উচ্চকণ্ঠে, উচ্চৈঃস্বরে, জোর গলায়; নিঃশব্দে নয় *to read aloud from a book*

alpaca

alpaca / ælˈpækə অ্যাল্'প্যাকা / *noun* **1** a South American animal whose long hair makes good quality wool দক্ষিণ আমেরিকার লম্বা লোমযুক্ত পশু যার পশম থেকে উচ্চমানের উল তৈরি হয়; আলপাকা **2** the wool of the alpaca আলপাকার পশম

alpha / ˈælfə 'অ্যাল্ফ্যা / *noun* [C] the first letter of the Greek alphabet (α) গ্রীক বর্ণমালার প্রথম অক্ষর; আলফা (α)

alphabet / ˈælfəbet 'অ্যাল্ফ্যাবেট্ / *noun* [C] a set of letters in a fixed order that you use when you are writing a language (যে-কোনো ভাষার) বর্ণমালা, বর্ণসমষ্টি, অক্ষরসমষ্টি *There are 26 letters in the English alphabet.*

alphabetical / ˌælfəˈbetɪkl ,অ্যাল্ফ্যা'বেটিক্ল্ / *adj.* arranged in the same order as the letters of the alphabet বর্ণমালা অনুযায়ী; বর্ণানুক্রমিক *The names are listed* ***in alphabetical order.*** ▶ **alphabetically** / -kli -ক্লি / *adv.* বর্ণানুক্রমিকভাবে

alphanumeric / ˌælfənjuːˈmerɪk ,অ্যাল্ফ্যানিউ'মেরিক্ / *adj.* (*technical*) containing or using both numbers and letters যার মধ্যে সংখ্যা এবং অক্ষর দুই থাকে অথবা ব্যবহার করা হয় *alphanumeric data*

alpha particle *noun* [C] a very small piece of matter with a positive electric charge passing through it, that is produced in a nuclear reaction কেন্দ্রকীয় বিক্রিয়া থেকে উৎপন্ন ধনাত্মক বৈদ্যুতিক শক্তিসহ অতি ক্ষুদ্র পদার্থ; আলফাকণিকা, আলফাকণা

alpine / ˈælpaɪn 'অ্যাল্পাইন্ / *adj.* of or found in high mountains উঁচু পাহাড়ে পাওয়া যায় এমন; উঁচু পর্বত বা গিরিশ্রেণি সংক্রান্ত *alpine flowers*

already / ɔːlˈredi অ:ল্'রেডি / *adv.* **1** used for talking about sth that has happened before now or before a particular time in the past কোনো নির্দিষ্ট সময়ের আগে; ইতিপূর্বে, ইতিমধ্যে, অতীতে *'Would you like some lunch?' 'No, I've already eaten, thanks.'* ○ *Sita was already awake when I went into her room.* **2** (*used in negative sentences and questions for expressing surprise*) so early; as soon as this এত তাড়াতাড়ি; এরই মধ্যে, এখনই *Have you finished already?* ○ *Surely you're not going already!*

alright / ɔːlˈraɪt অ:ল্'রাইট্ / (*informal*) = **all right**

Alsatian / ælˈseɪʃn অ্যাল্'সেইশ্‌ন্ / (*also* **German shepherd**) *noun* [C] a large dog, often trained to help the police or to guard buildings একজাতীয় বড়ো কুকুর যাদের প্রায়ই পুলিশের কাজে সাহায্য করার জন্য বা বাড়ি পাহারার জন্য প্রশিক্ষণ দেওয়া হয়; অ্যালসেশিয়ান

also / ˈɔːlsəʊ 'অ:লস্যাউ / *adv.* (*not with negative verbs*) in addition; too এছাড়াও, আরও, অধিকন্তু *He plays several instruments and also writes music.* ○ *The food is wonderful, and also very cheap.*

> **NOTE** **Also** শব্দটির তুলনায় **too** এবং **as well** অভিব্যক্তি দুটি কথ্য ইংরেজিতে বেশি প্রচলিত। **Also** শব্দটির প্রয়োগ সাধারণত বাক্যের মূল ক্রিয়ার (verb) পূর্বে অথবা 'is', 'are', 'were' ইত্যাদি শব্দগুলির পরে ব্যবহৃত হয়—*He also enjoys reading.* ○ *He has also been to Australia.* ○ *He is also intelligent.* **Too** এবং **as well** সাধারণত বাক্য বা বাক্যাংশের শেষে ব্যবহার করা হয়—*I really love this song, and I liked the first one too/as well.*

IDM not only... but also ➪ **only** দেখো।

also-ran *noun* [C] a person who is not successful, especially in a competition or an election নির্বাচন বা কোনো প্রতিযোগিতায় যে ব্যক্তি সফল হতে পারেনি

altar / ˈɔːltə(r) ˈঅ:ল্ট্যা(র্) / *noun* [C] a high table that is the centre of a religious ceremony ধর্মীয় আচার অনুষ্ঠানের জন্য নির্দিষ্ট উঁচু জায়গা; পূজাবেদি, বেদি

alter / ˈɔːltə(r) ˈঅ:ল্ট্যা(র্) / *verb* [I, T] to make sth different in some way, but without changing it completely; to become different আংশিকভাবে পরিবর্তন করা; পরিবর্তিত হওয়া বা বদলানো *We've altered our plan, and will now arrive at 7.00 p.m. instead of 8.00 a.m.* ○ *The village seems to have altered very little in the last twenty years.*

alteration / ˌɔːltəˈreɪʃn ˌঅ:ল্ট্যাˈরেইশ্ন্ / *noun* [C, U] **(an) alteration (to/in sth)** a small change in sb/sth (কোনো ব্যক্তি বা বস্তুতে) অল্প পরিবর্তন, কিছুটা বদল, আংশিক পরিবর্তন *We want to **make** a few **alterations** to the house before we move in.*

altercation / ˌɔːltəˈkeɪʃn ˌঅ:ল্ট্যাˈকেইশ্ন্ / *noun* [C, U] (*formal*) a noisy argument or disagreement কথাকাটাকাটি, তর্কাতর্কি, বচসা

alternate[1] / ɔːlˈtɜːnət অ:ল্ˈট্যন্যাট্ / *adj.* **1** (used about two types of events, things, etc.) happening or following regularly one after the other (দুই প্রকার বস্তু, ঘটনা ইত্যাদি সম্বন্ধে ব্যবহৃত) একটার পর একটা আসছে বা পর্যায়ক্রমিকভাবে ঘটছে এমন *alternate periods of sun and showers* **2** one of every two প্রতি দুটির মধ্যে একটি *He works alternate weeks* (= he works the first week, he doesn't work the second week, he works again the third week, etc.). ► **alternately** *adv.* পালাক্রমে, পর্যায়ানুসারে *The bricks were painted alternately white and red.*

alternate[2] / ˈɔːltənəɪt ˈঅ:ল্ট্যান্যাইট্ / *verb* **1** [I] **alternate with sth; alternate between A and B** (used about two types of events, things, etc.) to happen or follow regularly one after the other (দুই প্রকার বস্তু, ঘটনা ইত্যাদি সম্বন্ধে ব্যবহৃত) নিয়মিতভাবে বা পর্যায়ক্রমিকভাবে করা, পালা করে ঘটা *Busy periods at work alternate with times when there is not much to do.* **2 alternate A with B** to cause two types of events or things to happen or follow regularly one after the other নিয়মিতভাবে দুটি ঘটনা অথবা জিনিস পালাক্রমে ঘটানো অথবা করা *He alternated periods of work with periods of rest.* ► **alternation** / ˌɔːltəˈneɪʃn ˌঅ:ল্ট্যাˈনেইশ্ন্ / *noun* [C, U] পর্যায়ক্রমিকতা, একান্তরকরণ

alternate angles *noun* [*pl.*] two angles, formed on opposite sides of a line that crosses two other lines. If the two lines that are crossed are parallel the alternate angles are equal অন্য দুটি রেখাকে ছেদন করে এমন কোনো রেখার দুই বিপরীত প্রান্তে গঠিত কোণ। ছেদন করেছে যে দুই রেখা তারা যদি সমান্তরাল হয় তাহলে একান্তর কোণগুলি সমান হয়; একান্তর কোণসমূহ ➪ **angle**-এ ছবি দেখো।

alternating current *noun* [C, U] (*abbr.* **AC**) a flow of electricity that changes direction regularly many times a second একান্তরিত, প্রত্যাবর্তী বা পর্যায়ান্বিত তড়িৎপ্রবাহ ➪ **direct current** দেখো।

alternative[1] / ɔːlˈtɜːnətɪv অ:ল্ˈট্যন্যাটিভ্ / *adj.* (*only before a noun*) **1** that you can use, do, etc. instead of sth else অন্য কোনো বস্তুর বদলে যে বস্তু ব্যবহার করা যায় বা অন্য কিছুর বদলে যা করা যায় ইত্যাদি; অনুকল্প, বিকল্পস্বরূপ *The highway was closed so we had to find an alternative route.* **2** different to what is usual or traditional প্রচলিত অথবা সাধারণ জিনিসের থেকে আলাদা; বিকল্প ব্যবস্থা ► **alternatively** *adv.* বিকল্পরূপে *alternative medicine*

alternative[2] / ɔːlˈtɜːnətɪv অ:ল্ˈট্যন্যাটিভ্ / *noun* [C] **an alternative (to sth)** one of two or more things that you can choose between দুটি বা ততোধিক বস্তুর মধ্যে গ্রহণযোগ্য জিনিস; বিকল্প *What can I eat as an alternative to meat?*

alternator / ˈɔːltəneɪtə(r) ˈঅ:ল্ট্যানেইট্যা(র্) / *noun* [C] a device, used especially in a car, that produces electrical current that moves in different directions গাড়ির মধ্যে যে যন্ত্রের দ্বারা তড়িৎ প্রবাহের উৎপাদন হয় এবং চতুর্দিকে প্রবাহিত হয়

although / ɔːlˈðəʊ অ:ল্ˈদ্যাউ / *conj.* **1** in spite of the fact that যদিও, তা সত্ত্বেও, যদ্যপি *Although she was tired, she stayed up late watching television.* **2** and yet; but যদিও, তবু; কিন্তু *I love dogs, although I wouldn't have one as a pet.*

> **NOTE** **Though** এবং **although** শব্দ দুটি সমার্থক কিন্তু **though** শব্দটি কেবলই বাক্যের শেষে ব্যবহার করা যায়—*She knew all her friends would be at the party. She didn't want to go, though.* বিশেষ তাৎপর্য বোঝানোর জন্য **even though** অভিব্যক্তিটি প্রয়োগ করা হয়—*She didn't want to go, although/though/even though she knew all her friends would be there.*

altimeter / ˈæltɪmiːtə(r) ˈঅ্যাল্টিমীট্যা(র্) / *noun* [C] an instrument for showing height above sea level, used especially in an aircraft (বিশেষত বিমানে ব্যবহৃত) সমুদ্রপৃষ্ঠ থেকে কোনো জায়গার উচ্চতা মাপার যন্ত্রবিশেষ; উচ্চতামাপক যন্ত্র ➪ **meter**-এ চিত্র দেখো।

altitude / ˈæltɪtjuːd ˈঅ্যাল্টিটিউড্ / *noun* **1** [*sing.*] the height of sth above sea level কোনো কিছুর সমুদ্রপৃষ্ঠ থেকে উচ্চতা বা খাড়াই *The plane climbed* *to an altitude of 10,000 metres.* **2** [C] [*usually pl.*] a place that is high above sea level যে জায়গা সমুদ্রপৃষ্ঠ থেকে অনেকটাই উঁচুতে *You need to carry oxygen when you are climbing at high altitudes.*

alto / ˈæltəʊ ˈঅ্যাল্ট্যাউ / *noun* [C] (*pl.* **altos**) the lowest normal singing voice for a woman, the highest for a man; a woman or man with this voice নিম্নতম গ্রামে ও স্বরে গান গাওয়ার মতো মহিলাকণ্ঠ এবং উচ্চতম গ্রামে ও স্বরে গান গাওয়ার মতো পুরুষকণ্ঠ; এই কণ্ঠের অধিকারী বা অধিকারিণী

altogether / ˌɔ:ltəˈgeðə(r) ˌঅ:ল্ট্যাˈগেদ্যা(র্) / *adv.* **1** completely পুরোপুরি, সর্বতোভাবে, সম্পূর্ণভাবে *I don't altogether agree with you.* **2** including everything; in total সামগ্রিকভাবে, সমষ্টিগতভাবে; সব মিলিয়ে, মোটের উপর *Altogether there were six of us.* **3** when you consider everything; generally সবদিক থেকে; সাধারণভাবে *Altogether, this town is a pleasant place to live.*

> **NOTE** **Altogether** এবং **all together** শব্দ দুটি সমার্থক শব্দ নয়। সব কিছু অথবা সবাই একসঙ্গে (everything or everybody together) বোঝাতে all together অভিব্যক্তিটি ব্যবহার করা হয়—*Put your books all together on the table.* ○ *Let's sing. All together now!*

altostratus / ˌæltəʊˈstrɑ:təs; -ˈstreɪtəs ˌঅ্যাল্ট্যাউ-ˈস্ট্রা:ট্যাস্; -ˈস্ট্রেইট্যাস্ / *noun* [U] (*technical*) a layer of cloud of equal thickness that is formed at a height of between 2 and 7 kilometres; ২ থেকে ৭ কিলোমিটার উচ্চতায় জমে থাকা সমান মাপের ঘন মেঘের স্তর

altruism / ˈæltruɪzəm ˈঅ্যালট্রুইজ়্যাম্ / *noun* [U] (*formal*) the fact of caring about the needs and happiness of other people more than your own নিজের তুলনায় অন্য লোকের প্রয়োজন ও সুখ সম্বন্ধে বেশি যত্নশীল; পরোপকার, পরার্থপরতা, স্বার্থহীনতা ▶ **altruistic** / ˌæltruˈɪstɪk ˌঅ্যালট্রুˈইস্টিক্ / *adj.* পরোপকারী, পরহিতবাদী *altruistic behaviour*

alum / ˈæləm ˈঅ্যাল্যাম্ / *noun* [U] a colourless, **crystalline** solid that is soluble in water বর্ণহীন, কেলাসিত এবং জলে দ্রবণীয় কোনো কঠিন পদার্থ; ফিটকিরি, ফটকিরি

aluminium / ˌæləˈmɪniəm ˌঅ্যাল্যাˈমিনিঅ্যাম্ / (*AmE* **aluminum** / əˈlu:mɪnəm অ্যাˈলুমিন্যাম্ /) (*symbol* **Al**) *noun* [U] a light silver-coloured metal that is used for making cooking equipment, etc. হালকা রূপোলি ধাতু যা দিয়ে বাসনপত্র ইত্যাদি বানানো হয়; অ্যালুমিনিয়ম *aluminium foil*

alumna / əˈlʌmnə অ্যাˈলাম্ন্যা / *noun* [C] (*pl.* **alumnae** / -ni: -নী: /) (*AmE formal*) a former female student of a school, college or university কোনো স্কুল, কলেজ বা বিশ্ববিদ্যালয়ের প্রাক্তন ছাত্রী

alumnus / əˈlʌmnəs অ্যাˈলাম্ন্যাস্ / *noun* [C] (*pl.* **alumni** / -naɪ -নাই) (*AmE formal*) a former male student of a school, college or university কোনো স্কুল, কলেজ বা বিশ্ববিদ্যালয়ের প্রাক্তন ছাত্র

alveolar / ælˈvi:ələ; ˌælviˈəʊlə অ্যাল্ˈভীঅ্যাল্যা; ˌঅ্যাল্ভিˈঅ্যাউল্যা / *noun* [C] a speech sound made with your tongue touching the part of your mouth behind your upper front teeth, for example d or t সামনের সারির উপরের দাঁতের পাটির পিছনে জিভের ডগা লাগিয়ে যে ইংরেজি ধ্বনি (d এবং t) উচ্চারণ করা হয় (বাংলায় যেমন ত, থ ইত্যাদি); তালব্য বর্ণ ▶ **alveolar** *adj.* রন্ধ্রসংক্রান্ত, দন্তমূলীয়

always / ˈɔ:lweɪz ˈঅ:ল্উএইজ় / *adv.* **1** at all times; regularly সর্বদা, সকল সময়ে, অনবরত, সারাক্ষণ; নিয়মিত *I always get up at 6.30 a.m.* ○ *Why is the train always late when I'm in a hurry?* **2** all through the past until now অতীত কাল থেকে শুরু করে এখন পর্যন্ত; অনবরত, অবিরাম *Tania has always been shy.* **3** for ever চিরকালের জন্য, চিরকাল *I shall always remember this moment.* **4** (*only used with the continuous tenses*) again and again, usually in an annoying way (সাধারণত একঘেয়ে এবং বিরক্তিজনকভাবে) বারবার, উপর্যুপরি *She's always complaining about something.* **5** used with 'can' or 'could' for suggesting sth that sb could do, especially if nothing else is possible কোনো বিকল্প নেই এমন অবস্থায় অন্তত পক্ষে যে কাজটি করা সম্ভব তা ইঙ্গিত করার জন্য 'can' অথবা 'could'-এর সঙ্গে ব্যবহৃত অভিব্যক্তিবিশেষ *If you haven't got enough money, I could always lend you some.*

> **NOTE** **Always** শব্দটি সাধারণত বাক্যের শুরুতে ব্যবহৃত হয় না। এই শব্দ বাক্যের মূল ক্রিয়ার (verb) পূর্বে অথবা 'is', 'are', 'were' ইত্যাদি শব্দগুলির পরে ব্যবহার করা হয়—*He always wears those shoes.* ○ *Fauzia is always late.* তবে লক্ষ করো যে **always** শব্দটির প্রয়োগ বাক্যের প্রথমে তখনই হবে যখন কোনো ব্যক্তিকে কোনো কাজ করার নির্দেশ দেওয়া হচ্ছে—*Always stop and look before you cross the road.*

Alzheimer's disease / ˈæltshaɪməz dɪzi:z ˈঅ্যাল্টস্হাইম্যাজ় ডিজ়ীজ় / *noun* [*sing.*] a disease that affects the brain and makes some people become more and more confused as they get older যে রোগে মস্তিষ্ক আক্রান্ত হয় এবং রোগী বয়োবৃদ্ধির সঙ্গে বিভ্রান্তির কবলে পড়ে; অ্যালজাইমার রোগ

AM / ˌeɪˈem ˌএইˈএম্ / *abbr.* amplitude magnification; one of the systems of sending out radio signals অ্যাম্পলিট্যুড ম্যাগনিফিকেশন-এর সংক্ষিপ্ত রূপ; বেতার সংকেত পাঠানোর একটি পদ্ধতি; এ.এম

am ⇨ **be**[1] দেখো।

a.m. / ˌeɪˈem ˌএইˈএম্ / *abbr.* (*AmE* **A.M.**) before midday দুপুর বারোটার আগে; পূর্বাহ্ণ *10 a.m.* (=10 o'clock in the morning)

amalgam / əˈmælgəm অ্যাˈম্যাল্‌গ্যাম্ / *noun* **1** [C, *usually sing.*] (*formal*) a mixture or combination of things বিভিন্ন পদার্থের মিশ্রণ, বিভিন্ন পদার্থের সমবায় **2** [U] a mixture of **mercury** and another metal, used especially to fill holes in teeth পারদ এবং অন্য ধাতুর মিশ্রণ যা দাঁতের গর্ত ভরতে ব্যবহৃত হয়; পারদসংকর

amalgamate / əˈmælgəmeɪt অ্যাˈম্যাল্‌গ্যামেইট্ / *verb* [I, T] (used especially about organizations, groups, etc.) to join together to form a single organization, group, etc. (বিশেষত একাধিক বাণিজ্যিক শিল্প প্রতিষ্ঠান, গোষ্ঠী ইত্যাদির জন্য ব্যবহৃত) যুক্ত, জোটবধ্ব অথবা সম্মিলিত হওয়া, একত্রিত হয়ে একটি প্রতিষ্ঠান বা দল তৈরি করা ▶ **amalgamation** / əˌmælgəˈmeɪʃn অ্যাˌম্যাল্‌গ্যাˈমেইশ্‌ন্ / *noun* [C, U] সংযুক্তি, সংযুক্তিকরণ, সংমিশ্রণ, সংযোগ

amass / əˈmæs অ্যাˈম্যাস্ / *verb* [T] to collect or put together a large quantity of sth কোনো বস্তু অধিক পরিমাণে জড়ো করা; রাশীকৃত করা, সঞ্চয় করা, সংগ্রহ করা, জমানো *We've amassed a lot of information on the subject.*

amateur[1] / ˈæmətə(r) ˈঅ্যাম্যাট্যা(র্) / *noun* [C] **1** a person who takes part in a sport or an activity for pleasure, not for money as a job অর্থের জন্য নয়, কেবলমাত্র আনন্দ বা খুশির জন্য কোনো খেলা অথবা কোনো কর্মকাণ্ডে অংশগ্রহণ করে যে ব্যক্তি; অপেশাদারি, শৌখিনচর্চাকারী ✪ বিপ **professional** **2** (usually used when being critical) a person who does not have skill or experience when doing sth (সাধারণত সমালোচনা করতে ব্যবহৃত) কোনো কাজ করার সময়ে যখন কোনো ব্যক্তির সেই বিষয়ে দক্ষতা বা অভিজ্ঞতা থাকে না; অপটু, কাঁচা

amateur[2] / ˈæmətə(r) ˈঅ্যাম্যাট্যা(র্) / *adj.* **1** done, or doing sth, for pleasure (not for money as a job) আনন্দ বা শখের জন্য কৃত বা ক্রিয়মাণ কোনো কাজ (অর্থের বিনিময়ে বা চাকুরি হিসেবে নয়) *an amateur production of a play* ○ *an amateur photographer* ✪ বিপ **professional** **2** (*also* **amateurish** / -rɪʃ -রিশ্ /) done without skill or experience প্রকৃত জ্ঞান বা নৈপুণ্য ছাড়া কৃত *The painting was an amateurish fake.*

amateur dramatics / *noun* [U] (*BrE*) the activity of producing and acting in plays for the theatre by people who do it as a hobby, not as a job পেশা হিসাবে নয়, শখ অথবা নেশার দ্বারা প্রভাবিত হয়ে যে ব্যক্তিগণ রঙ্গমঞ্চের জন্য নাটক প্রযোজনা, পরিচালনা করে বা তাতে অভিনয় করে, শৌখিন নাট্যপরিচালক বা অভিনেতা, অপেশাদার নাট্যকর্মী

amaze / əˈmeɪz অ্যাˈমেইজ্ / *verb* [T] to surprise sb very much; to be difficult for sb to believe (কোনো ব্যক্তিকে) তাজ্জব করে দেওয়া, ভীষণভাবে অবাক করা; বিস্ময়াবিষ্ট করা, বিস্ময়বিহ্বল করা *Sometimes your behaviour amazes me!*

amazed / əˈmeɪzd অ্যাˈমেইজ্‌ড্ / *adj.* **amazed (at/by sb/sth); amazed (to do sth/that...)** very surprised অতীব বিস্মিত, অত্যন্ত অবাক; বিমূঢ় *I was amazed by the change in his attitude.*

amazement / əˈmeɪzmənt অ্যাˈমেইজ্‌ম্যান্ট্ / *noun* [U] a feeling of great surprise গভীর বিস্ময়; বিস্ময়াবিষ্টতা, বিস্ময়বিহ্বলতা *He looked at me* ***in amazement***. ○ *To my* ***amazement****, I passed the test easily.*

amazing / əˈmeɪzɪŋ অ্যাˈমেইজিং / *adj.* very surprising and difficult to believe; incredible এতই বিস্ময়ের যে বিশ্বাস করা শক্ত, অবিশ্বাস্য; অত্যাশ্চর্য, পরম বিস্ময়কর *amazing courage* ▶ **amazingly** *adv.* বিস্ময়করভাবে, আশ্চর্যজনকভাবে

ambassador / æmˈbæsədə(r) অ্যাম্ˈব্যাস্যাড্যা(র্) / *noun* [C] an important person who represents his/her country in a foreign country যে গুরুত্বপূর্ণ ব্যক্তি বিদেশে নিজের দেশের প্রতিনিধিত্ব করে; রাষ্ট্রদূত, রাজদূত *the Indian Ambassador to Britain*

NOTE যে-কোনো দেশের রাষ্ট্রদূতের কর্মস্থল এবং আবাসকে **embassy** বলা হয়। ⇨ **consul** দেখো।

amber / ˈæmbə(r) ˈঅ্যাম্‌ব্যা(র্) / *noun* [U] **1** a hard clear yellow-brown substance used for making jewellery or objects for decoration হলুদ বাদামি রঙের তৈলস্ফটিক যা গহনায় অলংকরণের জন্য ব্যবহৃত হয়; তৃণমণি **2** a yellow-brown colour পীতাভ-বাদামি রং *The three colours in traffic lights are red, amber and green.* ▶ **amber** *adj.* তৈলস্ফটিক বা তৃণমণি সংক্রান্ত

ambi- / ˈæmbi ˈঅ্যাম্‌বি / *prefix (in nouns, adjectives and adverbs)* referring to both of two দুজনের বা দুটি জিনিসের মধ্যে দুটিই *ambivalent*

ambidextrous / ˌæmbiˈdekstrəs ˌঅ্যাম্‌বি-ˈডেক্‌স্ট্র্যাস্ / *adj.* able to use the left hand and the right hand equally well দুহাত সমানভাবে ব্যবহারে পারদর্শী; সব্যসাচী

ambience (*also* **ambiance**) / ˈæmbiəns ˈঅ্যাম্‌বিঅ্যান্স্ / *noun* [*sing.*] the character and atmosphere of a place (কোনো স্থানের) পরিবেষ্টনী, বেষ্টনী, পরিব্যাপ্তি, পরিবৃতি

ambient / ˈæmbiənt ˈঅ্যাম্‌বিঅ্যান্ট্ / *adj.* (*only before a noun*) **1** (*technical*) of the area around;

on all sides পরিব্যাপ্ত, পরিবেষ্টনকারী চতুষ্পার্শবর্তী *ambient temperature/conditions* 2 (used especially about music) creating a relaxed atmosphere (বিশেষত সংগীতের সম্বন্ধে ব্যবহৃত) আনন্দদায়ক এবং স্বচ্ছন্দ পরিবেষ্টনী তৈরি করে এমন *ambient music/lighting*

ambiguity / ˌæmbɪˈgju:əti ˌঅ্যাম্‌বি'গিউঅ্যাটি / *noun* [C, U] (*pl.* **ambiguities**) the possibility of being understood in more than one way; sth that can be understood in more than one way একাধিক অর্থ থাকার সম্ভাবনা; কোনো বস্তু যা একের বেশি অর্থবোধক হতে পারে; দ্ব্যর্থবোধক, দ্ব্যর্থব্যঞ্জক, দ্ব্যর্থে

ambiguous / æmˈbɪgjuəs অ্যাম্'বিগিউঅ্যাস্ / *adj.* having more than one possible meaning একের অধিক মানে আছে এমন; দ্ব্যর্থক ▶ **ambiguously** *adv.* দ্ব্যর্থকভাবে, অস্পষ্টভাবে

ambition / æmˈbɪʃn অ্যাম্'বিশন্ / *noun* 1 [C] **ambition (to do/be sth); ambition (of doing sth)** something that you very much want to have or do তীব্র আকাঙ্ক্ষা, উচ্চাশা *He finally **achieved** his **ambition** of becoming a doctor.* 2 [U] a strong desire to be successful, to have power, etc. সাফল্য লাভের প্রবল ইচ্ছা; ক্ষমতালিপ্সা, উচ্চাভিলাষ, যশাকাঙ্ক্ষা *One problem of young people today is their lack of ambition.*

ambitious / æmˈbɪʃəs অ্যাম্'বিশ্যাস্ / *adj.* 1 **ambitious (to be/do sth)** having a strong desire to be successful, to have power, etc. উচ্চাভিলাষী, উচ্চাকাঙ্ক্ষী, উচ্চাশী *We are ambitious to succeed.* 2 difficult to achieve or do because it takes a lot of work or effort পরিশ্রমসাধ্য ও আয়াসসাধ্য হওয়ার কারণে যা অর্জন করা কঠিন; যে কাজ করা কষ্টসাধ্য *The company has announced ambitious plans for expansion.*

ambivalent / æmˈbɪvələnt অ্যাম্'বিভ্যাল্যান্ট্ / *adj.* having or showing a mixture of feelings or opinions about sth or sb কোনো ব্যক্তি অথবা বস্তুর প্রতি মিশ্র অনুভূতি অথবা মতামত আছে বা দেখানো হচ্ছে এমন ▶ **ambivalence** *noun* [C, U] দ্বিমুখিতা, দোটানা, দ্বিধামিশ্রিত,

amble / ˈæmbl 'অ্যাম্‌ব্‌ল্ / *verb* [I] to walk at a slow relaxed speed ধীরেসুস্থে চলা, মৃদুগতিতে চলা *We ambled down to the beach.*

ambulance / ˈæmbjələns 'অ্যামবিঅ্যাল্যান্স / *noun* [C] a special vehicle for taking ill or injured people to and from hospital অসুস্থ বা আহত ব্যক্তিকে হাসপাতালে নিয়ে যাওয়া-আসার জন্য (প্রয়োজনীয় ব্যবস্থাযুক্ত) বিশেষ যান; অ্যামব্যুলেন্স

ambush / ˈæmbʊʃ 'অ্যাম্‌বুশ্ / *noun* [C, U] a surprise attack from a hidden position কোনো গোপন স্থান থেকে শত্রুর উপর অতর্কিত হানা বা ওত পেতে থেকে হঠাৎ আক্রমণ করা *He was killed in an enemy ambush.* ○ *The robbers were waiting* ***in ambush***. ▶ **ambush** *verb* [T] লুকিয়ে থেকে অতর্কিতে আক্রমণ করা

ameba (*AmE*) = **amoeba**

ameliorate / əˈmi:liəreɪt অ্যা'মীলিঅ্যারেইট্ / *verb* [T] (*formal*) to make sth better কোনো কিছুর উৎকর্ষ সাধন করা, উন্নতি করা *Steps have been taken to ameliorate the situation.*

amen / ɑ:ˈmen; eɪˈmen আ:'মেন্; এই'মেন্ / *exclamation* a word used at the end of prayers by Christians and Jews প্রার্থনার শেষে খ্রিস্টান এবং ইহুদি ধর্মালম্বীদের দ্বারা ব্যবহৃত শব্দ; আমীন (তাই হোক, তথাস্তু)

amenable / əˈmi:nəbl অ্যা'মীন্যাব্‌ল্ / *adj.* happy to accept sth; willing to be influenced by sb/sth কোনো কিছু মেনে নিয়ে বা স্বীকার করে খুশি; কোনো ব্যক্তি অথবা বস্তুর দ্বারা প্রভাবিত হতে ইচ্ছুক *I'm amenable to any suggestions you may have.*

amend / əˈmend অ্যা'মেন্ড্ / *verb* [T] to change sth slightly in order to make it better (কোনো কিছুর উন্নতি করার জন্য) অল্পবিস্তর পরিবর্তন করা, সংশোধন করা

amendment / əˈmendmənt অ্যা'মেণ্ড্‌ম্যান্ট্ / *noun* 1 [C] a part that is added or a small change that is made to a piece of writing, especially to a law কোনো লেখায়, বিশেষত কোনো আইনে, যে অল্পবিস্তর পরিবর্তন করা হয় বা কোনো অংশ সংযোজন করা হয়; সংশোধনী 2 [U] an act of amending sth কোনো বস্তু সংশোধনের কাজ, ত্রুটি বা ভ্রম দুর করার কাজ; সংশুদ্ধি

amends / əˈmendz অ্যা'মেন্ড্‌জ্ / *noun* [*pl.*]

IDM **make amends** to do sth for sb, that shows that you are sorry for sth bad that you have done before পূর্বকৃত কোনো খারাপ কাজের জন্য দুঃখবোধ করে কোনো ব্যক্তির জন্য কিছু করা, কোনো ব্যক্তিকে খেসারত বা ক্ষতিপূরণ দেওয়া বা প্রতিবিধান দেওয়া

amenity / əˈmi:nəti অ্যা'মীন্যাটি / *noun* [C] (*pl.* **amenities**) something that makes a place pleasant or easy to live in আরামদায়ক ব্যবস্থাসম্পন্ন কোনো স্থান; সুবন্দোবস্ত *Among the town's amenities are two cinemas and a sports centre.*

American / əˈmerɪkən অ্যা'মেরিক্যান্ / *adj.* from or connected with the US আমেরিকার অধিবাসী, মার্কিন যুক্তরাষ্ট্রের সঙ্গে জড়িত; মার্কিনি *Have you met Bob? He's American.* ○ *an American accent* ○ *American movie/tourists* ▶ **American** *noun* [C] আমেরিকাদেশবাসী, মার্কিন যুক্তরাষ্ট্রের নাগরিক *Millions of Americans visit Britain each year.*

American football (*AmE* **football**) *noun* [U] a game played in the US by two teams of eleven players with a ball that is not round. The players wear hard hats (**helmets**) and other protective clothing and try to carry the ball to the end of the field (আমেরিকা মহাদেশে) এগারোজন করে খেলোয়াড়সম্বলিত দুটি দলের মধ্যে খেলা হয় এমন এক বিশেষ রকমের ফুটবল (যা আকারে গোল নয়)।খেলা। খেলোয়াড়রা মাথায় শক্ত টুপি (শিরস্ত্রাণ) এবং রক্ষণাত্মক পোশাক পরে বলটি হাত ও পায়ের দ্বারা মাঠের শেষ প্রান্তে নিয়ে যাওয়ার চেষ্টা করে; আমেরিকান ফুটবল

Americanism / ə'merɪkənɪzəm অ্যা'মেরিক্যানিজ়্ম্ / *noun* [C] a word, phrase or spelling that is typical of American English, used in another variety of English আমেরিকান ইংরেজির বৈশিষ্ট্যযুক্ত শব্দ, বাক্যাংশ অথবা বানানরীতি যা ভিন্ন প্রকারের ইংরেজিতে ব্যবহৃত হয়

Americanize (*also* **-ise**) / ə'merɪkənaɪz অ্যা'মেরিক্যানাইজ় / *verb* [T] to make sb/sth American in character কোনো ব্যক্তি বা বস্তুকে আচার-আচরণে এবং চারিত্রিকভাবে আমেরিকান করে তোলা, মার্কিনিভূত করা বা মার্কিনিভবন ঘটা

amethyst / 'æməθɪst 'অ্যাম্যাথিস্ট / *noun* [C, U] a purple precious stone, used in making jewellery (অলংকার তৈরি করতে ব্যবহৃত হয়) রক্ত বা রক্ত-বেগুনি রঙের বহুমূল্য পাথর, নীলা বা নীলকান্তমণি

amiable / 'eɪmiəbl 'এইমিঅ্যাব্‌ল্ / *adj.* friendly and pleasant প্রীতিকর, মধুরভাবাপন্ন, বন্ধুভাবাপন্ন ▶ **amiably** / -əbli -অ্যাব্‌লি / *adv.* অমায়িকভাবে, ভদ্রভাবে

amicable / 'æmɪkəbl 'অ্যামিক্যাব্‌ল্ / *adj.* made or done in a friendly way, without argument কোনো তর্কবিতর্ক ছাড়াই বন্ধুত্বপূর্ণভাবে বা সৌহার্দ্যপূর্ণভাবে কোনো কিছু করা হয়েছে বা কিছু তৈরি হয়েছে এমন ▶ **amicably** / -əbli -অ্যাব্‌লি / *adv.* বন্ধুত্বপূর্ণ মনোভাব নিয়ে; বন্ধুভাবে, আপসে

amid / ə'mɪd অ্যা'মিড্ / (*also* **amidst** / ə'mɪdst অ্যা'মিড্‌স্ট্/) *prep.* (*written*) in the middle of; among অভ্যন্তরে, মধ্যভাগে, মাঝখানে; ভিতরে

amino acid / ə,mi:nəʊ'æsɪd অ্যা,মীন্যাউ'অ্যাসিড্ / *noun* [C] any of the substances that are found in animals and plants and that combine to form a substance (**protein**) that is necessary for a healthy body and for growth উদ্ভিদ এবং প্রাণীদেহে প্রাপ্ত অনেকগুলি পদার্থের মধ্যে একটি যা সুস্বাস্থ্য এবং বৃদ্ধির জন্য অত্যন্ত প্রয়োজনীয় প্রোটিন তৈরির কাজে লাগে; অ্যামিনো অ্যাসিড

amir = **emir**

amiss / ə'mɪs অ্যা'মিস্ / *adj., adv.* wrong; not as it should be অন্যায়, ত্রুটিপূর্ণ, গোলমেলে; বিপথে চালিত *When I walked into the room I could sense that something was amiss.*

IDM **not come/go amiss** to be useful or pleasant প্রয়োজনীয় বা মনোরম হওয়া *Things are fine, although a bit more money wouldn't come amiss.*

take sth amiss to be upset by sth, perhaps because you have understood it in the wrong way কোনো কিছুতে ভুল বুঝে অসন্তুষ্ট, ক্ষুণ্ণ বা রুষ্ট হওয়া *Please don't take my remarks amiss.*

ammeter / 'æmi:tə(r) 'অ্যামীট্যা(র্) / *noun* [C] an instrument for measuring the strength of an electric current বৈদ্যুতিক প্রবাহের শক্তি মাপার যন্ত্রবিশেষ; অ্যামমিটার ➪ **meter**-এ চিত্র দেখো।

ammonia / ə'məʊniə অ্যা'ম্যাউনিঅ্যা / *noun* [U] (*symbol* $\mathbf{NH_3}$) a colourless gas with a strong smell; a clear liquid containing ammonia used for cleaning তীব্র গন্ধযুক্ত বর্ণহীন একপ্রকারের গ্যাস; অ্যামোনিয়া মিশ্রিত তরল পদার্থ যা জিনিসপত্র পরিষ্কারের কাজে লাগে

ammonite / 'æmənaɪt 'অ্যাম্যানাইট্ / *noun* [C] a type of **fossil** একধরনের জীবাশ্ম অথবা প্রস্তরীভূত জীবদেহ

ammonium / ə'məʊniəm অ্যা'ম্যাউনিঅ্যাম্ / *noun* [*sing.*] (*symbol* $\mathbf{NH_4}$) a chemical substance with a positive electrical charge that is found in liquids and salts that contain ammonia অ্যামোনিয়াসমৃদ্ধ তরল এবং লবণসমূহে প্রাপ্ত ধনাত্মক বৈদ্যুতিক শক্তিযুক্ত রাসায়নিক পদার্থবিশেষ; অ্যামোনিয়াম

ammunition / ,æmju'nɪʃn ,অ্যামিউ'নিশ্‌ন্ / *noun* [U] **1** the supply of bullets, etc. that you need to fire from a weapon বোমা, গুলি ইত্যাদি আগ্নেয়াস্ত্রের সরঞ্জামের সরবরাহ; সামরিক সম্ভার *The troops surrendered because they had run out of ammunition.* **2** facts or information that can be used against sb/sth তথ্য, যুক্তি, সংবাদ ইত্যাদি যা কোনো ব্যক্তি বা বস্তুর বিরুদ্ধে কাজে লাগানো যায়

amnesia / æm'ni:ziə অ্যাম্'নীজ়িঅ্যা / *noun* [U] loss of memory স্মৃতিলোপ, স্মৃতিশক্তির বিলুপ্তি, অস্মৃতি, পাসরণ

amnesty / 'æmnəsti 'অ্যাম্‌ন্যাস্টি / *noun* [C] (*pl.* **amnesties**) **1** a time when a government forgives political crimes যে সময়ে সরকার রাজনৈতিক অপরাধীদের অপরাধ মার্জনা করে বা ক্ষমা করে; রাজক্ষমা **2** a time when people can give in illegal weapons without being arrested যে সময়ে সাধারণ মানুষ বেআইনি অস্ত্রশস্ত্র জমা দেওয়ার অনুমোদনপ্রাপ্ত হয়

amniocentesis / ,æmniəʊsen'ti:sɪs ,অ্যাম্‌নিঅ্যাউসেন্'টীসিস্ / *noun* [U, *sing.*] a medical test in which some liquid is taken from a pregnant woman's **womb** to find out if the baby has particular illnesses or health problems গর্ভবতী মহিলার জরায়ু থেকে তরল পদার্থ নিয়ে গর্ভস্থ শিশুর কোনো অসুস্থতা বা স্বাস্থ্যজনিত সমস্যা আছে কিনা দেখার জন্য একরকমের ডাক্তারি পরীক্ষাবিশেষ

A

amniotic fluid / ˌæmniɒtɪkˈfluːɪd ˌঅ্যাম্‌নিঅটিক্ ˈফ্লুইড্ / *noun* [U] the liquid that is around a baby when it is inside its mother's body মায়ের গর্ভে গর্ভস্থ শিশু যে তরল পদার্থ দ্বারা পরিবেষ্টিত থাকে; জরায়ুর অভ্যন্তরের তরল পদার্থ; অ্যামনিওটিক ফ্লুইড

amoeba (*AmE* **ameba**) / əˈmiːbə অ্যা'মীব্যা / *noun* [C] (*pl.* **amoebas** or **amoebae** / -biː -বী /) a very small living creature that consists of only one cell এককোষী আণুবীক্ষণিক প্রাণী; অ্যামিবা

amok / əˈmɒk অ্যা'মক্ / *adv.*

IDM **run amok** to suddenly start behaving violently, especially in a public place হঠাৎ হিংস্রভাবে ব্যবহার করতে শুরু করা, বিশেষত কোনো প্রকাশ্য স্থানে *Football fans ran amok in Kolkata last night.*

among / əˈmʌŋ অ্যা'মাং / (*also* **amongst** / əˈmʌŋst অ্যা'মাংস্ট্ /) *prep.* **1** surrounded by; in the middle of (কোনো কিছুর দ্বারা) পরিবৃত, পরিবেষ্টিত; (কোনো বস্তুর) মাঝখানে *I often feel nervous when I'm among strangers.* **2** in or concerning a particular group of people or things নির্দিষ্ট ব্যক্তিবর্গ অথবা বস্তুবর্গের অনেক বস্তু বা মানুষের মধ্যে অথবা তাদের সংক্রান্তে *Discuss it* ***amongst yourselves*** *and let me know your decision.* ○ ***Among other things****, the drug can cause headaches and sweating.* **3** to each one (of a group) দলের প্রত্যেককে, গোষ্ঠীর মধ্যে প্রতি জনকে *On his death, his money will be divided among his children.*

amoral / ˌeɪˈmɒrəl ˌএই'মর‍্যাল্ / *adj.* (used about people or their behaviour) not following any moral rules; not caring about right or wrong (কোনো ব্যক্তি অথবা তার আচরণ সম্বন্ধে ব্যবহৃত) নীতি বা নিয়ম অনুসরণ করে না এমন; ঠিক বা ভুল বিবেচনা করে না এমন ⇨ **moral** এবং **immoral** দেখো।

amorous / ˈæmərəs 'অ্যাম্যার‍্যাস্ / *adj.* showing sexual desire and love for sb (কোনো ব্যক্তির প্রতি) প্রণয়াসক্ত, প্রেম এবং যৌনেচ্ছাসম্পন্ন; রিরংসু *She rejected his amorous advances.* ▶ **amorously** *adv.* প্রণয়াসক্তভাবে

amorphous / əˈmɔːfəs অ্যা'ম:ফ্যাস্ / *adj.* (*technical*) having no definite shape, form or structure নির্দিষ্ট আকার, রূপ অথবা গঠনবিহীন; অনিয়তাকার

amount[1] / əˈmaʊnt অ্যা'মাউন্ট্ / *noun* [C] **1** the amount of sth is how much of it there is; a quantity of sth (কোনো বস্তুর) মোট পরিমাণ কতটা আছে; পরিমাণ, সমষ্টি *I spent an enormous amount of time preparing for the exam.* ○ *a large amount of money* **2** total or sum of money সমষ্টিগতভাবে অথবা মোট অর্থের পরিমাণ *You are requested to pay the full amount within seven days.*

amount[2] / əˈmaʊnt অ্যা'মাউন্ট্ / *verb*

PHR V **amount to sth** **1** to add up to sth; to make sth as a total কোনো কিছুর সমষ্টি বা যোগফল করা *The cost of the repairs amounted to Rs 5000.* **2** to be equal to or the same as sth কোনো কিছুর সমান অথবা তার সদৃশ হওয়া *Whether I tell her today or tomorrow, it amounts to the same thing.*

amp / æmp অ্যাম্প্ / *noun* [C] **1** (*formal* **ampere** / ˈæmpeə(r) 'অ্যাম্‌পেঅ্যা(র্) /) a unit for measuring electric current তড়িৎপ্রবাহ পরিমাপের একক; অ্যামপিয়র **2** (*informal*) = **amplifier**

ampersand / ˈæmpəsænd 'অ্যাম্‌প্যাস্যান্ড্ / *noun* [C] (*symbol* **&**) the symbol used to mean 'and', 'and' শব্দটি বোঝাতে ব্যবহৃত হয় যে সাংকেতিক চিহ্ন (&)

amphetamine / æmˈfetəmiːn অ্যাম্'ফেট্যামীন্ / *noun* [C, U] an illegal drug that makes you feel excited and full of energy বেআইনি বা অননুমোদনীয় উত্তেজক মাদক দ্রব্য

amphibian / æmˈfɪbiən অ্যাম্'ফিবিঅ্যান্ / *noun* [C] an animal that can live both on land and in water যে সকল প্রাণী জল এবং স্থল দু জায়গাতেই বাস করে; উভচর প্রাণী *frogs toads and other amphibians*

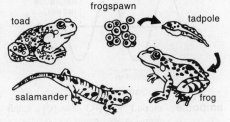

frogspawn
toad
tadpole
salamander
frog

amphibians

amphibious / æmˈfɪbiəs অ্যাম্'ফিবিঅ্যাস্ / *adj.* able to live or be used both on land and in water উভচর, উভগামী *Frogs are amphibious.* ○ *amphibious vehicles*

amphitheatre (*AmE* **amphitheater**) / ˈæmfɪθɪətə(r) 'অ্যামফিথিঅ্যাট্যা(র্) / *noun* [C] a circular building without a roof and with rows of seats that rise in steps around an open space. Amphitheatres were used in ancient Greece and Rome (প্রাচীন রোম ও গ্রীসে প্রচলিত) ক্রমোন্নত আসনশ্রেণি দিয়ে ঘেরা গোলাকার মুক্ত অঙ্গন, অভিনয়মঞ্চ অথবা ক্রীড়াঙ্গন; অ্যাম্ফিথিয়েটার

ample / ˈæmpl 'অ্যাম্‌প্‌ল্ / *adj.* **1** enough or more than enough যথেষ্ট, প্রচুর, প্রয়োজনের অতিরিক্ত *We've got ample time to make a decision.* **2** large বড়ো, প্রশস্ত *There is space for an ample car park.* ▶ **amply** / ˈæmpli 'অ্যাম্‌প্লি / *adv.* প্রচুর পরিমাণে, পর্যাপ্তভাবে

amplifier / ˈæmplɪfaɪə(r) ˈঅ্যাম্প্লিফাইঅ্যা(র্) / (*informal* **amp**) *noun* [C] a piece of electrical equipment for making sounds louder or signals stronger শব্দের তীব্রতা আরও বাড়ানোর জন্য বা সংকেত শক্তিশালীতর করার জন্য ব্যবহৃত বৈদ্যুতিক সরঞ্জামবিশেষ; অ্যামপ্লিফায়ার

amplify / ˈæmplɪfaɪ ˈঅ্যাম্প্লিফাই / *verb* [T] (*pres. part.* **amplifying;** *3rd person sing. pres.* **amplifies;** *pt, pp* **amplified**) **1** to increase the strength of a sound, using electrical equipment বৈদ্যুতিক কোনো যন্ত্রের সাহায্যে শব্দের জোর বাড়ানো **2** to add details to sth in order to explain it more fully ভালোভাবে বোঝানোর জন্য বিস্তারিত পুঙ্খানুপুঙ্খ বিবরণ যোগ করা ▶ **amplification** / ˌæmplɪfɪˈkeɪʃn ˌঅ্যাম্প্লিফি ˈকেইশ্ন্ / *noun* [U] পরিবর্ধন, বিশদীকরণ, সম্প্রসারণ

amplitude / ˈæmplɪtjuːd ˈঅ্যাম্প্লিটিউড্ / *noun* [U, C] (*technical*) the greatest distance that a wave, especially a sound or radio wave, moves up and down শব্দ অথবা বেতার তরঙ্গ কম্পনের সর্বোচ্চ সীমা

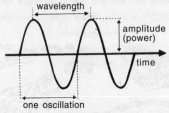

amplitude

ampoule / ˈæmpuːl ˈঅ্যাম্পুল্ / *noun* [C] a small container, usually made of glass, containing a drug that will be **injected** into sb ছোটো বন্ধ কাচের শিশি যার মধ্যে ইনজেকশনের ওষুধ থাকে; অ্যামপিউল

amputate / ˈæmpjuteɪt ˈঅ্যাম্পিউটেইট্ / *verb* [I, T] to cut off a person's arm, leg, etc. for medical reasons চিকিৎসার কারণে কোনো ব্যক্তির দেহের কোনো অংশ, বিশেষ করে হাত, পা ইত্যাদি কেটে বাদ দেওয়া; অঙ্গচ্ছেদ করা ▶ **amputation** / ˌæmpjuˈteɪʃn ˌঅ্যামপিউˈটেইশ্ন্ / *noun* [C, U] অঙ্গচ্ছেদ, ব্যবচ্ছেদ

amputee / ˌæmpjuˈtiː ˌঅ্যামপিউˈটী / *noun* [C] a person who has had an arm or a leg **amputated** যে ব্যক্তির অস্ত্রোপচারের দ্বারা দেহের কোনো অংশ যেমন হাত অথবা পা বাদ দেওয়া হয়েছে

amulet / ˈæmjʊlət ˈঅ্যামিউল্যাট্ / *noun* [C] a piece of jewellery that some people wear because they think it protects them from bad luck, illness, etc. কোনো অলংকারের অংশ বা টুকরো যা কোনো কোনো মানুষ দুর্ভাগ্য, অসুস্থতা ইত্যাদি থেকে রক্ষা পাওয়ার জন্য পরিধান করে; মাদুলি, রক্ষাকবচ, তাবিজ

amuse / əˈmjuːz অ্যাˈমিউজ্ / *verb* [T] **1** to make sb laugh or smile; to seem funny to sb (কোনো ব্যক্তিকে) হাসানো বা খুশি করা বা তার চিত্ত বিনোদন করা, আনন্দ দেওয়া; হাস্যকর লাগা *Everybody laughed but I couldn't understand what had amused them.* **2** to make time pass pleasantly for sb; to stop sb from getting bored (কোনো ব্যক্তির) মনোরঞ্জন করা; একঘেয়েমি কাটানো *I did some crosswords to amuse myself on the journey.*

amused / əˈmjuːzd অ্যাˈমিউজ্ড্ / *adj.* thinking that sth is funny and wanting to laugh or smile খুশি, বিনোদিত, আমোদিত *I was amused to hear his account of what happened.*

IDM **keep sb/yourself amused** to do sth in order to pass time pleasantly and stop sb/yourself getting bored আমোদের সঙ্গে সময় কাটানোর জন্য এবং নিজের অথবা অন্য কারও মনোরঞ্জনের জন্য কিছু করা; অন্য কোনো ব্যক্তির অথবা নিজের মনোরঞ্জন করা

amusement / əˈmjuːzmənt অ্যাˈমিউজ্ম্যান্ট্ / *noun* **1** [U] the feeling caused by sth that makes you laugh or smile, or by sth that entertains you মজা, আমোদপ্রমোদ; বিনোদন *Much to the pupils' amusement, the teacher fell off his chair.* **2** [C] something that makes time pass pleasantly; an entertainment বিনোদন; আনন্দানুষ্ঠান *The holiday centre offers a wide range of amusements, including golf and tennis.*

amusement arcade = **arcade 2**

amusing / əˈmjuːzɪŋ অ্যাˈমিউজিং / *adj.* causing you to laugh or smile মজাদার, মনোরঞ্জক, আনন্দদায়ক *He's a very amusing person.* ○ *The story was quite amusing.*

amylase / ˈæmɪleɪz ˈঅ্যামিলেইজ্ / *noun* [U] an **enzyme** that allows the body to change some substances into simple sugars একপ্রকারের উৎসেচক যার দ্বারা বা যার সাহায্যে দেহের ভিতরে কোনো কোনো পদার্থ শর্করায় পরিবর্তিত হয়

an ⇨ **a²** দেখো।

anabolic steroid / ˌænəbɒlɪk ˈsterɔɪd ˌঅ্যান্যাবলিক্ ˈস্টেরইড্ / *noun* [C] a chemical substance that increases the size of the muscles. It is sometimes taken illegally by people who play sports এমন রাসায়নিক পদার্থবিশেষ যা গ্রহণ করলে পেশির আকার বৃদ্ধি পায়। অনেক সময় খেলায় অংশগ্রহণকারী ব্যক্তিগণ বেআইনিভাবে এটি গ্রহণ করে; অ্যানাবলিক স্টেরয়েড

anachronism / əˈnækrənɪzəm অ্যাˈন্যাক্র্যানিজ়াম্ / *noun* [C] **1** a person, a custom, etc. that seems old-fashioned and does not belong in the present কোনো ব্যক্তি, নিয়মাবলী ইত্যাদি যা প্রাচীনপন্থী এবং বর্তমানে যার কোনো অস্তিত্ব নেই; কালবিরুদ্ধ কোনো

বিষয় 2 something that does not belong in the period of history in which it appears, for example in a book or a film (কোনো বই বা চলচ্চিত্রে) যখন কোনো ব্যক্তি বা বস্তু বা ঘটনা যেমনভাবে দেখানো হয় ইতিহাসের সেই পর্বে তেমনভাবে থাকে না; কালবিপর্যয় বা কালাতিক্রমণ দোষ *The movie, which is set in ancient Punjab, is full of anachronisms and inaccuracies.*
▶ **anachronistic** / əˌnækrəˈnɪstɪk অ্যা,ন্যাক্র্যা-ˈনিস্‌টিক্ / *adj.* কালাতিক্রমণ দোষযুক্ত; অচল, সেকেলে

anaemia (*AmE* **anemia**) / əˈniːmiə অ্যা'নীমিঅ্যা / *noun* [U] a medical condition in which there are not enough red cells in the blood যে শারীরিক অবস্থায় রক্তের মধ্যে যথেষ্ট লোহিত কণিকা থাকে না; রক্তাল্পতা, রক্তশূন্যতা; অ্যানিমিয়া ▶ **anaemic** (*AmE* **anemic**) *adj.* রক্তশূন্য, রক্তাল্পতাদুষ্ট, ফ্যাকাশে

anaerobic / ˌæneəˈrəʊbɪk ,অ্যানেঅ্যা'র্যাউবিক্ / *adj.* **1** not needing **oxygen** অক্সিজেনের প্রয়োজন নেই এমন *anaerobic bacteria* ⇨ **respiration**-এ ছবি দেখো। **2** (used about physical exercise) that is not intended to improve the way our bodies use **oxygen** (দৈহিক ব্যায়াম বা দেহচর্চা বিষয়ে ব্যবহৃত) আমাদের দেহে অক্সিজেনের ব্যবহার উন্নত করতে সাহায্য করে না এমন ⇨ **aerobic** দেখো।

anaesthesia (*AmE* **anesthesia**) / ˌænəsˈθiːziə ,অ্যান্যাস্'থীজিঅ্যা / *noun* [U] the use of drugs that make you unable to feel pain during medical operations অস্ত্রোপচার করার সময়ে যে ওষুধ প্রয়োগ করে কোনো ব্যক্তিকে অনুভূতিহীন বা নিঃসাড় করা হয় অথবা তার ব্যথার অনুভূতি কমানো হয়; অ্যানাস্থেশিয়া

anaesthetic (*AmE* **anesthetic**) / ˌænəsˈθetɪk ,অ্যান্যাস্'থেটিক্ / *noun* [C, U] a substance that makes you unconscious or makes specific body parts numb so that you don't feel pain কোনো ব্যক্তিকে অচেতন করার জন্য অথবা তার শরীরের কোনো বিশেষ অংশে ব্যথার অনুভূতি কমানোর জন্য যে ওষুধ প্রয়োগ করা হয় *You'll need to be **under anaesthetic** for the operation.*

anaesthetist (*AmE* **anesthetist**) / əˈniːsθətɪst অ্যা'নীস্‌থ্যাটিস্ট্ / *noun* [C] a person with the medical training necessary to give an **anaesthetic** to patients চিকিৎসাশাস্ত্রে অচেতনতা বা অবেদন বিষয়ে শিক্ষাপ্রাপ্ত ব্যক্তি; অবেদন-বিশেষজ্ঞ

anaesthetize (*also* **-ise;** *AmE* **anesthetize**) / əˈniːsθətaɪz অ্যা'নীস্‌থ্যাটাইজ্ / *verb* [T] to give an **anaesthetic** to sb কোনো ব্যক্তিকে কৃত্রিম উপায়ে ওষুধ প্রয়োগ করে অচেতন বা অসাড় করা

anagram / ˈænəgræm 'অ্যান্যাগ্র্যাম্ / *noun* [C] a word or phrase that is made by arranging the letters of another word or phrase in a different order কোনো শব্দ বা শব্দগুচ্ছের বিন্যাসের পরিবর্তন ঘটিয়ে আরও যে শব্দ বা শব্দগুচ্ছ তৈরি হয়; বর্ণবিপর্যয় *'Worth' is an anagram of 'throw'.*

anal / ˈeɪnl 'এইন্‌ল্ / ⇨ **anus** দেখো।

analgesia / ˌænəlˈdʒiːziə ,অ্যান্যাল্'জীজিঅ্যা / *noun* [U] (*medical*) the loss of the ability to feel pain while still conscious; medicine that makes you unable to feel pain (চিকিৎসাশাস্ত্র) চেতনা থাকা সত্ত্বেও যখন যন্ত্রণাবোধ হয় না; যে ওষুধের ফলে বেদনাবোধ হয় না

analgesic / ˌænəlˈdʒiːzɪk ,অ্যান্যাল্'জীজিক্ / *noun* [C] (*medical*) a substance that reduces pain যে পদার্থ বা ওষুধ ব্যথার উপশম ঘটায় বা বেদনা কমায়; বেদনাহর, ব্যথাহারী ওষুধ ▶ **analgesic** *adj.* বেদনার অনুভূতিনাশক

analogous / əˈnæləgəs অ্যা'ন্যাল্যাগ্যাস্ / *adj.* (*formal*) **analogous (to/with sth)** similar in some way; that you can compare অনুরূপ; তুলনীয়, সদৃশ

analogue (*AmE* **analog**) / ˈænəlɒg 'অ্যান্যালগ্ / *adj.* (*technical*) **1** using an electronic system that uses continuously changing physical quantities to measure or store data যে বৈদ্যুতিন প্রক্রিয়া নিয়ত পরিবর্তনশীল ভৌত গুণগুলি ব্যবহার করে তথ্য নিরূপণ বা সংরক্ষণ করে *an analogue circuit/computer/signal* **2** (used about a clock or watch) showing information using hands that move around a **dial** (ঘড়ি সম্বন্ধে ব্যবহৃত) যার ডায়াল বা মুখপটের উপর কাঁটা ঘুরে ঘুরে সময় জানায় ⇨ **digital** দেখো।

analogy / əˈnælədʒi অ্যা'ন্যাল্যাজি / *noun* [C] (*pl.* **analogies**) **an analogy (between A and B)** a comparison between two things that shows a way in which they are similar দুটি জিনিসের মধ্যে তুলনা করে তাদের মধ্যে সাদৃশ্য দেখানোর ক্রিয়া; উপমা, সমবৃত্তি *You could make an analogy between the human body and a car engine.*

IDM **by analogy** by comparing sth to sth else and showing how they are similar একটি বস্তুর সঙ্গে অন্য কোনো বস্তুর তুলনা করে তাদের মধ্যে মিল বা সমতা দেখানোর পদ্ধতি

analyse (*AmE* **analyze**) / ˈænəlaɪz 'অ্যান্যালাইজ্ / *verb* [T] to look at or think about the different parts or details of sth carefully in order to understand or explain it বোঝার জন্য বা বিশ্লেষণ করার জন্য সূক্ষ্মভাবে কোনো কিছুর বিভিন্ন অংশ বা খুঁটিনাটি সম্বন্ধে অনুসন্ধান করা *The water samples are now being analysed in a laboratory.* ○ *to analyse statistics*

analysis / əˈnæləsɪs অ্যা'ন্যাল্যাসিস্ / *noun* (*pl.* **analyses** / -siːz -সীজ্ /) **1** [C, U] the careful examination of the different parts or details of sth কোনো বস্তুর বিভিন্ন অংশ বা খুঁটিনাটি সম্পর্কে সযত্ন পরীক্ষা-নিরীক্ষা বা বিচার-বিশ্লেষণ *Some samples of the water were sent to a laboratory **for analysis**.* **2** [C] the result of a careful examination of sth কোনো বস্তুর যত্নকৃত বিচারবিশ্লেষণের ফল *Your analysis of the situation is different from mine.*

analyst / ˈænəlɪst ˈঅ্যান্যালিস্ট্ / *noun* [C] a person whose job is to examine sth carefully as an expert বিশেষজ্ঞ হিসেবে কোনো বস্তুকে মনোযোগ সহকারে পরীক্ষা করা যার কাজ; বিশ্লেষণ-বিশেষজ্ঞ *a food analyst* ○ *a political analyst*

analytical / ˌænəˈlɪtɪkl ˌঅ্যান্যাˈলিটিক্‌ল্ / (*also* **analytic** / ˌænəˈlɪtɪk ˌঅ্যান্যাˈলিটিক্ /) *adj.* using careful examination in order to understand or explain sth কোনো বস্তুকে বোঝার জন্য বা বিশ্লেষণ করার জন্য যত্নকৃত পরীক্ষা-নিরীক্ষা প্রয়োগ করা হয় এমন; বিশ্লেষণাত্মক, বিশ্লেষণধর্মী

anarchic / əˈnɑːkɪk অ্যাˈনা:কিক্ / *adj.* without rules or laws নিয়ম অথবা আইনবিহীন; অরাজক, বিশৃঙ্খল

anarchism / ˈænəkɪzəm ˈঅ্যান্যাকিজ্‌ম্ / *noun* [U] the political belief that there should be no government or laws in a country যে রাজনৈতিক বিশ্বাস অনুযায়ী কোনো রাষ্ট্রে কোনো সরকার বা আইন থাকা উচিত নয়; নৈরাজ্যবাদ, অনিয়ন্ত্রণবাদ ▶ **anarchist** *noun* [C] নৈরাজ্যবাদী, বিদ্রোহের নায়ক বা বিদ্রোহী

anarchy / ˈænəki ˈঅ্যান্যাকি / *noun* [U] a situation in which people do not obey rules and laws; a situation in which there is no government in a country যে পরিস্থিতিতে মানুষ নিয়ম এবং আইন মান্য করে না; যে পরিস্থিতিতে দেশে কোনো সরকার থাকে না; নৈরাজ্য, অরাজকতা, বিশৃঙ্খলা, মাৎস্যন্যায়

anathema / əˈnæθəmə অ্যাˈন্যাথ্যাম্যা / *noun* [U, C, *usually sing.*] (*formal*) a thing or an idea which you hate because it is the opposite of what you believe কোনো বস্তু বা ধারণা বা বিষয় যেটি নিজের বিশ্বাস অথবা চিন্তাধারার বিরোধী হওয়ার কারণে ঘৃণা করা হয়; অশ্রদ্ধা বা অভিসম্পাতগ্রস্ত ব্যক্তি বা বিষয় *Racial prejudice is (an) anathema to me.*

anatomy / əˈnætəmi অ্যাˈন্যাট্যামি / *noun* (*pl.* **anatomies**) **1** [U] the scientific study of the structure of human or animal bodies মানব অথবা প্রাণীদেহ সম্পর্কে বিজ্ঞানসম্মত চর্চা; শারীরসংস্থানবিদ্যা, অঙ্গব্যবচ্ছেদ বিদ্যা **2** [C] the structure of a living thing প্রাণীর কাঠামো, শরীরের গঠন *the anatomy of the frog* ▶ **anatomical** / ˌænəˈtɒmɪkl ˌঅ্যান্যাˈটমিক্‌ল্ / *adj.* শরীরসংস্থানবিদ্যা সম্বন্ধীয়, দেহের গঠনবিষয়ক ▶ **anatomist** / əˈnætəmɪst অ্যাˈন্যাট্যামিস্ট্ / *noun* [C] শারীরসংস্থানবিজ্ঞানী

ancestor / ˈænsestə(r) ˈঅ্যান্‌সেস্ট্যা(র্) / *noun* [C] a person in your family who lived a long time before you পরিবারের কোনো ব্যক্তি যিনি বহু পূর্বে জীবিত ছিলেন; পূর্বপুরুষ, পিতৃপুরুষ (পিতৃকুলের বা মাতৃকুলের) *My ancestors settled in this country a hundred years ago.* ➪ **descendant** দেখো। ✪ সম **forebear** ▶ **ancestral** / ænˈsestrəl অ্যান্ˈসেস্ট্র্যাল্ / *adj.* পৈতৃক, পুরুষানুক্রমিক, কৌলিক *her ancestral home* (= that had belonged to her ancestors)

ancestry / ˈænsestri ˈঅ্যান্‌সেস্ট্রি / *noun* [C, U] (*pl.* **ancestries**) all of a person's ancestors পূর্বপুরুষদের সম্পর্কে বা সেই সংক্রান্ত; বংশপরিচয়, কুলপরিচয় *He is of German **ancestry**.*

anchor[1] / ˈæŋkə(r) ˈঅ্যাংক্যা(র্) / *noun* [C] **1** a heavy metal object at the end of a chain that you drop into the water from a boat in order to stop the boat moving একটি শৃঙ্খল বা রজ্জুর প্রান্তস্থিত ভারী ধাতব বস্তু যেটি নৌকোর গতি রোধ করার জন্য নৌকো থেকে জলের মধ্যে ছুড়ে দেওয়া হয় বা ফেলা হয়; নোঙর **2** **anchorman, anchorwoman**

anchor[2] / ˈæŋkə(r) ˈঅ্যাংক্যা(র্) / *verb* **1** [I, T] to drop an anchor; to stop a boat moving by using an anchor নোঙর ফেলা; নোঙর আটকে নৌকোর গতি রোধ করা **2** [T] to fix sth firmly so that it cannot move কোনো কিছু এমন মজবুতভাবে আটকানো যাতে সেটি নড়তে না পারে

anchorage / ˈæŋkərɪdʒ ˈঅ্যাংক্যারিজ্ / *noun* [C, U] **1** a place where boats or ships can **anchor** নোঙর ফেলার নির্দিষ্ট জায়গা, যেখানে নৌকো বা জাহাজ এসে নোঙর করতে পারে; আশ্রয়স্থল **2** a place where sth can be fastened to sth else যে জায়গায় একটা জিনিসের সঙ্গে আর একটা বস্তু আটকানো যায় *anchorage points for a baby's car seat*

anchorman / ˈæŋkəmæn ˈঅ্যাংক্যাম্যান্ / *noun* [C] (*pl.* **-men** / -men -মেন্ /) (*AmE* **anchor**) a man who presents a radio or television programme and introduces reports by other people বেতার অথবা দূরদর্শনে অনুষ্ঠানের সঞ্চালক; উপস্থাপক

anchorwoman / ˈæŋkəwʊmən ˈঅ্যাংক্যাউম্যান্ / *noun* [C] (*pl.* **-women** / -wɪmɪn -উইমিন্/) (*AmE* **anchor**) a woman who presents a radio or television programme and introduces reports by other people বেতার অথবা দূরদর্শনে অনুষ্ঠানের সঞ্চালিকা; উপস্থাপিকা

anchovy / ˈæntʃəvi ˈঅ্যান্‌চ্যাভি / *noun* [C, U] (*pl.* **anchovies**) a small fish with a strong salty flavour লবণাক্ত স্বাদযুক্ত এক ধরনের ছোটো মাছ

ancient / ˈeɪnʃənt ˈএইন্‌শ্যান্ট্ / *adj.* **1** belonging to a period of history that is thousands of years in the past হাজার হাজার বছর আগের অতীত ইতিহাসের; প্রাচীন, আগেকার, বহুকালের পুরোনো, পুরাকালীন *ancient history/civilization* ○ *the ancient world* **2** very old অত্যন্ত বৃদ্ধ; প্রাচীন *I can't believe he's only 30—he looks ancient!*

ancillary / ænˈsɪləri অ্যান্‌ˈসিল্যারি / *adj.* **ancillary (to sth) 1** providing necessary support to the main work or activities of an organization (ব্যক্তি বা বস্তু) কোনো প্রতিষ্ঠানের প্রধান কাজ অথবা কর্মকাণ্ডের প্রয়োজনীয় পরিপোষক প্রদান; অধীন, আনুষঙ্গিক *Ancillary hospital staff such as cleaners are often badly paid.* **2** in addition to sth else but not as important অতিরিক্ত সংযোজন তবে ততটা গুরুত্বপূর্ণ নয়

and / ənd; ən; *strong form* ænd অ্যান্ড্ ; অ্যান্; *প্রবল রূপ* অ্যান্ড্ / *conj.* **1** (*used to connect words or parts of sentences*) also; in addition to এবং, ও, আরও, এটিও *a boy and a girl* ○ *slowly and carefully* ○ *We were singing and dancing all evening.* **NOTE** যখন দুটি ব্যক্তি অথবা বস্তু ঘনিষ্ঠভাবে জড়িত থাকে তখন দ্বিতীয়বার 'a' ইত্যাদির ব্যবহার করা হয় না, যেমন—*a knife and fork* ○ *my father and mother* **2** (used when you are saying numbers in sums) in addition to; plus (যোগফল, মোটফল ইত্যাদি বলার সময়ে ব্যবহৃত অভিব্যক্তিবিশেষ) আর, এবং; যোগ *Twelve and six is eighteen.* **NOTE** কোনো বড়ো সংখ্যা বলার সময়ে 'hundred' শব্দটির পরে and ব্যবহৃত হয়। *We say 2264 as two thousand, two hundred and sixty-four.* **3** used between repeated words to show that sth is increasing or continuing কোনো বস্তুর বৃদ্ধি পাওয়া বা অবিরাম চলা বোঝানোর জন্য পুনরাবৃত্ত শব্দের মাঝখানে ব্যবহৃত অভিব্যক্তিবিশেষ *The situation is getting worse and worse.* ○ *I shouted and shouted but nobody answered.* **4** used instead of 'to' after certain verbs, for example 'go', 'come', 'try' ইংরেজিতে কোনো কোনো ক্রিয়াপদের পরে 'to'-এর পরিবর্তে ব্যবহৃত অভিব্যক্তিবিশেষ (যেমন 'come', 'try', 'go') *Go and answer the door for me, will you?* ○ *I'll try and find out what's going on.*

androgynous / ænˈdrɒdʒənəs অ্যান্‌ˈড্রজ্যান্যাস্ / *adj.* having both male and female characteristics; looking neither very male nor very female স্ত্রী ও পুং দুই জাতীয় বৈশিষ্ট্যযুক্ত; উভলিঙ্গ

android / ˈændrɔɪd ˈঅ্যান্ড্রইড্ / *noun* [C] a type of machine that looks like a real person প্রকৃত মানুষের মতো দেখতে একরকম যন্ত্রবিশেষ; রোবট ✪ সম **robot**

anecdotal / ˌænɪkˈdəʊtl ˌঅ্যানিক্ˈড্যাউট্‌ল্ / *adj.* based on **anecdotes** and possibly not true or accurate কোনো কাহিনির ভিত্তিভূমিতে তৈরি এবং যা সম্ভবত সত্য বা সঠিক নয় *The newspaper's 'monster shark' story was based on anecdotal evidence.*

anecdote / ˈænɪkdəʊt ˈঅ্যানিক্‌ড্যাউট্ / *noun* [C] a short interesting story about a real person or event কোনো ব্যক্তির জীবনের কৌতূহলোদ্দীপক সংক্ষিপ্ত কোনো ঘটনা; চুটকি, কিস্‌সা

anemia, anemic (*AmE*) = **anaemia, anaemic**

anemometer / ˌænɪˈmɒmɪtə(r) ˌঅ্যানিˈমমিট্যা(র্) / *noun* [C] (*technical*) an instrument for measuring the speed of wind বায়ুর গতি মাপার যন্ত্রবিশেষ; ➪ **meter**-এ চিত্র দেখো।

anemone / əˈneməni অ্যাˈনেম্যানি / *noun* [C] a small plant with white, red, blue or purple flowers that are shaped like cups and have dark centres, কাপের মতো আকারের সাদা-লাল-নীল-বেগুনি এবং মধ্যে গাঢ় রংয়ের ফুলবিশিষ্ট একধরনের উদ্ভিদ ➪ **sea anemone** দেখো।

anesthesia, anesthetic (*AmE*) = **anaesthesia, anaesthetic**

anesthetist,anesthetize (*AmE*) = **anaesthetist, anaesthetize**

anew / əˈnju: অ্যাˈনিউ / *adv.* (*written*) again; in a new or different way পুনরায়; নতুন করে, নতুন ভাবে, অন্যভাবে

angel / ˈeɪndʒl ˈএইন্‌জ্‌ল্ / *noun* [C] **1** a spirit who is believed to live in heaven with God. In pictures angels are usually dressed in white, with wings প্রচলিত বিশ্বাস অনুযায়ী স্বর্গে ঈশ্বরের সঙ্গে বসবাসকারী আত্মা বা দেবদূত। ছবিতে সাধারণত শুভ্রবসনধারী, পক্ষযুক্ত দেবদূত দেখা যায়; স্বর্গদূত, দেবদূত **2** a person who is very kind নির্মল হৃদয়ের ব্যক্তি; দয়ালু

angelic / ænˈdʒelɪk অ্যান্‌ˈজেলিক্ / *adj.* looking or acting like an angel দেবদূতসুলভ ► **angelically** / -kli -ক্লি / *adv.* দেবদূতের মতো

anger[1] / ˈæŋɡə(r) ˈঅ্যাংগ্যা(র্) / *noun* [U] the strong feeling that you have when sth has happened or sb has done sth that you do not like ক্রোধ, রাগ, রোষ *He could not hide his anger at the news.* ○ *She was shaking with anger.*

anger[2] / ˈæŋɡə(r) ˈঅ্যাংগ্যা(র্) / *verb* [T] to make sb become angry (কোনো ব্যক্তিকে) রাগানো, ক্রোধান্বিত করা, রুষ্ট করা

angina / ænˈdʒaɪnə অ্যান্‌ˈজাইন্যা / *noun* [U] very bad pain in the chest caused by not enough blood going to the heart during exercise শরীরচর্চার সময়ে হৃৎপিণ্ডে পর্যাপ্ত পরিমাণে রক্ত সরবরাহ না হওয়ার ফলে বুকে অনুভূত তীব্র ব্যথা; অ্যানজাইনা

angiography / ænˈdʒɪəɡræʃi অ্যান্‌ˈজিঅ্যাগ্র্যাফি / (*also* **angiocardiography**) *noun* [C] an X-ray examination of the heart by injecting a fluid into the blood vessel কোনো ডাক্তারি পরীক্ষার জন্য ধমনীতে কোনো বিশেষ তরল পদার্থ ইনজেকশনের দ্বারা ভরে দিয়ে হৃৎপিণ্ডের এক্সরে পরীক্ষা

angle[1] / ˈæŋɡl ˈঅ্যাংগল্ / *noun* [C] **1** the space between two lines or surfaces that meet, measured in degrees সংযুক্ত দুই রেখা বা পৃষ্ঠতলের মধ্যবর্তী অংশ যা ডিগ্রি দ্বারা পরিমাপ করা হয়; কোণ, কোণাকৃতি *a* ***right angle*** (= an angle of 90°) ○ *The three angles of a triangle add up to 180°.* **2** the direction from which you look at sth দৃষ্টিভঙ্গি, দৃষ্টিকোণ *Viewed from this angle, the building looks bigger than it really is.* **3** a particular way of presenting or thinking about a situation etc. কোনো পরিস্থিতি ইত্যাদির সম্পর্কে চিন্তাভাবনা করা বা সেটি উপস্থাপনা করার বিশেষ উপায় বা পন্থতি *looking at the issue from the financial angle*

IDM at an angle not straight সোজা নয়; কৌণিক

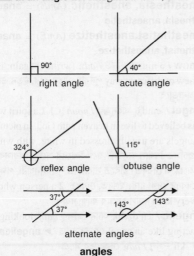

angles

angle[2] / ˈæŋɡl ˈঅ্যাংগল্ / *verb* **1** [I, T] to put sth in a position that is not straight; to be in this position কোনো বস্তুকে বক্রভাবে বা বাঁকা করে রাখা; এই অবস্থায় থাকা, কোণাকুণিভাবে বা বক্রভাবে পরিবেশিত হওয়া *Angle the lamp towards the desk.* **2** [T] **angle sth (at/to/towards sb)** to show sth from a particular point of view; to aim sth at a particular person or group বিশেষ কোনো দৃষ্টিকোণ থেকে কিছু পরিবেশন করা; বিশেষ কোনো ব্যক্তি অথবা গোষ্ঠীকে লক্ষ্য করে *The new magazine is angled at young professional people.*

PHR V angle for sth to try to make sb give you sth, without asking for it in a direct way সরাসরিভাবে কিছু না বলে কোনো ব্যক্তির কাছ থেকে কিছু আদায়ের জন্য কলাকৌশলের মাধ্যমে চেষ্টা করা *She was angling for an invitation to our party.*

angler / ˈæŋɡlə(r) ˈঅ্যাংগল্যা(র্) / *noun* [C] a person who catches fish as a hobby মাছ ধরা যার নেশা বা শখ, মৎস্য শিকারি ➪ **fisherman** দেখো।

Anglican / ˈæŋɡlɪkən ˈঅ্যাংগ্লিক্যান্ / *noun* [C] a member of the Church of England or of a related church in another English-speaking country চার্চ অফ ইংল্যান্ড অথবা অন্য কোনো ইংরেজিভাষী রাষ্ট্রে অবস্থিত বা তার সঙ্গে সম্পর্কিত কোনো গির্জার একজন সদস্য ▶ **Anglican** *adj.* অ্যাংলো সংক্রান্ত

Anglicism / ˈæŋɡlɪsɪzm ˈঅ্যাংগ্লিসিজ্‌ম্ / *noun* a word, phrase or spelling that is typical of British English, used in another variety of English or another language ব্রিটিশ ইংরেজিতে যে সকল শব্দ, বাক্যাংশ অথবা বানান সুনির্দিষ্ট এবং যেগুলি ভিন্ন প্রকারের ইংরেজি ভাষায় অথবা অন্য কোনো ভাষায় ব্যবহৃত হয়

anglicize (*also* **-ise**) / ˈæŋɡlɪsaɪz ˈঅ্যাংগ্লিসাইজ্ / *verb* [T] to make sb/sth English in character কোনো ব্যক্তি অথবা বস্তুকে আচার-আচরণে এবং চারিত্রিকভাবে ইংরেজ করে তোলা, ইংরেজ-ভাবাপন্ন করা *Anjali anglicized her name to Angeline.*

angling / ˈæŋɡlɪŋ ˈঅ্যাংগ্লিং / *noun* [U] fishing as a sport or hobby with a fishing rod, usually in rivers and lakes নদীতে বা হ্রদে ছিপের সাহায্যে মাছ ধরার শখ বা বিনোদন *He* ***goes angling*** *at weekends.* ➪ **fishing** দেখো।

Anglo- / æŋɡləʊ ˈঅ্যাংগ্লাউ / (*in compounds*) connected with England or Britain (and another country or countries) ইংল্যান্ড অথবা ব্রিটেন (এবং অন্য দেশ অথবা দেশসমূহ) সংক্রান্ত *Anglo-American relations*

Anglo-Indian *adj.* **1** of or relating to both Britain and India ব্রিটেন এবং ভারতবর্ষ সম্বন্ধীয় অথবা সংক্রান্ত *Anglo-Indian trade cooperation* **2** of mixed British and Indian parentage ব্রিটিশ এবং ভারতীয় মিশ্রিত বংশ হতে উদ্ভব; অ্যাংলো-ইন্ডিয়ান *an Anglo-Indian writer* ▶ **Anglo-Indian** *noun* ইঙ্গ-ভারতীয়

anglophone / ˈæŋɡləʊfəʊn ˈঅ্যাংগ্লাউফ্যাউন্ / *noun* [C] a person who speaks English, especially in countries where English is not the only language spoken ইংরেজিভাষী, বিশেষত সেই দেশে যেখানে কেবলমাত্র ইংরেজি কথ্যভাষা নয় (অন্য ভাষাও বলা হয়) ▶ **anglophone** *adj.* ইংরেজিভাষী সম্বন্ধীয় *anglophone communities*

angora / æŋˈɡɔːrə অ্যাংˈগ:র‍্যা / *noun* [U] a type of soft wool or cloth একধরনের নরম উল বা কাপড়; আঙ্গোরা

angry / ˈæŋɡri ˈঅ্যাংগ্রি / *adj.* (**angrier; angriest**) **angry** (**with sb**) (**at/about sth**) feeling or showing anger অসন্তুষ্ট, ক্রুদ্ধ, রাগী, রাগান্বিত, রোষপূর্ণ *Calm down, there's no need to get angry.* ○ *My parents will be angry with me if I get home late.* ▶ **angrily** *adv.* ক্রুদ্ধভাবে, রাগীভাবে, সরোষভাবে

angst / æŋst অ্যাংস্ট্ / *noun* [U] a feeling of anxiety and worry about a situation or about your life কোনো পরিস্থিতি অথবা নিজের জীবন সম্পর্কে উদ্বেগ, আশঙ্কা বা মানসিক যন্ত্রণা *songs full of teenage angst*

anguish / ˈæŋgwɪʃ ˈঅ্যাংগ্উইশ্ / *noun* [U] (*written*) great mental pain or suffering প্রবল মানসিক যন্ত্রণা, কষ্ট, মনোবেদনা, হৃদয়বেদনা, মনস্তাপ ▶ **anguished** *adj.* উদ্বেগপূর্ণ, বেদনার্ত, বেদনাময়

angular / ˈæŋgjələ(r) ˈঅ্যাংগিঅ্যাল্যা(র্) / *adj.* with sharp points or corners খাঁজযুক্ত অথবা একাধিক কোণযুক্ত; কৌণিক, কোণাচে, খাঁজ-খাঁজ

anicut *noun* [C] (*IndE*) a dam built across a stream or river in order to supply water to the fields in the neighbouring area আশেপাশের কৃষিক্ষেত্রে বা মাঠে জল সরবরাহের জন্য কোনো জলপ্রবাহ অথবা নদীর উপরে বানানো বাঁধ

animal / ˈænɪml ˈঅ্যানিম্ল্ / *noun* [C] **1** a creature that is not a bird, a fish, an insect or a human কোনো প্রাণী যা পাখি, মাছ, পতঙ্গ অথবা মানুষ নয়; পশু, জানোয়ার *the animal kingdom* **2** any living creature (including humans) that is not a plant উদ্ভিদ ছাড়া (মানুষও হতে পারে) যে-কোনো প্রাণী *Humans are social animals.* ○ *farm animals* ○ *He studied the animals and birds of Southern Africa.* **3** a person who behaves in a cruel, violent or an unpleasant way or is very dirty যে ব্যক্তি নিষ্ঠুর, হিংসাত্মক বা অপ্রীতিকর-ভাবে ব্যবহার করে, যে খুব জঘন্য

animate[1] / ˈænɪmeɪt ˈঅ্যানিমেইট্ / *verb* [T] **1** to make sth have more life and energy কোনো বস্তুর মধ্যে প্রাণ সঞ্চার করা, সঞ্জীবিত বা উদ্বুদ্ধ করা, প্রাণবন্ত করা *Her enthusiasm animated the whole room.* **2** (*usually passive*) to take a model, toy, etc. seem to move by taking a series of pictures of it in very slightly different positions and then showing the pictures as a continuous film কোনো মডেল অথবা খেলনার বিভিন্ন অবস্থানে অনেকগুলি ছবি তুলে সেগুলিকে চলচ্চিত্রের মতো একটার পর একটা দেখানো

animate[2] / ˈænɪmət ˈঅ্যানিম্যাট্ / *adj.* (*formal*) living; having life প্রাণময়, প্রাণবন্ত; জীবন্তসদৃশ, সজীব, সপ্রাণ *animate beings* ✪ বিপ **inanimate**

animated / ˈænɪmeɪtɪd ˈঅ্যানিমেইটিড / *adj.* **1** interesting and full of energy সজীব, প্রাণবন্ত, কৌতুহলোদ্দীপক *an animated discussion* **2** (used about films) using a process or method which makes pictures or models appear to move (চলচ্চিত্র সম্বন্ধে ব্যবহৃত) প্রতিরূপ বা মডেলগুলিকে গতিশীল বলে মনে হয় এমন এক পদ্ধতির ব্যবহারসম্পন্ন *an animated cartoon*

animation / ˌænɪˈmeɪʃn ˌঅ্যানিˈমেইশ্ন্ / *noun* [U] **1** the state of being full of energy and enthusiasm উৎসাহ উদ্দীপনায় ভরপুর অবস্থা; প্রাণোচ্ছলতা, প্রাণময়তা **2** the method of making films, computer games, etc. with pictures or models that appear to move চলচ্চিত্র, কম্পিউটারের নানা ধরনের খেলা ইত্যাদি তৈরির পদ্ধতি যাতে মডেলগুলি অথবা ছবিগুলিকে গতিশীল বলে মনে হয় *computer animation*

animosity / ˌænɪˈmɒsəti ˌঅ্যানিˈমস্যাটি / *noun* [U, C] (*pl.* **animosities**) **animosity** (**toward**(**s**) **sb / sth**); **animosity** (**between A and B**) a strong feeling of anger and of not liking sb/sth রাগ অথবা কোনো ব্যক্তি বা বস্তুকে অপছন্দ করার প্রবল অনুভূতি; বিদ্বেষ, শত্রুমনোভাব, বৈরিতা *There is still animosity between these two teams after last year's match.* ✪ সম **hostility**

anion / ˈænaɪən ˈঅ্যানাইঅ্যান্ / *noun* [C] (in chemistry) an **ion** with a negative electrical charge (রসায়নশাস্ত্রে) ঋণাত্মক আধানবিশিষ্ট আয়ন বা বিদ্যুৎ কণিকা ➪ **cation** দেখো।

aniseed / ˈænəsiːd ˈঅ্যান্যাসীড্ / *noun* [U] the dried seeds of a plant that are used to give flavour to sweets and alcoholic drinks মৌরি

ankle / ˈæŋkl ˈঅ্যাংক্ল্ / *noun* [C] the part of your body where your foot joins your leg গুম্ফ, গোড়ালি *The water only came up to my ankles.* ➪ **body**-তে ছবি দেখো।

anklet / ˈæŋklət ˈঅ্যাংক্ল্যাট্ / *noun* [C] a piece of jewellery worn around the top of your foot (**ankle**) নূপুর, মল, তোড়া

annals / ˈænlz ˈঅ্যান্ল্জ্ / *noun* [*pl.*] an official record of events or activities year by year; historical records প্রতি বছরের ঘটনা অথবা কর্মপ্রক্রিয়ার আনুষ্ঠানিক নথি; বর্ষপঞ্জি, বর্ষানুক্রমিক ইতিবৃত্ত, ঐতিহাসিক বিবরণের রেকর্ড, কার্যকলাপের বিবরণ *The battle went down **in the annals** of British **history**.*

annex / əˈneks অ্যাˈনেক্স্ / *verb* [T] to take control of another country or region by force বলপ্রয়োগ করে অন্য দেশ অথবা অঞ্চল নিয়ন্ত্রণে নেওয়া; অধিকার অথবা দখল করা, স্বরাজ্যভুক্ত করা ▶ **annexation** / ˌænekˈseɪʃn ˌঅ্যানেকˈসেইশ্ন্ / *noun* [C, U] অন্তর্ভুক্তিকরণ, দখল, স্বরাজ্যভুক্তি, সংযোজন

annexe (*AmE* **annex**) / ˈæneks ˈঅ্যানেক্স্ / *noun* [C] a building that is joined to a larger one কোনো বৃহত্তর অট্টালিকার সঙ্গে যুক্ত ক্ষুদ্র উপগৃহ

annihilate / əˈnaɪəleɪt অ্যাˈনাইঅ্যালেইট্ / *verb* [T] to destroy or defeat sb/sth completely কোনো ব্যক্তি বা বস্তুকে সম্পূর্ণরূপে ধ্বংস করা বা পরাভূত করা; নির্মূল করা, নিশ্চিহ্ন করা, বিলুপ্ত করা ▶ **annihilation** / əˌnaɪəˈleɪʃn অ্যাˌনাইঅ্যাˈলেইশ্ন্ / *noun* [U] বিনাশ, ধ্বংস, নির্মূলীকরণ

anniversary / ˌænɪˈvɜːsəri ˌঅ্যানি'ভ্যাস্যারি / *noun* [C] (*pl.* **anniversaries**) a day that is exactly a year or a number of years after a special or important event কোনো বিশেষ অথবা গুরুত্বপূর্ণ ঘটনা ঘটার পর যে দিনটিতে একবছর বা কয়েকবছর সময়কাল সম্পূর্ণ হয়; বার্ষিকী, বার্ষিক অনুষ্ঠান *the fiftieth anniversary of the country's independence* o *a wedding anniversary* ⇨ **birthday** দেখো।

annotate / ˈænəteɪt 'অ্যান্যাটেইট্ / *verb* [T] to add notes to a book or text, giving explanations or comments (কোনো বই অথবা পাঠ্য বিষয়ে) টীকা বা বিশ্লেষণী মন্তব্য লিপিবদ্ধ করা ▶ **annotated** *adj.* টীকাযুক্ত, টিপ্পনীসহ, সটীক ▶ **annotation** / ˌænəˈteɪʃn ˌঅ্যান্যা'টেইশ্‌ন্ / *noun* [C, U] টীকাসংযোগ, টীকা রচনা, টীকা, ভাষ্য

announce / əˈnaʊns অ্যা'নাউন্‌স্ / *verb* [T] **1** to make sth known publicly and officially কোনো বস্তুকে প্রকাশ্যে এবং আনুষ্ঠানিকভাবে জ্ঞাপন করা; ঘোষণা করা, জনসমক্ষে প্রচার করা *They announced that our train had been delayed.* o *The winners will be announced in next week's paper.* **2** to say sth in a firm or serious way গম্ভীরভাবে অথবা দৃঢ়ভাবে কোনো কিছু বলা *She stormed into my office and announced that she was leaving.*

announcement / əˈnaʊnsmənt অ্যা'নাউন্‌স্‌ম্যান্ট্ / *noun* **1** [C] a statement that tells people about sth যে বিবৃতি সাধারণ মানুষকে কোনো বিষয় জ্ঞাপন করে; ঘোষণা, প্রচার *Ladies and gentlemen, I'd like to make an announcement.* **2** [U] the act of telling people about sth ঘোষণা করা বা জনসাধারণকে কোনো বিষয়ে অবহিত করা অথবা কোনো কিছু প্রচার করার কাজ

announcer / əˈnaʊnsə(r) অ্যা'নাউন্‌স্যা(র্) / *noun* [C] a person who introduces or gives information about programmes on radio or television কোনো ব্যক্তি যে বেতার অথবা দূরদর্শনের অনুষ্ঠান উপস্থাপিত করে অথবা সেই সম্পর্কে তথ্য প্রদান করে, বার্তা বা কর্মসূচি প্রচারক; ঘোষণাকারী, ঘোষক

annoy / əˈnɔɪ অ্যা'নই / *verb* [T] to make sb angry or slightly angry (কোনো ব্যক্তিকে) বিরক্ত করা, উত্ত্যক্ত করা, জ্বালাতন করা *Close the door if the noise is annoying you.*

annoyance / əˈnɔɪəns অ্যা'নইঅ্যান্‌স্ / *noun* **1** [U] the feeling of being annoyed বিরক্তিবোধ, অসন্তুষ্টি **2** [C] something that annoys sb কোনো কিছু যা বিরক্তি উৎপাদন করে

annoyed / əˈnɔɪd অ্যা'নইড্/ *adj.* feeling angry or slightly angry বিরক্তি অথবা অসন্তোষের মনোভাব *I shall be extremely annoyed if he turns up late again.* o *He's annoyed that nobody believes him.*

annoying / əˈnɔɪɪŋ অ্যা'নইইং / *adj.* making you feel angry or slightly angry বিরক্তিকর অথবা অসন্তোষজনক *It's so annoying that there's nobody here to answer questions.* o *annoying habit*

annual[1] / ˈænjuəl 'অ্যানিউঅ্যাল্ / *adj.* **1** happening or done once a year or every year বছরে একবার বা প্রতি বছর যা ঘটে বা যা করা হয়; বার্ষিক, বাৎসরিক, বছরকার *the company's annual report* o *an annual festival* **2** for the period of one year এক বছর ধরে; বর্ষব্যাপী *a person's annual salary* o *the annual sales figures* ▶ **annually** *adv.* বাৎসরিক পর্যায়ে; বাৎসরিকভাবে

annual[2] / ˈænjuəl 'অ্যানিউঅ্যাল্ / *noun* [C] a book, especially one for children, that is published once each year বিশেষত শিশুদের জন্য কোনো বই যা প্রতিবছরে একবার প্রকাশিত হয়; বার্ষিকী, বার্ষিক সংখ্যা

annuity / əˈnjuːəti অ্যা'নিউঅ্যাটি / *noun* [C] (*pl.* **annuities**) a fixed amount of money that is paid to sb each year, usually for the rest of his/her life (সাধারণত বাকি জীবনের জন্য) কোনো পুরুষ অথবা মহিলাকে প্রতি বছরে একবার দেয় নির্দিষ্ট পরিমাণ অর্থ, বার্ষিক ভাতা, বার্ষিক প্রাপ্য সুদ; বৃত্তি, অনুদান

annul / əˈnʌl অ্যা'নাল্ / *verb* [T] (*pres. part.* **annulling**; *pt, pp* **annulled**) (*usually passive*) to state officially that sth is no longer legally valid or recognized (আনুষ্ঠানিকভাবে) বিবৃতি দেওয়া যে (বিশেষ) কোনো বস্তু আইনত বৈধ বা স্বীকৃত নয়; নাকচ করা, রহিত করা, রদ করা, বাতিল করা *Their marriage was annulled after just six months.* ▶ **annulment** *noun* [C, U] খারিজ, বাতিল, নাকচ, রদ, রহিত

anode / ˈænəʊd 'অ্যান্যাউড্ / *noun* [C] the place on a battery or other electrical device where the electric current enters কোনো ব্যাটারি বা অন্য কোনো বৈদ্যুতিক সরঞ্জামে যে স্থান দিয়ে বিদ্যুৎপ্রবাহ প্রবেশ করে; ধনাত্মক বৈদ্যুতিক প্রান্ত বা মুখ; অ্যানোড ▶ **cathode** দেখো।

anoint / əˈnɔɪnt অ্যা'নইন্ট্ / *verb* [T] **anoint sb (with sth)** to put oil or water on sb's head as part of a religious ceremony ধর্মীয় অনুষ্ঠানের অঙ্গ হিসেবে কোনো ব্যক্তির মাথায় তেল বা জলের প্রলেপ লাগানো

anomalous / əˈnɒmələs অ্যা'নম্যাল্যাস্ / *adj.* different from what is normal অস্বাভাবিক, নিয়মবহির্ভূত, খাপছাড়া, অসংগতিপূর্ণ, বিসদৃশ

anomaly / əˈnɒməli অ্যা'নম্যালি / *noun* [C] (*pl.* **anomalies**) something that is different from what is normal or usual গোলমেলে, অসংগত, ব্যতিক্রম, বৈসাদৃশ্য, ব্যত্যয় *We discovered an anomaly in the sales figures for August.*

anon / ə'nɒn অ্যা'নন্ / *abbr.* anonymous; used to show that the writer's name is not known (কোনো লেখকের সম্বন্ধে ব্যবহৃত) নামহীন, বেনামা, অজ্ঞাতনামা; লেখকের নাম জানা নেই এরকম ভাব প্রকাশের জন্য ব্যবহৃত অভিব্যক্তিবিশেষ

anonymity / ˌænəˈnɪməti ˌঅ্যান্যা'নিম্যাটি / *noun* [U] the situation where a person's name is not known যে পরিস্থিতিতে কোনো ব্যক্তির নাম জানা থাকে না

anonymous / əˈnɒnɪməs অ্যা'ননিম্যাস্ / *adj.* **1** (used about a person) whose name is not known or made public (কোনো ব্যক্তির সম্বন্ধে ব্যবহৃত) যার নাম জানা নেই বা প্রকাশ করা হয়নি এমন; অজ্ঞাতপরিচয়, নামহীন, অজ্ঞাতনামা *An anonymous caller told the police that a robbery was being planned.* **2** done, written, etc. by sb whose name is not known or made public কোনো ব্যক্তির দ্বারা কৃত, লিখিত ইত্যাদি যার নাম জানা নেই অথবা প্রকাশ করা হয়নি এমন; বেনামি, উড়ো *He received an anonymous letter.* ▶ **anonymously** *adv.* অজ্ঞাতনামা হিসেবে, পরিচয়হীনভাবে

anorak / ˈænəræk 'অ্যান্যার‍্যাক্ / *noun* [C] (*BrE*) **1** a short coat with a covering for your head that protects you from rain, wind and cold মস্তকাবরণ সমেত ছোটো কোট যা বৃষ্টি, বাতাস এবং শৈত্য থেকে বাঁচায়, মস্তকাবরণসহ বর্ষাতি **2** (*slang*) a person who enjoys learning boring facts (অপপ্রয়োগ) যে ব্যক্তি ক্লান্তিকর বা একঘেয়ে তথ্য জেনে আনন্দ পায়

anorexia / ˌænəˈreksiə ˌঅ্যান্যা'রেক্সিঅ্যা / (*also* **anorexia nervosa** / ˌænəˌreksiə nɜːˈvəʊsə ˌঅ্যান্যাˌরেক্সিঅ্যা ন্য'ভ্যাউস্যা /) *noun* [U] an illness, especially affecting young women. It makes them afraid of being fat and so they do not eat সাধারণত অল্পবয়সি মেয়েদের মধ্যে দেখা যায় এমন একধরনের রোগ। এদের মধ্যে মোটা হওয়ার ভয়ে খাদ্য গ্রহণে অনিচ্ছা দেখা যায়; ক্ষুধামান্দ্য ➪ **bulimia** দেখো। ▶ **anorexic** *adj., noun* [C] ক্ষুধামান্দ্য হওয়া, ক্ষুধামান্দ্য রোগ বিষয়ক

another / əˈnʌðə(r) অ্যা'নাদ্যা(র্) / *det., pronoun* **1** one more person or thing of the same kind (ব্যক্তি বা বস্তু) আর একজন, আর একটা *Would you like another drink?* **2** a different thing or person ভিন্ন কোনো বস্তু বা ব্যক্তি *I'm afraid I can't see you tomorrow. Could we arrange another day?*

IDM **one after another/the other** ➪ **one**[1] দেখো।

yet another ➪ **yet** দেখো।

answer[1] / ˈɑːnsə(r) 'আ:ন্স্যা(র্) / *verb* [I, T] **1** to say or write sth back to sb who has asked you sth or written to you যে ব্যক্তি কোনো কিছু জিজ্ঞেস করেছিল অথবা লিখিতভাবে জানতে চেয়েছিল তাকে মৌখিকভাবে বা লিখিতভাবে জানানো, উত্তর দেওয়া, উত্তর লেখা, জবাব দেওয়া *I asked her what the matter was but she didn't answer.* ○ *Answer all the questions on the form.*

> **NOTE** কোনো প্রশ্ন অথবা চিঠি ইত্যাদির মৌখিক বা লিখিত প্রতিক্রিয়া জানানোর জন্য সবচেয়ে বেশি প্রচলিত দুটি ক্রিয়াপদ (verb) হল **answer** অথবা **reply** —*I asked him a question but he didn't answer.* ○ *I sent my application but they haven't replied yet.* মনে রেখো যে কোনো ব্যক্তির অথবা কোনো প্রশ্ন অথবা চিঠির উত্তর দিতে হলে **answer** শব্দটি ব্যবহৃত হয়। এই অর্থে **answer to** অভিব্যক্তিটি সঠিক ব্যবহার নয়। **Reply** শব্দটি চিঠির ক্ষেত্রে ব্যবহার করতে হলে বলতে হবে **reply to a letter. Respond** শব্দটির ব্যবহার কম প্রচলিত এবং সাধারণত কথ্য ভাষায় এর ব্যবহার হয় না—*Applicants must respond within seven days.* **Respond** শব্দটি সাধারণত কাঙ্ক্ষিত প্রতিক্রিয়া দেখানোর অর্থে ব্যবহৃত হয়—*Despite all the doctor's efforts the patient did not respond to treatment.*

2 to do sth as a reply সাড়া দেওয়া, প্রতিক্রিয়া দেখানো, (যথাযথ) জবাব দেওয়া *Can you answer the phone for me, please?* ○ *I rang their doorbell but nobody answered.*

PHR V **answer back** to defend yourself against sth bad that has been written or said about you লিখিত বা মৌখিক ভর্ৎসনা অথবা সমালোচনার উত্তরে নিজেকে সুরক্ষিত রাখা বা যথাযথ জবাব দেওয়া

answer (sb) back to reply rudely to sb কড়াভাবে বা রূঢ়ভাবে কোনো ব্যক্তিকে জবাব দেওয়া, চোপা করা, মুখে মুখে উত্তর দেওয়া

answer for sb/sth **1** to accept responsibility for sth/sb কোনো ব্যক্তি বা বস্তুর জন্য দায়িত্ব মেনে নেওয়া, জবাবদিহি করা *Somebody will have to answer for all the damage that has been caused.* **2** to speak in support of sb/sth কোনো বিষয়ের পক্ষে বলা, কোনো ব্যক্তি অথবা বস্তুর সমর্থনে কিছু বলা

answer[2] / ˈɑːnsə(r) 'আ:ন্স্যা(র্) / *noun* [C] **an answer (to sb/sth)** **1** something that you say, write or do as a reply উত্তর হিসাবে যা বলা হয়, লেখা হয় বা করা হয়, লিখিত জবাব, কথিত উত্তর, কৃত কর্ম *The answer to your question is that I don't know.* ○ *They've made me an offer and I have to **give them an answer** by Friday.* **2** a solution to a problem কোনো সমস্যার সমাধান *I didn't have any money so the only answer was to borrow some.* **3** a reply to a question in a test or exam কোনো পরীক্ষায় প্রশ্নের উত্তর বা প্রশ্নপত্রের উত্তর *My answer to question 5 was wrong.* **4** the correct reply to a question in a test or exam কোনো পরীক্ষায় প্রশ্নের সঠিক উত্তর *What was the answer to question 4?*

IDM in answer (to sth) as a reply (to sth) কোনো কিছুর উত্তরস্বরূপ

answerable / ˈɑ:nsərəbl ˈআ:ন্স্যার্যাব্ল্ / *adj* **answerable to sb (for sth)** having to explain and give good reasons for your actions to sb; responsible to sb কোনো ব্যক্তির কাছে কৃত কর্মের জন্য যুক্তিসংগত কারণ দেখাতে বা জবাবদিহি করতে বা কৈফিয়ত দিতে বাধ্য; কোনো ব্যক্তির প্রতি দায়বদ্ধ

answering machine (*BrE* **answerphone** / ˈɑ:nsəfəʊn ˈআ:ন্স্যাফ্যাউন্ /) *noun* [C] a machine that you connect to your telephone when you are away to answer the calls and record messages from the people who call টেলিফোনের সঙ্গে সংযুক্ত যন্ত্রবিশেষ যা কোনো ব্যক্তির অনুপস্থিতিতে ফোনে সাড়া দেয় এবং যে ব্যক্তি ফোন করছে তার কাছ থেকে বার্তা রেকর্ড করে নেয় *I rang him and left a message on his answering machine.*

ant / ænt অ্যান্ট্ / *noun* [C] a very small insect that lives in large groups and works very hard পিঁপড়ে; পিপীলিকা ➪ **insect**-এ ছবি দেখো।

antagonism / ænˈtæɡənɪzəm অ্যান্ˈট্যাগ্যানিজ্‌ম্ / *noun* [C, U] **antagonism (towards sb/sth)**; **antagonism (between A and B)** a feeling of hate and of being against sb/sth কোনো ব্যক্তি অথবা বস্তুর প্রতি ঘৃণার অনুভূতি এবং প্রতিকূল মনোভাব ▶ **antagonistic** ænˌtæɡəˈnɪstɪk অ্যান্ˌট্যাগ্যা-ˈনিস্টিক্ / *adj.* দ্বন্দ্বমূলক, বৈর, দ্বন্দ্বরত

antagonist / ænˈtæɡənɪst অ্যান্ˈট্যাগ্যানিস্ট্ / *noun* [C] (*formal*) a person who is strongly against sb/sth যে ব্যক্তি কোনো বিষয় বা অন্য কোনো ব্যক্তির ঘোরতর বিরুদ্ধে; বিরোধী, প্রবল প্রতিদ্বন্দ্বী, শত্রু

antagonize (*also*-**ise**) / ænˈtæɡənaɪz অ্যান্ˈট্যাগ্যানাইজ্ / *verb* [T] to make sb angry or to annoy sb কোনো ব্যক্তিকে রাগান্বিত করা বা বিরক্ত করা; শত্রুতা করা, শত্রুভাবাপন্ন করে তোলা

Antarctic / ænˈtɑ:ktɪk অ্যান্ˈটা:ক্টিক্ / *adj.* connected with the coldest, most southern parts of the world পৃথিবীর দক্ষিণতম, শীতলতম অঞ্চলের সঙ্গে সংযুক্ত; দক্ষিণমেরু অঞ্চল বা কুমেরু অঞ্চল সংক্রান্ত; কুমেরুবৎ *an Antarctic expedition* ➪ **Arctic** দেখো।

the Antarctic / ænˈtɑ:ktɪk অ্যান্ˈটা:ক্টিক্ / *noun* [*sing.*] the most southern part of the world পৃথিবীর দক্ষিণতম প্রান্ত; দক্ষিণমেরু ভূভাগ; কুমেরু ➪ **earth**-এ ছবি দেখো।

the Antarctic Circle *noun* [*sing.*] the line of **latitude** 66° 30'S কুমেরুরেখা, কুমেরুবৃত্ত (৬৬° ৩৩' দ) ➪ **the Arctic Circle** দেখো এবং **earth**-এ ছবি দেখো।

ante- / ˈænti ˈঅ্যান্টি / *prefix* (*in nouns, adjectives and verbs*) before; in front of আগে, পূর্বে, প্রাক্; সামনে *antenatal* ○ *ante-room* ➪ **post-** এবং **pre-** দেখো।

anteater / ˈænti:tə(r) ˈঅ্যান্টীট্যা(র্) / *noun* [C] an animal with a long nose and tongue that eats **ants** পিঁপড়ে খায় এমন লম্বা নাক ও জিভওয়ালা প্রাণী; পিপীলিকাভুক

antecedent / ˌæntɪˈsi:dnt ˌঅ্যান্টিˈসীড্ন্ট্ / *noun* [C] **1** (*formal*) a thing or an event that exists or comes before another, and may have influenced it কোনো বস্তু বা ঘটনা যা অন্য কোনো বস্তু বা ঘটনার পূর্বে থাকে বা ঘটে এবং সেটিকে প্রভাবিত করতে পারে; পূর্ববর্তী, পূর্বগামী **2 antecedents** [*pl.*] the people in sb's family who lived a long time ago কোনো ব্যক্তির পরিবারের বিগত প্রাচীন সদস্যগণ; পূর্বপুরুষগণ ✪ সম **ancestors** **3** (*grammar*) a word or phrase to which the following word, especially a pronoun, refers (ব্যাকরণ) কোনো শব্দ অথবা বাক্যাংশ যেটি পরের শব্দ, বিশেষত কোনো সর্বনাম দ্বারা উল্লিখিত হয় *In 'He grabbed the ball and threw it in the air', 'ball' is the antecedent of 'it'.*

antelope / ˈæntɪləʊp ˈঅ্যান্টিল্যাউপ্ / *noun* [C] (*pl.* **antelope** or **antelopes**) an African animal with horns and long, thin legs that can run very fast আফ্রিকায় বসবাসকারী একপ্রকার দীর্ঘশৃঙ্গী, দীর্ঘপদবিশিষ্ট, ক্ষিপ্রগতি প্রাণী; কৃষ্ণসার হরিণ

antenatal / ˌæntiˈneɪtl ˌঅ্যান্টিˈনেইট্‌ল্ / *adj.* connected with the care of pregnant women প্রসূতিদের যত্নসংক্রান্ত; গর্ভকালীন, প্রাক্‌প্রসবকালীন *an antenatal clinic* ○ *antenatal care* ➪ **post-natal** দেখো।

antenna / ænˈtenə অ্যান্ˈটেন্যা / *noun* [C] **1** (*pl.* **antennae** / -ni: -নী/) one of the two long thin parts on the heads of insects and some animals that live in shells. Antennae are used for feeling things with কীটপতঙ্গ এবং কোনো কোনো প্রাণীর মাথায় যে দুটি লম্বা, সরু অংশ থাকে তার একটি। অ্যান্টেনা বা শুঁড়, যা কোনো কিছু অনুভব করতে ব্যবহৃত হয়; শুঙ্গ ✪ সম **feelers** ➪ **insect**-এ ছবি দেখো। **2** (*pl.* **antennas**) (*AmE*) = **aerial**[1]

anterior / ænˈtɪəriə(r) অ্যান্ˈটিঅ্যারিঅ্যা(র্) / *adj.* (*only before a noun*) (*technical*) (used about a part of the body) at or near the front (দেহের কোনো অংশ সম্বন্ধে ব্যবহৃত) অগ্রাবস্থিত, সামনের দিকের

anthem / ˈænθəm ˈঅ্যান্থ্যাম্ / *noun* [C] a song, which has special importance for a country, organization, school, etc. and is sung on special occasions কোনো বিদ্যালয়, সংগঠন, দেশ ইত্যাদির পক্ষে বিশেষ গুরুত্বপূর্ণ গান যা বিশেষ অনুষ্ঠানে গাওয়া হয়; বন্দনাগীতি, প্রশংসাগীতি *the national anthem*

anther / ˈænθə(r) ˈঅ্যান্‌থ্যা(র্) / *noun* [C] (*technical*) the part of a flower at the top of a **stamen** that produces **pollen** ফুলের মধ্যবর্তী পুংকোষ বা পুংকেশরের উপরিভাগ যেখানে পরাগ জমা থাকে; পরাগধানী, পরাগকোষ ➪ **flower**-এ ছবি দেখো।

anthology / ænˈθɒlədʒi অ্যান্‌ˈথল্যাজি / *noun* [C] (*pl.* **anthologies**) a book that contains pieces of writing or poems, often on the same subject, by different authors কোনো বই যাতে রচনাংশ অথবা কিছু কবিতাংশ থাকে এবং প্রায়ই যেগুলি বিভিন্ন লেখক দ্বারা একই বিষয়ের উপর লিখিত হয়; সংকলন গ্রন্থ, রচনা সংগ্রহ, সাহিত্য সংকলন, সঞ্চয়ন, চয়নিকা, সঞ্চয়িতা

anthracite / ˈænθrəsaɪt ˈঅ্যান্‌থ্র্যাসাইট্ / *noun* [U] a very hard type of coal that burns slowly without producing a lot of smoke or flames একধরনের খুব শক্ত কয়লা যা খুব বেশি ধোঁয়া বা শিখা উৎপন্ন না করে ধীরে ধীরে জ্বলে

anthrax / ˈænθræks ˈঅ্যানথ্র্যাক্স্ / *noun* [U] a serious disease that affects sheep and cattle and sometimes people, and can cause death একধরনের গুরুতর রোগ যা গরু, ভেড়া এবং কখনো কখনো মানুষকে সংক্রামিত করে এবং এর ফলে মৃত্যুও হতে পারে; অ্যানথ্রাক্স

anthropo- / ˈænθrəpəʊ ˈঅ্যান্‌থ্র্যাপ্যাউ / *prefix* (*in nouns, adjectives and adverbs*) connected with human beings মানবকেন্দ্রিক, মানবসংক্রান্ত *anthropology*

anthropology / ˌænθrəˈpɒlədʒi ˌঅ্যান্‌থ্র্যাˈপল্যাজি / *noun* [U] the study of human beings, especially of their origin, development, customs and beliefs মানুষের উৎপত্তি, বিকাশ, রীতি এবং বিশ্বাস সম্পর্কিত চর্চা বা গবেষণা; নৃতত্ত্ববিদ্যা ▶ **anthropological** / ˌænθrəpəˈlɒdʒɪkl ˌঅ্যান্‌থ্র্যাপ্যাˈলজিক্‌ল্ / *adj.* নৃতত্ত্বসংক্রান্ত ▶ **anthropologist** / ˌænθrəˈpɒlədʒɪst ˌঅ্যান্‌থ্র্যাˈপল্যাজিস্ট্ / *noun* [C] নৃতত্ত্ববিদ

anti- / ˈænti ˈঅ্যান্‌টি / *prefix* (*in nouns, adjectives and adverbs*) **1** against বিপরীত, বিরুধ *anti-war* ○ *antiperspirant* ○ *anticlockwise* **2** the opposite of বিপরীতে, বিরুধে *anticlimax*

anti-aircraft *adj.* (*only before a noun*) designed to destroy enemy aircraft শত্রুপক্ষের বিমান ধ্বংস করার জন্য বিশেষ ভাবে তৈরি; বিমানবিধ্বংসী *anti-aircraft fire/guns/missiles*

antibacterial / ˌæntibækˈtɪəriəl ˌঅ্যান্‌টিব্যাক্‌ˈটিঅ্যারিঅ্যাল্ / *adj.* that fights against bacteria that can cause disease জীবাণুনাশক, জীবাণুধ্বংসী, জীবাণুরোধক

antibiotic / ˌæntibaɪˈɒtɪk ˌঅ্যান্‌টিবাইˈঅটিক্ / *noun* [C] a medicine which is used for destroying bacteria and curing infections যে ওষুধ জীবাণু ধ্বংস করতে এবং রোগ সংক্রমণ নিরাময়ের জন্য ব্যবহৃত হয়; জীবাণুনাশক, জীবাণুধ্বংসী, জীবাণুরোধক ওষুধ

antibody / ˈæntibɒdi ˈঅ্যান্‌টিবডি / *noun* [C] (*pl.* **antibodies**) a substance that the body produces in the blood to fight disease জীবদেহের রক্তের মধ্যে তৈরি যে পদার্থ রোগ প্রতিরোধক রূপে কাজ করে; প্রতিবিষ, প্রতিরক্ষিকা; অ্যান্টিবডি

anticipate / ænˈtɪsɪpeɪt অ্যান্‌ˈটিসিপেইট্ / *verb* [T] to expect sth to happen (and prepare for it) আগে থাকতেই সম্ভাব্যকে অনুমান করা (এবং তার জন্য প্রস্তুত থাকা) *to anticipate a problem* ○ *I anticipate that the situation will get worse.*

anticipation / ænˌtɪsɪˈpeɪʃn অ্যান্‌ˌটিসিˈপেইশ্‌ন্ / *noun* [U] **1** the state of expecting sth to happen (and preparing for it) যে অবস্থায় কোনো কিছু ঘটার প্রত্যাশা করা হয় (এবং তার জন্য প্রস্তুতি নেওয়া হয়); অনুমান, আন্দাজ, অগ্রজ্ঞান, পূর্বাভাস *The government has reduced tax* ***in anticipation of*** *an early general election.* **2** excited feelings about sth that is going to happen যা ঘটতে চলেছে সে বিষয়ে উত্তেজনাপূর্ণ অনুভূতি *They queued outside the stadium* ***in excited anticipation***.

anticlimax / ˌæntiˈklaɪmæks ˌঅ্যান্‌টিˈক্লাইম্যাক্স্ / *noun* [C, U] an event, etc. that is less exciting than you had expected or than what has already happened কোনো ঘটনা ইত্যাদি যা প্রত্যাশার তুলনায় বা ইতিমধ্যে যা ঘটেছে সেই তুলনায় কম উত্তেজনাপূর্ণ; পূর্বের মহৎ বা গুরুগম্ভীর ঘটনাবলি অনুযায়ী প্রত্যাশিত ভাবধারার বিপরীত তুচ্ছ বা ক্রমলঘু ভাবধারা; ভাবাবরোহণ

anticline / ˈæntiklaɪn ˈঅ্যান্‌টিক্লাইন্ / *noun* [C] (*technical*) (in geology) an area of ground where layers of rock in the earth's surface have been folded into an arch (ভূতত্ত্বে) পৃথিবীর পৃষ্ঠভূমির যে অংশে পাথরের স্তর ভাঁজ হয়ে খিলানাকৃতি নিয়েছে; অ্যানটিক্লাইন ➪ **syncline** দেখো।

anticlockwise / ˌæntɪˈklɒkwaɪz ˌঅ্যান্‌টিˈক্লক্‌উ-আইজ্ / (*AmE* **counter-clockwise**) *adv., adj.* in the opposite direction to the movement of the hands of a clock ঘড়ির কাঁটার বিপরীত দিকে; বামাবর্তে *Turn the lid anticlockwise/in an anticlockwise direction.* ✪ বিপ **clockwise**

anticoagulant / ˌæntikəʊˈægjələnt ˌঅ্যান্‌টিক্যাউ-ˈঅ্যাগিঅ্যাল্যান্ট্ / *noun* [C] a substance that stops the blood from becoming thick and forming lumps (**clots**) যে পদার্থ রক্তের গাঢ় হয়ে যাওয়া বা ডেলা পাকিয়ে যাওয়া রোধ করে

antics / ˈæntɪks ˈঅ্যান্‌টিক্স্ / *noun* [*pl.*] funny, strange or silly ways of behaving মজার, অদ্ভুত বা বোকার মতো ব্যবহার; ভাঁড়ামো

anticyclone / ˌæntiˈsaɪkləʊn ˌঅ্যান্‌টিˈসাইক্ল্যাউন্ / *noun* [C] an area of high air pressure that produces calm weather conditions with clear skies উচ্চ

বায়ুচাপের এলাকা যেখানে শান্ত আবহাওয়া ও নির্মল আকাশ দেখা যায় ➪ **depression** দেখো।

antidepressant / ˌæntidɪˈpresnt ˌঅ্যান্‌টিডি-ˈপ্রেস্‌ন্ট্ / *noun* (*medical*) a drug that is used to treat **depression** মানসিক অবসাদের চিকিৎসায় ব্যবহৃত ওষুধ

antidote / ˈæntidəʊt ˈঅ্যান্‌টিড্যাউট্ / *noun* [C] **1** a medical substance that is used to prevent a poison or a disease from having an effect বিষরোধক হিসেবে বা কোনো রোগের প্রভাব রোধ করতে যে ওষুধ ব্যবহার করা হয়; প্রতিষেধক বা বিষনাশক দ্রব্য **2** anything that helps you to deal with sth unpleasant কোনো অপ্রীতিকর অবস্থার সঙ্গে লড়তে বা তার মোকাবিলা করতে সাহায্য করে যে বস্তু; প্রতিকারক

antifreeze / ˈæntifri:z ˈঅ্যান্‌টিফ্রীজ্ / *noun* [U] a chemical that is added to the water in the **radiator** of cars and other vehicles to stop it from freezing গাড়ি বা অন্য কোনো যানের রেডিয়েটরের জলে যে রাসায়নিক পদার্থ মিশিয়ে তার জমে যাওয়া রোধ করা হয়

antigen / ˈæntɪdʒən ˈঅ্যান্‌টিজ্যান্ / *noun* [C] a substance that enters the body and starts a process that can cause disease. The body then usually produces substances (**antibodies**) to fight the antigens কোনো পদার্থ (অ্যানটিজেন) যখন শরীরে প্রবেশ করে রোগ সৃষ্টি করার প্রক্রিয়া শুরু করে তখন শরীর সাধারণত প্রতিবিষ বা প্রতিরক্ষিকা (অ্যান্টিবডি) উৎপন্ন করে সেই অ্যানটিজেনের সঙ্গে লড়াই শুরু করে; অ্যান্টিজেন

anti-hero *noun* [C] the main character in a film, story or play who does not have the qualities that a main character (**hero**) normally has, such as courage. An anti-hero is more like an ordinary person or is very unpleasant চলচ্চিত্র, কাহিনি বা নাটকের কোনো প্রধান চরিত্র যার সাধারণ নায়কোচিত গুণাবলী (যেমন সাহস) থাকে না। সাধারণ মানুষ অথবা অত্যন্ত অপ্রীতিকর ব্যক্তির মতোই হয়ে থাকে এই বিরুদ্ধ নায়ক; অনায়কোচিত নায়ক ➪ **hero** এবং **villain** দেখো।

antihistamine / ˌæntiˈhɪstəmi:n ˌঅ্যান্‌টিˈহিস্ট্যা-মীন্ / *noun* [C, U] a drug used to treat an **allergy** এ্যালার্জির চিকিৎসায় ব্যবহৃত ওষুধবিশেষ ➪ **histamine** দেখো।

antimony / ˈæntɪməni ˈঅ্যান্‌টিম্যানি / *noun* [U] a silver-white metal that breaks easily রৌপ্য-শুভ্র এক প্রকার ধাতু যা ভঙ্গুর; রসাঞ্জন, সুর্মা, খাদ

antipathy / ænˈtɪpəθi অ্যান্ˈটিপ্যাথি / *noun* [C, U] **antipathy (to/towards sb/sth)** a strong feeling of not liking sb/sth; dislike (কোনো ব্যক্তি অথবা বস্তুর প্রতি) স্থায়ী অনীহা, মজ্জাগত বিরাগ; বিতৃষ্ণা, অনাসক্তি, বিকর্ষণ

antiperspirant / ˌæntiˈpɜ:spərənt ˌঅ্যান্‌টিˈপ্যাস্‌প্যার‍্যান্ট্ / *noun* [C, U] a liquid that you use to reduce sweating, especially under your arms ঘর্মনিরোধক তরল প্রসাধনী যা সাধারণত বাহুমূলে ব্যবহার করা হয়

the Antipodes / ænˈtɪpədi:z অ্যান্ˈটিপ্যাডীজ্ / *noun* [*pl.*] a way of referring to Australia and New Zealand একত্রে অস্ট্রেলিয়া এবং নিউজিল্যান্ডকে বোঝানোর জন্য ব্যবহৃত অভিব্যক্তিবিশেষ ▸ **Antipodean** / ˌæntɪpəˈdi:ən ˌঅ্যান্‌টিপ্যাˈডীঅ্যান্ / *adj.* অস্ট্রেলিয়া এবং নিউজিল্যান্ড সম্বন্ধীয়

antiquated / ˈæntɪkweɪtɪd ˈঅ্যান্‌টিকুএইটিড্ / *adj.* old-fashioned and not suitable for the modern world পুরোনো ধরন অনুযায়ী এবং আধুনিক পৃথিবীতে যা উপযোগী নয়; মান্ধাতা আমলের, বর্তমানে অচল; সেকেলে, অপ্রচলিত

antique / ænˈti:k অ্যান্ˈটীক্ / *adj.* very old and therefore unusual and valuable অত্যন্ত প্রাচীন এবং সেই কারণে অসাধারণ এবং মূল্যবান; পুরাকীর্তি, পুরাকালের *an antique vase/table* ○ *antique furniture/jewellery* ▸ **antique** *noun* [C] প্রাচীন ঐতিহাসিক অভিজ্ঞান, পুরাকালের নিদর্শন *an antique shop* ○ *That vase is an antique.*

antiquity / ænˈtɪkwəti অ্যান্ˈটিকুঅ্যাটি / *noun* (*pl.* **antiquities**) **1** [U] the ancient past, especially the times of the Ancient Greeks and Romans প্রাচীন অতীত, বিশেষ করে প্রাচীন গ্রীক এবং রোমান সভ্যতার যুগ **2** [C, *usually pl.*] a building or object from ancient times পুরাকালের অট্টালিকা বা পুরাকীর্তিসমূহ *Greek/Roman antiquities* **3** [U] the state of being very old or ancient প্রাচীনত্ব, অতি প্রাচীনত্ব, প্রাচীন পুরাকালের নিদর্শন

anti-Semitism / ˌænti-ˈsemətɪzəm ˌঅ্যান্‌টি-ˈসেম্যাটিজ্যাম্ / *noun* [U] unfair treatment of Jewish people ইহুদিবিদ্বেষ, ইহুদিবিদ্বেষ নীতি ▸ **anti-Semitic** /ˌænti səˈmɪtɪk ˌঅ্যান্‌টি স্যাˈমিটিক্ / *adj.* ইহুদিবিদ্বেষী, ইহুদিবিদ্বেষ সংক্রান্ত

antiseptic / ˌæntiˈseptɪk ˌঅ্যান্‌টিˈসেপ্‌টিক্ / *noun* [C, U] a liquid or cream that prevents a cut, etc. from becoming infected জীবাণুক্রিয়াজনিত পচন-নিরোধক তরল বা মলম *Put an antiseptic/some antiseptic on that scratch.* ▸ **antiseptic** *adj.* জীবাণু সংক্রমণ নিরোধক পদার্থ *antiseptic cream*

antisocial / ˌæntiˈsəʊʃl ˌঅ্যান্‌টিˈস্যাউশ্‌ল্ / *adj.* **1** harmful or annoying to other people সমাজবিরোধী, দুষ্কৃতি, সমাজদ্রোহী *antisocial behaviour* **2** not liking to be with other people অসামাজিক

antithesis / ænˈtɪθəsɪs অ্যান্ˈটিথ্যাসিস্ / *noun* [C, U] (*pl.* **antitheses** / ænˈtɪθəsi:z অ্যান্ˈটিথ্যাসীজ্ /) (*formal*) **1** the opposite of sth কোনো কিছুর বিরুদ্ধে

বা বিপরীতে; বিরোধ, দ্বন্দ্ব, বৈপরীত্য *Love is the antithesis of hate.* **2** a difference between two things ভিন্নতা, বিভেদ, বৈষম্য

antler / ˈæntlə(r) ˈঅ্যান্ট্ল্যা(র্) / *noun* [C, *usually pl.*] a horn on the head of a **stag** পুরুষ হরিণের মাথার উপরের সশাখ শৃঙ্গ, বারশিঙা হরিণের শিং *a pair of antlers*

antonym / ˈæntənɪm ˈঅ্যান্ট্যানিম্ / *noun* [C] (*grammar*) a word that means the opposite of another word (ব্যাকরণ) যে শব্দের অর্থ অন্য শব্দের বিপরীত; বিপরীতার্থক শব্দ ➪ **synonym** দেখো।

anus /ˈeɪnəs ˈএইন্যাস্ / *noun* [C] the hole through which solid waste substances leave the body যে ছিদ্র দ্বারা শক্ত বর্জ্য পদার্থ শরীর ত্যাগ করে; পায়ু, মলদ্বার ➪ **body**-তে ছবি দেখো। ▶ **anal** /ˈeɪnl ˈএইন্ল্ / *adj.* মলদ্বার সংক্রান্ত

anvil / ˈænvɪl ˈঅ্যান্ভিল্ / *noun* [C] **1** an iron block on which a **blacksmith** puts hot pieces of metal before shaping them with a hammer যে লৌহখণ্ডের উপর কামার উত্তপ্ত ধাতুখণ্ড রেখে হাতুড়ির দ্বারা পিটিয়ে তাকে আকৃতি প্রদান করে; কামারের নেহাই **2** a very small bone inside the ear কানের ভিতরে অবস্থিত খুব ছোটো হাড়

anxiety / æŋˈzaɪəti অ্যাং'জ়াইঅ্যাটি / *noun* [C, U] (*pl.* **anxieties**) a feeling of worry or fear, especially about the future (বিশেষত ভবিষ্যতের জন্য) উদ্বেগ বা ভয়ের অনুভূতি; আশঙ্কা, দুশ্চিন্তা, দুর্ভাবনা, উদ্বেগ, উৎকণ্ঠা *a feeling/state of anxiety* ○ *There are anxieties over the effects of unemployment.*

anxious / ˈæŋkʃəs ˈঅ্যাংক্শ্যাস্ / *adj.* **1 anxious (about/for sb/sth)** worried and afraid দুশ্চিন্তাগ্রস্ত, ব্যাকুল, উদ্বিগ্ন, উদ্‌গ্রীব, উৎকণ্ঠাপূর্ণ *I began to get anxious when they still hadn't arrived at 9 o'clock.* ○ *an anxious look/expression* **2** causing worry and fear দুশ্চিন্তার কারণ, উদ্বেগজনক, আতঙ্কপূর্ণ *For a few anxious moments we thought we'd missed the train.* **3 anxious to do sth; anxious for sth** wanting sth very much ব্যাকুল, ব্যগ্র ▶ **anxiously** *adv.* উৎকণ্ঠিতভাবে, উদ্বিগ্নভাবে

any / ˈeni ˈএনি / *det., pronoun, adv.* **1** used instead of **'some'** in negative sentences and in questions 'some' শব্দটির পরিবর্তে নেতিবাচক বা প্রশ্নাত্মক বাক্যের মধ্যে ব্যবহৃত অভিব্যক্তিবিশেষ *We didn't have any lunch.* ○ *Do you have any questions?* ○ *I don't like any of his books.* ➪ **some**-এ নোট দেখো। **2** used for saying that it does not matter which thing or person you choose যে-কোনো ব্যক্তি, বিষয় বা বস্তু পছন্দ করা যেতে পারে—এই বোঝাতে ব্যবহৃত অভিব্যক্তিবিশেষ; যে কোনো একটা, যেটা ইচ্ছে, যাকে ইচ্ছা *Take any book you want.* ○ *Come round any time—I'm usually in.* **3** (*used in negative sentences and questions*) at all; to any degreeany degree আদৌ; যে-কোনো মাত্রায়, কম অথবা বেশি নির্দেশ করার জন্য ব্যবহৃত *I can't run any faster.* ○ *Is your father any better?*

IDM any moment/second/minute/day (now) very soon যে-কোনো মুহূর্তে, খুব শীঘ্র *She should be home any minute now.*

anybody / ˈenibɒdi ˈএনিবডি / (*also* **anyone**) *pronoun* **1** (*usually in questions or negative statements*) any person যে-কেউ, যে-কোনো লোক *I didn't know anybody at the party.* ○ *Would anybody else* (= any other person) *like to come with me?*

> **NOTE Somebody** এবং **anybody** শব্দ দুটির অর্থের মধ্যে যে পার্থক্য আছে সেই একই পার্থক্য **some** এবং **any** শব্দ দুটির মধ্যে লক্ষণীয়। ➪ **some** এবং **somebody**-তে নোট দেখো।

2 any person, it does not matter who যে-কেউ, যে-কোনো ব্যক্তি *Anybody can learn to swim.* ○ *Can anybody come, or are there special invitations?*

anyhow / ˈenihaʊ ˈএনিহাউ / *adv.* **1** = **anyway** **2** in a careless way; not arranged in any order যেমন-তেমনভাবে; এলোমেলো, অবিন্যস্ত, আগোছালো *She threw the clothes down onto the bed, just anyhow.*

anyone / ˈeniwʌn ˈএনিউআন্ / = **anybody**

anyplace / ˈenipleɪs ˈএনিপ্লেইস্ / (*AmE*) = **anywhere**

anything / ˈeniθɪŋ ˈএনিথিং / *pronoun* **1** (*usually in negative sentences and in questions*) one thing (of any kind) (যে-কোনো রকমের) একটা জিনিস, যেটা হোক একটা *It was so dark that I couldn't see anything at all.* ○ *There isn't anything interesting in the newspaper today.* ○ *'I'd like a kilo of apples please.' '**Anything else**'* (= any other thing)?

> **NOTE Something** এবং **anything** শব্দ দুটির অর্থের মধ্যে যে পার্থক্য আছে সেই একই পার্থক্য **some** এবং **any** শব্দ দুটির মধ্যে লক্ষণীয়। ➪ **some**-এ নোট দেখো।

2 any thing or things, it does not matter what যে-কোনো কিছু, যেটা হোক একটা *I'm very hungry—I'll eat anything!* ○ *I'll do anything you say.*

IDM anything but not at all মোটেও নয়, একেবারেই নয় *Their explanation was anything but clear.*

anything like sb/sth at all similar to sb/sth; nearly কোনো ব্যক্তি বা বস্তুর সঙ্গে একেবারেই একরকম নয়; কাছাকাছি, অনেকটা *She isn't anything like her sister, is she?* ○ *This car isn't anything like as fast as mine.*

as happy, quick, etc. as anything (*spoken*) very happy, quick, etc. খুব খুশি, খুব তাড়াতাড়ি ইত্যাদি

like anything ➪ **like²** দেখো।

not come to anything ➪ **come** দেখো।

anyway / ˈeniweɪ ˈএনিউএই / (*also* **anyhow**) *adv.* **1** (used to add an extra point or reason) in any case (অতিরিক্ত কোনো বিষয় যোগ করার জন্য ব্যবহৃত অভিব্যক্তিবিশেষ) তাহলেও, যাই হোক না কেন *It's too late now, anyway.* ○ *I don't want to go out tonight, and anyway I haven't got any money.* ✪ বিপ **besides** **2** in spite of sth; even so তা সত্ত্বেও; তবুও, এমনকি *I'm afraid I can't come to your party, but thanks anyway.* **3** used after a pause in order to change the subject or go back to a subject being discussed before একটু বিরতির পর বিষয়ের পরিবর্তন করার জন্য অথবা পূর্বের আলোচনায় ফিরে আসার জন্য ব্যবহৃত অভিব্যক্তিবিশেষ; যা হোক, তা হোক, তা হলেও *Anyhow, that's enough about my problems. How are you?* **4** used to correct or slightly change what you have said কোনো বক্তব্য ঠিক করে দিতে অথবা সামান্য পরিবর্তন করতে ব্যবহৃত অভিব্যক্তিবিশেষ *He works in a bank. He did when I last saw him, anyway*

anywhere / ˈeniweə(r) ˈএনিউএঅ্যা(র্) / (*AmE* **anyplace**) *adv.* **1** (*usually in negative sentences or in questions*) in, at or to any place কোনো স্থানে, কোথাও, যে-কোনো জায়গায় *I can't find my keys anywhere.* ○ *Is there a post office anywhere near here?*

> **NOTE** **Somewhere** এবং **anywhere** শব্দ দুটির অর্থের মধ্যে যে পার্থক্য আছে সেই একই পার্থক্য **some** এবং **any** শব্দ দুটির মধ্যে লক্ষণীয়। ➪ **some**-এ নোট দেখো।

2 any place; it does not matter where যে-কোনো জায়গা, কোনোখানে *You can sit anywhere you like.*

aorta / eɪˈɔːtə এইˈঅ:ট্যা / *noun* [C] the main **artery** that carries blood from the heart to the rest of the body হৃৎপিণ্ড থেকে শরীরের বিভিন্ন অংশে রক্ত বহনকারী ধমনি; মহাধমনি ➪ **heart**-এ ছবি দেখো।

apart / əˈpɑːt অ্যাˈপা:ট্ / *adv.* **1** away from sb/sth or each other; not together কোনো ব্যক্তি বা বস্তুর থেকে দূরে অথবা পরস্পরের থেকে দূরে; তফাতে, একসঙ্গে নয়, ব্যবধানে *The doors slowly slid apart.* ○ *Stand with your feet apart.* **2** into pieces টুকরো টুকরো *The material was so old that it just **fell/came apart** in my hands.*

IDM **take sth apart** to separate sth into pieces কোনো বস্তুকে বিভিন্ন অংশে আলাদা করা, টুকরো টুকরো করে ফেলা, আলাদা করে খুলে ফেলা *He took the whole bicycle apart.*

tell A and B apart to see the difference between A and B দুটি বস্তুকে আলাদা করে চিনতে পারা বা পার্থক্য বুঝতে পারা, শনাক্ত করা, পৃথক করা *It's very difficult to tell the twins apart.*

apart from (*AmE* **aside from**) *prep.* **1** except for (এটা বা ওটা) ছাড়া, বাদ দিয়ে, ব্যতীত, ব্যতিরেকে *I've answered all the questions apart from the last one.* ○ *There's nobody here apart from me.* **2** as well as; in addition to তাছাড়াও; অন্য কিছুর সঙ্গে এটাও, অতিরিক্ত *Apart from music, she also loves sport and reading.*

apartheid / əˈpɑːthaɪt অ্যাˈপা:টহাইট্ / *noun* [U] the former official government policy in South Africa of separating people of different races and making them live apart দক্ষিণ আফ্রিকায় পূর্বতন সরকারের নীতি যার দ্বারা জনগণকে বিভিন্ন জাতিতে বিভক্ত করে তাদেরকে পৃথক পৃথক ভাবে বসবাস করতে দেওয়া হয়েছিল, বর্ণবৈষম্য নীতি; পৃথকীকরণ, জাতিবিদ্বেষ

apartment / əˈpɑːtmənt অ্যাˈপা:টম্যান্ট / *noun* [C] **1** (*AmE*) = **flat² 1** **2** a set of rooms rented for a holiday কোনো বড়ো বাড়িতে স্বয়ংসম্পূর্ণ কয়েকটা ঘর যেগুলি ছুটি কাটানোর জন্য ভাড়া দেওয়া হয় *a self-catering apartment*

apartment block *noun* [C] (*AmE*) a large building containing several apartments একাধিক স্বয়ংসম্পূর্ণ ফ্ল্যাট সম্বলিত একটি বড়ো বাড়ি

apathetic / ˌæpəˈθetɪk ˌঅ্যাপ্যাˈথেটিক্ / *adj.* lacking interest or desire to act অনীহা, নিস্পৃহ, উদাসীন

apathy / ˈæpəθi ˈঅ্যাপ্যাথি / *noun* [U] the feeling of not being interested in or enthusiastic about anything কোনো বিষয়েই আগ্রহ বা উৎসাহবোধ না করার অনুভূতি; অনীহা, নিস্পৃহতা, উদাসীনতা

ape¹ / eɪp এইপ্ / *noun* [C] a type of animal like a large monkey with no tail or only a very short tail খুব ছোটো লেজ বা লেজবিহীন বড়ো বাঁদর সদৃশ এক প্রকারের প্রাণী; বনমানুষ *Chimpanzees and gorillas are apes.*

ape² / eɪp এইপ্ / *verb* [T] to copy sb/else, especially in order to make fun of them কোনো ব্যক্তি বা অন্য কিছুকে নিয়ে মজা করার জন্য অনুকরণ করা, নকল করা *The children were aping the teacher's way of walking.*

aperitif / əˌperəˈtiːf অ্যাˌপের‍্যাˈটীফ্ / *noun* [C] an alcoholic drink that you have before a meal ক্ষুধা-উদ্রেককারী মাদকজাতীয় পানীয়

aperture / ˈæpətʃə(r) ˈঅ্যাপ্যাচ্যা(র্)/ *noun* [C] **1** (*formal*) a small opening in sth ফুটো, ফাঁক, ছিদ্র, রন্ধ্র **2** (*technical*) a small opening that allows light to reach a **lens** যে ছোটো রন্ধ্রের দ্বারা ক্যামেরার লেন্সে আলো ঢোকে; আলোক-রন্ধ্র ➪ **camera**-তে ছবি দেখো।

apex / ˈeɪpeks ˈএইপেক্স্ / *noun* [C, *usually sing.*] (*pl.* **apexes**) the top or highest part of sth কোনো বস্তুর সর্বোচ্চ স্থান; চূড়া, ঊর্ধ্ববিন্দু, শিখর *the apex of a roof/triangle*

aphid / ˈeɪfɪd ˈএইফিড্ / *noun* [C] a very small insect that is harmful to plants. There are several different types of aphid গাছের পক্ষে ক্ষতিকারক এক প্রকারের ক্ষুদ্র কীট, অ্যাফিড। অ্যাফিড অনেক প্রকারের হয়; ছিটপোকা, জাবপোকা

aphorism / ˈæfərɪzəm ˈঅ্যাফ্যারিজ্‌ম্ / *noun* [C] (*formal*) a short phrase that expresses in a clever way sth that is true সংক্ষিপ্ত বাক্য যা নিপুণভাবে কোনো বস্তুর সত্যতা ব্যক্ত করে; অর্থপূর্ণ সংক্ষিপ্ত উক্তি বা নীতিকথা; গভীর অর্থব্যঞ্জক সত্য নির্দেশক শ্লোক

apiary / ˈeɪpiəri ˈএইপিঅ্যারি / *noun* (*pl.* **apiaries**) a place where bees are kept মৌমাছি সংরক্ষণাগার বা পালনকেন্দ্র; মধুমক্ষিশালা

apiece / əˈpiːs অ্যাˈপীস্ / *adv.* each প্রত্যেককে, প্রত্যেকের জন্য, প্রত্যেকের দ্বারা *Zahir and Maninder scored a goal apiece.*

apocalypse / əˈpɒkəlɪps অ্যাˈপক্যালিপ্স্ / *noun* **1** [*sing.*, U] the total destruction of the world বিশ্বসংসারের সম্পূর্ণ বিনাশ **2 the Apocalypse** [*sing.*] the end of the world, as described in the Bible বাইবেলে বর্ণিত বিশ্বের বিনাশ **3** [*sing.*] a situation causing very serious damage and destruction যে পরিস্থিতি অত্যন্ত গুরুত্বপূর্ণ ক্ষতি বা ধ্বংসের কারণ ▶ **apocalyptic** / əˌpɒkəˈlɪptɪk অ্যা,পক্যাˈলিপ্‌টিক্ / *adj.* বিনাশকারী, বিনাশসংক্রান্ত

apolitical / ˌeɪpəˈlɪtɪkl ˌএইপ্যাˈলিটিক্‌ল্ / *adj.* **1** (used about a person) not interested in politics; not thinking politics are important (কোনো ব্যক্তি সম্বন্ধে ব্যবহৃত) রাজনীতি সম্পর্কে উদাসীন; রাজনৈতিক প্রভাবমুক্ত; অরাজনৈতিক **2** not connected with a political party কোনো রাজনৈতিক দলের সঙ্গে যুক্ত নয় এমন *an apolitical organization* **3** of no political significance, relevance or importance কোনো রাজনৈতিক তাৎপর্য, প্রাসঙ্গিকতা অথবা গুরুত্ববিহীন

apologetic / əˌpɒləˈdʒetɪk অ্যা,পল্যাˈজেটিক্ / *adj.* feeling or showing that you are sorry for sth you have done কোনো কৃতকর্মের জন্য কুণ্ঠিত, দোষকুণ্ঠিত, ক্ষমাপ্রার্থী *He was most apologetic about his son's bad behaviour.* ○ *I wrote him an apologetic letter.* ▶ **apologetically** / -kli -কলি / *adv.* দোষ মেনে নিয়ে; দোষকুণ্ঠিতভাবে

apologize (*also* **-ise**) / əˈpɒlədʒaɪz অ্যাˈপল্যাজাইজ্ / *verb* [I] **apologize** (**to sb**) (**for sth**) to say that you are sorry for sth that you have done কোনো কৃতকর্মের জন্য দুঃখ প্রকাশ করে ক্ষমা প্রার্থনা করা *You'll have to apologize to your teacher for being late.*

apology / əˈpɒlədʒi অ্যাˈপল্যাজি / *noun* [C, U] (*pl.* **apologies**) (**an**) **apology** (**to sb**) (**for sth**) a spoken or written statement that you are sorry for sth you have done, etc. কৃত কর্মের জন্য দুঃখ প্রকাশ করে প্রস্তুত কোনো লিখিত বা মৌখিক বিবৃতি; মার্জনা বা ক্ষমাপ্রার্থনা *Please accept our apologies for the delay.* ○ *a letter of apology*

apostle / əˈpɒsl অ্যাˈপস্‌ল্ / *noun* [C] one of the twelve men chosen by Christ to spread his teaching ঈশ্বরের বাণী প্রচারের জন্য জিশুখ্রিস্ট নির্বাচিত তাঁর বারোজন শিষ্যের যে-কোনো একজন

apostrophe / əˈpɒstrəfi অ্যাˈপস্ট্র্যাফি / *noun* [C] **1** the sign (') used for showing that you have left a letter or letters out of a word as in 'I'm', 'can't' or 'we'll' শব্দের মধ্যে অক্ষর বিলুপ্তি বোঝানোর জন্য ব্যবহৃত ঊর্ধ্বকমা, যেমন 'I'm, 'can't অথবা 'we'll' শব্দগুলিতে **2** the sign (') used for showing who or what sth belongs to as in 'John's chair', 'the boys' room' or 'Russia's President' সম্বন্ধপদের চিহ্ন (যেমন 'John's chair' 'the boys' room' অথবা 'Rusia's President')

appal (*AmE* **appall**) / əˈpɔːl অ্যাˈপ:ল্ / *verb* [T] (**appalling; appalled**) (*usually passive*) to shock sb very much কোনো ব্যক্তিকে গভীর মানসিক আঘাত দেওয়া, আতঙ্কিত করা; ▶ **appalling** / əˈpɔːlɪŋ অ্যাˈপ:লিং / *adj.* সাংঘাতিক, ভয়াবহ, মর্মঘাতী ▶ **appallingly** *adv.* সাংঘাতিকভাবে, ভয়াবহরূপে

appalled / əˈpɔːld অ্যাˈপ:ল্ড্ / *adj.* **appalled** (**at sth**) feeling disgust at sth unpleasant or wrong অপ্রীতিকর বা ভুল কোনো কিছুতে বিরক্তি বোধ

apparatus / ˌæpəˈreɪtəs ˌঅ্যাপ্যাˈরেইট্যাস্ / *noun* [U] the set of tools, instruments or equipment used for doing a job or an activity যন্ত্রপাতি, সরঞ্জাম বা উপকরণসমূহ যা কোনো বিশেষ কাজের জন্য ব্যবহৃত হয় ⇨ **laboratory**-তে ছবি দেখো।

apparent / əˈpærənt অ্যাˈপ্যার‍্যান্ট্ / *adj.* **1** (*only before a noun*) that seems to be real or true but may not be বাস্তব বা সত্য বলে মনে হয় কিন্তু আসলে তা না-ও হতে পারে এমন; প্রতীয়মান, আপাতদৃষ্টিতে, বাহ্য, বাহ্যিক **2 apparent** (**to sb**) clear; easy to see স্পষ্ট; সহজে দৃশ্যমান, প্রত্যক্ষ, প্রতীয়মান *It quickly became apparent to us that our teacher could not speak French.*

apparently / əˈpærəntli অ্যাˈপ্যার‍্যান্ট্‌লি / *adv.* according to what people say or to how sth appears, but perhaps not true লোকে যা বলে অথবা কোনো বস্তুকে যা মনে হয় কিন্তু সম্ভবত সত্য নয় এমন; আপাতদৃষ্টিতে, দৃশ্যতঃ, বাহ্যত, স্পষ্টত, স্পষ্টভাবে *Apparently, he's already been married twice.* ○ *He was apparently undisturbed by the news.*

apparition / ˌæpəˈrɪʃn ˌঅ্যাপ্যা'রিশ্ন্ / *noun* [C] a ghost or an image of a person who is dead মৃত কোনো ব্যক্তির প্রেতাত্মা অথবা ছায়ামূর্তি; অপচ্ছায়া, ভীতিপ্রদ মূর্তি

appeal[1] / əˈpiːl অ্যা'পীল্ / *verb* [I] **1 appeal to sb (for sth); appeal for sth** to make a serious request for sth you need or want very much ভিক্ষা করা, বিশেষভাবে চাওয়া, প্রার্থনা করা, আবেদন করা *Relief workers in the disaster area are appealing for more supplies.* ○ *She appealed to the kidnappers to let her son go.* **2 appeal (to sb)** to be attractive or interesting to sb কোনো ব্যক্তির প্রতি আকর্ষিত বা আগ্রহান্বিত হওয়া *The idea of living in the country doesn't appeal to me at all.* **3 appeal to sth** to influence sb's feelings or thoughts so that he/she will do sth you want নিজের চাহিদানুযায়ী কাজ করানোর জন্য কোনো ব্যক্তির অনুভূতি বা চিন্তার উপর প্রভাব ফেলা *We aim to appeal to people's generosity.* **4 appeal (against/for sth)** to ask sb in authority to make or change a decision উচ্চতর কর্তৃপক্ষের কাছে রায় দেওয়া বা রায় বদলের জন্য আবেদন বা আপীল করা *He decided to appeal against his conviction.*

appeal[2] / əˈpiːl অ্যা'পীল্ / *noun* **1** [C] a serious request for sth you need or want very much (প্রয়োজন অথবা চাহিদার জন্য) গভীর আবেদন, ঐকান্তিক অনুরোধ *The police have made an urgent appeal for witnesses to come forward.* **2** [C] **an appeal to sth** a suggestion that tries to influence sb's feelings or thoughts so that he/she will do what you want নিজের চাহিদানুযায়ী কাজ করানোর জন্য কোনো ব্যক্তির অনুভূতি অথবা চিন্তাধারায় প্রভাব ফেলার চেষ্টা করে যে পরামর্শ বা প্রস্তাব **3** [C] a formal request to sb in authority to change a decision কোনো সিদ্ধান্ত পরিবর্তনের জন্য কর্তৃপক্ষের কাছে নিয়মমাফিক আবেদন **4** [U] the attraction or interesting quality of sth/sb (কোনো ব্যক্তি অথবা বস্তুর) আকর্ষণীয় বা আগ্রহজনক গুণ

appealing / əˈpiːlɪŋ অ্যা'পীলিং / *adj.* **1** attractive or interesting মনোরঞ্জক, আগ্রহজনক *The idea of lying on a beach sounds very appealing!* **2** showing that you need help, etc. (সাহায্য ইত্যাদির জন্য) আবেদন, অনুরোধ *an appealing look* ▶ **appealingly** *adv.* মনোরঞ্জকভাবে, আকর্ষণীয়ভাবে

appear / əˈpɪə(r) অ্যা'পিঅ্যা(র্) / *verb* **1** *linking verb* **appear to be/do sth; appear (that)...** to seem মনে হওয়া *She appears to be very happy in her job.* ○ *It appears that you were given the wrong information.* ➪ **apparent** adjective দেখো। **2** [I] to suddenly be seen; to come into sight (হঠাৎ) দৃষ্টিগোচর হওয়া, প্রকাশিত হওয়া, দৃশ্যমান হওয়া; নজরে আসা *The bus appeared from round the corner.* ✪ বিপ **disappear** **3** [I] to begin to exist দেখা দিতে শুরু করা; বিদ্যমান বা বর্তমান হওয়া *The disease is thought to have appeared in Africa.* **4** [I] to be published or printed প্রকাশিত হওয়া বা মুদ্রিত হওয়া *The article appeared in this morning's paper.* **5** [I] to perform or speak where you are seen by a lot of people জনসাধারণের সামনে কিছু বলা বা প্রদর্শন করা *to appear on television/in a play*

appearance / əˈpɪərəns অ্যা'পিঅ্যার্যান্স্ / *noun* **1** [U] the way that sb/sth looks or seems কোনো ব্যক্তি বা বস্তুকে দেখতে যেমন লাগে অথবা দেখে যেমন মনে হয়, বাহ্য অবস্থা বা রূপ; চেহারা, আকৃতি *A different hairstyle can completely change your appearance.* ○ *He gives the appearance of being extremely confident.* **2** [*sing.*] the coming of sb/sth (কোনো ব্যক্তি বা বস্তুর) আর্বিভাব, প্রথম উপস্থিতি, আগমন *the appearance of television in the home in the 1950s* **3** [C] an act of appearing in public, especially on stage, television, etc. জনসাধারণের সামনে বিশেষত মঞ্চ, দূরদর্শন ইত্যাদিতে উপস্থিত হওয়ার ক্রিয়া

appease / əˈpiːz অ্যা'পীজ্ / *verb* [T] (*formal*) **1** to make sb calmer or less angry by agreeing to what he/she wants কোনো ব্যক্তির চাহিদা বা ইচ্ছে মেনে নিয়ে তাকে শান্ত করা বা তার রাগ প্রশমিত করা; সন্তুষ্ট করা **2** to give a country what it wants in order to avoid war কোনো দেশের শর্ত মেনে নিয়ে যুদ্ধ এড়ানো ▶ **appeasement** *noun* [U] সন্তোষবিধান, তুষ্টি, প্রশমন

appendage / əˈpendɪdʒ অ্যা'পেনডিজ্ / *noun* [C] (*formal*) a smaller or less important part of sth larger উপাঙ্গ, সংযুক্তি, লেজুড়

appendicitis / əˌpendəˈsaɪtɪs অ্যা,পেন্ড্যা'সাইটিস্ / *noun* [U] an illness in which your appendix becomes extremely painful and usually has to be removed একপ্রকারের রোগ যাতে উপান্ত্রে (অ্যাপেনডিক্সে) ব্যথা হয় এবং সাধারণত অস্ত্রোপচার করতে হয়

appendix / əˈpendɪks অ্যা'পেন্ডিক্স্ / *noun* [C] **1** (*pl.* **appendixes**) a small organ inside your body near your stomach. In humans, the appendix has no real function মানবদেহের পাকস্থলীর কাছে ছোটো অঙ্গবিশেষ। মানবদেহে এই উপাঙ্গের কোনো প্রকৃত কাজ নেই ➪ **body**-তে ছবি দেখো। **2** (*pl.* **appendices** / -dɪsiːz -ডিসীজ্ /) a section at the end of a book, etc. that gives extra information পরিশিষ্ট

appertain / ˌæpəˈteɪn ˌঅ্যাপ্যা'টেইন্ / *verb* **PHR V appertain to sb/sth** (*formal*) to belong or refer to sb/sth কোনো ব্যক্তি বা বস্তুর অধিকারে থাকা, অন্বয়যুক্ত বা সম্পর্কযুক্ত হওয়া, অন্বিত হওয়া *These figures appertain to last year's sales.*

appetite / ˈæpɪtaɪt ˈঅ্যাপিটাইট্ / *noun* [C, U] a strong desire for sth, especially food কোনো বস্তুর জন্য প্রবল ইচ্ছে (বিশেষত খাবার); ক্ষুধা, খিদে *Some fresh air and exercise should give you an appetite* ○ *He has a great* ***appetite for*** *work/life.* ○ *loss of appetite*

IDM **whet sb's appetite** ➪ **whet** দেখো।

appetizer (*also* **-iser**) / ˈæpɪtaɪzə(r) ˈঅ্যাপিটাইজ়্যা(র্) / (*AmE*) = **starter**

appetizing (*also* **-ising**) / ˈæpɪtaɪzɪŋ ˈঅ্যাপিটাইজ়িং / *adj.* (used about food, etc.) that looks or smells attractive; making you feel hungry (খাবার ইত্যাদি সম্বন্ধে ব্যবহৃত) ক্ষুধা-উদ্রেককারী; ক্ষুধাবর্ধক

applaud / əˈplɔːd অ্যাˈপ্ল:ড্ / *verb* **1** [I, T] to hit your hands together noisily (**clap**) in order to show that you like sb/sth হাততালি দিয়ে প্রশংসা করা বা সমর্থন করা *The audience applauded loudly.* **2** [T] (*usually passive*) to express approval of sth কোনো বস্তুর অনুমোদন অভিব্যক্ত করা *The decision was applauded by everybody.*

applause / əˈplɔːz অ্যাˈপ্ল:জ্ / *noun* [U] the noise made by a group of people hitting their hands together (**clapping**) to show their approval and enjoyment কোনো বস্তুর প্রতি সমর্থন এবং প্রীতি ও উপভোগ্যতা প্রদর্শন করার জন্য জনসাধারণের সশব্দে হাততালি দেওয়ার যে উচ্চ আওয়াজ; উচ্চপ্রশংসাধ্বনি *Let's all give a big* ***round of applause*** *to the cook!*

apple / ˈæpl ˈঅ্যাপ্ল্ / *noun* [C, U] a hard, round fruit with a smooth green, red or yellow skin আপেল *apple juice* ➪ **fruit**-এ ছবি দেখো।

applet / ˈæplət ˈঅ্যাপ্ল্যাট্ / *noun* [C] (*computing*) a simple program that can make one thing or a few simple things happen, for example on a page on the Internet যে সাধারণ বা সরল প্রোগ্রামের দ্বারা এক বা একাধিক সাধারণ বস্তুর সংঘটন সম্ভব হয়, যেমন ইন্টারনেটের কোনো পাতায়

appliance / əˈplaɪəns অ্যাˈপ্লাইঅ্যান্স্ / *noun* [C] a piece of equipment for a particular purpose in the house গৃহে কোনো নির্দিষ্ট কাজে ব্যবহারের জন্য সরঞ্জামের অংশ বা কোনো যন্ত্রবিশেষ *washing machines and other domestic appliances*

applicable / ˈæplɪkəbl; əˈplɪkəbl ˈঅ্যাপ্লিক্যাব্ল্; অ্যাˈপ্লিক্যাব্ল্ / *adj.* (*not before a noun*) **applicable (to sb/sth)** that concerns sb/sth; relevant to sb/sth যা কোনো ব্যক্তি বা বস্তুর পক্ষে প্রযোজ্য; কোনো ব্যক্তি বা বস্তুর পক্ষে প্রাসঙ্গিক *This part of the form is only applicable to married women.*

applicant / ˈæplɪkənt ˈঅ্যাপ্লিক্যান্ট্ / *noun* [C] a person who makes a formal request for sth (**applies for sth**), especially for a job, a place at a college, university, etc. বিশেষত কোনো চাকুরি অথবা কোনো কলেজ বা বিশ্ববিদ্যালয়ে স্থান লাভের জন্য আনুষ্ঠানিকভাবে আবেদন করে যে ব্যক্তি; আবেদনকারী *There were over 200 applicants for the job.*

application / ˌæplɪˈkeɪʃn ˌঅ্যাপ্লিˈকেইশ্ন্ / *noun* **1** [C, U] **(an) application (to sb) (for sth)** a formal written request, especially for a job or a place in a school, club, etc. আবেদনপত্র, দরখাস্ত বা লিখিত আবেদন, বিশেষত কোনো চাকুরি অথবা বিদ্যালয়, ক্লাব ইত্যাদিতে ভর্তির জন্য *Applications for the job should be made to the Personnel Manager.* ○ *To become a member, fill in the* ***application form****.* **2** [C, U] the practical use (of sth) ব্যাবহারিক প্রয়োজনীয়তা **3** [U] hard work; effort কঠোর পরিশ্রম; সযত্ন প্রয়াস, অধ্যবসায় **4** [C] a program that is designed to do a particular job কোনো বিশেষ কাজের জন্য নির্দেশায়িত কম্পিউটার প্রোগ্রাম *a database application*

applied / əˈplaɪd অ্যাˈপ্লাইড্ / *adj.* (used about a subject) studied in a way that has a practical use (কোনো পাঠ্য বিষয় সম্বন্ধে ব্যবহৃত) ব্যাবহারিক জ্ঞান; ব্যাবহারিক, ফলিত *You have to study applied mathematics as part of the engineering course.* ✪ বিপ **pure**

apply / əˈplaɪ অ্যাˈপ্লাই / *verb* (*pres. part.* **applying;** *3rd person sing pres.* **applies;** *pt, pp* **applied**) **1** [I] **apply (to sb) (for sth)** to ask for sth in writing কোনো কিছুর জন্য লিখিত আবেদন করা *I've applied to that company for a job.* ○ *She's applying for a place at university.* **2** [I] **apply (to sb/sth)** to concern or involve sb/sth কোনো ব্যক্তি বা বস্তুকে যুক্ত করা বা জড়িয়ে ফেলা *This information applies to all children born after 1997.* **3** [T] **apply sth (to sth)** to make practical use of sth কোনো কিছুর উপযোগী করা, ব্যাবহারিক প্রয়োগ করা *new technology which can be applied to solving problems in industry* **4** [T] to use a word, a name, etc. to describe sb/sth কোনো ব্যক্তি অথবা বস্তুর বর্ণনা করার জন্য কোনো শব্দ, নাম ইত্যাদি ব্যবহার করা *I don't think the term 'music' can be applied to that awful noise.* **5** [T] **apply sth (to sth)** to put or spread sth onto sth কোনো বস্তুর উপর কিছু লাগানো, প্রয়োগ করা *Apply the cream to the infected area twice a day.* **6** [T] **apply yourself/sth (to sth/doing sth)** to make yourself give all your attention to sth সম্পূর্ণ মনোযোগ দেওয়া, মনঃসংযোগ বা মনোনিবেশ করা *to apply your mind to sth*

appoint / əˈpɔɪnt অ্যাˈপইন্ট্ / *verb* [T] **1 appoint sb (to sth)** to choose sb for a job or position (কোনো ব্যক্তিকে) চাকুরিতে বহাল করা, কর্মে নিযুক্ত করা

The committee have appointed a new chairperson. **2** (*formal*) **appoint sth** (**for sth**) to arrange or decide on sth ধার্য করা, নির্দিষ্ট করা, স্থির বা নির্ধারিত করা

appointment / ə'pɔɪntmənt অ্যা'পইন্ট্‌ম্যান্ট্ / *noun* **1** [C, U] **an appointment** (**with sb**) an arrangement to see sb at a particular time দেখা করার জন্য পূর্বনির্দিষ্ট অথবা পূর্বনির্ধারিত সময় *I have an appointment with Dr Dua at 3 o'clock.* ○ *I'd like to* ***make an appointment*** *to see the manager.* **2** [C] a job or a position of responsibility চাকুরি, দায়িত্বশীল পদ *a temporary / permanent appointment* **3** [C, U] **appointment** (**to sth**) the act of choosing sb for a job কোনো ব্যক্তিকে কোনো কর্মে বা চাকুরিতে নিযুক্ত করার ক্রিয়া

apportion / ə'pɔːʃn অ্যা'পঃশ্‌ন্ / *verb* [T] (*written*) **apportion sth** (**among/between/to sb**) to divide sth among people; to give a share of sth to sb কোনো বস্তু জনগণের মধ্যে ভাগ করে দেওয়া; কোনো ব্যক্তিকে কোনো বস্তুর অংশ দেওয়া; বণ্টন করা, বিতরণ করা *The land was apportioned between members of the family.* ○ *The programme gives the facts but does not* ***apportion blame***.

appraisal / ə'preɪzl অ্যা'প্রেইজ্‌ল্ / *noun* [C, U] (*formal*) a judgement about the value or quality of sb/sth কোনো ব্যক্তি বা বস্তুর মূল্য অথবা গুণ বিচার বা নির্ধারণ

appraise / ə'preɪz অ্যা'প্রেইজ্ / *verb* [T] (*formal*) to judge the value or quality of sb/sth কোনো ব্যক্তি অথবা বস্তুর গুণবিচার ও মূল্য নির্ধারণ করা

appreciable / ə'priːʃəbl অ্যা'প্রীশ্যাব্‌ল্ / *adj.* large enough to be noticed or thought important যথেষ্ট বড়ো হওয়ার কারণে যখন কোনো বস্তু লক্ষণীয় এবং গুরুত্বপূর্ণ মনে হয়

appreciate / ə'priːʃieɪt অ্যা'প্রীশিএইট্ / *verb* **1** [T] to enjoy sth or to understand the value of sb/sth কোনো কিছু যথাযথভাবে উপভোগ করা অথবা কোনো ব্যক্তি বা বস্তুকে সঠিক সম্মান বা মর্যাদা দান করা *My boss doesn't appreciate me.* ○ *I don't appreciate good coffee—it all tastes the same to me.* **2** [T] to understand a problem, situation, etc. সমস্যা, পরিস্থিতি ইত্যাদি বুঝতে পারা *I appreciate your problem but I'm afraid I can't help you.* **3** to be grateful for sth কোনো কিছুর জন্য কৃতজ্ঞ হওয়া *Thanks very much. I really appreciate your help.* **4** [I] to increase in value মূল্যবৃদ্ধি করা

appreciation / əˌpriːʃi'eɪʃn অ্যা,প্রীশি'এইশ্‌ন্ / *noun* **1** [U] understanding and enjoyment of the value of sth কোনো বস্তুর মূল্য উপলব্ধি এবং উপভোগ; মর্যাদা দান, রসোপলব্ধি, মূল্যায়ন, সমাদর *I'm afraid I have little appreciation of modern architecture.* **2** [U] the feeling of being grateful for sth কোনো বস্তুর প্রতি কৃতজ্ঞতাপূর্ণ অনুভূতি, কৃতজ্ঞতাসুলভ মনোভাব *We bought him a present to show our appreciation for all the work he had done.* **3** [U, *sing.*] understanding of a situation, problem, etc. পরিস্থিতি, সমস্যা ইত্যাদি বোধগম্য হওয়ার মনোভাব **4** [U, *sing.*] an increase in value মূল্যসংযোগ; উপচয়

appreciative / ə'priːʃətɪv অ্যা'প্রীশ্যাটিভ্ / *adj.* **1** feeling or showing pleasure or admiration প্রশংসাপ্রবণ, রসগ্রাহী *an appreciative audience* **2 appreciative** (**of sth**) grateful for sth কোনো কিছুর জন্য কৃতজ্ঞ *He was very appreciative of our efforts to help.*

apprehend / ˌæprɪ'hend ˌঅ্যাপ্রি'হেন্ড্ / *verb* [T] (*formal*) (used about the police) to catch sb and arrest him/her (পুলিশের সম্বন্ধে ব্যবহৃত) কাউকে আটক করে গ্রেফতার করা

apprehensive / ˌæprɪ'hensɪv ˌঅ্যাপ্রি'হেন্‌সিভ্ / *adj.* worried or afraid that sth unpleasant may happen শঙ্কিত, শঙ্কাকুল, উদ্বিগ্ন, সন্দিগ্ধ *I'm feeling apprehensive about tomorrow's exam.* ▶ **apprehension** / -ʃn -শ্‌ন্ / *noun* [C, U] সংশয়, উদ্বেগ, আশঙ্কা

apprentice / ə'prentɪs অ্যা'প্রেন্‌টিস্ / *noun* [C] a person who works for low pay, in order to learn the skills needed in a particular job যে ব্যক্তি কোনো নির্দিষ্ট বিষয়ে প্রয়োজনীয় দক্ষতা অর্জনের জন্য কম বেতনে কাজ করে; শিক্ষানবিশ, শিক্ষার্থী, আনাড়ি *an apprentice electrician/chef/plumber*

apprenticeship / ə'prentɪʃɪp অ্যা'প্রেন্‌টিশিপ্ / *noun* [C, U] the state or time of being an apprentice শিক্ষানবিশির সময় বা অবস্থা; শিক্ষানবিশি

approach[1] / ə'prəʊtʃ অ্যা'প্র্যাউচ্ / *verb* **1** [I, T] to come near or nearer to sb/sth কোনো ব্যক্তি বা বস্তুর সমীপবর্তী হওয়া, কাছাকাছি যাওয়া, এগিয়ে আসা, নিকটবর্তী হওয়া *The day of the exam approached.* **2** [T] to begin to deal with a problem, a situation, etc. কোনো সমস্যা, পরিস্থিতি ইত্যাদির সঙ্গে মোকাবিলা করতে শুরু করা *What is the best way to approach this problem?* **3** [T] to speak to sb usually in order to ask for sth কোনো কিছু চাওয়ার জন্য কোনো ব্যক্তির সঙ্গে কথা বলা *I'm going to approach them about a loan.*

approach[2] / ə'prəʊtʃ অ্যা'প্র্যাউচ্ / *noun* **1** [C] a way of dealing with sb/sth কোনো ব্যক্তি বা বস্তুর ক্ষেত্রে ব্যবহারের পদ্ধতি; কার্যসাধন পদ্ধতি, কর্মকৌশল, কর্মপ্রণালী *Parents don't always know what approach to take with teenage children.* **2** [*sing.*] the act of coming nearer (to sb/sth) (কোনো ব্যক্তি

বা বস্তুর) নিকটবর্তী হওয়া বা এগিয়ে আসার ক্রিয়া *the approach of winter* **3** [C] a request for sth কোনো কিছুর জন্য অনুরোধ *The company has **made an approach to** us for financial assistance.* **4** [C] a road or path leading to sth প্রবেশ পথ, ঢোকার রাস্তা, অভিগমন পথ *the approach to the village*

approachable / əˈprəʊtʃəbl অ্যা'প্র্যাউচ্যাব্‌ল্ / *adj.* **1** friendly and easy to talk to বন্ধুত্ব স্থাপন করা যায় এমন, বন্ধুত্বপূর্ণ এবং আলাপী **2** (*not before a noun*) that can be reached সহজগম্য ✪ সম **accessible**

appropriate¹ / əˈprəʊpriət অ্যা'প্র্যাউপ্রিঅ্যাট্ / *adj.* **appropriate (for/to sth)** suitable or right for a particular situation, person, use, etc. নির্দিষ্ট পরিস্থিতি, ব্যক্তি বা নির্দিষ্ট কোনো ব্যবহার ইত্যাদির জন্য উপযুক্ত বা সঠিক; যথোপযুক্ত, মানানসই *The matter will be dealt with by the appropriate authorities.* ○ *I don't think this film is appropriate for children.* ✪ বিপ **inappropriate** ▶ **appropriately** *adv.* উপযোগীভাবে, মানানসইভাবে

appropriate² / əˈprəʊprieɪt অ্যা'প্র্যাউপ্রিএইট্ / *verb* [T] (*formal*) to take sth to use for yourself, usually without permission কোনো বস্তু নিজের ব্যবহারের জন্য অনুমতি ছাড়াই নিয়ে নেওয়া বা আত্মসাৎ করা *He appropriated the money from the company's pension fund.* ▶ **appropriation** / əˌprəʊpriˈeɪʃn অ্যা,প্র্যাউপ্রি'এইশ্‌ন্ / *noun* [U, *sing.*] আত্মসাৎ

approval / əˈpruːvl অ্যা'প্রুভ্‌ল্ / *noun* [U] feeling, showing or saying that you think sth is good; agreement কোনো বস্তুকে ভালো মনে করার যে অনুভূতি, তার প্রকাশ অথবা সেই সম্পর্কিত উক্তি, কোনো কিছু উৎকৃষ্ট বা গ্রহণযোগ্য বলে মনে করা হয় এমন; অনুমোদন *Everybody **gave** their **approval to** the proposal.*

approve / əˈpruːv অ্যা'প্রুভ্ / *verb* **1** [I] **approve (of sb/sth)** to be pleased about sth; to like sb/sth কোনো কিছু সম্বন্ধে প্রসন্ন হওয়া; কোনো ব্যক্তি বা বস্তুকে পছন্দ করা *His father didn't approve of him becoming a dancer.* ✪ বিপ **disapprove** **2** [T] to agree formally to sth or to say that sth is correct বিধিসম্মতভাবে কোনো কিছুকে সমর্থন করা বা ঠিক বলা *We need to get an accountant to approve these figures.*

approving / əˈpruːvɪŋ অ্যা'প্রুভিং / *adj.* showing support or admiration for sth কোনো বস্তু বা বিষয়ের প্রতি অনুমোদন বা সমর্থন প্রকাশ করা হয় এমন *'Good,' he said with an approving smile.* ▶ **approvingly** *adv.* সপ্রশংসভাবে, প্রশংসাসূচকভাবে

approx. *abbr.* (*written*) approximate; approximately কাছাকাছি; মোটামুটি

approximate / əˈprɒksɪmət অ্যা'প্রক্‌সিম্যাট্ / *adj.* almost correct but not completely accurate প্রায় সঠিক কিন্তু সম্পূর্ণরূপে নির্ভুল নয়; প্রায় নির্ভুল, যথাযথ, প্রায় *The approximate time of arrival is 3 o'clock.* ○ *I can only give you an approximate idea of the cost.*

approximately / əˈprɒksɪmətli অ্যা'প্রক্‌সিম্যাট্‌লি / *adv.* about; roughly মোটামুটি, প্রায়; আন্দাজমতো *It's approximately fifty kilometres from here.*

approximation / əˌprɒksɪˈmeɪʃn অ্যা,প্রক্‌সি'মেইশ্‌ন্ / *noun* [C] a number, answer, etc. which is nearly, but not exactly, right প্রায় সঠিক উত্তর, সংখ্যা ইত্যাদির কাছাকাছি মূল্যায়ন

Apr. *abbr.* April এপ্রিল মাস *2 Apr. 2006*

apricot / ˈeɪprɪkɒt 'এইপ্রিকট্ / *noun* [C] a small, round, yellow or orange fruit with a large seed (**stone**) inside বড়ো বীজসমেত হলুদ বা কমলা রঙের ছোটো গোল ফল; খুবানি

April / ˈeɪprəl 'এইপ্র্যাল্ / *noun* [U, C] (*abbr.* **Apr.**) the fourth month of the year, coming after March বছরের চতুর্থ মাস; মার্চ মাসের পরের মাস এপ্রিল মাস

> **NOTE** বাক্যে মাসের নামের ব্যবহার দেখার জন্যে **January**-তে দেওয়া উদাহরণ এবং নোট দেখো।

April Fool's Day *noun* [*sing.*] 1 April পয়লা এপ্রিল

> **NOTE** এই দিনে প্রথা অনুসারে মানুষ একে অপরের উপর ঠাট্টা বা কৌতুক করে, বিশেষত কোনো অবিশ্বাস্য গল্প অথবা ঘটনা বিশ্বাস করানোর চেষ্টা করে। যে ব্যক্তি এই ঘটনা বিশ্বাস করে তাকে **April Fool** বলা হয়।

apriori / ˌeɪ praiˈɔːrai ˌএই প্রাই'অ:রাই / *adj* using facts or principles to decide the probable effects or result of sth আনুমানিকভাবে, অনুমানপ্রসূতভাবে, অনুমান অনুযায়ী

apron / ˈeɪprən 'এইপ্র্যান্ / *noun* [C] a piece of clothing that you wear over the front of your usual clothes in order to keep them clean, especially when cooking সচরাচর যে সকল পোশাক পরিধান করা হয় তা পরিষ্কার রাখার জন্য সেগুলির (সামনে অংশের) উপরে পরার বস্ত্র, বিশেষত রান্নার সময়ে; বহির্বাস, অ্যাপ্রন

apropos / ˌæprəˈpəʊ ˌঅ্যাপ্র্যা'প্যাউ / (*also* **apropos of**) *prep.* on the subject of sth/sb কোনো ব্যক্তি বা বস্তুর প্রসঙ্গে; প্রাসঙ্গিকভাবে *Apropos (of) what you were just saying he's the best man for the job.*

apt / æpt অ্যাপ্ট্ / *adj.* **1** suitable in a particular situation নির্দিষ্ট কোনো পরিস্থিতিতে যথোপযুক্ত, সুসংগত, লাগসই, জুতসই *I thought 'complex' was an apt description of the book.* **2 apt to do sth**

often likely to do sth প্রায়ই কোনো কাজ করার প্রবণতাসম্পন্ন

aptitude / ˈæptɪtjuːd ˈঅ্যাপ্‌টিটিউড্ / *noun* [U,C] **aptitude (for sth/for doing sth)** natural ability or skill স্বাভাবিক প্রবণতা, ঝোঁক বা দক্ষতা *She has an aptitude for learning languages.* ○ *an* ***aptitude test***

aptly / ˈæptli ˈঅ্যাপ্‌ট্‌লি / *adv.* in an appropriate way; suitably যোগ্যভাবে, ঠিকভাবে, ঠিক পথে; যথাযোগ্যভাবে *The winner of the race was aptly named Suman Speedy.*

aqualung / ˈækwəlʌŋ ˈঅ্যাকুঅ্যালাং / *noun* [C] a container of air that a person carries on his or her back when swimming under the surface of the sea, a lake etc. (**diving**) and which provides air through a tube for the person to breathe হাওয়া ভরা থলি যা সমুদ্র, হ্রদ ইত্যাদির জলের নীচে সাঁতার কাটার সময়ে বা ডাইভিং করার সময়ে কোনো ব্যক্তি পিঠে বহন করে এবং যেটির নল দ্বারা বাহিত বাতাসের মাধ্যমে সেই ব্যক্তি শ্বাসগ্রহণ করে; জলফুসফুস

aquamarine / ˌækwəməˈriːn ˌঅ্যাকুঅ্যাম্যা'রীন্ / *noun* **1** [C, U] a pale greenish-blue precious stone নীলাভ সবুজ রঙের মূল্যবান পাথর **2** [U] a pale greenish-blue colour হালকা নীলচে সবুজ রং; ফিরোজা ▶ **aquamarine** *adj.* ফিরোজা, নীলাভ সবুজ রং

aquarium / əˈkweəriəm অ্যা'কুএঅ্যারিঅ্যাম্ / *noun* [C] (*pl.* **aquariums** or **aquaria** / -riə -রিঅ্যা /) **1** a glass container filled with water, in which fish and water animals are kept জলে ভরা কাচের পাত্র যেখানে মাছ এবং জলজ প্রাণী সংরক্ষিত করা হয়; মৎস্যাধার **2** a building where people can go to see fish and other water animals কোনো বড়ো বাড়ি বা অট্টালিকা যেখানে মাছ ও অন্যান্য জলজ প্রাণী দেখার জন্য যাওয়া যায়

Aquarius / əˈkweəriəs অ্যা'কুএঅ্যারিঅ্যাস্ / *noun* [U] the eleventh sign of the **zodiac,** the Water Carrier রাশিচক্রের একাদশতম রাশি; কুম্ভ রাশি

aquatic / əˈkwætɪk অ্যা'কুঅ্যাটিক্ / *adj.* living or taking place in, on or near water জলে জাত অথবা জলের মধ্যে, উপরে বা নীচে ঘটমান; জলসংক্রান্ত, জলজ, জলচর *aquatic plants* ○ *windsurfing and other aquatic sports*

aqueduct / ˈækwɪdʌkt ˈঅ্যাকুইডাক্ট / *noun* [C] a structure like a bridge for carrying water across a valley or low ground (উপত্যকা বা নীচু জমিতে) কৃত্রিম জলবাহিকা প্রণালী; জলবাহিকা, নালা

aqueous / ˈeɪkwiəs ˈএইকুইঅ্যাস্ / *adj.* (*technical*) containing water; like water জলীয়; জলবৎ, জলপূর্ণ, জলজ

aquifer / ˈækwɪfə(r) ˈঅ্যাকুইফ্যা(র্) / *noun* [C] (in geology) a layer of rock or soil that can take in and hold water (ভূতত্ত্বে) পাথর বা মাটির যে স্তরের জল শুষে নেওয়া এবং ধরে রাখার ক্ষমতা আছে; জলবাহক, জলবাহী, জলস্তর

Arab / ˈærəb ˈঅ্যার‍্যাব্ / *noun* [C] a member of a people who lived originally in Arabia and who now live in many parts of the Middle East and North Africa মূলত যে জনগোষ্ঠী আরব দেশে বসবাস করত এবং বর্তমানে যারা মধ্যপ্রাচ্য এবং উত্তর আফ্রিকার বিভিন্ন অংশে বসবাস করে; আরব দেশের নিবাসী, আরব জাতির একজন সদস্য ▶ **Arab** *adj.* আরবদেশীয়, আরব রাজ্য সংক্রান্ত *Arab countries*

Arabic / ˈærəbɪk ˈঅ্যার‍্যাবিক্ / *noun* [*sing.*] the language of Arab people আরবী ভাষা

arable / ˈærəbl ˈঅ্যার‍্যাব্‌ল্ / *adj.* (in farming) connected with growing crops for sale, not keeping animals (কৃষিকার্যে) বিক্রি উপলক্ষ্যে শস্য উৎপাদন সংক্রান্ত (পশুপালন সংক্রান্ত নয়) *arable land/farmers*

arachnid / əˈræknɪd অ্যা'র‍্যাকনিড্ / *noun* [C] any of the **class** of small creatures with eight legs that includes spiders আটটি পদ-বিশিষ্ট ছোটো পতঙ্গের যে-কোনো একটি শ্রেণি যার মধ্যে মাকড়সা অন্তর্ভুক্ত; মাকড়সা-বর্গীয় কীট

arbitrage / ˈɑːbɪtrɑːʒ; -trɪdʒ ˈআ:বিট্রাজ্; -ট্রিজ্ / *noun* [U] (in business) the practice of buying sth, for example foreign money, in one place and selling it in another place where the price is higher (ব্যাবসায়) কোনো বস্তু, যেমন বিদেশি মুদ্রা, এক জায়গায় কিনে অন্য জায়গায় বেশি দামে বিক্রি করার পদ্ধতি; মুদ্রাবিনিময় ব্যাবসা

arbitrageur / ˌɑːbɪtrɑːˈʒɜː(r) ˌআ:বিট্রা:'জ্য(র্) / (*also* **arbitrager**) / ˈɑːbɪtrɪdʒə(r) ˈআ:বিট্রিজ্যা(র্) / *noun* [C] a person whose job is to buy sth, for example foreign money, in one place and sell it in another place where the price is higher কোনো বস্তু যেমন বিদেশি মুদ্রা যা একজায়গায় কিনে অন্য জায়গায় বেশি দামে বিক্রি করে যে ব্যক্তি, বিদেশি মুদ্রার ব্যবসায়ী, মুদ্রাবিনিময় ব্যবসায়ী

arbitrary / ˈɑːbɪtrəri ˈআ:বিট্র্যারি / *adj.* not seeming to be based on any reason or plan and sometimes seeming unfair কোনো যুক্তি বা পরিকল্পনার উপর প্রতিষ্ঠিত বলে মনে হয় না এবং কখনো কখনো যা অন্যায় বলে মনে হয়; স্বেচ্ছাচারপ্রসূত, স্বৈরাচারী, খামখেয়ালী ▶ **arbitrarily** *adv.* অনিয়ন্ত্রিতভাবে

arbitrate / ˈɑːbɪtreɪt ˈআ:বিট্রেইট / *verb* [I, T] to settle an argument between two people or groups by finding a solution that both can accept দুই ব্যক্তি অথবা গোষ্ঠীর মধ্যে কোনো গ্রহণযোগ্য সমাধানের মাধ্যমে কোনো বিতর্কের মীমাংসা করা, মধ্যস্থতা করা,

সালিশি হিসেবে কাজ করা, সালিশনামার দ্বারা মীমাংসা করা
▶ **arbitration** / ˌɑːbɪˈtreɪʃn ˌআ:বি'ট্রেইশ্ন্ / *noun* [U] সালিশি, মধ্যস্থতা *The union and the management decided to* ***go to arbitration****.*

arbitrator / ˈɑːbɪtreɪtə(r) 'আ:বিট্রেইট্যা(র্) / *noun* [C] a person who is chosen to settle an argument between two people or two groups of people দুজন ব্যক্তি বা দুটি গোষ্ঠীর মধ্যে বিবাদ মেটানোর জন্য মনোনীত ব্যক্তি; মধ্যস্থতাকারী, বিচারক, সালিশ

arc / ɑːk আ:ক্ / *noun* [C] a curved line, part of a circle বাঁকা লাইন যেটি একটি বৃত্তের অংশ, বক্ররেখায় ➪ **circle**-এ ছবি দেখো।

arcade / ɑːˈkeɪd আ:'কেইড্ / *noun* [C] **1** a large covered passage or area with shops along one or both sides আচ্ছাদিত পথ অথবা অঞ্চল যার একপাশে বা দুই পাশে সারি দিয়ে দোকান আছে; বিপণিশোভিত খিলানে ঢাকা পথ *a shopping arcade* **2** (*also* **amusement arcade**) a large room with machines and games that you put coins into to play পয়সা ফেলে খেলতে হয় এমন কল এবং খেলার সরঞ্জামে ভরা বড়ো ঘর; আর্কেড

arcane / ɑːˈkeɪn আ:'কেইন্ / *adj.* (*formal*) known to very few people and therefore difficult to understand অপ্রচলিত এবং সেই কারণেই সহজবোধ্য নয় *the arcane rules of cricket*

arch[1] / ɑːtʃ আ:চ্ / *noun* [C] **1** a curved structure that supports the weight of sth above it, such as a bridge or the upper part of a building বাঁকানো কাঠামো যা উপরকার ভার বহনে সাহায্য করে, যেমন কোনো সেতু বা বাড়ির উপরাংশ; খিলান, খিলেন, খিলানাকৃতি তোরণ ➪ **archway** দেখো। **2** a structure with a curved top that is supported by straight sides, sometimes forming an entrance or built as a **monument** বাঁকানো উপরিতল সমন্বিত কাঠামো যার দুই পাশ সোজা (কখনও প্রবেশপথ হিসেবে বা কখনও স্মৃতিস্তম্ভরূপে নির্মিত) কখনও তা প্রবেশপথ তৈরি করে অথবা কখনও স্মৃতিস্তম্ভ-রূপে সেটি নির্মাণ করা হয়; খিলান-তোরণ, খিলান-দ্বার **3** the curved part of the bottom of your foot পায়ের নীচের বাঁকানো অংশ

arch[2] / ɑːtʃ আ:চ্ / *verb* [I, T] to make a curve বাঁকানো, ধনুকের মত বাঁকানো

arch- / ɑːtʃ আ:চ্ / *prefix* (*in nouns*) main, most important or most extreme প্রধান, মোক্ষম, মহা, মহত্তম *archbishop* ○ *arch-rival*

archaeological (*AmE* **archeological**) ˌɑːkiəˈlɒdʒɪkl ˌআ:কিঅ্যা'লজিক্ল্ / *adj.* connected with archaeology প্রত্নতত্ত্ববিষয়ক, প্রত্নতত্ত্বসংক্রান্ত

archaeologist (*AmE* **archeologist**) / ˌɑːkiˈɒlədʒɪst আ:কি'অল্যাজিস্ট্/ *noun* [C] an expert in archaeology প্রত্নতত্ত্ব বিষয়ে বিশেষজ্ঞ; প্রত্নতত্ত্ববিদ, প্রত্নতাত্ত্বিক

archaeology (*AmE* **archeology**) / ˌɑːkiˈɒlədʒi ˌআ:কি'অল্যাজি / *noun* [U] the study of the past, based on objects or parts of buildings that are found in the ground মাটির নীচে প্রাপ্ত বস্তু বা অট্টালিকার ভগ্নাংশ ইত্যাদির উপর ভিত্তি করে অতীতের চর্চা বা গবেষণা; পুরাতত্ত্ব, প্রত্নতত্ত্ব

archaic / ɑːˈkeɪɪk আ:'কেইইক্ / *adj.* very old-fashioned; no longer used সেকেলে, সাবেকি; বর্তমানে অপ্রচলিত, প্রাচীন

archbishop / ˌɑːtʃˈbɪʃəp ˌআ:চ্'বিশ্যাপ্ / *noun* [C] a priest with a very high position, in some branches of the Christian Church, who is responsible for all the churches in a large area of a country খ্রিস্টান গির্জার কোনো কোনো শাখার অত্যন্ত উচ্চপদসম্পন্ন পুরোহিত বা ধর্মাধ্যক্ষ যিনি কোনো দেশের বৃহৎ অঞ্চলের সমস্ত গির্জার দায়িত্বপ্রাপ্ত; মহাধর্মাধ্যক্ষ; আর্চবিশপ *the Archbishop of Canterbury* (= the head of the Church of England) ➪ **bishop** দেখো।

archer / ˈɑːtʃə(r) 'আ:চ্যা(র্) / *noun* [C] a person who shoots **arrows** through the air by pulling back a tight string on a curved piece of wood (**a bow**) and letting go. In past times this was done in order to kill people, but it is now done as a sport যে ব্যক্তি ধনুকে শক্ত করে বাঁধা শরের সাহায্যে বাতাসে তীর নিক্ষেপ করে। অতীতে মানুষকে হত্যা করার জন্য এটি ব্যবহৃত হত কিন্তু এখন এটি খেলা হিসেবে গ্রহণ করা হয়; তিরন্দাজ, ধনুর্ধর, ধানুকি

archery / ˈɑːtʃəri 'আ:চ্যারি / *noun* [U] the sport of shooting arrows তিরন্দাজি, ধনুর্বিদ্যা

archetypal / ˌɑːkiˈtaɪpl ˌআ:কি'টাইপ্ল্ / *adj.* (*written*) having all the qualities that make sb/sth a typical example of a particular kind of person or thing বিশেষ কোনো বৈশিষ্ট্যসম্পন্ন ব্যক্তি বা বস্তুর মতো সকল গুণসম্পন্ন ব্যক্তি বা বস্তু; (কোনো বস্তু বা ব্যক্তির) বিশেষ কোনো চারিত্রিক বৈশিষ্ট্যের উদাহরণ *He lived an archetypal rock star's lifestyle.*

archetype / ˈɑːkitaɪp 'আ:কিটাইপ্ / *noun* [C] (*written*) the most typical example of a particular kind of person or thing কোনো বিশেষ বস্তু বা ব্যক্তির সঠিক উদাহরণ; প্রতিরূপ, প্রতিনিধি

archipelago / ˌɑːkɪˈpeləɡəʊ ˌআ:কি'পেল্যাগ্যাউ / *noun*[C] (*pl.* **archipelagos** or **archipelagoes**) (in geography) a group of islands and the sea around them (ভূগোলে) দ্বীপপুঞ্জ, সমুদ্রবেষ্টিত দ্বীপপুঞ্জ

architect / ˈɑːkɪtekt 'আ:কিটেক্ট্ / *noun* [C] a person whose job is to design buildings যে ব্যক্তির কাজ বাড়ি, অট্টালিকা ইত্যাদির নকশা তৈরি করা; স্থপতি, স্থাপত্যশিল্পী, সৌধশিল্পী

architectural / ˌɑːkɪˈtektʃərəl ˌআ:কি'টেক্চ্যার্যাল্ / *adj.* connected with the design of buildings

অট্টালিকার নকশাসংক্রান্ত, স্থাপত্য বিষয়ক, স্থাপত্য নকশা সংক্রান্ত

architecture / ˈɑːkɪtektʃə(r) 'আ:কিটেক্চ্যা(র্) / *noun* **1** [U] the study of designing and making buildings কোঠাবাড়ি, অট্টালিকা ইত্যাদির নকশা এবং নির্মাণ বিষয়ক গবেষণা বা অধ্যয়ন **2** the style or design of a building or buildings কোঠাবাড়ি অথবা অট্টালিকাসমূহের নির্মাণরীতি বা কৌশল

archives / ˈɑːkaɪvz 'আ:কাইভ্জ্ / *noun* [*pl.*] (*also* **archive**) [C] a collection of historical documents, etc. which show the history of a place or an organization; the place where they are kept কোনো স্থান, ঘটনা অথবা সংগঠনের ঐতিহাসিক দলিল-দস্তাবেজের সংরক্ষণাগার; মহাফেজখানা *archive material on the First World War*

archway / ˈɑːtʃweɪ 'আ:চ্উএই / *noun* [C] a passage or entrance with an arch over it খিলান সমেত প্রবেশদ্বার

Arctic / ˈɑːktɪk 'আ:ক্টিক্ / *adj.* **1** connected with the region around the **North Pole** উত্তর মেরু অঞ্চল বা সুমেরু, সুমেরু সংক্রান্ত; সুমেরুবৎ ➪ **Antarctic** দেখো। **2 arctic** extremely cold অত্যন্ত ঠান্ডা

the Arctic / ˈɑːktɪk 'আ:ক্টিক্ / *noun* [*sing.*] the area around the North Pole উত্তরমেরু ভূভাগ; সুমেরু ➪ **the Antarctic** দেখো।

the Arctic Circle *noun* [*sing.*] the line of **latitude** 66° 30'N, ৬৬° ৩০'উ অক্ষাংশ; সুমেরুবৃত্ত ➪ **the Antarctic Circle** এবং **earth**-এ চিত্র দেখো।

ardent / ˈɑːdnt 'আ:ড্ন্ট্ / *adj.* showing strong feelings, especially a strong liking for sb/sth (কোনো ব্যক্তি অথবা বস্তুর প্রতি) নিবিড়ভাবে অনুরক্ত; উদ্দীপ্ত, উৎসাহিত *He was an ardent supporter of Mohun Bagan.* ▶ **ardently** *adv.* ব্যগ্রভাবে, ব্যাকুলভাবে

ardour / ˈɑːdə(r) 'আ:ড্যা(র্) / *noun* [U] very strong feelings of love; very strong feelings of admiration or excitement নিবিড় অনুরাগ, প্রবল আবেগ; প্রবল মুগ্ধতা এবং উৎসাহ অথবা উত্তেজনা *romantic ardour* ○ *revolutionary ardour*

arduous / ˈɑːdjuəs; -dʒu- 'আ:ডিউঅ্যাস্; -জু- / *adj.* full of difficulties; needing a lot of effort দুঃসাধ্য, কষ্টসাধ্য; পরিশ্রমসাপেক্ষ *an arduous journey* ○ *arduous work*

are ➪ **be** দেখো।

area / ˈeəriə 'এঅ্যারিঅ্যা / *noun* **1** [C] a part of a town, a country or the world কোনো শহর, দেশ অথবা পৃথিবীর অংশবিশেষ ○ *The wettest areas are in the East of the country.* ○ *Forests cover a large area of the country.* ➪ **district**-এ নোট দেখো। **2** [C, U] the size of a surface, that you can calculate by multiplying the length by the width কোনো পৃষ্ঠতলের আয়তন যা তার দৈর্ঘ্য এবং প্রস্থ গুণ করে হিসেব করা হয়; ক্ষেত্রফল *The area of the office is 35 square metres.* ○ *The office is 35 square metres* ***in area***. ➪ **volume** দেখো। **3** [C] a space used for a particular activity বিশেষ উদ্দেশ্যে ব্যবহৃত নির্দিষ্ট জায়গা *The restaurant has a non-smoking area.* **4** [C] a particular part of a subject or activity কোনো বিষয় বা কোনো কাজের বিশেষ একটা দিক *Training is one area of the business that we could improve.*

areca / ˈærɪkə 'অ্যারিক্যা / *noun* [C] a kind of palm tree that produces small hard nuts; betel nut এক ধরনের তালজাতীয় শাখাহীন বৃক্ষ যা ছোটো ছোটো শক্ত ফল উৎপন্ন করে; সুপারি গাছ; সুপারি

arena / əˈriːnə অ্যা'রীন্যা / *noun* [C] **1** an area with seats around it where public entertainments (sporting events, concerts, etc.) are held আসন পরিবেষ্টিত অঞ্চল যেখানে জনগণের বিনোদনের জন্য অনুষ্ঠান (খেলা, সংগীতানুষ্ঠান ইত্যাদি) সংঘটিত হয়; মল্লভূমি, ক্রীড়াঙ্গন **2** an area of activity that concerns the public বারোয়ারি অথবা সর্বজন সম্বন্ধীয় কার্যকলাপ; জনসাধারণসংক্রান্ত

aren't ➪ **are not**-এর সংক্ষিপ্ত রূপ

arête / əˈret অ্যা'রেট্ / *noun* [C] (in geography) a long sharp piece of high land (**a ridge**) along the top of mountains (ভূগোলে) পর্বত শিখরের লম্বা এবং সূক্ষ্মাগ্র উচ্চতর ভূভাগ বা শৈলশিরা; শিরাল পর্বত ➪ **glacial**-এ ছবি দেখো।

argon / ˈɑːgɒn 'আ:গন্ / *noun* [U] (*symbol* **Ar**) a colourless gas that does not react with chemicals and is used in electric lights বর্ণশূন্য গ্যাসবিশেষ যা রাসায়নিক পদার্থের সঙ্গে প্রতিক্রিয়া করে না এবং যেটি বৈদ্যুতিক আলোতে ব্যবহৃত হয় **NOTE** **Argon** এক-প্রকারের গ্যাস যার গ্যাসীয় মৌল অন্যান্য মৌলের সঙ্গে মিলিত হয় না।

argot / ˈɑːgəʊ 'আ:গ্যাউ / *noun* [U] informal words and phrases that are used by a particular group of people and that other people do not easily understand কোনো গোষ্ঠীর দ্বারা ব্যবহৃত চলিত শব্দ এবং বাক্যাংশবিশেষ যা অন্য লোকেরা সহজে বুঝতে পারে না

arguable / ˈɑːgjuəbl 'আ:গিউঅ্যাব্ল্ / *adj.* **1** probably true; that you can give reasons for সম্ভবত সত্য; যার সপক্ষে যুক্তি দেওয়া যায়, যুক্তিসাধ্য, তর্কসাপেক্ষ *It is arguable that all hospital treatment should be free.* **2** probably not true; that you can give reasons against সম্ভবত সত্য নয়; যার বিপরীতে যুক্তি দেওয়া যায় ▶ **arguably** / -əbli -অ্যাব্লি / *adv.* তর্কসাপেক্ষভাবে *'King Lear' is arguably Shakespeare's best play.*

argue / ˈɑːgjuː 'আ:গিউ / *verb* **1** [I] **argue (with sb) (about/over sth)** to say things, often angrily, that show that you do not agree with sb about sth (প্রায়ই রাগতভাবে) কারও সঙ্গে কোনো বিষয় সম্বন্ধে কথা কাটাকাটি করা; তর্ক করা *The children next door are always arguing.* ➪ **fight**[1] 4 এবং **quarrel**[2] 1 দেখো। **2.** [I, T] **argue that...; argue (for/against sth)** to give reasons that support your opinion about sth কোনো বিষয়ে নিজের মত অথবা যুক্তির সমর্থনে কারণ দেখানো *He argued against buying a new computer.*

argument / ˈɑːgjumənt ˈআ:গিউম্যান্ট্ / *noun* **1** [C, U] **an argument (with sb) (about/over sth)** an angry discussion between two or more people who disagree with each other ঐকমত্য নেই এমন দুই অথবা তার বেশি ব্যক্তির মধ্যে রাগতভাবে আলোচনা; তর্ক, কথা কাটাকাটি *Leela* ***had an argument*** *with her father about politics.* ○ *He accepted the decision without argument.* **2** [C] the reason(s) that you give to support your opinion about sth নিজের যুক্তির পক্ষে প্রদর্শিত যুক্তি বা যুক্তিসমূহ *What are the* ***arguments for/against*** *lower taxes?*

argumentative / ˌɑːgjuˈmentətɪv ˌআ:গিউˈমেন্ট্যাটিভ্ / *adj.* often involved in or enjoying arguments তার্কিক, যুক্তিবাগীশ, যুক্তিক্ষম, তর্কপ্রবণ

arid / ˈærɪd ˈঅ্যারিড্ /*adj.* (used about land or climate) very dry; with little or no rain (জমি অথবা আবহাওয়া সম্পর্কে ব্যবহৃত) রুক্ষ, অনুর্বর, শুষ্ক, তাপদগ্ধ, শুকনো

Aries / ˈeəriːz ˈএঅ্যারীজ্ / *noun* [U] the first of the twelve signs of the **zodiac**, the Ram রাশি চক্রের বারোটি চিহ্নের মধ্যে প্রথমটি; মেষ রাশি

arise / əˈraɪz অ্যাˈরাইজ্ / *verb* [I] (*pt* **arose** / əˈrəʊz অ্যাˈর্যাউজ্ /; *pp* **arisen** / əˈrɪzn অ্যাˈরিজ্ন্ /) to begin to exist; to appear উত্থিত হওয়া, উদিত-হওয়া; আবির্ভূত হওয়া, দৃষ্টিগোচর হওয়া *If any problems arise, let me know.*

aristocracy / ˌærɪˈstɒkrəsi ˌঅ্যারিˈস্টক্র্যাসি/ *noun* [C] (*pl.* **aristocracies**) the people of the highest social class who often have special titles উচ্চতম সামাজিক শ্রেণিভুক্ত মানুষ যাদের প্রায়ই বিশেষ উপাধি থাকে; অভিজাত সম্প্রদায়, অভিজাতবর্গ, উচ্চশ্রেণি, সমাজের শ্রেষ্ঠ প্রতিনিধিবর্গ ✪ সম **nobility**

aristocrat / ˈærɪstəkræt ˈঅ্যারিস্ট্যাক্র্যাট্ / *noun* [C] a member of the highest social class, often with a special title উচ্চতম সামাজিক শ্রেণির সদস্য (প্রায়ই বিশেষ কোনো খেতাববিশিষ্ট) অভিজাত ব্যক্তি, কুলীন, উচ্চবংশোদ্ভূত ব্যক্তি ▶ **aristocratic** / ˌærɪstəˈkrætɪk ˌঅ্যারিস্ট্যাˈক্র্যাটিক্ / *adj.* অভিজাত, বনেদি, খানদানি

arithmetic / əˈrɪθmətɪk অ্যাˈরিথ্ম্যাটিক্ / *noun* [U] (*mathematics*) the kind of mathematics which involves counting with numbers (adding, subtracting, multiplying and dividing) (গণিত) বিশেষ ধরনের গণিত যা সংখ্যা গণনার সঙ্গে সম্পর্কযুক্ত (যোগ, বিয়োগ, গুণ, ভাগ ইত্যাদি); গণিতশাস্ত্র, পাটিগণিত *I'm not very good at* ***mental arithmetic***.

arithmetic progression (*also* **arithmetical progression**) *noun* [C] (*mathematics*) a series of numbers that decrease or increase by the same amount each time, for example 2, 4, 6, 8 (গণিত) সমান্তর শ্রেণি (যেমন ২,৪,৬,৮) ➪ **geometric progression** দেখো।

the ark / ɑːk আ:ক্ / *noun* [*sing.*] (in the Bible) a large boat which Noah built to save his family and two of every type of animal from the flood (বাইবেলে) মহাপ্লাবনের সময়ে নিজের পরিবার এবং প্রাণীকুলের প্রতি বর্গ হতে দুজনকে বাঁচানোর জন্য বা রক্ষা করার জন্য নোয়া যে বৃহৎ জাহাজ নির্মাণ করেছিলেন

arm[1] / ɑːm আ:ম্ / *noun* [C] **1** the long part at each side of your body connecting your shoulder to your hand বাহু, হাত, ভুজ, হস্ত *He was carrying a newspaper under his arm.* **2** the part of a piece of clothing that covers your arm; a sleeve বস্ত্রের যে অংশ দ্বারা হাত বা বাহু ঢাকা থাকে; জামার হাতা **3** the part of a chair where you rest your arms চেয়ারে হাত রাখার জায়গা, কেদারার হাতল

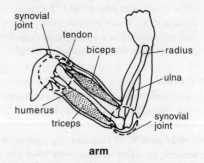

arm

IDM **arm in arm** with your arm folded around sb else's arm হাতধরাধরি বা বাহুবন্ধ অবস্থায় *The two friends walked arm in arm.*

cross/fold your arms to cross your arms in front of your chest বুকের উপর আড়াআড়িভাবে হাত রাখা *She folded her arms and waited.* ○ *Jai was sitting with his arms crossed.*

twist sb's arm ➪ **twist**[1] দেখো।

with open arms ➪ **open**[1] দেখো।

arm[2] / ɑːm আ:ম্ / *verb* [I, T] to prepare sb/yourself to fight by supplying or getting weapons কোনো ব্যক্তিকে যুদ্ধের প্রস্তুতির জন্য অস্ত্র সরবরাহ করা বা নিজে অস্ত্রপ্রাপ্ত হওয়া ➪ **armed** এবং **arms** দেখো।

armadillo / ˌɑːməˈdɪləʊ ˌআ:ম্যাˈডিল্যাউ / (*pl.* **armadillos**) *noun* [C] an American animal with

a hard shell, that eats insects and rolls into a ball if sth attacks it দক্ষিণ আমেরিকার কঠিন খোলসে আবৃত প্রাণী যারা পোকা-মাকড় খায় এবং কেউ আক্রমণ করলে নিজেকে বলের মত গুটিয়ে ফেলে; আর্মাডিলো

armament / ˈɑːməmənt ˈআ:ম্যাম্যান্ট্ / *noun* [U] **1** (*also* **armaments**) [*pl.*] weapons, especially large guns, bombs, **tanks,** etc. অস্ত্রশস্ত্র, বিশেষ করে বড়ো আগ্নেয়াস্ত্র (যেমন বন্দুক, বোমা, ইত্যাদি); যুদ্ধোপকরণ **2** the process of increasing the amount of weapons an army or a country has, especially to prepare for war বিশেষত যুদ্ধের প্রস্তুতি নেওয়ার জন্য দেশ অথবা সৈন্যবাহিনীর অস্ত্র ইত্যাদির পরিমাণ বৃদ্ধি করার প্রক্রিয়া ➪ **disarmament** দেখো।

armaments / ˈɑːməmənts ˈআ:ম্যাম্যান্ট্স্ / *noun* [*pl.*] weapons and military equipment অস্ত্রশস্ত্র এবং সামরিক উপকরণ

armband / ˈɑːmbænd ˈআ:মব্যান্ড্ / *noun* [C] **1** a piece of material that you wear around your arm হাতে পরার একধরনের বস্ত্র; তাগা, তাবিজ *The captain of the team wears an armband.* **2** a plastic ring filled with air which you can wear on each of your arms when you are learning to swim সাঁতার শেখার সময় দুহাতে বাঁধার জন্য হাওয়া-ভরা গোল প্লাস্টিকের রিং

armchair / ˈɑːmtʃeə(r) ˈআ:মচেআ্যা(র্) / *noun* [C] a soft comfortable chair with sides which support your arms হাতলওয়ালা আরামদায়ক চেয়ার; আরামকেদারা

armed / ɑːmd আ:মড্ / *adj.* carrying a gun or other weapon; involving weapons বন্দুক অথবা অন্য অস্ত্র বহন করে এমন; অস্ত্র সম্পর্কিত; অস্ত্রশস্ত্রে সুসজ্জিত *All the terrorists were armed.* ○ *armed robbery* ✪ বিপ **unarmed**

the armed forces (*BrE* **the armed services**) *noun* [*pl.*] a country's army, navy and air force কোনো দেশের সামরিক বাহিনী (সৈন্যবাহিনী, বিমানবাহিনী এবং নৌবাহিনী একত্রে)

armful / ˈɑːmfʊl ˈআ:মফুল্ / *noun* [C] the amount that you can carry in your arms দুহাতে যতটা বহন করা যায়; হাতভর্তি

armhole / ˈɑːmhəʊl ˈআ:মহ্যাউল্ / *noun* [C] the opening in a piece of clothing where your arm goes through জামায় বা পোশাকে হাত ঢোকানোর জায়গা

armistice / ˈɑːmɪstɪs ˈআ:মিস্টিস্ / *noun* [C] an agreement between two countries who are at war that they will stop fighting যুদ্ধরত দুই দেশের মধ্যে যুদ্ধাবসানের অথবা যুদ্ধবিরতি চুক্তি

armour (*AmE* **armor**) / ˈɑːmə(r) ˈআ:ম্যা(র্) / *noun* [U] clothing, often made of metal, that soldiers wore in earlier times to protect themselves পরিধেয় কোনো ধাতব বস্তু যা আগেকার সময়ে নিজেদের সুরক্ষার জন্য সৈন্যরা ব্যবহার করত; বর্ম, অঙ্গত্রাণ *a suit of armour*

armoured (*AmE* **armored**) / ˈɑːməd ˈআ:ম্যাড্ / *adj.* (used about a vehicle) covered with metal to protect it in an attack (যান সম্বন্ধে ব্যবহৃত) আক্রমণ থেকে সুরক্ষার জন্য ধাতু দ্বারা আচ্ছাদিত

armpit / ˈɑːmpɪt ˈআ:মপিট্ / *noun* [C] the part of the body under the arm at the point where it joins the shoulder কক্ষপুট, বগল, বাহুমূল ➪ **body**-তে ছবি দেখো।

arms / ɑːmz আ:মজ্ / *noun* [*pl.*] **1** weapons, especially those that are used in war যুদ্ধে ব্যবহারের অস্ত্রশস্ত্র **2** = **coat of arms**

IDM **up in arms** protesting angrily about sth কোনো বস্তু সম্পর্কে (রাগতভাবে) প্রতিবাদে মুখর *The workers were up in arms over the news that the factory was going to close.*

army / ˈɑːmi ˈআ:মি/ *noun* [C, *with sing. or pl. verb*] (*pl.* **armies**) **1** the military forces of a country which are trained to fight on land দেশের সামরিক বাহিনী যারা স্থলভাগে যুদ্ধ করতে প্রশিক্ষণপ্রাপ্ত; ফৌজ, স্থলসৈন্য, সৈন্যবাহিনী *the Indian Army* ○ *an army officer* ➪ **air force** এবং **navy** দেখো। **2** a large number of people, especially when involved in an activity together অনেকসংখ্যক মানুষ বিশেষত তারা যখন কোনো কর্মসাধনের উদ্দেশ্য সংগঠিত হয়; দল, সংগঠন

aroma / əˈrəʊmə অ্যাˈর‍্যাউম্যা / *noun* [C] a smell, especially a pleasant one সুগন্ধ, সৌরভ, মধুগন্ধ, সুবাস ▶ **aromatic** /ˌærəˈmætɪk ˌঅ্যার‍্যাˈম্যাটিক্ / *adj.* সুরভিত, সুগন্ধযুক্ত, সুরভিত

aromatherapy / əˌrəʊməˈθerəpi ˌঅ্যা,র‍্যাউ-ম্যাˈথের‍্যাপি / *noun* [U] the use of natural oils that smell pleasant for controlling pain or for **massage** ব্যথা ইত্যাদি নিয়ন্ত্রণে রাখার জন্য অথবা মালিশের জন্য প্রাকৃতিক সুগন্ধি তেলের ব্যবহার; অ্যারোমাথেরাপি

aromatic /ˌærəˈmætɪk ˌঅ্যার‍্যাˈম্যাটিক্ / *adj.* having a pleasant noticeable smell সৌরভযুক্ত, মধুর গন্ধবিশিষ্ট *aromatic oils/herbs* ✪ সম **fragrant**

arose ➪ **arise**-এর past tense

around / əˈraʊnd অ্যাˈরাউন্ড্ / *adv., prep.* **1** (*also* **about**) in or to various places or directions

চতুর্দিকে, চারপাশে *They wandered around the town, looking at the shops.* **2** moving so as to face in the opposite direction বিপরীতদিকে ঘুরে যাওয়া বোঝাতে ব্যবহৃত অভিব্যক্তিবিশেষ *Turn around and go back the way you came.* **3** on all sides; forming a circle চারদিক ঘিরে, চতুর্দিকে; গোল করে *The park has a wall all around.* ○ *We sat down around the table.* **NOTE** অর্থ সংখ্যা **1, 2** এবং **3**-এ **around** শব্দটির বদলে **round** শব্দটিরও প্রয়োগ করা যেতে পারে। **4** near a place কাছাকাছি জায়গায় *Is there a bank around here?* **5** (*also* **about**) present or available উপস্থিত অথবা বিরাজমান *I went to the house but there was nobody around.* **6** (*also* **about**) approximately মোটামুটি, প্রায়, নাগাদ *I'll see you around seven.* **7** (*also* **about**) used for activities with no real purpose উদ্দেশ্যহীন, দায়িত্বহীন, এলোমেলো কাজকর্ম বোঝাতে ব্যবহৃত অভিব্যক্তিবিশেষ *'What are you doing?' 'Nothing, just lazing around.'*

arouse / əˈraʊz অ্যা'রাউজ্ / *verb* [T] to cause a particular reaction in people মানুষের মধ্যে নির্দিষ্ট প্রতিক্রিয়া জাগানো বা উদ্রেক করা *to arouse sb's curiosity/interest* ▶ **arousal** *noun* [C] উদ্দীপক, উত্তেজক

arraign / əˈreɪn অ্যা'রেইন্ / *verb* [T] (*usually passive*) **arraign sb (for sth)** to bring a person to a court of law in order to formally accuse him/her of a crime কোনো ব্যক্তিকে তার অপরাধের জন্য আইনত অভিযুক্ত করতে আদালতে উপস্থিত করা ▶ **arraignment** *noun* [C, U] অভিযোগ, দোষারোপ

arrange / əˈreɪndʒ অ্যা'রেইন্জ্ / *verb* **1** [T] to put sth in order or in a particular pattern গুছিয়ে রাখা, নির্দিষ্টভাবে সুবিন্যস্ত করা, সাজিয়ে রাখা *The books were arranged in alphabetical order.* ○ *Arrange the chairs in a circle.* **2 arrange (for) sth; arrange to do sth; arrange (sth) with sb** to make plans and preparations so that sth can happen in the future ভবিষ্যতে নির্দিষ্ট কোনো কাজ সম্পন্ন করার জন্য পরিকল্পনামাফিক প্রস্তুতি নেওয়া, বন্দোবস্ত করা *We're arranging a surprise party for Mandira.*

arranged marriage *noun* [C] a marriage in which the parents choose the husband or wife for their child যে বিবাহে পিতামাতা নিজের সন্তানের জন্য পাত্র অথবা পাত্রী নির্বাচন করেন

arrangement / əˈreɪndʒmənt অ্যা'রেইন্জ্ম্যান্ট্ / *noun* **1** [C, *usually pl.*] plans or preparations for sth that will happen in the future ভবিষ্যতের কথা ভেবে বন্দোবস্ত, পরিকল্পনা অথবা প্রস্তুতি *Come round this evening and we'll **make arrangements for** the party.* **2** [C, U] an agreement with sb to do sth কারও সঙ্গে কোনো কাজের চুক্তি *We both need to use the computer so we'll have to **come to** some **arrangement**.* **3** [C] a group of things that have been placed in a particular pattern নির্দিষ্ট একটি নকশানুযায়ী সাজানো একজাতীয় অনেকগুলি জিনিস; বিন্যাস *a flower arrangement*

array / əˈreɪ অ্যারেই / *noun* [C] a large collection of things, especially one that is impressive and is seen by other people বস্তুসমূহের বৃহৎ সংগ্রহ বিশেষত যা মনোহর এবং যার প্রদর্শনী অনেক লোকে দেখে, সুবিন্যস্ত এবং অলংকৃত কোনো জমকালো প্রদর্শনী

arrears / əˈrɪəz অ্যা'রিঅ্যাজ্ / *noun* [*pl.*] money that sb owes that he/she should have paid earlier ধারে নেওয়া টাকা যা পূর্বেই ফেরত দেওয়া যেত, পড়ে থাকা দেয় অর্থ; বাকি, বকেয়া

IDM be in arrears; fall/get into arrears to be late in paying money that you owe ঋণের টাকা শোধ করতে দেরি হয়েছে এমন

be paid in arrears to be paid for work after you have done the work কাজ শেষ হওয়ার পরে পাওয়া প্রাপ্য বকেয়া

arrest¹ / əˈrest অ্যা'রেস্ট্ / *verb* [T] when the police arrest sb, they take him/her prisoner in order to question him/her about a crime কোনো অপরাধের বিষয়ে জিজ্ঞাসাবাদ করার জন্য কোনো ব্যক্তিকে বন্দি করা; পাকড়ানো

arrest² / əˈrest অ্যা'রেস্ট্ / *noun* [C, U] the act of arresting sb কোনো ব্যক্তিকে আটক করার ক্রিয়া *The police **made** ten **arrests** after the riot.* ○ *The wanted man is now **under arrest**.*

arrival / əˈraɪvl অ্যা'রাইভ্ল্ / *noun* **1** [C, U] reaching the place to which you were travelling (গন্তব্য স্থলে) পৌঁছে যাওয়া বা উপনীত হওয়ার অবস্থা *On our arrival we were told that our rooms had not been reserved.* **2** [C] people or things that have arrived যারা এসে পৌঁছেছে বা যে সব জিনিস এসে গেছে *We brought in extra chairs for the late arrivals.*

arrive / əˈraɪv অ্যা'রাইভ্ / *verb* [I] **1 arrive (at/in...)** to reach the place to which you were travelling গন্তব্যস্থলে পৌঁছোনো *We arrived home at about midnight.* ○ *They arrived at the station ten minutes late.* **2** to come or happen আসা বা ঘটা *The day of the wedding had finally arrived.*

PHR V arrive at to reach sth কোনো কিছুতে পৌঁছোনো, আগমন ঘটা *We finally arrived at a decision.*

arrogant /ˈærəɡənt 'অ্যার‍্যাগ্যান্ট্ / *adj.* thinking that you are better and more important than other people নিজেকে অন্যদের থেকে উন্নততর এবং বেশি

গুরুত্বপূর্ণ ভাবার মনোভাব; ঔদ্ধত্যপূর্ণ, উদ্ধত, দুর্বিনীত, ধৃষ্ট ▶ **arrogance** *noun* [U] ঔদ্ধত্য ▶ **arrogantly** *adv.* ঔদ্ধত্যপূর্ণভাবে

arrow / ˈærəʊ ˈঅ্যারৗউ / *noun* [C] **1** a thin piece of wood or metal, with one pointed end and feathers at the other end, that is shot by pulling back the string on a curved piece of wood (**a bow**) and letting go (একটি প্রান্ত তীক্ষ্ণাগ্র এবং অন্য প্রান্তটি পালকসহ) ধাতু বা কাঠের তীর, বাণ, সায়ক, শর ➪ **archer** দেখো। **2** the sign (→) which is used to show direction নির্দেশজ্ঞাপক চিহ্ন, তীর চিহ্ন, নির্দেশক চিহ্ন (→)

arsenal / ˈɑːsənl ˈআ:স্যান্‌ল্ /*noun* [C] **1** a collection of weapons such as guns and explosives অস্ত্রশস্ত্র বা গোলাবারুদের ভাণ্ডার **2** a building where military weapons and explosives are made or stored যে বাড়িতে সামরিক অস্ত্র এবং বিস্ফোরক ইত্যাদি তৈরি করা হয় বা সংরক্ষণ করা হয়; অস্ত্রাগার, অস্ত্রনির্মাণের কারখানা

arsenic / ˈɑːsnɪk ˈআ:স্‌নিক্ / *noun* [U] (*symbol* **As**) a type of very strong poison একজাতীয় তীব্র বিষ; সেঁকো বিষ

arson / ˈɑːsn ˈআ:স্‌ন্ / *noun* [U] the crime of setting fire to a building on purpose কোনো বাড়িতে উদ্দেশ্যমূলকভাবে আগুন লাগানোর অপরাধ

arsonist / ˈɑːsənɪst ˈআ:স্যানিস্ট্ / *noun* [C] a person who deliberately sets fire to a building যে ব্যক্তি অন্যায়ভাবে কোনো বাড়িতে আগুন লাগায়

art / ɑːt আ:ট্ / *noun* **1** [U] the activity or skill of producing things such as paintings, designs, etc.; the objects that are produced কলা, শিল্প, চারুকলা, ললিতকলা ইত্যাদির সৃষ্টি সংক্রান্ত কাজ বা দক্ষতা; কারুকৃতি বা শিল্পকর্মজাত বস্তুসমূহ *an art class* ○ *modern art* ○ *I've never been good at art.* ➪ **work of art** দেখো। **2** [U] a skill or sth that needs skill বিশেষ গুণ, পটুতা, দক্ষতা, অথবা কোনো কাজ যাতে এই বিশেষ সামর্থ্যের প্রয়োজন হয় *There's an* **art** *to writing a good letter.* **3 the arts** [*pl.*] activities which involve creating things such as paintings, literature or music সৃষ্টিধর্মী কাজ যেমন শিল্পকলা, সাহিত্য অথবা সংগীত **4 arts** [*pl.*] subjects such as history or languages that you study at school or university সমাজবিদ্যা অথবা ভাষা এবং সাহিত্য ইত্যাদির মতো বিষয় যা বিদ্যালয় অথবা বিশ্ববিদ্যালয়ে পড়ানো হয়; কলাবিভাগের বিষয়সমূহ ➪ **sciences** দেখো।

artefact / ˈɑːtɪfækt ˈআ:টিফ্যাক্ট্ / *noun* [C] an object that is made by a person হস্তশিল্প, হাতের তৈরি শিল্পকর্ম

arteriosclerosis /ɑːˌtɪəriəʊskləˈrəʊsɪs আ:,টি-অ্যারিঅ্যাউসক্ল্যাˈর‍্যাউসিস্ / *noun* [U] (*medical*) a condition in which the walls of the **arteries** become thick and hard, making it difficult for blood to flow এমন এক শারীরিক অবস্থা যখন ধমনির দেওয়াল শক্ত এবং মোটা হয়ে গিয়ে শরীরে স্বাভাবিক রক্ত চলাচল ব্যাহত করে

artery / ˈɑːtəri ˈআ:ট্যারি / *noun* [C] (*pl.* **arteries**) one of the tubes which take blood from the heart to other parts of the body হৃৎপিণ্ড থেকে নির্গত রক্তবাহী নালীর যে-কোনো একটি যা শরীরের বিভিন্ন অংশে রক্ত বহন করে; ধমনি ➪ **carotid artery** এবং **vein** দেখো এবং **heart**-এ ছবি দেখো। ▶ **arterial** / ɑːˈtɪəriəl আ:ˈটিঅ্যারিঅ্যাল্ / *adj.* ধমনিসংক্রান্ত, ধমনিঘটিত *arterial blood/disease*

artesian well / ɑːˌtiːziən ˈwel আ:,টীজ়িঅ্যান্ ˈউএল্ / *noun* [C] a hole made in the ground through which water rises to the surface by natural pressure মাটিতে বানানো গর্ত যার মধ্যে থেকে প্রাকৃতিক চাপেই জল বেরিয়ে আসে; আর্টেজীয় কূপ, কুয়ো বা ইঁদারা

artful / ˈɑːtfl ˈআ:ট্‌ফ্‌ল্ / *adj.* clever at getting what you want, perhaps by not telling the truth ধূর্ত, ধুরন্ধর, ধড়িবাজ, ছলনাপূর্ণ, চাতুরিপূর্ণ

arthritis / ɑːˈθraɪtɪs আ:ˈথ্রাইটিস্ / *noun* [U] a disease which causes swelling and pain in the places where your bones are connected (**joints**), where you bend your arms, fingers, etc. অস্থিসন্ধির ফুলে ওঠা এবং সেখানে যন্ত্রণা হওয়ার কারণে যে অসুস্থতা; অস্থিপ্রদাহ, গেঁটে বাত, সন্ধিস্ফীতি; আর্থরাইটিস ▶ **arthritic** / ɑːˈθrɪtɪk আ:ˈথ্রিটিক্ / *adj.* বাতসংক্রান্ত, বেতো

arthropod / ˈɑːθrəpɒd ˈআ:থ্র্যাপড্ / *noun* [C] any of the **phylum** of animals that have a hard body without a **backbone** in it. Arthropods have legs that are made of more than one part and that can bend where the parts join together প্রাণীজগতের প্রধান গোষ্ঠীর অন্তর্গত শক্ত দেহের মেরুদণ্ডহীন জীব যাদের পা একাধিক খণ্ডযুক্ত এবং সেগুলির সংযোগস্থল ভাঁজ করা সম্ভব; সন্ধিপদ প্রাণী, গ্রন্থিপদ প্রাণী *Spiders, insects and crustaceans are arthropods.*

artichoke / ˈɑːtɪtʃəʊk ˈআ:টিচ্যাউক্ / *noun* [C] a green vegetable with a lot of thick pointed leaves. You can eat the bottom part of the leaves and its centre পুরু ও তীক্ষ্ণাগ্র পাতাওয়ালা একজাতীয় সবুজ উদ্ভিদ যার পাতার নীচের অংশ এবং মধ্যভাগ খাওয়া যায়

article / ˈɑːtɪkl ˈআ:টিক্‌ল্ / *noun* [C] **1** an object, especially one of a set নির্দিষ্ট কোনো বস্তু, বিশেষত একজাতীয় অনেকগুলির মধ্যে একটি *articles of clothing* **2** a piece of writing in a newspaper or magazine সংবাদপত্র বা পত্রিকা ইত্যাদিতে লেখা কোনো একটি রচনা **3** (*grammar*) the words 'a/an' (**the indefinite article**) or 'the' (**the definite article**) (ব্যাকরণ) আর্টিকল যেমন 'a/an' অথবা 'the'

NOTE **Articles** সম্বন্ধে আরও বিশদভাবে জানার জন্য এই অভিধানের শেষাংশে **Quick Grammar Reference** দেখো।

articled / ˈɑːtɪkld ˈআ:টিক্‌ল্ড্ / *adj.* employed by a group of lawyers or other professional people while being trained in a job চাকুরির প্রশিক্ষণের সময়ে আইনজীবী অথবা অন্যান্য পেশাদারি ব্যক্তিবর্গের দ্বারা নিযুক্ত; শিক্ষানবিশী চুক্তিতে আবদ্ধ *an articled clerk in a firm of lawyers*

articulate¹ / ɑːˈtɪkjələt আ:ˈটিকিঅ্যাল্যাট্ / *adj.* good at expressing your ideas clearly নিজস্ব ভাবনা ইত্যাদি সাবলীলভাবে প্রকাশ করতে সমর্থ; বাক্‌শক্তিসম্পন্ন ✪ বিপ **inarticulate**

articulate² / ɑːˈtɪkjuleɪt আ:ˈটিকিউলেইট্ / *verb* [I, T] to say sth clearly or to express your ideas or feelings স্পষ্টভাবে বক্তব্য প্রকাশ করা অথবা নিজস্ব ভাবধারা বা মনোভাব অভিব্যক্ত করা ► **articulation** / ɑːˌtɪkjuˈleɪʃn আ:ˌটিকিউˈলেইশ্‌ন্ / *noun* [U] স্পষ্ট অভিব্যক্তি

artifice / ˈɑːtɪfɪs ˈআ:টিফিস্ / *noun* [U, C] (*formal*) the use of clever methods to trick sb (ঠকানোর জন্য) সুচতুর পরিকল্পনা, কৌশল, ফন্দি, কুটিল প্রতারণা

artificial / ˌɑːtɪˈfɪʃl ˌআ:টিˈফিশ্‌ল্ / *adj.* **1** not genuine or natural but made by people খাঁটি অথবা প্রাকৃতিক নয়, মানুষের দ্বারা নির্মিত এমন; কৃত্রিম **2** not what it appears to be আসলের মতো *artificial flowers* ✪ সম **fake** ► **artificially** / -ʃəli -শ্যালি / *adv.* কৃত্রিমভাবে

artificial insemination *noun* [U] (*abbr. AI*) the scientific process of making a woman or a female animal pregnant by putting male **sperm** inside her so that babies or young can be produced without sexual activity যৌনসঙ্গম ছাড়াই কৃত্রিম উপায়ে মহিলা বা স্ত্রী পশুর জরায়ুতে বীর্যপ্রবেশ করিয়ে সন্তান সম্ভাবনা এবং উৎপাদনের ব্যবস্থা; কৃত্রিম প্রজনন

artificial intelligence *noun* [U] (the study of) the way in which computers can be made to copy the way humans think কম্পিউটারকে মানুষের চিন্তা করার পদ্ধতি নকল করানোর বিষয়ে চর্চা বা গবেষণা

artificial respiration *noun* [U] the process of helping a person who has stopped breathing begin to breathe again, usually by blowing into his/her mouth or nose যে ব্যক্তির শ্বাসক্রিয়া বন্ধ হয়ে গেছে কৃত্রিম উপায়ে (মুখে বা নাকে ফুঁ দিয়ে) তার শ্বাসক্রিয়া চালানোর প্রক্রিয়া

artillery / ɑːˈtɪləri আ:ˈটিল্যারি / *noun* [U] large, heavy guns that are moved on wheels; the part of the army that uses them বড়ো ভারী বন্দুক যা চাকার উপর রেখে স্থানান্তর করা হয়; সেনাবাহিনীর যে বিভাগ এই বিশেষ ধরনের বন্দুক ব্যবহার করে ; গোলন্দাজ বাহিনী

artisan / ˌɑːtɪˈzæn ˌআ:টিˈজ্যান্ / *noun* [C] a person who makes things skilfully, especially with his/her hands নিজের হাতে সুদক্ষভাবে যে ব্যক্তি কোনো কিছু বানায়; সুদক্ষ কারিগর, কুশলী, কারুকৃৎ, কারুকর্মী ✪ সম **craftsman**

artist / ˈɑːtɪst ˈআ:টিস্ট্ / *noun* [C] somebody who produces art, especially paintings or drawings যে ব্যক্তি শিল্প সৃষ্টি করে, বিশেষত চিত্রাঙ্কন অথবা রেখাচিত্র অঙ্কন; চিত্রকর, অঙ্কনশিল্পী

artiste / ɑːˈtiːst আ:ˈটীস্ট্/ *noun* [C] a person whose job is to entertain people, by singing, dancing, etc. যে ব্যক্তির কাজ গান, নাচ ইত্যাদির দ্বারা লোককে আমোদিত করে; পেশাদার কণ্ঠশিল্পী, নৃত্যশিল্পী ইত্যাদি

artistic / ɑːˈtɪstɪk আ:ˈটিস্‌টিক্ / *adj.* **1** connected with art শিল্প বা শিল্পী সম্পর্কিত *the artistic director of the theatre* **2** showing a skill in art শিল্পকুশলী, সৌন্দর্যবোধসম্পন্ন, শিল্পীসুলভ দক্ষতা ► **artistically** / -kli -ক্‌লি / *adv.* শিল্পসংগতভাবে

artistry / ˈɑːtɪstri ˈআ:টিস্ট্রি / *noun* [U] the skill of an artist শিল্পীর কুশলতা, দক্ষতা, শিল্পীসুলভ কর্মপ্রয়াস

artwork / ˈɑːtwɜːk ˈআ:ট্‌উঅ্যক্ / *noun* **1** [U] photographs, drawings, etc. that have been prepared for a book or magazine কোনো বই অথবা পত্রিকার জন্য প্রস্তুত ফোটোগ্রাফ, রেখাচিত্র ইত্যাদি *a piece of artwork* **2** [C] a work of art, especially one in a museum or an **exhibition** বিশেষত জাদুঘরে বা প্রদর্শনীতে রাখা শিল্পকর্ম

arty / ˈɑːti ˈআ:টি / *adj.* (*informal*) pretending or wanting to be very artistic or interested in the arts শিল্পবোধসম্পন্ন হওয়ার ভান বা শিল্পকলায় আগ্রহী হওয়ার প্রচেষ্টা, শিল্পপ্রেমী *He can't really like all those boring arty films.*

Aryan¹ *noun* [C] **1** a member of the group of people who spoke an Indo-European language and invaded northern India in the 2nd millennium BC ইন্দো-ইউরোপীয় ভাষাগোষ্ঠীর মধ্যে কোনো একটি ভাষায় কথা বলত এমন কোনো গোষ্ঠীর একজন সদস্য যারা (খ্রিস্টপূর্ব) দ্বিতীয় সহস্রাব্দে উত্তর ভারত আক্রমণ করেছিল; আর্য *Aryans came to India many centuries ago.* **2** a person who spoke any of the Indo-European languages (ব্যক্তি) ইন্দো-ইউরোপীয় ভাষাভাষী **3** (according to the Nazi doctrine) a member of non-Jewish **Caucasian** race of people usually having **Nordic** features (নাৎসি মতবাদ অনুযায়ী) এবং অইহুদী ককেশীয় গোষ্ঠীজাত এবং নর্ডিক গঠনসম্পন্ন মানব প্রজাতির একজন সদস্য

Aryan² *adj.* of or relating to the people of Indo-European origin ইন্দো-ইউরোপীয় উৎসজাত গোষ্ঠী সম্বন্ধীয় বা সংক্রান্ত

Arya Samaj *noun* [U] a Hindu reform movement of India that was founded by Swami Dayanand Saraswati in 1875 with the purpose of taking the Hindu religion back from superstitious beliefs to the teachings of Vedas হিন্দুধর্মকে কুসংস্কারাচ্ছন্ন বিশ্বাস থেকে মুক্ত করে বৈদিক শিক্ষার দিকে চালিত করার উদ্দেশ্যে ১৮৭৫ সালে স্বামী দয়ানন্দ সরস্বতীর দ্বারা যে হিন্দু সংস্কার আন্দোলন শুরু হয়; আর্য সমাজ

as / əz; *strong form* æz অ্যাজ্; *প্রবল রূপ* অ্যাজ্ / *conj., prep., adv.* **1** while sth else is happening যখন কিছু ঘটছে, যে সময়ে, যেকালে *The phone rang just as I was leaving the house.* ○ *As she walked along the road, she thought about her father.* **2 as ... as** used for comparing people or things মানুষ অথবা বস্তু সমূহের তুলনা করার জন্য ব্যবহৃত অভিব্যক্তিবিশেষ; কোনো ব্যক্তি বা বস্তুর মতো বা তার সমান *Sheela's almost as tall as me.* ○ ***as soon as possible*** ○ ***twice as much as*** ○ *I haven't got as many books as you have.* **3** used for talking about sb/sth's job, role or function কোনো ব্যক্তি বা বস্তুর কাজ, ভূমিকা, বৃত্তি বা ধর্ম সম্বন্ধে বলার সময়ে ব্যবহৃত অভিব্যক্তিবিশেষ *Think of me as your friend, not as your boss.* **4** in a particular way, state, etc.; like নির্দিষ্টভাবে, নির্দিষ্ট অবস্থায় ইত্যাদি; সেই মতো, সেভাবে *Please do as I tell you.* ○ *Leave the room **as it is**. Don't move anything.* **5** used at the beginning of a comment about what you are saying কোনো বক্তব্য শুরু করার আগে ব্যবহৃত অভিব্যক্তিবিশেষ ***As you know**, I've decided to leave at the end of the month.* **6** because যেহেতু, কারণস্বরূপ, কেননা *I didn't buy the dress, as I decided it was too expensive.*

IDM **as for** used when you are starting to talk about a different person or thing অন্য কোনো ব্যক্তি বা বস্তু সম্পর্কে বলার শুরুতে ব্যবহৃত অভিব্যক্তিবিশেষ *Tara's upstairs. As for Ankit, I've no idea where he is.*

as if; as though used for saying how sb/sth appears কোনো ব্যক্তি বা বস্তুর চেহারা কেমন তা বলার সময়ে ব্যবহৃত অভিব্যক্তিবিশেষ; যেন *She looks as if/though she's just got out of bed.*

as it were used for saying that sth is only true in a certain way কেবলমাত্র কোনো বিশেষ পরিস্থিতিতে বা অবস্থায় কোনো বস্তুকে সত্য বলে মনে হয় এই বলার জন্য ব্যবহৃত অভিব্যক্তিবিশেষ; ঠিক যেন, অনেকটা যেন *She felt, as it were, a stranger in her own house.*

as of; as from starting from a particular time নির্দিষ্ট কোনো সময়ে সূচনা হচ্ছে এমন *As from next week, Abhishek Bhatt will be managing this department.*

as to about a particular thing; concerning বিশেষ কোনো বিষয়ে; সম্বন্ধে, সংক্রান্তে *I was given no instructions as to how to begin.*

asafoetida (*also* **asafetida**) / ˌæsəˈfetɪdə অ্যাস্যা'ফেটিড্যা / *noun* [U] a soft brown gum resin having a bitter sharp taste and a strong smell used in cooking especially in Asia তিক্ত স্বাদ এবং তীব্র গন্ধযুক্ত নরম, বাদামি রঙের আঠালো বস্তু যা বিশেষত এশিয় মহাদেশের রান্নায় ব্যবহৃত হয়; হিং

asana *noun* [C] (*IndE*) a special way of sitting or standing while practising yoga যোগব্যায়াম করার সময়, বসা অথবা দাঁড়ানোর বিশেষ ভঙ্গি; আসন

asap / ˌeɪ es eɪ ˈpiː ˌএই এস্ এই 'পী / *abbr.* as soon as possible যত তাড়াতাড়ি সম্ভব

asbestos / æsˈbestəs অ্যাস্'বেস্ট্যাস্ / *noun* [U] a soft grey material that does not burn and is used to protect against heat ধূসর রঙের নরম অদাহ্য পদার্থ যা তাপ থেকে রক্ষা করতে ব্যবহৃত হয়; অ্যাসবেস্টাস

ascend / əˈsend অ্যা'সেন্ড্ / *verb* [I, T] (*formal*) to go up উপরে ওঠা, আরোহণ করা ✪ বিপ **descend** ▶ **ascending** *adj.* উপরে উঠছে এমন *The questions are arranged **in ascending order** of difficulty.*

Ascension Day / əˈsenʃn deɪ অ্যা'সেন্‌শ্‌ন্ ডেই / *noun* the 40th day after Easter when Christians remember Christ leaving the earth and going to heaven (খ্রিস্টধর্মে) ইস্টারের পরের ৪০-তম দিন যখন খ্রিস্টানরা জিশুর পৃথিবী ত্যাগ করে স্বর্গে আরোহণ স্মরণ করে

ascent / əˈsent অ্যা'সেন্ট্ / *noun* [C] **1** the act of climbing or going up উত্থান, আরোহণ *the ascent of Mt Everest* **2** a path or hill leading upwards উর্ধ্বমুখী রাস্তা অথবা পাহাড়; চড়াই, খাড়াই *There was a steep ascent before the path became flat again.* ✪ বিপ **descent**

ascertain / ˌæsəˈteɪn ˌঅ্যাস্যা'টেইন্ / *verb* [T] (*formal*) to find sth out কিছু খুঁজে বার করা, নিরূপণ করা, প্রতিপাদন করা

ascetic / əˈsetɪk অ্যা'সেটিক্ / *adj.* not allowing yourself physical pleasures, especially for religious reasons বিশেষত ধর্মীয় কারণে নিজেকে দৈহিক আনন্দ থেকে বিরত রাখার অবস্থা; কঠোর সংযমী; কৃচ্ছসাধনকারী, যোগী, ভোগবিমুখ ▶ **ascetic** *noun* [C] যোগী তপস্বী; আত্মসংযমী

ascorbic acid / əsˌkɔːbɪk ˈæsɪd অ্যাস্ˌক:বিক্ 'অ্যাসিড্ / (*also* **vitamin C**) *noun* [U] a natural substance that is found in fruit such as lemons and oranges and in green vegetables. Humans and animals need ascorbic acid in order to stay healthy পাতিলেবু, কমলালেবু এবং সবুজ তরিতরকারিতে প্রাপ্ত একধরনের প্রাকৃতিক অম্ল যা মানুষ এবং যে-কোনো প্রাণীর সুস্বাস্থ্যের জন্য অতি প্রয়োজনীয়; অ্যাস্কর্বিক অ্যাসিড

ascribe / əˈskraɪb অ্যাˈস্ক্রাইব্ / *verb* [T] **ascribe sth to sb/sth** to say that sth was written by or belonged to sb; to say what caused sth কারও দ্বারা কিছু লেখা হয়েছিল বা কোনো কিছু কারও অধিকৃত ছিল তা বলা; কোনো ঘটনা বা বিষয়ের কারণ বলা *Many people ascribe this play to Kalidasa.*

ASEAN / ˈæsiæn ˈঅ্যাসিঅ্যান্ / *abbr.* Association of South East Asian Nations দক্ষিণ-পূর্ব এশিয়ার অন্তর্ভুক্ত রাষ্ট্র বা দেশের সংগঠন; এসিএন

aseptic / ˌeɪˈseptɪk ˌএইˈসেপ্টিক্ / *adj.* (*medical*) not having any harmful bacteria ক্ষতিকর রোগজীবাণুমুক্ত; নির্বীজ

asexual / ˌeɪˈsekʃuəl ˌএইˈসেক্শুঅ্যাল্ / *adj.* **1** not involving sex; not having sexual organs যৌনক্রিয়া সম্বন্ধীয় নয়; যৌনাঙ্গ নেই এমন *asexual reproduction* **2** not having sexual qualities; not interested in sex অযৌন, যৌনলক্ষণহীন; যৌনপ্রবৃত্তিহীন

ash / æʃ অ্যাশ্ / *noun* **1** [U] (*also* **ashes** [*pl.*]) the grey or black powder which is left after sth has burned ছাই, ভস্ম, পাঁশ *cigarette ash* ○ *the ashes of a fire* ➪ **volcano**-তে ছবি দেখো। **2 ashes** [*pl.*] what is left after a dead person has been burned মৃতব্যক্তির দাহকার্যের পরে যা অবশিষ্ট থাকে; চিতাভস্ম, দেহাবশেষ, দগ্ধাবশেষ **3** [C] a type of forest tree that grows in cool countries শীতের দেশের একজাতীয় বিশালকায় অরণ্যবৃক্ষ

ashamed / əˈʃeɪmd অ্যাˈশেইম্ড্ / *adj.* (*not before a noun*) **ashamed (of sth/sb/yourself); ashamed (that...); ashamed (to do sth)** feeling guilty or embarrassed about sb/sth or because of sth you have done কোনো ব্যক্তি বা বস্তু সম্পর্কে বা কোনো কৃতকর্মের কারণে লজ্জা বা অপ্রস্তুত হওয়ার অনুভূতি; লজ্জিত, অপ্রস্তুত *She was ashamed of her old clothes.* ○ *She felt ashamed that she hadn't helped him.* ✪ বিপ **unashamed**

ashen / ˈæʃn ˈঅ্যাশ্ন্ / *adj.* (used about sb's face) very pale; without colour because of illness or fear (কারও মুখাবয়ব সম্বন্ধে ব্যবহৃত) ফ্যাকাশে; বিবর্ণ (ভয়ে বা রোগে)

Ashoka tree *noun* [C] a small evergreen tree with orange or red flowers. It is sacred to the Buddhists and Hindus কমলা অথবা লাল ফুলসহ ছোটো চিরহরিৎ বৃক্ষবিশেষ। বৌদ্ধ এবং হিন্দু ধর্মে এটি পবিত্র বলে মনে করা হয়; অশোক গাছ

ashore / əˈʃɔː(r) অ্যাˈশ:(র্) / *adv.* onto the land from the sea, a river, etc. নদী বা সমুদ্রের তীরে; ডাঙায়, উপকূলে *The passengers went ashore for an hour while the ship was in port.* ➪ **shore** দেখো।

ashram *noun* [C] (*IndE*) **1** a place, often in a forest, where people who have withdrawn from society can live apart as a group; a religious retreat; a **hermitage** যে স্থানে (প্রায়শ কোনো অরণ্যের মধ্যে) মানুষজন যারা সমাজ থেকে নিজেদের প্রত্যাহৃত করে নিয়ে পৃথকভাবে এবং গোষ্ঠীবদ্ধভাবে বসবাস করে; ধর্মীয় আশ্রম; নির্জন আবাস **2** any of the four stages in the life of a person through which he/she will ideally pass according to Hindu philosophy হিন্দুধর্মের আদর্শ অনুযায়ী জীবনের চারটি পর্যায় যা কোনো ব্যক্তিকে অতিক্রম করতে হয়; হিন্দুধর্মে জীবনের চারটি পর্যায়ের মধ্যে একটি *grihastha ashram* ○ *vanaprastha ashram*

ashtray / ˈæʃtreɪ ˈঅ্যাশ্ট্রেই / *noun* [C] a small dish for collecting the powder (**ash**) made when a cigarette burns ছাইদান; অ্যাশ্ট্রে

Asian / ˈeɪʒn; ˈeɪʃn ˈএইজ্ন্; ˈএইশ্ন্ / *noun* [C] a person from Asia or whose family was originally from Asia এশিয়ার অধিবাসী অথবা যে ব্যক্তির পরিবার মূলত এশিয়া মহাদেশ থেকে; এশিয় ▶ **Asian** *adj.* এশিয়

aside¹ / əˈsaɪd অ্যাˈসাইড্ / *adv.* **1** on or to one side; out of the way একপাশে, একধারে; আলাদাভাবে তফাতে *We stood aside to let the man go past.* **2** to be kept separately, for a special purpose বিশেষ উদ্দেশ্যে কোনো কিছু আলাদা করে রক্ষিত হয়েছে এমন *I try to* ***set aside*** *a little money each month.*

aside² / əˈsaɪd অ্যাˈসাইড্ / *noun* [C] (in a play) **1** words spoken by an actor to the audience which the other characters on the stage are not intended to hear (নাটকে) কোনো অভিনেতার দর্শকদের উদ্দেশ্যে উক্ত সংলাপ যা অন্যান্য চরিত্র বা অভিনেতাদের শোনার কথা নয়; স্বগতোক্তি **2** a remark made in a low voice that is intended to be heard only by certain people বিশেষ কিছু ব্যক্তিদের উদ্দেশ্য করে চাপাকণ্ঠে উক্ত মন্তব্য **3** a remark that is not directly connected with the main subject মুখ্য বিষয়ের সঙ্গে সম্বন্ধহীন কোনো মন্তব্য

aside from *prep.* = **apart from**

ask / ɑːsk আ:স্ক্ / *verb* **1** [I, T] **ask (sb) (about sb/sth); ask sb sth** to put a question to sb in order to find out some information কিছু তথ্য সন্ধানের জন্য কোনো ব্যক্তিকে প্রশ্ন করা, জিজ্ঞেস করা, শুধোনো *We need to ask about tickets.* ○ *'What's the time?' he asked.* **2** [I, T] **ask (sb) for sth; ask sth (of sb); ask sb to do sth** to request that sb gives you sth or does sth for you (কোনো কিছু দেওয়া বা করার জন্য কোনো ব্যক্তিকে) অনুরোধ করা, প্রার্থনা করা *She sat down and asked for a cup of coffee.* ○ *Ring this number and ask for Mrs Khan.*

3 [I, T] to request permission to do sth কোনো কিছু করার জন্য অনুমতি প্রার্থনা করা *He asked to use our phone.* ○ *We asked if we could go home early.* 4 [T] **ask sb (to sth)** to invite sb কোনো ব্যক্তিকে নিমন্ত্রণ করা, আমন্ত্রণ জানানো 5 [T] to say the price that you want for sth কোনো বস্তুর জন্য মূল্য বা দাম দাবি করা *How much are they asking for their car?*

IDM **ask for trouble/it** to behave in a way that will almost certainly cause you problems এমন ভাবে ব্যবহার করা যা নিশ্চিতভাবে সমস্যার কারণ হয়ে দাঁড়াবে; জেনেবুঝে ঝামেলা বা সমস্যা ডেকে আনা *Driving when you're tired is just asking for trouble.*

if you ask me if you want my opinion আমার মতে, আমার মত যদি জানতে চাও

PHR V **ask after sb** to ask about sb's health or to ask for news of sb কোনো ব্যক্তির স্বাস্থ্য অথবা তার সম্বন্ধে কুশল জানতে চাওয়া *Tina asked after you today.*

askew / əˈskju: অ্যা'স্কিউ / *adv., adj.* (*not before a noun*) not in a straight or level position বাঁকাভাবে, তেরছাভাবে, তির্যকভাবে

asking price *noun* [C] the price that sb wants to sell sth for কোনো বস্তু বিক্রি করার জন্য কোনো ব্যক্তি যে মূল্য বা দাম দাবি করে ➪ **cost price** এবং **selling price** দেখো।

asleep / əˈsli:p অ্যা'স্লীপ্ / *adj.* (*not before a noun*) not awake; sleeping জেগে থাকা অবস্থায় নেই এমন; ঘুমন্ত, নিদ্রিত, সুযুপ্ত, নিদ্রামগ্ন *The baby is fast/sound asleep.* ○ to ***fall asleep***

> **NOTE** মনে রেখো যে **asleep** শব্দটির ব্যবহার কেবলমাত্র বিশেষ্যপদের (noun) পরে করা হয় এবং **sleeping** শব্দটির ব্যবহার বিশেষ্যপদের পূর্বে করা হয়—*a sleeping child* ➪ **sleep²** দেখো।

asp / æsp অ্যাস্প্ / *noun* [C] a small poisonous snake found especially in North Africa উত্তর আফ্রিকায় পাওয়া যায় এক ধরনের ছোটো বিষধর সাপ

asparagus / əˈspærəgəs অ্যা'স্প্যার‍্যাগ্যাস্ / *noun* [U] a plant with long green or white **stems** that you can cook and eat as a vegetable সবুজ অথবা সাদা লম্বা নরম কাণ্ডওয়ালা একজাতীয় উদ্ভিদ যা সবজি হিসাবে রান্না করে খাওয়া যায়; শতমূলী

aspect / ˈæspekt ˈঅ্যাস্পেক্ট্ / *noun* [C] one of the qualities or parts of a situation, idea, problem, etc. (কোনো সমস্যা, পরিস্থিতি, চিন্তাধারা ইত্যাদির) দিক, মত, অংশ

asphalt / ˈæsfælt ˈঅ্যাস্ফ্যাল্ট্ / *noun* [U] a thick black substance that is used for making the surface of roads কালো ঘন পদার্থবিশেষ যা রাস্তার উপরিস্তর বানানোর কাজে ব্যবহৃত হয়; শিলাজতু, পিচ

asphyxia / æsˈfɪksiə; əsˈf- অ্যাস্'ফিক্সিঅ্যা; অ্যাস্'ফ্- / *noun* [U] the state of being unable to breathe, which causes sb to die or to become unconscious শ্বাসকষ্ট যা মৃত্যু অথবা অচৈতন্য হয়ে যাওয়ার কারণ হতে পারে

asphyxiate / əsˈfɪksieɪt অ্যাস্'ফিক্সিএইট্ / *verb* [I, T] to make sb become unconscious or die by preventing him/her from breathing কোনো ব্যক্তির শ্বাসরোধ করে অজ্ঞান করে দেওয়া অথবা মৃত্যুর দিকে ঠেলে দেওয়া; দমবন্ধ করে দেওয়া *He was asphyxiated by the smoke while he was asleep.* ► **asphyxiation** / əsˌfɪksiˈeɪʃn অ্যাস্ˌফিক্সি'এইশন্ / *noun* [U] দমবন্ধ বা শ্বাসরোধ হওয়ার ক্রিয়া

aspic / ˈæspɪk ˈঅ্যাস্পিক্ / *noun* [U] clear **jelly** which food is sometimes put into when it is being served cold কোনো খাবার ঠান্ডা করে পরিবেশন করার সময়ে যে স্বচ্ছ জেলিবিশেষের মধ্যে রাখা হয়

aspire / əˈspaɪə(r) অ্যা'স্পাইঅ্যা(র্) / *verb* [I] (*formal*) **aspire to sth/to do sth** to have a strong desire to have or do sth কিছু পাওয়ার বা করার প্রবল অভিলাষ অথবা আকাঙ্ক্ষা ► **aspiration** / ˌæspəˈreɪʃn ˌঅ্যাস্প্যা'রেইশন্ / *noun* [C, U] ঐকান্তিক আগ্রহ, ব্যাকুলতা, আকাঙ্ক্ষা

aspirin / ˈæsprɪn; ˈæspərɪn ˈঅ্যাস্প্রিন্; ˈঅ্যাস্প্যারিন্ / *noun* [C, U] a drug used to reduce pain and a high temperature ব্যথা নিরোধক অথবা জ্বর কমানোর ওষুধ; অ্যাসপিরিন

ass / æs অ্যাস্ / = **donkey**

assailant / əˈseɪlənt অ্যা'সেইল্যান্ট্ / *noun* [C] (*formal*) a person who attacks sb আততায়ী, আক্রমণকারী

assassin / əˈsæsɪn অ্যা'স্যাসিন্ / *noun* [C] a person who kills a famous or important person for money or for political reasons অর্থের জন্য অথবা রাজনৈতিক কারণে যে ব্যক্তি কোনো বিখ্যাত অথবা গুরুত্বপূর্ণ ব্যক্তিকে হত্যা করে; গুপ্তঘাতক, গোপন হত্যাকারী ► **assassinate** / əˈsæsɪneɪt অ্যা'স্যাসিনেইট্ / *verb* [T] (কোনো বিখ্যাত লোককে) হত্যা বা খুন করা ➪ **kill**-এ নোট দেখো। ► **assassination** / əˌsæsɪˈneɪʃn অ্যাˌস্যাসি'নেইশন্ / *noun* [C, U] বিশিষ্ট ব্যক্তিকে খুন বা হত্যা; গুপ্ত হত্যা

assault / əˈsɔ:lt অ্যা'স:ল্ট্ / *noun* [C, U] **assault (on sb/sth)** a sudden attack on sb/sth কোনো ব্যক্তি বা বস্তুর প্রতি আকস্মিক আক্রমণ বা আঘাত; শারীরিক আক্রমণ ► **assault** *verb* [T] আক্রমণ করা *He was charged with assaulting a police officer.*

assault course (*AmE* **obstacle course**) *noun* [C] an area of land with many objects that are difficult to climb, jump over or go through, which is used, especially by soldiers, for improving physical skills and strength শারীরিক

দক্ষতা এবং শক্তিবৃদ্ধির উদ্দেশ্যে বিশেষত সৈন্যদের দ্বারা ব্যবহৃত বিভিন্ন বস্তু সম্বলিত অঞ্চল (যেগুলিতে চড়া কঠিন, তার উপর দিয়ে লাফানো বা সেখান দিয়ে যাওয়া কঠিন), সৈন্যদের প্রশিক্ষণের জন্য মুক্ত ক্ষেত্র

assemble / ə'sembl অ্যা'সেম্ব্ল্ / *verb* **1** [I, T] to come together or bring sb/sth together in a group একত্রিত করা, জড়ো করা *I've assembled all the information I need for my essay.* **2** [T] to fit the parts of sth together কোনো বস্তুর বিভিন্ন অংশ যথাযথভাবে সন্নিবিষ্ট করা *We spent hours trying to assemble our new bookshelves.*

assembly / ə'sembli অ্যা'সেম্ব্লি / *noun* (*pl.* **assemblies**) **1** [C, U] a large group of people who come together for a particular purpose বিশেষ উদ্দেশ্যে সম্মেলন; সমাবেশ, জমায়েত *school assembly* (= a regular meeting for all the students and teachers of a shool) **2** [U] the action of fitting the parts of sth together কোনো বস্তুর বিভিন্ন অংশ যথাযথভাবে জোড়ার কাজ

assembly line *noun* [C] a line of people and machines in a factory that fit the parts of sth together in a fixed order কারখানায় নির্দিষ্ট পদ্ধতিতে (কোনো বস্তুর) বিভিন্ন অংশ সন্নিবিষ্ট করার জন্য মানুষজন এবং যন্ত্রাদি

assent / ə'sent অ্যা'সেন্ট্ / *noun* [U] (*formal*) **assent (to sth)** official agreement to sth (বিধিসম্মতভাবে) সম্মতি, ঐকমত্য *The committee **gave** their **assent** to the proposed changes.* ▶ **assent** *verb* [I] **assent (to sth)** আনুষ্ঠানিকভাবে সম্মতি দেওয়া *Nobody would assent to the terms he proposed.*

assert / ə'sɜ:t অ্যা'স্যট্ / *verb* [T] **1** to say sth clearly and firmly কোনো কিছু দৃঢ়তার সঙ্গে বলা এবং স্পষ্টভাবে ঘোষণা করা **2** to behave in a determined and confident way to make people listen to you or to get what you want দৃঢ়ভাবে এবং আত্মবিশ্বাসের সঙ্গে ব্যবহার করা যাতে অন্যদের মান্যতা পাওয়া যায় বা ইঙ্গিত বস্তু লাভ করা *You ought to assert yourself more.* ○ *to assert your authority*

assertion / ə'sɜ:ʃn অ্যা'স্যশ্ন্ / *noun* **1** [C] a statement that says you strongly believe that sth is true কোনো কিছুর সত্যতায় প্রবল বিশ্বাস সম্বলিত বিবৃতি **2** [U] the action of showing, using or stating sth strongly দৃঢ়তার সঙ্গে কোনো কিছুর প্রদর্শন, দৃঢ়তাপূর্ণ ব্যবহার বা দৃঢ়কথন

assertive / ə'sɜ:tɪv অ্যা'স্যটিভ্ / *adj.* expressing your opinion clearly and firmly so that people listen to you or do what you want পরিষ্কারভাবে এবং দৃঢ়ভাবে নিজের মতামতের প্রকাশ যাতে অন্য লোকে কথা শোনে এবং মান্য করে বা যা চাওয়া হয় তাই করে; আত্মপ্রত্যয়পূর্ণ, দৃঢ়তাপূর্ণ ▶ **assertively** *adv.* দৃঢ়তাসহ, সুস্পষ্টভাবে ▶ **assertiveness** *noun* [U] জোরালো ভাব, দৃঢ়তা, সুস্পষ্টতা

assess / ə'ses অ্যা'সেস্ / *verb* [T] **1** to judge or form an opinion about sth কোনো কিছু বিচার করা অথবা কোনো বস্তু সম্বন্ধে কোনো অভিমত, মতামত বা ধারণা পোষণ করা *It's too early to assess the effects of the price rises.* **2 assess sth (at sth)** to guess or decide the amount or value of sth কোনো বস্তুর মূল্য বা পরিমাণ অনুমান বা নির্ধারণ করা *to assess the cost of repairs* ▶ **assessment** *noun* [C, U] (মূল্য) নির্ধারণ, নির্ণয়, মূল্যায়ন *I made a careful assessment of the risks involved.*

assessor / ə'sesə(r) অ্যা'সেস্যা(র্) / *noun* [C] **1** an expert in a particular subject who is asked by a court of law or other official group to give advice কোনো নির্দিষ্ট বিষয়ের বিশেষজ্ঞ যাকে উপদেশ বা পরামর্শ দেওয়ার জন্য আদালত অথবা অন্যান্য পেশাদারি গোষ্ঠীবর্গ কর্তৃক অনুরোধ করা হয়; (সম্পত্তির মূল্য ইত্যাদির) নির্ধারক **2** a person who calculates the value or cost of sth or the amount of money to be paid যে ব্যক্তি কোনো বস্তুর মূল্য অথবা দাম অথবা দেয় অর্থের হিসেব করে; করনির্ধারক, মূল্যনির্ধারক *an insurance/a tax assessor* **3** a person who judges how well sb has done in an exam, a competition, etc. পরীক্ষা বা কোনো প্রতিযোগিতার বিচারক *Marks are awarded by an external assessor.*

asset / 'æset 'অ্যাসেট্ / *noun* [C] **1 an asset (to sb/sth)** a person or thing that is useful to sb/sth কোনো ব্যক্তি বা বস্তু যা অন্য কোনো ব্যক্তি বা বস্তুর জন্য প্রয়োজনীয় *She's a great asset to the organization.* **2** (*usually pl.*) something of value that a person, company, etc. owns (কোনো ব্যক্তি, সংগঠন ইত্যাদির) দামি মূল্যবান সম্পত্তি; অর্থ, সম্পদ, ধনসম্পত্তি

assiduous / ə'sɪdjuəs অ্যা'সিডিউঅ্যাস্ / *adj.* (*formal*) working very hard and taking great care that everything is done as well as it can be পরিশ্রমী, অভিনিবিষ্ট, একনিষ্ঠ অধ্যবসায়ী, একাগ্র ✪ সম **diligent** ▶ **assiduously** *adv.* অধ্যবসায়ের সঙ্গে, একনিষ্ঠতার সঙ্গে

assign / ə'saɪn অ্যা'সাইন্ / *verb* [T] **1 assign sth to sb/sth** to give sth to sb for a particular purpose নির্দিষ্ট উদ্দেশ্যে কোনো ব্যক্তিকে কিছু দেওয়া *We have assigned 20% of our budget to the project.* **2 assign sb to sth** to give sb a particular job to do কোনো ব্যক্তিকে নির্দিষ্ট কোনো কাজ করতে দেওয়া

assignment / ə'saɪnmənt অ্যা'সাইন্ম্যান্ট্ / *noun* [C, U] a job or type of work that you are given to do কোনো নির্দিষ্ট কাজের দায়িত্ব; কর্মভার *The reporter disappeared while on (an) assignment in the war zone.*

assimilate / ə'sɪməleɪt অ্যা'সিম্যালেইট্ / *verb* **1** [I, T] **assimilate (sb/sth) (into sth)** to become or allow sb/sth to become part of a country, a social group, etc. (কোনো দেশ, সামাজিক গোষ্ঠী ইত্যাদির) অঙ্গীভূত হওয়া বা আত্তীকরণ করা **2** [T] to learn and understand sth শিখে এবং বুঝে নেওয়া, হৃদয়ংগম করা *to assimilate new facts/information/ideas* ▶ **assimilation** / əˌsɪmə'leɪʃn অ্যা,সিম্যা'লেইশ্‌ন্ *noun* [U] অঙ্গীভবন, সদৃশকরণ, আত্তীকরণ

assist / ə'sɪst অ্যা'সিস্ট্ / *verb* [I, T] (*formal*) **assist (sb) in/with sth; assist (sb) in doing sth** to help সাহায্য করা, সহযোগিতা করা *Volunteers assisted in searching for the boy.*

assistance / ə'sɪstəns অ্যা'সিস্ট্যান্স্ / *noun* [U] (*formal*) help or support সাহায্য, সহায়তা, মদত, সহযোগিতা *financial assistance for poorer families* ○ *She shouted for help but nobody came to her assistance.*

assistant / ə'sɪstənt অ্যা'সিস্ট্যান্ট্ / *noun* [C] **1** a person who helps sb in a more important position (উচ্চপদস্থ কোনো ব্যক্তির) সহকারী, সহায়ক, সাহায্যকারী *the assistant manager* **2** (*AmE* **clerk**) a person who sells things to people in a shop দোকানে জিনিস বিক্রির ভারপ্রাপ্ত কর্মচারী *a shop/sales assistant*

Assoc. *abbr.* = **association**

associate[1] / ə'səʊʃiət অ্যা'স্যাউশিঅ্যাট্ / *noun* [C] a person that you meet and get to know through your work সহকর্মী, অংশীদার *a business associate*

associate[2] / ə'səʊʃieɪt অ্যা'স্যাউশিএইট্/ *verb* **1** [T] **associate sb/sth (with sb/sth)** to make a connection between people or things in your mind বিভিন্ন ব্যক্তি, ঘটনা, ধারণা বা বস্তুকে মনে মনে সংযুক্ত করা বা জোড়া *I always associate the smell of the sea with my childhood.* **2** [I] **associate with sb** to spend time with sb কোনো ব্যক্তির সঙ্গে সময় কাটানো; সহচর, সঙ্গী **3** [T] **associate yourself with sth** to say that you support sth or agree with sth কোনো কিছু সমর্থন করা অথবা কিছুতে রাজি হওয়া ✪ বিপ **disassociate**

association / əˌsəʊʃi'eɪʃn অ্যা,স্যাউশি'এইশ্‌ন্ / *noun* **1** [U] joining or working with another person or group অন্য কোনো ব্যক্তি বা কোনো গোষ্ঠীর সঙ্গে সংযুক্ত বা একত্রিত হয়ে কাজ করা হয় এমন *We work* ***in association with*** *our New Delhi office.* **2** [C] a group of people or organizations who work together for a particular purpose (কোনো বিশেষ উদ্দেশ্যে একত্রিত) সমিতি, সংঘ, জোট, সম্প্রদায় *the National Association of Language Teachers* **3** [C, U] the act of connecting one person or thing with another in your mind মনে মনে কোনো ব্যক্তি বা বস্তুকে সংযুক্ত করা বা জোড়ার ক্রিয়া; ভাবানুষঙ্গ

assonance / 'æsənəns 'অ্যাস্যান্যান্স্ / *noun* [U] (*technical*) the effect created when two syllables in words that are close together have the same vowel sound, but different consonants, or the same consonants but different vowels, for example, 'seen' and 'beat' or 'cold' and 'killed' (শব্দ বা শব্দাংশের মধ্যে ধ্বনিসাদৃশ্য অথবা স্বরানুপ্রাস) স্বরধ্বনিগত মিল বা সাদৃশ্য (কিন্তু ব্যঞ্জনধ্বনিগত নয়) অথবা একই ব্যঞ্জনধ্বনিগত মিল বা সাদৃশ্য (কিন্তু স্বরধ্বনিগত নয়) যেমন 'seen' এবং 'beat' অথবা 'cold' এবং 'killed'

assorted / ə'sɔːtɪd অ্যা'স:টিড্ / *adj.* of different types; mixed রকমারি, মিশ্র, বিভিন্ন ধরনের; পাঁচমিশেলি, হরেকরকম

assortment / ə'sɔːtmənt অ্যা'স:ট্ম্যান্ট্ / *noun* [C] a group of different things or of different types of the same thing; a mixture একই বর্গের বিভিন্ন বস্তু বা বিভিন্ন বর্গের বস্তুর বিভিন্ন প্রকারের সমাহার; সংগ্রহ, ভাণ্ডার

Asst (*also* **asst**) *abbr.* = **assistant**

assuage / ə'sweɪdʒ অ্যা'সুএইজ / *verb* [T] (*formal*) to make an unpleasant feeling less strong (কোনো অপ্রিয় অনুভূতি) হ্রাস করা, উপশম করা, প্রশমিত করা *He hoped that by confessing he could assuage his guilt.*

assume / ə'sjuːm অ্যা'সিউম্ / *verb* [T] **1** to accept or believe that sth is true even though you have no proof; to expect sth to be true (নিশ্চিত প্রমাণ ছাড়াই) মেনে নেওয়া, স্বীকার করে নেওয়া, অধিগ্রহণ করা; কোনো কিছু সত্য এমন আশা করা *I assume that you have the necessary documents.* ○ *Everyone assumed Ratan to be guilty.* **2** to pretend to have or be sb/sth ভান করা, ভেক ধরা, ছল করা ***to assume a false name*** **3** to begin to use power or to have a powerful position ক্ষমতার ব্যবহার করা অথবা ক্ষমতাশীল পদে থাকা *to assume control of sth*

assumption / ə'sʌmpʃn অ্যা'সাম্প্‌শ্‌ন্ / *noun* **1** [C] something that you accept is true even though you have no proof (কোনো প্রমাণ ছাড়াই) সত্য বলে যা মেনে নেওয়া হয় *It's unfair to* ***make assumptions about*** *a person's character before you know them.* ○ *a reasonable/false assumption* **2** [U] **the assumption of sth** the act of taking power or of starting an important job ক্ষমতাগ্রহণ করা অথবা কোনো গুরুত্বপূর্ণ কাজের ভারগ্রহণ করার ক্রিয়া

assurance / ə'ʃɔːrəns অ্যা'শ:র্যান্স্ / *noun* **1** [C] a promise that sth will certainly happen or be true প্রতিশ্রুতি, নিশ্চয়তা, ভরসা, আশ্বাস *They* ***gave me an assurance that*** *the work would be finished by Friday.* **2** (*also* **self-assurance**) [U] the belief that you can do or succeed at sth; confidence আত্মনির্ভরতা; আত্মবিশ্বাস

assure / ə'ʃɔ:(r) অ্যা'শ:(র্) / *verb* [T] **1** to promise sb that sth will certainly happen or be true, especially if he/she is worried চিন্তিত কোনো ব্যক্তিকে ভবিষ্যতের জন্য আশ্বস্ত করা *I assure you that it is perfectly safe.* **2** to make sth sure or certain নিশ্চিত করা, সুরক্ষিত করা *The success of the new product assured the survival of the company.*

assured / ə'ʃɔ:d অ্যা'শ:ড্ / (*also* **self-assured**) *adj.* believing that you can do sth or succeed at sth; confident সম্পূর্ণ সাফল্য লাভে আত্মবিশ্বাসী; আত্মপ্রত্যয়ী

asterisk / 'æstərɪsk 'অ্যাস্ট্যারিস্ক্ / *noun* [C] the sign (*) that you use to make people notice sth in a piece of writing দৃষ্টি আকর্ষণের জন্য ব্যবহৃত চিহ্নবিশেষ (*); তারকাচিহ্ন

asteroid / 'æstərɔɪd 'অ্যাস্ট্যারইড্ / *noun* [C] any of the many small planets that go around the sun. They are also called minor planets সূর্যের চারিদিকে ঘোরে এমন অনেকগুলি ছোটো ছোটো গ্রহের যে কোনো একটি। তাদের ক্ষুদ্রগ্রহ বা গ্রহাণু ও বলা হয়; গ্রহাণুপুঞ্জ, গ্রহাণু

asthma / 'æsmə 'অ্যাস্ম্যা / *noun* [U] a medical condition that makes breathing difficult হাঁপানির রোগ, শ্বাসকষ্ট; অ্যাজমা

asthmatic / æs'mætɪk অ্যাস্'ম্যাটিক্ / *noun* [C] a person who has asthma হাঁপানির রোগী ▶ **asthmatic** *adj.* হাঁপানি রোগগ্রস্ত; হাঁপানি রোগ সংক্রান্ত

astigmatism / ə'stɪgmətɪzəm অ্যা'স্টিগ্ম্যাটিজ়াম্ / *noun* [C] a fault in the shape of a person's eye that prevents him/her from seeing clearly চোখের লেন্সের গঠনে ত্রুটি যার ফলে কোনো ব্যক্তির অস্পষ্ট দৃষ্টি হতে পারে; নকুলান্ধতা, বিষমদৃষ্টি, বিন্দুঅন্ধত্ব

astonish / ə'stɒnɪʃ অ্যা'স্টনিশ্ / *verb* [T] to surprise sb very much (কোনো ব্যক্তিকে) অবাক করে দেওয়া; বিস্মিত করা বা আশ্চর্যান্বিত করা, স্তম্ভিত বা হতবাক করা *She astonished everybody by announcing her engagement.* ▶ **astonished** *adj.* অবাক বা বিস্মিত ভাব *I was astonished by the decision.*

astonishing / ə'stɒnɪʃɪŋ অ্যা'স্টনিশিং / *adj.* very surprising বিস্ময়সূচক, অত্যাশ্চর্য, বিস্ময়কর ▶ **astonishingly** *adv.* অত্যাশ্চর্য বা বিস্ময়াপন্নভাবে; বিস্ময়বিহ্বলভাবে

astonishment / ə'stɒnɪʃmənt অ্যা'স্টনিশ্ম্যান্ট্ / *noun* [U] very great surprise বিস্ময়, চমক *He dropped his book* ***in astonishment***.

astound / ə'staʊnd অ্যা'স্টাউন্ড্ / *verb* [T] (*usually passive*) to surprise sb very much (কোনো ব্যক্তিকে) বিস্ময়ে বিমূঢ় বা স্তম্ভিত করা, হতভম্ব বা হতবুদ্ধি করা *We were astounded by how well he performed.*

astounded / ə'staʊndɪd অ্যা'স্টাউন্ডিড্/ *adj.* feeling or showing great surprise অবাক বা বিস্ময়ের ভাব, স্তম্ভিত ভাব

astounding / ə'staʊndɪŋ অ্যা'স্টাউনডিং / *adj.* causing sb to feel extremely surprised হতবুদ্ধিকর, অত্যন্ত বিস্ময়কর

astray / ə'streɪ অ্যা'স্ট্রেই / *adv.*

IDM **go astray 1** to become lost or be stolen বিপথগামী, দিকভ্রান্ত বা পথভ্রান্ত হওয়া **2** to go in the wrong direction বিপথে যাওয়া

lead sb astray ⇨ **lead**[1] দেখো।

astride / ə'straɪd অ্যা'স্ট্রাইড্ / *adv., prep.* with one leg on each side of sth কোনো কিছুর উপরে দুই পা দুই পাশে রেখে *to sit astride a horse*

astringent / ə'strɪndʒənt অ্যা'স্ট্রিন্জ্যান্ট / *adj., noun* (*technical*) **1** (used about a liquid or a cream) able to stop a cut from bleeding, or to make the skin tighter so that it feels less **oily** (কোনো তরল পদার্থ বা ক্রিমের সম্বন্ধে ব্যবহৃত) রক্তক্ষরণ রোধকারী বা ত্বকে সংকোচন সৃষ্টিকারী কোনো পদার্থ যা লাগালে ত্বক কম তৈলাক্ত বলে মনে হয় *an astringent cream* **2** (*formal*) critical in a harsh or clever way কঠোর বা চতুর সমালোচনা *astringent comments* **3** slightly bitter but fresh in taste or smell অল্প তেতো কিন্তু স্বাদে বা গন্ধে তাজা

astrologer / ə'strɒlədʒə(r) অ্যা'স্ট্রল্যাজ্যা(র্) / *noun* [C] a person who is an expert in astrology জ্যোতিষী, গনতকার

astrology / ə'strɒlədʒi অ্যা'স্ট্রল্যাজি / *noun* [U] the study of the positions and movements of the stars and planets and the way that some people believe they affect people and events গ্রহ-নক্ষত্রের অবস্থান, গতিবিধি এবং (কিছু লোকের বিশ্বাস অনুযায়ী) তারা যে উপায়ে মানুষ ও ঘটনাপ্রবাহকে প্রভাবিত করে সেই সম্পর্কে চর্চা বা গবেষণা; জ্যোতিষ বিজ্ঞান, জ্যোতিষশাস্ত্র ⇨ **horoscope** এবং **zodiac** দেখো।

astronaut / 'æstrənɔ:t 'অ্যাসট্র্যান:ট্ / *noun* [C] a person who travels in a spacecraft নভোচর, মহাকাশচারী, মহাকাশ অভিযাত্রী

astronomer / ə'strɒnəmə(r) অ্যা'স্ট্রন্যাম্যা(র্) / *noun* [C] a person who studies astronomy জ্যোতির্বিজ্ঞানী, জ্যোতির্বিদ

astronomical / ˌæstrə'nɒmɪkl ˌঅ্যাসট্র্যা'নমিক্ল্ / *adj.* **1** connected with astronomy জ্যোতির্বিজ্ঞান সংক্রান্ত, গ্রহনক্ষত্রের জগৎ সংক্রান্ত, মহাকাশ সংক্রান্ত **2** extremely high অত্যুক্তি, অত্যধিক, বিরাট, বিশাল, অনেক *astronomical house prices*

astronomy / ə'strɒnəmi অ্যা'স্ট্রন্যামি / *noun* [U] the scientific study of the sun, moon, stars, etc. চাঁদ, সূর্য, নক্ষত্র ইত্যাদি সম্পর্কে বিজ্ঞানসম্মত গবেষণা; জ্যোতির্বিজ্ঞান, জ্যোতির্বিদ্যা

astrophysics / ˌæstrəʊ'fɪzɪks ˌঅ্যাস্ট্র্যাউ'ফিজ়িক্স্ / *noun* [U] the scientific study of the physical and chemical structure of the stars, planets, etc. গ্রহ-নক্ষত্র ইত্যাদির প্রাকৃতিক এবং রাসায়নিক গঠন সম্পর্কে বিজ্ঞানসম্মত চর্চা; নভোপদার্থবিদ্যা

astute / ə'stju:t অ্যা'স্টিউট্ / *adj.* very clever; good at judging people or situations তীক্ষ্ণবুধি; মানুষ এবং পরিস্থিতি সম্পর্কে যথেষ্ট বিচক্ষণ, ধুরন্ধর, চতুর, ধূর্ত

asylum / ə'saɪləm আ'সাইল্যাম্ / *noun* **1** [U] (*also* **political asylum**) protection that a government gives to people who have left their own country, usually because they were in danger for political reasons স্বদেশে রাজনৈতিক কারণে বিপদের আশঙ্কায় যেসব মানুষ দেশছাড়া হয়েছে তাদের অন্য কোনো সরকার কর্তৃক প্রদত্ত আশ্রয়; রাজনৈতিক আশ্রয় *to seek/apply for/be granted asylum* ○ *the rights of* ***asylum seekers*** (people asking for political asylum) **2** [C] (*old-fashioned*) a hospital where people who were mentally ill could be cared for, often for a long time মানসিক চিকিৎসালয় বা আশ্রয়; উন্মাদাগার, পাগলা গারদ

asymmetric / ˌeɪsɪ'metrɪk ˌএইসি'মেট্রিক্ / (*also* **asymmetrical** / ˌeɪsɪ'metrɪkl ˌএইসি'মেট্রিক্ল্ /) *adj.* having two sides or parts that are not the same in size or shape (দুই পাশের মধ্যে আকার বা আকৃতিতে) অপ্রতিসাম্য, বৈসাদৃশ্য ✪ বিপ **symmetrical** ▶ **asymmetrically** / -ɪkli -ইক্লি / *adv.* সামঞ্জস্য-হীনভাবে ▶ **asymmetry** /ˌeɪ'sɪmətri ˌএই'সিম্যাট্রি / *noun* [U] বৈসাদৃশ্য, অসামঞ্জস্য

at / ət; *strong form* æt অ্যাট্; *প্রবল রূপ* অ্যাট্ / *prep.* **1** used to show where sb/sth is or where sth happens কোনো ব্যক্তি বা বস্তুর অবস্থান বা কোনো ঘটনাস্থল নির্দেশ করতে ব্যবহৃত অভিব্যক্তিবিশেষ *at the bottom/top of the page* ○ *He was standing at the door.* **2** used to show when sth happens কোনো ঘটনা ঘটার নির্দিষ্ট সময় বোঝাতে ব্যবহৃত অভিব্যক্তিবিশেষ *I start work at 9 o'clock.* ○ *at the weekend* ○ *at night* **3** in the direction of sb/sth (কোনো ব্যক্তি বা বস্তুর) প্রতি, পানে, অভিমুখে, দিকে *He pointed a gun at the policeman.* ○ *He shouted at me.* **4** because of sth কোনো কিছুর কারণে *I was surprised at her behaviour.* ○ *We laughed at his jokes.* **5** used to show what sb is doing or what is happening কোনো ব্যক্তি কোন কাজে রত অথবা কোন ঘটনা ঘটছে বোঝাতে ব্যবহৃত অভিব্যক্তিবিশেষ *They were* ***hard at work.*** ○ *The two countries were* ***at war.*** **6** used to show the price, rate, speed, etc. of sth কোনো বস্তুর মূল্য, দামের হার, গতি ইত্যাদি বোঝাতে ব্যবহৃত অভিব্যক্তিবিশেষ *We were travelling at about 50 kilometers per hour.* **7** used with adjectives that show how well sb/sth does sth কোনো ব্যক্তি বা বস্তু কত ভালোভাবে কোনো কাজ করছে এই বোঝানোর জন্য বিশেষণের পরে ব্যবহৃত অভিব্যক্তিবিশেষ *She's not very* ***good at*** *French.*

ate ➪ **eat**-এর past tense

atheism / 'eɪθiɪzəm 'এইথিইজ়্যাম্ / *noun* [U] the belief that there is no God ঈশ্বরের অস্তিত্বে অবিশ্বাস; নাস্তিকতা, নিরীশ্বরবাদ ▶ **atheist** *noun* [C] নাস্তিক, নিরীশ্বরবাদী

athlete / 'æθli:t 'অ্যাথ্লীট্ / *noun* [C] a person who can run, jump, etc. very well, especially one who takes part in sports competitions, etc. দৌড়, লাফ ইত্যাদিতে পারদর্শী যে ক্রীড়াকুশলী ব্যক্তি ক্রীড়া-প্রতিযোগিতায় অংশ গ্রহণ করে; অ্যাথলিট

athletic / æθ'letɪk অ্যাথ্'লেটিক্ / *adj.* **1** connected with athletes or athletics ব্যায়াম সংক্রান্ত, খেলাধূলা সংক্রান্ত; ক্রীড়াবিষয়ক *athletic ability* **2** (used about a person) having a fit, strong, and healthy body (কোনো ব্যক্তি সম্বন্ধে ব্যবহৃত) সুগঠিত, সুস্বাস্থ্যবান, সুঠাম দেহবিশিষ্ট *athletic player*

athletics / æθ'letɪks অ্যাথ্'লেটিক্স্ / *noun* [U] sports such as running, jumping, throwing, etc. খেলাধূলা যেমন দৌড়োনো, লাফানো, ছোঁড়া ইত্যাদি; শরীরচর্চা, খেলাধূলা, মুক্তাঙ্গন ক্রীড়া; অ্যাথলিটিক্স

atishoo / ə'tɪʃu: অ্যা'টিশূ / *exclamation* used to represent the sound that you make when you **sneeze** হাঁচির শব্দ

atlas / 'ætləs 'অ্যাট্ল্যাস্ / *noun* [C] (*pl.* **atlases**) a book of maps মানচিত্র, রেখাচিত্র, ম্যাপবই *a road atlas of Delhi*

ATM / ˌei ti: 'em ˌএই টী 'এম্ / *abbr.* automated teller machine—a machine in which you insert a special kind of plastic card to take out money from your bank account অটোমেটেড টেলার মেশিন-এর সংক্ষিপ্ত রূপ। এটি এমন একটি মেশিন যার মধ্যে একধরনের বিশেষ প্লাস্টিক কার্ড ঢুকিয়ে নিজের ব্যাংক অ্যাকাউন্টে গচ্ছিত টাকা বার করা সম্ভব; এটিএম

atmosphere /'ætməsfɪə(r) 'অ্যাট্ম্যাস্ফিঅ্যা(র্) / *noun* **1** [C, *usually sing.*] the mixture of gases that surrounds the earth or any other star, planet, etc. পৃথিবী অথবা অন্য কোনো গ্রহ-নক্ষত্রকে ঘিরে বিভিন্ন গ্যাসের যে মিশ্রণ থাকে; বায়ুমণ্ডল, আবহমণ্ডল *the earth's atmosphere* **2** [*sing.*] the air in a place বাতাবরণ, আবহাওয়া, পরিমণ্ডল *a smoky atmosphere* **3** [*sing.*] the mood or feeling of a place or situation পরিবেশ, বাতাবরণ, পারিপার্শ্বিকতা *The atmos-*

phere of the meeting was relaxed. **4** [C] (*technical*) a measurement of pressure বায়ুচাপের একক

atmospheric / ˌætməsˈferɪk ˌঅ্যাট্ম্যাস্'ফেরিক্ / *adj.* **1** connected with the earth's atmosphere বায়ুমণ্ডলীয়, বায়ুমণ্ডলের উপর নির্ভরশীল, বায়ুমণ্ডল সংক্রান্ত **2** creating a particular feeling or emotion বিশেষ আবহাওয়া অথবা পরিবেশ সৃষ্টি করা *atmospheric music*

atoll / ˈætɒl 'অ্যাটল্ / *noun* [C] an island shaped like a ring with a lake of salt water (**a lagoon**) in the middle লবণাক্ত জলবিশিষ্ট উপহ্রদ বেষ্টনকারী বৃত্তাকার দ্বীপ; প্রবাল-দ্বীপ

atom / ˈætəm 'অ্যাট্যাম্ / *noun* [C] the smallest part into which an element can be divided কোনো পদার্থের ক্ষুদ্রতম অবিভাজ্য কণা; পরমাণু ➪ **molecule** দেখো।

atomic / əˈtɒmɪk অ্যা'টমিক্ / *adj.* of or concerning an atom or atoms পরমাণুসংক্রান্ত, পারমাণবিক, পারমাণবিক তত্ত্ব সংক্রান্ত *atomic physics* ➪ **nuclear** দেখো।

atomic bomb (*also* **atom bomb**) *noun* [C] a bomb that explodes using the energy that is produced when an atom or atoms are split একটি পরমাণু বা পরমাণুসমূহ বিভাজনের ফলে উৎপন্ন শক্তির ব্যবহারের মাধ্যমে বিস্ফোরণ ঘটে যে বোমার; পরমাণু বোমা, পারমাণবিক বোমা

atomic energy *noun* [U] the energy that is produced when an atom or atoms are split পরমাণু অথবা পরমাণুসমূহ বিভাজনের ফলে উৎপন্ন শক্তি; পরমাণু শক্তি

atomic mass *noun* [C] the mass of an atom of a particular chemical substance নির্দিষ্ট কোনো রাসায়নিক পদার্থের একটি পরমাণুর ভর; পারমাণবিক ভর *Oxygen has an atomic mass of 16.*

atomic number *noun* [C] the number of **protons** that a chemical element has in its centre (**nucleus**) কোনো পরমাণুর কেন্দ্রতে ধনাত্মক আধানের কণিকা বা প্রোটনের সংখ্যা

NOTE রসায়নশাস্ত্রে মৌলিক পদার্থের **atomic number** অনুসারে তাদের **periodic table**-এ তালিকাবধ্ব করা হয়।

atone / əˈtəʊn অ্যা'ট্যাউন্ / *verb* [I] (*formal*) **atone (for sth)** to show that you are sorry for doing sth wrong ভুল কিছু করার জন্য দুঃখ প্রকাশ করা; প্রতিকার করা, ক্ষতিপূরণ করা, প্রায়শ্চিত্ত করা *to atone for your crimes* ▶ **atonement** *noun* [U] ক্ষতিপূরণ, প্রায়শ্চিত্ত, প্রতিবিধান

atrium / ˈeɪtriəm 'এইট্রিঅ্যাম্ / *noun* [C] **1** a large high open space in the centre of a modern building হাল আমলের বাড়ির মধ্যবর্তী বিরাট উঁচু উন্মুক্ত স্থান **2** either of the two upper spaces in the heart হৃৎপিণ্ডের উপর দিকের দুই প্রকোষ্ঠের যে-কোনো একটি অংশ; অলিন্দ ➪ **heart**-এ ছবি দেখো।

atrocious / əˈtrəʊʃəs অ্যা'ট্র্যাউশ্যাস্ / *adj.* extremely bad or unpleasant অশোভন, বিশ্রী, নিষ্ঠুর, নির্মম *atrocious weather* **2** very cruel and shocking খুব নৃশংস এবং অশোভন ▶ **atrociously** *adv.* নৃশংসভাবে, অত্যন্ত অশোভনভাবে

atrocity / əˈtrɒsəti অ্যা'ট্রস্যাটি / *noun* [C, U] (*pl.* **atrocities**) (an act of) very cruel treatment of sb/sth কোনো ব্যক্তি বা বস্তুর প্রতি নিষ্ঠুর অথবা নৃশংস আচরণ *Both sides were accused of committing atrocities during the war.*

atrophy / ˈætrəfi 'অ্যাট্র্যাফি / *noun* [U] (*medical*) the medical condition of losing flesh, muscle, strength, etc. in a part of the body because it does not have enough blood শরীরের কোনো অংশে রক্ত চলাচল কম হওয়ার জন্য সেই অংশের (রক্তমাংস, পেশি, শক্তি ইত্যাদির) ক্ষয়ীভবন; ক্ষয়প্রাপ্তি বা শীর্ণতা

attach / əˈtætʃ অ্যা'ট্যাচ্ / *verb* [T] **1 attach sth (to sth)** to fasten or join sth to sth (দুটি বস্তুকে) আটকানো, লাগিয়ে দেওয়া, সংযুক্ত করা, সেঁটে দেওয়া *I attached a label to each bag.* ✪ বিপ **detach** **2** (*usually passive*) **attach sb/sth to sb/sth** to make sb/sth join or belong to sb/sth (কোনো ব্যক্তি বা বস্তুকে অন্য কোনো ব্যক্তি বা বস্তুর সঙ্গে) সংশ্লিষ্ট করা, জুড়ে দেওয়া, যুক্ত করা *The research centre is attached to the university.* **3 attach sth to sb/sth** to think that sth has a particular quality (কোনো ব্যক্তি বা বস্তুকে) বিশেষ গুরুত্ব দেওয়া অথবা বিশেষ গুণসম্পন্ন বলে মনে করা *Don't attach too much importance to what they say.*

IDM **(with) no strings attached; without strings** ➪ **string**[1] দেখো।

attaché / əˈtæʃeɪ অ্যা'ট্যাশেই / *noun* [C] a person who works in an **embassy** and who usually has special responsibility for a particular area of activity রাষ্ট্র দূতাবাসের সঙ্গে যুক্ত ব্যক্তি যার উপর নির্দিষ্ট কিছু কাজের বিশেষ দায়িত্ব থাকে *a cultural/military attaché*

attached / əˈtætʃt অ্যা'ট্যাচ্ট্ / *adj.* **attached to sb/sth** liking sb/sth very much কোনো ব্যক্তি অথবা বস্তুর প্রতি অনুরক্ত; তাকে খুব পছন্দ করা হয় এমন; অনুগত

attachment / əˈtætʃmənt অ্যা'ট্যাচ্ম্যান্ট্ / *noun* **1** [C] something that you can fit on sth else to make it do a different job অন্য কোনো কাজ করার জন্য কোনো বস্তুর সঙ্গে যুক্ত করা যায় এমন কিছু *an electric drill with a range of attachments* **2** [C, U] **attachment (to/for sb/sth)** the feeling of liking sb/sth very much কোনো ব্যক্তি অথবা বস্তুর প্রতি

প্রতি ভালোলাগার অনুভূতি; স্নেহ, অনুরাগ *emotional attachment* **3** [C] (*computing*) a document that you send to sb using **email** কোনো তথ্য যা ই-মেলের মাধ্যমে কাউকে পাঠানো হয়

attack¹ / ə'tæk অ্যা'ট্যাক্ / *noun* **1** [C, U] **(an) attack (on sb/sth)** trying to hurt or defeat sb/sth by using force কোনো ব্যক্তি বা বস্তুকে বলপ্রয়োগের দ্বারা আঘাত বা পরাভূত করার চেষ্টা *The town was* ***under attack*** *from all sides.* **2** [C, U] **(an) attack (on sb/sth)** an act of saying strongly that you do not like or agree with sb/sth তীব্রভাবে প্রতিকূল সমালোচনা করার ক্রিয়া *an outspoken attack on government policy* **3** [C] a short period when you suffer badly from a disease, medical condition, etc. রোগের আক্রমণে অথবা রোগগ্রস্ত অবস্থায় স্বল্প সময়কালীন দুর্ভোগ *an attack of asthma/flu/nerves* **4** [C] the act of trying to score a point in a game of sport কোনো খেলায় পয়েন্ট পাওয়ার চেষ্টা

attack² / ə'tæk অ্যা'ট্যাক্ / *verb* **1** [I, T] to try to hurt or defeat sb/sth by using force কোনো ব্যক্তি বা বস্তুকে বলপ্রয়োগ করে আহত বা পরাভূত করার চেষ্টা করা; হামলা অথবা আক্রমণ করা *The child was attacked by a dog.* **2** [T] to say strongly that you do not like or agree with sb/sth প্রতিকূল মনোভাব অথবা অসমর্থন ব্যক্ত করা **3** [T] to damage or harm sb/sth কোনো ব্যক্তি বা বস্তুর ক্ষতি করা, অনিষ্ট করা *a virus that attacks the nervous system* **4** [I, T] to try to score a point in a game of sport কোনো খেলায় পয়েন্ট পাওয়ার জন্য চেষ্টা করা *This team attacks better than it defends.*

attacker / ə'tækə(r) অ্যা'ট্যাক্যা(র্) / *noun* [C] a person who tries to hurt sb using force আক্রমণকারী *The victim of the assault didn't recognize his attackers.*

attain / ə'teɪn অ্যা'টেইন্ / *verb* [T] to succeed in getting or achieving sth, especially after a lot of effort প্রচণ্ড চেষ্টা করে কোনো কিছু লাভ করা, লক্ষ্য সাধন করা, সিদ্ধিলাভ করা

attainable / ə'teɪnəbl অ্যা'টেইন্যাব্‌ল্ / *adj.* that can be achieved অর্জনীয়, লভ্য, প্রাপণীয়, অধিগম্য *realistically attainable targets*

attainment / ə'teɪnmənt অ্যা'টেইন্‌ম্যান্ট্ / *noun* **1** [U] the act of achieving sth প্রাপ্তি, লাভ, আয়ত্তিকরণ, অর্জন *the attainment of the government's objectives* **2** [C] a skill or sth you have achieved অর্জিত সাফল্য, দক্ষতা অথবা কোনো বস্তু

attempt¹ / ə'tempt অ্যা'টেম্প্ট্ / *verb* [T] **attempt (to do) sth** to try to do sth that is difficult কোনো কঠিন কাজের উদ্যোগ নেওয়া বা প্রয়াসী হওয়া *She was accused of attempted murder.* ○ *Don't attempt to make him change his mind.*

attempt² / ə'tempt অ্যা'টেম্প্ট্ / *noun* [C] **1 an attempt (to do sth/at doing sth)** an act of trying to do sth চেষ্টা, প্রয়াস, সাধনা *The thief* ***made no attempt*** *to run away.* **2 an attempt (on sb/sth)** trying to attack or beat sb/sth কাউকে আঘাত করা বা মারার প্রচেষ্টা *an attempt on sb's life*

IDM a last-ditch attempt ➪ **last¹** দেখো।

attend / ə'tend অ্যা'টেন্ড্ / *verb* **1** [T] to go to or be present at a place কোনো স্থানে হাজির বা উপস্থিত হওয়া *The children attend the local school.* **2** [I] (*formal*) **attend to sb/sth** to give your care, thought or attention to sb/sth or look after sb/sth (কোনো ব্যক্তি বা বস্তুকে) দেখাশোনা বা পরিচর্যা করা, লক্ষ বা নজর রাখা, মনোযোগ দেওয়া, পর্যবেক্ষণ করা *Please attend to this matter immediately.*

attendance / ə'tendəns অ্যা'টেন্‌ড্যান্স্/ *noun* **1** [U] being present somewhere উপস্থিতি, হাজিরা *Attendance at lectures is compulsory.* **2** [C, U] the number of people who go to or are present at a place উপস্থিত জনসাধারণের সংখ্যা, উপস্থিত মোট ব্যক্তি, উপস্থিত ব্যক্তিবর্গ *There was a poor attendance at the meeting.*

attendant¹ / ə'tendənt অ্যা'টেন্‌ড্যান্ট্ / *noun* [C] a person whose job is to serve or help people in a public place যে ব্যক্তির কাজ প্রকাশ্যে বা উন্মুক্ত স্থানে মানুষকে সাহায্য করা বা মানুষের সেবা করা; তত্ত্বাবধায়ক, সেবক, পরিচারক *a car park attendant*

attendant² / ə'tendənt অ্যা'টেন্‌ড্যান্ট্ / *adj.* (*only before a noun*) (*formal*) that goes together with or results from sth আনুষঙ্গিক *unemployment and all its attendant social problems*

attention¹ / ə'tenʃn অ্যা'টেন্‌শ্‌ন্ / *noun* [U] **1** watching, listening to or thinking about sb/sth carefully কোনো ব্যক্তি বা বস্তুর প্রতি সযত্ন লক্ষ রাখা, তার সম্পর্কে মন দিয়ে শোনা অথবা চিন্তা করার ক্রিয়া; মনোনিবেশ, মনোযোগ, মনঃসংযোগ *Shy people hate to be* ***the centre of attention.*** ○ *to hold sb's attention* **2** special care or action যত্ন, তত্ত্বাবধান, পর্যবেক্ষণ *The hole in the roof needs urgent attention.* ○ *to require* ***medical attention*** **3** a position in which a soldier stands up straight and still সৈন্যদের সোজাভাবে এবং দৃঢ়ভাবে দাঁড়ানোর অবস্থা *to stand/come to attention*

IDM catch sb's attention/eye ➪ **catch¹** দেখো।

draw (sb's) attention to sth ➪ **draw¹** দেখো।

pay attention ➪ **pay¹** দেখো।

attention² / ə'tenʃn অ্যা'টেন্‌শ্‌ন্ / *exclamation* used for asking people to listen to sth carefully কোনো

বিষয়ে মানুষের দৃষ্টি আকর্ষণ করার জন্য অথবা প্রকৃত মনোযোগ আকর্ষণ করার জন্য ব্যবহৃত অভিব্যক্তিবিশেষ

attentive / ə'tentɪv অ্যা'টেন্টিভ্ / *adj.* **attentive (to sb/sth)** watching, listening to or thinking about sb/sth carefully একাগ্রচিত্ত, মনোযোগী, সজাগ, সতর্ক ✪ বিপ **inattentive** ▶ **attentively** *adv.* মনোযোগের সঙ্গে, মনোযোগ সহকারে *to listen attentively to sth*

attest / ə'test অ্যা'টেস্ট্/ *verb* [I, T] (*formal*) **1 attest (to sth)** to show that sth is true (সত্য বলে) সাক্ষ্য দেওয়া, ঘোষণা করা *Her long fight against cancer attested to her courage.* **2** to state that you believe that sth is true or genuine, for example in a court of law কোনো বিষয় সত্য এবং খাঁটি সেই বিশ্বাস ব্যক্ত করা (যেমন আদালতে); প্রত্যয়িত করা *The signature was attested by two witnesses.*

attic / 'ætɪk 'অ্যাটিক্ / *noun* [C] the space or room just under the roof of a house often used for storing things ছাদের ঠিক নীচের ঘর যা প্রায়ই জিনিসপত্র সংরক্ষণ করতে ব্যবহৃত হয়; চিলেকোঠা ➪ **loft** দেখো।

attire / ə'taɪə(r) অ্যা'টাইঅ্যা(র্) / *noun* [U] (*formal*) clothes জামাকাপড়, সাজসজ্জা, বেশভুষা

attitude / 'ætɪtju:d 'অ্যাটিটিউড্ / *noun* [C] **an attitude (to/towards sb/sth)** the way that you think, feel or behave মনোভাব, দৃষ্টিভঙ্গি *She has a very positive attitude to her work.*

attn *abbr.* (used in writing) 'for the attention of' কারও দৃষ্টি আকর্ষণ করার জন্য লেখার সময়ে ব্যবহৃত অভিব্যক্তিবিশেষ *Sales Dept, attn Rahul Garg*

attorney / ə'tɜ:ni অ্যা'ট্যনি/ (*AmE*) = **lawyer**

attract / ə'trækt অ্যা'ট্র্যাক্ট্ / *verb* [T] **1** to cause sb/sth to go to sth or give attention to sth কোনো ব্যক্তি অথবা বস্তুর আকর্ষণ অথবা মনোযোগের কারণ হওয়া *Moths are attracted to light.* ○ *The new film has attracted a lot of publicity.* **2** (*usually passive*) to cause sb to like sb/sth (কোনো ব্যক্তিকে) আকর্ষিত করা, প্রলুব্ধ করা *Small children are attracted to bright colours.*

attraction / ə'trækʃn অ্যা'ট্র্যাক্শ্ন্ / *noun* **1** [U] a feeling of liking sb/sth কোনো ব্যক্তি বা বস্তুকে পছন্দ করার অনুভূতি; আকর্ষণ, আকর্ষণী শক্তি, আকর্ষণক্রিয়া *tourist attraction* **2** [C] sth that is interesting or enjoyable চিত্তাকর্ষক এবং আকর্ষণীয় কোনো বস্তু *The city offers all kinds of tourist attractions.* **3** [U] a force which pulls things towards each other যে বলের দ্বারা বস্তুসমূহ একে অপরের প্রতি আকর্ষিত হয় *gravitational/magnetic attraction* ➪ **repulsion** দেখো এবং **magnet**-এ ছবি দেখো।

attractive / ə'træktɪv অ্যা'ট্র্যাক্টিভ্ / *adj.* **1** that pleases or interests you; that you like চিত্তাকর্ষক, আকর্ষণীয়; পছন্দসই, মনোমত *an attractive part of the country* **2** (used about a person) beautiful or nice to look at (কোনো ব্যক্তি সম্বন্ধে ব্যবহৃত) চিত্তাকর্ষক, মোহিনী, সুন্দর ▶ **attractively** *adv.* আকর্ষণীয়ভাবে ▶ **attractiveness** *noun* [U] আকর্ষণীয়তা, আকর্ষণীয় গুণাবলি

attributable / ə'trɪbjətəbl অ্যা'ট্রিবিঅ্যাট্যাবল্ / *adj.* (*not before a noun*) (*written*) **attributable to sb/sth** probably caused by the thing mentioned সম্ভবত উল্লিখিত কারণে উৎপন্ন; আরোপ্য, দায়ী *Their illnesses are attributable to poor diet.*

attribute[1] / ə'trɪbju:t অ্যা'ট্রিবিউট/ *verb* [T] **attribute sth to sb/sth** to believe that sth was caused or done by sb/sth কোনো বস্তু অন্য কোনো ব্যক্তি অথবা বস্তুর কারণবশত হয়েছে বা তার দ্বারা কৃত হয়েছে এই নির্দেশ করা *Kohli attributes his success to hard work.* ○ *a poem attributed to Shakespeare*

attribute[2] / 'ætrɪbju:t 'অ্যাট্রিবিউট্ / *noun* [C] a quality of sb/sth; a feature কোনো ব্যক্তি বা বস্তুর বিশেষ গুণ; প্রকৃতি, বৈশিষ্ট্য *physical attributes*

attributive / ə'trɪbjətɪv অ্যা'ট্রিবিঅ্যাটিভ্ / *adj.* (*grammar*) (*used about adjectives or nouns*) used before a noun to describe it (ব্যাকরণ) বিশেষ্যপদের পূর্বে তার গুণ বোঝাতে অথবা বর্ণনা করতে ব্যবহৃত অভিব্যক্তি বিশেষ *In 'the blue sky' and 'a family business', 'blue' and 'family' are attributive.* ➪ **predicative** দেখো। ▶ **attributively** *adv.* গুণবাচকভাবে

attrition / ə'trɪʃn অ্যা'ট্রিশ্ন্/ *noun* [U] **1** (*formal*) a process of making sb/sth, especially your enemy, weaker by attacking him/her/it or causing problems for him/her/it over a period of time কিছু সময়কাল ধরে ক্রমাগত আক্রমণ বা ক্ষতি করে শত্রুপক্ষের শক্তি ক্ষয় করার পদ্ধতি *It was a* ***war of attrition***. **2** (*technical*) the gradual removal of material from a mass by moving against it over a long period of time দীর্ঘসময় ধরে ঘর্ষণজনিত ক্ষয়; ঘর্ষণময় *The teeth show signs of attrition.* ➪ **erode**-এ ছবি দেখো।

atypical / ˌeɪ'tɪpɪkl ˌএই'টিপিক্ল্ / *adj.* (*formal*) not typical of a particular type, group, etc. সচরাচর চোখে পড়ে না এমন; অস্বাভাবিক, বিরল ✪ বিপ **typical** ➪ **untypical** দেখো।

aubergine / 'əʊbəʒi:n 'অ্যাউব্যাজীন্ / (*AmE* **eggplant**) a round or long vegetable with dark purple skin বেগুন ➪ **vegetable**-এ ছবি দেখো।

auburn / 'ɔ:bən 'অ:ব্যান্ / *adj.* (used about hair) reddish-brown (চুল সম্বন্ধে ব্যবহৃত) লালচে খয়েরি, লালচে বাদামি

auction[1] / 'ɔ:kʃn 'অ:ক্শ্ন্ / *noun* [C, U] a public sale at which items are sold to the person who offers to pay the most money জনসমক্ষে বিক্রয়ের ব্যবস্থা যেখানে যে ব্যক্তি সবচেয়ে বেশি দাম দিতে চায় তাকেই সেই দ্রব্য বা দ্রব্যসমূহ বিক্রি করা হয়; নিলাম, নিলামি *The house was sold **at/by auction**.*

auction[2] / ˈɔ:kʃn ˈঅ:কশ্‌ন্ / *verb* [T] **auction sth (off)** to sell sth at an auction নিলামে কিছু বিক্রি করা, নিলামি করা

auctioneer /ˌɔ:kʃəˈnɪə(r) ˌঅ:কশ্যানিঅ্যা(র্) / *noun* [C] a person who organizes the selling at an auction নিলামদার

audacious / ɔ:ˈdeɪʃəs অ: ˈডেইশ্যাস্ / *adj.* (*written*) willing to take risks or do sth shocking স্পর্ধিত, উদ্ধত *an audacious decision* ▶ **audaciously** *adv.* উদ্ধতভাবে, দুঃসাহসীভাবে

audacity / ɔ:ˈdæsəti অ: ˈড্যাস্যাটি/ *noun* [U] behaviour that risks being shocking দুঃসাহস, ঔদ্ধত্য, ধৃষ্টতা, স্পর্ধা *He **had the audacity to** tell me I was rude!*

audible / ˈɔ:dəbl ˈঅ:ড্যাব্‌ল্ / *adj.* that can be heard শ্রবণগোচর, শ্রুতিগম্য, শ্রাব্য, কর্ণগোচর, শ্রুতিগোচর *Her speech was **barely audible**.* ✪ বিপ **inaudible** ▶ **audibly** / -əbli -অ্যাব্‌লি / *adv.* শ্রুতিগম্যভাবে

audience / ˈɔ:diəns ˈঅ:ডিঅ্যান্স্ / *noun* [C] **1** all the people who are watching or listening to a play, concert, speech, the television, etc. (নাটক, সংগীত, বক্তৃতা, দূরদর্শনের অনুষ্ঠান ইত্যাদির) শ্রোতৃমণ্ডল, শ্রোতাসাধারণ, দর্শকবৃন্দ *The audience was/were wild with excitement.* ○ *There were only about 200 people in the audience.* **2** a formal meeting with a very important person কোনো বিশিষ্ট ব্যক্তির সঙ্গে আনুষ্ঠানিক সাক্ষাৎকার *He was granted an audience with the President.*

audio / ˈɔ:diəʊ ˈঅ:ডিঅ্যাউ / *adj.* connected with the recording of sound শব্দগ্রহণের সঙ্গে যুক্ত বা সেই সংক্রান্ত *audio equipment* ○ *audio tape*

audio- / ˈɔ:diəʊ ˈঅ:ডিঅ্যাউ / *prefix* (*in nouns, adjectives and adverbs*) connected with hearing or sound শব্দ ও শ্রবণক্রিয়া সংক্রান্ত *audio-visual* ○ *an audio book* (= recording of a book that has been read aloud)

audio-visual *adj.* using both sound and pictures শব্দ এবং ছবি দুই ব্যবহার করে; যুগপৎ শ্রাব্য ও দৃশ্য

audit / ˈɔ:dɪt ˈঅ:ডিট্/ *noun* [C] an official examination of the present state of sth, especially of a company's financial records কোনো বস্তুর বর্তমান অবস্থার আনুষ্ঠানিক পরীক্ষা বিশেষত কোনো সংস্থার আর্থিক নথিপত্র; বিশেষজ্ঞের দ্বারা হিসাব পরীক্ষা *to carry out an audit*

audition[1] / ɔ:ˈdɪʃn অ: ˈডিশ্‌ন্ / *noun* [C] a short performance by a singer, actor, etc. to find out if he/she is good enough to be in a play, show, etc. সংক্ষিপ্ত অনুষ্ঠানের দ্বারা কোনো নাটক বা প্রদর্শনী ইত্যাদির জন্য গায়ক বা অভিনেতার গুণাবলী যাচাই; মহলা, অডিশন

audition[2] / ɔ:ˈdɪʃn অ: ˈডিশ্‌ন্ / *verb* [I, T] **audition (sb) (for sth)** to do or to watch sb do an audition অডিশন দিতে দেখা অথবা নিজে অডিশন দেওয়া *I auditioned for a part in the play.*

auditor / ˈɔ:dɪtə(r) ˈঅ:ডিট্যা(র্) / *noun* [C] a person whose job is to examine a company's financial records কোনো কোম্পানির আয়ব্যয়ের হিসাব পরীক্ষক; অডিটর

auditorium / ˌɔ:dɪˈtɔ:riəm ˌঅ:ডিˈট:রিঅ্যাম্ / *noun* [C] (*pl.* **auditoriums** or **auditoria** / -riə -রিঅ্যা /) the part of a theatre, concert hall, etc. where the audience sits প্রেক্ষাগৃহ যেখানে দর্শকগণ বসে, হল; অডিটোরিয়াম

au fait / ˌəʊ ˈfeɪ ˌঅ্যাউ ˈফেই/ *adj.* (*not before a noun*) completely familiar with sth ভালোভাবে জানা আছে এমন; পরিচিত, অবহিত *Are you au fait with this type of computer system?*

Aug. *abbr.* August আগস্ট মাস *15 Aug. 1950*

augment / ɔ:gˈment অ:গ্‌ˈমেন্ট / *verb* [T] (*formal*) to increase the amount, value, size, etc. of sth, (কোনো বস্তুর দাম, আকার, পরিমাণ প্রভৃতি) বাড়িয়ে তোলা, বর্ধিত করা

augur / ˈɔ:gə(r) ˈঅ:গ্যা(র্) / *verb*

IDM **augur well/ill for sb/sth** (*formal*) to be a good/bad sign of what will happen in the future ভবিষ্যতের (শুভ অথবা অশুভ) ঘটনার সংকেতচিহ্ন হিসেবে কাজ করা

August / ˈɔ:gəst ˈঅ:গ্যাস্ট্ / *noun* [U, C] (*abbr.* **Aug.**) the eighth month of the year, coming after July জুলাই মাসের পরের মাস; আগস্ট মাস

> NOTE বাক্যে মাসের নামের ব্যবহার দেখার জন্য **January**-তে দেওয়া উদাহরণ এবং নোট দেখো।

aunt / ɑ:nt আ:ন্ট্ / (*informal* **auntie; aunty** / ˈɑ:nti ˈআ:ন্‌টি /) *noun* [C] the sister of your father or mother; the wife of your uncle পিসি, মাসি; জেঠিমা, কাকিমা *Aunt Romilla*

aura / ˈɔ:rə ˈঅ:র‍্যা/ *noun* [C] (*formal*) the distinct quality that seems to surround or come from somebody or something স্বতন্ত্র কোনো গুণ যা কোনো ব্যক্তি বা বস্তুকে ঘিরে থাকে বা সেখান থেকে আসে; পরিমণ্ডল, আবেষ্টন, পরিবেশ *These hills have a magical aura.*

aural / ˈɔ:rəl ˈঅ:র‍্যাল্ / *adj.* connected with hearing and listening শ্রবণ এবং শ্রুতি সংক্রান্ত *an aural comprehension test* ➪ **oral** দেখো। ▶ **aurally** *adv.* শ্রবণযোগ্য, শ্রুতিগোচরভাবে

auricle / ˈɔːrɪkl ˈঅ:রিক্‌ল্ / *noun* [C] (*technical*) **1** either of the two upper spaces in the heart used to send blood around the body হৃৎপিণ্ডের উপরের দিকের দুটি গহ্বরের যে কোনো একটি যা দেহে রক্ত প্রবাহিত করার জন্য ব্যবহৃত হয়; অলিন্দ **2** the outer part of the ear কানের বাইরের অংশ; বহিঃকর্ণ

auspices / ˈɔːspɪsɪz ˈঅ:স্‌পিসিজ্‌ / *noun* [*pl.*]
IDM under the auspices of sb/sth with the help and support of sb/sth কোনো ব্যক্তি অথবা বস্তুর দ্বারা পৃষ্ঠপোষকতা; অনুগ্রহ, আনুকূল্য

auspicious / ɔːˈspɪʃəs অ:ˈস্‌পিশ্যাস্‌ / *adj.* that seems likely to be successful in the future ভবিষ্যতে সফল হওয়ার সম্ভাবনাপূর্ণ; শুভ সম্ভাবনা ✪ বিপ **inauspicious**

austere / ɒˈstɪə(r) অˈস্টিআ্য(র্‌) / *adj.* **1** very simple; without decoration সরল; অনাড়ম্বর; সাজসজ্জাহীন **2** (used about a person) very strict and serious (কোনো ব্যক্তি সম্বন্ধে ব্যবহৃত) কঠোর, গম্ভীর, আত্মসংযমী **3** not having anything that makes your life more comfortable একান্ত অনাড়ম্বর, অতি সাধারণ, বিলাসব্যসন বর্জিত *The nuns lead simple and austere lives.* ► **austerity** / ɒˈsterəti অˈস্টের‍্যাটি / *noun* [U] সংযম, কঠোর নীতিনিষ্ঠা, মিতব্যয়িতা, অনাড়ম্বরতা

Australasian / ˌɒstrəˈleɪʒn; -ˈleɪʃn ˌঅস্ট্র্যাˈলেইজ্‌ন্‌; -ˈলেইশ্‌ন্‌ / *adj.* of or from Australia and the islands of the south west Pacific দক্ষিণ-পশ্চিম প্রশান্ত মহাসাগরীয় দ্বীপপুঞ্জ সম্বন্ধীয় অথবা অস্ট্রেলিয়া সংক্রান্ত; অস্ট্রেলেশিয়ান

authentic / ɔːˈθentɪk অ:ˈথেন্‌টিক্‌ / *adj.* **1** that you know is real or genuine খাঁটি, আসল, ভেজালহীন, প্রমাণসিদ্ধ *an authentic painting* **2** true or accurate সঠিক, সত্য, প্রকৃত *an authentic model of the building* ► **authenticity** / ˌɔːθenˈtɪsəti ˌঅ:থেন্‌ˈটিস্যাটি / *noun* [U] নির্ভেজালত্ব, অকৃত্রিমতা, বিশ্বাসযোগ্যতা

authenticate / ɔːˈθentɪkeɪt অ:ˈথেন্‌টিকেইট্‌ / *verb* [T] to produce evidence to show that sth is genuine, real or true সত্য বা খাঁটি বলে প্রমাণ করা বা প্রত্যয়িত করা *The picture has been authenticated as a genuine Hussain.*

author / ˈɔːθə(r) ˈঅ:থ্যা(র্‌) / *noun* [C] a person who writes a book, play, etc. (বই, নাটক ইত্যাদির) লেখক, রচনাকার, রচয়িতা, গ্রন্থকার, প্রণেতা *a well-known author of detective novels* ► **authorship** *noun* [U] লেখকের বৃত্তি বা পেশা

authoritarian / ɔːˌθɒrɪˈteəriən অ:ˌথরিˈটে-অ্যারিঅ্যান্‌ / *adj.* not allowing people the freedom to decide things for themselves স্বৈরাচারী, স্বেচ্ছাচারী, কর্তৃত্বপূর্ণ, স্বৈর *authoritarian parents*

authoritative / ɔːˈθɒrətətɪv অ:ˈথর‍্যাট্যাটিভ্‌ / *adj.* **1** having authority; demanding or expecting that people obey you রাশভারি, কর্তৃত্বব্যঞ্জক; কর্তৃত্বপূর্ণ, কর্তৃত্বসম্পন্ন *an authoritative tone of voice* **2** that you can trust because it/he/she has a lot of knowledge and information প্রামাণিক, নির্ভরযোগ্য, তথ্যসমৃদ্ধ, স্বীকৃত বিশেষজ্ঞ *They will be able to give you authoritative advice on the problem.*

authority / ɔːˈθɒrəti অ:ˈথর‍্যাটি / *noun* (*pl.* **authorities**) **1** [U] the power and right to give orders and make others obey আদেশ করার এবং অন্যদের তা মান্য করানোর আইনসম্মত অধিকার এবং ক্ষমতা *You must get this signed by a person* ***in authority*** (= who has the position of power). **2** [U] **authority (to do sth)** the right or permission to do sth কোনো কিছু করার আইনসম্মত অধিকার বা অনুমতি *The police* ***have the authority*** *to question anyone they wish.* **3** [C] (*usually pl.*) a person, group or government department that has the power to give orders, make official decisions, etc. কোনো ব্যক্তি, গোষ্ঠী অথবা সরকারি বিভাগ যাদের আদেশ দেওয়া, আনুষ্ঠানিকভাবে সিদ্ধান্ত নেওয়া ইত্যাদির ক্ষমতা আছে; কর্তাব্যক্তি, কর্তৃপক্ষ *I have to report this to the authorities.* **4** [U] a quality that sb has which makes it possible to influence and control other people অন্য ব্যক্তিকে প্রভাবান্বিত অথবা নিয়ন্ত্রণ করার ক্ষমতা বা গুণ *He spoke with authority and everybody listened.* **5** [C] **an authority (on sth)** a person with special knowledge বিশেষ জ্ঞানসম্পন্ন ব্যক্তি; বিশারদ, বিশেষজ্ঞ *He's an authority on criminal law.*

authorize (*also* **-ise**) / ˈɔːθəraɪz ˈঅ:থ্যারাইজ্‌ / *verb* [T] to give official permission for sth or for sb to do sth কোনো কিছু করার আইনসম্মত অধিকার অথবা অনুমতি দেওয়া *He authorized his secretary to sign letters in his absence.* ► **authorization** (*also* **-isation**) / ˌɔːθəraɪˈzeɪʃn ˌঅ:থ্যারাইˈজেইশ্‌ন্‌ / *noun* [U] অধিকার প্রদান; ক্ষমতাদান, কর্তৃত্বদান

autism / ˈɔːtɪzəm ˈঅ:টিজ্যাম্‌ / *noun* [U] a mental condition in which a person finds it difficult to communicate or form relationships with other people গুরুতর মানসিক রোগ যাতে অন্যদের সঙ্গে সম্পর্ক স্থাপন করার বা ভাবের আদান-প্রদান করার অক্ষমতা দেখা যায়; বহির্বিমুখতা, আত্মমগ্নতা রোগ; অটিজম ► **autistic** / ɔːˈtɪstɪk অ:ˈটিস্‌টিক্‌ / *adj.* অটিজম রোগাক্রান্ত *autistic behaviour/children*

auto- / ˈɔːtəʊ ˈঅ:ট্যাউ / (*also* **aut-**) *prefix* (*in nouns, adjectives and adverbs*) **1** about or by yourself স্ব-, আত্ম-; স্ব-বিষয়ক বা স্বয়ংকৃত *an autobiography* **2** by itself without a person to operate it স্বয়ং চালিত; স্বয়ংকৃত, স্বচালিত *automatic*

autobiography / ˌɔːtəbaɪˈɒgrəfi ˌঅ:ট্যাবাই-ˈঅগ্র্যাফি / *noun* [C, U] (*pl.* **autobiographies**) the story of a person's life written by that person আত্মজীবনী ➪ **biography** দেখো। ▶ **autobiographical** / ˌɔːtəˌbaɪəˈgræfɪkl ˌঅ:ট্যা-ˌবাইঅ্যাˈগ্র্যাফিক্ল্ / *adj.* আত্মজীবনীমূলক, আত্মজীবনী-সুলভ

autocracy / ɔːˈtɒkrəsi অ:ˈটক্র্যাসি / *noun* **1** [U] a system of government of a country in which one person has complete power কোনো দেশের সরকারি ব্যবস্থা যাতে কোনো একটি ব্যক্তির কাছে সম্পূর্ণ ক্ষমতা থাকে; একনায়কতন্ত্র, স্বৈরতন্ত্র **2** [C] (*pl.* **autocracies**) a country that is ruled by one person who has complete power একনায়কতন্ত্রের অধীনস্থ কোনো দেশ; যে দেশের শাসনকর্তা স্বৈরাচারী

autocrat / ˈɔːtəkræt ˈঅ:ট্যাক্র্যাট্ / *noun* [C] **1** a ruler who has complete power একনায়ক, স্বৈরাচারী শাসক, স্বেচ্ছাচারী ➪ **despot** দেখো। **2** a person who expects to be obeyed by other people and does not care about their opinions or feelings যে ব্যক্তি অন্যদের মতামত অথবা অনুভূতির অপেক্ষা না রেখেই তাদের কাছ থেকে মান্যতা আশা করে; (শাসক) স্বৈর, স্বৈরাচারী, স্বেচ্ছাচারী ▶ **autocratic** / ˌɔːtəˈkrætɪk ˌঅ:ট্যাˈক্র্যাটিক্ / *adj.* স্বৈরাচারী, স্বেচ্ছাচারী

autograph / ˈɔːtəgrɑːf ˈঅ:ট্যাগ্রা:ফ্ / *noun* [C] the signature of a famous person (বিখ্যাত ব্যক্তির) স্বাক্ষর, হস্তাক্ষর *The players stopped outside the stadium to **sign autographs**.* ▶ **autograph** *verb* [T] স্বাক্ষর করা *The whole team have autographed the football.*

autoimmune / ˌɔːtəʊɪˈmjuːn ˌঅ:ট্যাউইˈমিউন্ / *adj.* (*only before a noun*) (*medical*) an **autoimmune** disease or medical condition is one which is caused by substances that usually prevent illness একপ্রকারের শারীরিক অসুস্থতা যখন শরীরের রোগপ্রতিরোধক পদার্থ রোগের কারণ হয়ে ওঠে; স্বতসংক্রমণ

automate / ˈɔːtəmeɪt ˈঅ:ট্যামেইট্ / *verb* [T] (*usually passive*) to make sth operate by machine, without needing people (মানুষের সাহায্য ছাড়া) মেশিন অথবা যন্ত্রের দ্বারা চালিত করা; স্বতশ্চল

automatic¹ / ˌɔːtəˈmætɪk ˌঅ:ট্যাˈম্যাটিক্ / *adj.* **1** (used about a machine) that can work by itself without direct human control (মেশিন সম্বন্ধে ব্যবহৃত) স্বয়ংক্রিয়, স্বয়ংচল; অটোমেটিক *an automatic washing machine* **2** done without thinking স্বতঃস্ফূর্ত, ইচ্ছানিরপেক্ষ, অচেতন মনের ক্রিয়া **3** always happening as a result of a particular action or situation নির্দিষ্ট কোনো ক্রিয়া অথবা পরিস্থিতির পরিণতি হিসেবে যা সর্বদা ঘটে; অনিবার্য, নিশ্চিত, অবধারিত *All the staff have an automatic right to a space in the car park.* ▶ **automatically** / ˌɔːtəˈmætɪkli ˌঅ:ট্যাˈম্যাটিক্লি / *adv.* স্বয়ংক্রিয়ভাবে *The lights will come on automatically when it gets dark.*

automatic² / ˌɔːtəˈmætɪk ˌঅ:ট্যাˈম্যাটিক্ / *noun* [C] an automatic machine, gun or car স্বয়ংক্রিয় যন্ত্র, আগ্নেয়াস্ত্র অথবা গাড়ি *This car is an automatic* (= has automatic gears).

automation / ˌɔːtəˈmeɪʃn ˌঅ:ট্যাˈমেইশ্ন্ / *noun* [U] the use of machines instead of people to do work কোনো কাজ করার জন্য মানুষের পরিবর্তে যন্ত্রের ব্যবহার; স্বতশ্চলন, স্বতশ্চলীকরণ; অটোমেশন

automobile / ˈɔːtəməbiːl ˈঅ:ট্যাম্যাবীল্ / (*AmE*) = **car 1**

autonomy / ɔːˈtɒnəmi অ:ˈটন্যামি / *noun* [U] the right of a person, an organization, a region, etc. to govern or control his/her/its own affairs (কোনো ব্যক্তি, প্রতিষ্ঠান, অঞ্চল ইত্যাদির) স্বাধিকার, স্বশাসনের অধিকার; স্বায়ত্তশাসন ▶ **autonomous** /ɔːˈtɒnəməs অ:ˈটন্যাম্যাস্ / *adj.* স্বশাসিত, স্বাধীন

autopsy / ˈɔːtɒpsi ˈঅ:টপ্সি / *noun* [C] (*pl.* **autopsies**) an examination of a dead body to find out the cause of death মৃত্যুর কারণ জানার জন্য মৃতদেহের পরীক্ষা; ময়নাতদন্ত; পোস্টমর্টেম

auto-rickshaw (*also* **scooter, auto**) *noun* [C] (*IndE*) a covered motor vehicle that has three wheels, a driver's seat in front and a long seat for passengers at the back ছাউনিযুক্ত এবং তিন চাকাবিশিষ্ট যান যাতে সামনের আসনে চালকের বসার এবং পিছনে লম্বা সিটে যাত্রীদের বসার ব্যবস্থা থাকে; অটোরিক্সা

autotroph / ˈɔːtətrəʊf ˈঅ:ট্যাট্র্যাউফ / *noun* [C] (*technical*) a living thing that is able to feed itself using simple chemical substances such as **carbon dioxide** সাধারণ রাসায়নিক পদার্থ যেমন কার্বন ডাইঅক্সাইড থেকে পুষ্টি আহরণে সক্ষম যে প্রাণী; স্বজীবী

autumn / ˈɔːtəm ˈঅ:ট্যাম্ / (*AmE* **fall**) *noun* [C, U] the season of the year that comes between summer and winter গ্রীষ্ম ও শীতের অন্তবর্তী ঋতু (শরৎ ও হেমন্তকাল) *In autumn the leaves on the trees begin to fall.* ➪ **season**-এ ছবি দেখো। ▶ **autumnal** / ɔːˈtʌmnəl অ:ˈটামন্যাল্ / *adj.* শরৎকালীন, হেমন্তকালীন

auxiliary / ɔːgˈzɪliəri অ:গ্ˈজ়িলিঅ্যারি / *adj.* (*usually before a noun*) giving extra help সাহায্যকারী, আনুষঙ্গিক সহায়ক, অতিরিক্ত *auxiliary nurses/troops/staff*

auxiliary verb *noun* [C] (*grammar*) a verb (for example *be, do* or *have*) that is used with a main verb to show tense, etc. or to form questions (ব্যাকরণ) একপ্রকারের ক্রিয়াপদ (যেমন *be, do* বা *have*) যা ক্রিয়ার কাল ইত্যাদি বোঝানোর জন্য অথবা প্রশ্নবোধক

বাক্য তৈরি করার জন্য প্রধান ক্রিয়াপদটির সঙ্গে ব্যবহৃত হয়; সহায়িকা ক্রিয়াপদ

auxin / ˈɔːksɪn ˈঅ:ক্সিন্ / *noun* [U] a chemical substance in plants that helps control their growth (উদ্ভিদে) বৃদ্ধি নিয়ন্ত্রণকারী একপ্রকারের রাসায়নিক পদার্থ

avail / əˈveɪl অ্যাˈভেইল্ / *noun* [U]

IDM of little/no avail not helpful; having little or no effect সহায়ক নয়; অকেজো

to little/no avail without success অসফল, ব্যর্থ, বৃথা *They searched everywhere, but to no avail.*

availability / əˌveɪləˈbɪləti অ্যাˌভেইল্যাˈবিল্যাটি / *noun* [U] the state of being available প্রাপ্তিযোগ্যতা, প্রাপ্যতা, লভ্যতা *You will receive the colour you order, subject to availability* (= if it is available).

available / əˈveɪləbl অ্যাˈভেইল্যাব্ল্ / *adj.* **1 available (to sb)** (used about things) that you can get, buy, use, etc. (কোনো বস্তু সম্বন্ধে ব্যবহৃত) লভ্য, ক্রয়সাধ্য, প্রাপ্তিসাধ্য, ব্যবহারযোগ্য, আয়ত্তাধীন *This information is easily available to everyone at the local library.* ○ *Refreshments are available at the snack bar.* **2** (used about people) free to be seen, talked to, etc. (ব্যক্তি সম্বন্ধে ব্যবহৃত) দেখা করা বা কথা বলার জন্য ফাঁকা আছে এমন *The minister was not available for comment.*

avalanche / ˈævəlɑːnʃ ˈঅ্যাভালা:ন্শ্ / *noun* [C] a very large amount of snow that slides quickly down the side of a mountain পাহাড় থেকে দ্রুতগতিতে নেমে আসা বরফের চাঁই; বরফের ধস, হিমানী-সম্প্রপাত

the avant-garde / ˌævɒ̃ ˈɡɑːd ˌঅ্যাভঁ ˈগা:ড্ / *noun* [*sing.*] extremely modern works of art, music or literature, or the artists who create these শিল্প, সংগীত, সাহিত্য ইত্যাদির অত্যাধুনিক সৃষ্টিসমূহ অথবা এর সৃষ্টিকারী শিল্পীগণ, প্রগতির পুরোধা, অত্যাধুনিক শিল্প বা শিল্পী; আঁভা গার্দ ▶ **avant-garde** *adj.* নব্যপন্থী

avarice / ˈævərɪs ˈঅ্যাভ্যারিস্ / *noun* [U] (*formal*) extreme desire for money অর্থলিপ্সা, লোলুপতা, অর্থলোভ ✪ সম **greed** ▶ **avaricious** / ˌævəˈrɪʃəs ˌঅ্যাভ্যাˈরিশ্যাস্ / *adj.* অতিরিক্ত অর্থলোভী

Ave. *abbr.* = Avenue চওড়া রাস্তা (যার দুপাশে বড়ো গাছ আছে); বীথি *26 Central Ave.*

avenge / əˈvendʒ অ্যাˈভেন্জ্ / *verb* [T] **avenge sth; avenge yourself on sb** to punish sb for hurting you, your family, etc. in some way নিজেকে, নিজের পরিবার ইত্যাদিকে আঘাত করার জন্য কোনো ব্যক্তিকে শাস্তি দেওয়া; প্রতিশোধ নেওয়া, প্রতিহিংসা চরিতার্থ করা, শোধ তোলা *He wanted to avenge his father's murder.* ○ *He wanted to avenge himself on his father's murderer.* ➪ **revenge** দেখো।

avenue / ˈævənjuː ˈঅ্যাভ্যানিউ / *noun* [C] **1** (*abbr.* **Ave.**) a wide street, especially one with trees or tall buildings on each side চওড়া রাস্তা বিশেষত যার দুপাশে বড়ো বাড়ি অথবা বৃক্ষের সারি আছে; বীথি *I live on Rashbehari Avenue.* ➪ **road**-এ নোট দেখো। **2** a way of doing or getting sth কোনো কাজ করা অথবা কিছু অর্জন করার উপায় বা পথ *We must explore every avenue open to us* (= try every possibility).

average¹ / ˈævərɪdʒ ˈঅ্যাভ্যারিজ্ / *noun* **1** [C] the number you get when you add two or more figures together and then divide the total by the number of figures you added গড়পড়তা মান, মধ্যমান *The average of 14, 3 and 1 is 6.* ○ *He has scored 93 goals at* ***an average of*** *1·55 per game.* **2** [*sing.*, U] the normal standard, amount or quality সাধারণ মান, মূল্য, হার, গুণ ইত্যাদি ***On average****, I buy a newspaper about twice a week.*

average² / ˈævərɪdʒ ˈঅ্যাভ্যারিজ্ / *adj.* **1** (*only before a noun*) (used about a number) found by calculating the **average¹ 1** (কোনো সংখ্যা সম্বন্ধে ব্যবহৃত) গড় হিসেব করে যে সংখ্যা পাওয়া যায়; মধ্যমান *What's the average age of your students?* **2** normal or typical সাধারণ বা প্রতিনিধিস্বরূপ ***above/below average*** *intelligence*

average³ / ˈævərɪdʒ ˈঅ্যাভ্যারিজ / *verb* [T] to do, get, etc. a certain amount as an average গড় নির্ণয় করা *If we average 50 kilometre an hour we should arrive at about 4 o'clock.*

PHR V average out (at sth) to result in an average (of sth) গড় নির্ণয় করা

averse / əˈvɜːs অ্যাˈভ্যস্ / *adj.* (*formal*) **averse to sth** (*often with a negative*) against or not in favour of sth কোনো বস্তুর বিরুদ্ধে অথবা সপক্ষে নয় *He is not averse to trying out new ideas.*

aversion / əˈvɜːʃn অ্যাˈভ্যশন্ / *noun* [C] **1** [*usually sing.*] **an aversion (to sb/sth)** a strong feeling of not liking sb/sth কোনো ব্যক্তি বা বস্তুকে প্রবল অপছন্দের অনুভূতি, বিতৃষ্ণা, অপছন্দ, বিরাগ, বিমুখতা *Most people* ***have an aversion*** *to spiders.* **2** a thing that you do not like কোনো কিছু যা অপছন্দ

avert / əˈvɜːt অ্যাˈভ্যট্ / *verb* [T] to prevent sth unpleasant (অপ্রীতিকর কোনো কিছু) এড়ানো, আটকানো ঠেকানো *The accident could have been averted.*

aviary / ˈeɪviəri ˈএইভিঅ্যারি / *noun* [C] (*pl.* **aviaries**) a large cage or area in which birds are kept পক্ষিশালা, পক্ষিঘর, পাখিরালয়

aviation / ˌeɪviˈeɪʃn ˌএইভিˈএইশন্ / *noun* [U] the designing, building and flying of aircraft বিমানের নকশা, নির্মাণ এবং চালনা

avid / ˈævɪd ˈঅ্যাভিড্ / *adj.* **1** very enthusiastic about sth (usually a hobby) (সাধারণত কোনো শখের সম্বন্ধে) উৎসাহী, আগ্রহী, উৎসুক *an avid collector of antiques* **2 avid for sth** wanting to get sth very much কোনো কিছু পাওয়ার জন্য লালায়িত অথবা উৎসুক *Journalists crowded round the entrance, avid for news.* ▶ **avidly** *adv.* উৎসুকভাবে *He read avidly as a child.*

avocado / ˌævəˈkɑːdəʊ ˌঅ্যাভ্যা'কা:ড্যাউ / *noun* [C] (*pl.* **avocados**) a tropical fruit that is wider at one end than the other, with a hard green skin and a large seed (**stone**) inside সবুজ রঙের শক্ত খোসা ও ভিতরে বড়ো বীজসমেত একরকম ফল যা গ্রীষ্মপ্রধান দেশে পাওয়া যায় এবং যার একদিক অন্যদিকের থেকে বেশি চওড়া; অ্যাভোকাডো

avoid / əˈvɔɪd অ্যা'ভইড্ / *verb* [T] **1 avoid sth/doing sth** to prevent sth happening or to try not to do sth কোনো কিছু ঘটা থেকে আটকানো বা সেটি না করতে চেষ্টা করা; এড়ানো, এড়িয়ে যাওয়া, পরিহার করা *She has to avoid eating fatty food.* **2** to keep away from sb/sth কোনো ব্যক্তি বা বস্তুকে পরিহার করা *I leave home at 7 o'clock in order to avoid the rush hour.* ▶ **avoidance** *noun* [U] পরিহার

avoidable / əˈvɔɪdəbl অ্যা'ভইড্যাব্ল্ / *adj.* that can be prevented; unnecessary এড়ানো সম্ভব এমন, পরিহার্য; অনাবশ্যক, অপ্রয়োজনীয় ✪ বিপ **unavoidable**

avow / əˈvaʊ অ্যা'ভাউ / *verb* [I, T] (*formal*) to say firmly and often publicly what your opinion is, what you think is true, etc. দৃঢ়ভাবে এবং সাধারণত মুক্তকণ্ঠে অথবা প্রকাশ্যে নিজের অভিমত অথবা বিবেচনা ব্যক্ত করা ▶ **avowal** / əˈvaʊəl অ্যা'ভাউঅ্যাল্ / *noun* [C] (*formal*) ঘোষণা, স্বীকার

await / əˈweɪt অ্যা'উএইট্ / *verb* [T] (*formal*) to wait for sb/sth কোনো ব্যক্তি অথবা বস্তুর প্রতীক্ষা করা বা অপেক্ষায় থাকা *We sat down to await the arrival of the guests.*

awake[1] / əˈweɪk অ্যা'উএইক্ / *verb* (*pt.* **awoke** / əˈwəʊk অ্যা'উঅ্যাউক্ / ; *pp* **awoken** / əˈwəʊkən অ্যা'উঅ্যাউক্যান্ /) [I, T] to wake up; to make sb/sth wake up জাগানো বা জেগে ওঠা; কোনো ব্যক্তি অথবা বস্তুর ঘুম ভাঙানো *I awoke to find that it was already 9 o'clock.* ○ *A sudden loud noise awoke us.* **NOTE Awake** শব্দটির তুলনায় **wake up** অভিব্যক্তিটির ব্যবহার বেশি প্রচলিত।

awake[2] / əˈweɪk অ্যা'উএইক / *adj.* (*not before a noun*) not sleeping সজাগ, জাগ্রত, সক্রিয় *I was sleepy this morning but I'm* ***wide awake*** *now.* ○ ***to stay awake*** ○ *I hope our singing didn't* ***keep you awake*** *last night.* ✪ বিপ **asleep**

awaken / əˈweɪkən অ্যা'উএইক্যান্ / *verb* **1** [I, T] (*written*) to wake up; to make sb/sth wake up জেগে ওঠা; কোনো ব্যক্তি অথবা কিছুকে জাগিয়ে তোলা বা সজাগ করা *We were awakened by a loud knock at the door.* **NOTE Wake up** শব্দটি **awaken** শব্দটির থেকে তুলনায় বেশি ব্যবহৃত। **2** [T] (*formal*) to produce a particular feeling, attitude, etc. in sb (কোনো ব্যক্তির মধ্যে বিশেষ কোনো অনুভূতি, মনোভাব ইত্যাদি) জাগ্রত করা বা জাগিয়ে তোলা *The film awakened memories of her childhood.*

PHR V awaken sb to sth to make sb notice or realize sth for the first time কোনো ব্যক্তিকে প্রথমবার কোনো কিছু উপলব্ধি করানো বা সচেতন করা

awakening / əˈweɪkənɪŋ অ্যা'উএইক্যানিং / *noun* [*sing.*] **1** the act of starting to feel or understand sth; the start of a feeling, etc. অনুভব করা বা বুঝতে পারার ক্রিয়া; অনুভূতি ইত্যাদির শুরু; উপলব্ধি, জাগরণ *the awakening of an interest in literature* **2** a moment when sb notices or realizes sth for the first time প্রথমবার সচেতন হওয়ার অথবা উপলব্ধি করার মুহূর্ত *It was a rude* (= unpleasant) *awakening when I suddenly found myself unemployed.*

award[1] / əˈwɔːd অ্যা'উঅ:ড্ / *noun* [C] **1** a prize, etc. that sb gets for doing sth well (ভালো কিছু করার জন্য) পুরস্কার, খেতাব, সম্মান, শিরোপা *This year the awards for best actor and actress went to two Americans.* **2** an amount of money given to sb as the result of a court decision আদালতের বিচার অনুসারে অর্থপ্রদান *She* ***received an award of*** *Rs 50,000 for damages.*

award[2] / əˈwɔːd অ্যা'উঅ:ড্ / *verb* [T] **award sth (to sb)** to give sth to sb as a prize, payment, etc. কোনো ব্যক্তিকে পুরস্কার, দেয় অর্থ ইত্যাদি রূপে কোনো কিছু দেওয়া *She was awarded first prize in the gymnastics competition.*

aware / əˈweə(r) অ্যা'উএঅ্যা(র্) / *adj.* **1 aware (of sb/sth); aware (that)** knowing about or realizing sth; conscious of sb/sth কোনো কিছু সম্বন্ধে অবগত, জ্ঞাত অথবা উপলব্ধ; (কোনো ব্যক্তি বা বিষয় সম্বন্ধে) সচেতন, সজাগ, অবহিত *I am* ***well aware*** *of the problems you face.* ○ *There is no other entrance,* ***as far as I am aware***. ✪ বিপ **unaware** **2** interested and informed আগ্রহী এবং অবহিত *Many young people are very politically aware.*

awareness / əˈweənəs অ্যা'উএঅ্যান্যাস্ / *noun* [U] knowledge, consciousness or interest জ্ঞান, চেতনা অথবা আগ্রহ *People's awareness of healthy eating has increased in recent years.*

awash / əˈwɒʃ অ্যা'উঅশ্ / *adj.* (*not before a noun*) **awash (with sth)** covered with water; flooded জলে পরিপূর্ণ; প্লাবিত *The city was awash with rumours.*

away / ə'weɪ অ্যা'উএই / *adv., adj.* **1 away (from sb/sth)** to a different place or in a different direction কোনো অন্য জায়গায় অথবা অন্য দিকে; দূরে *Go away! I'm busy!* ○ *I asked him a question, but he just looked away.* **2 away (from sth)** at a particular distance from a place কোনো একটি জায়গা থেকে নির্দিষ্ট দূরত্বে *The village is two kilometres away from the sea.* ○ *My parents live five minutes away.* **3 away (from sth)** (used about people) not present; absent (লোকের সম্বন্ধে বলা হয়) উপস্থিত নয় এমন; অনুপস্থিত *My neighbours are away on holiday at the moment.* **4** in the future ভবিষ্যতে *Our summer holiday is only three weeks away.* **5** into a place where sth is usually kept যে স্থানে কোনো কিছু সাধারণত রাখা থাকে *Put your books away now.* ➪ **throw sth away** দেখো। **6** continuously, without stopping অবিরাম, অবিরতভাবে, একটানা, না থেমে *They chatted away for hours.* **7** (used about a football, etc. match) on the other team's ground (ফুটবল ইত্যাদি ম্যাচ সম্বন্ধে ব্যবহৃত) অন্য দল বা টীমের মাঠে ○ *an away match/game* ✪ বিপ **(at) home** **8** until sth disappears কোনো কিছু মিলিয়ে যাওয়া অবধি, অদৃশ্য হওয়া পর্যন্ত *The crash of thunder slowly died away.*

IDM **do away with sb/sth** to get rid of sb/sth (কোনো ব্যক্তি বা বস্তু থেকে) ছাড় পাওয়া *The government are going to do away with the tax on fuel.*

right/straight away immediately; without any delay এখনই; অবিলম্বে, সেই মুহূর্তে *I'll phone the doctor right away.*

awe / ɔː অ:/ *noun* [U] feelings of respect and either fear or admiration ভীতি অথবা বিস্ময়মিশ্রিত শ্রদ্ধা বা ভক্তি; সমীহ, সম্ভ্রম *As a young boy he was very much in awe of his uncle.*

IDM **be in awe of sb/sth** to admire sb/sth and be slightly frightened of him/her/it কোনো ব্যক্তি বা বস্তুকে সমীহ বা সম্ভ্রম করা

awe-inspiring *adj.* causing a feeling of respect and fear or admiration সমীহ বা সম্ভ্রম জাগায় এমন

awesome / 'ɔːsəm 'অ:স্যাম্ / *adj.* **1** impressive and sometimes frightening চিত্তাকর্ষক এবং কখনো কখনো ভীতিজনক; বিস্ময়জনক *an awesome task* **2** (*AmE slang*) very good; excellent অতি উত্তম; অনবদ্য, সর্বোৎকৃষ্ট

awful / 'ɔːfl 'অ:ফ্‌ল্ / *adj.* **1** very bad or unpleasant অত্যন্ত বাজে, জঘন্য, বিচ্ছিরি *We had an awful holiday. It rained every day.* ○ *What an awful thing to say!* **2** terrible; very serious সাংঘাতিক; অতি গুরুত্বপূর্ণ, চরম *I'm afraid there's been some awful news.* **3** (*only before a noun*) (*informal*) very great মহান, প্রচুর, অত্যন্ত *We've got* ***an awful lot*** *of work to do.*

awfully / 'ɔːfli 'অ:ফ্‌লি / *adv.* (*informal*) very; very much অত্যন্ত; প্রচণ্ডভাবে, খুবই *I'm awfully sorry.*

awhile / ə'waɪl অ্যা'উআইল্ / *adv.* for a short time অল্প কিছুক্ষণের জন্য, স্বল্প সময়ের জন্য *to wait awhile*

awkward / 'ɔːkwəd 'অ:কউঅ্যাড্ / *adj.* **1** difficult to deal with মোকাবিলা করা বা সামলানো কঠিন অথবা কষ্টকর *an awkward position.* ○ *an awkward customer* ○ *The box isn't heavy but it's awkward to carry.* **2** not convenient, difficult অসুবিধাজনক, কঠিন *My cousin always phones at an awkward time.* ○ *This tin-opener is very awkward to clean.* **3** embarrassed or embarrassing অস্বস্তিকর বা অস্বস্তিজনক *I often feel awkward in a group of people.* ○ *There was an awkward silence.* **4** not using the body in the best way; not elegant or comfortable (চালচলন) অপটু, ন্যালাখ্যাপা, আনাড়ি, নড়বড়ে *I was sitting with my legs in an awkward position.* ► **awkwardly** *adv.* অসুবিধাজনকভাবে, অস্বস্তিজনকভাবে ► **awkwardness** *noun* [U] অস্বস্তি, অসুবিধা

awning / 'ɔːnɪŋ 'অ:নিং / *noun* [C] a sheet of cloth or other material that stretches out from above a door or window to keep off the sun or rain রোদ অথবা বৃষ্টি থেকে বাঁচানোর জন্য দরজা বা জানলার উপরে টাঙানো কাপড়; ছাউনি, চন্দ্রাতপ, চাঁদোয়া, শামিয়ানা

awoke ➪ **awake¹**-এর past tense

awoken ➪ **awake¹**-এর past participle

AWOL / 'eɪwɒl 'এইউঅল্ / *abbr.* absent without leave (used especially when sb in the army, etc. has left his/her group without permission) (সৈন্যবিভাগে কর্মরত কোনো ব্যক্তি সম্বন্ধে ব্যবহৃত) ছুটি মঞ্জুর না হলেও যখন ছুটি নেওয়া হয়, ছুটি না নিয়ে অনুপস্থিত *He's* ***gone AWOL*** *from his base.*

awry / ə'raɪ অ্যা'রাই (I) *adv., adj.* (*not before a noun*) wrong, not in the way that was planned; untidy বেঠিকভাবে, পরিকল্পিত পথে নয়; অপরিচ্ছন্নভাবে, কুটিলভাবে

axe¹ (*AmE* **ax**) / æks অ্যাক্স্ / *noun* [C] a tool with a wooden handle and a heavy metal head with a sharp edge, used for cutting wood, etc. কাঠের হাতল এবং ভারী মাথা ও ধারালো প্রান্তওয়ালা যন্ত্রবিশেষ যা কাঠ কাটার জন্য ব্যবহৃত হয়; কুড়ুল, কুঠার, টাঙ্গি ➪ **gardening**-এ ছবি দেখো।

axe² (*AmE* **ax**) / æks অ্যাক্স্ / *verb* [T] **1** to remove sb/sth কোনো ব্যক্তি বা বস্তুকে ছাঁটাই করা, বাদ দেওয়া, হ্রাস করা, কমানো *Hundreds of jobs have been axed.* **2** to reduce sth by a great amount কোনো কিছুর

অনেকটা বাদ দেওয়া, কমিয়ে ফেলা *School budgets are to be axed.* NOTE খবরের কাগজের শিরোনামে এই ক্রিয়াপদটির (verb) ব্যবহার খুবই দেখা যায়।

axiom / ˈæksiəm ˈঅ্যাক্সিঅ্যাম্ / *noun* [C] a rule or principle that most people believe to be true স্বতঃসিদ্ধ সত্য; সর্বজনস্বীকৃত, সর্বজনবিদিত নীতি

axiomatic / ˌæksiəˈmætɪk ˌঅ্যাক্সিঅ্যাˈম্যাটিক্ / *adj.* (*formal*) true in such an obvious way that you do not need evidence to show that it is true স্বতঃসিদ্ধ, সর্বজনস্বীকৃত, সর্বজনবিদিত

axis / ˈæksɪs ˈঅ্যাক্সিস্ / *noun* [C] (*pl.* **axes** /ˈæksiːz ˈঅ্যাক্সীজ় /) **1** a line we imagine through the middle of an object, around which the object turns কোনো ঘূর্ণ্যমান বস্তু যে কাল্পনিক সরলরেখাকে কেন্দ্র করে ঘোরে; (পৃথিবীর) অক্ষরেখা, অক্ষমেরুরেখা *The earth rotates on its axis.* **2** a fixed line used for marking measurements on a **graph** গ্রাফের উপর পরিমাপন চিহ্নিত করার জন্য ব্যবহৃত সুনির্দিষ্ট লাইন *the horizontal/vertical axis*

axle / ˈæksl ˈঅ্যাক্স্ল্ / *noun* [C] a bar that connects a pair of wheels on a vehicle চক্রদণ্ড, অক্ষদণ্ড; অ্যাক্সেল

ayacut *noun* [U] (*IndE*) the entire extent of land irrigated by a canal, dam or a tank যে কৃষিভূমিতে খাল, নালা, বাঁধ অথবা পুকুর থেকে জলসেচন করা হয়

ayatollah *noun* [C] a religious leader of Shiite Muslims in Iran ইরানে শিয়া সম্প্রদায়ের মুসলিম ধর্মীয় নেতাদের খেতাববিশেষ; আয়াতোল্লা

Ayurveda *noun* [U] (*IndE*) the traditional Hindu system of medicine that uses a combination of diet, herbal treatment, and yogic breathing to treat illnesses সঠিক আহার, ভেষজ ওষুধ এবং যোগব্যায়ামের দ্বারা প্রথাগত হিন্দু চিকিৎসা-পদ্ধতি; আয়ুর্বেদ *an ayurvedic remedy/medicine*

azalea / əˈzeɪliə অ্যাˈজ়েইলিঅ্যা / *noun* [C] a plant or bush with large flowers that may be pink, purple, white or yellow এমন গাছ বা গাছের ঝোপ যাতে বড়ো বড়ো গোলাপী, বেগুনি বা সাদা অথবা হলুদ রঙের ফুল হয়; আজেলিয়া

azure / ˈæʒə(r); ˈæzjʊə(r) ˈঅ্যাজ়্যা(র্); ˈঅ্যাজ়িউ-অ্যা(র্) / *adj.* (*written*) bright blue in colour like the sky আকাশের মহানীল, নীলিমা ▶ **azure** *noun* [U] উজ্জ্বল নীল রং

B b

B, b / biː বী / *noun* [C, U] (*pl.* **B's; b's** / biːz বীজ্ /) the second letter of the English alphabet ইংরেজি বর্ণমালার দ্বিতীয় অক্ষর বা বর্ণ *'Bharat' begins with a 'B'.*

b. *abbr.* born জন্ম, জাত *J S Bach, b. 1685*

BA / ˌbiː ˈeɪ ˌবী ˈএই / *abbr.* Bachelor of Arts; the degree that you receive when you complete a university or college course in an arts subject ব্যাচেলার অফ্ আর্টস-এর সংক্ষিপ্ত রূপ; বিশ্ববিদ্যালয় অথবা কলেজে কলাবিভাগের অন্তর্গত কোনো বিষয়ে নির্দিষ্ট পাঠক্রম সাফল্যের সঙ্গে সম্পন্ন করার স্বীকৃতিসূচক প্রাপ্ত যে স্নাতক উপাধি বা ডিগ্রি; বিএ ⇨ **BSc** এবং **MA** দেখো।

baa / bɑː বা: / *noun* [*sing.*] the sound that a sheep makes মেষের ডাক, ভেড়ার 'ব্যা-ব্যা' ডাক

B&B / ˌbiː ən ˈbiː ˌবীঅ্যান্ˈবী / *abbr.* = **bed and breakfast**

babble¹ / ˈbæbl ˈব্যাবল্ / *noun* [*sing.*] **1** the sound of many voices talking at the same time একসঙ্গে একাধিক কণ্ঠধ্বনির রব অথবা আওয়াজ; অস্পষ্ট বকবকানির শব্দ **2** the sound of water running over stones পাথরের উপর দিয়ে বয়ে চলা জলের কুলকুল ধ্বনি

babble² / ˈbæbl ˈব্যাবল্ / *verb* [I] **1** to talk quickly or in a way that is difficult to understand হড়বড় করে বা তাড়াহুড়ো করে কথা বলা অথবা এমনভাবে কথা বলা যা বোঝা কঠিন **2** to make the sound of water running over stones পাথরের উপর জল বয়ে গেলে যেমন কুলকুলধ্বনি হয় তেমন শব্দ করা

babe / beɪb বেইব্ / *noun* [C] **1** (*AmE slang*) used when talking to sb, especially a girl or young woman বিশেষত কোনো অল্পবয়সি মেয়ে অথবা যুবতীর সঙ্গে কথা বলার সময়ে সম্বোধনরূপে ব্যবহৃত অভিব্যক্তি-বিশেষ *It's OK, babe.* **2** (*slang*) an attractive young woman (অপপ্রয়োগ) মোহিনী যুবতী, সুন্দরী আকর্ষণীয়া তরুণী **3** (*old-fashioned*) a baby শিশু, বাচ্চা

baboon / bəˈbuːn ব্যাˈবুন্ / *noun* [C] a large African or Asian monkey with a long face like a dog's (আফ্রিকান বা এশিয়়) কুকুরের মতো লম্বা মুখের একজাতীয় বৃহদাকার বানর; বেবুন

baby / ˈbeɪbi ˈবেইবি / *noun* [C] (*pl.* **babies**) **1** a very young child কোলের কচি ছেলে; বাচ্চা, শিশু *She's **expecting a baby** early next year.* ○ *a baby boy/girl* ○ ***She's going to*** have a baby. ○ ***When's the*** baby due ? (= when will it be born) **2** a very young animal or bird পশু অথবা পক্ষীর শাবক বা ছানা **3** (*slang*) a person, especially a girl or young woman, that you like or love (অপপ্রয়োগ) ভালোবাসা অথবা ভালোলাগার কোনো পাত্র অথবা পাত্রী, বিশেষত কোনো যুবতী বা তরুণী; প্রণয়িনী

baby boom *noun* [C, *usually sing.*] a time when more babies are born than usual, for example after a war যে সময়ে শিশুজন্মের হার সাধারণের থেকে বেশি হয়, উদাহরণস্বরূপ যুদ্ধের পরে

baby boomer *noun* [C] a person born during a baby boom 'বেবি বুমের' সময়ে জাত ব্যক্তি

baby carriage (*AmE*) = **pram**

babyhood / ˈbeɪbihʊd ˈবেইবিহুড / *noun* [U] the time of your life when you are a baby শৈশব, শৈশবকাল, শৈশবাবস্থা, ছেলেবেলা

babyish / ˈbeɪbiɪʃ ˈবেইবিইশ্ / *adj.* suitable for or behaving like a baby শিশুসুলভ আচরণ অথবা ছেলেমানুষি ভাব

babysit / ˈbeɪbisɪt ˈবেইবিসিট্ / *verb* [I] (**baby-sitting;** *pt, pp* **babysat**) to look after a child for a short time while the parents are out পিতামাতার অনুপস্থিতিতে কিছুক্ষণের জন্য কোনো বাচ্চার দেখাশোনা করা অথবা তার দায়িত্ব নেওয়া ▶ **babysitter** *noun* [C] শিশু পরিচারক বা পরিচারিকা; পালনকর্তা বা পালনকর্ত্রী

bachelor / ˈbætʃələ(r) ˈব্যাচ্যাল্যা(র্) / *noun* [C] **1** a man who has not yet married অবিবাহিত পুরুষ, আইবুড়ো ছেলে; কুমার **NOTE** আজকাল অবিবাহিত পুরুষ অথবা মহিলার জন্য **single** শব্দটির ব্যবহার সাধারণত বেশি প্রচলিত—*a single man/woman* **2** a person who has a first university degree বিশ্ববিদ্যালয়ের প্রথম স্নাতক উপাধিপ্রাপ্ত ব্যক্তি; স্নাতক *a Bachelor of Arts/Science*

bacillus / bəˈsɪləs ব্যাˈসিল্যাস্ / *noun* [C] (*pl.* **bacilli** / bəˈsɪlaɪ ব্যাˈসিলাই /) a type of very small living creature (**bacterium**). There are several types of bacillus, some of which cause diseases এক প্রকারের অতি ক্ষুদ্র দণ্ডাকৃতি জীবাণু যেগুলির মধ্যে কয়েক প্রকারের জীবাণু প্রাণীদেহে রোগ সৃষ্টি করে

back¹ / bæk ব্যাক্ / *noun* **1** [C] the part of a person's or animal's body between the neck and the bottom মানুষের দেহের পশ্চাদ্‌ভাগ; পিঠ, পিছন, পৃষ্ঠ, পৃষ্ঠদেশ *She was standing **with her back to** me so I couldn't see her face.* ○ *A camel has a hump on its back.* ○ *Do you sleep on your back or on your side?* **2** (*usually sing.*) the part or side of sth that is furthest from the front সামনের দিক থেকে সবথেকে দূরবর্তী, একেবারে পিছন দিকে; পশ্চাদ্‌ভাগ, পশ্চাদ্‌বর্তী *I sat **at the back of** the class.* ○ *Write your address **on the back of** the cheque.* **3** [C] the part of a chair that supports your upper body when you sit down চেয়ারে হেলান দেওয়ার অংশবিশেষ

IDM at/in the back of your mind if sth is at the back of your mind, it is in your thoughts but is not the main thing that you are thinking about (কোনো ভাবনা) মনের কোণে, অন্তরিস্থিত, প্রকট নয়, প্রচ্ছন্ন

back to front with the back where the front should be (জামাকাপড় এবং জিনিসপত্রের সম্বন্ধে ব্যবহৃত) সামনের দিক পিছনে এবং পিছনের দিক সামনে; উলটো *Wait a minute—you've got your jumper on back to front.* ➪ **way¹ 3** দেখো।

behind sb's back without sb's knowledge or agreement কোনো ব্যক্তির আড়ালে, অজ্ঞাতে, অগোচরে অথবা তার মত এবং সমর্থন ছাড়া *They criticized her behind her back.* ✪ বিপ **to sb's face**

get off sb's back (*informal*) to stop annoying sb, for example when you keep asking him/her to do sth কোনো ব্যক্তিকে কোনো কাজ করতে বলে আর বিরক্ত না করা *I've told her I'll do the job by Monday, so I wish she'd get off my back!*

know sth like the back of your hand ➪ **know¹** দেখো।

a pat on the back ➪ **pat²** দেখো।

turn your back on sb/sth to refuse to be involved with sb/sth কোনো ব্যক্তি বা বস্তুর সঙ্গে জড়িত হতে অস্বীকার করা

back² / bæk ব্যাক্ / *adj.* (*only before a noun*) **1** furthest from the front সবচেয়ে পিছনের দিকে; সামনের দিক থেকে সবচেয়ে দূরে *Have you locked the back door?* ○ *the back row of the theatre* ○ *back teeth* **2** owed from a time in the past বাকি পড়ে থাকা অর্থ ইত্যাদি; বকেয়া *back pay/rent/taxes*

IDM on the back burner (*informal*) (used about an idea, a plan, etc.) left for the present time, to be done or considered later (কোনো পরিকল্পনা বা চিন্তাধারা ইত্যাদি সম্বন্ধে ব্যবহৃত) পরবর্তীকালে করা হবে অথবা বিবেচনা করা হবে বলে বর্তমানে স্থগিত

take a back seat to allow sb to play a more important or active role than you do in a particular situation (কোনো বিশেষ পরিস্থিতিতে) নিজেকে প্রাধান্য না দিয়ে অন্য কোনো ব্যক্তিকে গুরুত্বপূর্ণ বা সক্রিয় ভূমিকা গ্রহণ করতে দেওয়া

back³ / bæk ব্যাক্ / *adv.* **1** in or to a place or state that sb/sth was in before কোনো ব্যক্তি অথবা বস্তুর পূর্ববর্তী অবস্থায় অথবা স্থানে; পূর্বাবস্থায় ***I'm going** now I'll **be back** about six 0' clock . It started to rain so I **came back** home.* ○ ***Go back** to sleep.* ○ *Could I **have** my pen **back**, please?* ○ *I've got to **take** these books **back** to the library.* **2** away from the direction you are facing or moving in বিপরীতমুখী, পিছনে, পিছনদিকে *She walked away without **looking back**.* ○ *Could everyone **move back** a bit, please?* ✪ বিপ **forward 3** away from sth; under control কোনো কিছুর থেকে দূরে; আয়ত্তাধীন, নিয়ন্ত্রণে *The police were unable to **keep** the crowds **back**.* ○ *She tried to **hold back** her tears.* **4** in return or in reply প্রতিদানে অথবা প্রতিফলে; প্রত্যুত্তরে *He said he'd **phone** me **back** in half an hour.* **5** in or into the past; ago অতীতে, পূর্বে, পূর্বকালে; আগে *I met him a few years back, in Mumbai.* ○ ***Think back** to your first day at school.*

IDM back and forth from one place to another and back again, all the time বারবার অথবা সর্বক্ষণ একস্থান থেকে অন্যস্থানে এবং আবার পূর্বস্থানে *Travelling back and forth to work takes up quite a bit of time.*

back⁴ / bæk ব্যাক্ / *verb* **1** [I, T] to move backwards or to make sth move backwards পিছন দিকে যাওয়া অথবা কোনো বস্তুকে পিছনের দিকে সরানো বা চালানো *He backed the car into the garage.* **2** [I] to face sth at the back কোনো বস্তুর দিকে পিছন করে অথবা পিঠ দিয়ে থাকা *Many of the colleges back onto the river.* **3** [T] to give help or support to sb/sth (কোনো ব্যক্তি অথবা বস্তুকে) সমর্থন করা, সাহায্য করা *We can go ahead with the scheme if the bank will agree to back us.* **4** [T] to bet money that a particular horse, team, etc. will win in a race or game জিতবে এই মনে করে ঘোড়দৌড়ে কোনো ঘোড়া অথবা খেলার সময়ে কোনো দলের উপর বাজি রাখা *Which team are you backing in the match?*

PHR V back away (from sb/sth) to move backwards because you are afraid, shocked, etc. ভয়, আতঙ্ক, ইত্যাদি কারণে পিছিয়ে যাওয়া

back down to stop saying that you are right (নিজের মত বা দাবি) প্রত্যাহার করা *I think you are right to demand an apology. Don't back down now.*

back out (of sth) to decide not to do sth that you had promised to do আগে কথা দিয়ে পরে কথা না রাখা, চুক্তি অথবা প্রতিশ্রুতি পালনে অসম্মত হওয়া *You promised you would come with me. You can't back out of it now!*

back sb/sth up to support sb; to say or show that sth is true কোনো ব্যক্তিকে সমর্থন করা; কোনো বস্তুর সত্যতা মেনে নেওয়া *All the evidence backed up what the woman had said.*

back (sth) up to move backwards, especially in a vehicle (গাড়ি ইত্যাদি) পিছন দিকে চালিত করা, পিছু হঠা *Back up a little so that the other cars can get past.*

back sth up (*computing*) to make a copy of a computer program, etc. in case the original one is lost or damaged কোনো কম্পিউটার প্রোগ্রাম সুরক্ষিত রাখার জন্য তার অনুলিপি বা নকল করে রাখা

backache / ˈbækeɪk ˈব্যাক্এইক্ / *noun* [U] a pain in your back পিঠে অথবা কোমরের ব্যথা বা যন্ত্রণা; পৃষ্ঠশূল ➪ **ache** দেখো।

backbone / ˈbækbəʊn ˈব্যাক্ব্যাউন্ / *noun* **1** [C] the row of small bones that are connected together down the middle of your back মেরুদণ্ড, শিরদাঁড়া, কশেরু ✪ সম **spine** ➪ **body**-তে ছবি দেখো। **2** [*sing.*] the most important part of sth কোনো কিছুর সর্বপ্রধান অংশ *Agriculture is the backbone of the country's economy.*

back-breaking *adj.* (used about physical work) very hard and tiring (শারীরিক শ্রমের সম্বন্ধে ব্যবহৃত) অত্যন্ত শ্রমসাধ্য ও ক্লান্তিকর

backcloth / ˈbækklɒθ ˈব্যাক্ক্লথ্ / = **backdrop**

backdate / ˌbækˈdeɪt ˌব্যাক্ˈডেইট্ / *verb* [T] to make a document, a cheque or a payment take effect from an earlier date কোনো নথিপত্র, চেক অথবা দেয় অর্থকে আগের তারিখ থেকে কার্যকরী করা *The pay rise will be backdated to 1 April.*

backdrop / ˈbækdrɒp ˈব্যাক্ড্রপ্ / (*also* **backcloth**) *noun* [C] a painted piece of material that is hung behind the stage in a theatre as part of the scenery দৃশ্যপটের অংশ হিসেবে যে রঞ্জিত কাপড়ের টুকরো প্রেক্ষাগৃহে রঙ্গমঞ্চের পিছন দিকে ঝোলানো হয়; প্রেক্ষাপট, পশ্চাৎপট, পশ্চাদ্দৃশ্য

backer / ˈbækə(r) ˈব্যাক্যা(র্) / *noun* [C] a person, organization or company that gives support to sb, especially financial support কোনো ব্যক্তিকে (বিশেষত আর্থিক) সাহায্য করে যে ব্যক্তি, প্রতিষ্ঠান বা কোনো কোম্পানি

backfire / ˌbækˈfaɪə(r) ˌব্যাক্ˈফাইঅ্যা(র্) / *verb* [I] to have an unexpected and unpleasant result, often the opposite of what was intended অপ্রত্যাশিত, অপ্রিয় এবং প্রায়শ বিপরীত পরিণাম পাওয়া

background / ˈbækgraʊnd ˈব্যাক্গ্রাউন্ড্ / *noun* **1** [*sing.*] the part of a view, scene, picture, etc. which is furthest away from the person looking at it প্রেক্ষাপট, পটভূমিকা, পশ্চাৎপট *You can see the mountains **in the background** of the photo.* ✪ বিপ **foreground** **2** [*sing.*] a position where sb/sth can be seen/heard, etc. but is not the centre of attention আকর্ষণের কেন্দ্র না হলেও যে অবস্থান থেকে কোনো ব্যক্তি বা বস্তুকে দেখা যায় অথবা সে সম্পর্কে কিছু শোনা যায় *The film star's husband prefers to stay in the background.* ○ ***background music/noise*** ○ *I could hear a child crying **in the background**.* **3** [*sing.*] [U] the facts or events that are connected with a situation কোনো পরিস্থিতির সঙ্গে সম্পর্কযুক্ত তথ্য অথবা ঘটনা *The talks are taking place against a background of increasing tension.* **4** [C] the type of family and social class you come from and the education and experience you have (কোনো ব্যক্তির) পারিবারিক ও সামাজিক পরিচয় এবং শিক্ষাগত পরিচয় ও অভিজ্ঞতা *We get on very well together in spite of our different backgrounds.*

backhand / ˈbækhænd ˈব্যাক্হ্যান্ড্ / *noun* [*sing.*] a way of hitting the ball in tennis, etc. that is made with the back of your hand facing forward (টেনিস ইত্যাদি খেলায় বল মারার একটি পদ্ধতি) হাতের পিছন দিকটা সামনে থাকা অবস্থায় যেভাবে বল মারা হয় ✪ বিপ **forehand**

backing / ˈbækɪŋ ˈব্যাকিং / *noun* [U] help or support to do sth, especially financial support কোনো কিছু করার জন্য সাহায্য বিশেষত আর্থিক অনুদান; মদত

backlash / ˈbæklæʃ ˈব্যাক্ল্যাশ্ / *noun* [*sing.*] a strong reaction against a political or social event or development রাজনৈতিক বা সামাজিক কোনো ঘটনা বা বিকাশের স্ফুরণ বা পরিণতির তীব্র প্রতিক্রিয়া

backlog / ˈbæklɒg ˈব্যাক্লগ্ / *noun* [C, *usually sing.*] an amount of work, etc. that has not yet been done and should have been done already (কাজের পরিমাণ ইত্যাদি) যা ইতিমধ্যে হয়ে যাওয়া উচিত ছিল কিন্তু এখনও করা হয়নি; অবশিষ্ট কাজ, বকেয়া কাজ

backpack¹ / ˈbækpæk ˈব্যাক্প্যাক্ / *noun* [C] a large bag, often on a metal frame, that you carry on your back when travelling ভ্রমণের সময়ে পিঠে বহন করার জন্যে ধাতুনির্মিত ফ্রেমের বড়ো ব্যাগ; ব্যাকপ্যাক ✪ সম **rucksack**

backpack² / ˈbækpæk ˈব্যাক্প্যাক্ / *verb* [I] to go walking or travelling with your clothes, etc. in a backpack পিঠের ব্যাগে বস্ত্র ইত্যাদি ভরে নিয়ে পদব্রজে কোথাও যাওয়া বা ভ্রমণে যাওয়া *We went backpacking round Europe last summer.* ▶ **backpacker** *noun* [C] পিঠে ব্যাগ সম্বলিত পর্যটক

back-pedal *verb* (*pres. part.* **back-pedalling**; *pt, pp* **back-pedalled** *AmE* **back-pedaling**; **back-pedaled**) **1 back-pedal (on sth)** to change an earlier statement or opinion; to not do sth that you promised to do আগের কোনো বিবৃতি বা মত পরিবর্তন করা; কোনো প্রতিশ্রুত কাজ না করা *The protests have forced the government to back-pedal on plans to introduce a new tax.* **2** to move your feet backwards when you are riding a bicycle in order to go backwards or slow down সাইকেলে

চালানোর সময়ে পিছনের দিকে যাওয়ার জন্য অথবা গতি কমানোর জন্য উলটোভাবে পা চালানো বা পেডাল করা

backside / ˈbæksaɪd ˈব্যাক্‌সাইড্ / *noun* [C] (*informal*) the part of your body that you sit on; your bottom নিতম্ব, পাছা, শ্রোণি

backslash / ˈbækslæʃ ˈব্যাকস্ল্যাশ্ / *noun* [C] a mark (\ ) used in computer **commands** কম্পিউটারকে নির্দেশ করার জন্য ব্যবহৃত চিহ্নবিশেষ (\ ) ; ব্যাক্‌স্ল্যাশ ➪ **slash**[2] দেখো।

backstage / ˌbækˈsteɪdʒ ˌব্যাকˈস্টেইজ্ / *adv.* in the part of a theatre where the actors get dressed, wait to perform, etc. (প্রেক্ষাগৃহের নির্দিষ্ট অংশ) যেখানে অভিনেতা-অভিনেত্রীরা সাজসজ্জা করেন এবং মঞ্চে প্রবেশ করার জন্য অপেক্ষা করেন; ব্যাকস্টেজ

backstroke / ˈbækstrəʊk ˈব্যাক্‌স্ট্র্যাউক্ / *noun* [U] a style of swimming that you do on your back পিঠের উপর ভর দিয়ে সাঁতার কাটার পদ্ধতি; চিৎ সাঁতার *Can you do backstroke?* ➪ **swim**-এ ছবি দেখো।

backtrack / ˈbæktræk ˈব্যাক্‌ট্র্যাক্ / *verb* [I] **1** to go back the same way you came যে রাস্তা দিয়ে এসেছে সেই রাস্তা ধরে পুনরায় ফিরে যাওয়া **2 backtrack (on sth)** to change your mind about a plan, promise, etc. that you have made কোনো পরিকল্পনা, প্রতিশ্রুতি, ইত্যাদি সম্বন্ধে নিজের মত বদলানো *The union forced the company to backtrack on its plans to close the factory.*

back-up *noun* **1** [U] extra help or support that you can get if necessary প্রয়োজন হলে যে অতিরিক্ত সাহায্য বা সহায়তা পাওয়া যায় **2** [C] (*computing*) a copy of a computer disk that you can use if the original one is lost or damaged কম্পিউটার ডিস্কের অনুলিপি বা নকল যা মূল ডিস্কটি হারিয়ে গেলে ব্যবহার করা হয় *Always make a back-up of your files.*

backward / ˈbækwəd ˈব্যাক্‌উঅ্যাড্ / *adj.* **1** (*only before a noun*) directed towards the back পিছনের দিকে; পিছনপানে, পশ্চাদ্‌গামী *a backward step/glance* ✪ বিপ **forward** **2** slow to develop or learn অনুন্নত, অনগ্রসর, সেকেলে *Our teaching methods are backward compared to some countries.*

backwards / ˈbækwədz ˈব্যাক্‌উঅ্যাড্‌জ্ / (*also* **backward**) *adv.* **1** towards a place or a position that is behind পিছনদিকে, পশ্চাদ্‌ভাগে, উলটোদিকে *Could everybody take a step backwards?* **2** in the opposite direction to usual উলটোদিকে, শেষ থেকে শুরুর দিকে *Can you say the alphabet backwards?* ✪ বিপ **forwards**

IDM **backward(s) and forward(s)** first in one direction and then in the other, all the time বারবার ও সর্বক্ষণ এদিকে-ওদিকে এবং সামনে-পিছনে *The dog ran backwards and forwards, barking loudly.*

backwash / ˈbækwɒʃ ˈব্যাক্‌উঅশ্ / *noun* [U] (in geography) the movement of water back into the sea after a wave has hit the beach (ভূগোলে) সমুদ্রের ঢেউ সৈকতে আছড়ে পড়ে আবার সমুদ্রে ফিরে যাওয়ার জলের স্রোত; প্রতিসরণকারী তরঙ্গ অথবা স্রোত ➪ **swash** দেখো এবং **wave**-এ ছবি দেখো।

backwater / ˈbækwɔːtə(r) ˈব্যাক্‌উঅ:ট্যা(র্) / *noun* [C] **1** a place that is away from where most things happen and so it is not affected by new ideas or outside events সাম্প্রতিক ঘটনা অথবা নতুন চিন্তাধারা থেকে প্রভাবমুক্ত কোনো স্থান **2** (*also* **backwaters**) a body of water or a part of a river pushed back by the currents of the sea and separated from it by large areas of sand সমুদ্রের স্রোতের চাপ এবং প্রশস্ত বালুতটের দ্বারা বিচ্ছিন্ন জলাশয় বা নদীর অংশ; ব্যাকওয়াটার *Kerala is famous for its backwaters.*

backyard / ˌbækˈjɑːd ˌব্যাক্ˈইআ:ড্ / *noun* [C] **1** an area behind a house, usually with a hard surface made of stone or **concrete**, with a wall or fence around it চারপাশে উঁচু দেয়াল অথবা বেড়া দিয়ে ঘেরা এবং নীচেটা পাথর বা কংক্রিট দিয়ে বাঁধানো প্রাঙ্গণ, বাড়ির পিছন দিকের উঠোন; আঙিনা **2** the whole area behind the house including the grass area and the garden ঘাসজমি এবং বাগানসমেত বাড়ির পিছনের সম্পূর্ণ অংশ

bacon / ˈbeɪkən ˈবেইক্যান্ / *noun* [U] thin pieces of salted or smoked meat from the back or sides of a pig শূকরের পিঠ অথবা দুপাশ থেকে নেওয়া লবণে জারিত বা ধোঁয়ায় সেঁকা পাতলা মাংসের টুকরোসমূহ; বেকন

bacteria / bækˈtɪəriə ব্যাক্ˈটিঅ্যারিঅ্যা / *noun* [*pl.*] (*sing.* (*technical*) **bacterium** / -riəm -রিঅ্যাম্ /) very small living things that can only be seen with special equipment (**a microscope**). Bacteria exist in large numbers in air, water, soil, plants and the bodies of people and animals. Some bacteria cause disease (অণুবীক্ষণ যন্ত্রের সাহায্যে দেখা যায়) অতি ক্ষুদ্র জীবাণু যা প্রচুর পরিমাণে বাতাসে, জলে, মাটিতে, গাছপালায় এবং মানব বা অন্য প্রাণীদেহে পাওয়া যায়। এদের কোনো কোনো প্রজাতি রোগজনক হয়; জীবাণু বা ব্যাকটিরিয়া ➪ **germ**[1] এবং **virus** দেখো।

▶ **bacterial** / -riəl -রিঅ্যাল্ / *adj.* জীবাণুঘটিত; জীবাণু বা ব্যাকটিরিয়া সংক্রান্ত *bacterial infections/growths*

bad / bæd ব্যাড্ / *adj.* (**worse** / wɜːs উঅ্যাস্ / , **worst** / wɜːst উঅ্যাস্ট্ /) **1** not good; unpleasant ভালো নয়; অপ্রীতিকর, অনুপভোগ্য *Our family's had a bad time recently.* ○ *bad weather* **2** of poor quality; of a low standard খারাপ গুণমানের;

নিম্নমানের, নিকৃষ্ট *Many accidents are caused by bad driving.* ○ *bad management* **3 bad (at sth/at doing sth)** not able to do sth well or easily; not skilful ভালোভাবে অথবা অনায়াসে কোনো কিছু করতে অক্ষম; অদক্ষ, অপটু, অনিপুণ *a bad teacher/driver/cook* ○ *I've always been bad at sport.* **4** serious; severe গুরুতর; মারাত্মক *The traffic was very bad on the way to work.* ○ *She went home with a bad headache.* ○ *That was a bad mistake!* **5** (used about food) not fresh or fit to eat; rotten (খাদ্য সম্বন্ধে ব্যবহৃত) টাটকা নয় অথবা খাওয়ার যোগ্য নয় এমন; পচা, বাসি, খারাপ *These eggs will* ***go bad*** *if we don't eat them soon.* **6** (used about parts of the body) not healthy; painful (শরীরের কোনো অঙ্গ সম্বন্ধে ব্যবহৃত) অসুস্থ, দুর্বল, খারাপ, কম জোরালো; ব্যথাক্রান্ত *He's always had a bad heart.* ○ *bad back* **7** (used about a person or behaviour) not good; morally wrong (কোনো ব্যক্তি বা তার আচরণ সম্বন্ধে ব্যবহৃত) ভালো নয়; অসৎ, মন্দ, দুষ্ট, *He was not a bad man, just rather weak.* **8** (*not before a noun*) **bad for sb/sth** likely to damage or hurt sb/sth কোনো ব্যক্তি বা বস্তুর পক্ষে ক্ষতিকর; লোকসানজনক *Sugar is bad for your teeth.* **9 bad (for sth/to do sth)** difficult or not suitable (কোনো বস্তুর পক্ষে বা কিছু করার পক্ষে) কঠিন অথবা অনুপযুক্ত *This is a bad time to phone, everyone's out to lunch.*

IDM not bad (*informal*) quite good মন্দ নয়, বেশ ভালো *'What was the film like?' 'Not bad.'*

too bad (*informal*) used to show that nothing can be done to change a situation পরিস্থিতি পরিবর্তন করতে কিছুই করা যাবে না এরকম ভাব ব্যক্ত করতে ব্যবহৃত অভিব্যক্তিবিশেষ *'I'd much rather stay at home.' 'Well that's just too bad. We've said we'll go.'*

badam *noun* (*IndE*) almond কাগজি বাদাম ➪ **nut**-এ ছবি দেখো।

baddy (*also* **baddie**) / ˈbædi ˈব্যাডি / *noun* [C] (*pl.* **baddies**) (*informal*) a bad person in a film, book, etc. (চলচ্চিত্র, বই, ইত্যাদিতে) দুষ্ট চরিত্র, খলনায়ক ✪ বিপ **goody**

badge / bædʒ ব্যাজ্ / *noun* [C] a small piece of metal, cloth or plastic with a design or words on it that you wear on your clothing শব্দ অথবা নকশা সম্বলিত ছোটো ধাতুখণ্ড অথবা কাপড়ের বা প্লাস্টিকের টুকরো যা পোশাকের উপর আটকানো যায়; চাপরাশ, চিহ্ন, অভিজ্ঞান; ব্যাজ *The players all have jackets with the club badge on.*

badger / ˈbædʒə(r) ˈব্যাজ্যা(র্) / *noun* [C] an animal with black and white lines on its head that lives in holes in the ground and comes out at night ভোঁদড়জাতীয় গর্তবাসী নিশাচর প্রাণী যার মাথায় কালো সাদা দাগ থাকে; ব্যাজার

bad language *noun* [U] words that are used for swearing কটুবাক্য, কটূক্তি, গালাগালি, অপশব্দ

badly / ˈbædli ˈব্যাড্‌লি / *adv.* (**worse** / wɜːs উঅ্যাস্ / **worst** / wɜːst উঅ্যাস্ট্ /) **1** in a way that is not good enough; not well খারাপভাবে, ভালো নয় এমনভাবে; সন্তোষজনকভাবে বা যথাযথভাবে নয় *She did badly in the exams.* **2** seriously; severely গুরুত্বপূর্ণভাবে; মারাত্মকভাবে, সাংঘাতিকভাবে *He was badly hurt in the accident.* **3** very much খুবই, নিতান্তই, একান্ত প্রয়োজন, না হলেই নয় *He badly needed a holiday.*

IDM badly off poor; not having enough of sth দরিদ্র; অস্বচ্ছল, গরিব ✪ বিপ **well off**

badminton / ˈbædmɪntən ˈব্যাড্‌মিন্ট্যান্ / *noun* [U] a game for two or four people in which players hit a type of light ball with feathers (**a shuttlecock**) over a high net, using a piece of equipment (**a racket**) which is held in the hand হাতেধরা র‍্যাকেট ব্যবহার করে উঁচু জালের উপর দিয়ে পালকওয়ালা হালকা বল (শাট্‌লকক) মেরে দুই অথবা চারজন খেলোয়াড়ের মধ্যে খেলা হয় এমন একধরনের ক্রীড়াবিশেষ; ব্যাডমিন্টন খেলা

badshah (*also* **Badshah**) *noun* [C] the ruler of an empire; an emperor কোনো সাম্রাজ্যের অধিষ্ঠিত শাসক; বাদশা, সম্রাট *the Mughal Badshah*

bad-tempered *adj.* often angry or impatient অসহিষ্ণু, অধীর, বদমেজাজি, রোষপূর্ণ

baffle / ˈbæfl ˈব্যাফ্‌ল্ / *verb* [T] to be impossible to understand; to confuse sb very much কিছু বোঝা অসম্ভব বোধ হওয়া; কোনো ব্যক্তিকে বিভ্রান্ত করা অথবা হতবুদ্ধি করা *His illness baffled the doctors.* ▶ **baffled** *adj.* বিভ্রান্ত, হতবুদ্ধি *The instructions were so complicated that I was completely baffled.* ▶ **baffling** *adj.* হতবুদ্ধিকর, দুর্বোধ্য, এলোমেলো

bag[1] / bæg ব্যাগ্ / *noun* **1** [C] a strong container made of paper or thin plastic that opens at the top কাগজ অথবা পাতলা প্লাস্টিকের তৈরি শক্ত ও মজবুত ঠোঙা; থলি, ব্যাগ *She brought some sandwiches in a plastic bag.* **2** [C] a strong container made from cloth, plastic, leather, etc., usually with one or two handles, used to carry things in when travelling, shopping, etc. (বাজার করা অথবা বেড়াতে যাওয়ার জন্য ব্যবহৃত) কাপড়, প্লাস্টিক বা চামড়ার তৈরি একটি বা দুটি হাতলওয়ালা মজবুত থলি; থলে, ঝোলা, পেটিকা *a shopping bag* ○ *Have you packed your bags yet?* **3** [C] the amount contained in a bag (পরিমাণ) থলেভর্তি, ব্যাগভর্তি *She's eaten a whole* *bag of sweets!* ○ *a bag of crisps/sugar/flour* **4 bags** [*pl.*] folds of skin under the eyes, often caused by lack of sleep অনিদ্রার কারণে চোখের নীচের বলিরেখাযুক্ত ত্বক বা চোখের কোলের কালি **5 bags** [*pl.*] (*BrE informal*) **bags (of sth)** a lot (of sth); plenty (of sth) অনেকখানি, প্রচুর, প্রভূত পরিমাণ; রাশি রাশি *There's no hurry, we've got bags of time.*

bag² / bæg ব্যাগ্ / *verb* [T] (**bagging; bagged**) (*informal*) to try to get sth for yourself so that other people cannot have it নিজের জন্য কিছু বাগিয়ে নেওয়া; হাতানো *Somebody's bagged the seats by the pool!*

bagel / ˈbeɪgl ˈবেইগল্ / *noun* [C] a type of bread roll in the shape of a ring আংটির মতো গোলাকৃতি একধরনের ছোটো পাউরুটি; বেগল

baggage / ˈbægɪdʒ ˈব্যাগিজ্ / *noun* [U] bags, suitcases, etc. used for carrying a person's clothes and things on a journey (যাত্রাকালে পোশাক-আশাক, জিনিসপত্র ইত্যাদি বহনের জন্য ব্যবহৃত) মালপত্র, বাক্সপ্যাঁটরা, তল্পিতল্পা *excess baggage* (= baggage weighing more than the airline's permitted limit) ✪ সম **luggage**

baggy / ˈbægi ˈব্যাগি / *adj.* (used about a piece of clothing) big; hanging loosely on the body (পরিচ্ছদ সম্বন্ধে ব্যবহৃত) বড়ো; ঢিলে, ঢলঢলে, ফোলাফাঁপা

bagh *noun* [C] (*IndE*) a large garden উদ্যান, বাগিচা, মালঞ্চ, বাগান *Shalimar Bagh in Srinagar is very well-planned.*

bagpipes / ˈbægpaɪps ˈব্যাগ্পাইপ্স্ / *noun* [*pl.*] a musical instrument, popular in Scotland, that is played by blowing air through a pipe into a bag and then pressing the bag so that the air comes out of other pipes স্কটল্যান্ডের জনপ্রিয় বাদ্যযন্ত্র যেটি বাজানোর জন্য থলির মধ্যে ভরা পাইপে ফুঁ দিতে হয় এবং তারপর সেই থলিতে চাপ দিতে হয় যাতে অন্য পাইপগুলি দিয়ে বাতাস বাইরে বেরিয়ে আসে; ব্যাগপাইপ ➪ **piano**-তে নোট দেখো।

bail¹ / beɪl বেইল্ / *noun* [U] money that sb agrees to pay if a person accused of a crime does not appear in front of the court on the day he/she is called. When bail has been arranged, the accused person can go free until that day নির্দিষ্ট দিনে আদালতে অভিযুক্ত ব্যক্তি যদি হাজির না থাকে তখন অন্য ব্যক্তি আদালত কর্তৃক ধার্য যে অর্থ তা দিতে স্বীকৃত হয় এবং জামিনের ব্যবস্থা হয়ে গেলে আসামী একটি নির্দিষ্ট দিন পর্যন্ত রেহাই পায়; জামিন, প্রতিভূ, জামিনদার ***released on bail*** ○ ***granted bail***. ○ *The judge felt that he was a dangerous man and* ***refused*** *him* ***bail***.

bail² / beɪl বেইল্ / *verb* [T] to let sb go free on bail জামিন মঞ্জুর করা, জামিনে খালাস করা

PHR V **bail sb out 1** to obtain sb's freedom by paying money to the court জামিন দিয়ে কোনো ব্যক্তিকে মুক্ত করা *Her parents went to the police station and bailed her out.* **2** to rescue sb from a difficult situation (especially by providing money) কাউকে কোনো অপ্রীতিকর অথবা কঠিন পরিস্থিতি থেকে উদ্ধার করা (সাধারণত অর্থের বিনিময়ে)

bailiff / ˈbeɪlɪf ˈবেইলিফ্ / *noun* [C] an officer whose job is to take the possessions and property of people who cannot pay their debts ঋণ শোধ করতে অক্ষম ব্যক্তিদের সম্পত্তি ইত্যাদি অধিকার বা ক্রোক করে নেয় যে কর্মচারী; দেওয়ান

bait / beɪt বেইট্ / *noun* [U] **1** food or sth that looks like food that is put onto a hook to catch fish, animals or birds (মাছ, পাখি বা অন্য কোনো প্রাণীকে ধরতে বঁড়শি বা হুক-এ গেঁথে ব্যবহৃত হয়) খাদ্য বা অন্য কোনো বস্তুর টোপ; চার **2** something that is used for persuading or attracting sb প্রলোভন *Free offers are often used as bait to attract customers.*

bajra *noun* [U] **1** a type of millet commonly grown in north-western India which can be made into flour; pearl millet উত্তর-পশ্চিম ভারতে পাওয়া যায় একরকম ভুট্টাদানা যা থেকে ময়দা তৈরি করা যায়; বাজরা; পার্ল মিলেট **2** the plant which produces a type of millet called pearl millet বাজরার গাছ *a field of bajra*

bake / beɪk বেইক্ / *verb* [I, T] **1** to cook or be cooked in an oven in dry heat শুকনো উত্তাপে রান্না করা বা হওয়া; সেঁকা *I could smell bread baking in the oven.* ○ *On his birthday she baked him a cake.* ➪ **cook** দেখো। **2** to become or to make sth hard by heating it তাপে অথবা আঁচে শুকিয়ে শক্ত করা বা হওয়া *The hot sun baked the earth.*

baked beans *noun* [*pl.*] small white beans, usually cooked in a sauce and sold in cans সস্ দিয়ে রান্না করা ছোটো সাদা বীন যা ক্যানের মধ্যে বিক্রি হয়; বেক্ড বীনস

baker / ˈbeɪkə(r) ˈবেইক্যা(র্) / *noun* **1** [C] a person who bakes bread, cakes, etc. to sell in a shop যে ব্যক্তি পাউরুটি, কেক ইত্যাদি তৈরি করে এবং তা দোকানে বিক্রি করে; রুটিওয়ালা **2 the baker's** [*sing.*] a shop that sells bread, cakes, etc. যে দোকানে পাউরুটি, কেক ইত্যাদি বিক্রি হয় *Get a loaf at the baker's.*

bakery / ˈbeɪkəri ˈবেইক্যারি / *noun* [C] (*pl.* **bakeries**) a place where bread, cakes, etc. are baked to be sold যে জায়গায় পাউরুটি, কেক ইত্যাদি তৈরি করা হয় এবং বিক্রি করা হয়; বেকারি

baking / ˈbeɪkɪŋ ˈবেইকিং / *adj.* very hot খুব গরম, প্রচণ্ড তাপ; অগ্নিতপ্ত, আগুনগরম *The workers complained of the baking heat in the office in the summer.*

baking powder *noun* [U] a mixture of powders used to make cakes rise and become light as they are baked কেক ইত্যাদি ফোলানো বা হালকা বা খাস্তা করার জন্য ব্যবহৃত পাউডারের মিশ্রণ; বেকিং পাউডার

baking soda = **sodium bicarbonate**

balance[1] / ˈbæləns ˈব্যাল্যান্স্ / *noun* **1** [*sing.*] (**a**) **balance** (**between A and B**) a situation in which different or opposite things are of equal importance, size, etc. যে পরিস্থিতিতে বিভিন্ন অথবা বিপরীত বস্তুগুলি সমান গুরুত্ব বা আকার ইত্যাদি সম্পন্ন হয়; সামঞ্জস্য, মাত্রাজ্ঞান, সুষমা *The course provides a good balance between academic and practical work.* ○ *Tourism has upset* ***the delicate balance of nature*** *on the island.* **2** [U] the ability to keep steady with an equal amount of weight on each side of the body শরীরের দুই পাশে সমান ভার বা ওজন রেখে স্থির বা অচঞ্চল থাকার সামর্থ্য *to* ***lose balance*** ○ *You need a good* ***sense of balance*** *to ride a motorbike.* **3** [C, *sing.*] the amount that still has to be paid; the amount that is left after some has been used, taken, etc. বাকি টাকার মোট পরিমাণ অথবা অংশ; ব্যবহৃত, গৃহীত ইত্যাদি হওয়ার পর বাকি থাকা পরিমাণ; বকেয়া *You can pay a 10% deposit now, with* ***the balance*** *due in one month.* ○ *to check your* ***bank balance*** (= to find out how much money you have in your account) **4** [C] (*technical*) an instrument used for weighing things ওজন মাপার যন্ত্র; দাঁড়িপাল্লা, ওজনদাঁড়ি, তুলাদণ্ড, তৌল

IDM **in the balance** uncertain অনিশ্চিত *Following poor results, the company's future hangs in the balance.*

(**catch/throw sb**) **off balance** (to find or put sb) in a position that is not safe and from which it is easy to fall (কোনো ব্যক্তিকে পাওয়া বা রাখা) এমন অবস্থায় যা নিরাপদ নয় এবং যেখান থেকে সহজে পতন হতে পারে; ভারসাম্যহীন, টলটলায়মান অবস্থা

on balance having considered all sides, facts, etc. সবদিক এবং সকল বিষয় বিচার-বিবেচনা করা হয়েছে এমন *On balance, I've had a pretty good year.*

strike a balance (**between A and B**) ➪ **strike**[2] দেখো।

balance[2] / ˈbæləns ˈব্যাল্যান্স্ / *verb* **1** [I, T] to be or to put sb/sth in a steady position so that the weight of him/her/it is not heavier on one side than on the other কোনো ব্যক্তি বা বস্তুকে এমনভাবে রাখা যাতে তার একদিক অন্যদিকের থেকে বেশি ভারী না হয়; ভারসাম্য রাখা; সাম্যাবস্থা রাখা *I had to balance on the top step of the ladder to paint the ceiling.* ○ *Carefully, she balanced a glass on top of the pile of plates.* **2** [I, T] to have equal totals of money spent and money received জমাখরচে যোগফলের সমতা থাকা *I must have made a mistake —the accounts don't balance.* **3** [I, T] **balance** (**sth**) (**out**) (**with sth**) to have or give sth equal value, importance, etc. in relation to other parts অন্য কিছুর তুলনায় কোনো কিছুকে সমান গুরুত্ব, মূল্য ইত্যাদি দেওয়া *The loss in the first half of the year was balanced out by the profit in the second half.* **4** [T] **balance sth against sth** to consider and compare one matter in relation to another (দুটি বিষয়ের মধ্যে) তুলনামূলক বিচার করা *In planning the new road, we have to balance the benefit to motorists against the damage to the environment.*

balanced / ˈbælənst ˈব্যাল্যান্স্ট্ / *adj.* keeping or showing a balance so that different things, or different parts of things exist in equal or correct amounts বিভিন্ন বস্তু অথবা বস্তুসমূহের বিভিন্ন অংশ সমান অথবা সঠিক পরিমাণে রক্ষিত বা প্রদর্শিত; সামঞ্জস্যপূর্ণ, সুষম, সমতাপূর্ণ *I like this newspaper because it gives a balanced view.* ○ *a* ***balanced diet*** ✪ বিপ **unbalanced**

balance of payments *noun* [*sing.*] the difference between the amount of money one country receives from other countries from exports, etc. and the amount it pays to them for imports and services in a particular period of time নির্দিষ্ট সময়সীমার মধ্যে যেসকল বস্তু ও পরিষেবা একটি দেশ অন্য দেশে প্রেরণ বা রপ্তানি করে যে পরিমাণ অর্থপ্রাপ্ত হয় এবং সেই দেশ তা আমদানি বা ক্রয় করার জন্য যে অর্থ ব্যয় করে তার পার্থক্য; আমদানি ও রপ্তানি মূল্যের পার্থক্য

balance of power *noun* [*sing.*] **1** a situation in which political power or military strength is divided between two countries or groups of countries যে পরিস্থিতিতে রাজনৈতিক অথবা সামরিক শক্তি দুটি দেশ বা কয়েকটি দেশগোষ্ঠীর মধ্যে বিভক্ত হয়ে যায়; আন্তর্জাতিক শক্তিসমূহের ভারসাম্য; শক্তিসাম্য **2** the power that a smaller political party has when the larger parties need its support because they do not have enough votes on their own যখন কোনো বড়ো শক্তিশালী রাজনৈতিক দল যথেষ্ট পরিমাণে ভোট না পাওয়ার কারণে কোনো ছোটো দলের সমর্থন চায় এবং সেই ক্ষেত্রে ছোটো রাজনৈতিক দলের যে ক্ষমতা থাকে; রাজনৈতিক ক্ষমতার তারতম্য

balance of trade (*also* **trade balance**) *noun* [*sing.*] the difference in value between the amount that a country buys from other countries (**imports**) and the amount that it sells to them (**exports**) আমদানি-রপ্তানির মোটমূল্যের পার্থক্য; বাণিজ্যস্থিতি

balance sheet *noun* [C] a written statement showing the amount of money and property that a company has, and how much has been received and paid out কোনো কোম্পানি বা সংস্থার অর্থ ও সম্পত্তি এবং আয়-ব্যয়ের লিখিত বিবরণ; জমাখরচের বিস্তৃত লিখিত বিবরণ; স্থিতিপত্র; ব্যালেন্স শীট

balcony / ˈbælkəni ˈব্যাল্ক্যানি / *noun* [C] (*pl.* **balconies**) **1** a platform built on an upstairs outside wall of a building, with a wall or rail around it বাড়ির উপরতলায় বাইরের দেয়ালের সঙ্গে তৈরি ঘেরা প্ল্যাটফর্ম; ঝুলবারান্দা, অলিন্দ, ব্যালকনি ⇨ **patio, terrace** এবং **veranda** দেখো। **2** an area of seats upstairs in a theatre প্রেক্ষাগৃহের উপরতলার বসার আসনসমূহ; ব্যালকনির আসন

bald / bɔːld ব:ল্ড্ / *adj.* 1 (used about people) having little or no hair on your head (ব্যক্তি সম্পর্কে ব্যবহৃত) কেশশূন্য, কেশহীন, বিরলকেশ, টাকমাথা *I hope I don't go bald like my father did.* ○ *He has a bald patch on the top of his head.* 2 (used about sth that is said) simple; without extra words (কথা বা বক্তব্য সম্বন্ধে ব্যবহৃত) সরল; বাগাড়ম্বরশূন্য, অলংকারবর্জিত, অকপট *the bald truth*

balding / ˈbɔːldɪŋ ˈব:ল্ডিং / adj. starting to lose the hair on your head টাক পড়া শুরু হয়েছে এমন *a balding man in his fifties*

baldly / ˈbɔːldli ˈব:ল্ড্লি / *adv.* in a few words with nothing extra or unnecessary স্পষ্টভাবে, সোজাসুজি-ভাবে, অকপটভাষায়, অনাড়ম্বরভাবে *He told us baldly that he was leaving.*

bale / beɪl বেইল্ / noun [C] a large quantity of sth pressed tightly together and tied up একসঙ্গে চেপে বাঁধা প্রচুর পরিমাণে কোনো বস্তু; গাঁট, গাঁটরি *a bale of hay/cloth/paper/cotton*

balk (*AmE*) = **baulk**

ball / bɔːl ব:ল্ / *noun* [C] 1 a round object that you hit, kick, throw, etc. in games and sports খেলার বল, কন্দুক, ভাঁটা *a tennis/golf/rugby ball* ○ *a football* 2 a round object or a thing that has been formed into a round shape গোলাকার অথবা বর্তুলাকার কোনো বস্তু; গোলক *a ball of wool* ○ *The children threw* ***snowballs*** *at each other.* ○ *We had meatballs and pasta for dinner.* 3 one throw, kick, etc. of the ball in some sports (কোনো কোনো খেলায়) বলনিক্ষেপ, বলছোড়া ইত্যাদি *That was a great ball from the defender.* 4 a large formal party at which people dance বড়ো সামাজিক নৃত্যানুষ্ঠান অথবা নৃত্যসম্মেলনবিশেষ, বলনাচের আসর

IDM be on the ball (*informal*) to always know what is happening and be able to react to or deal with it quickly অবস্থাদি এবং পরিস্থিতি সম্বন্ধে সজাগ এবং সে বিষয়ে করণীয় ব্যাপারে তৎপর থাকা

set/start the ball rolling to start sth (an activity, conversation, etc.) that involves or is done by a group কোনো গোষ্ঠীকে জড়িয়ে অথবা তার দ্বারা কৃত কোনো আলাপ-আলোচনা অথবা কাজকর্ম শুরু করা

ballad / ˈbæləd ˈব্যাল্যাড্ / *noun* [C] a long song or poem that tells a story, often about love আখ্যায়িকা কাব্য; গাথাকাব্য, গীতিকা

ballast / ˈbæləst ˈব্যাল্যাস্ট্ / *noun* [U] heavy material placed in a ship or **hot-air balloon** to make it heavier and keep it steady জাহাজ অথবা গরম হাওয়া ভরা ফানুসের ভারসাম্য রক্ষা করা বা সেটি স্থির রাখার জন্য ব্যবহৃত কোনো ভারী বস্তু

ball bearing *noun* [C] one of a number of metal balls put between parts of a machine to make them move smoothly মেশিন ইত্যাদি মসৃণভাবে চালানোর জন্য তার বিভিন্ন যন্ত্রাংশের মাঝখানে লাগানো যে কোনো ঘর্ষণ নিবারক ধাতব বলবিশেষ; কন্দুকালম্ব; বলবেয়ারিং

ballerina / ˌbæləˈriːnə ˌব্যাল্যা'রীন্যা / *noun* [C] a woman who dances in ballets ব্যালে নর্তকী

ballet / ˈbæleɪ ˈব্যালেই / *noun* **1** [U] a style of dancing that tells a story with music but without words কোনো কাহিনি অবলম্বনে ব্যালে শিল্পীদের সুরধর্মী, সংলাপহীন নৃত্যনাট্যবিশেষ ***a ballet dancer*** **2** [C] a performance or work that consists of this type of dancing ব্যালে নৃত্যনাট্যাভিনয়

ballet dancer *noun* [C] a person who dances in ballets ব্যালে নর্তক অথবা নর্তকী

ball game *noun* [C] **1** any game played with a ball বল সহযোগে যে-কোনো ধরনের খেলা, কন্দুক খেলা **2** a baseball match বেসবল ম্যাচ

IDM a (whole) new/different ball game something completely new or different সম্পূর্ণ নতুন অথবা আলাদা কোনো বস্তু

ballistics / bəˈlɪstɪks ব্যাˈলিস্টিক্স্ / *noun* [U] the scientific study of things that are shot or fired through the air, for example bullets যে সকল বস্তু কোনো কিছু লক্ষ্য করে বাতাসে ছোড়া হয় বা নিক্ষেপ করা হয় (যেমন বন্দুকের গুলি) সেই সম্বন্ধে বিজ্ঞানসম্মত চর্চা; ক্ষেপণবিজ্ঞান, ক্ষেপণাস্ত্রবিজ্ঞান

balloon / bəˈluːn ব্যা'লুন্ / *noun* [C] **1** a small coloured object that you blow air into and use as a toy or for decoration খেলনা হিসেবে বা সাজানোর

জন্য ব্যবহৃত হয় হাওয়া-ভরা যে ছোটো, রঙিন বস্তু; বেলুন *to blow up/burst/pop a balloon* **2** (*also* **hot-air balloon**) a large balloon made of material that is filled with gas or hot air so that it can fly through the sky, carrying people in a basket underneath it গ্যাস অথবা উষ্ম বাতাসপূর্ণ বৃহৎ ফানুস যার নীচে যাত্রীবহনের জন্য একটি ঝুলন্ত ঝুড়ি থাকে; আকাশভ্রমণের বেলুন; ব্যোমযান, ফানুস

ballot / ˈbælət ˈব্যাল্যাট্ / *noun* **1** [U, C] a secret written vote গোপনে লিখিত ভোটদান *The union will* ***hold a ballot*** *on the new pay offer.* ○ *The committee are elected by ballot every year.* **2** (*also* **ballot paper**) [C] the piece of paper on which sb marks who he/she is voting for গোপনে ভোট দানে ব্যবহৃত বিশেষ কাগজ; ভোটপত্রী, গুপ্তমতপত্রী; ব্যালট পেপার *What percentage of eligible voters* ***cast their ballots****?* ▶ **ballot** *verb* [T] **ballot sb (on sth)** কোনো ব্যক্তিকে গোপনে ভোট দেওয়ানো *The union is balloting its members on strike action.*

ballot box *noun* **1** [C] the box into which people put the piece of paper with their vote on ভোট বাক্স, ভোট পেটি; ব্যালটবাক্স **2 the ballot box** [*sing.*] the system of voting in an election গুপ্তভাবে নির্বাচনে ভোট দানের বিধিনিয়ম অথবা পদ্ধতি *People will express their opinion through the ballot box.*

ballot paper (*BrE*) = **ballot**[2]

ballpoint / ˈbɔːlpɔɪnt ˈব:লপইন্ট্ / (*also* **ballpoint pen**) *noun* [C] a pen with a very small metal ball at the end that rolls ink onto paper একধরনের কলম যাতে নিবের বদলে মুখের কাছে একটি ছোটো ধাতুনির্মিত বল থাকে যার মধ্যে দিয়ে কাগজে কালির লেখা পড়ে; বলপয়েন্ট পেন ➪ **stationery**-তে ছবি দেখো।

ballroom / ˈbɔːlruːm; -rʊm ˈব:লরূম্; -রুম্ / *noun* [C] a large room used for dancing on formal occasions বলনাচের আসর অথবা অনুষ্ঠানের হলঘর

ballroom dancing *noun* [U] a formal type of dance in which couples dance together using particular steps and movements একধরনের আনুষ্ঠানিক নৃত্য যাতে পুরুষ ও নারী একত্রে নির্দিষ্টভাবে পা ফেলে এবং অঙ্গচালনা করে; বলনাচ

balm / bɑːm বা:ম্ / *noun* [U, C] cream that is used to make your skin feel better if you have hurt it or if it is very dry বেদনাদি অথবা ত্বকের শুষ্কতা উপশমকারী একধরনের মলম

balustrade / ˌbæləˈstreɪd ˌব্যাল্যাˈস্ট্রেইড্ / *noun* [C] a row of posts, joined together at the top, built along the edge of a bridge, etc. সেতু ইত্যাদির ধার দিয়ে নির্মিত এবং উপরদিকে একে অপরের সঙ্গে যুক্ত একরকম ছোটো ছোটো স্তম্ভাকার খুঁটির সারি; পরিক্ষেপ

balwadi *noun* [C] (in India) a centre for looking after young children while their mothers are away on work. These centres are usually run by social workers (ভারতবর্ষে) কর্মরতা মায়েদের অনুপস্থিতিতে তাদের শিশুদের দেখাশোনা করার জন্য সমাজসেবীদের দ্বারা চালিত কেন্দ্র; শিশুভবন, শিশুরক্ষণী, বালবাড়ী

bamboo / ˌbæmˈbuː ˌব্যাম্ˈবূ / *noun* [C,U] (*pl.* **bamboos**) a tall tropical plant of the grass family. Young bamboo plants can be eaten and the hard parts of the plant are used for making furniture, etc. গ্রীষ্মপ্রধান দেশে জাত তৃণজাতীয় বৃক্ষ যা কচি অবস্থায় খাওয়া যায় এবং বড়ো হয়ে শক্ত হলে আসবাবপত্র ইত্যাদি তৈরির কাজে লাগে; বাঁশগাছ, বাঁশ, বংশ *a bamboo chair* ➪ **plant**-এ ছবি দেখো।

ban / bæn ব্যান্ / *verb* [T] (**banning; banned**) **ban sth; ban sb (from sth/from doing sth)** to officially say that sth is not allowed, often by law (বিশেষ করে আইনত) নিষেধাজ্ঞা জারি করা, নিষিদ্ধ করা, নিষিদ্ধ বলে ঘোষণা করা *The government has banned the logging of trees.* ○ *He was fined Rs 10,000 and banned from driving for a year.* ▶ **ban** *noun* [C] **a ban (on sth)** নিষেধাজ্ঞা *There is a ban on smoking in this office.* ○ *to impose/lift a ban*

banal / bəˈnɑːl ব্যাˈনা:ল্ / *adj.* not original or interesting মৌলিক অথবা আগ্রহব্যঞ্জক নয়; কৃত্রিম এবং গতানুগতিক, নতুনত্বহীন, অকিঞ্চিৎকর, তুচ্ছ *a banal comment*

banana / bəˈnɑːnə ব্যাˈনা:ন্যা / *noun* [C] a curved fruit with yellow skin that grows in hot countries (গ্রীষ্মপ্রধান দেশের ফল) কলা, কদলী, রম্ভা *a bunch of bananas* ➪ **fruit**-এ ছবি দেখো।

band / bænd ব্যান্ড্ / *noun* [C] **1** (*with sing. or pl. verb*) a small group of musicians who play popular music together, often with a singer or singers ছোটো সংগীতকারদের দল বা গোষ্ঠী যারা একত্রে জনপ্রিয় সংগীতের সুর বাজায় (প্রায়ই এক বা একাধিক গায়ক বা গায়িকাসহ); ঐকতান সংগীত দল অথবা ঐকতানবাদকদল; ব্যান্ড *a rock/jazz band* ○ *He plays the drums in a band.* ○ *The band has/have released a new CD.* **2** (*with sing. or pl. verb*) a group of people who do sth together or have the same ideas একত্রে কাজ করে অথবা একই চিন্তাভাবনা সমন্বিত কয়েকজন মানুষ; গোষ্ঠী, দল, ব্যক্তিবর্গ, সংঘ *A small band of rebels is/are hiding in the hills.* **3** a thin, flat, narrow piece of material used for fastening sth, or to put round sth কোনো কিছু বাঁধার জন্য অথবা কিছু পাকানোর জন্য পাতলা, চ্যাপটা, সরু উপকরণ; বন্ধনী, বাঁধন, পট্টি *She rolled up the papers and put an* ***elastic***

band round them. **4** a line of colour or material on sth that is different from what is around it কোনো বস্তুর উপর ভিন্ন রং অথবা উপাদানের লাইন বা রেখা; ডুরে, ডোরা *She wore a red pullover with a green band across the middle.* **5** = **waveband**

bandage / ˈbændɪdʒ ˈব্যান্‌ডিজ্ / *noun* [C] a long piece of soft white material that you tie round a wound or injury ঘা অথবা ক্ষতস্থান ইত্যাদি বাঁধার জন্য নরম, সাদা উপকরণের সরু টুকরো; সরু পটি; ব্যান্ডেজ
▶ **bandage** *verb* [T] **bandage sth (up)** (ক্ষতস্থানে) পটি বাঁধা, ব্যান্ডেজ করা *The nurse bandaged my hand up.*

bandh *noun* [C] (*IndE*) a general strike সার্বিক ধর্মঘট অথবা হরতাল; বনধ *Shopkeepers in Delhi declared a week's bandh to protest against VAT.*

bandicoot rat *noun* [C] a large Indian rat with a pointed nose and long tail, which is very destructive to crops ছুঁচোলো নাক এবং লম্বা লেজওয়ালা ভারতীয় বড়ো ইঁদুর যেগুলি শস্যের পক্ষে অত্যন্ত ক্ষতিকারক; ধেড়ে ইঁদুর

bandit / ˈbændɪt ˈব্যান্‌ডিট্ / *noun* [C] a member of an armed group of thieves, who attack travellers সশস্ত্র দস্যুদলের একজন সদস্য যারা অনেক সময় ভ্রমণার্থীদের আক্রমণ করে; ঠ্যাঙাড়ে, রাহাজান

bandobast = **bundobust**

bandwagon / ˈbændwæɡən ˈব্যান্ড্‌উঅ্যাগান্ / *noun*
IDM **climb/jump on the bandwagon** to copy what other people are doing because it is fashionable or successful প্রচলসিধ, কেতাদুরস্ত এবং সফল বলে কোনো ব্যক্তিকে অনুকরণ করা

bandwidth / ˈbændwɪdθ; -wɪtθ ˈব্যান্ড্‌উইড্‌থ্; -উইট্‌থ্ / *noun* [C, U] **1** (*technical*) a band of **frequencies** used for sending electronic signals বৈদ্যুতিক সংকেত পাঠানোর জন্য ব্যবহৃত স্পন্দনহারের দৈর্ঘ্য বা ব্যাপ্তি **2** (*computing*) a measurement of the amount of information that a particular computer **network** or Internet connection can send in a particular time. It is often measured in **bits** per second কোনো বিশেষ কম্পিউটার নেটওয়ার্ক অথবা ইন্টারনেট কানেকশানের মাধ্যমে নির্দিষ্ট সময়ের মধ্যে কতখানি তথ্য পাঠানো যেতে পারে তার পরিমাপন। বিটস প্রতি সেকেন্ড হিসাবে মাপা হয়

bandy[1] / ˈbændi ˈব্যান্‌ডি / *adj.* (used about a person's legs) curving towards the outside so that the knees are wide apart (কোনো ব্যক্তির পায়ের সম্বন্ধে ব্যবহৃত) বক্রপদবিশিষ্ট, প্রগতজানু, ধনুক-বাঁকা

bandy[2] / ˈbændi ˈব্যান্‌ডি / *verb* (*pres. part.* **bandying;** *3rd person sing. pres.* **bandies;** *pt, pp* **bandied**)
PHR V **bandy sth about/around** (*usually passive*) (used about a name, word, story, etc.) to mention sth frequently (কোনো নাম, শব্দ, কাহিনি ইত্যাদি সম্বন্ধে ব্যবহৃত) ঘনঘন এক জিনিসের উল্লেখ করা

bang[1] / bæŋ ব্যাং / *verb* [I, T] **1** to make a loud noise by hitting sth hard; to close sth or to be closed with a loud noise সশব্দে প্রবল আঘাত করা; সজোরে কোনো কিছু বন্ধ করা বা বন্ধ হওয়া *He banged his fist on the table and started shouting.* **2** to knock against sth by accident; to hit a part of the body against sth by accident হঠাৎ অথবা আচমকা কিছুর সঙ্গে ধাক্কা লাগা; দুর্ঘটনার ফলে শরীরের কোনো অংশের সঙ্গে কিছুর ধাক্কা লাগা *As I was crossing the room in the dark I banged into a table.*

bang[2] / bæŋ ব্যাং / *noun* [C] **1** a sudden, short, very loud noise আচমকা স্বল্পস্থায়ী প্রচণ্ড আওয়াজ অথবা শব্দ *There was an enormous bang when the bomb exploded.* **2** a short, strong knock or hit, especially one that causes pain and injury ক্ষণিকের জন্য প্রবল আঘাত যার ফলে ব্যথা লাগে বা ক্ষত সৃষ্টি হয় *a nasty bang on the head*
IDM **with a bang** in a successful or exciting way সাফল্য অথবা উত্তেজনার সঙ্গে *Our team's season started with a bang when we won our first five matches.*

bang[3] / bæŋ ব্যাং / *adv.* (*BrE informal*) exactly; directly; right নির্ভুলভাবে; সোজাসুজিভাবে; ন্যায্যভাবে *Our computers are* ***bang up to date****.* ○ *The shot was bang on target.*
IDM **bang goes sth** (*informal*) used for expressing the idea that sth is now impossible কোনো কিছু এখন অসম্ভব এই বোঝাতে ব্যবহৃত অভিব্যক্তিবিশেষ *'It's raining!' 'Ah well, bang goes our picnic!'*

bang[4] / bæŋ ব্যাং / *exclamation* used to sound like the noise of a gun, etc. আগ্নেয়াস্ত্র বা গোলাগুলি ইত্যাদির দুমদাম আওয়াজ

bangle / ˈbæŋɡl ˈব্যাংগ্‌ল্ / *noun* [C] a circular metal band that is worn round the arm or wrist for decoration অলংকার হিসেবে বাহুতে অথবা মণিবন্ধে পরিধানের জন্য গোল ধাতব বন্ধনী; কাঁকন, কঙ্কণ, চুড়ি, বালা

bangs / bæŋz ব্যাংজ্ / (*AmE*) = **fringe**[1] **1**

banish / ˈbænɪʃ ˈব্যানিশ্ / *verb* [T] (*formal*) **1** to send sb away (especially out of the country), usually as a punishment সাধারণত দণ্ড বা শাস্তি হিসেবে কোনো ব্যক্তিকে অন্য কোনো স্থানে পাঠানো (বিশেষত দেশের বাইরে), কোনো ব্যক্তিকে নির্বাসন দেওয়া অথবা নির্বাসিত করা **2** to make sb/sth go away; to get rid of sb/sth কোনো ব্যক্তি অথবা বস্তুকে দূরে করে দেওয়া অথবা সরিয়ে দেওয়া; কোনো ব্যক্তি বা বস্তু থেকে মুক্তি পাওয়া *She banished all hope of winning from her mind.*

banister (*also* **bannister**) / ˈbænɪstə(r) ˈব্যানিস্‌ট্যা(র্) / *noun* [C] (*usually plural*) the posts and rail at the side of a staircase (সিঁড়ির ধারে) রেলিং, খুঁটির সারি, পরিক্ষেপ *The children loved sliding down the banister at the old house.*

banjo / ˈbændʒəʊ ˈব্যান্‌জ্যাউ / *noun* [C] (*pl.* **banjos**) a musical instrument like a guitar, with a long thin neck, a round body and four or more strings গিটারের মতো একধরনের গোলাকার, লম্বা গলার, চার অথবা ততোধিক তারের বাদ্যযন্ত্রবিশেষ; ব্যাঞ্জো ⇨ **piano**-তে নোট দেখো এবং **music**-এ ছবি দেখো।

bank[1] / bæŋk ব্যাংক্ / *noun* [C] **1** an organization which keeps money safely for its customers; the office or building of such an organization. You can take money out, save, borrow or exchange money at a bank যে সংস্থা তার খরিদ্দারদের অর্থ নিরাপদে রক্ষা করে; এই ধরনের সংস্থার অফিসবাড়ি। এই সংস্থা থেকে অর্থ বার করে নেওয়া যায়, রক্ষা করা যায়, ধার নেওয়া যায় অথবা বিনিময় করা যায়; ধনাগার, অধিকোষ, ব্যাংক *a bank account/loan* **2** a store of things, which you keep to use later ভবিষ্যতে ব্যবহারের জন্য সংরক্ষণের স্থান *a databank* ○ *a blood bank in a hospital* **3** the ground along the side of a river or canal নদী বা খালের দুই পাশ্ববর্তী তীর; তটভূমি, পার *People were fishing along the banks of the river.* **4** a higher area of ground that goes down or up at an angle, often at the edge of sth or dividing sth নদীর তটভূমি; জমির আল, জাঙাল, ঢিবি *There were grassy banks on either side of the road.* **5** a mass of cloud, snow, etc. মেঘ, কুয়াশা, তুষার, ইত্যাদির স্তূপ অথবা পুঞ্জ *The sun disappeared behind a bank of clouds.*

bank[2] / bæŋk ব্যাংক্ / *verb* [I] **bank (with/at)** to have an account with a particular bank কোনো বিশেষ একটি ব্যাংকে টাকা রাখা, অ্যাকাউন্ট থাকা *I've banked with the State Bank of India for years.*

PHR V **bank on sb/sth** to expect and trust sb to do sth, or sth to happen (কোনো ব্যক্তি অথবা বস্তুর উপর) নির্ভর করা, বিশ্বাস করা, ভরসা করা *Our boss might let you have the morning off but I wouldn't bank on it.*

banker / ˈbæŋkə(r) ˈব্যাংক্যা(র্) / *noun* [C] a person who owns or has an important job in a bank ব্যাংকের মালিক অথবা ব্যাংক ব্যবসায় নিযুক্ত ব্যক্তি বা কোনো উচ্চপদস্থ কর্মচারী; কুসীদজীবী, বৃত্তিজীবী

bank holiday *noun* [C] (*BrE*) a public holiday (not a Saturday or Sunday) (শনিবার এবং রবিবার ব্যতীত) সর্বজনীন অবকাশের দিন

banking / ˈbæŋkɪŋ ˈব্যাংকিং / *noun* [U] the type of business done by banks ব্যাংকের কাজকর্ম অথবা ব্যবসায়, ব্যাংক সম্পর্কিত; ব্যাংকিং *a career in banking*

banknote / ˈbæŋknəʊt ˈব্যাংক্‌ন্যাউট্ / = **note**[1] **4**

bankrupt / ˈbæŋkrʌpt ˈব্যাংক্‌রাপ্ট্ / *adj.* not having enough money to pay your debts দেউলিয়া, সর্বস্বান্ত, সর্বহারা, হৃতসর্বস্ব *The company must cut its costs or it will* ***go bankrupt.*** ▶ **bankrupt** *verb* [T] দেউলিয়া হয়ে যাওয়া *The failure of the new product almost bankrupted the firm.*

bankruptcy / ˈbæŋkrʌptsi ˈব্যাংক্‌রাপ্‌ট্‌সি / *noun* [C, U] (*pl.* **bankruptcies**) the state of being bankrupt দেউলিয়া ও সর্বস্বান্ত অবস্থা; রিক্তহস্ততা, কপর্দকশূন্যতা *The company* ***filed for bankruptcy*** (= asked to be officially declared bankrupt) *in 2001.*

bank statement (*also* **statement**) *noun* [C] a printed list of all the money going into or out of your bank account during a certain period (নির্দিষ্ট সময়পর্বের) ব্যাংক অ্যাকাউন্টের লেনদেনের মুদ্রিত তালিকা বা পূর্ণ বিবরণ; ব্যাংক স্টেটমেন্ট

banner / ˈbænə(r) ˈব্যান্যা(র্) / *noun* [C] a long piece of cloth with words or signs on it, which can be hung up or carried on two poles লিখিত শব্দ অথবা চিহ্নসহ লম্বা বস্ত্রখণ্ড যা দুটি খুঁটিতে ঝোলানো যায় অথবা বহন করা যায়; পতাকা, নিশান, ধ্বজা, কেতন, ঝান্ডা *The demonstrators carried banners saying 'Stop the War'.*

bannister = **banister**

banquet / ˈbæŋkwɪt ˈব্যাংকুইট্ / *noun* [C] a formal dinner for a large number of people, usually as a special event at which speeches are made বিশেষ উপলক্ষ্যে আয়োজিত আড়ম্বরপূর্ণ আনুষ্ঠানিক ভোজসভা যেখানে আমন্ত্রিতরা অনেকেই ভাষণ দেন

banter / ˈbæntə(r) ˈব্যান্‌ট্যা(র্) / *noun* [U] friendly comments and jokes ঠাট্টা, তামাশা, রসিকতা, খুনসুটি, পরিহাস ▶ **banter** *verb* [I] ঠাট্টা তামাশা করা

banyan / ˈbænjən ˈব্যানিঅ্যান্ / (*also* **banyan tree**) *noun* [C] an Indian tree with branches that put out roots which grow downwards till they reach the ground. These then form new trunks that help to support the main trunk of the tree শাখাসমৃদ্ধ ভারতীয় বৃক্ষ যার শাখাগুলি ভূমি পর্যন্ত বৃদ্ধিপ্রাপ্ত হয়ে নতুন বৃক্ষকাণ্ড তৈরি করে এবং সেগুলি বৃক্ষের মূল কাণ্ডটিকে অবলম্বন দেয়; বটগাছ, বটবৃক্ষ

baptism / ˈbæptɪzəm ˈব্যাপ্‌টিজ়্যাম্ / *noun* [C, U] a ceremony in which a person becomes a member of the Christian Church by being held under water for a short time or having drops of water put onto his/her head. Often he/she is also formally given a name কোনো ব্যক্তিকে স্বল্প সময়ের জন্য জলধারার নীচে রেখে অথবা তার মস্তকে জলকণা দিয়ে যে অনুষ্ঠান পালনের মাধ্যমে তাকে খ্রিস্টান গির্জার

সদস্য করা হয়। (প্রায়ই) এসময় আনুষ্ঠানিকভাবে তার নামকরণও করা হয়; ব্যাপটিজম ➪ **christening** দেখো। ▶ **baptize** (*also* **-ise**) / bæpˈtaɪz ব্যাপ্ˈটাইজ্ / *verb* [T] খ্রিস্টধর্মে দীক্ষিত করা, দীক্ষানুষ্ঠানে নামকরণ করা ➪ **christen** দেখো।

bar[1] / bɑː(r) বা:(র্) / *noun* [C] **1** a place where you can buy and drink (especially alcoholic drinks) and sometimes have sth to eat যে পানগৃহে পানীয় (বিশেষত সুরাজাতীয় পানীয়) এবং অনেকসময় খাদ্য দ্রব্যও কিনতে পাওয়া যায়; পানশালা, শুঁড়িখানা; বার *a coffee/snack bar* **2** a long, narrow, high surface where drinks are served লম্বা, সরু, একটু উঁচু কোনো জায়গা যেখানে পানীয় পরিবেশন করা হয় *We sat on stools at the bar*. **3 a bar (of sth)** a small block of solid material, longer than it is wide কঠিন কোনো বস্তুর ছোটো আয়তাকার টুকরো; যষ্টিকা *a bar of soap/ chocolate* **4** a long, thin, straight piece of metal, often placed across a window or door, etc. to stop sb from getting through it (দরজা, জানলা ইত্যাদির) খিল, হুড়কো, আগল, গরাদ **5 a bar (to sth)** a thing that prevents you from doing sth বাধা, প্রতিবন্ধক, অন্তরায় *Lack of education is not always a bar to success in business.* **6** (in geography) a line of sand or mud that forms in the sea parallel to the beach (ভূগোলে) তটভূমির সমান্তরাল রেখায় অবস্থিত বালি বা মাটির রেখা; চর **7** (*technical*) a measurement of pressure in the atmosphere বায়ুচাপের একক; বার

IDM behind bars (*informal*) in prison জেলে, কয়েদখানায়, কারাগারে, জেলখানায় *The criminals are now safely behind bars.*

bar[2] / bɑː(r) বা:(র্) / *verb* [T] (**barring; barred**) **1** (*usually passive*) to close sth with a bar or **bar[1] 4** খিল অথবা আগল দিয়ে কোনো কিছু বন্ধ করা *All the windows were barred.* **2** to block a road, path, etc. so that nobody can pass (রাস্তা, পথ, ইত্যাদি) অবরোধ করা; আটকানো *A line of police officers barred the entrance to the embassy.* **3 bar sb from sth/from doing sth** to say officially that sb is not allowed to do, use or enter sth (আনুষ্ঠানিকভাবে) কোনো ব্যক্তিকে কোনো কিছু করতে, ব্যবহার করতে বা কোথাও প্রবেশ করতে অনুমতি না দেওয়া; নিষিদ্ধ করা, বাদ দেওয়া *He was barred from the club for fighting.*

bar[3] / bɑː(r) বা:(র্) / *prep.* except ব্যতীত, বাদে, ব্যতিরেকে, ছাড়া *All the seats were taken, bar one.*

barb / bɑːb বা:ব্ / *noun* [C] **1** the point of an arrow or a hook that is curved backwards to make it difficult to pull out তীর বা কোনো হুকের পিছনের দিকে বাঁকানো অংশ অথবা ফলা যাতে সেটি সহজে টেনে বার না করা যায় **2** something that sb says that is intended to hurt another person's feelings কারও মনে আঘাত দেওয়ার উদ্দেশ্যে কটূক্তি

barbarian / bɑːˈbeəriən বা:ˈবেঅ্যারিঅ্যান্ / *noun* [C] a wild person with no culture, who behaves very badly অসংস্কৃত বন্য ব্যক্তি যে খুব খারাপ ব্যবহার করে; বর্বর, অমার্জিত, অশিক্ষিত, অভদ্র

barbaric / bɑːˈbærɪk বা:ˈব্যারিক্ / *adj.* very cruel and violent বর্বর, বর্বরোচিত; অত্যন্ত নিষ্ঠুর এবং হিংসা প্রবণ *barbaric treatment of prisoners* ▶ **barbarism** / ˈbɑːbərɪzəm ˈবা:ব্যারিজ়াম্ / *noun* [U] বর্বরতা, অসভ্যতা, নৃশংসতা *acts of barbarism committed in war*

barbarity / bɑːˈbærəti বা:ˈব্যার‍্যাটি / *noun* [U, C] (*pl.* **barbarities**) extremely cruel and violent behaviour চরম নিষ্ঠুর এবং হিংস্র ব্যবহার

barbecue / ˈbɑːbɪkjuː ˈবা:বিকিউ / (*abbr.* **BBQ**) *noun* [C] **1** a metal frame on which food is cooked outdoors over an open fire খোলা জায়গায় ঝলসে বা আগুনে সেঁকে রান্না করার জন্য একজাতীয় ধাতুর কাঠামোবিশেষ; শিক **2** an outdoor party at which food is cooked in this way এইভাবে (বাড়ির বাইরে) রান্না করে যে নিমন্ত্রণসভা বা পার্টিতে খাওয়া হয়; বারবিকিউ *Let's **have a barbecue** on the beach.* ➪ **roast[2] 2** দেখো। ▶ **barbecue** *verb* [T] শিকে গেঁথে খোলা আগুনে মাংস ঝলসানো *barbecued fish*

barbed wire / ˈbɑːbd ˈwaɪə(r) ˈবা:ব্ড্ ˈউআই-অ্যা(র্) / *noun* [U] strong wire with sharp points on it কাঁটাতার *a barbed wire fence*

barber / ˈbɑːbə(r) ˈবা:ব্যা(র্) / *noun* **1** [C] a person whose job is to cut men's hair and sometimes to shave them ক্ষৌরকার, নাপিত, পরামাণিক ➪ **hair-dresser** দেখো। **2 the barber's** [*sing.*] a shop where men go to have their hair cut ক্ষৌরাগার, চুল কাটার সেলুন

barbiturate / bɑːˈbɪtʃʊrət বা:ˈবিচুর‍্যাট্ / *noun* [C] a powerful drug that makes people sleep or become calmer নিদ্রাউদ্দীপক অথবা স্নায়ু শান্ত করার শক্তিশালী ওষুধবিশেষ

bar chart (*also* **bar graph**) *noun* [C] a diagram that uses narrow bands of different heights to show different amounts so that they can be compared যে রেখাচিত্র বিভিন্ন উচ্চতার সরু ডোরা ব্যবহার করে বিভিন্ন পরিমাপ তুলনা করে; দণ্ডগ্রাফ ➪ **chart**-এ ছবি দেখো।

bar code *noun* [C] a pattern of thick and thin lines that is printed on things you buy. It contains infor-

5 10027 08760 >

mation that a computer can read পণ্যদ্রব্যের গায়ে মোটা এবং সরু রেখার নকশায় মুদ্রিত তথ্য যা একমাত্র কম্পিউটারের সাহায্যে পড়া সম্ভব; বার-কোড

bard / bɑːd বা:ড্ / *noun* [C] (*literary*) a person who writes poems; a poet কবি; চারণ *Shakespeare is also known as the Bard of Avon.*

bare / beə(r) বেঅ্যা(র্) / *adj.* **1** (used about part of the body) not covered by clothing (শরীরের কোনো অংশ সম্বন্ধে ব্যবহৃত) অনাচ্ছাদিত, অনাবৃত, আদুড়, নগ্ন *bare arms/feet/shoulders* ⇨ **naked** এবং **nude** দেখো। **2** without anything covering it or in it উন্মুক্ত, আলগা, কোষমুক্ত, সজ্জাহীন, অনাবৃত *They had taken the painting down, so the walls were all bare.* **3** just enough; the most basic or simple সামান্য, যৎসামান্য, নেহাত; মৌলিক, প্রাথমিক, সাধারণ *You won't get good marks if you just do **the bare minimum**.* ○ *I don't take much luggage when I travel, just **the bare essentials**.*

IDM **with your bare hands** without weapons or tools খালি হাতে, কোনো অস্ত্র অথবা যন্ত্রের সাহায্য ছাড়া *He killed the tiger with his bare hands.*

bareback / ˈbeəbæk ˈবেঅ্যাব্যাক্ / *adj., adv.* riding a horse without a seat (**saddle**) ঘোড়ার নগ্ন পিঠে আসনবিহীন সওয়ার *bareback riders in the circus*

barefoot / ˈbeəfʊt ˈবেঅ্যাফুট্ / (*also* **barefooted**) *adj., adv.* not wearing anything on your feet খালি পায়ে, নগ্ন পায়ে *We walked barefoot along the beach.*

bareheaded / ˌbeəˈhedɪd ˌবেঅ্যাˈহেডিড্ / *adj., adv.* not wearing anything to cover your head নগ্নশির, নগ্নমস্তক, অনাবৃত মস্তক

barely / ˈbeəli ˈবেঅ্যালি / *adv.* (used especially after 'can' and 'could' to emphasize that sth is difficult to do) only just; almost not (কোনো কাজ করা কঠিন তা বোঝাতে বিশেষত 'can' বা 'could' শব্দগুলির পরে ব্যবহৃত) কেবলমাত্র, কোনোক্রমে, কোনোমতে *I was so tired I could barely stand up.* ○ *I earn barely enough money to pay my rent.* ⇨ **hardly** দেখো।

bargain[1] / ˈbɑːgən ˈবা:গ্যান্ / *noun* [C] **1** something that is cheaper or at a lower price than usual সাধারণ দামের থেকে যে জিনিস সস্তা বা যা কম দামে পাওয়া যায়; দাঁও, মওকা *I found a lot of bargains in the sale.* **2** an agreement between people or groups about what each of them will do for the other or others (একাধিক ব্যক্তি অথবা গোষ্ঠীর মধ্যে) কাজের আদান-প্রদান সংক্রান্ত চুক্তি অথবা সংবিদা *I lent him the money but he didn't **keep** his **side of the bargain**.*

IDM **into the bargain** (used for emphasizing sth) as well; in addition; also (কোনো কিছুর তাৎপর্য বোঝানোর উদ্দেশ্যে ব্যবহৃত) উপরন্তু; এছাড়াও; তদুপরি *They gave me free tickets and a free meal into the bargain.* **strike a bargain (with sb)** ⇨ **strike[2]** দেখো।

bargain[2] / ˈbɑːgən ˈবা:গ্যান্ / *verb* [I] **bargain (with sb) (about/over/for sth)** to discuss prices, conditions, etc. with sb in order to reach an agreement that suits each person দুপক্ষেরই গ্রহণযোগ্য অথবা মতৈক্য হয় এমন চুক্তি নির্ধারণ করার জন্য দরদাম অথবা শর্ত নিয়ে কথাবার্তা বলা, দর কষাকষি করা *They bargained over the price.*

PHR V **bargain for/on sth** (*usually in negative sentences*) to expect sth to happen and be ready for it (সাধারণত নেতিবাচক বাক্যে ব্যবহৃত) কোনো কিছু ঘটার প্রত্যাশা করা এবং মনে মনে তার জন্য প্রস্তুত থাকা *When I agreed to help him I didn't bargain for how much it would cost me.*

barge[1] / bɑːdʒ বা:জ্ / *noun* [C] a long narrow boat with a flat bottom that is used for carrying goods or people on a canal or river চ্যাপটা তলদেশযুক্ত (খাল বা নদীতে) যাত্রীবাহী অথবা মালবাহী লম্বা সরু নৌকো; প্রমোদতরী, বজরা ⇨ **boat**-এ ছবি দেখো।

barge[2] / bɑːdʒ বা:জ্ / *verb* [I, T] to push people out of the way in order to get past them অভদ্রভাবে কোনো ব্যক্তির পাশ কাটিয়ে যাওয়ার জন্য তাকে ঠেলে দেওয়া অথবা ধাক্কা মারা *He barged (his way) angrily through the crowd.*

bar graph = **bar chart**

baritone / ˈbærɪtəʊn ˈব্যারিট্যাউন্ / *noun* [C] a male singing voice that is fairly low; a man with this voice অতি খাদের স্নিগ্ধ এবং গম্ভীর পুরুষকণ্ঠ; এইরকম কণ্ঠস্বরবিশিষ্ট পুরুষ NOTE **Tenor** এবং **bass**-এর মধ্যবর্তী স্বরকে **baritone** বলে।

barium / ˈbeəriəm ˈবেঅ্যারিঅ্যাম্ / *noun* [U] (*symbol* **Ba**) a soft silver-white metal একরকম নরম রজতশুভ্র ধাতু; বেরিয়াম

bark[1] / bɑːk বা:ক্ / *noun* **1** [U] the hard outer covering of a tree গাছের বাইরের দিকের শক্ত ত্বক; বল্কল, বাকল **2** [C] the short, loud noise that a dog makes কুকুরের ঘেউ ঘেউ ডাক

bark[2] / bɑːk বা:ক্ / *verb* **1** [I] **bark (at sb/sth)** (used about dogs) to make a loud, short noise or noises (কুকুর সম্বন্ধে ব্যবহৃত) ঘেউ ঘেউ শব্দ করা **2** [T] **bark sth (out) (at sb)** to give orders, ask questions, etc. in a loud unfriendly way চড়া গলায় অথবা উচ্চকণ্ঠে অমিত্রোচিতভাবে আদেশ করা, প্রশ্ন করা ইত্যাদি *The boss came in, barked out some orders and left again.*

barley / ˈbɑːli ˈবা:লি / *noun* [U] **1** a plant that produces grain that is used for food or for making beer and other drinks কোনো গাছ থেকে প্রাপ্ত শস্যদানা যা খাদ্যদ্রব্য হিসাবে অথবা বিয়ার এবং অন্য সুরাজাতীয় পানীয় তৈরি করতে ব্যবহৃত হয়; বার্লি, যব **2** the grain produced by this plant যবদানা, বার্লিদানা ➪ **cereal**-এ ছবি দেখো।

barmaid / ˈbɑːmeɪd ˈবা:মেইড্ / *noun* [C] (*AmE* **bartender**) a woman who serves drinks from behind a bar in a pub, etc. পানশালা ইত্যাদিতে পানীয় পরিবেশনকারী মহিলা; পানাগরিকা

barman / ˈbɑːmən ˈবা:ম্যান্ / *noun* [C] (*pl.* **-men** /-mən -ম্যান্ /) (*AmE* **bartender**) a man who serves drinks from behind a bar in a pub, etc. পানশালা ইত্যাদিতে পানীয় পরিবেশনকারী পুরুষ; পানাগারক

barn / bɑːn বা:ন্ / *noun* [C] a large building on a farm in which crops or animals are kept শস্য, এবং পশু রাখার বৃহৎ ঘর; শস্যাগার, গুদাম, গোলাঘর, গোলাবাড়ি, খামারবাড়ি, গোয়াল

barometer / bəˈrɒmɪtə(r) ব্যা'রমিট্যা(র্) / *noun* [C] **1** an instrument that measures air pressure and indicates changes in weather বায়ুর চাপ পরিমাপক এবং আবহাওয়ার পূর্বাভাসসূচক যন্ত্রবিশেষ; বায়ুচাপমান যন্ত্র; ব্যারোমিটার **2** something that indicates the state of sth (a situation, a feeling, etc.) এমন কিছু যা কোনো বস্তুর অবস্থার নির্দেশক (কোনো পরিস্থিতি, অনুভূতি ইত্যাদির) *Results of local elections are often a barometer of the government's popularity.*

baron / ˈbærən ˈব্যার‍্যান্ / *noun* [C] **1** a man of a high social position in Britain; a nobleman ব্রিটিশ সমাজের অভিজাত সম্প্রদায়ের কোনো একজন ব্যক্তি; ব্যারন **2** a person who controls a large part of a particular industry or type of business যে ব্যক্তি কোনো উৎপাদন শিল্প অথবা ব্যাবসার একটা বড়ো অংশ পরিচালনা করেন; ব্যবসায়ীপ্রবর, মহাব্যবসায়ী, ধনকুবের *drug/oil barons*

baroness / ˈbærənəs ˈব্যার‍্যান্যাস্ / *noun* [C] a woman of a high social position; the wife of a baron সমাজের অতি উচ্চ সম্প্রদায়ের অভিজাত মহিলা; ব্যারন পত্নী, মহিলা ব্যারন

baroque (*also* **Baroque**) / bəˈrɒk ব্যা ˈরক্ / *adj.* used to describe a highly decorated style of European architecture, art and music of the 17th and early 18th centuries সপ্তদশ এবং অষ্টাদশ শতকের (প্রথম ভাগে) ইউরোপের স্থাপত্য, শিল্প এবং সংগীতের ক্ষেত্রে প্রযুক্ত অতি অলংকৃত শৈলী অথবা শিল্পরীতি; বারোক

barracks / ˈbærəks ˈব্যার‍্যাক্স্ / *noun* [C, *with sing. or pl. verb*] (*pl.* **barracks**) a building or group of buildings in which soldiers live সৈন্যদের বাস করার জন্য অট্টালিকা অথবা অট্টালিকাসমূহ; সেনানিবাস, সৈন্যছাউনি, সৈন্যশিবির; ব্যারাক *Guards were on duty at the gate of the barracks.*

barrage / ˈbærɑːʒ ˈব্যারা:জ্ / *noun* [C] **1** a continuous attack on a place with a large number of guns অবিরাম গোলাবর্ষণের দ্বারা অব্যাহত আক্রমণ **2** a large number of questions, comments, etc., directed at a person very quickly (কোনো ব্যক্তিকে উদ্দেশ্য করে) অজস্র প্রশ্ন, মন্তব্য, ইত্যাদির তোড় *The minister faced a barrage of questions from reporters.*

barrel / ˈbærəl ˈব্যার‍্যাল্ / *noun* [C] **1** a large, round, wooden, plastic or metal container for liquids, that has a flat top and bottom and is wider in the middle তরল পদার্থ রাখার জন্য (কাঠ, প্লাস্টিক অথবা ধাতুর তৈরি) একধরনের পাত্র যার উপর ও নীচের অংশ চ্যাপটা এবং মাঝের অংশটি অপেক্ষাকৃত চওড়া; পিপে; ব্যারেল *a beer/wine/oil barrel* **2** a unit of measurement in the oil industry equal to approximately 159 litres তৈল শিল্পের একটি মাপের সূচক বা একক যার পরিমাণ প্রায় ১৫৯ লিটারের সমান *The price of oil is usually given per barrel.* **3** the long metal part of a gun like a tube through which the bullets are fired বন্দুকের ধাতব নল যার মধ্যে দিয়ে গুলি বার হয়

barren / ˈbærən ˈব্যার‍্যান্ / *adj.* **1** (used about land or soil) not good enough for plants to grow on (মাটি বা জমি সম্বন্ধে ব্যবহৃত) অনুর্বর, ঊষর, নিষ্ফলা **2** (used about trees or plants) not producing fruit or seeds (বৃক্ষাদি সম্বন্ধে ব্যবহৃত) নিষ্ফলা

barricade / ˌbærɪˈkeɪd ˌব্যারিˈকেইড্ / *noun* [C] an object or line of objects that is placed across a road, entrance, etc. to stop people getting through যাতে মানুষ যেতে না পারে সেই জন্য রাস্তা, প্রবেশপথ, ইত্যাদির মধ্যে আড়াআড়িভাবে রাখা কোনো বস্তু বা বস্তুর সারি; প্রতিবন্ধক, অবরোধ, পথাবরোধ *The demonstrators **put up barricades** to keep the police away.* ▶ **barricade** *verb* [T] প্রতিবন্ধক সৃষ্টি করে পথ আটকানো, পথ অবরোধ করা

PHR V **barricade yourself in** to defend yourself by putting up a barricade অবরোধ সৃষ্টি করে আত্মরক্ষা করা *Demonstrators took over the building and barricaded themselves in.*

barrier / ˈbæriə(r) ˈব্যারিঅ্যা(র্) / *noun* [C] **1** an object that keeps people or things separate or prevents them moving from one place to another যে বস্তু মানুষ অথবা অন্যান্য সামগ্রীসকলকে পৃথক করে রাখে অথবা তাদের এক স্থান হতে অন্য স্থানে সরে যাওয়া আটকায়; প্রতিবন্ধক *The crowd were all kept behind barriers.* ○ *The mountains form a natural barrier between the two countries.* ➪ **crash**

barrier দেখো। 2 **a barrier (to sth)** something that causes problems or makes it impossible for sth to happen কোনো কাজের পথে সমস্যা সৃষ্টি করে অথবা সেটি করা অসম্ভব করে তোলে যে বস্তু *When you live in a foreign country, the* ***language barrier*** *is often the most difficult problem to overcome.*

barring / ˈbɑːrɪŋ ˈবা:রিং / *prep.* except for; unless there is/are ব্যতীত, বাদে; যদি না *Barring any unforeseen problems, we'll be moving house in a month.*

barrister / ˈbærɪstə(r) ˈব্যারিস্ট্যা(র্) / *noun* [C] (in English law) a lawyer who is trained to speak for you in the higher courts (ইংল্যান্ডের আইনে) উচ্চতর আদালতে কারও পক্ষে সওয়াল করার প্রশিক্ষণপ্রাপ্ত উকিল; ইংল্যান্ডের উচ্চতর আদালতের উকিল; ব্যারিস্টার ➪ **lawyer**-এ নোট দেখো।

barrow / ˈbærəʊ ˈব্যার‍্যাউ / *noun* [C] **1** a small thing on two wheels on which fruit, vegetables, etc. are moved or sold in the street, especially in markets ফলমূল, শাকসবজি ইত্যাদি রাস্তায়, বিশেষত বাজারে ঘুরে ঘুরে বিক্রি করার জন্য দু চাকার ছোটো টানা বা ঠেলা গাড়ি **2** = **wheelbarrow**

bar staff *noun* [U, *with pl. verb*] the people who serve drinks from behind a bar in a pub, etc. যেসব ব্যক্তি কোনো পানশালা ইত্যাদিতে খদ্দেরদের পানীয় পরিবেশন ইত্যাদি করে *The bar staff are very friendly here.* ➪ **barmaid** এবং **barman** দেখো।

bartender / ˈbɑːtendə(r) ˈবা:টেন্ড্যা(র্) / (*AmE*) = **barmaid** or **barman**

barter / ˈbɑːtə(r) ˈবা:ট্যা(র্) / *verb* [I, T] **barter sth (for sth); barter (with sb) (for sth)** to exchange goods, services, property, etc. for other goods, etc., without using money (অর্থ ব্যবহার না করে) অন্যান্য দ্রব্যের বিনিময়ে পণ্যদ্রব্য, পরিষেবা, সম্পত্তি ইত্যাদির আদানপ্রদান করা; বিনিময় প্রথায় বাণিজ্য করা *The farmer bartered his surplus grain for machinery.* ○ *The prisoners bartered with the guards for writing paper and books.* ▶ **barter** *noun* [U] দ্রব্যবিনিময় প্রথা

basalt / ˈbæsɔːlt ˈব্যাস:ল্ট্ / *noun* [U] (in geology) a type of dark rock that comes from **volcanoes** (ভূতত্ত্ববিদ্যায়) আগ্নেয়গিরি থেকে প্রাপ্ত একপ্রকারের কৃষ্ণধূসর শিলা; ব্যাসাল্ট

base[1] / beɪs বেইস্ / *noun* [C] **1** the lowest part of sth, especially the part on which it stands or at which it is fixed or connected to sth কোনো বস্তুর নিম্নতম অংশ বিশেষত যার উপর এটি দাঁড়িয়ে থাকে অথবা যার সঙ্গে এটি আটকানো বা সংযুক্ত থাকে; ভিত, ভিত্তিভূমি, বুনিয়াদ, নিম্নদেশ, পাদদেশ *the base of a column/glass/box* ○ *I felt a terrible pain* ***at the base of*** *my spine.* **2** an idea, fact, etc. from which sth develops or is made মূল ধারণা, তথ্য ইত্যাদি যা থেকে কোনো কিছু তৈরি হয় বা বিকাশপ্রাপ্ত হয় *The country needs a strong economic base.* **3** a place used as a centre from which activities are done or controlled যে ঘাঁটি থেকে কোনো কর্মকাণ্ড চালিত অথবা নিয়ন্ত্রিত হয়; কেন্দ্রস্থল, কেন্দ্রবিন্দু *This hotel is an ideal base for touring the region.* **4** a military centre from which the armed forces operate সামরিক ঘাঁটি; সৈন্যদলের মূল শিবির *an army base* **5** (in baseball) one of the four points that a runner must touch বেসবল খেলায় চারটে ঘাঁটির মধ্যে যে-কোনো একটি যেটি খেলোয়াড়কে স্পর্শ করতে হয় **6** a chemical substance with a pH value of more than **7** ৭-এর বেশি pH মূল্যসম্পন্ন রাসায়নিক পদার্থবিশেষ; ক্ষার, ক্ষারক ➪ **acid** এবং **alkali** দেখো এবং **pH**-এ ছবি দেখো।

base[2] / beɪs বেইস্ / *verb* [T] (*usually passive*) **base sb/sth in** to make one place the centre from which sb/sth can work or move around (কোনো ব্যক্তি বা বস্তুর) কাজ করা অথবা আশেপাশে ঘোরাঘুরির জন্য একটি স্থানকে কেন্দ্র বা মূল ঘাঁটি করে তোলা *I'm based in Allahabad although my job involves a great deal of travel.* ○ *a Mumbai-based company*

PHR V base sth on sth to form or develop sth from a particular starting point or source নির্দিষ্ট কোনো বিন্দু বা উৎস থেকে কিছু গড়ে তোলা বা বিকশিত করা; রূপান্তর করা *This film is based on a true story.*

baseball / ˈbeɪsbɔːl ˈবেইস্‌ব:ল্ / *noun* [U] a team game that is popular in the US in which players hit the ball with a bat and run round four points (**bases**). They have to touch all four bases in order to score a point (**run**) মার্কিন যুক্তরাষ্ট্রের একটি জনপ্রিয় দলবদ্ধ খেলা যাতে খেলোয়াড়গণ ব্যাট দিয়ে বল মারে এবং তারপর চারটি ঘাঁটি ঘিরে দৌড়োয়। একটি রান বা পয়েন্ট পাওয়ার জন্য তাদের চারটি ঘাঁটির প্রতিটি স্পর্শ করতে হয়; বেসবল খেলা

baseboard / ˈbeɪsbɔːd ˈবেইস্‌ব:ড্ / (*AmE*) = **skirting board**

baseline / ˈbeɪslaɪn ˈবেইস্‌লাইন্ / *noun* [*usually sing.*] **1** (*sport*) a line that marks each end of the court in games such as tennis or the edge of the a where a player can run in baseball টেনিস ইত্যাদি খেলায় প্রতি এলাকা বা কোর্টের সীমারেখা বা সীমানা অথবা বেসবল খেলায় যে জায়গার মধ্যে কোনো খেলোয়াড় দৌড়োয় তার সীমারেখা **2** (*technical*) a line or measurement that is used as a starting-point when comparing facts তুলনামূলক সমীক্ষার প্রারম্ভ-রেখা অথবা মাপক-সূচক

basement / ˈbeɪsmənt ˈবেইস্‌ম্যান্ট্ / *noun* [C] a room or rooms in a building, partly or completely below ground level বাড়ির একতলা থেকে অংশত অথবা সম্পূর্ণভাবে নীচের কক্ষ বা কক্ষসমূহ; বাড়ির ভূগর্ভস্থ অংশ *a basement flat* ➪ **cellar** দেখো।

base metal *noun* [C] a metal that is not a precious metal such as gold সোনার মতো দামি নয় এমন ধাতু, কম দামি ধাতু

base rate *noun* [C] a rate of interest, set by a central bank, that all banks in Britain use when calculating the amount of interest that they charge on the money they lend ব্রিটেনের কেন্দ্রীয় ব্যাংক দ্বারা নির্ধারিত সুদের হার যা সেখানকার অন্য সব ব্যাংকও ঋণ দেওয়ার সময়ে সেই অর্থের উপর প্রয়োগ করে

bases ➪ **1 basis**-এর plural **2 base**[1]-এর plural

bash[1] / bæʃ ব্যাশ্ / *verb* (*informal*) **1** [I, T] to hit sb/sth very hard কোনো ব্যক্তি অথবা বস্তুকে সজোরে আঘাত করা *I didn't stop in time and bashed into the car in front.* **2** [T] to criticize sb/sth strongly কোনো ব্যক্তি অথবা বস্তুর তীব্র সমালোচনা করা *The candidate continued to bash her opponent's policies.*

bash[2] / bæʃ ব্যাশ্ / *noun* [C] (*informal*) **1** a hard hit প্রচণ্ড জোরালো আঘাত অথবা ধাক্কা *He gave Ali a bash on the nose.* **2** a large party or celebration কোনো সামাজিক অনুষ্ঠান; বড়ো পার্টি, সমারোহ অথবা উৎসব পালন

IDM have a bash (at sth/at doing sth) (*BrE spoken*) to try চেষ্টা করা অথবা লেগে পড়া *I'll get a screwdriver and have a bash at mending the light.*

bashful / ˈbæʃfl ˈব্যাশ্‌ফ্‌ল্ / *adj.* shy and embarrassed লাজুক, লজ্জাশীলা, দ্বিধাগ্রস্ত, কুণ্ঠিত

basic / ˈbeɪsɪk ˈবেইসিক্ / *adj.* **1** forming the part of sth that is most necessary and from which other things develop কোনো বস্তুর সব থেকে বেশি প্রয়োজনীয় অংশ যে বস্তু তৈরি করে এবং যার থেকে অন্যান্য বিষয়ের বিকাশ হয়; মৌলিক, বুনিয়াদি, প্রাথমিক *The basic question is, can we afford it?* ○ *basic information/facts/ideas* **2** of the simplest kind or level; including only what is necessary without anything extra সরলতম ধরন বা স্তরের; কোনো অতিরিক্ত বস্তু ছাড়াই কেবলমাত্র যেটুকু প্রয়োজনীয় সেটুকু অন্তর্ভুক্ত করে এমন; প্রাথমিক, বুনিয়াদি, মূল *This course teaches basic computer skills.* ○ *The* ***basic pay*** *is Rs 4000 a month—with extra for overtime.*

basically / ˈbeɪsɪkli ˈবেইসিক্‌লি / *adv.* used to say what the most important or most basic aspect of sb/sth is কোনো ব্যক্তি বা বস্তুর সব থেকে গুরুত্বপূর্ণ বা সবচাইতে মূলগত দিক কোনটি বোঝাতে ব্যবহৃত অভিব্যক্তি -বিশেষ; মূলগতভাবে, মজ্জাগতভাবে, মূলত *The new design is basically the same as the old one.*

basics / ˈbeɪsɪks ˈবেইসিক্স্ / *noun* [*pl.*] the simplest or most important facts or aspects of sth; things that you need the most কোনো বস্তুর সর্বাপেক্ষা সাধারণ এবং গুরুত্বপূর্ণ দিক অথবা তথ্যসমূহ; মূল তথ্য, সর্বাধিক আবশ্যক বস্তু *So far, I've only learnt the basics of computing.*

basil / ˈbæzəl ˈব্যাজ়াল্ / *noun* [U] an aromatic annual plant native to tropical Asia with a strong pungent, sweet smell. It is used as a flavouring agent in cooking and is also considered sacred by Hindus ক্রান্তীয় এশিয়ার একধরনের প্রবল এবং সুমিষ্ট ঝাঁজালো সুগন্ধিযুক্ত বাৎসরিক গুল্ম যেটি হিন্দুদের কাছে পবিত্র। রান্নায় বিশেষ স্বাদ ও গন্ধ যুক্ত করতে এটি ব্যবহৃত হয়; তুলসী

basin / ˈbeɪsn ˈবেইস্‌ন্ / *noun* [C] **1 = washbasin** **2** a round open bowl often used for mixing or cooking food (খাদ্যদ্রব্য) রন্ধন বা মিশ্রণ ইত্যাদির জন্য ব্যবহৃত) মুখ খোলা গোল আকারের পাত্র; গামলা **3** an area of land from which water flows into a river ভূখণ্ডের যে অঞ্চল থেকে নদীতে জল প্রবাহিত হয়; নদীর অথবা শাখানদীর অববাহিকা *the Ganga River Basin*

basis / ˈbeɪsɪs ˈবেইসিস্ / *noun* (*pl.* **bases** /ˈbeɪsiːz ˈবেইসীজ়/) **1** [*sing.*] the principle or reason which lies behind sth কোনো বস্তুর প্রধান নীতি বা মূল কারণ; গোড়ার কথা *We made our decision* ***on the basis of*** *the reports which you sent us.* **2** [*sing.*] the way sth is done or organized যেভাবে কিছু করা হয় বা সংগঠিত করা হয়; পদ্ধতি, প্রণালী, রীতি *They meet* ***on a regular basis***. ○ *to employ sb* ***on a*** *temporary/voluntary/part-time* ***basis*** **3** [C] a starting point, from which sth can develop যেখান থেকে কোনো বস্তু বিকাশ লাভ করে; সূত্রপাত, বুনিয়াদ, ভিত্তি *She used her diaries as a basis for her book.*

bask / ˈbɑːsk; bæsk ˈবা:স্ক্; ব্যাস্ক্ / *verb* [I] **bask (in sth)** **1** to sit or lie in a place where you can enjoy the warmth এমন জায়গায় বসা বা শোয়া যেখানে উষ্ণতা উপভোগ করা যায়; রোদ অথবা আগুন পোহানো, উত্তাপের আরাম নেওয়া *The children basked in the sunshine on the beach.* **2** to enjoy the good feelings you have when other people admire you, give you a lot of attention, etc. (অন্য মানুষজনের প্রশংসা, মনোযোগ ইত্যাদি পাওয়ায়) সুখকর অনুভূতি উপভোগ করা, প্রশংসা এবং জনপ্রিয়তা উপভোগ করা *The team was still* ***basking in the glory*** *of winning the cup.*

basket / ˈbɑːskɪt ˈবা:স্‌কিট্ / *noun* [C] **1** a container for carrying or holding things, made of thin pieces of material such as wood, plastic or wire that bends easily বহন অথবা ধারণের জন্য কাঠ, প্লাস্টিক, তার ইত্যাদির পাতলা টুকরো (যা সহজে বাঁকানো যায়) দ্বারা তৈরি পাত্র; ঝুড়ি, টুকরি, সাজি, চুপড়ি, ডালা *a waste-paper basket* ○ *a shopping basket* ○ *a clothes/laundry basket* **2** a net that hangs from a metal ring high up at each end of a basketball court বাস্কেটবল খেলার কোর্টের প্রতি প্রান্তে ধাতব বৃত্ত থেকে ঝোলানো জাল; বাস্কেট **3** a score of one, two or three points in basketball, made by throwing the ball through one of the nets বাস্কেটবল খেলায় কোর্টের দুই প্রান্তে ঝোলানো জালগুলির কোনো একটির মধ্যে বল ছুড়ে এক, দুই বা তিন পয়েন্টের যে স্কোর করা হয়

IDM put all your eggs in one basket ➪ **egg[1]** দেখো।

basketball / ˈbɑːskɪtbɔːl ˈবা:স্কিট্‌ব:ল্ / *noun* [U] a game for two teams of five players. There is a net (**basket**) fixed to a metal ring high up at each end of the court and the players try to throw a ball through the other team's net in order to score points (**baskets**) পাঁচজন করে খেলোয়াড়সম্পন্ন দুটি দলের খেলা। খেলার কোর্টের প্রতি প্রান্তে বেশ উঁচুতে ধাতব বৃত্তে জাল বা বাস্কেট আটকানো থাকে এবং খেলোয়াড়গণ পয়েন্ট পাওয়ার জন্য অন্য দলের জালের মধ্যে বল ছোড়ার চেষ্টা করে; বাস্কেটবল খেলা

basmati *noun* [U] a kind of long-grained rice grown in India and Pakistan. It is known for its delicate flavour ভারত এবং পাকিস্তানে জন্মায় এক ধরনের লম্বা দানার সুগন্ধযুক্ত চাল; বাসমতী চাল

bass / beɪs বেইস্ / *noun* **1** [U] the lowest part in music (সংগীতে) নীচু পর্দার সুর, গুরুগম্ভীর সুর; খাদ **2** [C] the lowest male singing voice; a singer with this kind of voice নিম্নতম গ্রামে (পুরুষ) গায়ক কণ্ঠ; জলদগম্ভীর কণ্ঠস্বরযুক্ত গায়ক ➪ **tenor** এবং **baritone** দেখো। **3** = **double bass** **4** [C] (*also* **bass guitar**) an electric guitar which plays very low notes একজাতীয় ইলেকট্রিক গীটার যা অত্যন্ত নীচু পর্দায় বা খাদে বাজে ➪ **piano**-তে নোট দেখো।

▶ **bass** *adj.* (*only before a noun*) খাদের সুর অথবা নীচু পর্দার সুর সংক্রান্ত *a bass drum* ○ *Can you sing the bass part in this song?*

bassoon / bəˈsuːn ব্যাˈসুন্ / *noun* [C] a musical instrument that you blow which makes a very deep sound একপ্রকারের বাদ্যযন্ত্রবিশেষ যা ফুঁ দিয়ে বাজানো যায় এবং তাতে খাদের সুর বাজে ➪ **piano**-তে নোট দেখো।

bastard / ˈbɑːstəd; ˈbæs- ˈবা:স্ট্যাড্; ˈব্যাস্- / *noun* [C] (*old-fashioned*) a person whose parents were not married to each other when he/she was born অবিবাহিত পিতা-মাতার সন্তান, অবৈধ অথবা জারজ সন্তান; কানীন, বেজন্মা, অপজাত

baste / beɪst বেইস্ট্ / *verb* [T] to pour liquid fat or juices over meat, etc. while it is cooking রান্না করার সময়ে মাংস ইত্যাদির উপর তরল চর্বি বা কোনো রস ঢেলে দেওয়া

bat[1] / bæt ব্যাট্ / *noun* [C] **1** a piece of wood for hitting the ball in sports such as table tennis, cricket or baseball (টেবিল টেনিস, ক্রিকেট অথবা বেসবল) খেলার ব্যাট *a cricket bat* ➪ **racket** এবং **stick** দেখো। **2** a small animal, like a mouse with wings, which flies and hunts at night (উড়তে সক্ষম এবং রাত্রিবেলায় শিকার খোঁজে) বাদুড়

IDM off your own bat without anyone asking you or helping you কোনো সাহায্য ছাড়াই, সম্পূর্ণ নিজের ক্ষমতামতো

bat[2] / bæt ব্যাট্ / *verb* [I] (**batting; batted**) (used about one player or a whole team) to have a turn hitting the ball in sports such as cricket or baseball (পুরো দল বা কোনো দলের একজন খেলোয়াড় সম্বন্ধে ব্যবহৃত) ক্রিকেট অথবা বেসবল খেলায় ব্যাট দিয়ে বল মারার পালা পাওয়া; ব্যাট করা, ব্যাট দিয়ে বল মারা

IDM not bat an eyelid; (*AmE*) **not bat an eye** to show no surprise or embarrassment when sth unusual happens অস্বাভাবিক কিছু ঘটলে বিস্মিত বা বিব্রত ভাব না দেখানো; অম্লানবদনে থাকা, কিছুমাত্র বিস্ময় বা আবেগ প্রকাশ না করা

batch / bætʃ ব্যাচ্ / *noun* [C] **1** a number of things or people which belong together as a group দল, শ্রেণি, গুচ্ছ, গোছা, বান্ডিল *The bus returned to the airport for the next batch of tourists.* **2** (*computing*) a set of jobs that are done together on a computer যে কাজগুলো কম্পিউটারে একই সময়ে এবং একই সঙ্গে করা হয় *to process a batch job* ○ *a batch file/program*

bated / ˈbeɪtɪd ˈবেইটিড্ / *adj.*

IDM with bated breath excited or afraid, because you are waiting for sth to happen (কোনো কিছু ঘটার জন্য) রুদ্ধনিঃশ্বাসে, সাগ্রহ প্রতীক্ষায়

bath[1] / bɑːθ বা:থ্ / *noun* (*pl.* **baths** /bɑːðz বা:দ্‌জ্ /) **1** [C] (*also* **bathtub**) a large container for water in which you sit to wash your body (যার মধ্যে বসে স্নান করা যায়) স্নান করার টব অথবা বড়ো পাত্র; বাথটব *Can you answer the phone? I'm in the bath!* **2** [*sing.*] an act of washing the whole of your body স্নান, চান, অবগাহন, নিমজ্জন *to have take a bath* **3** [C, *usually pl.*] a public place where people went in past times to wash or have a bath প্রাচীন সময়ের সর্বজনীন স্নানাগার বা প্রক্ষালনের স্থান *Roman baths*

bath^{2} / bɑːθ বা:থ্ / *verb* **1** [T] to give sb a bath (কোনো ব্যক্তিকে) স্নান করানো, চান করানো *bath the baby* **2** [I] (*old-fashioned*) to have a bath চান করা, স্নান করা, নাওয়া

bathe / beɪð বেইদ্ / *verb* **1** [T] to wash or put part of the body in water, often for medical reasons অনেক সময়ে চিকিৎসকের নির্দেশানুসারে শরীরের কোনো বিশেষ অংশ ভালোভাবে ধোয়া *She bathed the wound with antiseptic.* **2** [I] (*old-fashioned*) to swim in the sea or in a lake or river সমুদ্র, নদী বা হ্রদে সাঁতার কাটা ➪ **sunbathe** দেখো।

bathed / beɪðd বেইদ্ড্ / *adj.* (*written*) **bathed in sth** (*not before a noun*) covered with sth (কোনো কিছুতে) সিঞ্চিত, স্নাত, আপ্লুত, অভিষিক্ত *The room was bathed in moonlight.*

bathing / ˈbeɪðɪŋ ˈবেইদিং / *noun* [U] the act of swimming in the sea, a river or a lake (not in a swimming pool) সমুদ্রে, নদীতে বা হ্রদে সাঁতার কেটে স্নান করার ক্রিয়া (কিন্তু সুইমিং পুল অথবা কোনো কৃত্রিম জলাশয়ে নয়) *Bathing is possible at a number of beaches along the coast.*

bathos / ˈbeɪθɒs ˈবেইথস্ / *noun* [U] (*formal*) (in literature) a sudden change, which is not usually deliberate, from a serious subject or feeling to sth ridiculous or unimportant (সাহিত্যে) গুরুগম্ভীর বিষয় বা অনুভূতি থেকে (সাধারণত ইচ্ছাকৃতভাবে নয়) হঠাৎ তুচ্ছ কোনো বিষয়ে অথবা লঘু বিষয়ে নিম্নগমন; গুরুচণ্ডালি, ভাবাবরোহ

bathrobe / ˈbɑːθrəʊb ˈবা:থ্র্যাউব্ / = **dressing gown**

bathroom / ˈbɑːθruːm; -rʊm ˈবা:থ্রুম্; -রুম্ / *noun* [C] **1** a room where there is a bath, a place to wash your hands (**a washbasin**) and sometimes a toilet স্নানাগার, কলঘর (অনেক সময়ে হাত ধোয়ার বেসিন এবং শৌচাগারসহ); বাথরুম **2** a room with a toilet শৌচাগার, পায়খানা, প্রস্রাবাগার ➪ **toilet**-এ নোট দেখো।

bathtub / ˈbɑːθtʌb ˈবা:থ্টাব্ / = **bath^{1} 1**

batik *noun* [U, C] a method of printing patterns on cloth by putting **wax** on the parts of the cloth that will not have any colour; a piece of cloth that is printed in this way কাপড়ের যে সকল অংশে কোনো রং থাকবে না তার উপর মোম লাগিয়ে রঙিন নকশা বানানোর একটি বিশেষ পদ্ধতি; এই পদ্ধতিতে রং করা কোনো কাপড়; বাটিক

baton / ˈbætɒn ˈব্যাটন্ / *noun* [C] **1** = **truncheon** **2** a short thin stick used by the leader of an orchestra অর্কেস্ট্রা পরিচালকের দ্বারা ব্যবহৃত হয় এমন ছোটো পাতলা দণ্ড; নির্দেশদণ্ড **3** a stick which a runner in a race (**a relay race**) passes to the next person in the team ছোটো লাঠি যা রিলে রেসের একজন খেলোয়াড় তারই দলের অন্য আর একজন খেলোয়াড়কে ধরায়

batsman / ˈbætsmən ˈব্যাট্স্ম্যান্ / *noun* [C] (*pl.* = **men** /-mən -ম্যান্ /) (in cricket) one of the two players who hit the ball to score points (**runs**) ক্রিকেট খেলায় দুজন খেলোয়াড়ের মধ্যে একজন খেলোয়াড় যে রান পাওয়ার জন্য ব্যাট দিয়ে বল মারে; ব্যাটসম্যান

battalion / bəˈtæliən ব্যাˈট্যালিঅ্যান্ / *noun* [C] a large unit of soldiers that forms part of a larger unit in the army বৃহৎ সৈন্যবাহিনী অথবা সেনাদল (বৃহত্তর সেনাবাহিনীর অন্তর্গত); ব্যাটেলিয়ন

batter^{1} / ˈbætə(r) ˈব্যাট্যা(র্) / *verb* [I, T] to hit sb/sth hard, many times (কোনো ব্যক্তি অথবা বস্তুকে) বারবার সজোরে আঘাত করা, আঘাতে বিধ্বস্ত করা *The wind battered against the window.* ○ *He battered the door down.*

batter^{2} / ˈbætə(r) ˈব্যাট্যা(র্) / *noun* [U] a mixture of flour, eggs and milk used to cover food such as fish, vegetables, etc. before frying them, or to make **pancakes** ময়দা, ডিম এবং দুধের সংমিশ্রণ বা গোলা যার মধ্যে মাছ, সবজি ইত্যাদি ডুবিয়ে ভাজা হয়, প্যানকেক বানানোর মিশ্রণ

battered / ˈbætəd ˈব্যাট্যাড্ / *adj.* no longer looking new; damaged or out of shape আর নতুন দেখতে লাগে না এমন, পুরোনো; জীর্ণশীর্ণ, ক্ষতিগ্রস্ত *a battered old hat*

battery *noun* (*pl.* **batteries**) **1** / ˈbætri ˈব্যাট্রি / [C] a device which provides electricity for a toy, radio, car, etc. খেলনা, রেডিও, গাড়ি ইত্যাদির মধ্যে বৈদ্যুতিক শক্তি উৎপন্ন করে একপ্রকার যন্ত্র অথবা কোষ; ব্যাটারি *to recharge* ***a flat battery*** (= no longer producing electricity) **2** / ˈbætri ˈব্যাট্রি / [C] (*often used as an adjective*) a large number of very small cages in which chickens, etc. are kept on a farm প্রচুর সংখ্যক ছোটো খাঁচা যার মধ্যে কোনো খামারে মুরগী ইত্যাদি রাখা হয় *a battery hen/farm* ➪ **free-range** দেখো। **3** / ˈbætəri ˈব্যাট্যারি / [U] the crime of attacking sb physically কোনো ব্যক্তিকে শারীরিকভাবে আক্রমণ করার অপরাধ *He was charged with* ***assault and battery***.

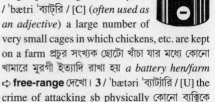

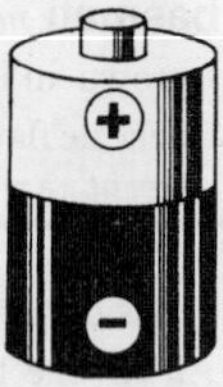

battle^{1} / ˈbætl ˈব্যাট্ল্ / *noun* **1** [C, U] a fight, especially between armies in a war (বিশেষত সৈন্যদলের মধ্যে) যুদ্ধ, লড়াই, সমর, রণ, সংগ্রাম *the battle of Haldighati* ○ *to die/be killed* ***in battle*** **2** [C] **a battle (with sb) (for sth)** a competition, argument or fight between people or groups of people trying to win power or control মানুষ অথবা গোষ্ঠীসমূহের মধ্যে ক্ষমতা দখল অথবা নিয়ন্ত্রণের জন্য প্রতিদ্বন্দ্বিতা, লড়াই, তর্ক *a legal battle for custody of the children* **3** [C, *usually sing.*] **a battle**

(**against/for sth**) a determined effort to solve a difficult problem or to succeed in a difficult situation কোনো কঠিন সমস্যার সমাধান বার করা অথবা কোনো জটিল পরিস্থিতির মোকাবিলা করার জন্য দৃঢ়প্রতিজ্ঞ প্রয়াস *After three years she lost her battle against cancer.*

IDM a losing battle ➪ **lose** দেখো।

battle² / ˈbætl ˈব্যাট্‌ল্ / *verb* [I] **battle (with/ against sb/sth) (for sth); battle (on)** to try very hard to achieve sth difficult or to deal with sth unpleasant or dangerous দুর্লভ কোনো বস্তু অর্জনের জন্য কঠিন প্রয়াস করা অথবা অপ্রিয় বা বিপজ্জনক বস্তুর মোকাবিলা করা *The two brothers were battling for control of the family business.* ○ *Life is hard at the moment but we're battling on.*

battlefield / ˈbætlfiːld ˈব্যাট্‌ল্‌ফীল্ড্ / (*also* **battleground** / ˈbætlgraʊnd ˈব্যাট্‌ল্‌গ্রাউন্ড্/) *noun* [C] the place where a battle is fought যুদ্ধক্ষেত্র, রণক্ষেত্র, রণাঙ্গন, সমরাঙ্গন

battlements / ˈbætlmənts ˈব্যাট্‌ল্‌ম্যান্ট্‌স্ / *noun* [*pl.*] a low wall around the top of a castle with spaces in it that people inside could shoot through দুর্গের শীর্ষদেশের চারপাশে ছিদ্রসহ নীচু পাঁচিল যার মধ্যে দিয়ে গুলি-গোলা ছোড়া যেতে পারে

battleship / ˈbætlʃɪp ˈব্যাট্‌ল্‌শিপ্ / *noun* [C] the largest type of ship used in war যে ধরনের বৃহত্তম জাহাজ যা যুদ্ধে ব্যবহৃত হয়; রণতরী, যুদ্ধজাহাজ

bauble / ˈbɔːbl ˈব:ব্‌ল্ / *noun* [C] **1** a piece of cheap jewellery আপাতসুন্দর ঝকমকে সস্তা গয়না **2** a decoration in the shape of a ball that is hung on a Christmas tree ক্রিসমাস গাছের উপর ঝোলানোর জন্য গোলাকার সজ্জাসামগ্রী

baulk (*AmE* **balk**) / bɔːk ব:ক্ / *verb* [I] **baulk (at sth)** to not want to do or agree to sth because it seems too difficult, dangerous or unpleasant খুব বেশি কঠিন, বিপজ্জনক বা অপ্রীতিকর মনে হওয়ার কারণে তা করতে না চাওয়া বা সমর্থন না করা

bauxite / ˈbɔːksaɪt ˈব:ক্‌সাইট্ / *noun* [U] a soft rock from which we get a light metal (**aluminium**) নরম মৃত্তিকাবৎ পাথর বা খনিজ যার থেকে হালকা ধাতু (অ্যালুমিনিয়াম) পাওয়া যায়; বক্সাইট

bawl / bɔːl ব:ল্ / *verb* [I, T] to shout or cry loudly গলা ফাটিয়ে জোরে চিৎকার করা বা কাঁদা

bay / beɪ বেই / *noun* [C] **1** a part of the coast where the land goes in to form a curve উপসাগর *the Bay of Bengal* **2** a part of a building, aircraft or area which has a particular purpose কোনো বড়ো বাড়ি, বিমান বা কোনো জায়গার বিশেষ উদ্দেশ্যে সংরক্ষিত অংশ বা স্থান *a parking/loading bay*

IDM hold/keep sb/sth at bay to stop sb/sth dangerous from getting near you; to prevent a situation or problem from getting worse বিপজ্জনক কোনো ব্যক্তি বা বস্তুকে কাছে আসতে না দেওয়া; কোনো খারাপ পরিস্থিতি অথবা সমস্যার অবনতি রোধ করা

bayonet / ˈbeɪənət ˈবেইঅ্যান্যাট্ / *noun* [C] a knife that can be fixed to the end of a gun বন্দুকের নলের আগায় আটকানো ছোরার মতো ফলা; সঙিন; বেয়নেট

bay window *noun* [C] a window in a part of a room that sticks out from the wall of a house কোনো বাড়ির দেয়ালের বাইরে বেরিয়ে থাকে এমন জানলা

bazaar *noun* [C] **1** (in some eastern countries) a market (প্রাচ্যের কোনো কোনো দেশে) হাট, বাজার, গঞ্জ **2** a sale where the money that is made goes to charity এমন বিক্রয়-ব্যবস্থা যার সমস্ত বিক্রীত জিনিস থেকে পাওয়া অর্থ কোনো দাতব্য প্রতিষ্ঠানে বা দানকার্যে লাগানো হয় *The school held a bazaar to raise money for the homeless.*

bazooka / bəˈzuːkə ব্যা'জুক্যা / *noun* [C] a long gun, shaped like a tube, which is held on the shoulder and used to fire **rockets** নলের মতো আকারের বন্দুক বা কামানবিশেষ যা কাঁধের উপর ধরে রেখে রকেট ছুড়ে মারার জন্য ব্যবহার করা হয়

BBC / ˌbiː bi ˈsiː ˌবী বি ˈসী / *abbr.* the British Broadcasting Corporation; one of the national radio and television companies in Britain ব্রিটিশ ব্রডকাসটিং করপোরেশন-এর সংক্ষিপ্ত রূপ; ব্রিটেনের জাতীয় বেতার এবং দূরদর্শন সংগঠনগুলির মধ্যে একটি; বিবিসি

BBQ *abbr.* = **barbecue**

BC / ˌbiː ˈsiː ˌবী ˈসী / *abbr.* before Christ; used in dates to show the number of years before the time when Christians believe Jesus Christ was born খ্রিস্টের জন্মের পূর্বে; খ্রিস্টের জন্মের পূর্বে অতিবাহিত সময়কাল বা বৎসর সংখ্যা তারিখে নির্দেশ করার জন্য ব্যবহৃত অভিব্যক্তিবিশেষ; খ্রিস্টপূর্বাব্দ; বিসি *300 BC* ➪ **AD** দেখো।

BDO / ˌbɪːdɪːˈəʊ ˌবী ডী ˈঅ্যাউ / *abbr.* Block Development Officer; (in India) a government official responsible for the local administration of a **block** (= a group of villages) ব্লক ডেভলপমেন্ট অফিসার-এর সংক্ষিপ্ত রূপ; (ভারতবর্ষে) কোনো ব্লকের স্থানীয় প্রশাসনের ভারপ্রাপ্ত সরকারি কর্মচারী; বিডিও

be¹ / bi; *strong form* biː বি; *প্রবল রূপ* বী / *verb* **1** (*linking verb*) **there is/are** to exist; to be present থাকা, উপস্থিত থাকা; বর্তমান থাকা *I tried phoning them but there was no answer.* ○ *There are a lot of trees in our garden.* **2** [I] used to give the position of sb/sth or the place where sb/sth is situated (কোনো ব্যক্তি অথবা বস্তুর) অবস্থান বা

স্থিতি বোঝাতে ব্যবহৃত অভিব্যক্তিবিশেষ *Katrina's in her office.* ○ *Where are the scissors?* ○ *The bus stop is five minutes' walk from here.* ○ *Kochi is on the south coast.* **3** (*linking verb*) used to give the date or age of sb/sth or to talk about time নির্দিষ্ট তারিখ অথবা কোনো ব্যক্তি অথবা বস্তুর বয়স বা সময় সম্বন্ধে বলার জন্য ব্যবহৃত অভিব্যক্তিবিশেষ *My birthday is on April 24th.* ○ *It was Tuesday yesterday.* ○ *He's older than Miranda.* **4** (*linking verb*) used when you are giving the name of people or things, describing them or giving more information about them কোনো ব্যক্তি অথবা বস্তুর পরিচয় দিতে বা বর্ণনা করতে অথবা তার সম্বন্ধে আরও তথ্য প্রদান করতে ব্যবহৃত অভিব্যক্তিবিশেষ *This is my friend, Anil.* ○ *I'm Amit.* **5** [I] (*used only in perfect tenses*) to go to a place (and return) কোনো জায়গায় এবং সেখান থেকে ফিরে আসা *Have you ever **been to** Japan?*

NOTE **Has/have gone** তুলনা করলে দেখা যায় যে *Gunjan's gone to the doctor's* (= she hasn't returned yet). ○ *Gunjan's been to the doctor's today* (= she has returned).

IDM **be yourself** to act naturally স্বাভাবিক আচরণ করা *Don't be nervous; just be yourself and the interview will be fine.*

to-be (*used to form compound nouns*) future ভবিষ্যৎ, অনাগত, হবু, ভাবী *his bride-to-be* ○ *mothers-to-be*

be² / bi; *strong form* bi: বি; *প্রবল রূপ* বী / *auxiliary verb* **1** used with a past participle to form the passive; used with a present participle to form the continuous tenses কর্মবাচ্যে পরিবর্তন করার সময়ে অতীত কৃদন্তপদের সঙ্গে ব্যবহৃত অভিব্যক্তিবিশেষ; ঘটমান কালে পরিবর্তন করার সময়ে বর্তমান কৃদন্তপদের সঙ্গে ব্যবহৃত অভিব্যক্তিবিশেষ NOTE এই অভিধানের শেষাংশে **Quick Grammar Reference** অংশটিও দেখো। **2 be to do sth** used to show that sth must happen or that sth has been arranged কোনো কিছু ঘটা উচিত বোঝাতে অথবা কোনো কিছুর ব্যবস্থা করা হয়েছে এই বোঝাতে ব্যবহৃত অভিব্যক্তিবিশেষ *You are to leave here at 10 o'clock at the latest.* **3 if sb/sth were to do sth** used to show that sth is possible but not very likely সম্ভাবনা কম থাকলেও ঘটতে পারে এরকম বোঝাতে ব্যবহৃত অভিব্যক্তিবিশেষ *If they were to offer me the job, I'd probably take it.*

be- / bi বি / *prefix* **1** (*in verbs*) to make or treat sb/sth as কোনো ব্যক্তি অথবা বস্তুকে কোনো বিশেষভাবে ভাবা অথবা গণ্য করা *They befriended him.* **2** wearing or covered with পরিধান করে বা সজ্জিত হয়ে *bejewelled*

beach / bi:tʃ বীচ্ / *noun* [C] an area of sand or small stones beside the sea বালুতট, সমুদ্রতট, সৈকত, বেলাভূমি, বেলা *to sit **on the beach***

beacon / ˈbi:kən ˈবীক্যান্ / *noun* [C] a fire or light on a hill or tower, often near the coast, which is used as a signal (প্রায়শ উপকূলবর্তী অঞ্চলে) পাহাড় অথবা কোনো উঁচু টাওয়ারের মাথায় বসানো সংকেতচিহ্ন হিসাবে প্রজ্বলিত আগুন বা আলো; অগ্নিসংকেত

bead / bi:d বীড্ / *noun* [C] **1** a small round piece of wood, glass or plastic with a hole in the middle for putting a string through to make jewellery, etc. (গয়না তৈরি করতে ব্যবহৃত) কাচ, কাঠ বা প্লাস্টিকের পুঁতি; গুটিকা **2 beads** [*pl.*] a circular piece of jewellery (**a necklace**) made of beads পুঁতির তৈরি মালা অথবা কণ্ঠহার **3** a drop of liquid (কোনো তরল পদার্থের) বিন্দু, ফোঁটা *There were **beads of sweat** on his forehead.*

beady / ˈbi:di ˈবীডি / *adj.* (used about a person's eyes) small round and bright; watching everything closely or with suspicion (মানুষের চোখ সম্বন্ধে ব্যবহৃত) ছোটো, গোল ও উজ্জ্বল, কুতকুতে; সূক্ষ্মভাবে অথবা সন্দেহের চোখে লক্ষ করা হচ্ছে এমন

beak / bi:k বীক্ / *noun* [C] the hard pointed part of a bird's mouth পাখির ঠোঁট; চঞ্চু

beaker / ˈbi:kə(r) ˈবীক্যা(র্) / *noun* [C] **1** a plastic or paper drinking cup, usually without a handle প্লাস্টিক বা কাগজের হাতলহীন কাপ অথবা পানপাত্র **2** a glass container used in scientific experiments, etc. for pouring liquids বৈজ্ঞানিক পরীক্ষা ইত্যাদি কাজে ব্যবহৃত মুখের কাছে খাঁজকাটা কাচের পাত্র; (তরল পদার্থ ঢালার) বীকার ➪ **laboratory**-তে ছবি দেখো।

beam¹ / bi:m বীম্ / *noun* [C] **1** a line of light আলোকরশ্মি, রশ্মি *the beam of a torch* ○ *a laser beam* **2** a long piece of wood, metal, etc. that is used to support weight, for example in the floor or ceiling of a building কোনো বাড়ির ছাদ অথবা মেঝেতে ঠেকা দেওয়ার জন্য অথবা ভার বহন করার জন্য ব্যবহৃত লম্বা কাঠ ধাতু ইত্যাদির খণ্ড; কড়িকাঠ, কড়ি; বিম **3** a happy smile আনন্দের হাসি, উজ্জ্বল মুখশ্রী; উল্লাস

beam² / bi:m বীম্ / *verb* **1** [I] **beam (at sb)** to smile happily আনন্দিতভাবে হাসা, সুখের হাসি হাসা, আনন্দে উৎসাহ দীপ্ত হওয়া *I looked at Karan and he beamed back at me.* **2** [T] to send out radio or television signals বেতার সংকেত অথবা দুরদর্শনের বার্তা পাঠানো *The programme was beamed live by satellite to many different countries.* **3** [I] to send out light and warmth আলো এবং তাপ বিকিরণ করা *The sun beamed down on them.*

bean / bi:n বীন্ / *noun* [C] **1** the seeds or seed containers (**pods**) from a climbing plant which are eaten as vegetables (খাদ্যদ্রব্য) শুঁটিযুক্ত লতা অথবা তার ফল যা সবজি হিসাবে খাওয়া যায়; বীন *soya beans* ○ *a tin of baked beans* (= beans in tomato sauce) ○ *green beans* ➪ **vegetable**-এ ছবি দেখো। **2** similar seeds from some other plants অন্য কোনো গাছের এইজাতীয় বীজ বা শুঁটি *coffee beans*

IDM full of beans/life ➪ **full**[1] দেখো।

spill the beans ➪ **spill** দেখো।

bean sprouts *noun* [*pl.*] bean seeds that are just beginning to grow, often eaten without being cooked অঙ্কুরিত বীনের বীজ, যা প্রায়ই কাঁচা খাওয়া হয়

bear[1] / beə(r) বেঅ্যা(র্) / *noun* [C] **1** a large, heavy wild animal with thick fur and sharp teeth ভালুক, ভল্লুক *a polar/grizzly/brown bear* ➪ **teddy** দেখো। **2** (in business) a person who sells shares in a company, hoping to buy them back later at a lower price (ব্যাবসায়) দাম কমার পরে কিনে নেওয়ার আশায় যে ব্যক্তি কোনো কোম্পানিতে নিজের শেয়ার বিক্রি করে দেয় *a bear market* (= in which prices are falling) ➪ **bull 3** দেখো।

bear[2] / beə(r) বেঅ্যা(র্) / *verb* (*pt* **bore** /bɔː(r) ব:(র্) / ; *pp* **borne** / bɔːn ব:ন্ /) **1** [T] (*used with can/could in negative sentences and questions*) to be able to accept and deal with sth unpleasant কোনো অপ্রিয় পরিস্থিতি অথবা বস্তুকে গ্রহণ ও তার মোকাবিলা করতে সক্ষম হওয়া *The pain was almost more than he could bear.* ✪ সম **stand** অথবা **endure** **2** [T] **not bear sth/doing sth** to not be suitable for sth; to not allow sth (কোনো কিছুর জন্য) উপযুক্ত না হওয়া; (কোনো কিছু) মঞ্জুর না করা, অনুমোদন না করা *What I would do if I lost my job* ***doesn't bear thinking about***. **3** [T] (*formal*) to take responsibility for sth কোনো কিছুর দায়িত্বভার গ্রহণ করা *Customers will bear the full cost of the improvements.* **4** [T] to have a feeling, especially a negative feeling কোনো মনোভাব থাকা বিশেষ করে নেতিবাচক মনোভাব *Despite what they did, she* ***bears*** *no* ***resentment*** *towards them.* ○ *He's not the type to* ***bear a grudge*** *against anyone.* **5** [T] to support the weight of sth কোনো কিছুর ওজন বা ভার গ্রহণ করা অথবা বহন করা *Twelve pillars bear the weight of the roof.* **6** [T] (*formal*) to show sth; to carry sth so that it can be seen কোনো কিছু দেখানো; (যাতে দেখা যায় এমনভাবে) কিছু বহন করা *He still* ***bears the scars*** *of his accident.* **7** [T] (*written*) to give birth to children সন্তানের জন্ম দেওয়া *She bore him two children, both sons.*

NOTE প্রচলিত ভাষায় সাধারণত—*She had two children.* বাক্যটি ব্যবহার করা হয়। কোনো ব্যক্তির নিজের জন্মের সম্বন্ধে বলতে গেলে **be born** অভিব্যক্তিটি ব্যবহৃত হয়—*Zahira was born in 1999.*

8 [I] to turn or go in the direction that is mentioned উল্লেখমতো নির্দেশিত পথে যাওয়া *Where the road forks, bear left.*

IDM bear the brunt of sth to suffer the main force of sth কোনো কিছুর প্রধান ধাক্কা সামলানো *Her sons usually bore the brunt of her anger.*

bear fruit to be successful; to produce results সফল হওয়া; ফলবতী হওয়া

bear in mind (that); bear/keep sb/sth in mind ➪ **mind**[1] দেখো।

bear witness (to sth) to show evidence of sth (কোনো কিছুর) সাক্ষ্য দেওয়া, প্রমাণ দেওয়া *The burning buildings and empty streets bore witness to a recent attack.*

PHR V bear down (on sb/sth) 1 to move closer to sb/sth in a frightening way কোনো ব্যক্তি অথবা বস্তুর দিকে ভীতিজনকভাবে এগিয়ে আসা, আশঙ্কাজনকভাবে কাছাকাছি চলে আসা *We could see the hurricane bearing down on the town.* **2** to push down hard on sb/sth (কোনো ব্যক্তি বা বস্তুকে) কাবু করা, দমিয়ে দেওয়া

bear sb/sth out to show that sb is correct or that sth is true কোনো ব্যক্তি যে সঠিক অথবা কোনো বিষয় যে যথার্থ বা সত্যি তা দেখানো

bear up to be strong enough to continue at a difficult time হাল ছেড়ে না-দেওয়া, বিপদের দিনে ভেঙে না-পড়া, হতাশ না-হওয়া *How is he bearing up after his accident?*

bear with sb/sth to be patient with কাউকে সহ্য করা, ধৈর্যসহকারে সহ্য করা *Bear with me—I won't be much longer.*

bearable / ˈbeərəbl ˈবেঅ্যারাব্‌ল্ / *adj.* that you can accept or deal with, although unpleasant অপ্রীতিকর হলেও মেনে নেওয়া হয় বা গ্রহণ করা হয় এমন *It was extremely hot but the breeze made it more bearable.* ✪ বিপ **unbearable**

beard / bɪəd বিএড্ / *noun* [C, U] the hair which grows on a man's cheeks and chin দাড়ি, শ্মশ্রু, নূর *I'm going to* ***grow a beard***. ➪ **goatee** এবং **moustache** দেখো।

bearded / ˈbɪədɪd ˈবিঅ্যাডিড্ / *adj.* with a beard দাড়িসমেত, দাড়িওয়ালা, শ্মশ্রুযুক্ত

bearer / ˈbeərə(r) ˈবিঅ্যার্যা(র্) / *noun* [C] a person who carries or brings sth বেয়ারা, বাহক *I'm sorry to be the bearer of bad news.*

bearing / ˈbeərɪŋ ˈবেআ্যারিং / *noun* **1** [U, *sing.*] **(a) bearing on sth** a relation or connection to the subject being discussed আলোচ্য বিষয়ের সঙ্গে সম্বন্ধ বা সংযোগ *Her comments* ***had*** *no* ***bearing*** *on our decision.* **2** [U, *sing.*] the way in which sb stands, moves or behaves (কোনো ব্যক্তির) আচার-আচরণ, হাবভাব *a man of dignified bearing* **3** [C] a direction measured from a fixed point using a special instrument **(a compass)** কম্পাস ব্যবহার করে নির্দিষ্ট জায়গা থেকে নির্ণয় করা হয়েছে এমন কোনো একটি দিক

IDM get/find your bearings to become familiar with where you are থাকার জায়গার সঙ্গে পরিচিত হওয়া

lose your bearings ➪ **lose** দেখো।

beast / bi:st বীস্ট্ / *noun* [C] (*formal*) an animal, especially a large one (বিশেষ করে বৃহদাকার) কোনো পশু, জন্তু, জানোয়ার *a wild beast*

beat¹ / bi:t বীট্ / *verb* (*pt* **beat;** *pp* **beaten** / ˈbi:tn ˈবীট্‌ন্ /) **1** [T] **beat sb (at sth); beat sth** to defeat sb; to be better than sth (কোনো খেলা বা প্রতিদ্বন্দ্বিতা ইত্যাদিতে) কাউকে হারানো অথবা পরাজিত করা; কোনো কিছুর থেকে ভালো হওয়া *He always beats me at tennis.* ○ *If you want to keep fit, you can't beat swimming.* **2** [I, T] to hit sb/sth many times, usually very hard কোনো ব্যক্তি অথবা বস্তুকে সাধারণত বেশ জোরে এবং বারবার আঘাত করা *The rain was beating on the roof of the car.* **3** [I, T] to make a regular sound or movement নিয়মিত ছন্দে কোনো শব্দ করা বা কোনো কিছু নাড়ানো; আন্দোলিত করা, স্পন্দিত করা *Her* ***heart beat*** *faster as she ran to pick up her child.* ○ *We could hear the drums beating in the distance.* **4** [T] to mix sth quickly with a fork, etc. কাঁটাচামচ ইত্যাদির সাহায্যে কোনো কিছু (প্রধানত খাবার জিনিস) ফেটানো *Beat the eggs and sugar together.*

IDM beat about the bush to talk about sth for a long time without mentioning the main point সোজা এবং স্পষ্টভাবে না-বলে ঘুরপথে মূল বক্তব্য বলা, ধানাই-পানাই করা; গৌরচন্দ্রিকা করা

(it) beats me (*spoken*) I do not know আমি জানি না *It beats me where he's gone.* ○ *'Why is she angry?' 'Beats me!'*

off the beaten track in a place where people do not often go এমন কোনো জায়গা যেখানে সাধারণত কেউ যায় না

PHR V beat sb/sth off to fight until sb/sth goes away কোনো ব্যক্তি অথবা বস্তু পালিয়ে অথবা চলে না-যাওয়া পর্যন্ত মারতে থাকা বা আঘাত করা *The thieves tried to take his wallet but he beat them off.*

beat sb to sth to get somewhere or do sth before sb else কোনো জায়গায় অন্য কোনো ব্যক্তি পৌঁছোনোর আগেই সেখানে পৌঁছে যাওয়া অথবা অন্য কোনো ব্যক্তি কোনো কাজ করার আগেই তা করে ফেলা *I wanted to get there first but Bani beat me to it.*

beat sb up to attack sb by hitting or kicking him/her many times কোনো ব্যক্তিকে বারবার কিল চড় মেরে বা লাথি মেরে আক্রমণ করা, নিদারুণভাবে প্রহার করা

beat² / bi:t বীট্ / *noun* **1** [C] a single hit on sth such as a drum or the movement of sth, such as your heart; the sound that this makes তালবাদ্যের মতো বা হৃৎপিন্ডের গতির মতো নিয়মিত ছন্দোময় স্পন্দন; তার যে শব্দ বা আওয়াজ *Her heart skipped a beat when she saw him.* **2** [*sing.*] a series of regular hits on sth such as a drum, or of movements of sth; the sound that this makes কোনো বস্তুর উপর পরপর নিয়মিত আঘাত (যেমন ড্রাম) অথবা কোনো বস্তুর আন্দোলন; এর ফলে যে আওয়াজ তৈরি হয় *the beat of the drums* ➪ **heartbeat** দেখো। **3** [C] the strong rhythm that a piece of music has সংগীতের জোরালো ছন্দ **4** [*sing.*] the route along which a police officer regularly walks পুলিশ কর্মচারীর নিয়মিত এবং নির্দিষ্ট টহলদারির পথ *Having more policemen* ***on the beat*** *helps reduce crime.*

beating / ˈbi:tɪŋ ˈবীটিং / *noun* [C] **1** a punishment that you give to sb by hitting him/her কাউকে প্রহার করে যে শাস্তি দেওয়া হয় **2** (used in sport) a defeat (খেলাধুলা প্রসঙ্গে ব্যবহৃত) হার, পরাজয়

IDM take a lot of/some beating to be so good that it would be difficult to find sth better এতই ভালো হওয়া যে তার থেকে আরও ভালো কিছু পাওয়া কঠিন *Madhuri's cooking takes some beating.*

the Beaufort scale / ˈbəʊfət skeɪl ˈব্যাউফ্যাট্ স্কেইল্ / *noun* [*sing.*] a scale used to measure the speed of the wind, from **Force 0** (= calm) to **Force 12** (= a very strong wind) **(a hurricane)** হাওয়ার গতি মাপার জন্য ব্যবহৃত একরকম পরিমাপক বা মাপদণ্ড। এই মাপদণ্ডে 'Force ০' (শান্ত আবহাওয়া) থেকে 'Force ১২' (ঝোড়ো আবহাওয়া) মাপা যায়

beautician / bju:ˈtɪʃn বিউˈটিশ্‌ন্ / *noun* [C] a person whose job is to improve the way people look with beauty treatments, etc. প্রসাধন ইত্যাদির দ্বারা মানুষের রূপ বা দৈহিক সৌন্দর্যের উন্নতি সাধন করা যার কাজ; রূপবিশারদ, প্রসাধক, রূপসজ্জাশিল্পী

beautiful / ˈbju:tɪfl ˈবিউটিফ্‌ল্ / *adj.* very pretty or attractive; giving pleasure to the senses খুব সুন্দর অথবা আকর্ষণীয়; দৃষ্টিসুখকর, দৃষ্টিনন্দন, রম্য, রমণীয়, মনোহর, মধুর *The view from the top of the hill was really beautiful.* ○ *A beautiful perfume filled the air.*

NOTE **Beautiful** শব্দটি সাধারণত মহিলা, বালিকা অথবা শিশুদের জন্য ব্যবহার করা হয়। এই শব্দটি **pretty** শব্দটির থেকে বেশি জোরালো। **Pretty** শব্দটিও কেবল মহিলা, বালিকা অথবা শিশুদের জন্যে ব্যবহার করা হয়। **Handsome** বা **good-looking** পুরুষদের জন্য ব্যবহৃত শব্দ।

▶ **beautifully** /-fli -ফ্লি / *adv.* সুন্দরভাবে, মনোরমভাবে *He plays the piano beautifully.* ○ *She was beautifully dressed.*

beauty / ˈbju:ti ˈবিউটি / *noun* (*pl.* **beauties**) **1** [U] the quality which gives pleasure to the senses; the state of being beautiful ইন্দ্রিয়সুখকর হওয়ার গুণ; সৌন্দর্যসম্পন্ন অবস্থা; সৌন্দর্য, শ্রী, লাবণ্য, মাধুরী, মাধুর্য, মধুরিমা *I was amazed by the beauty of the mountains.* ○ *music of great beauty* **2** [C] a beautiful woman সুন্দরী নারী *She grew up to be a beauty.* **3** [C] a particularly good example of sth কোনো বস্তুর বিশিষ্ট ও সুন্দর নিদর্শন *Look at this tomato—it's a beauty!*

beauty contest (*AmE* **pageant**) *noun* [C] a competition to choose the most beautiful from a group of women অনেক সুন্দরী মহিলাদের মধ্যে সর্বশ্রেষ্ঠ বলে একজনকে বেছে নেওয়ার প্রতিযোগিতা; সৌন্দর্য প্রতিযোগিতা

beauty queen *noun* [C] a woman who is judged to be the most beautiful in a competition (**a beauty contest**) (সৌন্দর্য প্রতিযোগিতায়) সেরা সুন্দরী

beauty salon (*also* **beauty parlour**, *AmE* **beauty shop**) *noun* [C] a place where you can pay for treatment to your face, hair, nails, etc., which is intended to make you more beautiful যে স্থানে অর্থের বিনিময়ে মুখমণ্ডল, কেশ, নখ ইত্যাদির পরিচর্যা করে নিজেকে আরও সুন্দর করে তোলা যায়; প্রসাধনাগার, রূপচর্চাকেন্দ্র

beauty spot *noun* [C] **1** (*BrE*) a place in the countryside which is famous for its attractive scenery পল্লি অঞ্চলের যে স্থান আকর্ষণীয় নৈসর্গিক দৃশ্যের জন্য বিখ্যাত; সুন্দর দৃশ্যমণ্ডিত স্থান **2** a small dark mark on a woman's face. It is considered to make her more attractive কোনো মহিলার মুখে ছোটো, গাঢ় দাগ, যাতে তাকে আরও আকর্ষণীয় মনে হয়; শোভাবর্ধক জন্মগত অথবা কৃত্রিম তিল

beaver / ˈbi:və(r) ˈবীভ্যা(র্) / *noun* [C] an animal with brown fur, a wide, flat tail and sharp teeth. It lives in water and on land and uses branches to build walls across rivers to hold back the water (**dams**) বাদামি লোম, চওড়া ও চ্যাপটা লেজ এবং ধারালো দাঁতওয়ালা উভচর প্রাণী। এরা নদীর স্রোত বা জলধারা ধরে রাখার জন্য তার উপর দিয়ে আড়াআড়িভাবে দেয়াল (বাঁধ) নির্মাণে গাছের ডালগুলি ব্যবহার করে; বীবর

became ➪ **become**-এর past tense

because / bɪˈkɒz বিˈকজ্ / *conj.* for the reason that এই কারণে যে *They didn't go for a walk because it was raining.*

because of *prep.* as a result of; on account of এর ফলে; এই হেতু *They didn't go for a walk because of the rain.*

beck / bek বেক্ / *noun*

IDM **at sb's beck and call** always ready to obey sb's orders সব সময়ে কারও আদেশ পালনের জন্য প্রস্তুত

beckon / ˈbekən ˈবেক্যান্ / *verb* [I, T] to show sb with a movement of your finger or hand that you want him/her to come closer হাত বা আঙুল নেড়ে কাউকে কাছে ডাকা, ইশারা করে ডাকা *She beckoned me over to speak to her.*

become / bɪˈkʌm বিˈকাম্ / *linking verb* (*pt* **became** / bɪˈkeɪm বিˈকেইম্ /; *pp* **become**) to begin to be sth কোনো কিছু হওয়ার সূচনা, কোনো কিছু হওয়া *Mr Sinha became Chairman in 2005.* ○ *She wants to become a pilot.*

NOTE **Get** শব্দটি অনেক সময়েই নিম্নলিখিত অর্থে বিশেষণপদের (adjective) সঙ্গে ব্যবহৃত হয়—*She got nervous as the exam date came closer.* ○ *He's getting more like you every day.* এই শব্দটি **become** শব্দটির থেকে কম আলংকারিক এবং কথোপকথনে এর ব্যবহার বেশি করা হয়।

PHR V **become of sb/sth** to happen to sb/sth কোনো ব্যক্তি অথবা বস্তুর কিছু হওয়া *What became of Amina? I haven't seen her for years!*

BEd / ˌbi:ˈed ˌবীˈএড্ / *abbr.* Bachelor of Education; a degree in education for people who want to be teachers 'ব্যাচেলর অফ এডুকেশন'-এর সংক্ষিপ্ত রূপ; শিক্ষায় (এডুকেশনে) এই ডিগ্রি বা যোগ্যতা তাদের জন্য প্রযোজ্য যারা শিক্ষক হতে চায়; বিএড

bed[1] / bed বেড্ / *noun* **1** [C, U] a piece of furniture that you lie on when you sleep বিছানা, খাট, পালঙ্ক *to **make the bed*** (= to arrange the sheets, etc. so that the bed is tidy and ready for sb to sleep in) ○ *What time do you usually **go to bed**?* ○ *to get into/out of bed* ○ ***twice for bed***

NOTE কেবল একজন ব্যক্তির শোয়ার জন্য ব্যবহৃত শয্যাকে **single bed** বলা হয় এবং যে বিছানায় দুজন ব্যক্তি শুতে পারে তাকে **double bed** বলা হয়। দুটি **single**

bed একই ঘরে পাশাপাশি থাকলে তাকে **twinbeds** বলা হয় এবং যে হোটেলের ঘরে এই প্রকার শয্যাব্যবস্থা আছে তাকে **twinbedded room** বলা হয়। বিশেষত বাচ্চাদের ব্যবহারের জন্য বানানো একটির উপরে আর একটি বিছানাকে **bunk beds** বলা হয়।

2 -bedded having the type or number of beds mentioned নির্দিষ্ট প্রকারের অথবা উল্লিখিত সংখ্যাবিশিষ্ট *a twin-bedded room* **3** [C] the ground at the bottom of a river or the sea সমুদ্রতলভূমি, নদীর তলদেশ *the seabed* **4** = **flower bed** **5** [C] a layer of rock in the earth's surface ভূপৃষ্ঠস্থ প্রস্তরের একটি স্তর; ভূমির তলদেশের কঠিন পাথর

bed² / bed বেড্ / *verb* [T] (**bedding; bedded**) to fix sth firmly in sth কোনো কিছুর সঙ্গে কোনো কিছু শক্তভাবে বা ভালোভাবে আটকানো

bed and breakfast *noun* [C] (*abbr.* **B. & B**) a place to stay in a private house or a small hotel that consists of a room for the night and breakfast; a place that provides this কোনো ব্যক্তিগত বাড়ি অথবা ছোটো হোটেল যেখানে রাত্রিবাসের জন্য ঘর এবং প্রাতরাশ পাওয়া যায়; যে স্থান এই ধরনের ব্যবস্থা প্রদান করে

bedclothes / ˈbedkləʊðz ˈবেড্‌ক্ল্যাউদ্জ্ / (*also* **bedcovers**) *noun* [*pl.*] the sheets, covers, etc. that you put on a bed বিছানা ঢাকা দেওয়ার চাদর ইত্যাদি, শয্যা আচ্ছাদনী; বেডকভার

bedding / ˈbedɪŋ ˈবেডিং / *noun* [U] everything that you put on a bed and need for sleeping বিছানার জন্য যা যা দরকার সেই সব জিনিসপত্র (লেপ, কম্বল, চাদর, বালিশ, তোশক ইত্যাদি); বিছানাপত্র

bedpan / ˈbedpæn ˈবেড্ প্যান্ / *noun* [C] a container used as a toilet by sb in hospital who is too ill to get out of bed বিছানায় মলমূত্র ত্যাগের পাত্রবিশেষ; বেডপ্যান

bedraggled / bɪˈdræɡld বিˈড্র্যাগ্ল্ড্ / *adj.* very wet and untidy or dirty ভিজে, নোংরা, ময়লা *bedraggled hair*

bedridden / ˈbedrɪdn ˈবেড্‌রিড্‌ন্ / *adj.* being too old or ill to get out of bed (অতিরিক্ত বার্ধক্য বা অসুস্থতার জন্য) শয্যাশায়ী, শয্যাগত

bedrock / ˈbedrɒk ˈবেড্‌রক্ / *noun* **1** [*sing.*] a strong base for sth, especially the facts or principles on which it is based কোনো কিছুর জোরালো বনিয়াদ, বিশেষ করে মূল চিন্তাধারা বা প্রকৃত তথ্যাদি যেগুলি তার ভিত্তি *The poor suburbs traditionally* ***formed the bedrock of*** *the party's support.* **2** [U] the solid rock in the ground below the soil and sand মাটি ও বালির তলায় নিরেট পাথর ➪ **flood plain**-এ ছবি দেখো।

bedroom / ˈbedruːm; -rʊm ˈবেড্‌রুম্; -রুম্ / *noun* a room which is used for sleeping in শোয়ার ঘর; শয্যাকক্ষ, শয়নকক্ষ *You can sleep in the* ***spare bedroom***. ○ *a three-bedroom house*

bed-sheet / ˈbedʃiːt ˈবেড্‌শীট্ / *noun* [C] (*IndE*) = **sheet¹**

bedside / ˈbedsaɪd ˈবেড্‌সাইড্ / *noun* [*sing.*] the area that is next to a bed বিছানা বা শয্যা পার্শ্ববর্তী জায়গা; শয্যাপার্শ্ব *She sat* ***at his bedside*** *all night long.* ○ ***bedside table***

bedsore / ˈbedsɔː(r) ˈবেড্‌স:(র্) / *noun* [C] a painful place on a person's skin that is caused by lying in bed for a long time দীর্ঘদিন অসুস্থতার জন্য বিছানায় শুয়ে থাকার ফলে ত্বকে যে যন্ত্রণাদায়ক ঘা বা ক্ষত হয়; শয্যাক্ষত; বেডসোর

bedspread / ˈbedspred ˈবেড্‌স্প্রেড্ / *noun* [C] an attractive cover for a bed that you put on top of the sheets and other covers চাদর এবং অন্যান্য ঢাকনাসমেত সমস্ত বিছানাটি ঢাকার জন্য সুন্দর আচ্ছাদনী; বেডকভার

bed-tea / ˈbedtiː ˈবেড্‌টী / *noun* [U, C] (*IndE*) an early morning cup of tea usually taken in bed before breakfast ভোরে, প্রাতরাশের পূর্বেকার চা-পান; বেড-টি *Some people can't get out of bed before having bed-tea.*

bedtime / ˈbedtaɪm ˈবেড্‌টাইম্ / *noun* [U] the time that you normally go to bed শোয়ার সময়; শয়নকাল

bee / biː বী / *noun* [C] a black and yellow insect that lives in large groups and that makes a sweet substance that we eat (**honey**) (কালো এবং হলুদরঙা) মৌমাছি, মধুকর, অলি, মধুমক্ষিকা

NOTE সংঘবদ্ধ অনেক মৌমাছি অথবা মৌমাছির ঝাঁককে **swarm** বলে। মৌমাছিরা যে শব্দ করে তাকে **buzz** অথবা **hum** বলে। মৌমাছিকে বিরক্ত করলে অথবা রাগিয়ে দিলে হূল ফুটিয়ে বা **sting** করে তারা আত্মরক্ষা করে। ➪ **beehive** এবং **bumblebee** দেখো।

beedi (*also* **bidi**) *noun* [C] (*IndE*) a type of cheap strong cigarette made from tobacco rolled in **tendu** leaf বিশেষ একধরনের (টেন্ডু) পাতায় তামাকের গুঁড়ো দিয়ে পাকানো সস্তার সিগারেট; বিড়ি

beef / biːf বীফ্ / *noun* [U] the meat from a cow গরুর মাংস; গোমাংস *a slice of* ***roast beef***

beefy / ˈbiːfi ˈবীফি / *adj.* having a strong body with big muscles দশাসই, পেশিবহুল, বৃষস্কন্ধ

beehive / ˈbiːhaɪv ˈবীহাইভ্ / (*also* **hive**) *noun* [C] a type of box that people use for keeping bees in একধরনের বাক্স যা মৌমাছি রাখার জন্য ব্যবহার করা হয়; মৌচাক

bee-keeper *noun* [C] a person who owns and takes care of bees মৌমাছিপালক

bee-keeping *noun* [U] মৌমাছিপালন

been / biːn বীন্ / ⇨ **be, go**[1]-এর past participle

> **NOTE** **Be** এবং **go** দুটি ক্রিয়াপদেরই (verb) অতীত কৃদন্ত রূপে (past participle) **been** শব্দটি ব্যবহৃত হয়—*I've never been seriously ill.* ○ *I've never been to **Lucknow**.* **Go**-এর আরেকটা অতীত কৃদন্ত রূপ হল **gone**। এই দুটি শব্দের মধ্যে অর্থের পার্থক্য লক্ষণীয়—*I'm cold because I've just been outside* (= I am here now) ○ *Jai's not here, I'm afraid—he's just gone out* (= he is not here now).

beep[1] / biːp বীপ্ / *noun* [C] a short high noise, for example made by the horn of a car স্বল্পস্থায়ী জোরালো শব্দ, যেমন মোটর গাড়ির হর্নের শব্দ; বিপ

beep[2] / biːp বীপ্ / *verb* **1** [I] (used about an electronic machine) to make a short high noise (ইলেকট্রনিক বা বৈদ্যুতিন যন্ত্রের সম্বন্ধে ব্যবহৃত) জোরে স্বল্পস্থায়ী আওয়াজ করা *The microwave beeps when the food is cooked.* **2** [I, T] when a car horn beeps, or when you beep it, it makes a short noise গাড়ির হর্নের স্বল্পস্থায়ী শব্দ *I beeped my horn at the dog, but it wouldn't get off the road.* **3** [T] (*AmE*) = **bleep**[2] **2**

beeper / ˈbiːpə(r) ˈবীপ্যা(র্) / (*AmE*) = **bleeper**

beer / bɪə(r) বিআ্যা(র্) / *noun* **1** [U] a type of alcoholic drink that is made from grain শস্য থেকে তৈরি করা একরকম মদ; বিয়ার **2** [C] a type or glass of beer যে-কোনো একধরনের অথবা এক গ্লাস ভর্তি বিয়ার

beeswax / ˈbiːzwæks ˈবীজ়উঅ্যাক্স্ / *noun* [U] a yellow sticky substance that is produced by bees. We use it to make candles and polish for wood মৌমাছিদের দ্বারা উৎপন্ন হলুদ আঠালো পদার্থ যা মোমবাতি বানানোর জন্য এবং কাঠ পালিশ করার সময়ে ব্যবহার করা হয়; মৌচাকের অথবা মৌমাছির মোম

beet / biːt বীট্ / *noun* **1** (*BrE*) = **sugar beet** **2** (*AmE*) = **beetroot**

beetle / ˈbiːtl ˈবীট্‌ল্ / *noun* [C] an insect, often large, shiny and black, with a hard case on its back covering its wings. There are many different types of beetles পিঠের উপর শক্ত আবরণে ঢাকা ডানাসমেত বড়ো, চকচকে এবং কালো পতঙ্গ। এই পোকা বহু ধরনের হয়; গুবরে পোকা; বীটল ⇨ **insect**-এ ছবি দেখো।

beetroot / ˈbiːtruːt ˈবীট্‌রুট্ / (*AmE* **beet**) *noun* [C, U] a dark red vegetable which is the root of a plant. Beetroot is cooked and can be eaten hot or cold বীট গাছের গাঢ় লালচে রঙের মূল যা রান্না করে খাওয়া যায়; বীট ⇨ **vegetable**-এ ছবি দেখো।

befall / bɪˈfɔːl বিˈফ:ল্ / *verb* [T] (*pt* **befell** / bɪˈfel বিˈফেল্ / ; *pp* **befallen** / bɪˈfɔːlən বিˈফ:ল্যান্/) (*written*) (used about sth bad) to happen to sb (কোনো খারাপ কিছু সম্বন্ধে ব্যবহৃত) কোনো ব্যক্তির ক্ষেত্রে ঘটা

before[1] / bɪˈfɔː(r) বিˈফ:(র্) / *prep., conj.* **1** earlier than sb/sth; earlier than the time that কোনো ব্যক্তি বা বস্তুর আগে; সেই সময়ের আগে অথবা পূর্বে *You can call me any time before 10 o'clock.* ○ *the week before last* **2** in front of sb/sth (in an order) কোনো ব্যক্তি বা বস্তুর আগে অথবা সামনে (ক্রমপর্যায়ে) *A very difficult task lies before us.* ○ *a company that puts profit before safety* (= thinks profit is more important than safety) **3** (*formal*) in a position in front of sb/sth এমন জায়গায় যা কোনো ব্যক্তির বা বস্তুর সামনে; সম্মুখে *You will appear before the judge tomorrow.* **4** rather than বরং *I'd die before I apologized to him!*

before[2] / bɪˈfɔː(r) বিˈফ:(র্) / *adv.* at an earlier time; already আগে, আগেই, পূর্ববর্তী সময়ে; ইতিমধ্যে *It was fine yesterday but it rained the day before.*

beforehand / bɪˈfɔːhænd বিˈফ:হ্যান্ড্ / *adv.* at an earlier time than sth কোনো কিছুর আগে; পূর্বাহ্ণে, আগেভাগে *If you visit us, phone beforehand to make sure we're in.*

befriend / bɪˈfrend বিˈফ্রেন্ড্ / *verb* [T] (*written*) to become sb's friend; to be kind to sb কোনো ব্যক্তির বন্ধু হওয়া; কোনো ব্যক্তির প্রতি সদয় হওয়া

beg / beg বেগ্ / *verb* [I, T] **begging; begged** **1 beg (sb) for sth; beg sth (of/from sb); beg (sb) to do sth** to ask sb for sth strongly, or with great emotion (দৃঢ়ভাবে অথবা প্রবল আবেগের সঙ্গে) মিনতি, অনুনয়, প্রার্থনা, অনুরোধ *He begged for forgiveness.* ✪ সম **entreat** অথবা **implore** **2 beg (for) sth (from sb)** to ask people for food, money, etc. because you are very poor দারিদ্র্যের কারণে খাদ্য, অর্থ ইত্যাদি লোকের কাছে ভিক্ষে করা *There are people begging for food in the streets.*

IDM **I beg your pardon** (*formal*) **1** I am sorry আমি দুঃখিত *I beg your pardon. I picked up your bag by mistake.* **2** used for asking sb to repeat sth because you did not hear it properly কারও কথা ভালোভাবে শুনতে বা বুঝতে না-পারলে আবার বলার অনুরোধ করার জন্য ব্যবহৃত অভিব্যক্তিবিশেষ

began ⇨ **begin**-এর past tense

beggar / ˈbegə(r) ˈবেগ্যা(র্) / *noun* [C] a person who lives by asking people for money, food, etc. on the streets ভিক্ষুক, ভিক্ষোপজীবী, ভিখারি

begin / bɪˈgɪn বিˈগিন্ / *verb* (*pres. part.* **beginning;** *pt* **began** / bɪˈgæn বিˈগ্যান্ / ; *pp* **begun** / bɪˈgʌn

বি'গান্ /) **1** [I, T] to start doing sth; to do the first part of sth কোনো কিছু করতে আরম্ভ করা; কোনো কিছুর প্রথম অংশ করা *Shall I begin or will you?* ○ *I began reading this novel last month and I still haven't finished it.* **2** [I] to start to happen or exist, especially from a particular time ঘটতে আরম্ভ করা, হতে আরম্ভ করা, বিশেষত কোনো একটা বিশেষ সময় থেকে *What time does the movie begin?* **3** [I] **begin (with sth)** to start in a particular way, with a particular event, or in a particular place কোনো বিশেষ রীতিতে আরম্ভ করা, কোনো বিশেষ ঘটনা নিয়ে অথবা বিশেষ কোনো জায়গায় *My name begins with 'W' not 'V'.* ○ *This is where the footpath begins.*

> **NOTE** **Begin** এবং **start** দুটি শব্দের অর্থ প্রায় এক কিন্তু **start** শব্দটি সাধারণত কথোপকথনের সময়ে ব্যবহার করা হয়। এই দুটি শব্দের পরে 'to' অথবা ক্রিয়াপদের (verb) '-ing' রূপ ব্যবহার করা যেতে পারে—*The baby began/started crying/to cry.* যখন **begin** অথবা **start** শব্দ দুটি '-ing' যুক্ত রূপে ব্যবহৃত হয় তখন তার পরে 'to' অবশ্যই ব্যবহার করতে হবে—*The baby was just beginning/starting to cry.* কোনো কোনো অর্থে কেবল **start** শব্দটি ব্যবহার করা যেতে পারে—*I couldn't start the car.* ○ *We'll have to start* (= leave) *early if we want to be in Dehradun by 2 o'clock.*

IDM **to begin with** **1** at first প্রথমে, সর্বপ্রথমে *To begin with, they were very happy.* **2** used for giving your first reason for sth or to introduce your first point কোনো কিছুর জন্য প্রথম কারণ দেখাতে অথবা কোনো বক্তব্যের প্রথম বিষয়টি আরম্ভ করতে ব্যবহৃত অভিব্যক্তিবিশেষ *We can't possibly go. To begin with, it's too far and we can't afford it either.* ▶ **beginner** *noun* [C] প্রবর্তক, প্রতিষ্ঠাতা, নবীন শিক্ষার্থী

beginning / bɪˈgɪnɪŋ বি'গিনিং / *noun* [C] the first part of sth; the time when or the place where sth starts কোনো কিছুর প্রথম ভাগ বা অংশ; সেই সময় অথবা সেই স্থান যখন বা যেখানে কিছু আরম্ভ হয় *I've read the article* ***from beginning to end.*** ○ *We're going away* ***at the beginning of*** *the school holidays.*

begrudge / bɪˈgrʌdʒ বি'গ্রাজ্ / *verb* [T] **begrudge (sb) sth** **1** to feel angry or upset because sb has sth that you think that he/she should not have (কোনো ব্যক্তির প্রতি) ঈর্ষা বোধ করা, বিদ্বেষী ভাবাপন্ন হওয়া *He's worked hard. I don't begrudge him his success.* **2** to be unhappy that you have to do sth কিছু করতে হবে বলে অসন্তুষ্ট হওয়া *I begrudge paying so much money in tax each month.*

Begum (*also* **begaum**) *noun* [C] **1** a Muslim queen or woman of high rank (মুসলিম) রানী বা সুলতানা, সম্ভ্রান্ত মহিলা; বেগম **2** the title of a married Muslim woman, equivalent to Mrs, Mrs-এর সম অর্থে ব্যবহৃত বিবাহিত মুসলিম মহিলার পদবি; বেগম

behalf / bɪˈhɑːf বি'হা:ফ্ / *noun*

IDM **on behalf of sb; on sb's behalf** for sb; as the representative of sb কোনো ব্যক্তির জন্য; কোনো ব্যক্তির প্রতিনিধিস্বরূপ *I would like to thank you all on behalf of my colleagues and myself.*

behave / bɪˈheɪv বি'হেইভ্ / *verb* **1** [I] **behave well, badly, etc. (towards sb)** to act in a particular way কোনো বিশেষভাবে আচরণ করা বা ব্যবহার করা *He* ***behaves as if/though*** *he was the boss.* **2** [I, T] **behave (yourself)** to act in the correct or appropriate way যথাযথ ভদ্র অথবা শিষ্টভাবে আচরণ করা *I want you to behave yourselves while we're away.* ✪ বিপ **misbehave** **3 -behaved** (*used to form compound adjectives*) behaving in the way mentioned উল্লিখিত রীতি অথবা ব্যবহারসম্পন্ন *a well-behaved child* ○ *a badly behaved class*

behaviour (*AmE* **behavior**) / bɪˈheɪvjə(r) বি'হেইভিঅ্যা(র্) / *noun* [U] the way that you act or behave ব্যবহার, আচরণ, আদবকায়দা, শিষ্টাচার *He was sent out of the class for bad behaviour.*

behead / bɪˈhed বি'হেড্ / *verb* [T] to cut off sb's head, especially as a punishment (বিশেষত শাস্তি হিসেবে) কোনো ব্যক্তির শিরশ্ছেদ করা, গর্দান নেওয়া

behind / bɪˈhaɪnd বি'হাইন্ড্ / *prep., adv.* **1** in, at or to the back of sb/sth (কোনো ব্যক্তি বা বস্তুর) পশ্চাতে, পিছনে, পরে *The sun went behind a cloud.* ○ *He ran off but the police were close behind.* **2 behind (in/with) (sth)** later or less good than sb/sth; making less progress than sb/sth তুলনামূলকভাবে কোনো ব্যক্তি বা বস্তুর পিছনে অথবা তার থেকে কম ভালো; কোনো ব্যক্তি বা বস্তুর তুলনায় কম উন্নতিশীল *The train is twenty minutes behind schedule.* ○ *We are a month behind with the rent.* ➪ **ahead** দেখো। **3** supporting or agreeing with sb/sth কোনো ব্যক্তি বা বস্তুর পিছনে অথবা সমর্থনে *Whatever she decides, her family will be behind her.* **4** responsible for causing or starting sth কোনো কিছু ঘটানো অথবা আরম্ভ করার কারণ বা তার জন্য দায়ী এমন *What is the reason behind his sudden change of opinion?* **5** used to say that sth is in sb's past কোনো ব্যক্তির অতীতের কিছু বোঝাতে ব্যবহৃত অভিব্যক্তিবিশেষ; পিছনে ফেলে আসা সময় *It's time you* ***put*** *your problems* ***behind you*** (= forgot about them). **6** in the place where sb/sth is or was সেই জায়গায় যেখানে কোনো ব্যক্তি অথবা বস্তু আছে অথবা ছিল *Oh no! I've* ***left*** *the tickets* ***behind*** (= at home).

beige / beɪʒ বেইজ্ / *adj., noun* [U] (of) a light brown colour হালকা বাদামি রঙের

being[1] ➪ **be** দেখো।

being[2] / ˈbiːɪŋ ˈবীইং / *noun* **1** [U] the state of existing; existence থাকার অবস্থা; অস্তিত্ব, বিরাজমানতা, বিদ্যমানতা *When did the organization* ***come into being***? **2** [C] a living person or thing জীবিত মানুষ অথবা বস্তু; জীবন্ত *a human being*

belated / bɪˈleɪtɪd বিˈলেইটিড্ / *adj.* coming late দেরিতে বা বিলম্বে আসা হয়েছে এমন; বিলম্বিত *a belated apology* ▶ **belatedly** *adv.* বিলম্বিতভাবে, বিলম্বে *They have realized, rather belatedly, that they have made a mistake.*

belch / beltʃ বেল্চ্ / *verb* **1** [I] to let gas out from your stomach through your mouth with a sudden noise ঢেকুর তোলা, উদ্গার তোলা, উদ্গিরণ করা **2** [T] to send out a lot of smoke, etc. প্রচুর ধোঁয়া ইত্যাদি ছাড়া অথবা উদ্গিরণ করা *The volcano belched smoke and ashes.* ▶ **belch** *noun* [C] ঢেকুর, উদ্গিরণ, উদ্গার

belie / bɪˈlaɪ বিˈলাই / *verb* [T] (*pres. part.* **belying;** *3rd person sing. pres.* **belies;** *pt, pp* **belied**) (*formal*) to give an idea of sth that is false or not true কোনো কিছু সম্বন্ধে একটা ধারণা দেওয়া যা সঠিক অথবা সত্য নয় *His smiling face belied his true feelings.*

belief / bɪˈliːf বিˈলীফ্ / *noun* **1** [*sing.*, U] **belief in sb/sth** a feeling that sb/sth is true, morally good or right, or that sb/sth really exists কোনো ব্যক্তি বা বস্তুর সত্যতা, নৈতিকভাবে তা ভালো অথবা সঠিক ইত্যাদি অথবা কোনো ব্যক্তি বা বস্তুর অস্তিত্বের অনুভূতি; বিশ্বাস, প্রত্যয়, প্রতীতি, আস্থা ➪ **disbelief** দেখো। **2** [*sing.*, U] (*formal*) **belief (that)...** something you accept as true; what you believe কোনো কিছু যা সত্য বলে মেনে নেওয়া হয়; যা বিশ্বাস করা হয় *It's my belief that people are basically good.* ○ ***Contrary to popular belief*** (=inspite of what many people think) *the north of the town is not poorer than the south.* **3** [C] an idea about religion, politics, etc. ধর্ম, রাজনীতি ইত্যাদি সম্বন্ধে কোনো একটা ধারণা *Divorce is contrary to their religious beliefs.*

IDM **beyond belief** (in a way that is) too great, difficult, etc. to be believed (এমন উপায়ে যা) বিশ্বাস করা দুঃসাধ্য, কঠিন ইত্যাদি; অবিশ্বাস্য, বিশ্বাসের অতীত

believable / bɪˈliːvəbl বিˈলীভ্যাব্ল্ / *adj.* that can be believed যা বিশ্বাস করা যায়; বিশ্বাসযোগ্য ✪ বিপ **unbelievable**

believe / bɪˈliːv বিˈলীভ্ / *verb* (*not used in the continuous tenses*) **1** [T] to feel sure that sth is true or that sb is telling the truth কোনো বস্তুর সত্যতা অথবা কোনো ব্যক্তির কথায় বিশ্বাস হওয়া, আস্থা থাকা *He said he hadn't taken any money but I didn't believe him.* ○ *Nobody believes a word she says.* ✪ বিপ **disbelieve** **2** [T] **believe (that)...** to think that sth is true or possible, although you are not certain কোনো কিছু সঠিক বা সত্য অথবা সম্ভবপর বলে মনে করা (যদিও সেটার সম্বন্ধে সুনিশ্চিত নয়) *The escaped prisoner is believed to be in this area.* ○ *Four people are still missing, believed drowned.* **3 don't/can't believe sth** used to show anger or surprise at sth কোনো কিছুর ব্যাপারে রাগ অথবা বিস্ময় প্রকাশ করার জন্য ব্যবহৃত অভিব্যক্তিবিশেষ *I can't believe (that) you're telling me to do it again!* **4** [I] to have religious beliefs ধর্মীয় বিশ্বাস থাকা

> **NOTE** এই ক্রিয়াপদটির (verb) ব্যবহার ঘটমান কালে (continuous tenses) হয় না কিন্তু '–ing' সহযোগে এর বর্তমান কৃদন্ত (present participle) রূপটি সাধারণভাবে অত্যন্ত প্রচলিত—*Believing the house to be empty, she quietly let herself in.*

IDM **believe it or not** it may be surprising but it is true বিস্ময়কর মনে হলেও সত্য *Believe it or not, this small restaurant often serves very good food.*

give sb to believe/understand (that) (*usually passive*) to give sb the impression or idea that sth is true কোনো কিছু সত্য বলে কোনো ব্যক্তিকে আশ্বাস দেওয়া *I was given to believe that I had got the job.*

PHR V **believe in sb/sth** to be sure that sb/sth exists কোনো ব্যক্তি অথবা বস্তুর অস্তিত্বে বিশ্বাস অথবা আস্থা থাকা *Do you believe in God?* ○ *Most young children believe in Santa Claus.*

believe in sb/sth; believe in doing sth to think that sb/sth is good or right কোনো ব্যক্তি অথবা বস্তু ভালো এবং ঠিক বলে বিশ্বাস করা *They need a leader they can believe in.*

believer / bɪˈliːvə(r) বিˈলীভ্যা(র্) / *noun* [C] a person who has religious beliefs এমন ব্যক্তি যার ধর্মীয় বিশ্বাস আছে; ধর্মভীরু, ধার্মিক

IDM **be a (great/firm) believer in sth** to think that sth is good or right কোনো কিছু ভালো এবং ঠিক বলে দৃঢ়ভাবে বিশ্বাস করা *He is a great believer in getting things done on time.*

belittle / bɪˈlɪtl বিˈলিট্ল্ / *verb* [T] to make sb or the things he/she does, seem unimportant or not very good কোনো ব্যক্তি অথবা তার দ্বারা কৃত কর্মকে ছোটো অথবা তুচ্ছ করে দেখানো

bell / bel বেল্ / *noun* [C] **1** a metal object, often shaped like a cup, that makes a ringing sound when it is hit by a small piece of metal inside it ঘণ্টা, বেল *the sound of church bells* ○ *Her voice came back* ***clear as a bell***. ➪ **bicycle**-এ ছবি দেখো। **2** an electrical device that makes a ringing sound when the button on it is pushed; the sound that it makes বৈদ্যুতিক যন্ত্র যার বোতাম টিপলে সুরেলা আওয়াজ হয়; এটির যে আওয়াজ *Ring the doorbell and see if they're in.*

IDM **ring a bell** ➪ **ring**[2] দেখো।

belligerent / bəˈlɪdʒərənt ব্যা'লিজ্যার‍্যান্ট্ / *adj.* **1** unfriendly and aggressive আক্রমণাত্মক এবং বিবদমান ✪ সম **hostile** **2** (*only before a noun*) (*formal*) (used about a country) fighting a war (কোনো দেশ সম্বন্ধে ব্যবহৃত) যুদ্ধরত, যুদ্ধভাবাপন্ন

bellow / ˈbeləʊ 'বেল্যাউ / *verb* **1** [I, T] to shout in a loud deep voice, especially because you are angry রেগে গিয়ে জোরালো এবং গভীর কণ্ঠে চিৎকার করা **2** [I] to make a deep low sound, like a **bull** ষাঁড়ের ডাকের মতো গুরুগম্ভীরভাবে গর্জন করা, ডেকে ওঠা
▶ **bellow** *noun* [C] গভীর গর্জন, উচ্চনাদ, চিৎকার

belly / ˈbeli 'বেলি / *noun* [C] (*pl.* **bellies**) the stomach or the front part of your body between your chest and your legs পেট, উদর, কুক্ষি

belly button (*informal*) = **navel**

belong /bɪˈlɒŋ বি'লং / *verb* [I] **1 belong to sb** to be owned by sb কারও অধিকারে থাকা অথবা অধিকারভুক্ত হওয়া *Who does this pen belong to?* ○ *Don't take anything that doesn't belong to you.* **2 belong to sth** to be a member of a group or organization কোনো দল অথবা সংগঠনের অন্তর্ভুক্ত সভ্য হওয়া *Do you belong to any political party?* **3** to have a right or usual place যথাস্থানে অথবা উপযুক্ত স্থানে থাকা *It took quite a long time before we felt we belonged in the village.*

belongings / bɪˈlɒŋɪŋz বি'লংইংজ্ / *noun* [*pl.*] the things that you own that can be moved, that is, not land and buildings অস্থাবর সম্পত্তি

beloved / bɪˈlʌvd; bɪˈlʌvɪd বি'লাভ্‌ড্; বি'লাভিড্ / *adj.* (*formal*) much loved অতিশয় প্রিয়; প্রিয়জন *They had always intended to return to their beloved India.*

> **NOTE** বিশেষ্যপদের (noun) পূর্বে **beloved** শব্দটি ব্যবহৃত হলে তার উচ্চারণ হবে / bɪˈlʌvɪd বি'লাভিড্ /।

below / bɪˈləʊ বি'ল্যাউ / *prep., adv.* at or to a lower position or level than sb/sth কোনো ব্যক্তি বা বস্তুর তুলনায় নীচু স্থানে বা স্তরে *The temperature fell below freezing during the night.* ○ *Her marks in the exam were below average.* ➪ **under**-এ নোট দেখো। ✪ বিপ **above**

belt[1] / belt বেল্ট্ / *noun* [C] **1** a thin piece of cloth, leather, etc. that you wear around your waist (কাপড়, চামড়া ইত্যাদির) বেল্ট, কোমরবন্ধ, কটিবন্ধ *I need a belt to keep these trousers up.* ➪ **seat belt** দেখো। **2** a long narrow piece of rubber, cloth, etc. in a circle, that is used for carrying things along or for making parts of a machine move গোলাকৃতি, লম্বা সরু রবার বা কাপড় ইত্যাদির টুকরো যা মাল বহন করার জন্য অথবা মেশিনের বিভিন্ন অংশ চালানোর জন্য ব্যবহৃত হয় *The suitcases were carried round on a* ***conveyor belt***. **3** an area of land that has a particular quality or where a particular group of people live এমন একটা জায়গা যার কিছু বিশেষত্ব আছে অথবা যেখানে কোনো বিশেষ গোষ্ঠীর লোক বাস করে; বিশেষ অঞ্চল ***the green belt*** *in Delhi* (= an area of countryside where you are not allowed to build houses, factories, etc.) ○ *the commuter belt*

IDM **below the belt** (*informal*) unfair or cruel অন্যায় বা নৃশংস *That remark was rather below the belt.*

tighten your belt ➪ **tighten** দেখো।

under your belt (*informal*) that you have already done or achieved ইতিমধ্যে কৃত বা অর্জিত; সফলতা, সাফল্য *She's already got four tournament wins under her belt.*

belt[2] / belt বেল্ট্ / *verb* (*informal*) **1** [T] to hit sb hard কোনো ব্যক্তিকে খুব জোরে আঘাত করা **2** [I] to run or go somewhere very fast দৌড়োনো অথবা খুব দ্রুতগতিতে কোথাও যাওয়া *I was belting along on my bicycle.*

PHR V **belt sth out** to sing, shout or play sth loudly উচ্চগ্রামে কিছু বাজানো, চড়া সুরে গান গাওয়া অথবা চিৎকার করা

belt up (*slang*) used to tell sb rudely to be quiet (অপপ্রয়োগ) রূঢ়ভাবে কাউকে চুপ করতে বলার সময়ে ব্যবহৃত অভিব্যক্তিবিশেষ *Belt up! I can't think with all this noise.*

bemused / bɪˈmju:zd বি'মিউজ্‌ড্ / *adj.* confused and unable to think clearly হতবুদ্ধি বা আচ্ছন্ন অবস্থা

benami *adj.* (*IndE*) a term used for those **transactions** (usually illegal) where the real owner or buyer remains **anonymous** and his place is taken by a **substitute** who doesn't actually make the payments but merely lends his name (সাধারণত বেআইনি) যে সমস্ত আর্থিক লেনদেনের ক্ষেত্রে আসল মালিক অথবা ক্রেতা অজ্ঞাতপরিচয় থাকে এবং সেই স্থান গ্রহণ করে তার কোনো প্রতিনিধি যে কেবলমাত্র তার নামটি ব্যবহার করতে দেয় কিন্তু কোনো অর্থ প্রদান করে না; বেনামি

bench / bentʃ বেন্চ্ / *noun* [C] **1** a long wooden or metal seat for two or more people, often outdoors দুজন বা তার বেশি লোকের জন্য কাঠের অথবা ধাতুর তৈরি লম্বা বসার জায়গা যা প্রায়ই বাড়ির বাইরে রাখা হয়; বেঞ্চি *a park bench* **2** (in parliament) the seats where a particular group of politicians sit (সংসদে) কোনো দল বা গোষ্ঠীর বসার জন্য নির্দিষ্ট আসন *the Opposition **benches*** **3** a long narrow table that people work at, for example in a factory সরু লম্বা টেবিল যার উপর লোকে কাজ করে, যেমন কারখানায় **4** (in law) a committee of judges (আইনে) বিচারক অথবা ন্যায়নির্ণায়কদের কমিটি

benchmark / ˈbentʃmɑːk ˈবেন্চ্মা:ক্ / *noun* [C] a standard that other things can be compared to মাপকাঠি, মানদণ্ড *These new safety features set a benchmark for other manufacturers to follow.*

bend[1] / bend বেন্ড্ / *verb* (*pt, pp* **bent** / bent বেন্ট্ /) **1** [T] to make sth that was straight into a curved shape যা সোজা ছিল তাকে বাঁকিয়ে দেওয়া *to bend a piece of wire into an S shape* ○ *It hurts when I bend my knee.* **2** [I] to be or become curved বেঁকে যাওয়া *The road bends to the left here.* **3** [I] to move your body forwards and downwards সামনের দিকে নীচু হওয়া বা ঝোঁকা *He **bent down** to tie up his shoelaces.*

IDM **bend the rules** to do sth that is not normally allowed by the rules সাধারণত নিয়ম অনুযায়ী যা হওয়া উচিত তার বাইরে গিয়ে কিছু করা

bend[2] / bend বেন্ড্ / *noun* [C] a curve or turn, for example in a road (রাস্তার) বাঁক, মোড় *a sharp bend in the road*

IDM **round the bend** (*informal*) crazy; mad পাগল; খ্যাপা *His behaviour is **driving me round the bend*** (= annoying me very much).

beneath / biˈniːθ বিˈনীথ্ / *prep., adv.* **1** in, at or to a lower position than sb/sth; under কোনো ব্যক্তি বা বস্তুর নীচের স্তরে; নীচে, তলে *The ship disappeared beneath the waves.* ○ *He seemed a nice person but there was a lot of anger beneath the surface.* ➪ **under**-এ নোট দেখো। **2** not good enough for sb কোনো ব্যক্তির যোগ্য নয় এমন; অনুপযুক্ত She felt that cleaning for other people was beneath her.

benefactor / ˈbenɪfæktə(r) ˈবেনিফ্যাক্ট্যা(র্) / *noun* [C] a person who helps or gives money to a person or an organization (কোনো প্রতিষ্ঠানকে অথবা ব্যক্তিকে) সাহায্যকারী বা অর্থ প্রদানকারী ব্যক্তি; উপকারী, হিতকারী

beneficial / ˈbenɪˈfɪʃl ˈবেনিˈফিশ্‌ল্ / *adj.* **beneficial (to sb/sth)** having a good or useful effect ভালো অথবা উপকারী প্রভাবসম্পন্ন; হিতকর, সুফলদায়ক

beneficiary / ˌbenɪˈfɪʃəri ˌবেনিˈফিশ্যারি / *noun* [C] (*pl.* **beneficiaries**) a person who gains as a result of sth, especially money or property when sb dies যে ব্যক্তি কোনো কিছুর ফলস্বরূপ লাভবান হয়, বিশেষত কারও মৃত্যুর ফলে অর্থ এবং সম্পত্তি লাভ করে; উপকারপ্রাপ্ত ব্যক্তি

benefit[1] / ˈbenɪfɪt ˈবেনিফিট্ / *noun* **1** [U, C] an advantage or useful effect that sth has সুবিধা, সুযোগ, ফায়দা, সাহায্য *A change in the law would be* **to** *everyone's* **benefit**. ○ *I can't see **the benefit of** doing things this way.* **2** [U] money that the government gives to people who are ill, poor, unemployed, etc. দরিদ্র, কর্মহীন, অসুস্থ ব্যক্তিদের সরকার দ্বারা প্রদত্ত আর্থিক সাহায্য **below poverty line housing benefit** **3** [C, usually pl.] advantages that you get from your company in addition to the money you earn কোনো কোম্পানিতে কাজ করার জন্য উপার্জিত অর্থ ছাড়াও যেসব অন্য উপকার পাওয়া যায়; বেনিফিট *a company car and other benefits*

IDM **for sb's benefit** especially to help, please, etc. sb বিশেষত কোনো ব্যক্তিকে খুশি করা, সাহায্য করা ইত্যাদির জন্য *For the benefit of the newcomers, I will start again.*

give sb the benefit of the doubt to believe what sb says although there is no proof that it is true কোনো প্রমাণ ছাড়াই কোনো ব্যক্তির কথা সত্য বলে মেনে নেওয়া

benefit[2] / ˈbenɪfɪt ˈবেনিফিট্ / *verb* (**benefiting; benefited** or **benefitting; benefitted**) **1** [T] to produce a good or useful effect কোনো ভালো বা উপকারী প্রভাব ফেলা *The new tax laws will benefit people in the lower income group.* **2** [I] **benefit (from sth)** to receive an advantage from sth কোনো কিছুর থেকে সুবিধা পাওয়া *Small businesses have benefited from the changes in the law.*

benevolent / bəˈnevələnt ব্যাˈনেভ্যাল্যান্ট্ / *adj.* (*formal*) kind, friendly and helpful to others দয়ালু, বন্ধুত্বপূর্ণ, উপচিকীর্ষু ▶ **benevolence** *noun* [U] ভালো করার ইচ্ছা; বদান্যতা, উপচিকীর্ষা, হিতৈষণা

benign / bɪˈnaɪn বিˈনাইন্ / *adj.* **1** (used about people) kind or gentle (ব্যক্তি সম্বন্ধে ব্যবহৃত) সদয়, প্রসন্ন, অমায়িক, স্নিগ্ধ **2** (used about a disease, etc.) not dangerous (কোনো রোগ ইত্যাদি সম্বন্ধে ব্যবহৃত) মারাত্মক নয় এমন; নির্দোষ *a benign tumour* ✪ বিপ **malignant**

bent[1] ➪ **bend**-এর past tense এবং past participle

bent[2] / bent বেন্ট্ / *adj.* **1** not straight সোজা নয় এমন *It was so funny we were **bent double** with laughter.* **2** (*BrE informal*) (used about a person in authority) dishonest; corrupt (কোনো উচ্চপদস্থ ব্যক্তি সম্বন্ধে ব্যবহৃত) অসৎ; দুর্নীতিগ্রস্ত *a bent policeman*

IDM **bent on sth/on doing sth** wanting to do sth very much; determined খুব বেশি রকম কোনো কিছু করতে চাওয়া হচ্ছে এমন; বদ্ধপরিকর

bent³ / bent বেন্ট্ / *noun* [*sing.*] **a bent for sth/for doing sth** a natural skill at sth or interest in sth কোনো কিছু করতে পারার স্বাভাবিক ক্ষমতা বা ইচ্ছা বা প্রবণতা *She has a bent for music.*

benzene / ˈbenziːn ˈবেন্‌জ়ীন্ / *noun* [U] a colourless liquid obtained from **petroleum** and used in making plastics and many chemical products পেট্রোল থেকে প্রাপ্ত একরকম বর্ণহীন তরল পদার্থ যা প্লাস্টিক এবং অন্য অনেক রকম রাসায়নিক পদার্থ প্রস্তুত করতে ব্যবহৃত হয় ; বেনজিন

benzene ring *noun* [C] a ring of six **carbon** atoms in benzene and many other compounds বেনজিন এবং অন্যান্য অনেক যৌগের মধ্যে ছয়টি কার্বন অণুর বৃত্ত বা আংটি; বেনজিন বৃত্ত

bequeath / bɪˈkwiːð বি'কুঈদ্ / *verb* [T] (*formal*) **bequeath sth (to sb)** to arrange for sth to be given to sb after you have died মৃত্যুর পরে কোনো ব্যক্তি ইত্যাদিকে কোনো কিছু দেওয়ার ব্যবস্থা করা অথবা করে রাখা, মরণোত্তর দান করা *He bequeathed one lakh rupees to charity.* NOTE এই অর্থে **leave** শব্দটি সাধারণত বেশি ব্যবহৃত হয়।

bequest / bɪˈkwest বি'কুএস্ট্ / *noun* [C] (*formal*) something that you arrange to be given to sb after you have died যা মৃত্যুর পরে কাউকে দেওয়ার ব্যবস্থা করে রাখা হয়; উত্তরাধিকার *He left a bequest to each of his grandchildren.*

bereaved / bɪˈriːvd বি'রীভ্‌ড্ / *adj.* (*formal*) **1** having lost a relative or close friend who has recently died কোনো আত্মীয় অথবা নিকট বন্ধুর মৃত্যুর পরে শোকাহত অবস্থা **2 the bereaved** *noun* [*pl.*] the people whose relative or close friend has died recently সেইসব ব্যক্তিগণ যাঁদের কোনো আত্মীয় অথবা নিকট বন্ধু সম্প্রতি মারা গেছেন; শোকাতুর

bereavement / bɪˈriːvmənt বি'রীভ্‌ম্যান্ট্ / *noun* (*formal*) **1** [U] the state of having lost a relative or close friend who has recently died সদ্য আত্মীয় অথবা নিকট বন্ধুর বিয়োগের ফলে শোকসন্তপ্ত অবস্থা **2** [C] the death of a relative or close friend আত্মীয় অথবা ঘনিষ্ঠ বন্ধুর মৃত্যু *There has been a bereavement in the family.*

bereft / bɪˈreft বি'রেফ্‌ট্ / *adj.* (*not before a noun*) (*formal*) **1 bereft of sth** completely lacking sth; having lost sth কোনো কিছুর সম্পূর্ণ অভাব; কিছু হারিয়ে গেছে এমন; বঞ্চিত, বিরহিত *bereft of ideas/hope* **2** (used about a person) sad and lonely because you have lost sb/sth (কোনো ব্যক্তির সম্বন্ধে ব্যবহৃত) কোনো ব্যক্তি বা বস্তুকে হারানোর ফলে দুঃখ এবং একাকিত্বে মুহ্যমান *He was utterly bereft when his wife died.*

beret / ˈbereɪ ˈবেরেই / *noun* [C] a soft flat round hat একধরনের নরম, চ্যাপটা টুপি

berry / ˈberi ˈবেরি / *noun* [C] (*pl.* **berries**) a small soft fruit with seeds বীজসমেত নরম ছোটো ফল; কুল, বৈঁচি; বেরি *Those berries are poisonous.* ○ *a raspberry/strawberry/blueberry* ⇨ **fruit**-এ ছবি দেখো।

berserk / bəˈzɜːk ব্যা'জ়্যক্ / *adj.* (*not before a noun*) very angry; crazy ক্রোধোন্মত্ত, প্রচণ্ড ক্রোধে ক্ষিপ্ত ; দিগ্‌বিদিকজ্ঞানশূন্য *If the teacher finds out what you've done he'll* ***go berserk***.

berth / bɜːθ ব্যːথ্ / *noun* [C] **1** a place for sleeping on a ship or train জাহাজে অথবা ট্রেনে শোয়ার জায়গা; বার্থ *a cabin with four berths* **2** a place where a ship can stop and stay যে স্থানে সমুদ্রগামী জাহাজ আশ্রয় নিতে পারে

beryllium / bəˈrɪliəm ব্যা'রিলিঅ্যাম্ / *noun* [U] (*symbol* **Be**) a hard white metal that is used in making mixtures of other metals (**alloys**) এক ধরনের কঠিন সাদা ধাতু যা মিশিয়ে অন্য মিশ্র বা সংকর ধাতু তৈরি করা হয়; বেরিলিয়াম

beseech / bɪˈsiːtʃ বি'সীচ্ / *verb* [T] (*pt, pp* **besought** / bɪˈsɔːt বি'স:ট্ / or *pt, pp* **beseeched**) (*formal*) to ask sb for sth in a worried way because you want or need it very much (কোনো কিছু চেয়ে কারও কাছে) অনুনয় করা, মিনতি করা, কাতর প্রার্থনা করা

beset / bɪˈset বি'সেট্ / *verb* [T] (*pres. part.* **besetting**; *pt, pp* **beset**) (*written*) to affect sb/sth in a bad way কোনো ব্যক্তি অথবা বস্তুকে খারাপভাবে প্রভাবিত করা, কোনো কিছুর উপর খারাপ প্রভাব ফেলা *The team has been beset by injuries all season.*

beside / bɪˈsaɪd বি'সাইড্ / *prep.* at the side of, or next to sb/sth কোনো ব্যক্তি বা বস্তুর পাশে অথবা কাছে *Come and sit beside me.* ○ *He kept his bag close beside him at all times.*

IDM **beside the point** not connected with the subject you are discussing যা নিয়ে বা যে বিষয়ে আলোচনা হচ্ছে তার সঙ্গে কোনো সম্বন্ধ নেই এমন

beside yourself (with sth) not able to control yourself because of a very strong emotion অতি আবেগের ফলে নিজেকে সামলাতে অক্ষম *Shweta was almost beside herself with grief.*

besides / bɪˈsaɪdz বি'সাইড্‌জ্ / *prep., adv.* in addition to or as well as sb/sth; also এতদ্ব্যতীত, উপরন্তু, এছাড়াও, এর উপরে; অতিরিক্ত, তাছাড়া *There will be six people coming, besides you and Raj.*

besiege / bɪˈsiːdʒ বি'সীজ্ / *verb* [T] **1** to surround a place with an army সৈন্যবাহিনী নিয়ে কোনো স্থান অবরোধ করা **2** (*usually passive*) (used about sth unpleasant or annoying) to surround sb/sth in large numbers (বিরক্তিকর বা অসন্তোষজনক কোনো বস্তুর সম্বন্ধে ব্যবহৃত) অনেকে মিলে কোনো ব্যক্তি অথবা বস্তুকে ঘিরে বা ঢেকে ধরা *The actor was besieged by fans and reporters.*

besotted / bɪˈsɒtɪd বি'সটিড্ / *adj.* (*not before a noun*) **besotted (with/by sb/sth)** so much in love with sb/sth that you cannot think or behave normally (কোনো ব্যক্তির প্রেমে) বিভোর, আচ্ছন্ন, মুগ্ধ

besought ⇨ **beseech**-এর past tense এবং past participle

bespectacled / bɪˈspektəkld বি'স্পেক্ট্যাক্ল্ড্ / *adj.* (*formal*) wearing **glasses** চশমাধারী, চশমাপরিহিত

best¹ / best বেস্ট্ / *adj.* (*superlative of* **good**) of the highest quality or level; most suitable সর্বোত্তম, সর্বোৎকৃষ্ট; যথোচিত *Who in the class is* ***best at*** *maths?* ○ ***It's best to*** *arrive early if you want a good seat.*

IDM your best bet (*informal*) the most sensible or appropriate thing for you to do in a particular situation বিশেষ পরিস্থিতিতে কারও পক্ষে যা করা সবচেয়ে উপযুক্ত এবং বিবেচনাপূর্ণ সেই কাজ *There's nowhere to park in the city centre. Your best bet is to go in by bus.*

the best/better part of sth ⇨ **part¹** দেখো।

best² / best বেস্ট্ / *adv.* (*superlative of* **well**) to the greatest degree; most সবচেয়ে অথবা সর্বাপেক্ষা যা ভালো; পরাকাষ্ঠা *He works best in the morning.* ○ *Which of these dresses do you like best?* ○ *one of India's best-loved TV stars*

IDM as best you can as well as you can even if it is not perfectly নিখুঁত না হলেও যথাসাধ্যভাবে

best³ / best বেস্ট্ / *noun* [*sing.*] **the best** the person or thing that is of the highest quality or level or better than all others (কোনো ব্যক্তি অথবা বস্তু) সর্বাপেক্ষা উঁচু স্তরের বা সর্বগুণসম্পন্ন অথবা অন্য সকলের বা সব কিছুর চেয়ে ভালো; সেরা, সর্বোত্তম *Even the best of us make mistakes sometimes.* ○ *The best we can hope for is that the situation doesn't get any worse.* ⇨ **second-best** দেখো।

IDM all the best (*informal*) used when you are saying goodbye to sb and wishing him/her success কোনো ব্যক্তির কাছ থেকে বিদায় নেওয়ার সময়ে মঙ্গল কামনা করে অথবা শুভেচ্ছা জানানোর জন্য ব্যবহৃত অভিব্যক্তিবিশেষ *All the best! Keep in touch, won't you?*

at best if everything goes as well as possible; taking the most hopeful view সবচেয়ে ভালো সম্ভাবনার কথা ধরে; সবচেয়ে আশাপ্রদ বা সম্ভাবনাময় দৃষ্টি থেকে, বড়ো জোর *We won't be able to deliver the goods before March, or, at best, the last week in February.*

at its/your best in its/your best state or condition কোনো কিছুর বা কারও সর্বশ্রেষ্ঠ অবস্থা বা পরিস্থিতিতে *This is an example of Tagore's work at its best.* ○ *No one is at their best first thing in the morning.*

be (all) for the best to be good in the end even if it does not seem good at first প্রথমে বা আপাতদৃষ্টিতে ভালো না হলেও শেষ পর্যন্ত ভালো হওয়া *I didn't get the job, but I'm sure it's all for the best.*

bring out the best/worst in sb to show sb's best/worst qualities কোনো ব্যক্তির সবচেয়ে ভালো মন্দ গুণ দেখানো অথবা প্রকাশ করা *The crisis really brought out the best in Tina.*

do/try your best to do all or the most that you can কারও পক্ষে যতটা সম্ভব চেষ্টা করা, যথাসাধ্য করা

look your best to look as beautiful or attractive as possible যতদূর সম্ভব সুন্দর এবং আকর্ষণীয় দেখানো

make the best of sth/a bad job to accept a difficult situation and try to be as happy as possible কোনো কঠিন অবস্থা বা পরিস্থিতিকে মেনে নিয়ে যতটা সম্ভব খুশি বা প্রসন্ন থাকার চেষ্টা করা

best man *noun* [*sing.*] a man who helps and supports the man who is getting married (**the bridegroom**) at a wedding বিয়ের সময়ে যে ব্যক্তি বরের সঙ্গে থেকে তাকে নানাভাবে সাহায্য করে, নিতবরের মতো

bestow / bɪˈstəʊ বি'স্ট্যাউ / *verb* [T] **bestow sth (on/upon sb)** to give sth to sb, especially to show how much he/she is respected কোনো ব্যক্তিকে কোনো কিছু দেওয়া বিশেষত যাকে দেওয়া হল তাকে কতটা শ্রদ্ধা করা হয় তা দেখানো অথবা প্রকাশ করার জন্য *The title was bestowed on him by the president.*

best-seller *noun* [C] a book or other product that is bought by large numbers of people বহুলভাবে বিক্রীত ▶ **best-selling** *adj.* খুব বিক্রি হচ্ছে এমন *a best-selling novel*

bet¹ / bet বেট্ / *verb* [I, T] (*pres. part.* **betting;** *pt, pp* **bet or betted**) **1 bet (sth) (on sth)** to risk money on a race or an event by trying to predict the result. If you are right, you win money (কোনো কিছুর উপর) বাজি রাখা বা বাজি ধরা *I wouldn't bet on them winning the next election.* ✪ সম **gamble** অথবা **put money on sth** **2** (*spoken*) used to say that you are almost certain that sth is true or that sth will happen কোনো কিছু যে সত্য অথবা কোনো কিছু ঘটবে সে বিষয়ে প্রায় নিশ্চিত হলে

ব্যবহৃত অভিব্যক্তিবিশেষ *I bet he arrives late—he always does.* ○ *I bet you're worried about your exam, aren't you?*

IDM you bet (*spoken*) a way of saying 'Yes, of course!' 'হ্যাঁ নিশ্চয়ই' বলতে অথবা বোঝাতে ব্যবহৃত অভিব্যক্তিবিশেষ *'Are you coming too?' 'You bet (I am)!'*

bet[2] / bet বেট্ / *noun* [C] **1** an act of betting বাজি, বাজি ধরার ক্রিয়া *to win/lose a bet* ○ *have a bet* **2** an opinion মত, মতামত *My bet is that he's missed the train.*

IDM your best bet ➪ **best[1]** দেখো।

hedge your bets ➪ **hedge[2]** দেখো।

beta / ˈbiːtə ˈবীট্যা / *noun* the second letter of the Greek alphabet (β) গ্রীক বর্ণমালার দ্বিতীয় বর্ণ (β); বিটা

beta decay *noun* [*sing.*] the breaking up of an atom in which an **electron** is given off অণু থেকে ভাঙনের ফলে মুক্ত যে ইলেকট্রন বা বিদ্যুৎপরমাণু; বিটাক্ষয়

beta particle *noun* [C] a fast-moving **electron** that is given off when an atom breaks up পরমাণু বা অ্যাটমের স্বতঃভাঙনের ফলে প্রবল বেগে নির্গত হয় যে ইলেকট্রন; বিটা কণিকা

betel / ˈbɪːtl ˈবীট্ল্ / *noun* [C] (*also* **betel leaf**) the heart-shaped leaves of a climbing plant, commonly called **paan**, chewed by people in Asia (এশিয়ার মানুষদের দ্বারা ব্যবহৃত) পানের লতার পাতা, পান

betel nut / ˈbɪːtl ˌnut ˈবীট্ল্ ˌনাট্ / *noun* [C] (*IndE*) a fruit of a south Asian plant that people chew সুপারি, সুপুরি ➪ **areca** দেখো।

betide / bɪˈtaɪd বিˈটাইড্ / *verb*

IDM woe betide sb ➪ **woe** দেখো।

betray / bɪˈtreɪ বিˈট্রেই / *verb* [T] **1** to give information about sb/sth to an enemy; to make a secret known শত্রুপক্ষের কাছে কোনো ব্যক্তি বা বস্তুর সম্পর্কে খবর দেওয়া; কোনো গোপন তথ্য ফাঁস করা *She betrayed all the members of the group to the secret police.* ○ *to betray your country* ➪ **traitor** দেখো। **2** to hurt sb who trusts you, especially by not being loyal or faithful to him/her কোনো ব্যক্তির সঙ্গে বিশ্বাসঘাতকতা করা *If you take the money you'll **betray** her **trust**.* ○ *When parents get divorced the children often **feel betrayed**.* **3** to show a feeling or quality that you would like to keep hidden এমন কোনো অনুভূতি বা গুণ প্রকাশ করে ফেলা যা গোপন রাখার ইচ্ছা ছিল *Her steady voice did not betray the emotion she was feeling.*

▶ **betrayal** /bɪˈtreɪəl বিˈট্রেইঅ্যাল্ / *noun* [C, U] বিশ্বাসঘাতকতা

better[1] / ˈbetə(r) ˈবেট্যা(র্) / *adj.* **1** (*comparative of* **good**) **better than sb/sth** of a higher quality or level or more suitable than sb/sth কোনো ব্যক্তি বা বস্তুর তুলনায় আরও বেশি ভালো বা উপযোগী; শ্রেষ্ঠতর *I think her second novel was much better than her first.* ○ *He's far better at English than me.* **2** (*comparative of* **well**) less ill; fully recovered from an illness কম অসুস্থ বা আগের থেকে ভালো; অসুস্থতার পরে সম্পূর্ণ সুস্থ বা আরোগ্য লাভ হয়েছে এমন *You can't go swimming until you're better.*

better[2] / ˈbetə(r) ˈবেট্যা(র্) / *adv.* (*comparative of* **well**) in a better way; to a greater or higher degree আরও ভালোভাবে; তুলনায় বেশি ভালো *I think you could have done this better.* ○ *Sangeeta speaks English better than I do.*

IDM (be) better off 1 to be in a more pleasant or suitable situation অপেক্ষাকৃত সংগতিপূর্ণ, স্বচ্ছল বা আরামদায়ক অবস্থায় থাকা *You look terrible. You'd be better off at home in bed.* **2** (*compara-tive of* **well off**) with more money স্বচ্ছল, আর্থিক সংগতিপূর্ণ *We're much better off now, I go out to work too.*

the best/better part of sth ➪ **part[1]** দেখো।

you, etc. had better you should; you ought to করা উচিত *I think we'd better go before it gets dark.*

know better (than that/than to do sth) ➪ **know[1]** দেখো।

think better of (doing) sth ➪ **think** দেখো।

better[3] / ˈbetə(r) ˈবেট্যা(র্) / *noun* [*sing.*, U] something that is of higher quality কোনো কিছু যা আরও উঁচু মানের *The hotel wasn't very good. I must say we'd expected better.*

IDM get the better of sb/sth to defeat or be stronger than sb/sth কোনো ব্যক্তি বা বস্তুকে পরাস্ত করা অথবা আরও শক্তিশালী প্রতিপন্ন হওয়া *When we have an argument she always gets the better of me.*

between / bɪˈtwiːn বিˈটুঈন্ / *prep., adv.* **1 between A and B; in between** in the space in the middle of two things, people, places etc. দুটি জিনিস, জায়গা, দুজন লোক ইত্যাদির মধ্যেকার জায়গা *I was sitting between Gagan and Charu.* ○ *a village between Delhi and Agra* **2 between A and B; in between** (used about two amounts, distances, ages, times, etc.) at a point that is greater or later than the first and smaller or earlier than the second; somewhere in the middle (দুটি পরিমাণ, দূরত্ব, বয়স, সময় ইত্যাদি সম্বন্ধে ব্যবহৃত) এমন একটি জায়গায় যা প্রথমটির থেকে বেশি বা পরে এবং দ্বিতীয়টির থেকে কম, ছোটো বা আগে; মোটামুটিভাবে মধ্যিখানে, মাঝের জায়গায় *They said they would arrive between 4 and 5 o'clock.* ○ *They've got this* *shirt in size 38 and size 42, but nothing in between.* **3** from one place to another and back again একটি জায়গা থেকে আরেক জায়গায় গিয়ে আবার পূর্বতন স্থানে প্রত্যাবর্তন *There aren't any direct trains between here and Aligarh.* **4** involving or connecting two people, groups or things দুজন লোক, দুটি দল অথবা বস্তু সংক্রান্ত *There may be a connection between the two crimes.* **5** choosing one and not the other (of two things) দুটি জিনিসের মধ্যে একটিকে নির্বাচন *to choose between two jobs* ○ *What's the difference between 'some' and 'any'?* **6** by putting together the actions, efforts, etc. of two or more people দুই বা ততোধিক লোকের কাজকর্ম, প্রয়াস বা প্রচেষ্টা ইত্যাদি একত্র করার মাধ্যমে *Between us we saved up enough money to buy a car.* **7** giving each person a share প্রত্যেককে তার ভাগ দেওয়া হয়েছে এমন *We ate all the chocolates between us.*

> NOTE **Between** শব্দটি সাধারণত দুজন ব্যক্তি অথবা বস্তুর ক্ষেত্রে ব্যবহৃত হয়—*sitting between her mother and father* ○ *between the ages of 12 and 14.* **Between** শব্দটি দুইয়ের অধিক ব্যক্তি অথবা বস্তুর ক্ষেত্রেও ব্যবহার করা যায় যদি তাদের স্বতন্ত্র বলে মনে করা হয় (বিশেষত উপরিল্লিখিত **7** নম্বর অর্থে)—*We drank a bottle of cold drink between the three of us.* **Among** শব্দটি দুইয়ের অধিক ব্যক্তি অথবা বস্তুর ক্ষেত্রে ব্যবহৃত হয় যখন তাদের স্বতন্ত্রভাবে নয়, একই গোষ্ঠীর অন্তর্ভুক্ত বলে বিবেচনা করা হয়—*You're among friends here.*

bevel / ˈbevl ˈবেভ্‌ল্ / *noun* [C] **1** an edge or a surface that is cut at an angle, for example at the side of a picture frame or sheet of glass ছবির ফ্রেম বা কাচের পাতের যে কিনারা বা পৃষ্ঠতল কেটে ঢালু বা কোণের আকৃতি দেওয়া হয় **2** a tool for cutting edges or surfaces at an angle on wood or stone কাঠ বা পাথরের কিনারা বা উপরিভাগ কেটে ঢালু করার জন্য ব্যবহৃত যন্ত্রবিশেষ; মাটাম

beverage / ˈbevərɪdʒ ˈবেভ্যারিজ্ / *noun* [C] (*written*) a drink জল ব্যতীত অন্য কোনো পানীয়

beware / bɪˈweə(r) বিˈউএঅ্যা(র্) / *verb* [I] (*only in the imperative or infinitive form*) **beware (of sb/sth)** (used for giving a warning) to be careful (সাবধান করে দেওয়ার জন্য ব্যবহৃত) হুঁশিয়ার বা সাবধান হওয়া *Beware of the dog!* ○ *Beware of saying something that might hurt him.*

bewilder / bɪˈwɪldə(r) বিˈউইল্‌ড্যা(র্) / *verb* [T] to confuse and surprise কিংকর্তব্যবিমূঢ়, বিভ্রান্ত অথবা হতবুদ্ধি করা *I was completely bewildered by his sudden change of mood.* ▶ **bewildered** *adj.* বিভ্রান্ত, বিমূঢ় *a bewildered expression* ▶ **bewildering** *adj.* বিভ্রান্তিকর *a bewildering experience* ▶ **bewilderment** *noun* [U] বিভ্রান্তি, হতবুদ্ধিকর অবস্থা *to stare at sb* ***in bewilderment***

bewitch / bɪˈwɪtʃ বিˈউইচ্ / *verb* [T] to attract and interest sb very much (কোনো ব্যক্তিকে) মন্ত্রমুগ্ধ করা, বশ করা, মোহিত করা

beyond / bɪˈjɒnd বিˈইঅন্ড্ / *prep., adv.* **1** on or to the other side of অন্য দিকে বা অপর পারে; ওদিকে, ওপাশে *beyond the distant mountains* ○ *We could see the mountains and the sea beyond.* **2** further than; later than দূরে, আরও দূরে; তার পরে *Does the railway track continue beyond Guwahati?* ○ *Most people don't go on working beyond the age of 65.* **3** more than sth কোনো কিছুর থেকে বেশি *The house was* ***far beyond*** *what I could afford.* ○ *I haven't heard anything beyond a few rumours.* **4** used to say that sth is not possible কোনো কিছু অসম্ভব এই বোঝানোর জন্য ব্যবহৃত অভিব্যক্তিবিশেষ *The situation is* ***beyond*** *my* ***control***. **5** too far or too advanced for sb/sth কোনো ব্যক্তি অথবা বস্তুর পক্ষে বড়োই দূরে অথবা বড়ো বেশি এগিয়ে *The activity was beyond the students' abilities.*

IDM **be beyond sb** (*informal*) to be impossible for sb to understand or imagine কোনো ব্যক্তির পক্ষে বোঝা অথবা কল্পনা করা অসম্ভব হওয়া *Why she wants to go and live there is quite beyond me.*

Bharatanatyam *noun* [U] a classical dance form of southern India দক্ষিণ ভারতের একধরনের শাস্ত্রীয় নৃত্যকলা; ভারতনাট্যম

bhelpuri *noun* [C] a popular Indian snack made with puffed rice, onions, spices, etc. and a hot, sweet and sour **chutney** মুড়ি, পেঁয়াজ, মশলা ইত্যাদি মিশিয়ে এবং টক-ঝাল-মিষ্টি চাটনি সহযোগে বানানো জনপ্রিয় ভারতীয় জলযোগ; ভেলপুরী

bi- / baɪ বাই / *prefix* (*in nouns and adjectives*) two; twice; double দুই; দ্বিগুণ; দুবার *bicentenary* ○ *bilingual*

bias[1] / ˈbaɪəs ˈবাইঅ্যাস্ / *noun* (*pl.* **biases**) **1** [U, C, *usually sing.*] a strong feeling of favour towards or against one group of people, or on one side in an argument, often not based on fair judgement or facts (প্রায়ই ন্যায় বিচার অথবা সঠিক তথ্যের উপর ভিত্তি না করে) কোনো জনগোষ্ঠী, বিতর্ক ইত্যাদির পক্ষে অথবা বিপক্ষে প্রবল পক্ষপাতিত্বের মনোভাব; ঝোঁক, প্রবণতা *a bias against women drivers* **2** [C, *usually sing.*] an interest in one thing more than others; a special ability কোনো একটি বিষয়ে অন্য বিষয়ের থেকে বেশি উৎসাহ অথবা জানার আগ্রহ; কোনো বিশেষ ক্ষমতা *a course with a strong scientific bias*

bias² / ˈbaɪəs ˈবাইঅ্যাস্ / *verb* [T] (**biasing; biased** or **biassing; biassed**) to influence sb/sth, especially unfairly; to give an advantage to one group, etc. কোনো ব্যক্তি বা বস্তুকে প্রভাবিত করা বিশেষত অন্যায়ভাবে; কোনো দল ইত্যাদিকে সুবিধা দেওয়া *Good newspapers should not be biased towards a particular political party.* ▶ **biased** *adj.* পক্ষপাতদুষ্ট, একপেশে *a biased report*

bib / bɪb বিব্ / *noun* [C] a piece of cloth or plastic that a baby or small child wears under the chin to protect its clothes while it is eating বাচ্চাদের খাবার খাওয়ার সময়ে পোশাক যাতে নোংরা না হয় তার জন্য থুতনির নীচে বাঁধার কাপড় অথবা প্লাস্টিকের টুকরো; নালপোশ; বিব

the Bible / ˈbaɪbl ˈব্যাইব্‌ল্ / *noun* [*sing.*] **1** The holy book of the Christians, consisting of the Old Testament and the New Testament ওল্ড টেস্টামেন্ট এবং নিউ টেস্টামেন্ট সম্বলিত খ্রিস্টান ধর্মসম্প্রদায়ের পবিত্র গ্রন্থ; বাইবেল **2** the holy book of the Jews, consisting of the Torah (or Law) ইহুদিদের তোরা (অথবা আইন) সম্বলিত পবিত্র গ্রন্থ **3** a book containing important information on a subject, that you refer to very often কোনো বিষয় সম্পর্কে গুরুত্বপূর্ণ তথ্যাদি সম্বলিত গ্রন্থ যা প্রায়ই উল্লিখিত বা নির্দেশিত করা হয় *the stamp-collector's bible* ▶ **biblical** / ˈbɪblɪkl ˈবিব্‌লিকল্ / *adj.* বাইবেল সংক্রান্ত

bibliography / ˌbɪbliˈɒɡrəfi ˌবিব্‌লিˈঅগ্র্যাফি / *noun* [C] (*pl.* **bibliographies**) **1** a list of the books and articles that a writer used when he/she was writing a particular book or article লেখক কোনো প্রবন্ধ বা কোনো গ্রন্থ রচনার সময়ে যে যে গ্রন্থ বা প্রবন্ধ-নিবন্ধ ইত্যাদির সাহায্য নিয়েছেন তার একটি তালিকা; গ্রন্থ তালিকা **2** a book, a magazine etc. that gives important imformation on a particular subject যে বই, পত্রিকা ইত্যাদি কোনো বিশেষ বিষয়ের উপর গুরুত্বপূর্ণ তথ্য প্রদান করে **3** a list of books on a particular subject কোনো নির্দিষ্ট একটি বিষয়ে রচিত গ্রন্থসমূহের তালিকা; গ্রন্থপঞ্জি, গ্রন্থবিবরণী

bicarbonate / ˌbaɪˈkɑːbənət ˌবাইˈকা:ব্যান্যাট্ / *noun* [U] a salt containing a double amount of **carbon dioxide** দ্বিগুণ কার্বন ডাইঅক্সাইডের পরিমাণসহ লবণ ➪ **sodium bicarbonate** দেখো।

bicarbonate of soda = **sodium bicarbonate**

bicentenary / ˌbaɪsenˈtiːnəri ˌবাইসেন্ˈটীন্যারি / *noun* [C] (*pl.* **bicentenaries**) (*AmE* **bicentennial** /ˌbaɪsenˈteniəl ˌবাইসেন্ˈটেনিঅ্যাল্ /) the day or the year two hundred years after sth happened or began দ্বিশতবার্ষিকী, দ্বিশতবার্ষিক *the bicentenary of Tipu Sultan's death*

bicentennial / ˌbaɪsenˈteniəl ˌবাইসেন্ˈটেনিঅ্যাল্ / = **bicentenary**

biceps / ˈbaɪseps ˈবাইসেপ্স্ / *noun* [C] (*pl.* **biceps**) the large muscle at the front of the top part of your arm হাতের উপরের অংশের সামনের দিকের বড়ো মাংসপেশি; হাতের গুলি; বাইসেপস ➪ **triceps** দেখো এবং **arm**-এ ছবি দেখো।

bicker / ˈbɪkə(r) ˈবিক্যা(র্) / *verb* [I] to argue about unimportant things ছোটোখাটো ব্যাপার নিয়ে তর্ক করা *Ramesh is always bickering about pocket money with his parents.*

bicycle / ˈbaɪsɪkl ˈবাইসিক্‌ল্ / (*also* **bike**) a vehicle with two wheels, which you sit on and ride by moving your legs দু চাকায় চলে যে যান; দ্বিচক্রযান, সাইকেল **NOTE** সাইকেলের আরোহীকে **cyclist** বলা হয়।

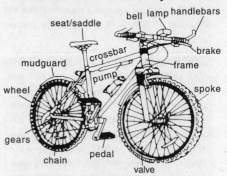

bicycle

bid¹ / bɪd বিড্ / *verb* (**bidding;** *pt, pp* **bid**) [I, T] **bid (sth) (for sth)** to offer to pay a particular price for sth, especially at a public sale where things are sold to the person who offers most money (**an auction**) কোনো কিছু কেনার জন্য, বিশেষত নিলামের সময়ে নির্দিষ্ট অর্থ প্রদানের প্রস্তাব দেওয়া *I wanted to buy the vase but another man was* ***bidding against me.***

bid² / bɪd বিড্ / *noun* [C] **1 a bid (for sth); a bid (to do sth)** an effort to do, obtain, etc. sth; an attempt কোনো কিছু করা, পাওয়া ইত্যাদির জন্য প্রচেষ্টা; উদ্যম *His bid for freedom had failed.* ○ *Tonight the Ethiopian athlete will* ***make a bid*** *to break the world record.* **2** an offer by a person or a business company to pay a certain amount of money for sth কোনো ব্যক্তি বা ব্যাবসায়িক প্রতিষ্ঠানের দ্বারা কোনো কিছুর জন্য নির্দিষ্ট পরিমাণ অর্থ দেওয়ার প্রস্তাব ○ *At the auction we* ***made a bid*** *of Rs 5000 for the bed.* **3** (*AmE*) = **tender²** ▶ **bidder** *noun* [C] (নিলামে) যে ব্যক্তি দাম দেয়; মূল্য-প্রস্তাবক *The house was sold to the highest bidder* (=the person who offered the most money).

bide / baɪd বাইড্ / *verb*
IDM **bide your time** to wait for a good opportunity ভালো সুযোগের অপেক্ষায় থাকা *I'll bide my time until the situation improves.*

bidi = **beedi**

biennial / baɪˈeniəl বাই'এনিঅ্যাল্ / *adj.* happening once every two years এক বছর পর এক বছর ঘটে এমন; দ্বিবার্ষিক

bifocals / ˌbaɪˈfəʊklz ˌবাই'ফ্যাউক্‌ল্‌জ্ / *noun [pl.]* a pair of glasses with each piece of glass (**lens**) made in two parts. The top part is for looking at things at a distance, and the bottom part is for reading or for looking at things close to you এমন চশমা যার প্রত্যেক কাচ (লেন্স) দুই ভাগে তৈরি, উপরের অংশটি দূরের জিনিস পরিষ্কার দেখার জন্য এবং নীচের অংশটি কাছের জিনিস দেখার জন্য; দুইরকম ফোকাসযুক্ত, দ্বিকেন্দ্রী; বাইফোকালস ▶ **bifocal** *adj.* দুইরকম দৃষ্টিকেন্দ্রযুক্ত চশমা; বাইফোকাল চশমা

bifurcate / ˈbaɪfəkeɪt ˈবাইফ্যাকেইট্ / *verb* [I] (of roads rivers, etc.) to divide into two separate parts (রাস্তা, নদী ইত্যাদি) দুটি শাখায় ভাগ হয়ে যাওয়া, দ্বিধাবিভক্ত হওয়া ▶ **bifurcation** / ˌbaɪfəˈkeɪʃn ˌবাইফ্যা'কেইশ্‌ন্ / *noun* [C, U] দ্বিমুখী বিভাগ, দ্বিমুখী বিভাগস্থল

big / bɪg বিগ্ / *adj.* (**bigger; biggest**) **1** large; not small বড়ো, মস্ত, বৃহৎ; ক্ষুদ্র বা ছোটো নয়, প্রকাণ্ড, পেল্লায় *a big house/town/salary* **2** great or important মহান অথবা গুরুত্বপূর্ণ *They had a big argument yesterday.* ○ *some of the big names in Bollywood* **3** (*only before a noun*) (*informal*) older জ্যেষ্ঠ, বড়ো, বয়স্ক, বয়সে বড়ো *a big brother/ sister*

> NOTE **Big** এবং **large** দুটি শব্দই আকার এবং সংখ্যা সম্বন্ধে ব্যবহার করা হয়। এই তুলনায় **large** শব্দটি পোশাকি শব্দ এবং সাধারণত কোনো ব্যক্তিকে বর্ণনা করার জন্য ব্যবহার করা হয় না—*a big/large house* ○ *a big baby.* **Great** শব্দটি প্রধানত কোনো ব্যক্তি অথবা বস্তুর গুরুত্ব, গুণাগুণ ইত্যাদি সম্বন্ধে উল্লেখ করার জন্য ব্যবহৃত হয়—*a great occasion/musician.* এই শব্দটি 'a lot of' বোঝাতে কোনো অগণনীয় বিশেষ্যপদের (uncountable noun) সঙ্গে ব্যবহার করা যেতে পারে—*great happiness/care/sorrow.* আকার এবং পরিমাণ ইত্যাদি বোঝায় এমন বিশেষণপদের (adjective) উপর জোর দিতে এই শব্দটি ব্যবহার করা যায়। ➪ **great[1] 4** দেখো।

IDM **Big deal!** (*informal*) used to say that you think sth is not important or interesting কোনো কিছু গুরুত্বপূর্ণ অথবা চিত্তাকর্ষক নয় এই প্রকাশ করার জন্য ব্যবহৃত অভিব্যক্তিবিশেষ *'Look at my new bike!' 'Big deal! It's not as nice as mine.'*

a big deal/no big deal (*informal*) something that is (not) very important or exciting কোনো কিছু যা গুরুত্বপূর্ণ অথবা উত্তেজনাপূর্ণ (অথবা তা নয়) *Birthday celebrations are a big deal in our family.* ○ *We may lose, I suppose, but it's no big deal.*

give sb a big hand ➪ **hand[1]** দেখো।

bigamy / ˈbɪgəmi ˈবিগ্যামি / *noun* [U] the state of being married to two people at the same time দ্বিবিবাহ, দ্বিচারিতা, দ্বিপতিকরণ, দ্বিপত্নীকরণ ➪ **monogamy** এবং **polygamy** দেখো। ▶ **bigamist** *noun* [C] দ্বিপত্নীক, দ্বিভর্তৃকা

the big bang *noun* [*sing.*] the single large explosion that some scientists believe created the universe কোনো কোনো বৈজ্ঞানিকদের বিশ্বাস অনুযায়ী যে একক বিপুল বিস্ফোরণের দ্বারা মহাবিশ্বের সৃষ্টি হয়েছিল; বিপুল বিস্ফোরণ, মহাবিস্ফোরণ

big-head (*informal*) *noun* [C] a person who thinks he/she is very important or clever because of sth he/she has done কোনো কাজ করে যে ব্যক্তি নিজেকে খুব গুরুত্বপূর্ণ বা চালাক মনে করে; হামবড়াই ভাব সম্পন্ন; আত্মম্ভরী ব্যক্তি

bigot / ˈbɪgət ˈবিগ্যাট্ / *noun* [C] a person who has very strong and unreasonable opinions and refuses to change them or listen to other people (কোনো বিশ্বাস, ধারণা, মতামত ইত্যাদির) গোঁড়া ভক্ত, অন্ধবিশ্বাসী *a religions/racial bigot* ▶ **bigoted** *adj.* গোঁড়া, সংকীর্ণমনা, অসহিষ্ণু
▶ **bigotry** / ˈbɪgətrɪ ˈবিগ্যাট্রি / *noun* [U] গোঁড়ামি, সংকীর্ণতা, ধর্মান্ধতা

big-time *adj.* (*only before a noun*) important or famous গুরুত্বপূর্ণ অথবা খ্যাতনামা *a big-time politician/actor*

big time *adv.* (*AmE*) (*slang*) very much (অপপ্রয়োগ) প্রচুর, অনেক; বাজে ভাবে, বিশ্রীভাবে *You messed up big time, Megha!*

the big time *noun [sing]* success; fame কৃতকার্যতা, সাফল্য; খ্যাতি, যশ, কীর্তি *This is the role that could help her make it to the big time in Hollywood*

big toe *noun* [C] the largest toe on a person's foot পায়ের বুড়ো আঙুল ➪ **body**-তে ছবি দেখো।

bike / baɪk বাইক্ / *noun* [C] a bicycle or a motorbike সাইকেল অথবা মোটর সাইকেল *Hasan's just learnt to* ***ride a bike***. ○ *We went* ***by bike***. ○ *He came* ***on his bike***. ➪ **bicycle**-এ ছবি দেখো।

bikini / bɪˈkiːni বি'কীনি / *noun* [C] a piece of clothing, in two pieces, that women wear for swimming সাঁতার কাটার সময়ে পরা হয় দুভাগে বিভক্ত মেয়েদের পোশাক; বিকিনি

bilateral / ˌbaɪˈlætərəl ˌবাই'ল্যাট্যার‍্যাল্ / *adj.* **1** involving two groups of people or two countries

(গোষ্ঠী অথবা দেশ) দ্বিদলীয়, দ্বিপাক্ষিক; দুইপার্শ্বসমন্বিত, দ্বিপার্শ্বিক *bilateral trade/talks* **2** (*medical*) involving both sides of the body or brain শরীরের অথবা মস্তিষ্কের দুই দিক সংক্রান্ত ▶ **bilaterally** *adv.* দ্বিপাক্ষিকভাবে

bile / baɪl বাইল্ / *noun* [U] the greenish-brown liquid with a bitter unpleasant taste that comes into your mouth when you vomit with an empty stomach পেট খালি থাকলে বমি করার সময়ে যে সবুজ-বাদামি রঙের তিক্ত স্বাদের তরল মুখে উঠে আসে; পিত্তরস, পিত্ত, পিত্তি

bilge / bɪldʒ বিল্জ্ / *noun* **1** [C] (*also* **bilges**) [*pl.*] the almost flat part of the bottom of a boat or a ship, inside or outside জাহাজ অথবা নৌকোর প্রায় চ্যাপটা তলদেশের বাইরের বা ভিতরের অংশ **2** (*also* **bilge water**) [U] dirty water that collects in a ship's bilge জাহাজের তলদেশে যে নোংরা জল জমা হয়

bilingual / ˌbaɪˈlɪŋɡwəl ˌবাই'লিংগুঅ্যাল্ / *adj.* **1** having or using two languages দ্বিভাষিক, দ্বিভাষাবিশিষ্ট *a bilingual dictionary* ⇨ **monolingual** দেখো। **2** able to speak two languages equally well (ব্যক্তি) সমান দক্ষতার সঙ্গে দুই ভাষাতেই কথা বলতে সমর্থ; দ্বিভাষী *Our children are **bilingual** in English and Hindi.*

bill[1] / bɪl বিল্ / *noun* [C] **1** a piece of paper that shows how much money you owe sb for goods or services একটুকরো কাগজ যাতে পণ্যদ্রব্য বা পরিষেবার জন্য পাওনা টাকার হিসেব লেখা থাকে; চাহিদাপত্র; বিল *the electricity/gas/telephone bill* ○ *to pay a bill* **2** (*AmE* **check**) a piece of paper that shows how much you have to pay for the food and drinks that you have had in a restaurant রেস্তোরাঁয় বসে যে খাদ্যপানীয় গ্রহণ করা হয়েছে সেই বাবদ দেয় টাকার অঙ্ক যে কাগজে লেখা থাকে; বিল *Can I have the bill, please?* **3** = **note**[1] **4** *a ten-rupee bill* **4** a plan for a possible new law প্রস্তাবিত নতুন আইনের খসড়া *The bill was passed/defeated.* **5** a programme of entertainment offered in a show, concert, etc. কোনো প্রদর্শন, অনুষ্ঠান, সংগীতানুষ্ঠান ইত্যাদিতে প্রস্তাবিত বিনোদনের নির্ঘণ্ট ***Topping the bill*** (= the most important performer) *is Hrithik Roshan.* **6** a bird's beak পাখির ঠোঁট

IDM **foot the bill** ⇨ **foot**[2] দেখো।

bill[2] / bɪl বিল্ / *verb* [T] (*usually passive*) **bill sb/sth as sth** to describe sb/sth to the public in an advertisement, etc. বিজ্ঞাপন, প্রচারপত্র ইত্যাদিতে জনসমক্ষে কোনো ব্যক্তি বা বস্তুকে বর্ণনা করা, দেখানো বা তুলে ধরা *This young player is being billed as 'the new Sehwag'.*

billboard / ˈbɪlbɔːd ˈবিল্‌বঃড্ / (*BrE* **hoarding**) *noun* [C] a large board near a road where advertisements are put রাস্তার আশেপাশে বিশাল বোর্ড যেখানে বিজ্ঞাপন লাগানো হয়

billet / ˈbɪlɪt ˈবিলিট্ / *noun* [C] a place, often in a private house, where soldiers live temporarily এমন জায়গা (অনেক সময়ই সাধারণ লোকের বাড়ি) যেখানে সৈন্যরা অস্থায়ীভাবে থাকে ▶ **billet** *verb* [T] (*usually passive*) সৈন্যদের অস্থায়ীভাবে থাকা *The troops were billeted in the town with local families.*

billfold / ˈbɪlfəʊd ˈবিল্‌ফ্যাউল্ড্ / = (*AmE*) **wallet**

billiards / ˈbɪliədz ˈবিলিঅ্যাড্‌জ্ / *noun* [U] a game played on a big table covered with cloth. You use a long stick (**a cue**) to hit three balls against each other and into pockets at the corners and sides of the table কাপড়ে ঢাকা বড়ো টেবিলের উপর খেলা হয় একধরনের খেলা। এতে লম্বা ছড়ি দিয়ে তিনটি বলকে একে অপরের সঙ্গে মেরে টেবিলের কোণে এবং পাশের পকেটের মধ্যে ফেলা হয়; বিলিয়ার্ড খেলা *to have a game of/play billiards* **NOTE** **Billiards** শব্দটি যখন অন্য কোনো বিশেষ্যপদের (noun) পূর্বে ব্যবহৃত হয় তখন এতে 's' যোগ হয় না কেবল 'billiard' শব্দটি ব্যবহৃত হয়—*a billiard table* ⇨ **snooker** এবং **pool**[1] **5** দেখো।

billion / ˈbɪljən ˈবিলিঅ্যান্ / *number* 1,000,000,000 সংখ্যা ১,০০০,০০০,০০০, একশ কোটি

NOTE ক্রমানুযায়ী সংখ্যা গণনা করার সময়ে **billion** শব্দটির সঙ্গে 's' যোগ করা হয় না। খুব বড়ো সংখ্যা বোঝাতে 's' ব্যবহার করা হয় —*three billion rupees* ○ *billions of dollars*

পূর্বে one million million বোঝাতে **billion** শব্দটির ব্যবহার করা হত কিন্তু এখন সেই একই অর্থে **trillion** শব্দটির ব্যবহার প্রচলিত। সংখ্যার সম্বন্ধে আরও বিশদভাবে জানার জন্য এই অভিধানের শেষাংশে সংখ্যার উপর সংকলিত বিশেষ অংশটি দেখো।

bill of exchange *noun* [C] (*pl.* **bills of exchange**) a written order to pay a sum of money to a particular person on a particular date কোনো বিশেষ ব্যক্তিকে কোনো নির্দিষ্ট তারিখে টাকার অঙ্ক প্রদান করার লিখিত আদেশ; বিনিময়বিল, হুণ্ডি

bill of lading / ˌbɪl əv ˈleɪdɪŋ ˌবিল্ অ্যাভ্'লেইডিং / *noun* [C] (*pl.* **bills of lading**) a list giving details of the goods that a ship, etc. is carrying জাহাজ ইত্যাদিতে যে পণ্যসামগ্রী বহন করা হচ্ছে তার বিশদ তালিকা; বহন-পত্র

billow / ˈbɪləʊ ˈবিল্যাউ / *verb* [I] **1** to fill with air and move in the wind (হাওয়ায়) ওড়া বা দোলা; আন্দোলিত হওয়া, তরঙ্গায়িত হওয়া *curtains billowing in the breeze* **2** to move in large clouds through the air হাওয়ায় মেঘরাশির মতো ভাসা *Smoke billowed from the chimneys.*

billy goat / ˈbɪli ɡəʊt ˈবিলি গ্যাউট্ / *noun* [C] a male **goat** পুরুষ ছাগল; পাঁঠা ⇨ **nanny goat** দেখো।

bin / bɪn বিন্ / *noun* [C] **1** a container that you put rubbish in আবর্জনা বা ময়লা ফেলার পাত্র *to throw sth in the bin* ○ *a litter bin* **2** a container, usually with a lid, for storing bread, flour, etc. রুটি, ময়দা ইত্যাদি সঞ্চয় করে রাখা যায় এমন (সাধারণত) ঢাকনাসমেত পাত্র *a bread bin*

binary / ˈbaɪnəri ˈবাইন্যারি / *adj.* **1** (*computing, mathematics*) using only 0 and 1 as a system of numbers যে সংখ্যা প্রণালীতে কেবলমাত্র ০ এবং ১ ব্যবহার করা হয় *the **binary system*** ○ *binary arithmetic* **2** (*technical*) based on only two numbers; consisting of two parts কেবলমাত্র দুটি সংখ্যার উপর প্রতিষ্ঠিত; কেবলমাত্র দুটি অংশ দ্বারা গঠিত ▶ **binary** *noun* [U] জোড়া, যুগল, দ্বৈত, যুগ্ম *The computer performs calculations **in binary** and converts the results to decimal.*

bind[1] / baɪnd বাইন্ড্ / *verb* [T] (*pt, pp* **bound** /baʊnd বাউন্ড্ /) **1 bind sb/sth (to sb/sth); bind A and B (together)** to tie or fasten with string or rope সুতো অথবা দড়ি দিয়ে বাঁধা অথবা আটকে দেওয়া *They bound the prisoner's hands behind his back.* **2 bind A to B; bind A and B (together)** to unite people, organizations, etc. so that they live or work together more happily or with better effect মানুষ, প্রতিষ্ঠান ইত্যাদিকে ঐক্যবদ্ধ করা যাতে তারা আরও ভালোভাবে বাঁচতে পারে বা একসঙ্গে কাজ করতে পারে অথবা আরও ফলপ্রসূভাবে জীবনযাপন করতে পারে *The two countries are bound together by a common language.* **3 bind sb (to sth)** to force sb to do sth by making him/her promise to do it or by making it his/her duty to do it কোনো ব্যক্তিকে কোনো কাজ করার প্রতিশ্রুতি গ্রহণ করতে বা কর্তব্য হিসেবে সেটি নিষ্পন্ন করতে বাধ্য করা *to be bound by a law/an agreement* ○ *The contract binds you to completion of the work within two years.* **4** (*usually passive*) to fasten sheets of paper into a cover to form a book মলাটের মধ্যে বইয়ের সব পাতা একত্র করে বাঁধানো *The book was bound in leather.*

bind[2] / ˈbaɪnd ˈবাইন্ড্ / *noun* [*sing.*] (*BrE informal*) something that you find boring or annoying; a nuisance এমন কোনো কিছু যা একঘেয়ে এবং বিরক্তিকর; আপদ, উপদ্রব

binder / ˈbaɪndə(r) ˈবাইন্ড্যা(র্) / *noun* [C] a hardcover for holding loose sheets of paper together আলগা পাতা অথবা কাগজ একত্রে রাখার জন্য ব্যবহৃত মোটা মলাট; বাইন্ডার *a ring binder*

binding[1] / ˈbaɪndɪŋ ˈবাইন্ডিং / *adj.* making it necessary for sb to do sth he/she has promised or to obey a law, etc. কোনো ব্যক্তিকে আইন ইত্যাদি মেনে চলতে অথবা প্রতিজ্ঞা পালন করতে বাধ্য করা হয় এমন *This contract is **legally binding**.*

binding[2] / ˈbaɪndɪŋ ˈবাইন্ডিং / *noun* **1** [C] a cover that holds the pages of a book together বইয়ের মলাট **2** [C, U] material that you fasten to the edge of sth to protect or decorate it সংরক্ষণের জন্য বা সৌন্দর্য বৃদ্ধির জন্য কোনো কিছুর কিনারায় বসানো পাড় জাতীয় জিনিস **3 bindings** [*pl.*] (used in skiing) a device that fastens your boot to your **ski** স্কির সঙ্গে জুতো বেঁধে রাখার উপকরণবিশেষ

binge[1] / bɪndʒ বিন্জ্ / *noun* [C] (*informal*) a period of eating or drinking too much অনিয়ন্ত্রিত মদ্যপান বা আহার করার সময়কাল *to go **on a binge***

binge[2] / bɪndʒ বিন্জ্ / *verb* [I] (*pres. part.* **bingeing**) (*informal*) **binge (on sth)** to eat or drink too much, especially without being able to control yourself বেশি পরিমাণে খাওয়া এবং মদ্যপান করা বিশেষত নিজেকে নিয়ন্ত্রণ করতে না পেরে

bingo / ˈbɪŋɡəʊ ˈবিংগ্যাউ / *noun* [U] a game in which each player has a different card with numbers on it. The person in charge of the game calls numbers out and the winner is the first player to have all the numbers on their card called out এক ধরনের তাসের খেলা। এতে প্রতিটি খেলোয়াড়ের কাছে সংখ্যা লেখা আলাদা আলাদা কার্ড থাকে। খেলার পরিচালক যে-কোনো সংখ্যা বলে এবং সেইমতো যার কার্ডে সর্বপ্রথম সবগুলি সংখ্যা মিলে যায় সে-ই জয়ী হয়; বিংগো

binoculars / bɪˈnɒkjələz বিˈনকিঅ্যাল্যাজ় / *noun* [*pl.*] an instrument with two glass parts (**lenses**) which you look through in order to make objects in the distance seem nearer দুটি লেন্সবিশিষ্ট যন্ত্র যাতে দূরের বস্তুকে কাছে দেখা যায়; দূরবিন; বাইনোকুলার ***pair of binoculars*** ⇨ **telescope** দেখো।

binomial / baɪˈnəʊmiəl বাইˈন্যাউমিঅ্যাল্ / *noun* [C] an expression in mathematics that has two groups of numbers or letters, joined by the sign + or – যোগ (+) অথবা বিয়োগ (–) চিহ্ন দ্বারা সংযুক্ত দুটি সংখ্যা বা বর্ণসমষ্টিবিশিষ্ট গাণিতিক অভিব্যক্তিবিশেষ ▶ **binomial** *adj.* দ্বৈরাশিক, দ্বিপদ, দ্বিপদীয়

bio- / ˈbaɪəʊ ˈবাইঅ্যাউ / *prefix* (*in nouns, adjectives and adverbs*) connected with living things or human life প্রাণী অথবা মানবজীবন সংক্রান্ত *biology* ○ *biodegradable*

biochemist / ˌbaɪəʊˈkemɪst ˌবাইঅ্যাউˈকেমিস্ট্ / *noun* [C] a scientist who studies the chemistry of living things প্রাণরসায়নবিদ

biochemistry / ˌbaɪəʊˈkemɪstri ˌবাইঅ্যাউ'-কেমিস্‌ট্রি / *noun* **1** [U] the scientific study of the chemistry of living things জীব সম্পর্কিত রসায়নবিদ্যা; প্রাণরসায়ন-বিজ্ঞান **2** [C, U] the chemical structure of a living thing জীবের রাসায়নিক গঠন ▶ **biochemical** / ˌbaɪəʊˈkemɪkl ˌবাইঅ্যাউ'কেমিক্‌ল্‌ / *adj.* প্রাণরসায়ন সংক্রান্ত

biodata / ˌbaɪəʊˈdeɪtə ˌবাইঅ্যাউ'ডেইট্যা / *noun* [U, *pl.*] (*IndE*) a formal list of your education and work experience. It is used when you are trying to get a new job শিক্ষামূলক যোগ্যতা এবং কর্ম অভিজ্ঞতার নিয়মানুগ তালিকা যা কোনো নতুন চাকরির আবেদন করতে গেলে প্রয়োজন হয়; বায়োডাটা ➪ **CV** দেখো।

biodegradable / ˌbaɪəʊdɪˈɡreɪdəbl ˌবাইঅ্যাউ-ডি'গ্রেইড্যাব্‌ল্‌ / *adj.* that can be taken back into the earth naturally and so not harm the environment যে বস্তু পরিবেশের ক্ষতি না করে প্রাকৃতিক নিয়মে পৃথিবীর সঙ্গে বিশ্লিষ্ট বা বিয়োজিত হতে পারে; জীবাণুবিয়োজ্য ✪ বিপ **non-biodegradable**

biodiversity / ˌbaɪəʊdaɪˈvɜːsəti ˌবাইঅ্যাউ-ডাই'ভ্যস্যাটি / *noun* [U] the existence of a number of different kinds of animals and plants which together make a good and healthy environment বিভিন্ন ধরনের প্রাণী ও গাছপালার সহাবস্থান যার ফলে সুস্থ ও স্বাভাবিক পরিবেশ রক্ষিত হয়

biogas / ˈbaɪəʊɡæs 'বাইঅ্যাউগ্যাস্‌ / *noun* [U] a mixture of **methane** and **carbon dioxide** produced by the decomposition of plant and animal waste, that is used as fuel উদ্ভিদ এবং প্রাণীদের বর্জ্যপদার্থের পচন দ্বারা উৎপন্ন কার্বন ডাইঅক্সাইড এবং মিথেন গ্যাসের মিশ্রণ যা জ্বালানি হিসেবে ব্যবহৃত হয়; বায়োগ্যাস

biographer / baɪˈɒɡrəfə(r) বাই'অগ্র্যাফ্যা(র্‌) / *noun* [C] a person who writes the story of sb else's life জীবনীকার, জীবনীলেখক

biography / baɪˈɒɡrəfi বাই'অগ্র্যাফি / *noun* [C, U] (*pl.* **biographies**) the story of a person's life written by sb else জীবনী, জীবনচরিত, জীবনালেখ্য *a biography of Mahatma Gandhi* ○ *I enjoy reading science fiction and biography.* ➪ **autobiography** দেখো। ▶ **biographical** / ˌbaɪəˈɡræfɪkl ˌবাইঅ্যা'গ্র্যাফিক্‌ল্‌ / *adj.* জীবনীমূলক, জীবনীবিষয়ক, জীবনচরিতসংক্রান্ত

biological / ˌbaɪəˈlɒdʒɪkl ˌবাইঅ্যা'লজিক্‌ল্‌ / *adj.* **1** connected with the scientific study of animals, plants and other living things জীববিদ্যাবিষয়ক, জীববিজ্ঞানসংক্রান্ত *biological research* **2** involving the use of living things to destroy or damage other living things অন্যান্য জীবন্ত প্রাণীদের ধ্বংস বা তাদের ক্ষতি করার জন্য সজীব বস্তুসমূহের ব্যবহার বিষয়ক বা সেই সংক্রান্ত *biological weapons*

biological warfare (*also* **germ warfare**) *noun* [U] the use of harmful bacteria as weapons of war যুদ্ধের অস্ত্র হিসেবে হানিকারক জীবাণুর ব্যবহার; জীবাণুযুদ্ধ

biologist / baɪˈɒlədʒɪst বাই'অল্যাজিস্ট্‌ / *noun* [C] a scientist who studies biology জীববিজ্ঞানী

biology / baɪˈɒlədʒi বাই'অল্যাজি / *noun* [U] the scientific study of living things জীববিজ্ঞান, জীববিদ্যা; বায়োলজি ➪ **botany** এবং **zoology** দেখো।

biomass / ˈbaɪəʊmæs 'বাইঅ্যাউম্যাস্‌ / *noun* [U, *sing.*] (*technical*) the total quantity or weight of plants and animals in a particular area or volume কোনো নির্দিষ্ট স্থান অথবা আয়তনের সমগ্র জীব ও উদ্ভিদের সমষ্টিগত পরিমাণ অথবা ভর; জৈবিক ভর

biophysicist / ˌbaɪəʊˈfɪzɪsɪst ˌবাইঅ্যাউ'ফিজিসিস্ট্‌ / *noun* [C] a scientist who uses the laws and methods of **physics** to study **biology** জীববিজ্ঞান সম্পর্কে অধ্যয়নের জন্য যে বৈজ্ঞানিক পদার্থবিদ্যার নিয়ম ও পদ্ধতি ব্যবহার করে; জৈবপদার্থবিদ

biophysics / ˌbaɪəʊˈfɪzɪks ˌবাইঅ্যাউ'ফিজিক্স্‌ / *noun* [U] the science which uses the laws and methods of **physics** to study **biology** জীববিজ্ঞান সম্পর্কে অধ্যয়নের জন্য পদার্থবিদ্যার নিয়ম ও পদ্ধতি যে বিজ্ঞানে ব্যবহার করা হয়; জৈবপদার্থবিজ্ঞান ▶ **biophysical** / ˌbaɪəʊˈfɪzɪkl ˌবাইঅ্যাউ'ফিজিক্‌ল্‌ / *adj.* জৈবপদার্থ-বিজ্ঞান বিষয়ক

biopsy / ˈbaɪɒpsi 'বাইঅপ্‌সি / *noun* [C] (*pl.* **biopsies**) the removal of some tissues from sb's body in order to find out about a disease that he/she may have রোগনির্ণয়ের পরীক্ষার জন্য জীবদেহ থেকে কিছু কোষকলার অপসারণ; বায়পসি

biorhythm / ˈbaɪəʊrɪðəm 'বাইঅ্যাউরিদ্যাম্‌ / *noun* [C, *usually pl.*] a regular series of changes in the life of a living creature, for example sleeping and waking কোনো জীবের জীবনে নিয়মিত ক্রমিক পরিবর্তন, যেমন ঘুমোনো এবং জাগা

biosphere / ˈbaɪəʊsfɪə(r) 'বাইঅ্যাউস্‌ফিঅ্যা(র্‌) / *noun* [*sing.*] (*technical*) the part of the earth's surface and atmosphere in which plants and animals can live পৃথিবীপৃষ্ঠের অংশ এবং বায়ুমণ্ডল যেখানে উদ্ভিদ ও প্রাণীসমূহ জীবন ধারণ করতে সক্ষম; জীবমণ্ডল, জৈবমণ্ডল

biped / ˈbaɪped 'বাইপেড্‌ / *noun* [C] any creature with two feet (প্রাণী) দ্বিপদ, দ্বিপদযুক্ত, দুপাওয়ালা ➪ **quadruped** দেখো।

birch / bɜːtʃ ব্যচ্‌ / *noun* **1** (*also* **birch tree**) [C] a type of tree with smooth thin branches মসৃণ সরু ডালপালাবিশিষ্ট বৃক্ষ; ভূর্জ ; বার্চগাছ **2** [U] the wood from this tree ঐ গাছের কাঠ

bird / bɜːd ব্যড্‌ / *noun* [C] a creature with feathers and wings which can (usually) fly পাখী, পক্ষী, বিহগ,

খগ, খেচর, বিহঙ্গ *I could hear the birds singing outside.* ○ *There was a bird's nest in the hedge.*
IDM **kill two birds with one stone** ➪ **kill**[1] দেখো।

bird of prey *noun* [C] (*pl.* **birds of prey**) a bird that kills and eats other animals and birds যে পাখি অন্যান্য প্রাণী ও পাখিদের মেরে সেগুলি আহার করে; শিকারি পাখি

birdwatcher / ˈbɜːdwɒtʃə(r) ˈব্যড়উঅচ্যা(র্) / *noun* [C] a person who studies birds in their natural surroundings (স্বাভাবিক পারিপার্শ্বিক অবস্থায়) পক্ষী পর্যবেক্ষক NOTE সাধুভাষায় **ornithologist** শব্দটি এই একই অর্থে ব্যবহৃত হয়। ▶ **birdwatching** *noun* [U] পক্ষীপর্যবেক্ষণ

birth / bɜːθ ব্যথ্ / *noun* **1** [C, U] being born; coming out of a mother's body জন্ম, জন্ম গ্রহণ; মাতৃজঠর থেকে বাইরে আগমন ***date of birth*** (= the date on which you were born) *The baby weighed ও Kilos* ***at birth*** (=when it was born) **2** [U] the country you belong to (জন্মসূত্রে) যে রাষ্ট্রের নাগরিক *She's lived in England since she was four but she's Indian* ***by birth***. **3** [*sing.*] the beginning of sth (কোনো কিছুর) সম্ভাবনা অথবা উন্মেষ; উৎস, উদ্ভব, উৎপত্তি *the birth of an idea*
IDM **give birth (to sb)** to produce a baby শিশুর জন্ম দেওয়া *She gave birth to her second child when she was 40.*

birth certificate *noun* [C] an official document that states the date and place of a person's birth and the names of his/her parents জন্মের স্থান তারিখ ও পিতা-মাতার নামসহ সরকারি শংসাপত্র বা প্রমাণপত্র; বার্থ-সার্টিফিকেট

birth control *noun* [U] ways of limiting the number of children you have জন্মনিয়ন্ত্রণ, জন্ম শাসন ➪ **contraception** এবং **family planning** দেখো।

birthday / ˈbɜːθdeɪ ˈব্যথ্ডেই / *noun* [C] the day in each year which is the same date as the one when you were born জন্মদিন *My birthday's on November 15th* ○ *a birthday present/card/cake*

> NOTE **Birthday** এবং **anniversary** সমার্থক শব্দ নয়। কোনো উল্লেখযোগ্য ঘটনা বছরের যে-দিনটিতে ঘটেছিল প্রতি বছর সেই দিনটিতে ঐ ঘটনার **anniversary** (যেমন বিবাহ ইত্যাদি) পালন করা হয়—*our wedding anniversary* ○ *the anniversary of the end of the war.* কারও জন্মদিনে শুভেচ্ছা জানাতে হলে বলা হয় **Happy Birthday!** পরিচিত কোনো ব্যক্তিকে ঐ দিনটিতে কার্ড বা কোনো উপহার পাঠানোর রীতি আছে। অষ্টাদশতম জন্মদিনটি গুরুত্বপূর্ণ, কারণ ঐ দিন থেকেই কোনো ছেলে বা মেয়ে আইনের চোখে প্রাপ্তবয়স্ক বলে গণ্য হয়।

birthmark / ˈbɜːθmɑːk ˈব্যথ্মাক্ / *noun* [C] a red or brown mark on a person's body that has been there since he/she was born জন্মচিহ্ন, জন্মদাগ, জড়ুল

birthplace / ˈbɜːθpleɪs ˈব্যথ্প্লেইস্ / *noun* **1** [C] the house or town where a person was born (শহর বা গৃহ) জন্মস্থান, জন্মদেশ, জন্মভূমি; উৎসস্থল **2** [*sing.*] the place where sth began যে জায়গা থেকে কোনো কিছুর সূচনা হয়েছিল; সূচনাস্থল *India is the birthplace of yoga.*

birth rate *noun* [C] the number of babies born in a particular group of people during a particular period of time নির্দিষ্ট সময়কালের মধ্যে নির্দিষ্ট জনগোষ্ঠীতে শিশুজন্মের সংখ্যা; জন্মহার, জন্মের অনুপাত, জন্মের গড়

biryani (*also* **biriyani, biriani**) *noun* [U, C] an Indian dish made with highly **seasoned** rice and meat or fish and vegetables মশলা মাখানো ভাত এবং মাংস অথবা মাছ এবং সবজি সহযোগে তৈরি একধরনের ভারতীয় খাবার; বিরিয়ানী

biscuit / ˈbɪskɪt ˈবিস্কিট্ / *noun* [C] **1** (*AmE* **cookie**) a type of small cake that is thin, hard and usually sweet বিস্কুট *a chocolate biscuit* ○ *a packet of biscuits* **2** (*AmE*) a type of small simple cake that is not sweet খুব মিষ্টি নয় এমন ছোটো কেক

bisect / baɪˈsekt বাইˈসেক্ট্ / *verb* [T] (*technical*) to divide sth into two equal parts কোনো কিছু সমানভাবে দুভাগ করা; সমদ্বিখণ্ডিত করা ▶ **bisection** / -ˈsekʃn -ˈসেক্শ্ন্ / *noun* [C, U] সমদ্বিখণ্ডন

bisexual / ˌbaɪˈsekʃuəl ˌবাইˈসেক্শুঅ্যাল্ / *adj.* sexually attracted to both men and women স্ত্রী এবং পুরুষ উভয়ের প্রতি যৌনভাবে আকৃষ্ট; উভলিঙ্গ, উভকামী ➪ **heterosexual** এবং **homosexual** দেখো।

bishop / ˈbɪʃəp ˈবিশ্যাপ্ / *noun* [C] **1** a priest with a high position in some branches of the Christian Church, who is responsible for all the churches in a city or a district উচ্চপদস্থ খ্রিস্টান যাজক যার উপর কোনো একটি শহর বা জেলার সব কটি গির্জার দায়িত্বভার থাকে, খ্রিস্টীয় ধর্মাধ্যক্ষ; বিশপ ➪ **archbishop** দেখো। **2** a piece used in the game of **chess** that can move any number of squares in a **diagonal** line দাবা খেলার বিশেষ ঘুঁটি যেটিকে কোণাকোণিভাবে এগোনো যায়; গজ

bison / ˈbaɪsn ˈবাইস্ন্ / *noun* [C] a large wild animal that looks like a cow with long curved horns. There are two types of bison, the North American (also called buffalo) and the European বাঁকানো শিংওয়ালা গরুর মতো দেখতে বৃহদাকার বন্য প্রাণী। এই ধরনের প্রাণী দুই প্রকারের হয়, উত্তর আমেরিকান (যেটিকে মহিষও বলা হয়) এবং ইউরোপিয়ান; বাইসন

bit¹ / bɪt বিট্ / *noun* **1 a bit** [*sing.*] slightly, a little একটুখানি, অল্প একটু, অল্প, সামান্য *I was a bit annoyed with him.* ০ *Could you be a bit quieter, please?* **2 a bit** [*sing.*] a short time or distance সংক্ষিপ্ত সময় বা দূরত্ব *Could you move forward a bit?* ০ *I'm just going out for a bit.* **3 a bit** [*sing.*] (*informal*) a lot অনেকটা, প্রচুর *It must have rained quite a bit during the night.* **4** [C] **a bit of sth** a small piece, amount or part of sth কোনো বস্তুর এক টুকরো, ক্ষুদ্র পরিমাণ বা অংশ *There were bits of broken glass all over the floor.* ০ *Could you give me a bit of advice?* **5** [C] (*computing*) the smallest unit of information that is stored in a computer's memory কম্পিউটারের স্মৃতিতে সংরক্ষিত তথ্যের সর্বাপেক্ষা ক্ষুদ্র একক বা মাত্রা **6** [C] a metal bar that you put in a horse's mouth when you ride it ঘোড়ায় চাপার সময়ে ঘোড়ার মুখে ধাতুর যে টুকরো লাগানো হয়; খলিন, কড়িয়াল ⇨ **horse**-এ ছবি দেখো।

IDM bit by bit slowly or a little at a time আস্তে আস্তে, একটু একটু করে, অল্প অল্প করে *Bit by bit we managed to get the information we needed.*

a bit much (*informal*) annoying or unpleasant বিরক্তিজনক অথবা অপ্রিয় *It's a bit much expecting me to work on Sundays.*

a bit of a (*informal*) rather a একটু, স্বল্প, ক্ষুদ্র *I've got a bit of a problem.*

bits and pieces (*informal*) small things of different kinds বিভিন্ন ধরনের ছোটো ছোটো জিনিস *I've finished packing except for a few bits and pieces.*

do your bit (*informal*) to do your share of sth; to help with sth (কোনো কিছুর মধ্যে) একজনের ভাগে যে কাজ পড়েছে তা করা; কোনো কাজে সাহায্য করা *It won't take long to finish if we all do our bit.*

not a bit not at all একেবারে নয় *The holiday was not a bit what we had expected.*

to bits 1 into small pieces ছোটো ছোটো টুকরো করে *She angrily tore the letter to bits.* **2** very; very much খুব, অত্যন্ত; খুব বেশি *I was thrilled to bits when I won the competition.*

bit² ⇨ **bite¹**-এর past tense

bitch¹ / bɪtʃ বিচ্ / *verb* [I] (*informal*) **bitch (about sb/sth)** to say unkind and critical things about sb, especially when he/she is not there কোনো ব্যক্তির অনুপস্থিতিতে তার সম্বন্ধে সমালোচনা করা বা নিন্দনীয় কথাবার্তা বলা

bitch² / bɪtʃ বিচ্ / *noun* [C] a female dog স্ত্রী কুকুর, কুক্কুরী

bitchy / ˈbɪtʃi ˈবিচি / *adj.* (*informal*) talking about other people in an unkind way (অন্যের সম্বন্ধে) নিন্দাজনক, অপমানজনক *a bitchy remark*

bite¹ / baɪt বাইট্ / *verb* (*pt* **bit** /bɪt বিট্ /; *pp* **bitten** / ˈbɪtn ˈবিটন /) **1** [I, T] **bite (into sth); bite (sb/sth)** to cut or attack sb/sth with your teeth কোনো ব্যক্তি বা বস্তুকে দাঁত দিয়ে কামড়ানো বা আক্রমণ করা; দংশন করা *Don't worry about the dog—she never bites.* ০ *He picked up the bread and bit into it hungrily.* **2** [I, T] (used about some insects and animals) to push a sharp point into your skin and cause pain (কোনো কোনো প্রাণী বা কীটপতঙ্গ সম্বন্ধে ব্যবহৃত) শরীরে তীক্ষ্ণ কিছু ফুটিয়ে দেওয়া যার ফলে ব্যথা হয় *He was bitten by a snake/mosquito/spider.* **NOTE** বোলতা, মৌমাছি এবং জেলিফিশ যখন হুল ফোটায় তখন সেই অর্থে **bite** শব্দটির জায়গায় **sting** শব্দটি ব্যবহৃত হয়। **3** [I] to begin to have an unpleasant effect অপ্রীতিকর কোনো প্রভাবের সূত্রপাত করা *In the South the failure of rains is starting to bite.*

IDM bite sb's head off to answer sb in a very angry way কোনো ব্যক্তিকে রেগে গিয়ে জবাব দেওয়া

bite² / baɪt বাইট্ / *noun* **1** [C] a piece of food that you can put into your mouth গ্রাস, গরস, এক কামড় *She took a big bite of the apple.* **2** [C] a painful place on the skin made by an insect, snake, dog, etc. পোকা-মাকড়, সাপ, কুকুর ইত্যাদি কামড়ে দেওয়ার ফলে ত্বকের উপর যন্ত্রণাদায়ক ক্ষতস্থান *I'm covered in mosquito bites.* **3** [*sing.*] (*informal*) a small meal; a snack হালকা জলখাবার; স্ন্যাক *Would you like a bite to eat before you go?*

bitten ⇨ **bite¹**-এর past participle

bitter / ˈbɪtə(r) ˈবিট্যা(র্) / *adj.* **1** caused by anger or hatred ক্রোধ অথবা ঘৃণা থেকে উদ্ভূত *a bitter quarrel* **2 bitter (about sth)** (used about a person) very unhappy or angry about sth that has happened because you feel you have been treated unfairly (কোনো ব্যক্তি সম্বন্ধে ব্যবহৃত) অন্যায্য ব্যবহার অনুভূত হওয়ার কারণে ঘটে যাওয়া কোনো কিছু সম্পর্কে অত্যন্ত অখুশি অথবা ক্রুদ্ধ; তিক্তমনোভাবাপন্ন *She was very bitter about not getting the job.* **3** causing unhappiness or anger for a long time; difficult to accept দীর্ঘদিন ধরে দুঃখ পাওয়া বা রাগ হওয়ার মতো কোনো ঘটনা; যা মেনে নেওয়া যায় না; দুঃসহ, দুর্বহ *Failing the exam was a bitter disappointment to him.* **4** having a sharp, unpleasant taste; not sweet তীব্র, অপ্রীতিকর স্বাদবিশিষ্ট; তেতো, তিক্ত, কটু *bitter coffee* **5** (used about the weather) very cold (আবহাওয়া সম্পর্কে ব্যবহৃত) তীব্র, কনকনে *a bitter wind* ▶ **bitterness** *noun* [U] তিক্ততা, তীব্রতা *The pay cut caused bitterness among the staff.*

bitter gourd / ˈbɪtə(r) ɡʊəd ˈবিট্যা(র্) গুঅ্যাড় / (*also* **karela**) *noun* [C] (*IndE*) a vegetable with a rough green skin and which is bitter to taste (তিক্ত স্বাদসম্পন্ন) করলা, উচ্ছে

bitterly / ˈbɪtəli ˈবিট্যালি / *adv.* **1** (used for describing strong negative feelings or cold weather) extremely (প্রবল নেতিবাচক মনোভাব বা ঠান্ডা আবহাওয়া বর্ণনা করতে ব্যবহৃত) তীব্র, তীক্ষ্ণ *bitterly disappointed/resentful* ○ *a bitterly cold winter/wind* **2** in an angry and disappointed way ক্রুদ্ধ ও হতাশভাবে *'I've lost everything,' he said bitterly.*

bitty / ˈbɪti ˈবিটি / *adj.* made up of lots of parts which do not seem to be connected এলোমেলো, অসংলগ্ন, খাপছাড়া *Your essay is rather bitty.*

bitumen / ˈbɪtʃəmən ˈবিচ্যাম্যান্ / *noun* [U] a black substance made from petrol, used for covering roads or roofs পেট্রোলিয়ম থেকে পাওয়া কালো রঙের পদার্থ যা রাস্তা তৈরি বা ছাদে প্রলেপ দেওয়ার কাজে ব্যবহৃত হয়; শিলাজতু; বিটুমেন

bizarre / bɪˈzɑː(r) বিˈজ়া:(র্) / *adj.* very strange or unusual কিম্ভূত অথবা অস্বাভাবিক; অদ্ভুত, উদ্ভট *The story had a most bizarre ending.*

black¹ / blæk ব্ল্যাক্ / *adj.* **1** of the darkest colour, like night or coal রাত্রির মতো অথবা কয়লার মতো ঘোর কৃষ্ণবর্ণের বা এই বর্ণ বিশিষ্ট; কালো রং **2** belonging to a race of people with dark skins (মানুষের প্রজাতি সংক্রান্ত) কৃষ্ণকায়, কালো চামড়া বিশিষ্ট *the black population of Britain* ○ *black culture* **3** (used about coffee or tea) without milk or cream (চা বা কফি সম্বন্ধে ব্যবহৃত) দুধ বা ক্রিম ছাড়া *black coffee with sugar* **4** very angry অত্যন্ত ক্রুদ্ধ *to give sb a black look* **5** (used about a situation) without hope; depressing (কোনো পরিস্থিতি সম্বন্ধে ব্যবহৃত) নিরাশাজনক; হতাশাব্যঞ্জক *The economic outlook for the coming year is rather black.* **6** funny in a cruel or unpleasant way নিষ্ঠুর অথবা অপ্রীতিকরভাবে মজাদার *The film was a black comedy.*

IDM **black and blue** covered with blue, brown or purple marks on the body (**bruises**) because you have been hit by sb/sth কোনো ব্যক্তি বা বস্তুর দ্বারা আঘাতের ফলে নীল, বাদামি অথবা বেগুনি দাগে ভরা শরীর; কালশিটে

black and white (used about television, photographs, etc.) showing no colours except black, white and grey (টেলিভিশন, ফোটো ইত্যাদির সম্বন্ধে ব্যবহৃত) কালো, সাদা, ধূসর ব্যতীত অন্য কোনো রং দেখা যায় না এমন; সাদা কালো

black² / blæk ব্ল্যাক্ / *noun* **1** [U] the darkest colour, like night or coal রাত্রি অথবা কয়লার মতো গাঢ়তম বর্ণ; কালো, কৃষ্ণবর্ণ *People often **wear black** (= black clothes) at funerals.* **2** (*usually* **Black**) [C] a person who belongs to a race of people with dark skins কালো চামড়া বিশিষ্ট মানব প্রজাতির একজন সদস্য ▶ **blackness** *noun* [U] কালিমা

IDM **be in the black** to have some money in the bank ব্যাংকে বেশ কিছু টাকা থাকা ✪ বিপ **be in the red**

in black and white in writing or in print লেখায় বা ছাপার অক্ষরে *I won't believe we've got the contract till I see it in black and white.*

black³ / blæk ব্ল্যাক / *verb*

PHR V **black out** to lose consciousness for a short time (কিছুক্ষণের জন্য) জ্ঞান হারানো অথবা অজ্ঞান হয়ে পড়া; মূর্ছা যাওয়া

black belt *noun* [C] **1** a belt that you can earn in some fighting sports such as **judo** or **karate** which shows that you have reached a very high standard আক্রমণাত্মক খেলা যেমন জুডো অথবা ক্যারাটেতে উচ্চমানে পৌঁছোনোর ফলে যে কালো বেল্ট অর্জন করা যায়; ব্ল্যাক বেল্ট **2** a person who has gained a black belt ব্ল্যাক বেল্টের অধিকারী অথবা সেটি অর্জন করেছে যে ব্যক্তি

blackberry / ˈblækbəri ˈব্ল্যাক্ব্যারি / *noun* [C] (*pl.* **blackberries**) a small black fruit that grows wild on bushes জঙ্গলের ঝোপঝাড়ে হয় কালো কুলজাতীয় ফলবিশেষ; কালো বৈঁচি, কালো জাম

blackbird / ˈblækbɜːd ˈব্ল্যাক্ব্যড্ / *noun* [C] a common European bird. The male is black with a yellow beak and the female is brown সাধারণ ইউরোপীয় পাখি যাদের মধ্যে পুরুষ পাখিটি কালো রঙের এবং হলুদ ঠোঁটের হয় এবং স্ত্রী পাখিটি বাদামি হয়

blackboard / ˈblækbɔːd ˈব্ল্যাকব:ড্ / (*AmE* **chalkboard**) *noun* [C] a piece of dark board used for writing on with chalk, which is used in a class চক দিয়ে লেখা যায় একরকম কালো বোর্ড যা ক্লাসরুমে পড়ানোর সময়ে ব্যবহার করা হয়; ব্ল্যাকবোর্ড

black cotton soil *noun* [U] (*also* **Regur**) a dark soil containing clay that is good for growing cotton. It is typical of the Deccan region in India তুলো উৎপন্ন করার জন্য উপযুক্ত গাঢ় রংয়ের নরম মাটি যা মূলত ভারতের দক্ষিণাপথ অঞ্চলে পাওয়া যায়

blackcurrant / ˌblækˈkʌrənt ˌব্ল্যাকˈকার‍্যান্ট্ / *noun* [C] a small round black fruit that grows on bushes ছোটো কালো গোল একরকমের ফল যা ঝোপের মতো গাছে হয়

blacken / ˈblækən ˈব্ল্যাক্যান্ / *verb* [T] **1** to make sth black কোনো কিছুকে কালো রং করা **2** to make sth seem bad, by saying unpleasant things about it অপ্রীতিকর উক্তির দ্বারা কোনো বস্তুকে মন্দ বা খারাপ বলে প্রতিভাত করানো; অপবাদ দেওয়া, কলঙ্ক রটানো *to blacken sb's name*

black eye *noun* [C] an area of dark-coloured skin around sb's eye where he/she has been hit আঘাত প্রাপ্তির ফলে চোখের চারিদিকের কালো ত্বক *He got a black eye in the fight.*

blackhead / ˈblækhed ˈব্ল্যাক্‌হেড্ / *noun* [C] a small spot on the skin especially on the face with a black top বিশেষত মুখের চামড়ায় ছোটো কালো দাগ

black hole *noun* [C] (*technical*) an area in space that nothing, not even light, can escape from, because the force that pulls objects in space towards each other (**gravity**) is so strong there মহাকাশে এমন স্থান যেখানে কোনো কিছুই, এমন কি আলোও, বেরিয়ে আসতে পারে না কারণ সেখানে মহাকাশের বস্তুসমূহের মধ্যে একে অপরের প্রতি আকর্ষণকারী শক্তি (মাধ্যাকর্ষণ) অত্যন্ত প্রবল; ব্ল্যাক হোল

black ice *noun* [U] ice in a thin layer on the surface of a road রাস্তার উপর পাতলা বরফের স্তর

blacklist / ˈblæklɪst ˈব্ল্যাক্‌লিস্ট্ / *noun* [C] a list of people, companies, etc. that are considered unacceptable by some organization, country etc. কোনো সংগঠন, দেশ ইত্যাদির পক্ষে গ্রহণযোগ্য নয় এমন ব্যক্তিবর্গ, সংগঠন ইত্যাদির তালিকা ▶ **blacklist** *verb* [T] (কোনো ব্যক্তি অথবা বস্তুকে) গ্রহণযোগ্য নয় এমন তালিকাভুক্ত করা *She was blacklisted by all the major theatre groups.*

black magic *noun* [U] a type of magic that is used for evil purposes কোনো ক্ষতিকর উদ্দেশ্যে ব্যবহৃত জাদুবিদ্যা; কালো জাদু, তুকতাক

blackmail / ˈblækmeɪl ˈব্ল্যাক্‌মেইল্ / *noun* [U] the crime of forcing a person to give you money or do sth for you, usually by threatening to make known sth which he/she wants to keep secret গোপন তথ্য ফাঁস না করার শর্তে ভয় দেখিয়ে বা হুমকি দিয়ে অন্যায়ভাবে টাকা আদায় করা বা কোনো কাজ করানোর যে অপরাধ; ব্ল্যাকমেল ▶ **blackmail** *verb* [T] **blackmail sb (into doing sth)** কোনো কিছু করার জন্য কোনো ব্যক্তিকে (হুমকি দিয়ে) বাধ্য করা; ব্ল্যাকমেল করা ▶ **blackmailer** *noun* [C] যে ব্যক্তি ব্ল্যাকমেল করে

black mark *noun* [C] a note, either in writing on an official record, or in sb's mind, of sth you have done or said that makes people think badly of you কোনো ব্যক্তির কৃতকর্ম অথবা কোনো উক্তি সম্পর্কে আনুষ্ঠানিকভাবে লিখিত নথি অথবা কারও মনোগত ধারণা যার ফলে সবাই তার সম্বন্ধে মন্দ ধারণা পোষণ করে; কলঙ্ক *He earned a black mark for turning up late to the meeting.*

black market *noun* [C, *usually sing.*] the buying and selling of goods or foreign money in a way that is not legal পণ্যদ্রব্য বা বিদেশি মুদ্রার বেআইনিভাবে ক্রয়-বিক্রয়; কালোবাজার *to buy/sell sth* ***on the black market***

blackout / ˈblækaʊt ˈব্ল্যাক্‌আউট্ / *noun* [C] **1** a period of time during a war, when all lights must be turned off or covered so that the enemy cannot see them যুদ্ধ চলাকালীন যে সময়ে সমস্ত আলো বাধ্যতামূলকভাবে নিভিয়ে দেওয়া হয় অথবা ঢেকে দেওয়া হয় যাতে শত্রুপক্ষ সেগুলি দেখতে না পায়; যুদ্ধকালীন (বাধ্যতামূলক) নিষ্প্রদীপ অবস্থা **2** a period when you lose consciousness for a short time চেতনার সাময়িক বিলুপ্তি *to have a blackout*

blacksmith / ˈblæksmɪθ ˈব্ল্যাক্‌স্মিথ্ / *noun* [C] a person whose job is to make and repair things made of iron কামার, কর্মকার

bladder / ˈblædə(r) ˈব্ল্যাড্যা(র্) / *noun* [C] the part of your body where waste liquid (**urine**) collects before leaving your body মূত্রথলি, মূত্রাশয় ⇨ **body**-তে ছবি দেখো।

blade / bleɪd ব্লেইড্ / *noun* [C] **1** the flat, sharp part of a knife, etc. ছুরি ইত্যাদির চ্যাপটা ধারালো অংশ ⇨ **scythe**-এ ছবি দেখো। **2** one of the flat, wide parts that turn round very quickly on an aircraft, etc. বিমান ইত্যাদিতে খুব জোরে ঘোরে যে চ্যাপটা এবং চওড়া অংশবিশেষ **3** a long, thin leaf of grass ঘাসের সরু লম্বা একটা পাতা; ফলক *a blade of grass*

blame[1] / bleɪm ব্লেইম্ / *verb* [T] **1 blame sb (for sth); blame sth on sb/sth** to think or say that a certain person or thing is responsible for sth bad that has happened খারাপ কোনো কিছু ঘটার জন্য নির্দিষ্ট কোনো ব্যক্তি বা বস্তু দায়ী এমন ভাবা অথবা বলা; দোষ, দায় অথবা দায়িত্ব চাপিয়ে দেওয়া; দোষ দেওয়া, দোষারোপ করা *Some people blame the changes in the climate on pollution.* **2 not blame sb (for sth)** to think that sb is not wrong to do sth; to understand sb's reason for doing sth কোনো ব্যক্তির পক্ষে কোনো একটি কাজ করা ভুল হয়নি এমন মনে করা, দোষ না দেওয়া; কোনো ব্যক্তির কোনো একটি কাজ করার কারণ বুঝতে পারা *I don't blame you for feeling fed up.*

IDM be to blame (for sth) to be responsible for sth bad ভুল অথবা খারাপ কিছুর জন্য দায়ী অথবা দোষী হওয়া *The police say that careless driving was to blame for the accident.*

shift the blame/responsibility (for sth) (onto sb) ⇨ **shift[1]** দেখো।

blame[2] / bleɪm ব্লেইম্ / *noun* [U] **blame (for sth)** responsibility for sth bad খারাপ পরিস্থিতি অথবা ভুলের দায়িত্ব *The government must* ***take the blame*** *for the economic crisis.* ○ *The report* ***put the blame on*** *rising prices.*

blameless / ˈbleɪmləs ˈব্লেইম্‌ল্যাস্ / *adj.* (*written*) not guilty; that should not be blamed দোষী নয়; দোষ দেওয়া উচিত নয় এমন; নির্দোষ, নির্দোষী *He insisted that his wife was blameless and hadn't known about his crimes.*

blanch / blɑːntʃ ব্ল্যা:ন্চ্ / *verb* **1** [I] (*written*) **blanch (at sth)** to become pale because you are shocked or frightened আতঙ্কে অথবা ভয়ে বিবর্ণ অথবা ফ্যাকাশে হয়ে যাওয়া **2** [T] to prepare food, especially vegetables, by putting it into boiling water for a short time অল্প সময়ের জন্য ফুটন্ত জলে খাবার, বিশেষত শাকসবজি, রেখে দিয়ে তারপর রান্না করা বা খাবার বানানো

bland / blænd ব্ল্যান্ড্ / *adj.* **1** ordinary or not very interesting সাধারণ, গতানুগতিক, বৈশিষ্ট্যহীন, আকর্ষণহীন *a rather bland style of writing* **2** (used about food) mild or lacking in taste (খাদ্য সম্বন্ধে ব্যবহৃত) সহজপাচ্য অথবা হালকা বা স্বাদহীন **3** not showing any emotion আবেগ বা ভাবলেশশূন্য ▶ **blandly** *adv.* সাদামাটাভাবে, বৈশিষ্ট্যহীনভাবে, আবেগহীনভাবে

blank[1] / blæŋk ব্ল্যাংক্ / *adj.* **1** empty, with nothing written, printed or recorded on it খালি, যাতে কিছু লেখা বা ছাপা নেই অথবা নথিবন্ধ করা নেই এমন *a blank video/cassette/piece of paper/page* **2** without feelings, understanding or interest কোনো অনুভূতি, উপলব্ধি অথবা কৌতূহল নেই এমন; শূন্যতা *a blank expre-ssion on his face* ○ *My mind* ***went blank*** *when I saw the exam questions.* ▶ **blankly** *adv.* উদাসভাবে, অভিব্যক্তিহীনভাবে *She stared at me blankly, obviously not recognizing me.*

blank[2] / blæŋk ব্ল্যাংক্ / *noun* [C] an empty space শূন্যস্থান, খালি, যেখানে কিছু নেই ***Fill in the blanks*** *in the following exercise.* ○ (*figurative*) *I couldn't remember his name—my mind was a complete blank.*

IDM **draw a blank** ⇨ **draw[1]** দেখো।

blank cheque *noun* [C] a cheque that has been signed but that has an empty space so that the amount to be paid can be written in later এমন চেক যাতে সই করা আছে কিন্তু টাকার অঙ্ক লেখার জায়গাটি খালি রাখা হয়েছে যাতে পরে সেখানে দেয় অর্থের পরিমাণটি লিখে নেওয়া যায়; ব্ল্যাঙ্ক চেক

blanket[1] / ˈblæŋkɪt ˈব্ল্যাংকিট্ / *noun* [C] **1** a cover made of wool, etc. that is put on beds to keep people warm (উল ইত্যাদির তৈরি) কম্বল **2** a thick layer or covering of sth কোনো কিছুর পুরু আস্তরণ বা আচ্ছাদন *a blanket of snow* ▶ **blanket** *verb* [T] **blanket sth (in/with sth)** পুরু আস্তরণে ঢেকে দেওয়া অথবা আচ্ছাদিত করা *The countryside was blanketed in snow.*

IDM **a wet blanket** ⇨ **wet[1]** দেখো।

blanket[2] / ˈblæŋkɪt ˈব্ল্যাংকিট্ / *adj.* (*only before a noun*) affecting everyone or everything যা প্রত্যেক মানুষ অথবা বস্তুর ক্ষেত্রে প্রযোজ্য; সর্বজনীন, সামগ্রিক *There is a* ***blanket ban*** *on journalists reporting the case.*

blank verse *noun* [U] (*technical*) poetry that has a regular rhythm but whose lines do not end with the same sound নিয়মিত ছন্দসম্পন্ন হওয়া সত্ত্বেও যে কবিতায় পঙ্‌ক্তিগুলি একই ধ্বনিতে শেষ হয় না; অমিত্রাক্ষর ছন্দ, মিলহীন ছন্দ

blare / bleə(r) ব্লেঅ্যা(র্) / *verb* [I, T] **blare (sth) (out)** to make a loud, unpleasant noise জোরে কর্কশভাবে আওয়াজ করা *Car horns were blaring in the street outside.* ○ *The loudspeaker blared out pop music.* ▶ **blare** *noun* [U, *sing.*] প্রচণ্ড জোরে আওয়াজ করা *the blare of a siren*

blasphemy / ˈblæsfəmi ˈব্ল্যাস্‌ফ্যামি / *noun* [U] writing or speaking about God in a way that shows a lack of respect ঈশ্বর সম্পর্কে অশ্রদ্ধাজনক রচনা অথবা উক্তি; ঈশ্বরনিন্দা ▶ **blasphemous** / ˈblæsfəməs ˈব্ল্যাসফ্যাম্যাস্ / *adj.* ঈশ্বরনিন্দাসূচক, ঈশ্বরনিন্দা সম্পর্কিত

blast[1] / blɑːst ব্লা:স্ট্ / *noun* [C] **1** an explosion, especially one caused by a bomb বোমা ফাটার কারণে যে বিস্ফোরণ **2** a sudden strong current of air দমকা বাতাস, বাতাসের প্রবল আলোড়ন, হাওয়ার ঝাপটা *a blast of cold air* **3** a loud sound made by a musical instrument, etc. কোনো বাদ্যযন্ত্র ইত্যাদির জোরে আওয়াজ *The driver gave a few blasts on his horn.*

blast[2] / blɑːst ব্লা:স্ট্ / *verb* [T] **1** to make a hole, a tunnel, etc. in sth with an explosion বিস্ফোরণের সাহায্যে কোনো কিছুর মধ্যে দিয়ে গর্ত, সুড়ঙ্গ ইত্যাদি তৈরি করা *They blasted a tunnel through the mountainside.* **2** to criticize sth very strongly কোনো কিছুর প্রবল নিন্দা বা সমালোচনা করা

PHR V **blast off** (used about a spacecraft) to leave the ground; to take off (রকেট অথবা মহাকাশযান সম্বন্ধে ব্যবহৃত) উৎক্ষেপণ করা অথবা উৎক্ষিপ্ত হওয়া

blast furnace *noun* [C] a large structure like an oven in which rock containing iron (**iron ore**) is melted in order to take out the metal বড়ো যে উনুন বা চুল্লিতে আকরিক লোহা গলিয়ে তার থেকে লোহা বার করে নেওয়া হয়; মারুত চুল্লি; ব্লাস্ট ফারনেস

blast-off *noun* [U] the time when a spacecraft leaves the ground মহাকাশযানের উৎক্ষেপণের সময়

blatant / ˈbleɪtnt ˈব্লেইট্‌ন্ট্ / *adj.* very clear or obvious অতি স্পষ্ট অথবা সন্দেহাতীত *a blatant lie*
NOTE এই শব্দটি অপ্রিয়ভাবে অথবা সমালোচনামূলকভাবে ব্যবহৃত হয়। ▶ **blatantly** *adv.* নির্লজ্জভাবে, অশোভনভাবে

blaze[1] / bleɪz ব্লেইজ্ / *noun* **1** [C] a large and often dangerous fire গনগনে আগুন; উজ্জ্বল আগুন (প্রায়ই বিপজ্জনক) *It took firefighters four hours to put out the blaze.* **2** [*sing.*] **a blaze of sth** a very bright show of light or colour উজ্জ্বল রং অথবা আলোর বাহার; বর্ণচ্ছটা *The garden was a blaze of colour.* ○ *The new theatre was opened* ***in a blaze of publicity***.

blaze[2] / bleɪz ব্লেইজ্ / *verb* [I] **1** to burn with bright strong flames শিখা বিস্তার করে অথবা দাউদাউ করে জ্বলা **2 blaze (with sth)** to be extremely bright; to shine brightly প্রচণ্ড উজ্জ্বল দেখানো; ঝকঝক করা *I woke up to find that the room was blazing with sunshine.* ○ (*figurative*) *'Get out!' she shouted, her eyes blazing with anger.*

blazer / ˈbleɪzə(r) ˈব্লেইজ্যা(র্) / *noun* [C] a jacket, especially one that has the colours or sign (**badge**) of a school, club or team on it স্কুল, ক্লাব অথবা কোনো দলের প্রতীকচিহ্ন সম্বলিত জ্যাকেট; ব্লেজার *a school blazer*

bleach[1] / bliːtʃ ব্লীচ্ / *verb* [T] to make sth white or lighter in colour by using a chemical or by leaving it in the sun রাসায়নিক প্রক্রিয়ায় অথবা রৌদ্রে রেখে কোনো কিছুর রং হালকা বা সাদা করা

bleach[2] / bliːtʃ ব্লীচ্ / *noun* [C, U] a strong chemical substance used for making clothes, etc. whiter or for cleaning things জামাকাপড় ইত্যাদি সাদা করার জন্য অথবা জিনিস পরিষ্কার করার জন্য ব্যবহৃত কড়া রাসায়নিক পদার্থবিশেষ; ব্লীচ

bleak / bliːk ব্লীক্ / *adj.* **1** (used about a situation) bad; not encouraging or hopeful (কোনো পরিস্থিতি সম্বন্ধে ব্যবহৃত) খারাপ; নিরানন্দ, বিষাদময় অথবা সম্ভাবনাবিহীন *a bleak future for the next generation* **2** (used about a place) cold, empty and grey (কোনো স্থান সম্বন্ধে ব্যবহৃত) ঠান্ডা, জনশূন্য, হিমশীতল, হিমেল *the bleak Arctic landscape* **3** (used about the weather) cold and grey (আবহাওয়া সম্বন্ধে ব্যবহৃত) হিমেল, কনকনে *a bleak winter's day* ► **bleakly** *adv.* হিমশীতলতার মধ্যে; ক্লান্তিকরভাবে, একঘেয়েভাবে ► **bleakness** *noun* [U] হিমশীতলতা, হিমশৈত্য, বিষাদাচ্ছন্নতা

bleary / ˈblɪəri ˈব্লিঅ্যারি / *adj.* (used about the eyes) red, tired and unable to see clearly (চোখের সম্বন্ধে ব্যবহৃত) লাল, পরিশ্রান্ত এবং ঘোলাটে অথবা ক্ষীণদৃষ্টি *We were all rather bleary-eyed after the journey.* ► **blearily** *adv.* লাল চোখে এবং ক্ষীণদৃষ্টির সঙ্গে

bleat / bliːt ব্লীট্ / *verb* **1** [I] to make the sound of a sheep ভেড়ার মতো আওয়াজ করা; ব্যা-ব্যা করে ডাকা **2** [I, T] to speak in a weak or complaining voice দুর্বল অনুযোগের সুরে ঘ্যানঘ্যান করে কিছু বলা ► **bleat** *noun* [C] ভেড়া, ছাগল, বাছুর প্রভৃতির ডাক

bleed / bliːd ব্লীড্ / *verb* [I] (*pt, pp* **bled** / bled ব্লেড্ /) to lose blood রক্ত ক্ষরণ হওয়া, রক্তপাত হওয়া ► **bleeding** *noun* [U] রক্তপাত, রক্তক্ষরণ, রক্তক্ষরণশীল *He wrapped a scarf around his arm to stop the bleeding.*

bleep[1] / bliːp ব্লীপ্ / *noun* [C] a short, high sound made by a piece of electronic equipment বৈদ্যুতিন যন্ত্রের স্বল্পস্থায়ী, জোরালো আওয়াজ বা সংকেত; ব্লিপ-ব্লিপ শব্দ

bleep[2] / bliːp ব্লীপ্ / *verb* **1** [I] (used about machines) to make a short high sound (যন্ত্র সম্বন্ধে ব্যবহৃত) স্বল্পস্থায়ীভাবে এবং জোরে ব্লিপ-ব্লিপ আওয়াজ করা **2** (*AmE* **beep**) [T] to attract a person's attention using an electronic machine বৈদ্যুতিন যন্ত্র ব্যবহারের দ্বারা কোনো ব্যক্তির মনোযোগ আকর্ষণ করা *Please bleep the doctor on duty immediately.*

bleeper / ˈbliːpə(r) ˈব্লীপ্যা(র্) / (*AmE* **beeper**) *noun* [C] a small piece of electronic equipment that bleeps to let a person (for example a doctor) know when sb is trying to contact him/her ছোটো একধরনের বৈদ্যুতিন যন্ত্রবিশেষ যা আওয়াজ করে কোনো ব্যক্তিকে (যেমন একজন ডাক্তারকে) জানিয়ে দেয় যে কেউ তার সঙ্গে যোগাযোগ করার চেষ্টা করছে ✪ সম **pager**

blemish / ˈblemɪʃ ˈব্লেমিশ্ / *noun* [C] a mark that spoils the way sth looks খুঁত, দাগ, কলঙ্ক ► **blemish** *verb* [T] (*figurative*) কোনো কিছুর গুণ, সৌন্দর্য, উৎকর্ষ, উজ্জ্বলতার হানি করা *The defeat has blemished the team's perfect record.*

blend[1] / blend ব্লেন্ড্ / *verb* **1** [T] **blend A with B; blend A and B (together)** to mix মেশানো, মিশ্রিত করা *First blend the flour and the melted butter together.* **2** [I] **blend (in) with sth** to combine with sth in an attractive or suitable way কোনো বস্তুর সঙ্গে চিত্তাকর্ষক এবং মানানসইভাবে একত্রিত করা *The new room is decorated to blend in with the rest of the house.* **3** [I] **blend (into sth)** to match or be similar to the surroundings sb/sth is in চারিপাশের সঙ্গে কোনো ব্যক্তি বা বস্তুর মিলেমিশে যাওয়া বা মানানসইভাবে খাপ খেয়ে যাওয়া *These animals' ability to blend into their surroundings provides a natural form of defence.*

blend[2] / blend ব্লেন্ড্ / *noun* [C] a mixture মিশ্রিত বস্তু; মিশ্রণ, সংমিশ্রণ *He had the right blend of enthusiasm and experience.*

blender / ˈblendə(r) ˈব্লেন্ড্যা(র্) / (*BrE* **liquidizer**) *noun* [C] an electric machine that is used for making food into liquid খাদ্যবস্তুকে তরল করার জন্য ব্যবহৃত বৈদ্যুতিক মিশ্রণযন্ত্র; ব্লেন্ডার ➪ **kitchen**-এ ছবি দেখো।

bless / bles ব্লেস্ / *verb* [T] to ask for God's help and protection for sb/sth কোনো ব্যক্তি বা বস্তুর জন্য ঈশ্বরের কৃপা বা অনুগ্রহ প্রার্থনা করা, ভগবানের আশীর্বাদ প্রার্থনা করা

IDM be blessed with sth/sb to be lucky enough to have sth/sb (কোনো ব্যক্তি বা বস্তুকে পাওয়ার) সৌভাগ্য হওয়া *Sri Lanka is an area blessed with many fine sandy beaches.*

Bless you! what you say to a person who has a cold and has just **sneezed** কোনো ব্যক্তি হাঁচার পরে ব্যবহৃত অভিব্যক্তিবিশেষ

blessed / ˈblesɪd ˈব্লেসিড্ / *adj.* **1** having God's help and protection ঈশ্বরের কৃপা, আশিস অথবা আশীর্বাদপ্রাপ্ত হয়েছে এমন **2** (in religious language) lucky; fortunate (ধর্মের ভাষায়) ভাগ্যবান; সৌভাগ্যশালী *Blessed are the pure in heart.* **3** (*formal*) giving great pleasure যা অপূর্ব আনন্দ দেয়; আনন্দদায়ক *The cool breeze brought* ***blessed relief*** *from the heat.*

blessing / ˈblesɪŋ ˈব্লেসিং / *noun* [C] **1** a thing that you are grateful for or that brings happiness আশীর্বাদ, আশিস *It's a great blessing that we have two healthy children.* ○ *Not getting that job was* ***a blessing in disguise*** (= something that seems to be unlucky but turns out to be a good thing). **2** [*usually sing.*] approval or support অনুমোদন অথবা সমর্থন *They got married without their parents' blessing.* **3** [*usually sing.*] (a prayer asking for) God's help and protection ঈশ্বরের সাহায্য এবং কৃপা চেয়ে প্রার্থনা *The priest said a blessing.*

blew ➪ **blow**[1]- এর past tense

blight[1] / blaɪt ব্লাইট্ / *verb* [T] to spoil or damage sth, especially by causing a lot of problems কোনো বস্তু নষ্ট করা অথবা তার ক্ষতি করা (বিশেষত অনেক রকম সমস্যার সৃষ্টি করে), অনিষ্টকর প্রভাব ফেলা *an area blighted by unemployment*

blight[2] / blaɪt ব্লাইট্ / *noun* **1** [U, C] any disease that kills plants, especially crops that are grown for food যে-কোনো উদ্ভিদের রোগ যা গাছপালা, বিশেষত শস্য ধ্বংস করে; বৃক্ষাদির ক্ষয়রোগ *potato blight* **2** [*sing.*, U] **blight (on sb/sth)** something that has a bad effect on a situation, a person's life or the environment এমন কিছু যার খারাপ প্রভাব কোনো অবস্থা, ব্যক্তির জীবন অথবা চারিদিকের পরিবেশের উপরে পড়ে

blind[1] / blaɪnd ব্লাইন্ড্ / *adj.* **1** unable to see অন্ধ, দৃষ্টিহীন, নেত্রহীন, কানা *a blind person* ○ *to be completely/partially blind* **NOTE** অনেক সময়ে দৃষ্টিশক্তিহীন ব্যক্তিদের জন্য **blind** শব্দটি ব্যবহার না করে **partially sighted** অথবা **visually impaired** অভিব্যক্তিগুলিও ব্যবহার করা হয়। ভারতীয় ইংরেজিতে **visually challenged** এবং **visually handicapped** অভিব্যক্তিগুলি ব্যবহৃত হতে পারে। **2 blind (to sth)** not wanting to notice or understand sth কোনো কিছু বোঝা বা লক্ষ করায় অনিচ্ছুক *He was completely blind to her faults.* **3** without reason or thought ভাবনাচিন্তা না করে অথবা বিনা কারণে *He drove down the highway in* ***a blind panic***. **4** impossible to see round অন্য দিকে দেখা যায় না এমন *You should never overtake on* ***a blind corner***. ▶ **blindly** *adv.* অন্ধের মতো ▶ **blindness** *noun* [U] অন্ধত্ব, দৃষ্টিহীনতা

IDM turn a blind eye (to sth) to pretend not to notice sth bad is happening so that you do not have to do anything about it কিছু করতে অনিচ্ছুক বলে বা এড়িয়ে যাওয়ার জন্য খারাপ কোনো ঘটনা না দেখার ভান করা

blind[2] / blaɪnd ব্লাইন্ড্ / *verb* [T] **1** to make sb unable to see কোনো ব্যক্তিকে অন্ধ করে দেওয়া অথবা তার দৃষ্টিশক্তি নষ্ট করে দেওয়া *Her grandfather had been blinded in an accident* (= permanently) ○ *Just for a second I was blinded by the sun* (for a short while). **2 blind sb (to sth)** to make sb unable to think clearly or behave in a sensible way কোনো ব্যক্তিকে বিচারশক্তিহীন অথবা বিচারবুদ্ধিহীন করে দেওয়া

blind[3] / blaɪnd ব্লাইন্ড্ / *noun* **1** [C] a piece of cloth or other material that you pull down to cover a window কাপড় বা অন্য কিছুর খণ্ডিত অংশ যেটি টেনে নামিয়ে জানলা ঢাকা যায়; অপসারণীয় পর্দা; ব্লাইন্ড **2 the blind** [*pl.*] people who are unable to see (ব্যক্তি) অন্ধ, দৃষ্টিহীন

blind date *noun* [C] an arranged meeting between two people who have never met before to see if they like each other enough to begin a romantic relationship রোমান্টিক সম্পর্ক শুরু করতে ইচ্ছুক দুই অপরিচিত ব্যক্তির মধ্যে পূর্বপরিকল্পিত প্রথম সাক্ষাৎ

blinders / ˈblaɪndəz ˈব্লাইনড্যাজ় / (*AmE*) = **blinkers**

blindfold / ˈblaɪndfəʊld ˈব্লাইন্ড্ফ্যাউল্ড্ / *noun* [C] a piece of cloth, etc. that is used for covering sb's eyes কারও চোখে বাঁধার জন্য ব্যবহৃত একফালি কাপড় ইত্যাদি ▶ **blindfold** *verb* [T] চোখ বেঁধে দেওয়া

blind spot *noun* [C] **1** the part of the road just behind you that you cannot see when driving a car মোটরগাড়ি চালানোর সময়ে রাস্তার পিছনের যে অংশ চালক দেখতে পায় না **2** if you have a blind spot about sth, you cannot understand or accept it কোনো বিষয় বুঝতে পারা অথবা গ্রহণ করার অক্ষমতা

blink / blɪŋk ব্লিংক্ / *verb* **1** [I, T] to shut your eyes and open them again very quickly চোখ পিটপিট করা, পলক ফেলা *Oh dear! You blinked just as I took the photograph!* ➪ **wink** দেখো। **2** [I] (used about a light) to come on and go off again quickly (আলো সম্বন্ধে ব্যবহৃত) দপদপ করা, মিটমিট করা ▶ **blink** *noun* [C] পলক, নিমেষ

blinkers / ˈblɪŋkəz ˈব্লিংক্যাজ্ / (*AmE* **blinders**) *noun* [*pl.*] pieces of leather that are placed at the side of a horse's eyes to stop it from looking sideways যাতে পাশের দিকে দেখতে না পায় সেজন্য যে চামড়ার টুকরোগুলি ঘোড়ার চোখের দুপাশে লাগানো হয়, ঘোড়ার চোখের ঢাকনা; ঠুলি

blip / blɪp ব্লিপ্ / *noun* [C] **1** a light flashing on the screen of a piece of equipment, sometimes with a short high sound কোনো যন্ত্রের পর্দায় আলোর ঝলক (অনেক সময়ে জোরালো স্বল্পস্থায়ী আওয়াজের সঙ্গে) **2** a small problem that does not last for long ছোটো স্বল্পস্থায়ী সমস্যা

bliss / blɪs ব্লিস্ / *noun* [U] perfect happiness পূর্ণ এবং অমিশ্র আনন্দ; পরমানন্দ, তুরীয়ানন্দ ▶ **blissful** / -fl -ফ্ল্ / *adj.* পরমানন্দময়, স্বর্গীয় ▶ **blissfully** / -fəli -ফ্যালি / *adv.* পরম সুখে; মহানন্দে

blister[1] / ˈblɪstə(r) ˈব্লিস্ট্যা(র্) / *noun* [C] a small painful area of skin that looks like a bubble and contains clear liquid. Blisters are usually caused by rubbing or burning (পুড়ে গিয়ে অথবা ঘষা লেগে) ফোসকা

blister[2] / ˈblɪstə(r) ˈব্লিস্ট্যা(র্) / *verb* [I, T] **1** to get or cause blisters ফোসকা পড়া বা পড়ানো **2** to swell and crack or to cause sth to do this কোনো বস্তু ফুলে গিয়ে ফেটে যাওয়া অথবা এমন কিছু করা যার ফলে এরকম হয় *The paint is starting to blister.*

blistering / ˈblɪstərɪŋ ˈব্লিস্ট্যারিং / *adj.* very strong or extreme খুব প্রবল অথবা প্রচণ্ড the *blistering midday heat* ○ *The runners set off at a blistering pace.*

blitz / blɪts ব্লিট্স্ / *noun* [C] **a blitz (on sth)** a sudden effort or attack on sb/sth (কোনো ব্যক্তি বা বস্তুর উপর) আকস্মিক প্রচেষ্টা অথবা আক্রমণ, ঝটিকা আক্রমণ

blizzard / ˈblɪzəd ˈব্লিজ্যাড্ / *noun* [C] a very bad storm with strong winds and a lot of snow দুরন্ত হাওয়া এবং প্রচণ্ড তুষারপাতের সঙ্গে প্রবল ঝড় ➪ **storm**-এ নোট দেখো।

bloated / ˈbləʊtɪd ˈব্ল্যাউটিড্ / *adj.* unusually large and uncomfortable because of liquid, food or gas inside (ভিতরে তরল পদার্থ, খাদ্য অথবা গ্যাস থাকার ফলে) স্ফীত এবং কষ্টদায়ক *I felt a bit bloated after all that food.*

blob / blɒb ব্লব্ / *noun* [C] a small amount or drop of a thick liquid ঘন তরল পদার্থের স্বল্প পরিমাণ অথবা এক বিন্দু *a blob of paint/cream/ink*

bloc / blɒk ব্লক্ / *noun* [C] a group of countries that work closely together because they have the same political interests রাজনৈতিক সমস্বার্থবিশিষ্ট কোনো গোষ্ঠী অথবা রাষ্ট্রসমূহের জোট

block[1] / blɒk ব্লক্ / *noun* [C] **1** a large, heavy piece of sth, usually with flat sides কোনো বস্তুর বড়ো, ভারী, চ্যাপটা খণ্ড; চাঁই *a block of wood* ○ *huge concrete blocks* **2** a large building that is divided into separate flats or offices বড়ো বাড়ি যা আলাদা আলাদা ফ্ল্যাট অথবা অফিস ঘরে বিভক্ত *a block of flats* ➪ **apartment block** এবং **office block** দেখো। **3** a group of buildings in a town which has streets on all four sides (কোনো শহরে) সাধারণত চারটি রাজপথ দ্বারা বেষ্টিত অট্টালিকাসমূহ; ব্লক *The restaurant is three blocks away.* **4** a quantity of sth or an amount of time that is considered as a single unit কোনো কিছুর পরিমাণ অথবা সময়ের মাত্রা যেটি তার একক হিসেবে বিবেচিত হয় *The class is divided into two blocks of fifty minutes.* **5** [*usually sing.*] a thing that makes movement or progress difficult or impossible বাধা, প্রতিবন্ধক *a block to further progress in the talks* ➪ **roadblock** দেখো। **6** (in India) a group of villages that form an administrative unit (ভারতবর্ষে) গ্রামসমূহের একটি প্রশাসনিক একক

IDM have a block (about sth) to be unable to think or understand sth properly কোনো কিছু ঠিকভাবে ভাবতে অথবা বুঝতে অক্ষম হওয়া *I had a complete* ***mental block****. I just couldn't remember his name.*

block[2] / blɒk ব্লক্ / *verb* [T] **1 block sth (up)** to make it difficult or impossible for sb/sth to pass কোনো ব্যক্তি বা বস্তুর পক্ষে কিছু পেরিয়ে যাওয়া কঠিন বা অসম্ভব করে দেওয়া; অবরোধ করা *Many roads are completely blocked by snow.* **2** to prevent sth from being done কোনো কিছু করা থেকে আটকানো, কোনো কাজে বাধার সৃষ্টি করা *The management tried to block the deal.* **3** to prevent sth from being seen by sb কোনো ব্যক্তিকে কিছু দেখতে না দেওয়া, আড়াল করা *Get out of the way, you're blocking the view!*

PHR V block sth off to separate one area from another with sth solid কোনো কঠিন বস্তু দিয়ে কোনো জায়গা অন্য জায়গার থেকে আলাদা করা; অবরুদ্ধ করা *This section of the road has been blocked off by the police.*

block sth out to try not to think about sth unpleasant অপ্রীতিকর কিছুর সম্বন্ধে চিন্তা না-করা অথবা মনে না-আনার চেষ্টা করা *She tried to block out the memory of the crash.*

blockade / blɒˈkeɪd ব্ল ˈকেইড্ / *noun* [C] a situation in which a place is surrounded by soldiers or ships in order to prevent goods or people from reaching it এমন একটা পরিস্থিতি যখন কোনো জায়গা সৈন্য বা জাহাজ দিয়ে ঘিরে রাখা হয়েছে যাতে

সেখানে বাইরে থেকে লোক বা জিনিসপত্র পৌঁছোতে না পারে; অবরোধ, ঘেরাও ▶ **blockade** *verb* [T] অবরোধ অথবা ঘেরাও করা

blockage / ˈblɒkɪdʒ ˈব্লকিজ্ / *noun* [C] a thing that is preventing sth from passing; the state of being blocked অবরোধকারী বস্তু; বাধা, প্রতিবন্ধক; অবরুদ্ধ অথবা আটকে পড়ার অবস্থা *a blockage in the drainpipe* ○ *There are blockages on some major roads.*

blockbuster / ˈblɒkbʌstə(r) ˈব্লক্‌বাস্ট্যা(র্) / *noun* [C] a book or film with an exciting story which is very successful and popular রোমাঞ্চকর গল্প আছে এমন বই অথবা চলচ্চিত্র যা খুবই জনপ্রিয় এবং সফল

block capitals *noun* [*pl.*] big letters such as 'A' (not 'a') বড়ো হাতের অক্ষর যেমন 'A' ('a' নয়) *Please write your name **in block capitals**.*

bloke / bləʊk ব্ল্যাউক্ / *noun* [C] (*slang*) a man (অপপ্রয়োগ) লোক, লোকটা *He's a really nice bloke.*

blonde (*also* **blond**) / blɒnd ব্লন্ড্ / *noun* [C] *adj.* (a person) with fair or yellow hair (ব্যক্তি) স্বর্ণকেশী, সোনালি, ফিকে হলুদ অথবা হালকা রঙের চুলবিশিষ্ট *Most of our family have blonde hair.*

> **NOTE** স্বর্ণকেশী মহিলাদের বর্ণনা করার জন্য **blonde** বানানটি ব্যবহৃত হয়—*She's tall, slim and blonde.* বিশেষ্যপদ (noun) রূপে কেবল মহিলাদের জন্য **blonde** শব্দটি এবং বানানটি প্রযোজ্য—*She's a blonde.* ➪ **brunette** দেখো।

blood / blʌd ব্লাড্ / *noun* [U] the red liquid that flows through your body রক্ত, শোণিত, রুধির *The heart pumps blood around the body.* ➪ **bleed** দেখো।

IDM in your blood a strong part of your character কোনো ব্যক্তির চরিত্রের একটা সহজাত অথবা মূলগত অংশ *A love of the countryside was **in his blood.***

in cold blood ➪ **cold**[1] দেখো।

shed blood ➪ **shed**[2] দেখো।

your (own) flesh and blood ➪ **flesh** দেখো।

bloodbath / ˈblʌdbɑːθ ˈব্লাড্‌বা:থ্ / *noun* [*sing.*] an act of violently killing many people বিপুল এবং ভয়াবহ হত্যাকাণ্ড অথবা রক্তক্ষয়ী হত্যালীলা; রক্তস্নান, মারণযজ্ঞ

blood count *noun* [C] the number of red and white cells in your blood; a medical test to count these রক্তের লোহিত কণিকা এবং শ্বেত কণিকার সংখ্যা; এটি গণনার জন্য ব্যবহৃত ডাক্তারি পরীক্ষাবিশেষ *to have a high/low/normal blood count*

blood-curdling *adj.* very frightening অতি ভয়াবহ, ভীতিজনক, ভয়ানক, রক্ত হিম করে দেওয়ার মতো *a blood-curdling scream*

blood donor *noun* [C] a person who gives some of his/her blood for use in medical operations রক্তদাতা, রক্তদানকারী

blood group (*also* **blood type**) *noun* [C] any of several different types of human blood রক্তের ভাগ, শ্রেণি বা প্রকার; ব্লাড গ্রুপ *'What blood group are you?'* 'O+'.

bloodless / ˈblʌdləs ˈব্লাড্‌ল্যাস্ / *adj.* **1** without killing or violence রক্তপাতহীন *a bloodless coup* **2** (used about a part of the body) very pale (শরীরের কোনো অংশ সম্বন্ধে ব্যবহৃত) খুব ফ্যাকাশে, বিবর্ণ, রক্তশূন্য, নীরক্ত

blood poisoning *noun* [U] an illness in which the blood becomes infected with bacteria, especially because of a cut or an injury to the skin (ত্বকে কোনো কাটা বা ক্ষতের কারণে) রক্তে জীবাণু সংক্রমণ; রক্তদূষণ, রক্তদুষ্টি ✪ সম **septicaemia**

blood pressure *noun* [U] the force with which the blood travels round the body রক্তচাপ; ব্লাড প্রেশার *to have **high/low blood pressure***

bloodshed / ˈblʌdʃed ˈব্লাড্‌শেড্ / *noun* [U] the killing or harming of people রক্তপাত, খুনখারাপি, খুন-জখম *Both sides in the war want to avoid further bloodshed.*

bloodshot / ˈblʌdʃɒt ˈব্লাড্‌শট্ / *adj.* (used about the white part of the eyes) full of red lines, for example when sb is tired (চোখের সাদা অংশ সম্বন্ধে ব্যবহৃত) লাল, পরিশ্রান্ত, রাঙা

bloodstain / ˈblʌdsteɪn ˈব্লাড্‌স্টেইন্ / *noun* [C] a mark or spot of blood on sth কোনো কিছুর উপরে রক্তের দাগ অথবা ছোপ ▶ **bloodstained** *adj.* রক্তমাখা, রক্তের ছোপসহ, রক্তাক্ত

bloodstream / ˈblʌdstriːm ˈব্লাড্‌স্ট্রীম্ / *noun* [*sing.*] the blood as it flows through the body (শরীরের মধ্য দিয়ে) রক্তের স্রোত *drugs injected straight into the bloodstream*

bloodthirsty / ˈblʌdθɜːsti ˈব্লাড্‌থ্যস্‌টি / *adj.* wanting to use violence or to watch scenes of violence হিংসার ব্যবহার বা হিংসাত্মক দৃশ্য দেখতে চায় এমন; রক্তপিপাসু

blood transfusion *noun* [C] the process of putting new blood into a person's body একজনের শরীর থেকে অন্যজনের শরীরে রক্তদান, রক্ত সংযোজন অথবা রক্ত সঞ্চালনের পদ্ধতি

blood type = **blood group**

blood vessel *noun* [C] any of the tubes in your body which blood flows through শিরা, ধমনি, রক্তবাহী নালি, রক্তনালি ➪ **vein, artery** এবং **capillary** দেখো।

bloody / ˈblʌdi ˈব্লাডি / *adj.* (**bloodier; bloodiest**) **1** involving a lot of violence and killing রক্তক্ষয়ী, রক্তাক্ত, নির্মম, নিষ্ঠুর, হত্যাকামী *a bloody war* **2** covered with blood রক্তমাখা, রক্তাক্ত *a bloody knife*

bloom[1] / bluːm ব্লুম্ / *noun* [C] a flower ফুল, কুসুম, পুষ্প, মুকুল, বোল

IDM in bloom with its flowers open পুষ্পিত, মুকুলিত *All the wild plants are in bloom.*

bloom[2] / bluːm ব্লুম্ / *verb* [I] to produce flowers ফুল ফোটা, পুষ্পিত হওয়া, কুসুমিত হওয়া *This shrub blooms in March.*

blossom[1] / ˈblɒsəm ˈব্লস্যাম্ / *noun* [C, U] a flower or a mass of flowers, especially on a fruit tree in the spring পুষ্পকোরক, মুকুল, বোল, পুষ্পপুঞ্জ (বিশেষত বসন্তকালে কোনো ফলের গাছে) *The apple tree is* ***in blossom.***

blossom[2] / ˈblɒsəm ˈব্লস্যাম্ / *verb* [I] **1** (used especially about trees) to produce flowers (বিশেষ করে বৃক্ষ সম্বন্ধে ব্যবহৃত) ফুল ফোটা, পুষ্পিত বা কুসুমিত হওয়া **2 blossom (into sth)** to become more healthy, confident or successful স্বাস্থ্যবান, আত্মবিশ্বাসী ও সাফল্যমণ্ডিত হয়ে ওঠা *This young runner has blossomed into a top-class athlete.*

blot[1] / blɒt ব্লট্ / *noun* [C] **1** a spot of sth, especially one made by ink on paper; a stain কোনো কিছুর দাগ বিশেষত কাগজের উপরে কালির ছোপ **2 a blot on sth** a thing that spoils your happiness or other people's opinion of you কোনো ব্যক্তির প্রতি অন্য মানুষজনের অভিমত অথবা সন্তোষ নষ্ট করে যে বস্তু; দোষ, ত্রুটি, কলঙ্ক, অপযশ, খুঁত

blot[2] / blɒt ব্লট্ / *verb* [T] (**blotting; blotted**) **1** to make a spot or a mark on sth, especially ink on paper বিশেষত কাগজের উপরে কালি দিয়ে কোনো বস্তুর উপর চিহ্ন দেওয়া অথবা দাগ বা ছোপ দেওয়া **2** to remove liquid from a surface by pressing soft paper or cloth on it কোনো কিছুর উপর থেকে নরম কাগজ অথবা কাপড় চেপে তরল পদার্থ শুষে নেওয়া অথবা শুকোনো

PHR V blot sth out to cover or hide sth কোনো কিছু ঢাকা অথবা লুকিয়ে রাখা বা আড়াল করা *Fog blotted out the view completely.* ○ *She tried to blot out the memory of what happened.*

blotch / blɒtʃ ব্লচ্ / *noun* [C] a temporary mark or an area of different colour on skin, plants, material, etc শরীরের ত্বক, গাছপালা অথবা অন্য পদার্থের উপর ভিন্ন রঙের অল্পস্থায়ী দাগ বা ছোপ *The blotches on her face showed that she had been crying.* ▶ **blotchy** (*also* **blotched**) *adj.* বিবর্ণ, ছোপছোপ, দাগ-লাগা

blotting paper *noun* [U] soft paper that you use for drying wet ink after you have written sth on paper কাগজের উপরে কালিতে লেখা হয়েছে এমন কিছু শুকোনোর জন্য ব্যবহৃত হয় যে নরম কাগজ; চোষকাগজ; ব্লটিং পেপার

blouse / blaʊz ব্লাউজ্ / *noun* [C] a piece of clothing like a shirt, worn by women ছেলেদের শার্টের মতো মেয়েদের জামা; ব্লাউজ

blow[1] / bləʊ ব্ল্যাউ / *verb* (*pt* **blew** /bluː ব্লু /; *pp* **blown** / bləʊn ব্ল্যাউন্ /) **1** [I, T] (used about wind, air, etc.) to be moving or to cause sth to move (হাওয়া, বাতাস ইত্যাদির সম্বন্ধে ব্যবহৃত) বহা বা বহানো, প্রবাহিত হওয়া বা করা *A gentle breeze was blowing.* **2** [I] to move because of the wind or a current of air বাতাস চলাচলের ফলে নড়ে বা সরে যাওয়া, বাতাসে ওড়া অথবা উড়ে যাওয়া *The balloons blew away.* ○ *My papers blew all over the garden.* **3** [I] to send air out of the mouth ফুঁ দেওয়া, মুখ দিয়ে হাওয়া বার করা, ফুৎকার দেওয়া *The policeman asked me to blow into the breathalyser.* **4** [T] to make or shape sth by blowing air out of your mouth ফুঁ দিয়ে ফুলিয়ে কোনো নির্দিষ্ট আকার দেওয়া *to blow bubbles/smoke rings* **5** [I, T] to produce sound from a musical instrument, etc. by blowing air into it ফুঁ দিয়ে কোনো বাদ্যযন্ত্র ইত্যাদি বাজানো *The referee's whistle blew for the end of the match.* ○ *He blew a few notes on the trumpet.* **6** [T] (*informal*) to waste an opportunity সুযোগ নষ্ট করা অথবা তার সদ্ব্যবহার না করা *I think I've blown my chances of promotion.* **7** [T] (*informal*) **blow sth (on sth)** to spend or waste a lot of money on sth কোনো বস্তুর জন্য জলের মতো টাকা খরচ করা অথবা উড়িয়ে দেওয়া *She blew all her savings on a trip to Egypt.* **8** [I, T] (used about a thin piece of wire (**a fuse**) in an electrical system) to stop working suddenly because the electric current is too strong; to make sth do this (বৈদ্যুতিক ব্যবস্থায় তারের পাতলা টুকরো বা ফিউজ সম্বন্ধে ব্যবহৃত) বিদ্যুৎপ্রবাহ অত্যন্ত প্রবল হয়ে যাওয়াতে হঠাৎ কাজ করা বন্ধ হয়ে যাওয়া; ফিউজ উড়ে যাওয়া *A fuse has blown.*

IDM blow your nose to clear your nose by blowing strongly through it into a piece of cloth (**handkerchief**) রুমাল ব্যবহার করে নাক ঝাড়া

PHR V blow over to disappear without having a serious effect কোনো গুরুতর প্রভাব না রেখে অথবা অনর্থ না ঘটিয়ে পার হয়ে যাওয়া অথবা কেটে যাওয়া *The scandal will soon blow over.*

blow up 1 to explode or to be destroyed in an explosion বিস্ফোরণ হওয়া অথবা বিস্ফোরণে ক্ষতিগ্রস্ত, ধ্বংস অথবা চূর্ণবিচূর্ণ হওয়া *The car blew up when* *the door was opened.* **2** to start suddenly and strongly হঠাৎ এবং প্রবলভাবে আরম্ভ হওয়া *A storm blew up in the night.* ○ *A huge row blew up about money.* **3** (*informal*) to become very angry রাগে ফেটে পড়া; খুব রেগে যাওয়া *The teacher blew up when I said I'd forgotten my homework.*

blow sth up **1** to make sth explode or to destroy sth in an explosion বিস্ফোরণ ঘটানো অথবা বিস্ফোরণে কোনো বস্তু ধ্বংস করা বা উড়িয়ে দেওয়া *The terrorists tried to blow up the plane.* **2** to fill sth with air or gas কোনো কিছুকে হাওয়া অথবা গ্যাস ভরে ফোলানো *to blow up a balloon* **3** to make a photograph bigger কোনো ফোটোগ্রাফকে বড়ো করা

blow² / bləʊ ব্ল্যাউ / *noun* [C] **1** a hard hit from sb's hand, a weapon, etc. (হাত, অস্ত্র ইত্যাদি দিয়ে) সজোরে আঘাত; ঘা, বাড়ি *She aimed a blow at me.* **2 a blow (to sb/sth)** a sudden shock or disappointment (আকস্মিক) প্রচণ্ড মানসিক ধাক্কা বা আঘাত অথবা হতাশা *It was a blow when I didn't get the job.* **3** an act of blowing ফুঁ দেওয়ার ক্রিয়া; ফুৎকার *Give your nose a blow!*

IDM a blow-by-blow account, description, etc. (of sth) an account, etc. of an event that gives all the exact details of it খুঁটিনাটি সমস্ত কিছুর উল্লেখসহ কোনো ঘটনার বিস্তারিত বিবরণ ইত্যাদি

come to blows (with sb) (over sth) to start fighting or arguing (about sth) কোনো বিষয়ে তর্কাতর্কি, হাতাহাতি বা মারামারি শুরু করা

deal sb/sth a blow; deal a blow to sb/sth ⇨ **deal¹** দেখো।

blow-dry *verb* [T] (*3rd person sing. pres.* **blowdries;** *pt, pp* **blow-dried**) to dry and shape sb's hair by holding a machine that produces hot air (**a hairdryer**) in your hand, and a brush গরম হাওয়া বেরোয় এমন কোনো যন্ত্র (হেয়ার ড্রায়ার) হাতে ধরে এবং ব্রাশ দিয়ে আঁচড়িয়ে কোনো ব্যক্তির চুল শুকোনো এবং সুবিন্যস্ত করা

blowhole / ˈbləʊhəʊl ˈব্ল্যাউহ্যাউল্ / *noun* [C] **1** a hole in the top of the head of a large sea animal (**whale**) through which it breathes তিমি মাছের মাথার ছিদ্র (যা তাদের শ্বাসকার্যে ব্যবহৃত হয়) **2** a hole in a large area of ice through which sea animals, for example **seals**, breathe বরফে ঢাকা বড়ো অঞ্চলে যে ফোকর বা ছিদ্রপথের মাধ্যমে সিন্ধুঘোটক বা সীল মাছের মতো সামুদ্রিক প্রাণীরা নিশ্বাস নেয়

blowlamp / ˈbləʊlæmp ˈব্ল্যাউল্যাম্প্ / (*AmE* **torch**; **blowtorch**) *noun* [C] a tool with a very hot flame that you can point at a surface, for example to remove paint কোনো কিছুর পৃষ্ঠতল থেকে রং ওঠানো ইত্যাদির জন্য ব্যবহার করা যায় এরকম জ্বলন্ত শিখাসমেত যন্ত্রবিশেষ

blown ⇨ **blow¹**-এর past participle

blowout / ˈbləʊaʊt ˈব্ল্যাউআউট্ / *noun* [C] (*informal*) **1** a burst tyre ফেটে যাওয়া টায়ার *We had a blowout on the way back home.* ✪ সম **puncture** **2** a very large meal at which people eat too much; a large party or social event খুব বড়ো ভোজ যেখানে সবাই অনেক খাবার খায়; বড়ো পার্টি অথবা সামাজিক অনুষ্ঠান

blowtorch / ˈbləʊtɔːtʃ ˈব্ল্যাউট:চ্ / = **blowlamp**

blubber / ˈblʌbə(r) ˈব্লাব্যা(র্) / *noun* [U] the fat of large sea animals (**whales**), from which we get oil (তিমি মাছ ইত্যাদির) চর্বি যার থেকে তেল উৎপন্ন হয়

bludgeon / ˈblʌdʒən ˈব্লাজ্যান্ / *verb* [T] **1** to hit sb several times with a heavy object কোনো ব্যক্তিকে ভারী কোনো বস্তু দিয়ে বারবার আঘাত করা অথবা প্রহার করা *He was bludgeoned to death with a hammer.* **2 bludgeon sb (into sth/into doing sth)** to force sb to do sth, especially by arguing কোনো ব্যক্তিকে কোনো কিছু করতে বাধ্য করা, বিশেষ করে তর্কের দ্বারা *They tried to bludgeon me into joining their protest.*

blue¹ / bluː ব্লু / *adj.* **1** having the colour of a clear sky when the sun shines নীল রঙের; আসমানি, আকাশি *His eyes were bright blue.* ○ *light/dark blue* **2** (*informal*) (often used in songs) sad (প্রায়ই গানে ব্যবহৃত) মনমরা, বিষণ্ন, নিরাশ

IDM black and blue ⇨ **black¹** দেখো।

once in a blue moon ⇨ **once** দেখো।

blue² / bluː ব্লু / *noun* **1** [C, U] the colour of a clear sky when the sun shines ঝকঝকে সূর্যস্নাত আকাশের উজ্জ্বল নীল রং *a deep blue* ○ *dressed in blue* (= blue clothes) **2 the blues** [*pl.,with sing. or pl. verb*] a type of slow sad music একপ্রকার মন্থর লয়ের বিষাদপূর্ণ সংগীত *a blues singer* **3 the blues** [*pl.*] (*informal*) a feeling of great sadness; depression হতাশ, বিষণ্ন, মনমরা অবস্থা; ম্লানতা, মানসিক বিষণ্নতা অথবা অবসাদ *to have the blues*

IDM out of the blue suddenly; unexpectedly হঠাৎ, আকস্মিক; অপ্রত্যাশিতভাবে *I didn't hear from him for years and then this letter came out of the blue.*

blue-collar *adj.* doing or involving physical work with the hands rather than office work দৈহিক বা কায়িক শ্রম সংক্রান্ত (অফিসে যে ধরনের কাজ করা হয় সেই ধরনের নয়) ⇨ **white-collar** দেখো।

blueprint / ˈbluːprɪnt ˈব্লুপ্রিন্ট্ / *noun* [C] a photographic plan or a description of how to make, build or achieve sth কোনো কিছু তৈরি করা, নির্মাণ অথবা অর্জন করার নকশায়িত পূর্ণাঙ্গ এবং বিস্তারিত পরিকল্পনা; ব্লুপ্রিন্ট

bluff[1] / blʌf ব্লাফ্ / *verb* [I, T] to try to make people believe that sth is true when it is not, usually by appearing very confident (সাধারণত খুব আত্মবিশ্বাসের ভাব দেখিয়ে) অসত্য কোনো কিছুকে সত্য বলে মানুষকে বিশ্বাস করানোর চেষ্টা করা; ধাপ্পা দেওয়া, প্রতারণা করা; ঠকানো

IDM **bluff your way in, out, through, etc. sth** to trick sb in order to get into, out of a place, etc. কোনো ব্যক্তিকে ধাপ্পা দিয়ে কোনো জায়গায় প্রবেশ করা, বেরোনো ইত্যাদি *We managed to bluff our way into the stadium by saying we were journalists.*

bluff[2] / blʌf ব্লাফ্ / *noun* **1** [U, C] making sb believe that you will do sth when you really have no intention of doing it, or that you know sth when, in fact, you do not know it কোনো ব্যক্তিকে কোনো কাজ করার মিথ্যা প্রতিশ্রুতি দান অথবা কোনো কিছু জানার ভান বা ছল **2** [C] a steep cliff, especially by the sea or a river খাড়া, উঁচু পাহাড়, বিশেষত, সমুদ্র অথবা কোনো নদীর ধারে ⇨ **flood plain**-এ ছবি দেখো।

IDM **call sb's bluff** ⇨ **call[1]** দেখো।

bluish (*also* **blueish**) /ˈbluːɪʃ ˈব্লুইশ্ / *adj.* (*informal*) slightly blue নীলচে ভাব, নীলাভ, ফিকে নীল *bluish green*

blunder[1] / ˈblʌndə(r) ˈব্লান্ড্যা(র্) / *noun* [C] a stupid mistake বোকার মতো ভুল, নির্বুদ্ধিতার জন্য যে ভুল *I'm afraid I've **made a** terrible **blunder**.*

blunder[2] / ˈblʌndə(r) ˈব্লান্ড্যা(র্) / *verb* [I] to make a stupid mistake বোকার মতো কোনো ভুল করা

PHR V **blunder about, around, etc.** to move in an uncertain or careless way, as if you cannot see where you are going এলোমেলোভাবে অন্ধের মতো হাতড়ে হাতড়ে চলা *We blundered about in the dark, trying to find the light switch.*

blunt / blʌnt ব্লান্ট্ / *adj.* **1** (used about a knife, pencil, tool, etc.) without a sharp edge or point (ছুরি, পেনসিল, যন্ত্র ইত্যাদি সম্বন্ধে ব্যবহৃত) ভোঁতা ✪ বিপ **sharp** **2** (used about a person, comment, etc.) very direct; saying what you think without trying to be polite (কোনো ব্যক্তি, মন্তব্য ইত্যাদির সম্বন্ধে ব্যবহৃত) স্পষ্ট, সোজাসাপটা; কাঠখোট্টা, রাখঢাক নেই এমন *I'm sorry to be so blunt, but I'm afraid you're just not good enough.* ▶ **blunt** *verb* [T] ভোঁতা হয়ে যাওয়া, ধার কমে যাওয়া ▶ **bluntly** *adv.* সোজা কথায়, স্পষ্টভাবে, খোলাখুলিভাবে ▶ **bluntness** *noun* [U] তীক্ষ্ণতা, স্থূলতা, স্থূলবুদ্ধি

blur[1] / blɜː(r) ব্ল্য(র্) / *noun* [C, *usually sing.*] something that you cannot see clearly or remember well অস্পষ্ট, আবছা অথবা ধোঁয়াটে বস্তু অথবা স্মৃতি *Without my glasses, their faces were just a blur.*

blur[2] / blɜː(r) ব্ল্য(র্) / *verb* [I, T] (**blurring; blurred**) to become or to make sth less clear কোনো বস্তু ঘোলাটে, অস্পষ্ট হয়ে যাওয়া বা করা *The words on the page blurred as tears filled her eyes.* ▶ **blurred** *adj.* অস্পষ্ট, ঝাপসা, ঘোলাটে

blurt / blɜːt ব্লাট্ / *verb*

PHR V **blurt sth out** to say sth suddenly or without thinking চিন্তাভাবনা না-করে ঝোঁকের মাথায় হঠাৎ কিছু বলে ফেলা, হুট করে কিছু বলে ফেলা *We didn't want to tell Madhu but Seema blurted the whole thing out.*

blush / blʌʃ ব্লাশ্ / *verb* [I] to become red in the face, especially because you are embarrassed or feel guilty বিশেষত অপ্রস্তুত হয়ে অথবা অপরাধ বোধ করে মুখ লাল হয়ে যাওয়া, আরক্তিম হয়ে ওঠা, লজ্জারুণ হওয়া *She blushed with shame.* ▶ **blush** *noun* [C, *usually sing.*] লজ্জাজনিত মুখের লাল রং, লজ্জা-আভা

blusher / ˈblʌʃə(r) ˈব্লাশ্যা(র্) / *noun* [U, C] a coloured cream or powder that some people put on their cheeks to give them more colour মুখ লালচে দেখানোর জন্য ব্যবহৃত পাউডার বা ক্রিমজাতীয় কোনো প্রসাধনী দ্রব্যবিশেষ; গণ্ডরঞ্জনী

blustery / ˈblʌstəri ˈব্লাস্ট্যারি / *adj.* (used to describe the weather) with strong winds (আবহাওয়া বর্ণনা করতে ব্যবহৃত) দুরন্ত বাতাসসহ; ঝোড়ো *The day was cold and blustery.*

boa / ˈbəʊə ˈব্যাউঅ্যা / *noun* [C] a large snake, found in America, Africa and Asia, that kills animals for food by squeezing them আমেরিকা, আফ্রিকা বা এশিয়ায় পাওয়া যায় একজাতীয় বিরাট সাপ যারা তাদের শিকারকে পিষে মারে

boa constrictor / ˈbəʊə kənstrɪktə(r) ˈব্যাউঅ্যা ক্যান্স্ট্রিকট্যা(র্) / *noun* [C] a large South American snake that is a type of boa দক্ষিণ আমেরিকার বোয়া প্রজাতির একজাতীয় বড়ো আকারের সাপ

boar / bɔː(r) ব:(র্) / *noun* [C] (*pl.* **boar** or **boars**) **1** a male pig পুরুষ শূকর **2** a wild pig বন্য শূকর; বনশুয়োর ⇨ **pig**-এ নোট দেখো।

board[1] / bɔːd ব:ড্ / *noun* **1** [C] a long, thin, flat piece of wood used for making floors, walls, etc. কাঠের তক্তা, পাটা ইত্যাদি যা দেয়াল, মেঝে প্রভৃতি তৈরি করতে লাগে; কাষ্ঠফলক *The old house needed new **floorboards**.* **2** [C] a thin flat piece of wood, etc. used for a particular purpose (কোনো বিশেষ কাজের জন্য ব্যবহৃত) কাঠের পাতলা চ্যাপটা টুকরো কাঠের ফলক বা পাটাতন; তক্তা *an ironing board ○ a surfboard ○ a noticeboard* **3** [C, *with sing. or pl. verb*] a group of people who control an organization, company, etc. (কোনো প্রতিষ্ঠান,

কোম্পানি ইত্যাদির) পরিচালক গোষ্ঠী; সমিতি, পরিষদ, সভা *The* ***board of directors*** *is/are meeting to discuss the firm's future.* ○ *a board meeting* **4** [U] the meals that are provided when you stay in a hotel, etc. হোটেল ইত্যাদিতে থাকার সময়ে যে খাবার দেওয়া হয় *The prices are for a double room and* ***full board*** (= all the meals).

IDM above board ➪ **above** দেখো।

across the board ➪ **across** দেখো।

on board on a ship or an aircraft জাহাজে বা উড়োজাহাজে আরোহণকালীন অবস্থা অথবা চড়ে থাকা অবস্থায় *All the passengers were safely on board.*

board[2] / bɔːd ব:ড় / *verb* [I, T] to get on a plane, ship, bus, etc. (জাহাজ, বাস, প্লেন ইত্যাদিতে) চড়া, ওঠা, আরোহণ করা *We said goodbye and boarded the train.* ○ *Air India flight 2210 to Mumbai is now boarding* (= ready to take passengers) *at Gate 4.*

PHR V board sth up to cover with **boards[1] 1** কাঠের তক্তা দিয়ে কোনো কিছু ঢেকে বা বন্ধ করে রাখা *Nobody lives there now—it's all boarded up.*

boarder / ˈbɔːdə(r) ˈব:ড্যা(র্) / *noun* [C] (*BrE*) **1** a child who lives at school and goes home for the holidays (স্কুলে) যে শিক্ষার্থী আবাসিক অথবা ছাত্রাবাসে থাকে এবং কেবলমাত্র লম্বা ছুটিতে বাড়ি যায় **2** a person who pays to live at sb's house যে ব্যক্তি অর্থের বিনিময়ে কারও বাড়িতে থাকে ➪ **lodger** দেখো।

boarding card (*also* **boarding pass**) *noun* [C] a card that you must show in order to get on a plane or ship প্লেনে বা জাহাজে উঠতে হলে যে কার্ড (বা অনুমতিপত্র) অবশ্যই দেখাতে হয়; বোর্ডিং কার্ড বা বোর্ডিং পাস

boarding house *noun* [C] a private house where you can pay to stay and have meals for a period of time যে বাড়িতে অর্থের বিনিময়ে কিছু সময়কালের জন্য থাকা-খাওয়ার ব্যবস্থা আছে

boarding school *noun* [C] a school that schoolchildren live at while they are studying, going home only in the holidays আবাসিক বিদ্যালয়; বোর্ডিং স্কুল

boardroom / ˈbɔːdruːm; -rʊm ˈব:ড্রূম্; -রুম্ / *noun* [C] the room where the group of people in charge of a company or organization (**the board of directors**) meets কোনো কোম্পানি বা প্রতিষ্ঠানের পরিচালকবৃন্দ যে ঘরে বসে মিটিং ইত্যাদি করেন বা যেখানে সকলে একত্রিত হন; বোর্ডরুম

boast / bəʊst ব্যাউস্ট্ / *verb* **1** [I] to talk with too much pride about sth that you have or can do (কোনো কিছু সম্বন্ধে) বড়াই করা, লম্বা-চওড়া করে বাড়িয়ে বলা, দম্ভ করা, আস্ফালন করা *I wish she wouldn't boast about her family so much.* **2** [T] (used about a place) to have sth that it can be proud of (কোনো স্থান সম্বন্ধে ব্যবহৃত) এমন কিছু থাকা যাতে গৌরব বোধ করা যেতে পারে *The town boasts over a dozen restaurants.* ▶ **boast** *noun* [C] গর্ব, দম্ভ, শ্লাঘা, দর্প, দেমাক

boastful / ˈbəʊstfl ˈব্যাউস্ট্ফ্ল্ / *adj.* (used about a person or the things that he/she says) showing too much pride (কোনো ব্যক্তি বা তার বক্তব্য সম্বন্ধে ব্যবহৃত) আত্মপ্রশংসাপরায়ণ, সদম্ভ, দাম্ভিক

boat / bəʊt ব্যাউট্ / *noun* [C] **1** a small vehicle that is used for travelling across water নৌকো, ডিঙি, তরণী, তরী *The cave can only be reached* ***by*** *boat/* ***in a*** *boat.* ○ *a rowing/fishing/motor boat* **2** any ship যে-কোনো ধরনের জলযান *When does the next boat to Lakshadweep sail?* ➪ পৃষ্ঠা ১৪২-এ ছবি দেখো।

IDM rock the boat ➪ **rock[2]** দেখো।

bob / bɒb বব্ / *verb* (**bo<u>bb</u>ing; bo<u>bb</u>ed**) [I, T] to move quickly up and down; to make sth do this দ্রুত গতিতে ওঠা-নামা করা; কোনো বস্তুকে এরকম করানো *The boats in the harbour were bobbing up and down in the water.* ○ *She bobbed her head down below the top of the wall.*

PHR V bob up to appear suddenly from behind or under sth কোনো বস্তুর পিছন থেকে অথবা কোনো কিছুর নীচ থেকে হঠাৎ করে বা অপ্রত্যাশিতভাবে হাজির অথবা উপস্থিত হওয়া *He disappeared and then bobbed up again on the other side of the pool.*

bobbin / ˈbɒbɪn ˈববিন্ / *noun* [C] a small circular device which you put thread round and that is used, for example, in a sewing machine সুতো জড়িয়ে রাখার জন্য ব্যবহৃত ছোটো গোল সরঞ্জামবিশেষ; কাটিম, রিল, লাটাইববিন (সেলাই মেশিনে); ববিন

bobsleigh / ˈbɒbsleɪ ˈবব্স্লেই / (*AmE* **bobsled** / ˈbɒbsled ˈবব্স্লেড় /) *noun* [C] a racing vehicle for two or more people that slides over snow along a track দুই বা তার অধিক আরোহীর জন্য রেসের যান যা বরফের মধ্যে দিয়ে কাটা রাস্তার উপর গড়িয়ে চলে ➪ **sleigh, sledge** এবং **toboggan** দেখো।

bode / bəʊd ব্যাউড্ / *verb*

IDM bode well/ill (for sb/sth) to be a sign that sb/sth will have a good/bad future কোনো ব্যক্তি বা বস্তুর ভালো/মন্দ ভবিষ্যতের চিহ্ন বা লক্ষণস্বরূপ হওয়া

bodice / ˈbɒdɪs ˈবডিস্ / the top part of a woman's dress, above the waist মেয়েদের পোশাকের কোমরের উপরের অংশ; বডিস

bodily[1] / ˈbɒdɪli ˈবডিলি / *adj.* of the human body; physical মানবদেহের; শারীরিক, দৈহিক, জৈবিক, কায়িক *First we must attend to their bodily needs* (= make sure that they have a home, have enough to eat, etc.)

barge/canal boat

hovercraft

skirt

oar

rowing boat (*AmE* rowboat)

life jacket

trawler

dinghy

paddle

hull   liner

kayak (*BrE* canoe)

mast

spinnaker

mainsail

catamaran

jib

boom

cabin

barge

bow

stern

rudder

tug/tugboat

yacht

outboard motor

raft

motor boat

boats and ships

bodily² / ˈbɒdɪli বডিলি / *adv.* by taking hold of
the body সশরীরে *She picked up the child and
carried him bodily from the room.*

body / ˈbɒdi বডি / *noun* (*pl.* **bodies**) **1** [C] the
whole physical form of a person or animal দেহ,
অবয়ব, শরীর, কায়া, তনু, অঙ্গ *the human body* **2** [C]

the part of a person that is not his/her legs,
arms or head মাথা, হাত, পা বাদ দিয়ে দেহের মূল অংশ;
দেহকাণ্ড *She had injuries to her head and body.*
3 [C] a dead person মৃতদেহ, শব, লাশ *The police
have found a body in the canal.* **4** [C, *with sing.*
or pl. verb] a group of people who work or act

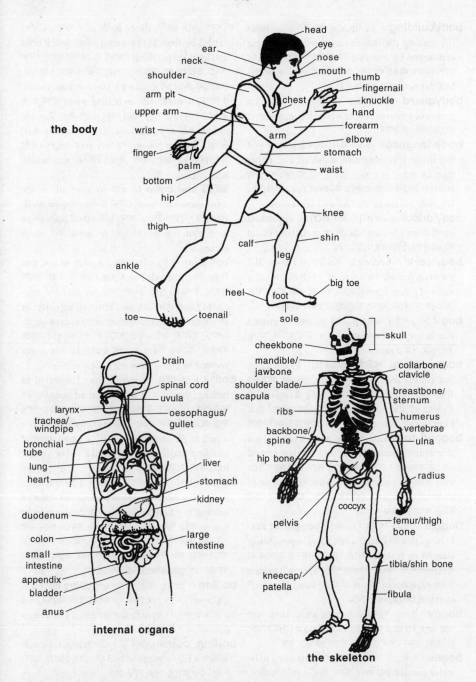

the body

head
eye
nose
mouth
ear
neck
thumb
shoulder
fingernail
arm pit
knuckle
chest
upper arm
hand
wrist
forearm
arm
finger
elbow
palm
stomach
bottom
waist
hip
knee
thigh
shin
calf
leg
ankle
big toe
heel
foot
toe
sole
toenail

internal organs

brain
spinal cord
uvula
larynx
oesophagus/gullet
trachea/windpipe
bronchial tube
lung
heart
liver
stomach
kidney
duodenum
colon
large intestine
small intestine
appendix
bladder
anus

the skeleton

skull
cheekbone
collarbone/clavicle
mandible/jawbone
shoulder blade/scapula
breastbone/sternum
ribs
humerus
backbone/spine
vertebrae
ulna
hip bone
radius
coccyx
pelvis
femur/thigh bone
tibia/shin bone
kneecap/patella
fibula

together, especially in an official way একসঙ্গে কাজ করে এমন ব্যক্তিবর্গ, বিশেষত আধিকারিক স্তরে The governing body of the college meets/meet once a month. **5** [*sing.*] the main part of sth কোনো কিছুর মূল অংশ; কাঠামো We agree with the body of the report, although not with certain details. **6** [C] (*formal*) an object কোনো বস্তু The doctor removed a foreign body from the child's ear.

IDM **in a body** all together একত্রে, সবটা মিলে

bodybuilding / ˈbɒdibɪldɪŋ ˈবডিবিল্‌ডিং / *noun* [U] making the muscles of the body stronger and larger by exercise ব্যায়ামের মাধ্যমে শরীরের পেশিসমূহের আরও বলবর্ধন এবং পরিবর্ধন করা ▶ **bodybuilder** *noun* [C] ব্যায়ামবীর

bodyguard / ˈbɒdigɑːd ˈবডিগা:ড্ / *noun* [C] a person or group of people whose job is to protect sb দেহরক্ষী; বডিগার্ড

body language *noun* [U] showing how you feel by the way you move, stand, sit, etc., rather than by what you say ভাষায় নয়, অঙ্গভঙ্গি এবং চলাফেরা ইত্যাদি দ্বারা প্রদর্শিত মনোভাব *I could tell by his body language that he was scared.*

body odour *noun* [U] (*abbr.* **BO**) the unpleasant smell from a person's body, especially of sweat গায়ের দুর্গন্ধ, বিশেষত ঘামের গন্ধ

bodywork / ˈbɒdiwɜːk ˈবডিউঅ্যক্ / *noun* [U] the main outside structure of a vehicle, usually made of painted metal সাধারণত রং করা ধাতুর দ্বারা তৈরি কোনো যানবাহনের বহির্ভাগের প্রধান কাঠামো

bog / bɒg বগ্ / *noun* [C, U] an area of ground that is very soft and wet ভিজে নরম মাটির অংশ; জলাভূমি, দঁক *a peat bog*

bogey / ˈbəʊgi ˈব্যাউগি / *noun* [C] **1** something that causes fear, often without reason অহেতুক অথবা অযৌক্তিক ভয় সঞ্চার করে যে বস্তু **2** (*informal*) a piece of the sticky substance (**mucus**) that forms inside your nose নাকের মধ্যেকার চটচটে পদার্থ

bogged down *adj.* **1** (used about a vehicle) not able to move because it has sunk into soft ground (কোনো যানবাহন সম্বন্ধে ব্যবহৃত) নরম মাটিতে আটকে গেছে এমন **2** (used about a person) not able to make any progress (ব্যক্তির সম্বন্ধে ব্যবহৃত) কোনো উন্নতি করতে অক্ষম

boggle / ˈbɒgl ˈবগ্‌ল্ / *verb* [I] **boggle (at sth)** to be unable to imagine sth; to be impossible to imagine or believe কোনো কিছুকে কল্পনায় আনতে না পারা; বিশ্বাস বা কল্পনা না করতে পারা *'What will happen if his plan doesn't work?'* ***'The mind boggles!'*** ➪ **mind boggling** দেখো।

boggy / ˈbɒgi ˈবগি / *adj.* (used about land) soft and wet, so that your feet sink into it (জমি সম্বন্ধে ব্যবহৃত) এমন নরম ও ভিজে যাতে পা ডুবে যায়

bogus / ˈbəʊgəs ˈব্যাউগ্যাস্ / *adj.* pretending to be real or genuine ভন্ডামিপূর্ণ, কৃত্রিম, বানানো, জালি, সাজানো, মেকি *a bogus policeman*

boil¹ / bɔɪl বইল্ / *verb* **1** [I] (used about a liquid) to reach a high temperature where bubbles rise to the surface and the liquid changes to a gas (কোনো তরল পদার্থ সম্বন্ধে ব্যবহৃত) ফোটা, বাষ্পীভূত হওয়া, টগবগ করে ফোটা *Water boils at 100°C.* ○ *The kettle's boiling.* **2** [T] to heat a liquid until it boils and let it keep boiling যতক্ষণ না কোনো তরল পদার্থ ফোটে ততক্ষণ তা গরম করা এবং সেটিকে ফুটতে দেওয়া; ফোটানো *Boil all drinking water for five minutes.* **3** [I, T] to cook (sth) in boiling water গরম জলে ফুটিয়ে (কোনো বস্তু) রান্না করা, সিদ্ধ করা *Put the potatoes on to boil, please.* ○ *to boil an egg* **4** [I] (used about a person) to feel very angry (ব্যক্তি সম্বন্ধে ব্যবহৃত) রেগে যাওয়া, ক্রুধ হওয়া *She was boiling with rage.*

PHR V **boil down to sth** to have sth as the most important point মোদ্দা কথায় পর্যবসিত হওয়া; সবথেকে গুরুত্বপূর্ণ বিষয়ে আসা *What it all boils down to is that you don't want to spend too much money.*

boil over 1 (used about a liquid) to boil and flow over the sides of a pan (কোনো তরল পদার্থ সম্বন্ধে ব্যবহৃত) ফুটে উথলে পড়া *See that the soup doesn't boil over.* **2** (used about an argument or sb's feelings) to become more serious or angry (কোনো যুক্তি বা তর্ক অথবা কোনো ব্যক্তির অনুভূতি সম্বন্ধে ব্যবহৃত) আরও গম্ভীর বা ক্রুদ্ধ হওয়া *All her anger seemed to boil over during the meeting.*

boil² / bɔɪl বইল্ / *noun* **1** [*sing.*] a period of boiling; the point at which a liquid boils ফোটার সময়কাল; যে সময়ে অথবা তাপমাত্রায় কোনো তরল পদার্থ ফুটে ওঠে; স্ফুটনাঙ্ক *You'll have to give those shirts a boil to get them clean.* **2** [C] a small, painful swelling under your skin, with a red or yellow top ফোড়া, বিস্ফোটক

boiler / ˈbɔɪlə(r) ˈবইল্যা(র্) / *noun* [C] a container in which water is heated to provide hot water or heating in a building or to produce steam in an engine বাড়ি গরম করার জন্য অথবা সেখানে গরম জল সরবরাহ করার জন্য বা ইঞ্জিনে বাষ্প উৎপন্ন করার জন্য যে বড়ো পাত্রে জল গরম করা হয়; জল গরম করার আধার; বয়লার ➪ **generator**-এ ছবি দেখো।

boiling / ˈbɔɪlɪŋ ˈবইলিং / (*also* **boiling hot**) *adj.* (*informal*) very hot ফুটন্ত, খুব গরম, প্রচণ্ড উত্তপ্ত *Open a window—it's boiling hot in here.* ○ *Can I open a window? I'm boiling.*

boiling point *noun* [C] the temperature at which a liquid starts to boil যে তাপে কোনো তরল পদার্থ ফুটতে শুরু করে; স্ফুটনাঙ্ক

boisterous / ˈbɔɪstərəs ˈবইস্‌ট্যার‍্যাস্ / *adj.* (used about a person or behaviour) noisy and full of energy (কোনো ব্যক্তি বা তার আচার-আচরণ সম্বন্ধে ব্যবহৃত) উচ্ছ্বসিত, আমুদে, হুল্লোড়ে, স্ফূর্তিবাজ *Their children are very nice but they can get a bit too boisterous.*

bold / bəʊld ব্যাউল্ড্ / *adj.* **1** (used about a person or his/her behaviour) confident and not afraid (কোনো ব্যক্তি বা তার আচার-আচরণ সম্বন্ধে ব্যবহৃত) সাহসী, নির্ভীক, উদ্যোগী, আত্মবিশ্বাসী *Not many people are bold enough to say exactly what they think.* **2** that you can see clearly স্পষ্ট, পরিষ্কার, স্বচ্ছ, উজ্জ্বল *bold, bright colours* **3** (used about printed letters) in thick, dark type (মুদ্রিত অক্ষর সম্বন্ধে ব্যবহৃত) মোটা এবং গাঢ় হরফে *Make the important text bold.* ▶ **bold** *noun* [U] সাহসী, নির্ভীক *The important words are highlighted* ***in bold****.* ▶ **boldly** *adv.* সাহসের সঙ্গে; নির্ভীকভাবে ▶ **boldness** *noun* [U] সাহসিকতা, নির্ভীকতা

bole / bəʊl ব্যাউল্ / *noun* [C] (*technical*) the main part of a tree that grows up from the ground গাছের গুঁড়ি বা কাণ্ড NOTE এই অর্থে **bole** শব্দটির তুলনায় **trunk** শব্দটি বেশি ব্যবহৃত।

bollard / ˈbɒlɑːd ˈবলা:ড্ / *noun* [C] a short thick post that is used to stop motor vehicles from going into an area that they are not allowed to enter কোনো নির্দিষ্ট এলাকায় যানবাহনের প্রবেশ বন্ধ করার জন্য ব্যবহৃত মোটা খুঁটি

bolster[1] / ˈbəʊlstə(r) ˈব্যাউল্স্ট্যা(র্) / *verb* [T] **bolster sb/sth** (**up**) to support or encourage sb/sth; to make sth stronger (কোনো ব্যক্তি অথবা বস্তুকে) সাহায্য করা, মদত দেওয়া, সমর্থন করা; (কোনো বস্তুকে) আরও শক্তিশালী করে তোলা *His remarks did nothing to bolster my confidence.*

bolster[2] / ˈbəʊlstə(r) ˈব্যাউল্স্ট্যা(র্) / *noun* [C] a long thick pillow that is put under other pillows অন্য বালিশের নীচে রাখার জন্য লম্বা মোটা তাকিয়া বা বালিশ; লম্বা গোল বালিশ

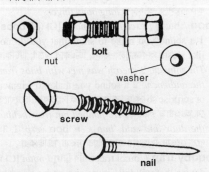

bolt[1] / bəʊlt ব্যাউল্ট্ / *noun* [C] **1** a small piece of metal that is used with another piece of metal (**a nut**) for fastening things together বল্টু, বোল্ট **2** a bar of metal that you can slide across the inside of the door in order to fasten it খিল, হুড়কো, অর্গল, ছিটকিনি

bolt[2] / bəʊlt ব্যাউল্ট্ / *verb* **1** [I] (used especially about a horse) to run away very suddenly, usually in fear (বিশেষত ঘোড়ার সম্বন্ধে ব্যবহৃত) সাধারণত ভয় পেয়ে হঠাৎ দৌড়ে পালিয়ে যাওয়া **2** [T] **bolt sth** (**down**) to eat sth very quickly খুব তাড়াতাড়ি গোগ্রাসে কিছু খেয়ে ফেলা **3** [T] to fasten one thing to another using a **bolt**[1] **1** বল্টু দিয়ে একটা জিনিসের সঙ্গে আর একটা জিনিস আটকানো *All the tables have been bolted to the floor so that nobody can steal them.* **4** [T] to fasten a door, etc. with a **bolt**[1] **2** ছিটকিনি অথবা খিল দিয়ে দরজা ইত্যাদি আটকানো *Make sure that the door is locked and bolted.*

bolt[3] / bəʊlt ব্যাউল্ট্ / *adv.*

IDM **bolt upright** sitting or standing very straight খাড়া হয়ে অথবা টানটান হয়ে দাঁড়িয়ে আছে অথবা বসে আছে এমন

bomb[1] / bɒm বম্ / *noun* **1** [C] a container that is filled with material that will explode when it is thrown or dropped, or when a device inside it makes it explode বোমা, গোলা *Fortunately, the car bomb failed to* ***go off****.* **2** [I] **the bomb** [*sing.*] nuclear weapons পারমাণবিক অস্ত্র, পরমাণু বোমা *How many countries have the bomb now?* **3 a bomb** [*sing.*] (*BrE informal*) a lot of money বিপুল পরিমাণ টাকা *That car must have cost you a bomb!*

bomb[2] / bɒm বম্ / *verb* **1** [T] to attack a city, etc. with bombs বোমা দিয়ে শহর ইত্যাদি আক্রমণ করা, বোমা ছোড়া *Enemy forces have bombed the bridge.* **2** (*informal*) **bomb along, down, up, etc.** to move along very fast in the direction mentioned, especially in a vehicle তীব্র গতিতে কোনো উল্লিখিত দিকে যাওয়া (বিশেষত) কোনো গাড়ি চালিয়ে *He was bombing along at 100 kilometers an hour when the police stopped him.*

bombard / bɒmˈbɑːd বম্ˈবা:ড্ / *verb* [T] to attack a place with bombs or guns বোমা অথবা বন্দুক বা কামান দিয়ে কোনো স্থান আক্রমণ করা *They bombarded the city until the enemy surrendered.* ○ (*figurative*) *The reporters bombarded the minister with questions.* ▶ **bombardment** *noun* [C, U] গোলাবর্ষণ, বোমাবর্ষণ, কামান দ্বারা আক্রমণ *The main radio station has* ***come under*** *enemy* ***bombardment****.*

bomb disposal *noun* [U] the job of dealing with bombs that have been found and have not yet exploded in order to make an area safe কোনো অঞ্চলকে নিরাপদ করার জন্য বিস্ফোরণ ঘটেনি এমন যে সকল বোমা খুঁজে পাওয়া গেছে সেগুলি সরিয়ে ফেলার কাজ; বোমা নিষ্ক্রিয়করণ *a bomb disposal squad*

bomber / ˈbɒmə(r) ˈবম্যা(র্) / *noun* [C] **1** a type of plane that drops bombs বোমা বর্ষণ করে যে ধরনের বিমান **2** a person who makes a bomb explode in a public place যে ব্যক্তি প্রকাশ্য স্থানে বোমা ফাটায়

bombshell / ˈbɒmʃel ˈবম্‌শেল্ / *noun* [C, *usually sing.*] an unexpected and usually shocking event or a piece of news কোনো অপ্রত্যাশিত এবং সাধারণত আপত্তিকর ঘটনা অথবা সংবাদ *The chairman* ***dropped a bombshell*** *when he said he was resigning.*

bona fide / ˌbəʊnə ˈfaɪdi ˌব্যাউন্যা ˈফাইডি / *adj.* real or genuine সত্যিকারের অথবা আন্তরিক; প্রকৃত, অকৃত্রিম *This car park is for the use of bona fide customers only.*

bond / bɒnd বন্ড্ / *noun* [C] **1** something that joins two or more people or groups of people together, such as a feeling of friendship দুই অথবা তার অধিক ব্যক্তি বা কোনো গোষ্ঠীর সদস্যদের যে অনুভূতি একত্রিত করে, যেমন মৈত্রীবন্ধন; বন্ধন **2** a certificate that you can buy from a government or company that promises to pay you interest on the money you have given (জমা রাখা টাকার উপরে সুদ দেওয়ার অঙ্গীকারসহ সরকার অথবা কোনো কোম্পানির কাছ থেকে কেনা) চুক্তিপত্র, চুক্তিনামা; মুচলেকা **2** (*technical*) (in chemistry) the way in which **atoms** are held together in a chemical compound (রসায়নশাস্ত্রে) রাসায়নিক মৌলিক পদার্থে অণু অথবা পরমাণুসমূহের পারস্পরিক বন্ধন; বন্ড

bone¹ / bəʊn ব্যাউন্ / *noun* **1** [C] one of the hard parts inside the body of a person or animal that are covered with muscle, skin, etc. হাড়, অস্থি *He's broken a bone in his hand.* ○ *This fish has got a lot of bones in it.* ➪ **body**-তে ছবি দেখো। **2** [U] the substance that bones are made of হাড়ের মূল বস্তু, হাড়ের উপাদান

IDM **have a bone to pick with sb** to be angry with sb about sth and want to talk about it with them কোনো কিছু সম্পর্কে কোনো ব্যক্তির প্রতি রাগ করা এবং এই সম্বন্ধে তার বা তাদের সঙ্গে কথা বলতে চাওয়া

make no bones about (doing) sth to do sth in an open honest way without feeling nervous or worried about it ভয় না পেয়ে অথবা দুশ্চিন্তা না করে খোলা মনে সৎভাবে কোনো কাজ করা *She made no bones about telling him exactly what she thought about him.*

bone² / bəʊn ব্যাউন্ / *verb* [T] to take the bones out of sth (কাঁটা বা হাড়) বাছা, আলাদা করা, ছাড়ানো *to bone a fish*

bone-dry *adj.* completely dry সম্পূর্ণ শুকনো

bone marrow (*also* **marrow**) *noun* [U] the soft substance that is inside the bones of a person or animal হাড়ের ভিতরের মজ্জা; অস্থিমজ্জা

bonemeal / ˈbəʊnmiːl ˈব্যাউন্‌মীল্ / *noun* [U] a substance made from animal bones which is used to make soil better for growing plants পশুদের শরীরের হাড় থেকে তৈরি পদার্থবিশেষ যা উদ্ভিদের বৃদ্ধির জন্য উন্নততর মাটি তৈরি করতে ব্যবহৃত হয়; সার হিসেবে ব্যবহৃত হাড়ের গুঁড়ো; অস্থিচূর্ণসার

bonfire / ˈbɒnfaɪə(r) ˈবন্‌ফাইঅ্যা(র্) / *noun* [C] a large fire that you build outside to burn rubbish or as part of a festival, etc. বর্জ্য পদার্থ জ্বালানো অথবা উৎসব পালন ইত্যাদি কারণে বাড়ির বাইরের প্রজ্বলিত আগুন; জনসাধারণের আনন্দোৎসব উপলক্ষ্যে প্রজ্জ্বলিত অগ্নি; বহ্ন্যুৎসব; বনফায়ার

bonkers / ˈbɒŋkəz ˈবংক্যাজ্ / *adj.* (*slang*) crazy; mad (অপপ্রয়োগ) পাগল, অদ্ভুত; পাগলা, খ্যাপা *I'd go bonkers if I worked here full-time.*

bonnet / ˈbɒnɪt ˈবনিট্ / *noun* [C] **1** (*AmE* **hood**) the front part of a car that covers the engine মোটরগাড়ির (সামনের দিকে) ইঞ্জিনের ঢাকনা; বনেট **2** a type of hat which covers the sides of the face and is fastened with strings under the chin মুখমণ্ডল বেষ্টন করে চিবুকের নীচে ফিতে দিয়ে বাঁধা থাকে এমন টুপি

bonus / ˈbəʊnəs ˈব্যাউন্যাস্ / *noun* [C] (*pl.* **bonuses**) **1** a payment that is added to what is usual সাধারণত যা পাওয়া যায় তার থেকে বেশি অর্থপ্রাপ্তি; উপরি; বোনাস *All our employees receive an annual bonus.* **2** something good that you get in addition to what you expect প্রত্যাশার অতিরিক্ত আরও ভালো কিছুর প্রাপ্তি *I enjoy my job, and having my own office is* ***an added bonus****.*

bony / ˈbəʊni ˈব্যাউনি / *adj.* so thin that you can see the shape of the bones হাড় জিরজিরে, রোগা, অস্থিচর্মসার, অস্থিদৃশ্য *long bony fingers*

boo / buː বূ / *exclamation, noun* [C] (*pl.* **boos**) **1** a sound you make to show that you do not like sb/sth অবজ্ঞাসূচক ধ্বনি; ছিছিক্কার, দুয়ো, টিটকিরি *The minister's speech was met with boos from the audience.* **2** a sound you make to frighten or surprise sb কোনো ব্যক্তিকে চমকে দিতে বা ভয় দেখাতে যে আওয়াজ করা হয় *He jumped out from behind the door and said 'boo'.* ▶ **boo** *verb* [I, T] দুয়ো দেওয়া, ছিছিক্কার করা, প্যাঁক দেওয়া, ছি ছি করা

booby trap / ˈbuːbi træp ˈবূবি ট্র্যাপ্ / *noun* [C] a device that will kill, injure or surprise sb when he/she touches the object that it is connected to কোনো বস্তুর সঙ্গে সংযুক্ত যন্ত্র যেটি কোনো ব্যক্তি স্পর্শ করলে সেটি তাকে হত্যা করে, আহত করে অথবা চমকে দেয়; ফাঁদ ▶ **booby-trap** *verb* [T] (*pres. part.* **booby-trapping;** *pt, pp* **booby-trapped**) লুকোনো ফাঁদ পাতা

book[1] / bʊk বুক্ / *noun* **1** [C] a written work that is published as printed pages fastened together inside a cover, or in electronic form (মুদ্রিত অথবা বৈদ্যুতিন রূপে প্রকাশিত) বই, পুস্তক, গ্রন্থ *I'm reading a book on astrology.* ○ *hardback/paperback books* **2** [C] a number of pieces of paper, fastened together inside a cover, for people to write or draw on লেখা বা আঁকার জন্য দুই মলাটের মধ্যে আবদ্ধ কিছু কাগজ; আঁকার বা লেখার খাতা; নোটবই *Please write down all the new vocabulary in your exercise books.* ○ *a notebook* ○ *a sketch book* **3** [C] a number of things fastened together in the form of a book বইয়ের আকারে একত্রিত করে বাঁধা কিছু জিনিস; তোড়া, গোছা *a book of stamps* ○ *a cheque book* **4 books** [*pl.*] the records that a company, etc., keeps of the amount of money it spends and receives কোনো কোম্পানি ইত্যাদিতে যে পরিমাণ অর্থের আয় বা ব্যয় হয় তার হিসেবপত্র অথবা নথিপত্র; রেকর্ডবুক *We employ an accountant to **keep the books**.*

IDM be in sb's good/bad books (*informal*) to have sb pleased/angry with you কোনো ব্যক্তির কুনজরে/সুনজরে থাকা *He's been in his boss's bad books since he failed to complete the project on time.*

by the book exactly according to the rules যথোচিতভাবে, নিয়ম মেনে *A policeman must always do things by the book.*

(**be**) **on sb's books** (to be) on the list of an organization কোনো প্রতিষ্ঠানের তালিকার অন্তর্ভুক্ত থাকা *The employment agency has hundreds of qualified secretaries on its books.*

book[2] / bʊk বুক্ / *verb* **1** [I, T] to arrange to have or do sth at a particular time নির্দিষ্ট সময়ে কিছু পাওয়া বা করার জন্য ব্যবস্থা করা বা সংরক্ষিত করা *Have you booked a table, sir?* ○ *to book a seat on a plane/train/bus* **2** [T] (*informal*) to officially write down the name of a person who has done sth wrong কিছু ভুল কাজের জন্য কোনো ব্যক্তির নাম বিধিসম্মতভাবে লিখে নেওয়া; কোনো ব্যক্তিকে অভিযুক্ত করা *The player was booked for a foul and then sent off for arguing.*

PHR V book in to say that you have arrived at a hotel, etc., and sign your name on a list কোনো হোটেল ইত্যাদিতে এসে পৌঁছোনোর কথা জানানো এবং তাদের তালিকায় নিজের নাম স্বাক্ষর করা

book sb in to arrange a room for sb at a hotel, etc. in advance (হোটেল ইত্যাদিতে) কোনো ব্যক্তির জন্য আগে থেকে ঘরের ব্যবস্থা করা, সংরক্ষিত করা; বুক করা *I've booked you in at the Taj.*

bookcase / ˈbʊkkeɪs ˈবুক্‌কেইস্ / *noun* [C] a piece of furniture with shelves to keep books on বই রাখার তাকওয়ালা আসবাব, বইয়ের আলমারি; বুককেস

bookie / ˈbʊki ˈবুকি / (*informal*) = **bookmaker**

booking / ˈbʊkɪŋ ˈবুকিং / *noun* [C, U] the arrangement you make in advance to have a hotel room, a seat on a plane, etc. আগে থেকে হোটেলের ঘর, বিমানের আসন ইত্যাদি সংরক্ষণ করার ব্যবস্থা; বুকিং *Did you manage to **make a booking**?* ○ *No advance booking is necessary.*

booking office *noun* [C] an office where you buy tickets টিকিট কেনার আপিস; বুকিং অফিস

bookkeeper / ˈbʊkki:pə(r) ˈবুক্‌কীপ্যা(র্) / *noun* [C] a person whose job is to keep an accurate record of the accounts of a business যে ব্যক্তির কাজ ব্যাবসার হিসেবপত্র রাখা; হিসাবরক্ষক; খাজাঞ্চি
▶ **bookkeeping** *noun* [U] হিসেবপত্র রাখার কাজ; বুককিপিং

booklet / ˈbʊklət ˈবুক্‌ল্যাট্ / *noun* [C] a small thin book, usually with a soft cover, that gives information about sth (সাধারণত পাতলা মলাটসমেত) তথ্যসম্বলিত ক্ষুদ্র পুস্তিকা; বুকলেট

bookmaker / ˈbʊkmeɪkə(r) ˈবুক্‌মেইক্যা(র্) / (*also informal* **bookie**) *noun* **1** [C] a person whose job is to take bets on horse races, etc. ঘোড়দৌড় ইত্যাদিতে বাজির হিসেব রাখা বা বাজি ধরা যার পেশা; বুকি **2 bookmaker's** [*sing.*] a shop, etc. where you can bet money on a race or an event যে দোকান ইত্যাদিতে বসে ঘোড়দৌড় বা অন্য কোনো কিছুর বাজি ধরা যায়

bookmark / ˈbʊkmɑ:k ˈবুক্‌মা:ক্ / *noun* [C] **1** a narrow piece of card, etc. that you put between the pages of a book so that you can find the same place again easily বইয়ের কোনো জায়গা পুনর্বার সহজে খুঁজে পাওয়ার জন্য অথবা চিহ্নিত করার জন্য কার্ডের যে সরু টুকরো বইয়ের পাতার মাঝে রাখা হয়; বুকমার্ক **2** a file from the Internet that you have stored on your computer ইন্টারনেট থেকে যে ফাইল কম্পিউটারে সংরক্ষণ করা হয়েছে

bookseller / ˈbʊkselə(r) ˈবুক্‌সেল্যা(র্) / *noun* [C] a person whose job is selling books পুস্তকবিক্রেতা, পুস্তকব্যবসায়ী

bookshop / ˈbʊkʃɒp ˈবুক্‌শপ্ / (*AmE* **bookstore** / ˈbʊkstɔ:(r) ˈবুক্‌স্ট:(র্) /) *noun* [C] a shop that sells books বইয়ের দোকান ➪ **library** দেখো।

bookstall / ˈbʊkstɔ:l ˈবুক্‌স্ট:ল্ / (*AmE* **news-stand**) *noun* [C] a type of small shop, which is open at the front, selling newspapers, magazines and books, for example on a station খবরের কাগজ, পত্র-পত্রিকা, বই ইত্যাদি বিক্রি করে যে ছোটো দোকান যার সামনের দিক খোলা থাকে (যেমন স্টেশনে); বুকস্টল

bookworm / ˈbʊkwɜːm ˈবুক্উঅ্যম্ / *noun* [C] a person who likes reading books very much যে ব্যক্তি বই পড়তে খুব ভালোবাসে; পঠনপ্রিয়, গ্রন্থকীট

boom[1] / buːm বুম্ / *noun* [C] **1** a period in which sth increases or develops very quickly কোনো কিছুর দ্রুত উন্নতি, বৃদ্ধি, অথবা বিকাশের সময়কাল *There was a boom in car sales in the 1990s.* **2** [*usually sing.*] a loud deep sound গুরুগম্ভীর জোর শব্দ, গমগমে আওয়াজ *the boom of distant guns* **3** a long pole to which the sail of a boat is fixed. You move the boom to change the position of the sail লম্বা লাঠি বা দণ্ড যাতে নৌকোর পাল আটকানো থাকে। পালের দিক পরিবর্তন করার জন্য দণ্ডটিকে সরানো হয়; নৌদণ্ড ➪ **boat**-এ ছবি দেখো।

boom[2] / buːm বুম্ / *verb* **1** [I, T] **boom (sth) (out)** to make a loud deep sound গমগম আওয়াজ করা, গভীর ও জোরালো আওয়াজ করা *The loudspeaker boomed out instructions to the crowd.* **2** [I] to grow very quickly in size or value (আকারে এবং মূল্যমানে অতি অল্প সময়ের মধ্যে) বেড়ে ওঠা, বিকাশ অথবা উন্নতি ঘটা, হুহু করে বেড়ে ওঠা *Business is booming in the IT industry.*

boomerang / ˈbuːməræŋ ˈবুম্যার‍্যাং / *noun* [C] a curved piece of wood that returns to you when you throw it in a particular way বাঁকানো কাঠের টুকরো যা বিশেষ কায়দায় ছুড়ে দেওয়ার পর পুনরায় নিক্ষেপকারীর নিকট ফিরে আসে; বুমেরাং

boon / buːn বূন্ / *noun* [C] a thing that is very helpful and that you are grateful for বর, আশীর্বাদ, অনুগ্রহ, কৃপা

boorish / ˈbʊərɪʃ; ˈbɔːr- ˈবুঅ্যারিশ্; ˈব:র্- / *adj.* (used about people and their behaviour) very unpleasant and rude (মানুষ এবং তার আচার-আচরণ সম্বন্ধে ব্যবহৃত) চাষাড়ে, অসভ্য, অপ্রিয়, গেঁয়ো, অমার্জিত

boost[1] / buːst বূস্ট্ / *verb* [T] to increase sth in number, value or strength কোনো বস্তুকে সংখ্যা, মূল্য, বা শক্তিতে বৃদ্ধি করা *If we lower the price, that should boost sales.* ○ *The good exam result boosted her confidence.*

boost[2] / buːst বূস্ট্ / *noun* [C] something that encourages people; an increase এমন বস্তু যা জনসাধারণকে উৎসাহিত করে; বৃদ্ধি *The fall in the value of the pound has led to a boost in exports.* ○ *The president's visit gave a boost to the soldiers' morale.*

boot[1] / buːt বূট্ / *noun* [C] **1** a type of shoe that covers your foot completely and sometimes part of your leg পায়ের পাতা সম্পূর্ণভাবে এবং কখনও পায়ের কিছুটা অংশও ঢাকে এমন জুতো; বুট জুতো *ski boots* ○ *walking/climbing boots* ○ *football boots* **2** (*AmE* **trunk**) the part of a car where you put luggage, usually at the back গাড়ির সাধারণত পিছনের যে অংশে মালপত্র রাখা হয়; ডিকি

boot[2] / buːt বূট্ / verb (informal) **1** [T] to kick sth/sb hard কোনো ব্যক্তি বা বস্তুকে সজোরে লাথি মারা বা পা দিয়ে আঘাত করা *He booted the ball over the fence.* **2** [I, T] to make a computer ready for use when it is first switched on সুইচ টিপে কম্পিউটারকে ব্যবহার করার জন্য তৈরি করা

PHR V **boot sb/sth out** to force sb/sth to leave a place কোনো জায়গা থেকে কোনো ব্যক্তি অথবা বস্তুকে বলপূর্বক বার করে দেওয়া

booth / buːð বূদ্ / *noun* [C] a small enclosed place where one person can do sth privately, such as make a telephone call or vote অন্তরালে ফোনে কথা বলার জন্য অথবা ভোট দেওয়ার জন্য ছোটো ঘেরা জায়গা; চালা; বুথ *a phone booth*

booth capturing *noun* [U] (*IndE*) the illegal action of gaining control of a **polling booth** in order to produce a result to a particular **candidate's** advantage নির্বাচনে কোনো বিশেষ ভোটপ্রার্থীর জয়ের সুযোগ করে দেওয়ার জন্য বেআইনিভাবে কোনো ভোটদান কেন্দ্রকে দখল করার কাজ *Many instances of booth capturing have been reported during the recent elections.*

booty / ˈbuːti ˈবূ:টি / *noun* [U] things that are taken by thieves or captured by soldiers in a war লুটের মাল (ডাকাতি করে অথবা যুদ্ধে শত্রুপক্ষের কাছ থেকে অধিকৃত)

booze[1] / buːz বূজ্ / *noun* [U] (*informal*) alcohol মদ, সুরা

booze[2] / buːz বূজ্ / *verb* [I] (*informal*) to drink a lot of alcohol খুব বেশি পরিমাণে মদ্যপান করা

border[1] / ˈbɔːdə(r) ˈব:ড্যা(র্) / *noun* [C] **1** a line that divides two countries, etc.; the land close to this line (দুই দেশ ইত্যাদির মধ্যে) সীমান্তরেখা; সীমান্ত অঞ্চল *The refugees escaped* ***across/over the border****.*

> **NOTE** দুই দেশের সীমানা অথবা সীমান্ত বোঝাতে সাধারণত **border** এবং **frontier** দুটি শব্দই ব্যবহার করা হয় কিন্তু প্রাকৃতিক সীমারেখা বোঝাতে সাধারণত **border** শব্দটির ব্যবহার হয়—*The river forms the border between the two countries.* ছোটো অঞ্চলকে বিভক্ত করে যে রেখা তাকে সাধারণত **boundary** বলা হয়—*the village boundary*

2 a band or narrow line around the edge of sth, often for decoration কোনো বস্তুর ধার দিয়ে লাগানো সরু দাগ অথবা পাড় (প্রায়ই সাজানোর জন্য); আলংকারিক পাড় অথবা কিনারা *a white tablecloth with a blue border*

border² / ˈbɔːdə(r) ˈব:ড্যা(র্) / *verb* [T] to form a border to an area; to be on the border of an area কোনো অঞ্চলের কিনারা বা সীমারেখা তৈরি করা; কোনো অঞ্চলের সীমান্তে থাকা *The road was bordered with trees.*

PHR V **border on sth** **1** to be almost the same as sth (প্রায় অন্য কোনো বস্তুর) মতো হওয়া, সাদৃশ্য থাকা *The dictator's ideas bordered on madness.* **2** to be next to sth কোনো বস্তুর পার্শ্ববর্তী থাকা, কোনো কিছুর পাশে থাকা *Our garden borders on the railway line.*

borderline / ˈbɔːdəlaɪn ˈব:ড্যালাইন্ / *noun* [*sing.*] the line that marks a division between two different cases, conditions, etc. (দুটো বিভিন্ন ঘটনা, অবস্থা ইত্যাদির) সীমান্তরেখা, প্রভেদরেখা, সীমানা *He's **a borderline case**—he may pass the exam or he may fail.*

bore¹ / bɔː(r) ব:(র্) / *verb* **1** [T] to make sb feel bored, especially by talking too much বেশি বকবক করে কাউকে ক্লান্ত বা বিরক্ত করে তোলা *I hope I'm not boring you.* **2** [I, T] to make a long deep hole with a tool কোনো যন্ত্রের সাহায্যে লম্বা ও গভীর গর্ত করা *This drill can bore (a hole) through solid rock.* **3** **bear²**-এর past tense

bore² / bɔː(r) ব:(র্) / *noun* **1** [C] a person who talks a lot in a way that is not interesting একঘেয়েভাবে অনবরত বকবক করে যে ব্যক্তি **2** [*sing.*] (*informal*) something that you have to do that you do not find interesting চিত্তাকর্ষক নয় এমন কোনো কাজ যা বাধ্য হয়ে করতে হয় *It's such a bore having to learn these lists of irregular verbs.*

bored / bɔːd ব:ড্ / *adj.* **bored (with sth)** feeling tired and perhaps slightly annoyed because sth is not interesting or because you do not have anything to do বিরক্তিজনক, একঘেয়ে; বীতস্পৃহ *The children **get bored** on long journeys.* ○ *He gave a bored yawn.* ○ *The play was awful—we were* (***bored stiff*** = extremely bored).

> NOTE কোনো ব্যক্তির যদি কিছু করার না থাকে বা সে যা করছে তাতে তার আগ্রহ যদি না থাকে তবে সে **bored** হয়। যে ব্যক্তি বা বস্তুর কারণে তার এই অনুভূতি হয় সেই ব্যক্তি বা বস্তুকে **boring** বলা হয়।

boredom / ˈbɔːdəm ˈব:ড্যাম্ / *noun* [U] the state of being bored ক্লান্তি বা বিরক্তিতে ভরা মনের যে অবস্থা; বীতস্পৃহা, একঘেয়েমি

boring / ˈbɔːrɪŋ ˈব:রিং / *adj.* not at all interesting; dull একেবারেই আগ্রহজনক নয়, বিরক্তিকর; একঘেয়ে, ক্লান্তিকর *a boring film/job/speech/man* ➪ **bored** দেখো।

born¹ / bɔːn ব:ন্ / *verb* **be born** to come into the world by birth; to start existing জন্মানো, জন্মগ্রহণ করা; জীবন শুরু করা, বাঁচতে শুরু করা *I was born in Lucknow but I grew up in Varanasi.* ○ *The idea of free education for all was born in the nineteenth century.* ○ *His unhappiness was **born out of** a feeling of frustration.*

born² / bɔːn ব:ন্ / *adj.* **1** (*only before a noun*) having a natural ability to do sth স্বাভাবিক ক্ষমতা, জন্মগত ক্ষমতা; সহজাত, জাত *She's a born leader.* **2 -born** (*used to from compound adjectives*) born in the place or state mentioned নির্দিষ্ট স্থান অথবা পরিস্থিতিতে জাত *This India-born athlete now represents the US.*

born-again *adj.* (*only before a noun*) having found new, strong religious belief নতুন, প্রবল ধর্মীয় বিশ্বাসলাভ, অন্য ধর্মের মধ্যে নব জীবন লাভ; দ্বিজাত *a born-again Christian*

borne ➪ **bear²** এর past participle

borne / bɔːn ব:ন্ / *adj.* (*used to form compound adjectives*) carried by the thing mentioned উল্লিখিত কোনো কিছুর দ্বারা বাহিত *water-borne diseases*

boron / ˈbɔːrɒn ˈব:রন্ / *noun* [U] (*symbol* **B**) a brown or black substance that is used for making steel harder কালো বা বাদামি রঙের পদার্থবিশেষ যা ইস্পাত শক্ত করার কাজে লাগে; বোরন

borough / ˈbʌrə ˈবার্যা / *noun* [C] a town, or an area inside a large town, that has some form of local government কোনো শহর অথবা বড়ো শহরের অন্তর্গতকোনো অঞ্চল যার নিজস্ব স্থানীয় প্রশাসন-ব্যবস্থা বা পৌরসভা আছে

borrow / ˈbɒrəʊ ˈবর্যাউ / *verb* [I, T] **borrow (sth) (from/off sb/sth)** **1** to take or receive sth from sb/sth that you intend to give back, usually after a short time (সাময়িকভাবে বা অল্প সময়ের জন্য কোনো ব্যক্তি অথবা বস্তুর কাছ থেকে কোনো কিছু) ধার নেওয়া, ঋণ নেওয়া *I had to borrow from the bank to pay for my car.* NOTE **Borrow** এবং **lend** এই দুটি শব্দ ব্যবহারের সময় খেয়াল রেখো যে এই শব্দ দুটি কিন্তু বিপরীতার্থক শব্দ, সমার্থক নয়। **2** to take words, ideas, etc. from another person and use them as your own; to copy sth অন্য কোনো ব্যক্তির থেকে কোনো শব্দ, ধারণা ইত্যাদি নিয়ে তা নিজের বলে ব্যবহার করা; কোনো বস্তুকে নকল করা *That idea is borrowed from another book.*

borrower / ˈbɒrəʊə(r) ˈবর্যাউঅ্যা(র্) / *noun* [C] a person who borrows sth যে ধার নেয় বা যে ঋণ গ্রহণ করে; অধমর্ণ

bosom / ˈbʊzəm ˈবুজ়্যাম্ / *noun* **1** [*sing.*] (*formal*) a person's chest, especially a woman's breasts

কোনো ব্যক্তির বক্ষদেশ, (বিশেষত কোনো মহিলার) বক্ষ, বুক, উরস *She clutched the child to her bosom.* **2** [C] a woman's breast স্তন, কুচ, উরজ

IDM **in the bosom of sth** close to; with the protection of কোনো কিছুর সান্নিধ্যে; ঘনিষ্ঠ সান্নিধ্য ও নিরাপত্তার মধ্যে *He was glad to be back in the bosom of his family.*

bosom friend *noun* [C] a very close friend ঘনিষ্ঠ বন্ধু, প্রাণের বন্ধু

boss[1] / bɒs বস্ / *noun* [C] (*informal*) a person whose job is to give orders to others at work; an employer; a manager যে ব্যক্তির কাজ অন্য কর্মরত ব্যক্তিদের আদেশ দেওয়া; কর্তৃত্বে অধিষ্ঠিত ব্যক্তি; মনিব, কর্তা; পরিচালক *I'm going to ask the boss for a day off work.* ○ *OK. You're the boss* (= you make the decisions).

boss[2] / bɒs বস্ / *verb* [T] **boss sb (about/ around)** to give orders to sb, especially in an annoying way কোনো ব্যক্তিকে আদেশ দেওয়া, বিশেষত বিরক্তিজনকভাবে কর্তৃত্ব ফলানো, আপত্তিজনকভাবে আদেশ দেওয়া বা কিছু করতে বলা *I wish you'd stop bossing me around.*

bossy / ˈbɒsi ˈবসি / *adj.* liking to give orders to other people, often in an annoying way (প্রায়ই বিরক্তিকরভাবে) যে ব্যক্তি অন্যের উপর কর্তৃত্ব ফলাতে ভালোবাসে; কর্তৃত্বপরায়ণ, কর্তৃত্বকামী, প্রভুত্বপরায়ণ *Don't be so bossy!* ▶ **bossily** *adv.* কর্তৃত্বপরায়ণভাবে ▶ **bossiness** *noun* [U] প্রভুত্বপরায়ণতা, কর্তৃত্বপরায়ণতা, মুরুব্বিয়ানা

botanist / ˈbɒtənɪst ˈবট্যানিস্ট্ / *noun* [C] a person who studies plants উদ্ভিদবিশারদ, উদ্ভিদবিজ্ঞানী

botany / ˈbɒtəni ˈবট্যানি / *noun* [U] the scientific study of plants উদ্ভিদবিদ্যা, উদ্ভিদতত্ত্ব ➪ **biology** এবং **zoology** দেখো। ▶ **botanical** /bəˈtænɪkl ব্যাˈট্যানিক্‌ল্ / *adj.* উদ্ভিদবিদ্যাসংক্রান্ত, উদ্ভিদসংক্রান্ত *botanical gardens* (= a type of park where plants are grown for scientific study)

botch / bɒtʃ বচ্ / *verb* [T] (*informal*) **botch sth (up)** to do sth badly; to make a mess of sth কোনোমতে জোড়াতালি দিয়ে কোনো কাজ করা; কোনো কিছুর দফা রফা করা *I've completely botched up this typing, I'm afraid.*

both / bəʊθ ব্যাউথ্ / *det., pronoun, adv.* **1** the two; the one as well as the other দুটিই; দুজনেই, উভয়েই *I liked them both.* ○ *We were both very tired.* ○ *Both of us were tired.* **NOTE** 'The both women' অথবা 'my both sisters' অভিব্যক্তিগুলি সঠিক প্রয়োগ নয়। **2 both... and...** কেবল এটা বা একজন নয় অন্যটা বা অন্যজনও *Both he and his wife are vegetarian.*

bother[1] / ˈbɒðə(r) ˈবদ্যা(র্) / *verb* **1** [T] to disturb, annoy or worry sb কোনো ব্যক্তিকে দুশ্চিন্তায় ফেলা, বিরক্ত করা, জ্বালাতন করা, উদ্বিগ্ন করা *I'm sorry to bother you, but could I speak to you for a moment?* ○ *Don't bother Geeta with that now—she's busy.* ✪ সম **trouble** **2** [I] **bother (to do sth/doing sth); bother (about/with sth)** (*usually negative*) to make the effort to do sth; to spend time and/ or energy doing something কোনো কিছু করার জন্য উদ্যোগ নেওয়া; কিছু করার জন্য সময় এবং/অথবা শক্তি ব্যয় করা *He didn't even bother to say thank you.* ○ *Don't bother waiting for me—I'll catch you up later.*

IDM **can't be bothered (to do sth)** used to say that you do not want to spend time or energy doing sth কোনো কাজের জন্য বেশি উদ্যম অথবা সময় ব্যয় করতে অনিচ্ছুক এই ব্যক্ত মনোভাব করার জন্য ব্যবহৃত অভিব্যক্তিবিশেষ *I can't be bothered to do my homework now. I'll do it tomorrow.*

not be bothered (about sth) (*informal*) to think that sth is not important কোনো বিষয়ের গুরুত্ব না বোঝা *'What would you like to do this evening?' 'I'm not bothered really.'*

bother[2] / ˈbɒðə(r) ˈবদ্যা(র্) / *noun* [U] trouble or difficulty ঝামেলা, কষ্ট, অসুবিধে *Thanks for all your help. It's saved me a lot of bother.*

bothered / ˈbɒðəd ˈবদ্যাড্ / *adj.* worried about sth (কোনো বস্তু সম্বন্ধে) উদ্বিগ্ন *Sameer doesn't seem too bothered about losing his job.*

bottle[1] / ˈbɒtl ˈবট্‌ল্ / *noun* [C] **1** a glass or plastic container with a narrow neck for keeping liquids in (কোনো তরল পদার্থ রাখার জন্য ব্যবহৃত কাচ, প্লাস্টিক ইত্যাদির) বোতল, শিশি *a perfume bottle* ○ *an empty bottle* **2** the amount of liquid that a bottle can hold ভর্তি বোতলে রাখা তরল পদার্থের পরিমাণ, এক বোতল *a bottle of cold drink*

bottle[2] / ˈbɒtl ˈবট্‌ল্ / *verb* [T] to put sth into bottles বোতলে ঢালা অথবা ভরা *After three or four months the wine is bottled.* ○ *bottled water* (= that you can buy in bottles)

PHR V **bottle sth up** to not allow yourself to express strong emotions (প্রবল আবেগ) আটকে রাখা, নিয়ন্ত্রণে রাখা, প্রকাশ না করা, চেপে রাখা, সামলে রাখা *You'll make yourself ill if you keep your feelings bottled up.*

bottle gourd *noun* [C] a vegetable with a smooth light green skin and white flesh. It is also used, after drying, in the making of Indian musical instruments লাউ (শুকোনোর পর এটি ভারতীয় বাদ্যযন্ত্র তৈরি করার জন্য ব্যবহৃত হয়)

bottleneck / ˈbɒtlnek ˈবট্‌ল্‌নেক্ / *noun* [C] **1** a narrow piece of road that causes traffic to slow down or stop রাস্তার সরু অংশ যেখানে গাড়ি আস্তে যায় অথবা আটকে পড়ে এবং প্রায়ই ট্র্যাফিক জ্যামের সৃষ্টি হয় **2** something that slows down progress, especially in business or industry এমন কিছু যার কারণে উন্নতি মন্থর হয়ে যায়, বিশেষত ব্যাবসায় অথবা শিল্পে; প্রতিবন্ধক, অন্তরায়

bottom[1] / ˈbɒtəm ˈবট্যাম্ / *noun* **1** [C, *usually sing.*] the lowest part of sth কোনো বস্তুর সব থেকে নীচের অংশ; পাদদেশ, তলদেশ *The house is* ***at the bottom*** *of a hill.* ○ *The sea is so clear that you can see the bottom.* **2** [C] the flat surface on the outside of an object, on which it stands কোনো বস্তুর পাদদেশ; তলা, তল *There's a label* ***on the bottom*** *of the box.* **3** [*sing.*] the far end of sth কোনো কিছুর একেবারে শেষ প্রান্তে *The bus stop is at* ***the bottom*** *of the road.* **4** [*sing.*] the lowest position in relation to other people, teams, etc. অন্যান্য ব্যক্তি, দল ইত্যাদির তুলনায় একেবারে নিম্নতম স্থান *She started* ***at the bottom*** *and now she's the Managing Director.* **5** [C] the part of your body that you sit on নিতম্ব, পাছা, শ্রোণি *He fell over and landed on his bottom.* ➪ **body**-তে ছবি দেখো। **6 bottoms** [*pl.*] the lower part of a piece of clothing that is in two parts দুভাগে বিভক্ত পোশাকের নীচের অংশ *track suit bottoms*

IDM **be at the bottom of sth** to be the cause of sth কোনো কিছুর কারণস্বরূপ হওয়া

from the (bottom of your) heart ➪ **heart** দেখো।

get to the bottom of sth to find out the real cause of sth কোনো কিছুর আসল কারণ খুঁজে বার করা

bottom[2] / ˈbɒtəm ˈবট্যাম্ / *adj.* (*only before a noun*) in the lowest position সবচেয়ে নীচের স্থানে, সবচেয়ে নীচে *the bottom shelf* ○ *I live on the bottom floor.*

bottomless / ˈbɒtəmləs ˈবট্যাম্ল্যাস্ / *adj.* very deep; without limit খুব গভীর; সীমাহীন, অতল *bottomless ocean*

bottom line *noun* [*sing.*] **1 the bottom line** the most important thing to consider when you are discussing or deciding sth, etc. কোনো কিছু আলোচনা অথবা সেই সম্পর্কে সিদ্ধান্ত ইত্যাদি নেওয়ার সময়ে বিবেচিত সর্বাপেক্ষা গুরুত্বপূর্ণ দিক; মূল বিষয় *A musical instru-ment should look and feel good, but the bottom line is how it sounds.* **2** the final profit or loss that a company has made in a particular period of time কোনো নির্দিষ্ট সময়কালের মধ্যে কোনো কোম্পানির অন্তিম লাভক্ষতির পরিমাণ **3** the lowest price that sb will accept for sth (কোনো ব্যক্তির পক্ষে গ্রহণযোগ্য) নিম্নতম মূল্য, সবচেয়ে কম দাম

botulism / ˈbɒtjulɪzəm ˈবটিউলিজ্যাম্ / *noun* [U] a serious illness caused by **bacteria** in food that is old and has gone bad পুরোনো এবং পচে যাওয়া খাবারে জীবাণু থাকার ফলে গুরুতর অসুস্থতা

bough / baʊ বাউ / *noun* [C] one of the main branches of a tree বৃক্ষশাখা, তরুশাখা; গাছের ডাল

bought ➪ **buy[1]**-এর past tense এবং past participle

boulder / ˈbəʊldə(r) ˈব্যাউল্ড্যা(র্) / *noun* [C] a very large rock খুব বড়ো পাথর, বৃহৎ প্রস্তরখণ্ড, পাথরের চাঁই

bounce / baʊns বাউন্স্ / *verb* **1** [I, T] (used about a ball, etc.) to move away quickly after it has hit a hard surface; to make a ball do this (বল ইত্যাদির সম্বন্ধে ব্যবহৃত) কোনো কিছুর কঠিন পৃষ্ঠতলের সঙ্গে ধাক্কা খেয়ে লাফিয়ে ওঠা অথবা ছিটকে যাওয়া; কোনো বলকে এরকম করানো *A small boy came down the street, bouncing a ball.* **2** [I] to jump up and down continuously বিরামহীনভাবে লাফালাফি করা *The children were bouncing on their beds.* **3** [I, T] (used about a cheque) to be returned by a bank without payment because there is not enough money in the account (চেক সম্বন্ধে ব্যবহৃত) অ্যাকাউন্টে যথেষ্ট পরিমাণ টাকা না থাকার কারণে ব্যাংকের দ্বারা গ্রাহ্য না হওয়া চেক ফেরত আসা ▶ **bounce** *noun* [C, U] লাফানি

PHR V **bounce back** to become healthy, successful or happy again after an illness, a failure or a disappointment কোনো অসুখ, অকৃতকার্যতা অথবা হতাশার পর পূর্ণ সুস্থ হয়ে ওঠা, দুর্দিন বা দুঃসময় কাটিয়ে আবার সুখের মুখ দেখা

bouncy / ˈbaʊnsi ˈবাউন্সি / *adj.* **1** that bounces well or that can make things bounce যা ভালো লাফায় অথবা যা অন্য বস্তুকে লাফাতে সাহায্য করে *a bouncy ball/surface* **2** (used about a person) full of energy; lively (ব্যক্তি সম্বন্ধে ব্যবহৃত) চনমনে; প্রাণবন্ত *She's a very bouncy person.*

bound[1] / baʊnd বাউন্ড্ / *adj.* (*not before a noun*) **1 bound to do sth** certain to do sth নিশ্চিতভাবে হওয়া অথবা করা; অবধারিত *You've done so much work that you're bound to pass the exam.* **2** having a legal or moral duty to do sth আইনসংগত বা নৈতিক দায়সম্পন্ন *The company is bound by employment laws.* ○ *She felt bound to refuse the offer.* **3 bound (for)** travelling to a particular place বিশেষ স্থানাভিমুখে ভ্রমণ *a ship bound for Australia*

IDM bound up with sth very closely connected with sth কোনো কিছুর সঙ্গে ঘনিষ্ঠভাবে সংযুক্ত অথবা সম্পর্কিত, ওতপ্রোতভাবে জড়িত

bound² / baʊnd বাউন্ড্ / *verb* [I] to run quickly with long steps দ্রুত গতিতে বড়ো বড়ো পা ফেলে দৌড়োনো *She bounded out of the house to meet us.* ▶ **bound** *noun* [C] লম্বা লম্বা পদক্ষেপ; জোরকদম *With a couple of bounds he had crossed the room.*

bound³ ⇨ **bind¹**-এর past tense এবং past participle

boundary / ˈbaʊndri ˈবাউন্ড্রি / *noun* [C] (*pl.* **boundaries**) a real or imagined line that marks the limits of sth and divides it from other places or things কোনো বস্তুর (কাল্পনিক বা বাস্তবিক) সীমারেখা যা তাকে অন্যান্য স্থান বা বস্তুর থেকে পৃথক করে; বিভাজনরেখা, সীমান্তরেখা *The main road is the boundary between the two districts.* ○ *Scientists continue to push back the boundaries of human knowledge.* ⇨ **border**-এ নোট দেখো।

boundless / ˈbaʊndləs ˈবাউন্ড্ল্যাস্ / *adj.* having no limit সীমাহীন; অনন্ত, অসীম, অশেষ *boundless energy*

bounds / baʊndz বাউন্ড্জ্ / *noun* [*pl.*] limits that cannot or should not be passed সীমা, গণ্ডি, মাত্রা *Price rises must be kept within reasonable bounds.*

IDM out of bounds not to be entered by sb সুরক্ষিত স্থান, যেখানে প্রবেশ নিষিদ্ধ *This area is out of bounds to all staff.*

bouquet / buˈkeɪ বুˈকেই / *noun* [C] a bunch of flowers that is arranged in an attractive way ফুলের তোড়া, পুষ্পস্তবক; বুকে

the bourgeoisie / ˌbʊəʒwɑːˈziː ˌবুঅ্যাজুআːˈজ়ী / *noun* (*sing., with sing. or pl. verb*) a class of people in society who are interested mainly in having more money and a higher social position প্রধানত অর্থসম্পদ এবং সামাজিক প্রতিপত্তিতে আগ্রহী সমাজের এক বিশেষ শ্রেণির মানুষ; কায়েমিস্বার্থসম্পন্ন মধ্যবিত্ত শ্রেণির মানুষ; বুর্জোয়াশ্রেণি ▶ **bourgeois** / ˈbʊəʒwɑː ˈবুঅ্যাজুআː / *adj.* মধ্যবিত্তশ্রেণি; বুর্জোয়া *bourgeois attitudes/ideas/values*

bout / baʊt বাউট্ / *noun* [C] **1** a short period of great activity (কোনো কাজ বা ক্রিয়াকলাপের) একটা দমক, পালা, দফা, খেপ, চোট *a bout of hard work* **2** a period of illness অসুস্থতার সময়কাল *I'm just recovering from a bout of flu.*

boutique / buːˈtiːk বূˈটীক্ / *noun* [C] a small shop that sells fashionable clothes or expensive presents হালফ্যাশানের জামাকাপড় ও মূল্যবান উপহারাদি বিক্রি করে এমন ছোটো দোকান; বুটিক

bovine / ˈbəʊvaɪn ˈব্যাউভাইন্ / *adj.* connected with cows গরু সংক্রান্ত, গরু বা ষাঁড় বিষয়ক *bovine diseases*

bow¹ / baʊ বাউ / *verb* **1** [I, T] **bow (sth) (to sb)** to bend your head or the upper part of your body forward and down, as a sign of respect সম্মান অথবা অভ্যর্থনার চিহ্ন হিসেবে মাথা অথবা শরীরের উপরের ভাগ সামনের দিকে ঝোঁকানো *The speaker bowed to the guests and left the stage.* ○ *He bowed his head respectfully.* **2** [I] **bow to sth** to accept sth কোনো বস্তু গ্রহণ করা, মেনে নেওয়া অথবা স্বীকার করা *I do not think the unions should bow to pressure from the Government.*

PHR V bow out (of sth/as sth) to leave an important position or stop taking part in sth কোনো গুরুত্বপূর্ণ পদ ত্যাগ করা বা কিছুতে অংশগ্রহণ না করা *After a long and successful career, she has decided to bow out of politics.* ○ *He finally bowed out as chairman after ten years.*

bow² / baʊ বাউ / *noun* [C] **1** an act of **bowing¹ 1** শ্রদ্ধা বা সম্মান জানাতে মাথা নোয়ানোর ভঙ্গি *The director of the play came on stage to* ***take a bow***. **2** the front part of a ship নৌকো বা জাহাজের সামনের দিকের অংশ; গলুই ⇨ **stern** দেখো।

bow³ / bəʊ ব্যাউ / *noun* [C] **1** a knot with two loose roundish parts and two loose ends that you use when you are tying shoes, etc. (জুতোর ফিতে ইত্যাদির) ফুল, ফাঁস; বো *He tied his laces in a bow.* **2** a weapon for shooting arrows. A bow is a curved piece of wood that is held in shape by a tight string (তীর নিক্ষেপের অস্ত্রবিশেষ) ধনুক, শরাসন, ধনু, চাপ **3** a long thin piece of wood with string stretched across it that you use for playing some musical instruments বাদ্যযন্ত্রের ছড় *a violin bow* ⇨ **music**-এ ছবি দেখো।

bowel / ˈbaʊəl ˈবাউঅ্যাল্ / *noun* [C, *usually pl.*] one of the tubes that carries waste food away from your stomach to the place where it leaves your body অন্ত্র, নাড়িভুঁড়ি

bowel movement *noun* [C] (*medical*) an act of emptying waste material from the bowels; the waste material that is emptied মলত্যাগ; মল

bowl¹ / bəʊl ব্যাউল্ / *noun* [C] **1** a deep round dish without a lid that is used for holding food or liquid ঢাকনা নেই এমন গোল পাত্র, বাটি, সরা, কাঁসি *a soup bowl* **2** the amount of sth that is in a bowl বাটিতে রাখা কোনো জিনিসের পরিমাণ, বাটি ভর্তি কোনো বস্তু *I usually have a bowl of cereal for breakfast.* **3** a large plastic container that is used for washing dishes, washing clothes, etc. প্লাস্টিকের বড়ো পাত্র যার মধ্যে বাসনপত্র ধোয়া বা কাপড়চোপড় কাচা হয়

bowl[2] / bəʊl ব্যাউল্ / *verb* [I, T] (in cricket) to throw the ball in the direction of the person with the bat (ক্রিকেট খেলায়) ব্যাটসম্যানের দিকে বল ছুড়ে দেওয়া; বল করা

PHR V **bowl sb over** **1** to knock sb down when you are moving quickly তাড়াতাড়ি চলার সময়ে কোনো ব্যক্তিকে ধাক্কা মেরে ফেলে দেওয়া **2** to surprise sb very much in a pleasant way কোনো ব্যক্তিকে সুখপ্রদভাবে বা প্রীতিকরভাবে অবাক করে দেওয়া

bow legs / ˌbəʊ ˈlegz ˌব্যাউ ˈলেগ্জ্ / *noun* [*pl.*] legs that curve out at the knees হাঁটুর কাছে ধনুকের মতো বাঁকা পা ▶ **bow-legged** /ˌbəʊ ˈlegɪd ˌব্যাউ-ˈলেগিড্ / *adj.* ধনুকের মতো বাঁকা পা যার

bowler / ˈbəʊlə(r) ˈব্যাউল্যা(র্) / *noun* [C] **1** (*also* **bowler hat,** *AmE* **derby**) a round hard black hat, usually worn by men সাধারণত পুরুষেরা পরে এমন একধরনের শক্ত কালো গোল টুপি **2** (in cricket) the player who throws (**bowls**) the ball in the direction of the person with the bat (ক্রিকেট খেলায়) যে খেলোয়াড় বল করে; বোলার

bowling / ˈbəʊlɪŋ ˈব্যাউলিং / *noun* [U] a game in which you roll a heavy ball down a special track (**a lane**) towards a group of wooden objects (**pins**) and try to knock them all down একরকমের খেলা যাতে একটা বিশেষ স্থান বা পথের মধ্যে দিয়ে ভারী একটি বল গড়িয়ে দিয়ে কিছুটা দূরে রাখা বেশ কতকগুলি কাঠের বস্তুকে একসঙ্গে ফেলার চেষ্টা করা হয়; বোলিং *to go bowling*

bowls / bəʊlz ব্যাউল্জ্ / *noun* [U] a game in which you try to roll large wooden balls as near as possible to a smaller ball একরকমের খেলা যাতে একাধিক বড়ো কাঠের বল যতটা সম্ভব ছোটো একটা বলের কাছে গড়ানোর চেষ্টা করা হয় *to play bowls*

bow tie / ˌbəʊ ˈtaɪ ˌব্যাউ ˈটাই / *noun* [C] a tie in the shape of a **bow**[3] **1**, that is worn by men, especially on formal occasions কোনো বিশেষ অনুষ্ঠান উপলক্ষ্যে পুরুষরা পরে একধরনের বো অথবা ফুল করে বাঁধা ছোটো টাই

box[1] / bɒks বক্স্ / *noun* **1** [C] a square or rectangular container for solid objects. A box often has a lid ঢাকনাসমেত চৌকো বা আয়তাকার বাক্স; তোরঙ্গ, প্যাঁটরা, পেটি *a cardboard box* ○ *a shoebox* **2** [C] a box and the things inside it কোনো বাক্সের ভিতরের জিনিস সমেত বাক্সটি *a box of chocolates/ matches/tissues* **3** [C] an empty square or rectangular space on a form in which you have to write sth কোনো ফর্মে কিছু লেখার জন্য চৌকো অথবা আয়তাকার খালি জায়গা *Write your name in the box below.* **4** [C] a small enclosed area that is used for a particular purpose কোনো বিশেষ উদ্দেশ্যে ব্যবহৃত ঘেরা ছোটো জায়গা; খুপরি, গুমটি *a telephone box* ○ *the witness box* (= in a court of law) **5 the box** [*sing.*] (*informal*) television দূরদর্শন; টেলিভিশন *What's on the box tonight?*

box[2] / bɒks বক্স্ / *verb* **1** [I, T] to fight in the sport of boxing বক্সিং খেলায় লড়াই করা, বক্সিং লড়া, মুষ্টিযুদ্ধ করা **2** [T] to put sth into a box বাক্সের মধ্যে কিছু রাখা, বাক্সে ভরা *a boxed set of CDs*

PHR V **box sb/sth in** to prevent sb/sth from getting out of a small space কোনো ছোটো জায়গার মধ্যে কোনো ব্যক্তি অথবা বস্তুকে আটকে রাখা, কোনো জায়গা থেকে বেরোনোর রাস্তা বন্ধ করে দেওয়া *Someone parked behind us and boxed us in.*

boxer / ˈbɒksə(r) ˈবক্স্যা(র্) / *noun* [C] a person who does boxing as a sport (খেলা হিসেবে) যে ব্যক্তি বক্সিং করে; মুষ্টিযোদ্ধা

boxer shorts (*also* **boxers**) *noun* [*pl.*] shorts that men use as underwear পুরুষদের নিম্নাঙ্গের অন্তর্বাস

boxing / ˈbɒksɪŋ ˈবক্সিং / *noun* [U] a sport in which two people fight by hitting each other with their hands inside large gloves যে খেলায় দুজন খেলোয়াড় হাতে বিশেষ ধরনের দস্তানা পরে ঘুসোঘুসির লড়াই করে; মুষ্টিযুদ্ধ, বক্সিং *the world middle-weight boxing champion* ○ *boxing gloves*

Boxing Day *noun* [C] the day after Christmas Day; 26 December ক্রিসমাসের পরের দিন; ২৬শে ডিসেম্বর

box number *noun* [C] a number used as an address, especially in newspaper advertisements সংবাদপত্রের বিজ্ঞাপনের উত্তর পাওয়ার জন্য ঠিকানার বদলে যে সংখ্যাটি ব্যবহার করা হয়; বক্স নম্বর

box office *noun* **1** [C] the place in a cinema, theatre, etc. where the tickets are sold সিনেমা, থিয়েটার ইত্যাদি জায়গার টিকিট ঘর **2** [*sing.*] used to describe how successful a film, play, actor, etc. is by the number of people who buy tickets to see them কতগুলি টিকিট বিক্রি হল তার মাধ্যমে কোনো চলচ্চিত্র, নাটক, অভিনেতা ইত্যাদির সাফল্য বর্ণনা করতে ব্যবহৃত অভিব্যক্তিবিশেষ *The film flopped at the box office.*

boy / bɔɪ বই / *noun* [C] a male child or a young man বালক, ছেলে, তরুণ, কিশোর *They've got three children—two boys and a girl.* ○ *I used to play here when I was a boy.*

boycott / ˈbɔɪkɒt ˈবইকট্ / *verb* [T] to refuse to take part in an event, buy things from a particular company, etc. because you strongly disapprove of it প্রবল বা দৃঢ় অননুমোদনের কারণে কোনো বিশেষ অনুষ্ঠানে অংশগ্রহণ না করা, কোনো নির্দিষ্ট কোম্পানির থেকে জিনিস না কেনা ইত্যাদি; বর্জন করা;

বয়কট করা *Several countries boycotted the Olympic Games in protest.* ▶ **boycott** *noun* [C] বর্জন; বয়কট *a boycott of the local elections*

boyfriend / ˈbɔɪfrend ˈবইফ্রেন্ড্ / *noun* [C] a man or boy with whom a person has a romantic and/or sexual relationship (কোনো মেয়ের) পুরুষ বন্ধু, ছেলে বন্ধু ; প্রেমিক

boyhood / ˈbɔɪhʊd ˈবইহুড্ / *noun* [U] the time of being a boy ছেলেবেলা; কৈশোর, বালকবয়স *My father told me some of his boyhood memories.*

boyish / ˈbɔɪɪʃ ˈবইইশ্ / *adj.* like a boy বালকোচিত, বালকসুলভ, ছেলেমানুষি *a boyish smile*

Boy Scout = **scout**[1]

bra / brɑː ব্রাঃ / *noun* [C] a piece of clothing that women wear under their other clothes to support their breasts মহিলাদের অন্তর্বাস, কাঁচুলি, বক্ষ-আবরণী, বক্ষবন্ধনী; ব্রেসিয়র

brace[1] / breɪs ব্রেইস্ / *noun* **1** [C] (*AmE* **braces**) [*pl.*] a metal frame that is fixed to a child's teeth in order to make them straight একধরনের ধাতুর কাঠামো বা বন্ধনী যা বাচ্চাদের দাঁতের গঠন ভালো করার জন্য দাঁতে আটকে দেওয়া হয়; ব্রেস **2 braces** (*AmE* **suspenders**) [*pl.*] a pair of straps that go over your shoulders to hold your trousers up (কাঁধের উপর দিয়ে পরা হয় এমন) পাতলুনকে ধরে রাখার জন্য ব্যবহৃত জোড়া বন্ধনী অথবা স্ট্র্যাপ

brace[2] / breɪs ব্রেইস্ / *verb* [T] **brace sth/yourself (for sth)** to prepare yourself for sth unpleasant অপ্রীতিকর কিছুর জন্য নিজের মনকে শক্ত করা *You'd better brace yourself for some bad news.*

bracelet / ˈbreɪslət ˈব্রেইস্ল্যাট্ / *noun* [C] a piece of jewellery, for example a metal chain or band, that you wear around your wrist or arm হাতে বা বাহুতে পরার বিশেষ ধরনের (বালা, চুড় অথবা কঙ্কণ জাতীয়) গয়না; ব্রেসলেট

bracing / ˈbreɪsɪŋ ˈব্রেইসিং / *adj.* making you feel healthy and full of energy শক্তিদায়িনী, স্ফূর্তিদায়ক *bracing sea air*

bracken / ˈbrækən ˈব্র্যাক্যান্ / *noun* [U] a type of plant (**fern**) that grows thickly on hills and in woods পর্বতাঞ্চলে এবং জঙ্গলে খুব ঘনভাবে জন্মায় এমন এক ধরনের ফার্নজাতীয় উদ্ভিদ ➪ **fern** দেখো।

bracket[1] / ˈbrækɪt ˈব্র্যাকিট্ / *noun* [C] **1** [*usually pl.*] (*AmE* **parenthesis**) one of two marks, ( ) or [ ], that you put round extra information in a piece of writing (কোনো লেখায় কোনো অতিরিক্ত তথ্য যোগ করার জন্য ব্যবহৃত) বন্ধনীর চিহ্ন, বন্ধনী; ব্র্যাকেট *A translation of each word is given* ***in brackets****.* **2 age, income, price, etc. bracket** prices, ages, etc. which are between two limits দুই সীমার মধ্যবর্তী মূল্য, বয়স ইত্যাদি *to be in a high-income bracket* **3** a piece of metal or wood that is fixed to a wall and used as a support for a shelf, lamp, etc. তাক, বিজলি বাতি ইত্যাদি লাগানোর জন্য ব্যবহৃত দেয়ালে পোঁতা কাঠ অথবা ধাতুর খুঁটি, নাগদন্ত; ব্র্যাকেট

bracket[2] / ˈbrækɪt ˈব্র্যাকিট্ / *verb* [T] **1** to put **brackets**[1] **1** round a word, number, etc. (কোনো সংখ্যা বা শব্দ ইত্যাদিতে) বন্ধনীর চিহ্ন ব্যবহার করা **2 bracket A and B (together); bracket A with B** to think of two or more people or things as similar in some way দুটি অথবা তার অধিক মানুষ বা জিনিসের মধ্যে সাদৃশ্য থাকার জন্য একই গোষ্ঠীর মধ্যে রাখা

brackish / ˈbrækɪʃ ˈব্র্যাকিশ্ / *adj.* (used about water) containing some salt but not as much as sea water (জল সম্বন্ধে ব্যবহৃত) সমুদ্রজলের মতো অতটা না হলেও বেশ একটু নোনা, সামান্য লবণাক্ত; কষা

brag / bræg ব্র্যাগ্ / *verb* [I] (**bragging**; **bragged**) **brag (to sb) (about/of sth)** to talk too proudly about sth কোনো বস্তু সম্বন্ধে বড়াই করা; দেমাক দেখানো, গর্ব করা *She's always bragging to her friends about how clever she is.*

braid / breɪd ব্রেইড্ / *noun* **1** [U] thin coloured rope that is used to decorate military uniforms, etc. সামরিক বেশ ইত্যাদি সজ্জিত করার জন্য ব্যবহৃত সরু রঙিন ফিতে অথবা রশি **2** [C] (*AmE*) = **plait**

Braille / breɪl ব্রেইল্ / *noun* [U] a system of printing, using little round marks that are higher than the level of the paper they are on and which blind people can read by touching them অন্ধ ব্যক্তিদের জন্য ছোটো এবং গোল দাগবিশিষ্ট এক বিশেষ ধরনের মুদ্রণ বা লেখার পদ্ধতি যা কাগজের উপর উঁচু উঁচু হয়ে থাকে এবং স্পর্শের মাধ্যমে তা পড়া যায়; ব্রেল *The signs were written* ***in Braille****.*

brain / breɪn ব্রেইন্ / *noun* **1** [C] the part of your body inside your head that controls your thoughts, feelings and movements (চিন্তা, অনুভূতি এবং গতিবিধি নিয়ন্ত্রণকারী) মগজ, মস্তিষ্ক; স্নায়ুতন্ত্রের কেন্দ্র *He suffered serious brain damage in a road accident.* ○ *a brain surgeon* ➪ **body**-তে ছবি দেখো। **2** [C, U] the ability to think clearly; intelligence স্বচ্ছ চিন্তাশক্তি; ধীশক্তি, বুদ্ধি, মেধা *She has a very quick brain and learns fast.* **3** [C] (*informal*) a very clever person (ব্যক্তি) খুব চালাক; অতি বুদ্ধিমান, মেধাবী *He's one of the best brains in the country.* **4 the brains** [*sing.*] the person who plans or organizes sth কোনো কিছু পরিকল্পনা করে অথবা গড়ে তোলে এমন ব্যক্তি *She's the real brains in the organization.*

IDM **have sth on the brain** (*informal*) to think about sth all the time কোনো কিছু সম্বন্ধে সবসময় চিন্তাভাবনা করা বা চিন্তায় বিভোর থাকা

rack your brains ➪ **rack**[2] দেখো।

brainchild / ˈbreɪntʃaɪld ˈব্রেইন্‌চাইল্ড্ / *noun* [*sing.*] the idea or invention of a particular person কোনো বিশেষ ব্যক্তির কল্পনাপ্রসূত কোনো মৌলিক চিন্তা বা আবিষ্কার; মানসপুত্র, মানসসন্তান

brain-dead *adj.* **1** having serious brain damage and needing a machine to stay alive যে ব্যক্তির মস্তিষ্ক গুরুতর আঘাতের কারণে ক্ষতিগ্রস্ত এবং যাকে জীবিত রাখার জন্য কৃত্রিম যন্ত্রের প্রয়োজন; মৃত মস্তিষ্ক **2** unable to think clearly; stupid স্বচ্ছ চিন্তা করতে অসমর্থ; মূর্খ

brain drain *noun* [*sing.*] (*informal*) the movement of highly skilled and educated people to a country where they can work in better conditions and earn more money শিক্ষিত ও কর্মদক্ষ ব্যক্তিদের উন্নত কর্মব্যবস্থা ও অধিক অর্থ উপার্জনের আশায় অন্য দেশে গমন; মস্তিষ্ক চালান

brainless / ˈbreɪnləs ˈব্রেইন্‌ল্যাস্ / *adj.* (*informal*) very silly; stupid বোকা; মাথামোটা; নির্বোধ, গবেট

brainstorm[1] / ˈbreɪnstɔːm ˈব্রেইন্‌স্ট:ম্ / *noun* [C] **1** a moment of sudden confusion এক মুহূর্তের আকস্মিক বিভ্রান্তি অথবা কিংকর্তব্যবিমূঢ়তা *I had a **brainstorm** in the exam and couldn't answer any questions.* **2** (*AmE*) = **brainwave**

brainstorm[2] / ˈbreɪnstɔːm ˈব্রেইন্‌স্ট:ম্ / *verb* [I, T] to solve a problem or make a decision by thinking of as many ideas as possible in a short time কোনো সমস্যার সমাধান করতে বা কোনো সিদ্ধান্ত নিতে অল্প সময়ের মধ্যে সব সম্ভাব্য বিকল্প ভেবে নেওয়া *We'll spend five minutes brainstorming ideas on how we can raise money.*

brain-teaser *noun* [C] a problem that is difficult but fun to solve যে কঠিন সমস্যা বা ধাঁধা সমাধান করতে আনন্দ পাওয়া যায়

brainwash / ˈbreɪnwɒʃ ˈব্রেইন্‌উঅশ্ / *verb* [T] **brainwash sb (into doing sth)** to force sb to believe sth by using strong mental pressure কোনো ব্যক্তিকে প্রচণ্ড মানসিক চাপ দিয়ে কিছু বিশ্বাস করতে বাধ্য করা; মগজধোলাই করা *Television advertisements try to brainwash people into buying things that they don't need.* ▶ **brainwashing** *noun* [U] মগজ ধোলাই

brainwave / ˈbreɪnweɪv ˈব্রেইন্‌উএইভ্ / (*AmE*) (*also* **brainstorm**) *noun* [C] (*informal*) a sudden clever idea আকস্মিক চাতুর্যপূর্ণ বুদ্ধি; প্রত্যুৎপন্নমতিত্ব, উপস্থিত বুদ্ধি *If I **have a brainwave**, I'll let you know.*

brainy / ˈbreɪni ˈব্রেইনি / *adj.* (*informal*) intelligent বুদ্ধিমান, মেধাবী

braise / breɪz ব্রেইজ্ / *verb* [T] to cook meat or vegetables slowly in a little liquid in a covered dish ঢাকা দেওয়া পাত্রে, মৃদু আঁচে এবং অল্প তরল পদার্থে মাংস বা তরকারি রান্না করা

brake[1] / breɪk ব্রেইক্ / *noun* [C] **1** the part of a vehicle that makes it go slower or stop গাড়ির গতি কমানো অথবা থামানোর যন্ত্রকৌশল; ব্রেক *She put her foot on the brake and just managed to stop in time.* ➪ **car**-এ ছবি দেখো। **2** something that makes sth else slow down or stop (বস্তু) মন্থরকারী, স্তিমিতকারী *The Government must try to **put a brake on** inflation.*

brake[2] / breɪk ব্রেইক্ / *verb* [I] to make a vehicle go slower or stop by using the brakes ব্রেকের সাহায্যে বা ব্রেক করে গাড়ির গতি কমানো বা থামানো, ব্রেক কষা *If the driver hadn't braked in time, the car would have hit me.*

brake light (*AmE* **stop light**) *noun* [C] a red light on the back of a vehicle that comes on when the **brakes** are used ব্রেক ব্যবহারকালীন গাড়ির পিছনে যে লাল আলো জ্বলে ওঠে; ব্রেক লাইট

bramble / ˈbræmbl ˈব্র্যাম্‌ব্‌ল্ / *noun* [C] a wild bush that has black or red berries লাল বা কালো কুলজাতীয় ফলের জংলি ঝোপ; বৈঁচিজাতীয় ফলের ঝোপ

bran / bræn ব্র্যান্ / *noun* [U] the brown outer covering of grains that is left when the grain is made into flour ভুষি, তুষ; কুঁড়ো

branch[1] / brɑːntʃ ব্রা:ন্চ্ / *noun* [C] **1** one of the main parts of a tree that grows out of the thick central part (**trunk**) কাণ্ড থেকে বেরিয়ে আসা গাছের যে-কোনো একটি ডাল; বৃক্ষশাখা **2** an office, shop, etc. that is part of a larger organization (দোকান, আপিস ইত্যাদি যা একটি আরও বড়ো প্রতিষ্ঠানের) শাখা, বিভাগ, উপবিভাগ *The company has branches in Kochi and Bengaluru.* **3** a part of an academic subject অধ্যয়নযোগ্য কোনো একটি বিষয়ের অংশবিশেষ *Psychiatry is a branch of medicine.*

branch[2] / brɑːntʃ ব্রা:ন্চ্ / *verb*

PHR V **branch off** (used about a road) to leave a larger road and go off in another direction (রাস্তা সম্বন্ধে ব্যবহৃত) বড়ো রাস্তা থেকে বিভক্ত হয়ে অন্য দিকে যাওয়া *A bit further on, the road branches off to the left.*

branch out (into sth) to start doing sth new and different from the things you usually do নতুন এবং আলাদা অন্য কোনো কাজ করা

brand[1] / brænd ব্র্যান্ড্ / *noun* [C] **1** the name of a product that is made by a particular company নির্দিষ্ট কোনো প্রতিষ্ঠানের দ্বারা নির্মিত কোনো পণ্যের নাম; মার্কা, ব্র্যান্ড *a well-known brand of coffee* **2** a particular type of sth কোনো বস্তুর বিশেষ প্রকার বা ধরন *a strange brand of humour*

brand² / brænd ব্র্যান্ড্ / *verb* [T] **1** to mark an animal with a hot iron to show who owns it গরম লোহা দিয়ে পশুর গায়ে মালিকের বিশেষ চিহ্ন দেওয়া **2 brand sb (as sth)** to say that sb has a bad character so that people have a bad opinion of him/her কোনো ব্যক্তির চরিত্রের বদনাম করা যাতে লোকের ধারণা তার সম্পর্কে খারাপ হয়; কলঙ্ক দেওয়া *She was branded as a troublemaker after she complained about her long working hours.*

branding iron *noun* [C] a metal tool that is heated and used for marking farm animals to show who owns them পশুর গায়ে যে গরম লোহা দিয়ে মালিকের বিশেষ ছাপ দেওয়া হয়

brandish / ˈbrændɪʃ ˈব্র্যান্‌ডিশ্ / *verb* [T] to wave sth in the air in an aggressive or excited way আক্রমণাত্মক, উদ্ধত অথবা উত্তেজিত ভঙ্গিতে কোনো বস্তুকে শূন্যে সঞ্চালন করা; (অস্ত্র) ভাঁজা বা ঘোরানো *The robber was brandishing a knife.*

brand new *adj.* completely new সম্পূর্ণ নতুন; আনকোরা

brandy / ˈbrændi ˈব্র্যান্‌ডি / *noun* [C, U] (*pl.* **brandies**) a strong alcoholic drink that is made from wine এক বিশেষ ধরনের কড়া মদ; ব্র্যান্ডি

brash / bræʃ ব্র্যাশ্ / *adj.* too confident and direct উদ্ধত, হঠকারী; বেপরোয়া *Her brash manner makes her unpopular with strangers.* ▶ **brashness** *noun* [U] বেপরোয়া মনোভাব; ঔদ্ধত্য

brass / brɑːs ব্রা:স্ / *noun* **1** [U] a hard yellow metal that is a mixture of two other metals (**copper** and **zinc**) তামা ও দস্তার মিশ্রণে তৈরি হলুদবর্ণ, শক্ত ধাতু; পিতল *brass buttons on a uniform* **2** [*sing.*] the group of musical instruments that are made of brass পিতলের তৈরি বাদ্যযন্ত্রসমূহ

brat / bræt ব্র্যাট্ / *noun* [C] a child who behaves badly and annoys you যে বাচ্চা খারাপ ব্যবহার করে এবং বিরক্ত করে; অসভ্য, দুষ্টু বা জেদি বাচ্চা

bravado / brəˈvɑːdəʊ ব্র্যাˈভা:ড্যাউ / *noun* [U] a confident way of behaving that is intended to impress people, sometimes as a way of hiding a lack of confidence কখনো কখনো আত্মবিশ্বাসের অভাব লুকিয়ে রাখার উপায় হিসেবে বা মানুষকে প্রভাবিত করার উদ্দেশ্যে আত্মপ্রত্যয়পূর্ণ আচরণ

brave¹ / breɪv ব্রেইভ্ / *adj.* **1** ready to do things that are dangerous or difficult without showing fear ভয় না পেয়ে বিপজ্জনক অথবা কঠিন কাজ করার জন্যে প্রস্তুত; সাহসী, নির্ভীক *the brave soldiers who fought in the war* ○ *'This may hurt a little, so try and be brave,' said the dentist.* **2** needing or showing courage নির্ভীক, সাহসিকতাপূর্ণ *a brave decision* ▶ **bravely** *adv.* সাহসের সঙ্গে, নির্ভীকভাবে *The men bravely defended the town for three days.*

IDM put on a brave face; put a brave face on sth to pretend that you feel confident and happy when you do not সাহসী এবং আত্মবিশ্বাসী হওয়ার ভান করা

brave² / breɪv ব্রেইভ্ / *verb* [T] to face sth unpleasant, dangerous or difficult without showing fear নির্ভীকভাবে অপ্রীতিকর, বিপজ্জনক অথবা কঠিন কোনো বস্তুর মোকাবিলা করা

bravery / ˈbreɪvəri ˈব্রেইভ্যারি / *noun* [U] actions that are brave সাহসিকতা, নির্ভীকতা, বীরত্ব *After the war he received a medal for bravery.*

bravo / ˌbrɑːˈvəʊ ˌব্রা:ˈভ্যাউ / *exclamation* a word that people shout to show that they have enjoyed sth that sb has done, for example a play (জোরে বলা হয় এমন) প্রশংসা অথবা সমর্থনসূচক উক্তি (যেমন কোনো নাটকে কারও অভিনয় দেখার পরে); সাবাস, বাহবা, চমৎকার; ব্রাভো

brawl / brɔːl ব্র:ল্ / *noun* [C] a noisy fight among a group of people, usually in a public place (সাধারণত প্রকাশ্যে) তর্জনগর্জন করে একদল লোকের মধ্যে ঝগড়া ▶ **brawl** *verb* [I] তর্জনগর্জনসহ হাতাহাতি, মারামারি, ঝগড়া করা *We saw some football fans brawling in the street.*

brawn / brɔːn ব্র:ন্ / *noun* [U] physical strength বাহুবল, পেশিশক্তি, দৈহিক শক্তি, শারীরিক ক্ষমতা *To do this kind of job you need more brawn than brain* (= you need to be strong rather than clever). ▶ **brawny** *adj.* পেশিবহুল, শক্তিশালী, পেশল

brazen / ˈbreɪzn ˈব্রেইজ্‌ন্ / *adj.* without embarrassment, especially in a way which shocks people নির্লজ্জ, উদ্ধত, ধৃষ্ট; বেহায়া *Don't believe a word she says—she's a brazen liar!* ▶ **brazenly** *adv.* কর্কশ ও নির্লজ্জভাবে, বেহায়ার মতো

Brazil nut / brəzɪlˈnʌt ব্র্যাজ়িল্ˈনাট্ / *noun.* a nut that we eat that has a very hard shell খুব শক্ত খোসাওয়ালা একধরনের বাদাম ➪ **nut**-এ ছবি দেখো।

breach¹ / briːtʃ ব্রীচ্ / *noun* **1** [C, U] **breach (of sth)** an act that breaks an agreement, a law, etc. চুক্তি, আইন ইত্যাদি ভঙ্গ করে এমন কাজ *a breach of confidence.* ○ *The company was found to be* ***in breach of*** *contract.* **2** [C] a break in friendly relations between people, groups, etc. (ব্যক্তি, গোষ্ঠী ইত্যাদির মধ্যে মৈত্রী অথবা বন্ধুত্বপূর্ণ সম্পর্কে) ভাঙন, ফাটল *The incident caused a breach between the two countries.* **3** [C] an opening in a wall, etc. that defends or protects sb/sth দেয়াল ইত্যাদিতে ভাঙা

জায়গা যা কোনো ব্যক্তি বা বস্তুকে প্রতিরক্ষা বা সুরক্ষা করতে পারে *The waves made a breach in the sea wall.*

breach² / briːtʃ ব্রীচ্ / *verb* [T] **1** to break an agreement, a law, etc. আইন বা চুক্তি ইত্যাদি ভঙ্গ করা *He accused the Government of breaching international law.* **2** to make an opening in a wall, etc. that defends or protects sb/sth কোনো ব্যক্তি বা বস্তুকে প্রতিরক্ষা করা বা সুরক্ষা দেওয়ার জন্য দেয়াল ইত্যাদিতে ফাটল সৃষ্টি করা

bread / bred ব্রেড্ / *noun* [U] a type of food made from flour and water mixed together and baked in an oven. **Yeast** is usually added to make the bread rise জল দিয়ে ময়দা মেখে এবং ওভেনে সেঁকে বানানো এক ধরনের খাবার যাতে সাধারণত ইস্ট যোগ করে ফোলানো হয়; পাউরুটি, রুটি *a piece/slice of bread ○ a loaf of bread ○ white/brown/wholemeal bread*

breadcrumbs / ˈbredkrʌmz ˈব্রেড্ক্রাম্জ্ / *noun* [*pl.*] very small bits of bread that are used in cooking রান্নায় ব্যবহৃত পাউরুটির ছোটো ছোটো টুকরো বা গুঁড়ো

breadth / bredθ ব্রেড্থ্ / *noun* **1** [C, U] the distance between the two sides of sth প্রস্থ, বহর, পরিসর, প্রশস্ততা *We measured the length and breadth of the garden.* **2** [U] the wide variety of things, subjects, etc. that sth includes কোনো কিছুর অন্তর্গত বস্তু, বিষয় ইত্যাদির ব্যাপক বৈচিত্র্য; প্রসারতা, গভীরতা *I was amazed by the breadth of her knowledge.* ➪ **broad** adjective দেখো।

IDM **the length and breadth of sth** ➪ **length** দেখো।

breadwinner / ˈbredwɪnə(r) ˈব্রেড্উইন্যা(র্) / *noun* [C, *usually sing.*] the person who earns most of the money that his/her family needs বাড়ির অথবা পরিবারের প্রধান উপার্জনকারী, একমাত্র রোজগেরে *When his dad died, Sachin became the breadwinner.*

break¹ / breɪk ব্রেইক্ / *verb* (*pt* **broke** / brəʊk ব্র্যাউক্ /; *pp* **broken** / ˈbrəʊkən ˈব্র্যাউক্যান্ /) **1** [I, T] to separate, or make sth separate, into two or more pieces দুই অথবা ততোধিক অংশে বিভক্ত করা বা করানো, বিযুক্ত বা বিচ্ছিন্ন করা, ভাঙা বা ভেঙে ফেলা *She dropped the vase onto the floor and it broke. ○ He broke his leg in a car accident.* **2** [I, T] (used about a machine, etc.) to stop working; to stop a machine, etc. working (কোনো যন্ত্রপাতি ইত্যাদি সম্বন্ধে ব্যবহৃত) কাজ বন্ধ করে দেওয়া, খারাপ হয়ে যাওয়া, অচল হয়ে পড়া; কোনো মেশিন ইত্যাদি বিগড়ে দেওয়া *The photocopier has broken. ○ Be careful with my camera—I don't want you to break it.* **3** [T] to do sth that is against the law, or against what has been agreed or promised আইনবিরুধ বা চুক্তি বিরুধ অথবা প্রতিশ্রুতিবিরুধ কোনো কাজ করা *to break the law/rules/speed limit ○ Don't worry—I never break my promises.* **4** [I, T] to stop doing sth for a short time অল্প সময়ের জন্য কোনো কাজ করা বন্ধ করা *Let's break for coffee now. ○ We decided to break the journey and stop for lunch.* **5** [T] to make sth end কোনো কিছু করা বন্ধ করা *Once you start smoking it's very difficult to* ***break the habit****. ○ Suddenly, the silence was broken by the sound of a bird singing.* **6** [I] to begin আরম্ভ করা *The day was breaking as I left the house. ○ We ran indoors when the storm broke.* **7** [I] (used about a wave) to reach its highest point and begin to fall (ঢেউ সম্বন্ধে ব্যবহৃত) ঢেউ ভাঙা, আছড়ে পড়া *I watched the waves breaking on the rocks.* **8** [I] (used about the voice) to change suddenly (গলার স্বর সম্বন্ধে ব্যবহৃত) ভেঙে যাওয়া, হঠাৎ বদলে যাওয়া *Most boys' voices break when they are 13 or 14 years old. ○ His voice was breaking with emotion as he spoke.*

> NOTE **Break** শব্দটি প্রয়োগ করা হয়েছে যে সব প্রবাদ বা বাগ্‌ধারায় তার জন্য সেই প্রবাদ বা বাগ্‌ধারায় ব্যবহৃত বিশেষ্য (noun), বিশেষণ (adjective) ইত্যাদি শব্দের শীর্ষশব্দগুলি দেখো। উদাহরণস্বরূপ **break even** বাগ্‌ধারাটি পাবে **even** শীর্ষশব্দে।

PHR V **break away (from sb/sth)** **1** to escape suddenly from sb who is holding you কোনো ব্যক্তির বন্ধন থেকে নিজেকে ছাড়িয়ে হঠাৎ পালিয়ে যাওয়া **2** to leave a political party, state, etc. in order to form a new one নতুন রাজনৈতিক দল, রাজ্য ইত্যাদি গড়ার উদ্দেশ্যে পুরোনো রাজনৈতিক দল, রাজ্য ইত্যাদি ছেড়ে দেওয়া

break down **1** (used about a vehicle or machine) to stop working (যানবাহন বা যন্ত্রপাতির সম্বন্ধে ব্যবহৃত) বিকল হয়ে পড়া, বিগড়ে যাওয়া, কাজ না করা *Akram's car broke down on the way to work this morning.* **2** (used about a system, discussion, etc.) to fail (কোনো ব্যবস্থা, আলোচনা ইত্যাদি সম্বন্ধে ব্যবহৃত) কার্যকরী না হওয়া, বিফল হওয়া *Talks between the two countries have completely broken down.* **3** to lose control of your feelings and start crying নিজের আবেগের উপর নিয়ন্ত্রণ হারিয়ে কেঁদে ফেলা *He broke down in tears when he heard the news.*

break sth down **1** to destroy sth by using force গায়ের জোরে অথবা বলপ্রয়োগ করে কোনো বস্তু ধ্বংস করা বা ভেঙে ফেলা *The police had to break down the door to get into the house.* **2** to make a substance separate into parts or change into a different form in a chemical process রসায়ন প্রক্রিয়ার

দ্বারা কোনো পদার্থকে আলাদা আলাদা অংশে ভাগ করে ফেলা অথবা আলাদা একটি প্রকারে পরিবর্তন করা *Food is broken down in our bodies by the digestive system.*

break in to enter a building by force, usually in order to steal sth প্রধানত কিছু চুরি করার উদ্দেশ্যে কোনো বাড়িতে বলপূর্বক প্রবেশ করা

break in (on sth) to interrupt when sb else is speaking কোনো ব্যক্তির কথার মধ্যে কথা বলা, অন্যের কথোপকথনের মধ্যে বাধা সৃষ্টি করা *The waiter broke in on our conversation to tell me I had a phone call.*

break into sth **1** to enter a place that is closed বন্ধ জায়গায় প্রবেশ করা, সংরক্ষিত স্থানে ঢুকে পড়া *Thieves broke into his car and stole the radio.* ○ (*figurative*) *The company is trying to break into the Japanese market.* **2** to start doing sth suddenly কোনো কাজ হঠাৎ করতে শুরু করা *to break into song/a run*

break off to suddenly stop doing or saying sth আকস্মিকভাবে কোনো কাজ করা অথবা কথা বলা থামিয়ে দেওয়া *He started speaking and then broke off in the middle of a sentence.*

break (sth) off to remove a part of sth by force; to be removed in this way বলপূর্বক কোনো বস্তুর অংশবিশেষ ভেঙে ফেলা; এইভাবে কোনো বস্তুকে ভাঙা *Could you break off another bit of chocolate for me?*

break sth off to end a relationship suddenly হঠাৎ করে কোনো সম্পর্ক ছেদ করা *After a bad argument, they decided to* ***break off*** *their* ***engagement****.*

break out (used about fighting, wars, fires, etc.) to start suddenly (মারামারি, যুদ্ধ, আগুন ইত্যাদি সম্বন্ধে ব্যবহৃত) হঠাৎ লেগে যাওয়া অথবা শুরু হওয়া

break out in sth to suddenly have a skin problem হঠাৎ ত্বকের কোনো সমস্যা হওয়া *to break out in spots/a rash*

break out (of sth) to escape from a prison, etc. জেল ইত্যাদি থেকে পালিয়ে যাওয়া

break through (sth) to manage to get past sth that is stopping you কোনো বাধাসৃষ্টিকারী বস্তুকে পেরিয়ে বা টপকে যাওয়া, অবরোধ ভেঙে বেরিয়ে যাওয়া

break up **1** (used about events that involve a group of people) to end or finish (সভা ইত্যাদি সম্বন্ধে ব্যবহৃত) শেষ হয়ে যাওয়া, ভেঙে যাওয়া, ভঙ্গ হওয়া, সমাপ্ত হওয়া *The meeting broke up just before lunch.* **2** to start school holidays স্কুলের ছুটি শুরু হওয়া *When do you break up for the summer holidays?*

break up (with sb) to end a relationship with a wife, husband, girlfriend or boyfriend (স্ত্রী, স্বামী, মেয়েবন্ধু অথবা ছেলেবন্ধুর সঙ্গে) সম্পর্ক শেষ করে দেওয়া

break (sth) up to separate into parts খানখান করে ভেঙে ফেলা, ভেঙে টুকরো টুকরো হয়ে যাওয়া, চূর্ণ হয়ে যাওয়া *The ship broke up on the rocks.*

break sth up to end an event by separating the people who are involved in it কোনো ঘটনায় জড়িত মানুষদের ছত্রভঙ্গ করে সেটি সমাপ্ত করে দেওয়া *The police arrived and broke up the fight.*

break with sth to end a relationship or connection with sb/sth কোনো ব্যক্তি অথবা বস্তুর সঙ্গে সম্পর্ক অথবা যোগসূত্র ছিঁড়ে ফেলা *to break with tradition/the past*

break² / breɪk ব্রেইক্ / *noun* [C] **1** a place where sth has been broken ভাঙা জায়গা; কোনো জিনিসের যে জায়গাটা ভেঙে গেছে *a break in a pipe* **2** an opening or space in sth বিরতি, ফাঁক *Wait for a break in the traffic before you cross the road.* **3** a short period of rest অল্পক্ষণের বিশ্রাম অথবা বিরতি *We worked all day without a break.* ○ *to* ***take a break*** ⇨ **interval** দেখো। **4** **break (in sth)**; **break (with sb/sth)** a change from what usually happens or an end to sth পরিবর্তন; সমাপ্তি, ছেদ, ব্যাঘাত *The incident led to a break in diplomatic relations.* ○ *She wanted to make a complete break with the past.* **5** (*informal*) a piece of good luck সৌভাগ্য, চমৎকার সুযোগ *to give sb a break* (= to help sb by giving him/her a chance to be successful)

IDM **break of day** the time when light first appears in the morning; dawn প্রত্যুষকাল, ঊষাকাল; ভোর

give sb a break **1** used to tell sb to stop saying things that are annoying or not true কোনো ব্যক্তির অসত্য বা বিরক্তিকর কথা বলা থামানোর জন্য ব্যবহৃত অভিব্যক্তিবিশেষ *Give me a break and stop nagging, OK!* **2** to be fair to sb কারও প্রতি সদয় হওয়া বা সুবিচার করা

breakage / ˈbreɪkɪdʒ ˈব্রেইকিজ্ / *noun* [C, *usually pl.*] something that has been broken যা ভেঙে গেছে, ভাঙা জিনিসপত্র *Customers must pay for any breakages.*

breakaway / ˈbreɪkəweɪ ˈব্রেইক্অ্যাউএই / *adj.* (*only before a noun*) (used about a political group, an organization, or a part of a country) that has separated from a larger group or country (কোনো রাজনৈতিক দল, প্রতিষ্ঠান অথবা দেশের কোনো অংশ সম্বন্ধে ব্যবহৃত) মূল অথবা বড়ো দল, গোষ্ঠী বা দেশের থেকে বিচ্ছিন্ন অংশবিশেষ ► **breakaway** *noun* [C] (মূল থেকে) বিচ্ছিন্ন

breakdown / ˈbreɪkdaʊn ˈব্রেইক্‌ডাউন্ / *noun* [C] **1** a time when a vehicle, machine, etc. stops working যানবাহন, যন্ত্র ইত্যাদি যখন খারাপ হয়ে যায় *I hope we don't **have a breakdown** on the highway.* **2** the failure or end of sth (কোনো কিছুর) অসফলতা অথবা সমাপ্তি *The breakdown of the talks means that a strike is likely.* **3** = **nervous breakdown** **4** a list of all the details of sth কোনো বস্তুর খুঁটিনাটির বিস্তারিত বিবরণ *I would like a full breakdown of how the money was spent.*

breakdown truck (*AmE* **tow truck**) *noun* [C] a lorry that is used to take away cars that need to be repaired যে লরিতে করে বিকল গাড়ি সারানোর জন্য নিয়ে যাওয়া হয়

breaker / ˈbreɪkə(r) ˈব্রেইক্যা(র্) / *noun* [C] a large wave covered with white bubbles that is moving towards the beach সমুদ্রতটের দিকে ছুটে আসা সাদা ফেনায় ঢাকা ঢেউ; ঊর্মিভঙ্গ

breakfast / ˈbrekfəst ˈব্রেক্ফ্যাস্ট্ / *noun* [C, U] the meal which you have when you get up in the morning প্রাতরাশ, সকালের জলখাবার, নাস্তা; ব্রেকফাস্ট *to **have breakfast*** ○ *What do you usually have **for breakfast**?*

break-in *noun* [C] the act of entering a building by force, especially in order to steal sth বলপূর্বক কোনো বাড়িতে ঢোকার ক্রিয়া, বিশেষত চুরির উদ্দেশ্যে

breakneck / ˈbreɪknek ˈব্রেইক্নেক্ / *adj.* (*only before a noun*) very fast and dangerous খুব দ্রুত এবং বিপজ্জনক *He drove her to the hospital **at breakneck speed**.*

breakthrough / ˈbreɪkθruː ˈব্রেইক্থ্রূ / *noun* [C] **a breakthrough (in sth)** an important discovery or development বিশেষ গুরুত্বপূর্ণ কিছু আবিষ্কার বা বিকাশ অথবা উন্নতি *Scientists are hoping to **make a breakthrough** in cancer research.*

break-up *noun* [C] **1** the end of a relationship between two people দুজনের মধ্যে সম্পর্কের পরিসমাপ্তি *the break-up of a marriage* **2** the separation of a group or organization into smaller parts কোনো গোষ্ঠী বা প্রতিষ্ঠানের ছোটো ছোটো অংশে বিভাজন

breakwater / ˈbreɪkwɔːtə(r) ˈব্রেইক্উঅ:ট্যা(র্) / *noun* [C] a wall built out into the sea to protect the land from the force of the waves ঢেউয়ের প্রবল আঘাতের হাত থেকে তটভূমিকে বাঁচানোর জন্য সমুদ্রের মধ্যে নির্মিত প্রাচীর; তরঙ্গাবেগ-নিরোধক প্রাচীর

bream / briːm ব্রীম্ / *noun* [C, U] (*pl.* **bream**) a type of fish that can live in fresh or salt water and that you can eat মিষ্টি অথবা নোনা জলের এক প্রকারের মাছ যা খাওয়া যায়

breast / brest ব্রেস্ট্ / *noun* [C] **1** one of the two soft round parts of a woman's body that can produce milk (স্ত্রী দেহের অঙ্গবিশেষ যা দুগ্ধ উৎপন্ন করতে পারে) স্তন, কুচ, পয়োধর **2** a word used especially in literature for the top part of the front of your body, below the neck (বিশেষত সাহিত্যে ব্যবহৃত) বক্ষ, বুক, উরজ **3** the front part of the body of a bird পাখির শরীরের সামনের অংশ

breastbone / ˈbrestbəʊn ˈব্রেস্ট্ব্যাউন্ / *noun* [C] the long flat bone in the middle of your chest that the seven top pairs of curved bones (**ribs**) are connected to বুকের মাঝখানে লম্বা চ্যাপ্টা হাড় যার সঙ্গে পাঁজরের হাড়গুলির সংযোগ থাকে ; বক্ষাস্থি **NOTE** এই অর্থে **sternum** শব্দটি আলংকারিকভাবে ব্যবহৃত হয়। ➪ **body**-তে ছবি দেখো।

breastfeed / ˈbrestfiːd ˈব্রেস্ট্ফীড্ / *verb* [I, T] (*pt, pp* **breastfed**) to feed a baby with milk from the breast স্তন্যদান করা, বুকের দুধ খাওয়ানো

breaststroke / ˈbreststrəʊk ˈব্রেস্ট্স্ট্র্যাউক্ / *noun* [U] a style of swimming on your front in which you start with your hands together, push both arms forward and then move them out and back through the water শুরুতে দুই হাত একত্র করে, দুই বাহু সামনের দিকে ঠেলে এবং তারপর জলের মধ্যে দিয়ে তাদের বাইরের দিকে এবং পিছনের দিকে চালিত করে সাঁতার কাটার যে শৈলী; একধরনের সন্তরণশৈলী; বুকসাঁতার *to do (the) breaststroke* ➪ **back-stroke, butterfly** এবং **crawl** দেখো এবং **swim**-এ ছবি দেখো।

breath / breθ ব্রেথ্ / *noun* **1** [U] the air that you take into and blow out of your lungs শ্বাস, নিঃশ্বাস, শ্বাসবায়ু *to have bad breath* (= breath which smells unpleasant) **2** [C] an act of taking air into or blowing air out of your lungs শ্বাসক্রিয়া *Take a few deep breaths before you start running.*

IDM **a breath of fresh air** the clean air which you breathe outside, especially when compared to the air inside a room or building বাইরের যে মুক্ত বায়ুতে শ্বাস নেওয়া হয়, বিশেষত কোনো ঘর অথবা বাড়ির ভিতরকার বাতাসের তুলনায় শুদ্ধ মুক্ত বায়ু *Let's go for a walk. I need a breath of fresh air.* ○ (*figurative*) *Aslam's happy face is like a breath of fresh air in that miserable place.*

catch your breath ➪ **catch**[1] দেখো।

get your breath (again/back) to rest after physical exercise so that your breathing returns to normal অধিক পরিশ্রম বা ব্যায়ামের পরে বিশ্রাম নেওয়া যাতে শ্বাসপ্রক্রিয়া স্বাভাবিক হয়ে যায়

hold your breath to stop breathing for a short time, for example when you are swimming or because of fear or excitement সাঁতার কাটার সময়ে অথবা ভয়ে বা উত্তেজনায় কিছুক্ষণের জন্য নিঃশ্বাস বন্ধ অথবা দম বন্ধ করে থাকা, উত্তেজনায় দম আটকে থাকা, রুদ্ধনিঃশ্বাসে থাকা

(be/get) out of/short of breath (to be/start) breathing very quickly, for example after physical exercise (শারীরিক পরিশ্রম বা ব্যায়ামের পরে) দ্রুত শ্বাস নেওয়া; হাঁপানো

say sth, speak, etc. under your breath to say sth very quietly, usually because you do not want people to hear you ফিসফিস করে অথবা আস্তে কিছু বলা যাতে অন্য কোনো ব্যক্তি না শুনতে পায়

take your breath away to surprise sb very much কাউকে খুব চমকে দেওয়া, খুব অবাক করে দেওয়া ➪ **breathtaking** adjective দেখো।

take a deep breath ➪ **deep**[1] দেখো।

with bated breath ➪ **bated** দেখো।

breathalyse (*AmE* **breathalyze**) / ˈbreθəlaɪz ˈব্রেথ্যালাইজ্ / *verb* [T] to test the breath of a driver with a special machine (**a breathalyser**) to measure how much alcohol he/she has drunk বিশেষ যন্ত্রের (ব্রেথলাইজর) সাহায্যে কোনো ড্রাইভারের নিশ্বাস পরীক্ষা করে নির্ণয় করা যে সে কতটা মদ্যপান করেছে ➪ **breath Test** দেখো।

breathe / bri:ð ব্রীদ্ / *verb* [I, T] to take air, etc. into your lungs and blow it out again শ্বাস নেওয়া ও ছাড়া, শ্বাসপ্রশ্বাস গ্রহণ করা, শ্বাসক্রিয়া চালানো ***Breathe out** as you lift the weight and **breathe in** as you lower it.* ○ *I hate having to breathe (in) other people's cigarette smoke.* ► **breathing** *noun* [U] নিশ্বাস-প্রশ্বাস *heavy/irregular breathing* ○ *breathing exercises*

IDM not breathe a word (of/about sth) (to sb) to not tell sb about sth that is secret কোনো গোপন কথা প্রকাশ না করা

breather / ˈbri:ðə(r) ˈব্রীদ্যা(র্) / *noun* [C] (*informal*) a short rest অল্প সময়ের বিশ্রাম *to **have/take a breather***

breathless / ˈbreθləs ˈব্রেথ্ল্যাস্ / *adj.* **1** having difficulty breathing দম বন্ধ হয়ে আসার মতো কষ্ট; শ্বাসকষ্ট *I was hot and breathless when I got to the top of the hill.* **2** not able to breathe because you are so excited, frightened, etc. (উত্তেজনা, ভয় ইত্যাদিতে) রুদ্ধনিঃশ্বাস, রুদ্ধশ্বাস *to be breathless with excitement* ► **breathlessly** *adv.* রুদ্ধনিঃশ্বাসে

breathtaking / ˈbreθteɪkɪŋ ˈব্রেথ্টেইকিং / *adj.* extremely surprising, beautiful, etc. অতি বিস্ময়কর, অপূর্ব, সুন্দর ইত্যাদি *breathtaking scenery*

breath test *noun* [C] a test by the police on the breath of a driver to measure how much alcohol he/she has drunk মদ্যপানের মাত্রা নির্ণয় করার জন্য পুলিশ দ্বারা ড্রাইভারের নিঃশ্বাসের বিশেষ পরীক্ষা ➪ **breathalyse** দেখো।

breed[1] / bri:d ব্রীড্ / *verb* (*pt, pp* **bred** /bred ব্রেড্ /) **1** [I] (used about animals) to have sex and produce young animals (পশু সম্বন্ধে ব্যবহৃত) বংশ বৃদ্ধি করা *Many animals won't breed in zoos.* ✪ সম **mate 2** [T] to keep animals or plants in order to produce young from them সুপ্রজননের উদ্দেশ্যে পশু অথবা গাছ পালন করা *These cattle are bred to produce high yields of milk.* **3** [T] to cause sth (কোনো কিছুর) উদ্ভব ঘটানো, জন্ম দেওয়া *This kind of thinking breeds intolerance.* ► **breeding** *noun* [U] প্রজনন, সুপ্রজনন

breed[2] / bri:d ব্রীড্ / *noun* [C] a particular variety of an animal কোনো পশুর নির্দিষ্ট প্রজাতি *a breed of cattle/dog*

breeder / ˈbri:də(r) ˈব্রীড্যা(র্) / *noun* [C] a person who breeds animals or plants পশু অথবা বৃক্ষ প্রজনন করে যে ব্যক্তি; প্রজননবিদ *a dog breeder*

breeding ground *noun* [C] **1** a place where wild animals go to breed বন্য পশুর প্রজনন স্থল **2** a place where sth can develop যে স্থানে কোনো কিছু বৃদ্ধি পায় অথবা তার বিকাশ হয় *a breeding ground for crime*

breeze[1] / bri:z ব্রীজ্ / *noun* [C] a light wind হালকা ফুরফুরে বাতাস, মৃদুমন্দ বাতাস; অনিল *A warm breeze was blowing.*

breeze[2] / bri:z ব্রীজ্ / *verb* [I] **breeze along, in, out, etc.** to move in a confident and relaxed way (কোনো ব্যক্তির চলাফেরা সম্বন্ধে ব্যবহৃত) সহজ, স্বচ্ছন্দ, সাবলীল, হালকা *He just breezed in twenty minutes late without a word of apology.*

breezy / ˈbri:zi ˈব্রীজ়ি / *adj.* **1** with a little wind ফুরফুরে হাওয়াযুক্ত, মৃদুমন্দ বাতাসসহ **2** happy and relaxed প্রাণবন্ত, হাসিখুশি, আমুদে, প্রসন্নস্বভাব *You're bright and breezy this morning!*

brevity / ˈbrevəti ˈব্রেভ্যাটি / *noun* [U] the state of being short or quick সংক্ষিপ্ততা, দ্রুতি, ক্ষণিকতা, হ্রস্বতা ➪ **brief** adjective দেখো।

brew / bru: ব্রু / *verb* **1** [T] to make beer বিয়ার বানানো **2** [T] to make a drink of tea or coffee by adding hot water ফুটন্ত জলে চা অথবা কফি বানানো *to brew a pot of tea* **3** [I] (used about tea) to stand in hot water before it is ready to drink (চায়ের পাতা সম্বন্ধে ব্যবহৃত) চা পানের আগে কিছুক্ষণ গরম জলে ভিজিয়ে রাখা *Leave it to brew for a few minutes.*

IDM be brewing (used about sth bad) to develop or grow (খারাপ কোনো কিছু সম্বন্ধে ব্যবহৃত) জন্মানো অথবা বৃদ্ধি পাওয়া *There's **trouble brewing**.*

brewery / ˈbru:əri ˈব্রুঅ্যারি / *noun* [C] (*pl.* **breweries**) a place where beer is made যেখানে বিয়ার তৈরি হয়; ভাটিখানা

bribe / braɪb ব্রাইব্ / *noun* [C] money, etc. that is given to sb such as an official to persuade him/her to do sth to help you that is wrong or dishonest অন্যায় অথবা অসৎ কাজে সাহায্যের জন্য কোনো ব্যক্তিকে (যেমন কোনো সরকারি আধিকারিক) রাজি করানোর উদ্দেশ্যে তাকে যে অর্থ ইত্যাদি দেওয়া হয়; ঘুষ, উৎকোচ *to accept/take bribes* ▶ **bribe** *verb* [T] **bribe sb (with sth)** ঘুষ দেওয়া *They got a visa by bribing an official.* ▶ **bribery** / ˈbraɪbəri ˈব্রাইব্যারি / *noun* [U] উৎকোচ অথবা ঘুষ দান বা গ্রহণ

bric-a-brac / ˈbrɪk ə bræk ˈব্রিক্ অ্যা ব্র্যাক্ / *noun* [U] small items of little value, for decoration in a house ছোটোখাটো কম দামি ঘর সাজানোর জিনিসপত্র

brick / brɪk ব্রিক্ / *noun* [C, U] a hard block of baked clay that is used for building houses, etc. (বাড়ি বানানোর জন্য ব্যবহৃত) ইট; ইষ্টক *a lorry carrying bricks* ○ *a house built of red brick*

bricklayer / ˈbrɪkleɪə(r) ˈব্রিক্লেইঅ্যা(র্) / *noun* [C] a person whose job is to build walls with bricks যে ব্যক্তির কাজ ইট দিয়ে দেয়াল বানানো; রাজমিস্ত্রি

brickwork / ˈbrɪkwɜ:k ˈব্রিক্উঅ্যক্ / *noun* [U] the part of a building that is made of bricks ইটের গাঁথনি দিয়ে বানানো অট্টালিকার অংশ

bridal / ˈbraɪdl ˈব্রাইড্ল্ / *adj.* (*only before a noun*) connected with a bride পাত্রী, বিয়ের কনে সংক্রান্ত

bride / braɪd ব্রাইড্ / *noun* [C] a woman on or just before her wedding day পাত্রী, বিয়ের কনে; নববধূ *a **bride-to-be*** (= a woman whose wedding is soon) ➪ **wedding**-এ নোট দেখো।

bridegroom / ˈbraɪdgru:m ˈব্রাইড্গ্রুম্ / (*also* **groom**) *noun* [C] a man on or just before his wedding day বর, পাত্র ➪ **wedding**-এ নোট দেখো।

bridesmaid / ˈbraɪdzmeɪd ˈব্রাইড্জ্মেইড্ / *noun* [C] a woman or girl who helps a woman on her wedding day (**the bride**) কনের সহচরী; নিতকনে ➪ **wedding**-এ নোট দেখো।

bridge¹ / brɪdʒ ব্রিজ্ / *noun* **1** [C] a structure that carries a road or railway across a river, valley, road or railway (নদী, উপত্যকা, রাস্তা বা রেললাইনের উপর দিয়ে নির্মিত) সেতু, পুল, সাঁকো; ব্রিজ *a bridge over the River Yamuna* **2** [*sing.*] the high part of a ship where the captain and the people who control the ship stand জাহাজের ক্যাপ্টেন এবং জাহাজ নিয়ন্ত্রণকারী অন্যান্য কর্মচারীদের দাঁড়ানোর জন্য ব্যবহৃত জাহাজের উঁচু অংশবিশেষ **3** [U] a card game for four people তাসের খেলা যা চারজনে খেলতে হয়; ব্রিজ খেলা

bridge² / brɪdʒ ব্রিজ্ / *verb* [T] to build a bridge over sth কোনো কিছুর উপর দিয়ে সেতু নির্মাণ করা, সেতুবন্ধন করা

IDM bridge a/the gap to fill a space between two people, groups or things or to bring them closer together (দুজন ব্যক্তি, গোষ্ঠী অথবা বস্তুর মধ্যে) বাধা বা ব্যবধান দূর করা অথবা তাদের নিকটে নিয়ে আসা

bridle / ˈbraɪdl ˈব্রাইড্ল্ / *noun* [C] the leather straps that you put on a horse's head so that you can control it when you are riding it ঘোড়ায় চড়ার পর তাকে নিয়ন্ত্রণ করার জন্য তার মাথায় লাগানো চামড়ার ফিতে; ঘোড়ার লাগাম অথবা বল্‌গা; রাশ ➪ **horse**-এ ছবি দেখো।

brief¹ / bri:f ব্রীফ্ / *adj.* short or quick সংক্ষিপ্ত অথবা ক্ষণিক; স্বল্পস্থায়ী *a brief description* ○ *Please be brief. We don't have much time.* ➪ **brevity** noun দেখো।

IDM in brief using only a few words স্বল্প কথায়, সংক্ষেপে *In brief, the meeting was a disaster.*

brief² / bri:f ব্রীফ্ / *noun* [C] instructions or information about a job or task কোনো কাজ সম্বন্ধে নির্দেশ অথবা তথ্য *He was given the brief of improving the image of the organization.*

brief³ / bri:f ব্রীফ্ / *verb* [T] to give sb information or instructions about sth কোনো ব্যক্তিকে কোনো কিছুর সম্বন্ধে নির্দেশ অথবা কোনো তথ্য জানানো *The minister has been fully briefed on what questions to expect.*

briefcase / ˈbri:fkeɪs ˈব্রীফ্কেইস্ / *noun* [C] a flat case that you use for carrying papers, etc., especially when you go to work নথিপত্র ইত্যাদি বহনের জন্য চ্যাপটা বাক্স (বিশেষত কর্মস্থলে যাওয়ার সময়ে); ব্রিফকেস

briefing / ˈbri:fɪŋ ˈব্রীফিং / *noun* [C, U] instructions or information that you are given before sth happens ঘটনা ঘটার পূর্বে বা আগে প্রদত্ত তথ্য অথবা নির্দেশ *a press/news briefing* (= where information is given to journalists)

briefly / ˈbri:fli ˈব্রীফ্লি / *adv.* **1** for a short time; quickly ক্ষণিকের জন্য; তাড়াতাড়ি *She glanced briefly at the letter.* **2** using only a few words সংক্ষেপে, কম কথায় *I'd like to comment very briefly on that last statement.*

briefs / bri:fs ব্রীফ্স্ / *noun* [*pl.*] underwear for men or women worn on the lower part of the body মেয়েদের অথবা ছেলেদের অন্তর্বাস; ইজের, জাঙিয়া

brigade / brɪˈgeɪd ব্রিˈগেইড্ / *noun* [C] **1** a unit of soldiers in the army সেনাবাহিনীর মধ্যেকার সেনাদল; ব্রিগেড **2** a group of people who work together for a particular purpose বিশেষ ধরনের কোনো কাজে নিযুক্ত অথবা ভারপ্রাপ্ত ব্যক্তিগণ *the fire brigade*

brigadier / ˌbrɪgəˈdɪə(r) ˌব্রিগ্যাˈডিঅ্যা(র্) / *noun* [C] an important officer in the army সৈন্যবাহিনীর একজন উচ্চপদস্থ কর্মচারী; ব্রিগেডিয়র

bright / braɪt ব্রাইট্ / *adj.* **1** having a lot of light উজ্জ্বল, ঝকঝকে, দীপ্তিমান *a bright, sunny day* o *eyes bright with happiness* **2** (used about a colour) strong and easy to see (রং সম্বন্ধে ব্যবহৃত) তীব্র এবং স্পষ্ট; উজ্জ্বল *a bright yellow jumper* **3** clever, or able to learn things quickly সপ্রতিভ, চালাক, বুদ্ধিমান, তুখোড় *a bright child* o *a **bright idea*** **4** likely to be pleasant or successful আনন্দ অথবা সাফল্য লাভের সম্ভাবনাযুক্ত *The future looks bright.* **5** happy; cheerful প্রফুল্ল; আনন্দিত, হৃষ্ট ▶ **brightly** *adv.* উজ্জ্বলভাবে *brightly coloured clothes* ▶ **brightness** noun [U] উজ্জ্বলতা, চমক, ঔজ্জ্বল্য, দীপ্তি, প্রভা **IDM** **look on the bright side** ⇨ **look¹** দেখো।

brighten / ˈbraɪtn ˈব্রাইট্ন্ / *verb* [I, T] **brighten (sth) (up)** to become brighter or happier; to make sth brighter আরও উজ্জ্বল বা সুখী হওয়া; কোনো কিছুকে উজ্জ্বলতর করা *His face brightened when he saw her.* o *to brighten up sb's day* (make it happier)

brilliant / ˈbrɪliənt ˈব্রিলিঅ্যান্ট্ / *adj.* **1** having a lot of light; very bright ঝকঝকে, ঝলমলে; খুব উজ্জ্বল *brilliant sunshine* **2** very clever, skilful or successful তীক্ষ্ণবুদ্ধি, দক্ষতাপূর্ণ অথবা সফল *a brilliant young scientist* o *That's a brilliant idea!* **3** (*informal*) very good খুব ভালো, অতি উত্তম *That was a brilliant film!* ▶ **brilliance** noun [U] বুদ্ধি, মনীষা; দীপ্তি, সমুজ্জ্বলতা ▶ **brilliantly** *adv.* ঝলমলেভাবে, ঝকঝকে করে; বুদ্ধিদীপ্তভাবে; নিপুণভাবে

brim¹ / brɪm ব্রিম্ / *noun* [C] **1** the top edge of a cup, glass, etc. কাপ, গেলাস ইত্যাদির প্রান্ত বা উপরের ধার *The cup was full to the brim.* **2** the bottom part of a hat that is wider than the rest কোনো টুপির নীচের অংশের চওড়া ধার বা কানা

brim² / brɪm ব্রিম্ / *verb* [I] (**brimming**; **brimmed**) **brim (with sth)** to be full of sth (কোনো কিছুতে) কানায় কানায় ভরা, কুলে কুলে ভরা; পরিপূর্ণ *His eyes were brimming with tears.* **PHRV** **brim over (with sth)** (used about a cup, glass, etc.) to have more liquid than it can hold (কাপ, গেলাস ইত্যাদি সম্বন্ধে ব্যবহৃত) উপচে পড়া, ভর্তি হওয়ার পরে ছাপিয়ে পড়া *The bowl was brimming over with water.* o (*figurative*) *to be brimming over with health/happiness*

brine / braɪn ব্রাইন্ / *noun* [U] very salty water, used especially for keeping food fresh (বিশেষত খাদ্যদ্রব্য তাজা রাখার জন্য ব্যবহৃত) লবণজল, নুনজল

bring / brɪŋ ব্রিং / *verb* [T] (*pt, pp* **brought** /brɔːt ব্রট্ /) **1** to carry or take sb/sth to a place with you কোনো বস্তুকে নিজের সঙ্গে করে অথবা বহন করে কোনো স্থানে নিয়ে যাওয়া অথবা কোনো ব্যক্তিকে নিজের সঙ্গে নিয়ে যাওয়া *Could you bring us some water, please?* o (*figurative*) *He will bring valuable skills and experience to the team.* **2** to move sth somewhere কোনো বস্তুকে এক জায়গা থেকে অন্য জায়গায় নিয়ে যাওয়া অথবা সরানো *Raman brought a photo out of his wallet and showed it to us.* **3** to cause or result in sth (কোনো কিছুর) কারণ অথবা ফল হওয়া *The sight of her brought a smile to his face.* o *Money doesn't always bring happiness.* **4** to cause sb/sth to be in a certain place or condition কোনো ব্যক্তি অথবা বস্তুকে কোনো নির্দিষ্ট স্থানে অথবা পরিস্থিতিতে এনে ফেলা *Their screams brought people running from all directions.* o *An injury can easily **bring** an athlete's career **to an end**.* **5 bring yourself to do sth** to force yourself to do sth নিজেকে কিছু করতে বাধ্য করা *The film was so horrible that I couldn't bring myself to watch it.*

NOTE Bring শব্দটি ব্যবহার করা হয়েছে এমন আরও অভিব্যক্তির অর্থ জানার জন্য সেই অভিব্যক্তিটিতে ব্যবহৃত বিশেষ্য (noun) এবং বিশেষণের (adjective) শীর্ষশব্দগুলি দেখো। উদাহরণস্বরূপ **bring up the rear** অভিব্যক্তিটির জন্য **rear** শীর্ষশব্দটি দেখো।

PHRV **bring sth about** to cause sth to happen কোনো ঘটনা ঘটানো, উৎপন্ন করা *to bring about changes in people's lives*

bring sth back 1 to cause sth that existed before to be introduced again পুরোনো পরিস্থিতি আবার ফিরিয়ে আনা *Nobody wants to bring back the days of child labour.* **2** to cause sb to remember sth (কোনো ব্যক্তির) স্মৃতি জাগিয়ে তোলা, মনে পড়ানো *The photographs brought back memories of his childhood.*

bring sb/sth down to defeat sb/sth; to make sb/sth lose a position of power কোনো ব্যক্তি বা বস্তুকে পরাভূত করা; কোনো ব্যক্তি বা বস্তুকে ক্ষমতাচ্যুত করা *to bring down the government*

bring sth down to make sth lower in level কোনো বস্তুকে নীচে নামিয়ে আনা, কমানো, নীচু করা *to bring down the price of sth*

bring sth forward 1 to move sth to an earlier time কোনো কিছুর সময় এগিয়ে আনা *The date of the meeting has been brought forward by two weeks.* **✪** বিপ **put sth back** **2** to suggest sth for discussion কোনো কিছু আলোচনার জন্য প্রস্তাব আনা, আলোচনার বিষয় উত্থাপন করা

bring sb in to ask or employ sb to do a particular job কোনো বিশেষ কাজ করার জন্য কোনো ব্যক্তিকে বলা অথবা নিযুক্ত করা *A specialist was brought in to set up the new computer system.*

bring sth in to introduce sth কোনো বিষয় উত্থাপন করা, প্রবর্তন করা *The government have brought in a new law on dangerous drugs.*

bring sth off to manage to do sth difficult কোনো কঠিন কাজে সাফল্য লাভ করা *The team brought off an amazing victory.*

bring sth on to cause sth কোনো পরিস্থিতির কারণ স্বরূপ *Her headaches are brought on by stress.*

bring sth out to produce sth or cause sth to appear কোনো বস্তু উৎপন্ন করা বা কোনো বস্তুকে উপস্থিত করানো *When is the company bringing out its next new model?*

bring sb round to make sb become conscious again কোনো ব্যক্তির জ্ঞান অথবা চেতনা ফিরিয়ে আনা *I splashed cold water on his face to try to bring him round.*

bring sb round (to sth) to persuade sb to agree with your opinion কোনো ব্যক্তিকে মানিয়ে নিজের সঙ্গে একমত করানো *After a lot of discussion we finally brought them round to our point of view.*

bring sth round to sth to direct a conversation to a particular subject নির্দিষ্ট বিষয়ের দিকে কোনো আলোচনা নিয়ে যাওয়া *I finally brought the conversation round to the subject of money.*

bring sb up to look after a child until he/she is adult and to teach him/her how to behave প্রাপ্তবয়স্ক না হওয়া পর্যন্ত কোনো বাচ্চার দেখাশোনা করা এবং তাকে শেখানো যে কেমনভাবে আচরণ করতে হয়; প্রতিপালন করা, দেখাশোনা করা, রক্ষণাবেক্ষণ করা *a well brought up child*

bring sth up **1** to be sick so that food that you have swallowed comes back out of your mouth; to vomit বমি করা, বমি করে ফেলা **2** to introduce sth into a discussion or conversation আলোচনা বা কথোপকথনে কোনো নতুন বিষয় উত্থাপন করা *I intend to bring the matter up at the next meeting.*

brinjal / ˈbrɪndʒl ˈব্রিন্‌জ্‌ল্ / *noun* [C] = **aubergine**

brink / brɪŋk ব্রিংক্ / *noun* [*sing*.] **the brink (of sth)** if you are on the brink of sth, you are almost in a very new, exciting or dangerous situation (নতুন, উত্তেজক বা বিপজ্জনক পরিস্থিতির) সীমা, প্রান্ত, কিনারা, ধার *Just when the band were* ***on the brink*** *of becoming famous, they split up.*

brisk / brɪsk ব্রিস্ক্ / *adj.* **1** quick or using a lot of energy; busy দ্রুত, সতেজ, প্রাণবন্ত, সক্রিয়; ব্যস্ত *They set off* ***at a brisk pace****. ○ Trading has been brisk this morning.* **2** confident and practical; wanting to get things done quickly আত্মবিশ্বাসী এবং বাস্তববধর্মী; দ্রুত কাজ শেষ করতে আগ্রহী ► **briskly** *adv.* চটপটভাবে, স্বচ্ছন্দে ► **briskness** *noun* [U] দ্রুততা, তীব্রতা, স্ফূর্তি

bristle[1] / ˈbrɪsl ˈব্রিস্‌ল্ / *noun* [C] **1** a short thick hair খোঁচা খোঁচা শক্ত ঘন চুল *The bristles on my chin hurt the baby's face.* **2** one of the short thick hairs of a brush ব্রাশের চুল অথবা কাঁটা

bristle[2] / ˈbrɪsl ˈব্রিস্‌ল্ / *verb* [I] **1** (used about hair or an animal's fur) to stand up straight because of fear, anger, cold, etc. (মাথার চুল বা পশুলোমের সম্বন্ধে ব্যবহৃত) রাগ, ভয়, ঠান্ডা ইত্যাদিতে খাড়া হয়ে ওঠা **2 bristle (with sth) (at sb/sth)** to show that you are angry রাগ অথবা ক্রোধ প্রকাশ করা

PHR V **bristle with sth** to be full of sth কোনো কিছুতে পরিপূর্ণ হওয়া

Britain / ˈbrɪtn ˈব্রিট্‌ন্ / = **Great Britain** ⇨ **United Kingdom**-এ নোট দেখো।

brittle / ˈbrɪtl ˈব্রিট্‌ল্ / *adj.* hard but easily broken ভঙ্গুর, ঠুনকো *The bones become brittle in old age.*

broach / brəʊtʃ ব্র্যাউচ্ / *verb* [T] to start talking about a particular subject, especially one which is difficult or embarrassing (বিশেষত কঠিন অথবা অস্বস্তিকর) কোনো নির্দিষ্ট বিষয় নিয়ে আলোচনা শুরু করা *How will you* ***broach the subject*** *of the money he owes us?*

broad / brɔːd ব্রːড্ / *adj.* **1** wide চওড়া, প্রশস্ত, বিস্তৃত *a broad street/river ○ broad shoulders ○ a broad smile*

> **NOTE** কোনো জিনিসের একধার থেকে আর একধারের দূরত্ব বোঝাতে **broad** শব্দটির পরিবর্তে **wide** শব্দটিই বেশি ব্যবহার করা হয়—*The gate is four metres wide.*

✪ বিপ **narrow** ⇨ **breadth** *noun* দেখো। **2** including many different people or things বহুবিস্তৃত *We sell a* ***broad range*** *of products.* **3** without a lot of detail; general খুঁটিনাটি বর্ণনা ছাড়াই; সাধারণভাবে, মোটামুটি *I'll explain the new system* ***in broad terms****.* **4** (used about the way sb speaks) very strong (কোনো ব্যক্তির উচ্চারণের সম্বন্ধে ব্যবহৃত) তীব্র, পরিষ্কার *She has a broad Somerset accent.*

IDM **(in) broad daylight** during the day, when it is easy to see দিনের আলোয় যখন দেখা খুব সহজ; দিবালোকে

broad bean *noun* [C] a type of large flat green bean that can be cooked and eaten চ্যাপটা, সবুজ একজাতীয় বিন (শুঁটি জাতীয় সবজি) যা রান্না করে খাওয়া যায়; শিম

broadcast / ˈbrɔːdkɑːst ˈব্রːড্‌কাːস্ট্ / *verb* [I, T] (*pt, pp* **broadcast**) to send out radio or television programmes বেতার বা দূরদর্শনের মাধ্যমে

অনুষ্ঠান সম্প্রচার করা *The Olympics are **broadcast** live around the world.* ▶ **broadcast** *noun* [C] বেতার মাধ্যমে সম্প্রচার; বেতারবার্তা *The next news broadcast is at 9 o'clock.*

broadcaster / ˈbrɔːdkɑːstə(r) ˈব্র:ড্কা:স্ট্যা(র্) / *noun* [C] a person who speaks on the radio or on television বেতার বা দূরদর্শনের ঘোষক; সম্প্রচারক

broaden / ˈbrɔːdn ˈব্র:ড্ন্ / *verb* [I, T] **broaden (sth) (out)** to become wider; to make sth wider প্রসারিত হওয়া; কোনো বস্তুকে বিস্তৃত করা *The river broadens out beyond the bridge.* ○ (*figurative*) *Travel broadens the mind* (= it makes you understand other people better).

broadly / ˈbrɔːdli ˈব্র:ড্লি / *adv.* **1** (used to describe a way of smiling) with a big, wide smile (হাসির ধরন বর্ণনা করতে ব্যবহৃত) প্রসারিত, বিস্তারিত *He smiled broadly as he shook everyone's hand.* **2** generally সাধারণভাবে, মোটের উপর ***Broadly speaking**, the scheme will work as follows.*

broad-minded *adj.* happy to accept beliefs and ways of life that are different from your own ভিন্নতর জীবনযাপন পদ্ধতি এবং বিশ্বাসসমূহ খুশিমনে গ্রহণ করতে পারে এমন; উদারমনা, উদারচেতা, পরমতসহিষ্ণু, প্রশস্তমনা ✪ বিপ **narrow-minded**

broccoli / ˈbrɒkəli ˈব্রক্যালি / *noun* [U] a thick green plant with green or purple flower heads that can be cooked and eaten সবুজ অথবা বেগুনি রঙের ফুলকপির মতো একধরনের সবজি; ব্রকোলি ➪ **vegetable**-এ ছবি দেখো।

brochure / ˈbrəʊʃə(r) ˈব্র্যাউশ্যা(র্) / *noun* [C] a small book with pictures and information about sth ছবি এবং তথ্যাদি সম্বলিত ছোটো পুস্তিকা; ব্রোশিওর

broil / brɔɪl ব্রইল্ / *verb* [T] (*AmE*) = **grill² 1**

broke¹ ➪ **break¹**-এর past tense

broke² / brəʊk ব্র্যাউক্ / *adj.* (*not before a noun*) (*informal*) having no money ফতুর, সর্বস্বান্ত *I can't come out tonight—I'm absolutely broke.*

broken¹ ➪ **break¹** -এর past participle

broken² / ˈbrəʊkən ˈব্র্যাউক্যান্ / *adj.* **1** damaged or in pieces; not working ভাঙা, ভগ্ন, খণ্ডিত, চূর্ণ; অচল, কার্যকর নয় এমন *a broken leg* ○ *How did the window **get broken**?* **2** (used about a promise or an agreement) not kept (কোনো চুক্তি বা প্রতিজ্ঞা সম্বন্ধে ব্যবহৃত) যা রক্ষা করা হয়নি, ভেঙে গেছে এমন **3** not continuous; interrupted খণ্ডিত; বাধাপ্রাপ্ত *a broken line* ○ *a broken night's sleep* **4** (used about a foreign language) spoken slowly with a lot of mistakes (কোনো বিদেশি ভাষা সম্বন্ধে ব্যবহৃত) ভাঙা ভাঙা বলা হয় এমন, অশুদ্ধভাবে বলা হয় এমন *to speak in broken English*

broken-down *adj.* **1** in a very bad condition সঙ্গিন অবস্থা, খুব খারাপ অবস্থা; জর্জরিত *a broken-down old building* **2** (used about a vehicle) not working (কোনো যানবাহন সম্বন্ধে ব্যবহৃত) যা কাজ করছে না; অচল, বিকল *A broken-down bus was blocking the road.*

broken-hearted = **heartbroken**

broken home *noun* [C] a family in which the parents do not live together, for example because they are divorced যে পরিবারে পিতা-মাতার বিবাহ বিচ্ছেদের কারণে তারা একসঙ্গে থাকে না; ভাঙা সংসার *Many of the children came from broken homes.*

broken marriage *noun* [C] a marriage that has ended যে বিয়ে ভেঙে গেছে; বিবাহ-বিচ্ছেদ

broker / ˈbrəʊkə(r) ˈব্র্যাউক্যা(র্) / *noun* [C] a person who buys and sells things, for example shares in a business, for other people যে ব্যক্তি অন্যের হয়ে ব্যবসায়ে শেয়ার ইত্যাদি কেনাবেচা করে; দালাল; ব্রোকার *an insurance broker*

bromide / ˈbrəʊmaɪd ˈব্র্যাউমাইড্ / *noun* [U] a chemical compound used in medicine to make people feel calm রোগীর স্নায়ু শান্ত রাখতে ওষুধের মধ্যে যে রাসায়নিক যৌগিক পদার্থ ব্যবহার করা হয়; ব্রোমাইড

bromine / ˈbrəʊmiːn ˈব্র্যাউমীন্ / *noun* [U] (*symbol* **Br**) a dark red, poisonous gas with a strong smell গাঢ় লাল রঙের তীব্র গন্ধযুক্ত বিষাক্ত গ্যাস; ব্রোমিন

bronchial / ˈbrɒŋkiəl ˈব্রংকিঅ্যাল্ / *adj.* connected with or affecting the two main branches of your **windpipe** (**bronchial tubes**) leading to your lungs ফুসফুসের দিকে প্রসারিত শ্বাসনালীর দুটি প্রধান শাখার সঙ্গে যুক্ত অথবা সেগুলিকে প্রভাবিত করে এমন; শ্বাসনালী সংক্রান্ত ➪ **body**-তে ছবি দেখো।

bronchitis / brɒŋˈkaɪtɪs ব্রংˈকাইটিস্ / *noun* [U] an illness of the tubes leading to the lungs (**bronchial tubes**) that causes a very bad cough শ্বাসনালীর অসুখ যার জন্য খুব খারাপ ধরনের কাশি হয়; জলকাশ; ব্রংকাইটিস

bronchus / ˈbrɒŋkəs ˈব্রংক্যাস্ / *noun* [C] (*pl.* **bronchi** / ˈbrɒŋkaɪ ˈব্রংকাই /) one of the tubes that carry air to the lungs ফুসফুসের বাতাস বহনকারী দুটি নলের মধ্যে যে-কোনো একটি; শ্বাসনালী

bronze / brɒnz ব্রন্জ্ / *noun* **1** [U] a reddish-brown metal that is made by mixing tin with another metal (**copper**) তামা ও টিনের মিশ্রণে যে লাল-বাদামি রঙের সংকর ধাতু তৈরি হয়; ব্রোঞ্জ **2** [U] the colour of bronze ব্রোঞ্জের রং **3** [C] = **bronze medal** ▶ **bronze** *adj.* ব্রোঞ্জ নির্মিত; ব্রোঞ্জ সংক্রান্ত

the Bronze Age *noun* [*sing.*] the period in human history between the Stone Age and the Iron Age when people used tools and weapons made of bronze মানব ইতিহাসে প্রস্তর যুগ এবং লৌহ যুগের মধ্যবর্তী যে সময়কালে মানুষ ব্রোঞ্জের তৈরি যন্ত্রপাতি এবং অস্ত্রশস্ত্র ব্যবহার করত; ব্রোঞ্জ যুগ

bronzed / brɒnzd ব্রন্জ়ড্ / *adj.* having skin that has been turned brown, in an attractive way, by the sun সূর্যের আলোয় পুড়ে গিয়ে আকর্ষণীয়ভাবে তামাটে রঙের হয়ে যাওয়া ত্বকবিশিষ্ট

bronze medal *noun* [C] a round piece of bronze that you get as a prize for coming third in a race or a competition কোনো রেস বা অন্য প্রতিযোগিতায় তৃতীয় স্থান অধিকারের জন্য পুরস্কার হিসেবে ব্রোঞ্জের যে গোল খণ্ড দেওয়া হয়; ব্রোঞ্জের পদক ➪ **gold** এবং **silver medal** দেখো।

brooch / brəʊtʃ ব্র্যাউচ্ / *noun* [C] a piece of jewellery with a pin at the back that women wear on their clothes পিছনের দিকে পিনসমেত একধরনের অলংকার যা মহিলারা তাদের পোশাকের উপর পরে; ব্রোচ

brood[1] / bru:d ব্রুড্ / *verb* [I] **1 brood (on/over/ about sth)** to worry, or to think a lot about sth that makes you worried or sad উদ্বেগ বা দুঃখের কোনো বিষয় নিয়ে উদ্বিগ্ন থাকা অথবা দুশ্চিন্তা করা *to brood on a failure* **2** (used about a female bird) to sit on her eggs (স্ত্রী পাখির সম্বন্ধে ব্যবহৃত) ডিমে তা দেওয়া, ডিম ফোটানোর জন্য ডিমের উপর বসে থাকা

brood[2] / bru:d ব্রুড্ / *noun* [C] all the young birds that belong to one mother কোনো পক্ষীমাতার একই সময় একসঙ্গে ফুটে বেরোনো সমস্ত বাচ্চা বা পক্ষী-শাবকের দল

brook / brʊk ব্রুক্ / *noun* [C] a small flow of water জলের ক্ষীণ ধারা; নির্ঝরিণী ✪ সম **stream**

broom / bru:m ব্রুম্ / *noun* [C] a brush with a long handle that you use for removing (**sweeping**) dirt from the floor লম্বা হাতলওয়ালা ঝাড়ু যা দিয়ে মেঝের ধুলো পরিষ্কার করা বা ঝাঁট দেওয়া হয়; ঝাঁটা, সম্মার্জনী, পরিষ্করণী, শোধনী

broomstick / ˈbru:mstɪk ˈব্রুম্স্টিক্ / *noun* [C] the handle of a broom ঝাঁটার হাতল

Bros (*AmE* **Bros.**) *abbr.* (used in the name of a company) Brothers (কোনো প্রতিষ্ঠানের নামের সঙ্গে ব্যবহৃত) ব্রাদার্স *Lalchand Bros Ltd*

broth / brɒθ ব্রথ্ / *noun* [U] soup ঝোল, সুরুয়া; স্যুপ *chicken broth*

brother / ˈbrʌðə(r) ˈব্রাদ্যা(র্) / *noun* [C] **1** a man or boy who has the same parents as another person ভাই, ভ্রাতা, সহোদর *Sahil and Raghav are brothers.* ○ *a younger/older brother* ➪ **half-brother** এবং **step brother** দেখো।

> **NOTE** ভাই এবং বোন উভয় বোঝাতে ইংরেজিতে আলাদা কোনো শব্দ নেই—*Have you got any brothers or sisters?* এই অর্থে কিন্তু **sibling** শব্দটি কথ্য ভাষায় ব্যবহৃত হয় না।

2 a man who is a member of a Christian religious community কোনো খ্রিস্টান ধর্মীয় সংঘের পুরুষ সদস্য **3** (*informal*) a man who you feel close to because he is a member of the same society, group, etc. as you (পুরুষ) একই সমাজ, গোষ্ঠী ইত্যাদির সদস্য; বন্ধু

brotherhood / ˈbrʌðəhʊd ˈব্রাদ্যাহুড্ / *noun* **1** [U] a feeling of great friendship and understanding between people সহমর্মিতা ও বন্ধুত্বসুলভ মনোভাব; ভ্রাতৃত্ব *the brotherhood of man* (= a feeling of friendship between all the people in the world) **2** an organization which is formed for a particular, often religious purpose বিশেষ কোনো উদ্দেশ্যে (অনেক সময় ধর্মীয় কারণে) স্থাপিত কোনো প্রতিষ্ঠান

brother-in-law *noun* [C] (*pl.* **brothers-in-law**) **1** the brother of your husband or wife শালা, শ্যালক, সম্বন্ধী; দেওর, ভাসুর **2** the husband of your sister ভগ্নীপতি

brotherly / ˈbrʌðəli ˈব্রাদ্যালি / *adj.* showing feelings of love and kindness that you would expect a brother to show ভ্রাতৃসুলভ ভাবসম্পন্ন, ভ্রাতৃভাবাপন্ন; সৌভ্রাতৃত্ব *brotherly love/advice*

brought ➪ **bring**-এর past tense এবং past participle

brow / braʊ ব্রাউ / *noun* **1** [C] = **eyebrow** **2** [C] = **forehead** **3** [*sing.*] the top part of a hill পর্বত শিখর; শৈলপার্শ্ব, শৈলপ্রান্ত *Suddenly a car came over the brow of the hill.*

browbeat / ˈbraʊbi:t ˈব্রাউবীট্ / *verb* [T] (*pt* **browbeat**; *pp* **browbeaten**) **browbeat sb (into doing sth)** to frighten or threaten sb in order to make him/her do sth কোনো ব্যক্তিকে ভয় দেখিয়ে অথবা হুমকি দিয়ে কোনো কাজ করতে বাধ্য করা *They were browbeaten into accepting the deal.*

brown[1] / braʊn ব্রাউন্ / *noun, adj.* **1** [C, U] (of) the colour of earth or wood কাঠের বা মাটির রং; বাদামি, কটা, কপিশ, পিঙ্গলবর্ণ *brown eyes/hair* ○ *the yellows and browns of the trees in autumn* **2** having skin that the sun has made darker (ব্যক্তি) পিঙ্গলবর্ণ ত্বকসম্পন্ন; বাদামি অথবা তামাটে, রোদে পোড়া ত্বকবিশিষ্ট *Although I often sunbathe, I never seem to **go brown**.*

brown[2] / braʊn ব্রাউন্ / *verb* [I, T] to become or make sth become brown কোনো কিছুর বাদামি রং হওয়া বা করা *Brown the meat in a frying pan.*

brownie / ˈbraʊni ˈব্রাউনি / *noun* [C] a type of heavy chocolate cake that often contains nuts একপ্রকারের বড়ো চকোলেট কেক যার মধ্যে প্রায়ই বাদাম থাকে

brownish / ˈbraʊnɪʃ ˈব্রাউনিশ্ / *adj.* fairly brown প্রায় বাদামি রং, অনেকটা পিঙ্গল বর্ণ; তামাটে *She has brownish eyes.*

browse / braʊz ব্রাউজ্ / *verb* **1** [I] to spend time pleasantly, looking round a shop, without a clear idea of what you are looking for বিশেষ কোনো কিছু কেনার উদ্দেশ্য ছাড়াই কোনো দোকানে খেয়ালখুশিমতো ঘুরে বেড়িয়ে সময় কাটানো *I spent hours browsing in the local bookshop.* **2** [I] **browse through sth** to look through a book or magazine without reading every part or studying it carefully কোনো বই অথবা পত্রিকা খুঁটিয়ে না দেখে এলোমেলোভাবে ঘাঁটা *I enjoyed browsing through the catalogue but I didn't order anything.* **3** [T] (*computing*) to look for and read information on a computer কম্পিউটারে কোনো তথ্য খোঁজা এবং পড়া *I've just been browsing the Internet for information on Lakshadweep Islands.* ▶ **browse** *noun* [*sing.*] এলোমেলোভাবে বই ঘাঁটা অথবা কম্পিউটারে তথ্য খোঁজা এবং পড়ার ক্রিয়া

browser / ˈbraʊzə(r) ˈব্রাউজ্যা(র্) / *noun* [C] (*computing*) a computer program that lets you look at words and pictures from other computer systems by receiving information through telephone wires টেলিফোন-তারের মাধ্যমে তথ্যপ্রাপ্তির দ্বারা যে কম্পিউটার প্রোগ্রাম অন্য কম্পিউটার সিস্টেমের ছবি ও শব্দসমূহ (words) দেখায়; ব্রাউজার *an Internet browser*

bruise / bru:z ব্রূজ্ / *noun* [C] a blue, brown or purple mark that appears on the skin after sb has fallen, been hit, etc. পড়ে যাওয়া অথবা আঘাত লাগার ফলে ত্বকে নীল, বাদামি বা বেগুনি যে দাগ পড়ে; কালশিটে **NOTE** চোখের উপর কালশিটে পড়লে তাকে **black eye** বলা হয়। ▶ **bruise** *verb* [I, T] ত্বকে কালশিটে বা চোটের দাগ পড়া *I fell over and bruised my arm.* ○ *Handle the fruit carefully or you'll bruise it.*

brunch / brʌntʃ ব্রান্চ্ / *noun* [C, U] (*informal*) a meal that you eat in the late morning as a combination of breakfast and lunch প্রাতরাশ এবং মধ্যাহ্নভোজনের পরিবর্তে একবারেই দেরিতে যে আহার করা হয়; ব্রাঞ্চ

brunette / bru:ˈnet ব্রূˈনেট্ / *noun* [C] a white woman with dark brown hair ঘন পিঙ্গল চুলের অধিকারী শ্বেতাঙ্গ মহিলা ⇨ **blonde** দেখো।

brunt / brʌnt ব্রান্ট্ / *noun*

IDM **bear the brunt of sth** ⇨ **bear²** দেখো।

brush¹ / brʌʃ ব্রাশ্ / *noun* **1** [C] an object that is used for cleaning things, painting, tidying your hair, etc. (জিনিসপত্র পরিষ্কার করা, রং করা, চুল আঁচড়ানো ইত্যাদির জন্য ব্যবহৃত) ঝাড়ন, তুলি, চিরুনি *I took a brush and swept the dry leaves from the lawn.* ○ *a toothbrush* ○ *a paintbrush* ○ *a hairbrush* **2** [*sing.*] an act of cleaning, tidying the hair, etc. with a brush বুরুশ দিয়ে চুল আঁচড়ানো, পরিষ্কার করা ইত্যাদির ক্রিয়া *The floor needs a brush.*

IDM **(have) a brush with sb/sth** (to have or almost have) an unpleasant meeting with sb/sth কারও বা কিছুর সঙ্গে অপ্রীতিকর অথবা প্রায় হয়ে যাওয়া

brush² / brʌʃ ব্রাশ্ / *verb* **1** [T] to clean, tidy, etc. sth with a brush কোনো বস্তু বুরুশ দিয়ে ঝাড়া, পরিষ্কার করা ইত্যাদি *Make sure you* ***brush*** *your* ***teeth*** *twice a day.* ○ ***Brush*** *your* ***hair*** *before you go out.* ⇨ **clean²** -এ নোট দেখো। **2** [I, T] to touch sb/sth lightly when passing চলতে চলতে কোনো ব্যক্তিকে অথবা বস্তুকে হালকাভাবে ছুঁয়ে যাওয়া *Leaves brushed against the car as we drove along the narrow road.*

PHR V **brush sb/sth aside** **1** to refuse to pay attention to sb/sth (কোনো ব্যক্তি অথবা বস্তুকে) অগ্রাহ্য করা, পাত্তা না দেওয়া, গুরুত্ব না দেওয়া *She brushed aside the protests and continued with the meeting.* **2** to push past sb/sth কোনো ব্যক্তি বা বস্তুকে ধাক্কা দিয়ে চলে যাওয়া *He hurried through the crowd, brushing aside the reporters who tried to stop him.*

brush sth off (sth)/away to remove sth with a brush or with the hand, as if using a brush কোনো কিছু ব্রাশ দিয়ে অথবা হাত দিয়ে ঝেড়ে ফেলা *I brushed the dust off my jacket.*

brush sth up/brush up on sth to study or practise sth in order to get back knowledge or skill that you had before and have lost অধ্যবসায় বা অভ্যাসের দ্বারা ঝালিয়ে নেওয়া, ভুলে-যাওয়া বিদ্যা অথবা দক্ষতা ঝালাই করা *She took a course to brush up her Spanish.*

brush-off *noun*

IDM **give sb the brush-off** to refuse to be friendly to sb কারও সঙ্গে বন্ধুত্বপূর্ণভাব দেখাতে অসম্মত হওয়া

brusque / bru:sk ব্রূস্ক্ / *adj.* using very few words and sounding rude (খুব কম শব্দ ব্যবহার করে) রূঢ় এবং অভব্য বাচনভঙ্গি *He gave a brusque 'No comment!' and walked off.* ▶ **brusquely** *adv.* অভব্যভাবে

brutal / ˈbru:tl ˈব্রূট্ল্ / *adj.* very cruel and/or violent অত্যন্ত নৃশংস এবং/অথবা হিংস্র; নির্মম, নিষ্ঠুর,

বর্বরোচিত *a brutal murder* ○ *a brutal dictatorship*
▶ **brutally** / -təli -ট্যালি / *adv.* নৃশংসভাবে,বর্বরোচিত-ভাবে *He was brutally honest and told her that he didn't love her any more.*

brutality / bru:ˈtæləti ব্রু্ট্যাল্যাটি / *noun* [C, U] (*pl.* **brutalities**) very cruel and violent behaviour অতি নিষ্ঠুর এবং হিংস্র আচরণ

brute[1] / bru:t ব্রুট্ / *noun* [C] **1** a cruel, violent man নিষ্ঠুর এবং হিংস্র ব্যক্তি **2** a large strong animal কোনো বড়ো এবং শক্তিশালী জন্তু

brute[2] / bru:t ব্রুট্ / *adj.* (*only before a noun*) using strength to do sth rather than thinking about it ভাবনাচিন্তা না-করে কেবলমাত্র বলপ্রয়োগ করে করা হয়েছে এমন *I think you'll have to use **brute force** to get this window open.*

brutish / ˈbru:tɪʃ ˈব্রুটিশ্ / *adj.* cruel and unpleasant নিষ্ঠুর এবং অপ্রীতিকর

BSc / ˌbi: es ˈsi: ˌবী এস্ ˈসী / *abbr.* Bachelor of Science; the degree that you receive when you complete a university or college course in a science subject ব্যাচেলর অফ সায়েন্স-এর সংক্ষিপ্ত রূপ; বিশ্ববিদ্যালয় অথবা কলেজে বিজ্ঞানবিভাগের অন্তর্গত কোনো বিষয়ে নির্দিষ্ট পাঠক্রম সাফল্যের সঙ্গে সম্পন্ন করার স্বীকৃতিসূচক প্রাপ্ত যে স্নাতক উপাধি বা ডিগ্রি; বিএসসি ➪ **BA** এবং **MSc** দেখো।

BSE / ˌbi: es ˈi: ˌবী এস্ ˈঈ / *abbr.* (*informal* **mad cow disease**) *noun* [U] bovine spongiform encephalopathy; a disease of cows which affects their brains and usually kills them, 'bovine spongiform encephalopathy'-এর সংক্ষিপ্ত রূপ; এই অসুখে গরুর মস্তিষ্ক জীবাণু দ্বারা আক্রান্ত হয় এবং আক্রান্ত পশু সাধারণত মরে যায়; বিএসই ➪ **CJD** দেখো।

bubble[1] / ˈbʌbl বাব্‌ল্ / *noun* [C] a ball of air or gas, in liquid or floating in the air বুদ্‌বুদ *We knew where there were fish because of the bubbles on the surface.*

bubble[2] / ˈbʌbl বাব্‌ল্ / *verb* [I] **1** to produce bubbles or to rise with bubbles বুদ্‌বুদ তৈরি করা বা বুড়বুড়ি কাটা *Cook the pizza until the cheese starts to bubble.* ○ *The clear water bubbled up out of the ground.* **2 bubble** (**over**) (**with sth**) to be full of happy feelings আনন্দে, খুশিতে উচ্ছল হয়ে ওঠা

bubble bath *noun* [U] a liquid that you can add to the water in a bath to produce a mass of white bubbles বাথটবে স্নানের জলে যে তরল মেশালে অনেক বুদ্‌বুদ অথবা ফেনা সৃষ্টি হয়; বাবল বাথ

bubblegum / ˈbʌblgʌm ˈবাব্‌ল্‌গাম্ / *noun* [U] a sticky sweet that you eat but do not swallow and that can be blown into bubbles out of the mouth চিবোনো যায় এমন একপ্রকার চটচটে মিষ্টি পদার্থ যা বেলুনের মতো ফোলানো যায়; বাবলগাম ➪ **chewing gum** দেখো।

bubbly / ˈbʌbli ˈবাব্‌লি / *adj.* **1** full of bubbles বুদ্‌বুদপূর্ণ, সফেন **2** (used about a person) happy and full of energy (কোনো ব্যক্তি সম্বন্ধে ব্যবহৃত) উল্লসিত ও প্রাণচাঞ্চল্যে ভরপুর

buck[1] / bʌk বাক্ / *noun* [C] **1** (*informal*) a US dollar এক মার্কিন ডলার *Could you lend me a few bucks?* **2** (*pl.* **buck** or **bucks**) the male of certain types of animal (**rabbits** and **deer**) নির্দিষ্ট কয়েকধরনের পশুর (খরগোশ এবং হরিণ) পুরুষজাতি ➪ **deer**-এ নোট দেখো।

IDM **pass the buck** ➪ **pass**[1] দেখো।

buck[2] / bʌk বাক্ / *verb* [I] (used about a horse) to jump into the air or to kick the back legs in the air (ঘোড়া সম্বন্ধে ব্যবহৃত) সামনের পা উঁচু করে লাফানো অথবা পিছনের পা ছোড়া

PHR V **buck** (**sb/sth**) **up** (*informal*) to feel or to make sb feel better or happier (কোনো ব্যক্তিকে) চাঙ্গা করে তোলা, উদ্যমী করা, চনমনে বোধ করানো *Drink this—it'll buck you up.* ○ *Unless you buck your ideas up* (= become more sensible and serious) *you'll never pass the exam.*

bucket / ˈbʌkɪt ˈবাকিট্ / *noun* [C] **1** a round, open container, usually made of metal or plastic, with a handle, that is used for carrying sth (সাধারণত ধাতু অথবা প্লাস্টিকের তৈরি) বালতি **2** (*also* **bucketful**) the amount that a bucket contains বালতি ভর্তি *How many buckets of water do you think we'll need?*

IDM **a drop in the bucket** ➪ **drop**[2] দেখো।

buckle[1] / ˈbʌkl ˈবাক্‌ল্ / *noun* [C] a piece of metal or plastic at the end of a belt or strap that is used for fastening it বেল্ট অথবা কোনো স্ট্র্যাপের শেষের দিকের ধাতু অথবা প্লাস্টিকের টুকরো যা সেটি বাঁধার জন্য ব্যবহৃত হয়; বকলস ➪ **button**-এ ছবি দেখো।

buckle[2] / ˈbʌkl ˈবাক্‌ল্ / *verb* [I, T] **1** to fasten or be fastened with a buckle বাঁধা অথবা বকলস দিয়ে বাঁধা **2** to become crushed or bent because of heat, force, weakness, etc. গরম, চাপ, দুর্বলতা ইত্যাদির কারণে বেঁকে কুঁকড়ে যাওয়া *Some railway lines buckled in the heat.*

buckwheat / ˈbʌkwi:t ˈবাক্‌উঈট্ / *noun* [U] a type of grain that is small and dark and that is grown as food for animals and for making flour ছোটো গাঢ় রঙের শস্য যা পশুখাদ্য অথবা পিষে আটা বানানোর জন্য উৎপন্ন করা হয়

bud / bʌd বাড্ / *noun* [C] a small lump on a tree or plant that opens and develops into a flower or leaf মুকুল, কুঁড়ি, অঙ্কুর, কোরক *rosebuds* ➪ **flower**-এ ছবি দেখো।

IDM nip sth in the bud ➪ **nip** দেখো।

Buddhism *noun* [U] an Asian religion that was started in India by Buddha (ভারতে বুধদেব দ্বারা প্রবর্তিত এবং প্রধানত এশিয়ায় প্রচলিত) বৌদ্ধ ধর্ম

Buddhist *noun* [C] a person whose religion is Buddhism বৌদ্ধধর্মাবলম্বী ► **Buddhist** *adj.* বৌদ্ধ *a Buddhist temple*

budding / ˈbʌdɪŋ ˈবাডিং / *adj.* (*only before a noun*) wanting or starting to develop and be successful উঠতি, সম্ভাবনাপূর্ণ, বিকাশমান *Have you got any tips for budding young photographers?*

buddy / ˈbʌdi ˈবাডি / *noun* [C] (*pl.* **buddies**) (*informal*) a friend, especially a male friend of a man বন্ধু, বিশেষ করে কোনো পুরুষের পুরুষবন্ধু

budge / bʌdʒ বাজ্ / *verb* [I, T] **1** to move or make sth move a little নড়া বা কোনো বস্তুকে অল্প একটু নড়ানো *We just couldn't budge the car when it got stuck in the mud.* **2** to change or make sb change a firm opinion বদলে যাওয়া বা কোনো ব্যক্তির স্থির সিদ্ধান্ত অথবা মত পরিবর্তন করানো *Neither side in the dispute is prepared to budge.*

budgerigar / ˈbʌdʒərigɑ:(r) ˈবাজ্যারিগা:(র্) / (*informal* **budgie**) *noun* [C] a small, brightly coloured bird that people often keep as a pet in a cage উজ্জ্বলবর্ণের ছোটো পাখি যা খাঁচায় পোষা যায়

budget[1] / ˈbʌdʒɪt ˈবাজিট্ / *noun* [C, U] **1** a plan of how to spend an amount of money over a particular period of time; the amount of money that is mentioned নির্দিষ্ট সময়কালের মধ্যে নির্ধারিত পরিমাণ অর্থব্যয়ের পরিকল্পনা; উল্লিখিত অর্থের পরিমাণ; বাজেট *The work was finished on time and **within budget**.* ○ *The builders are already 20% **over budget**.* **2** (*also* **Budget**) a statement by a government saying how much money it plans to spend on particular things in the next year and how it plans to collect money পরবর্তী বছরে নির্দিষ্ট বস্তুসমূহের উপর পরিকল্পিত অর্থব্যয়ের পরিমাণ সংক্রান্ত সরকারি বিবৃতি বা ঘোষণা; সরকারি বাজেট *Do you think taxes will go up in this year's budget?*

budget[2] / ˈbʌdʒɪt ˈবাজিট্ / *verb* [I, T] **budget (sth) (for sth)** to plan carefully how much money to spend on sth কোন খাতে কি খরচ হবে তার সযত্ন পরিকল্পনা তৈরি করা *The government has budgeted Rs 100 crore for primary education.*

budget[3] / ˈbʌdʒɪt ˈবাজিট্ / *adj.* (*informal*) (used in advertisements) very cheap (বিজ্ঞাপনের সম্বন্ধে ব্যবহৃত) খুব সস্তা *budget holidays*

budgetary / ˈbʌdʒɪtəri ˈবাজিট্যারি / *adj.* connected with plans for how to spend money during a particular period of time নির্দিষ্ট সময়কালে আয়ব্যয়ের পরিকল্পনা সংক্রান্ত; বাজেট সংক্রান্ত

budgie / ˈbʌdʒi ˈবাজি / (*informal*) = **budgerigar**

buff / bʌf বাফ্ / *noun* [C] (*informal*) a person who knows a lot about a particular subject and is very interested in it কোনো নির্দিষ্ট বিষয়ে জ্ঞানী এবং আগ্রহী ব্যক্তি *a film/computer buff*

buffalo / ˈbʌfələʊ ˈবাফ্যাল্যাউ / *noun* [C] (*pl.* **buffalo** or **buffaloes**) **1** a large wild animal that lives in Africa and Asia that looks like a cow with long curved horns (আফ্রিকা এবং এশিয়ায় প্রাপ্ত লম্বা শিংওয়ালা এবং গরুর মতো) মোষ, মহিষ *a herd of buffalo* **2** = **bison** ➪ **water buffalo** দেখো।

buffer / ˈbʌfə(r) ˈবাফ্যা(র্) / *noun* [C] **1** a thing or person that reduces the unpleasant effects of sth or prevents violent contact between two things, people, etc. কোনো কিছুর অপ্রীতিকর প্রভাব অথবা কোনো বস্তু, ব্যক্তি ইত্যাদির মধ্যে সহিংস সংঘর্ষের তীব্রতাকে কমায় যে ব্যক্তি অথবা বস্তু; সংঘর্ষনিয়ন্ত্রক; বাফার *UN forces are acting as a buffer between the two sides in the war.* **2** a flat round piece of metal with a spring behind it that is on the front or back of a train or at the end of a railway track. Buffers reduce the shock when sth hits them (রেলগাড়ির সামনে বা পিছনে বা রেললাইনের শেষে) পিছনে স্প্রিংযুক্ত চ্যাপটা গোল ধাতুর খণ্ড যা ধাক্কা বা সংঘর্ষের তীব্রতা কম করতে সাহায্য করে; সংঘাতপ্রশমক

buffet[1] / ˈbʊfeɪ; ˈbʌfeɪ ˈবুফেই; ˈবাফেই / *noun* [C] **1** a meal (usually at a party or a special occasion) at which food is placed on a long table and people serve themselves (কোনো পার্টি বা বিশেষ অনুষ্ঠানে) বড়ো টেবিলের উপর পরিবেশিত খাদ্য যেখান থেকে অতিথিরা নিজেই নিজেদের পছন্দমতো খাদ্যদ্রব্য নিয়ে নেয়; স্ব-পরিবেশন *Lunch was a cold buffet.* ○ *a buffet lunch* **2** part of a train where passengers can buy food and drinks; a cafe at a station রেলগাড়ির ভিতরে এমন অংশ যেখানে যাত্রীরা খাদ্য ও পানীয় কিনতে পারে; রেলস্টেশনের ছোটো রেস্তোরাঁ বা ক্যাফে

buffet[2] / ˈbʌfɪt ˈবাফিট্ / *verb* [T] to knock or push sth in a rough way from side to side কোনো বস্তুকে তীব্রভাবে আঘাত করে এক পাশ থেকে অন্য পাশে ধাক্কা দেওয়া অথবা ঠেলে দেওয়া *The boat was buffeted by the rough sea.*

bug[1] / bʌg বাগ্ / *noun* **1** [C] any small insect যে কোনো ছোটো পোকা, ক্ষুদ্র পতঙ্গ; ছারপোকা **2** [C] an illness that is not very serious and that people get from each other সংক্রামক ব্যাধি যা মারাত্মক নয় *I don't feel very well—I think I've got the bug* *that's going round.* **3** [C] something wrong in a system or machine, especially a computer কোনো যন্ত্র বিশেষত কম্পিউটারে কোনো সমস্যা *There's a bug in the software.* **4** [C] a very small device (**microphone**) that is hidden and secretly records people's conversations আড়ি পাতার বা গোপনে অন্যের কথা রেকর্ড করার জন্য ব্যবহৃত লুকোনো ছোটো মাইক্রোফোন

bug² / bʌg বাগ্ / *verb* [T] (**bugging; bugged**) **1** to hide a very small device (**microphone**) somewhere so that people's conversations can be recorded secretly গোপনে অন্য কোনো ব্যক্তির কথোপকথন রেকর্ড করার জন্য খুব ছোটো মাইক্রোফোন কোথাও লুকিয়ে রাখা; আড়িপাতা *Be careful what you say. This room is bugged.* **2** (*informal*) to annoy or worry sb কোনো ব্যক্তিকে বিরক্ত করা অথবা চিন্তায় ফেলা

build¹ / bɪld বিল্ড্ / *verb* (*pt, pp* **built** / bɪlt বিল্ট্ /) **1** [T] to make sth by putting pieces, materials, etc. together কোনো কিছু নির্মাণ করা, তৈরি করা, বানানো *They've built a new bridge across the river.* ○ *The house is built of stone.* **2** [I] to use land for building on নির্মাণকার্যে জমি ব্যবহার করা *There's plenty of land to build on around here.* **3** [T] to develop or increase sth কোনো কিছুর বিকাশ অথবা বৃদ্ধি করা *The government is trying to build a more modern society.* ○ *This book claims to help people to build their self-confidence.*

PHR V **build sth in/on; build sth into/onto sth** to make sth a part of sth else কোনো বস্তুকে অন্য কোনো বস্তুর অংশ বানানো *We're planning to build two more rooms onto the back of the house.*

build on sth to use sth as a base from which you can make further progress ভবিষ্যৎ উন্নতির জন্য কোনো কিছুকে ভিত হিসেবে ব্যবহার করা *Now that we're beginning to make a profit, we must build on this success.*

build sth on sth to base sth on sth কোনো কিছুকে অন্য কিছুর ভিত্তি হিসেবে ব্যবহার করা *a society built on the principle of freedom and democracy*

build up (to sth) to become greater in amount or number; to increase সংখ্যায় এবং পরিমাণে বৃহৎ হওয়া; বাড়ানো, বৃদ্ধি করা *The traffic starts to build up at this time of day.*

build sth up **1** to make sth seem more important or greater than it really is কোনো বস্তুকে বাস্তবের থেকে অধিক গুরুত্ব দেওয়া অথবা বড়ো করে দেখানো *I don't think it's a very serious matter, it's just been built up in the newspapers.* **2** to increase or develop sth over a period দীর্ঘ সময়কাল ধরে কোনো কিছু গড়ে তোলা অথবা বৃদ্ধি করা *You'll need to build up your strength again slowly after the operation.*

build² / bɪld বিল্ড্ / *noun* [C, U] the shape and size of sb's body (কোনো ব্যক্তির) দেহের কাঠামো এবং আকার বা গঠন *She* ***has a*** *very athletic* ***build.***

NOTE **Build** এবং **figure** শব্দ দুটি তুলনা করো। **Build** শব্দটি সাধারণত কোনো ব্যক্তির শারীরিক শক্তি এবং পেশিগত গঠনের সঙ্গে সম্পর্কযুক্ত। এই শব্দটি স্ত্রী এবং পুরুষ উভয়ের জন্য প্রযোজ্য। **Figure** শব্দটি কেবল মহিলাদের জন্য, তাদের দেহের আকৃতি, বিশেষত তাদের আকর্ষণীয়তা বর্ণনা করার জন্য ব্যবহার করা হয়।

builder / ˈbɪldə(r) ˈবিল্ড্যা(র্) / *noun* [C] a person whose job is to build houses and other buildings বাড়ি এবং অট্টালিকা নির্মাণ করে যে ব্যক্তি; ঠিকাদার

building / ˈbɪldɪŋ ˈবিল্ডিং / *noun* **1** [C] a structure, such as a house, shop or school, that has a roof and walls অট্টালিকা, বাড়ি *There are a lot of very old buildings in this town.* **2** [U] the process or business of making buildings গৃহাদি নির্মাণের ব্যাবসা বা কৌশল *building materials* ○ *the building industry*

building site *noun* [C] an area of land on which a building is being built যে জমির উপর কোনো গৃহ নির্মাণের কাজ চলছে

building society *noun* [C] an organization like a bank with which people can save money and which lends money to people who want to buy a house ব্যাংকের মতো কোনো সংগঠন যেখানে মানুষ অর্থ গচ্ছিত রাখতে পারে এবং যেখান থেকে বাড়ি কিনতে ইচ্ছুক মানুষরা অর্থ ধার নিতে পারে; গৃহ সংস্থা; বিল্ডিং সোসাইটি

build-up *noun* [C, *usually sing.*] **1 a build-up (of sth)** an increase of sth over a period দীর্ঘ সময়কাল ধরে কোনো কিছুর বৃদ্ধি বা সঞ্চয় *The build-up of tension in the area has made war seem more likely.* **2 a build-up (to sth)** a period of preparation or excitement before an event কোনো বড়ো অনুষ্ঠানের পূর্বেকার প্রস্তুতিপর্ব অথবা উত্তেজনার সময়কাল *The players started to get nervous in the build-up to the big game.*

-built / bɪlt বিল্ট্ / (*used to form compound adjectives*) having a body with the shape and size mentioned উল্লিখিত কোনো বিশেষ গঠনের অথবা আকারের দেহবিশিষ্ট *a tall well-built man*

built-in *adj.* that is a part of sth and cannot be removed কোনো বস্তুর অংশবিশেষ যা আলাদা করা যায় না; অন্তর্গ্রথিত *built-in cupboards*

built-up *adj.* covered with buildings নির্মিত অট্টালিকায় ভরা *a built-up area*

bulb / bʌlb বাল্ব্ / *noun* [C] **1** (*also* **light bulb**) the glass part of an electric lamp that gives out light বৈদ্যুতিক আলোর বালব *The bulb's gone* (= it no longer works) *in this lamp.* **2** the round root of certain plants কোনো কোনো গাছের মাটির নীচে থাকা গোলাকৃতি মূল বা শিকড়; কন্দ, গেঁড় *a tulip bulb* ➪ **flower**-এ ছবি দেখো।

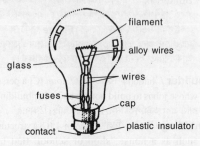

filament
alloy wires
glass
wires
fuses
cap
plastic insulator
contact

light bulb

bulbous / ˈbʌlbəs ˈবাল্ব্যাস্ / *adj.* fat, round and ugly মোটা, গোল এবং কদাকার *a bulbous red nose*

bulbul *noun* [C] a small lively tropical songbird with a **crest** on its head that is usually found in Africa and Asia. It is also called the Indian Nightingale আফ্রিকা এবং এশিয়ায় পাওয়া যায় ক্রান্তীয় গায়ক পাখি যার মাথায় ঝুঁটি আছে এবং যাকে বলা হয় ভারতীয় নাইটিঙ্গেল; বুলবুলি

bulge[1] / bʌldʒ বাল্জ্ / *noun* [C] a round lump that sticks out on sth স্ফীতি, ফোলা

bulge[2] / bʌldʒ বাল্জ্ / *verb* [I] **1** to stick out in a lump from sth that is usually flat সাধারণত কোনো চ্যাপটা বস্তুর থেকে ফুলে বেরিয়ে আসা *My stomach is starting to bulge. I must get more exercise.* **2 bulge (with sth)** to be full of sth কোনো কিছুর দ্বারা ভর্তি হয়ে ফুলে ওঠা *His bags were bulging with presents for the children.*

bulging / ˈbʌldʒɪŋ ˈবাল্জিং / *adj.* **1** sticking out বেরিয়ে আসা *He had a thin face and rather bulging eyes.* **2** very full একেবারে ভর্তি; ঠাসা *She came home with bulging bags.*

bulimia / buˈlɪmiə; ˈlɪːmiə বুˈলিমিঅ্যা; ˈলীমিঅ্যা / (*also* **bulimia nervosa** / buˌlɪmiə nɜːˈvəʊsə বুˌলিমিঅ্যা ন্যˈভ্যাউস্যা /) *noun* [U] an illness in which a person keeps eating too much and then making himself/herself vomit in order to control his/her weight একধরনের ব্যাধি, যাতে কোনো ব্যক্তি খুব বেশি পরিমাণে খায় এবং পরে তার ওজন নিয়ন্ত্রণের জন্য তা বমি করে বার করে দেয় ➪ **anorexia** দেখো। ▶ **bulimic** / buˈlɪmɪk বুˈলিমিক্ / *adj., noun* [C] বুলিমিয়া রোগগ্রস্ত অথবা সেই সংক্রান্ত

bulk / bʌlk বাল্ক্ / *noun* **1 the bulk (of sth)** [*sing.*] the main part of sth; most of sth কোনো কিছুর প্রধান অংশ; কোনো কিছুর অধিকাংশ *The bulk of the work has been done, so we should finish this week.* **2** [U] the size, quantity or weight of sth large কোনো বড়ো বস্তুর আকার, পরিমাণ অথবা ওজন *The cupboard isn't especially heavy—it's its bulk that makes it hard to move.* ○ *He slowly lifted his vast bulk out of the chair.*

IDM in bulk in large quantities বিপুল পরিমাণে *If you buy in bulk, it's 10% cheaper.*

bulky / ˈbʌlki ˈবাল্কি / *adj.* large and heavy and therefore difficult to move or carry বৃহদাকার এবং ভারী হওয়ার কারণে নড়ানো বা বহন করা কঠিন; স্থূল, মোটা, বিপুলায়তন, বৃহদায়তন, পেল্লায়

bull / bʊl বুল্ / *noun* [C] **1** an adult male of the cow family গো-শ্রেণিভুক্ত পুরুষপ্রাণী; ষাঁড়, বৃষ, ষণ্ড ➪ **cow**-এ নোট দেখো। **2** the male of the elephant, **whale** and some other large animals তিমি, হাতি প্রভৃতি বৃহদাকার পশুর পুরুষ জাতি **3** (in business) a person who buys shares in a company, hoping to sell them soon afterwards at a higher price (ব্যাবসায়) শেয়ারের দাম বাড়ার আশায় যে ব্যক্তি কোম্পানির শেয়ার কেনে এবং পরে দাম বাড়লে তা বেশি দামে বিক্রি করে দেয় *a bull market* (= in which prices are rising) ➪ **bear[1] 2** দেখো।

bulldog / ˈbʊldɒg ˈবুল্ডগ্ / *noun* [C] a strong dog with short legs, a large head and a short, thick neck বেঁটে পা, বড়ো মাথা এবং ছোটো ও মোটা গলা আছে এমন একজাতীয় শক্তিশালী কুকুর; ডালকুত্তা; বুলডগ

Bulldog clip™ *noun* [C] a metal device for holding papers together একত্রে বেশ কিছু কাগজ আটকে রাখার জন্য ব্যবহৃত একধরনের ধাতুনির্মিত ক্লিপ ➪ **stationery**-তে ছবি দেখো।

bulldoze / ˈbʊldəʊz ˈবুল্ড্যাউজ্ / *verb* [T] to make ground flat or knock down a building with a bulldozer বুলডোজার দিয়ে মাটি সমতল বানানো অথবা বাড়ি ভাঙা *The old buildings were bulldozed and new ones were built.*

bulldozer / ˈbʊldəʊzə(r) ˈবুল্ড্যাউজ্যা(র্) / *noun* [C] a large, powerful vehicle with a broad piece of metal at the front, used for clearing ground or knocking down buildings মাটি সমতল করার জন্য অথবা বাড়ি ভাঙার কাজে লাগে এমন একপ্রকার বড়ো শক্তিশালী যন্ত্রবিশেষ যার অগ্রভাগে একটা বড়ো চ্যাপটা চওড়া ধাতুর অংশ লাগানো থাকে; বুলডোজার

bullet / ˈbʊlɪt ˈবুলিট্ / *noun* [C] a small metal object that is fired from a gun (বন্দুকের) গুলি, টোটা; বুলেট *The bullet hit her in the arm.* ○ *a bullet wound*

bulletin / ˈbʊlətɪn ˈবুল্যাটিন্ / *noun* [C] **1** a short news report on television or radio; an official statement about a situation রেডিও অথবা দূরদর্শনে সংক্ষিপ্ত সংবাদ বিবৃতি; পরিস্থিতি সম্পর্কে সরকারি বিবৃতি; বুলেটিন *The next* ***news bulletin*** *is at nine o'clock.* **2** a short newspaper that a club or an organization produces কোনো প্রতিষ্ঠান বা ক্লাব দ্বারা প্রকাশিত সংক্ষিপ্ত সংবাদপত্র

bulletin board (*AmE*) = **noticeboard**

bulletproof / ˈbʊlɪtpru:f ˈবুলিট্‌প্রুফ্ / *adj.* made of a strong material that stops bullets from passing through it বুলেটনিরোধী, বুলেট-অভেদ্য; বুলেটপ্রুফ

bullfight / ˈbʊlfaɪt ˈবুল্‌ফাইট্ / *noun* [C] a traditional public entertainment, especially in Spain, Portugal and Latin America, in which a man fights and kills a **bull** স্পেন, পর্তুগাল এবং লাটিন আমেরিকায় প্রচলিত একধরনের ঐতিহ্যবাহী জনপ্রিয় বিনোদন যেখানে ষাঁড়ের সঙ্গে একজন পুরুষ লড়াই করে এবং ষাঁড়টিকে মেরে ফেলে ► **bullfighter** *noun* [C] যে ব্যক্তি ষাঁড়ের সঙ্গে লড়াই করে; ষণ্ড-মল্ল ► **bullfighting** *noun* [U] মানুষের সঙ্গে উত্তেজিত ষাঁড়ের লড়াই

bullion / ˈbʊliən ˈবুলিঅ্যান্ / *noun* [U] bars of gold or silver সোনা ও রুপোর বাট

bullock / ˈbʊlək ˈবুল্যাক্ / *noun* [C] a young **bull** that has been **castrated** বলদ

bull's-eye *noun* [C] the centre of a round object (**target**) that you shoot or throw things at in certain sports, or a shot that hits this (কোনো কোনো বিশেষ খেলায় ব্যবহৃত) কোনো গোল বস্তুর কেন্দ্রবিন্দু যেখানে নিশানা করে কোনো বস্তু ছোড়া বা নিক্ষেপ করা হয়; চাঁদমারির মধ্যবিন্দু অথবা লক্ষ্যবিন্দু

bully[1] / ˈbʊli ˈবুলি / *noun* [C] (*pl.* **bullies**) a person who uses his/her strength or power to hurt or frighten people who are weaker অপেক্ষাকৃত কোনো দুর্বল ব্যক্তিকে নিজের বল এবং ক্ষমতার জোরে আঘাত অথবা ভয় দেখায় যে ব্যক্তি; ধমকবাজ, মাতব্বর, তালেবর, মস্তান

bully[2] / ˈbʊli ˈবুলি / *verb* [T] (*pres. part.* **bullying;** *3rd person sing. pres.* **bullies;** *pt, pp* **bullied**) **bully sb (into doing sth)** to use your strength or power to hurt or frighten sb who is weaker or to make him/her do sth নিজের বল অথবা ক্ষমতা ব্যবহার করে অপেক্ষাকৃত কোনো দুর্বল ব্যক্তিকে আঘাত বা আতঙ্কিত করা অথবা কোনো কাজ করতে বাধ্য করা; মস্তানি করা *Don't try to bully me into making a decision.* ► **bullying** *noun* [U] নিজের থেকে কোনো দুর্বল ব্যক্তিকে আঘাত অথবা আতঙ্কিত করার ক্রিয়া *Bullying is a serious problem in many schools.*

bum / bʌm বাম্ / *noun* [C] (*informal*) **1** (*BrE*) the part of your body on which you sit; bottom পাছা, নিতম্ব **2** an insulting word for a person who lives on the street রাস্তায় বসবাস করে এমন কোনো ব্যক্তির জন্য ব্যবহৃত অপমানজনক শব্দবিশেষ **3** a lazy or useless person (ব্যক্তি) নিষ্কর্মা, কুঁড়ে *a lazy bum*

bumbag / ˈbʌmbæg ˈবাম্‌ব্যাগ্ / (*AmE* **fanny pack**) *noun* [C] (*informal*) a small bag worn around the waist to keep money, etc. in টাকা-পয়সা ইত্যাদি রাখার জন্য ব্যবহৃত ছোটো ব্যাগ যা কোমরে বেঁধে রাখা যায়

bumblebee / ˈbʌmblbi: ˈবাম্‌বল্‌বী / *noun* [C] a large hairy bee that makes a loud noise as it flies ভ্রমর, ভোমরা ➪ **insect**-এ ছবি দেখো।

bump[1] / bʌmp বাম্প্ / *verb* **1** [I] **bump against/into sb/sth; to hit sb/sth** by accident when you are moving অন্যমনস্কভাবে চলার সময়ে কোনো ব্যক্তি অথবা বস্তুর সঙ্গে ধাক্কা লাগা *She bumped into a lamp post because she wasn't looking where she was going.* **2** [T] **bump sth (against/on sth)** to hit sth against or on sth by accident দুর্ঘটনাবশত বা অনিচ্ছাকৃতভাবে কোনো ব্যক্তি অথবা বস্তুর সঙ্গে ধাক্কা লাগা *I bumped my knee on the edge of the table.* **3** [I] to move along over a rough surface অসমান বা এবড়ো-খেবড়ো কোনো পৃষ্ঠতল বা জায়গার উপর দিয়ে লাফিয়ে লাফিয়ে চলা *The car bumped along the track to the farm.*

PHR V **bump into sb** to meet sb by chance হঠাৎ কারও সঙ্গে দেখা হয়ে যাওয়া *I bumped into an old friend on the bus today.*

bump sb off (*slang*) to murder sb (অপপ্রয়োগ) কাউকে খুন করা বা হত্যা করা

bump sth up (*informal*) to increase or make sth go up কোনো কিছু বাড়ানো অথবা বৃদ্ধি করা *All this publicity will bump up the sales of our new product.*

bump[2] / bʌmp বাম্প্ / *noun* [C] **1** the action or sound of sth hitting a hard surface কোনো কঠিন পৃষ্ঠতলে ঠুকে যাওয়া অথবা ঠোক্কর খাওয়ার ক্রিয়া বা তার শব্দ *She fell and hit the ground with a bump.* **2** a lump on the body, often caused by a hit আঘাতের ফলে শরীরের ফুলে ওঠা কোনো অংশ **3** a part of a surface that is higher than the rest of it কোনো পৃষ্ঠতলের অংশবিশেষ যা বাকি অংশের থেকে উঁচু *There are a lot of bumps in the road, so drive carefully.*

bumper[1] / ˈbʌmpə(r) ˈবাম্প্যা(র্) / *noun* [C] the bar fixed to the front and back of a motor vehicle to protect it if it hits sth কোনো বস্তুর সঙ্গে সংঘর্ষের তীব্রতা কমানোর জন্য ব্যবহৃত মোটরগাড়ির সামনে এবং পিছনে লাগানো ধাতুপাত বিশেষ; ঘাতপ্রশমক; বাম্পার

bumper² / ˈbʌmpə(r) ˈবাম্প্যা(র্) / *adj.* larger than usual সাধারণের থেকে বেশি; সুপ্রচুর *The unusually fine weather has produced a bumper harvest this year.*

bumpy / ˈbʌmpi ˈবাম্পি / *adj.* not flat or smooth অমসৃণ, অসমতল, এবড়ো-খেবড়ো, উঁচুনীচু *a bumpy road* ○ *Because of the stormy weather, it was a very bumpy flight.* ✪ বিপ **smooth**

bun / bʌn বান্ / *noun* [C] **1** a small round sweet cake গোলাকৃতি ছোটো একরকম মিষ্টি কেক; বান *a currant bun* **2** a small soft bread roll ছোটো নরম পাউরুটির রোল *a hamburger bun* **3** hair fastened tightly into a round shape at the back of the head খোঁপা, কবরী *She wears her hair* ***in a bun***.

bunch¹ / bʌntʃ বান্চ্ / *noun* **1** [C] a number of things, usually of the same type, fastened or growing together সাধারণত একধরনের অনেকগুলি বস্তু যা একসঙ্গে বাঁধা আছে অথবা একত্র উৎপন্ন হয়; গুচ্ছ, থোকা, স্তবক, তোড়া, কাঁদি *a bunch of flowers* ○ *a bunch of bananas/grapes* ○ *a bunch of keys* **2 bunches** [*pl.*] long hair that is tied on each side of the head মাথার দুদিকে বেঁধে রাখা লম্বা চুল **3** [C, *with sing. or pl. verb*] (*informal*) a group of people (ব্যক্তি) দল, শ্রেণি *My colleagues are the best bunch of people I've ever worked with.*

bunch² / bʌntʃ বান্চ্ / *verb* [I, T] **bunch (sth/sb) (up/together)** to stay together in a group; to form sth into a group or bunch একটা দল অথবা গোষ্ঠীর মধ্যে একত্রে থাকা; দল গড়া অথবা (কোনো কিছু) গুচ্ছবদ্ধ করা *The runners bunched up as they came round the final bend.* ○ *He kept his papers bunched together in his hand.*

bund *noun* [C] (*IndE*) any artificial embankment, dam or a barrier made of earth built across a river or stream to prevent flooding বন্যা নিরোধের জন্য মাটি দ্বারা নির্মিত নদীবাঁধ, জলবন্ধক বা কৃত্রিম বাঁধ

bundle¹ / ˈbʌndl ˈবান্ড্ল্ / *noun* [C] a number of things tied or folded together একসঙ্গে বাঁধা অথবা ভাঁজ করা অনেকগুলো বস্তু; আঁটি, তাড়া, বান্ডিল *a bundle of letters with an elastic band round them*

bundle² / ˈbʌndl ˈবান্ড্ল্ / *verb* [T] **1 bundle sth (up)** to make or tie a number of things together অনেক জিনিস একত্রে বাঁধা, আঁটি বাঁধা *I bundled up the old newspapers and threw them away.* **2** to put or push sb or sth quickly and in a rough way in a particular direction কোনো নির্দিষ্ট স্থানে রাখা বা নিয়ে যাওয়ার জন্য কোনো ব্যক্তি অথবা বস্তুকে দ্রুত এবং রূঢ়ভাবে ধাক্কা দিয়ে ঠেলে দেওয়া *He was arrested and bundled into a police car.*

bundobust (*also* **bandobast**) *noun* [U] (*IndE*) arrangements or organization সুবিন্যাস অথবা সংগঠন; বন্দোবস্ত

bung¹ / bʌŋ বাং / *noun* [C] a round piece of wood or rubber that is used for closing the hole in some types of container (**a barrel** or **a jar**) কোনো পাত্রের (পিপে অথবা জালা) মুখ বন্ধ করার জন্য ব্যবহৃত, কাঠের অথবা রবারের তৈরি ছিপি

bung² / bʌŋ বাং / *verb* [T] (*informal*) to put or throw sth somewhere in a rough or careless way এলোমেলোভাবে কোনো জিনিস রাখা বা ছুড়ে ফেলা

bungalow / ˈbʌŋgələʊ ˈবাংগ্যাল্যাউ / *noun* [C] a house that is all on one level, without stairs একতলা বাড়ি যার উপরে যাওয়ার কোনো সিঁড়ি নেই; বাংলো

bungee jumping / ˈbʌndʒi dʒʌmpɪŋ ˈবান্‌জি জাম্‌পিং / *noun* [U] a sport in which you jump from a high place, for example a bridge, with a thick elastic rope tied round your feet (একরকম খেলাবিশেষ) পায়ে মজবুত ইলাস্টিকের দড়ি বেঁধে কোনো উঁচু জায়গার (যেমন ব্রিজ) উপর থেকে ঝাঁপ দেওয়া হয়; বানজি জামপিং

bungle / ˈbʌŋgl ˈবাংগ্ল্ / *verb* [I, T] to do sth badly or fail to do sth (কোনো কাজ) দক্ষতার সঙ্গে না করতে পারা বা অসফল হওয়া; গুবলেট করা, তালগোল পাকানো *a bungled robbery*

bunk / bʌŋk বাংক্ / *noun* [C] **1** a bed that is fixed to a wall, for example on a ship or train জাহাজে অথবা ট্রেনের দেয়ালে গাঁথা বিছানা; বাংক **2 bunk bed** one of a pair of single beds built as a unit with one above the other একটির উপরে আর একটি এক জোড়া একক শয্যার যে-কোনো একটি; দ্বিতলশয্যা; বাংক

IDM do a bunk (*informal*) to run away or escape; to leave without telling anyone পালিয়ে যাওয়া বা এড়িয়ে যাওয়া; কাউকে না বলে চলে যাওয়া

bunker / ˈbʌŋkə(r) ˈবাংক্যা(র্) / *noun* [C] **1** a strong underground building that gives protection in a war যুদ্ধের সময়ে আশ্রয় দেওয়ার জন্য মাটির নীচে বানানো সুরক্ষিত আশ্রয়স্থল; বাংকার **2** a hole filled with sand on a golf course গল্ফ খেলার মাঠে বালি দিয়ে ভর্তি গর্ত

bunny / ˈbʌni ˈবানি / *noun* [C] (*pl.* **bunnies**) (used by and to small children) a rabbit (শিশুদের দ্বারা এবং তাদের প্রতি ব্যবহৃত শব্দ) খরগোশ

Bunsen burner / ˌbʌnsn ˈbɜːnə(r) ˌবান্স্ন্ ˈব্যন্যা(র্) / *noun* [C] an instrument used in scientific work that produces a hot gas flame বৈজ্ঞানিক কাজের জন্য ব্যবহৃত একরকম যন্ত্র যার থেকে গ্যাসের আগুনের শিখা বার হয়; বানসেন বারনার ⇨ **laboratory**-তে ছবি দেখো।

buoy[1] / bɔɪ বই / *noun* [C] a floating object, fastened to the bottom of the sea or a river, that shows the places where it is dangerous for boats to go সমুদ্র অথবা নদীর মধ্যে নোঙর করা ভাসমান বস্তু যা জাহাজ অথবা নৌকার গতিপথে বিপজ্জনক স্থান নির্দেশ করে; বয়া, প্লব

buoy[2] / bɔɪ বই / *verb* [T] **buoy sb/sth (up)** **1** to keep sb happy and confident কোনো ব্যক্তিকে প্রসন্ন করা এবং তার আত্মবিশ্বাস বাড়ানো *His encouragement buoyed her up during that difficult period.* **2** to keep sth at a high level কোনো কিছু উপরের স্তরে ধরে রাখা *Share prices were buoyed by the news of a takeover.*

buoyant / ˈbɔɪənt ˈবইঅ্যান্ট্ / *adj.* **1** (used about a material) floating or able to float or able to keep things floating (কোনো দ্রব্য সম্বন্ধে ব্যবহৃত) ভাসতে সক্ষম; ভাসমান, প্লবতাবিশিষ্ট **2** happy and confident প্রফুল্ল, স্ফূর্তিবাজ, সুনিশ্চিত, শঙ্কাহীন, আত্মবিশ্বাসী *The team were in buoyant mood after their win.* **3** (used about prices, business activity, etc.) staying at a high level or increasing, so that people make more money (মূল্য,ব্যবসায় সংক্রান্ত কার্যকলাপ ইত্যাদির সম্বন্ধে ব্যবহৃত) উঁচু স্তরে থাকছে অথবা বৃদ্ধি পাচ্ছে এমনভাবে যাতে লোকেরা আরও অর্থ রোজগার করতে পারে ► **buoyancy** / -ənsi -অ্যান্সি / *noun* [U] প্লবতা, প্রফুল্লতা *the buoyancy of the state's economy*

burden[1] / ˈbɜːdn ˈব্যড়্ন্ / *noun* [C] **1** something that is heavy and difficult to carry বহন করা কঠিন এমন কোনো ভারী বস্তু; ভার, বোঝা **2** a responsibility or difficult task that causes a lot of work or worry এমন দায়িত্বভার বা কঠিন কার্যভার যা সম্পন্ন করতে যথেষ্ট পরিশ্রম ও চিন্তাভাবনার প্রয়োজন হয়; চাপ

burden[2] / ˈbɜːdn ˈব্যড়্ন্ / *verb* [T] **burden sb/yourself (with sth)** to give sb/yourself a responsibility or task that causes a lot of work or worry কোনো ব্যক্তিকে বা নিজেকে কোনো কঠিন, পরিশ্রমসাধ্য অথবা উদ্বেগজনক কাজের গুরুদায়িত্ব দেওয়া

bureau / ˈbjʊərəʊ ˈবিউঅ্যার‍্যাউ / *noun* [C] (*pl.* **bureaux** or **bureaus** /-rəʊz -র‍্যাউজ্ /) **1** (*AmE*) one of certain government departments বিভিন্ন সরকারি বিভাগের যে-কোনো একটি *the Central Bureau of Investigation* **2** an organization that provides information যে প্রতিষ্ঠান তথ্য সরবরাহ করে *a tourist information bureau* **3** a writing desk with drawers and a lid ঢাকনা এবং ড্রয়ারসমেত লেখার টেবিল

bureaucracy / bjʊəˈrɒkrəsi বিউঅ্যা'রক্র্যাসি / *noun* (*pl.* **bureaucracies**) **1** [U] (often used in a critical way) the system of official rules that an organization has for doing sth, that people often think is too complicated (প্রায়ই সমালোচনা করে ব্যবহৃত) কোনো কাজ সম্পন্ন করার জন্য সরকারি নিয়মনীতির ব্যবস্থা বা প্রক্রিয়া যা সাধারণ মানুষের চোখে অপ্রয়োজনীয় এবং জটিল *Getting a visa involves a lot of unnecessary bureaucracy.* **2** [C, U] a system of government by a large number of officials who are not elected; a country with this system জনগণের দ্বারা নির্বাচিত নয় এমন বেতনভোগী কর্মচারীদের দ্বারা পরিচালিত সরকারি শাসনপধ্বতি; এই পধ্বতিতে চালিত দেশ; আমলাতন্ত্র

bureaucrat / ˈbjʊərəkræt ˈবিউঅ্যার‍্যাক্র্যাট্ / *noun* [C] (often used in a critical way) an official in an organization or government department (প্রায়ই সমালোচনা করে ব্যবহৃত) কোনো প্রতিষ্ঠান অথবা সরকারি বিভাগের উচ্চপদস্থ কর্মচারী; আমলা

bureaucratic / ˌbjʊərəˈkrætɪk ˌবিউঅ্যার‍্যা ˈক্র্যাটিক্ / *adj.* connected with a **bureaucracy** or **bureaucrats**, and involving complicated official rules which may seem unnecessary আমলাতন্ত্র অথবা আমলাবর্গের সঙ্গে যুক্ত এবং জটিল সরকারি নিয়মসমূহের সঙ্গে সম্পর্কিত যা অপ্রয়োজনীয় বলে মনে হতে পারে; আমলাতান্ত্রিক, আমলা সম্পর্কিত, আমলাজনোচিত *You have to go through a complex bureaucratic procedure if you want to get your money back.*

burette (*AmE* **buret**) / bjuˈret বিউˈরেট্ / *noun* [C] a glass tube with measurements marked on it and a tap at one end, used in chemistry পরিমাপনের চিহ্নাঙ্কিত এবং একদিকে কল লাগানো কাচের নল যা রসায়নশাস্ত্রে ববহার করা হয়; বুরেট ➪ **laboratory**-তে ছবি দেখো।

burger / ˈbɜːgə(r) ˈব্যগ্যা(র্) / *noun* [C] meat or vegetables cut into very small pieces and made into a flat round-shaped cutlet, that you eat between two pieces of bread ছোটো ছোটো টুকরো করে কাটা মাংস অথবা সবজি দিয়ে বানানো চ্যাপটা গোল কাটলেট যা দুটি পাউরুটির মাঝখানে দিয়ে খাওয়া হয়; বার্গার **2** = **hamburger**

burglar / ˈbɜːglə(r) ˈব্যগ্ল্যা(র্) / *noun* [C] a person who enters a building illegally in order to steal বেআইনিভাবে চুরি করার জন্য বাড়িতে ঢোকে যে ব্যক্তি; চোর, তস্কর ➪ **thief** দেখো। ► **burgle** / ˈbɜːgl ˈব্যগ্‌ল্ / *verb* [T] দরজা ভেঙে ঘরে ঢুকে চুরি করা *Our flat was burgled while we were out.*

burglar alarm *noun* [C] a piece of equipment, usually fixed on a wall, that makes a loud noise when a burglar enters a building সাধারণত দেয়ালে লাগানো একরকম যন্ত্রবিশেষ যা ঘরে চোর ঢুকলে জোরে বেজে উঠে সাবধান করে দেয়; তস্কর-সংকেত

burglary / ˈbɜːgləri ˈব্যগ্ল্যারি / *noun* [C, U] (*pl.* **burglaries**) the crime of entering a building illegally in order to steal চুরি করার উদ্দেশ্যে কোনো বাড়িতে অবৈধভাবে ঢোকার যে অপরাধ *There was a burglary next door last week.* ○ *He is in prison for burglary.*

burgundy / ˈbɜːgəndi ˈব্যগ্যান্‌ডি / *noun* **1 Burgundy** [U, C] (*pl.* **Burgundies**) a red or white wine from the Burgundy area of eastern France একধরনের লাল অথবা সাদা মদ যা পূর্ব ফ্রান্সের বারগান্ডি প্রদেশে তৈরি করা হয় **2** [U] a dark red colour গাঢ় লাল রং ▶ **burgundy** *adj.* বার্গান্ডি শহরের মদ বিষয়ক; গাঢ় লাল রং সংক্রান্ত

burial / ˈberiəl ˈবেরিঅ্যাল্ / *noun* [C, U] the ceremony when a dead body is put in the ground (**buried**) মৃতদেহ সমাধিস্থ করার যে অনুষ্ঠান; সমাধিস্থ-করণ ⇨ **funeral**-এ নোট দেখো।

burn[1] / bɜːn ব্যন্ / *verb* (*pt, pp* **burnt** / bɜːnt ব্যন্ট্ / or **burned** / bɜːnd ব্যন্ড্ /) **1** [T] to destroy, damage or injure sb/sth with fire or heat কোনো ব্যক্তি অথবা বস্তুকে আগুন অথবা উত্তাপের দ্বারা ধ্বংস, ক্ষতি অথবা আহত করা; পোড়ানো, জ্বালানো *We took all the rubbish outside and burned it.* ○ *It was a terrible fire and the whole building was burnt to the ground* (= completely destroyed). **2** [I] to be destroyed, damaged or injured by fire or heat উত্তাপ বা আগুনে আহত, ক্ষতিগ্রস্ত বা ধ্বংস হওয়া; পুড়ে যাওয়া, জ্বলে যাওয়া *If you leave the cake in the oven for much longer, it will burn.* ○ *I can't spend too much time in the sun because I burn easily.* **3** [T] to produce a hole or mark in or on sth by burning আগুনে পুড়ে কোনো কিছুতে গর্ত বা দাগ হয়ে যাওয়া *He dropped his cigarette and it burned a hole in the carpet.* **4** [I] to be on fire আগুন লেগে যাওয়া *Firemen raced to the burning building.* **5** [T] to use sth as fuel কোনো কিছু জ্বালানি হিসেবে ব্যবহার করা *an oil-burning lamp* **6** [I] to produce light আলো উৎপন্ন করা বা জ্বালানো *I don't think he went to bed at all—I could see his light burning all night.* **7** [I] to feel very hot and painful খুব গরম এবং বেদনা অনুভব করা *You have a temperature, your forehead's burning.* **8** [I] **burn (with sth)** to be filled with a very strong feeling তীব্র অনুভূতিতে বা আবেগে পূর্ণ হওয়া *She was burning with indignation.*

IDM **sb's ears are burning** ⇨ **ear** দেখো।

PHR V **burn down** (used about a building) to be completely destroyed by fire (কোনো অট্টালিকা সম্বন্ধে ব্যবহৃত) আগুনে সম্পূর্ণরূপে ভস্মীভূত হয়ে যাওয়া

burn sth down to completely destroy a building by fire কোনো অট্টালিকাকে আগুন দ্বারা সম্পূর্ণরূপে ভস্মীভূত করে দেওয়া

burn (sth) off to remove sth or to be removed by burning আগুন লাগিয়ে কোনো কিছু পরিষ্কার করা বা কিছু ওঠানো

burn sth out (*usually passive*) to completely destroy sth by burning আগুন লাগিয়ে কোনো কিছু সম্পূর্ণরূপে ধ্বংস করা *the burnt-out wreck of a car*

burn yourself out (*usually passive*) to work, etc., until you have no more energy or strength কাজকর্ম ইত্যাদি ততক্ষণ করে যাওয়া যতক্ষণ অবধি ক্ষমতায় কুলোয়

burn (sth) up to destroy or to be destroyed by fire or strong heat কোনো কিছু আগুনে অথবা প্রবল উত্তাপে ধ্বংস করা অথবা হয়ে যাওয়া *The space capsule burnt up on its re-entry into the earth's atmosphere.*

burn[2] / bɜːn ব্যন্ / *noun* [C] damage or an injury caused by fire or heat (আগুন বা উত্তাপে) ক্ষতি বা আঘাত *He was taken to hospital with **minor burns**.* ○ *There's a cigarette burn on the carpet.*

burner / ˈbɜːnə(r) ˈব্যন্যা(র্) / *noun* [C] the part of a cooker, etc. that produces a flame স্টোভ, উনুন ইত্যাদির যে অংশে শিখা উৎপন্ন হয়; বার্নার ⇨ **Bunsen burner** দেখো।

IDM **on the back burner** ⇨ **back**[2] দেখো।

burning / ˈbɜːnɪŋ ˈব্যনিং / *adj.* (*only before a noun*) **1** (used about a feeling) extremely strong (কোনো অনুভূতি সম্বন্ধে ব্যবহৃত) তীব্র, উগ্র, উদগ্র, প্রবল *a burning ambition/desire* **2** very important or urgent খুব গুরুত্বপূর্ণ অথবা জরুরি *a burning issue/question* **3** feeling very hot তীব্র গরমের অনুভূতি; জ্বলন্ত *the burning sun*

burp / bɜːp ব্যপ্ / *verb* [I] to make a noise with the mouth when air rises from the stomach and is forced out উদ্‌গার তোলা, ঢেকুর তোলা *He sat back when he had finished his meal and burped loudly.* ▶ **burp** *noun* [C] উদ্‌গার, ঢেকুর

burrow[2] / ˈbʌrəʊ ˈবার্যাউ / *verb* [I] to dig a hole in the ground, to make a tunnel or to look for sth মাটি খুঁড়ে গর্ত করা, সুড়ঙ্গ করা অথবা কোনো কিছু খোঁজা *These animals burrow for food.* ○ (*figurative*) *She burrowed in her handbag for her keys.*

bursar / ˈbɜːsə(r) ˈব্যস্যা(র্) / *noun* [C] the person who manages the financial matters of a school, college or university স্কুল, কলেজ, বিশ্ববিদ্যালয়ের আর্থিক বিষয়গুলির তত্ত্বাবধান করে যে ব্যক্তি; কোষাধ্যক্ষ

bursary / ˈbɜːsəri ˈব্যস্যারি / *noun* [C] (*pl.* **bursaries**) a sum of money given to a specially chosen student to pay for his/her studies at a college or university কলেজ বা কোনো বিশ্ববিদ্যালয়ের মনোনীত ছাত্র বা ছাত্রীকে তার পড়াশোনা বাবদ যে অর্থ অনুদান দেওয়া হয়; বৃত্তি, ছাত্রবৃত্তি

burst[1] / bɜːst ব্যস্ট্ / *verb* (*pt, pp* **burst**) **1** [I, T] to break open suddenly and violently, usually because there is too much pressure inside; to cause this to happen ভিতরকার প্রবল চাপে হঠাৎ সজোরে ফেটে যাওয়া; বিস্ফোরণ ঘটানো বা কোনো কিছু ফাটানো *You'll burst that tyre if you blow it up any more.* ○ (*figurative*) *If I eat any more I'll burst!* **2** [I] **burst into, out of, through, etc.** to move suddenly in a particular direction, often using force আচমকা প্রায় বলপূর্বক কোনো নির্দিষ্ট পথে যাওয়া *She burst into the manager's office and demanded to speak to him.*

IDM be bursting (with sth) to be very full of sth টইটম্বুর হওয়া, উপচে পড়া, ফেটে পড়া *I packed so many clothes that my suitcase was bursting.* ○ *She was bursting with pride when she won the race.*

be bursting to do sth to want to do sth very much কোনো কিছু করার জন্য ব্যাকুল অথবা অত্যন্ত আগ্রহী হয়ে পড়া, তর না সওয়া

burst (sth) open to open or make sth open suddenly or violently সজোরে এবং আচমকা খুলে ফেলা বা কিছু খোলানো

burst in on sb/sth to interrupt sb/sth by arriving suddenly অপ্রত্যাশিতভাবে এসে কোনো ব্যক্তি অথবা বস্তুর কাজে বিঘ্ন ঘটানো *The police burst in on the gang as they were counting the money.*

burst into sth to start doing sth suddenly হঠাৎ কোনো কিছু করতে শুরু করা *On hearing the news she* ***burst into tears*** (= started crying). ○ *The lorry hit a wall and* ***burst into flames*** (= started burning).

burst out 1 to start doing sth suddenly হঠাৎ কোনো কিছু করতে শুরু করা *He looked so ridiculous that I* ***burst out laughing***. **2** to say sth suddenly and with strong feeling প্রবল অনুভূতি বা গভীর ভাবাবেগের সঙ্গে হঠাৎ কিছু বলে ফেলা *Finally she burst out, 'I can't stand it any more!'*

burst[2] / bɜːst ব্যস্ট্ / *noun* [C] **1** a short period of a particular activity, that often starts suddenly বিশেষ কোনো কার্যকলাপের স্বল্প সময়কাল যা প্রায়ই আকস্মিকভাবে আরম্ভ হয় *a burst of energy/enthusiasm/speed* ○ *a burst of applause/gunfire* ○ *He prefers to work* ***in short bursts***. **2** an occasion when sth bursts or explodes; a crack or hole caused by this সশব্দে বিস্ফোরণ অথবা বিদারণ; এই কারণে সৃষ্ট ফাটল বা গর্ত *a burst in a water pipe*

bury / ˈberi ˈবেরি / *verb* [T] (*pres. part.* **burying**; *3rd person sing. pres.* **buries;** *pt, pp* **buried**) **1** to put a dead body in the ground সমাধিস্থ করা, কবর দেওয়া *She wants to be buried in the village graveyard.* **2** to put sth in a hole in the ground and cover it মাটির নীচে গর্ত করে কিছু রেখে তার উপরে মাটি চাপা দেওয়া *Our dog always buries its bones in the garden.* **3** (*usually passive*) to cover or hide sth/sb কোনো ব্যক্তি অথবা বস্তুকে ঢেকে রাখা বা লুকিয়ে রাখা *At last I found the photograph, buried at the bottom of a drawer.* ○ (*figurative*) *Sona buried in a book and didn't hear us come in.*

bus / bʌs বাস্ / *noun* [C] (*pl.* **buses**) a big public vehicle which takes passengers along a fixed route and stops regularly to let people get on and off যাত্রীদের নিয়ে নির্দিষ্ট পথে চলে এবং তাদের ওঠা-নামার জন্য নিয়মিতভাবে থামে এমন সর্বজনব্যবহারার্থ বড়ো যান; যাত্রীবাহী বাস *We'll have to hurry up if we want to* ***catch the*** *9 o'clock* ***bus***. ○ *We'd better run or we'll* ***miss the bus***.

bush / bʊʃ বুশ্ / *noun* **1** [C] a plant like a small, thick tree with many low branches নীচের দিকে ডালপালাসহ ছোটো ঘন গাছ; ঝোপ, ঝাড়, গুল্ম *a rose bush* ○ *The house was surrounded by thick bushes.* **2** (*often* **the bush**) [U] wild land that has not been cleared, especially in Africa and Australia আফ্রিকা বা অস্ট্রেলিয়ার ঝোপঝাড়ে আচ্ছন্ন পতিত জমি

IDM beat about the bush ➪ **beat**[1] দেখো।

bushy / bʊʃi বুশি / *adj.* growing thickly ঘন *bushy hair/eyebrows*

busier, busiest, busily ➪ **busy**[1] দেখো।

business / ˈbɪznəs ˈবিজ্‌ন্যাস্ / *noun* **1** [U] buying and selling as a way of earning money; commerce অর্থ উপার্জনের উপায় হিসেবে কেনাবেচা; বাণিজ্য, পণ্যবিনিময় *She's planning to* ***set up in business*** *as a hairdresser.* ○ *I'm going to* ***go into business*** *with my brother.* **2** [U] the work that you do as your job চাকুরি হিসেবে যে কাজ করতে হয়; কাজ, দায়িত্ব, করণীয় কাজ *The manager will be away* ***on business*** *next week.* ○ *a business trip* **3** [U] the number of customers that a person or company has had কোনো ব্যক্তি বা সংস্থার যত সংখ্যক গ্রাহক বা খরিদ্দার হয়েছে বা আছে; খদ্দেরের সংখ্যা *Business has been good for the time of year.* **4** [C] a firm, a shop, a factory, etc. which produces or sells goods or provides a service কোনো প্রতিষ্ঠান, দোকান, কারখানা ইত্যাদি যারা পণ্যদ্রব্য উৎপন্ন অথবা বিক্রয় করে বা কোনো পরিষেবা প্রদান করে; বাণিজ্য প্রতিষ্ঠান *Small businesses are finding it hard to survive at the moment.* **5** [U] something that concerns a particular person কোনো ব্যক্তিবিশেষ সংক্রান্ত *The friends I choose are my business, not* *yours.* ○ *Our business is to collect the information, not to comment on it.* **6** [U] important matters that need to be dealt with or discussed গুরুত্বপূর্ণ বিষয়সমূহ যেগুলির মোকাবিলা করা বা যেসব সম্বন্ধে আলোচনা করা প্রয়োজন *First we have some unfinished business from the last meeting to deal with.* **7** [*sing.*] a situation or an event, especially one that is strange or unpleasant বিশেষত অদ্ভুত বা অপ্রীতিকর কোনো অবস্থা বা ঘটনা *The divorce was an awful business.* ○ *I found the whole business very depressing.*

IDM **get down to business** to start the work that has to be done করণীয় কাজ শুরু করে দেওয়া

go out of business to have to close because there is no more money available টাকার অভাবে বাধ্য হয়ে ব্যাবসা বন্ধ করা *The shop went out of business because it couldn't compete with the new supermarket.*

have no business to do sth/doing sth to have no right to do sth কোনো কিছু করার অধিকার না থাকা *You have no business to read/reading my letters without asking me.*

mind your own business ➪ **mind**[2] দেখো।

monkey business ➪ **monkey** দেখো।

businesslike / ˈbɪznəslaɪk ˈবিজ্‌ন্যাস্‌লাইক্ / *adj.* dealing with matters in an efficient and practical way, and not wasting time or thinking about personal things (ব্যক্তিগত বিষয়ে চিন্তা না-করে বা সময় নষ্ট না-করে) দক্ষ এবং বাস্তবসম্মতভাবে বিষয়সমূহের মোকাবিলা করা হয় এমন *She has a very businesslike manner.*

businessman / ˈbɪznəsmæn; ˈbɪznəsmən ˈবিজ্‌ন্যাস্‌ম্যান্; ˈবিজ্‌ন্যাস্‌ম্যান্ / *noun* [C] (*pl.* **-men** / -mən; -men -ম্যান্; -মেন্ /) **1** a man who works in business (পুরুষ) কোনো ব্যাবসায় উচ্চপদে আসীন ব্যবসায়ী; ব্যাবসাদার **2** a man who is skilful at dealing with money (পুরুষ) অর্থসংক্রান্ত বিষয় সামলাতে দক্ষ; ব্যবসায়ী মনোভাবাপন্ন

business studies *noun* [U] the study of how to control and manage a company কোনো প্রতিষ্ঠান নিয়ন্ত্রণ ও পরিচালনা বিষয়ক পঠন-পাঠন *a course in business studies*

businesswoman / ˈbɪznəswʊmən ˈবিজ্‌ন্যাস্‌-উউম্যান্ / *noun* [C] (*pl.* **-women** / -wɪmɪn -উইমিন্ /) **1** a woman who works in business (মহিলা) কোনো ব্যাবসায় উচ্চপদে আসীন; ব্যবসায়ী, ব্যাবসাদার **2** a woman who is skilful at dealing with money (মহিলা) অর্থসংক্রান্ত বিষয় সামলাতে দক্ষ; ব্যবসায়ী মনোভাবাপন্ন

busk / bʌsk বাস্ক্ / *verb* [I] to sing or play music in the street so that people will give you money পথে পথে গান গেয়ে বাজনা বাজিয়ে পয়সা রোজগার করা

busker / ˈbʌskə(r) ˈবাস্‌ক্যা(র্) / *noun* [C] a street musician যে গায়ক পথে পথে গান গেয়ে অর্থ উপার্জন করে; চারণকবি

bust[1] / bʌst বাস্ট্ / *verb* [T] (*pt, pp* **bust** or **busted**) (*informal*) **1** to break or damage sth so that it cannot be used কোনো বস্তু এমনভাবে ভাঙা বা নষ্ট করে দেওয়া যাতে তা আর ব্যবহার না করা যায় **2** to arrest sb (কোনো ব্যক্তিকে) কয়েদ করা, বন্দি করা, গ্রেপ্তার করা *He was busted for possession of heroin.*

bust[2] / bʌst বাস্ট্ / *adj.* (*not before a noun*) (*informal*) broken or not working ভাঙা অথবা অকেজো *The zip on these trousers is bust.*

IDM **go bust** (*informal*) (used about a business) to close because it has lost so much money (কোনো ব্যাবসা সম্বন্ধে ব্যবহৃত) প্রচুর লোকসানের কারণে ব্যাবসা বন্ধ হয়ে যাওয়া, ব্যাবসা লাটে ওঠা

bust[3] / bʌst বাস্ট্ / *noun* [C] **1** a model in stone, etc. of a person's head, shoulders and chest পাথর ইত্যাদির দ্বারা তৈরি কোনো ব্যক্তির আবক্ষ মূর্তি **2** a woman's breasts; the measurement round a woman's chest নারীর বক্ষ বা স্তন; নারীর বুক এবং পিঠের ঘের বা মাপ *This blouse is a bit too tight around the bust.* **3** (*informal*) an unexpected visit by the police in order to arrest people for doing sth illegal অনৈতিক কাজকর্ম করছে এমন দুষ্কৃতীদের গ্রেপ্তার করার জন্য আকস্মিকভাবে পুলিশের হানা *a drugs bust*

bustle[1] / ˈbʌsl ˈবাস্‌ল্ / *verb* **1** [I, T] to move in a busy, noisy or excited way; to make sb move somewhere quickly ব্যস্তভাবে, হৈ চৈ করে, উত্তেজিতভাবে চলাফেরা করা; কোনো ব্যক্তিকে অন্য জায়গায় তাড়াতাড়ি সরিয়ে দেওয়া *He bustled about the kitchen making tea.* ○ *They bustled her out of the room before she could see the body.* **2** [I] **bustle (with sth)** to be full of people, noise or activity উত্তেজিত কর্মব্যস্ত লোকজন এবং কর্মচাঞ্চল্যে ভরে থাকা *The streets were bustling with shoppers.*

bustle[2] / ˈbʌsl ˈবাস্‌ল্ / *noun* [U] excited and noisy activity প্রাণচঞ্চল এবং মুখরিত কর্মতৎপরতা *She loved the bustle of city life.*

bust-up *noun* [C] (*informal*) an argument তর্ক, কথা কাটাকাটি *He had a bust-up with his boss over working hours.*

busy[1] / ˈbɪzi ˈবিজ়ি / *adj.* (**busier; busiest**) **1 busy (at/with sth); busy (doing sth)** having a lot of work or tasks to do কর্মব্যস্ত, কর্মশীল; অবসরহীন; নিযুক্ত *Mr Khan is busy until 4 o'clock but he could see you after that.* ○ *Don't disturb* *him. He's busy.* **2** (used about a period of time) full of activity and things to do (কোনো সময়কাল সম্বন্ধে ব্যবহৃত) কর্মব্যস্ত *I've had rather a busy week.* **3** (used about a place) full of people, movement and activity (কোনো জায়গা সম্বন্ধে ব্যবহৃত) লোকজনে ভর্তি, কর্মচাঞ্চল্যে ভরা *The town centre was so busy that you could hardly move.* **4** (used about a telephone) being used (টেলিফোনের সম্বন্ধে ব্যবহৃত) ব্যস্ত, ব্যবহার করা হচ্ছে এমন *The line's busy at the moment. I'll try again later.* ▶ **busily** *adv.* ব্যস্তভাবে *When I came in she was busily writing something at her desk.*

IDM **get busy** to start working কাজ আরম্ভ করে দেওয়া *We'll have to get busy if we're going to be ready in time.*

busy[2] / ˈbɪzi ˈবিজ়ি / *verb* [T] (*pres. part.* **busying;** *3rd person sing. pres.* **busies;** *pt, pp* **busied**) **busy yourself with sth; busy yourself doing sth** to keep yourself busy; to find sth to do নিজেকে নানাভাবে ব্যস্ত রাখা; কিছু করার মতো কাজ খুঁজে বার করা

busybody / ˈbɪzibɒdi ˈবিজ়িবডি / *noun* [C] (*pl.* **busybodies**) a person who is too interested in other people's private lives যে ব্যক্তি অন্যের ব্যক্তিগত ব্যাপারে কৌতূহলী; পরানুসন্ধিৎসু

but[1] / bət; *strong form* bʌt ব্যাট্; *প্রবল রূপ* বাট্ / *conj.* **1** used for introducing an idea which contrasts with or is different from what has just been said এইমাত্র যা বলা হয়েছে তার থেকে পৃথক বা কোনো বিপরীত ভাবনা ব্যক্ত করার জন্য ব্যবহৃত অভিব্যক্তি বিশেষ; কিন্তু, তাহলেও, তবে *The weather will be sunny but cold.* ○ *Theirs is not the first but the second house on the left.* **2** however; and yet যাইহোক; তা সত্ত্বেও, এখনও ○ *I'd love to come but I can't make it till 8 o'clock.* **3** used when you are saying sorry for sth কোনো কিছুর জন্য দুঃখ প্রকাশ করার সময়ে ব্যবহৃত অভিব্যক্তিবিশেষ *Excuse me, but is your name Asha Gupta?* ○ *I'm sorry, but I can't stay any longer.* **4** used for introducing a statement that shows that you are surprised or annoyed or that you disagree নিজের বিস্ময়, ক্রোধ অথবা মতপার্থক্য ব্যক্ত করে এমন কোনো বক্তব্য ব্যবহার করার জন্য ব্যবহৃত অভিব্যক্তিবিশেষ *'Here's the book you lent me.' 'But it's all dirty and torn!'* ○ *'But that's not possible!'*

IDM **but then** however; on the other hand যাইহোক, যাহোক ; অন্যদিকে, তাহলেও *We could go swimming. But then perhaps it's too cold.*

but[2] / bət; *strong form* bʌt ব্যাট্; *প্রবল রূপ* বাট্ / *prep.* except বাদ দিয়ে, কেবলমাত্র, ব্যতিরেকে, ব্যতীত *I've told no one but you about this.* ○ *We've had nothing but trouble with this washing machine!*

IDM **but for sb/sth** except for or without sb/sth এছাড়া, (কোনো ব্যক্তি বা বস্তু) ব্যতীত, বিনা *We wouldn't have managed but for your help.*

butane / ˈbju:teɪn ˈবিউটেইন্ / *noun* [U] a gas produced from petrol that is used in liquid form for cooking, heating, etc. পেট্রোল থেকে উৎপাদিত একধরনের তরল গ্যাস যা তাপ উৎপন্ন করা, রান্না করা ইত্যাদির জন্য ব্যবহার করা হয়

butcher[1] / ˈbʊtʃə(r) ˈবুচ্যা(র্) / *noun* **1** [C] a person who sells meat মাংস বিক্রেতা; কসাই *The butcher cut me four lamb chops.* **2 the butcher's** [*sing.*] a shop that sells meat মাংসের দোকান; কসাইখানা *She went to the butcher's for some chicken.* **3** [C] a person who kills a lot of people in a cruel way যে ব্যক্তি অনেক মানুষকে নিষ্ঠুরভাবে হত্যা করে; নির্দয় হত্যাকারী

butcher[2] / ˈbʊtʃə(r) ˈবুচ্যা(র্) / *verb* [T] to kill a lot of people in a cruel way অনেক লোককে নির্মমভাবে হত্যা করা, নিষ্ঠুর হত্যালীলা

butchery / ˈbʊtʃəri ˈবুচ্যারি / *noun* [U] cruel killing নিষ্ঠুর অনর্থক হত্যা **2** the work of preparing meat to be sold কসাইবৃত্তি

butler / ˈbʌtlə(r) ˈবাট্ল্যা(র্) / *noun* [C] a man who works in a very large house, whose main duty is to organize and serve food and wine কোনো বড়ো বাড়িতে যে পরিচারকের প্রধান কাজ খাদ্য ও সুরার ব্যবস্থা ও পরিবেশন করা; খানসামা; বাটলার

butt[1] / bʌt বাট্ / *verb* [T] to hit sb/sth with the head কোনো কিছু বা কাউকে মাথা দিয়ে গুঁতো মারা, ঢুঁ মারা

PHR V **butt in (on sb/sth)** to interrupt sb/sth or to join in sth without being asked কোনো ব্যক্তি বা বস্তুকে ব্যাহত করা বা অন্যের কথাবার্তার মধ্যে বা কোনো দলে বিনা আমন্ত্রণে ঢুকে পড়া *I'm sorry to butt in but could I speak to you urgently for a minute?*

butt[2] / bʌt বাট্ / *noun* [C] **1** the thicker, heavier end of a weapon or tool অস্ত্র অথবা যন্ত্রপাতির হাতল যা অপেক্ষাকৃতভাবে মোটা এবং ভারী; বাঁট *the butt of a rifle* **2** a short piece of a cigarette which is left when it has been smoked সিগারেটের শেষ অংশটুকু **3** (*informal*) the part of your body that you sit on; your bottom পাছা, নিতম্ব *Get up off your butt and do some work!* **4** a person who is often laughed at or talked about in an unkind way যে ব্যক্তি প্রায়শ ঠাট্টার বা বিদ্রুপের পাত্র *Fat children are often the butt of other children's jokes.* **5** the act of hitting sb with your head কাউকে মাথা দিয়ে গুঁতো মারা অথবা গোত্তা দেওয়া

butter[1] / ˈbʌtə(r) ˈবাট্যা(র্) / *noun* [U] a soft yellow or white fat that is made from cream and used for spreading on bread, etc. or in cooking সর থেকে তৈরি নরম হলুদ অথবা সাদা তেলজাতীয় পদার্থ যা পাউরুটি ইত্যাদিতে লাগানো অথবা রান্নায় ব্যবহৃত হয়; ননী, মাখন

butter[2] / ˈbʌtə(r) ˈবাট্যা(র্) / *verb* [T] to spread butter on bread, etc. (পাউরুটি ইত্যাদিতে) মাখন লাগানো *I'll cut the bread and you butter it.* ○ *hot buttered toast*

buttercup / ˈbʌtəkʌp ˈবাট্যাকাপ্ / *noun* [C] a wild plant with small shiny yellow flowers that look like cups কাপের মতো দেখতে উজ্জ্বল ছোটো হলুদ ফুলসম্পন্ন বন্য উদ্ভিদবিশেষ

butterfly / ˈbʌtəflaɪ ˈবাট্যাফ্লাই / *noun* 1 [C] (*pl.* **butterflies**) an insect with a long, thin body and four brightly coloured wings প্রজাপতি *Caterpillars develop into butterflies.* ➪ **insect**-এ ছবি দেখো। 2 [U] a style of swimming in which both arms are brought over the head at the same time, and the legs move up and down together দুই হাত একই সঙ্গে মাথার উপর এনে এবং একই সময়ে দুই পা একই সঙ্গে উপরে নীচে চালিত করে সাঁতার কাটার এক বিশেষ পদ্ধতি; বাটারফ্লাই স্ট্রোক

IDM **have butterflies (in your stomach)** (*informal*) to feel very nervous before doing sth কোনো কিছু করার আগে স্নায়বিক উত্তেজনা অনুভব করা

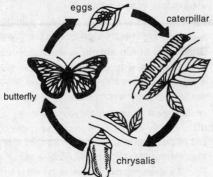

the life cycle of a butterfly

buttermilk / ˈbʌtəmɪlk ˈবাট্যামিল্ক্ / *noun* [U] the liquid that is left when butter is separated from milk দুধ থেকে মাখন বার করে নেওয়ার পরে যে তরল পদার্থ অবশিষ্ট থাকে, মাখন তোলা দুধ; ছাঁচ, ঘোল

buttock / ˈbʌtək ˈবাট্যাক্ / *noun* [C, *usually pl.*] either of the two round soft parts at the top of your legs, which you sit on পাছা, নিতম্ব, পশ্চাদ্দেশ

button / ˈbʌtn ˈবাট্ন্ / *noun* [C] 1 a small, often round, piece of plastic, wood or metal that you use for fastening your clothes (প্লাস্টিক, কাঠ অথবা ধাতুর) বোতাম *One of the buttons on my jacket has come off.* 2 a small part of a machine, etc. that you press in order to operate sth কিছু চালু করার জন্য যন্ত্র ইত্যাদির যে ছোটো অংশে চাপ দিতে হয়; যে বোতাম টিপে কোনো যন্ত্র চালু করতে হয় ***Press the button** to ring the bell.* ○ *To dial the same number again, **push the** 'redial' button.* ○ *Double click the right mouse button.*

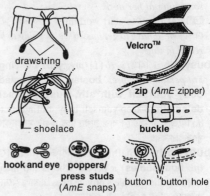

drawstring
Velcro™
zip (AmE zipper)
shoelace
buckle
hook and eye
poppers/
press studs
(AmE snaps)
button
button hole

buttons and fasteners

buttonhole / ˈbʌtnhəʊl ˈবাট্ন্হ্যাউল্ / *noun* [C] 1 a hole in a piece of clothing that you push a button through in order to fasten it বোতামঘর 2 a flower worn in the buttonhole of a coat or jacket কোট বা জ্যাকেটের বোতামঘরে লাগানো ফুল

buttress / ˈbʌtrəs ˈবাট্র্যাস্ / *noun* [C] a stone or brick structure that supports a wall or makes it stronger দেয়াল বা প্রাচীর আরও শক্ত এবং মজবুত করার জন্য নির্মিত পাথর অথবা ইটের কাঠামো; আলম্ব *Stone buttresses support the walls of the church.*

buy[1] / baɪ বাই / *verb* [T] (*pt, pp* **bought** /bɔːt ব:ট্ /) **buy sth (for sb); buy sb sth** to get sth by paying money for it টাকা দিয়ে কোনো কিছু কেনা, ক্রয় করা *I'm going to buy a new dress for the party.* ○ *We bought this book for you in London.* ○ *Can I buy you a coffee?*

IDM **buy time** to do sth in order to delay an event, a decision, etc. কোনো ঘটনা, সিদ্ধান্ত ইত্যাদি বিলম্বিত করার জন্য কিছু করা

PHR V **buy sb off** (*informal*) to pay sb money, especially dishonestly, to stop him/her from doing sth you do not want him/her to do অর্থের বিনিময়ে, বিশেষত অসৎভাবে, কোনো ব্যক্তিকে নিজের অনভিপ্রেত কোনো কাজ থেকে বিরত করা

buy sb out to pay sb for his/her share in a house, business, etc. in order to get full control of it yourself অর্থের বিনিময়ে কোনো ব্যক্তির বাড়ি, ব্যাবসা ইত্যাদির অংশ দখল করে নেওয়া বা নিজের নিয়ন্ত্রণে আনা

buy[2] / baɪ বাই / *noun* [C] an act of buying sth or a thing that you can buy কোনো বস্তু ক্রয় করার ক্রিয়া অথবা ক্রয়ের যোগ্য জিনিস *I think your house was a very good buy* (= worth the money you paid).

buyer / ˈbaɪə(r) ˈবাইঅ্যা(র্) / *noun* [C] **1** a person who is buying sth or may buy sth ক্রেতা *I think we've found a buyer for our house!* **2** a person whose job is to choose and buy goods to be sold in a large shop যে ব্যক্তির কাজ কোনো বড়ো দোকানে বিক্রির জন্য জিনিসপত্র পছন্দ করে কেনা; সরবরাহকারী

buyout / ˈbaɪaʊt ˈবাইআউট্ / *noun* [C] the act of buying enough or all of the shares in a company in order to get control of it কোনো কোম্পানির উপর নিয়ন্ত্রণের জন্য তার সমস্ত বা পর্যাপ্ত শেয়ার কিনে ফেলার ক্রিয়া

buzz[1] / bʌz বাজ্ / *verb* **1** [I] to make the sound that bees, etc. make when flying (মৌমাছি ইত্যাদির মতো) ভনভন শব্দ করা; গুঞ্জন করা *A large fly was buzzing against the windowpane.* **2** [I] **buzz** (**with sth**) to be full of excitement, activity, thoughts, etc. উত্তেজনা, কর্মব্যস্ততা বা চিন্তা ইত্যাদিতে পরিপূর্ণ থাকা *Her head was buzzing with questions that she wanted to ask.* ○ *The room was buzzing with activity.* **3** [I, T] to call sb by using an electric bell, etc. ইলেকট্রিক বেল ইত্যাদি বাজিয়ে কাউকে ডাকা *The doctor will buzz for you when he's ready.*

buzz[2] / bʌz বাজ্ / *noun* **1** [C] the sound that a bee, etc. makes when flying ওড়ার সময়ে মৌমাছি ইত্যাদি যে শব্দ করে *the buzz of insects* **2** [*sing.*] the low sound made by many people talking at the same time (অনেক লোকের) গুঞ্জন, কলরব, কণ্ঠস্বর *I could hear the buzz of conversation in the next room.* **3** [*sing.*] (*informal*) a strong feeling of excitement or pleasure আনন্দ বা উল্লাসের তীব্র অনুভূতি *a buzz of expectation* ○ *Flying first class **gave him a real buzz**.* ○ *She **gets a buzz out of** shopping for expensive clothes.*

buzzard / ˈbʌzəd ˈবাজ্যাড্ / *noun* [C] a large **bird of prey** বড়ো আকারের শিকারি পাখি

buzzer / ˈbʌzə(r) ˈবাজ্যা(র্) / *noun* [C] a piece of equipment that makes a buzzing sound জোরালো শব্দকারক সংকেত-ঘণ্টাবিশেষ *Press your buzzer if you know the answer to a question.*

buzzword / ˈbʌzwɜːd ˈবাজ্উঅ্যাড্ / *noun* [C] a word or phrase, especially one connected with a particular subject, that has become fashionable and popular কোনো বিশেষ বিষয়ের সঙ্গে জড়িত কোনো একটি শব্দ বা বাক্যাংশ যা লোকসমাজে জনপ্রিয় এবং কায়দামাফিক; লোকশ্রুতি, জনরব

by / baɪ বাই / *prep., adv.* **1** beside; very near কাছে; পাশে, খুব কাছে *Come and sit by me.* ○ *We stayed in a cottage by the sea.* ○ *The shops are close by.* **2** past কোনো ব্যক্তি বা বস্তুকে পেরিয়ে বা পার হয়ে গেছে এমন *He walked straight by me without speaking.* ○ *We stopped to let the ambulance get by.* **3** not later than; before তার ভিতরে, তার পরে নয়; আগেই, পূর্বে *I'll be home by 7 o'clock.* ○ *He should have telephoned by now/by this time.* **4** (*usually without the*) during a period of time; in a particular situation নির্দিষ্ট সময়কালের মধ্যে; কোনো বিশেষ অবস্থায় অথবা পরিস্থিতিতে *By day we covered about thirty kilo-metres and by night we rested.* ○ *The electricity went off so we had to work by candlelight.* **5** used after a passive verb for showing who or what did or caused sth (কর্মবাচ্যে ব্যবহৃত ক্রিয়ার পরে) কার দ্বারা অথবা কি কারণে হয়েছে তা বলার জন্য ব্যবহৃত অভিব্যক্তিবিশেষ *The event was organized by local people.* ○ *I was deeply shocked by the news.* ○ *Who was the book written by?/ Who is the book by?* **6** through doing or using sth; by means of sth কোনো কিছু করে অথবা কিছু ব্যবহারের সাহায্যে; এর মধ্য দিয়ে *Will you be paying by cheque?* ○ *The house is heated by electricity.* ○ *by bus/car/plane/bicycle* ○ *We went in by the back door.* **7** as a result of sth; due to sth কোনো কিছুর পরিণামে; কোনো কিছুর ফলে অথবা কারণে *I got on the wrong bus by mistake/accident.* ○ *I met an old friend by chance.* **8** according to sth; with regard to sth কোনো বিষয় অনুসারে; কোনো কিছুর নিয়মানুসারে *It's 8 o'clock by my watch.* ○ *By law you have to attend school from the age of five.* ○ *She's French by birth.* ○ *He's a doctor by profession.* **9** used for multiplying or dividing গুণ বা ভাগ বোঝানোর জন্য ব্যবহৃত অভিব্যক্তিবিশেষ *Four multiplied by five is twenty.* ○ *Six divided by two is three.* **10** used for showing the measurements of an area কোনো এলাকার পরিমাপ বোঝাতে ব্যবহৃত অভিব্যক্তিবিশেষ *The table is six feet by three feet* (= six feet long and three feet wide). **11** (*often used with* **the**) in the quantity or period mentioned উল্লিখিত পরিমাপ বা সময়ের মধ্যে *You can rent a car by the day, the week or the month.* ○ *Copies of the book have sold by the million.* ○ *They came in one by one.* **12** to the amount mentioned (উল্লিখিত) পরিমাপে, পরিমাণে *Prices have gone up by 10%.* ○ *I missed the bus by a few* *minutes.* **13** (used with a part of the body or an article of clothing) holding (শরীরের বা কাপড়ের কোনো অংশ বিশেষের সঙ্গে ব্যবহৃত) ধরে আছে এমন *He grabbed me by the arm.*

IDM **by and large** ⇨ **large** দেখো।

by the way ⇨ **way**[1] দেখো।

by- (*also* **bye-**) / baɪ বাই / *prefix* (*in nouns and verbs*) **1** less important কম গুরুত্বপূর্ণ, ছোটো বা উপ *a by-product* **2** near নিকটে, কাছে *a bystander*

bye / baɪ বাই / (*also* ˌ**bye-** ˈ**bye**; ˈ**bye-bye**) *exclamation* (*informal*) goodbye বিদায়, চলি, আসি *Bye! See you tomorrow.*

by-election *noun* [C] an election to choose a new Member of Parliament for a particular town or area (**a constituency**). It is held when the former member has died or left suddenly কোনো নির্দিষ্ট অঞ্চল বা নির্বাচনক্ষেত্রের জন্য সংসদের নতুন সদস্য স্থির করার নির্বাচন। প্রাক্তন সদস্য মারা গেলে অথবা হঠাৎ পদত্যাগ করলে এটি অনুষ্ঠিত হয়; উপনির্বাচন ⇨ **general election** দেখো।

bygone / ˈbaɪɡɒn ˈবাইগন্ / *adj.* (*only used before a noun*) that happened a long time ago অতীতের কথা; অতীত, গত *a bygone era*

bygones / ˈbaɪɡɒnz ˈবাইগন্জ্ / *noun* [*pl.*]

IDM **let bygones be bygones** to decide to forget disagreements or arguments that happened in the past অতীত মনোমালিন্য বা মতভেদ ভুলে যাওয়ার সিদ্ধান্ত নেওয়া

by-law (*also* **bye-law**) *noun* [C] a law that is made by a local authority and that has to be obeyed only in that area স্থানীয় কর্তৃপক্ষের প্রণীত আইন যা কেবলমাত্র সেই এলাকায় মান্য করা হয়; উপবিধি

bypass[1] / ˈbaɪpɑːs ˈবাইপা:স্ / *noun* [C] **1** a road which traffic can use to go round a town, instead of through it যানবাহন চলাচলের জন্য শহর ঘুরে শহরের বাইরে দিয়ে রাস্তা; ঘুরপথ; বাইপাস ⇨ **ring road** দেখো। **2** an operation on the heart to send blood along a different route so that it does not go through a part which is damaged or blocked ক্ষতিগ্রস্ত বা অবরুদ্ধ অংশের পরিবর্তে অন্য পথে হৃৎপিণ্ডে রক্ত চলাচলের ব্যবস্থা করার জন্য যে অস্ত্রোপচার করা হয় *a triple bypass operation* ○ *heart bypass surgery*

bypass[2] / ˈbaɪpɑːs ˈবাইপা:স্ / *verb* [T] to go around or to avoid sth using a bypass ঘুরে যাওয়া অথবা কোনো কিছু এড়িয়ে বাইপাস দিয়ে যাওয়া *Let's try to bypass the town centre.* ○ (*figurative*) *It's no good trying to bypass the problem.*

by-product *noun* [C] **1** something that is formed during the making of sth else কোনো দ্রব্য উৎপাদনকালে উপজাত পদার্থ; উপজাতক **2** something that happens as the result of sth else কোনো কিছুর ফলে অন্য কিছু ঘটা

bystander / ˈbaɪstændə(r) ˈবাইস্ট্যান্ড্যা(র্) / *noun* [C] a person who is standing near and sees sth that happens, without being involved in it যে ব্যক্তি নিজে জড়িয়ে না পড়ে কাছাকাছি দাঁড়িয়ে থাকে এবং কোনো ঘটনা ঘটতে দেখে; নীরব নিষ্ক্রিয় দর্শক *Several **innocent bystanders** were hurt when the two gangs attacked each other.*

byte / baɪt বাইট্ / *noun* [C] (*computing*) a unit of information that can represent one item, such as a letter or a number. A byte is usually made up of a series of eight smaller units (**bits**) একটি বিষয় প্রকাশকারী তথ্যের একক যা সাধারণত একটি বর্ণ বা সংখ্যা। এক বাইট আটটি ছোটো ছোটো এককের ক্রম বা পর্যায়

byword / ˈbaɪwɜːd ˈবাইউঅ্যড্ / *noun* [C, *usually sing.*] **1 a byword for sth** a person or a thing that is a typical or well-known example of a particular quality কোনো নির্দিষ্ট গুণের চিরাচরিত অথবা সুপরিচিত উদাহরণ যে ব্যক্তি বা বস্তু; পরাকাষ্ঠা *A limousine is a byword for luxury.* **2** a word or phrase that is often used যে শব্দ অথবা বাক্যাংশ প্রায়ই ব্যবহৃত হয়; প্রবাদ, প্রবচন

C c

C, c[1] / si: সী / *noun* [C, U] (*pl.* **C's; c's** / si:z সীজ্ /) the third letter of the English alphabet ইংরেজি বর্ণমালার তৃতীয় অক্ষর বা বর্ণ *'Car' begins with* (*a*) *'C'.*

c[2] / si: সী / *abbr.* **1 C** Celsius; centigrade সেলসিয়াস; সেন্টিগ্রেড *Water freezes at 0°C.* **2 C** coulomb(s) বৈদ্যুতিক একক (এক অ্যাম্পিয়র তড়িৎ প্রবাহ এক সেকেন্ডে যে পরিমাণ বিদ্যুৎ পরিবহণ করে); কুলমস **3** (before dates) about; approximately (তারিখের পূর্বে ব্যবহৃত) প্রায়; মোটামুটি *c 1770* ➪ **circa** দেখো।

cab / kæb ক্যাব্ / *noun* [C] **1** (*AmE*) = **taxi**[1] *Let's take a cab/go by cab.* **2** the part of a lorry, train, bus, etc. where the driver sits লরি, ট্রেন, বাস ইত্যাদির যে অংশে চালক বসে

cabaret / ˈkæbəreɪ ˈক্যাব্যারেই / *noun* [C, U] entertainment with singing, dancing, etc. in a restaurant or club রেস্তোরাঁ বা ক্লাবে নাচ, গান ইত্যাদি সহযোগে মনোরঞ্জন; ক্যাবারে

cabbage / ˈkæbɪdʒ ˈক্যাবিজ্ / *noun* [C, U] a large round vegetable with thick green, dark red or white leaves (সবুজ, লাল অথবা সাদা রঙের) বাঁধাকপি *Cabbages are easy to grow.* ○ *Do you like cabbage?* ➪ **vegetable**-এ ছবি দেখো।

cabin / ˈkæbɪn ˈক্যাবিন্ / *noun* [C] **1** a small room in a ship or boat, where a passenger sleeps জাহাজ বা নৌকোয় যাত্রীদের শোয়ার ছোটো ঘর; কেবিন ➪ **boat** দেখো। **2** the part of a plane where the passengers sit প্লেনের যে অংশে যাত্রী বসে ➪ **plane**-এ ছবি দেখো। **3** a small wooden house; a hut কাঠের ছোটো বাড়ি; কুটির *a log cabin*

cabin cruiser *noun* [C] = **cruiser2**

cabinet / ˈkæbɪnət ˈক্যাবিন্যাট্ / *noun* [C] **1** a cupboard with shelves or drawers, used for storing things ড্রয়ার বা তাকসহ ছোটো আলমারি যা জিনিসপত্র রাখার জন্য ব্যবহৃত হয় *a medicine cabinet* **2** (*also* **the Cabinet**) the most important ministers in a government, who have regular meetings with the Prime Minister প্রধানমন্ত্রীর সঙ্গে নিয়মিত যোগাযোগকারী গুরুত্বপূর্ণ মন্ত্রীপরিষদ *The Cabinet is/are meeting today to discuss the crisis.*

cable / ˈkeɪbl ˈকেইব্‌ল্ / *noun* **1** [C] a thick strong metal rope ধাতব শক্ত মোটা দড়ি **2** [C, U] a set of wires covered with plastic, etc., for carrying electricity or signals বিদ্যুৎ বা তারবার্তা বহন করার জন্য প্লাস্টিক ইত্যাদিতে ঢাকা তারসমূহ; কেব্‌ল *underground/overhead cables* ○ *a telephone cable* ○ *two metres of cable* **3** [U] = **cable television**

cable car *noun* [C] a vehicle like a box that hangs on a moving metal rope (**cable**) and carries passengers up and down a mountain পাহাড়ে যাত্রীদের নিয়ে ওঠানামা করার জন্য ব্যবহৃত চলমান ধাতব রজ্জু বা কেব্‌ল দ্বারা বাহিত বাক্সের মতো আকার বিশিষ্ট যানবিশেষ; তারশকট; কেব্‌লকার

cable television *noun* [U] a system of sending out television programmes along wires instead of by radio signals বেতারতরঙ্গের পরিবর্তে তার বা কেব্‌লের মাধ্যমে টেলিভিশনের অনুষ্ঠান সম্প্রচার করার পদ্ধতি

cache / kæʃ ক্যাশ্ / *noun* [C] **1** an amount of sth, especially drugs or weapons, that has been hidden কোনো কিছুর পরিমাণ বিশেষত লুকোনো মাদকদ্রব্য বা অস্ত্রশস্ত্র **2** (*computing*) a part of a computer's memory that stores copies of data so that the data can be found very quickly কম্পিউটার স্মৃতিভাণ্ডারের অংশবিশেষ যেখানে তথ্যের নকল বা প্রতিলিপি সঞ্চিত থাকে এবং যা সহজেই খুঁজে পাওয়া যায়

cackle / ˈkækl ˈক্যাক্‌ল্ / *verb* [I] to laugh in a loud, unpleasant way জোরে উৎকটভাবে হাসা, কর্কশভাবে হাসা ► **cackle** *noun* [C] উৎকট হাসি; কর্কশ হাসি

cactus / ˈkæktəs ˈক্যাক্ট্যাস্ / *noun* [C] (*pl.* **cactuses** or **cacti** / ˈkæktaɪ ˈক্যাক্টাই /) a type of plant that grows in hot, dry areas, especially deserts. A cactus has a thick central part (**stem**) and sharp points (**prickles**) but no leaves শুকনো এবং গরম এলাকায় প্রধানত মরুভূমিতে জন্মায় এমন মোটা কাণ্ডওয়ালা পাতাবিহীন কাঁটাগাছ; ফণিমনসা জাতীয় কাঁটাগাছ; ক্যাকটাস ➪ **plant**-এ ছবি দেখো।

CAD / kæd; ˌsi: eɪ ˈdi: ক্যাড; ˌসী এই ˈডী / *noun* [U] the abbreviation for 'computer aided design' (the use of computers to design machines, buildings, vehicles, etc.), কম্পিউটার এইডেড ডিজাইন-এর সংক্ষিপ্ত রূপ (যন্ত্র, বাড়ি, যানবাহন ইত্যাদির নকশা বানানোর কাজে কম্পিউটারের ব্যবহার); ক্যাড, সিএডি

cadaver / kəˈdævə(r) ক্যাˈড্যাভ্যা(র্) / *noun* [C] (*formal*) the body of a dead person (কোনো ব্যক্তির) মৃতদেহ, শব

cadence / ˈkeɪdns ˈকেইড্‌ন্স্ / *noun* [C] **1** (*formal*) the rise and fall of the voice in speaking (কথা বলার সময়) কণ্ঠস্বরপ্রবাহ বা স্বরের ওঠানামা, গলার আওয়াজের উত্থান-পতন **2** the end of a musical phrase সংগীতের বিশেষ একটি অংশের পরিসমাপ্তি

cadenza / kəˈdenzə ক্যাˈডেন্‌জ্যা / *noun* [C] (in classical music) a short passage that is put into a piece of music to be played by one musician alone, and that shows the skill of that musician (শাস্ত্রীয় সংগীতে) সংগীতাংশের মধ্যে অন্তর্ভুক্ত কোনো সংক্ষিপ্ত অনুচ্ছেদ যা কোনো একজন সংগীত শিল্পীর দ্বারা এককভাবে বাদনীয় এবং যেটির মাধ্যমে সেই সংগীতশিল্পীর দক্ষতা প্রদর্শিত হয়

cadet / kəˈdet ক্যা ˈডেট্ / *noun* [C] a young person who is training to be in the army, navy, air force or police সামরিক বাহিনী, বিমানবাহিনী, নৌবাহিনী বা পুলিশবাহিনীতে অন্তর্ভুক্ত হওয়ার জন্য প্রশিক্ষণরত তরুণ ব্যক্তি; এই বিদ্যালয়ের ছাত্র বা শিক্ষানবিশ

cadge / kædʒ ক্যাজ্ / *verb* [I, T] (*informal*) **cadge (sth) (from/off sb)** to try to persuade sb to give or lend you sth ধার হিসেবে অথবা কোনো কিছু দেওয়ার জন্য কোনো ব্যক্তিকে প্ররোচিত করা *He's always trying to cadge money off me.*

cadmium / ˈkædmiəm ˈক্যাড্‌মিঅ্যাম্ / *noun* [U] (*symbol* **Cd**) a soft poisonous bluish-white metal that is used in batteries and in some industries বিষাক্ত নীলচে-সাদা ধাতু যা ব্যাটারি এবং কোনো কোনো উৎপাদনশিল্পে ব্যবহৃত হয়; ক্যাডমিয়াম

cadre / ˈkaːdə(r) ˈকা:ড্যা(র্) / *noun* [C] **1** (*with sing. or pl. verb*) a small group of people who are especially chosen and trained for a particular purpose বিশেষ উদ্দেশ্যে বাছাই করা এবং প্রশিক্ষণপ্রাপ্ত ক্ষুদ্র সংগঠন *The Jammu and Kashmir cadre was specially trained to fight terrorism.* **2** a member of this kind of group এই ধরনের দল বা গোষ্ঠীর কোনো একজন সদস্য; ক্যাডার *They were to become the cadres of the new Communist Party.*

Caesarean (*also* **-rian**; *AmE* **cesarean**) / siˈzeəriən সিˈজ়েঅ্যারিঅ্যান্ / *noun* [C] a medical operation in which an opening is cut in a mother's body in order to take out the baby when a normal birth would be impossible or dangerous স্বাভাবিক জন্ম অসম্ভব অথবা বিপজ্জনক হতে পারে এমন সময়ে বাচ্চাকে বার করে আনার জন্য মায়ের শরীরে যে অস্ত্রোপচার করা হয় *to have a Caesarean* **NOTE** এই অস্ত্রোপচারকে **Caesarean section** এবং আমেরিকান ইংরেজিতে **C-section** বলা হয়।

caesium (*AmE* **cesium**) / ˈsiːziəm ˈসীজ়িঅ্যাম্ / *noun* [U] (*symbol* **Cs**) a soft silver-white metal একরকম রুপোলি-সাদা নরম ধাতু; সীজিয়াম

cafe / ˈkæfeɪ ˈক্যাফেই / *noun* [C] a small restaurant that serves drinks and light meals ছোটো রেস্তোরাঁ যেখানে পানীয় এবং হালকা খাবার পরিবেশন করা হয়; কফিখানা; ক্যাফে

cafeteria / ˌkæfəˈtɪəriə ˈক্যাফ্যাˈটিঅ্যারিঅ্যা / *noun* [C] a restaurant, especially one for staff or workers, where people collect their meals themselves and carry them to their tables (বিশেষত কর্মী বা শ্রমিকবৃন্দের ব্যবহারের জন্য) স্বপরিবেশিত ভোজনালয়; ক্যাফেটেরিয়া ➪ **canteen** দেখো।

cafetière / ˌkæfəˈtjeə(r) ˌক্যাফ্যা ˈটিএঅ্যা(র্) / *noun* [C] a special glass container for making coffee with a metal part (**filter**) that you push down কফি তৈরির বিশেষ কাচের পাত্র যার ধাতব অংশটি বা ছাঁকনিটিকে (ফিল্টার) চাপ দিয়ে নামাতে হয় ➪ **percolator** দেখো।

caffeine / ˈkæfiːn ˈক্যাফীন্ / *noun* [U] the substance found in coffee and tea that makes you feel more awake and full of energy কফি এবং চায়ের মধ্যে পাওয়া যায় একজাতীয় স্নায়ু-উদ্দীপক পদার্থবিশেষ ➪ **decaffeinated** দেখো।

cage / keɪdʒ কেইজ্ / *noun* [C] a box made of bars or wire, or a space surrounded by wire or metal bars, in which a bird or animal is kept so that it cannot escape (কোনো পাখি বা পশুকে রাখার জন্য ব্যবহৃত) খাঁচা, পিঞ্জর *a bird cage* ▶ **cage** *verb* [T] খাঁচায় রাখা ▶ **caged** / keɪdʒd কেইজড্ / *adj.* পিঞ্জরাবধ *He felt like a caged animal in the tiny office.*

cagey / ˈkeɪdʒi ˈকেইজি / *adj.* (*informal*) **cagey (about sth)** not wanting to give information or to talk about sth কোনো তথ্য জানাতে অথবা কোনো বিষয় সম্বন্ধে কথা বলতে অনিচ্ছুক; চাপা

cagoule / kəˈguːl ক্যা ˈগূল্ / *noun* [C] a long jacket with a covering for the head (**hood**) that protects you from the rain or wind মস্তকাবরণসহ লম্বা জ্যাকেট যা বৃষ্টি বা হাওয়া থেকে বাঁচায়

cajole / kəˈdʒəʊl ক্যা ˈজ্যাউল্ / *verb* [I, T] **cajole (sb) (into sth/into doing sth); cajole sth out of sb** to persuade a person to do sth or give sth by being very nice to him/her কোনো ব্যক্তিকে কোনো কাজ করানোর জন্য তোষামোদ করা অথবা তার সঙ্গে খুব ভালো ব্যবহার করে কিছু চাওয়া *He cajoled me into agreeing to do the work.*

cake[1] / keɪk কেইক্ / *noun* **1** [C, U] a sweet food made by mixing flour, eggs, butter, sugar, etc. together and baking the mixture in the oven ডিম, ময়দা, মাখন ইত্যাদির মিশ্রণের দ্বারা বানানো মিষ্টি খাবার; কেক *to make/bake a cake* **2** [C] a mixture of other food, cooked in a round, flat shape কেকের আকারে বানানো অন্য খাদ্যদ্রব্যসমূহের মিশ্রণ *fish/potato cakes*

IDM have your cake and eat it to enjoy the advantages of sth without its disadvantages; to have both things that are available কোনো কিছুর অসুবিধা বাদ দিয়ে কেবলমাত্র সুযোগসুবিধা ভোগ করা; একই সময়ে প্রাপ্তিযোগ্য দুটি বস্তুরই সুবিধা গ্রহণ করা

a piece of cake ➪ **piece**[1] দেখো।

cake[2] / keɪk কেইক্ / *verb* [T] (*usually passive*) **cake sth (in/with sth)** to cover sth thickly with a substance that becomes hard when it dries কোনো কিছুর উপর এমন কোনো পদার্থের প্রলেপ লাগানো যা শুকোলে শক্ত হয়ে যায় *boots caked in mud*

calamity / kəˈlæməti ক্যা'ল্যাম্যাটি / *noun* [C, U] (*pl.* **calamities**) a terrible event that causes a lot of damage or harm কোনো সাংঘাতিক বিপর্যয় যা বহু ক্ষতি বা লোকসানের কারণ

calcify / ˈkælsɪfaɪ 'ক্যাল্সিফাই / *verb* [I, T] (*pres. part.* **calcifying**; *3rd person sing. pres.* **calcifies;** *pt, pp* **calcified**) (*technical*) to become hard or make sth hard by adding **calcium** salts ক্যালসিয়াম লবণ সহযোগে শক্ত করা অথবা শক্ত হওয়া ▶ **calcification** / ˌkælsɪfɪˈkeɪʃn ˌক্যাল্সিফি-'কেইশ্ন্ / *noun* [U] প্রস্তরীভবন, শিলীভবন

calcium / ˈkælsiəm 'ক্যাল্সিঅ্যাম্ / *noun* [U] (*symbol* **Ca**) a chemical element that is found in foods such as milk and cheese. It helps to make bones and teeth strong রাসায়নিক পদার্থ যা দুধ, চীজ ইত্যাদি খাবারে পাওয়া যায়। এতে হাড় এবং দাঁত শক্ত হয়; খটিক; ক্যালসিয়ম

calcium carbonate *noun* [U] (*symbol* **$CaCO_3$**) a white solid that exists naturally as chalk, **limestone** and **marble** চক, চুনাপাথর এবং মার্বেলে পাওয়া যায় এমন সাদা শক্ত প্রাকৃতিক পদার্থবিশেষ; ক্যালসিয়ম কার্বনেট

calculate / ˈkælkjuleɪt 'ক্যাল্কিউলেইট্ / *verb* [T] **1** to find sth out by using mathematics; to work sth out অঙ্ক কষে কিছু বার করা; হিসাব করা *It's difficult to calculate how long the project will take.* **2** to consider or expect sth কোনো কিছু বিবেচনা করা বা প্রত্যাশা করা *We calculated that the advantages would be greater than the disadvantages.*

IDM be calculated to do sth to be intended or designed to do sth কোনো কিছু করার জন্য উদ্দেশ্যপ্রণোদিত হওয়া বা কিছু করার পরিকল্পনা করা *His remark was clearly calculated to annoy me.*

calculating / ˈkælkjuleɪtɪŋ 'ক্যাল্কিউলেইটিং / *adj.* planning things in a very careful way in order to achieve what you want, without considering other people অন্যদের কথা চিন্তা না করে নিজের চাহিদা পূরণের জন্য পূর্বানুমানসহ খুব সতর্ক পরিকল্পনা; হিসেবি, মতলববাজ *Her cold, calculating approach made her many enemies.*

calculation / ˌkælkjuˈleɪʃn ˌক্যাল্কিউ'লেইশ্ন্ / *noun* **1** [C, U] finding an answer by using mathematics গণনা, সংখ্যান, গণনাফল, অঙ্কফল *I'll have to* **do** *a few* **calculations** *before telling you how much I can afford.* ○ *Calculation of the exact cost is impossible.* **2** [U] (*formal*) careful planning in order to achieve what you want, without considering other people নিজের চাহিদা পূরণ করার জন্য অন্যদের কথা চিন্তা না করে যত্নকৃত পরিকল্পনা *His actions were clearly the result of deliberate calculation.*

calculator / ˈkælkjuleɪtə(r) 'ক্যাল্কিউলেইট্যা(র্) / *noun* [C] a small electronic machine used for calculating figures গণকযন্ত্র; ক্যালকুলেটর *a pocket calculator*

calculus / ˈkælkjələs 'ক্যাল্কিঅ্যাল্যাস্ / *noun* [U] (*mathematics*) a type of mathematics that deals with rates of change, for example the speed of a falling object গণিতের একটি শাখা যাতে পরিবর্তনের হারের হিসেব করা হয়, উদাহরণস্বরূপ পতনশীল কোনো বস্তুর গতি; কলন বিদ্যা; ক্যালকুলাস

calendar / ˈkælɪndə(r) 'ক্যালিন্ড্যা(র্) / *noun* [C] **1** a list that shows the days, weeks and months of a particular year নির্দিষ্ট বছরের দিন, সপ্তাহ এবং মাসের তালিকা; দেওয়ালপঞ্জিকা; ক্যালেন্ডার **2** a system for dividing time into fixed periods and for marking the beginning and end of a year সময়কে নির্দিষ্ট পর্যায়ে বিভক্ত করা এবং বছরের শেষ ও শুরু চিহ্নিত করার ব্যবস্থা *the Muslim calendar* **3** a list of dates and events in a year that are important in a particular area of activity কোনো বিশেষ কর্মকাণ্ডে সারাবছরের বিশেষ উল্লেখযোগ্য দিন বা তারিখ ও ঘটনার তালিকা *Wimbledon is a major event in the sporting calendar.*

calendar month = **month1** দেখো।

calendar year = **year1** দেখো।

calf / kɑːf কা:ফ্ / *noun* [C] (*pl.* **calves** / kɑːvz কা:ভ্জ্ /) **1** a young cow গোবৎস, গো-শিশু, বাছুর **2** the young of some other animals, for example elephants অন্য কোনো পশুশাবক, যেমন হাতি **3** the back of your leg, below your knee হাঁটুর নীচে, পায়ের পিছন দিকের অংশ; পায়ের ডিমি, ডিম, ডিমে *I've strained a calf muscle.* ➪ **body**-তে ছবি দেখো।

calibrate / ˈkælɪbreɪt 'ক্যালিব্রেইট্ / *verb* [T] (*technical*) to mark units of measurement on an instrument so that it can be used for measuring sth accurately কোনো যন্ত্রে মাত্রাজ্ঞাপক দাগ দেওয়া যাতে তার সাহায্যে কোনো কিছু সঠিকভাবে মাপা যায়; ক্রমাঙ্ক ঠিক করা

calibration / ˌkælɪˈbreɪʃn ˌক্যালি'ব্রেইশ্ন্ / *noun* (*technical*) **1** [U] the act of marking units of measurement on an instrument so that it can be used for measuring sth accurately কোনো যন্ত্রের

উপর মাত্রাজ্ঞাপক চিহ্ন আঁকার কাজ যাতে তার সাহায্যে কোনো কিছু সঠিকভাবে মাপা যায়; ক্রমাঙ্কন **2** [C] the units marked on an instrument that is used for measuring such as a **thermometer** কোনো যন্ত্রে মাত্রাজ্ঞাপক দাগ যা পরিমাপের কাজে ব্যবহৃত হয়, যেমন থার্মোমিটার

calibre (*AmE* **caliber**) / ˈkælɪbə(r) ˈক্যালিব্যা(র্) / *noun* [*sing.*] [U] the quality or ability of a person or thing (কোনো ব্যক্তি বা বস্তুর) গুণ বা সামর্থ্য *The company's employees are of (a) high calibre.*

caliper (*AmE*) = **calliper**

CALL / kɔːl কঃল্ / *abbr.* 'computer assisted language learning' কম্পিউটার অ্যাসিসটেড ল্যাঙ্গুয়েজ লার্নিং-এর সংক্ষিপ্ত রূপ; কম্পিউটারের সাহায্যে ভাষা শিক্ষা

call[1] / kɔːl কঃল্ / *verb* **1** [I, T] **call (out) to sb; call (sth) (out)** to say sth loudly or to shout in order to attract attention (কোনো ব্যক্তির মনোযোগ আকর্ষণ করার জন্য) উচ্চস্বরে কিছু বলা; ডাকা, চিৎকার করা *'Hello, is anybody there?' she called.* ○ *He called out the names and the winners stepped forward.* **2** [I, T] to telephone sb কোনো ব্যক্তিকে টেলিফোন করা *Who's calling, please?* ○ *I'll call you tomorrow.* **3** [T] to name or describe a person or thing in a certain way কোনো ব্যক্তিকে বিশেষ নাম দেওয়া অথবা বিশেষভাবে বর্ণনা করা *They called the baby Shalu.* ○ *Are you calling me a liar?* **4** [T] to order or ask sb to come to a certain place কোনো ব্যক্তিকে কোনো বিশেষ স্থানে উপস্থিত হতে বলা অথবা আদেশ করা *Can you call everybody in for lunch?* ○ *I think we had better call the doctor.* **5** [T] to arrange for sth to take place at a certain time কোনো নির্দিষ্ট সময়ে কোনো কিছুর জন্য ব্যবস্থা করা *to call a meeting/an election/a strike* **6** [I] **call (in/round) (on sb/at)** to make a short visit to a person or place অল্প সময়ের জন্য কোনো ব্যক্তির সঙ্গে দেখা করা অথবা কোনো স্থানে যাওয়া *I called in on Mihir on my way home.* **7** [I] **call at** (used about a train, etc.) to stop at the places mentioned (ট্রেন ইত্যাদি সম্বন্ধে ব্যবহৃত) উল্লিখিত জায়গাগুলিতে থামা *This is the express service to Agra, calling at Faridabad and Mathura.*

IDM **bring/call sb/sth to mind** ⇨ **mind**[1] দেখো। **call it a day** (*informal*) to decide to stop doing sth যা করা হচ্ছে তা বন্ধ করার সিদ্ধান্ত নেওয়া *Let's call it a day. I'm exhausted.*

call sb's bluff to tell sb to actually do what he/she is threatening to do (believing that he/she will not risk doing it) (কোনো ঝুঁকি নেই এই বিশ্বাসে) যে কাজ কোনো ব্যক্তি করবে বলে শাসাচ্ছিল তাকে সেই কাজ করতে বলা

call sb names to use insulting words about sb কোনো ব্যক্তিকে গালাগালি দেওয়া; কারও সম্বন্ধে অপমানজনক কথাবার্তা বলা

call the shots/tune (*informal*) to be in a position to control a situation and make decisions about what should be done কোনো পরিস্থিতিকে নিয়ন্ত্রণ করা এবং যা করণীয় তার সম্বন্ধে সিদ্ধান্ত নেওয়ার দায়িত্বে থাকা

PHR V **call by** (*informal*) to make a short visit to a place or person as you pass কোনো জায়গায় যাওয়ার পথে অল্প সময়ের জন্য কোনো ব্যক্তির সঙ্গে দেখা করা অথবা অন্য কোনো জায়গায় যাওয়া *I'll call by to pick up the book on my way to work.*

call for sb (*BrE*) to collect sb in order to go somewhere together কোনো জায়গায় একসঙ্গে যাওয়ার জন্য কোনো ব্যক্তিকে সঙ্গে নিয়ে নেওয়া *I'll call for you when it's time to go.*

call for sth to demand or need sth কোনো কিছুর প্রয়োজন হওয়া অথবা দাবি করা *The crisis calls for immediate action.*

call sth off to cancel sth (কোনো কিছু) নাকচ করে দেওয়া, বাতিল করা, রদ করা *The football match was called off because of the bad weather.*

call sb out to ask sb to come, especially to an emergency সংকটে কোনো ব্যক্তিকে আহ্বান জানানো অথবা ডাকা *We had to call out the doctor in the middle of the night.*

call sb up **1** to telephone sb কোনো ব্যক্তিকে টেলিফোন করা *He called me up to tell me the good news.* **2** to order sb to join the army, navy or air force কোনো ব্যক্তিকে সামরিক বাহিনী, নৌবাহিনী বা বিমান-বাহিনীতে যোগ দিতে আদেশ করা

call sth up to look at sth that is stored in a computer কম্পিউটারে সঞ্চিত কোনো তথ্য দেখা *The bank clerk called up my account details on screen.*

call[2] / kɔːl কঃল্ / *noun* **1** (*also* **phone call**) [C] an act of telephoning or a conversation on the telephone টেলিফোন করার ক্রিয়া অথবা টেলিফোনের মাধ্যমে কথোপকথন *I'll give you a call at the weekend.* ○ *to make a local call* **2** [C] a loud sound that is made to attract attention; a shout মনোযোগ আকর্ষণ করার জন্য কৃত জোর শব্দ; চিৎকার *a call for help* ○ *That bird's call is easy to recognize.* **3** [C] a short visit, especially to sb's house সংক্ষিপ্ত সাক্ষাৎ, বিশেষত কোনো ব্যক্তির বাড়িতে গিয়ে *The doctor has several calls to make this morning.* **4** [C] a request, demand for sth কোনো কিছুর জন্য অনুরোধ; দাবি *There have been calls for the minister to resign.* **5** [C, U] **call for sth** a need for sth

কোনো কিছুর প্রয়োজন *The doctor said there was no call for concern.*

IDM at sb's beck and call ➪ **beck** দেখো।

(**be**) **on call** to be ready to work if necessary প্রয়োজনে কাজ করার জন্য প্রস্তুত থাকা *Dr Jindal will be on call this weekend.*

call box = **telephone box**

called / kɔːld কল্ড্ / *adj.* (*not before a noun*) to have a particular name নির্দিষ্ট নামবিশিষ্ট *His wife is called Sandhya.*

caller / ˈkɔːlə(r) ˈক:ল্যা(র্) / *noun* [C] a person who telephones or visits sb যে ব্যক্তি দেখা করতে আসে বা টেলিফোন করে

calligraphy / kəˈlɪgrəfi ক্যা'লিগ্র্যাফি / *noun* [U] the art of writing beautifully with a special pen or brush বিশেষ কলম, ব্রাশ বা তুলির সাহায্যে সুন্দরভাবে লেখার যে শৈলী; হস্তলিপিশিল্প *I am learning calligraphy* ▶ **calligrapher** *noun* [C] হস্তলিপিশিল্পী

calliper (*AmE* **caliper**) / ˈkælɪpə(r) ˈক্যালিপ্যা(র্) / *noun* **1 callipers** [*pl.*] (*mathematics*) an instrument with two long thin parts joined at one end, used for measuring the **diameter** of tubes and round objects (গণিত) এমন একটি যন্ত্র যার দুটি লম্বা, সরু অংশ এক প্রান্তে যুক্ত হয় এবং যেটি টিউব ও গোলাকার বস্তুসমূহের ব্যাস পরিমাপ করার জন্য ব্যবহৃত হয়; ক্যালিপার্স **2** (*AmE* **brace**) [C, *usually pl.*] a metal support for weak or injured legs দুর্বল অথবা আহত পায়ের জন্য ধাতুনির্মিত অবলম্বন

callous / ˈkæləs ˈক্যাল্যাস্ / *adj.* not caring about the feelings or suffering of other people অন্যদের কষ্ট বা অনুভূতি সম্পর্কে যত্নশীল নয় এমন; অনুভূতিশূন্য, ভাবলেশহীন, বেদনাবোধশূন্য

callus / ˈkæləs ˈক্যাল্যাস্ / *noun* [C] an area of thick hard skin on a hand or foot, usually caused by rubbing (ঘর্ষণের ফলে) হাত বা পায়ের শক্ত চামড়া; কড়া

calm¹ / kɑːm কা:ম্ / *adj.* **1** not excited, worried or angry; quiet উত্তেজিত, উদ্বিগ্ন বা রাগত নয়; শান্ত, ধীর, নিরুদ্বিগ্ন, নিঝুম, স্তব্ধ *Try to* ***keep calm****—there's no need to panic.* ○ *She spoke in a calm voice.* **2** without big waves তরঙ্গশূন্য, নিস্তরঙ্গ, অচঞ্চল, শান্ত *a calm sea* ✪ বিপ **rough 3** without much wind বায়ুহীন, নির্বাত *calm weather* ▶ **calmly** *adv.* স্থিরভাবে, অবিচলিতভাবে, শান্তভাবে, ধীরস্থিরভাবে ▶ **calmness** *noun* [U] স্তব্ধতা, শান্তি

calm² / kɑːm কা:ম্ / *verb* [I, T] **calm (sb/sth)** (**down**) to become or to make sb quiet or calm শান্ত হওয়া বা কোনো ব্যক্তিকে শান্ত করা *Calm down! Shouting at everybody won't help.*

calm³ / kɑːm কা:ম্ / *noun* [C, U] a period of time or a state when everything is peaceful কোনো সময়কাল বা কোনো অবস্থা যখন সমস্ত কিছু শান্ত; প্রশান্তি, স্থৈর্য, অচঞ্চলতা *After living in the city, I enjoyed the calm of country life.*

calorie / ˈkæləri ˈক্যাল্যারি / *noun* [C] **1** a unit for measuring how much energy food will produce খাদ্যবস্তু থেকে শরীরে যে শক্তি উৎপন্ন হয় তা মাপার একক বা মাত্রা; ক্যালরি *a low-calorie drink/yoghurt/diet* **2** a unit for measuring a quantity of heat; the amount of heat needed to increase the temperature of a gram of water by one degree Celsius তাপের পরিমাণ মাপার একক বা মাত্রা; এক গ্রাম জলের তাপমাত্রা এক ডিগ্রি সেলসিয়াস বাড়াতে যতটা পরিমাণ তাপের প্রয়োজন

calorific / ˌkæləˈrɪfɪk ˌক্যাল্যা'রিফিক্ / *adj.* (*technical*) connected with or producing heat তাপ উৎপাদনের সঙ্গে সংযুক্ত অথবা তাপ উৎপাদনশীল *the calorific value of food* (= the amount of heat or energy produced by a particular amount of food)

calve / kɑːv কা:ভ্ / *verb* **1** [I] (used about a cow) to give birth to a **calf** (গরু সম্বন্ধে ব্যবহৃত) বাছুরের জন্ম দেওয়া **2** [I, T] (*technical*) (used about a large piece of ice) to break away from an **iceberg** or a **glacier**; to lose a piece of ice in this way (বরফের বড়ো চাঙড় সম্বন্ধে ব্যবহৃত) কোনো হিমশৈল অথবা তুষারনদী থেকে ভেঙে আলাদা হয়ে যাওয়া; এইভাবে বরফের টুকরো ভেঙে যাওয়া

calves ➪ **calf**-এর plural

calyx / ˈkeɪlɪks ˈকেইলিক্স্ / *noun* [C] (*pl.* **calyxes** or **calyces** / ˈkeɪlɪsiːz ˈকেইলিসীজ্ /) (*technical*) the ring of small green leaves (**sepals**) that protect a flower before it opens ছোটো ছোটো সবুজ পাতার ঘের যা ফুল ফোটার আগে কুঁড়িকে ঘিরে রাখে; বৃতি, পুষ্পপুট

CAM / kæm ক্যাম্/ *abbr.* 'computer aided manufacturing' কম্পিউটার এইডেড ম্যানুফ্যাকচারিং-এর সংক্ষিপ্ত রূপ; কমপিউটারের সাহায্যে উৎপাদন; ক্যাম

camber / ˈkæmbə(r) ˈক্যাম্ব্যা(র্) / *noun* [C] a slight downward curve from the middle of a road to each side রাস্তার মাঝখান থেকে দুইপাশে ঢালু হয়ে যাওয়া অংশ; স্বল্পোত্তলতা

camcorder / ˈkæmkɔːdə(r) ˈক্যামক:ড্যা(র্) / *noun* [C] a camera that you can carry around and use for recording pictures and sound on a video cassette ভিডিও ক্যাসেটে ছবি তোলার এবং শব্দ গ্রহণ করার জন্য বহনযোগ্য ক্যামেরা; ক্যামকর্ডার

came ➪ **come**-এর past tense

camel / ˈkæml ˈক্যামল্ / *noun* [C] an animal that lives in the desert and has a long neck and either one or two large masses of fat (**humps**) on its back. It is used for carrying people and goods

(মানুষ বা দ্রব্যাদি বহনের জন্য একটি বা দুটি কুঁজওয়ালা) উট, উষ্ট্র ➪ **dromedary** দেখো।

cameo / ˈkæmiəʊ ˈক্যামিঅ্যাউ / *noun* [C] (*pl.* **cameos**) **1** a small part in a film or play that is usually played by a famous actor কোনো বিখ্যাত অভিনেতা দ্বারা অভিনীত সিনেমা বা থিয়েটারের ছোটো অংশ বিশেষ *Aamir Khan plays a cameo role in the film.* **2** a piece of jewellery that has a design in one colour and a background in a different colour অলংকারের অংশবিশেষ যার নকশা এক রঙের এবং পশ্চাৎপট আলাদা রঙের

camera / ˈkæmərə ˈক্যাম্যার‍্যা/ *noun* [C] a piece of equipment that you use for taking photographs or moving pictures (স্থির বা চলমান কোনো কিছুর) আলোকচিত্র তোলার বা গ্রহণ করার যন্ত্রবিশেষ; ক্যামেরা *I need a new film for my camera.*

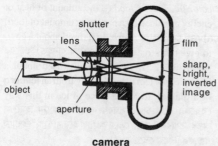

camera

cameraman / ˈkæmrəmæn ˈক্যাম্‌র‍্যাম্যান্ / *noun* [C] (*pl.* **-men** / -men -মেন্ /) a person whose job is to operate a camera for a film or a television company চলচ্চিত্র বা দূরদর্শনের জন্য যে ব্যক্তি ক্যামেরার সাহায্যে ছবি তোলে; চিত্রগ্রাহক, আলোকচিত্রশিল্পী ➪ **photographer** দেখো।

camouflage / ˈkæməflɑːʒ ˈক্যাম্যাফ্লা:জ্ / *noun* [U] **1** materials or colours that soldiers use to make themselves and their equipment difficult to see শত্রুপক্ষের নজর এড়ানোর জন্য বা তার থেকে নিজেদের চেহারা এবং অস্ত্রাদি আড়ালে রাখার জন্য যেসব আবরণ অথবা রং সৈন্যরা ব্যবহার করে; ছদ্ম-আবরণ; ক্যামোফ্লেজ **2** the way in which an animal's colour or shape matches its surroundings and makes it difficult to be spotted যে পদ্ধতিতে পশু-পাখি, পোকা-মাকড়ের আকৃতি বা রং তাদের চারপাশের পরিবেশের সঙ্গে এমনভাবে মিশে থাকে যাতে তাদের সহজে দেখা যায় না *The polar bear's white fur provides effective camouflage against the snow.* ▶ **camouflage** *verb* [T] ছদ্ম আবরণ ব্যবহার করা; গা ঢাকা দেওয়া

camp[1] / kæmp ক্যাম্প্ / *noun* [C, U] a place where people live in tents or simple buildings away from their usual home যে স্থানে জনগণ স্বাভাবিক বাসস্থান ছেড়ে সাধারণ বাড়িতে বা তাঁবুতে বাস করে; ছাউনি, শিবির; ক্যাম্প *a refugee camp* ○ *The climbers set up camp at the foot of the mountain.*

camp[2] / kæmp ক্যাম্প্ / *verb* [I] **camp (out)** to sleep without a bed, especially outside in a tent বিছানা ছাড়া বাড়ির বাইরে তাঁবুর মধ্যে রাত কাটানো *We camped next to a river.*

campaign[1] / kæmˈpeɪn ক্যাম্ˈপেইন্ / *noun* [C] **1** a plan to do a number of things in order to achieve a special aim কোনো বিশেষ লক্ষ্য সাধন করার জন্য পরিকল্পিত উদ্যোগ; প্রচারাভিযান *to launch an advertising/election campaign* **2** a planned series of attacks in a war যুদ্ধক্ষেত্রে ক্রমাগত সুপরিকল্পিত আক্রমণ

campaign[2] / kæmˈpeɪn ক্যাম্ˈপেইন্ / *verb* [I] **campaign (for/against sb/sth)** to take part in a planned series of activities in order to make sth happen or to prevent sth কোনো কিছু ঘটানো বা কিছু আটকানোর জন্য কোনো পরিকল্পিত প্রচেষ্টা বা উদ্যোগে অংশ নেওয়া *Local people are campaigning for lower speed limits in the town.* ▶ **campaigner** *noun* [C] প্রচার অভিযানে অংশগ্রহণকারী, প্রচার অভিযানকারী; অভিযাত্রী *an animal rights campaigner*

camper / ˈkæmpə(r) ˈক্যাম্প্যা(র্) / *noun* [C] **1** a person who stays in a tent on holiday যে ব্যক্তি ছাউনি বা তাঁবুতে ছুটি কাটায় **2 camper van** a motor vehicle in which you can sleep, cook, etc. while on holiday যে গাড়িতে ছুটি কাটানোর সময়ে ঘুমোনো, রান্না ইত্যাদি করা যায়

camping / ˈkæmpɪŋ ˈক্যাম্পিং / *noun* [U] sleeping or spending a holiday in a tent তাঁবুতে ঘুমোনো বা ছুটি কাটানো হচ্ছে এমন *Camping is cheaper than staying in hotels.*

campsite / ˈkæmpsaɪt ˈক্যাম্প্সাইট্ / *noun* [C] a place where you can stay in a tent যে স্থানে তাঁবু খাটিয়ে থাকা যায়

campus / ˈkæmpəs ˈক্যাম্প্যাস্ / *noun* [C, U] (*pl.* **campuses**) the area of land where the main buildings of a college or university are স্কুল, কলেজ বা ইউনিভার্সিটির চত্বর, এলাকা অথবা প্রাঙ্গণ; ক্যাম্পাস *the college campus*

can[1] / kən; *strong form* kæn ক্যান; *প্রবল রূপ* ক্যান্ *modal verb* (*negative* **cannot** / ˈkænɒt ˈক্যানট্ / *short form* **can't** / kɑːnt কা:ন্ট্ /; *pt* **could** /kəd; *strong form* kʊd ক্যাড্; *প্রবল রূপ* কুড্ /; *negative* **could not** *short form* **couldn't** / ˈkʊdnt ˈকুড্ন্ট্ /) **1** used for showing that it is possible for sb/sth to do sth or that sb/sth has the ability to do sth কোনো ব্যক্তি বা বস্তুর পক্ষে কিছু করা সম্ভব বা কোনো কাজ করার ক্ষমতা অথবা সামর্থ্য আছে এই প্রকাশ করার জন্য ব্যবহৃত অভিব্যক্তিবিশেষ *Can you ride a bike?* ○ *He can't speak French.*

NOTE **Can** শব্দটির কোনো অসমাপিকা ক্রিয়া (infinitive) অথবা কৃদন্ত পদের (participle) রূপ নেই এবং এই শব্দটিকে পুরাঘটিত কাল (perfect tense) অথবা ভবিষ্যৎ কালে (future tense) পরিবর্তন করার জন্য **be able to** অভিব্যক্তিটি ব্যবহার করা হয়—*He's been able to swim for almost a year.* কোনো ব্যক্তির সামর্থ্য থাকা সত্ত্বেও সে যদি কোনো কাজ ইচ্ছাকৃতভাবে না করে তখন **could** শব্দটি ব্যবহার করা হয়—*She could have passed the exam but she didn't really try.*

2 used to ask for or give permission অনুমতি চাইতে বা অনুমতি দিতে ব্যবহৃত অভিব্যক্তিবিশেষ *Can I have a drink, please?* ○ *He asked if he could have a drink.*

NOTE কোনো সাধারণ অনুমতি অতীতে চাওয়া হয়েছিল এই বোঝানোর জন্য **could** শব্দটি ব্যবহৃত হয়—*I could do anything I wanted when I stayed with my grandma.* কোনো একটি বিশেষ অনুমতির জন্য **could** শব্দটি ব্যবহৃত হয় না—*They were allowed to visit him in hospital yesterday.*

3 used to ask sb to do sth কোনো ব্যক্তিকে আদেশ দেওয়া অথবা অনুরোধ করার জন্য ব্যবহৃত অভিব্যক্তিবিশেষ *Can you help me carry these books?* **4** used for offering to do sth প্রস্তাব করার জন্য ব্যবহৃত অভিব্যক্তিবিশেষ *Can I help at all?*

5 used to talk about sb's typical behaviour or of a typical effect কোনো ব্যক্তির নির্দিষ্ট ব্যবহার অথবা কোনো ঘটনার নির্দিষ্ট পরিণাম বোঝাতে ব্যবহৃত অভিব্যক্তিবিশেষ *You can be very annoying.* ○ *Wasp stings can be very painful.* **6** used in the negative for saying that you are sure sth is not true কোনো কিছু যে সত্য নয় সেই বিষয়ে নিশ্চিত হয়ে নেতিবাচকরূপে ব্যবহৃত অভিব্যক্তিবিশেষ *That can't be Sonia—she's in Patna.* ○ *Surely you can't be hungry. You've only just had lunch.* **7** used with the verbs 'feel', 'hear', 'see', 'smell', 'taste'; 'feel', 'hear', 'see', 'smell', 'taste' ইত্যাদি ক্রিয়াপদগুলির সঙ্গে যুক্ত করে ব্যবহৃত অভিব্যক্তিবিশেষ

NOTE এই ক্রিয়াপদগুলির (verb) ব্যবহার ঘটমানকালে (continuous tenses) হয় না। 'Seeing' 'hearing' ইত্যাদি শব্দের সঙ্গে **can** শব্দটি ব্যবহার করা হয়—*I can smell something burning. I'm smelling something burning.* বাক্যটি সঠিক প্রয়োগ নয়।

can² / kæn ক্যান্ / *noun* [C] **1** a metal or plastic container that is used for holding or carrying liquid (ধাতব অথবা প্লাস্টিকের) তরল পদার্থ রাখার অথবা বহন করার পাত্র; ক্যান *an oil can* **2** a metal container in which food or drink is kept without air so that it stays fresh খাদ্য অথবা পানীয় তাজা রাখার জন্য যে ধাতবপাত্রে বায়ুবিহীনভাবে সেগুলি রাখা হয় *a can of beans* ○ *a can of flavoured milk*

can³ / kæn ক্যান্ / *verb* [T] (**canning; canned**) to put food, drink, etc. into a can in order to keep it fresh for a long time দীর্ঘদিন তাজা রাখার উদ্দেশ্যে খাদ্য, পানীয় ইত্যাদি ক্যানের মধ্যে রাখা *canned fruit*

canal / kəˈnæl ক্যা'ন্যাল্ / *noun* [C] **1** a deep cut that is made through land so that boats or ships can travel along it or so that water can flow to an area where it is needed নৌকো বা জাহাজ যাতায়াতের জন্য বা সেচের কাজের জন্য মাটি কেটে তৈরি খাল অথবা জলপথ; ক্যানাল *the Panama Canal* **2** one of the tubes in the body through which food, air, etc. passes শ্বাসনালী বা খাদ্যনালীর মধ্যে যে-কোনো একটি

canary / kəˈneəri ক্যা'নেঅ্যারি / *noun* [C] (*pl.* **canaries**) a small yellow bird that sings and is often kept in a cage as a pet ছোটো হলুদ রঙের গায়ক পাখি যাদের অনেক সময় খাঁচায় পোষা হয়

cancel / ˈkænsl ˈক্যান্স্ল্ / *verb* [T] (**cancelling; cancelled**; *AmE* **canceling; canceled**) **1** to decide that sth that has been planned or arranged will not happen পূর্বব্যবস্থা অথবা পূর্বপরিকল্পনা মতো কোনো কাজ হবে না বলে সিদ্ধান্ত নেওয়া *All flights have been cancelled because of the bad weather.* ➪ **postpone** দেখো। **2** to stop sth that you asked for or agreed to আগে যা চাওয়া অথবা সমর্থন করা হয়েছিল তা বাতিল করা অথবা রদ করা *to cancel a reservation* ○ *I wish to cancel my order for these books.*

PHR V **cancel (sth) out** to be equal or have an equal effect দুপক্ষ সমান হয়ে যাওয়া অথবা একই প্রভাব ফেলা *What I owe you is the same as what you owe me, so our debts cancel each other out.*

cancellation / ˌkænsəˈleɪʃn ˌক্যান্স্যা'লেইশ্ন্ / *noun* [C, U] the act of cancelling sth (কোনো কিছু) বাতিল করার ক্রিয়া *We had to make a last-minute cancellation of our air tickets to Mumbai.*

cancer / ˈkænsə(r) ˈক্যান্স্যা(র্) / *noun* **1** [U, C] a very serious disease in which cells in one part of the body start growing and form lumps in a way that is not normal অত্যন্ত গুরুতর রোগ যাতে শরীরের একটি অংশের কোষগুলি বৃদ্ধি পেতে শুরু করে এবং এমনভাবে পিণ্ড বা দলা তৈরি হয়ে যায় যা স্বাভাবিক নয়; কর্কট রোগ; ক্যানসার *He died of cancer.* **2** [U] **Cancer** the fourth sign of the **zodiac,** the Crab রাশিচক্রের চতুর্থ রাশি; কর্কট রাশি

cancerous / ˈkænsərəs ˈক্যান্স্যার‍্যাস্ / *adj.* (used especially about a part of the body or sth growing in the body) having cancer (বিশেষত শরীরের কোনো অংশ অথবা শরীরের মধ্যে কিছু বেড়ে উঠছে তার সম্বন্ধে ব্যবহৃত) ক্যানসার রোগবিশিষ্ট; ক্যানসার আছে এমন *a cancerous growth ○ cancerous cells*

candid / ˈkændɪd ˈক্যান্ডিড্ / *adj.* saying exactly what you think অকপটভাবে অথবা খোলামেলাভাবে বলা হয় এমন; স্পষ্টবাদী, স্পষ্টভাষী ✪ সম **frank** ➪ **candour** noun দেখো। ▶ **candidly** *adv.* অকপটে, খোলাখুলিভাবে

candidacy / ˈkændɪdəsi ˈক্যান্ডিড্যাসি / *noun* [U] being a candidate প্রার্থী হওয়ার অবস্থা; উমেদারগিরি

candidate / ˈkændɪdət ˈক্যান্ডিড্যাট্ / *noun* [C] **1** a person who makes a formal request to be considered for a job or wants to be elected to a particular position আনুষ্ঠানিকভাবে কোনো চাকুরির জন্য অনুরোধ জানায় অথবা বিশেষ কোনো পদে নির্বাচিত হতে চায় যে ব্যক্তি; আবেদনকারী, পদপ্রার্থী, উমেদার *We have some very good candidates for the post.* **2** a person who is taking an exam পরীক্ষার্থী

candle / ˈkændl ˈক্যান্ড্ল্ / *noun* [C] a round stick of solid oil or fat (**wax**) with a piece of string (**a wick**) through the middle that you can burn to give light মোমবাতি *to light/blow out a candle*

candlelight / ˈkændllaɪt ˈক্যান্ড্ল্লাইট্ / *noun* [U] light that comes from a candle মোমের আলো, মোমবাতির আলো *They had dinner **by candlelight**.*

candlestick / ˈkændlstɪk ˈক্যান্ড্ল্স্টিক্ / *noun* [C] an object for holding a candle or candles একটি বা অনেকগুলি মোমবাতি ধারণ করে যে বস্তু; মোমবাতিদান, বাতিদান

candour (*also.* **candor**) / ˈkændə(r) ˈক্যান্ড্যা(র্) / *noun* [U] the quality of being honest; saying exactly what you think সততার গুণ; যা ভাবা হয় একদম সেটিই বলা হয় এমন; স্পষ্টবাদিতা, অকপটতা, খোলামেলাভাব ➪ **candid** adjective দেখো।

candy / ˈkændi ˈক্যান্ডি/ *noun* [C, U] (*pl.* **candies**) (*AmE*) = **sweet**[2] **1** *Children love chocolate candy.*

cane / keɪn কেইন্ / *noun* **1** [C, U] the long and hard central part of certain plants (**bamboo** or **sugar**) that is like a tube and is used as a material for making furniture, etc. নির্দিষ্ট কয়েকটি গাছের (যেমন বাঁশ বা আখ) মধ্যেকার অংশ যা অনেকটা নলের মতো এবং যা আসবাবপত্র তৈরির উপকরণ হিসাবে ব্যবহৃত হয়; বেত *sugarcane ○ a cane chair* **2** [C] a stick that is used to help sb walk বেড়ানোর লাঠি; ভ্রমণ-যষ্টি, ছড়ি

canine[1] / ˈkeɪnaɪn ˈকেইনাইন্ / *adj.* connected with dogs কুকুরের মতো, কুকুর সংক্রান্ত

canine[2] / ˈkeɪnaɪn ˈকেইনাইন্ / (*also* **canine tooth**) *noun* [C] one of the four pointed teeth in the front of a person's or an animal's mouth (মানুষ অথবা কোনো জন্তুর) মুখের সামনের চারটি ধারালো দাঁতের যে-কোনো একটি; শ্বদন্ত, ছেদক দাঁত ➪ **incisor** এবং **molar** দেখো এবং **teeth**-এ ছবি দেখো।

canister / ˈkænɪstə(r) ˈক্যানিস্ট্যা(র্) / *noun* [C] a small round metal container ধাতুর তৈরি গোল পাত্র; ক্যানেস্ত্রা *a gas canister*

cannabis / ˈkænəbɪs ˈক্যান্যাবিস্ / *noun* [U] a drug made from a plant (**hemp**) that some people smoke for pleasure, but which is considered illegal শণ-জাত নিষিদ্ধ মাদক দ্রব্য যা কিছু লোক আনন্দের জন্য সেবন করে; চরস, ভাং

cannibal / ˈkænɪbl ˈক্যানিব্ল্ / *noun* [C] **1** a person who eats other people নরমাংসভোজী মানুষ **2** an animal that eats the flesh of other animals of the same kind স্বজাতিভক্ষক প্রাণী ▶ **cannibalism** / ˈkænɪbəlɪzəm ˈক্যানিব্যালিজ়্যাম্ / *noun* [U] স্বজাতিভক্ষণ, নরমাংসভোজন

cannon / ˈkænən ˈক্যান্যান্ / *noun* [C] (*pl.* **cannon** or **cannons**) **1** a large gun on a ship, army vehicle, aircraft, etc. জাহাজ, সামরিক যান, বিমান ইত্যাদিতে স্থাপিত বড়ো কামান **2** a large, simple gun that was used in past times for firing large stone or metal balls (**cannon balls**) পুরোনো আমলের গাদা বা বড়ো কামান যা বড়ো পাথর বা ধাতব বল ছুড়তে ব্যবহৃত হত

cannot / ˈkænɒt ˈক্যানট্ / ➪ **can**[1] দেখো।

canoe / kəˈnuː ক্যাˈনূ / *noun* [C] a light, narrow boat for one or two people that you can move through the water using a flat piece of wood (**a paddle**) একজন বা দুজন ব্যক্তি চড়তে পারে এমন এক ধরনের হালকা নৌকো যা জলের উপর দিয়ে বৈঠা দিয়ে বাওয়া বা চালানো হয়; ডিঙি নৌকো, দাঁড়টানা নৌকো, শালতি ➪ **kayak** দেখো এবং **boat**-এ ছবি দেখো। ▶ **canoe** *verb* [I] (*pres. part.* **canoeing**; *3rd person sing. pres.* **canoes**; *pt, pp* **canoed**) দাঁড়টানা বা ডিঙি নৌকো বাওয়া *They canoed down the river.*

canon / ˈkænən ˈক্যান্যান্ / *noun* [C] **1** (*formal*) a generally accepted rule, standard or principle by which sth is judged কোনো কিছু বিচারের জন্য সর্বজনগ্রাহ্য নিয়ম, মানদণ্ড অথবা নীতি *the canons of* *good taste* **2** a list of books or other works that are generally accepted as the genuine work of a particular writer or as being important গ্রন্থাদির তালিকা এবং অন্যান্য কীর্তিসমূহ যা কোনো লেখকের প্রকৃত অথবা গুরুত্বপূর্ণ সৃষ্টি হিসাবে সর্বস্বীকৃত *the Shakespeare canon* **3** a piece of music in which singers or instruments take it in turns to repeat the tune গায়ক অথবা বাদ্যযন্ত্র বাদকেরা একে একে সংগীতের যে বিশেষ অংশের পুনরাবৃত্তি করে

canopy / ˈkænəpi ˈক্যান্যাপি / *noun* [C] (*pl.* **canopies**) a cover that hangs or spreads above sth কোনো বস্তুর উপরে টাঙানো আচ্ছাদন; চাঁদোয়া, শামিয়ানা, চন্দ্রাতপ *The highest branches in the rainforest form a dense canopy.* ○ *a parachute canopy*

can't ⇨ **cannot**-এর সংক্ষিপ্ত রূপ

canteen / kænˈtiːn ক্যান্ˈটীন্ / *noun* [C] the place in a school, factory, office, etc. where the people who work there can get meals স্কুল, কারখানা, অফিস ইত্যাদি স্থানে কর্মরত ব্যক্তিদের খাবার খাওয়ার জায়গা; ক্যান্টিন *the staff canteen* ⇨ **cafeteria** দেখো।

canter / ˈkæntə(r) ˈক্যান্ট্যা(র্) / *verb* [I] (used about a horse and its rider) to run fairly fast but not very fast (ঘোড়া এবং তার সওয়ার সম্বন্ধে ব্যবহৃত) স্বচ্ছন্দগতিতে চলা *We cantered along the beach.* ▶ **canter** *noun* [*sing.*] ঘোড়ার স্বচ্ছন্দগতিতে চলন ⇨ **gallop** এবং **trot** দেখো।

cantilever / ˈkæntɪliːvə(r) ˈক্যান্টিলীভ্যা(র্) / *noun* [C] a long piece of metal or wood that extends from a wall to support the end of a bridge or any other structure সেতু অথবা অন্য কোনো নির্মিত বস্তুর শেষ প্রান্তকে অবলম্বন জোগানোর জন্য দেয়াল থেকে প্রসারিত লম্বা কাঠ অথবা ধাতুর খণ্ড; কড়িকাঠ, খিলান

cantonment / kænˈtɒnmənt ক্যান্ˈটন্ম্যান্ট্ / *noun* [C] a military **garrison** or **camp** (especially in the Indian subcontinent) সৈন্যদের জন্য অস্থায়ী ছাউনি; ক্যান্টনমেন্ট (বিশেষত ভারতীয় উপমহাদেশে)

canvas / ˈkænvəs ˈক্যান্ভ্যাস্ / *noun* **1** [U] a type of strong cloth that is used for making sails, bags, tents, etc. ব্যাগ, তাঁবু, নৌকোর পাল ইত্যাদি তৈরির জন্য ব্যবহৃত শক্ত মোটা কাপড়; ক্যানভাস **2** [C] a piece of strong cloth for painting a picture on বিশেষ ধরনের শক্ত মোটা কাপড় যার উপর ছবি আঁকা হয়

canvass / ˈkænvəs ˈক্যান্ভ্যাস্ / *verb* **1** [I, T] **canvass (sb) (for sth)** to try to persuade people to vote for a particular person or party in an election or to support sb/sth নির্বাচনে কোনো প্রার্থী বিশেষ অথবা দল বিশেষের সপক্ষে ভোট দেওয়ার জন্য জনগণের কাছে সমর্থন চাওয়া *He's canvassing for the Congress Party.* **2** [T] to find out what people's opinions are about sth কোনো বস্তুর সম্বন্ধে জনমত যাচাই করা

canyon / ˈkænjən ˈক্যানিঅ্যান্ / *noun* [C] a deep valley with very steep sides খাড়া পাহাড়ের দেয়ালের মাঝে অবস্থিত গভীর উপত্যকা, গভীর গিরিখাত

cap¹ / kæp ক্যাপ্ / *noun* [C] **1** a soft hat that has a part sticking out at the front (**peak**) সামনের অংশ বাইরে বেরিয়ে থাকে এমন নরম টুপি *a baseball cap* **2** a soft hat that is worn for a particular purpose বিশেষ কোনো উদ্দেশ্যে পরার জন্য নরম টুপি *a shower cap* **3** a covering for the end or top of sth কোনো বস্তুর প্রান্ত বা উপরের ঢাকনা; ছিপি, ঢাকনা; ক্যাপ *Please put the cap back on the bottle.* ⇨ **top¹** -এ নোট দেখো।

cap² / kæp ক্যাপ্ / *verb* [T] (**capping; capped**) **1** to cover the top of sth কোনো বস্তুর উপরের অংশ ঢেকে ফেলা অথবা আচ্ছাদিত করা *mountains capped with snow* **2** to limit the amount of money that can be spent on sth কোনো কাজের জন্য অর্থ খরচের সীমা স্থির করে দেওয়া **3** to follow sth with sth bigger or better অপেক্ষাকৃত বৃহৎ বা উন্নত কিছুর দ্বারা কোনো বস্তুকে অনুসরণ করা

IDM **to cap it all** as a final piece of bad luck দুর্ভাগ্যের শেষ নিদর্শন *I had a row with my boss, my bike was stolen, and now to cap it all I've lost my keys!*

capability / ˌkeɪpəˈbɪləti ˌকেইপ্যাˈবিল্যাটি / *noun* [C, U] (*pl.* **capabilities**) **capability (to do sth/ of doing sth)** the quality of being able to do sth কোনো কিছু করার ক্ষমতা বা সামর্থ্য *I tried to fix the computer, but it was* ***beyond*** *my* ***capabilities****.*

capable / ˈkeɪpəbl ˈকেইপ্যাবল্ / *adj.* **1 capable of (doing) sth** having the ability or qualities necessary to do sth কিছু করার মতো প্রয়োজনীয় ক্ষমতা অথবা সামর্থ্য সম্পন্ন *He's capable of passing the exam if he tries harder.* ○ *I do not believe that she's capable of stealing.* **2** having a lot of skill; good at doing sth পর্যাপ্ত দক্ষতা সম্পন্ন; কোনো কিছুতে পারদর্শী *She's a very capable teacher.* ✪ বিপ **incapable** ▶ **capably** *adv.* দক্ষতার সঙ্গে; যথাযোগ্যভাবে

capacitor / kəˈpæsɪtə(r) ক্যাˈপ্যাসিট্যা(র্) / *noun* [C] (*technical*) a device used to store an electric charge বৈদ্যুতিক প্রবাহকে সঞ্চিত করে রাখার জন্য ব্যবহৃত যন্ত্রবিশেষ; তড়িৎ-ধারক

capacity / kəˈpæsəti ক্যাˈপ্যাস্যাটি / *noun* (*pl.* **capacities**) **1** [*sing.*, U] the amount that a container or space can hold কোনো পাত্র বা কোনো স্থানে যতটা পরিমাণ ধরে; ধারণক্ষমতা *The tank has a capacity of 1000 litres.* ○ *The stadium was* ***filled***

to capacity. **2** [*sing.*] **a capacity (for sth/for doing sth); a capacity (to do sth)** the ability to understand or do sth কোনো কিছু বোঝা অথবা হৃদয়ংগম করার ক্ষমতা *That book is beyond the capacity of young children.* ○ *a capacity for hard work/for learning languages* **3** [C] the official position that sb has কোনো ব্যক্তির আনুষ্ঠানিক পদাধিকার ***In** his **capacity as** chairman of the council he could do a lot for the street children* **4** [*sing.*, U] the amount that a factory or machine can produce কোনো কারখানা বা যন্ত্র যতটা পরিমাণ উৎপাদন করতে পারে; উৎপাদন ক্ষমতা *The power station is working **at full capacity**.*

cape / keɪp কেইপ্ / *noun* [C] **1** a piece of clothing with no sleeves that hangs from your shoulders হাতাবিহীন পোশাক যা কাঁধ থেকে ঝোলে ➪ **cloak** দেখো। **2** a piece of high land that sticks out into the sea সমুদ্রের মধ্যে বেরিয়ে থাকা উচ্চতর ভূমিখণ্ড; অন্তরীপ *the Cape of Good Hope*

capillary / kəˈpɪləri ক্যা'পিল্যারি / *noun* [C] (*pl.* **capillaries**) **1** any of the smallest tubes in the body that carry blood অতি সূক্ষ্ম রক্তবাহিকা নালির কোনো একটি; কৈশিকা **2** a very small tube as thin as a hair কেশবৎ বা চুলের মতো সূক্ষ্ম কোনো নালি

capital[1] / ˈkæpɪtl 'ক্যাপিট্‌ল্ / *noun* **1** (*also* **capital city**) [C] the town or city where the government of a country is রাজধানী; প্রধান শহর *New Delhi is the capital of India.* **2** [U] an amount of money that you use to start a business or to put in a bank, etc. so that you earn more money (**interest**) on it নির্দিষ্ট পরিমাণ অর্থ যার দ্বারা কোনো ব্যাবসা শুরু করা যায় বা ব্যাংকে রেখে সুদ উপার্জন করা যায়; মূলধন, পুঁজি *When she had enough capital, she bought a shop.* **3** (*also* **capital letter**) [C] the large form of a letter of the alphabet (বর্ণমালার) বড়ো হাতের অক্ষর *Write your name in capitals.* **4** [C] a place that is well known for a particular thing কোনো বিশেষ জিনিসের জন্য বিখ্যাত স্থান *Niagara Falls is the honeymoon capital of the world.*

capital[2] / ˈkæpɪtl 'ক্যাপিট্‌ল্ / *adj.* **1** connected with punishment by death মৃত্যুদণ্ড সম্পর্কিত বা সংক্রান্ত, প্রাণদণ্ডের উপযোগী *a capital offence* (= a crime for which sb can be sentenced to death) **2** (used about letters of the alphabet) written in the large form (বর্ণমালা সম্বন্ধে ব্যবহৃত) বড়ো করে লিখিত; বড়ো হাতের অক্ষরে লেখা *'Dheeraj' begins with a capital 'D'.*

capital gains *noun* [*pl.*] profits that you make from selling sth, especially property কোনো কিছু, বিশেষ করে সম্পত্তি বিক্রয় করে যে লাভ করা হয় *to pay capital gains tax*

capital investment *noun* [U] money that a business spends on buildings, equipment, etc. বাড়ি, যন্ত্রপাতি ইত্যাদি খাতে ব্যয়িত অর্থ; মূলধন সম্পর্কিত ব্যয়

capitalism / ˈkæpɪtəlɪzəm 'ক্যাপিট্যালিজ়াম্ / *noun* [U] the economic system in which businesses are owned and run for profit by individuals and not by the state যে অর্থনৈতিক ব্যবস্থায় ব্যাবসার মালিকানা ও লাভ ব্যক্তির হাতে থাকে, রাষ্ট্রের হাতে নয়; পুঁজিবাদ, ধনতন্ত্র, পুঁজিতন্ত্র ➪ **communism, Marxism** এবং **socialism** দেখো। ▶ **capitalist** *noun* [C], *adj.* পুঁজিবাদী; পুঁজিপতি

capitalize (*also* **-ise**) / ˈkæpɪtəlaɪz 'ক্যাপিট্যালাইজ় / *verb* [T] **1** to write or print a letter of the alphabet as a **capital**; to begin a word with a capital letter বর্ণমালার কোনো অক্ষর বড়ো হাতে লেখা বা ছাপা; কোনো শব্দ বড়ো হাতের অক্ষর দিয়ে শুরু করা **2** (*technical*) to sell possessions in order to change them into money বিষয়সম্পত্তি বিক্রি করে টাকায় রূপান্তরিত করা **3** (*usually passive*) (*technical*) to provide a company etc. with the money it needs to function কোনো কোম্পানি ইত্যাদি চালানোর জন্য যে অর্থের পুঁজি প্রয়োজন তার ব্যবস্থা করা ▶ **capitalization** (*also* **-isation**) ˌkæpɪtəlaɪˈzeɪʃn ˌক্যাপিট্যালাই'জ়েইশ্‌ন্ / *noun* [U] পুঁজিকরণ

PHR V **capitalize on sth** to use sth to your advantage নিজের সুবিধার্থে কোনো কিছু কাজে লাগানো *We can capitalize on the mistakes that our rivals have made.*

capital punishment *noun* [U] punishment by death for serious crimes গুরুতর অপরাধের জন্য মৃত্যুদণ্ড ➪ **death penalty** এবং **corporal punishment** দেখো।

capitulate / kəˈpɪtʃuleɪt ক্যা'পিচুলেইট্ / *verb* [I] (*formal*) to stop fighting and accept that you have lost; to give in to sb যুদ্ধ থামিয়ে আত্মসমর্পণ করা বা হার মেনে নেওয়া; কোনো ব্যক্তির কাছে নতি স্বীকার করা ▶ **capitulation** / kəˌpɪtjuˈleɪʃn ক্যাˌপিটিউ-'লেইশ্‌ন্ / *noun* [C, U] যুদ্ধে আত্মসমর্পণ

capricious / kəˈprɪʃəs ক্যা'প্রিশ্যাস্ / *adj.* changing behaviour suddenly in a way that is difficult to predict খামখেয়ালি, অস্থিরমতি, চঞ্চল, খেয়ালি

Capricorn / ˈkæprɪkɔːn 'ক্যাপ্রিক:ন্ / *noun* [U] the tenth sign of the **zodiac,** the Goat রাশিচক্রের দশম রাশি; মকর রাশি

capsicum / ˈkæpsɪkəm 'ক্যাপ্‌সিক্যাম্ / *noun* [C] a type of pepper which may be green, yellow or red and can be eaten cooked or not cooked

একধরনের লঙ্কা যা সবুজ, হলুদ বা লাল হতে পারে এবং রান্না করে বা কাঁচা খাওয়া যায়; সিমলামরিচ; ক্যাপসিকাম

capsize / kæp'saɪz ক্যাপ্'সাইজ্ / *verb* [I, T] (used about boats) to turn over in the water (নৌকো সম্বন্ধে ব্যবহৃত) জলে ডুবে যাওয়া অথবা উলটে যাওয়া *A big wave capsized the yacht.*

capsule / 'kæpsju:l 'ক্যাপ্সিউল্ / *noun* [C] **1** a very small closed tube of medicine that you swallow ওষুধ ভরা ছোটো বন্ধ টিউব যা গিলে নেওয়া যায়; ক্যাপসুল **2** a container that is closed so that air, water, etc. cannot enter এমনভাবে বন্ধ পাত্র যার মধ্যে জল, হাওয়া ইত্যাদি ঢুকতে না পারে

Capt. *abbr.* Captain; a position (**rank**) in the army ক্যাপটেনের সংক্ষিপ্ত রূপ; সৈন্যবাহিনীর বিশেষ পদ

captain¹ / 'kæptɪn 'ক্যাপ্টিন্ / *noun* [C] **1** the person who is in command of a ship or an aircraft জাহাজ বা বিমানের অধ্যক্ষ বা পরিচালক ; ক্যাপটেন **2** a person who is the leader of a group or team যে ব্যক্তি কোনো গোষ্ঠী বা দলের নেতা; দলপতি, দলনেতা, অধিনায়ক *Who's (the) captain of the Indian team?* **3** an officer at a middle level in the army or navy নৌবাহিনী বা সৈন্যবাহিনীতে মধ্যস্তরের পদাধিকারী কর্মচারী; ক্যাপটেন

captain² / 'kæptɪn 'ক্যাপ্টিন্ / *verb* [T] to be the captain of a group or team কোনো দল অথবা গোষ্ঠীর নেতৃত্বে থাকা, কোনো দলের দলপতি হওয়া

caption / 'kæpʃn 'ক্যাপ্শন্ / *noun* [C] the words that are written above or below a picture, photograph, etc. to explain what it is about ছবি, ফোটোগ্রাফ ইত্যাদির উপরে বা নীচে লিখিত পরিচয়-জ্ঞাপক শব্দাবলী

captivate / 'kæptɪveɪt 'ক্যাপ্টিভেইট্ / *verb* [T] to attract and hold sb's attention (কোনো ব্যক্তিকে) মোহিত করা, মুগ্ধ বা মোহগ্রস্ত করা; মনোযোগ আকর্ষণ করা ▶ **captivating** *adj.* বশীভূত অথবা মুগ্ধ করতে পারে এমন

captive¹ / 'kæptɪv 'ক্যাপ্টিভ্ / *adj.* kept as a prisoner; (used about animals) kept in a cage, etc. বন্দি করে রাখা হয়েছে এমন; (পশু ও পাখি সম্বন্ধে ব্যবহৃত) খাঁচা ইত্যাদিতে বন্দি (*figurative*) *a* ***captive audience*** (= listening because they cannot leave)

IDM **hold sb captive** to keep sb as a prisoner and not allow him/her to escape (কোনো ব্যক্তিকে) বন্দি, আবন্ধ অথবা কয়েদ করে রাখা এবং পালাতে না দেওয়া

take sb captive to catch sb and hold him/her as your prisoner কোনো ব্যক্তিকে ধরে বন্দি করা অথবা আটকে রাখা; আটক করা

NOTE এই অর্থে **hold sb prisoner** এবং **take sb prisoner** অভিব্যক্তিগুলিও ব্যবহার করা যেতে পারে।

captive² / 'kæptɪv 'ক্যাপ্টিভ্ / *noun* [C] a prisoner বন্দি, কয়েদি

captivity / kæp'tɪvəti ক্যাপ্'টিভ্যাটি/ *noun* [U] the state of being kept in a place that you cannot escape from এমনভাবে কোনো স্থানে কাউকে রেখে দেওয়া বা আবন্ধ করা যাতে যে সেখান থেকে সে পালিয়ে যেতে না পারে; বন্দিদশা, বন্দিজীবন, বন্দিত্ব *Wild animals are often unhappy* ***in captivity***.

captor / 'kæptə(r) 'ক্যাপ্ট্যা(র্) / *noun* [C] a person who takes or keeps a person as a prisoner এমন কোনো ব্যক্তি যে অন্য কোনো ব্যক্তিকে বন্দি করে, আটক করে, আবন্ধ করে; বন্দিকারী, হরণকারী

capture¹ / 'kæptʃə(r) 'ক্যাপ্চ্যা(র্) / *verb* [T] **1** to take a person or animal prisoner (কোনো ব্যক্তি অথবা পশুকে) বন্দি করা; পাকড়ানো *The lion was captured and taken back to the zoo.* **2** to take control of sth (কোনো কিছু) অধিকার করা, দখল করা, নিয়ন্ত্রণে আনা *The town has been captured by the rebels.* ○ *The company has captured 90% of the market.* **3** to make sb interested in sth কোনো ব্যক্তিকে কোনো কিছু সম্বন্ধে মুগ্ধ করে রাখা, কৌতূহল জাগানো *The story captured the children's imagination.* **4** to succeed in representing or recording sth in words, pictures, etc. কোনো বস্তুকে কথা, ছবি ইত্যাদির মাধ্যমে রূপ দিতে কৃতকার্য হওয়া; রূপান্তরিত করা, প্রতিরূপ সৃষ্টি করা *This poem captures the atmosphere of the carnival.* ○ *The robbery was captured on video.* **5** (*computing*) to put sth into a computer in a form that it can use কোনো বস্তুকে ব্যবহারযোগ্য রূপে কম্পিউটারে সংরক্ষিত করা

capture² / 'kæptʃə(r) 'ক্যাপ্চ্যা(র্) / *noun* [U] the act of capturing sth or being captured গ্রেফতার অথবা বন্দি হওয়া বা করার ক্রিয়া

car / kɑ:(r) কা:(র্) / *noun* [C] **1** (*also* **automobile**) a road vehicle with four wheels that can carry a small number of people যান, শকট, মোটরগাড়ি *a new/second-hand car* ○ *Where can I park the car?* ➪ পৃষ্ঠা ১৯২-তে ছবি দেখো।

NOTE মোটরগাড়িতে কোনো জায়গায় যাওয়ার কথা বলতে গেলে **go in the car** অথবা **go by car** অভিব্যক্তিগুলি ব্যবহার করা হয়—*I come to work in the car/by car.* এছাড়া এই একই অর্থে **drive** ক্রিয়াপদটিও (verb) ব্যবহৃত হয়—*I drive to work.*

2 a section of a train that is used for a particular purpose বিশেষ উদ্দেশ্যে ব্যবহৃত ট্রেনের কোনো নির্দিষ্ট অংশ *a dining/sleeping car* **3** (*AmE*) = **carriage1**

carafe / kə'ræf ক্যা'র্যাফ্ / *noun* [C] a glass container like a bottle with a wide neck, in which wine or water is served (জল বা মদ পরিবেশন করতে ব্যবহৃত) চওড়া গলার কাচের পাত্রবিশেষ

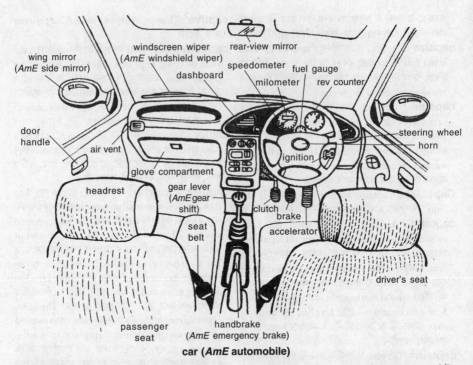

C

windscreen wiper
(AmE windshield wiper)
rear-view mirror
wing mirror
(AmE side mirror)
speedometer
fuel gauge
dashboard
milometer
rev counter
door
handle
air vent
steering wheel
horn
ignition
glove compartment
gear lever
(AmE gear
shift)
headrest
clutch
brake
seat
belt
accelerator
driver's seat
passenger
seat
handbrake
(AmE emergency brake)

car (*AmE* automobile)

caramel / ˈkærəmel ˈক্যার্যামেল্ / *noun* **1** [U] burnt sugar that is used to add flavour and colour to food রান্নায় স্বাদ বা রঙের জন্য ব্যবহৃত পোড়ানো চিনি; শর্করাভস্ম; ক্যারামেল **2** [C, U] a type of sticky sweet that is made from boiled sugar, butter and milk দুধ, চিনির শিরা এবং মাখন দিয়ে তৈরি করা একজাতীয় চটচটে মিষ্টিবিশেষ

carapace / ˈkærəpeɪs ˈক্যার্যাপেইস্ / *noun* [C] (*technical*) the hard shell on the back of some animals, for example **crabs**, that protects them কাঁকড়া ইত্যাদি প্রাণীর পিঠের শক্ত আবরণ অথবা খোলা যা তাদের সুরক্ষিত রাখে; বর্ম

carat (*AmE* **karat**) / ˈkærət ˈক্যার্যাট্ / *noun* [C] a unit for measuring how pure gold is or how heavy jewels are সোনার শুদ্ধতা ও মণিরত্নের ওজন মাপার একক *a 20-carat gold diamond ring*

caravan / ˈkærəvæn ˈক্যার্যাভ্যান্ / *noun* [C] **1** (*AmE* **trailer**) a large vehicle that is pulled by a car. You can sleep, cook, etc. in a caravan when you are travelling or on holiday ভ্রমণ করা বা ছুটি কাটানোর জন্য ব্যবহৃত বড়ো গাড়ি যার মধ্যে রান্না করা যায় বা ঘুমোনো যায় এবং যেটি মোটরগাড়ির সাহায্যে টেনে নিয়ে যাওয়া যায়; ক্যারাভ্যান **2** a group of people and animals that travel together, for example across a desert যাত্রী এবং পশুর দল যারা একসঙ্গে ভ্রমণ করে, যেমন মরুভূমিতে; তীর্থযাত্রীদল, মরুযাত্রীদল

carbohydrate / ˌkɑːbəʊˈhaɪdreɪt ˌকা:ব্যাউ-ˈহাইড্রেইট্ / *noun* [C, U] one of the substances in food, for example sugar, that gives your body energy খাদ্যদ্রব্যে থাকে এমন একধরনের পদার্থ, যেমন চিনি, যা শরীরে শক্তি জোগায়; শর্করা, শ্বেতসার; কার্বোহাইড্রেট *Athletes need a diet that is high in carbohydrate.*

carbon / ˈkɑːbən ˈকা:ব্যান্ / *noun* [U] (*symbol* **C**) a chemical substance that is found in all living things, and also in diamonds, coal, petrol, etc. সমস্ত জৈব যৌগে এবং তা ছাড়াও হীরে, কয়লা, পেট্রোল ইত্যাদিতে বর্তমান রাসায়নিক পদার্থ; অঙ্গার, কার্বন

carbonate / ˈkɑːbəneɪt ˈকা:ব্যানেইট্ / *noun* [C] (*symbol* **CO_3**) a salt that is often formed by the reaction of **carbon dioxide** with another chemical substance কার্বন ডাইঅক্সাইড এবং অন্য রাসায়নিক পদার্থের প্রতিক্রিয়ায় প্রস্তুত লবণ; কার্বনেট

carbon copy *noun* [C] **1** a copy of a letter, etc. that was made using special paper (**carbon paper**) কার্বন পেপার ব্যবহারের দ্বারা কোনো চিঠি ইত্যাদির যে নকল অথবা প্রতিলিপি; কার্বন প্রতিলিপি **2** an exact copy of sth যথার্থ অবিকল প্রতিলিপি

carbon dating *noun* [U] a method of calculating the age of very old objects by measuring the amounts of different forms of **carbon** in them প্রাচীন বস্তুসমূহে বর্তমান কার্বনের বিভিন্ন রূপের মাত্রা নির্ণয় করে তার অস্তিত্বকাল অনুমান করার এক বিশেষ পদ্ধতি

carbon dioxide *noun* [U] (*symbol* **CO_2**) a gas that has no colour or smell that people and animals breathe out of their lungs বর্ণ-গন্ধহীন এক প্রকারের গ্যাস যা মানুষ এবং পশু নিশ্বাসপ্রশ্বাসের দ্বারা ফুসফুস থেকে নির্গত করে; অঙ্গারাম্লগ্যাস; কার্বন ডাইঅক্সাইড

carbonic acid / kɑ:ˌbɒnɪk'æsɪd কা:ˌবনিক্ 'অ্যাসিড্/ *noun* [U] a very weak acid that is formed when **carbon dioxide** dissolves in water কার্বন ডাইঅক্সাইড জলে দ্রবীভূত হলে যে দুর্বল অম্লের সৃষ্টি হয়; অঙ্গারাম্ল; কার্বনিক অ্যাসিড

carboniferous / ˌkɑ:bə'nɪfərəs ˌকা:ব্যা'নিফ্যার্যাস্ / *adj.* (in geology) **1** producing or containing coal কয়লা উৎপাদক অথবা কয়লাযুক্ত; অঙ্গার সমৃদ্ধ, অঙ্গার উৎপাদী **2 Carboniferous** of the period in the earth's history when layers of coal were formed underground পৃথিবীর ইতিহাসের সেই সময়কাল যখন ভূগর্ভস্থ কয়লার স্তর তৈরি হয়েছিল

carbon monoxide / ˌkɑ:bən mən'ɒ:ksaɪd ˌকা:ব্যান্ ম্যান্'অ:ক্সাইড্ / *noun* [U] (*symbol* **CO**) a poisonous gas formed when **carbon** burns partly but not completely. It is produced when petrol is burnt in car engines কার্বনের আংশিক দহনে অথবা গাড়ির ইঞ্জিনে পেট্রোল পুড়লে যে বিষাক্ত গ্যাস উৎপন্ন হয়; কার্বন মনোক্সাইড

carbon paper *noun* [U] thin paper with a dark substance on one side that you put between two sheets of paper to make a copy of what you are writing একপাশে গাঢ় রঙের কোনো পদার্থের পরত লাগানো পাতলা কাগজ যা দুটো কাগজের মাঝখানে রেখে নকল গ্রহণের জন্য ব্যবহৃত হয়; কার্বন পেপার

carburettor (*AmE* **carburetor**) / ˌkɑ:bə'retə(r) ˌকা:ব্যা'রেট্যা(র্) / *noun* [C] the piece of equipment in a car's engine that mixes petrol and air মোটরগাড়ির ইঞ্জিনের সরঞ্জাম যা পেট্রোল এবং হাওয়ার মিশ্রণ ঘটায়; কারবুরেটর

carcass / 'kɑ:kəs 'কা:ক্যাস্ / *noun* [C] the dead body of an animal কোনো পশুর মৃতদেহ; শব ⇨ **corpse** দেখো।

carcinogen / kɑ:'sɪnədʒən কা:'সিন্যাজ্যান্ / *noun* [C] a substance that can cause **cancer** ক্যানসার-উৎপাদক অথবা ক্যানসারজনক কোনো পদার্থ

carcinogenic / ˌkɑ:sɪnə'dʒenɪk ˌকা:সিন্যা'জেনিক্ / *adj.* likely to cause **cancer** ক্যানসারের সম্ভাবনা যুক্ত; ক্যানসারজনক

card / kɑ:d কা:ড্ / *noun* **1** [U] thick rigid paper মোটা শক্ত কাগজ; কার্ড **2** [C] a piece of card or plastic that has information on it তথ্য সম্বলিত শক্ত কাগজ বা প্লাস্টিকের কার্ড *a membership/identity/credit/business card* **3** [C] a piece of card with a picture on it that you use for sending a special message to sb কোনো ব্যক্তিকে বিশেষ বার্তা পাঠানোর জন্য সচিত্র কার্ড *a New Year/birthday card* ○ *a get-well card* (= one that you send to sb who is ill) **4 playing card** [C] one of a set of 52 small pieces of card with shapes or pictures on them that are used for playing games বিভিন্ন আকার অথবা ছবিযুক্ত ৫২টি ছোটো ছোটো তাসের বান্ডিলের মধ্যে যে-কোনো একটি যা খেলার জন্য ব্যবহৃত হয়; তাস *a pack of cards* **5 cards** [*pl.*] games that are played with cards তাসের যে-কোনো খেলা *Let's play cards.* ○ *I never win at cards!*

> **NOTE** এক বান্ডিল (**pack**) তাস চার ভাগে (**suits**) বিভক্ত করা থাকে, দুটি লাল (**hearts** এবং **diamonds**) এবং দুটি কালো (**clubs** এবং **spades**)। তাসের প্রতি **suit**-এ একটি টেক্কা (**ace**), একটি সাহেব (**king**), একটি বিবি (**queen**) এবং একটি গোলাম (**jack**) ছাড়াও ২ থেকে ১০ পর্যন্ত নটি তাস থাকে। খেলা শুরু করার আগে আমরা তাসকে **shuffle, cut** এবং **deal** করি।

IDM on the cards; (*AmE*) **in the cards** (*informal*) likely to happen যা ঘটতে পারে; সম্ভাব্য *Their marriage has been on the cards for some time now.*

cardamom / 'kɑ:dəməm 'কা:ড্যাম্যাম্ / *noun* [U] the dried seeds of a plant belonging to South and South-East Asia, that is used as a spice in cooking দক্ষিণ এবং দক্ষিণ-পূর্ব এশিয়ায় প্রাপ্ত উদ্ভিদের শুকনো বা শুকিয়ে নেওয়া বীজ যা রান্নায় মশলা হিসেবে ব্যবহৃত হয়; ছোটো এলাচ

cardboard / 'kɑ:dbɔ:d 'কা:ড্বঃড্ / *noun* [U] very thick paper that is used for making boxes, etc. শক্ত মোটা কাগজ যা দিয়ে বাক্স ইত্যাদি তৈরি করা হয়; কার্ডবোর্ড *The goods were packed in cardboard boxes.*

card catalog (*AmE*) = **card index**

cardholder / 'kɑ:dhəʊldə(r) 'কা:ড্হ্যাউল্ড্যা(র্) / *noun* [C] a person who uses a card from a bank, etc. to pay for things ব্যাংকের কার্ড ইত্যাদি দ্বারা ক্রয় করে যে ব্যক্তি

cardiac / 'kɑ:diæk 'কা:ডিঅ্যাক্ / *adj.* (*formal*) connected with the heart হৃৎপিণ্ড সংক্রান্ত অথবা ঘটিত, হৃৎপিন্ড সম্বন্ধীয় *cardiac surgery*

cardiac arrest *noun* [C] (*medical*) a serious medical condition when the heart stops working হৃৎপিণ্ডের কাজ বন্ধ হয়ে যাওয়ার ফলে যে বিপজ্জনক পরিস্থিতি

cardigan / 'kɑ:dɪgən 'কা:ডিগ্যান্ / *noun* [C] a piece of clothing like a woollen jacket, that fastens at the front সামনে বোতামওয়ালা উলের জ্যাকেটের মতো বস্ত্রবিশেষ; কার্ডিগান ➪ **sweater**-এ নোট দেখো।

cardinal / ˈkɑ:dɪnl ˈকা:ডিন্‌ল্ / *noun* [C] **1** a priest at a high level in the Roman Catholic church রোমান ক্যাথলিক গির্জার উচ্চপদস্থ যাজক; কার্ডিনাল **2 cardinal number** a whole number, for example 1, 2, 3, that shows quantity (পরিমাণ বোঝায় এমন) মুখ্য অঙ্ক, মুখ্যাঙ্ক যেমন ১,২,৩ ➪ **ordinal** দেখো।

cardinal points *noun* [*pl.*] (*technical*) the four main points (North, South, East and West) on an instrument that shows direction (**a compass**) দিক্‌নির্ণয় যন্ত্র অর্থাৎ কম্পাসের প্রধান চারটি (উত্তর, দক্ষিণ, পূর্ব এবং পশ্চিম) দিক; দিগ্‌বিন্দু

card index (*also* **index,** *AmE* **card catalog**) *noun* [C] a box of cards with information on them, arranged in the order of the alphabet বর্ণানুক্রমিকভাবে সাজানো তথ্যসম্বলিত কার্ডের বাক্স ➪ **stationery**-তে ছবি দেখো।

cardio- / ˈkɑ:diəʊ ˈকা:ডিঅ্যাউ / *prefix* (*in nouns, adjectives and adverbs*) connected with the heart হৃৎপিণ্ড সম্পর্কিত

care[1] / keə(r) কেঅ্যা(র্) / *noun* **1** [U] **care (for sb)** looking after sb/sth so that he/she/it has what he/she/it needs for his/her/its health and protection কোনো ব্যক্তি বা বস্তুর স্বাস্থ্য এবং সুরক্ষার জন্য প্রয়োজনীয় যত্ন বা দেখাশোনা; তত্ত্বাবধান, পরিচর্যা *All the children in their care were healthy and happy.* ○ *She's in intensive care*) (= the part of the hospital for people who are very seriously ill). **2** [U] **care (over sth/in doing sth)** thinking about what you are doing so that you do it well or do not make a mistake যে কাজটি করা হচ্ছে সেটি যাতে ভালোভাবে সম্পন্ন হয় অথবা তাতে কোনো ভুল না হয় সেই বিষয়ে চিন্তাভাবনা যা যত্ন *This box contains glasses—please handle it* ***with care****.* **3** [C, U] something that makes you feel worried or unhappy উদ্বেগ, উৎকণ্ঠা, দুঃখ বা দুশ্চিন্তার কোনো পরিস্থিতি *Since Mr Mathur retired he* ***doesn't have a care in the world****.*

IDM in care (used about children) living in a home which is organized by the government or the local council, and not with their parents (বাচ্চাদের জন্য ব্যবহৃত) সরকারি অথবা কোনো স্থানীয় সংস্থার আবাসনে বা অনাথাশ্রমে বাসরত, পিতামাতার সঙ্গে নয় *They were taken into care after their parents died.*

take care (that.../to do sth) to be careful সাবধানে থাকা, যত্নশীল হওয়া, মনোযোগ দেওয়া *Goodbye and take care!* ○ *Take care that you don't spill your tea.*

take care of sb/sth to deal with sb/sth; to organize or arrange sth কোনো ব্যক্তি অথবা বস্তুর দেখাশোনা বা তত্ত্বাবধান করা; কোনো কিছুর সংগঠন বা ব্যবস্থা করা *I'll take care of the food for the party.*

take care of yourself/sb/sth to keep yourself/ sb/sth safe from injury, illness, damage, etc.; to look after sb/sth নিজেকে, অন্য ব্যক্তিকে অথবা কোনো বস্তুকে অসুখ-বিসুখ, ক্ষতি, আঘাত ইত্যাদি থেকে রক্ষা করা; কোনো ব্যক্তি অথবা বস্তুকে দেখাশোনা করা *My mother took care of me when I was ill.*

care[2] / keə(r) কেঅ্যা(র্) / *verb* [I, T] **care (about sb/sth)** to be worried about or interested in sb/sth কোনো ব্যক্তি অথবা বস্তুর বিষয়ে উদ্বেগ, উৎকণ্ঠা অনুভব করা অথবা তার প্রতি মনোযোগ দেওয়া *Money is the thing that she cares about most.* ○ *I don't care what you do.*

IDM I, etc. couldn't care less (*informal*) it does not matter to me, etc. at all আমার মোটেই কিছু যায় আসে না ইত্যাদি *I couldn't care less what Sanjay thinks.*

who cares? (*informal*) nobody is interested; it is not important to anyone কেউ যে ব্যাপারে উৎসুক নয়; কারও জন্য গুরুত্বপূর্ণ নয় *'I wonder who'll win the match.' 'Who cares?'*

would you care for.../to do sth (*formal*) a polite way to ask if sb would like sth or would like to do sth কেউ কিছু চায় কি না বা কিছু করতে ইচ্ছুক কি না তা জানতে চেয়ে সৌজন্যসূচক প্রশ্ন করতে ব্যবহৃত অভিব্যক্তিবিশেষ

PHR V care for sb to look after sb কোনো ব্যক্তির দেখাশোনা করা *Who cared for her while she was ill?*

care for sb/sth to like or love sb/sth কোনো ব্যক্তি অথবা বস্তুকে পছন্দ করা অথবা ভালোবাসা *She still cares him for although he married someone else.*

career[1] / kəˈrɪə(r) ক্যাˈরিঅ্যা(র্) / *noun* [C] **1** a job or profession that sb has been trained for and does for a long time; the series of jobs that sb has in a particular area of work কোনো চাকুরি বা পেশা যাতে কোনো ব্যক্তি প্রশিক্ষণপ্রাপ্ত এবং দীর্ঘদিন যাবৎ সেই কাজ করে; কোনো বিশেষ কার্যক্ষেত্রে কোনো ব্যক্তি যে সকল কাজ করে; বৃত্তিজীবন, কর্মজীবন *a successful career in politics* **2** the period of your life that you spend working কর্মজীবনের সময়কাল *She spent most of her career working in Singapore.*

career[2] / kəˈrɪə(r) ক্যাˈরিঅ্যা(র্) / *verb* [I] to move quickly and in a dangerous way উন্মাদগতিতে এবং বিপজ্জনকভাবে চলা *The car careered off the road and crashed into a wall.*

carefree / ˈkeəfri: ˈকেঅ্যাফ্রী / *adj.* with no problems or worries নিশ্চিন্ত, নিরুদ্বেগ

careful / ˈkeəfl ˈকেঅ্যাফ্‌ল্ / *adj.* **1 careful (of/with sth); careful (to do sth)** thinking about what you are doing so that you do not have an accident or make mistakes, etc. কোনো কাজ করার সময়ে যাতে কোনো দুর্ঘটনা বা ভুল ইত্যাদি না হয় সেই ব্যাপারে সাবধানতাসম্পন্ন; সতর্ক, হুঁশিয়ার, মনোযোগী, যত্নশীল *That ladder doesn't look very safe. Be careful you don't fall.* ○ *a careful driver* **2** giving a lot of attention to details to be sure sth is right কোনো কিছু সঠিক এবিষয়ে নিশ্চিত হওয়ার জন্য তার খুঁটিনাটি বিষয়ে অত্যন্ত মনোযোগসম্পন্ন; সযত্ন, সুচিন্তিত *I'll need to give this matter some careful thought.* ○ *a careful worker* ▶ **carefully** / ˈkeəfəli ˈকেঅ্যাফ্যালি / *adv.* যত্নশীলভাবে, মনোযোগসহকারে *Please listen carefully to the teacher's lecture.*

careless / ˈkeələs ˈকেঅ্যাল্যাস্ / *adj.* **1 careless (about/with sth)** not thinking enough about what you are doing so that you make mistakes অমনোযোগী, অসতর্ক, যত্নহীন, অসাবধানী *The accident was caused by careless driving.* **2** resulting from a lack of thought or attention to detail খুঁটিনাটি বিষয়ে অমনোযোগ অথবা ভাবনাচিন্তার বা যত্নের অভাবের ফলাফল জনিত *a careless mistake* ▶ **carelessly** *adv.* অযত্নে, অবহেলায়, হেলাফেলায় *She threw her coat carelessly on the chair.* ▶ **carelessness** *noun* [U] অমনোযোগ, ঔদাসীন্য

carer / ˈkeərə(r) ˈকেঅ্যার‍্যা(র্) / (*AmE* **caregiver** / ˈkeəgɪvə(r) ˈকেঅ্যাগিভ্যা(র্) /) *noun* [C] a person who regularly looks after sb who is unable to look after himself/herself because of age, illness, etc. বয়স, অসুস্থতা ইত্যাদির কারণে নিজের পরিচর্যা করতে অক্ষম ব্যক্তির নিয়মিত দেখাশোনা করে যে ব্যক্তি

caress / kəˈres ক্যাˈরেস্ / *verb* [T] to touch sb/sth in a gentle and loving way কোনো ব্যক্তি বা বস্তুকে আদর, সোহাগ অথবা স্নেহপূর্ণভাবে স্পর্শ করা ▶ **caress** *noun* [C] স্নেহস্পর্শ

caretaker / ˈkeəteɪkə(r) ˈকেঅ্যাটেইক্যা(র্) / (*AmE* **janitor**) *noun* [C] a person whose job is to look after a large building, for example a school or a block of flats কোনো বড়ো বাড়ির যেমন কোনো স্কুল বা ফ্ল্যাটসমূহের তত্ত্বাবধান বা দেখাশোনার কর্মভারপ্রাপ্ত ব্যক্তি; তত্ত্বাবধায়ক

cargo / ˈkɑ:gəʊ ˈকা:গ্যাউ / *noun* [C, U] (*pl.* **cargoes** *AmE* **cargos**) the goods that are carried in a ship or an aircraft জাহাজ বা বিমানে বাহিত মাল অথবা পণ্যসম্ভার *a cargo ship*

the Caribbean / ˌkærɪˈbi:ən ˌক্যারিˈবিঅ্যান্ / *noun* [*sing.*] the area in the Caribbean Sea where the group of islands called the West Indies are situated ক্যারিবিয়ান সমুদ্রে যেখানে ওয়েস্ট-ইন্ডিজ নামের দ্বীপসমূহ অবস্থিত; ক্যারিবিয়ান ▶ **Caribbean** *adj* ক্যারিবিয়ান অঞ্চলে বসবাসকারী বা সেখানকার সংস্কৃতিপুষ্ট মানুষজন; ক্যারিবিয়ান অঞ্চলের সঙ্গে সংযুক্ত

caricature / ˈkærɪkətʃʊə(r) ˈক্যারিক্যাচুআ্য(র্) / *noun* [C] a picture or description of sb that makes his/her appearance or behaviour funnier and more extreme than it really is কোনো ব্যক্তির চেহারা অথবা ভাবভঙ্গির হাস্যোদ্দীপক অথবা ব্যঙ্গাত্মক অতিরঞ্জিত ছবি, বর্ণনা অথবা অনুকরণ *Many of the people in the book are caricatures of the author's friends.*

caring / ˈkeərɪŋ ˈকেঅ্যারিং / *adj.* showing that you care about other people সহানুভূতিশীল, স্নেহ-ভালোবাসাপূর্ণ, যত্নশীল, মনোযোগী *We must work towards a more caring society.*

carnage / ˈkɑ:nɪdʒ ˈকা:নিজ্ / *noun* [U] (*written*) the violent killing of a large number of people হত্যালীলা অথবা হত্যার তাণ্ডব; ব্যাপক নরহত্যাকাণ্ড

Carnatic music *noun* [U] the main style of classical music of southern India as distinct from **Hindustani music** of the north উত্তর ভারতীয় হিন্দুস্তানী উচ্চাঙ্গ সংগীত থেকে স্বতন্ত্র দক্ষিণ ভারতের শাস্ত্রীয় সংগীতের প্রধান শৈলী; কর্ণাটকী সংগীত

carnation / kɑ:ˈneɪʃn কা:ˈনেইশ্‌ন্ / *noun* [C] a white, pink or red flower with a pleasant smell সাদা, লাল অথবা গোলাপি রঙের একজাতীয় সুগন্ধিযুক্ত ফুল; কারনেশন

carnival / ˈkɑ:nɪvl ˈকা:নিভ্‌ল্ / *noun* [C] a public festival that takes place in the streets with music and dancing রাস্তায় নাচ-গান সহযোগে যে সর্বজনীন উৎসব; মনোরঞ্জনের মেলা, হইহুল্লোড়পূর্ণ আমোদপ্রমোদ; কার্নিভ্যাল *the carnival in Goa*

carnivore / ˈkɑ:nɪvɔ:(r) ˈকা:নিভ:(র্) / *noun* [C] any animal that eats meat মাংসাশী অথবা আমিষভুক প্রাণী ➪ **herbivore, insectivore** এবং **omnivore** দেখো। ▶ **carnivorous** / kɑ:ˈnɪvərəs কা:ˈনিভ্যার‍্যাস্ / *adj.* মাংসাহারী *Lions are carnivorous animals.*

carol / ˈkærəl ˈক্যার‍্যাল্ / *noun* [C] a Christian religious song that people sing at Christmas খ্রিস্টমাসের সময় গাওয়া ধর্মীয় সংগীতবিশেষ; ক্যারল

carotid artery / kəˈrɑtɪd ɑ:təri ক্যাˈরাটিড্ আ:ট্যারি / *noun* [C] either of the two large tubes in your neck (**arteries**) that carry blood to your head গ্রীবার কাছে অবস্থিত দুটি বড়ো নলের একটি যা মস্তিষ্কে রক্ত বহন করে; ক্যারটিড ধমনি

carom = **carrom**

carousel / ˌkærəˈsel ˌক্যার‍্যাˈসেল্ / *noun* [C] **1** (*AmE*) = **merry-go-round** **2** a moving belt at an airport that carries luggage for passengers to collect বিমানবন্দরে চলমান বেল্ট যা যাত্রীদের মাল বয়ে নিয়ে এসে তাদের কাছে পৌঁছে দেয়; কনভেয়ার বেল্ট

carp / kɑ:p কা:প্ / *noun* [C, U] (*pl.* **carp**) a large fish that lives in lakes and rivers নদী এবং হ্রদে পাওয়া যায় এক প্রকারের বড়ো মাছ; কার্প

carpal / ˈkɑ:pl ˈকা:প্ল্ / *noun* [C] any of the eight small bones in the wrist মণিবন্ধের আটটি ছোটো ছোটো হাড়ের যে-কোনো একটি; মণিবন্ধাস্থি, করকুর্চাস্থি

car park (*AmE* **parking lot**) *noun* [C] an area or a building where you can leave your car গাড়ি দাঁড় করিয়ে রাখার জায়গা অথবা বাড়ি; কার পার্ক *a multi-storey car park*

carpel / ˈkɑ:pl ˈকা:প্ল্ / *noun* [C] the female **reproductive** organ of a flower ফুলের গর্ভপত্র ➪ **flower**-এ ছবি দেখো।

carpenter / ˈkɑ:pəntə(r) ˈকা:প্যান্ট্যা(র্) / *noun* [C] a person whose job is to make things from wood কাঠ থেকে যে ব্যক্তি জিনিসপত্র তৈরি করে; ছুতোর, কাঠের মিস্ত্রি, সূত্রধর ➪ **joiner** দেখো।

carpentry / ˈkɑ:pəntri ˈকা:প্যান্ট্রি / *noun* [U] the skill or work of a carpenter সূত্রধরের কাজ বা সেই সম্পর্কিত দক্ষতা; ছুতোরগিরি, ছুতোরের কাজ, কাষ্ঠশিল্প, দারুশিল্প

carpet / ˈkɑ:pɪt ˈকা:পিট্ / *noun* **1** [C, U] (a piece of) thick material that is used for covering floors and stairs কোনো পুরু উপাদান যা মেঝে ও সিঁড়ি আচ্ছাদনের কাজে ব্যবহৃত হয়; গালিচা, গালচে, মখমল; কার্পেট *a fitted carpet* (=one that is cut to the exact shape of a room) ○ *a square metre of carpet* ➪ **rug** দেখো। **2** [C] a thick layer of sth that covers the ground মাটির উপর কোনো কিছুর মোটা আস্তরণ *The fields were under a carpet of snow.* ▶ **carpeted** *adj.* কার্পেট দ্বারা আচ্ছাদিত *All the rooms are carpeted.*

car phone *noun* [C] a telephone that you can use in a car কেবল গাড়িতেই যে টেলিফোন ব্যবহার করা যায়

carriage / ˈkærɪdʒ ˈক্যারিজ্ / *noun* [C] **1** (*also* **coach**, *AmE* **car**) one of the separate parts of a train where people sit যাত্রীদের জন্য রেলগাড়ির কামরার যে-কোনো একটি *a first-class carriage* **2** (*also* **coach**) a vehicle with wheels that is pulled by horses ঘোড়ার গাড়ি

carriageway / ˈkærɪdʒweɪ ˈক্যারিজ্উএই / *noun* [C] one of the two sides of a highway or main road on which vehicles travel in one direction only প্রধান রাস্তা বা হাইওয়ের দুই পাশের যে-কোনো একপাশ যেখানে কেবল একমুখে যানবাহন চলে *the southbound carriage-way of the highway* ➪ **dual carriage-way** দেখো।

carrier / ˈkæriə(r) ˈক্যারিঅ্যা(র্) / *noun* [C] **1** (in business) a company that transports people or goods (ব্যাবসায়) লোকজন এবং জিনিসপত্র এক জায়গা থেকে অন্য জায়গায় বয়ে নিয়ে যায় যে কোম্পানি বা সংস্থা; পরিবহণ সংস্থা *the Dutch carrier, KLM* **2** a military vehicle or ship that is used for transporting soldiers, planes, weapons, etc. সৈন্য, বিমান, অস্ত্রশস্ত্র ইত্যাদি স্থানান্তরিত করার জন্য ব্যবহৃত সামরিক যান বা জাহাজ *an aircraft carrier* **3** a person or animal that can give an infectious disease to others but does not show the signs of the disease (মানুষ অথবা প্রাণী) সংক্রামক রোগজীবাণুর বাহক যাদের মধ্যে সেই রোগের লক্ষণ দেখা যায় না *Some insects are carriers of tropical diseases.* **4** (*BrE*) = **carrier bag**

carrion / ˈkæriən ˈক্যারিঅ্যান্ / *noun* [U] the decaying dead flesh of an animal গলিত শব

carrom (*also* **carom**) / ˈkærəm ˈক্যার্যাম্ / *noun* [C] a game played on a square board with coloured small discs also called coins. You use a larger flat disc called a **striker** to hit the small discs into the pockets at the corners of the board একধরনের খেলা যেটিতে চৌকো বোর্ডের উপর ছোটো ছোটো রঙিন চাকতি (ঘুঁটি) দিয়ে খেলা হয়। অপেক্ষাকৃত বড়ো চাকতি বা ঘুঁটি যেটিকে স্ট্রাইকার বলা হয় সেটি দিয়ে মেরে ছোটো ছোটো ঘুঁটিগুলিকে বোর্ডের কোণের পকেটে ফেলতে হয়; ক্যারম

carrot / ˈkærət ˈক্যার‍্যাট্ / *noun* **1** [C, U] a long thin orange vegetable that grows under the ground গাজর *grated carrot* ➪ **vegetable**-এ ছবি দেখো। **2** [C] something attractive that is offered to sb in order to persuade him/her to do sth কোনো ব্যক্তিকে কোনো কাজ করানোর জন্য ব্যবহৃত প্রলোভন

carry / ˈkæri ˈক্যারি / *verb* (*pres. part.* **carrying**; *3rd person sing. pres.* **carries**; *pt. pp* **carried**) **1** [T] to hold sb/sth in your hand, arms or on your back while you are moving from one place to another কোনো ব্যক্তি অথবা বস্তুকে হাত দিয়ে ধরে, কোলে করে অথবা পিঠে করে এক জায়গা থেকে অন্য জায়গায় নিয়ে যাওয়া, বহন করা *She was carrying a rucksack on her back.*

> **NOTE** জামাকাপড়, গয়না ইত্যাদি পরে আছে এমন অর্থ ব্যক্ত করার জন্য **wear** শব্দটির ব্যবহার করা হয়। এই অর্থে **carry** শব্দটির প্রয়োগ সঠিক নয়—*He was wearing a black jacket.*

2 [T] to have sth with you as you go somewhere সঙ্গে করে নিয়ে যাওয়া *Do the police carry guns in your country?* **3** [T] to transport sb/sth from one place to another কোনো ব্যক্তি বা বস্তুকে স্থানান্তরিত করা *A train carrying hundreds of passengers crashed yesterday.* **4** [T] to have an infectious disease that can be given to others, usually without showing any signs of the disease yourself (সাধারণত নিজের মধ্যে সেই রোগের কোনো লক্ষণ প্রদর্শন না করে) কোনো সংক্রামক রোগজীবাণুর বাহক হওয়া **5** [T] (*usually passive*) to officially approve of sth in a meeting, etc., because the largest number of people vote for it কোনো সমাবেশে কোনো প্রস্তাব আনুষ্ঠানিকভাবে অধিকাংশ লোকের সমর্থনের দ্বারা বা সংখ্যাগরিষ্ঠতার দ্বারা অনুমোদন করা *The motion was carried by 12 votes to 9.* **6** [I] (used about a sound) to reach a long distance (শব্দ সম্বন্ধে ব্যবহৃত) অনেক দূরে পৌঁছোনো *You'll have to speak louder if you want your voice to carry to the back of the room.*

IDM **be/get carried away** to be so excited that you forget what you are doing উত্তেজিত বা আত্মহারা হয়ে স্থান, কাল, পাত্র ভুলে যাওয়া

carry weight to have influence on the opinion of sb else অন্য কোনো ব্যক্তির মতামতের উপর প্রভাব ফেলতে পারা *Saurabh's views carry a lot of weight with the boss.*

PHR V **carry it/sth off** to succeed in doing sth difficult কোনো কঠিন কাজে সাফল্য অর্জন করা *He felt nervous before he started his speech but he carried it off very well.*

carry on (with sth/doing sth) to continue চালিয়ে যাওয়া, বিরত না হওয়া *They ignored me and carried on with their conversation.*

carry on sth to do an activity কোনো কাজ করতে থাকা *to carry on a conversation/a business*

carry out sth **1** to do sth that you have been ordered to do দায়িত্ব অথবা আদেশ পালন করা *The soldiers carried out their orders without question.* **2** to do a task, repair, etc. কোনো কাজ, সারাই ইত্যাদি করা *to carry out tests/an investigation*

carry-all = **holdall**

carrycot / ˈkærikɒt ˈক্যারিকট্ / *noun* [C] a small bed, like a box with handles, that you can carry a baby in শিশু বহনের উপযোগী হাতলযুক্ত বাক্সের আকারের ছোটো খাট

carry-on *noun* [C] (*AmE*) a small piece of luggage that you can take onto a plane with you বিমানের মধ্যে যে ছোটো ব্যাগ সঙ্গে নেওয়া যায়; হ্যান্ড লাগেজ

carsick / ˈkɑːsɪk ˈকা:সিক্ / *adj.* feeling sick or vomiting as a result of travelling in a car গাড়িতে ভ্রমণকালীন অসুস্থতাবোধ বা বমি করার অনুভূতি *to get/feel/be carsick* ⇨ **airsick, seasick** এবং **travel-sick** দেখো।

cart[1] / kɑːt কা:ট্ / *noun* [C] **1** a vehicle with two or four wheels that is pulled by a horse and is used for transporting things দুই বা চার চাকাওয়ালা ঘোড়ায় টানা গাড়ি যা জিনিসপত্র বহনের জন্য ব্যবহৃত হয়; ঘোড়ার গাড়ি **2** (*also* **handcart**) a light vehicle with wheels that sb pushes or pulls by hand চাকাওয়ালা হালকা গাড়ি যা কোনো ব্যক্তি হাত দিয়ে টেনে বা ঠেলে নিয়ে যায়; ঠেলাগাড়ি

cart[2] / kɑːt কা:ট্ / *verb* [T] (*informal*) to take or carry sth/sb somewhere, often with difficulty কষ্ট করে কোনো বস্তু অথবা ব্যক্তিকে বহন করে নিয়ে যাওয়া *We left our luggage at the station because we didn't want to cart it around all day.*

cartel / kɑːˈtel কা:ˈটেল্ / *noun* [C, *with sing. or pl. verb*] a group of separate companies that agree to increase profits by fixing prices and not competing with each other বিভিন্ন ব্যবসায় অথবা শিল্পপ্রতিষ্ঠানের সম্মিলিত গোষ্ঠী যারা নিজেদের মধ্যে প্রতিযোগিতা না করে এমনভাবে পণ্যের দাম নির্ণয় করে যাতে তাদের মুনাফার বৃদ্ধি হয়

cartilage / ˈkɑːtɪlɪdʒ ˈকা:টিলিজ্ / *noun* [C, U] a strong substance in the places where your bones join অস্থির সংযোগস্থলে স্থিত শক্ত পদার্থ; কার্টিলেজ

cartographer / kɑːˈtɒgrəfə(r) কা:ˈটগ্র্যাফ্যা(র্) / *noun* [C] a person who draws or makes maps যে ব্যক্তি মানচিত্র আঁকে বা তৈরি করে; মানচিত্রবিদ

cartography / kɑːˈtɒgrəfi কা:ˈটগ্র্যাফি / *noun* [U] the art or process of drawing or making maps মানচিত্র অঙ্কনবিদ্যা; মানচিত্রাঙ্কন পধ্যতি ▶ **cartographic** / ˌkɑːtəˈgræfɪk ˌকা:ট্যাˈগ্র্যাফিক্ / *adj.* মানচিত্র সংক্রান্ত

carton / ˈkɑːtn ˈকা:ট্ন্ / *noun* [C] a small container made of cardboard or plastic প্লাস্টিক বা পিচবোর্ডের তৈরি ছোটো বাক্স *a carton of milk/orange juice*

cartoon / kɑːˈtuːn কা:ˈটুন্ / *noun* [C] **1** a funny drawing, especially in a newspaper or magazine (সংবাদপত্র অথবা পত্রিকায় বা ম্যাগাজিনে) ব্যঙ্গ চিত্র; কার্টুন **2** a film that tells a story by using moving drawings instead of real people and places প্রকৃত মানুষ এবং জায়গার পরিবর্তে অঙ্কিত চিত্রসমূহকে গতিশীল করে তুলে তৈরি যে চলচ্চিত্র

cartoonist / kɑːˈtuːnɪst কা:ˈটুনিস্ট্ / *noun* [C] a person who draws cartoons ব্যঙ্গচিত্রকর; কার্টুনিস্ট

cartridge / ˈkɑːtrɪdʒ ˈকা:ট্রিজ্ / *noun* [C] **1** a small tube that contains explosive powder and a bullet. You put a cartridge into a gun when you want to fire it যে ছোটো টিউবের মধ্যে বিস্ফোরক পাউডার এবং একটি বুলেট বা গুলি ভরা থাকে। গুলি করার সময়ে বন্দুকে এটি ভরতে হয়; বন্দুকের টোটা, কার্তুজ **2** a closed container that holds sth that is used in a machine, for example film for a camera, ink for printing, etc. Cartridges can be removed and replaced when they are finished or empty কোনো মেশিনে ব্যবহৃত সামগ্রী (যেমন ক্যামেরার ফিল্ম, মুদ্রণের কালি ইত্যাদি) রাখার জন্য ব্যবহৃত বন্ধ পাত্র অথবা কার্তুজ। এই কার্তুজ খালি হয়ে গেলে পুনরায় ভরা যায় বা নতুন লাগানো যায়

carve / kɑːv কা:ভ্ / *verb* **1** [I, T] **carve (sth)** (**out of sth**) to cut wood or stone in order to make an object or to put a pattern or writing on it কাঠ, পাথর ইত্যাদির উপর খোদাই করে কোনো কিছু তৈরি করা বা উৎকীর্ণ করে কিছু লেখা বা নকশা করা *The statue is carved out of marble.* **2** [T] to cut a piece of cooked meat into slices রান্না করা বড়ো মাংসের খণ্ডকে ছোটো ছোটো করে কাটা *to carve a chicken*

carving / ˈkɑːvɪŋ ˈকা:ভিং / *noun* [C, U] an object or design that has been carved খোদাই করা কোনো বস্তু অথবা নকশা *There are ancient carvings on the walls of the cave.*

cascade[1] / kæˈskeɪd ক্যা'স্কেইড্ / *noun* [C] **1** water that flows down the side of a mountain, etc. (**a waterfall**) পাহাড়ের ধার দিয়ে নেমে আসা জলরাশি; জলপ্রপাত **2** a large quantity of sth that falls or hangs down প্রচুর পরিমাণে নেমে আসা বা ঝুলে থাকা বস্তু *a cascade of black hair*

cascade[2] / kæˈskeɪd ক্যা'স্কেইড্ / *verb* [I] to fall or hang down, especially in large amounts or in stages নেমে আসা বা ঝুলে থাকা (বিশেষত প্রচুর পরিমাণে অথবা স্তরে স্তরে); জলপ্রপাতের মতো নেমে আসা *Water cascaded from the roof.*

case / keɪs কেইস্ / *noun* **1** [C] a particular situation or example of sth বিশেষ পরিস্থিতি অথবা কোনো কিছুর উদাহরণ; নজির ***In some cases**, people have had to wait two weeks for a doctor's appointment.* ○ *Cases of the disease are very unusual in this country.* **2 the case** [*sing.*] the true situation সত্যকার পরিস্থিতি; ঘটনা *The man said he worked in Mangalore, but we discovered later that this was not the case.* **3** [C] a crime or legal matter অপরাধ অথবা আইনি মামলা-মোকদ্দমা *The police deal with hundreds of murder cases a year.* ○ *The case will come to court in a few months.* **4** [C, *usually sing.*] the facts and reasons that support one side in a discussion or legal matter কোনো আলোচনা অথবা মোকদ্দমার কোনো একটি পক্ষ সমর্থনে প্রদত্ত যুক্তি ও তথ্যাদি; সাক্ষ্য-প্রমাণ *She tried to **make a case for** shorter working hours, but the others disagreed.* **5** [C] (*especially in compounds*) a container or cover for sth কোনো পাত্রের জন্য ঢাকনা অথবা আবরণ *a bookcase* ○ *a pencil case.* **6** [C] = **suitcase** *Would you like me to carry your case?* **7** [C, U] (in the grammar of some languages) the form of a noun, an adjective or a pronoun that shows its relationship to another word (কোনো কোনো ভাষার ব্যাকরণে) বিশেষ্য, বিশেষণ বা সর্বনাম পদের কোনো রূপ যা অন্য শব্দের সঙ্গে তার সম্বন্ধ নির্দেশ করে; কারক *The object of the verb is in the accusative case.* ➪ **accusative, dative, genitive, nominative** এবং **vocative** দেখো।

IDM **(be) a case of sth/doing sth** a situation in which sth is needed কোনো পরিস্থিতিতে প্রয়োজনীয় বস্তু *There's no secret to success in this business. It's just a case of hard work.*

in any case whatever happens or has happened; anyway যাই হোক না কেন; যে-কোনোভাবে *I don't know how much tickets for the match cost, but I'm going in any case.*

in case because sth might happen কারণ কিছু হতে পারে *I think I'll take an umbrella in case it rains.* ○ *I wasn't intending to buy anything but I took my credit card **just in case**.*

in case of sth (*formal*) if sth happens ঘটনাচক্রে, কোনো ঘটনা ঘটলে, যদি কিছু ঘটে *In case of fire, break this glass.*

in that case if that is the situation সেইরকম অবস্থায়, যদি তেমন ঘটে, সেই পরিস্থিতিতে *'I'm busy on Tuesday.' 'Oh well, in that case we'll have to meet another day.'*

prove your/the case/point ➪ **prove** দেখো।

case history *noun* [C] a record of a person's background, past illnesses, etc. কোনো ব্যক্তির পূর্ব পরিচয় বা বংশধারার ইতিহাস, রোগীর পুরোনো রোগের বিবরণ ইত্যাদি

case law *noun* [U] (*technical*) law based on decisions made by judges in earlier legal processes (**cases**) অতীতের কোনো মামলা-মোকদ্দমার নজির থেকে নতুন তৈরি আইন ➪ **common law** এবং **statute law** দেখো।

case study *noun* [C] a detailed study of a person, group, situation, etc. over a period of time কোনো ব্যক্তি, দল, অবস্থা ইত্যাদির কোনো সময়কালের বিশদ অধ্যয়ন

cash[1] / kæʃ ক্যাশ্ / *noun* [U] **1** money in the form of coins or notes and not cheques, plastic cards, etc. নগদ টাকা এবং পয়সা (চেক, প্লাস্টিক কার্ড ইত্যাদি নয়) *Would you prefer me to pay **in cash** or by cheque?*

NOTE টাকা এবং পয়সার জন্য **cash** শব্দটি ব্যবহার করা হয়। **Change** শব্দটি কেবল পয়সার জন্য ব্যবহৃত হয়।

2 (*informal*) money in any form অর্থ (টাকা অথবা পয়সা) *I'm a bit short of cash this month so I can't afford to go out for shopping.*

cash[2] / kæʃ ক্যাশ্ / *verb* [T] to exchange a cheque, traveller's cheque, etc. for coins and notes চেক, ট্র্যাভেলার্স চেক ইত্যাদি ভাঙিয়ে টাকাপয়সা নেওয়া *I'm just going to the bank to cash a cheque.*

PHR V **cash in (on sth)** to take advantage of a situation, especially in a way that other people think is wrong কোনো পরিস্থিতির সুযোগ গ্রহণ করা, বিশেষত অন্যরা যা ভুল বা অন্যায় বলে মনে করে

cashback / ˈkæʃbæk ˈক্যাশ্ব্যাক্ / *noun* [U] **1** an offer of money as a present that is made by some banks, companies selling cars, etc. in order to persuade customers to do business with them গ্রাহক বা খরিদ্দারকে তাদের সঙ্গে ব্যবসায়ে আকর্ষণ করানোর জন্য কোনো ব্যাংক, গাড়ি বিক্রি করে এমন কোম্পানি ইত্যাদি দ্বারা (উপহারস্বরূপ) অর্থপ্রদানের প্রস্তাব **2** a system in **supermarkets** which allows the customer to take money out of his/her bank account at the same time as paying for the goods with a **cash card** সুপার মার্কেটের একরকম ব্যবস্থা যার দ্বারা খরিদ্দাররা তাদের ক্যাশকার্ডের সাহায্যে ব্যাংকে রাখা টাকা তোলার সঙ্গে সঙ্গে দোকানে কেনা জিনিসের দাম মেটাতে পারে

cash card (*AmE* **ATM card**) *noun* [C] a plastic card given by a bank to its customers so that they can get money from a special machine (**cash machine**) in or outside a bank ব্যাংক প্রদত্ত যে প্লাস্টিক কার্ড ব্যবহার করে খরিদ্দারগণ ব্যাংকের বাইরে বা ব্যাংকের নির্দিষ্ট যন্ত্র থেকে ব্যাংকে রাখা টাকা বার করতে পারে; ক্যাশকার্ড ➪ **cheque card** এবং **credit card** দেখো।

cash crop *noun* [C] plants that people grow to sell, and not to eat or use themselves যে ফসল বিক্রয়ের জন্য (নিজেদের খাওয়া অথবা ব্যবহারের জন্য নয়) উৎপাদন করা হয়; নগদি ফসল, অর্থকরী ফসল ➪ **subsistence crop** দেখো।

cash desk *noun* [C] the place in a large shop where you pay for things বড়ো দোকানে যে কাউন্টারে জিনিসের দাম মেটানো যায়

cashew / ˈkæʃuː; kæˈʃuː ˈক্যাশু; ক্যাˈশূ / (*also* **cashew nut**) *noun* [C] a small kidney-shaped nut that we eat কাজু বাদাম ➪ **nut**-এ ছবি দেখো।

cash flow *noun* [*sing.*] the movement of money into and out of a business as goods are bought and sold পণ্য বেচাকেনার ফলে ব্যাবসায় অর্থের জোগান বা সরবরাহ; ক্যাশ-ফ্লো *The company had cash-flow problems and could not pay its bills.*

cashier / kæˈʃɪə(r) ক্যাˈশিঅ্যা(র্) / *noun* [C] the person in a bank, shop, etc. that customers pay money to or get money from (ব্যাংকে অথবা দোকান ইত্যাদিতে) যে ব্যক্তির কাছে খরিদ্দারগণ অর্থ জমা করে অথবা তার কাছ থেকে অর্থ গ্রহণ করে; কোষাধ্যক্ষ, খাজাঞ্চি; ক্যাশিয়ার

cash machine (*also* **cash dispenser**; **cashpoint**, *AmE* **ATM** / ˌeɪ tiːˈem ˌএই টীˈএম্ /) *noun* [C] a machine inside or outside a bank that you can get money from at any time of day by putting in a special card (**cash card**) ক্যাশকার্ড ব্যবহার করে ব্যাংকের বাইরে বা ব্যাংকে রাখা যে যন্ত্র থেকে যে-কোনো সময়ে ব্যাংকে রাখা টাকা বার করা যায়

cashmere / ˈkæʃmɪə(r) ˈক্যাশ্মিঅ্যা(র্) / *noun* [U] a type of wool that is very fine and soft চিকন এবং নরম একধরনের উল; কাশ্মীরি পশম

casing / ˈkeɪsɪŋ ˈকেইসিং / *noun* [C, U] a covering that protects sth আবরণ, আস্তরণ *The keyboard has a black plastic casing.*

casino / kəˈsiːnəʊ ক্যাˈসীন্যাউ / *noun* [C] (*pl.* **casinos**) a place where people play games in which you can win or lose money, such as **roulette** যে স্থানে কোনো খেলা খেলে (যেমন রুলেট) অর্থ জেতা অথবা হারা যায়; জুয়াখেলার নির্দিষ্ট সর্বজনীন জায়গা; ক্যাসিনো

cask / kɑːsk কাːস্ক্ / *noun* [C] a large wooden container in which alcoholic drinks, etc. are stored বড়ো কাঠের পাত্র যেখানে মদ্য পানীয় ইত্যাদি সংরক্ষণ হয়; কাঠের পিপে; জালা

casket / ˈkɑːskɪt ˈকাːস্কিট্ / *noun* [C] **1** a small decorated box for holding jewels or other valuable things,especially in the past গহনা বা অন্য মূল্যবান জিনিস রাখার কারুকার্যখচিত ছোটো বাক্স (বিশেষত আগেকার দিনে); রত্নপেটিকা **2** (*AmE*) = **coffin**

cassava / kəˈsɑːvə ক্যাˈসাːভ্যা / *noun* [U] a tropical plant that has thick roots; a type of flour that is made from these roots ক্রান্তীয় অঞ্চলের মোটা শিকড়ের গাছ; এর শিকড় থেকে যে আটা বানানো হয়

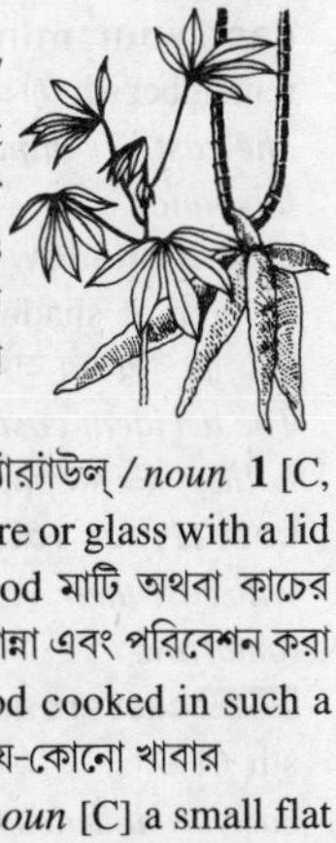

casserole / ˈkæsərəʊl ˈক্যাস্যার‍্যাউল্ / *noun* **1** [C, U] a large dish of earthenware or glass with a lid for cooking and serving food মাটি অথবা কাচের ঢাকাসহ বড়ো পাত্র যাতে খাবার রান্না এবং পরিবেশন করা যায়; ক্যাসারোল **2** [C] any food cooked in such a dish এই জাতীয় পাত্রে বানানো যে-কোনো খাবার

cassette / kəˈset ক্যাˈসেট্ / *noun* [C] a small flat case with tape inside that you use for recording and playing music and other sounds শব্দ রেকর্ড করার জন্য এবং বাজানোর জন্য ছোটো চ্যাপটা খাপ যার ভিতরে টেপ থাকে; ক্যাসেট *to put on/play/listen to a cassette*

> NOTE **Cassette** শব্দটির সমার্থক শব্দ হল **tape**। প্রথম থেকে ক্যাসেট শোনার জন্য সেটা **rewind** করা হয় এবং শেষের দিকে যেতে হলে তা **fast forward** করতে হয়। ➪ **video** দেখো।

cassette recorder *noun* [C] a machine that you use for recording and playing cassettes ক্যাসেটে রেকর্ড করা বা শোনার যন্ত্রবিশেষ; ক্যাসেট রেকর্ডার

cast[1] / kɑːst কা:স্ট্ / *verb* (*pt, pp* **cast**) **1** [T] (*usually passive*) to choose an actor for a particular role in a play, film, etc. নাটক, চলচ্চিত্র ইত্যাদিতে কোনো বিশেষ ভূমিকায় অভিনয় করার জন্য অভিনেতা নির্বাচন করা; পার্ট দেওয়া *She always seems to be cast in the same sort of role.* **2** [I, T] to throw a fishing line or net into the water জলে মাছ ধরার জন্য জাল বা বঁড়শি ফেলা **3** to make an object by pouring hot liquid metal into a shaped container (**a mould**) বিশেষ আকৃতির কোনো পাত্রে বা ছাঁচে ফেলে তরল গরম ধাতু ঢালাই করে কোনো কিছু তৈরি করা *a statue cast in bronze*

IDM **cast doubt on sth** to make people less sure about sth মানুষের মনে সন্দেহ জাগানো *The newspaper report casts doubt on the truth of the Prime Minister's statement.*

cast an eye/your eye(s) over sb/sth to look at sb/sth quickly কোনো ব্যক্তি অথবা বস্তুর দিকে খুব দ্রুত তাকানো বা ফেরা

cast light on sth to help to explain sth আলোকপাত করা, কোনো কিছু বিশ্লেষণ করতে সাহায্য করা *Can you cast any light on the problem?*

cast your mind back to make yourself remember sth স্মৃতিচারণ করা, পুরোনো জিনিস মনে করা *She cast her mind back to the day she met her husband.*

cast a shadow (across/over sth) to cause an area of shade to appear somewhere কোনো জায়গায় কুপ্রভাব অথবা কালো ছায়া ফেলা (*figurative*) *The accident cast a shadow over the rest of the holiday* (= stopped people enjoying it fully).

cast a/your vote to vote ভোট দেওয়া *The MPs will cast their votes in the leadership election tomorrow.*

PHR V **cast around/about for sth** to try to find sth কোনো কিছু খোঁজার চেষ্টা করা *The principal cast around desperately for a solution to the problem.*

cast[2] / kɑːst কা:স্ট্ / *noun* [C] all the actors in a play, film, etc. নাটক চলচ্চিত্র ইত্যাদির সকল অভিনেতা এবং অভিনেত্রীর দল *The entire cast was/were excellent.*

castaway / ˈkɑːstəweɪ ˈকা:স্ট্যাউএই / *noun* [C] a person who is left alone somewhere after his/her ship has sunk ডুবে যাওয়া জাহাজের বিপন্ন যাত্রী, বিশেষত যে একা কোনো অজানা স্থানে এসে পড়েছে

cast iron *noun* [U] a hard type of iron একজাতীয় শক্ত লোহা; ঢালাই করা লোহা

cast-iron *adj.* made of cast iron শক্ত লোহার তৈরি; ঢালাই লোহার তৈরি (*figurative*) *a cast-iron alibi* (=one that people cannot doubt)

castle / ˈkɑːsl ˈকা:স্ল্ / *noun* [C] **1** a large building with high walls and towers that was built in the past to defend people against attack উঁচু দেয়াল এবং স্তম্ভওয়ালা বড়ো বাড়ি যা অতীতে জনগণকে আক্রমণ থেকে বাঁচানোর জন্য নির্মিত হত; দুর্গ, সুরক্ষিত প্রাসাদ *a medieval castle* **2** (in the game of **chess**) any of the four pieces placed in the corner squares of the board at the start of the game, usually made to look like a castle (দাবা খেলায়) খেলার শুরুতে বোর্ডের চারকোনায় স্থিত চারটি ঘুঁটির যে-কোনো একটি, সাধারণত যেগুলি দুর্গের মতো দেখতে; নৌকা

cast-off *noun* [C, *usually pl.*] a piece of clothing that you no longer want and that you give to sb else or throw away পরিত্যক্ত পোশাক যা অন্য কোনো ব্যক্তিকে দিয়ে দেওয়া হয় অথবা ফেলে দেওয়া হয় *When I was little I had to wear my sister's cast-offs.*

castrate / kæˈstreɪt ক্যা'স্ট্রেইট্ / *verb* [T] to remove part of the sexual organs of a male animal or person so that it cannot produce young মুষ্কচ্ছেদন করা, খোজা করা, জননশক্তি নষ্ট করা ➪ **neuter**[2] দেখো।
▶ **castration** / kæˈstreɪʃn ক্যা'স্ট্রেইশ্ন্ / *noun* [U] হীনবীর্যকরণ, মুষ্কচ্ছেদন

casual / ˈkæʒuəl ˈক্যাজুঅ্যাল্ / *adj.* **1** relaxed and not worried; without showing great effort or interest উদ্বেগমুক্ত এবং দুশ্চিন্তামুক্ত; মহৎ প্রচেষ্টা অথবা আগ্রহ প্রদর্শন ছাড়াই *I'm not happy about your casual attitude to your work.* **2** (used about clothes) not formal (পোশাক পরিচ্ছদ সম্বন্ধে ব্যবহৃত) ঘরোয়া, আটপৌরে, রীতিবর্জিত *I always change into casual clothes as soon as I get home from work.* **3** (used about work) done only for a short period; not regular or permanent (কাজ সম্বন্ধে ব্যবহৃত) অল্প সময়ের জন্য কৃত; অনিয়মিত অথবা অস্থায়ী *Most of the building work was done by casual labourers.*
▶ **casually** / ˈkæʒuəli ˈক্যাজুঅ্যালি / *adv.* রীতিবর্জিতভাবে, ঘরোয়াভাবে, অনিয়মিতভাবে *She walked in casually and said, 'I'm not late, am I?'* ○ *Dress*

casually, it won't be a formal party. **4** (*only before a noun*) happening by chance; doing sth by chance হঠাৎ ঘটে গেছে বা হঠাৎ কিছু করা হচ্ছে এমন; আকস্মিক *a casual meeting* **5** (*usually before a noun*) (used about relationships) without deep affection (সম্পর্ক সম্বন্ধে ব্যবহৃত) কোনো গভীর প্রীতি বা ভালোবাসা ছাড়া *a casual friendship*

casualty /ˈkæʒuəlti ˈক্যাজুঅ্যাল্‌টি / *noun* (*pl.* **casualties**) **1** [C] a person who is killed or injured in a war or an accident যুদ্ধ বা দুর্ঘটনায় নিহত বা আহত ব্যক্তি *After the accident the casualties were taken to hospital.* **2** [C] a person or thing that suffers as a result of sth else যে ব্যক্তি বা বস্তু অন্য কিছুর ফল বা পরিণামস্বরূপ কষ্টভোগ করে *Many small companies became casualties of the economic crisis.* **3** (*also* **casualty department,** *AmE* **emergency room**) [U] the part of a hospital where people who have been injured in accidents are taken for immediate treatment দুর্ঘটনায় আহত ব্যক্তিদের তাৎক্ষণিক চিকিৎসার জন্য হাসপাতালের বিশেষ অংশ বা ক্ষেত্র

cat / kæt ক্যাট্ / *noun* [C] **1** a small animal with soft fur that people often keep as a pet বেড়াল, বিড়াল, মার্জার, মেনি, হুলো **2** a wild animal of the cat family বিড়াল বর্গভুক্ত যে-কোনো বন্য প্রাণী *the big cats* (= lion, tiger, etc.) **NOTE** বিড়ালছানাকে **kitten** বলা হয় এবং পুরুষজাতীয় বিড়ালকে **tom** (হুলো) বলা হয়। কোনো বিড়াল যখন খুশিতে মৃদু আওয়াজ করে তাকে **purr** করা বলা হয়। এর থেকে জোরে আওয়াজ করলে **miaow** শব্দটি ব্যবহার করা হয়।

catalogue (*AmE* **catalog**) / ˈkætəlɒg ˈক্যাট্যালগ্ / *noun* [C] **1** a list of all the things that you can buy, see, etc. somewhere কোনো জায়গায় যেসব জিনিস কেনা, দেখা ইত্যাদি করা যায় তার তালিকা, ফর্দ অথবা লিস্ট **2** a series, especially of bad things ধারাবাহিকতা, বিশেষত কোনো অশুভ ঘটনার *a catalogue of disasters/errors/injuries* ▶ **catalogue** *verb* [T] তালিকা প্রস্তুত করা, তালিকাভুক্ত করা *She started to catalogue all the new library books.*

catalyse (*AmE* **catalyze**) / ˈkætəlaɪz ˈক্যাট্যালাইজ় / *verb* [T] to make a chemical reaction happen faster কোনো রাসায়নিক প্রতিক্রিয়াকে ত্বরান্বিত করা; অনুঘটন করা ▶ **catalysis** / kəˈtæləsɪs ক্যাˈট্যাল্যাসিস্ / *noun* [U] রাসায়নিক প্রতিক্রিয়া ত্বরান্বিতকরণ; অনুঘটন

catalyst /ˈkætəlɪst ˈক্যাট্যালিস্ট্ / *noun* [C] **1 a catalyst (for sth)** a person or a thing that causes change পরিবর্তন ঘটায় যে ব্যক্তি বা বস্তু *The scandal was the catalyst for the candidate's election defeat.* **2** a substance that makes a chemical reaction happen faster যে দ্রব্য রাসায়নিক প্রতিক্রিয়া ত্বরান্বিত করে; অনুঘটক ▶ **catalytic** / ˌkætəˈlɪtɪk ˌক্যাট্যাˈলিটিক্ / *adj.* অনুঘটন প্রক্রিয়া সংক্রান্ত

catalytic converter *noun* [C] a device used in motor vehicles to reduce the damage caused to the environment by poisonous gases মোটরগাড়ির যে যন্ত্রাংশ বিষাক্ত গ্যাসজনিত পরিবেশদূষণ কিছুটা কম করে

catamaran / ˌkætəməˈræn ˌক্যাট্যাম্যাˈর‍্যান্ / *noun* [C] a fast sailing boat with two **hulls** দুটো খোল বা কাঠামোযুক্ত দ্রুতগতির নৌকা ⇨ **boat**-এ ছবি দেখো।

catapult[1] / ˈkætəpʌlt ˈক্যাট্যাপাল্ট্ / (*AmE* **slingshot**) *noun* [C] a Y-shaped stick with a piece of elastic tied to each side that is used by children for shooting stones, Y-আকারের দণ্ডের দুদিকে ইলাস্টিক বেঁধে তৈরি করা খেলনা যা দিয়ে বাচ্চারা ঢিল বা পাথরের টুকরো ছোঁড়ে; গুলতি

catapult[2] / ˈkætəpʌlt ˈক্যাট্যাপাল্ট্/ *verb* [T] to throw sb/sth suddenly and with great force কোনো ব্যক্তি অথবা বস্তুকে আকস্মিকভাবে খুব জোরে ছুড়ে ফেলা *When the car crashed the driver was catapulted through the windscreen.* ○ (*figurative*) *The success of his first film catapulted him to fame.*

cataract / ˈkætərækt ˈক্যাট্যার‍্যাক্ট্ / *noun* [C] **1** a white area that grows over the eye as a result of disease চোখের ছানি; মোতিবিন্দু, মোতিবিম্ব **2** a large **waterfall** বৃহদাকার জলপ্রপাত অথবা ঝর্ণা

catarrh / kəˈtɑː(r) ক্যাˈটা:(র্) / *noun* [U] a thick liquid that forms in the nose and throat when you have a cold ঠান্ডা লাগার ফলে নাক ও গলায় যে ঘন তরল পদার্থ তৈরি হয়; সর্দি, শ্লেষ্মা, নাসাপ্রদাহ

catastrophe / kəˈtæstrəfi ক্যাˈট্যাস্ট্র্যাফি / *noun* [C] **1** a sudden disaster that causes great suffering or damage আকস্মিক বিপর্যয়, যা গুরুতর ক্লেশ ও ক্ষতির কারণ; চরম বিপত্তি, ধ্বংস অথবা সর্বনাশ *major catastrophes such as floods and earthquakes* **2** an event that causes great difficulty, disappointment, etc. এমন ঘটনা যার ফলে ঝঞ্ঝাট, কষ্ট, হতাশা ইত্যাদির সৃষ্টি হয় *It'll be a catastrophe if I fail the exam again.* ▶ **catastrophic** / ˌkætəˈstrɒfɪk ˌক্যাট্যাˈস্ট্রফিক্/ *adj.* সর্বনাশ, মহাবিপত্তিজনক, প্রলয়ংকর, মহাপরিবর্তনময় *The war had a catastrophic effect on the whole country.* **3** the **denouement** of a drama, especially a classical tragedy ধ্রুপদী সাহিত্য বা নাটকের শেষ পরিণতি বা শেষ অঙ্ক

catch[1] / kætʃ ক্যাচ্ / *verb* (*pt, pp* **caught** / kɔːt ক:ট্ /) **1** [T] to take hold of sth that is moving, usually with your hand or hands হাত দিয়ে ধরা, গ্রহণ করা অথবা লুফে নেওয়া *The dog caught the ball in its mouth.* **2** [T] to capture sb/sth that you have been following or looking for অনুসরণ

করা অথবা খোঁজা হচ্ছিল এমন ব্যক্তি বা বস্তুকে ধরা বা পাকড়ানো *Two policemen ran after the thief and caught him at the end of the street.* ○ *to catch a fish* **3** [T] to notice or see sb doing sth bad কোনো ব্যক্তিকে অন্যায় কাজ করতে লক্ষ করা অথবা দেখে ফেলা *I caught her taking money from my purse.* **4** [T] to get on a bus, train, plane, etc. বাস, ট্রেন, প্লেন ইত্যাদি ধরা *I caught the bus into town.* ✪ বিপ **miss** **5** [T] to be in time for sth; not to miss sb/sth কোনো কিছুর জন্য সময়মতো উপস্থিত হওয়া; কোনো ব্যক্তি বা বস্তুকে না ফসকানো বা না হারানো *We arrived just in time to catch the beginning of the film.* **6** [I, T] to become or cause sth to become accidentally connected to or stuck in sth হঠাৎ কোথাও আটকে যাওয়া অথবা কোনো বস্তুকে আটকে ফেলা *If we leave early we won't get caught in the traffic.* **7** [T] to hit sb/sth কোনো ব্যক্তি অথবা বস্তুর সঙ্গে ঠোকা খাওয়া *The branch caught him on the head.* **8** [T] to get an illness অসুখে আক্রান্ত হওয়া *to catch a cold/flu/measles* **9** [T] to hear or understand sth that sb says কোনো ব্যক্তির কথা বা বক্তব্য শোনা অথবা বোঝা *I'm sorry, I didn't quite catch what you said. Could you repeat it?*

IDM **catch sb's attention/eye** to make sb notice sth কোনো বস্তুর প্রতি কোনো ব্যক্তির দৃষ্টি আকর্ষণ করা *I tried to catch the waiter's eye so that I could get the bill.*

catch your breath **1** to rest after physical exercise so that your breathing returns to normal ব্যায়ামের পরে শ্বাসপ্রক্রিয়া স্বাভাবিক করার জন্য বিশ্রাম নেওয়া **2** to breathe in suddenly because you are surprised বিস্ময়ে হঠাৎ লম্বা নিঃশ্বাস নেওয়া

catch your death (of cold) to get very cold প্রবল ঠান্ডা লাগা, প্রবল শীত বোধ করা

catch fire to start burning, often accidentally (প্রায়ই দুর্ঘটনাবশত) আগুন লাগা অথবা ধরা *Nobody knows how the building caught fire.*

catch sb red-handed to find sb just as he/she is doing sth wrong অপরাধে লিপ্ত থাকাকালীন কোনো ব্যক্তিকে হাতেনাতে ধরা *The police caught the burglars red-handed with the stolen jewellery.*

catch sight/a glimpse of sb/sth to see sb/sth for a moment কোনো ব্যক্তি অথবা বস্তুকে একঝলক দেখা *We waited outside the theatre, hoping to catch a glimpse of the actress.*

catch the sun **1** to shine brightly in the sunlight রোদে ঝকমক করা *The panes of glass flashed as they caught the sun.* **2** to become burned or brown in the sun রোদে পুড়ে তামাটে হওয়া *Your face looks red. You've really caught the sun, haven't you?*

PHR V **catch on** (*informal*) **1** to become popular or fashionable জনপ্রিয় হওয়া অথবা কেতাদুরস্ত হওয়া *The idea has never really caught on in this country.* **2** to understand or realize sth (কোনো কিছু) অনুধাবন করা, উপলব্ধি করা, বোঝা, হৃদয়ংগম করা *She's sometimes a bit slow to catch on.*

catch sb out to cause sb to make a mistake by asking a clever question বুদ্ধিদীপ্ত প্রশ্ন করে কোনো ব্যক্তিকে বিপদে ফেলা বা ভুল করানো *Ask me anything you like—you won't catch me out.*

catch up (with sb); catch sb up to reach sb who is in front of you সামনের ব্যক্তিকে ধরে ফেলা বা তার কাছে যাওয়া *Shamita has missed so much school she'll have to work hard to catch up with the rest of the class.* ○ *Go on ahead, I'll catch you up in a minute.*

catch up on sth to spend time doing sth that you have not been able to do for some time যে কাজ কিছু সময়ের জন্য করতে পারা যায়নি সেই কাজে সময় ব্যয় করা *I'll have to go into the office at the weekend to catch up on my work.*

be/get caught up in sth to be or get involved in sth, usually without intending to অনিচ্ছাকৃতভাবে কিছুর সঙ্গে জড়িত হওয়া বা জড়িয়ে যাওয়া *I seem to have got caught up in a rather complicated situation.*

catch² / kætʃ ক্যাচ্ / *noun* [C] **1** an act of catching sth, for example a ball ধরা অথবা লোফার ক্রিয়া, যেমন বল **2** the amount of fish that sb has caught ধৃত মাছের পরিমাণ *The fishermen brought their catch to the harbour.* **3** a device for fastening sth and keeping it closed কোনো কিছু আটকানোর এবং বন্ধ রাখার উপকরণবিশেষ *I can't close my suitcase—the catch is broken.* ○ *a window catch* **4** a hidden disadvantage or difficulty in sth that seems attractive বাহ্যিকভাবে আকর্ষণীয় কোনো বস্তুর অন্তরালে থাকা কোনো প্রতিবন্ধক *It looks like a good offer but I'm sure there must be a catch in it.*

catching / ˈkætʃɪŋ ˈক্যাচিং / *adj.* (*not before a noun*) (*informal*) (used about a disease) that can easily be passed from one person to another (কোনো ব্যাধির সম্বন্ধে ব্যবহৃত) একজন থেকে অন্যজনে সহজেই সংক্রামিত হতে পারে এমন; সংক্রামক NOTE এই অর্থে **infectious** শব্দটি বেশি প্রচলিত।

catchment area / ˈkætʃmənt eəriə ˈক্যাচ্ম্যান্ট্ এআ্যারিআ্যা / *noun* [C] (*technical*) the area from which rain flows into a particular river or lake কোনো নির্দিষ্ট নদী অথবা সরোবরে যে অঞ্চল থেকে বৃষ্টির জল গড়িয়ে এসে পড়ে; অববাহিকা

catchphrase / ˈkætʃfreɪz ˈক্যাচ্ফ্রেইজ্ / *noun* [C] a phrase that becomes famous for a while because it is used by a famous person যে উক্তি কোনো বিখ্যাত ব্যক্তি ব্যবহার করার কারণে বহুপ্রচলিত হয়েছে ; আপ্তবাক্য

catchy / ˈkætʃi ˈক্যাচি / *adj.* (used about a tune or song) easy to remember (কোনো সুর বা গানের সম্বন্ধে ব্যবহৃত) মনে রাখা সহজ এমন ; মনোহর

catechism / ˈkætəkɪzəm ˈক্যাট্যাকিজ্‌ম্ / *noun* [*sing.*] a set of questions and answers that are used for teaching people about the beliefs of the Christian Church খ্রিস্টান চার্চের ধর্মীয় বিশ্বাস যেসব প্রশ্নোত্তরমালার মধ্য দিয়ে শেখানো হয়

categorical / ˌkætəˈɡɒrɪkl ˌক্যাট্যাˈগরিক্‌ল্ / *adj.* very definite সুনিশ্চিত, অনাপেক্ষিক, দ্ব্যর্থহীন *The answer was a categorical 'no'.* ▶ **categorically** / -kli -ক্‌লি / *adv.* পরিষ্কারভাবে, নিঃশর্তভাবে, প্রত্যক্ষভাবে *The Minister categorically denied the rumour.*

categorize (*also* **-ise**) / ˈkætəɡəraɪz ˈক্যাট্যাগ্যা-রাইজ্ / *verb* [T] to divide people or things into groups; to say that sb/sth belongs to a particular group ব্যক্তি অথবা বস্তুকে গোষ্ঠী বা শ্রেণি অনুসারে সাজানো; কোনো ব্যক্তি বা বস্তুকে শ্রেণি বা বর্গ অনুযায়ী আলাদা করা

category / ˈkætəɡəri ˈক্যাট্যাগ্যারি / *noun* [C] (*pl.* **categories**) a group of people or things that are similar to each other (জনগোষ্ঠী অথবা বস্তুবর্গ) একই শ্রেণিভুক্ত, একই বৈশিষ্ট্যসম্পন্ন *This painting won first prize in the junior category.* ○ *These books are* ***divided into categories*** *according to subject.*

cater / ˈkeɪtə(r) ˈকেইট্যা(র্) / *verb* [I] **1 cater for sb/sth; cater to sth** to provide what sb/sth needs or wants কোনো ব্যক্তি অথবা বস্তুর আকাঙ্ক্ষা অথবা চাহিদা পূরণ করা *We need a hotel that caters for small children.* ○ *The menu caters to all tastes.* **2** to provide and serve food and drink at an event or in a place that a lot of people go to বহু মানুষের সমাগম হয় এমন কোনো স্থানে বা অনুষ্ঠানের সময়ে খাদ্য ও পানীয়ের ব্যবস্থা করা এবং পরিবেশন করা

caterer / ˈkeɪtərə(r) ˈকেইট্যার‍্যা(র্) / *noun* [C] a person or business that provides food and drink at events or in places that a lot of people go to বহু মানুষ যায় এমন কোনো স্থানে বা অনুষ্ঠানের সময়ে খাদ্য এবং পানীয় পরিবেশন করে এমন ব্যক্তি অথবা সংগঠন

catering / ˈkeɪtərɪŋ ˈকেইট্যারিং / *noun* [U] the activity or business of providing food and drink at events or in places that a lot of people go to কোনো স্থানে অথবা অনুষ্ঠানের সময়ে খাদ্য এবং পানীয় সরবরাহ করার কাজ অথবা ব্যাবসা *the hotel and catering industry* ○ *Who's going to* ***do the catering*** *at the wedding?*

caterpillar / ˈkætəpɪlə(r) ˈক্যাট্যাপিল্যা(র্) / *noun* [C] a small hairy animal with a long body and a lot of legs, which eats the leaves of plants. A caterpillar later becomes an insect with large, often colourful wings (**a butterfly** or **a moth**) লম্বা শরীর ও অনেক পদবিশিষ্ট ছোটো লোমশ একধরনের প্রাণী যারা উদ্ভিদের পাতা খায়। এরা পরে বর্ণময় বড়ো পাখাযুক্ত পতঙ্গে (প্রজাপতি বা মথ) পরিণত হয়; শুঁয়োপোকা ➪ **insect**-এ ছবি দেখো।

catharsis / kəˈθɑːsɪs ক্যাˈথা:সিস্ / *noun* [U, C] (*pl.* **catharses** / kəˈθɑːsiːz ক্যাˈথা:সীজ় /) (*technical*) the process of expressing strong feeling, for example through plays or other artistic activities, as a way of getting rid of anger, reducing suffering, etc. (কোনো নাটক অথবা অন্যান্য শিল্পকর্মের মাধ্যমে) ক্রোধ, ক্লেশ ইত্যাদি প্রশমিত করার জন্য আবেগ অথবা বিভিন্ন প্রবল অনুভূতির প্রকাশের বাহ্য উপায়; বিশোধন; ক্যাথারসিস ▶ **cathartic** / kəˈθɑːtɪk ক্যাˈথা:টিক /*adj.* চিত্তশুদ্ধিকর, আবেগমুক্তিকর, রেচক *It was a cathartic experience.*

cathedral / kəˈθiːdrəl ক্যাˈথীড্র্যাল্ / *noun* [C] a large church that is the most important one in a district কোনো জেলার সবচেয়ে প্রধান এবং বড়ো গির্জা; ক্যাথিড্রাল

catheter / ˈkæθɪtə(r) ˈক্যাথিট্যা(র্) / *noun* [C] a thin tube that is put into the body in order to remove liquids শরীর থেকে তরল বর্জ্য পদার্থ নিষ্কাশনের জন্য যে সরু নল শরীরে লাগানো হয়; ক্যাথিটর

cathode / ˈkæθəʊd ˈক্যাথ্যাউড্ / *noun* [C] the place on a battery or other electrical device where the electric current leaves (ব্যাটারি অথবা বৈদ্যুতিক যন্ত্রে) ঋণাত্মক বৈদ্যুতিক প্রান্ত; ঋণতড়িৎদ্বার; ক্যাথোড ➪ **anode** দেখো।

cathode ray tube *noun* [C] a tube inside a television, computer screen, etc. inside which **electrons** produce images on the screen টেলিভিশন, কম্পিউটারের পর্দা ইত্যাদির ভিতরে যে নলের মধ্যে ইলেকট্রন ছবি তৈরি করে; ক্যাথোড রে টিউব

Catholic / ˈkæθlɪk ˈক্যাথ্‌লিক / = **Roman Catholic** ▶ **Catholicism** /kəˈθɒləsɪzəm ক্যাˈথল্যাসিজ়্যাম্ / = **Roman Catholicism**

cation / ˈkætaɪən ˈক্যাটাইঅ্যান্ / *noun* [C] (in chemistry) an **ion** with a positive electrical charge (রসায়নশাস্ত্রে) ধনাত্মক বৈদ্যুতিক চার্জযুক্ত আয়ন; ক্যাটায়ন ➪ **anion** দেখো।

catkin / ˈkætkɪn ˈক্যাট্‌কিন্ / *noun* [C] a group of very small soft flowers that grows on the branches of some trees. Some catkins are long and hang down like pieces of string; others are short and stand up কোনো কোনো বৃক্ষের শাখায় জাত নরম ছোটো ফুলের গুচ্ছ। কোনো কোনো গুচ্ছ লম্বা সুতোর মতো ঝুলে থাকে এবং অন্যরা ছোটো এবং সোজা হয়ে থাকে

cattle / ˈkætl ˈক্যাট্‌ল্ / *noun* [*pl.*] male and female cows, for example on a farm গরু, মোষ ইত্যাদি (স্ত্রী ও পুরুষ) গবাদি পশু *a herd of cattle* ➪ **cow**-এ নোট দেখো।

Caucasian / kɔːˈkeɪʒn ক:ˈকেইজ্‌ন্ / *noun* [C], *adj.* (of) a member of a race of people who have white or light-coloured skin হালকা অথবা ফর্সা রঙের ত্বকবিশিষ্ট মানব প্রজাতি; ককেশিয়ান

caucus / ˈkɔːkəs ˈক:ক্যাস্ / *noun* [C] **1** (*AmE*) a meeting of the members or leaders of a political party to choose representatives (**candidates**) or to decide policy; the members or leaders of a political party as a group রাজনৈতিক দলের নেতা ও সদস্যদের মধ্যে নীতি নির্ধারণের বিষয়ে সিদ্ধান্তগ্রহণ বা প্রতিনিধি নির্বাচনের বৈঠক বা মিটিং; এইধরনের রাজনৈতিক দলের নেতা অথবা সদস্যদের নিয়ে গঠিত গোষ্ঠী **2** a group of people with similar interests, often within a larger organization or political party একই বিষয়ে আগ্রহী জনগোষ্ঠী, প্রায়শ যারা আরও বড়ো কোনো সংগঠন বা রাজনৈতিক দলের অন্তর্ভুক্ত

caught ➪ **catch**[1]-এর past tense এবং past participle

cauldron (*AmE* **caldron**) / ˈkɔːldrən ˈক:ল্‌ড্র্যান্ / *noun* [C] a large, deep, metal pot that is used for cooking things over a fire রান্নার জন্য ব্যবহৃত বড়ো, গভীর ধাতব পাত্র; কড়াই, কটাহ

cauliflower / ˈkɒliflaʊə(r) ˈকলিফ্লাউঅ্যা(র্) / *noun* [C, U] a large vegetable with green leaves and a round white centre that you eat when it is cooked ফুলকপি ➪ **vegetable**-এ ছবি দেখো।

cause[1] / kɔːz ক:জ্ / *noun* **1** [C] a thing or person that makes sth happen কোনো ব্যক্তি বা বস্তু যার কারণে কিছু ঘটে; হেতু, কারণ, ফলোৎপাদক, কার্যসম্পাদক *The police do not know the cause of the accident.* ○ *Smoking is one of the causes of heart disease.* **2** [U] **cause (for sth)** reason for feeling sth or behaving in a particular way কোনো নির্দিষ্ট অনুভূতি অথবা আচরণের কারণ অথবা যুক্তি *The doctor assured us that there was no* ***cause for concern****.* ○ *I don't think you have any real* ***cause for complaint****.* **3** [C] an idea or organization that a group of people believe in and support কোনো আদর্শ অথবা সংগঠন যা কোনো জনগোষ্ঠী বিশ্বাস বা সমর্থন করে *We are all committed to the cause of racial equality.*

IDM **a lost cause** ➪ **lost**[2] দেখো।

be for/in a good cause to be worth doing because it will help other people অপরের পক্ষে সহায়ক বা উপকারী হওয়ার কারণে কোনো কৃত কাজ সার্থক হওয়া

cause[2] / kɔːz ক:জ্ / *verb* [T] to make sth happen কোনো কিছু ঘটানো, সংগঠিত করা, কারণস্বরূপ হওয়া *The fire was caused by an electrical fault.* ○ *Is your leg causing you any pain?*

causeway / ˈkɔːzweɪ ˈক:জ়উএই / *noun* [C] a road or path that is built higher than the area around it in order to cross water or wet ground জল অথবা জোলো জায়গার উপর দিয়ে পারাপার করার জন্য অপেক্ষাকৃত উঁচু করে তৈরি রাস্তা বা পথ; বন্ধসেতু, বাধ-সেতু *The island is connected to the mainland by a causeway.*

caustic / ˈkɔːstɪk ˈক:স্টিক্ / *adj.* **1** (used about a substance) able to burn or destroy things by chemical action (কোনো পদার্থ সম্বন্ধে ব্যবহৃত) রাসায়নিক প্রক্রিয়ার দ্বারা পুড়িয়ে দিতে বা নষ্ট করতে সক্ষম এমন জিনিস; ক্ষয়কারী বস্তু **2** critical in a cruel way শ্লেষাত্মক, তীব্র, তিক্ত *a caustic remark*

caustic soda *noun* [U] a chemical used in making paper and soap সাবান ও কাগজ উৎপাদনে ব্যবহার করা হয় এমন একরকম রাসায়নিক পদার্থ; কস্টিক সোডা

caution[1] / ˈkɔːʃn ˈক:শ্‌ন্ / *noun* **1** [U] great care, because of possible danger সম্ভাব্য বিপদের আশঙ্কায় বিশেষ সাবধানতা; সতর্কতা *Any advertisement that asks you to send money should be treated* ***with caution****.* **2** [C] a spoken warning that a judge or police officer gives to sb who has committed a small crime ছোটো অপরাধের জন্য বিচারকের ভর্ৎসনাপূর্বক সাবধানবাণী; হুঁশিয়ারি, সতর্কবার্তা

caution[2] / ˈkɔːʃn ˈক:শ্‌ন্ / *verb* [I, T] **1 caution (sb) against sth** to warn sb not to do sth কোনো ব্যক্তিকে কোনো কাজ না-করার জন্য সাবধান করে দেওয়া *The Prime Minister's advisers have cautioned against calling an election too early.* **2** to give sb an official warning সরকারিভাবে অথবা আনুষ্ঠানিকভাবে কোনো ব্যক্তিকে সতর্ক করা বা হুঁশিয়ারি দেওয়া *Akram was cautioned by the referee for wasting time.*

cautionary / ˈkɔːʃənəri ˈক:শ্যান্যারি / *adj.* giving a warning সতর্কতামূলক, সাবধানতামূলক *The teacher told us a* ***cautionary tale*** *about a girl who cheated in her exams.*

cautious / ˈkɔːʃəs ˈক:শ্যাস্ / *adj.* taking great care to avoid possible danger or problems সম্ভাব্য বিপদ অথবা সমস্যা এড়াতে অত্যন্ত সতর্ক *I'm very cautious about expressing my opinions in public.*
▶ **cautiously** *adv.* সতর্কতার সঙ্গে; সাবধানে

cavalry / ˈkævlri ˈক্যাভ্‌ল্রি / *noun* [*sing., with sing. or pl. verb*] the part of the army that fought on horses in the past; the part of the modern army that uses heavily protected vehicles (অতীতে) অশ্বারোহী সেনাবাহিনী; (বর্তমানে) সাঁজোয়া সৈন্যবাহিনী

cave[1] / keɪv কেইভ্ / *noun* [C] a large hole in the side of a cliff or hill, or under the ground দুরারোহ পর্বতগাত্রে বা ছোটো টিলায় অথবা ভূগর্ভে অবস্থিত বড়ো গর্ত; গুহা, বিবর, গিরিকন্দর, গহ্বর, দরী

cave[2] / keɪv কেইভ্ / *verb*

PHR V **cave in** **1** to fall in ভেঙে পড়া, ধ্বসে পড়া *The roof of the tunnel had caved in and we could go no further.* **2** to suddenly stop arguing or being against sth হঠাৎ তর্ক বন্ধ করা অথবা কোনো কিছুর বিরোধিতা না করা; হার মেনে নিয়ে সম্মত হওয়া *He finally caved in and agreed to the plan.*

caveman / ˈkeɪvmæn ˈকেইভ্‌ম্যান্ / *noun* [C] (*pl.* **-men** / -men -মেন্ /) **1** a person who lived many thousands of years ago in **caves** (প্রাচীন কালের) গুহামানব, গুহাবাসী মানুষ **2** (*informal*) a man who behaves in an aggressive way উদ্ধত বা আক্রমণাত্মক ব্যবহার করে যে ব্যক্তি

cavern / ˈkævən ˈক্যাভ্যান্ / *noun* [C] a large, deep hole in the side of a hill or under the ground; a big cave পাহাড়ের গায়ে অথবা মাটির নীচে খুব বড়ো গভীর গুহা; গহ্বর, গুহা ➪ **limestone**-এ ছবি দেখো।

caviar (*also* **caviare**) / ˈkæviɑ:(r) ˈক্যাভিআ:(র্) / *noun* [U] the eggs of a large fish (**a sturgeon**) that we eat. Caviar is usually very expensive এক জাতীয় বড়ো মাছের (স্টর্জন) ডিম যা খাওয়া যায়। এটি সাধারণত অত্যন্ত দামি; কেভিয়ার

cavity / ˈkævəti ˈক্যাভ্যাটি / *noun* [C] (*pl.* **cavities**) an empty space inside sth solid নিরেট কোনো বস্তুর মধ্যে খালি স্থান; ফাঁক, কোটর, ফোকর, গর্ত *a cavity in a tooth* ○ *a wall cavity*

cayenne / keɪˈen কেইˈএন্ / (*also* **cayenne pepper**) *noun* [U] a type of red pepper used in cooking to give a hot flavour to food একজাতীয় লাল লঙ্কা যা খাবারে ঝাঁজালো স্বাদ আনতে বা ঝাল দিতে ব্যবহৃত হয়

cc / ˌsi: ˈsi: ˌসী ˈসী / *abbr.* 'cubic centimetre(s)' ঘনসেন্টিমিটার *a 1200 cc engine*

CCTV / ˌsi: si: ti: ˈvi: ˌসী সী টী ˈভী / *abbr.* 'closed-circuit television' ক্লোজডসার্কিট টেলিভিশনের সংক্ষিপ্ত রূপ; বন্ধ অথবা সীমিত গতিপথের টেলিভিশন; সংবৃতবর্তনী টেলিভিশন; সি সি টি ভি

CD / ˌsi: ˈdi: ˌসী ˈডী / (*also* **compact disc**) *noun* [C] a small, round piece of hard plastic on which sound is recorded or information stored শক্ত প্লাস্টিকের তৈরি ক্ষুদ্রাকার, চ্যাপটা গোল টুকরো যার মধ্যে শব্দগ্রহণ করা যায় বা অনেক তথ্য সংরক্ষণ করা যায়; সীডী, কম্প্যাক্ট ডিস্ক

CD-ROM / ˌsi: di: ˈrɒm ˌসী ডী ˈরম্ / *noun* [C, U] compact disc read-only memory; a CD for use on a computer, which has a lot of information recorded on it. The information cannot be changed or removed কমপ্যাক্ট ডিস্ক রীড ওনলি মেমারি; কম্পিউটারে ব্যবহৃত এই বিশেষ সীডী-তে প্রচুর তথ্য সংরক্ষণ করা থাকে। এই সংরক্ষিত তথ্য বদলানো বা মোছা যায় না; সীডী-রম

cease / si:s সীস্ / *verb* [I, T] (*formal*) to stop or end বন্ধ হওয়া, থামা, বিরত হওয়া, নিবৃত্ত হওয়া *Fighting in the area has now ceased.* ○ *That organization has ceased to exist.*

ceasefire / ˈsi:sfaɪə(r) ˈসীস্‌ফাইঅ্যা(র্) / *noun* [C] an agreement between two groups to stop fighting each other দুই দল বা গোষ্ঠীর মধ্যে যুদ্ধবিরতির চুক্তি; অস্ত্রসংবরণ ➪ **truce** দেখো।

ceaseless / ˈsi:sləs ˈসীস্‌ল্যাস্ / *adj.* continuing for a long time without stopping অবিরাম, অবিশ্রান্ত, নিরবচ্ছিন্ন, বিরামহীন, একটানা ► **ceaselessly** *adv.* অবিশ্রান্তভাবে, বিরামহীনভাবে

cedar / ˈsi:də(r) ˈসীড্যা(র্) / *noun* **1** [C] a type of large tree that never loses its leaves and has wide spreading branches বিশেষ একজাতীয় মহাচ্ছায় চিরহরিৎ বৃক্ষ; সীডার গাছ **2** (*also* **cedarwood** / ˈsi:dəwʊd ˈসীড্যাউউড্ /) [U] the hard red wood of the cedar tree সীডার গাছের লাল রঙের শক্ত কাঠ

cede / si:d সীড্ / *verb* [T] (*written*) to give land or control of sth to another country or person অন্য দেশ বা অন্য কোনো ব্যক্তির হাতে জমি বা অন্য কিছুর অধিকার অর্পণ করা

ceiling / ˈsi:lɪŋ ˈসীলিং / *noun* [C] **1** the top surface of the inside of a room ঘরের ভিতরে উপরকার দেয়াল; ছাদের ভিতর দিক; ঘরের ভিতরের সিলিং *a room with a high/low ceiling* **2** a top limit সর্বোচ্চ সীমা *The Government has put a 10% ceiling on wage increases.*

ceiling-fan *noun* [C] (*IndE*) an electric fan that hangs from the ceiling of a room and is used to create a current of cool air ঘরের মধ্যে ঠান্ডা হাওয়া চলাচলের জন্য উপর থেকে ঝোলানো বৈদ্যুতিক পাখা; সীলিং ফ্যান

celebrate / ˈselɪbreɪt ˈসেলিব্রেইট্ / *verb* [I, T] to do sth to show that you are happy about sth that has happened or because it is a special day কোনো কিছু ঘটার ফলে খুশি বা আনন্দ দেখানোর জন্য কিছু করা অথবা বিশেষ কোনো দিন পালন করা; বিশেষ দিন উদ্‌যাপন করা, উৎসব করা *When I got the job we celebrated by going out for a meal.* ○ *My grandmother celebrated her 90th birthday yesterday.* ► **celebratory** / ˌseləˈbreɪtəri ˌসেল্যাˈব্রেইট্যারি / *adj.* বিজয়োৎসব সংক্রান্ত *We went out for a celebratory meal after the match.*

celebrated / ˈselɪbreɪtɪd ˈসেলিব্রেইটিড্ / *adj.* (*formal*) famous বিখ্যাত, নামকরা, খ্যাতনামা, প্রসিদ্ধ *a celebrated poet*

celebration / ˌselɪˈbreɪʃn ˌসেলিˈব্রেইশ্‌ন্ / *noun* [C, U] the act or occasion of doing sth enjoyable because sth good has happened or because it is a special day ভালো কোনো কিছু ঘটার কারণে অথবা বিশেষ কোনো দিনের জন্য উপভোগ্য ক্রিয়াকলাপ বা অনুষ্ঠান; (বিশেষ দিনের) উৎসবানুষ্ঠান, আনন্দ-উৎসব, পালন, উদ্‌যাপন *Diwali celebrations* ○ *I think this is an occasion for celebration!*

celebrity / səˈlebrəti স্যাˈলেব্র্যাটি / *noun* [C] (*pl.* **celebrities**) a famous person কোনো বিখ্যাত অথবা খ্যাতনামা ব্যক্তি, নামকরা লোক *a TV celebrity*

celery / ˈseləri ˈসেল্যারি / *noun* [U] a vegetable with long green and white sticks that can be eaten without being cooked লম্বা, সবুজ এবং সাদা রঙের রসালো একধরনের ডাঁটা যা কাঁচা খাওয়া যায়; সেলেরি *a stick of celery*

celestial / səˈlestiəl স্যাˈলেস্‌টিঅ্যাল্ / *adj.* (*formal or literary*) (*usually before a noun*) of the sky or of heaven আকাশ সংক্রান্ত; স্বর্গীয় *celestial bodies* ○ *celestial light/music* ➪ **terrestrial** দেখো।

celibate / ˈselɪbət ˈসেলিব্যাট্ / *adj.* (*formal*) not married and not having sexual relations, often because of religious beliefs (প্রধানত) ধর্মীয় বিশ্বাসের কারণে অবিবাহিত ও যৌন সংসর্গরহিত; ব্রহ্মচর্য পালন অথবা কৌমার্যব্রতধারণ ▶ **celibacy** / ˈselɪbəsi ˈসেলিব্যাসি / *noun* [U] কৌমার্য, ব্রহ্মচর্য

cell / sel সেল্ / *noun* [C] **1** the smallest living part of an animal or a plant উদ্ভিদকোষ; জীবকোষ *The human body consists of millions of cells.* ○ *red blood cells* **2** a small room in a prison or police station in which a prisoner is locked জেলখানায় বা থানায় কয়েদিকে বন্ধ করে রাখার ছোটো ঘর **3** a device for producing an electric current, for example by the action of chemicals or light রাসায়নিক অথবা আলোক প্রক্রিয়ার দ্বারা বৈদ্যুতিক প্রবাহ উৎপাদন করার যন্ত্রবিশেষ; তড়িৎকোষ *solar cells*

cellar / ˈselə(r) ˈসেল্যা(র্) / *noun* [C] an underground room that is used for storing things ভূগর্ভস্থ ভাঁড়ার; ভূভাণ্ডার ➪ **basement** দেখো।

cellist / ˈtʃelɪst ˈচেলিস্ট্ / *noun* [C] a person who plays the **cello** চেলোর (বাদ্যযন্ত্র) বাদক

cello / ˈtʃeləʊ ˈচেল্যাউ/ *noun* [C] (*pl.* **cellos**) a large musical instrument with strings. You sit down to play it and hold it between your knees তারসহ একরকম বড়ো আকারের বাদ্যযন্ত্র যা দুই হাঁটুর মধ্যে রেখে বসে-বসে বাজানো যায়; চেলো

Cellophane™ / ˈseləfeɪn ˈসেল্যাফেইন্ / *noun* [U] a transparent plastic material used for covering things জিনিসপত্র মোড়ার জন্য ব্যবহৃত একজাতীয় স্বচ্ছ প্লাস্টিকের কাগজ; সেলোফেন

cellphone / ˈselfəʊn ˈসেল্‌ফ্যাউন্ / (*also* **cellular phone**) = **mobile phone**

cellular / ˈseljələ(r) ˈসেলিঅ্যাল্যা(র্) / *adj.* consisting of **cells 1** কোষযুক্ত, কোষীয় *cellular tissue*

cellulose / ˈseljuləʊs ˈসেলিউল্যাউস্ / *noun* [U] a natural substance that forms the cell walls of all plants and trees and is used in making plastics, paper, etc. সমস্ত উদ্ভিদের কোষপ্রাচীরের প্রধান প্রাকৃতিক উপাদান যা প্লাস্টিক, কাগজ ইত্যাদি তৈরির কাজে ব্যবহৃত হয়; সেলুলোজ

Celsius / ˈselsiəs ˈসেল্‌সিঅ্যাস্ / (*also* **centigrade**) *adj.* (*abbr.* **C**) the name of a scale for measuring temperatures, in which water freezes at 0° and boils at 100° তাপমাত্রার পরিমাপকের নাম, যার হিসেবে জলের হিমাঙ্ক ০° এবং স্ফুটনাঙ্ক ১০০° *The temperature tonight will fall to 7°C.* ➪ **Fahrenheit** and **Kelvin** দেখো।

cement¹ / sɪˈment সিˈমেন্ট্ / *noun* [U] a grey powder, that becomes hard after it is mixed with water and left to dry. It is used in building for sticking bricks or stones together or for making very hard surfaces ইঁট এবং পাথর গাঁথার জন্য অথবা শক্ত কোনো পৃষ্ঠতল তৈরির জন্য ব্যবহৃত ধূসর রঙের গুঁড়ো পদার্থবিশেষ যা জলের সঙ্গে মেশানোর পরে শুকিয়ে গেলে শক্ত হয়ে জমে যায়; সিমেন্ট

cement² / sɪˈment সিˈমেন্ট্ / *verb* [T] **1** to join two things together using cement, or a strong sticky substance সিমেন্ট অথবা সিমেন্টের মতো কোনো আঠালো পদার্থ দিয়ে দুটো বস্তুকে জোড়া অথবা গাঁথা **2** to make a relationship, agreement, etc. very strong কোনো সম্বন্ধ, চুক্তি ইত্যাদি দৃঢ়বদ্ধ করা *This agreement has cemented the relationship between our two countries.*

cement mixer (*also* **concrete mixer**) *noun* [C] a machine with a large round container (**a drum**) that holds sand, water and a grey powder (**cement**) and turns to mix them all together যে বড়ো, গোল যন্ত্রের মধ্যে বালি, জল বা সিমেন্ট একত্রে দিয়ে ঘুরিয়ে ঘুরিয়ে মেশানো হয়

cemetery / ˈsemətri ˈসেম্যাট্রি / *noun* [C] (*pl.* **cemeteries**) a place where dead people are buried, especially a place that does not belong to a church যে স্থানে মৃত ব্যক্তিদের কবর দেওয়া হয় (বিশেষত সেই স্থান যা কোনো গির্জার অন্তর্ভুক্ত নয়); কবরখানা, সমাধিক্ষেত্র, কবরস্থান, গোরস্থান ➪ **grave-yard** এবং **churchyard** দেখো।

censor¹ / ˈsensə(r) ˈসেন্‌স্যা(র্) / *verb* [T] to remove the parts of a book, film, etc. that might offend people or that are considered politically dangerous বই, চলচ্চিত্র ইত্যাদিতে জনগণের পক্ষে আপত্তিজনক অথবা রাজনৈতিকভাবে বিপজ্জনক এমন অংশ বাদ দেওয়া বা ছেঁটে ফেলা; বিবাচন করা; সেন্সর করা ▶ **censorship** *noun* [U] বিবাচন; সেন্সরশিপ *state censorship of radio and television programmes*

censor² / ˈsensə(r) ˈসেন্স্যা(র্) / *noun* [C] an official who censors books, films, etc. যে ভারপ্রাপ্ত কর্মচারী বই, চলচ্চিত্র ইত্যাদি বিবাচন করেন; বিবাচক

censure / ˈsenʃə(r) ˈসেন্শ্যা(র্) / *verb* [T] (*written*) to tell sb, in a strong and formal way, that he/she has done sth wrong ভুল করার জন্য কোনো ব্যক্তিকে দৃঢ় এবং প্রথাগতভাবে ভর্ৎসনা অথবা তিরস্কার করা *The attorney was censured for not revealing the information earlier.* ▶ **censure** *noun* [U] ভর্ৎসনা, বিরুদ্ধ সমালোচনা, নিন্দা, তিরস্কার

census / ˈsensəs ˈসেন্স্যাস্ / *noun* [C] (*pl.* **censuses**) an official count of the people who live in a country, including information about their ages, jobs, etc. সরকারিভাবে কোনো দেশের লোকগণনা (তাদের বয়স, কাজ ইত্যাদি সম্বন্ধে তথ্য সমেত); আদমসুমারি

centenary / senˈti:nəri সেন্ˈটীন্যারি / *noun* [C] (*pl.* **centenaries**) (*AmE* **centennial** /senˈteniəl সেন্ˈটেনিঅ্যাল্/) the year that comes exactly one hundred years after an important event or the beginning of sth শতবর্ষ, শতবার্ষিকী, শতবার্ষিক *The year 2001 was the centenary of Disney's birth.*

center (*AmE*) = **centre**

centi- / ˈsentɪ- ˈসেন্টি-/ *prefix* (*in nouns*) **1** one hundred একশত, একশো *centipede* **2** (often used in units of measurement) one **hundredth** (প্রায়শ পরিমাপনের এককে ব্যবহৃত) একশত ভাগের এক ভাগ *centilitre*

centigrade / ˈsentɪgreɪd ˈসেন্টিগ্রেইড্ / = **Celsius**

centimetre (*AmE* **centimeter**) / ˈsentɪmi:tə(r) ˈসেন্টিমীট্যা(র্) / *noun* [C] (*abbr.* **cm**) a measure of length. There are 100 centimetres in a metre দৈর্ঘ্য পরিমাপনের একক, সেন্টিমিটার। এক মিটারে ১০০ সেন্টিমিটার থাকে

centipede / ˈsentɪpi:d ˈসেন্টিপীড্ / *noun* [C] a small animal like an insect, with a long thin body and very many legs লম্বা, সরু দেহ এবং বহুপদবিশিষ্ট (পতঙ্গের মতো); ছোটো প্রাণী শতপদ

central /ˈsentrəl ˈসেন্ট্র্যাল্ / *adj.* **1** in the centre of sth কোনো কিছুর মধ্যস্থলে, মধ্যবর্তী, কেন্দ্রীয়, কেন্দ্রস্থ *a map of central Europe* ○ *Our flat is very central* (= near the centre of the city and therefore very convenient). **2** most important; main সবচেয়ে গুরুত্বপূর্ণ; প্রধান, মুখ্য, মূল, নেতৃস্থানীয় *The film's central character is a fifteen-year-old girl.* **3** (*only before a noun*) having control over all other parts অন্য সকল অংশ অথবা শাখার উপর যার নিয়ন্ত্রণ আছে এমন; কেন্দ্রীয় *central government* (= the government of a whole country, not local government) ○ *the central nervous system*

central heating *noun* [U] a system for heating a building from one main point. Air or water is heated and carried by pipes to all parts of the building একটি প্রধান স্থান থেকে সমগ্র অট্টালিকা বা বাড়িটিকে উষ্ণ করার ব্যবস্থা। বায়ু অথবা জলকে পাইপ বা নলের সাহায্যে বাড়ির সকল অংশে পৌঁছে দিয়ে উষ্ণতা প্রদান করা হয়; কেন্দ্রীয় তাপ-ব্যবস্থা

centralize (*also* **-ise**) / ˈsentrəlaɪz ˈসেন্ট্র্যালাইজ্ / *verb* [T] (*usually passive*) to give control of all the parts of a country or organization to a group of people in one place কেন্দ্রীকরণ অথবা কেন্দ্রীভূত করা, কেন্দ্রীয় কর্তৃত্ব অথবা নিয়ন্ত্রণের অধীনে আনা *Our educational system is becoming increasingly centralized.* ▶ **centralization** (*also* **-isation**) / ˌsentrəlaɪˈzeɪʃn ˌসেন্ট্র্যালাইˈজেইশ্ন্ / *noun* [U] কেন্দ্রীকরণ, কেন্দ্রীভবন

centrally / ˈsentrəli ˈসেন্ট্র্যালি / *adv.* in or from the centre মধ্যে, মধ্যভাগে, কেন্দ্রে, কেন্দ্রীয়ভাবে, কেন্দ্রগতভাবে *a centrally located hotel* (= near the centre of the town)

central processing unit *noun* [C] (*abbr.* **CPU**) (*computing*) the part of a computer that controls all the other parts of the system কম্পিউটারের কেন্দ্রীয় অংশ যা অন্য বিভিন্ন অংশকে নিয়ন্ত্রণ করে; সেন্ট্রাল প্রোসেসিং ইউনিট

central reservation (*AmE* **median; median strip**) *noun* [C] a narrow piece of land with a barrier that separates the two sides of a highway হাইওয়ে বা প্রধান কোনো রাস্তার মধ্যবর্তী (বাধাস্বরূপ) অংশবিশেষ যা গাড়ি আসা এবং যাওয়ার রাস্তা বিভক্ত করে

centre¹ (*AmE* **center**) / ˈsentə(r) ˈসেন্ট্যা(র্) / *noun* **1** [C, *usually sing.*] the middle point or part of sth কেন্দ্রবিন্দু; কেন্দ্রে অবস্থিত, কেন্দ্রস্থ, মধ্যস্থল, মধ্যদেশ *I work in the centre of New Delhi.* ○ *She hit the target dead centre* (= exactly in the centre). ➪ **middle**-এ নোট এবং **circle**-এ ছবি দেখো। **2** [C] a building or place where a particular activity or service is based কোনো বাড়ি অথবা স্থান যেটি বিশেষ কোনো কার্যকলাপ বা পরিষেবার ভিত্তিগৃহ অথবা কেন্দ্রস্থল; কেন্দ্র *a sports/health/shopping centre* ○ *This university is a centre of excellence for medical research.* **3** [C] a place where sb/sth is collected together; the point towards which sth is directed যে স্থানে অনেক ব্যক্তি অথবা বস্তু একত্রিত করা হয়; কোনো বস্তু যে বিন্দুর দিকে নির্দিষ্ট হয় *major urban/industrial*

C

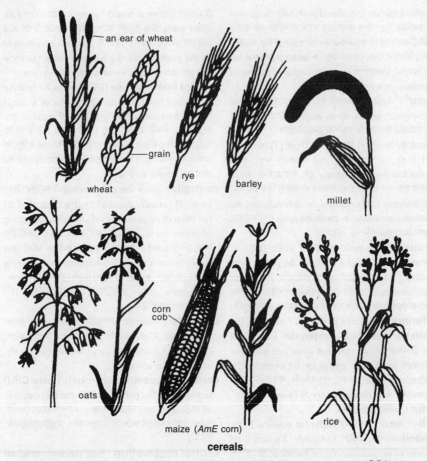

an ear of wheat
grain
wheat
rye
barley
millet
corn cob
oats
maize (*AmE* corn)
rice

cereals

centres ○ *She always likes to be* ***the centre of attention****.* ○ *You should bend your legs to keep a low* ***centre of gravity****.* **4** [*sing.*] a political position that is not extreme মধ্যপন্থী রাজনৈতিক অবস্থান *Her views are left of centre.*

centre² (*AmE* **center**) /ˈsentə(r) ˈসেন্ট্যা(র্) / *verb*
PHR V centre on/around sb/sth to have sb/sth as its centre (কোনো ব্যক্তি অথবা বস্তুর) কেন্দ্রীভূত হওয়া, কেন্দ্রবিন্দু বা কেন্দ্রে থাকা, মধ্যস্থলে থাকা *The life of the village centres on the school and the community centre.*

centric / ˈsentrɪk ˈসেন্ট্রিক / *suffix* (*used in compounds*) concerned with or interested in the thing mentioned উল্লিখিত বিষয়ের সঙ্গে সম্বন্ধিত বা তার প্রতি আগ্রহান্বিত; কেন্দ্রিক *Indocentric policies*

centrifugal / ˌsentrɪˈfjuːgl ˌসেন্ট্রিˈফিউগল্ / *adj.* (*technical*) moving away from a centre point কেন্দ্রাতিগ, বহির্মুখী, কেন্দ্রবিমুখ, অপকেন্দ্রিক *centrifugal force*

centrifuge / ˈsentrɪfjuːdʒ ˈসেন্ট্রিফিউজ্ / *noun* [C] (*technical*) a machine with a part that turns round very quickly to separate substances, for example liquids from solids, by forcing the heavier substance to the outer edge বিভিন্ন পদার্থ পৃথক বা আলাদা করার জন্য খুব দ্রুতগতিতে ঘোরে এমন অংশসমেত কোনো যন্ত্রবিশেষ, উদাহরণস্বরূপ যেটি কঠিন পদার্থ থেকে তরল পদার্থকে আলাদা করার জন্য অপেক্ষাকৃত ভারী পদার্থটিকে বাইরের দিকে ছিটকে দেয়; অপকেন্দ্রক যন্ত্র

centripetal / ˌsentrɪˈpiːtl ˌসেন্ট্রিˈপীট্ল্ / *adj.* (*technical*) moving towards a centre point কেন্দ্রাভিমুখী, অভিকেন্দ্রিক, কেন্দ্রাভিগ

century / ˈsentʃəri ˈসেনচ্যারি / *noun* [C] (*pl.* **centuries**) **1** a particular period of 100 years that is used for giving dates শতাব্দী, শতক *We live in the 21st century* (= the period between the year 2000 and 2099). **2** any period of 100 years একশো বছরের যে-কোনো সময়কাল; শতবর্ষ, শতক *People* *have been making carpets in this area for centuries.*

CEO / ˌsiː iː ˈəʊ ˌসী ঈ ˈঅ্যাউ / *abbr.* the abbreviation for 'chief executive officer'; the person with the most powerful position in a company or business চীফ এক্সিকিউটিভ অফিসার-এর সংক্ষিপ্ত রূপ; কোনো সংস্থা অথবা ব্যাবসার সর্বোচ্চ পদাধিকারী ব্যক্তি; সিইও

cephalopod / ˈsefələpɒd ˈসেফ্যাল্যাপড্ / *noun* [C] any of the **class** of sea animals that have a large soft head, large eyes and eight or ten long thin legs (**tentacles**) নরম বড়ো মাথা, বড়ো চোখ আর আটটি বা দশটি লম্বা সরু শুঁড়বিশিষ্ট একজাতীয় সামুদ্রিক প্রাণী, মস্তকপদী প্রাণী *Octopus and squid are cephalopods.*

ceramic / səˈræmɪk স্যাˈর‍্যামিক্ / *adj.* made of clay that has been baked চীনামাটি দ্বারা নির্মিত *ceramic tiles* ▶ **ceramic** *noun* [C, *usually pl.*] চীনামাটির কাজ, চীনামাটির শিল্পকলা; মৃৎশিল্প *an exhibition of ceramics*

cereal / ˈsɪəriəl ˈসিঅ্যারিঅ্যাল্ / *noun* [C, U] **1** any type of grain that can be eaten or made into flour, or the grass that the grain comes from যে-কোনো ধরনের শস্যদানা যা খাওয়া যায় অথবা ময়দার মতো গুঁড়ো করে নেওয়া যায় অথবা সেই ঘাস যা থেকে শস্যের দানা উৎপন্ন হয়; শস্যদানা, খাদ্যশস্য (গম, ধান, যব ইত্যাদি) *Wheat, barley and rye are cereals.* **2** a food that is made from grain, often eaten for breakfast with milk শস্যদানা থেকে তৈরি খাদ্য যা প্রায়শ প্রাতরাশে দুধ দিয়ে খাওয়া হয় *a bowl of cereal*

cerebellum / ˌserɪˈbeləm ˌসেরিˈবেল্যাম্ / *noun* [C] (*pl.* **cerebellums** or **cerebella** /-ˈbelə -ˈবেল্যা/) the part of the brain at the back of the head that controls the movement of the muscles মাথার পিছনের দিকে অবস্থিত মস্তিষ্কের সেই অংশ যা পেশির গতিবিধি নিয়ন্ত্রণ করে; লঘুমস্তিষ্ক

cerebral / ˌserəbrəl ˌসের‍্যাব্র্যাল্ / *adj.* of the brain মস্তিষ্ক জনিত, মস্তিষ্ক সংক্রান্ত, মস্তিষ্ক ঘটিত

cerebral palsy *noun* [U] a medical condition, usually caused by brain damage before or at birth, that causes the loss of control of the arms and legs সাধারণত জন্মের আগে অথবা জন্মের মুহূর্তে মস্তিষ্কের ক্ষতি যার ফলে হাত এবং পায়ের উপর নিয়ন্ত্রণ থাকে না

ceremonial / ˌserɪˈməʊniəl ˌসেরিˈম্যাউনিঅ্যাল্ / *adj.* connected with a ceremony আনুষ্ঠানিক, অনুষ্ঠানমূলক *a ceremonial occasion* ▶ **ceremonially** / -niəli -নিঅ্যালি / *adv.* আনুষ্ঠানিকভাবে, শাস্ত্রসম্মতভাবে

ceremony / ˈserəməni ˈসের‍্যাম্যানি / *noun* (*pl.* **ceremonies**) **1** [C] a formal public or religious event সামাজিক বা ধর্মীয় আচার-অনুষ্ঠান, বিধি অথবা সংস্কার *the opening ceremony of the Olympic Games* ○ *a wedding ceremony* **2** [U] formal behaviour, speech, actions, etc. that are expected on special occasions বিশেষ অনুষ্ঠান উপলক্ষ্যে যে নির্দিষ্ট আচরণবিধি অথবা ভদ্রতাপূর্ণ ক্রিয়াকলাপ বা বক্তৃতা ইত্যাদি আশা করা হয় *The new hospital was opened **with great ceremony**.*

certain / ˈsɜːtn ˈস্যট্‌ন্ / *adj.* **1** (*not before a noun*) **certain (that...)**; **certain (of sth)** completely sure; without any doubts নিঃসন্দেহে, নিশ্চিতভাবে; সন্দেহাতীত, নিঃসংশয় *She's absolutely certain that there was somebody outside her window.* ○ *We're not quite certain what time the train leaves.* **2 certain (that...)**; **certain (to do sth)** sure to happen or to do sth; definite অবশ্যম্ভাবী, নিশ্চিত; অবধারিত *It is almost certain that unemployment will decrease this year.* ○ *The Director is certain to agree.* **3** (*only before a noun*) used for talking about a particular thing or person without naming him/her/it নাম না উল্লেখ করে নির্দিষ্ট কোনো এক ব্যক্তি বা বস্তু সম্বন্ধে কথা বলার জন্য ব্যবহৃত অভিব্যক্তিবিশেষ *There are certain reasons why I'd prefer not to meet him again.* **4** (*only before a noun*) some, but not very much কিছুটা কিন্তু অনেকটা নয়; খানিকটা *I suppose I have **a certain amount of** respect for Mr Bhasin.* **5** noticeable but difficult to describe লক্ষণীয় বা অনুভূত কিন্তু বর্ণনা করা কঠিন এমন *There was a certain feeling of autumn in the air.* **6** (*formal*) used before a person's name to show that you do not know him/her কোনো অপরিচিত ব্যক্তির নামের পূর্বে ব্যবহৃত অভিব্যক্তিবিশেষ *I received a letter from a certain Mrs Rao.*

IDM **for certain** without doubt সন্দেহাতীতভাবে, নিশ্চিত করে *I don't know for certain what time we'll arrive.*

make certain (that...) **1** to do sth in order to be sure that sth else happens কোনো কিছু ঘটা সুনিশ্চিত করার জন্য কিছু করা *They're doing everything they can to make certain that they win.* **2** to do sth in order to be sure that sth is true কোনো কিছু সত্যি এ বিষয়ে নিশ্চিত হওয়ার জন্য কিছু করা *We'd better phone Akram before we go to make certain he's expecting us.*

certainly / ˈsɜːtnli ˈস্যট্‌ন্‌লি / *adv.* **1** without doubt; definitely নিঃসংশয়ে, সন্দেহাতীতভাবে; নিশ্চিতভাবে *The number of students will certainly increase after 2010.* **2** (used in answer to questions) of course (প্রশ্নের উত্তরে ব্যবহৃত) হ্যাঁ, অবশ্যই, নিশ্চয়ই, আলবাৎ *'Do you think I could borrow your notes?' 'Certainly.'*

certainty / ˈsɜːtnti ˈস্যট্‌ন্‌টি / *noun* (*pl.* **certainties**) **1** [U] the state of being completely sure about sth কোনো বিষয়ে সম্পূর্ণ নিশ্চিত হওয়ার অবস্থা; স্থিরনিশ্চয়তা, অবশ্যম্ভাবিতা, দৃঢ়প্রতীতি *We can't say with certainty that there is life on other planets.* ✪ বিপ **uncertainty** **2** [C] something that is sure to happen অবশ্যম্ভাবী, অবধারিত *It's now almost a certainty our team will win the league.*

certificate / səˈtɪfɪkət স্যাˈটিফিক্যাট্ / *noun* [C] an official piece of paper that says that sth is true or correct পরিচয়পত্র, শংসাপত্র, যোগ্যতাপত্র, প্রমাণপত্র, প্রশংসাপত্র *a birth/marriage/medical certificate*

certify / ˈsɜːtɪfaɪ ˈস্যটিফাই / *verb* [T] (*pres. part.* **certifying;** *3rd person sing. pres.* **certifies;** *pt, pp* **certified**) **1** to say formally that sth is true or correct কোনো কিছুর সত্যতা এবং সঠিকতা আনুষ্ঠানিকভাবে ঘোষণা করা *We need someone to certify that this is her signature.* **2** to give sb a certificate to show that he/she has successfully completed a course of training for a particular profession কোনো বিশেষ পেশায় নিযুক্ত হওয়ার জন্য প্রশিক্ষণপ্রাপ্ত ব্যক্তিকে শংসাপত্র দেওয়া *a certified accountant*

certitude / ˈsɜːtɪtjuːd ˈস্যটিটিউড্ / *noun* (*formal*) **1** [U] a feeling of being certain about sth কোনো কিছু সম্বন্ধে নিঃসন্দেহ বা নিঃসংশয় হওয়ার অনুভূতি **2** [C] a thing about which you are certain যে বস্তুর উপর বিশ্বাস আছে

cervical / səˈvaɪkl স্যাˈভাইক্‌ল্ / *adj* **1** connected with the cervix জরায়ুর মুখ সংক্রান্ত, জরায়ু-গ্রীবা সংক্রান্ত *cervical cancer* **2** connected with the neck ঘাড় সংক্রান্ত *the cervical spine*

cervix / ˈsɜːvɪks ˈস্যভিক্স্ / *noun* [C] (*pl.* **cervices** / -vɪsiːz -ভিসীজ্ /) the narrow passage at the opening of the place where a baby grows inside a woman's body (**uterus**) স্ত্রী-দেহের যে স্থানে গর্ভস্থ শিশুর বৃদ্ধি ঘটে সেই স্থানের সরু মুখ; জরায়ু-গ্রীবা, জরায়ুর মুখ ▶ **cervical**

cesarean (*AmE*) = **Caesarean**

cesium (*AmE*) = **caesium**

cessation / səˈseɪʃn স্যাˈসেইশ্‌ন্ / *noun* [U, C] (*formal*) the stopping of sth; a pause in sth (কোনো কিছুর) অবসান; বিরাম, বিরতি, ছেদ *The UN have demanded an immediate cessation of hostilities.*

cesspit /ˈsespɪt ˈসেস্‌পিট্ / (*also* **cesspool** /ˈsespuːl ˈসেস্‌পুল্ /) *noun* [C] a covered hole or container in the ground for collecting waste from a building, especially from the toilets কোনো বাড়ির বিশেষত শৌচালয়গুলি থেকে বর্জ্য পদার্থ সংগ্রহ করার জন্য ভূমিস্থিত ঢাকনা দেওয়া গর্ত বা পাত্র; ভূগর্ভস্থ মলকুণ্ড

cf. *abbr.* compare তুলনা

CFC / ˌsiː ef ˈsiː ˌসী এফ্ ˈসী / *noun* [C, U] chlorofluorocarbon; a type of gas found, for example, in cans of spray which is harmful to the earth's atmosphere পৃথিবীর বায়ুমণ্ডলের পক্ষে ক্ষতিকর এক ধরনের গ্যাস যা যে-কোনো ধরনের স্প্রেতে পাওয়া যায়; ক্লোরোফ্লুরোকার্বন ➪ **ozone layer** দেখো।

ch. *abbr.* chapter অধ্যায়, পরিচ্ছেদ

chaat *noun* [U] a spicy north Indian snack made from pieces of raw fruit, boiled vegetables, etc. typically served from stalls or carts parked on the roadside কাঁচা ফল, সেদ্ধ করা সবজির টুকরো ইত্যাদি দিয়ে বানানো মশলাদার উত্তর ভারতীয় জলখাবার যা রাস্তার ধারে ছোটো দোকানে অথবা ঠেলাগাড়ি থেকে বিক্রি করা হয়; চাট

chain[1] / tʃeɪn চেইন্ / *noun* **1** [C, U] a line of metal rings that are joined together শিকল, শৃঙ্খল, জিঞ্জির, নিগড়; চেন *a bicycle chain* ○ *She was wearing a silver chain round her neck.* ➪ **bicycle**-এ ছবি দেখো। **2** [C] a series of connected things or people (ব্যক্তি অথবা বস্তুর) পরম্পরা, প্রবাহ, ধারা, শ্রেণি *a chain of mountains/a mountain chain* ○ *The book examines the complex* ***chain of events*** *that led to the 1857 Mutiny.* **3** [C] a group of shops, hotels, etc. that are owned by the same company একই কোম্পানির মালিকানাভুক্ত দোকান, হোটেল ইত্যাদির সমষ্টি *a chain of supermarkets* ○ *a fast-food chain*

chain[2] / tʃeɪn চেইন্ / *verb* [T] **chain sb/sth (to sth); chain sb/sth(up)** to fasten sb/sth to sth else with a chain কোনো ব্যক্তি অথবা বস্তুকে শিকল দিয়ে কোনো কিছুর সঙ্গে বাঁধা *The dog is kept chained up outside.*

chain reaction *noun* [C] **1** (in chemistry) a chemical change that forms products which themselves cause more changes and new products (রসায়নশাস্ত্রে) রাসায়নিক পরিবর্তন যার দ্বারা উৎপন্ন কোনো কিছুর মাধ্যমে আরও পরিবর্তন এবং নতুন উৎপাদন হতে পারে; বিক্রিয়া পরম্পরা, বিক্রিয়ামালা, ধারাবাহিক প্রক্রিয়া **2** a series of events, each of which causes the next ঘটনাসূত্র, ঘটনাপ্রবাহ, ধারাবাহিক ঘটনাসমূহ

chain-smoke *verb* [I] to smoke continuously, lighting one cigarette after another একটার পর একটা সিগারেট ধরিয়ে একটানা বা ধূমপান করা ▶ **chain-smoker** *noun* [C] একটানা, অবিরাম ধূমপায়ী

chain store *noun* [C] one of a number of similar shops that are owned by the same company একই কোম্পানির মালিকানাভুক্ত দোকানের বিভিন্ন শাখার যে-কোনো একটি

chair[1] / tʃeə(r) চেয়্যা(র্) / *noun* **1** [C] a piece of furniture for one person to sit on, with a seat, a back and four legs চেয়ার, কেদারা, কুর্সি *an armchair* **2** [*sing.*] the person who is controlling a meeting (কোনো সভার) পরিচালক, সভাপতি, অধ্যক্ষ *Please address your questions to the chair.* **3** [C] the position of being in charge of a department in a university বিশ্ববিদ্যালয়ে বিভাগীয় প্রধানের আসন অথবা পদ *She holds the Chair of Economics at Delhi University.*

chair[2] / tʃeə(r) চেয়্যা(র্) / *verb* [T] to be the **chairman** or **chairwoman** of a meeting কোনো সভায় পুরুষ অথবা মহিলা অধ্যক্ষ হওয়া *Who's chairing the meeting this evening?*

chairman / ˈtʃeəmən ˈচেঅ্যাম্যান্ / *noun* [C] (*pl.* **-men** /-men -মেন্ /) **1** the head of a company or other organization কোনো কোম্পানি বা প্রতিষ্ঠানের প্রধানতম ব্যক্তি **2** a person who controls a meeting যে ব্যক্তি সভা পরিচালনা করে; সভাপতি ▶ **chairmanship** *noun* [*sing.*] সভাপতিত্ব

chairperson / ˈtʃeəpɜ:sn ˈচেঅ্যাপ্যস্ন্ / *noun* [C] (*pl.* **-persons**) a person who controls a meeting সভাপতি অথবা সভানেত্রী, সভার পরিচালক বা পরিচালিকা **NOTE** **chairman** অথবা **chairwoman** এই দুটি শব্দের তুলনায় **chairperson** শব্দটি বেশি প্রচলিত।

chairwoman / ˈtʃeəwʊmən ˈচেঅ্যাউউম্যান্ / *noun* [C] (*pl.* **-women** /-wɪmɪn -উইমিন্/) a woman who controls a meeting সভার পরিচালিকা; সভানেত্রী

chalet / ˈʃæleɪ ˈশ্যালেই / *noun* [C] (especially in Europe) a wooden house, usually one built in a mountain area or used by people on holiday পাহাড়ী অঞ্চলে অথবা সাধারণত ছুটি কাটানোর জন্য ব্যবহৃত কাঠের কুটির বা বাড়ি

chalk[1] / tʃɔ:k চ:ক্ / *noun* **1** [U] a type of soft white rock একজাতীয় সাদা নরম পাথর; চক, চুনাপাথর *chalk cliffs* **2** [C, U] a small stick of soft white or coloured rock that is used for writing or drawing (লেখা অথবা আঁকার জন্য ব্যবহৃত) চক, খড়ি

chalk[2] / tʃɔ:k চ:ক্ / *verb* [I, T] to write or draw sth with chalk চক দিয়ে লেখা বা আঁকা *Somebody had chalked a message on the wall.*
PHR V **chalk sth up** to succeed in getting sth কোনো কিছু পেতে কৃতকার্য হওয়া *The team has chalked up five wins this summer.*

chalkboard / ˈtʃɔ:kbɔ:d ˈচ:ক্ব:ড্ / (*AmE*) = **blackboard**

challan *noun* [C] (*IndE*) **1** an official **receipt** for a payment; a form that is filled in order to pay cash or deposit a cheque in a bank, with the tax department, government office, etc. মূল্যপ্রদানের জন্য দেয় আনুষ্ঠানিক রসিদ; সরকারি অফিস, কর-বিভাগ ইত্যাদিতে ব্যাংকের মাধ্যমে নগদ অর্থ বা চেক জমা করার জন্য যে ফর্ম ভর্তি করতে হয়; চালান **2** a **fine** for breaking traffic rules ট্রাফিক আইন ভঙ্গ করার জন্য জরিমানা; চালান

challenge[1] / ˈtʃælɪndʒ ˈচ্যালিন্জ্ / *noun* [C] **1** something new and difficult that forces you to make a lot of effort কোনো নতুন এবং কঠিন কাজ যার জন্য প্রচুর প্রচেষ্টা, উদ্যম ও শক্তি প্রয়োগ করতে বাধ্য হতে হয়; চ্যালেঞ্জ *The company will have to* ***face*** *many* ***challenges*** *in the coming months.* ○ *How will this government* ***meet the challenge*** *of rising unemployment?* **2 a challenge (to sb) (to do sth)** an invitation from sb to fight, play, argue, etc. against him/her কোনো ব্যক্তির বিপক্ষে দ্বন্দ্বযুদ্ধ, খেলা বা তর্কবিতর্ক ইত্যাদি প্রতিযোগিতায় আহ্বান *The Prime Minister should accept our challenge and call a new election now.*

challenge[2] / ˈtʃælɪndʒ ˈচ্যালিন্জ্ / *verb* [T] **1 challenge sb (to sth/to do sth)** to invite sb to fight, play, argue, etc. against you দ্বন্দ্বযুদ্ধ, খেলা, তর্কবিতর্ক ইত্যাদিতে নিজের বিপরীতে কোনো ব্যক্তিকে আহ্বান জানানো *They've challenged us to a football match this Saturday.* **2** to question if sth is true, right, etc., or not (কোনো বস্তুর) সত্যতা, যাথার্থ্য ইত্যাদি সম্বন্ধে প্রশ্ন করা *She hates anyone challenging her authority.*

challenger / ˈtʃælɪndʒə(r) ˈচ্যালিন্জ্যা(র্) / *noun* [C] a person who invites you to take part in a competition, because he/she wants to win a title or position that you hold কোনো প্রতিযোগিতায় যে ব্যক্তি পূর্বের খেতাবজয়ী ব্যক্তিকে প্রতিদ্বন্দ্বিতার জন্য আহ্বান জানায় কারণ সে সেই খেতাব জিতে নিতে চায়

challenging / ˈtʃælɪndʒɪŋ ˈচ্যালিন্জিং / *adj.* forcing you to make a lot of effort যথেষ্ট উদ্যম ও শক্তি প্রয়োগ করতে অথবা প্রবল প্রয়াস করতে বাধ্য করা হয় এমন *a challenging job*

chamber / ˈtʃeɪmbə(r) ˈচেইম্ব্যা(র্) / *noun* [C] **1** an organization that makes important decisions, or the room or building where it meets যে সংগঠন কোনো গুরুত্বপূর্ণ সিদ্ধান্ত গ্রহণ করে অথবা যে ঘর বা স্থানে একত্রিত হয়ে গুরুত্বপূর্ণ সিদ্ধান্ত গ্রহণ করে *a council chamber* **2** a closed space in the body, a machine, etc. প্রাণীদেহ বা কোনো যন্ত্র ইত্যাদিতে গহ্বর বা কোটর; দেহ প্রকোষ্ঠ, ফাঁকা জায়গা *the four chambers of the heart* **3** a room that is used for a particular purpose বিশেষ উদ্দেশ্যে ব্যবহৃত কক্ষ *a burial chamber*

chambermaid / ˈtʃeɪmbəmeɪd ˈচেইম্ব্যামেইড্ / *noun* [C] a woman whose job is to clean and tidy hotel bedrooms হোটেলের শয়নকক্ষের পরিচারিকা

chameleon / kə'mi:liən ক্যা'মীলিঅ্যান্ / *noun* [C]
a type of small reptile that can change the
colour of its skin (পরিবেশ অনুযায়ী ত্বকের রং বদলাতে
পারে) কৃকলাস, কাঁকলাস, গিরগিটি

champagne / ʃæm'peɪn শ্যাম্'পেইন্ / *noun* [U, C]
a French white wine which has a lot of bubbles
in it and is often very expensive উজ্জ্বল সফেন শুভ্রবর্ণ
দামি ফরাসী মদ; শ্যাম্পেন

champion¹ / 'tʃæmpiən চ্যাম্পিঅ্যান্ / *noun* [C]
1 a person, team, etc. that has won a competition
প্রতিযোগিতায় বিজয়ী দল, ব্যক্তি ইত্যাদি; প্রথম স্থানাধিকারী,
সর্বশ্রেষ্ঠ; চ্যাম্পিয়ন *a world champion* ০ *a champion
swimmer* **2** a person who speaks and fights for
a particular group, idea, etc. যে ব্যক্তি কোনো আদর্শ,
দল ইত্যাদির সমর্থনে প্রচার, বক্তৃতা, বিতর্ক ইত্যাদি করে;
প্রবক্তা *a champion of free speech*

champion² / 'tʃæmpiən চ্যাম্পিঅ্যান্ / *verb* [T] to
support or fight for a particular group or idea
কোনো বিশেষ আদর্শ বা দলের পক্ষ সমর্থন করা বা তার
জন্য সংগ্রাম করা *to champion the cause of human
rights*

championship / 'tʃæmpiənʃɪp চ্যাম্পিঅ্যান্শিপ্ /
noun [C, *usually pl.*] a competition or series of
competitions to find the best player or team in
a sport or game কোনো খেলায় সর্বশ্রেষ্ঠ ব্যক্তি বা দল
বিবেচনা করার জন্য একাদিক্রমে অনেকগুলি প্রতিযোগিতা
বা একটি প্রতিযোগিতা *the World Hockey Champion-
ships*

chance¹ / tʃɑ:ns চা:ন্স্ / *noun* **1** [C] **a chance of
(doing) sth; a chance (that...)** a possibility
সম্ভাবনা, সম্ভাব্যতা *I think we stand a good chance
of winning the competition.* ০ *Is there any chance
of getting tickets for tonight's concert?* **2** [C]
chance (of doing sth/to do sth) an opportunity
সুযোগ, মওকা *Be quiet and give her a chance to
explain.* ০ *I think you should tell him now. You
may not get another chance.* ⇨ **occasion**-এ
নোট দেখো। **3** [C] a risk ঝুঁকি *We may lose some
money but we'll just have to take that chance.*
০ *Fasten your seat belt—you shouldn't take (any)
chances.* **4** [U] luck; the way that some things
happen without any cause that you can see or
understand ভাগ্য, কপাল; দেখা যায় বা বোঝা যায় এমন
কোনো কারণ ছাড়া যখন কিছু ঘটে; দৈবঘটনা, আকস্মিকতা,
ঘটনাচক্র *We met by chance* (= we had not planned
to meet) *as I was walking down the street.*

IDM **by any chance** (used for asking sth
politely) perhaps or possibly (নম্রভাবে কিছু জিজ্ঞেস
করার জন্য ব্যবহৃত) ঘটনাচক্রে, সম্ভবত, আকস্মিকভাবে *Are
you, by any chance, going into town this
afternoon?*

the chances are (that)... (*informal*) it is
probable that সম্ভাবনা আছে (যে)...., হয়তো (বা).... *The
chances are that it will rain tomorrow.*

no chance (*informal*) there is no possibility of
that happening (কোনো নির্দিষ্ট ঘটনা ঘটার) কোনো
সম্ভাবনা নেই, প্রশ্নই ওঠে না *'Perhaps your mother
will give you the money.' 'No chance!'*

on the off chance in the hope that sth might
happen, although it is not very likely সম্ভাবনা নেই
তবুও কোনো কিছু ঘটার আশায়; কোনোক্রমে, হয়তো বা *I
didn't think you'd be at home, but I just called
in on the off chance.*

chance² / tʃɑ:ns চা:ন্স্ / *verb* **1** [T] (*informal*)
chance sth/doing sth to risk sth কোনো কিছুর
ঝুঁকি নেওয়া *It might be safe to leave the car here,
but I'm not going to chance it.* **2** [I] (*formal*)
chance to do sth to do sth without planning or
trying to do it হঠাৎ করে কিছু করা, পূর্ব পরিকল্পনা
ছাড়াই বা চেষ্টা না করে কোনো কাজ করে ফেলা *I chanced
to see the letter on his desk.*

chance³ / tʃɑ:ns চা:ন্স্ / *adj.* (*only before a noun*)
not planned পূর্বপরিকল্পিত নয় এমন *a chance meeting*

chancellor / 'tʃɑ:nsələ(r) চা:ন্স্যাল্যা(র্) / *noun* [C]
the head of the government or universities in
some countries কোনো কোনো দেশে সরকার অথবা
বিশ্ববিদ্যালয়ের শাসনাধ্যক্ষ; বিশ্ববিদ্যালয়ের আচার্য; চ্যান্সেলর
the German chancellor ০ *the chancellor of Delhi
University*

chandelier / ˌʃændə'lɪə(r) শ্যান্ড্যা'লিঅ্যা(র্) / *noun*
[C] a large round frame with many branches for
lights or candles, that hangs from the ceiling and
is decorated with small pieces of glass ঝাড়লণ্ঠন,
ঝাড়বাতি, ঝাড় বাতিদান

change¹ / tʃeɪndʒ চেইন্জ্ / *verb* **1** [I, T] to become
different or to make sb/sth different পালটে যাওয়া,
পরিবর্তন করা; পালটানো, বদলানো *This town has
changed a lot since I was young.* ০ *Our plans
have changed—we leave in the morning.* ✪ সম
alter **2** [I, T] **change (sb/sth) to/into sth;
change (from A) (to/into B)** to become a
different thing; to make sb/sth take a different
form বদলে যাওয়া, পালটানো, পরিবর্তিত হওয়া; কোনো
ব্যক্তি অথবা বস্তুকে পরিবর্তিত করা *The traffic lights
changed from green to red.* ০ *The new job
changed him into a more confident person.*
3 [T] **change sth (for sth)** to take, have or use
sth instead of sth else একের বদলে অন্য একটা কিছু
নেওয়া, থাকা অথবা ব্যবহার করা *Could I change this*

blouse for a larger size? ○ *to change a wheel on a car* **4** [T] **to change sth (with sb)** (*with plural noun*) to exchange sth with sb, so that you have what he/she had, and he/she has what you had (কোনো ব্যক্তির সঙ্গে কোনো বস্তু) বিনিময় করা, বদলাবদলি করা *The teams change ends at half-time.* ○ *If you want to sit by the window I'll change seats with you.* ✪ সম **swap** **5** [I, T] **change (out of sth) (into sth)** to take off your clothes and put different ones on পোশাক পালটানো, এক জামাকাপড় ছেড়ে অন্য জামাকাপড় পরা *She changed out of her work clothes and into a clean dress.* **6** [T] to put clean things onto sb/sth অপরিষ্কার জিনিস বদলে পরিষ্কার জিনিস রাখা *The baby's nappy needs changing.* ○ *to change the bed* (= to put clean sheets on) **7** [T] **change sth (for/into sth)** to give sb money and receive the same amount back in money of a different type কোনো ব্যক্তিকে টাকা দেওয়া এবং সমপরিমাণে অন্য মুদ্রায় তা ফেরত পাওয়া *Can you change a twenty-rupee note for two tens?* ○ *I'd like to change fifty dollars into Indian rupees.* **8** [I, T] to get out of one bus, train, etc. and get into another একটা বাস, ট্রেন ইত্যাদি বদল করে অন্য একটায় চাপা *Can we get to Pune direct or do we have to change (trains)?*

IDM **change hands** to pass from one owner to another হাত বদল হওয়া অথবা মালিকানা পরিবর্তন হওয়া

change your mind to change your decision or opinion মত বদলানো, সিদ্ধান্ত পালটানো *I'll have the green one. No, I've changed my mind—I want the red one.*

change/swap places (with sb) ➪ **place[1]** দেখো।

change the subject to start talking about sth different বিষয়ান্তরে যাওয়া, প্রসঙ্গ বদলানো

change your tune (*informal*) to change your opinion or feelings about sth কোনো বিষয়ে মতামত অথবা মনোভাব বদলে ফেলা

change your ways to start to live or behave in a different and better way from before আগের তুলনায় নিজের ব্যবহার এবং জীবনযাত্রা উন্নত করা অথবা বদলানো

chop and change ➪ **chop[1]** দেখো।

PHR V **change over (from sth) (to sth)** to stop doing or using one thing and start doing or using sth else পুরোনো পদ্ধতি বদলে নতুন পদ্ধতি অবলম্বন করা *The theatre has changed over to a computerized booking system.*

change[2] / tʃeɪndʒ চেইন্জ্ / *noun* **1** [C, U] **change (in/to sth)** the process of becoming or making sth different বদল, পরিবর্তন, পার্থক্য, তফাৎ *There was little change in the patient's condition overnight.* ○ *After two hot summers, people were talking about a change in the climate.* **2** [C] **a change (of sth)** something that you take, have or use instead of sth else কোনো বস্তুর পরিবর্তে বা বদলে কোনো কিছু নেওয়া, থাকা বা ব্যবহার *We must notify the bank of our change of address.* ○ *I packed my toothbrush and a change of clothes.* **3** [U] the money that you get back if you pay more than the amount sth costs ফেরত পাওয়া পয়সা; খুচরো, ভাঙানি *If a sheet of paper costs 50 paise and you pay with a rupee, you will get 50 paise change.* **4** [U] coins of low value খুচরো পয়সা *He needs some change for the phone.* ○ *Have you got change for a hundred-rupee note* (= coins and notes of lower value that together make hundred rupees)?

IDM **a change for the better/worse** a person, thing or situation that is better/worse than the one before আগের তুলনায় আরও ভালো / মন্দ কোনো মানুষ, বস্তু অথবা পরিস্থিতি

a change of heart a change in your opinion or the way that you feel মত অথবা অনুভূতির পরিবর্তন

for a change in order to do sth different from usual সাধারণত যা করা হয় তার থেকে আলাদা করার বাসনায় *I usually cycle to work, but today I decided to walk for a change.*

make a change to be enjoyable or pleasant because it is different from what you usually do পরিবর্তনের কারণে আনন্দদায়ক অথবা প্রীতিকর হওয়া

changeable / ˈtʃeɪndʒəbl ˈচেইন্জ্যাব্ল্ / *adj.* likely to change; often changing পরিবর্তনসাপেক্ষ; পরিবর্তনশীল, স্থায়িত্বহীন, পরিবর্তনীয়, পরিবর্তনযোগ্য

changeover / ˈtʃeɪndʒəʊvə(r) ˈচেইন্জ্আউভ্যা(র্) / *noun* [C] a change from one system to another এক ব্যবস্থা অথবা প্রণালী থেকে অন্য ব্যবস্থায় অথবা প্রণালীতে পরিবর্তন

changing room *noun* [C] a room for changing clothes in, for example before or after playing sport কোনো খেলা শুরু হওয়ার আগে বা শেষ হওয়ার পরে পোশাক পরিবর্তনের ঘর ✪ সম **dressing room**

channel[1] / ˈtʃænl ˈচ্যান্ল্ / *noun* [C] **1** a television station টেলিভিশনের চ্যানেল অথবা ব্যান্ড *Which channel is the film on?* ➪ **station[1]** **4** দেখো। **2** a band of radio waves used for sending out radio or television programmes রেডিও বা টেলিভিশনে অনুষ্ঠান প্রচার করার জন্য ব্যবহৃত তরঙ্গের ব্যাপ্তি *terrestrial/satellite channels* **3** a way or route along which news, information, etc. is sent খবর, তথ্য, ইত্যাদি প্রচার করার পথ, উপায় অথবা মাধ্যম *a channel* *of communication* ○ *You have to order new equipment through the official channels.* **4** an open passage along which liquids can flow তরল পদার্থ প্রবাহের গতিপথ *a drainage channel* **5** the part of a river, sea, etc. which is deep enough for boats to pass through নদী, সমুদ্র ইত্যাদির সেই অংশ যা নৌকো যাওয়ার পক্ষে যথেষ্ট গভীর **6** a passage of water that connects two area of water, especially two seas বিশেষত দুটি সমুদ্রের সংযোগ জলপথ; প্রণালী **7 the Channel** (*also* **the English Channel**) the sea between England and France ইংল্যান্ড এবং ফ্রান্সের মধ্যবর্তী চ্যানেল অথবা প্রণালী; ইংলিশ চ্যানেল

channel² / ˈtʃænl ˈচ্যান্‌ল্ / *verb* [T](**channelling; channelled** *AmE* **channeling; channeled**) to make sth move along a particular path or route কোনো কিছুকে বিশেষ গতিপথে নিয়ে যাওয়া অথবা প্রবাহিত করা *Water is channelled from the river to the fields.* ○ (*figurative*) *You should channel your energies into something constructive.*

chant¹ /tʃɑːnt চা:ন্ট্ / *noun* **1** [C] a word or phrase that is sung or shouted many times অনেকবার উচ্চারিত বা গীত শব্দ অথবা বাক্যাংশ *A chant of 'we are the champions' went round the stadium.* **2** [C, U] a usually religious song with only a few notes that are repeated many times ধর্মীয় গান, স্তোত্র বা মন্ত্র যার কয়েকটি মাত্র সুর থাকে এবং তা বারে বারে গাওয়া হয়

chant² / tʃɑːnt চা:ন্ট্ / *verb* [I, T] to sing or shout a word or phrase many times একটি শব্দ বা বাক্যাংশ বারে বারে গাওয়া অথবা উচ্চস্বরে বলা *The protesters marched by, chanting slogans.*

chaos / ˈkeɪɒs ˈকেইঅস্ / *noun* [U] a state of great disorder; confusion মহা বিশৃঙ্খল পরিস্থিতি, নয়ছয় অবস্থা, গন্ডগোল; সৃষ্টিছাড়া *The country was* ***in chaos*** *after the war.* ○ *The heavy snow has* ***caused chaos*** *on the roads.*

chaotic / keɪˈɒtɪk কেইˈঅটিক্ / *adj.* in a state of chaos বিশৃঙ্খল বা এলোমেলো অবস্থায় *With no one in charge the situation became chaotic.*

chap / tʃæp চ্যাপ্ / *noun* [C] (*BrE informal*) a man or boy লোক, বালক, যুবা

chapatti (*also* **chapati**) *noun* [C] a type of flat round Indian bread হাতে গড়া রুটি; চাপাটি

chapel / ˈtʃæpl ˈচ্যাপ্‌ল্ / *noun* [C, U] a small building or room that is used by some Christians as a church or for prayer (খ্রিস্টানদের) প্রার্থনাগৃহ, উপাসনাকক্ষ; চ্যাপেল *a Methodist chapel*

chaperone / ˈʃæpərəʊn ˈশ্যাপ্যার‍্যাউন্ / *noun* [C] in the past, an older person, usually a woman, who went to public places with a young woman who was not married, to look after her and to make sure that she behaved correctly (অতীতে) সমাজে মেলামেশার সময়ে বা কোনো প্রকাশ্য স্থানে যাওয়ার সময়ে কোনো বালিকা বা অবিবাহিতা মেয়ের সঙ্গে থেকে তার দেখাশোনা করার জন্য এবং তার আচার-আচরণের উপর নজর রাখার জন্য নিযুক্ত প্রবীণ অভিভাবিকা ▶ **chaperone** *verb* [T] ঐ জাতীয় অভিভাবিকারূপে কাজ করা

chaplain / ˈtʃæplɪn ˈচ্যাপ্‌লিন্ / *noun* [C] a priest who works in a hospital, school, prison, etc. স্কুল, কারাগার, হাসপাতাল ইত্যাদিতে কাজ করে এমন পুরোহিত অথবা পাদরি *an army chaplain*

chapped / tʃæpt চ্যাপ্ট্ / *adj.* (used about the lips or skin) rough, dry and sore, especially because of wind or cold weather (ঠোঁট অথবা ত্বকের সম্বন্ধে ব্যবহৃত) বিশেষত শীতের হাওয়ায় অথবা ঠান্ডায় শুকিয়ে গেছে এমন; ফেটে গেছে অথবা খসখসে হয়ে গেছে এমন

chapter / ˈtʃæptə(r) ˈচ্যাপ্ট্যা(র্) / *noun* [C] one of the parts into which a book is divided বইয়ের অধ্যায় অথবা পরিচ্ছেদের যে-কোনো একটি *Please read Chapter 2 for homework.* ○ (*figurative*) *The last few years have been a difficult chapter in the country's history.*

character / ˈkærəktə(r) ˈক্যার‍্যাক্ট্যা(র্) / *noun* **1** [C, *usually sing.*, U] the qualities that make sb/sth different from other people or things; the nature of sb/sth যে সকল গুণাবলী কোনো ব্যক্তি বা বস্তুকে অন্যদের থেকে বা অন্যকিছুর থেকে আলাদা করে; (কোনো ব্যক্তি অথবা বস্তুর) প্রকৃতি, বৈশিষ্ট্য, ধর্ম, গুণ *Although they are twins, their characters are quite different.* ○ *These two songs are very different* ***in character***. **2** [U] strong personal qualities নিজস্ব বৈশিষ্ট্য ও গুণ; ব্যক্তিত্ব *The match developed into a test of character rather than just physical strength.* **3** [U] qualities that make sb/sth interesting বিশেষ গুণ অথবা বৈশিষ্ট্য যা কোনো ব্যক্তি অথবা বস্তুকে আকর্ষণীয় করে তোলে *Modern houses often seem to lack character.* **4** [U] the opinion that people have of you কোনো ব্যক্তি সম্পর্কে মানুষের রায়, বিচার বা মতামত *The article was a vicious attack on the actor's character.* **5** [C] (*informal*) an interesting, amusing, strange or unpleasant person আকর্ষণীয়, মজার, অদ্ভুত, অথবা অপ্রিয় কোনো ব্যক্তি *I saw a suspicious-looking character outside the bank, so I called the police.* **6** [C] a person in a book, story, etc. নাটক, নভেল, কাহিনি ইত্যাদির চরিত্র অথবা পাত্র *The main character in the film is a boy who meets an alien.* **7** [C] a letter or sign that you use when you are writing or printing হরফ বা চিহ্ন যা লেখার অথবা ছাপার সময়ে ব্যবহার করা হয় *Chinese characters*

IDM **in/out of character** typical/not typical of sb/sth (কোনো ব্যক্তি বা বস্তুর) বৈশিষ্ট্যযুক্ত / বৈশিষ্ট্যহীন *Tina's rude reply was completely out of character.*

characteristic¹ / ˌkærəktəˈrɪstɪk ˌক্যার‍্যাক্‌ট্যা-ˈরিস্‌টিক্ / *noun* [C] **a characteristic of (sb/sth)** a quality that is typical of sb/sth and that makes him/her/it different from other people or things কোনো ব্যক্তি বা বস্তুর বিশেষ গুণ যা তাকে অন্য ব্যক্তি বা বস্তুদের থেকে আলাদা করে; চারিত্রিক বৈশিষ্ট্য, গুণ, লক্ষণ অথবা ধর্ম

characteristic² / ˌkærəktəˈrɪstɪk ˌক্যার‍্যাক্‌ট্যা-ˈরিস্‌টিক্ / *adj.* **characteristic of (sb/sth)** very typical of sb/sth (কোনো ব্যক্তি বা বস্তুর) চরিত্রগত, স্বকীয়, বৈশিষ্ট্যমূলক *The flat landscape is characteristic of this part of the country.* ✪ বিপ **uncharacteristic** ▶ **characteristically** / -kli -ক্‌লি / *adv.* চরিত্রগতভাবে *'No' he said, in his characteristically direct manner.*

characterization (*also* **-isation**) / ˌkærəktəraɪˈzeɪʃn ˌক্যার‍্যাক্‌ট্যারাইˈজ়েইশ্‌ন্ / *noun* [U, C] **1** the way that a writer makes the characters in a book or play seem real কোনো কাহিনি বা নাটকে যেভাবে লেখক চরিত্রগুলি বাস্তবসম্মতভাবে বা জীবন্তভাবে তুলে ধরেন; চরিত্রাঙ্কন, চরিত্রচিত্রণ **2** (*formal*) the way in which sb/sth is described কোনো ব্যক্তি বা বস্তুর বর্ণনা পদ্ধতি

characterize (*also* **-ise**) / ˈkærəktəraɪz ˈক্যার‍্যাক্‌ট্যারাইজ্‌ / *verb* [T] (*formal*) **1** (*usually passive*) to be typical of sb/sth কোনো ব্যক্তি অথবা বস্তুর বিশেষ গুণ, বৈশিষ্ট্য বা লক্ষণবিশিষ্ট হওয়া *the tastes that characterize Gujarati cooking* **2 characterize sb/sth (as sth)** to describe what sb/sth is like কোনো ব্যক্তি অথবা বস্তুর চরিত্রের বর্ণনা অথবা চরিত্রাঙ্কন করা *The President characterized the meeting as friendly and positive.*

charade / ʃəˈrɑːd শ্যাˈরাড্‌ / *noun* **1** [C] a situation or event that is clearly false but in which people pretend to do or be sth কোনো ঘটনা বা পরিস্থিতি যা সুস্পষ্টভাবে মিথ্যা কিন্তু যেখানে লোকেরা কিছু হওয়া বা করার ভান করে; ভণিতা, ছল, প্রতারণা *They pretend to be friends but it's all a charade. Everyone knows they hate each other.* **2 charades** [U] a party game in which people try to guess the title of a book, film, etc. that one person must represent using actions but not words পার্টিতে খেলা হয় এমন একধরনের খেলা যাতে একজন ব্যক্তি কথা না বলে কেবল অঙ্গভঙ্গির মাধ্যমে কোনো বই, চলচ্চিত্র ইত্যাদির নাম প্রকাশ করে এবং অন্যান্যরা সেটি অনুমান করার চেষ্টা করে

charcoal / ˈtʃɑːkəʊl ˈচা:ক্যাউল্‌ / *noun* [U] a black substance that is produced from burned wood. It can be used for drawing or as a fuel পোড়া কাঠ থেকে উৎপন্ন একধরনের কালো রঙের পদার্থ যা আঁকার কাজে অথবা ইন্ধন বা জ্বালানির কাজে ব্যবহৃত হয়; কাঠকয়লা, কয়লা

charge¹ / tʃɑːdʒ চা:জ্‌ / *noun* **1** [C, U] the price that you must pay for goods or services কোনো দ্রব্য বা পরিষেবার জন্য দেয় অর্থ, মূল্য অথবা দাম *The hotel makes a small charge for changing currency.* ○ *We deliver **free of charge**.* ➪ **price**-এ নোট দেখো। **2** [C, U] a statement that says that sb has done sth illegal or bad যে বিবৃতিতে বলা হয় কোনো ব্যক্তি বেআইনি অথবা খারাপ কিছু করেছে; অভিযোগ, দোষারোপ *He was arrested **on a charge of** murder.* **3** [U] a position of control over sb/sth; responsibility for sb/sth কোনো ব্যক্তি অথবা বস্তুর তত্ত্বাবধায়ক; (কোনো ব্যক্তি বা বস্তুর জন্য) দায়িত্ব, ভার, কার্যভার *Who is **in charge of** the office while Varsha's away?* ○ *The assistant manager had to **take charge of** the team when the manager resigned.* **4** [C] a sudden attack where sb/sth runs straight at sb/sth else কোনো ব্যক্তি বা বস্তু কর্তৃক অন্য ব্যক্তি বা বস্তুকে হঠাৎ তেড়ে এসে আক্রমণ **5** [C] the amount of electricity that is put into a battery or carried by a substance ব্যাটারির মধ্যে নিহিত বৈদ্যুতিক শক্তি অথবা যা অন্য কোনো পদার্থ দ্বারা বাহিত হয় *a positive/negative charge*

IDM **bring/press charges (against sb)** to formally accuse sb of a crime so that there can be a trial in a court of law কারও বিরুদ্ধে আইনসংগতভাবে অভিযোগ আনা যাতে আদালতে বিচার হতে পারে

reverse the charges ➪ **reverse¹** দেখো।

charge² / tʃɑːdʒ চা:জ্‌ / *verb* **1** [I, T] **charge (sb/sth) for sth** to ask sb to pay a particular amount of money কোনো ব্যক্তির কাছে নির্দিষ্ট পরিমাণ অর্থ দাবি করা; মূল্য দাবি করা *We charge Rs 1100 per night for a single room.* ○ *They forgot to charge us for the dessert.* ➪ **overcharge** দেখো। **2** [T] **charge sb (with sth)** to accuse sb officially of doing sth which is against the law বেআইনি কাজের জন্য কোনো ব্যক্তিকে আইনসংগতভাবে অভিযুক্ত করা *Six men have been charged with attempted robbery.* **3** [I, T] to run straight at sb/sth, or in a particular direction, in an aggressive or noisy way কোনো বস্তু অথবা ব্যক্তির দিকে অথবা কোনো নির্দিষ্ট দিকে আক্রমণাত্মকভাবে অথবা শব্দ করে দ্রুতবেগে তেড়ে যাওয়া *The bull put its head down ready to charge (us).* ○ *The children charged into the room.* **4** [T] to put electricity into sth কোনো বস্তুর মধ্যে

বৈদ্যুতিক শক্তি প্রবেশ করানো *to charge a battery* ⇨ **recharge** দেখো।

chariot / ˈtʃæriət 'চ্যারিঅ্যাট্ / *noun* [C] an open vehicle with two wheels that was pulled by a horse or horses in ancient times দুই চাকাবিশিষ্ট আচ্ছাদনহীন যান যা প্রাচীন কালে একটি ঘোড়া অথবা একাধিক ঘোড়ার দ্বারা টেনে নিয়ে যাওয়া হত; রথ, শকট

charisma / kəˈrizmə ক্যা'রিজ্‌ম্যা / *noun* [U] a powerful personal quality that some people have to attract and influence other people অন্যদের আকর্ষণ ও প্রভাবিত করার যে নিজস্ব জোরদার গুণ কিছু লোকের মধ্যে থাকে; আকর্ষণী শক্তি *The president of the students' union is not very clever, but he has great charisma.* ▶ **charismatic** /ˌkæriz'mætik ˌক্যারিজ়্'ম্যাটিক্ / *adj.* আকর্ষিত ও প্রভাবিত করার ক্ষমতাসম্পন্ন

charitable / ˈtʃærətəbl 'চ্যার্যাট্যাব্‌ল্ / *adj.* 1 kind; generous মহানুভব, দয়ালু; বদান্য, সহৃদয় *Some people accused him of lying, but a more charitable explanation was that he had made a mistake.* 2 connected with a charity দানধ্যান সংক্রান্ত

charity / ˈtʃærəti 'চ্যার্যাটি / *noun* (*pl.* **charities**) 1 [C, U] an organization that collects money to help people who are poor, sick, etc. or to do work that is useful to society; the money or gifts collected or given to people who are poor, sick, etc. দরিদ্র, অসুস্থ ইত্যাদি ব্যক্তিদের সাহায্য করার জন্য যে প্রতিষ্ঠান অর্থ সংগ্রহ করে অথবা যারা সমাজ সেবার জন্য বিভিন্ন কাজ করে; দরিদ্র, অসুস্থ ইত্যাদি ব্যক্তিদের জন্য যে অর্থ বা উপহার সংগ্রহ করা হয় বা তাদের দেওয়া হয়; দাতব্যালয়; দাতব্য প্রতিষ্ঠান *We went on a sponsored walk to raise money for charity.* 2 [U] kindness towards other people দয়াদাক্ষিণ্য, সহৃদয়তা, মহানুভবতা, দয়ালু *to act out of charity*

charlatan / ˈʃɑːlətən শা'ল্যাট্যান্/ *noun* [C] a person who says that he/she has knowledge or skills that he/she does not really have যে ব্যক্তি কোনো বিশেষ জ্ঞান অথবা দক্ষতা থাকার ভান করে; হাতুড়ে

charm¹ / tʃɑːm চা:ম্/ *noun* 1 [C, U] a quality that pleases and attracts people মনোমুগ্ধ করার গুণ; মাধুর্য, মনোহারিতা, মোহিনীশক্তি, মনোমুগ্ধকারিতা *The charm of the island lies in its unspoilt beauty.* 2 [C] something that you wear because you believe it will bring you good luck সৌভাগ্য বহন করে এই বিশ্বাসে যে বস্তু পরিধান করা হয়; মন্ত্রপূত তাবিজ অথবা মাদুলি, তাগা *a necklace with a lucky charm on it*

charm² / tʃɑːm চা:ম্ / *verb* [T] 1 to please and attract sb (কোনো ব্যক্তিকে) মন্ত্রমুগ্ধ করা, আকর্ষণ করা *Her drawings have charmed children all over*

the world. 2 to protect sb/sth as if by magic কোনো ব্যক্তি অথবা বস্তুকে যেন জাদুমন্ত্রবলে সুরক্ষিত রাখা *He has led a charmed life, surviving serious illness and a plane crash.*

charming / ˈtʃɑːmɪŋ 'চা:মিং / *adj.* very pleasing or attractive মনোহর, লাবণ্যময়ী, চিত্তাকর্ষক ▶ **charmingly** *adv.* চিত্তাকর্ষকভাবে, মনোমুগ্ধকরভাবে

charred / tʃɑːd 'চা:ড্‌ / *adj.* burnt black by fire আগুনে পুড়ে কালো হয়ে গেছে এমন

chart¹ / tʃɑːt চা:ট্ / *noun* 1 [C] a drawing which shows information in the form of a diagram, etc. তথ্যসমৃদ্ধ রেখাচিত্র ইত্যাদি; চার্ট *a temperature chart* ০ *This chart shows the company's sales for this year.* ⇨ **pie chart** এবং **flow chart** দেখো। 2 [C] a map of the sea or the sky সমুদ্র বা আকাশের মানচিত্র অথবা নকশা *navigation charts* 3 **the charts** [*pl.*] an official list of the songs or CDs, etc., that have sold the most in a particular week কোনো নির্দিষ্ট সপ্তাহব্যাপী বিক্রীত গান অথবা সীডী ইত্যাদির আনুষ্ঠানিক তালিকা

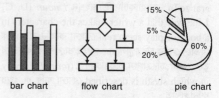

bar chart   flow chart   pie chart

charts

chart² / tʃɑːt চা:ট্ / *verb* [T] 1 to follow or record the progress or development of sth carefully and in detail যত্নসহকারে এবং বিশদভাবে কোনো তথ্য বা ঘটনার প্রগতি বা বিকাশ অনুসরণ অথবা লিপিবদ্ধ করা *This television series charts the history of the country since independence.* 2 to make a map of one area of the sea or sky সমুদ্র অথবা আকাশের কোনো একটি ভাগের মানচিত্র বা নকশা বানানো *chart a coastline*

charter¹ / ˈtʃɑːtə(r) 'চা:ট্যা(র্) / *noun* [C, U] 1 a written statement of the rights, beliefs and purposes of an organization or a particular group of people কোনো প্রতিষ্ঠান বা কোনো নির্দিষ্ট গোষ্ঠীর নিজস্ব অধিকার, বিশ্বাস এবং উদ্দেশ্য সংক্রান্ত লিখিত ঘোষণাপত্র *The club's charter does not permit women to become members.* 2 the renting of a ship, plane, etc. for a particular purpose or for a particular group of people জাহাজ, বিমান ইত্যাদি কোনো বিশেষ উদ্দেশ্যে অথবা কোনো নির্দিষ্ট ব্যক্তিবর্গের জন্য ভাড়া নেওয়ার ক্রিয়া; চার্টার করার ক্রিয়া *a charter airline*

charter² / ˈtʃɑːtə(r) 'চা:ট্যা(র্) / *verb* [T] to rent a ship, plane, etc. for a particular purpose or for a particular group of people কোনো জাহাজ, বিমান ইত্যাদি কোনো বিশেষ উদ্দেশ্যে অথবা কোনো নির্দিষ্ট ব্যক্তিবর্গের জন্য ভাড়া নেওয়া *As there was no regular service to the island, we had to charter a boat.*

chartered / ˈtʃɑːtəd ˈচা:ট্যাড্ / *adj.* (*only before a noun*) (used about people in certain professions) fully trained; having passed all the necessary exams (নির্দিষ্ট কতকগুলি পেশায় নিযুক্ত ব্যক্তিদের সম্বন্ধে ব্যবহৃত) সম্পূর্ণ প্রশিক্ষণপ্রাপ্ত; সব আবশ্যক পরীক্ষায় কৃতকার্য *a chartered accountant*

chase[1] / tʃeɪs চেইস্ / *verb* **1** [I, T] **chase (after) sb/sth** to run after sb/sth in order to catch him/her/it (ধরার জন্য কোনো ব্যক্তি বা বস্তুর পিছনে) তাড়া করা, ধাওয়া করা, পশ্চাদ্ধাবন করা *The dog chased the cat up a tree.* ○ *The police car chased after the stolen van.* **2** [I] to run somewhere fast দ্রুতবেগে কোনো দিকে ছুটে যাওয়া *The kids were chasing around the park.*

chase[2] / tʃeɪs চেইস্ / *noun* [C] the act of following sb/sth in order to catch him/her/it কোনো ব্যক্তি বা বস্তুকে ধরার উদ্দেশ্যে তার পশ্চাদ্ধাবন করার ক্রিয়া *an exciting car chase*

IDM **give chase** to begin to run after sb/sth in order to try to catch him/her/it কাউকে ধরার জন্য তার পিছন পিছন ছুটতে আরম্ভ করা *The robber ran off and the policeman gave chase.*

chasm / ˈkæzəm ˈক্যাজ়্যাম্ / *noun* [C] **1** a deep hole in the ground (মাটির মধ্যে) গভীর গর্ত; ফাটল, খাদ, বিবর **2** a wide difference of feelings, interests, etc. between two people or groups দুটি গোষ্ঠী অথবা ব্যক্তির মধ্যে মনোভাব, স্বার্থ ইত্যাদির ক্ষেত্রে বিরাট ব্যবধান

chassis / ˈʃæsi ˈশ্যাসি / *noun* [C] (*pl.* **chassis** / ˈʃæsi ˈশ্যাসি/) the metal frame of a vehicle onto which the other parts fit যানবাহনের মূল ধাতব কাঠামো যার উপরে অন্যান্য অংশগুলি লাগানো হয়; খাঁচা

chaste / tʃeɪst চেইস্ট্ / *adj.* **1** (*formal*) never having had a sexual relationship, or only with the person sb is married to কখনও যৌন সম্পর্ক হয়নি অথবা কেবলমাত্র তা বিবাহিত সম্পর্কের মধ্যে সীমিত এমন **2** (of language) pure; formal (ভাষা) বিশুধ; আড়ম্বরহীন, অনলংকৃত, পোশাকি *She speaks chaste English.* ▶ **chastity** / ˈtʃæstəti ˈচ্যাস্ট্যাটি / *noun* [U] সতীত্ব, কৌমার্য, কুমারীত্ব

chastise / tʃæˈstaɪz চ্যাˈস্টাইজ্ / *verb* [T] **1 chastise sb (for sth/for doing sth)** (*formal*) to criticize sb for doing sth wrong কোনো ব্যক্তির ভুল অথবা অন্যায় কাজের সম্বন্ধে সমালোচনা অথবা নিন্দা করা; ভর্ৎসনা করা **2** (*old-fashioned*) to punish sb physically কোনো ব্যক্তিকে দৈহিক শাস্তি দেওয়া; শারীরিক নির্যাতন বা প্রহার করা ▶ **chastisement** *noun* [U] শাস্তি, প্রহার

chat[1] / tʃæt চ্যাট্ / *verb* [I] (**chatting; chatted**) **chat (with/to sb) (about sth)** to talk to sb in a friendly, informal way (কোনো ব্যক্তির সঙ্গে বন্ধুত্বপূর্ণভাবে) আড্ডা দেওয়া, গল্প করা, খোশগল্প করা

chat[2] / tʃæt চ্যাট্ / *noun* [C, U] a friendly informal conversation বন্ধুত্বপূর্ণ বা খোলামেলা কথোপকথন; গল্পগুজব, খোশগল্প

chat room *noun* [C] (*computing*) an area on the Internet where people can communicate with each other, usually about one particular topic ইন্টারনেটের একটি বিশেষ অংশ যার মাধ্যমে লোকে একে অন্যের সঙ্গে (সাধারণত কোনো একটি নির্দিষ্ট বিষয়ে) মতের আদানপ্রদান করতে পারে; চ্যাটরুম

chat show *noun* [C] a television or radio programme on which well-known people are invited to talk about various issues টেলিভিশন বা রেডিওর যে অনুষ্ঠানে বিখ্যাত ব্যক্তিদেরকে বিভিন্ন বিষয় নিয়ে কথা বলার জন্য আমন্ত্রণ জানানো হয়; চ্যাট-শো

chatter / ˈtʃætə(r) ˈচ্যাট্যা(র্) / *verb* [I] **1** to talk quickly or for a long time about sth unimportant দ্রুত, অনর্গল বকবক করা, অনেকক্ষণ ধরে বাজে বকা **2** (used about your teeth) to knock together because you are cold or frightened (দাঁত সম্বন্ধে ব্যবহৃত) ভয়ে বা ঠান্ডায় দাঁতে দাঁতে ঠকঠক করা ▶ **chatter** *noun* [U] কিচিরমিচির, ঠকঠক ইত্যাদি শব্দ, অবিরাম বকবক

chatty / ˈtʃæti ˈচ্যাটি/ *adj.* **1** talking a lot in a friendly way বন্ধুত্বপূর্ণভাবে প্রচুর কথা বলে অথবা আড্ডা দেয় এমন **2** in an informal style বাগাড়ম্বরহীন অথবা অলংকারবিহীন রীতিতে *a chatty letter*

chauffeur / ˈʃəʊfə(r) ˈশ্যাউফ্যা(র্) / *noun* [C] a person whose job is to drive a car for sb else অন্য কোনো ব্যক্তির গাড়ি চালানো যার পেশা; নিজস্ব গাড়ির মাইনে-করা চালক; ড্রাইভার; শোফার *a chauffeur-driven limousine* ▶ **chauffeur** *verb* [T] অন্য কোনো ব্যক্তির গাড়ি চালানো

chauvinism / ˈʃəʊvɪnɪzəm ˈশ্যাউভিনিজ়্যাম্ / *noun* [U] **1** the belief that your country is better than all others অন্য সকল দেশের তুলনায় নিজের দেশ যে সেরা এই বোধ বা বিশ্বাস; উগ্র স্বাদেশিকতা; উন্মত্ত দেশপ্রেম **2** (*also* **male chauvinism**) the belief that men are better than women নারী অপেক্ষা পুরুষ শ্রেষ্ঠ এই বিশ্বাস অথবা ধারণা; পুং-শ্রেষ্ঠত্ববাদ ▶ **chauvinist** / ˈʃəʊvɪnɪst ˈশ্যাউভিনিস্ট্/ *noun* [C], *adj.* উগ্র জাতীয়তাবাদী; পুং-শ্রেষ্ঠত্ববাদী

cheap[1] / tʃiːp চীপ্ / *adj.* **1** low in price, costing little money সস্তা, কম দামি *Oranges are cheap at the moment.* ○ *Computers are getting cheaper* *all the time.* ✪ সম **inexpensive** ✪ বিপ **expensive** 2 charging low prices কম দাম নেয় এমন, সস্তা দামের *a cheap hotel/restaurant* 3 low in price and quality and therefore not attractive সস্তা এবং নিম্ন মানের তাই অনাকর্ষণীয়; রদ্দি *The clothes in that shop look cheap.*

IDM **dirt cheap** ➪ **dirt** দেখো।

cheap² / tʃi:p চীপ্ / *adv.* (*informal*) for a low price কম দামে সস্তায় *I got this coat cheap in the sale.*

IDM **be going cheap** (*informal*) to be on sale at a lower price than usual নির্ধারিত দামের থেকে কম দামে বিক্রি হওয়া, জলের দরে বিক্রি হওয়া

cheapen / ˈtʃi:pən ˈচীপ্যান্ / *verb* [T] 1 to make sb lose respect for himself or herself কোনো ব্যক্তির কাছে নিজের মানহানি হওয়া, কোনো ব্যক্তির মর্যাদা ক্ষুণ্ণ হওয়া *She felt cheapened by his treatment of her.* ✪ সম **degrade** 2 to make sth lower in price কোনো বস্তুর দাম কমানো 3 to make sth seem to have less value কোনো কিছুর মূল্য বা গুণ কম করা বা কম করে দেখানো *The movie was accused of cheapening human life.*

cheaply / ˈtʃi:pli ˈচীপ্লি / *adv.* for a low price কম দামে; সস্তায়

cheat¹ / tʃi:t চীট্ / *verb* 1 [T] to trick sb, especially when that person trusts you; to deceive sb কোনো ব্যক্তিকে প্রতারণা করা, বিশেষত যখন সেই ব্যক্তি তাকে বিশ্বাস করে; (কোনো ব্যক্তিকে) ঠকানো, প্রবঞ্চনা করা, প্রতারণা করা, বিশ্বাসঘাতকতা করা *The shopkeeper cheated customers by giving them too little change.* 2 [I] **cheat (at sth)** to act in a dishonest or unfair way in order to get an advantage for yourself নিজের লাভের জন্য অথবা সুবিধার জন্য অসৎভাবে বা অন্যায়ভাবে ব্যবহার করা *Praveen was caught cheating in the exam.* ○ *to cheat at cards* 3 [I] **cheat (on sb)** to not be faithful to your husband, wife or regular partner by having a secret sexual relationship with sb else কোনো ব্যক্তির সঙ্গে গোপন যৌন সম্পর্ক গড়ে তুলে স্বামী, স্ত্রী বা স্থায়ী সঙ্গীর প্রতি বিশ্বাসঘাতকতা করা অথবা প্রতারণা করা

PHR V **cheat sb (out) of sth** to take sth from sb in a dishonest or unfair way অন্যায়ভাবে বা অসৎভাবে কাউকে ঠকিয়ে অথবা প্রবঞ্চনা করে কোনো জিনিস নিয়ে নেওয়া

cheat² / tʃi:t চীট্ / *noun* [C] a person who cheats প্রতারক, জোচ্চোর, ঠগ, প্রবঞ্চক

check¹ / tʃek চেক্ / *verb* 1 [I, T] **check (sth) (for sth)** to examine or test sth in order to make sure that it is safe or correct, in good condition, etc. কোনো বস্তুকে পরীক্ষা নিরীক্ষা করে দেখে নেওয়া যে সেটা নিরাপদ, সঠিক এবং ভালো অবস্থায় আছে *Check your work for mistakes before you hand it in.* ○ *The doctor X-rayed me to check for broken bones.* 2 [I, T] **check (sth) (with sb)** to make sure that sth is how you think it is এই ব্যাপারে নিশ্চিত হওয়া যে কোনো বস্তুকে যেমন ভাবা হয়েছিল ঠিক তেমনই, যাচাই করে নেওয়া *You'd better check with Jai that it's OK to borrow his bike.* ○ *I'll phone and check what time the bus leaves.* 3 [T] to stop or make sb/sth stop or go more slowly থেমে যাওয়া বা কোনো ব্যক্তি অথবা বস্তুকে থামানো বা নিয়ন্ত্রণ করা অথবা সংযত করা বা গতিবেগ কমানো *Rohit checked his pace as he didn't want to tire too early.* 4 [T] = **tick¹ 2**

PHR V **check in (at...); check into...** to go to a desk in a hotel or an airport and tell an official that you have arrived হোটেল বা বিমানবন্দরে পৌঁছে কোনো আধিকারিককে নিজের আগমন সম্বন্ধে অবগত করা

check sth off to mark names or items on a list তালিকাভুক্ত নাম বা বিষয় অথবা দফা চিহ্নিত করা অথবা মিলিয়ে নেওয়া

check (up) on sb/sth to find out how sb/sth is কোনো ব্যক্তি বা বস্তুর খোঁজ খবর নেওয়া *We call my grandmother every evening to check up on her.*

check out (of...) to pay your bill and leave a hotel বিল মেটানো এবং হোটেল ত্যাগ করা; চেক-আউট করা

check sb/sth out 1 to find out more information about sb/sth, especially to find out if sth is true or not কোনো ব্যক্তি অথবা বস্তু সম্বন্ধে আরও তথ্য সংগ্রহ করা, বিশেষত কোনো কিছুর সত্যতা যাচাই করার উদ্দেশ্যে *We need to check out these rumours of possible pay cuts.* 2 (*informal*) to look at sth, especially to find out if you like him/her/it কোনো বস্তু নিরীক্ষণ বা লক্ষ করা, বিশেষত সেই বস্তু অথবা ব্যক্তি নিজের পছন্দ কিনা তা জানার জন্য *I'm going to check out that new club tonight.*

check up on sb/sth to make sure that sb/sth is working correctly, behaving well, etc., especially if you think he/she/it is not কোনো ব্যক্তি বা বস্তুর কাজ, ব্যবহার ইত্যাদি যথাযথ কিনা (বিশেষত যখন সেই সন্দেহ থাকে) তখন তার সম্বন্ধে নিঃসন্দেহ অথবা সুনিশ্চিত হওয়া

check² / tʃek চেক্ / *noun* 1 [C] **a check (on sth)** a close look at sth to make sure that it is safe, correct, in good condition, etc. কোনো বস্তু নিরাপদ, সঠিক এবং ভালো অবস্থায় আছে কিনা ইত্যাদি সম্বন্ধে সুনিশ্চিত হওয়ার জন্য সেই বস্তুর পরখ অথবা যাচাই *We **carry out/do** regular **checks** on our products to make sure that they are of high quality.* ○ *I* *don't go to games, but I like to* ***keep a check*** *on my team's results.* **2** [C] **a check (on/to sth)** (*formal*) sth that controls sth else and stops it from getting worse, etc. কোনো বস্তুকে যা অন্য কোনো বস্তু নিয়ন্ত্রণ করে এবং তাকে খারাপ পরিণতি ইত্যাদি থেকে রক্ষা করে; বাধা, নিয়ন্ত্রণ, রোধ, ব্যাঘাত, প্রতিবন্ধক *a check on the spread of malaria* **3** [C, U] a pattern of squares, often of different colours চৌকো ঘরের নকশা, অনেক সময় আলাদা আলাদা রঙের; চেক *a check jacket ○ a pattern of blue and red checks* **4** [U] the situation in a particular game (**chess**), in which a player must move to protect his/her king (দাবা খেলায়) এমন পরিস্থিতি যখন কোনো ব্যক্তি তার রাজার ঘুঁটিটি বাঁচানোর চাল দিতে বাধ্য হয়; কিস্তি ➪ **checkmate** দেখো। **5** [C] (*AmE*) = **cheque** **6** [C] (*AmE*) = **bill[1]2** **7** [C] (*AmE*) = **tick[2] 1**

IDM **hold /keep sth in check** to stop sth from advancing or increasing too quickly কোনো বস্তুর দ্রুত বৃদ্ধি অথবা অগ্রগতি রোধ করা

checkbook (*AmE*) = **chequebook**

checkbox *noun* [C] (*computing*) a square on a computer screen that allows you to choose sth by pressing (**clicking**) on it with your mouse button কম্পিউটারের পর্দায় সেই চৌখুপি জায়গা যেখানে মাউসের বোতাম টিপে ইচ্ছেমতো নিজের পছন্দ নির্বাচন করা যায়; চেক বক্স

checked / tʃekt চেক্ট্ / *adj.* with a pattern of squares চৌখুপি নকশাযুক্ত, চেক প্যাটার্নযুক্ত *a red-and-white checked table cloth*

checkers / ˈtʃekəz ˈচেক্যাজ্ / (*AmE*) = **draught[1] 2**

check-in *noun* [C] **1** the act of checking in at an airport বিমানবন্দরে পৌঁছে নিজের আগমনবার্তা জানানোর ক্রিয়া *Our check-in time is 10.30 a.m.* **2** the place where you check in at an airport বিমানবন্দরে যে স্থানে নিজের আগমনবার্তা জানাতে হয়

checking account (*AmE*) = **current account**

checklist / ˈtʃeklɪst ˈচেক্লিস্ট্ / *noun* [C] a list of things that you must do or have করণীয় কার্য অথবা আবশ্যক বস্তুর তালিকা; চেকলিস্ট

checkmate / ˌtʃekˈmeɪt ˌচেক্ˈমেইট্ / *noun* [U] the situation in a particular game (**chess**), in which you cannot protect your king and so have lost the game (দাবা খেলায়) এমন পরিস্থিতি যখন রাজার ঘুঁটিটি বাঁচাতে না পেরে হারতে হয়; চাল মাত, কিস্তি মাত, হার ➪ **check[2] 3** দেখো।

checkout / ˈtʃekaʊt ˈচেক্আউট্ / *noun* [C] the place in a large food shop (**supermarket**) where you pay সুপার মার্কেটে দেয় হিসাব মেটানোর স্থান

checkpoint / ˈtʃekpɔɪnt ˈচেক্পইন্ট্ / *noun* [C] a place where all people and vehicles must stop and be checked যে জায়গায় সমস্ত যাত্রী এবং যানবাহনের বৈধতা পরীক্ষা করা হয় *an army checkpoint*

check-up *noun* [C] a general medical examination to make sure that you are healthy সাধারণ স্বাস্থ্য পরীক্ষা; ডাক্তারি পরীক্ষা, চেক আপ

cheddar / ˈtʃedə(r) ˈচেড্যা(র্) / *noun* [U] a type of hard yellow cheese বিশেষ ধরনের হলুদ রঙের শক্ত চীজ; চেডার

cheek / tʃiːk চীক্ / *noun* **1** [C] either side of the face below your eyes গাল, কপোল, গণ্ডদেশ ➪ **body**-তে ছবি দেখো। **2** [C, U] (*BrE*) rude behaviour; lack of respect রূঢ় বা অশিষ্ট ব্যবহার; স্পর্ধা, ধৃষ্টতা, দুঃসাহস, ঔদ্ধত্য, বাড় *He's got a cheek, asking to borrow money again!*

IDM **(with) tongue in cheek** ➪ **tongue** দেখো।

cheekbone / ˈtʃiːkbəʊn ˈচীক্ব্যাউন্ / *noun* [C] the bone below your eye চোখের নীচের উঁচু হাড়; হনু, গণ্ডাস্থি ➪ **body**-তে ছবি দেখো।

cheeky / ˈtʃiːki ˈচীকি/ *adj.* (*BrE*) (**cheekier; cheekiest**) not showing respect; rude শ্রদ্ধা প্রদর্শন করা হয়নি এমনভাবে; ধৃষ্টতাপূর্ণ, অভব্য, স্পর্ধিত *Don't be so cheeky! Of course I'm not fat!* ▶ **cheekily** *adv.* স্পর্ধিতভাবে, অভব্যভাবে, উদ্ধতভাবে

cheer[1] / tʃɪə(r) চিঅ্যা(র্) / *verb* **1** [I, T] to shout to show that you like sth or to encourage sb who is taking part in competition, sport, etc. কোনো প্রতিযোগী অথবা খেলোয়াড়কে উল্লাসধ্বনি করে উৎসাহিত করা অথবা বাহবা দেওয়া; হর্ষধ্বনি করা *Everyone cheered the winner as he crossed the finishing line.* **2** [T] to make sb happy or more hopeful (উৎসাহ ইত্যাদি দিয়ে) কোনো ব্যক্তিকে আনন্দিত এবং আশান্বিত করা *They were all cheered by the good news.*

PHR V **cheer sb on** to shout in order to encourage sb in a race, competition, etc. দৌড় বা অন্য কোনো প্রতিযোগিতা ইত্যাদিতে হর্ষধ্বনি করে কোনো প্রতিযোগীকে উৎসাহ দেওয়া *As the runners started the last lap the crowd cheered them on.*

cheer (sb/sth) up to become or to make sb happier; to make sth look more attractive নিজেকে বা অন্য কোনো ব্যক্তিকে আরও প্রফুল্ল করা; কোনো বস্তুকে আরও আকর্ষণীয় করে তোলা *Cheer up! Things aren't that bad. ○ A few pictures would cheer this room up a bit.*

cheer[2] / tʃɪə(r) চিঅ্যা(র্) / *noun* [C] a loud shout to show that you like sth or to encourage sb who is taking part in a competition, sport, etc. কোনো বস্তুর প্রতি নিজের আসক্তি বোঝাতে অথবা কোনো প্রতিযোগিতা, খেলা ইত্যাদিতে অংশগ্রহণকারী কোনো ব্যক্তিকে উৎসাহ দেওয়ার জন্য যে হর্ষনাদ; উল্লাসধ্বনি, হর্ষধ্বনি, বাহবা *The crowd* ***gave a cheer*** *when the president appeared.*

cheerful / ˈtʃɪəfl ˈচিয়্যাফ্‌ল্ / *adj.* feeling happy; showing that you are happy উৎফুল্ল, হাসিখুশি, প্রসন্ন; হর্ষোৎফুল্ল, খুশি *Bhavna is always very cheerful.* ○ *a cheerful smile* ▶ **cheerfully** / -fəli -ফ্যালি/ *adv.* খুশিমনে, উৎফুল্লভাবে ▶ **cheerfulness** *noun* [U] উৎফুল্লতা, প্রফুল্লতা, প্রসন্নতা

cheerleader / ˈtʃɪəli:də(r) ˈচিয়্যালীড্যা(র্) / *noun* [C] (especially in the US) one of a group of girls or women at a sports match who wear special uniforms and shout, dance, etc. in order to encourage people to support the players (বিশেষত মার্কিন যুক্তরাষ্ট্রে) বিশেষ পোশাক পরা একদল যুবতীর কোনো একজন যে কোনো খেলায় দর্শকদেরকে নাচগান, উল্লাসধ্বনি ইত্যাদির মাধ্যমে খেলোয়াড়দেরকে প্রেরণা দেওয়ার জন্য উৎসাহিত করে; উল্লাসদলনেতা

cheers / tʃɪəz চিঅ্যাজ্ / *exclamation* (*informal*) used to express good wishes before you have an alcoholic drink মদ্যজাতীয় পানীয় গ্রহণের আগে শুভেচ্ছাজ্ঞাপক শব্দ হিসেবে ব্যবহৃত অভিব্যক্তিবিশেষ; চিয়ার্স *'Cheers,' she said, raising her wine glass.*

cheery / ˈtʃɪəri ˈচিয়্যারি / *adj.* happy and smiling উৎফুল্ল, হাসিখুশি, আনন্দোচ্ছল, প্রফুল্ল *a cheery remark/ wave/smile* ▶ **cheerily** *adv.* প্রফুল্লভাবে, হাসিমুখে

cheese / tʃi:z চীজ্ / *noun* **1** [U] a type of food made from milk. Cheese is usually white or yellow in colour and can be soft or hard দুগ্ধজাত খাদ্যদ্রব্যবিশেষ, সাধারণত যা সাদা বা হলুদ রঙের হয় এবং নরম বা শক্ত দুধরনেরই হতে পারে; পনির; চিজ *a piece of cheese* ○ *a cheese sandwich* **2** [C] a type of cheese পনির অথবা চিজের প্রকারভেদ *a wide selection of cheeses*

cheesecake / ˈtʃi:zkeɪk ˈচীজ্‌কেইক্ / *noun* [C, U] a type of cake that is made from soft cheese and sugar on a pastry or biscuit base, often with fruit on top নরম চিজ এবং চিনি দিয়ে তৈরি একরকম কেক যার নীচের স্তরে পেস্ট্রি অথবা বিস্কুট থাকে এবং প্রায়ই উপরে ফলের টুকরো দেওয়া হয়; চিজ কেক

cheetah *noun* [C] a large wild cat with black spots that can run very fast কালো রঙের বুটিওয়ালা বড়ো বন্য বিড়াল যারা অত্যন্ত দ্রুত দৌড়োয়; চিতা বাঘ, চিতা

chef / ʃef শেফ্ / *noun* [C] a professional cook, especially the head cook in a hotel, restaurant, etc. পেশাদারি রাঁধুনি বা বাবুর্চি, বিশেষত হোটেল, রেস্তোরাঁ ইত্যাদিতে প্রধান পাচক অথবা রন্ধনকারী

chemical¹ / ˈkemɪkl ˈকেমিক্‌ল্ / *adj.* connected with chemistry; involving changes to the structure of a substance রাসায়নিক, রসায়নবিদ্যা-সংক্রান্ত; কোনো পদার্থের গঠনগত পরিবর্তন সম্বন্ধীয় *a chemical reaction* ▶ **chemically** / -kli -ক্‌লি / *adv.* রাসায়নিক পদ্ধতিতে

chemical² / ˈkemɪkl ˈকেমিক্‌ল্ / *noun* [C] a substance that is used or produced in a chemical process রাসায়নিক প্রক্রিয়া দ্বারা উৎপন্ন কোনো বস্তু অথবা রাসায়নিক প্রক্রিয়ায় ব্যবহৃত কোনো বস্তু *Sulphuric acid is a dangerous chemical.* ○ *chemical weapons/ warfare*

chemist / ˈkemɪst ˈকেমিস্ট্ / *noun* [C] **1** (*also* **pharmacist**, *AmE* **druggist**) a person who prepares and sells medicines ওষুধ প্রস্তুতকর্তা অথবা বিক্রেতা **2 the chemist's** (*AmE* **drugstore**) a shop that sells medicines, soap, cosmetics, etc. যে দোকানে প্রধানত ওষুধ এবং তার সঙ্গে সাবান, প্রসাধনী দ্রব্য ইত্যাদি বিক্রি হয় *I got my tablets from the chemist's.* **3** a person who is a specialist in chemistry রসায়নবিদ, রসায়নবিজ্ঞানী

chemistry /ˈkemɪstri ˈকেমিস্‌ট্রি / *noun* [U] **1** the scientific study of the structure of substances and what happens to them in different conditions or when mixed with each other পদার্থসমূহের গঠন এবং ভিন্ন ভিন্ন অবস্থায় বা একে অপরের সঙ্গে মিশ্রণের ফলে যে সংঘটন হয় তার বিজ্ঞানসম্মত পঠন-পাঠন বা চর্চা; রসায়নশাস্ত্র, রসায়ন, রসায়নবিদ্যা **2** the structure of a particular substance কোনো নির্দিষ্ট পদার্থের রাসায়নিক গঠন বা গুণ

chemotherapy / ˌki:məʊˈθerəpi ˌকীম্যাউˈথে-র‍্যাপি / *noun* [U] the treatment of an illness using chemical substances রাসায়নিক দ্রব্য ব্যবহার করে চিকিৎসাপদ্ধতি; কেমোথেরাপি *She was suffering from leukaemia and is undergoing chemotherapy.*

cheque (*AmE* **check**) / tʃek চেক্ / *noun* [C, U] a piece of paper printed by a bank that you sign and use to pay for things কোনো ব্যাংক দ্বারা মুদ্রিত কাগজ যার উপর সই করে দাম মেটানো যায়; চেক *She wrote out a cheque for Rs 5000.* ○ *I went to the bank to* ***cash a cheque***. ○ *Can I* ***pay by cheque***?

chequebook (*AmE* **checkbook**) / ˈtʃekbʊk ˈচেক্‌বুক্ / *noun* [C] a book of cheques চেকবই

cherish / ˈtʃerɪʃ ˈচেরিশ্ / *verb* [T] **1** to love sb/sth and look after him/her/it carefully কাউকে বা কিছুকে সস্নেহে, সাদরে এবং যত্নে আগলে রাখা **2** to keep a thought, feeling, etc. in your mind and think about it often কোনো চিন্তা, ভাবনা, অনুভূতি ইত্যাদি মনের মধ্যে পোষণ করা বা লালন করা *a cherished memory*

cherry / ˈtʃeri ˈচেরি / *noun* [C] (*pl.* **cherries**) **1** a small round black or red fruit that has a stone inside it গোলাকৃতি এবং কালো অথবা লাল একজাতীয় ফল যার মধ্যে একটিমাত্র বীজ আছে; চেরি

⇨ **fruit**-এ ছবি দেখো। **2** (*also* **cherry tree**) the tree that produces cherries চেরি ফলের গাছ, চেরি গাছ

cherub / ˈtʃerəb ˈচের‍্যাব্ / *noun* [C] a type of **angel** that looks like a fat male child with wings নধরকান্তি শিশুবালকের মতো কাল্পনিক ডানাওয়ালা স্বর্গীয় দূত; দেবদূত, গন্ধর্ব

chess / tʃes ˈচেস্ / *noun* [U] a game for two people that is played on a board with 64 black and white squares (**a chessboard**). Each player has 16 pieces which can be moved according to fixed rules দুজন ব্যক্তি ৬৪টি সাদা-কালো চৌকো দাগকাটা বোর্ডের উপর ১৬টি করে ঘুঁটি নিয়ে খেলে এমন একধরনের খেলা। ঘুঁটিগুলি কেবল নির্ধারিত নিয়ম অনুসারে সরানো যায়; দাবা খেলা, শতরঞ্জ খেলা *Can you* ***play chess****?*

chest / tʃest চেস্ট্ / *noun* [C] **1** the top part of the front of your body বুক, ছাতি, বক্ষস্থল, বক্ষদেশ ⇨ **body**-তে ছবি দেখো। **2** a large strong box that is used for storing or carrying things কাঠের বড়ো বাক্স; সিন্দুক

IDM get sth off your chest (*informal*) to talk about sth that you have been thinking or worrying about মনে চেপে-রাখা কথা বলে হালকা হওয়া

chestnut / ˈtʃesnʌt ˈচেস্‌নাট্ / *noun* [C] **1** (*also* **chestnut tree**) a tree with large leaves that produces smooth brown nuts in shells with sharp points on the outside একধরনের বড়ো পাতাওয়ালা গাছ। এতে মসৃণ, কপিশবর্ণ এবং তীক্ষ্ণাগ্র খোসাযুক্ত বাদাম জন্মায়; চেস্টনাটের (একজাতীয় বাদাম) গাছ **2** a smooth brown nut from the chestnut tree. You can eat some chestnuts চেস্টনাট গাছ থেকে প্রাপ্ত বাদাম যা খাওয়া যায় *roast chestnuts* ⇨ **conker** দেখো এবং **nut**-এ ছবি দেখো।

chest of drawers *noun* [C] a piece of furniture with drawers in it that is used for storing clothes, etc. জামাকাপড় ইত্যাদি রাখার জন্য ব্যবহৃত হয় এমন একধরনের ড্রয়ার সমেত আসবাব; টানা দেরাজের আলমারি

chew / tʃu: চু / *verb* [I, T] **1** to break up food in your mouth with your teeth before you swallow it (খাবার) গলাধঃকরণের পূর্বে দাঁত দিয়ে টুকরো করে বা ভেঙে নিয়ে চর্বণ করা; চিবোনো **2 chew (on) sth** to bite sth continuously with the back teeth পিছনের দাঁত দিয়ে অনবরত চিবোতে থাকা অথবা চিবিয়ে যাওয়া *The dog was chewing on a bone.*

chewing gum (*also* **gum**) *noun* [U] a sweet sticky substance that you chew in your mouth but do not swallow অনেকক্ষণ ধরে চিবোনোর জন্য (গিলে ফেলার জন্য নয়) একপ্রকার মিষ্টি আঠালো পদার্থ; চুইংগাম ⇨ **bubblegum** দেখো।

chewy / ˈtʃu:i ˈচুই / *adj.* (used about food) needing to be chewed a lot before it can be swallowed (খাবার সম্বন্ধে ব্যবহৃত) গলাধঃকরণের যোগ্য করার জন্য অনেকক্ষণ ধরে চিবোতে হয় এমন *chewy meat/toffee*

chic / ʃi:k শীক্ / *adj.* fashionable and elegant কেতাদুরস্ত, সম্ভ্রান্ত, রুচিপূর্ণ ► **chic** *noun* [U] রুচিসম্পন্ন হওয়ার গুণ

chick / tʃɪk চিক্ / *noun* [C] a baby bird, especially a young chicken পাখির ছানা অথবা পক্ষিশাবক, বিশেষত মুরগীর বাচ্চা

chicken[1] / ˈtʃɪkɪn ˈচিকিন্ / *noun* **1** [C] a bird that people often keep for its eggs and its meat (ডিম এবং মাংসের জন্য লোকে পোষে) মুরগী অথবা মোরগ **2** [U] the meat of this bird মোরগ অথবা মুরগীর মাংস *chicken soup*

> **NOTE Chicken** শব্দটি মুরগী বা মোরগ এবং তাদের মাংস দুই ক্ষেত্রেই ব্যবহৃত হয়। মোরগকে **cock** (*AmE* **rooster**), মুরগীকে **hen** এবং মুরগী ছানাকে **chick** বলা হয়।

IDM don't count your chickens (before they're hatched) ⇨ **count**[1] দেখো।

chicken[2] / ˈtʃɪkɪn ˈচিকিন্ / *verb*

PHR V chicken out (of sth) (*informal*) to decide not to do sth because you are afraid ভয় পেয়ে কোনো কিছু না-করার সিদ্ধান্ত নেওয়া

chickenpox / ˈtʃɪkɪnpɒks ˈচিকিন্‌পক্স্ / *noun* [U] a disease, especially of children. When you have chickenpox you feel very hot and get red spots on your skin that make you want to scratch বিশেষত শিশুদের হয় এমন একধরনের রোগ যেটি হলে অত্যন্ত গরম বোধ হয় এবং ত্বকে লাল দাগ দেখা দেয় যা চুলকোতে ইচ্ছা করে; জলবসন্ত, পানবসন্ত; চিকেনপক্স

chicory / ˈtʃɪkəri ˈচিক্যারি/ (*AmE* **endive**) *noun* [U] a small pale green plant with bitter leaves that can be eaten cooked or not cooked ফ্যাকাশে সবুজ ছোটো গুল্ম যার তেতো পাতা রান্না করে অথবা কাঁচা খাওয়া যায়; চিকরি

chief[1] / tʃi:f চীফ্ / *noun* [C] **1** the person who has command or control over an organization কোনো প্রতিষ্ঠানের অধ্যক্ষ অথবা প্রধান *the chief of police* **2** the leader of a tribe (কোনো উপজাতির) সর্দার, নেতা, দলনেতা

chief[2] / tʃi:f চীফ্ / *adj.* (*only before a noun*) **1** most important; main প্রধান, সবচেয়ে গুরুত্বপূর্ণ; মুখ্য *One of the chief reasons for his decision was money.* **2** of the highest level or position সর্বোচ্চ স্থানাধিকারী, নেতৃস্থানীয়, মুখ্য *the chief executive of a company*

chiefly / ˈtʃi:fli ˈচীফ্‌লি / *adv.* mainly; mostly প্রধানত, মুখ্যত, বিশেষত *His success was due chiefly to hard work.*

chieftain / ˈtʃi:ftən ˈচীফ্‌ট্যান্ / *noun* [C] the leader of a tribe (কোনো উপজাতির) দলপতি, সর্দার, দলনেতা

chiffon / ˈʃɪfɒn ˈশিফন্ / *noun* [U] a very thin, transparent type of cloth used for making clothes, etc. একধরনের খুব পাতলা, প্রায় স্বচ্ছ কাপড় যা পোশাক ইত্যাদি তৈরি করার জন্য ব্যবহার করা হয়; শিফন

chiku (*also* **chikoo**) *noun* [C] (*IndE*) **1** the sapodilla tree সবেদা গাছ **2** the edible fruit of this tree with black seeds; sapota. It is also known as the sapodilla plum খাদ্য হিসেবে গ্রহণযোগ্য এই গাছের কালো বীজওয়ালা ফল; সবেদা

chilblain / ˈtʃɪlbleɪn ˈচিল্‌ব্লেইন্ / *noun* [C] a painful red area on your foot, hand, etc. that is caused by cold weather প্রবল ঠান্ডার ফলে পা, হাত ইত্যাদির উপর লাল বেদনাদায়ক অংশ; হিম ফোসকা

child / tʃaɪld চাইল্ড্ / *noun* [C] (*pl.* **children** / ˈtʃɪldrən ˈচিল্‌ড্র্যান্ /) **1** a young boy or girl who is not yet an adult শিশু, বাচ্চা, বালক, বালিকা (যে এখনও প্রাপ্তবয়স্ক নয়) *A group of children were playing in the park.* ○ *a six-year-old child* **2** a son or daughter of any age (যে-কোনো বয়সের) সন্তান-সন্ততি, পুত্র অথবা কন্যা, ছেলেমেয়ে *She has two children but both are married and have moved away.*

NOTE যে শিশুর কোনো ভাইবোন নেই তাকে **only child** বলা হয়। কোনো দম্পতি কোনো শিশুকে আইনসম্মতভাবে দত্তক নিতে পারে। সেই শিশুটিকে **adopted child** বলা হয়। যে শিশুকে কিছু সময়কাল অবধি অন্য কোনো পরিবার দেখাশোনা করে সেই শিশুটিকে সেই পরিবারের **foster child** বলা হয়।

childbirth / ˈtʃaɪldbɜ:θ ˈচাইল্ড্‌বার্থ / *noun* [U] the act of giving birth to a baby সন্তান প্রসব করার ক্রিয়া *His wife died* ***in childbirth****.*

childcare / ˈtʃaɪldkeə(r) ˈচাইল্ড্‌কেঅ্যা(র্) / *noun* [U] the job of looking after children, especially while the parents are at work বিশেষত কর্মরত পিতা-মাতার অনুপস্থিতিতে তাদের বাচ্চা দেখাশোনার দায়িত্বভার অথবা কাজ *Some employers provide childcare facilities.*

childhood / ˈtʃaɪldhʊd ˈচাইল্ড্‌হুড্ / *noun* [C, U] the time when you are a child শৈশব, শিশুকাল *Akanksha had a very unhappy childhood.*

childish /ˈtʃaɪldɪʃ ˈচাইল্‌ডিশ্ / *adj.* like a child শিশুসুলভ, বালসুলভ *childish handwriting* ▶ **childishly** *adv.* বাচ্চার মতো, শিশুসুলভভাবে, ছেলেমানুষ

NOTE শিশুর মতো সরল ব্যবহার অথবা শিশুসুলভ গুণযুক্ত ব্যক্তিকে বর্ণনা করার জন্য **childlike** শব্দটির ব্যবহার করা হয়—*His childlike enthusiasm delighted us all.* তবে কোনো প্রাপ্তবয়স্ক ব্যক্তির মূর্খতাপূর্ণ স্বভাব এবং ছেলেমানুষিকে **childish** বলে বর্ণনা করলে তা নিন্দা অথবা সমালোচনার্থে ব্যবহৃত হয়—*Don't be so childish! You can't always have everything you want.*

childless / ˈtʃaɪldləs ˈচাইল্ড্‌ল্যাস্ / *adj.* having no children সন্তানহীন, নিঃসন্তান, অনপত্য

childlike / ˈtʃaɪldlaɪk ˈচাইল্ড্‌লাইক্ / *adj.* like a child শিশুর মতো, শিশুসুলভ, ছেলেমানুষের মতো ➪ **childish** দেখো।

childminder / ˈtʃaɪldmaɪndə(r) ˈচাইল্ড্‌মাইন্‌ড্যা(র্)/ *noun* [C] a person whose job is to look after a child while his/her parents are at work কর্মরত পিতামাতার অনুপস্থিতিতে তাদের বাচ্চাদের দেখাশোনা করে যে ব্যক্তি

childproof / ˈtʃaɪldpru:f ˈচাইল্ড্‌প্রুফ্ / *adj.* designed so that young children cannot open, use or damage it এমনভাবে তৈরি যাতে ছোটো বাচ্চারা তা খুলতে, ব্যবহার করতে বা নষ্ট করতে না পারে *childproof containers for medicine*

children's home *noun* [C] an institution where children live whose parents cannot look after them সন্তান প্রতিপালনে অসমর্থ পিতামাতার সন্তানদের থাকার জন্য কোনো প্রতিষ্ঠান; শিশুসদন

chili (*AmE*) = **chilli**

chill[1] / tʃɪl চিল্ / *noun* **1** [*sing.*] an unpleasant cold feeling কনকনে ঠান্ডার অনুভূতি, শিরশিরে ভাব, হিমশীতল শিহরণ *There's a chill in the air.* ○ (*figurative*) *A chill of fear went down my spine.* **2** [C] (*informal*) a common illness that affects your nose and throat; a cold একধরনের সাধারণ অসুস্থতা যা নাক এবং গলাকে প্রভাবিত করে; সর্দি, ঠান্ডা লাগা, সর্দিকাশি *to catch a chill*

chill[2] / tʃɪl চিল্ / *verb* [I, T] **1** to become or to make sb/sth colder ঠান্ডা হয়ে যাওয়া অথবা কোনো ব্যক্তি অথবা বস্তুকে আরও ঠান্ডা করা **2** (*also* **chill out**) (*informal*) to relax and not feel angry or nervous about anything আরাম বোধ করা এবং উদ্বেগ, ক্রোধ অথবা স্নায়ুচাপ থেকে মুক্ত বোধ করা *I work hard all week so on Sundays I just chill out.*

chilli (*AmE* **chili**) / ˈtʃɪli ˈচিলি / *noun* [C, U] (*pl.* **chillies** or *AmE* **chilies**) a small green or red vegetable that has a very strong hot taste (লাল অথবা সবুজ) লংকা, মরিচ, ঊষণ *chilli powder* ➪ **vegetable**-এ ছবি দেখো।

chilling / ˈtʃɪlɪŋ ˈচিলিং / *adj.* frightening আতঙ্কের উদ্রেক করে এমন; ভয়াবহ *a chilling ghost story*

chilly / ˈtʃɪli ˈচিলি / *adj.* (**chillier; chilliest**) (used about the weather but also about people) too cold to be comfortable (সাধারণত আবহাওয়া সম্বন্ধে, কখনও বা মানুষের সম্বন্ধেও ব্যবহৃত) প্রবল কষ্টকর ঠান্ডা; উত্তাপহীন, আন্তরিকতাহীন, নিরুত্তাপ *It's a chilly morning. You need a coat on.* ○ *We got a very chilly reception* (unfriendly).

chime / tʃaɪm চাইম্ / *verb* [I, T] (used about a bell or clock) to ring (ঘন্টা অথবা ঘড়ি সম্বন্ধে ব্যবহৃত) বাজা ► **chime** *noun* [C] ঘড়ি বা ঘন্টা বাজার শব্দ

PHR V chime in (with sth) (*informal*) to interrupt a conversation and add your own comments কথোপকথনের মাঝে বিঘ্ন ঘটিয়ে নিজের মন্তব্য প্রকাশ করা

chimney / ˈtʃɪmni ˈচিম্নি/ *noun* [C] a pipe through which smoke or steam is carried up and out through the roof of a building (কোনো বাড়ির ছাদে) ধোঁয়া বা বাষ্প বেরোনোর নল, ধূম্রনালি; চিমনি

chimney sweep *noun* [C] a person whose job is to clean the inside of chimneys with long brushes যে ব্যক্তি লম্বা ব্রাশ দিয়ে চিমনির ভিতরের অংশ পরিষ্কার করে

chimpanzee / ˌtʃɪmpænˈziː ˌচিম্প্যান্ˈজী / (*informal* **chimp** / tʃɪmp চিম্প্ /) *noun* [C] a small intelligent animal like a monkey but without a tail (**an ape**) which is found in Africa আফ্রিকায় প্রাপ্ত বাঁদরজাতীয়, লেজহীন, ছোটো বুদ্ধিমান প্রাণী; শিম্পাঞ্জি ➪ **primate**-এ ছবি দেখো।

chin / tʃɪn চিন্ / *noun* [C] the part of your face below your mouth থুতনি, চিবুক, দাড়ি ➪ **body**-তে ছবি দেখো।

china / ˈtʃaɪnə ˈচাইন্যা / *noun* [U] **1** white clay of good quality that is used for making cups, plates, etc. উচ্চমানের সাদামাটি অথবা চীনেমাটি যা দিয়ে পেয়ালা, প্লেট ইত্যাদি বানানো হয় *a china vase* **2** cups, plates, etc. that are made from china চীনেমাটির তৈরি পেয়ালা, প্লেট ইত্যাদি

china clay = **kaolin**

chink / tʃɪŋk চিংক্ / *noun* [C] a small narrow opening ফাটল, সংকীর্ণ ছিদ্রপথ, চিড়, রন্ধ্রপথ *Daylight came in through a chink between the curtains.*

chintz / tʃɪnts চিন্ট্স্ / *noun* [U] a shiny cotton cloth with a printed design, usually of flowers, which is used for making curtains, covering furniture, etc. ফুলের নকশাকাটা চকচকে রঙিন সুতির কাপড় যা পর্দা, আসবাবের ঢাকা ইত্যাদি বানানোর জন্য ব্যবহার করা হয়

chip¹ / tʃɪp চিপ্ / *noun* [C] **1** the place where a small piece of stone, glass, wood, etc. has broken off sth পাথর, কাচ, কাঠ ইত্যাদির যেখান থেকে একটা ছোটো টুকরো ভেঙে গেছে সেই অংশ *This dish has a chip in it.* **2** a small piece of stone, glass, wood, etc. that has broken off sth পাথর, কাচ, কাঠ ইত্যাদির ভাঙা ছোটো টুকরো বা কুচি **3** (*AmE* **French fry**) (*usually pl.*) a thin piece of potato that is fried in hot fat or oil পাতলা করে কাটা আলু ভাজা; আলুর চিপ **4** (*also* **potato chip**) = **crisp²** **5** = **microchip** **6** a flat round piece of plastic that you use instead of money when you are playing some games প্লাস্টিকের চ্যাপটা গোল টুকরো যা কোনো কোনো খেলায় টাকার বদলে ব্যবহার করা হয়

IDM have a chip on your shoulder (about sth) (*informal*) to feel angry about sth that happened a long time ago because you think it is unfair অনেকদিন আগে ঘটেছিল এমন কোনো অন্যায়ের জন্য মনে রাগ পুষে রাখা

chip² / tʃɪp চিপ্ / *verb* [I, T] (**chipping; chipped**) **1** to break a small piece off the edge or surface of sth কোনো কিছুর ধার বা কানা থেকে অথবা উপরিভাগ থেকে ছোটো টুকরো ভেঙে ফেলা *They chipped the paint trying to get the table through the door.* **2** (in sport) to kick or hit a ball a short distance through the air (কোনো খেলায়) বলকে পা ইত্যাদি দিয়ে মেরে হাওয়ায় অল্প দূরে পাঠানো

PHR V chip in (with sth) (*informal*) **1** to interrupt when sb else is talking অন্য কোনো ব্যক্তির কথা বলার সময়ে বিঘ্ন ঘটানো **2** to give some money as part of the cost of sth কোনো বস্তুর মূল্যের আংশিক দাম দেওয়া *We all chipped in and bought him a present when he left.*

chipmunk / ˈtʃɪpmʌŋk ˈচিপ্মাংক / *noun* [C] a small North American animal with a long, thick tail and bands of dark and light colour on its back লম্বা মোটা লেজওয়ালা উত্তর আমেরিকার একরকম ছোটো প্রাণী যাদের পিঠে গাঢ় অথবা হালকা রঙের ডোরা থাকে

chiropodist / kɪˈrɒpədɪst কিˈরপ্যাডিস্ট্ / (*AmE* **podiatrist**) *noun* [C, *with sing. or pl. verb*] a person whose job is to look after people's feet পদচিকিৎসক, চরণরোগ বিশেষজ্ঞ

chiropody / kɪˈrɒpədi কিˈরপ্যাডি/ (*AmE* **podiatry**) *noun* [U] the care and treatment of people's feet পায়ের যত্ন এবং চিকিৎসা

chiropractor / ˈkaɪərəʊpræktə(r) ˈকাইআ্যার‌্যাউ-প্র্যাক্ট্যা(র্) / *noun* [C] a person whose job involves treating some diseases and physical problems by pressing and moving the bones in a person's back (**spine**) রোগীর মেরুদণ্ডের হাড়ে চাপ দিয়ে সরিয়ে রোগ এবং শারীরিক সমস্যার নিরাময় করে যে চিকিৎসক ➪ **osteopath** দেখো।

chirp / tʃɜːp চ্যপ্ / *verb* [I] (used about small birds and some insects) to make short high sounds (ছোটো পাখি বা কোনো কোনো পতঙ্গের সম্বন্ধে

ব্যবহৃত) কিচির-মিচির করা, ঝিঁ-ঝিঁ শব্দ করা, কিচকিচ শব্দ করা, কলগুঞ্জন করা

chisel / ˈtʃɪzl ˈচিজ্‌ল্ / *noun* [C] a tool with a sharp end that is used for cutting or shaping wood or stone ধারালো প্রান্তসমেত কোনো যন্ত্র যার দ্বারা কাঠ বা পাথর কাটা হয় বা সেটিকে ঠিকমতো আকার দেওয়া হয়; বাটালি, ছেনি; চিজেল ➪ **tool**-এ ছবি দেখো।

chit / tʃɪt চিট্ / *noun* **1** (*BrE*) [C] a short written note on a small piece of paper or a small document; a bill ছোটো কাগজের টুকরোতে লেখা সংক্ষিপ্ত টীকা; কোনো ক্ষুদ্র নথি; কোনো বিল **2** (*also* **chit fund**) a kind of savings scheme practised in India which involves small and regular contributions from individuals. These contributions are collected, invested and returned in a lump sum at a profit to the contributor ভারতবর্ষে প্রচলিত একপ্রকার সঞ্চয়ী পরিকল্পনা যাতে বিনিয়োগকারী নিয়মিত এবং স্বল্প পরিমাণে অর্থ নিয়োগ করে। পরে লাভসহ সঞ্চিত অর্থ একসঙ্গে বিনিয়োগকারীদের ফেরত দেওয়া হয়

chivalry / ˈʃɪvlri ˈশিভ্‌লরি / *noun* [U] polite and kind behaviour by men which shows respect towards women পুরুষদের নারীজাতির প্রতি ভদ্র বা সৌজন্যমূলক ব্যবহার দ্বারা সম্মান প্রদর্শন, বীরোচিত ও বিনয়ী ব্যবহার ▶ **chivalrous** / ˈʃɪvlrəs ˈশিভ্‌লর‍্যাস্ / *adj.* বীরোচিত, মর্যাদাপূর্ণ, সৌজন্যপূর্ণ, সম্মানজনক

chive / tʃaɪv চাইভ্ / *noun* [C, *usually pl.*] a long thin green plant that tastes like onion and is used in cooking পেঁয়াজের মতো স্বাদের লম্বা পাতলা সবুজ লতা যা রান্নায় ব্যবহার করা হয়

chloride / ˈklɔːraɪd ˈক্ল:রাইড্ / *noun* [U] a chemical compound of **chlorine** and another chemical অন্য কোনো রাসায়নিক পদার্থ এবং ক্লোরিনের রাসায়নিক যৌগ; ক্লোরাইড

chlorinate / ˈklɔːrɪneɪt ˈক্ল:রিনেইট্ / *verb* [T] to put chlorine in sth, especially water কোনো বস্তুতে বিশেষত জলে ক্লোরিন মেশানো *a chlorinated swimming pool* ▶ **chlorination** / ˌklɔːrɪˈneɪʃn ˌক্ল:রিˈনেইশ্‌ন্ / *noun* [U] ক্লোরিনায়ন

chlorine / ˈklɔːriːn ˈক্ল:রীন্ / *noun* [U] (*symbol* **Cl**) a greenish-yellow gas with a strong smell, that is used for making water safe to drink or to swim in সবুজ-হলুদ রঙের উগ্র গন্ধযুক্ত গ্যাস যা পান করা বা সাঁতার কাটার জন্য জল শোধন বা দূষণমুক্ত করার সময়ে ব্যবহৃত হয়; ক্লোরিন

chloroform / ˈklɒrəfɔːm ˈক্লর‍্যাফ:ম্ / *noun* [U] (*symbol* **$CHCl_3$**) a colourless liquid with a strong smell used by doctors in the past to make people unconscious, for example before an operation বর্ণহীন, তীব্র গন্ধযুক্ত একরকম তরল পদার্থ যা অতীতে চিকিৎসকদের দ্বারা অস্ত্রোপচার করার আগে রোগীকে অজ্ঞান করার কাজে ব্যবহৃত হত; ক্লোরোফর্ম

chlorophyll / ˈklɒrəfɪl ˈক্লর‍্যাফিল্ / *noun* [U] the green substance in plants that takes in light from the sun to help them grow গাছের পাতার মধ্যে প্রাপ্ত সবুজ রঙের পদার্থ যা সূর্যালোক গ্রহণ করে গাছের বিকাশে সাহায্য করে; পত্রহরিৎ; ক্লোরোফিল

chloroplast / ˈklɒrəplɑːst ˈক্লর‍্যাপ্লা:স্ট্ / *noun* [C] (*technical*) the part of a green plant cell that contains chlorophyll and in which **photosynthesis** takes place গাছের কোষের সবুজ অংশ যেখানে ক্লোরোফিল থাকে এবং যেখানে সালোকসংশ্লেষ ঘটে; সবুজকণিকা; ক্লোরোপ্লাস্ট

chock-a-block / ˌtʃɒk əˈblɒk ˌচক্ অ্যাˈব্লক্ / *adj.* (*not before a noun*) completely full ঠাসা, পরিপূর্ণ, গাদাগাদি করে ভর্তি *The mall was chock-a-block with shoppers.*

chocoholic / ˌtʃɒkəˈhɒlɪk ˌচক্যাˈহলিক্ / *noun* [C] a person who loves chocolate and eats a lot of it যে ব্যক্তি চকোলেট খেতে খুব ভালোবাসে এবং তা প্রচুর পরিমাণে খায়

chocolate / ˌtʃɒklət ˌচক্‌ল্যাট্ / *noun* **1** [U] a sweet brown substance made from seeds (**cocoa beans**) that you can eat as a sweet or use to give flavour to food and drinks কোকোর বীজ থেকে তৈরি গাঢ় বাদামি রঙের মিষ্টি পদার্থ যা মিষ্টি হিসেবে খাওয়া যায় অথবা খাদ্য বা পানীয়তে স্বাদগন্ধ যুক্ত করার জন্য ব্যবহৃত হয় *a bar of **milk/plain chocolate*** ○ *a chocolate milkshake* **2** [C] a small sweet that is made from or covered with chocolate চকোলেট দিয়ে মোড়া অথবা বানানো ছোটো মিষ্টি *a box of chocolates* **3** [C, U] a drink made from powdered chocolate with hot milk or water গরম দুধ বা জলে চকোলেটের গুঁড়ো মিশিয়ে প্রস্তুত একজাতীয় পানীয় ***a mug of hot chocolate*** **4** [U] a dark brown colour গাঢ় বাদামি রং

choice[1] / tʃɔɪs চইস্ / *noun* **1** [C] **a choice (between A and B)** an act of choosing between two or more people or things (দুই বা ততোধিক মানুষ অথবা জিনিসের মধ্যে) নির্বাচন অথবা পছন্দ করার ক্রিয়া *Vipul was forced to **make a choice** between moving house and losing his job.* **2** [U] the right or chance to choose বেছে নেওয়া অথবা পছন্দ করার অধিকার, সুযোগ অথবা ক্ষমতা; বিকল্প *There is a rail strike so we **have no choice** but to cancel our trip.* ○ *to have freedom of choice* ✪ সম **option** **3** [C, U] two or more things from which you can or must choose দুটি বা ততোধিক বস্তুর মধ্যে থেকে বেছে নিতে হবে বা বেছে নেওয়ার সুবিধা আছে এমন; বিকল্প *This cinema offers a choice of six different films* *every night.* 4 [C] a person or thing that is chosen (ব্যক্তি অথবা বস্তু) মনোনীত, নির্বাচিত *Rahul would be my choice as team captain.* ⇨ **choose** verb দেখো।

IDM **out of/from choice** because you want to; of your own free will নিজের ইচ্ছাবশত; স্বেচ্ছায় *I wouldn't have gone to America out of choice. I was sent there on business.*

choice² / tʃɔɪs চইস্ / *adj.* of very good quality খুব ভালো গুণমানের, উঁচু দরের, প্রকৃষ্ট, উৎকৃষ্ট, উত্তম *choice strawberries*

choir / ˈkwaɪə(r) ˈকুআইঅ্যা(র্) / *noun* [C, *with sing. or pl. verb*] a group of people who sing together in churches, schools, etc. গির্জা, বিদ্যালয় ইত্যাদি প্রতিষ্ঠানের সঙ্গে যুক্ত সংগঠিত গায়কদল; কয়ার

choke¹ / tʃəʊk চ্যাউক্ / *verb* 1 [I, T] **choke (on sth)** to be or to make sb unable to breathe because sth is stopping air getting into the lungs ফুসফুসে বাতাসের প্রবেশ বন্ধ হলে বা বন্ধ করে কোনো ব্যক্তির শ্বাসরোধ হওয়া বা করা; দম আটকে যাওয়া, শ্বাসরুদ্ধ হওয়া *She was choking on a fish bone.* ○ *The smoke choked us.* ⇨ **strangle** দেখো। 2 [T] (*usually passive*) **choke sth (up) (with sth)** to fill a passage, space, etc., so that nothing can pass through (ছোটো জায়গা, পথ, নালি ইত্যাদি) ভরে ফেলা, আটকে ফেলা বা বুজিয়ে ফেলা *The roads to the coast were choked with traffic.* ○ *choked drains*

PHR V **choke sth back** to hide or control a strong emotion প্রবল আবেগ চেপে রাখা অথবা সংবরণ করা *to choke back tears/anger*

choke² / tʃəʊk চ্যাউক্ / *noun* [C] 1 the device in a car, etc. that controls the amount of air going into the engine. If you pull out the choke it makes it easier to start the car মোটরগাড়ির ইঞ্জিনে বায়ুপ্রবাহ নিয়ন্ত্রণ করার যন্ত্রাংশবিশেষ। যদি এটি টেনে বার করে নেওয়া হয় তাহলে গাড়ির ইঞ্জিন চালু করা সহজ হয়; চোক 2 an act or the sound of sb choking দম আটকে যাওয়া অথবা বিষম লাগার ক্রিয়া বা শব্দ

cholera /ˈkɒlərə ˈকল্যার্যা / *noun* [U] a serious disease that causes stomach pains and vomiting and can cause death. Cholera is most common in hot countries and is carried by water মারাত্মক রোগ যাতে পেটে ব্যথা, বমি এবং মৃত্যু পর্যন্ত ঘটতে পারে। এটি গ্রীষ্মপ্রধান দেশে খুব বেশি দেখা যায় এবং জল দ্বারা এর জীবাণু বাহিত হয়; বিসূচিকা, ওলাওঠা; কলেরা

cholesterol / kəˈlestərɒl ক্যা'লেস্ট্যারল্ / *noun* [U] a substance that is found in the blood, etc. of people and animals. Too much cholesterol is thought to be a cause of heart disease মানুষ ও অন্যান্য প্রাণীর রক্ত ইত্যাদিতে বিদ্যমান পদার্থবিশেষ যার পরিমাণ বৃদ্ধি হলে হৃদ্‌রোগের সম্ভাবনা বেড়ে যায়

choose / tʃu:z চূজ্ / *verb* [I, T] (*pt* **chose** / tʃəʊz চ্যাউজ্ / ; *pp* **chosen** /ˈtʃəʊzn ˈচ্যাউজ্‌ন্ /) 1 **choose (between A and/or B); choose (A) (from B); choose sb/sth as sth** to decide which thing or person you want out of the ones that are available পাওয়া যায় এমন অনেক ব্যক্তির মধ্যে কাউকে বেছে নেওয়া বা প্রাপ্তিসাধ্য বস্তুগুলির মধ্যে পছন্দ করা *Choose carefully before you make a final decision.* ○ *Anjali had to choose between getting a job or going to college.* ○ *The viewers chose this programme as their favourite.* 2 **choose (to do sth)** to decide or prefer to do sth নিজের ইচ্ছেমতো অথবা পছন্দমতো কাজ করা *You are free to leave whenever you choose.* ○ *They chose to resign rather than work for the new manager.* ⇨ **choice** noun দেখো।

IDM **pick and choose** ⇨ **pick¹** দেখো।

choosy / ˈtʃu:zi ˈচূজি/ *adj.* (*informal*) (used about a person) difficult to please (কোনো ব্যক্তি সম্বন্ধে ব্যবহৃত) যাকে খুশি করা কঠিন, যার কিছুই পছন্দ হয় না; খুঁতখুঁতে

chop¹ / tʃɒp চপ্ / *verb* [T] (**chopping; chopped**) **chop sth (up) (into sth)** to cut sth into pieces with a knife, etc. ছুরি ইত্যাদি দিয়ে কেটে টুকরো টুকরো অথবা কুচি কুচি করা *finely chopped herbs* ○ *Chop the onions up into small pieces.*

IDM **chop and change** to change your plans or opinions several times বারবার অথবা অনবরত পরিকল্পনা বা মত বদলানো, মতিস্থির না থাকা

PHR V **chop sth down** to cut a tree, etc. at the bottom so that it falls down গাছ ইত্যাদি গোড়ার থেকে কেটে ফেলা যাতে তা মাটিতে পড়ে যায়

chop sth off (sth) to remove sth from sth by cutting it with a knife or a sharp tool ছুরি অথবা কোনো ধারালো যন্ত্র দিয়ে কেটে বিচ্ছিন্ন করা; কুচোনো

chop² / tʃɒp চপ্ / *noun* [C] 1 a thick slice of meat with a piece of bone in it চাপের মাংস; একটি হাড়সমেত মোটা মাংসের টুকরো ⇨ **steak** দেখো। 2 an act of chopping sth কর্তন অথবা কোনো কিছু কাটার ক্রিয়া *a karate chop*

chopper / ˈtʃɑpə(r) ˈচাপ্যা(র্) / *noun* [C] (*informal*) = **helicopter**

chopping board *noun* [C] a piece of wood or plastic used for cutting meat or vegetables on তরকারি অথবা মাংস কাটার জন্য ব্যবহৃত কাঠ অথবা প্লাস্টিকের পাটাতন; চপিং বোর্ড ⇨ **kitchen**-এ ছবি দেখো।

choppy / ˈtʃɒpi ˈচপি / *adj.* (used about the sea) having a lot of small waves, slightly rough (সমুদ্র

সম্বন্ধে ব্যবহৃত) এলোমেলো অসংখ্য ছোটো ছোটো ঢেউ সম্পন্ন এবং স্বল্প অশান্ত এমন

chopstick / ˈtʃɒpstɪk ˈচপ্‌স্টিক্ / *noun* [C, *usually pl.*] one of the two thin pieces of wood used for eating with, especially in Asian countries এশিয়ার কোনো কোনো দেশের অধিবাসীরা পাতলা কাঠের যে দুটি কাঠি ব্যবহার করে খাবার খায়, তার যে-কোনো একটি; চপস্টিক

choral / ˈkɔːrəl ˈক:র‍্যাল্ / *adj.* (used about music) that is written for or involving a group of singers (**a choir**) (সংগীত সম্বন্ধে ব্যবহৃত) বৃন্দগায়কের দলের জন্য রচিত অথবা সেই সংক্রান্ত

chord / kɔːd ক:ড্ / *noun* [C] **1** (*mathematics*) a straight line that joins two points on a curve (গণিত) বৃত্তচাপের দুই প্রান্তবিন্দুর সংযোজক সরলরেখা; জ্যা ➪ **circle**-এ ছবি দেখো।

chore / tʃɔː(r) চ: (র্) / *noun* [C] a job that is not interesting but that you must do চিত্তাকর্ষক নয় কিন্তু অত্যাবশ্যকীয় দৈনন্দিন কাজ; নিত্যকর্ম *household chores*

choreograph / ˈkɒriəgrɑːf ˈকরিঅ্যাগ্রা:ফ / *verb* [T] to design and arrange the movements of a dance নৃত্যবিন্যাস বা নৃত্যকলা পরিকল্পনা করা; কোরিওগ্রাফ করা ▶ **choreographer** / ˌkɒriˈɒgrəfə(r) ˌকরিˈঅ-গ্র্যাফ্যা(র্) / *noun* [C] নৃত্য পরিকল্পনাকার; কোরিওগ্রাফার

choreography / ˈkɒriˈɒgrəfi ˈকরিˈঅগ্র্যাফি / *noun* [U] the arrangement of movements for a dance performance নৃত্য পরিকল্পনা, নৃত্য বিন্যাসের কৌশল; কোরিওগ্রাফি

chorus[1] / ˈkɔːrəs ˈক:র‍্যাস্ / *noun* **1** [C] the part of a song that is repeated at the end of each verse প্রতি পঙ্‌ক্তির শেষে পুনরাবৃত্ত গানের অংশবিশেষ; ধুয়া, ধুয়ো ✪ সম **refrain** **2** [C] a piece of music, usually part of a larger work, that is written for a large group of people (**a choir**) to sing (বৃহত্তর কোনো সংগীত সৃষ্টির অংশবিশেষ) যে গান সমবেত কণ্ঠে গাওয়া হয়; ঐকতান সংগীত, মিলিতকণ্ঠে গীত **3** [C, *with sing. or pl. verb*] a large group of people who sing together সমবেত গায়কবৃন্দ **4** [C, *with sing. or pl. verb*] the singers and dancers in a musical show who do not play the main parts কোনো সংগীতানু-ষ্ঠানের অপ্রধান সংগীতশিল্পী এবং নৃত্যশিল্পী; কোরাসশিল্পী **5 a chorus of sth** [*sing.*] something that a lot of people say together যা সমবেতভাবে অনেকে মিলে বলে *a chorus of cheers/criticism disapproval*

chorus[2] / ˈkɔːrəs ˈক:র‍্যাস্ / *verb* [T] (used about a group of people) to sing or say sth together (একটি দল বা গোষ্ঠী সম্বন্ধে ব্যবহৃত) একত্রে গান করা বা কথা বলা; সমবেতকণ্ঠে গান করা *'That's not fair!' the children chorused.*

chose ➪ **choose**-এর past tense

chosen ➪ **choose**-এর past participle

Christ / kraɪst ক্রাইস্ট্ / (*also* **Jesus**; **Jesus Christ** / ˈdʒiːzəs ˈkraɪst ˈজীজ্যাস্ ˈক্রাইস্ট্ /) *noun* the man who Christians believe is the son of God and whose teachings the Christian religion is based on জিশুখ্রিস্ট; খ্রিস্টানগণের বিশ্বাস অনুযায়ী যে ব্যক্তিকে ঈশ্বরের সন্তান বলে মনে করা হয় এবং যাঁর শিক্ষাপ্রদানের ভিত্তিতে খ্রিস্টধর্ম গড়ে উঠেছে

christen / ˈkrɪsn ˈক্রিস্‌ন্ / *verb* [T] **1** to give a person, usually a baby, a name during a Christian ceremony in which he/she is made a member of the Church খ্রিস্টানদের জন্য নির্দিষ্ট কোনো ধর্মীয় অনুষ্ঠানের মাধ্যমে কোনো ব্যক্তিকে (সাধারণত কোনো শিশু) গির্জার সদস্য বানানোর সময়ে তার নামকরণ করা *The baby was christened Leela Mary John.* ➪ **baptize** দেখো। **2** to give sb/sth a name কোনো ব্যক্তি অথবা বস্তুর নামকরণ করা অথবা তাকে বিশেষ কোনো নাম দেওয়া *People drive so dangerously on this stretch of road that it has been christened 'The Mad Mile'.*

christening / ˈkrɪsnɪŋ ˈক্রিস্‌নিং / *noun* [C] the church ceremony in the Christian religion in which a baby is given a name and welcomed into the Christian church (খ্রিস্ট ধর্মে) শিশুর নামকরণ করা এবং তাকে খ্রিস্টান সমাজে স্বাগত জানানোর জন্য গির্জায় আয়োজিত নির্দিষ্ট ধর্মীয় অনুষ্ঠান ➪ **baptism** দেখো।

Christian / ˈkrɪstʃən ˈক্রিস্‌চ্যান্ / *noun* [C] a person whose religion is Christianity খ্রিস্ট ধর্মাবলম্বী; খ্রিস্টান ▶ **Christian** *adj.* জিশুখ্রিস্ট এবং তাঁর দ্বারা প্রদত্ত শিক্ষা সম্পর্কিত; খ্রিস্টিয়

Christianity / ˌkrɪstiˈænəti ˌক্রিস্‌টিˈঅ্যান্যাটি / *noun* [U] the religion that is based on the teachings of Jesus Christ যে ধর্ম জিশুখ্রিস্ট দ্বারা প্রদত্ত শিক্ষার ভিত্তিতে গড়ে উঠেছে; খ্রিস্টিয় ধর্মীয় বিশ্বাস, খ্রিস্টানত্ব, খ্রিস্টধর্ম

Christian name (*AmE* **given name**) *noun* [C] the name given to a child when he/she is born; first name শিশুর জন্মের সময় দেওয়া নাম; প্রথম নাম (পদবি নয়) ➪ **name**[1]-এ নোট দেখো।

Christmas / ˈkrɪsməs ˈক্রিস্‌ম্যাস্ / *noun* **1** [C, U] the period of time before and after 25 December, ২৫শে ডিসেম্বরের পরের এবং আগের সময়কাল *Where are you spending Christmas this year?* **2 Christmas Day** [C] 25 December. It is the day on which the birth of Christ is celebrated each year ২৫শে ডিসেম্বর এই দিন প্রতি বছর খ্রিস্টজন্মোৎসব পালিত হয়; বড়দিন **NOTE** **Christmas** শব্দটি অনেক সময় সাধারণভাবে **Xmas** লেখা হয়।

Christmas card *noun* [C] a card with a picture on the front and a message inside that people send to their friends and relatives at Christmas সামনের দিকে ছবি এবং ভিতরে কোনো বার্তাসহ যে কার্ড খ্রিস্টমাসের সময়ে বন্ধু এবং আত্মীয়স্বজনের কাছে পাঠানো হয়; খ্রিস্টমাস কার্ড

Christmas carol = **carol**

Christmas Eve *noun* [C] 24 December, the day before Christmas Day ২৪শে ডিসেম্বর, বড়দিনের পূর্ব দিন

Christmas tree *noun* [C] a real or artificial tree, which people bring into their homes and cover with coloured lights and decorations at Christmas খ্রিস্ট জন্মোৎসব উপলক্ষ্যে নানা রঙের আলো এবং অন্যান্য সামগ্রী দ্বারা সজ্জিত কৃত্রিম বা প্রাকৃতিক কোনো গাছ যা বাড়িতে নিয়ে আসা হয়; খ্রিস্টমাস ট্রি

chromatography / ˌkrəʊməˈtɒgrəfi ˌক্র্যাউম্যা'টগ্র্যাফি / *noun* [U] (*technical*) the separation of a liquid mixture by passing it through a material through which some parts of the mixture travel further than others মিশ্রিত তরল পদার্থ আলাদা করার প্রক্রিয়া। এই প্রক্রিয়ায় এমন কোনো বস্তুর মধ্যে দিয়ে তরল মিশ্রণটিকে পার করানো হয় যার ফলে তার কিছু অংশ অন্যগুলির থেকে আলাদা হয়ে গড়িয়ে যায়; তরল মিশ্রণের পৃথক্‌করণ; ক্রোমাটোগ্রাফি

chrome / krəʊm ক্র্যাউম্/ (*also* **chromium** / ˈkrəʊmiəm 'ক্র্যাউমিঅ্যাম্ /) *noun* [U] (*symbol* **Cr**) a hard shiny metal that is used for covering other metals একজাতীয় শক্ত চকচকে ধাতু যা অন্য ধাতুর উপর আবরণ বা প্রলেপ লাগানোর কাজে ব্যবহৃত হয়; ক্রোম

chromosome / ˈkrəʊməsəʊm 'ক্র্যাউম্যাস্যাউম্ / *noun* [C] a part of a cell in living things that decides the sex, character, shape, etc. that a person, an animal or a plant will have বংশধারার সংকেতবাহী বিশেষ জীবকোষ যা প্রাণী বা উদ্ভিদের লিঙ্গ, আকার, চরিত্রগঠন ইত্যাদি সমস্ত কিছুর জন্য দায়ী; ক্রোমোসোম ➪ **X chromosome** এবং **Y chromosome** দেখো।

chronic / ˈkrɒnɪk 'ক্রনিক্ / *adj.* (used about a disease or a problem) that continues for a long time (রোগ বা কোনো সমস্যা সম্বন্ধে ব্যবহৃত) দীর্ঘস্থায়ী, বহু পুরোনো, অনেকদিনের, দুরারোগ্য *There is a chronic shortage of housing in the city.* ➪ **acute** দেখো।
▶ **chronically** / -kli -ক্লি / *adv.* অপরিবর্তনীয়ভাবে, দুরারোগ্যভাবে

chronicle / ˈkrɒnɪkl 'ক্রনিকল্ / *noun* [C, *usually pl.*] a written record of historical events describing them in the order in which they happened কালানুক্রমিকভাবে ঐতিহাসিক ঘটনাসমূহের লিখিত বৃত্তান্তের সংকলন

chronological / ˌkrɒnəˈlɒdʒɪkl ˌক্রন্যা'লজিক্‌ল্ / *adj.* arranged in the order in which the events happened যেভাবে ঘটনাগুলি ঘটেছে সেইভাবে সাজানো; কালানুক্রমিক *This book describes the main events in his life in **chronological order**.* ▶ **chronologically** / -kli -ক্লি / *adv.* কালানুক্রমিকভাবে

chronology / krəˈnɒlədʒi ক্র্যা'নল্যাজি/ *noun* [U, C] (*pl.* **chronologies**) the order in which a series of events happened; a list of these events in order কালানুক্রমিক ঘটনাবলী; কালানুক্রমিক ঘটনার তালিকা *The exact chronology of these events is a subject for debate.* ○ *a chronology of Nehru's life*

chrysalis / ˈkrɪsəlɪs 'ক্রিস্যালিস্ / *noun* (*pl.* **chrysalises**) *noun* [C] the form of an insect, (**a butterfly** or **a moth**) while it is changing into an adult inside a hard case, also called a chrysalis গুটিপোকা অথবা প্রজাপতি বা পতঙ্গের শক্ত খোলার মধ্যে বিবর্তনের রূপ বা পর্যায় ➪ **insect**-এ ছবি দেখো।

> **NOTE** অন্য কোনো পতঙ্গের বিবর্তনের এই রূপকে **pupa** বলে।

chrysanthemum / krɪˈsænθəməm ক্রি'স্যান্থ্যাম্যাম্ / *noun* [C] a large garden flower which is brightly coloured and shaped like a ball উদ্যানে জন্মায় এমন গোলাকৃতি উজ্জ্বল রঙের ফুল, চন্দ্রমল্লিকা; ক্রিসেনথিমাম

chubby / ˈtʃʌbi 'চাবি / *adj.* slightly fat in a pleasant way গোলগাল, নাদুস-নুদুস *a baby with chubby cheeks*

chuck / tʃʌk চাক্ / *verb* [T] (*informal*) to throw sth in a careless way অবজ্ঞায় কোনো বস্তু ছুঁড়ে ফেলা *You can chuck those old shoes in the bin.*
PHR V **chuck sth in** to give sth up কোনো বস্তু ছেড়ে দেওয়া, হাল ছেড়ে দেওয়া *He's chucked his job in because he was fed up.*
chuck sb out (of sth) to force sb to leave a place কোনো ব্যক্তিকে কোনো স্থান থেকে চলে যেতে বাধ্য করা *They were chucked out of the cinema for making too much noise.*

chuckle / ˈtʃʌkl 'চাক্‌ল্ / *verb* [I] to laugh quietly মুখ টিপে হাসা, চাপা হাসি হাসা, মুচকি হাসা *Anirudh chuckled to himself as he read the letter.*
▶ **chuckle** *noun* [C] মুখ টেপা হাসি, চাপা হাসি, মুচকি হাসি

chug / tʃʌg চাগ্ / *verb* [I] (**chugging; chugged**) **1** (used about a machine or engine) to make short repeated sounds while it is working or moving slowly (কোনো যন্ত্র বা ইঞ্জিন সম্বন্ধে ব্যবহৃত) ধীরে ধীরে চলা অথবা কাজ করার সময়ে ক্রমাগত অল্প অল্প আওয়াজ করা **2 chug along, down, up, etc.** to move in a particular direction making this sound

এইরকম আওয়াজ করতে করতে কোনো নির্দিষ্ট দিকে চলা *The train chugged out of the station.*

chunk / tʃʌŋk চাংক্ / *noun* [C] a large or thick piece of sth কোনো বস্তুর বড়ো অথবা মোটা অংশ বা টুকরো, খণ্ড, চাঙড় *chunks of bread and cheese*

chunky / ˈtʃʌŋki ˈচাংকি / *adj.* **1** thick and heavy মোটা এবং ওজনদার *chunky jewellery* **2** (used about a person) short and strong (কোনো ব্যক্তি সম্বন্ধে ব্যবহৃত) খর্বকায় এবং শক্তিশালী; গাঁট্টাগোট্টা **3** (used about food) containing thick pieces (খাবার সম্বন্ধে ব্যবহৃত) বেশ বড়ো বড়ো টুকরো আছে এমন *chunky banana milkshake*

church / tʃɜːtʃ চ্যচ্ / *noun* **1** [C, U] a building where Christians go to pray, etc. খ্রিস্টানগণ যে গৃহে বা স্থানে প্রার্থনা ইত্যাদির জন্য যায়; গির্জা, চার্চ *Do you go to church regularly?* **2 Church** [C] a particular group of Christians বিশেষ সম্প্রদায়ের খ্রিস্টান *the Anglican/Catholic/Methodist Church* **3 (the) Church** [*sing.*] the ministers or the institution of the Christian religion খ্রিস্টান ধর্মযাজকগণ বা খ্রিস্টধর্মীয় সংস্থা *the conflict between Church and State*

churchyard / ˈtʃɜːtʃjɑːd ˈচ্যচ্ইআ:ড্ / *noun* [C] the area of land that is around a church গির্জা সংলগ্ন জায়গা জমি; গির্জার এলাকা বা চত্বর; চার্চপ্রাঙ্গণ ➪ **cemetery** এবং **graveyard** দেখো।

churn / tʃɜːn চ্যন্ / *verb* **1** [I, T] **churn (sth) (up)** to move, or to make water, mud, etc. move around violently জল, মাটি ইত্যাদি আন্দোলিত হওয়া বা তীব্রভাবে আন্দোলিত করা *The dark water churned beneath the huge ship.* ○ *Vast crowds had churned the field into a sea of mud.* **2** [I] if your stomach churns or sth makes it churn, you feel sick because you are disgusted or nervous বিতৃষ্ণা অথবা আতঙ্কে পেটের মধ্যে গুলিয়ে ওঠা এবং অসুস্থ বোধ করা *Reading about the murder in the paper made my stomach churn.* **3** [T] to make butter from milk or cream (দুধ বা ননী থেকে) মাখন তোলা; মন্থন করা

PHR V **churn sth out** (*informal*) to produce large numbers of sth very quickly অল্প সময়ে বেশি পরিমাণে কোনো বস্তু উৎপাদন করা *Modern factories can churn out cars at an amazing speed.*

chute / ʃuːt শুট্ / *noun* [C] a passage down which you can drop or slide things, so that you do not have to carry them ঢালু পথ যেখান দিয়ে উপর থেকে নীচে জিনিসপত্র ফেলা যায় বা গড়িয়ে দেওয়া যায় (যাতে তা বহন করতে না হয়) *a laundry/rubbish chute* (= from the upper floors of a high building) ○ *a water chute* (= at a swimming pool)

chutney / ˈtʃʌtni ˈচাট্‌নি / *noun* [U] a thick sweet sauce that is made from fruit or vegetables ফল অথবা সবজি দিয়ে বানানো ঘন মিষ্টি সস; চাটনি

cicada / sɪˈkɑːdə সি'কা:ড্যা / *noun* [C] a large insect that lives in many hot countries. It makes a continuous high sound by rubbing its legs together গ্রীষ্মপ্রধান দেশে পাওয়া যায় এমন একপ্রকার বড়ো পতঙ্গবিশেষ, যারা তাদের পাগুলি একসঙ্গে ঘষে ঘষে অনবরত তীক্ষ্ণ শব্দ করে; ঝিঁঝি পোকা

cider / ˈsaɪdə(r) ˈসাইড্যা(র্) / *noun* [U] **1** an alcoholic drink made from apples আপেল থেকে তৈরি একরকম মদ *dry/sweet cider* **2** a drink made from apples that does not contain alcohol আপেল থেকে তৈরি একজাতীয় অ্যালকোহলহীন পানীয়

cigar / sɪˈgɑː(r) সি'গা:(র্) / *noun* [C] a roll of dried tobacco leaves that people smoke. Cigars are larger than cigarettes চুরুট; সিগার (এগুলি সিগারেটের থেকে আকারে বড়ো হয়)

cigarette / ˌsɪgəˈret ˌসিগ্যা'রেট্ / *noun* [C] tobacco in a tube of thin white paper that people smoke সিগারেট *a packet of cigarettes*

cigarette lighter (*also* **lighter**) *noun* [C] an object which produces a small flame for lighting cigarettes, etc. সিগারেট ধরানোর ছোটো যন্ত্রবিশেষ; সিগারেট লাইটার

ciliary muscle / ˈsɪliəri mʌsl ˈসিলিঅ্যারি মাস্‌ল্ / *noun* [C] a muscle in the eye that controls how much the **lens** curves চোখের পেশিবিশেষ যা চোখের লেন্সের কাজ নিয়ন্ত্রণ করে; অক্ষিপক্ষ্মাগত পেশি ➪ **eye**-এ ছবি দেখো।

cinder / ˈsɪndə(r) ˈসিন্‌ড্যা(র্) / *noun* [C] a very small piece of burning coal, wood, etc. ছোটো জ্বলন্ত কাঠ, কয়লা ইত্যাদির টুকরো; অঙ্গার

cinema / ˈsɪnəmə ˈসিন্যাম্যা / *noun* **1** [C] a place where you go to see a film যে স্থানে লোকে চলচ্চিত্র দেখতে যায়; প্রেক্ষাগৃহ *What's on at the cinema this week?* **2** [U] films in general; the film industry সাধারণ চলচ্চিত্র; চলচ্চিত্র শিল্প *one of the great successes of India cinema*

cinnamon / ˈsɪnəmən ˈসিন্যাম্যান্ / *noun* [U] the bark of a tropical tree or a brown powder made from this. It is used as a spice or to flavour food গ্রীষ্মপ্রধান অঞ্চলে প্রাপ্ত একজাতীয় গাছের বল্কল বা ছাল অথবা সেটি থেকে তৈরি বাদামী রঙের গুঁড়ো। মশলা হিসেবে অথবা খাবারকে স্বাদযুক্ত করার জন্য এটি ব্যবহৃত হয়; দারচিনি, দারুচিনি

circa / ˈsɜːkə ˈস্যক্যা / *prep.* (*abbr.* **c**) (*written*) (used with dates) about; approximately (তারিখের সঙ্গে ব্যবহৃত) মোটামুটি; আনুমানিক, প্রায়, নাগাদ *The vase was made circa 600 AD.*

circle[1] / 'sɜ:kl 'স্যক্ল্ / *noun* **1** [C] a round shape like a ring বৃত্ত, গোলাকৃতি *The children were drawing circles and squares on a piece of paper.* ○ *We all stood in a circle and held hands.* **2** [C] a flat, round area চ্যাপটা; গোলাকার *She cut out a circle of paper.* **3** [C] a group of people who are friends, or who have the same interest or profession একই চিন্তাধারায় বিশ্বাসী অথবা একই পেশায় নিযুক্ত বন্ধুত্বপূর্ণ কিছু মানুষ *He has a large circle of friends.* ○ *Her name was well known in artistic circles.* **4 the (dress) circle**(*AmE*) **balcony** [sing.] an area of seats that is upstairs in a cinema, theatre, etc. থিয়েটার, প্রেক্ষাগৃহ ইত্যাদিতে উপরে বসার যে ব্যবস্থা

IDM a vicious circle ⇨ **vicious** দেখো।

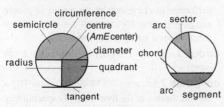

circumference
semicircle
centre
(*AmE* center)
arc
sector
diameter
chord
radius
quadrant
tangent
arc
segment

circle[1]

circle[2] / 'sɜ:kl 'স্যক্ল্ / *verb* **1** [I, T] to move, or to move round sth, in a circle বৃত্তাকারে পরিভ্রমণ করা, গোল হয়ে ঘোরা, কোনো বস্তুকে প্রদক্ষিণ করা *The plane circled the town several times before it landed.* **2** [T] to draw a circle round sth কোনো কিছু ঘিরে গোলাকার বানানো *There are three possible answers to each question. Please circle the correct one.*

circuit / 'sɜ:kɪt 'স্যকিট্ / *noun* **1** [C] a circular journey or track round sth (কোনো বস্তুর) প্রদক্ষিণ পথ, পরিক্রমা পথ, পরিভ্রমণ পথ *The cars have to complete ten circuits of the track.* **2** [C] a complete circular path that an electric current can flow around বিদ্যুৎপ্রবাহের সম্পূর্ণ বৃত্তাকার গতিপথ অথবা বর্তনী; বিদ্যুৎ-বর্তনী **3** [sing.] a series of sports competitions, meetings or other organized events that are regularly visited by the same people কোনো ক্রীড়া প্রতিযোগিতা, সভা-সমিতি বা প্রাতিষ্ঠানিক অনুষ্ঠানের নিয়মিত পরম্পরা যাতে কিছু ব্যক্তি নিয়মিত অংশগ্রহণ করে *She's one of the best players on the tennis circuit.*

circuit board *noun* [C] (*technical*) a board inside a piece of electrical equipment that holds circular paths (**circuits**) around which electric currents can flow কোনো বৈদ্যুতিক যন্ত্রের ভিতর এমন একটি বোর্ড যার মধ্যে দিয়ে বিদ্যুৎপ্রবাহ নির্দিষ্ট বৃত্তাকার গতিপথে প্রবাহিত হয়; সার্কিট বোর্ড

circuit-breaker *noun* [C] (*technical*) a safety device that automatically stops the flow of electricity if there is danger বিপদের সম্ভাবনায় বিদ্যুৎ-প্রবাহ বন্ধ করে দেওয়ার নিরাপত্তা ব্যবস্থা; সার্কিট-ব্রেকার

circular[1] / 'sɜ:kjələ(r) 'স্যকিঅ্যাল্যা(র্) / *adj.* **1** round and flat; shaped like a circle চ্যাপটা এবং গোলাকার; বৃত্তাকার, বর্তুলাকার *a circular table* **2** (used about a journey, etc.) moving round in a circle (যাত্রা ইত্যাদি সম্বন্ধে ব্যবহৃত) নির্দিষ্ট বৃত্তে ঘুরে বেড়ানো; চক্রবেড় *a circular tour of Delhi*

circular[2] / 'sɜ:kjələ(r) 'স্যকিঅ্যাল্যা(র্) / *noun* [C] a printed letter, notice or advertisement that is sent to a large number of people অনেককে পাঠানোর জন্য অথবা প্রচারের উদ্দেশ্যে মুদ্রিত চিঠি, বিজ্ঞপ্তি অথবা বিজ্ঞাপন; সার্কুলার

circulate / 'sɜ:kjəleɪt 'স্যকিঅ্যালেইট্ / *verb* [I, T] **1** to go or be passed from one person to another এক ব্যক্তি থেকে অন্য ব্যক্তির কাছে বাহিত, প্রচারিত অথবা পরিবেশিত করা বা হওয়া *We've circulated a copy of the report to each department.* **2** (used about a substance) to move or make sth move round continuously (পদার্থ সম্বন্ধে ব্যবহৃত) কোনো কিছু নিরন্তর একই বৃত্তাকার গতিপথে সঞ্চালিত বা প্রবাহিত হওয়া বা করা *Blood circulates round the body.*

circulation / ˌsɜ:kjə'leɪʃn ˌস্যকিঅ্যা'লেইশ্ন্ / *noun* **1** [U] the movement of blood around the body (শরীরে) রক্ত সংবহন, রক্ত চলাচল **2** [U] the passing of sth from one person or place to another (কোনো বস্তু) এক জায়গা থেকে অন্য জায়গায় প্রেরণ, এক ব্যক্তি থেকে অন্যের কাছে পরিচলন *the circulation of news/information/rumours* ○ *Old twenty paise coins are no longer in circulation* (= being used by people). **3** [C] the number of copies of a newspaper, magazine, etc. that are sold each time it is produced খবরের কাগজ, পত্রিকা ইত্যাদির প্রচার সংখ্যা বা কাটতি

circulatory / ˌsɜ:kjə'leɪtəri ˌস্যকিঅ্যা'লেইট্যারি / *adj.* connected with the movement of blood around the body রক্তচলাচল সম্পর্কিত, রক্তসংবহন সংক্রান্ত

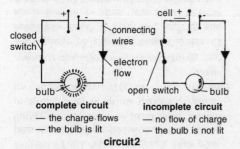

closed switch
connecting wires
cell +
electron flow
bulb
open switch
bulb
complete circuit
— the charge flows
— the bulb is lit
incomplete circuit
— no flow of charge
— the bulb is not lit

circuit2

circum- / ˈsɜːkəm ˈস্যক্যাম্ / *prefix* (*in adjectives, nouns and verbs*) around ঘিরে, চারিপাশে; পরি *to circumnavigate* (= to sail around)

circumcise / ˈsɜːkəmsaɪz ˈস্যক্যাম্‌সাইজ় / *verb* [T] to cut off the skin at the end of a man's sexual organ (**penis**) or to remove part of a woman's sexual organs (**clitoris**), for religious or sometimes (in the case of a man) medical reasons ধর্মীয় অথবা স্বাস্থ্যের কারণে পুরুষদের লিঙ্গাগ্রের ত্বক ছেদন করা অথবা (ধর্মীয় কারণে) মেয়েদের ভগাঙ্কুর ছেদন করা ▶ **circumcision** / ˌsɜːkəmˈsɪʒn ˌস্যক্যাম্ˈসিজ়্ন্ / *noun* [C, U] সুন্নত

circumference / səˈkʌmfərəns স্যা'কাম্‌ফ্যার‍্যান্স্ / *noun* [C, U] the distance round a circle or sth circular বৃত্তের বা গোলাকার কোনো কিছুর পরিধি; নেমি *The Earth is about 40,000 kilometres* ***in circumference****.* ➪ **diameter** এবং **radius** দেখো এবং **circle**-এ ছবি দেখো।

circumnavigate / ˌsɜːkəmˈnævɪgeɪt ˌস্যক্যাম্-ˈন্যাভিগেইট্ / *verb* [T] to sail, fly or travel all around sth especially all the way around the world জাহাজ, বিমান অথবা অন্য যানে কোনো কিছুর চারিদিকে ভ্রমণ করা, বিশেষত ভূপ্রদক্ষিণ করা ▶ **circumnavigation** / ˌsɜːkəmˌnævɪˈgeɪʃn ˌস্যক্যাম্ˌন্যাভি-ˈগেইশ্‌ন্ / *noun* [U] ভূপ্রদক্ষিণ

circumspect / ˈsɜːkəmspekt ˈস্যক্যাম্‌স্পেক্ট্ / *adj.* (*formal*) thinking very carefully about sth before you do it because you think it may involve problems or dangers কোনো কাজ করার আগে সম্ভাব্য সমস্যা বা বিপদ সম্পর্কে সতর্কতাপূর্বক চিন্তাভাবনা-সম্পন্ন

circumstance / ˈsɜːkəmstəns ˈস্যক্যাম্‌স্ট্যান্স্ / *noun* **1** [C, *usually pl.*] the facts and events that affect what happens in a particular situation যে সকল বিষয় এবং ঘটনা কোনো নির্দিষ্ট পরিস্থিতিকে প্রভাবিত করে; পারিপার্শ্বিক অবস্থাসমূহ *Police said there were no* ***suspicious circumstances*** *surrounding the boy's death.* **2 circumstances** [*pl.*] (*formal*) the amount of money that you have আর্থিক সংগতি অথবা অবস্থা *The company has promised to repay the money when its financial circumstances improve.*

IDM in/under no circumstances never; not for any reason কখনও নয়; কোনো কারণে বা অবস্থাতেই নয়

in/under the circumstances as the result of a particular situation এইরকম অবস্থায়, বর্তমান পরিস্থিতিতে, এমতাবস্থায় *My father was ill at that time, so under the circumstances I decided not to go on holiday.*

circumstantial / ˌsɜːkəmˈstænʃl ˌস্যক্যাম্-ˈস্ট্যান্‌শ্‌ল্ / *adj.* (used in connection with the law) containing details and information that strongly suggest sth is true but are not actual proof of it (আইন সংক্রান্ত বিষয়ে ব্যবহৃত) পারিপার্শ্বিকতার বিচার-বিশ্লেষণ থেকে পাওয়া সাক্ষ্য-প্রমাণ তবে যা প্রকৃত প্রমাণ নয়; অপ্রত্যক্ষ, পরোক্ষ *circumstantial evidence*

circumvent / ˌsɜːkəmˈvent ˌস্যক্যাম্ˈভেন্ট্ / *verb* [T] **1** to find a clever way of avoiding a difficulty or rule বাধা, বিপদ অথবা নিয়ম এড়িয়ে যাওয়ার কৌশলপূর্ণ উপায় খুঁজে পাওয়া **2** to go round sth that is in your way পথের বাধা এড়িয়ে যাওয়া, পাশ কাটিয়ে যাওয়া, ঘুরে ঘুরে যাওয়া

circus / ˈsɜːkəs ˈস্যক্যাস্ / *noun* [C] a show performed in a large tent by a company of people and animals বড়ো তাঁবুর মধ্যে মানুষ ও পশুদের মাধ্যমে কোনো সংস্থা যে প্রদর্শনী দেখায়; সার্কাস

cirque / sɜːk স্যক্ / = **corrie** ➪ **glacial**-এ ছবি দেখো।

cirrhosis / səˈrəʊsɪs স্যা'র‍্যাউসিস্ / *noun* [U] a serious disease of the **liver** caused especially by drinking too much alcohol লিভারের গুরুতর ক্ষয়কারী অসুখ যা অনেক সময় অত্যধিক মদ্যপানের ফলে হয়; সিরোসিস

cirrostratus / ˌsɪrəʊˈstrɑːtəs; -ˈstreɪtəs ˈসির‍্যাউˈস্ট্রা:ট্যাস্; -ˈস্ট্রেইট্যাস্ / *noun* [U] (*technical*) a type of cloud that forms a thin layer at a very high level একধরনের মেঘ যা উর্ধ্বাকাশে হালকা আস্তরণ তৈরি করে

cirrus / ˈsɪrəs ˈসির‍্যাস্ / *noun* [U] (*technical*) a type of light cloud that forms high in the sky (আবহাওয়া) উর্ধ্বাকাশে তৈরি হয় একধরনের হালকা মেঘ; অলক মেঘ

cistern / ˈsɪstən ˈসিস্ট্যান্ / *noun* [C] a container for storing water, especially one that is connected to a toilet জল ভরে রাখার পাত্র বিশেষত যেটি শৌচালয়ের সঙ্গে সংযুক্ত; সিস্টার্ন

citadel / ˈsɪtədəl ˈসিট্যাড্যাল্ / *noun* [C] (in past times) a castle on high ground in or near a city where people could go when the city was being attacked (প্রাচীন কালে) কোনো শহরের মধ্যে বা তার কাছে উঁচু ভূমির উপর নির্মিত দুর্গ যেখানে শহর আক্রান্ত হলে মানুষ যেতে (আশ্রয় নিতে) পারে; দুর্গ, নগরদুর্গ, পুরদুর্গ, কেল্লা, গড় (*figurative*) *citadels of private economic power*

cite / saɪt সাইট্ / *verb* [T] (*formal*) to mention sth or use sb's exact words as an example to support, or as proof of, what you are saying উদাহরণ অথবা প্রমাণস্বরূপ কোনো কিছুর উল্লেখ করা অথবা কোনো ব্যক্তির বাক্য উদ্ধৃত করা *She cited a passage* *from the President's speech.* ▶ **citation** /saɪˈteɪʃn সাই'টেইশন্ / *noun* [C, U] কৃতিত্বের স্বীকৃতিস্বরূপ মানপত্র; কৃতিবৃত্তান্ত

citizen / ˈsɪtɪzn ˈসিটিজ়্ন্ / *noun* [C] **1** a person who is legally accepted as a member of a particular country নির্দিষ্ট দেশের বৈধ সদস্য হিসেবে স্বীকৃত ব্যক্তি; (কোনো দেশের) নাগরিক *She was born in India, but became an American citizen in 1991.* **2** a person who lives in a town or city শহরবাসী, শহুরে লোক *the citizens of Mumbai* ➪ **senior citizen** দেখো।

citizenship / ˈsɪtɪzənʃɪp ˈসিটিজ়ান্‌শিপ্ / *noun* [U] the state of being a citizen of a particular country (কোনো বিশেষ দেশের) নাগরিকত্ব, নাগরিকাধিকার *After living in Spain for twenty years, he decided to apply for Spanish citizenship.*

citric acid / ˌsɪtrɪk ˈæsɪd ˌসিট্রিক্ ˈঅ্যাসিড্ / *noun* [U] a weak acid that is found in the juice of oranges, lemons and other similar fruits কমলালেবু, পাতিলেবু জাতীয় ফলের রসের মধ্যে প্রাপ্ত ক্ষীণ অম্লবিশেষ; জম্বীরাম্ল; সিট্রিক অ্যাসিড

citrus / ˈsɪtrəs ˈসিট্র্যাস্ / *adj.* used to describe fruit such as oranges and lemons কমলা, পাতি বা কাগজি লেবুজাতীয় ফলের বর্ণনা করতে ব্যবহৃত অভিব্যক্তিবিশেষ

city / ˈsɪti ˈসিটি / *noun* [C] (*pl.* **cities**) a large and important town (বড়ো এবং গুরুত্বপূর্ণ) শহর, নগর, নগরী *Venice is one of the most beautiful cities in the world.* ○ *the city centre*

civic / ˈsɪvɪk ˈসিভিক্ / *adj.* officially connected with a city or town কোনো নগর বা শহরের সঙ্গে আনুষ্ঠানিকভাবে সংযুক্ত; পৌর, নাগরিক, নগর সংক্রান্ত, নাগরিকোচিত *civic pride* (= feeling proud because you belong to a particular town or city) ○ *civic duties* ○ *the civic centre* (= the area where the public buildings are in a town)

civil / ˈsɪvl ˈসিভ্‌ল্ / *adj.* **1** (*only before a noun*) connected with the people who live in a country একই দেশবাসীর সঙ্গে জড়িত বা তাদের সঙ্গে সম্পর্কিত *civil disorder* (= involving groups of people within the same country) **2** (*only before a noun*) connected with the state, not with the army or any religion রাষ্ট্র সম্পর্কিত, কোনো ধর্মীয় অনুশাসন বা সামরিকভাবে নয়; বেসামরিক, অসামরিক *a civil wedding* (= not a religious one) **3** (*only before a noun*) (in law) connected with the personal legal matters of ordinary people, and not criminal law (আইনে) সাধারণ মানুষের ব্যক্তিগত আইনি বিষয়সমূহের সঙ্গে সম্পর্কিত (অপরাধ বিষয়ক আইনের সঙ্গে নয়); দেওয়ানি *civil courts* **4** polite, but not very friendly সৌজন্যমূলক এবং ভদ্র কিন্তু বন্ধুত্বভাবাপন্ন নয় ▶ **civility** / səˈvɪləti স্যাˈভিল্যাটি / *noun* [U] সৌজন্যমূলক আচরণ, ভদ্রতা *Staff members are trained to treat customers with civility at all times.* ▶ **civilly** / ˈsɪvəli ˈসিভ্যালি / *adv.* ভদ্রভাবে, সৌজন্যসহকারে

civil engineering *noun* [U] the design, building and repair of roads, bridges, etc; the study of this as a subject রাস্তা, সেতু ইত্যাদির নকশা, নির্মাণ এবং মেরামত; পৌরতত্ত্ববিদ্যা; সিভিল ইঞ্জিনিয়ারিং

civilian / səˈvɪliən স্যাˈভিলিঅ্যান্ / *noun* [C] a person who is not in the army, navy, air force or police force যে ব্যক্তি সেনা, নৌ, বিমান অথবা আরক্ষী বাহিনীর অন্তর্ভুক্ত নয়; অসামরিক ব্যক্তি *Two soldiers and one civilian were killed when the bomb exploded.*

civilization (*also*-**isation**) / ˌsɪvəlaɪˈzeɪʃn ˌসিভ্যালাইˈজ়েইশন্ / *noun* **1** [C, U] a society which has its own highly developed culture and way of life যে সমাজে তার নিজস্ব উচ্চ পর্যায়ের সংস্কৃতি ও উঁচু মানের জীবনযাত্রা আছে; উন্নত সমাজ *the civilizations of ancient Greece and Rome* ○ *Western civilization* **2** [U] an advanced state of social and cultural development, or the process of reaching this state সমাজ এবং সাংস্কৃতিক বিবর্তনের উচ্চ পর্যায় অথবা সেখানে পৌঁছোনোর প্রক্রিয়া *the civilization of the human race* **3** [U] all the people in the world and the societies they live in considered as a whole পৃথিবীতে বসবাসকারী সমস্ত মানুষ এবং সমগ্র মানবসমাজ; সভ্যতা, মানবসভ্যতা, মানবজাতি *Global warming poses a threat to the whole of civilization.*

civilize (*also* **-ise**) / ˈsɪvəlaɪz ˈসিভ্যালাইজ় / *verb* [T] to make people or a society develop from a low social and cultural level to a more advanced one নিম্নমানের সমাজ ও সংস্কৃতির স্তর থেকে মানুষ অথবা মানবসমাজকে উচ্চতর স্তরে বিবর্তিত করা; সভ্য করে তোলা, সুসভ্য করা

civilized (*also* **-ised**) / ˈsɪvəlaɪzd ˈসিভ্যালাই-জ়ড্ / *adj.* **1** (used about a society) well organized; having a high level of social and cultural development (কোনো সমাজ সম্বন্ধে ব্যবহৃত) সুসংগঠিত; সামাজিক ও সাংস্কৃতিকভাবে উন্নত, বিকশিত; প্রগতিশীল, সভ্য **2** polite and reasonable নম্র, যুক্তিসংগত, পরিশীলিত *a civilized conversation*

civil rights (*also* **civil liberties**) *noun* [*pl.*] a person's legal right to freedom and equal treatment in society, whatever his/her sex, race or religion লিঙ্গ, জাতি, ধর্ম নির্বিশেষে সমাজে সকল ব্যক্তির স্বাধীনতা এবং সমতার আইনত অধিকার; নাগরিক অধিকার *the civil rights leader*

civil servant *noun* [C] an official who works for the government's or State's own organization (**the civil service**) সরকার অথবা রাষ্ট্রের নিজস্ব সংস্থার কর্মী; সরকারি কর্মচারী

the civil service *noun* [*sing.*] the officials who work for the government, except those belonging to the armed forces সামরিক বাহিনী ব্যতীত সরকারি প্রশাসনের সমস্ত বিভাগের কর্মচারী; জনপালন কৃত্যক

civil war *noun* [C, U] a war between groups of people who live in the same country একই দেশে বসবাসকারী জনগোষ্ঠীর মধ্যে যুদ্ধ; অন্তর্যুধ্ধ, গৃহযুদ্ধ

CJD / ˌsiː dʒeɪ ˈdiː ˌসী জেই ˈডী / *abbr.* Creutzfeldt-Jakob disease; a disease of the brain caused by eating infected meat, 'Creutzfeldt-Jokob disease' -এর সংক্ষিপ্ত রূপ; দূষিত অথবা সংক্রামিত মাংস খেলে এই রোগ হয়; সিজেডি ➪ **BSE** দেখো।

cl *abbr.* centilitre(s) সেন্টিলিটার

clad / klæd ক্ল্যাড্ / *adj.* (not before a noun) (*old-fashioned*) dressed (in); wearing a particular type of clothing (জামাকাপড়) পরিহিত, আচ্ছাদিত, ভূষিত, আবৃত; বিশেষ ধরনের বস্ত্রপরিহিত *The children were warmly clad in coats, hats and scarves.*

claim[1] / kleɪm ক্লেইম্ / *verb* **1** [T] **claim (that); claim (to be sth)** to say that sth is true, without having any proof কোনো প্রমাণ ছাড়াই সত্য বলে দাবি করা *Anirudh claims the book belongs to him.* ○ *This woman claims to be the oldest person in India.* **2** [I, T] **claim (for sth)** to ask for sth from the government, a company, etc. because you think it is your legal right to have it, or it belongs to you সরকার, কোনো কোম্পানি ইত্যাদি থেকে নিজের প্রাপ্য অথবা অধিকার বলে কোনো বস্তু আইনগতভাবে দাবি করা *The police are keeping the necklace until somebody claims it.* ○ (*figurative*) *No one has claimed responsibility for the bomb attack.* **3** [T] to cause death মৃত্যু ঘটানো; মৃত্যুর কারণ হওয়া *The earthquake claimed thousands of lives.*

claim[2] / kleɪm ক্লেইম্ / *noun* [C] **1 a claim (that)** a statement that sth is true, which does not have any proof প্রমাণ ছাড়াই সত্য বলে দাবি করার বিবৃতি বিশেষ *I do not believe the Government's claim that they can reduce unemployment by the end of the year.* **2 a claim (to sth)** the right to have sth কোনো বস্তু চাওয়ার বা পাওয়ার অধিকার *You will have to prove your claim to the property in a court of law.* **3 a claim (for sth)** a demand for money that you think you have a right to, especially from the government, a company, etc. বিশেষত সরকার অথবা কোনো কোম্পানি ইত্যাদি থেকে অর্থ দাবি করার অধিকার *to make an insurance claim* ○ *After the accident he decided to put in a claim for compensation.*

IDM stake a/your claim ➪ **stake**[2] দেখো।

claimant / ˈkleɪmənt ˈক্লেইম্যান্ট্ / *noun* [C] a person who believes he/she has the right to have sth যে ব্যক্তি বিশ্বাস করে কোনো কিছুর উপর তার অধিকার আছে; দাবিদার, অধিকারী *The insurance company refused to pay the claimant any money.*

clairvoyant / kleəˈvɔɪənt ক্লেঅ্যা'ভইঅ্যান্ট্ / *noun* [C] a person who some people believe has special mental powers and can see what will happen in the future জনসাধারণের বিশ্বাস অনুযায়ী যে ব্যক্তি বিশেষ মানসিক ক্ষমতাসম্পন্ন এবং ভবিষ্যদ্‌দ্রষ্টা; আলোকদৃষ্টিসম্পন্ন

clam[1] / klæm ক্ল্যাম্ / *noun* [C] a type of shellfish that can be eaten শক্ত খোলের জলজ প্রাণী যা খাওয়া যায়; শুক্তি, ঝিনুক ➪ **shellfish**-এ ছবি দেখো।

clam[2] / klæm ক্ল্যাম্ / *verb* (**cla<u>mm</u>ing; cla<u>mm</u>ed**)

PHR V clam up (on sb) (*informal*) to stop talking and refuse to speak especially when sb asks you about sth কথা বলা বন্ধ করে দেওয়া এবং কথা বলতে না চাওয়া বিশেষত যদি কেউ কিছু জিজ্ঞেস করে

clamber / ˈklæmbə(r) ˈক্ল্যাম্‌ব্যা(র্) / *verb* [I] **clamber up, down, out etc.** to move or climb with difficulty, usually using both your hands and feet হাত-পা ব্যবহার করে কষ্টেসৃষ্টে এগোনো বা আরোহণ করা

clammy / ˈklæmi ˈক্ল্যামি / *adj.* cold, slightly wet and sticky in an unpleasant way (অপ্রীতিকরভাবে) ঠান্ডা, ভিজে, স্যাঁতসেঁতে, আঠালো, চটচটে *clammy hands*

clamour (*AmE* **clamor**) / ˈklæmə(r) ˈক্ল্যাম্যা(র্) / *verb* [I] **clamour for sth** to demand sth in a loud or angry way বিক্ষোভ করে এবং তুমুল কোলাহল করে কোনো কিছুর দাবি জানানো *The public are clamouring for an answer to all these questions.* ▶ **clamour** (*AmE* **clamor**) *noun* [*sing.*] বিক্ষোভ, দাবি, হৈচৈ, উচ্চ কলরব *the clamour of angry voices*

clamp[1] / klæmp ক্ল্যাম্প্ / *noun* [C] **1** a tool that you use for holding two things together very tightly দুটি জিনিস শক্ত করে ধরে রাখার জন্য ব্যবহৃত যন্ত্রবিশেষ; বন্ধনী; ক্ল্যাম্প ➪ **laboratory** এবং **vice**-এ ছবি দেখো। **2** (*also* **wheel clamp**) a metal object that is fixed to the wheel of a car that has been parked illegally, so that it cannot drive away অন্যায়ভাবে পার্ক করা গাড়ির চাকায় লাগানো ধাতব বস্তু যাতে গাড়িটি নড়ানো না যায়; গাড়ির ক্ল্যাম্প

clamp[2] / klæmp ক্ল্যাম্প্ / *verb* [T] **1 clamp A and B (together); clamp A to B** to fasten two things together with a clamp ক্ল্যাম্পের সাহায্যে বা বন্ধনীর সাহায্যে কোনো দুটি জিনিস আটকানো *The metal rods were clamped together.* ○ *Clamp the wood to the table so that it doesn't move.* **2** to hold sth very firmly in a particular position কোনো বস্তুকে দৃঢ়ভাবে কোনো বিশেষ অবস্থায় ধরে রাখা *Her lips were clamped tightly together.*

PHR V **clamp down on sb/sth** (*informal*) to take strong action in order to stop or control sth কোনো কিছু দমন করার জন্য অথবা নিয়ন্ত্রণ করার জন্য দৃঢ়ভাবে কোনো কর্মপরিকল্পনা নেওয়া

clampdown / ˈklæmpdaʊn ˈক্ল্যাম্প্‌ডাউন্ / *noun* [C] strong action to stop or control sth কোনো বস্তু বা কিছু দমন অথবা নিয়ন্ত্রণ করার জন্য দৃঢ় তৎপরতা *a clampdown on tax evasion*

clan / klæn ক্ল্যান্ / *noun* [C, *with sing. or pl. verb*] a group of families who are related to each other বৃহৎ পরিবারগোষ্ঠী যারা একে অপরের সঙ্গে সম্পর্কযুক্ত; বংশ, গুষ্টি

clandestine / klænˈdestɪn ক্ল্যানˈডেস্টিন্ / *adj.* (*formal*) secret and often not legal গোপনীয় এবং (প্রায়ই) অবৈধ, চোরাগোপ্তা *a clandestine meeting*

clang / klæŋ ক্ল্যাং / *verb* [I, T] to make a loud ringing sound like that of metal being hit জোরালো ধাতব শব্দ করা অথবা হওয়া, ঝনঝন শব্দ করা *The iron gates clanged shut.* ► **clang** *noun* [C] প্রতিধ্বনিময় ধাতব আওয়াজ

clank / klæŋk ক্ল্যাংক / *verb* [I, T] to make a loud unpleasant sound like pieces of metal hitting each other অপ্রিয় ধাতব ঝনঝন শব্দ করা বা হওয়া *The lift clanked its way up to the seventh floor.* ► **clank** *noun* [C] (শিকল, যন্ত্রপাতি, ঘন্টা, বাসনকোসন ইত্যাদির) ঝনঝন শব্দ

clap¹ / klæp ক্ল্যাপ্ / *verb* (**clapping; clapped**) **1** [I, T] to hit your hands together many times, usually to show that you like sth করতালি বা হাততালি দেওয়া (সাধারণত কোনো বিষয়ের প্রতি নিজের পছন্দ দেখানোর জন্য) *The audience clapped as soon as the singer walked onto the stage.* **2** [T] to put sth onto sth quickly and firmly চটপট কোনো কিছু দিয়ে অন্য কিছু চাপা দেওয়া *'Oh no, I shouldn't have said that,' she said, clapping a hand over her mouth.*

clap² / klæp ক্ল্যাপ্ / *noun* [C] **1** a sudden loud noise আকস্মিক জোরালো আওয়াজ *a clap of thunder* **2** an act of clapping হাততালি বা করতালি দেওয়ার ক্রিয়া

clarification / ˌklærəfɪˈkeɪʃn ˌক্ল্যার্যাফিˈকেইশ্‌ন্ / *noun* [U] an act of making sth clear and easier to understand কোনো কিছুকে স্পষ্ট করে ব্যাখ্যা এবং সেটিকে সহজবোধ্য করার ক্রিয়া; বিশদীকরণ, ব্যাখ্যাকরণ *We'd like some clarification of exactly what your company intends to do.* ➪ **clarity** দেখো।

clarify / ˈklærəfaɪ ˈক্ল্যার্যাফাই / *verb* [T] (*pres. part.* **clarifying;** *3rd person sing. pres.* **clarifies;** *pt, pp* **clarified**) to make sth become clear and easier to understand (কোনো কিছু সহজে বোঝানোর জন্য) স্পষ্ট করা, পরিষ্কার করা, ব্যখ্যা করা *I hope that what I say will clarify the situation.* ➪ **clear** adjective দেখো।

clarinet / ˌklærəˈnet ˌক্ল্যার‍্যাˈনেট্ / *noun* [C] a musical instrument that is made of wood. You play a clarinet by blowing through it কাঠের তৈরি বাদ্যযন্ত্র যা ফুঁ দিয়ে বাজাতে হয়; ক্ল্যারিনেট ➪ **piano**-তে নোট দেখো।

clarity / ˈklærəti ˈক্ল্যার্যাটি / *noun* [U] the quality of being clear and easy to understand স্পষ্ট এবং সহজবোধ্য হওয়ার গুণ; স্বচ্ছ, পরিষ্কার *clarity of expression* ➪ **clarification** দেখো।

clash¹ / klæʃ ক্ল্যাশ্ / *verb* **1** [I] **clash (with sb) (over sth)** to fight or disagree seriously about sth কোনো বিষয়ে কোনো ব্যক্তির সঙ্গে গুরুতরভাবে দ্বন্দ্বে অথবা সংঘর্ষে লিপ্ত হওয়া *A group of demonstrators clashed with police outside the Parliament.* **2** [I] **clash (with sth)** (used about two events) to happen at the same time (দুটি ঘটনা সম্বন্ধে ব্যবহৃত) একই সময়ে ঘটা *It's a pity the two concerts clash. I wanted to go to both of them.* **3 clash (with sth)** (used about colours, etc.) to not match or look nice together (রং ইত্যাদি সম্বন্ধে ব্যবহৃত) একসঙ্গে দেখতে ভালো না লাগা, না মেলা *I don't think you should wear that tie—it clashes with your shirt.* **4** [I, T] (used about two metal objects) to hit together with a loud noise; to cause two metal objects to do this (দুটি ধাতব বস্তু সম্বন্ধে ব্যবহৃত) ধাক্কা লেগে জোরে আওয়াজ করা অথবা করানো *Their swords clashed.*

clash² / klæʃ ক্ল্যাশ্ / *noun* [C] **1** a fight or serious disagreement সংঘর্ষ বা প্রবল মতানৈক্য *a clash between police and demonstrators* **2** a big difference বিরাট পার্থক্য *a clash of opinions* ○ *There was a personality clash between the two men* (= they did not get well on together or like each other). **3** a loud noise, made by two metal objects hitting each other দুটি ধাতব বস্তুর ধাক্কার ফলে যে প্রচণ্ড শব্দ হয়

clasp¹ / klɑːsp ক্লা:স্প্ / *noun* [C] an object, usually of metal, which fastens or holds sth together কোনো জিনিস একত্রে ধরা অথবা আটকে রাখার জন্য ব্যবহৃত (সাধারণত ধাতুনির্মিত) কোনো বস্তুবিশেষ *the clasp on a necklace/brooch/handbag*

clasp² / klɑːsp ক্লা:স্প্ / *verb* [T] to hold sb/sth tightly কোনো ব্যক্তি বা বস্তুকে দৃঢ় আলিঙ্গনে বাঁধা, সজোরে আঁকড়ে ধরা, বেষ্টন করা, দৃঢ় আশ্লেষে বধ করা *He clasped the child in his arms.*

class¹ / klɑ:s ক্লা:স্ / *noun* **1** [C, *with sing. or pl. verb*] a group of students who are taught together একই শ্রেণিতে অধ্যয়নরত ছাত্রছাত্রীবৃন্দ; শ্রেণি *The whole class is/are going to the theatre tonight.* **2** [C, U] a lesson নির্দিষ্ট পাঠ্যক্রম *Classes begin at 9 o'clock in the morning.* ○ *We watched an interesting video in class* (= during the lesson) *yesterday.* **3** [U, C] the way people are divided into social groups; one of these groups সামাজিক স্তর বা শ্রেণি ভেদ, সামাজিক শ্রেণিবিন্যাস; সামাজিক বর্গ, শ্রেণি *The idea of caste still divides Indian society.* ○ *class differences* **4** [C] (*technical*) a group of animals, plants, words, etc. of a similar type কোনো এক প্রজাতির জীবজন্তু, গাছপালা, শব্দ ইত্যাদির বর্গ বা গোষ্ঠী *There are several different classes of insects.* **NOTE** **Phylum** এর থেকে **class** ছোটো হয়। **5** [U] (*informal*) high quality or style উচ্চ গুণমানের; উৎকৃষ্ট, অভিজাত, সেরা *Pele was a football player of great class.* **6** [C] (*especially in compounds*) each of several different levels of service that are available to travellers on a plane, train, etc. পরিষেবার বিভিন্ন স্তর অনুযায়ী প্লেন, ট্রেন ইত্যাদির শ্রেণিভাগ; ক্লাস *a first-class compartment on a train* ○ *He always travels business class.* **7** [C] (*used to form compound adjectives*) a mark that you are given when you pass your final university exam বিশ্ববিদ্যালয়ের অন্তিম পরীক্ষায় কৃতকার্য হলে যে শ্রেণিচিহ্ন প্রদান করা হয় *a first-/second-/third-class degree*

class² / klɑ:s ক্লা:স্ / *verb* [T] **class sb/sth (as sth)** to put sb/sth in a particular group or type কোনো ব্যক্তি অথবা বস্তুকে বিশেষ শ্রেণিভুক্ত বা বর্গভুক্ত করা *Certain animals and plants are now classed as 'endangered species'.*

classic¹ / ˈklæsɪk ˈক্ল্যাসিক্ / *adj.* (*usually before a noun*) **1** typical আদর্শস্বরূপ, উদাহরণস্বরূপ, প্রতিভূস্থানীয় *It was a classic case of bad management.* **2** (used about a book, play, etc.) of high quality, important and having a value that will last (বই, নাটক ইত্যাদি সম্বন্ধে ব্যবহৃত) উচ্চ মানসম্পন্ন, গুরুত্বপুর্ণ, চিরায়ত, কালোত্তীর্ণ *the classic film 'Gone With The Wind'* **3** attractive but simple and traditional in style; not affected by changes in fashion আকর্ষণীয় কিন্তু সাধারণ এবং ঐতিহ্যবাহী শৈলীসম্পন্ন; প্রচলিত কেতা ইত্যাদির পরিবর্তনের দ্বারা প্রভাবিত নয়; ধ্রুপদী, ঐতিহ্যবাহী

classic² / ˈklæsɪk ˈক্ল্যাসিক্ / *noun* **1** [C] a famous book, play, etc. which is of high quality and has a value that will last (বিখ্যাত বই, নাটক ইত্যাদি) উচ্চ মানের, ধ্রুপদী, চিরকালীন, কালোত্তীর্ণ *All of Charles Dickens' novels are classics.* **2 Classics** [U] the study of ancient Greek and Roman language and literature প্রাচীন গ্রীক ও রোমান ভাষা এবং সাহিত্যের অধ্যয়ন

classical / ˈklæsɪkl ˈক্ল্যাসিক্‌ল্ / *adj.* (*usually before a noun*) **1** (used about music) serious and having a value that lasts (সংগীত সম্বন্ধে ব্যবহৃত) গভীর অর্থসম্পন্ন, ধ্রুপদী, চিরায়ত *I prefer classical music to pop.* ➪ **jazz, pop** এবং **rock** দেখো। **2** traditional, not modern ঐতিহ্যমণ্ডিত বা ঐতিহ্যবাহী, আধুনিক নয় *classical ballet* **3** connected with ancient Greece or Rome প্রাচীন গ্রীস ও রোম সংক্রান্ত *classical architecture* ▶ **classically** / -kli -কলি / *adv.* ধ্রুপদী রূপে, ঐতিহ্যমণ্ডিতভাবে

classified / ˈklæsɪfaɪd ˈক্ল্যাসিফাইড্ / *adj.* officially secret আধিকারিকভাবে বা কূটনৈতিকভাবে গোপনীয় *classified information*

classified advertisement (*informal* **classified ad**) *noun* [*usually pl.*] a small advertisement that you put in a newspaper if you want to buy or sell sth, employ sb, find a flat, etc. (কোনো বস্তু কেনা বা বিক্রি করা, কোনো ব্যক্তিকে চাকুরি দেওয়া, বাড়ি বা ফ্ল্যাট খোঁজা ইত্যাদির জন্য) খবরের কাগজে শ্রেণিবদ্ধ যে বিজ্ঞাপন দেওয়া হয়

classify / ˈklæsɪfaɪ ˈক্ল্যাসিফাই / *verb* [T] (*pres. part.* **classifying**; *3rd person sing. pres.* **classifies**; *pt, pp* **classified**) **classify sb/sth (as sth)** to put sb/sth into a group with other people or things of a similar type অন্যান্য ব্যক্তিবর্গ বা বস্তুবর্গের সঙ্গে কোনো ব্যক্তি বা বস্তুকে শ্রেণিবদ্ধ করা, বর্গীকরণ করা, শ্রেণিভুক্ত করা *Would you classify it as an action film or a thriller?* ▶ **classification** / ˌklæsɪfɪˈkeɪʃn ˌক্ল্যাসিফিˈকেইশ্‌ন্ / *noun* [C, U] বর্গবিভাগ, বর্গীকরণ, শ্রেণিবিভাগ *the classification of the different species of butterfly*

classless / ˈklɑ:sləs ˈক্লা:সল্যাস্ / *adj.* **1** with no division into social classes শ্রেণিশূন্য সমাজ *It is hard to imagine a truly classless society.* **2** not clearly belonging to any particular social class সমাজের কোনো বর্গের প্রভাব থেকে মুক্ত *a classless accent*

classmate / ˈklɑ:smeɪt ˈক্লা:স্‌মেইট্ / *noun* [C] a person who is in the same class as you at school or college সহপাঠী, সতীর্থ

classroom / ˈklɑ:sru:m; -rʊm ˈক্লা:স্‌রুম্; -রুম্ / *noun* [C] a room in a school, college, etc. where lessons are taught শ্রেণিকক্ষ

classy / ˈklɑ:si ˈক্লা:সি / *adj.* (**classier; classiest**) (*informal*) of high quality or style; expensive and fashionable উৎকৃষ্ট, অভিজাত; দামি, কেতাদুরস্ত *a classy restaurant*

clatter / ˈklætə(r) ˈক্ল্যাট্যা(র্) / *verb* [I, T] to make or cause sth hard to make a series of short loud repeated sounds ঠকঠক বা খটাখট শব্দ করা *The horses* *clattered down the street.* ▸ **clatter** noun [*usually sing.*] ঠকঠক, খটাখট শব্দ

clause / klɔːz ক্ল:জ্ / *noun* [C] **1** one of the sections of a legal document that says that sth must or must not be done কোনো আইনি নথিপত্রের ধারা, দফা অথবা অনুচ্ছেদ যাতে যা করণীয় বা করণীয় নয় সেই সম্বন্ধে বলা হয় **2** (*grammar*) a group of words that includes a subject and a verb. A clause is usually only part of a sentence (ব্যাকরণে) কর্তা ও ক্রিয়াপদ সম্বলিত বাক্যাংশ *The sentence 'After we had finished eating, we watched a film on the video' contains two clauses.*

claustrophobia / ˌklɔːstrəˈfəʊbiə ˌক্ল:স্ট্র্যা-ˈফ্যাউবিআ্য / *noun* [U] fear of being in a small or enclosed space ছোটো অথবা আবদ্ধ স্থান সম্পর্কে অস্বাভাবিক ভীতি; বদ্ধস্থানাতঙ্ক, অবরোধাতঙ্ক

claustrophobic / ˌklɔːstrəˈfəʊbɪk ˌক্ল:স্ট্র্যা-ফ্যাউবিক্ / *adj.* **1** extremely afraid of small, enclosed spaces ছোটো বন্ধ জায়গা সম্বন্ধে অস্বাভাবিক-ভাবে ভীত *I always feel claustrophobic in lifts.* **2** used about sth that makes you feel afraid in this way এইধরনের অনুভূতি জাগায় যে স্থান অথবা বস্তু সেই সম্পর্কে ব্যবহৃত অভিব্যক্তিবিশেষ *a claustrophobic little room*

clavicle / ˈklævɪkl ˈক্ল্যাভিক্‌ল্ / (*medical*) = **collarbone**

claw[1] / klɔː ক্ল: / *noun* [C] **1** one of the long curved nails on the end of an animal's or a bird's foot পশুপাখির পায়ের লম্বা বাঁকানো নখ অথবা নখর ➪ **shellfish**-এ ছবি দেখো। **2** one of a pair of long, sharp fingers that certain types of shellfish and some insects have. They use them for holding or picking things up (কোনো কোনো খোসাযুক্ত মাছ অথবা কীটের) জিনিস ধরা এবং তোলার জন্য ব্যবহৃত লম্বা ছুঁচোলো দুটি দাড়ার যে-কোনো একটি; থাবা *the claws of a crab*

claw[2] / klɔː ক্ল: / *verb* [I, T] **claw (at) sb/sth** to scratch or tear sb/sth with claws or with your fingernails থাবা অথবা নখ দিয়ে কোনো ব্যক্তি অথবা বস্তুকে আঁচড়ানো বা ছিঁড়ে ফেলা *The cat was clawing at the furniture.*

clay / kleɪ ক্লেই / *noun* [U] heavy earth that is soft and sticky when it is wet and becomes hard when it is baked or dried নরম মাটি অথবা কাদা, যা ভিজে অবস্থায় চটচটে থাকে এবং তা শুকোলে অথবা পোড়ালে শক্ত হয়ে যায় *clay pots*

clean[1] / kliːn ক্লীন্ / *adj.* **1** not dirty অমলিন, পরিষ্কার, পরিচ্ছন্ন, নির্মল, সাফ, পরিপাটি *The whole house was beautifully clean.* ○ *Cats are very clean animals.* ✪ **dirty** **2** having no record of offences or crimes আইনভঙ্গের অপরাধ থেকে মুক্ত; নির্দোষ, ত্রুটিমুক্ত *a clean driving licence* ➪ **cleanliness** noun দেখো।

IDM **a clean sweep** a complete victory in a sports competition, election, etc. that you get by winning all the different parts of it কোনো খেলার প্রতিযোগিতা, নির্বাচন ইত্যাদিতে পূর্ণ বিজয়

clean[2] / kliːn ক্লীন্ / *verb* **1** [T] to remove dirt, dust and marks from sth কোনো বস্তুর থেকে ধুলো, ময়লা এবং ছোপ পরিষ্কার করা, ঝকঝকে তকতকে করে সাফ করা *to clean the windows* ○ *Don't forget to clean your teeth!*

> **NOTE** কোনো বস্তু থেকে ধুলো ময়লা পরিষ্কার করার অর্থে **clean** শব্দটি সাধারণভাবে ব্যবহার করা হয়। জল এবং প্রায়ই সাবান দিয়ে পরিষ্কার করার ক্ষেত্রে **wash** শব্দটি ব্যবহৃত হয়। ভিজে কাপড় দিয়ে মুছে পরিষ্কার করলে **wipe** শব্দটি ব্যবহার করা হয় এবং শুকনো কাপড় দিয়ে ধুলোময়লা ঝাড়লে **dust** শব্দটি ব্যবহৃত হয়। কাপড়ের বদলে ছোটো হাতলওয়ালা ব্রাশ দিয়ে পরিষ্কার করাকে **brush** করা বলা হয়। লম্বা হাতলওয়ালা ব্রাশ অথবা ঝাঁটা ব্যবহার করে মেঝে পরিষ্কার করলে **sweep** শব্দটি ব্যবহার করা হয়।

2 [I, T] to make the inside of a house, office, etc. free from dust and dirt ঘর অথবা অফিস ইত্যাদির ভিতরের ধুলো ময়লা ঝেড়ে পরিষ্কার করা *Subhash comes in to clean after office hours.* **NOTE** এই অর্থে **clean** শব্দটির পরিবর্তে **do the cleaning**-এর প্রয়োগ করা হয়—*I do the cleaning once a week.*

PHR V **clean sth out** to clean the inside of sth কোনো বস্তুর ভিতরের অংশ পরিষ্কার পরিচ্ছন্ন করা *I'm going to clean out all the cupboards next week.*

clean (sth) up to remove all the dirt from a place that is particularly dirty বিশেষত কোনো অপরিষ্কার স্থান পরিষ্কার-পরিচ্ছন্ন করা *I'm going to clean up the kitchen before Mum and Dad get back.* ➪ **dry-clean** এবং **spring-clean** দেখো।

clean[3] / kliːn ক্লীন্ / *adv.* (*informal*) completely সম্পূর্ণভাবে, পুরোপুরি, একেবারে *I clean forgot it was your birthday.*

IDM **come clean (with sb) (about sth)** (*informal*) to tell the truth about sth that you have been keeping secret (কোনো বস্তু সম্পর্কে) গোপন করা সত্যি কথা প্রকাশ্যে বলা

go clean out of your mind to be completely forgotten সম্পূর্ণভাবে ভুলে যাওয়া

clean-cut *adj.* (used especially about a young man) having a clean, tidy appearance that is attractive and socially acceptable (যুবাপুরুষ সম্বন্ধে ব্যবহৃত) পরিষ্কার, পরিচ্ছন্ন চেহারার যা আকর্ষণীয় এবং সামাজিকভাবে গ্রহণযোগ্য *The girls all go for Rahul's clean-cut good looks.*

cleaner / ˈkliːnə(r) ˈক্লীন্যা(র্) / *noun* 1 [C] a person whose job is to clean the rooms and furniture inside a house or other building বাড়ির ভিতরে ঘর এবং আসবাবপত্র পরিষ্কার করার কাজ করে যে ব্যক্তি *an office cleaner* 2 [C] a substance or a special machine that you use for cleaning sth পরিষ্কার করার পদার্থ অথবা যন্ত্রবিশেষ; পরিষ্কারক; ক্লীনার *liquid floor cleaners* ○ *a carpet cleaner* ➪ **vacuum cleaner** দেখো। 3 **the cleaner's** = **dry-cleaner's**

cleanliness / ˈklenlinəs ˈক্লেন্‌লিন্যাস্ / *noun* [U] being clean or keeping things clean জিনিসপত্র পরিষ্কার পরিচ্ছন্ন রাখা বা থাকার ক্রিয়া; পরিচ্ছন্নতা *High standards of cleanliness are important in a hotel kitchen.*

cleanly / ˈkliːnli ˈক্লীন্‌লি / *adv.* easily or smoothly in one movement একইবারে, সহজে এবং স্বচ্ছন্দে *The knife cut cleanly through the rope.*

cleanse / klenz ক্লেন্‌জ্ / *verb* [T] to clean your skin or a wound ত্বক বা ক্ষত পরিষ্কার করা ➪ **ethnic cleansing** দেখো।

cleanser / ˈklenzə(r) ˈক্লেন্‌জ্যা(র্) / *noun* [C] a substance that you use for cleaning your skin, especially your face ত্বক, বিশেষত মুখ পরিষ্কার করার পদার্থবিশেষ

clean-shaven *adj.* (used about men) having recently shaved (পুরুষ সম্বন্ধে ব্যবহৃত) সবেমাত্র দাড়ি, গোঁফ কামানো হয়েছে এমন

clean-up *noun* [C, *usually sing.*] the process of removing dirt or other bad things from a place কোনো স্থান থেকে আবর্জনা বা ময়লা অথবা অন্য খারাপ জিনিস পরিষ্কার করার প্রক্রিয়া *The clean-up of the town centre means that tourists can now go there safely at night.*

clear¹ / klɪə(r) ক্লিঅ্যা(র্) / *adj.* 1 easy to see, hear or understand স্বচ্ছ, পরিষ্কার, প্রাঞ্জল, সহজবোধ্য, সুস্পষ্ট *His voice wasn't very clear on the telephone.* ○ *She gave me clear directions on how to get there.* 2 **clear (about/on sth)** sure or definite; without any doubts or confusion সন্দেহাতীত; সুনিশ্চিত, দ্ব্যর্থহীন *I'm not quite clear about the arrangements for tomorrow.* ➪ **clarify** verb দেখো। 3 **clear (to sb)** obvious স্পষ্ট, নিশ্চিত, সংশয়াতীত *There are clear advantages to the second plan.* ○ *It was clear to me that he was not telling the truth.* 4 easy to see through স্বচ্ছ, টলটলে, অমলিন *The water was so clear that we could see the bottom of the lake.* 5 **clear (of sth)** free from things that are blocking the way খোলা, উন্মুক্ত, নির্বিঘ্ন, বাধাশূন্য *The police say that most roads are now clear of snow.* 6 free from marks দাগমুক্ত, পরিষ্কার *a clear sky* (without cloud) ○ *clear skin* (without spots) 7 free from guilt অপরাধ-মুক্ত, নির্দোষ, দোষমুক্ত *It wasn't your fault. You can have a completely clear conscience.*

IDM make yourself clear; make sth clear/plain (to sb) to speak so that there can be no doubt about what you mean স্পষ্টভাবে অথবা সন্দেহাতীতরূপে বলা, সুস্পষ্ট করা ○ *He made it quite clear that he was not happy with the decision.*

clear² /klɪə(r) ক্লিঅ্যা(র্) / *adv.* 1 = **clearly 1** *We can hear the telephone loud and clear from here.* 2 **clear (of sth)** away from sth; not touching sth (কোনো বস্তু থেকে) দূরে, তফাতে; (কোনো বস্তু) না ছুঁয়ে *stand clear of the doors* (= on a train)

IDM keep/stay/steer clear (of sb/sth) to avoid sb/sth because he/she/it may cause problems বিপদ অথবা সমস্যা তৈরি করতে পারে এমন ব্যক্তি অথবা বস্তুকে এড়িয়ে যাওয়া

clear³ / klɪə(r) ক্লিঅ্যা(র্) / *verb* 1 [T] to remove sth that is not wanted or needed অপ্রয়োজনীয়, অবাঞ্ছিত বা অকাম্য বস্তু সরিয়ে ফেলা *to clear the roads of snow/to clear snow from the roads* ○ *It's your turn to clear the table* (= to take away the dirty plates etc. after a meal). 2 [I] (used about smoke, etc.) to disappear (ধোঁয়া, কুয়াশা ইত্যাদি সম্বন্ধে ব্যবহৃত) অদৃশ্য হয়ে যাওয়া অথবা সরে যাওয়া *The fog slowly cleared and the sun came out.* 3 [I] (used about the sky, the weather or water) to become free of clouds, rain, or mud (আকাশ, আবহাওয়া বা জলের সম্বন্ধে ব্যবহৃত) নির্মেঘ, বৃষ্টিশূন্য বা কর্দমমুক্ত হওয়া *After a cloudy start, the weather will clear during the afternoon.* 4 [T] **clear sb (of sth)** to provide proof that sb is innocent of sth কোনো ব্যক্তিকে নির্দোষ প্রমাণ করা *The man has finally been cleared of murder.* 5 [T] to jump over or get past sth without touching it কোনো বস্তু ডিঙিয়ে যাওয়া, টপকে যাওয়া বা পাশ কাটিয়ে যাওয়া 6 [T] to give official permission for a plane, ship, etc. to enter or leave a place বিমান, জাহাজ ইত্যাদিকে কোনো স্থানে প্রবেশ অথবা প্রস্থানের আনুষ্ঠানিক অনুমতি দেওয়া *At last the plane was cleared for take-off.* 7 [T] **clear sth (with sb)** to get official approval for sth to be done কোনো কিছু করার জন্য আনুষ্ঠানিক অনুমোদন পাওয়া *I'll have to clear it with the manager before I can refund your money.* 8 [I] (used about a cheque) to go through the system that moves money from one account to another (চেক সম্বন্ধে ব্যবহৃত) ব্যাংকের এক অ্যাকাউন্ট থেকে অন্য অ্যাকাউন্টে অর্থ স্থানান্তরিত হওয়া অথবা সেই প্রক্রিয়া ব্যবহার করা

IDM **clear the air** to improve a difficult or uncomfortable situation by talking honestly about worries, doubts, etc. (উদ্বেগ, সন্দেহ ইত্যাদি সম্পর্কে) খোলামেলাভাবে কথা বলে কোনো অসুবিধাজনক এবং অস্বস্তিকর পরিবেশের উন্নতি করা

clear your throat to cough slightly in order to make it easier to speak পরিষ্কারভাবে কথা বলার জন্য একটু কেশে নেওয়া; গলা খাঁকারি দেওয়া

PHR V **clear off** (*informal*) used to tell sb to go away কোনো ব্যক্তিকে চলে যেতে বলার জন্য ব্যবহৃত হয়

clear sth out to tidy sth and throw away things that you do not want অপ্রয়োজনীয় জিনিসপত্র ফেলে দিয়ে কোনো কিছু গুছিয়েগাছিয়ে রাখা

clear up (used about the weather or an illness) to get better (আবহাওয়া বা কোনো অসুখের সম্বন্ধে ব্যবহৃত) উন্নতি হওয়া

clear (sth) up to make sth tidy কোনো কিছু গুছিয়ে রাখা *Make sure you clear up properly before you leave.*

clear sth up to find the solution to a problem, cause of confusion, etc. সমস্যার সমাধান বার করা, কোনো বিভ্রান্তির কারণ বার করা ইত্যাদি *There's been a slight misunderstanding but we've cleared it up now.*

clearance / ˈklɪərəns ˈক্লিঅ্যার‌্যান্স্ / *noun* [U] **1** the removing of sth that is old or not wanted অবাঞ্ছিত বা পুরোনো জিনিস সরানোর ক্রিয়া; পরিষ্করণ, পরিমার্জন *The shop is having a clearance sale* (= selling things cheaply in order to get rid of them). **2** the distance between an object and something that is passing under or beside it, for example a ship or vehicle কোনো বস্তুর নীচে দিয়ে বা তার পাশ দিয়ে চলে যাচ্ছে এমন কোনো কিছুর সঙ্গে তার যে দূরত্ব বা ফাঁক (উদাহরণস্বরূপ কোনো জাহাজ অথবা যান) *There was not enough clearance for the bus to pass under the bridge safely.* **3** official permission for sb/sth to do sth কোনো কিছু করার জন্য প্রয়োজনীয় আনুষ্ঠানিক অনুমোদন অথবা অনুমতি

clear-cut *adj.* definite and easy to see or understand নিশ্চিত, স্পষ্ট, নিঃসংশয়, সহজবোধ্য, দ্ব্যর্থহীন

clear-headed *adj.* able to think clearly, especially if there is a problem বিশেষত সমস্যার মধ্যে মাথা ঠান্ডা রেখে চিন্তা করতে সক্ষম; বিচক্ষণ

clearing /ˈklɪərɪŋ ˈক্লিঅ্যারিং / *noun* [C] a small area without trees in the middle of a wood or forest জঙ্গল অথবা বনের মধ্যে বৃক্ষশূন্য ফাঁকা জায়গা

clearly / ˈklɪəli ˈক্লিঅ্যালি / *adv.* **1** in a way that is easy to see, hear or understand পরিষ্কারভাবে, স্পষ্টভাবে, সোজাসুজি বা সহজবোধ্যভাবে *It was so foggy that we couldn't see the road clearly.* **2** in a way that is not confused স্পষ্টভাবে, বিভ্রান্তি ছাড়া *I'm so tired that I can't think clearly.* **3** without doubt; obviously সন্দেহাতীতভাবে; সুনিশ্চিতভাবে *She clearly doesn't want to speak to you any more.*

clear-sighted *adj.* able to understand situations well and to see what might happen in the future বুদ্ধিমান এবং দূরদর্শী

cleft / kleft ক্লেফ্ট্ / *noun* [C] a natural opening or crack, especially in rock or in a person's chin পাথরে প্রাকৃতিক চিড়, ফাটল, ফাঁক, (ব্যক্তির) চিবুকের খাঁজ

clemency / ˈklemənsi ˈক্লেম্যান্সি / *noun* [U] (*formal*) kindness shown to sb when he/she is being punished শাস্তি দেওয়ার সময়ে দয়া, অনুকম্পা ক্ষমাশীলতার প্রকাশ; সদয়তা, মৃদুতা

clementine / ˈklemənti:n ˈক্লেম্যান্টীন্ / *noun* [C] a type of small orange একজাতীয় ছোটো জাতের কমলালেবু

clench / klentʃ ক্লেন্চ্ / *verb* [T] to close or hold tightly দৃঢ়ভাবে চেপে ধরা, শক্ত করে ধরে রাখা, দৃঢ়বদ্ধ করা *She clenched her fists and looked as if she was going to hit him.*

clergy / ˈklɜ:dʒi ˈক্ল্যজি / *noun* [*pl.*] the people who perform religious ceremonies in the Christian church খ্রিস্টিয় গির্জার যাজক, পাদ্রি *a member of the clergy*

clergyman / ˈklɜ:dʒimən ˈক্ল্যজিম্যান্ / *noun* [C] (*pl.* **-men** /-mən; -men -ম্যান্; -মেন্ /) a male member of the clergy যাজক সম্প্রদায়ের পুরুষ সদস্য

clergywoman / ˈklɜ:dʒiwʊmən ক্ল্যজিউউম্যান্ / *noun* [C] (*pl.* **-women** /-wɪmɪn -উইমিন্ /) a female member of the clergy যাজক সম্প্রদায়ের মহিলা সদস্য

cleric / ˈklerɪk ˈক্লেরিক্ / *noun* [C] **1** a priest in the Christian church খ্রিস্টান গির্জার পুরোহিত, যাজক অথবা পাদ্রি ✪ সম **clergyman** **2** a religious leader in any religion যে-কোনো ধর্মের ধর্মীয় নেতা *Muslim clerics*

clerical / ˈklerɪkl ˈক্লেরিক্ল্ / *adj.* **1** connected with the work of a clerk in an office (অফিসে) করণিক বৃত্তির সঙ্গে জড়িত অথবা সেই সংক্রান্ত *clerical work* **2** connected with the clergy যাজক অথবা যাজক সম্প্রদায় সংক্রান্ত

clerk / klɑ:k ক্লা:ক্ / *noun* [C] **1** a person whose job is to do written work or look after records or accounts in an office, bank, court of law, etc. অফিস, ব্যাংক, আদালত ইত্যাদিতে লেখার কাজ, নথিপত্র অথবা আয়ব্যয়ের দেখাশোনা করা ইত্যাদি যে ব্যক্তির কাজ; কেরাণী, করণিক, মুহুরি; ক্লার্ক **2** (*also* **sales clerk**) = **shop assistant**

clever / ˈklevə(r) ˈক্লেভ্যা(র্) / *adj.* **1** able to learn, understand or do sth quickly and easily; intelligent চালাক, চতুর, চৌকস; বুদ্ধিমান, কুশলী *a clever* *student* ○ *How clever of you to mend my watch!* **2** (used about things, ideas, etc.) showing skill or intelligence (বস্তু, ভাবধারা ইত্যাদি সম্বন্ধে ব্যবহৃত) চাতুর্যপূর্ণ কৌশল, বুদ্ধিমত্তার পরিচায়ক *a clever device* ○ *a clever plan* ▶ **cleverly** *adv.* কৌশলপূর্ণভাবে, দক্ষতা ও নিপুণতার সঙ্গে ▶ **cleverness** *noun* [U] চালাকি, কুশলতা, দক্ষতা

cliché (*also* **cliche**) / ˈkliːʃeɪ ˈক্লীশেই / *noun* [C] a phrase or idea that has been used so many times that it no longer has any real meaning or interest বহু ব্যবহারের ফলে প্রকৃত অর্থ বা গুরুত্ব হারিয়েছে এমন বাক্যাংশ বা ভাবধারা; অতিপ্রচলিত বা ধরতাই বুলি

click[1] / klɪk ক্লিক্ / *verb* **1** [I, T] to make a short sharp sound; to cause sth to do this ছোটো তীক্ষ্ণ আওয়াজ করা বা কোনো কিছুকে এইপ্রকার আওয়াজ করানো *The door clicked shut.* ○ *He clicked his fingers at the waiter.* **2** [I, T] **click (on sth)** (*computing*) to press one of the buttons on a mouse কম্পিউটারের মাউসের যে-কোনো বোতাম টেপা *To open a file, click on the menu.* ○ *Position the pointer and* ***double click*** *the left-hand mouse button* (= press it twice very quickly). **3** [I] (*informal*) (used about two people) to become friendly immediately (দুজন ব্যক্তি সম্বন্ধে ব্যবহৃত) খুব তাড়াতাড়ি বন্ধুত্ব হয়ে যাওয়া *We met at a party and just clicked.* **4** [I] (*informal*) (used about a problem, etc.) to become suddenly clear or understood (কোনো সমস্যা ইত্যাদি সম্বন্ধে ব্যবহৃত) হঠাৎ সব কিছু পরিষ্কার হয়ে যাওয়া, সন্দেহ দূর হওয়া এবং বুঝতে পারা *Once I'd found the missing letter, everything* ***clicked into place***.

click[2] / klɪk ক্লিক্ / *noun* [C] **1** a short sharp sound ছোটো তীক্ষ্ণ আওয়াজ *the click of a switch* **2** (*computing*) the act of pressing the button on a computer mouse কম্পিউটারের মাউসের বোতাম টেপার ক্রিয়া

client / ˈklaɪənt ˈক্লাইঅ্যান্ট্ / *noun* [C] **1** somebody who receives a service from a professional person, for example a lawyer পেশাদারি (যেমন উকিল) ব্যক্তির কাছ থেকে পরিষেবা যে গ্রহণ করে; মক্কেল, মুৎসুদ্দি **2** (*computing*) one of a number of computers that is connected to a special computer (**server**) that stores shared infor-mation (সর্বজনীন ব্যবহারের জন্য তথ্য সংগ্রাহক) বিশেষ কোনো কম্পিউটারের (সার্ভার) সঙ্গে যুক্ত অনেকগুলো কম্পিউটারের যে-কোনো একটি

> **NOTE** খেয়াল রেখো যে দোকান বা রেস্তোরাঁয় খরিদ্দারকে **customers** বলা হয় **client** নয়। **Clientele** শব্দটি সাধারণ এবং পোশাকি শব্দ যা **clients** এবং **customers** দুই ক্ষেত্রেই ব্যবহার করা যায়।

clientele / ˌkliːənˈtel ˌক্লীঅ্যান্ˈটেল্ / *noun* [U] all the customers, guests or clients who regularly go to a particular shop, hotel, organization, etc. কোনো দোকান, হোটেল, সংগঠন ইত্যাদির নিয়মিত খরিদ্দার, পৃষ্ঠপোষকবর্গ অথবা অতিথিবৃন্দ

NOTE এই শব্দটি সাধারণ কথ্য ভাষায় ব্যবহার করা হয় না। এই অর্থে **customers** এবং **guests** অধিক প্রচলিত।

cliff / klɪf ক্লিফ্ / *noun* [C] a high, very steep area of rock, especially one next to the sea অত্যন্ত উঁচু, খাড়া পাথুরে অঞ্চল, বিশেষত সমুদ্রের ধারে; পাহাড়ের দুরারোহ পার্শ্বদেশ

cliffhanger / ˈklɪfhæŋə(r) ˈক্লিফ্হ্যাংঅ্যা(র্) / *noun* [C] an exciting situation in a story, film, etc. when you cannot guess what is going to happen next and you have to wait until the next part in order to find out গল্প, সিনেমা ইত্যাদির উত্তেজনাময় বা রোমাঞ্চকর কোনো পরিস্থিতি যার পরবর্তী অধ্যায়ে ঘটনাসমূহের অনুমান করা অসম্ভব এবং তার জন্য পরবর্তী অংশ পর্যন্ত অপেক্ষা করতে হয়

climactic / klaɪˈmæktɪk ক্লাইˈম্যাক্টিক্ / *adj.* (*written*) (used about an event or a point in time) very exciting, most important (কোনো ঘটনা বা সময়ের নির্দিষ্ট ক্ষণ সম্বন্ধে ব্যবহৃত) অত্যন্ত উত্তেজনাপূর্ণ, খুবই গুরুত্বপূর্ণ

climate / ˈklaɪmət ˈক্লাইম্যাট্ / *noun* [C] **1** the normal weather conditions of a particular region কোনো নির্দিষ্ট অঞ্চলের স্বাভাবিক জলবায়ু; আবহাওয়া *a dry/humid/tropical climate* **2** the general opinions, etc. that people have at a particular time (কোনো নির্দিষ্ট সময়ের) প্রচলিত মতামত অথবা দৃষ্টিভঙ্গি *What is the current* ***climate of opinion*** *regarding the death penalty?* ○ *the political climate*

climatic / klaɪˈmætɪk ক্লাইˈম্যাটিক্ / *adj.* connected with the **climate 1** জলবায়ুসংক্রান্ত

climatology / ˌklaɪməˈtɒlədʒi ˌক্লাইম্যাˈটল্যাজি / *noun* [U] the scientific study of climate জলবায়ুসংক্রান্ত বিজ্ঞান, আবহাওয়া বিজ্ঞান; আবহবিজ্ঞান

climax / ˈklaɪmæks ˈক্লাইম্যাক্স্ / *noun* [C] the most important and exciting part of a book, play, piece of music, event, etc. (বই, নাটক, সংগীত, কোনো ঘটনা ইত্যাদির) সর্বাপেক্ষা আকর্ষণীয় মুহূর্ত বা অধ্যায়, শীর্ষবিন্দু, চরম মুহূর্ত, চূড়ান্ত পরিণতি; তুঙ্গ, চরম *The novel* ***reaches a dramatic climax*** *in the final chapter.* ▶ **climax** *verb* [I] চরম পরিণতিতে পৌঁছোনো

climb[1] / klaɪm ক্লাইম্ / *verb* **1** [I, T] **climb (up) (sth)** to move up towards the top of sth (কোনো বস্তুর উপরে) ওঠা, চড়া, আরোহণ করা *to climb a tree/mountain/rope* ○ *to climb up a ladder* **2** [I] to move, with difficulty or effort, in the direction mentioned নির্দিষ্ট দিকে কষ্ট এবং প্রয়াসের মাধ্যমে এগিয়ে যাওয়া *I managed to climb out of the window.* **3** [I] to go up mountains, etc. as a sport খেলার অঙ্গ হিসেবে পর্বত ইত্যাদিতে আরোহণ করা **4** [I] to rise to a higher position উঁচু থেকে আরও উঁচুতে ওঠা *The road climbed steeply up the side of the mountain.* ○ (*figurative*) *The value of the dollar climbed against the pound.*

IDM climb/jump on the bandwagon ➪ **bandwagon** দেখো।

PHR V climb down (over sth) (*informal*) to admit that you have made a mistake; to change your opinion about sth in an argument নিজের ভুল স্বীকার করা; কোনো বিতর্কে (কোনো বিষয় সম্পর্কে) নিজের মত পরিবর্তন করা

climb² / klaɪm ক্লাইম্ / *noun* [C] an act of climbing or a journey made by climbing আরোহণ অথবা আরোহণের মাধ্যমে ভ্রমণ *The monastery could only be reached by a three-hour climb.*

climbdown / ˈklaɪmdaʊn ˈক্লাইম্‌ডাউন্ / *noun* [C] an act of admitting you have been wrong; a change of opinion in an argument নিজের ভুল স্বীকার; কোনো বিতর্কে মত পরিবর্তন

climber / ˈklaɪmə(r) ˈক্লাইম্যা(র্) / *noun* [C] a person who climbs mountains as a sport পর্বতারোহী

clinch / klɪntʃ ক্লিন্চ্ / *verb* [T] (*informal*) to finally manage to get what you want in an argument or business agreement কোনো ব্যাবসায়িক চুক্তি অথবা বাদ-প্রতিবাদের পরিশেষে নিজের পক্ষে সিদ্ধান্ত সুনিশ্চিত করতে সক্ষম হওয়া *to clinch a deal*

cline / klaɪn ক্লাইন্ / *noun* [C] a continuous series of things, in which each one is only slightly different from the things next to it, but the last is very different from the first কোনো বস্তুর অবিচ্ছিন্ন ধারাবাহিক পরম্পরা, যেখানে পরবর্তী বস্তুগুলো পরস্পর হতে সামান্যভাবে পৃথক কিন্তু সর্বপ্রথম বস্তুটির সঙ্গে সর্বশেষ বস্তুটির পার্থক্য খুবই প্রকট; শ্রেণিগত পার্থক্যের অবিচ্ছিন্ন ধারাবাহিকতা

cling / klɪŋ ক্লিং / *verb* [I] (*pt, pp* **clung** / klʌŋ ক্লাং /) **1 cling (on) to sb/sth; cling together** to hold on tightly to sb/sth কোনো বস্তু অথবা ব্যক্তিকে দৃঢ়ভাবে আঁকড়ে ধরে থাকা *She clung to the rope with all her strength.* **2 cling (on) to sth** to continue to believe sth, often when it is not reasonable to do so (প্রায়ই) অযৌক্তিকভাবে কোনো বিশ্বাস আঁকড়ে থাকা *They were still clinging to the hope that the girl would be found alive.* **3 cling to sb/sth** to stick firmly to sth কোনো বস্তুর সঙ্গে সেঁটে অথবা জুড়ে থাকা *His wet clothes clung to him.* ▶ **clingy** *adj.* নাছোড়বান্দা *a clingy child* (= that does not want to leave its parents) ○ *a clingy sweater*

cling film *noun* [U] thin transparent plastic used for covering food to keep it fresh খাবার তাজা রাখার জন্য ব্যবহৃত পাতলা স্বচ্ছ প্লাস্টিকের আবরণ; ক্লিং ফিল্ম

clinic / ˈklɪnɪk ˈক্লিনিক্ / *noun* [C] **1** a small hospital or a part of a hospital where you go to receive special medical treatment বিশেষ ধরনের চিকিৎসার ব্যবস্থাসহ ছোটো চিকিৎসালয় অথবা বড়ো হাসপাতালের একাংশ; ক্লিনিক *a private clinic* ○ *a dental clinic* **2** a time when a doctor sees patients and gives special treatment or advice যে নির্দিষ্ট সময়ে চিকিৎসক রোগী দেখেন এবং বিশেষ চিকিৎসা করেন অথবা পরামর্শ দেন

clinical / ˈklɪnɪkl ˈক্লিনিক্‌ল্ / *adj.* **1** connected with the examination and treatment of patients at a clinic or hospital হাসপাতাল বা কোনো ক্লিনিকের রোগী ও তার চিকিৎসা সংক্রান্ত বিষয়; নিদানিক *Clinical trials of the new drug have proved successful.* **2** (used about a person) cold and not emotional (কোনো ব্যক্তি সম্বন্ধে ব্যবহৃত) আবেগবর্জিত, নিস্পৃহ, নিরাসক্ত, নৈর্ব্যক্তিক

clinically / ˈklɪnɪkli ˈক্লিনিক্লি / *adv.* **1** according to medical examination ডাক্তারি পরীক্ষায় নির্ধারিত অথবা প্রমাণিত *to be clinically dead* **2** in a cold way; without showing any emotion নিরাসক্তভাবে, নিস্পৃহভাবে; কোনো আবেগ প্রদর্শন ছাড়াই

clink / klɪŋk ক্লিংক্ / *noun* [*sing.*] the short sharp ringing sound that objects made of glass, metal, etc. make when they touch each other কাচ, ধাতু প্রভৃতির তৈরি জিনিসের পরস্পরের সঙ্গে ঠোকা লাগার আওয়াজ *the clink of glasses* ▶ **clink** *verb* [I, T] ঐ প্রকার শব্দ হওয়া বা করা

clip¹ / klɪp ক্লিপ্ / *noun* [C] **1** a small object, usually made of metal or plastic, used for holding things together ধাতু অথবা প্লাস্টিকের তৈরি ছোটো বস্তু যা জিনিসপত্র একত্রে আটকে বা ধরে রাখার জন্য ব্যবহৃত হয়; ক্লিপ *a paper clip* ○ *a hairclip* ➪ **stationery**-তে ছবি দেখো। **2** a small section of a film that is shown so that people can see what the rest of the film is like চলচ্চিত্রের অংশবিশেষ যা দর্শককে সম্পূর্ণ ছবিটি সম্পর্কে একটি আন্দাজ দেওয়ার জন্য দেখানো হয় ➪ **trailer** দেখো। **3** (*informal*) a quick hit with the hand চাপড়, চড় *She gave the boy a clip round the ear.* **4** the act of cutting sth to make it shorter ছোটো করে কাটার অথবা ছেঁটে ফেলার ক্রিয়া *to cilp nails*

clip² / klɪp ক্লিপ্ / *verb* (**clipping; clipped**) **1** [I, T] to be fastened with a clip; to fasten sth to sth else with a clip ক্লিপ দিয়ে আটকানো; দুটি বস্তুকে পরস্পরের সঙ্গে ক্লিপ দিয়ে আটকানো *Clip the photo to the letter, please.* **2** [T] to cut sth, especially by cutting small parts off কোনো কিছু ছেঁটে ফেলা, ছাঁটা *The hedge needs clipping.* **3** [T] to hit sb/sth quickly আকস্মিকভাবে জোরে কোনো ব্যক্তি অথবা বস্তুর সঙ্গে ধাক্কা লাগা *My wheel clipped the pavement and I fell off my bike.*

clipboard / ˈklɪpbɔːd 'ক্লিপ্‌বঃড্ / *noun* [C] **1** a small board with a part that holds papers at the top, used by sb who wants to write while standing or moving around দাঁড়িয়ে থাকা অবস্থায় অথবা এদিক-ওদিক ঘুরে বেড়ানোর সময়ে লেখার কাজ করতে চায় এমন ব্যক্তির দ্বারা ব্যবহৃত হয় এক ধরনের ছোটো বোর্ড যার উপর কাগজ আটকানোর ব্যবস্থা আছে ➪ **stationery**-তে ছবি দেখো। **2** (*computing*) a place where information from a computer file is stored for a short time until it is added to another file যে স্থানে কোনো কম্পিউটার ফাইলের তথ্য অন্য ফাইলে যোগ করার আগে অস্থায়ীভাবে সংরক্ষণ করা হয়

clippers / ˈklɪpəz 'ক্লিপ্যাজ্ / *noun* [*pl.*] a small metal tool used for cutting things, for example hair or fingernails কোনো কিছু কাটা যেমন চুল কাটা বা নখ কাটার জন্য ব্যবহৃত ছোটো ধাতব যন্ত্রবিশেষ *a pair of nail clippers*

clipping / ˈklɪpɪŋ 'ক্লিপিং / (*AmE*) = **cutting[1] 1**

clique / kliːk ক্লীক্ / *noun* [C] a small group of people with the same interests who do not want others to join their group সমমতাবলম্বী ব্যক্তিবর্গের ক্ষুদ্র দল যারা নিজেদের দলে অন্যদের চায় না

clitoris / ˈklɪtərɪs 'ক্লিট্যারিস্ / *noun* [C] the small part of the female sex organs which becomes larger when a woman is sexually excited ভগাঙ্কুর, যোনিদেশ

cloak / kləʊk ক্ল্যাউক্ / *noun* **1** [C] a type of loose coat without sleeves that was more common in former times হাতাহীন ঢিলে একজাতীয় কোট যা অতীতে ব্যবহৃত হত ➪ **cape** দেখো। **2** a thing that hides sth else ছদ্ম আবরণ, আস্তরণ, আচ্ছাদন *a cloak of mist*

cloakroom / ˈkləʊkruːm 'ক্ল্যাউক্‌রুম্ / *noun* [C] a room near the entrance to a building where you can leave your coat, bags, etc. কোনো বাড়ি বা অট্টালিকার প্রবেশ পথের সংলগ্ন কক্ষ যেখানে কোট, ব্যাগ ইত্যাদি রাখা যায়; বহির্বাসকক্ষ, ক্লোকরুম

clobber / ˈklɒbə(r) 'ক্লব্যা(র্) / *verb* [T] (*informal*) to hit sb hard কোনো ব্যক্তিকে প্রবল প্রহার করা; মারধোর করা

clock[1] / klɒk ক্লক্ / *noun* [C] **1** an instrument that shows you what time it is ঘড়ি *an alarm clock* ○ *a church clock* ➪ **watch** দেখো। **2** an instrument in a car that measures how far it has travelled কত দূরত্ব অতিক্রম করেছে তা মাপার জন্য গাড়িতে বসানো যন্ত্রবিশেষ *My car has got 10,000 kilometres on the clock.*

IDM against the clock if you do sth against the clock, you do it fast in order to finish before a certain time ঘড়ি ধরে নির্দিষ্ট সময়ের আগেই কোনো কাজ শেষ করা হয় যখন *It was a race against the clock to get the building work finished on time.*

around/round the clock all day and all night সারাদিন-সারারাত ধরে; চব্বিশ ঘণ্টা, অষ্টপ্রহর, দিবারাত্রি, অহোরাত্র *They are working round the clock to repair the bridge.*

put the clock/clocks forward/back to change the time, usually by one hour, at the beginning/end of summer ঋতু অনুসারে (সাধারণত গ্রীষ্মের শুরুতে বা শেষে এক ঘন্টা) ঘড়ির সময় আগে বা পিছনে করা

clock[2] / klɒk ক্লক্ / *verb*

PHR V clock in/on; clock off to record the time that you arrive at or leave work, especially by putting a card into a type of clock যখন কর্মস্থলে পৌঁছোনো হয় অথবা কর্মস্থল ত্যাগ করা হয় সেই সময়টি নথিবন্ধ করা (বিশেষত একধরনের ঘড়ির মধ্যে কার্ড প্রবেশ করানোর মাধ্যমে)

clock sth up to achieve a certain number or total একটা নির্দিষ্ট সংখ্যা অথবা সমষ্টি প্রাপ্ত করা *Our car clocked up over 1000 kilometres while we were on holiday.*

clockwise / ˈklɒkwaɪz 'ক্লকউআইজ্ / *adv., adj.* in the same direction as the hands of a clock ঘড়ির কাঁটা যে দিকে চলে সে দিকে; ঘড়িমাফিক, ঘটিকাবর্ত, দক্ষিণাবর্ত *Turn the handle clockwise.* ○ *to move in a clockwise direction* ✪ বিপ (*BrE*) **anti-clockwise**, (*AmE*) **counter-clockwise**

clockwork / ˈklɒkwɜːk 'ক্লক্‌উঅ্যক্ / *noun* [U] a type of machinery found in certain toys, etc. that you operate by turning a key কোনো কোনো খেলনা ইত্যাদির মধ্যে ব্যবহৃত যন্ত্রবিশেষ যা চাবি ঘুরিয়ে চালু করা যায় *a clockwork toy* ○ *The plan went like clockwork* (= smoothly and without any problem).

clog[1] / klɒg ক্লগ্ / *noun* [C] a type of shoe made completely of wood or with a thick wooden base সম্পূর্ণভাবে কাঠের তৈরি অথবা সেটির কেবল নীচের অংশ কাঠের এমন একপ্রকার জুতো; খড়ম, পাদুকা

clog[2] / klɒg ক্লগ্ / *verb* [I, T] (**clogging; clogged**) **clog (sth) (up) (with sth)** to block or become blocked অবরুদ্ধ হয়ে যাওয়া বা করা *The drain is always clogging up.* ○ *The roads were clogged with traffic.*

cloister / ˈklɔɪstə(r) 'ক্লইস্‌ট্যা(র্) / *noun* [C, *usually pl.*] a covered passage with arches around a square garden, usually forming part of a large church (**cathedral**) or building where religious people live (**monastery** or **convent**) চতুষ্কোণ উদ্যানের চারিপাশে খিলানযুক্ত আচ্ছাদিত পথ (সাধারণত কোনো গির্জা, মঠ ইত্যাদি ধর্মীয় স্থানে)

clone / kləʊn ক্ল্যাউন্ / *noun* [C] an exact copy of a plant or animal that is produced from one of its cells by scientific methods বৈজ্ঞানিক পদ্ধতিতে কোনো জীবকোষ থেকে সৃষ্ট সেই প্রাণী বা উদ্ভিদের অবিকল প্রতিরূপ ▶ **clone** *verb* [T] জীবকোষ থেকে প্রাণী বা উদ্ভিদের অবিকল প্রতিরূপ সৃষ্টি করা *A team from the UK were the first to successfully clone an animal.*

close[1] / kləʊz ক্ল্যাউজ্ / *verb* [I, T] **1** to shut বন্ধ করা, মুদে ফেলা *The door closed quietly. I've got a surprise.* **2** to be, or to make sth, not open to the public জনসাধারণের জন্য বন্ধ করে দেওয়া বা হওয়া *What time do the shops close?* ○ *The police have closed the road to traffic.* **3** to end or to bring sth to an end কোনো কিছু সমাপ্ত করা, শেষ করা, বন্ধ করা *The meeting closed at 10 p.m.* ○ *Detectives have closed the case on the missing girl.* ✪ বিপ **open**

PHR V **close (sth) down** to stop all business or work permanently at a shop or factory কোনো দোকান বা কারখানায় সবরকম ব্যাবসা বা কাজ বন্ধ করে দেওয়া *The factory has had to close down.* ○ *Health inspectors have closed the restaurant down.*

close in (on sb/sth) to come nearer and gradually surround sb/sth, especially in order to attack (কোনো ব্যক্তি বা বস্তুকে) আক্রমণের উদ্দেশ্যে কোনো ব্যক্তি বা বস্তুর ক্রমশ কাছে এগিয়ে আসা এবং ঘিরে ফেলা

close sth off to prevent people from entering a place or an area কোনো স্থান অথবা অঞ্চলে সর্বসাধারণের প্রবেশ বন্ধ করে দেওয়া *The police closed off the city centre because of a bomb alert.*

close[2] / kləʊz ক্ল্যাউজ্ / *noun* [*sing.*] the end, especially of a period of time or an activity সমাপ্তি, বিশেষত কোনো নির্দিষ্ট সময়কাল অথবা কার্যক্রম *the close of trading on the stock market*

IDM **bring sth/come/draw to a close** to end শেষ করে দেওয়া বা সমাপ্ত করা *The chairman brought the meeting to a close.* ○ *The guests began to leave as the evening drew to a close.*

close[3] / kləʊs ক্ল্যাউস্ / *adj., adv.* **1** (*not before a noun*) **close (to sb/sth)**; **close (together)** near কাছে, নিকটে, সন্নিকটে *to follow close behind someone* ○ *I held her close* (= tightly). **2** (used about a friend, etc.) known very well and liked (কোনো বন্ধু প্রমুখ সম্বন্ধে ব্যবহৃত) অত্যন্ত পরিচিত, ঘনিষ্ঠ, প্রিয়, অন্তরঙ্গ *They invited only close friends to the wedding.* **3** near in a family relationship নিকটাত্মীয় *a close relative* **4** (used about a competition, etc.) only won by a small amount (কোনো প্রতিযোগিতা ইত্যাদি সম্বন্ধে ব্যবহৃত) অল্প ব্যবধানে জয়লাভ হয়েছে এমন *a close match* ➪ **near[1]**-এ নোট দেখো। **5** careful; thorough সযত্নে; খুঁটিয়ে, ভালোভাবে, পুঙ্খানুপুঙ্খরূপে *On close examination, you could see that the banknote was a forgery.* **6** (used about the weather, etc.) heavy and with little movement of air (আবহাওয়া ইত্যাদি সম্বন্ধে ব্যবহৃত) চাপা, থমথমে *It's so close today that there might be a storm.* ▶ **closely** *adv.* নিকটভাবে, ঘনিষ্ঠভাবে *to watch sb closely* ○ *The insect closely resembles a stick.* ▶ **closeness** *noun* [U] ঘনিষ্ঠতা, নৈকট্য

IDM **a close shave/thing** a bad thing that almost happened প্রায় সংঘটিত খারাপ কিছু বা কোনো বিপদ *I wasn't injured, but it was a close shave.*

at close quarters at or from a position that is very near খুব নিকট থেকে

close by (sb/sth) at a short distance from sb/sth কোনো ব্যক্তি বা বস্তুর খুব কাছে, নিকটবর্তী, সমীপবর্তী *She lives close by.*

close/near/dear to sb's heart ➪ **heart** দেখো।

close on nearly; almost প্রায়, কাছাকাছি; মোটামুটি *He was born close on a hundred years ago.*

close up (to sb/sth) at or from a very short distance to sb/sth কোনো ব্যক্তি বা বস্তুর খুব কাছাকাছি অথবা কাছ থেকে

come close (to sth/to doing sth) to almost do sth কোনো কাজ প্রায় করে ফেলা *We didn't win but we came close.*

closed / kləʊzd ক্ল্যাউজ্‌ড্ / *adj.* not open; shut খোলা নয়; বন্ধ *Keep your mouth closed.* ○ *The supermarket is closed.* ✪ বিপ **open**

closed-circuit television (*abbr.* **CCTV**) *noun* [U] a type of television system used inside a building, for example a shop, to protect it from crime নিরাপত্তার কারণে বড়ো দোকান, বাড়ি বা আপিস প্রভৃতির অভ্যন্তরভাগে যে টেলিভিশন লাগানো থাকে; ক্লোজড্-সার্কিট টেলিভিশন

closet / ˈklɒzɪt ˈক্লজ়িট্ / *noun* [C] a large cupboard that is built into a room (কোনো ঘরের মধ্যে) বড়ো দেয়াল আলমারি, বড়ো কাবার্ড

close-up / ˈkləʊs ʌp ˈক্ল্যাউস্আপ্ / *noun* [C] a photograph or film of sb/sth that you take from a very short distance away খুব কাছ থেকে নেওয়া ছবি; ক্লোজ-আপ

closing[1] / ˈkləʊzɪŋ ˈক্ল্যাউজ়িং / *adj.* (*only before a noun*) coming at the end of a speech, a period of time or an activity কোনো বক্তৃতা, সময়কাল বা কর্মকাণ্ড শেষ হয়ে আসছে এমন *his closing remarks*

○ *The football season is now in its closing stages.* ✪ বিপ **opening**

closing[2] / ˈkləʊzɪŋ ˈক্ল্যাউজ়িং / *noun* [U] the act of permanently shutting sth such as a factory, hospital, school, etc. কারখানা, হাসপাতাল, বিদ্যালয় ইত্যাদি স্থায়ীভাবে বন্ধ করে দেওয়ার ক্রিয়া *the closing of the local school* ✪ বিপ **opening**

closing time *noun* [C] the time when a shop, etc. closes দোকান ইত্যাদি বন্ধ হওয়ার সময়

closure / ˈkləʊʒə(r) ˈক্ল্যাউজ়্যা(র্) / *noun* [C, U] the permanent closing, for example of a business (ব্যাবসার) স্থায়ী অবসান; সমাপন

clot[1] / klɒt ক্লট্ / *noun* [C] a lump formed by blood as it dries রক্ত শুকিয়ে গেলে তার ডেলা অথবা দলা; জমাট বাঁধা রক্ত, রক্তের চাপ, ঘনীভূত রক্ত *They removed a blood clot from his brain.*

clot[2] / klɒt ক্লট্ / *verb* [I, T] (**clotting; clotted**) to form or cause blood to form thick lumps রক্ত জমাট বাঁধানো অথবা বাঁধা *a drug that stops blood from clotting during operations*

cloth / klɒθ ক্লথ্ / *noun* **1** [U] a material made of cotton, wool, etc. that you use for making clothes, curtains, etc. পোশাক, পর্দা ইত্যাদি বানানোর জন্য তুলো, উল প্রভৃতি থেকে তৈরি কাপড়; ছিট *a metre of cloth* **2** [C] (*pl.* **cloths** / klɒθs ক্লথ্স্ /) a piece of material that you use for a particular purpose বিশেষ কাজের জন্য নির্দিষ্ট কাপড়ের টুকরো *a tablecloth* ○ *Where can I find a cloth to wipe this water up?*

clothe / kləʊð ক্ল্যাউদ্ / *verb* [T] to provide clothes for sb (কোনো ব্যক্তিকে) পোশাক দান করা বা পরানো *to feed and clothe a child*

clothed / kləʊðd ক্ল্যাউদ্ড্ / *adj.* **clothed (in sth)** dressed; wearing sth পোশাকাবৃত, বেশভূষায় সজ্জিত, বসনাচ্ছাদিত; পোশাক পরিহিত অবস্থা *He was clothed in leather from head to foot.*

clothes / kləʊðz ক্ল্যাউদ্জ্ / *noun* [*pl.*] the things that you wear, for example trousers, shirts, dresses, coats, etc. পোশাকপরিচ্ছদ, বসন, বস্ত্রাদি, জামাকাপড় *Take off those wet clothes.* ○ *She was wearing new clothes.*

> **NOTE** মনে রাখা দরকার যে **clothes** শব্দটি বহুবচন (plural) রূপে ব্যবহৃত হয়। পোশাকের মধ্যে নির্দিষ্ট একটির উল্লেখ করতে হলে **item/piece/article of clothing** বলতে হবে—*A kilt is an item of clothing worn in Scotland.* ⇨ **garment** দেখো।

clothes-hanger = **hanger**

clothes line *noun* [C] a thin rope that you hang clothes on so that they can dry জামাকাপড় শুকোতে দেওয়ার পাতলা দড়ি বা তার

clothes peg (*AmE* **clothes pin**) = **peg**[1] **3**

clothing / ˈkləʊðɪŋ ˈক্ল্যাউদিং / *noun* [U] the clothes that you wear, especially for a particular activity বিশেষ বিশেষ কাজের জন্য ব্যবহৃত পোশাক, বেশ অথবা বস্ত্র *waterproof/outdoor/winter clothing*

> **NOTE** **Clothing** শব্দটির থেকে কথ্য ভাষায় **Clothes** শব্দটি বেশি ব্যবহৃত।

cloud[1] / klaʊd ক্লাউড্ / *noun* **1** [C, U] a mass of very small drops of water that floats in the sky and is usually white or grey (সাধারণত সাদা অথবা ধূসর রঙের) জলকণার স্তূপ যা আকাশে ভাসে; মেঘ, জলধর, নীরদ, জলদ *The sun disappeared behind a cloud.* ○ *A band of thick cloud is spreading from the west.* **2** [C] a mass of smoke, dust, sand, etc. ধুলো বা ধোঁয়ার মেঘ, ধোঁয়াশা, ধুলিজাল, ধূম্রজাল ইত্যাদি *Clouds of smoke were pouring from the burning building.*

IDM **every cloud has a silver lining** even a very bad situation has a positive or hopeful side নিরাশাময় পরিস্থিতিতেও আশার আলো দেখা যায়

under a cloud with the disapproval of the people around you (চারিপাশের লোকজনের) প্রতিকূল ধারণা এবং অগ্রাহ্যতাসহ, অনুমোদন ছাড়াই, হতমান *She left her job under a cloud because she'd been accused of stealing.*

cloud[2] / klaʊd ক্লাউড্ / *verb* **1** [I, T] to become or make sth difficult to see through কোনো কিছু ঝাপসা করা বা হওয়া *His eyes clouded with tears.* **2** [T] to make sth less clear or easy to understand কোনো কিছু অস্পষ্ট অথবা দুর্বোধ্য বানানো *Her personal involve-ment in the case was beginning to* ***cloud her judgement.*** **3** [T] to make sth less enjoyable; to spoil কোনো কিছুর উপভোগ্যতা কম করা; বিকৃত অথবা নষ্ট করে দেওয়া *Illness has clouded the last few years of his life.*

PHR V **cloud over** (used about the sky) to become full of clouds (আকাশের সম্বন্ধে ব্যবহৃত) মেঘে ঢেকে যাওয়া, মেঘাচ্ছন্ন হয়ে পড়া

cloudburst / ˈklaʊdbɜːst ˈক্লাউড্ব্যস্ট্ / *noun* [C] a sudden heavy fall of rain আকস্মিক প্রবল বৃষ্টি

cloudless / ˈklaʊdləs ˈক্লাউড্ল্যাস্ / *adj.* (used about the sky, etc.) clear; without any clouds (আকাশ ইত্যাদি সম্বন্ধে ব্যবহৃত) পরিষ্কার; নির্মল, মেঘমুক্ত

cloudy / ˈklaʊdi ˈক্লাউডি / *adj.* **1** (used about the sky, etc.) full of clouds (আকাশ ইত্যাদির সম্বন্ধে ব্যবহৃত) মেঘে ঢাকা, মেঘাচ্ছন্ন, মেঘমেদুর **2** (used about liquids, etc.) not clear (তরল পদার্থ ইত্যাদির সম্বন্ধে ব্যবহৃত) অস্বচ্ছ, ঘোলাটে *cloudy water*

clout / klaʊt ক্লাউট্ / *noun* (*informal*) **1** [C] a hard hit, usually with the hand সাধারণত হাত দিয়ে সজোরে প্রহার বা আঘাত *to give someone a clout* **2** [U] influence and power প্রভাব এবং ক্ষমতা বা প্রতিপত্তি *He's an important man—he has a lot of clout in the company.*

clove / kləʊv ক্লাউভ্ / *noun* [C] **1** the small dried flower of a tropical tree, used to give a special flavour in cooking গ্রীষ্মপ্রধান অঞ্চলের গাছের ছোটো শুকনো ফুল যা রান্নায় স্বাদ আনতে ব্যবহৃত হয়; লবঙ্গ **2** one of the small separate sections into which the root of the **garlic** plant is divided রসুনের কোয়া

cloven hoof *noun* [C] the foot of an animal such as a cow or a sheep, that is divided into two parts (গরু, ভেড়া প্রভৃতির) দ্বিখণ্ডিত অথবা চেরা ক্ষুর

clover / ˈkləʊvə(r) ˈক্ল্যাউভ্যা(র্) / *noun* [C] a small plant with pink or white flowers and leaves with three parts to them গোলাপি ও সাদা রঙের ফুল হয় এমন ত্রিপত্রক গুল্মবিশেষ

NOTE কখনো কখনো এই পাতা আবার চারভাগেও বিভক্ত হয় এবং সেইরকম একটি পাতা দেখতে পাওয়া পরম সৌভাগ্যের সূচক বলে মনে করা হয়।

clown¹ / klaʊn ক্লাউন্ / *noun* [C] **1** a person who wears funny clothes and a big red nose and does silly things to make people (especially children) laugh মজাদার জামাকাপড় এবং বড়ো লাল নাক পরিহিত লোক যারা মানুষকে (বিশেষত ছোটোদের) হাসানোর জন্য অদ্ভুত ভাঁড়ামি করে; জোকার; ক্লাউন **2** a person who makes jokes and does silly things to make the people around him/her laugh চারিপাশের লোককে হাসানোর জন্য যে ব্যক্তি কৌতুক ও মজা করে; বিদূষক, ভাঁড় *At school, Amit was always the class clown.*

clown² / klaʊn ক্লাউন্ / *verb* [I] **clown (about/around)** to act in a funny or foolish way বোকার মতো বা ভাঁড়ের মতো আচরণ করা, ছ্যাবলামি করা *Stop clowning around and get some work done!*

cloying / ˈklɔɪɪŋ ˈক্লইইং / *adj.* (*formal*) **1** (used about food, a smell, etc.) so sweet that it is unpleasant (খাদ্য, গন্ধ ইত্যাদি সম্পর্কে ব্যবহৃত) অতিরিক্ত মিষ্টি হওয়ার কারণে অরুচির সৃষ্টি করে যে খাদ্য, গন্ধ ইত্যাদি **2** using emotion in a very obvious way, so that the result is unpleasant আবেগ অথবা ভাবোচ্ছাস এমন অনাবৃতভাবে ব্যক্ত করা যার ফলে পরিণাম অপ্রিয় হয় *Her novels are full of cloying sentimentality.*

club¹ / klʌb ক্লাব্ / *noun* **1** [C] a group of people who meet regularly to share an interest, do sport, etc.; the place where they meet সংঘ, সমিতি, সংস্থা; ক্লাব *to be a member of a club* ○ *a tennis/football/golf club* **2** (*also* **nightclub**) [C] a place where you can go to dance and drink late at night গভীর রাতে যে স্থানে গিয়ে নৃত্যগীত, পানীয় ইত্যাদির দ্বারা মনোরঞ্জন করা যায় **3** [C] a heavy stick, usually with one end that is thicker than the other, used as a weapon (অস্ত্র হিসেবে ব্যবহৃত হয়) ভারী লাঠি সাধারণত যার একদিক অন্য দিকের থেকে মোটা; গদা, মুগুর **4** [C] a long stick that is specially shaped at one end and used for hitting a ball when playing golf গল্ফ খেলার বিশেষ আকৃতির লম্বা লাঠি ➪ **bat, racket** এবং **stick** দেখো। **5 clubs** [*pl.*] the group (**suit**) of playing cards with black shapes with three leaves on them চিড়িতনের তাসসমূহ *the two/ace/queen of clubs* ➪ **card**-এ নোট দেখো। **6** [C] one of the cards from this suit চিড়িতনের তাসের যে-কোনো একটি তাস *I played a club.*

club² / klʌb ক্লাব্ / *verb* (**clubbing; clubbed**) **1** [T] to hit sb/sth hard with a heavy object কোনো ব্যক্তি অথবা বস্তুকে ভারী কোনো বস্তু দিয়ে সজোরে আঘাত করা **2** [I] **go clubbing** to go dancing and drinking in a club কোনো ক্লাবে গিয়ে নৃত্য অথবা মদ্যপান করা *She goes clubbing every Saturday.*

PHR V club together (to do sth) to share the cost of sth, for example a present কোনো বস্তুর (যেমন উপহার) মূল্য একাধিক ব্যক্তি মিলে সমানভাবে ভাগ করে মেটানো *We clubbed together to buy him a leaving present.*

cluck / klʌk ক্লাক্ / *noun* [C] the noise made by a chicken মুরগীর আওয়াজ, কঁক কঁক ডাক ▶ **cluck** *verb* [I] কঁক কঁক শব্দ করা, মুরগীর মতো ডাকা

clue / klu: ক্লু / *noun* [C] **a clue (to sth)** a piece of information that helps you solve a problem or a crime, answer a question, etc. তথ্যের অংশ বা সূত্র যা কোনো সমস্যার সমাধান অথবা কোনো অপরাধের সুরাহা করা, প্রশ্নের উত্তর দেওয়া ইত্যাদিতে সাহায্য করে *The police were looking for clues to his disappearance.* ○ *the clues for solving a crossword puzzle*

IDM not have a clue (*informal*) to know nothing about sth কোনো বিষয় ইত্যাদি সম্বন্ধে অবগত না থাকা

clued-up / ˌklu:d ˈʌp ˌক্লুড্ ˈআপ্ / (*AmE* **clued-in**) *adj.* **clued-up (on sth)** knowing a lot about sth কোনো বিষয়ে বিস্তারিত তথ্য জানা আছে এমন *I'm not really clued-up on the technical details.*

clueless / ˈklu:ləs ˈক্লুল্যাস্ / *adj.* (*informal*) not able to understand; stupid বুঝতে অক্ষম; বোকা, অবুঝ, অজ্ঞ *I'm absolutely clueless about computers.*

clump / klʌmp ক্লাম্প্ / *noun* [C] a small group of plants or trees growing together লতাপাতা বা গাছপালার ঝোপঝাড়

clumsy / ˈklʌmzi ˈক্লাম্‌জ়ি / *adj.* (**clumsier; clumsiest**) **1** (used about a person) careless and likely to knock into, drop or break things (কোনো ব্যক্তি সম্বন্ধে ব্যবহৃত) অপটু, জবুথবু, এলোমেলো, নড়বড়ে, আনাড়ি *She undid the parcel with clumsy fingers.* **2** (used about a comment, etc.) likely to upset or offend people (কোনো মন্তব্য ইত্যাদি সম্বন্ধে ব্যবহৃত) কোনো ব্যক্তিকে বিচলিত অথবা ক্ষুব্ধ করার মতো *He made a clumsy apology.* **3** large, difficult to use, and not attractive in design জবরজং, কুশ্রী এবং অনাকর্ষণীয় *a clumsy piece of furniture* ▶ **clumsily** *adv.* আনাড়ির মতো, অপটুভাবে ▶ **clumsiness** *noun* [U] আনাড়িপনা, জবরজং ভাব

clung ⇨ **cling**-এর past tense এবং past participle

clunk / klʌŋk ক্লাংক্ / *noun* [C] a short low sound made when two hard objects hit each other দুটি শক্ত পদার্থের ঠোকাঠুকিতে আস্তে এবং ক্ষণস্থায়ীভাবে যে শব্দ হয় *The car door shut with a clunk.*

cluster¹ / ˈklʌstə(r) ˈক্লাস্ট্যা(র্) / *noun* [C] a group of people, plants or things that stand or grow close together (ব্যক্তি, গাছপালা অথবা বস্তুর) সমূহ, গুচ্ছ, থোকা, ঝাঁক, দল

cluster² / ˈklʌstə(r) ˈক্লাস্ট্যা(র্) / *verb*

PHR V **cluster around sb/sth** to form a group around sb/sth কাউকে বা কোনো কিছু ঘিরে একত্রে জড়ো হওয়া *The tourists clustered around their guide.*

clutch¹ / klʌtʃ ক্লাচ্ / *verb* [T] to hold sth tightly, especially because you are in pain, afraid or excited ব্যথা বা ভয় পেয়ে অথবা উত্তেজিত হয়ে কোনো কিছু জোরে আঁকড়ে ধরা অথবা দৃঢ়ভাবে চেপে ধরা *The child clutched his mother's hand in fear.*

PHR V **clutch at sth** to try to take hold of sth কোনো বস্তুকে আঁকড়ে ধরার প্রয়াস করা *She clutched at the money but the wind blew it away.*

clutch² / klʌtʃ ক্লাচ্ / *noun* **1** [C] the part of a vehicle, etc. that you press with your foot when you are driving in order to change the **gear**; the part of the engine that it is connected to গাড়ি চালানোর সময়ে গীয়ার বদলানোর জন্য যে যন্ত্রাংশে পা দিয়ে চাপ দেওয়া হয়; গাড়ির ইঞ্জিনের যে অংশে এটি সংযুক্ত থাকে; ক্লাচ *to press/release the clutch* ⇨ **car**-এ ছবি দেখো। **2** **clutches** [*pl.*] power or control over sb কোনো ব্যক্তির উপর নিয়ন্ত্রণক্ষমতা অথবা বলপূর্বক অধিকার *He fell* ***into*** *the enemy's* ***clutches****.*

clutter¹ / ˈklʌtə(r) ˈক্লাট্যা(র্) / *noun* [U] things that are where they are not wanted or needed and make a place untidy অনাদৃত, অনাবশ্যক জিনিসপত্র যখন অগোছালো, অপরিষ্কার অবস্থায় ফেলে রাখা হয় *Who left all this clutter on the floor?* ▶ **cluttered** *adj.* আজেবাজে জিনিসে ভরা, এলোমেলো, অগোছালো *a cluttered desk*

clutter² / ˈklʌtə(r) ˈক্লাট্যা(র্) / *verb* [T] **clutter sth (up)** to cover or fill sth with lots of objects in an untidy way কোনো কিছু অনেক জিনিসপত্র দিয়ে অগোছালোভাবে ঢেকে বা ভর্তি করে রাখা

cm *abbr.* centimetre(s) সেন্টিমিটার, সেমি

Co. *abbr.* company কোম্পানি, কোং

c/o *abbr.* (used for addressing a letter to sb who is staying at another person's house) care of (যে ব্যক্তি অন্য কোনো ব্যক্তির বাড়িতে থাকে তার নামের আগে চিঠির ঠিকানায় ব্যবহৃত) প্রযত্নে *Rita Khanna, c/o Mrs Banerjee*

co- / kəʊ ক্যাউ / *prefix* (*in adjectives, adverbs, nouns and verbs*) together with সহাবস্থান, একসঙ্গে, সহ-, যুগ্ম- *co-pilot* ○ *coexist*

coach¹ / kəʊtʃ ক্যাউচ্ / *noun* [C] **1** a person who trains people to compete in certain sports ক্রীড়াশিক্ষক, প্রশিক্ষক; কোচ *a tennis coach* **2** a comfortable bus used for long journeys দূরপাল্লার আরামদায়ক বাস; কোচ *It's cheaper to travel* ***by coach*** *than by train.* **3** = **carriage1** **4** a large vehicle with four wheels pulled by horses, used in the past for carrying passengers ঘোড়ায় টানা চার চাকার গাড়ি ⇨ **carriage** এবং **car** দেখো।

coach² / kəʊtʃ ক্যাউচ্ / *verb* [I, T] **coach sb (in/for sth)** to train or teach sb, especially to compete in a sport or pass an exam কোনো পরীক্ষায় বা খেলার প্রতিযোগিতায় ভালো করার জন্য কোনো ব্যক্তিকে প্রশিক্ষণ অথবা তালিম দেওয়া

coaching / ˈkəʊtʃɪŋ ˈক্যাউচিং / *noun* [U] **1** the process of training sb to play a sport, to do a job better or to improve a skill (কোনো খেলার জন্য, ভালোভাবে কোনো কাজ করার জন্য অথবা কোনো উন্নততর দক্ষতা প্রাপ্তির জন্য) প্রশিক্ষণ দেওয়ার প্রক্রিয়া **2** the process of giving a student extra teaching in a particular subject কোনো একটি নির্দিষ্ট বিষয়ে কোনো শিক্ষার্থীকে অতিরিক্ত তালিম দেওয়ার প্রক্রিয়া

coagulate / kəʊˈægjuleɪt ক্যাউˈঅ্যাগিউলেইট্ / *verb* [I] (used about a liquid) to become thick and partly solid (কোনো তরল পদার্থ সম্বন্ধে ব্যবহৃত) অংশত ঘনীভূত হওয়া, জমাট বেঁধে যাওয়া অথবা তঞ্চিত হওয়া *The blood was starting to coagulate inside the cut.* ▶ **coagulation** / kəʊˌægjuˈleɪʃn ক্যাউˌঅ্যাগিউˈলেইশ্‌ন্ / *noun* [U] ঘনীভবন, তঞ্চন

coal / kəʊl ক্যাউল্ / *noun* **1** [U] a type of black mineral that is dug (**mined**) from the ground and burned to give heat কালো রঙের খনিজ পদার্থ যা মাটি খুঁড়ে তোলা হয় এবং উত্তাপের জন্য সেগুলি জ্বালানো হয়; কয়লা, অঙ্গার, আংরা *a lump of coal* ○ *a coal fire* **2** **coals** [*pl.*] burning pieces of coal জ্বলন্ত কয়লার টুকরো

coalesce / ˌkəʊəˈles ˌক্যাউঅ্যাˈলেস্ / *verb* [I] **coalesce (into/with sth)** (*formal*) to come together to form one larger group, substance, etc. একসঙ্গে সম্মিলিত হয়ে বৃহত্তর দল, বস্তু ইত্যাদি তৈরি করা ▶ **coalescence** *noun* [U] সংযোগ, সম্মিলন, সমাবেশ, সংশ্লেষ

coalface / ˈkəʊlfeɪs ˈক্যাউল্‌ফেইস্ / *noun* [C] the place deep inside a mine where the coal is cut out of the rock কয়লাখনির গভীরে যে স্থানে পাথর কেটে কয়লা বার করা হয়

coalition / ˌkəʊəˈlɪʃn ˌক্যাউঅ্যাˈলিশ্‌ন্ / *noun* [C, *with sing. or pl. verb*] a government formed by two or more political parties working together দুই বা একাধিক রাজনৈতিক দলের মিলনে গঠিত সরকার; জোট সরকার, সম্মিলিত সরকার *a coalition between the Congress and the Left parties*

coal mine (*also* **pit**) *noun* [C] a place, usually underground, where coal is dug from the ground কয়লাখনি, কয়লার খনিগহ্বর ➪ **colliery** দেখো।

coal miner (*also* **miner**) *noun* [C] a person whose job is to dig coal from the ground কয়লাখনির শ্রমিক

coarse / kɔːs কːস্ / *adj.* **1** consisting of large pieces; rough, not smooth গুটিসহ; অমসৃণ, কর্কশ, খসখসে *coarse salt* ○ *coarse cloth* ✪ বিপ **fine** **2** (used about a person or his/her behaviour) rude, likely to offend people; having bad manners (কোনো ব্যক্তি বা তার ব্যবহার সম্বন্ধে ব্যবহৃত) অমার্জিত, কোনো ব্যক্তিকে বিরক্ত করার মতো; অভদ্র, রুক্ষ, অশিষ্ট, রূঢ় ▶ **coarsely** *adv.* মোটা টুকরো করে; রুক্ষভাবে, কর্কশভাবে, অভব্যভাবে *Chop the onion coarsely* (= into pieces which are not too small). ○ *He laughed coarsely.*

coarsen / ˈkɔːsn ˈকːস্‌ন্ / *verb* [I, T] to become or to make sth coarse অমার্জিত হওয়া বা কোনো বস্তুকে রুক্ষ করে তোলা

coast[1] / kəʊst ক্যাউস্ট্ / *noun* [C] the area of land that is next to or close to the sea সমুদ্রতীর বা তীরবর্তী অঞ্চল; কূল, উপতট, বালুবেলা, উপকূল *After sailing for an hour we could finally see the coast.* ○ *Chennai is **on the east coast**.*

coast[2] / kəʊst ক্যাউস্ট্ / *verb* [I] **1** to travel in a car, on a bicycle, etc. (especially down a hill) without using power কোনো যান্ত্রিক শক্তি ব্যবহার না-করে গাড়ি, বাইসাইকেল ইত্যাদিতে করে (বিশেষত পাহাড়ের নীচু ঢালে) গড়িয়ে নেমে আসা **2** to achieve sth without much effort অনায়াসে কিছু লাভ করা, বিনা কষ্টে পাওয়া, অনায়াসে প্রাপ্ত বস্তু *They coasted to victory.*

coastal / ˈkəʊstl ˈক্যাউস্‌ট্‌ল্ / *adj.* on or near a coast সমুদ্রতীরবর্তী; উপকূলবর্তী, তটবর্তী *coastal areas* ➪ **erode**-এ ছবি দেখো।

coastguard / ˈkəʊstgɑːd ˈক্যাউস্ট্‌গাːড্ / *noun* [C] a person or group of people whose job is to watch the sea near the coast in order to help people or ships that are in danger or to stop illegal activities উপকূলবর্তী সমুদ্রে বেআইনি কার্যকলাপ বন্ধ করা এবং বিপদগ্রস্ত জাহাজ অথবা মানুষজনকে সহায়তা করা যে ব্যক্তি বা ব্যক্তিবর্গের কাজ; সমুদ্রতীরের নিরাপত্তার দায়িত্ববাহী কর্মী; উপকূলরক্ষী

coastline / ˈkəʊstlaɪn ˈক্যাউস্ট্‌লাইন্ / *noun* [C] the edge or shape of a coast তটরেখা *a rocky coastline*

coat[1] / kəʊt ক্যাউট্ / *noun* [C] **1** a piece of clothing that you wear over your other clothes to keep warm when you are outside বাইরে থাকাকালীন অবস্থায় ঠান্ডার থেকে নিজেকে রক্ষা করার জন্য অন্য পোশাকের উপর পরিধানযোগ্য বস্ত্র; কোট *Put your coat on—it's cold outside.* ➪ **overcoat** এবং **raincoat** দেখো। **2** a piece of clothing that covers the top part of your body and is worn as part of suit; **jacket 1** স্যুটের উপরের ভাগ যা শরীরের ঊর্ধ্বাঙ্গে পরা হয়; কোট **3** the fur or hair covering an animal's body পশুর গায়ের লোমাবৃত চামড়া; পশু শরীরের লোম *a dog with a smooth coat* **4** a layer of sth covering a surface (কোনো বস্তুর) পোঁচ, আস্তরণ, প্রলেপ *The walls will probably need two coats of paint.*

coat[2] / kəʊt ক্যাউট্ / *verb* [T] **coat sth (with/in sth)** to cover sth with a layer of sth কোনো বস্তুর উপরে প্রলেপ অথবা পোঁচ লাগিয়ে আচ্ছাদিত করা *biscuits coated with milk chocolate*

coat hanger = **hanger**

coating / ˈkəʊtɪŋ ˈক্যাউটিং / *noun* [C] a thin layer of sth that covers sth else আস্তরণ, পাতলা প্রলেপ, পোঁচ, আচ্ছাদন *wire with a plastic coating*

coat of arms (*pl.* **coats of arms**) (*also* **arms**) *noun* [C] a design that is used as the symbol of a family, a town, a university, etc. কোনো নকশা বা প্যাটার্ন যা পরিবার, শহর বা বিশ্ববিদ্যালয় ইত্যাদির প্রতীক বা চিহ্ন হিসেবে ব্যবহৃত হয়

coax / kəʊks ক্যাউক্স্ / *verb* [T] **coax sb (into/out of sth/doing sth); coax sth out of/from sb** to persuade sb gently কোনো ব্যক্তিকে তোষামোদ করা, ভোলানো, খোশামোদ করা *The child wasn't hungry, but his mother coaxed him into eating a little.* ○ *At last he coaxed a smile out of her.*

cobalt / ˈkəʊbɔːlt ˈক্যাউবːল্ট্/ *noun* [U] **1** (*symbol* **Co**) a hard silver-white metal that is often mixed with other metals and used to give a deep blue-green colour to glass একধরনের শক্ত রজত শুভ্র ধাতু যা অন্য ধাতুর সঙ্গে মিশ্রিত করে কাচে গাঢ় নীলচে সবুজ রং করতে ব্যবহার করা হয়; কোবাল্ট **2** (*also* **cobalt blue**) a deep blue-green colour গাঢ় নীলচে-সবুজ রং

cobble / ˈkɒbl ˈকব্‌ল্ / *verb*

PHR V **cobble sth together** to make sth or put sth together quickly and without much care যেমন-তেমন ভাবে কোনো কিছু জোড়া দেওয়া; জোড়াতালি অথবা তাপ্পি লাগানো

cobbler / ˈkɒblə(r) ˈকব্‌ল্যা(র্) / *noun* [C] (*old-fashioned*) a person who repairs shoes চর্মকার, মুচি, জুতো মেরামতকারী

cobbles / ˈkɒblz ˈকব্‌ল্‌জ্ / (**cobblestones** / ˈkɒblstəʊnz ˈকব্‌ল্‌স্ট্যাউন্‌জ্ /) *noun* [*pl.*] small rounded stones used (in the past) for covering the surface of streets (অতীতে) রাস্তা বাঁধানোর জন্য ব্যবহৃত ছোটো ছোটো গোলাকার পাথর ▶ **cobbled** *adj.* রাস্তা ইত্যাদি এইধরনের পাথর দিয়ে বাঁধানো বা আচ্ছাদিত

cobra / ˈkəʊbrə ˈক্যাউব্‌র্যা / *noun* [C] a poisonous snake that can spread out the skin at the back of its neck. Cobras live in Asia and Africa এশিয়া এবং আফ্রিকায় প্রাপ্ত মারাত্মক বিষধর সাপ যারা ফণা ধরতে পারে; গোখরো সাপ ➪ **reptile**-এ ছবি দেখো।

cobweb / ˈkɒbweb ˈকব্‌উএব্ / *noun* [C] a net of threads made by a spider in order to catch insects (পতঙ্গ ধরার জন্য) মাকড়সার জাল, লূতাতন্তু, ঊর্ণা ➪ **web** দেখো।

cocaine / kəʊˈkeɪn ক্যাউˈকেইন্ / (*informal* **coke**) *noun* [U] a dangerous drug that some people take for pleasure but which is **addictive** বিপজ্জনক মাদক দ্রব্য যা অনেকে সাময়িক উত্তেজনা বা আনন্দের জন্য গ্রহণ করে; কোকেন

coccyx / ˈkɒksɪks ˈকক্‌সিক্স্ / *noun* [C] the small bone at the bottom of the bones of your back (**spine**) মেরুদণ্ডের প্রান্তে অবস্থিত ছোটো হাড়; পুচ্ছাস্থি ➪ **body**-তে ছবি দেখো।

cochineal / ˌkɒtʃɪˈniːl ˌকচিˈনীল্ / *noun* [U] a bright red substance used to give colour to food খাদ্যদ্রব্যে রং দেওয়ার জন্য ব্যবহৃত একধরনের উজ্জ্বল লাল রঙের পদার্থবিশেষ

cochlea / ˈkɒkliə ˈকক্‌লিঅ্যা / *noun* [C] the part of the inside of your ear (**inner ear**), which is shaped like a shell and is very important for hearing ঝিনুকের আকারে কানের অভ্যন্তরীণ যে অংশটি শ্রবণশক্তির জন্য অত্যন্ত গুরুত্বপূর্ণ; কর্ণকম্বু

cock[1] / kɒk কক্ / *noun* [C] **1** (*AmE* **rooster**) an adult male chicken (পরিণত) মোরগ, কুক্কুট ➪ **chicken**-এ নোট দেখো। **2** an adult male bird of any type যে-কোনো ধরনের পরিণত পুরুষ পাখি

cock[2] / kɒk কক্ / *verb* [T] to hold up a part of the body শরীরের যে-কোনো অংশ খাড়া করা *The horse cocked its ears on hearing the noise.*

PHR V **cock sth up** (*slang*) to do sth very badly (অপপ্রয়োগ) কোনো কাজ খারাপ করে দেওয়া, গুবলেট করা ➪ **cock-up** দেখো।

cock-a-doodle-doo / ˌkɒk ə ˌduːdl ˈduː ˌকক্ অ্যা ˈডুড্‌ল্ ˈডু / *noun* [*sing.*] the noise made by an adult male chicken (**cock**) মোরগের ডাক, কুঁকুড়-কুঁ

cockatoo / ˌkɒkəˈtuː ˌকক্যাˈটু / *noun* [C] (*pl.* **cockatoos**) a large brightly coloured bird with a lot of feathers standing up on top of its head উজ্জ্বল রঙের ঝুঁটিওয়ালা বড়ো পাখি; কাকাতুয়া

cockerel / ˈkɒkərəl ˈকক্যার‍্যাল্ / *noun* [C] a young male chicken বাচ্চা মোরগ

cockle / ˈkɒkl ˈকক্‌ল্ / *noun* [C] a small **shellfish** that can be eaten ছোটো শামুক অথবা শুক্তি যা খাওয়া যায়

cockpit / ˈkɒkpɪt ˈকক্‌পিট্ / *noun* [C] **1** the part of a plane where the pilot sits বিমানচালকের কক্ষ; ককপিট **2** the part of a racing car where the driver sits রেসিং কারে চালকের আসন

cockroach / ˈkɒkrəʊtʃ ˈকক্‌র‍্যাউচ্ / (*AmE* **roach**) *noun* [C] a large dark brown insect, usually found in dirty or slightly wet places (সাধারণত নোংরা, ভিজে জায়গায় পাওয়া যায়) আরশোলা, ত্যালাপোকা ➪ **insect**-এ ছবি দেখো।

cocktail / ˈkɒkteɪl ˈকক্‌টেইল্ / *noun* [C] **1** a drink made from a mixture of alcoholic drinks and fruit juices নানারকম মদ্য ও ফলের রসের মিশ্রিত পানীয়; ককটেল *a cocktail bar/party* **2** a mixture of small pieces of food that is served cold নানা রকমের খাদ্যবস্তুর অংশবিশেষ দ্বারা মিশ্রিত খাদ্য যা ঠান্ডা পরিবেশন করা হয় *a prawn cocktail* **3** a mixture of different substances, usually ones that do not mix together well সাধারণত মেশে না এমন বিভিন্ন জিনিসের মিশ্রণ *a lethal cocktail of drugs*

cock-up *noun* [C] (*slang*) something that was badly done; a mistake that spoils sth (অপপ্রয়োগ) খারাপভাবে করা কোনো কাজ; যে ভুল কোনো কাজ নষ্ট করে দেয়, গুবলেট ➪ **cock**[2] দেখো।

cocoa / ˈkəʊkəʊ ˈক্যাউক্যাউ / *noun* **1** [U] a dark brown powder made from the seeds of a tropical tree and used in making chocolate (গ্রীষ্মপ্রধান দেশে) কোকো গাছের বীজের গাঢ় বাদামি রঙের গুঁড়ো যা দিয়ে চকোলেট তৈরি হয়; কোকো পাউডার **2** [C, U] a hot drink made from this powder mixed with milk or water; a cup of this drink দুধে বা জলে কোকো পাউডার মিশিয়ে তৈরি গরম পানীয়; এক পেয়ালা কোকো *a cup of cocoa*

coconut / ˈkəʊkənʌt ˈক্যাউক্যানাট্ / *noun* [C, U] a large tropical fruit with a hard, hairy shell (গ্রীষ্মপ্রধান দেশের ফল) নারকেল

cocoon / kəˈkuːn ক্যাˈকুন্ / *noun* [C] a covering of thin threads that some insects make to protect themselves before becoming adults বয়ঃপ্রাপ্তির আগে নিজেদের সুরক্ষার জন্য কোনো কোনো পোকা সরু রেশমের যে আবরণ তৈরি করে ➪ **chrysalis** দেখো।

cod / kɒd কড্ / *noun* [C, U] (*pl.* **cod**) a large sea fish that lives in the North Atlantic and that you can eat উত্তর আটলান্টিক সমুদ্রে প্রাপ্ত বৃহদাকার মাছ যা খাওয়া যায়; কড

code[1] / kəʊd ক্যাউড্ / *noun* **1** [C, U] a system of words, letters, numbers, etc. that are used instead of the real letters or words to make a message or information secret কোনো বার্তা অথবা তথ্যকে গোপন রাখার জন্য শব্দ, বর্ণ, সংখ্যা ইত্যাদির দ্বারা তৈরি পদ্ধতি যা প্রকৃত অক্ষর অথবা শব্দের পরিবর্তে ব্যবহৃত হয়; সংকেতলিপি, গূঢ়লেখ *They managed to break/crack the enemy code* (= find out what it means). ○ *They wrote letters to each other* ***in code***. ➪ **decode** দেখো। **2** [C] a group of numbers, letters, etc. that is used for identifying sth কোনো কিছু চিহ্নিত করার জন্য ব্যবহৃত সংখ্যা বা বর্ণের সমষ্টি; প্রতীক নিশানা *What's the code* (= the telephone number) *for Agartala?* ➪ **bar code** দেখো। **3** [C] a set of rules for behaviour আচরণের বিধিবন্ধ নিয়মকানুন; আচরণবিধি, ব্যবহারবিধি *a code of practice* (= a set of standards agreed and accepted by a particular profession) **4** [U] (*computing*) instructions used to form computer programs কম্পিউটারে প্রোগ্রাম বানানোর নির্দেশাবলী *segments of code*

code[2] / kəʊd ক্যাউড্ / *verb* [T] **1** (*also* **encode**) to put or write sth in **code[1] 1** সাংকেতিক ভাষায় লেখা অথবা বলা *coded messages* ✪ বিপ **decode** **2** to use a particular system for identifying things চিহ্নিত করার জন্য বিশেষ পদ্ধতির অনুসরণ করা *The files are colour-coded: blue for Asia, green for Africa.* **3** (*computing*) to write a computer program by putting one system of numbers, words and symbols into another system একটি পদ্ধতির সংখ্যা, শব্দ এবং চিহ্ন অন্য একটি পদ্ধতিতে ব্যবহার করে কম্পিউটার প্রোগ্রাম বানানো

codeine / ˈkəʊdiːn ˈক্যাউডীন্ / *noun* [U] a drug that is used to reduce pain ব্যথানিবারক ওষুধে ব্যবহৃত একপ্রকার ভেষজ

codify / ˈkəʊdɪfaɪ ˈক্যাউডিফাই / *verb* [T] (*pres. part.* **codifying**; *3rd person sing. pres.* **codifies;** *pt, pp* **codified**) (*technical*) to arrange laws, rules, etc. into a system আইন, নিয়ম, নীতি বিধিবন্ধ করা অথবা সংকলন করা ▶ **codification** / ˌkəʊdɪfɪˈkeɪʃn ˌক্যাউডিফিˈকেইশ্ন্ / *noun* [U] সংকেত বা নিশানাযুক্ত করার কাজ; কোডযুক্তকরণ

co-educational (*abbr.* **coed**) *adj.* (used about an educational institution) with both boys and girls together in the same classes (শিক্ষাপ্রতিষ্ঠান সম্বন্ধে ব্যবহৃত) ছেলে এবং মেয়েদের একসঙ্গে পড়ার ব্যবস্থা; সহশিক্ষা ব্যবস্থা ✪ সম **mixed** ▶ **co-education** *noun* [U] সহশিক্ষণ, সহশিক্ষা

coefficient / ˌkəʊɪˈfɪʃnt ˌক্যাউইˈফিশ্ন্ট্ / *noun* [C] **1** (*mathematics*) a number which is placed before another quantity and which multiplies it, for example 3 in the quantity 3x (গণিত) রাশির পূর্বে স্থাপিত গুণক, গুণাঙ্ক বা সহগ, যেমন ৩x-এর ক্ষেত্রে ৩ **2** (*technical*) a number that measures a particular characteristic of a substance গুণপরিমাপক গুণিতক *the coefficient of friction/expansion*

coerce / kəʊˈɜːs ক্যাউˈঅ্যস্ / *verb* [T] (*formal*) **coerce sb** (**into sth/doing sth**) to force sb to do sth, for example by threatening him/her ভীতিপ্রদর্শন করে অথবা হুমকি দিয়ে বলপূর্বক কোনো ব্যক্তিকে কোনো কাজ করতে বলা ▶ **coercion** / kəʊˈɜːʃn ক্যাউˈঅ্যশন্ / *noun* [U] জবরদস্তি, বলপ্রয়োগ, জুলুম

coexist / ˌkəʊɪgˈzɪst ˌক্যাউইগ্ˈজিস্ট্ / *verb* [I] to live or be together at the same time or in the same place as sb/sth একই সময়ে বা একই স্থানে একত্রে বাস করা অথবা সহাবস্থান করা ▶ **coexistence** *noun* [U] সহাবস্থান

coffee / ˈkɒfi ˈকফি / *noun* **1** [U] the cooked seeds (**coffee beans**) of a tropical tree, made into powder and used for making a drink ক্রান্তীয় অঞ্চলে জাত গাছ থেকে প্রাপ্ত কফিবীজ যা সেঁকে নিয়ে এবং চূর্ণ করে পানযোগ্য কফি তৈরিতে ব্যবহৃত হয় *Coffee is the country's biggest export.* ○ *decaffeinated/instant coffee* **2** [U] a drink made by adding hot water to this powder কফি (পানীয়) *Would you prefer tea or coffee?* ○ *a cup of coffee* **3** [C] a cup of this drink এক পেয়ালা কফি *Two coffees please.*

NOTE দুধ ছাড়া কালো কফিকে **black coffee** বলা হয়। কফিতে দুধ মেশালে তাকে বলা হয় **white coffee**। ক্যাফেন ছাড়া কফি হল **decaffeinated coffee**। কফি **weak** অথবা **strong** দুইভাবেই প্রস্তুত করা যেতে পারে। **instant coffee** বাজারে কিনতে পাওয়া যায়। এর সাথে গরম জল অথবা দুধ মেশালেই **coffee** তৈরি। **Real coffee** সদ্য গুঁড়োনো কফিবীজ থেকে কফিপটে বানানো হয়।

coffee bar (*also* **coffee shop**) noun [C] a place in a hotel, a large shop, etc., where simple food, coffee, tea and other drinks without alcohol are served বড়ো দোকান, হোটেল ইত্যাদির এমন স্থান যেখানে সাধারণ খাবার, কফি, চা এবং অন্যান্য পানীয় (মদ্য জাতীয় নয়) পরিবেশিত হয়

coffee pot noun [C] a container in which coffee is made and served কফি তৈরি এবং পরিবেশন করার জন্য ব্যবহৃত পাত্রবিশেষ; কফিপট

coffee table noun [C] a small low table for putting magazines, cups, etc., on ম্যাগাজিন, চা বা কফির কাপ ইত্যাদি রাখার জন্য ব্যবহৃত ছোটো নীচু টেবিল

coffin / ˈkɒfɪn ˈকফিন্ / (*AmE* **casket**) noun [C] a box in which a dead body is buried or burned (**cremated**) শবাধার; কফিন ➪ **funeral**-এ নোট দেখো।

cog / kɒg কগ্ / noun [C] one of a series of teeth on the edge of a wheel that fit into the teeth on the next wheel and cause it to move একটি চাকার প্রান্তদেশের দাঁতের সারি যা পরবর্তী চাকার দাঁতের মধ্যে খাপ খেয়ে যায় এবং তখন গাড়ি চলে; চাকার দাঁত, চক্রদন্ত

cogent / ˈkəʊdʒənt ˈক্যাউজ্যান্ট্ / adj. (formal) strongly and clearly expressed in a way that influences what people believe প্রবল, দৃঢ় এবং প্রতীতিজনক উক্তি যা লোকের বিশ্বাসে প্রভাব ফেলে;অকাট্য যুক্তি a cogent argument/reason

cognac / ˈkɒnjæk ˈকন্ইঅ্যাক্ / noun 1 [U] a type of brandy that is made in France এক বিশেষ ধরনের ফরাসী ব্র্যান্ডি; কনিয়াক 2 [C] a glass of this drink এক গ্লাস এই পানীয়

cognition / kɒgˈnɪʃn কগ্ˈনিশ্ন্ / noun [U] the process by which knowledge and understanding is developed in the mind বুদ্ধিবৃত্তি এবং জ্ঞানের বিকাশের প্রক্রিয়া; জ্ঞানের চেতনা, অবগতি

cognitive / ˈkɒgnətɪv ˈকগ্ন্যাটিভ্ / adj. (usually before a noun) connected with the processes of understanding জ্ঞান সম্পর্কিত, বোধগম্য হওয়ার পদ্ধতির সঙ্গে সম্পর্কিত; জ্ঞান বিষয়ক, জ্ঞানাত্মক cognitive abilities

cohabit / kəʊˈhæbɪt ক্যাউˈহ্যাবিট্ / verb [I] (formal) (used about a couple) to live together as if they are married (কোনো অবিবাহিত দম্পতির সম্বন্ধে ব্যবহৃত) স্বামী-স্ত্রীর মতো একসঙ্গে বাস করা, একত্রে বাস করা, সহবাস করা

coherent / kəʊˈhɪərənt ক্যাউˈহিঅ্যার‍্যান্ট্ / *adj.* **1** (ideas, thoughts, etc.) clear and easy to understand; logical (ভাবধারা, চিন্তাভাবনা ইত্যাদি) সুস্পষ্ট এবং সহজবোধ্য; যুক্তিসংগত **2** (of a person) able to talk and express clearly (কোনো ব্যক্তি সম্বন্ধে ব্যবহৃত) সুস্পষ্টভাবে অভিব্যক্তি প্রকাশে সক্ষম ✪ বিপ **incoherent**
▶ **coherence** *noun* [U] স্পষ্টতা এবং সহজবোধ্যতা
▶ **coherently** *adv.* স্পষ্টভাবে, সহজবোধ্যভাবে

cohesion / kəʊˈhiːʒn ক্যাউˈহীজ়্ন্ / *noun* [U] **1** the ability to stay or fit together well সংযুক্ত থাকার প্রবণতা, সংলগ্ন থাকার ক্ষমতা সংসক্তি, সংলগ্নতা *What the team lacks is cohesion—all the players play as individuals.* **2** (*physics* or *chemistry*) the force causing molecules of a substance to stick together (পদার্থবিদ্যা অথবা রসায়নশাস্ত্র) যে শক্তিবলে পদার্থের অণুসকল পরস্পর আসঞ্জিত থাকে

coil¹ / kɔɪl কইল্ / *verb* [I, T] to make sth into a round shape কোনো কিছুকে কুণ্ডলী পাকানো *a snake coiled under a rock*

coil² / kɔɪl কইল্ / *noun* [C] a length of rope, wire, etc. that has been made into a round shape কুণ্ডলী পাকানো কিছুটা লম্বা দড়ি, তার ইত্যাদি *a coil of rope*

coin¹ / kɔɪn কইন্ / *noun* [C] a piece of money made of metal ধাতুমুদ্রা *a five-rupee coin*

coin² / kɔɪn কইন্ / *verb* [T] to invent a new word or phrase নতুন শব্দ অথবা বাক্যাংশ সৃষ্টি করা; শব্দের উদ্ভাবন করা *Who was it who coined the phrase 'a week is a long time in politics'?*

coinage / ˈkɔɪnɪdʒ ˈকইনিজ্ / *noun* [U] the system of coins used in a country কোনো দেশের প্রচলিত মুদ্রাব্যবস্থা *decimal coinage*

coincide / ˌkəʊɪnˈsaɪd ˌক্যাউইন্ˈসাইড্ / *verb* [I] **coincide (with sth) 1** (used about events) to happen at the same time as sth else (একাধিক ঘটনা সম্বন্ধে ব্যবহৃত) আশ্চর্যজনকভাবে অন্য কোনো ঘটনার সঙ্গে একই সময়ে ঘটা *The President's visit is timed to coincide with the institution's centenary celebrations.* **2** to be exactly the same or very similar একেবারে একইরকম অথবা অনেকটা একরকম হওয়া *Our views coincide completely.* **3** (of objects) to share the same space একই স্থানে দুটি বস্তু থাকা

coincidence / kəʊˌɪnsɪdəns ক্যাউˌইন্সিড্যান্স্ / *noun* [C, U] two or more similar things happening at the same time by chance, in a surprising way আকস্মিকভাবে দুই বা ততোধিক ঘটনার সমস্থানিকতা বা সমকালীনতা, কাকতালীয় যোগাযোগ *We hadn't planned to meet, it was just coincidence.*

coincidental / kəʊˈɪnsɪˈdentl ক্যাউˌইন্সিˈডেন্ট্ল্ / *adj.* resulting from two similar or related events happening at the same time by chance অকস্মাৎ দুটি পরস্পর সদৃশ অথবা সম্পর্কিত ঘটনা একই সময়ে ঘটে যাওয়ার পরিণামস্বরূপ ▶ **coincidentally** *adv.* ঘটনাচক্রে, কাকতালীয়ভাবে

coir / ˈkɔɪə(r) ˈকইঅ্যা(র্) / *noun* [U] coarse fibre derived from the outer husk of the coconut, used for making ropes, mats, mattresses etc. নারকেলের ছোবড়া যা দিয়ে দড়ি, মাদুর বা বিছানার গদি ইত্যাদি তৈরি করা হয়

coke / kəʊk ক্যাউক্ / *noun* [U] **1** a solid black substance produced from coal and used as a fuel কয়লা থেকে প্রাপ্ত কালো কঠিন পদার্থ যা জ্বালানি হিসেবে ব্যবহৃত হয়; অঙ্গারায়িত কয়লা **2** = **cocaine**

Col. *abbr.* Colonel কর্ণেল

col / kɒl কল্‌ / *noun* [C] a low point between two higher points in a line or group of mountains পর্বতমালা অথবা পর্বতসমষ্টির উঁচু দুই শিখরের মধ্যবর্তী নীচু স্থান ; গিরিসংকট, পাহাড়ের পাস বা সংকীর্ণ পথ

cola / ˈkəʊlə ˈক্যাউল্যা / *noun* [C, U] a brown, sweet cold drink that does not contain alcohol; a glass or can of this অ্যালকোহলহীন বাদামি, মিষ্টি, ঠান্ডা পানীয়; এই পানীয়ের এক গ্লাস বা একটি ক্যান

colander / ˈkʌləndə(r) ˈকাল্যান্ড্যা(র্) / *noun* [C] a metal or plastic bowl with a lot of small holes in it that is used for removing water from food that has been boiled or washed (ধাতু অথবা প্লাস্টিকের) অসংখ্য ছিদ্রযুক্ত বাটি যা সিদ্ধ করা হয়েছে বা ধোয়া হয়েছে এমন খাদ্যবস্তু থেকে জল ঝরানোর কাজে ব্যবহৃত হয়; ঝাঁঝরি, বড়ো ছাঁকনি ➪ **kitchen**-এ ছবি দেখো।

cold[1] / kəʊld ক্যাউল্ড্ / *adj.* **1** having a low temperature; not hot or warm ঠান্ডা, শীতল, হিম, শীতার্ত; নিরুত্তাপ *I'm not going into the sea, the water's too cold.* ○ *Shall I put the heating on? I'm cold.*

> **NOTE** **Cold, hot, cool** এবং **warm** শব্দগুলির মধ্যে তুলনা করো। **Cool**-এর থেকে আরও বেশি নিম্ন তাপমাত্রা এবং অপ্রীতিকর ঠান্ডা আবহাওয়া বোঝাতে **cold** শব্দটি ব্যবহৃত হয়—*a terribly cold winter.* Fairly cold অথবা মনোরম এবং আরামদায়ক ঠান্ডা বোঝাতে **cool** শব্দটির প্রয়োগ করা হয়—*It's terribly hot outside but it's nice and cool in here.* তেমনই **warm**-এর থেকে আরও উচ্চ তাপমাত্রা এবং কষ্টদায়ক গরম বোঝাতে **hot** শব্দটির ব্যবহার করা হয়—*I can't drink this yet, it's too hot.* Fairly hot অথবা যথেষ্ট গরম হলেও মনোরম গরম আবহাওয়া বোঝাতে **warm** শব্দটির প্রয়োগ করা হয়—*Come and sit by the fire, you'll soon get warm again.*

2 (used about food or drink) not heated or cooked; having become cold after being heated or cooked (খাদ্য বা পানীয় সম্বন্ধে ব্যবহৃত) গরম করা হয়নি অথবা রান্না করা হয়নি বা কাঁচা; গরম করার পরে অথবা রান্না করার পরে ঠান্ডা হয়ে গেছে এমন *Have your soup before it gets cold.* ○ *a cold drink* **3** (used about a person or sb's behaviour) very unfriendly; not showing kindness, understanding, etc. (কোনো ব্যক্তি বা কোনো ব্যক্তির ব্যবহার সম্বন্ধে ব্যবহৃত) সৌহার্দ্যবর্জিত; সহানুভূতিশূন্য, উষ্মতাহীন, বোঝাপড়াবিহীন, উদ্যমহীন *She gave him a cold, hard look.*

IDM **cold turkey** suddenly and completely, without getting used to sth gradually আকস্মিকভাবে এবং সম্পূর্ণভাবে (ধীরে ধীরে অভ্যাস বদল নয়) *I gave up smoking cold turkey.*

get/have cold feet (*informal*) to become/be afraid to do sth কোনো কাজ করতে ভয় পাওয়া বা ভীত হওয়া *She started to get cold feet as her wedding day approached.*

in cold blood in a cruel way and without pity নিষ্ঠুরভাবে, ঠান্ডা মাথায়, সহানুভূতিহীনভাবে, নির্মমভাবে *to kill sb in cold blood*

cold[2] / kəʊld ক্যাউল্ড্ / *noun* **1** [*sing.*, U] lack of heat; low temperature; cold weather নিরুত্তাপ, উষ্মতাহীন; নিম্ন তাপমাত্রা; ঠান্ডা অথবা শীতল আবহাওয়া *We walked home in the snow, shivering with cold.* ○ *Come on, let's get out of the cold and go indoors.* **2** [C, U] a common illness of the nose and throat. When you have a cold you have a sore throat and often cannot breathe through your nose (নাক এবং গলার সাধারণ অসুস্থতা) সর্দি, সর্দিকাশি, ঠান্ডা লাগা, গলায় ব্যথা এবং নাক বন্ধ হয়ে যায় এমন *I think I'm getting a cold.* ○ *Wear some warm clothes when you go out or you'll* ***catch cold***.

cold-blooded *adj.* **1** having a blood temperature that changes with the temperature of the surroundings চারিপাশের তাপমাত্রার সঙ্গে রক্তের তাপমাত্রা পরিবর্তিত হয় এমন; শীতল রক্তবিশিষ্ট, অনুষ্ণশোণিত *Reptiles are cold-blooded.* ✪ বিপ **warm-blooded** **2** cruel; having or showing no pity দয়ামায়াহীন, হৃদয়হীন, নিষ্ঠুর; নির্দয়ভাবে, সহানুভূতিশূন্য *cold-blooded killers*

cold cash (*AmE*) = **hard cash**

cold-hearted *adj.* unkind; showing no kindness, understanding, etc. নির্দয়; সহানুভূতিশূন্য, নিরুত্তাপ, আন্তরিকতাহীন

coldly / ˈkəʊldli ˈক্যাউল্ড্লি / *adv.* in an unfriendly way; in a way that shows no kindness or understanding সৌহার্দ্যবর্জিতভাবে; হৃদয়হীনভাবে, নির্দয় এবং সহানুভূতিশূন্যভাবে

coldness / ˈkəʊldnəs ˈক্যাউল্ড্ন্যাস্ / *noun* [U] the lack of warm feelings; unfriendly behaviour নিরুত্তাপ, আবেগহীন ব্যবহার; সৌহার্দ্যবর্জিত ব্যবহার

cold snap *noun* [C] a sudden short period of very cold weather ক্ষণস্থায়ী আকস্মিক শৈত্যপ্রবাহ অথবা ঠান্ডা আবহাওয়া

cold sore *noun* [C] a small painful area on the lips or inside the mouth that is caused by a **virus** ঠোঁটের উপর অথবা মুখের ভিতরে ভাইরাসঘটিত ছোটো যন্ত্রণাদায়ক অংশ

cold storage *noun* [U] a place where food, etc. can be kept fresh or frozen until it is needed; the keeping of sth in a place like this যে স্থানে খুব কম তাপমাত্রায় খাদ্য ইত্যাদি যতদিন না দরকার হয় ততদিন পর্যন্ত তাজা অবস্থায় সঞ্চয় করা যায়; হিমঘর; এইরকম স্থানে খাদ্য সংরক্ষণ *to keep potatoes* ***in cold storage***

colic / ˈkɒlɪk ˈকলিক্ / *noun* [U] pain in the stomach area, which especially babies get পেটে ব্যথা, অন্ত্রশূল, উদরশূল (যা বিশেষত বাচ্চাদের হয়)

collaborate / kəˈlæbəreɪt ক্যাˈল্যাব্যারেইট্ / *verb* [I] **1 collaborate (with sb) (on sth)** to work together (with sb), especially to create or produce sth কোনো ব্যক্তির সঙ্গে একযোগে অথবা একসঙ্গে কাজ করা (বিশেষত কোনো কিছু উৎপন্ন বা সৃষ্টি করার উদ্দেশ্যে) *She collaborated with another author on the book.* **2 collaborate (with sb)** to help the enemy forces who have taken control of your country যে শত্রুপক্ষ স্বদেশের উপর নিয়ন্ত্রণ জারি করেছে তার সঙ্গে সহযোগিতা অথবা সহায়তা করা **NOTE** এই শব্দটির দ্বারা প্রতিকূল ধারণা অথবা সমালোচনা ব্যক্ত করা হয়। ▶ **collaboration** / kəˌlæbəˈreɪʃn ˌক্যাˈল্যাব্যা-ˈরেইশ্ন্ / *noun* [U, C] সহযোগ, সহযোগিতা ▶ **collaborator** *noun* [C] সহকর্মী, সাহায্যকারী, সহকারী

collage / ˈkɒlɑːʒ ˈকলাːজ্ / *noun* [C, U] a picture made by fixing pieces of paper, cloth, photographs, etc. onto a surface; the art of making a picture like this কোনো কিছুর পৃষ্ঠতলে টুকরো টুকরো কাগজ, কাপড়, ফোটো ইত্যাদি আটকে তৈরি করা কোনো ছবি; কোলাজ; এইধরনের ছবি তৈরির শৈলী

collagen / ˈkɒlədʒən ˈকল্যাজ্যান্ / *noun* [U] the main substance (**protein**) found in the parts of an animal's body that connect the organs and give them support জীবদেহের প্রধান অথবা মূল পদার্থ (প্রোটিন) যা শরীরের বিভিন্ন অঙ্গকে সম্বন্ধযুক্ত করে এবং অবলম্বন জোগায়; কোলাজেন

collapse[1] / kəˈlæps ক্যাˈল্যাপ্স্ / *verb* **1** [I] to fall down or break into pieces suddenly হঠাৎ ধসে যাওয়া অথবা টুকরো টুকরো হয়ে ভেঙে যাওয়া *A lot of buildings collapsed in the earthquake.* **2** [I] (used about a person) to fall down, usually because you are very ill, and perhaps become unconscious (কোনো ব্যক্তি সম্বন্ধে ব্যবহৃত) অসুস্থতার কারণে অথবা জ্ঞান হারিয়ে পড়ে যাওয়া *The winner collapsed at the end of the race.* **3** [I] (used about a business, plan, etc.) to fail suddenly or completely (কোনো ব্যাবসা বা পরিকল্পনা ইত্যাদি সম্বন্ধে ব্যবহৃত) হঠাৎ এবং সম্পূর্ণভাবে ব্যর্থ হওয়া, পতন ঘটা, অবসান হওয়া অথবা বিলুপ্তি ঘটা *The company collapsed, leaving hundreds of people out of work.* **4** [I, T] to fold sth or be folded into a shape that uses less space কোনো বস্তুকে গুটিয়ে ভাঁজ করে রাখা

collapse[2] / kəˈlæps ক্যাˈল্যাপ্স্ / *noun* **1** [C, U] the sudden or complete failure of sth, such as a business, plan, etc. কোনো ব্যাবসা, পরিকল্পনা ইত্যাদির ব্যর্থতা, অবসান, পতন অথবা বিলুপ্তি *The peace talks were on the brink/verge of collapse.* **2** [*sing.*, U] (used about a building) a sudden fall (কোনো বাড়ি সম্বন্ধে ব্যবহৃত) হঠাৎ পতন বা ভাঙন *the collapse of the highway bridge* **3** [*sing.*,U] (used about a person) a medical condition when a person becomes very ill and suddenly falls down (কোনো ব্যক্তি সম্বন্ধে ব্যবহৃত) দৈহিক বৈকল্য যাতে মানুষ অসুস্থ হয়ে পড়ে এবং হঠাৎ পড়ে যায়

collapsible / kəˈlæpsəbl ক্যাˈল্যাপ্স্যাব্ল্ / *adj.* that can be folded into a shape that makes sth easy to store ভাঁজ করে অথবা গুটিয়ে রাখা যায় এমন; সংকোচনযোগ্য; কোলাপসিবল *a collapsible bed*

collar[1] / ˈkɒlə(r) ˈকল্যা(র্) / *noun* [C] **1** the part of a shirt, coat, dress, etc. that fits round the neck and is often folded over শার্ট, কোট অথবা জামা ইত্যাদির যে অংশ গলা ঘিরে থাকে; গলাবন্ধ; কলার *a coat with a fur collar* ➪ **dog collar, blue-collar** এবং **white-collar** দেখো। **2** a band of leather that is put round an animal's neck (especially a dog or cat) (বিশেষত কুকুর বা বেড়ালের) গলায় লাগানো চামড়ার বন্ধনী; বকলস

collar[2] / ˈkɒlə(r) ˈকল্যা(র্) / *verb* [T] (*informal*) to catch hold of sb who does not want to be caught ধরা দিতে চায় না এমন ব্যক্তিকে ধরে ফেলা

collarbone / ˈkɒləbəʊn ˈকল্যাব্যাউন্ / (*formal* **clavicle**) *noun* [C] one of the two bones that connect your chest bones to your shoulder বক্ষস্থলের হাতের সঙ্গে কাঁধের হাড় সংযুক্ত করে যে দুটি হাড় তার একটি; কণ্ঠা, কণ্ঠাস্থি, অক্ষকাস্থি; কলারবোন ➪ **body**-তে ছবি দেখো।

collate / kəˈleɪt ক্যাˈলেইট্ / *verb* [T] **1** to collect information from different places in order to put it together, examine and compare it একত্রিত করা এবং গভীর অনুসন্ধান ও তুলনা করার জন্য নানা জায়গা থেকে তথ্য সংগ্রহ করা *to collate data/information/figures* **2** to collect pieces of paper or pages from a book and arrange them in the correct order বই প্রভৃতির পাতা ইত্যাদি সংগ্রহ করে ক্রমানুসারে সাজানো ▶ **collation** *noun* [U] সংগ্রহ করা তথ্যের অনুসন্ধান, তুলনা এবং মেলানো *the collation of data*

collateral[1] / kəˈlætərəl ক্যাˈল্যাট্যার‍্যাল্ / *noun* [U] property or sth valuable that you agree to give to sb if you cannot pay back money that you have borrowed অর্থ দ্বারা ঋণ শোধ করতে অক্ষম হলে যে সম্পত্তি বা কোনো মূল্যবান বস্তু দিয়ে দেওয়ার জন্য রাজি হতে হয়

collateral[2] / kəˈlætərəl ক্যাˈল্যাট্যার‍্যাল্ / *adj.* (*formal*) connected with sth else, but in addition to it and less important অন্য কিছুর সঙ্গে যুক্ত কিন্তু অপ্রধান; আনুষঙ্গিক, পরোক্ষভাবে প্রাসঙ্গিক

colleague / ˈkɒliːg ˈকলীগ্ / *noun* [C] a person who works at the same place as you সহকর্মী; কলিগ

collect¹ / kəˈlekt ক্যাˈলেক্ট্ / *verb* **1** [T] to bring a number of things together সংগ্রহ করা, সমাবেশ ঘটানো, একত্রিত করা *All the exam papers will be collected at the end.* **2** [T] to get and keep together a number of objects of a particular type over a period of time as a hobby অনেকদিন ধরে শখের সামগ্রী সংগ্রহ করা এবং জমানো *He used to collect stamps.* **3** [I, T] to ask for money from a number of people অনেকের কাছে অর্থ চাওয়া অথবা আদায় করা *to collect for charity* ○ *The landlord collects the rent at the end of each month.* **4** [I] to come together একত্রিত হওয়া, সমবেত অথবা সমাবিষ্ট হওয়া *A crowd collected to see what was going on.* ✪ সম **gather** **5** [T] to go and get sb/sth from a particular place; to pick sb/sth up কোনো বিশেষ স্থান থেকে কোনো ব্যক্তি অথবা বস্তুকে আনা; কোনো ব্যক্তি অথবা বস্তুকে নিয়ে আসা *to collect the children from school* **6** [T] **collect yourself/sth** to get control of yourself, your feelings, thoughts, etc. নিজেকে এবং নিজের ভাবাবেগ ও চিন্তাধারা ইত্যাদি নিয়ন্ত্রণে রাখা; সংযত, আত্মসংবৃত অথবা স্থিরচিত্ত হওয়া *She collected herself and went back into the room as if nothing had happened.* ○ *I tried to **collect my thoughts** before the exam.*

collect² / kəˈlekt ক্যাˈলেক্ট্ / *adj., adv. (AmE)* (used about a telephone call) to be paid for by the person who receives the call (টেলিফোন কল সম্বন্ধে ব্যবহৃত) টেলিফোন কল গ্রহীতা যে কলের অর্থ প্রদান করে *a collect call* ○ *She called me collect.*

collected / kəˈlektɪd ক্যাˈলেক্টিড্ / *adj.* calm and in control of yourself, your feelings, thoughts, etc. প্রকৃতিস্থ, শান্ত, আত্মসংবৃত, স্থিরচিত্ত *She felt cool, calm and collected before the interview.*

collection / kəˈlekʃn ক্যাˈলেক্শ্ন্ / *noun* **1** [C] a group of objects of a particular type that sb has collected as a hobby কোনো ব্যক্তি কর্তৃক সংগৃহীত নির্দিষ্ট ধরনের শৌখিন বস্তুসমূহের সংগ্রহ *a stamp collection* **2** [C, U] the act of getting sth from a place or from people লোকের কাছ থেকে বা কোনো স্থান থেকে কোনো কিছু সংগ্রহ করার ক্রিয়া *cash collections for the show* **3** [C] a group of people or things বস্তু অথবা ব্যক্তির সমষ্টি; দল, গুচ্ছ অথবা সঞ্চয় *a large collection of papers on the desk* **4** [C] a number of poems, stories, letters, etc. published together in one book পুস্তকাকারে প্রকাশিত কবিতা, গল্প বা চিঠিপত্র ইত্যাদির সংগ্রহ *a collection of modern poetry* **5** [C] the act of asking for money from a number of people (for charity, in church, etc.) জনগণের কাছ থেকে (দাতব্য, গির্জায় দান ইত্যাদির জন্য) অর্থ সংগ্রহ *a collection for the poor* **6** [C] a variety of new clothes or items for the home that are specially designed and sold at a particular time বিশেষ ধরনের নকশা-সম্বলিত বিচিত্র বস্ত্রসম্ভার বা গৃহসামগ্রী যা নির্দিষ্ট সময়ে বিক্রি করা হয় *Ritu Beri's stunning new autumn collection*

collective¹ / kəˈlektɪv ক্যাˈলেক্টিভ্ / *adj.* shared by a group of people together; not individual যৌথ, সামূহিক, সমষ্টিগত; ব্যক্তিগত নয় *collective responsibility* ▶ **collectively** *adv.* যৌথভাবে, সমষ্টিগতভাবে *We took the decision collectively at a meeting.*

collective² / kəˈlektɪv ক্যাˈলেক্টিভ্ / *noun* [C, *with sing. or pl. verb*] an organization or business that is owned and controlled by the people who work in it কোনো প্রতিষ্ঠান বা ব্যাবসা যার মালিকানা এবং নিয়ন্ত্রণ কর্মচারীদের হাতে অর্পিত থাকে

collective bargaining *noun* [U] discussions between a **trade union** and an employer about the pay and working conditions of the union members শ্রমিক সংগঠন এবং মালিকের মধ্যে সংগঠনের সদস্যদের বেতন ও কাজের শর্তাবলী সংক্রান্ত আলোচনা; যৌথ দরকষাকষি

collective noun *noun* [C] *(grammar)* a **singular** noun, such as 'committee' or 'team', that refers to a group of people, animals or things and, in British English, can be used with either a **singular** or a plural verb (ইংরেজি ব্যাকরণে) একবচনের বিশেষ্যপদ (যেমন committee অথবা team) যা মানুষ বা প্রাণীর গোষ্ঠী অথবা বস্তুবর্গ বোঝাতে ব্যবহৃত হয় এবং যা ব্রিটিশ ইংরেজিতে বহুবচন অথবা একবচন ক্রিয়াপদের সঙ্গে ব্যবহার করা যায়; সমষ্টিবাচক বিশেষ্যপদ

collector / kəˈlektə(r) ক্যাˈলেক্ট্যা(র্) / *noun* [C] **1** *(usually in compounds)* a person who collects things as a hobby or as part of his/her job (শখ অথবা পেশা হিসেবে) কোনো দ্রব্যের সংগ্রহকারী, আদায়কারী, সংগ্রাহক *a stamp collector* ○ *a ticket/rent/tax collector* **2** (in India) the chief administrative government official in a district responsible for its general administration, development programmes, etc. (ভারতবর্ষে) জেলার প্রধান সরকারি শাসক যিনি সেখানকার সাধারণ প্রশাসন, উন্নয়নমূলক কর্মসূচি ইত্যাদির দায়িত্বপ্রাপ্ত; কালেক্টার

college / ˈkɒlɪdʒ ˈকলিজ্ / *noun* **1** [C, U] an institution where you can study after you leave school কলেজ; মহাবিদ্যালয় *an art college.*

NOTE কোনো শিক্ষার্থী যখন কলেজে যায় তখন সেই অর্থে **college** শব্দটির পূর্বে **the** ব্যবহৃত হয় না—*He's at college in Varanasi.* ○ *She's going to college in July.* কিন্তু কোনো ব্যক্তি যদি কোনো অন্য

কারণে কলেজে উপস্থিত হয় তখন কলেজ শব্দটির পূর্বে the শব্দটি ব্যবহৃত হয়—*I went to an art exhibition at the college last night.*

collide / kəˈlaɪd ক্যাˈলাইড্ / *verb* [I] **collide (with sb/sth)** to crash; to hit sb/sth very hard while moving সংঘর্ষ হওয়া; চলমান কোনো ব্যক্তি অথবা বস্তুকে প্রচণ্ড বেগে ধাক্কা মারা *He ran along the corridor and collided with his teacher.*

colliery / ˈkɒliəri ˈকলিঅ্যারি / *noun* [C] (*pl.* **collieries**) a coal mine and its buildings কয়লার খনি ও তার সংলগ্ন ঘরবাড়ি; কোলিয়ারি

collision / kəˈlɪʒn ক্যাˈলিজ়্ন্ / *noun* [C, U] a crash; an occasion when things or people collide প্রচণ্ড ধাক্কা; (ব্যক্তিসমূহ বা বস্তুসমূহের মধ্যে) সংঘাত, সংঘর্ষ *It was a **head-on collision** and the driver was killed instantly.*

IDM be on a collision course (with sb/sth) **1** to be in a situation which is certain to end in a disagreement or argument যে পরিস্থিতিতে নিশ্চিতভাবে মতদ্বৈধতার অথবা তর্কের অবসান ঘটবে সেই পরিস্থিতিতে থাকা **2** to be moving in a direction which is certain to cause a crash যে দিকে চললে ধাক্কা লাগতে বাধ্য সেই দিকে চলা *The ship was on a collision course with an iceberg.*

collocate / ˈkɒləkeɪt ˈকল্যাকেইট্ / *verb* [I] **collocate (with sth)** (used about words) to be often used together in a language (ভাষায়) প্রায়ই একসঙ্গে ব্যবহৃত হওয়া শব্দাবলীর সন্নিবেশ অথবা বিন্যাস হওয়া *'Bitter' collocates with 'enemies' but 'sour' does not.* ▶ **collocate** / ˈkɒləkət ˈকল্যাকাট্ / *noun* [C] সমাবিষ্ট শব্দ *'Bitter' and 'enemies' are collocates.*

collocation / ˌkɒləˈkeɪʃn ˌকল্যাˈকেইশ্ন্ / *noun* [C] a combination of words in a language, that happens very often and more frequently than would happen by chance কোনো ভাষায় বারংবার একসঙ্গে প্রযুক্ত হয় এমন শব্দের সংস্থাপন, সমাবেশ অথবা বিন্যাস *A 'resounding success' and a 'crying shame' are English collocations.*

colloquial / kəˈləʊkwiəl ক্যাˈল্যাউকুইঅ্যাল্ / *adj.* (used about words, phrases, etc.) used in spoken conversation, not in formal situations (শব্দ, শব্দগুচ্ছ ইত্যাদি সম্বন্ধে ব্যবহৃত) সাধারণ কথোপকথনে ব্যবহৃত, আনুষ্ঠানিকভাবে নয়; চলিত, চলতি, কথ্য ▶ **colloquially** / -kwiəli -কুইঅ্যালি / *adv.* কথ্যভাবে

colloquialism / kəˈləʊkwiəlɪzəm ক্যাˈল্যাউকুইঅ্যালিজ়্যাম্ / *noun* [C] a word or phrase that is used in conversation but not in formal speech or writing চলিত ভাষায় ব্যবহৃত শব্দ অথবা বাক্যাংশ, আনুষ্ঠানিক বক্তৃতা বা রচনায় নয়; কথ্য ভাষা ব্যবহারের রীতি

collusion / kəˈluːʒn ক্যাˈলূজ়্ন্ / *noun* [U] (*formal*) secret agreement, especially in order to do sth dishonest বিশেষত কোনো অন্যায় অথবা প্রতারণা করার উদ্দেশ্যে গোপন চুক্তি *The drugs were brought into the country with the collusion of customs officials.*

cologne / kəˈləʊn ক্যাˈল্যাউন্ / = **eau de cologne**

colon / ˈkəʊlən ˈক্যাউল্যান্ / *noun* [C] **1** the mark (:) used before a list, an explanation, an example, etc. কোনো তালিকা, ব্যাখ্যা, উদাহরণ ইত্যাদির পরে ব্যবহৃত ছেদচিহ্ন বিশেষ (:); কোলোন **2** the main and the longest part of the large **intestine**, not including the **rectum** বৃহদন্ত্রের প্রধান অংশ যা পায়ুকে অন্তর্ভুক্ত করে না; মলাশয় ⇨ **body**-তে ছবি দেখো।

colonel / ˈkɜːnl ˈক্যন্ল্ / *noun* [C] an officer of a high level in the army সেনাবাহিনীর উচ্চপদস্থ কর্মচারী; কর্নেল

colonial / kəˈləʊniəl ক্যাˈল্যাউনিঅ্যাল্ / *adj.* connected with or belonging to a country that controls another country (**colony**) ঔপনিবেশিক, উপনিবেশ সংক্রান্ত, উপনিবেশীয় *Spain used to be a major colonial power.*

colonialism / kəˈləʊniəlɪzəm ক্যাˈল্যাউনিঅ্যালিজ়্যাম্ / *noun* [U] the practice by which a powerful country controls another country or countries, in order to become richer আরও বেশি অর্থবান হওয়ার উদ্দেশ্যে ক্ষমতাশালী দেশ কর্তৃক অন্য দেশ বা দেশগুলিকে নিয়ন্ত্রণ করার যে প্রয়াস বা অভ্যাস; ঔপনিবেশিকতা, উপনিবেশবাদ

colonist / ˈkɒlənɪst ˈকল্যানিস্ট্ / *noun* [C] a person who goes to live in a country that has become a colony উপনিবেশে বাস করতে উদ্যত অথবা সেখানে বসবাসকারী ব্যক্তি

colonize (*also* **-ise**) / ˈkɒlənaɪz ˈকল্যানাইজ়্ / *verb* [T] to take control of another country or place and make it a colony (কোনো স্থান বা দেশ) উপনিবেশে পরিণত করা, উপনিবেশ স্থাপন করা ▶ **colonization** (*also* **-isation**) / ˌkɒlənaɪˈzeɪʃn ˈকল্যানাইˈজ়েইশ্ন্ / *noun* [U] উপনিবেশায়ন

colonnade / ˌkɒləˈneɪd ˌকল্যাˈনেইড্ / *noun* [C] a row of stone columns with equal spaces between them, usually supporting a roof সমান দুরত্বে ছাদের ভারবহনকারী স্তম্ভের সারি; স্তম্ভসারি

colony / ˈkɒləni ˈকল্যানি / *noun* [C] (*pl.* **colonies**) **1** a country or area that is ruled by another, more powerful country প্রবলতর ক্ষমতাসম্পন্ন অন্য কোনো দেশের শাসনাধীন যে দেশ অথবা অঞ্চল; উপনিবেশ **2** (*with sing. or pl. verb*) a group of people who go to live permanently in another country but keep their own habits and traditions নিজস্ব আচার আচরণ এবং ঐতিহ্য বজায় রেখে অন্য দেশে স্থায়ী বসবাসকারী গোষ্ঠী **3** a group of the same type of animals, insects or plants living or growing in the same place একত্রে বসবাসকারী একই প্রকারের পশু, কীটপতঙ্গ বা উদ্ভিদ *a colony of ants*

color (*AmE*) = **colour**

colossal / kəˈlɒsl ক্যা'লস্‌ল্ / *adj.* extremely large প্রকাণ্ড, বৃহৎ, মহাকায়, অত্যধিক, অতিমাত্রায় *a colossal building* ○ *a colossal amount of money*

colour[1] (*AmE* **color**) / ˈkʌlə(r) 'কাল্যা(র্) / *noun* **1** [C, U] the fact that sth is red, green, yellow, blue, etc. রং, বর্ণ (লাল, নীল, হলুদ, সবুজ ইত্যাদি) *'What colour is your car?' 'Red.'* ○ *Those flowers certainly give the room a bit of colour.* **2** [U] the use of all the colours, not just black and white কেবলমাত্র সাদা এবং কালো নয়, সব রঙের প্রয়োগ; রঙিন *All the pictures in the book are* ***in colour****.* ○ *a colour television* **3** [U] a red or pink colour in your face, particularly when it shows how healthy you are or that you are embarrassed মুখের লালিমা, স্বাস্থ্যের দীপ্তি, লজ্জায় রঞ্জিত মুখ *You look much better now, you've got a bit more colour.* ○ *Colour flooded her face when she thought of what had happened.* **4** [U] interesting or exciting details কৌতূহলোদ্দীপক এবং উত্তেজনাপূর্ণ অনুষঙ্গসমূহ *It's a busy area, full of activity and colour.*

IDM **off colour** ill অসুস্থ

with flying colours ⇨ **flying** দেখো।

colour[2] (*AmE* **color**) / ˈkʌlə(r) 'কাল্যা(র্) / *verb* [T] **1** to put colour on sth, for example by painting it কোনো বস্তু রং করা *Colour the picture with your crayons.* ○ *The area coloured yellow on the map is desert.* **2** to influence thoughts, opinions, etc. চিন্তাধারা, মতামত ইত্যাদি প্রভাবিত করা *You shouldn't let one bad experience colour your attitude to everything.*

PHR V **colour sth in** to fill a shape, a picture, etc. with colour using pencils, paint, etc. পেনসিল, রং ইত্যাদি ব্যবহার করে কোনো আকৃতি, ছবি ইত্যাদি ভরে দেওয়া *The children were colouring in pictures of animals.*

colour-blind *adj.* unable to see certain colours, especially red and green রংকানা, বর্ণান্ধ (বিশেষত লাল এবং সবুজ রঙের মধ্যে পার্থক্য করতে অসমর্থ)

coloured (*AmE* **colored**) / ˈkʌləd 'কাল্যাড্ / *adj.* **1** having colour or a particular colour রংবিশিষ্ট, নির্দিষ্ট রঙের *a coffee-coloured dress* ○ *brightly coloured lights* **2** (used about a person) belonging to a race that does not have white skin (কোনো ব্যক্তি সম্বন্ধে ব্যবহৃত) অশ্বেতাঙ্গ, শ্বেতবর্ণের নয়

NOTE এই শব্দটি বর্তমানে আপত্তিজনক বলে গণ্য করা হয়। এই জাতীয় ব্যক্তির জন্য **black, Asian** ইত্যাদি শব্দ উপযোগী।

colourful (*AmE* **colorful**) / ˈkʌləfl 'কাল্যাফ্‌ল্ / *adj.* **1** with bright colours; full of colour রঙিন, রংচঙে; বর্ণোজ্জ্বল, বর্ণাঢ্য, রংদার *a colourful shirt* **2** full of interest or excitement উত্তেজনাপূর্ণ, চমকপ্রদ, আকর্ষণীয়, কৌতূহলপূর্ণ *a colourful story* ○ *He has a rather colourful past.*

colouring (*AmE* **coloring**) / ˈkʌlərɪŋ 'কাল্যারিং / *noun* **1** [U] the colour of a person's hair, skin, etc. কোনো ব্যক্তির চুল, চামড়া ইত্যাদির রং *to have fair/dark colouring* **2** [C, U] a substance that is used to give a particular colour to sth, especially food কোনো বস্তুতে বিশেষত খাবারে রং দেওয়ার জন্য যে পদার্থ ব্যবহার করা হয়

colourless (*AmE* **colorless**) / ˈkʌləl əs 'কাল্যাল্যাস্ / *adj.* **1** without any colour রংহীন, বিবর্ণ, বর্ণহীন *a colourless liquid, like water* **2** not interesting or exciting; dull আগ্রহজনক নয়, রসকসহীন; অনুত্তেজক

colour scheme *noun* [C] the way in which colours are arranged, especially in a room বিশেষত কোনো ঘরের মধ্যে রঙের পরিকল্পনা অথবা বিন্যাস

colt / kəʊlt ক্যাউল্ট্ / *noun* [C] a young male horse ঘোড়ার পুরুষ বাচ্চা ⇨ **filly** দেখো।

column / ˈkɒləm 'কল্যাম্ / *noun* [C] **1** a tall solid vertical post made of stone, supporting or decorating a building or standing alone থাম, স্তম্ভ *Ashokan columns are famous for their Buddhist teachings.* **2** something that has the shape of a column স্তম্ভাকৃতির কোনো বস্তু *a column of smoke* (= smoke rising straight up) **3** one of the vertical sections into which a printed page, especially in a newspaper, is divided স্তম্ভাকারে মুদ্রিত সংবাদপত্রের একটি পাতার অংশবিশেষ; কলম **4** a piece of writing in a newspaper or magazine that is part of a regular series or always written by the same writer সংবাদপত্র বা পত্রিকায় একই লেখকের দ্বারা লিখিত অথবা কোনো নিয়মিত ধারাবাহিক রচনার প্রতিবারের অংশ *the travel/gossip column* **5** a series of numbers written one under the other উপর থেকে নীচে লেখা সংখ্যার সারি *to add up a column of figures* **6** a long line of people, vehicles, etc., one following behind another মানুষ, গাড়ি ইত্যাদির লম্বা সারি *a column of troops*

columnist / ˈkɒləmnɪst 'কল্যাম্‌নিস্ট্ / *noun* [C] a journalist who writes regular articles in a newspaper or magazine কোনো সংবাদপত্রে বা ম্যাগাজিনে নিয়মিত লেখে এমন সাংবাদিক; বিশেষ কলমলেখক; কলমচি *a gossip columnist*

coma / ˈkəʊmə ˈক্যাউম্যা / *noun* [C] a deep unconscious state, often lasting for a long time and caused by serious illness or injury দীর্ঘস্থায়ী গভীর অজ্ঞান অবস্থা (প্রায়ই গুরুতর অসুস্থতা বা আঘাতজনিত কারণে) কোমা

comatose / ˈkəʊmətəʊs ˈক্যাউম্যাট্যাউস্ / *adj.* 1 (*informal*) deeply asleep গভীর ঘুমে আচ্ছন্ন; সংজ্ঞাহীন, নিশ্চেতন *He had taken a sleeping pill and was comatose.* 2 (*medical*) deeply unconscious; in a coma গভীরভাবে অচেতন; কোমায় গভীরভাবে আচ্ছন্ন

comb¹ / kəʊm ক্যাউম্ / *noun* 1 [C] a flat piece of metal or plastic with teeth that you use for making your hair tidy (চুল পরিপাটি করতে ব্যবহৃত হয়) চিরুনি 2 [C, *usually sing.*] an act of combing the hair চুল আঁচড়ানোর ক্রিয়া *Give your hair a comb before you go out.*

comb² / kəʊm ক্যাউম্ / *verb* [T] 1 to make your hair tidy using a comb চিরুনি দিয়ে চুল পরিপাটি করা 2 **comb sth (for sb/sth)** to search an area carefully খুব ভালোভাবে প্রতিটি কোনায় তন্নতন্ন করে খোঁজা; চিরুনি তল্লাশি করা *Police are combing the woodland for the murder weapon.*

combat¹ / ˈkɒmbæt ˈকম্ব্যাট্ / *noun* [C, U] a fight, especially in war দ্বন্দ্বযুদ্ধ, লড়াই, যুদ্ধ, সংগ্রাম *unarmed combat* (= without weapons)

combat² / ˈkɒmbæt ˈকম্ব্যাট্ / *verb* [T] to fight against sth; to try to stop or defeat sth কোনো কিছুর বিরুদ্ধে প্রতিরোধ করা; কোনো কিছুকে বন্ধ করা অথবা পরাস্ত করার প্রচেষ্টা করা *to combat terrorism* ○ *new medicines to combat heart disease*

combatant / ˈkɒmbətənt ˈকম্ব্যাট্যান্ট্ / *noun* [C] a person who takes part in fighting, especially in war যোদ্ধা, যুদ্ধরত সৈন্য

combination / ˌkɒmbɪˈneɪʃn ˌকম্বিˈনেইশ্ন্ / *noun* [C, U] a number of people or things mixed or joined together; a mixture একত্রিত ব্যক্তি অথবা বস্তুসমূহ; সমাহার, সমাবেশ, সংযোগ, মিশ্রণ *The team manager still hasn't found the right combination of players.*

combine¹ / kəmˈbaɪn ক্যাম্ˈবাইন্ / *verb* 1 [I, T] **combine (with sb/sth)** to join or mix two or more things together দুই বা তার অধিক বস্তু একসঙ্গে সম্মিলিত করা অথবা মিশ্রিত করা *The two organizations combined to form one company.* ○ *Bad planning, combined with bad luck, led to the company's collapse.* 2 [T] **combine A and/with**

B to do or have two or more things at the same time একই সময়ে দুই বা ততোধিক বস্তু একসঙ্গে থাকা *This car combines speed and reliability.*

combine² / ˈkɒmbaɪn ˈকম্বাইন্ / (*also* **combine harvester**) *noun* [C] a large farm machine that both cuts corn and separates the grain from the rest of the plant বড়ো কৃষিযন্ত্র যা একইসঙ্গে শস্য কাটে এবং কাটা গাছ থেকে শস্যদানা আলাদা করে ➪ **harvest** দেখো।

combined / kəmˈbaɪnd ক্যাম্ˈবাইন্ড্ / *adj.* done by a number of people joining together, resulting from the joining of two or more things সম্মিলিত, একত্রিত, সংযুক্ত *The combined efforts of the emergency services prevented a major disaster.*

combustible / kəmˈbʌstəbl ক্যাম্ˈবাস্ট্যাব্ল্ / *adj.* able to begin burning easily জ্বলনশীল, অগ্নিদাহ্য, সহজদাহ্য

combustion / kəmˈbʌstʃən ক্যাম্ˈবাস্চ্যান্ / *noun* [U] the process of burning দহনপ্রক্রিয়া, অগ্নিদহন

come / kʌm কাম্ / *verb* [I] (*pt* **came** / keɪm কেইম্/; *pp* **come**) 1 to move to or towards the person who is speaking or the place that sb is talking about আসা, আগমন করা *Come here, please.* ○ *I hope you can come to my party.* 2 **come (to...)** to arrive somewhere or reach a particular place or time পৌঁছোনো, এসে পৌঁছোনো 3 to be in a particular position in a series পর্যায়ক্রমে নির্দিষ্ট স্থানে থাকা *March comes after February.* ○ *Seema came second in the exam.* 4 **come in sth** to be available প্রাপণীয়, প্রাপ্তিযোগ্য বা প্রাপ্তব্য হওয়া *This blouse comes in a choice of four colours.* ○ *Do these trousers come in a larger size?* 5 to be produced by or from sth কোনো কিছু থেকে অথবা কোনো কিছুর দ্বারা উৎপন্ন হওয়া *Wool comes from sheep.* 6 to become open or loose খুলে যাওয়া বা ঢিলে হয়ে যাওয়া *Her hair has come untied.* 7 **come to do sth** used for talking about how, why or when sth happened কিভাবে, কেমন করে, অথবা কোথায় কোনো ঘটনা ঘটেছিল তা বর্ণনা করার জন্য ব্যবহৃত হয় *How did you come to lose your passport?* 8 **come to/ into sth** to reach a particular state নির্দিষ্ট অবস্থায় পৌঁছোনো *We were all sorry when the holiday came to an end.* ○ *The present government came to power in 2005.*

IDM **come and go** to be present for a short time and then go away অল্প সময়ের জন্য এসে চলে যাওয়া *The pain in my ear comes and goes.*

come easily /naturally to sb to be easy for sb to do (কোনো ব্যক্তির জন্য) কোনো কিছু করা অনায়াসসাধ্য বা সহজ হওয়া *Apologizing does not come easily to her.*

come to nothing; not come to anything to fail; to not be successful অসফল হওয়া; সফল না-হওয়া *Unfortunately, all his efforts came to nothing.*

how come...? (*informal*) why or how কেন অথবা কেমন করে *How come you're back so early?*

to come (used after a noun) in the future ভবিষ্যতে, আগামী দিনে *You'll regret it in years to come.*

when it comes to sth/to doing sth when it is a question of sth কোনো কিছু সম্বন্ধে প্রশ্ন উঠলে *When it comes to value for money, these prices are hard to beat.*

NOTE Come শব্দটি প্রয়োগ করা হয়েছে যেসব প্রবাদ বা বাগ্ধারায় তার জন্য সেই প্রবাদ বা বাগ্ধারায় ব্যবহৃত বিশেষ্য (noun), বিশেষণ (adjective) ইত্যাদি শব্দের শীর্ষশব্দগুলি দেখো। উদাহরণ **come to a head** বাগ্ধারাটি পাবে **head** শীর্ষশব্দটিতে।

PHR V **come about** to happen ঘটা, হওয়া *How did this situation come about?*

come across/over (as sth) to make an impression of a particular type কোনো বিশেষ ধরনের প্রভাব বিস্তার করা *Divya comes across as being rather shy.*

come across sb/sth to meet or find sb/sth by chance কোনো ব্যক্তি অথবা বস্তুর সঙ্গে হঠাৎ দেখা হওয়া অথবা কাউকে বা কিছু খুঁজে পাওয়া *I came across this book in a second-hand shop.*

come along 1 to arrive or appear আগমন অথবা আবির্ভাব হওয়া, সামনে আসা *When the right job comes along, I'll apply for it.* **2 = come on 2 3 = come on 3**

come apart to break into pieces টুকরো টুকরো হয়ে ভেঙে যাওয়া

come away (from sth) to become loose or separated from sth কোনো কিছু থেকে আলগা বা আলাদা হয়ে যাওয়া *The wallpaper is coming away from the wall in the corner.*

come away with sth to leave a place with a particular opinion or feeling কোনো বিশেষ মনোভাব, মত অথবা অনুভূতি নিয়ে কোনো স্থান থেকে প্রস্থান করা *We came away with a very favourable impression of Kanyakumari.*

come back 1 to return ফেরত আসা, ফিরে আসা *I don't know what time I'll be coming back.* **2** to become popular or fashionable again নতুন করে আবার জনপ্রিয় অথবা কেতাদুরস্ত হওয়া *Flared trousers are coming back again.*

come back (to sb) to be remembered মনে পড়া, স্মৃতিতে আসা *When I went to Kerala again, my Malayalam started to come back to me.*

come before sb/sth to be more important than sb/sth else কোনো ব্যক্তি অথবা বস্তুর থেকে বেশি গুরুত্বপূর্ণ হওয়া *Raghav feels his family comes before his career.*

come between sb and sb to damage the relationship between two people দুজনের মধ্যে সম্পর্ক খারাপ করে দেওয়া *Arguments over money came between the two brothers.*

come by sth to manage to get sth কোনো কিছু প্রাপ্ত করতে সফল হওয়া *Fresh oranges are hard to come by in the summer.*

come down 1 to fall down নীচে পড়ে যাওয়া *The power lines came down in the storm.* **2** (used about an aircraft or spacecraft) to land (কোনো বিমান বা আকাশযান সম্বন্ধে ব্যবহৃত) মাটিতে নামা, অবতরণ করা *The helicopter came down in a field.* **3** (used about prices) to become lower (মূল্য অথবা দাম সম্বন্ধে ব্যবহৃত) কমা, নামা, পড়া *The price of electronic gadgets has come down in the past year.*

come down to sth/to doing sth (*informal*) to be able to be explained by a single important point কেবলমাত্র একটি গুরুত্বপূর্ণ বিন্দু অথবা বিষয়ের দ্বারা বিশ্লেষিত হতে সক্ষম হওয়া *It all comes down to having the right qualifications.*

come down with sth to become ill with sth কোনো বিশেষ রোগে আক্রান্ত হওয়া *I think I'm coming down with flu.*

come forward to offer help সাহায্যের হাত বাড়ানো *The police are asking witnesses to come forward.*

come from... to live in or have been born in a place কোনো স্থানের নিবাসী হওয়া অথবা সেই স্থানে জন্মগ্রহণ করা *Where do you come from originally?*

come from (doing) sth to be the result of sth কোনো কিছুর পরিণাম বা পরিণতি হওয়া *'I'm tired.' 'That comes from all the late nights you've had.'*

come in 1 to enter a place ভিতরে আসা, প্রবেশ করা *Come in and sit down.* **2** (used about the tides of the sea) to move towards the land and cover the beach (জোয়ার ভাঁটা সম্বন্ধে ব্যবহৃত) তীরের দিকে এগিয়ে এসে সমুদ্রতট জলমগ্ন করা ⇨ **tide**[1] দেখো। **3** to become popular or fashionable জনপ্রিয় এবং কেতাদুরস্ত হওয়া *Punk fashions came in in the seventies.* **4** (used about news or information) to be received (তথ্য বা সংবাদ সম্বন্ধে ব্যবহৃত) এসে পৌঁছোনো অথবা প্রাপ্ত হওয়া *Reports are coming in of fighting in Iraq.*

come in for sth to receive sth, especially sth unpleasant বিশেষত অপ্রিয় কোনো বস্তুর সামনাসামনি হওয়া *The government came in for a lot of criticism.*

come of sth/of doing sth to be the result of sth কোনো কিছুর পরিণামস্বরূপ হওয়া *We've written to several companies asking for help but nothing has come of it yet.*

come off 1 to be able to be removed খুলে ফেলা যায়, আলাদা করা যায় *Does the hood of the shirt come off?* 2 (*informal*) to be successful সফল হওয়া *The deal seems unlikely to come off.* 3 (*informal*) (*used before an adverb*) to be in a good, bad, etc. situation as a result of sth কোনো কিছুর কারণে ভালো বা মন্দ ইত্যাদি পরিস্থিতিতে পড়া *Unfortunately, Maya came off worst in the fight.*

come off (sth) 1 to fall off sth কোনো কিছুর থেকে পড়ে যাওয়া *Kim came off her bicycle and broke her leg.* 2 to become removed from sth কোনো বস্তু থেকে ভেঙে আলাদা হয়ে যাওয়া *One of the legs has come off this table.*

come off it (*spoken*) used to say that you do not believe sb/sth or that you strongly disagree with sb (কোনো ব্যক্তির প্রতি) অসম্মতি এবং অবিশ্বাস ব্যক্ত করার জন্য ব্যবহৃত *'I thought it was quite a good performance.' 'Oh, come off it—it was awful!'*

come on 1 to start to act, play in a game of sport, etc. অভিনয় বা কোনো খেলা ইত্যাদিতে যোগ দিতে আসা *The audience jeered every time the villain came on.* ○ *The substitute came on in the second half.* 2 (*also* **come along**) to make progress or to improve বিকাশ অথবা উন্নতি করা *Your English is coming on nicely.* 3 (*also* **come along!**) used to tell sb to hurry up, try harder, etc. কাউকে তাড়াতাড়ি করতে বা আরও প্রয়াসী হতে বলার জন্য ব্যবহৃত *Come on or we'll be late!* 4 to begin আরম্ভ করা বা শুরু হওয়া *I think I've got a cold coming on.*

come out 1 to appear; to be published প্রকাশ হওয়া, বার হওয়া, আবির্ভূত হওয়া; প্রকাশিত হওয়া *The rain stopped and the sun came out.* ○ *The report came out in 2006.* 2 to become known জানতে পারা *It was only after his death that the truth came out.* 3 (used about a photograph, etc.) to be produced successfully (কোনো ফোটো ইত্যাদি সম্বন্ধে ব্যবহৃত) ভালোভাবে বা ঠিকমতো তোলা

come out (of sth) to be removed from sth কোনো কিছু থেকে উচ্ছিন্ন বা দূরীভুত হওয়া *Turmeric stains don't come out easily.*

come out against sth to say in public that you do not like or agree with sth প্রকাশ্যে অপছন্দ অথবা অসমর্থন ব্যক্ত করা

come out in sth to become covered in spots, etc. দাগ ইত্যাদিতে ভরে যাওয়া *Heat makes him come out in a rash.*

come out with sth to say sth unexpectedly অপ্রত্যাশিতভাবে কিছু বলা *The children came out with all kinds of excuses for not doing their homework.*

come over = come across/over

come over (to...) (from...) to visit people or a place a long way away বহুদূরে কোনো জায়গায় অথবা কারও সঙ্গে দেখা করতে যাওয়া *They've invited us to come over to Australia for a holiday.*

come over sb (used about a feeling) to affect sb (কোনো অনুভূতি সম্বন্ধে ব্যবহৃত) কোনো ব্যক্তির উপর প্রভাব ফেলা, অভিভূত করা *A feeling of despair came over me.*

come round 1 (used about an event that happens regularly) to happen (কোনো ঘটনা সম্বন্ধে ব্যবহৃত) নিয়মিত ঘটা *The end of the holidays always comes round very quickly.* 2 (*also* **come to**) to become conscious again জ্ঞান ফিরে আসা ✪ বিপ **pass out**

come round (to...) to visit a person or place not far away নিকটবর্তী কোনো জায়গায় যাওয়া অথবা কাছাকাছি থাকে এমন ব্যক্তির সঙ্গে দেখা করা

come round (to sth) to change your opinion so that you agree with sb/sth মত বদল করে কাউকে বা কিছুকে মেনে নেওয়া *They finally came round to our way of thinking.*

come through (used about news, information, etc.) to arrive (খবর, সংবাদ, তথ্য ইত্যাদি সম্বন্ধে ব্যবহৃত) আসা, পৌঁছোনো *The football results are just coming through.*

come through (sth) to escape injury or death in a dangerous situation, illness, etc. কোনো বিপজ্জনক পরিস্থিতি, মারাত্মক অসুখ ইত্যাদিতে আঘাত পাওয়া অথবা মৃত্যুমুখ থেকে ফিরে আসা *to come through an enemy attack*

come to = come round 2

come to sth 1 to equal or total a particular amount কোনো নির্দিষ্ট পরিমাণের সমান অথবা সমষ্টি বা যোগফল করা *The bill for the meal came to Rs 225.* 2 to result in a bad situation কোনো খারাপ পরিস্থিতির ফল হওয়া; দুর্দশাগ্রস্ত হওয়া *We will sell the house to pay our debts if we have to but we hope it won't come to that.*

come under to be included in a particular section, department, etc. বিশেষ শ্রেণি, বিভাগ ইত্যাদির মধ্যে অন্তর্ভুক্ত হওয়া *Garages that sell cars come under 'car dealers' in the telephone book.*

come up 1 to happen or be going to happen in the future কোনো কিছু ঘটা অথবা ভবিষ্যতে কিছু ঘটতে চলেছে এমন কিছু হওয়া *Something's come up* *at work so I won't be home until late tonight.* **2** to be discussed or mentioned আলোচিত বা উল্লিখিত হওয়া *The subject of religion came up.* **3** (used about the sun and moon) to rise (সূর্য এবং চন্দ্র সম্বন্ধে ব্যবহৃত) ওঠা, উদিত হওয়া **4** (used about a plant) to appear above the soil (উদ্ভিদ সম্বন্ধে ব্যবহৃত) মাটি ফুঁড়ে ওঠা, চারা গজানো

come up against sb/sth to find a problem or difficulty that you have to deal with সমস্যার সম্মুখীন হওয়া

come up to sth to be as good as usual or as necessary সাধারণভাবে অথবা আবশ্যকতানুসারে সন্তোষজনক হওয়া *This piece of work does not come up to your usual standard.*

come up with sth to find an answer or solution to sth সমস্যার সমাধান অথবা উত্তর খুঁজে বার করা *Engineers have come up with new ways of saving energy.*

comeback / ˈkʌmbæk ˈকাম্‌ব্যাক্ / *noun* [C] a return to a position of strength or importance that you had before আগের ক্ষমতায় বা পূর্বের গুরুত্বপূর্ণ স্থানে প্রত্যাবর্তন অথবা পুনর্বহাল *The former world champion is hoping to make a comeback.*

comedian / kəˈmiːdiən ক্যা'মীডিঅ্যান্ / (*also* **comic**) *noun* [C] a person whose job is to entertain people and make them laugh, for example by telling jokes (কোনো ব্যক্তি) কৌতুক বা রসিকতার মাধ্যমে লোকের মনোরঞ্জন করা এবং হাসানো যার পেশা; কৌতুক অভিনেতা; কমেডিয়ান

> **NOTE** কৌতুক অভিনেত্রীর জন্য **comedienne** শব্দটি অনেক সময় ব্যবহৃত হয়।

comedown / ˈkʌmdaʊn ˈকাম্‌ডাউন্ / *noun* [C, *usually sing.*] (*informal*) a loss of importance or social position সামাজিক গুরুত্ব অথবা প্রতিপত্তির হরণ অথবা নাশ *It's **a bit of a comedown** for her having to move to a smaller house.*

comedy / ˈkɒmədi ˈকম্যাডি / *noun* **1** [C] (*pl.* **comedies**) an amusing play, film, etc. that has a happy ending মিলনান্তক মজাদার নাটক, চলচ্চিত্র ইত্যাদি; কমেডি ⇨ **tragedy** দেখো। **2** [U] the quality of being amusing or making people laugh হাস্যরসাত্মক, কৌতুকপ্রদ, মজাদার

comet / ˈkɒmɪt ˈকমিট্ / *noun* [C] an object in space that looks like a bright star with a tail and that moves around the sun মহাকাশে সূর্যের চারিদিকে ঘোরে উজ্জ্বল তারার মতো এমন এক বস্তু যার লম্বা লেজ বা পুচ্ছ থাকে; ধূমকেতু

comfort¹ / ˈkʌmfət ˈকাম্ফ্যাট্ / *noun* **1** [U] the state of having everything your body needs, or of having a pleasant life সকল রকম দৈহিক প্রয়োজন সাধিত হয়েছে এমন অবস্থা ; আরাম, সুখ-স্বাচ্ছন্দ্য, আয়েস, সুখ *Most people expect to live **in comfort** in their old age.* ○ *to travel in comfort* **2** [U] the feeling of being physically relaxed and in no pain শারীরিক আরাম, যন্ত্রণাবিহীন হওয়ার অনুভূতি, স্বস্তি *This car has been specially designed for extra comfort.* ✪ বিপ **discomfort**. **3** [U] help or kindness to sb who is suffering যে কষ্ট পাচ্ছে তার প্রতি সান্ত্বনা, প্রবোধ অথবা আশ্বাস *I tried to offer a few words of comfort.* **4 a comfort (to sb)** [*sing.*] a person or thing that helps you when you are very sad or worried (কোনো ব্যক্তি অথবা বস্তু) কারও দুঃখে অথবা দুশ্চিন্তায় প্রবোধ দেয় এমন *You've been a real comfort to me.* **5** [C] something that makes your life easier or more pleasant জীবনযাত্রাকে আরামের ও সুখস্বাচ্ছন্দ্যময় করে তোলে যে সামগ্রী *the comforts of home*

comfort² / ˈkʌmfət ˈকাম্ফ্যাট্ / *verb* [T] to try to make sb feel less worried or unhappy কোনো ব্যক্তির দুঃখদুশ্চিন্তা অথবা মানসিক অশান্তি কমানোর চেষ্টা করা; সান্ত্বনা দেওয়া, প্রবোধ দেওয়া *to comfort a crying child*

comfortable / ˈkʌmftəbl ˈকাম্‌ফ্‌ট্যাব্‌ল্ / *adj.* **1** (*also informal*) that makes you feel physically relaxed and in no pain; that provides you with everything your body needs আরামদায়ক, কষ্টহীন, উদ্বেগহীন ও নিশ্চিন্ত; সুখ ও স্বাচ্ছন্দ্যদায়ক *a comfortable temperature* (= not too hot or too cold) ○ *Sit down and make yourselves comfortable.* ○ *a comfortable pair of shoes* ✪ বিপ **uncomfortable** **2** not having or causing worry, difficulty, etc. দুশ্চিন্তা, অসুবিধা ইত্যাদি থেকে মুক্ত; কষ্টহীন, নিশ্চিন্ত *He did not feel comfortable in the presence of so many women.* **3** having or providing enough money for all your needs সকল প্রয়োজন মেটায় এমন পর্যাপ্ত অর্থসম্পন্ন; আর্থিক স্বচ্ছলতাবিশিষ্ট *They are not wealthy but they're quite comfortable.* ▶ **comfortably** *adv.* আরামে, স্বাচ্ছন্দ্যসহকারে *Jeena was sitting comfortably in the armchair.* ○ *You can't live comfortably on such low wages.*

comic¹ / ˈkɒmɪk ˈকমিক্ / *adj.* that makes you laugh; connected with comedy হাস্যোদ্দীপক; কমেডি সংক্রান্ত, হাস্যোদ্রেককারী প্রহসন সম্বন্ধীয়, কৌতুকপ্রদ *a comic scene in a play*

comic² / ˈkɒmɪk ˈকমিক্ / *noun* [C] **1** = **comedian** **2** (*also* **comic book**) a magazine for children that tells stories through pictures ছোটোদের পত্রিকা যার মধ্যে ছবির মাধ্যমে গল্পের বর্ণনা থাকে; কমিক বই

comical / ˈkɒmɪkl ˈকমিক্‌ল্ / *adj.* that makes you laugh; funny হাস্যোদ্রেককারী, মজার, কৌতুকপ্রদ;

মজাদার ▶ **comically** / -kli -ক্লি / *adv.* মজাদারভাবে, কৌতুকপ্রদভাবে

comic strip (*also* **strip cartoon**) *noun* [C] a short series of pictures that tell a funny story, for example in a newspaper চিত্রসমূহের সংক্ষিপ্ত ধারা যাতে কৌতুকপূর্ণ গল্প বলা থাকে (যেমন সংবাদপত্রে); ছোটো হাস্যচিত্রকথা; কমিক স্ট্রিপ

coming / ˈkʌmɪŋ ˈকামিং / *noun* [C] the moment when sth new arrives or begins সূচনাপর্ব, আগমন মুহূর্ত (নতুন কিছুর) *The coming of the computer meant the loss of many jobs.* ▶ **coming** *adj.* আগত, আগামী *We've got a lot of plans for the coming year.*

comma / ˈkɒmə ˈকম্যা / *noun* [C] the mark (,) used for dividing parts of a sentence or items in a list বাক্যাংশ অথবা তালিকাভুক্ত বিষয় আলাদা করার জন্য ব্যবহৃত চিহ্ন (,); ন্যূনতম বিরতিসূচক চিহ্ন; কমা

command[1] / kəˈmɑːnd ক্যাˈমাːন্ড্ / *noun* **1** [C] an order আদেশ, নির্দেশ, হুকুম *The captain's commands must be obeyed without question.* **2** [C] (*computing*) an instruction given to a computer কম্পিউটারকে দেওয়া নির্দেশ **3** [U] control over sb/sth কোনো বস্তু বা ব্যক্তির উপর আধিপত্য, কর্তৃত্ব অথবা নিয়ন্ত্রণ *Who is* ***in command of*** *the expedition?* ○ *to* ***take command of*** *a situation* **4** [*sing.*] the state of being able to do or use sth well কিছু করতে অথবা কিছু ভালোভাবে ব্যবহার করতে সক্ষম এমন অবস্থা; নিয়ন্ত্রণে আছে এমন অবস্থা *She has a good command of French.*

IDM **at/by sb's command** (*formal*) because you were ordered by sb (কারও) নির্দেশ অনুযায়ী; আদেশমতো *At the command of their officer the troops opened fire.*

be at sb's command to be ready to obey sb কোনো ব্যক্তির আজ্ঞাধীন থাকা *I'm completely at your command.*

command[2] / kəˈmɑːnd ক্যাˈমাːন্ড্ / *verb* **1** [I, T] (*formal*) **command (sb to do sth)** to tell or order sb to do sth কোনো ব্যক্তিকে কোনো কাজ করার জন্য বলা অথবা আদেশ করা *I command you to leave now!* **2** **command sb/sth** [T] to control or be in charge of sb/sth কোনো ব্যক্তি অথবা বস্তুকে নিয়ন্ত্রণে অথবা কর্তৃত্বে রাখা *to command a ship/regiment/army* **3** [T] to deserve and get sth কিছু পাওয়ার যোগ্যতা থাকা এবং তা পাওয়া *The old man commanded great respect.*

commandant / ˈkɒməndænt ˈকম্যান্ড্যান্ট্ / *noun* [C] the officer in charge of a particular military group or institution বিশেষ কোনো সেনাদলের অথবা সামরিক সংগঠনের অধিনায়ক বা সেনানায়ক; কমানডেন্ট

commandeer / ˌkɒmənˈdɪə(r) ˌকম্যান্ˈডিঅ্যা(র্) / *verb* [T] to take control or possession of sth for military or police use সামরিক বা পুলিশবাহিনীর প্রয়োজনে কোনো কিছু দখল অথবা অধিকার করে নেওয়া

commander / kəˈmɑːndə(r) ক্যাˈমাঃ ন্ড্যা(র্) / *noun* [C] **1** a person who controls or is in charge of a military organization or group কোনো সামরিক প্রতিষ্ঠানের অথবা গোষ্ঠীর অধিনায়ক; কমান্ডার **2** an officer at a fairly high level in the navy নৌবাহিনীর বেশ উচ্চপদস্থ কর্মচারী

commander-in-chief *noun* [C] (*abbr.* **C-in-C**) (*pl.* **commanders-in-chief**) the officer who commands all the armed forces of a country or all its forces in a particular area দেশের বা কোনো বিশেষ অঞ্চলের সকল সশস্ত্র সৈন্যদল বা সম্পূর্ণ বাহিনীর সর্বাধিনায়ক; কমান্ডার-ইন-চীফ

commanding / kəˈmɑːndɪŋ ক্যাˈমাːন্ডিং / *adj.* **1** in charge or having control of sb/sth কোনো ব্যক্তি অথবা বস্তুর দায়িত্বভারসম্পন্ন *Who is your commanding officer?* **2** strong or powerful শক্তিশালী, দৃঢ় বা কর্তৃত্বপূর্ণ, প্রভাবশালী *to speak in a commanding tone of voice*

commandment (*also* **Commandment**) / kəˈmɑːndmənt ক্যাˈমাː ন্ড্ম্যান্ট্ / *noun* [C] (*formal*) one of the ten important laws that Christian people should obey যে দশটি গুরুত্বপূর্ণ বিধি বা নির্দেশ প্রতি খ্রিস্টানের অবশ্যপালনীয় তাদের যে-কোনো একটি

commando / kəˈmɑːndəʊ ক্যাˈমাːন্ড্যাউ / *noun* [C] (*pl.* **commandos**) one of a group of soldiers who is trained to make sudden attacks in enemy areas শত্রু অঞ্চলে অতর্কিত আঘাত হানার জন্য প্রশিক্ষণপ্রাপ্ত সৈন্যবাহিনী

commemorate / kəˈmeməreɪt ক্যাˈমেম্যারেইট্ / *verb* [T] to exist or take place in order to make people remember a special event অতীতের কোনো বিশেষ ঘটনা মানুষকে স্মরণ করানো বা তার স্মৃতিচিহ্ন থাকা *a statue commemorating all the soldiers who died in the last war* ▶ **commemoration** /kəˌmeməˈreɪʃn ক্যাˌমেম্যাˈরেইশ্ন্ / *noun* [C, U] স্মৃতিরক্ষা উৎসব, স্মরণোৎসব, স্মৃতিউদ্‌যাপন *The concerts were held* ***in commemoration*** *of the 50th anniversary of Indian independance.*

commence / kəˈmens ক্যাˈমেন্স্ / *verb* [I, T] (*formal*) **commence sth/doing sth** to start or begin আরম্ভ করা, সূত্রপাত করা, সূচনা করা ▶ **commencement** *noun* [C, U] আরম্ভ, সূত্রপাত, সূচনা, উপক্রম

commend / kəˈmend ক্যাˈমেন্ড্ / *verb* [T] (*formal*) to say officially that sb/sth is very good কোনো ব্যক্তি অথবা বস্তুর আনুষ্ঠানিকভাবে সুখ্যাতি অথবা গুণকীর্তন

করা *Saurabh was commended for his excellent work.*

commendable / kəˈmendəbl ক্যা'মেন্ড্যাব্‌ল্ / *adj.* (*formal*) that people think is good প্রশংসনীয়, প্রশংসার্হ, শ্লাঘ্য *She acted with commendable honesty and fairness.*

commensurate / kəˈmenʃərət ক্যা'মেন্‌শ্যার‍্যাট্ / *adj.* (*formal*) **commensurate (with sth)** corresponding in size, importance, quality, etc. আকার, গুরুত্ব, গুণ ইত্যাদিতে সমানুপাতিক অথবা সমমানসম্পন্ন *His boss informed him that his salary would be commensurate with his experience.*
▶ **commensurately** / kəˈmenʃərətli ক্যা'মেন্‌শ্যার‍্যাট্‌লি / *adj* adequately; with equal measure or extent যথোচিতভাবে; সমপরিমাণে, আনুপাতিকভাবে, সমমানসম্পন্নভাবে

comment¹ / ˈkɒment 'কমেন্ট্ / *noun* [C, U] **comment (about/on sth)** something that you say or write that gives your opinion or feeling about sth কথিত বা লিখিত মন্তব্য, যাতে কারও মতামত অথবা অনুভূতি প্রকাশিত হয়; সমালোচনা, টিপ্পনী *The chancellor was not available for comment.* ○ *I heard someone* ***make a*** *rude* ***comment*** *about my clothes.* ➪ **observation** এবং **remark** দেখো।
IDM **no comment** used in reply to a question when you do not want to say anything at all কোনো প্রশ্নের উত্তরে কোনো মন্তব্য করতে না চাইলে সেই প্রশ্নের উত্তরস্বরূপ ব্যবহৃত অভিব্যক্তিবিশেষ *'Mr President, how do you feel about these latest developments?' 'No comment.'*

comment² / ˈkɒment 'কম্যান্ট্ / *verb* [I] **comment (on sth)** to say what you think or feel about sth কোনো বস্তু সম্পর্কে মন্তব্য করা, মনোভাব জানানো, সমালোচনা করা *Several people commented on how ill Sheila looked.*

commentary / ˈkɒməntri 'কম্যান্ট্রি / *noun* (*pl.* **commentaries**) **1** [C, U] a spoken description on the radio or television of sth as it is happening (রেডিও বা টেলিভিশনে) ধারাবাহিক ভাষ্যদান, মৌখিক ধারাবিবরণী *a sports commentary* **2** [C] a written explanation or discussion of sth such as a book or play বই অথবা নাটকের লিখিত ব্যাখ্যা বা সমালোচনা **3** [C] something that shows what sth is like; a criticism or discussion of sth কোনো কিছুর বর্ণনামূলক বিবরণ; কোনো বস্তুর সমালোচনা অথবা তার সম্বন্ধে আলোচনা *This drug scandal is a sad commentary on the state of the sport.*

commentate / ˈkɒmənteɪt 'কম্যান্টেইট্ / *verb* [I] **commentate (on sth)** to give a spoken description on the radio or television of sth as it is happening রেডিও বা টেলিভিশনে কোনো ঘটনার তাৎক্ষণিক ধারাবাহিক বিবরণ অথবা ভাষ্য দেওয়া

commentator / ˈkɒmənteɪtə(r) 'কম্যান্টেইট্যা(র্) / *noun* [C] **1** a person who commentates on sth ধারাভাষ্যকার, ভাষ্যকার, বিবরণদাতা *a sports commentator* **2** a person who gives his/her opinion about sth on the radio, on television or in a newspaper রেডিও বা টেলিভিশনে বা সংবাদপত্রে নিজস্ব মতামত জ্ঞাপনকারী টীকাকার বা বিশ্লেষক *a political commentator*

commerce / ˈkɒmɜːs 'কম্যস্ / *noun* [U] the business of buying and selling things বাণিজ্য, পণ্যবিনিময়, বেচাকেনা, বিকিকিনি

commercial¹ / kəˈmɜːʃl ক্যা'ম্যশ্‌ল্ / *adj.* **1** connected with buying and selling goods and services পণ্যদ্রব্য ক্রয়-বিক্রয় এবং পরিষেবা সংক্রান্ত; বাণিজ্যসংক্রান্ত, বাণিজ্যবিষয়ক *commercial law* **2** making or trying to make money অর্থ উপার্জন অথবা উপার্জনের প্রচেষ্টা সংক্রান্ত; বাণিজ্যিক *Although it won a lot of awards, the film was not a commercial success.* **3** selling sth or sold in large quantities to the public জনসাধারণের কাছে বহুল পরিমাণে বিক্রি হয়েছে অথবা বিক্রি হচ্ছে এরকম *commercial airlines* ○ *commercial products*
▶ **commercially** / -ʃəli -শ্যালি / *adv.* বাণিজ্যিকভাবে, ব্যাবসার ক্ষেত্রে *The factory was closed down because it was no longer commercially viable.*

commercial² / kəˈmɜːʃl ক্যা'ম্যশ্‌ল্ / *noun* [C] an advertisement on television or the radio টেলিভিশন বা রেডিওতে প্রচারিত বিজ্ঞাপন

commercialism / kəˈmɜːʃəlɪzəm ক্যা'ম্যশ্যালি-জ্যাম্ / *noun* [U] the attitude that making money is more important than anything else অর্থোপার্জনকে সর্বাধিক গুরুত্ব দেওয়ার মনোবৃত্তি; ব্যাবসাদারি মনোবৃত্তি; পণ্যবাদ

commercialize (*also* **-ise**) / kəˈmɜːʃəlaɪz ক্যা'ম্যশ্যালাইজ্ / *verb* [T] to try to make money out of sth, even if it means spoiling it কোনো কিছু থেকে অর্থ লাভের চেষ্টা করা (এতে যদি সেটি নষ্ট হয় বা তার ক্ষতি হয় তা সত্ত্বেও); বাণিজ্যিক পণ্যে পরিণত করা, মুনাফার উৎসে পরিণত করা *Festivals have become very commercialized over recent years.*
▶ **commercialization** (*also* **-isation**) / kəˌmɜːʃəlaɪˈzeɪʃn ক্যা,ম্যশ্যালাই'জ়েইশ্‌ন্ / *noun* [U] বাণিজ্যায়ন

commiserate / kəˈmɪzəreɪt ক্যা'মিজ়্যারেইট্ / *verb* [I] (*formal*) **commiserate (with sb) (on/over/for sth)** to feel sorry for and show understanding towards sb who is unhappy or in difficulty অসুখী অথবা দুর্দশাগ্রস্ত হতভাগ্য কোনো ব্যক্তির

প্রতি করুণা বা সমবেদনা অনুভব করা এবং সহানুভূতি প্রকাশ করা *I commiserated with Ratna over losing her job.*

commission[1] / kəˈmɪʃn ক্যা'মিশ্‌ন্ / *noun* **1** (*often* **Commission**) [C, *with sing or pl. verb*] an official group of people who are asked to find out about sth বিশেষ কাজে নিযুক্ত অনুসন্ধানকারী ব্যক্তিবর্গ; আয়োগ *A Commission was appointed to investigate the causes of the accident.* **2** [C, U] money that you get for selling sth কোনো কিছু বিক্রির জন্য কোনো ব্যক্তির পাওনা বা বাট্টা; দালালি, দস্তুরি *The company's agents get 10% commission on everything they sell.* **3** [C, U] money that a bank, etc. charges for providing a particular service বিশেষ পরিষেবার জন্য ব্যাংক ইত্যাদি যে অর্থ দাবি করে **4** [C] a formal request to an artist, writer, etc. to produce a piece of work কোনো শিল্পী, লেখক অথবা এই শ্রেণির কোনো ব্যক্তিকে আনুষ্ঠানিকভাবে শিল্পসৃষ্টির জন্য অনুরোধ *He received a commission to write a play for the festival.*

commission[2] / kəˈmɪʃn ক্যা'মিশ্‌ন্ / *verb* [T] **commission sb (to do sth); commission sth (from sb)** to ask an artist, writer, etc. to do a piece of work শিল্পী, লেখক বা ঐ শ্রেণির কোনো ব্যক্তিকে কোনো বিশেষ কাজ করতে অনুরোধ জানানো *to commission an architect to design a building*

commissioner / kəˈmɪʃənə(r) ক্যা'মিশ্যান্যা(র্) / *noun* [C] the head of the police or of a government department in some countries কোনো কোনো দেশে পুলিশ অথবা কোনো সরকারি বিভাগের ভারপ্রাপ্ত প্রধান; কমিশনার ➪ **High Commissioner** দেখো।

commit / kəˈmɪt ক্যা'মিট্ / *verb* [T] (**committing; committed**) **1** to do sth bad or illegal ভুল অথবা বেআইনি কোনো কাজ করা *to commit a crime* ○ *to commit suicide* **2 commit sb/yourself (to sth/ to doing sth)** to make a definite agreement or promise to do sth কোনো বিশেষ কাজ করার জন্য নির্দিষ্ট চুক্তি অথবা অঙ্গীকার বা প্রতিজ্ঞাবদ্ধ হওয়া *I can't commit myself to helping you tomorrow.* **3 commit yourself (on sth)** to make a decision or give an opinion publicly so that it is then difficult to change it প্রকাশ্যে কোনো সিদ্ধান্ত নেওয়া অথবা মতামত ব্যক্ত করা যাতে তা সহজে পরিবর্তন না করা যায় *I'm not going to commit myself on who will win the election.* ➪ **noncommittal** দেখো। **4** (*formal*) to decide to use money or time in a certain way কোনো বিশেষ রীতিতে অর্থ অথবা সময় ব্যবহারের সিদ্ধান্ত নেওয়া *The government has committed Rs 100 crore to primary education.* **5** (*formal*) **commit sb to sth** to send sb to a prison, mental hospital, etc. কোনো ব্যক্তিকে কারাগারে বা মানসিক চিকিৎসালয় ইত্যাদিতে পাঠানো

commitment / kəˈmɪtmənt ক্যা'মিট্‌ম্যান্ট্ / *noun* **1** [U] **commitment (to sth)** being prepared to give a lot of your time and attention to sth because you believe it is right or important কোনো কিছু সঠিক অথবা গুরুত্বপূর্ণ এই বিশ্বাসে তার প্রতি পর্যাপ্ত সময় এবং মনোযোগ দেওয়ার প্রস্তুতি *I admire the brother's commitment to protecting the environment.* **2** [C, U] a promise or agreement to do sth; a responsibility কোনো কিছু করার প্রতিশ্রুতি অথবা চুক্তি; দায়িত্ব *When I **make a commitment** I always stick to it.* ○ *Shyamlee now works fewer hours because of family commitments.*

committed / kəˈmɪtɪd ক্যা'মিটিড্ / *adj.* **committed (to sth)** prepared to give a lot of your time and attention to sth because you believe it is right or important কোনো ন্যায্য এবং মহৎ কাজের জন্য নিজের সময় ব্যয় করতে এবং মনোনিবেশ করতে প্রস্তুত *The company is committed to providing quality products.*

committee / kəˈmɪti ক্যা'মিটি / *noun* [C, *with sing. or pl. verb*] a group of people who have been chosen to discuss sth or decide sth বিশেষ আলোচনা করার জন্য এবং সিদ্ধান্ত নেওয়ার জন্য নির্বাচিত গোষ্ঠী; সমিতি, সভা, পরিষদ, কমিটি *to be/sit on a committee* ○ *The planning committee meets/meet twice a week.*

commodity / kəˈmɒdəti ক্যা'মড্যাটি / *noun* [C] (*pl.* **commodities**) a product or material that can be bought and sold পণ্যদ্রব্য, পণ্য, পণ্যসামগ্রী *Salt was once a very valuable commodity.*

commodore / ˈkɒmədɔː(r) 'কম্যাডঃ(র্) / *noun* [C] an officer at a high level in the navy নৌবাহিনীর উচ্চপদস্থ কর্মচারী

common[1] / ˈkɒmən 'কম্যান্ / *adj.* **1** happening or found often or in many places; usual সচরাচরদৃষ্ট, সাধারণ, সর্বজনীন, মামুলি *Drinking and driving is one of the most common causes of road accidents.* ○ *The daisy is a common wild flower.* ✪ বিপ **uncommon** **2 common (to sb/sth)** shared by or belonging to two or more people or groups; shared by most or all people দুই বা ততোধিক ব্যক্তি বা গোষ্ঠীর মধ্যে বিভক্ত; সর্বজনীন, বারোয়ারি, সাধারণ, যৌথ *This type of behaviour is common to most children of that age.* ○ *We have a common interest in gardening.* **3** (*only before a noun*) not special; ordinary বিশেষ নয়; সাধারণ *The officers had much better living conditions than* *the common soldiers.* **4** (*informal*) having or showing a lack of education অশিক্ষিত, গ্রাম্য, গেঁয়ো *Don't speak like that. It's common!*

IDM be common/public knowledge ➩ **knowledge** দেখো।

common² / ˈkɒmən ˈকম্যান্ / *noun* [C] an area of open land that anyone can use সর্বসাধারণের ব্যবহার্থে উন্মুক্ত প্রান্তর

IDM have sth in common (with sb/sth) to share sth with sb/sth else কোনো ব্যক্তি অথবা বস্তুর সঙ্গে মিল অথবা সাদৃশ্য থাকা *to have a lot in common with sb*

in common with sb/sth (*formal*) in the same way as sb/sth else; like sb/sth অন্য কোনো ব্যক্তি অথবা বস্তুর মতো একইভাবে অথবা রীতিতে; কোনো ব্যক্তি বা বস্তুর মতো *This company, in common with many others, is losing a lot of money.*

common denominator *noun* [C] (*mathematics*) a number that can be divided exactly by all the numbers below the line in a set of **fractions**, for example one of the common denominators of the fractions ½, ⅓ and ¼ is 12 (গণিত) যে সংখ্যা দিয়ে ভগ্নাংশসমূহের ভাজক সম্পূর্ণভাবে বিভক্ত করা যায়; সর্বসাধারণ হর যেমন ১/২, ১/৩, এবং ১/৪ ভগ্নাংশের সাধারণ হর ১২ ➩ **denominator** দেখো।

common ground *noun* [U] beliefs, interests, etc. that two or more people or groups share দুই বা ততোধিক ব্যক্তি অথবা বস্তুর সমান বিশ্বাস, স্বার্থ ইত্যাদি

commonly /ˈkɒmənli ˈকম্যান্লি / *adv.* normally; usually স্বাভাবিকভাবে; সচরাচর, প্রায়ই

common noun *noun* [C] (*grammar*) a word, such as book or town that refers to an object or a thing but is not the name of a particular person, place or thing (ব্যাকরণ) জাতিবাচক বিশেষ্যপদ যেমন 'বই' অথবা 'শহর'-এগুলির দ্বারা বিশেষ কাউকে বা কিছুকে বোঝায় না, সাধারণভাবে বই বা শহরকে বোঝায়

commonplace / ˈkɒmənpleɪs ˈকম্যান্প্লেইস্ / *adj.* not exciting or unusual; ordinary নতুনত্ববর্জিত; সাধারণ, প্রচলিত, মামুলি, তুচ্ছ

common room *noun* [C] a room in a school, university, etc. where students or teachers can go to relax when they are not in class বিদ্যালয়, বিশ্ববিদ্যালয় ইত্যাদিতে ছাত্রছাত্রী অথবা শিক্ষকদের অবসর কাটানোর অথবা বিশ্রাম করার কক্ষ; কমন রুম

common sense *noun* [U] the ability to make good sensible decisions or to behave in a sensible way সাধারণ বুদ্ধি, সহজাত বুদ্ধি, আক্কেল, কাণ্ডজ্ঞান

commotion / kəˈməʊʃn ক্যা'ম্যাউশ্ন্ / *noun* [*sing.*, U] great noise or excitement হই-হট্টগোল, চাঞ্চল্য, আলোড়ন, প্রচণ্ড হাঙ্গামা

communal / kəˈmjuːnl; ˈkɒmjənl ক্যা'মিউন্ল্; 'কমিঅ্যান্ল্ / *adj.* **1** shared by a group of people কোনো জনগোষ্ঠী সম্মিলিতভাবে যার অংশভাক *a communal kitchen* **2** involving different groups of people in a community কোনো সম্প্রদায়ের বিভিন্ন গোষ্ঠী জড়িত আছে এমন; সাম্প্রদায়িক, সম্প্রদায়গত *communal tension in the city*

communalism / kəˈmjuːnəlɪzəm ক্যা'মিউন্যা-লিজ়্যাম্ / *noun* [U] a strong sense of loyalty to the interests of one particular group (religious, ethnic, etc.) rather than to society as a whole which can lead to extreme behaviour or violence towards others সামগ্রিকভাবে সামাজিক স্বার্থের পরিবর্তে নির্দিষ্ট কোনো গোষ্ঠীর স্বার্থসমূহের (ধর্মীয়, জাতিগত ইত্যাদি) প্রতি প্রবল আনুগত্যের বোধ যা অন্যদের প্রতি উগ্রপ্রতিক্রিয়া অথবা হিংসার দিকে চালিত হতে পারে; সাম্প্রদায়িকতা ▶ **communalist** / kəˈmjuːnəlɪst ক্যা'মিউন্যালিস্ট্ / *adj* (ব্যক্তি ইত্যাদি) সাম্প্রদায়িক ▶ **communalistic** / kəˈmjuːnəlɪstik ক্যা'মিউন্যালিস্টিক্ / *adj* সাম্প্রদায়িক মতবাদ সম্বন্ধীয়

commune / ˈkɒmjuːn ˈকমিউন্ / *noun* [C, *with sing. or pl. verb*] a group of people, not from the same family, who live together and share their property and responsibilities এক পরিবারের না হয়েও যৌথভাবে বসবাসকারী এবং সম্পত্তি ও দায়িত্বের সমান ভাগ দখলকারী জনগোষ্ঠীবিশেষ

communicable / kəˈmjuːnɪkəbl ক্যা'মিউনিক্যাব্ল্ / *adj* that can spread from one person or animal to another (মানুষ বা পশুদের মধ্যে) সংক্রামক, সংক্রমণ-যোগ্য *communicable diseases*

communicate / kəˈmjuːnɪkeɪt ক্যা'মিউনিকেইট্ / *verb* **1** [I, T] to share and exchange information, ideas or feelings with sb কোনো ব্যক্তির সঙ্গে তথ্য, মতামত অথবা অনুভূতির আদানপ্রদান করা; যোগাযোগ করা *Parents often have difficulty communicating with their teenage children.* ○ *Our boss is good at communicating her ideas to the team.* **2** [T] (*formal*) (*usually passive*) to pass a disease from one person or animal to another কোনো মানুষ অথবা প্রাণী থেকে অন্য মানুষ বা প্রাণীর মধ্যে রোগ সংক্রামিত করা **3** [I] to lead from one place to another এক জায়গা থেকে অন্য জায়গায় লাগোয়া অথবা সংলগ্ন থাকা *two rooms with a communicating door*

communication / kəˌmjuːnɪˈkeɪʃn ক্যা'মিউনি-'কেইশ্ন্ / *noun* **1** [U] the act of sharing or exchanging information, ideas or feelings তথ্য, ভাবধারা অথবা অনুভূতি বিনিময় করার ক্রিয়া *Radio is the only means of communication in remote areas.* ○ *We are **in** regular **communication with** our head office in Mumbai.* **2 communications**

[*pl.*] the methods that are used for travelling to and from a place or for sending messages between places এক স্থান থেকে অন্য স্থানে যাওয়া-আসা অথবা বার্তা আদান-প্রদানের জন্য ব্যবহৃত যোগাযোগব্যবস্থা *The telephone lines are down so communications are very difficult.* **3** [C] (*formal*) a message বার্তা, সংবাদ, সন্দেশ, সমাচার *a communication from head office*

communicative / kəˈmjuːnɪkətɪv ক্যা'মিউ-নিক্যাটিভ্ / *adj.* willing and able to talk and share ideas, etc. বাক্যালাপ করতে এবং মনের কথা ইত্যাদি প্রকাশ করতে ইচ্ছুক; আলাপপ্রিয়, মিশুকে *Sangeeta has excellent communicative skills.*

communion / kəˈmjuːniən ক্যা'মিউনিঅ্যান্ / *noun* [U] **1** (*formal*) the sharing of thoughts or feelings মতামত, মনোভাব অথবা অনুভূতির আদানপ্রদান; ভাববিনিময় **2 Communion** a Christian church ceremony in which people share bread and wine খ্রিস্টান গির্জায় অনুষ্ঠিত ধর্মীয় অনুষ্ঠান যেখানে মানুষ সম্মিলিতভাবে রুটি খায় এবং সুরা পান করে

communiqué / kəˈmjuːnɪkeɪ ক্যা'মিউনিকেই / *noun* [C] (*written*) an official statement, especially from a government, a political group, etc. (আনুষ্ঠানিক, বিশেষত সরকার, কোনো রাজনৈতিক দল ইত্যাদির) বিবৃতি অথবা বিজ্ঞপ্তি; ইস্তাহার

communism / ˈkɒmjunɪzəm 'কমিউনিজ্যাম্ / *noun* [U] the political system in which the state owns and controls all factories, farms, services etc. and aims to treat everyone equally যে রাজনৈতিক ব্যবস্থায় সমস্ত কারখানা, কৃষিক্ষেত্র, পরিষেবা ইত্যাদির মালিকানা এবং নিয়ন্ত্রণ রাষ্ট্রের হাতে থাকে এবং তার উদ্দেশ্য থাকে সকল নাগরিকের প্রতি সমান আচরণ; সাম্যবাদ; কমিউনিজম ➪ **Marxism, socialism** এবং **capitalism** দেখো।

communist (*also* **Communist**) / ˈkɒmjənɪst 'কমিঅ্যানিস্ট্ / *noun* [C] a person who believes in or supports communism; a member of the Communist Party যে ব্যক্তি সাম্যবাদে বিশ্বাসী, সাম্যবাদী; সাম্যবাদী দলের একজন সদস্য ► **communist** (*also* **Communist**) *adj.* সাম্যবাদ সম্বন্ধীয় *communist sympathies*

community / kəˈmjuːnəti ক্যা'মিউন্যাটি / *noun* (*pl.* **communities**) **1 the community** [*sing.*] all the people who live in a particular place, area, etc. when considered as a group (কোনো বিশেষ স্থান, অঞ্চল ইত্যাদিতে বসবাসকারী) সম্প্রদায়, জনগোষ্ঠী, দল *Recent increases in crime have disturbed the whole community.* **2** [C, *with sing. or pl. verb*] a group of people who have sth in common সাদৃশ্যযুক্ত জনগোষ্ঠী *the Indian community in Britain* ○ *the business community* **3** [U] the feeling of belonging to a group in the place where you live নিজের বাসস্থানে কোনো গোষ্ঠীর অন্তর্ভুক্ত হওয়ার অনুভূতি *There is a strong sense of community in the neighbourhood.*

community centre *noun* [C] a building that local people can use for meetings, classes, sports, etc. যে ভবন স্থানীয় বাসিন্দারা কোনো সভা, খেলাধুলো বা অন্য কোনো উদ্দেশ্যে ব্যবহার করতে পারে; সমাজভবন, সমাজকেন্দ্র

community service *noun* [U] work helping people in the local community that sb does without being paid, sometimes because he/she has been ordered to do it by a court of law as punishment স্থানীয় অধিবাসীদের সাহায্যার্থে বিনা পারিশ্রমিকে করা কোনো কাজ, অনেক সময় আদালত্ কর্তৃক প্রদত্ত শাস্তিস্বরূপও এই কাজ করা হয়

commutator / ˈkɒmjuteɪtə(r) 'কমিউটেইট্যা(র্) / *noun* [C] (*technical*) **1** a device that connects a motor to the electricity supply কোনো মোটরের সঙ্গে বিদ্যুৎ সরবরাহ যোগাযোগকারী যন্ত্র **2** a device for changing the direction in which electricity flows বিদ্যুতের গতিমুখ পরিবর্তন করার যন্ত্র

commute / kəˈmjuːt ক্যা'মিউট্ / *verb* [I] to travel a long distance from home to work every day প্রতিদিন নিজের বাসস্থান থেকে দূরে অবস্থিত কর্মস্থলে আসা-যাওয়া করা, যাতায়াত করা, ডেলিপ্যাসেঞ্জারি করা *A lot of people commute between Delhi and Ghaziabad.* ► **commuter** *noun* [C] নিত্যযাত্রী

compact / kəmˈpækt ক্যাম্'প্যাক্ট্ / *adj.* small and easy to carry ছোটো এবং সহজে বহনযোগ্য *a compact camera*

compact disc = **CD**

companion / kəmˈpæniən ক্যাম্'প্যানিঅ্যান্ / *noun* [C] a person or animal with whom you spend a lot of time or go somewhere (মানুষ অথবা পশু) সঙ্গী, সাথী, সহচর *a travelling companion*

companionship / kəmˈpæniənʃɪp ক্যাম্'প্যানি-অ্যান্শিপ্ / *noun* [U] the pleasant feeling of having a friendly relationship with sb and not being alone সঙ্গ, বন্ধুত্ব, সাহচর্য

company / ˈkʌmpəni 'কাম্প্যানি / *noun* (*pl.* **companies**) **1** [C, *with sing. or pl. verb*] a business organization selling goods or services ব্যাবসা প্রতিষ্ঠান যারা পণ্য বা পরিষেবা বিক্রয় করে; বণিক সমিতি; কোম্পানি *The company is/are planning to build a new factory.*

> **NOTE** নামের ক্ষেত্রে ব্যবহৃত কোম্পানি শব্দটির প্রথম অক্ষর বড়ো হরফের অক্ষরে লেখা হয়। এর সংক্ষিপ্ত রূপ **Co.**—*the Walt Disney Company* ○ *Milton & Co.*

C

compass

2 [C, *with sing. or pl. verb*] a group of actors, singers, dancers, etc. অভিনেতা, গায়ক-গায়িকা, নর্তকী ইত্যাদির দল *a ballet company* ○ *the Royal Shakespeare Company* **3** [U] being with a person কেউ সঙ্গে আছে এমন; সঙ্গ, সাহচর্য *I always enjoy my Uncle's company.* ○ *Jeff is very good company* (= pleasant to be with). **4** [U] a visitor or visitors অতিথি অথবা অতিথিবৃন্দ *Sorry, I wouldn't have called if I'd known you had company.*

IDM **keep sb company** to go or be with sb so that he/she is not alone কাউকে সঙ্গ দেওয়া বা তার সঙ্গে যাওয়া *She was nervous so I went with her to keep her company.*

part company ⇨ **part**[2] দেখো।

comparable / ˈkɒmpərəbl ˈকম্প্যার‍্যাব্‌ল্ / *adj.* **comparable** (**to/with sb/sth**) of a similar standard or size; that can be compared with sth সমান বা সদৃশ মাত্রার; তুলনীয়, সমতুল্য *A comparable flat in my city would be a lot cheaper.*

comparative[1] / kəmˈpærətɪv ক্যাম্ˈপ্যার‍্যাটিভ্ / *adj.* **1** that compares things of the same kind একই ধরনের জিনিসের মধ্যে যা তুলনা করে *a comparative study of systems of government* **2** compared with sth else or with what is usual or normal অন্য কিছুর তুলনায় বা যা স্বাভাবিক অথবা সাধারণ সেই অনুযায়ী *He had problems with the written exam but passed the practical exam with comparative ease.* **3** (*grammar*) (used about the form of an adjective or adverb) expressing a greater amount, quality, size, etc. (ব্যাকরণে বিশেষণ বা ক্রিয়াবিশেষণের রূপ সম্বন্ধে ব্যবহৃত) অধিকতর পরিমাণ, গুণ, আকার ইত্যাদির অভিব্যক্তিবিশিষ্ট *'Hotter' and 'more quickly' are the comparative forms of 'hot' and 'quickly'.*

comparative[2] / kəmˈpærətɪv ক্যাম্ˈপ্যার‍্যাটিভ্ / *noun* [C] (*grammar*) the form of an adjective or adverb that expresses a greater amount, quality, size, etc. (ব্যাকরণে) বিশেষণ বা ক্রিয়াবিশেষণের সেই রূপ যা তুলনামূলক বিচারে অধিকতর পরিমাণ, গুণ, আকার ইত্যাদি বোঝাতে ব্যবহৃত হয় *'Bigger' is the comparative of 'big'.*

comparatively / kəmˈpærətɪvli ক্যাম্ˈপ্যার‍্যাটিভ্‌লি/ *adv.* when compared with sth else or with what is usual; fairly অপেক্ষাকৃতভাবে, তুলনামূলকভাবে, তুলনায় *The disease is comparatively rare nowadays.*

compare / kəmˈpeə(r) ক্যাম্ˈপেঅ্যা(র্) / *verb* **1** [T] **compare A and B; compare A with/to B** to consider people or things in order to see how similar or how different they are (বস্তু অথবা ব্যক্তির মধ্যে) মিল অথবা অমিল নির্ধারণ করা; তুলনা করা *I'm quite a patient person, **compared with** him.* ○ ***Compared to** the place where I grew up, this town is exciting.* **2** [T] **compare A to B** to say that sb/sth is similar to sb/sth else কোনো ব্যক্তি বা বস্তুকে অন্য ব্যক্তি বা বস্তুর সমতুল্য মনে করা *When it was built, people compared the stadium to a spaceship.* **3** [I] **compare** (**with/to sb/sth**) to be as good as sb/sth কোনো ব্যক্তি অথবা বস্তুর মতো ভালো বা সমতুল্য হওয়া *Her last film was brilliant but this one simply doesn't compare.*

IDM **compare notes** (**with sb**) to discuss your opinions, ideas, experiences, etc. with sb else অন্য কোনো ব্যক্তির সঙ্গে নিজের মতামত, চিন্তাভাবনা, অভিজ্ঞতা ইত্যাদি আলোচনা করা

comparison / kəmˈpærɪsn ক্যাম্ˈপ্যারিস্‌ন্ / *noun* [C, U] an act of comparing; a statement in which people or things are compared তুলনা করার ক্রিয়া; কোনো ব্যক্তি বা বস্তুর মধ্যে তুলনামূলক বিবৃতি; তুলনামূলক বিচার *Put the new one and the old one side by side, **for comparison**.* ○ *It's hard to **make comparisons** between two athletes from different sports.*

IDM **by/in comparison** (**with sb/sth**) when compared যখন তুলনা করা হয়, তুলনায়, তুলনামূলক বিচারে *In comparison with many other people, they're quite well off.*

compartment /kəmˈpɑːtmənt ক্যাম্ˈপা:ট্‌ম্যান্ট্ / *noun* [C] **1** one of the separate sections into which some larger parts of a train (**carriages**) are divided ট্রেনের কামরা; বগি *a first-class compartment* **2** one of the separate sections into which certain containers are divided (বাক্সের) খোপ, ছোটো ছোটো প্রকোষ্ঠ বা ভাগ *The drugs were discovered in a secret compartment in his suitcase.*

compass / ˈkʌmpəs ˈকাম্প্যাস্ / *noun* [C] **1** an instrument for finding direction, with a needle that always points north দিঙ্‌নির্ণয় যন্ত্র যার কাঁটাটি সর্বদা উত্তরমুখী থাকে; কম্পাস *They had to find their way back to the camp using a map and a compass.* **2 compasses** [*pl.*] a V-shaped instrument that is used for drawing circles, V-আকারের বৃত্ত আঁকার যন্ত্র *a pair of compasses*

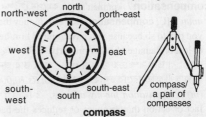

north
north-west
north-east
west
east
south-west
south
south-east
compass/
a pair of
compasses

compass

compassion / kəmˈpæʃn ক্যাম্ˈপ্যাশ্ন্ / *noun* [U] **compassion (for sb)** understanding or pity for sb who is suffering অপরের দুঃখে সহানুভূতিবোধ; করুণা বা পরদুঃখকাতরতা, অনুকম্পা *to have/feel/show compassion* ▶ **compassionate** / -ʃənət -শ্যান্যাট্ / *adj.* সহানুভূতিশীল, পরদুঃখকাতর, সকরুণ, করুণাময়

compatible / kəmˈpætəbl ক্যাম্ˈপ্যাট্যাব্ল্ / *adj.* **compatible (with sb/sth)** suitable to be used together, or to live or exist together একসঙ্গে ব্যবহৃত হওয়ার উপযোগী; সামঞ্জস্যপূর্ণ, সহাবস্থানযোগ্য, সংগতিপূর্ণ *These two computer systems are not compatible.* ○ *Arun's diet is not compatible with his active lifestyle.* ✪ বিপ **incompatible** ▶ **compatibility** / kəmˌpætəˈbɪləti ক্যাম্ˌপ্যাট্যা ˈবিল্যাটি / *noun* [U] সামঞ্জস্য, সহাবস্থানযোগ্যতা, সংগতি, পারস্পরিক সহিষ্ণুতা

compatriot / kəmˈpætriət ক্যাম্ˈপ্যাট্রিঅ্যাট্ / *noun* [C] a person who comes from the same country as you একই দেশের নাগরিক, একই দেশ থেকে আগত; স্বদেশবাসী

compel / kəmˈpel ক্যাম্ˈপেল্ / *verb* [T] (**compelling; compelled**) (*formal*) **compel sb to do sth** to force sb to do sth (কোনো ব্যক্তিকে কোনো কাজ করতে) বাধ্য করা, জোর করা *I felt compelled to tell her what I really thought of her.*

compelling / kəmˈpelɪŋ ক্যাম্ˈপেলিং / *adj.* that forces or persuades you to do or to believe sth যা দৃঢ়ভাবে কোনো কিছু করতে অথবা বিশ্বাস করতে বাধ্য করে *compelling evidence* ➪ **compulsion** *noun* দেখো।

compensate / ˈkɒmpenseɪt ˈকম্পেন্‌সেইট্ / *verb* **1** [I] **compensate (for sth)** to remove or reduce the bad effect of sth কোনো বস্তুর কুপ্রভাব হ্রাস অথবা দূর করা *His willingness to work hard compensates for his lack of skill.* **2** [I, T] **compensate (sb) (for sth)** to pay sb money because you have injured him/her or lost or damaged his/her property কোনো ব্যক্তিকে আহত করলে বা তার সম্পত্তির কোনো হানি বা ক্ষতি করলে তাকে অর্থ প্রদান করা, ক্ষতিপূরণ করা অথবা খেসারত দেওয়া *The airline sent me a cheque to compensate for losing my luggage.*

compensation / ˌkɒmpenˈseɪʃn ˌকম্পেন্ˈসেইশ্ন্ / *noun* **1** [U] **compensation (for sth)** money that you pay to sb because you have injured him/her or lost or damaged his/her property কাউকে আহত করলে বা তার সম্পত্তির হানি বা ক্ষতি করলে তার জন্য প্রদত্ত অর্থ; ক্ষতিপূরণের জন্য প্রদত্ত অর্থ *I got Rs 10,000 (in) compensation for my injuries.* **2** [C, U] a fact or action that removes or reduces the bad effect of sth যে তথ্য অথবা কাজ কোনো কিছুর কুপ্রভাব দূর করে অথবা হ্রাস করে *City life can be very tiring but there are compensations* (= good things about it).

compère / ˈkɒmpeə(r) ˈকম্‌পেঅ্যা(র্) / *noun* [C] a person who entertains the audience and introduces the different performers in a show যে ব্যক্তি কোনো অনুষ্ঠানে শিল্পীদের পরিচয় করিয়ে দেয় এবং দর্শকদের মনোরঞ্জন করে; শিল্পী-পরিচায়ক ▶ **compère** *verb* [T] অনুষ্ঠানে শিল্পীদের পরিচয় প্রদান করা *Who compèred the show?*

compete / kəmˈpiːt ক্যাম্ˈপীট্ / *verb* [I] **compete (in sth) (against/with sb) (for sth)** to try to win or achieve sth, or to try to be better than sb else; to take part in a competition জয়লাভ অথবা কোনো কিছু অর্জন করার প্রচেষ্টা করা অথবা কোনো ব্যক্তির থেকে ভালো করার চেষ্টা করা; কোনো প্রতিযোগিতায় অংশ নেওয়া *The world's best athletes compete in the Olympic Games.* ○ *Supermarkets have such low prices that small shops just can't compete.*

competence / ˈkɒmpɪtəns ˈকম্‌পিট্যান্স্ / *noun* [U] the fact of having the ability or skill that is needed for sth যোগ্যতা, কর্মক্ষমতা, সামর্থ্য *She quickly proved her competence in her new position.* ✪ বিপ **incompetence**

competent / ˈkɒmpɪtənt ˈকম্‌পিট্যান্ট / *adj.* **1** having the ability or skill needed for sth কোনো কিছুর জন্য প্রয়োজনীয় সামর্থ্য অথবা দক্ষতাসম্পন্ন *a highly competent player* ○ *She is competent at her job.* ✪ বিপ **incompetent** **2** good enough, but not excellent যথেষ্ট ভালো তবে সর্বোৎকৃষ্ট নয় *The singer gave a competent, but not particularly exciting, performance.* ▶ **competently** *adv.* যথাযথভাবে, সন্তোষজনকভাবে, পর্যাপ্তভাবে

competition / ˌkɒmpəˈtɪʃn ˌকম্প্যাˈটিশ্ন্ / *noun* **1** [C] an organized event in which people try to win sth আয়োজিত কোনো অনুষ্ঠান বা প্রতিযোগিতা যেখানে মানুষ জয়লাভের চেষ্টা করে; প্রতিদ্বন্দ্বিতা, প্রতিযোগিতা *to go in for/enter a competition* ○ *They* ***hold a competition*** *every year to find the best young artist.* **2** [U] a situation where two or more people or organizations are trying to achieve, obtain, etc. the same thing or to be better than sb else যে পরিস্থিতিতে দুই বা ততোধিক মানুষ অথবা সংগঠন একই জিনিস অর্জন, অধিকার ইত্যাদি করার চেষ্টা করে অথবা অন্য কারও থেকে ভালো হওয়ার চেষ্টা করে; সমকক্ষতা, রেষারেষি *He is* ***in competition with*** *three other people for promotion.* ○ *There was* ***fierce competition*** *among the players for places in the team.* **3 the competition** [*sing., with sing. or pl.*

verb] the other people, companies, etc. who are trying to achieve the same as you প্রতিদ্বন্দ্বী, প্রতিপক্ষ, বিরোধী পক্ষ *If we are going to succeed, we must offer a better product than the competition.*

competitive / kəm'petətɪv ক্যাম্'পেট্যাটিভ্ / *adj.* **1** involving people or organizations competing against each other মানুষ অথবা সংগঠনের মধ্যে পারস্পরিক প্রতিযোগিতামূলক *The travel industry is a highly competitive business.* ○ *competitive sports* **2** able to be as successful as or more successful than others অন্যের মতো সফল অথবা তার চেয়ে অধিক সফল হতে সমর্থ *They are trying to make the company competitive in the international market.* ○ *Our prices are highly competitive* (= as low as or lower than those of the others). **3** (used about people) wanting very much to win or to be more successful than others (মানুষজন সম্বন্ধে ব্যবহৃত) প্রতিযোগিতায় সফল অথবা সর্বোত্তম হওয়ার অভিলাষী *She's a very competitive player.* ▸ **competitively** *adv.* প্রতিযোগিতামূলকভাবে *Their products are competitively priced.* ▸ **competitiveness** *noun* [U] প্রতিদ্বন্দ্বিতার মনোভাব

competitor / kəm'petɪtə(r) ক্যাম্'পেটিট্যা(র্) / *noun* [C] a person or organization that is competing against others প্রতিযোগী ব্যক্তি অথবা সংগঠন; প্রতিদ্বন্দ্বী *There are ten competitors in the first race.* ○ *Two local companies are our main competitors.*

compilation / ˌkɒmpɪ'leɪʃn ˌকম্পি'লেইশ্ন্ / *noun* **1** [C] a collection of pieces of music, writing, film, etc. that are taken from different places and put together বিভিন্ন স্থান থেকে গৃহীত গান, রচনা, চলচ্চিত্র ইত্যাদির সংগ্রহ; সংকলন *a compilation CD of the band's greatest hits* **2** [U] the act of compiling sth সংকলন করা বা একত্রিত করার ক্রিয়া

compile / kəm'paɪl ক্যাম্'পাইল্ / *verb* **1** [I] to collect information and arrange it in a list, book, etc. বিভিন্ন জায়গা থেকে তথ্য সংগ্রহ করে কোনো তালিকা বা বই-এর আকারে সাজানো *to compile a dictionary/a report/a list* **2** [I, T] (*computing*) to translate instructions from one computer language into another for a computer to understand একটি কম্পিউটারের ভাষা থেকে অন্য কম্পিউটারের ভাষায় নির্দেশাবলি অনুবাদ করা (কম্পিউটারের বোঝার জন্য)

complacent / kəm'pleɪsnt ক্যাম্'প্লেইস্ন্ট্ / *adj.* feeling too satisfied with yourself or with a situation, so that you think that there is no need to worry নিজের সম্পর্কে বা কোনো পরিস্থিতি সম্পর্কে অত্যন্ত তৃপ্তি বা সন্তুষ্টির মনোভাব যেন সেখানে উদ্বিগ্ন হওয়ার প্রয়োজন নেই; আত্মপ্রসন্ন, আত্মসন্তুষ্ট, আত্মতৃপ্ত *He had won his matches so easily that he was in danger of becoming complacent.* ▸ **complacency** / kəm'pleɪsnsi ক্যাম্'প্লেইস্ন্সি / *noun* [U] আত্মতৃপ্তি ▸ **complacently** *adv.* আত্মতৃপ্তভাবে, আত্মতুষ্টি হয়ে

complain / kəm'pleɪn ক্যাম্'প্লেইন্ / *verb* [I] **1 complain (to sb) (about sth/that...)** to say that you are not satisfied with or happy about sth (কোনো কিছু সম্পর্কে) অভিযোগ, অনুযোগ অথবা অসন্তোষ প্রকাশ করা *People are always complaining about the weather.* ○ *We complained to the hotel manager that the room was too noisy.* ➪ **grumble** এবং **protest**-এ নোট দেখো। **2** (*formal*) **complain of sth** to say that you have a pain or illness কোনো যন্ত্রণা বা অসুস্থতার কথা ব্যক্ত করা *He went to the doctor, complaining of chest pains.*

complaint / kəm'pleɪnt ক্যাম্'প্লেইন্ট্ / *noun* **complaint (about sth); complaint (that...)** **1** [C] a statement that you are not satisfied with sth কোনো বস্তু সম্পর্কে অসন্তোষ সংক্রান্ত বিবৃতি; ফরিয়াদ, নালিশ *You should* ***make a complaint*** *to the company that made the machine.* **2** [U] the act of complaining অভিযোগ, নালিশ অথবা অসন্তোষ প্রকাশ করার ক্রিয়া *I wrote a* ***letter of complaint*** *to the manager about the terrible service I had received.* ○ *Ashutosh's behaviour never gave the teachers* ***cause for complaint.*** **3** [C] an illness or disease কোনো ব্যাধি, পীড়া, রোগ বা অসুখ *a heart complaint*

complement[1] / 'kɒmplɪmənt 'কম্প্লিম্যান্ট্ / *noun* [C] **1** (*formal*) a thing that goes together well with sth else পূরক, সম্পূরক, অনুপূরক *Ice cream is the perfect complement to this dessert.* **2** the total number that makes a group complete কোনো দল সম্পূর্ণ করতে প্রয়োজনীয় পূর্ণ সংখ্যা *Without a full complement of players, the team will not be able to take part in the match.* **3** (*grammar*) a word or words, especially a noun or adjective, used after a verb such as 'be' or 'become' and describing the subject of that verb (ব্যাকরণে) কোনো শব্দ অথবা শব্দসমূহ (বিশেষত বিশেষ্য বা বিশেষণপদ) যা কোনো ক্রিয়াপদ (যেমন 'be' অথবা 'become')-এর পরে ব্যবহৃত হয় এবং সেই ক্রিয়ার কর্তাকে বর্ণনা করে *In 'He's friendly' and 'He's a fool', 'friendly' and 'fool' are complements.*

complement[2] / 'kɒmplɪment 'কম্প্লিমেন্ট্ / *verb* [T] to go together well with একসঙ্গে মানিয়ে যাওয়া, অনুপূরকের কাজ করা, সম্পূর্ণ করা *The colours of the furniture and the carpet complement each other.*

complementary / ˌkɒmplɪ'mentri ˌকম্প্লি'মেন্ট্রি / *adj.* going together well with sb/sth; adding sth which the other person or thing does not have কোনো ব্যক্তি বা বস্তুর উপযোগী; তার পরিপূরক,

সম্পূরক পূরণাত্মক, পূরণকারী *They work well together because their skills are complementary—he's practical and she's creative.*

complete¹ / kəmˈpliːt ক্যাম্ˈপ্লীট্ / *adj.* **1** having or including all parts; with nothing missing সম্পূর্ণ, পুরো; সমগ্র, গোটা *I gave a complete list of the stolen items to the police.* o *The book explains the complete history of the place.* **2** (*not before a noun*) finished or ended সমাপ্ত বা শেষ, পরিসমাপ্ত *The repair work should be completed by Wednesday.* ✪ বিপ **incomplete** (অর্থ সংখ্যা 1 এবং 2-এর জন্যে) **3 complete** (**with sth**) including sth extra, in addition to what is expected কোনো বাড়তি অথবা অতিরিক্ত জিনিসসহ, প্রত্যাশিত বস্তুসহ *The computer comes complete with instruction manual and printer.* **4** (*only before a noun*) as great as possible; total; in every way যতদূর সম্ভব ততদূর; পুরোপুরি, একেবারে, সম্পূর্ণ; সব দিক থেকে *It was a complete waste of time.* o *The room is a complete mess.* ▶ **completeness** *noun* [U] পূর্ণতা

complete² / kəmˈpliːt ক্যাম্ˈপ্লীট্ / *verb* [T] **1** to make sth whole কোনো কিছু পুরো করা, সম্পূর্ণ করা *We need two more players to complete the team.* **2** to finish sth; to bring sth to an end কোনো কিছু শেষ করা; সম্পন্ন করা, সাঙ্গ করা *She completed her teacher training course in June 2004.* **3** to write all the necessary information on sth (for example a form) সব প্রয়োজনীয় তথ্য লিখে সম্পূর্ণ করা (যেমন নির্দেশপত্রে) *Please complete the following in capital letters.*

completely / kəmˈpliːtli ক্যাম্ˈপ্লীট্লি / *adv.* in every way; fully; totally একেবারে, সম্পূর্ণভাবে; পরিপূর্ণভাবে; সম্পূর্ণরূপে, সবরকমে *The building was completely destroyed by fire.*

completion / kəmˈpliːʃn ক্যাম্ˈপ্লীশ্ন্ / *noun* [U] (*formal*) the act of finishing sth or the state of being finished পরিসমাপ্তি, শেষ পর্যায়, সমাপ্তি, সমাপন *You will be paid on completion of the work.* o *The new highway is due for completion within two years.*

complex¹ / ˈkɒmpleks ˈকম্প্লেক্স্ / *adj.* made up of several connected parts and often difficult to understand; complicated বিভিন্ন সংযুক্ত অংশের দ্বারা তৈরি এবং প্রায়ই যা বোঝা কঠিন; জটিল, যৌগিক, দুরূহ *a complex problem/subject*

complex² / ˈkɒmpleks ˈকম্প্লেক্স্ / *noun* [C] **1** a group of connected things, especially buildings সংযুক্ত বস্তুবর্গ (বিশেষত অট্টালিকাসমূহ) *a shopping/sports complex* **2 a complex** (**about sth**) an emotional problem that makes sb worry too much about sth in a way that is not normal আবেগজাত সমস্যা যার জন্য কোনো ব্যক্তি অস্বাভাবিকভাবে কোনো বিষয়ে অত্যন্ত দুশ্চিন্তাগ্রস্ত হয়; গূঢ়ৈষা *He's got a complex about his height.* o *an inferiority complex*

complexion / kəmˈplekʃn ক্যাম্ˈপ্লেক্শ্ন্ / *noun* [C] **1** the natural colour and quality of the skin on your face মুখের স্বাভাবিক রং *a dark/fair complexion* o *a healthy complexion* **2** [*usually sing.*] the general nature or character of sth (কোনো বস্তু অথবা পরিস্থিতির) প্রকৃতি অথবা চরিত্র *These announcements put a different complexion on our situation.*

complexity / kəmˈpleksəti ক্যাম্ˈপ্লেক্স্যাটি / *noun* (*pl.* **complexities**) **1** [U] the state of being complex and difficult to understand জটিলতা, দুর্বোধ্যতা *an issue of great complexity* **2** [C] one of the many details that make sth complicated জটিলতার কোনো একটি সূক্ষ্ম কারণ *I haven't time to explain the complexities of the situation now.*

compliant / kəmˈplaɪənt ক্যাম্ˈপ্লাইঅ্যান্ট্ / *adj.* (*formal*) **compliant** (**with sth**) working or done in agreement with particular rules, orders, etc. চুক্তিগত নির্দিষ্ট নিয়ম, আদেশ ইত্যাদি অনুসারে করা হয়েছে বা কৃত *All new products must be compliant with 150 speci-fications.* ▶ **compliance** *noun* [U] সম্মতি, অনুরোধ বা আদেশ পালন *A hard hat must be worn at all times in compliance with safety regulations.*

complicate / ˈkɒmplɪkeɪt ˈকম্প্লিকেইট্ / *verb* [T] to make sth difficult to understand or deal with কোনো কিছু বেশি জটিল, গোলমেলে অথবা দুর্বোধ্য করে তোলা *Let's not complicate things by adding too many details.* ▶ **complicated** *adj.* জটিল, বহু বিষয় সমন্বিত *a novel with a very complicated plot*

complication / ˌkɒmplɪˈkeɪʃn ˌকম্প্লিˈকেইশ্ন্ / *noun* [C] **1** something that makes a situation hard to understand or to deal with কোনো কিছু যা পরিস্থিতিকে দুরূহ অথবা দুর্বোধ্য করে তোলে; জটিলতা, জটিল অবস্থা, বিজড়িত অবস্থা *Unless there are any unexpected complications, I'll be arriving next month.* **2** a new illness that you get when you are already ill রোগের নতুন সমস্যা অথবা উপসর্গ *Unless he develops complications, he'll be out of hospital in a week.*

complicity / kəmˈplɪsəti ক্যাম্ˈপ্লিস্যাটি / *noun* [U] (*formal*) the fact of being involved with sb else in a crime অপরাধমূলক কাজে অন্যের সঙ্গে সহায়তা বা অংশগ্রহণ; যোগসাজশ

compliment¹ / ˈkɒmplɪmənt ˈকম্প্লিম্যান্ট্ / *noun* **1** [C] **a compliment** (**on sth**) a statement or action that shows admiration for sb কোনো ব্যক্তির জন্য প্রশংসাসূচক বিবৃতি অথবা কাজ; প্রশংসাবাণী, প্রশংসাবাদ, প্রশংসা *People often* ***pay*** *her* ***compliments*** *on her piano playing.* **2 compliments** [*pl.*] (*formal*) used to say that you like sth or to thank sb for sth প্রশংসা অথবা কৃতজ্ঞতা ব্যক্ত করার জন্য ব্যবহৃত *Tea and coffee are provided with the compliments of the hotel management* (= without charge).

compliment[2] / ˈkɒmplɪment ˈকম্প্লিমেন্ট্ / *verb* [T] **compliment sb (on sth)** to say that you think sb/sth is very good কোনো ব্যক্তি বা বস্তুর প্রশংসা করা, অভিনন্দন জানানো *She complimented them on their smart appearance.*

complimentary / ˌkɒmplɪˈmentri ˌকম্প্লি'মেন্ট্রি / *adj.* **1** showing that you think sb/sth is very good স্তুতিবাচক, সম্মানসূচক, প্রশংসাসূচক *He made several complimentary remarks about her work.* **2** given free of charge (সৌজন্যের চিহ্ন হিসেবে) বিনামূল্যে প্রদত্ত *a complimentary theatre ticket*

comply / kəmˈplaɪ ক্যাম্'প্লাই / *verb* [I] (*pres. part.* **complying**; *3rd person sing. pres.* **complies;** *pt, pp* **complied**) (*formal*) **comply (with sth)** to obey an order or request আদেশ বা অনুরোধে সম্মত হওয়া *All office buildings must comply with the safety regulations.*

component / kəmˈpəʊnənt ক্যাম্'প্যাউন্যান্ট্ / *noun* [C] one of several parts of which sth is made কোনো বস্তুর উপাদান; গঠনকারী অংশ; অঙ্গ *the components of a machine/system* ▶ **component** *adj.* অংশস্বরূপ, উপাদানস্বরূপ, গঠনকারী, অঙ্গীভূত *the component parts of an engine*

compose / kəmˈpəʊz ক্যাম্'প্যাউজ্ / *verb* **1** [T] to be the parts that together form sth যে অংশগুলি একত্রিত হয়ে কোনো কিছু তৈরি করে তার অন্তর্ভুক্ত হওয়া *the parties that compose the coalition government* **2** [I, T] to write music সংগীত রচনা করা *to compose beautiful melodies* **3** [T] to produce a piece of writing, using careful thought যত্নসহকারে ও চিন্তা করে লেখা *I sat down and composed a letter of reply.* **4** [T] to make yourself, your feelings, etc. become calm and under control নিজেকে এবং নিজের অনুভূতিকে শান্ত, সমাহিত অথবা সংযত করা *The news came as such a shock that it took me a while to* ***compose myself***.

composed / kəmˈpəʊzd ক্যাম্'প্যাউজ্‌ড্ / *adj.* **1 composed of sth** made or formed from several different parts, people, etc. বিভিন্ন অংশ, ব্যক্তি ইত্যাদি দিয়ে অথবা সেগুলি থেকে গঠিত *The committee is composed of politicians from all parties.* **2** calm, in control of your feelings শান্ত, স্থির, সমাহিত *Although he felt very nervous, he managed to appear composed.*

composer / kəmˈpəʊzə(r) ক্যাম্'প্যাউজ়্যা(র্) / *noun* [C] a person who writes music সংগীতস্রষ্টা, সংগীতকার, সংগীত রচয়িতা

composite /ˈkɒmpəzɪt ˈকম্প্যাজ়িট্ / *adj.* consisting of different parts or materials বিভিন্ন অংশ, উপাদান অথবা পদার্থ দিয়ে গঠিত; বিমিশ্র ▶ **composite** *noun* [C] বিভিন্ন উপাদানের সমষ্টি, যৌগিক

composition / ˌkɒmpəˈzɪʃn ˌকম্প্যা'জ়িশ্‌ন্ / *noun* **1** [U] the parts that form sth; the way in which the parts of sth are arranged যেসব বস্তু দিয়ে কোনো বস্তু গঠিত হয়; সংযুক্তি; গঠনপদ্ধতি, গঠন নকশা, গঠনপ্রণালী *the chemical composition of a substance* ○ *the composition of the population* **2** [C] a piece of music that has been written by sb কোনো ব্যক্তির দ্বারা রচিত সংগীত *R D Burman's best-known compositions* **3** [U] the act or skill of writing a piece of music or text গান অথবা সংগীত রচনা করার ক্রিয়া অথবা কৌশল *She studied both musical theory and composition.* **4** [C] a short piece of writing done at school, in an exam, etc. পরীক্ষায়, স্কুলে ইত্যাদিতে লিখিত রচনা *Write a composition of about 300 words on one of the following subjects.*

compost / ˈkɒmpɒst ˈকম্পস্ট্/ *noun* [U] a mixture of dead plants, old food, etc. that is added to soil to help plants grow মৃত উদ্ভিদ, পুরোনো বা বাসি খাবার ইত্যাদির মিশ্রণ যা গাছপালার বৃদ্ধির জন্য মাটিতে দেওয়া হয়; মিশ্র জৈব সার; কম্পোস্ট সার

composure / kəmˈpəʊʒə(r) ক্যাম্'প্যাউজ্য়া(র্) / *noun* [U] the state of being calm and having your feelings under control শান্ত ভাব, আত্মসংযম, সমাহিত অবস্থা; স্থৈর্য, আত্মস্থতা

compound[1] / ˈkɒmpaʊnd ˈকম্পাউন্ড্ / *noun* [C] **1** something that consists of two or more things or substances combined together যা দুই বা ততোধিক পদার্থের মিশ্রণে গঠিত বস্তু; যৌগিক পদার্থ, যৌগ *a chemical compound* **2** (*grammar*) a noun, an adjective or a verb made of two or more words or parts of words, written as one or more words, or joined by a **hyphen** (ব্যাকরণে) দুই বা ততোধিক শব্দ অথবা শব্দাংশের দ্বারা গঠিত বিশেষ্য, বিশেষণ অথবা ক্রিয়াপদ যা একটি অথবা একাধিক শব্দ হিসেবে অথবা হাইফেন দিয়ে যুক্ত করে লেখা হয়; যৌগিক শব্দ *'Car park', 'bad-tempered' and 'bathroom' are all compounds.* **3** an area of land with a group of buildings on it, surrounded by a wall or fence দেয়াল অথবা বেষ্টনী দিয়ে ঘেরা কয়েকটি বাড়ি সমেত কোনো এলাকা; চত্বর, অঙ্গন; কম্পাউন্ড

compound² / kəmˈpaʊnd ক্যাম্'পাউন্ড্ / *verb* [T] to make sth such as a problem worse সমস্যা ইত্যাদি জটিল করে তোলা অথবা বৃদ্ধি করা

comprehend / ˌkɒmprɪˈhend ˌকম্প্রি'হেন্ড্ / *verb* [T] (*formal*) to understand sth completely মর্মগ্রহণ করা, ঠিকভাবে বোঝা, হৃদয়ংগম করা, তাৎপর্য গ্রহণ করা *She's too young to comprehend what has happened.*

comprehensible / ˌkɒmprɪˈhensəbl ˌকম্প্রি'হেন্স্যাব্‌ল্ / *adj.* easy to understand সহজবোধ্য, প্রাঞ্জল, ধারণাগম্য *The book is written in clear, comprehensible language.* ✪ বিপ **incomprehensible**

comprehension / ˌkɒmprɪˈhenʃn ˌকম্প্রি'হেন্‌শ্‌ন্ / *noun* 1 [U] (*formal*) the ability to understand উপলব্ধি করার ক্ষমতা, বোঝার সামর্থ্য; বোধশক্তি, ধীশক্তি *The horror of war is* ***beyond comprehension****.* ✪ বিপ **incomprehension** 2 [C, U] an exercise that tests how well you understand spoken or written language কথ্য অথবা লিখিতভাবে ভাষাশিক্ষার উৎকর্ষতা পরীক্ষা করার অনুশীলনী *a listening comprehension*

comprehensive¹ / ˌkɒmprɪˈhensɪv ˌকম্প্রি'হেন্‌সিভ্ / *adj.* 1 including everything or nearly everything that is connected with a particular subject নির্দিষ্ট বিষয়ের সঙ্গে সংযুক্ত প্রতিটি বিষয় অথবা প্রায় প্রত্যেকটি বিষয়সহ; বিস্তৃত, ব্যাপক, বহু ব্যাপ্তিবিশিষ্ট *a guidebook giving comprehensive information on the area* 2 (used about education) educating children of all levels of ability in the same school (শিক্ষাব্যবস্থা সম্বন্ধে ব্যবহৃত) সর্বস্তরের যোগ্যতাসম্পন্ন ছেলেমেয়েদের একই স্কুলে শিক্ষা দেওয়া হয় এমন *a comprehensive education system*

comprehensive² / ˌkɒmprɪˈhensɪv ˌকম্প্রি'হেন্‌সিভ্ / (*also* **comprehensive school**) (*BrE*) *noun* [C] a secondary school in which children of all levels of ability are educated সর্বস্তরে যোগ্যতাসম্পন্ন ছেলেমেয়েদের শিক্ষা প্রদান করে যে মাধ্যমিক বিদ্যালয় *I went to the local comprehensive.*

comprehensively / ˌkɒmprɪˈhensɪvli ˌকম্প্রি'হেন্‌সিভ্‌লি / *adv.* completely; thoroughly সম্পূর্ণভাবে; পুঙ্খানুপুঙ্খরূপে, সর্বতোভাবে, ব্যাপকভাবে

compress / kəmˈpres ক্যাম্'প্রেস্ / *verb* [T] 1 **compress sth (into sth)** to make sth fill less space than usual অপেক্ষাকৃত কম পরিসরে কিছু করা বা ভরানো; সংকুচিত করা, (বায়ু) সংনমিত করা *Divers breathe compressed air from tanks.* ○ *He found it hard to compress his ideas into a single page.* 2 (*computing*) to make computer files, etc. smaller so that they use less space on a disk, etc. কম্পিউটারের ফাইল ইত্যাদি সংকোচন করা যাতে ডিস্ক ইত্যাদিতে সেগুলি সংরক্ষণ করার জন্য কম জায়গা লাগে ✪ বিপ **decompress** ▶ **compression** / kəmˈpreʃn ক্যাম্'প্রেশ্‌ন্ / *noun* [U] সংকোচন

comprise / kəmˈpraɪz ক্যাম্'প্রাইজ্ / *verb* [T] 1 to consist of; to have as parts or members অন্তর্ভুক্ত থাকা; কোনো কিছুর অংশ বা সদস্য হিসেবে অন্তর্গত থাকা *a house comprising three bedrooms, kitchen, bathroom and a living room* 2 to form or be part of sth কোনো কিছুর অংশীভূত হওয়া, অংশ হিসেবে থাকা *Women comprise 62% of the staff.*

compromise¹ / ˈkɒmprəmaɪz 'কম্প্র্যামাইজ্ / *noun* [C, U] **a compromise (on sth)** an agreement that is reached when each person gets part, but not all, of what he/she wanted যে চুক্তি বা সমঝোতায় প্রত্যেক ব্যক্তি অংশ পায় কিন্তু তাদের চাহিদা অনুযায়ী সমস্ত কিছু নয়; আপস, রফা, বোঝাপড়া, মিটমাট *to* ***reach a compromise*** ○ *Both sides will have to be prepared to* ***make compromises****.*

compromise² / ˈkɒmprəmaɪz 'কম্প্র্যামাইজ্ / *verb* 1 [I] **compromise (with sb) (on sth)** to accept less than you want or are aiming for, especially in order to reach an agreement বিশেষত কোনো চুক্তিতে পৌঁছোনোর উদ্দেশ্যে চাহিদা বা লক্ষ্য ঠিকমতো পূরণ না হলেও তা গ্রহণ করা *Unless both sides are prepared to compromise, there will be no peace agreement.* ○ *The company never compromises on the quality of its products.* 2 [T] **compromise sb/sth/yourself** to put sb/sth/yourself in a bad or dangerous position, especially by doing sth that is not very sensible কোনো ব্যক্তি বা বস্তু অথবা নিজেকে খারাপ অথবা সংকটাপন্ন পরিস্থিতিতে ফেলা (বিশেষত অবিবেচকের মতো কাজ করে) *He compromised himself by accepting money from them.*

compulsion / kəmˈpʌlʃn ক্যাম্'পাল্‌শ্‌ন্ / *noun* 1 [U] the act of forcing sb to do sth or being forced to do sth বাধ্যবাধকতা, জোরজবরদস্তি, বলপ্রয়োগ, চাপ *There is no compulsion to take part. You can decide yourself.* ➪ **compel** verb দেখো। 2 [C] a strong desire that you cannot control, often to do sth that you should not do (প্রায় অনুচিত) উদগ্র আকাঙ্ক্ষা অথবা প্রবল বাসনা ✪ সম **urge**

compulsive / kəmˈpʌlsɪv ক্যাম্'পাল্‌সিভ্ / *adj.* 1 (used about a bad or harmful habit) caused by a strong desire that you cannot control (কু এবং ক্ষতিকারক অভ্যাস সম্বন্ধে ব্যবহৃত) নিয়ন্ত্রণ করা অসাধ্য এমন, উদগ্র ইচ্ছাবশত, অন্ধ তাড়নাবশত *compulsive eating* 2 (used about a person) having a bad habit that he/she cannot control (ব্যক্তি সম্বন্ধে ব্যবহৃত) এমন কুঅভ্যাস অথবা বদভ্যাস আছে যার উপর কোনো নিয়ন্ত্রণ নেই *a compulsive gambler/shoplifter*

3 so interesting or exciting that you cannot take your attention away from it এত চিত্তাকর্ষক এবং উত্তেজনাপূর্ণ যে মনোযোগ সরানো মুশকিল; অপ্রতিরোধ্য আকর্ষণশক্তি *This book makes compulsive reading.* ▶ **compulsively** *adv.* বাধ্যতামূলকভাবে

compulsory / kəmˈpʌlsəri ক্যাম্ˈপাল্স্যারি / *adj.* that must be done, by law, rules, etc. (আইন, নিয়ম ইত্যাদি অনুসারে) অবশ্যকরণীয়, বাধ্যতামূলক, আবশ্যিক *Maths and English are compulsory subjects on this course.* ○ *It is compulsory to wear a hard hat on the building site.* ✪ সম **obligatory** NOTE যে কাজ করা বাধ্যতামূলক নয় তার জন্য ব্যবহৃত শব্দ হল **non-compulsory, voluntary** অথবা **optional**

compute / kəmˈpju:t ক্যাম্ˈপিউট্ / *verb* [T] (*formal*) to calculate sth কোনো কিছু হিসেব করা, গোনা, গণনা করা

computer / kəmˈpju:tə(r) ক্যাম্ˈপিউট্যা(র্) / *noun* [C] an electronic machine that can store, find and arrange information, calculate amounts and control other machines এমন একটি বৈদ্যুতিন যন্ত্র যার সাহায্যে তথ্য সংরক্ষণ, সংগ্রহ এবং সুবিন্যস্ত করা যায়, গণনা করা যায় এবং অন্য যন্ত্র নিয়ন্ত্রণ করা যায়; পরিগণক, যন্ত্রগণক; কম্পিউটার *The bills are all done **by computer**.* ○ *a computer program*

computerize (*also* **-ise**) / kəmˈpju:təraɪz ক্যাম্ˈপিউট্যারাইজ্ / *verb* [T] to use computers to do a job or to store information কোনো কাজ করার জন্য এবং তথ্য সংরক্ষণের জন্য কম্পিউটার ব্যবহার করা *The whole factory has been computerized.* ○ *We have now computerized the library catalogue.* ▶ **computerization** (*also* **-isation**) / kəmˌpju:təraɪˈzeɪʃn ক্যাম্ˌপিউট্যারাইˈজ়েইশ্ন্ / *noun* [U] কম্পিউটারায়ন

computer-literate *adj.* able to use a computer কম্পিউটার ব্যবহারে সক্ষম, কম্পিউটার সাক্ষর

computing / kəmˈpju:tɪŋ ক্যাম্ˈপিউটিং / *noun* [U] the use of computers কম্পিউটারের প্রয়োগ বা ব্যবহার *She did a course in computing.*

comrade / ˈkɒmreɪd ˈকম্‌রেইড্ / *noun* [C] **1** (*formal*) a person who fights on the same side as you in a war যুদ্ধে যে সৈনিক সমপক্ষে লড়াই করে; সহযোদ্ধা কমরেড *He saw many of his comrades die in battle.* **2** (*old-fashioned*) a person who is a member of the same **socialist** political party or group as the speaker বক্তার সমাজতন্ত্রী রাজনৈতিক দল বা গোষ্ঠীর সদস্য; কমরেড *Comrades, we will fight against injustice!* ▶ **comradeship** / ˈkɒmreɪdʃɪp ˈকম্‌রেইড্‌শিপ্ / *noun* [U] অন্তরঙ্গ বন্ধুত্ব, মৈত্রী *He enjoys the comradeship of the army.*

con[1] / kɒn কন্ / *verb* [T] (**co<u>nn</u>ing; co<u>nn</u>ed**) (*informal*) **con sb** (**into doing sth/out of sth**) to cheat sb, especially in order to get money বিশেষত অর্থলাভের উদ্দেশ্যে কোনো ব্যক্তিকে ঠকানো *He conned her into investing in a company that didn't really exist.* ○ *The old lady was conned out of her life savings.*

con[2] / kɒn কন্ / *noun* [C] (*informal*) a trick, especially in order to cheat sb out of some money চাতুরি, ছল, কৌশল অথবা ফন্দি (বিশেষত ধোঁকা দিয়ে অর্থলাভের উদ্দেশ্যে)

IDM **the pros and cons** ➪ **pro** দেখো।

con- / kɒn- কন্- / *prefix* (*used in adjectives, adverbs, nouns and verbs*) with; together সহিত; একসঙ্গে *concurrent* ○ *convene*

concave / kɒnˈkeɪv কন্ˈকেইভ্ / *adj.* having a surface that curves towards the inside of sth, like the inside of a bowl বাটির ভিতরের দিকের মতো বাঁকানো পৃষ্ঠতলবিশিষ্ট; অবতল, খিলানাকৃতি ➪ **convex** দেখো এবং **lens**-এ ছবি দেখো।

conceal / kənˈsi:l ক্যান্ˈসীল্ / *verb* [T] (*formal*) **conceal sth/sb** (**from sb/sth**) to hide sth/sb; to prevent sth/sb from being seen or discovered (কোনো ব্যক্তি অথবা বস্তুকে) আড়াল করা, লুকোনো, ঢাকা; আড়ালে রাখা, লুকিয়ে রাখা, গোপন করা *She tried to conceal her anger from her friend.* ▶ **concealment** *noun* [U] লুকোনো, গোপন ক্রিয়া, গুপ্ত অবস্থা *the concealment of the facts of the case*

concede / kənˈsi:d ক্যান্ˈসীড্ / *verb* [T] (*formal*) **1** to admit that sth is true although you do not want to ইচ্ছের বিরুধে কোনো কিছু সত্য বলে মেনে নেওয়া অথবা স্বীকার করা *When it was clear that he would lose the election, he conceded defeat.* **2 concede sth** (**to sb**) to allow sb to take sth although you do not want to অনিচ্ছা সত্ত্বেও অন্যকে কিছু নিয়ে যাওয়ার অনুমতি প্রদান করা *They lost the war and had to concede territory to their enemy.* ➪ **concession** noun দেখো।

conceit / kənˈsi:t ক্যান্ˈসীট্ / *noun* [U] too much pride in yourself and your abilities and importance আত্মশ্লাঘা, আত্মাভিমান, দম্ভ, অহমিকা, অহংকার, দেমাক ▶ **conceited** *adj.* আত্মাভিমানী, গর্বিত, দাম্ভিক, দেমাকি *He's so conceited—he thinks he's the best at everything!*

conceivable / kənˈsi:vəbl ক্যান্ˈসীভ্যাব্ল্ / *adj.* possible to imagine or believe কল্পনীয়, অনুধাবনীয়, অনুমেয় অথবা বিশ্বাসযোগ্য *I made every conceivable effort to succeed.* ✪ বিপ **inconceivable** ▶ **conceivably** / -əbli -অ্যাব্লি / *adv.* হয়তো, সম্ভবত *She might just conceivably be telling the truth.*

conceive / kən'si:v ক্যান্'সীভ্ / *verb* **1** [T] (*formal*) to think of a new idea or plan কোনো নতুন চিন্তা বা পরিকল্পনা সম্বন্ধে ভাবা *He conceived the idea for the novel during his journey through India.* **2** [I, T] (*formal*) **conceive (of) sb/sth (as sth)** to think about sb/sth in a particular way; to imagine কোনো ব্যক্তি অথবা বস্তু সম্বন্ধে বিশেষভাবে ভাবা; কল্পনা করা *He started to conceive of the world as a dangerous place.* **3** [I, T] to become pregnant গর্ভবতী হওয়া, পোয়াতি হওয়া, অন্তঃসত্ত্বা হওয়া ➪ **conception** noun দেখো।

concentrate / 'kɒnsntreɪt 'কন্স্ন্ট্রেইট্ / *verb* [I, T] **1 concentrate (sth) (on sth/doing sth)** to give all your attention or effort to sth (কোনো কাজে) মনোনিবেশ করা, সম্পূর্ণ একাগ্রতা অথবা প্রচেষ্টা প্রদান করা *I need to concentrate on passing this exam.* ○ *I tried to concentrate my thoughts on the problem.* **2** to come together or to bring people or things together in one place (মানুষজন বা বস্তুসমূহ) একস্থানে জড়ো হওয়া, সমাবিষ্ট হওয়া, সংহত করা, সমাবেশ করা *Most factories are concentrated in one small area of the town.*

concentrated / 'kɒnsntreɪtɪd 'কন্স্ন্ট্রেইটিড্ / *adj.* **1** showing determination একাগ্রচিত্ত, একমন, নিবিষ্ট *With one concentrated effort we can finish the work by tonight.* **2** made stronger by the removal of some liquid তরল পদার্থ বার করে নেওয়ার ফলে ঘনীকৃত হয়েছে এমন; গাঢ় *This is concentrated orange juice. You have to add water before you drink it.* ✪ বিপ **dilute**

concentration / ˌkɒnsn'treɪʃn ˌকন্স্ন্'ট্রেইশ্ন্ / *noun* **1** [U] **concentration (on sth)** the ability to give all your attention or effort to sth কোনো কাজে একাগ্রভাবে সম্পূর্ণ মনোনিবেশ অথবা প্রচেষ্টা নিয়োগ করার ক্ষমতা *This type of work requires total concentration.* ○ *Don't* ***lose your concentration*** *or you might make a mistake.* **2** [C] **concentration (of sth)** a large amount of people or things in one place একই স্থানে প্রচুর ব্যক্তির সমাবেশ বা অনেক বস্তুর সমাহরণ *There is a high concentration of chemicals in the drinking water here.*

concentration camp *noun* [C] a prison (usually a number of buildings inside a high fence) where civilians, political prisoners and sometimes prisoners of war are kept, usually under very harsh conditions সাধারণ নাগরিক, রাজনৈতিক বন্দি এবং অনেক সময় যুদ্ধবন্দিদের (সাধারণত অত্যন্ত কঠিন বা কষ্টকর অবস্থায়) রাখার জন্য উঁচু প্রাচীর ঘেরা অট্টালিকাসমূহ বা কারাগার; রাজনৈতিক বন্দিশিবির; কনসেনট্রেশন ক্যাম্প

concentric / kən'sentrɪk ক্যান্'সেন্ট্রিক্ / *adj.* (used about circles of different sizes) having the same centre point (নানা মাপের বৃত্ত সম্বন্ধে ব্যবহৃত) এক কেন্দ্রিক; সমকেন্দ্রীয়

concept / 'kɒnsept 'কন্সেপ্ট্ / *noun* [C] **the concept (of sth/that...)** an idea; a basic principle ধারণা, বোধ; মূলতত্ত্ব, মূলনীতি *It is difficult to* ***grasp the concept*** *of eternity.* ▶ **conceptual** / kən'septʃuəl ক্যান্'সেপ্চুঅ্যাল্ / *adj.* ধারণাবাদী, ধারণামূলক, ধারণাগত

conception / kən'sepʃn ক্যান্'সেপ্শ্ন্ / *noun* **1** [C, U] **(a) conception (of sth)** an understanding of how or what sth is কোনো কিছু সম্বন্ধে ধারণা *We have no real conception of what people suffered during the war.* **2** [U] the process of forming an idea or a plan কোনো ধারণা অথবা পরিকল্পনা গড়ার প্রক্রিয়া **3** [U, C] the moment when a woman or female animal becomes pregnant (কোনো মহিলা অথবা স্ত্রী পশুর) গর্ভধারণের মুহূর্ত ➪ **conceive** verb দেখো।

concern[1] / kən'sɜ:n ক্যান্'স্যন্ / *verb* [T] **1** to affect or involve sb/sth কোনো ব্যক্তি অথবা বস্তুকে প্রভাবিত অথবা বিজড়িত করা *This does not concern you. Please go away.* ○ *It is important that no risks are taken* ***where*** *safety* ***is concerned.*** **2** to be about sth কোনো বিষয়ে সম্বন্ধিত হওয়া *The main problem concerns the huge cost of the project.* **3** to worry sb কোনো ব্যক্তিকে উদ্বেগ, দুশ্চিন্তা এবং দুর্ভাবনায় ফেলা *What concerns me is that we have no long-term plan.* **4 concern yourself with sth** to give your attention to sth কোনো কিছুতে নিজের মনোযোগ দেওয়া অথবা মনোনিবেশ করা, মাথা ঘামানো *You needn't concern yourself with the hotel booking. The travel agent will take care of it.*

IDM **be concerned in sth** to have a connection with or be involved in sth কোনো কিছুর সঙ্গে সম্বন্ধ থাকা অথবা তাতে জড়িয়ে পড়া *She was concerned in a drugs case some years ago.*

be concerned with sth to be about sth সম্বন্ধে, ব্যাপারে *Tonight's programme is concerned with the effects of the law on ordinary people.*

concern[2] / kən'sɜ:n ক্যান্'স্যন্ / *noun* **1** [C, U] **concern (for/about/over sb/sth); concern (that...)** a feeling of worry; sth that causes worry দুশ্চিন্তা, উদ্বেগ, দুর্ভাবনা; গভীর দুশ্চিন্তার বিষয় *The safety officer assured us that there was no* ***cause for concern.*** ○ *My main concern is that we'll run out of money.* **2** [C] something that is important to you or that involves you কোনো কিছু যা কারও নিজের জন্য গুরুত্বপূর্ণ অথবা যার সঙ্গে সে সম্বন্ধিত

Financial matters are not my concern. **3** [C] a company or business কোম্পানি অথবা ব্যাবসা, ব্যাবসা প্রতিষ্ঠান *a large industrial concern*

IDM a going concern ⇨ **going**[2] দেখো।

concerned / kənˈsɜ:nd ক্যান্ˈস্যান্ড্ / *adj.* **concerned (about/for sth); concerned (that...)** worried and feeling concern about sth দুশ্চিন্তাগ্রস্ত এবং কোনো ব্যাপারে উদ্বেগপূর্ণ *If you are concerned about your baby's health you should consult a doctor immediately.* ✪ বিপ **unconcerned**

concerning / kənˈsɜ:nɪŋ ক্যান্ˈস্যানিং / *prep.* about; on the subject of কোনো বিশেষ বিষয়ে; সম্বন্ধে, ব্যাপারে *She refused to answer questions concerning her private life.*

concert / ˈkɒnsət ˈকন্স্যাট্ / *noun* [C] a performance of music সংগীতানুষ্ঠান; কনসার্ট *The band is on tour doing concerts all over the country.* ⇨ **recital** দেখো।

IDM in concert (with sb/sth) (*formal*) working together with sb/sth কোনো ব্যক্তি অথবা বস্তুর সঙ্গে একত্রে কাজ করা

concerted / kənˈsɜ:tɪd ক্যান্ˈস্যাটিড্ / *adj.* done by a group of people working together সমবেতভাবে অথবা সমন্বিতভাবে কৃতকর্ম *We must all **make a concerted effort** to finish the work on time.*

concertina / ˌkɒnsəˈti:nə ˌকন্স্যাˈটীন্যা / *noun* [C] a musical instrument that you hold in your hands and play by pressing the ends together and pulling them apart একধরনের বাদ্যযন্ত্র যা হাতে ধরে দুপ্রান্তে একসঙ্গে চাপ দিয়ে এবং টেনে ধরে বাজাতে হয় ⇨ **piano**-তে নোট দেখো।

concession / kənˈseʃn ক্যান্ˈসেশ্ন্ / *noun* **1** [C, U] **(a) concession (to sb/sth)** something that you agree to do in order to end an argument তর্কবিতর্ক এবং বিবাদ মেটানোর জন্য দেওয়া ছাড় অথবা রেয়াত *Employers have been forced to **make concessions** to the union.* ⇨ **concede** verb দেখো। **2** [C] a lower price for certain groups of people (কোনো বিশেষ গোষ্ঠীর জন্য) দামের উপর বিশেষ ছাড় *Concessions are available for students.*

concessionary / kənˈseʃənəri ক্যান্ˈসেশ্যান্যারি / *adj.* having a lower price for certain groups of people বিশেষ গোষ্ঠীর জন্য ছাড় আছে এমন *a concessionary fare*

conch / kɒntʃ কন্চ্ / *noun* [C] (*pl.* **conches**) (*IndE*) the shell of a sea creature. In India certain kind of conches are played by blowing into them on **auspicious** occasions like marriages সামুদ্রিক প্রাণীর আবরণ বা খোল। ভারতবর্ষে শুভকর্মে যেমন বিয়ে ইত্যাদিতে বাজানো হয়; শঙ্খ, শাঁখ, কম্বু

conciliate / kənˈsɪlieɪt ক্যান্ˈসিলিএইট্ / *verb* [I, T] to try to make a group of people less angry, especially in order to end a dispute বিশেষত কোনো একটি মতবিরোধ মেটানোর জন্য কোনো গোষ্ঠীর ব্যক্তিদের প্রশমিত অথবা ঠান্ডা করা

conciliation / kənˌsɪliˈeɪʃn ক্যান্ˌসিলিˈএইশ্ন্ / *noun* [U] the process of ending an argument or a disagreement কোনো বিতর্ক অথবা মতবিরোধ মেটানোর পদ্ধতি; মীমাংসা, তুষ্টিসাধন, মিটমাট *All attempts at conciliation have failed and civil war seems inevitable.*

conciliatory / kənˈsɪliətəri ক্যান্ˈসিলিঅ্যাট্যারি / *adj.* that tries to end an argument or a disagreement মৈত্রীসূচক, মিলনসাধক, বন্ধুত্বপূর্ণ *a conciliatory speech/gesture*

concise / kənˈsaɪs ক্যান্ˈসাইস্ / *adj.* giving a lot of information in a few words; brief অল্প কথায় অধিক তথ্য প্রদান; সংক্ষিপ্ত *He gave a clear and concise summary of what had happened.* ▶ **concisely** *adv.* সংক্ষেপে, অল্পকথায় ▶ **conciseness** *noun* [U] মিতভাষিতা, সংক্ষিপ্ততা, সংক্ষেপ

conclude / kənˈklu:d ক্যান্ˈক্লুড্ / *verb* **1** [T] **conclude sth from sth** to form an opinion as the result of thought or study বিচার বিবেচনা অথবা গবেষণার পরে কোনো মতামত গঠন করা *From the man's strange behaviour I concluded that he was drunk.* **2** [I, T] (*formal*) to end or to bring sth to an end উপসংহার করা, ইতি টানা; কোনো কিছু সমাপ্ত করা অথবা সমাপ্তি ঘটানো *The President concluded his tour with a visit to a charity concert.* **3** [T] **conclude sth (with sb)** to formally arrange or agree to sth আনুষ্ঠানিকভাবে কোনো কিছুর ব্যবস্থা করা অথবা তাতে সম্মতি দেওয়া *conclude a business deal/treaty*

conclusion / kənˈklu:ʒn ক্যান্ˈক্লুজ্ন্ / *noun* **1** [C] **the conclusion (that...)** an opinion that you reach after thinking about sth carefully কোনো কিছু সম্পর্কে সুবিবেচনার পরে উপনীত হওয়া গেছে যে অভিমতে *After trying to phone Uday for days, I **came to the conclusion** that he was on holiday.* ○ *Have you **reached** any **conclusions** from your studies?* **2** [C, *usually sing.*] (*formal*) an end to sth সমাপ্তি, উপসংহার *Let us hope the peace talks **reach a** successful **conclusion**.* **3** [U] an act of arranging or agreeing to sth formally আনুষ্ঠানিকভাবে সম্পাদন করা অথবা কোনো সম্মতি প্রদানের ক্রিয়া *The summit ended with the conclusion of an arms-reduction treaty.*

IDM a foregone conclusion ⇨ **foregone** দেখো।

in conclusion finally; lastly শেষ পর্যন্ত; শেষে, পরিশেষে

jump to conclusions ➪ **jump**[1] দেখো।

conclusive / kənˈkluːsɪv ক্যান্‌ক্লুসিভ্ / *adj.* that shows sth is definitely true or real চূড়ান্ত, প্রামাণ্য; নিঃসন্দেহে সত্য, তর্কাতীত, প্রত্যয়জনক *The blood tests gave conclusive proof of the disease.* ✪ বিপ **inconclusive** ▶ **conclusively** *adv.* চূড়ান্তভাবে, তর্কাতীতভাবে, সিদ্ধান্তরূপে

concoct / kənˈkɒkt ক্যান্ˈকক্ট্ / *verb* [T] **1** to make sth unusual by mixing different things together নানারকমের জিনিস মিশিয়ে অসাধারণ কিছু তৈরি করা **2** to make up or invent sth (an excuse, a story, etc.) মিথ্যা উদ্ভাবন করা (অজুহাত, গল্প ইত্যাদি) ▶ **concoction** / kənˈkɒkʃn ক্যান্ˈককশ্‌ন্ / *noun* [C] মিথ্যে উদ্ভাবন, বানানো মিশ্রণ

concord / ˈkɒŋkɔːd ˈকংক:ড্ / *noun* [U] **1 concord (with sth)** (*formal*) peace and agreement মিল, ঐক্য, সংগতি, শান্তি এবং মতৈক্য *The two countries now live in concord.* ✪ সম **harmony** **2** (*grammar*) **concord (with sth)** (used about words in a phrase) the fact of having to have a particular form according to other words in the phrase (ব্যাকরণ) বাক্যাংশের মধ্যে ব্যবহৃত শব্দসমূহের মধ্যে পারস্পরিক সংগতি

concordance / kənˈkɔːdəns ক্যান্ˈক:ড্যান্স্ / *noun* **1** [C] a list in A to Z order of the words used in a book, etc. showing where and how often they are used কোনো বই ইত্যাদিতে ব্যবহৃত শব্দসমূহের বর্ণানুক্রমিক তালিকা যাতে দেখানো হয় কোথায় এবং কতবার সেগুলি ব্যবহৃত হয়; শব্দ নির্ঘণ্ট, নির্ঘণ্ট-গ্রন্থ **2** [C] a list produced by a computer that shows all the examples of an individual word in a book, etc. কম্পিউটার দ্বারা প্রস্তুত কোনো পুস্তক ইত্যাদিতে ব্যবহৃত প্রতিটি শব্দের উদাহরণ সম্বলিত তালিকা **3** [U] (*technical*) the state of being similar to or agreeing with sth সংগতি, ঐক্য, মতৈক্য *There is reasonable concordance between the results.*

concourse / ˈkɒŋkɔːs ˈকংক: স্ / *noun* [C] a large hall or space inside a building such as a station or an airport কোনো অট্টালিকা বা বাড়ির ভিতরে উন্মুক্ত স্থান অথবা বড়ো হলঘর (যেমন স্টেশনে অথবা বিমানবন্দরে)

concrete[1] / ˈkɒŋkriːt ˈকংক্রীট্ / *adj.* real or definite; not only existing in the imagination বাস্তব অথবা নিশ্চিত; কাল্পনিক নয়; সাবয়ব, সাকার *Can you give me a concrete example of what you mean?* ✪ বিপ **abstract** ▶ **concretely** *adv.* বাস্তবিকভাবে, নিশ্চিত রূপে

concrete[2] / ˈkɒŋkriːt ˈকংক্রীট্ / *noun* [U] a hard substance made from cement mixed with sand, water, small stones (**gravel**), etc., that is used in building বাড়ি তৈরি করার জন্য সিমেন্ট, বালি, ছোটো পাথরের কুচি (কাঁকর) মিশিয়ে প্রস্তুত শক্ত পদার্থ; কংক্রিট *a modern office building of glass and concrete* ○ *a concrete floor/bridge*

concrete[3] / ˈkɒŋkriːt ˈকংক্রীট্ / *verb* [T] **concrete sth (over)** to cover sth with concrete কংক্রিট দিয়ে কোনো কিছু ঢাকা, আচ্ছাদন করা, জমাট বাঁধানো

concrete mixer = **cement mixer**

concur / kənˈkɜː(r) ক্যান্ˈক্য(র্) / *verb* [I] (**concurring**; **concurred**) (*formal*) to agree একমত অথবা সহমত হওয়া

concurrence / kənˈkʌrəns ক্যান্ˈকার‍্যান্স্ / *noun* (*formal*) **1** [U, *sing.*] agreement ঐকমত্য, মিল, সম্মতি *The doctor must seek the concurrence of a relative before carrying out the procedure.* **2** [*sing.*] an example of two or more things happening at the same time দুই বা ততোধিক বস্তুর একই সময়ে সংঘটনের কোনো উদাহরণ; সহঘটন, সংঘটন, সমাপাত *an unfortunate concurrence of events*

concurrent / kənˈkʌrənt ক্যান্ˈকার‍্যান্ট্ / *adj.* existing or happening at the same time as sth else অন্য কোনো বস্তুর সঙ্গে একই সময়ে ঘটিত বা স্থিত; সহঘটিত, সমাপতিত, সমকালীন ▶ **concurrently** *adv.* একইসঙ্গে, সমকালীনভাবে *The semi-finals are played concurrently, so it is impossible to watch both.*

concuss / kənˈkʌs ক্যান্ˈকাস্ / *verb* [T] (*usually passive*) to injure sb's brain by hitting his/her head কোনো ব্যক্তির মাথায় আঘাত করে তার মস্তিষ্কের ক্ষতি করা *I was slightly concussed when I fell off my bicycle.* ▶ **concussion** / kənˈkʌʃn ক্যান্ˈকাশ্‌ন্ / *noun* [U] মস্তিষ্কে আঘাতজনিত ক্ষতি *He was rushed to hospital, but only suffered mild concussion*

condemn / kənˈdem ক্যান্ˈডেম্ / *verb* [T] **1 condemn sb/sth (for/as sth)** to say strongly that you think sb/sth is very bad or wrong কোনো ব্যক্তি অথবা বস্তুকে প্রবলভাবে ধিক্কার দেওয়া অথবা তীব্র নিন্দা করা *A government spokesman condemned the bombing as a cowardly act of terrorism.* **2 condemn sb (to sth/to do sth)** to say what sb's punishment will be; to sentence sb কোনো ব্যক্তির শাস্তির ধরন অথবা প্রকার ঘোষণা করা; কোনো ব্যক্তিকে দণ্ডাদেশ দেওয়া *The murderer was condemned to death.* ○ (*figurative*) *Their poor education condemns them to a series of low-paid jobs.* **3 condemn sth (as sth)** to say officially that sth is not safe enough to use আনুষ্ঠানিকভাবে ঘোষণা করা যে বিশেষ কোনো বস্তু ব্যবহারের পক্ষে যথেষ্ট নিরাপদ

নয় *The building was condemned as unsafe and was demolished.*

condemnation / ˌkɒndemˈneɪʃn ˌকন্‌ডেম্ˈ-নেইশ্‌ন্ / *noun* [C, U] the act of comdemning sth; a statement that condemns কোনো বস্তুকে নিন্দা করার ক্রিয়া; নিন্দাবাচক বিবৃতি; দোষারোপ, নিন্দা, অপবাদ *The bombing brought condemantion from all around the world.*

condensation / ˌkɒndenˈseɪʃn ˌকন্‌ডেন্ˈসেইশ্‌ন্ / *noun* [C] **1** small drops of liquid that are formed when warm air touches a cold surface গরম হাওয়ার স্পর্শে ঠান্ডা পৃষ্ঠতলে জমা জলের ছোটো ছোটো ফোঁটা **2** the process of a gas changing to a liquid বায়বীয় পদার্থ থেকে তরল পদার্থে রূপান্তরিত করার পদ্ধতি; ঘনীভবন, ঘনীকরণ

condense / kənˈdens ক্যান্ˈডেন্স্ / *verb* **1** [I, T] to change or make sth change from gas to liquid কোনো কিছুকে বায়বীয় পদার্থ থেকে তরল পদার্থে পরিবর্তন করা অথবা করানো *Steam condenses into water when it touches a cold surface.* ➪ **evaporate** দেখো। **2** [T] to make a liquid thicker by removing some of its water content কোনো তরল পদার্থের জল শুকিয়ে গাঢ়তর করা *condensed milk* **3 condense sth (into sth)** to make smaller or shorter so that it fills less space ছোটো অথবা সংক্ষিপ্ত করা *We'll have to condense these three chapters into one.*

condenser / kənˈdensə(r) ক্যান্ˈডেন্স্যা(র্) / *noun* **1** [C] a piece of equipment that cools gas in order to turn it into liquid বায়বীয় পদার্থকে ঠান্ডা করে তরল পদার্থে পরিণত করার যন্ত্র ➪ **generator** দেখো। **2** a device that stores electricity, especially in a car engine (বিশেষত মোটর গাড়ির ইঞ্জিনে) বিদ্যুৎ সংরক্ষণ করার কৌশল অথবা সামগ্রী; তড়িতাধার, বিদ্যুৎধারক

condescend / ˌkɒndɪˈsend ˌকন্‌ডিˈসেন্ড্ / *verb* [I] **1 condescend (to sb)** to behave towards sb in a way that shows that you think you are better or more important than him/her; to patronize sb অন্যের কাছে ব্যবহারের মাধ্যমে নিজের শ্রেষ্ঠত্ব এবং গুরুত্ব জাহির করা; কোনো ব্যক্তির পৃষ্ঠপোষকতা করা **2 condescend (to do sth)** to do sth that you believe is below your level of importance অনুগ্রহ করার মতো ভাব দেখিয়ে কিছু করা *Priyanka only condescends to speak to me when she wants me to do something for her.* ▶ **condescending** *adj.* তাচ্ছিল্যতার ভাবপূর্ণ *a condescending smile* ▶ **condescension** / ˌkɒndɪˈsenʃn ˈকন্‌ডিˈসেন্‌শ্‌ন্ / *noun* [U] অনুগ্রহের আচরণ; দাক্ষিণ্য

condiment / ˈkɒndɪmənt ˈকন্‌ডিম্যান্ট্ / *noun* [C, *usually pl.*] **1** a substance such as salt or pepper that is used to give flavour to food খাদ্যদ্রব্য সুস্বাদু করতে ব্যবহৃত পদার্থ যেমন লবণ অথবা গোলমরিচ **2** a sauce, etc. that is used to give flavour to food, or that is eaten with food অনুপান; আচার, চাটনি, মশলা

condition¹ / kənˈdɪʃn ক্যান্ˈডিশ্‌ন্ / *noun* **1** [U, *sing.*] the state that sb/sth is in (কোনো ব্যক্তি বা বস্তুর) অবস্থা, পরিস্থিতি, দশা, হাল, স্থিতি *to be in poor/good/excellent condition* ○ *He looks really ill. He is certainly not in a condition to drive home.* **2** [C] something that must happen so that sth else can happen or be possible প্রতিবন্ধ, শর্ত, কড়ার *One of the conditions of the job is that you agree to work on Sundays.* ○ *He said I could borrow his bike* ***on one condition****—that I didn't let anyone else ride it.* **3 conditions** [*pl.*] the situation or surroundings in which people live, work or do things মানুষের বসবাস অথবা কাজ করার পারিপার্শ্বিক অবস্থা অথবা পরিস্থিতি *The prisoners were kept* ***in*** *terrible* ***conditions****.* ○ *poor living/housing/working conditions* **4** [C] a medical problem that you have for a long time দীর্ঘকাল স্থায়ী কোনো শারীরিক সমস্যা; পুরোনো রোগ *to have a heart/lung condition*

IDM on condition (that...) only if এই শর্তে, শুধু তখনই *I agreed to help on condition that I got half the profit.*

on no condition (*formal*) not for any reason কোনো কারণে অথবা অবস্থাতে নয় *On no condition must the press find out about this.*

out of condition not physically fit শারীরিকভাবে অসুস্থ

condition² / kənˈdɪʃn ক্যান্ˈডিশ্‌ন্ / *verb* [T] to affect or control the way that sb/sth behaves কোনো ব্যক্তির আচরণ বা কোনো কিছুর প্রকৃতিকে প্রভাবিত বা নিয়ন্ত্রণ করা *Boys are conditioned to feel that they are stronger than girls.*

conditional / kənˈdɪʃənl ক্যান্ˈডিশ্যান্‌ল্ / *adj.* **1 conditional (on/upon sth)** that only happens if sth else is done or happens first শর্তসাপেক্ষ, শর্তাধীন, শর্তযুক্ত *My college admission is conditional on my getting good marks in the exams.* ✪ বিপ **unconditional** **2** (*grammar*) describing a situation that must exist before sth else can happen. A conditional sentence often contains the word 'if' (ব্যাকরণ) শর্তাধীন পরিস্থিতিকে বর্ণনা করার জন্য ব্যবহৃত বাক্য। এই বাক্যে প্রায়ই 'if' শব্দটির ব্যবহার হয় *'If you don't study, you won't pass the exam' is a conditional sentence.*

▸ **conditionally** / -ʃənəli -শ্যান্যালি / *adv.* শর্তসাপেক্ষভাবে, শর্তযুক্তভাবে

conditioner / kənˈdɪʃənə(r) ক্যান্ˈডিশ্যান্যা(র) / *noun* [C, U] a substance that keeps sth in a good condition কোনো বস্তুকে ভালো অবস্থায় থাকতে সাহায্য করে যে পদার্থ *Do you use conditioner on your hair?*

condolence / kənˈdəʊləns ক্যান্ˈড্যাউল্যান্স্ / *noun* [*pl.*, U] an expression of how sorry you feel for sb whose relative or close friend has just died কোনো নিকট বন্ধু অথবা আত্মীয়ের মৃত্যুতে সমবেদনা, সহানুভূতি ও শোকপ্রকাশের অভিব্যক্তিবিশেষ; শোকজ্ঞাপন *offer your condolences* ○ *a message of condolence*

condominium / ˌkɒndəˈmɪniəm ˌকন্ড্যা-ˈমিনিঅ্যাম্ / (*informal* **condo** / ˈkɒndəʊ ˈকন্ড্যাউ /) *noun* [C] (*AmE*) a flat or block of flats owned by the people who live in them যারা সেখানে বাস করে তাদের দ্বারা অধিকৃত ফ্ল্যাট অথবা ফ্ল্যাটসমূহ

condone / kənˈdəʊn ক্যান্ˈড্যাউন্ / *verb* [T] to accept or agree with sth that most people think is wrong সর্বস্বীকৃত ভুল অথবা অন্যায় কিছু মেনে নেওয়া অথবা সমর্থন করা; (কোনো দোষ) উপেক্ষা করা *I can never condone violence—no matter what the circum-stances are.*

conducive / kənˈdjuːsɪv ক্যান্ˈডিউসিভ্ / *adj.* (*formal*) **conducive (to sth)** helping or making sth happen কোনো কিছুর সহায়ক অথবা ঘটনার কারণ *This hot weather is not conducive to hard work.*

conduct[1] / kənˈdʌkt ক্যান্ˈডাক্ট্ / *verb* [T] **1** (*formal*) to organize and do sth, especially research কোনো কিছু সংগঠিত করা, আয়োজন করা এবং নির্বাহ করা (বিশেষত গবেষণা) *to conduct tests/a survey/an inquiry* **2** to stand in front of an orchestra and direct the musicians মঞ্চে কোনো বাদকবৃন্দকে পরিচালনা করা, বাদ্য পরিচালনা করা **3** (*formal*) **conduct yourself well, badly, etc.** to behave in a particular way নির্দিষ্টভাবে আচার, আচরণ, ব্যবহার (ভালো, মন্দ ইত্যাদি) করা **4** to allow heat or electricity to pass along or through sth কোনো পদার্থের মধ্যে দিয়ে তাপ বা বিদ্যুৎ প্রবাহিত অথবা সঞ্চালিত হতে দেওয়া *Rubber does not conduct electricity.*

conduct[2] / ˈkɒndʌkt ˈকন্ডাক্ট্ / *noun* [U] **1** a person's behaviour (কোনো ব্যক্তির) আচরণ, ব্যবহার, চালচলন, চর্যা *His conduct has always been of the highest standard.* ○ *a code of conduct* (= a set of rules of behaviour) **2** (*formal*) **conduct of sth** the act of controlling or organizing sth কোনো কিছু নিয়ন্ত্রণ অথবা সংঘবদ্ধ করার ক্রিয়া *She was criticized for her conduct of the bank's affairs.*

conduction / kənˈdʌkʃn ক্যান্ˈডাক্শ্ন্ / *noun* [U] (*technical*) the process by which heat or electricity passes through a material কোনো পদার্থের ভিতর দিয়ে তাপ বা বিদ্যুৎ সঞ্চালনের পদ্ধতি অথবা প্রক্রিয়া; তাপ বা বিদ্যুৎ পরিবহণ

conductive / kənˈdʌktɪv ক্যান্ˈডাক্টিভ্ / *adj.* able to conduct electricity, heat, etc. তাপ, বিদ্যুৎ ইত্যাদি সঞ্চালন করার ক্ষমতা বা গুণবিশিষ্ট; পরিবাহী ▸ **conductivity** / ˌkɒndʌkˈtɪvəti ˌকন্ডাক্ˈটিভ্যাটি / *noun* [U] বিদ্যুৎ ও তাপ সঞ্চালনের শক্তি; পরিবাহিতা

conductor / kənˈdʌktə(r) ক্যান্ˈডাক্ট্যা(র্) / *noun* [C] **1** a person who stands in front of an orchestra and directs the musicians বাদকদলের পরিচালক **2** (*BrE*) a person whose job is to collect money from passengers on a bus or to check their tickets যে ব্যক্তি বাসে যাত্রীদের কাছে টিকিট বিক্রি করে বা পরীক্ষা করে; কনডাকটর **3** (*AmE*) = **guard**[1] **5** **4** a substance that allows heat or electricity to pass through or along it বিদ্যুৎ অথবা তাপ পরিবাহী পদার্থ; পরিবাহী ⇨ **semiconductor** দেখো।

cone / kəʊn ক্যাউন্ / *noun* [C] **1** a shape or object that has a round base and a point at the top সমতল এবং বৃত্তাকার ভূমিবিশিষ্ট চোঙাকৃতি বস্তু; শঙ্কু, কোণ *traffic cones* ○ *an ice cream cone* ⇨ **conical** adjective দেখো এবং **solid**-এ ছবি দেখো। **2** the hard fruit of some trees (**pine** and **fir**) কোনো কোনো গাছের (পাইন এবং ফার) শক্ত ফল ⇨ **conifer** দেখো।

confectionery / kənˈfekʃənəri ক্যান্ˈফেক্শ্যান্যারি / *noun* [U] (*pl.* **confectioneries**) sweets, cakes, chocolates, etc. মিষ্টি, কেক, চকোলেট ইত্যাদি; মিষ্টান্ন **2** [C] a shop that sells sweets, cakes, chocolates etc. মিষ্টির দোকান

confederacy / kənˈfedərəsi ক্যান্ˈফেড্যার‍্যাসি / *noun* [*sing.*] a union of states, groups of people or political parties with the same aim জোটবধ্ব রাষ্ট্র বা একই উদ্দেশ্যে মৈত্রীবধ্ব কোনো গোষ্ঠী বা রাজনৈতিক দল

confederate[1] / kənˈfedərət ক্যান্ˈফেড্যার‍্যাট্ / *noun* [C] a person who helps sb, especially to do sth illegal or secret যে ব্যক্তি কাউকে দুষ্কর্মে বা গোপন কাজে সাহায্য করে

confederate[2] / kənˈfedərət ক্যান্ˈফেড্যার‍্যাট্ / *adj.* belonging to a union of states, groups of people or political parties with the same aim (**a confederacy**) একই উদ্দেশ্যে জোটবধ্ব রাষ্ট্র, ব্যক্তিবর্গ অথবা রাজনৈতিক দলসমূহ সংক্রান্ত বা সেই বিষয়ক

confederation / kənˌfedəˈreɪʃn ক্যান্ˌফেড্যা-ˈরেইশ্ন্ / *noun* [C, U] an organization of smaller groups which have joined together ছোটো গোষ্ঠী, রাষ্ট্র ইত্যাদির সংগঠন; সংঘ *a confederation of independent republics*

confer / kən'fɜː(r) ক্যান্'ফা(র্) / *verb* (**conferring**; **conferred**) **1** [I] **confer** (**with sb**) (**on/about sth**) to discuss sth with sb before making a decision কোনো সিদ্ধান্ত গ্রহণের পূর্বে কোনো ব্যক্তির সঙ্গে আলোচনা করা *The Prime Minister is conferring with his advisers.* **2** [T] (*written*) **confer sth** (**on sb**) to give sb a special right or advantage কোনো ব্যক্তিকে বিশেষ অধিকার বা সুবিধা প্রদান করা

conference / 'kɒnfərəns 'কন্ফার্যান্স্ / *noun* [C] a large official meeting, often lasting several days, at which members of an organization, profession, etc. meet to discuss important matters কোনো সংগঠন, পেশা ইত্যাদিতে নিযুক্ত সদস্য বা ব্যক্তিবর্গ যখন গুরুত্বপূর্ণ বিষয়ে আলোচনা করার উদ্দেশ্যে মিলিত হয়; সম্মেলন অথবা আলোচনা সভা; কনফারেন্স *international conference on global warming*

confess / kən'fes ক্যান্'ফেস্ / *verb* [I, T] **confess** (**to sth/to doing sth**); **confess** (**sth**) (**to sb**) to admit that you have done sth bad or wrong অপরাধ অথবা দোষ স্বীকার করা *The young woman confessed to stealing the money.* ০ *They confessed to their mother that they had spent all the money.* ⇨ **own up** (**to**) দেখো।

confession / kən'feʃn ক্যান্'ফেশ্ন্ / *noun* [C, U] an act of admitting that you have done sth bad or wrong (অপরাধ অথবা দোষের) স্বীকারোক্তি, স্বীকার করার ক্রিয়া *The police persuaded the man to make a full confession.*

confetti / kən'feti ক্যান্'ফেটি / *noun* [U] small pieces of coloured paper that people throw over a man and woman who have just got married সদ্যবিবাহিত দম্পত্তির মাথায় বর্ষণের জন্য রংবেরঙের কাগজের টুকরো

confide / kən'faɪd ক্যান্'ফাইড্ / *verb* [T] **confide sth to sb** to tell sb sth that is secret কাউকে কোনো গোপন কথা বলা *She did not confide her love to anyone—not even to her best friend.*

PHRV **confide in sb** to talk to sb that you trust about sth secret or private কাউকে বিশ্বাস করে গোপন বা ব্যক্তিগত কথা বলা

confidence / 'kɒnfɪdəns 'কন্ফিড্যান্স্ / *noun* [U] **1 confidence** (**in sb/sth**) trust or strong belief in sb/sth (কোনো ব্যক্তি অথবা বস্তুর উপর) আস্থা, গভীর বিশ্বাস, প্রত্যয়, ভরসা *The public is losing confidence in the present government.* ০ *I have every confidence in Sangeeta's ability to do the job.* **2** the feeling that you are sure about your own abilities, opinion, etc. (নিজের ক্ষমতা, মতামত ইত্যাদির

উপর) বিশ্বাস, নিশ্চয়তাবোধ; আত্মবিশ্বাস, আত্মপ্রত্যয় *I didn't* **have the confidence** *to tell her I thought she was wrong.* ০ *to be* **full of confidence** ⇨ **self-confidence** দেখো। **3** a feeling of trust in sb to keep sth a secret কোনো কিছু গোপন রাখা হবে কোনো ব্যক্তির উপর এই আস্থা অথবা বিশ্বাস *The information was given to me* **in strict confidence**. ০ *It took a while to* **win/gain** *her* **confidence**.

confident / 'kɒnfɪdənt 'কন্ফিড্যান্ট্ / *adj.* **confident** (**of sth/that...**); **confident** (**about sth**) feeling or showing that you are sure about your own abilities, opinions, etc. (নিজের মতামত, ক্ষমতা ইত্যাদির সম্বন্ধে) বিশ্বাস; আত্মবিশ্বাসী *Surabhi feels confident of passing/that she can pass the exam.* ০ *to be confident of success* ০ *You should feel confident about your own abilities.* ০ *Shiv has a very confident manner.* ⇨ **self-confident** দেখো।
▶ **confidently** *adv.* দ্বিধাহীনভাবে, নিঃসংশয়ে *She stepped confidently onto the stage and began to sing.*

confidential / ˌkɒnfɪ'denʃl ˌকন্ফি'ডেন্শ্ল্ / *adj.* secret; not to be shown or told to other people গোপনীয়, গোপন; অন্য ব্যক্তিকে দেখানো অথবা বলার মতো নয় *The letter was marked 'private and confidential'.* ▶ **confidentiality** / ˌkɒnfɪdenʃi'æləti ˌকন্ফিডেন্শি'অ্যাল্যাটি / *noun* [U] গোপনীয়তা, বিশ্বস্ততা
▶ **confidentially** /-ʃəli শ্যালি / *adv.* গোপনে

configuration / kənˌfɪgə'reɪʃn ক্যান্ˌফিগ্যা-'রেইশ্ন্ / *noun* [C] **1** (*formal*) the way in which the parts of sth, or a group of things, are arranged কোনো বস্তুর বিভিন্ন অংশ অথবা একগুচ্ছ জিনিস যে রীতিতে সুবিন্যস্ত করা হয় **2** (*computing*) the equipment and programs that form a computer system and the particular way that these are arranged কোনো কম্পিউটার পদ্ধতি গঠন করতে ব্যবহৃত উপকরণ এবং প্রোগ্রামসমূহ এবং যে নির্দিষ্ট রীতিতে সেগুলো সুবিন্যস্ত করা থাকে

configure / kən'fɪgə(r) ক্যান্'ফিগ্যা(র্) / *verb* [T] **1** (*formal*) to arrange parts of sth, or a group of things, in a particular way কোনো বিশেষ উপায়ে কোনো বস্তুর বিভিন্ন অংশসমূহ অথবা বস্তুসমষ্টি সাজানো বা বিন্যাস করা **2** (*computing*) to arrange computer equipment for a particular task বিশেষ কোনো কাজের উদ্দেশ্যে কম্পিউটারের যন্ত্রাংশ সুবিন্যস্ত করা

confine / kən'faɪn ক্যান্'ফাইন্ / *verb* [T] **1 confine sb/sth** (**in/to sth**) to keep a person or animal in a particular, usually small place কোনো ব্যক্তি অথবা পশুকে কোনো নির্দিষ্ট (সাধারণত ক্ষুদ্র) স্থানে আবদ্ধ করে রাখা *The prisoners are confined to their cells for* *long periods at a time.* **2 confine sb/sth yourself to sth** to stay within the limits of sth কোনো কিছুর সীমানার মধ্যে থাকা, গণ্ডিবদ্ধ থাকা *Please confine your questions to the topic we are discussing.*

confined / kənˈfaɪnd ক্যান্ˈফাইন্ড্ / *adj.* (used about a space) very small (কোনো স্থান সম্বন্ধে ব্যবহৃত) খুব ছোটো; সংকীর্ণ

confinement / kənˈfaɪnmənt ক্যান্ˈফাইনম্যান্ট্ / *noun* [U] being kept in a small space ছোটো অথবা সংকীর্ণ স্থানে সীমাবদ্ধ অবস্থা *to be kept **in solitary confinement*** (=in a prison)

confines / ˈkɒnfaɪnz ˈকন্ফাইন্জ় / *noun* [*pl.*] (*formal*) the limits of sth কোনো বস্তুর সীমা; সীমানা, গণ্ডি, চৌহদ্দি *Patients are not allowed beyond the confines of the hospital grounds.*

confirm / kənˈfɜːm ক্যান্ˈফ্যম্ / *verb* [T] **1** to say or show that sth is true or correct, especially by giving evidence কোনো কিছু যে সত্য এবং সঠিক তা বলা বা দেখানো, বিশেষত তথ্য-প্রমাণের দ্বারা; সত্যতা সমর্থন অথবা প্রতিষ্ঠা করা *Seeing the two of them together confirmed our suspicions.* ○ *Can you confirm that you will be able to attend?* **2** to make a position, an agreement etc. more definite or official; to establish sb/sth firmly পদ, চুক্তি ইত্যাদি বিধিসম্মত অথবা নিশ্চিত করা; দৃঢ়তার সঙ্গে বা দৃঢ়ভাবে কোনো বস্তু বা ব্যক্তিকে প্রতিষ্ঠা করা *Her position in the company has been confirmed.* ▶ **confirmation** / ˌkɒnfəˈmeɪʃn ˌকন্ফ্যাˈমেইশ্ন্ / *noun* [C, U] অনুমোদন, স্বীকৃতিদান, নিশ্চিত *We are waiting for confirmation of the report.*

confirmed / kənˈfɜːmd ক্যান্ˈফ্যম্ড্ / *adj.* (*only before a noun*) fixed in a particular habit or way of life নির্দিষ্ট অভ্যাস অথবা জীবনচর্যায় অপরিবর্তনীয়, দৃঢ়বদ্ধ *a confirmed bachelor*

confiscate / ˈkɒnfɪskeɪt ˈকন্ফিস্কেইট্ / *verb* [T] to take sth away from sb as a punishment শাস্তি স্বরূপ কারও কাছ থেকে কোনো কিছু কেড়ে নেওয়া অথবা ক্রোক করা, ক্ষমতাবলে বাজেয়াপ্ত করা *Any cigarettes found in school will be confiscated.* ▶ **confiscation** / ˌkɒnfɪˈskeɪʃn ˌকন্ফিˈস্কেইশ্ন্ / *noun* [C, U] বাজেয়াপ্তকরণ, ক্রোক, উপগ্রহণ

conflict[1] / ˈkɒnflɪkt ˈকন্ফ্লিক্ট্ / *noun* [C, U] **1 (a) conflict with sb/sth (over sth)** a fight or an argument সংঘাত, লড়াই, দ্বন্দ্ব, তর্ক, বিরোধ, বিবাদ *an armed conflict* ○ *The new laws have brought the Government **into conflict** with the unions over pay increases.* **2** a difference between two or more ideas, wishes, etc. পরস্পর বিরোধী আদর্শ, ইচ্ছা ইত্যাদি; দ্বন্দ্ব *Many women have to cope with the conflict between their career and their family.* ○ *a conflict of interests*

conflict[2] / kənˈflɪkt ক্যান্ˈফ্লিক্ট্ / *verb* [I] **A and B conflict; A conflicts with B** to disagree with or be different from sb/sth কোনো ব্যক্তি বা বস্তুর বিরোধী হওয়া, মতবিরোধ ঘটা, অসংগতিপূর্ণ হওয়া *The statements of the two witnesses conflict.* ○ *conflicting results*

conform / kənˈfɔːm ক্যান্ˈফ:ম্ / *verb* [I] **conform (to sth) 1** to obey a rule or law আইন অথবা বিধি-র অনুবর্তী হওয়া; আইনসম্মত হওয়া *This building does not conform to fire regulations.* **2** to behave in the same way as most other people in a group or society (কোনো সমাজ অথবা গোষ্ঠীর) উপযোগী অথবা সংগতিপূর্ণ আচরণ করা, মেনে চলা *Children are under a lot of pressure to conform when they first start school.* ▶ **conformity** / kənˈfɔːməti ক্যান্ˈফ:ম্যাটি / *noun* [U] প্রথানুযায়ী, প্রথানুসারী

conformist / kənˈfɔːmɪst ক্যান্ˈফ:মিস্ট্ / *noun* [C] a person who behaves in the same way as most other people and who does not want to be different যে ব্যক্তি অধিকাংশ মানুষের মতো একই রকম আচরণ করে এবং যে আলাদা হতে চায় না; প্রথানুসারী, প্রচলিত রীতিনীতির অনুগামী, প্রচলনসম্মত ✪ বিপ **nonconformist**

conformity / kənˈfɔːməti ক্যান্ˈফ:ম্যাটি / *noun* [U] (*formal*) behaviour which conforms to rules and customs সামাজিক রীতিনীতি এবং প্রথা অনুযায়ী আচার-ব্যবহার

confront / kənˈfrʌnt ক্যান্ˈফ্রান্ট্ / *verb* [T] **1 confront sth; confront sb with sb/sth** to think about, or to make sb think about sth that is difficult or unpleasant কোনো কঠিন অথবা অপ্রিয় পরিস্থিতি সম্পর্কে চিন্তা করা অথবা (কোনো ব্যক্তিকে) চিন্তা করানো *to confront a problem/difficulty/issue* ○ *When the police confronted him with the evidence, he confessed.* **2** to stand in front of sb, for example because you want to fight him/her বিরোধিতা অথবা সংঘর্ষের জন্য কোনো ব্যক্তির সামনাসামনি হওয়া অথবা মুখোমুখি দাঁড়ানো *The unarmed demonstrators were confronted by a row of soldiers.*

confrontation / ˌkɒnfrʌnˈteɪʃn ˌকন্ফ্রান্ˈটেইশ্ন্ / *noun* [C, U] a fight or an argument লড়াই, দ্বন্দ্ব, সংঘর্ষ, বিবাদ

confuse / kənˈfjuːz ক্যান্ˈফিউজ় / *verb* [T] **1** (*usually passive*) to make sb unable to think clearly or to know what to do কোনো ব্যক্তিকে বিভ্রান্ত, হতবুদ্ধি অথবা কিংকর্তব্যবিমূঢ় করে দেওয়া *He confused everybody with his pages of facts and figures.*

2 confuse A and/with B to mistake sb/sth for sb/sth else কোনো বস্তু অথবা ব্যক্তির সঙ্গে অন্য বস্তু অথবা ব্যক্তিকে গুলিয়ে ফেলা অথবা ভুল করা *I often confuse Nikhil with his brother. They look very much alike.* **3** to make sth complicated কোনো বিষয় অথবা পরিস্থিতি আরও জটিল করে তোলা *The situation is confused by the fact that so many organizations are involved.*

confused / kən'fju:zd ক্যান্'ফিউজ্ড্ / *adj.* **1** not able to think clearly পরিষ্কারভাবে চিন্তা করতে অসমর্থ; বিভ্রান্ত, বিহ্বল, কিংকর্তব্যবিমূঢ় *When he regained consciousness he was dazed and confused.* **2** difficult to understand কঠিন, আবছা, অস্পষ্ট, দুর্বোধ্য *The workers presented a confused stand—the management couldn't understand what the main point was.* ▶ **confusedly** / -zədli -জ়্যাড্লি / *adv.* বিহ্বলের মতো, বিভ্রান্তিকরভাবে

confusing / kən'fju:zɪŋ ক্যান্'ফিউজ়িং / *adj.* difficult to understand দুরূহ, দুর্বোধ্য *Her instructions were contradictory and confusing.* ▶ **confusingly** *adv.* দুর্বোধ্যভাবে

confusion / kən'fju:ʒn ক্যান্'ফিউজ্ন্ / *noun* [U] **1** the state of not being able to think clearly or not understanding sth বিহ্বল অথবা বিভ্রান্তিকর অবস্থা; কিংকর্তব্যবিমূঢ়তা *He stared in confusion at the exam paper.* ○ *There is still a great deal of confusion as to the true facts.* **2** a state of disorder এলোমেলো অথবা বিশৃঙ্খল অবস্থা *Their unexpected visit threw all our plans into confusion.* **3** the act of mistaking sb/sth for sb/sth else কোনো বস্তু অথবা ব্যক্তিকে অন্য বস্তু অথবা ব্যক্তির সঙ্গে গুলিয়ে ফেলা অথবা ভুল করার ক্রিয়া; বিভ্রম *To avoid confusion, all luggage should be labelled with your name and destination.*

congeal / kən'dʒi:l ক্যান্'জীল্ / *verb* [I, T] (used about a liquid) to become solid; to make a liquid solid (তরল পদার্থ সম্বন্ধে ব্যবহৃত) জমাট বাঁধা; তরল পদার্থকে কঠিন পদার্থে পরিণত করা; শিলীভবন ঘটানো, ঘনীভূত করা *congealed blood*

congenial / kən'dʒi:niəl ক্যান্'জীনিঅ্যাল্ / *adj.* (*formal*) pleasant স্নিগ্ধ, মধুর, সুখপ্রদ, উপভোগ্য, প্রীতিকর, সৌহার্দ্যপূর্ণ *We spent an evening in congenial company.*

congenital / kən'dʒenɪtl ক্যান্'জেনিট্ল্ / *adj.* (used about a disease) beginning at and continuing since birth (কোনো ব্যাধি সম্বন্ধে ব্যবহৃত) জন্মগত, সহজাত, আজন্ম বিদ্যমান

congested / kən'dʒestɪd ক্যান্'জেস্টিড্ / *adj.* **1 congested (with sth)** crowded; full of traffic জনাকীর্ণ; যানজটপূর্ণ *The streets of Mumbai are congested with traffic.*

congestion / kən'dʒestʃən ক্যান্'জেস্চ্যান্ / *noun* [U] the state of being very full of people or traffic অত্যধিক ভিড় অথবা যানজট **2** the state of a part of the body being blocked with blood or mucus শরীরের কোনো অংশে রক্ত অথবা শ্লেষ্মার জমাট বাঁধা অবস্থা *chest congestion*

conglomerate / kən'glɒmərət ক্যান্'গ্লম্যার‍্যাট্ / *noun* [C] a large firm made up of several different companies বিভিন্ন বাণিজ্য প্রতিষ্ঠান একত্রিত হয়ে তৈরি কোনো বৃহৎ সংগঠন

conglomeration / kənˌglɒmə'reɪʃn ক্যান্ˌগ্লম্যা'রেইশ্ন্ / *noun* [C] a group of many different things that have been brought together বিভিন্ন জিনিসের একত্র সমাবেশ অথবা পুঞ্জীভূত অবস্থা; পিন্ডায়ন

congratulate / kən'grætʃuleɪt ক্যান্'গ্র্যাচুলেইট্ / *verb* [T] **congratulate sb (on sth)** to tell sb that you are pleased about sth he/she has done; to praise sb (কোনো ব্যক্তিকে) তার কৃতকর্মের জন্য অভিনন্দন জানানো, সংবর্ধনা জানানো; প্রশংসা করা *I congratulated Preeti on passing her driving test.*

congratulations / kənˌgrætʃu'leɪʃnz ক্যান্ˌগ্র্যাচু'লেইশ্ন্জ় / *noun* [*pl.*] used for telling sb that you are happy with his/her good luck or success কোনো ব্যক্তিকে অভিনন্দন জ্ঞাপন করার জন্য অথবা সংবর্ধনা জানানোর জন্য ব্যবহৃত হয় *Congratulations on the birth of your baby boy!*

congregate / 'kɒŋgrɪgeɪt 'কংগ্রিগেইট্ / *verb* [I] to come together in a crowd or group ভিড় করে অথবা দলবদ্ধভাবে আসা; সমাবিষ্ট হওয়া, ভিড় করা

congregation / ˌkɒŋgrɪ'geɪʃn ˌকংগ্রি'গেইশ্ন্ / *noun* [C, *sing. or pl. verb*] **1** the act of coming together in a crowd or group; a gathering একত্রিত হওয়ার ক্রিয়া; সভা, জমায়েত, জনসমাবেশ **2** the group of people who attend a particular church একই গির্জায় উপাসনা করে যে গোষ্ঠী বা উপাসকমন্ডলী

congress / 'kɒŋgres 'কংগ্রেস্ / *noun* [C, *with sing. or pl. verb*] **1** a large formal meeting or series of meetings কোনো বড়ো সভা, অথবা সম্মেলন অথবা ধারাবাহিকভাবে ছোটো ছোটো সম্মেলন *a medical congress* **2 Congress** the name in some countries (for example the US) for the group of people who are elected to make the laws কোনো কোনো দেশের (যেমন মার্কিন যুক্তরাষ্ট্রে) বা রাষ্ট্রের নির্বাচিত ব্যবস্থাপক মণ্ডল; কংগ্রেস

congressional / kən'greʃənl ক্যান্'গ্রেশ্যান্ল্ / *adj.* connected with a congress or Congress কোনো সম্মেলন অথবা মার্কিন যুক্তরাষ্ট্রের সংসদের নিম্নতর কক্ষ (কংগ্রেস) সংক্রান্ত

congruent / ˈkɒŋɡruənt ˈকংগ্রুঅ্যান্ট্ / *adj.* 1 (*mathematics*) having exactly the same size and shape (গণিত) সমান আয়তন এবং আকার বিশিষ্ট; অনুরূপ *congruent triangles* 2 (*formal*) congruent (**with sth**) suitable for sth কোনো বস্তুর উপযোগী, সংগতিপূর্ণ

conic / ˈkɒnɪk ˈকনিক্ / *adj.* connected with **cones** শঙ্কু সংক্রান্ত, শঙ্কু বিষয়ক

conical / ˈkɒnɪkl ˈকনিক্‌ল্ / *adj.* having a round base and getting narrower towards a point at the top নীচের অংশ বৃত্তাকৃতি এবং শীর্ষটি একটি বিন্দুসম্পন্ন; শঙ্কু আকৃতি বিশিষ্ট, শঙ্কু সদৃশ, চোঙাকৃতি ➪ **cone** noun দেখো।

conifer / ˈkɒnɪfə(r); ˈkəʊn- ˈকনিফ্যা(র্); ক্যাউন্- / *noun* [C] a tree with short, very thin leaves (**needles**) that stay green all through the year and that has hard brown fruit (**cones**) সরু ছোটো পাতা এবং শঙ্কু আকৃতির শক্ত বাদামি ফলবিশিষ্ট চিরহরিৎ বৃক্ষ ▶ **coniferous** / kəˈnɪfərəs ক্যাˈনিফ্যার্যাস্ / *adj.* চোঙাকৃতি ফলবিশিষ্ট

conjecture / kənˈdʒektʃə(r) ক্যান্ˈজেক্চ্যা(র্) / *verb* [I,T] (*formal*) to guess about sth without real proof or evidence (সত্যকার প্রমাণ বা তথ্য ছাড়াই) অনুমান করা; আন্দাজ করা, আঁচ করা ▶ **conjecture** *noun* [C, U] অনুমান, আন্দাজ, আঁচ

conjoined / kənˈdʒɔɪnd ক্যান্ˈজইন্ড্ / *adj.* (*technical*) joined together সংযুক্ত, একত্রিত, মিলিত

conjoined twin = **Siamese twin**

conjugal / ˈkɒndʒəɡl ˈকন্জ্যাগ্ল্ / *adj.* (*formal*) connected with marriage and the relationship between husband and wife বিবাহ এবং বৈবাহিক সম্পর্ক অথবা দাম্পত্য জীবন সংক্রান্ত

conjugate / ˈkɒndʒəɡeɪt ˈকন্জ্যাগেইট্ / *verb* [T] to give the different forms of a verb ক্রিয়াপদের বিভিন্ন রূপ দেওয়া, ধাতুরূপ করা ▶ **conjugation** / ˌkɒndʒuˈɡeɪʃn ˌকন্জুˈগেইশ্ন্ / *noun* [C, U] সংযোজন, ধাতুরূপ

conjunction / kənˈdʒʌŋkʃn ক্যান্ˈজাংক্শ্ন্ / *noun* [C] a word that is used for joining other words, phrases or sentences (অন্যান্য শব্দ, বাক্যাংশ অথবা বাক্যের) সংযোগকারী অব্যয়, সংযোজক অব্যয় *'And', 'but' and 'or' are conjunctions.*

IDM **in conjunction with sb/sth** together with sb/sth কোনো ব্যক্তি বা বস্তুর সঙ্গে; সম্মিলিতভাবে, একযোগে, একত্রে

conjunctivitis / kənˌdʒʌŋktɪˈvaɪtɪs ক্যান্ˌজাংকটিˈভাইটিস্ / *noun* [U] an eye disease that causes pain and swelling in part of the eye, and that can be passed from one person to another চোখের সংক্রামক এবং যন্ত্রণাদায়ক ব্যাধি যাতে চোখ ফুলে যায়; নেত্রবর্ত্মকলার প্রদাহ; কনজাংটিভাইটিস

conjure / ˈkʌndʒə(r) ˈকান্জ্যা(র্) / *verb* [I] to do tricks by clever, quick hand movements, that appear to be magic দ্রুত হাত সঞ্চালন করে জাদু অথবা অথবা ভেলকি দেখানো, ইন্দ্রজাল দেখানো ▶ **conjuring** *noun* [U] হাতের দ্রুত সঞ্চালনের দ্বারা ঐন্দ্রজালিক ক্রিয়া *a conjuring trick*

PHR V **conjure sth up** 1 to cause an image to appear in your mind মনের মধ্যে কোনো দৃশ্য উদিত করা *Goan music conjures up images of sunshine, flowers and sandy beaches.* 2 to make sth appear quickly or suddenly কোনো বস্তুকে দ্রুত এবং হঠাৎ আবির্ভূত করানো *Mum can conjure up a meal out of almost anything.*

conjuror (*also* **conjurer**) / ˈkʌndʒərə(r) ˈকান্জ্যার্যা(র্) / *noun* [C] a person who does clever tricks that appear to be magic জাদুকর, বাজিকর, ঐন্দ্রজালিক ➪ **magician** দেখো।

connect / kəˈnekt ক্যাˈনেক্ট্ / *verb* 1 [I, T] **connect (sth) (up) (to/with sth)** to be joined to sth; to join sth to sth else কোনো বস্তুর সঙ্গে যুক্ত হওয়া; (কোনো বস্তুকে অন্য বস্তুর সঙ্গে) যোগ করা, যুক্ত করা, সংযুক্ত করা, সম্বন্ধযুক্ত করা *The printer is connected to the computer.* ○ *This highway connects New Delhi with Mathura.* ➪ **disconnect** দেখো। 2 [T] **connect sb/sth (with sb/sth)** to have an association with sb/sth else; to realize or show that sb/sth is involved with sb/sth else কোনো ব্যক্তি অথবা বস্তুর অন্য কোনো ব্যক্তি বা বস্তুর সঙ্গে অনুষঙ্গ থাকা; কোনো ব্যক্তি অথবা বস্তু অন্য কোনো ব্যক্তি বা বস্তুর সঙ্গে লিপ্ত থাকার সম্বন্ধে উপলব্ধি করা বা সেটি দেখানো *There was no evidence that she was connected with the crime.* 3 [I] **connect (with sth)** (used about a bus, train, plane, etc.) to arrive at a particular time so that passengers can change to another bus, train, plane, etc. (বাস, ট্রেন, প্লেন ইত্যাদি সম্বন্ধে ব্যবহৃত) নির্দিষ্ট সময়মতো পৌঁছোনো যাতে যাত্রীরা সংযোগকারী বাস, ট্রেন, প্লেন ইত্যাদি বদলে নিতে পারে *a connecting flight*

connection / kəˈnekʃn ক্যাˈনেক্শ্ন্ / *noun* [C] 1 **a connection between A and B; a connection with/to sth** an association or relationship between two or more people or things দুই বা ততোধিক ব্যক্তির মধ্যে অনুষঙ্গ অথবা সম্পর্ক; যোগাযোগ, সংযোগ, সম্বন্ধ *Is there any connection between the two organizations?* ○ *What's your connection with Malaysia? Have you worked there?* 2 a place where two wires, pipes, etc. join together (দুটি তার, পাইপ ইত্যাদির) সংযোগস্থল *The radio doesn't* *work. There must be a loose connection somewhere.* **3** a bus, train, plane, etc. that leaves soon after another arrives অন্যটি এসে পৌঁছোনোর সঙ্গে সঙ্গে যে বাস, ট্রেন, বিমান ইত্যাদি রওনা হয় *Our bus was late so we missed our connection.*

IDM **in connection with sb/sth** (*formal*) about or concerning ব্যাপারে, সম্বন্ধে *I am writing to you in connection with your application.*

in this/that connection (*formal*) about or concerning this/that এই ব্যাপারে, সেই সম্বন্ধে

connive / kəˈnaɪv ক্যা'নাইভ্ / *verb* [I] **connive at sth; connive (with sb) (to do sth)** to work secretly with sb to do sth that is wrong; to do nothing to stop sb doing sth wrong কোনো ব্যক্তির সঙ্গে গোপনে অন্যায় কোনো কাজ করা; অন্যায় কোনো কাজ উপেক্ষা করা, (অন্যায়ের প্রতি) চোখ বন্ধ করে থাকা অথবা প্রশ্রয় দেওয়া *The two parties connived to get rid of the president.*

connoisseur / ˌkɒnəˈsɜː(r) ˌকন্যা'স্য(র্) / *noun* [C] a person who knows a lot about art, good food, music, etc. শিল্পকলা, খাদ্য, সংগীত ইত্যাদি সম্বন্ধে সমঝদার অথবা অভিজ্ঞ, বোদ্ধা ব্যক্তি

connotation / ˌkɒnəˈteɪʃn ˌকন্যা'টেইশ্‌ন্ / *noun* [C] an idea expressed by a word in addition to its main meaning কোনো একটি শব্দের দ্বারা প্রত্যক্ষ অর্থের বা ব্যঞ্জনার অতিরিক্ত অভিব্যক্তিবিশেষ; শব্দের দ্যোতনা, তাৎপর্য, *'Spinster' means a single woman but it has negative connotations.*

conquer / ˈkɒŋkə(r) 'কংক্যা(র্) / *verb* [T] **1** to take control of a country or city and its people by force, especially in a war দেশ অথবা শহর এবং সেখানকার বাসিন্দাদের জোর করে দখল অথবা অধিকার করা, বিশেষত যুদ্ধকালে *Napoleon's ambition was to conquer Europe.* ○ (*figurative*) *The young singer conquered the hearts of audiences all over the world.* **2** to succeed in controlling or dealing with a strong feeling, problem, etc. কোনো প্রবল অনুভূতি, সমস্যা ইত্যাদি নিয়ন্ত্রণ করতে অথবা তার ঠিকমতো মোকাবিলা করতে সফল হওয়া *She's trying to conquer her fear of flying.*

conqueror / ˈkɒŋkərə(r) 'কংক্যার্যা(র্) / *noun* [C] a person who has conquered sth (বিশেষত যুদ্ধে) জয়ী, বিজয়ী, বিজেতা

conquest / ˈkɒŋkwest 'কংকুএস্ট্ / *noun* **1** [C, U] an act of conquering sth জয়, দখল অথবা অধিকার করার ক্রিয়া *the Norman conquest* (= of England in 1066 AD) ○ *the conquest of Mount Everest* **2** [C] an area of land that has been taken in a war (যুদ্ধ) অধিকৃত অঞ্চল

conscience / ˈkɒnʃəns 'কন্‌শ্যান্স্ / *noun* [C, U] the part of your mind that tells you if what you are doing is right or wrong বিবেক, ধর্মবুদ্ধি, নীতিবোধ, বিচারবুদ্ধি *a clear/a guilty conscience*

IDM **have sth on your conscience** to feel guilty because you have done sth wrong অনুশোচনাবোধ, অপরাধবোধ

conscientious / ˌkɒnʃiˈenʃəs ˌকন্‌শি'এন্‌শ্যাস্ / *adj.* **1** (used about people) careful to do sth correctly and well (ব্যক্তি সম্বন্ধে ব্যবহৃত) কর্তব্যবোধ দ্বারা চালিত; ন্যায়নিষ্ঠ, কর্মনিষ্ঠ *He's a conscientious worker.* **2** (used about actions) done with great care and attention (কাজ সম্বন্ধে ব্যবহৃত) খুব যত্নসহকারে এবং একাগ্রচিত্তে করা হয়েছে এমন *conscientious work*

▶ **conscientiously** *adv.* সততার সঙ্গে, বিবেকসম্মতভাবে, ন্যায়নিষ্ঠভাবে

conscious / ˈkɒnʃəs 'কন্‌শ্যাস্ / *adj.* **1** able to see, hear, feel, etc. things; awake বস্তুসমূহ দেখতে, শুনতে বা স্পর্শ করতে সক্ষম; সচেতন, জাগ্রত, জ্ঞাত *The injured driver was still conscious when the ambulance arrived.* ✪ বিপ **unconscious** **2 conscious (of sth/that...)** noticing or realizing that sth exists; aware of sth কোনো কিছুর অস্তিত্ব সম্বন্ধে জ্ঞাত, অবগত, অবহিত; কোনো কিছু সম্বন্ধে সচেতন *She didn't seem conscious of the danger.* ○ *Vikas suddenly became conscious that someone was following him.* **3** that you do on purpose or for a particular reason কোনো উদ্দেশ্যে অথবা বিশেষ কোনো কারণে করা কাজ *We made a conscious effort to treat both children equally.* ➪ **deliberate** দেখো। ▶ **consciously** *adv.* সচেতনভাবে, সজ্ঞানে

consciousness / ˈkɒnʃəsnəs 'কন্‌শ্যাস্‌ন্যাস্ / *noun* **1** [U] the state of being able to see, hear, feel, etc. সচেতন অবস্থা; সজ্ঞানতা *As he fell, he hit his head and* ***lost consciousness***. ○ *She* ***regained consciousness*** *after two weeks in a coma.* **2** [U, *sing.*] **consciousness (of sth)** the state of realizing or noticing that sth exists কোনো কিছুর অস্তিত্ব সম্বন্ধে সচেতনতা *There is (a) growing consciousness of the need to save energy.*

conscript[1] / kənˈskrɪpt ক্যান্'স্ক্রিপ্ট্ / *verb* [T] to make sb join the army, navy or air force কোনো ব্যক্তিকে সেনা, নৌ অথবা বিমান বাহিনীতে যোগ দিতে বাধ্য করা ▶ **conscription** *noun* [U] সামরিক বাহিনীতে বাধ্যতামূলক তালিকাভুক্তি

conscript[2] / ˈkɒnskrɪpt 'কন্‌স্ক্রিপ্ট্ / *noun* [C] a person who has been conscripted সামরিক বাহিনীতে যোগ দিতে বাধ্য হয়েছে যে ব্যক্তি ➪ **volunteer**[1] **2** দেখো।

conscription / kənˈskrɪpʃn ক্যান্‌ˈস্ক্রিপ্‌শন্ / *noun* [U] the system of making sb join the army, etc. সামরিক বাহিনীতে কোনো ব্যক্তিকে বাধ্যতামূলকভাবে তালিকাভুক্ত করার পদ্ধতি

consecrate / ˈkɒnsɪkreɪt ˈকন্‌সিক্রেইট্ / *verb* [T] to state formally in a special ceremony that a place or an object can be used for religious purposes বিশেষ কোনো উৎসবে আনুষ্ঠানিকভাবে ঘোষণা করা যে কোনো স্থান অথবা বস্তু ধর্মীয় উদ্দেশ্যে ব্যবহৃত হতে পারে; আনুষ্ঠানিকভাবে দেবসেবার জন্য কোনো স্থান অথবা বস্তুর উৎসর্গীকরণের ঘোষণা করা ▶ **consecration** / ˌkɒnsɪˈkreɪʃn ˌকন্‌সিˈক্রেইশ্‌ন্ / *noun* [C, U] উৎসর্গ

consecutive / kənˈsekjətɪv ক্যান্‌ˈসেকিঅ্যাটিভ্ / *adj.* coming or happening one after the other ধারাবাহিকভাবে বা একাদিক্রমে আগত; ক্রমিক, পরম্পরাগত, ক্রমান্বিত *This is the team's fourth consecutive win.* ▶ **consecutively** *adv.* উপর্যুপরি, পরপর

consensus / kənˈsensəs ক্যান্‌ˈসেন্‌স্যাস্ / *noun* [*sing.*, U] **(a) consensus (among/between sb) (on/about sth)** agreement among a group of people (কোনো গোষ্ঠীর মধ্যে) সর্বসম্মতি, ঐক্যমত *to* ***reach a consensus*** ○ *There is no consensus among experts about the causes of global warming.*

consent¹ / kənˈsent ক্যান্‌ˈসেন্ট্ / *verb* [I] **consent (to sth)** to agree to sth; to allow sth to happen কোনো কিছুতে রাজি হওয়া, সায় দেওয়া; কোনো কিছু ঘটার অনুমতি দেওয়া, সম্মতি দেওয়া

consent² / kənˈsent ক্যান্‌ˈসেন্ট্ / *noun* [U] agreement; permission সম্মতি; অনুমতি, সায় *The child's parents had to give their consent to the operation.*

consequence / ˈkɒnsɪkwəns ˈকন্‌সিকুঅ্যান্স্ / *noun* **1** [C] something that happens or follows as a result of sth else পরিণতি, পরিণাম, ফল *Many people may lose their jobs* ***as a consequence of*** *recent poor sales.* **2** [U] (*formal*) importance গুরুত্ব, তাৎপর্য *It is of no consequence.*

consequent / ˈkɒnsɪkwənt ˈকন্‌সিকুঅ্যান্ট্ / *adj.* (*formal*) (*only before a noun*) following as the result of sth else ফলস্বরূপ, জনিত *The lack of rain and consequent poor harvests have led to food shortages.* ▶ **consequently** *adv.* ফলবশত, পরিণামে, ফলত *She didn't work hard enough, and consequently failed the exam.*

conservation / ˌkɒnsəˈveɪʃn ˌকন্‌স্যাˈভেইশ্‌ন্ / *noun* [U] **1** the protection of the natural world প্রকৃতি ও প্রাকৃতিক পরিবেশ সংরক্ষণ *Conservation groups are protesting against the plan to build a road through the forest.* **2** not allowing sth to be wasted, damaged or destroyed ক্ষয়ক্ষতি, অপচয় অথবা ধ্বংস থেকে বাঁচানোর অথবা ক্ষয়ক্ষতি নিবারণের ব্যবস্থা *the conservation of energy* ⇨ **conserve** verb দেখো।

conservationist / ˌkɒnsəˈveɪʃənɪst ˌকন্‌স্যাˈভেইশ্যানিস্ট্ / *noun* [C] a person who believes in protecting the natural world, old buildings etc. and works for it প্রাকৃতিক পরিবেশ, প্রাচীন অট্টালিকা ইত্যাদি সংরক্ষণে বিশ্বাস করে এবং তার জন্য কাজ করে যে ব্যক্তি; প্রাকৃতিক পরিবেশ, প্রাচীন অট্টালিকা ইত্যাদির সংরক্ষক

conservatism / kənˈsɜːvətɪzəm ক্যান্‌ˈস্যভ্যাটিজ়্যাম্ / *noun* [U] the disapproval of new ideas and change পরিবর্তন বিরোধিতা; রক্ষণশীলতা

conservative¹ / kənˈsɜːvətɪv ক্যান্‌ˈস্যভ্যাটিভ্ / *adj.* **1** not liking change; traditional পরিবর্তন বিরোধী; ঐতিহ্যপন্থী **2** (used when you are guessing how much sth costs) lower than the real figure or amount (কোনো বস্তুর দাম অনুমান করার সময়ে ব্যবহৃত) আসল বা প্রকৃত মূল্য থেকে কম *Even* ***a conservative estimate*** *would put the damage at about Rs 40,000 to repair.* ▶ **conservatively** *adv.* রক্ষণশীলভাবে

conservative² / kənˈsɜːvətɪv ক্যান্‌ˈস্যভ্যাটিভ্ / *noun* [C] a person who does not like change পরিবর্তন পছন্দ করে না যে ব্যক্তি; রক্ষণশীল

conservatory / kənˈsɜːvətri ক্যান্‌ˈস্যভ্যাট্রি / *noun* [C] (*pl.* **conservatories**) a room with a glass roof and walls often built onto the outside of a house কাচের ছাদ ও দেয়ালবিশিষ্ট ঘর যা প্রায়ই বাড়ির বাইরে তৈরি করা হয়; কাচঘর

conserve / kənˈsɜːv ক্যান্‌ˈস্যভ্ / *verb* [T] to avoid wasting sth কোনো বস্তুর অপচয় এড়ানো বা বন্ধ করা *to conserve water* ⇨ **conservation** noun দেখো।

consider / kənˈsɪdə(r) ক্যান্‌ˈসিড্যা(র্) / *verb* [T] **1 consider sb/sth (for/as sth); consider doing sth** to think about sth carefully, often before making a decision (প্রায়ই) সিদ্ধান্ত গ্রহণের পূর্বে ভালোভাবে কোনো কিছু বিবেচনা করা *She had never considered nursing as a career.* ○ *We're considering going to Kerala for our holidays.* **2 consider sb/sth (as/to be) sth; consider that...** to think about sb/sth in a particular way কোনো ব্যক্তি বা বস্তু সম্পর্কে বিশেষভাবে বিবেচনা করা; ধারণা করা, মনে করা, গণ্য করা *He considered that the risk was too great.* ○ *Jayeeta considers herself an expert on the subject.* **3** to remember or pay attention to sth, especially sb's feelings গ্রাহ্য করা, খেয়াল রাখা (বিশেষত অপরের মনোভাব সম্বন্ধে) *I can't just move abroad. I have to consider my family.*

considerable / kən'sɪdərəbl ক্যান্'সিড্যার‌্যাব্ল্ / *adj.* great in amount or size (পরিণাম অথবা আকার) যথেষ্ট, বিস্তর, বেশ, রীতিমতো *A considerable number of people preferred the old building to the new one.* ▶ **considerably** / -rəbli -র‌্যাব্লি / *adv.* যথেষ্ট পরিমাণে *This flat is considerably larger than our last one.*

considerate / kən'sɪdərət ক্যান্'সিড্যার‌্যাট্ / *adj.* **considerate (towards sb); considerate (of sb) (to do sth)** careful not to upset people; always thinking of other people's wishes and feelings সহানুভূতিশীল; সুবিবেচক, বুঝদার *It was very considerate of you to offer to drive me home.* ✪ বিপ **inconsiderate**

consideration / kənˌsɪdə'reɪʃn ক্যান্ˌসিড্যা'রেইশ্ন্ / *noun* **1** [U] (*formal*) an act of thinking about sth carefully or for a long time দীর্ঘদিন ধরে অথবা সযত্নে কোনো বিষয়ের বিচার-বিবেচনা *I have given some consideration to the idea but I don't think it would work.* **2** [C] something that you think about when you are making a decision (সিদ্ধান্ত গ্রহণ করার সময়ে) বিবেচ্য বিষয় *If he changes his job, the salary will be an important consideration.* **3** [U] **consideration (for sb/sth)** the quality of thinking about what other people need or feel অন্যের প্রয়োজন অথবা অনুভূতির প্রতি খেয়াল রাখার গুণ *Most drivers show little consi-deration for cyclists.*

IDM take sth into consideration to think about sth when you are forming an opinion or making a decision সিদ্ধান্ত নেওয়ার অথবা কোনো মতামত প্রস্তুত করার পূর্বে কোনো বিষয়ে বিচার বিবেচনা বা চিন্তাভাবনা করা

considering / kən'sɪdərɪŋ ক্যান্'সিড্যারিং / *prep., conj.* (used for introducing a surprising fact) when you think about or remember sth (বিস্ময়জনক তথ্য উত্থাপন করার জন্য ব্যবহৃত অভিব্যক্তি-বিশেষ) যখন কোনো কিছু ভেবে দেখা হয় অথবা হঠাৎ মনে আসে; বিবেচনাসাপেক্ষে *Considering you've only been studying for a year, you speak English very well.*

consign / kən'saɪn ক্যান্'সাইন্ / *verb* [T] (*formal*) **consign sb/sth to sth** to put or send sb/sth somewhere, especially in order to get rid of him/her/it বিশেষত কোনো ব্যক্তি বা বস্তু থেকে মুক্তি পাওয়ার জন্য তাকে কোথাও পাঠিয়ে দেওয়া; চালান করে দেওয়া, সরিয়ে দেওয়া *I think I can consign this junk mail straight to the bin.*

consignment / kən'saɪnmənt ক্যান্'সাইন্ম্যান্ট্ / *noun* [C] goods that are being sent to sb/sth কোনো ব্যক্তি বা বস্তুর কাছে পাঠানো হচ্ছে এমন দ্রব্যসমূহ; হস্তান্তরিত মাল, চালানি মাল *a new consignment of books*

consist / kən'sɪst ক্যান্'সিস্ট্ / *verb* (*not used in the continuous tenses*)

PHR V consist in sth to have sth as its main point প্রধানভাবে গণ্য হওয়া *Her job consisted in welcoming the guests as they arrived.*

consist of sth to be formed or made up of sth কোনো বস্তুর দ্বারা গঠিত হওয়া, তৈরি হওয়া *The band consists of a singer, two guitarists and a drummer.*

> **NOTE** এই ক্রিয়াপদটি (verb) ঘটমান কালে (continuous tenses) ব্যবহৃত না হলেও '-ing' সহযোগে এর বর্তমান কৃদন্ত (present participle) রূপটি সাধারণভাবে অত্যন্ত প্রচলিত—*It's a full-time course consisting of six different modules.*

consistency / kən'sɪstənsi ক্যান্'সিস্ট্যান্সি / *noun* (*pl.* **consistencies**) **1** [U] the quality of always having the same standard, opinions, behaviour, etc. সমমান, সমমত বা সমান আচরণ বজায় রাখার গুণ; সামঞ্জস্য *Your work lacks consistency. Sometimes it's excellent but at other times it's full of mistakes.* ✪ বিপ **inconsistency** **2** [C, U] how thick or smooth a liquid substance is তরল পদার্থের গাঢ়তা অথবা মসৃণতা *The mixture should have a thick, sticky consistency.*

consistent / kən'sɪstənt ক্যান্'সিস্ট্যান্ট্ / *adj.* **1** always having the same opinions, standard, behaviour, etc.; not changing (মতামত, মান, আচরণ ইত্যাদির সঙ্গে সর্বদা) সামঞ্জস্যপূর্ণ; অপরিবর্তিত **2 consistent (with sth)** agreeing with or similar to sth কোনো বস্তুর সঙ্গে এক মত বা তার অনুরূপ এমন *I'm afraid your statement is not consistent with what the other witnesses said.* ✪ বিপ **inconsistent** ▶ **consistently** *adv.* বরাবর, একটানা *We must try to maintain a consistently high standard.*

consolation / ˌkɒnsə'leɪʃn ˌকন্স্যা'লেইশ্ন্ / *noun* [C, U] a thing or person that makes you feel better when you are sad দুঃখের সময়ে যে ব্যক্তি বা বস্তু ভালো রাখে; সান্ত্বনা, প্রবোধ *It was some consolation to me to know that I wasn't the only one who had failed the exam.* ✪ সম **comfort**

console[1] / kən'səʊl ক্যান্'স্যাউল্ / *verb* [T] to make sb happier when he/she is very sad or disappointed কোনো ব্যক্তির দুঃখ বা হতাশার সময়ে তাকে খুশি করা, সান্ত্বনা দেওয়া, প্রবোধ দেওয়া, সহানুভূতি জানানো ✪ সম **comfort**

console² / ˈkɒnsəʊl ˈকন্‌স্যাউল্ / *noun* [C] a flat surface which contains all the controls and switches for a machine, a piece of electronic equipment, etc. কোনো যন্ত্র, বৈদ্যুতিক ব্যবস্থা ইত্যাদির সকল নিয়ন্ত্রণ বা সুইচ যে চ্যাপটা পৃষ্ঠতলের উপরে লাগানো থাকে

consolidate / kənˈsɒlɪdeɪt ক্যান্ˈসলিডেইট্ / *verb* [I, T] to become or to make your position of power firmer or stronger so that is likely to continue নিজের অবস্থান আরও শক্তিশালী, মজবুত অথবা দৃঢ় করা বা হওয়া যাতে এই অবস্থা জারি থাকে *We're going to consolidate what we've learnt so far by doing some revision exercises today.* **2** to join things together into one; to be joined into one ঐক্যসাধন করা, সমন্বয়সাধন করা; সংহত করা, একত্রিত করা ▶ **consolidation** / kənˌsɒlɪˈdeɪʃn ক্যান্ˌসলিˈডেইশ্‌ন্ / *noun* [U] সমন্বয়সাধন, সুপ্রতিষ্ঠা, দৃঢ়ীকরণ, দৃঢ়ীভবন

consonant / ˈkɒnsənənt ˈকন্‌স্যান্যান্ট্ / *noun* [C] any of the letters of the English alphabet except a, e, i, o, and u ইংরেজি বর্ণমালায় a, e, i, o এবং u ব্যতীত অন্য সব অক্ষর; ব্যঞ্জনবর্ণ ➪ **vowel** দেখো।

consortium / kənˈsɔːtiəm ক্যান্ˈস:টিঅ্যাম্ / *noun* [C] (*pl.* **consortiums** or **consortia** / -tiə -টিআ্য /) a group of companies that work closely together for a particular purpose যে কোম্পানিসমূহ কোনো বিশেষ উদ্দেশ্যে একসঙ্গে কাজ করে; সহায় সংঘ

conspicuous / kənˈspɪkjuəs ক্যান্ˈস্পিকিউঅ্যাস্ / *adj.* easily seen or noticed সহজে সুস্পষ্টরূপে লক্ষণীয় অথবা দৃষ্টিগোচরযোগ্য ✪ বিপ **inconspicuous** ▶ **conspicuously** *adv.* লক্ষণীয়ভাবে, স্পষ্টরূপে, প্রকটরূপে

conspiracy / kənˈspɪrəsi ক্যান্ˈস্পির‍্যাসি / *noun* [C, U] (*pl.* **conspiracies**) a secret plan by a group of people to do sth bad or illegal কোনো গোষ্ঠীর দ্বারা খারাপ বা বেআইনি কিছু করার গোপন পরিকল্পনা; ষড়যন্ত্র, চক্রান্ত

conspirator / kənˈspɪrətə(r) ক্যান্ˈস্পির‍্যাট্যা(র্) / *noun* [C] a member of a group of people who are planning to do sth bad or illegal খারাপ বা বেআইনি কিছু করার গোপন পরিকল্পনা করে যে গোষ্ঠী তাদের একজন সদস্য; ষড়যন্ত্রী, চক্রান্তকারী, চক্রী

conspire / kənˈspaɪə(r) ক্যান্ˈস্পাইঅ্যা(র্) / *verb* [I] **1 conspire (with sb) (to do sth)** to plan to do sth bad or illegal with a group of people কোনো গোষ্ঠীর দ্বারা খারাপ বা বেআইনি কিছুর পরিকল্পনা করা; ষড়যন্ত্র করা, চক্রান্ত করা, অসদুদ্দেশ্যে জোট বাঁধা *A group of terrorists were conspiring to blow up the plane.* **2 conspire (against sb/sth)** (used about events) to seem to work together to make sth bad happen (ঘটনাসমূহ সম্বন্ধে ব্যবহৃত) একত্রে মিলে খারাপ কিছু ঘটানো অথবা প্রতিকূল পরিস্থিতির সৃষ্টি করা *When we both lost our jobs in the same week, we felt that everything was conspiring against us.*

constable / ˈkʌnstəbl ˈকান্‌স্ট্যাব্‌ল্ / = **police constable**

constabulary / kənˈstæbjələri ক্যান্ˈস্ট্যাবিঅ্যাল্যারি / *noun* [C] (*pl.* **constabularies**) the police force of a particular area বিশেষ অঞ্চলের সমগ্র পুলিশবাহিনী, আঞ্চলিক পুলিশবাহিনী

constant / ˈkɒnstənt ˈকন্‌স্ট্যান্ট্ / *adj.* **1** happening or existing all the time or again and again সবসময়, একটানা, অবিরত, নিরন্তর, বারংবার ঘটিত, নিত্য *The constant noise gave me a headache.* **2** that does not change অপরিবর্তনীয়, আবহমান *You use less petrol if you drive at a constant speed.*

constantly / ˈkɒnstəntli ˈকন্‌স্ট্যান্ট্‌লি / *adv.* always; again and again সবসময়, সর্বদা; বারবার, সদাই, বারংবার *The situation is constantly changing.*

constellation / ˌkɒnstəˈleɪʃn ˌকন্‌স্ট্যাˈলেইশ্‌ন্ / *noun* [C] a group of stars that forms a pattern and has a name নক্ষত্রমণ্ডল, পুঞ্জীভূত তারাসমূহ, নক্ষত্র সমাবেশ

consternation / ˌkɒnstəˈneɪʃn ˌকন্‌স্ট্যাˈনেইশ্‌ন্ / *noun* [U] a feeling of shock or worry ভয়জনিত হতাশা; আতঙ্ক, বিহ্বলতা *We stared at each other **in consternation**.*

constipated / ˈkɒnstɪpeɪtɪd ˈকন্‌স্টিপেইটিড্ / *adj.* not able to empty waste from your body কোষ্ঠবন্ধ, মলবন্ধ ▶ **constipation** / ˌkɒnstɪˈpeɪʃn ˌকন্‌স্টিˈপেইশ্‌ন্ / *noun* [U] কোষ্ঠবদ্ধতা, কোষ্ঠকাঠিন্য, মলবদ্ধতা *to suffer from/have constipation*

constituency / kənˈstɪtjuənsi ক্যান্ˈস্টিটিউঅ্যান্সি / *noun* [C] (*pl.* **constituencies**) a district and residents of the district who elect a legislator or an official কোনো জেলা এবং তার সকল অধিবাসী যারা কোনো বিধায়ক অথবা আধিকারিককে নির্বাচিত করে; নির্বাচনক্ষেত্র, নির্বাচকমণ্ডলী

constituent / kənˈstɪtjuənt ক্যান্ˈস্টিটিউঅ্যান্ট্ / *noun* [C] **1** one of the parts that form sth কোনো কিছুর সংগঠক বা সমবায়ী, মৌলিক উপাদানমূলক অংশ; গঠনকারক *Hydrogen and oxygen are the constituents of water.* **2** a person who lives in the district that a politician represents কোনো রাজনৈতিক নেতা প্রতিনিধিত্ব করে এমন কোনো এলাকা বা জেলায় বসবাসকারী ব্যক্তি; ভোটদাতা, নির্বাচক

constitute / ˈkɒnstɪtjuːt ˈকন্‌স্টিটিউট্ / *verb, linking verb* (*formal*) (*not used in the continuous tenses*) **1** to be one of the parts that form sth কোনো বস্তুর গঠনের যে-কোনো উপাদান অথবা অংশ বা অঙ্গ হওয়া;

গঠন করা *Women constitute a high proportion of part-time workers.* **2** to be considered as sth; to be equal to sth কোনো কিছুর মতো বিবেচিত হওয়া; কোনো কিছুর সমান হওয়া *The presence of the troops constitutes a threat to peace.*

> **NOTE** এই ক্রিয়াপদটির (verb) ব্যবহার ঘটমান কালে (continuous tenses) হয় না কিন্তু '-ing' সহযোগে এর বর্তমান কৃদন্ত (present participle) রূপটি সাধারণভাবে অত্যন্ত প্রচলিত—*Management has to fix a maximum number of hours as constituting a day's work.*

constitution / ˌkɒnstɪˈtjuːʃn ˌকন্‌স্টি'টিউশ্‌ন্ / *noun* **1** [C] the basic laws or rules of a country or organization কোনো দেশের আইনবিধিসমূহ ও রীতিনীতি অনুসারী গঠনতন্ত্র; সংবিধান *the Indian constitution* **2** [U] the way the parts of sth are put together; the structure of sth কোনো বস্তুর অংশসমূহ যেভাবে একত্রিত করা হয়; গঠনতন্ত্র, গঠনপ্রকৃতি, গঠন *the constitution of DNA*

constitutional / ˌkɒnstɪˈtjuːʃənl ˌকন্‌স্টি'টিউ-শ্যান্‌ল্ / *adj.* connected with or allowed by the constitution of a country, etc. কোনো দেশ ইত্যাদির গঠনতন্ত্র দ্বারা অনুমোদিত অথবা তার সঙ্গে সংযুক্ত; সাংবিধানিক, শাসনতান্ত্রিক, নিয়মতান্ত্রিক *It is not constitutional to imprison a person without trial.*

constrain / kənˈstreɪn ক্যান্‌'স্ট্রেইন্ / *verb* [T] (*formal*) **constrain sb/sth (to do sth)** to limit sb/sth; to force sb/sth to do sth কোনো ব্যক্তি বা বস্তুকে সীমাবন্ধ করা; কোনো ব্যক্তি বা বস্তুকে কোনো কিছু করতে বাধ্য করা *The company's growth has been constrained by high taxes.*

constraint / kənˈstreɪnt ক্যান্‌'স্ট্রেইন্ট্ / *noun* [C, U] something that limits you যা কাউকে সীমিত করে; সীমাবন্ধতা *There are always some financial constraints on a project like this.* ✪ সম **restriction**

constrict / kənˈstrɪkt ক্যান্‌'স্ট্রিক্ট্ / *verb* [I, T] **1** to become or make sth tighter, narrower or less সংকুচিত করা, সংক্ষিপ্ত করা, সীমিত করা (অথবা হওয়া) *She felt her throat constrict with fear.* ○ *The valve constricts the flow of air.* **2** to limit a person's freedom to do sth কিছু করার জন্য কোনো ব্যক্তির স্বাধীনতা খর্ব অথবা সীমিত করা ▶ **constriction** *noun* [C, U] সংকোচন

construct / kənˈstrʌkt ক্যান্‌'স্ট্রাক্ট্ / *verb* [T] to build or make sth (কোনো কিছু) গঠন করা, নির্মাণ করা, অথবা তৈরি করা, গড়ে তোলা *Early houses were constructed out of mud and sticks.* **NOTE** **Build** শব্দটির থেকে **construct** শব্দটি অনেক পোশাকি প্রয়োগ।

construction / kənˈstrʌkʃn ক্যান্‌'স্ট্রাক্‌শ্‌ন্ / *noun* **1** [U] the act or method of building or making sth নির্মাণ কার্য, গঠন অথবা নির্মাণ প্রক্রিয়া *A new bridge is now* ***under construction****.* ○ *He works in the construction industry.* **2** [C] (*formal*) something that has been built or made; a building নির্মিত বস্তু; অট্টালিকা *The new pyramid was a construction of glass and steel.* **3** [C] the way that words are used together in a phrase or sentence বাক্যের পদবিন্যাস; অন্বয়, বাক্যগঠন *a grammatical construction*

constructive / kənˈstrʌktɪv ক্যান্‌'স্ট্রাক্টিভ্ / *adj.* useful or helpful দরকারি, প্রয়োজনীয়, সহায়ক *constructive suggestions/criticisms/advice* ▶ **constructively** *adv.* সহায়কভাবে, প্রয়োজনীয়ভাবে

construe / kənˈstruː ক্যান্‌'স্ট্রু / *verb* [T] (*formal*) **construe sth (as sth)** to understand the meaning of sth in a particular way কোনো কিছুর অর্থ বিশেষভাবে বোঝা *Her confident manner is often construed as arrogance.* ➪ **misconstrue** দেখো।

consul / ˈkɒnsl 'কন্‌স্‌ল্ / *noun* [C] an official appointed by a government in a foreign city helping people from his/her own country who are living or visiting there বিদেশে নিযুক্ত যে সরকারি প্রতিনিধি স্বদেশ থেকে আগত পর্যটকদের অথবা সেখানে অভিবাসনকারী তার নিজের দেশের মানুষদের স্বার্থরক্ষা বা সহায়তা করে; সরকারি দূত; কনসাল ▶ **consular** / ˈkɒnsjələ(r) 'কন্‌সিঅ্যাল্যা(র্) / *adj.* রাষ্ট্র-প্রতিনিধি সংক্রান্ত, কনসাল সম্বন্ধীয়

consulate / ˈkɒnsjələt 'কন্‌সিঅ্যাল্যাট্ / *noun* [C] the building where a consul works রাষ্ট্রদূতের কার্যালয়; কনসুলেট ➪ **embassy** দেখো।

consult / kənˈsʌlt ক্যান্‌'সাল্ট্/ *verb* **1** [T] **consult sb/sth (about sth)** to ask sb for some information or advice, or to look for it in a book, etc. কোনো ব্যক্তির কাছে অথবা কোনো বই ইত্যাদিতে কোনো তথ্য, সংবাদ বা পরামর্শ সন্ধান করা বা চাওয়া *If the symptoms continue, consult your doctor.* **2** [I] **consult with sb** to discuss sth with sb কোনো ব্যক্তির সঙ্গে কোনো কিছু সম্পর্কে পরামর্শ করা বা আলোচনা করা *Vivek consulted with his brothers before selling the family business.*

consultancy / kənˈsʌltənsi ক্যান্‌'সাল্ট্যান্সি / *noun* (*pl.* **consultancies**) **1** [C] a company that gives expert advice on a particular subject কোনো বিশেষ বিষয়ে বিশেষজ্ঞসুলভ উপদেশ প্রদান করে যে কোম্পানি **2** [U] expert advice that sb is paid to provide on a particular subject পারিশ্রমিক গ্রহণকারী বিশেষজ্ঞ ব্যক্তির দ্বারা বিশেষ কোনো বিষয়ে প্রদত্ত পরামর্শ

consultant / kən'sʌltənt ক্যান্‌'সাল্‌ট্যান্ট্ / *noun* [C] **1** a person who gives advice to people on business, law, etc. ব্যাবসা, আইন ইত্যাদি ক্ষেত্রে বিশেষজ্ঞ পরামর্শদাতা *a firm of management consultants* **2** a hospital doctor who is a specialist in a particular area of medicine কোনো হাসপাতালের চিকিৎসক যিনি চিকিৎসাশাস্ত্রের নির্দিষ্ট বিষয়ে বিশেষজ্ঞ *a consultant psychiatrist*

consultation / ˌkɒnsl'teɪʃn ˌকন্‌স্‌ল্‌'টেইশ্‌ন্ / *noun* [C, U] **1** a discussion between people before a decision is taken (কোনো সিদ্ধান্ত গ্রহণের আগে সকলের মধ্যে) আলাপ-আলোচনা, পরামর্শ, মন্ত্রণা *Diplomats met for consultations on the hostage crisis.* ○ *The measures were introduced without consultation.* **2** (*formal*) meeting sb to get information or advice, or looking for it in a book তথ্য বা পরামর্শের জন্য কারও সঙ্গে সাক্ষাৎ অথবা কোনো বইতে তার অনুসন্ধান *a consultation with a doctor*

consume / kən'sjuːm ক্যান্‌'সিউম্ / *verb* [T] (*formal*) **1** to use sth such as fuel, energy or time জ্বালানি, শক্তি বা সময় খরচ বা ব্যবহার করা **2** to eat or drink sth কিছু খাওয়া বা পান করা *Wrestlers can consume up to 10,000 calories in a day.* ➪ **consumption** noun দেখো। **3** (used about fire) to destroy sth (আগুন সম্বন্ধে ব্যবহৃত) কোনো কিছু বিনষ্ট করা, গ্রাস করা, ধ্বংস করা **4** (used about an emotion) to affect sb very strongly (কোনো ভাবাবেগ সম্বন্ধে ব্যবহৃত) গভীরভাবে কাউকে প্রভাবান্বিত করা, অভিভূত করা *She was consumed by grief when her son was killed.*

consumer / kən'sjuːmə(r) ক্যান্‌'সিউম্যা(র্) / *noun* [C] **1** a person who buys things or uses services ক্রেতা, ব্যবহারকারী, খদ্দের, ভোক্তা **2** a person or an animal that eats or uses sth কিছু খায় অথবা ব্যবহার করে এমন ব্যক্তি বা পশু ➪ **food chain** দেখো।

consuming / kən'sjuːmɪŋ ক্যান্‌'সিউমিং / *adj.* (*only before a noun*) that takes up a lot of your time and attention যার জন্য অনেক সময় ব্যয় করতে হয় অথবা মনোযোগ দিতে হয় *Sport is her consuming passion.*

consummate[1] / 'kɒnsʌmət 'কন্‌সাম্যাট্ / *adj.* (*only before a noun*) (*formal*) extremely skilled; a perfect example of sth সুপটু, সুদক্ষ; কোনো কিছুর অনিন্দ্য বা নিখুঁত দৃষ্টান্ত; নিদর্শন *a consummate performer/professional*

consummate[2] / 'kɒnsəmeɪt 'কন্‌স্যামেইট্ / *verb* [T] (*formal*) to make a marriage or relationship complete by having sex যৌনমিলন দ্বারা বিবাহ বা সম্পর্ক সম্পূর্ণ করা ► **consummation** / ˌkɒnsə'meɪʃn ˌকন্‌স্যা'মেইশ্‌ন্ / *noun* [C, U] পরিসমাপ্তি, সিদ্ধি

consumption / kən'sʌmpʃn ক্যান্‌'সাম্প্‌শ্‌ন্ / *noun* [U] **1** the amount of fuel, etc. that sth uses কোনো বস্তুর দ্বারা ইন্ধন বা জ্বালানি ইত্যাদির ব্যবহৃত পরিমাণ *a car with low fuel consumption* **2** the act of using, eating, etc. sth কোনো কিছুর ব্যবহার, ভক্ষণ ইত্যাদির ক্রিয়া *The meat was declared unfit for human consumption* (=for people to eat). ➪ **consume** verb দেখো।

cont. (*also* **contd**) *abbr.* continued বহাল, প্রলম্বিত, চলছে এমন *cont. on p 91*

contact[1] / 'kɒntækt 'কন্‌ট্যাক্ট্ / *noun* **1** [U] **contact** (**with sb/sth**) meeting, talking to or writing to sb else (অপর কোনো ব্যক্তির সঙ্গে) দেখা করে, কথা বলে অথবা চিঠি লিখে যোগাযোগ রাখার ক্রিয়া *They are trying to* ***make contact*** *with the kidnappers.* ○ *We* ***keep in contact*** *with our office in Kolkata.* **2** [U] **contact** (**with sb/sth**) the state of touching sb/sth কোনো ব্যক্তি বা বস্তুকে স্পর্শ করে থাকা অবস্থা *This product should not* ***come into contact*** *with food.* **3** [C] a person that you know who may be able to help you সাহায্যদানে সক্ষম ব্যক্তি *business contacts* **4** [C] an electrical connection বৈদ্যুতিক সংযোগ *The switches close the contacts and complete the circuit.* ➪ **bulb**-এ ছবি দেখো।

contact[2] / 'kɒntækt 'কন্‌ট্যাক্ট্ / *verb* [T] to telephone or write to sb (কোনো ব্যক্তিকে) টেলিফোন করা, চিঠি লেখা *Is there a phone number where I can contact you?*

contact lens *noun* [C] a small thin piece of plastic that fits onto your eye to help you to see better চোখের মণির উপর বসানো ছোটো প্লাস্টিকের লেন্স যা চশমার মতো কাজ করে; মণি-চশমা; কনট্যাক্ট লেন্স

contagious / kən'teɪdʒəs ক্যান্‌'টেইজ্যাস্ / *adj.* (used about a disease) that you can get by touching sb/sth (রোগ সম্বন্ধে ব্যবহৃত) স্পর্শজনিত দূষণের কারণে সংক্রামক; ছোঁয়াচে *Measles is a highly contagious disease.* ○ (*figurative*) *Her laugh is contagious.* ➪ **infectious**-এ নোট দেখো। ► **contagion** / kən'teɪdʒən ক্যান্‌'টেইজ্যান্ / *noun* [U] রোগস্পর্শজনিত দূষণ বা অশুচিতা; রোগের ছোঁয়াচ, সংক্রমণ, ছোঁয়াচ দ্বারা রোগের সংক্রমণ

contain / kən'teɪn ক্যান্‌'টেইন্ / *verb* [T] (*not used in the continuous tenses*) **1** to have sth inside or as part of itself কিছুর ভিতরে কোনো কিছু থাকা বা তার অন্তর্ভুক্ত হওয়া *Each box contains 24 tins.* **2** to keep sth within limits; to control sth কোনো বস্তুকে সীমিত রাখা, সংযত করা; নিয়ন্ত্রণে রাখা, দমন করা, সামলে রাখা, বশে আনা *efforts to contain inflation* ○ *She found it hard to contain her anger.*

NOTE এই ক্রিয়াপদটির (verb) ব্যবহার ঘটমান কালে বা (continuous tenses) হয় না কিন্তু '-ing' সহযোগে এর বর্তমান কৃদন্ত (present participle) রূপটি সাধারণভাবে অত্যন্ত প্রচলিত—*petrol containing lead*

Contain না **include**? **Contain** শব্দটি কোনো বস্তুর মধ্যে অন্তর্নিহিত কোনো আলাদা জিনিস থাকলে তার জন্য ব্যবহৃত হয়—*a jar containing olives* ○ *This film contains violent scenes.* **Include** শব্দটি কোনো কিছু অন্য কোনো কিছুর অংশবিশেষ এই বোঝাতে ব্যবহৃত হয়—*a team of seven people including a cameraman and a doctor* ○ *The price of the holiday includes accommodation.*

container / kənˈteɪnə(r) ক্যান্ˈটেইন্যা(র্) / *noun* [C] **1** a box, bottle, packet, etc. in which sth is kept বাক্স, বোতল, ঠোঙা ইত্যাদি যার মধ্যে কিছু রাখা যায়; ধারক, পাত্র, আধার *a plastic container* **2** a large metal box that is used for transporting goods by sea, road or rail যে বৃহদাকার ধাতব বাক্সে মালপত্র ভরে জাহাজে, গাড়িতে বা রেলে স্থানান্তর করা হয় *a container lorry/ship*

contaminant / kənˈtæmɪnənt ক্যান্ˈট্যামিন্যান্ট্ / *noun* [C] any substance that makes sth dirty or not pure যে পদার্থ কলুষিত বা দূষিত করে; কলুষ

contaminate / kənˈtæmɪneɪt ক্যান্ˈট্যামিনেইট্ / *verb* [T] to add a substance which will make sth dirty or harmful কোনো পদার্থ মিশিয়ে কোনো কিছুকে দূষিত ক্ষতিকর করা *The town's drinking water was contaminated with poisonous chemicals.*
► **contamination** / kənˌtæmɪˈneɪʃn ক্যান্ˌট্যামিˈনেইশ্ন্ / *noun* [U] দূষণ, কলুষিতকরণ

contemplate / ˈkɒntəmpleɪt ˈকন্ট্যাম্প্লেইট্ / *verb* [T] **1** to think carefully about sth or the possibility of doing sth কোনো বিষয়ে অথবা কোনো কিছু করার সম্ভাবনা সম্পর্কে গভীরভাবে চিন্তা করা *Before her illness she had never contemplated retiring.* **2** to look at sb/sth, often quietly or for a long time কোনো ব্যক্তি অথবা বস্তুকে অনেকক্ষণ ধরে চুপচাপ পর্যবেক্ষণ করা
► **contemplation** / ˌkɒntəmˈpleɪʃn ˌকন্ট্যাম্ˈপ্লেইশ্ন্ / *noun* [U] গভীর চিন্তা, ধ্যান

contemporary¹ / kənˈtemprəri ক্যান্ˈটেম্প্র্যারি / *adj.* **1** belonging to the same time as sb/sth else কোনো ব্যক্তি বা বস্তুর সমসাময়িক; তাৎকালিক, সমকালীন *The programme includes contemporary film footage of the First World War.* **2** of the present time; modern সাম্প্রতিক; আধুনিক *contemporary music/art/society*

contemporary² / kənˈtemprəri ক্যান্ˈটেম্প্র্যারি / *noun* [C] (*pl.* **contemporaries**) a person who lives or does sth at the same time as sb else সমকালীন অথবা সমসাময়িক ব্যক্তি

contempt / kənˈtempt ক্যান্ˈটেম্প্ট্ / *noun* [U] **contempt (for sb/sth)** the feeling that sb/sth does not deserve any respect or is without value অশ্রদ্ধা, অবমাননা করার মনোভাব; হেনস্থা, অবজ্ঞা *The teacher treated my question* ***with contempt***.
► **contemptuous** / kənˈtemptʃuəs ক্যান্ˈটেম্প্চুঅ্যাস্ / *adj.* অবজ্ঞাসূচক, ঘৃণাব্যঞ্জক *The boy just gave a contemptuous laugh when I asked him to be quiet.*

contemptible / kənˈtemptəbl ক্যান্ˈটেম্প্ট্যাব্ল্ / *adj.* (*formal*) not deserving any respect at all ঘৃণ্য, ঘৃণার্হ, ঘৃণিত *contemptible behaviour*

contend / kənˈtend ক্যান্ˈটেন্ড্ / *verb* **1** [I] **contend with/against sb/sth** to have to deal with a problem or a difficult situation কোনো সমস্যা অথবা কঠিন পরিস্থিতির মোকাবিলা করতে বাধ্য হওয়া *She's had a lot of problems to contend with.* **2** [T] (*formal*) to say or argue that sth is true কোনো কিছুর সত্যতা সমর্থন করে তর্কবিতর্ক করা *The young man contended that he was innocent.* **3** [I] **contend (for sth)** to compete against sb to win or gain sth কিছু পাওয়া বা জেতার আশায় কোনো ব্যক্তির বিরুদ্ধে প্রতিদ্বন্দ্বিতা করা *Two athletes are contending for first place.*

contender / kənˈtendə(r) ক্যান্ˈটেন্ড্যা(র্) / *noun* [C] a person who may win a competition সম্ভাব্য বিজেতা; প্রতিযোগী, প্রতিদ্বন্দ্বী *There are only two serious contenders for the leadership.*

content¹ / kənˈtent ক্যান্ˈটেন্ট্ / *adj.* (*not before a noun*) **content (with sth); content to do sth** happy or satisfied with what you have or do (যা আছে বা যা করা হয় তা নিয়ে) সন্তুষ্ট, তৃপ্ত, পরিতুষ্ট *I don't need a new car—I'm perfectly content with the one I've got.*

content² / ˈkɒntent ˈকন্টেন্ট্ / *noun* **1 contents** [*pl.*] the thing or things that are inside sth কোনো কিছুর ভিতরের বস্তু, অভ্যন্তরস্থ বস্তু; আধেয় *Add the contents of this packet to a litre of cold milk and mix well.* **2** [*sing.*] the main subject, ideas, etc. of a book, article, television programme, etc. বই, প্রবন্ধ, দূরদর্শন কার্যক্রম ইত্যাদিতে পরিবেশিত বিষয়সমূহ অথবা ভাবধারা *The content of the essay is good, but there are too many grammatical mistakes.* **3** the amount of a particular substance that sth contains কোনো বস্তুর অভ্যন্তরস্থ পদার্থের পরিমাণ *Many processed foods have a high sugar content.*

content³ / kən'tent ক্যান্‌'টেন্ট্ / *noun* [*sing.*]
IDM to your heart's content ⇨ **heart** দেখো।

content⁴ / kən'tent ক্যান্‌'টেন্ট্ / *verb* [T] **content yourself with sth** to accept sth even though it was not exactly what you wanted (সম্পূর্ণরূপে) আকাঙ্ক্ষিত না হলেও সেই বস্তুটি গ্রহণ করা *The restaurant was closed, so we had to content ourselves with a sandwich.*

contented / kən'tentɪd ক্যান্‌'টেন্টিড্ / *adj.* happy or satisfied সন্তুষ্ট, প্রসন্ন *The baby gave a contented chuckle.* ▶ **contentedly** *adv.* সন্তুষ্ট চিত্তে, আনন্দের সঙ্গে

contention / kən'tenʃn ক্যান্‌'টেন্‌শন্ / *noun* (*formal*) **1** [U] arguing; disagreement বিতর্ক, বাদানুবাদ, বচসা, তর্কাতর্কি; মতভেদ, মতানৈক্য, বিবাদ **2** [C] your opinion; sth that you say is true নিজের মত; দৃষ্টিকোণ, যুক্তি *The government's contention is that unemployment will start to fall next year.*
IDM in contention (for sth) having a chance of winning a competition প্রতিযোগিতায় জেতার সম্ভাবনাযুক্ত *Four teams are still in contention for the cup.*

contentious / kən'tenʃəs ক্যান্‌'টেন্‌শ্যাস্ / *adj.* likely to cause argument বিতর্কমূলক, বিতর্কিত *a contentious issue*

contentment / kən'tentmənt ক্যান্‌'টেন্ট্‌ম্যান্ট্ / *noun* [U] a feeling of happy satisfaction সন্তোষ, তৃপ্তি, পরিতোষ

contest¹ / 'kɒntest 'কন্‌টেস্ট্ / *noun* [C] a competition to find out who is the best, strongest, most beautiful, etc. (উৎকর্ষ, সৌন্দর্য, শক্তি ইত্যাদিতে শ্রেষ্ঠত্বের) প্রতিযোগিতা *I've decided to* ***enter*** *that writing* ***contest***. ○ *The by-election will be a contest between the two main parties.*

contest² / kən'test ক্যান্‌'টেস্ট্ / *verb* [T] **1** to take part in a competition or try to win sth প্রতিযোগিতায় অংশ নেওয়া বা কিছু জেতার চেষ্টা করা *Twenty-four teams will contest next year's World Cup.* **2** to say that sth is wrong or that it was not done properly (কোনো কিছু ভুল বা সঠিকভাবে করা হয়নি বলে) প্রতিবাদ করা, বিরোধিতা করা *They contested the decision, saying that the judges had not been fair.*

contestant / kən'testənt ক্যান্‌'টেস্‌ট্যান্ট্ / *noun* [C] a person who takes part in a contest প্রতিযোগী, প্রতিদ্বন্দ্বী *Four contestants appear on the quiz show each week.*

context / 'kɒntekst 'কন্‌টেক্‌স্ট্ / *noun* [C, U] **1** the situation in which sth happens or that caused sth to happen যে পরিস্থিতিতে কোনো ঘটনা ঘটে অথবা যার কারণে ঘটে *To* ***put*** *our company* ***in context***, *we are now the third largest in the country.* **2** the words that come before or after a word, phrase or sentence that help you to understand its meaning আগের অথবা পরের শব্দ, বাক্যাংশ অথবা বাক্য যার পরিপ্রেক্ষিতে বক্তব্য বোঝা সহজ হয়; প্রসঙ্গ *You can often guess the meaning of a word from its context.* ○ *Taken* ***out of context***, *his comment made no sense.*

continent / 'kɒntɪnənt 'কন্‌টিন্যান্ট্ / *noun* **1** [C] one of the seven main areas of land on the Earth পৃথিবীতে সাতটি প্রধান ভূমিখণ্ডের যে-কোনো একটি; মহাদেশ *Asia, Africa and Antarctica are continents.* **2 the Continent** [*sing.*] the main part of Europe not including the British Isles ব্রিটিশ দ্বীপপুঞ্জ বাদ দিয়ে ইউরোপের অন্যান্য প্রধান দেশগুলি

continental / ˌkɒntɪ'nentl ˌকন্‌টি'নেন্ট্‌ল্ / *adj.* **1** connected with or typical of a continent মহাদেশ সম্পর্কিত, মহাদেশীয় *Moscow has a continental climate—hot summers and cold winters.* **2** connected with the main part of Europe not including the British Isles ইউরোপীয় দেশগুলির (ব্রিটিশ দ্বীপপুঞ্জ বাদে) সঙ্গে জড়িত *continental food*

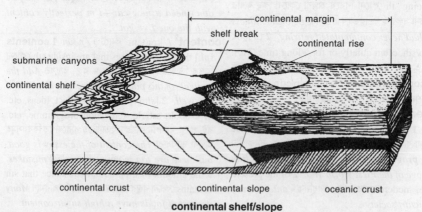

continental shelf/slope

continental breakfast *noun* [C] a cold breakfast of bread and jam with coffee (প্রাতরাশ) পাউরুটি ও জ্যাম সহযোগে কফি

continental drift *noun* [U] (in geology) the slow movement of the continents towards and away from each other during the history of the earth (ভূতত্ত্বে) পৃথিবীতে কালক্রমে মহাদেশগুলির পরস্পরের দিকে অথবা থেকে ধীর গতিতে এগিয়ে আসা এবং সরে যাওয়ার যে ক্রিয়া; মহীসঞ্চরণ ➪ **plate tectonics** দেখো।

continental shelf *noun* [*sing.*] (in geology) the area of land under the sea on the edge of a continent (ভূতত্ত্বে) সমুদ্রে নিমগ্ন মহাদেশের প্রান্তদেশ; মহীসোপান

continental slope *noun* [*sing.*] (in geology) the steep surface that goes down from the outer edge of the **continental shelf** to the ocean floor (ভূতত্ত্বে) মহাদেশসমূহের শেষ সীমাবর্তী প্রান্তের যে খাড়া পৃষ্ঠতল সমুদ্রের মধ্যে নেমে গেছে; মহীঢাল

contingency / kənˈtɪndʒənsi ক্যান্'টিন্‌জ্যান্‌সি / *noun* [C] (*pl.* **contingencies**) a possible future situation or event ভবিষ্যতের সম্ভাব্য পরিস্থিতি অথবা ঘটনা *We'd better make* **contingency plans** *just in case something goes wrong.* ○ *We've tried to prepare for every possible contingency.*

contingent / kənˈtɪndʒənt ক্যান্'টিন্‌জ্যান্ট্ / *noun* [C, *with sing. or pl. verb*] **1** a group of people from the same country, organization, etc. who are attending an event একই দেশ, প্রতিষ্ঠান ইত্যাদি থেকে একটি জনগোষ্ঠী যারা সকলে কোনো একটি সম্মেলনে যোগ দিয়েছে *the Indian contingent at the conference* **2** a group of armed forces forming part of a larger force বৃহত্তর সেনাবাহিনীর অন্তর্গত ক্ষুদ্রতর সৈন্যদল

continual / kənˈtɪnjuəl ক্যান্'টিনিউঅ্যাল্ / *adj.* happening again and again অনবরত, বিরামহীন, একটানা, নিরবচ্ছিন্ন *His continual phone calls started to annoy her.* ➪ **incessant** দেখো। ▶ **continually** *adv.* অবিরামভাবে, অবিরতভাবে, পুনঃপুনঃ, একনাগাড়ে, বারবার

continuation / kən,tɪnjuˈeɪʃn ক্যান্,টিনিউ'এইশন্ / *noun* [*sing.*, U] something that continues or follows sth else; the act of making sth continue কোনো বস্তুর ধারাবাহিকতা বা অন্য বস্তুকে অনুসরণ; অবিচ্ছিন্নতা *The team are hoping for a continuation of their recent good form.* ○ *Continuation of the current system will be impossible.*

continue / kənˈtɪnju: ক্যান্'টিনিউ / *verb* **1** [I] to keep happening or existing without stopping (কোনো ছেদ বা বিরতি না দিয়ে) চলতে থাকা, প্রলম্বিত হওয়া *If the pain continues, see your doctor.* **2** [I, T] **continue (doing/to do sth); continue (with sth)** to keep doing sth without stopping না থেমে কোনো কিছু চালিয়ে যাওয়া *They ignored me and continued their conversation.* ○ *He continued working/to work late into the night.* **3** [I, T] to begin to do or say sth again after you had stopped থেমে যাওয়ার পরে বা বিরতি দিয়ে আবার শুরু করা, পুনরাবৃত্তি করা *The meeting will continue after lunch.* **4** [I, T] to go further in the same direction একই অভিমুখে আরও এগিয়ে যাওয়া *The next day we continued our journey.*

continued / kənˈtɪnju:d ক্যান্'টিনিউড্ / *adj.* going on without stopping অবিরামভাবে চলছে এমন *There are reports of continued fighting near the border.*

continuity / ˌkɒntɪˈnju:əti ˌকন্‌টি'নিউঅ্যাটি / *noun* [U] the fact of continuing without stopping or of staying the same অবিচ্ছিন্নতা, ধারাবাহিকতা, নিরবচ্ছিন্নতা *The students will have the same teacher for two years to ensure continuity.*

continuous / kənˈtɪnjuəs ক্যান্'টিনিউঅ্যাস্ / *adj.* happening or existing without stopping নিরবচ্ছিন্ন, বিরামহীন, অবিশ্রান্ত, ছেদহীন *There was a continuous line of cars stretching for miles.* ▶ **continuously** *adv.* অবিচ্ছিন্নভাবে, বিরামহীনভাবে, অবিরামভাবে *It has rained continuously here for three days.*

the continuous tense (*also* **the progressive tense**) *noun* [C] (*grammar*) the form of a verb such as 'I am waiting', 'I was waiting' or 'I have been waiting' which is made from a part of 'be' and a verb ending in '-ing' and is used to describe an action that continues for a period of time (ব্যাকরণ) কিছু সময়কাল ধরে চলতে থাকা কর্মের বর্ণনা করার জন্য ব্যবহৃত ক্রিয়াপদের রূপ যেমন 'I am waiting', 'I was waiting' অথবা 'I have been waiting' যেগুলি 'be' শব্দটি এবং শেষে '-ing' যুক্ত ক্রিয়াপদ থেকে তৈরি হয়; (ক্রিয়াপদের) ঘটমান কাল

continuum / kənˈtɪnjuəm ক্যান্'টিনিউঅ্যাম্ / *noun* [C] (*pl.* **continua** / -juə -ইউঅ্যা /) a continuous series of things, in which each one is only slightly different from the things next to it, but the last is very different from the first একটি অবিচ্ছিন্ন বা একটানা জিনিসের ধারা, যাতে প্রতিটি জিনিস তার আগেরটি বা পরেরটি থেকে একটু আলাদা, কিন্তু প্রথমটি থেকে একেবারে শেষেরটি খুবই আলাদা; আপেক্ষিকভাবে বর্ণনা করা যায় যে নিরবচ্ছিন্ন বিষয়; পারম্পর্য, সন্ততি

contort / kənˈtɔ:t ক্যান্'ট:ট্ / *verb* [I, T] to move or to make sth move into a strange or unusual shape বিকৃত করা; দোমড়ানো, মোচড়ানো *His face* *contorted/was contorted with pain.* ▶ **contortion** *noun* [C] বিকৃতকরণ, বিকৃতি, মোচড়ানো অবস্থা, বিকৃতসাধন

contour / ˈkɒntʊə(r) ˈকনটুঅ্যা(র্) / *noun* [C] **1** the shape of the outer surface of sth (কোনো বস্তুর) বহির্বয়ব, বাইরের আকার *I could just make out the contours of the house in the dark.* **2** (*also* **contour line**) a line on a map joining places of equal height মানচিত্রে যে রেখার দ্বারা সমান উচ্চতার স্থানগুলো নির্দেশ করা হয়; সমোন্নতি রেখা

contra- / ˈkɒntrə ˈকনট্র্যা / *prefix* (*used in nouns, verbs and adjectives*) against; opposite বিরুদ্ধে; বিপরীত, উলটো *contradict* (= say the opposite)

contraband / ˈkɒntrəbænd ˈকনট্র্যাব্যান্ড্ / *noun* [U] goods that are taken into or out of a country illegally বেআইনিভাবে আমদানি রপ্তানি করা পণ্য, চোরা চালান করা মাল *contraband cigarettes*

contract[1] / ˈkɒntrækt ˈকনট্র্যাক্ট্ / *noun* [C] a written legal agreement লিখিত চুক্তিপত্র; রফা, কড়ার *They **signed a** three-year **contract with** a major record company.* ○ *a temporary contract*

contract[2] / kənˈtrækt ক্যান্ˈট্র্যাক্ট্ / *verb* **1** [I, T] to become or to make sth smaller or shorter কোনো কিছু সংকুচিত বা ক্ষুদ্রতর করা বা হওয়া, ছোটো হওয়া বা করা *Metals contract as they cool.* ✪ বিপ **expand** **2** [T] to get an illness or disease, especially a serious one বিশেষত কোনো কঠিন অসুখে আক্রান্ত হওয়া *to contract pneumonia* **3** [I, T] to make a written legal agreement with sb to do sth কোনো বিষয়ে কোনো ব্যক্তির সঙ্গে আইনসম্মতভাবে লিখিত চুক্তি করা *His firm has been contracted to supply all the furniture for the new building.*

PHR V **contract sth out** (**to sb**) to arrange for work to be done by sb outside your own company নিজস্ব কোম্পানির বাইরে কাউকে নির্দিষ্ট কাজের জন্য চুক্তিবন্ধ করা

contraction / kənˈtrækʃn ক্যান্ˈট্র্যাকশ্ন্ / *noun* **1** [U] the process of becoming or of making sth become smaller or shorter সংকোচন অথবা সংক্ষেপণ করার পদ্ধতি অথবা প্রক্রিয়া *the expansion and contraction of a muscle* **2** [C] a shorter form of a word or words কোনো শব্দ বা শব্দসমূহের সংক্ষিপ্ত রূপ *'Mustn't is a contraction of 'must not'.*

contractor / kənˈtræktə(r) ক্যান্ˈট্র্যাক্ট্যা(র্) / *noun* [C] a person or company that has a contract to do work or provide goods or services for another company পণ্য সরবরাহ অথবা পরিষেবা প্রদান করার জন্য চুক্তিবন্ধ যে ঠিকাদার ব্যক্তি অথবা কোম্পানি; কনট্রাক্টর

contractual / kənˈtræktʃuəl ক্যান্ˈট্র্যাকচুঅ্যাল্ / *adj.* connected with or included in a contract চুক্তি সম্বন্ধীয় অথবা চুক্তিতে অন্তর্ভুক্ত

contradict / ˌkɒntrəˈdɪkt ˌকনট্র্যাˈডিক্ট্ / *verb* [T] to say that sth is wrong or not true; to say the opposite of sth কোনো কিছুর সত্যতা অস্বীকার করা; কোনো কিছুর বিরোধিতা করা *These instructions seem to contradict previous ones.*

contradiction / ˌkɒntrəˈdɪkʃn ˌকনট্র্যাˈডিক্শ্ন্ / *noun* [C, U] a statement, fact or action that is opposite to or different from another one (বিবৃতি, ঘটনা অথবা কাজ) যা একে অপরের বিরোধী বা অন্যটির থেকে আলাদা, পরস্পর বিরোধিতা; অসংগতি, বিরোধিতা *There were a number of contradictions in what he told the police.* ○ *This letter is **in** complete **contradiction to** their previous one.*

contradictory / ˌkɒntrəˈdɪktəri ˌকনট্র্যাˈডিক্ট্যারি / *adj.* being opposite to or not matching sth else পরস্পরবিরোধী, বৈপরীত্যপূর্ণ, বিপরীত, বিরোধী *Contradictory reports appeared in the newspapers.*

contraflow / ˈkɒntrəfləʊ ˈকনট্র্যাফ্ল্যাউ / *noun* [C] the system that is used when one half of a wide road is closed for repairs, and traffic going in both directions has to use the other side কোনো চওড়া রাস্তার অর্ধেকটা সারানোর জন্য বন্ধ করা হলে বাকি অর্ধেক রাস্তায় দুমুখেই গাড়ি চলার ব্যবস্থা অথবা পদ্ধতি

contraption / kənˈtræpʃn ক্যান্ˈট্র্যাপশ্ন্ / *noun* [C] a strange or complicated piece of equipment অদ্ভুত অথবা জটিল যন্ত্রবিশেষ *The first aeroplanes were dangerous contraptions.*

contrary[1] / ˈkɒntrəri ˈকনট্র্যারি / *adj.* **1** (*only before a noun*) completely different; opposite সম্পূর্ণ বিপরীত, একেবারেই আলাদা; উলটো, বিপ্রতীপ *I thought it was possible, but she took the contrary view.* **2** **contrary to** completely different from; opposite to; against (অন্য বস্তুর থেকে) একেবারে অন্যরকম; বিপরীত, বিরুদ্ধে ***Contrary to popular belief*** (= to what many people think) *not all politicians are corrupt.*

contrary[2] / ˈkɒntrəri ˈকনট্র্যারি / *noun*

IDM **on the contrary** the opposite is true; certainly not বিপরীতপক্ষে, পক্ষান্তরে; একেবারেই নয়, মোটেও নয় *'You look as if you're not enjoying yourself.' 'On the contrary, I'm having a great time.'*

to the contrary (*formal*) saying the opposite বিপক্ষে, পক্ষান্তরে, প্রতিকূলে *Unless I hear anything to the contrary, I shall assume that the arrangements haven't changed.*

contrast[1] / ˈkɒntrɑːst ˈকনট্রা:স্ট্ / *noun* **1** [U] comparison between two people or things that shows the differences between them দুটি ব্যক্তি অথবা

বস্তুর মধ্যে বৈসাদৃশ্য বা বৈষম্য দেখায় যে তুলনা *In contrast to previous years, we've had a very successful summer.* 2 [C, U] (a) **contrast (to/with sb/sth)**; (a) **contrast (between A and B)** a clear difference between two things or people that is seen when they are compared দুটি ব্যক্তি বা বস্তুর মধ্যে তুলনা করলে যে স্পষ্ট পার্থক্য বা বৈষম্য প্রকাশ পায় *There is a tremendous contrast between the climate in the valley and the climate in the hills.* 3 [C] something that is clearly different from sth else when the two things are compared দুটি বস্তুর মধ্যে তুলনার সময়ে যেটি স্পষ্টভাবে বিসদৃশ *This house is quite a contrast to your old one!*

contrast² / kənˈtrɑːst ক্যান্‌'ট্রা:স্ট্ / *verb* 1 [T] **contrast (A and/with B)** to compare people or things in order to show the differences between them বৈসাদৃশ্য দেখানোর জন্য ব্যক্তি অথবা বস্তুর তুলনা করা *The film contrasts his poor childhood with his later life as a millionaire.* 2 [I] **contrast with sb/sth** to be clearly different when compared তুলনায় স্পষ্টভাবে পৃথক হওয়া *This comment contrasts sharply with his previous remarks.*

contravene / ˌkɒntrəˈviːn ˌকনট্র্যা'ভীন্ / *verb* [T] (*formal*) to break a law or a rule আইন বা প্রচলিত রীতির লঙ্ঘন করা, বিরোধিতা করা ► **contravention** / ˌkɒntrəˈvenʃn ˌকনট্র্যা'ভেন্‌শ্‌ন্ / *noun* [C, U] লঙ্ঘন, ভঙ্গ

contribute / ˈkɒntrɪbjuːt; kənˈtrɪbjuːt 'কন্‌ট্রিবিউট্; ক্যান্‌'ট্রিবিউট্ / *verb* **contribute (sth) (to/towards sth)** 1 [I, T] to give a part of the total, together with others অন্যদের সঙ্গে একত্রে, সমষ্টিগতভাবে কিছু দেওয়া *Would you like to contribute towards our collection for famine relief?* ○ *The research has contributed a great deal to our knowledge of cancer.* 2 [I] to be one of the causes of sth কোনো ঘটনার কারণসমূহের যে-কোনো একটি কারণ হওয়া *It is not known whether the bad weather contributed to the accident.* 3 [I, T] to write articles for a magazine or newspaper পত্রিকা বা সংবাদপত্রের জন্য প্রবন্ধ-নিবন্ধ লেখা

contribution / ˌkɒntrɪˈbjuːʃn ˌকন্‌ট্রি'বিউশ্‌ন্ / *noun* [C] **a contribution (to/toward sth)** something that you give, especially money or help, or do together with other people যা দেওয়া হয়, বিশেষ অর্থ বা সাহায্য অথবা যা অন্যদের সঙ্গে মিলে করা হয়; চাঁদা *If we all **make a** small **contribution**, we'll be able to buy Rani a good farewell present.*

contributor / kənˈtrɪbjətə(r) ক্যান্‌'ট্রিবিঅ্যাট্যা(র্) / *noun* [C] a person who contributes to sth দাতা; দানশীল

contributory / kənˈtrɪbjətəri ক্যান্‌'ট্রিবিঅ্যাট্যারি / *adj.* helping to cause or produce sth ঘটনাসহায়ক অথবা উৎপন্নসহায়ক *Alcohol was a contributory factor in her death.*

contrive / kənˈtraɪv ক্যান্‌'ট্রাইভ্ / *verb* [T] 1 to manage to do sth, although there are difficulties অসুবিধা সত্ত্বেও কোনো কিছু করা *If I can contrive to get off work early, I'll see you later.* 2 to plan or invent sth in a clever and/or dishonest way চালাকি অথবা অসৎ উপায়ে পরিকল্পনা এবং/অথবা উদ্ভাবন করা *He contrived a scheme to cheat insurance companies.*

contrived / kənˈtraɪvd ক্যান্‌'ট্রাইভড্ / *adj.* hard to believe; not natural or realistic অবিশ্বাস্য; কৃত্রিম অথবা অবাস্তব *The ending of the film seemed rather contrived.*

control¹ / kənˈtrəʊl ক্যান্‌'ট্র্যাউল্ / *noun* 1 [U] **control (of/over sb/sth)** power and ability to make sb/sth do what you want কোনো ব্যক্তি অথবা বস্তুকে নিজের নিয়ন্ত্রণে রাখার যোগ্যতা এবং ক্ষমতা *Rebels managed to **take control** of the radio station.* ○ *Some teachers find it difficult to **keep control** of their class.* ○ *He **lost control** of the car and crashed.* ○ *I was late because of circumstances **beyond my control**.* 2 [C, U] (a) **control (on/over sth)** a limit on sth; a way of keeping sb/sth within certain limits কোনো বস্তুর উপর নিয়ন্ত্রণ; কোনো ব্যক্তি বা বস্তুকে নিয়ন্ত্রণে বা নির্দিষ্ট সীমার মধ্যে রাখার উপায় *price controls* ○ *The faults forced the company to review its **quality control** procedures.* 3 [C] one of the parts of a machine that is used for operating it কোনো যন্ত্রের নিয়ন্ত্রণকারী বা সেটিকে চালনাকারী অংশসমূহের মধ্যে একটি *the controls of an aeroplane/a TV* ○ *a control panel* 4 [*sing.*] the place from which sth is operated or where sth is checked যে স্থান থেকে কোনো কিছু নিয়ন্ত্রণ করা হয় অথবা যেখানে কোনো কিছু পরীক্ষা করে দেখা হয় *We went through passport control and then got onto the plane.*

IDM be in control (of sth) to have the power or ability to deal with sth কোনো বস্তুকে সামলানো, নিয়ন্ত্রণ করা অথবা বশে আনার ক্ষমতা অথবা যোগ্যতা থাকা *The police are again in control of the area following last night's violence.*

be/get out of control to be/become impossible to deal with নিয়ন্ত্রণাতীত বা নিয়ন্ত্রণের পক্ষে অসম্ভব হয়ে দাঁড়ানো *The demonstration got out of control and fighting broke out.*

under control being dealt with successfully নিয়ন্ত্রণাধীন *It took several hours to bring the fire under control.*

control² / kənˈtrəʊl ক্যান্ˈট্র্যাউল্ / *verb* [T] (**controlling; controlled**) **1** to have power and ability to make sb/sth do what you want কোনো ব্যক্তি বা বস্তুকে নিয়ন্ত্রণ অথবা কর্তৃত্ব করার ক্ষমতা থাকা বা সেই যোগ্যতাসম্পন্ন হওয়া *Police struggled to control the crowd.* ○ *I couldn't control myself any longer and burst out laughing.* **2** to keep sth within certain limits (কোনো বস্তুকে) নিয়ন্ত্রণে রাখা, নির্দিষ্টভাবে সীমাবদ্ধ করা *measures to control price rises* ▶ **controller** *noun* [C] নিয়ন্ত্রণকারী, নিয়ামক *air traffic controllers*

control tower *noun* [C] a building at an airport from which the movements of aircraft are controlled যে উঁচু বাড়ি থেকে বিমানবন্দরে বিমানগুলির যাতায়াত নিয়ন্ত্রিত করা হয়

controversial / ˌkɒntrəˈvɜːʃl ˌকন্ট্র্যাˈভ্যশ্ল্ / *adj.* causing public discussion and disagreement (সর্বজনীনভাবে) বিতর্কিত; বিতর্কমূলক *a controversial issue/decision/plan*

controversy / ˈkɒntrəvɜːsi; kənˈtrɒvəsi ˈকনট্র্যাভ্যসি; ক্যান্ˈট্রভ্যাসি / *noun* [C, U] (*pl.* **controversies**) public discussion and disagreement about sth (কোনো বিষয়ে সর্বজনীন) বিতর্ক, বাদানুবাদ *The plans for changing the town centre caused a great deal of controversy.*

convalesce / ˌkɒnvəˈles ˌকন্ভ্যাˈলেস্ / *verb* [I] to rest and get better over a period of time after an illness অসুখের পর ধীরে ধীরে পুরোনো স্বাস্থ্য ফিরে পাওয়া, সেরে ওঠা, আরোগ্য লাভ করা ▶ **convalescence** / ˌkɒnvəˈlesns ˌকন্ভ্যাˈলেস্ন্স্ / *noun* [*sing.*, U] ক্রমশ আরোগ্যলাভ ▶ **convalescent** / ˌkɒnvəˈlesnt ˌকন্ভ্যাˈলেস্ন্ট্ / *adj.* আরোগ্যের পথে যে ব্যক্তি

convection / kənˈvekʃn ক্যান্ˈভেক্শ্ন্ / *noun* [U] the process in which heat moves through a gas or a liquid as the hotter part rises and the cooler, heavier part sinks গ্যাস বা তরল পদার্থের মধ্যে তাপ সঞ্চারের প্রক্রিয়া যার ফলে গরম অংশটি উপরে উঠে আসে এবং ঠান্ডা অংশটি নীচে পড়ে থাকে; তাপসঞ্চালন *convection currents*

convene / kənˈviːn ক্যান্ˈভীন্ / *verb* [I, T] (*formal*) to come together or to bring people together for a meeting, etc. সভা ইত্যাদির জন্য একত্রিত হওয়া বা করা, জনসভায় আহ্বান জানানো অথবা যোগ দেওয়া

convenience / kənˈviːniəns ক্যান্ˈভীনিঅ্যান্স্ / *noun* **1** [U] the quality of being easy, useful or suitable for sb সুবিধাজনক, স্বাচ্ছন্দ্যদায়ক, উপযুক্ত *a building designed for the convenience of disabled people* ○ ***For convenience**, you can pay for everything at once.* **2** [C] something that makes things easier, quicker or more comfortable সুবিধা ও স্বাচ্ছন্দ্যবহুল অথবা আরও আরামদায়ক করার উপকরণ *houses with all the modern conveniences* **3** [C] a public toilet সর্বসাধারণের ব্যবহারের জন্য শৌচালয়; সর্বজনীন শৌচালয়

convenient / kənˈviːniənt ক্যান্ˈভীনিঅ্যান্ট্ / *adj.* **1** suitable or practical for a particular purpose; not causing difficulty কোনো কিছুর পক্ষে সুবিধাজনক; প্রতিকূল নয় এমন *I'm willing to meet you on any day that's convenient for you.* ○ *It isn't convenient to talk at the moment, I'm in the middle of a meeting.* ✪ বিপ **inconvenient** **2** close to sth; in a useful position নিকটে; সুবিধাজনকভাবে *Our house is convenient for the shops.* ▶ **conveniently** *adv.* সুবিধামতো; সুবিধাজনকভাবে

convent / ˈkɒnvənt ˈকন্ভ্যান্ট্ / *noun* [C] a place where **nuns** live together একত্রিতভাবে সন্ন্যাসিনী (প্রধানত খ্রিস্টান ধর্মাবলম্বী) সম্প্রদায়ের আবাস স্থল; মঠ; কনভেন্ট ⇨ **monastery** দেখো।

convention / kənˈvenʃn ক্যান্ˈভেন্শ্ন্ / *noun* **1** [C, U] a traditional way of behaving or of doing sth কোনো কাজ অথবা আচরণের প্রচলিত প্রথা ও রীতি *It is an Indian convention to touch the feet of the elders when you meet them.* ○ *The film shows no respect for convention.* **2** [C] a large meeting of the members of a profession, political party, etc. কোনো পেশায় নিযুক্ত বা কোনো রাজনৈতিক দল ইত্যাদির সদস্য এরকম ব্যক্তিদের অধিবেশন, বৈঠক, সম্মেলন *the Congress Party Convention* ✪ সম **conference** **3** [C] a formal agreement, especially between different countries বিভিন্ন রাষ্ট্রের মধ্যে আনুষ্ঠানিক মতৈক্য অথবা চুক্তি *the Lahore Convention*

conventional / kənˈvenʃənl ক্যান্ˈভেন্শ্যানল্ / *adj.* always behaving in a traditional or normal way প্রথাসিদ্ধ, প্রথাসম্মত, ব্যবহারসিদ্ধ, প্রচলিত *conventional attitudes* ○ *I quite like him but he's so conventional* (= boring, because of this). ✪ বিপ **unconventional** ▶ **conventionally** / -ʃənəli -শ্যান্যালি / *adv.* প্রথামতো, নিয়মমতো, প্রথানুসারে

converge / kənˈvɜːdʒ ক্যান্ˈভ্যজ্ / *verb* [I] **converge (on sb/sth)** (used about two or more people or things) to move towards each other or meet at the same point from different directions (দুই অথবা ততোধিক ব্যক্তি অথবা বস্তু সম্বন্ধে ব্যবহৃত) নানাদিক থেকে এসে এক জায়গায় মিলিত হওয়া; একই কেন্দ্রের অভিমুখী হওয়া *Fans from all over the country converge on the village during the annual* *music festival.* ➪ **short-sighted**-এ ছবি দেখো। ▶ **convergence** *noun* [U] অভিসরণ, অভিস্মৃতি ▶ **convergent** *adj.* অভিসারী

conversant / kən'vɜ:snt ক্যান্'ভ্যস্ন্ট্ / *adj.* (*formal*) **conversant with sth** knowing about sth; familiar with sth দক্ষ, ওয়াকিবহাল, সু-অবহিত, অভিজ্ঞ; ভালোরকম পরিচিত *All employees should be conversant with basic accounting.*

conversation / ˌkɒnvə'seɪʃn ˌকন্ভ্যা'সেইশ্ন্ / *noun* [C, U] a talk between two or more people (দুই বা ততোধিক ব্যক্তির মধ্যে) কথোপকথন, কথাবার্তা, বাক্যালাপ, আলাপন *I had a long **conversation** with her about her plans for the future.* ○ *His job is his only **topic of conversation**.*

IDM deep in thought/conversation ➪ **deep**[1] দেখো।

conversational / ˌkɒnvə'seɪʃənl ˌকন্ভ্যা'সেইশ্যান্ল্ / *adj.* **1** not formal; as used in conversation আনুষ্ঠানিক বা পোশাকি নয় এমন; আলাপচারী, কথ্য **2** (*only before a noun*) connected with conversation কথাবার্তা সম্পর্কিত, আলাপ-বিষয়ক, কথোপকথন সম্বন্ধীয় ▶ **conversationally** / -nəli -ন্যালি / *adv.* আলাপচারিতায়, কথাবার্তায়, কথোপকথনের মাধ্যমে

converse / kən'vɜ:s ক্যান্'ভ্যস্ / *verb* [I] (*formal*) to talk to sb; to have a conversation কারও সঙ্গে কথা বলা; কথাবার্তা বলা বা কথোপকথন চালানো

conversely / 'kɒnvɜ:sli 'কন্ভ্যসলি / *adv.* (*formal*) in a way that is opposite to sth (কোনো কিছুর) অন্যদিকে, উলটো দিকে; বিপরীতক্রমে *People who earn a lot of money have little time to spend it. Conversely, many people with limitless time do not have enough money to do what they want.*

conversion / kən'vɜ:ʃn ক্যান্'ভ্যশ্ন্ / *noun* [C, U] **(a) conversion (from sth) (into/to sth) 1** the act or process of changing from one form, system or use to another একটি রূপ, পদ্ধতি বা ব্যবহার থেকে অন্য একটি রূপ, পদ্ধতি বা ব্যবহারে পরিবর্তন করার প্রক্রিয়া বা ক্রিয়া *a conversion table for miles and kilometres* **2** becoming a member of a different religion ধর্মান্তরকরণ

convert[1] / kən'vɜ:t ক্যান্'ভ্যট্ / *verb* [I, T] **1 convert (sth) (from sth) (into/to sth)** to change from one form, system or use to another কোনো একরকম আকার, পদ্ধতি অথবা ব্যবহার থেকে অন্য কোনো আকার, পদ্ধতি বা ব্যবহারে পরিবর্তন করা *a sofa that converts into a double bed* ○ *How do you convert pounds into kilograms?* **2 convert (sb) (from sth) (to sth)** to change or to persuade sb to change to a different religion কোনো ব্যক্তিকে এক ধর্ম থেকে অন্য ধর্মে ধর্মান্তরিত করা বা তার জন্য তাকে প্ররোচিত করা *As a young man he converted to Christianity.*

convert[2] / 'kɒnvɜ:t 'কন্ভ্যট্ / *noun* [C] **a convert (to sth)** a person who has changed his/her religion যে ব্যক্তি নিজের ধর্ম পরিবর্তন করেছে; ধর্মান্তরিত ব্যক্তি

convertible[1] / kən'vɜ:təbl ক্যান্'ভ্যট্যাব্ল্ / *adj.* able to be changed into another form এক রূপ বা আকার থেকে অন্য রূপ বা আকারে পরিবর্তনে সক্ষম *convertible currencies* (= that can be exchanged for other currencies)

convertible[2] / kən'vɜ:təbl ক্যান্'ভ্যট্যাব্ল্ / *noun* [C] a car with a roof that can be folded down or taken off যে গাড়ির উপরের ছাদ ভাঁজ করা অথবা খোলা যায়; হুডখোলা গাড়ি

convex / 'kɒnveks 'কন্ভেক্স্ / *adj.* having a surface that curves towards the outside of sth, like an eye (চোখের মতো) বাইরের দিকে বাঁকানো পৃষ্ঠতল আছে এমন; উত্তল *a convex lens* ➪ **concave** দেখো এবং **lens**-এ ছবি দেখো।

convey / kən'veɪ ক্যান্'ভেই / *verb* [T] **1 convey sth (to sb)** to make ideas, thoughts, feelings, etc. known to sb (মত, ধারণা, অনুভব ইত্যাদি) কোনো ব্যক্তির কাছে প্রকাশ করা, জানানো, ব্যক্ত করা *The film conveys a lot of information but in an entertaining way.* ○ *Please convey my sympathy to her at this sad time.* **2** (*formal*) to take sb/sth from one place to another, especially in a vehicle (বিশেষত কোনো যানে) কোনো বস্তু অথবা ব্যক্তিকে বয়ে নিয়ে যাওয়া অথবা বহন করা, স্থানান্তরিত করা

conveyor belt *noun* [C] a moving belt that carries objects from one place to another, for example in a factory এক স্থান থেকে অন্য স্থানে মালবহন করার জন্য চলমান যান্ত্রিক ব্যবস্থা অথবা বেল্ট, যেমন কারখানায়; কনভেয়ার বেল্ট

convict[1] / kən'vɪkt ক্যান্'ভিক্ট্ / *verb* [T] **convict sb (of sth)** to say officially in a court of law that sb is guilty of a crime আদালতে কোনো ব্যক্তিকে আনুষ্ঠানিকভাবে দোষী সাব্যস্ত অথবা ঘোষণা করা *He was convicted of armed robbery and sent to prison.* ✪ বিপ **acquit**

convict[2] / 'kɒnvɪkt 'কন্ভিক্ট্ / *noun* [C] a person who has been found guilty of a crime and put in prison অপরাধী, দণ্ডিত অপরাধী; কয়েদি

conviction / kən'vɪkʃn ক্যান্'ভিক্শ্ন্ / *noun* **1** [C, U] the action of finding sb guilty of a crime in a court of law আদালতের বিচারে কোনো ব্যক্তির অপরাধ প্রমাণ করা অথবা অপরাধী সাব্যস্ত করার কাজ *He has* *several previous convictions for burglary.* **2** [C] a very strong opinion or belief স্থির প্রত্যয়, দৃঢ় বিশ্বাস, প্রবল মত *religious convictions* **3** [U] the feeling of being certain about what you are doing নিজে কোনো কাজ করার সময়ে দৃঢ় আত্মবিশ্বাসের অনুভূতি *He played without conviction and lost easily.*

convince / kən'vɪns ক্যান্'ভিন্স্ / *verb* [T] **1 convince sb (of sth/that...)** to succeed in making sb believe sth কোনো ব্যক্তির বিশ্বাস অথবা প্রত্যয় সৃষ্টি করতে সফল হওয়া *She convinced him of the need to go back.* ○ *I couldn't convince her that I was right.* **2 convince sb (to do sth)** to persuade sb to do sth কোনো ব্যক্তিকে কোনো কাজ করার জন্য প্ররোচিত করে রাজি করানো *The salesman convinced them to buy a new microwave oven.*

convinced / kən'vɪnst ক্যান্'ভিন্স্ট্ / *adj.* (*not before a noun*) completely sure about sth কোনো কিছু সম্পর্কে স্থির নিশ্চিত; প্রত্যয়িত *He's convinced of his ability to win.*

convincing / kən'vɪnsɪŋ ক্যান্'ভিন্সিং / *adj.* **1** able to make sb believe sth কোনো কিছু সম্পর্কে কারও মনে বিশ্বাস উৎপাদন করতে সক্ষম; প্রত্যয়জনক *Her explanation for her absence wasn't very convincing.* **2** (used about a victory) complete; clear (জয় সম্বন্ধে ব্যবহৃত) সম্পূর্ণ; পরিষ্কার *a convincing win* ▶ **convincingly** *adv.* বিশ্বাস জন্মায় এমনভাবে; প্রত্যয়জনকভাবে

convivial / kən'vɪviəl ক্যান্'ভিভিঅ্যাল্ / *adj.* (*formal*) happy and friendly in atmosphere or character পারিপার্শ্বিকভাবে অথবা চরিত্রগতভাবে সৌহার্দ্যপূর্ণ এবং আমুদে ▶ **conviviality** / kən,vɪvi'æləti ক্যান্,ভিভি'অ্যাল্যাটি / *noun* [U] আমোদপ্রমোদ

convocation / ,kɒnvə'keɪʃn ,কন্ভ্যা'কেইশ্ন্ / *noun* [C] **1** the action of calling together a group of people formally, usually for a special purpose কোনো গোষ্ঠীকে আনুষ্ঠানিকভাবে সাধারণত কোনো বিশেষ উদ্দেশ্যে আহ্বান জানানোর কাজ **2** a ceremony held at a university or college when students receive their degrees etc. on sucessful completion of a course কোনো পাঠক্রম সাফল্যের সঙ্গে সম্পূর্ণ করার পরে বিশ্ববিদ্যালয় অথবা কলেজের ছাত্রছাত্রীরা যে অনুষ্ঠানের মাধ্যমে তাদের ডিগ্রি, উপাধি ইত্যাদি প্রাপ্ত হয়; কলেজ বা বিশ্ববিদ্যালয়ের সমাবর্তন সভা

convoluted / 'kɒnvəlu:tɪd 'কন্ভ্যালুটিড্ / *adj.* (an argument, story or sentence) extremely complicated and difficult to follow (বিতর্ক, কাহিনি অথবা বাক্য) জটিল, দুর্বোধ্য *a convoluted explanation*

convoy / 'kɒnvɔɪ 'কন্ভই / *noun* [C, U] a group of vehicles or ships travelling together একসঙ্গে চলমান জাহাজ অথবা যানবাহনের সারি; কনভয় *a convoy of lorries* ○ *warships travelling* ***in convoy***

convulse / kən'vʌls ক্যান্'ভাল্স্ / *verb* [I, T] to make a sudden violent movement in sb's body; to make this movement কোনো ব্যক্তির শরীরের মধ্যে আকস্মিক এবং অনিয়ন্ত্রিত আলোড়ন হওয়া, কম্পন বা খিঁচুনি হওয়া; কোনো ব্যক্তিকে এইভাবে কম্পিত বা আলোড়িত করা *He was convulsed with pain.*

convulsion / kən'vʌlʃn ক্যান্'ভাল্শ্ন্ / *noun* [C, *usually pl.*] a sudden violent movement of the body that you cannot control দেহের মধ্যে প্রবল অনিয়ন্ত্রিত আলোড়ন; খিঁচুনি *Children sometimes have convulsions when they are ill.*

convulsive / kən'vʌlsɪv ক্যান্'ভাল্সিভ্ / *adj.* (used about movements or actions) sudden and impossible to control (আন্দোলন, কম্পন বা কোনো কাজের সম্বন্ধে ব্যবহৃত) আকস্মিক এবং নিয়ন্ত্রণ করা অসম্ভব এমন

coo / ku: কূ / *verb* [I] **1** to make a soft low sound like a bird (**a dove**) ঘুঘু পাখির মতো মৃদু শব্দ করা **2** to speak in a soft, gentle voice আস্তে, নীচু গলায় কথা বলা *He went to the cot and cooed over the baby.*

cook[1] / kʊk কুক্ / *verb* **1** [I, T] to prepare food for eating by heating it রান্না করা, পাক করা, রন্ধন করা *My mother taught me how to cook.* ○ *The sauce should be cooked on a low heat for twenty minutes.* **2** [I] (used about food) to be prepared for eating by being heated (খাদ্যবস্তু সম্বন্ধে ব্যবহৃত) খাবার পাক করা বা রান্না করা *I could smell something cooking in the kitchen.* ➪ **bake, boil, fry, grill, toast** এবং **roast** দেখো।

PHRV **cook sth up** (*informal*) to invent sth that is not true কোনো গল্প ফাঁদা অথবা বানানো *She cooked up an excuse for not arriving on time.*

cook[2] / kʊk কুক্ / *noun* [C] a person who cooks রন্ধনী, রাঁধুনী, পাচক, বাবুর্চি *My sister is an excellent cook.*

cookbook / 'kʊkbʊk 'কুক্বুক্ / (*BrE* **cookery book**) *noun* [C] a book that gives instructions on cooking and how to cook individual dishes (**recipes**) রান্নার নানারকম পদ্ধতির বিবরণ সম্বলিত বই, রান্নার বই

cooker / 'kʊkə(r) 'কুক্যা(র্) / *noun* [C] (*BrE*) a large piece of kitchen equipment for cooking using gas or electricity. It consists of an oven, a flat top on which pans can be placed and often a device which heats the food from above (**a grill**) রান্নাঘরে ব্যবহৃত গ্যাস অথবা বিদ্যুৎচালিত বড়ো সরঞ্জাম যাতে চ্যাপটা পৃষ্ঠতলবিশিষ্ট ওভেন থাকে যেখানে

রান্না করার জন্য প্যান বসানো যায় এবং উপর থেকে কোনো যন্ত্র (গ্রিল) দ্বারা খাবারে তাপ দেওয়া হয়; কুকার ⇨ **pressure cooker** দেখো।

cookery / 'kʊkəri 'কুক্যারি / *noun* [U] the skill or activity of preparing and cooking food রন্ধন শিল্প, পাকপ্রণালী, রন্ধন পদ্ধতি *Chinese/French/ Italian cookery*

cookie / 'kʊki কুকি / *noun* [C] **1** = **biscuit** **2** (*computing*) a computer file with information in it that is sent to the central **server** each time a particular person uses a **network** or the Internet প্রতিবার কোনো নির্দিষ্ট ব্যক্তি কোনো নেটওয়ার্ক বা ইন্টারনেট ব্যবহার করলে যে কম্পিউটার ফাইল সম্বলিত তথ্য কেন্দ্রীয় সার্ভারে পাঠানো হয়

cooking / 'kʊkɪŋ 'কুকিং / *noun* [U] **1** the preparation of food for eating রান্না করার ক্রিয়া, রন্ধন প্রক্রিয়া *Cooking is one of her hobbies.* o *I do the cooking in our house.* **2** food produced by cooking রান্না খাবার, রান্না করা খাবার *He missed his mother's cooking when he left home.*

cool¹ / ku:l কূল্ / *adj.* **1** fairly cold; not hot or warm স্নিগ্ধ শীতল, মৃদু ঠান্ডা; নাতিশীতোষ্ণ *It was a cool evening so I put on a pullover.* o *What I'd like is a long cool drink.* ⇨ **cold¹**-এ নোট দেখো। **2** calm; not excited or angry ঠান্ডা, শান্ত; উত্তেজিত বা রাগত নয় *She always manages to remain cool under pressure.* **3** unfriendly; not showing interest ঠান্ডা, উদাসীন, উন্মতাবিহীন; গম্ভীর, আন্তরিকতাহীন *When we first met, she was rather cool towards me, but later she became friendlier.* **4** (*slang*) very good or fashionable (অপপ্রয়োগ) খুব ভালো, চলতি অথবা কেতাদুরস্ত; ফ্যাশনেবল *Those are cool shoes you're wearing!*

cool² / ku:l কূল্ / *verb* **1** [I, T] **cool** (**sth/sb**) (**down/off**) to lower the temperature of sth; to become **cool¹** **1** কোনো কিছুর তাপমাত্রা কমানো; ঠান্ডা হওয়া, শীতল করা; জুড়োনো *Let the soup cool (down).* o *After the game we needed to cool off.* o *A nice cold drink will soon cool you down.* **2** [I] (used about feelings) to become less strong (অনুভূতি অথবা আবেগ সম্বন্ধে ব্যবহৃত) শান্ত হওয়া, প্রশমিত হওয়া, কম প্রবল হওয়া

PHRV cool (sb) down/off to become or make sb calmer শান্ত অথবা ঠান্ডা হওয়া অথবা করা

cool³ / ku:l কূল্ / *noun* [*sing.*] **the cool** a cool temperature or place; the quality of being cool ঠান্ডা স্থান; শীতলতা *We sat in the cool of a cafe, out of the sun.*

IDM keep/lose your cool (*informal*) to stay calm/to stop being calm and become angry,

nervous, etc. শান্ত থাকা অথবা উত্তেজিত, উদ্বিগ্ন ইত্যাদি হওয়া; মাথা ঠান্ডা রাখা অথবা মাথা গরম করা

coolant / 'ku:lənt 'কুল্যান্ট্ / *noun* [C, U] a liquid that is used for cooling an engine, a nuclear **reactor**, etc. পারমাণবিক রিঅ্যাক্টর, গাড়ির ইঞ্জিন ইত্যাদি ঠান্ডা রাখার জন্য ব্যবহৃত তরল পদার্থ

cooler / 'ku:lə(r) 'কূল্যা(র্) / *noun* [C] a container or machine that cools things or keeps them cool ঠান্ডা করার পাত্র, আধার অথবা ব্যবস্থা; শীতলকারক *The office has a new watercooler.* o *We always take a cooler full of drinks to the beach.* ⇨ **aircooler** দেখো।

cooling-off period *noun* [C] a period of time when sb can think again about a decision that he/she has made নিজে কোনো সিদ্ধান্ত নেওয়ার পরে সেটির সম্পর্কে পুনর্বিবেচনা করার সময়কাল

coolly / 'ku:lli 'কূল্লি / *adv.* in a calm way; without showing much interest or excitement শান্তভাবে; বেশি উৎসাহ অথবা কৌতূহলের প্রকাশ ছাড়াই

coolness / 'ku:lnəs 'কূল্ন্যাস্ / *noun* [U] the quality or state of being cool শীতলতা, ঠান্ডা ভাব *his coolness under stress* o *their coolness towards strangers*

coop¹ / ku:p কূপ্ / *noun* [C] a cage for chickens, etc. মুরগি ইত্যাদি রাখার খাঁচা

coop² / ku:p কূপ্ / *verb*

PHRV coop sb/sth up (in sth) to keep sb/sth inside a small space কোনো ব্যক্তি বা বস্তুকে ছোটো জায়গায় আবদ্ধ করা অথবা আটকে রাখা *The children were cooped up indoors all day because the weather was so bad.*

cooperate (*also* **co-operate**) / kəʊˌɒpəreɪt ক্যাউ,অপ্যারেইট্ / *verb* [I] **cooperate** (**with sb/ sth**) **1** to work with sb else to achieve sth কিছু অর্জন করার জন্য অন্য কোনো ব্যক্তির সঙ্গে সহযোগিতা অথবা সমবায় করা *Our company is cooperating with a Danish firm on this project.* **2** to be helpful by doing what sb asks you to do সাহায্য করা, সহযোগী হওয়া *If everyone cooperates by following the instructions, there will be no problem.*

cooperation (*also* **co-operation**) / kəʊˌɒpə-'reɪʃn ক্যাউ'অপ্যা'রেইশ্ন্ / *noun* [U] **1 cooperation (with sb)** working together with sb else to achieve sth কোনো কিছু অর্জন করার জন্য অন্য কোনো ব্যক্তির সঙ্গে একত্রে কাজ বা সহযোগিতা *Schools are working in close cooperation with parents to improve standards.* **2** help that you give by doing what sb asks you to do (কারও কোনো কাজ করে দেওয়ার মাধ্যমে) সাহায্য, সহযোগিতা *The police* *asked the public for their cooperation in the investigation.*

cooperative[1] (*also* **co-operative**) / kəʊˈɒpərətɪv ক্যাউ'অপ্যার্যাটিভ্ / *adj.* **1** done by people working together সহযোগিতার দ্বারা কৃত; সমবায়, সহযোগিতামূলক *a cooperative business venture* **2** helpful; doing what sb asks you to do সহযোগিতাপূর্ণ; সহযোগী মনোভাবসম্পন্ন *My firm were very cooperative and allowed me to have time off.* ✪ বিপ **uncooperative**

cooperative[2] (*BrE* **co-operative**) / kəʊˈɒpərətɪv ক্যাউ'অপ্যার্যাটিভ্ / *noun* [C] a business or organization that is owned and run by all of the people who work for it যে ব্যাবসা অথবা প্রতিষ্ঠানের মালিকানাস্বত্ব সকল কর্মচারীর এবং সেটি তাদের দ্বারাই পরিচালিত, সমবায় সমিতি; সমবায়িকা *a workers' cooperative*

coordinate[1] (*BrE* **co-ordinate**) / kəʊˈɔːdɪneɪt ক্যাউ'অ:ডিনেইট্ / *verb* [T] to organize different things or people so that they work together বিভিন্ন বস্তু বা মানুষকে একত্রিত করা যাতে তারা একসঙ্গে কাজ করে; সমন্বয়সাধন করা, সমন্বিত করা *It is her job to coordinate with the various departments.*

coordinate[2] (*BrE* **co-ordinate**) / kəʊˈɔːdɪnət ক্যাউ'অ:ডিন্যাট্ / *noun* [C] one of the two sets of numbers and/or letters that are used for finding the position of a point on a map, graph, computer screen, etc. সংখ্যা এবং/অথবা অক্ষরের দুটি সেটের মধ্যে একটি যা মানচিত্র, কোনো গ্রাফ, কম্পিউটার স্ক্রীন ইত্যাদিতে একটি নির্দিষ্ট বিন্দুর অবস্থান খুঁজে পেতে ব্যবহৃত হয়; স্থানাঙ্ক

coordination (*BrE* **co-ordination**) / kəʊˌɔːdɪˈneɪʃn ক্যাউ,অ:ডি'নেইশ্ন্ / *noun* [U] **1** the organization of different things or people so that they work together বিভিন্ন গোষ্ঠী, ব্যক্তি বা বস্তুর সমন্বয়সাধন; সমন্বয় **2** the ability to control the movements of your body properly শরীরের বিভিন্ন অঙ্গের সঞ্চালনের উপর নিয়ন্ত্রণ-ক্ষমতা

coordinator (*BrE* **co-ordinator**) / kəʊˈɔːdɪneɪtə(r) ক্যাউ'অ:ডিনেইট্যা(র্) / *noun* [C] a person who is responsible for organizing different things or people so that they work together যে ব্যক্তি অনেক ব্যক্তি বা বস্তুর মধ্যে সমন্বয় ঘটায়; সমন্বয়সাধক

cop[1] / kɒp কপ্ / (*also* **copper**) *noun* [C] (*informal*) a police officer পুলিশ কর্মী

cop[2] / kɒp কপ্ / *verb* (**copping; copped**) (*informal*)

PHR V **cop out (of sth)** (*informal*) to avoid sth that you should do, because you are afraid or lazy ভীতি অথবা অলসতার কারণে কোনো কাজ এড়িয়ে যাওয়া *She was going to help me with the cooking but she copped out at the last minute.*

cope / kəʊp ক্যাউপ্ / *verb* [I] **cope (with sb/sth)** to deal successfully with a difficult matter or situation কোনো কঠিন বিষয় অথবা পরিস্থিতির মোকাবিলা করা অথবা তা সামলে ওঠা *She sometimes finds it difficult to cope with all the pressure at work.*

copier / ˈkɒpiə(r) 'কপিঅ্যা(র্) / = **photocopier**

copious / ˈkəʊpiəs 'ক্যাউপিঅ্যাস্ / *adj.* in large amounts যথেষ্ট, প্রাচুর্যময়, দেদার, বহুল, অঢেল, পর্যাপ্ত *She made copious notes at the lecture.* ✪ সম **plentiful** ► **copiously** *adv.* পর্যাপ্তভাবে, যথেষ্ট পরিমাণে, বহুলরূপে

cop-out *noun* [C] (*informal*) a way of avoiding sth that you should do করণীয় অথবা ন্যায্য কাজ এড়িয়ে যাওয়ার ফন্দি বা উপায়

copper / ˈkɒpə(r) 'কপ্যা(র্) / *noun* [U] (*symbol* **Cu**) a common reddish-brown metal লালচে-বাদামী রঙের ধাতু; তামা, তাম্র *electric wires made of copper*

copra / ˈkɒprə 'কপ্র্যা / *noun* [U] the dried white part of a **coconut** নারকেলের ভিতরের শুকনো সাদা অংশ অথবা শাঁস

copse / kɒps কপ্স্ / *noun* [C] a small area of trees or bushes গাছ অথবা ঝোপে ভর্তি ছোটো জায়গা

copulate / ˈkɒpjuleɪt 'কপিউলেইট্ / *verb* [I] (*formal*) (used especially about animals) to have sex (বিশেষত পশু সম্বন্ধে ব্যবহৃত) যৌন সংগম করা, রমণ করা ► **copulation** / ˌkɒpjuˈleɪʃn ,কপিউ'লেইশ্ন্ / *noun* [U] যৌনমিলন, সংগম, রমণ

copy[1] / ˈkɒpi 'কপি / *noun* [C] (*pl.* **copies**) **1** something that is made to look exactly like sth else প্রতিলিপি, নকল, অনুলিপি *I kept a copy of the letter I wrote.* ○ *the master copy* (= the original piece of paper from which copies are made) ○ *to make a copy of a computer file* ⇨ **hard copy** এবং **photocopy** দেখো। **2** one book, newspaper, record, etc. of which many have been printed or produced মুদ্রিত পুস্তক, সংবাদপত্র, রেকর্ড ইত্যাদির যে-কোনো একটি কপি *I managed to buy the last copy of the book left in the shop.*

copy[2] / ˈkɒpi 'কপি / *verb* (*pres. part.* **copying;** *3rd person sing. pres.* **copies;** *pt, pp* **copied**) **1** [T] to make sth exactly the same as sth else কোনো বস্তুকে অন্য কোনো বস্তুর মতো বানানো, হুবহু নকল করা *The children copied pictures from a book.* ○ *It is illegal to copy videos.* **2 copy sth (down/out)** to write down sth exactly as it is written somewhere else নকল করা; টোকা *I copied down the address on the brochure.* ○ *I copied out the* *letter more neatly.* **3** [T] = **photocopy** **4** [T] to do or try to do the same as sb else অন্য কারও দেখে নকল করা, অনুকরণ করা *She copies everything her friends do.* ✪ সম **imitate** **5** [I] **copy (from sb)** to cheat in an exam or test by writing what sb else has written (পরীক্ষা ইত্যাদিতে) অন্য কারও থেকে নকল করা বা টোকা

copyright / ˈkɒpiraɪt ˈকপিরাইট্ / *noun* [C, U] the legal right to be the only person who may print, copy, perform, etc. a piece of original work, such as a book, a song or a computer program মৌলিক সৃষ্টি যেমন বই, সংগীত, কম্পিউটার প্রোগ্রাম, প্রতিলিপি প্রস্তুত করা ইত্যাদির উপর (কেবলমাত্র কোনো ব্যক্তির) আইনসম্মত অধিকার বা স্বত্বাধিকার; গ্রন্থস্বত্ব, লেখস্বত্ব; কপিরাইট

coral / ˈkɒrəl ˈকর‍্যাল্ / *noun* [U] a hard red, pink or white substance that forms in the sea from the bones of very small sea animals সমুদ্রের মধ্যে অতি ক্ষুদ্র প্রাণীদের হাড় থেকে তৈরি হয় যে লাল, গোলাপি বা সাদা রঙের শক্ত পদার্থ; প্রবাল, পলা *a coral reef* (= a line of rock in the sea formed by coral)

cord / kɔːd ক:ড্ / *noun* **1** [C, U] (a piece of) strong, thick string (টুকরো) শক্ত দড়ি, রশি, রজ্জু **2** [C, U] (a piece of) wire covered with plastic; flex (টুকরো) প্লাস্টিকের আবরণে আচ্ছাদিত তার; তড়িৎবাহী নরম অন্তরিত তার; ফ্লেক্স **3 cords** [*pl.*] trousers made of a thick soft cotton cloth (**corduroy**) মোটা কিন্তু নরম সুতির কাপড়ের (কডরয়) তৈরি পাতলুন; কর্ড ➪ **vocal cords** দেখো।

cordial / ˈkɔːdiəl ˈক:ডিঅ্যাল্ / *adj.* pleasant and friendly আন্তরিক এবং বন্ধুত্বপূর্ণ; সৌহার্দ্যপূর্ণ *a cordial greeting/smile* ▸ **cordially** /-diəli -ডিঅ্যালি / *adv.* আন্তরিকভাবে, বন্ধুত্বপূর্ণভাবে

cordless / ˈkɔːdləs ˈক:ড্‌ল্যাস্ / *adj.* without a **cord 2** তার-ছাড়া, বে-তার *a cordless phone/kettle/ iron*

cordon[1] / ˈkɔːdn ˈক:ড্‌ন্ / *noun* [C] a line or ring of police or soldiers that prevents people from entering an area পুলিশ বা সৈন্যকর্তৃক তৈরি আরক্ষাবেষ্টনী, যা কোনো এলাকায় প্রবেশ করা থেকে জনগণকে আটকায়; কর্ডন

cordon[2] / ˈkɔːdn ˈক:ড্‌ন্ / *verb*

PHR V **cordon sth off** to stop people entering an area by surrounding it with a ring of police or soldiers পুলিশ বা সৈন্যদল দিয়ে কোনো জায়গা ঘিরে ফেলে সাধারণ মানুষের প্রবেশ আটকানো; আরক্ষাবেষ্টনীর সাহায্যে মানুষকে দূরে রাখা *The street where the bomb was discovered was quickly cordoned off.*

corduroy / ˈkɔːdərɔɪ ˈক:ড্যারই / *noun* [U] a thick soft cotton cloth with lines on it, used for making clothes বস্ত্র তৈরির কাজে ব্যবহৃত দাগকাটা মোটা সুতির কাপড় *a corduroy jacket*

core / kɔː(r) ক:(র্) / *noun* **1** [C] the hard centre of certain fruits, containing seeds বীজসমেত কোনো কোনো ফলের মাঝের শক্ত অংশ; ফলের শাঁস *an apple core* **2** [*sing.*] the central or most important part of sth কোনো কিছুর কেন্দ্রস্থল, গুরুত্বপূর্ণ অংশ, অন্তরতম অংশ *the core curriculum* (= the subjects that all the pupils have to study) ○ *What's the core issue here?* **3** [C] the central part of a planet কোনো গ্রহের কেন্দ্রস্থল; অন্তঃস্থল *the earth's core* ➪ **seismic**-এ ছবি দেখো।

IDM **to the core** completely; in every way সম্পূর্ণভাবে; সব দিক থেকে *The news shook him to the core* (= shocked him very much).

coriander / ˌkɒriˈændə(r) ˌকরিˈঅ্যান্ড্যা(র্) / *noun* [U] a plant whose leaves and seeds are used in cooking to flavour food যে গাছের পাতা এবং বীজগুলি রান্নায় স্বাদ আনার জন্য ব্যবহৃত হয়; ধনে গাছ

cork / kɔːk ক:ক্ / *noun* **1** [U] a light soft material which comes from the outside of a type of tree একরকম গাছের ছাল থেকে প্রাপ্ত হালকা, নরম পদার্থ; কর্ক *cork floor tiles* **2** [C] a round piece of cork that you push into the end of a bottle to close it, especially a bottle of wine বোতলের ছিপি বা ঢাকনা; কর্ক

corkscrew / ˈkɔːkskruː ˈক:কস্ক্রু / *noun* [C] a tool that you use for pulling **cork 2** out of bottles বোতলের ছিপি খোলার জন্য ব্যবহৃত পাকানো স্ক্রু ➪ **kitchen**-এ ছবি দেখো।

corn / kɔːn ক:ন্ / *noun* **1** [U] any plant that is grown for its grain, such as wheat; the seeds from these plants যে-কোনো রকম শস্যের গাছ যেমন গম; শস্যদানা *a field of corn* ○ *a corn field* **2** [U] (*AmE*) = **maize** ➪ **cereal**-এ ছবি দেখো। **3** [U] = **sweetcorn** **4** [C] a small, painful area of hard skin on the toe পায়ের আঙুলে কড়া

cornea / ˈkɔːniə ˈকর্নিঅ্যা / *noun* [C] the transparent part that covers and protects the outer part of your eye চোখের তারার স্বচ্ছ আবরণ; নেত্র-স্বচ্ছ, অচ্ছোদপটল; কর্নিয়া ➪ **eye**-এ ছবি দেখো। ▸ **corneal** / ˈkɔːniəl ˈক:নিঅ্যাল্ / *adj.* কর্নিয়া সংক্রান্ত

corner[1] / ˈkɔːnə(r) ˈক:ন্যা(র্) / *noun* [C] **1** a place where two lines, edges, surfaces or roads meet এমন স্থান যেখানে দুটি রেখা, দুটি প্রান্ত, দুটি পৃষ্ঠতল বা দুটি রাস্তা এসে মেশে; কোণ, কোণা *The shop is **on the corner** of Shashtri Road and Palam Road.* ○ *He went **round the corner** at top speed* **2** a quiet or secret place or area গোপন, নিভৃত, নিরালা স্থান অথবা অঞ্চল *a remote corner of Tamil Nadu* **3** a difficult situation from which you cannot escape কোনো কঠিন পরিস্থিতি যার থেকে বেরোনো অসম্ভব; কোণঠাসা অবস্থা *to get yourself into a corner* **4** (used in football) a free kick from the corner of the field (ফুটবল খেলা সম্বন্ধে ব্যবহৃত) মাঠের কোণা থেকে প্রতিপক্ষের গোলের দিকে মারা বল; ফ্রি কিক

IDM **cut corners** to do sth quickly and not as well as you should কোনোরকমে তাড়াতাড়ি কোনো কাজ করা

(just) round the corner very near নিকটেই, খুব কাছে *There's a phone booth just round the corner.*

corner² / ˈkɔːnə(r) ˈক: ন্যা(র্) / *verb* [T] **1** to get a person or an animal into a position from which he/she/it cannot escape কোনো ব্যক্তি অথবা পশুকে কোণঠাসা করা অথবা এমন পরিস্থিতিতে ফেলা যাতে সে পালাতে বা সেখান থেকে বেরোতে না পারে *He cornered me at the party and started telling me all his problems.* **2** to get control in a particular area of business so that nobody else can have any success in it কোনো পণ্যে অথবা ব্যাবসার বিশেষ ক্ষেত্রে একচেটিয়া অধিকার আয়ত্ত করা *That company's really* ***cornered the market*** *in health foods.*

cornerstone / ˈkɔːnəstəʊn ˈক:ন্যাস্ট্যাউন্ / *noun* [C] **1** a stone at the corner of the base of a building, often put there in a special ceremony বাড়ির ভিত্তিপ্রস্তর যা অনেক সময়ে বিশেষ অনুষ্ঠানের মধ্যে দিয়ে স্থাপিত করা হয় **2** the most important part of sth that the rest depends on কোনো কিছুর মূল অবলম্বন, বনেদ, ভিত্তি

cornflakes / ˈkɔːnfleɪks ˈক:নফ্লেইক্স্ / *noun* [*pl.*] food made of small pieces of dried corn and eaten with milk for breakfast শুকনো ভুট্টার ছোটো ছোটো কুচি থেকে তৈরি খাদ্য যা দুধ দিয়ে প্রাতরাশে খাওয়া হয়; কর্নফ্লেক্স

cornflour / ˈkɔːnflaʊə(r) ˈক:নফ্লাউআ্যা(র্) / (*AmE* **cornstarch** / ˈkɔːnstɑːtʃ ˈক:নস্টা:চ্ /) *noun* [U] very fine flour often used to make sauces, etc. thicker মিহি ময়দা, যা প্রায়ই সস ইত্যাদি ঘন করার জন্য ব্যবহার করা হয়; কর্নফ্লাওয়ার

corny / ˈkɔːni ˈক: নি / *adj.* (*informal*) too ordinary or familiar to be interesting or amusing আগ্রহজনক বা মজাদার হওয়ার পক্ষে অতি সাধারণ বা অতি পরিচিত *a corny joke*

corollary / kəˈrɒləri ক্যাˈরল্যারি / *noun* [C] (*pl.* **corollaries**) a situation, a statement or a fact that is the natural and direct result of another one কোনো পরিস্থিতি, মন্তব্য বা ঘটনা যা অন্য কোনো পরিস্থিতি, মন্তব্য অথবা ঘটনার স্বাভাবিক এবং প্রত্যক্ষ পরিণাম অথবা ফলাফল; অনুসিদ্ধান্ত, উপসিদ্ধান্ত

corona / kəˈrəʊnə ক্যাˈর‍্যাউন্যা / *noun* (*pl.* **coronae** / kəˈrəʊni ক্যাˈর‍্যাউনি /) a ring of light seen around the sun or moon, especially during an eclipse বিশেষত গ্রহণের সময়ে সূর্য অথবা চন্দ্রের চারিধারে যে আলোর বৃত্ত দেখা যায়; ছটামণ্ডল ⇨ **halo**-দেখো।

coronary¹ / ˈkɒrənri ˈকর‍্যান্রি / *adj.* connected with the heart হৃৎপিণ্ড সম্পর্কিত

coronary² / ˈkɒrənri ˈকর‍্যান্রি / *noun* [C] (*pl.* **coronaries**) a type of heart attack একপ্রকারের হৃৎ-বৈকল্য

coronation / ˌkɒrəˈneɪʃn ˌকর‍্যাˈনেইশ্ন্ / *noun* [C] an official ceremony at which sb is made a king or queen অভিষেক-উৎসব; রাজ্যাভিষেক

coroner / ˈkɒrənə(r) ˈকর‍্যান্যা(র্) / *noun* [C] a person whose job is to find out the causes of death of people who have died in violent or unusual ways হিংস্র বা অস্বাভাবিকভাবে মৃত মানুষদের মৃত্যুর কারণ অনুসন্ধানকারী কর্মচারী; শবপরীক্ষক, আশুমৃত-পরীক্ষক

Corp. *abbr.* Corporation সমিতি, নিগম *West Coast Motor Corp.*

corporal / ˈkɔːpərəl ˈক:প্যার‍্যাল্ / *noun* [C] a person at a low level in the army or air force সেনা বা বিমানবাহিনীর নিম্নপদস্থ কর্মচারী

corporal punishment *noun* [U] the punishment of people by hitting them, especially the punishment of children by parents or teachers দৈহিক শাস্তি, বিশেষ করে পিতামাতা বা শিক্ষক-শিক্ষিকা বাচ্চাদের মেরে যে শাস্তি দেন ⇨ **capital punishment** দেখো।

corporate / ˈkɔːpərət ˈক:প্যার‍্যাট্ / *adj.* of or shared by all the members of a group or organization যৌথ, সম্মিলিত *corporate responsibility*

corporation / ˌkɔːpəˈreɪʃn ˌক:প্যাˈরেইশ্ন্ / *noun* [C, *with sing. or pl. verb*] **1** a large business company বৃহৎ ব্যবসায় প্রতিষ্ঠান *multinational corporations* ○ *the British Broadcasting Corporation* **2** a group of people elected to govern a particular town or city পৌরসভা, পৌরনিগম

corps / kɔː(r) ক:(র্) / *noun* [C, *with sing. or pl. verb*] (*pl.* **corps** / kɔː(r) ক:(র্) /) **1** a part of an army with special duties সেনাবাহিনীর বিশেষ কোনো কর্মভারপ্রাপ্ত বিভাগ *the medical corps* **2** a group of people involved in a special activity কোনো বিশেষ কাজে নিযুক্ত গোষ্ঠী *the diplomatic corps*

corpse / kɔːps ক:প্স্ / *noun* [C] a dead body, especially of a person (মানুষের) মৃতদেহ; মড়া, শব, লাশ ⇨ **carcass** দেখো।

corpus / ˈkɔːpəs ˈক:প্যাস্ / *noun* [C] (*pl.* **corpora** / ˈkɔːpərə ˈক:প্যার‍্যা / or **corpuses** / -sɪz -সিজ্ /) a collection of written or spoken texts লিখিত রচনা বা বক্তৃতার সংকলন

C

corpuscle /'kɔːpʌsl 'কঃপাস্ল্ / noun [C] any of the red or white cells found in blood রক্তকণিকা, শ্বেতকণিকা, লোহিতকণিকা red/white corpuscles

correct¹ / kə'rekt ক্যা'রেক্ট / adj. **1** with no mistakes; right or true সঠিক; ঠিক, যথার্থ, নির্ভুল Well done! All your answers were correct. o Have you got the correct time, please? **2** (used about behaviour, manners, dress, etc.) suitable, proper or right (স্বভাব, আচার-আচরণ, পোশাক ইত্যাদি সম্বন্ধে ব্যবহৃত) যোগ্য, যথোপযুক্ত, নীতিসম্মত, রুচিসম্মত What's the correct form of address for a vicar? ✪ বিপ **incorrect** ▶ **correctly** adv. নির্ভুলভাবে, যথার্থভাবে ▶ **correctness** noun যাথার্থ্য, নির্ভুলতা

correct² / kə'rekt ক্যা'রেক্ট / verb [T] **1** to make a mistake, fault, etc. right or better (ভুল, দোষ ইত্যাদি) শোধরানো, ঠিক করে দেওয়া, সংশোধন করা, শুদ্ধ করা to correct a spelling mistake o to correct a test (= mark the mistakes in it) **2** to tell sb what mistakes he/she is making or what faults he/she has কারও দোষ অথবা ভুল ধরানো He's always correcting me when I'm talking to people. ▶ **correction** noun [C, U] সংশোধন Some parts of the report needed correction.

correction fluid noun [U] a white liquid that you use to cover mistakes that you make when you are writing or typing, and that you can write on top of কোনো লেখা বা টাইপের ভুল ঢাকার জন্য যে সাদা তরল পদার্থ ব্যবহার করা হয় এবং যার উপর লেখা যায় ⇨ **stationery**-তে ছবি দেখো।

corrective / kə'rektɪv ক্যা'রেক্টিভ / adj. intended to make sth right that is wrong সংশোধনী, সংশোধনমূলক to take corrective action

correlate /'kɒrəleɪt 'কর্যালেইট্ / verb [I, T] to have or to show a relationship or connection between two or more things দুই বা ততোধিক বস্তুর পরস্পরের সঙ্গে সম্পর্ক স্থাপন করা অথবা তা প্রদর্শন করা ▶ **correlation** /ˌkɒrə'leɪʃn ˌকর্যা'লেইশ্ন্ / noun [C, U] পারস্পরিক সম্পর্কিতকরণ; অনুবন্ধ, আন্তঃসম্পর্ক There is a correlation between a person's diet and height.

correspond /ˌkɒrə'spɒnd ˌকর্যা'স্পন্ড্ / verb [I] **1 correspond** (**to/with sth**) to be the same as or equal to sth; to match কোনো কিছুর অনুরূপ অথবা তুলনীয় হওয়া; উপযুক্ত হওয়া, সংগতিপূর্ণ হওয়া Does the name on the envelope correspond with the name inside the letter? **2** (formal) **correspond** (**with sb**) to write letters to and receive them from sb চিঠিপত্রের আদান-প্রদান করা They corresponded for a year before they met.

correspondence /ˌkɒrə'spɒndəns ˌকর্যা'স্পন্-ড্যান্স্ / noun **1** [U] (formal) the act of writing letters; the letters themselves চিঠিপত্র লেখার ক্রিয়া; চিঠিপত্র, পত্রলিখন There hasn't been any correspondence between them for years. **2** [C, U] a close connection or relationship between two or more things দুই বা ততোধিক বস্তুর পরস্পরের মধ্যে যোগ, ঘনিষ্ঠ সম্পর্ক বা সংগতি There is no correspondence between the two sets of figures.

correspondent /ˌkɒrə'spɒndənt ˌকর্যা'স্পন্-ড্যান্ট্ / noun [C] **1** a person who provides news or writes articles for a newspaper, etc., especially from a foreign country সংবাদপত্র ইত্যাদির সংবাদদাতা অথবা প্রবন্ধ-নিবন্ধের লেখক (বিশেষত বিদেশ থেকে) our Middle East correspondent, Rahul Bhargav **2** a person who writes letters to sb পত্রলেখক

corresponding /ˌkɒrə'spɒndɪŋ ˌকর্যা'স্পন্ডিং / adj. (only before a noun) related or similar to sth অনুরূপ, মতন, সম্বন্ধযুক্ত Sales are up 10% compared with the corresponding period last year. ▶ **correspondingly** adv. অনুরূপভাবে, সেইমতো

corridor /'kɒrɪdɔː(r) 'করিডঃ(র্) / noun [C] a long narrow passage in a building or train, with doors that open into rooms, etc. বাড়ি বা ট্রেনের লম্বা সরু বারান্দা যা দিয়ে বিভিন্ন ঘর ইত্যাদিতে ঢোকা যায়; অলিন্দ, দরদালান; করিডর

corrie /'kɒri 'করি / (also **cirque; cwm**) noun [C] (in geography) a round area shaped like a bowl in the side of a mountain (ভূগোলে) পর্বতের গায়ে বাটির মতো আকৃতির গোল এলাকা

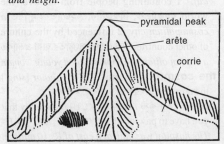

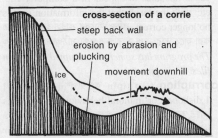

cross-section of a corrie
steep back wall
erosion by abrasion and plucking
ice
movement downhill

pyramidal peak
arête
corrie

corrie

corroborate / kəˈrɒbəreɪt ক্যা'রব্যারেইট্ / *verb* [T] (*formal*) to support a statement, idea, etc. by providing new evidence কোনো বক্তব্য, ধারণা ইত্যাদিকে নতুন সাক্ষ্য অথবা প্রমাণ দ্বারা অনুমোদন করা, সমর্থন করা অথবা দৃঢ় করা *The data corroborated Mr Prasad's claim about the company doing well.* ▶ **corroboration** / kəˌrɒbəˈreɪʃn ক্যা,রব্যা'রেইশ্‌ন্ / *noun* [U] যুক্তিপ্রমাণ দ্বারা সমর্থন

corrode / kəˈrəʊd ক্যা'র‍্যাউড্ / *verb* [I, T] (used about metals) to become weak or to be destroyed by chemical action; to cause a metal to do this (ধাতু সম্বন্ধে ব্যবহৃত) রাসায়নিক প্রক্রিয়ায় ক্রমশ ক্ষয়িত হওয়া বা নষ্ট হয়ে যাওয়া; কোনো ধাতুকে এভাবে ক্ষয় করা *Parts of the car were corroded by rust.* ▶ **corrosion** / kəˈrəʊʒn ক্যা'র‍্যাউজ্‌ন্ / *noun* [U] ধীরে ধীরে ক্ষয়প্রাপ্তি ▶ **corrosive** / kəˈrəʊsɪv ক্যা'র‍্যাউসিভ্ / *adj.* ক্ষয়কারী পদার্থ

corrugated / ˈkɒrəgeɪtɪd 'করর‍্যাগেইটিড্ / *adj.* (used about metal or cardboard) shaped into folds (ধাতু বা কার্ডবোর্ড সম্বন্ধে ব্যবহৃত) ঢেউ খেলানো; তরঙ্গিত, সমকুঞ্চিত

corrupt[1] / kəˈrʌpt ক্যা'রাপ্ট্ / *adj.* **1** doing or involving illegal or dishonest things in exchange for money, etc. (টাকা ইত্যাদির বিনিময়ে) অসৎ বা বেআইনি কাজ করে বা তার সঙ্গে জড়িত এমন; দুর্নীতিগ্রস্ত, দুর্নীতিপরায়ণ, নীতিভ্রষ্ট, অসাধু *corrupt officials who accept bribes* ○ *corrupt business practices* **2** (*computing*) containing changes or faults and no longer in the original state পরিবর্তন অথবা দোষ থাকার কারণে বিচ্যুত এবং মৌলিক অথবা আসল রূপে নেই এমন; অপভ্রষ্ট *corrupt software* ○ *The text on the disk seems to be corrupt.*

corrupt[2] / kəˈrʌpt ক্যা'রাপ্ট্ / *verb* **1** [T] to cause sb/sth to start behaving in a dishonest or immoral way কোনো ব্যক্তি বা বস্তুকে অসাধু করা, নীতিভ্রষ্ট করা, নীতিহীন হওয়া, দুষিত হওয়া *Too many people are corrupted by power.* **2** [I, T] (*computing*) to cause mistakes to appear in a computer file, etc. with the result that the information in it is no longer correct কম্পিউটারের ফাইল ইত্যাদি দুষিত করা যাতে তার মধ্যে সংরক্ষিত তথ্য সঠিকভাবে না থাকে *The program has somehow corrupted the system files.* ○ *corrupted data*

corruption / kəˈrʌpʃn ক্যা'রাপ্‌শ্‌ন্ / *noun* [U] **1** dishonest or immoral behaviour or activities দুর্নীতি, অসাধুতা, নৈতিক অধঃপতন, নীতিভ্রংশ, ভ্রষ্টাচার *There were accusations of corruption among senior police officers.* **2** the process of making sb/sth corrupt কোনো ব্যক্তি বা বস্তুকে অসাধু, বিকৃত বা দূষিত করে তোলার প্রক্রিয়া

corset / ˈkɔːsɪt 'ক:সিট্ / *noun* [C] a piece of clothing that some women wear pulled tight around their middle to make them look thinner রোগা দেখানোর জন্য মহিলারা কোমর ও নিতম্ব বেষ্টন করে যে টাইট অন্তর্বাস পরে; করসেট

cortex / ˈkɔːteks 'ক: টেক্স্ / *noun* [C] (*pl.* **cortices** / ˈkɔːtɪsiːz 'ক: টিসীজ্ /) (*technical*) the outer layer of an organ in the body, especially the brain কোনো দেহযন্ত্রের (বিশেষত মস্তিষ্কের) বাইরের স্তর *the cerebral cortex* (= around the brain)

cortisone / ˈkɔːtɪzəʊn; -səʊn 'ক: টিজ়্যাউন্; -স্যাউন্ / *noun* [U] (*medical*) a **hormone** that is used to reduce swelling caused by certain diseases and injuries কোনো কোনো আঘাত বা রোগজনিত স্ফীতি সারাতে ব্যবহৃত হর্মোনবিশেষ

cosine / ˈkəʊsaɪn 'ক্যাউসাইন্ / *noun* [C] (*mathematics*) (*abbr.* **cos**) the **ratio** of the length of the side next to an **acute angle** to the length of the longest side (**the hypotenuse**) in a **right-angled** triangle (গণিত) সমকোণী ত্রিভুজে সূক্ষ্মকোণের পার্শ্ববর্তী বাহু এবং অতিভুজের দৈর্ঘ্যের অনুপাত ➪ **sine** এবং **tangent** দেখো।

cosmetic[1] / kɒzˈmetɪk কজ্'মেটিক্ / *noun* [C, *usually pl.*] a substance that you put on your face or hair to make yourself look more attractive সৌন্দর্যবর্ধক প্রসাধনসামগ্রী ➪ **make-up** দেখো।

cosmetic[2] / kɒzˈmetɪk কজ্'মেটিক্ / *adj.* **1** used or done in order to make your face or body more attractive সৌন্দর্যবর্ধক, রূপবর্ধক *cosmetic products* ○ *cosmetic surgery* **2** done in order to improve only the appearance of sth, without changing it in any other way (কোনো পরিবর্তন ছাড়াই) কেবলমাত্র বাহ্যিক উন্নতিসাধনের জন্য কৃত *changes in government policy which are purely cosmetic*

cosmic / ˈkɒzmɪk 'কজ়্মিক্ / *adj.* connected with space or the universe মহাজাগতিক, মহাকাশ-সংক্রান্ত

cosmopolitan / ˌkɒzməˈpɒlɪtən ,কজ়্ম্যা'পলিট্যান্ / *adj.* **1** containing people from all over the world বহুজাতিক, বিশ্বজনীন, বহুজাতি অধ্যুষিত *a cosmopolitan city* **2** influenced by the culture of other countries অন্য দেশের সংস্কৃতির দ্বারা প্রভাবিত *a cosmopolitan and sophisticated young woman*

the cosmos / ˈkɒzmɒs 'কজ়্মস্ / *noun* [*sing.*] the universe বিশ্বব্রহ্মাণ্ড, মহাবিশ্ব, মহাজগৎ

cost[1] / kɒst কস্ট্ / *noun* **1** [C, U] the money that you have to pay for sth (কোনো কিছুর) দাম, মূল্য, দর *The hospital was built* ***at a cost of*** *Rs 10 million.* ○ *The damage will have to be repaired* *regardless of cost.* ➪ **price**-এ নোট দেখো। **2** [*sing.*, U] what you have to give or lose in order to obtain sth else কোনো কিছু পাওয়ার জন্য যা দিতে হয় বা যা হারাতে হয়; মূল্য, দাম *He achieved great success but only* ***at the cost of*** *a happy family life.* **3 costs** [*pl.*] the total amount of money that needs to be spent in a business (ব্যাবসায়) ব্যয় বা খরচ

IDM at all costs/at any cost using whatever means are necessary to achieve sth যেনতেন প্রকারেণ, যেমন ভাবেই হোক না কেন, যে-কোনো মূল্যে *We must win at all costs.*

cover the cost (of sth) ➪ **cover**[1] দেখো।

to your cost in a way that is unpleasant or bad for you নিজের ক্ষতি বা অসুবিধার বিনিময়ে *Life can be lonely at university, as I found out to my cost.*

cost[2] / kɒst কস্ট্ / *verb* [T] (*pt, pp* **cost**) **1** to have the price of বিনিময় মূল্য বা দাম হওয়া *How much does a return ticket to Pune cost?* ○ *We'll take the bus—it won't cost much.* ○ (*informal*) *How much did your car cost you?* **2** to make you lose sth কারও ক্ষতি ঘটানো, অসুবিধার সৃষ্টি করা *That one mistake cost him his job.*

IDM cost the earth/a fortune to be very expensive খুবই দামি অথবা মূল্যবান হওয়া

co-star *verb* (**co-starring; co-starred**) **1** [T] (used about a film, play, etc.) to have two or more famous actors as its stars (কোনো চলচ্চিত্র, নাটক ইত্যাদি সম্বন্ধে ব্যবহৃত) দুই বা তার থেকে বেশি বিখ্যাত তারকা অভিনেতা থাকা *a film co-starring Aamir Khan and Karishma Kapoor* **2** [I] (used about actors) to be one of two or more stars in a film, play, etc. (অভিনেতাদের সম্বন্ধে ব্যবহৃত) কোনো নাটক, চলচ্চিত্র ইত্যাদির দুই বা ততোধিক তারকা অভিনেতাদের একজন *Karishma Kapoor co-stars with Aamir Khan in the film.* ► **co-star** *noun* [C] সহ-অভিনেতা *His co-star was Rani Mukherjee.*

cost-effective *adj.* giving the best possible profit or results in comparison with the money that is spent ব্যয় করা অর্থের পরিপ্রেক্ষিতে সর্বোত্তম সম্ভাব্য লাভ বা ফলদায়ক *This alarm system is the most cost-effective way of protecting your property.*

costly / ˈkɒstli ˈকস্ট্লি / *adj.* (**costlier; costliest**) **1** costing a lot of money; expensive ব্যয়সাধ্য, মহার্ঘ; মূল্যবান, দামি, বহুমূল্য *a costly repair bill* **2** involving great loss of time, effort, etc. প্রচুর সময় ও আয়াসসাধ্য, যাতে প্রচুর সময়, প্রচেষ্টা ইত্যাদি লেগেছে *a costly mistake*

cost price *noun* [U] the cost of producing sth or the price at which it is sold without making any money কোনো পণ্যের উৎপাদন মূল্য অথবা কোনো লাভ ছাড়া তার যে বিক্রয়মূল্য, পরিব্যয় মূল্য; পড়তা ➪ **asking price** এবং **selling price** দেখো।

costume / ˈkɒstju:m ˈকস্টিউম্ / *noun* **1** [C, U] a set or style of clothes worn by people in a particular country or in a particular historical period কোনো বিশেষ দেশে অথবা বিশেষ ঐতিহাসিক যুগে পরিধান করা হত যে বিশেষ ধরনের পোশাক *17th century costume* ○ *tribal costume* **2** [C, U] clothes that an actor, etc. wears in order to look like sth else অন্য কারও মতো দেখানোর জন্য অভিনেতা প্রমুখ ব্যক্তিসকল যে পোশাকসমূহ পরিধান করে; বেশ *One of the children was dressed in a pirate's costume.* **3** [C] = **swimsuit**

cosy / ˈkəʊzi ˈক্যাউজি / *adj.* (**cosier; cosiest**) (*AmE* **cozy**) warm and comfortable আরামপ্রদ, সুখ-স্বাচ্ছন্দ্যদায়ক, আরামদায়ক, সুখকর *The room looked cosy and inviting in the fire light.*

cot / kɒt কট্ / (*AmE* **crib**) *noun* [C] **1** a bed with high sides for a baby শিশুর ব্যবহারের জন্য উঁচু করে ঘেরা খাট **2** (*AmE*) = **camp bed**

cottage / ˈkɒtɪdʒ ˈকটিজ্ / *noun* [C] a small and usually old house, especially in the country গ্রামে বা শহরের বাইরে ছোটো বাড়ি (অনেক সময়েই পুরোনো দিনের); কুটির

cottage cheese *noun* [U] a type of soft white cheese in small wet lumps ভিজে ভিজে সাদা চীজের ছোটো টুকরো বা দলা; পনির

cottage industry *noun* [C] a business or manufacturing activity carried on in people's houses. The products and service produced are often unique and distinctive কুটিরশিল্প

cotton / ˈkɒtn ˈকট্ন্ / *noun* [U] **1** a natural cloth or thread made from the thin white hairs of the cotton plant (তুলো গাছ থেকে প্রাপ্ত) সুতির কাপড় বা সুতো *a cotton shirt* **2** = **cotton wool**

cotton wool *noun* [U] a soft mass of cotton, used for cleaning the skin, cuts, etc. ত্বক, ক্ষতস্থান ইত্যাদি পরিষ্কার করার জন্য ব্যবহৃত পেঁজা তুলো

cotyledon / ˌkɒtɪˈli:dn ˌকটিˈলীড্ন্ / *noun* [C] a part inside a seed that looks like a small leaf, which the developing plant uses as a store of food. Cotyledons are the first parts of the seed to appear above the ground when it begins to grow বীজের ভিতরে পত্রসদৃশ্য অংশবিশেষ যা বীজের বিকাশের সময় মাটির উপর প্রথম দেখা যায়। এটি গাছের খাদ্যভাণ্ডার; বীজপত্র, ভ্রূণপাত্র

couch[1] / kaʊtʃ কাউচ্ / *noun* [C] a long seat, often with a back and arms, for sitting or lying on হেলান দেওয়া যায় এমন একধরনের হাতলওয়ালা আরামকেদারাবিশেষ যাতে বসার সঙ্গে সঙ্গে শোয়াও যায়;

কোচ *They were sitting on the couch in the living room.*

couch² / kaʊtʃ কাউচ্ / *verb* [T] (*usually passive*) (*formal*) to express a thought, idea, etc. in the way mentioned উল্লিখিতভাবে কোনো চিন্তা, ভাবনা, ধারণা ইত্যাদি প্রকাশ করা *His reply was couched in very polite terms.*

cougar / ˈkuːgə(r) ˈকুগ্যা(র্) / = **puma**

cough¹ / kɒf কফ্ / *verb* **1** to send air out of your throat and mouth with a sudden loud noise, especially when you have a cold, have sth in your throat, etc. ঠান্ডা লাগলে বা গলায় কিছু আটকালে জোরে আওয়াজ করে কাশা **2** [T] **cough (up) sth** to send sth out of your throat and mouth with a sudden loud noise জোরে কাশির সঙ্গে মুখ দিয়ে কিছু বার করা *When he started coughing (up) blood he called the doctor.*

PHR V **cough (sth) up** (*informal*) to give money when you do not want to অনিচ্ছা সত্ত্বেও টাকা দেওয়া *Come on, cough up what you owe me!*

cough² / kɒf কফ্ / *noun* [C] **1** an act or the sound of coughing কাশার ক্রিয়া বা কাশির আওয়াজ *He gave a nervous cough before he started to speak.* **2** an illness or infection that makes you cough a lot অসুস্থতা বা সংক্রমণের ফলে কাশি রোগ *Santosh's got a bad cough.*

could / kəd; *strong form* kʊd ক্যাড্; *প্রবল রূপ* কুড্ / *modal verb* (*negative* **could not**; *short form* **couldn't** / ˈkʊdnt ˈকুড্ন্ট /) **1** used for saying that sb had the ability or was allowed to do sth কোনো ব্যক্তির কোনো কিছু করার ক্ষমতা আছে অথবা তাকে কোনো কিছু করার অনুমতি দেওয়া হয়েছে এই ব্যক্ত করার জন্য ব্যবহৃত অভিব্যক্তিবিশেষ *I could run three kilometres without stopping when I was younger.*

> **NOTE** অতীতে কোনো সময়ে কোনো কিছু সম্ভব ছিল এটি ব্যক্ত করার জন্য **was/were able to** অথবা **managed to** ব্যবহার করা হয়—*The firemen were able to/managed to rescue the children.* তবে নেতিবাচক বাক্যে **couldn't** ব্যবহার করা যেতে পারে—*The firemen couldn't rescue the children.*

2 used for saying that sth may be or may have been possible কোনো কিছু সম্ভব হওয়া বা সম্ভব না হওয়া ব্যক্ত করার জন্য ব্যবহৃত অভিব্যক্তিবিশেষ *She could be famous one day.* ○ *You could have said you were going to be late* (=I'm annoyed that you didn't)*!* **3** used for asking permission politely ভদ্রভাবে অনুমতি চাওয়ার জন্য ব্যবহৃত অভিব্যক্তিবিশেষ *Could I possibly borrow your car?* **4** used for asking sb politely to do sth for you কাউকে ভদ্রভাবে কোনো কাজ করে দিতে বলার জন্য ব্যবহৃত অভিব্যক্তিবিশেষ *Could you open the door? My hands are full.*

> **NOTE** Modal verbs-এর সম্বন্ধে আরও বিশদভাবে জানার জন্য অভিধানের শেষাংশে **Quick Grammar Reference** অংশটি দেখো।

5 used for making a suggestion কোনো প্রস্তাব বা পরামর্শ দেওয়ার জন্যে ব্যবহৃত অভিব্যক্তিবিশেষ *'What do you want to do tonight?' 'We could go to the cinema or we could just stay in.'* **6** used with the verbs 'feel', 'hear', 'see', 'smell', 'taste' কতকগুলি ক্রিয়াপদের সঙ্গে ব্যবহৃত অভিব্যক্তিবিশেষ যেমন 'feel', 'hear', 'see', 'smell', 'taste'

> **NOTE** এই ক্রিয়াপদগুলি (verb) ঘটমান কালে (continuous tenses) ব্যবহার করা যায় না। কিন্তু অতীতে কোনো নির্দিষ্ট মুহূর্তের seeing, hearing ইত্যাদির অর্থ ব্যক্ত করার জন্য **could** শব্দটি ব্যবহার করতে হবে—*We could hear/see children playing outside. We were hearing children playing outside.* বাক্যটি অশুদ্ধ ব্যবহার।

coulomb / ˈkuːlɒm ˈকূলম্ / *noun* [C] (*abbr.* **C**) a unit of electric charge, equal to the quantity of electricity carried in one second by one **ampere** বৈদ্যুতিক আধারের একক, এক অ্যাম্পিয়র বিদ্যুৎপ্রবাহ এক সেকেন্ডে যে পরিমাণ বিদ্যুৎ পরিবহণ করতে পারে তার সমান

council (*also* **Council**) / ˈkaʊnsl ˈকাউন্স্ল্ / *noun* [C, *with sing. or pl. verb*] **1** a group of people who are elected to govern an area such as a town or county কোনো শহর বা অঞ্চলের নির্বাচিত প্রশাসনিক সংস্থা; মন্ত্রণাসভা *The city council has/have decided to build a new road.* ○ *My dad's on the local council.* **2** a group of people chosen to give advice, manage affairs, etc. for a particular organization or activity কোনো প্রতিষ্ঠানে বা বিশেষ কর্মকাণ্ডে উপদেশ দান, পরিচালনা ইত্যাদির জন্য নির্বাচিত ব্যক্তিবর্গ; বিশেষ উপদেষ্টা পরিষদ; কাউন্সিল *the Arts Council*

councillor / ˈkaʊnsələ(r) ˈকাউন্স্যাল্যা(র্) / *noun* [C] a member of a council মন্ত্রণাসভার সদস্য; কাউন্সিলার *to elect new councillors*

counsel¹ / ˈkaʊnsl ˈকাউন্স্ল্ / *verb* [T] (**counse<u>l</u>ling; counse<u>l</u>led** *AmE* **coun-se<u>l</u>ing; counse<u>l</u>ed**) **1** to give professional advice and help to sb with a problem কোনো ব্যক্তিকে পরামর্শ দেওয়া এবং তার সমস্যার সমাধানে সাহায্য করা (পেশাদারিভাবে) **2** (*written*) to tell sb what you think he/she should do; to advise কোনো ব্যক্তিকে তার করণীয় বিষয় বলে দেওয়া; উপদেশ অথবা পরামর্শ

দেওয়া *The company's lawyers counselled the managing director against making public statements.*

counsel² / ˈkaʊnsl 'কাউন্‌সল্‌ / *noun* [U] **1** (*written*) advice উপদেশ, পরামর্শ **2** a lawyer who speaks in a court of law বিচারালয়ে মামলা লড়ে যে উকিল; কৌঁসুলি *the counsel for the defence/ prosecution*

counselling (*AmE* **counseling**) / ˈkaʊnsəlɪŋ 'কাউন্‌স্যালিং / *noun* [U] professional advice and help given to people with problems সমস্যাগ্রস্ত ব্যক্তিদের (পেশাদারিভাবে) প্রদান করা পরামর্শ অথবা সাহায্য; কাউন্‌সেলিং *Many students come to us for counselling.*

counsellor (*AmE* **counselor**) /ˈkaʊnsələ(r) 'কাউন্‌স্যাল্যা(র্‌) / *noun* [C] a person whose job is to give advice পরামর্শ দেওয়া যার পেশা; পরামর্শদাতা; কাউন্‌সেলর *a marriage counsellor*

count¹ / kaʊnt কাউন্‌ট্‌ / *verb* **1** [I] to say numbers one after another in order ক্রমানুযায়ী সংখ্যা গণনা করা; গোনা *Close your eyes and count (up) to 20.* **2** [T] **count sth** to calculate the total number or amount of sth কোনো কিছুর মোট সংখ্যা বা পরিমাণ হিসেব করা বা গুনে নেওয়া, গুনতি করা *The teacher counted the children as they got on the bus.* **3** [T] to include sb/sth when you are calculating an amount or number কোনো ব্যক্তি বা বস্তুকে (পরিমাণ বা সংখ্যা) হিসেবের মধ্যে ধরা *There were thirty people on the bus, not counting the driver.* **4** [I] **count (for sth)** to be important or valuable গুরুত্বপূর্ণ অথবা মূল্যবান হওয়া, গণ্য বা বিবেচিত হওয়া *I sometimes think my opinion counts for nothing at work.* **5** [I] **count (as sth)** to be valid or accepted বৈধ বা গ্রাহ্য হওয়া *The referee had already blown his whistle so the goal didn't count.* o *Will my driving licence count as identification?* **6** [I, T] to consider sb/sth in a particular way কোনো ব্যক্তি অথবা বস্তুকে বিশেষভাবে বিবেচনা করা, জ্ঞান করা *You should count yourself lucky to have a good job.* o *On this airline, children over 12 count/are counted as adults.*

IDM Don't count your chickens (**before they're hatched**) used to say that you should not be too confident that sth will be successful because sth might still go wrong সাফল্য লাভে অধিক বিশ্বাস অনুচিত এই কথা বলার জন্য ব্যবহৃত অভিব্যক্তিবিশেষ; গাছে কাঁঠাল গোঁফে তেল

PHRV count against sb to be considered as a disadvantage বাধা বা প্রতিবন্ধক হিসেবে বিবেচিত হওয়া *Do you think my age will count against me?*

count on sb/sth to expect sth with confi-dence; to depend on sb/sth বিশ্বাসের সঙ্গে কোনো ব্যক্তির উপর আস্থা রাখা; কোনো ব্যক্তি বা বস্তুর উপর নির্ভর করা *Can I count on you to help me?*

count sb/sth out 1 to count things slowly, one by one ধীরে ধীরে, এক এক করে গোনা *She carefully counted out the money into my hand.* **2** (*informal*) to not include sb/sth (কোনো ব্যক্তি অথবা বস্তুকে) বাদ দেওয়া, না ধরা *If you're going swimming, you can count me out!*

count² / kaʊnt কাউন্‌ট্‌ / *noun* [C] **1** [*usually sing.*] an act of counting or a number that you get after counting গণনা করার ক্রিয়া অথবা গণিত সংখ্যা *At the last count*, *there were nearly two million unemployed.* o *On the count of three, all lift together.* **2** [*usually pl.*] a point that is made in a discussion, argument, etc. আলোচনা বা তর্ক ইত্যাদিতে বিবেচিত কোনো বিষয় *I proved her wrong on all counts.*

IDM keep/lose count (**of sth**) to know/not know how many there are of sth কোনো কিছুর হিসেব রাখা অথবা হিসেব হারিয়ে ফেলা *I've lost count of the number of times he's told that joke!*

countable / ˈkaʊntəbl 'কাউন্ট্যাব্‌ল্‌ / *adj.* (*grammar*) that can be counted (ব্যাকরণ) গণনীয়, গণনার যোগ্য *'Chair' is a countable noun, but 'sugar' isn't.* o *Countable nouns are marked* [C] *in this dictionary.* ✿ বিপ **uncountable**

countdown / ˈkaʊntdaʊn 'কাউন্ট্‌ডাউন্‌ / *noun* [C] the act of saying numbers backwards to zero just before sth important happens গুরুত্বপূর্ণ কোনো কিছু ঘটার আগে উলটো দিক থেকে গোনার ক্রিয়া; প্রতিগণনা *the countdown to the lift-off of a rocket* o (*figurative*) *The countdown to this summer's Olympic Games has started.*

countenance /ˈkaʊntənəns 'কাউন্ট্যান্যান্‌স্‌ /*noun* [C] (*written*) a person's face or his/her expression কারও মুখাবয়ব, মুখের অভিব্যক্তি; মুখভাব

counter- / ˈkaʊntə(r) 'কাউন্ট্যা(র্‌) / *prefix* (in nouns, verbs, adjectives and adverbs) against; opposite বিরুদ্ধ; বিপরীত, প্রতি, পালটা, উলটো *a counter-argument* o *counterproductive*

counter¹ /ˈkaʊntə(r) 'কাউন্ট্যা(র্‌) / *noun* [C] **1** a long, flat surface in a shop, bank, etc., where customers are served দোকান, ব্যাংক ইত্যাদির কাউন্টার অথবা টেবিল যেখানে গ্রাহকদের সেবা করা হয় *The man behind the counter in the bank was very helpful.* **2** a small object (usually round and made of plastic) that is used in some games to show where a player is on the board কোনো কোনো খেলায় বোর্ডের

উপর খেলোয়াড়ের স্থান নির্দেশ করার জন্য যে ছোটো বস্তু ব্যবহৃত হয় (সাধারণত গোল এবং প্লাস্টিকের তৈরি); টোকেন, চাকতি **3** an electronic device for counting sth (গণনার জন্য) বৈদ্যুতিন যন্ত্র *The rev counter is next to the speedometer.* ⇨ **Geiger counter** দেখো।

counter² / ˈkaʊntə(r) ˈকাউন্ট্যা(র্) / *verb* [I, T] **1** to reply or react to criticism (কোনো সমালোচনায়) প্রতিবাদ করা, উত্তর দেওয়া, প্রতিক্রিয়া দেখানো *He countered our objections with a powerful defence of his plan.* **2** to try to reduce or prevent the bad effects of sth কোনো বস্তুর কুপ্রভাব অথবা পরিণতি নিবৃত্ত করা অথবা প্রশমিত করার চেষ্টা করা *The shop has installed security cameras to counter theft.*

counter³ / ˈkaʊntə(r) ˈকাউন্ট্যা(র্) / *adv.* **counter to sth** in the opposite direction to sth কোনো কিছুর বিপরীত মুখে, উলটো দিকে *The results of these experiments **run counter to** previous findings.*

counteract / ˌkaʊntərˈækt ˌকাউন্ট্যার্ˈঅ্যাক্ট্ / *verb* [T] to reduce the effect of sth by acting against it প্রতিরোধমূলক ব্যবস্থা নিয়ে কোনো কিছুর প্রভাব কমিয়ে দেওয়া *measures to counteract traffic congestion*

counter-attack *noun* [C] an attack made in reaction to an enemy or opponent's attack আক্রমণের প্রতিবাদে পালটা আক্রমণ ▶ **counter-attack** *verb* [I, T] পালটা আক্রমণ করা

counter-clockwise (*AmE*) = **anticlockwise**

counterfeit / ˈkaʊntəfɪt ˈকাউন্ট্যাফিট্ / *adj.* not genuine, but copied so that it looks like the real thing (বস্তু) মেকি, জাল, নকল, ঝুটো *counterfeit money*

counterfoil / ˈkaʊntəfɔɪl ˈকাউন্ট্যাফইল্ / *noun* [C] the part of a cheque, receipt, ticket, etc. that is kept by the giver as a record চেক, রসিদ, টিকিট ইত্যাদির যে পরিপূরক অংশটি দাতার কাছে রেকর্ড হিসেবে থাকে; প্রতিপত্র

counterpart / ˈkaʊntəpɑːt ˈকাউন্ট্যাপা:ট্ / *noun* [C] a person or thing that has a similar position or function in a different country or organization যে ব্যক্তি অথবা বস্তু অন্য দেশ অথবা সংগঠনে একই পদে বা একই কাজের জন্য আছে; প্রতিনিধি, প্রতিরূপ *the Indian President and his Italian counterpart* (= the Italian President)

counterproductive *adj.* having the opposite effect to the one you want আকাঙ্ক্ষিত ফলের বিপরীত পরিণাম সম্পন্ন

countersign / ˈkaʊntəsaɪn ˈকাউন্ট্যাসাইন্ / *verb* [T] (*technical*) to sign a document that has already been signed by another person, especially in order to show that it is valid কোনো নথি বা দলিল যা ইতিমধ্যে স্বাক্ষরিত হয়েছে তা আবার অন্য কোনো ব্যক্তির দ্বারা স্বাক্ষর করা (বিশেষত দেখানোর জন্য যে এটি বৈধ); প্রতিস্বাক্ষর করা

countless / ˈkaʊntləs ˈকাউন্ট্ল্যাস্ / *adj.* (*only before a noun*) very many অগুনতিবার, সংখ্যাতীত, গণনাতীত, অজস্র, অগণন, মেলা *I've tried to phone him countless times but he's not there.*

country / ˈkʌntri ˈকান্ট্রি / *noun* (*pl.* **countries**) **1** [C] an area of land with its own people, government, etc. রাষ্ট্র, দেশ *India, Sri Lanka and other Asian countries* ○ *There was rain over much of the country during the monsoons.*

> **NOTE** কোনো স্বতন্ত্র শাসনব্যবস্থা দ্বারা পরিচালিত সংঘবদ্ধ রাজনৈতিক সম্প্রদায়কে বোঝাতে অথবা কেবলমাত্র সেই শাসনপ্রণালী অথবা সেখানকার সরকার বোঝাতে **state** শব্দটি ব্যবহার করা হয়—*the member states of SAARC.* ভারত এবং অন্য কিছু দেশে **state** শব্দটি একই দেশের অন্তর্ভুক্ত রাজ্যকে বোঝাতেও ব্যবহৃত হয়—*The states of Bihar, Orissa and West Bengal.* **Land** শব্দটি অনেক বেশি পোশাকি এবং আলংকারিক বলে গণ্য করা হয়—*Explorers who set out to discover new lands.*

2 the country [*sing.*] the people who live in a country দেশবাসী *a survey to find out what the country really thinks* **3 the country** [*sing.*] land which is away from towns and cities গ্রামাঞ্চল, পাড়াগাঁ, পল্লিগ্রাম *Do you live in a town or **in the country**?*

> **NOTE** **Countryside** শব্দটি শহরের বাইরের অঞ্চল বোঝাতে ব্যবহৃত হয় কিন্তু এই শব্দটি গ্রামীণ অঞ্চলের প্রাকৃতিক বৈশিষ্ট্য এবং পরিবেশ (যেমন পাহাড়, নদী, গাছপালা ইত্যাদি) সম্পর্কে অভিব্যক্তি প্রকাশের জন্য ব্যবহার করা যেতে পারে—*beautiful countryside* ○ *the destruction of the countryside by new roads.* ⇨ **scenery**-তে নোট দেখো।

4 [U] an area of land ভূখণ্ড, অঞ্চল *We looked down over miles of open country.* ○ *hilly country* ✪ সম **terrain**

country house *noun* [C] a large house in the country, usually owned by an important family and often with a lot of land পল্লিগ্রামে অনেকটা জমি জুড়ে কোনো সম্ভ্রান্ত পরিবারের বৃহৎ গৃহ; দেশের বাড়ি

countryman / ˈkʌntrimən ˈকান্ট্রিম্যান্ / *noun* [C] (*pl.* **-men** / -mən -ম্যান্ /) a person from your own **country 1** দেশবাসী, স্বদেশের লোক *Bhupati beat his **fellow countryman** Paes in the final.*

the countryside / ˈkʌntrisaɪd ˈকান্ট্রিসাইড্ / *noun* [U, *sing.*] land which is away from towns and cities, where there are fields, woods, etc. শহর বা

নগর থেকে দূরে মাঠ, জঙ্গল ইত্যাদিতে ভরা কোনো জায়গা; পল্লি অঞ্চল *From the hill there is a magnificent view of the surrounding countryside.* ➪ **country-**তে নোট দেখো।

county / ˈkaʊnti ˈকাউন্‌টি / *noun* [C] (*pl.* **counties**) an area in Britain, Ireland or the US which has its own local government ব্রিটেন, মার্কিন যুক্তরাষ্ট্র বা আয়ার্ল্যান্ডের যেসব অঞ্চলে স্বায়ত্তশাসন আছে; কাউন্টি *the county of Nottinghamshire* ○ *Orange County, California* ➪ **province** এবং **state**[1] **4** দেখো।

coup / ku: কূ: / *noun* [C] **1** (*also* **coup d'état**) / ˌku:deɪˈtɑ: ˌকূডেইˈটা: / a sudden, illegal and often violent change of government আকস্মিক, আইনবিরুদ্ধ এবং প্রায়ই সহিংস্র সরকার পরিবর্তন *a coup to overthrow the President* ○ *an attempted coup* (= one which did not succeed) **2** a clever and successful thing to do চাতুর্যপূর্ণ এবং সফল কাজ *Getting that promotion was a real coup.*

couple[1] / ˈkʌpl ˈকাপ্‌ল্ / *noun* [C, *with sing. or pl. verb*] two people who are together because they are married or in a relationship স্বামী-স্ত্রী, দম্পতি, জুটি *a married couple* ○ *Is/Are that couple over there part of our group?* ➪ **pair** দেখো।

IDM **a couple of people/things 1** two people/things (দুটো ব্যক্তি অথবা বস্তুর) জোড়া, যুগল, যুগ্ম *I need a couple of glasses.* **2** a few কয়েকটা, গোটা দুয়েক *I last saw her a couple of months ago.*

couple[2] / ˈkʌpl ˈকাপ্‌ল্ / *verb* [T] (*usually passive*) to join or connect sb/sth to sb/sth else দুটি বস্তু বা দুটি প্রাণীকে একসঙ্গে সংযুক্ত করা বা জোড়া *The fog, coupled with the amount of traffic on the roads, made driving very difficult.*

couplet / ˈkʌplət ˈকাপ্‌ল্যাট্ / *noun* [C] two lines of poetry of equal length one after the other সমান দৈর্ঘ্যের পরপর কবিতার দুটি পঙ্‌ক্তি; যুগ্মক, দ্বিপদী

coupon / ˈku:pɒn ˈকূপন্ / *noun* [C] **1** a small piece of paper which you can use to buy goods at a lower price, or which you can collect and then exchange for goods কাগজের বিশেষ টুকরো যা দেখিয়ে কম দামে জিনিস কেনা যায় অথবা তার বিনিময়ে জিনিস পাওয়া যায়; কুপন *a coupon worth 10% off your next purchase* **2** a printed form in a newspaper or magazine which you use to order goods, enter a competition, etc. খবরের কাগজে অথবা পত্রিকায় প্রকাশিত কুপন বা ফর্ম যা ব্যবহার করে জিনিসের ফরমাশ দেওয়া যায় বা কোনো প্রতিযোগিতায় যোগ দেওয়া যায়

courage / ˈkʌrɪdʒ ˈকারিজ্ / *noun* [U] the ability to control fear in a situation that may be dangerous or unpleasant সাহস, মনোবল, বুকের পাটা, শৌর্য, বিক্রম, হিম্মত *It took real courage to go back into the burning building.* ○ *She* ***showed*** *great* ***courage*** *all through her long illness.* ✪ সম **bravery**

▶ **courageous** / kəˈreɪdʒəs ক্যাˈরেইজ্যাস্ / *adj.* সাহসী, বিক্রমশালী, নির্ভীক, অকুতোভয়

IDM **pluck up courage** ➪ **pluck**[1] দেখো।

courgette / kɔ:ˈʒet ক:ˈজ়েট্ / (*also Zucchini*) *noun* [C] a long vegetable with dark green skin that is white inside লম্বা গাঢ় সবুজ রঙের খোসাওয়ালা সবজি যার ভিতরটা সাদা ➪ **vegetable**-এ ছবি দেখো।

courier / ˈkʊriə(r) ˈকুরিঅ্যা(র্) / *noun* [C] **1** a person whose job is to carry letters, important papers, etc., especially when they are urgent চিঠিপত্র, গুরুত্বপূর্ণ এবং জরুরি কাগজপত্র ইত্যাদি বহন করে যে ব্যক্তি; ক্যুরিয়ার *The package was delivered by the overnight courier.* **2** a person whose job is to look after a group of tourists পর্যটক দলকে দেখাশোনা করার জন্য নিযুক্ত ব্যক্তি; ভ্রমণ-অবধায়ক

course / kɔ:s ক:স্ / *noun* **1** [C] **a course (in/on sth)** a complete series of lessons or studies কোনো পাঠ্যক্রমের পূর্ণ পর্যায়ক্রম *I've decided to* ***enrol on a*** *computer* ***course****.* ○ *I'm going to* ***take/do a course*** *in self-defence.* **2** [C, U] the route or direction that sth, especially an aircraft, ship or river, takes জাহাজ, বিমান ইত্যাদির যাত্রাপথ, নদীর গতিপথ, প্রবাহধারা *to be* ***on/off course*** (= going in the right/wrong direction) ○ (*figurative*) *I'm on course* (= making the right amount of progress) *to finish this work by the end of the week.* **3** (*also* **course of action**) [C] a way of dealing with a particular situation বিশেষ পরিস্থিতি মোকাবিলা করার উপায়; কার্যপ্রণালী, কার্যধারা *In that situation resignation was the only course open to him.* **4** [*sing.*] the development of sth over a period of time সময়ের সঙ্গে কোনো কিছুর বিবর্তন *events that changed* ***the course of history*** ○ *In the normal course of events* (= the way things normally happen) *such problems do not arise.* **5** [C] the first, second, third, etc. separate part of a meal ভোজন পর্বের বিভিন্ন পদ (প্রথম, দ্বিতীয়, তৃতীয় ইত্যাদি) *a three-course lunch* ○ *I had chicken for the* ***main course****.* **6** [C] an area where golf is played or where certain types of race take place কোনো বিশেষ দৌড় (যেমন ঘোড়দৌড়) অথবা গল্ফ খেলার মাঠ *a golf course* ○ *a racecourse* **7** [C] **a course (of sth)** a series of medical treatments চিকিৎসা প্রণালী অথবা তার ধারা বা পর্ব *The doctor put her on a course of tablets.*

IDM **be on a collision course (with sb/sth)** ➪ **collision** দেখো।

in the course of sth during sth কোনো কিছু চলাকালীন, ঘটাকালীন বা কোনো প্রক্রিয়ার মাঝে *He mentioned it in the course of conversation.*

in the course of time when enough time has passed; eventually কালে, অবশেষে, শেষপর্যন্ত; কালক্রমে

in due course ⇨ **due**[1] দেখো।

a matter of course ⇨ **matter**[1] দেখো।

of course naturally; certainly অবশ্যই, স্বাভাবিক-ভাবেই; নিশ্চয়ই *Of course, having children has changed their lives a lot.* ○ *'Can I use your phone?' 'Of course (you can).'*

coursebook / ˈkɔːsbʊk ˈক:স্বুক্ / *noun* [C] a book for studying from that is used regularly in class নির্দিষ্ট শ্রেণিতে ব্যবহারের জন্য নির্ধারিত বই; পাঠ্যপুস্তক

coursework / ˈkɔːswɜːk ˈক:স্উঅ্যক্ / *noun* [U] work that students do during a course of study, not in exams, that is included in their final mark পরীক্ষা বহির্ভূত পাঠক্রমের অনুশীলনী যা শিক্ষার্থীদের অন্তিম মানে অন্তর্ভুক্ত করা হয় *Coursework accounts for 50% of the final marks.*

court[1] / kɔːt ক:ট্ / *noun* **1** [C, U] a place where legal trials take place and crimes, etc. are judged বিচারালয়, ন্যায়ালয়, কাছারি, আদালত; কোর্ট *A man has been charged and will **appear in court** tomorrow.* ○ *Bharat's company are refusing to pay him so he's decided to **take them to court**.* **2 the court** [*sing.*] the people in a court, especially those taking part in the trial আদালতে উপস্থিত ব্যক্তিগণ, বিশেষত যারা মামলা অথবা বিচারে জড়িত *Please tell the court exactly what you saw.* **3** [C, U] an area where certain ball games are played যে অঞ্চলে নির্দিষ্ট ধরনের বলখেলা হয় *a tennis/squash/badminton court* ⇨ **pitch**[1] দেখো। **4** [C] a king or queen, their family and all the people who look after them রাজদরবার, রাজসভা *the court of Emperor Akbar*

court[2] / kɔːt ক: ট্ / *verb* [T] **1** to try to gain sb's support by paying special attention to him/her কোনো ব্যক্তিকে বিশেষ মনোযোগ দিয়ে অথবা তোষামোদ করে তার সমর্থন পাওয়ার চেষ্টা করা *Politicians from all parties will be courting voters this week.* **2** to do sth that might have a very bad effect কুপ্রভাব বা মন্দ প্রভাব আসতে পারে এমন কাজ করা *India is courting ecological disaster if it continues to dump waste in its rivers.*

courteous / ˈkɜːtiəs ˈক্যটিঅ্যাস্ / *adj.* polite and pleasant, showing respect for other people সৌজন্যসূচক, ভদ্র, শিষ্টাচারসম্মত, শালীন ✪ বিপ **discourteous** ► **courteously** *adv.* শিষ্টাচারের সঙ্গে, ভদ্রভাবে, বিনীতভাবে

courtesy / ˈkɜːtəsi ˈক্যট্যাসি / *noun* (*pl.* **courtesies**) **1** [U] polite and pleasant behaviour that shows respect for other people সহবৎ, সৌজন্য, ভদ্রতা, শিষ্টাচারসম্মত আচরণ *She didn't even **have the courtesy** to say that she was sorry.* **2** [C] (*formal*) a polite thing that you say or do when you meet people in formal situations শিষ্টাচার বিনিময়, পারস্পরিক ভদ্রাচরণ, সৌজন্য বিনিময় *The two presidents exchanged courtesies before their meeting.*

IDM (by) courtesy of sb (*formal*) with the permission or because of the kindness of sb কারও অনুমতিক্রমে, কারও সৌজন্যে *These pictures are being shown by courtesy of NDTV.*

court martial *noun* [C] a military court that deals with matters of military law; a trial that takes place in such a court সামরিক আদালত; সামরিক আদালতের বিচার *His case will be heard by a court martial.* ► **court-martial** *verb* [T] (**court-martia<u>ll</u>ing; court-martia<u>ll</u>ed;** *AmE* **court-martia<u>l</u>ing; court-martia<u>l</u>ed**) সামরিক আদালতে বিচার করা

court of law = **court**[1] **1**

courtroom / ˈkɔːtruːm ˈক:ট্রূম্ / *noun* [C] the place or room where a court of law meets বিচার কক্ষ

courtship / ˈkɔːtʃɪp ˈক:ট্শিপ্ / *noun* [C, U] (*old-fashioned*) the relationship between a man and a woman before they get married বিয়ের আগে পুরুষ ও নারীর মধ্যে প্রেমালাপ; প্রেম নিবেদন, পূর্বরাগ

courtyard / ˈkɔːtjɑːd ˈক:টিআ:ড্ / *noun* [C] an area of ground, without a roof, that has walls or buildings around it, for example in a castle or between houses or flats (প্রাচীরবেষ্টিত অথবা অট্টালিকাসমূহ দ্বারা বেষ্টিত) উঠোন, প্রাঙ্গণ, চত্বর, আঙিনা, গৃহপ্রাঙ্গণ

cousin / ˈkʌzn ˈকাজ্ন্ / (*also* **first cousin**) *noun* [C] the child of your aunt or uncle মাসতুতো, পিসতুতো, জেঠতুতো, খুড়তুতো, মামাতো ভাই বা বোন, -তুতো ভাই অথবা বোন *Seema and I are cousins.* **NOTE** মামাতো, খুড়তুতো ইত্যাদি ভাই এবং বোন দুজনের ক্ষেত্রেই **cousin** শব্দটি ব্যবহৃত হয়। ⇨ **second cousin** দেখো।

covalent / ˌkəʊˈveɪlənt ˌক্যাউˈভেইল্যান্ট্ / *adj.* (*technical*) (used about the way atoms are joined together) sharing an **electron** (একাধিক অ্যাটম সংযুক্ত থাকার প্রক্রিয়া সম্বন্ধে ব্যবহৃত) ইলেকট্রনের সহ-সংযোজক

cove / kəʊv ক্যাউভ্ / *noun* [C] a small area of the coast where the land curves round so that it is protected from the wind, etc. উপকূলের ক্ষুদ্র অংশ যেখানে ভূমিখণ্ড গোল হয়ে বেঁকে যায় এবং তার ফলে সেটি বাতাস ইত্যাদি থেকে রক্ষা পায়; ছোটো খাড়ি *a sandy cove*

covenant / ˈkʌvənənt ˈকাভ্যান্যান্ট্ / *noun* [C] a promise to sb, or a legal agreement, especially one to pay a regular amount of money to sb/sth কোনো ব্যক্তি বা বস্তুকে নিয়মিত নির্দিষ্ট পরিমাণ অর্থ প্রদানের প্রতিশ্রুতি অথবা আইনসম্মত চুক্তিপত্র; অঙ্গীকারপত্র ▶ **covenant** *verb* [T] অঙ্গীকারবব্ধ হওয়া, চুক্তিবব্ধ হওয়া *All profits are covenanted to local charities.*

cover¹ / ˈkʌvə(r) ˈকাভ্যা(র্) / *verb* [T] **1 cover sb/sth** (**up/over**) (**with sth**) to put sth on or in front of sth to hide or protect it আবৃত করা বা গোপন করার জন্য ঢাকা দেওয়া, আড়াল করা বা রক্ষা করা *I covered the floor with newspaper before I started painting.* ○ *(figurative) Prachi laughed to cover* (= hide) *her embarrassment.* ✪ বিপ **uncover** **2 cover sb/sth in/with sth** to be on the surface of sth; to make sth do this কোনো কিছুর পৃষ্ঠতল ঢাকা দেওয়া, আবৃত করা বা হওয়া; কোনো কিছুকে এরকম করানো *Porters covered the walls.* ○ *The eruption of the volcano covered the town in a layer of ash.* **3** to fill or spread over a certain area ছড়িয়ে পড়া, অনেকটা জায়গা জুড়ে ঢেকে দেওয়া *The floods cover an area of about 15,000 square kilometres.* **4** to include or to deal with sth কোনো বিষয় অন্তর্ভুক্ত করা বা কিছু নিয়ে আলোচনা করা *All the papers covered the election in depth.* ○ *The course covered both American and European history.* **5** to travel a certain distance নির্দিষ্ট দূরত্ব পার হওয়া, অতিক্রম করা *We covered about 500 kilometres that day.* **6** to be enough money for sth কোনো বস্তুর জন্য অর্থের পরিমাণ কুলিয়ে যাওয়া, পর্যাপ্ত টাকা পয়সা থাকা *We'll give you some money to cover your expenses.* **7 cover sb/sth against/for sth** to protect sb/sth by insurance বীমার দ্বারা কোনো ব্যক্তি বা বস্তু সুরক্ষিত করার ব্যবস্থা রাখা *The insurance policy covers us for any damage to our property.* **8 cover** (**for sb**) to do sb's job while he/she is away from work অন্যের অনুপস্থিতিতে তার কাজ করা *Mr Mehta's phoned in sick so we'll have to find someone to cover (for him).*

IDM **cover the cost** (**of sth**) to have or make enough money to pay for sth খরচের জন্য যথেষ্ট টাকা থাকা বা রোজগার করা

PHR V **cover sth up** to prevent people hearing about a mistake or sth bad কোনো ভুল বা খারাপ কিছু লুকিয়ে ফেলা, চাপা দেওয়া অথবা গোপন করা, ধামাচাপা দেওয়া *The police have been accused of trying to cover up the facts of the case.*

cover up for sb to hide a person's mistakes or crimes in order to protect him/her (কোনো ব্যক্তিকে রক্ষা করার জন্য তার ভুল অথবা অপরাধ) চাপা দেওয়া, গোপন করা

cover² / ˈkʌvə(r) ˈকাভ্যা(র্) / *noun* **1** [C] something that is put on or over sth, especially in order to protect it আবরণ, আচ্ছাদন *a plastic cover for a computer* ○ *a duvet cover* **2** [C] the outside part of a book or magazine বই-এর মলাট; প্রচ্ছদ *I read the magazine from cover to cover* (=from beginning to end). **3** [U] **cover** (**against sth**) insurance against sth, so that if sth bad happens you get money or help in return কোনো কিছুর বিমা করা যাতে কোনো বিপদ অথবা ক্ষতি ঘটলে তার বিনিময়ে অর্থ বা সাহায্য পাওয়া যায় *The policy **provides cover** against theft.* **4** [U] protection from the weather, damage, etc. প্রাকৃতিক দুর্যোগ, ক্ষয়ক্ষতি ইত্যাদি থেকে সুরক্ষা *When the storm started we had to **take cover** in a shop doorway.* ○ *When the gunfire started everyone **ran for cover**.* ✪ সম **shelter** **5 the covers** [*pl.*] the sheets, etc. on a bed বিছানার চাদর ইত্যাদি **6** [C, U] **a cover** (**for sth**) something that hides what sb is really doing কোনো ব্যক্তির প্রকৃত কাজ লুকোনো বা আড়াল করা *The whole company was just a cover for all kinds of criminal activities.* ○ *police officers working **under cover*** **7** [U] doing sb's job for him/her while he/she is away from work কারও অনুপস্থিতিতে তার কাজ করে যে ব্যক্তি; বদলি, বিকল্প *Manisha's off next week so we'll have to arrange cover.*

IDM **under** (**the**) **cover of sth** hidden by sth কোনো কিছুর দ্বারা লুক্কায়িত বা আচ্ছাদিত *They attacked under cover of darkness.*

coverage / ˈkʌvərɪdʒ ˈকাভ্যারিজ্ / *noun* [U] **1** the act or amount of reporting on an event in newspapers, on television, etc. সংবাদপত্র, টেলিভিশন ইত্যাদিতে কোনো ঘটনার প্রচার, প্রতিবেদন অথবা বিবরণ *TV coverage of the Olympic Games was excellent.* **2** the amount or quality of information included in a book, magazine, etc. বই, পত্রিকা ইত্যাদির মধ্যে তথ্য সংকলনের পরিমাণ অথবা উৎকর্ষতার গুণমান *The grammar section provides coverage of all the problematic areas.*

coveralls / ˈkʌvərɔːlz ˈকাভ্যার:ল্জ্ / (*AmE*) = **overall² 2**

covering / ˈkʌvərɪŋ ˈকাভ্যারিং / *noun* [C] something that cover the surface of sth কোনো বস্তুর আস্তরণ,

আবরণ *There was a thick covering of dust over everything.*

covering letter *noun* [C] a letter that you send with other documents, a package, etc. that gives more information about it কোনো প্যাকেট ইত্যাদির সঙ্গে পাঠানো পরিচয় সম্বলিত সংক্ষিপ্ত চিঠি

covert / ˈkʌvət ˈকাভ্যাট্ / *adj.* done secretly গোপনে অথবা চুপিসারে সম্পন্ন অথবা কৃত *a covert police operation* ▶ **covertly** *adv.* গোপনে, চুপিসারে, গুপ্তভাবে

cover-up *noun* [C] an act of preventing sth bad or dishonest from becoming known মন্দ অথবা অসাধু কিছু গোপন করার ক্রিয়া; লুকিয়ে ফেলা অথবা চাপা দেওয়ার ক্রিয়া *Several newspapers claimed that there had been a government cover-up.*

covet / ˈkʌvət ˈকাভ্যাট্ / *verb* [T] (*formal*) to want to have sth very much (especially sth that belongs to sb else) (অন্যের জিনিসে) লোভ করা, ব্যাকুলভাবে চাওয়া, লালায়িত হওয়া, কামনা করা

covetous / ˈkʌvətəs ˈকাভ্যাট্যাস্ / *adj.* (*formal*) having a strong desire for the things that other people have, especially wealth (অন্য ব্যক্তির কাছে আছে এমন কোনো বস্তুর জন্য) লোভী, লিপ্সু, লালায়িত; অর্থলোলুপ ▶ **covetousness** *noun* [U] অর্থলিপ্সা, লোভ

cow / kaʊ কাউ / *noun* [C] **1** a large female animal that is kept on farms to produce milk গোরু, গাভী *to milk a cow ○ a herd of cows*

> **NOTE** পুরুষ এবং স্ত্রী দুই-এর জন্যই **cow** শব্দটি ব্যবহৃত হয়। পুরুষ পশুদের জন্য **bull** শব্দটি বিশেষভাবে ব্যবহৃত হয়। প্রজনন ক্ষমতাহীন যে পশু ভার বহন করে তাকে **ox** বলে। গাভীর বাচ্চাকে **calf** বলে। গাভীর সমষ্টিকে **cattle** বলা হয়।

2 the adult female of certain large animals, for example elephants কোনো কোনো নির্দিষ্ট বৃহৎ পশুর পরিণত স্ত্রীজাতি, যেমন হাতি

coward / ˈkaʊəd ˈকাউঅ্যাড্ / *noun* [C] a person who has no courage and is afraid in dangerous or unpleasant situations ভীতু, কাপুরুষ, ভীরু, ভীরুস্বভাব ▶ **cowardly** *adj.* কাপুরুষোচিত, দুর্বলচিত্ত, মিনমিনে

cowardice / ˈkaʊədɪs ˈকাউঅ্যাডিস্ / *noun* [U] a lack of courage; behaviour that shows that you are afraid ভীরুতা, কাপুরুষতা, দুর্বলচিত্ততা; ভীরুর মতো আচরণ

cowboy / ˈkaʊbɔɪ ˈকাউবই / *noun* [C] a man whose job is to look after cows (usually on a horse) in certain parts of the US (মার্কিন যুক্তরাষ্ট্রের কিছু অংশে) ঘোড়ায় চেপে গোরুর দেখাশোনা করা যাদের কাজ; রাখাল

cower / ˈkaʊə(r) ˈকাউঅ্যা(র্) / *verb* [I] to move back or into a low position because of fear (ভয় পেয়ে) পিছিয়ে যাওয়া বা কুঁকড়ে গুটিয়ে যাওয়া, জড়োসড়ো হয়ে যাওয়া, গুটিসুটি হয়ে যাওয়া *The dog cowered under the table when the storm started.*

cowl / kaʊl কাউল্ / *noun* [C] a covering for the head that is worn especially by a man belonging to a religious group (**a monk**) সন্ন্যাসীদের দ্বারা পরিহিত বিশেষ একধরনের মস্তকাবরণ

coy / kɔɪ কই / *adj.* pretending to be shy or innocent লাজুক অথবা সরল হওয়ার ভণিতা অথবা ছলনা করে এমন *She lifted her head a little and gave him a coy smile.* ▶ **coyly** *adv.* লজ্জাবনতভাবে, লাজনম্রভাবে

cozy (*AmE*) = **cosy**

CPU / ˌsi: pi: ˈju: ˌসী পী ˈইউ / *abbr.* = **central processing unit** সেন্ট্রাল প্রসেসিং ইউনিট; সি পি ইউ

crab / kræb ক্র্যাব্ / *noun* **1** [C] a sea animal with a flat shell and ten legs. The front two legs have long curved points (**pincers**) on them. Crabs move sideways কাঁকড়া, চ্যাপটা খোল এবং দশটি পা-যুক্ত সামুদ্রিক প্রাণী। সামনের দুটি পায়ে বাঁকানো দাঁড়া আছে। কাঁকড়া পাশের দিকে চলে **2** [U] the meat from a crab কাঁকড়ার মাংস ➪ **shellfish**-এ ছবি দেখো।

crack[1] / kræk ক্র্যাক্ / *verb* **1** [I, T] to break or to make sth break so that a line appears on the surface, but without breaking into pieces চিড় খাওয়া, ফাটল ধরা; ফাটিয়ে ফেলা *Don't put boiling water into that glass—it'll crack. ○ The stone cracked the window but didn't break it.* **2** [T] to break sth open কোনো বস্তু ভেঙে ফেলা, খুলে ফেলা, ফাটানো *Crack two eggs into a bowl.* **3** [I, T] to make a sudden loud, sharp sound; to cause sth to make this sound আকস্মিক তীব্র তীক্ষ্ণ শব্দ করা; কোনো কিছুকে ঐ জাতীয় শব্দ করানো *to crack a whip/your knuckles* **4** [T] to hit a part of your body against sth; to hit sb with sth শরীরের কোনো অংশে কিছুর দ্বারা আঘাত লাগা; কোনো ব্যক্তিকে কিছু দিয়ে আঘাত করা *She stood up and cracked her head on the cupboard door. ○ She cracked the thief over the head with her umbrella.* **5** [I] to no longer be able to deal with pressure and so lose control চাপ সহ্য করতে না পেরে নিয়ন্ত্রণ হারানো *He cracked under the strain of all his problems.* **6** [I] (used about sb's voice) to suddenly change in a way that is not controlled (কোনো ব্যক্তির গলার স্বর সম্বন্ধে ব্যবহৃত) নিয়ন্ত্রণবিহীনভাবে বদলে যাওয়া, গলা ভেঙে যাওয়া; মোটা এবং কর্কশ হয়ে যাওয়া *Her voice cracked as she spoke about her parents' death.* **7** [T] (*informal*) to solve a problem কোনো সমস্যার সমাধান করা *to crack a code ○ The police have cracked an* *international drug-smuggling ring.* **8** [T] to tell or make a joke ঠাট্টা তামাশা করা, রসিকতা করা, হাসির গল্প বলা *Stop cracking jokes and do some work!*

IDM get cracking (*informal*) to start doing sth immediately অবিলম্বে কোনো কিছু শুরু করে দেওয়া *I have to finish this job today so I'd better get cracking.*

PHR V crack down (on sb/sth) (used about people in authority) to start dealing strictly with bad or illegal behaviour (কর্তৃপক্ষ সম্বন্ধে ব্যবহৃত) অপরাধ এবং বেআইনি কাজের বিরুধ্বে কঠিন এবং কঠোর ব্যবস্থা নেওয়া *The police have started to crack down on drug dealers.*

crack up 1 (*informal*) to be unable to deal with pressure and so lose control and become mentally ill চাপে পড়ে মানসিক ভারসাম্য হারানো *He cracked up when his wife left him.* **2** (*slang*) to suddenly start laughing, especially when you should be serious (অপপ্রয়োগ) যখন গম্ভীর থাকার কথা তখন হঠাৎ হাসতে শুরু করা

crack² / kræk ক্র্যাক্ / *noun* **1** [C] a line on the surface of sth where it has broken, but not into separate pieces কোনো কিছুর পৃষ্ঠতলে ফাটার দাগ; চিড়, ফাটল *a pane of glass with a crack in it* ○ (*figurative*) *They had always seemed happy together, but then cracks began to appear in their relationship.* **2** [C] a narrow opening ছোটো ফাঁক *a crack in the curtains* **3** [C] a sudden loud, sharp sound আকস্মিক তীব্র এবং তীক্ষ্ণ শব্দ *There was a loud crack as the gun went off.* **4** [C] a hard hit on a part of the body শরীরের কোনো স্থানে সজোরে আঘাত *Suddenly a golf ball gave him a nasty crack on the head.* **5** [C] (*informal*) an amusing, often critical, comment; a joke তামাশা বা ঠাট্টা (প্রায়ই ব্যঙ্গাত্মকভাবে); উপহাস, কৌতুক *She* ***made a crack*** *about his bald head and he got angry.* **6** [U] a dangerous and illegal drug that some people take for pleasure and cannot then stop taking বিপজ্জনক এবং অবৈধ মাদকদ্রব্য যা নিছক মজার জন্য লোকে নেয় এবং তারপর আর ছাড়তে পারে না

IDM the crack of dawn very early in the morning প্রত্যুষ, ভোরবেলা, ঊষা, ব্রাহ্মমুহূর্ত

have a crack (at sth/at doing sth) (*informal*) to try to do sth কোনো কিছু করার জন্য চেষ্টা করা *I'm not sure how to play but I'll have a crack at it.*

crack³ / kræk ক্র্যাক্ / *adj.* (used about soldiers or sports players) very well trained and skilful (সৈনিক অথবা খেলোয়াড়দের সম্বন্ধে ব্যবহৃত) সুদক্ষ, সুপ্রশিক্ষণপ্রাপ্ত *crack troops* ○ *He's a crack shot* (= very accurate at shooting) *with a rifle.*

crackdown / ˈkrækdaʊn ˈক্র্যাক্‌ডাউন্ / *noun* [C] action to stop bad or illegal behaviour অপরাধ বা বেআইনি কার্যকলাপ বন্ধ করার ব্যবস্থা *Fifty people have been arrested in a police crackdown on street crime.*

cracker / ˈkrækə(r) ˈক্র্যাক্যা(র্) / *noun* [C] a thin dry biscuit that is often eaten with cheese পাতলা মুচমুচে বিস্কুট যা প্রায়ই চীজ দিয়ে খাওয়া হয়

crackle / ˈkrækl ˈক্র্যাক্‌ল্ / *verb* [I] to make a series of short, sharp sounds ধারাবাহিকভাবে তীক্ষ্ণ শব্দ করা; চড়চড় বা পটপট শব্দ করা *The radio started to crackle and then it stopped working.*

▶ **crackle** *noun* [*sing.*] তীক্ষ্ণ শব্দ; চড়চড় বা পটপট শব্দ *the crackle of dry wood burning*

cradle¹ / ˈkreɪdl ˈক্রেইড্‌ল্ / *noun* [C] a small bed for a baby. Cradles can often be moved from side to side বাচ্চার জন্য ছোটো দোলনা-বিছানা, দোলনা

cradle² / ˈkreɪdl ˈক্রেইড্‌ল্ / *verb* [T] to hold sb/sth carefully and gently in your arms সাবধানে এবং নম্র স্নিগ্ধভাবে বুকে টেনে নেওয়া

craft / krɑːft ক্রা:ফ্‌ট্ / *noun* **1** [C, U] a job or activity for which you need skill with your hands হাতের কাজে দক্ষতা দরকার হয় এমন চাকুরি বা কাজ, কারিগরি শিল্প; কারুকর্ম, কারুশিল্প, হস্তশিল্প *an arts and crafts exhibition* ○ *I studied craft and design at school.* ⇨ **handicraft** দেখো। **2** [C] any job or activity for which you need skill যে কাজে হাতের দক্ষতা এবং নৈপুণ্য দরকার হয় *He regards acting as a craft.* **3** [C] (*pl.* **craft**) a boat, aircraft or spacecraft নৌকো, বিমান বা ব্যোমযান

craftsman / ˈkrɑːftsmən ˈক্রা:ফ্‌ট্‌স্‌ম্যান্ / *noun* [C] (*pl.* **-men** / -mən -মেন্ /) a person who makes things skilfully, especially with his/her hands যে ব্যক্তি দক্ষভাবে হাতে করে কিছু নির্মাণ করে; শিল্পী, কারিগর, কারুকৃত, কারুকর্মী, কারুশিল্পী ✪ সম **artisan**

craftsmanship / ˈkrɑːftsmənʃɪp ˈক্রা:ফ্‌ট্‌স্‌ম্যান্‌-শিপ্ / *noun* [U] the skill used by sb to make sth of high quality with his/her hands শিল্পকুশলতা, কারুনৈপুণ্য

crafty / ˈkrɑːfti ˈক্রা:ফ্‌টি / *adj.* clever at getting or achieving things by using unfair or dishonest methods অন্যায় বা অসৎ প্রক্রিয়ায় কিছু পাওয়া বা অর্জন করার মতো চাতুর্যপূর্ণ; চতুর, ফন্দিবাজ, প্রতারক, শঠ, ধূর্ত

▶ **craftily** *adv.* সুচতুরভাবে, সুকৌশলে

crag / kræg ক্র্যাগ্ / *noun* [C] a steep, rough rock on a hill or mountain কোনো পাহাড় অথবা টিলার উপর এবড়োখেবড়ো খাড়া পাথর

craggy / krægi ক্র্যাগি / *adj.* **1** having a lot of steep rough rock পাথুরে **2** (used about a man's face) strong and with deep lines, especially in an attractive way (পুরুষের মুখাবয়ব সম্বন্ধে ব্যবহৃত) দৃঢ় ও গভীর রেখাচিহ্নসহ সুন্দর এবং আকর্ষণীয়

cram / kræm ক্র্যাম্ / *verb* (**cramming; crammed**) **1** [T] to push people or things into a small space গাদাগাদি করে ঠেসে মানুষ অথবা জিনিসপত্র অল্প জায়গার মধ্যে ভর্তি করা *I managed to cram all my clothes into the bag but I couldn't close it.* ○ *We only spent two days in Shimla but we managed to cram a lot of sightseeing in.* **2** [I] to move, with a lot of other people, into a small space কোনো সংকীর্ণ স্থানে অনেকের সঙ্গে ঠাসাঠাসি করে ঢুকে যাওয়া *He only had a small car but they all managed to cram in.* **3** [I] to study very hard and learn a lot in a short time before an exam পরীক্ষার আগে খুব কম সময়ের মধ্যে প্রচুর পড়াশোনা করে অনেক কিছু মুখস্থ করা

crammed / kræmd ক্র্যাম্ড্ / *adj.* very or too full ঠেসে ভর্তি, গাদাগাদি করে ভর্তি; পরিপূর্ণ *That book is crammed with useful information.*

cramp / kræmp ক্র্যাম্প্ / *noun* [U] a sudden pain that you get in a muscle, that makes it difficult to move মাংসপেশিতে আকস্মিক যন্ত্রণা অথবা খিঁচুনি, যার ফলে চলাফেরা করা কঠিন হয়ে পড়ে

cramped / kræmpt ক্র্যাম্প্ট্ / *adj.* not having enough space জায়গার অভাব, সীমিত স্থান, সংকীর্ণ *The flat was terribly cramped with so many of us living there.*

cranberry / ˈkrænbəri ˈক্র্যান্ব্যারি / *noun* [C] (*pl.* **cranberries**) a small red berry with a sour taste, that can be made into sauce or juice টক স্বাদের লাল রঙের একরকম বেরি বা বৈঁচিজাতীয় ফল যা দিয়ে সস অথবা শরবত বানানো হয়; ক্র্যানবেরি

crane¹ / kreɪn ক্রেইন্ / *noun* [C] a large machine with a long metal arm that is used for moving or lifting heavy objects ভারী বস্তু সরানো বা ওঠানোর জন্য ব্যবহৃত লম্বা ধাতব হাতলওয়ালা বড়ো যন্ত্র; কপিকল; ক্রেন **2** a large water bird with long legs and a long neck সারস পাখি

crane² / kreɪn ক্রেইন্ / *verb* [I, T] to stretch your neck forward in order to see or hear sth কিছু শোনা বা দেখার জন্য গলা বাড়ানো *We all craned forward to get a better view.*

crane fly *noun* [C] a small flying insect with very long legs লম্বা পাওয়ালা একধরনের উড়ন্ত পোকা

cranium / ˈkreɪniəm ˈক্রেইনিঅ্যাম্ / *noun* [*sing.*] (*formal*) the bone inside your head মাথার খুলি; করোটিকা, করোটি ✪ সম **skull** ▶ **cranial** *adj.* করোটি সম্বন্ধীয়

crank / kræŋk ক্র্যাংক্ / *noun* [C] a person with strange ideas or who behaves in a strange way (কোনো ব্যক্তি) ছিটগ্রস্ত, বাতিকগ্রস্ত, খামখেয়ালি

cranny / ˈkræni ˈক্র্যানি / *noun* [C] (*pl.* **crannies**) a small opening in a wall, rock, etc. দেয়ালে, পাথর ইত্যাদিতে ফাটল বা চিড়

IDM **every nook and cranny** ⇨ **nook** দেখো।

crash¹ / kræʃ ক্র্যাশ্ / *verb* **1** [I, T] to have an accident in a vehicle; to drive a vehicle into sth কোনো যানে দুর্ঘটনা ঘটা; গাড়ির সংঘর্ষ ঘটা *He braked too late and crashed into the car in front.* **2** [I] to hit sth hard, making a loud noise প্রচণ্ড আওয়াজ করে সজোরে ধাক্কা মারা *The tree crashed to the ground.* **3** [I] to make a loud noise জোরে আওয়াজ করা *I could hear thunder crashing outside.* **4** [I] (used about money or business) to suddenly lose value or fail (অর্থ বা ব্যাবসা সম্বন্ধে ব্যবহৃত) মূল্যে হঠাৎ পতন হওয়া, বিপর্যয় ঘটা অথবা পড়ে যাওয়া **5** [I] (used about a computer) to suddenly stop working (কম্পিউটার সম্বন্ধে ব্যবহৃত) হঠাৎ অচল হয়ে পড়া *We lost the data when the computer crashed.*

crash² / kræʃ ক্র্যাশ্ / *noun* [C] **1** a sudden loud noise made by sth breaking, hitting sth, etc. কিছু ভেঙে যাওয়া, ধাক্কা লাগা ইত্যাদির আকস্মিক প্রবল আওয়াজ *I heard a crash and ran outside.* **2** an accident when a car or other vehicle hits sth and is damaged গাড়ি বা অন্য কোনো যানে কোনো ধাক্কার ফলে দুর্ঘটনা *a car/plane crash* **3** (used about money or business) a sudden fall in the value or price of sth (অর্থ বা ব্যাবসা সম্বন্ধে ব্যবহৃত) হঠাৎ মূল্য হ্রাস *the Stock Market crash* **4** a sudden failure of a machine, especially a computer আকস্মিক অচলাবস্থা (বিশেষ করে কম্পিউটার)

crash³ / kræʃ ক্র্যাশ্ / *adj.* done in a very short period of time স্বল্প সময়ে সম্পন্ন *She did a* ***crash course*** *in French before going to work in France.*

crash barrier *noun* [C] a fence that keeps people or vehicles apart, for example when there are large crowds or between the two sides of the road রাস্তার দুইধারের যানবাহন অথবা কোনো স্থানের বিপুল জনস্রোত নিয়ন্ত্রণ করার জন্য ব্যবহৃত বেড়া বা রেলিং

crash helmet *noun* [C] a hard hat worn by motorbike riders, racing drivers, etc. মোটরবাইক, রেসের গাড়ি ইত্যাদিতে চালকের মাথার শক্ত টুপি; শিরস্ত্রাণ, হেলমেট

crash-land *verb* [I] to land a plane in a dangerous way in an emergency বিপন্ন অবস্থায় কোনো বিমানকে জরুরি এবং বিপজ্জনকভাবে অবতরণ করানো ▶ **crash-landing** *noun* [C] বিপন্ন অবস্থায় বিমানের জরুরি এবং বিপজ্জনক অবতরণ *to make a crash-landing*

crass / kræs ক্র্যাস্ / *adj.* stupid, showing that you do not understand sth (কোনো বিষয় না বুঝে) বোকার

মতো; নিরেট, স্থূল *It was a crass comment to make when he knew how upset she was.*

crate / kreɪt ক্রেইট্ / *noun* [C] a large box in which goods are carried or stored মাল বহনের বা রাখার বড়ো বাক্স; ক্রেট

crater / ˈkreɪtə(r) ˈক্রেইট্যা(র্) / *noun* [C] **1** a large hole in the ground (মাটিতে) বড়ো গর্ত, গহ্বর *The bomb left a large crater.* ○ *craters on the moon* **2** the hole in the top of a mountain through which hot gases and liquid rock are forced (**a volcano**) পাহাড়ের চূড়ায় গর্ত যেখান দিয়ে উত্তপ্ত গ্যাস এবং তরল পাথুরে পদার্থ প্রবল বেগে নির্গত হয়, আগ্নেয়গিরির মুখ; জ্বালামুখ ➪ **volcano**-তে ছবি দেখো।

cravat / krəˈvæt ক্র্যাˈভ্যাট্ / *noun* [C] a wide piece of cloth that some men tie around their neck and wear inside the collar of their shirt (শার্টের কলারের নীচে পরা হয়) গলবন্ধনী

crave / kreɪv ক্রেইভ্ / *verb* [I, T] **crave (for) sth** to want and need to have sth very much কোনো কিছুর জন্য প্রবল আকাঙ্ক্ষা প্রকাশ করা অথবা লালায়িত হওয়া

craving / ˈkreɪvɪŋ ˈক্রেইভিং / *noun* [C] a strong desire for sth তীব্র আকাঙ্ক্ষা, গভীর বাসনা, অভীপ্সা, অভিলাষ *When she was pregnant she used to* ***have cravings for*** *all sorts of peculiar food.*

crawl¹ / krɔːl ক্র:ল্ / *verb* [I] **1** to move slowly with your body on or close to the ground, or on your hands and knees হামাগুড়ি দেওয়া, বুকে হাঁটা *Their baby has just started to crawl.* ○ *An insect crawled across the floor.* **2** (used about vehicles) to move very slowly (যানবাহন সম্বন্ধে ব্যবহৃত) মন্থর গতিতে এগোনো *The traffic crawls through the centre of town in the rush-hour.* **3** (*informal*) **crawl (to sb)** to be very polite or pleasant to sb in order to be liked or to gain sth নিজেকে পছন্দ করানোর জন্য বা কিছু লাভের জন্য কোনো ব্যক্তিকে তোষামোদ করা বা খোশামোদ করা

IDM **be crawling with sth** to be completely full of or covered with unpleasant animals (পোকামাকড়ে) থিকথিক করা, ভর্তি হয়ে যাওয়া, গিজগিজ করা *The kitchen was crawling with insects.* ○ (*figurative*) *The village is always crawling with tourists at this time of year.*

crawl² / krɔːl ক্র:ল্ / *noun* **1** [*sing.*] a very slow speed মন্থর গতি, ধীর গতি *The traffic slowed to a crawl.* **2** (*often* **the crawl**) [*sing.*, U] a style of swimming which you do on your front. When you do the crawl, you move first one arm and then the other over your head, turn your face to one side so that you can breathe and kick up and down with your legs প্রথমে একটি হাত, তারপর মাথার উপর দিয়ে আর একটি হাত এগিয়ে এবং নিশ্বাস নেওয়ার জন্য মুখ একপাশে ঘুরিয়ে রেখে উপর-নীচে পা ছুড়ে একধরনের বুক সাঁতার

crayfish / ˈkreɪfɪʃ ˈক্রেইফিশ্ / (*AmE* **crawfish** / ˈkrɔːfɪʃ ˈক্র:ফিশ্ /) *noun* [C, U] a shellfish that lives in rivers, lakes or the sea and can be eaten. A crayfish is similar to, but smaller than a **lobster** নদী, হ্রদ অথবা সমুদ্রে পাওয়া যায় গলদা চিংড়ির মতো কিন্তু তার থেকে ছোটো খোলসযুক্ত মাছ

crayon / ˈkreɪən ˈক্রেইঅ্যান্ / *noun* [C, U] a soft, thick, coloured pencil that is used for drawing or writing, especially by children বিশেষত বাচ্চাদের ব্যবহারার্থে (আঁকা অথবা লেখার জন্য) নরম, মোটা, রঙিন পেনসিল ▶ **crayon** *verb* [I, T] ক্রেয়ন দিয়ে আঁকা অথবা লেখা

craze / kreɪz ক্রেইজ্ / *noun* [C] **a craze (for sth)** **1** a strong interest in sth, that usually only lasts for a short time কোনো বস্তুর প্রতি সাময়িক বা স্বল্পস্থায়ী প্রবল আকর্ষণ; হুজুগ, উন্মত্ততা *There was a craze for that kind of music last year.* **2** something that a lot of people are very interested in এমন কিছু যার প্রতি অনেকে প্রবল আকর্ষণ বোধ করে *Cellphones are the latest craze among teenagers.*

crazy / ˈkreɪzi ˈক্রেইজ়ি / *adj.* (**crazier; craziest**) (*informal*) **1** very silly or foolish মূর্খ, বোকা, খ্যাপা *You must be crazy to turn down such a wonderful offer.* **2** very angry উন্মত্ত, ক্রুদ্ধ *She* ***goes crazy*** *when people criticize her.* **3 crazy about sb/sth** liking sb/sth very much কোনো ব্যক্তি বা বস্তুর প্রতি ভীষণভাবে আসক্ত *He's always been crazy about horses.* **4** showing great excitement উত্তেজিত, প্রবল উন্মত্ত *The fans* ***went crazy*** *when their team scored the first goal.* ▶ **crazily** *adv.* পাগলের মতো ▶ **craziness** *noun* [U] উন্মত্ততা, পাগলামি

creak / kriːk ক্রীক্ / *verb* [I] to make the noise of wood bending or of sth not moving smoothly কাঠ ভাঙার আওয়াজ অথবা ক্যাঁচ ক্যাঁচ শব্দ করা *The floorboards creaked when I walked across the room.* ▶ **creak** *noun* [C] ক্যাঁচ ক্যাঁচ শব্দ ▶ **creaky** *adj.* ক্যাঁচ ক্যাঁচ আওয়াজ করে এমন *creaky stairs*

cream¹ / kriːm ক্রীম্ / *noun* **1** [U] the thick yellowish-white liquid that rises to the top of milk দুধের সর; মাঠা, ক্রিম *coffee with cream* ○ *whipped cream* (= cream that has been beaten) **2** [C, U] a substance that you rub into your skin to keep it soft or as a medical treatment মুখের ত্বক নরম রাখার জন্য বা চিকিৎসার জন্য যে ক্রিম অথবা মলম লাগানো হয় (*an*) *antiseptic cream* **3 the cream** [*sing.*] the best part of sth or the best people in a group দলের অথবা গোষ্ঠীর সর্বশ্রেষ্ঠ ব্যক্তিগণ বা কোনো কিছুর উৎকৃষ্ট অংশ

cream² / kri:m ক্রীম্ / *adj., noun* [U] (of) a yellowish-white colour হলদেটে সাদা রং

cream³ / kri:m ক্রীম্ / *verb*

PHR V cream sb/sth off to take away the best people or part from sth for a particular purpose বিশেষ উদ্দেশ্যে কোনো কিছু থেকে সর্বোত্তম ব্যক্তিদের অথবা উৎকৃষ্ট অংশ নিয়ে নেওয়া *The big clubs cream off the country's best young players.*

creamy / ˈkri:mi ˈক্রীমি / *adj.* (**creamier; creamiest**) **1** containing cream; thick and smooth like cream ননীযুক্ত; মাখনের মতো, ননীর মতো কোমল, মসৃণ *a creamy sauce* **2** having a light colour like cream ক্রিমের মতো হালকা রঙের *creamy skin*

crease¹ / kri:s ক্রীস্ / *noun* [C] **1** an untidy line on paper, material, a piece of clothing, etc. that should not be there কোনো কাগজ, কাপড় ইত্যাদিতে কোঁচ; কুঞ্চন *Your shirt needs ironing, it's full of creases.* ○ *When I unrolled the poster, there was a crease in it.* **2** a tidy straight line that you make in sth, for example when you fold it ভাঁজ অথবা পাট করার দাগ *He had a sharp crease in his trousers.* **3 (in cricket)** a white line on the ground near each **wicket** that marks the position of the **bowler** and the batsman (ক্রিকেট খেলায়) বোলার এবং ব্যাটসম্যানের স্থান চিহ্নিত করার জন্য উইকেটের কাছে মাটিতে সাদা লাইন; ক্রীজ *He spent six hours at the crease* (= he was **batting** for six hours).

crease² / kri:s ক্রীস্ / *verb* [I, T] to get creases; to make sth get creases কুঁচকে যাওয়া; কুঁচকে দেওয়া *Hang up your jacket or it will crease.* ○ *Crease the paper carefully down the middle.*

create / kriˈeɪt ক্রি'এইট্ / *verb* [T] to cause sth new to happen or exist নতুন কিছু সৃষ্টি করা, উৎপন্ন করা, রচনা করা, প্রণয়ন করা, সৃজন করা, বানানো *a plan to create new jobs in the company* ○ *He created a bad impression at the interview.*

creation / kriˈeɪʃn ক্রি'এইশ্‌ন্ / *noun* **1** [U] the act of causing sth new to happen or exist সৃষ্টি, সৃজন, রচনা অথবা প্রণয়ন করার ক্রিয়া; সৃষ্টিকার্য, সৃষ্টিক্রিয়া, সৃজনকর্ম *the creation of new independent states* ⇨ **job creation** দেখো। **2** (*usually* **the Creation**) [*sing.*] the act of making the whole universe, as described in the Bible বাইবেলের বর্ণনানুযায়ী মহাবিশ্বের, সমগ্র বিশ্বব্রহ্মাণ্ডের সৃষ্টি **3** [C] something new that sb has made or produced কোনো ব্যক্তির তৈরি (নতুন) সৃষ্টি; সৃজন, রচনা

creative / kriˈeɪtɪv ক্রি'এইটিভ্ / *adj.* (*only before a noun*) **1** involving the use of skill or imagination to make or do new things কল্পনা অথবা দক্ষতাসহ নতুন কিছু সৃষ্টি; সৃজনী, সৃষ্টিশীল, সৃজনধর্মী *She's a fantastic designer—she's so creative.* **2** connected with producing new things সৃষ্টিসংক্রান্ত, সৃজনশিল্পের সঙ্গে জড়িত *His creative life went on until he was well over 80 years.* ▶ **creatively** *adv.* সৃজনশীলভাবে

creativity / ˌkri:eiˈtɪvəti ˌক্রীএই'টিভ্যাটি / *noun* [U] the ability to make or produce new things using skill or imagination দক্ষতা বা কল্পনার সাহায্যে নতুন কিছু সৃষ্টির ক্ষমতা; সৃজনক্ষমতা, সৃষ্টিপ্রবণতা *We want teaching that encourages children's creativity.*

creator / kriˈeɪtə(r) ক্রি'এইট্যা(র্) / *noun* [C] a person who makes or produces sth new সৃষ্টিকারী, সৃজনশিল্পী, স্রষ্টা, প্রণেতা, রচয়িতা

creature / ˈkri:tʃə(r) ˈক্রীচ্যা(র্) / *noun* [C] a living thing such as an animal, a bird, a fish or an insect, but not a plant জীব, প্রাণী, পশু, পাখি ইত্যাদি (উদ্ভিদ নয়) *sea creatures*

crèche (*also* **creche**) / kreʃ ক্রেশ্ / *noun* [C] a place where small children are looked after while their parents are working, shopping, etc. মা-বাবার (কাজ, কেনাকাটা ইত্যাদির কারণে) অনুপস্থিতিতে তাদের ছোটো বাচ্চাদের দেখাশোনা করার স্থান; শিশুভবন, শিশুরক্ষণী

credentials / krəˈdenʃlz ক্র্যা'ডেন্‌শ্‌ল্‌জ্ / *noun* [*pl.*] **1** the qualities, experience, etc. that make sb suitable for sth প্রয়োজনীয় গুণাবলী, অভিজ্ঞতা ইত্যাদি যা কোনো ব্যক্তিকে কোনো কাজের জন্য উপযুক্ত করে *He has the perfect credentials for the job.* **2** a document that is proof that you have the training, education, etc. necessary to do sth, or proof that you are who you say you are শিক্ষা, প্রশিক্ষণ ইত্যাদির প্রমাণপত্রাদি; শংসাপত্র, আস্থাপত্র

credibility / ˌkredəˈbɪləti ˌক্রেড্যা'বিল্যাটি / *noun* [U] the quality that sb has that makes people believe or trust him/her বিশ্বাসযোগ্যতা, বিশ্বাস্যতা *The Prime Minister had lost all credibility and had to resign.*

credible / ˈkredəbl ˈক্রেড্যাব্‌ল্ / *adj.* **1** that you can believe বিশ্বাস্য, বিশ্বাসযোগ্য, প্রত্যয়যোগ্য *It's hardly credible that such a thing could happen without him knowing it.* ✪ বিপ **incredible** **2** that seems possible সম্ভাব্য *We need to think of a credible alternative to nuclear energy.*

credit¹ / ˈkredɪt ˈক্রেডিট্ / *noun* **1** [U] a way of buying goods or services and not paying for them until later ধার, ঋণ *I bought the television **on credit**.* **2** [C, U] a sum of money that a bank, etc. lends to sb ব্যাংক ইত্যাদি দ্বারা কোনো ব্যক্তিকে প্রদত্ত ঋণ *The company was not able to get any further credit and went bankrupt.* **3** [U] having money in an account at a bank ব্যাংকের অ্যাকাউন্টে জমা আছে এমন অর্থ *No bank charges are made if your account remains **in credit**.* **4** [C] a payment made into an account at a bank ব্যাংক অ্যাকাউন্টে জমা দেওয়া অর্থ *There have been several credits to her account over the last month.* ✪ বিপ **debit**[1] **5** [U] an act of saying that sb has done sth well কৃতিত্ব, সুনাম, সুখ্যাতি *He **got all the credit** for the success of the project.* ○ *I can't **take** any **credit**; the others did all the work.* ○ *She didn't do very well but at least **give** her **credit for** trying.* **6** [*sing.*] **a credit to sb/sth** a person or thing that you should be proud of গর্ব করার মতো লোক বা জিনিস; গৌরব *She is a credit to her school.* **7 the credits** [*pl.*] the list of the names of the people who made a film or television programme, shown at the beginning or end of the film কোনো চলচ্চিত্র বা টেলিভিশন অনুষ্ঠানের সূচনায় বা উপসংহারে অনুষ্ঠানটিতে অংশগ্রহণকারী ও নির্মাতাদের নামের তালিকা **8** [C] a part of a course at a college or university, that a student has completed successfully মহাবিদ্যালয় বা বিশ্ববিদ্যালয়ের শিক্ষার্থীর দ্বারা যে পাঠক্রম সাফল্যের সঙ্গে সম্পূর্ণ হয়েছে

IDM do sb credit (used about sb's qualities or achievements) to be so good that people should be proud of him/her (কারও গুণ অথবা সাফল্য সম্বন্ধে ব্যবহৃত) এত ভালো যে সবাই প্রশংসা করে, গর্ববোধ করে এবং কদর করে *His courage and optimism do him credit.*

(be) to sb's credit used for showing that you approve of sth that sb has done, although you have criticized him/her for sth else কোনো ব্যক্তির দ্বারা কৃত কোনো কাজের প্রতি সমর্থন দেখানোর জন্য ব্যবহৃত অভিব্যক্তিবিশেষ (যদিও পূর্বে তার অন্য কোনো কাজের সমালোচনা করা হয়েছিল) *The company, to its credit, apologized and refunded my money.*

have sth to your credit to have finished sth that is successful সফলভাবে সম্পূর্ণ করা হয়েছে এমন কিছু থাকা *He has three best-selling novels to his credit.*

credit[2] / ˈkredɪt ˈক্রেডিট্ / *verb* [T] **1** to add money to a bank account ব্যাংকে টাকা জমা দেওয়া *Has the cheque been credited to my account yet?* **2 credit sb/sth with sth; credit sth to sb/sth** to believe or say that sb/sth has a particular quality or has done something well কোনো বস্তু অথবা ব্যক্তিকে কোনো বিশেষ গুণ অথবা সাফল্যের অধিকারী বলে গণ্য করা *Of course I wouldn't do such a stupid thing—credit me with a bit more sense than that!* **3** (*especially in negative sentences and questions*) to believe sth কোনো কিছু বিশ্বাস করা *I simply cannot credit that he has made the same mistake again!*

creditable / ˈkredɪtəbl ˈক্রেডিট্যাব্‌ল্ / *adj.* of a quite good standard that cannot be criticized, though not excellent উন্নত মানের যার সমালোচনা করা যায় না (যদিও সর্বোৎকৃষ্ট নয়); সম্মানজনক, কৃতিত্বপূর্ণ

credit card *noun* [C] a small plastic card that allows sb to get goods or services without using money. You usually receive a bill once a month for what you have bought টাকার পরিবর্তে প্লাস্টিকের যে কার্ড ব্যবহার করে জিনিস কেনা বা পরিষেবা গ্রহণ করা হয়। সাধারণত মাসে একবার এই কেনাকাটার জন্য বিল আসে; ক্রেডিট কার্ড *Can I pay by credit card?* ➪ **cash card, cheque card** এবং **debit card** দেখো।

credit note *noun* [C] a letter that a shop gives you when you have returned sth and that allows you to have goods of the same value in exchange দোকানে কোনো ফেরত দেওয়া জিনিসের বিনিময়ে সমমূল্যের সামগ্রী প্রদানের প্রতিশ্রুতি-জ্ঞাপক পত্র

creditor / ˈkredɪtə(r) ˈক্রেডিট্যা(র্) / *noun* [C] a person or company from whom you have borrowed money (ব্যক্তি অথবা কোম্পানি) পাওনাদার, ঋণদাতা, উত্তমর্ণ

creed / kri:d ক্রীড় / *noun* [C] a set of beliefs or principles (especially religious ones) that strongly influence sb's life একগুচ্ছ নীতি অথবা বিশ্বাস (বিশেষত ধর্মীয়) যা কোনো ব্যক্তির জীবনকে প্রবলভাবে প্রভাবিত করে

creek / kri:k ক্রীক্ / *noun* [C] **1** a narrow piece of water where the sea flows into the land সমুদ্র থেকে বেরিয়ে আসা ছোটো খাঁড়ি **2** a small river; a stream ছোটো নদী; ঝোরা

creep[1] / kri:p ক্রীপ্ / *verb* [I] (*pt, pp* **crept** /krept ক্রেপ্ট্ /) **1** to move very quietly and carefully so that nobody will notice you ধীরে, নিঃশব্দে, অন্যের নজর এড়িয়ে চলা *She crept into the room so as not to wake him up.* **2** to move forward slowly মন্থরগতিতে সামনের দিকে এগোনো *The traffic was only creeping along.*

IDM make your flesh creep ➪ **flesh** দেখো।

creep in to begin to appear আরম্ভ হওয়া, প্রকাশিত হওয়া, দৃশ্যমান হওয়া *All sorts of changes are beginning to creep into the education system.*

creep[2] / kri:p ক্রীপ্ / *noun* [C] (*informal*) a person that you do not like because he/she tries too hard to be liked by people in authority কর্তৃপক্ষের সুনজরে থাকার জন্য প্রবল চেষ্টা করে বলে অন্যের কাছে অপ্রিয় যে ব্যক্তি

IDM give sb the creeps (*informal*) to make sb feel frightened or nervous কোনো ব্যক্তিকে শঙ্কিত এবং বিচলিত করা

creeper / ˈkriːpə(r) ˈক্রীপ্যা(র্) / *noun* [C] a plant that grows up trees or walls or along the ground লতা, লতানো গাছ, ব্রততী, বল্লরী

creepy / ˈkriːpi ˈক্রীপি / *adj.* (*informal*) that makes you feel nervous or frightened যা আতঙ্কিত বা বিচলিত করে

cremate / krəˈmeɪt ক্র্যাˈমেইট্ / *verb* [T] to burn the body of a dead person as part of a funeral service সৎকার করা, দাহ করা, মড়া পোড়ানো ▶ **cremation** / krəˈmeɪʃn ক্র্যাˈমেইশ্ন্ / *noun* [C, U] শবদাহ, সৎকার ➪ **funeral** দেখো।

crematorium / ˌkreməˈtɔːriəm ˌক্রেম্যাˈট:রিঅ্যাম্ / *noun* [C] a building in which the bodies of dead people are burned শবদাহগৃহ অথবা স্থান; শ্মশান

creosote / ˈkriːəsəʊt ˈক্রীঅ্যাস্যাউট্ / *noun* [U] a thick brown liquid that is painted onto wood to protect it from rain, etc. বৃষ্টি ইত্যাদি থেকে কাঠ সংরক্ষণের জন্য গাঢ় তামাটে রঙের যে তরল পদার্থ ব্যবহৃত হয় ▶ **creosote** *verb* [T] কাঠে এই প্রকারের প্রলেপ লাগানো

crêpe (*also* **crepe**) / ˈkreɪp ˈক্রেইপ্ / *noun* **1** [U] a light thin material, made especially from cotton or another natural material (**silk**), with a surface that is covered in lines as if it has been folded রেশম এবং সুতির মিশ্রণে তৈরি ভাঁজপূর্ণ অথবা কোঁচকানো হালকা এবং পাতলা কাপড়; ক্রেপ *a crêpe bandage* **2** [U] a type of strong rubber with a rough surface, used for making the bottoms of shoes জুতোর তলায় লাগানোর জন্য ব্যবহৃত একপ্রকার শক্ত টেকসই রবার যার উপরিতল অমসৃণ *crêpe-soled shoes* **3** [C] a very thin type of round cake (**pancake**) পাতলা গোল একধরনের কেক (প্যানকেক)

crept ➪ **creep**[1]-এর past tense এবং past participle

crescendo / krəˈʃendəʊ ক্র্যাˈশেন্ড্যাউ / *noun* [C, U] (*pl.* **crescendos**) a noise or piece of music that gets louder and louder (সংগীত অথবা আওয়াজ) ক্রমশ উচ্চস্বরে, তীব্রতার ক্রমবৃদ্ধি; ঊর্ধ্বারোহণ, অধিরোহণ ✪ বিপ **diminuendo**

crescent / ˈkresnt ˈক্রেস্ন্ট্ / *noun* [C] **1** a curved shape that is pointed at both ends, like the moon in its first and last stages চাঁদের ফালির মতো বা কাস্তের মতো আকৃতির চন্দ্ররেখা; শুক্লপক্ষের প্রথমাংশের বা কৃষ্ণপক্ষের শেষাংশের ক্ষীণচন্দ্রের মতো আকার ➪ **shape**-এ ছবি দেখো। **2** a street that is curved চন্দ্ররেখাকৃতি রাস্তা

cress / kres ক্রেস্ / *noun* [U] a small plant with very small green leaves that does not need to be cooked and is eaten raw in salads and sandwiches খুব ছোটো সবুজ পাতাযুক্ত উদ্ভিদ যার পাতা কাঁচা অবস্থায় স্যালাড অথবা স্যান্ডউইচে খাওয়া যায়

crest / krest ক্রেস্ট্ / *noun* [C] **1** a group of feathers on the top of a bird's head পাখির মাথার ঝুঁটি **2** a design used as the symbol of a particular family, organization, etc., especially one that has a long history বিশেষত দীর্ঘ ইতিহাস-সম্পন্ন কোনো নির্দিষ্ট পরিবার প্রতিষ্ঠান ইত্যাদির পরিচয়-জ্ঞাপক কোনো চিহ্ন *the family/school crest* **3** the top part of a hill or wave পাহাড় অথবা ঢেউয়ের চূড়া অথবা শীর্ষস্থান; পর্বতচূড়া, তরঙ্গশীর্ষ *surfers riding the crest of the wave* ➪ **wave**-এ ছবি দেখো।

crestfallen / ˈkrestfɔːlən ˈক্রেস্ট্ফ:ল্যান্ / *adj.* sad or disappointed দুঃখিত, হতাশ, বিমর্ষ

crevasse / krəˈvæs ক্র্যাˈভ্যাস্ / *noun* [C] a deep crack in a very thick layer of ice হিমবাহের বরফে গভীর ফাটল; হিমদরী

crevice / ˈkrevɪs ˈক্রেভিস্ / *noun* [C] a narrow crack in a rock, wall, etc. দেয়াল, পাথর ইত্যাদিতে ফাটল, চিড়, ফাট

crew / kruː ক্রূ / *noun* [C, *with sing. or pl. verb*] **1** all the people who work on a ship, aircraft, etc. জাহাজ, বিমানপোত ইত্যাদির কর্মীবৃন্দ **2** a group of people who work together একত্রে কর্মরত কর্মীদল *a camera crew* (= people who film things for television, etc.)

crew cut *noun* [C] a very short style of hair for men পুরুষদের খুব ছোটো করে ছাঁটা চুল অথবা কেশবিন্যাস

crib[1] / krɪb ক্রিব্ /(*AmE*) = **cot**

crib[2] / krɪb ক্রিব্ / *verb* [I, T] (**cribbing; cribbed**) **crib** (**sth**) (**from/off sb**) to copy sb else's work and pretend it is your own অন্যের কাজ নকল করে নিজের বলে চালানো; কুম্ভিলকবৃত্তি

crick / krɪk ক্রিক / *noun* [*sing.*] a pain in your neck, back, etc. that makes it difficult for you to move easily গলা, পিঠ ইত্যাদিতে ব্যথা হওয়া যার ফলে নড়াচড়া করা কষ্টকর হয়ে পড়ে, ফিক ব্যথা; শটকা ▶ **crick** *verb* [T] ফিক ব্যথা হওয়া *I've cricked my neck.*

cricket / ˈkrɪkɪt ˈক্রিকিট্ / *noun* **1** [U] a game that is played with a bat and ball on a large area of grass by two teams of eleven players (মাঠে) ব্যাট এবং বল নিয়ে দুই দলের মধ্যে খেলা হয় এবং প্রতি দলে এগারোজন করে খেলোয়াড় থাকে; ক্রিকেট **2** [C] an insect that makes a loud noise by rubbing its wings together ঝিঁঝি পোকা; ঝিল্লি

cricketer / ˈkrɪkɪtə(r) ˈক্রিকিট্যা(র্) / *noun* [C] a person who plays cricket যে ক্রিকেট খেলে, ক্রিকেট খেলোয়াড়; ক্রিকেটার

crime / kraɪm ক্রাইম্ / *noun* **1** [C] something which is illegal and which people are punished for, for example, by being sent to prison দণ্ডনীয় অপরাধ, (কারাবাসের যোগ্য) অবৈধ কাজ *to **commit a crime*** **2** [U] illegal behaviour or activities অন্যায় অপরাধমূলক কাজ, আচরণ অথবা কার্যকলাপ *There has been an increase in car crime recently.* ○ *to fight crime* **3** (*usually* **a crime**) [*sing.*] something that is morally wrong নৈতিক অপরাধ অথবা অন্যায় *It is a crime to waste food when people are starving.*

crime wave *noun* [*sing.*] a sudden increase in the number of crimes that are committed হঠাৎ অপরাধমূলক কাজকর্মের বৃদ্ধি

criminal¹ / ˈkrɪmɪnl ˈক্রিমিনল্ / *noun* [C] a person who has done something illegal অপরাধী

criminal² / ˈkrɪmɪnl ˈক্রিমিনল্ / *adj.* **1** (*only before a noun*) connected with crime অপরাধ সংক্রান্ত, অপরাধ সম্পর্কিত; অপরাধমূলক *Deliberate damage to public property is a **criminal offence**.* ○ *criminal law* **2** morally wrong নৈতিক অন্যায় *a criminal waste of taxpayers' money*

criminally / ˈkrɪmɪnəli ˈক্রিমিন্যালি / *adv.* according to the laws that deal with crime ফৌজদারি বিধি অনুযায়ী *criminally insane*

criminology / ˌkrɪmɪˈnɒlədʒi ˌক্রিমিˈনল্যাজি / *noun* [U] the scientific study of crimes and criminals অপরাধতত্ত্ববিদ্যা ▶ **criminologist** / -dʒɪst -জিস্ট্ / *noun* [C] অপরাধবিজ্ঞানী, অপরাধতত্ত্ববিদ ▶ **criminological** / ˌkrɪmɪnəˈlɒdʒɪkl ˌক্রিমিন্যাˈলজিক্ল্ / *adj.* অপরাধবিজ্ঞান বিষয়ক

crimson / ˈkrɪmzn ˈক্রিম্‌জ্‌ন্ / *adj., noun* [U] (of) a dark red colour গাঢ় লাল রঙের; আরক্তবর্ণ, ঘনারুণ

cringe / krɪndʒ ক্রিন্জ্ / *verb* [I] **1** to feel embarrassed অস্বস্তিতে পড়া, অপ্রস্তুত হওয়া, লজ্জা পাওয়া *awful family photographs which **make** you **cringe*** **2** to move away from sb/sth because you are frightened কোনো ব্যক্তি বা বস্তুর থেকে ভয় পেয়ে পিছিয়ে যাওয়া *The dog cringed in terror when the man raised his arm.*

crinkle / ˈkrɪŋkl ˈক্রিংক্ল্ / *verb* [I, T] **crinkle (sth) (up)** to have, or to make sth have, thin folds or lines in it কুঞ্চিত করা বা হওয়া, কুঁচকে যাওয়া বা কোঁচকানো *He crinkled the silver paper up into a ball.* ▶ **crinkly** / ˈkrɪŋkli ˈক্রিংক্লি / *adj.* কোঁচকানো, কুঞ্চিত, ঢেউ খেলানো *crinkly material*

cripple / ˈkrɪpl ˈক্রিপ্ল্ / *verb* [T] (*usually passive*) **1** to damage sb's body so that he/she is no longer able to walk or move normally কোনো ব্যক্তির শরীর পঙ্গু বা বিকল হয়ে পড়া যার জন্য সে ঠিকভাবে হাঁটতে বা নড়তে চড়তে পারে না *to be crippled with arthritis* **2** to seriously damage or harm sb/sth গুরুতরভাবে কোনো ব্যক্তি অথবা বস্তুকে ক্ষতিগ্রস্ত বা জখম করে দেওয়া *The recession has crippled the motor industry.* ▶ **crippling** *adj.* পঙ্গু করে দিয়েছে বা ক্ষতিগ্রস্ত করেছে এমন *They had crippling debts and had to sell their house.*

crisis / ˈkraɪsɪs ˈক্রাইসিস্ / *noun* [C, U] (*pl.* **crises** / -siːz -সীজ্ /) a time of great danger or difficulty; the moment when things change and either improve or get worse সংকটকাল, বিপদকাল, সংকটমুহূর্ত; উন্নতি অথবা অবনতি হতে পারে এমন পরিবর্তনকাল অথবা মুহূর্ত *the international crisis caused by the invasion* ○ *a friend you can rely on in times of crisis*

crisp¹ / krɪsp ক্রিস্প্ / *adj.* **1** pleasantly hard and dry মুচমুচে, মুড়মুড়ে, খাস্তা *Store the biscuits in a tin to keep them crisp.* **2** firm and fresh or new নিরেট, তাজা এবং নতুন *a crisp salad/apple* ○ *a crisp cotton dress* **3** (used about the air or weather) cold and dry (বাতাস বা আবহাওয়া সম্বন্ধে ব্যবহৃত) শীতল এবং শুকনো *a crisp winter morning* **4** (used about the way sb speaks) quick, clear but not very friendly (কোনো ব্যক্তির বাচনভঙ্গি সম্বন্ধে ব্যবহৃত) স্পষ্ট, চটপটে কিন্তু বন্ধুভাবাপন্ন নয় *a crisp reply* ▶ **crisply** *adv.* চটপট এবং রুক্ষভাবে *'I disagree,' she said crisply.* ▶ **crispy** *adj.* (*informal*) = **crisp¹ 1, 2**

crisp² / krɪsp ক্রিস্প্ / (*AmE* **chip; potato chip**) *noun* [C] a very thin piece of potato that is fried in oil, dried and then sold in packets. Crisps usually have salt or another flavouring on them লবণ অথবা অন্য কোনো স্বাদগন্ধযুক্ত শুকোনো আলুভাজা যা প্যাকেটে বিক্রিত হয় *a packet of crisps*

criss-cross / ˈkrɪskrɒs ˈক্রিস্‌ক্রস্ / *adj.* (*only before a noun*) with many straight lines that cross over each other একটি অপরটির উপর দিয়ে আড়াআড়িভাবে অবস্থিত এমন দাগ অথবা রেখাসমূহ; পরস্পর ছেদনকারী রেখাসমেত *a criss-cross pattern* ▶ **criss-cross** *verb* [I, T] ক্রুশাকারে থাকা *Many footpaths crisscross the countryside.*

criterion / kraɪˈtɪəriən ক্রাইˈটিঅ্যারিঅ্যান্ / *noun* [C] (*pl.* **criteria** /-riə -রিঅ্যা /) the standard that you use when you make a decision or form an opinion about sb/sth কোনো ব্যক্তি বা বস্তুকে বিচারের মান বা নীতি; নির্ণায়ক, মানদণ্ড, মাপকাঠি, নিকষ *What are the criteria for deciding who gets a place on the course?*

critic / ˈkrɪtɪk ˈক্রিটিক্ / *noun* [C] **1** a person who says what is bad or wrong with sb/sth কোনো

ব্যক্তি বা বস্তুর ভালোমন্দ বিচার করে যে ব্যক্তি; খুঁতসন্ধানী, নিন্দুক, দোষদর্শী *He is a long-standing critic of the council's transport policy.* **2** a person whose job is to give his/her opinion about a play, film, book, work of art, etc. সাহিত্য, শিল্পকলা, চলচ্চিত্র, নাটক ইত্যাদির সমালোচনা করা যার পেশা; সমালোচক *a film/restaurant/art critic*

critical / ˈkrɪtɪkl ˈক্রিটিক্‌ল্ / *adj.* **1 critical (of sb/sth)** saying what is wrong with sb/sth (কোনো ব্যক্তি বা বস্তুর প্রতি) সমালোচনামূলক; দোষদর্শী *The report was very critical of safety standards on the railways.* **2** (*only before a noun*) describing the good and bad points of a play, film, book, work of art, etc. নাটক, চলচ্চিত্র, বই, শিল্পকলা ইত্যাদির ভালো এবং মন্দ দিকগুলি সম্বন্ধে বর্ণনা *a critical guide to this month's new films* **3** dangerous or serious গুরুগম্ভীর, বিপজ্জনক, গুরুতর *The patient is **in a critical condition**.* **4** very important; at a time when things can suddenly become better or worse অত্যন্ত গুরুত্বপূর্ণ; হঠাৎ যখন পরিস্থিতি আরও ভালো বা আরও খারাপ হয়ে যায়, সংকটজনক অনিশ্চয়তার পরিস্থিতি *The talks between the two leaders have **reached a critical stage**.* ▶ **critically** / -kli -ক্‌লি / *adv.* সংকটপূর্ণভাবে, গুরুতরভাবে *a critically ill patient* ○ *a critically important decision*

criticism / ˈkrɪtɪsɪzəm ˈক্রিটিসিজ্‌ম্ / *noun* **1** [C, U] (an expression of) what you think is bad about sb/sth কোনো ব্যক্তি বা বস্তু সম্পর্কে নিন্দামূলক সমালোচনার অভিব্যক্তিবিশেষ; নিন্দা *The council has **come in for** severe **criticism** over the plans.* **2** [U] the act of describing the good and bad points of a play, film, book, work of art, etc. (নাটক, চলচ্চিত্র, বই, শিল্প প্রভৃতির) ভালো মন্দ দুই দিক বর্ণনা করার ক্রিয়া; মূল্য নিরূপণ করা বা সমালোচনা করার ক্রিয়া *literary criticism*

criticize (*also* **-ise**) / ˈkrɪtɪsaɪz ˈক্রিটিসাইজ্ / *verb* [I, T] **criticize (sb/sth) (for sth)** to say what is bad or wrong with sb/sth কোনো ব্যক্তি বা বস্তুর মন্দ বা খারাপ দিক সম্বন্ধে বলা *The doctor was criticized for not sending the patient to the hospital.*

critique / krɪˈtiːk ক্রিˈটীক্ / *noun* [C] a piece of writing that describes the good and bad points of sb/sth কোনো ব্যক্তি বা বস্তু সম্পর্কে সমালোচনামূলক প্রবন্ধ; পর্যালোচনা, সমীক্ষা

croak / krəʊk ক্র্যাউক্ / *verb* [I] to make a harsh low noise like a particular animal (**a frog**) ব্যাঙের ডাকের মতো নিম্নস্বরে কর্কশ আওয়াজ করা ▶ **croak** *noun* [C] কর্কশ ডাক

crochet / ˈkrəʊʃeɪ ˈক্র্যাউশেই / *noun* [U] a way of making clothes, cloth, etc. by using wool or cotton and a needle with a hook at one end কুরুশ এবং উল অথবা সুতো দিয়ে বস্ত্র অথবা কাপড় বোনার পদ্ধতি; কুরুশ শিল্প ▶ **crochet** *verb* [I, T] (*pt, pp* **crocheted** / -ʃeɪd -শেইড্ /) কুরুশ দিয়ে বোনা ➪ **knit** দেখো।

crockery / ˈkrɒkəri ˈক্রক্যারি / *noun* [U] cups, plates and dishes পেয়ালা, প্লেট এবং থালা ইত্যাদি; বাসনকোসন, বাসনপত্র

crocodile / ˈkrɒkədaɪl ˈক্রক্যাডাইল্ / *noun* [C] a large reptile with a long tail and a big mouth with sharp teeth. Crocodiles live in rivers and lakes in hot countries (গ্রীষ্মপ্রধান দেশের নদী এবং হ্রদে প্রাপ্ত) কুমির; কুম্ভীর, ঘড়িয়াল ➪ **alligator** দেখো।

crocus / ˈkrəʊkəs ˈক্র্যাউক্যাস্ / *noun* [C] a small yellow, purple or white flower that grows in early spring বসন্তের সূচনায় প্রস্ফুটিত হয় এমন একধরনের সাদা, বেগুনি বা হলুদ রঙের ছোটো ছোটো ফুল

croissant / ˈkrwæsɒ ˈক্রুঅ্যাসঁ/ *noun* [C] a type of bread roll, shaped in a curve, that is often eaten with butter for breakfast প্রাতরাশে মাখনের সঙ্গে খাওয়া যায় এমন একপ্রকার চন্দ্রাকার ব্রেড রোল অথবা পাকানো পাউরুটি; ক্রশেঁ

crony / ˈkrəʊni ˈক্র্যাউনি / *noun* [C] (*pl.* **cronies**) (*informal*) (often used in a critical way) a friend (প্রায়ই সমালোচনামূলকভাবে ব্যবহৃত) বন্ধু, প্রাণের বন্ধু, ইয়ার, অন্তরঙ্গ দোস্ত

crook / krʊk ক্রুক / *noun* [C] **1** (*informal*) a dishonest person; a criminal অসাধু, অসৎ ব্যক্তি; অপরাধী **2** a bend or curve in sth (কোনো বস্তুতে) বাঁক *the crook of your arm* (= the inside of your elbow)

crooked / ˈkrʊkɪd ˈক্রুকিড্ / *adj.* **1** not straight or even বাঁকা, এবড়োখেবড়ো, অসমতল, উচ্চাবচ *That picture is crooked.* ○ *crooked teeth* **2** (*informal*) not honest অসাধু, কুটিল *a crooked accountant*

crop¹ / krɒp ক্রপ্ / *noun* **1** [C] all the grain, fruit, vegetables, etc. of one type that a farmer grows at one time কোনো এক ধরনের শস্যদানা, ফল, সবজি ইত্যাদির একবারের (কৃষকের দ্বারা উৎপন্ন) ফলন; ফসল, শস্য *a crop of apples* **2** [C, *usually pl.*] plants that are grown on farms for food খাদ্যশস্য *Rice and soya beans are the main crops here.* **3** [*sing.*] a number of people or things which have appeared at the same time একই সময়ে আবির্ভূত অথবা উপস্থিত ব্যক্তি অথবা বস্তুসমূহ *the recent crop of movies about aliens*

crop² / krɒp ক্রপ্ / *verb* (**cropping; cropped**) **1** [T] to cut sth very short কোনো কিছু কেটে অথবা ছেঁটে ছোটো করে ফেলা *cropped hair* **2** [I] to produce a **crop¹1** ফসল উৎপন্ন করা

IDM **crop up** to appear suddenly, when you are not expecting it অপ্রত্যাশিতভাবে হঠাৎ দৃষ্টিগোচর হওয়া *We should have finished this work yesterday but some problems cropped up.*

cropper / ˈkrɒpə(r) ˈক্রপ্যা(র্) / *noun*

IDM **come a cropper** (*informal*) **1** to fall over or have an accident পড়ে যাওয়া অথবা দুর্ঘটনা ঘটা **2** to fail অকৃতকার্য হওয়া, অসফল হওয়া, ব্যর্থ বা বিফল হওয়া

croquet / ˈkrəʊkeɪ ˈক্র্যাউকেই / *noun* [U] a game that you play on grass. When you play croquet you use long wooden hammers (**mallets**) to hit balls through metal arches (**hoops**) ঘাসের উপরে বা মাঠে খেলা হয় একধরনের খেলা যাতে লম্বা কাঠের লাঠির সাহায্যে বল মেরে ধাতব খিলানের মধ্যে দিয়ে গলাতে হয়; ক্রোকে

crore / krɔ:(r) ক্র:(র্) / *noun* ten million; one hundred lakhs দশ মিলিয়ন; এক কোটি

cross[1] / krɒs ক্রস্ / *noun* [C] **1** a mark that you make by drawing one line across another (×). The sign is used for showing the position of sth, for showing that sth is not correct, etc. একটি রেখা দিয়ে অন্য রেখার উপর কেটে দেওয়া চিহ্ন। কোনো বস্তু সঠিক নয় অথবা কোনো বস্তুর অবস্থান দেখানোর জন্য এই চিহ্ন ব্যবহৃত হয় *I drew a cross on the map to show where our house is.* ○ *An incorrect answer is marked with a cross.* **2** (*also* **the Cross**) the two pieces of wood in the shape of a cross on which people were killed as a punishment in former times, or something in this shape (†) that is used as a symbol of the Christian religion ক্রুশের আকারে দুটি কাষ্ঠখণ্ড যাতে অতীতে মানুষকে শাস্তি দেওয়ার জন্য হত্যা করা হত, এই আকৃতিবিশিষ্ট কোনো কিছু যা খ্রিস্টধর্মের প্রতীক হিসেবে ব্যবহার করা হয়; ক্রুশ *She wore a gold cross round her neck.* ➪ **crucifix** দেখো। **3** [*usually sing.*] **a cross (between A and B)** something (especially a plant or an animal) that is a mixture of two different types of thing বর্ণসংকর প্রাণী বা উদ্ভিদ *a fruit which is a cross between a peach and an apple* **4** (in sports such as football) a kick or hit of the ball that goes across the front of the goal (ফুটবল ইত্যাদি খেলায়) বলকে এমনভাবে লাথি মারা যে তা গোলের সামনে দিয়ে একদিকে থেকে অন্য দিকে চলে যায়

IDM **noughts and crosses** ➪ **nought** দেখো।

cross[2] / krɒs ক্রস্ / *verb* **1** [I, T] **cross (over) (from sth/to sth)** to go from one side of sth to the other কোনো বস্তুর একদিক থেকে আর একদিকে যাওয়া, অতিক্রম করে যাওয়া, পার হওয়া *to cross the road* ○ *Which of the runners crossed the finishing line first?* **2** [I] (used about lines, roads, etc.) to pass across each other (রেখা, রাস্তা ইত্যাদি সম্বন্ধে ব্যবহৃত) একটার উপর দিয়ে আর একটা চলে যাওয়া, আড়াআড়িভাবে চলে যাওয়া *The two roads cross just north of the village.* **3** [T] to put sth across or over sth else একটি বস্তুর উপরে অন্য কোনো বস্তু আড়াআড়িভাবে রাখা *to cross your arms* **4** [T] to make sb angry by refusing to do what he/she wants you to do কোনো ব্যক্তির কথা বা অনুরোধ প্রত্যাখ্যান করে তাকে রাগানো *He's an important man. It could be dangerous to cross him.* **5** [T] **cross sth with sth** to produce a new type of plant or animal by mixing two different types সংকর প্রাণী বা উদ্ভিদ উৎপন্ন করা *If you cross a horse with a donkey, you get a mule.* **6** [I, T] (in sports such as football and hockey) to pass the ball across the front of the goal (ফুটবল এবং হকি খেলায়) গোলের সামনে দিয়ে বল এক প্রান্ত থেকে অন্য প্রান্তে পাঠানো

IDM **cross my heart (and hope to die)** (*spoken*) used for emphasizing that what you are saying is true নিজের কথার সত্যতার উপর গুরুত্ব অথবা জোর দেওয়ার জন্য ব্যবহৃত অভিব্যক্তিবিশেষ

cross your fingers; keep your fingers crossed ➪ **finger**[1] দেখো।

cross your mind (used about a thought, idea, etc.) to come into your mind (কোনো চিন্তা, ধারণা ইত্যাদি সম্বন্ধে ব্যবহৃত) হঠাৎ মনে আসা *It never once crossed my mind that she was lying.*

cross sth off (sth) to remove sth from a list, etc. by drawing a line through it তালিকা ইত্যাদি থেকে (দাগ) কেটে বাদ দেওয়া, বাতিল করা *Cross Patel's name off the guest list—he can't come.*

cross sth out to draw a line through sth that you have written because you have made a mistake, etc. লেখায় কোনো ভুল ইত্যাদি দাগ কেটে বাদ দেওয়া

cross[3] / krɒs ক্রস্ / *adj.* (*informal*) **cross (with sb) (about sth)** angry or annoyed বিরক্ত অথবা ক্রোধিত *I was really cross with her for leaving me with all the work.* **NOTE** **Cross** শব্দটির তুলনায় কম আলংকারিক শব্দ হল **angry**। ▸ **crossly** *adv.* রাগতভাবে, বিরক্তভাবে *'Be quiet,' Dad said crossly.*

crossbar / ˈkrɒsbɑ:(r) ˈক্রস্‌বা:(র্) / *noun* [C] **1** the piece of wood over the top of a goal in football, etc. ফুটবল ইত্যাদি খেলায় গোলের উপর দিয়ে আড়াআড়িভাবে স্থাপিত কাঠের দণ্ড; ক্রসবার **2** the metal bar that joins the front and back of a bicycle যে ধাতুদণ্ডের সাহায্যে সাইকেলের সম্মুখ ও পশ্চাৎভাগ জোড়া থাকে ➪ **bicycle**-এ ছবি দেখো।

cross-breed[1] *verb* [I, T] (*pt, pp* **cross-bred**) to make an animal or a plant breed with a different type of animal or plant; to breed with an animal or plant of a different type কোনো প্রাণী বা উদ্ভিদের সঙ্গে ভিন্ন কোনো প্রাণী অথবা উদ্ভিদের মিলন ঘটিয়ে নতুন কোনো প্রাণী অথবা উদ্ভিদ বানানো, সংকর প্রজনন করা *a cross-bred puppy* ▶ **cross-breeding** *noun* [U] সংকর প্রজনন

cross-breed² *noun* [C] an animal or a plant that has been produced by breeding two different types of animal or plant দুটি ভিন্ন ধরনের প্রাণী বা উদ্ভিদের প্রজননের ফলে জাত প্রাণী বা উদ্ভিদ; সংকর প্রাণী বা উদ্ভিদ

cross-check *verb* [T] **cross-check sth** (**against sth**) to make sure that information, figures, etc. are correct by using a different method or system to check them তথ্য, সংখ্যা ইত্যাদির সঠিকতা অন্য ধরনের পদ্ধতি বা প্রক্রিয়ার সাহায্যে মিলিয়ে দেখা, প্রতি-পরীক্ষা করা *Cross-check your measurements against those suggested in the manual.*

cross-country *adj., adv.* across fields and natural land; not using roads or tracks মাঠ, জমি ইত্যাদির মধ্যে দিয়ে; রাস্তা অথবা পথ ব্যবহার না করে *We walked about 10 kilometres cross-country before we saw a village.*

cross-examine *verb* [T] to ask sb questions in a court of law, etc. in order to find out the truth about sth সত্যতা জানার জন্য কোনো ব্যক্তিকে আদালত ইত্যাদিতে জেরা করা ▶ **cross-examination** *noun* [C, U] জেরা, প্রতি-পরীক্ষা

cross-eyed *adj.* having one or both your eyes looking towards your nose বঙ্কিমনয়ন, টেরা

cross-fertilize (*also* **-ise**) *verb* [T] to make a plant develop and grow fruit or seeds using a type of powder (**pollen**) from a different kind of plant অন্য উদ্ভিদের পরাগরেণু ব্যবহার করে কোনো উদ্ভিদের বিকাশ ঘটানো এবং ফল অথবা বীজ উৎপন্ন করা, সংকর প্রজনন করা ▶ **cross-fertilization** (*also* **-isation**) *noun* [U, *sing.*] সংকর প্রজনন

crossfire / ˈkrɒsfaɪə(r) ˈক্রস্‌ফাইঅ্যা(র্) / *noun* [U] a situation in which guns are being fired from two or more different directions যে পরিস্থিতিতে দুই বা ততোধিক স্থান থেকে গুলি বিনিময় হয় *The journalist was killed in crossfire.* ○ (*figurative*) *When my cousins argued, I sometimes got* ***caught in the crossfire****.*

crossing / ˈkrɒsɪŋ ˈক্রসিং / *noun* [C] **1** a place where you can cross over sth যে স্থান কোনো কিছু পার হওয়ার জন্য নির্দিষ্ট; পারাপার পথ *You should cross the road at the pedestrian crossing.* ○ *a border crossing* **2** (*BrE* **level crossing**) a place where a road and a railway line cross each other রেলপথ এবং সাধারণ রাস্তা যেখানে একে অপরকে অতিক্রম করে; লেভেল ক্রসিং **3** a journey from one side of a sea or river to the other নদী বা সাগরের একপাড় থেকে অন্যপাড়ে যাত্রা *We had a rough crossing.*

cross-legged / ˌkrɒsˈlegd ˌক্রস্ˈলেগ্‌ড্ / *adj., adv.* sitting on the floor with your legs pulled up in front of you and with one leg or foot over the other এক পায়ের উপর অন্য পা দিয়ে মাটিতে বসার ভঙ্গি, বাবু হয়ে বসার ভঙ্গি *to sit cross-legged*

cross purposes *noun*

IDM at cross purposes if two people are at cross purposes, they do not understand each other because they are talking about different things without realizing it (দুজন ব্যক্তি সম্বন্ধে ব্যবহৃত) উপলব্ধি না করে পরস্পর সম্পূর্ণ ভিন্ন বিষয়ে কথা বলার কারণে ভুল বোঝাবুঝির শিকার

cross-reference *noun* [C] a note in a book that tells you to look in another place in the book for more information বইয়ের মধ্যে কোনো নোট যেটি অতিরিক্ত তথ্য প্রদানের উদ্দেশ্যে বইয়ের এক অংশের সঙ্গে অন্য অংশের প্রসঙ্গ বা সম্বন্ধ নির্দেশ করে

crossroads / ˈkrɒsrəʊdz ˈক্রস্‌র্যাউড্‌জ্ / *noun* [C] (*pl.* **crossroads**) a place where two or more roads cross each other দুই বা তার অধিক রাস্তার সংযোগস্থল; চৌরাস্তা *When you come to the next crossroads turn right.*

IDM at a/the crossroads at an important time in sb's life or an important point in development কোনো ব্যক্তির জীবনের গুরুত্বপূর্ণ সময়ে অথবা বিকাশের গুরুত্বপূর্ণ দিকে

cross-section *noun* [C] **1** a picture of what the inside of sth would look like if you cut through it কোনো বস্তুর ভিতরের আড়াআড়িভাবে কাটা অংশের ছবি; প্রস্থচ্ছেদ *a cross-section of the human brain* ➪ **flower**-এ ছবি দেখো। **2** a number of people, etc. that come from the different parts of a group, and so can be considered to represent the whole group সমাজের বিভিন্ন স্তরের অথবা শ্রেণির প্রতিনিধিস্থানীয় ব্যক্তিবর্গ *The families we studied were chosen to represent a cross-section of society.* ▶ **cross-sectional** *adj.* প্রতিনিধি শ্রেণি সম্বন্ধীয়

crosswalk / ˈkrɒswɔːk ˈক্রস্‌উঅ:ক্ / = **pedestrian crossing**

crosswind / ˈkrɒswɪnd ˈক্রস্‌উইন্‌ড্ / *noun* [C] a wind that is blowing across the direction that you are moving in গতিমুখের বিপরীতদিকে প্রবাহিত বাতাস

crossword / ˈkrɒswɜːd ˈক্রস্‌উঅ্যড় / (*also* **crossword puzzle**) *noun* [C] a word game in which you have to write the answers to questions (**clues**) in square spaces, which are arranged in a pattern শব্দ হেঁয়ালি, শব্দের ধাঁধাঁ; ক্রসওয়ার্ড *Every morning I try to* ***do the crossword*** *in the newspaper.*

crotch / krɒtʃ ক্রচ্ / (*also* **crutch**) *noun* [C] the place where your legs, or a pair of trousers, join at the top শরীরের যে অংশে পাদুটি অথবা পাতলুন জোড়া থাকে; উরুসন্ধি

crouch / kraʊtʃ ক্রাউচ্ / *verb* [I] **crouch (down)** to bend your legs and body so that you are close to the ground পা মুড়ে গুটিসুটি হয়ে বসা *He crouched down behind the sofa.*

crow[1] / krəʊ ক্র্যাউ / *noun* [C] a large black bird that makes a loud noise কাক, বায়স

IDM as the crow flies (used for describing distances) in a straight line (দূরত্ব বোঝাতে ব্যবহৃত) একেবারে সোজা পথে, সরলরেখা পথে, নাক বরাবর *It's a kilometre as the crow flies but three kilometres by road.*

crow[2] / krəʊ ক্র্যাউ / *verb* [I] **1** to make a loud noise like a male chicken (**cock**) makes (মোরগের ডাক) ডাকা **2** (*informal*) to speak very proudly about sth; to boast দম্ভ অথবা গর্ব করে কিছু বলা; জাঁক অথবা দেমাক দেখানো

crowbar / ˈkrəʊbɑː(r) ˈক্র্যাউবা:(র্) / *noun* [C] a long iron bar that is used for forcing sth open কোনো বস্তু বলপূর্বক খোলার জন্য ব্যবহৃত লম্বা লৌহদণ্ড; শাবল

crowd[1] / kraʊd ক্রাউড্ / *noun* **1** [C, *with sing. or pl. verb*] a large number of people in one place ভিড়, অসংগঠিত জনতা *The crowd was/were extremely noisy.* ○ *He pushed his way through the crowd.* **2 the crowd** [*sing.*] ordinary people সাধারণ মানুষজন অথবা জনসাধারণ *He wears weird clothes because he wants to* ***stand out from the crowd.*** **3** [C, *with sing. or pl. verb*] (*informal*) a group of people who know each other পরিচিতের (বন্ধু বান্ধবের) দল *Jagat, Lata and Sonam will be there—all the usual crowd.*

crowd[2] / kraʊd ক্রাউড্ / *verb* **1** [I] **crowd around/round (sb)** (used about a lot of people) to stand in a large group around sb/sth (বহুল সংখ্যক মানুষ সম্বন্ধে ব্যবহৃত) কোনো ব্যক্তি বা বস্তুর চারিপাশে জমায়েত হওয়া; ভিড় করা *Fans crowded round the singer hoping to get his autograph.* **2** [T] (used about a lot of people) to fill an area (বহুল সংখ্যক মানুষ সম্বন্ধে ব্যবহৃত) কোনো স্থানে ভিড় করা *Groups of tourists crowded the main streets.* ○ (*figurative*) *Memories crowded her mind.*

PHR V crowd into sth; crowd in to go into a small place and make it very full কোনো ছোটো সংকীর্ণ স্থানে গাদাগাদি করে ভর্তি করা বা হওয়া *Somehow we all crowded into their small living room.*

crowd sb/sth into sth; crowd sb/sth in to put a lot of people into a small place কোনো ছোটো জায়গায় অনেককে ভরে দেওয়া *Ten prisoners were crowded into one small cell.*

crowd sth out; crowd sb out (of sth) to completely fill a place so that nobody else can enter কোনো স্থানকে এতটাই ভরে দেওয়া যে অন্য কোনো ব্যক্তি না ঢুকতে পারে; তিলধারণের স্থান না থাকা *Students crowd out the cafe at lunchtimes.* ○ *Smaller companies are being crowded out of the market.*

crowded / ˈkraʊdɪd ˈক্রাউডিড্ / *adj.* full of people জনাকীর্ণ, ঘিঞ্জি *a crowded bus* ○ *people living in poor and crowded conditions*

crown[1] / kraʊn ক্রাউন্ / *noun* **1** [C] a circle made of gold and jewels, that a king or queen wears on his/her head on official occasions রাজা বা রানির রাজমুকুট; মুকুট, কিরীট **2 the Crown** [*sing.*] the state as represented by a king or queen রাজা অথবা রানির প্রতিনিধিস্বরূপ দেশ বা রাজ্য, রাজাধিকৃত অঞ্চল; সাম্রাজ্য *an area of land belonging to the Crown* **3** [*sing.*] the top of your head or of a hat মাথা বা টুপির শীর্ষদেশ, মাথার চাঁদি; ব্রহ্মতালু **4** [*sing.*] the top of a hill পাহাড়ের চূড়া

crown[2] / kraʊn ক্রাউন্ / *verb* [T] **1** to put a crown on the head of a new king or queen in an official ceremony কোনো অনুষ্ঠানে নবাগত রাজা ও রানির মাথায় মুকুট পরানো, ঐ পদে অভিষিক্ত করা *Shah Jahan was crowned in 1628 AD.* ○ (*figurative*) *the newly crowned world champion* **2** (*usually passive*) **crown sth (with sth)** to have or put sth on the top of sth কোনো বস্তুর শীর্ষদেশের উপরে কিছু থাকা; শীর্ষদেশ মণ্ডিত করা বা শোভিত করা *The mountain was crowned with snow.* ○ (*figurative*) *Her years of hard work were finally crowned with success.*

crowning / ˈkraʊnɪŋ ˈক্রাউনিং / *adj.* (*only before a noun*) the best or most important সর্বশ্রেষ্ঠ অথবা সর্বাপেক্ষা গুরুত্বপূর্ণ *Winning the World Championship was the crowning moment of her career.*

Crown prince *noun* [C] (*feminine* **Crown princess**) the person who has the right to become the next king or queen যুবরাজ অথবা যুবরানি

crucial / ˈkruːʃl ˈক্রুশ্‌ল্ / *adj.* **crucial (to/for sth)** extremely important খুবই জরুরি, অত্যন্ত দরকারি, অতি গুরুত্বপূর্ণ, অত্যন্ত তাৎপর্যপূর্ণ *Early diagnosis of the illness is crucial for successful treatment.*

✪ সম **vital** ▶ **crucially** / -ʃəli -শ্যালি / *adv.* গুরুত্বপূর্ণভাবে

crucible / ˈkruːsɪbl ˈক্রুসিব্‌ল্ / *noun* [C] **1** a pot in which substances are heated to high temperatures, metals are melted, etc. ধাতু ইত্যাদি গলানোর পাত্র; গলনপাত্র, গলনাধার ➪ **laboratory**-তে ছবি দেখো। **2** (*formal*) a place or situation in which people or ideas are tested, often creating sth new or exciting in the process কোনো স্থান অথবা পরিস্থিতি যেখানে ব্যক্তি অথবা কোনো ধারণার কঠোর পরীক্ষা হয় যার মধ্যে দিয়ে প্রায়ই নতুন কিছু প্রকাশ পায়

crucifix / ˈkruːsəfɪks ˈক্রুস্যাফিক্স্ / *noun* [C] a small model of a cross with a figure of Jesus on it ক্রুশবিদ্ধ জিশুখ্রিস্টের ছোটো প্রতিরূপ

crucifixion / ˌkruːsəˈfɪkʃn ˌক্রুস্যাˈফিক্‌শ্‌ন্ / *noun* [C, U] the act of crucifying sb কোনো ব্যক্তিকে ক্রুশবিদ্ধ করার ক্রিয়া *the Crucifixion of Christ*

crucify / ˈkruːsɪfaɪ ˈক্রুসিফাই / *verb* [T] (*pres. part.* **crucifying**; *3rd person sing. pres.* **crucifies;** *pt, pp* **crucified**) to kill sb by nailing or tying him/her to a cross ক্রুশে বিদ্ধ করে বা তার সঙ্গে বেঁধে কোনো ব্যক্তিকে হত্যা করা

crude / kruːd ক্রুড্ / *adj.* **1** simple and basic, without much detail, skill, etc. বিশেষ সূক্ষ্ম নৈপুণ্য বিহীন; বুনিয়াদি স্তরের, সহজ, সাদাসিধে *The method was crude but very effective.* ○ *She explained how the system worked* ***in crude terms***. **2** in its natural state, before it has been treated with chemicals অপরিশোধিত, প্রাকৃতিক অবস্থা *crude oil* ▶ **crudely** *adv.* সহজভাবে, অপরিশোধিতভাবে *a crudely drawn face*

cruel / kruːəl ক্রুঅ্যাল্ / *adj.* (**crueller; cruellest**) causing physical or mental pain or suffering to sb/sth কোনো ব্যক্তি বা বস্তুর দৈহিকবা মানসিক যন্ত্রণা অথবা কষ্টের কারণ; নিষ্ঠুর, নির্মম, হৃদয়হীন, নির্দয় *I think it's cruel to keep animals in cages.* ○ *a cruel punishment* ▶ **cruelly** / ˈkruːəli ˈক্রুঅ্যালি / *adv.* নিষ্ঠুরভাবে, নির্মমভাবে

cruelty / ˈkruːəlti ˈক্রুঅ্যাল্‌টি / *noun* (*pl.* **cruelties**) **1** [U] **cruelty (to sb/sth)** cruel behaviour নির্দয়, নির্মম ব্যবহার; নিষ্ঠুরতা, হৃদয়হীনতা *cruelty to children* **2** [C, *usually pl.*] a cruel act নিষ্ঠুর কাজ *the cruelties of war*

cruise¹ / kruːz ক্রুজ্ / *verb* [I] **1** to travel by boat, visiting a number of places, as a holiday অবসর কাটানোর জন্য জাহাজে প্রমোদ ভ্রমণ *to cruise around the Caribbean* **2** to stay at the same speed in a car, plane, etc. (গাড়ি, প্লেন ইত্যাদি সম্পর্কে ব্যবহৃত) একই গতিতে অথবা নিয়ন্ত্রিতভাবে চলা *cruising at 80 kilometres an hour*

cruise² / kruːz ক্রুজ্ / *noun* [C] a holiday in which you travel on a ship and visit a number of different places জাহাজে চেপে নানা জায়গা ঘুরে বেড়িয়ে যে ছুটি কাটানো হয়; সমুদ্রপর্যটন, সমুদ্রবিহার *They're planning to* ***go on a cruise***.

cruiser / ˈkruːzə(r) ˈক্রুজ্যা(র্) / *noun* [C] **1** a large fast ship used in a war প্রকাণ্ড, দ্রুতগামী যুদ্ধজাহাজ **2** a motor boat which has room for people to sleep in it শয়নকক্ষসহ মোটরবোট = **cabin cruiser** ➪ **boat**-এ ছবি দেখো।

crumb / krʌm ক্রাম্ / *noun* [C] a very small dry piece of bread, cake or biscuit শুকনো রুটি, কেক বা বিস্কুটের ছোটো টুকরো

crumble / ˈkrʌmbl ˈক্রাম্‌ব্‌ল্ / *verb* [I, T] **crumble (sth) (up)** to break or make sth break into very small pieces কোনো কিছুকে বা কোনো কিছুর ভেঙে টুকরো টুকরো অথবা চূর্ণবিচূর্ণ করা বা হয়ে যাওয়া *The walls of the church are beginning to crumble.* ○ *Support for the government is beginning to crumble.* ▶ **crumbly** / -bli -ব্‌লি / *adj.* সহজেই টুকরো টুকরো হয় এমন; ঝুরঝুরে, চুরচুরে *This cheese has a crumbly texture.*

crumpet / ˈkrʌmpɪt ˈক্রাম্‌পিট্ / *noun* [C] a flat round bread-like cake with holes in the top that you eat hot with butter একধরনের চ্যাপটা গোল কেকের মতো এবং উপরে ছিদ্রযুক্ত পাউরুটি যা গরম গরম মাখন দিয়ে খাওয়া হয়

crumple / ˈkrʌmpl ˈক্রাম্‌প্‌ল্ / *verb* [I, T] **crumple (sth) (into sth); crumple (sth) (up)** to be pressed or to press sth into an untidy shape দুমড়ে মুচড়ে কুঁচকে যাওয়া বা কোনো বস্তুকে দুমড়ে মুচড়ে কুঞ্চিত করা *The front of the car crumpled when it hit the wall.* ○ *She crumpled the letter into a ball and there it away.*

crunch¹ / krʌntʃ ক্রান্‌চ্ / *verb* **1** [T] **crunch sth (up)** to make a loud noise when you are eating sth hard শক্ত কিছু খাওয়ার সময়ে কড়মড় করে, আওয়াজ করে চিবোনো *to crunch an apple* **2** [I] to make a loud noise like the sound of sth being crushed কোনো কিছু মড়মড় করে মাড়ানো *We crunched through the snow.* ▶ **crunchy** / ˈkrʌntʃi ˈক্রান্‌চি / *adj.* মুচমুচে, কুড়কুড়ে *a crunchy apple*

crunch² / krʌntʃ ক্রান্‌চ্ / *noun* [*sing.*] an act or noise of crunching কুড়কুড়ে পদার্থ চিবোনোর ক্রিয়া; কুড়কুড়ে পদার্থ চিবোনোর আওয়াজ *There was a loud crunch as he sat on the box of eggs.*

IDM if/when it comes to the crunch if/when you are in a difficult situation and must make a difficult decision যদি/যখন কঠিন পরিস্থিতিতে চরম সিদ্ধান্ত নিতে হয় *If it comes to the crunch, I'll stay and fight.*

crusade / kruːˈseɪd ক্রু'সেইড্ / *noun* [C] **1** a fight for sth that you believe to be good or against sth that you believe to be bad কোনো অন্যায়ের বিরুধ্বে বা ন্যায়ের সপক্ষে আন্দোলন অথবা লড়াই *Mr Khan is leading a crusade against drugs in his neighbourhood.* **2 Crusade** one of the wars fought in Palestine by European Christians against Muslims in the Middle Ages মধ্যযুগে প্যালেস্টাইনে মুসলমানদের বিরুধ্বে ইউরোপীয় খ্রিস্টানদের যুধ্ব; ধর্মযুধ্ব ▶ **crusader** *noun* [C] ধর্মযোধ্বা, নিরলস প্রতিবাদকারী, আন্দোলনকারী

crush[1] / krʌʃ ক্রাশ্ / *verb* [T] **1** to press sb/sth hard so that he/she/it is broken, damaged or injured কোনো ব্যক্তি বা বস্তুকে চাপ দিয়ে ভেঙে ফেলা, কোনো ব্যক্তির ক্ষতি করা অথবা তাকে আহত করা; থেঁতলে দেওয়া *Most of the eggs got crushed when she sat on them.* **2 crush sth (up)** to break sth into very small pieces or a powder কোনো বস্তুকে ছোটো ছোটো টুকরো করা, গুঁড়ো করা, পিষে দেওয়া *Crush the garlic and fry in oil.* **3** to defeat sb/sth completely কোনো ব্যক্তি বা বস্তুকে সম্পূর্ণভাবে পরাস্ত করা, দমন করা *The army was sent in to crush the rebellion.*

crush[2] / krʌʃ ক্রাশ্ / *noun* **1** [*sing.*] a large group of people in a small space কোনো ক্ষুদ্র স্থানে জনতার ভিড়ের চাপ *There was such a crush that I couldn't get near the bar.* **2** [C] (*informal*) **a crush (on sb)** a strong feeling of love for sb that only usually lasts for a short time কারও প্রতি গভীর প্রেমের আকর্ষণ বোধ (যা সাধারণত স্বল্পস্থায়ী) *Maria **had a huge crush** on her neighbour.*

crushing / ˈkrʌʃɪŋ 'ক্রাশিং / *adj.* (*only before a noun*) that defeats sb/sth completely; very bad কোনো ব্যক্তি বা বস্তুকে যা সম্পূর্ণ এবং চূড়ান্তভাবে পরাজিত করে; খুব খারাপ *a crushing defeat*

crust / krʌst ক্রাস্ট্ / *noun* [C, U] **1** the hard part on the outside of a piece of bread, a pie, etc. পাউরুটি, পাই ইত্যাদির বাইরের শক্ত অংশ অথবা আবরণ **2** a hard layer on the outside of sth কোনো কিছুর উপরের শক্ত আবরণ বা খোসা *the earth's crust*

crustacean / krʌˈsteɪʃn ক্রা'স্টেইশ্ন্ / *noun* [C] (*technical*) any creature with a soft body in several sections and covered with a hard outer shell. Crustaceans usually live in water কঠিন আবরণ বা খোলায় ঢাকা অনেকগুলি ভাগে বিভক্ত এবং নরম দেহবিশিষ্ট যে-কোনো (সাধারণত জলজ) প্রাণী *Crabs, lobsters, shrimps and prawns are crustaceans.*

crusty / ˈkrʌsti 'ক্রাস্টি / *adj.* **1** having a hard **crust 1** শক্ত আবরণযুক্ত, খোলসযুক্ত *crusty bread* **2** (*informal*) bad-tempered and impatient খিটখিটে, বদমেজাজি, রূঢ়, অধীর *a crusty old man*

crutch / krʌtʃ ক্রাচ্ / *noun* [C] **1** a type of stick that you put under your arm to help you walk when you have hurt your leg or foot পা অথবা পায়ের পাতায় আঘাত লাগায় যে ধরনের লাঠি বাহুমূলের নীচে রেখে তার সাহায্যে হাঁটতে হয়; খঞ্জের যষ্টি, পঙ্গুর যষ্টি, অবলম্বন; ক্রাচ *She was **on crutches** for two months after she broke her ankle.* ➪ **walking stick** দেখো। **2** = **crotch**

crux / krʌks ক্রাক্স্ / *noun* [*sing.*] the most important or difficult part of a problem কোনো সমস্যার সর্বাপেক্ষা কঠিন বিষয় *The **crux of the matter** is how to stop this from happening again.*

cry[1] / kraɪ ক্রাই / *verb* (*pres. part.* **crying;** *3rd person sing. pres.* **cries;** *pt, pp* **cried**) **1** [I] to make a noise and produce tears in your eyes, for example, because you are unhappy or have hurt yourself কাঁদা, ক্রন্দন করা, রোদন করা (দুঃখে বা বেদনায়) *The baby never stops crying.* **2** [I, T] **cry (out)** to shout or make a loud noise চেঁচানো, জোরে আওয়াজ করা, চিৎকার করা *We could hear someone crying for help.* ○ *'Look!' he cried, 'There they are.'*

IDM **a shoulder to cry on** ➪ **shoulder**[1] দেখো।

cry your eyes out to cry a lot for a long time অনেকক্ষণ ধরে কাঁদা, কাঁদতে থাকা

cry out for sth to need sth very much কোনো বস্তুর খুব প্রয়োজন হওয়া *The city is crying out for a new transport system.*

cry[2] / kraɪ ক্রাই / *noun* (*pl.* **cries**) **1** [C] a shout or loud high noise জোর চিৎকার; চেঁচামেচি *the cries of the children in the playground* ○ (*figurative*) *Her suicide attempt was really **a cry for help**.* **2** [*sing.*] an act of **crying**[1] **1** ক্রন্দন, কান্না *After a good cry I felt much better.*

IDM **a far cry from sth/from doing sth** ➪ **far**[1] দেখো।

crying / ˈkraɪɪŋ 'ক্রাইইং / *adj.* (*only before a noun*) (used to talk about a bad situation) very great (খারাপ পরিস্থিতি সম্পর্কে ব্যবহৃত) খুব বেশি পরিমাণে, প্রবল, অত্যন্ত *There's a crying need for more doctors.* ○ *It's **a crying shame** that so many young people can't find jobs.*

cryptic / ˈkrɪptɪk 'ক্রিপ্টিক্ / *adj.* having a hidden meaning that is not easy to understand; mysterious দুর্বোধ্য, রহস্যময়, অন্তর্নিহিত গূঢ় অর্থসূচক; দুর্জ্ঞেয় ▶ **cryptically** / -kli -ক্লি / *adv.* গুপ্তভাবে, রহস্যময়ভাবে

crypto- / ˈkrɪptəʊ 'ক্রিপ্টাউ / *prefix* (*used in nouns*) hidden; secret লুক্কায়িত; গুপ্ত রহস্যময়, অপ্রকাশ্য, চোরা

crystal / ˈkrɪstl 'ক্রিস্ট্ল্ / *noun* **1** [C] a regular shape that some mineral substances form when they become solid সুষম আকৃতিবিশিষ্ট জমে যাওয়া কোনো পদার্থ; কেলাস *salt crystals* **2** [U] a clear mineral that can be used in making jewellery স্বচ্ছ খনিজ পদার্থ যা দিয়ে গয়না তৈরি করা যায়; স্ফটিক **3** [U] very high-quality glass খুব উঁচু গুণমানের কাচ *a crystal vase*

crystal ball *noun* [C] a glass ball used by people who claim they can predict what will happen in the future by looking into it যে স্বচ্ছ কাচের গোলকের মধ্যে ভবিষ্যৎ দর্শন করা যায় বলে ভবিষ্যদ্‌বক্তাগণ মনে করে; ক্রিস্টাল বল

crystal clear *adj.* **1** (used about water, glass, etc.) that you can see through perfectly (জল, কাচ ইত্যাদি সম্বন্ধে ব্যবহৃত) অতি স্বচ্ছ **2** very easy to understand সহজবোধ্য *The meaning is crystal clear.*

crystalline / ˈkrɪstəlaɪn ˈক্রিস্ট্যালাইন্ / *adj.* made of or similar to **crystals** স্ফটিকের দ্বারা তৈরি বা স্ফটিকের মতো; কেলাসিত

crystallize (*also* **-ise**) / ˈkrɪstəlaɪz ˈক্রিস্ট্যালাইজ় / *verb* [I, T] **1** (used about thoughts, beliefs, plans, etc.) to become clear and fixed; to make thoughts, etc. become clear and fixed (চিন্তাভাবনা, বিশ্বাস বা পরিকল্পনা ইত্যাদি সম্বন্ধে ব্যবহৃত) দৃঢ় এবং স্পষ্ট হওয়া; সুনির্দিষ্ট এবং সুস্পষ্ট রূপ দেওয়া *Our ideas gradually began to crystallize into a definite strategy.* **2** to form or make sth form into **crystals** বস্তুকে কেলাসে বা স্ফটিকে রূপান্তরিত করা বা স্ফটিকে অথবা কেলাসে পরিণত হওয়া ► **crystallization** (*also* **-isation**) / ˌkrɪstəlaɪˈzeɪʃn ˌক্রিস্ট্যালাইˈজ়েইশ্‌ন্ / *noun* [U] কেলাসন পদ্ধতি; স্ফটিকে পরিণত করার পদ্ধতি

cu. *abbr.* cubic ত্রিমাত্রিক, ঘনকাকৃতি, ত্রিঘাত *a volume of 3 cu. ft*

cub / kʌb কাব্ / *noun* [C] a young bear, lion, etc. বন্যপ্রাণীর যেমন ভালুক, সিংহ প্রভৃতির শাবক ➪ **lion**-এ ছবি দেখো।

cube¹ / kju:b কিউব্ / *noun* [C] **1** a solid shape that has six equal square sides এমন আকার যার ছয়টা বাহু সমান মাপের; ঘনকাকৃতি, ঘনক ➪ **solid**-এ ছবি দেখো। **2** (in mathematics) the number that you get if you multiply a number by itself twice (গণিতে) কোনো সংখ্যাকে সেই সংখ্যা দিয়ে দুবার গুণ করার গুণফল; ঘনফল *the cube of 5* (5^3) *is 125* ($=5\times5\times5$). ➪ **square¹** দেখো।

cube² / kju:b কিউব্ / *verb* [T] (in mathematics) (*usually passive*) to multiply a number by itself twice (গণিতে) ঘনফল নির্ণয় করা; এক সংখ্যা দিয়ে সেই সংখ্যাকে দুবার গুণ করা *Four cubed* (4^3) *is 64* ($=4\times4\times4$). ➪ **square¹** এবং **cube root** দেখো।

cube root *noun* [C] (in mathematics) a number which, when multiplied by itself twice, produces a particular number (গণিতে) ঘনমূল, তৃতীয়মূল *The cube root of 64*($\sqrt[3]{64}$) *is 4.* ➪ **square root** দেখো।

cubic / ˈkju:bɪk ˈকিউবিক্ / *adj.* connected with a measurement of volume expressed as a **cube¹ 2** ঘনফলে ব্যক্ত পরিমাপের সঙ্গে সম্বন্ধিত; ঘনফল সম্বন্ধীয় *The lake holds more than a million cubic metres of water.*

cubicle / ˈkju:bɪkl ˈকিউবিক্‌ল্ / *noun* [C] a small room that is made by separating off part of a larger room কোনো বড়ো ঘরকে বিভক্ত করে যে ছোটো ঘর বানানো হয়; প্রকোষ্ঠ, একান্ত কক্ষ *There are cubicles at the swimming pool for changing your clothes.*

cuckoo / ˈkʊku: ˈকুকূ / *noun* [C] a bird which makes a sound like its name. Cuckoos put their eggs into the **nests** of other birds (অন্য পাখির বাসায় ডিম পাড়ে) কোকিল, পিক, কোয়েল

cucumber / ˈkju:kʌmbə(r) ˈকিউকাম্‌ব্যা(র্) / *noun* [C, U] a long, thin vegetable with a dark green skin that does not need to be cooked শসা ➪ **vegetable**-এ ছবি দেখো।

cud / kʌd কাড্ / *noun* [U] the food that cows and similar animals bring back from the stomach into the mouth to eat again গরু ইত্যাদি পশুর জাবর *cows chewing the cud*

cuddle / ˈkʌdl ˈকাড্‌ল্ / *verb* [I, T] to hold sb/sth closely in your arms কোনো ব্যক্তি বা বস্তুকে সাদরে জড়িয়ে ধরা অথবা আলিঙ্গন করা *The little girl was cuddling her favourite doll.* ► **cuddle** *noun* [C] আলিঙ্গন, আদর, আশ্লেষ *He gave the child a **cuddle** and kissed her goodnight.*

PHR V **cuddle up (to/against sb/sth); cuddle up (together)** to move close to sb and sit or lie in a comfortable position কারও খুব কাছে গিয়ে আরাম করে বসে বা শুয়ে থাকা *They cuddled up together for warmth.*

cuddly / ˈkʌdli ˈকাড্‌লি / *adj.* soft and pleasant to hold close to you নরম, আরামদায়ক, আলিঙ্গনযোগ্য *a cuddly toy*

cue / kju: কিউ / *noun* [C] **1** a word or movement that is the signal for sb else to say or do sth, especially in a play বিশেষত নাটকে কোনো কথা অথবা ইশারা যা অভিনেতাকে নির্দিষ্ট সংলাপ অথবা অভিনয়রীতি সম্বন্ধে ইঙ্গিত করে; সংলাপসূত্র *When Mala puts the tray on the table, that's your cue to come on stage.* **2** an example of how to behave আচরণ বা কাজের ধরন সম্বন্ধে ইঙ্গিত অথবা নমুনা *I'm not sure how to behave at a Japanese wedding, so I'll* *take my cue from the hosts.* **3** a long, thin wooden stick used to hit the ball in some games that are played on a special table (snooker and billiards) যেসকল খেলা বিশেষ টেবিলের উপর খেলা হয় (যেমন স্নুকার এবং বিলিয়ার্ড) সেগুলিতে ব্যবহৃত লম্বা, সরু লাঠি

IDM **(right) on cue** at exactly the moment expected প্রত্যাশিত মুহূর্তে; ঠিক সময়ে, সময়মতো *Just as I was starting to worry about Sagar, he phoned right on cue.*

cuff / kʌf কাফ্ / *noun* [C] **1** the end part of a sleeve, which often fastens at the wrist জামার হাতার শেষের দিক; আস্তিন; কাফ **2 cuffs** [*pl.*] = **handcuffs** **3** a light hit with the open hand হালকাভাবে চড় বা চাপড় মারা

IDM **off the cuff** (used about sth you say) without thought or preparation before that moment সেই মুহূর্তে বিবেচনা অথবা প্রস্তুতি না নিয়ে বলা *I haven't got the figures here, but, off the cuff, I'd say the rise is about 10%.*

cufflink / ˈkʌflɪŋk ˈকাফ্লিংক্ / *noun* [C, *usually pl.*] one of a pair of small objects used instead of a button to fasten a shirt sleeve together at the wrist শার্টের হাতা আটকানোর জন্য বোতামের পরিবর্তে ব্যবহৃত একজোড়া ছোটো আলংকারিক সামগ্রী; কাফলিংক

cuisine / kwɪˈziːn কুইˈজ়ীন্ / *noun* [U] (*formal*) the style of cooking of a particular country, restaurant, etc. (দেশ, রেস্তোরাঁ ইত্যাদিতে) বিশেষ রন্ধনশৈলী, রান্নার ধরন, রন্ধনপ্রণালী *Italian cuisine*

NOTE **Cuisine** শব্দের সমার্থক এবং কথ্য শব্দ হল **cooking**

cul-de-sac / ˈkʌl də sæk ˈকাল্ ড্যা স্যাক্ / *noun* [C] (*pl.* **cul-de-sacs**) a street that is closed at one end বন্ধগলি, কানাগলি

culinary / ˈkʌlɪnəri ˈকালিন্যারি / *adj.* (*formal*) connected with cooking রন্ধনশিল্প সংক্রান্ত, রান্নাঘর সম্বন্ধীয়

cull / kʌl কাল্ / *verb* [T] **1** to kill a number of animals in a group to prevent the group from becoming too large পশুর সংখ্যা নিয়ন্ত্রণ করার জন্য তাদের দলে দলে হত্যা করা **2** to collect information, ideas, etc., from different places বিভিন্ন জায়গা থেকে তথ্য, ভাবধারা ইত্যাদি সংগ্রহ করা *I managed to cull some useful addresses from the Internet.*

▶ **cull** *noun* [C] বাছাই *a deer cull*

culminate / ˈkʌlmɪneɪt ˈকাল্মিনেইট্ / *verb* [I] (*formal*) **culminate in sth** to reach a final result চরম অথবা চূড়ান্ত পরিণতিতে পৌঁছোনো, তুঙ্গীভূত অবস্থা *The team's efforts culminated in victory in the championships.* ▶ **culmination** / ˌkʌlmɪˈneɪʃn ˌকাল্মিˈনেইশ্ন্ / *noun* [*sing.*] চরম সীমা, তুঙ্গীভবন *The joint space mission was the culmination of years of research.*

culottes / kjuːˈlɒts কিউˈলট্স্ / *noun* [*pl.*] women's wide short trousers that are made to look like a skirt মেয়েদের স্কার্টের মতো ছোটো পাতলুন; কিউলটস *a pair of culottes*

culpable / ˈkʌlpəbl ˈকাল্প্যাব্ল্ / *adj.* (*formal*) responsible for sth bad that has happened ভুলের জন্য দায়ী; দোষী, নিন্দনীয় দণ্ডযোগ্য

culprit / ˈkʌlprɪt ˈকাল্প্রিট্ / *noun* [C] a person who has done sth wrong অপরাধী বা অভিযুক্ত ব্যক্তি, আসামী, দোষী ব্যক্তি

cult / kʌlt কাল্ট্ / *noun* [C] **1** a type of religion or religious group, especially one that is considered unusual বিশেষত বিরল এবং অস্বাভাবিক ধর্ম অথবা ধর্ম বিশ্বাসীর দল **2** a person or thing that has become popular with a particular group of people বিশেষ শ্রেণির জনগোষ্ঠীর কাছে জনপ্রিয় ব্যক্তি অথবা বস্তু *cult movies*

cultivar / ˈkʌltɪvɑː(r) ˈকাল্টিভা:(র্) / *noun* [C] (*technical*) a particular variety of a plant whose characteristics have been controlled by people in the way it has been bred কোনো নির্দিষ্ট ধরনের উদ্ভিদ যার চারিত্রিক বৈশিষ্ট্য নিয়ন্ত্রিত হয় মানুষ যে পদ্ধতিতে তার প্রজনন ঘটিয়েছে সেই পদ্ধতির দ্বারা

cultivate / ˈkʌltɪveɪt ˈকাল্টিভেইট্ / *verb* [T] **1** to prepare and use land for growing plants for food or to sell জমি ফসল ফলানোর উপযোগী করে তোলা এবং চাষ করা (খাদ্যশস্য উৎপন্ন করা বা বিক্রি করার জন্য) *to cultivate the soil* **2** to grow plants for food or to sell খাদ্যের জন্য বা বিক্রির জন্য ফসল উৎপন্ন করা *Olives have been cultivated for centuries in the Mediterranean countries.* **3** to try hard to develop a friendship with sb কোনো ব্যক্তির সঙ্গে বন্ধুত্ব গড়ে তোলার জন্য প্রবল চেষ্টা করা *He cultivated links with colleagues abroad.* ▶ **cultivation** / ˌkʌltɪˈveɪʃn ˌকাল্টিˈভেইশ্ন্ / *noun* [U] কর্ষণ, চাষ ⇨ **shifting cultivation** দেখো।

cultivated / ˈkʌltɪveɪtɪd ˈকাল্টিভেইটিড্ / *adj.* **1** well educated, with good manners সুশিক্ষিত, পরিমার্জিত, সুসংস্কৃত, পরিশীলিত **2** (used about land) used for growing plants for food or to sell (জমি সম্বন্ধে ব্যবহৃত) খাদ্য হিসেবে ব্যবহার বা বিক্রির উদ্দেশ্যে ফসল উৎপন্ন করার জন্য ব্যবহৃত **3** (used about plants) grown on a farm, not wild (উদ্ভিদ সম্বন্ধে ব্যবহৃত) আগাছা অথবা বুনো নয়, চাষ করে বা যত্ন করে নির্দিষ্ট জমিতে ফলানো হয়েছে এমন

cultural / ˈkʌltʃərəl ˈকাল্চ্যার‍্যাল্ / *adj.* **1** connected with the customs, ideas, beliefs, etc. of a society or country সমাজ অথবা দেশের রীতি, ভাবধারা, বিশ্বাস ইত্যাদির সঙ্গে যুক্ত; সংস্কৃতি-বিষয়ক, কৃষ্টি ও সংস্কৃতিগত *The country's cultural diversity is a result of taking in immigrants from all over the world.* ➪ **multicultural** দেখো। **2** connected with art, music, literature, etc. সাহিত্য, সংগীত, শিল্পাদি সংক্রান্ত *The city has a rich cultural life, with many theatres, concert halls and art galleries.* ▶ **culturally** / -rəli -র‍্যালি / *adv.* কৃষ্টিগতভাবে, সাংস্কৃতিকভাবে

culture / ˈkʌltʃə(r) ˈকাল্চ্যা(র্) / *noun* **1** [C, U] the customs, ideas, beliefs, etc. of a particular society, country, etc. কোনো বিশেষ সমাজ, রাষ্ট্র ইত্যাদির নিজস্ব কৃষ্টি, সংস্কৃতি, রীতিনীতি, বিশ্বাস ইত্যাদি *people from many different cultures* **2** [U] art, literature, music, etc. সাহিত্য, শিল্প, সংগীতাদি; সংস্কৃতি; কালচার *Kolkata has always been a centre of culture.* **3** [C] (*medical*) a group of cells or bacteria, especially taken from a person or an animal and grown for medical or scientific study চিকিৎসা অথবা বৈজ্ঞানিক পর্যবেক্ষণ অথবা অনুসন্ধানের উদ্দেশ্যে মানুষ বা প্রাণীদেহ থেকে গৃহীত এবং বর্ধিত কোষ অথবা জীবাণুর সমষ্টি *Yoghurt is made from active cultures.*

cultured / ˈkʌltʃəd ˈকাল্চ্যাড্ / *adj.* well educated, showing a good knowledge of art, music, literature, etc. সুশিক্ষিত, সংস্কৃতিবান, শিল্প ও সংগীত এবং সাহিত্যের সুবোদ্ধা; মার্জিত; কালচার্ড

culture shock *noun* [U] a feeling of confusion, etc. that you may have when you go to live in or visit a country that is very different from your own সম্পূর্ণ ভিন্ন সংস্কৃতিভাবাপন্ন সমাজ অথবা দেশে বসবাস অথবা ভ্রমণ করতে গিয়ে যে বিভ্রান্তি অথবা কিংকর্তব্যবিমূঢ়তার সম্মুখীন হতে হয়; সাংস্কৃতিক অভিঘাত; কালচার শক

culvert / ˈkʌlvət ˈকাল্ভ্যার্ট্ / *noun* [C] a pipe for water that goes under a road, etc. রাস্তা ইত্যাদির নীচে দিয়ে যায় এমন জল-প্রণালী; জলসুড়ঙ্গ, কালবুদ; কালভার্ট

cum / kʌm কাম্ / *prep.* (*used for joining two nouns together*) also used as; as well as (দুটো বিশেষ্যপদকে যুক্ত করার জন্য ব্যবহৃত) তথা, সঙ্গে, সহিত *a bedroom-cum-study*

cumbersome / ˈkʌmbəsəm ˈকাম্ব্যাস্যাম্ / *adj.* **1** heavy and difficult to carry, use, wear, etc. ভারী, বোঝা, দুর্বহ, অসুবিধাজনক **2** (used about a system, etc.) slow and complicated (কোনো রীতিনীতি ইত্যাদি প্রসঙ্গে ব্যবহৃত) জটিল এবং সময়সাপেক্ষ; ঝঞ্ঝাটপূর্ণ *cumbersome legal procedures*

cumin / ˈkʌmɪn ˈকামিন্ / the dried seeds of the **cumin** plant used as a spice especially in Indian cooking (ভারতীয় রান্নায় ব্যবহৃত মশলা) জিরে

cumulative / ˈkjuːmjələtɪv ˈকিউমিআ্যাল্যাটিভ্ / *adj.* increasing steadily in amount, degree, etc. ধীরে ধীরে মাত্রা, পরিমাণ ইত্যাদিতে বাড়ে এমন; পুঞ্জীভূত, ক্রমপুঞ্জিত *a cumulative effect*

cumulonimbus / ˌkjuːmjʊləʊˈnɪmbəs ˌকিউমিউ-ল্যাউˈনিম্ব্যাস্ / *noun* [U] (*technical*) a type of cloud of very high mass, with a flat base at a fairly low level, and often a flat top. It is seen, for example, during **thunderstorms** বজ্রবিদ্যুৎসহ ঝোড়ো বৃষ্টির সময়ে আকাশের নিম্নস্তরে দেখা যায় একপ্রকার ঘন পুঞ্জীভূত মেঘরাশি (প্রায়ই) যার শীর্ষ এবং তলদেশ সমতল হয়

cumulus / ˈkjuːmjələs ˈকিউমিঅ্যাল্যাস্ / *noun* [U] (*technical*) a type of thick white cloud একধরনের ঘন শুভ্র মেঘ

cunning / ˈkʌnɪŋ ˈকানিং / *adj.* clever in a dishonest or bad way ধূর্ত, ধড়িবাজ, চতুর, চালাক *He was as cunning as a fox.* ○ *a cunning trick* ✪ সম **sly** অথবা **wily** ▶ **cunning** *noun* [U] ধূর্ততা, ফন্দিবাজি, চালাকি, চাতুর্য ▶ **cunningly** *adv.* ধূর্তভাবে, চালাকির সঙ্গে

cup¹ / kʌp কাপ্ / *noun* [C] **1** a small container usually with a handle, used for drinking liquids (তরল পদার্থ পান করার জন্য ব্যবহৃত) কাপ, পেয়ালা, পানপাত্র *a teacup* ○ *a cup of coffee* **2** (in sport) a large metal cup given as a prize; the competition for such a cup (খেলাধুলোয়) কোনো প্রতিযোগিতায় শ্রেষ্ঠত্বের পুরস্কার অথবা বিজয় পুরস্কার হিসেবে দেওয়া হয় যে ধাতব কাপ; এইধরনের কাপের জন্য যে প্রতিযোগিতা *Our team won the cup in the basketball tournament.* ○ *the World Cup* **3** an object shaped like a cup কাপের আকারের কোনো বস্তু *an eggcup*

IDM **not sb's cup of tea** not what sb likes or is interested in কোনো ব্যক্তির ভালো লাগে না বা পছন্দসই নয় এমন *Horror films aren't my cup of tea.*

cup² / kʌp কাপ্ / *verb* [T] (**cupping; cupped**) to form sth, especially your hands, into the shape of a cup; to hold sth with your hands shaped like a cup পেয়ালার মতো হাতের আকার বানানো; পেয়ালার মতো হাতের আকার বানিয়ে কোনো কিছু হাতে ধরা *I cupped my hands to take a drink from the stream.*

cupboard / ˈkʌbəd ˈকাব্যাড্ / *noun* [C] a piece of furniture, usually with shelves inside and a door or doors at the front, used for storing food, clothes, etc. জামাকাপড়, খাদ্যবস্তু ইত্যাদি রাখার জন্য ব্যবহৃত তাক এবং একটা বা দুটো দরজাসমেত একধরনের আসবাব; কাবার্ড

cup final *noun* [C] (especially in football) the last match in a series of matches in a competition that gives a cup as a prize to the winner (বিশেষ করে ফুটবল খেলায়) কোনো প্রতিযোগিতার সর্বশেষ খেলা, যার বিজেতাকে পুরস্কার হিসেবে কাপ দেওয়া হয়

cupful / ˈkʌpfʊl ˈকাপফুল্ / *noun* [C] the amount that a cup will hold এক কাপ ভর্তি, পেয়ালা ভর্তি *two cupfuls of water*

cup tie *noun* [C] (especially in football) a match between two teams in a competition that gives a cup as a prize to the winner (বিশেষত ফুটবল খেলায়) দুদলের মধ্যে প্রতিদ্বন্দ্বিতামূলক একটি খেলা যেখানে খেলার শেষে বিজেতাকে পুরস্কারের কাপ তুলে দেওয়া হয়

curable / ˈkjʊərəbl ˈকিউঅ্যার‍্যাব্ল্ / *adj.* (used about a disease) that can be made better (কোনো ব্যাধি সম্বন্ধে ব্যবহৃত) নিরাময়সাধ্য, আরোগ্যযোগ্য, প্রতিকার্য ✪ বিপ **incurable**

curate / ˈkjʊərət ˈকিউঅ্যার‍্যাট্ / *noun* [C] a priest at a low level in the Church of England, who helps the priest in charge (**vicar**) of a church district চার্চ অফ ইংল্যান্ডের অধীনে কোনো গির্জাশাসিত অঞ্চলের সহকারী যাজক

curator / kjʊəˈreɪtə(r) কিউঅ্যাˈরেইট্যা(র্) / *noun* [C] a person whose job is to look after the things that are kept in a museum জাদুঘরের তত্ত্বাবধায়ক অথবা ভারপ্রাপ্ত ব্যক্তি, মিউজিয়ামের অধ্যক্ষ; কিউরেটর

curb[1] / kɜːb ক্যব্ / *verb* [T] to limit or control sth, especially sth bad দমন করা, কমানো, রাশ টানা, সামলানো, নিয়ন্ত্রণ করা (বিশেষত কোনো খারাপ জিনিস) *He needs to learn to curb his anger.*

curb[2] / kɜːb ক্যব্ / *noun* [C] **1 a curb (on sth)** a control or limit on sth কোনো বস্তুর উপর নিয়ন্ত্রণ বা সীমা *a curb on local government spending* **2**(*AmE*) = **kerb**

curd / kɜːd ক্যড্ / *noun* [U] (*also* **curds**) [*pl.*] a thick soft substance that forms when milk turns sour দই, দধি

curdle / ˈkɜːdl ˈক্যড্ল্ / *verb* [I, T] (used about liquids) to turn sour or to separate into different parts; to make something do this (তরল সম্বন্ধে ব্যবহৃত) দই বা ছানায় পরিণত করা, কেটে যাওয়া; ছানা কাটা *I've curdled the sauce.* ➪ **blood-curdling** দেখো।

cure[1] / kjʊə(r) কিউঅ্যা(র্) / *verb* [T] **1 cure sb (of sth)** to make sb healthy again after an illness কোনো ব্যক্তিকে অসুস্থতার পর তাকে স্বাস্থ্যবান করে তোলা, আরোগ্য করা, সারিয়ে তোলা *The treatment cured him of cancer.* **2** to make an illness, injury, etc. end or disappear রোগ, ক্ষত ইত্যাদি সারিয়ে তোলা, সম্পূর্ণ ভালো করে তোলা, আঘাত ইত্যাদি দূর করা, চিকিৎসা করা *It is still not possible to cure the common cold.* ○ (*figurative*) *The plumber cured the problem with the central heating.* **3** to make certain types of food last longer by drying, smoking or salting them শুকিয়ে, ধোঁয়া দিয়ে অথবা লবণ মিশিয়ে কোনো বিশেষ প্রকারের খাদ্যপদার্থ ভালো রাখা *cured chicken*

cure[2] / kjʊə(r) কিউঅ্যা(র্) / *noun* [C] **a cure (for sth) 1** a medicine or treatment that can cure an illness, etc. কোনো ওষুধ বা চিকিৎসা যা রোগ নিরাময় করে *There is no cure for this illness.* **2** a return to good health; the process of being cured পুরোনো স্বাস্থ্য ফিরে পাওয়া; রোগ নিরাময়ের প্রক্রিয়া; আরোগ্যপদ্ধতি *The new drug brought about a miraculous cure.*

curfew / ˈkɜːfjuː ˈক্যফিউ / *noun* [C] a time after which people are not allowed to go outside their homes, for example, during a war (যেমন যুদ্ধচলাকালীন নির্দিষ্ট সময়ের পরে বাড়ির ভিতরে থাকার জন্য জনসাধারণের প্রতি নির্দেশ) সান্ধ্য আইন; কারফিউ *The government imposed a dusk-to-dawn curfew.* ○ *She has a ten o'clock curfew.*

curiosity / ˌkjʊəriˈɒsəti ˌকিউঅ্যারিˈঅস্যাটি / *noun* (*pl.* **curiosities**) **1** [U] a desire to know or learn জানার কৌতূহল, শেখার ইচ্ছে, জানার আকাঙ্ক্ষা; ঔৎসুক্য ***Out of curiosity****, he opened her letter.* **2** [C] an unusual and interesting person or thing অসাধারণ, অস্বাভাবিক, বিচিত্র কিন্তু চিত্তাকর্ষক ব্যক্তি বা বস্তু *The museum was full of historical curiosities.*

curious / ˈkjʊəriəs ˈকিউঅ্যারিঅ্যাস্ / *adj.* **1 curious (about sth); curious (to do sth)** wanting to know or learn sth কোনো বিষয় জানতে বা শিখতে উৎসুক; কৌতূহলী, জিজ্ঞাসু, অনুসন্ধিৎসু *He was curious to know how the machine worked.* **2** unusual or strange অস্বাভাবিক, অদ্ভুত, বিরল, দুর্লভ, আজব *It was curious that she didn't tell anyone about the incident.* ▶ **curiously** *adv.* অদ্ভুতভাবে, উৎসুকভাবে

curl[1] / kɜːl ক্যল্ / *verb* **1** [I, T] to form or to make sth form into a curved or round shape কুণ্ডলী পাকানো, কোঁকড়ানো, পাকিয়ে যাওয়া, কুঞ্চিত করা *Does your hair curl naturally?* **2** [I] to move round in a curve কুণ্ডলী পাকিয়ে চলা *Smoke curled up into the sky.*

PHR V curl up to pull your arms, legs and head close to your body কুঁকড়ে বসা *The cat curled up in front of the fire.*

curl[2] / kɜːl ক্যল্ / *noun* [C] **1** a piece of hair that curves round কোঁকড়ানো চুল *Her hair fell in curls round her face.* **2** a thing that has a curved round shape কুণ্ডলী পাকানো বস্তু *a curl of blue smoke*

curler / ˈkɜːlə(r) ˈক্যল্যা(র্) / *noun* [C] a small plastic or metal tube that you roll your hair around in order to make it curly চুল কোঁকড়ানোর জন্য ব্যবহৃত প্লাস্টিক অথবা ধাতুর টিউব

curly / ˈkɜːli ˈক্যলি / *adj.* full of curls; shaped like a curl কুঞ্চিত, কোঁকড়ানো; কুণ্ডলীর আকারবিশিষ্ট *curly hair* ✪ বিপ **straight**

currant / ˈkʌrənt ˈকারান্ট্ / *noun* [C] **1** a very small dried grape used to make cakes, etc. অতি ক্ষুদ্র শুকোনো আঙুর যা কেক ইত্যাদি তৈরিতে ব্যবহৃত হয়; কার‍্যান্ট **2** (*often in compounds*) one of several types of small soft fruit যে-কোনো একধরনের ছোটো, নরম ফল (যেমন কিশমিশ) *blackcurrants*

currency / ˈkʌrənsi ˈকারান্সি / *noun* (*pl.* **currencies**) **1** [C, U] the system or type of money that a particular country uses কোনো বিশেষ দেশের প্রচলিত মুদ্রা *foreign currency ○ a weak/strong/stable currency* **2** [U] the state of being believed, accepted or used by many people প্রচলিত হওয়া, বিশ্বাসযোগ্য হওয়া অথবা বহু মানুষের দ্বারা ব্যবহৃত হয় এমন অবস্থা *The new ideas soon **gained currency**.*

current[1] / ˈkʌrənt ˈকার‍্যান্ট্ / *adj.* **1** of the present time; happening now সাম্প্রতিক, বর্তমান, এখনকার *current fashions/events* **2** generally accepted; in common use সর্বসাধারণগ্রাহ্য; সাধারণ মানুষ যা ব্যবহার করে; প্রচলিত, চলিত, চলতি, চালু *Is this word still current?*

current[2] / ˈkʌrənt ˈকার‍্যান্ট্ / *noun* **1** [C] a continuous flowing movement of water, air, etc. (জল, বাতাস ইত্যাদির) অবিরাম স্রোত; প্রবাহ *to swim **against/with the current** ○ (figurative) a current of anti-government feeling* **2** [U] the flow of electricity through a wire, etc. তার ইত্যাদির মধ্যে দিয়ে প্রবাহিত বিদ্যুৎ; তড়িৎপ্রবাহ

current account (*AmE* **checking account**) *noun* [C] a bank account from which you can take out your money when you want, with a cheque book or cash card ব্যাংকের যে অ্যাকাউন্ট থেকে ব্যাংকের চেকবই অথবা ক্যাশকার্ড দিয়ে ইচ্ছামতো টাকা তোলা যায়

current affairs *noun* [*pl.*] important political or social events that are happening at the present time সাম্প্রতিকতম রাজনৈতিক ও সামাজিক ঘটনাসমূহ

currently / ˈkʌrəntli ˈকার‍্যান্ট্লি / *adv.* at present; at the moment বর্তমানে; এই সময়ে, সম্প্রতি, ইদানীং *He is currently working in Spain.* ➪ **actually**-তে নোট দেখো।

curriculum / kəˈrɪkjələm ক্যাˈরিকিঅ্যাল্যাম্ / *noun* [C] (*pl.* **curriculums** or **curricula** /-lə -ল্যা /) all the subjects that are taught in a school, college or university; the contents of a particular course of study বিদ্যালয়, মহাবিদ্যালয় অথবা বিশ্ববিদ্যালয়ে যে সব বিষয় পড়ানো হয়; পাঠক্রম; কোনো বিশেষ পাঠক্রমের বিষয়সূচি *Sanskrit is not **on the curriculum** at our school.* ➪ **syllabus** দেখো।

curriculum vitae / kəˌrɪkjələm ˈviːtaɪ ক্যা,রিকিঅ্যাল্যাম্ ˈভীটাই / = **CV**

curry / ˈkʌri ˈকারি / *noun* [C, U] (*pl.* **curries**) a gravy-based liquid dish of meat, vegetables, etc. containing a lot of spices usually served with rice মশলা সহযোগে রান্না করা ঝোলসমেত মাংস, তরকারি ইত্যাদি যা সাধারণত ভাতের সঙ্গে পরিবেশন করা হয়; কারি *a hot/mild curry* ▶ **curried** *adj.* মশলামাখা বা মশলা সহযোগে রান্না *curried chicken*

curry leaf *noun* [C] the leaf of a shrub or small tree native to India and Sri Lanka which is used to give a special flavour to cooking ভারত, শ্রীলঙ্কা ইত্যাদি দেশে জন্মায় একধরনের গাছের পাতা যা রান্নায় স্বাদগন্ধ বাড়ানোর জন্য ব্যবহৃত হয়; কারিপাতা

curry powder *noun* [U] a fine mixture of strongly flavoured spices that is used to make curry নানারকম গন্ধবিশিষ্ট মিশ্রিত মশলা গুঁড়ো; কারি পাউডার

curse[1] / kɜːs ক্যস্ / *noun* [C] **1** a word used for expressing anger; a swear word ক্রোধ প্রকাশক শব্দ; গালাগাল, খিস্তি, অপশব্দ **2** a word or words expressing a wish that sth terrible will happen to sb অমঙ্গল, অভিশাপ, শাপ *The family seemed to be under a curse* **3** something that causes great harm যা দুর্ভাগ্য বা চরম ক্ষতির কারণ; অভিশাপ *the curse of drug addiction*

curse[2] / kɜːs ক্যস্ / *verb* **1** [I, T] **curse (sb/sth) (for sth)** to swear at sb/sth; to use rude language to express your anger কোনো ব্যক্তি বা বস্তুর প্রতি গালমন্দ অথবা মুখখারাপ করা; রূঢ় ভাষায় ক্রোধ প্রকাশ করা *He dropped the box, cursing himself for his clumsiness.* **2** [T] to use a magic word or phrase against sb because you wish him/her harm কোনো ব্যক্তিকে শাপ দেওয়া *She cursed his family.*

cursor / ˈkɜːsə(r) ˈক্যস্যা(র্) / *noun* [C] (*computing*) a small sign on a computer screen that shows the position you are at কম্পিউটারের পর্দায় যে ছোটো চিহ্নের দ্বারা নিজের অবস্থান বোঝা যায়; কার্সার

cursory / ˈkɜːsəri ˈক্যস্যারি / *adj.* quick and short; done in a hurry ছোটো এবং সংক্ষিপ্ত; দ্রুত নিষ্পন্ন *a cursory glance*

curt / ˈkɜːt ˈক্যট্ / *adj.* short and not polite সংক্ষিপ্ত এবং প্রায় অভদ্র; অমার্জিত, কাটাকাটা *She gave him a curt reply and slammed the phone down.*

▶ **curtly** *adv.* সংক্ষিপ্তভাবে, অমার্জিতভাবে ▶ **curtness** *noun* [U] কাঠখোট্টাভাব, অভদ্রতা

curtail / kɜː'teɪl ক্য'টেইল্ / *verb* [T] (*formal*) to make sth shorter or smaller; to reduce কেটে ছোটো করা; ছেঁটে দেওয়া, বাদ দেওয়া *I had to curtail my answer as I was running out of time.* ▶ **curtailment** *noun* [C, U] হ্রস্বীকরণ, সংক্ষিপ্তকরণ

curtain / 'kɜːtn 'ক্যট্ন্ / *noun* [C] **1** (*AmE* **drape**) a piece of material that you can move to cover a window, etc. জানালা ইত্যাদির পর্দা *Could you* ***draw the curtains****, please* (= could you open/close the curtains)? **2** a thing that covers or hides sth কোনো কিছু ঢাকা দেওয়া বা আড়াল করা অথবা গোপন করার বস্তু *a curtain of mist*

curtsy (*also* **curtsey**) / 'kɜːtsi 'ক্যট্সি / *noun* [C] (*pl.* **curtsies** or **curtseys**) a movement made by a woman as a sign of respect, done by bending the knees, with one foot behind the other কোনো মহিলা একটু নীচু হয়ে হাঁটু বেঁকিয়ে, এক পা আর এক পা-র পিছনে রেখে যেভাবে অভিবাদন করে; বালিকা অভিবাদন ▶ **curtsy** (*also* **curtsey**) *verb* [I] কোনো মহিলার এইভাবে নীচু হয়ে অভিবাদন করা

curve[1] / kɜːv ক্যভ্ / *noun* [C] a line that bends round বাঁকা লাইন, বক্ররেখা, কুটিল রেখা *a curve on a graph*

curve[2] / kɜːv ক্যভ্ / *verb* [I, T] to bend or to make sth bend in a curve বাঁকানো, বেঁকে যাওয়া *The bay curved round to the south.* ○ *a curved line*

cushion[1] / 'kʊʃn 'কুশ্ন্ / *noun* [C] **1** a bag filled with soft material, for example, feathers, which you put on a chair, etc. to make it more comfortable চেয়ার ইত্যাদির গদি, তাকিয়া; কুশন **NOTE** বিছানায় ব্যবহৃত কুশনকে **pillow** বলা হয়। **2** something that acts or is shaped like a cushion যা গদির কাজ করে বা গদির আকারবিশিষ্ট *A hovercraft rides on a cushion of air.*

cushion[2] / 'kʊʃn 'কুশ্ন্ / *verb* [T] **1** to make a fall, hit, etc. less painful পতন, আঘাত ইত্যাদি কম যন্ত্রণাদায়ক বা সহনীয় করা *The snow cushioned his fall.* **2** to reduce the unpleasant effect of sth কোনো বস্তুর অপ্রিয় প্রভাব হ্রাস করা *She spent her childhood on a farm, cushioned from the effects of the war.*

cushy / 'kʊʃi 'কুশি / *adj.* (*informal*) too easy, needing little effort (in a way that seems unfair to others) অতি সহজ, আরামের (যা অন্যদের কাছে অন্যায্য বলে মনে হয়) *a cushy job*

custard /'kʌstəd 'কাস্ট্যাড্ / *noun* [U] a sweet yellow sauce made from milk, eggs and sugar দুধ, ডিম, চিনি দিয়ে তৈরি হলুদ রঙের মিষ্টি খাবার; কাস্টার্ড

custard apple *noun* [C] (*pl.* **custard apples**) a large fleshy tropical fruit with a dark rough skin and sweet yellow pulp (গ্রীষ্মপ্রধান দেশে পাওয়া যায়) একধরনের ফল; আতা

custodian / kʌ'stəʊdiən কা'স্ট্যাউডিঅ্যান্ / *noun* [C] **1** (*formal*) a person who looks after sth, especially a museum, library, etc. কর্মাধ্যক্ষ, তত্ত্বাবধায়ক, রক্ষণাবেক্ষণকারী (বিশেষ করে জাদুঘর, গ্রন্থাগার ইত্যাদিতে) **2** = **caretaker**

custody / 'kʌstədi 'কাস্ট্যাডি / *noun* [U] **1** the legal right or duty to take care of sb/sth কোনো ব্যক্তি বা বস্তুর হেফাজত, রক্ষণাবেক্ষণ, দেখাশোনা অথবা তত্ত্বাবধানের আইনসম্মত দায়িত্ব *After the divorce, the mother* ***had custody of*** *the children.* **2** the state of being guarded, or kept in prison temporarily, especially by the police সাময়িকভাবে কারাগারে বন্দি অবস্থা, পুলিশের হেফাজতে আছে এমন অবস্থা *The man was* ***kept in custody*** *until his trial.*

custom / 'kʌstəm 'কাস্ট্যাম্ / *noun* **1** [C, U] a way of behaving which a particular group or society has had for a long time প্রথা, রীতি, দেশাচার, রেওয়াজ *according to* ***local custom*** ➪ **habit**-এ নোট দেখো। **2** [*sing.*] (*formal*) something that a person does regularly নিয়মিত অভ্যাস *It's my custom to drink tea in the afternoon.* **3** [U] commercial activity; the practice of people buying things regularly from a particular shop, etc. বাণিজ্যিক কর্মতৎপরতা; ক্রেতাদের একই দোকান ইত্যাদি থেকে নিয়মিত জিনিস কেনার অভ্যাস *The local shop lost a lot of custom when the new supermarket opened.* ➪ **customs** দেখো।

customary / 'kʌstəməri 'কাস্ট্যাম্যারি / *adj.* according to custom; usual রীতি অনুযায়ী, রেওয়াজমতো, প্রথানুসারে; সাধারণভাবে *It is customary to exchange sweets at Diwali in our country.*

customer / 'kʌstəmə(r) 'কাস্ট্যাম্যা(র্) / *noun* [C] **1** a person who buys goods or services in a shop, restaurant, etc. দোকান, রেস্তোরাঁ ইত্যাদির (জিনিসপত্র অথবা পরিষেবার) ক্রেতা; উপভোক্তা, খরিদ্দার *The shop assistant was serving a customer.* ➪ **client** দেখো।

customs (*also* **Customs**) / 'kʌstəmz 'কাস্ট্যাম্জ্ / *noun* [*pl.*] **(Excise and Customs) 1** the government department that collects taxes on goods bought and sold and / or goods brought into the country and that checks what is being brought in যে সরকারি বিভাগ ক্রীত ও বিক্রিত দ্রব্যের উপর কর সংগ্রহ করে এবং কোনো দ্রব্য বাইরে থেকে দেশে আনা হলে পরখ করে; সীমাশুল্ক বিভাগ, আবগারি বিভাগ **2** the place at an airport, etc. where government officials check your luggage to make sure you are not bringing goods into the country illegally অবৈধভাবে দেশে কিছু আনা হচ্ছে কি না তা নিশ্চিত করার জন্য বিমানবন্দর ইত্যাদিতে যে স্থানে সরকারি কর্মচারীরা যাত্রীদের মালপত্র পরীক্ষা করে **3** the taxes that must be paid to the government when goods are brought in from another country অন্য দেশ থেকে পণ্য আনীত হলে যে কর সরকারকে দিতে হয়; সীমাশুল্ক *a customs officer* ➪ **excise** দেখো।

cut¹ / kʌt কাট্ / *verb* (*pres. part.* **cutting**; *pt, pp* **cut**) **1** [I, T] to make an opening, wound or mark in sth using a sharp tool, for example, a pair of scissors or a knife কাঁচি, ছুরি ইত্যাদির সাহায্যে কাটা, ক্ষত করা, চেরা *Be careful not to cut yourself on that broken glass!* **2** [T] **cut sth** (**from sth**) to remove sth or a part of sth, using a knife, etc. ছুরি ইত্যাদি দিয়ে কোনো বস্তু কেটে বাদ দেওয়া অথবা আলাদা করা *She cut two slices of bread* (= from the loaf). **3** [T] **cut sth** (**in/into sth**) to divide sth into pieces with a knife, etc. ছুরি ইত্যাদি দিয়ে কেটে টুকরো টুকরো করা *She cut the cake into eight* (*pieces*). ○ *He cut the rope in two.* **4** [T] to make sth shorter by using scissors, etc. কাঁচি ইত্যাদি দিয়ে কেটে ছোটো করা *I cut my own hair.* **5** [T] to make or form sth by removing material with a sharp tool ধারালো কিছু দিয়ে কেটে কিছু বানানো অথবা তৈরি করা *She cut a hole in the card and pushed the string through.* ○ *They cut a path through the jungle.* **6** [T] to reduce sth or make it shorter; to remove sth কোনো বস্তুকে কমানো, ছোটো করা; বাদ দেওয়া *to cut taxes/costs/spending* ○ *Several violent scenes in the film were cut.* **7** [T] (*computing*) to remove a piece of text from the screen কম্পিউটারের পর্দা থেকে টেক্সটের অংশের কিছুটা বাদ দেওয়া *Use the **cut and paste** buttons to change the order of the paragraphs.* **8** [I] **cut across, along, through, etc.** (**sth**) to go across, etc. sth, in order to make your route shorter রাস্তা সংক্ষিপ্ত করার জন্য কিছু পেরিয়ে যাওয়া; লম্বা রাস্তা ছেড়ে ছোটো পথে যাওয়া *It's much quicker if we cut across the field.* **9** [T] (*spoken*) to stop sth কোনো কিছু বন্ধ করা, থামানো *Cut the chat and get on with your work!* **10** [T] to deeply offend sb or hurt his/her feelings কোনো ব্যক্তিকে গভীর মনোকষ্ট দেওয়া, দুঃখ দেওয়া *His cruel remarks cut her deeply.*

NOTE Cut শব্দটি প্রয়োগ করা হয়েছে যেসব প্রবাদ বা বাগ্‌ধারায় তার জন্য সেই প্রবাদ বা বাগ্‌ধারায় ব্যবহৃত বিশেষ্য (noun) বিশেষণ (adjective) ইত্যাদি শব্দের শীর্ষশব্দগুলি দেখো। উদাহরণস্বরূপ **cut corners** বাগ্‌ধারাটি পাবে **corner** শীর্ষশব্দটিতে।

PHR V **cut across sth** to affect or be true for different groups that usually stay separate সাধারণত আলাদা থাকে এমন বিভিন্ন গোষ্ঠী, দেশ ইত্যাদিকে সমানভাবে প্রভাবিত করা বা তাদের প্রতি সদাচারী হওয়া *The question of aid for the earthquake victims cuts across national boundaries.*

cut sth back; cut back (**on sth**) to reduce sth কোনো বস্তু ছাঁটাই করা বা কম করা *to cut back on public spending*

cut sth down 1 to make sth fall down by cutting it কোনো বস্তুকে কেটে ফেলে দেওয়া *to cut down a tree* **2** to make sth shorter কোনো বস্তুকে ছোটো করা অথবা ছেঁটে দেওয়া; সংক্ষিপ্ত করা *I have to cut my essay down to 2000 words.*

cut sth down; cut down (**on sth**) to reduce the quantity or amount of sth; to do sth less often কোনো বস্তুর পরিমাণ বা মাত্রা কমানো; কোনো কিছু কম ব্যবহার করা *You should cut down on fatty foods.*

cut in (**on sb/sth**) to interrupt sb/sth কোনো ব্যক্তি বা বস্তুর কথার মাঝে ঢুকে পড়া, কথোপকথনে বাধা দেওয়া *She kept cutting in on our conversation.*

cut sb off to stop or interrupt sb's telephone conversation কোনো ব্যক্তির টেলিফোনে কথোপকথনের মাঝে বাধা দেওয়া অথবা বন্ধ করে দেওয়া *We were cut off before I could give her my message.*

cut sb/sth off (*usually passive*) to stop the supply of sth to sb কোনো ব্যক্তির কাছে কোনো কিছুর সরবরাহ কেটে দেওয়া অথবা বন্ধ করা

cut sth off to block a road, etc. so that nothing can pass রাস্তা ইত্যাদি আটকানো, অবরোধ অথবা বন্ধ করা *We must cut off all possible escape routes.*

cut sth off (**sth**) to remove sth from sth larger by cutting বড়ো কিছুর থেকে ছোটো অংশ কেটে বাদ দেওয়া *Be careful you don't cut your fingers off using that electric saw.*

cut sb/sth off (**from sb/sth**) (*usually passive*) to prevent sb/sth from moving from a place or contacting people outside কোনো ব্যক্তি বা বস্তুকে বাইরের সঙ্গে বিচ্ছিন্ন অথবা যোগাযোগশূন্য করে দেওয়া *The farm was cut off from the village by heavy snow.*

cut sth open to open sth by cutting কোনো বস্তু কেটে ফাঁক করা *She fell and cut her head open.*

cut sth out 1 to remove sth or to form sth into a particular shape by cutting কোনো বস্তুকে কেটে বাদ দেওয়া অথবা বিশেষ কোনো আকারে কাটা *He cut the job advertisement out of the newspaper.* **2** to not include sth কোনো বস্তুকে অন্তর্ভুক্ত না করা, বাদ দেওয়া *Cut out the boring details!* **3** (*informal*) to stop saying or doing sth that annoys sb কোনো ব্যক্তি বা বস্তুর বিরক্তি উৎপাদন করে এমন কিছু বলা বা করা বন্ধ করে দেওয়া *Cut that out and leave me alone!* **4** (*informal*) to stop doing or using sth কোনো কিছু করা অথবা কোনো কিছুর ব্যবহার বন্ধ করা *You'll only lose weight if you cut out sweet things from your diet.*

be cut out for sth; be cut out to be sth to have the qualities needed to do sth; to be suitable for sth/sb কোনো কিছু করার যোগ্যতা থাকা, প্রয়োজনীয় গুণাবলী থাকা; যথোপযুক্ত হওয়া *You're not cut out to be a soldier.*

cut sth up to cut sth into small pieces with a knife, etc. ছুরি ইত্যাদি দিয়ে কোনো বস্তু ছোটো ছোটো টুকরো করা

cut[2] / kʌt কাট্ / *noun* [C] **1** an injury or opening in the skin made with a knife, etc. ছুরি ইত্যাদির দ্বারা ক্ষত বা কাটা *He had a deep cut on his forehead.* **2** an act of cutting কর্তন, কাটাছেঁড়া *to have a cut and blow-dry* (= at the hairdresser's) **3 a cut (in sth)** a reduction in size, amount, etc. আকার, পরিমাণ ইত্যাদিতে সংক্ষিপ্তকরণ *a cut in government spending* ○ *a power cut* (= when the electric current is stopped temporarily) **4** a piece of meat from a particular part of an animal কোনো পশুর বিশেষ অংশের মাংসের টুকরো *cheap cuts of lamb* **5** (*informal*) a share of the profits from sth, especially sth dishonest কোনো বস্তুর লাভের ভাগ, বিশেষত অন্যায়ভাবে যে রোজগার করা হয়েছে ➪ **short cut** দেখো।

cutback /ˈkʌtbæk ˈকাট্ব্যাক্ / *noun* [C] a reduction in amount or number পরিমাণ অথবা সংখ্যায় ছাঁটাই বা হ্রস্বীকরণ *The management were forced to make cutbacks in staff.*

cute / kjuːt কিউট্ / *adj.* attractive; pretty আকর্ষণীয়; সুন্দর *Your little girl is so cute!* ○ *a cute smile*

cuticle / ˈkjuːtɪkl ˈকিউটিক্ল্ / *noun* [C] **1** an area of hard skin at the base of the nails on your fingers and toes হাত ও পায়ের নখের গোড়ার শক্ত চামড়া; বহিঃত্বক, কৃত্তিক **2** a hard outer layer that covers and protects a plant উদ্ভিদের বাইরের শক্ত আবরণ বা ছাল যা তাকে ঢেকে রাখে এবং রক্ষা করে

cutlery / ˈkʌtləri ˈকাট্ল্যারি / *noun* [U] the knives, forks and spoons that you use for eating food খাওয়ার জন্য ব্যবহৃত ছুরি, কাঁটা চামচ ইত্যাদি

cutlet / ˈkʌtlət ˈকাট্ল্যাট্ / *noun* [C] **1** a mixture of chopped meat, fish, vegetables or other foods, made into a flat shape, covered with breadcrumbs, and fried কুচোনো মাছ-মাংস, সবজি ইত্যাদি দিয়ে বানানো খাবার যা ব্রেডক্রাম্ব মাখিয়ে চ্যাপটা আকৃতি করে তেলে ভাজা হয়; কাটলেট **2** a small, thick piece of meat, often with bone in it, that is cooked ছোটো, মোটা, (প্রায়ই কোনো) হাড়সহ মাংসের টুকরো যা রান্না করা হয়; কাটলেট

cut-off *noun* [C] the level or time at which sth stops কোনো কিছু বন্ধ হওয়ার শেষ সময় বা মাত্রা *The cut-off date is 12 May. After that we'll end the offer.*

cut-price (*also* **cut-rate**) *adj.* sold at a reduced price; selling goods at low prices কম দামে বিক্রিত; কম দামে দ্রব্যাদি বিক্রি করা হচ্ছে এমন *cut-price offers* ○ *a cut-price store*

cutters / ˈkʌtəz ˈকাট্যাজ্ / *noun* [*pl.*] a tool that you use for cutting through sth, for example, metal কোনো কিছু কাটার যন্ত্র, যেমন ধাতু ইত্যাদি *a pair of wire cutters*

cut-out *noun* [C] a shape (especially of a political leader or a movie-star) that has been cut out from cardboard for display জনসমক্ষে প্রদর্শনের জন্য বিশেষত রাজনৈতিক নেতা অথবা চলচ্চিত্র-তারকার কার্ডবোর্ডের প্রতিকৃতি; কাট-আউট

cut-throat *adj.* caring only about success and not worried about hurting anyone কোনো ব্যক্তির আঘাতের কথা চিন্তা না করে কেবলমাত্র নিজের সাফল্যের কথা চিন্তা করা হচ্ছে এমনভাবে; স্বার্থপরের মতো *cut-throat business practices*

cutting[1] / ˈkʌtɪŋ ˈকাটিং / *noun* [C] **1** (*AmE* **clipping**) a piece cut out from a newspaper, etc. খবরের কাগজ ইত্যাদি থেকে কাটা অংশ *press cuttings* **2** a piece cut off from a plant that you use for growing a new plant (গাছের) কলম

cutting[2] / ˈkʌtɪŋ ˈকাটিং / *adj.* (used about sth you say) unkind; meant to hurt sb's feelings (কোনো ব্যক্তির মন্তব্য সম্বন্ধে ব্যবহৃত) নির্দয়; কাউকে আঘাত করার উদ্দেশ্যে ব্যক্ত *a cutting remark*

CV / ˌsiː ˈviː ˌসী ˈভী / (*AmE* **resumé**) *noun* [*sing.*] curriculum vitae; a formal list of your education and work experience, often used when you are trying to get a new job (চাকুরির দরখাস্ত ইত্যাদিতে দেওয়ার জন্য) শিক্ষা, অভিজ্ঞতা ইত্যাদির একটি লিখিত তালিকা; সি.ভি.

cwm / kʊm কুম্ / = **corrie**

cwt. *abbr.* a hundred weight; a measure of weight, about 50.8 kg ওজন মাপার একক; ওজনের পরিমাপন প্রায় ৫০.৮ কেজি (কিলোগ্রাম)

cyanide / ˈsaɪənaɪd ˈসাইঅ্যানাইড্ / *noun* [U] a poisonous chemical বিষাক্ত রাসায়নিক পদার্থ

cybercafe / ˈsaɪbəkæfeɪ ˈসাইব্যাক্যাফেই / *noun* [C] a cafe with computers where customers can pay to use the Internet অর্থের বিনিময়ে নির্দিষ্ট সময়ের

জন্য যেখানে কোনো ব্যক্তি ইন্টারনেট ব্যবহার করতে পারে; সাইবারক্যাফে

cybernetics / ˌsaɪbəˈnetɪks ˌসাইব্যা'নেটিক্স্ / *noun* [U] the scientific study of communication and control, in which, for example, human and animal brains are compared with machines and electronic devices যোগাযোগ ব্যবস্থা ও তার নিয়ন্ত্রণবিধি বিষয়ক বৈজ্ঞানিক চর্চা যেখানে মানুষের এবং অন্য পশুর মস্তিষ্কের সঙ্গে যন্ত্র ও বৈদ্যুতিক পদ্ধতির তুলনা করা হয়

cyberspace / ˈsaɪbəspeɪs 'সাইব্যাস্পেইস্ / *noun* [U] a place that is not real, where electronic messages exist while they are being sent from one computer to another একধরনের অবাস্তব জায়গা যেখানে এক কম্পিউটার থেকে অন্য কম্পিউটারে পাঠানো বৈদ্যুতিন বার্তা বর্তমান থাকে

cycle[1] / ˈsaɪkl 'সাইক্ল্ / *noun* [C] **1** the fact of a series of events being repeated many times, always in the same order (সর্বত্র একই ভাবে) বারংবার আবর্তন, পুনরাবর্তন *the carbon/nitrogen cycle* ➪ **rock** এবং **water**-এ ছবি দেখো। **2** a bicycle or motorcycle বাইসাইকেল, সাইকেল, মোটর সাইকেল, দ্বিচক্রযান *a cycle shop* ✪ সম **bike**

cycle[2] / ˈsaɪkl 'সাইক্ল্ / *verb* [I] to ride a bicycle সাইকেলে চাপা, সাইকেলে চড়া *He usually cycles to school.*

cycle rickshaw *noun* [C] a small light vehicle with three wheels that is used in some Asian countries to carry people over short distances কাছাকাছি দূরত্বে পৌঁছোনোর জন্য তিনচাকাবিশিষ্ট হালকা যান যা এশিয়ার কিছু দেশে ব্যবহৃত হয়; সাইকেল রিক্সা

cyclic / ˈsaɪklɪk; ˈsɪk- 'সাইক্লিক্; 'সিক্- / (*also* **cyclical** / ˈsaɪklɪkl; ˈsɪk- 'সাইক্লিক্ল্; 'সিক্-/) *adj.* following a repeated pattern একই নিয়মে আবর্তিত, চক্রাকারে আবর্তনশীল

cyclist / ˈsaɪklɪst 'সাইক্লিস্ট্ / *noun* [C] a person who rides a bicycle সাইকেল-আরোহী

cyclone / ˈsaɪkləʊn 'সাইক্ল্যাউন্ / *noun* [C] a violent wind that moves in a circle causing a storm ঘূর্ণিঝড়, হারিকেন, ঘূর্ণিবাত্যা; সাইক্লোন ➪ **storm**-এ নোট দেখো। ▶ **cyclonic** / saɪˈklɒnɪk সাই'ক্লনিক্ / *adj.* ঘূর্ণিঝড় সংক্রান্ত

cygnet / ˈsɪgnət 'সিগ্ন্যাট্ / *noun* [C] the young of **a swan** রাজহাঁসের শাবক, বালহংস, মরালশাবক

cylinder / ˈsɪlɪndə(r) 'সিলিন্ড্যা(র্) / *noun* [C] **1** an object shaped like a tube নলের মতো আকারের বস্তু, নল, চোং; সিলিন্ডার ➪ **solid**-এ ছবি দেখো। **2** a tube-shaped part of an engine, for example, in a car মোটরগাড়ির ইঞ্জিনের বেলনাকার যন্ত্রাংশ; সিলিন্ডার ▶ **cylindrical** / səˈlɪndrɪkl স্যা'লিন্ড্রিক্ল্ / *adj.* নলাকৃতি, বেলনাকার

cymbal / ˈsɪmbl 'সিম্ব্ল্ / *noun* [C, *usually pl.*] one of a pair of round metal plates used as a musical instrument. Cymbals make a loud ringing sound when you hit them together or with a stick বাদ্যযন্ত্র হিসেবে ব্যবহৃত গোল ধাতব যুগ্ম পাতের একটি। এই দুটি একসঙ্গে আঘাত করলে বা লাঠি দিয়ে আঘাত করলে জোরালো বাজনার আওয়াজ হয়; মন্দিরা, বড়ো খঞ্জনি ➪ music -এ ছবি দেখো।

cynic / ˈsɪnɪk 'সিনিক্ / *noun* [C] a person who believes that people only do things for themselves, rather than to help others যে ব্যক্তি সবাইকে স্বার্থপর বলে মনে করে; দোষদর্শী *Don't be such a cynic. He did it to help us, not for the money.* ▶ **cynical** / ˈsɪnɪkl 'সিনিক্ল্ / *adj.* স্বার্থপরতাযুক্ত, মানববিদ্বেষী *a cynical remark* ▶ **cynically** / -kli -কলি / *adv.* দোষদর্শিতাপূর্ণ ▶ **cynicism** / ˈsɪnɪsɪzem 'সিনিসিজ্যাম্ / *noun* [U] দোষদর্শিতা

cypress / ˈsaɪprəs 'সাইপ্র্যাস্ / *noun* [C] a tall straight tree of the kind that does not lose its leaves in winter (**an evergreen**) চিরহরিৎ দীর্ঘ ঋজু বৃক্ষবিশেষ

Cyrillic / səˈrɪlɪk স্যা'রিলিক্ / *noun* [U] the alphabet that is used in languages such as Russian রুশ ইত্যাদি ভাষার অক্ষর বা বর্ণমালা

cyst / sɪst সিস্ট্ / *noun* [C] a swelling or a lump filled with liquid in the body or under the skin (ত্বকের নীচে) ছোটো ফোড়ার মতো ফোলা; জলকোষ, পুঁজকোষ; সিস্ট

cystic fibrosis / ˌsɪstɪk faɪˈbrəʊsɪs ˌসিস্টিক্ ফাই-'ব্র্যাউসিস্ / *noun* [U] a serious medical condition that some people are born with, in which some organs do not work correctly. It can cause death জন্মগত কঠিন শারীরিক অবস্থা যার ফলে দেহের কোনো কোনো অঙ্গ ঠিকভাবে কাজ করতে পারে না এবং যার কারণে শেষ পর্যন্ত মৃত্যুও হতে পারে; সিস্টিক ফাইব্রোসিস

cystitis / sɪˈstaɪtɪs সি'স্টাইটিস্ / *noun* [U] an infection, especially in women, of the organ in which liquid waste collects before leaving the body (**the bladder**) that makes it painful to go to the toilet একধরনের (বিশেষত মহিলাদের) ব্যাধি, যাতে মূত্রাশয়ে সংক্রমণের ফলে প্রস্রাবের আগে যন্ত্রণা হয়

cytology / saɪˈtɒlədʒi সাই'টল্যাজি / *noun* [U] the study of the structure and function of plant and animal cells উদ্ভিদ ও জীবজন্তুর দেহের কোষের গঠন ও ক্রিয়া বিশ্লেষণ করে যে শাস্ত্র; জীবকোষ সংক্রান্ত বিদ্যা; সাইটোলজি

cytoplasm / ˈsaɪtəʊplæzəm 'সাইট্যাউপ্ল্যাজ্যাম্ / *noun* [U] the material that a cell is made of, except for the **nucleus** নিউক্লিয়াস বা মধ্যেকার অংশ বাদ দিয়ে কোষের বাকি অংশ যা দিয়ে তৈরি; সাইটোপ্লাজম

czar, czarina = **tsar, tsarina**

D d

D, d / di: ডী / *noun* [C, U] (*pl.* **D's; d's** / di:z ডীজ্ /) the fourth letter of the English alphabet ইংরেজি বর্ণমালার চতুর্থ অক্ষর বা বর্ণ *'Delhi' begins with (a) 'D'.*

d. *abbr.* died মৃত হয়েছেন, মৃত্যু *J L Nehru, d. 1964*

dab¹ / dæb ড্যাব / *verb* [I, T] (**dabbing; dabbed**) to touch sth lightly, usually several times কোনো বস্তুকে হালকাভাবে ছোঁয়া, সাধারণত বেশ কয়েকবার; হালকা অথবা মৃদুভাবে থাবড়ানো *He dabbed the cut with some cotton wool.*

PHR V dab sth on/off (sth) to put sth on or to remove sth lightly (কোনো কিছু বা ওষুধ ইত্যাদি) লেপন করা বা হালকাভাবে মুছে নেওয়া *to dab some antiseptic on a wound*

dab² / dæb ড্যাব্ / *noun* [C] **1** a light touch হালকা স্পর্শ *She gave her eyes a dab with a handkerchief.* **2** a small quantity of sth that is put on a surface কোনো বস্তুর পৃষ্ঠতলে স্বল্পমাত্রায় কোনো কিছুর প্রলেপ *a dab of paint/perfume*

dabble / ˈdæbl ˈড্যাব্‌ল্ / *verb* **1** [I] to become involved in sth in a way that is not very serious হালকাভাবে কোনো কিছুতে জড়িত হওয়া *to dabble in politics* **2** [T] to put your hands, feet, etc. in water and move them around জলে হাত পা ইত্যাদি ডোবানো এবং এদিক ওদিক ছোড়া *We sat on the bank and dabbled our toes in the river.*

dacoit *noun* [C] (*IndE*) a member of an armed gang of robbers সশস্ত্র দস্যুদলের একজন; ডাকাত, লুণ্ঠনকারী

dacoity *noun* [C, U] (*pl.* **dacoities**) (*IndE*) armed robbery carried out by a gang of **dacoits** একদল ডাকাতের দ্বারা সশস্ত্র ডাকাতি

dad / dæd ড্যাড্ / *noun* [C] (*informal*) father বাবা, পিতা, জনক *Is that your dad? ○ Come on, Dad!*

daddy / ˈdædi ˈড্যাডি / *noun* [C] (*pl.* **daddies** / dædiz ˈড্যাডিজ্ /) (*informal*) (used by children) father ছোটোরা অনেক সময়ে বাবাকে এভাবে ডাকে; পিতা; ড্যাডি *I want my daddy!*

daffodil / ˈdæfədɪl ˈড্যাফ্যাডিল্ / *noun* [C] a tall yellow flower that grows in the spring বসন্তকালে ফোটে লম্বা হলুদ রঙের ফুল; ড্যাফোডিল

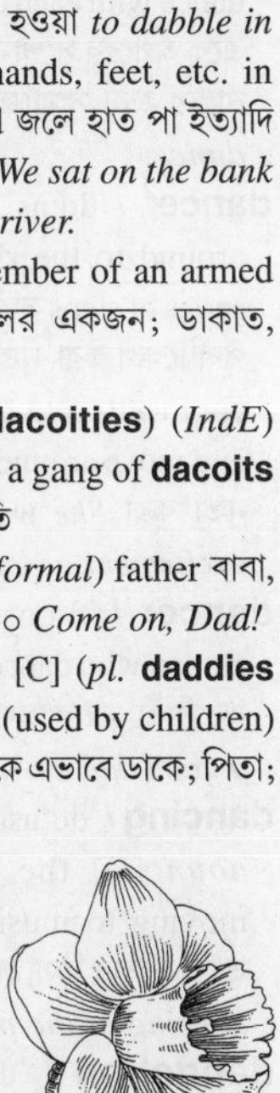

daft / dɑ:ft ডা:ফ্‌ট্ / *adj.* (*informal*) silly; foolish বোকা; নির্বোধ, পাগলাটে *Don't be daft. ○ a daft idea*

dagger / ˈdægə(r) ˈড্যাগ্যা(র্) / *noun* [C] a type of knife used as a weapon, especially in past times (অতীতে ব্যবহৃত) ছোরা, খঞ্জর, অসি

daily¹ / ˈdeɪli ˈডেইলি / *adj., adv.* done, made or happening every day দৈনিক, প্রাত্যহিক, রোজকার, দৈনন্দিন, আহ্নিক *a daily routine/delivery/newspaper*

daily² / ˈdeɪli ˈডেইলি / *noun* [C] (*pl.* **dailies**) (*informal*) a newspaper that is published every day except Sunday রবিবার ব্যতীত দৈনিক প্রকাশিত সংবাদপত্র

dainty / ˈdeɪnti ˈডেইন্‌টি / *adj.* **1** small and pretty ছোটো এবং সুন্দর; সূক্ষ্ম *a dainty lace handkerchief* **2** (used about a person's movements) very careful in a way that tries to show good manners (কোনো ব্যক্তির গতিবিধি সম্বন্ধে ব্যবহৃত) ছিমছাম, সূক্ষ্মরুচিসম্পন্ন, রুচিবাগীশ *Vedika took a dainty bite of the giant hot dog.* ▶ **daintily** *adv.* রুচিসম্মতভাবে

dairy¹ / ˈdeəri ˈডেঅ্যারি / *noun* [C] (*pl.* **dairies**) **1** a place on a farm where milk is kept and butter, cheese, etc. are made খামারে যে স্থানে দুধ রাখা হয় এবং মাখন, চিজ ইত্যাদি তৈরি হয়; গব্যশালা, দুগ্ধশালা, ডেয়ারি **2** a company which sells milk, butter, eggs, etc. দুধ, মাখন, ডিম ইত্যাদি বিক্রি করে যে প্রতিষ্ঠান; ডেয়ারি

dairy² / ˈdeəri ˈডেঅ্যারি / *adj.* (*only before a noun*) **1** made from milk দুগ্ধজাত *dairy products/produce* (= milk, butter, cheese, etc.) **2** connected with the production of milk দুগ্ধ সংক্রান্ত, দুগ্ধ-উৎপাদন বিষয়ক *dairy cattle ○ a dairy farm*

dais / ˈdeɪɪs ˈডেইইস্ / *noun* [C] a raised platform, usually at end of a room for speakers or guests of honour ঘরের প্রান্তে মাননীয় অতিথিবর্গ এবং বক্তাদের জন্য নির্মিত মঞ্চ; বেদি; ডায়াস

daisy / ˈdeɪzi ˈডেইজ়ি / *noun* [C] (*pl.* **daisies**) a small white flower with a yellow centre, which usually grows wild in grass মাঝে হলুদ চারপাশে সাদা পাপড়ির ছোটো ঘাসফুল অথবা বনফুল; ডেইজি ফুল

dam / dæm ড্যাম্ / *noun* [C] a wall built across a river to hold back the water and form a lake (**reservoir**) behind it নদীর উপর আড়াআড়িভাবে নির্মিত দেয়াল যার উদ্দেশ্য জল ধরে রাখা এবং পিছনে হ্রদ (জলাধার) তৈরি করা; বাঁধ; ড্যাম ▶ **dam** *verb* [T] (*pres. part.* **damming;** *pt, pp* **dammed**) বাঁধ বানিয়ে জল আটকানো

damage[1] / ˈdæmɪdʒ ˈড্যামিজ্ / *noun* **1** [U] **damage (to sth)** harm or injury caused when sth is broken or spoiled কোনো কিছু ভেঙে যাওয়া অথবা নষ্ট হয়ে যাওয়ার কারণে যে ক্ষয়-ক্ষতি, হানি অথবা লোকসান *Earthquakes can* ***cause*** *terrible* ***damage*** ○ ***to repair the damage*** **2 damages** [*pl.*] money that you can ask for if sb damages sth of yours or hurts you কোনো ব্যক্তি কারও কিছু ক্ষতি করলে বা তাকে আঘাত করলে সেই ব্যক্তির কাছ থেকে যে টাকা চাওয়া হয়; ক্ষতিপূরণের টাকা; খেসারত *Mrs Roy, who lost a leg in the crash, was awarded damages of Rs 100,000.*

damage[2] / ˈdæmɪdʒ ˈড্যামিজ্ / *verb* [T] to spoil or harm sth, for example by breaking it (কোনো বস্তু ভেঙে) ক্ষতি করা, লোকসান করা *The roof was damaged by the storm.* ▶ **damaging** *adj.* ক্ষতিকারক, হানিকারক *These rumours could be damaging to her reputation.*

dame / deɪm ডেইম্ / *noun* [C] **Dame** (*BrE*) a title given to a woman as an honour because of sth special that she has done (কাজের স্বীকৃতি বা সম্মানার্থে) মহিলাদেরকে প্রদেয় সম্মানসূচক উপাধি *Dame Agatha Christie*

damn[1] / dæm ড্যাম্ / *verb* [I, T] (*slang*) a swear word that people use to show that they are angry রাগ প্রকাশ করতে ব্যবহৃত অপশব্দবিশেষ *Damn (it)! I've left my money behind.*

damn[2] / dæm ড্যাম্ / (*also* **damned**) *adj., adv.* (*slang*) **1** (a swear word that people use for emphasizing what they are saying) very (বক্তব্যের উপর জোর দিতে অনেক সময় এই অপশব্দটি ব্যবহার করা হয়) খুবই, অত্যন্ত, চরম, দারুণ *Read it! It's a damn good book.* **2** a swear word that people use to show that they are angry রাগ, বিরক্তি প্রকাশে ব্যবহৃত শব্দ; ড্যাম্ *Some damn fool has parked too close to me.*

damn[3] / dæm ড্যাম্ / *noun*

IDM **not give a damn (about sb/sth)** not care at all বেপরোয়াভাব, তোয়াক্কা করা হয় না এমন *I don't give a damn what he thinks about me.*

damning / ˈdæmɪŋ ˈড্যামিং / *adj.* that criticizes sth very much কোনো বস্তুকে তীব্র সমালোচনা অথবা নিন্দা করে এমন *There was a damning article about the book in the newspaper.*

damp[1] / dæmp ড্যাম্প্ / *adj.* a little wet ভিজে, স্যাঁতসেতে, আর্দ্র *The house had been empty and felt rather damp.* ▶ **damp** *noun* [U] স্যাঁতসেতে ভাব, ভিজেভিজে ভাব; আর্দ্রতা *She hated the damp and the cold of the English climate.* ⇨ **wet**-এ নোট দেখো।

damp[2] / dæmp ড্যাম্প্ / *verb* [T] **damp sth (down)** **1** to make a fire burn less strongly or stop burning আগুন নেভানো অথবা তার শিখা বা আঁচ কমানো *He tried to damp (down) the flames.* **2** to make sth less strong or urgent কোনো বস্তুকে দমানো, নিরুৎসাহ করা, হতোদ্যম করা *He tried to damp down their expectations in case they failed.*

dampen / ˈdæmpən ˈড্যাম্প্যান্ / *verb* [T] **1** to make sth less strong or urgent কোনো বস্তুকে হতোদ্যম বা উৎসাহহীন করা *Even the awful weather did not dampen their enthusiasm for the trip.* **2** to make sth a little wet কোনো বস্তুকে অল্প অল্প ভেজানো, স্বল্প আর্দ্র করা *He dampened his hair to try to stop it sticking up.*

damson / ˈdæmzn ˈড্যাম্জ়্ন্ / *noun* a type of small dark purple fruit (**plum**) আলুবোখরা

dance[1] / dɑːns ডা:ন্স্ / *noun* **1** [C] a series of steps and movements which you do to music সংগীতের সঙ্গে ক্রমপর্যায়ে পদবিক্ষেপ এবং শরীরের বিভঙ্গ; নাচ, নৃত্য **2** [U] dancing as a form of art or entertainment নৃত্যকলা, নৃত্যশিল্প *She's very interested in modern dance.* **3** [C] (*old-fashioned*) a social meeting at which people dance with each other সামাজিক অনুষ্ঠান যেখানে লোকে একে অপরের সঙ্গে নৃত্য করে; নৃত্যানুষ্ঠান অথবা নৃত্যোৎসব, নাচের জন্য সামাজিক সমাবেশ *My parents met at a dance.*

dance[2] / dɑːns ডা:ন্স্ / *verb* **1** [I, T] to move around to the rhythm of music by making a series of steps সংগীতের তালে তালে চারিপাশে ক্রমপর্যায়ে পদবিক্ষেপ করা, নৃত্য করা, নাচ করা, নাচা *I can't dance very well.* ○ *to dance the samba* **2** [I] to jump and move around with energy আনন্দে আত্মহারা হয়ে নৃত্য করা *She was dancing up and down with excitement.*

dancer / ˈdɑːnsə(r) ˈডা:ন্স্যা(র্) / *noun* [C] a person who dances, often as a job (প্রায়ই পেশাদারি) নৃত্যশিল্পী, নর্তক অথবা নর্তকী *a ballet dancer* ○ *She's a good dancer.*

dancing / ˈdɑːnsɪŋ ˈডা:ন্সিং / *noun* [U] the action of moving to music সংগীতের তালে নৃত্যের ক্রিয়া *Will there be dancing at the party?*

dandelion / ˈdændɪlaɪən ˈড্যান্ডিলাইঅ্যান্ / *noun* [C] a small wild plant with a bright yellow flower উজ্জ্বল হলুদ রঙের ফুলসমেত ছোটো বন্য গাছ

dandruff / ˈdændrʌf ˈড্যান্‌ড্রাফ্ / *noun* [U] small pieces of dead skin in the hair, that look like white powder চুলের ভিতরে সাদা গুঁড়োর মতো দেখতে শুকনো চামড়া; খুশকি, মরামাস

danger / ˈdeɪndʒə(r) ˈডেইন্‌জ্যা(র্) / *noun* **1** [U, C] the chance that sb/sth may be hurt, killed or damaged or that sth bad may happen কোনো ব্যক্তি বা বস্তুর আহত, হত অথবা ক্ষতিগ্রস্ত হওয়ার বা খারাপ কিছু ঘটার সম্ভাবনা; বিপদ, সংকট, ঝুঁকি *When he saw the men had knives, he realized his life was **in danger**. The men kept on running until they thought they were **out of danger**.* **2** [C] **a danger (to sb/sth)** a person or thing that can cause injury, pain or damage to sb কোনো ব্যক্তির পক্ষে বিপজ্জনক বা ক্ষতিকারক ব্যক্তি বা বস্তু *Drunk drivers are a danger to everyone on the road.*

dangerous / ˈdeɪndʒərəs ˈডেইন্‌জ্যার‍্যাস্ / *adj.* likely to cause injury or damage বিপজ্জনক, মারাত্মক, সংকটময় *a dangerous animal/road/illness* ▶ **dangerously** *adv.* বিপজ্জনকভাবে *He was standing dangerously close to the cliff edge.*

dangle / ˈdæŋgl ˈড্যাংগ্‌ল্ / *verb* [I, T] to hang freely; to hold sth so that it hangs down in this way আলগাভাবে ঝোলা, ঝোলানো, ঝুলিয়ে রাখা; এমনভাবে ধরে রাখা যাতে সেটি ওইভাবে ঝোলে *She sat on the fence with her legs dangling.* ○ *The police dangled a rope from the bridge and the man grabbed it.*

dank / dæŋk ড্যাংক্ / *adj.* wet, cold and unpleasant ভিজে, স্যাঁতসেঁতে, ভালো লাগে না এমন

dare[1] / deə(r) ডেঅ্যা(র্) / *verb* **1** [I] (*usually in negative sentences*) **dare (to) do sth** to have enough courage to do sth কোনো কিছু করার জন্য যথেষ্ট সাহস থাকা, হিম্মত থাকা, স্পর্ধার সঙ্গে কোনো কিছু করার জন্য সাহস থাকা *Nobody dared (to) speak.* ○ *I daren't ask her to lend me any more money.*

> NOTE **Dare** শব্দটির নেতিবাচক রূপ হল **dare not** (সাধারণত **daren't**) অথবা **do not/does not (don't/doesn't) dare.** অতীতকালের (past tense) রূপে **did not (didn't) dare** ব্যবহৃত হয়।

2 [T] **dare sb (to do sth)** to ask or tell sb to do sth in order to see if he/she has the courage to do it কোনো ব্যক্তির সাহস আছে কিনা তা দেখার জন্য তাকে কিছু করতে বলা বা প্ররোচিত করা; কোনো ব্যক্তিকে সাহস দেখানোর জন্য প্ররোচিত করা; ওসকানো *Can you jump off that wall? Go on, I dare you!*

IDM **don't you dare** used for telling sb very strongly not to do sth কোনো ব্যক্তিকে কিছু করতে দৃঢ়ভাবে বারণ করার জন্য ব্যবহৃত অভিব্যক্তিবিশেষ *Don't you dare tell my parents about this!*

how dare you used when you are angry about sth that sb has done কারও ভুল কাজের কারণে ক্রোধ প্রকাশের জন্য ব্যবহৃত অভিব্যক্তিবিশেষ *How dare you speak to me like that!*

I dare say used when you are saying sth is probable যখন কোনো কিছু সম্ভব বলে মনে করা হয় তখন ব্যবহৃত হয় *'I think you should accept the offer.' 'I dare say you're right.'*

dare[2] / deə(r) ডেঅ্যা(র্) / *noun* [C, *usually sing.*] something dangerous that sb asks you to do, to see if you have the courage to do it কোনো ব্যক্তির সাহসের পরীক্ষা নেওয়ার জন্য তাকে যে বিপজ্জনক কাজ করতে বলা হয় *'Why did you try to swim across the river?' '**For a dare**.'*

daredevil / ˈdeədevl ˈডেঅ্যাডেভ্‌ল্ / *noun* [C] a person who likes to do dangerous things যে ব্যক্তি বিপজ্জনক কিছু করতে পছন্দ করে; দুঃসাহসী, ডানপিটে, ডাকাবুকো

daring / ˈdeərɪŋ ˈডেঅ্যারিং / *adj.* involving or taking risks; brave দুঃসাহসিক, বেপরোয়া; অসমসাহসিক ▶ **daring** *noun* [U] দুঃসাহসিকতা, অসমসাহসিকতা *The climb required skill and daring.*

dark[1] / dɑːk ডা:ক্ / *adj.* **1** with no light or very little light অন্ধকার, আঁধার, নিষ্প্রভ, নিরালোক, তমসাবৃত *It was a dark night, with no moon.* ○ *What time does it **get dark** in winter?* **2** (used about a colour) not light; nearer black than white (রং সম্বন্ধে ব্যবহৃত) হালকা নয়; গাঢ় *dark blue* ✪ বিপ **light** অথবা **pale** **3** (*usually BrE*) (used about a person's hair, skin or eyes) brown or black; not fair (কোনো ব্যক্তির ত্বক, চুল বা চোখের রং সম্বন্ধে ব্যবহৃত) বাদামি বা কালো; ফর্সা নয়; তামাটে, ময়লা, শ্যামবর্ণ *She was small and dark with brown eyes.* **4** (*only before a noun*) hidden and frightening; mysterious গুপ্ত, ভয়াবহ, দুর্জ্ঞেয়, দুর্বোধ্য; রহস্যমণ্ডিত *He seemed friendly, but there was a dark side to his character.* **5** (*only before a noun*) sad; without hope দুঃখজনক, নৈরাশ্যমণ্ডিত; হতাশ *the dark days of the recession*

dark[2] / dɑːk ডা:ক্ / *noun* [*sing.*] **the dark** the state of having no light অন্ধকারাচ্ছন্ন অবস্থা, তমসাবৃত অবস্থা *He's afraid of the dark.* ○ *Why are you sitting alone **in the dark**?*

IDM **before/after dark** before/after the sun goes down in the evening সূর্যাস্তের ঠিক আগে বা পরে

(be/keep sb) in the dark (about sth) (be/keep sb) in a position of not knowing about sth কোনো বিষয় সম্পর্কে কিছু জানা নেই এমন অবস্থা; অজ্ঞতার মধ্যে আছে বা রাখা হয়েছে এমন অবস্থা *Don't keep me in the dark. Tell me!*

the dark ages *noun* [*pl.*] **1 the Dark Ages** the period in western Europe between the end of the Roman Empire (about 500 AD) and the end of the 10th century AD রোমান সাম্রাজ্যের পরবর্তী (প্রায় ৫০০ খ্রিস্টাব্দ) সময় থেকে খ্রিস্টিয় দশম শতাব্দীর শেষ পর্যন্ত পশ্চিম ইউরোপের ইতিহাসের সময়সীমা **2** a period of history or a time when sth was not developed or modern ইতিহাসের সেই সময় যখন কোনো উন্নতি বা আধুনিকতার সূচনা ঘটেনি; অন্ধযুগ *Back in the dark ages of computing, in about 1980, they started a software company.*

darken / ˈdɑːkən ˈডা:ক্যান্ / *verb* [I, T] to become or to make sth darker ঘন অন্ধকার হয়ে যাওয়া বা করা, তমসাচ্ছন্ন হওয়া বা করা, নিষ্প্রভ হওয়া বা করা *The sky suddenly darkened and it started to rain.*

dark glasses = **sunglasses**

darkly / ˈdɑːkli ˈডা:ক্লি / *adv.* (*written*) **1** in a frightening or unpleasant way বিষণ্নভাবে, আতঙ্কজনকভাবে, অপ্রিয়ভাবে *He hinted darkly that someone would soon be going to hospital.* **2** showing a dark colour গাঢ় রঙের

darkness / ˈdɑːknəs ˈডা:কন্যাস্ / *noun* [U] the state of being dark অন্ধকারাচ্ছন্ন অবস্থা, কালিমা, তমসা, আঁধার *We sat* ***in total darkness****, waiting for the lights to come back on.*

darkroom / ˈdɑːkruːm; -rʊm ˈডা:করুম্; -রুম্ / *noun* [C] a room that can be made completely dark so that film can be taken out of a camera and photographs can be produced there সম্পূর্ণ অন্ধকার করা যেতে পারে এমন ঘর যেখানে ক্যামেরা থেকে ফিল্ম বার করা যায় এবং ফোটো তৈরি করা যায়; ডার্করুম

darling / ˈdɑːlɪŋ ˈডা:লিং / *noun* [C] a word that you say to sb you love প্রিয়; আদরের, ভালোবাসার ব্যক্তিকে সম্বোধন করার জন্য ব্যবহৃত শব্দ; ডার্লিং

darn / dɑːn ডা:ন্ / *verb* [I, T] to repair a hole in clothes by sewing across it in one direction and then in the other (বস্ত্রাদিতে) ছিদ্র হলে বা তা ছিঁড়ে গেলে সূচ দ্বারা আড়াআড়িভাবে সেলাই করে মেরামত করা; রিপু করা, রিফু করা *I hate darning socks.*

dart¹ / dɑːt ডা:ট্ / *noun* **1** [C] an object like a small arrow. It is thrown in a game or shot as a weapon (কোনো বিশেষ খেলায় অথবা অস্ত্র হিসেবে ব্যবহৃত) তীরের মতো তীক্ষ্ণাগ্র ছোটো বস্তু; তীর, বাণ, বর্শা ইত্যাদি *The keeper fired a tranquillizer dart into the tiger to send it to sleep.* **2 darts** [U] a game in which you throw darts at a round board with numbers on it **(a dartboard)** একধরনের খেলা যাতে ছোটো ছোটো তীর চাঁদমারির (একটা গোল চাকা যার গায়ে সংখ্যা লেখা থাকে) গায়ে ছুড়ে মারতে হয়

dart² / dɑːt ডা:ট্ / *verb* [I, T] to move or make sth move suddenly and quickly in a certain direction কোনো বস্তুকে ক্ষিপ্র গতিতে নির্দিষ্ট দিকে আকস্মিক অগ্রসর করা বা করানো *A rabbit darted across the field.* ○ *She darted an angry glance at me.*

dash¹ / dæʃ ড্যাশ্ / *noun* **1** [*sing.*] an act of going somewhere suddenly and quickly দ্রুতগমন, দৌড়াদৌড়ি *Suddenly the prisoner made a dash for the door.* **2** [C, *usually sing.*] a small amount of sth that you add to sth else অল্প পরিমাণ কিছু (যা আর একটি জিনিসে যোগ করা হয়); ছিটেফোঁটা *a dash of lemon juice* **3** [C] a small horizontal line (–) used in writing, especially for adding extra information অতিরিক্ত তথ্য দিতে (বিশেষত লেখার সময়) ব্যবহৃত ড্যাশ্ চিহ্ন (–) ➪ **hyphen** দেখো।

dash² / dæʃ ড্যাশ্ / *verb* **1** [I] to go somewhere suddenly and quickly হঠাৎ দ্রুত গতিতে অথবা তাড়াতাড়ি কোনো জায়গায় যাওয়া *We all dashed for shelter when it started to rain.* ○ *I must dash—I'm late.* **2** [I, T] to hit sth with great force; to throw sth so that it hits sth else very hard কোনো বস্তুকে প্রচণ্ড জোরে মারা অথবা আঘাত করা; এমনভাবে কোনো কিছু জোরে ছুড়ে মারা অথবা নিক্ষেপ করা যাতে তা অন্য বস্তুকে আঘাত করে *She dashed her racket to the ground.*

IDM **dash sb's hopes (of sth/of doing sth)** to completely destroy sb's hopes of doing sth কারও কিছু করার আশা বিনাশ বা নষ্ট করে দেওয়া

PHR V **dash sth off** to write or draw sth very quickly খুব তাড়াতাড়ি কিছু লেখা বা আঁকা *I dashed off a note to my boss and left.*

dashboard / ˈdæʃbɔːd ˈড্যাশ্‌ব:ড্ / *noun* [C] the part in a car in front of the driver where most of the switches, etc. are মোটরগাড়িতে চালকের সামনের দিকে যে-জায়গাটিতে অধিকাংশ সুইচ ইত্যাদি থাকে; ড্যাশবোর্ড ➪ **car**-এ ছবি দেখো।

data / ˈdeɪtə; ˈdɑːtə ˈডেইট্যা; ˈডা:ট্যা / *noun* [U, *pl.*] (used as a plural noun in technical English, when the singular is **datum**) facts or information (ইংরেজি পরিভাষায় এই শব্দটি বহুবচন হিসাবে ব্যবহার করা হয়, এর একবচন হল **datum**) তথ্য অথবা সংবাদ সমূহ; ডাটা, ডেটা *to gather/collect data* ○ *data capture/retrieval* (= ways of storing and looking at information on a computer) ○ *data processing*

database / ˈdeɪtəbeɪs ˈডেইট্যাবেইস্ / *noun* [C] a large amount of data that is stored in a computer and can easily be used, added to, etc. কম্পিউটারে সঞ্চিত তথ্য অথবা ডাটাসমূহ যা দরকারমতো ব্যবহার করা যায়, বাড়ানো যায় ইত্যাদি; কম্পিউটারজাত উপাত্তের বৃহৎ ভাণ্ডার, উপাত্ত ভাণ্ডার; ডেটাবেস

date[1] / deɪt ডেইট্ / *noun* **1** [C] a particular day of the month or year (মাস বা বছরের) তারিখ; দিনসংখ্যা, দিনাঙ্ক *What's the date today?* ○ *What's your **date of birth**?* ○ *We'd better **fix a date** for the next meeting.* **2** [*sing.*] a particular time কোনো নির্দিষ্ট সময় *We can discuss this **at a later date**.* **3** [C] an arrangement to meet sb, especially a boyfriend or girlfriend পূর্বনির্ধারিত সাক্ষাতের সময়, বিশেষ করে ছেলেবন্ধু বা মেয়েবন্ধুর সঙ্গে; অভিসার *Shall we **make a date** to have lunch together?* ➪ **blind date** দেখো। **4** [C] a small, sweet, dark brown fruit that comes from a tree which grows in hot countries খেজুর

IDM out of date 1 not fashionable; no longer useful সেকেলে, যুগোপযোগী নয়; ব্যবহারযোগ্য নয় *out-of-date methods/machinery* **2** no longer able to be used যা আর কার্যকরী নয়, যার সময়সীমা ফুরিয়ে গেছে *I must renew my passport. It's out of date.*

to date (*formal*) until now আজ পর্যন্ত, এখনও পর্যন্ত *We've had very few complaints to date.*

up to date 1 completely modern সম্পূর্ণরূপে আধুনিক; হালফ্যাশানের, যুগোপযোগী *The new kitchen will be right up to date, with all the latest gadgets.* **2** with all the latest information; having done everything that you should একেবারে আধুনিক সময়ের অথবা সাম্প্রতিক তথ্য সম্বলিত; দরকারমতো যা করণীয় সবই করা হয়েছে এমন *In this report we'll bring you up to date with the latest news from the area.*

date[2] / deɪt ডেইট্ / *verb* **1** [T] to discover or guess how old sth is কোনো বস্তু কত পুরোনো বা কোন সময়ের তা জানা বা আন্দাজ করা, সময় নির্ধারণ করা; সময়কাল নিরূপণ করা *The skeleton has been dated at about 3000 BC.* **2** [T] to write the day's date on sth কোনো কিছুর উপর নির্দিষ্ট দিনের তারিখ লেখা *The letter is dated 24 March 2000.* **3** [I, T] to seem, or to make sb/sth seem, old-fashioned কোনো ব্যক্তি অথবা বস্তুকে সেকেলে মনে করানো বা মনে হওয়া *We chose a simple style so that it wouldn't date as quickly.*

PHR V date back to...; date from... to have existed since... অতীতের কোনো এক সময় থেকে বর্তমান থাকা *The house dates back to the seventeenth century.*

dated / ˈdeɪtɪd ˈডেইটিড্ / *adj.* old-fashioned; belonging to a time in the past অপ্রচলিত; সেকেলে, পুরোনো দিনের *This sort of jacket looks rather dated now.*

the date line = **the International Date Line**

dative / ˈdeɪtɪv ˈডেইটিভ্ / *noun* [C] (*grammar*) the form of a noun, a pronoun, or an adjective in some languages when it is, or is connected with, the **indirect object** of a verb (ব্যাকরণ) কোনো কোনো ভাষায় বিশেষ্য, সর্বনাম অথবা বিশেষণপদের রূপ ক্রিয়াপদের গৌণ কর্মের সঙ্গে সংযুক্ত থাকে বা সেটিই গৌণ কর্ম হয়ে থাকে; সম্প্রদান কারক বা সম্প্রদান কারক সম্বলিত পদ *In the sentence 'Give me the book', 'me' is in the dative.* ➪ **accusative, genitive, nominative** এবং **vocative** দেখো।

datum / ˈdeɪtəm ˈডেইট্যাম্ / = **data**

daub / dɔːb ডːব্ / *verb* [T] **daub A on B; daub B with A** to spread a substance such as paint, mud, etc. thickly and/or carelessly onto sth রং, কাদা ইত্যাদি দ্বারা পুরু করে যেমন-তেমনভাবে কিছুর উপর প্রলেপ দেওয়া *The walls had been daubed with graffiti.*

daughter / ˈdɔːtə(r) ˈডːট্যা(র্) / *noun* [C] a female child মেয়ে, কন্যা, দুহিতা, আত্মজা *I have two sons and one daughter.*

daughter-in-law *noun* [C] (*pl.* **daughters-in-law**) the wife of your son পুত্রবধূ, বৌমা, বধূমাতা

daunt / dɔːnt ডːন্ট্ / *verb* [T] (*usually passive*) to frighten or to worry sb by being too big or difficult (কোনো ব্যক্তিকে জটিল বা বৃহৎ হয়ে) ভয় দেখানো, চিন্তায় ফেলা, নিরুৎসাহ করা *Don't be daunted by all the controls—in fact it's a simple machine to use.* ▶ **daunting** *adj.* ভয় পাওয়ার মতো *a daunting task*

dawdle / ˈdɔːdl ˈডːড্ল্ / *verb* [I] to go somewhere very slowly গড়িমসি করা, ঢিমেতালে চলা *Stop dawdling! We've got to be there by two.*

dawn[1] / dɔːn ডːন্ / *noun* **1** [U, C] the early morning, when light first appears in the sky (যখন আকাশে প্রথম আলো ফোটে) প্রত্যুষ, ঊষাকাল, ব্রাহ্মমুহূর্ত, কাকভোর, বিহান, ভোর *before/at dawn* ○ *Dawn was breaking* (= it was starting to get light) *as I set off to work.* **2** [*sing.*] **the beginning** সূচনা, উন্মেষ, আরম্ভ, শুরু *the dawn of civilization*

IDM the crack of dawn ➪ **crack**[2] দেখো।

dawn[2] / dɔːn ডːন্ / *verb* [I] **1** (*formal*) to begin to grow light, after the night সকাল হওয়া, দিনের প্রথম আলো ফোটা *The day dawned bright and cold.* ○ (*figurative*) *A new era of peace is dawning.* **2 dawn (on sb)** to become clear (to sb) কোনো ব্যক্তির কাছে পরিষ্কার হয়ে ওঠা, ফুটে ওঠা, স্পষ্ট হওয়া, উদয় হওয়া, খেয়াল হওয়া *Suddenly it dawned on her. 'Of course!' she said. 'You're Mohan's brother!'*

day / deɪ ডেই / *noun* **1** [C] a period of 24 hours. Seven days make up a week দিন, অহ, দিবস, অহ্ন *'What day is it today?' 'Tuesday.'* ○ *I'd already spoken to him the day before/the previous day.*

o *I work six days a week. Sunday's my day off (when I do not work).* **2** [C, U] the time when the sky is light; not night যখন আকাশে দিনের আলো থাকে; দিনের বেলা (রাত নয়) *It's been raining all day (long).* o *Owls sleep by day* (= during the day) *and hunt at night.* **3** [C] the hours of the day when you work দৈনিক কাজের সময় *She's expected to work a seven-hour day.* **4** [C] (also **days**) a particular period of time in the past অতীতের বিশেষ কোনো সময়কাল *in Raj Kapoor's days* o *There weren't so many cars in those days.*

IDM **at the end of the day** ⇨ **end¹** দেখো।

break of day ⇨ **break²** দেখো।

call it a day ⇨ **call¹** দেখো।

day by day every day; as time passes প্রতিদিন; দিনে দিনে, দিনের পর দিন, ক্রমশ *Day by day, she was getting a little bit stronger.*

day in, day out every day, without any change রোজ, প্রতিদিন, দৈনন্দিন; কোনো পরিবর্তন ছাড়া *He sits at his desk working, day in, day out.*

day-to-day happening as a normal part of each day; usual প্রাত্যহিক, দৈনন্দিন, রোজকার মতো; নিত্য

from day to day; from one day to the next within a short period of time খুব কম সময়ে, কম সময়ের মধ্যে *Things change so quickly that we never know what will happen from one day to the next.*

have a field day ⇨ **field day** দেখো।

it's early days (yet) ⇨ **early** দেখো।

make sb's day (informal) to make sb very happy কোনো ব্যক্তিকে খুব আনন্দ দেওয়া অথবা সুখী করা

one day; some day at some time in the future ভবিষ্যতে কোনো একদিন *Some day we'll go back and see all our old friends.*

the other day a few days ago; recently অল্প কয়েক দিন আগে; সম্প্রতি *I bumped into him in town the other day.*

the present day ⇨ **present¹** দেখো।

these days in the present age; nowadays অধুনা; আজকাল, আজকালকার দিনে

daybreak / 'deɪbreɪk 'ডেইব্রেইক্ / *noun* [U] the time in the early morning when light first appears (যখন আকাশে প্রথম আলো ফোটে) ঊষা, ভোর, নিশান্ত, প্রত্যূষ ✪ সম **dawn**

daydream / 'deɪdriːm 'ডেইড্রীম্ / *noun* [C] thoughts that are not connected with what you are doing; often pleasant scenes in your imagination ক্রিয়মাণ কাজের সঙ্গে যুক্ত নয় এমন চিন্তা; দিবাস্বপ্ন, সুখস্বপ্ন, জাগরস্বপ্ন *The child stared out of the window, lost in a daydream.* ▶ **daydream** *verb* [I] দিবাস্বপ্ন দেখা, আকাশকুসুম কল্পনা করা *Don't just sit there daydreaming—do some work!*

daylight / 'deɪlaɪt 'ডেইলাইট্ / *noun* [U] the light that there is during the day দিনের আলো; দিবালোক *The colours look quite different in daylight.* o *daylight hours*

IDM **broad daylight** ⇨ **broad** দেখো।

day return *noun* [C] (*BrE*) a train or bus ticket for going somewhere and coming back on the same day. It is cheaper than a normal return ticket ট্রেন বা বাসের ফিরতি টিকিট, যাতে একই দিনে কোথাও যাওয়া এবং আসা দুটোই করা যায় এবং এই টিকিট সাধারণ ফেরার টিকিটের থেকে সস্তা

daytime / 'deɪtaɪm 'ডেইটাইম্ / *noun* [U] the time when it is light; not night দিন, দিনের সময়; দিনের বেলা *These flowers open in the daytime and close again at night.* o *daytime TV*

daze / deɪz ডেইজ় / *noun*

IDM **in a daze** unable to think or react normally; confused কিংকর্তব্যবিমূঢ়তা; হতবুদ্ধিভাব

dazed / deɪzd ডেইজ়্ড্ / *adj.* unable to think or react normally; confused কিংকর্তব্যবিমূঢ়; হতবুদ্ধি *He had a dazed expression on his face.*

dazzle / 'dæzl 'ড্যাজ়্ল্ / *verb* [T] (*usually passive*) **1** (used about a bright light) to make sb unable to see for a short time (উজ্জ্বল আলো সম্বন্ধে ব্যবহৃত) কোনো ব্যক্তির চোখ ধাঁধিয়ে যাওয়া অথবা ঝলসে যাওয়া *She was dazzled by the other car's headlights.* **2** to impress sb very much কাউকে বিমোহিত করা, মুগ্ধ করা *He had been dazzled by her beauty.* ▶ **dazzling** *adj.* চোখ ধাঁধানো *a dazzling light*

DC / ˌdiː 'siː ˌডী 'সী / *abbr.* = **direct current**

DDT / ˌdiː diː 'tiː ˌডী ডী 'টী / *abbr., noun* [U] a poisonous chemical substance that farmers use to kill insects (কৃষকেরা ব্যবহার করে) কীটপতঙ্গনাশক বিষাক্ত রাসায়নিক পদার্থ; ডীডীটি

de- / diː ডী / *prefix* (*in nouns, verbs, adjectives and adverbs*) **1** the opposite of কোনো কিছুর বিপরীত*decompress* **2** taking sth away কোনো জিনিস বাদ দেওয়া বা ছেঁটে দেওয়া হয়েছে এমন *decaffeinated coffee*

deacon / 'diːkən 'ডীক্যান্ / *noun* [C] (*feminine* **deaconess**) an official in some Christian churches খ্রিস্টান গির্জার কর্মকর্তা অথবা ধর্মাধ্যক্ষ

dead¹ / ded ডেড্ / *adj.* **1** no longer alive মৃত, যার মৃত্যু হয়েছে; গতপ্রাণ, গতায়ু *Police found a dead body under the bridge.* o *The man was shot dead by a masked gunman.* o *dead leaves* ⇨ **death** *noun* দেখো। **2** no longer used; finished আর ব্যবহৃত হয় না, অপ্রচলিত; লুপ্ত, অচল *Latin is a dead language.*

✪ বিপ **living** 3 (*not before a noun*) (used about a part of the body) no longer able to feel any thing (শরীরের কোনো অঙ্গ সম্বন্ধে ব্যবহৃত) বোধশক্তিহীন, অনুভবশক্তিহীন, অসাড়, আড়ষ্ট, জড় *Oh no, my foot's* ***gone dead****. I was sitting on it for too long.* **4** (*not before a noun*) (used about a piece of equipment) no longer working (কোনো যন্ত্র সম্বন্ধে ব্যবহৃত) অচল, বিকল, অকেজো *I picked up the telephone but the line was dead.* ○ *This battery's dead.* **5** without movement, activity or interest নিশ্চল, নিঝুম, নিষ্ক্রিয়, নিথর *This town is completely dead after 11 o'clock at night.* **6** (*only before a noun*) complete or exact সম্পূর্ণ, একেবারে, যথাযথ, অভ্রান্ত *a dead silence/calm* ○ *The arrow hit the dead centre of the target.*

IDM **drop dead** ⇨ **drop**[1] দেখো।

dead[2] / ded ডেড্ / **the dead** *noun* [*pl.*] people who have died মৃত ব্যক্তিগণ *A church service was held in memory of the dead.*

IDM **in the dead of night** in the middle of the night, when it is very dark and quiet মাঝরাতে, গভীর, নিঝুম রাত্রিতে

dead[3] / ded ডেড্ / *adv.* completely, exactly or very সম্পূর্ণরূপে, সঠিকভাবে অথবা অত্যন্ত *The car made a strange noise and then stopped dead.* ○ *He's dead keen to start work.*

deaden / ˈdedn ˈডেড্ন্ / *verb* [T] to make sth less strong, painful, etc. কোনো কিছুর যন্ত্রণা, প্রাবল্য ইত্যাদি কমানো, লাঘব করা, উপশম করা, হ্রাস করা *They gave her drugs to try and deaden the pain.*

dead end *noun* [C] **1** a road, passage, etc. that is closed at one end একদিক থেকে বন্ধ এমন রাস্তা বা গলি; কানাগলি *We came to a dead end and had to turn back.* **2** a point, situation, etc. from which you can make no further progress কোনো পরিস্থিতি, স্থান ইত্যাদি যেখান থেকে এগোনো বা উন্নতি করা সম্ভব নয় *The police had reached a dead end in their investigations.* ○ *He felt he was in* ***a dead-end job*** (=one with low wages and no hope of promotion), *so he left.*

dead heat *noun* [C] the result of a race when two people, etc. finish at exactly the same time দুই প্রতিযোগী যখন একদম একই সময়ে প্রতিযোগিতার দৌড় শেষ করে তার পরিণাম বা ফল

deadline / ˈdedlaɪn ˈডেড্লাইন্ / *noun* [C] a time or date before which sth must be done or finished নির্দিষ্ট সময়সীমা বা তারিখ যার মধ্যে কোনো কিছু করতেই হবে বা সম্পূর্ণ করতে হবে *I usually* ***set*** *myself* ***a deadline*** *when I have a project to do.* ○ *A journalist is used to having to* ***meet deadlines****.*

deadlock / ˈdedlɒk ˈডেড্লক্ / *noun* [*sing.*, U] a situation in which two sides cannot reach an agreement এমন পরিস্থিতি যখন দুপক্ষই কোনো সিদ্ধান্তে পৌঁছোতে পারে না *Talks have reached (a) deadlock.* ○ *to try to break the deadlock*

dead loss *noun* [C, *usually sing.*] (*informal*) a person or thing that is not helpful or useful (ব্যক্তি বা বস্তু) অপ্রয়োজনীয়, অকাজের, লোকসানজনক

deadly / ˈdedli ˈডেড্লি / *adj., adv.* (**deadlier; deadliest**) **1** causing or likely to cause death মারাত্মক, প্রাণঘাতী, সাংঘাতিক *a deadly poison/weapon/disease* **2** very great; complete চূড়ান্ত, অত্যধিক; সম্পূর্ণ *They're deadly enemies.* **3** completely; extremely সম্পূর্ণভাবে; ভীষণভাবে, প্রচণ্ডভাবে *I'm not joking. In fact I'm deadly serious.* **4** extremely accurate, so that no defence is possible একেবারে নিখুঁত, তাই কোনো প্রতিরক্ষা সম্ভব নয়; সুদক্ষ *That player is deadly when he gets in front of the goal.*

deadpan / ˈdedpæn ˈডেড্প্যান্ / *adj.* without any expression on your face or in your voice (মুখমণ্ডল বা কণ্ঠস্বর) ভাবলেশহীন *He told the joke with a completely deadpan face.*

deadweight / ˌdedˈweɪt ˌডেড্ˈউএইট্ / *noun* [C, *usually sing.*] **1** a thing that is very heavy and difficult to lift or move যে বস্তু অত্যন্ত ভারী এবং যা ওঠানো বা সরানো কঠিন **2** a person or thing that makes it difficult to make progress or succeed যে ব্যক্তি বা বস্তু কোনো রকম অগ্রগতি বা সাফল্যের পথে বাধাস্বরূপ; বোঝাস্বরূপ

dead wood *noun* [U] people or things that have become useless or unnecessary in an organization কোনো প্রতিষ্ঠানে যে সকল ব্যক্তির প্রয়োজন শেষ হয়ে গেছে অথবা যে সকল বস্তু অপ্রয়োজনীয় হয়ে পড়েছে

deaf / def ডেফ্ / *adj.* **1** unable to hear anything or unable to hear very well কম শ্রবণশক্তিসম্পন্ন বা শ্রবণশক্তি রহিত; কালা, বধির, কানে খাটো *You'll have to speak louder. My father's a bit deaf.* ○ *to go deaf* **2 the deaf** *noun* [*pl.*] people who cannot hear (ব্যক্তি) বধির, কালা **3 deaf to sth** not wanting to listen to sth কোনো বিষয়ে কর্ণপাত করতে বা শুনতে অপারগ বা অনিচ্ছুক *I've told her what I think but she's deaf to my advice.* ▸ **deafness** *noun* [U] বধিরত্ব

deafen / ˈdefn ˈডেফ্ন্ / *verb* [T] (*usually passive*) to make sb unable to hear by making a very loud noise প্রচণ্ড জোরে শব্দ করে কোনো ব্যক্তির কানে তালা ধরিয়ে দেওয়া *We were deafened by the loud music.* ▸ **deafening** *adj.* প্রচণ্ড জোর শব্দসম্পন্ন; কানে তালা ধরানোর মতো *deafening music*

deal[1] / di:l ডীল্ / *verb* (*pt, pp* **dealt** / delt ডেল্ট্ /) **1** [I, T] **deal (sth) (out); deal (sth) (to sb)** to give cards to players in a game of cards তাস খেলার সময়ে খেলোয়াড়দের মধ্যে তাস বণ্টন করা *Start by dealing seven cards to each player.* **2** [I] **deal (in sth); deal (with sb)** to do business, especially buying and selling goods ব্যাবসা করা, (বিশেষত পণ্য বিকিকিনি) *He deals in second-hand cars.* ○ *Our firm deals with customers all over the world.* **3** [I, T] (*informal*) to buy and sell illegal drugs অবৈধ মাদকদ্রব্য বেচাকেনা করা

IDM deal sb/sth a blow; deal a blow to sb/sth **1** to hit sb/sth কাউকে ধাক্কা দেওয়া, কিছুর সঙ্গে ধাক্কা লাগা *He was dealt a nasty blow to the head in the accident.* **2** to give sb a shock, etc. কোনো ব্যক্তিকে গভীরভাবে আঘাত করা *This news dealt a terrible blow to my father.*

PHR V deal sth out to give sth to a number of people কিছু সংখ্যক লোককে কোনো কিছু বণ্টন করা *The profits will be dealt out among us.*

deal with sb to treat sb in a particular way; to handle sb কোনো ব্যক্তিকে বিশেষভাবে মোকাবিলা করা; কারও সঙ্গে বিশেষভাবে আচরণ করা বা কাউকে সামলানো *He's a difficult man. Nobody quite knows how to deal with him.*

deal with sth **1** to take suitable action in a particular situation in order to solve a problem, complete a task, etc.; to handle sth কোনো নির্দিষ্ট পরিস্থিতিতে কোনো সমস্যার সমাধান, কোনো কাজ সম্পূর্ণ করা ইত্যাদির জন্য উপযুক্ত পদক্ষেপ নেওয়া; কোনো কিছু চালনা করা *My secretary will deal with my correspondence while I'm away.* **2** to have sth as its subject বিষয়বস্তু হিসেবে কোনো কিছু থাকা *This chapter deals with letter writing.*

deal[2] / di:l ডীল্ / *noun* [C] **1** an agreement or arrangement, especially in business ব্যবসায়ের কোনো ব্যবস্থা, চুক্তি, রফা ইত্যাদি *We're hoping to* ***do a deal*** *with an Italian company.* ○ *Let's* ***make a deal*** *not to criticize each other's work.* ○ *'I'll help you with your essay if you'll fix my bike.' 'OK,* ***it's a deal!****'* **2** the way that sb is treated ব্যবহার, আচরণ *With high fares and unreliable services, rail users are* ***getting a raw deal****.* ○ *The new law aims to give pensioners* ***a fair deal****.* **3** the action of giving cards to players in a card game তাস বণ্টন; তাস খেলার সময়ে খেলোয়াড়দের তাস বিভাজন করার কাজ

IDM a big deal/no big deal ➩ **big** দেখো।

a good/great deal (of sth) a lot (of sth) অনেকখানি, অধিক *I've spent a great deal of time on this report.*

dealer / ˈdi:lə(r) ˈডীল্যা(র্) / *noun* [C] **1** a person whose business is buying and selling things দোকানদার, ব্যাবসাদার *a dealer in gold and silver* ○ *a drug dealer* **2** the person who gives the cards to the players in a game of cards তাস খেলার সময়ে যে ব্যক্তি তাস বণ্টন করে

dealing / ˈdi:lɪŋ ˈডীলিং / *noun* **1 dealings** [*pl.*] relations, especially in business সম্পর্ক, বিশেষত ব্যবসায়ের ক্ষেত্রে; ব্যাবসায়িক লেনদেন *We had some dealings with that firm several years ago.* **2** [U] buying and selling কেনা-বেচা, ক্রয়-বিক্রয় *share dealing*

dealt ➩ **deal**[1]-এর past tense এবং past participle

dean / di:n ডীন্ / *noun* [C] **1** a priest who is responsible for a large church or a number of small churches একাধিক ছোটো ছোটো গির্জা বা একটি বড়ো গির্জার ধর্মযাজক **2** an important official at some universities or colleges কোনো কোনো কলেজ বা বিশ্ববিদ্যালয়ের উচ্চপদস্থ কর্মচারী; ডীন

dear[1] / dɪə(r) ডিঅ্যা(র্) / *adj.* **1** used at the beginning of a letter before the name or title of the person you are writing to (চিঠির শুরুতে নামের আগে ব্যবহৃত সম্বোধন) প্রিয় *Dear Sarah,...* ○ *Dear Sir or Madam,...* **2 dear (to sb)** loved by or important to sb কোনো ব্যক্তির ভালোবাসার বা আদরের পাত্র, প্রিয় অথবা মূল্যবান, প্রেমাস্পদ *It was a subject that was very dear to him.* ○ *She's one of my dearest friends.* **3** expensive দামি, মূল্যবান *How can people afford to smoke when cigarettes are so dear?*

IDM close/dear/near to sb's heart ➩ **heart** দেখো।

dear[2] / dɪə(r) ডিঅ্যা(র্) / **1** used for expressing disappointment, sadness, surprise, etc. বিস্ময়, দুঃখ, হতাশা ইত্যাদি ব্যক্ত করার জন্য ব্যবহৃত অভিব্যক্তিবিশেষ *Dear me! Aren't you ready?* **2** (*old-fashioned*) used when speaking to sb you know well অত্যন্ত ঘনিষ্ঠ বা অতি পরিচিত কোনো ব্যক্তিকে এভাবে সম্বোধন করা হয় *Would you like a cup of tea, dear?*

dearly / ˈdɪəli ˈডিঅ্যালি / *adv.* **1** very much খুব বেশি, অত্যন্ত, বিশেষভাবে *I'd dearly like to go there again.* **2** (*formal*) in a way that causes damage or suffering, or costs a lot of money বহুকষ্টে, বহুমূল্যে, অনেক কাঠখড় পুড়িয়ে *I've already paid dearly for that mistake.*

dearth / dɜ:θ ড্যথ্ / *noun* [*sing.*] **a dearth (of sb/sth)** a lack of sth; not enough of sth অভাব, দুষ্প্রাপ্যতা; পর্যাপ্ত নয় *There's a dearth of young people in the village.*

death / deθ ডেথ্ / *noun* **1** [C, U] the end of sb/sth's life; dying মৃত্যু, মরণ *The police do not know the* ***cause of death****.* ○ *There was no food and people were* ***starving to death****.* ➪ **dead** adjective দেখো। **2** [U] the end (of sth) কোনো কিছুর সমাপ্তি; শেষ, বিলুপ্তি, বিনাশ *the death of communism*

IDM catch your death ➪ **catch**[1] দেখো।

a matter of life and/or death ➪ **matter**[1] দেখো।

put sb to death (*usually passive*) (*formal*) to kill sb as a punishment, in past times (অতীতে) কোনো ব্যক্তিকে শাস্তি হিসেবে মৃত্যুদণ্ড দেওয়া বা হত্যা করা

sick to death of sb/sth ➪ **sick**[1] দেখো।

sudden death ➪ **sudden** দেখো।

deathbed / ˈdeθbed ˈডেথ্বেড্ / *noun* [C] the bed in which sb is dying or dies মৃত্যুশয্যা

death certificate *noun* an official document signed by a doctor that states the time and cause of sb's death কোনো ব্যক্তির মৃত্যুর সময় এবং কারণ সম্বলিত ডাক্তারের স্বাক্ষর সহ সরকারি দলিল; মৃত্যুপ্রমাণপত্র; ডেথ সার্টিফিকেট

deathly / ˈdeθli ˈডেথ্লি / *adj., adv.* like death মৃত্যুর সঙ্গে তুলনীয়, মৃত্যুসদৃশ, মৃতকল্প, মৃতবৎ *There was a deathly silence.*

death penalty *noun* [*sing.*] the legal punishment of being killed for a crime (অপরাধের জন্য) মৃত্যুদণ্ড ➪ **capital punishment** দেখো।

death row *noun* [U] (especially in the US) the cells in a prison for prisoners who are waiting to be killed as punishment for a serious crime (বিশেষত মার্কিন যুক্তরাষ্ট্রে) গুরুতর অপরাধের জন্য মৃত্যুদণ্ডে দণ্ডিত ব্যক্তিদের জেলের মধ্যে যেসব প্রকোষ্ঠে বন্দি করে রাখা হয়; ফাঁসিকক্ষ *prisoners* ***on death row***

death toll *noun* [C] the number of people killed in a disaster, war, accident, etc. কোনো প্রাকৃতিক দুর্যোগ, দুর্ঘটনা বা যুদ্ধ ইত্যাদিতে মৃত ব্যক্তির সংখ্যা

death trap *noun* [C] a building, road, vehicle, etc. that is dangerous and could cause sb's death বিপজ্জনক বা ক্ষতিকর বাড়ি, রাস্তা, যান ইত্যাদি যেগুলিতে কারও মৃত্যু ঘটতে পারে; মৃত্যুফাঁদ, মরণফাঁদ

debase / dɪˈbeɪs ডিˈবেইস্ / *verb* [T] (*usually passive*) (*formal*) to reduce the quality or value of sth কোনো বস্তুর অবমূল্যায়ন করা, সেটিকে অপকৃষ্ট করা, হীন করা, হেয় করা

debatable / dɪˈbeɪtəbl ডিˈবেইট্যাব্ল্ / *adj.* not certain; that you could argue about অনিশ্চিত; তর্কসাপেক্ষ, বিবাদিত, বিসংবাদিত *It's debatable whether people have a better lifestyle these days.*

debate[1] / dɪˈbeɪt ডিˈবেইট্ / *noun* **1** [C] a formal argument or discussion of a question at a public meeting or in Parliament জনসাধারণের প্রকাশ্য সভায় অথবা সংসদে কোনো প্রশ্ন নিয়ে বাদবিতণ্ডা, তর্কাতর্কি অথবা আলোচনা **2** [U] general discussion about sth expressing different opinions বিভিন্ন মত প্রকাশ করে সাধারণ আলোচনা *There's been a lot of debate about the cause of acid rain.*

debate[2] / dɪˈbeɪt ডিˈবেইট্ / *verb* **1** [I, T] to discuss sth in a formal way or at a public meeting কোনো প্রকাশ্য সভায় বা আনুষ্ঠানিকভাবে কোনো বিষয়ে আলোচনা করা **2** [T] to think about or discuss sth before deciding what to do সিদ্ধান্ত গ্রহণের আগে কোনো বিষয় সম্বন্ধে চিন্তাভাবনা অথবা আলোচনা করা *They debated whether to go or not.*

debauched / dɪˈbɔːtʃt ডিˈবঃচ্ট্ / *adj.* behaving in a way that is immoral or unacceptable to most people অনৈতিক অথবা অপ্রয়োজনীয় আচরণসম্পন্ন; ব্যভিচারী *debauched way of life*

debilitate / dɪˈbɪlɪteɪt ডিˈবিলিটেইট্ / *verb* [T] (*formal*) **1** to make sb's body or mind weaker কোনো ব্যক্তির শরীর ও মন নিস্তেজ, বলহীন অথবা নির্জীব করা *a debilitating disease* **2** to make a country, an organization, etc. weaker দেশ, প্রতিষ্ঠান ইত্যাদিকে দুর্বল করে তোলা

debit[1] / ˈdebɪt ˈডেবিট্ / *noun* [C] an amount of money paid out of a bank account ব্যাংক অ্যাকাউন্ট থেকে দেয় যে টাকা বেরিয়ে যায়; বিকলন ✪ বিপ **credit** ➪ **direct debit** দেখো।

debit[2] / ˈdebɪt ˈডেবিট্ / *verb* [T] to take an amount of money out of a bank account, etc. usually as a payment; to record this ব্যাংকের কোনো অ্যাকাউন্ট ইত্যাদি থেকে টাকা বার করা (সাধারণত দেয় অর্থ হিসেবে); তার হিসেব লিখে রাখা

debit card *noun* [C] a plastic card that can be used to take money directly from your bank account when you pay for sth কোনো কিছুর দাম মেটানোর জন্য যে প্লাস্টিক কার্ড ব্যবহার করে সরাসরি ব্যাংকের অ্যাকাউন্ট থেকে অর্থ প্রদান করা যায়; ডেবিট কার্ড ➪ **credit card** দেখো।

debris / ˈdebriː ˈডেব্রী / *noun* [U] pieces from sth that has been destroyed, especially in an accident (বিশেষত কোনো দুর্ঘটনার) ধ্বংসাবশেষ; ভগ্নাবশেষ

debt / det ডেট্ / *noun* **1** [C] an amount of money that you owe to sb কোনো ব্যক্তির কাছে অর্থঋণ; ধার, কর্জ, দেনা *She borrowed a lot of money and she's still paying off the debt.* **2** [U] the state of owing money ধার করার মতো অবস্থা; ঋণী বা দেনাদার হওয়ার পরিস্থিতি *After he lost his job, he* ***got into debt****.* **3** [C, *usually sing.*] (*formal*) something that you owe sb, for example because he/she has helped or been kind to you সাহায্য অথবা দয়ার জন্য কৃতজ্ঞতা; ঋণ স্বীকার *In his speech he acknowledged his debt to his family and friends for their support.*

IDM **be in/out of debt** to owe/not owe money ঋণী হওয়া বা না হওয়া

be in sb's debt (*formal*) to feel grateful to sb for sth that he/she has done for you কোনো ব্যক্তির কাছে কোনো কাজের জন্য কৃতজ্ঞ থাকা

debtor / ˈdetə(r) ˈডেট্যা(র্) / *noun* [C] a person who owes money ঋণী, দেনাদার, অধমর্ণ, খাতক

début (*also* **debut**) / ˈdeɪbjuː ˈডেইবিউ/ *noun* [C] a first appearance in public of an actor, sportsperson etc. অভিনেতা বা খেলোয়াড়রূপে জনসমক্ষে প্রথম আবির্ভাব *She **made her début** in Mumbai in 1959.*

Dec. *abbr.* December ডিসেম্বর *5 Dec. 2001*

deca- / ˈdekə ˈডেক্যা / *prefix* (*in nouns, verbs, adjectives and adverbs*) ten; having ten দশ; দশটি বস্তুবিশিষ্ট *decathlon* (= a competition in which people do ten different sports)

decade / ˈdekeɪd; dɪˈkeɪd ˈডেকেইড্; ডিˈকেইড্ / *noun* [C] a period of ten years দশ বছর সময়; দশক

decadence / ˈdekədəns ˈডেক্যাড্যান্স্ / *noun* [U] behaviour, attitudes, etc. that show low moral standards ব্যবহার, মনোভাব ইত্যাদির দ্বারা প্রদর্শিত নিম্নমানের নীতিবোধ; অবক্ষয়, অপকর্ষ, অধঃপতিত অবস্থা ▶ **decadent** / ˈdekədənt ˈডেক্যাড্যান্ট্ / *adj.* অবক্ষয়ী, অবক্ষয়িত, অধঃপতিত *a decadent society*

decaffeinated / ˌdiːˈkæfɪneɪtɪd ˌডীˈক্যাফিনেইটিড্ / *adj.* (used about coffee or tea) with most or all of the substance that makes you feel awake and gives you energy (**caffeine**) removed (চা অথবা কফির সম্বন্ধে ব্যবহৃত) ক্যাফিন মুক্ত, ক্যাফিন রহিত

decant / dɪˈkænt ডিˈক্যান্ট্ / *verb* [T] **decant sth (into sth)** to gradually pour a liquid from one container into another, for example to separate solid material from the liquid একটি পাত্র থেকে তরল পদার্থ আর একটি পাত্রে ধীরে ধীরে ঢালা (উদাহরণস্বরূপ তরল থেকে শক্ত পদার্থ আলাদা করার জন্য)

decapitate / dɪˈkæpɪteɪt ডিˈক্যাপিটেইট্ / *verb* [T] (*formal*) to cut off a person's head কারও মাথা কেটে ফেলা, শিরশ্ছেদ করা

decathlon / dɪˈkæθlən ডিˈক্যাথ্ল্যান্ / *noun* [C] a sports event in which people compete in ten different sports একরকম প্রতিযোগিতা যাতে দশটি আলাদা আলাদা খেলায় প্রতিযোগীকে যোগ দিতে হয়; ডেকাথলন

decay[1] / dɪˈkeɪ ডিˈকেই / *verb* [I] **1** to become bad or be slowly destroyed পচন ধরা, পচে নষ্ট হয়ে যাওয়া, ক্ষয় হওয়া *the decaying carcass of a dead sheep* ✪ সম **rot** **2** to become weaker or less powerful ক্ষমতা, বল, শক্তি ইত্যাদি ক্ষীণ হওয়া বা হ্রাস পাওয়া *His business empire began to decay.* ▶ **decayed** *adj.* জরাগ্রস্ত, জীর্ণ *a decayed tooth*

decay[2] / dɪˈkeɪ ডিˈকেই / *noun* [U] the process or state of being slowly destroyed অবক্ষয় বা পচনের প্রক্রিয়া বা পচনশীল অবস্থা *tooth decay* ○ *The old farm was in a terrible state of decay.*

Deccan *noun* [C] **1** a vast peninsula in India, south of the river Narmada ভারতে নর্মদা নদীর দক্ষিণে অবস্থিত উপদ্বীপ; ডেকান **2** the entire plateau region of south-central India between the Eastern and Western Ghats দক্ষিণ-মধ্য ভারতের পূর্ব এবং পশ্চিম ঘাটের মধ্যবর্তী সমস্ত মালভূমি অঞ্চল; ডেকান

the deceased / dɪˈsiːst ডিˈসীস্ট্ / *noun* [*sing.*] (*formal*) a person who has died, especially one who has died recently (সাম্প্রতিককালে) পরলোকগত, মৃত ব্যক্তি *Many friends of the deceased were present at the funeral.* ▶ **deceased** *adj.* পরলোকগত, মৃত, অধুনালুপ্ত

deceit / dɪˈsiːt ডিˈসীট্ / *noun* [U] dishonest behaviour; trying to make sb believe sth that is not true অসৎ আচরণ; প্রতারণা, ধোঁকাবাজি, শঠতা, প্রবঞ্চনা *Their marriage eventually broke up because she was tired of his lies and deceit.*

deceitful / dɪˈsiːtfl ডিˈসীট্ফ্ল্ / *adj.* dishonest; trying to make sb believe sth that is not true অসৎ; প্রবঞ্চক, ঠক, ধাপ্পাবাজ, শঠ ▶ **deceitfully** / -fəli -ফ্যালি / *adv.* ধূর্তভাবে, চতুরভাবে ▶ **deceitfulness** *noun* [U] ছলচাতুরি, ধূর্ততা

deceive /dɪˈsiːv ডিˈসীভ্ / *verb* [T] **deceive sb/yourself (into doing sth)** to try to make sb believe sth that is not true (কোনো ব্যক্তির কাছে) কোনো বস্তু সম্পর্কে ভুল ধারণা, ভ্রান্ত বিশ্বাস সৃষ্টি করা, প্রতারিত বা বিভ্রান্ত করা; ঠকানো *He deceived his mother into believing that he had earned the money, not stolen it.* ⇨ **deception** এবং **deceit** noun দেখো।

December / dɪˈsembə(r) ডিˈসেম্ব্যা(র্) / *noun* [U, C] (*abbr.* **Dec.**) the twelfth month of the year, coming after November নভেম্বরের পরের মাস, এটি বছরের দ্বাদশতম মাস; ডিসেম্বর

NOTE বাক্যে মাসের নামের ব্যবহার জানার জন্য **January**-তে দেওয়া উদাহরণ এবং নোট দেখো।

decency / ˈdiːsnsi ˈডীস্ন্সি / *noun* [U] moral or correct behaviour নৈতিক বা যথাযথ আচরণ; সৌজন্য, শিষ্টতা, শ্লীলতা *She **had the decency to** admit that it was her fault.*

decent / ˈdiːsnt ˈডীস্ন্ট্ / *adj.* **1** being of an acceptable standard; satisfactory শোভন, গ্রহণযোগ্য, যথাযোগ্য; সন্তোষজনক *All she wants is a decent job with decent wages.* **2** (used about people or behaviour) honest and fair; treating people with respect (ব্যক্তি এবং তার আচরণ সম্বন্ধে ব্যবহৃত) সৎ এবং ভদ্র; ভদ্রতাপূর্ণ, ভদ্রতাসংগত **3** not likely to offend or shock sb কোনো ব্যক্তির পক্ষে বিরক্তিকর বা আঘাতজনক নয়; সুরুচিসম্মত, উপযুক্ত, শোভন *I can't come to the door, I'm not decent* (= I'm not dressed). ✪ বিপ **indecent** ▶ **decently** *adv.* রুচিসম্মতভাবে, নম্রভাবে, যথাযোগ্যভাবে

deception / dɪˈsepʃn ডিˈসেপ্শ্ন্ / *noun* [C, U] making sb believe or being made to believe sth that is not true যা সত্য নয় এমন কিছু কাউকে বিশ্বাস করানো; প্রতারণা, প্রবঞ্চনা *He had obtained the secret papers **by deception**.* ➪ **deceive** verb দেখো।

deceptive / dɪˈseptɪv ডিˈসেপ্টিভ্ / *adj.* likely to give a false impression or to make sb believe sth that is not true প্রতারণাপূর্ণ, বিভ্রান্তিকর *The water is deceptive. It's much deeper than it looks.* ▶ **deceptively** *adv.* ছলনাপূর্ণভাবে, প্রতারণাপূর্ণভাবে *She made the task sound deceptively easy.*

deci- / ˈdesɪ- ˈডেসি- / *prefix* (*used in nouns*) one-tenth এক দশমাংশ *a decilitre*

decibel / ˈdesɪbel ˈডেসিবেল্ / *noun* [C] a measurement of how loud a sound is শব্দের তীব্রতা পরিমাপক মাত্রা অথবা একক

decide / dɪˈsaɪd ডিˈসাইড্ / *verb* **1** [I, T] **decide (to do sth); decide against (doing) sth; decide about/on sth; decide that...** to think about two or more possibilities and choose one of them দুই বা ততোধিক সম্ভাবনার মধ্যে চিন্তাভাবনা করে সিদ্ধান্ত গ্রহণ করা; মনস্থির করা *There are so many to choose from—I can't decide!* ○ *She decided against borrowing the money.* **2** [T] to influence sth so that it produces a particular result নির্দিষ্ট কোনো পরিণতি নিষ্পাদনের জন্য কোনো কিছুর উপর প্রভাব ফেলা *Your votes will decide the winner.* **3** [T] to cause sb to make a decision সিদ্ধান্ত গ্রহণ করানো, সিদ্ধান্ত নেওয়ানোর কারণ হওয়া *What finally decided you to leave?* ➪ **decision** noun এবং **decisive** adjective দেখো।

decided / dɪˈsaɪdɪd ডিˈসাইডিড্ / *adj.* clear; definite দ্বিধাশূন্য; নিশ্চিত, নির্দিষ্ট *There has been a decided improvement in his work.* ➪ **undecided** দেখো। ▶**decidedly** *adv.* নিশ্চিতভাবে, নিঃসন্দেহে

deciduous / dɪˈsɪdʒuəs ডিˈসিজুঅ্যাস্ / *adj.* (used about a tree) of a type that loses its leaves every autumn (উদ্ভিদ সম্পর্কে ব্যবহৃত) প্রতি হেমন্ত ঋতুর পরে যে গাছের পাতা ঝরে; পর্ণমোচী ➪ **evergreen** দেখো।

decimal[1] / ˈdesɪml ˈডেসিম্ল্ / *adj.* based on or counted in units of ten or **tenths** (গণিত) দশমিক পদ্ধতি *The figure is accurate to two **decimal places*** (= shows two figures after the decimal point).

decimal[2] / ˈdesɪml ˈডেসিম্ল্ / (*also* **decimal fraction**) *noun* [C] (*mathematics*) a **fraction** that is shown as a decimal point followed by the number of **tenths, hundredths,** etc. (গণিত) দশমিক বিন্দু দ্বারা নির্দিষ্ট ভগ্নাংশ *Three quarters expressed as a decimal is 0.75.* ➪ **vulgar fraction** দেখো।

decimal point *noun* [C] a mark like a full stop used to separate the whole number from the **tenths, hundredths,** etc. of a decimal, for example in 0.61 দশমিক চিহ্ন বা বিন্দু

decimate / ˈdesɪmeɪt ˈডেসিমেইট্ / *verb* [T] (*usually passive*) to kill large numbers of animals, plants or people in a particular area নির্দিষ্ট অঞ্চলের বহু মানুষ, পশু হত্যা করা অথবা অনেক গাছ বিনষ্ট করা, ধ্বংস করা *The rabbit population was decimated by the disease.* **2** to badly damage sth or make sth weaker কোনো বস্তুর অত্যধিক ক্ষতি করা অথবা কোনো বস্তুকে দুর্বলতর করা

decimetre (*AmE* **decimeter**) / ˈdesɪmiːtə(r) ˈডেসিমীট্যা(র্) / *noun* [C] a unit for measuring length. There are ten decimetres in a metre দৈর্ঘ্য মাপার একক। এক মিটারে দশ ডেসিমিটার থাকে; ডেসিমিটার

decipher / dɪˈsaɪfə(r) ডিˈসাইফ্যা(র্) / *verb* [T] to succeed in reading or understanding sth that is not clear অস্পষ্ট বা দুর্বোধ্য কোনো কিছু পড়ে ফেলা অথবা বোঝা; অর্থোদ্ধার করা, পাঠোদ্ধার করা *It's impossible to decipher his handwriting.*

decision / dɪˈsɪʒn ডিˈসিজ্ন্ / *noun* **1** [C, U] **a decision (to do sth); a decision on/about sth; a decision that...** a choice or judgement that you make after thinking about various possibilities বিভিন্ন সম্ভাবনার কথা চিন্তা করে সিদ্ধান্ত গ্রহণ বা নির্ণয়; ফয়সালা *Have you **made a decision** yet?* ○ *I **took the decision** that I believed to be right.* **2** [U] being able to decide clearly and quickly সহজে এবং তাড়াতাড়ি সিদ্ধান্ত গ্রহণ করতে সমর্থ *We are looking for someone with decision for this job.* ➪ **decide** verb দেখো।

decisive / dɪˈsaɪsɪv ডিˈসাইসিভ্ / *adj.* **1** making sth certain or final নির্ণায়ক, চূড়ান্ত *the decisive battle of the war* **2** having the ability to make clear decisions quickly তাড়াতাড়ি, স্পষ্ট সিদ্ধান্ত গ্রহণের ক্ষমতা আছে এমন *It's no good hesitating. Be* *decisive.* ✪ বিপ **indecisive** ➪ **decide** verb দেখো। ▶ **decisively** *adv.* অবিচলভাবে, স্থিরনিশ্চিত-ভাবে, ▶ **decisiveness** *noun* [U] স্থিরতা, অবিচলতা, দৃঢ়তা

deck / dek ডেক্ / *noun* [C] **1** one of the floors of a ship or bus বাস অথবা জাহাজের তলার যে-কোনো একটি; ডেক ➪ **plane**-এ ছবি দেখো। **2** (*AmE*) = **pack**[1] **6** *a deck of cards*

IDM on deck on the part of a ship which you can walk on outside জাহাজের সেই অংশ (ডেক) যেখানে যাত্রীরা বাইরের দিকে ঘুরে বেড়াতে পারে *I'm going out on deck for some fresh air.*

deckchair / ˈdektʃeə(r) ˈডেক্‌চেঅ্যা(র্) / *noun* [C] a chair that you use outside, especially on the beach. You can fold it up and carry it বাইরে বসার জন্য, সাধারণত সমুদ্র সৈকতে, সংকোচনযোগ্য এবং বহনযোগ্য কেদারা; ডেকচেয়ার

declamation / ˌdekləˈmeɪʃn ˌডেক্‌ল্যা'মেইশ্‌ন্ / *noun* **1** [U] the act of speaking to an audience about something in a formal way কোনো বিষয় সম্পর্কে শ্রোতাদের প্রতি পোশাকি ভাষায় বক্তৃতা করার ক্রিয়া **2** [C] a speech or a piece of writing expressing strong feelings and opinions প্রবল অনুভূতি এবং জোরালো মতামত সম্বলিত বক্তৃতা অথবা লিখিত বিবৃতি *Declamations against the government are common enough.*

declaration / ˌdekləˈreɪʃn ˌডেক্‌ল্যা'রেইশ্‌ন্ / *noun* **1** [C, U] an official statement about sth কোনো বস্তু সম্পর্কে আনুষ্ঠানিক ঘোষণা; প্রচার, বিবৃতি *In his speech he made a strong declaration of support for the rebels.* ○ *a declaration of war* **2** [C] a written statement giving information on goods or money you have earned, on which you have to pay tax নিজের উপার্জিত অর্থ অথবা দ্রব্যসকলের বিবৃতি সম্বলিত লিখিত বিবরণ যার উপরে আয়কর দিতে হয় *a customs declaration*

declare / dɪˈkleə(r) ডি'ক্লেঅ্যা(র্) / *verb* [T] **1** to state sth publicly and officially or to make sth known in a firm, clear way আনুষ্ঠানিকভাবে জনসমক্ষে কিছু বিবৃত করা অথবা দৃঢ় এবং স্পষ্টভাবে কোনো কিছু জানানো *to **declare war** on another country* ○ *I declare that the winner of the award is Mahendra Singh Dhoni.* **2** to give information about goods or money you have earned, on which you have to pay tax নিজের আয় ইত্যাদি সম্বন্ধে তথ্য প্রদান করা (যার জন্য আয়কর দিতে হয়) *You must declare all your income on this form.*

declension / dɪˈklenʃn ডি'ক্লেন্‌শ্‌ন্ / *noun* [C] (*grammar*) **1** the forms of a word that change in some languages according to the number, **case** and **gender** of the word কোনো কোনো ভাষায় বচন, লিঙ্গ এবং কারক অনুযায়ী পরিবর্তিত শব্দের রূপ; শব্দরূপ **2** the set of forms of a particular word in some languages কোনো ভাষার কোনো বিশেষ শব্দের পরিবর্তিত রূপের সমষ্টি *Latin nouns of the second declension*

decline[1] / dɪˈklaɪn ডি'ক্লাইন্ / *verb* **1** [I] to become weaker, smaller or less good নিম্নমুখী হওয়া, কমে যাওয়া, দুর্বল হওয়া, হ্রাস পাওয়া, ক্ষয় হওয়া *declining profits* ○ *The standard of education has declined in this country.* **2** [I, T] (*formal*) to refuse, usually politely প্রত্যাখ্যান করা (সাধারণত ভদ্রভাবে) *Thank you for the invitation but I'm afraid I have to decline.* **3** [I, T] (*grammar*) if a noun, an adjective or a pronoun declines, it has different forms according to whether it is the subject or the object of a verb, whether it is in the singular or plural, etc. When you decline a noun, etc., you list these forms (ব্যাকরণ) কোনো বিশেষ্য, বিশেষণ বা সর্বনাম পদটি ক্রিয়াপদের কর্তা না কর্ম, একবচন না বহুবচন ইত্যাদি অনুযায়ী তার পরিবর্তিত শব্দরূপগুলি তৈরি করা। শব্দরূপ তৈরি করার সময়ে সেগুলি তালিকাবধ্ব করা হয়

decline[2] / dɪˈklaɪn ডি'ক্লাইন্ / *noun* [C, U] (**a**) **decline (in sth)** a process or period of becoming weaker, smaller নিম্নমুখী, মন্দা, ক্ষীয়মাণ হওয়ার প্রক্রিয়া *a decline in sales* ○ *As an industrial power, the country is **in decline**.*

decode / ˌdiːˈkəʊd ˌডী'ক্যাউড্ / *verb* [T] to find the meaning of a secret message (**code**) সংকেতলিপির পাঠোদ্ধার অথবা অর্থোদ্ধার করা ✪ বিপ **encode**

decoder / ˌdiːˈkəʊdə(r) ˌডী'ক্যাউড্যা(র্) / *noun* [C] a device that changes electronic signals into a form that can be understood বৈদ্যুতিন সংকেতকে সহজবোধ্যরূপে পরিবর্তন করার যন্ত্রবিশেষ *a satellite/video decoder*

decompose / ˌdiːkəmˈpəʊz ˌডীক্যাম্'প্যাউজ্ / *verb* [I, T] to slowly be destroyed by natural chemical processes প্রাকৃতিক রাসায়নিক প্রক্রিয়ার দ্বারা নষ্ট অথবা ক্ষয় হয়ে যাওয়া; পচে যাওয়া *The body was so badly decomposed that it couldn't be identified.* ▶ **decomposition** / ˌdiːkɒmpəˈzɪʃn ˌডীকম্‌প্যা'জ়িশ্‌ন্ / *noun* [U] পচন, বিকার *the decomposition of organic waste* ➪ **food chain**-এ ছবি দেখো।

decompress / ˌdiːkəmˈpres ˌডীক্যাম্'প্রেস্ / *verb* **1** [I, T] to have the air pressure in sth reduced to a normal level or to reduce it to its normal level কোনো বস্তুর অভ্যন্তরের বায়ুর চাপ কমিয়ে স্বাভাবিক

মাত্রায় নিয়ে আসা; বিসংকুচিত করা **2** [T] (*computing*) to give files their original size again after they have been made smaller to fit into less space on a disk, etc. ডিস্ক ইত্যাদিতে সংকুচিত কম্পিউটার ফাইল আবার পূর্বাকারে ফিরিয়ে আনা

decompression / ˌdiːkəmˈpreʃn ˌডীক্যাম্ˈপ্রেশ্ন্ / *noun* [U] **1** a reduction in air pressure বায়ুচাপ হ্রাস *decompression sickness* (= the problems that people experience when they come up to the surface after swimming very deep in the sea) **2** the act of reducing the pressure of the air বায়ুচাপ কমিয়ে ফেলার ক্রিয়া **3** (*technical*) the process of allowing sth that has been made smaller to fill the space that it originally needed সংকুচিত বস্তু আবার পূর্বাকারে ফিরিয়ে আনার প্রক্রিয়া

deconstruct / dɪːkənˈstrʌkt ডীক্যান্ˈস্ট্রাক্ট / *verb* [T] (in Philosophy and Literary Criticism) to analyse a text in order to show that there is no single explanation of the meaning of a piece of writing but that a different meaning emerges each time in the act of reading (দর্শনশাস্ত্রে এবং সাহিত্য সমালোচনায়) কোনো রচনার বিচারবিশ্লেষণ করে এটাই দৃষ্টিগ্রাহ্য করা যে কোনো রচনাংশ কেবলমাত্র এক ব্যাখ্যায় সীমাবন্ধ থাকে না, প্রতিবার পঠন বা প্রতিটি সূক্ষ্মবিচারে তার ভিন্ন ভিন্ন অর্থ প্রকাশ পায়

decor / ˈdeɪkɔː(r) ˈডেইক:(র্) / *noun* [U, *sing.*] the style in which the inside of a building is decorated কক্ষ বা অভ্যন্তরীণ গৃহসজ্জা

decorate / ˈdekəreɪt ˈডেক্যারেইট্ / *verb* **1** [T] **decorate sth (with sth)** to add sth in order to make a thing more attractive to look at সাজানো, শোভা বাড়ানো, কোনো বস্তুর দ্বারা ভূষিত বা শোভিত করে আকর্ষণীয় করে তোলা *Decorate the cake with cherries and nuts.* **2** [I, T] (*BrE*) to put paint and/or coloured paper onto walls, ceilings and doors in a room or building কোনো বাড়ি অথবা কক্ষের দেয়ালে, ছাদে এবং দরজায় রং করে অথবা ওয়ালপেপার লাগিয়ে সুসজ্জিত করা

decoration / ˌdekəˈreɪʃn ˌডেক্যাˈরেইশ্ন্ / *noun* **1** [C, U] something that is added to sth in order to make it look more attractive সাজসজ্জার সামগ্রী যা দিয়ে কোনো কিছু আরও আকর্ষণীয় করে তোলা যায় **2** [U] the process of decorating a room or building; the style in which sth is decorated অলংকরণ, সজ্জাকরণ, সাজানোর প্রক্রিয়া; সাজানোর ধরন বা রীতি *The house is in need of decoration.*

decorative / ˈdekərətɪv ˈডেক্যার‍্যাটিভ্ / *adj.* attractive or pretty to look at সুন্দর, আকর্ষণীয়, নয়নশোভাবর্ধক *The cloth had a decorative lace edge.*

decorator / ˈdekəreɪtə(r) ˈডেক্যারেইট্যা(র্) / *noun* [C] a person whose job is to paint and decorate houses and buildings ঘরবাড়ি সাজানো অথবা রং করা যার পেশা; সাজনদার

decoy / ˈdiːkɔɪ ˈডীকই / *noun* [C] a person or object that is used in order to trick sb/sth into doing what you want, going where you want, etc. কোনো ব্যক্তি অথবা বস্তুকে নিজের ইচ্ছামতো কাজ করানোর জন্য প্রলোভন রূপে ব্যবহৃত অন্য কোনো ব্যক্তি অথবা বস্তু ▶ **decoy** *verb* [T] প্রলুব্ধ করা, ফাঁদে ফেলা, ভোলানো

decrease[1] / dɪˈkriːs ডিˈক্রীস্ / *verb* [I, T] to become or to make sth smaller or less কমে যাওয়া বা কোনো বস্তুকে কমানো; হ্রাস পাওয়া বা পাওয়ানো *Profits have decreased by 15%.* ✪ বিপ **increase**

decrease[2] / ˈdiːkriːs ˈডীক্রীস্ / *noun* [C, U] **(a) decrease (in sth)** the process of becoming or making sth smaller or less; the amount that sth is reduced by হ্রাস, ক্ষয়, কমতি, ঘাটতির প্রক্রিয়া; ঘাটতির পরিমাণ *a 10% decrease in sales*

decree / dɪˈkriː ডিˈক্রী / *noun* [C] an official order given by a government, a ruler, etc. সরকার, শাসক ইত্যাদি দ্বারা প্রদত্ত আনুষ্ঠানিক আদেশ; ডিক্রি ▶ **decree** *verb* [T] আনুষ্ঠানিক আদেশ বা হুকুম জারি করা *The government decreed a state of emergency.*

decrepit / dɪˈkrepɪt ডিˈক্রেপিট্ / *adj.* (used about a thing or person) old and in very bad condition or poor health (ব্যক্তি বা বস্তু সম্পর্কে ব্যবহৃত) জীর্ণ, ব্যবহারক্লিষ্ট, জরাজীর্ণ, ভগ্নস্বাস্থ্য

dedicate / ˈdedɪkeɪt ˈডেডিকেইট্ / *verb* [T] **1 dedicate sth to sth** to give all your energy, time, efforts, etc. to sth সকল শক্তি, সময়, চেষ্টা ইত্যাদি কিছুতে উৎসর্গ করা, নিবেদন করা *He dedicated his life to helping the poor.* **2 dedicate sth to sb** to say that sth is specially for sb উৎসর্গ করা, নিবেদন করা বা অর্পণ করা *He dedicated the book he had written to his brother.*

dedicated / ˈdedɪkeɪtɪd ˈডেডিকেইটিড্ / *adj.* giving a lot of your energy, time, efforts, etc. to sth that you believe to be important কোনো কিছু গুরুত্বপূর্ণ এই বিশ্বাসে তার প্রতি নিজের প্রচুর শক্তি, সময় ও প্রয়াস ইত্যাদি দেওয়া হয়েছে এমন; নিবেদিতপ্রাণ, একনিষ্ঠ *dedicated nurses and doctors*

dedication / ˌdedɪˈkeɪʃn ˌডেডিˈকেইশ্ন্ / *noun* **1** [U] wanting to give your time and energy to sth because you feel it is important তদ্‌গতভাব, একনিষ্ঠতা *I admire her dedication to her career.* **2** [C] a message at the beginning of a book or piece of music saying that it is for a particular person বই অথবা সংগীত রচনার প্রারম্ভে কোনো বিশেষ ব্যক্তির উদ্দেশ্যে উৎসর্গলিপি

deduce / dɪˈdjuːs ডিডিউস্ / *verb* [T] to form an opinion using the facts that you already know জানা তথ্য থেকে কোনো মতামত তৈরি করা *From his name I deduced that he was an Indian.* ➪ **deduction** noun দেখো।

deduct / dɪˈdʌkt ডিডাক্ট্ / *verb* [T] **deduct sth (from sth)** to take sth such as money or points away from a total amount মোট পরিমাণ থেকে কিছু মাত্রা অথবা অর্থ বিয়োগ করা বা বাদ দেওয়া *Marks will be deducted for untidy work.*

deduction / dɪˈdʌkʃn ডিডাকশ্ন্ / *noun* [C, U] **1** something that you work out from facts that you already know; the ability to think in this way পূর্বজ্ঞাত তথ্য থেকে উপলব্ধ কোনো বিষয়; এইভাবে চিন্তা করার ক্ষমতা বা সামর্থ্য *It was a brilliant piece of deduction by the detective.* ➪ **deduce** verb এবং **induction 2** দেখো। **2 deduction (from sth)** taking away an amount or number from a total; the amount or number taken away from the total সমষ্টি থেকে কিছু পরিমাণ অথবা সংখ্যার বিয়োজন; বিয়োগ, বাদ, কর্তন *What is your total income after deductions* (= when tax, insurance, etc. are taken away)*?* ➪ **deduct** verb দেখো।

deductive / dɪˈdʌktɪv ডিডাকটিভ্ / *adj.* using knowledge about things that are generally true in order to think about and understand particular situations or problems বিশেষ পরিস্থিতি অথবা সমস্যা সম্পর্কে চিন্তা করা এবং সেটি বোঝার জন্য সাধারণ সত্য জ্ঞানের ব্যবহার ➪ **inductive** দেখো।

deed / diːd ডীড্ / *noun* [C] **1** (*formal*) something that you do; an action ক্রিয়া, কার্য, কাজ; কীর্তি *a brave/good/evil deed* **2** a legal document that shows that you own a house or building দস্তাবেজ, কোবালা, দলিল (বাড়ি ইত্যাদির মালিকানা বিষয়ক)

deem / diːm ডীম্ / *verb* [T] (*formal*) to have a particular opinion about sth কোনো বস্তু সম্পর্কে নির্দিষ্ট মতামত থাকা; মনে করা, গণ্য করা, বোধ করা *He did not even deem it necessary to apologize.*

deep[1] / diːp ডীপ্ / *adj.* **1** going a long way down from the surface (উপরিতল বা পৃষ্ঠতল থেকে নীচে) গভীর, গহন *to dig a deep hole* ○ *a deep cut* ○ *a coat with deep pockets* ➪ **depth** noun দেখো। **2** going a long way from front to back (কোনো কিছুর সামনে থেকে পিছন পর্যন্ত) প্রসার বা ব্যাপ্তি বোঝাতে গভীর ঘনত্ব *deep shelves* **3** measuring a particular amount from top to bottom or from front to back উপর থেকে নীচে এবং সামনে থেকে পিছনের যে মাপ *The water is only a metre deep at this end of the pool.* ○ *shelves 40 centimetres deep* **4** (used about sounds) low (ধ্বনি সম্বন্ধে ব্যবহৃত) নীচু, সুগম্ভীর, মন্দ্র, ভরাট, ভারী *a deep voice* **5** (used about colours) dark; strong (রং সম্বন্ধে ব্যবহৃত) গাঢ়; প্রবল *a deep red* **6** (used about an emotion) strongly felt (ভাবাবেগ সম্বন্ধে ব্যবহৃত) গভীর, মর্মস্পর্শী, অগাধ, নিবিষ্ট *He felt a very deep love for the child.* **7** (used about sleep) not easy to wake from (নিদ্রা সম্পর্কে ব্যবহৃত) গভীর, গাঢ় *I was in a deep sleep and didn't hear the phone ringing.* **8** dealing with difficult subjects or details; thorough গুরুগম্ভীর বিষয় অথবা অনুপুঙ্খ সম্পর্কিত; বিস্তারিত *His books show a deep understanding of human nature.* ▶ **the deep** *noun* [U] গভীর, মধ্য *in the deep of the night* (= in the middle of the night) ▶ **deeply** *adv.* গভীরভাবে, অনেকদূর পর্যন্ত *a deeply unhappy person* ○ *to breathe deeply*

IDM **deep in thought/conversation** thinking very hard or giving sb/sth your full attention গভীর চিন্তা অথবা কোনো ব্যক্তি বা বস্তুর প্রতি পূর্ণ মনোযোগসম্পন্ন

take a deep breath to breathe in a lot of air, especially in preparation for doing something difficult গভীর নিঃশ্বাস নেওয়া, দম নিয়ে নেওয়া (বিশেষত কোনো কঠিন কাজের প্রস্তুতির জন্য) *He took a deep breath then walked onto the stage.*

deep[2] / diːp ডীপ্ / *adv.* a long way down or inside sth অনেক দুর পর্যন্ত; গভীরভাবে *He dug his hands deep into his pockets.*

IDM **deep down** in what you really think or feel মনের গোপনে, অন্তরের গভীরে *I tried to appear optimistic but deep down I knew there was no hope.*

dig deep ➪ **dig**[1] দেখো।

Deepavali (*also* **Diwali**) *noun* [C] (*IndE*) the Hindu festival of lights held in October/November, celebrated by the lighting of **clay** lamps, **candles**, and with **fireworks** (হিন্দুদের মধ্যে) মাটির প্রদীপ, মোমবাতি ও আতসবাজি সহকারে অক্টোবর-নভেম্বর মাসে অনুষ্ঠিত হয় যে আলোকোৎসব; দীপাবলী

deepen / ˈdiːpən ˈডীপ্যান্ / *verb* [I, T] to become or to make sth deep or deeper গভীর হওয়া অথবা গভীর বা গভীরতর করা, গাঢ়তর হওয়া বা করা *The river deepens here.*

deep-freeze = **freezer**

deep-fried *adj.* cooked in oil that covers the food completely তেলে ডুবিয়ে বা ডুবো তেলে ভাজা হয়েছে এমন

deep-rooted (*also* **deep-seated**) *adj.* strongly felt or believed and therefore difficult to change বদ্ধমূল বা গভীর এবং সেই কারণে যা পরিবর্তন করা কঠিন *deep-rooted fears*

deep-sea *adj.* of or in the deeper parts of the sea গভীর সমুদ্রে অথবা সমুদ্রের গভীরতর অংশে *deep-sea fishing/diving*

deer / dɪə(r) ডিআ্যা(র্) / *noun* [C] (*pl.* **deer**) a large wild grass-eating animal. The male has large horns shaped like branches (**antlers**) হরিণ, মৃগ (পুরুষ হরিণের শাখাকৃতি বড়ো শৃঙ্গ থাকে)

NOTE পুরুষ হরিণকে বলে **buck** কিন্তু যদি তাদের বড়ো শিং থাকে তখন তাদের **stag** বলা হয়। স্ত্রী হরিণকে **doe** আর হরিণ শাবককে **fawn** বলা হয়। হরিণের মাংসকে **venison** বলা হয়।

deface / dɪˈfeɪs ডিফেইস্ / *verb* [T] to spoil the way sth looks by writing on or marking its surface কোনো বস্তুর উপর কিছু লাগিয়ে অথবা লিখে মূল রূপ নষ্ট করা, সৌন্দর্যহানি ঘটানো

de facto / ˌdeɪˈfæktəʊ ˌডেইˈফ্যাকট্যাউ / *adj.* (*formal*) a Latin expression used to say that sth exists even though it may not be legally accepted as existing ল্যাটিন ভাষার অভিব্যক্তিবিশেষ যাতে বোঝানো হয় যে আইনত স্বীকৃত না হলেও কোনো বস্তুর অস্তিত্ব সত্য হতে পারে; (ল্যাটিন ভাষা) কার্যত, বস্তুত, যথার্থত *The general took de facto control of the country.* ► **de facto** *adv.* কার্যতভাবে

defamatory / dɪˈfæmətri ডিফ্যাম্যাট্রি / *adj.* (*formal*) (used about speech or writing) intended to harm sb by saying or writing bad or false things about him/her (কোনো লেখা বা মন্তব্য সম্পর্কে ব্যবহৃত) খারাপ অথবা মিথ্যা কথা বলে কারও ক্ষতি করার মতলব আছে এমন; মানহানিকর, অপবাদসূচক, কুৎসামূলক

defame / dɪˈfeɪm ডিফেইম্ / *verb* [T] (*formal*) to harm sb by saying or writing bad or false things about him/her কোনো ব্যক্তির মানহানি করা, সুনাম নষ্ট করা, নিন্দা করা, কলঙ্ক রটানো ► **defamation** / ˌdefəˈmeɪʃn ˌডেফ্যাˈমেইশ্ন্ / [U, C] মানহানি, অপবাদ *The company sued the paper for defamation.*

default¹ / dɪˈfɔːlt ডিফ:ল্ট্ / *noun* [*sing.*] (*computing*) a course of action taken by a computer when it is not given any other instruction নতুন কোনো আদেশের অভাবে কম্পিউটার যে আগেকার কাজ অনুসরণ করে

IDM **by default** because nothing happened, not because of successful effort অনুপস্থিতির কারণে ঘটেছে এমন (সফল প্রয়াসের জন্য নয়) *They won by default, because the other team didn't turn up.*

default² / dɪˈfɔːlt ডিফ:ল্ট্ / *verb* [I] **1 default (on sth)** to not do sth that you should do by law আইন অনুযায়ী যা করণীয় তা না করা *If you default on the credit payments* (= you don't pay them), *the car will be taken back.* **2** (*computing*) **default (to sth)** to take a particular course of action when no other command is given কোনো অন্য নির্দেশের অভাবে নির্দিষ্ট কার্যপ্রণালী অনুসরণ করা

defeat¹ / dɪˈfiːt ডিফীট্ / *verb* [T] **1** to win a game, a fight, a vote, etc. against sb; to beat sb কোনো ব্যক্তির বিরুধ্বে কোনো খেলা, লড়াই, ভোট ইত্যাদিতে জেতা; কাউকে হারানো, পরাজিত করা, পরাস্ত করা *The army defeated the rebels after three days of fighting.* **2** to be too difficult for sb to do or understand কারও কোনো কাজ করা বা বোঝার পক্ষে অত্যন্ত কঠিন হওয়া; ব্যর্থ হওয়া *I've tried to work out what's wrong with the car but it defeats me.* **3** to prevent sth from succeeding কোনো কিছুকে সাফল্যলাভ থেকে আটকানো *The local residents are determined to defeat the council's building plans.*

defeat² / dɪˈfiːt ডিফীট্ / *noun* **1** [C] an occasion when sb fails to win or be successful against sb else জয়লাভ বা সাফল্যলাভে ব্যর্থতা; পরাজয়, হার, পরাভব, বিফলতা *This season they have had two victories and three defeats.* **2** [U] the act of losing or not being successful জিততে না পারা, হেরে যাওয়া, অথবা সফল না হওয়ার ক্রিয়া *She refused to* ***admit defeat*** *and kept on trying.*

defeatism / dɪˈfiːtɪzəm ডিফীটিজ়্যাম্ / *noun* [U] the attitude of expecting sth to end in failure হেরে যাওয়ার মনোভাব, পরাভববাদ, পরাজিত মানসিকতা, ব্যর্থতাবোধ

defeatist / dɪˈfiːtɪst ডিফীটিস্ট্ / *adj.* expecting not to succeed পরাজয়ের মনোভাবসম্পন্ন, পরাভববাদী *a defeatist attitude/view* ► **defeatist** *noun* [C] পরাজয়ের মনোভাবসম্পন্ন ব্যক্তি *Don't be such a defeatist, we haven't lost yet!*

defecate / ˈdefəkeɪt ˈডেফ্যাকেইট্ / *verb* [I] (*formal*) to get rid of waste from the body; to go to the toilet মলত্যাগ করা, পায়খানা করা; শৌচালয়ে যাওয়া

defect¹ / ˈdiːfekt ˈডীফেক্ট্ / *noun* [C] sth that is wrong with or missing from sb/sth কোনো ব্যক্তি বা বস্তুর খুঁত, দোষ, ত্রুটি, অসম্পূর্ণতা *a speech defect* ○ *defects in the education system* ► **defective** / dɪˈfektɪv ডিফেক্টিভ্ / *adj.* খুঁতো, দোষযুক্ত

defect² / dɪˈfekt ডিফেক্ট্ / *verb* [I] to leave your country, a political party, etc. and join one that is considered to be the enemy কোনো রাজনৈতিক দল, দেশ ইত্যাদি ত্যাগ করে শত্রুদেশে যাওয়া বা বিরোধী দলে যোগ দেওয়া; বিদ্রোহী হওয়া ► **defection** *noun* [C, U] দলত্যাগ, কর্তব্যবিচ্যুতি ► **defector** *noun* [C] দলত্যাগী

defence (*AmE* **defense**) / dɪˈfens ডিফেন্স্ / *noun* **1** [U] something that you do or say to protect sb/sth from attack, bad treatment, criticism, etc. আক্রমণ, দুর্ব্যবহার, অপবাদ ইত্যাদি থেকে কোনো ব্যক্তি বা বস্তুকে রক্ষা করার জন্য যা করা হয় অথবা বলা হয়; প্রতিরক্ষা *Would you fight **in defence of** your country?* ○ *I must say **in her defence** that I have always found her very reliable.* ➪ **self-defence** দেখো। **2** [C] **a defence (against sth)** something that protects sb/sth from sth, or that is used to fight against attack প্রতিরোধ ক্ষমতা *the body's defences against disease* **3** [U] the military equipment, forces, etc. for protecting a country (সামরিক) প্রতিরক্ষা বাহিনী, প্রতিরক্ষা-সরঞ্জাম সহ দেশের প্রতিরক্ষা ব্যবস্থা *Spending on defence needs to be reduced.* **4** [C] (in law) an argument in support of the accused person in a court of law (আইনে) আসামীর সমর্থনে যুক্তি অথবা তর্ক *His defence was that he was only carrying out orders.* **5 the defence** [*sing.,with sing. or pl. verb*] (in law) the lawyer or lawyers who are acting for the accused person in a court of law (আইনে) বিচারালয়ে আসামীর পক্ষ সমর্থনকারী আইনজীবী *The defence claims/claim that many of the witnesses were lying.* ➪ **the prosecution** দেখো। **6** (*usually* **the defence**) [*sing.*, U] (in sport) action to prevent the other team scoring; the players who try to do this (খেলাধুলো প্রসঙ্গে ব্যবহৃত) প্রতিপক্ষকে গোল করা বা পয়েন্ট পাওয়া থেকে আটকানোর কাজ; রক্ষণভাগের খেলোয়াড়; রক্ষক *She plays in defence.*

defenceless / dɪˈfensləs ডিˈফেন্স্ল্যাস্ / *adj.* unable to defend yourself against attack আত্মরক্ষায় অসমর্থ, অরক্ষিত, অসহায়

defend / dɪˈfend ডিˈফেন্ড্ / *verb* **1** [T] **defend sb/sth/yourself (against/from sb/sth)** to protect sb/sth from harm or danger বিপদ থেকে কোনো ব্যক্তি বা বস্তুকে রক্ষা করা; আগলানো *Would you be able to defend yourself if someone attacked you in the street?* **2** [T] **defend sb/sth/ yourself (against/from sb/sth)** to say or write sth to support sb/sth that has been criticized সমালোচিত পক্ষের সমর্থনে কিছু বলা বা লেখা *The minister went on television to defend the government's policy.* **3** [T] (in law) to speak for sb who is accused of a crime in a court of law (আইনে) অপরাধীর সমর্থনে আদালতে কিছু বলা **4** [I, T] (in sport) to try to stop the other team or player scoring (খেলাধুলোয়) প্রতিপক্ষ দলকে গোল করতে বা পয়েন্ট পেতে বাধা দেওয়া *They defended well and managed to hold onto their lead.* **5** [T] to take part in a competition that you won before and try to win it again পুনরায় বিজয়লাভ বা খেতাব রক্ষার্থে কোনো প্রতিযোগিতায় পূর্ব বিজেতার অংশগ্রহণ করা *She successfully defended her title.* ○ *He is the defending champion.*

defendant / dɪˈfendənt ডিˈফেন্ড্যান্ট্ / *noun* [C] a person who is accused of a crime in a court of law আদালতে অভিযুক্ত ব্যক্তি; আসামী

defender / dɪˈfendə(r) ডিˈফেন্ড্যা(র্) / *noun* [C] a person who defends sb/sth, especially in sport (বিশেষত খেলায়) যে ব্যক্তি কোনো ব্যক্তি বা বস্তুকে রক্ষা করে; রক্ষক

defense (*AmE*) = **defence**

defensible / dɪˈfensəbl ডিˈফেন্স্যাব্ল্ / *adj.* **1** that can be supported by reasons or arguments that show that it is right or should be allowed যা যুক্তি অথবা তর্ক দ্বারা সমর্থিত (এবং সেইভাবে তা যথোচিত বা অনুমোদনীয়); সমর্থনযোগ্য *morally defensible* **2** (used about a place) that can be defended against an attack (কোনো স্থান সম্বন্ধে ব্যবহৃত) রক্ষণীয়, রক্ষণসাধ্য

defensive[1] / dɪˈfensɪv ডিˈফেন্সিভ্ / *adj.* **1** that protects sb/sth from attack (কোনো ব্যক্তি বা বস্তুর) প্রতিরক্ষামূলক, আত্মরক্ষামূলক *The troops took up a defensive position.* ✪ বিপ **offensive 2** showing that you feel that sb is criticizing you কোনো ব্যক্তি সমালোচনা করলে তার প্রতি নিজের মনোভাবের প্রদর্শন; সমালোচনাবিরূপ *When I asked him about his new job, he became very defensive and tried to change the subject.*

defensive[2] / dɪˈfensɪv ডিˈফেন্সিভ্ / *noun*
IDM **on the defensive** acting in a way that shows that you expect sb to attack or criticize you আত্মরক্ষামূলক কাজ (সমালোচনা অথবা আক্রমণের সম্ভাবনায়) *My questions about her past immediately put her on the defensive.*

defer / dɪˈfɜː(r) ডিˈফ্য(র্) / *verb* [T] (**deferring; deferred**) (*formal*) to leave sth until a later time ভবিষ্যতের জন্য কোনো বস্তু ফেলে রাখা, মূলতুবি রাখা *She deferred her place at university for a year.*

deference / ˈdefərəns ˈডেফ্যার্যান্স্ / *noun* [U] polite behaviour that you show towards sb/sth, usually because you respect him/her কাউকে বা কিছুকে (সাধারণত) সম্মান করার কারণে তার প্রতি নম্র আচরণ
IDM **in deference to sb/sth** because you respect and do not wish to upset sb কোনো ব্যক্তির প্রতি শ্রদ্ধাবশত এবং তার মনে দুঃখ দিতে না পারার কারণবশত *In deference to her father's wishes, she didn't mention the subject again.*

defiance / dɪˈfaɪəns ডিˈফাইঅ্যান্স্ / *noun* [U] open refusal to obey sb/sth কোনো ব্যক্তি বা বস্তুর প্রতি প্রকাশ্য অবাধ্যতা; স্পর্ধা *an **act of defiance*** ○ *He continued smoking **in defiance of** the doctor's orders.*

defiant / dɪˈfaɪənt ডিফাইঅ্যান্ট্ / *adj.* showing open refusal to obey sb/sth অবজ্ঞাপ্রদর্শন ➪ **defy** verb দেখো। ▶ **defiantly** *adv.* অবজ্ঞাপূর্ণভাবে

defibrillator / dɪˈfɪbrɪleɪtə(r) ডিˈফিব্রিলেইট্যা(র্) / *noun* [C] a piece of equipment used in hospitals to control the movements of the heart muscles by giving the heart a controlled electric shock নিয়ন্ত্রিত বৈদ্যুতিক তড়িতাঘাতের দ্বারা হৃৎপিন্ডের পেশিসমূহের গতি নিয়ন্ত্রণ করার যন্ত্রবিশেষ (হাসপাতালে ব্যবহৃত হয়)

deficiency / dɪˈfɪʃnsi ডিফিশ্ন্সি / *noun* (*pl.* **deficiencies**) **deficiency (in/of sth)** **1** [C, U] the state of not having enough of sth; a lack ঘাটতি, অভাব, কমতি, খামতি *a deficiency of vitamin C* **2** [C] a fault or a weakness in sb/sth কোনো ব্যক্তি বা বস্তুর মধ্যে ত্রুটি, দুর্বলতা, খুঁত, ন্যূনতা *The problems were caused by deficiencies in the design.*

deficient / dɪˈfɪʃnt ডিফিশ্ন্ট্ / *adj.* **1 deficient (in sth)** not having enough of sth অপ্রতুল, অপ্রচুর, অভাব *food that is deficient in minerals* **2** not good enough or not complete খুঁতো

deficit / ˈdefɪsɪt ˈডেফিসিট্ / *noun* [C] the amount by which the money you receive is less than the money you have spent যে অর্থ প্রাপ্ত করা হয়েছে তা ব্যয়িত অর্থের তুলনায় কম; ঘাটতি, অভাব, অপ্রতুলতা, ন্যূনতা *a trade deficit*

define / dɪˈfaɪn ডিˈফাইন্ / *verb* [T] **1** to say exactly what a word or idea means অর্থ নির্ধারণ অথবা সংজ্ঞা নিরূপণ করা *How would you define 'happiness'?* **2** to explain the exact nature of sth clearly কোনো বস্তুর প্রকৃত চরিত্র স্পষ্টভাবে ব্যাখ্যা করা *We need to define the problem before we can attempt to solve it.*

definite / ˈdefɪnət ˈডেফিন্যাট্ / *adj.* **1** fixed and unlikely to change; certain সুনির্দিষ্ট, অপরিবর্তনীয়; সুনিশ্চিত *I'll give you a definite decision in a couple of days.* ✪ বিপ **indefinite** **2** clear; easy to see or notice স্বচ্ছ, স্পষ্ট; সহজে প্রতীয়মান, সহজে যা চোখে পড়ে *There has been a definite change in her attitude recently.*

the definite article *noun* [C] (*grammar*) the name used for the word 'the' নির্দিষ্ট বা নিশ্চয়াত্মক কিছু বোঝানোর জন্য বা 'the' শব্দটি বোঝানোর জন্য ব্যবহৃত হয়; 'টি', 'টা', 'খানা', 'খানি' (শব্দের পূর্বে ব্যবহৃত হয়) ➪ **the indefinite article** দেখো।

> **NOTE** Definite article সম্বন্ধে আরও বিশদভাবে জানার জন্য এই অভিধানের শেষাংশে **Quick Grammar Reference** দেখো।

definitely / ˈdefɪnətli ˈডেফিন্যাট্লি / *adv.* certainly; without doubt নিশ্চিতভাবে; নিঃসন্দেহে *I'll definitely consider your advice.*

definition / ˌdefɪˈnɪʃn ˌডেফিˈনিশ্ন্ / *noun* [C, U] a description of the exact meaning of a word or idea কোনো শব্দ বা ভাবধারার যথাযথ অর্থ; সংজ্ঞা

definitive / dɪˈfɪnətɪv ডিফিন্যাটিভ্ / *adj.* in a form that cannot be changed or that cannot be improved অপরিবর্তনীয় রূপে; এমন রূপে যার কোনো-রকম পরিবর্তন বা উত্তরণ সম্ভব নয় *This is the definitive version.* ▶ **definitively** *adv.* সঠিকভাবে, অপরিবর্তনীয়ভাবে, নির্ভরযোগ্যভাবে

deflate / dɪˈfleɪt; diː- ডিˈফ্লেইট্; ডী- / *verb* **1** [I, T] to become or to make sth smaller by letting the air or gas out of it কোনো কিছুর থেকে হাওয়া বা গ্যাস বার করে দিয়ে তার স্ফীতি হ্রাস করা বা সেটিকে ছোটো করা *The balloon slowly deflated.* ✪ বিপ **inflate** **2** [T] to make sb feel less confident, proud or excited কোনো ব্যক্তির আত্মবিশ্বাস, গর্ব অথবা উৎসাহ নষ্ট করে দেওয়া *I felt really deflated when I got my exam results.*

deflect / dɪˈflekt ডিˈফ্লেক্ট্ / *verb* **1** [I,T] to change direction after hitting sb/sth; to make sth change direction in this way কোনো ব্যক্তি বা বস্তুর সঙ্গে আঘাত লাগার ফলে গতিপথ পালটানো অথবা বিচ্যুত করা; এইভাবে কোনো বস্তুর গতিপথ পালটে দেওয়া *The ball deflected off a defender and into the goal.* **2** to turn sb's attention away from sth মনোযোগ অন্যদিকে আকর্ষণ করা; লক্ষ্যভ্রষ্ট হওয়া *Nothing could deflect her from her aim.*

deflection / dɪˈflekʃn ডিˈফ্লেকশ্ন্ / *noun* [C, U] a change of direction after hitting sb/sth পথবিচ্যুতি (কিছুতে ধাক্কা লাগার ফলে)

defoliate / ˌdiːˈfəʊlieɪt ˌডীˈফ্যাউলিএইট্ / *verb* [T] (*technical*) to destroy the leaves of trees or plants, especially with chemicals বৃক্ষ অথবা উদ্ভিদের পাতা বিশেষত রাসায়নিক পদার্থের সাহায্যে নষ্ট করে ফেলা, নিষ্পত্র করা ▶ **defoliation** / ˌdiːˌfəʊlɪˈeɪʃn ˌডীˈফ্যাউলিˈএইশ্ন্ / *noun* [U] পত্রচ্যুতি

deforestation / ˌdiːˌfɒrɪˈsteɪʃn ˌডীˌফরিˈস্টেইশ্ন্ / *noun* [U] cutting down trees over a large area কোনো বৃহৎ অঞ্চলের অরণ্য ধ্বংস; অরণ্যবিনাশ ✪ বিপ **afforestation**

deform / dɪˈfɔːm ডিˈফ:ম্ / *verb* [T] to change or spoil the natural shape of sth কোনো বস্তুর স্বাভাবিক আকৃতি বিকৃত করা, নিজস্ব চেহারা বা আকার নষ্ট করা

deformed / dɪˈfɔːmd ডিˈফ:ম্ড্ / *adj.* having a shape that is not normal because it has grown wrongly বিকৃত গঠন; বিকলাঙ্গ, পঙ্গু

deformity / dɪˈfɔːməti ডিˈফ:ম্যাটি / *noun* (*pl.* **deformities**) [C, U] the condition of having a part of the body that is an unusual shape because of disease, injury, etc. (কোনো অসুখ, আঘাত ইত্যাদি

কারণে) বিকৃতি, শরীরে বৈকল্য, অস্বাভাবিক গঠন *The drug caused women to give birth to babies with severe deformities.*

defraud / dɪˈfrɔːd ডিফ্র:ড্ / *verb* [T] **defraud sb (of sth)** to get sth from sb in a dishonest way কোনো ব্যক্তির কাছ থেকে কিছু আত্মসাৎ করা, প্রবঞ্চনা করা, ঠকানো *He defrauded the company of millions.*

defrost / ˌdiːˈfrɒst ˌডীˈফ্রস্ট্ / *verb* **1** [T] to remove the ice from sth কোনো বস্তুকে তুষারমুক্ত করা *to defrost a fridge* **2** [I, T] (used about frozen food) to return to a normal temperature; to make food do this (বরফে সংরক্ষিত খাদ্য সম্বন্ধে ব্যবহৃত) ফ্রিজে রাখা ঠান্ডা খাবার স্বাভাবিক তাপমাত্রায় আনা; ফ্রিজের ঠান্ডা খাবারকে স্বাভাবিক তাপমাত্রায় আসতে দেওয়া *Defrost the chicken thoroughly before cooking.*

deft / deft ডেফ্ট্ / *adj.* (used especially about movements) skilful and quick (গতি সম্বন্ধে ব্যবহৃত) সুদক্ষ, কুশল, চটপটে ▶ **deftly** *adv.* দক্ষতার সঙ্গে, নিপুণভাবে

defunct / dɪˈfʌŋkt ডিˈফাংক্ট্ / *adj.* no longer existing or in use অকেজো, বিলুপ্ত, অপ্রচলিত

defuse / ˌdiːˈfjuːz ˌডীˈফিউজ্ / *verb* [T] **1** to remove part of a bomb so that it cannot explode বোমাটি যাতে না ফাটতে পারে তার জন্য ভিতরের কোনো অংশ খুলে নেওয়া *Army experts defused the bomb safely.* **2** to make a situation calmer or less dangerous কোনো পরিস্থিতিকে আয়ত্তে আনা, উত্তেজনা কমিয়ে পরিবেশ শান্ত করা, তীব্রতা লাঘব করা *She defused the tension by changing the subject.*

defy / dɪˈfaɪ ডিˈফাই / *verb* [T] (*pres. part.* **defying**; *3rd person sing. pres.* **defies**; *pt, pp* **defied**) **1** to refuse to obey sb/sth কোনো ব্যক্তি বা বস্তুকে অগ্রাহ্য করা; স্পর্ধার সঙ্গে অমান্য করা, তুচ্ছ করা *She defied her parents and went abroad.* ➪ **defiant** adjective এবং **defiance** noun দেখো। **2 defy sb to do sth** to ask sb to do sth that you believe to be impossible কোনো ব্যক্তিকে অসম্ভব কিছু করতে বলা *I defy you to prove me wrong.* **3** to make sth impossible or very difficult কোনো কিছু অসম্ভব বা জটিল করে তোলা *It's such a beautiful place that it defies description.*

degenerate[1] / dɪˈdʒenəreɪt ডিˈজেন্যারেইট্ / *verb* [I] to become worse, lower in quality, etc. অধঃপতিত হওয়া, নিম্নগুণমানসম্পন্ন হওয়া, বিচ্যুত হওয়া ইত্যাদি *The calm discussion degenerated into a nasty argument.* ▶ **degeneration** / dɪˌdʒenəˈreɪʃn ডিˌজেন্যাˈরেইশ্‌ন্ / *noun* [U] অধঃপতন, অবনতি

degenerate[2] / dɪˈdʒenərət ডিˈজেন্যার‍্যাট্ / *adj.* having moral standards that have fallen to a very low level (নৈতিক) অবনতি বা অধঃপতন হয়েছে এমন

degradation / ˌdegrəˈdeɪʃn ˌডেগ্র্যাˈডেইশ্‌ন্ / *noun* [U] **1** the action of making sb be less respected; the state of being less respected কোনো ব্যক্তিকে কম মর্যাদাসম্পন্ন করার কাজ; হৃতসম্মান অবস্থা *the degradation of being in prison* **2** causing the condition of sth to become worse কোনো বস্তুকে অধঃপতিত অবস্থায় আনে এমন *environmental degradation*

degrade / dɪˈgreɪd ডিˈগ্রেইড্ / *verb* [T] to make people respect sb less জনগণ কর্তৃক কোনো ব্যক্তিকে অবমাননা করা, সম্মান কম করা, মর্যাদাহানি করা *It's the sort of film that really degrades women.* ▶ **degrading** *adj.* সম্মানহানিকর, মর্যাদাহানিকারক

degree / dɪˈgriː ডিˈগ্রী / *noun* **1** [C] a measurement of temperature তাপমাত্রার একক, তাপ মাপার একক, তাপাঙ্ক *Water boils at 100 degrees Celsius (100°C).* ○ *three degrees below zero/minus three degrees (–3°)* **2** [C] a measurement of angles কোণ পরিমাপনের (জ্যামিতি) একক *a forty-five degree (45°) angle* ○ *An angle of 90 degrees is called a right angle.* **3** [C, U] (used about feelings or qualities) a certain amount or level (অনুভূতি বা গুণ প্রসঙ্গে ব্যবহৃত) সুনির্দিষ্ট পরিমাণ বা স্তর; মাত্রা, পর্যায়, ধাপ *There is always* ***a degree of*** *risk involved in mountaineering.* ○ *I sympathize with her* ***to some degree****.* **4** [C] an official document gained by successfully completing a course at university or college বিশ্ববিদ্যালয় বা কলেজের পাঠক্রম সাফল্যের সঙ্গে সম্পূর্ণ করার পর পাওয়া স্নাতকোত্তর খেতাব, পরীক্ষায় সাফল্যের স্বীকৃতিসূচক উপাধি; ডিগ্রি *She's got* ***a degree in*** *Philosophy.* ○ *to* ***do a*** *Chemistry* ***degree***

dehumanize (*also* **-ise**) / ˌdiːˈhjuːmənaɪz ˌডীˈহিউম্যানাইজ্ / *verb* [T] to make sb lose his/her human qualities such as kindness, pity, etc. কোনো ব্যক্তির মনুষ্যত্ব (যেমন দয়া, ক্ষমা ইত্যাদি) চ্যুত করা বা নষ্ট করা; মানবোচিত গুণ, আদর্শ ইত্যাদি পরিত্যাগ করানো ▶ **dehumanization** (*also* **-isation**) / ˌdiːˌhjuːmənaɪˈzeɪʃn ˌডীˌহিউম্যানাইˈজেইশ্‌ন্ / *noun* [U] মনুষ্যত্বচ্যুতি

dehydrate / diːˈhaɪdreɪt ডীˈহাইড্রেইট্ / *verb* **1** [T] (*usually passive*) to remove all the water from sth কোনো বস্তুকে জলশূন্য করা, জল শুকিয়ে নেওয়া, আর্দ্রতাশূন্য করা *Dehydrated vegetables can be stored for months.* **2** [I, T] to lose too much water from your body শরীর থেকে খুব বেশি পরিমাণে জল বেরিয়ে যাওয়া *If you run for a long time in the heat, you start to dehydrate.* ▶ **dehydration** / ˌdiːhaɪˈdreɪʃn ˌডীহাইˈড্রেইশ্‌ন্ / *noun* [U] জলবিয়োজন, জলশূন্যতা, নিরুদন *Several of the runners were suffering from severe dehydration.*

de-ice / ˌdiːˈaɪs ˌডী'আইস্ / *verb* [T] to remove the ice from sth কোনো বস্তুকে বরফ মুক্ত করা *The car windows need de-icing.* ➪ **defrost** দেখো।

deign / deɪn ডেইন্ / *verb* [T] **deign to do sth** to do sth although you think you are too important to do it অনুগ্রহ দেখানো, অনুগ্রহ করে কিছু করা *He didn't even deign to look up when I entered the room.*

deity / ˈdeɪəti ˈডেইঅ্যাটি / *noun* [C] (*pl.* **deities**) (*formal*) a god কোনো এক দেবতা, ঠাকুর বা ভগবান

dejected / dɪˈdʒektɪd ডি'জেক্‌টিড্ / *adj.* very unhappy, especially because you are disappointed অত্যন্ত অখুশি, বিশেষত হতাশার কারণে; বিষণ্ণ, বিষাদগ্রস্ত *The fans went home dejected after watching their team lose.* ▶ **dejectedly** *adv.* বিষণ্ণভাবে, মনমরা হয়ে ▶ **dejection** *noun* [U] মনমরা অবস্থা, বিষণ্ণতা

delay[1] / dɪˈleɪ ডি'লেই / *verb* **1** [T] to make sb/sth slow or late কোনো ব্যক্তি বা বস্তুকে দেরি করা বা করানো, বিলম্ব করা বা করানো, কালহরণ করা *The plane was delayed for several hours because of bad weather.* **2** [I, T] **delay (sth/doing sth)** to decide not to do sth until a later time বিলম্বিত করা, পিছিয়ে দেওয়া; স্থগিত রাখা, ফেলে রাখা *I was forced to delay the trip until the following week.*

delay[2] / dɪˈleɪ ডি'লেই / *noun* [C, U] a situation or period of time where you have to wait এমন কোনো পরিস্থিতি বা কালপর্যায় যখন অপেক্ষা বা বিলম্ব করতে হয়; বিলম্ব, দেরি, কালহরণ *Delays are likely on the roads because of heavy traffic.* ○ *If you smell gas, report it without delay* (= immediately).

delegate[1] / ˈdelɪɡət ˈডেলিগ্যাট্ / *noun* [C] a person who has been chosen to speak or take decisions for a group of people, especially at a meeting (বিশেষত কোনো সভায় বক্তৃতা দান অথবা সিদ্ধান্ত গ্রহণের জন্য) প্রতিনিধি

delegate[2] / ˈdelɪɡeɪt ˈডেলিগেইট্ / *verb* [I, T] to give sb with a lower job or position a particular task to do নিম্নপদের কোনো ব্যক্তিকে কোনো কাজের দায়িত্ব অথবা ক্ষমতা দেওয়া, প্রতিনিধিরূপে পাঠানো *You can't do everything yourself. You must learn how to delegate.*

delegation / ˌdelɪˈɡeɪʃn ˌডেলি'গেইশ্‌ন্ / *noun* **1** [C, *with sing. or pl. verb*] a group of people who have been chosen to speak or take decisions for a larger group of people, especially at a meeting বৃহত্তর জনগোষ্ঠীর পক্ষ থেকে বক্তব্য রাখা অথবা সিদ্ধান্ত গ্রহণের জন্য নির্বাচিত ব্যক্তিবর্গ (বিশেষত কোনো সভায়); প্রতিনিধিবৃন্দ, প্রতিনিধিদল *The British delegation walked out of the meeting in protest.* **2** [U] giving sb with a lower job or position a particular task to do নিম্নপদস্থ কর্মচারীকে কোনো নির্দিষ্ট কর্মভার দেওয়া হয়েছে এমন

delete / dɪˈliːt ডি'লীট্ / *verb* [T] to remove sth that is written লিখিত কোনো অংশ বাদ দেওয়া ▶ **deletion** / dɪˈliːʃn ডি'লীশ্‌ন্ / *noun* [C, U] বাদ দেওয়ার কাজ বা মুছে ফেলা অংশ

deliberate[1] / dɪˈlɪbərət ডি'লিব্যার‍্যাট্ / *adj.* **1** done on purpose; planned উদ্দেশ্যমূলক; পূর্বপরিকল্পিত *Was it an accident or was it deliberate?* ✪ সম **intentional** **2** done slowly and carefully, without hurrying ধীরেসুস্থে, ভেবেচিন্তে কৃত, বিচক্ষণ, চৌকস, ধীর এবং সতর্ক *She spoke in a calm, deliberate voice.*

deliberate[2] / dɪˈlɪbəreɪt ডি'লিব্যারেইট্ / *verb* [I, T] (*formal*) to think about or discuss sth fully before making a decision সিদ্ধান্ত গ্রহণের আগে কোনো বিষয়ে আলোচনা এবং বিচারবিবেচনা করা *The judges deliberated for an hour before announcing the winner.*

deliberately / dɪˈlɪbərətli ডি'লিব্যার‍্যাট্‌লি / *adv.* **1** on purpose ইচ্ছাকৃতভাবে, উদ্দেশ্যপ্রণোদিতভাবে *I didn't break it deliberately, it was an accident.* ✪ সম **intentionally** অথবা **purposely** **2** slowly and carefully, without hurrying ধীরেসুস্থে, সযত্নে, মনোযোগসহকারে

deliberation / dɪˌlɪbəˈreɪʃn ডি,লিব্যা'রেইশ্‌ন্ / *noun* (*formal*) **1** [C, U] discussion or thinking about sth in detail কোনো বিষয় সম্পর্কে সুবিবেচনা, পুঙ্খানুপুঙ্খভাবে আলোচনা *After much deliberation I decided to reject the offer.* **2** [U] the quality of being very slow and careful in what you say and do কথায় এবং কাজে স্থির এবং যত্নশীল হওয়ার গুণ; ধীরতা, সতর্কতা *He spoke with great deliberation.*

delicacy / ˈdelɪkəsi ˈডেলিক্যাসি/ *noun* (*pl.* **delicacies**) **1** [U] the quality of being easy to damage or break যত্ন নিয়ে ব্যবহার করার মতো জিনিস, যা সহজে নষ্ট হয়ে বা ভেঙে যেতে পারে **2** [U] the fact that a situation is difficult and sb may be easily offended অবস্থা এমন যে সহজেই কেউ অপমানিত বোধ করতে পারে; স্পর্শকাতর অথবা সংবেদনশীল পরিস্থিতি *Be tactful! It's a matter of some delicacy.* **3** [C] a type of food that is considered particularly good সুখাদ্য, অত্যন্ত মুখরোচক, উপাদেয় খাদ্যদ্রব্য *Try this dish, it's a local delicacy.*

delicate / ˈdelɪkət ˈডেলিক্যাট্ / *adj.* **1** easy to damage or break ভঙ্গুর, কোমল, পলকা *delicate skin* ○ *the delicate mechanisms of a watch* **2** frequently ill or hurt দুর্বল, ভগ্নস্বাস্থ্য, ক্ষীণ *He was a delicate child and often in hospital.* **3** (used about colours, flavours, etc.) light and pleasant;

not strong (রং, স্বাদ, গন্ধ ইত্যাদি সম্বন্ধে ব্যবহৃত) হালকা, সুন্দর, কোমল; প্রকট নয়, অনুগ্র, চাপা *a delicate shade of pale blue* **4** needing skilful treatment and care সতর্কতার সঙ্গে, অতি কোমলভাবে *Repairing this is going to be a very delicate operation.* ▶ **delicately** *adv.* সূক্ষ্মভাবে, হালকাভাবে, সাবধানে *She stepped delicately over the broken glass.*

delicious / dɪˈlɪʃəs ডি'লিশ্যাস্ / *adj.* having a very pleasant taste or smell সুস্বাদু, মুখরোচক, পরম উপাদেয় *This soup is absolutely delicious.*

delight[1] / dɪˈlaɪt ডি'লাইট্ / *noun* **1** [U] great pleasure; joy উল্লাস, আনন্দ, খুশি, হর্ষ *She laughed with delight as she opened the present.* **2** [C] something that gives sb great pleasure (কোনো ব্যক্তিকে) উল্লসিত, পরিতৃপ্ত ও খুশি করে এমন *The story is a delight to read.* ▶ **delightful** / -fl -ফ্ল্ / *adj.* আনন্দদায়ক, মনোহর, তৃপ্তিকর *a delightful view* ▶ **delightfully** / -fəli -ফ্যালি / *adv.* মনোহরভাবে, মধুরভাবে

delight[2] / dɪˈlaɪt ডি'লাইট্ / *verb* [T] to give sb great pleasure কোনো ব্যক্তিকে গভীর আনন্দ দেওয়া, পরিতৃপ্ত করা, উল্লসিত করা *She delighted the audience by singing all her old songs.*

PHR V **delight in sth/in doing sth** to get great pleasure from sth কোনো কিছু থেকে গভীর আনন্দ এবং পরিতৃপ্তি পাওয়া *He delights in playing tricks on people.*

delighted / dɪˈlaɪtɪd ডি'লাইটিড্ / *adj.* **delighted (at/with/about sth); delighted to do sth/that...** extremely pleased অত্যন্ত খুশি, খুবই আনন্দিত, উল্লসিত *She was delighted at getting the job/that she got the job.*

delinquency / dɪˈlɪŋkwənsi ডি'লিংকুঅ্যান্সি / *noun* [U] (*formal*) bad or criminal behaviour, especially among young people কুকর্ম, দুষ্কৃতি, অপকর্ম, অপরাধমূলক আচরণ (বিশেষ করে অল্পবয়সিদের দ্বারা)

delinquent / dɪˈlɪŋkwənt ডি'লিংকুঅ্যান্ট্ / *adj.* (*formal*) (usually used about a young person) behaving badly and often breaking the law (সাধারণত অল্পবয়সি ব্যক্তি সম্বন্ধে ব্যবহৃত) দুষ্কর্ম, খারাপ কাজ, অন্যায় আচরণ ▶ **delinquent** *noun* [C] দুষ্কর্মকারী, কুকর্মকারী, অপকর্মকারী *a juvenile delinquent*

delirious / dɪˈlɪriəs; -ˈlɪəriəs ডি'লিরিঅ্যাস্; -'লিঅ্যারিঅ্যাস্ / *adj.* **1** speaking or thinking in a crazy way, often because of illness অনেক সময় অসুস্থতার জন্য বিকারগ্রস্ত; উন্মাদপ্রায় **2** extremely happy ভীষণ খুশি, আনন্দে আত্মহারা, আনন্দোন্মত্ত ▶ **deliriously** *adv.* আত্মহারাভাবে, উন্মত্ত হয়ে

delirium / dɪˈlɪriəm ডি'লিরিঅ্যাম্ / *noun* [U] a mental state where sb becomes **delirious 1** প্রলাপ, বিকার, অপ্রকৃতিস্থ মানসিক অবস্থা *fever accompanied by delirium*

deliver / dɪˈlɪvə(r) ডি'লিভ্যা(র্) / *verb* **1** [I, T] to take sth (goods, letters, etc.) to the place requested or to the address on it (মালপত্র, চিঠিপত্র ইত্যাদি) নির্দিষ্ট ঠিকানায় পৌঁছোনো, বিতরণ করা, বিলি করা *Your order will be delivered within five days.* **2** [T] to help a mother to give birth to her baby প্রসব করানো, জন্মদানকালে প্রসূতিকে সাহায্য করা *to deliver a baby* **3** [T] (*formal*) to say sth formally আনুষ্ঠানিকভাবে বলা বা বক্তৃতা দেওয়া *to deliver a speech/lecture/warning* **4** [I] **deliver (on sth)** (*informal*) to do or give sth that you have promised প্রতিশ্রুতিমতো কাজ করা বা কিছু দেওয়া *The new leader has made a lot of promises, but can he deliver on them?*

IDM **come up with/deliver the goods** ➪ **goods** দেখো।

delivery / dɪˈlɪvəri ডি'লিভ্যারি / *noun* (*pl.* **deliveries**) **1** [U] the act of taking sth (goods, letters, etc.) to the place or person who has ordered it or whose address is on it (মালপত্র, চিঠিপত্র ইত্যাদি) ঠিকানামতো বা যে ব্যক্তি অনুরোধ পাঠিয়েছে তার কাছে পৌঁছোনোর ক্রিয়া *Please allow 28 days for delivery.* ○ *a delivery van* **2** [C] an occasion when sth is delivered কোনো কিছু বিলি করার সময় (যেমন ডাকবিলির সময়) *Is there a delivery here on Sundays?* **3** [C] something (goods, letters, etc.) that is delivered যা (জিনিসপত্র, চিঠি ইত্যাদি) পাঠানো হয়েছে, প্রেরিত সামগ্রী *The shop is waiting for a new delivery of apples.* **4** [C] the process of giving birth to a baby সন্তান প্রসব পদ্ধতি; সন্তানের জন্মদান প্রক্রিয়া *an easy delivery*

delta / ˈdeltə 'ডেল্ট্যা / *noun* [C] an area of flat land shaped like a triangle where a river divides into smaller rivers as it goes into the sea সমুদ্রে মিলিত হওয়ার সময়ে নদী যখন ছোটো ছোটো নদীতে ভাগ হয়ে যায় তখন যে ত্রিভুজাকৃতি দ্বীপের সৃষ্টি হয়; ব-দ্বীপ

delude / dɪˈluːd ডিলুড্ / *verb* [T] to make sb believe sth that is not true কোনো ব্যক্তিকে ঠকানো, মিথ্যেকে সত্যি বলে ভাবানো, প্রতারণা করা, প্রবঞ্চনা করা, ধোঁকা দেওয়া *If he thinks he's going to get rich quickly, he's deluding himself.* ➪ **delusion** noun দেখো।

deluge[1] / ˈdeljuːdʒ 'ডেলিউজ্ / *noun* [C] **1** a sudden very heavy fall of rain; a flood আকস্মিক প্রবল বর্ষণ; প্লাবন **2 a deluge (of sth)** a very large number of things that happen or arrive at the same time প্রবলভাবে আগত অনেক কিছুর তোড়; প্রবাহ *The programme was followed by a deluge of complaints from the public.*

deluge² / ˈdeljuːdʒ ˈডেলিউজ্ / *verb* [T] (*usually passive*) to send or give sb/sth a very large quantity of sth, all at the same time কোনো ব্যক্তিকে একসঙ্গে বহুল পরিমাণে কোনো জিনিস একই সময়ে পাঠানো অথবা দেওয়া *They were deluged with applications for the job.*

delusion / dɪˈluːʒn ডিˈলুজ্‌ন্ / *noun* [C, U] a false belief ভ্রান্ত বিশ্বাস, বিভ্রম, মায়া, ভ্রান্তি *He seems to be* ***under the delusion*** *that he's popular.* ➪ **delude** verb দেখো।

de luxe / ˌdə ˈlʌks ˌড্যাˈলাক্স্ / *adj.* of extremely high quality and more expensive than usual অতি উচ্চমানের, অত্যন্ত দামি, বিলাসবহুল *a deluxe hotel*

delve / delv ডেল্‌ভ্ / *verb* [I] **delve into sth** to search inside sth কোনো বস্তুর ভিতরে গভীরভাবে অনুসন্ধান করা *She delved into the bag and brought out a tiny box.* ○ (*figurative*) *We must delve into the past to find the origins of the custom.*

demand¹ / dɪˈmɑːnd ডিˈমা:ন্ড্ / *noun* **1** [C] **a demand (for sth/that...)** a strong request or order that must be obeyed জোরালো অনুরোধ অথবা আদেশ যা অবশ্য পালনীয়; অপরিহার্য চাহিদা; প্রার্থনা *a demand for changes in the law* **2 demands** [*pl.*] something that sb makes you do, especially sth that is difficult or tiring কোনো ব্যক্তি কর্তৃক কারও দ্বারা জোর করে বিশেষত কোনো কঠিন এবং শ্রান্তিজনক কাজ করানো *Running a marathon* ***makes*** *huge* ***demands*** *on the body.* **3** [U] **demand (for sth/sb)** the desire or need for sth among a group of people কোনো বস্তুর জন্য কোনো গোষ্ঠীর মধ্যে চাহিদা, প্রয়োজন *We no longer sell that product because there is no demand for it.*

IDM in demand wanted by a lot of people প্রবল চাহিদা, প্রয়োজন *I'm in demand this weekend—I've had three invitations!*

on demand whenever you ask for it চাহিদানুযায়ী, যখন চাওয়া হবে তখন পাওয়া যায় এমন *This treatment is available from your doctor on demand.*

demand² / dɪˈmɑːnd ডিˈমা:ন্ড্ / *verb* [T] **1 demand to do sth/that... ; demand sth** to ask for sth in an extremely firm or aggressive way অত্যন্ত দৃঢ়ভাবে অথবা আক্রমণাত্মকভাবে কিছু চাওয়া, দাবি করা *I walked into the office and demanded to see the manager.* ○ *Your behaviour was disgraceful and I demand an apology.* **2** to need sth কোনো বস্তুর প্রয়োজন হওয়া *a sport that demands skill as well as strength*

demanding / dɪˈmɑːndɪŋ ডিˈমা:ন্ডিং / *adj.* **1** (used about a job, task, etc.) needing a lot of effort, care, skill, etc. (কোনো কাজ, চাকুরি ইত্যাদি বিষয়ে ব্যবহৃত) যা যথেষ্ট সময়, দক্ষতা, মনোযোগ দাবি করে *It will be a demanding schedule—I have to go to six cities in six days.* **2** (used about a person) always wanting attention or expecting very high standards of people (ব্যক্তি সম্বন্ধে ব্যবহৃত) যে সকলের মনোযোগ বা সবকিছুর উচ্চমান প্রত্যাশা করে *Young children are very demanding.* ○ *a demanding boss*

demarcate / ˈdiːmaːkeit ˈডীমা:কেইট্ / *verb* [T] to show or mark the limits of sth কোনো বস্তুর সীমা নির্ধারণ করা

demarcation / ˌdiːmɑːˈkeɪʃn ˌডীমা:ˈকেইশ্‌ন্ / *noun* [U, C] a border or line that separates two things, such as types of work, groups of people or areas of land কোনো কিছুর মধ্যে সীমা নির্ধারণকারী রেখা (উদাহরণস্বরূপ কাজের বিভিন্ন ধরন, ভিন্ন ভিন্ন মানবগোষ্ঠী অথবা বিভিন্ন অঞ্চল); সীমানা নির্ধারণ

demeanour (*AmE* **demeanor**) / dɪˈmiːnə(r) ডিˈমীন্যা(র্) / *noun* [U] (*formal*) the way a person behaves, dresses, speaks, looks, etc. that show what their character is like কোনো ব্যক্তির ব্যবহার, পোশাক-পরিচ্ছদ, বাচনভঙ্গি, চেহারা ইত্যাদি যার দ্বারা তার প্রকৃতি বা চরিত্র বোঝা যায়; প্রকৃতিগত ব্যবহার; আচরণশৈলী *reserved demeanour*

dementia / dɪˈmenʃə ডিˈমেন্‌শ্যা / *noun* [U] a serious mental problem caused by brain disease or injury, that affects the ability to think, remember and behave normally মস্তিষ্কের অসুখ বা আঘাতজনিত কারণে গুরুতর মানসিক সমস্যা যা চিন্তাশক্তি, স্মৃতিশক্তি এবং স্বাভাবিক আচরণ ব্যাহত করে; চিন্তাভ্রংশ, চিত্তবৈকল্য

demi- / ˈdemi ˈডেমি / *prefix* (*used in nouns*) half; partly অর্ধেক, কিছুটা, আংশিকভাবে

demise / dɪˈmaɪz ডিˈমাইজ্ / *noun* [*sing.*] **1** the end or failure of sth কোনো বস্তুর অবসান; অসাফল্য *Poor business decisions led to the company's demise.* **2** (*written*) the death of a person কোনো ব্যক্তির মৃত্যু

demo / ˈdeməʊ ˈডেম্যাউ / *noun* [C] (*pl.* **demos**) = **demonstration 2, 3**

demo- *prefix* (*used in nouns, adjectives and verbs*) connected with people or population জনগণ সংক্রান্ত, জনতার সঙ্গে জড়িত, জনসংখ্যা সম্বন্ধীয় *democracy*

democracy / dɪˈmɒkrəsi ডিˈমক্র্যাসি / *noun* (*pl.* **democracies**) **1** [U] a system in which the government of a country is elected by the people যে ব্যবস্থায় জনগণের দ্বারা দেশের সরকার নির্বাচিত হয়; গণতান্ত্রিক রাষ্ট্রব্যবস্থা **2** [C] a country that has this system গণতন্ত্র, গণতান্ত্রিক দেশ **3** [U] the right of everyone in an organization, etc. to be treated equally and to vote on matters that affect them কোনো প্রতিষ্ঠান ইত্যাদিতে প্রাপ্ত প্রত্যেকের সমানাধিকার এবং তাদের সঙ্গে সম্বন্ধিত বিষয়ে সিদ্ধান্ত গ্রহণের অধিকার *There is a need for more democracy in the company.*

democrat / ˈdeməkræt ˈডেম্যাক্র্যাট্ / *noun* [C] a person who believes in and supports democracy গণতন্ত্রে বিশ্বাসী এবং সমর্থক, গণতান্ত্রিক ব্যক্তি

democratic / ˌdeməˈkrætɪk ˌডেম্যাˈক্র্যাটিক্ / *adj.* **1** based on the system of democracy গণতান্ত্রিক, গণতন্ত্রবিষয়ক *democratic elections* ○ *a democratic government* **2** having or supporting equal rights for all people সর্বসাধারণের সমান অধিকার এই মতবাদে বিশ্বাস এবং সমর্থনসম্পন্ন *a democratic decision* (= made by all the people involved) ✪ বিপ **undemocratic** ▶ **democratically** / -kli -ক্লি / *adv.* গণতন্ত্র অনুযায়ী, গণতান্ত্রিকভাবে *a democratically elected government*

demography / dɪˈmɒgrəfi ডিˈমগ্র্যাফি / *noun* [U] the changing number of births, deaths, diseases, etc. in a community over a period of time; the scientific study of these changes নির্দিষ্ট সময় পর্যন্ত কোনো সম্প্রদায়ের জন্ম, মৃত্যু, রোগ, ইত্যাদির পরিবর্তনশীল সংখ্যা; জনতত্ত্ববিদ্যা, জনতত্ত্ব *the social demography of Africa* ▶ **demographic** / ˌdeməˈgræfɪk ˌডেম্যাˈগ্র্যাফিক্ / *adj.* জনসংখ্যা সংক্রান্ত; জনতাত্ত্বিক *demographic changes/trends/factors*

demolish / dɪˈmɒlɪʃ ডিˈমলিশ্ / *verb* [T] to destroy sth, for example a building বিনষ্ট করা, ভেঙে ফেলা, ভূমিসাৎ করা (যেমন বাড়ি) *The old shops were demolished and a supermarket was built in their place.* ○ (*figurative*) *She demolished his argument in one sentence.* ▶ **demolition** / ˌdeməˈlɪʃn ˌডেম্যাˈলিশ্ন্ / *noun* [C, U] ধ্বংস, উচ্ছেদ, ভূমিসাৎ

demon / ˈdiːmən ˈডীম্যান্ / *noun* [C] an evil spirit দৈত্য, অপদেবতা, অসুর

demonic / dɪˈmɒnɪk ডিˈমনিক্ / *adj.* connected with, or like, a demon দৈত্যসুলভ, আসুরিক

demonstrate / ˈdemənstreɪt ˈডেম্যান্স্ট্রেইট্ / *verb* **1** [T] **demonstrate sth (to sb)** to show sth clearly by giving proof প্রমাণ দিয়ে কোনো কিছু প্রদর্শন করা *Using this chart, I'd like to demonstrate to you what has happened to our sales.* **2** [I, T] **demonstrate sth (to sb)** to show and explain to sb how to do sth or how sth works কোনো ব্যক্তিকে কোনো কিছু কিভাবে ব্যবহার করতে হয় অথবা কিভাবে তা কাজ করে সেটি দেখানো এবং বিশ্লেষণ করা *The crew demonstrated the use of life jackets just after take-off.* **3** [I] **demonstrate (against/for sb/sth)** to take part in a public protest for or against sb/sth কোনো ব্যক্তি বা বস্তুর পক্ষে বা বিপক্ষে সর্বজনীন বিক্ষোভ অথবা সমর্থনকারী মিছিল অথবা জনসমাবেশে অংশগ্রহণ করা *Enormous crowds have been demonstrating against the government.*

demonstration / ˌdemənˈstreɪʃn ˌডেম্যান্ˈস্ট্রেইশ্ন্ / *noun* **1** [C, U] something that shows clearly that sth exists or is true কোনো কিছুর অস্তিত্ব বা সত্যতার প্রমাণ, নমুনা, হাতে কলমে নমুনা প্রদর্শন *This accident is a clear demonstration of the system's faults.* **2** [C, U] an act of showing or explaining to sb how to do sth or how sth works কোনো ব্যক্তিকে কোনো কিছু কিভাবে কাজ করে তা প্রদর্শন করা এবং ব্যাখ্যা করার ক্রিয়া *The salesman gave me a demonstration of what the computer could do.* **3** [C] **a demonstration (against/for sb/sth)** a public protest for or against sb/sth কোনো ব্যক্তি বা বস্তুর বিরুধে জনসাধারণের বিক্ষোভ প্রদর্শন *demonstrations against a new law*

demonstrative / dɪˈmɒnstrətɪv ডিˈমনস্ট্র্যাটিভ্ / *adj.* **1** (used about a person) showing feelings, especially loving feelings, in front of other people (কোনো ব্যক্তি সম্বন্ধে ব্যবহৃত) প্রকাশ্যে আবেগ প্রদর্শনকারী, বিশেষত ভালোবাসার অনুভূতি; লোকসমক্ষে নিজের ভালোবাসা দেখানো **2** (*grammar*) used to identify the person or thing that is being referred to (ব্যাকরণে) কোনো ব্যক্তি বা বস্তু যা উল্লিখিত বা নির্দেশিত হচ্ছে সেগুলি শনাক্ত করার জন্য ব্যবহৃত অভিব্যক্তিবিশেষ; নির্দেশক সর্বনাম *'This' and 'that' are demonstrative pronouns.*

demonstrator / ˈdemənstreɪtə(r) ˈডেম্যান্স্ট্রেইট্যা(র্) / *noun* [C] a person who takes part in a public protest জনবিক্ষোভ প্রদর্শনকারী, মিছিলে অংশগ্রহণকারী

demoralize (*also* **-ise**) /dɪˈmɒrəlaɪz ডিˈমর‌্যালাইজ্ / *verb* [T] to make sb lose confidence or the courage to continue doing sth কোনো কিছু চালানোর জন্য কোনো ব্যক্তির সাহস বা মনোবল ভেঙে দেওয়া *Repeated defeats demoralized the team.* ▶ **demoralization** (*also* **-isation**) / dɪˌmɒrəlaɪˈzeɪʃn ডিˌমর‌্যালাইˈজ়েইশ্ন্ / *noun* [U] মনোবল হ্রাস ▶ **demoralizing** (*also* **-ising**) *adj.* চরিত্রনাশক, নীতিভ্রষ্টকারক *Constant criticism can be extremely demoralizing.*

demote / ˌdiːˈməʊt ˌডীˈম্যাউট্ / *verb* [T] (*usually passive*) **demote sb (from sth) (to sth)** to move sb to a lower position or level, often as a punishment অনেক সময়ে শাস্তিস্বরূপ কোনো ব্যক্তির পদ বা স্তরের অবনতি ঘটানো; হীনপদস্থ অথবা পদভ্রষ্ট করা

✪ বিপ **promote** ▶ **demotion** / ˌdiːˈməʊʃn ˌডী'ম্যাউশ্‌ন্ / *noun* [C, U] পদাবনতি

demure / dɪˈmjʊə(r) ডি'মিউঅ্যা(র্) / *adj.* (used especially about a girl or young woman) shy, quiet and polite (বিশেষত অল্পবয়সি মহিলা বা বালিকা সম্বন্ধে ব্যবহৃত) লাজুক, বিনম্র, শান্ত

den / den ডেন্ / *noun* [C] **1** the place where certain wild animals live, for example lions বন্যজন্তুর বাসস্থান, উদাহরণস্বরূপ সিংহ; গহ্বর, গুহা **2** a secret place, especially for illegal activities গোপনীয় স্থান, বিশেষত বেআইনি কাজের জন্য; দুষ্কৃতিমূলক কাজের গুপ্ত জায়গা, ঠেক, ডেরা *a gambling den*

denial / dɪˈnaɪəl ডি'নাইঅ্যাল্ / *noun* **1** [C] a statement that sth is not true কোনো কিছু সত্য নয় বলে প্রদত্ত বিবৃতি; অপহ্নব, অপহ্নুতি, অস্বীকৃতি *The minister issued a denial that he was involved in the scandal.* **2** [C, U] **(a) denial (of sth)** refusing to allow sb to have or do sth কোনো ব্যক্তিকে কোনো কিছুর অধিকার দানে প্রত্যাখ্যান, অননুমোদন *a denial of personal freedom* **3** [U] a refusal to accept that sth unpleasant or painful has happened কোনো অপ্রীতিকর, বেদনাদায়ক ঘটনাকে অগ্রাহ্য বা প্রত্যাখ্যান *He's been **in denial** ever since the accident.* ➪ **deny** verb দেখো।

denim / ˈdenɪm ˈডেনিম্ / *noun* [U] a thick cotton material (often blue) that is used for making clothes, especially trousers (**jeans**) মোটা সুতির কাপড় (বেশির ভাগ সময় নীল রঙের) যা দিয়ে বস্ত্র বিশেষত পাতলুন বানানো হয়; জিন্সের কাপড়; ডেনিম *a denim jacket*

denitrify / ˌdiːˈnaɪtrɪfaɪ ˌডী'নাইট্রিফাই / *verb* [T] (*pres. part.* **denitrifying;** *3rd person sing. pres.* **denitrifies;** *pt, pp* **denitrified**) (*technical*) to remove **nitrates** or **nitrites** from sth, especially from soil, air or water কোনো বস্তু বিশেষত জল, মাটি বা বায়ু নাইট্রেট বা নাইট্রাইট থেকে মুক্ত করা ▶ **denitrification** / diːˌnaɪtrɪfɪˈkeɪʃn ডী,নাইট্রিফি'কেইশ্‌ন্ / *noun* [U] নাইট্রেটমুক্ত করার ক্রিয়া

denomination / dɪˌnɒmɪˈneɪʃn ডি,নমি'নেইশ্‌ন্ / *noun* [C] one of the different religious groups that you can belong to বিভিন্ন ধর্মীয় গোষ্ঠীর মধ্যে একটি যার সদস্য হওয়া যায়

denominator / dɪˈnɒmɪneɪtə(r) ডি'নমিনেইট্যা(র্) / *noun* [C] (*mathematics*) the number below the line in a **fraction** showing how many parts the whole is divided into, for example the 4 in ¾ (গণিত) ভগ্নাংশের দাগের নীচে লেখা সংখ্যা, যেমন ¾-এ ৪; ভাজক ➪ **numerator** এবং **common denominator** দেখো।

denote / dɪˈnəʊt ডি'ন্যাউট্ / *verb* [T] to mean or be a sign of sth কোনো বস্তু চিহ্নিত করা; বোঝানো, সূচিত করা *In algebra the sign 'x' always denotes an unknown quantity.*

denouement (*also* **dénouement**) / ˌdeɪˈnuːmɒ̃ ˌডেই'নূমঁ / *noun* [C] the end of a play, book, etc., where everything is explained or settled; the end result of a situation নাটক, বই ইত্যাদির শেষাংশ যেখানে প্রতিটি জিনিসের উন্মোচন ও বিন্যাস ঘটে; উপসংহার, উপসংহৃতি *an exciting/unexpected denouement*

denounce / dɪˈnaʊns ডি'নাউন্স্ / *verb* [T] to say publicly that sth is wrong; to be very critical of a person in public প্রকাশ্যে কোনো বস্তুকে ভুল বলা; প্রকাশ্যে কোনো ব্যক্তিকে নিন্দা, ভর্ৎসনা অথবা ধিক্কার জানানো; কোনো ব্যক্তির বিরুদ্ধে প্রকাশ্যে সমালোচনা করা *The actor has been denounced as a bad influence on young people.* ▶ **denunciation** *noun* প্রকাশ্য নিন্দা বা সমালোচনা

dense / dens ডেন্স্ / *adj.* **1** containing a lot of things or people close together অজস্র ব্যক্তি বা বস্তুবিশিষ্ট; ঘন, নিবিড়, গাঢ়, ঘোর *dense forests* ○ *areas of dense population* **2** difficult to see through অস্বচ্ছ, যার মধ্যে দিয়ে দেখা কঠিন *dense fog* **3** (*informal*) not intelligent; stupid বোকা, মাথামোটা; নির্বোধ ▶ **densely** *adv.* ঘনভাবে, নিবিড়ভাবে *densely populated areas*

density / ˈdensəti ˈডেন্স্যাটি / *noun* (*pl.* **densities**) **1** [U] the number of things or people in a place in relation to its area কোনো স্থানের আয়তনের সঙ্গে সেই জায়গার মানুষজন বা দ্রব্যাদির সংখ্যার অনুপাতের সম্বন্ধ; ঘনত্ব *There is a high density of wildlife in this area.* **2** [C, U] (*technical*) the relation of the weight of a substance to its size কোনো পদার্থের ওজন ও আয়তনের অনুপাত; ঘনত্ব, ঘনাঙ্ক *Lead has a high density.*

dent[1] / dent ডেন্ট্ / *noun* [C] a place where a flat surface, especially metal, has been hit and damaged but not broken বিশেষত কোনো ধাতব পৃষ্ঠতলের তোবড়ানো অথবা টোল খাওয়া অংশ (ধাক্কার কারণে)

dent[2] / dent ডেন্ট্ / *verb* [T] to damage a flat surface by hitting it but not breaking it গুঁতো বা ধাক্কা দিয়ে কোনো বস্তুর সমতল উপরিভাগ না ভেঙে ক্ষতিগ্রস্ত করা *I hit a wall and dented the front of the car.*

dental / ˈdentl ˈডেন্‌ট্‌ল্ / *adj.* connected with teeth দাঁত সংক্রান্ত; দাঁতের, দন্ত্য *dental care/treatment*

dentist / ˈdentɪst ˈডেন্‌টিস্ট্ / *noun* **1** [C] a person whose job is to look after people's teeth দাঁতের ডাক্তার, দন্ত্য চিকিৎসক **2 the dentist's** [*sing.*] the place where a dentist works দাঁতের ডাক্তারখানা, দন্ত্য চিকিৎসালয় *I have to go to the dentist's today.*

dentistry / ˈdentɪstri ˈডেন্‌টিস্‌ট্রি / *noun* [U] **1** the medical study of the teeth and mouth দন্ত চিকিৎসা-বিদ্যা **2** the care and treatment of people's teeth দাঁতের যত্ন ও চিকিৎসা

dentures / ˈdentʃəz ˈডেন্‌চ্যাজ্‌ / = **false teeth**

denunciation / dɪˌnʌnsiˈeɪʃn ডি,নান্‌সি'এইশ্‌ন্‌ / *noun* [C, U] an expression of strong disapproval of sb/sth in public কোনো ব্যক্তি বা বস্তুকে প্রকাশ্যে জোরালো অসমর্থনের অভিব্যক্তিবিশেষ; গঞ্জনা, নিন্দা, ধিক্কার বা ভর্ৎসনা ➪ **denounce** verb দেখো।

deny / dɪˈnaɪ ডি'নাই / *verb* [T] (*pres. part.* **denying;** *3rd person sing. pres.* **denies;** *pt, pp* **denied**) **1 deny sth/doing sth; deny that...** to state that sth is not true; to refuse to admit or accept sth কোনো বিষয়কে অসত্য বলে ঘোষণা করা অথবা বিবৃতি দেওয়া; কোনো বস্তুকে অস্বীকার করা *In court he denied all the charges.* ○ *She denied telling lies/that she had told lies.* ✪ বিপ **admit** **2** (*formal*) **deny sb sth; deny sth (to sb)** to refuse to allow sb to have sth কাউকে কোনো কিছু পাওয়ার অনুমতি না-দেওয়া, অননুমোদন করা *She was denied permission to remain in the country.* ➪ **denial** noun দেখো।

deodar *noun* [C] the Himalayan Cedar; a large evergreen coniferous tree commonly found in the Himalayas হিমালয় পর্বতমালায় পাওয়া যায় একপ্রকার চিরহরিৎ বৃহৎ বৃক্ষ; দেওদার, দেবদারু

deodorant / diˈəʊdərənt ডি'অ্যাউড্যার্যান্ট্‌ / *noun* [C, U] a chemical substance that you put onto your body to prevent bad smells শরীরের দুর্গন্ধ দূর করে এমন রাসায়নিক পদার্থ; ডিওডোরেন্ট

dep. *abbr.* departs প্রস্থান *dep. Kolkata 15.32*

depart / dɪˈpɑːt ডি'পা:ট্‌ / *verb* [I] (*formal*) to leave a place, usually at the beginning of a journey কোনো স্থান ত্যাগ করা, সাধারণত যাত্রার শুরুতে; রওনা হওয়া, প্রস্থান করা *The next train to the airport departs from platform number 2.* ➪ **departure** noun দেখো এবং **leave**[1]-এ নোট দেখো।

department / dɪˈpɑːtmənt ডি'পা:ট্‌ম্যান্ট্‌ / *noun* **1** one of the sections into which an organization, for example a school or a business, is divided অনেকগুলি বিভাগের মধ্যে একটি বিভাগ (কোনো প্রতিষ্ঠানের বা কর্মস্থলের বা ব্যাবসাক্ষেত্রের) *the Modern Languages department* ○ *She works in the accounts department.* **2** a division of the government responsible for a particular subject; a ministry কোনো বিশেষ বিষয়ের দায়িত্বভারযুক্ত সরকারি বিভাগ; মন্ত্রক *the Department of Health*

departmental / ˌdiːpɑːtˈmentl ,ডীপা:ট্‌'মেন্‌ট্‌ল্‌ / *adj.* concerning a department বিভাগীয়, বিভাগ সম্বন্ধীয় *There is a departmental meeting once a month.*

departmental store *noun* [C] a large shop that is divided into sections selling different types of goods যে বড়ো দোকানে নানান বিভাগে নানান ধরনের সামগ্রী বিক্রি হয়; ডিপার্টমেন্টাল স্টোর

departure / dɪˈpɑːtʃə(r) ডি'পা:চ্যা(র্‌) / *noun* [C, U] **1** leaving or going away from a place কোনো স্থান থেকে প্রস্থান, বিদায় *Passengers should check in at least one hour before departure.* ➪ **depart** verb দেখো। **2 a departure (from sth)** an action which is different from what is usual or expected সাধারণ বা প্রত্যাশিতের থেকে ভিন্ন কোনো কাজ; ব্যতিক্রম, ব্যত্যয়, অন্যথা *a departure from normal practice*

depend / dɪˈpend ডি'পেন্ড্‌ / *verb*

IDM that depends; it (all) depends (used alone or at the beginning of a sentence) used to say that you are not certain of sth until other things have been considered (সাধারণত এককভাবে বা বাক্যের প্রথমে ব্যবহৃত) কোনো বিষয় সম্পর্কে সুনিশ্চিত নয় যতক্ষণ পর্যন্ত না অন্য বিষয়গুলি বিবেচিত হচ্ছে এই অর্থে ব্যবহৃত হয় *'Can you lend me some money?' 'That depends. How much do you want?'* ○ *I don't know whether I'll see him. It depends what time he gets here.*

PHR V depend on sb/sth to be able to trust sb/sth to do sth; to rely on sb/sth কোনো কাজের জন্য কোনো ব্যক্তি বা বস্তুর উপর ভরসা রাখা; আস্থা রাখা, বিশ্বাস করা *If you ever need any help, you know you can depend on me.* ○ *You can't depend on the trains. They're always late.* ○ *I was depending on getting the money today.*

depend on sb/sth (for sth) to need sb/sth to provide sth কোনো কিছু দেওয়ার জন্য কোনো ব্যক্তি বা বস্তুর উপর নির্ভর করা *Our organization depends on donations from the public.*

depend on sth to be decided or influenced by sb/sth অন্য কারও উপর বা কিছুর উপর নির্ভরশীল হওয়া *His whole future depends on these exams.*

dependable / dɪˈpendəbl ডি'পেন্‌ড্যাব্‌ল্‌ / *adj.* that can be trusted নির্ভরযোগ্য, বিশ্বাসযোগ্য *The bus service is very dependable.* ✪ সম **reliable**

dependant (*AmE* **dependent**) / dɪˈpendənt ডি'পেন্‌ড্যান্ট্‌ / *noun* [C] a person who depends on sb else for money, a home, food, etc. (অর্থ, সম্মান, খাদ্য ইত্যাদির জন্য) অন্যের উপর নির্ভরশীল বা পরমুখাপেক্ষী ব্যক্তি; পোষ্য *insurance cover for you and all your dependants*

dependence / dɪˈpendəns ডি'পেন্‌ড্যান্স্‌ / *noun* [U] **dependence on sb/sth** the state of needing sb/sth কোনো ব্যক্তি বা বস্তুর উপর নির্ভরতা, পরমুখাপেক্ষিতা *The country wants to reduce its dependence on imported oil.*

dependency / dɪˈpendənsi ডিˈপেন্‌ড্যান্‌সি / *noun* [U] the state of being dependent on sb/sth; the state of being unable to live without sth, especially a drug কোনো ব্যক্তি বা বস্তুর উপর নির্ভরশীল হওয়ার অবস্থা; কোনো বস্তুকে (বিশেষত কোনো মাদক বা ওষুধ) ছাড়া জীবনধারণে অসমর্থ এমন অবস্থা; পরমুখাপেক্ষিতা, নির্ভরতা

dependent / dɪˈpendənt ডিˈপেন্‌ড্যান্‌ট্ / *adj.* **1 dependent (on sb/sth)** needing sb/sth to support you নির্ভরশীল, পরমুখাপেক্ষী *The industry is heavily dependent on government funding.* ○ *Do you have any dependent children?* **2 dependent on sb/sth** influenced or decided by sth কোনো বস্তুর দ্বারা প্রভাবিত বা নিয়ন্ত্রণাধীন; অধীন *The price you pay is dependent on the number in your group.* ✪ বিপ **independent**

depict / dɪˈpɪkt ডিˈপিক্ট্ / *verb* [T] **1** to show sb/sth in a painting or drawing রেখাঙ্কন বা চিত্রাঙ্কনের সাহায্যে কোনো ব্যক্তি বা বস্তুকে ফুটিয়ে তোলা *a painting depicting a country scene* **2** to describe sb/sth in words কোনো ব্যক্তি বা বস্তুকে ভাষায় বর্ণনা করা, কথায় ফুটিয়ে তোলা, বর্ণনা করা *The novel depicts rural life a century ago.*

deplete / dɪˈpliːt ডিˈপ্লীট্ / *verb* [T] to reduce the amount of sth so that there is not much left কোনো বস্তুর পরিমাণ হ্রাস করা যাতে সেটি বেশি বাকি না থাকে; খর্ব করা *We are depleting the world's natural resources.* ▶ **depletion** / dɪˈpliːʃn ডিˈপ্লীশ্‌ন্ / *noun* [U] রিক্তকরণ, হ্রাসকরণ

deplorable / dɪˈplɔːrəbl ডিˈপ্ল:র‍্যাব্‌ল্ / *adj.* (*formal*) morally bad and deserving disapproval নীতিগতভাবে খারাপ এবং অননুমোদনীয়; নিন্দনীয়, খেদজনক *They are living in deplorable conditions.* ▶ **deplorably** / -əbli -অ্যাব্‌লি / *adv.* শোচনীয়ভাবে

deplore / dɪˈplɔː(r) ডিˈপ্ল:(র্) / *verb* [T] (*formal*) to feel or say that sth is morally bad নীতিগতভাবে খারাপ কোনো কিছু বোধ করা বা বলা; নিন্দা করা, আক্ষেপ করা, আফশোস করা *I deplore such dishonest behaviour.*

deploy / dɪˈplɔɪ ডিˈপ্লই / *verb* [T] **1** to put soldiers or weapons in a position where they are ready to fight যুদ্ধের জন্য প্রস্তুত রাখতে সৈন্য, অস্ত্র-শস্ত্র সাজিয়ে রাখা **2** to use sth in a useful and successful way সফলভাবে কার্যক্ষেত্রে কোনো বস্তুকে ব্যবহার করা ▶ **deployment** *noun* [U] সৈন্যসামন্তের প্রসারণ, নিয়োজন, সৈন্যবিন্যাসের শ্রেণিবদ্ধ প্রসারণ *the deployment of troops*

depopulate / ˌdiːˈpɒpjuleɪt ˌডীˈপপিউলেইট্ / *verb* [T] (*formal*) (*usually passive*) to reduce the number of people living in a place কোনো অঞ্চলে মানুষের জনসংখ্যা হ্রাস করা ▶ **depopulation** / ˌdiːpɒpjuˈleɪʃn ˌডীˈপপিউˈলেইশ্‌ন্ / *noun* [U] জনসংখ্যা হ্রাসকরণ

deport / dɪˈpɔːt ডিˈপ:ট্ / *verb* [T] to force sb to leave a country because he/she has no legal right to be there কোনো ব্যক্তিকে দেশ থেকে জোর করে বার করে দেওয়া (আইনসংগতভাবে বসবাসের অধিকার না থাকার কারণে); নির্বাসিত করা, দেশান্তরিত করা *A number of illegal immigrants have been deported.* ▶ **deportation** / ˌdiːpɔːˈteɪʃn ˌডীপ:ˈটেইশ্‌ন্ / *noun* [C, U] নির্বাসন, দেশান্তরকরণ

depose / dɪˈpəʊz ডিˈপ্যাউজ্ / *verb* [T] to remove a ruler or leader from power শাসনকর্তা অথবা নেতাকে গদিচ্যুত করা, ক্ষমতা থেকে সরানো; সিংহাসনচ্যুত করা, পদচ্যুতি ঘটানো *There was a revolution and the dictator was deposed.*

deposit¹ / dɪˈpɒzɪt ডিˈপজ়িট্ / *verb* [T] **1** to put sth down somewhere কোনো বস্তুকে কোথাও নামিয়ে রাখা *He deposited his bags on the floor and sat down.* **2** (used about liquid or a river) to leave sth lying on a surface, as the result of a natural or chemical process (কোনো তরল পদার্থ অথবা নদী সম্বন্ধে ব্যবহৃত) কোনো প্রাকৃতিক নিয়মে অথবা রাসায়নিক প্রক্রিয়ায় তার তলদেশে কিছু জমা হওয়া *mud deposited by a flood* **3** to put money into an account at a bank ব্যাংকের অ্যাকাউন্টে টাকা জমা দেওয়া অথবা গচ্ছিত করা *He deposited Rs 200 a week into his savings account.* **4 deposit sth (in sth); deposit sth (with sb/sth)** to put sth valuable in an official place where it is safe until needed again মূল্যবান জিনিসপত্র কোনো সুরক্ষিত স্থানে গচ্ছিত রাখা *Valuables can be deposited in the hotel safe.*

deposit² / dɪˈpɒzɪt ডিˈপজ়িট্ / *noun* [C] **1 a deposit (on sth)** a sum of money which is the first payment for sth, with the rest of the money to be paid later কোনো বস্তুর প্রথম কিস্তি অথবা বায়নার অর্থ (বাকি অর্থ পরবর্তীকালে প্রদেয়) *Once you have paid a deposit, the booking will be confirmed.* **2 a deposit (on sth)** [*usually sing.*] a sum of money that you pay when you rent sth and get back when you return it without damage কোনো কিছু ভাড়া নিলে যে টাকা গচ্ছিত রাখা হয়, পরে কোনোরকম ক্ষতি ছাড়া তা ফেরত দিলে এই জমা টাকাও ফেরত দেওয়া হয় *Boats can be hired for Rs 50 an hour, plus Rs 20 as deposit.* **3** a sum of money paid into a bank account ব্যাংকের অ্যাকাউন্টে জমা দেওয়া টাকার

অঙ্ক **4** a substance that has been left on a surface or in the ground as the result of a natural or chemical process প্রাকৃতিক বা রাসায়নিক কারণে কোনো কিছুর পৃষ্ঠতলে অথবা মাটিতে জমা তলানি; পলি, অবলেপ, অবক্ষেপ *mineral deposits*

deposit account *noun* [C] (*BrE*) a type of bank account where your money earns interest. You cannot take money out of a deposit account without arranging it first with the bank একধরনের ব্যাংক অ্যাকাউন্ট যেখানে জমা অর্থের উপর সুদ পাওয়া যায়। ব্যাংকের সম্মতি ছাড়া এই অ্যাকাউন্ট থেকে টাকা তোলা যায় না

deposition / ˌdepəˈzɪʃn ˌডেপ্যা'জিশ্ন্ / *noun* **1** [U, C] (*technical*) the natural process of leaving a layer of a substance on rocks or soil; a substance left in this way প্রাকৃতিক কারণে পাথরে অথবা ভূমিতে পলি বা তলানি জমার প্রক্রিয়া; এইভাবে সঞ্চিত পদার্থ; পলি, অবলেপ, অবক্ষেপ *marine/river deposition* **2** [U, C] the act of removing sb, especially a ruler, from power কোনো ব্যক্তির পদচ্যুতি বা গদিচ্যুতি করার ক্রিয়া *the deposition of the king* **3** [C] (*law*) a formal statement, taken from sb and used in a court of law (আইনে) কোনো ব্যক্তির আনুষ্ঠানিক বিবৃতি; জবানবন্দি, সাক্ষ্য, এজাহার

depot / ˈdepəʊ 'ডেপ্যাউ / *noun* [C] **1** a place where large numbers of vehicles (buses, lorries, etc.) are kept when not in use যে স্থানে প্রচুর সংখ্যক অব্যবহৃত এবং অতিরিক্ত বাস, লরি প্রভৃতি বিভিন্ন ধরনের গাড়ি রাখা থাকে; ডিপো **2** a place where large amounts of food, goods or equipment are stored যে স্থানে প্রচুর পরিমাণে খাদ্য, পণ্য বা সরঞ্জাম জমা রাখা হয়; মাল গুদাম, খাদ্য গুদাম; ভাণ্ডার, গোলা **3** (*AmE*) a small bus or railway station অপেক্ষাকৃত ছোটো বাস বা রেল স্টেশন

depraved / dɪˈpreɪvd ডি'প্রেইভ্ড্ / *adj.* morally bad দুশ্চরিত্র, কুচরিত্র, নষ্ট চরিত্র

depravity / dɪˈprævəti ডি'প্র্যাভ্যাটি / *noun* [U] (*formal*) the state of being morally bad পদস্খলন, নৈতিক বিকৃতি; ভ্রষ্টাচার, বিকৃতরুচি *a life of depravity*

depreciate / dɪˈpriːʃieɪt ডি'প্রীশিএইট্ / *verb* [I] to become less valuable over a period of time অবমূল্যায়ন হওয়া, দাম কমে যাওয়া *New cars start to depreciate the moment they are on the road.* ▶ **depreciation** / dɪˌpriːʃiˈeɪʃn ডি,প্রীশি'এইশ্ন্ / *noun* [C, U] মূল্যহ্রাস, অবমূল্যায়ন

depress / dɪˈpres ডি'প্রেস্ / *verb* [T] **1** to make sb unhappy and without hope or enthusiasm কোনো ব্যক্তির মন খারাপ করে দেওয়া; কাউকে হতাশ বা বিষণ্ণ করা *The thought of going to work tomorrow really depresses me.* **2** (used about business) to cause sth to become less successful (ব্যবসায় সম্বন্ধে ব্যবহৃত) বাজার পড়ে যাওয়া, মন্দা হওয়া, মন্দীভূত করা *The reduction in the number of tourists has depressed local trade.* **3** (*formal*) to press sth down on a machine, etc. কোনো যন্ত্রাংশ ইত্যাদিতে চাপ দেওয়া *To switch off the machine, depress the lever.* ▶ **depressing** *adj.* বেদনাজনক, যন্ত্রণাদায়ক, মনোবেদনাদায়ক *The thought of growing old alone is very depressing.* ▶ **depressingly** *adv.* কষ্টদায়কভাবে, যন্ত্রণাদায়কভাবে, বিষণ্ণভাবে

depressed / dɪˈprest ডি'প্রেস্ট্ / *adj.* **1** very unhappy, often for a long period of time হতাশ, অবসাদগ্রস্ত (প্রায়ই দীর্ঘদিন ধরে) *He's been very depressed since he lost his job.* **2** (used about a place or an industry) without enough businesses or jobs (কোনো স্থান অথবা শিল্প সম্বন্ধে ব্যবহৃত) মন্দা ব্যাবসা; চাকরির বা কাজের অভাব

depression / dɪˈpreʃn ডি'প্রেশ্ন্ / *noun* **1** [U] a feeling of unhappiness that lasts for a long time. Depression can be a medical condition and may have physical signs, for example being unable to sleep, etc. (দীর্ঘদিন ধরে) অবসাদ, বিষণ্ণতা। এটি একধরনের অসুস্থতা এবং এর শারীরিক লক্ষণও আছে যেমন অনিদ্রা ইত্যাদি *clinical/post-natal depression* **2** [C, U] a period when the economic situation is bad, with little business activity and many people without a job ব্যাবসাপত্রের মন্দা বাজার এবং বহু মানুষ কর্মহীন, বেকার হয়ে পড়ায় যে খারাপ আর্থিক পরিস্থিতি *The country was in the grip of (an) economic depression.* **3** [C] a part of a surface that is lower than the parts around it পৃষ্ঠতলের যে অংশ অপেক্ষাকৃত নীচু *Rain water collects in shallow depressions in the ground.* **4** [C] (*technical*) a weather condition in which the pressure of the air becomes lower, often causing rain একধরনের আবহাওয়া যখন বায়ুর চাপ অপেক্ষাকৃত নিম্ন থাকে, প্রায়ই তাতে বৃষ্টি হয়; নিম্নচাপ ⇨ **anticyclone** দেখো।

deprive / dɪˈpraɪv ডি'প্রাইভ্ / *verb* [T] **deprive sb/sth of sth** to prevent sb/sth from having sth; to take away sth from sb কোনো ব্যক্তি বা বস্তুকে কোনো কিছু থেকে বঞ্চিত করা, কাউকে পেতে না-দেওয়া, ভোগ করতে না-দেওয়া; কারও কাছ থেকে কেড়ে নেওয়া *The prisoners were deprived of food.* ▶ **deprivation** / ˌdeprɪˈveɪʃn ˌডেপ্রি'ভেইশ্ন্ / *noun* [U] ক্ষতি, বঞ্চনা

deprived / dɪˈpraɪvd ডি'প্রাইভ্ড্ / *adj.* not having enough of the basic things in life, such as food, money, etc. জীবনের সাধারণ সুখ-সুবিধা (যেমন খাদ্য, অর্থ ইত্যাদি) থেকে বঞ্চিত, অবহেলিত *He came from a deprived background.*

Dept *abbr.* department বিভাগ *the Sales Dept*

depth / depθ ডেপ্থ্ / *noun* **1** [C, U] the distance down from the top to the bottom of sth (উপর থেকে নীচের দিকের) গভীরতা, বেধ *The hole should be 3 cm in depth.* **2** [C, U] the distance from the front to the back of sth গভীর, চওড়া; সামনের দিক থেকে ভিতরের দিকের গভীরতা *the depth of a shelf* **3** [U] the amount of emotion, knowledge, etc. that a person has কোনো ব্যক্তির ভাব, জ্ঞান প্রভৃতির গভীরতা; প্রগাঢ়তা, ব্যুৎপত্তি *He tried to convince her of the depth of his feelings for her.* **4** [C, *usually pl.*] the deepest, most extreme or serious part of sth কোনো কিছুর গভীরতম চরমতম অংশ, চূড়ান্ত সময় *in the depths of winter* (=when it is coldest) ➪ **deep** adjective দেখো।

IDM in depth looking at all the details; in a thorough way গভীরভাবে, সবদিক থেকে; সম্পূর্ণরূপে *to discuss a problem in depth*

out of your depth **1** (*BrE*) in water that is too deep for you to stand up in জলের যে গভীরতায় দাঁড়ানো অসম্ভব; ডুবজল, অথৈ জল **2** in a situation that is too difficult for you কারও পক্ষে অত্যন্ত জটিল এমন কোনো পরিস্থিতিতে

deputation / ˌdepjuˈteɪʃn ˌডেপিউˈটেইশ্‌ন্ / *noun* [C, *with sing. or pl. verb*] a group of people sent to sb to act or speak for others কোনো ব্যক্তির কাছে প্রেরিত প্রতিনিধিদল, প্রতিনিধিবৃন্দ, ভারপ্রাপ্ত মুখপাত্রগণ

deputize (*also* **-ise**) / ˈdepjutaɪz ˈডেপিউটাইজ্ / *verb* [I] **deputize (for sb)** to act for sb in a higher position, who is away or unable to do sth উচ্চপদস্থ কোনো ব্যক্তির অনুপস্থিতিতে তার প্রতিনিধি হয়ে কাজ করা

deputy / ˈdepjuti ˈডেপিউটি / *noun* [C] (*pl.* **deputies**) the second most important person in a particular organization, who does the work of his/her manager if the manager is away (কোনো প্রতিষ্ঠানের) দ্বিতীয় সর্বোচ্চ পদাধিকারী যে কর্তার অনুপস্থিতিতে পরিচালনা কার্য চালায়; ডেপুটি *the deputy head of a school*

derail / dɪˈreɪl ডিˈরেইল্ / *verb* [T] to cause a train to come off a railway track (ট্রেন ইত্যাদি) লাইনচ্যুত হওয়া বা করা

derailment / dɪˈreɪlmənt ডিˈরেইল্‌ম্যান্ট্ / *noun* [C, U] an occasion when sth causes a train to come off a railway track যখন কোনো কারণে কোনো ট্রেন লাইনচ্যুত হয়

deranged / dɪˈreɪndʒd ডিˈরেইন্‌জ্‌ড্ / *adj.* thinking and behaving in a way that is not normal, especially because of mental illness (মানসিক রোগের কারণে) অস্বাভাবিক চিন্তা-ভাবনা এবং আচরণসম্পন্ন; বিশৃঙ্খল, উন্মত্ত

derby / ˈdɑːbi ˈডা:বি / *noun* [C] (*pl.* **derbies**) **1** (*BrE*) a race or sports competition ডার্বি; দৌড় বা প্রতিযোগিতামূলক খেলা *a motorcycle derby* **2** (*BrE*) **the Derby** a horse race which takes place every year at Epsom (England) ইপসম (ইংল্যান্ড)-এর বার্ষিক ঘোড়দৌড় প্রতিযোগিতা **3** (*AmE*) = **bowler 1**

deregulate / ˌdiːˈregjuleɪt ˌডীˈরেগিউলেইট্ / *verb* [T] (*usually passive*) to free a commercial or business activity from rules and controls ব্যাবসা-বাণিজ্যকে বিধি-বিধান এবং নিয়ন্ত্রণ হতে মুক্ত করা *deregulated financial markets* ▶ **deregulation** / ˌdiː ˌreguˈleɪʃn ˌডী ˌরেগিউˈলেইশ্‌ন্ / *noun* [U] নিয়ন্ত্রণমুক্তকরণ

derelict / ˈderəlɪkt ˈডেরাালিক্ট্ / *adj.* no longer used and in bad condition পরিত্যক্ত, অকেজো, বিকল, দুর্দশাগ্রস্ত *a derelict house*

deride / dɪˈraɪd ডিˈরাইড্ / *verb* [T] to say that sb/sth is ridiculous; to laugh at sth in a cruel way উপহাস করা, নিষ্ঠুরভাবে তাচ্ছিল্য করে হাসা, বিদ্রূপ করে হাসা ▶ **derision** / dɪˈrɪʒn ডিˈরিজ্‌ন্ / *noun* [U] অবজ্ঞা, ঠাট্টা *Her comments were met with derision.* ▶ **derisive** /dɪˈraɪsɪv ডিˈরাইসিভ্ / *adj.* উপহাসকারী, উপহাসাস্পদ *'What rubbish!' he said with a derisive laugh.*

derisory / dɪˈraɪsəri ডিˈরাইস্যারি / *adj.* too small or of too little value to be considered seriously লঘু, হালকা, গুরুত্ব দেওয়ার মতো নয় *Union leaders rejected the derisory pay offer.*

derivation / ˌderɪˈveɪʃn ˌডেরিˈভেইশ্‌ন্ / *noun* [C, U] the origin from which a word or phrase has developed (শব্দের) ব্যুৎপত্তি, উৎস, উদ্ভব

derivative / dɪˈrɪvətɪv ডিˈরিভ্যাটিভ্ / *noun* [C] a form of sth (especially a word) that has developed from the original form (কোনো শব্দ) মৌলিক কোনো রূপ থেকে জাত; উদ্ভূত, ব্যুৎপন্ন *'Sadness' is a derivative of 'sad.'*

derive / dɪˈraɪv ডিˈরাইভ্ / *verb* **1** [T] (*formal*) **derive sth from sth** to get sth (especially a feeling or an advantage) from sth লাভ করা, প্রাপ্ত হওয়া, আহরণ করা (সাধারণত কোনো সুবিধা বা মানসিক আনন্দ ইত্যাদি) *I derive great satisfaction from my work.* **2** [I, T] (used about a name or word) to come from sth; to have sth as its origin (কোনো নাম বা শব্দ সম্বন্ধে ব্যবহৃত) কোনো বস্তু থেকে উৎপন্ন হওয়া; আহৃত হওয়া, উৎস হিসেবে কিছু থাকা, উদ্ভূত হওয়া *The town derives its name from the river on which it was built.*

dermatitis / ˌdɜːməˈtaɪtɪs ˌড্যম্যাˈটাইটিস্ / *noun* [U] a skin condition in which the skin becomes red, swollen and sore চর্মরোগ, যার কারণে চামড়া লাল হয়ে ফুলে যায়; ত্বকের প্রদাহ

dermatologist / ˌdɜːməˈtɒlədʒɪst ˌডার্ম্যাˈট-ল্যাজিস্ট্ / *noun* [C] a doctor who studies and treats skin diseases চর্মরোগবিশেষজ্ঞ, ত্বকবিশেষজ্ঞ

dermatology / ˌdɜːməˈtɒlədʒi ˌডার্ম্যাˈটল্যাজি / *noun* [U] the scientific study of skin diseases চর্মরোগ সংক্রান্ত বিদ্যা, ত্বক বিজ্ঞান ▶ **dermatological** / ˌdɜːmətəˈlɒdʒɪkl ˌডার্ম্যাট্যাˈলজিক্‌ল্ / *adj.* চর্মরোগ সংক্রান্ত

derogatory / dɪˈrɒgətri ডিˈরগ্যাট্রি / *adj.* expressing a lack of respect for, or a low opinion of sth মর্যাদাহানিকারক, নিন্দাসূচক, সুনামহানিকারক, অবমাননাকর *derogatory comments about the standard of my work*

desalination / ˌdiːˌsælɪˈneɪʃn ˌডী, স্যালিˈনেইশ্‌ন্ / *noun* [U] the process of removing salt from sea water সমুদ্রের জল লবণমুক্ত করার পদ্ধতি

descant / ˈdeskænt ˈডেস্‌ক্যান্ট্ / *noun* [C] (in music) a tune that is sung or played at the same time as, and usually higher than, the main tune (সংগীতে) মূল সুরের সঙ্গে একই সময়ে গীত হয় বা বাজানো হয় অপেক্ষাকৃত উচ্চগ্রামের যে সুর

descend / dɪˈsend ডিˈসেন্ড্ / *verb* [I, T] (*formal*) to go down to a lower place; to go down sth নামা, অবতরণ করা, অবরোহণ করা *The plane started to descend and a few minutes later we landed.* ○ *She descended the stairs slowly.* ✪ বিপ **ascend**

IDM **be descended from sb** to have sb as a relative in past times বংশোদ্ভূত হওয়া, সম্ভূত হওয়া *He says he's descended from an Indian prince.*

descendant / dɪˈsendənt ডিˈসেন্ড্যান্ট্ / *noun* [C] a person who belongs to the same family as sb who lived a long time ago বংশধর, উত্তরসূরী, সন্তানসন্ততি *Her family are descendants of one of the first Englishmen to arrive in India.* ➪ **ancestor** দেখো।

descent / dɪˈsent ডিˈসেন্ট্ / *noun* **1** [C] a movement down to a lower place অবতরণ, নামা, অবরোহণ *The pilot informed us that we were about to begin our descent.* **2** [U] a person's family origins কোনো ব্যক্তির পারিবারিক উৎপত্তি; বংশ, কুল *He is **of Indian descent**.*

describe / dɪˈskraɪb ডিˈস্ক্রাইব্ / *verb* [T] **describe sb/sth (to/for sb); describe sb/sth (as sth)** to say what sb/sth is like, or what happened (ঘটনা বা ব্যক্তির) বর্ণনা বা বিবৃতি দেওয়া *Can you describe the bag you lost?* ○ *The thief was described as tall, thin and aged about twenty.*

description / dɪˈskrɪpʃn ডিˈস্ক্রিপ্‌শ্‌ন্ / *noun* **1** [C, U] a picture in words of sb/sth or of sth that happened বর্ণনা, পরিচয়, বিবরণ *The man gave the police a detailed description of the burglar.* **2** [C] a type or kind of sth ধরন, রকম, প্রকার, শ্রেণি *It must be a tool **of some description**, but I don't know what it's for.*

descriptive / dɪˈskrɪptɪv ডিˈস্ক্রিপ্‌টিভ্ / *adj.* that describes sb/sth, especially in a skilful or interesting way (দক্ষভাবে বা আগ্রহজনকভাবে) কোনো ব্যক্তি বা বস্তুর প্রতি বর্ণনাত্মক, বর্ণনাধর্মী *a piece of descriptive writing* ○ *She gave a highly descriptive account of the journey.*

desecrate / ˈdesɪkreɪt ˈডেসিক্রেইট্ / *verb* [T] to damage a place of religious importance or treat it without respect ধর্মস্থান বা পবিত্র স্থানের ক্ষতি করা, তার অমর্যাদা করা বা অপব্যবহার করা; কলুষিত করা, অশুচি করা, অপবিত্র করা *desecrated graves* ▶ **desecration** / ˌdesɪˈkreɪʃn ˌডেসিˈক্রেইশ্‌ন্ / *noun* [U] অশুচিকরণ, অপবিত্রকরণ *the desecration of a cemetery*

desert[1] / ˈdezət ˈডেজ়্যাট্ / *noun* [C, U] a large area of land, usually covered with sand, that is hot and has very little water and very few plants সাধারণত বালিতে ঢাকা, অত্যন্ত কম জল এবং অল্প কিছু উদ্ভিদ সম্বলিত উত্তপ্ত প্রান্তর; মরুভূমি, মরুপ্রান্তর

desert[2] / dɪˈzɜːt ডিˈজ়্যট্ / *verb* **1** [T] to leave sb/sth, usually for ever সাধারণত চিরকালের জন্য কোনো ব্যক্তি অথবা বস্তুকে পরিত্যাগ করা, বর্জন করা *Many people have deserted the countryside and moved to the towns.* **2** [I, T] (used especially about sb in the armed forces) to leave without permission (সেনাবাহিনীতে কর্মরত ব্যক্তির সম্বন্ধে ব্যবহৃত) বিনা অনুমতিতে কাজ ছেড়ে চলে যাওয়া *He deserted because he didn't want to fight.* ▶ **desertion** *noun* [C, U] পরিত্যাগ, পালানো

deserted / dɪˈzɜːtɪd ডিˈজ়্যটিড্ / *adj.* empty, because all the people have left পরিত্যক্ত, জনশূন্য *a deserted house*

deserter / dɪˈzɜːtə(r) ডিˈজ়্যট্যা(র্) / *noun* [C] a person who leaves the armed forces without permission যে বিনা অনুমতিতে সেনাবাহিনী ছেড়ে বেরিয়ে আসে; পলাতক, পরিত্যাগী

desertification / dɪˌzɜːtɪfɪˈkeɪʃn ডি, জ়্যটিফি-ˈকেইশ্‌ন্ / *noun* [U] (*technical*) the process of becoming a desert or of making an area of land into a desert মরুভূমি হয়ে যাওয়া বা কোনো অঞ্চলকে মরুভূমি করে তোলার প্রক্রিয়া

desert island *noun* [C] an island, especially a tropical one, where nobody lives যে দ্বীপে কেউ বাস করে না; জনশূন্য দ্বীপ (বিশেষত ক্রান্তীয় অঞ্চলে)

deserve / dɪˈzɜːv ডিˈজ়্যভ্ / *verb* [T] (*not used in the continuous tenses*) to earn sth, either good or bad, because of sth that you have done কৃতকর্মের জন্য কোনো কিছুর উপযুক্ত বা যোগ্য হওয়া, অর্জন করা *We've done a lot of work and we deserve a break.* ○ *He deserves to be punished severely for such a crime.*

> **NOTE** এই ক্রিয়াপদটির (verb) ব্যবহার ঘটমান কালে (continuous tenses) হয় না কিন্তু '-ing' সহযোগে এর বর্তমান কৃদন্ত (present participle) রূপটি সাধারণভাবে অত্যন্ত প্রচলিত—*There are other aspects of the case deserving attention.*

deservedly / dɪˈzɜːvɪdli ডিজ়্যভিড্‌লি / *adv.* in a way that is right because of what sb has done সমীচীনভাবেই, ন্যায্যভাবে, সংগতরূপে *He deservedly won the Best Actor award.*

deserving / dɪˈzɜːvɪŋ ডি'জ়্যভিং / *adj.* **deserving (of sth)** that you should give help, money, etc. to উপযুক্ত, যোগ্য, ন্যায্য *This charity is a most deserving cause.*

desiccated / ˈdesɪkeɪtɪd ˈডেসিকেইটিড্ / *adj.* **1** used about food dried in order to keep it for a long time (খাদ্যদ্রব্য সম্বন্ধে ব্যবহৃত) অনেকদিন সংরক্ষিত রাখার জন্য শুকোনো বা শুষ্ক করা হয়েছে এমন *desiccated coconut* **2** (*technical*) completely dry বিশুষ্ক, শুকনো, সম্পূর্ণ শুকনো *desiccated soil*

desiccation / ˌdesɪˈkeɪʃn ˌডেসি'কেইশ্‌ন্ / *noun* [U] the process of becoming completely dry সম্পূর্ণ শুকনো হওয়ার প্রক্রিয়া; বিশুষ্ককরণ

design¹ / dɪˈzaɪn ডি'জ়াইন্ / *noun* **1** [U] the way in which sth is planned and made or arranged যে পদ্ধতিতে কোনো কিছুর পরিকল্পনা করা হয়; ছক; ব্যবস্থাপনা *Design faults have been discovered in the car.* **2** [U] the process and skill of making drawings that show how sth should be made, how it will work, etc. কোনো বস্তু নির্মাণ করার রেখাচিত্র অথবা নকশা (যার দ্বারা সেটির নির্মাণ এবং কর্মপদ্ধতি ইত্যাদি সম্পর্কে জানা যায়) বানানোর দক্ষতা এবং প্রক্রিয়া *to study industrial design* ○ *graphic design* **3** [C] **a design (for sth)** a drawing or plan that shows how sth should be made, built, etc. কোনো কিছু প্রস্তুত করা বা নির্মাণ করার নকশা বা পরিকল্পনা; রেখাচিত্র, ডিজাইন *The architect showed us her design for the new theatre.* **4** [C] a pattern of lines, shapes, etc. that decorate sth কোনো বস্তু সাজানোর জন্য রেখা, আকৃতি ইত্যাদির নকশা *a T-shirt with a geometric design on it* ✪ সম **pattern**

design² / dɪˈzaɪn ডি'জ়াইন্ / *verb* **1** [I, T] to plan and make a drawing of how sth will be made কোনো বস্তু নির্মাণের পরিকল্পনা এবং নকশা তৈরি করা *to design cars/dresses/houses* **2** [T] to invent, plan and develop sth for a particular purpose কোনো বিশেষ উদ্দেশ্যে কিছু উদ্ভাবন করা, পরিকল্পনা করা এবং তার বিকাশ ঘটানো *The bridge wasn't designed for such heavy traffic.*

designate / ˈdezɪgneɪt ˈডেজ়িগ্‌নেইট্ / *verb* [T] (*usually passive*) (*formal*) **1 designate sth (as) sth** to give sth a name to show that it has a particular purpose (কোনো বিশেষ উদ্দেশ্যে) কোনো বস্তুকে কোনো নাম দেওয়া; নির্দেশ করা, নিরূপণ করা *This has been designated (as) a conservation area.* **2 designate sb (as) sth** to choose sb to do a particular job or task নির্দিষ্ট কোনো কাজের জন্য কোনো ব্যক্তিকে নির্বাচিত করা; মনোনীত করা; অভিহিত করা *Who has she designated (as) her deputy?* **3** to show or mark sth কোনো কিছু দেখানো বা চিহ্নিত করা *These arrows designate the emergency exits.*

designer / dɪˈzaɪnə(r) ডি'জ়াইন্যা(র্) / *noun* [C] a person whose job is to make drawings or plans showing how sth will be made কোনো বস্তুর নির্মাণের নকশাকারী; পরিকল্পনাকারী *a fashion/jewellery designer* ○ *designer jeans* (= made by a famous designer)

desirable / dɪˈzaɪərəbl ডি'জ়াইঅ্যার‍্যাব্‌ল্ / *adj.* **1** wanted, often by many people; worth having (বহু মানুষের দ্বারা) কাম্য, ঈপ্সিত বস্তু; কাঙ্ক্ষিত, অভিলষিত, বাঞ্ছনীয় *Experience is desirable but not essential for this job.* **2** sexually attractive যৌনভাবে আকর্ষণীয়; কাম্য ✪ বিপ **undesirable**

desire¹ / dɪˈzaɪə(r) ডি'জ়াইঅ্যা(র্) / *noun* [C, U] **(a) desire (for sth/to do sth) 1** the feeling of wanting sth very much; a strong wish কোনো বস্তুকে তীব্রভাবে চাওয়ার অনুভূতি; আকাঙ্ক্ষা, তীব্র বাসনা, একান্ত ইচ্ছা *the desire for a peaceful solution to the crisis* ○ *I have no desire to visit that place again.* **2** the wish for a sexual relationship with sb কোনো ব্যক্তির সঙ্গে যৌন সম্পর্ক স্থাপনের ইচ্ছা; কামবাসনা

desire² / dɪˈzaɪə(r) ডি'জ়াইঅ্যা(র্) / *verb* [T] **1** (*formal*) (*not used in the continuous tenses*) to want; to wish for চাওয়া; ইচ্ছা করা, সাধ হওয়া, কামনা করা *The service in the restaurant left a lot to be desired* (= was very bad). **2** to find sb/sth sexually attractive কোনো ব্যক্তি অথবা বস্তুকে যৌনভাবে আকর্ষণীয় মনে করা

> **NOTE** এই ক্রিয়াপদটির (verb) ব্যবহার ঘটমান কালে (continuous tenses) হয় না কিন্তু '-ing' সহযোগে এর বর্তমান কৃদন্ত (present participle) রূপটি সাধারণভাবে অত্যন্ত প্রচলিত—*Not desiring another argument, she turned away.*

desk / desk ডেস্ক্ / *noun* [C] **1** a type of table, often with drawers, that you sit at to write or work লেখা অথবা কাজ করার জন্য দেরাজ সমেত টেবিল; ডেস্ক *The pupils took their books out of their desks.* ○ *He used to be a pilot but now he has* ***a desk job*** (=he works in an office). **2** a table or place in a building where a particular service is provided যে টেবিল বা জায়গা কোনো বিশেষ পরিষেবার জন্য নির্দিষ্ট *an information desk*

desktop / ˈdesktɒp ˈডেস্কটপ্ / *noun* [C] **1** the top of a desk ডেস্কের উপরিভাগ **2** a computer screen on which you can see symbols (**icons**) showing the programs, etc. that are available to be used কম্পিউটার স্ক্রিন যেখানে সেই কম্পিউটারে ব্যবহৃত বিভিন্ন প্রোগ্রামের সংকেতচিহ্ন দেখা যায় **3** (*also* **desktop computer**) a computer that can fit on a desk যে কম্পিউটার টেবিলে রাখা যায় ➪ **laptop** এবং **palmtop** দেখো।

desktop publishing (*abbr.* **DTP**) *noun* [U] the use of a small computer and a machine for printing, to produce books, magazines and other printed material বই, পত্রিকা এবং অন্যান্য মুদ্রিত বস্তু ছাপার কাজে ছোটো কম্পিউটার এবং প্রিন্টারের ব্যবহার

desolate / ˈdesələt ˈডেস্যাল্যাট্ / *adj.* **1** (used about a place) empty in a way that seems very sad (কোনো স্থান সম্বন্ধে ব্যবহৃত) জনশূন্য, নিঃসঙ্গ এবং অবসাদপূর্ণ; ঊষর, পতিত *desolate wasteland* **2** (used about a person) lonely, very unhappy and without hope (ব্যক্তি সম্বন্ধে ব্যবহৃত) নিঃসঙ্গ, বিষাদপূর্ণ, নিরাশ, শোকাহত, অবসাদপূর্ণ ▶ **desolation** / ˌdesəˈleɪʃn ˌডেস্যাˈলেইশ্‌ন্ / *noun* [U] জনশূন্যতা, নিঃসঙ্গতা *a scene of desolation.* ○ *He felt utter desolation when his wife died.*

despair¹ / dɪˈspeə(r) ডিˈস্পেঅ্যা(র্) / *noun* [U] the state of having lost all hope আশাভঙ্গ অবস্থা; হতাশা, নৈরাশ্য *I felt like giving up* ***in despair***. ▶ **despairing** *adj.* হতাশাপূর্ণ, নৈরাশ্যভরা *a despairing cry* ➪ **desperate** দেখো।

despair² / dɪˈspeə(r) ডিˈস্পেঅ্যা(র্) / *verb* [I] **despair (of sb/sth)** to lose all hope that sth will happen (কোনো কিছু ঘটার) সব রকম আশা ছেড়ে দেওয়া; নিরাশ হওয়া, হতাশ হওয়া *We began to despair of ever finding somewhere to live.*

despatch / dɪˈspætʃ ডিˈস্প্যাচ্ / = **dispatch**

desperate / ˈdespərət ˈডেস্প্যার‍্যাট্ / *adj.* **1** out of control and ready to do anything to change the situation you are in because it is so terrible বর্তমান দুর্দশাগ্রস্ত এবং হতাশার পরিস্থিতি পরিবর্তন করার জন্য বেপরোয়াভাবে প্রস্তুত; মরিয়া *She became desperate when her money ran out.* **2** done with little hope of success, as a last thing to try when everything else has failed যখন সবকিছু ব্যর্থ তখন শেষ চেষ্টা হিসেবে (অত্যন্ত কম সাফল্যের আশা আছে এমন) কৃত *I made a desperate attempt to persuade her to change her mind.* **3 desperate (for sth/to do sth)** wanting or needing sth very much কোনো কিছুর জন্য তীব্র আকাঙ্ক্ষা অথবা অভীপ্সাসম্পন্ন *Let's go into a cafe. I'm desperate for a drink.* **4** terrible, very serious মারাত্মক, ভয়ানক, অত্যন্ত *There is a desperate shortage of skilled workers.* ▶ **desperately** *adv.* মরিয়াভাবে, বেপরোয়াভাবে *She was desperately* (= extremely) *unlucky not to win.* ▶ **desperation** / ˌdespəˈreɪʃn ˌডেস্প্যাˈরেইশ্‌ন্ / *noun* [U] মরিয়া বা বেপরোয়া ভাব; আশাহীনতা

despicable / dɪˈspɪkəbl ডিˈস্পিক্যাব্‌ল্ / *adj.* very unpleasant or evil জঘন্য, নোংরা, নীচ, ঘৃণ্য *a despicable act of terrorism*

despise / dɪˈspaɪz ডিˈস্পাইজ্ / *verb* [T] to hate sb/sth very much কোনো ব্যক্তি বা বস্তুকে ঘৃণা করা *I despise him for lying to me.*

despite / dɪˈspaɪt ডিˈস্পাইট্ / *prep.* without being affected by the thing mentioned উল্লিখিত বস্তুর প্রভাব ছাড়াই; সত্ত্বেও, যাই বলা হোক না কেন, তবুও *Despite having very little money, they enjoy life.* ○ *The scheme went ahead despite public opposition.* ✪ সম **in spite of**

despondent / dɪˈspɒndənt ডিˈস্পন্ড্যান্ট্ / *adj.* **despondent (about/over sth)** without hope; expecting no improvement হতাশ; উন্নতির আশা নেই এমন; নিরাশ *She was becoming increasingly despondent about finding a job.* ▶ **despondency** / dɪˈspɒndənsi ডিˈস্পন্ড্যান্সি / *noun* [U] হতাশা, মনমরা ভাব, নৈরাশ্য

despot / ˈdespɒt ˈডেস্পট্ / *noun* [C] a ruler with great power, especially one who uses it in a cruel way মহান ক্ষমতাশালী শাসক, বিশেষত যে নিষ্ঠুরভাবে ক্ষমতা ব্যবহার করে; স্বেচ্ছাচারী শাসনকর্তা, উৎপীড়ক ➪ **autocrat** দেখো। ▶ **despotic** / dɪˈspɒtɪk ডিˈস্পটিক্ / *adj.* চরম ক্ষমতাসম্পন্ন, স্বেচ্ছাচারী, স্বৈরাচারী *despotic power/rule*

dessert / dɪˈzɜːt ডিˈজ়্যট্ / *noun* [C, U] something sweet that is eaten after the main part of a meal খাবারের শেষে খাওয়ার জন্য কোনো মিষ্টিজাতীয় পদ *What would you like* ***for dessert****—ice cream or fresh fruit?* ➪ **pudding** এবং **sweet** দেখো।

dessertspoon / dɪˈzɜːtspuːn ডিˈজ়্যট্‌স্পূন্ / *noun* [C] a spoon used for eating sweet food after the main part of a meal ভোজনের শেষে মিষ্টি খাওয়ার জন্য ব্যবহৃত বিশেষ আকারের চামচ

destabilize (*also* **-ise**) / ˌdiːˈsteɪbəlaɪz ˌডীˈস্টেই-ব্যালাইজ্ / *verb* [T] to make a system, government, country, etc. become less safe and successful কোনো দেশ, সমাজ-ব্যবস্থা, সরকার ইত্যাদিকে শিথিল এবং অসফল করে দেওয়া *Terrorist attacks were threatening to destabilize the government.* ➪ **stabilize** দেখো।

destination / ˌdestɪˈneɪʃn ˌডেস্‌টিˈনেইশ্‌ন্ / *noun* [C] the place where sb/sth is going গন্তব্যস্থান, গন্তব্যস্থল *I finally reached my destination two hours late.* ○ *popular holiday destinations like the Bahamas*

destined / ˈdestɪnd ˈডেস্‌টিন্ড্ / *adj.* **1 destined for sth/to do sth** having a future that has been decided or planned at an earlier time পূর্ব নির্ধারিত বা পূর্ব পরিকল্পিত ভবিষ্যৎবিশিষ্ট *I think she is destined for success.* ○ *He was destined to become one of the country's leading politicians.* **2 destined for...** travelling towards a particular place কোনো নির্দিষ্ট স্থানের দিকে ভ্রাম্যমাণ এমন *I boarded a bus destined for Kanpur.*

destiny / ˈdestəni ˈডেস্‌ট্যানি / *noun* (*pl.* **destinies**) **1** [C] the things that happen to you in your life, especially things that you cannot control ভাগ্য, নিয়তি, দৈব, অদৃষ্ট *She felt that it was her destiny to be a great singer.* **2** [U] a power that people believe controls their lives ভাগ্য, দৈবশক্তি, নিয়তি ✪ সম **fate**

destitute / ˈdestɪtjuːt ˈডেস্‌টিটিউট্ / *adj.* without any money, food or a home সহায়-সম্বলহীন, নিঃস্ব, সর্বস্বান্ত, অভাবগ্রস্ত ► **destitution** / ˌdestɪˈtjuːʃn ˌডেস্‌টিˈটিউশ্‌ন্/ *noun* [U] দৈন্যদশা, চরম দারিদ্র্য

destroy / dɪˈstrɔɪ ডিˈস্ট্রই / *verb* [T] **1** to damage sth so badly that it can no longer be used or no longer exists কোনো বস্তুকে ধ্বংস করা, বিনষ্ট করা, বিনাশ করা, ধূলিসাৎ করা, সংহার করা *The building was destroyed by fire.* ○ *The defeat destroyed his confidence.* **2** to kill an animal, especially because it is injured or dangerous কোনো পশু জখম হলে বা বিপজ্জনক হয়ে উঠলে তাকে মেরে ফেলা *The horse broke its leg and had to be destroyed.*

destroyer / dɪˈstrɔɪə(r) ডিˈস্ট্রইঅ্যা(র্) / *noun* [C] **1** a small ship that is used when there is a war ছোটো আকারের যুদ্ধজাহাজ; বিধ্বংসী সশস্ত্র যুদ্ধজাহাজ **2** a person or thing that destroys sth ধ্বংসকারী, নিধনকারী, বিনাশকারী

destruction / dɪˈstrʌkʃn ডিˈস্ট্রাক্‌শ্‌ন্ / *noun* [U] the action of destroying sth ধ্বংস, বিনষ্ট, বিনাশ, বিলয় *The war brought death and destruction to the city.* ○ *the destruction of the rainforests*

destructive / dɪˈstrʌktɪv ডিˈস্ট্রাক্‌টিভ্ / *adj.* causing a lot of harm or damage ধ্বংসাত্মক, বিধ্বংসী, সংহারক, নাশক, প্রলয়ংকর

detach / dɪˈtætʃ ডিˈট্যাচ্ / *verb* [T] **detach sth (from sth)** to separate sth from sth it is connected to যে বস্তুর সঙ্গে সংযুক্ত আছে তার থেকে কোনো বস্তু আলাদা করা; বিচ্ছিন্ন করা, বিযুক্ত করা, খুলে ফেলা *Detach the form at the bottom of the page and send it to the head office address* ✪ বিপ **attach**

detachable / dɪˈtætʃəbl ডিˈট্যাচ্যাব্‌ল্ / *adj.* that can be separated from sth it is connected to সংযুক্ত বস্তু থেকে কোনো বস্তুকে আলাদা করে নেওয়া যায় এমন; বিযুক্তিসাধ্য *a coat with a detachable hood*

detached / dɪˈtætʃt ডিˈট্যাচ্‌ট্ / *adj.* **1** (used about a house) not joined to any other house (কোনো বাড়ি সম্বন্ধে ব্যবহৃত) অন্য কোনো বাড়ির গায়ে লাগা নয়; স্বতন্ত্র, বিচ্ছিন্ন, ব্যবহৃত **2** not being or not feeling personally involved in sth; without emotion কোনো বস্তুর সঙ্গে যুক্ত নয় অথবা ব্যক্তিগতভাবে তার সঙ্গে সংযোগের অনুভূতিবিহীন; পক্ষপাতশূন্য, নিরাসক্ত, নির্লিপ্ত, বিযুক্ত

detachment / dɪˈtætʃmənt ডিˈট্যাচ্‌ম্যান্ট্ / *noun* **1** [U] the fact or feeling of not being personally involved in sth নিরাসক্তি, নিস্পৃহতা, উদাসীনতা, নির্লিপ্ততা **2** [C] a group of soldiers who have been given a particular task away from the main group বিশেষ কাজের ভারপ্রাপ্ত মূল দল থেকে পৃথককৃত সৈন্যদল

detail[1] / ˈdiːteɪl ˈডীটেইল্ / *noun* [C,U] one fact or piece of information কোনো বিষয় বা তথ্য *On the application form you should give details of your education and experience.* ○ *The work involves close attention to detail.* ► **detailed** *adj.* বিশদ, সবিস্তার *a detailed description*

IDM **go into detail(s)** to talk or write about the details of sth; to explain sth fully কোনো বস্তুর বিস্তারিত বিবরণ লিখে জানানো বা মুখে বলা; খুঁটিনাটি ব্যাখ্যা করা, বিশদ, সবিস্তার বর্ণনা করা *I can't go into detail now because it would take too long.*

in detail including the details; thoroughly বিস্তারিতভাবে, আনুপুঙ্খিকভাবে *We haven't discussed the matter in detail yet.*

detail [2] / ˈdiːteɪl ˈডীটেইল্ / *verb* [T] to give a full list of sth; to describe sth completely বিস্তারিত তালিকা তৈরি করা; পুঙ্খানুপুঙ্খরূপে, বিশদ বা সবিস্তার বর্ণনা করা *He detailed all the equipment he needed for the job.*

detain / dɪˈteɪn ডিˈটেইন্ / *verb* [T] to stop sb from leaving a place; to delay sb কোনো ব্যক্তিকে কোনো স্থানে আটকে রাখা; কাউকে দেরি করিয়ে দেওয়া,

বিলম্বিত করা, অপেক্ষা করানো *A man has been detained by the police for questioning* (= kept at the police station). ○ *Don't let me detain you if you're busy.* ➪ **detention** দেখো।

detainee / ˌdiːteɪˈniː ˌডীটেই'নী / *noun* [C] a person who is kept in prison, usually because of his or her political opinions জেলে বন্দি (সাধারণত রাজনৈতিক কারণের জন্য)

detect / dɪˈtekt ডি'টেক্ট্ / *verb* [T] to notice or discover sth that is difficult to see, feel, etc. যা সহজে দেখা অথবা অনুভব ইত্যাদি করা যায় না তেমন কোনো কিছুর অস্তিত্ব বা উপস্থিতি আবিষ্কার করা অথবা টের পাওয়া *I detected a slight change in his attitude.* ○ *Traces of blood were detected on his clothes.* ▶ **detectable** *adj.* আবিষ্কারযোগ্য ▶ **detection** *noun* [U] উদ্‌ঘাটন, আবিষ্কার *The crime escaped detection* (= was not discovered) *for many years.*

detective / dɪˈtektɪv ডি'টেক্টিভ্ / *noun* [C] a person, especially a police officer, who tries to solve crimes যে ব্যক্তি বিশেষত পুলিশ অফিসার, যে অপরাধমূলক কাজকর্ম সমাধানের চেষ্টা করে; গোয়েন্দা (অনেক সময় পুলিশ কর্মচারী), অনুসন্ধানকারী

detective story *noun* [C] a story about a crime in which sb tries to find out who the guilty person is গোয়েন্দা কাহিনি বা গল্প

detector / dɪˈtektə(r) ডি'টেক্ট্যা(র্) / *noun* [C] a machine that is used for finding or noticing sth কোনো কিছু খুঁজে পাওয়া অথবা লক্ষ করার যন্ত্র; আবিষ্কারক যন্ত্র; নিরূপক *a smoke/metal/lie detector*

détente (*AmE* **detente**) / ˌdeɪˈtɑːnt ˌডেই'টা:ন্ট্ / *noun* [U] (*formal*) an improvement in the relationship between two or more countries which have been unfriendly towards each other in the past শত্রুভাবাপন্ন দুই রাষ্ট্রের মধ্যে অতীতের বৈরিতাসুলভ মনোভাব হ্রাসপ্রাপ্ত হওয়ার ফলে সম্পর্কের উন্নতি

detention / dɪˈtenʃn ডি'টেন্‌শন্ / *noun* [U, C] **1** the act of stopping a person leaving a place, especially by keeping him/her in prison কোনো স্থানে আটক করা বা জেলে আটকে রাখার ক্রিয়া; আটকাবস্থা *They were kept **in detention** for ten days.* **2** the punishment of being kept at school after the other school children have gone home (কোনো বাচ্চাকে) স্কুল ছুটির পর (অন্যান্য সকল বাচ্চা যখন বাড়ি চলে যায়) আটকে রেখে শাস্তি দেওয়া ➪ **detain** verb দেখো।

detention centre (*AmE* **detention center**) *noun* [C] **1** a place like a prison where young people who have broken the law are kept অল্প বয়সি অপরাধীদের বন্দি করে রাখার জন্য জেলসদৃশ স্থান **2** a place like a prison where people, especially people who have entered a country illegally, are kept for a short time কোনো দেশে অবৈধ অনুপ্রবেশকারীদের সংক্ষিপ্ত সময়ের জন্য কারাগার সদৃশ যে স্থানে আটক রাখা হয়

deter / dɪˈtɜː(r) ডি'ট্য(র্) / *verb* [T] (**deterring; deterred**) **deter sb (from doing sth)** to make sb decide not to do sth, especially by telling him/her that it would have bad results কুপরিণাম নির্দেশ করে কোনো ব্যক্তিকে কোনো কাজ থেকে নিবৃত্ত করা ➪ **deterrent** noun দেখো।

detergent / dɪˈtɜːdʒənt ডি'ট্যজ্যান্ট্ / *noun* [C, U] a chemical liquid or powder that is used for cleaning things পরিষ্কার করার জন্য ব্যবহৃত রাসায়নিক তরল বা পাউডার; পরিমার্জক; ডিটারজেন্ট

deteriorate / dɪˈtɪəriəreɪt ডি'টিঅ্যারিঅ্যারেইট্ / *verb* [I] to become worse অবনতি ঘটা, অপকৃষ্ট হওয়া *The political tension is deteriorating into civil war.* ▶ **deterioration** /dɪˌtɪəriəˈreɪʃn ডি,টিঅ্যারি-অ্যা'রেইশ্‌ন্ / *noun* [C, U] অবনতি, অবনমন

determination / dɪˌtɜːmɪˈneɪʃn ডি,ট্যমি'নেইশ্‌ন্ / *noun* [U] **1 determination (to do sth)** the quality of having firmly decided to do sth, even if it is very difficult কোনো কিছু করার জন্য (কঠিন হলেও) দৃঢ় সংকল্প থাকার গুণ; অটল মনোভাব *You need great determination to succeed in business.* **2** (*formal*) the process of deciding sth officially আনুষ্ঠানিকভাবে কোনো বিষয়ে সিদ্ধান্ত গ্রহণের প্রক্রিয়া *the determination of future government policy*

determine / dɪˈtɜːmɪn ডি'ট্যমিন্ / *verb* [T] **1** (*formal*) to discover the facts about sth কোনো কিছু সম্পর্কে তথ্য খুঁজে বার করা; ঠিকমতো জানা বা বোঝা *We need to determine what happened immediately before the accident.* **2** to make sth happen in a particular way or be of a particular type নির্দিষ্টভাবে কোনো কিছু ঘটানো বা নির্দিষ্ট ধরনের হওয়া; নির্ধারণ করা, নির্ণয় করা *The results of the tests will determine what treatment you need.* ○ *Age and experience will be **determining factors** in our choice of candidate.* **3** (*formal*) to decide sth officially আনুষ্ঠানিকভাবে কোনো কিছু নির্ধারণ করা *A date for the meeting has yet to be determined.*

determined / dɪˈtɜːmɪnd ডি'ট্যমিন্ড্ / *adj.* **determined (to do sth)** having firmly decided to do sth or to succeed, even if it is difficult (কঠিন কিছুতেও) কৃতসংকল্প, স্থিরনিশ্চিত, দৃঢ়প্রতিজ্ঞ *She's a very determined athlete.*

determiner / dɪˈtɜːmɪnə(r) ডি'ট্যমিন্যা(র্) / *noun* [C] (*grammar*) a word that comes before a noun to show how the noun is being used (ব্যাকরণ) এমন শব্দ যা কোনো বিশেষ্যপদের আগে বসে বিশেষ্যপদটি

কিভাবে ব্যবহৃত হচ্ছে তা নির্দেশ করে *'Her', 'most' and 'those' are all determiners.*

deterrent / dɪˈterənt ডি'টের‍্যান্ট্ / *noun* [C] something that should stop you doing sth (কোনো কিছু করতে) প্রতিরোধক, বাধাদায়ক *Their punishment will be a deterrent to others.* ➪ **deter** verb দেখো। ▶ **deterrent** *adj.* প্রতিরোধকভাবে

detest / dɪˈtest ডি'টেস্ট্ / *verb* [T] to hate or not like sb/sth at all কোনো ব্যক্তি বা বস্তুকে প্রচণ্ড ঘৃণা করা, একেবারে পছন্দ না করা *They absolutely detest each other.*

detonate / ˈdetəneɪt ˈডেট্যানেইট্ / *verb* [I, T] to explode or to make a bomb, etc. explode বোমা ইত্যাদি ফাটানো অথবা ফাটা, বিস্ফোরণ ঘটা বা ঘটানো

detonator / ˈdetəneɪtə(r) ˈডেট্যানেইট্যা(র্) / *noun* [C] a device for making sth, especially a bomb, explode বিস্ফোরণ ঘটানোর যন্ত্র; বিস্ফোরক পদার্থ

detour / ˈdiːtʊə(r) ˈডীটুঅ্যা(র্) / *noun* [C] **1** a longer route from one place to another that you take in order to avoid sth/sb or in order to see or do sth কোনো ব্যক্তি বা বস্তুকে এড়ানোর জন্য বা কিছু কাজের জন্য বা কিছু দেখার কারণে যে দীর্ঘতর রাস্তা নেওয়া হয়; ঘুরপথ *Because of the accident we had to make a five-kilometre detour.* **2** (*AmE*) = **diversion 2**

detract / dɪˈtrækt ডি'ট্র্যাক্ট্ / *verb* [I] **detract from sth** to make sth seem less good or important কোনো কিছুর গুরুত্ব বা কৃতিত্ব কমানো বা হ্রাস করা *These criticisms in no way detract from the team's achievements.*

detriment / ˈdetrɪmənt ˈডেট্রিম্যান্ট্ / *noun*
IDM to the detriment of sb/sth harming or damaging sb/sth (কোনো ব্যক্তি বা বস্তুর) ক্ষতি, হানি, অপকার *Doctors claim that the changes will be to the detriment of patients.* ▶ **detrimental** / ˌdetrɪˈmentl ˌডেট্রি'মেন্ট্ল্ / *adj.* হানিকর, ক্ষতিকর *Too much alcohol is* ***detrimental to*** *your health.*

detritus / dɪˈtraɪtəs ডি'ট্রাইট্যাস্ / *noun* [U] (*technical*) natural waste material that is left after sth has been used or broken up কোনো কিছু ব্যবহার করার পরে বা ভেঙে গেলে যে স্বাভাবিক বর্জ্য পদার্থ পড়ে থাকে; রাবিশ

deuce / djuːs ডিউস্ / *noun* [U] a score of 40 points to each player in a game of tennis টেনিস খেলায় উভয়পক্ষের খেলোয়াড়েরই ৪০ পয়েন্ট প্রাপ্তি; ডিউস

deus ex machina / ˌdeɪʊs eks ˈmækɪnə ˌডেইউস্ এক্স্'ম্যাকিন্যা / *noun* [*sing.*] (in literature) an unexpected power or event that saves a situation that seems without hope, especially in a play or novel (সাহিত্যে) নাটক বা উপন্যাসে সংকটজনক মুহূর্তে কোনো অলৌকিক শক্তি বা ঘটনা যখন সমস্যার সমাধান করে; দৈবের হস্তক্ষেপে সমাধান

deuterium / djuˈtɪəriəm ডিউ'টিঅ্যারিঅ্যাম্ / *noun* [U] (*symbol* **D**) a type of **hydrogen** that is twice as heavy as the usual type সাধারণের থেকে দ্বিগুণ ভারী একধরনের হাইড্রোজেন গ্যাস

devalue / ˌdiːˈvæljuː ˌডী'ভ্যালিউ / *verb* [T] **1** to reduce the value of the money of one country in relation to the value of the money of other countries মুদ্রার মূল্য হ্রাস করা (অন্য দেশের মুদ্রার পরিপ্রেক্ষিতে) *The rupee has been devalued against the dollar.* **2** to reduce the value or importance of sth কোনো বিষয়ের গুরুত্ব বা মূল্য কমানো, মূল্যহানি বা অবমূল্যায়ন ঘটানো *The refusal of the top players to take part devalues this competition.* ▶ **devaluation** / ˌdiːˌvæljuˈeɪʃn ˌডী,ভ্যালিউ-'এইশ্ন্ / *noun* [U] অবমূল্যায়ন, মুদ্রাহ্রাস

devastate / ˈdevəsteɪt ˈডেভ্যাস্টেইট্ / *verb* [T] **1** to destroy sth or damage it badly কোনো কিছু ধ্বংস করা, বিনষ্ট করা, শেষ করে দেওয়া, ছারখার করা *a land devastated by war* **2** to make sb extremely upset and shocked গভীরভাবে বিচলিত বা অভিভূত করা এবং মানসিক আঘাত দেওয়া *This tragedy has devastated the community.* ▶ **devastation** / ˌdevəˈsteɪʃn ˌডেভ্যা'স্টেইশ্ন্ / *noun* [U] প্রলয়, ছারখার, ধ্বংস, উৎসাদন *a scene of total devastation*

devastated / ˈdevəsteɪtɪd ˈডেভ্যাস্টেইটিড্ / *adj.* extremely shocked and upset অত্যন্ত বিচলিত, শোকাহত *They were devastated when their baby died.*

devastating / ˈdevəsteɪtɪŋ ˈডেভ্যাস্টেইটিং / *adj.* **1** that destroys sth completely বিধ্বংসী, প্রচণ্ড *a devastating explosion* **2** that shocks or upsets sb very much যা কোনো ব্যক্তিকে গভীরভাবে আঘাত করে বা শোকাহত করে *The closure of the factory was a devastating blow to the workers.*

develop / dɪˈveləp ডি'ভেল্যাপ্ / *verb* **1** [I, T] to grow slowly, increase, or change into sth else; to make sb/sth do this ধীরে ধীরে বেড়ে ওঠা, বৃদ্ধি পাওয়া, পূর্ণতর হওয়া, পরিণত হওয়া, পরিবর্তিত হওয়া; কোনো ব্যক্তি বা বস্তুর দ্বারা সেটি করানো *Scientists have developed a drug against this disease.* ○ *Over the years, she's developed her own unique singing style.* **2** [I, T] to begin to have a problem or disease; to start to affect sth (সমস্যা বা অসুখ) দেখা দিতে শুরু করা; কোনো কিছু বিকশিত হওয়া, প্রকট হওয়া *to develop cancer/AIDS* ○ *Trouble is developing along the border.* **3** [T] to make an idea, a story, etc. clearer or more detailed by writing or talking about it more (লিখিত বা কথিতভাবে) কোনো

চিন্তাভাবনা বা কাহিনির পরিপূর্ণ রূপ দেওয়া *She went on to develop this theme later in the lecture.* **4** [T] to make pictures or negatives from a piece of film by using special chemicals রাসায়নিক দ্রব্যের সাহায্যে ফিল্মের নেগেটিভ থেকে ফোটো তৈরি করা; আলোকচিত্র পরিস্ফুট করা *to develop a film* **5** [T] to build houses, shops, factories, etc. on a piece of land কোনো জমিতে বাড়ি, দোকান, হাসপাতাল, ইত্যাদি গড়ে তোলা; নির্মাণ করা বা তৈরি করা *This site is being developed for offices.*

developed / dɪˈveləpt ডি'ভেল্যাপ্ট্ / *adj.* of a good level or standard উন্নত মানসম্পন্ন *a highly developed economy*

developer / dɪˈveləpə(r) ডি'ভেল্যাপ্যা(র্) / (*also* **property developer**) *noun* [C] a person or company that builds houses, shops, etc. on a piece of land যে ব্যক্তি অথবা কোম্পানি কোনো জমিতে বাড়ি, দোকান ইত্যাদি তৈরি করে

developing / dɪˈveləpɪŋ ডি'ভেল্যাপিং / *adj.* (used about a poor country) that is trying to develop or improve its economy (কোনো দরিদ্র দেশ সম্বন্ধে ব্যবহৃত) যারা উন্নতির পথে এগোচ্ছে; উন্নয়নশীল, বিকাশশীল *a developing country* ○ *the developing world*

development / dɪˈveləpmənt ডি'ভেল্যাপ্ম্যান্ট্ / *noun* **1** [U] the process of becoming bigger, stronger, better etc., or of making sb/sth do this বৃহত্তর, শক্তিশালী এবং উন্নততর হওয়া বা করার প্রক্রিয়া; উন্নয়ন, উন্নতি, বিকাশলাভ *the development of tourism in Goa* ○ *a child's intellectual development* **2** [U, C] the process of creating sth more advanced; a more advanced product কোনো কিছুর আরও উন্নত সংস্করণ তৈরি করার প্রক্রিয়া; আরও উন্নত উৎপাদন *She works in **research and development** for a drug company.* ○ *the latest developments in space technology* **3** [C] a new event that changes a situation নতুন কোনো ঘটনা যার ফলে পরিস্থিতির পরিবর্তন হয় *This week has seen a number of new developments in the crisis.* **4** [C, U] a piece of land with new buildings on it; the process of building on a piece of land নতুন বাড়ি-ঘর তৈরি হয়েছে যে জমিতে; জমির উপর নতুন বাড়ি বা ঘরের নির্মাণ প্রক্রিয়া *a new housing development* ○ *The land has been bought for development.*

deviant / ˈdiːviənt 'ডীভিঅ্যান্ট্ / *adj.* different from what most people consider to be normal and acceptable অসাধারণ, অস্বাভাবিক *deviant behaviour* ▶ **deviant** *noun* [C] যার অসামান্যতা অন্য সাধারণ মানুষ থেকে আলাদা *sexual deviants* ▶ **deviance** / ˈdiːviəns 'ডীভিঅ্যান্স্ / *noun* নৈতিক বিচ্যুতি **deviancy** / ˈdiːviənsi 'ডীভিঅ্যান্সি / *noun* [U] অসামান্যতা, অস্বাভাবিকতা *a study of social deviance and crime*

deviate / ˈdiːvieɪt 'ডীভিএইট্ / *verb* [I] **deviate (from sth)** to change or become different from what is normal or expected স্বাভাবিক এবং প্রত্যাশিত বিষয় থেকে বিচ্যুত হওয়া, বিপথগামী হওয়া *He never once deviated from his original plan.*

deviation / ˌdiːviˈeɪʃn ˌডীভি'এইশ্ন্ / *noun* [C, U] a difference from what is normal or expected, or from what is approved of by society স্বাভাবিক বা প্রত্যাশিতের থেকে আলাদা, সমাজ কর্তৃক যা গ্রহণীয় বা অনুমোদনীয় নয়; বিপথগমন, পথচ্যুতি *a deviation from our usual way of doing things*

device / dɪˈvaɪs ডিভাইস্ / *noun* [C] **1** a tool or piece of equipment made for a particular purpose বিশেষ উদ্দেশ্যে নির্মিত কোনো যন্ত্র বা সরঞ্জাম *a security device* ○ *labour-saving devices such as washing machines and vacuum cleaners* ➪ **tool** দেখো। **2** a clever method for getting the result you want ফল লাভের কৌশল; ফিকির, উপায়, কায়দা *Critics dismissed the speech as a political device for winning support.*

devil / ˈdevl 'ডেভ্ল্ / *noun* [C] **1 the Devil** the most powerful evil being, according to the Christian, Jewish and Muslim religions (খ্রিস্টান, মুসলমান এবং ইহুদিদের ধর্মে) সবচেয়ে বেশি ক্ষমতাশালী; অপদেবতা, শয়তান ➪ **Satan** দেখো। **2** an evil being; a spirit দুষ্ট আত্মা, পিশাচ, অপদেবতা **3** (*spoken*) a word used to show pity, anger, etc. when you are talking about a person কোনো ব্যক্তির প্রতি উপেক্ষা জনিত দয়া, ক্রোধ ইত্যাদি বোঝাতে এই শব্দটি ব্যবহার করা হয়; বিরক্তি বা ক্রোধ প্রকাশক উক্তি *The poor devil died in hospital two days later.* ○ *Those kids can be little devils sometimes.*

IDM be a devil used to encourage sb to do sth that he/she is not sure about doing কারও ইতস্তত মনোভাব দেখে তাকে কাজটা করতে প্ররোচিত করা, উৎসাহ দেওয়া ইত্যাদির জন্য ব্যবহৃত হয় *Go on, be a devil—buy both of them.*

speak/talk of the devil used when the person who is being talked about appears unexpectedly যার সম্বন্ধে আলোচনা হচ্ছে সে যদি হঠাৎ এসে পড়ে তখন ব্যবহৃত হয়

devious / ˈdiːviəs 'ডীভিঅ্যাস্ / *adj.* clever but not honest or direct চালাক, বুদ্ধিমান কিন্তু সৎ বা সরল নয়; কুটিল *a devious trick/plan* ▶ **deviously** *adv.* কুটিলভাবে, প্যাঁচালোভাবে

devise / dɪˈvaɪz ডি'ভাইজ্ / *verb* [T] to invent a new way of doing sth কোনো কিছু করার জন্য নতুন কৌশল উদ্ভাবন করা *They've devised a plan for keeping traffic out of the city centre.*

devoid / dɪˈvɔɪd ডিˈভইড্ / *adj.* (*formal*) **devoid of sth** not having a particular quality; without sth বর্জিত, মুক্ত, না-থাকা, -বিহীন, -বিরহিত *devoid of hope/ambition/imagination*

devolution / ˌdiːvəˈluːʃn ˌডীভ্যাˈলূশন্ / *noun* [U] the act of giving political power from central to local government কেন্দ্রীয় প্রশাসন থেকে স্থানীয় প্রশাসনকে রাজনৈতিক ক্ষমতা হস্তান্তর করার ক্রিয়া ⇨ **devolve** verb দেখো।

devolve / dɪˈvɒlv ডিˈভল্‌ভ্ / *verb*
PHR V **devolve on/upon sb/sth** (*written*) **1** if property, money, etc. devolves on/upon you, you receive it after sb dies উত্তরাধিকার সূত্রে (কারও মৃত্যুর পর) সম্পত্তি, অর্থ ইত্যাদি পাওয়া **2** if a duty, responsibility, etc. devolves on/upon you, it is given to you by sb at a higher level of authority উচ্চ কর্তৃপক্ষের কাছ থেকে কাজের দায়িত্ব পাওয়া
devolve sth to/on/upon sb to give a duty, responsibility, power, etc. to sb who has less authority than you নিম্নস্তরের কর্মচারীর উপর দায়িত্ব, কর্মভার ও ক্ষমতা ইত্যাদি অর্পণ করা *The central government devolved most tax-raising powers to the regional authorities.* ⇨ **devolution** noun দেখো।

devote / dɪˈvəʊt ডিˈভ্যাউট্ / *verb* [T] **devote your self/sth to sb/sth** to give a lot of time, energy, etc. to sb/sth কোনো ব্যক্তি বা বস্তুকে প্রচুর সময়, উদ্যম ইত্যাদি দেওয়া; একনিষ্ঠভাবে করা, একান্তভাবে নিয়োজিত হওয়া *She gave up work to devote herself full-time to her music.*

devoted / dɪˈvəʊtɪd ডিˈভ্যাউটিড্ / *adj.* **devoted (to sb/sth)** loving sb/sth very much; completely loyal to sb/sth কারও বা কিছুর প্রতি ভালোবাসাসম্পন্ন; অনুগত, একনিষ্ঠ *Nakul's absolutely devoted to his wife.*

devotee / ˌdevəˈtiː ˌডেভ্যাˈটী / *noun* [C] **a devotee (of sb/sth)** a person who likes sb/sth very much কোনো ব্যক্তি বা বস্তুর প্রতি অনুরক্ত যে ব্যক্তি; ভক্ত, উৎসর্গীকৃত প্রাণ, একান্তভাবে নিবেদিত *Devotees of science fiction will enjoy this new film.*

devotion / dɪˈvəʊʃn ডিˈভ্যাউশন্ / *noun* [U] **devotion (to sb/sth)** **1** great love for sb/sth কোনো ব্যক্তি বা বস্তুর প্রতি গভীর ভক্তি; গভীর অনুরাগ; ভালোবাসা, নিষ্ঠা, অনুরক্তি *a mother's devotion to her children* **2** the act of giving a lot of your time, energy, etc. to sb/sth কোনো ব্যক্তি বা বস্তুর প্রতি প্রচুর সময়, উদ্যম ইত্যাদি ব্যয় করার ক্রিয়া *devotion to duty* **3** very strong religious feeling গভীর ধর্মানুরাগ

devour / dɪˈvaʊə(r) ডিভাউঅ্যা(র্) / *verb* [T] **1** to eat sth quickly because you are very hungry (অত্যন্ত ক্ষুধার্ত হওয়ার কারণে) গব গব করে খাওয়া, গোগ্রাসে গেলা **2** to do or use sth quickly and completely খুব তাড়াতাড়ি কিছু করে ফেলা অথবা সম্পূর্ণভাবে ব্যবহার করা; সাবাড় করা, ধ্বংস করা

devout / dɪˈvaʊt ডিˈভাউট্ / *adj.* very religious নিষ্ঠাবান ধার্মিক *a devout Muslim family* ▶ **devoutly** *adv.* আন্তরিকভাবে, ভক্তিপূর্ণভাবে

dew / djuː ডিউ / *noun* [U] small drops of water that form on plants, leaves, etc. during the night শিশির, শিশিরকণা, হিমিকা, নীহারবিন্দু

dew point *noun* [U] (in geography) the temperature at which air can hold no more water. Below this temperature the water comes out of the air in the form of drops (ভূগোলে) যে তাপমাত্রায় বাতাস আর জল ধরে রাখতে পারে না। এই তাপমাত্রার নীচে বাতাস থেকে জলকণা বিন্দুর আকারে ঝরে পড়ে; বায়ুমণ্ডলে জলবিন্দু গঠনের তাপমাত্রা; শিশিরাঙ্ক

dexterity / dekˈsterəti ডেক্ˈস্টের্যাটি / *noun* [U] skill at doing things, especially with your hands হাতের কাজের দক্ষতা; শিল্পক্ষমতা, সৃষ্টিক্ষমতা

dextrose / ˈdekstrəʊz ˈডেক্স্ট্র্যাউজ্ / *noun* [U] a form of a natural type of sugar (**glucose**) শর্করার একপ্রকার রূপভেদ; দ্রাক্ষা শর্করা ⇨ **fructose, glucose, lactose** এবং **sucrose** দেখো।

dharma *noun* [U] the basic principle of divine law in Hinduism, Buddhism and Jainism; a code of proper conduct **conforming** to one's duty and nature হিন্দু, বৌদ্ধ এবং জৈন ধর্মের মূলগত পবিত্র বিধান; কোনো ব্যক্তির কর্তব্য এবং আত্মভাব সম্বলিত আচরণবিধি

dhol *noun* [C] a large double-sided drum, played with a stick held in each hand. It is often played as an **accompaniment** with Indian folk dances দুদিকে কাঠি দিয়ে বাজানো যায় এমন বড়ো আকৃতির বাদ্যযন্ত্র। প্রায়ই এটি বাজিয়ে ভারতীয় লোকনৃত্যে সংগত করা হয়; ঢোল

dholak *noun* [C] a medium-sized two-sided drum, traditionally played during wedding ceremonies across the Indian subcontinent দুদিকে বাজানো যায় মাঝারি আকৃতির বাদ্যযন্ত্র, ভারতীয় উপমহাদেশে বিবাহানুষ্ঠানে এই বাদ্যযন্ত্র ঐতিহ্যসম্মতভাবে বাজানো হয়; ঢোলক

dhoti *noun* [C] the traditional Indian dress consisting of a long piece of unstitched cloth for the lower part of the body worn by men of the Indian subcontinent ভারতীয় উপমহাদেশে পুরুষরা শরীরের নিম্নাংশে পরিধান করে যে সেলাইবিহীন বস্ত্রখণ্ড। ঐতিহ্যপূর্ণ ভারতীয় পোশাক; ধুতি

di- / daɪ ডাই / *prefix* (*used in nouns*) used in chemistry to refer to substances that contain two atoms of the type mentioned (রসায়নে) উল্লিখিত দুটি অণুবিশিষ্ট পদার্থ সম্বন্ধে ব্যবহৃত *dioxide*

diabetes / ˌdaɪəˈbiːtiːz ˌডাইঅ্যা'বীটীজ় / *noun* [U] a serious disease in which a person's body cannot control the level of sugar in the blood যে গুরুতর অসুখে মানবদেহে রক্তে শর্করার পরিমাণ নিয়ন্ত্রিত হতে পারে না; মধুমেহ, বহুমূত্র রোগ; ডায়াবেটিস

diabetic[1] / ˌdaɪəˈbetɪk ˌডাইঅ্যা'বেটিক্ / *noun* [C] a person who suffers from diabetes ডায়াবেটিসের রোগী, মধুমেহ রোগী

diabetic[2] / ˌdaɪəˈbetɪk ˌডাইঅ্যা'বেটিক্ / *adj.* connected with diabetes or diabetics মধুমেহ সম্বন্ধীয়, ডায়াবেটিস সংক্রান্ত *diabetic chocolate* (=safe for diabetics)

diagnose / ˈdaɪəgnəʊz 'ডাইঅ্যাগ্‌ন্যাউজ় / *verb* [T] **diagnose sth (as sth); diagnose sb as/with sth** to find out and say exactly what illness a person has or what the cause of a problem is কোনো ব্যক্তির রোগ নির্ণয় করা, রোগের লক্ষণ দেখে কি অসুখ হয়েছে বা সমস্যাটা কোথায় তা বলা; কোনো সমস্যার কারণ বার করা *His illness was diagnosed as bronchitis.*

diagnosis / ˌdaɪəgˈnəʊsɪs ˌডাইঅ্যাগ্'ন্যাউসিস্ / *noun* [C, U] (*pl.* **diagnoses** / -siːz -সীজ় /) the act of saying exactly what illness a person has or what the cause of a problem is রোগ নির্ণয়, সমস্যার কারণ নির্ণয় *to **make a diagnosis***

diagnostic / ˌdaɪəgˈnɒstɪk ˌডাইঅ্যাগ্'নস্টিক্ / *adj.* connected with finding out exactly what a problem is and what caused it, especially an illness কোনো সমস্যা এবং তার কারণ সন্ধান সংক্রান্ত, বিশেষত কোনো অসুখ; রোগ নির্ণয় সংক্রান্ত *to carry out diagnostic tests*

diagonal / daɪˈægənl ডাই'অ্যাগ্যান্‌ল্ / *adj.* (used about a straight line) at an angle; joining two opposite sides of sth at an angle (সরলরেখা সম্বন্ধে ব্যবহৃত) কৌণিকভাবে; কোনো বস্তুর দুই বিপরীত দিক বা বাহুকে কৌণিকভাবে যুক্ত করে এমন; কর্ণ *Draw a diagonal line from one corner of the square to the opposite corner.* ▶ **diagonal** *noun* [C] কর্ণরেখা ▶ **diagonally** / -nəli -ন্যালি / *adv.* তির্যকভাবে, কোণাকুণি

diagram / ˈdaɪəgræm 'ডাইঅ্যাগ্র্যাম্ / *noun* [C] a simple picture that is used to explain how sth works or what sth looks like কোনো কিছুর কর্মপদ্ধতি বা আকৃতি বোঝানোর জন্য আঁকা ছবি বা নকশা বা রেখাচিত্র *a diagram of the body's digestive system* ▶ **diagrammatic** / ˌdaɪəgrəˈmætɪk ˌডাইঅ্যাগ্র্যা-'ম্যাটিক্ / *adj.* আঁকা ছবি বা নকশা অনুযায়ী

dial[1] / ˈdaɪəl 'ডাইঅ্যাল্ / *noun* [C] **1** the round part of a clock, watch, control on a machine, etc. that shows a measurement of time, amount, temperature, etc. বড়ো এবং ছোটো ঘড়ি, যন্ত্রের নিয়ন্ত্রক ইত্যাদির গোল অংশ যার দ্বারা সময়, পরিমাণ, তাপমাত্রা ইত্যাদির পরিমাপন প্রদর্শিত হয়; মুখপট; ডায়াল *a dial for showing air pressure* **2** the round control on a radio, cooker, etc. that you turn to change sth রেডিও, কুকার প্রভৃতির নিয়ন্ত্রণকারী গোল অংশ যা কোনো কিছু পালটানোর জন্য ঘোরাতে হয় **3** the round part with holes in it on some older telephones that you turn to call a number পুরোনো টেলিফোনের সেই গোল চাকতি যার এক-একটি গর্তের মধ্যে আঙুল দিয়ে ঘুরিয়ে ডায়াল করতে হত

dial[2] / ˈdaɪəl 'ডাইঅ্যাল্ / *verb* [I, T] (**dia<u>ll</u>ing; dia<u>ll</u>ed** *AmE* **dia<u>l</u>ing; dia<u>l</u>ed**) to push the buttons or move the dial on a telephone in order to call a telephone number বোতাম টিপে বা ডায়াল করে টেলিফোন করা *You can now dial direct to Singapore.* ○ *to dial the wrong number*

dialect / ˈdaɪəlekt 'ডাইঅ্যালেক্ট্ / *noun* [C, U] a form of a language that is spoken in one area of a country আঞ্চলিক ভাষা, উপভাষা, বিশেষ গোষ্ঠীর ভাষা *a local dialect*

dialling code *noun* [C] the numbers that you must dial on a telephone for a particular area or country টেলিফোন করার সময়ে বিশেষ অঞ্চল বা দেশ নির্দেশক যে সংখ্যা ডায়াল করতে হয় *international dialling codes*

dialling tone *noun* [C, U] the sound that you hear when you pick up a telephone to make a call ফোন করার জন্য টেলিফোন তুললে যে-শব্দটি শুনতে পাওয়া যায়; ডায়াল-টোন

dialogue (*AmE* **dialog**) / ˈdaɪəlɒg 'ডাইঅ্যালগ্ / *noun* [C, U] **1** (a) conversation between people in a book, play, etc. বই, নাটক ইত্যাদিতে সংলাপ, কথোপকথন *On the tape you will hear a short dialogue between a shop assistant and a customer.* **2** (a) discussion between people who have different opinions ভিন্ন মতবাদে বিশ্বাসী লোকদের মধ্যে আলোচনা *(a) dialogue between the major political parties*

dialogue box (*AmE* **dialog box**) *noun* [C] (*computing*) a box that appears on a computer screen asking you to choose what you want to do next কম্পিউটার স্ক্রীনে প্রদর্শিত যে-বাক্সে পরবর্তী যে কাজ করতে চাওয়া হয় তা বাছাই করতে বলা হয়

dialysis / ˌdaɪˈæləsɪs ˌডাই'অ্যাল্যাসিস্ / *noun* [U] a process for separating substances from a liquid, especially for taking waste substances out of the blood of people with damaged **kidneys** তরল থেকে অন্যান্য পদার্থ আলাদা করার পদ্ধতি, বিশেষত কিডনি খারাপ হলে এই পদ্ধতিতে কিডনির রক্ত পরিশোধন করা হয়; ঝিল্লিবিশ্লেষণ; ডায়ালিসিস

diameter / daɪˈæmɪtə(r) ডাই'অ্যামিট্যা(র্) / *noun* [C] a straight line that goes from one side to the other of a circle, passing through the centre কোনো বৃত্তের মধ্যদেশ অতিক্রমকারী এক প্রান্ত থেকে অন্য প্রান্ত পর্যন্ত বিস্তৃত সরলরেখার দৈর্ঘ্য; ব্যাস ➪ **radius** এবং **circumference** দেখো এবং **circle**-এ ছবি দেখো।

diamond / ˈdaɪəmənd ˈডাইঅ্যাম্যান্ড্ / *noun* **1** [C, U] a hard, bright precious stone which is very expensive and is used for making jewellery. A diamond usually has no colour উজ্জ্বল এবং মহার্ঘ কঠিন মূল্যবান পাথর যা অলংকার ইত্যাদিতে ব্যবহৃত হয়। এর কোনো রং নেই; হীরা, হীরক, হীরে **2** [C] a flat shape that has four sides of equal length and points at two ends বরফির আকারে চতুর্ভুজ; সমচতুর্ভুজ ➪ **shape**-এ ছবি দেখো। **3 diamonds** [*pl.*] the group (**suit**) of playing cards with red shapes like **diamonds 2** on them রুইতন তাসের গোছা *the seven of diamonds* **4** [C] one of the cards from this suit ঐ গুচ্ছের একটি তাস *I haven't got any diamonds.*

diamond wedding *noun* [C] the 60th anniversary of a wedding হীরকজয়ন্তী বিবাহবার্ষিকী, বিবাহের ৬০ বছর পূর্তি উপলক্ষ্যে উৎসব ➪ **golden wedding, ruby wedding** এবং **silver wedding** দেখো।

diaper / ˈdaɪəpə(r) ˈডাইঅ্যাপ্যা(র্) / (*AmE*) = **nappy**

diaphragm / ˈdaɪəfræm ˈডাইঅ্যাফ্র্যাম্ / *noun* [C] the muscle between your lungs and your stomach that helps you to breathe ফুসফুস ও পেটের মধ্যবর্তী পেশি যা নিঃশ্বাস নিতে সাহায্য করে; ঝিল্লি, মধ্যচ্ছদা

diarrhoea (*AmE* **diarrhea**) / ˌdaɪəˈrɪə ˌডাইঅ্যা'রিঅ্যা / *noun* [U] an illness that causes you to get rid of waste material (**faeces**) from your body very often and in a more liquid form than usual পেটের অসুখ, উদরাময়; ডায়েরিয়া

diary / ˈdaɪəri ˈডাইঅ্যারি / *noun* [C] (*pl.* **diaries**) **1** a book in which you write down things that you have to do, remember, etc. যে খাতায় করণীয় এবং মনে রাখার মতো বিষয়গুলি লিখে রাখা হয়; ডায়েরি *I'll just check in my diary to see if I'm free that weekend.* ➪ **calendar**-এ নোট দেখো। **2** a book in which you write down what happens to you each day দিনপঞ্জি, যাতে রোজকার ঘটনা লেখা থাকে; দিনলিপি, রোজনামচা *Do you **keep a diary** ?*

diatomic / ˌdaɪəˈtɒmɪk ˌডাইঅ্যা'টমিক্ / *adj.* (*technical*) (in chemistry) consisting of two atoms (রসায়ন শাস্ত্রে) দুটি অণুবিশিষ্ট

dice / daɪs ডাইস্ / *noun* [C] (*pl.* **dice**) a small square object with a different number of spots (from one to six) on each side, used in certain games বিশেষ কতকগুলি খেলায় ব্যবহৃত বিভিন্ন সংখ্যা নির্দেশক দাগওয়ালা (এক থেকে ছয়) চৌকো আকারের ছক্কা; অক্ষ ***Throw the dice*** *to see who goes first.*

dichotomy / daɪˈkɒtəmi ডাই'কট্যামি / *noun* [C, *usually sing.*] (**dichotomies**) **a dichotomy (between A and B)** (*formal*) the separation that exists between two groups or things that are completely opposite to and different from each other সম্পূর্ণভাবে বিপরীত এবং একে অপরের থেকে ভিন্ন দুটি গোষ্ঠী অথবা দুরকম জিনিসের মধ্যে যে ভিন্নতা বিরাজ করে; বৈপরীত্য

dictate / dɪkˈteɪt ডিক্'টেইট্ / *verb* **1** [I, T] **dictate (sth) (to sb)** to say sth aloud so that sb else can write or type it জোরে জোরে কিছু বলা যা শুনে অন্য কেউ লিখতে বা টাইপ করতে পারে *to dictate a letter to a secretary* **2** [I, T] **dictate (sth) (to sb)** to tell sb what to do in a way that seems unfair ক্ষমতার জোরে (অনেক সময় অন্যায়ভাবে) আদেশ করা *Parents can't dictate to their children how they should run their lives.* **3** [T] to control or influence sth কোনো কিছুকে নিয়ন্ত্রণ করা বা প্রভাবিত করা *The kind of house people live in is usually dictated by how much they earn.*

dictation / dɪkˈteɪʃn ডিক্'টেইশ্ন্ / *noun* [C, U] spoken words that sb else must write or type শ্রুতিলিখন *We had a dictation in English today* (= a test in which we had to write down what the teacher said).

dictator / dɪkˈteɪtə(r) ডিক্'টেইট্যা(র্) / *noun* [C] a ruler who has total power in a country, especially one who rules the country by force সর্বাধিনায়ক, বিশেষত যে ব্যক্তি বলপূর্বক দেশ শাসন করে; স্বেচ্ছাচারী, একনায়ক , সর্বাধিনায়ক ► **dictatorship** *noun* [C, U] স্বেচ্ছাচারিতা, একনায়কত্ব, একনায়কতন্ত্র *a military dictatorship*

dictatorial / ˌdɪktəˈtɔːriəl ˌডিক্ট্যা'টːরিঅ্যাল্ / *adj.* **1** connected with or controlled by a ruler who has total power, especially one who rules by force (**a dictator**) সর্বাধিনায়ক বা সমস্ত ক্ষমতার অধিকারী (বিশেষত যে বলপূর্বক শাসন করে) এমন শাসকের সঙ্গে সংযুক্ত বা তার দ্বারা নিয়ন্ত্রিত; একনায়কত্ব সংক্রান্ত, একনায়কসুলভ, প্রভুত্বকামী *a dictatorial regime* **2** using power in an unreasonable way by telling people what to do and not listening to their views or wishes স্বেচ্ছাচারী এবং প্রভুত্বকামী ব্যক্তি

diction / ˈdɪkʃən ˈডিক্শ্যান্ / *noun* [U] **1** the way and manner in which sb pronounces words উচ্চারণপদ্ধতি, উচ্চারণভঙ্গি *clear diction* **2** (*technical*) the choice and use of words and phrases in speech or writing বক্তৃতা বা রচনায় শব্দ এবং শব্দবন্ধের চয়ন ও ব্যবহার

dictionary / ˈdɪkʃənri ˈডিক্‌শ্যান্‌রি / *noun* [C] (*pl.* **dictionaries**) **1** a book that contains a list of the words in a language in the order of the alphabet and that tells you what they mean, in the same or another language কোনো ভাষার বর্ণানুক্রমিক শব্দতালিকা সম্বলিত গ্রন্থ যার মধ্যে সেই শব্দসমূহের অর্থ (এই ভাষায় বা অন্য কোনো ভাষায়) দেওয়া থাকে; অভিধান, শব্দকোষ; ডিকশনারি *to look up a word in a dictionary ○ a bilingual/monolingual dictionary* **2** a book that lists the words connected with a particular subject and tells you what they mean কোনো বিশেষ বিষয়ের সঙ্গে সংযুক্ত শব্দতালিকা সম্বলিত গ্রন্থ যার মধ্যে সেই শব্দসমূহের অর্থ দেওয়া থাকে; শব্দকোষ, নির্দিষ্ট বিষয়ের অভিধান *a dictionary of idioms ○ a medical dictionary*

did ➪ **do**-এর past tense

didactic / daɪˈdæktɪk ডাইˈড্যাক্‌টিক্ / *adj.* (*formal*) **1** designed to teach people sth, especially a moral lesson বিশেষ নৈতিক শিক্ষা দেওয়ার উদ্দেশে তৈরি; নীতিমূলক, উপদেশমূলক *didactic art/ poetry* **2** telling people things rather than letting them find out for themselves অন্যকে নিজে নিজে শেখার সুযোগ না-দিয়ে সব কিছু শিখিয়ে দেওয়ার মনোভাব; অধিকমাত্রায় শিক্ষক সুলভ মনোভাব; শিক্ষকসুলভ *Her way of teaching literature is too didactic.* ▶ **didactically** / -kli -কলি / *adv.* শিক্ষকসুলভ মনোভাব নিয়ে

didn't ➪ **did not**-এর সংক্ষিপ্ত রূপ

die / daɪ ডাই / *verb* (*pres. part.* **dying;** *3rd person sing. pres.* **dies;** *pt, pp* **died**) **1** [I, T] **die (from/ of sth)** to stop living মারা যাওয়া, মৃত্যু হওয়া, প্রাণ ত্যাগ করা *to die of hunger ○ to die for what you believe in ○ to die a natural/violent death* ➪ **dead** adjective এবং **death** noun দেখো। **2** [I] to stop existing; to disappear বিলুপ্ত হওয়া, হারিয়ে যাওয়া, নষ্ট হওয়া *The old customs are dying.*

IDM **be dying for sth/to do sth** (*spoken*) to want sth/to do sth very much কিছু করার তীব্র বাসনা হওয়া, কোনো কিছুর জন্য প্রবল আকাঙ্ক্ষা থাকা *I'm dying for a cup of coffee.*

die hard to change or disappear only slowly or with difficulty যা সহজে পরিবর্তিত বা লুপ্ত হয় না, অনেক কষ্টে ধীরে ধীরে ক্ষীণ হয়ে আসে *Old attitudes towards women die hard.*

to die for (*informal*) if you think that sth is to die for, you really want it and would do anything to get it কোনো কিছু প্রবলভাবে চাওয়া এবং তার জন্য সব কিছু করতে রাজি হওয়া *They have a house in town that's to die for.*

die laughing to find sth very funny কোনো কিছু দারুণ হাস্যকর মনে হওয়া *I thought I'd die laughing when he told that joke.*

PHR V **die away** to slowly become weaker before stopping or disappearing লুপ্ত হওয়া, অদৃশ্য হয়ে যাওয়া; ধীরে ধীরে ক্ষীণ হওয়া *The sound of the engine died away as the car drove into the distance.*

die down to slowly become less strong ধীরে ধীরে শক্তি কমে আসা *Let's wait until the storm dies down before we go out.*

die off to die one by one until there are none left একে একে সব মরে যাওয়া

die out to stop happening or disappear অপ্রচলিত হয়ে যাওয়া বা লুপ্ত হয়ে যাওয়া *The use of horses on farms has almost died out in this country.*

diesel / ˈdiːzl ˈডীজ্‌ল্ / *noun* **1** [U] a type of heavy oil used in some engines instead of petrol ভারী জ্বালানি তেল যা কোনো কোনো ইঞ্জিনে পেট্রোলের পরিবর্তে ব্যবহৃত হয়; ডিজেল *a diesel engine ○ a taxi that runs on diesel* **2** [C] a vehicle that uses diesel যে গাড়িতে ডিজেল ব্যবহৃত হয়; যে যান ডিজেলে চলে *My new car's a diesel.* ➪ **petrol** দেখো।

diet¹ / ˈdaɪət ˈডাইঅ্যাট্ / *noun* **1** [C, U] the food that a person or animal usually eats সাধারণত মানুষ বা অন্যান্য প্রাণী যে খাবার খায় বা খেয়ে অভ্যস্ত; প্রতিদিনের অভ্যস্ত খাদ্য *They* ***live on a diet of*** *rice and vegetables. ○ I always try to have a healthy, balanced diet* (= including all the different types of food that our body needs). **2** [C] certain foods that a person who is ill, or who wants to lose weight is allowed to eat বিশেষ ধরনের খাদ্য যা শরীরের ওজন কমানোর জন্য বা রোগীর পথ্য হিসেবে দেওয়া হয় *a low-fat diet ○ a sugar-free diet* ▶ **dietary** / ˈdaɪətəri ˈডাইঅ্যাট্যারি / *adj.* খাদ্য বা পথ্য সংক্রান্ত *dietary habits/requirements*

IDM **be/go on a diet** to eat only certain foods or a small amount of food because you want to lose weight ওজন কমানোর জন্য বিশেষ ধরনের বা কম পরিমাণ খাবার খাওয়া

diet² / ˈdaɪət ˈডাইঅ্যাট্ / *verb* [I] to try to lose weight by eating less food or only certain kinds of food কম খাওয়া এবং বিশেষ ধরনের খাবার খাওয়ার মাধ্যমে ওজন কমানোর চেষ্টা করা

dietetics / ˌdaɪəˈtetɪks ˌডাইঅ্যাˈটেটিক্‌স্ / *noun* [U] the scientific study of the food we eat and its effect on our health খাদ্য-গ্রহণ এবং শরীর স্বাস্থ্যের উপর তার প্রভাব সম্পর্কিত বিজ্ঞান-সম্মত অধ্যয়ন; খাদ্য-পথ্য বিজ্ঞান

differ / ˈdɪfə(r) ˈডিফ্যা(র্) / *verb* [I] **1 differ (from sb/sth)** to be different অন্য রকম বা ধরনের হওয়া, পার্থক্য থাকা, তফাৎ হওয়া *How does this car differ from the more expensive model?* **2 differ (with sb) (about/on sth)** to have a different opinion অন্য বা আলাদা মত থাকা, মতভেদ হওয়া, ভিন্ন মত পোষণ করা *I'm afraid I differ with you on that question.*

difference / ˈdɪfrəns ˈডিফ্র্যান্স্ / *noun* **1** [C] **a difference (between A and B)** the way that people or things are not the same or the way that sb/sth has changed (দুজনের বা দুটি বস্তুর মধ্যে) পার্থক্য, তারতম্য, বৈসাদৃশ্য, ভিন্নতা, ফারাক, প্রভেদ *What's the difference between this computer and that cheaper one?* ○ *From a distance it's hard to* ***tell the difference*** *between the twins.* **2** [C, U] **difference (in sth) (between A and B)** the amount by which people or things are not the same or by which sb/sth has changed (বস্তু অথবা মানুষের মধ্যে) পরিমাণগত অথবা পদ্ধতিগত অন্তর, প্রভেদ, পার্থক্য *There's an age difference of three years between the two children.* ○ *We gave a 30% deposit and must* ***pay the difference*** *when the work is finished* (= the rest of the money) **3** [C] a disagreement that is not very serious মৃদু মতভেদ, হালকা ধরনের মতপার্থক্য *There was* ***a difference of opinion*** *over how much we owed.*

IDM make a, some, etc. difference (to sb/ sth) to have an effect (on sb/sth) কোনো ব্যক্তি বা বস্তুর উপর প্রভাব ফেলা *Marriage made a big difference to her life.*

make no difference (to sb/sth); not make any difference to not be important (to sb/ sth); to have no effect বিশেষ তারতম্য না-ঘটা; প্রভাব না-পড়া **split the difference** ➪ **split**[1] দেখো।

different / ˈdɪfrənt ˈডিফ্র্যান্ট্ / *adj.* **1 different (from/to sb/sth)** not the same আলাদা, পৃথক, ভিন্ন, অন্যরকম *The two houses are very different in style.* ○ *You'd look completely different with short hair.* ✪ বিপ **similar NOTE** আমেরিকান ইংরেজিতেও এই অর্থে **different than** অভিব্যক্তিটি হয় **2** separate; individual পৃথক; স্বতন্ত্র *This coat is available in three different colours.* ▶ **differently** *adv.* আলাদাভাবে, অন্যরকমভাবে *I think you'll feel differently about it tomorrow.*

differential[1] / ˌdɪfəˈrenʃl ˌডিফ্যাˈরেন্শ্ল্ / *noun* [C] **1 a differential (between A and B)** a difference in the amount, value or size of sth, especially the difference in rates of pay for people doing different work in the same industry or profession বিশেষত একই পেশায় বা একই শিল্পে নিযুক্ত বিভিন্ন কর্মীর কাজের পরিমাণ, মূল্য বা আয়তন অনুসারে মজুরির পার্থক্য **2** (*also* **differential gear**) a **gear** that makes it possible for a vehicle's back wheels to turn around at different speeds when going around corners মোটর গাড়িতে যে গীয়ার ব্যবস্থার সাহায্যে কোনো বাঁক ঘোরার সময়ে পিছনের চাকাগুলি ভিন্ন গতিতে ঘুরতে পারে

differential[2] / ˌdɪfəˈrenʃl ˌডিফ্যাˈরেন্শ্ল্ / *adj.* (*only before a noun*) (*formal*) showing or depending on a difference; not equal পার্থক্যসূচক, বিভেদ বা প্রভেদ নির্ভর, বৈশিষ্ট্যসূচক

differentiate / ˌdɪfəˈrenʃieɪt ˌডিফ্যাˈরেন্শিএইট্ / *verb* **1** [I, T] **differentiate between A and B; differentiate A (from B)** to see or show how things are different তারতম্য বা পার্থক্য দেখা বা দেখানো *It is hard to differentiate between these two types of seed.* **2** [T] **differentiate sth (from sth)** to make one thing different from another আলাদা করা, পৃথক করা *The coloured feathers differentiate the male bird from the plain brown female.* ✪ সম **distinguish 3** [I] to treat one person or group differently from another কোনো ব্যক্তি বা দলের সঙ্গে অন্য ব্যক্তি বা দল থেকে আলাদা বা ভিন্নরকম ব্যবহার করা *We don't differentiate between the two groups—we treat everybody alike.* ✪ সম **discriminate** ▶ **differentiation** / ˌdɪfəˌrenʃiˈeɪʃn ˌডিফ্যাˌরেন্শিˈএইশ্ন্ / *noun* [U] অন্তর, পার্থক্য

difficult / ˈdɪfɪkəlt ˈডিফিক্যাল্ট্ / *adj.* **1 difficult (for sb) (to do sth)** not easy to do or understand জটিল, কঠিন, দুর্বোধ্য, দুঃসাধ্য, দুরূহ *a difficult test/ problem* ○ *I* ***find it difficult to*** *get up early in the morning.* **2** (used about a person) not friendly, reasonable or helpful (কোনো ব্যক্তি সম্বন্ধে ব্যবহৃত) বন্ধুভাবাপন্ন নয়, অযৌক্তিক, খুঁতখুঁতে, অসহায়ক *a difficult customer*

difficulty / ˈdɪfɪkəlti ˈডিফিক্যাল্টি / *noun* (*pl.* **difficulties**) **1** [U, C] **difficulty (in sth/in doing sth)** a problem; a situation that is hard to deal with সমস্যা; এমন অবস্থা যার সমাধান করা মুশকিল *I'm sure you won't* ***have*** *any* ***difficulty*** *getting a visa for America.* ○ *We* ***had no difficulty*** *selling our car.* ○ *We found a hotel* ***without difficulty***. ○ *If you borrow too much money you may* ***get into*** *financial* ***difficulties***. **2** [U] how hard sth is to do or to deal with কোনো কিছু করা বা তার মোকাবিলা করা কত কঠিন তা বোঝাতে ব্যবহৃত হয়; জটিলতা, কাঠিন্য, দুষ্করতা, শ্রমসাধ্যতা *The questions start easy and then increase in difficulty.*

diffident / ˈdɪfɪdənt ডিফিড্যান্ট / *adj.* not having confidence in your own strengths or abilities (নিজের শক্তি বা সামর্থ্য সম্বন্ধে) দ্বিধাগ্রস্ত, আত্মবিশ্বাসহীন, কুণ্ঠিত, সংকুচিত ▶ **diffidence** *noun* [U] আত্মবিশ্বাসহীনতা, কুণ্ঠা

diffract / dɪˈfrækt ডিফ্র্যাক্ট / *verb* [T] (*technical*) (in physics) to break up a ray of light or a system of waves by passing them through a narrow opening or across an edge, causing patterns to form between the waves produced (**interference**) (পদার্থবিদ্যা) কোনো সরু ছিদ্র পথে বা প্রান্তদেশ দিয়ে আলোকরশ্মি বা তরঙ্গব্যবস্থা চালিত করা বা বিচ্ছুরিত করা (যে কারণে উৎপন্ন তরঙ্গগুলির মধ্যে প্যাটার্ন সৃষ্টি হয়) ▶ **diffraction** / dɪˈfrækʃn ডিফ্র্যাকশ্‌ন্ / *noun* [U] বিচ্ছুরণ, ব্যবর্তন

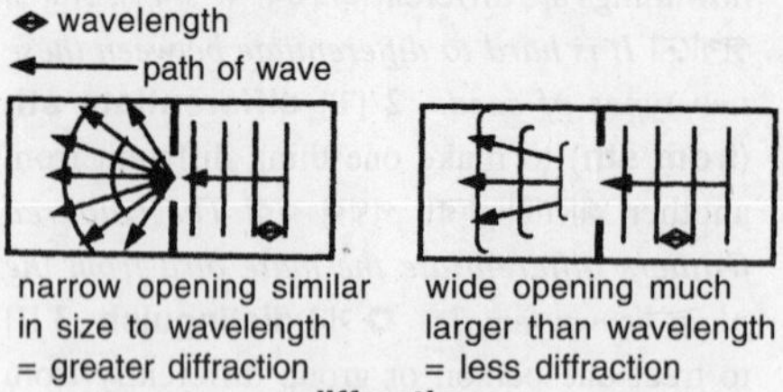

◆ wavelength
◀ path of wave

 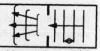

narrow opening similar in size to wavelength = greater diffraction

wide opening much larger than wavelength = less diffraction

diffraction

diffuse¹ / dɪˈfjuːz ডিফিউজ় / *verb* **1** [I, T] (*formal*) to spread sth or become spread widely in all directions চারিদিকে ছড়ানো, পরিব্যাপ্ত বা বিকীর্ণ হওয়া বা করা, বিক্ষিপ্ত হওয়া বা করা **2** [I, T] (*technical*) if a gas or liquid diffuses or is diffused in a substance, it becomes slowly mixed with that substance গ্যাস বা তরলের ধীরে ধীরে মিশ্রণ বা পরিব্যাপ্তি ঘটানো বা মিশ্রিত হওয়া **3** [T] (*formal*) to make light shine less brightly by spreading it in many directions আলো চারিদিকে বিক্ষিপ্ত করা যাতে তার উজ্জ্বলতা কমে যায় ▶ **diffusion** / dɪˈfjuːʒn ডিফিউজ়ন্ / *noun* [C] বিকিরণ, প্রসারণ, পরিব্যাপ্তি

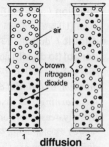

diffusion

diffuse² / dɪˈfjuːs ডিফিউস্ / *adj.* spread over a wide area ব্যাপ্ত, বিক্ষিপ্ত, ছড়ানো

dig¹ / dɪg ডিগ্ / *verb* [I, T] (*pres. part.* **digging**; *pt, pp* **dug** / dʌg ডাগ্ /) to move earth and make a hole in the ground মাটিতে গর্ত খোঁড়া, খনন করা *The children are busy digging in the sand.* o *to dig a hole*

IDM **dig deep** to try harder, give more, go further, etc. than is usually necessary যতটা প্রয়োজন তার থেকে বেশি চেষ্টা করা, বেশি করে দেওয়া ইত্যাদি *Charities for the homeless are asking people to dig deep into their pockets in this cold weather.*

dig your heels in to refuse to do sth or to change your mind about sth কোনো কাজ করতে অস্বীকার করা অথবা কোনো বিষয়ে মত পরিবর্তন না করা

PHR V **dig (sth) in; dig sth into sth** to push or press (sth) into sb/sth কোনো ব্যক্তি বা বস্তুর মধ্যে জোর করে (কোনো কিছু) চাপানো; ঢোকানো বা বসিয়ে দেওয়া *My neck is all red where my collar is digging in.* o *He dug his hands deep into his pockets.*

dig sb/sth out (of sth) **1** to get sb/sth out of sth by moving the earth, etc. that covers him/her/it কোনো ব্যক্তি বা বস্তুকে মাটি সরিয়ে বা খুঁড়ে বার করা *Rescue workers dug the survivors out of the rubble.* **2** to get or find sb/sth by searching কোনো ব্যক্তি বা বস্তুকে অনুসন্ধান করে বার করা *Leela went into the attic and dug out some old photos.*

dig sth up **1** to remove sth from the earth by digging মাটি খুঁড়ে কিছু বার করা *to dig up potatoes* **2** to make a hole or take away soil by digging মাটি খুঁড়ে গর্ত করা বা মাটি সরানো *Workmen are digging up the road in front of our house.* **3** to find information by searching or studying অনুসন্ধান বা অধ্যয়ন করে তথ্য বার করা বা খুঁজে পাওয়া *Newspapers have dug up some embarrassing facts about his private life.*

dig² / dɪg ডিগ্ / *noun* **1** [C] a hard push জোর ধাক্কা বা ঠেলা *to give sb a dig in the ribs* (=with your elbow) **2** [C] something that you say to upset sb কারও মনে আঘাত দেওয়ার জন্য খোঁচা দিয়ে বা ঠেস দিয়ে মন্তব্য *The others kept **making digs** at him because of the way he spoke.* **3** [C] an occasion or place where a group of people try to find things of historical or scientific interest in the ground in order to study them ঐতিহাসিক বা বৈজ্ঞানিক গবেষণার জন্য ভূগর্ভে কিছু খুঁজে পাওয়ার চেষ্টায় কোনো ব্যক্তিবর্গের দ্বারা খননের ঘটনা বা স্থান *an archaeological dig*

digest / daɪˈdʒest ডাই'জেস্ট / *verb* [T] **1** to change food in your stomach so that it can be used by the body খাবার হজম করা, পরিপাক করা **2** to think about new information so that you understand it fully নতুন তথ্য ভালোভাবে হৃদয়ংগম করা অথবা মনের মধ্যে গ্রহণ করা *The lecture was interesting, but too much to digest all at once.*

digestible / daɪˈdʒestəbl ডাই'জেস্ট্যাব্‌ল্ / *adj.* (used about food) easy for your body to deal with (**digest**) (খাদ্য সম্বন্ধে ব্যবহৃত) সহজপাচ্য, লঘুপাক, পরিপাকযোগ্য ✪ বিপ **indigestible**

digestion / daɪˈdʒestʃən ডাই'জেস্চ্যান্ / *noun* [C, U] the process of changing food in your stomach so that it can be used by the body হজম, পরিপাক অথবা পাচনক্রিয়া ▶ **digestive** / daɪˈdʒestɪv ডাই'জেস্টিভ্ / *adj.* পরিপাক প্রক্রিয়া সম্পর্কীয় *the digestive system*

digger / ˈdɪɡə(r) 'ডিগ্যা(র্) / *noun* [C] **1** a large machine that is used for digging up the ground মাটি খোঁড়ার বৃহৎ যন্ত্র; খননযন্ত্র **2** a person or an animal that digs যে প্রাণী বা ব্যক্তি খোঁড়ে; খনক, খননকারী

digit / ˈdɪdʒɪt 'ডিজিট্ / *noun* [C] any of the numbers from 0 to 9 সংখ্যা ০ থেকে ৯-এর মধ্যে কোনো একটি; অঙ্ক, একক সংখ্যা *a six-digit telephone number*

digital / ˈdɪdʒɪtl 'ডিজিট্ল্ / *adj.* **1** using an electronic system that uses the numbers 1 and 0 to record sound or store information, and that gives high-quality results ১ এবং ০ ব্যবহার করে শব্দ রেকর্ড করা এবং তথ্যাদি সংগ্রহ করে রাখার উচ্চমানের বৈদ্যুতিন পদ্ধতির ব্যবহার সম্পন্ন *a digital recording* **2** showing information by using numbers সংখ্যা ব্যবহার করে তথ্য প্রদর্শন করা হয় এমন *a digital watch*

digitize (*also* **-ise**) / ˈdidʒɪtaɪz 'ডিজিটাইজ্ / *verb* [T] to change data into a **digital** form that can be easily read and processed by a computer সংগৃহীত তথ্য সংখ্যায় পরিবর্তিত করা যার ফলে কম্পিউটার তা সহজে পড়তে পারে এবং তার পরিবর্তন করতে পারে *a digitized map*

dignified / ˈdɪɡnɪfaɪd 'ডিগ্নিফাইড্ / *adj.* behaving in a calm, serious way that makes other people respect you মর্যাদাবোধসম্পন্ন, সম্মানিত, গৌরবান্বিত, মহিমান্বিত *dignified behaviour* ✪ বিপ **undignified**

dignitary / ˈdɪɡnɪtəri 'ডিগ্নিট্যারি / *noun* (*pl.* **dignitaries**) a person who is influential or has an important official position প্রভাবশালী আধিকারিক বা আমলা

dignity / ˈdɪɡnəti 'ডিগ্ন্যাটি / *noun* [U] **1** calm, serious behaviour that makes other people respect you শান্ত, গম্ভীর আচরণ যাতে অন্য ব্যক্তিগণ শ্রদ্ধা ও সম্মান দেখায়; সম্ভ্রান্ত ও গৌরবান্বিত আচরণ *to behave with dignity* **2** the quality of being serious and formal মর্যাদা, সম্ভ্রম, গৌরব, উৎকর্ষ *the quiet dignity of the funeral service*

digress / daɪˈɡres ডাই'গ্রেস্ / *verb* [I] (*formal*) to stop talking or writing about the main subject under discussion and start talking or writing about another less important one আলোচিত বা মূল বিষয় সম্বন্ধে কথা বলা বা লেখা থামিয়ে অন্য কোনো গৌণ বিষয় সম্পর্কে শুরু করা ▶ **digression** / daɪˈɡreʃn ডাই'গ্রেশ্ন্ / *noun* [C, U] বিষয়ান্তরে চলে যাওয়া (এক কথা বলতে গিয়ে অন্য কথা বলা); বিষয়বিচ্যুতি

dike ➪ **dyke** দেখো।

dilapidated / dɪˈlæpɪdeɪtɪd ডি'ল্যাপিডেইটিড্ / *adj.* (used about buildings, furniture, etc.) old and broken (বাড়ি, আসবাবপত্র ইত্যাদি সম্বন্ধে ব্যবহৃত) পুরোনো, জরাজীর্ণ, ভাঙাচোরা ▶ **dilapidation** / dɪˌlæpɪˈdeɪʃn ডি,ল্যাপি'ডেইশ্ন্ / *noun* [U] ভগ্নদশা, জীর্ণ

dilate / daɪˈleɪt ডাই'লেইট্ / *verb* [I, T] to become or to make sth larger, wider or more open বড়ো করা, বেশি করে খুলে যাওয়া, কোনো বস্তুকে প্রসারিত বা বর্ধিত করা বা হওয়া *Her eyes dilated with fear.* ○ *dilated pupils/nostrils* ▶ **dilation** *noun* [U] বিস্তার, প্রসার, বর্ধন, প্রসারণ

dilemma / dɪˈlemə ডি'লেম্যা / *noun* [C] a situation in which you have to make a difficult choice between two or more things যে পরিস্থিতিতে দুই বা ততোধিক বস্তুর মধ্যে পছন্দ করা কঠিন হয়; দোটানা, দ্বিধা, উভয়সংকট *Doctors **face a moral dilemma** of when to keep patients alive artificially and when to let them die.* ○ *to be **in a dilemma***

diligence / ˈdɪlɪdʒəns 'ডিলিজ্যান্স্ / *noun* [U] (*formal*) the quality of doing work carefully and thoroughly যত্নসহকারে এবং বিস্তারিতভাবে কাজ করার গুণ; উদ্যোগ, যত্নশীলতা, অভিনিবেশ, পরিশ্রম, অনলস প্রচেষ্টা

diligent / ˈdɪlɪdʒənt 'ডিলিজ্যান্ট্ / *adj.* (*formal*) showing care and effort in your work or duties পরিশ্রমী, একনিষ্ঠ, অধ্যবসায়ী *a diligent student/worker* ▶ **diligently** *adv.* অধ্যবসায়ের সঙ্গে, একনিষ্ঠভাবে

dilute / daɪˈluːt ডাই'লুট্ / *verb* [T] **dilute sth (with sth)** to make a liquid weaker by adding water or another liquid এক তরলের সঙ্গে জল বা অন্য তরল মিশিয়ে তা হালকা করা, পাতলা করা, লঘু করা ▶ **dilute** *adj.* হালকা, লঘু, পাতলা (কোনো পানীয় বা তরল)

dim[1] / dɪm ডিম্ / *adj.* (**dimmer; dimmest**) **1** not bright or easy to see; not clear অস্বচ্ছ, টিমটিমে, অনুজ্জ্বল, নিষ্প্রভ, আবছা *The light was too dim to read by.* ○ *a dim shape in the distance* **2** (*informal*) not very clever; stupid বোকা, যার বুদ্ধি কম; মাথামোটা *He's a bit dim.* **3** (*informal*) (used about a situation) not hopeful (পরিস্থিতি সম্বন্ধে ব্যবহৃত) আশাব্যঞ্জক নয়, হতাশাব্যঞ্জক *The prospects of the two sides reaching an agreement look dim.* ▶ **dimly** *adv.* মৃদুভাবে, অনুজ্জ্বলভাবে, অস্পষ্টভাবে, স্তিমিতভাবে

dim[2] / dɪm ডিম্ / *verb* [I, T] (**dimming; dimmed**) to become or make sth less bright or clear অনুজ্জ্বল বা অস্পষ্ট করা বা হওয়া *The lights dimmed.* ○ *to dim the lights*

dimension / daɪˈmenʃn ডাই'মেনশ্ন্ / *noun* **1** [C, U] a measurement of the length, width or height of sth দৈর্ঘ্য, প্রস্থ বা উচ্চতার মাত্রা,পরিমাপ **2 dimensions** [*pl.*] the size of sth including its length, width and height দৈর্ঘ্য, প্রস্থ এবং উচ্চতাসমেত কোনো কিছুর মাপ, আকার, বিস্তার *to measure the dimensions of a room* ○ (*figurative*) *The full dimensions of this problem are only now being recognized.* **3** [C] something that affects the way you think about a problem or situation কোনো সমস্যা বা পরিস্থিতিকে প্রভাবিত করে এমন কিছু *to add a new dimension to a problem/situation* **4 -dimensional** / -ʃnəl -শ্‌ন্যাল্ / (*used to form compound adjectives*) having the number of dimensions mentioned উল্লিখিত মাত্রা-সংখ্যা সম্পন্ন; মাত্রিক *a three-dimensional object*

diminish / dɪˈmɪnɪʃ ডি'মিনিশ্ / *verb* [I, T] (*formal*) to become or to make sth smaller or less important; decrease কোনো কিছু আরও ছোটো বা কম গুরুত্বপূর্ণ করা বা হওয়া; কমে যাওয়া, কম করা, হ্রাস পাওয়া, হ্রাস করা, গুরুত্ব কমানো *The world's rainforests are diminishing fast.* ○ *The bad news did nothing to diminish her enthusiasm for the plan.*

diminutive / dɪˈmɪnjətɪv ডি'মিনিঅ্যাটিভ্ / *adj.* (*formal*) much smaller than usual স্বাভাবিকের থেকে অনেক কম, ক্ষুদ্র, নিতান্তই ক্ষুদ্র

dimple / ˈdɪmpl 'ডিম্‌প্‌ল্ / *noun* [C] a round area in the skin on your cheek, etc., which often only appears when you smile (গালের) টোল যা প্রায়ই হাসলে দেখা যায়

din / dɪn ডিন্ / *noun* [*sing.*] a lot of unpleasant noise that continues for some time কোলাহল, কলরোল, হৈ চৈ, হট্টগোল, জোরে আওয়াজ (যা বেশ কিছুক্ষণ স্থায়ী হয়)

dine / daɪn ডাইন্ / *verb* to eat a meal, especially in the evening ভোজন করা, বিশেষ করে সন্ধ্যাবেলা বা রাত্রিতে *We dined at an exclusive French restaurant.*

PHR V dine out to eat in a restaurant বাইরে খাওয়া, রেস্তোরাঁয় খাওয়া

diner / ˈdaɪnə(r) 'ডাইন্যা(র্) / *noun* [C] **1** a person who is eating at a restaurant যে রেস্তোরাঁয় খাচ্ছে, রেস্তোরাঁয় ভোজনরত ব্যক্তি **2** (*AmE*) a restaurant that serves simple, cheap food যে রেস্তোরাঁয় সাদাসিধে, সস্তা খাবার পাওয়া যায়

dinghy / ˈdɪŋgi 'ডিংগি / *noun* [C] (*pl.* **dinghies**) **1** a small boat that you sail ডিঙি; ডিঙি নৌকা, ছোটো নৌকা ➪ **yacht** দেখো। **2** a small open boat, often used to take people to land from a larger boat ছোটো খোলা নৌকো যা বড়ো কোনো নৌকো থেকে লোকেদের নামানোর কাজে ব্যবহৃত হয়; ডিঙি ➪ **boat**-এ ছবি দেখো।

dingy / ˈdɪndʒi 'ডিন্‌জি / *adj.* dirty and dark নোংরা, আলোবাতাসশূন্য, অপরিচ্ছন্ন, মলিন *a dingy room/hotel*

dining room *noun* [C] a room where you eat meals খাওয়ার ঘর; ভোজনাগার, ভোজনকক্ষ

dinner / ˈdɪnə(r) 'ডিন্যা(র্) / *noun* **1** [C, U] the main meal of the day, eaten either at midday or in the evening রোজকার প্রধান খাবার, দুপুরে বা রাতে খাওয়া হয়; ডিনার *Would you like to **go out for/to dinner** one evening?* **2** [C] a formal occasion in the evening during which a meal is served আনুষ্ঠানিক সান্ধ্যভোজ *The club is holding its annual dinner next week.*

dinner jacket (*AmE* **tuxedo**) *noun* [C] a black or white jacket that a man wears on formal occasions. A dinner jacket is usually worn with a special tie (**a bow tie**) আনুষ্ঠানিক সমাবেশে বা সান্ধ্যভোজে পুরুষদের পরার জন্য সাদা এবং কালো রং-এর জ্যাকেট এবং সঙ্গে বিশেষ ধরনের বো-টাই

dinosaur / ˈdaɪnəsɔː(r) 'ডাইন্যাসঃ(র্) / *noun* [C] one of a number of very large animals that disappeared from the earth (**became extinct**) millions of years ago অনেক বৃহৎ আকারের প্রাণীদের মধ্যে এরাও লক্ষাধিক বছর আগে পৃথিবী থেকে নিশ্চিহ্ন হয়ে গেছে, অতিকায় সরীসৃপ; ডাইনোসর

diocese / ˈdaɪəsɪs 'ডাইঅ্যাসিস্ / *noun* [C] an area containing a number of churches, for which a **bishop** is responsible এমন অঞ্চল যেখানে একজন বিশপ বা ধর্মাধ্যক্ষের নিয়ন্ত্রণাধীনে অনেকগুলি গির্জা আছে

diode / ˈdaɪəʊd 'ডাইঅ্যাউড্ / *noun* [C] (*technical*) an electronic device in which the electric current flows in one direction only যে বৈদ্যুতিন উপায়ে তড়িৎ-প্রবাহ একই মুখে প্রবাহিত হয়

dioxide / daɪˈɒksaɪd ডাই'অক্‌সাইড্ / *noun* [C, U] (*technical*) a compound formed by combining two atoms of **oxygen** and one atom of another chemical element যে যৌগিক পদার্থের মধ্যে অক্সিজেনের দুটি পরমাণু এবং অন্য আরেকটি রাসায়নিক পদার্থের একটি পরমাণু থাকে; ডাইঅক্সাইড

Dip. *abbr.* diploma ডিপ্লোমা

dip[1] / dɪp ডিপ্ / *verb* (**dipping; dipped**) **1** [T] **dip sth (into sth); dip sth (in)** to put sth into liquid and immediately take it out again কোনো কিছু তরলে ডুবিয়েই সঙ্গে সঙ্গে তুলে নেওয়া *Reena dipped her toe into the pool to see how cold it was.* **2** [I, T] to go down or make sth go down to a lower level কোনো তল বা স্তরের নীচে নেমে যাওয়া বা নামিয়ে দেওয়া *The road suddenly dipped down to the river.* ○ *The company's sales have dipped disastrously this year.*

PHR V **dip into sth** 1 to use part of an amount of sth that you have সঞ্চিত কোনো বস্তুর থেকে একটি অংশ ব্যবহার করা *Tushar had to dip into his savings to pay for his new suit.* 2 to read parts, but not all, of sth সবটা নয়, কোনো কিছুর কিছুটা অংশ পড়া *I've only dipped into the book. I haven't read it all the way through.*

dip² / dɪp ডিপ্ / *noun* 1 [C] a fall to a lower level, especially for a short time অল্প সময়ের জন্য কোনো কিছুর মাত্রা বা স্তর নীচে নেমে যাওয়া *a dip in sales/ temperature* 2 [C] an area of lower ground নীচু স্তর, ঢাল, গড়ানে স্থান *The cottage was in a dip in the hills.* 3 [C] (*informal*) a short swim অল্প একটু জলে স্নান; ডুব দিয়ে স্নান *We went for a dip before breakfast.* 4 [C, U] a thick sauce into which you dip biscuits, vegetables, etc. before eating them যে ঘন 'সসের' মধ্যে বিস্কুট, সবজি ইত্যাদি ডুবিয়ে খাওয়া হয়; ডিপ *a cheese/chilli dip*

diphtheria / dɪf'θɪəriə ডিফ্'থিআ্যারিআ্যা / *noun* [U] a serious disease of the throat that makes it difficult to breathe গলার জটিল রোগ যাতে শ্বাস নেওয়া কষ্টকর হয়ে পড়ে; কণ্ঠনালীর সংক্রামক রোগ; ডিপথেরিয়া

diphthong / 'dɪfθɒŋ 'ডিফ্থং / *noun* [C] two vowel sounds that are pronounced together to make one sound, for example the /aɪ/ sound in 'fine' দুটি স্বরবর্ণ বা স্বরধ্বনির যুগ্মভাবে উচ্চারণের দ্বারা একটি ধ্বনি, যেমন 'fine' শব্দে ai (আই) স্বরটি; সন্ধ্যক্ষর, সন্ধ্যস্বরধ্বনি

diploid / 'dɪplɔɪd 'ডিপ্লইড্ / *adj.* (*technical*) (used about a cell) containing two complete sets of **chromosomes**, one from each parent (কোষ সম্বন্ধে ব্যবহৃত) যার মধ্যে পিতা এবং মাতার কাছ থেকে একটি করে সম্পূর্ণ দুজোড়া ক্রোমোজোমস থাকে ➪ **haploid** দেখো।

diploma / dɪ'pləʊmə ডি'প্ল্যাউম্যা / *noun* [C] **a diploma (in sth)** a certificate that you receive when you complete a course of study, often at a college (প্রায়ই কোনো কলেজে) শিক্ষাগত যোগ্যতার স্বীকৃতিপত্র বা প্রমাণপত্র; ডিপ্লোমা *I'm studying for a diploma in hotel management.*

diplomacy / dɪ'pləʊməsi ডি'প্ল্যাউম্যাসি / *noun* [U] 1 the activity of managing relations between different countries বিভিন্ন দেশের মধ্যে সম্পর্ক বা কূটনীতি নিয়মন করার কাজ; কূটনীতি, কূটরাজনীতি, কূটকৌশল *If diplomacy fails, there is a danger of war.* 2 skill in dealing with people without upsetting or offending them মানুষের মনে আঘাত না দিয়ে বা বিরক্ত না করে তাদের মোকাবিলা করার দক্ষতা; কূটকৌশল *He handled the tricky situation with tact and diplomacy.*

diplomat / 'dɪpləmæt 'ডিপ্ল্যাম্যাট্ / *noun* [C] an official who represents his/her country in a foreign country বিদেশে নিজের দেশের প্রতিনিধিত্ব করে এমন আধিকারিক; কূটনীতিক, কূটনীতিবিদ, কূটনৈতিক দূত *a diplomat at the embassy in Rome*

diplomatic / ˌdɪplə'mætɪk ˌডিপ্ল্যা'ম্যাটিক্ / *adj.* 1 connected with **diplomacy 1** কূটনীতির সঙ্গে জড়িত; কূটনৈতিক, কূটনীতি সংক্রান্ত *to break off diplomatic relations* 2 skilful at dealing with people কূটকৌশল সম্পন্ন; বিচক্ষণ *He searched for a diplomatic reply so as not to offend her.*
▶ **diplomatically** / -kli -ক্লি / *adv.* কূটনৈতিকভাবে

dire / 'daɪə(r) 'ডাইআ্যা(র্) / *adj.* (*formal*) very bad or serious; terrible মারাত্মক, ভীষণ খারাপ; শোচনীয়, ঘোরতর *dire consequences/poverty*

IDM **be in dire straits** to be in a very difficult situation কঠিন পরিস্থিতিতে পড়া *The business is in dire straits financially.*

direct¹ / də'rekt; ড্যা'রেক্ট; dɪ-; ডি-; daɪ- ডাই- / *adj., adv.* 1 with nobody/nothing in between; not involving anyone/anything else সোজা, সরাসরি, প্রত্যক্ষ; কাউকে বা কিছুকে জড়িত না করে *The Indian Prime Minister is **in direct contact with** the US President.* 2 going from one place to another without turning or stopping; straight এক জায়গা থেকে অন্য জায়গায় মাঝে কোথাও না থেমে সোজা চলে যাওয়া যায় এমন; সোজা *a direct flight to Hong Kong* ○ *This bus goes direct to Ladakh.* 3 saying what you mean; clear স্পষ্ট করে যা বলা হয়; স্বচ্ছ, সোজাসুজি *Politicians never give a **direct answer** to a **direct question**.* ○ *She sometimes offends people with her direct way of speaking.* ✪ বিপ **indirect** (অর্থ সংখ্যা 1, 2 এবং 3-এর জন্য) 4 (*only before a noun*) complete; exact সম্পূর্ণ; সঠিক *What she did was in direct opposition to my orders.*

direct² / də'rekt; ড্যা'রেক্ট; dɪ-; ডি-; daɪ- ডাই- / *verb* [T] 1 **direct sth to/towards sb/sth; direct sth at sb/sth** to point or send sth towards sb/ sth or in a particular direction কোনো কিছুকে কোনো ব্যক্তি বা বস্তুর কাছে বা বিশেষ দিকে চালিত করা বা পাঠানো *In recent weeks the media's attention has been directed towards events abroad.* ○ *The advert is directed at young people.* ○ *The actor directed some angry words at a photographer.* 2 to manage or control sb/sth কোনো ব্যক্তি বা বস্তুকে পরিচালনা করা, নিয়ন্ত্রণ করা *A policeman was in the middle of the road, directing the traffic.* ○ *to direct a play/film* 3 **direct sb (to...)** to tell or show sb how to get somewhere কাউকে কিভাবে কোনদিকে যেতে হবে তা বলা, পথ নির্দেশ দেওয়া *I was* *directed to an office at the end of the corridor.* ➪ **lead**[1] **1**-এ নোট দেখো। **4** (*formal*) to tell or order sb to do sth কিছু করার জন্য কাউকে নির্দেশ দেওয়া, করণীয় বলে দেওয়া, আদেশ দেওয়া *Take the tablets as directed by your doctor.*

direct action *noun* [U, C] the use of strikes, protests, etc. instead of discussion in order to get what you want (কোনো রকম আলোচনাদির দ্বারা চাহিদা পূরণের পরিবর্তে) ধর্মঘট, প্রতিবাদ ইত্যাদি পন্থা অবলম্বন বা ব্যবহার; প্রত্যক্ষ সংগ্রাম

direct current *noun* [C, U] a flow of electricity that goes in one direction only একমুখী তড়িৎপ্রবাহ ➪ **alternating current** দেখো।

direct debit *noun* [C, U] an order to your bank that allows sb else to take a particular amount of money out of your account on certain dates নিজের অ্যাকাউন্ট থেকে অন্য কেউ যাতে নির্দিষ্ট দিনে নির্দিষ্ট পরিমাণ টাকা তুলতে পারে তার জন্য ব্যাংককে দেওয়া স্থায়ী নির্দেশ

direction / dəˈrekʃn; ড্যা'রেক্শ্ন্; dɪ-; ডি-; daɪ- ডাই- / *noun* **1** [C, U] the path, line or way along which a person or thing is moving, looking, pointing, developing, etc. (কোনো ব্যক্তি বা বস্তুর) দিক, গতিমুখ, রাস্তা, অভিমুখ, গতিপথ *A woman was seen running* ***in the direction of*** *the station.* ○ *We met him coming* ***in the opposite direction****.* ○ ***a step in the right direction*** ○ *I think the wind has* ***changed direction*** ○ *I've got such a hopeless* ***sense of direction****—I'm always getting lost.* **2** [C, U] a purpose; an aim উদ্দেশ্য; লক্ষ্য *I want a career that gives me a (sense of) direction in life.* **3** [C] (*usually pl.*) information or instructions about how to do sth or how to get to a place কিভাবে কিছু করতে হবে অথবা কোথাও যেতে হবে সেই সম্পর্কে তথ্য বা নির্দেশ *I'll* ***give*** *you* ***directions*** *to my house.* **4** [U] the act of managing or controlling sth পরিচালনা করা বা নিয়ন্ত্রণ করার ক্রিয়া *This department is under the direction of Mrs Walia.*

directive / dəˈrektɪv; ড্যা'রেক্টিভ্; dɪ-; ডি-; daɪ- ডাই- / *noun* [C] an official order to do sth কোনো কিছু করার আনুষ্ঠানিক নির্দেশ; আদেশ, নির্দেশনামা *a directive on safety at work*

directly[1] / dəˈrektli; ড্যা'রেক্ট্লি; dɪ-; ডি-; daɪ- ডাই- / *adv.* **1** in a direct line or way সোজাসুজিভাবে স্পষ্টভাবে, সরাসরিভাবে *He refused to answer my question directly.* ○ *Lung cancer is directly related to smoking.* ✪ বিপ **indirectly** **2** immediately; very soon অবিলম্বে; শীঘ্র, খুব তাড়াতাড়ি *Wait where you are. I'll be back directly.*

directly[2] / dəˈrektli; ড্যা'রেক্ট্লি; dɪ-; ডি-; daɪ- ডাই- / *conj.* as soon as যত তাড়াতাড়ি সম্ভব; তৎক্ষণাৎ, অবিলম্বে *I phoned him directly I heard the news.*

direct mail *noun* [U] advertisements that are sent to people through the post ডাকের মাধ্যমে পাঠানো বিজ্ঞাপন

direct object *noun* [C] (*grammar*) a noun or phrase that is affected by the action of a verb (ব্যাকরণ) যে বিশেষ্যপদ বা বাক্যাংশের উপর ক্রিয়াপদের প্রত্যক্ষ প্রভাব পড়ে; মুখ্যকর্ম *In the sentence 'Anu bought a record', 'a record' is the direct object.* ➪ **indirect object** দেখো।

> **NOTE** Direct object (মুখ্যকর্ম) সম্বন্ধে আরও বিশদভাবে জানার জন্য এই অভিধানের শেষাংশে **Quick Grammar Reference** দেখো।

director / dəˈrektə(r); ড্যা'রেক্ট্যা(র্); dɪ-; ডি-; daɪ- ডাই- / *noun* [C] **1** a person who manages or controls a company or organization (কোনো কোম্পানি অথবা সংস্থার) পরিচালক *the managing director of Reliance* ○ *She's on the board of directors* (=group of directors) *of a large computer company.* **2** a person who is responsible for a particular activity or department in a company, a college, etc. কোনো প্রতিষ্ঠান, কলেজ প্রভৃতির বিশেষ কোনো বিভাগ অথবা নির্দিষ্ট কাজের বিভাগের কর্মভারপ্রাপ্ত ব্যক্তি; বিভাগীয় প্রধান বা অধিকর্তা *the director of studies of a language school* **3** a person who tells the actors, etc. what to do in a film, play, etc. সিনেমা, থিয়েটার ইত্যাদির পরিচালক বা নির্দেশক *a film/theatre director*

directory / dəˈrektəri; ড্যা'রেক্ট্যারি; dɪ-; ডি-; daɪ- ডাই- / *noun* [C] (*pl.* **directories**) **1** a list of names, addresses and telephone numbers in the order of the alphabet ঠিকানা ও টেলিফোন নম্বরসহ নামের বর্ণানুক্রমিক সূচি *the telephone directory* ○ *I tried to look up Jai's number but he's ex-directory* (=he has chosen not to be listed in the telephone directory). **2** (*computing*) a file containing a group of other files or programs in a computer কম্পিউটারের যে ফাইলে অন্য ফাইল বা প্রোগ্রামসমূহ থাকে

direct speech *noun* [U] (*grammar*) the actual words that a person said (ব্যাকরণ) প্রত্যক্ষ সংলাপ বা মন্তব্য; কোনো ব্যক্তি ঠিক যা বলেছে তাই; উক্তি ➪ **indirect speech** দেখো।

> **NOTE** Direct speech সম্বন্ধে আরও বিশদভাবে জানার জন্য এই অভিধানের শেষাংশে **Quick Grammar Reference** দেখো।

dirt / dɜ:t ড্যট্ / *noun* [U] **1** a substance that is not clean, such as dust or mud ধুলো, ময়লা, কাদা *His face and hands were covered in dirt.* **2** earth or soil মাটি, কাদা *a dirt track* **3** damaging information about sb কোনো ব্যক্তির সম্বন্ধে ক্ষতিকারক বা কলঙ্কজনক তথ্য *The press are always trying to **dig up dirt** on the President's love life.*

IDM dirt cheap extremely cheap অত্যন্ত সস্তা, জলের দর

dirty¹ / ˈdɜ:ti ড্যটি / *adj.* (**dirtier; dirtiest**) **1** not clean ময়লা, নোংরা, অপরিষ্কার, মলিন *Your hands are dirty. Go and wash them!* ○ *Gardening is dirty work* (=it makes you dirty). **৹ বিপ clean 2** unpleasant or dishonest অসৎ, অপ্রিয়, বিশ্রী *He's a dirty player.* ○ *He doesn't sell the drugs himself— he gets kids to **do** his **dirty work** for him.*

IDM a dirty word an idea or thing that you do not like or agree with অপছন্দকর, আপত্তিজনক (কোনো বিষয়) *Work is a dirty word to Fardeen.*

dirty² / ˈdɜ:ti ড্যটি / *verb* [I, T] (*pres. part.* **dirtying**; *3rd person sing.* **dirties**; *pt, pp* **dirtied**) to become or to make sth dirty নোংরা করা, ময়লা করা **৹ বিপ clean**

dirty³ / ˈdɜ:ti ড্যটি / *adv.* নোংরাভাবে

IDM play dirty (*informal*) to behave or play a game in an unfair way কপটভাবে বা অসৎ উপায়ে ব্যবহার করা অথবা কোনো খেলা চালানো

dis- / dɪs ডিস্ / *prefix* (*in adjectives, adverbs, nouns and verbs*) not; the opposite of (উপসর্গ) না, নি, বি, বিপরীত *discontinue* ○ *disarmament*

disability / ˌdɪsəˈbɪləti ˌডিস্যা'বিল্যাটি / *noun* (*pl.* **disabilities**) **1** [U] the state of being unable to use a part of your body properly, usually because of injury or disease অসুখ বা আঘাতের ফলে ঘটা শারীরিক অক্ষমতা; অঙ্গহানি, পঙ্গুত্ব, অক্ষমতা *physical disability* **2** [C] something that makes you unable to use a part of your body properly বিকলাঙ্গতা, পঙ্গুত্ব, অক্ষমতা *Because of his disability, he needs constant care.*

disable / dɪsˈeɪbl ডিস্'এইব্ল্ / *verb* [T] (*usually passive*) to make sb unable to use part of his/her body properly, usually because of injury or disease (কোনো ব্যক্তির) অঙ্গহানি ঘটানো, পঙ্গু করা, অক্ষম করা *Many soldiers were disabled in the war.*

disabled / dɪsˈeɪbld ডিস্'এইব্ল্ড্ / *adj.* **1** unable to use a part of your body properly পঙ্গু, বিকলাঙ্গ *A car accident left her permanently disabled.* **2** the disabled *noun* [pl.] people who are disabled পঙ্গু মানুষ বা শারীরিক কারণে অক্ষম ব্যক্তি *The hotel has improved facilities for the disabled.*

disadvantage / ˌdɪsədˈvɑːntɪdʒ ˌডিস্যাড্'ভা:ন্‌টিজ্ / *noun* [C] **1** something that may make you less successful than other people প্রতিকূল অবস্থা, অসুবিধাজনক অবস্থা *Your qualifications are good but your main disadvantage is your lack of experience.* **2** something that is not good or that causes problems অসুবিধা বা সমস্যার কারণ; প্রতিবন্ধকতা, বাধা ○ *What are the advantages and disadvantages of nuclear power?* **৹ বিপ advantage**

IDM put sb/be at a disadvantage to put sb/ be in a situation where he/she/you may be less successful than other people অন্যদের তুলনায় কম সাফল্য লাভ হতে পারে এরকম প্রতিকূল পরিস্থিতে কাউকে রাখা বা নিজে থাকা *The fact that you don't speak the language will put you at a disadvantage in France.*

to sb's disadvantage (*formal*) not good or helpful for sb কোনো ব্যক্তির পক্ষে অসুবিধাজনক, বাধাদায়ক, ক্ষতিকর *The agreement will be to your disadvan-tage–don't accept it.*

disadvantaged / ˌdɪsədˈvɑːntɪdʒd ˌডিস্যাড্-'ভা:ন্টিজ্ড্ / *adj.* in a bad social or economic situation; poor সুযোগবঞ্চিত, সামাজিক ও অর্থনৈতিক বাধাগ্রস্ত অবস্থায়; দরিদ্র *extra help for the most disadvantaged members of society*

disadvantageous / ˌdɪsædvænˈteɪdʒəs ˌডিস্যাড্ভ্যান্'টেইজ্যাস্ / *adj.* causing sb to be in a worse situation compared to other people অন্যদের তুলনায় তুলনামূলকভাবে অসুবিধাজনক, প্রতিকূল অবস্থায়

disagree / ˌdɪsəˈɡriː ডিস্যা'গ্রী / *verb* [I] **1** disagree (with sb/sth) (about/on sth) to have a different opinion from sb/sth; to not agree কারও বা কিছুর সঙ্গে ভিন্ন মত হওয়া; মতের সঙ্গে না মেলা; অসম্মত হওয়া, রাজি না হওয়া *They strongly disagreed with my idea.* **2** to be different আলাদা হওয়া, বিরোধী হওয়া *These two sets of statistics disagree.* **৹ বিপ agree**

PHRV disagree with sb (used about sth you have eaten or drunk) to make you feel ill; to have a bad effect on you (গৃহীত কোনো খাদ্য বা পানীয় সম্বন্ধে ব্যবহৃত) অসুস্থ করা বা হওয়া; শরীরে খারাপ প্রতিক্রিয়া হওয়া

disagreeable / ˌdɪsəˈɡriːəbl ˌডিস্যা'গ্রীঅ্যাব্ল্ / *adj.* (*formal*) unpleasant অনাকর্ষক, অপ্রীতিকর **৹ বিপ agreeable ▶ disagreeably** / -əbli -অ্যাব্লি / *adv.* অসম্মতভাবে, একমত না হয়ে

disagreement / ˌdɪsəˈɡriːmənt ˌডিস্যা'গ্রীম্যান্ট্ / *noun* [C, U] **disagreement (with sb) (about/ on/over sth)** a situation in which people have a different opinion about sth and often also argue কোনো বস্তু সম্পর্কে মানুষের মধ্যে ভিন্ন মত এবং বিতর্ক আছে এমন পরিস্থিতি; অসংগতি, মতবিরোধ, মতানৈক্য *It's normal for couples to* ***have disagreements****.* ○ *Meena resigned after a disagreement with her boss.* ✪ বিপ **agreement**

disallow / ˌdɪsəˈlaʊ ˌডিস্যা'লাউ / *verb* [T] to not allow or accept sth (কোনো কিছুর) অনুমতি না দেওয়া, বাতিল করা, অনুমোদন না করা, নাকচ বা নামঞ্জুর করা *The goal was disallowed because the player was offside.*

disappear / ˌdɪsəˈpɪə(r) ˌডিস্যা'পিঅ্যা(র্) / *verb* [I] **1** to become impossible to see or to find অদৃশ্য হওয়া, অগোচর হওয়া, মিলিয়ে যাওয়া *He walked away and disappeared into a crowd of people.* **2** to stop existing নিশ্চিহ্ন হয়ে যাওয়া *Plant and animal species are disappearing at an alarming rate.* ✪ সম **vanish** ✪ বিপ **appear** ▶ **disappearance** *noun* [C, U] অগোচরতা, অপ্রত্যক্ষতা *The mystery of her disappearance was never solved.*

disappoint / ˌdɪsəˈpɔɪnt ˌডিস্যা'পইন্ট্ / *verb* [T] to make sb sad because what he/she had hoped for has not happened or is less good, interesting, etc. then he/she had hoped আশানুযায়ী কোনো কিছু না ঘটায় কাউকে নিরাশ করা, হতাশ করা, আশাভঙ্গ করা *I'm sorry to disappoint you but I'm afraid you haven't won the prize.*

disappointed / ˌdɪsəˈpɔɪntɪd ˌডিস্যা'পইন্টিড্ / *adj.* **disappointed (about/at sth); dis-appointed (in/with sb/sth); disappointed that...** sad because you/sb/sth did not succeed or because sth was not as good, interesting, etc. as you had hoped যতটা ভালো বা আগ্রহজনক হবে মনে করা হয়েছিল সেরকম না হওয়ায় হতাশ *Sourav was deeply disappointed at not being chosen for the team.* ○ *We were disappointed with our hotel.*

disappointing / ˌdɪsəˈpɔɪntɪŋ ˌডিস্যা'পইন্টিং / *adj.* making you feel sad because sth was not as good, interesting, etc. as you had hoped আশাপ্রদ ফল না হওয়ায় মন খারাপ হয়েছে এমন; প্রত্যাশাপূর্ণ না হওয়ায় হতাশ ভাবসম্পন্ন; নৈরাশ্যজনক, হতাশাব্যঞ্জক *It has been a disappointing year for the company.* ▶ **disappointingly** *adv.* নৈরাশ্যজনকভাবে

disappointment / ˌdɪsəˈpɔɪntmənt ˌডিস্যা'পইন্ট্ম্যান্ট্ / *noun* **1** [U] the state of being disappointed হতাশা, নিরাশা ***To his great disappointment*** *he failed to get the job.* **2** [C] **a disappointment (to sb)** a person or thing that disappoints you যে ব্যক্তি বা বিষয় কারও নৈরাশ্য বা নিরাশার কারণ *She has suffered many disappointments in her career.*

disapproval / ˌdɪsəˈpruːvl ˌডিস্যা'প্রুভ্ল্ / *noun* [U] a feeling that sth is bad or that sb is behaving badly অননুমোদন, আপত্তিজ্ঞাপন *She shook her head in disapproval.*

disapprove / ˌdɪsəˈpruːv ˌডিস্যা'প্রুভ্ / *verb* [I] **disapprove (of sb/sth)** to think that sb/sth is bad, foolish, etc. (খারাপ বা বোকার মতো কাজে) অনুমোদন নামঞ্জুর করা *His parents strongly disapproved of him leaving college before he had finished his course.* ▶ **disapproving** *adj.* আপত্তিজনক *After he had told the joke there was a disapproving silence.* ▶ **disapprovingly** *adv.* আপত্তিসূচক ভঙ্গিতে *Dinesh frowned disapprovingly when I lit a cigarette.*

disarm / dɪsˈɑːm ডিস্'আ:ম্ / *verb* **1** [T] to take weapons away from sb কোনো ব্যক্তির কাছ থেকে অস্ত্র কেড়ে নেওয়া; নিরস্ত্র করা *The police caught and disarmed the terrorists.* **2** [I] (used about a country) to reduce the number of weapons it has (কোনো রাষ্ট্র সম্পর্কে ব্যবহৃত) সৈন্য ও অস্ত্র সংখ্যা কমানো **3** [T] to make sb feel less angry কোনো ব্যক্তির রাগ কমানো; ক্রোধ শান্ত করা *Jyoti could always disarm the teachers with a smile.*

disarmament / dɪsˈɑːməmənt ডিস্'আ:ম্যাম্যান্ট্ / *noun* [U] reducing the number of weapons that a country has নিরস্ত্রীকরণ *nuclear disarmament*

disassociate = **dissociate**

disaster / dɪˈzɑːstə(r) ডিজ়া:স্ট্যা(র্) / *noun* **1** [C] an event that causes a lot of harm or damage দুর্যোগ, দুর্ঘটনা, দুর্দৈব, দুর্বিপাক *earthquakes, floods and other natural disasters* **2** [C, U] a terrible situation or event মারাত্মক ঘটনা বা সাংঘাতিক পরিস্থিতি *This year's lack of rain could* ***spell disaster*** *for the region.* **3** [C, U] (*informal*) a complete failure সম্পূর্ণ ব্যর্থতা *The school play was an absolute disaster. Everything went wrong.* ▶ **disastrously** *adv.* মারাত্মকভাবে, দুর্দশাজনকভাবে *the plan went disastrously wrong.*

disaster management noun [U] a comprehensive approach to preventing disasters and dealing with them প্রাকৃতিক দুর্যোগসমূহ নিবারণ এবং তার মোকাবিলা সংক্রান্ত ব্যাপক ও বিস্তারিত রীতিনীতি; দুর্বিপাক নিয়ন্ত্রণ ব্যবস্থা, বিপর্যয় মোকাবিলা

disastrous / dɪˈzɑːstrəs ডিজ়া:স্ট্র্যাস্ / *adj.* terrible, harmful or failing completely সর্বনাশা, ক্ষতিকারক, সম্পূর্ণভাবে ব্যর্থ, দুর্দশাজনক *Our mistake had disastrous results.*

disband / dɪsˈbænd ডিস্'ব্যান্ড্ / *verb* [I, T] to stop existing as a group; to separate সংগঠিত দল ভেঙে যাওয়া; আলাদা করা

disbelief / ˌdɪsbɪˈliːf ˌডিস্‌বি'লীফ্ / *noun* [U] the feeling of not believing sb/sth কোনো ব্যক্তি বা বস্তুর প্রতি অবিশ্বাস *'It can't be true!' he shouted* ***in disbelief***.

disbelieve / ˌdɪsbɪˈliːv ˌডিস্‌বি'লীভ্ / *verb* [T] to think that sth is not true or that sb is not telling the truth কোনো কিছু বিশ্বাস না করা, কাউকে অবিশ্বাস করা *I have no reason to disbelieve her.* ✪ বিপ **believe**

disc (*AmE* **disk**) / dɪsk ডিস্ক্ / *noun* [C] **1** a round flat object চ্যাপটা গোল বস্তু; চাকতি; ডিস্ক **2** = **disk** **3** one of the pieces of thin strong material (**cartilage**) between the bones in your back মানব শরীরে পৃষ্ঠদেশে হাড়ের মধ্যবর্তী পাতলা কোমল অস্থির স্তর

discard / dɪsˈkɑːd ডিস্'কা:ড্ / *verb* [T] (*formal*) to throw sth away because it is not useful কোনো বস্তু পরিত্যাগ করা, বর্জন করা, ফেলে দেওয়া

discern / dɪˈsɜːn ডিস্যন্ / *verb* [T] to see or notice sth with difficulty কষ্ট করে কোনো কিছু লক্ষ করা, অনুধাবন করা, উপলব্ধি করা, মর্মগ্রহণ করা *I discerned a note of anger in his voice.* ▶ **discernible** *adj.* বোধগম্য, বোধ্য *The shape of a house was just discernible through the mist.*

discerning / dɪˈsɜːnɪŋ ডিস্যনিং / *adj.* able to recognize the quality of sb/sth কোনো ব্যক্তি বা বস্তুর মূল্য বা গুণ বোঝার যোগ্যতাসম্পন্ন; বিচক্ষণ, তীক্ষ্ণ বুদ্ধিসম্পন্ন, মর্মজ্ঞ *The discerning music lover will appreciate the excellence of this recording.*

discharge¹ / dɪsˈtʃɑːdʒ ডিস্'চা:জ্ / *verb* [T] **1** to send sth out (a liquid, gas, etc.) (তরল, গ্যাস ইত্যাদি) নির্গত হওয়া *Smoke and fumes are discharged from the factory.* **2** to allow sb officially to leave; to send sb away (কোনো ব্যক্তিকে) আনুষ্ঠানিকভাবে ছুটি দেওয়া; রেহাই দেওয়া, ভারমুক্ত করা, খালাস করা *to discharge sb from hospital* **3** to do sth that you have to do কর্তব্য সম্পন্ন করা বা পালন করা *to discharge a duty/task*

discharge² / ˈdɪstʃɑːdʒ 'ডিস্‌চা:জ্ / *noun* [C, U] **1** the action of sending sb/sth out or away কোনো ব্যক্তি বা বস্তুকে খালাস করা বা ছুটি দেওয়ার ক্রিয়া *The discharge of oil from the leaking tanker could not be prevented.* **2** a substance that has come out of somewhere কোনো স্থান থেকে কোনো পদার্থের ক্ষরণ; স্রাব, নিঃসরণ *yellowish discharge from a wound*

disciple / dɪˈsaɪpl ডি'সাইপল্ / *noun* [C] a person who follows a teacher, especially a religious one (বিশেষত ধর্মীয়) শিষ্য, ভক্ত, অনুগামী, চ্যালা

disciplinary / ˌdɪsəˈplɪnəri ˌডিস্যা'প্লিন্যারি / *adj.* connected with punishment for breaking rules (নিয়মভঙ্গের জন্য) শাস্তিমূলক

discipline¹ / ˈdɪsəplɪn 'ডিস্যাপ্লিন্ / *noun* **1** [U] the practice of training people to obey rules and behave well আজ্ঞানুবর্তিতা এবং নিয়মানুবর্তিতার অনুশীলন *A good teacher must be able to* ***maintain discipline*** *in the classroom.* **2** [U] the practice of training your mind and body so that you control your actions and obey rules; a way of doing this আত্মনিয়ন্ত্রণ এবং নিয়মানুবর্তিতা পালনের জন্য শরীর ও মনের প্রশিক্ষণের অভ্যাস; এগুলি করার উপায় বা প্রক্রিয়া *It takes a lot of* ***self-discipline*** *to study for ten hours a day.* **3** [C] a subject of study; a type of sporting event শিক্ষণীয় নির্দিষ্ট বিষয় অথবা বিভাগ; কোনো বিশেষ ধরনের খেলার প্রতিযোগিতা *Hemant's a good all-round athlete, but the long jump is his strongest discipline.*

discipline² / ˈdɪsəplɪn 'ডিস্যাপ্লিন্ / *verb* [T] **1** to train sb to obey and to behave in a controlled way কোনো ব্যক্তিকে নিয়মাধীন হতে শেখানো, নিয়মানুবর্তী করা *You should discipline yourself to practise the piano every morning.* **2** to punish sb কোনো ব্যক্তিকে শাস্তি দেওয়া

disc jockey = **DJ**

disclaim / dɪsˈkleɪm ডিস্'ক্লেইম্ / *verb* [T] to say that you do not have sth কোনো কিছু অস্বীকার করা বা পরিত্যাগ করা *to disclaim responsibility/knowledge* ✪ সম **deny**

disclose / dɪsˈkləʊz ডিস্'ক্ল্যাউজ্ / *verb* [T] (*formal*) to tell sth to sb or to make sth known publicly কোনো ব্যক্তিকে কিছু বলা বা প্রকাশ্যে কিছু জানানো; উদ্‌ঘাটন করা, প্রকাশ করা, অনাবৃত করা *The newspapers did not disclose the victim's name.*

disclosure / dɪsˈkləʊʒə(r) ডিস্'ক্ল্যাউজ্যা(র্) / *noun* [C, U] making sth known; the facts that are made known কোনো গোপন খবর প্রকাশ; গোপন তথ্য ফাঁস *the disclosure of secret information* ○ *He resigned following disclosures about his private life.*

disco / ˈdɪskəʊ 'ডিস্ক্যাউ / *noun* [C] (*pl.* **discos**) (*old-fashioned*) a place, party, etc. where people dance to pop music যে পার্টি অথবা স্থান ইত্যাদিতে লোকে পপগানের সঙ্গে নাচে; ডিস্কো *Are you going to the college disco?* ➪ **club¹ 2** দেখো।

discolour (*AmE* **discolor**) / dɪsˈkʌlə(r) ডিস্'কাল্যা(র্) / *verb* [I, T] to change or to make sth change colour (often by the effect of light, age or dirt) রং চটে যাওয়া, বিবর্ণ হওয়া (রোদ, ধুলোবালি ইত্যাদি কারণে বা পুরোনো হয়ে যাওয়ার ফলে)

discomfort / dɪsˈkʌmfət ডিস্'কাম্‌ফ্যাট্ / *noun* [U] **1** a slight feeling of pain অস্বস্তি, অল্প ব্যথার অনুভূতি, অস্বাচ্ছন্দ্য *There may be some discomfort after* *the operation.* ✪ সম **comfort** 2 a feeling of embarrassment অপ্রতিভ অবস্থা *I could sense Jatin's discomfort when I asked him about his job.*

disconcert / ˌdɪskənˈsɜːt ˌডিস্ক্যান্ˈস্যট্ / *verb* [T] (*usually passive*) to make sb feel confused or worried কোনো ব্যক্তিকে বিচলিত বা বিভ্রান্ত করা *She was disconcerted when everyone stopped talking and looked at her.* ▶ **disconcerting** *adj.* বিচলিত করে এমন ▶ **disconcertingly** *adv.* বিচলিতভাবে

disconnect / ˌdɪskəˈnekt ˌডিস্ক্যা'নেক্ট্ / *verb* [T] 1 to stop a supply of water, gas or electricity going to a piece of equipment or a building কোনো সরঞ্জাম অথবা বড়ো বাড়ি থেকে জল, গ্যাস বা বিদ্যুতের সরবরাহ বন্ধ করা বা সংযোগ বিচ্ছিন্ন করা 2 to separate sth from sth কোনো কিছু থেকে কোনো কিছু আলাদা করা; যোগ ছিন্ন করা, বিযুক্ত করা *The brake doesn't work because the cable has become disconnected from the lever.*

disconsolate / dɪsˈkɒnsələt ডিস্ˈকন্স্যাল্যাট্ / *adj.* extremely unhappy, disappointed and sad beyond comforting অত্যন্ত অখুশি, হতাশ এবং দুঃখিত; ম্রিয়মাণ, সান্ত্বনাতীত *The disconsolate players left for home without a trophy.* ✪ সম **dejected** ▶ **disconsolately** / -tli -ট্‌লি / *adv.* সান্ত্বনাতীতভাবে

discontent / ˌdɪskənˈtent ˌডিস্ক্যান্ˈটেন্ট্ / (*also* **discontentment** / ˌdɪskənˈtentmənt ˌডিস্ক্যান্-ˈটেন্ট্ম্যান্ট্ /) *noun* [U] the state of being unhappy with sth কোনো বস্তুতে অসন্তোষ, অতৃপ্তি *The management could sense growing discontent among the staff.* ▶ **discontented** *adj.* অসন্তুষ্ট, অতৃপ্ত *to be/feel discontented*

discontinue / ˌdɪskənˈtɪnjuː ˌডিস্ক্যান্ˈটিনিউ / *verb* [T] (*formal*) to stop sth or stop producing sth কোনো বস্তুকে থামানো, কোনো কিছুর উৎপাদন বন্ধ করা, ইতি করা

discord / ˈdɪskɔːd ˈডিস্কːড্ / *noun* (*formal*) [U] disagreement or argument অমিল, তর্ক, মতভেদ

discordant / dɪsˈkɔːdənt ডিস্ˈকːড্যান্ট্ / *adj.* that spoils a general feeling of agreement সহমতের মনোভাবকে যা নষ্ট করে; মতভেদ, বিষম, অসামঞ্জস্য *Her criticism was the only discordant note in the discussion.*

discount[1] / ˈdɪskaʊnt ˈডিস্কাউন্ট্ / *noun* [C, U] a lower price than usual; reduction সাধারণের থেকে কম মূল্য; ছাড়, বাটা *Staff get 20% discount on all goods.*

discount[2] / dɪsˈkaʊnt ডিস্ˈকাউন্ট্ / *verb* [T] to consider sth not true or not important কোনো বস্তুকে সত্য নয় বলে মনে করা, গুরুত্ব না দেওয়া *I think we can discount that idea. It's just not practical.*

discourage / dɪsˈkʌrɪdʒ ডিস্ˈকারিজ্ / *verb* [T] **discourage sb (from doing sth)** to stop sb doing sth, especially by making him/her realize that it would not be successful or a good idea (কোনো একটি কাজে সফল হওয়া যাবে না বা সেটি কার্যকরী নয় কাউকে এই উপলব্ধি করিয়ে) কোনো ব্যক্তিকে নিরস্ত করা, নিরুৎসাহ করা *I tried to discourage Jai from giving up his job.* ○ *Don't let these little problems discourage you.* ✪ বিপ **encourage** ▶ **discouraged** *adj.* নিরস্ত বা নিরুৎসাহিত হওয়া *After failing the exam again Pavan felt very discouraged.* ▶ **discouraging** *adj.* নিরুৎসাহ বা নিরুদ্যম মনোভাব *Constant criticism can be very discouraging.*

discouragement / dɪsˈkʌrɪdʒmənt ডিস্ˈকারিজ্-ম্যান্ট্ / *noun* [C, U] a thing that makes you not want to do sth; the action of trying to stop sb from doing sth উৎসাহহীনতা বা শক্তিহীনতার কারণ যে বস্তু; কোনো কিছু করা থেকে কাউকে থামানোর চেষ্টা

discourse / ˈdɪskɔːs ˈডিস্কːস্ / *noun* [C, U] (*formal*) 1 a long and serious discussion of a subject in speech or writing বক্তৃতা বা রচনার কোনো বিষয়ের উপর গুরুত্বপূর্ণ দীর্ঘ আলোচনা 2 the use of language in speech and writing in order to produce meaning; language that is studied, usually in order to see how the different parts of a text are connected বক্তৃতা বা লিখিত বিবৃতিতে অর্থস্বাচ্ছন্দ্যের জন্য ভাষার ব্যবহার; পাঠ্যের বিভিন্ন অংশের মধ্যে সামঞ্জস্য দেখার জন্য সেই ভাষার অধ্যয়ন *discourse analysis*

discover / dɪˈskʌvə(r) ডিˈস্কাভ্যা(র্) / *verb* [T] 1 to find or learn sth that nobody had found or knew before যা এতদিন সকলের জ্ঞানের বাইরে ছিল সেই বিষয়ে কিছু খুঁজে পাওয়া বা অবহিত হওয়া; সন্ধান পাওয়া অথবা আবিষ্কার করা, উদ্ভাবন করা *Scientists are hoping to discover the cause of the epidemic.* 2 to find or learn sth without expecting to or that sb does not want you to find নতুন বা অপ্রত্যাশিত কিছু খুঁজে পাওয়া বা জানতে পারা *The police discovered drugs hidden under the floor.* ▶ **discoverer** *noun* [C] আবিষ্কারক *Parkinson's disease was named after its discoverer.*

discovery / dɪˈskʌvəri ডিˈস্কাভ্যারি / *noun* (*pl.* **discoveries**) 1 [U] the act of finding sth কোনো কিছুর আবিষ্কার; উদ্ভাবন *The discovery of X-rays changed the history of medicine.* 2 [C] something that has been found আবিষ্কৃত (বিষয়) *scientific discoveries*

discredit / dɪsˈkredɪt ডিস্ˈক্রেডিট্ / *verb* [T] to make people stop respecting or believing sb/sth কোনো ব্যক্তি অথবা বস্তুকে সম্মান না দেওয়া বা বিশ্বাস না

করানোর প্রচেষ্টা করা *Journalists are trying to discredit the President by inventing stories about his past life.* ▶ **discredit** *noun* [U] অপযশ, কলঙ্ক, সুনামের হানি, বদনাম

discreet / dɪˈskriːt ডিস্ক্রীট্ / *adj.* careful in what you say and do so as not to cause embarrassment or difficulty for sb কোনো ব্যক্তির পক্ষে অসুবিধা বা অপ্রতিভতার কারণ যাতে হতে না হয় তার জন্য নিজের কথা বা উক্তির ব্যাপারে সতর্ক; সাবধানী, বিবেচক, বিচক্ষণ, সংযত *I don't want anyone to find out about our agreement, so please be discreet.* ▶ **discreetly** *adv.* বিচক্ষণতার সঙ্গে, ভেবেচিন্তে ⇨ **discretion** noun দেখো। ✪ বিপ **indiscreet**

discrepancy / dɪsˈkrepənsi ডিস্'ক্রেপ্যান্সি / *noun* [C, U] (*pl.* **discrepancies**) a difference between two things that should be the same (একরকম হওয়া উচিত ছিল এমন দুটি বস্তুর মধ্যে) পার্থক্য, বৈষম্য, অমিল, ফারাক *Something is wrong here. There is a discrepancy between these two sets of figures.*

discretion / dɪˈskreʃn ডিস্ক্রেশ্ন্ / *noun* [U] **1** the freedom and power to make decisions by yourself নিজের বুদ্ধি-বিবেচনা অনুযায়ী কাজ করার স্বাধীনতা এবং ক্ষমতা *You must decide what is best. Use your discretion.* **2** care in what you say and do so as not to cause embarrassment or difficulty for sb যাতে কারও অসুবিধার কারণ না হতে হয় সেজন্য কথায় ও কাজের মধ্যে সতর্কতা; বিচক্ষণতা *This is confidential but I know I can rely on your discretion.* ⇨ **discreet** adjective দেখো।

IDM **at sb's discretion** depending on what sb thinks or decides (কোনো ব্যক্তির) বিবেচনা বা সিদ্ধান্তের উপর নির্ভর করে এমন *Pay increases are awarded at the discretion of the director.*

discriminate / dɪˈskrɪmɪneɪt ডিস্ক্রিমিনেইট্ / *verb* **1** [I] **discriminate (against sb)** to treat one person or group worse than others (কোনো ব্যক্তি বা গোষ্ঠীর মধ্যে) প্রভেদ করা, আলাদা করা, বৈষম্যমূলক আচরণ করা *It is illegal to discriminate against any ethnic or religious group.* **2** [I, T] **discriminate (between A and B)** to see or make a difference between two people or things দুই ব্যক্তি বা দুটি দ্রব্যের মধ্যে তফাত দেখা বা দেখানো *The immigration law discriminates between political and economic refugees.*

discriminating / dɪˈskrɪmɪneɪtɪŋ ডিস্ক্রিমিনেইটিং / *adj.* able to judge that the quality of sth is good ভালোমন্দ বিচারের ক্ষমতাসম্পন্ন *discriminating listeners*

discrimination / dɪˌskrɪmɪˈneɪʃn ডিˌস্ক্রিমি'নেইশ্ন্ / *noun* [U] **1 discrimination (against sb)** treating one person or group worse than others (কোনো ব্যক্তির বিরুদ্ধে) বৈষম্যমূলক আচরণ *sexual/racial/religious discrimination* **2** (*formal*) the state of being able to see a difference between two people or things দুজন মানুষ অথবা বস্তুর মধ্যে তফাত বা পার্থক্য বোঝার ক্ষমতা *discrimination between right and wrong*

discriminatory / dɪˈskrɪmɪnətəri ডিস্ক্রিমিন্যাট্যারি / *adj.* unfair; treating one person or a group of people worse than others অন্যায্য; কোনো ব্যক্তি বা গোষ্ঠীর সঙ্গে (খারাপভাবে) বৈষম্যসূচক বা প্রভেদমূলক আচরণ করা হয়েছে বা হচ্ছে এমন *discriminatory practices*

discursive / dɪsˈkɜːsɪv ডিস্'ক্যসিভ্ / *adj.* (used about a style of writing or speaking) moving from one point to another without any strict structure (লেখা বা বাচনভঙ্গি সম্বন্ধে ব্যবহৃত) বিষয় থেকে বিষয়ান্তরে এলোমেলোভাবে চলে যায় এমন; শৃঙ্খলাহীন

discus / ˈdɪskəs 'ডিস্ক্যাস্ / *noun* **1** [C] a heavy round flat object that is thrown as a sport বিশেষ ধরনের খেলায় নিক্ষেপযোগ্য গোল চাকতিবিশেষ; ডিসকাস **2 the discus** [*sing.*] the sport or event of throwing a discus as far as possible বিশেষ ওজনের চাকতি কত দূরে ছোড়া যায় তার প্রতিযোগিতামূলক খেলা; ডিসকাস থ্রো

discuss / dɪˈskʌs ডিস্কাস্ / *verb* [T] **discuss sth (with sb)** to talk or write about sth seriously or formally বিশদভাবে অথবা আনুষ্ঠানিকভাবে কিছু আলোচনা করা বা লেখা *I must discuss the matter with my parents before I make a decision.*

discussion / dɪˈskʌʃn ডিস্কাশ্ন্ / *noun* [C, U] the process of talking about sth seriously or deeply কোনো বিষয়ে গুরুত্বসহকারে বা গভীরভাবে আলোচনার প্রক্রিয়া *After much discussion we all agreed to share the cost.* ○ *We had a long discussion about art.*

IDM **under discussion** being talked about আলোচনাধীন; যা নিয়ে আলোচনা চলছে *Plans to reform the health services are under discussion in Parliament.*

disdain / dɪsˈdeɪn ডিস্'ডেইন্ / *noun* [U] the feeling that sb/sth is not good enough to be respected কোনো ব্যক্তি বা বস্তু শ্রদ্ধার উপযুক্ত নয় এমন মনোভাব; নিন্দা, উপেক্ষা, ঘৃণা, তাচ্ছিল্য, অনাদর *Monica felt that her boss always **treated** her ideas **with disdain**.* ▶ **disdainful** / -fl -ফ্ল্ / *adj.* অবজ্ঞাপূর্ণ ▶ **disdainfully** / -fəli -ফ্যালি / *adv.* অবজ্ঞামিশ্রিত ভাবে

disease / dɪˈzi:z ডিজ়ীজ় / *noun* [C, U] an illness of the body in humans, animals or plants (মানবদেহ, পশুদেহ বা উদ্ভিদের মধ্যে) অসুস্থতা, রোগ, অসুখ *an infectious/contagious disease* ○ *These children* ***suffer from a*** *rare* ***disease***. ○ *Rats and flies* ***spread disease***. ► **diseased** *adj.* অসুস্থ, রোগাক্রান্ত; ব্যাধিগ্রস্ত *His diseased kidney had to be removed.*

NOTE সাধারণভাবে **illness** এবং **disease** শব্দ দুটি একই অর্থে ব্যবহার করা যায়। **Disease** শব্দটি কোনো বিশেষ ব্যাধির সম্বন্ধে ব্যবহার করা হয় যা কোনো নির্দিষ্ট নাম এবং বিশেষ লক্ষণ বা উপসর্গের দ্বারা পরিচিত। ব্যাকটেরিয়া, ভাইরাস ইত্যাদি ব্যাধির কারণ হতে পারে এবং রোগ কখনো কখনো সংক্রামকও হয়। **Illness** শব্দটি সাধারণ শারীরিক অস্বাচ্ছন্দ্য বা অসুস্থতার সময়কালকে বোঝানোর জন্য ব্যবহার করা হয়।

disembark / ˌdɪsɪmˈbɑ:k ˌডিস্ইম্ˈবা:ক্ / *verb* [I] (*formal*) to get off a ship or an aircraft জাহাজ বা বিমান থেকে নামা ✪ বিপ **embark** ► **disembarkation** / ˌdɪsˌembɑ:ˈkeɪʃn ˌডিস্ˌএম্বা:-ˈকেইশ্ন্ / *noun* [U] অবতরণ (জাহাজ বা বিমান থেকে)

disenchanted / ˌdɪsɪnˈtʃɑ:ntɪd ˌডিস্ইন্ˈচা:ন্টিড্ / *adj.* having lost your good opinion of sb/sth কোনো ব্যক্তি বা বস্তু সম্পর্কে ভালো মনোভাব হারিয়ে গেছে এমন; মোহমুক্ত *Fans are already becoming disenchanted with the new team manager.* ► **disenchantment** *noun* [U] মোহমুক্তি, মোহভঙ্গ

disenfranchise / ˌdɪsɪnˈfræntʃaɪz ˌডিস্ইন্-ˈফ্র্যান্চাইজ় / *verb* [T] to take away sb's rights, especially their right to vote কোনো ব্যক্তির অধিকার, বিশেষত ভোট দেওয়ার অধিকার কেড়ে নেওয়া ✪ বিপ **enfranchise**

disentangle / ˌdɪsɪnˈtæŋgl ˌডিস্ইন্ˈট্যাংগল্ / *verb* [T] to free sb/sth that had become connected to sb/sth else in a confused and complicated way কোনো ব্যক্তি বা বস্তুর জট ছাড়ানো, জটিলতা মুক্ত করা; গাঁট খোলা *My coat got caught up in some bushes and I couldn't disentangle it.* ○ (*figurative*) *Listening to the woman's story, I found it hard to disentangle the truth from the lies.*

disfigure / dɪsˈfɪgə(r) ডিস্ˈফিগ্যা(র্) / *verb* [T] to spoil the appearance of sb/sth কোনো ব্যক্তি বা বস্তুর চেহারা বিকৃত করা, সৌন্দর্য নষ্ট করা, কদাকার করা *His face was permanently disfigured by the fire.*

disgrace[1] / dɪsˈgreɪs ডিস্ˈগ্রেইস্ / *noun* **1** [U] the state of not being respected by other people, usually because you have behaved badly অন্য মানুষদের দ্বারা সম্মানিত নয় এমন অবস্থা (সাধারণত নিজের খারাপ ব্যবহারের কারণে); অসম্মান, কলঙ্ক, হেনস্থা, অপযশ *She left the company* ***in disgrace*** *after admitting stealing from colleagues.* **2** [*sing.*] **a disgrace (to sb/sth)** a person or thing that gives a very bad impression and makes you feel sorry and embarrassed কোনো ব্যক্তি বা বস্তু যা খুব খারাপ ধারণা প্রদান করে এবং যে বা যা কারও পক্ষে লজ্জাজনক ও অস্বস্তিকর *The streets are covered in litter. It's a disgrace!*

disgrace[2] / dɪsˈgreɪs ডিস্ˈগ্রেইস্ / *verb* [T] to behave badly in a way that makes you or other people feel sorry and embarrassed এমন খারাপভাবে ব্যবহার করা যা কারও বা অন্যদের পক্ষে দুঃখজনক বা লজ্জাকর *My brother disgraced himself by starting a fight at the wedding.*

disgraceful / dɪsˈgreɪsfl ডিস্ˈগ্রেইস্ফ্ল্ / *adj.* very bad, making other people feel sorry and embarrassed খুব খারাপ এবং যা অন্য লোকদের পক্ষেও দুঃখজনক, লজ্জাজনক, অসম্মানজনক, কলঙ্কজনক *The behaviour of the team's fans was absolutely disgraceful.* ► **disgracefully** / -fəli -ফ্যালি / *adv.* লজ্জাজনকভাবে, অসম্মানজনকভাবে

disgruntled / dɪsˈgrʌntld ডিস্ˈগ্রান্টল্ড / *adj.* disappointed and annoyed হতাশ ও বিরক্ত; অসন্তুষ্ট

disguise[1] / dɪsˈgaɪz ডিস্ˈগাইজ় / *verb* [T] **disguise sb/sth (as sb/sth)** to change the appearance, sound, etc. of sb/sth so that people cannot recognize him/her/it কোনো ব্যক্তি বা বস্তুর চেহারা, আওয়াজ ইত্যাদি বদলে ফেলা যাতে লোকে তাকে বা সেই বস্তুটিকে চিনতে না পারে; ছদ্মবেশ ধারণ করা, ভেক ধরা *They disguised themselves as fishermen and escaped in a boat.* ○ (*figurative*) *His smile disguised his anger.*

disguise[2] / dɪsˈgaɪz ডিস্ˈগাইজ় / *noun* [C, U] a thing that you wear or use to change your appearance so that nobody recognizes you যাতে কেউ চিনতে না পারে সেজন্য নিজের চেহারা বদলাতে যে বস্তু পরিধান বা ব্যবহার করা হয়; ছদ্মবেশ, ভেক, কৃত্রিম চেহারা *She is so famous that she has to go shopping* ***in disguise***. ○ *The robbers were wearing heavy disguises so that they could not be identified.*

disgust[1] / dɪsˈgʌst ডিস্ˈগাস্ট্ / *noun* [U] **disgust (at sth)** a strong feeling of not liking or approving of sth/sb that you feel is unacceptable, or sth/sb that looks, smells, etc. unpleasant গ্রহণযোগ্য নয় এমন ব্যক্তি বা বস্তু অথবা অপ্রীতিকর চেহারা বা গন্ধ ইত্যাদি বিশিষ্ট ব্যক্তি বা বস্তুর প্রতি অপছন্দ অথবা অননুমোদনের জোরালো অনুভূতি; বিতৃষ্ণা, অরুচি, তীব্র বিরাগ, বীতশ্রদ্ধা *The film was so bad that we walked out* ***in disgust***. ○ ***Much to my disgust,*** *I found a hair in my soup.*

disgust[2] / dɪsˈɡʌst ডিস্'গাস্ট্ / *verb* [T] **1** to cause a strong feeling of not liking or approving of sb/sth কোনো ব্যক্তি বা বস্তু সম্পর্কে বিতৃষ্ণা সৃষ্টি করা, বিরক্তি উদ্রেক করা *Cruelty towards animals absolutely disgusts me.* **2** to make sb feel sick কোনো ব্যক্তিকে বিরূপ বোধ করানো; গা ঘিনঘিন করা *The way he eats with his mouth open completely disgusts me.*

disgusted / dɪsˈɡʌstɪd ডিস্'গাস্টিড্ / *adj.* **disgusted (at/with sb/sth)** not liking or approving of sb/sth at all (কোনো ব্যক্তি বা বস্তুর প্রতি) বীতশ্রদ্ধ, বিতৃষ্ণ, বিরাগপূর্ণ *We were disgusted at the standard of service we received.*

disgusting / dɪsˈɡʌstɪŋ ডিস্'গাস্টিং / *adj.* very unpleasant অত্যন্ত খারাপ; অপ্রীতিকর *What a disgusting smell!*

disgustingly / dɪsˈɡʌstɪŋli ডিস্'গাস্টিংলি / *adv.* **1** (often used to show you are jealous of sb/sth) extremely (পরশ্রীকাতরতার প্রকাশ) অত্যধিক মাত্রায় *Our neighbours are disgustingly rich.* **2** in a way that you do not like or approve of or that makes you feel sick এমনভাবে যা অপছন্দ, অননুমোদনীয় অথবা ঘৃণা উদ্রেক করে *The kitchen was disgustingly dirty.*

dish[1] / dɪʃ ডিশ্ / *noun* **1** [C] a round container for food that is deeper than a plate রেকাবি, সানকি, থালা **2** [C] a type of food prepared in a particular way বিশেষভাবে তৈরি কোনো একটি খাবার বা পদ *The main dish was curry.* ○ *It was served with a selection of side dishes.* **3 the dishes** [*pl.*] all the plates, cups, etc. that you use during a meal থালাবাসন, খাওয়ার বাসনপত্র (কাপ, প্লেট ইত্যাদি) *I'll cook and you can wash the dishes.* **4 = satellite dish**

dish[2] / dɪʃ ডিশ্ / *verb*

PHR V dish sth out (*informal*) to give away a lot of sth খুব বেশি পরিমাণে কিছু দিয়ে দেওয়া *to dish out advice*

dish sth up (*informal*) to serve food খাবার দেওয়া, খেতে দেওয়া, খাবার পরিবেশন করা

disheartened / dɪsˈhɑːtnd ডিস্'হা:ট্ন্ড্ / *adj.* sad or disappointed হতাশ, নিরুদ্যম, নিরুৎসাহ

disheartening / dɪsˈhɑːtnɪŋ ডিস্'হা:ট্নিং / *adj.* making you lose hope and confidence; causing disappointment সব রকম আশা এবং আত্মবিশ্বাস ভেঙে যাচ্ছে বা গেছে এমন; হতাশ করে এমন ✪ বিপ **heartening**

dishevelled (*AmE* **disheveled**) / dɪˈʃevld ডি'শেভ্ল্ড্ / *adj.* (used about a person's appearance) very untidy (কোনো ব্যক্তির চেহারা সম্বন্ধে ব্যবহৃত) অগোছালো, উস্কোখুস্কো, অবিন্যস্ত

dishonest / dɪsˈɒnɪst ডিস্'অনিস্ট্ / *adj.* that you cannot trust; likely to lie, steal or cheat অসৎ; মিথ্যা বলতে পারে, চুরি করতে বা ঠকাতে পারে এমন; প্রতারক, অসাধু, ছলনাপূর্ণ ✪ বিপ **honest** ▶ **dishonestly** *adv.* অসাধুভাবে, অসৎভাবে ▶ **dishonesty** *noun* [U] অসততা, ছলনা, প্রতারণা

dishonour[1] (*AmE* **dishonor**) / dɪsˈɒnə(r) ডিস্'অন্যা(র্) / *noun* [U, *sing.*] (*formal*) the state of no longer being respected, especially because you have done sth bad সম্মানহানিকর অবস্থা (বিশেষত খারাপ কোনো কাজের কারণে); অগৌরব, অসম্মান, অপমান, মানহানি *Her illegal trading has* ***brought dishonour on*** *the company.* ✪ বিপ **honour** ▶ **dishonourable** / -nərəbl -ন্যার্যাব্ল্ / *adj.* অসম্মানজনক, লজ্জাকর ✪ বিপ **honourable**

dishonour[2] (*AmE* **dishonor**) / dɪsˈɒnə(r) ডিস্'অন্যা(র্) / *verb* [T] (*formal*) to do sth bad that makes people stop respecting you or sb/sth close to you (খারাপ কোনো কাজের কারণে কাউকে) অসম্মান করা, লাঞ্ছিত বা অপমানিত হওয়া, মানহানি করা

dishwasher / ˈdɪʃwɒʃə(r) 'ডিশ্উঅশ্যা(র্) / *noun* [C] a machine that washes plates, cups, knives, forks, etc. কাপ, প্লেট, ছুরি, কাঁটাচামচ ইত্যাদি বাসনপত্র ধোয়ার যন্ত্রবিশেষ; ডিশওয়াশার

disillusion / ˌdɪsɪˈluːʒn ˌডিসি'লুজ্ন্ / *verb* [T] to destroy sb's belief in or good opinion of sb/sth কোনো ব্যক্তির বিশ্বাস অথবা কোনো ব্যক্তি বা বস্তুর ভালো ধারণা বা মোহ ভেঙে দেওয়া, বিশ্বাস ভেঙে যাওয়া ▶ **disillusion** (*also* **disillusionment**) *noun* [U] মোহমুক্ত অবস্থা; মোহমুক্তি *I feel increasing disillusion with the government.*

disillusioned / ˌdɪsɪˈluːʒnd ˌডিসি'লুজ্ন্ড্ / *adj.* disappointed because sb/sth is not as good as you first thought কোনো ব্যক্তি বা বস্তুকে যতটা ভালো ভাবা হয়েছিল ততটা ভালো না হওয়ায় হতাশ *She's disillusioned with nursing.*

disinfect / ˌdɪsɪnˈfekt ˌডিসিন্'ফেক্ট্ / *verb* [T] to clean sth with a liquid that destroys bacteria জীবাণু ধ্বংসকারী তরল পদার্থ দিয়ে কিছু পরিষ্কার করা; জীবাণুমুক্ত করা *to disinfect a wound* ▶ **disinfection** *noun* [U] নির্বীজন, নির্বীজকরণ

disinfectant / ˌdɪsɪnˈfektənt ˌডিসিন্'ফেক্ট্যান্ট্ / *noun* [C, U] a substance that destroys bacteria and is used for cleaning যে পদার্থ দ্বারা জীবাণু ধ্বংস করা যায়; জীবাণুনাশক পদার্থ

disinherit / ˌdɪsɪnˈherɪt ˌডিসিন্'হেরিট্ / *verb* [T] to prevent sb, especially your son or daughter, from receiving your money or property after your death মৃত্যুর পর অর্থ অথবা সম্পত্তি প্রাপ্তি থেকে কোনো ব্যক্তিকে, বিশেষত নিজের পুত্র বা কন্যাকে আটকানো;

উত্তরাধিকার থেকে বঞ্চিত করা, সন্তানকে ত্যাজ্য করা ⇨ **inherit** দেখো।

disintegrate / dɪsˈɪntɪɡreɪt ডিস্ˈইন্টিগ্রেইট্ / *verb* [I] to break into many small pieces খণ্ড খণ্ড হয়ে ভেঙে যাওয়া, ছোটো ছোটো টুকরো হয়ে ভেঙে যাওয়া *The spacecraft exploded and disintegrated.* ▶ **disintegration** / ˌdɪsˌɪntɪˈɡreɪʃn ˌডিস্ˌইনটিˈগ্রেইশ্ন্ / *noun* [U] বিভাজন *the disintegration of the empire*

disinterest / dɪsˈɪntrəst ডিস্ˈইন্ট্র্যাস্ট্ / *noun* [U] **1** lack of interest উৎসাহের বা আগ্রহের অভাব; অনাগ্রহ **2** the fact of not being involved in sth and therefore able to be fair কোনো বিষয়ে জড়িত নয় এবং সেই কারণে ন্যায়বান হতে সক্ষম এমন; স্বার্থশূন্যতা, নিরপেক্ষতা

disinterested / dɪsˈɪntrəstɪd ডিস্ˈইন্ট্র্যাস্টিড্ / *adj.* fair, not influenced by personal feelings ব্যক্তিগত অনুভূতির দ্বারা প্রভাবিত নয় এমন; নিঃস্বার্থ *disinterested advice* ⇨ **uninterested** দেখো।

disjointed / dɪsˈdʒɔɪntɪd ডিস্ˈজইন্টিড্ / *adj.* (used especially about ideas, writing or speech) not clearly connected and therefore difficult to follow (বিশেষত কোনো রচনা, বক্তৃতা বা মতামত সম্বন্ধে ব্যবহৃত) এলোমেলো, অসংলগ্ন এবং সেই কারণে বোঝা কঠিন ▶ **disjointedly** *adv.* অসংলগ্নভাবে, এলোমেলোভাবে

disk / dɪsk ডিস্ক্ / *noun* [C] **1** (*AmE*) = **disc** **2** (*computing*) a flat piece of plastic that stores information for use by a computer কম্পিউটারের ব্যবহারের জন্য যে চ্যাপটা প্লাস্টিকের চাকতিতে তথ্য সংরক্ষিত থাকে ; ডিস্ক ⇨ **floppy disk** এবং **hard disk** দেখো।

disk drive *noun* [C] (*computing*) a piece of electrical equipment that passes information to or from a computer disk কম্পিউটার ডিস্কে তথ্য আনা-নেওয়ার কাজ করে যে বৈদ্যুতিক যন্ত্র

diskette / dɪsˈket ডিস্ˈকেট্ / = **floppy disk**

dislike[1] / dɪsˈlaɪk ডিস্ˈলাইক্ / *verb* [T] **dislike (doing) sth** to think that sb/sth is unpleasant কোনো ব্যক্তি বা বস্তুকে অপছন্দ করা বা তার প্রতি বিরূপ হওয়া *I really dislike flying.* ○ *What is it that you dislike about living here?* ✪ বিপ **like**

dislike[2] / dɪsˈlaɪk ডিস্ˈলাইক্ / *noun* [C, U, *sing.*] **(a) dislike (of/for sb/sth)** the feeling of not liking sb/sth কোনো ব্যক্তি বা বস্তুর প্রতি অপছন্দের মনোভাব; বিরাগ, বিরূপতা *He seems to have a strong dislike of hard work.*

IDM **take a dislike to sb/sth** to start disliking sb/sth কোনো ব্যক্তি বা বস্তুকে অপছন্দ করতে শুরু করা বা বিরূপ হয়ে ওঠা *He took an instant dislike to his boss.*

dislocate / ˈdɪsləkeɪt ˈডিস্ল্যাকেইট্ / *verb* [T] to put sth (usually a bone) out of its correct position (সাধারণত কোনো হাড়) সঠিক স্থান থেকে সরানো, শরীরে হাড়ের স্থানচ্যুতি ঘটানো, সন্ধিচ্যুত হওয়া *He dislocated his shoulder during the game.* ▶ **dislocation** / ˌdɪsləˈkeɪʃn ˌডিস্ল্যাˈকেইশ্ন্ / *noun* [C, U] স্থানচ্যুতি, সন্ধিচ্যুতি

dislodge / dɪsˈlɒdʒ ডিস্ˈলজ্ / *verb* [T] **dislodge sth (from sth)** to make sb/sth move from its correct fixed position কোনো ব্যক্তি বা বস্তুকে স্থানচ্যুত করা, ঠিক জায়গা থেকে সরানো *The strong wind dislodged several tiles from the roof.*

disloyal / dɪsˈlɔɪəl ডিস্ˈলইঅ্যাল্ / *adj.* **disloyal (to sb/sth)** not supporting your friends, family, country etc.; doing sth that will harm them নিজের বন্ধু, পরিবার, দেশ ইত্যাদির প্রতি সমর্থনবিহীন; তার প্রতি ক্ষতিকারক কিছু করা হচ্ছে এরকম; আনুগত্যহীন, *It was disloyal to your friends to repeat their conversation to Prem.* ✪ সম **loyal** ▶ **disloyalty** / -ˈlɔɪəlti -ˈলইঅ্যাল্টি / *noun* [C, U] (*pl.* **disloyalties**) বিশ্বাসঘাতকতা, রাজদ্রোহিতা

dismal / ˈdɪzməl ˈডিজ্ম্যাল্ / *adj.* **1** causing or showing sadness; depressing নিরানন্দ, বিষণ্ণ; হতাশা উদ্রেককারী *dismal surroundings* ✪ সম **miserable** **2** (*informal*) of low quality; poor নিম্নমানের; বিশ্রী *a dismal standard of work*

dismantle / dɪsˈmæntl ডিস্ˈম্যান্ট্ল্ / *verb* [T] to take sth to pieces; to separate sth into the parts it is made from কোনো কিছু আলাদা টুকরো টুকরো করে নেওয়া; কোনো যন্ত্রের আলাদা আলাদা অংশ বিচ্ছিন্ন করা *The photographer dismantled his equipment and packed it away.*

dismay / dɪsˈmeɪ ডিস্ˈমেই / *noun* [U] a strong feeling of disappointment and sadness গভীর হতাশা এবং দুঃখে প্রবল অনুভূতি *I realized to my dismay that I was going to miss the plane.* ▶ **dismay** *verb* [T] (*usually passive*) আশাহত করা, ভীতি বিহ্বল করা *I was dismayed to hear that my old school had been knocked down.*

dismember / dɪsˈmembə(r) ডিস্ˈমেমব্যা(র্) / *verb* [T] to cut a dead body into pieces মৃতদেহের অঙ্গপ্রত্যঙ্গ টুকরো টুকরো করে কাটা

dismiss / dɪsˈmɪs ডিস্ˈমিস্ / *verb* [T] **1 dismiss sb/sth (as sth)** to decide not to think about sth/sb মন থেকে কোনো ব্যক্তি বা বস্তুর চিন্তা সরিয়ে দেওয়া বা দূর করা *He dismissed the idea as nonsense.* **2 dismiss sb (from sth)** to order an employee to leave his/her job কোনো কর্মচারীকে তার কাজ থেকে বরখাস্ত করা; পদচ্যুত করা, জবাব দেওয়া *He was dismissed for refusing to obey orders.* **NOTE** **Dismiss** শব্দটি **fire** এবং **sack** শব্দ দুটির সমার্থক শব্দ। **Fire** এবং **sack** শব্দ দুটির তুলনায় **dismiss** শব্দটির

প্রয়োগ আলংকারিক। **3** to send sb away (কোনো ব্যক্তিকে) পাঠিয়ে দেওয়া, দুর করে দেওয়া, ছেড়ে দেওয়া *The lesson ended and the teacher dismissed the class.* **4** (used in law) to say that a trial or court case should not continue, usually because there is not enough evidence (আইনে ব্যবহৃত) মামলা খারিজ হওয়া (সাধারণত যথেষ্ট প্রমাণের অভাবে) *The case was dismissed.* ▶ **dismissal** / dɪsˈmɪsl ডিস্ˈমিস্‌ল্ / *noun* [C, U] বরখাস্ত, খারিজ, জবাব *She was hurt at their dismissal of her offer of help.* ○ *a case of unfair dismissal*

dismissive / dɪsˈmɪsɪv ডিস্ˈমিসিভ্ / *adj.* **dismissive (of sb/sth)** saying or showing that you think that sb/sth is not worth considering seriously কোনো ব্যক্তি বা বস্তুর বিশেষ মূল্য নেই এরকম বক্তব্য বা মনোভাবসম্পন্ন *The boss was dismissive of all the efforts I had made.* ▶ **dismissively** *adv.* মূল্য না দেওয়ার মনোভাব সহকারে

dismount / dɪsˈmaʊnt ডিস্ˈমাউন্ট্ / *verb* [I] to get off sth that you ride (a horse, a bicycle, etc.) (ঘোড়া, সাইকেল ইত্যাদি থেকে) নামা, অবতরণ করা ✪ বিপ **mount**

disobedient / ˌdɪsəˈbiːdiənt ˌডিস্যাˈবীডিঅ্যান্ট্ / *adj.* refusing or failing to obey অবাধ্য, অমান্যকারী, নিয়মভঙ্গকারী ✪ বিপ **obedient** ▶ **disobedience** *noun* [U] অবাধ্যতা, অবশ্যতা

disobey / ˌdɪsəˈbeɪ ˌডিস্যাˈবেই / *verb* [I, T] to refuse to do what you are told to do কোনো ব্যক্তিকে অমান্য করা; কথা না শোনা, অবাধ্য হওয়া, আদেশ অমান্য করা *He was punished for disobeying orders.* ✪ বিপ **obey**

disorder / dɪsˈɔːdə(r) ডিস্ˈঅ:ড্যা(র্) / *noun* **1** [U] an untidy, confused or badly organized state (অবস্থা) অগোছালো, এলোমেলো, বিশৃঙ্খল, বিভ্রান্ত *His financial affairs are **in complete disorder**.* ✪ বিপ **order** **2** [U] violent behaviour by a large number of people শান্তিভঙ্গকারী কিছু লোকের দ্বারা প্রবল গোলমাল; বিক্ষোভ, হাঙ্গামা; শান্তিভঙ্গ *Disorder broke out on the streets of the capital.* **3** [C, U] an illness in which the mind or part of the body is not working properly (শরীরের কোনো অংশের বা মনের অসুস্থতা, অসুখ *treatment for **eating disorders** such as anorexia* ○ *a kind of **mental disorder***

disordered / dɪsˈɔːdəd ডিস্ˈঅ:ড্যাড্ / *adj.* untidy, confused or badly organized অবিন্যস্ত, অগোছালো, বিশৃঙ্খল

disorderly / dɪsˈɔːdəli ডিস্ˈঅ:ড্যালি / *adj.* **1** (used about people or behaviour) out of control and violent; causing trouble in public (ব্যক্তি অথবা তার আচরণ সম্বন্ধে ব্যবহৃত) উচ্ছৃঙ্খল, শান্তিভঙ্গকারী, দুর্দান্ত; প্রকাশ্যে অরাজকতা সৃষ্টিকারী *They were arrested for being **drunk and disorderly**.* **2** untidy অগোছালো ✪ বিপ **orderly**

disorganization (*also* **-isation**) / dɪsˌɔːɡənaɪˈzeɪʃn ডিস্ˌঅ:গ্যানাইˈজ়েইশ্‌ন্ / *noun* [U] a lack of careful planning and order যত্নকৃত পরিকল্পনা এবং বিন্যাসের অভাব; অপরিকল্পিত এবং বিভ্রান্তিকর, অগোছালো অবস্থা ✪ বিপ **organization**

disorganized (*also* **-ised**) / dɪsˈɔːɡənaɪzd ডিস্ˈঅ:গ্যানাইজ়ড্ / *adj.* badly planned; not able to plan well বিশ্রীভাবে পরিকল্পিত; ঠিকমতো পরিকল্পনায় অক্ষম ✪ বিপ **organized**

disorientate / dɪsˈɔːriənteɪt ডিস্ˈঅ:রিঅ্যানটেইট্ / (*AmE* **disorient** / dɪsˈɔːrient ডিস্ˈঅ:রিএন্ট /) *verb* [T] to make sb become confused about where he/she is কোনো ব্যক্তিকে দিক্‌ভ্রান্ত করা *The road signs were very confusing and I soon became disorientated.* ▶ **disorientation** / dɪsˌɔːriənˈteɪʃn ডিস্ˌঅ:রিঅ্যান্ˈটেইশ্‌ন্ / *noun* [U] দিকভ্রান্তি

disown / dɪsˈəʊn ডিস্ˈঅ্যাউন / *verb* [T] to say that you no longer want to be connected with or responsible for sb/sth (কোনো ব্যক্তি বা বস্তুর দায়িত্ব অথবা সম্বন্ধ) অস্বীকার করা; ত্যাগ করা, প্রত্যাখ্যান করা *When he was arrested, his family disowned him.*

disparage / dɪˈspærɪdʒ ডিˈস্প্যারিজ্ / *verb* [T] (*formal*) to talk about sb/sth in a critical way; to say that sb/sth is of little value or importance (কোনো ব্যক্তি বা বস্তু সম্বন্ধে) তাচ্ছিল্য করে কথা বলা, সমালোচনা করা; হেয় করা, ছোটো করা ▶ **disparaging** *adj.* তাচ্ছিল্যকর, অবজ্ঞাসূচক *disparaging remarks*

disparate / ˈdɪspərət ˈডিস্প্যার‍্যাট্ / *adj.* (*formal*) **1** consisting of people or things that are very different from each other in character or quality একে অপরের থেকে চরিত্রগত বা গুণগতভাবে অসদৃশ বা পৃথক এমন লোকজন বা বস্তুসমূহ বিশিষ্ট *disparate groups of people/individuals* **2** (of two or more things) so markedly different/dissimilar from each other that they cannot be compared (দুই বা ততোধিক বস্তু সম্বন্ধে) খুব বেশিরকম অসাদৃশ্য থাকার ফলে তুলনার পক্ষে অযোগ্য *disparate ideas*

disparity / dɪˈspærəti ডিˈস্প্যার‍্যাটি / noun [U, C] (*pl.* **disparities**) (*formal*) a difference, especially one that is caused by unfair treatment (অসম আচরণ বা ব্যবহারের ফলে) বৈসাদৃশ্য, প্রভেদ, অসাম্য

dispatch (*BrE* **despatch**) / dɪˈspætʃ ডিˈস্প্যাচ্ / *verb* [T] (*formal*) to send sb/sth to a place কোনো জায়গায় কোনো বস্তু বা ব্যক্তিকে প্রেরণ করা *Your order will be dispatched within seven days.*

dispel / dɪˈspel ডিˈস্পেল্ / *verb* [T] (**dispelling; dispelled**) to make sth, especially a feeling or a belief, disappear (বিশেষত কোনো অনুভূতি বা বিশ্বাস) নিরসন করা; দূর করা, ঘুচিয়ে দেওয়া *His reassuring words dispelled all her fears.*

dispensable / dɪˈspensəbl ডি'স্পেন্স্যাব্‌ল্ / *adj.* not necessary অপ্রয়োজনীয়, পরিহার্য *I suppose I'm dispensable. Anybody could do my job.* ✪ বিপ **indispensable**

dispensary / dɪˈspensəri ডি'স্পেন্স্যারি / *noun* [C] (*pl.* **dispensaries**) **1** a place in a hospital, shop, etc. where medicines are prepared for patients হাসপাতাল, দোকান ইত্যাদির যে জায়গায় রোগীর জন্য ওষুধ তৈরি করা হয়; ভেষজশালা; ডিসপেনসারি **2** (*old-fashioned*) a place where patients are treated, especially one run by a charity দাতব্য চিকিৎসালয়

dispense / dɪˈspens ডি'স্পেন্স্ / *verb* [T] (*formal*) to give or provide people with sth সাধারণ মানুষকে কিছু বিতরণ করা, বন্টন করা *a machine that dispenses hot and cold drinks*

PHR V **dispense with sb/sth** to get rid of sb/sth that is not necessary কোনো অপ্রয়োজনীয় বস্তু অথবা ব্যক্তিকে পরিহার করা *They decided to dispense with luxuries and live a simple life.*

dispenser / dɪˈspensə(r) ডি'স্পেন্স্যা(র্) / *noun* [C] a machine or container from which you can get sth যে যন্ত্র বা পাত্রের মধ্য থেকে কোনো কিছু বার করার ব্যবস্থা থাকে *a cash dispenser at a bank* ○ *a soap/tape dispenser* ➪ **stationery**-তে ছবি দেখো।

dispersal / dɪˈspɜːsl ডি'স্প্যস্‌ল্ / *noun* [U, C] (*written*) the process of sending sb/sth in different directions; the process of spreading sth over a wide area কোনো ব্যক্তি বা বস্তুকে বিভিন্ন দিকে পাঠানোর প্রক্রিয়া; কোনো কিছু বিস্তৃত অঞ্চলে প্রসারিত করার পদ্ধতি; বিস্তার, বিচ্ছুরণ, বিসরণ *police trained in crowd dispersal* ○ *the dispersal of seeds*

disperse / dɪˈspɜːs ডি'স্প্যস্ / *verb* [I, T] to separate and go in different directions; to make sb/sth do this আলাদা আলাদা হয়ে চতুর্দিকে ছড়িয়ে পড়া; ছত্রভঙ্গ হওয়া বা করা *When the meeting was over, the group dispersed.* ○ *The police arrived and quickly dispersed the crowd.*

dispersion / dɪˈspɜːʃn ডি'স্প্যাশ্‌ন্ / *noun* [U] (*technical*) the process by which people or things are spread over a wide area যে পদ্ধতিতে ব্যক্তি বা জিনিস চারিদিকে ছড়িয়ে পড়ে; বিচ্ছুরণ *population dispersion* ○ *the dispersion of light*

dispirited / dɪˈspɪrɪtɪd ডি'স্পিরিটিড্ / *adj.* having lost confidence or hope; depressed আত্মবিশ্বাস বা আশা হারিয়ে গেছে এমন; আশাহত, নিরাশ

displace / dɪsˈpleɪs ডিস্'প্লেইস্ / *verb* [T] **1** to remove and take the place of sb/sth কোনো ব্যক্তি বা বস্তুকে স্থানচ্যুত করে তার স্থান গ্রহণ করা; সরানো, পদচ্যুত করা *Sampras was finally displaced as the top tennis player in the world.* **2** to force sb/sth to move from the usual or correct place স্বাভাবিক বা সঠিক স্থান থেকে বলপূর্বক সরানো; উৎখাত করা, হটিয়ে দেওয়া *refugees displaced by the war* ▸ **displacement** *noun* [U] স্থানচ্যুতি, বেদখল, উৎখাত

display¹ / dɪˈspleɪ ডি'স্প্লেই / *verb* [T] **1** to put sth in a place where people will see it or where it will attract attention কোনো স্থানে কোনো বস্তুকে প্রদর্শন করা; প্রকট করা, দেখানো, মেলে ধরা *Posters for the concert were displayed throughout the city.* **2** to show signs of sth (for example a feeling or a quality) কোনো কিছু প্রকাশ করা, প্রকট করা, আভাস দেওয়া (যেমন কোনো অনুভূতি বা গুণ) *She displayed no interest in the discussion.*

display² / dɪˈspleɪ ডি'স্প্লেই / *noun* [C] **1** an arrangement of things in a public place for people to see জনসাধারণের দেখার জন্য প্রকাশ্যে বস্তুসমূহের বিন্যাস ব্যবস্থা; প্রদর্শন, প্রকাশ *a window display in a shop* **2** a public event in which sth is shown in action যে প্রকাশ্য সমারোহে সক্রিয় কোনো কিছুর প্রদর্শনী দেখা যায় *a firework display* **3** behaviour that shows a particular feeling or quality যে ব্যবহারে বিশেষ কোনো অনুভূতি বা গুণ প্রকাশিত হয় *a sudden display of aggression* **4** (*computing*) words, pictures, etc. that can be seen on a computer screen শব্দ, ছবি ইত্যাদি যা কম্পিউটারের পর্দায় দেখা যায়

IDM **on display** in a place where people will see it and where it will attract attention এমন স্থানে রাখা হয়েছে যে লোকে দেখতে পায় এবং যাতে সেটি তাদের মনোযোগ আকর্ষণ করে; প্রদর্শিত *Treasures from the sunken ship were put on display at the museum.*

displease / dɪsˈpliːz ডিস্'প্লীজ্ / *verb* [T] (*formal*) to annoy sb or to make sb angry or upset কোনো ব্যক্তিকে অসন্তুষ্ট করা বা বিরক্ত করা; রুষ্ট করা ▸ **displeased** *adj.* অসন্তুষ্ট, বিরক্ত, রুষ্ট ✪ বিপ **pleased**

displeasure / dɪsˈpleʒə(r) ডিস্'প্লেঝ্যা(র্) / *noun* [U] (*formal*) the feeling of being annoyed or not satisfied বিরক্তি, অসন্তোষ, রাগ *I wrote to express my displeasure at not having been informed sooner.*

disposable / dɪˈspəʊzəbl ডি'স্প্যাউজ্যাব্‌ল্ / *adj.* made to be thrown away after being used once or for a short time এমনভাবে তৈরি যা একবার বা খুব

অল্প সময়ের জন্য ব্যবহার করে ফেলে দিতে হয়; নিষ্পত্তিযোগ্য *a disposable razor/syringe*

disposal / dɪˈspəʊzl ডিˈস্প্যাউজ্‌ল্ / *noun* [U] the act of getting rid of sth or throwing sth away কোনো বস্তু ফেলে দেওয়ার ক্রিয়া; রেহাই, নিষ্কৃতি *the disposal of dangerous chemical waste* ○ *bomb disposal*

IDM at sb's disposal available for sb to use at any time কারও হাতের মুঠোয়; নিয়ন্ত্রণাধীন

dispose / dɪˈspəʊz ডিˈস্প্যাউজ্ / *verb*

PHR V dispose of sb/sth to throw away or sell sth; to get rid of sb/sth that you do not want কোনো বস্তু ফেলে দেওয়া বা বিক্রি করে দেওয়া; প্রয়োজন নেই এমন কোনো ব্যক্তি বা বস্তু থেকে রেহাই বা নিষ্কৃতি পাওয়া

disposition / ˌdɪspəˈzɪʃn ˌডিস্প্যাˈজ়িশ্‌ন্ / *noun* **1** [C] (*usually sing.*) the natural qualities of a person's character কোনো ব্যক্তির চরিত্রের স্বাভাবিক প্রবণতা; ঝোঁক, স্বভাব *to have a cheerful disposition* ○ *people of a nervous disposition* **2** [C] (*usually sing.*) **a disposition to/towards sth; a disposition to do sth** (*formal*) a usual way of behaving আচরণ বা ব্যবহারের সাধারণ রীতি *to have/show a disposition towards acts of violence* **3** [C] (*usually sing.*) (*formal*) the way sth is put or arranged in a place কোনো স্থানে কোনো বস্তুর বিন্যাস; সন্নিবেশ **4** [C, U] (*law*) a formal act of giving property or money to sb কোনো ব্যক্তিকে সম্পত্তি বা অর্থ দান করার আইন

disproportionate / ˌdɪsprəˈpɔːʃənət ˌডিস্প্র্যাˈপ:শ্যান্যাট্/ *adj.* **disproportionate (to sth)** too large or too small when compared to sth else সামঞ্জস্যহীন, বেঢপ, বেমানান ▶ **disproportionately** *adv.* বেমানানভাবে

disprove / ˌdɪsˈpruːv ˌডিস্ˈপ্রুভ্ / *verb* [T] to show that sth is not true কোনো বস্তুকে ভুল বা মিথ্যা বলে দেখানো, সত্য নয় এমন দেখানো

dispute[1] / ˈdɪspjuːt; dɪˈspjuːt ˈডিস্পিউট্; ডিˈস্পিউট্ / *noun* [C, U] **(a) dispute (between A and B) (over/about sth)** a disagreement or argument between two people, groups or countries দুটি ব্যক্তি, দল অথবা দেশের মধ্যে মনোমালিন্য বা মতদ্বৈধতা; মতবিরোধ, বাদবিতণ্ডা *There was some dispute between Sameer and his boss about whose fault it was.* ○ *a pay dispute*

IDM in dispute in a situation of arguing or being argued about বিতর্কের কোনো পরিস্থিতিতে অথবা বিতর্কিত; বিরোধিতায় রত *He is in dispute with the tax office about how much he should pay.*

dispute[2] / dɪˈspjuːt ডিˈস্পিউট্ / *verb* [T] to argue about sth and to question if it is true or right কোনো বস্তু সম্বন্ধে তর্ক করা, বিতর্ক করা, বচসা করা; তার সত্যতা বা সঠিকতা সম্বন্ধে প্রশ্ন করা *The player disputed the referee's decision.*

disqualify / dɪsˈkwɒlɪfaɪ ডিস্ˈকুঅলিফাই / *verb* [T] (*pres. part.* **disqualifying;** *3rd person sing. pres.* **disqualifies;** *pt, pp* **disqualified**) **disqualify sb (from sth/doing sth); disqualify sb (for sth)** to officially prevent sb from doing sth or taking part in sth, usually because he/she has broken a rule or law আনুষ্ঠানিকভাবে কোনো ব্যক্তিকে কিছু করতে বা কিছুতে যোগদান থেকে বিরত করা (সাধারণত আইনভঙ্গ করার জন্য) *He was disqualified from driving for two years.* ○ *The team were disqualified for cheating.* ▶ **disqualification** / dɪsˌkwɒlɪfɪˈkeɪʃn ডিস্ˌকুঅলিফিˈকেইশ্‌ন্ / *noun* [C, U] আইনত অনুপযোগিতা; অযোগ্যতা

disregard / ˌdɪsrɪˈɡɑːd ˌডিস্রিˈগা:ড্ / *verb* [T] to take no notice of sb/sth; to treat sth as unimportant (কোনো ব্যক্তি বা বস্তুকে) নগণ্য বলে মনে করা; কোনো কিছুকে অগ্রাহ্য করা, উপেক্ষা করা, অশ্রদ্ধা করা *These are the latest instructions. Please disregard any you received before.* ▶ **disregard** *noun* [U, *sing.*] **disregard (for sb/sth)** (কোনো ব্যক্তি বা বস্তুকে) নগণ্য-জ্ঞান, অসম্মান, অবজ্ঞা, উপেক্ষা *He rushed into the burning building with complete disregard for his own safety.*

disrepair / ˌdɪsrɪˈpeə(r) ˌডিস্রিˈপেঅ্যা(র্) / *noun* [U] the state of being in bad condition because repairs have not been made (মেরামতের অভাবে) ভগ্নদশা, জীর্ণ বা ঝরঝরে অবস্থা *Over the years the building* ***fell into disrepair***.

disreputable / dɪsˈrepjətəbl ডিস্ˈরেপিঅ্যাট্যাব্‌ল্ / *adj.* not to be trusted; well known for being bad or dishonest বিশ্বাস করা যায় না এমন; বদনামযুক্ত, খারাপ, অখ্যাতিভাজন *disreputable business methods* ✪ বিপ **reputable**

disrepute / ˌdɪsrɪˈpjuːt ˌডিস্রিˈপিউট্ / *noun* [U] the situation when people no longer respect sb/sth দুর্নাম, অখ্যাতি, কলঙ্ক, অপযশ, বদনাম *Such unfair decisions* ***bring*** *the legal system* ***into disrepute***.

disrespect / ˌdɪsrɪˈspekt ˌডিস্রিˈস্পেক্ট্ / *noun* [U] **disrespect (for/to sb/sth)** a lack of respect for sb/sth that is shown in what you do or say কথায় বা আচরণে কোনো ব্যক্তি বা বস্তুর প্রতি যে অশ্রদ্ধা দেখা যায়; অবজ্ঞা, অসম্মান, অসৌজন্য ✪ বিপ **respect** ▶ **disrespectful** / -fl -ফ্‌ল্ / *adj.* অসম্মানজনক, শ্রদ্ধাহীন, অভদ্র, অশ্রদ্ধাবাচক ✪ বিপ **respectful** ▶ **disrespectfully** / -fəli -ফ্যালি / *adv.* অভদ্রভাবে, শ্রদ্ধাহীনভাবে

disrupt / dɪsˈrʌpt ডিস্‌'রাপ্ট্ / *verb* [T] to stop sth happening as or when it should কাজে বাধা দেওয়া, কোনো কাজে বিঘ্ন ঘটানো *The strike severely disrupted flights to New Delhi.* ▶ **disruption** *noun* [C, U] ভাঙন, সংহতিনাশ, ঐক্যনাশ ▶ **disruptive** / dɪsˈrʌptɪv ডিস্‌'রাপ্‌টিভ্ / *adj.* বিঘ্নসৃষ্টিকারী, ভাঙনসৃষ্টিকারী

dissatisfaction / ˌdɪsˌsætɪsˈfækʃn ˌডিস্‌'স্যাটিস্‌-'ফ্যাক্‌শ্‌ন্ / *noun* [U] **dissatisfaction (with/at sb/sth)** the feeling of not being satisfied or pleased অসন্তুষ্টি, অসন্তোষ, বিরক্তি *There is some dissatisfaction among teachers with the plans for the new exam.* ✪ বিপ **satisfaction**

dissatisfied / dɪsˈsætɪsfaɪd ডিস্‌'স্যাটিস্‌ফাইড্ / *adj.* **dissatisfied (with sb/sth)** not satisfied or pleased (কোনো ব্যক্তি বা বস্তুর প্রতি) অসন্তুষ্ট, অখুশি *complaints from dissatisfied customers* ✪ বিপ **satisfied**

dissect / dɪˈsekt ডি'সেক্ট্ / *verb* [T] to cut up a dead body, a plant, etc. in order to study it (গবেষণার জন্য) মৃতদেহ, উদ্ভিদ ইত্যাদি ব্যবচ্ছেদ করা ▶ **dissection** *noun* [C, U] ব্যবচ্ছেদ

dissent[1] / dɪˈsent ডি'সেন্ট্ / *noun* [U] (*formal*) disagreement with official or generally agreed ideas or opinions (আধিকারিকের সঙ্গে অথবা সর্বজনগ্রাহ্য ভাবধারা বা মতামতের সঙ্গে) ভিন্নমত, বিরোধিতা, মতভেদ *There is some dissent within the Congress Party on these policies.*

dissent[2] / dɪˈsent ডি'সেন্ট্ / *verb* [I] (*formal*) **dissent (from sth)** to have opinions that are different to those that are officially held সরকারি মতের বিরোধী মত পোষণ করা ▶ **dissenting** *adj.* মতবিরোধী

dissertation / ˌdɪsəˈteɪʃn ˌডিস্যা'টেইশ্‌ন্ / *noun* [C] a long piece of writing on sth that you have studied, especially as part of a university degree বিশ্ববিদ্যালয়ের উচ্চতর উপাধি প্রাপ্তির সময়ে পঠিত কোনো বিষয়ের উপর লেখা দীর্ঘ আলোচনা; তত্ত্বালোচনা ➪ **thesis** দেখো।

disservice / dɪsˈsɜːvɪs ডিস্‌'স্যভিস্ / *noun* [U, *sing.*] **do (a) disservice to sb/sth** to do sth that harms sb and the opinion other people have of him/her এমন কিছু করা যাতে কারও ক্ষতি হয় এবং তার প্রতি জনগণের আস্থা নষ্ট হয়; অনিষ্টসাধন, ক্ষতিসাধন, অহিত সাধন

dissident / ˈdɪsɪdənt 'ডিসিড্যান্ট্ / *noun* [C] a person who strongly disagrees with and criticizes his/her government, especially in a country where it is dangerous to do this প্রশাসনের বিরুদ্ধে প্রবলভাবে মতপ্রকাশ অথবা সমালোচনা করে যে ব্যক্তি, বিশেষত সেই দেশে যেখানে এটা করা বিপজ্জনক; বিরোধী বা ভিন্ন মতাবলম্বী ▶ **dissidence** *noun* [U] মতপার্থক্য, মতবিরোধ

dissimilar / dɪˈsɪmɪlə(r) ডি'সিমিল্যা(র্) / *adj.* **dissimilar (from/to sb/sth)** not the same; different এক নয়; আলাদা, বিসদৃশ, অসদৃশ *The situation you're in is not dissimilar to mine.* ✪ বিপ **similar**

dissociate / dɪˈsəʊʃieɪt ডি'স্যাউশিএইট্; -ˈsəʊs- -'স্যাউস্- / (*also* **disassociate** / ˌdɪsəˈsəʊʃieɪt ˌডিস্যা'স্যাউশিএইট্; -ˈsəʊs- -'স্যাউস্- /) *verb* [T] **dissociate sb/sth/yourself (from sth)** to show that you are not connected with or do not support sb/sth; to show that two things are not connected with each other কারও সঙ্গে সম্পর্ক ছেদ করা বা তাকে সমর্থন না করা; দুটি বস্তুর মধ্যে পারস্পরিক সংযোগহীনতা প্রদর্শন করা; বিচ্ছিন্ন করা *She dissociated herself from the views of the extremists in her party.* ✪ বিপ **associate**

dissolution / ˌdɪsəˈluːʃn ডিস্যা'লূশ্‌ন্ / *noun* [U] the official act of ending a marriage, a business agreement or a parliament আইনসিদ্ধভাবে বিবাহ, ব্যাবসায়িক চুক্তি বা পার্লামেন্টের কার্যকাল সমাপ্ত করার ক্রিয়া

dissolve / dɪˈzɒlv ডি'জল্‌ভ্ / *verb* [I, T] (used about a solid) to become or to make sth become liquid (কোনো কঠিন পদার্থ সম্বন্ধে ব্যবহৃত) তরলীভূত করা বা হওয়া *Sugar dissolves in water.* ○ *Dissolve two tablets in cold water.*

dissuade / dɪˈsweɪd ডিসুএইড্ / *verb* [T] **dissuade sb (from doing sth)** to persuade sb not to do sth কোনো ব্যক্তিকে কোনো কিছু করা থেকে বুঝিয়েসুজিয়ে নিবৃত্ত করা *I tried to dissuade her from spending the money, but she insisted.* ✪ বিপ **persuade**

distance[1] / ˈdɪstəns 'ডিস্‌ট্যান্স্ / *noun* **1** [C, U] the amount of space between two places or things (দুটি বস্তু বা স্থানের মধ্যে) দূরত্ব, ব্যবধান *distances between the major citie.* ○ *The house is* ***within walking distance*** *of the shops.* **2** [*sing.*] a point that is a long way from sb/sth কোনো ব্যক্তি বা বস্তুর থেকে বেশ দূরে যে স্থান *At this distance I can't read the number on the bus.* ○ *From a distance the village looks quite attractive.*

IDM **in the distance** far away অনেক দূরে *I could just see Padma in the distance.*

keep your distance to stay away from sb/sth কোনো ব্যক্তি বা বস্তুর থেকে দূরে থাকা

within striking distance ➪ **strike**[2] দেখো।

distance[2] / ˈdɪstəns 'ডিস্‌ট্যান্স্ / *verb* [T] **distance yourself from sb/sth** to become less involved or connected with sb/sth (কোনো ব্যক্তি বা বস্তুর থেকে

D
distinguish

নিজেকে) দূরে রাখা, ঘনিষ্ঠতা এড়িয়ে চলা, দূরত্ব বজায় রাখা *She was keen to distance herself from the views of her colleagues.*

distant / ˈdɪstənt ˈডিস্ট্যান্ট্ / *adj.* **1** a long way away in space or time দূরে, দূরবর্তী *travel to distant parts of the world* ○ *in the not-too-distant future* (= quite soon) **2** (used about a relative) not closely related (কোনো আত্মীয় সম্বন্ধে ব্যবহৃত) দূর-সম্পর্কের *a distant cousin* **3** not very friendly অনালাপী, চাপা, অমিশুক *He has a rather distant manner and it's hard to get to know him well.* **4** seeming to be thinking about sth else অমনোযোগী, অন্যমনস্ক *She had a distant look in her eyes and clearly wasn't listening to me.*

distaste / dɪsˈteɪst ডিস্ˈটেইস্ট্ / *noun* [U, *sing.*] not liking sth; the feeling that sb/sth is unpleasant or offends you কিছু পছন্দ নয় এমন; কোনো ব্যক্তি অপ্রীতিকর বা বিরক্তিকর এমন মনোভাব; অরুচি, অপছন্দ, অনীহা, বিতৃষ্ণা *She looked around the dirty kitchen with distaste.*

distasteful / dɪsˈteɪstfl ডিস্ˈটেইস্টফ্‌ল্ / *adj.* unpleasant or causing offence অরুচিকর, অপ্রীতিকর, বিরাগজনক *a distasteful remark*

distend / dɪˈstend ডিˈস্টেন্ড্ / *verb* [I, T] (*formal*) (*medical*) to swell or make sth swell because of pressure from inside ভিতরকার চাপে ফুলে ওঠা, ফেঁপে ওঠা, স্ফীত হওয়া বা হওয়ানো *starving children with distended bellies* ▶ **distension** / dɪˈstenʃn ডিˈস্টেন্‌শ্‌ন্ / *noun* [U] স্ফীতি, ফেঁপে ওঠা

distil (*AmE* **distill**) / dɪˈstɪl ডিˈস্টিল্ / *verb* [T] (**distilling; distilled**) to make a liquid pure by heating it until it becomes a gas and then collecting the liquid that forms when the gas cools শুদ্ধিকরণের জন্য তরলকে প্রথমে গরম করে বাষ্প করা, পরে সেটি ঠান্ডা হয়ে তরল হলে তা সংগ্রহ করা; কোনো তরলের শুদ্ধিকরণ করা ▶ **distillation** / ˌdɪstɪˈleɪʃn ˌডিস্টিˈলেইশ্‌ন্ / *noun* [C, U] পাতন, ক্ষারণ, বিশুদ্ধিকরণ, পরিস্রাবণ, পরিস্রুতি

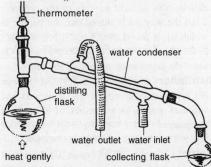

thermometer
water condenser
distilling flask
water outlet
water inlet
heat gently
collecting flask

distillation

distillery / dɪˈstɪləri ডিˈস্টিল্যারি / *noun* [C] (*pl.* **distilleries**) a factory where strong alcoholic drink is made by the process of distilling পরিস্রাবণের দ্বারা মদ প্রস্তুত করার কারখানা; ভাটিখানা

distinct / dɪˈstɪŋkt ডিˈস্টিংক্ট্ / *adj.* **1** clear; easily seen, heard or understood স্পষ্ট; সহজদৃশ্য, সহজশ্রাব্য; সহজবোধ্য *There has been a distinct improvement in your work recently.* ○ *I had* ***the distinct impression*** *that she was lying.* **2 distinct (from sth)** clearly different সম্পূর্ণ আলাদা, একেবারেই পৃথক, স্বতন্ত্র, বিশিষ্ট *Her books fall into two distinct groups: the novels and the travel stories.* ○ *This region, as distinct from other parts of the country, relies heavily on tourism.* ✪ বিপ **indistinct**

distinction / dɪˈstɪŋkʃn ডিˈস্টিংক্‌শ্‌ন্ / *noun* **1** [C, U] **(a) distinction (between A and B)** a clear or important difference between things or people মানুষ অথবা বস্তুর মধ্যে স্পষ্ট বা গুরুত্বপূর্ণ বিভেদ; বৈশিষ্ট্য, বিভিন্নতা, পার্থক্য, তফাত *We must* ***make a distinction*** *between classical and popular music here.* **2** [C, U] the quality of being excellent; fame for what you have achieved শ্রেষ্ঠত্ব, উৎকর্ষ; সম্মান, স্বীকৃতি, সম্মানচিহ্ন *a violinist* ***of distinction*** **3** [C] the highest mark that is given to students in some exam for excellent work ছাত্রছাত্রীদের পরীক্ষায় প্রাপ্য সর্বোচ্চ স্বীকৃতি; সাম্মানিক স্বীকৃতি *Hemant got a distinction in maths.*

IDM draw a distinction between sth and sth ⇨ **draw** দেখো।

distinctive / dɪˈstɪŋktɪv ডিˈস্টিংক্‌টিভ্ / *adj.* clearly different from others and therefore easy to recognize স্বাতন্ত্র্য নির্দেশক; বৈশিষ্ট্যসূচক *The soldiers were wearing their distinctive red berets.* ▶ **distinctively** *adv.* বৈশিষ্ট্যসূচকভাবে

distinctly / dɪˈstɪŋktli ডিˈস্টিংক্‌ট্‌লি / *adv.* **1** clearly স্পষ্টভাবে, স্পষ্টত *I distinctly heard her say that she would be here on time.* **2** very; particularly খুব; বিশেষ করে, বিশিষ্টভাবে *His behaviour has been distinctly odd recently.*

distinguish / dɪˈstɪŋgwɪʃ ডিˈস্টিংগুইশ্ / *verb* **1** [I, T] **distinguish between A and B; distinguish A from B** to recognize the difference between two things or people দুই ব্যক্তি বা দুটি জিনিসের মধ্যে পার্থক্য বুঝতে পারা, প্রভেদ করা বা আলাদা করে চেনা *He doesn't seem able to distinguish between what's important and what isn't.* ✪ বিপ **differentiate** **2** [T] **distinguish A (from B)** to make sb/sth different from others কোনো ব্যক্তি বা বস্তুকে অন্যদের থেকে পৃথক বা আলাদা করা *distinguishing features* (= things by which sb/

sth can be recognized) ○ *The power of speech distinguishes humans from animals.* **3** [T] to see, hear or recognize with effort চেষ্টাকৃতভাবে দেখতে, শুনতে অথবা চিনতে পারা *I listened carefully but they were too far away for me to distinguish what they were saying.* **4** [T] **distinguish yourself** to do sth which causes you to be noticed and admired লক্ষিত এবং প্রশংসিত হওয়ার মতো আচরণ করা, খ্যাতি বা সম্মান অর্জন করা *She distinguished herself in the exams.*

distinguishable / dɪˈstɪŋgwɪʃəbl ডিস্টিংগুইশ্যাব্‌ল্ / *adj.* **1** possible to recognize as different from sb/sth else অন্যদের থেকে স্বতন্ত্রভাবে চেনা যায় এমন *The male bird is distinguishable from the female by the colour of its beak.* **2** possible to see, hear or recognize with effort বিশেষ যত্ন নিলে বা মনোযোগ দিলে দেখা, শোনা বা চেনা যায় এমন *The letter is so old that the signature is barely distinguishable.* ✪ বিপ **indistinguishable**

distinguished / dɪˈstɪŋgwɪʃt ডিস্টিংগুইশ্‌ট্ / *adj.* important, successful and respected by other people গুরুত্বপূর্ণ, সফল এবং অন্যদের শ্রদ্ধার পাত্র; অসাধারণ, প্রসিদ্ধ, খ্যাতনামা

distort / dɪˈstɔ:t ডি'স্টঃট্ / *verb* [T] **1** to change the shape or sound of sth so that it seems strange or is not clear কিছুর আকার বা আওয়াজ চেনার অযোগ্য করে বদলে দেওয়া, বিকৃত করা *Her face was distorted with grief.* **2** to change sth and show it falsely কিছু বিকৃত করা বা মিথ্যা বিবরণ দেওয়া *Foreigners are often given a distorted view of this country.* ▶ **distortion** *noun* [C, U] বিকৃতি, বিকৃতিকরণ

distract /dɪˈstrækt ডিস্ট্র্যাক্ট্ / *verb* [T] **distract sb (from sth)** to take sb's attention away from sth কোনো কিছু থেকে কারও মনোযোগ সরানো, চিত্ত বিক্ষেপ করা

distracted / dɪˈstræktɪd ডিস্ট্র্যাক্‌টিড্ / *adj.* unable to give your full attention to sth because you are worried or thinking about sth else উদ্বেগ বা অন্য কোনো চিন্তার কারণে কোনো কিছুর প্রতি পূর্ণ মনোযোগ দিতে অসমর্থ; বিক্ষিপ্তচিত্ত, বিচলিত, বিমনা

distraction / dɪˈstrækʃn ডিস্ট্র্যাক্‌শ্‌ন্ / *noun* [C, U] something that takes your attention away from what you were doing or thinking about ক্রিয়মাণ কিছু বা কোনো চিন্তাসূত্র থেকে মনোযোগ সরে যাওয়ার কারণ যে বস্তু; চিত্তবিক্ষেপকারী

IDM to distraction with the result that you become upset, excited, or angry and unable to think clearly উত্তেজনা, বিভ্রান্তি, চিত্তবৈকল্য বা রাগত অবস্থা *The noise of the traffic outside at night is driving me to distraction.*

distraught / dɪˈstrɔ:t ডি'স্ট্রঃট্ / *adj.* extremely sad and upset বিভ্রান্ত, উন্মত্তপ্রায়, বিক্ষুব্ধচিত্ত, কিংকর্তব্যবিমূঢ়

distress[1] / dɪˈstres ডিস্ট্রেস্ / *noun* [U] **1** the state of being very upset or of suffering great pain or difficulty মর্মান্তিক যন্ত্রণা অথবা অসুবিধাজনক অবস্থা, সংকটপূর্ণ অবস্থা *She was* ***in such distress*** *that I didn't want to leave her on her own.* **2** the state of being in great danger and needing immediate help গুরুতর বিপদ বা সংকটাবস্থা এবং জরুরি সাহায্য দরকার এমন; বিপন্ন অবস্থা *The ship's captain radioed that it was* ***in distress****.*

distress[2] / dɪˈstres ডিস্ট্রেস্ / *verb* [T] to make sb very upset or unhappy কোনো ব্যক্তিকে মনোকষ্ট দেওয়া, তার দুঃখের কারণ হওয়া, অসুখী করা, উদ্বিগ্ন করা *Try not to say anything to distress the patient further.* ▶ **distressed** *adj.* বিপন্ন *She was too distressed to talk.* ▶ **distressing** *adj.* দুঃখজনক, দুঃখদায়ক, যন্ত্রণাদায়ক, উদ্বেগজনক *a distressing experience/illness*

distribute / dɪˈstrɪbju:t; ˈdɪstrɪbju:t ˈডিস্ট্রিবিউট্; ডিস্ট্রিবিউট্ / *verb* [T] **1 distribute sth (to/among sb/sth)** to give things to a number of people বণ্টন করে দেওয়া; অনেকের মধ্যে ভাগ করে দেওয়া বা বিলি করা *Tickets will be distributed to all club members.* ○ *They distributed emergency food supplies to the areas that were most in need.* **2** to transport and supply goods to shops, companies, etc. বিভিন্ন কোম্পানি ও দোকানে যাওয়া এবং মাল সরবরাহ করা *Which company distributes this product in your country?* **3** to spread sth equally over an area কোনো বস্তু সমানভাবে কোনো অঞ্চলে ছড়িয়ে দেওয়া *Make sure that the weight is* ***evenly distributed****.*

distribution / ˌdɪstrɪˈbju:ʃn ˌডিস্ট্রি'বিউশ্‌ন্ / *noun* **1** [U, C] the act of giving or transporting sth to a number of people or places বিভিন্ন জায়গায় অনেকের মধ্যে কিছু বণ্টন করার ক্রিয়া; বিলিবন্দোবস্ত *the distribution of food parcels to the refugees* **2** [U] the way sth is shared out; the pattern in which sth is found যেভাবে কোনো কিছু ভাগ করে নেওয়া হয়; পরিবেশন পদ্ধতি, বিন্যাস পদ্ধতি *a map to show the distribution of rainfall in India*

distributor / dɪˈstrɪbjətə(r) ডিস্ট্রিবিঅ্যাট্যা(র্) / *noun* [C] a person or company that transports and supplies goods to a number of shops and companies যে ব্যক্তি বা সংস্থা কিছু দোকান বা কোম্পানিতে গিয়ে পণ্য সরবরাহ করে; পরিবেশক, সরবরাহকারী

district / ˈdɪstrɪkt ˈডিস্ট্রিক্ট / *noun* [C] **1** a part of a town or country that is special for a particular reason or is of a particular type শহর বা দেশের সেই

অংশ যা নির্দিষ্ট কারণ বা নির্দিষ্ট ধরনের জন্য বিশিষ্ট *rural districts* ○ *the financial district of the city* **2** an official division of a town or country জেলা, জিলা *the district council* ○ *postal districts*

> **NOTE** **District** কোনো শহর বা রাষ্ট্রের অংশ হতে পারে এবং তার নির্দিষ্ট সীমারেখাও থাকতে পারে—*the district controlled by a council.* **Region** কোনো রাষ্ট্রের অন্তর্গত যে-কোনো অঞ্চলকে বলা যেতে পারে যার কোনো নির্দিষ্ট সীমারেখা না-ও থাকতে পারে—*the industrial regions of the country.* **Area** সর্বাপেক্ষা প্রচলিত শব্দ যা **district** এবং **region** দুই অর্থেই প্রচলিত এবং সাধারণত ব্যবহৃত হয়—*the poorer areas of a town* ○ *an agricultural area of the country.* শহরের কোনো ভাগ বা অংশ বোঝানোর জন্য **part** শব্দটি প্রায়ই ব্যবহৃত হয়—*Which part of Delhi do you live in?*

distrust / dɪsˈtrʌst ডিস্‌ট্রাস্ট্ / *noun* [U, *sing.*] **(a) distrust (of sb/sth)** the feeling that you cannot believe sb/sth; a lack of trust (কোনো ব্যক্তি বা বস্তুর প্রতি) অবিশ্বাস; সন্দেহ, আস্থাহীনতা ▶ **distrust** *verb* [T] অবিশ্বাস করা, সন্দেহ করা, আস্থা না রাখা *She distrusts him because he lied to her once before.* ➪ **mistrust** দেখো। ▶ **distrustful** *adj.* আস্থাহীন, বিশ্বাসহীন, সন্দিহান, ভরসাহীন

disturb / dɪˈstɜːb ডিস্ট্যব্ / *verb* [T] **1** to interrupt sb while he/she is doing sth or sleeping; to spoil a peaceful situation কোনো ব্যক্তির কাজ বা ঘুম ব্যাহত করা; গোলমাল করা, শান্তি নষ্ট করা *I'm sorry to disturb you but there's a phone call for you.* ○ *Their sleep was disturbed by a loud crash.* **2** to cause sb to worry কোনো ব্যক্তিকে চিন্তায় ফেলা, দুশ্চিন্তাগ্রস্ত করা *It disturbed her to think that he might be unhappy.* **3** to move sth or change its position কোনো বস্তুর স্থান পরিবর্তন করে জিনিসপত্র সরানো; লন্ডভন্ড করা, বিশৃঙ্খল করা *I noticed a number of things had been disturbed and realized that there had been a burglary.*

disturbance / dɪˈstɜːbəns ডিস্ট্যব্যান্স্ / *noun* [C, U] something that makes you stop what you are doing, or that upsets the normal condition of sth যা কোনো ক্রিয়মাণ কাজ বন্ধ করে দেয় অথবা কোনো বস্তুর স্বাভাবিক অবস্থা ব্যাহত করে; বিঘ্ন, বাধা, বিশৃঙ্খলা, বিক্ষোভ *They were arrested for causing a disturbance* (=fighting) *in the town centre.* ○ *emotional disturbance*

disturbed / dɪˈstɜːbd ডিস্ট্যব্‌ড্ / *adj.* having mental or emotional problems মানসিক বা আবেগজাত সমস্যা সম্বলিত; দুশ্চিন্তাগ্রস্ত, চিন্তিত

disturbing / dɪˈstɜːbɪŋ ডিস্ট্যবিং / *adj.* making you worried or upset শান্তিভঙ্গকারী, উদ্বেগজনক

disuse / dɪsˈjuːs ডিস্‌ইউস্ / *noun* [U] the state of not being used any more ব্যবহার নেই যার, অকেজো হওয়ার অবস্থা *The farm buildings had been allowed to* ***fall into disuse***.

disused / ˌdɪsˈjuːzd ˌডিস্‌ˈইউজ়্ড্ / *adj.* not used any more বর্তমানে যা ব্যবহার করা হয় না *a disused railway line*

ditch[1] / dɪtʃ ডিচ্ / *noun* [C] a long narrow hole that has been dug into the ground, especially along the side of a road or field for water to flow along মাটিতে খোঁড়া লম্বা, সরু গর্ত (বিশেষত রাস্তার ধারে বা মাঠে জল বার করার জন্য); নালা, পরিখা, পগার, নয়ানজুলি
IDM **a last-ditch attempt** ➪ **last**[1] দেখো।

ditch[2] / dɪtʃ ডিচ্ / *verb* [T] (*informal*) to get rid of or leave sb/sth কোনো ব্যক্তি বা বস্তুকে পরিত্যাগ করা বা ছেড়ে চলে যাওয়া *She ditched her old friends when she became famous.*

dither / ˈdɪðə(r) ˈডিদ্যা(র্) / *verb* [I] to be unable to decide sth; to hesitate কোনো কিছু স্থির করতে অসমর্থ হওয়া; দ্বিধান্বিত হওয়া, ইতস্তত করা, দোনামনা করা *Stop dithering and make up your mind!*

ditto / ˈdɪtəʊ ˈডিট্যাউ / *noun* [C] (represented by the mark (") and used instead of repeating the thing written above it) the same, উপরিলিখিত শব্দ পুনরায় লেখার পরিবর্তে ব্যবহৃত চিহ্ন ("); একই, পূর্বোক্ত, পূর্বোল্লিখিত ▶ **ditto** *adv.* ওইরকম, তদ্রূপ *'I'm starving.' 'Ditto (=me too).'*

diurnal / daɪˈɜːnl ডাইˈঅ্যন্‌ল্ / *adj.* **1** used about animals and birds active during the day (জীবজন্তু ও পক্ষী সম্বন্ধে ব্যবহৃত) যারা দিনে সক্রিয়; দিবাচর ✪ বিপ **nocturnal** **2** (in astronomy) taking one day (জ্যোতির্বিদ্যানুসারে) আহ্নিক, একদিন ব্যাপী, ঐকাহিক *the diurnal rotation of the earth*

divan / dɪˈvæn ডিˈভ্যান্ / *noun* [C] a type of bed with only a thick base to lie on but no frame at either end দুদিকে কোনো রকম ঠেসান ছাড়াই কাঠের যে বিছানা; ডিভান

dive[1] / daɪv ডাইভ্ / *verb* [I] (*pt* **dived;** *AmE* **dove** / dəʊv ড্যাউভ্ /; *pp* **dived**) **1 dive (off/from sth) (into sth); dive in** to jump into water with your arms and head first মাথা এবং হাত সামনের দিকে এগিয়ে জলে ঝাঁপ দেওয়া *A passer-by dived in and saved the drowning man.* **2** to swim under the surface of the sea, a lake, etc. (সমুদ্র, হ্রদ ইত্যাদিতে) জলের তলায় সাঁতার কাটা, ডুব দিয়ে সাঁতার কাটা *people diving for pearls* ○ *I'm hoping* ***to go diving*** *on holiday.* **3** to move quickly and suddenly downwards খুব তাড়াতাড়ি এবং হঠাৎ নীচে

চলে যাওয়া *He dived under the table and hid there.* ○ *The goalkeeper dived to save the penalty.*

PHR V **dive into sth** to put your hand quickly into a pocket or bag in order to find or get sth পকেট বা থলির ভিতরে কোনো কিছু খোঁজার জন্য তার মধ্যে দ্রুত হাত ঢোকানো

dive² / daɪv ডাইভ্ / *noun* [C] **1** the act of diving into water জলে ঝাঁপ দেওয়া বা ডুব দেওয়ার ক্রিয়া **2** a quick and sudden downwards movement অকস্মাৎ দ্রুত গতিতে নীচের দিকে গমন

diver / ˈdaɪvə(r) ˈডাইভ্যা(র্) / *noun* [C] **1** a person who swims under the surface of water using special equipment বিশেষ সরঞ্জাম ব্যবহার করে যে ব্যক্তি জলের নীচে সাঁতার কাটে; ডুবুরি **2** a person who jumps into water with his/her arms and head first মাথা নীচু করে যে জলে ঝাঁপ দেয়, ঝাঁপাড়ু ➪ **swim** দেখো।

diverge / daɪˈvɜːdʒ ডাইˈভ্যজ্ / *verb* [I] **diverge (from sth)** **1** (used about roads, lines, etc.) to separate and go in different directions (রাস্তা, রেখা ইত্যাদি সম্বন্ধে ব্যবহৃত) নির্দিষ্ট কোনো বিন্দু থেকে চারিদিকে ছড়িয়ে পড়া, অপসৃত হওয়া, বিকীর্ণ হওয়া *The paths suddenly diverged and I didn't know which one to take.* ➪ **short-sighted 2** to be or become different ভিন্নমত হওয়া, ভিন্ন রকমের হওয়া *Attitudes among teachers diverge on this question.*

diverse / daɪˈvɜːs ডাইˈভ্যস্ / *adj.* very different from each other একে অপরের থেকে অত্যন্ত আলাদা; বিভিন্ন, বিচিত্র, নানাবিধ, নানারকমের *people from diverse social backgrounds* ○ *My interests are very diverse.* ➪ **diversity** noun দেখো।

diversify / daɪˈvɜːsɪfaɪ ডাইˈভ্যসিফাই / *verb* [I, T] (*pres. part.* **diversifying;** *3rd person sing. pres.* **diversifies;** *pt, pp* **diversified**) **diversify (sth) (into sth)** to increase or develop the number or types of sth কোনো বস্তুর সংখ্যা বা ধরন বৃদ্ধি করা বা বিকশিত করা; কোনো বস্তুকে বৈচিত্র্যপূর্ণ করা, বহুমুখী বা নানামুখী করা *To remain successful in the future, the company will have to diversify.*

▶ **diversification** / daɪˌvɜːsɪfɪˈkeɪʃn ডাই͵ভ্যসি-ফিˈকেইশ্ন্ / *noun* [C, U] রূপান্তরকরণ, বহুমুখীকরণ

diversion / daɪˈvɜːʃn ডাইˈভ্যশ্ন্ / *noun* **1** [C, U] the act of changing the direction or purpose of sth, especially in order to solve or avoid a problem কোনো কিছুর গতিমুখ বা উদ্দেশ্য পালটে দেওয়ার ক্রিয়া (বিশেষত কোনো বিশেষ সমস্যার সমাধান করার জন্য বা তা পরিহারের জন্য) *the diversion of a river to prevent flooding* ○ *the diversion of government funds to areas of greatest need* **2** [C] (*AmE* **detour**) a different route which traffic can take when a road is closed কোনো রাস্তা বন্ধ থাকলে যানবাহন চলাচল যে ভিন্ন রাস্তা গ্রহণ করে; ঘুর-রাস্তা, বিকল্প পথ, ঘুরপথ *For Chandigarh follow the diversion.* **3** [C] something that takes your attention away from sth কোনো কিছু থেকে মনোযোগ বিক্ষিপ্ত করার জন্য ব্যবহৃত বস্তু *Some prisoners created a diversion while others escaped.*

diversity / daɪˈvɜːsəti ডাইˈভ্যস্যাটি / *noun* [U] the wide variety of sth কোনো বস্তুর ভিন্নতা; অনৈক্য, বৈচিত্র্য *cultural and ethnic diversity*

divert / daɪˈvɜːt ডাইˈভ্যট্ / *verb* [T] **divert sb/sth (from sth) (to sth); divert sth (away from sth)** to change the direction or purpose of sb/sth, especially to avoid a problem বিশেষত কোনো সমস্যা এড়াতে কোনো ব্যক্তি বা বস্তুর গতিমুখ বা উদ্দেশ্য পালটানো *Government money was diverted from defence to education.* ○ *Politicians often criticize each other to divert attention away from their own mistakes.*

divide¹ / dɪˈvaɪd ডিˈভাইড্ / *verb* **1** [I, T] **divide (sth) (up) (into sth)** to separate into different parts (নানা ভাগে) ভাগ করা, বিভক্ত করা, পৃথক করা, আলাদা করা *The egg divides into two cells.* ○ *The house was divided up into flats.* **2** [T] **divide sth (out/up) (between/among sb)** to separate sth into parts and give a part to each of a number of people কোনো বস্তু বিভিন্ন ভাগে ভাগ করে নির্দিষ্ট সংখ্যক লোকের মধ্যে প্রত্যেককে এক একটি ভাগ দেওয়া; বিলি বা বিতরণ করে দেওয়া *The robbers divided the money out between themselves.* **3** [T] **divide sth (between A and B)** to use different parts or amounts of sth for different purposes বিভিন্ন উদ্দেশ্যে কোনো বস্তুর বিভিন্ন অংশ বা পরিমাণ ব্যবহার করা *They divide their time between their two homes.* **4** [T] to separate two places or things দুটি স্থান বা দুটি জিনিসকে আলাদা করা *The river divides the old part of the city from the new.* **5** [T] to cause people to disagree লোকের মধ্যে মতান্তর ঘটানো; অনৈক্য ঘটানো *The question of immigration has divided the country.* **6** [T] **divide sth by sth** to calculate how many times a number will go into another number কোনো সংখ্যা দিয়ে অন্য কোনো সংখ্যা ভাগ করা *Ten divided by five is two.* ✪ বিপ **multiply**

divide² / dɪˈvaɪd ডিˈভাইড্ / *noun* [C] **a divide (between A and B)** a difference between two groups of people that separates them from each other দুটি জনগোষ্ঠীর মধ্যে পার্থক্য যা তাদের একে অপরের থেকে আলাদা করে; বিচ্ছেদক, বিভাজক *a divide between the rich and the poor*

divided highway (*AmE*) = **dual carriageway**

dividend / ˈdɪvɪdend ˈডিভিডেন্ড্ / *noun* [C] a part of a company's profits that is paid to the people who own shares in it (**shareholders**) কোম্পানিতে যাদের শেয়ার বা অংশ আছে (অংশীদার) তাদের যে লভ্যাংশ দেওয়া হয়; লাভাংশ; ডিভিডেন্ড

divine / dɪˈvaɪn ডিˈভাইন্ / *adj.* connected with God or a god দৈব, স্বর্গীয়, ঐশী, ঐশ্বরিক

diving / ˈdaɪvɪŋ ˈডাইভিং / *noun* [U] the activity or sport of jumping into water or swimming under the surface of the sea, a lake, etc. জলে ঝাঁপ দেওয়া অথবা সমুদ্র, হ্রদ ইত্যাদিতে সাঁতার কাটার খেলা; ডাইভিং

diving board *noun* [C] a board at the side of a swimming pool from which people can jump into the water সুইমিং পুলের পাশে যে তক্তা বা বোর্ডের উপর থেকে ঝাঁপাড়ুরা জলে ঝাঁপ দেয়; ঝাঁপান-মঞ্চ; ডাইভিং বোর্ড

divisible / dɪˈvɪzəbl ডিˈভিজ়্যাব্‌ল্ / *adj.* that can be divided ভাজ্য, বিভাজ্য, বিভাজনসাধ্য *Twelve is divisible by three.*

division / dɪˈvɪʒn ডিˈভিজ়্ন্ / *noun* **1** [U, *sing.*] **division (of sth) (into sth); division (of sth) (between A and B)** the separation of sth into different parts; the sharing of sth between different people, groups, places, etc. কোনো বস্তুর বিভিন্ন অংশে বিভাজন; বিভিন্ন মানুষ, গোষ্ঠী, স্থান ইত্যাদির মধ্যে কোনো বস্তুর বিতরণ বা বন্টন; বিভাজিত অংশ, বিভাগ *There is a growing economic division between the north and south of the country.* ○ *an unfair division of the profits* **2** [U] dividing one number by another (এক সংখ্যাকে অন্য সংখ্যা দিয়ে) ভাগ *the teaching of multiplication and division* **3** [C] **a division (in/within sth); a division (between A and B)** a disagreement or difference of opinion between sb/sth কোনো ব্যক্তি বা বস্তুর মধ্যে মতানৈক্য; অমিল, বিভেদ, বিচ্ছেদ *deep divisions within the Samajvadi Party* **4** [C] a part or section of an organization কোনো প্রতিষ্ঠানের কোনো অংশ বা বিভাগ *the company's sales division* ○ *the First Division* (=of the football league) **5** [C] a line that separates sth; a border কোনো বস্তুকে আলাদা করে যে রেখা; বিভাজন রেখা, বিভেদ রেখা; সীমান্ত রেখা *the river marks the division between the two counties.*

divisive / dɪˈvaɪsɪv ডিˈভাইসিভ্ / *adj.* (*formal*) likely to cause disagreements or arguments between people মানুষের মধ্যে বিতর্ক বা বিভেদ সৃষ্টি করতে পারে এমন *a divisive policy*

divorce[1] / dɪˈvɔːs ডিˈভ:স্ / *noun* [C, U] the legal end of a marriage (আইনসম্মত) বিবাহবিচ্ছেদ, তালাক; ডিভোর্স *to get a divorce*

divorce[2] / dɪˈvɔːs ডিˈভ:স্ / *verb* [T] **1** to legally end your marriage to sb আইনসম্মতভাবে কারও সঙ্গে কোনো ব্যক্তির বিবাহ-সম্পর্ক ভেঙে দেওয়া *My parents **got divorced** when I was three.* ○ *She divorced him a year after their marriage.* **2 divorce sb/sth from sth** to separate sb/sth from sth কোনো কিছু থেকে কোনো ব্যক্তি বা বস্তুকে সম্পূর্ণ আলাদা করা বা বিচ্ছিন্ন করা *Sometimes these modern novels seem completely divorced from everyday life.* ▶ **divorced** *adj.* বিচ্ছিন্ন, পৃথক

divorcee / dɪˌvɔːˈsiː ডি,ভ:ˈসী / *noun* [C] a person who is divorced বিবাহবিচ্ছেদ হয়েছে এমন ব্যক্তি; বিবাহবিচ্ছিন্ন

divulge / daɪˈvʌldʒ ডাইˈভাল্জ্ / *verb* [T] (*formal*) to tell sth that is secret (কোনো গোপন তথ্য) ফাঁস করা, প্রকাশ করা বা উদ্‌ঘাটন করা *The phone companies refused to divulge details of their costs.*

Diwali = **Deepawali**

DIY / ˌdiː aɪ ˈwaɪ ˌডী আই ˈউআই / *abbr.* do it yourself; the activity of making and repairing things yourself around your home 'ডু ইট ইয়োরসেলফ'-এর সংক্ষিপ্ত রূপ; নিজের বাড়ির কোনো বস্তু নিজেই তৈরি করা বা মেরামত করার ক্রিয়া বা কাজ; নিজে করো *a DIY expert*

dizzy / ˈdɪzi ˈডিজ়ি / *adj.* **1** feeling as if everything is turning round and that you might fall মাথা ঘুরছে বা ঝিমঝিম করছে এমন *I feel/get dizzy at high altitudes.* **2** very great; extreme অত্যধিক; চরম *the dizzy pace of life in Mumbai* ○ *The following year, the band's popularity reached **dizzy** heights.* ▶ **dizziness** *noun* [U] ঝিমঝিমেভাব, বিহ্বলতা

DJ / ˌdiː ˈdʒeɪ ˌডীˈজেই / (*also* **disc jockey**) *noun* [C] a person who plays records and talks about music on the radio or in a club বেতার বা কোনো ক্লাবে যে ব্যক্তি গানের রেকর্ড চালায় এবং সেই সঙ্গে সংগীত সম্বন্ধে প্রাসঙ্গিক কথা বলে; ডিসকো জকি, ডিজে

DNA / ˌdiː enˈeɪ ˌডী এন্ˈএই / *noun* [U] the chemical in the cells of an animal or a plant that controls what characteristics that animal or plant will have কোষের মধ্যেকার সেই রাসায়নিক পদার্থ যা জীব এবং উদ্ভিদের চারিত্রিক গঠন ও বৈশিষ্ট্য নির্ধারণ করে; ডিএনএ

do[1] / də; *strong form* duː ড্যা; *প্রবলরূপ* ডু / *auxiliary verb* **1** used with other verbs to form questions and negative sentences, also in short answers and short questions at the end of a sentence (**question tags**) প্রশ্ন, নেতিবাচক বাক্য এবং বাক্যের শেষে অথবা ছোটো প্রশ্ন এবং ছোটো উত্তরে অন্য ক্রিয়াপদের সঙ্গে ব্যবহৃতঅভিব্যক্তিবিশেষ **NOTE** এই অভিধানের শেষে **Quick Grammar Reference** অংশটি দেখো। **2** used for emphasizing the main verb মূল ক্রিয়াপদে

জোর দেওয়ার জন্য ব্যবহৃত অভিব্যক্তিবিশেষ *I can't find the receipt now but I'm sure I did pay the phone bill.* **3** used to avoid repeating the main verb মূল ক্রিয়াপদের বারংবার ব্যবহার পরিহার করার জন্য ব্যবহৃত অভিব্যক্তিবিশেষ *He earns a lot more than I do.* ○ *She's feeling much better than she did last week.*

do² / du: ডু / *verb* **1** [T] to perform an action, activity or job কোনো কাজ করা, কর্মপ্রক্রিয়া চালানো বা চাকুরি করা *What is the government doing about pollution* (= what action are they taking)*?* ○ *What do you do* (= what is your job)*?* ○ *to do the cooking/ironing/aerobics/windsurfing* ○ *What did you* ***do with*** *the keys* (= where did you put them)*?* **2** [I] to make progress or develop; to improve sth অগ্রগমন বা বিকাশ সাধন করা; উন্নতি করা, উৎকর্ষ সাধন করা *'How's your daughter doing at school'* ○ *'She's doing well.'* ○ *Last week's win has* ***done wonders for*** *the team's confidence.* ○ *This latest scandal will* ***do nothing for*** (= will harm) *this government's reputation.* **3** [T] to make or produce sth কোনো বস্তু তৈরি করা বা উৎপন্ন করা *The photocopier does 60 copies a minute.* ○ *to do a painting/drawing* **4** [T] to provide a service পরিষেবা দান করা *Do you do eye tests here?* **5** [T] to study sth or find the answer to sth কোনো কিছু অধ্যয়ন করা বা কোনো কিছুর উত্তর খোঁজা *to do French/a course/a degree* ○ *I can't do question three.* **6** [T] to travel a certain distance or at a certain speed নির্দিষ্ট গতিতে বা নির্দিষ্ট দূরত্ব পর্যন্ত যাওয়া *This car does 120 kilometres per hour.* ○ *I normally do about five kilometres when I go running.* **7** [T] to have a particular effect বিশেষ কোনো প্রভাব ফেলা *A holiday will do you good.* ○ *The storm did a lot of damage.* **8** [I, T] to be enough or suitable পর্যাপ্ত এবং উপযোগী হওয়া *If you haven't got a pen, a pencil will do.*

IDM **be/have to do with sb/sth** to be connected with sb/sth কোনো ব্যক্তি বা বস্তুর সঙ্গে যুক্ত হওয়া *I'm not sure what Payal's job is, but I think it's something to do with animals.*

could do with sth to want or need sth কিছু চাওয়া অথবা কোনো কিছুর প্রয়োজন বোধ করা *I could do with a holiday.*

how do you do? ➪ **how** দেখো।

make do with sth ➪ **make¹** দেখো।

PHR V **do away with sth** to get rid of sth কোনো কিছু বাতিল করা, বাদ দেওয়া, উঠিয়ে দেওয়া, নির্মূল করা *Most European countries have done away with their royal families.*

do sb out of sth to prevent sb having sth in an unfair way; to cheat sb অন্যায়ভাবে কোনো ব্যক্তিকে কোনো কিছু থেকে বঞ্চিত করা; কোনো ব্যক্তিকে ঠকানো *They've done me out of my share of the money!*

do sth up 1 to fasten a piece of clothing বস্ত্র পরিধান করা, জামাকাপড় পরা *Hurry up. Do up your jacket and we can go!* **2** to repair a building and make it more modern ঘরবাড়ি সারানো এবং সেটি আধুনিকতর করা; ঘরবাড়ির সংস্কার করা

do without to manage without having sth কোনো কিছু ছাড়া কাজ চালানো *If there isn't any coffee left, we'll just have to do without.*

do³ / du: ডু / *noun* [C] (*pl.* **dos** / du:z ডুজ্ /) (*BrE informal*) a party or other social event কোনো পার্টি বা সামাজিক অনুষ্ঠান

IDM **dos and don'ts** things that you should and should not do যা করা উচিত এবং যা করা উচিত নয় *the dos and don'ts of mountain climbing*

doab *noun* (*IndE*) the area of land between two rivers that meet, such as the one between the Ganges and the Yamuna in India দুই নদীর সংগমস্থলের মধ্যবর্তী যে ক্ষেত্র, যেমন ভারতবর্ষে গঙ্গা এবং যমুনার মাঝখানে; দোয়াব

docile / ˈdəʊsaɪl ˈড্যাউসাইল্ / *adj.* (used about a person or animal) quiet and easy to control (কোনো ব্যক্তি বা পশু সম্বন্ধে ব্যবহৃত) চুপচাপ, সহজপোষ্য, বশংবদ, অনুগত

dock¹ / dɒk ডক্/ *noun* **1** an area of a port where ships stop to be loaded, repaired, etc. যে স্থানে জাহাজে মাল বোঝাই, মেরামতি ইত্যাদি হয়; জাহাজঘাটা, পোতাশ্রয় **2 docks** [*pl.*] a group of docks with all the buildings, offices, etc. that are around them জাহাজ ভেড়ানোর পাটাতন ইত্যাদি, সেই সংক্রান্ত সমস্ত দপ্তর এবং অন্যান্য ঘরবাড়ির একত্র সমাবেশ; পোতাঙ্গন *He works down at the docks.* **3** [C, *usually sing.*] the place in a court of law where the person who is accused sits or stands কাঠগড়া **4** (*AmE*) = **landing stage**

dock² / dɒk ডক্ / *verb* **1** [I, T] if a ship docks or you dock a ship, it sails into a port and stops at the dock নৌবন্দরের মধ্যে জাহাজঘাটায় জাহাজ ভেড়ানো বা ঢোকানো *The ship had docked/was docked at Mumbai.* **2** [T] to take away part of the money sb earns, especially as a punishment বিশেষত শাস্তি হিসেবে কোনো ব্যক্তির প্রাপ্য অর্থ থেকে কিছু জরিমানা কাটা *They've docked Rs 200 off my wages because I was late.*

docker / ˈdɒkə(r) ˈডক্যা(র্) / *noun* [C] a person whose job is moving goods on and off ships

জাহাজে মাল তোলা এবং নামানো যার কাজ; জাহাজঘাটের কুলি

doctor[1] / ˈdɒktə(r) ˈডক্ট্যা(র্) / *noun* **1** [C] a person who has been trained in medicine and who treats people who are ill চিকিৎসা বিজ্ঞানে শিক্ষাপ্রাপ্ত ব্যক্তি; চিকিৎসক, ডাক্তার *Our family doctor is Dr Verma.* ○ *I've got a doctor's appointment at 10 o'clock.*

> **NOTE** চিকিৎসক বা ডাক্তার যখন তার রোগী বা **patients**-দের পরীক্ষা বা তাদের চিকিৎসা করে তখন **sees** বা **treats** শব্দটি ব্যবহার করা হয়। রোগ নিরাময়ের জন্য চিকিৎসক রোগের চিকিৎসাপদ্ধতি অথবা **medicine prescribe** করতে পারে। চিকিৎসা প্রণালী বা ওষুধের তালিকা যে কাগজে লেখা হয় তাকে **prescription** বলা হয়।

2 the doctor's [*sing.*] the place where a doctor sees his/her patients; a doctor's surgery চিকিৎসক যেখানে রোগীদের দেখেন; কোনো ডাক্তারের রোগী দেখার স্থান বা সময় *I'm going to the doctor's today.* **3** [C] a person who has got the highest degree from a university (**doctorate**) বিশ্ববিদ্যালয়ের সর্বোচ্চ উপাধিধারী; ডক্টরেট *a Doctor of Philosophy*

doctor[2] / ˈdɒktə(r) ˈডক্ট্যা(র্) / *verb* [T] **1** to change sth that should not be changed in order to gain an advantage স্বার্থের খাতিরে বা সুবিধা নেওয়ার জন্য এমন কিছু বদলে ফেলা যা বদলানো অনুচিত *The results of the survey had been doctored.* **2** to add sth harmful to food or drink খাদ্য অথবা পানীয়ে হানিকারক কোনো দ্রব্য মেশানো

doctorate / ˈdɒktərət ˈডক্ট্যার‍্যাট্ / *noun* [C] the highest university degree বিশ্ববিদ্যালয়ের উচ্চতম উপাধি; ডক্টরেট

doctrine / ˈdɒktrɪn ˈডক্ট্রিন্ / *noun* [C, U] a set of beliefs that is taught by a church, political party, etc. ধর্মীয় প্রতিষ্ঠান, রাজনৈতিক দল ইত্যাদি দ্বারা প্রচারিত উপদেশাবলী, মতামত, রীতিনীতি, বিশ্বাসাদি

document / ˈdɒkjumənt ˈডকিউম্যান্ট্ / *noun* [C] **1** an official piece of writing which gives information, proof or evidence দলিলপত্র, প্রামাণ্য তথ্যাদি, নথিপত্র *Her solicitor asked her to read and sign a number of documents.* **2** (*computing*) a computer file that contains text that has a name that identifies it টেক্সটযুক্ত কম্পিউটার ফাইল যার নামের মাধ্যমে সেটিকে শনাক্ত করা যায়; ডকুমেন্ট *Save the document before closing.*

documentary / ˌdɒkjuˈmentri ˌডকিউˈমেন্ট্রি / *noun* [C] (*pl.* **documentaries**) a film, television or radio programme that gives facts or information about a particular subject চলচ্চিত্র, তথ্যচিত্র, বেতার বা দূরদর্শনের অনুষ্ঠান যা কোনো বিশেষ বিষয়ের উপর স্বীকৃত তথ্য প্রদান করে

doddle / ˈdɒdl ˈডড্ল্ / *noun* [U] (informal) something that is very easy to do কোনো কাজ যা করা খুব সহজ *The exam was an absolute doddle!*

dodge[1] / dɒdʒ ডজ্ / *verb* **1** [I, T] to move quickly in order to avoid sb/sth কোনো ব্যক্তি অথবা বস্তুকে পাশ কাটিয়ে চট করে সরে যাওয়া *I had to dodge between the cars to cross the road.* **2** [T] to avoid doing sth that you should do কর্তব্য কাজ এড়িয়ে যাওয়া *Don't try to dodge your responsibilities!*

dodge[2] / dɒdʒ ডজ্ / *noun* [C] (*informal*) a clever way of avoiding sth পাশ কাটানোর বা এড়িয়ে যাওয়ার কৌশল বা ছলচাতুরি *The man had been involved in a massive tax dodge.*

dodgy / ˈdɒdʒi ˈডজি / *adj.* (**dodgier; dodgiest**) (*BrE informal*) involving risk; not honest or not to be trusted ঝুঁকিপূর্ণ; অসৎ অথবা নির্ভরযোগ্য নয় এমন *a dodgy business deal*

doe / dəʊ ড্যাউ / *noun* [C] a female rabbit, **deer** or **hare** হরিণী, মৃগী, স্ত্রী খরগোশ ⇨ **deer**-এ নোট দেখো।

does / dʌz ডাজ্ / ⇨ **do** দেখো।

doesn't / ˈdʌznt ˈডাজ্ন্ট্ / ⇨ **does not** -এর সংক্ষিপ্ত রূপ

dog[1] / dɒg ডগ্ / *noun* [C] **1** an animal that many people keep as a pet, or for working on farms, hunting, etc. কুকুর, কুক্কুর, সারমেয়

> **NOTE** কুকুরের বিভিন্ন প্রকারের ডাকের জন্য **bark, growl** বা **whine** শব্দগুলি ব্যবহৃত হয়। খুশি হয়ে কুকুরের লেজ নাড়ানোকে লেজ **wag** করা বলা হয়।

2 a male dog or other animal (**fox**) পুরুষ কুকুর অথবা অন্য কোনো প্রাণী (খেঁকশিয়াল)

dog[2] / dɒg ডগ্ / *verb* [T] (**dogging; dogged**) to follow sb closely কোনো ব্যক্তিকে খুব কাছ থেকে অনুসরণ করা *A shadowy figure was dogging their every move.* ○ (*figurative*) *Bad luck and illness have dogged her career from the start.*

dog-eared *adj.* (used about a book or piece of paper) in bad condition with untidy corners and edges because it has been used a lot (কোনো বই বা কাগজের টুকরো সম্বন্ধে ব্যবহৃত) অতি ব্যবহারের ফলে পাতার কোনা মুচড়ে গেছে, নোংরা হয়ে গেছে এমন

dogged / ˈdɒgɪd ˈডগিড্ / *adj.* refusing to give up even when sth is difficult (কোনো কিছু কঠিন হওয়া সত্ত্বেও) কিছুতেই ছাড়বে না এমন; নাছোড়বান্দা, একগুঁয়ে, জেদি, দৃঢ়প্রতিজ্ঞ *I was impressed by his **dogged determination** to succeed.* ► **doggedly** *adv.* নাছোড়বান্দাভাবে *She doggedly refused all offers of help.*

dogma / ˈdɒɡmə ˈডগ্‌ম্যা / *noun* [C, U] a belief or set of beliefs that people are expected to accept as true without questioning মানুষ বিনা প্রশ্নে (প্রত্যাশিতভাবে) সত্য বলে গ্রহণ করে এমন বিশ্বাস বা বিশ্বাসসমূহ; আপ্তবাক্য, মতবাদ, বিধান, অনুশাসন

dogmatic / dɒɡˈmætɪk ডগ্‌ˈম্যাটিক্ / *adj.* being certain that your beliefs are right and that others should accept them, without considering other opinions or evidence অন্যদের মতামত বা প্রমাণের বিচার-বিবেচনা না করে নিজের বিশ্বাসই ঠিক এবং অন্য সকলের তা গ্রহণ করা উচিত এরকম নিশ্চিত ভাব সম্বলিত; হঠবাদী, মতাভিমানী ▶ **dogmatically** / -kli -ক্‌লি / *adv.* গোঁড়াভাবে

dogsbody / ˈdɒɡzbɒdi ˈডগ্‌জ্‌বডি / *noun* [C] (*pl.* **dogsbodies**) (*BrE informal*) a person who has to do the boring or unpleasant jobs that no one else wants to do and who is considered less important than other people একঘেয়ে বা অপ্রীতিকর কাজ যা অন্যেরা করতে চায় না সেই কাজ করতে বাধ্য হয় যে ব্যক্তি এবং যাকে অন্যদের তুলনায় কম গুরুত্বপূর্ণ বলে মনে করা হয়

do it yourself (especially *BrE*) = **DIY**

the doldrums / ˈdɒldrəmz ˈডল্‌ড্র্যাম্‌জ্ / *noun* [*pl.*] an area of the Atlantic Ocean near the line around the middle of the earth (**the equator**) where the weather can be calm for long periods of time or there can be sudden storms নিরক্ষরেখার কাছাকাছি আটলান্টিক মহাসাগরের যে অঞ্চল অনেক সময়কাল পর্যন্ত শান্ত থাকে অথবা হঠাৎ সেখানে ঝড়-ঝঞ্ঝা প্রবাহিত হয়; নিরক্ষীয় শান্তবলয়

PHR V **in the doldrums** **1** not active or busy গতিহীন, ব্যস্ত নয়, অচঞ্চল *Business has been in the doldrums recently.* **2** sad or unhappy দুঃখিত, অসুখী, বিষণ্ণ

dole[1] / dəʊl ড্যাউল্ / *verb* (*informal*)

PHR V **dole sth out** to give sth, especially food, money, etc. in small amounts to a number of people (স্বল্প পরিমাণে খাবার, অর্থ ইত্যাদি) লোককে বিতরণ করা বা দান করা

the dole[2] / dəʊl ড্যাউল্ / *noun* [*sing.*] (*BrE informal*) money that the State gives every week to people who are unemployed বেকার-ভাতা (সরকার দ্বারা প্রদত্ত) *I lost my job and had to go* ***on the dole***.

doleful / ˈdəʊlfl ˈড্যাউল্‌ফ্‌ল্ / *adj.* sad or unhappy দুঃখিত, অসুখী, করুণ, বিষণ্ণ *She looked at him with doleful eyes.* ▶ **dolefully** / -fəli -ফ্যালি / *adv.* যন্ত্রণাকাতরভাবে, বিষণ্ণভাবে

doll / dɒl ডল্ / *noun* [C] a child's toy that looks like a small person or a baby পুতুল, পুত্তলি, পুত্তলিকা

dollar / ˈdɒlə(r) ˈডল্যা(র্) / *noun* **1** [C] (*symbol* $) a unit of money in some countries, for example the US, Canada and Australia মার্কিন যুক্তরাষ্ট্র, কানাডা এবং অস্ট্রেলিয়া ইত্যাদি দেশে প্রচলিত মুদ্রার একক; ডলার **NOTE** এক ডলারে 100 **cents** থাকে। **2** [C] a note or coin that is worth one dollar যে নোট বা ধাতব মুদ্রার মূল্য এক ডলার **3 the dollar** [*sing.*] the value of the US dollar on international money markets আন্তর্জাতিক অর্থের বাজারে মার্কিন ডলারের মূল্য

dollop / ˈdɒləp ˈডল্যাপ্ / *noun* [C] (*informal*) a lump of sth soft, especially food নরম কোনো কিছুর দলা, প্রধানত খাদ্যের *a dollop of ice cream*

dolphin / ˈdɒlfɪn ˈডল্‌ফিন্ / *noun* [C] an intelligent animal that lives in the sea and looks like a large fish. Dolphins usually swim in large groups মাছের মতো দেখতে একধরনের বুদ্ধিমান সামুদ্রিক প্রাণী যারা সাধারণত দলবদ্ধভাবে সাঁতার কাটে; শুশুক, শিশুক, শিশুমার; ডলফিন

domain / dəˈmeɪn; ড্যাˈমেইন্; dəʊ- ড্যাউ- / *noun* [C] **1** an area of knowledge or activity চিন্তাভাবনা, জ্ঞান অথবা কাজকর্মের ক্ষেত্র *I don't know—that's outside my domain.* ○ *This issue is now* ***in the public domain*** (= the public knows about it). **2** (*computing*) a set of Internet addresses that end with the same group of letters এক গুচ্ছ ইন্টারনেটের ঠিকানা যা একই বর্গের বর্ণগুচ্ছে শেষ হয়; ডোমেন

dome /dəʊm ড্যাউম্ / *noun* [C] a round roof on a building গম্বুজাকৃতি বাড়ির ছাদ; গম্বুজ *the dome of Taj Mahal* ▶ **domed** *adj.* গম্বুজওয়ালা *a domed roof*

domestic / dəˈmestɪk ড্যাˈমেস্‌টিক্ / *adj.* **1** not international; only within one country অন্তর্দেশীয়; স্বদেশি, দেশি *domestic flights* ○ *domestic affairs/politics* **2** (*only before a noun*) connected with the home or family গৃহ অথবা পরিবারের সঙ্গে সংযুক্ত; গার্হস্থ্য, পারিবারিক, সাংসারিক *domestic chores/tasks* ○ *the growing problem of* ***domestic violence*** (= violence between members of the same family) **3** (used about animals) kept as pets or on farms; not wild (পশু সম্বন্ধে ব্যবহৃত) পোষ্য, গৃহপালিত; বন্য নয় এমন *domestic animals such as cats, dogs and horses* **4** (used about a person) enjoying doing things in the home, such as cooking and cleaning (ব্যক্তি সম্বন্ধে ব্যবহৃত) বাড়িতে রান্না, ঘরদোর পরিষ্কার ইত্যাদি ধরনের কাজ করতে পছন্দ করে এমন; ঘরমুখো, সংসারী

domesticate / dəˈmestɪkeɪt ড্যাˈমেস্‌টিকেইট্ / *verb* [T] to tame animals and cultivate plants for food খাদ্য উৎপাদনের জন্য পশুপালন এবং কৃষিকাজ করা

domesticated / dəˈmestɪkeɪtɪd ড্যা'মেস্‌টিকেইটিড্ / *adj.* **1** (used about animals) happy being near people and being controlled by them (পশু সম্বন্ধে ব্যবহৃত) পোষ মানা, পোষ্য **2** (used about people) good at cleaning the house, cooking, etc. (ব্যক্তি সম্বন্ধে ব্যবহৃত) ঘর পরিষ্কার, রান্না ইত্যাদিতে পটু *Men are expected to be much more domesticated nowadays.*

domicile / ˈdɒmɪsaɪl 'ডমিসাইল্ / *noun* [C] (*formal* or *law*) the place or country of residence, which is legally or officially recognized আইনসম্মতভাবে বা আনুষ্ঠানিকভাবে স্বীকৃত স্থায়ী বাসস্থান (কোনো স্থান বা দেশ) বা আবাস; নিবাস

dominance / ˈdɒmɪnəns 'ডমিন্যান্স্ / *noun* [U] control or power ক্ষমতা, আধিপত্য, নিয়ন্ত্রণ *Japan's dominance of the car industry*

dominant / ˈdɒmɪnənt 'ডমিন্যান্ট্ / *adj.* **1** more powerful, important or noticeable than others অন্যদের থেকে বেশি ক্ষমতাশালী, গুরুত্বপূর্ণ অথবা লক্ষণীয়; প্রভাবশালী, প্রবল ব্যক্তিত্বের অধিকারী *His mother was the dominant influence in his life.* **2** (*technical*) a **dominant** physical characteristic, for example brown eyes, appears in a child even if it has only one **gene** গুরুত্বপূর্ণ শারীরিক যে-কোনো বৈশিষ্ট্য, যেমন বাদামি রঙের চোখ, যা বাবা অথবা মা যে-কোনো একজনের জিন থাকলেও শিশুর মধ্যে দেখা যায় ⇨ **recessive** দেখো।

dominate / ˈdɒmɪneɪt 'ডমিনেইট্ / *verb* **1** [I, T] to be more powerful, important or noticeable than others অন্যদের থেকে বেশি ক্ষমতাশালী, গুরুত্বপূর্ণ বা লক্ষণীয়ভাবে বিশিষ্ট হওয়া; আধিপত্য ও ক্ষমতা বিস্তার করা, নিজেকে জাহির করা *The Italian team dominated throughout the second half of the game.* ○ *She always tends to dominate the conversation.* **2** [T] (used about a building or place) to be much higher than everything else (কোনো বড়ো বাড়ি বা জায়গা সম্বন্ধে ব্যবহৃত) অন্য সবগুলির থেকে বেশি উচ্চতাসম্পন্ন হওয়া *The palace dominates the area for miles around.* ▶ **domination** / ˌdɒmɪˈneɪʃn ˌডমি'নেইশ্‌ন্ / *noun* [U] আধিপত্য, প্রাধান্য, কর্তৃত্ব

domineering / ˌdɒmɪˈnɪərɪŋ ˌডমি'নিঅ্যারিং / *adj.* having a very strong character and wanting to control other people দৃঢ় চরিত্রবিশিষ্ট এবং অন্যের উপর আধিপত্য এবং নিয়ন্ত্রণ করতে চায় এমন

dominion / dəˈmɪniən ড্যা'মিনিঅ্যান্ / *noun* (*formal*) **1** [U] the power to rule and control শাসনের ক্ষমতা, আধিপত্য, কর্তৃত্ব *to have dominion over an area* **2** [C] an area controlled by one government or ruler এক সরকার অথবা শাসকের দ্বারা নিয়ন্ত্রিত রাজ্য; রাজত্ব *the dominions of the Mughal empire*

domino / ˈdɒmɪnəʊ 'ডমিন্যাউ / *noun* [C] (*pl.* **dominoes**) one of a set of small flat pieces of wood or plastic, marked on one side with two groups of spots representing numbers, that are used for playing a game (**dominoes**) একইদিকে দুইধরনের সংখ্যা নির্দেশক দাগসহ কাঠ বা প্লাস্টিকের চ্যাপটা টুকরোসমূহের যে-কোনো একটি যা কোনো খেলায় ব্যবহৃত হয়; খেলার ঘুঁটি

donate / dəʊˈneɪt ড্যাউ'নেইট্ / *verb* [T] **donate sth (to sb/sth)** to give money or goods to an organization, especially one for people or animals who need help (বিশেষত অভাবী মানুষ বা অন্য প্রাণীদের সাহায্যার্থে কোনো সংস্থাকে) অর্থ, দ্রব্য ইত্যাদি দান করা *She donated a large sum of money to cancer research.*

donation / dəʊˈneɪʃn ড্যাউ'নেইশ্‌ন্ / *noun* [C] money, etc. that is given to a person or an organization such as a charity, in order to help people or animals in need মানুষ অথবা প্রাণীদের সাহায্যার্থে কোনো ব্যক্তি বা কোনো সংস্থাকে (যেমন কোনো দাতব্য প্রতিষ্ঠানকে) প্রদত্ত অর্থ ইত্যাদি; দান করে দেওয়া জিনিস; দান

done[1] ⇨ **do**-এর past participle

done[2] / dʌn ডান্ / *adj.* (*not before a noun*) **1** finished সমাপ্তি, শেষ *I've got to go out as soon as this job is done.* **2** (used about food) cooked enough (খাদ্য সম্বন্ধে ব্যবহৃত) ভালোভাবে সিদ্ধ হয়েছে এমন রান্না *The meat's ready but the vegetables still aren't done.*

IDM over and done with completely finished; in the past সম্পূর্ণভাবে সমাপ্ত, একেবারেই শেষ; বিগত, অতীতে

done[3] / dʌn ডান্ / *exclamation* used for saying that you accept an offer কোনো প্রস্তাবে রাজি হওয়া বা স্বীকৃতি দেওয়া বোঝাতে ব্যবহৃত অভিব্যক্তিবিশেষ *'I'll give you twenty ruppes for it.' 'Done!'*

donkey / ˈdɒŋki 'ডাংকি / *noun* [C] (*also* **ass**) an animal like a small horse, with long ears গাধা, গর্দভ

IDM donkey's years (*informal*) a very long time দীর্ঘদিন, বহুকাল *They've known each other for donkey's years.*

donor / ˈdəʊnə(r) 'ড্যাউন্যা(র্) / *noun* [C] **1** a person who gives blood or a part of his/her own body for medical use (চিকিৎসার কাজে ব্যবহারের জন্য) রক্ত বা কোনো প্রত্যঙ্গ দানকারী ব্যক্তি; দাতা, দানকারী; ডোনার *a blood/kidney donor* **2** somebody who gives money or goods to an organization that helps people or animals পশু বা মানুষের হিতার্থে যে প্রতিষ্ঠান কাজ করে তাদের অর্থ বা দ্রব্য দান করে যে ব্যক্তি

don't ⇨ **do** দেখো।

donut (*AmE*) = **doughnut**

doodle / 'du:dl 'ডূড্ল্ / *verb* [I] to draw lines, patterns, etc. without thinking, especially when you are bored (অন্যমনস্কভাবে বা একঘেয়েমি লাগায়) আঁকিবুকি কাটা, হিজিবিজি লেখা ▶ **doodle** *noun* [C] হিজিবিজি, আঁকিবুকি

doom / du:m ডূম্ / *noun* [U] death or a terrible event in the future which you cannot avoid অনিবার্য ধ্বংস, আকস্মিক মৃত্যু, নিয়তি, অনিবার্য পরিণতি *a sense of impending doom* (= that something bad is going to happen) ▶ **doomed** *adj.* অনিবার্য ধ্বংস নিশ্চিত এমন *The plan was doomed from the start.*

door / dɔ:(r) ডঃ(র্) / *noun* [C] **1** a piece of wood, glass, etc. that you open and close to get in or out of a room, building, car, etc. দরজা, দ্বার, দুয়ার, কপাট (কক্ষ, বাড়ি, গাড়ি ইত্যাদির) *to open/shut/close the door* ○ *to answer the door* (= to open the door when sb knocks or rings the bell) **2** the entrance to a building, room, car, etc. (গৃহ, কক্ষ, গাড়ি ইত্যাদিতে) ঢোকার পথ, প্রবেশ দ্বার, প্রবেশপথ *I looked through the door and saw her sitting there.*

IDM **(from) door to door** (from) house to house দরজায় দরজায়, বাড়িতে বাড়িতে, দোরে দোরে *The journey takes about five hours, door to door.* ○ *a door-to-door salesman* (= a person who visits people in their homes to try and sell them things)

next door (to sb/sth) in the next house, room, etc. পাশের ঘর বা পাশের বাড়ি ইত্যাদিতে *Do you know the people who live next door?*

out of doors outside বাইরে, খোলা জায়গায় *Shall we eat out of doors today?* ✪ সম **outdoors** ✪ বিপ **indoors**

doorbell / 'dɔ:bel 'ডঃবেল্ / *noun* [C] a bell on the outside of a house which you ring when you want to go in দরজার বাইরে লাগানো ঘণ্টা যা বাজালে বাড়ির ভিতরের লোক শুনতে পায়; কলিংবেল

doorman / 'dɔ:mən 'ডঃম্যান্ / *noun* [C] (*pl.* **-men** / -mən -ম্যান্ /) a man, often in uniform, whose job is to stand at the entrance to a large building such as a hotel or a theatre, and open the door for visitors, find them taxis, etc. (কোনো হোটেল বা প্রেক্ষাগৃহে) প্রায়ই উর্দিপরিহিত দ্বাররক্ষী; যার কাজ দ্বার পাহারা দেওয়া, দর্শক বা অতিথির জন্য দরজা খুলে দেওয়া, তাদের জন্য ট্যাক্সি খোঁজা ইত্যাদি

doormat / 'dɔ:mæt 'ডঃম্যাট্ / *noun* [C] **1** a piece of material on the floor in front of a door which you can clean your shoes on before going inside

পাপোশ **2** (*informal*) a person who allows other people to treat him/her badly without complaining যার সঙ্গে লোকে খারাপ ব্যবহার করলেও সে কোনো আপত্তি জানায় না; নির্বিকার ব্যক্তি

doorstep / 'dɔ:step 'ডঃস্টেপ্ / *noun* [C] a step in front of a door outside a building বাড়ির বাইরের দরজার সামনের সিঁড়ি

IDM **on your/the doorstep** very near to you খুব কাছে; নিকটবর্তী *The sea was right on our doorstep.*

doorway / 'dɔ:weɪ 'ডঃউএই / *noun* [C] an opening filled by a door leading into a building, room, etc. (বাড়ি, কক্ষ ইত্যাদির) প্রবেশপথ, দেউড়ি *She was standing in the doorway.*

dope¹ / dəʊp ড্যাউপ্ / *noun* (*informal*) **1** [U] an illegal drug, especially **cannabis** or **marijuana** অবৈধ নেশার বস্তু বা মাদক দ্রব্য, যেমন গাঁজা, চরস, মারিজুয়ানা **2** [C] a stupid person বোকা লোক, নির্বোধ ব্যক্তি, বুদ্ধু *What a dope!*

dope² / dəʊp ড্যাউপ্ / *verb* [T] to give a drug secretly to a person or an animal, especially to make him/her/it sleep ঘুম পাড়ানোর জন্য কোনো ব্যক্তি বা কোনো প্রাণীর উপর তার অজান্তে ঔষধ প্রয়োগ করা, নেশাগ্রস্ত করা, বুঁদ করা

dopey / 'dəʊpi 'ড্যাউপি / *adj.* **1** tired and not able to think clearly, especially because of drugs, alcohol or lack of sleep বিশেষত ঔষধ, মাদকদ্রব্য বা অনিদ্রার কারণে পরিশ্রান্ত এবং পরিষ্কারভাবে চিন্তা করতে অসমর্থ; নেশাগ্রস্ত, আধঘুমন্ত **2** (*informal*) stupid; not intelligent বোকা; বুদ্ধিমান নয়

dormant / 'dɔ:mənt 'ডঃম্যান্ট্ / *adj.* not active for some time (কিছু সময়ের জন্য) অকেজো, নিষ্ক্রিয়, সুপ্ত, প্রচ্ছন্ন *a dormant volcano*

dormitory / 'dɔ:mətri 'ডঃম্যাট্রি / *noun* [C] (*pl.* **dormitories**) (*also* **dorm**) **1** a large bedroom with a number of beds in it, especially in a school, etc. বড়ো শোয়ার ঘর যেখানে একসঙ্গে আলাদা আলাদাভাবে অনেকগুলি বিছানা থাকে (বিশেষত কোনো বিদ্যালয় ইত্যাদিতে); ডরমিটারি **2** (*AmE*) a building at a college or university where students live মহাবিদ্যালয় বা বিশ্ববিদ্যালয়ের ছাত্রাবাস

dorsal / 'dɔ:sl 'ডঃস্ল্ / *adj.* (*only before a noun*) on or connected with the back of a fish or an animal মাছের পিঠের পাখনায় বা সেই সংক্রান্ত *a shark's dorsal fin* ⇨ **pectoral** এবং **ventral** দেখো এবং **fish**-এ ছবি দেখো।

dosa *noun* [C] a south Indian pancake made form finely ground rice and lentils. It is sometimes stuffed with spiced vegetables and is usually eaten with **chutney** চাল এবং ডাল পিষে

বানানো প্যানকেকের মতো দক্ষিণ ভারতীয় খাবার। এর মধ্যে কখনো কখনো মশলাদার তরকারি ভরা থাকে এবং এটি চাটনির সঙ্গে পরিবেশন করা হয়; দোসা

dosage / ˈdəʊsɪdʒ ˈড্যাউসিজ্ / *noun* [C, *usually sing.*] the amount of a medicine you should take over a period of time নির্দিষ্ট সময়কাল ধরে খাওয়ার জন্য ওষুধের মাত্রা বা পরিমাণ *The recommended dosage is one tablet every four hours.*

dose[1] / dəʊs ড্যাউস্ / *nonu* [C] **1** an amount of medicine that you take at one time একবারে খাওয়ার জন্য ওষুধের পরিমাণ ➪ **overdose** দেখো। **2** an amount of sth, especially sth unpleasant কোনো কিছুর পরিমাণ, বিশেষত অপ্রীতিকর কিছু *a dose of the flu.*

dose[2] / dəʊs ড্যাউস্ / *verb* [T] to give sb/yourself a medicine or drug নিজে ওষুধ খাওয়া বা কোনো ব্যক্তিকে ওষুধ খাওয়ানো *She dosed herself with aspirin and went to work.*

dossier / ˈdɒsieɪ ˈডসিএই / *noun* [C] a collection of papers containing detailed information about a person, an event or a subject কোনো ব্যক্তি, ঘটনা বা বিষয় সম্পর্কে বিস্তারিত তথ্যসম্বলিত নথিপত্র *The police probably have a dossier on him.*

dot[1] / dɒt ডট্ / *noun* [C] **1** a small, round mark, like a full stop ফুলস্টপের মতো একটি গোল চিহ্ন; ফুটকি, বিন্দু *a white dress with black dots* ○ *The letters 'i' and 'j' have dots above them.*

> **NOTE** কোনো ব্যক্তির **email** ঠিকানায় **dot** শব্দটি ব্যবহার করা হয়। যেমন **paromita@gmail.com** ঠিকানাটি 'Paromita **at** gmail **dot** com' পড়া হবে।

2 something that looks like a dot যা ডটের মতো দেখায়, বিন্দুর মতো দেখতে *He watched until the aeroplane was just a dot in the sky.*

IDM on the dot (*informal*) at exactly the right time or at exactly the time mentioned একদম সঠিক সময়ে বা একেবারে যে সময় বলা হয়েছিল ঠিক সেই সময়ে, কাঁটায় কাঁটায়

dot[2] / dɒt ডট্ / *verb* [T] (**dotting; dotted**) (*usually passive*) to mark with a dot বিন্দু দ্বারা চিহ্নিত করা

IDM be dotted about/around to be spread over an area চারিদিকে ছড়িয়ে দেওয়া বা ছড়িয়ে যাওয়া *There are restaurants dotted about all over the centre of town.*

be dotted with to have several things or people in or on it কোনো স্থানে অনেক বস্তু বা ব্যক্তি ছড়িয়ে থাকা *a hillside dotted with sheep*

dot-com / ˌdɒtˈkɒm ˌডট্ˈকম্ / *noun* [C] (*computing*) a company that sells goods and services on the Internet যে ব্যাবসা প্রতিষ্ঠান ইন্টারনেটের মাধ্যমে জিনিসপত্র বেচাকেনা এবং বিভিন্ন পরিষেবার ব্যাবসা চালায়

dote / dəʊt ড্যাউট্ / *verb* [I] **dote on sb/sth** to have or show a lot of love for sb/sth and think he/she/it is perfect কোনো ব্যক্তি বা বস্তুর প্রতি খুব বেশি রকমের স্নেহ ভালোবাসা দেখানো এবং মনে করা যে সেই ব্যক্তি বা বস্তু একেবারে যথাযথ বা নির্ভুল; স্নেহান্ধ হওয়া, মোহগ্রস্ত হওয়া *He's always doted on his eldest son.*

▶ **doting** *adj.* স্নেহান্ধ *doting parents*

dotted line *noun* [C] a line of small round marks (**dots**) which show where sth is to be written on a form, etc. কোনো ফর্ম বা আবেদনপত্র ইত্যাদিতে লেখার জায়গা নির্দিষ্টভাবে দেখানোর জন্য ব্যবহৃত ফুটকি রেখা; বিন্দুরেখা *Sign on the dotted line.*

double[1] / ˈdʌbl ˈডাব্‌ল্ / *adj., det.* **1** twice as much or as many (as usual) সাধারণের দ্বিগুণ, দ্বিগুণের সমান *His income is double hers.* ○ *We'll need double the amount of juice.* **2** having two equal or similar parts দুটি সমান বা সদৃশ অংশবিশিষ্ট; জুটি, জোড়া *double doors* ○ *My phone number is two four double three four* (=24334). **3** made for or used by two people or things দুজন লোকের ব্যবহারের জন্য তৈরি বা ব্যবহৃত *a double garage*

double[2] / ˈdʌbl ˈডাব্‌ল্ / *adv.* in twos or two parts দুভাগে বা দুটিতে *When I saw her with her twin sister I thought I was* ***seeing double***.

double[3] / ˈdʌbl ˈডাব্‌ল্ / *noun* **1** [U] twice the (usual) number or amount দ্বিগুণ পরিমাণ *When you work overtime, you get paid double.* **2** [C] a person who looks very much like another যে ব্যক্তি হুবহু অন্য ব্যক্তির মতো দেখতে; অবিকল *I thought it was you I saw in the supermarket. You must have a double.* **3** [C] an actor who replaces another actor in a film to do dangerous or other special things কোনো একজন অভিনেতার জায়গায় যে আর একজন অভিনেতা তার হয়ে বিপজ্জনক বা অন্যান্য বিশেষ জায়গাগুলি অভিনয় করে **4** [C] a bedroom for two people in a hotel, etc. কোনো হোটেল ইত্যাদিতে দ্বি-শয্যাবিশিষ্ট কক্ষ **5 doubles** [*pl.*] (in some sports, for example tennis) with two pairs playing (কোনো কোনো খেলায় যেমন টেনিসে) যখন দুজন খেলোয়াড় একদিকে খেলে *the Men's Doubles final*

double[4] / ˈdʌbl ˈডাব্‌ল্ / *verb* **1** [I, T] to become or to make sth twice as much or as many; to multiply by two (সংখ্যায় বা পরিমাণে) দ্বিগুণিত হওয়া বা কোনো বস্তুকে দ্বিগুণিত করা; দ্বিগুণ করা, দুই দিয়ে গুণ করা *The price of houses has almost doubled.* ○ *Think of a number and double it.* **2** [I] **double (up) as sth** to have a second use or function যে জিনিস

দুভাবে ব্যবহার করা যায়; দ্বৈত ব্যবহার বা ক্রিয়া *The small room doubles (up) as a study.*

PHR V **double (sb) up/over** (to cause sb) to bend the body (কোনো কারণে) শরীর নুয়ে যাওয়া *to be doubled up with pain/laughter*

double-barrelled (*AmE* **double-barreled**) *adj.* **1** (used about a gun) having two long metal tubes through which bullets are fired (**barrels**) দুনলা (বন্দুক সম্বন্ধে ব্যবহৃত) **2** (used about a family name) having two parts, sometimes joined by the mark (-) (**a hyphen**) (পদবি সম্বন্ধে ব্যবহৃত) হাইফেন দ্বারা যুক্ত দুই পদবি যেমন লাহিড়ী-চৌধুরী *Mr Day-Lewis*

double bass (*also* **bass**) *noun* [C] the largest musical instrument with strings, that you can play either standing up or sitting down তারের সব থেকে বড়ো বাদ্যযন্ত্র যা বসেও বাজানো যায়, দাঁড়িয়েও বাজানো যায় ➪ **piano**-তে নোট দেখো।

double-breasted *adj.* (used about a coat or jacket) having two rows of buttons down the front (কোনো কোট বা জ্যাকেট সম্বন্ধে ব্যবহৃত) যার সামনের দিকে দুসারি বোতাম থাকে ➪ **single-breasted** দেখো।

double-check *verb* [I, T] to check sth again, or with great care ভালোভাবে বা আরও যত্ন সহকারে আবার পরীক্ষা করা

double chin *noun* [C] fat under a person's chin that looks like another chin চিবুকের তলায় জমা মাংস যা আর একটি চিবুকের মতো দেখায়

double-cross *verb* [T] to cheat sb who believes that he/she can trust you after you have agreed to do sth dishonest together একসঙ্গে অসৎ কোনো কাজ করতে সম্মত হওয়ার পরে সেই ব্যক্তিকেই ঠকানো বা তার সঙ্গে প্রতারণা করা

double-decker *noun* [C] a bus with two floors দোতলা বাস

double Dutch *noun* [U] conversation or writing that you cannot understand at all দুর্বোধ্য কথোপকথন বা লেখা

double figures *noun* [U] a number that is more than nine নয় এর থেকে বেশি যে-কোনো সংখ্যা *Inflation is now **in double figures**.*

double glazing *noun* [U] two layers of glass in a window to keep a building warm or quiet জানলা ইত্যাদিতে পরপর দুটি কাচের স্তর (ঘর গরম অথবা শব্দমুক্ত রাখার জন্য) ▶ **double-glazed** *adj.* দুই স্তর কাচসহ

doubly / ˈdʌbli ˈডাব্‌লি / *adv.* **1** in two ways দুদিক থেকে*He was doubly blessed with both good looks and talent.* **2** more than usually স্বাভাবিকের থেকে বেশি *I made doubly sure that the door was locked.*

doubt[1] / daʊt ডাউট্ / *noun* [C, U] **doubt (about sth); doubt that... ; doubt as to sth** (a feeling of) uncertainty (মনোভাব) অনিশ্চয়তা, সংশয়, সন্দেহ, অবিশ্বাস *If you have any doubts about the job, feel free to ring me and discuss them.* ○ *There's some doubt that Jassi will pass the exam.*

IDM **cast doubt on sth** ➪ **cast**[1] দেখো।

give sb the benefit of the doubt ➪ **benefit**[1] দেখো।

in doubt not sure or definite নিশ্চিত নয়, সন্দেহ আছে এমন

no doubt (used when you expect sth to happen but you are not sure that it will) probably (কোনো ঘটনা প্রত্যাশিত অথচ অনিশ্চিত হলে ব্যবহৃত অভিব্যক্তিবিশেষ) সম্ভবত *No doubt she'll write when she has time.*

without (a) doubt নিশ্চিতভাবে, নিশ্চয়ই *It was, without doubt, the coldest winter for many years.*.

doubt[2] / daʊt ডাউট্ / *verb* [T] to think sth is unlikely or to feel uncertain (about sth) (কোনো কিছু সম্বন্ধে) সন্দেহ করা, সংশয় করা *She never doubted that he was telling the truth.* ○ *He had never doubted her support.*

doubtful / ˈdaʊtfl ˈডাউট্‌ফ্‌ল্ / *adj.* **1** unlikely or uncertain সন্দেহজনক, সংশয়াপন্ন, অনিশ্চিত *It's doubtful whether/if we'll finish in time.* ○ *It was doubtful that he was still alive.* **2 doubtful (about sth/about doing sth)** (used about a person) not sure (কোনো ব্যক্তি সম্বন্ধে ব্যবহৃত) সন্দেহগ্রস্ত, দ্বিধাগ্রস্ত *He still felt doubtful about his decision.* ▶ **doubtfully** / -fəli -ফ্যালি / *adv.* সন্দেহজনকভাবে *'I suppose it'll be all right,' she said doubtfully.*

doubtless / ˈdaʊtləs ˈডাউট্‌ল্যাস্ / *adv.* almost certainly প্রায় সন্দেহাতীতভাবে; নিঃসন্দেহে, নিঃসংশয়ে *Doubtless she'll have a good excuse for being late!*

dough / dəʊ ড্যাউ / *noun* [U] **1** a mixture of flour, water, etc. used for baking into bread, etc. (রুটি ইত্যাদি তৈরি করতে ব্যবহৃত) জল দিয়ে মাখা ময়দা বা আটার দলা; **2** (*informal*) money অর্থ, মালকড়ি

doughnut (*AmE* **donut**) / ˈdəʊnʌt ˈড্যাউনাট্ / *noun* [C] a small cake in the shape of a ball or a ring, made from a sweet dough cooked in very hot oil মিষ্টিসমেত মাখা ময়দার দলা থেকে গোল বল বা আংটির আকারে তৈরি করে খুব গরম তেলে ভেজে যে গোল রুটি বা ছোটো কেক প্রস্তুত করা হয়; ডোনাট

dour / ˌdʊə(r) ˌডুঅ্যা(র্) / *adj.* (used about a person's manner or expression) cold and unfriendly (ব্যক্তির বাচনভঙ্গি ও আচরণ সম্বন্ধে ব্যবহৃত) শীতল এবং বন্ধুত্বপূর্ণ নয় এমন; কঠোর, উগ্র

douse (*also* **dowse**) / daʊs ডাউস্ / *verb* [T] **1 douse sth (with sth)** to stop a fire from burning by pouring liquid over it জল বা কোনো তরল পদার্থ ঢেলে আগুন নেভানো *The firefighters managed to douse the flames.* **2 douse sb/sth (in/with sth)** to cover sb/sth with liquid কোনো ব্যক্তি বা বস্তুকে তরল পদার্থ দিয়ে ভেজানো *to douse yourself in perfume* (= wear too much of it)

dove[1] / dʌv ডাভ্ / *noun* [C] a type of white bird, often used as a sign of peace সাদা পায়রা যা প্রায়ই শান্তির প্রতীক হিসাবে ব্যবহৃত হয়

dove[2] / dəʊv ড্যাউভ্ / ⇨ (*AmE*) **dive**[1]-এর past tense

dowdy / ˈdaʊdi ˈডাউডি / *adj.* (used about a person or the clothes he/she wears) not attractive or fashionable (কোনো ব্যক্তি বা তার পোশাক সম্বন্ধে ব্যবহৃত) আকর্ষণীয় বা কেতাদুরস্ত নয় এমন

down[1] / daʊn ডাউন্ / *adv., prep.* **1** to or at a lower level or place; from the top towards the bottom of sth কোনো উপরের স্থান বা স্তর থেকে নীচে, কোনো বস্তুর উপর থেকে নীচের দিকে; নিম্নমুখী, নিম্নে *Can you get that book down from the top shelf?* ○ *Her hair hung down her back.* ○ *The rain was running down the window.* **2** along বরাবর *We sailed down the river towards the sea.* ○ *'Where's the nearest garage?' 'Go down this road and take the first turning on the right.'* **3** from a standing or vertical position to a sitting or horizontal one দাঁড়ানো বা সোজা অবস্থা থেকে শায়িত বা আড়াআড়ি অবস্থা *I think I'll sit/lie down.* **4** to or in the south দক্ষিণমুখী, দক্ষিণে *We went down to Chennai for our holiday.* **5** used for showing that the level, amount, strength, etc. of sth is less or lower কোনো কিছুর মাত্রা, শক্তি, পরিমাণ ইত্যাদির অল্পতা বা ঘাটতি দেখানোর জন্য ব্যবহৃত অভিব্যক্তিবিশেষ *Do you mind if I turn the heating down a bit?* **6** (*written*) on paper কাগজে *Put these dates down in your diary.* **7 down to sb/sth** even including সব কিছু ধরে নেওয়া হয়েছে বা পরিগণিত করা হয়েছে এমন *We had everything planned down to the last detail.*

IDM be down to sb to be sb's responsibility কারও দায়িত্বে থাকা, কারও দায়িত্ব নেওয়া *When my father died it was down to me to look after the family's affairs.*

be down to sth to have only the amount mentioned left যেটুকু উল্লেখ করা হচ্ছে কেবলমাত্র সেই পরিমাণ অবশিষ্ট আছে এমন *I need to do some washing—I'm down to my last shirt.*

down and out having no money, job or home বাড়ি, চাকুরি বা অর্থ নেই এমন, একেবারেই সম্বলহীন, জীবনযুদ্ধে পরাস্ত

down under (*informal*) (in) Australia অস্ট্রেলিয়ায়

down[2] / daʊn ডাউন্ / *verb* [T] (*informal*) to finish a drink quickly খুব তাড়াতাড়ি কোনো পানীয় (প্রধানত মদ্য জাতীয়) শেষ করে ফেলা *She* ***downed*** *her drink* ***in one*** (= she drank the whole glass without stopping).

down[3] / daʊn ডাউন্ / *adj.* **1** sad মনমরা, অখুশি, মলিন *You're looking a bit down today.* **2** lower than before আগের থেকে নিম্নমুখী *Unemployment figures are down again this month.* **3** (used about computers) not working (কম্পিউটারের সম্বন্ধে ব্যবহৃত) কাজ করছে না এমন, বিকল *I can't access the file as our computers have been down all morning.*

down[4] / daʊn ডাউন্ / *noun* [U] very soft feathers নরম পালক *a duvet filled with duck down*

IDM ups and downs ⇨ **up**[2] দেখো।

down-and-out *noun* [C] a person who has got no money, job or home একেবারেই সহায়সম্বলহীন, জীবনযুদ্ধে পরাস্ত ব্যক্তি; বাড়ি, চাকুরি বা অর্থ নেই যে ব্যক্তির

downcast / ˈdaʊnkɑ:st ˈডাউন্কা:স্ট্ / *adj.* **1** (used about a person) sad and without hope (কোনো ব্যক্তি সম্বন্ধে ব্যবহৃত) বিষণ্ণ, মনমরা, হতাশ **2** (used about eyes) looking down (দৃষ্টি বা চোখ সম্বন্ধে ব্যবহৃত) আনত, অধোবদন

downfall / ˈdaʊnfɔ:l ˈডাউন্ফ:ল্ / *noun* [*sing.*] a loss of a person's money, power, social position, etc.; the thing that causes this অর্থ, ক্ষমতা, সামাজিক প্রতিষ্ঠা ইত্যাদির নাশ বা ক্ষতি; এই অবস্থার কারণ যে বস্তু *The government's downfall seemed inevitable.* ○ *Greed was her downfall.*

downgrade / ˌdaʊnˈgreɪd ˌডাউন্ˈগ্রেইড্ / *verb* [T] **downgrade sb/sth (from sth) (to sth)** to reduce sb/sth to a lower level or position of importance কোনো ব্যক্তি বা বস্তুকে অপেক্ষাকৃত নিম্নস্তরে বা শ্রেণিতে নামিয়ে আনা *Shamim's been downgraded from manager to assistant manager.*

downhearted / ˌdaʊnˈhɑ:tɪd ˌডাউন্ˈহা:টিড্ / *adj.* sad বিষণ্ণ, মনমরা, দুঃখিত

downhill / ˌdaʊnˈhɪl ˌডাউন্ˈহিল্ / *adj., adv.* (going) in a downward direction; towards the bottom of a hill (গমন) নীচের দিকে ; পাহাড়ের নীচের দিকে *It's an easy walk. The road runs downhill most of the way.* ✪ বিপ **uphill**

IDM go downhill to get worse খারাপ হয়ে যাওয়া, অধঃপতন ঘটা *Their relationship has been going downhill for some time now.*

download[1] / ˌdaʊnˈləʊd ˌডাউন্ˈল্যাউড্ / *verb* [T] (*computing*) to copy a computer file, etc. from a large computer system to a smaller one কোনো বড়ো কম্পিউটার ব্যবস্থা থেকে কোনো ছোটো কম্পিউটার ব্যবস্থায় ফাইল ইত্যাদির নকল বা প্রতিলিপি বানানো; ডাউনলোড করা ✪ বিপ **upload[1]** ▶ **downloadable** / -əbl -অ্যাব্ল্ / *adj.* যে তথ্য এক কম্পিউটার থেকে অন্য কম্পিউটারে সরবরাহ করার যোগ্য

download[2] / ˈdaʊnləʊd ˈডাউন্ল্যাউড্ / *noun* (*computing*) **1** [U] the act or process of copying data from a large computer system to a smaller one কোনো বড়ো কম্পিউটার ব্যবস্থা থেকে অন্য ছোটো কম্পিউটার ব্যবস্থায় তথ্যের প্রতিলিপি বানানোর ক্রিয়া বা পদ্ধতি; ডাউনলোড **2** [C] a computer file that is copied from a large computer system to a smaller one কোনো বড়ো কম্পিউটার ব্যবস্থা থেকে ছোটো কম্পিউটার ব্যবস্থায় যে কম্পিউটার ফাইলের প্রতিলিপি বানানো হয়েছে *It's one of the most popular free software downloads.* ➪ **upload[2]** দেখো।

downmarket / ˌdaʊnˈmɑːkɪt ˌডাউন্ˈমা:কিট্ / *adj., adv.* cheap and of low quality নিম্নমানের এবং সস্তা জিনিস

downpour / ˈdaʊnpɔː(r) ˈডাউন্প:(র্) / *noun* [C] a heavy, sudden fall of rain (হঠাৎ) প্রবল বৃষ্টি, মুষলধারে বর্ষণ

downright / ˈdaʊnraɪt ˈডাউন্রাইট্ / *adj.* (*only before a noun*) (used about sth bad or unpleasant) complete (কোনো খারাপ বা অপ্রীতিকর বিষয়ের সম্বন্ধে ব্যবহৃত) সম্পূর্ণ, স্পষ্ট, ডাহা, পুরোদস্তুর *The holiday was a downright disaster.* ▶ **downright** *adv.* স্পষ্টভাবে, সম্পূর্ণভাবে *The way he spoke to me was downright rude!*

downside / ˈdaʊnsaɪd ˈডাউন্সাইড্ / *noun* [C, *usually sing.*] the disadvantages or negative aspects of sth কোনো বস্তুর অসুবিধাসমূহ বা নেতিবাচক দিকসমূহ, খারাপ বা মন্দ দিক *All good ideas have a downside.*

downsize / ˈdaʊnsaɪz ˈডাউন্সাইজ্ / *verb* [I, T] to reduce the number of people who work in a company, business, etc. in order to reduce costs খরচ কমানোর জন্য কোনো কোম্পানি, ব্যাবসা ইত্যাদির কর্মচারীর সংখ্যা কমানো, ছাঁটাই করা

Down's syndrome / ˈdaʊnz sɪndrəʊm ˈডাউন্জ় সিন্ড্র্যাউম্ / *noun* [U] a condition that some people are born with. People with this condition have a flat, wide face and lower than average intelligence একধরনের জন্মগত সমস্যা যার ফলে জাতকের মুখাবয়ব চ্যাপটা এবং চওড়া হয় আর সাধারণের তুলনায় কম বুদ্ধিমান হয়; ডাউনস সিন্ড্রোম

downstairs / ˌdaʊnˈsteəz ˌডাউন্ˈস্টেঅ্যাজ্ / *adv., adj.* towards or on a lower floor of a house or building নীচের তলায়, নীচের *He fell downstairs and broke his arm.* ✪ বিপ **upstairs**

downstream / ˌdaʊnˈstriːm ˌডাউন্ˈস্ট্রীম্ / *adv., adj.* in the direction in which a river flows নদী স্রোতের অভিমুখে, নদী যেদিকে বয় সেই দিকে *We were rowing downstream.* ✪ বিপ **upstream**

down-to-earth *adj.* (used about a person) sensible, realistic and practical (ব্যক্তি সম্পর্কে ব্যবহৃত) বুদ্ধিমান, বাস্তবমুখী, ব্যবহারিক জ্ঞানসম্পন্ন

downtrodden / ˈdaʊntrɒdn ˈডাউন্ট্রড্ন্ / *adj.* (used about a person) made to suffer bad treatment or living conditions by people in power, but being too tired, poor, ill, etc. to change this (কোনো ব্যক্তি সম্বন্ধে ব্যবহৃত) ক্ষমতাশালী ব্যক্তির দ্বারা নিপীড়িত (কিন্তু তা বদলানোর জন্য অত্যন্ত ক্লান্ত, দরিদ্র বা ভগ্নস্বাস্থ্য ইত্যাদি); অত্যাচারিত, অবহেলিত

downturn / ˈdaʊntɜːn ˈডাউন্টান্ / *noun* (*usually sing.*) **a downturn (in sth)** a drop in the amount of business that is done; a time when the economy becomes weaker ব্যবসায়ে মন্দা; অপেক্ষাকৃত দুর্বল অর্থনৈতিক অবস্থা বা সময় *a downturn in sales/trade/business* ✪ বিপ **upturn**

downward / ˈdaʊnwəd ˈডাউন্উঅ্যাড্ / *adj., adv.* (*only before a noun*) towards the ground or a lower level নিম্নমুখী, মাটির দিকে, অধোগামী *a downward movement* ▶ **downwards** / ˈdaʊnwədz ˈডাউন্উঅ্যাড্জ় / *adv.* নিম্নমুখে, নীচের দিকে *She laid the picture face downwards on the table.* ✪ বিপ **upward(s)**

dowry / ˈdaʊri ˈডাউরি / *noun* [C] (*pl.* **dowries**) an amount of money or property which, in some countries, a woman's family gives to the man she is marrying কোনো কোনো দেশে কন্যাপক্ষ থেকে পাত্র বা বরকে যে পরিমাণ অর্থ বা সম্পত্তি দেওয়া হয়; বরপণ, যৌতুক

dowse = **douse**

doz. *abbr.* dozen বারোটি, এক ডজন

doze / dəʊz ড্যাউজ় / *verb* [I] to sleep lightly and/or for a short time (অল্প সময়ের জন্য) ঝিমোনো, আধো ঘুমে থাকা *He was dozing in front of the television.* ▶ **doze** *noun* [*sing.*] ঝিমুনি

PHR V **doze off** to go to sleep, especially during the day দিনের বেলায় ঝিমোনো; তন্দ্রাচ্ছন্ন হওয়া *I'm sorry—I must have dozed off for a minute.*

dozen / ˈdʌzn ˈডাজ্ন্ / (*abbr.* **doz.**) *noun* [C] (*pl.* **dozen**) twelve or a group of twelve বারোটা বা বারোটার সমষ্টি; ডজন *A dozen eggs, please.* ○ *half a dozen* (= six) ○ *two dozen sheep*

IDM **dozens (of sth)** (*informal*) very many অনেক অনেক, রাশিকৃত, প্রচুর, গাদাগাদা *I've tried phoning her dozens of times.*

dozy / ˈdəʊzi ˈড্যাউজ়ি / *adj.* **1** wanting to sleep; not feeling awake ঘুমোতে ইচ্ছা করছে এমন, ঘুম ঘুম ভাব; নিদ্রায় আচ্ছন্ন **2** (*BrE informal*) stupid: not intelligent বোকা; বুদ্ধি নেই যার *You dozy thing—look what you've done!*

DPhil / ˌdiː ˈfɪl ˌডী ˈফিল্ / *abbr.* Doctor of Philosophy; an advanced university degree that you receive when you complete a piece of research into a special subject ডক্টর অফ ফিলজফির সংক্ষিপ্ত রূপ; কোনো বিশেষ বিষয়ে গবেষণা সম্পূর্ণ করার জন্য বিশ্ববিদ্যালয় দ্বারা প্রদত্ত উচ্চতর স্বীকৃতিপত্র; ডিফিল ✪ সম **PhD**

Dr *abbr.* doctor ডাক্তার *Dr Kamal Malik*

drab / dræb ড্র্যাব্ / *adj.* not interesting or attractive আকর্ষণীয় বা আগ্রহজনক নয় এমন; একঘেয়ে, ম্যাড়মেড়ে *a drab grey office building*

draft¹ / drɑːft ড্রাːফ্ট্ / *noun* [C] **1** a piece of writing, etc.which will probably be changed and improved; not the final version লেখার খসড়া ইত্যাদি যা (সম্ভবত) পরিবতন বা পরিমার্জন করে উন্নততর করা হয়; যা চূড়ান্ত নয় *the first draft of a speech/essay* **2** a written order to a bank to pay money to sb ব্যাংকের ড্রাফট, ব্যাংক হুন্ডি *Payment must be made by bank draft.* **3** (*AmE*) = **draught¹ 1**

draft² / drɑːft ড্রাːফ্ট্ / *verb* [T] **1** to make a first or early copy of a piece of writing কোনো কিছু ভালোভাবে লেখার আগে খসড়া করা *I'll draft a letter and show it to you before I type it.* **2** (*AmE*) (*usually passive*) to force sb to join the armed forces কাউকে সামরিক বাহিনীতে যোগ দিতে বাধ্য করা *He was drafted into the army.*

draftsman (*AmE*) = **draughtsman**

drafty (*AmE*) = **draughty**

drag¹ / dræg ড্র্যাগ্ / *verb* (**dragging; dragged**) **1** [T] to pull sb/sth along with difficulty কোনো রকমে কোনো ব্যক্তি বা বস্তুকে টেনে নিয়ে যাওয়া; হিঁচড়ে বা ঘষটে ঘষটে নিয়ে যাওয়া *The box was so heavy we had to drag it along the floor.* **2** [T] to make sb come or go somewhere কোনো ব্যক্তিকে সঙ্গে নিয়ে যাওয়ার জন্য বা কোথাও যাওয়ার জন্য টানাটানি বা ধরাধরি করা *She's always trying to drag me along to museums and galleries, but I'm not interested.* **3** [I] **drag (on)** to be boring or to seem to last a long time ক্লান্তিকর, দীর্ঘতর বা একঘেয়ে হওয়া *The speeches dragged on for hours.* **4** [T] (*computing*) to move sth across the screen of the computer using the mouse কম্পিউটারের পর্দায় একদিক থেকে আর একদিকে কোনো কিছু (মাউসের সাহায্যে) টেনে নিয়ে যাওয়া *Click on the file and drag it into the new folder.*

PHR V **drag sth out** to make sth last longer than necessary অনাবশ্যকভাবে বেশি দীর্ঘ করা বা টানা *Let's not drag this decision out—shall we go or not?*

drag sth out (of sb) to force or persuade sb to give you information কোনো ব্যক্তিকে জোর করে অথবা তোষামোদ করে বা কোনোভাবে রাজি করিয়ে খবর আদায় করা

drag² / dræg ড্র্যাগ্ / *noun* **1** [*sing.*] (*informal*) a person or thing that is boring or annoying একঘেয়ে অথবা বিরক্তিকর ব্যক্তি বা বিষয় *'The car's broken down.' 'Oh no! What a drag!'* **2** [C] an act of breathing in cigarette smoke সিগারেট খাওয়ার সময়ে লম্বা দম নেওয়ার ক্রিয়া; টান *He took a long drag on his cigarette.*

dragon / ˈdrægən ˈড্র্যাগ্যান্ / *noun* [C] (in stories) a large animal with wings, which can breathe fire (কাহিনিতে) ডানাযুক্ত বড়ো প্রাণী যার মুখ দিয়ে আগুন বেরোয়; ড্রাগন

dragonfly / ˈdrægənflaɪ ˈড্র্যাগ্যান্ফ্লাই / *noun* [C] (*pl.* **dragonflies**) an insect with a long thin body, often brightly coloured, and two pairs of large wings. Dragonflies often live near water লম্বা, সরু দেহবিশিষ্ট প্রায়ই উজ্জ্বল রঙের দু জোড়া বড়ো পাখাওয়ালা পতঙ্গবিশেষ। অনেক সময় এদের জলের ধারে দেখা যায়; গঙ্গাফড়িং, গয়ালপোকা ➪ **insect**-এ ছবি দেখো।

drain¹ / dreɪn ড্রেইন্ / *noun* [C] a pipe or hole in the ground that dirty water, etc. goes down to be carried away নর্দমা, নালি

IDM **a drain on sb/sth** something that uses up time, money, strength, etc. যার পিছনে সময়, অর্থ, শক্তি ইত্যাদি ব্যয়িত হয় *The cost of travelling is a great drain on our budget.*

(go) down the drain (*informal*) (to be) wasted নষ্ট হয়ে যাওয়া, কাজে না লাগা *All that hard work has gone down the drain.*

drain² / dreɪn ড্রেইন্ / *verb* **1** [I, T] to become empty or dry as liquid flows away and disappears; to make sth dry or empty in this way জল বয়ে বেরিয়ে যাওয়ার ফলে শুকিয়ে যাওয়া বা খালি হয়ে যাওয়া; এইভাবে কিছু শুকোনো বা খালি করা *The whole area will have to be drained before it can be used for farming.* **2** [I, T] **drain (sth) (from/out of sth); drain (sth) (away/off)** to flow away; to make a liquid flow away বয়ে যাওয়া; জল নিকাশ করা *The sink's blocked—the water won't drain away* *at all.* ○ (*figurative*) *He felt all his anger begin to drain away.* **3** [T] to drink all the liquid in a glass, cup, etc. (গ্লাস, কাপ ইত্যাদি থেকে জল বা অন্য কোনো পানীয়) পান করে ফেলা, খেয়ে ফেলা *He drained his glass in one gulp.* **4** [T] **drain sb/sth (of sth)** to make sb/sth weaker, poorer, etc. by slowly using all the strength, money, etc. available আস্তে আস্তে সমস্ত শক্তি, অর্থ ইত্যাদি ব্যবহার করে ফেলে কাউকে বা কোনো কিছুকে শূন্য করা, নিঃশেষ করা বা হওয়া *My mother's hospital expenses were slowly draining my funds.* ○ *The experience left her **emotionally drained**.*

drainage / ˈdreɪnɪdʒ ˈড্রেইনিজ্ / *noun* [U] a system used for making water, etc. flow away from a place জল ইত্যাদির জন্য ব্যবহৃত নিকাশী ব্যবস্থা

draining board *noun* [C] the place in the kitchen where you put plates, cups, knives, etc. to dry after washing them রান্নাঘরে বাসনপত্র ইত্যাদি ধুয়ে রাখার এমন পাটাতন যার থেকে জল ঝরে যায়

drainpipe / ˈdreɪnpaɪp ˈড্রেইন্‌পাইপ্ / *noun* [C] a pipe which goes down the side of a building and carries water from the roof into a hole in the ground (**drain**) ছাতের থেকে বাড়ির গা বেয়ে যে নালি মাটিতে নর্দমায় জল নিকাশ করে

drama / ˈdrɑːmə ˈড্রাঃম্যা / *noun* **1** [C] a play for the theatre, radio or television নাটক, দৃশ্যকাব্য **2** [U] plays as a form of writing; the performance of plays (পুস্তকের আকারে) নাটক; নাট্য-উপস্থাপনা *He wrote some drama as well as poetry.* **3** [C, U] an exciting event; exciting things that happen উত্তেজনাপূর্ণ ঘটনা; উত্তেজক কিছুর সংঘটন বা সমাবেশ *a real-life courtroom drama*

dramatic / drəˈmætɪk ড্র্যাˈম্যাটিক্ / *adj.* **1** noticeable or sudden and often surprising দৃষ্টি আকর্ষক বা আকস্মিক এবং প্রায়ই বিস্ময়কর *a dramatic change/increase/fall/improvement* **2** exciting or impressive চাঞ্চল্যকর বা হৃদয়গ্রাহী *the film's dramatic opening scene* **3** connected with plays or the theatre নাটক বা থিয়েটার সম্বন্ধীয় *Shakespeare's dramatic works* **4** (used about a person, a person's behaviour, etc.) showing feelings, etc. in a very obvious way because you want other people to notice you (কোনো ব্যক্তি বা তার আচার-আচরণ ইত্যাদি সম্বন্ধে ব্যবহৃত) অনুভূতি, মনোভাব ইত্যাদি এতটাই স্পষ্টভাবে প্রকাশিত যাতে সকলেরই তা চোখে পড়ে *Calm down. There's no need to be so dramatic about everything!* ▶ **dramatically** / -kli -ক্লি / *adv.* নাটকীয়ভাবে

dramatist / ˈdræmətɪst ˈড্র্যাম্যাটিস্ট্ / *noun* [C] a person who writes plays for the theatre, radio or television থিয়েটার, রেডিও বা দূরদর্শনের জন্য নাটক লেখে যে ব্যক্তি; নাট্যকার, নাট্যরচয়িতা

dramatize (*also* **-ise**) / ˈdræmətaɪz ˈড্র্যাম্যাটাইজ্ / *verb* **1** [T] to make a book, an event, etc. into a play কোনো বই, ঘটনা ইত্যাদি নিয়ে নাটক তৈরি করা; নাট্যরূপ দেওয়া *The novel has been dramatized for television.* **2** [I, T] to make sth seem more exciting or important than it really is কোনো কিছুকে বাস্তবের থেকে বেশি গুরুত্বপূর্ণ এবং উত্তেজক করে তোলা, অতিরঞ্জিত করা *The newspaper was accused of dramatizing the situation.* ▶ **dramatization** (*also* **-isation**) / ˌdræmətaɪˈzeɪʃn ˌড্র্যাম্যাটাইˈজেইশ্‌ন্ / *noun* [C, U] নাট্যরূপায়ণ, নাটকে রূপদান

drank ➪ **drink**-এর past tense

drape / dreɪp ড্রেইপ্ / *verb* [T] **1 drape sth round/over sth** to put a piece of material, clothing, etc. loosely on sth কোনো কিছুর উপর কাপড় বা বস্ত্র আলগাভাবে ঝুলিয়ে দেওয়া *He draped his coat over the back of his chair.* **2 drape sb/sth (in/with sth)** (*usually passive*) to cover sb/sth (with cloth, etc.) কোনো ব্যক্তি বা বস্তুকে কাপড় ইত্যাদি দিয়ে মুড়ে বা ঢেকে দেওয়া; আবৃত করা *The furniture was draped in dust sheets.* ▶ **drape** *noun* [C] (*AmE*) = **curtain**

drastic / ˈdræstɪk ˈড্র্যাস্টিক্ / *adj.* extreme, and having a sudden very strong effect যার প্রতিক্রিয়া খুব চড়া; তীব্র আকস্মিক প্রভাবসম্পন্ন *There has been a drastic rise in crime in the area.* ▶ **drastically** / -kli -ক্লি / *adv.* কড়াভাবে, চূড়ান্তভাবে

draught[1] / drɑːft ড্রাঃফ্‌ট্ / *noun* **1** (*AmE* **draft**) [C] a flow of cold air that comes into a room ঘরের মধ্যে ঠান্ডা হাওয়ার ঝটকা বা দমক *Can you shut the door? There's a draught in here.* **2 draughts** (*AmE* **checkers**) [U] a game for two players that you play on a black and white board using round black and white pieces যে খেলা সাদা কালো বোর্ডে দুজনে মিলে সাদা কালো চাকতি দিয়ে খেলা হয় ▶ **draughty** *adj.* বাতাসতাড়িত

draught[2] / drɑːft ড্রাঃফ্‌ট্ / *adj.* (used about beer, etc.) served from a large container (**a barrel**) rather than in a bottle (বিয়ার ইত্যাদি সম্বন্ধে ব্যবহৃত) বোতল থেকে না ঢেলে বড়ো পিপে থেকে পরিবেশন করা হয় এমন *draught beer*

draughtsman (*AmE* **draftsman** / ˈdrɑːftsmən ˈড্রাঃফ্‌ট্‌স্‌ম্যান্ /) *noun* [C] (*pl.* **-men** / -mən -ম্যান্ /) a person whose job is to do technical drawings যে ব্যক্তি নানা কারিগরি কাজের নকশা করে—নকশা-আঁকিয়ে, নকশাদার

Dravidian *adj.* connected with a group of languages spoken in southern India and Sri

Lanka দক্ষিণ ভারত এবং শ্রীলঙ্কায় প্রচলিত দ্রাবিড় ভাষাসমূহ সম্বন্ধীয়

draw[1] / drɔː ড্রঃ / *verb* (*pt* **drew** / druː ড্রু /; *pp* **drawn** / drɔːn ড্রঃন্ /) **1** [I, T] to do a picture or diagram of sth with a pencil, pen, etc. but not paint পেনসিল, কলম ইত্যাদির সাহায্যে কিছু আঁকা (রং এবং তুলি দিয়ে নয়) *Shall I draw you a map of how to get there?* ○ *I'm good at painting but I can't draw.* **2** [I] to move in the direction mentioned উল্লিখিত গতিমুখে যাওয়া, নির্দিষ্ট পথে আসা *The train drew into the station.* ○ *I became more anxious as my exams drew nearer.* **3** [T] to pull sth/sb into a new position or in the direction mentioned কোনো ব্যক্তি বা বস্তুকে নতুন স্থানে বা উল্লিখিত দিকে টানা বা টেনে আনা *She drew the letter out of her pocket and handed it to me.* ○ *to draw* (= open or close) *the curtains* **4** [T] **draw sth (from sth)** to learn or decide sth as a result of study, research or experience অধ্যয়ন, গবেষণা বা অভিজ্ঞতার মাধ্যমে শেখা বা সিদ্ধান্ত নেওয়া *Can we* ***draw*** *any* conclusions *from this survey?* ○ *There are important* ***lessons to be drawn*** *from this tragedy.* **5** [T] **draw sth (from sb/sth)** to get or take sth from sb/sth কোনো ব্যক্তি বা বস্তুর কাছ থেকে কিছু পাওয়া বা গ্রহণ করা *He draws the inspiration for his stories from his family.* **6** [T] **draw sth (from sb); draw sb (to sb/sth)** to make sb react to or be interested in sb/sth কারও প্রতিক্রিয়া পাওয়া বা কোনো দিকে দৃষ্টি আকর্ষণ করানো *The advertisement has drawn criticism from people all over the country.* ○ *The musicians drew quite a large crowd.* **7** [I, T] to finish a game, competition, etc. with equal scores so that neither person or team wins কোনো খেলা, প্রতিযোগিতা ইত্যাদিতে (ব্যক্তি বা দলের) সমান পয়েন্ট জিতে শেষ করা; অমীমাংসিতভাবে (কোনো দল না জিতে) শেষ হওয়া *The two teams drew.* ○ *The match was drawn.*

IDM **bring sth/come/draw to an end** ⇨ **end**[1] দেখো।

draw (sb's) attention to sth to make sb notice sth কোনো ব্যক্তির কোনো বস্তুর প্রতি দৃষ্টি আকর্ষণ করানো; মনোযোগ ফেরানো *The article draws attention to the problem of unemployment.*

draw a blank to get no result or response কোনো ফল না পাওয়া, কিছুই জানতে না পারা *Detectives investigating the case have drawn a blank so far.*

draw a distinction between sth and sth to show how two things are different দুটো জিনিসের মধ্যে পার্থক্য দেখানো

draw the line at sth to say 'no' to sth even though you are happy to help in other ways (অন্যভাবে সাহায্য করতে চাইলেও কোথাও বা কোনো ক্ষেত্রে) সীমারেখা টানা, তার বাইরে যেতে রাজি না হওয়া *I do most of the cooking but I draw the line at washing up as well!*

draw lots to decide sth by chance (লটারির দ্বারা) কোনো সিদ্ধান্ত নেওয়া বা নির্ধারণ করা *They drew lots to see who should stay behind.*

PHR V **draw in** to get dark earlier as winter arrives শীতকাল এসে পড়ায় তাড়াতাড়ি সন্ধে নেমে আসা *The days/nights are drawing in.*

draw out (used about days) to get longer in the spring (দিন সম্বন্ধে ব্যবহৃত) বসন্তের দিন দীর্ঘতর হওয়া

draw sth out to take money out of a bank account ব্যাংক থেকে টাকা তোলা

draw up (used about a car, etc.) to drive up and stop in front of or near sth (গাড়ি ইত্যাদি সম্বন্ধে ব্যবহৃত) কোনো কিছুর সামনে বা কাছে এসে থামানো বা থামা *A police car drew up outside the building.*

draw sth up to prepare and write a document, list, etc. দলিল, তালিকা ইত্যাদি বানানো বা তৈরি করা *Our solicitor is going to draw up the contract.*

draw[2] / drɔː ড্রঃ / *noun* [C] **1** a result of a game or competition in which both players or teams get the same score so that neither of them wins কোনো খেলা বা প্রতিযোগিতার ফল যাতে সমান পয়েন্ট পাওয়ায় অমীমাংসিতভাবে খেলা শেষ হয় এবং প্রতিদ্বন্দ্বী দুজন বা দুটি দলের কেউই জিততে পারেনা *The match* ***ended in a draw***. **2** an act of deciding sth by chance by pulling out names or numbers from a bag, etc. ব্যাগ ইত্যাদি থেকে নাম বা সংখ্যা বার করে ভাগ্যপরীক্ষার মাধ্যমে সিদ্ধান্ত নেওয়ার ক্রিয়া; লটারি *She won her bike in a prize draw.*

drawback / ˈdrɔːbæk ˈড্রঃব্যাক্ / *noun* [C] a disadvantage or problem অসুবিধা, খুঁত, সমস্যা *His lack of experience is a major drawback.*

drawer / drɔː(r) ড্রঃ(র্) / *noun* [C] a container which forms part of a piece of furniture such as a desk, that you can pull out to put things in ডেস্ক ইত্যাদির দেরাজ, যা টেনে বার করে ভিতরে কিছু রাখা যায়; দেরাজ সম্বলিত আসবাব *There's some paper in the top drawer of my desk.*

drawing / ˈdrɔːɪŋ ˈড্রঃইং / *noun* **1** [C] a picture made with a pencil, pen, etc. but not paint তুলির সাহায্যে না এঁকে কলম, পেনসিল ইত্যাদি দিয়ে আঁকা ছবি ⇨ **painting**-এ নোট দেখো। **2** [U] the art of drawing pictures অঙ্কনশিল্প *She's good at drawing and painting.*

drawing pin (*AmE* **thumbtack**) *noun* [C] a short pin with a flat top, used for fastening paper, etc. to a board or wall চ্যাপটা মাথার ছোটো পিন যা দিয়ে বোর্ডে কাগজ ইত্যাদি আটকানো যায় ➪ **stationery**-তে ছবি দেখো।

drawing room *noun* [C] (*old-fashioned*) a living room, especially in a large house বড়ো বাড়িতে বসার ঘর; বৈঠকখানা

drawl / drɔːl ড্র:ল্ / *verb* [I, T] to speak slowly, making the vowel sounds very long স্বরবর্ণগুলিকে দীর্ঘ করে ধীরে কথা বলা ► **drawl** *noun* [*sing.*] ধীরগতিতে কথা বলা *to speak with a drawl*

drawn¹ ➪ **draw**-এর past participle

drawn² / drɔːn ড্র:ন্ / *adj.* (used about a person or his/her face) looking tired, worried or ill (কোনো ব্যক্তি বা তার মুখাবয়ব সম্পর্কে ব্যবহৃত) ক্লান্ত, চিন্তিত বা অসুস্থ দেখাচ্ছে এমন

drawn-out *adj.* lasting longer than necessary প্রয়োজনাতিরিক্তভাবে লম্বা *long drawn-out negotiations*

drawstring / ˈdrɔːstrɪŋ ˈড্র:স্ট্রিং / *noun* [C] a piece of string that is sewn inside the material at the top of a bag, pair of trousers, etc. that can be pulled tighter in order to make the opening smaller পাজামা, ব্যাগ ইত্যাদির মুখ টেনে বন্ধ করার জন্য কাপড়ের ভিতরে সেলাই করা দড়ি *The trousers fasten with a drawstring.* ➪ **button**-এ ছবি দেখো।

dread¹ / dred ড্রেড্ / *verb* [T] to be very afraid of or worried about sth কোনো বস্তু সম্পর্কে খুবই ভয় পাওয়া, সাংঘাতিক দুশ্চিন্তায় পড়া, আতঙ্কিত বা আশঙ্কিত হওয়া *I'm dreading the exams.* ○ ***I dread to think** what my father will say.* ► **dreaded** *adj.* ভীতিজনক, ভয়ংকর

dread² / dred ড্রেড্ / *noun* [U, *sing.*] great fear প্রবল ভীতি, আশঙ্কা, আতঙ্ক, মহাভয় *He lived **in dread of** the same thing happening to him one day.*

dreadful / ˈdredfl ˈড্রেড্‌ফ্‌ল্ / *adj.* very bad or unpleasant ভয়ানক, অপ্রিয়, বিশ্রী, আতঙ্কজনক *We had a dreadful journey—traffic jams all the way!* ○ *I'm afraid there's been a dreadful* (= very serious) *mistake.*

dreadfully / ˈdredfəli ˈড্রেড্‌ফ্যালি / *adv.* **1** very; extremely খুবই বেশি; প্রচণ্ড, ভীষণভাবে, ভয়ংকরভাবে *I'm dreadfully sorry, I didn't mean to upset you.* **2** very badly খুব খারাপভাবে *The party went dreadfully and everyone left early.*

dreadlocks / ˈdredlɒks ˈড্রেড্‌লক্স্ / *noun* [*pl.*] hair worn in long thick pieces, especially by people of African origin দড়ির মতো লম্বা বিনুনি করা চুল, যেমন আফ্রিকা-উদ্ভূত অনেক লোকেরা রাখে; ড্রেডলক

dream¹ / driːm ড্রীম্ / *noun* **1** [C] a series of events or pictures which happen in your mind while you are asleep স্বপ্ন, স্বপ্নঘোর, স্বপন *I **had** a strange **dream** last night.* ○ *That horror film has given me **bad dreams**.* ➪ **nightmare** দেখো। **2** [C] something that you want very much to happen, although it is not likely কোনো অবাস্তব উচ্চাকাঙ্ক্ষা *Becoming a professional dancer was **a dream come true**.* **3** [*sing.*] a state of mind in which you are not thinking about what you are doing স্বপ্নের ঘোরে থাকার মানসিক অবস্থা *You've been in a dream all morning!*

dream² / driːm ড্রীম্ / *verb* (*pt, pp* **dreamed** / driːmd ড্রীম্‌ড্ / or **dreamt** / dremt ড্রেম্‌ট্ /) **1** [I, T] **dream (about sb/sth)** to see or experience pictures and events in your mind while you are asleep স্বপ্ন দেখা *I dreamt about the house that I lived in as a child.* ○ *I dreamed that I was running but I couldn't get away.* ➪ **daydream** দেখো। **2** [I] **dream (about/of sth/doing sth)** to imagine sth that you would like to happen (মনোকামনাগুলি) কল্পনা করা *I've always dreamt about winning lots of money.* **3** [I] **dream (of doing sth/that...)** to imagine that sth might happen যা ঘটতে পারে তার সম্বন্ধে কল্পনা করা *When I watched the Olympics on TV, I **never dreamt** that one day I'd be here competing!*

PHR V **dream sth up** (*informal*) to think of a plan, an idea, etc., especially sth strange কোনো অস্বাভাবিক বা বিচিত্র পরিকল্পনা, ভাব ইত্যাদি সম্বন্ধে চিন্তা করা

dreamer / ˈdriːmə(r) ˈড্রীম্যা(র্) / *noun* [C] a person who thinks a lot about ideas, plans, etc. which may never happen instead of thinking about real life যে ব্যক্তি অবাস্তব ধারণা, পরিকল্পনা ইত্যাদি সম্বন্ধে ভাবনাচিন্তা করে

dreamy / ˈdriːmi ˈড্রীমি / *adj.* looking as though you are not paying attention to what you are doing because you are thinking about sth else কোনো কাজ করাকালীন অন্য কোনো ভাবনায় মগ্ন; স্বপ্নমাখা, স্বপ্নময়, স্বপ্নবৎ *a dreamy look/expression* ► **dreamily** *adv.* স্বপ্নালু, স্বপ্নময়ভাবে

dreary / ˈdrɪəri ˈড্রিঅ্যারি / *adj.* (**drearier; dreariest**) not at all interesting or attractive; boring চিত্তাকর্ষক নয়; একঘেয়ে

dredge / dredʒ ড্রেজ্ / *verb* [T] to clear the mud, etc. from the bottom of a river, canal, etc. using a special machine বিশেষ যন্ত্রের সাহায্যে নদী, খাল ইত্যাদির নীচের অংশের কাদা-মাটি পরিষ্কার করা

PHR V **dredge sth up** to mention sth unpleasant from the past that sb would like to forget অতীতের কোনো অপ্রিয় কথার উল্লেখ করা (যা কেউ ভুলে যেতে চায়) *The newspaper had dredged up all sorts of embarrassing details about her private life.*

dredger / ˈdredʒə(r) ˈড্রেজ্যা(র্) / *noun* [C] a boat or machine that is used to clear mud, etc. from the bottom of a river, or to make the river wider যে নৌকো বা যন্ত্র নদীর তলা থেকে মাটি ইত্যাদি তোলার অথবা নদী চওড়া করার কাজে ব্যবহৃত হয়

dregs / dregz ড্রেগ্জ্ / *noun* [*pl.*] **1** the last drops in a container of liquid, containing small pieces of solid waste কোনো কৌটোতে তরল পদার্থের শেষ কয়েক ফোঁটা যার মধ্যে (আবর্জনার) দানা বা গুঁড়ো মিশে থাকে; তলানি **2** the worst and most useless part of sth কোনো বস্তুর তলানি, খাদ বা অপ্রয়োজনীয় অংশ *These people were regarded as the dregs of society.*

drench / drentʃ ড্রেন্চ্ / *verb* [T] (*usually passive*) to make sb/sth completely wet কোনো ব্যক্তি অথবা বস্তুকে জবজবে করে ভিজিয়ে দেওয়া *Don't go out while it's raining so hard or you'll **get drenched**.*

dress¹ / dres ড্রেস্ / *noun* **1** [C] a piece of clothing worn by a girl or a woman. It covers the body from the shoulders to the knees or below মহিলাদের পোশাক যা কাঁধ থেকে হাঁটু বা তার নীচ পর্যন্ত ঢেকে থাকে **2** [U] clothes for either men or women নারী বা পুরুষের যে-কোনো ধরনের পোশাক; পরিধান, পরিচ্ছেদ *formal/casual dress* ○ *He was wearing Bulgarian national dress.*

dress² / dres ড্রেস্ / *verb* **1** [I, T] to put clothes on sb or yourself কোনো ব্যক্তিকে পোশাক-পরিচ্ছদ পরানো বা নিজে পোশাক পরা *He dressed quickly and left the house.* ○ *My husband dressed the children while I got breakfast ready.* ✪ বিপ **undress**

> **NOTE** **Dress** শব্দটির থেকে **get dressed** অভিব্যক্তিটি বেশি প্রচলিত।

2 to wear a particular style of clothes রীতি অথবা রেওয়াজমতো পোশাকে সজ্জিত হওয়া *to dress well/badly/casually* ○ *to be well dressed/badly dressed/casually dressed* **3** [T] to clean, treat and cover a wound ক্ষতস্থান পরিষ্কার করে, ওষুধ দিয়ে এবং তারপর পটি বেঁধে ঢেকে দেওয়া; ব্যান্ডেজ করা *to dress a wound*

IDM **(be) dressed in sth** wearing sth বিশেষ কোনো কিছু পরিহিত *The people at the funeral were all dressed in white.*

PHR V **dress up 1** to put on special clothes, especially in order to look like sb/sth else বিশেষ ধরনের পোশাক পরা, বিশেষত অন্য কোনো ব্যক্তি অথবা বস্তুর মতো দেখানোর জন্য *The children decided to dress up **as** pirates.* **2** to put on formal clothes, usually for a special occasion বিশেষ অনুষ্ঠানের জন্য বিশেষ পোশাক পরা *You don't need to dress up for the party.*

dresser / ˈdresə(r) ˈড্রেস্যা(র্) / *noun* [C] a piece of furniture with cupboards at the bottom and shelves above. It is used for holding dishes, cups, etc. নীচে আলমারি এবং উপরে প্লেট, পেয়ালা ইত্যাদি রাখার জন্য তাকসমেত আসবাব

dressing / ˈdresɪŋ ˈড্রেসিং / *noun* **1** [C] a covering that you put on a wound to protect it and keep it clean ক্ষতস্থানটিকে সুরক্ষিত ও পরিষ্কার রাখার জন্য যে কাপড় দিয়ে বাঁধা হয়; ব্যান্ডেজ **2** [C, U] a sauce for food, especially for salads বিশেষত স্যালাডে ব্যবহারের বিশেষ ধরনের চাটনি বা সস; স্যালাড-ড্রেসিং

dressing gown (*also* **bathrobe** *AmE* **robe**) *noun* [C] a piece of clothing like a loose coat with a belt, which you wear before or after a bath, before you get dressed in the morning, etc. (স্নানের আগে বা পরে অথবা সকালে প্রসাধনের পূর্বে পরার জন্য) হালকা ঢিলে কোটের মতো বেল্টসহ পোশাক; ড্রেসিং গাউন

dressing room *noun* [C] a room for changing your clothes in, especially one for actors or for sports players পোশাক বদলানোর ঘর (বিশেষত অভিনেতা বা খেলোয়াড়দের জন্য); সাজঘর; ড্রেসিংরুম

dressing table *noun* [C] a piece of furniture in a bedroom, which has drawers and a mirror আয়না লাগানো এবং দেরাজসহ আসবাব, প্রসাধনের টেবিল; ড্রেসিং টেবিল

drew ➪ **draw¹**-এর past tense

dribble / ˈdrɪbl ˈড্রিবল্ / *verb* **1** [I, T] (used about a liquid) to move downwards in a thin flow; to make a liquid move in this way (তরল সম্বন্ধে ব্যবহৃত) ঝিরঝির করে পড়া; এইভাবে কোনো তরল পদার্থ নীচে ফেলা *The paint dribbled down the side of the pot.* **2** [I] to allow liquid (**saliva**) to run out of the mouth মুখের লালা গড়ানো *Small children often dribble.* **3** [I] (used in ball games) to make a ball move forward by using many short kicks or hits (বল খেলায় ব্যবহৃত) পায়ে বল ঠেলে ঠেলে এগোনো *He dribbled round the goalkeeper and scored.*

dried¹ ➪ **dry²** -এর past tense এবং past participle

dried² / draɪd ড্রাইড্ / *adj.* (used about food) with all the liquid removed from it (খাদ্য সম্বন্ধে ব্যবহৃত) একেবারে শুষ্ক; শুকনো *dried milk* ○ *dried fruit*

drier¹ *adj.* ➪ **dry¹** দেখো।

drier² (*also* **dryer**) / ˈdraɪə(r) ˈড্রাইঅ্যা(র্) / *noun* [C] a machine that you use for drying sth কোনো কিছু শুকোনোর যন্ত্র *a hairdrier*

drift¹ / drɪft ড্রিফ্‌ট্ / *verb* [I] **1** to be carried or moved along by wind or water জলের বা হাওয়ার স্রোতে ভেসে যাওয়া বা বাহিত হওয়া *The boat drifted out to sea.* **2** to move slowly or without any particular purpose উদ্দেশ্যহীনভাবে বা লক্ষ্যহীনভাবে ধীরগতিতে ঘুরে বেড়ানো, এদিক ওদিক ঘোরা *He drifted from room to room.* ○ *She drifted into acting almost by accident.* **3** (used about snow or sand) to be moved into piles by wind or water (তুষার বা বালি সম্বন্ধে ব্যবহৃত) বাতাসে বা জলের স্রোতে স্তূপীকৃত হওয়া *The snow drifted up to two metres deep in some places.*

PHR V **drift apart** to slowly become less close or friendly with sb কোনো ব্যক্তির সঙ্গে ধীরে ধীরে বন্ধুত্ব কমে যাওয়া

drift² / drɪft ড্রিফ্‌ট্ / *noun* **1** [C] a slow movement towards sth কোনো কিছুর দিকে মৃদু মন্থর গতিতে এগোনো *the country's drift into economic decline* **2** [*sing.*] the general meaning of sth কোনো বস্তুর সাধারণ মানে বা অর্থ *I don't understand all the details of the plan but* ***I get the drift***. **3** [C] a pile of snow or sand that was made by wind or water বাতাস বা জল দ্বারা বাহিত তুষার বা বালির স্তূপ

drill¹ / drɪl ড্রিল্ / *noun* **1** [C] a tool or machine that is used for making holes in things কোনো কিছুতে গর্ত করার জন্য ব্যবহৃত যন্ত্রবিশেষ; তুরপুন; ড্রিল *a dentist's drill* ⇨ **tool**-এ ছবি দেখো। **2** [U] exercise in marching, etc. that soldiers do সৈন্যবাহিনীর অনুশীলনকার্য; কুচকাওয়াজ **3** [C] something that you repeat many times in order to learn sth কিছু শেখার জন্য বারবার যার পুনরাবৃত্তি করা হয় **4** [C, U] practice for what you should do in an emergency জরুরি পরিস্থিতিতে অনুসরণীয় নির্দিষ্ট কর্মপদ্ধতির অনুশীলন *a fire drill*

drill² / drɪl ড্রিল্ / *verb* **1** [I, T] to make a hole in sth with a drill তুরপুন দিয়ে গর্ত করা, ছ্যাঁদা করা *to drill a hole in sth* ○ *to drill for oil* **2** [T] to teach sb by making him/her repeat sth many times কোনো ব্যক্তিকে বারবার পুনরাবৃত্তি করিয়ে শিক্ষা দেওয়া; কঠোরভাবে অনুশীলন করানো

drily (*also* **dryly**) / ˈdraɪli ˈড্রাইলি / *adv.* (used about the way sb says sth) in an amusing way that sounds serious (কথা বলার ধরন সম্বন্ধে ব্যবহৃত) এমন মজাদারভাবে যা গুরুগম্ভীর শোনায় *'I can hardly contain my excitement,' Peter said drily* (= he was not excited at all).

drink¹ / drɪŋk ড্রিংক্ / *verb* (*pt* **drank** / dræŋk ড্র্যাংক্ /; *pp* **drunk** / drʌŋk ড্রাংক্ /) **1** [I, T] to take liquid into your body through your mouth (তরল পদার্থ) পান করা, গলাধঃকরণ করা, সেবন করা *Would you like anything to drink?* ○ *We sat drinking coffee and chatting for hours.* **2** [I, T] to drink alcohol মদ্যপান করা *I never* ***drink and drive*** *so I'll have an orange juice.* ○ *Her brother used to* ***drink heavily*** *but he's teetotal now.*

PHR V **drink to sb/sth** to wish sb/sth good luck by holding your glass up in the air before you drink গেলাস উঠিয়ে কারও সাফল্য কামনা করে পান করা *We all drank to the future of the bride and groom.* ⇨ **toast**² দেখো।

drink (sth) up to finish drinking sth কোনো পানীয় খেয়ে (পান করে) শেষ করে ফেলা *Drink up your tea—it's getting cold.*

drink² / drɪŋk ড্রিংক্ / *noun* [C, U] **1** liquid for drinking পেয় তরল; পানীয় *Can I* ***have a drink*** *please?* ○ *a drink of milk* ○ *soft drinks* (= cold drinks without alcohol) **2** alcoholic drink মদ্যজাতীয় পানীয় *He's got a drink problem.* ○ *Shall we* ***go for a drink****?*

drink-driver (*AmE* **drunk-driver**) *noun* [C] a person who drives after drinking too much alcohol যে ব্যক্তি প্রচুর মদ্যপান করার পর গাড়ি চালায় ▶ **drink-driving** *noun* [U] মদ্যপ অবস্থায় গাড়ি চালানোর ক্রিয়া *He was convicted of drink-driving and was fined.*

drinker / ˈdrɪŋkə(r) ˈড্রিংক্যা(র্) / *noun* [C] a person who drinks a lot of sth, especially alcohol যে ব্যক্তি বিশেষত মদ্যজাতীয় পানীয় খুব বেশি পান করে; মদ্যপ *a heavy drinker* ○ *I'm not a big coffee drinker.*

drinking / ˈdrɪŋkɪŋ ˈড্রিংকিং / *noun* [U] drinking alcohol মদ্যপান *Her drinking became a problem.*

drinking water *noun* [U] water that is safe to drink পানীয় জল, পানযোগ্য বা পেয় জল

drip¹ / drɪp ড্রিপ্ / *verb* (**dripping; dripped**) **1** [I] (used about a liquid) to fall in small drops (কোনো তরল পদার্থ সম্বন্ধে ব্যবহৃত) ছোটো ছোটো ফোঁটায় পড়া, টপ টপ করে পড়া *Water was dripping down through the roof.* **2** [I, T] to produce drops of liquid বিন্দু বিন্দু পড়া, ফোঁটা ফোঁটা করে ঝরে পড়া *The tap is dripping.* ○ *Her finger was dripping blood.*

drip² / drɪp ড্রিপ্ / *noun* **1** [*sing.*] the act or sound of water dripping জল পড়ার টপটপ শব্দ বা ক্রিয়া **2** [C] a drop of water that falls down from sb/sth কোনো জায়গা থেকে পড়া জলের ফোঁটা *We put a bucket under the hole in the roof to catch the drips.* **3** (*AmE* **IV**) [C] a piece of medical equipment, like a tube, that is used for putting liquid food or medicine straight into a person's blood একধরনের ডাক্তারি সরঞ্জাম, অনেকটা টিউবের মতো, যেটি মানব শরীরের রক্তে তরল খাদ্য বা ওষুধ প্রবেশ করানোর জন্য ব্যবহৃত হয়; ড্রিপ *She's* ***on a drip***.

drive[1] / draɪv ড্রাইভ্ / *verb* (*pt* **drove** / drəʊv ড্র্যাউভ্ /; *pp* **driven** / ˈdrɪvn ˈড্রিভ্‌ন্ /) **1** [I, T] to control or operate a car, train, bus, etc. মোটরগাড়ি, ট্রেন, বাস ইত্যাদি চালানো *Can you drive?* ○ *to drive a car/train/bus/lorry* **2** [I, T] to go or take sb somewhere in a car, etc. গাড়ি ইত্যাদিতে কোথাও যাওয়া বা কোনো ব্যক্তিকে নিয়ে যাওয়া *I usually drive to work.* ○ *We drove Leela to the airport.* **3** [T] to force people or animals to move in a particular direction মানুষ বা জন্তুকে কোনো নির্দিষ্ট দিকে তাড়িয়ে নিয়ে যাওয়া *The dogs drove the sheep into the field.* **4** [T] to force sth into a particular position by hitting it ঠুকে ঠুকে কোনো বস্তুকে নির্দিষ্ট জায়গায় বসানো বা গেঁথে দেওয়া *to drive a post into the ground* **5** [T] to cause sb to be in a particular state or to do sth কাউকে কোনো বিশেষ মানসিক অবস্থায় নিয়ে যাওয়া অথবা কিছু করানো *His constant stupid questions* ***drive me mad****.* ○ *to drive sb to despair* **6** [T] to make sb/sth work very hard কাউকে দিয়ে কঠোর পরিশ্রম করানো *You shouldn't drive yourself so hard.* **7** [T] to make a machine work, by giving it power শক্তির সাহায্যে যন্ত্র কার্যকরী করা বা চালু করা *What drives the wheels in this engine?*

IDM **be driving at** (*informal*) to want to say sth; to mean কিছু বলতে চাওয়া; বোঝানো *I'm afraid I don't understand what you are driving at.*

drive sth home (to sb) to make sth clear so that people understand it এমনভাবে কিছু বলা যাতে লোকে সহজে বোঝে

drive off (used about a car, driver, etc.) to leave (গাড়ি, গাড়ির চালক ইত্যাদি সম্বন্ধে ব্যবহৃত) চলে যাওয়া

drive sb/sth off to make sb/sth go away কোনো ব্যক্তি বা বস্তুকে চলে যেতে বাধ্য করা

drive[2] / draɪv ড্রাইভ্ / *noun* **1** [C] a journey in a car গাড়িতে যাত্রা বা ভ্রমণ *The supermarket is only a five-minute drive away.* ○ *Let's* ***go for a drive****.* **2** [C] a wide path or short road that leads to the door of a house বাড়ির দরজা পর্যন্ত যাওয়ার চওড়া রাস্তা বা পায়ে চলা পথ *We keep our car on the drive.* **3** [C] a street, usually where people live কোনো এমন রাস্তা যার ধারে লোকেরা বাড়ি করে থাকে *They live at 23 Marine Drive.* **4** [C] a big effort by a group of people in order to achieve sth কোনো কিছু অর্জন করার জন্য কোনো জনগোষ্ঠীর দ্বারা বড়ো কোনো প্রচেষ্টা বা উদ্যম; সুপরিকল্পিত প্রয়াস *The company is launching a big sales drive.* **5** [U] the energy and determination you need to succeed in doing sth সাফল্যের সঙ্গে কোনো কাজ করার জন্য যে স্পৃহা ও দৃঢ়মনস্কতার প্রয়োজন; কর্মোদ্যম ও শক্তি *You need lots of drive to run your own company.* **6** [C, U] a strong natural need or desire প্রবল বাসনা; প্রবৃত্তি **7** [C] (in sport) a long hard hit (খেলাধুলোয়) জোর আঘাত; ড্রাইভ *This player has the longest drive in golf.* **8** [C] (*computing*) the part of a computer that reads and stores information কম্পিউটারের অংশবিশেষ যেখানে তথ্য গ্রহণ এবং সংগ্রহ করে রাখা যায় *a 224MB hard drive* ○ *a CD drive* ➪ **disk drive** দেখো। **9** [U] the equipment in a vehicle that takes power from the engine to the wheels গাড়ির ইঞ্জিন থেকে চাকায় যে ব্যবস্থার সাহায্যে শক্তি প্রেরিত হয় *a car with four-wheel drive*

drive-by *adj.* (*AmE*) (*only before a noun*) (used about a shooting) done from a moving car (গুলি ছোড়ার ক্ষেত্রে ব্যবহৃত) চলন্ত গাড়ি থেকে কৃত *drive-by killings*

drive-in *noun* [C] (*AmE*) a place where you can eat, watch a film, etc. in your car গাড়ির ভিতর বসেই যে জায়গায় খাবার কিনে খাওয়া বা সিনেমা দেখা যায়

driven ➪ **drive**[1] -এর past participle

driver / ˈdraɪvə(r) ˈড্রাইভ্যা(র্) / *noun* [C] a person who drives a vehicle গাড়ির চালক, বাহন চালক; ড্রাইভার *a bus/train driver*

drive-through *noun* [C] a restaurant, bank, etc. where you can be served without getting out of your car গাড়ি থেকে না নেমেই যেখানে রেস্তোরাঁ, ব্যাংক প্রভৃতির পরিষেবা পাওয়া যায়

driving[1] / ˈdraɪvɪŋ ˈড্রাইভিং / *noun* [U] the action or skill of controlling a car, etc. গাড়ি ইত্যাদি চালানোর কাজ বা দক্ষতা *a* ***driving school*** ○ *Did you pass your* ***driving test*** *first time?* ○ *How long have you had a* ***driving licence*** (= an official piece of paper that says you are allowed to drive a car, etc.)*?*

IDM **be in the driving seat** ➪ **seat**[1] দেখো।

driving[2] / ˈdraɪvɪŋ ˈড্রাইভিং / *adj.* very strong খুব জোরালো বা প্রবল *driving rain* ○ *driving ambition* ○ *Who's the driving force behind this plan?*

drizzle / ˈdrɪzl ˈড্রিজ্‌ল্ / *noun* [U] light rain with very small drops ঝিরঝিরে, গুঁড়িগুঁড়ি বা ইলশে গুঁড়ি বৃষ্টি ▶ **drizzle** verb [I] ঝিরঝির করে পড়া ➪ **weather**-এ নোট দেখো।

dromedary / ˈdrɒmədəri ˈড্রম্যাড্যারি / *noun* [C] (*pl.* **dromedaries**) an animal that lives in the desert and has a long neck and a large mass of fat (**hump**) on its back. A dromedary is a type of **camel** একধরনের বড়ো কুঁজ এবং লম্বা গলাওয়ালা দ্রুতগামী উট

drone / drəʊn ড্র্যাউন্ / *verb* [I] to make a continuous low sound গুনগুন গুঞ্জন ধ্বনি করা *the sound of the tractors droning away in the fields*

PHR V **drone on** to talk in a flat or boring voice নীচু গলায় একঘেয়েভাবে কথা বলে যাওয়া *We had to listen to the chairman drone on about sales for hours.* ▶ **drone** *noun* [*sing.*] গুঞ্জনধ্বনি

drongo / ˈdrɒːŋɡəʊ ˈড্র:ংগ্যাউ / *noun* [C] a long fork-tailed bird with glossy black **plumage**, usually found in Asia, Africa and Australia উজ্জ্বল কালো পালকে ভরা এবং দুই শাখাযুক্ত লম্বা লেজওয়ালা একধরনের পাখি যা সাধারণত এশিয়া, আফ্রিকা ও অস্ট্রেলিয়ায় পাওয়া যায়; ফিঙে

drool / dru:l ড্রুল্ / *verb* [I] **1** to let liquid (**saliva**) come out from the mouth, usually at the sight or smell of sth good to eat (খাবার দেখে বা তার গন্ধে) মুখ দিয়ে লালা ঝরা, নাল পড়া **2 drool (over sb/sth)** to show in a silly or exaggerated way that you want or admire sb/sth very much কোনো ব্যক্তি বা বস্তুকে খুব পছন্দ হলে বা ভালো লাগলে তা দেখানোর জন্য বোকার মতো বা বাড়াবাড়ি রকমের আচরণ করা *teenagers drooling over photographs of their favourite pop stars*

droop / dru:p ড্রুপ্ / *verb* [I] to bend or hang downwards, especially because of weakness or because you are tired দুর্বলতা বা ক্লান্তিতে নীচের দিকে ঝুঁকে বা ঝুলে পড়া *The flowers were drooping without water.* ▶ **drooping** *adj.* ঝোলা, নিম্নমুখী *a drooping moustache*

drop¹ / drɒp ড্রপ্ / *verb* (**dropping; dropped**) **1** [T] to let sth fall হাত থেকে পড়ে যাওয়া বা ফেলে দেওয়া *That vase was very expensive. Whatever you do, don't drop it!* **2** [I] to fall পড়ে যাওয়া *The parachutist dropped safely to the ground.* ○ *At the end of the race she dropped to her knees exhausted.* **3** [I, T] to become lower; to make sth lower কমে যাওয়া বা কমানো; নেমে যাওয়া বা নামানো *The temperature will drop to minus three overnight.* ○ *They ought to drop their prices.* ○ *to drop your voice* (= speak more quietly) **4** [T] **drop sb/sth (off)** to stop your car, etc. so that sb can get out, or in order to take sth out কাউকে নামিয়ে দেওয়ার জন্য অথবা কিছু নামানো বা বার করার জন্য গাড়ি থামানো *Drop me off at the traffic lights, please.* ○ *I'll drop the parcel at your house.* **5** [T] **drop sb/sth (from sth)** to no longer include sb/sth in sth কোনো ব্যক্তি বা বস্তুকে কিছুর মধ্যে অন্তর্ভুক্ত না করা; কোনো কিছু থেকে বাদ দেওয়া *Rahul has been dropped from the team.* **6** [T] to stop doing sth কোনো কাজ করা বন্ধ করা *I'm going to drop geography next term* (= stop studying it).

IDM **drop dead** (*informal*) to die suddenly হঠাৎ মারা যাওয়া, অকস্মাৎ মৃত্যুর কোলে ঢলে পড়া

drop sb a line (*informal*) to write a letter or email to sb কোনো ব্যক্তিকে চিঠি বা ইমেল লেখা

drop back; drop behind (sb) to move into a position behind sb else, because you are moving more slowly পিছিয়ে পড়া *Towards the end of the race she dropped behind the other runners.*

drop by; drop in (on sb) to go to sb's house on an informal visit or without having told him her you were coming কারও সঙ্গে দেখা করার জন্য তাকে না জানিয়ে হঠাৎ তার বাড়ি চলে যাওয়া

drop off (*informal*) to fall into a light sleep হঠাৎ তন্দ্রা আসা *I dropped off in front of the television.*

drop out (of sth) to leave or stop doing sth before you have finished (কোনো কিছু শেষ করার আগেই) থেমে যাওয়া, বন্ধ করা, বেরিয়ে আসা, ছেড়ে দেওয়া *His injury forced him to drop out of the competition.*

drop² / drɒp ড্রপ্ / *noun* **1** [C] a very small amount of liquid that forms a round shape (কোনো তরল পদার্থের খুব ছোটো) ফোঁটা, বিন্দু *a drop of blood/rain* **2** [C, *usually sing.*] a small amount of liquid স্বল্প পরিমাণে তরল পদার্থ *I just have a drop of milk in my coffee.* **3** [*sing.*] a fall to a smaller amount or level (পরিমাণ বা স্তরে) অপেক্ষাকৃত ন্যূন; হ্রস্ব *The job is much more interesting but it will mean a drop in salary.* ○ *a drop in prices/temperature* **4** [*sing.*] a distance down from a high point to a lower point উঁচু থেকে নীচুতে নেমে আসার যে দূরত্ব *a sheer drop of 40 metres to the sea* **5 drops** [*pl.*] liquid medicine that you put into your eyes, ears or nose চোখে, কানে বা নাকে দেওয়ার তরল ওষুধ বা ড্রপ *The doctor prescribed me drops to take twice a day.*

IDM **a drop in the ocean;** (*AmE*) **a drop in the bucket** an amount of sth that is too small or unimportant to make any real difference to a situation কোনো কিছুর পরিমাণ বা গুরুত্ব যা কোনো পরিস্থিতির মধ্যে পরিবর্তন ঘটানোর জন্য অত্যন্ত কম; সিন্ধুতে বিন্দু

at the drop of a hat immediately; without having to stop and think about it অবিলম্বে; চিন্তাভাবনা না করে

drop-dead *adv.* (*informal*) used before an adjective to emphasize how attractive sb/sth is কোনো ব্যক্তি বা বস্তু কতখানি আকর্ষণীয় তার উপর জোর দেওয়ার জন্য বিশেষণের আগে ব্যবহৃত অভিব্যক্তিবিশেষ *She's drop-dead gorgeous.*

droplet / ˈdrɒplət ˈড্রপ্ল্যাট্ / *noun* [C] a small amount of a liquid that forms a round shape (কোনো তরল পদার্থের) ছোটো ফোঁটা, বিন্দু

drop-out *noun* [C] **1** a person who leaves school, university, etc. before finishing his/her studies শিক্ষাক্রম শেষ না করেই যে ব্যক্তি বিদ্যালয়, বিশ্ববিদ্যালয় ইত্যাদি ছেড়ে দেয় **2** a person who does not accept the ideas and ways of behaving of the rest of society যে ব্যক্তির কাছে সমাজের ধ্যান-ধারণা বা রীতি-নীতি গ্রহণযোগ্য ফলে মনে হয় না; প্রচলিত সামাজিকতার ধার ধারে না যে ব্যক্তি

dropper / ˈdrɒpə(r) ড্রপ্যা(র্) / *noun* [C] a short glass tube that has a rubber end with air in it. A dropper is used for measuring drops of liquids, especially medicines হাওয়া ভর্তি রাবারের প্রান্তওয়ালা ছোটো কাচের নল যেটি বিন্দু বিন্দু তরল (বিশেষত ওষুধ) পরিমাপের কাজে ব্যবহৃত হয়; ড্রপার ➪ **laboratory**-তে ছবি দেখো।

droppings / ˈdrɒpɪŋz ড্রপিংজ় / *noun* waste material from the bodies of small animals or birds ছোটো পশুপাখির বিষ্ঠা

drought / draʊt ড্রাউট্ / *noun* [C, U] a long period without rain খরা, অনাবৃষ্টি

drove ➪ **drive**[1]-এর past tense

drown / draʊn ড্রাউন্ / *verb* **1** [I, T] to die in water because it is not possible to breathe; to make sb die in this way জলে ডুবে শ্বাসরুদ্ধ হয়ে মৃত্যু হওয়া; এইভাবে কারও মৃত্যু ঘটানো *The girl fell into the river and drowned.* ○ *Twenty people were drowned in the floods.* **2** [T] **drown sb/sth (out)** (used about a sound) to be so loud that you cannot hear sb/sth else (শব্দ সম্বন্ধে ব্যবহৃত) এত জোরালো যা অন্য শব্দকে ছাপিয়ে যায় *His answer was drowned out by the loud music.*

drowse / draʊz ড্রাউজ় / *verb* [I] to be in a light sleep or to be almost asleep তন্দ্রাচ্ছন্ন হওয়া, প্রায় ঘুমিয়ে পড়া

drowsy / ˈdraʊzi ড্রাউজ়ি / *adj.* not completely awake নিদ্রাচ্ছন্ন, তন্দ্রাচ্ছন্ন ✪ সম **sleepy** ▶ **drowsily** *adv.* ঘুম ঘুম ভাব ▶ **drowsiness** *noun* [U] ঘুমন্ত ভাব, আচ্ছন্ন ভাব

drudgery / ˈdrʌdʒəri ড্রাজ্যারি / *noun* [U] hard and boring work (কাজ) কঠিন, নীরস, শ্রমসাধ্য, বিরক্তিকর

drug[1] / drʌg ড্রাগ্ / *noun* [C] **1** a chemical which people use to give them pleasant or exciting feelings. It is illegal in many countries to use drugs (বহু দেশে আইনত নিষিদ্ধ) রাসায়নিক মাদকদ্রব্য, নেশার জিনিস *He doesn't drink or* ***take drugs****.* ○ *She suspected her son was* ***on drugs****.* **2** a chemical which is used as a medicine ওষুধ হিসাবে ব্যবহৃত হয় যে রাসায়নিক পদার্থ *drug companies* ○ *Some drugs can only be obtained with a prescription from a doctor.*

drug[2] / drʌg ড্রাগ্ / *verb* [T] (**drugging; drugged**) **1** to give a person or animal a chemical to make him/her/it fall asleep or unconscious কোনো ব্যক্তি বা পশুকে ঘুম পাড়ানোর জন্য বা অজ্ঞান করার জন্য রাসায়নিক পদার্থ (ড্রাগ) দেওয়া *The lion was drugged before the start of the journey.* **2** to put a drug into food or drink খাবারে বা পানীয়তে ওষুধ বা কোনো মাদকদ্রব্য মেশানো *I think his drink was drugged.*

drug addict *noun* [C] a person who cannot stop taking drugs মাদকাসক্ত ব্যক্তি ▶ **drug addiction** *noun* [U] মাদকাসক্তি

druggist / ˈdrʌgɪst ড্রাগিস্ট্ / (*AmE*) = **chemist 1**

drugstore / ˈdrʌgstɔː(r) ড্রাগ্স্ট:(র্) / (*AmE*) = **chemist 2**

drum[1] / drʌm ড্রাম্ / *noun* [C] **1** a musical instrument like an empty container with plastic or skin stretched across the ends. You play a drum by hitting it with your hands or with sticks প্লাস্টিক বা চামড়া দিয়ে দুই প্রান্ত পর্যন্ত বাঁধানো খালি পাত্রের মতো বাদ্যযন্ত্র যা হাত দিয়ে বা লাঠি দিয়ে বাজানো যায়; ঢাক, ঢোল, মৃদঙ্গজাতীয় বাদ্যযন্ত্র; ড্রাম *She plays the drums in a band.* ➪ **piano**-তে নোট দেখো এবং **music**-এ ছবি দেখো। **2** a round container গোলাকার পাত্র; ড্রাম *an oil drum*

drum[2] / drʌm ড্রাম্ / *verb* (**drumming; drummed**) **1** [I] to play a drum ড্রাম বাজানো **2** [I, T] to make a noise like a drum by hitting sth many times কোনো বস্তুতে বারবার আঘাত করে ড্রামের মতো আওয়াজ করা; ঢক্কানিনাদ করা *to drum your fingers on the table* (= because you are annoyed, impatient, etc.)

PHR V drum sth into sb to make sb remember sth by repeating it many times কোনো কিছু বারবার বলে কাউকে কোনো কিছু মনে করানো

drum sth up to try to get support or business সহায়তা বা বাণিজ্যিক লাভের জন্য চেষ্টা করা *to drum up more custom*

drumlin / ˈdrʌmlɪn ড্রাম্‌লিন্ / *noun* [C] (in geography) a very small hill formed by the movement of a large mass of ice (**a glacier**) (ভূগোলে) হিমবাহের অগ্রগতির ফলে যে ছোটো পাহাড়ের সৃষ্টি হয়

drummer / ˈdrʌmə(r) ড্রাম্যা(র্) / *noun* [C] a person who plays a drum or drums যে ব্যক্তি এক বা একাধিক ড্রাম বাজায়; ঢক্কাবাদক, ঢাকি

drumstick / ˈdrʌmstɪk ড্রামস্টিক্ / *noun* [C] **1** a stick used for playing the drums ড্রাম বাজানোর লাঠি; ঢাকের কাঠি **2** the lower leg of a chicken or similar bird that we cook and eat মুরগী বা ঐ জাতীয়

পাখির পায়ের নীচের অংশ যা রান্না করে খাওয়া যায়; চিকেন ড্রামস্টিক **3** the long thin edible fruit of the drumstick tree শজিনা গাছের লম্বা, পাতলা ডাঁটি যা খাওয়া যায়; শজিনা ডাঁটা

drunk[1] / drʌŋk ড্রাংক্ / *adj.* (*not before a noun*) having drunk too much alcohol মদের নেশাগ্রস্ত বা মত্ত এমন *to get drunk* ▶ **drunk** (*old-fashioned* **drunkard**) *noun* [C] মাতাল, মদ্যপ *There were two drunks asleep under the bridge.*

drunk[2] ➪ **drink**-এর past participle

drunk-driver (*usually AmE*) = **drink-driver**

drunken / ˈdrʌŋkən ˈড্রাংক্যান্ / *adj.* (*only before a noun*) **1** having drunk too much alcohol মদের নেশাগ্রস্ত বা মত্ত এমন **2** showing the effects of too much alcohol খুব বেশি মদ্য পান করার ফলস্বরূপ *drunken singing* ▶ **drunkenly** *adv.* নেশাগ্রস্তভাবে, মাতালের মতো ▶ **drunkenness** *noun* [U] মাতলামি

dry[1] / draɪ ড্রাই / *adj.* (**drier; driest**) **1** without liquid in it or on it; not wet শুকনো; ভেজা নয় এমন *The paint is dry now.* ○ *Rub your hair dry with a towel.* **2** having little or no rain ছিটেফোঁটা বৃষ্টি হয়েছে বা একেবারেই হয়নি এমন; অনাবৃষ্টি, বৃষ্টিহীন *a hot, dry summer* ○ *a dry climate* ✪ বিপ **wet** (অর্থ সংখ্যা **1** এবং **2** এর জন্য) **3** (used about hair or skin) not having enough natural oil (চুল অথবা ত্বক সম্বন্ধে ব্যবহৃত) রুক্ষ (পর্যাপ্ত পরিমাণে স্বাভাবিক তেল না থাকার ফলে) **4** (used about wine) not sweet (মদ্য সম্বন্ধে ব্যবহৃত) মিষ্ট নয় এমন **5** (used about what sb says, or sb's way of speaking) amusing, although it sounds serious (কারও বক্তব্য অথবা বাচনভঙ্গি সম্বন্ধে ব্যবহৃত) বিষয়টি গুরুগম্ভীর হলেও মজাদার শোনায় *a dry sense of humour* **6** boring নীরস; একঘেয়ে *dry legal documents* **7** without alcohol; where no alcohol is allowed কোহল রহিত; মদ্যপান নিষিদ্ধ এরকম সময় অথবা অঞ্চল *Saudi Arabia is a dry country.* ▶ **dryness** *noun* [U] শুষ্কতা

IDM **be left high and dry** ➪ **high[1]** দেখো।

dry[2] / draɪ ড্রাই / *verb* [I, T] (*pres. part.* **drying;** *3rd person sing. pres.* **dries;** *pt, pp* **dried**) to become dry; to make sth dry শুকনো হওয়া, শুকিয়ে যাওয়া; শুকনো করা, জলশূন্য করা *I hung my shirt in the sun to dry.* ○ *to dry your hands on a towel*

PHR V **dry (sth) out** to become or make sth become completely dry শুকনো হওয়া, পুরোপুরি শুকোনো, শুষ্ক করা *Don't allow the soil to dry out.*

dry up **1** (used about a river, etc.) to have no more water in it (নদী ইত্যাদি সম্বন্ধে ব্যবহৃত) একদম শুকিয়ে গিয়ে জল না থাকা **2** to stop being available বর্তমানে পাওয়া যায় না এমন; অলভ্য *Because of the recession a lot of building work has dried up.* **3** to forget what you were going to say, for example because you are very nervous বক্তব্য বিষয় ভুলে যাওয়া বা বলতে না পারা (উদাহরণস্বরূপ খুব বেশি স্নায়ুচাপের ফলে)

dry (sth) up to dry plates, knives, forks, etc. with a towel after they have been washed ধোয়ার পরে বাসনপত্র, ছুরি, কাঁটাচামচ ইত্যাদি তোয়ালে দিয়ে মুছে শুকনো করা

dry-clean *verb* [T] to clean clothes using special chemicals, without using water জলের ব্যবহার না করে বিশেষ রাসায়নিক পদার্থ দিয়ে জামাকাপড় পরিষ্কার করা

dry-cleaner's (*also* **cleaner's**) *noun* [C] the shop where you take your clothes to be cleaned যে দোকানে জামাকাপড় পরিষ্কার করতে দেওয়া হয়

dry land *noun* [U] land, not the sea জমি, সমুদ্র নয়; ডাঙা *I was glad to be back* ***on dry land*** *again.*

DTP / ˌdiː tiːˈpiː ˌডী টী ˈপী / *abbr.* = **desktop publishing**

dual / ˈdjuːəl ˈডিউঅ্যাল্ / *adj.* (*only before a noun*) having two parts; double দুভাগে বিভক্ত; দ্বৈত *to have dual nationality*

dual carriageway (*AmE* **divided highway**) *noun* [C] a wide road that has an area of grass or a fence in the middle to separate the traffic going in one direction from the traffic going in the other direction যে চওড়া রাস্তার দুপাশে পারস্পরিক বিপরীত অভিমুখে গাড়ি চলে এবং সেটি আলাদা করার জন্য মাঝখান দিয়ে তৃণভূমি সম্বলিত অঞ্চল বা বেড়া থাকে

dub / dʌb ডাব্ / *verb* [T] (**dubbing; dubbed**) **1** to give sb/sth a new or amusing name (**a nickname**) কোনো ব্যক্তি বা বস্তুকে নতুন বা মজার নাম দেওয়া *Bill Clinton was dubbed 'Slick Willy'.* **2 dub sth (into sth)** to change the sound in a film so that what the actors said originally is spoken by actors using a different language চলচ্চিত্রে শব্দ পরিবর্তন করা যাতে অভিনেতা-অভিনেত্রীদের মূল ভাষায় ব্যক্ত সংলাপ পৃথক ভাষায় অনুবাদিত হয়; ডাব করা *I don't like foreign films when they're dubbed into English. I prefer subtitles.* ➪ **subtitle** দেখো। **3** to make a piece of music by mixing different pieces of recorded music together একটি সংগীতের সঙ্গে অন্যান্য বিভিন্ন রেকর্ড করা সংগীত মিশিয়ে নতুন সংগীত বানানো

dubious / ˈdjuːbiəs ˈডিউবিঅ্যাস্ / *adj.* **1 dubious (about sth/about doing sth)** not sure or certain দ্বিধাগ্রস্ত, অনিশ্চিত *I'm very dubious about whether we're doing the right thing.* **2** that may not be honest or safe নির্ভরযোগ্য বা নিরাপদ না হতে পারে; সন্দেহজনক *dubious financial dealings* ▶ **dubiously** *adv.* সন্দেহজনকভাবে, অসৎভাবে

duchess / ˈdʌtʃəs ˈডাচ্যাস্ / *noun* [C] a woman who has the same position as a **duke,** or who is the wife of a **duke** ডিউক পদের সমস্থানীয়া মহিলা অথবা ডিউকের পত্নী; ডাচেস

duck[1] / dʌk ডাক্ / *noun* (*pl.* **ducks** or **duck**) **1** [C] a common bird that lives on or near water. Ducks have short legs, special (**webbed**) feet for swimming and a wide beak (সাঁতারের উপযোগী লিপ্তপদযুক্ত এবং চওড়া ঠোঁটওয়ালা পাখি) হাঁস, পাতিহাঁস **2** [C] a female duck স্ত্রী হাঁস

> **NOTE** পুরুষ হাঁসকে **drake** এবং হাঁসের শাবককে **duckling** বলা হয়। হাঁসের ডাকের জন্য **quack** শব্দটি ব্যবহৃত হয়।

3 [U] the meat of a duck হাঁসের মাংস *roast duck with orange sauce*

duck[2] / dʌk ডাক্ / *verb* **1** [I, T] to move your head down quickly so that you are not seen or hit by sb/sth কোনো ব্যক্তি বা বস্তুর দৃষ্টি বা তার দ্বারা আঘাতপ্রাপ্তি এড়ানোর জন্য হঠাৎ চট করে মাথা নীচু করা *The boys ducked out of sight behind a hedge.* ○ *I had to duck my head down to avoid the low doorway.* **2** [I, T] (*informal*) **duck (out of) sth** to try to avoid sth difficult or unpleasant কঠিন বা অপ্রীতিকর কিছু এড়িয়ে যাওয়ার চেষ্টা করা *She tried to duck out of apologizing.* **3** [T] to push sb's head under water for a short time, especially when playing জলের নীচে অল্প সময়ের জন্য কারও মাথা চেপে রাখা, বিশেষত খেলতে খেলতে *The kids were ducking each other in the pool.*

duct / dʌkt ডাক্ট্ / *noun* [C] a tube that carries liquid, gas, etc. যে টিউব তরল পদার্থ, গ্যাস ইত্যাদি বহন করে *They got into the building through the air duct.* ○ *tear ducts* (= in the eye)

dud / dʌd ডাড্ / *noun* [C] (*informal*) a thing that cannot be used because it is not real or does not work properly মেকি বা নকল অথবা অকেজো কিছু যা ব্যবহার করা যায় না

dude / du:d ডুড্ / *noun* [C] (*AmE slang*) a man (অপপ্রয়োগ) পুরুষ মানুষ; ফুলবাবু

due[1] / dju: ডিউ / *adj.* **1** (*not before a noun*) expected or planned to happen or arrive যা ঘটবে বা যা পৌঁছোবে বলে প্রত্যাশিত বা যা পূর্বপরিকল্পিত, স্থিরীকৃত *The conference is due to start in four weeks' time.* ○ *What time is the next train due (in)?* ○ *The baby is due in May.* **2** (*not before a noun*) having to be paid বকেয়া, দেয়, পরিশোধনীয়, বাকি *The rent is due on the fifteenth of each month.* **3 due (to sb)** that is owed to you because it is your right to have it ন্যায্য প্রাপ্য, অবশ্য প্রাপ্য *Make sure you claim all the benefits that are due to you.* **4 due to sb/sth** caused by or because of sb/sth কোনো ব্যক্তি বা বস্তুর কারণে ঘটা বা হওয়া *His illness is probably due to stress.* **5 due for sth** expecting sth or having the right to sth কিছু পাওয়ার আশা অথবা অধিকার *I think that I'm due for a pay rise.*

IDM in due course at some time in the future, quite soon যথা সময়ে; অল্প দিন পরে *All applicants will be informed of our decision in due course.*

due[2] / dju: ডিউ / *adv.* (used before 'north', 'south', 'east' and 'west') exactly (উত্তর, দক্ষিণ, পূর্ব ও পশ্চিমের আগে ব্যবহৃত) একদম সেইভাবে, একেবারে, সরাসরি *The aeroplane was flying due east.*

due[3] / dju: ডিউ / *noun*

IDM give sb his/her due to be fair to a person কারও প্রতি ন্যায্য ব্যবহারসম্পন্ন হওয়া *She doesn't work very quickly, but to give Sudha her due, she is very accurate.*

duel / ˈdju:əl ˈডিউঅ্যাল্ / *noun* [C] a formal type of fight with guns or other weapons which was used in the past to decide an argument between two men (অতীতে বন্দুক বা অন্যান্য অস্ত্রের ব্যবহারসহ) দ্বন্দ্বযুদ্ধ

duet / djuˈet ডিউˈএট্ / (*also* **duo**) *noun* [C] a piece of music for two people to sing or play দ্বৈতসংগীত, দ্বৈতগান; যুগলবন্দী ➪ **solo** দেখো।

dug ➪ **dig**-এর past tense এবং past participle

duke / dju:k ডিউক্ / (*also* **Duke**) *noun* [C] a man of the highest hereditary rank, a nobleman সমাজে পারিবারিকভাবে সর্বোচ্চ শ্রেণির অভিজাত ব্যক্তি; ডিউক ➪ **duchess** দেখো।

dull / dʌl ডাল্ / *adj.* **1** not interesting or exciting; boring নীরস, একঘেয়ে, অনুত্তেজক *Miss Sharma's lessons are always so dull.* **2** not bright অনুজ্জ্বল, নিষ্প্রভ *a dull and cloudy day* **3** not loud, sharp or strong তীব্র বা তেজি নয় এমন; ক্ষীণ, মৃদু, *Her head hit the floor with a dull thud.* ✪ বিপ **sharp** ▶ **dullness** *noun* [U] মন্থরত্ব, বধিরত্ব, নীরসত্ব ▶ **dully** *adv.* নীরসভাবে, ধীরগতিতে, অপ্রখরভাবে

duly / ˈdju:li ˈডিউলি / *adv.* (*formal*) in the correct or expected way সঠিকভাবে, যথোপযুক্তভাবে, যথাযথভাবে *We all duly assembled at 7.30 a.m. as agreed.*

dumb / dʌm ডাম্ / *adj.* **1** not able to speak নির্বাক, বোবা, মূক, বাক্শক্তিহীন *to be deaf and dumb* ○ (*figurative*) *They were* ***struck dumb*** *with amazement.* **2** (*informal*) stupid বোকা, নির্বোধ, অজ্ঞ *What a dumb thing to do!* ▶ **dumbly** *adv.* বাক্যহীনভাবে, মূকভাবে; নির্বোধভাবে *Kanchan did all the talking, and I just nodded dumbly.*

dumbfounded / dʌmˈfaʊndɪd ডাম্'ফাউন্‌ডিড্ / *adj.* very surprised স্তম্ভিত, হতবাক, বিহ্বল, চক্ষুস্থির

dummy / ˈdʌmi ˈডামি / *noun* [C] (*pl.* **dummies**) **1** a model of the human body used for putting clothes on in a shop window or while you are making clothes দোকানে বা পোশাক বানানোর সময়ে পোশাক-পরিচ্ছদে সজ্জিত মানবদেহের যে মডেল ব্যবহৃত হয়; ডামি *a tailor's dummy* **2** (*informal*) a stupid person বোকা মানুষ; নির্বোধ ব্যক্তি **3** (*AmE* **pacifier**) a rubber object that you put in a baby's mouth to keep him/her quiet and happy চুষিকাঠি **4** something that is made to look like sth else but that is not the real thing নকল; অনুকৃতি *The robbers used dummy hand guns in the raid.*

dump[1] / dʌmp ডাম্প্ / *verb* [T] **1** to get rid of sth that you do not want, especially in a place which is not suitable অবাঞ্ছিত জিনিস ফেলে রাখা বা বর্জন করা বিশেষত এমন স্থানে যেটি তার উপযুক্ত নয় *Nuclear waste should not be dumped in the sea.* ○ (*figurative*) *I wish you wouldn't keep dumping the extra work on me.* **2** to put sth down quickly or in a careless way কোনো কিছু তাড়াতাড়ি অযত্নে নামিয়ে রাখা বা রেখে দেওয়া *The children dumped their bags in the hall and ran off to play.* **3** (*informal*) to get rid of sb, especially a boyfriend or girlfriend কাউকে পরিত্যাগ করা, বিশেষত ছেলেবন্ধু অথবা মেয়েবন্ধুকে *Did you hear that Latika dumped Chandan last night?*

dump[2] / dʌmp ডাম্প্ / *noun* [C] **1** a place where rubbish or waste material from factories, etc. is left (আবর্জনা বা কারখানা-নিঃসৃত বর্জ্য পদার্থের) আস্তাকুঁড়, আবর্জনাস্তূপ, জঞ্জালের স্তূপ *a rubbish dump* **2** (*informal*) a place that is very dirty, untidy or unpleasant অতি অপরিষ্কার, অগোছালো এবং বিশ্রী জায়গা *The flat is cheap but it's a real dump.*

IDM **down in the dumps** unhappy or sad অসুখী, বিষণ্ণ বা মনমরা

dumper truck (*BrE*) (*AmE* **dump truck**) *noun* [C] a lorry that carries material such as stones or earth in a special container which can be lifted up so that the load can fall out যে লরি পাথর বা মাটি বহন করে এমন একটি বিশেষ পাত্রে যেটা উঁচু করে সব মাল ঢেলে ফেলা যায়

dumpling / ˈdʌmplɪŋ ˈডাম্‌প্লিং / *noun* [C] a small ball of flour and fat (**dough**) that is steamed and usually eaten with meat and soup ময়দা এবং চর্বি বা ময়ান দিয়ে বানানো ছোটো বল যা রান্না করে সাধারণত মাংস এবং স্যুপের সঙ্গে খাওয়া হয়; ফুলুরি; ডাম্পলিং

dune / dju:n ডিউন্ / (*also* **sand dune**) *noun* [C] a low hill of sand by the sea or in the desert (মরুভূমিতে) বালিয়াড়ি; (সমুদ্রে) সৈকতশৈল

dung / dʌŋ ডাং / *noun* [U] waste material from the bodies of large animals বৃহদাকার পশুদের মল, নাদ, পশুমল *cow dung*

dungarees / ˌdʌŋgəˈri:z ˌডাংগ্যা'রীজ্ / (*AmE* **overalls**) *noun* [*pl.*] a piece of clothing, similar to trousers, but covering your chest as well as your legs and withstraps that go over the shoulders কাঁধের উপর থেকে পটিসমেত বুক এবং পা ঢাকা প্যান্টের মতো পোশাক *a pair of dungarees*

dungarees

dungeon / ˈdʌndʒən ˈডান্‌জ্যান্ / *noun* [C] an old underground prison, especially in a castle ভূগর্ভস্থ প্রাচীন কারাগার (বিশেষত দুর্গের মধ্যে)

duo / ˈdju:əʊ ˈডিউঅ্যাউ / *noun* [C] (*pl.* **duos**) **1** two people playing music or singing together একত্রে সংগীত বা বাদ্যে রত দুই ব্যক্তি; জুটি **2** = **duet**

duodenum / ˌdju:əˈdi:nəm ˌডিউঅ্যা'ডীন্যাম্ / *noun* [C] the first part of the small **intestine** ক্ষুদ্রান্ত্রের প্রথম অংশ; গ্রহণী ➪ **body**-তে ছবি দেখো।

dupe / dju:p ডিউপ্ / *verb* [T] to lie to sb in order to make him/her believe sth or do sth প্রতারণা করা; ঠকানো, বোকা বানানো *The woman was duped into carrying the drugs.*

duplex / ˈdju:pleks ˈডিউপ্লেক্স্ / *noun* [C] **1** a flat having rooms on two floors connected by a staircase সিঁড়ি দ্বারা সংযুক্ত এমন ফ্ল্যাট যার দুই তলায় কক্ষ আছে; ডুপ্লেক্স **2** a house with two separate units sharing a wall দেয়াল দিয়ে দুই ভাগে বিভক্ত

duplicate[1] / ˈdju:plɪkeɪt ˈডিউপ্লিকেইট্ / *verb* [T] **1** to make an exact copy of sth কোনো কিছুর অবিকল নকল করা; প্রতিলিপি করা **2** to do sth that has already been done কোনো কিছুর পুনরাবৃত্তি করা *We don't want to duplicate the work of other departments.* ▶ **duplication** / ˌdju:plɪˈkeɪʃn ˌডিউপ্লি'কেইশ্‌ন্ / *noun* [U] প্রতিলিপি, অনুলিপি

duplicate[2] / ˈdju:plɪkət ˈডিউপ্লিক্যাট্ / *noun* [C] something that is exactly the same as sth else অন্য কিছুর মতো, হুবহু; সদৃশ ▶ **duplicate** *adj.* (*only before a noun*) সমান, মতন, অনুরূপ *a duplicate key*

IDM **in duplicate** with two copies (for example of an official piece of paper) that are exactly the same প্রতিলিপিসহ (যেমন কোনো সরকারি নথি) *The contract must be in duplicate.* ➪ **triplicate** দেখো।

durable / ˈdjʊərəbl ˈডিউঅ্যার‍্যাব্‌ল্ / *adj.* likely to last for a long time without breaking or getting weaker টেকসই, মজবুত *a durable fabric* ▶ **durability** / ˌdjʊərəˈbɪləti ˌডিউঅ্যার‍্যাˈবিল্যাটি / *noun* [U] স্থায়িত্ব

duration / djuˈreɪʃn ডিউˈরেইশ্‌ন্ / *noun* [U] the time that sth lasts মেয়াদ, ব্যাপ্তিকাল, স্থিতিকাল *Please remain seated for the duration of the flight.*

duress / djuˈres ডিউˈরেস্ / *noun* [U] threats or force that are used to make sb do sth কোনো ব্যক্তিকে কিছু করিয়ে নেওয়ার জন্য বলপ্রয়োগ বা জবরদস্তি *He signed the confession* ***under duress***.

during / ˈdjʊərɪŋ ˈডিউঅ্যারিং / *prep.* within the period of time mentioned প্রদত্ত সময়সীমার মধ্যে, সেই সময়কালীন *During the summer holidays we went swimming every day.* ○ *Grandpa was taken very ill during the night.*

NOTE লক্ষ করো যে কোনো ঘটনা ঘটছে এই বোঝানোর জন্য **during** শব্দটি ব্যবহার করা হয় আর কোনো কিছু কতক্ষণ ধরে চলছে বা তার ঘটনাকাল বোঝাতে **for** শব্দটি ব্যবহার করা হয়—*I went shopping during my lunch break. I was out for about 25 minutes.*

dusk / dʌsk ডাস্ক্ / *noun* [U] the time in the evening when the sun has already gone down and it is nearly dark সূর্যাস্তকাল, গোধূলি, সায়াহ্ন ➪ **dawn** এবং **twilight** দেখো।

dusky / ˈdʌski ˈডাস্‌কি / *adj.* **1** (*literary*) dim; having little light; not very bright; dark প্রায়ান্ধকার; ছায়াচ্ছন্ন, আবছা; অনুজ্জ্বল; অন্ধকারাচ্ছন্ন *dusky night* **2** (*literary*) sad and gloomy ম্লান, নিরাশ, বিষণ্ণ, নিরানন্দ *dusky shadows from his past* **3** naturally having dark skin শ্যামল ত্বক, গাঢ় ত্বক *a dusky beauty* **4** of a dark colour গাঢ় বর্ণের *a shade of dusky blue*

Dusserah *noun* [C] a festival that celebrates the victory of good over evil. It is celebrated across India in October/November and is the grand culmination of a ten-day festival যে উৎসবের মধ্যে দিয়ে অশুভ শক্তির উপর শুভ শক্তির জয় পালন করা হয়। অক্টোবর-নভেম্বর মাসে সমগ্র ভারতবর্ষে এই উৎসব দশ দিন ধরে অনুষ্ঠিত হয় এবং দশেরার দিন এটি চূড়ান্ত মাত্রা পায়; দশেরা

dust¹ / dʌst ডাস্ট্ / *noun* [U] very small pieces of dry dirt, sand, etc. in the form of a powder ধুলো, ধূলিকণা *a thick layer of dust* ○ *chalk/coal dust* ○ *The tractor came up the track in a cloud of dust.* ○ *a speck* (= small piece of dust) ▶ **dusty** *adj.* ধুলোমাখা, ধূলিধূসর *This shelf has got very dusty.*

dust² / dʌst ডাস্ট্ / *verb* [I, T] to clean a room, furniture, etc. by removing dust with a cloth ঘর এবং ঘরের আসবাবপত্র ইত্যাদি কাপড় দিয়ে ঝেড়ে ধুলোমুক্ত করা *Let me dust those shelves before you put the books on them.* ➪ **clean²**-এ নোট দেখো।

dustbin / ˈdʌstbɪn ˈডাস্ট্‌বিন্ / (*AmE* **garbage can; trash can**) *noun* [C] a large container for rubbish that you keep outside your house আবর্জনা ফেলার জন্য বাড়ির বাইরে যে বড়ো পাত্র রাখা হয়; ময়লার বালতি; ডাস্টবিন

dust bowl *noun* [C] (in geography) an area of land that has become desert because there has been too little rain or too much farming (ভূগোলে) খরা, অনাবৃষ্টি বা অত্যধিক চাষবাস করার ফলে যে অঞ্চল মরুভূমিতে পরিণত হয়েছে

duster / ˈdʌstə(r) ˈডাস্ট্যা(র্) / *noun* [C] a soft dry cloth that you use for cleaning furniture, etc. যে শুকনো নরম কাপড় দিয়ে আসবাবপত্র ইত্যাদি পরিষ্কার করা হয়; ডাস্টার

dustpan / ˈdʌstpæn ˈডাস্ট্‌প্যান্ / *noun* [C] a flat container with a handle into which you brush dirt from the floor একদিকে হাতল লাগানো চ্যাপটা পাত্র যার মধ্যে মেঝে থেকে ধুলো-ময়লা ব্রাশ দিয়ে ওঠানো হয় *Where do you keep your* ***dustpan and brush****?*

Dutch / dʌtʃ ডাচ্ / *adj.* from the Netherlands নেদারল্যান্ড বা হল্যান্ড দেশের; ডাচ

Dutch courage *noun* [U] (*BrE*) a feeling of courage or confidence that a person gets from drinking alcohol মদ্যপানের ফলে যে সাহস এবং আস্থা পাওয়া যায় বা বেপরোয়া মনোভাব জন্মায়

dutiful / ˈdju:tɪfl ˈডিউটিফ্‌ল্ / *adj.* happy to respect and obey sb (কোনো ব্যক্তির প্রতি) কর্তব্যনিষ্ঠ, কর্তব্যপরায়ণ, বাধ্য *a dutiful son* ▶ **dutifully** / -fəli -ফ্যালি / *adv.* কর্তব্যনিষ্ঠভাবে, বাধ্য হয়ে

duty / ˈdju:ti ˈডিউটি / *noun* [C, U] (*pl.* **duties**) **1** something that you have to do because people expect you to do it or because you think it is right অবশ্যকরণীয় কাজ; কর্তব্য, দায়িত্ব *A soldier must do his* ***duty***. ○ *a sense of moral duty* **2** the tasks that you do when you are at work যেসব কাজ চাকরির অঙ্গ হিসেবে করতে হয়, করণীয় কাজ; দায়িত্ব *the duties of a policeman* ○ *Which nurses are on night duty this week?* **3 duty (on sth)** a tax that you pay, especially on goods that you bring into a country বিশেষত আমদানি করা মালের উপর ধার্য যে শুল্ক দিতে হয়

IDM **on/off duty** (used about doctors, nurses, police officers, etc.) to be working/not working (ডাক্তার, নার্স, পুলিশ কর্মচারী ইত্যাদি সম্বন্ধে ব্যবহৃত) কর্মরত থাকা বা না থাকা *The porter's on duty from 8 a.m. till 4 p.m.* ○ *What time does she go off duty?*

duty-free *adj., adv.* (used about goods) that you can bring into a country without paying tax (বস্তু সম্বন্ধে ব্যবহৃত) যা শুল্ক না-দিয়ে দেশে আনা যায়; শুল্কবিহীন; ডিউটি-ফ্রি *an airport duty-free shop* ○ *How much wine can you bring into India duty-free?* ⇨ **tax-free** দেখো।

duvet / ˈduːveɪ ˈডুভেই / *noun* [C] a thick cover filled with feathers or another soft material that you sleep under to keep warm in bed পাখির পালক অথবা নরম কোনো কিছু দিয়ে তৈরি করা বিশেষ ধরনের লেপ ⇨ **quilt** দেখো।

Dvaita *noun* [U] a branch of Hindu philosophy that states that the individual and God have separate existences; the doctrine of duality মানুষ এবং ঈশ্বরের স্বতন্ত্র অস্তিত্বে বিশ্বাসী হিন্দু দর্শনশাস্ত্রের শাখা; দ্বৈতবাদ ⇨ **Advaita** দেখো।

DVD / ˌdiː viː ˈdiː ˌডী ভী ˈডী / *noun* [C] a disc with different types of information on it, especially photographs and video, that can be used on a computer (short for 'digital video disc' or 'digital versatile disc') একরকম ডিস্ক যাতে বিভিন্ন রকমের তথ্য থাকে, বিশেষত ফোটোগ্রাফ এবং ভিডিও, যা কম্পিউটারে ব্যবহার করা যায়; ডিভিডি *a DVD-ROM drive*

dwarf[1] / dwɔːf ডুঅ:ফ্ / *noun* [C] (*pl.* **dwarfs** or **dwarves** / dwɔːvz ডুঅ:ভ্জ্ /) **1** a person, animal or plant that is much smaller than the usual size মানুষ, জীবজন্তু অথবা গাছপালা যা তাদের সাধারণ আকারের তুলনায় খুবই ছোটো; খর্বাকৃত, বামন **2** (in children's stories) a very small person (বাচ্চাদের গল্পে) খুবই ছোটো মানুষ

dwarf[2] / dwɔːf ডুঅ:ফ্ / *verb* [T] (used about a large object) to make sth seem very small in comparison (কোনো বস্তু সম্বন্ধে ব্যবহৃত) অন্য কোনো কিছুর তুলনায় ক্ষুদ্র প্রতীয়মান হওয়া *The skyscraper dwarfs all the other buildings around.*

dwarf planet *noun* [C] a nearly round object in space that orbits around the sun or another star and is smaller than a planet মহাশূন্যে সূর্য অথবা অন্য কোনো তারার চারিদিকে নির্দিষ্ট পরিক্রমণ পথ বা কক্ষপথে ঘোরে, গ্রহের থেকে আকারে ছোটো প্রায় গোলাকৃতি কোনো মহাকাশীয় বস্তু; বামনগ্রহ, ক্ষুদ্রগ্রহ ⇨ **Pluto** দেখো।

dwell / dwel ডুএল্ / *verb* [I] (*pt, pp* **dwelt** / dwelt ডুএল্ট্ / or **dwelled**) (*old-fashioned, formal*) to live or stay in a place কোথাও থাকা বা বাস করা

PHR V **dwell on/upon sth** to think or talk a lot about sth that it would be better to forget অপ্রয়োজনীয় বা অপ্রিয় অতীত নিয়ে ভাবা এবং কথা বলে যাওয়া *I don't want to dwell on the past. Let's think about the future.*

dweller / ˈdwelə(r) ˈডুএল্যা(র্) / *noun* [C] (*often in compounds*) a person or animal that lives in the place mentioned মানুষ বা প্রাণী যে উল্লিখিত জায়গায় বসবাস করে *city-dwellers*

dwelling / ˈdwelɪŋ ˈডুএলিং / *noun* [C] (*formal*) the place where a person lives; a house সেই জায়গা যেখানে কেউ বাস করে; বাড়ি, বাসস্থান

dwindle / ˈdwɪndl ˈডুইন্ড্ল্ / *verb* [I] **dwindle (away)** to become smaller or weaker স্বল্পতর বা দুর্বলতর হয়ে যাওয়া *Their savings dwindled away to nothing.*

dye[1] / daɪ ডাই / *verb* [T] (*pres. part.* **dyeing;** *3rd person sing. pres.* **dyes;** *pt, pp* **dyed**) to make sth a different colour কোনো কিছুর রং পালটানো, অন্য রঙে রঞ্জিত করা *Does she dye her hair?* ○ *I'm going to dye this blouse black.*

dye[2] / daɪ ডাই / *noun* [C, U] a substance that is used to change the colour of sth এমন পদার্থ যা লাগিয়ে কোনো কিছুর রং বদলানো হয়, রঞ্জক পদার্থ; রঞ্জক

dying ⇨ **die**-এর present participle

dying / ˈdaɪŋ ˈডাইং / *adj.* **1** during the last few minutes, seconds, etc. before something ends শেষ হয়ে যাওয়ার ঠিক আগেকার কয়েক মিনিট, সেকেন্ড, মুহূর্ত ইত্যাদিতে *They managed to win the game in the dying minutes.* **2** happening at the time of somebody's death কারও মৃত্যুকালে সংঘটিত

dyke (*also* **dike**) / daɪk ডাইক্ / *noun* [C] **1** a long thick wall that is built to prevent the sea or a river from flooding low land যে মোটা লম্বা দেয়াল সমুদ্র বা নদীর প্লাবন থেকে নীচু জমি রক্ষার উদ্দেশ্যে নির্মাণ করা হয়; বাঁধ **2** a long narrow space dug in the ground and used for taking water away from land মূল জমি থেকে দূরে জল প্রবাহিত করার জন্য যে লম্বা সরু নালি কাটা হয়; খাল, নালা, পরিখা

dynamic / daɪˈnæmɪk ডাইˈন্যামিক্ / *adj.* **1** (used about a person) full of energy and ideas; active (কোনো ব্যক্তি সম্বন্ধে ব্যবহৃত) কর্মচঞ্চল, প্রাণচঞ্চল, কর্মঠ, উদ্যমী **2** (used about a force or power) that causes movement (বল বা শক্তি সম্বন্ধে ব্যবহৃত) যা আন্দোলন সৃষ্টি করে, পরিবর্তন আনে; অগ্রসরমান ▶ **dynamism** / ˈdaɪnəmɪzəm ˈডাইন্যামিজ্যাম্ / *noun* [U] গতিশীলতা, প্রাণচঞ্চলতা

dynamics / daɪˈnæmɪks ডাইˈন্যামিক্স্ / *noun* **1** [*pl.*] the way in which people or things behave and react to each other in a particular situation বিশেষ কোনো অবস্থায় যে উপায়ে মানুষ এবং বস্তুসমূহ পরস্পর পরস্পরের প্রতি আচরণ ও প্রতিক্রিয়া করে **2** [U] the scientific study of the forces involved in movement গতির সঙ্গে সম্বলিত শক্তির বৈজ্ঞানিক অধ্যয়ন; গতিবিজ্ঞান *fluid dynamics*

dynamite / ˈdaɪnəmaɪt ˈডাইন্যামাইট্ / *noun* [U] **1** a powerful explosive substance শক্তিশালী বিস্ফোরক পদার্থ; ডাইনামাইট **2** a thing or person that causes great excitement, shock, etc. যে বস্তু বা ব্যক্তি সংঘর্ষ বা উত্তেজনা সৃষ্টি করে *His news was dynamite.*

dynamo / ˈdaɪnəməʊ ˈডাইন্যাম্যাউ / *noun* [C] (*pl.* **dynamos**) a device that changes energy from the movement of sth such as wind or water into electricity একরকম যন্ত্র যা হাওয়া অথবা জলের গতির মধ্যে যে শক্তি (এনার্জি) থাকে তাকে বৈদ্যুতিক শক্তিতে রূপান্তরিত করে; ডায়নামো

dynasty / ˈdɪnəsti ˈডিন্যাস্‌টি / *noun* [C] (*pl.* **dynasties**) a series of rulers who are from the same family একই পরিবারের ক্রমান্বিত শাসকগোষ্ঠী; রাজবংশ, বংশানুক্রমিক আধিপত্য *the Gupta dynasty in India.*

dysentery / ˈdɪsəntri ˈডিস্যান্‌ট্রি / *noun* [U] a serious disease which causes you to get rid of waste material from your body very often in liquid form (**to have diarrhoea**), and to lose blood যে কঠিন অসুখে অনেক সময় রক্ত পায়খানা হয়; রক্তাতিসার

dyslexia / dɪsˈleksiə ডিস্ˈলেক্‌সিঅ্যা / *noun* [U] a difficulty that some people have with reading and spelling কিছু মানুষের বানান ও পড়ায় যে অসুবিধা আছে ▶ **dyslexic** *noun* [C], *adj.* যার বানান ও পড়াশোনাতে অসুবিধা থাকে

E e

E¹, e / i: ঈ / *noun* [C, U] (*pl.* **E's; e's** / i:z ঈজ্ /) the fifth letter of the English alphabet ইংরেজি বর্ণমালার পঞ্চম অক্ষর বা বর্ণ *'Egg' begins with an 'E'.*

E² *abbr.* east(ern) পূর্বদিকের, পূর্বদিকস্থ *E Asia*

e- / i: ঈ / *prefix* (*computing*) (*in nouns and verbs*) connected with the use of electronic communication, especially the Internet, for sending information, doing business, etc. তথ্য আদান-প্রদান, ব্যাবসা করা ইত্যাদির জন্য বিশেষত ইন্টারনেটের সঙ্গে যুক্ত ইলেকট্রনিক যোগাযোগ-ব্যবস্থা *e-business/e-commerce* ➪ **email** দেখো।

ea. *abbr.* each প্রত্যেক, প্রত্যেকটি, প্রতি, প্রতিটি

each / i:tʃ ঈচ্ / *det., pronoun* every individual person or thing প্রত্যেক ব্যক্তি অথবা বস্তু; প্রত্যেকে, প্রত্যেকটি *Each lesson lasts an hour.* ○ *Each of the lessons lasts an hour.* ○ *The lessons each last an hour.*

each other *pronoun* used for saying that A does the same thing to B as B does to A পরস্পরকে, পরস্পরের প্রতি, একে অপরকে *Zeenat and Zaheer love each other very much* (= Zeenat loves Zaheer and Zaheer loves Zeenat). ○ *We looked at each other.*

eager / ˈi:gə(r) ˈঈগ্যা(র্) / *adj.* **eager (to do sth); eager (for sth)** full of desire or interest আগ্রহী, ব্যগ্র, উৎসুক, অধীর, ব্যাকুল, উদ্‌গ্রীব *We're all eager to start work on the new project.* ○ *eager for success* ✪ সম **keen** ▶ **eagerly** *adv.* সাগ্রহে, উৎসুকভাবে, আগ্রহসহকারে, অধীর আগ্রহে, উৎসুক চিত্তে ▶ **eagerness** *noun* [U] আগ্রহ, ঔৎসুক্য, আকুলতা, অধীরতা

eagle / ˈi:gl ˈঈগ্‌ল্ / *noun* [C] a very large bird that can see very well. It eats small birds and animals ঈগল পাখি; এদের দৃষ্টিশক্তি খুব প্রখর হয়। ছোটো পাখি এবং জন্তু-জানোয়ার এদের খাদ্য

ear / ɪə(r) ইঅ্যা(র্) / *noun* **1** [C] one of the two parts of the body of a person or animal that are used for hearing কান, কর্ণ, শ্রবণেন্দ্রিয় ➪ **body**-তে ছবি দেখো। **2** [*sing.*] **an ear (for sth)** an ability to recognize and repeat sounds, especially in music or language সুর, সংগীত অথবা ভাষার ধ্বনিসমূহ চিহ্নিত করা এবং তা পুনরাবৃত্তি করার ক্ষমতা; শ্রুতিবোধ *Yukta has a good ear for languages.* **3** [C] the top part of a plant that produces grain (শস্যের) মঞ্জরি, শিষ *an ear of corn* ➪ **cereal**-এ ছবি দেখো।

IDM **sb's ears are burning** used when a person thinks that other people are talking about him/her, especially in an unkind way যখন কোনো ব্যক্তি মনে করে বা বুঝতে পারে যে অন্য কেউ তার সম্বন্ধে নিন্দা করছে এমন অবস্থা বোঝাতে ব্যবহৃত অভিব্যক্তিবিশেষ

play (sth) by ear to play a piece of music that you have heard without using written notes কোনো লিখিত স্বরলিপি ছাড়াই কেবল কানে শোনা স্মৃতি থেকে কোনো গান, সংগীত বা সুর বাজানো

go in one ear and out the other (used about information, etc.) to be forgotten quickly (খবর, তথ্য ইত্যাদি সম্বন্ধে ব্যবহৃত) এক কান দিয়ে ঢুকে অন্য কান দিয়ে বেরিয়ে যাওয়া; শোনার পরেই ভুলে যাওয়া *Everything I tell him seems to go in one ear and out the other.*

play it by ear to decide what to do as things happen, instead of planning in advance পূর্বপরিকল্পনা ছাড়াই ঘটনা ঘটনাকালীন কর্মপ্রক্রিয়া নির্ধারণ করা *We don't know what Amit's reaction will be, so we'll just have to play it by ear.*

prick up your ears ➪ **prick¹** দেখো।

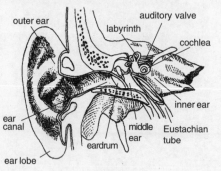

outer ear
auditory valve
labyrinth
cochlea
inner ear
ear canal
middle ear
Eustachian tube
eardrum
ear lobe

the ear

earache / ˈɪəreɪk ˈইঅ্যার্‌এইক্ / *noun* [U] a pain in your ear কানের ব্যথা বা যন্ত্রণা, কানের কটকটানি *I've got earache.* ➪ **ache**-এ নোট দেখো।

eardrum / ˈɪədrʌm ˈইঅ্যাড্রাম্ / *noun* [C] a thin piece of skin inside the ear that is tightly stretched and that allows you to hear sound কানের পর্দা, কর্ণপটহ ➪ **ear**-এ ছবি দেখো।

earl / ɜ:l অ্যাল্ / *noun* [C] a British man of a high social position ব্রিটেনে সমাজের উচ্চপদস্থ সম্ভ্রান্তবংশীয় ব্যক্তি

ear lobe *noun* [C] the round soft part at the bottom of your ear কানের নীচে যে গোল নরম অংশ, কানের লতি ➪ **ear**-এ ছবি দেখো।

early / ˈɜ:li ˈঅ্যালি / *adj., adv.* (**earlier; earliest**) **1** near the beginning of a period of time, a piece of work, a series, etc. কোনো সময়কাল, কর্ম, কার্যক্রম,

ইত্যাদির প্রারম্ভকাল; আরম্ভ অথবা শুরুর সময়কাল *I think Vipin's in his early twenties.* ○ *The project is still in its early stages.* **2** before the usual or expected time প্রত্যাশিত সময়ের বা নির্দিষ্ট সময়ের পূর্বেই; অবিলম্বে, তাড়াতাড়ি *She arrived five minutes early for her interview.*

IDM at the earliest not before the date or time mentioned নির্দিষ্ট তারিখ অথবা সময়ের আগে নয় *I can repair it by Friday at the earliest.*

it's early days (yet) used to say that it is too soon to know how a situation will develop কোনো একটা অবস্থার অথবা পরিস্থিতির কি পরিণতি হবে তা জানার সময় এখনও হয়নি এই বোঝাতে ব্যবহৃত অভিব্যক্তিবিশেষ

the early hours very early in the morning in the hours after midnight মধ্য রাত্রির পরে, খুব ভোরে, শেষ রাত, রাতের শেষ প্রহরগুলি

an early/a late night ➪ **night** দেখো।

early on soon after the beginning আরম্ভ হওয়ার একটু পরেই, শুরুর পরে পরেই *He achieved fame early on in his career.*

an early riser a person who usually gets up early in the morning এমন কোনো ব্যক্তি যে সাধারণত ঘুম থেকে খুব সকালেই উঠে পড়ে

earmark / ˈɪəmɑːk ˈইঅ্যামা:ক্ / *verb* [T] **earmark sb/sth (for sth/sb)** to choose sb/sth to do sth in the future ভবিষ্যতের কোনো বিশেষ কাজের জন্য কোনো ব্যক্তি অথবা বস্তুকে মনোনীত করা *Everybody says Anu has been earmarked as the next manager.*

earn / ɜːn অ্যন্ / *verb* [T] **1** to get money by working টাকা রোজগার করা, আয় করা, অর্থোপার্জন করা, কামানো *How much does a dentist earn?* ○ *I earn 20,000 rupees a month.* ○ *It's hard to* ***earn a living*** *as an artist.* **2** to win the right to sth, for example by working hard অধিকার বা যোগ্যতা অর্জন করা বা উপযুক্ত হওয়া যেমন কঠোর পরিশ্রমের মাধ্যমে *The team's victory today has earned them a place in the final.* **3** to get money as profit or interest on money you have in a bank, lent to sb, etc. ব্যাংকে বিনিয়োগ করা অর্থ, কাউকে ঋণ দেওয়া অর্থ ইত্যাদির উপর সুদ লাভ করা *How much interest will my savings earn in this account?*

earnest / ˈɜːnɪst ˈঅ্যনিস্ট্ / *adj.* serious or determined দৃঢ়প্রতিজ্ঞ, নিষ্ঠাবান, একাগ্র *He's such an earnest young man—he never makes a joke.* ○ *They were having a very earnest discussion.* ▶ **earnestly** *adv.* আন্তরিকভাবে, মনেপ্রাণে, ঐকান্তিক রূপে

IDM in earnest 1 serious and sincere about what you are going to do নিজের কর্মপ্রক্রিয়ার প্রতি নিষ্ঠাবান এবং আন্তরিক *He was in earnest about wanting to leave the university.* **2** happening more seriously or with more force than before আগের থেকে বেশি গুরুত্বসহকারে বা প্রবল উদ্যমের সঙ্গে করা হচ্ছে এমন *After two weeks work began in earnest on the project.*

earnings / ˈɜːnɪŋz ˈঅ্যনিংজ্ / *noun* [*pl.*] the money that a person earns by working কাজ করে কোনো ব্যক্তি যে অর্থ উপার্জন করে; আয়, উপার্জন, রোজগার, রুজি, বেতন, মাহিনা, মাইনে *Average earnings have increased by 5%.*

earphones / ˈɪəfəʊnz ˈইঅ্যাফ্যাউন্জ্ / *noun* [*pl.*] a piece of equipment that fits over or in the ears and is used for listening to music, the radio, etc. সংগীত, গান, রেডিও ইত্যাদি শোনার জন্য ব্যবহৃত এক প্রকারের যন্ত্রবিশেষ যা কানে লাগানো যায়; ইয়ারফোন

earring / ˈɪərɪŋ ˈইঅ্যারিং / *noun* [C] a piece of jewellery that is worn in or on the lower part of the ear কানের দুল; কর্ণালংকার, কর্ণভূষণ, কর্ণাভরণ *Do these earrings clip on or are they for pierced ears?*

earshot / ˈɪəʃɒt ˈইঅ্যাশট্ / *noun* [U]

IDM (be) out of/within earshot where a person cannot/can hear শ্রবণসীমার বাইরে বা ভিতরে; শ্রুতিগোচরতা, শ্রুতিগম্যতা, শ্রাব্যতা *Wait until he's out of earshot before you say anything about him.*

earth[1] / ɜːθ অ্যথ্ / *noun* **1** (*also* **the earth; the Earth**) [*sing.*] the world; the planet on which we live বিশ্ব; পৃথিবী, ধরিত্রী, ধরা, বসুন্ধরা, বসুধা *life on earth* ○ *The earth goes round the sun.* ➪ **the solar system** দেখো এবং পৃষ্ঠা ৪১৬-তে ছবি দেখো। **2** [*sing.*] the surface of the world; land বিশ্বের উপরিভাগ, পৃথিবীপৃষ্ঠ; ভূমি, ভূতল, ভূমিদেশ *The spaceship fell towards earth.* ○ *I could feel the earth shake when the earthquake started.* **3** [U] the substance that plants grow in; soil জমি, মাটি, মৃত্তিকা, ক্ষেত্রবসুধা *The earth around here is very fertile.* ➪ **ground**-এ নোট দেখো। **4** [C, *usually sing.*] (*AmE* **ground**) a wire that makes a piece of electrical equipment safer by connecting it to the ground যে তারের মাধ্যমে কোনো বৈদ্যুতিক সরঞ্জামকে ভূপৃষ্ঠের সঙ্গে সংযুক্ত করে অপেক্ষাকৃত নিরাপদ করা হয়; বিদ্যুৎ-বর্তনীর মৃত্তিকা সংযোগ; আর্থ-কানেকশন

IDM charge/pay the earth (*informal*) to charge/pay a very large amount of money খুব বেশি পরিমাণ টাকা আদায় করা বা দেওয়া

cost the earth/a fortune ➪ **cost[2]** দেখো।

how/why/where/who etc. on earth (*informal*) used for emphasizing sth or expressing surprise কোনো কিছুতে জোর দিয়ে বা গুরুত্ব দিয়ে বলতে অথবা বিস্ময়ভাব প্রকাশ করতে ব্যবহৃত অভিব্যক্তিবিশেষ *Where on earth have you been?*

earth²

E

earth² / ɜ:θ অ্যাথ্ / (*AmE* **ground**) *verb* [T] to make a piece of electrical equipment safer by connecting it to the ground with a wire ভূ-সংযোগ বা মৃত্তিকা-সংযোগের মাধ্যমে কোনো বৈদ্যুতিক সরঞ্জামকে অপেক্ষাকৃত নিরাপদ করা

axis
Greenwich Meridian
(0° longitude)
North Pole
Arctic Circle
Tropic of
Cancer
Equator
line of longitude
Antarctic Circle
Tropic of Capricorn
South Pole
line of latitude

the earth

earthenware / ˈɜ:θnweə(r) ˈঅ্যাথ্‌নউএঅ্যা(র্) / *adj.* made of very hard baked clay পোড়া মাটির তৈরি *an earthenware bowl* ▶ **earthenware** *noun* [U] মৃৎপাত্র

earthly / ˈɜ:θli ˈঅ্যাথ্‌লি / *adj.* (*often in questions or negatives*) possible সম্ভাব্য, আদতে, বস্তুত, আদৌ *What earthly use is a gardening book to me? I haven't got a garden!*

earthquake / ˈɜ:θkweɪk ˈঅ্যাথ্‌কুএইক্ / (*informal* **quake**) *noun* [C] violent movement of the earth's surface ভূমিকম্প, ভূকম্প, ভূমিকম্পন

earthworm / ˈɜ:θwɜ:m ˈঅ্যাথ্‌উঅ্যাম্ / *noun* [C] a small, long, thin animal with no legs or eyes that lives in the soil (মাটির মধ্যে বাস করে পা অথবা চোখবিহীন প্রাণী) কেঁচো, মহীলতা, কিঞ্চুলক, গন্ডুপদ

earwig / ˈɪəwɪɡ ˈইঅ্যাউইগ্ / *noun* [C] a small brown insect with a long body and two curved pointed parts (**pincers**) that stick out at the back end of its body পিঠের নিম্নপ্রান্তে চিমটাওয়ালা ক্ষুদ্র বাদামি রঙের কীটবিশেষ; কেওড়া-কীট

ease¹ / i:z ঈজ্ / *noun* [U] a lack of difficulty সহজতা; স্বচ্ছন্দতা *She answered the questions **with ease**.* ➪ **easy** adjective দেখো। ✪ বিপ **unease**

IDM **(be/feel) at (your) ease** to be/feel comfortable, relaxed, etc. আরাম অনুভব করা, স্বচ্ছন্দ, ক্লেশশূন্য ইত্যাদি বোধ করা *They were all so kind and friendly that I felt completely at ease.*

ease² / i:z ঈজ্ / *verb* **1** [I, T] to become or make sth less painful or serious নিজে বা কোনো কিছুকে কম কষ্টকর বা কম যন্ত্রণাদায়ক করা বা হওয়া *The pain should ease by this evening.* ○ *This money will ease their financial problems a little.* ➪ **easy** adjective দেখো। **2** [T] to move sth slowly and gently কোনো কিছু ধীরভাবে এবং কোমলভাবে সরানো বা নড়ানো *He eased the key into the lock.*

IDM **ease sb's mind** to make sb feel less worried (কোনো ব্যক্তির) দুশ্চিন্তা কমানো; কাউকে নিরুদ্বেগ করা বা স্বস্তি দেওয়া

PHR V **ease off** to become less strong or unpleasant তীব্রতা বা অপ্রীতিকরভাব প্রশমিত হওয়া বা হ্রাস পাওয়া

ease up to work less hard কম পরিশ্রম করা

easel / ˈi:zl ˈঈজ়্‌ল্ / *noun* [C] a wooden frame that holds a picture while it is being painted ছবি আঁকার সময়ে যে কাঠের ফ্রেমে ছবিটি হেলান বা ঠেস দিয়ে রাখা হয়; ইজেল

easily / ˈi:zəli ˈঈজ়্যালি / *adv.* **1** without difficulty সহজেই, সাবলীলভাবে, অনায়াসে, অবলীলাক্রমে *I can easily ring up and check the time.* **2 easily the best, worst, nicest, etc.** without doubt নিঃসন্দেহে, নিশ্চিতভাবে *It's easily his best novel.*

east¹ / i:st ঈস্ট্ / *noun* [*sing.*] (*abbr.* **E**) **1** (*also* **the east**) the direction you look towards in order to see the sun rise; one of the four main directions that we give names to (**the points of the compass**) সূর্যোদয় দেখার জন্য যেদিকে তাকানো হয়; কম্পাসের প্রধান চারটি দিকের মধ্যে একটি; পূর্ব দিক, পুব, প্রাচী ➪ **compass**-এ ছবি দেখো। *Which way is east?* ○ *a cold wind from the east* ○ *Which state **is to the east of** Sikkim?* **2 the east** the part of any country, city, etc. that is further to the east than the other parts কোনো দেশ বা শহর ইত্যাদির পূর্ব প্রান্ত; পূর্বাঞ্চল *Norwich is in the east of England.* **3 the East** the countries of Asia, for example China and Japan এশিয়ার যে-কোনো দেশ (যেমন চীন এবং জাপান) ➪ **the Far East** এবং **the Middle East** দেখো। ➪ **north, south** এবং **west** দেখো।

east² / i:st ঈস্ট্ / (*also* **East**) *adj., adv.* in or towards the east or from the east পুবে, পূর্বদিকে; পুবালি, পুবের *They headed east.* ○ *the East Coast of America* ○ *We live east of the city.* ○ *an east wind*

eastbound / ˈi:stbaʊnd ˈঈস্ট্‌বাউন্ড্ / *adj.* travelling or leading towards the east পূর্বাভিমুখী *The eastbound carriageway of the highway is blocked.*

Easter / ˈi:stə(r) ˈঈস্ট্যা(র্) / *noun* [U] a festival on a Sunday in March or April when Christians celebrate Christ's return to life; the time before and after Easter Sunday জিশুর পুনরুত্থান উপলক্ষ্যে মার্চ অথবা এপ্রিল মাসের কোনো একটি রবিবারে অনুষ্ঠিত উৎসব; ইস্টার রবিবারের আগের এবং পরের সময়; ইস্টারের উৎসব *the Easter holidays* ○ *Are you going away **at Easter**?*

easterly / ˈiːstəli ˈঈস্ট্যালি / *adj.* **1** towards or in the east পূর্বের দিকে অথবা পূর্বে *They travelled in an easterly direction.* **2** (used about winds) coming from the east (হাওয়া সম্বন্ধে ব্যবহৃত) পূর্ব দিক থেকে আগত; পূবালি *cold easterly winds*

eastern (*also* **Eastern**) / ˈiːstən ˈঈস্ট্যান্ / *adj.* **1** of, in or from the east of a place (কোনো স্থানের) পূর্বদিকের, পূর্বে, পূর্বদিক থেকে *Eastern India* ○ *the eastern shore of the lake* **2** from or connected with the countries of the East প্রাচ্যের, প্রাচ্যাগত, প্রাচ্যদেশীয়, প্রাচ্যদেশ সংক্রান্ত *Eastern cookery* (= that comes from Asia)

eastward / ˈiːstwəd ˈঈস্ট্উঅ্যাড় / *adj.* (*also* **eastwards**) *adj.*, *adv.* towards the east পূর্ব দিকে, পূর্বাভিমুখী *to travel in an eastward direction* ○ *The Ganga flows eastwards.*

easy¹ / ˈiːzi ˈঈজ়ি / *adj.* (**easier; easiest**) **1** not difficult কঠিন নয় এমন; সহজ, সোজা, সরল, সিধে *an easy question* ○ *It isn't easy to explain the system.* ○ *The system isn't easy to explain.* ✪ বিপ **hard** **2** comfortable, relaxed and not worried আরামদায়ক, উদ্বেগমুক্ত, স্বস্তিকর, ক্লেশহীন *an easy life* ○ *My mind's easier now.* ➪ **uneasy** দেখো। ➪ **ease** noun, verb-ও দেখো।

IDM **free and easy** ➪ **free¹** দেখো।

easy² / ˈiːzi ˈঈজ়ি / *adv.* (**easier; easiest**)

IDM **easier said than done** (*spoken*) more difficult to do than to talk about বলা সহজ কিন্তু করা কঠিন *'You should get her to help you.' 'That's easier said than done.'*

go easy on sb/on/with sth (*informal*) **1** to be gentle or less strict with sb কোনো ব্যক্তির প্রতি নম্র, শিথিল অথবা কম কঠোর হওয়া *Go easy on him; he's just a child.* **2** to avoid using too much of sth কোনো বস্তু কম পরিমাণে ব্যবহার করা *Go easy on the salt; it's bad for your heart.*

take it/things easy to relax and not work too hard or worry too much নিরুদ্বিগ্ন হওয়া এবং স্বাচ্ছন্দ্য বোধ করা অথবা অধিক পরিশ্রম না করা

easy chair *noun* [C] a large comfortable chair with arms আরামকেদারা; ইজি চেয়ার

easy-going *adj.* (used about a person) calm, relaxed and not easily worried or upset by what other people do (কোনো ব্যক্তি সম্বন্ধে ব্যবহৃত) শান্ত, ক্লেশমুক্ত, নিরুদ্বিগ্ন এবং সহজে বিচলিত হয় না এমন

eat / iːt ঈট্ / *verb* (*pt* **ate** / et এট্ /; *pp* **eaten** / ˈiːtn ˈঈট্ন্ /) **1** [I, T] to put food into your mouth, then bite and swallow it খাওয়া, গলাধঃকরণ করা *Who ate all the biscuits?* ○ *Eat your dinner up, Rahul* (= finish it all). **2** [I] to have a meal খাবার খাওয়া, খাদ্যগ্রহণ করা, আহার করা *What time shall we eat?*

IDM **have sb eating out of your hand** to have control and power over sb কোনো ব্যক্তিকে নিজের নিয়ন্ত্রণে এবং বশে রাখা

have your cake and eat it ➪ **cake¹** দেখো।

PHR V **eat sth away/eat away at sth** to damage or destroy sth slowly over a period of time আস্তে আস্তে অনেক দিন ধরে কিছু নষ্ট করা বা ক্ষয় করা *The sea had eaten away at the cliff.*

eat out to have a meal in a restaurant রেস্তোরাঁয় গিয়ে খাওয়া

eatable / ˈiːtəbl ˈঈট্যাব্ল্ / *adj.* = **edible** ▶ **eatable** (*usually* **eatables**) / ˈiːtəblz ˈঈট্যাব্ল্জ় / *noun* articles of food or substances that can be used as food খাবার যোগ্য, ভোজনযোগ্য, খাদ্যবস্তু

eater / ˈiːtə(r) ˈঈট্যা(র্) / *noun* [C] a person who eats in a particular way কোনো ব্যক্তি যে বিশেষভাবে খায় *My uncle's a big eater* (= he eats a lot). ○ *We're not great meat eaters in our family.*

eatery / ˈiːtəri ˈঈট্যারি / *noun* (*pl.* **eateries**) (*informal*) a café or restaurant জলপান ঘর, রেস্তোরাঁ; ক্যাফে *A new eatery has opened in that mall.*

eau de Cologne / ˌəʊ də kəˈləʊn ˌঅ্যাউ ড্যা ক্যাˈল্যাউন্ / (*also* **cologne**) *noun* [U] a type of pleasant smelling liquid (**perfume**) that is not very strong মনোরম সুগন্ধযুক্ত তরল সুগন্ধি দ্রব্য; ওডিকোলোন

eaves / iːvz ঈভ্জ় / *noun* [*pl.*] the edges of a roof that stick out over the walls দেয়ালের উপর দিয়ে ঘরের ছাদের বেরিয়ে থাকা প্রান্তগুলি; ছাঁচ, ছাঁচা

eavesdrop / ˈiːvzdrɒp ˈঈভ্জ্‌ড্রপ্ / *verb* [I] (**eavesdropping; eavesdropped**) **eaves-drop** (**on sb/sth**) to listen secretly to other people talking আড়ি পেতে শোনা, আড়ি পাতা *They caught her eavesdropping on their conversation.*

ebb¹ / eb এব্ / *verb* [I] **1** (used about sea water) to flow away from the land, which happens twice a day (সমুদ্রের জল সম্বন্ধে ব্যবহৃত) তীর থেকে দূরে সরে গিয়ে বইতে থাকা, যা দিনে দুবার ঘটে; ভাঁটা আসা ✪ সম **go out** **2** **ebb** (**away**) (used about a feeling, etc.) to become weaker (কোনো অনুভূতি ইত্যাদি সম্বন্ধে ব্যবহৃত) দুর্বল, ক্ষীণ, নিস্তেজ হয়ে যাওয়া বা হ্রাস পাওয়া *The crowd's enthusiasm began to ebb.*

ebb² / eb এব্ / *noun* [*sing.*] **the ebb** the time when sea water flows away from the land সমুদ্রে ভাঁটা পড়ার সময়কাল

> **NOTE** সমুদ্রের জলের দিনে দুবার গতি পরিবর্তনকে জোয়ার-ভাঁটা বা **tide** বলা হয়। ➪ **high tide** দেখো।

IDM **the ebb and flow** (**of sth**) (used about a situation, noise, feeling, etc.) a regular increase and decrease in the progress or strength of sth (কোনো পরিস্থিতি, আওয়াজ, অনুভূতি ইত্যাদি সম্বন্ধে ব্যবহৃত) প্রবলতা বা প্রগতি বা শক্তির নিয়মিত বৃদ্ধি বা হ্রাস

ebony / ˈebəni ˈএব্যানি / *noun* [U] a hard black wood শক্ত, কালো কাঠবিশেষ; আবলুশ কাঠ

eccentric / ɪkˈsentrɪk ইক্ˈসেন্‌ট্রিক্ / *adj.* (used about people or their behaviour) strange or unusual (কোনো ব্যক্তি বা তার আচরণ সম্বন্ধে ব্যবহৃত) খামখেয়ালি, বাতিকগ্রস্ত, অদ্ভুত, উদ্ভট *People said he was mad but I think he was just slightly eccentric.* ▶ **eccentric** *noun* [C] অস্বাভাবিক, খামখেয়ালি (ব্যক্তি) *She's just an old eccentric.* ▶ **eccentricity** / ˌeksenˈtrɪsəti ˌএক্‌সেন্ˈট্রিস্যাটি / *noun* [C, U] (*pl.* **eccentricities**) খ্যাপামি, অস্বাভাবিক আচরণ, খেয়ালখুশিমতো আচরণ

ecclesiastical / ɪˌkliːziˈæstɪkl ইˌক্লীজ়িˈঅ্যাস্‌টিক্‌ল্ / *adj.* connected with or belonging to the Christian Church খ্রিস্টীয় গির্জা বা যাজক সম্বন্ধীয় বা সেই বিষয়ক *ecclesiastical law*

echo[1] / ˈekəʊ ˈএক্যাউ / *noun* [C] (*pl.* **echoes**) a sound that is repeated as it is sent back off a surface such as the wall of a tunnel প্রতিধ্বনি, অনুনাদ, অনুরণন, অনুধ্বনি *I could hear the echo of footsteps somewhere in the distance.*

echo[2] / ˈekəʊ ˈএক্যাউ / *verb* **1** [I] (used about a sound) to be repeated; to come back as an echo (ধ্বনি সম্বন্ধে ব্যবহৃত) পুনরাবৃত্তি হওয়া; প্রতিধ্বনিত হওয়া *Their footsteps echoed in the empty hall.* **2** [I, T] **echo sth (back); echo (with/to sth)** to repeat or send back a sound; to be full of a particular sound প্রতিধ্বনি করা, অনুরণিত হওয়া; কোনো বিশেষ ধ্বনির প্রতিধ্বনিতে মুখরিত অথবা আলোড়িত হওয়া *The tunnel echoed back their calls.* ○ *The hall echoed with their laughter.* **3** [T] to repeat what sb has said, done or thought কোনো ব্যক্তির কথা, কাজ অথবা ভাবধারার নিছক পুনরাবৃত্তি করা বা হুবহু আউড়ানো *The child echoed everything his mother said.* ○ *The newspaper article echoed my views completely.*

echo sounder *noun* [C] a device for finding how deep the sea is or where objects are in the water by measuring the time it takes for sound to return to the person listening শব্দ প্রতিধ্বনিত হয়ে ফিরে আসতে কত সময় লাগে তা বিচারপূর্বক সমুদ্রের গভীরতা বা জলের নীচে কোনো বস্তুর অবস্থানের দূরত্ব নির্ণয় করার জন্য ব্যবহৃত যন্ত্রবিশেষ ▶ **echosounding** *noun* [C, U] প্রতিধ্বনির সাহায্যে সমুদ্রের গভীরতা বা জলের নীচের কোনো বস্তুর অবস্থানের দূরত্ব পরিমাপের পদ্ধতি ➪ **sonar**-এ ছবি দেখো।

eclair / ɪˈkleə(r) ইˈক্লেঅ্যা(র্) / *noun* [C] a type of long thin cake, usually filled with cream and covered with chocolate একরকম সরু লম্বা কেক, সাধারণত যার ভিতরে ক্রিম এবং বাইরে চকোলেটের আবরণ থাকে; ইক্লেয়ার

eclipse[1] / ɪˈklɪps ইˈক্লিপ্‌স্ / *noun* [C] an occasion when the moon or the sun seems to completely or partly disappear, because one of them is passing between the other and the earth সূর্য বা চন্দ্রের মধ্যে কোনো একটি যখন অন্যটি এবং পৃথিবীর মধ্যেকার কক্ষপথ দিয়ে অতিক্রম করে সেই সময়ে সূর্য বা চন্দ্রের কিছুক্ষণের জন্য আংশিক বা পূর্ণ আচ্ছাদন; চন্দ্র বা সূর্যগ্রহণ *a total/partial eclipse of the sun* ➪ **shadow**-তে ছবি দেখো।

eclipse[2] / ɪˈklɪps ইˈক্লিপ্‌স্ / *verb* [T] (used about the moon, etc.) to cause an eclipse of the sun, etc. (চাঁদ ইত্যাদি সম্বন্ধে ব্যবহৃত) সূর্য ইত্যাদির পূর্ণ বা খণ্ডগ্রাস করা বা গ্রহণ ঘটানো

eco-friendly / ˌiːkəʊˈfrendli ˌঈক্যাউˈফ্রেন্ড্‌লি / *adj.* not harmful to the environment পরিবেশের ক্ষতি করে না এমন *eco-friendly products/fuel*

ecologist / ɪˈkɒlədʒɪst ইˈকল্যাজিস্‌ট্ / *noun* [C] a person who studies or is an expert in ecology পরিবেশ-বিজ্ঞানী; বাস্তব্যবিদ্যা বিশেষজ্ঞ

ecology / ɪˈkɒlədʒi ইˈকল্যাজি / *noun* [U] the relationship between living things and their surroundings; the study of this subject প্রাণীজগৎ ও উদ্ভিদ জগতের সঙ্গে পরিবেশের সম্পর্ক; পরিবেশ-বিজ্ঞানী; বাস্তব্যবিদ্যা ▶ **ecological** / ˌiːkəˈlɒdʒɪkl ˌঈক্যাˈলজিক্‌ল্ / *adj.* পরিবেশ সংক্রান্ত *an ecological disaster* ▶ **ecologically** / -kli -ক্‌লি / *adv.* বাস্তববিদ্যার দৃষ্টিতে

economic / ˌiːkəˈnɒmɪk ˌঈক্যাˈনমিক্; ˌekə- ˌএক্যা / *adj.* **1** (*only before a noun*) connected with the supply of money, business, industry, etc. অর্থসরবরাহ , ব্যাবসা, শিল্প ইত্যাদির সঙ্গে যুক্ত; অর্থনীতি সংক্রান্ত, অর্থশাস্ত্র বিষয়ক, অর্থনৈতিক *The country is facing growing economic problems* **2** producing a profit লাভজনক, অর্থকরী *The mine was closed because it was not economic.* ➪ **economical** দেখো। ✪ বিপ **uneconomic** ▶ **economically** / ˌiːkəˈnɒmɪkli ˌঈক্যাˈনমিক্‌লি; ˌekə- ˌএক্যা- / *adv.* অর্থনৈতিকভাবে, মিতব্যয়ীভাবে, হিসেব করে, সাশ্রয়করবূপে *The country was economically very under-developed.*

economical / ˌiːkəˈnɒmɪkl ˌঈক্যাˈনমিক্‌ল্; ˌekə- ˌএক্যা- / *adj.* that costs or uses less time, money, fuel, etc. than usual সময়, অর্থ, ইন্ধন ইত্যাদির ব্যবহার কম হয় এমন; ব্যয়সংকোচকারী, সাশ্রয়ী, অনপচয়ী *an economical car to run* ➪ **economic** দেখো। ✪ বিপ **uneconomical** ▶ **economically** / -kli

-ক্লি / *adv.* মিতব্যয়ীভাবে, সাশ্রয়করররূপে *The train service could be run more economically.*

economics / ˌiːkəˈnɒmɪks ˌঈক্যাˈনমিক্স্; ˌekə- ˌএক্যা- / *noun* [U] the study or principles of the way money, business and industry are organized অর্থ, বাণিজ্য এবং শিল্পের গঠনপ্রক্রিয়ার অধ্যয়ন অথবা মূলতত্ত্ব; অর্থশাস্ত্র, অর্থবিজ্ঞান, অর্থনীতি *a degree in economics* ○ *the economics of a company*

economist / ɪˈkɒnəmɪst ইˈকন্যামিস্ট্ / *noun* [C] a person who studies or is an expert in economics অর্থশাস্ত্রবিদ, অর্থনীতিবিদ, অর্থনীতিবিশারদ

economize (*also* **-ise**) / ɪˈkɒnəmaɪz ইˈকন্যামাইজ্ / *verb* [I] **economize (on sth)** to save money, time, fuel, etc.; to use less of sth (অর্থ, সময়, ইন্ধন ইত্যাদিতে) ব্যয়সংকোচ করা, সঞ্চয়ী বা মিতব্যয়ী হওয়া; খরচ কমানো

economy / ɪˈkɒnəmi ইˈকন্যামি / *noun* (*pl.* **economies**) **1** (*also* **the economy**) [C] the operation of a country's money supply, commercial activities and industry কোনো দেশের অর্থবন্টন প্রক্রিয়া, ব্যাবসা-বাণিজ্য এবং শিল্প *There are signs of improvement in the economy.* ○ *the economies of America and Japan* **2** [C, U] careful spending of money, time, fuel, etc.; trying to save, not waste sth (অর্থ, সময়, ইন্ধন ইত্যাদির) ব্যয়সংক্ষেপ, ব্যয়সংকোচ, মিতব্যয়িতা; অপচয় না করে খরচ কমানোর চেষ্টা *Our department is **making economies** in the amount of paper it uses.* ○ *economy class* (= the cheapest class of air travel)

ecosystem / ˈiːkəʊsɪstəm ˈঈক্যাউসিস্ট্যাম্ / *noun* [C] all the plants and animals in a particular area considered together with their surroundings কোনো বিশেষ অঞ্চলের উদ্ভিদ এবং প্রাণী জগতের সঙ্গে তাদের পরিপার্শ্বের একত্রস্থিতি; পরিবেশতন্ত্র

ecotourism / ˈiːkəʊˈtʊərɪzəm ˈঈক্যাউˈটুঅ্যারিজ্যাম্ / *noun* [U] **tourism** to places that not many people have the chance to see, especially when some of the money paid by the tourists is used to protect the local environment and animals কোনো স্থানের পর্যটনব্যবস্থা (যেখানে কম লোকেই যাওয়ার সুযোগ পায়) এবং সেখানে ভ্রমণকারী পর্যটকদের দ্বারা প্রদত্ত অর্থের কিছু অংশ সেই স্থানের পরিবেশ এবং স্থানীয় পশুপাখির সংরক্ষণের জন্য ব্যবহৃত হয়; পরিবেশ পর্যটন; ইকোট্যুরিজম্

ecstasy / ˈekstəsi ˈএক্স্ট্যাসি / *noun* [C, U] (*pl.* **ecstasies**) a feeling or state of great happiness উচ্ছ্বসিত প্রফুল্লতা বা পুলকের অনুভূতি বা অবস্থা; পরমানন্দ *to be **in ecstasy*** ○ *She **went into ecstasies** about the ring he had bought her.*

ecstatic / ɪkˈstætɪk ইক্ˈস্ট্যাটিক্ / *adj.* extremely happy তুরীয়ানন্দ, পরমানন্দিত

eczema / ˈeksɪmə ˈএক্সিম্যা / *noun* [U] a disease which makes your skin red and dry so that you want to scratch it এক প্রকারের চর্মরোগ যাতে ত্বক লাল এবং শুষ্ক হয়ে গিয়ে চুলকানি হয়; কাউর; একজিমা

ed. *abbr.* edited by; edition; editor সম্পাদিত; সংস্করণ; সম্পাদক

eddy / ˈedi ˈএডি / *noun* [C] (*pl.* **eddies**) a circular movement of water, wind, dust, etc. জল, হাওয়া, ধুলো ইত্যাদির ঘূর্ণি

edge[1] / edʒ এজ্ / *noun* [C] **1** the place where sth, especially a surface, ends ধার, কিনারা, প্রান্ত *the edge of a table* ○ *The leaves were brown and curling at the edges.* ○ *I stood at the water's edge.* **2** the sharp cutting part of a knife, etc. ছুরি ইত্যাদির যে ধারালো দিকটি দিয়ে কাটা হয়

IDM **an/the edge on/over sb/sth** a small advantage over sb/sth কোনো ব্যক্তি অথবা বস্তুর তুলনায় অপেক্ষাকৃত অনুকূল অথবা সুবিধাজনক অবস্থান *She knew she had the edge over the other candidates.*

(be) on edge to be nervous, worried or quick to become upset or angry বিচলিত হওয়া, উদ্বিগ্ন হওয়া অথবা চট করে রেগে যাওয়া; খিটখিট করা *I'm a bit on edge because I am going to get my exam results today.*

edge[2] / edʒ এজ্ / *verb* **1** [T] (*usually passive*) **edge sth (with sth)** to put sth along the edge of sth else কোনো বস্তুকে অন্য কোনো বস্তুর প্রান্ত বরাবর লাগানো বা ঘের দেওয়া *The cloth was edged with lace.* **2** [I, T] **edge (your way/sth) across, along, away, back, etc.** to move yourself/sth somewhere slowly and carefully নিজেকে বা কোনো বস্তুকে আস্তে আস্তে এবং সাবধানে সরানো *We edged closer to get a better view.* ○ *She edged her chair up to the window.*

edgeways / ˈedʒweɪz ˈএজ্উএইজ্ / (*also* **edgewise**/ -waɪz -উআইজ্ /) *adv.*

IDM **not get a word in edgeways** ➪ **word[1]** দেখো।

edgy / ˈedʒi ˈএজি / *adj.* (*informal*) nervous, worried or quick to become upset or angry বিচলিত, উদ্বিগ্ন অথবা সহজেই ধৈর্যচ্যুতি হয় বা রেগে যায় এমন; খিটখিটে

edible / ˈedəbl ˈএড্যাব্ল্ / *adj.* good or safe to eat ভক্ষণীয়, খাওয়ার যোগ্য, ভোজ্য *Are these mushrooms edible?* ✪ বিপ **inedible**

edict / ˈiːdɪkt ˈঈডিক্ট্ / *noun* [C] (*formal*) an offical order or statement issued by sb in a position of power (ক্ষমতায় আসীন কোনো ব্যক্তির) ফরমান, হুকুমনামা, অনুশাসন

edifice / ˈedɪfɪs ˈএডিফিস্ / *noun* [C] (*informal*) a large impressive building হৃদয়গ্রাহী বা চিত্তাকর্ষক বৃহৎ অট্টালিকা

edit / ˈedɪt ˈএডিট্ / *verb* [T] **1** to prepare a piece of writing to be published, making sure that it is correct, the right length, etc. (কোনো রচনা, লেখা বই ইত্যাদিকে) প্রকাশের উপযোগী করে তোলা; সম্পাদনা করা **2** to prepare a film, television or radio programme by cutting and arranging filmed material in a particular order চলচ্চিত্র, টেলিভিশন অথবা রেডিও কার্যক্রমের বিভিন্ন অংশ নির্দিষ্ট উপায়ে বাদ দিয়ে এবং চিত্রায়িত উপাদান সুবিন্যস্ত করে একটি সামগ্রিক রূপ দেওয়া; সম্পাদনা করা **3** to be in charge of a newspaper, magazine, etc. কোনো সংবাদপত্র, পত্রিকা, ইত্যাদির সম্পাদন কার্যের ভারপ্রাপ্ত হওয়া

edition / ɪˈdɪʃn ই'ডিশ্ন্ / *noun* [C] **1** the form in which a book is published; all the books, newspapers, etc. published in the same form at the same time যে-কোনো বইয়ের প্রকাশিত রূপ; একই সময়ে এবং একই রূপে প্রকাশিত সমস্ত পুস্তক, সংবাদপত্র ইত্যাদি; সংস্করণ *a paperback/hardback edition* ○ *the morning edition of a newspaper* **2** one of a series of newspapers, magazines, television or radio programmes প্রকাশিত সংবাদপত্র বা পত্রিকার সিরিজের অথবা রেডিও বা টেলিভিশনের অনুষ্ঠানসূচির যে-কোনো একটি *And now for this week's edition of 'Panorama'...*

editor / ˈedɪtə(r) ˈএডিট্যা(র্) / *noun* [C] **1** the person who is in charge of all or part of a newspaper, magazine, etc. and who decides what should be included কোনো সংবাদপত্র, পত্রিকা ইত্যাদির কোনো অংশবিশেষে বা প্রতিটি পৃষ্ঠায় কি ছাপা হবে তার দায়িত্বসম্বলিত ভারপ্রাপ্ত ব্যক্তি; সম্পাদক; এডিটর *the financial editor* ○ *Who is the editor of 'The Times of India'?* **2** a person whose job is to prepare a book to be published by checking for mistakes and correcting the text যে ব্যক্তির কাজ কোনো বইয়ের পাণ্ডুলিপিকে সংশোধন এবং পরিমার্জনের মধ্যে দিয়ে প্রকাশযোগ্য করে তোলা; সম্পাদক; এডিটর **3** a person whose job is to prepare a film, television programme, etc. for showing to the public by cutting and putting the filmed material in the correct order যে ব্যক্তির কাজ সঠিক পদ্ধতিতে চিত্রায়িত অংশের কর্তন এবং বিন্যাসের দ্বারা কোনো চলচ্চিত্র, দূরদর্শন-কার্যক্রম ইত্যাদিকে জনসমক্ষে প্রদর্শনের উপযোগী করে তোলা; সম্পাদক

editorial / ˌedɪˈtɔːriəl ˌএডিট:রিঅ্যাল্ / *noun* [C] an article in a newspaper, usually written by the head of the newspaper (**editor**), giving an opinion on an important subject সংবাদপত্রের প্রধানের (সম্পাদক) দ্বারা লিখিত কোনো গুরুত্বপূর্ণ বিষয়ের উপর মতামত সম্বলিত নিবন্ধ; সম্পাদকীয়

educate / ˈedʒukeɪt ˈএজুকেইট্ / *verb* [T] to teach or train sb, especially in school (বিশেষত বিদ্যালয়ে) শিক্ষা প্রদান করা অথবা প্রশিক্ষণ দেওয়া *Young people should be educated to care for their environment.* ○ *All their children were educated at private schools.*

educated / ˈedʒukeɪtɪd ˈএজুকেইটিড্ / *adj.* having studied and learnt a lot of things to a high standard শিক্ষিত, উচ্চশিক্ষাপ্রাপ্ত *a highly educated woman*

education / ˌedʒuˈkeɪʃn ˌএজু'কেইশ্ন্ / *noun* [C, *usually sing.*, U] the teaching or training of people, especially in schools শিক্ষা, তালিম, প্রশিক্ষণ, লেখাপড়া (বিশেষত স্কুলে) *primary, secondary, higher, adult education* ○ *She received an excellent education.* ▶ **educational** / -ʃənl -শ্যান্ল্ / *adj.* শিক্ষামূলক, শিক্ষাবিষয়ক, শিক্ষাসংক্রান্ত *an educational toy/visit/experience*

eel / iːl ঈল্ / *noun* [C] a long fish that looks like a snake অনেকটা সাপের মতো দেখতে একপ্রকারের সরু লম্বা মাছ; বান মাছ, পাঁকাল মাছ

eerie (*also* **eery**) / ˈɪəri ˈইঅ্যারি / *adj.* strange and frightening অদ্ভুত, ভয়াবহ, রহস্যময় *an eerie noise* ▶ **eerily** *adv.* অদ্ভুত এবং ভয়াবহভাবে ▶ **eeriness** *noun* [U] রহস্যময়তা, ভৌতিকতা

efface / ɪˈfeɪs ই'ফেইস্ / *verb* [T] (*formal*) to make sth disappear; to remove sth কোনো বস্তুকে মুছে ফেলা, নিশ্চিহ্ন করা, লুপ্ত করা; নিরসন বা দূর করা

effect / ɪˈfekt ই'ফেক্ট্ / *noun* **1** [C, U] **(an) effect (on sb/sth)** a change that is caused by sth; a result কোনো কিছুর কারণে পরিবর্তন; ফল, পরিণাম, পরিণতি; ফলাফল *the effects of acid rain on the lakes and forests.* ○ *Her shouting* ***had little or no effect*** *on him.* ○ *Despite her terrible experience, she seems to have suffered no* ***ill effects****.* ➪ **after-effect** এবং **side effect** দেখো এবং **affect**-এ নোট দেখো। **2** [C, U] a particular look, sound or impression that an artist, writer, etc. wants to create বিশেষ কোনো দৃশ্য, শব্দ, মনোভাব যা শিল্পী, গায়ক, লেখক ইত্যাদি সৃষ্টি করতে চান; আবহ, প্রভাব, দাগ, ছাপ *How does the artist* ***create the effect of*** *moonlight?* ○ *He likes to say things just for effect* (= to impress people). **3 effects** [*pl.*] (*formal*) your personal possessions (ব্যক্তিগত) সম্পত্তি, মালপত্র, জিনিসপত্র

IDM come into effect (used especially about laws or rules) to begin to be used (বিশেষ করে আইন অথবা নিয়ম সম্বন্ধে ব্যবহৃত) কার্যকরী হওয়া, চালু হওয়া, লাগু হওয়া

in effect **1** in fact; for all practical purposes আসলে, কার্যত; প্রকৃতপক্ষে *Though they haven't made an official announcement, she is, in effect, the new director.* **2** (used about a rule, a law, etc.) in operation; in use (আইন, নিয়ম ইত্যাদি সম্বন্ধে ব্যবহৃত) বলবৎ, কার্যকরী; চালু *The new rules will be in effect from next month.*

take effect **1** (used about a drug, etc.) to begin to work; to produce the result you want (ওষুধ ইত্যাদি সম্বন্ধে ব্যবহৃত) কার্যকরী হওয়া; প্রত্যাশিত ফল দেওয়া, ফলপ্রসূ হওয়া *The anaesthetic took effect immediately.* **2** (used about a law, etc.) to come into operation (আইন ইত্যাদি সম্বন্ধে ব্যবহৃত) কার্যকরী হওয়া, বলবৎ হওয়া *The ceasefire takes effect from midnight.*

to this/that effect with this/that meaning ঐ অর্থে বা এই মর্মে *I told him to leave her alone, or words to that effect.*

effective / ɪˈfektɪv ইˈফেক্টিভ্ / *adj.* **1** successfully producing the result that you want কার্যোপযোগী, ঈপ্সিত ফল দিতে সক্ষম; ফলপ্রসূ, ফলপ্রদ *a medicine that is effective against the common cold* ○ *That picture would look more effective on a dark background.* ✪ বিপ **ineffective** **2** real or actual, although perhaps not official প্রকৃত, বাস্তবিক, আসল (যদিও হয়তো সরকারিভাবে বা আনুষ্ঠানিক নয়) *The soldiers gained effective control of the town.* ▶ **effectiveness** *noun* [U] কার্যকারিতা, কার্যোপযোগিতা

effectively / ɪˈfektɪvli ইˈফেক্টিভ্লি / *adv.* **1** in a way that successfully produces the result you wanted ঈপ্সিত ফল পাওয়া যায় এমনভাবে; কার্যকরীভাবে *She dealt with the situation effectively.* **2** in fact; in reality আসলে; প্রকৃতপক্ষে, বাস্তবিকভাবে *It meant that, effectively, they had lost.*

effector / ɪˈfektə(r) ইˈফেক্ট্যা(র্) / *noun* [C] an organ or a cell in the body that is made to react by sth outside the body শরীরের কোনো অঙ্গ বা কোষ যাতে শরীরের বাইরের কিছুর দ্বারা প্রতিক্রিয়া হয়

effeminate / ɪˈfemɪnət ইˈফেমিন্যাট্ / *adj.* (used about a man or his behaviour) like a woman (পুরুষের হাবভাব অথবা তার আচরণ সম্বন্ধে ব্যবহৃত) মেয়েদের মতো; মেয়েলি, পৌরুষহীন

effervescent / ˌefəˈvesnt ˌএফ্যাˈভেস্ন্ট্ / *adj.* **1** (used about people and their behaviour) excited, enthusiastic and full of energy (মানুষ এবং তাদের হাবভাব সম্বন্ধে ব্যবহৃত) আনন্দোচ্ছল, উচ্ছ্বসিত, উৎসাহী এবং উদ্যমপূর্ণ **2** (used about a liquid) having or producing small bubbles of gas (তরল পদার্থ সম্বন্ধে ব্যবহৃত) বুদ্‌বুদ সৃষ্টি করে এমন; বুদ্‌বুদায়িত, ফেনোচ্ছল ▶ **effervescence** / ˌefəˈvesns ˌএফ্যাˈভেস্ন্স্ / *noun* [U] বুদ্‌বুদন; উত্তেজনা

efficacious / ˌefɪˈkeɪʃəs ˌএফিˈকেইশ্যাস্ / *adj.* (*formal*) (of things) producing the desired result (বস্তু) ফলদ, ফলপ্রদ, অভীষ্ট ফলদায়ক *They hope that the new drug will prove especially efficacious in relieving pain.* ✪ বিপ **effective**

efficacy / ˈefɪkəsi ˌএফিক্যাসি / *noun* [U] (*formal*) the ability of sth like a drug or a medical treatment to bring about the results that are wanted কোনো ওষুধ অথবা চিকিৎসা প্রক্রিয়ার যথাযথ কার্যকারিতা অথবা অভীষ্ট ফলপ্রসূতা বা উপকারিতা *The efficacy of the drug should be evaluated before launching it in the market.*

efficient / ɪˈfɪʃnt ইˈফিশ্‌ন্ট্ / *adj.* able to work well without making mistakes or wasting time and energy সক্ষম, সমর্থ, দক্ষ, যোগ্য, নিপুণ, কার্যক্ষম *Our secretary is very efficient.* ○ *You must find a more efficient way of organizing your time.* ✪ বিপ **inefficient** ▶ **efficiency** / ɪˈfɪʃnsi ইˈফিশ্‌ন্সি / *noun* [U] কর্মদক্ষতা, সক্ষমতা, সামর্থ্য, যোগ্যতা ▶ **efficiently** *adv.* সক্ষমভাবে

effigy / ˈefɪdʒi ˈএফিজি / *noun* [C] (*pl.* **effigies**) **1** a statue of a famous or religious person or a god কোনো বিখ্যাত অথবা ধার্মিক ব্যক্তি অথবা দেবতার মূর্তি **2** a model of a person that makes him/her look ugly কোনো ব্যক্তিকে যাতে কুৎসিত দেখতে লাগে, এমনভাবে বানানো মডেল; কুশপুত্তলিকা *The demon-strators burned a crude effigy of the president.*

effluent / ˈefluənt ˈএফ্লুঅ্যান্ট্ / *noun* [U] liquid waste, especially chemicals produced by factories তরল বর্জ্য পদার্থ, বিশেষত কারখানা থেকে নির্গত রাসায়নিক দ্রব্য

effort / ˈefət ˈএফ্যাট্ / *noun* **1** [U] the physical or mental strength or energy that you need to do sth; sth that takes a lot of energy কোনো কাজ করতে যে শারীরিক বা মানসিক শক্তি অথবা উদ্যমের প্রয়োজন হয়; প্রয়াস, প্রচেষ্টা; যাতে প্রচুর শক্তিক্ষয় হয় *They have **put a lot of effort into** their studies this year.* ○ *He **made no effort** to contact his parents.* **2** [C] **an effort (to do sth)** something that is done with difficulty or that takes a lot of energy এমন কিছু যা খুব কষ্টসাধ্য অথবা যা করতে খুব পরিশ্রম করতে হয়; আয়াসসাধ্য *It was a real effort to stay awake during the lecture.*

effortless / ˈefətləs ˈএফ্যাট্ল্যাস্ / *adj.* needing little or no effort so that sth seems easy অনায়াসসাধ্য, সহজ ▶ **effortlessly** *adv.* অনায়াসে, অবলীলাক্রমে

e.g. / ˌiː ˈdʒiː ˌঈ ˈজী / *abbr.* for example উদাহরণস্বরূপ *popular sports, e.g. football, tennis, swimming*

egalitarian / iˌgælɪˈteəriən ই,গ্যালিˈটেঅ্যারিঅ্যান্ / *adj.* (used about a person, system, society, etc.)

following the principle that everyone should have equal rights (কোনো ব্যক্তি, পদ্ধতি, সমাজ ইত্যাদি সম্বন্ধে ব্যবহৃত) সর্বজনীন সমানাধিকার নীতির অনুসারী; সর্বসমতাবাদী

egg[1] / eg এগ্ / *noun* **1** [C] an almost round object with a hard shell that contains a young bird, reptile or insect (পাখি, সরীসৃপ অথবা কোনো কীটের) ডিম, ডিম্ব, অন্ড, আন্ডা ➪ **insect**-এ ছবি দেখো। **2** [C, U] a bird's egg, especially one from a chicken, etc. that we eat পাখির, বিশেষত মুরগী ইত্যাদির ডিম যা খাওয়া যায়

> **NOTE** ডিম **boiled, fried, poached** অথবা **scrambled** করে খাওয়া যায়।

3 [C] (in women and female animals) the small cell that can join with a male seed **(sperm)** to make a baby (মহিলা ও স্ত্রী পশুদের) ডিম্বকোষ, ডিম্বক, ডিম্বাণু

IDM put all your eggs in one basket to risk everything by depending completely on one thing, plan, etc. instead of giving yourself several possibilities অনেকগুলি সম্ভাবনার পরিবর্তে কেবল কোনো একটি বস্তু, পরিকল্পনা ইত্যাদির উপর সম্পূর্ণভাবে নির্ভর করে সর্বস্বের ঝুঁকি নেওয়া

egg[2] / eg এগ্ / *verb* **egg sb on (to do sth)** to encourage sb to do sth that he/she should not do কোনো ব্যক্তিকে কোনো অনুচিত কাজ করতে প্ররোচিত করা বা উৎসাহ দেওয়া

egg cup *noun* [C] a small cup for holding a boiled egg একটা সিদ্ধ ডিম রাখা যায় এমন পাত্রবিশেষ

eggplant / ˈegplɑːnt ˈএগ্প্লা:ন্ট্ / (*AmE*) = **aubergine**

eggshell / ˈegʃel ˈএগ্শেল্ / *noun* [C, U] the hard outside part of an egg ডিমের বাইরের শক্ত আবরণ, ডিমের খোলা

ego / ˈiːgəʊ; ˈegəʊ ˈঈগ্যাউ; ˈএগ্যাউ / *noun* [C] (*pl.* **egos**) the (good) opinion that you have of yourself নিজের সম্পর্কে উত্তম মনোভাব; অহম্, আমিত্ববোধ, অহমিকা, অহংবোধ *It was a blow to her ego when she lost her job.*

egocentric / ˌiːgəʊˈsentrɪk; ˌegəʊˈsentrɪk ˌঈগ্যাউˈসেন্ট্রিক্; ˌএগ্যাউˈসেন্ট্রিক্ / *adj.* thinking only about yourself and not what other people need or want আত্মকেন্দ্রিক, অহংসর্বস্ব, আত্মশ্লাঘাপূর্ণ ✪ সম **selfish**

egoism / ˈegəʊɪzəm ˈএগ্যাউইজ্যাম্; ˈig- ˈইগ্-/ (*also* **egotism** / ˈiːgəʊtɪzəm ˈঈ:গ্যাউটিজ্যাম্; ˈig- ˈইগ্-/) *noun* [U] thinking about yourself too much; thinking that you are better or more important than anyone else নিজের বড়ো মনে করা হয় এমন; অহমিকা, অহংসর্বস্বতা, আত্মকেন্দ্রিকতা; অহংমন্যতা, স্বার্থপরতা ▶ **egoist** / ˈiˌgəʊɪst ˈইˌগ্যাউইস্ট্; ˈegə- ˈএগ্যা-/ (*also* **egotist** / ˈiˌegəʊtɪst ˈইˌএগ্যাউটিস্ট্; ˈegə- ˈএগ্যা-/) *noun* [C] অহংবাদী, স্বার্থপর *I hate people who are egoists.* ▶ **egoistic** / ˌegəʊˈɪstɪk ˌএগ্যাউˈইস্টিক্ / (*also* **egotistical** / ˌegəʊˈtɪstɪkl ˌএগ্যাউˈটিস্টিক্‌ল্ ; ˈeg- ˈএগ্-/) *adj.* অহংমন্য, আত্মবাদী

eh / eɪ এই / *exclamation* (*BrE informal*) **1** used for asking sb to agree with you কাউকে একমত হতে আহ্বান করার জন্য ব্যবহৃত অভিব্যক্তিবিশেষ *'Good party, eh?'* **2** used for asking sb to repeat sth কাউকে বলা কথার পুনরুক্তি করার জন্য ব্যবহৃত অভিব্যক্তিবিশেষ *'Did you like the film?' 'Eh?' 'I asked if you liked the film!'*

Eid (*also* **Id**) *noun* [C, U] any of several Muslim festivals, especially one that celebrates the end of a month when people **fast** during the day **(Ramadan)** অনেকগুলি মুসলমান উৎসবের মধ্যে একটি যে সময়ে পুরো মাসটি (রামাদান) ইসলাম ধর্মাবলম্বী ব্যক্তিবর্গ দিনের বেলা উপবাস থাকেন এবং মাসান্তে বিশেষ উৎসব পালন করেন; ঈদ

eight / eɪt এইট্ / *number* **1** 8 আট, ৮; অষ্ট

> **NOTE** বাক্যে সংখ্যার ব্যবহার এবং তার প্রয়োগের উদাহরণ দেখার জন্য **six** দেখো।

2 eight- (*used to form compounds*) having eight of sth (কোনো বস্তুর) আটটি, আটখানা, আট অথবা অষ্ট *an eight-sided shape*

eighteen / ˌeɪˈtiːn ˌএইˈটীন্ / *number* 18 আঠারো, ১৮, অষ্টাদশ (সংখ্যা)

> **NOTE** বাক্যে সংখ্যার ব্যবহার এবং তার প্রয়োগের উদাহরণ দেখার জন্য **six** দেখো।

eighteenth / ˌeɪˈtiːnθ ˌএইˈটীন্থ্ / *pronoun, det., adv.* 18th আঠারোতম, ১৮তম, অষ্টাদশতম, আঠারোই ➪ **sixth**-এ উদাহরণ দেখো।

eighth[1] / eɪtθ এইট্থ্ / *noun* [C] the fraction $^1/_8$ one of eight equal parts of sth এক অষ্টমাংশ, $^১/_৮$ ভগ্নাংশ

eighth[2] / eɪtθ এইট্থ্ / *pronoun, det., adv.* 8th ৮ই আটই, অষ্টম, আটনম্বর ➪ **sixth**-এ উদাহরণ দেখো।

eightieth / ˈeɪtiəθ ˈএইটিঅ্যাথ্ / *pronoun, det., adv* 80th অশীতিতম, ৮০তম, আশিতম ➪ **sixth**-এ উদাহরণ দেখো।

eighty / ˈeɪti ˈএইটি / *number* 80 আশি, ৮০, অশীতি

> **NOTE** বাক্যে সংখ্যার ব্যবহার এবং তার প্রয়োগের উদাহরণ দেখার জন্য **sixty** দেখো।

either[1] / ˈaɪðə(r); ˈiːðə(r) ˈআইদ্যা(র্); ˈঈদ্যা(র্) / *det., pronoun* **1** one or the other of two; it does not matter which দুটোর মধ্যে এটা বা ওটা; যে-কোনো একটি *You can choose either soup or salad, but not both.* ○ *You can ask either of us for advice.* ○ *Either of us is willing to help.* **2** both দুটোই, উভয় *It is a pleasant road, with trees on either side.*

either[2] / ˈaɪðə(r); ˈiːðə(r) ˈআইদ্যা(র্); ˈঈদ্যা(র্)/ *adv.* **1** (*used after two negative statements*) also (দুটি নেতিবাচক বাক্যের পরে ব্যবহৃত) আর, তদুপরি, তাছাড়া *I don't like Paras and I don't like Neetu much either.* ○ *'I can't remember his name.' 'I can't either.'* **NOTE** এই অর্থে **neither can I** অভিব্যক্তিটিও ব্যবহার করা যেতে পারে। ইতিবাচক বাক্যে সামঞ্জস্যপূর্ণ ব্যবহারের জন্য **too** দেখো। **2** used for emphasizing a negative statement নেতিবাচক বাক্যর উপর জোর দেওয়ার জন্য ব্যবহৃত অভিব্যক্তিবিশেষ *The restaurant is quite good. And it's not expensive either.*

either[3] / ˈaɪðə(r); ˈiːðə(r) ˈআইদ্যা(র্); ˈঈদ্যা(র্) / *conj.* **either... or...** used when you are giving a choice, usually of two things (প্রধানত দুটো বস্তুর মধ্যে) বিকল্প দেওয়ার জন্য ব্যবহৃত অভিব্যক্তিবিশেষ; নয়তো অথবা নতুবা *I can meet you either on Thursday or Friday.* ○ *You can either write or phone.*

ejaculate / iˈdʒækjuleɪt ই'জ্যাকিউলেইট্ / *verb* **1** [I] to send out liquid (**semen**) from the male sexual organ (**penis**) পুরুষাঙ্গ থেকে বীর্যস্খলন হওয়া **2** [I, T] (*old fashioned*) to say sth suddenly আকস্মিকভাবে কিছু বলে ফেলা ▶ **ejaculation** / iˌdʒækjuˈleɪʃn ই,জ্যাকিউ'লেইশ্ন্ / *noun* [C, U] স্খলন, নির্গমন, নিঃসরণ

eject / iˈdʒekt ই'জেক্ট্ / *verb* **1** [T] (*formal*) (*usually passive*) **eject sb (from sth)** to push or send sb/sth out of a place (usually with force) (কোনো ব্যক্তি অথবা বস্তুকে কোনো স্থান থেকে সাধারণত বলপ্রয়োগ করে) উৎখাত করা, উচ্ছেদ করা, উৎসাদন করা *The protesters were ejected from the building.* **2** [I, T] to remove a tape, disk etc. from a machine, usually by pressing a button কোনো যন্ত্র থেকে (সাধারণত বোতাম টিপে) টেপ, ডিস্ক ইত্যাদি বার করা *To eject the CD, press this button.* ○ *After recording for three hours the video will eject automatically.* **3** [I] to escape from an aircraft that is going to crash বিপন্ন অবস্থায় কোনো বিমান থেকে পলায়ন করা

eke / iːk ঈক্ / *verb*

PHR V **eke sth out** to make a small amount of sth last a long time কোনো বস্তুর স্বল্প পরিমাণ অনেক দিন বা সময় ধরে চালানো, অল্পেই কুলিয়ে নেওয়া

elaborate[1] / ɪˈlæbərət ই'ল্যাব্যার‍্যাট্ / *adj.* very complicated; done or made very carefully বহু-সমন্বিত; সযত্নরচিত, পুঙ্খানুপুঙ্খ *an elaborate pattern* ○ *elaborate plans*

elaborate[2] / ɪˈlæbəreɪt ই'ল্যাব্যারেইট্ / *verb* [I] (*formal*) **elaborate (on sth)** to give more details about sth কোনো বিষয় সম্পর্কে বিস্তারিত বর্ণনা দেওয়া, পুঙ্খানুপুঙ্খরূপে বিবরণ দেওয়া *Could you elaborate on that idea?*

elaichi *noun* = **cardamom**

elapse / ɪˈlæps ই'ল্যাপ্স্ / *verb* [I] (*formal*) (used about time) to pass (সময় সম্বন্ধে ব্যবহৃত) অতিক্রান্ত হওয়া, অতিবাহিত হওয়া, কেটে যাওয়া

elastic[1] / ɪˈlæstɪk ই'ল্যাস্টিক্ / *noun* [U] material with rubber in it which can stretch (বস্তু) রবারের তৈরি স্থিতিস্থাপক ফিতে বা দড়ি, যা টানলে লম্বা হয়; ইলাস্টিক

elastic[2] / ɪˈlæstɪk ই'ল্যাস্টিক্ / *adj.* **1** (used about material, etc.) that returns to its original size and shape after being stretched (কোনো বস্তু ইত্যাদি সম্বন্ধে ব্যবহৃত) এমন কিছু যা টেনে লম্বা করে ছেড়ে দিলে আবার পূর্বাবস্থায় ফিরে আসে; সংকোচ এবং প্রসারক্ষম **2** that can be changed; not fixed পরিবর্তনক্ষম; অপরিবর্তনীয় নয় এমন *Our rules are quite elastic.*

elastic band = **rubber band**

elasticity / ˌiːlæˈstɪsəti ˌঈল্যা'স্টিস্যাটি / *noun* [U] the quality that sth has of being able to stretch and return to its original size and shape কোনো কিছু যা টানলে বাড়ে এবং ছেড়ে দিলে পূর্বের আকারে ফিরে আসে; স্থিতিস্থাপকতা

elated / ɪˈleɪtɪd ই'লেইটিড্ / *adj.* very happy and excited খুব আনন্দিত এবং উৎসাহিত, উৎফুল্ল এবং উদ্দীপিত ▶ **elation** / iˈleɪʃn ই'লেইশ্ন্ / *noun* [U] উদ্দীপন, উল্লাস, উৎফুল্লতা

elbow[1] / ˈelbəʊ ˈএল্ব্যাউ / *noun* [C] **1** the place where the bones of your arm join and your arm bends কনুই ⇨ **body**-তে ছবি দেখো। **2** the part of the sleeve of a coat, jacket, etc. that covers the elbow কোট, জ্যাকেট ইত্যাদির সেই অংশটি যাতে কনুই ঢাকা থাকে বা কনুইয়ের কাছের অংশ

elbow[2] / ˈelbəʊ ˈএল্ব্যাউ / *verb* [T] to push sb with your elbow কনুই দিয়ে কোনো ব্যক্তিকে ঠেলা অথবা ঠেলে সরিয়ে দেওয়া *She elbowed me out of the way.*

elbow room *noun* [U] enough space to move freely স্বচ্ছন্দে নড়াচড়ার পক্ষে পর্যাপ্ত পরিসর

elder[1] / ˈeldə(r) ˈএলড্যা(র্) / *adj.* (*only before a noun*) older (of two members of a family) (এক পরিবারের দুজন সদস্যের মধ্যে) বয়সে বড়ো; জ্যেষ্ঠ বা জ্যেষ্ঠা, অগ্রজ বা অগ্রজা; অগ্রজ *My elder daughter is at university now but the other one is still at school.* ○ *an elder brother/sister*

elder² / ˈeldə(r) ˈএল্ড্যা(র্) / *noun* **1** [*sing.*] **the elder** the older of two people দুজন ব্যক্তির মধ্যে যে বয়সে বড়ো *Who is the elder of the two?* **2 my, etc. elder** [*sing.*] a person who is older than me, etc. (আমার থেকে অথবা অন্য কোনো ব্যক্তির থেকে) বয়সে বড়ো কোনো ব্যক্তি *He is her elder by several years.* **3 elders** [*pl.*] older people বয়স্ক ব্যক্তি, বয়োজ্যেষ্ঠগণ, বয়োবৃদ্ধগণ, বড়োরা *Do children still respect the opinions of their elders?*

elderly / ˈeldəli ˈএল্ড্যালি / *adj.* **1** (used about a person) old (কোনো ব্যক্তি সম্বন্ধে ব্যবহৃত) বয়স্ক, প্রবীণ, প্রৌঢ় **NOTE** বয়োজ্যেষ্ঠ বা **old** বলার জন্য এই শব্দটি ভদ্রোচিত ব্যবহার। **2 the elderly** *noun* [*pl.*] old people in general প্রবীণ অথবা বয়োজ্যেষ্ঠ ব্যক্তিবর্গ *The elderly need special care in winter.* ➪ **old** দেখো।

eldest / ˈeldɪst ˈএল্ডিস্ট্ / *adj., noun* [C] (the) oldest (of three or more members of a family) (কোনো পরিবারের তিন বা ততোধিক সদস্যদের) বয়োজ্যেষ্ঠ, প্রবীণ বয়স্ক *Their eldest child is a boy.* ○ *Ashok's got four boys. The eldest has just gone to university.*

elect / ɪˈlekt ই'লেক্ট্ / *verb* [T] **1 elect sb (to sth); elect sb (as sth)** to choose sb to have a particular job or position by voting for him/her ভোট দিয়ে কোনো ব্যক্তিকে কোনো বিশেষ কাজের জন্য অথবা বিশেষ পদের জন্য বাছাই করা বা মনোনয়ন করা, নির্বাচিত করা *He was elected to the Parliament in 2000.* ○ *The committee elected her as their representative.* **2** (*formal*) **elect to do sth** to decide to do sth কোনো কিছু করার জন্য মনস্থির করা

election / ɪˈlekʃn ই'লেক্শন্ / *noun* [C, U] (the time of) choosing a Member of Parliament, President, etc. by voting (যে সময়ে) ভোট দিয়ে বা মতপ্রদান করে সংসদের সদস্য, রাষ্ট্রপতি ইত্যাদি নির্বাচন করা হয় *In India presidential elections are held every five years.* ○ *If you're interested in politics why not* ***stand for election*** *yourself?*

NOTE ভারতবর্ষে সাধারণত প্রতি পাঁচ বছরে একবার **general elections** হয়। কখনো কখনো মধ্যবর্তী সময়কালে **by-elections** হতে পারে। প্রতিটি **constituency**-তে তালিকাভুক্ত **candidates**-দের মধ্যে থেকে নির্বাচকগণ যে-কোনো একজনকে নির্বাচিত করে।

elective / ɪˈlektɪv ই'লেক্টিভ্ / *adj.* (*usually before a noun*) (*formal*) **1** using or chosen by election ভোটের মাধ্যমে নির্বাচিত করা হয় এমন *an elective democracy* ○ *an elective member* **2** having the power to elect নির্বাচন করার অধিকার বা ক্ষমতা আছে এমন *an elective body* **3** (used about medical treatment) that you choose to have; that is not urgent (চিকিৎসা প্রণালী সম্বন্ধে ব্যবহৃত) মনোনীত; জরুরি নয় এমন **4** (used about a course or subject) that a student can choose (পাঠক্রম অথবা বিষয় সম্বন্ধে ব্যবহৃত) কোনো ছাত্র যা পছন্দ করে নিতে পারে; ঐচ্ছিক

elector / ɪˈlektə(r) ই'লেক্ট্যা(র্) / *noun* [C] a person who has the right to vote in an election নির্বাচনে যার ভোটদানের অধিকার আছে, ভোটদাতা নির্বাচক **NOTE** এই অর্থে **voter** শব্দটি বেশি প্রচলিত। ▶ **electoral** / ɪˈlektərəl ই'লেকট্যার‍্যাল্ / *adj.* নির্বাচক বা নির্বাচন সংক্রান্ত *the electoral register/roll* (= the list of electors in an area)

electorate / ɪˈlektərət ই'লেকট্যার‍্যাট্ / *noun* [C, *with sing. or pl.verb*] all the people who can vote in a region, country, etc. (কোনো একটা অঞ্চল, দেশ ইত্যাদির) নির্বাচকমণ্ডলী

electric / ɪˈlektrɪk ই'লেক্ট্রিক / *adj.* **1** producing or using electricity বিদ্যুৎ উৎপাদন অথবা ব্যবহার করা হচ্ছে এমন; বৈদ্যুতিক বা বিদ্যুৎচালিত *an electric current* ○ *an electric kettle* **2** very exciting চরম উত্তেজনাপূর্ণ *The atmosphere in the room was electric.*

electrical / ɪˈlektrɪkl ই'লেক্ট্রিক্ল্ / *adj.* of or about electricity বিদ্যুৎ বিষয়ক; বৈদ্যুতিক, বিদ্যুৎসংক্রান্ত *an electrical appliance* (=a machine that uses electricity)

the electric chair *noun* [*sing.*] a chair used in some countries for killing criminals with a very strong electric current (কোনো কোনো দেশে ব্যবহৃত হয়) অপরাধীকে চেয়ারে বসিয়ে প্রবল তড়িৎ-সঞ্চার দ্বারা হত্যা করা হয়; তড়িৎ-কেদারা

electrician / ɪˌlekˈtrɪʃn ই,লেক্'ট্রিশ্ন্ / *noun* [C] a person whose job is to make and repair electrical systems and equipment বিদ্যুৎমিস্ত্রি; বৈদ্যুতিক যন্ত্রবিদ

electricity / ɪˌlekˈtrɪsəti ই,লেক্'ট্রিস্যাটি / *noun* [U] a type of energy that we use to make heat, light and power to work machines, etc. বিদ্যুৎশক্তি, তড়িৎশক্তি, বিজলি *Turn that light off. We don't want to waste electricity.*

NOTE সাধারণত বিদ্যুৎ **power stations**-এ **generate(d)** হয়। তবে **generators** অথবা **batteries**-এর সাহায্যেও বিদ্যুৎ উৎপাদন করা সম্ভব।

electric razor = **shaver**

electric shock (*also* **shock**) *noun* [C] a sudden painful feeling that you get if electricity goes through your body শরীরের মধ্য দিয়ে বিদ্যুৎ প্রবাহিত হলে যে আঘাত লাগে; তড়িতাঘাত, শক

electrify / ɪˈlektrɪfaɪ ই'লেক্ট্রিফাই / *verb* [T] (*pres. part.* **electrifying;** *3rd person sing. pres.* **electrifies;** *pt, pp* **electrified**) **1** to supply sth with electricity কোনো কিছু বৈদ্যুতিকীকরণ করা; বিদ্যুৎ সঞ্চার করা *The railways are being electrified.* **2** to make sb very excited কোনো ব্যক্তিকে খুব উত্তেজিত, উচ্চকিত বা চমকিত করা *Ronaldo electrified the crowd with his pace and skill.*

electro- / ɪˈlektrəʊ ই'লেকট্র্যাউ / *prefix* (*used in nouns, adjectives, verbs and adverbs*) connected with electricity তড়িৎ বা বিদ্যুৎ সংক্রান্ত *electro-magnetism*

electrocute / ɪˈlektrəkju:t ই'লেক্‌ট্র্যাকিউট্ / *verb* [T] to kill sb with electricity that goes through the body বিদ্যুৎশক্তি প্রয়োগ করে কোনো ব্যক্তিকে হত্যা করা ▶ **electrocution** / ɪˌlektrəˈkju:ʃn ই,লেক্‌ট্র্যা'কিউশন্ / *noun* [U] তড়িদাহত হয়ে মৃত্যু

electrode / ɪˈlektrəʊd ই'লেক্‌ট্র্যাউড্ / *noun* [C] one of two points (**terminals**) where an electric current enters or leaves a battery, etc. ব্যাটারি ইত্যাদিতে যে দুই প্রান্ত দিয়ে বিদ্যুৎ প্রবেশ করে তার একটি; তড়িৎদ্বার; ইলেকট্রোড

electrolysis / ɪˌlekˈtrɒləsɪs ই,লেক্‌'ট্রল্যাসিস্ / *noun* [U] **1** a way of permanently getting rid of hairs on the body by using an electric current বৈদ্যুতিক প্রবাহের সাহায্যে স্থায়ীভাবে শরীরকে রোমমুক্ত করার উপায় **2** (*technical*) a way of separating a liquid into its different chemical parts by passing an electric current through it কোনো তরল পদার্থের মধ্যে দিয়ে বিদ্যুৎ তরঙ্গ প্রবাহিত করে তার রাসায়নিক বিশ্লেষণের প্রক্রিয়া; তড়িৎ বিশ্লেষণ

electrolyte / ɪˈlektrəlaɪt ই'লেক্‌ট্র্যালাইট্ / *noun* [C] (*technical*) a liquid that an electric current can pass through, especially in an electric cell or battery যে তরলের মধ্য দিয়ে বিদ্যুৎ প্রবাহিত হতে পারে বিশেষত ব্যাটারি অথবা বৈদ্যুতিক কোষে ▶ **electrolytic** / ɪˌlektrəˈlɪtɪk ই,লেক্‌ট্র্যা'লিটিক / *adj.* বৈদ্যুতিক প্রবাহ সংক্রান্ত

electromagnetic / ɪˌlektrəʊmægˈnetɪk ই,লেক্‌ট্র্যাউম্যাগ্'নেটিক্ / *adj.* (in physics) having both electrical characteristics and the ability to attract metal objects (পদার্থবিদ্যায়) বৈদ্যুতিক লক্ষণের সঙ্গে চুম্বকীয় ধর্ম অথবা বৈশিষ্ট্যসম্পন্ন ▶ **electro-magnetism** / ɪˌlektrəʊˈmægnətɪzəm ই,লেক্‌-ট্র্যাউ'ম্যাগ্‌ন্যাটিজ্যাম্ / *noun* [U] তড়িৎচুম্বক বিজ্ঞান

electron / ɪˈlektrɒn ই'লেক্‌ট্রন্ / *noun* [C] one of the three types of **particles** that form all atoms. Electrons have a negative electric charge যে তিন ধরনের কণিকা অণু তৈরি করে তার একটি। এটি ঋণাত্মক বৈদ্যুতিক কণা; তড়িৎ-অণু; ইলেকট্রন ➪ **neutron** এবং **proton** দেখো।

electronic / ɪˌlekˈtrɒnɪk ই,লেক্‌'ট্রনিক্ / *adj.* **1** using electronics বৈদ্যুতিন; ইলেকট্রনিক *electronic equipment* ○ *That dictionary is available in electronic form* (= on a computer disk). **2** done using a computer কম্পিউটার প্রয়োগ করে সম্পাদিত *electronic banking/shopping* ▶ **electronically** / -kli -ক্‌লি / *adv.* বৈদ্যুতিনভাবে

electronics / ɪˌlekˈtrɒnɪks ই,লেক্‌'ট্রনিক্স্ / *noun* [U] the technology used to produce computers, radios, etc. যে প্রযুক্তিবিদ্যা ব্যবহার করে কম্পিউটার, রেডিও ইত্যাদি উৎপাদন করা হয়; ইলেকট্রনিক্স *the electronics industry*

electrostatic / ɪˌlektrəʊˈstætɪk ই,লেক্‌ট্র্যাউ'স্ট্যাটিক্ / *adj.* (*technical*) used to talk about electric charges that are not moving, rather than electric currents স্থির বিদ্যুৎ (তড়িৎপ্রবাহ নয়) সম্বন্ধে ব্যবহৃত অভিব্যক্তিবিশেষ

elegant / ˈelɪgənt 'এলিগ্যান্ট্ / *adj.* having a good or attractive style সুরুচিপূর্ণ, মার্জিত, সুচারু, শোভন *She looked very elegant in her new dress.* ○ *an elegant coat* ▶ **elegance** / ˈelɪgəns 'এলিগ্যান্স্ / *noun* [U] চারুতা, সুরুচি, সৌকর্য ▶ **elegantly** *adv.* সুচারুভাবে, সৌষ্ঠবের সঙ্গে, সুরুচিপূর্ণভাবে

elegy / ˈelədʒi 'এল্যাজি / *noun* [C] (*pl.* **elegies**) a poem or song that expresses sadness, especially for sb who has died শোকগাথা, বিষাদগীতি, শোকসংগীত (বিশেষত মৃত কোনো ব্যক্তির স্মৃতিতে রচিত বা গাওয়া)

element / ˈelɪmənt 'এলিম্যান্ট্ / *noun* **1** [C] one important part of sth কোনো বস্তুর গুরুত্বপূর্ণ বা মৌলিক অংশ বা উপাদান; মৌল *Cost is an important element when we're thinking about holidays.* **2** [C, *usually sing.*] **an element of sth** a small amount of sth (কোনো বস্তুর) কণা, আভাস, রেশ; কিছুটা, খানিকটা *There was an element of truth in what he said.* **3** [C] people of a certain type কোনো বিশেষ ধরনের অথবা প্রকারের ব্যক্তিগণ *The criminal element at football matches causes a lot of trouble.* **4** [C] one of the simple chemical substances, for example iron, gold, etc. সাধারণ রাসায়নিক পদার্থ, যেমন লোহা, সোনা, ইত্যাদি **5** [C] the metal part of a piece of electrical equipment that produces heat বৈদ্যুতিক কোনো যন্ত্রের ধাতব অংশবিশেষ যা উষ্মতা বা তাপ উৎপন্ন করে **6 the elements** [*pl.*] (bad) weather (খারাপ বা প্রতিকূল) আবহাওয়া *to be exposed to the elements*

IDM in/out of your element in a situation where you feel comfortable/uncomfortable এমন পরিস্থিতি যেখানে কোনো ব্যক্তি স্বাচ্ছন্দ্য বা অস্বাচ্ছন্দ্য অনুভব করে; অনুকূল বা প্রতিকূল পরিবেশের মধ্যে *Balu is in his element speaking to a large group of people, but I hate it.*

elementary / ˌelɪˈmentri ˌএলি'মেন্‌ট্রি /*adj.* **1** connected with the first stages of learning sth কোনো কিছু শেখার প্রথম পর্যায়গুলির সঙ্গে সম্পর্কিত; শিক্ষণীয় বিষয়ের মূলতত্ত্ব, প্রাথমিক বা মৌলিক শিক্ষা *an elementary course in English* ○ *a book for elementary students* **2** basic; not difficult বুনিয়াদি, ভিত্তিমূলক, প্রাথমিক; জটিলতামুক্ত, সরল *elementary physics*

elephant / ˈelɪfənt ˈএলিফ্যান্ট্ / *noun* [C] a very large grey animal with big ears, two long curved teeth **(tusks)** and a long nose **(trunk)** হাতি, হস্তী, গজ, করী

elevate / ˈelɪveɪt ˈএলিভেইট্ / *verb* [T] (*formal*) to move sb/sth to a higher place or more important position কোনো ব্যক্তি বা বস্তুকে কোনো উঁচু স্থানে অথবা উচ্চতর বা গুরুত্বপূর্ণ পদে উন্নীত করা *an elevated platform* ○ *He was elevated to the Board of Directors.*

elevation /ˌelɪˈveɪʃn ˌএলি'ভেইশ্‌ন্ / *noun* **1** [C, U] (*formal*) the process of moving to a higher place or more important position কোনো উঁচু স্থানে অথবা উচ্চতর বা আরও গুরুত্বপূর্ণ পদে উন্নীত হওয়ার প্রক্রিয়া; উন্নীতকরণ *his elevation to the presidency* **2** [C] the height of a place (above sea-level) কোনো জায়গার (সমুদ্রপৃষ্ঠ থেকে) উচ্চতা *The city is* ***at an elevation of*** *2000 metres.*

elevator / ˈelɪveɪtə(r) ˈএলিভেইট্যা(র্) / (*AmE*) = **lift² 1**

eleven / ɪˈlevn ই'লেভ্‌ন্ / *number* 11 (সংখ্যা) এগারো, ১১, একাদশ

> **NOTE** বাক্যে সংখ্যার ব্যবহার এবং তার প্রয়োগের উদাহরণ দেখার জন্য **six** দেখো।

eleventh / ɪˈlevnθ ই'লেভ্‌ন্থ্ / *pronoun, det., adv.* 11th ১১-ই, একাদশতম, এগারোই, একাদশাংশ ➪ **sixth**-এ উদাহরণ দেখো।

elf / elf এল্‌ফ্ / *noun* [C] (*pl.* **elves** / elvz এল্‌ভ্‌জ্ / (in stories) a small creature with pointed ears who has magic powers (গল্পে উল্লিখিত) জাদুকরী শক্তি সম্পন্ন ক্ষুদ্রাকার জীব যাদের ছুঁচোলো কান থাকে

elicit / ɪˈlɪsɪt ই'লিসিট্ / *verb* [T] (*formal*) **elicit sth (from sb)** to manage to get information, facts, a reaction, etc. from sb তথ্য, প্রকৃত সত্য, প্রতিক্রিয়া ইত্যাদি কোনো ব্যক্তি থেকে আদায় করতে সক্ষম হওয়া; গুপ্তসত্য টেনে বার করা

eligibility / ˌelɪdʒəˈbɪləti ˌএলিজ্যা'বিল্যাটি/ *noun* [U] the quality of having the necessary qualifications or requirements প্রয়োজনীয় গুণাবলী এবং যোগ্যতা থাকার গুণ

eligible / ˈelɪdʒəbl ˈএলিজ্যাব্‌ল্ / *adj.* **eligible (for sth/to do sth)** having the right to do or have sth কিছু করার বা পাওয়ার অধিকার আছে এমন; যোগ্য *In India you are eligible to vote when you are eighteen.* ✪ বিপ **ineligible**

eliminate / ɪˈlɪmɪneɪt ই'লিমিনেইট্ / *verb* [T] **1** to remove sb/sth that is not wanted or needed (পরিহার্য অথবা অবাঞ্ছিত কোনো ব্যক্তি অথবা বস্তুকে) বাদ দেওয়া, ছেঁটে ফেলা, সরিয়ে দেওয়া *We must try and eliminate the problem.* **2** (*usually passive*) to stop sb going further in a competition, etc. প্রতিযোগিতা ইত্যাদি থেকে কোনো ব্যক্তিকে বহিষ্কৃত করা *The school team was eliminated in the first round of the competition.* ▶ **elimination** /ɪˌlɪmɪˈneɪʃn ই,লিমি'নেইশ্‌ন্/ *noun* [U] দূরীকরণ, অপসারণ, পরিহার

elite / eɪˈliːt এই'লীট্ / *noun* [C, *with sing. or pl. verb*] a social group that is thought to be the best or most important because of its power, money, intelligence, etc. সমাজের এমন এক গোষ্ঠী অথবা সম্প্রদায় যাদের ক্ষমতা, অর্থবল, বুদ্ধিমত্তা ইত্যাদির জন্য সর্বোত্তম এবং সবথেকে বেশি গুরুত্বপূর্ণ বলে গণ্য করা হয়; বিশেষ সুবিধাভোগী অভিজাত সম্প্রদায় *an intellectual elite* ○ *an elite group of artists*

elitism / eɪˈliːtɪzəm এই'লীটিজ্যাম্ / *noun* [U] the belief that some people should be treated in a special way সম্ভ্রান্ততা, আভিজাত্য, অভিজাততন্ত্র ▶ **elitist** / -tɪst -টিস্ট্ / *noun* [C], *adj.* অভিজাত-তন্ত্রবাদী

elk / elk এল্ক্ / (*AmE* **moose**) *noun* [C] a very large wild animal **(deer)** with large flat horns **(antlers)** খুব বড়ো (হরিণ জাতীয়) বন্য জন্তু যাদের বিরাট চ্যাপটা শিং থাকে

ellipse / ɪˈlɪps ই'লিপ্স্ / *noun* [C] (*technical*) a regular **oval** like a circle that has been pressed in from two sides দুই দিক থেকে চাপা ডিম্বাকৃতি বৃত্তবিশেষ; উপবৃত্ত

elliptical / ɪˈlɪptɪkl ই'লিপ্‌টিক্‌ল্ / *adj.* **1** having a word or words left out of a sentence deliberately কোনো বাক্যে ইচ্ছাকৃতভাবে এক বা একাধিক শব্দ উহ্য রাখা হয়েছে এমন; উহ্যপদ আছে এমন *an elliptical remark* (= one that suggests more than is actually said) **2** (*also* **elliptic** / ɪˈlɪptɪk ই'লিপ্‌টিক্ /) (*technical*) connected with or in the form of an ellipse উপবৃত্ত সংক্রান্ত অথবা উপবৃত্তাকার ▶ **elliptically** / -kli -ক্‌লি / *adj.* উহ্যপদ আছে এমনভাবে, উপবৃত্তাকারভাবে *to speak/write elliptically*

elm / elm এল্‌ম্ / (*also* **elm tree**) *noun* [C] a tall tree with broad leaves চওড়া পাতাযুক্ত বড়ো এবং লম্বা বৃক্ষবিশেষ

El Niño / ˌeˈniːnjəʊ ˌএল্'নীনিঅ্যাউ / *noun* [U] a series of changes in the climate affecting parts of the Pacific region every few years প্রতি কিছু

বছর অন্তর যে আবহাওয়া পরিবর্তনের পর্যায়ক্রম প্রশান্ত মহাসাগরীয় কোনো কোনো অঞ্চলকে প্রভাবিত করে; এল নিনো

elocution / ˌeləˈkjuːʃn ˌএল্যা'কিউশ্ন্ / *noun* [U] the ability to speak clearly, correctly and without a strong **accent** (কোনো বিশেষ টান ছাড়া) স্পষ্টভাবে, শুদ্ধ ভাষায়, পরিষ্কার উচ্চারণের সঙ্গে কথা বলার ক্ষমতা; উৎকৃষ্ট বক্তৃতার কৌশল, বাকপটুত্ব, বাগ্মিতা

elongate / ˈiːlɒŋɡeɪt 'ঈলংগেইট্ / *verb* [I, T] to become longer; to make sth longer প্রলম্বিত বা লম্বা হওয়া; কোনো বস্তুকে দীর্ঘায়িত বা প্রসারিত করা *The seal pup's body elongates as it gets older.* ▶ **elongation** / ˌiːlɒŋˈɡeɪʃn ˌঈলং'গেইশ্ন্ / *noun* [U] সম্প্রসারণ, বর্ধন *the elongation of vowel sounds*

elongated / ˈiːlɒŋɡeɪtɪd 'ঈলংগেইটিড্ / *adj.* long and thin লম্বা এবং পাতলা বা সরু

elope / ɪˈləʊp ই'ল্যাউপ্ / *verb* [I] **elope (with sb)** to run away secretly to get married বিবাহ করার উদ্দেশ্যে প্রণয়ীর সঙ্গে গোপনে বা চুপিচুপি পালিয়ে যাওয়া

eloquent / ˈeləkwənt 'এল্যাকুঅ্যান্ট্ / *adj.* (*formal*) able to use language and express your opinions well, especially when you speak in public (সর্বসমক্ষে) ভাষার ব্যবহার এবং নিজের মতামত প্রকাশে দক্ষ; বাককুশল, বাগ্মী, বাক্পটু ▶ **eloquence** *noun* [U] বাগ্মিতা, বাক্পটুতা ▶ **eloquently** *adv.* বাক্পটুতার সঙ্গে

else / els এল্স্ / *adv.* (*used after words formed with only -, no-, some-, and after question words*) another, different person, thing or place অন্য অথবা পৃথক কোনো ব্যক্তি, বস্তু অথবা স্থান *This isn't mine. It must be* ***someone else's***. ○ ***Everybody else*** *is allowed to stay up late.* ○ *You'll have to pay.* ***Nobody else*** *will.* ○ ***What else*** *would you like?*
IDM **or else** otherwise; if not অন্যথায়, নতুবা; নইলে, তা নাহলে *You'd better go to bed now or else you'll be tired in the morning.* ○ *He's either forgotten or else he's decided not to come.*

elsewhere / ˌelsˈweə(r) ˌএল্স্'উএঅ্যা(র্) / *adv.* in or to another place অন্যত্র, অন্য কোথাও, আর কোথাও, অন্য স্থানে *He's travelled a lot—in Europe and elsewhere.*

elucidate / iˈluːsɪdeɪt ই'লুসিডেইট্ / *verb* [T] (*formal*) to make sth clearer by explaining it স্পষ্ট করে বুঝিয়ে বলা, ব্যাখ্যা করা *I will try to elucidate what I think are the problems.* ▶ **elucidation** / ɪˌluːsɪˈdeɪʃn ই,লুসি'ডেইশ্ন্ / *noun* [U, C] বিশদভাবে আলোকপাত; বিশদীকরণ, ব্যাখ্যা *These grammar notes need elucidation.*

elude / ɪˈluːd ই'লুড্ / *verb* [T] (*formal*) **1** to manage to avoid being caught কৌশল করে ফসকে পালানো অথবা ধরা না পড়া *The escaped prisoner eluded the police for three days.* **2** to be difficult or impossible to remember সহজে মনে না পড়া বা মনে রাখা অসম্ভব হওয়া, মনে পড়ে না এমন *I remember his face but his name eludes me.*

elusive / iˈluːsɪv ই'লুসিভ্ / *adj.* not easy to catch, find or remember সহজে ধরা বা পাওয়া যায় না অথবা মনে রাখা যায় না এমন

elves ⇨ **elf**-এর plural

emaciated /ɪˈmeɪʃieɪtɪd ই'মেইশিএইটিড্ / *adj.* extremely thin and weak because of illness, lack of food, etc. অসুস্থতা, খাদ্যাভাব ইত্যাদির জন্য অত্যন্ত শীর্ণ এবং দুর্বল ▶ **emaciation** / ɪˌmeɪsiˈeɪʃn ই,মেইসি'এইশ্ন্ / *noun* [U] শীর্ণতা, ক্ষীণতা , কৃশতা

email / ˈiːmeɪl 'ঈমেইল্ / *noun* **1** [U] a way of sending electronic messages or data from one computer to another এক কম্পিউটার থেকে অন্য কম্পিউটারে ইলেকট্রনিক বার্তা বা তথ্য পাঠানোর উপায় বা ব্যবস্থা *to send a message* ***by email*** **2** [C, U] a message or messages sent by email ই-মেলে পাঠানো এক বা একাধিক বার্তা *I'll* ***send you an email*** *tomorrow.* ▶ **email** *verb* [T] ই-মেল করে তথ্য পাঠানো *I'll email the information to you.*

emanate / ˈeməneɪt 'এম্যানেইট্ / *verb* [T] (*formal*) to produce or show sth কোনো কিছু উদ্ভব করা বা দেখানো *He emanates power and confidence.*
PHR V **emanate from sth** to come from sth or somewhere কোনো কিছু বা কোথাও থেকে বেরিয়ে আসা বা নির্গত হওয়া *The sound of loud music emanated from the building.*

emancipate / ɪˈmænsɪpeɪt ই'ম্যান্সিপেইট্ / *verb* [T] (*formal*) to give sb the same legal, social and political rights as other people কোনো ব্যক্তিকে বাকি সবার মতো নৈতিক, সামাজিক এবং রাষ্ট্রনৈতিক অধিকার দেওয়া ▶ **emancipation** / ɪˌmænsɪˈpeɪʃn ই,ম্যান্সি'পেইশ্ন্ / *noun* [U] অধিকার প্রদান; বন্ধনমুক্তি

embalm / ɪmˈbɑːm ইম্'বা:ম্ / *verb* [T] to treat a dead body with special substances in order to keep it in good condition বিশেষ রাসায়নিক পদার্থের প্রলেপ লাগিয়ে মৃতদেহ সংরক্ষণ করা

embankment / ɪmˈbæŋkmənt ইম্'ব্যাংক্ম্যান্ট্ / *noun* [C] a wall of stone or earth that is built to stop a river from flooding or to carry a road or railway নদীতে প্লাবন অথবা তার রাস্তা বা রেলপথ পর্যন্ত বাহিত হওয়া থেকে আটকানোর জন্য পাথর বা মাটির তৈরি দেয়াল; বাঁধ, ভেড়ি, জাঙাল

embargo / ɪmˈbɑːɡəʊ ইম্'বা:গ্যাউ / *noun* [C] (*pl.* **embargoes**) an official order to stop doing business with another country অন্য কোনো দেশের

সঙ্গে বাণিজ্য করার রাষ্ট্রীয় নিষেধাজ্ঞা *to impose an embargo on sth* ○ *to lift/remove an embargo*

embark / ɪmˈbɑːk ইম্ˈবা:ক্ / *verb* [I] to get on a ship জাহাজে ওঠা বা চড়া *Passengers with cars must embark first.* ✪ বিপ **disembark** ▶ **embarkation** / ˌembɑːˈkeɪʃn ˌএম্বা:ˈকেইশ্ন্ / *noun* [C, U] আরোহণ (জাহাজ, নৌকা ইত্যাদিতে)

PHR V **embark on sth** (*formal*) to start sth (new) (নতুন) কিছু আরম্ভ করা *I'm embarking on a completely new career.*

embarrass / ɪmˈbærəs ইম্ˈব্যার‍্যাস্ / *verb* [T] to make sb feel uncomfortable or shy কোনো ব্যক্তিকে অপ্রস্তুত করা বা অস্বস্তিকর পরিস্থিতিতে ফেলা *Don't ever embarrass me in front of my friends again!* ○ *The Minister's mistake embarrassed the government.*

embarrassed / ɪmˈbærəst ইম্ˈব্যার‍্যাস্ট / *adj.* feeling uncomfortable or shy because of sth silly you have done, because people are looking at you, etc. বোকার মতো কিছু করার কারণে সবার সামনে অপ্রস্তুত বা লজ্জিত বোধ হচ্ছে এমন *I felt so embarrassed when I dropped my glass.*

embarrassing / ɪmˈbærəsɪŋ ইম্ˈব্যার‍্যাসিং/ *adj.* making you feel uncomfortable or shy যা লজ্জিত করে বা অপ্রস্তুতে ফেলে *an embarrassing question/mistake/situation* ▶ **embarrassingly** *adv.* অস্বস্তিকরভাবে, অপ্রস্তুতভাবে

embarrassment / ɪmˈbærəsmənt ইম্ˈব্যার‍্যাস্ম্যান্ট্ / *noun* **1** [U] the feeling you have when you are embarrassed অপ্রস্তুত বা লজ্জিত হলে মনের যে অবস্থা হয় **2** [C] a person or thing that makes you embarrassed যে ব্যক্তি বা বস্তুর কারণে অপ্রস্তুত হতে বা লজ্জা পেতে হয়

embassy / ˈembəsi ˈএম্ব্যাসি / *noun* [C] (*pl.* **embassies**) (the official building of) a group of officials (**diplomats**) and their head (**ambassador**), who represent their government in a foreign country বিদেশে নিজের দেশের সরকারের প্রতিনিধিত্ব করে এরকম কূটনৈতিক আধিকারিকগণ এবং বিদেশি রাষ্ট্রদূতের সরকারি গৃহ বা আবাসন; দূতাবাস ➪ **consulate** দেখো।

embed / ɪmˈbed ইম্ˈবেড্ / *verb* [T] (**embedding; embedded**) (*usually passive*) to fix sth firmly and deeply (in sth else) কোনো বস্তু অন্য কোনো বস্তুতে দৃঢ়ভাবে স্থাপিত করা *The axe was embedded in the piece of wood.*

embellish / ɪmˈbelɪʃ ইম্ˈবেলিশ্ / *verb* [T] (*written*) **1** to make sth more beautiful by adding decoration to it (কোনো বস্তুকে) সুশোভিত করা, অলংকৃত করা, সৌন্দর্য ভূষিত করা **2** to make a story more interesting by adding details that are not always true বিবরণ যোগ করে (যা সবসময় সত্য হয় না) কোনো গল্পকে আরও মনোহারী, আকর্ষণীয় এবং চিত্তাকর্ষক করে তোলা ▶ **embellishment** *noun* [U, C] অলংকরণ

ember / ˈembə(r) ˈএম্ব্যা(র্) / *noun* [C, *usually pl.*] a piece of wood or coal that is not burning, but is still red and hot after a fire has died নিভে আসা জ্বলন্ত অঙ্গার; আংরা

embezzle / ɪmˈbezl ইম্ˈবেজ্‌ল্ / *verb* [T] to steal money that you are responsible for or that belongs to your employer নিজের দায়িত্বে থাকা অন্যের গচ্ছিত অর্থ (নিয়োগকর্তা প্রমুখের) আত্মসাৎ করা বা চুরি করা; তহবিল তছরূপ করা ▶ **embezzlement** *noun* [U] তহবিল তছরূপ

embitter / ɪmˈbɪtə(r) ইম্ˈবিট্যা(র্) / *verb* [T] to make sb feel angry or disappointed about sth over a long period of time কোনো ব্যক্তিকে তিক্ত ও বিরক্ত করে তোলা অথবা কোনো ব্যক্তিকে অসন্তুষ্ট করা ▶ **embittered** *adj.* তিতিবিরক্ত *a sick and embittered old man*

emblem / ˈembləm ˈএম্ব্ল্যাম্ / *noun* [C] an object or symbol that represents sth (বস্তু বা চিহ্ন) নিদর্শন, প্রতীক *The dove is the emblem of peace.*

embody / ɪmˈbɒdi ইম্ˈবডি / *verb* [T] (*pres. part.* **embodying;** *3rd person sing. pres.* **embodies;** *pp, pt* **embodied**) (*formal*) **1** to be a very good example of sth কোনো কিছুর উপযুক্ত দৃষ্টান্ত বা উদাহরণ হওয়া *To me she embodies all the best qualities of a teacher.* **2** to include or contain sth (কোনো বস্তু) অন্তর্ভুক্ত করা বা ধারণ করা *This latest model embodies many new features.* ▶ **embodiment** *noun* [C] প্রতিরূপ, মূর্তপ্রকাশ, প্রতিমূর্তি *She is the embodiment of a caring mother.*

embrace / ɪmˈbreɪs ইম্ˈব্রেইস্ / *verb* **1** [I, T] to put your arms around sb as a sign of love, happiness, etc. প্রেম, ভালোবাসা, আনন্দ ইত্যাদি প্রকাশ করতে বুকে জড়িয়ে ধরা; আলিঙ্গন করা, বক্ষলগ্ন করা **2** [T] (*formal*) to include অন্তর্ভুক্ত করা *His report embraced all the main points.* **3** [T] (*formal*) to accept sth with enthusiasm উৎসাহের সঙ্গে অথবা সাগ্রহে কোনো কিছু গ্রহণ করা *She embraced Christianity in her later years.* ▶ **embrace** *noun* [C] আলিঙ্গন, আশ্লেষ *He held her in a warm embrace.*

embroider / ɪmˈbrɔɪdə(r) ইম্ˈব্রইড্যা(র্) / *verb* **1** [I, T] to decorate cloth by sewing a pattern or picture on it কাপড়ের উপর সূচিশিল্প দ্বারা ছবি বা নকশা ইত্যাদি তৈরি করে তা পরিশোভিত করা **2** [T] to add details that are not true to a story to make it more interesting গল্প, কাহিনি ইত্যাদিকে আরও

আগ্রহজনক করার জন্য তার মধ্যে আরও খুঁটিনাটি যোগ করা; অতিরঞ্জিত করা ▶ **embroidery** / -dəri -ড্যারি / *noun* [U] সূচিশিল্প; এমব্রয়ডারি

embryo / ˈembriəʊ ˈএম্‌ব্রিঅ্যাউ / *noun* [C] (*pl.* **embryos** / -əʊz -অ্যাউজ্ /) a baby, an animal or a plant in the early stages of development before birth (বাচ্চা, প্রাণী অথবা উদ্ভিদের) ভ্রূণাবস্থা; অপরিণত বা প্রাথমিক অবস্থা ⇨ **foetus** দেখো। ▶ **embryonic** / ˌembriˈɒnɪk ˌএম্‌ব্রিˈঅনিক্ / *adj.* ভ্রূণসংক্রান্ত, প্রাথমিক, অবিকশিত

emerald / ˈemərəld ˈএম্যার‍্যাল্ড্ / *noun* [C] a bright green precious stone মূল্যবান সবুজ রঙের পাথর; মরকত, পান্না ▶ **emerald** (*also* **emerald green**) *adj.* পান্নার মতো সবুজ রঙের, পান্না-সবুজ *an emerald green dress*

emerge / iˈmɜːdʒ ইˈম্যজ্ / *verb* [I] **emerge (from sth) 1** to appear or come out from somewhere আবির্ভূত হওয়া বা দৃষ্টিগোচর হওয়া অথবা কোনো স্থান থেকে বেরিয়ে আসা *A man emerged from the shadows.* ○ (*figurative*) *The country emerged from the war in ruins.* **2** to become known প্রকাশ পাওয়া, বেরিয়ে আসা, জ্ঞাত হওয়া *During investigations **it emerged that** she was lying about her age.* ▶ **emergence** / -dʒəns -জ্যান্স্ / *noun* [U] আবির্ভাব, উত্থান, প্রকাশ, উদ্ভব, উদয় *the emergence of AIDS in the 1980s*

emergency / iˈmɜːdʒənsi ইˈম্যজ্যান্সি / *noun* [C, U] (*pl.* **emergencies**) a serious event that needs immediate action সংকটময় অবস্থা, জরুরি অবস্থা, আপৎকালীন পরিস্থিতি *In an emergency phone 100 for help.* ○ *The government has declared **a state of emergency**.* ○ *an emergency exit*

emergency room (*AmE*) = **casualty 3**

emigrant / ˈemɪɡrənt ˈএমিগ্র্যান্ট্ / *noun* [C] a person who has gone to live in another country (ব্যক্তি) প্রবাসী, দেশান্তরী, প্রবসিত ⇨ **immigrant** দেখো।

emigrate / ˈemɪɡreɪt ˈএমিগ্রেইট্ / *verb* [I] **emigrate (from...) (to...)** to leave your own country to go and live in another স্বদেশ ছেড়ে অন্য দেশে গিয়ে বসবাস করা; দেশান্তরী বা প্রবাসী হওয়া *They emigrated from India to Australia twenty years ago.* ▶ **emigration** /ˌemɪˈɡreɪʃn ˌএমিˈগ্রেইশ্‌ন্ / *noun* [C, U] প্রবসন, দেশান্তরীকরণ ⇨ **immigrant, immigration** এবং **migrate** দেখো।

eminent / ˈemɪnənt ˈএমিন্যান্ট্ / *adj.* (*formal*) (used about a person) famous and important (কোনো ব্যক্তি সম্বন্ধে ব্যবহৃত) বিখ্যাত, গুরুত্বপূর্ণ, সম্ভ্রান্ত, প্রখ্যাত, খ্যাতনামা *an eminent scientist*

eminently / ˈemɪnəntli ˈএমিন্যান্ট্‌লি / *adv.* (*formal*) very; extremely অত্যন্ত; বিশেষভাবে, অসাধারণভাবে *She is eminently suitable for the job.*

emir (*also* **amir**) / ˈemɪə(r); ˈeɪmɪə(r) ˈএমিঅ্যা(র্); ˈএইমিঅ্যা(র্) / *noun* [C] the title given to some Muslim rulers কোনো কোনো মুসলমান শাসকদের উপাধি; আমির *the Emir of Kuwait*

emirate / ˈemɪərət; ˈemɪrət ˈএমিঅ্যার‍্যাট্; ˈএমির‍্যাট্ / *noun* [C] **1** the position held by an emir; the period of time that he is in power আমিরের পদ; কোনো আমিরের শাসনকাল **2** an area of land that is ruled over by an emir আমিরের শাসনভুক্ত এলাকা *the United Arab Emirates*

emissary / ˈemɪsəri ˈএমিস্যারি / *noun* [C] (*pl.* **emissaries**) (*formal*) a person who is sent somewhere, especially to another country, in order to give sb an official message or to perform a special task কোনো স্থানে বিশেষত অন্য কোনো দেশে সরকারি বার্তা পৌঁছে দেওয়া বা কোনো বিশেষ কাজের জন্য প্রেরিত দূত; রাষ্ট্রদূত

emit / iˈmɪt ইˈমিট্ / *verb* [T] (**emitting; emitted**) (*formal*) to send out sth, for example, a smell, a sound, smoke, heat or light প্রক্ষিপ্ত বা বিকীর্ণ করা (যেমন গন্ধ, শব্দ, ধোঁয়া, উত্তাপ অথবা আলো) *The animal emits a powerful smell when scared.* ▶ **emission** / iˈmɪʃn ইˈমিশ্‌ন্ / *noun* [C, U] নির্গমন, বিকিরণ, নিঃসরণ, উদ্‌গিরণ *sulphur dioxide emissions from power stations*

emolument / ɪˈmɒljumənt ইˈমলিউম্যান্ট্ / *noun* [*usually pl.*] (*formal*) a payment that is made, especially in money or any other form, for your services (অর্থ বা অন্য কোনো রূপে) বেতন, মজুরি, দক্ষিণা, পারিশ্রমিক

emotion / ɪˈməʊʃn ইˈম্যাউশ্‌ন্ / *noun* [C, U] a strong feeling such as love, anger, fear, etc. (প্রেম, ক্রোধ, ভীতি ইত্যাদির) আবেগ, ভাবোচ্ছ্বাস, ভাবাবেগ *to control/express your emotions* ○ *His voice was filled with emotion.*

emotional / ɪˈməʊʃənl ইˈম্যাউশ্যান্‌ল্ / *adj.* **1** connected with people's feelings মানুষের মনোভাব বা আবেগ সংক্রান্ত *emotional problems* **2** causing strong feelings আবেগপূর্ণ, আবেগময়, ভাবাকুল *He gave an emotional speech.* **3** having strong emotions and showing them in front of people প্রবল ভাবাবেগ সম্পন্ন এবং সর্বসমক্ষে তা প্রকাশ করা হচ্ছে এমন *She always **gets** very **emotional** when I leave.* ▶ **emotionally** / -ʃənəli -শ্যান্যালি / *adv.* আবেগাপ্লুতভাবে, ভাবপ্রবণভাবে *She felt physically and emotionally drained after giving birth.*

emotive / ɪˈməʊtɪv ইˈম্যাউটিভ্ / *adj.* causing strong feelings আবেগউদ্দীপক, আবেগসঞ্চারী *emotive language* ○ *an emotive issue*

empathy / ˈempəθi ˈএম্‌প্যাথি / *noun* [C, U] **empathy (with/for sb/sth); empathy (between A and B)** the ability to imagine how another person is feeling and so understand his/her mood সমানুকম্পন অথবা সমানুভূতির ক্ষমতা; সহমর্মিতা *Some adults* ***have*** *great* ***empathy*** *with children.* ▶ **empathize** (*also* **-ise**) / ˈempəθaɪz ˈএম্‌প্যাথাইজ্ / *verb* [I] **empathize (with sb/sth)** অন্যের সুখ দুঃখ সমানভাবে বোধ বা অনুভব করা; সহমর্মিতা দেখানো *He's a popular teacher because he empathizes with his students.*

emperor / ˈempərə(r) ˈএম্‌প্যার‍্যা(র্) / *noun* [C] the ruler of an empire সম্রাট, বাদশা, রাজাধিরাজ

emphasis / ˈemfəsɪs ˈএম্‌ফ্যাসিস্ / *noun* [C, U] (*pl.* **emphases** / -si:z -সীজ্/) **1 emphasis (on sth)** (giving) special importance or attention (to sth) (কোনো কিছুতে দেওয়া) বিশেষ গুরুত্ব অথবা মনোযোগ *There's a lot of emphasis on science at our school.* ○ *You should* ***put*** *a greater* ***emphasis*** *on quality rather than quantity when you write.* **2** the force that you give to a word or phrase when you are speaking; a way of writing a word to show that it is important কথা বলার সময়ে কোনো একটা শব্দ অথবা বাক্যাংশের উচ্চারণের উপর প্রদত্ত বিশেষ জোর, স্বরাঘাত; কোনো শব্দের গুরুত্ব বা তাৎপর্য বোঝানোর জন্য বিশেষ লিখন পদ্ধতি *In the word 'photographer' the emphasis is on the second syllable.* ○ *I underlined the key phrases of my letter for emphasis.* ✪ সম **stress**[1]

emphasize (*also* **-ise**) / ˈemfəsaɪz ˈএম্‌ফ্যাসাইজ্ / *verb* [T] **emphasize (that...)** to put emphasis on sth কোনো কিছুর উপর গুরুত্ব অথবা জোর দেওয়া *They emphasized that healthy eating is important.* ○ *They emphasized the importance of healthy eating.* ✪ সম **stress**[2]

emphatic / ɪmˈfætɪk ইম্‌ˈফ্যাটিক্ / *adj.* said or expressed in a strong way জোর দিয়ে বা প্রবলভাবে ব্যক্ত বা প্রকাশিত *an emphatic refusal* ▶ **emphatically** / -kli -ক্‌লি / *adv.* জোরের সঙ্গে, দৃঢ়ভাবে

empire / ˈempaɪə(r) ˈএম্‌পাইঅ্যা(র্) / *noun* [C] **1** a group of countries that is governed by one country কোনো একটি দেশ দ্বারা শাসিত রাষ্ট্রসমূহ; সাম্রাজ্য *the Roman Empire* ➪ **emperor** এবং **empress** দেখো। **2** a very large company or group of companies বিপুলায়তন ব্যবসায় সংগঠন অথবা কয়েকটি সংগঠনের গোষ্ঠী

empirical / ɪmˈpɪrɪkl ইম্‌ˈপিরিক্‌ল্ / *adj.* (*formal*) based on experiments and practical experience, not on ideas পরীক্ষা-নিরীক্ষা এবং ব্যাবহারিক জ্ঞান অথবা অভিজ্ঞতার উপর সম্পূর্ণ নির্ভরশীল (ধারণার উপর নয়) অভিজ্ঞতালব্ধ *empirical evidence* ▶ **empirically** / -kli -ক্‌লি / *adv.* প্রত্যক্ষভাবে, বাস্তব অভিজ্ঞতাসম্পন্ন রূপে

empiricism / ɪmˈpɪrɪsɪzəm ইম্‌ˈপিরিসিজ্যাম্ / *noun* [U] (*formal*) the use of experiments or experience as the basis for your ideas; the belief in these methods জ্ঞান বা ধারণার ভিত্তি বা বুনিয়াদ হিসেবে পরীক্ষা অথবা অভিজ্ঞতার প্রয়োগ বা ব্যবহার; অভিজ্ঞতাবাদ ▶ **empiricist** *noun* [C] অভিজ্ঞতাবাদী *the English empiricist, John Locke*

employ / ɪmˈplɔɪ ইম্‌ˈপ্লই / *verb* [T] **1 employ sb (in/on sth); employ sb (as sth)** to pay sb to work for you (কোনো ব্যক্তিকে) অর্থের বিনিময়ে কাজে বা চাকুরিতে নিযুক্ত করা; বেতন, পারিশ্রমিক বা মজুরি দিয়ে কাজ করানো *He is employed as a lorry driver.* ○ *They employ 600 workers.* ○ *Three people are employed on the task of designing a new computer system.* ➪ **unemployed** দেখো **2** (*formal*) **employ sth (as sth)** to use কোনো কিছু ব্যবহার করা, কাজে লাগানো *In an emergency, an umbrella can be employed as a weapon.*

employee / ɪmˈplɔɪi: ইম্‌ˈপ্লইঈ / *noun* [C] a person who works for sb কোনো ব্যক্তির বেতনভোগী কর্মচারী *The factory has 500 employees.*

employer /ɪmˈplɔɪə(r) ইম্‌ˈপ্লইঅ্যা(র্) / *noun* [C] a person or company that employs other people (কোনো ব্যক্তি অথবা কোম্পানি) নিয়োগকর্তা, মালিক

employment / ɪmˈplɔɪmənt ইম্‌ˈপ্লইম্যান্ট্ / *noun* [U] **1** the state of having a paid job (অর্থের বিনিময়ে) নিয়োগ, চাকরি, নিযুক্তি *to be in/out of employment* ○ *This bank can* ***give employment*** *to ten extra staff.* ○ *It is difficult to* ***find employment*** *in the north of the country.* ➪ **unemployment** দেখো এবং **work**[1]-এ নোট দেখো। **2** (*formal*) the use of sth কোনো কিছুর ব্যবহার বা প্রয়োগ *the employment of force*

employment agency *noun* [C] a company that helps people to find work and other companies to find workers সাধারণ মানুষকে কাজ খুঁজতে এবং অন্যান্য কোম্পানিকে কর্মী খুঁজতে সাহায্য করে যে কোম্পানি বা সংস্থা; কর্মসন্ধানসংস্থা

empower / ɪmˈpaʊə(r) ইম্‌ˈপাউঅ্যা(র্) / *verb* [T] (*formal*) (*usually passive*) to give sb power or authority (to do sth) কোনো ব্যক্তিকে কোনো কাজ করার ক্ষমতা বা অধিকার দেওয়া ▶ **empowerment** *noun* [U] কাজ করার অধিকার দান অথবা ক্ষমতা প্রদান, কর্তৃত্ব অর্পণ

empress / ˈemprəs ˈএম্‌প্র্যাস্ / *noun* [C] **1** a woman who rules an empire সম্রাজ্ঞী, সাম্রাজ্যেশ্বরী **2** the wife of a man who rules an empire (**emperor**) সম্রাটের পত্নী

empty[1] / ˈempti ˈএম্প্‌টি / *adj.* **1** having nothing or nobody inside it খালি, ফাঁকা, শূন্য *an empty box* ○ *The bus was half empty.* **2** without meaning or value অর্থহীন, গুণহীন, ফাঁপা, শূন্যগর্ভ *It was an empty threat* (= it was not meant seriously). ○ *My life feels empty now the children have left home.* ▶ **emptiness** / ˈemptinəs ˈএম্প্‌টিন্যাস্ / *noun* [U] শূন্যতা, রিক্ততা, অর্থহীনতা

empty[2] / ˈempti ˈএম্প্‌টি / *verb* (*pres. part.* **emptying;** *3rd person sing. pres.* **empties;** *pt, pp* **emptied**) **1** [T] **empty sth (out/out of sth)** to remove everything that is inside a container, etc. কোনো পাত্র, আধার ইত্যাদি সম্পূর্ণ খালি করে দেওয়া *I've emptied a wardrobe for you to use.* ○ *Lalit emptied everything out of his desk and left.* **2** [I] to become empty ফাঁকা অথবা খালি হওয়া *The cinema emptied very quickly once the film was finished.*

empty-handed *adj.* without getting what you wanted; without taking sth to sb যা চাওয়া হয়েছিল তা না পেয়ে, খালি হাতে, রিক্ত হস্তে; কারও কাছে কোনো কিছু না নিয়ে গিয়ে বা সেটি ছাড়াই *The robbers fled empty-handed.*

emu / ˈiːmjuː ˈঈমিউ / *noun* [C] a large Australian bird with long legs that can run very fast but cannot fly অস্ট্রেলিয়ায় প্রাপ্ত এক প্রকারের বড়ো আকারের পাখি যারা খুব দ্রুত গতিতে দৌড়োতে পারে কিন্তু উড়তে পারে না; ইমু

emulate / ˈemjuleɪt ˈএমিউলেইট্ / *verb* [T] (*formal*) to try to do sth as well as, or better than, sb অন্য কোনো ব্যক্তির সমকক্ষ হওয়ার অথবা তার থেকে শ্রেষ্ঠ হওয়ার প্রচেষ্টা করা ▶ **emulation** / ˌemjuˈleɪʃn ˌএমিউˈলেইশ্‌ন্ / *noun* [C, U] সমকক্ষতা বা শ্রেষ্ঠত্ব অর্জনের চেষ্টা **NOTE** এই অর্থে **copy** শব্দটি বেশি প্রচলিত।

emulsifier / ɪˈmʌlsɪfaɪə(r) ইˈমাল্‌সিফাইঅ্যা(র্) / *noun* [C] a substance that is added to mixtures of food to make the different liquids or substances in them combine to form a smooth mixture কোনো খাদ্য মিশ্রণে সংযুক্ত করা হয় এমন পদার্থ যা সেই খাদ্য মিশ্রণে বিভিন্ন তরল বা অন্য পদার্থগুলিকে একত্রিত করে একটি মসৃণ মিশ্রণ তৈরি করে; অবদ্রাবক, অবদ্রবণকারী

emulsify / ɪˈmʌlsɪfaɪ ইˈমাল্‌সিফাই / *verb* [I, T] (*pres. part.* **emulsifying;** *3rd person sing. pres.* **emulsifies;** *pt, pp* **emulsified**) if two liquids of different thicknesses emulsify or are emulsified, they combine to form a smooth mixture কোনো মসৃণ মিশ্রণ তৈরি করার জন্য পৃথক ঘনত্বের দুটি তরল পদার্থ সংযুক্ত করা; অবদ্রবীভূত করা

emulsion / ɪˈmʌlʃn ইˈমাল্‌শ্‌ন্ / *noun* [C, U] **1** any mixture of liquids that do not normally mix together, such as oil and water এমন তরল পদার্থ সমূহের মিশ্রণ যা সাধারণত মিশে এক হয় না, যেমন তেল এবং জল; অবদ্রব **2** (*also* **emulsion paint**) a type of paint used on walls and ceilings that dries without leaving a shiny surface দেয়ালে এবং ছাদে ব্যবহৃত হয় এমন এক ধরনের রং যা শুকিয়ে যাওয়ার পর চকচক করে না **3** (*technical*) a substance on the surface of film used for photographs that makes it sensitive to light ফোটো তোলার জন্য ব্যবহৃত ফিল্ম আলোক-সংবেদ্য করার জন্য এটির উপরে যেপদার্থ ব্যবহৃত হয়

en- / ɪn ইন্ / (*also* **em-** / ɪm ইম্- / *before* b, m or p) *prefix* (*in verbs*) **1** to put into the thing or condition mentioned উল্লিখিত বস্তু অথবা পরিস্থিতিতে আনা *encase* ○ *endanger* ○ *empower* **2** to cause to be ঘটানো, কোনো কিছুর কারণ হওয়া *enlarge* ○ *embolden*

enable / ɪˈneɪbl ইˈনেইব্‌ল্ / *verb* [T] **enable sb/sth to do sth** to make it possible for sb/sth to do sth কোনো ব্যক্তি অথবা বস্তুকে কোনো কিছু করতে সক্ষম করা *The new law has enabled more women to return to work.*

enact / ɪˈnækt ইˈন্যাক্ট্ / *verb* [T] **1** (*law*) to pass a law আইন গৃহীত হওয়া *legislation enacted by parliament* **2** (*formal*) to perform a play or act a part in a play নাটক প্রদর্শন বা উপস্থাপিত করা অথবা নাটকে কোনো ভূমিকায় অভিনয় বা পার্ট করা *scenes from history enacted by local residents* **3 be enacted** (*formal*) to take place ঘটা, হওয়া *They were unaware of the drama being enacted a few feet away from them.*

enamel / ɪˈnæml ইˈন্যাম্‌ল্ / *noun* [U] **1** a hard, shiny substance used for protecting or decorating metal, etc. ধাতু ইত্যাদি সজ্জিত বা রক্ষা করার জন্য ব্যবহৃত কঠিন এবং উজ্জ্বল পদার্থবিশেষ; এনামেল, কলাই, মীনা *enamel paint* **2** the hard white outer covering of a tooth দাঁতের সাদা, শক্ত বহিরাস্তরণ

enc. (*also* **encl.**) *abbr.* (used at the end of a business letter to show that there is sth else in the envelope with the letter) enclosed ব্যাবসায়িক চিঠির শেষে ব্যবহৃত সংক্ষেপণ যা নির্দেশ করে যে খামের মধ্যে চিঠির সঙ্গে আরও কিছু সংযুক্ত করা আছে

encephalitis / enˌsefəˈlaɪtəs এন্ˌসেফ্যাˈলাইট্যাস্; ˌkefə- ˌকেফ্যা- / *noun* [U] (*medical*) a condition in which the brain becomes swollen, caused by an infection or **allergic** reaction কোনো সংক্রমণ অথবা প্রতিক্রিয়ার কারণে মস্তিষ্কের স্ফীতি; মস্তিষ্কপ্রদাহ

enchanted / ɪnˈtʃɑːntɪd ইন্ˈচা:ন্টিড্ / *adj.* **1** (in stories) affected by magic powers (গল্পে) জাদুমুগ্ধ; মন্ত্রমুগ্ধ **2** (*formal*) pleased or very interested মুগ্ধ,

মোহিত বা অত্যন্ত আগ্রহান্বিত *The audience was enchanted by her singing.*

enchanting / ɪnˈtʃɑːntɪŋ ইন্'চা:ন্টিং / *adj.* very nice or pleasant; attractive মনোহর, মনোরম; মনোমুগ্ধকর, আকর্ষণীয়

encircle / ɪnˈsɜːkl ইন্'স্যক্‌ল্ / *verb* [T] (*formal*) to make a circle round sth; to surround (কোনো বস্তুকে) পরিবৃত করা, পরিবেষ্টন করা, পরিব্যাপ্ত করা; বেষ্টন করা *The police encircled the robbers.*

enclose / ɪnˈkləʊz ইন্'ক্ল্যাউজ্ / *verb* [T] **1 enclose sth (in sth)** (*usually passive*) to surround sth with a wall, fence, etc.; to put one thing inside another দেয়াল, বেড়া ইত্যাদি দিয়ে কোনো বস্তুকে ঘিরে রাখা বা পরিবেষ্টিত করা; একটি বস্তুর মধ্যে অন্য কোনো বস্তু রাখা *The jewels were enclosed in a strong box.* ○ *He gets very nervous in enclosed spaces.* **2** to put sth in an envelope, package, etc. with sth else কোনো খাম, মোড়ক ইত্যাদির মধ্যে যে বস্তু আছে তার সঙ্গে আরও কিছু সংযুক্ত করা *Can I enclose a letter with this parcel?* ○ ***Please find enclosed*** *a cheque for Rs 1000.*

enclosure / ɪnˈkləʊʒə(r) ইন্'ক্ল্যাউজ্যা(র্) / *noun* [C] **1** a piece of land inside a wall, fence, etc. that is used for a particular purpose প্রাচীর, বেড়া ইত্যাদি দিয়ে পরিবেষ্টিত জমির অংশ যা বিশেষ কোনো উদ্দেশ্যে ব্যবহৃত হয় *a wildlife enclosure* **2** something that is placed inside an envelope together with the letter খামের মধ্যে চিঠির সঙ্গে সংযুক্ত অন্য কোনো বস্তু

encode / ɪnˈkəʊd ইন্'ক্যাউড্ / *verb* [T] **1** = **code**[2] **1 2** (*computing*) to change information into a form that a computer can deal with কম্পিউটারে ব্যবহার করার যোগ্য করে তোলার জন্য কোনো তথ্যকে রূপান্তরিত করা

encore[1] / ˈɒŋkɔː(r) 'অংক:(র্) / *exclamation* called out by an audience that wants the performers in a concert, etc. to sing or play sth extra কোনো সংগীতানুষ্ঠানে মনোরঞ্জনকারী শিল্পীকে অতিরিক্ত কিছু শোনানো বা বাজানোর অনুরোধ করার জন্য মুগ্ধ শ্রোতাবর্গ অথবা দর্শকবৃন্দের দ্বারা ব্যবহৃত অভিব্যক্তিবিশেষ

encore[2] / ˈɒŋkɔː(r) 'অংক:(র্) / *noun* [C] a short, extra performance at the end of a concert, etc. কোনো সংগীতানুষ্ঠান ইত্যাদির শেষে গানবাজনার সংক্ষিপ্ত এবং অতিরিক্ত প্রদর্শন

encounter[1] /ɪnˈkaʊntə(r) ইন্'কাউন্ট্যা(র্) / *verb* [T] **1** to experience sth (a danger, difficulty, etc.) (কোনো বিপদ, বাধা ইত্যাদির) অভিজ্ঞতা প্রাপ্ত হওয়া, মুখোমুখি বা সম্মুখীন হওয়া *I've never encountered any discrimination at work.* ✪ সম **meet with** **2** (*formal*) to meet sb unexpectedly; to experience or find sth unusual or new কোনো ব্যক্তির সঙ্গে অপ্রত্যাশিতভাবে সাক্ষাৎ হওয়া; বিরল অথবা নতুন কোনো অভিজ্ঞতা হওয়া অথবা তেমন কিছু খুঁজে পাওয়া ✪ সম **come across**

encounter[2] / ɪnˈkaʊntə(r) ইন্'কাউন্ট্যা(র্) / *noun* [C] **an encounter (with sb/sth); an encounter (between A and B)** an unexpected (often unpleasant) meeting or event অপ্রত্যাশিত (এবং প্রায়ই অপ্রীতিকর) সাক্ষাৎ বা ঘটনা *I've had a number of* ***close encounters*** (= situations which could have been dangerous) *with bad drivers.*

encourage / ɪnˈkʌrɪdʒ ইন্'কারিজ্ / *verb* [T] **1 encourage sb/sth (in sth/to do sth)** to give hope, support or confidence to sb কোনো ব্যক্তিকে প্রেরণা, উৎসাহ বা আত্মবিশ্বাস জোগানো *The teacher encouraged her students to ask questions.* **2** to make sth happen more easily কোনো কিছুর পৃষ্ঠপোষকতা করা *The government wants to encourage new businesses.* ✪ বিপ **discourage** ► **encouragement** *noun* [C, U] উৎসাহদান, অনুপ্রেরণা ► **encouraging** *adj.* উৎসাহদায়ক, উৎসাহজনক

encroach / ɪnˈkrəʊtʃ ইন্'ক্র্যাউচ্ / *verb* [I] (*formal*) **encroach (on/upon sth)** to use more of sth than you should যা উচিত তার চেয়ে বেশি চাওয়া; সীমা উল্লঙ্ঘন করা *I do hope that I am not encroaching too much upon your free time.*

encrypt / ɪnˈkrɪpt ইন্'ক্রিপ্ট্ / *verb* [T] (*computing*) to put information into a special form (**code**) especially in order to stop people being able to look at or understand it তথ্য, বার্তা, খবরাখবর গোপন রাখার জন্য সেগুলি কোনো বিশেষ গুপ্ত সংকেতপদ্ধতিতে লিপিবদ্ধ করা ► **encryption** / ɪnˈkrɪpʃn ইন্'ক্রিপ্‌শ্‌ন্ / *noun* [U] গোপন সাংকেতিক চিহ্ন দ্বারা লিপিবদ্ধ তথ্য, বার্তা, সংবাদ ইত্যাদি

encyclopedia (*also* **encyclopaedia**) / ɪnˌsaɪkləˈpiːdiə ইন্,সাইক্ল্যা'পীডিঅ্যা / *noun* [C] (*pl.* **encyclopedias**) a book or set of books that gives information about very many subjects, arranged in the order of the alphabet (= from A to Z) বহু সংখ্যক বিষয়ের উপর তথ্যসম্বলিত, বর্ণানুক্রমিকভাবে সাজানো গ্রন্থ বা গ্রন্থসমূহ; বিশ্বকোষ, জ্ঞানকোষ, মহাকোষ; এনসাইক্লোপিডিয়া

end[1] / end এন্ড্ / *noun* [C] **1** the furthest or last part of sth; the place or time where sth stops (কোনো কিছুর) দূরতম প্রান্ত; অন্ত; সীমা *My house is* ***at the end of*** *the street.* ○ *There are some seats* ***at the far end of*** *the room.* **NOTE** কেবলমাত্র দৌড় এবং প্রতিযোগিতার ক্ষেত্রে **end**-এর অর্থে **finish** শব্দটি ব্যবহার করা হয়।

> **NOTE** **In the end** বাগ্‌ধারাটি সময়কালের প্রসঙ্গে ব্যবহার করা হয় এবং শেষ বা অন্তিমকালের (finally) সমার্থকরূপে ব্যবহার করা হয়—*We were too tired to cook, so in the end we decided to eat out.* **At the end of sth** কোনো বই, চলচ্চিত্র, শিক্ষাক্রম ইত্যাদির অন্তিম পর্যায় অথবা পরিসমাপ্তির সময়কাল বোঝানোর জন্য ব্যবহৃত হয়—*At the end of the meal we had a row about who should pay for it.*
>
> **End** শব্দটি অনেক সময় অন্য কোনো বিশেষ্যপদের (noun) পূর্বেও ব্যবহৃত হয়—*the end house* ○ *the end seat*

2 (*formal*) an aim or purpose লক্ষ্য, উদ্দেশ্য অথবা অভিপ্রায় *They were prepared to do anything to achieve their ends.* **3** a little piece of sth that is left after the rest has been used কোনো বস্তুর ব্যবহারের পর অবশিষ্টাংশ; শেষাংশ *a cigarette end*

IDM **at an end** (*formal*) finished or used up শেষ, সমাপ্ত অথবা নিঃশেষিত *Her career is at an end.*

at the end of your tether having no more patience or strength ধৈর্য বা সহিষ্ণুতা অথবা শক্তি বা ক্ষমতার অবসান হয়েছে এমন

at the end of the day (*spoken*) used to say the most important fact in a situation কোনো পরিস্থিতি অথবা কোনো প্রসঙ্গের সম্বন্ধে সর্বাধিক গুরুত্বপূর্ণ তথ্য ব্যক্ত করার জন্য ব্যবহৃত অভিব্যক্তিবিশেষ *At the end of the day, you have to make the decision yourself.*

at a loose end ⇨ **loose**[1] দেখো।

at your wits' end ⇨ **wit** দেখো।

bring sth/come/draw to an end (to cause sth) to finish কোনো কিছুর অবসান ঘটানো অথবা সমাপ্তি করা *His stay in Sri Lanka was coming to an end.*

a dead end ⇨ **dead**[1] দেখো।

end to end in a line with the ends touching এক প্রান্ত থেকে অন্য প্রান্ত পর্যন্ত সারিবদ্ধভাবে *They put the tables end to end.*

in the end finally; after a long period of time or series of events অবশেষে, শেষকালে; দীর্ঘ সময়কাল অথবা ঘটনাক্রমের পরে, শেষ পর্যন্ত, উপসংহারে *He wanted to get home early but in the end it was midnight before he left.*

make ends meet to have enough money for your needs কেবলমাত্র আবশ্যক, প্রয়োজনীয় অথবা অপরিহার্য বস্তুর জন্য পর্যাপ্ত পরিমাণ অর্থ থাকা *It's hard for us to make ends meet.*

make sb's hair stand on end ⇨ **hair** দেখো।

a means to an end ⇨ **means** দেখো।

no end of sth (*spoken*) too many or much; a lot of sth অন্তহীন, অশেষ; অসংখ্য *She has given us no end of trouble.*

odds and ends ⇨ **odds** দেখো।

on end (used about time) continuously (সময় সম্বন্ধে ব্যবহৃত) একনাগাড়ে, অবিরাম, অনবরত, অবিরত *He sits and reads for hours on end.*

put an end to sth to stop sth from happening any more কোনো কিছুর অগ্রগতি রোধ করা অথবা কোনো ঘটনা ঘটতে না দেওয়া

end[2] / end এন্ড্ / *verb* [I, T] **end (in/with sth)** (to cause sth) to finish শেষ করা, সমাপ্ত করা, সমাপ্তি ঘটানো, ইতি টানা *The road ends here.* ○ *How does this story end?* ○ *The match ended in a draw.* ○ *I think we'd better end this conversation now.*

PHR V **end up (as sth); end up (doing sth)** to find yourself in a place/situation that you did not plan or expect পূর্ব পরিকল্পনা ছাড়াই বা অপ্রত্যাশিতভাবে কোনো স্থানে গিয়ে পড়া বা কোনো পরিস্থিতিতে পৌঁছোনো *We got lost and ended up in the centre of town.* ○ *She had always wanted to be a writer but ended up as a teacher.* ○ *There was nothing to eat at home so we ended up getting a takeaway.*

endanger / ɪnˈdeɪndʒə(r) ইন্‌ˈডেইন্‌জ্যা(র্) / *verb* [T] to cause danger to sb/sth কোনো ব্যক্তি অথবা বস্তুকে বিপন্ন বা বিপদগ্রস্ত করা *Smoking endangers your health.*

endangered / ɪnˈdeɪndʒəd ইন্‌ˈডেইন্‌জ্যাড্ / *adj.* (used about animals, plants, etc.) in danger of disappearing from the world (**becoming extinct**) (পশুপক্ষী, গাছপালা ইত্যাদির সম্বন্ধে ব্যবহৃত) পৃথিবীতে যার অস্তিত্ব বিপন্ন বা বিলুপ্তপ্রায় *The giant panda is an* ***endangered species***.

endear / ɪnˈdɪə(r) ইন্‌ˈডিঅ্যা(র্)/ *verb* [T] (*formal*) **endear sb/yourself to sb** to make sb/yourself liked by sb কোনো ব্যক্তিকে অন্য কোনো ব্যক্তির প্রিয়পাত্র বা আদরণীয় করে তোলা *She managed to endear herself to everybody by her kindness.* ► **endearing** *adj.* প্রীতিকর, প্রীতিপূর্ণ, মধুর ► **endearingly** *adv.* সোহাগভরে

endeavour (*AmE* **endeavor**) /ɪnˈdevə(r) ইন্‌ˈডেভ্যা(র্) / *verb* [I] (*formal*) **endeavour (to do sth)** to try hard প্রবলভাবে বা যথাসাধ্য চেষ্টা করা, প্রয়াস চালানো *She endeavoured to finish her work on time.* ► **endeavour** *noun* [C, U] চেষ্টা, উদ্যম, প্রয়াস

endemic / enˈdemɪk এন্‌ˈডেমিক্ / *adj.* (often used about a disease or problem) regularly found in a particular place or among a particular group of people and difficult to get rid of (প্রধানত কোনো দুরারোগ্য ব্যাধি অথবা কঠিন সমস্যা সম্বন্ধে ব্যবহৃত) যা নিয়মিতভাবে নির্দিষ্ট স্থানে বা নির্দিষ্ট মানুষজনের মধ্যে দেখা যায় এবং যা থেকে মুক্তি পাওয়া কঠিন *Malaria is endemic* *in many hot countries.* ➪ **epidemic** এবং **pandemic** দেখো।

ending / ˈendɪŋ ˈএন্‌ডিং/ *noun* [C] **1** the end (of a story, play, film, etc.) (গল্প, নাটক, চলচ্চিত্র ইত্যাদির) উপসংহার, সমাপ্তি *That film made me cry but I was pleased that it had* ***a happy ending***. **2** (*grammar*) the last part of a word, which can change (ব্যাকরণ) কোনো শব্দের শেষাংশ যার পরিবর্তন হতে পারে *When nouns end in -ch or -sh or -x, the plural ending is -es not -s.*

endless / ˈendləs ˈএন্‌ড্‌ল্যাস্ / *adj.* **1** very large in size or amount and seeming to have no end আকার অথবা পরিমাণে অত্যন্ত বড়ো এবং যা আপাতদৃষ্টিতে অন্তহীন; সীমাহীন, অনন্ত, অশেষ *The possibilities are endless.* **2** lasting for a long time and seeming to have no end অবিশ্রাম, অবিরাম, একটানা, অনর্গল *Our plane was delayed for hours and the wait seemed endless.* ✪ সম **interminable** ► **endlessly** *adv.* অনন্তকাল ধরে, অন্তহীনভাবে

endorse / ɪnˈdɔːs ইন্‌ˈডːস্ / *verb* [T] **1** to say publicly that you give official support or agreement to a plan, statement, decision, etc. কোনো পরিকল্পনা, বিবৃতি, সংকল্প ইত্যাদিকে সর্বসাধারণের সামনে সমর্থন বা অনুমোদন করা *Members of all parties endorsed a ban on firearms.* **2** (*BrE*) (*usually passive*) to add a note to the document which allows you to drive a vehicle (**driving licence**) to say that the driver has broken the law নিয়মভঙ্গ করার জন্য কোনো মন্তব্য কোনো বাহনচালকের ড্রাইভিং লাইসেন্সের উপর লিখে দেওয়া ► **endorsement** *noun* [C, U] অনুমোদন অথবা সমর্থনসূচক সই; পৃষ্ঠাঙ্কন, অধোলেখ

endoscope / ˈendəskəʊp ˈএন্‌ড্যাস্ক্যাউপ্ / *noun* [C] (*medical*) an instrument for looking at the inside of the body শরীরের অভ্যন্তরে দেখার জন্য ব্যবহৃত যন্ত্রবিশেষ, শরীরের অভ্যন্তরদর্শন যন্ত্র; এন্ডোস্কোপ

endoskeleton / ˈendəʊskelɪtn ˈএন্‌ড্যাউস্কেলিট্‌ন্ / *noun* [C] the bones inside the body of animals that give it shape and support প্রাণীদেহের অভ্যন্তরস্থ অস্থিকাঠামো; কঙ্কাল ➪ **exoskeleton** দেখো।

endosperm / ˈendəʊspɜːm ˈএন্‌ড্যাউস্প্যম্ / *noun* [U] (*technical*) the part of a seed that stores food for the development of a plant বীজের অংশবিশেষ যেখানে উদ্ভিদের বিকাশ অথবা বৃদ্ধির জন্য খাদ্য সংরক্ষণ করা থাকে; সস্য

endothermic / ˌendəʊˈθɜːmɪk ˌএন্‌ড্যাউˈথ্যমিক্ / *adj.* (*technical*) (used about a chemical reaction or process) needing heat in order to take place (রাসায়নিক প্রক্রিয়া অথবা তার প্রণালী সম্বন্ধে ব্যবহৃত) সংঘটিত হওয়ার জন্য তাপ প্রয়োজন হয় এমন; তাপশোষক, তাপোৎগ্রাহী

endow / ɪnˈdaʊ ইন্‌ˈডাউ / *verb* [T] to give a large sum of money to a school, a college or another institution স্কুল, কলেজ বা অন্য প্রতিষ্ঠানকে বেশ বড়ো অঙ্কের অর্থ দান করা

PHR V **be endowed with sth** to naturally have a particular characteristic, quality, etc. সহজাতভাবে কোনো বিশেষ বৈশিষ্ট্যসমৃধ, গুণসম্পন্ন ইত্যাদি হওয়া *She was endowed with courage and common sense.*

endow sb/sth with sth **1** to believe or imagine that sb/sth has a particular quality কোনো ব্যক্তি অথবা বস্তুর বিশেষ কোনো ক্ষমতা অথবা গুণ আছে এই বিশ্বাস অথবা কল্পনা করা *He had endowed the girl with the personality he wanted her to have.* **2** (*formal*) to give sth to sb/sth কোনো ব্যক্তি বা বস্তুকে কিছু দান করা অথবা দেওয়া

endowment / ɪnˈdaʊmənt ইন্‌ˈডাউম্যান্ট্ / *noun* [C, U] money that sb gives to a school, a college or another institution; the act of giving this money কোনো স্কুল, কলেজ বা অন্য প্রতিষ্ঠানকে কোনো ব্যক্তি যে অর্থ প্রদান করে; অর্থ বা বৃত্তি দেওয়ার ক্রিয়া

end product *noun* [C] something that is produced by a particular process or activity বিশেষ প্রক্রিয়া বা প্রণালী প্রয়োগের শেষে উৎপন্ন পদার্থ বা সামগ্রী

endurance / ɪnˈdjʊərəns ইন্‌ˈডিউঅ্যার‍্যান্স্ / *noun* [U] the ability to continue doing sth painful or difficult for a long period of time without complaining কোনো অভিযোগ ছাড়া দীর্ঘ সময় ধরে যন্ত্রণাদায়ক অথবা কঠিন কোনো কাজ অবিরামভাবে চালিয়ে যাওয়ার ক্ষমতা বা সামর্থ্য ; সহ্যশক্তি, সহিষ্ণুতা

endure / ɪnˈdjʊə(r) ইন্‌ˈডিউঅ্যা(র্) / *verb* (*formal*) **1** [T] to suffer sth painful or uncomfortable, usually without complaining বিনা অভিযোগে বেদনাদায়ক অথবা অস্বস্তিপূর্ণ কিছু সহ্য বা ভোগ করা *She endured ten years of loneliness.* ✪ সম **bear** **2** [I] to continue স্থায়ী হওয়া, অক্ষয় থাকা, টিকে যাওয়া ✪ সম **last** ► **enduring** *adj.* টেকসই, স্থায়ী

enemy / ˈenəmi ˈএন্যামি / *noun* (*pl.* **enemies**) **1** [C] a person who hates and tries to harm you শত্রু, অরি, বৈরী, দুশমন *They used to be friends but became* ***bitter enemies***. ○ *He has* ***made*** *several enemies during his career.* ➪ **enmity** noun দেখো। **2 the enemy** [*with sing. or pl. verb*] the army or country that your country is fighting against শত্রুপক্ষ অথবা বিরুধপক্ষের সৈন্যবাহিনী অথবা দেশ *The enemy is/are approaching.* ○ *enemy forces*

energetic / ˌenəˈdʒetɪk ˌএন্যাˈজেটিক্ / *adj.* full of or needing energy and enthusiasm কর্মশক্তিসম্পন্ন, উদ্যমী *Jogging is a very energetic form of exercise.* ► **energetically** / -kli -ক্‌লি / *adv.* উদ্যমশীলতার সঙ্গে

energize (*BrE* **-ise**) / ˈenədʒaɪz ˈএন্যাজাইজ় / *verb* [T] (*pres. part* **energizing;** *3rd person sing. pres.* **energizes;** *pp, pt* **energized**) **1** to make sb enthusiastic and alert about sth কোনো ব্যক্তিকে উৎসাহিত এবং সতর্ক করা **2** to give sb more energy, strength, etc. and to raise to a higher energy level কোনো ব্যক্তির মধ্যে উদ্যম, শক্তি ইত্যাদি সঞ্চার করা, সঞ্জীবিত করা, প্রবলভাবে সক্রিয় করে তোলা *an energizing drink* **3** (*technical*) to supply power or energy বৈদ্যুতিক শক্তি অথবা তেজ জোগান দেওয়া বা সরবরাহ করা

energy / ˈenədʒi ˈএন্যাজি / *noun* (*pl.* **energies**) **1** [U] the ability to be very active or do a lot of work without getting tired ক্লান্তিবিহীন বিপুল কর্মশক্তি বা কর্মক্ষমতা *Children are usually* ***full of energy****.* **2** [U] the power that comes from coal, electricity, gas, etc. that is used for producing heat, driving machines, etc. তাপ উৎপাদন করার জন্য, মেশিন চালানোর জন্য কয়লা, বিদ্যুৎ, গ্যাস ইত্যাদি থেকে উৎপন্ন শক্তি বা তেজ *nuclear energy* **3 energies** [*pl.*] the effort and attention that you give to doing sth কোনো কিছু করতে যে চেষ্টা বা উদ্যম এবং মনোযোগ দেওয়া হয় *She devoted all her energies to helping the blind.* **4** [U] (*technical*) the ability of a substance or system to produce movement কোনো পদার্থ অথবা ব্যবস্থা-প্রণালীর গতি সঞ্চালন করার ক্ষমতা *kinetic/potential energy*

enforce / ɪnˈfɔːs ইন্ˈফ:স্ / *verb* [T] to make people obey a law or rule or do sth that they do not want to অনিচ্ছাসত্ত্বেও জনগণকে আইন-কানুন বা নিয়ম মানতে অথবা কোনো কাজ করতে বাধ্য করা *How will they enforce the new law?* ▶ **enforced** *adj.* বাধ্যতামূলক, অনিচ্ছাসম্পন্ন *enforced redundancies* ▶ **enforcement** *noun* [U] বলবৎকরণ, কার্যকরীকরণ

enfranchise / ɪnˈfræntʃaɪz ইন্ˈফ্র্যান্চাইজ় / *verb* [T] (*formal*) (*usually passive*) to give sb the right to vote in an election কোনো ব্যক্তিকে নির্বাচনে ভোটদানের অধিকার দেওয়া ✪ বিপ **disenfranchise** ▶ **enfranchisement** / ɪnˈfræntʃɪzmənt ইন্ˈফ্র্যান্চিজ়্ম্যান্ট্ / *noun* [U] ভোটাধিকার দান

engage / ɪnˈgeɪdʒ ইন্ˈগেইজ্ / *verb* (*formal*) **1** [T] to interest or attract sb কোনো ব্যক্তির মনোযোগ আকর্ষণ করা অথবা তার আগ্রহ জাগানো *You need to engage the students' attention right from the start.* **2** [T] **engage sb (as sth)** to give work to sb কোনো ব্যক্তিকে কোনো কাজে নিযুক্ত করা *They engaged him as a cook.* **3** [I, T] **engage (sth) (with sth)** to make parts of a machine fit together যন্ত্রের বিভিন্ন অংশ যথাস্থানে স্থাপন করা *Engage the clutch before selecting a gear.*

PHR V **engage in sth** to take part in sth কোনো কিছুতে অংশগ্রহণ করা *I don't engage in that kind of gossip!*

engaged / ɪnˈgeɪdʒd ইন্ˈগেইজ্ড্ / *adj.* **1** (*formal*) **engaged (in/on sth)** (used about a person) busy doing sth (কোনো ব্যক্তি সম্বন্ধে ব্যবহৃত) কোনো কাজে ব্যস্ত বা নিয়োজিত *They are engaged in talks with the trade unions.* **2 engaged (to be)** having agreed to get married বিবাহের জন্য অঙ্গীকারবদ্ধ; বাগ্‌দত্তা *We've just* ***got engaged****.* ○ *Sheela is engaged to Sahil.* **3** (*AmE* **busy**) (used about a telephone) in use (টেলিফোনের সম্বন্ধে ব্যবহৃত) খালি নয় এমন; ব্যস্ত *I can't get through—the line is engaged.* **4** (used about a toilet) in use (শৌচাগার সম্বন্ধে ব্যবহৃত) খালি নয় এমন ✪ বিপ **vacant**

engagement / ɪnˈgeɪdʒmənt ইন্ˈগেইজ্ম্যান্ট্ / *noun* [C] **1** an agreement to get married; the time when you are engaged বিবাহের জন্য প্রতিজ্ঞাবদ্ধতা, বাগ্‌দান; বাগ্‌দানের সময়কাল *He broke off their engagement.* **2** (*formal*) an arrangement to go somewhere or do sth at a fixed time; an appointment পূর্বনির্ধারিত সময়ে কোথাও যাওয়ার বা কিছু করার ব্যবস্থা; কোনো কাজ করা বা সাক্ষাৎ ইত্যাদির জন্য পূর্বনির্ধারিত ব্যবস্থা; অ্যাপয়েন্টমেন্ট *I can't come on Tuesday as I have a* ***prior engagement****.*

engine / ˈendʒɪn ˈএন্জিন্ / *noun* [C] **1** the part of a vehicle that produces power to make the vehicle move কোনো বাহনের গতি বা বেগ উৎপাদক যন্ত্রাংশবিশেষ; ইঞ্জিন *This engine runs on diesel.* ○ *a car/jet engine* ⇨ **motor**-এ নোট দেখো। **2** (*also* **locomotive**) a vehicle that pulls a railway train রেলগাড়ির ইঞ্জিন

engine driver (*also* **train driver** *AmE* **engineer**) *noun* [C] a person whose job is to drive a railway engine রেলগাড়ির ড্রাইভার, রেল ইঞ্জিন চালক

engineer[1] / ˌendʒɪˈnɪə(r) ˌএন্জিˈনিঅ্যা(র্) / *noun* [C] **1** a person whose job is to design, build or repair engines, machines, etc. যে ব্যক্তি ইঞ্জিন, মেশিন, যন্ত্রপাতি ইত্যাদির নকশা করে, নির্মাণ করে অথবা সংস্কার করে; প্রযুক্তিবিদ, প্রকৌশলী, যন্ত্রবিজ্ঞানবিদ; ইঞ্জিনিয়ার *a civil/chemical/electrical/mechanical engineer* **2** (*AmE*) = **engine driver**

engineer[2] / ˌendʒɪˈnɪə(r) ˌএন্জিˈনিঅ্যা(র্) / *verb* [T] (*formal*) to arrange for sth to happen by careful secret planning কোনো কিছু ঘটানোর জন্য সুচিন্তিতভাবে গোপনে পরিকল্পনা বা বন্দোবস্ত করা *Her promotion was engineered by her father.*

engineering / ˌendʒɪˈnɪərɪŋ ˌএন্জিˈনিঅ্যারিং / *noun* [U] (the study of) the work that is done by an engineer কারিগরীবিদ্যা, পূর্তবিদ্যা, ইঞ্জিনিয়ারিং *mechanical/civil/chemical engineering*

English / ˈɪŋglɪʃ ˈইংগ্লিশ্ / *noun* **1** [U] the language that is spoken in Britain, the US, Australia, etc. (ব্রিটেন, মার্কিন যুক্তরাষ্ট্র, অস্ট্রেলিয়া ইত্যাদিতে ব্যবহৃত) ইংরেজি ভাষা *Do you speak English?* ○ *I've been learning English for five years.* **2 the English** [*pl.*] the people of England ইংলন্ডের লোক; ইংরেজ

English breakfast *noun* [C] a meal that is eaten in the morning and consists of a lot of fried food, **toast**, eggs, meat, tea, coffee, etc. অনেক রকমের রান্না করা খাদ্যবস্তু যেমন সেঁকা পাউরুটি (টোস্ট), ডিম, মাংস, চা, কফি ইত্যাদি সহযোগে বিশেষ প্রাতরাশ ⇨ **continental breakfast** দেখো।

engrave / ɪnˈgreɪv ইন্ˈগ্রেইভ্ / *verb* [T] **engrave B on A; engrave A with B** to cut words or designs on metal, stone, etc. ধাতু, পাথর ইত্যাদির উপর খোদাই করে শব্দ লেখা অথবা নকশা করা, উৎকীর্ণ করা *His name is engraved on the cup.* ○ *The cup is engraved with his name.*

engraving / ɪnˈgreɪvɪŋ ইন্ˈগ্রেইভিং / *noun* [C, U] a design that is cut into a piece of metal or stone; a picture made from this ধাতু অথবা পাথরের উপর খোদাই করে বানানো নকশা; এগুলির থেকে বানানো চিত্র

engrossed / ɪnˈgrəʊst ইন্ˈগ্র্যাউস্ট্ / *adj.* **engrossed (in/with sth)** so interested in sth that you give it all your attention কোনো কিছুতে এতটাই অনুরাগী যে তাতে সম্পূর্ণ নিমগ্ন অথবা বিভোর *She was completely engrossed in her book.*

engulf / ɪnˈgʌlf ইন্ˈগাল্ফ্ / *verb* [T] **1** (*written*) to cover or surround sb/sth completely (কোনো ব্যক্তি বা বস্তুকে সম্পূর্ণরূপে) ঢেকে ফেলা, গ্রাস করা, নিমজ্জিত করা *Within a few minutes the factory was engulfed in flames.* **2** to strongly affect sb/sth কোনো ব্যক্তি অথবা বস্তুকে প্রবলভাবে প্রভাবিত করা *She was engulfed in tears when she heard the news*

enhance / ɪnˈhɑːns ইন্ˈহা:ন্স্ / *verb* [T] (*formal*) to improve sth or to make sth look better কোনো বস্তুকে আরও উন্নত করা, তার বৃদ্ধিসাধন করা অথবা বস্তুটির সৌন্দর্যসাধন করা

enigma / ɪˈnɪgmə ইˈনিগ্ম্যা / *noun* [C] (*pl.* **enigmas**) a person, thing or situation that is difficult to understand (ব্যক্তি, বস্তু অথবা পরিস্থিতি) রহস্যময়, দুর্জ্ঞেয়, হেঁয়ালিপূর্ণ ▶ **enigmatic** / ˌenɪgˈmætɪk ˌএনিগ্ˈম্যাটিক্ / *adj.* প্রহেলিকাময়, রহস্যাবৃত

enjoy / ɪnˈdʒɔɪ ইন্ˈজই / *verb* [T] **1 enjoy sth/enjoy doing sth** to get pleasure from sth কোনো বস্তু উপভোগ করা, আনন্দ লাভ করা *I really enjoyed that meal.* ○ *He enjoys listening to music while he's driving.* **2 enjoy yourself** to be happy; to have a good time আনন্দিত হওয়া, আনন্দ অনুভব করা; আমোদপূর্ণ সময় কাটানো *I enjoyed myself at the party last night.*

enjoyable / ɪnˈdʒɔɪəbl ইন্ˈজইঅ্যাব্ল্ / *adj.* giving pleasure আনন্দদায়ক, উপভোগ্য, মনোরম

enjoyment / ɪnˈdʒɔɪmənt ইন্ˈজইম্যান্ট্ / *noun* [U, C] pleasure or a thing which gives pleasure আনন্দ অথবা আনন্দদায়ক বস্তু; সুখ, উপভোগ, তৃপ্তি *She gets a lot of enjoyment from teaching.* ○ *One of her main enjoyments is foreign travel.*

enlarge / ɪnˈlɑːdʒ ইন্ˈলা:জ্ / *verb* [I, T] to make sth or to become bigger বর্ধন করা বা বর্ধিত হওয়া *I'm going to have this photo enlarged.*

PHR V enlarge on sth to say or write more about sth কোনো বিষয়ে বিস্তারিত বা বিশদভাবে বলা বা লেখা

enlargement / ɪnˈlɑːdʒmənt ইন্ˈলা:জ্ম্যান্ট্ / *noun* [C, U] making sth bigger or sth that has been made bigger কোনো বস্তুকে বড়ো বা বৃহৎ করা হয়েছে বা যা বৃহদায়িত হয়েছে; প্রসারণ, আয়তন বৃদ্ধি *an enlargement of a photo*

enlighten / ɪnˈlaɪtn ইন্ˈলাইট্ন্ / *verb* [T] (*formal*) to give sb information so that he/she understands sth better কোনো ব্যক্তিকে কোনো বিষয় সম্বন্ধে আরও বিশদভাবে বুঝতে বা জানতে সাহায্য করার জন্য তথ্য এবং জ্ঞান প্রদান করা; আলোকপাত করা, প্রবুদ্ধ করা

enlightened / ɪnˈlaɪtnd ইন্ˈলাইট্ন্ড্ / *adj.* having an understanding of people's needs, a situation, etc. that shows a modern attitude to life মানুষের চাহিদা, পরিস্থিতি ইত্যাদি সম্বন্ধে) আলোকপ্রাপ্ত; আধুনিক দৃষ্টিসম্পন্ন

enlightenment / ɪnˈlaɪtnmənt ইন্ˈলাইট্ন্ম্যান্ট্ / *noun* **1** [U] the process of gaining knowledge and understanding sth or making sb understand sth clearly কোনো বস্তুকে উপলব্ধি করা অথবা সে সম্পর্কে জ্ঞান লাভ করার প্রক্রিয়া অথবা কোনো ব্যক্তিকে কিছু পরিষ্কারভাবে উপলব্ধি করানোর পদ্ধতি; জ্ঞানালোক প্রাপ্ত হওয়ার প্রক্রিয়া *Gautam Buddha renounced the world after gaining enlightenment.* **2** the final stage reached in Buddhist and Hindu religions when you are at peace with the universe and no longer feel desire (বৌদ্ধ এবং হিন্দু ধর্মে) অন্তিম সময়কাল বা পর্যায় যখন সকল অভীপ্সা ত্যাগ করে সমস্ত বিশ্বব্রহ্মাণ্ডের মধ্যে মহাশান্তি উপলব্ধি করা যায় *spiritual enlightenment* **3** (*also* **the Enlightenment**) [*sing.*] the period in the eighteenth century when many writers and scientists began to emphasize the importance of science and reason rather than religion অষ্টাদশ শতাব্দীর বিশেষ সময়কাল যখন সেই

সময়ের লেখক এবং বৈজ্ঞানিকগণ বিজ্ঞান এবং যুক্তিকে ধর্মের থেকে বেশি প্রাধান্য ও গুরুত্ব দিতে শুরু করেছিলেন

enlist / ɪnˈlɪst ইন্ˈলিস্ট্ / *verb* **1** [T] to get help, support, etc. সহযোগিতা, সমর্থন ইত্যাদি লাভ করা *We need to enlist your support.* **2** [I, T] to join the army, navy or air force; to make sb a member of the army, etc. সৈন্য, নৌ অথবা বিমান বাহিনীতে যোগ দেওয়া; কোনো ব্যক্তিকে সৈন্যবাহিনী ইত্যাদির সদস্য বানানো *They enlisted as soon as war was declared.*

en masse / ˌɒ̃ˈmæs ˌঅঁˈম্যাস্ / *adv.* all together and in large numbers একত্রে এবং প্রচুর সংখ্যায়; দলবদ্ধভাবে, সদলবলে *The young people of the village decided to emigrate en masse.*

enmity / ˈenməti ˈএন্ম্যাটি / *noun* [U] the feeling of hatred towards an enemy শত্রুতা, বিদ্বেষ, বৈর, বৈরিতা

enormity / ɪˈnɔːməti ই'ন:ম্যাটি / *noun* [*sing.*] (*formal*) the very great size, effect, etc. of sth; the fact that sth is very serious কোনো বস্তুর বিরাটত্ব, প্রকাণ্ডতা, বিপুলতা, প্রবল প্রভাব ইত্যাদি; কোনো বস্তুর গুরুত্ব *the enormity of a task/decision/problem*

enormous / ɪˈnɔːməs ই'ন:ম্যাস্ / *adj.* very big or very great খুব বড়ো, বিশাল, প্রকাণ্ড, মস্ত, বিপুল *an enormous building* ○ *enormous pleasure*
▶ **enormously** *adv.* প্রকাণ্ডভাবে

enough[1] / ɪˈnʌf ই'নাফ্ / *det., pronoun* **1** as much or as many of sth as necessary যথেষ্ট, পর্যাপ্ত, উপযুক্ত পরিমাণ, যতটা প্রয়োজন ততটা *We've saved enough money to buy a computer.* ○ *Not everybody can have a book—there aren't enough.* **2** as much or as many as you want যতটা বা যতগুলি চাওয়া যায়, প্রয়োজনাতিরিক্ত *I've had enough of living in a city* (=I don't want to live in a city any more). ○ *Don't give me any more work. I've got quite enough already.*

enough[2] / ɪˈnʌf ই'নাফ্ / *adv.* (*used after verbs, adjectives and adverbs*) **1** to the necessary amount or degree; sufficiently যথেষ্ট, প্রয়োজনীয় পরিমাণ বা মাত্রা অবধি; পর্যাপ্ত, প্রয়োজনানুগ *You don't practise enough.* ○ *He's not old enough to travel alone.* **2** quite, but not very দরকারের থেকে বেশি নয়; যথেষ্ট, উপযুক্ত *She plays well enough, for a beginner.*

IDM **fair enough** ⇨ **fair[1]** দেখো।

funnily, strangely, etc. enough it is funny, etc. that... মজা ইত্যাদির ব্যাপার যে... *Funnily enough, I thought exactly the same myself.*

sure enough ⇨ **sure** দেখো।

enquire (*also* **inquire**) / ɪnˈkwaɪə(r) ইন্ˈকুআইঅ্যা(র্) / *verb* (*formal*) [I, T] **enquire (about sb/sth)** to ask for information about sth কোনো কিছু সম্পর্কে খবরাখবর নেওয়া, খোঁজ করা *Could you enquire when the trains to Delhi leave?* ○ *We need to enquire about hotels in Mumbai.*

PHR V **enquire after sb** to ask about sb's health কোনো ব্যক্তির সম্বন্ধে কুশল প্রশ্ন করা

enquire into sth to study sth in order to find out all the facts কোনো বস্তু সম্পর্কে তথ্য জানার জন্য গবেষণা করা, তদন্ত অথবা খোঁজ করা *The journalist enquired into the politician's financial affairs.*

enquirer / ɪnˈkwaɪərə(r) ইন্ˈকুআইঅ্যার্যা(র্) / *noun* [C] (*formal*) a person who asks for information অনুসন্ধানকারক, অন্বেষক

enquiring / ɪnˈkwaɪərɪŋ ইন্ˈকুআইঅ্যারিং / *adj.* **1** interested in learning new things জিজ্ঞাসু, অনুসন্ধিৎসু *We should encourage children to have an enquiring mind.* **2** asking for information জিজ্ঞাসাপূর্ণ *He gave me an enquiring look.*
▶ **enquiringly** *adv.* অনুসন্ধানমূলক, অনুসন্ধানের দৃষ্টিতে

enquiry (*also* **inquiry**) / ɪnˈkwaɪəri ইন্ˈকুআই-অ্যারি / *noun* (*pl.* **enquiries**) **1** [C] (*formal*) **an enquiry (about/concerning/into sb/sth)** a question that you ask about sth (কোনো বিষয় সম্বন্ধে) প্রশ্ন, জিজ্ঞাসা, তদন্ত *I'll **make** some **enquiries** into English language courses at the university.* **2** [U] the act of asking about sth (কোনো বস্তু সম্বন্ধে) জিজ্ঞাসাবাদ, অন্বেষণ, অনুসন্ধান *After weeks of enquiry he finally found what he was looking for* **3** [C] an official process to find out the cause of sth কোনো ঘটনার কারণ জানার জন্য আইনানুগ অনুসন্ধান প্রক্রিয়া *After the accident there was an enquiry into safety procedures.*

enrage / ɪnˈreɪdʒ ইন্ˈরেইজ্ / *verb* [T] (*formal*) to make sb very angry কোনো ব্যক্তিকে ক্রুদ্ধ করা বা রাগিয়ে তোলা

enrich / ɪnˈrɪtʃ ইন্ˈরিচ্ / *verb* [T] **1** to improve the quality, flavour, etc. of sth কোনো কিছুর গুণ, মান, স্বাদ ইত্যাদি আরও উৎকৃষ্ট করা *These cornflakes are enriched with vitamins/are vitamin-enriched.* **2** to make sb/sth rich or richer কোনো ব্যক্তি অথবা বস্তুকে সমৃদ্ধ বা উন্নত করা ✪ বিপ **impoverish**
▶ **enrichment** *noun* [U] উন্নতিসাধন, উর্বরতাসাধন, সমৃদ্ধকরণ

enrol (*AmE* **enroll**) / ɪnˈrəʊl ইন্ˈর‍্যাউল্ / *verb* [I, T] (**enrolling; enrolled**) to become or to make sb a member of a club, school, etc. নিজে কোনো ক্লাব, স্কুল ইত্যাদির সদস্য হওয়া বা অন্য কোনো ব্যক্তিকে সদস্য বানানো *They enrolled 100 new students last year.* ○ *I've enrolled on an Italian course.*
▶ **enrolment** (*AmE* **enrollment**) *noun* [C,

U] তালিকাভুক্তিকরণ *Enrolment for the course will take place next week.*

en route / ˌɒ̃ ˈruːt;ˈɒŋ- ˌআঁ ˈরুট্; ˈঅং- / *adv.* **en route (from...) (to...); en route (for...)** on the way; while travelling from/to a place যেতে যেতে; পথিমধ্যে, যাওয়ার পথে *The car broke down when we were en route for Agra.*

ensemble / ɒnˈsɒmbl অন্ˈসম্ব্‌ল্ / *noun* [C] **1** [*with sing. or pl. verb*] a small group of musicians, dancers or actors who perform together গায়ক, নর্তক-নর্তকী, অভিনেতাদের ছোটো এক দল যারা একসঙ্গে অনুষ্ঠান করে *a brass/wind/string ensemble* ○ *The ensemble is/are based in Delhi.* **2** [*usually sing.*] (*formal*) a number of things considered as a group কয়েকটি জিনিস যা সামগ্রিকভাবে গণ্য করা হয় **3** a set of clothes that are worn together এক প্রস্থ পোশাক-পরিচ্ছদ যা একসঙ্গে পরা হয়

ensue / ɪnˈsjuː ইন্ˈসিউ / *verb* [I] (*formal*) to happen after (and often as a result of) sth else প্রধানত অন্য কিছুর পরে বা তার ফল বা পরিণামস্বরূপ ঘটা

en suite / ˌɒ̃ ˈswiːt; ˌɒn- ˌআঁ ˈসুঈট্; ˌঅন্- / *adj.*, *adv.* (used about a bedroom and bathroom) forming one unit (শয়নকক্ষ এবং শৌচাগার সম্পর্কে ব্যবহৃত) দুটি সমেত স্বয়ংসম্পূর্ণ এক অংশ *The bedroom has a bathroom en suite.*

ensure (*AmE* **insure**) / ɪnˈʃɔː(r) ইন্ˈশ:(র্) / *verb* [T] to make sure that sth happens or is definite কোনো কিছু নিশ্চিত করা বা নিরাপদ করা *Please ensure that the door is locked before you leave.*

entail / ɪnˈteɪl ইন্ˈটেইল্ / *verb* [T] (*formal*) to make sth necessary; to involve sth কোনো কিছুকে অপরিহার্য, আবশ্যক করে তোলা; কোনো কিছুকে অবিচ্ছেদ্যভাবে জড়িত করা *The job sounds interesting but I'm not sure what it entails.*

entangled / ɪnˈtæŋɡld ইন্ˈট্যাংগ্‌ল্ড্ / *adj.* caught in sth else অন্য কোনো কিছুতে আবদ্ধ; আটক *The bird was entangled in the net.* ○ (*figurative*) *I've got myself entangled in some financial problems.*

enter / ˈentə(r) ˈএন্ট্যা(র্) / *verb* **1** [I, T] (*formal*) to come or go into a place প্রবেশ করা, ভিতরে আসা বা যাওয়া *Don't enter without knocking.* ○ *They all stood up when he entered the room.* ➪ **entrance** এবং **entry** nouns দেখো।

> **NOTE** **Enter** শব্দটি কোনো পদান্বয়ী অব্যয় (preposition) ছাড়াই ব্যবহার করা হয়। এই অর্থে **come into** এবং **go into** বেশি প্রচলিত ব্যবহার।

2 [T] to become a member of sth, especially a profession or an institution কোনো কিছুর সভ্য হওয়া, বিশেষত কোনো পেশা অথবা প্রতিষ্ঠানের *She entered the legal profession in the year 2000.* ○ *to enter school/college/university* ➪ **entrant** noun দেখো। **3** [T] to begin or become involved in an activity, a situation, etc. কোনো কাজকর্ম, পরিস্থিতি ইত্যাদির সূচনা করা অথবা তাতে জড়িত থাকা *When she entered the relationship, she had no idea he was planning to settle abroad.* ○ *We have just entered a new phase in international relations.* **4** [I, T] **enter (for) sth; enter sb (in/for sth)** to put your name or sb's name on the list for an exam, race, competition, etc. কোনো পরীক্ষা, দৌড় প্রতিযোগিতা ইত্যাদিতে তালিকাভুক্ত হওয়া *I entered a competition in the Sunday paper and I won Rs 2000!* **5** [T] **enter sth (in/into/on/onto sth)** to put names, numbers, details, etc. in a list, book, computer, etc. কোনো তালিকা, বই, কম্পিউটার ইত্যাদিতে নাম, সংখ্যা, অন্য খুঁটিনাটি তথ্য ইত্যাদি রাখা অথবা ঢোকানো *I've entered all the data onto the computer.* ○ *Enter your password and press return.*

PHR V **enter into sth 1** to start to think or talk about sth কোনো বিষয় সম্পর্কে ভাবতে বা কথা বলতে শুরু করা *I don't want to enter into details now.* **2** to be part of sth; to be involved in sth কোনো কিছুর অংশ হওয়া; কোনো কিছুতে জড়িত হওয়া *This is a business matter. Friendship doesn't enter into it.*

enter into sth (with sb) to begin sth কোনো কিছু আরম্ভ করা *The government has entered into negotiations with the unions.*

enterprise / ˈentəpraɪz ˈএন্ট্যাপ্রাইজ্ / *noun* **1** [C] a new plan, project, business, etc. নতুন পরিকল্পনা, প্রকল্প, ব্যাবসা ইত্যাদি *It's a very exciting new enterprise.* ○ *a new industrial enterprise* **2** [U] the ability to think of new projects or create new businesses and make them successful নতুন পরিকল্পনা করার অথবা নতুন ব্যাবসা শুরু করার এবং তাতে সাফল্য লাভ করার ক্ষমতা; উদ্যোগ *We need men and women of enterprise and energy.*

enterprising / ˈentəpraɪzɪŋ ˈএন্ট্যাপ্রাইজ়িং / *adj.* having or showing the ability to think of new projects or new ways of doing things and make them successful নতুন কিছু পরিকল্পনা করা অথবা নতুন উদ্যমে কিছু করা এবং তাতে সাফল্য লাভ করার ক্ষমতাসম্পন্ন; উদ্যোগী *Our enterprising landlord opened up his vacant plot as a car park and charged people to park there.*

entertain / ˌentəˈteɪn ˌএন্ট্যাˈটেইন্ / *verb* **1** [T] **entertain (sb) (with sth)** to interest and amuse sb in order to please him/her কোনো ব্যক্তিকে আনন্দ

দেওয়া, চিত্তবিনোদন করা *I find it very hard to keep my class entertained on a Friday afternoon.* **2** [I, T] to welcome sb as a guest, especially to your home; to give sb food and drink অতিথিদের আপ্যায়ন করা, খাতির যত্ন করা (বিশেষত নিজের বাড়িতে); কোনো ব্যক্তিকে খাবার এবং পানীয় দেওয়া *They entertain a lot.* ○ *They do a lot of entertaining.*

entertainer / ˌentəˈteɪnə(r) ˌএন্ট্যা'টেইন্যা(র্) / *noun* [C] a person whose job is to amuse people, for example, by singing, dancing or telling jokes যে ব্যক্তি গান শুনিয়ে, নাচ দেখিয়ে অথবা মজার কথা বলে অন্যদের মনোরঞ্জন করে; মনোরঞ্জনকারী

entertaining / ˌentəˈteɪnɪŋ ˌএন্ট্যা'টেইনিং / *adj.* interesting and amusing আনন্দদায়ক, চিত্তবিনোদনকর

entertainment / ˌentəˈteɪnmənt ˌএন্ট্যা'টেইন্ম্যান্ট্ / *noun* [U, C] film, music, etc. used to interest and amuse people চিত্তবিনোদন, আমোদ-প্রমোদ, মনোরঞ্জন (চলচ্চিত্র, গান-বাজনা ইত্যাদির দ্বারা) *There's a full programme of entertainments every evening.*

enthral (*AmE* **enthrall**) / ɪnˈθrɔːl ইন্'থ্র:ল্ / *verb* [T] (**enthralling; enthralled**) to hold sb's interest and attention completely সম্পূর্ণরূপে কোনো ব্যক্তির মনোযোগ, আগ্রহ, কৌতূহল আকর্ষণ করা *He was enthralled by her story.* ▶ **enthralling** *adj.* মনোমুগ্ধকর, চিত্তাকর্ষক

enthrone / ɪnˈθrəʊn ইন্'থ্র্যাউন্ / *verb (enthrones, enthroning, enthrone'd)* (*usually passive*) to perform a ceremony in which a king or a queen is crowned when they start to rule কোনো অনুষ্ঠান পালনের মধ্যে দিয়ে রাজকার্য আরম্ভ করার জন্য রাজা বা রানীকে অভিষিক্ত করা; রাজাসনে বসানো

enthusiasm / ɪnˈθjuːziæzəm ইন্'থিউজিঅ্যাজ্‌ম্ / *noun* [U] **enthusiasm (for/about sth/doing sth)** a strong feeling of excitement or interest in sth and a desire to become involved in it কোনো ব্যাপারে প্রবল উৎসাহ অথবা আগ্রহ এবং তাতে লিপ্ত হওয়ার আকাঙ্ক্ষা; উৎসাহ, উদ্যম *Karan showed great enthusiasm for the new project.*

enthusiast / ɪnˈθjuːziæst ইন্'থিউজিঅ্যাস্ট্ / *noun* [C] a person who is very interested in an activity or subject (ব্যক্তি) কোনো কাজে বা কোনো বিষয়ে উৎসাহী এবং আগ্রহী

enthusiastic / ɪnˌθjuːziˈæstɪk ইন্ˌথিউজি'অ্যাস্টিক্ / *adj.* **enthusiastic (about sth/doing sth)** full of excitement and interest in sth (কোনো বস্তু বা বিষয়ের প্রতি) উচ্ছ্বসিত, উৎসাহী, আগ্রহী ▶ **enthusiastically** / -kli -কলি / *adv.* উৎসাহভরে, সোৎসাহে, সাগ্রহে

entice / ɪnˈtaɪs ইন্'টাইস্ / *verb* [T] **entice sb (into sth/doing sth)** to persuade sb to do sth or to go somewhere by offering him/her something nice কিছু করা বা কোথাও যাওয়ার জন্য কোনো ব্যক্তিকে প্রলুব্ধ করা বা লোভ দেখানো; ফুসলানো *Advertisements try to entice people into buying more things than they need.* ▶ **enticement** *noun* [C, U] প্রলোভন

enticing / ɪnˈtaɪsɪŋ ইন্'টাইসিং / *adj.* attractive and interesting চিত্তাকর্ষক, আকর্ষণীয় এবং কৌতূহলোদ্দীপক, মনোহারী

entire / ɪnˈtaɪə(r) ইন্'টাইঅ্যা(র্) / *adj.* (*only before a noun*) whole or complete সম্পূর্ণ; গোটা, সমগ্র, সব *He managed to read the entire book in two days.* **NOTE** **Whole** শব্দটির সমার্থে ব্যবহৃত **entire** শব্দটির প্রয়োগ আরও প্রবল। ▶ **entirely** *adv.* সম্পূর্ণরূপে, অখণ্ডরূপে *I entirely agree with you.* ▶ **entirety** / ɪnˈtaɪərəti ইন্'টাইঅ্যার্যাটি / *noun* [U] সম্পূর্ণতা, অখণ্ডতা, সামগ্রিকতা *We must consider the problem in its entirety* (= as a whole).

entitle / ɪnˈtaɪtl ইন্'টাইট্‌ল্ / *verb* [T] **entitle sb (to sth)** (*usually passive*) to give sb the right to have or do sth কোনো ব্যক্তিকে কিছু পাওয়ার অথবা করার অধিকার দেওয়া *I think I'm entitled to a day's holiday—I've worked hard enough.*

entitled / ɪnˈtaɪtld ইন্'টাইট্‌ল্ড্ / *adj.* (used about books, plays, etc.) with the title (বই, নাটক, ইত্যাদি সম্বন্ধে ব্যবহৃত) নাম অথবা শিরোনাম সহ *Deepa's first book was entitled 'Aquarium'.*

entitlement / ɪnˈtaɪtlmənt ইন্'টাইট্‌ল্ম্যান্ট্ / *noun* (*formal*) **1** [U] **entitlement (to sth)** the official right to have or do sth আইনসম্মতভাবে কিছু পাওয়ার অথবা করার অধিকার; স্বত্বাধিকার *This may affect your entitlement to compensation.* **2** [C] something that you have the official right to; the amount that you have the right to receive কোনো বস্তু যার উপর বিধিসম্মত অধিকার আছে; কোনো কিছু যে পরিমাণে গ্রহণ করার অধিকার আছে *The contributions will affect your pension entitlements.*

entity / ˈentəti 'এন্ট্যাটি / *noun* [C] (*pl.* **entities**) something that exists separately from sth else and has its own identity কোনো কিছুর থেকে পৃথকভাবে বিরাজমান এবং যার স্বরূপত্ব আছে; সত্তা, অস্তিত্ব *The kindergarten and the school are in the same building but they're really **separate entities**.*

entomology / ˌentəˈmɒlədʒi ˌএন্ট্যা'মল্যাজি / *noun* [U] the scientific study of insects পতঙ্গবিজ্ঞান, কীটবিদ্যা

entrails / ˈentreɪlz 'এন্ট্রেইল্জ্ / *noun* [*pl.*] the organs inside the body of a person or an animal, especially the tubes that carry food away from the stomach (**intestines**) মানুষ অথবা অন্য প্রাণীদেহের অভ্যন্তরস্থ যন্ত্রসকল, বিশেষত নালিসমূহ যেগুলি পাকস্থলী থেকে খাদ্যবস্তু বহন করে; অন্ত্র, নাড়িভুঁড়ি, আঁতড়ি

entrance / ˈentrəns ˈএন্ট্র্যান্স্ / *noun* 1 [C] **the entrance (to/of sth)** the door, gate or opening where you go into a place প্রবেশদ্বার, ফটক, দরজা, দ্বারদেশ *I'll meet you at the entrance to the theatre.* 2 [C] **entrance (into/onto sth)** the act of coming or going into a place, especially in a way that attracts attention কোনো স্থানে প্রবেশ করার ক্রিয়া বিশেষত এমনভাবে যা মনোযোগ অথবা নজর আকর্ষণ করে *He made a dramatic entrance onto the stage.* ✪ সম **entry** ✪ বিপ **exit** (অর্থসংখ্যা 1 এবং 2-এর জন্য) 3 [U] **entrance (to sth)** the right to enter a place প্রবেশাধিকার *They were refused entrance to the club because they were wearing shorts.* ○ *an entrance fee* ✪ সম **entry** ➪ **admission** এবং **admittance** দেখো। 4 [U] **entrance (into/to sth)** permission to join a club, society, university, etc. কোনো ক্লাব, প্রতিষ্ঠান, বিশ্ববিদ্যালয় ইত্যাদিতে প্রবেশ করার অথবা যোগ দেওয়ার অনুমতি *You don't need to take an entrance exam to get into university.* ➪ **admission** দেখো।

entrant / ˈentrənt ˈএনট্র্যান্ট্ / *noun* [C] a person who enters a profession, competition, exam, university, etc. কোনো পেশা, প্রতিযোগিতা, পরীক্ষা, বিশ্ববিদ্যালয় ইত্যাদিতে যোগদানকারী ব্যক্তি

entreat / ɪnˈtriːt ইন্ˈট্রীট্ / *verb* [T] (*formal*) to ask sb to do sth, often in an emotional way কোনো ব্যক্তিকে সনির্বন্ধ অনুরোধ করা, মিনতি করা, অনুনয়-বিনয় করা ✪ সম **beg**

entrepreneur / ˌɒntrəprəˈnɜː(r) ˌঅনট্র্যাপ্র্যাˈন্য(র্) / *noun* [C] a person who makes money by starting or running businesses, especially when this involves taking financial risks নতুন ব্যাবসায়িক সংগঠনের উদ্যোক্তা, সংগঠক বা পরিচালক বিশেষত যার জন্য আর্থিক ঝুঁকি নিতে হয়; আঁত্রপ্রেনর ▶ **entrepreneurial** / -ˈnɜːriəl -ˈন্যরিঅ্যাল্ / *adj.* ব্যাবসা সংক্রান্ত, উদ্যোগ সংক্রান্ত ▶ **entrepreneurship** *noun* [U] আর্থিক ঝুঁকিপূর্ণ ব্যাবসায়িক উদ্যোগ

entrust / ɪnˈtrʌst ইন্ˈট্রাস্ট্ / *verb* [T] (*formal*) **entrust A with B/entrust B to A** to make sb responsible for sth কোনো ব্যক্তিকে কোনো কিছুর দায়িত্বভার অর্পণ করা *I entrusted Minu with the arrangements for the party.* ○ *I entrusted the arrangements for the party to Minu.*

entry / ˈentri ˈএন্ট্রি / *noun* (*pl.* **entries**) 1 [C] the act of coming or going into a place কোনো জায়গায় প্রবেশ করা বা যাওয়ার ক্রিয়া *The thieves forced an entry into the building.* ✪ সম **entrance** 2 [U] **entry (to/into sth)** the right to enter a place (কোনো স্থানে) ঢোকার অধিকার অথবা প্রবেশাধিকার *The immigrants were refused entry at the airport.* ○ *The sign says 'No Entry'.* ○ *an entry visa* ✪ সম **entrance** ➪ **admission** এবং **admittance** দেখো। 3 [U] the right to take part in sth or become a member of a group কোনো কিছুতে যোগদান করা অথবা কোনো গোষ্ঠীর সভ্য হওয়ার অধিকার *countries seeking entry into the organization* 4 [C] a person or thing that is entered for a competition, etc. কোনো প্রতিযোগিতা ইত্যাদিতে প্রবেশাধিকার প্রাপ্ত ব্যক্তি বা বস্তু *There were thousands of entries for the Indian Idol contest.* ○ *The winning entry is number 45!* 5 [C] one item that is written down in a list, account book, dictionary, etc. যে-কোনো একটি বিষয় যেটা কোনো তালিকা, হিসাবের খাতা, অভিধান ইত্যাদিতে অন্তর্ভুক্ত অথবা লিপিবন্ধ করা হয়েছে *an entry in a diary* ○ *You'll find 'ice-skate' after the entry for 'ice'.* 6 [C] a door, gate, passage, etc. where you enter a building, etc. কোনো অট্টালিকা ইত্যাদির প্রবেশপথ, প্রবেশদ্বার বা দরজা; দ্বার, কপাট ✪ সম **entrance**

enumerate / ɪˈnjuːməreɪt ইˈনিউম্যারেইট্ / *verb* [T] (*formal*) to name a list of things separately, one by one তালিকাভুক্ত জিনিসের নাম একের পর এক বলা *The teacher asked the students to enumerate the various after-effects of Industrial Revolution.*

enunciate / ɪˈnʌnsieɪt ইˈনান্সিএইট্ / *verb* [I, T] 1 to say or pronounce words or part of words clearly শব্দ বা শব্দাংশ সুস্পষ্টরূপে উচ্চারণ করা 2 [T] (*formal*) to express an idea clearly বক্তব্য বিষয় বা যুক্তি স্পষ্টভাবে ব্যক্ত করা ▶ **enunciation** / ɪˌnʌnsiˈeɪʃn ই,নান্সিˈএইশন্ / *noun* [U] ঘোষণা বা উক্তি; উচ্চারণভঙ্গি

envelop / ɪnˈveləp ইন্ˈভেল্যাপ্ / *verb* [T] (*formal*) to cover or surround sb/sth completely (in sth) কোনো ব্যক্তি বা বস্তুকে (কিছুতে) সম্পূর্ণরূপে ঢাকা, আচ্ছাদন করা বা ঘেরা *The hills were enveloped in mist.*

envelope / ˈenvələʊp; ˈɒn- ˈএন্ভ্যাল্যাউপ্; ˈঅন্- / *noun* [C] the paper cover for a letter খাম, লেফাফা

> **NOTE** চিঠি লেখার পর খামের উপর ঠিকানা **(address)** লিখে খামটিকে বন্ধ করা হয় এবং খামটির ডান দিকের উপরের কোনায় ডাকটিকিট **(stamp)** আঠা দিয়ে লাগানো হয়। ➪ **stamped/self-addressed envelope** দেখো।

enviable / ˈenviəbl ˈএন্ভিঅ্যাবল্ / *adj.* (used about sth that sb else has and that you would like) attractive (কারও কাছে এমন কিছু আছে যা নিজের পছন্দ এমন কিছু সম্পর্কে ব্যবহৃত) ঈর্ষা করার মতো, ঈর্ষণীয়, দ্বেষ্য ✪ বিপ **unenviable** ➪ **envy** verb এবং noun দেখো।

envious / ˈenviəs ˈএন্‌ভিঅ্যাস্ / *adj.* **envious (of sb/sth)** wanting sth that sb else has কোনো ব্যক্তির প্রতি ঈর্ষাপরায়ণ, মাৎসর্যপরায়ণ; পরশ্রীকাতর *She was envious of her sister's success.* ✪ সম **jealous** ➪ **envy** verb এবং noun দেখো। ▶ **enviously** *adv.* ঈর্ষাপরায়ণভাবে

environment / ɪnˈvaɪrənmənt ইন্‌ˈভাইর‍্যান্‌ম্যান্ট্ / *noun* **1** [C, U] the conditions in which you live, work, etc. (গৃহ, কর্মস্থল ইত্যাদির) পারিপার্শ্বিক অবস্থা; পরিবেশ *a pleasant working environment* **2 the environment** [*sing.*] the natural world, for example the land, air and water, in which people, animals and plants live প্রাকৃতিক পরিবেশ, প্রাকৃত বিশ্ব (যেখানে মানুষ, পশু এবং উদ্ভিদ জগৎ লালিত হয়, যেমন মাটি, বায়ু এবং জল) *We need stronger laws to protect the environment.* ➪ **surroundings** দেখো। ▶ **environmental** / ɪnˌvaɪrənˈmentl ইন্‌ˌভাইর‍্যান্‌ˈমেন্‌ট্‌ল্ / *adj.* পরিবেশ সংক্রান্ত, পারিপার্শ্বিক *environmental science* ▶ **environmentally** / -təli -ট্যালি / *adv.* পরিবেশগতভাবে, পরিবেশ বা বিষয়ে *These products are **environmentally friendly**.*

environmentalist / ɪnˌvaɪrənˈmentəlɪst ইন্‌ˌভাইর‍্যান্‌ˈমেন্‌ট্যালিস্ট্ / *noun* [C] a person who wants to protect the environment পরিবেশবিজ্ঞানী, পরিবেশ রক্ষাকারী, পরিবেশবিশারদ **2** a person who is expert on environmental problems পরিবেশগত সমস্যা এবং তার প্রতিকার বিষয়ে বিশেষজ্ঞ

envisage / ɪnˈvɪzɪdʒ ইন্‌ˈভিজ়িজ্ / *verb* [T] (*formal*) to think of sth as being possible in the future; to imagine কোনো কিছুকে ভবিষ্যতে সম্ভব বলে মনে করা; মনশ্চক্ষে দেখা, কল্পনা করা *I don't envisage any problems with this.* ○ *It is difficult to envisage how people will react.*

envoy / ˈenvɔɪ ˈএন্‌ভই / *noun* [C] a person who is sent by a government with a message to another country বিদেশে প্রেরিত হয় যে সরকারি দূত; বার্তাবহ *The President has suggested sending a US peace envoy to the Middle East*

envy[1] / ˈenvi ˈএন্‌ভি / *noun* [U] **envy (of sb); envy (at/of sth)** the feeling that you have when sb else has sth that you want ঈর্ষা, দ্বেষ, অসূয়া, পরশ্রীকাতরতা *It was difficult for her to hide her envy of her friend's success.*

IDM be the envy of sb to be the thing that causes sb to feel envy অন্যদের ঈর্ষার পাত্র বা বস্তু হওয়া, অন্যদের চক্ষুশূল হওয়া *The city's transport system is the envy of many of its neighbours.* ➪ **enviable** এবং **envious** দেখো।

envy[2] / ˈenvi ˈএন্‌ভি / *verb* [T] (*pres. part.* **envying;** *3rd person sing. pres.* **envies;** *pt, pp* **envied**) **envy (sb) (sth)** to want sth that sb else has; to feel envy কারও কাছে আছে এমন কোনো বস্তু নিজের জন্যেও চাওয়া, ঈর্ষা করা; হিংসা করা *I've always envied your good luck.* ○ *I don't envy you that job* (= I'm glad that I don't have it).

enzyme / ˈenzaɪm ˈএন্‌জ়াইম্ / *noun* [C] (*technical*) a substance, usually produced by plants and animals, which helps a chemical change to happen more quickly, without being changed itself উদ্ভিদ এবং প্রাণী দ্বারা উৎপন্ন বিশেষ পদার্থ যা নিজে অপরিবর্তিত থেকে রাসায়নিক পরিবর্তনের সংঘটন ত্বরান্বিত করতে সাহায্য করে; উৎসেচক; এনজাইম *Enzymes are essential to the body's functioning*

eolian (*AmE*) = **aeolian**

eon = **aeon**

epaulette (*AmE* **epaulet**) / ˈepəlet ˈএপ্যালেট্ / *noun* [C] a decoration on the shoulder of a coat, jacket, etc., especially when part of a military uniform কোট, জ্যাকেট ইত্যাদির কাঁধের উপরে লাগানো সম্মানচিহ্ন (বিশেষত সামরিক বাহিনীর উর্দিতে); স্কন্ধভূষণ

ephemeral / ɪˈfemərəl ইˈফেম্যার‍্যাল্ / *adj.* (*formal*) lasting or used for only a short period of time ক্ষণস্থায়ী, স্বল্পায়ু, ক্ষণজীবী *ephemeral pleasures*

epic / ˈepɪk ˈএপিক্ / *adj.* very long and exciting দীর্ঘ এবং উত্তেজনাপূর্ণ *an epic struggle/journey* ▶ **epic** *noun* [C] মহাকাব্য *The 'Mahabharata' is a well-known Indian epic.*

epicentre (*AmE* **epicenter**) / ˈepɪsentə(r) ˈএপিসেন্‌ট্যা(র্) / *noun* [C] the point on the earth's surface where the effects of a sudden movement (**earthquake**) are felt most strongly ভূগর্ভে ভূমিকম্পের উৎপত্তিস্থলের ঠিক উপরের ভূপৃষ্ঠ যেখানে ভূকম্পন সবচেয়ে প্রবলরূপে অনুভূত হয়; উপকেন্দ্র; এপিসেন্টার ➪ **seismic**-এ ছবি দেখো।

epidemic / ˌepɪˈdemɪk ˌএপিˈডেমিক্ / *noun* [C] a large number of people or animals suffering from the same disease at the same time মড়ক, মহামারী *the outbreak of a flu epidemic* ➪ **endemic** এবং **pandemic** দেখো।

epidemiology / ˌepɪˌdiːmiˈɒlədʒi ˌএপিˌডীমিˈঅল্যাজি / *noun* [U] the scientific study of the spread and control of diseases রোগ বিস্তার এবং তার নিয়ন্ত্রণ সম্বন্ধীয় বিজ্ঞানসম্মত চর্চা অথবা অধ্যয়ন; মহামারী সংক্রান্ত বিজ্ঞান ▶ **epidemiological** / ˌepɪˌdiːmiəˈlɒdʒɪkl ˌএপিˌডীমিঅ্যাˈলজিক্‌ল্ / *adj.* মহামারী অধ্যয়ন সম্বন্ধীয় ▶ **epidemiologist** / ˌepɪˌdiːmiˈɒlədʒɪst ˌএপিˌডীমিˈঅল্যাজিস্ট্ / *noun* [C] মহামারী বিশারদ, মড়কবিজ্ঞানী

epidermis / ˌepɪˈdɜːmɪs ˌএপিˈড্যমিস্ / *noun* [*sing.*, U] the outer layer of the skin চামড়ার উপরের স্তর;

epiglottis

বহিস্ত্বক, বহিশ্চর্ম ➪ **flower**-এ ছবি দেখো। ▶ **epidermal** *adj.* বহিস্ত্বক সংক্রান্ত; বহিশ্চর্মগত

epiglottis / ˌepɪˈɡlɒtɪs ˌএপি'গ্লটিস্ / *noun* [C] a small thin thing at the back of your tongue that moves to prevent food or drink from entering your lungs when you swallow অলিজিহ্বা, আলজিভ

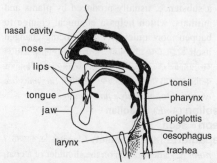

nasal cavity
nose
lips
tonsil
tongue
pharynx
jaw
epiglottis
oesophagus
larynx
trachea

epigram / ˈepɪɡræm ˈএপিগ্র্যাম্ / *noun* [C] a short poem or phrase that expresses an idea in a clever or amusing way ছোটো কবিতা বা বাক্যাংশ যাতে কোনো একটি ভাবনা বেশ নিপুণভাবে কৌতুকের সুরে প্রকাশ করা হয় ▶ **epigrammatic** / ˌepɪɡrəˈmætɪk ˌএপিগ্র্যা'ম্যাটিক্ / *adj.* সংক্ষিপ্ত শ্লেষাত্মক উক্তি

epigraph / epɪɡra:f এপিগ্রা:ফ্ / *noun* [C] a short phrase or sentence, etc. on a building or statue, or as an introduction to a book or a part of it অট্টালিকা বা মূর্তির পদতলে উৎকীর্ণ বাক্য বা বাক্যাংশ অথবা পুস্তকের ভূমিকার অংশ বা তার ভূমিকা স্বরূপ

epilepsy / ˈepɪlepsi ˈএপিলেপ্সি / *noun* [U] a disease of the brain that can cause a person to become unconscious (sometimes with violent movements that he/she cannot control) (মস্তিষ্কের রোগ) সন্ন্যাসরোগ, মৃগীরোগ, অপস্মার; এপিলেপসি

epileptic / ˌepɪˈleptɪk ˌএপি'লেপ্‌টিক্ / *noun* [C] a person who suffers from epilepsy সন্ন্যাসরোগী, অপস্মার রোগী ▶ **epileptic** *adj.* মৃগী বা সন্ন্যাসরোগ ঘটিত বা সংক্রান্ত *an epileptic fit*

epilogue / ˈepɪlɒɡ ˈএপিলগ্ / *noun* [C] a short piece that is added at the end of a book, play, etc. and that comments on what has gone before সাহিত্যরচনা, নাটক ইত্যাদির শেষে সংযুক্ত পূর্বেকার ঘটনাচক্র সম্বন্ধে সংক্ষিপ্ত মন্তব্য বা অন্ত্যভাষ; উপসংহার ➪ **prologue** দেখো।

episode / ˈepɪsəʊd ˈএপিস্যাউড্ / *noun* [C] **1** one separate event in sb's life, a novel, etc. কোনো ব্যক্তির জীবনে অথবা নাটক, উপন্যাস ইত্যাদিতে মূল ঘটনাবলীর অন্তর্গত কোনো বিশেষ আনুষঙ্গিক ঘটনা; উপকাহিনি, উপাখ্যান *That's an episode in my life I'd rather forget.* **2** one part of a television or radio story that is shown in several parts **(a serial)** টেলিভিশন বা রেডিওর ধারাবাহিক অনুষ্ঠানের একটি অংশ, পর্ব; এপিসোড

epitaph / ˈepɪtɑ:f ˈএপিটা:ফ্ / *noun* [C] words that are written or said about a dead person, especially words written on a stone where he/she is buried মৃত ব্যক্তির স্মৃতির উদ্দেশে রচিত সমাধিলিপি; স্তম্ভলিপি; এপিটাফ

epithet / ˈepɪθet ˈএপিথেট্ / *noun* [C] **1** an adjective or phrase that is used to describe sb/sth's character or most important quality, especially in order to say something good or bad about sb/sth কোনো ব্যক্তি অথবা বস্তুর (বিশেষত ভালো অথবা মন্দ) চারিত্রিক বৈশিষ্ট্য অথবা অত্যন্ত গুরুত্বপূর্ণ গুণাবলী ব্যক্ত করার জন্য ব্যবহৃত গুণবাচক বিশেষণ অথবা বাক্যাংশ; গুণনাম, অভিধা *The novel is neither old enough nor good enough to deserve the epithet 'classic'.* **2** an insulting word or phrase that is used about a person or group of people কোনো অপমানজনক শব্দ বা বাক্যাংশ যা কোনো একজন ব্যক্তি অথবা ব্যক্তিবর্গের সম্বন্ধে লেখা বা ব্যবহার করা হয় *Racial epithets were written all over the wall.*

epitome / ɪˈpɪtəmi ই'পিট্যামি / *noun* [*sing.*] **the epitome (of sth)** a perfect example of sth কোনো কিছুর উজ্জ্বল এবং নিপুণ নিদর্শন; নিখুঁত নমুনা *Her clothes are the epitome of good taste.*

epitomize (*also* **-ise**) / ɪˈpɪtəmaɪz ই'পিট্যামাইজ্ / *verb* [T] to be typical of sth কোনো কিছুর প্রতীকস্বরূপ অথবা উদাহরণস্বরূপ হওয়া *This building epitomizes modern trends in architecture.*

epoch / ˈi:pɒk ˈঈপক্ / *noun* [C] a period of time in history (that is important because of special events, characteristics, etc.) ইতিহাসের সময়কাল (বিশেষ ঘটনাসমূহ, চারিত্রিক বৈশিষ্ট্য ইত্যাদি কারণে গুরুত্বপূর্ণ)

equable / ˈekwəbl ˈএকুঅ্যাব্‌ল্ / *adj* (*formal*) **1** calm and not easily irritated or annoyed শান্ত এবং ভারসাম্যযুক্ত, সহজে চিন্তিত বা বিরক্ত হয় না এমন *an equable temperament* **2** (of weather) keeping a steady temperature with no sudden changes (আবহাওয়া সংক্রান্ত) একইরূপ তাপমাত্রা সম্পন্ন, হঠাৎ পরিবর্তন দেখা যায় না এমন *an equable climate* ▶ **equably** / ekwəbli ˈএকুঅ্যাব্‌লি / *adj* স্থিরভাবে, শান্ত ও অচঞ্চলভাবে *She deals with problems equably, without losing her temper.*

equal[1] / ˈi:kwəl ˈঈকুঅ্যাল্ / *adj.* **1 equal (to sb/sth)** the same in size, amount, value, number, level, etc. (আকার, পরিমাণ, মূল্য, সংখ্যা, স্তর ইত্যাদিতে) সম, সমান, সমকক্ষ *They are equal in weight.* ○ *They are of equal weight.* ○ *Divide it into two equal parts.* ✪ বিপ **unequal** **2** having the same rights or being treated the same as other people সম অধিকার সম্পন্ন অথবা সবার সমক্ষে সমতুল্য হিসাবে গণ্য *This company has an equal opportunities policy* (= gives the same chance of employment to everyone). **3** (*formal*) **equal to sth** having the strength, ability etc. to do sth কোনো কিছু করার শক্তি, ক্ষমতা ইত্যাদি সম্পন্ন *I'm afraid Varun just isn't equal to the job.*

IDM be on equal terms (with sb) to have the same advantages and disadvantages as sb else অন্যের মতো একইরকম সুবিধা এবং অসুবিধা থাকা

equal[2] / ˈi:kwəl ˈঈকুঅ্যাল্ / *verb* (**equalling; equalled** *AmE* **equaling; equaled**) **1** (*linking verb*) (used about numbers, etc.) to be the same as sth (সংখ্যা ইত্যাদি সম্বন্ধে ব্যবহৃত) অন্যটির সমান, সমতুল্য বা সমসংখ্যক হওয়া *44 plus 17 equals 61 is written as 44+17= 61.* **2** [T] to be as good as sb/sth কোনো ব্যক্তি বা বস্তুর মতো ভালো হওয়া; সমকক্ষ হওয়া *He ran an excellent race, equalling the world record.*

equal[3] / ˈi:kwəl ˈঈকুঅ্যাল্ / *noun* [C] a person who has the same ability, rights, etc. as you do সমান ক্ষমতা, অধিকার ইত্যাদি আছে এমন ব্যক্তি, সমতুল্য বা সমকক্ষ ব্যক্তি *to treat sb as an equal*

equality / iˈkwɒləti ইˈকুঅল্যাটি / *noun* [U] the situation in which everyone has the same rights and advantages যে পরিস্থিতিতে প্রত্যেকের সমান অধিকার এবং সুবিধা আছে; সমতা, সমভাব, সাম্য, তুল্যতা *racial equality* (= between people of different races) ✪ বিপ **inequality**

equalize (*also* **-ise**) / ˈi:kwəlaɪz ˈঈকুঅ্যালাইজ় / *verb* [I] (*sport*) to reach the same number of points as your opponent (খেলায়) প্রতিপক্ষ অথবা প্রতিদ্বন্দ্বীর সমান কৃতিত্ব অর্জন করা

equally / ˈi:kwəli ˈঈকুঅ্যালি / *adv.* **1** to the same degree or amount সমান মাত্রা বা পরিমাণে *They both worked equally hard.* **2** in equal parts সমান অংশে, সমভাবে *His money was divided equally between his children.* **3** (*formal*) (used when you are comparing two ideas or commenting on what you have just said) at the same time; but/and also (দুটি ভিন্ন মত তুলনা করার জন্য অথবা কোনো উক্তির উপর মন্তব্য করার জন্য ব্যবহৃত) একই সময়ে; কিন্তু /এবং আরও *I do not think what he did was right. Equally, I can understand why he did it.*

equate / iˈkweɪt ইˈকুএইট্ / *verb* [T] **equate sth (with sth)** to consider one thing as being the same as sth else অন্য কোনো বস্তুর সঙ্গে সমান বা সমতুল্যরূপে গণ্য করা *You can't always equate money with happiness.*

equation / iˈkweɪʒn ইˈকুএইজ়ন্ / *noun* [C] (in mathematics) a statement that two quantities are equal (গণিতে) সমীকরণ *2x+5=11 is an equation.*

the equator (*also* **the Equator**) /iˈkweɪtə(r) ইˈকুএইট্যা(র্) / *noun* [*sing.*] the imagined line around the earth at an equal distance from the North and South Poles পৃথিবীর মানচিত্রের উপর উত্তরমেরু ও দক্ষিণমেরু থেকে সমান দূরত্বে যে রেখা কল্পনা করা হয় হয়; নিরক্ষরেখা, বিষুবরেখা *north/south of the Equator* ○ *The island is on the equator.* ➪ **earth**-এ ছবি দেখো।

equatorial / ˌekwəˈtɔ:riəl ˌএকুঅ্যাˈটː রিঅ্যাল্; ˈ-এক্- / *adj.* near the imagined line round the centre of the earth **(the equator)** নিরক্ষীয় অঞ্চল, বিষুবরেখার নিকটবর্তী স্থান *equatorial rainforests*

equestrian / iˈkwestriən ইˈকুএস্ট্রিঅ্যান্ / *adj.* (*formal*) connected with horse riding অশ্বচালনা সংক্রান্ত

equidistant / ˌi:kwɪˈdɪstənt; ˈek- ˌঈকুইˈডিস্ট্যান্ট্; ˈএক্- / *adj.* **equidistant (from sth)** (*formal*) equally far from two or more places দুই বা ততোধিক জায়গা থেকে সমান দূরত্বে; সমদূরবর্তী

equilateral / ˌi:kwɪˌlætərəl; ˈek- ˌঈকুইˌল্যাট্যার‍্যাল্; এক্- / *adj.* (used about a triangle) having all sides the same length (ত্রিভুজ সম্বন্ধে ব্যবহৃত) সমভুজ বিশিষ্ট, সমবাহু ➪ **triangle**-এ ছবি দেখো।

equilibrium / ˌi:kwɪˈlɪbriəm; ˈek- ˌঈকুইˈলিব্রিঅ্যাম্; ˈএক্- / *noun* [U, *sing.*] **1** a state of balance, especially between forces or influences that are working in opposite ways ভারসাম্য অথবা ভারসাম্যের অবস্থা (বিশেষত বিপরীতমুখী কার্যকরী শক্তি অথবা প্রভাবের মধ্যে) *The point at which the solid and the liquid are **in equilibrium** is called the freezing point.* **2** a calm state of mind and a balance of emotions শান্ত মনোভাব এবং বিভিন্ন আবেগের মধ্যে ভারসাম্য; মানসিক স্থৈর্য

equine / ˈekwaɪn ˈএকুআইন্ / *adj.* connected with horses; like a horse অশ্বসম্বন্ধীয়, ঘোটকীয়; অশ্বসদৃশ, অশ্ববৎ

equinox / ˈi:kwɪnɒks; ˈek- ˈঈকুইনক্স্; ˈএক্- / *noun* [C] one of the two times in the year (around 20 March and 22 September) when the sun is above the imagined line round the centre of the earth (**equator**) and day and night are of equal length বছরের দুটি সময়ের (মোটামুটিভাবে ২০ মার্চ এবং ২২ সেপ্টেম্বরের আশেপাশে) একটি যখন সূর্য বিষুবরেখার ঠিক উপরে আসে এবং দিন ও রাতের দৈর্ঘ্য সমান হয়; বিষুব *the spring/autumn equinox* ➪ **solstice** দেখো এবং **season**-এ ছবি দেখো।

equip / iˈkwɪp ইˈকুইপ্ / *verb* [T] (**equipping; equipped**) **equip sb/sth (with sth)** **1** (*usually passive*) to supply sb/sth with what is needed for a particular purpose কোনো ব্যক্তি বা বস্তুকে বিশেষ উদ্দেশ্য বা কাজের জন্য প্রয়োজনীয় সাজসরঞ্জাম জোগান দেওয়া বা সরবরাহ করা *We shall equip all schools with new computers over the next year.* ○ *The flat has a* ***fully-equipped*** *kitchen.* **2** to prepare sb for a particular task কোনো বিশেষ কর্ম সম্পাদনের উদ্দেশ্যে কোনো ব্যক্তিকে প্রস্তুত অথবা উপযুক্ত করা *The course equips students with all the skills necessary to become a chef.*

equipment / ɪˈkwɪpmənt ই'কুইপ্‌ম্যান্ট্ / *noun* [U] the things that are needed to do a particular activity বিশেষ কাজকর্মের জন্য প্রয়োজনীয় সরঞ্জাম অথবা উপকরণ *office/sports/computer equipment*

> **NOTE** **Equipment** শব্দটি অগণনীয়। এই শব্দটি একবচন (sigular) এবং বহুবচন (plural) দুই অর্থেই ব্যবহার করা যায়। সাজসরঞ্জামের কোনো একটি বিশেষ অংশ অথবা উপকরণ সম্বন্ধে উল্লেখ করার জন্য **a piece of equipment** বাক্যাংশটি ব্যবহৃত হয়—*a very useful piece of kitchen equipment.*

equitable / ˈekwɪtəbl 'একুইট্যাব্‌ল্ / *adj.* (*formal*) fair and reasonable; treating everyone in an equal way ন্যায্য, যুক্তিসম্মত; যথাযথ, নিরপেক্ষ *an equitable distribution of resources* ✪ বিপ **inequitable**

equivalent / ɪˈkwɪvələnt ই'কুইভ্যাল্যান্ট্ / *adj.* **equivalent (to sth)** equal in value, amount, meaning, importance, etc. সমমূল্য, সমপরিমাণ, সমার্থক, সমান গুরুত্বপূর্ণ ইত্যাদি *The Indian Lok Sabha is roughly equivalent to the American House of Representatives.* ► **equivalent** *noun* [C] সমতুল্য, সমশব্দ *There is no English equivalent to the French 'bon appétit'.*

er / ɜ:(r) অ্যা(র্) / *exclamation* used in writing to show the sound that sb makes when he/she cannot decide what to say next বক্তার দ্বিধাগ্রস্ততা বোঝাতে (লেখার সময়ে) ব্যবহৃত বিস্ময়বোধক অভিব্যক্তিবিশেষ

era / ˈɪərə 'ইঅ্যার‍্যা / *noun* [C] a period of time in history (that is special for some reason) (কোনো কারণে বিশেষ বৈশিষ্ট্যসম্পন্ন) ঐতিহাসিক সময়কাল অথবা যুগ; অব্দ *We are living in the era of the computer.*

eradicate / ɪˈrædɪkeɪt ই'র‍্যাডিকেইট্ / *verb* [T] (*formal*) to destroy or get rid of sth completely (অবাঞ্ছিত কোনো কিছুকে) সম্পূর্ণরূপে ধ্বংস করা বা তার মূলোচ্ছেদ করা; নির্মূল করা *Scientists have completely eradicated some diseases, such as smallpox.* ► **eradication** / ɪˌrædɪˈkeɪʃn ই,র‍্যাডি'কেইশ্‌ন্ / *noun* [U] ধ্বংস, উচ্ছেদ, নির্মূলীকরণ, উৎপাটন

erase / ɪˈreɪz ই'রেইজ্ / *verb* [T] (*formal*) to remove sth completely (a pencil mark, a recording on tape, a computer file, etc.) (পেনসিলের আঁচড় বা চিহ্ন, টেপ-রেকর্ডিং, কম্পিউটার ফাইল, ইত্যাদি) সম্পূর্ণভাবে মুছে ফেলা, চিহ্নমাত্র না রাখা (*figurative*) *He tried to erase the memory of those terrible years from his mind.* **NOTE** সাধারণত পেনসিলের দাগ অথবা চিহ্ন মুছে ফেলাকে ***rub out*** *a pencil mark* বলা হয়। ► **eraser** *noun* [C] (*AmE*) = **rubber (2)**

erect[1] / ɪˈrekt ই'রেক্ট্ / *adj.* standing straight up খাড়া, ঋজু, উল্লম্ব *He stood with his head erect.* ✪ সম **upright**

erect[2] / ɪˈrekt ই'রেক্ট্ / *verb* [T] (*formal*) to build sth or to stand sth straight up কোনো কিছু নির্মাণ করা অথবা তৈরি করা, খাড়াভাবে বা ঋজুভাবে স্থাপন করা *to erect a statue* ○ *Huge TV screens were erected above the stage.*

erection / ɪˈrekʃn ই'রেক্‌শ্‌ন্ / *noun* [U] (*formal*) the act of building sth or standing sth straight up কোনো বস্তুকে নির্মাণ করা অথবা ঋজুভাবে স্থাপন করার ক্রিয়া

erode / ɪˈrəʊd ই'র‍্যাউড্ / *verb* [T] (*usually passive*) (used about the sea, the weather, etc.) to destroy sth slowly (সমুদ্র, আবহাওয়া ইত্যাদি সম্বন্ধে ব্যবহৃত) আস্তে আস্তে ক্ষয় হওয়া; ক্ষয়ীকৃত হওয়া *The cliff has been eroded by the sea.* ► **erosion** / ɪˈrəʊʒn ই'র‍্যাউজ্‌ন্ / *noun* [U] ক্ষয়, ক্ষয়করণ *the erosion of rocks by the sea* ⇨ পৃষ্ঠা ৪৪৫-এ ছবি দেখো।

erotic / ɪˈrɒtɪk ই'রটিক্ / *adj.* causing sexual excitement কামোদ্দীপক, কামমূলক *an erotic film/poem/dream*

err / ɜ:(r) অ্য(র্) / *verb* [I] (*formal*) to be or do wrong; to make mistakes ভুল হওয়া বা করা, বেঠিক কাজ করা, দোষ করা; ভ্রম হওয়া

IDM **err on the side of sth** to do more of sth than is necessary in order to avoid the opposite happening বিপরীত, প্রতিকূল অথবা অবাঞ্ছিত ঘটনা বা পরিস্থিতি এড়ানোর জন্য অধিকতর মাত্রায় অথবা প্রয়োজনাধিক সতর্কতা অবলম্বন করা *It is better to err on the side of caution* (=it is better to be too careful rather than not careful enough).

errand / ˈerənd 'এর‍্যান্ড্ / *noun* [C] (*old-fashioned*) a short journey to take or get sth for sb, for example to buy sth from a shop অন্য কোনো ব্যক্তির দ্বারা প্রেরিত কর্মভার নিয়ে যাতায়াত (যেমন দোকানে কেনাকাটা করার জন্য)

errant / ˈerənt 'এর‍্যান্ট্ / *adj.* (*only before a noun*) (*formal* or *humorous*) behaving badly in some way, especially by disobeying your parents or leaving home; not behaving in an acceptable way অশালীন আচরণ সম্পন্ন, বিশেষত পিতা বা মাতার আদেশ অমান্য অথবা গৃহত্যাগ করা হয়েছে এমন; অগ্রহণীয় ব্যবহার করা হচ্ছে এমন; বিপথগামী *an errant husband*

erratic[1] / ɪˈrætɪk ই'র‍্যাটিক্ / *adj.* (used about a person's behaviour, or about the quality of sth) changing without reason; that you can never be sure of (কোনো ব্যক্তির আচরণ অথবা কোনো বস্তুর গুণাগুণ বা উৎকর্ষ সম্বন্ধে ব্যবহৃত) অস্থির, অকারণে বদলে যায় এমন; অনিশ্চিত, অনিয়মিত *Ravi is a talented player but he's very erratic* (= sometimes he plays well, sometimes badly). ▶ **erratically** / -kli -ক্লি / *adv.* খামখেয়ালিভাবে

erratic[2] / ɪˈrætɪk ই'র‍্যাটিক্ / *noun* [C] (in geography) a large rock that has been carried by a moving mass of ice (**a glacier**) and left far away from where it was formed when the ice melted (ভূগোলে) বরফ গলার সময়ে হিমবাহ বা তুষারনদী দ্বারা বাহিত এবং দূরে স্থানান্তরিত বৃহদাকার প্রশস্ত শিলাখণ্ড;

erratum / eˈrɑːtəm এ'রা:ট্যাম্ / *noun* [C] (*pl.* **errata**) (*technical*) a mistake in a book or any printed or written document (shown in a list at the back or front of it) added after the book is printed মুদ্রিত পুস্তক অথবা লিখিত নথিপত্রের প্রথমে অথবা শেষে (প্রধানত মুদ্রিত হওয়ার পরে) সন্নিবিষ্ট সংশোধনী অথবা শুদ্ধিপত্র; মুদ্রণপ্রমাদ, ভ্রমসংশোধন

erroneous / ɪˈrəʊniəs ই'র‍্যাউনিঅ্যাস্ / *adj.* (*formal*) not correct; based on wrong information ভুল, ভ্রান্ত, অশুদ্ধ, ভ্রমপূর্ণ; ভুল তথ্যের উপর প্রতিষ্ঠিত *erroneous conclusions/assumptions* ▶ **erroneously** *adv.* ভুলক্রমে, ভুলবশত

error / ˈerə(r) 'এর‍্যা(র্) / *noun* **1** [C] (*formal*) a mistake ভুল, ত্রুটি, ভ্রম, প্রমাদ, ভ্রান্তি *The telephone bill was far too high due to a* ***computer error****.* ○ *an* ***error of judgement****.* ○ *to* ***make an error***

2 [U] the state of being wrong ভুলক্রমে, ভুল করে, প্রমাদবশত *The letter was sent to you* ***in error****.* ○ *The accident was the result of* ***human error****.*

IDM **trial and error** ➪ **trial** দেখো।

erstwhile / ˈɜːstwaɪl 'আস্ট্‌উআইল্ / *adj.* (*only before a noun*) (*formal*) former; in the past পূর্বকালীন, বিগত, প্রাক্তন; অতীতকালে *an erstwhile ruler.* ○ *Her erstwhile friends turned against her.*

erudite / ˈerudaɪt 'এরুডাইট্ / *adj* (*formal*) having or showing great knowledge that is based on careful study পাণ্ডিত্যপূর্ণ, জ্ঞানগর্ভ; বিদ্বান, জ্ঞানী *an erudite professor* ▶ **erudition** / ˌeruˈdɪʃn / ˌএরু'ডিশ্‌ন্ *noun* [U] পাণ্ডিত্য, প্রগাঢ় জ্ঞান

erupt / ɪˈrʌpt ই'রাপ্ট্ / *verb* [I] **1** (used about a volcano) to explode and throw out fire, rock that has melted (**lava**), smoke, etc. (আগ্নেয়গিরি সম্বন্ধে ব্যবহৃত) অগ্ন্যুৎপাত হওয়া; আগুন, গলিত পাথর (লাভা), ধোঁয়া ইত্যাদির উদ্‌গিরণ হওয়া **2** (used about violence, shouting, etc.) to start suddenly (হিংসা, মারদাঙ্গা, কলহ ইত্যাদি সম্বন্ধে ব্যবহৃত) হঠাৎ আরম্ভ হওয়া, আকস্মিক

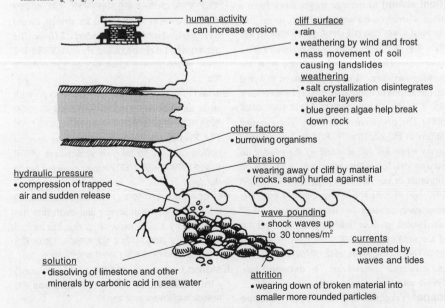

coastal erosion

প্রকাশ হওয়া *The demonstration erupted into violence.* **3** (used about a person) to suddenly become very angry (কোনো ব্যক্তি সম্বন্ধে ব্যবহৃত) হঠাৎ খুব রেগে যাওয়া ▶ **eruption** *noun* [C, U] অগ্ন্যুৎপাত, উদ্‌গিরণ, বিস্ফোরণ *a volcanic eruption*

erythrocyte / ɪˈrɪθrəsaɪt ই'রিথ্র্যাসাইট্ / *noun* [C] (*technical*) a red blood cell লোহিতকণিকা, রক্তকণিকা

escalate / ˈeskəleɪt ˈএস্ক্যালেইট্ / *verb* [I, T] **1 escalate (sth) (into sth)** (to cause sth) to become stronger or more serious কোনো কিছুকে প্রবলতর অথবা আরও গুরুতর করে তোলার কারণ হওয়া *The demonstrations are escalating into violent protests in all the major cities.* ○ *The terrorist attacks escalated tension in the capital.* **2** (to cause sth) to become greater or higher; to increase বৃহত্তর অথবা উচ্চতর হওয়া; বৃদ্ধি করা *The cost of housing has escalated in recent years.* ▶ **escalation** / ˌeskəˈleɪʃn ˌএস্ক্যা'লেইশ্‌ন্ / *noun* [C, U] ক্রমবর্ধমান, ক্রমবিস্তার, ক্রমবৃদ্ধি

escalator / ˈeskəleɪtə(r) ˈএস্ক্যালেইট্যা(র্) / *noun* [C] a moving staircase in an airport, a shop, etc. (এয়ারপোর্ট, দোকান ইত্যাদিতে) চলমান সিঁড়ি, সচল সিঁড়ি; এসক্যালেটর

escapade / ˌeskəˈpeɪd ˌএস্ক্যা'পেইড্ / *noun* [C] an exciting experience that may be dangerous উত্তেজনাপূর্ণ অভিজ্ঞতা যাতে বিপদের সম্ভাবনা আছে; দুঃসাহসিক ঘটনা

escape[1] / ɪˈskeɪp ই'স্কেইপ্ / *verb* **1** [I] **escape (from sb/sth)** to manage to get away from a place where you do not want to be; to get free (যে স্থানে থাকার ইচ্ছে নেই সেখান থেকে) পালানো; সরে পড়া; মুক্তি বা পরিত্রাণ পাওয়া *Two prisoners have escaped.* ○ *They managed to escape from the burning building.* **2** [I, T] to manage to avoid sth dangerous or unpleasant কোনো বিপজ্জনক অথবা অপ্রীতিকর কিছু এড়ানো; অব্যাহতি, নিস্তার অথবা রেহাই পাওয়া *The two men in the other car escaped unhurt in the accident.* ○ *Piyush Jain escaped injury when his car skidded off the road.* ○ *to escape criticism/punishment* **3** [T] to be forgotten or not noticed by sb কারও দ্বারা বিস্মৃত হওয়া, মনে না পড়া; লক্ষ না করা, গোচর না হওয়া *His name escapes me.* ○ *to escape sb's notice* **4** [I] (used about gases or liquids) to come or get out of a container, etc. (গ্যাস অথবা তরল পদার্থ সম্বন্ধে ব্যবহৃত) নির্গত হওয়া, নিঃসৃত হওয়া, বেরিয়ে যাওয়া *There's gas escaping somewhere.* ▶ **escaped** *adj.* পলাতক *an escaped prisoner*

escape[2] / ɪˈskeɪp ই'স্কেইপ্ / *noun* **1** [C, U] **escape (from sth)** the act of escaping পালানোর ক্রিয়া; পলায়ন *There have been twelve escapes from the prison this year.* ○ *She had* ***a narrow/lucky escape*** *when a lorry crashed into her car.* ○ *When the guard fell asleep they were able to* ***make their escape***. ➪ **fire escape** দেখো। **2** [U, *sing.*] something that helps you forget your normal life এমন বস্তু যা দৈনন্দিন সাধারণ জীবনযাপন থেকে মুক্তি অথবা পরিত্রাণ দান করে *For him, listening to music is a means of escape.* ○ *an escape from reality*

escapism / ɪˈskeɪpɪzəm ই'স্কেইপিজ়্যাম্ / *noun* [U] an activity, a form of entertainment, etc. that helps you to avoid or forget unpleasant or boring things এমন কাজকর্ম, চিত্তবিনোদন ইত্যাদি যা অপ্রীতিকর অথবা একঘেয়ে পরিস্থিতি বিস্মৃত হতে বা তার থেকে পরিত্রাণ পেতে সাহায্য করে; পলায়নী মনোবৃত্তি *For Nina, reading is a* ***form of escapism***. ▶ **escapist** / -pɪst -পিস্ট্ / *adj.* পলায়নী মনোভাবসম্পন্ন ব্যক্তি

escarpment / ɪˈskɑːpmənt ই'স্কা:প্ম্যান্ট্ / *noun* [C] (*technical*) a very steep piece of ground that separates an area of high ground from an area of lower ground খাড়া জমি বা ভূমি যা উঁচু এবং নীচু জমির মধ্যে সীমারেখা তৈরি করে; প্রবণভূমি, উপলম্ব, খাড়াপল

escort[1] / ˈeskɔːt ˈএস্ক:ট্ / *noun* [C] **1** [*with sing. or pl. verb*] one or more people or vehicles that go with and protect sb/sth, or that go with sb/sth as an honour কোনো ব্যক্তি অথবা বস্তুর সুরক্ষার জন্য অথবা সম্মান প্রদর্শনের জন্য অনুগমনকারী ব্যক্তি, ব্যক্তিবৃন্দ অথবা বাহনসমূহ; সমভিব্যাহারী *an armed escort* ○ *He arrived* ***under police escort***. **2** (*formal*) a person who takes sb to a social event যে ব্যক্তি অন্য কোনো ব্যক্তিকে কোনো সামাজিক অনুষ্ঠানে সঙ্গে করে নিয়ে যায়

escort[2] / ɪsˈkɔːt ইস্'ক:ট্ / *verb* [T] **1** to go with sb as an **escort 1** সুরক্ষা প্রদান করার জন্য কোনো ব্যক্তির সঙ্গে সহযাত্রী রক্ষীবৃন্দের যাওয়া; সমভিব্যাহারে যাওয়া *The President's car was escorted by several police cars.* **2** to take sb somewhere কোনো ব্যক্তিকে কোথাও নিয়ে যাওয়া *Pranay escorted her to the door.*

esker / ˈeskə(r) ˈএস্ক্যা(র্) / *noun* [C] (*technical*) a long line of small stones and earth that has been left by a large mass of ice that has melted বরফের প্রশস্ত চাঙড় বিগলিত হয়ে যাওয়ার পরে যে নুড়ি এবং মাটির দীর্ঘ রেখা অথবা নকশা অবশিষ্ট থাকে

Eskimo / ˈeskɪməʊ ˈএস্কিম্যাউ / (*old-fashioned*) = **Inuit** **NOTE** **Inuits**-রা নিজেদেরকে **Eskimos** বলে সম্বোধন করাটা পছন্দ করে না।

esophagus (*AmE*) = **oesophagus**

especial / ɪˈspeʃl ই'স্পেশ্‌ল্ / *adj.* (*only before a noun*) (*formal*) not usual; special সাধারণ নয় এমন, অসাধারণ; বিশেষ *This will be of especial interest to you.*

especially / ɪˈspeʃəli ই'স্পেশ্যালি / *adv.* **1** more than other things, people, situations, etc.; particularly (অন্যান্য বস্তু লোকজন, পরিস্থিতি ইত্যাদির থেকে) আরও কিছু বা বিশেষ কিছু; বিশেষত, বিশেষ করে, প্রধানত *She loves animals, especially dogs.* ○ *Teenage boys especially can be very competitive.* **2** for a particular purpose or person বিশেষ কোনো উদ্দেশ্যে অথবা ব্যক্তির জন্য *I made this especially for you.* ✪ সম **specially** **3** very (much) বিশেষভাবে, প্রধানত, বিশেষত *It's not an especially difficult exam.* ○ *'Do you like jazz?' 'Not especially.'*

espionage / ˈespiənɑːʒ 'এস্‌পিঅ্যানা:জ্ / *noun* [U] the act of finding out secret information about another country or organization অন্য দেশ অথবা সংগঠন সম্পর্কে গুপ্ত তথ্য খুঁজে বার করার ক্রিয়া; গুপ্তচরবৃত্তি, গুপ্তচরের কাজ ➪ **spy** verb দেখো।

essay / ˈeseɪ 'এসেই / *noun* [C] **an essay (on/about sth)** a short piece of writing on one subject (কোনো একটি বিষয় নিয়ে) রচনা, নিবন্ধ *We have to write a 1000-word essay on tourism for homework.*

essence / ˈesns 'এস্‌ন্স্ / *noun* **1** [U] the basic or most important quality of sth (কোনো বস্তুর) সারমর্ম, সারবস্তু, নিহিতার্থ *Although both parties agree **in essence**, some minor differences remain.* **2** [C, U] a substance (usually a liquid) that is taken from a plant or food and that has a strong smell or taste of that plant or food তীব্র গন্ধ বা স্বাদযুক্ত উদ্ভিদ বা খাদ্যবস্তু থেকে বার করে নেওয়া তরল; নির্যাস, গন্ধসলিল, সুগন্ধসার *coffee/vanilla essence*

essential / ɪˈsenʃl ই'সেন্‌শ্‌ল্ / *adj.* completely necessary; that you must have or do অপরিহার্য; অত্যাবশ্যকীয়, একান্ত প্রয়োজনীয় *essential medical supplies* ○ *Maths is essential for a career in computers.* ○ *It is essential that all school-leavers should have a qualification.* ► **essential** *noun* [C, *usually pl.*] মূলগত, মৌলিক *food, and other essentials such as clothing and heating*

essentially / ɪˈsenʃəli ই'সেন্‌শ্যালি / *adv.* when you consider the basic or most important part of sth যখন কোনো বস্তুর সবচেয়ে বেশি গুরুত্বপূর্ণ অংশটিকে বিবেচনা করা হয়; আসলে, প্রধানত, মূলত, বস্তুত *The problem is essentially one of money.* ✪ সম **basically**

establish / ɪˈstæblɪʃ ই'স্ট্যাব্‌লিশ্ / *verb* [T] **1** to start or create an organization, a system, etc. কোনো প্রতিষ্ঠান, ব্যবস্থা ইত্যাদি শুরু করা বা তার সৃষ্টি করা *The school was established in 1875.* ○ *Before we start on the project we should establish some rules.* **2** to start a formal relationship with sb/sth কোনো ব্যক্তি বা বস্তুর সঙ্গে আনুষ্ঠানিক সম্পর্ক শুরু করা *The government is trying to establish closer links between the two countries.* **3 establish sb/sth (as sth)** to become accepted and recognized as sth স্বীকৃতির মধ্য দিয়ে প্রতিষ্ঠা লাভ করা *She has been trying to establish herself as a novelist for years.* **4** to discover or find proof of the facts of a situation কোনো পরিস্থিতির প্রকৃত ঘটনা জ্ঞাত হওয়া অথবা তার সম্বন্ধে প্রমাণ অথবা সাক্ষ্য সংগ্রহ করা *The police have not been able to establish the cause of the crash.*

establishment / ɪˈstæblɪʃmənt ই'স্ট্যাব্‌লিশ্‌ম্যান্ট্ / *noun* **1** [C] (*formal*) an organization, a large institution or a hotel কোনো সংস্থা, বৃহৎ প্রতিষ্ঠান বা কোনো হোটেল *an educational establishment* **2 the Establishment** [*sing.*] the people in positions of power in a country, who usually do not support change কোনো দেশের প্রভাবশালী, পরিবর্তন-বিরোধী সামাজিক গোষ্ঠী **3** [U] the act of creating or starting a new organization, system, etc. নতুন কোনো প্রতিষ্ঠান, পদ্ধতি ইত্যাদির গোড়াপত্তন বা সৃজনক্রিয়া *the establishment of new laws on taxes*

estate / ɪˈsteɪt ই'স্টেইট্ / *noun* [C] **1** a large area of land in the countryside that is owned by one person or family কোনো এক ব্যক্তি বা পরিবারের দ্বারা অধিকৃত পল্লি অঞ্চলের বৃহৎ এলাকা; ভূসম্পত্তি, জমিদারি, তালুক *He owns a large estate in Haryana.* **2** (*BrE*) an area of land that has a lot of houses or factories of the same type on it যে এলাকায় একই প্রকারের বহু বাড়ি অথবা কারখানা আছে *an industrial estate* (= where there are a lot of factories) ○ *a housing estate* **3** all the money and property that sb leaves when he/she dies অস্থাবর ও স্থাবর সম্পত্তি যা কোনো মৃত ব্যক্তি রেখে যায়

estate agent (*AmE* **Realtor™**; **real estate agent**) *noun* [C] a person whose job is to buy and sell houses and land for other people সম্পত্তি, প্রধানত জমিজমা এবং ঘরবাড়ি বেচাকেনার দালাল

estate car (*AmE* **station wagon**) *noun* [C] a car with a door at the back and a long area for luggage behind the back seat যে গাড়ির পিছনে দরজা থাকে এবং মালপত্র বহন করার জন্য পশ্চাদবর্তী আসনের পিছন দিকে লম্বা জায়গা থাকে; স্টেশন ওয়াগন

esteem / ɪˈstiːm ই'স্টীম্ / *noun* [U] (*formal*) great respect; a good opinion of sb গভীর শ্রদ্ধা, সম্মান; উচ্চধারণা

ester / ˈestə(r) ˈএস্ট্যা(র্) / *noun* [C] (in chemistry) a type of natural substance (**organic compound**) that is formed by combining an acid and an alcohol (রসায়নশাস্ত্রে) অম্ল এবং অ্যালকোহলের মিশ্রণে তৈরি একপ্রকারের প্রাকৃতিক (জৈব যৌগিক) পদার্থ

esthetic (*AmE*) = **aesthetic**

estimate[1] / ˈestɪmət ˈএস্টিম্যাট্ / *noun* [C] **1 an estimate (of sth)** a guess or judgement about the size, cost, etc. of sth, before you have all the facts and figures সম্পূর্ণ তথ্য প্রাপ্ত হওয়ার পূর্বে কোনো বস্তুর আকার, মূল্য ইত্যাদি সম্বন্ধে আনুমানিক মূল্যায়ন বা মূল্যবিচার *Can you give me **a rough estimate** of how many people will be at the meeting?* ○ ***At a conservative estimate*** (= the real figure will probably be higher), *the job will take six months to complete.* **2 an estimate (for sth/doing sth)** a written statement from a person who is going to do a job for you, for example a **builder** or a painter, telling you how much it will cost কোনো ব্যক্তিকে কার্যভার দেওয়ার আগে তার কাছ থেকে নেওয়া সেই কাজের জন্য আনুমানিক খরচের লিখিত বিবরণ, উদাহরণস্বরূপ কোনো রাজমিস্ত্রি বা রঙের মিস্ত্রির দেওয়া সম্ভাব্য খরচের বিবরণ; মূল্যানুমান; এস্টিমেট *They gave me an estimate for repairing the roof.* ➪ **quotation** দেখো।

IDM a ballpark figure/estimate ➪ **ballpark** দেখো।

estimate[2] / ˈestɪmeɪt ˈএস্টিমেইট্ / *verb* [T] **estimate sth (at sth); estimate that...** to calculate the size, cost, etc. of sth approximately, before you have all the facts and figures কোনো বস্তুর প্রকৃত তথ্য এবং সংখ্যা পাওয়ার আগে তার আকার মূল্য ইত্যাদির সম্বন্ধে মোটামুটিভাবে হিসাব করা; মূল্যবিচার অথবা মূল্যায়ন করা; আনুমানিক হিসাব করা *The police estimated the crowd at 10,000.* ○ *She estimated that the work would take three months.*

estimation / ˌestɪˈmeɪʃn ˌএস্টিˈমেইশন্ / *noun* [U] (*formal*) opinion or judgement ধারণা, মতামত, বিচার, মূল্যায়ন *Who is to blame, **in your estimation**?*

estranged / ɪˈstreɪndʒd ইˈস্ট্রেইনজ্ড্ / *adj.* **1** no longer living with your husband/wife স্বামী অথবা স্ত্রীর সঙ্গে থাকছে না বা থাকা হচ্ছে না এমন *her estranged husband* **2 estranged (from sb)** no longer friendly or in contact with sb who was close to you পূর্বে ঘনিষ্ঠ ছিল এমন ব্যক্তির সঙ্গে বন্ধুত্ব অথবা যোগাযোগ নেই এমন *He became estranged from his family following an argument.*

estrogen (*AmE*) = **oestrogen**

estuary / ˈestʃuəri ˈএস্চুঅ্যারি / *noun* [C] (*pl.* **estuaries**) the wide part (**mouth**) of a river where it joins the sea নদীর মোহনা, নদীমুখ

ETA / ˌiː tiː ˈeɪ ˌঈ টীˈএই / *abbr.* estimated time of arrival; the time at which an aircraft, ship, etc. is expected to arrive আনুমানিক আগমনের সময়; কোনো বিমান, জাহাজ ইত্যাদির এসে পৌঁছোনোর আনুমানিক সময়

etc. *abbr.* etcetera; and so on, and other things of a similar kind ইত্যাদি, প্রভৃতি; এইসব, একই প্রকারের নানারকমের বস্তু বা ব্যক্তি *sandwiches, biscuits, cakes, etc.*

eternal / ɪˈtɜːnl ইˈট্যন্ল্ / *adj.* **1** without beginning or end; existing or continuing for ever চিরন্তন, নিত্য, চিরস্থায়ী, অক্ষয়, অনন্ত *Some people believe in eternal life* (= after death). **2** happening too often; seeming to last for ever অবিরাম, অবিশ্রান্ত; চিরস্থায়ী হওয়ার মতো *I'm tired of these eternal arguments!* ▶ **eternally** / -nəli -ন্যালি / *adv.* আবহমানকাল ধরে, চিরকাল, অনন্তকাল ধরে *I'll be **eternally grateful** if you could help me.*

eternity / ɪˈtɜːnəti ইˈট্যন্যাটি / *noun* **1** [U] time that has no end; the state or time after death চিরন্তন, অনন্তকাল; অমরত্ব, অবিনশ্বরতা, পরজীবন **2 an eternity** [*sing.*] a period of time that never seems to end যেন অনন্তকাল, এক যুগ, সুদীর্ঘ কাল *It seemed like an eternity before the ambulance arrived.*

ethane / ˈiːθeɪn ˈঈথেইন্ / *noun* [U] (*symbol* C_2H_6) (in chemistry) a gas that has no colour or smell and that can burn. Ethane is found in natural gas and in **petroleum** (রসায়নশাস্ত্রে) বর্ণগন্ধহীন একধরনের দহনযোগ্য গ্যাস যা প্রাকৃতিক গ্যাস এবং পেট্রোলিয়মে পাওয়া যায়; ইথেন

ethanol / ˈeθənɒl ˈএথ্যানল্ / (*also* **ethyl alcohol**) *noun* [U] the type of alcohol in alcoholic drinks, also used as a fuel or as a **solvent** কোহলযুক্ত পানীয়তে প্রাপ্ত একপ্রকারের অ্যালকোহল যা ইন্ধনরূপে অথবা দ্রাবক পদার্থ হিসাবে ব্যবহৃত হয়; ইথানল

ethereal / ɪˈθɪəriəl ইˈথিঅ্যারিঅ্যাল্ / *adj.* (*formal*) extremely delicate and light, in a way that seems unreal; of heaven or the spirit অত্যন্ত সূক্ষ্ম এবং হালকা (যেন অপার্থিব মনে হয়); অতিলঘু; স্বর্গীয়, অপার্থিব *ethereal music/beauty*

ethical / ˈeθɪkl ˈএথিক্ল্ / *adj.* **1** connected with beliefs of what is right or wrong ভালোমন্দবোধ বা বিশ্বাসের সঙ্গে যুক্ত *That is an ethical problem.* **2** morally correct নীতিসম্মত, নৈতিক *Although she didn't break the law, her behaviour was certainly not ethical.* ▶ **ethically** / -kli -ক্লি / *adv.* নৈতিকভাবে

ethics / ˈeθɪks ˈএথিক্স্ / *noun* **1** [U] the study of what is right and wrong in human behaviour মানুষের আচরণের যথার্থতা ও ভ্রান্তি সম্পর্কে চর্চা বা গবেষণা; নীতিশাস্ত্র, নীতিবিজ্ঞান **2** [*pl.*] beliefs about what is morally correct or acceptable নৈতিক নিয়মাবলী অথবা নীতিসম্মত আচরণের উপর বিশ্বাস *The medical profession has its own* ***code of ethics****.*

ethnic / ˈeθnɪk ˈএথ্নিক্ / *adj.* connected with or typical of a particular race or religion নির্দিষ্ট জাতি বা ধর্মের সঙ্গে যুক্ত অথবা তার প্রতিরূপ *ethnic minorities* ○ *ethnic food/music/clothes*

ethnic cleansing *noun* [U] the policy of forcing people of a certain race or religion to leave an area or country কোনো একটি নির্দিষ্ট জনসমষ্টি অথবা বিশেষ ধর্মাবলম্বী মানুষদের বলপূর্বক কোনো দেশ অথবা অঞ্চল ত্যাগ করানোর কর্মপন্থা

ethnography / eθˈnɒɡrəfi এথ্ˈনগ্র্যাফি / *noun* [U] the scientific description of different races and cultures বিভিন্ন মানবজাতি ও তাদের সংস্কৃতির বিজ্ঞানসম্মত বিবরণ ▶ **ethnographic** / ˌeθnəˈɡræfɪk ˌএথ্ন্যাˈগ্র্যাফিক্ / *adj.* নৃকুলবিজ্ঞান সংক্রান্ত *ethnographic research/studies*

ethnology / eθˈnɒlədʒi এথ্ˈনল্যাজি / *noun* [U] the scientific study and comparison of human races বিভিন্ন মানবজাতির সম্পর্কের বিজ্ঞানসম্মত চর্চা এবং তুলনামূলক বিচার করে যে শাস্ত্র বা বিজ্ঞান; নৃকুলবিদ্যা ▶ **ethnological** / ˌeθnəˈlɒdʒɪkl ˌএথ্ন্যাˈলজিক্‌ল্ / *adj.* মানবজাতির বিবরণ সংক্রান্ত বিদ্যা সম্পর্কিত, নৃকুলবিদ্যার সঙ্গে যুক্ত ▶ **ethnologist** / eθˈnɒlədʒɪst এথ্ˈনল্যাজিস্ট্ / *noun* [C] জাতিতত্ত্ববিদ, জাতিবিজ্ঞানী

ethos / ˈiːθɒs ˈঈথস্ / *noun*[*sing*] (*formal*)a set of ideas and attitudes associated with a particular group or society কোনো জনগোষ্ঠী অথবা সমাজের বৈশিষ্ট্যসূচক ভাবধারা এবং দৃষ্টিভঙ্গি

ethyl alcohol / ˌeθɪlˈælkəhɒl; ˌiːθaɪl ˌএথিল্-ˈঅ্যাল্ক্যাহল্; ˌঈথাইল্ / = **ethanol**

etiology (*AmE*) = **aetiology**

etiquette / ˈetɪket ˈএটিকেট্ / *noun* [U] the rules of polite and correct behaviour শিষ্টাচার, সহবত, আচারব্যবহারের সঠিক আদবকায়দা, সৌজন্যমূলক আচরণ *social/professional etiquette*

etymology / ˌetɪˈmɒlədʒi ˌএটিˈমল্যাজি / *noun* (*pl.* **etymologies**) **1** [U] the study of the origins and history of words and their meanings শব্দের ব্যুৎপত্তি, অর্থ ও তার ইতিহাস সংক্রান্ত বিজ্ঞান; শব্দশাস্ত্র, শব্দতত্ত্ব **2** [C] an explanation of the origin and history of a particular word বিশেষ কোনো একটি শব্দের ব্যুৎপত্তি ও তার ইতিহাসের ব্যাখ্যা

eucalyptus / ˌjuːkəˈlɪptəs ˌইউক্যাˈলিপ্ট্যাস্ / *noun* [C] (*pl.* **eucalyptuses** or **eucalypti** / -taɪ -টাই) a tall straight tree that grows especially in Australia and Asia. Its leaves produce an oil with a strong smell, that is used in medicine বিশেষত এশিয়া এবং অস্ট্রেলিয়া মহাদেশে জন্মায় একপ্রকারের ঋজু দীর্ঘকায় বৃক্ষ। এর পাতা থেকে উৎপন্ন তীব্র গন্ধযুক্ত তেল ওষুধ তৈরির কাজে ব্যবহৃত হয়; ইউক্যালিপটাস গাছ ⇨ **marsupial**-এ ছবি দেখো।

eulogize (*BrE* **-ise**) / ˈjuːlədʒaɪz ˈইউল্যাজাইজ্ / *verb* [I, T] (*formal*) to praise sb/sth very highly কোনো ব্যক্তি অথবা বস্তুর উচ্চকণ্ঠে প্রশংসা করা বা সাধুবাদ দেওয়া *All the critics eulogized her style of writing.* ▶ **eulogistic** / ˈjuːlədʒɪstɪk ˈইউল্যাজিস্টিক্ / *adj.* প্রশংসাপূর্ণ

eulogy / ˈjuːlədʒi ˈইউল্যাজি / *noun* (*pl.* **eulogies**) **1** [C, U] **(a) eulogy (of/to sb/sth)** a speech or piece of writing that says good things about sb/sth (কোনো ব্যক্তি অথবা বস্তু সম্বন্ধে) উচ্চপ্রশংসাসূচক কোনো রচনা বা বক্তৃতা; যশোগান, গুণকীর্তন *a eulogy to marriage* **2** [C] **a eulogy (for/to sb)** a speech given at a funeral saying good things about the person who has died মৃতের শোকসভায় প্রদত্ত প্রশংসাসূচক বক্তৃতা

eunuch / ˈjuːnək ˈইউন্যাক্ / *noun* [C] **1** a man whose **testicles** have been removed (**castrated**), epecially one who guarded the **harem** in some Asian countries in the past ছিন্নমুষ্ক পুরুষ বিশেষত যারা পূর্বকালে কোনো কোনো এশিয় দেশে হারেমের রক্ষী হিসেবে নিযুক্ত হত; নপুংসক, খোজা **2** a person without power or influence শক্তিহীন বা হীনবল অথবা প্রভাবহীন বা ক্ষমতাহীন ব্যক্তি *a political eunuch*

euphemism / ˈjuːfəmɪzəm ˈইউফ্যামিজ্যাম্ / *noun* [C, U] an indirect word or expression that you use instead of a more direct one when you are talking about sth that is unpleasant or embarrassing; the use of such expressions রূঢ়, অপ্রিয় অথবা লজ্জাজনক কোনো কথা স্পষ্টভাবে না বলে তার পরিবর্তে ব্যবহৃত কোমলতর শব্দ অথবা অভিব্যক্তিবিশেষ; এই প্রকার শব্দ বা অভিব্যক্তির ব্যবহার *'Pass away' is a euphemism for 'die'.* ▶ **euphemistic** / ˌjuːfəˈmɪstɪk ˌইউফ্যাˈমিস্টিক্ / *adj.* মিষ্টভাষী, সুভাষিত *euphemistic language* ▶ **euphemistically** / -kli -ক্লি / *adv.* মিষ্টিভাবে

euphoria / juːˈfɔːriə ইউˈফ:রিঅ্যা / *noun* [U] (*formal*) an extremely strong feeling of happiness প্রবল সুখানুভূতি বা সুখোচ্ছ্বাস ▶ **euphoric** / juːˈfɒrɪk ইউˈফরিক্ / *adj.* সুখকর, সুখদায়ক *My euphoric mood could not last.*

euro / ˈjʊərəʊ ˈইউঅ্যার্যাউ /*noun* [C] (*Symbol* **€**) a unit of money used in several countries of the European Union ইউরোপিয়ান ইউনিয়নের বিভিন্ন দেশে

অর্থের প্রচলিত একক বা মুদ্রা; ইউরো *The price is given in dollars or euro*

Euro- / ˈjʊərəʊ ˈইউঅ্যার্যাউ / *prefix* (*in nouns and adjectives*) connected with Europe or the European Union ইউরোপ অথবা ইউরোপিয়ান ইউনিয়নের সঙ্গে যুক্ত *a Euro-MP* ○ *Euro-elections*

European[1] / ˌjʊərəˈpiːən ˌইউঅ্যার্যাˈপীঅ্যান্ / *adj.* of or from Europe ইউরোপের অথবা ইউরোপ-জাত, ইউরোপীয় *European languages*

European[2] / ˌjʊərəˈpiːən ˌইউঅ্যার্যাˈপীঅ্যান্ / *noun* [C] a person from a European country ইউরোপের লোক অথবা অধিবাসী

the European Union *noun* [*sing.*] (*abbr.* **EU**) an economic and political association of certain European countries কয়েকটি নির্দিষ্ট ইউরোপীয় রাষ্ট্রের অর্থনৈতিক এবং রাজনৈতিক সংযোগ দ্বারা গঠিত সংঘ; ইউরোপিয়ান ইউনিয়ন

Eustachian tube / juːˌsteɪʃn tjuːb ইউˌস্টেইশ্ন্ টিউব্ / *noun* [C] a thin tube that connects the middle ear with the upper **pharynx** and equalizes air pressure on either side of the **eardrum** মধ্যকানকে গলবিলের উপরিভাগের সঙ্গে সংযুক্ত করে এবং কর্ণপটহের উভয় দিকে বায়ুর চাপ সমান রাখতে সাহায্য করে যে সরু নল; বহিঃকর্ণ-নালিকা, শ্রবণবাট ➩ **ear** দেখো।

euthanasia / ˌjuːθəˈneɪziə ˌইউথ্যাˈনেইজিঅ্যা / *noun* [U] the practice (illegal in most countries) of killing sb without pain who wants to die because he/she is suffering from a disease that cannot be cured (বেশির ভাগ দেশে বেআইনি) দুরারোগ্য অথবা যন্ত্রণাদায়ক ব্যাধিতে পীড়িত ব্যক্তিকে সহজ যন্ত্রণাহীন স্বেচ্ছামৃত্যু দান করার প্রথা; প্রশান্ত প্রয়াণ

eutrophication / ˌjuːtrəfɪˈkeɪʃn ˌইউট্র্যাফিˈকেইশ্ন্ / *noun* [U] (*technical*) the process of too many plants growing on the surface of a river, lake, etc., often because chemicals that are used to help crops grow have been carried there by rain চাষের জমি থেকে বৃষ্টির জলে বাহিত হওয়া রাসায়নিক সার দ্বারা নদী, হ্রদ ইত্যাদির পৃষ্ঠতলে প্রচুর পরিমাণে উদ্ভিদ উৎপন্ন হওয়ার প্রক্রিয়া

evacuate / ɪˈvækjueɪt ইˈভ্যাকিউএইট্ / *verb* [T] to move people from a dangerous place to somewhere safer; to leave a place because it is dangerous বিপদসংকুল অঞ্চল থেকে লোকজনকে কোনো সুরক্ষিত স্থানে সরানো; বিপজ্জনক হওয়ার কারণে কোনো জায়গা ত্যাগ করা *Thousands of people were evacuated from the war zone.* ○ *The village had to be evacuated when the river burst its banks.* ▶ **evacuation** / ɪˌvækjuˈeɪʃn ইˌভ্যাকিউˈএইশ্ন্ / *noun* [C, U] অপসারণ, উদ্বাসন

evacuee / ɪˌvækjuˈiː ইˌভ্যাকিউˈঈ / *noun* [C] a person who is sent away from a place because it is dangerous, especially during a war বিপদসংকুল অঞ্চল থেকে যে ব্যক্তিকে অন্যত্র সরানো হয়েছে, বিশেষত যুদ্ধের সময়

evade / ɪˈveɪd ইˈভেইড্ / *verb* [T] **1** to manage to escape from or to avoid meeting sb/sth (কোনো ব্যক্তি অথবা বস্তুকে) ফাঁকি দিয়ে পালানো, এড়িয়ে যাওয়া *They managed to evade capture and escaped to France.* **2** to avoid dealing with or doing sth কোনো দায়িত্ব বা কর্তব্য এড়ানো *to evade responsibility* ○ *I asked her directly, but she evaded the question.* ➩ **evasion** noun দেখো।

evaluate / ɪˈvæljueɪt ইˈভ্যালিউএইট্ / *verb* [T] (*formal*) to study the facts and then form an opinion about sth প্রাপ্ত তথ্যাদি বিচার করে কোনো বস্তু সম্পর্কে মূল্যনির্ধারণ করা, মূল্যায়ন করা; নিরূপণ করা *We evaluated the situation very carefully before we made our decision.* ▶ **evaluation** / ɪˌvæljuˈeɪʃn ইˌভ্যালিউˈএইশ্ন্ / *noun* [C, U] মূল্যায়ন, মূল্যনিরূপণ

evangelical / ˌiːvænˈdʒelɪkl ˌঈভ্যান্ˈজেলিকল্ / *adj.* (of certain Protestant churches) believing that religious ceremony is not as important as belief in Jesus Christ and study of the Bible (নির্দিষ্ট কোনো কোনো প্রোটেস্টান্ট গির্জায়) ধর্মীয় আচার অনুষ্ঠানের তুলনায় জিশুখ্রিস্ট এবং বাইবেল পাঠের উপর বিশ্বাসী যে ধর্মগোষ্ঠী

evaporate / ɪˈvæpəreɪt ইˈভ্যাপ্যারেইট্ / *verb* [I] **1** (used about a liquid) to change into steam or gas and disappear (তরল পদার্থ সম্বন্ধে ব্যবহৃত) বাষ্পে পরিণত হয়ে উবে যাওয়া; বাষ্পীভূত হওয়া *The water evaporated in the sunshine.* ➩ **condense** দেখো। **2** to disappear completely সম্পূর্ণরূপে অদৃশ্য বা লুপ্ত হওয়া *All her confidence evaporated when she saw the exam paper.* ▶ **evaporation** / ɪˌvæpəˈreɪʃn ইˌভ্যাপ্যাˈরেইশ্ন্ / *noun* [U] বাষ্পীভবন, বাষ্পীকরণ

evasion / ɪˈveɪʒn ইˈভেইজ্ন্ / *noun* [C, U] **1** the act of avoiding sth that you should do কোনো বস্তুকে এড়ানো বা পরিহার করার ক্রিয়া *He has been sentenced to two years' imprisonment for* ***tax evasion***. ○ *an evasion of responsibility* **2** a statement that avoids dealing with a question or subject in a direct way যে বিবৃতিতে মূল বিষয় বা প্রশ্নের কথা এড়িয়ে যাওয়া হয় *The President's reply was full of evasions.* ➩ **evade** verb দেখো।

evasive / ɪˈveɪsɪv ইˈভেইসিভ্ / *adj.* trying to avoid sth; not direct কিছু এড়িয়ে যাওয়ার চেষ্টা করা হচ্ছে এমন; সোজাসুজি বলা হচ্ছে না এমন *Anu gave an evasive answer.*

eve / i:v ঈভ্ / *noun* [C] the day or evening before a religious festival, important event, etc. কোনো গুরুত্বপূর্ণ ঘটনা অথবা ধর্মীয় অনুষ্ঠানের আগের সন্ধ্যা বা প্রাক্কাল; পূর্বাহ্ণ *Christmas eve* ○ *He injured himself on the eve of the final match.*

even[1] / ˈi:vn ˈঈভ্ন্ / *adj.* **1** flat, level or smooth সমান, সমতল, মসৃণ *The game must be played on an even surface.* **2** not changing; regular যা বদলায় না, অপরিবর্তিত; নিয়মিত *He's very **even-tempered**, in fact I've never seen him angry.* **3** (used about a competition, etc.) equal, with one side being as good as the other (কোনো প্রতিদ্বন্দ্বিতা ইত্যাদি সম্বন্ধে ব্যবহৃত) সমান-সমান, একদল অন্যদলের মতো ভালো *The contest was very even until the last few minutes of the game.* ✪ বিপ **uneven** (অর্থ সংখ্যা **1, 2, 3**-এর জন্য) **4** (used about numbers) that can be divided by two (সংখ্যা সম্বন্ধে ব্যবহৃত) যাকে দুই দিয়ে ভাগ করা যায়; যুগ্ম, জোড় *2, 4, 6, 8, 10, etc. are even numbers.* ✪ বিপ **odd**

IDM be/get even (with sb) (*informal*) to hurt or harm sb who has hurt or harmed you কারও উপর শোধ নেওয়া

break even to make neither a loss nor a profit লাভ লোকসান কিছুই না হওয়া

even[2] / ˈi:vn ˈঈভ্ন্ / *adv.* **1** used for emphasizing sth that is surprising অবাক করার মতো ঘটনার উপর জোর দেওয়ার জন্য ব্যবহৃত অভিব্যক্তিবিশেষ *It isn't very warm here even in summer.* ○ *He didn't even open the letter.* **2 even more, less, bigger, nicer, etc.** used when you are comparing things, to make the comparison stronger কোনো বিষয়ে তুলনা করার সময়ে আরও জোর দেওয়ার জন্য ব্যবহৃত অভিব্যক্তিবিশেষ *You know even less about it than I do.* ○ *It is even more difficult than I expected.*

IDM even if used for saying that what follows 'if' makes no difference কোনো বাক্যে **'if'** শব্দটির পরে যা ব্যক্ত করা হচ্ছে তার জন্য কোনো হেরফের হবে না এই বোঝাতে ব্যবহৃত অভিব্যক্তিবিশেষ; এমনকি, যদি, যদি...তবুও; *I wouldn't ride a horse, even if you paid me.*

even so (used for introducing a new idea, fact, etc. that is surprising) in spite of that; nevertheless (নতুন কোনো আশ্চর্যজনক তথ্য, মত ইত্যাদি উত্থাপন করার জন্য ব্যবহৃত) তৎসত্ত্বেও, তবুও, তাহলেও *There are a lot of spelling mistakes; even so it's quite a good essay.*

even though although যদিও, এমনকি, তবুও *I like her very much even though she can be very annoying.* ➪ **although**-তে নোট দেখো।

evening / ˈi:vnɪŋ ˈঈভ্নিং/ *noun* [C, U] the part of the day between the afternoon and the time that you go to bed দিনান্ত, সন্ধ্যাবেলা, সায়ংকাল, প্রদোষ, সাঁঝ *Most people watch television **in the evening**.* ○ *an evening class* (= a course of lessons for adults that takes place in the evening)

> **NOTE** সন্ধ্যাবেলা প্রথমবার কোনো ব্যক্তির সঙ্গে সাক্ষাৎ হলে **Good evening** বাক্যাংশটি ব্যবহার করা হয়। অনেক সময় আমরা সমার্থকভাবে কেবল **evening** শব্দটির প্রয়োগ করি—*'Good evening, Mrs Walia.' 'Evening, Mr Mehta.'*

evenly / ˈi:vnli ˈঈভ্ন্লি / *adv.* in a smooth, regular or equal way মসৃণভাবে, সমানভাবে, অপরিবর্তিত বা নিয়মিতভাবে *The match was very evenly balanced.* ○ *Spread the cake mixture evenly in the tin.*

event / ɪˈvent ইˈভেন্ট্ / *noun* [C] **1** something that happens, especially sth important or unusual সাধারণত গুরুত্বপূর্ণ বিরল কোনো ঘটনা *a historic event* ○ *The events of the past few days have made things very difficult for the Government.* **2** a planned public or social occasion সুপরিকল্পিত কোনো বারোয়ারি অথবা সামাজিক অনুষ্ঠান *a fundraising event* **3** one of the races, competitions, etc. in a sports programme ক্রীড়ানুষ্ঠানের ক্রীড়াসূচির নির্দিষ্ট কোনো একটি দৌড় বা প্রতিযোগিতা *The next event is the 800 metres.*

IDM at all events/in any event whatever happens যাই ঘটুক না কেন *I hope to see you soon, but in any event I'll phone you on Sunday.*

in the event of sth (*formal*) if sth happens যদি কিছু ঘটে, কোনো কিছুর পরিণাম হিসাবে *In the event of fire, leave the building as quickly as possible.*

eventful / ɪˈventfl ইˈভেন্ট্ফ্ল্ / *adj.* full of important, dangerous, or exciting things happening গুরুত্বপূর্ণ, বিপজ্জনক বা উত্তেজক ঘটনায় ভরপুর; ঘটনাবহুল, ঘটনাময়, গুরুত্বপূর্ণ

eventual / ɪˈventʃuəl ইˈভেন্চুঅ্যাল্ / *adj.* (*only before a noun*) happening as a result at the end of a period of time or of a process কোনো সময়কাল বা প্রক্রিয়ার শেষে পরিণামস্বরূপ সংঘটিত; অন্তিম, চূড়ান্ত *It is impossible to say what the eventual cost will be.*

eventually / ɪˈventʃuəli ইˈভেন্চুঅ্যালি / *adv.* in the end; finally শেষকালে, পরিণামে; অন্তিমে *He eventually managed to persuade his parents to let him buy a motorbike.* ✪ বিপ **finally**

ever[1] / ˈevə(r) ˈএভ্যা(র্) / *adv.* **1** (*used in questions and negative sentences, when you are comparing things, and in sentences with 'if'*) at any time কক্ষনো, কদাচ, কখনও, কোনোদিন, কদাপি *She **hardly ever** (= almost never) goes out.* ○ *Today is hotter*

than ever. ○ *This is the best meal I have ever had.* **2** (*used in questions with verbs in the perfect tenses*) at any time, up to now কখনও, এখন পর্যন্ত, আজ পর্যন্ত *Have you ever been to Spain?* **3** used with a question that begins with 'when', 'where', 'who', 'how', etc., to show that you are surprised or shocked বিস্ময় অথবা অবিশ্বাস প্রকাশ করার জন্য 'when', 'where' 'who', 'how' ইত্যাদি শব্দ দিয়ে শুরু হয় এমন প্রশ্নবোধক বাক্যে ব্যবহৃত অভিব্যক্তিবিশেষ ***How ever*** *did he get back so quickly?* ○ ***Whatever*** *were you thinking about when you wrote this?* ➪ **whatever, whenever, however** ইত্যাদি দেখো।

IDM (as) bad, good, etc. as ever (as) bad, good, etc. as usual or as always সাধারণত অথবা সবসময়ের জন্য ভালো, মন্দ ইত্যাদি *In spite of his problems, Ankur is as cheerful as ever.*

ever after (used especially at the end of stories) from that moment on for always (বিশেষত গল্পের সমাপ্তিতে ব্যবহৃত) তারপর থেকে, সেই সময় থেকে, বরাবর *The prince married the princess and they lived happily ever after.*

ever since... all the time from... until now তখন থেকে...এখন পর্যন্ত, সব সময়... *She has had a car ever since she was at university.*

ever so/ever such (a) very (*informal*) অত্যন্ত *He's ever so kind.* ○ *He's ever such a kind man.*

for ever ➪ **forever 1** দেখো।

ever-² / ˈevə(r) ˈএভ্যা(র্) / (*in compounds*) always; continuously সবসময়; অবিরত, প্রবহমান *the ever-growing problem of pollution*

evergreen / ˈevəgriːn ˈএভ্যাগ্রীন্ / *noun* [C], *adj.* (a tree or bush) with green leaves all through the year (উদ্ভিদ সম্বন্ধে ব্যবহৃত) চিরহরিৎ গুল্ম বা বৃক্ষ; চিরসবুজ, অজর ➪ **deciduous** দেখো।

everlasting / ˌevəˈlɑːstɪŋ ˌএভ্যাˈলা:স্টিং / *adj.* (*formal*) continuing for ever; never changing সনাতন, চিরকালের, চিরস্থায়ী, চিরন্তন; অপরিবর্তনীয় *everlasting life/love*

every / ˈevri ˈএভ্রি / *det.* **1** (*used with singular nouns*) all of the people or things in a group of three or more সকল, প্রত্যেক, প্রত্যেকটি *I've read every book in this house.* ○ *You were out every time I phoned.* ➪ **everybody** দেখো। **2** all that is possible পুরোপুরি, সম্ভাব্য, সবরকম *You have every chance of success.* ○ *She had every reason to be angry.* **3** used for saying how often sth happens ঘটনার পর্যাবৃত্তি বোঝাতে ব্যবহৃত অভিব্যক্তিবিশেষ *We see each other* ***every day***. ○ *Take the medicine every four hours* (= at 8, 12, 4 o'clock, etc.) ○ *I work* ***every other day*** (= on Monday, Wednesday, Friday, etc.)

everybody / ˈevribɒdi ˈএভ্রিবডি / (*also* **everyone** / ˈevriwʌn ˈএভ্রিউআন্ /) *pronoun* [*with sing. verb*] every person; all people প্রতিটি ব্যক্তি; সকলে *Is everybody here?* ○ *The police questioned everyone who was at the party.*

> **NOTE** **Everyone** শব্দটি মানবগোষ্ঠীর জন্য প্রযোজ্য এবং এর পরে 'of' শব্দটি ব্যবহৃত হয় না। প্রত্যেকটি ব্যক্তি অথবা বস্তু বোঝাতে **every one** শব্দটি ব্যবহৃত হয় এবং এর পরে প্রায়শ 'of' শব্দটি ব্যবহৃত হয়—*Every one of his records has been successful.*
> ➪ **somebody**-তে নোট দেখো।

everyday / ˈevrideɪ ˈএভ্রিডেই / *adj.* (*only before a noun*) normal or usual প্রাত্যহিক, নিতান্ত সাধারণ, দৈনন্দিন *The computer is now part of everyday life.*

everyplace / ˈevripleɪs ˈএভ্রিপ্লেইস্ / (*AmE*) = **everywhere**

everything / ˈevriθɪŋ ˈএভ্রিথিং / *pronoun* [*with sing. verb*] **1** each thing; all things প্রত্যেক বস্তু; সব জিনিস, সবই *Everything is very expensive in this shop.* ○ *We can leave* ***everything else*** (=all the other things) *until tomorrow.* **2** the most important thing সবচেয়ে মূল্যবান অথবা মহার্ঘ জিনিস বা বস্তু *Money isn't everything.*

everywhere / ˈevriweə(r) ˈএভ্রিউএঅ্যা(র্) / *adv.* in or to every place সর্বত্র, সব জায়গায় *I've looked everywhere, but I still can't find it.*

eve-teasing / ˌiːvˈtiːzɪŋ ˌঈভ্ˈটীজিং / *noun* [U] the act of publicly troubling and annoying women by using offensive language and behaviour আপত্তিকর ভাষা এবং ব্যবহারের দ্বারা সর্বসমক্ষে মহিলাদের বিরক্ত অথবা উত্যক্ত করার ক্রিয়া; ইভ-টীজিং *Women must stand up against eve-teasing.* ► **eve-teaser** / iːv tiːzə(r) ঈভ্ টীজ্যা(র্) / *noun* [C] আপত্তিকর ভাষায় সর্বসমক্ষে মহিলাদের যে উত্যক্ত করে; ইভ-টীজার

evict / ɪˈvɪkt ইˈভিক্ট্ / *verb* [T] to force sb (officially) to leave the house or land which he/she is renting আইনের সাহায্যে ভাড়াটেকে জমি বা গৃহ থেকে উচ্ছেদ করা *They were evicted for not paying the rent.* ► **eviction** *noun* [C, U] উচ্ছেদ, উৎখাত

evidence / ˈevɪdəns ˈএভিড্যান্স্ / *noun* [U] **evidence (of/for sth); evidence that...** the facts, signs, etc. that make you believe that sth is true প্রতীয়মানতা, বিশ্বাসযোগ্যতার প্রমাণ, নিদর্শন, সাক্ষ্য *There was not enough evidence to prove him guilty.* ○ *Her statement to the police was* ***used in evidence*** *against him.* ○ *The witnesses to the accident will be asked to* ***give evidence*** *in court.*

NOTE **Evidence** শব্দটি অগণনীয়। কোনো একটি বিশেষ সাক্ষ্য অথবা প্রমাণ বোঝাতে হলে **evidence** শব্দটির সঙ্গে **piece** শব্দটিও ব্যবহৃত হয়—*One piece of evidence is not enough to prove somebody guilty.*

IDM **(to be) in evidence** that you can see; present in a place যা চোখে দেখা যাচ্ছে; কোনো জায়গায় উপস্থিত আছে এমন *When we arrived there was no ambulance in evidence.*

evident / ˈevɪdənt ˈএভিড্যান্ট্ / *adj.* clear (to the eye or mind); obvious স্পষ্ট, প্রকট, প্রতীয়মান; নিশ্চিত, দ্ব্যর্থহীন *It was evident that the damage was very serious.*

evidently / ˈevɪdəntli ˈএভিড্যান্ট্লি / *adv.* **1** clearly; that can be easily seen or understood প্রকটভাবে, স্পষ্টভাবে; যা পরিষ্কারভাবে দেখা অথবা বোঝা যায় *She was evidently extremely shocked at the news.* **2** according to what people say লোকের কথা অনুযায়ী *Evidently he has decided to leave.*

evil[1] / ˈiːvl ˈঈভ্ল্ / *adj.* morally bad; causing trouble or harming people নৈতিকভাবে খারাপ; অন্যের ক্ষতি করে যে *In the play Duryodhan is portrayed as an evil king.*

evil[2] / ˈiːvl ˈঈভ্ল্ / *noun* [C, U] a force that causes bad or harmful things to happen অশুভ বা অমঙ্গলকারী শক্তি; কু, অনিষ্টকারী *The play is about the good and evil in all of us.* ○ *Drugs and alcohol are two of the evils of modern society.*

IDM **the lesser of two evils** ➪ **lesser** দেখো।

evocative / ɪˈvɒkətɪv ইˈভক্যাটিভ্ / *adj.* **evocative (of sth)** making you think of or remember a strong image or feeling, in a pleasant way চিত্তাকর্ষকভাবে কোনো চিন্তা অথবা প্রবল কোনো অনুভূতি বা কল্পনা উদ্রেক করে এমন *evocative smells/sounds/music* ○ *Her book is wonderfully evocative of village life.*

evoke / ɪˈvəʊk ইˈভ্যাউক্ / *verb* [T] (*formal*) to produce a memory, feeling, etc. in sb কোনো ব্যক্তির মধ্যে স্মৃতি, অনুভূতি ইত্যাদি জাগানো *For me, that music always evokes hot summer evenings.* ○ *Her novel evoked a lot of interest.*

evolution / ˌiːvəˈluːʃn; ˌev- ˌঈভ্যাˈলূশ্ন্; ˌএভ্- / *noun* [U] **1** the development of plants, animals, etc. over many thousands of years from simple early forms to more advanced ones (প্রাণী, উদ্ভিদ ইত্যাদির) হাজার হাজার বছর ধরে আদিম রূপ থেকে শুরু করে আধুনিকতর রূপ পর্যন্ত ক্রম বিবর্তন *Darwin's Theory of Evolution* **2** the gradual process of change and development of sth (কোনো বস্তুর) ক্রমবিকাশ, ক্রমপরিবর্তন এবং ক্রম বিবর্তন *Political evolution is a slow process.*

evolve / iˈvɒlv ইˈভল্ভ্ / *verb* **1** [I, T] (*formal*) to develop or to make sth develop gradually, from a simple to a more advanced form প্রাথমিক রূপ থেকে আধুনিকতর রূপে ধীরে ধীরে উন্নত হওয়া বা কোনো কিছুকে উন্নত করা, ক্রমশঃ জটিলতর হওয়া বা বিকশিত হওয়া *His style of painting has evolved gradually over the past 20 years.* **2** **evolve (from sth)** (used about plants, animals, etc.) to develop over many thousands of years from simple forms to more advanced ones (উদ্ভিদ, প্রাণী ইত্যাদি সম্পর্কে ব্যবহৃত) হাজার হাজার বছর ধরে বিবর্তনের মধ্যে দিয়ে আদিম রূপ থেকে আধুনিকতর রূপে পৌঁছোনো

ewe / juː ইউ / *noun* [C] a female sheep স্ত্রী ভেড়া ➪ **sheep**-এ নোট এবং ছবি দেখো।

ex- / eks এক্স্ / *prefix* (*in nouns*) former পূর্বতন, প্রাক্তন *ex-wife* ○ *ex-president*

exacerbate / ɪgˈzæsəbeɪt ইগ্ˈজ্যাস্যাবেইট্ / *verb* [T] (*formal*) to make sth worse, especially a disease or problem কোনো কিছু আরও খারাপ হওয়া বা তাকে খারাপ করা, বিশেষ করে রোগ বা কোনো সমস্যা ✪ সম **aggravate** ▶ **exacerbation** / ɪgˌzæsəˈbeɪʃn ইগ্ˌজ্যাস্যাˈবেইশ্ন্ / *noun* [U, C] প্রকোপ, আতিশয্য

exact[1] / ɪgˈzækt ইগ্ˈজ্যাক্ট্ / *adj.* **1** (completely) correct; accurate সম্পূর্ণভাবে ঠিক; নির্ভুল *He's in his mid-fifties. Well, 56* ***to be exact.*** ○ *She's* ***the exact opposite*** *of her sister.* **2** able to work in a way that is completely accurate সঠিকভাবে, নির্ভুল ভাবে অথবা অভ্রান্তভাবে কাজ করতে সক্ষম *You need to be very exact when you calculate the costs.* ▶ **exactness** *noun* [U] যথার্থতা, সঠিকতা, নির্ভুলতা

exact[2] / ɪgˈzækt ইগ্ˈজ্যাক্ট্ / *verb* [T] (*formal*) **exact sth (from sb)** to demand and get sth from sb কারও কাছ থেকে জোর করে পাওনা আদায় করা

exacting / ɪgˈzæktɪŋ ইগ্ˈজ্যাক্টিং / *adj.* needing a lot of care and attention; difficult খুব বেশি মনোযোগ ও যত্ন দাবি করে এমন; কঠিন *exacting work*

exactly / ɪgˈzæktli ইগ্ˈজ্যাক্ট্লি / *adv.* **1** (used to emphasize that sth is correct in every way) just (সব দিক থেকে নির্ভুল একথা জোর দিয়ে বোঝানোর জন্য ব্যবহৃত অভিব্যক্তিবিশেষ) একদম ঠিক, যথাযথ, হুবহু *You've arrived at exactly the right moment.* ○ *I found exactly what I wanted.* **2** used to ask for, or give, completely correct information পুরোপুরি ঠিক তথ্য জানানো, জানা অথবা দেওয়ার জন্য ব্যবহৃত অভিব্যক্তিবিশেষ *He took exactly one hour to finish.* ✪ সম **precisely** **3** (*spoken*) (used for agreeing with a statement) yes; you are right (কোনো মন্তব্যের সঙ্গে একমত হলে ব্যবহৃত) হ্যাঁ; ঠিক বলছ, ঠিক বলছেন *'I* *don't think she's old enough to travel on her own.' 'Exactly.'*

IDM not exactly (*spoken*) **1** (used when you are saying the opposite of what you really mean) not really; not at all (বক্তব্যের প্রকৃত অর্থের বিপরীতে কিছু বলার জন্য ব্যবহৃত অভিব্যক্তিবিশেষ) না ঠিক তা নয়; একেবারেই নয় *He's not exactly the most careful driver I know.* **2** (used when you are correcting sth that sb has said) অন্যের ভুল কথা সংশোধন করার জন্য ব্যবহৃত অভিব্যক্তিবিশেষ *'So you think I'm wrong?' 'No, not exactly, but....'*

exaggerate / ɪɡˈzædʒəreɪt ইগ্'জ্যাজ্যারেইট্ / *verb* [I, T] to make sth seem larger, better, worse, etc. than it really is কোনো বিষয়কে অতিরঞ্জিত করা, ফুলিয়ে ফাঁপিয়ে বলা *Don't exaggerate. I was only two minutes late, not twenty.* ○ *The problems have been greatly exaggerated.* ▶ **exaggeration** / ɪɡˌzædʒəˈreɪʃn ইগ্‚জ্যাজ্যা'রেইশ্ন্ / *noun* [C, U] অতিরঞ্জন, অতিকথন *It's rather an exaggeration to say that all the students are lazy.*

exalt / ɪɡˈzɔ:lt ইগ্'জ:ল্ট্ / *verb* [T] (*formal*) **1** to make somebody rise to a higher rank or position কোনো ব্যক্তিকে উচ্চক্ষমতা বা পদে উন্নীত করা *He was exalted to the post of a general.* ○ *His influence helped him get an exalted position in the ministry of defense.* **2** to praise sb/sth a lot কোনো ব্যক্তি অথবা বস্তুর উচ্চপ্রশংসা করা

exam / ɪɡˈzæm ইগ্'জ্যাম্ / (*formal* **examination**) *noun* [C] a written, spoken or practical test of what you know or can do পরীক্ষা (লিখিত, মৌখিক বা ব্যাবহারিক) *an English exam* ○ *the exam results* ○ ***to take/sit an exam*** ○ ***to pass/fail an exam***

> **NOTE** চলিত ভাষায় **test** শব্দটি বেশি ব্যবহার করা হয় এবং সাধারণত **test**-এ **exam**-এর থেকে কম সময় দেওয়া হয়।

examination / ɪɡˌzæmɪˈneɪʃn ইগ্‚জ্যামি'নেইশ্ন্ / *noun* **1** [C, U] the act of looking at sth carefully, especially to see if there is anything wrong or to find the cause of a problem সাবধানতাপূর্বক পরীক্ষা; অনুসন্ধান, তদন্ত *On close examination, it was found that the passport was false.* ○ *a medical examination* **2** [C] (*formal*) = **exam**

examine / ɪɡˈzæmɪn ইগ্'জ্যামিন্ / *verb* [T] **1** to consider or study an idea, a subject, etc. very carefully (কোনো বিষয়, মত ইত্যাদি) মনোযোগসহকারে বিবেচনা করা বা অধ্যয়ন করা *These theories will be examined in more detail later on in the lecture.* **2 examine sb/sth (for sth)** to look at sb/sth carefully in order to find out sth কোনো কিছু ভালোভাবে দেখা বা কারও অনুসন্ধান করা, তদন্ত করা *The detective examined the room for clues.* **3** (*formal*) **examine sb (in/on sth)** to test what sb knows or can do কোনো ব্যক্তির জ্ঞান বা যোগ্যতা পরীক্ষা করা *You will be examined on everything that has been studied in the course.*

examiner / ɪɡˈzæmɪnə(r) ইগ্'জ্যামিন্যা(র্) / *noun* [C] a person who tests sb in an exam পরীক্ষক, পরীক্ষা গ্রহণকারী

example / ɪɡˈzɑ:mpl ইগ্'জা:ম্প্ল্ / *noun* [C] **1 an example (of sth)** something such as an object, a fact or a situation which shows, explains or supports what you say উদাহরণ, দৃষ্টান্ত, প্রমাণ *This is **a typical example of** a Mughal house.* **2 an example (to sb)** a person or thing or a type of behaviour that is good and should be copied কোনো ব্যক্তি বা বস্তু বা কোনো আচরণ যা ভালো এবং অনুসরণীয় *Raju's bravery should be an example to us all.*

IDM follow sb's example/lead ⇨ **follow** দেখো।

for example; e.g. used for giving a fact, situation, etc., which explains or supports what you are talking about নিজের মতের সমর্থনে উদাহরণ বা দৃষ্টান্ত দেওয়ার জন্য বা সমর্থনের জন্য ব্যবহৃত অভিব্যক্তিবিশেষ *In many countries, India, for example, family life is much more important than in Europe.*

set a(n) (good/bad) example (to sb) to behave in a way that should/should not be copied অনুকরণের যোগ্য অথবা অযোগ্য ব্যবহার করা, নজির দেওয়া *Parents should always take care when crossing roads in order to set a good example to their children.*

exasperate / ɪɡˈzæspəreɪt ইগ্'জ্যাস্প্যারেইট্ / *verb* [T] to make sb angry; to annoy sb very much (কোনো ব্যক্তিকে) ক্রুদ্ধ করা; কাউকে অত্যন্ত বিরক্ত বা ক্ষিপ্ত করা *She was exasperated by the lack of progress.* ▶ **exasperating** *adj.* বিরক্তিকর *an exasperating problem* ▶ **exasperation** / ɪɡˌzæspəˈreɪʃn ইগ্‚জ্যাস্প্যা'রেইশ্ন্ / *noun* [U] বিরক্তি, হয়রানি *She finally threw the book across the room **in exasperation**.*

excavate / ˈekskəveɪt 'এক্স্ক্যাভেইট্ / *verb* [I, T] to dig in the ground to look for old objects or buildings that have been buried for a long time; to find sth by digging in this way পুরাবস্তু বা গৃহ ইত্যাদি যা দীর্ঘ সময় ধরে ভুগর্ভস্থিত আছে তা খুঁজে বার করার জন্য মাটি খোঁড়া; এইভাবে কিছু খুঁজে পাওয়া বা খোঁজা *An ancient building has been excavated in a valley near the village.* ▶ **excavation** / ˌekskəˈveɪʃn ‚এক্স্ক্যা'ভেইশ্ন্ / *noun* [C, U] খনন

কার্য *Excavations on the site have revealed Harappan artefacts.*

excavator / ˈekskəveɪtə(r) ˈএক্স্ক্যাভেইট্যা(র্) / *noun* [C] **1** a large machine that is used for digging and moving earth খননকারী যন্ত্র; খনক **2** a person who digs in the ground to look for old buildings and objects প্রাচীন অট্টালিকা এবং বস্তুসমূহের সন্ধানে ভূমি খোঁড়ে যে ব্যক্তি; খননকারী, খনক

exceed / ɪkˈsiːd ইক্ˈসীড্ / *verb* [T] **1** to be more than a particular number or amount নির্দিষ্ট সংখ্যা বা পরিমাণের চেয়ে বেশি হওয়া; বাড়তি হওয়া, সীমা ছাড়ানো, লঙ্ঘন করা *The weight of the bag should not exceed 20 kilos.* **2** to do more than the law, a rule, an order, etc. allows you to do আইনত বা কোনো নিয়ম বা আদেশ ইত্যাদি অনুসারে যে সীমারেখা নির্দিষ্ট আছে তা অতিক্রম করা *He was stopped by the police for exceeding the speed limit* (= driving faster than is allowed). ➪ **excess** এবং **excessive** দেখো।

exceedingly / ɪkˈsiːdɪŋli ইক্ˈসীডিংলি / *adv.* (*formal*) very খুব বেশি, অত্যন্ত, অতীব *an exceedingly difficult problem*

excel / ɪkˈsel ইক্ˈসেল্ / *verb* (**excelling; excelled**) (*formal*) **1** [I] **excel (in/at sth/doing sth)** to be very good at doing sth কোনো কিছু করায় উৎকৃষ্টতর ও শ্রেষ্ঠতর হওয়া *Sonia excels at sports.* **2** [T] **excel yourself** to do sth even better than you usually do নিজের যে স্বাভাবিক ক্ষমতা তাকে ছাড়িয়ে যাওয়া *Tarun's cooking is always good but this time he really excelled himself.*

excellence / ˈeksələns ˈএক্স্যাল্যান্স্ / *noun* [U] the quality of being very good শ্রেষ্ঠত্ব, পরমোৎকর্ষ *The head teacher said that she wanted the school to be a centre of academic excellence.*

Excellency / ˈeksələnsi ˈএক্স্যাল্যান্সি / *noun* [C] (*pl.* **Excellencies**) **(His/Her/Your) Excellency** a title used when talking to or about sb who has a very important official position as the representative of his or her own country in another country **(an ambassador)** কোনো দেশে অন্য দেশের প্রতিনিধি (রাষ্ট্রদূত ইত্যাদি)-র সঙ্গে বা তাঁর সম্বন্ধে কথা বলার সময়ে তাঁর প্রতি সম্মানার্থে ব্যবহৃত সম্বোধন

excellent / ˈeksələnt ˈএক্স্যাল্যান্ট্ / *adj.* very good; of high quality পরমোৎকৃষ্ট; খুব উঁচু মানের *He speaks excellent French.* ► **excellently** *adv.* খুব ভালোভাবে

except¹ / ɪkˈsept ইক্ˈসেপ্ট্ / *prep.* **except (for) sb/sth; except that...** not including sb/sth; apart from the fact that কোনো ব্যক্তি বা বস্তু ব্যতিরেকে; বাদে, বাদ দিয়ে, ছাড়া *The museum is open every day except Mondays.* ○ *It was a good hotel except that it was rather noisy.*

except² / ɪkˈsept ইক্ˈসেপ্ট্ / *verb* [T] (*formal*) **except sb/sth (from sth)** (*usually passive*) to leave sb/sth out; to not include sb/sth (কোনো ব্যক্তি বা বস্তুকে) বাদ দেওয়া; না ধরা *Nobody is excepted from helping with the housework.* ► **excepting** *prep.* ছাড়া, বাদ দিয়ে *I swim every day excepting Sundays.*

exception / ɪkˈsepʃn ইক্ˈসেপ্শ্ন্ / *noun* [C] a person or thing that is not included in a general statement সাধারণ নয়; নিয়মবহির্ভূত, ব্যতিক্রম *Everybody was poor as a student and I was* ***no exception****.*

IDM **make an exception (of sb/sth)** to treat sb/sth differently কোনো ব্যক্তি বা বস্তুকে আলাদাভাবে দেখা, অন্যভাবে গণ্য করা *We don't usually allow children under 14 but we'll make an exception in your case.*

with the exception of except for; apart from কেবলমাত্র এটি ব্যতীত; এটি ব্যতিরেকে *He has won every major tennis championship with the exception of Wimbledon.*

without exception in every case; including everyone/everything সবক্ষেত্রে; একটাও বাদ না দিয়ে, প্রত্যেকটি জিনিস এবং প্রত্যেককে নিয়ে *Everybody without exception must take the test.*

exceptional / ɪkˈsepʃənl ইক্ˈসেপ্শ্যান্ল্ / *adj.* very unusual; unusually good অস্বাভাবিক, বিরল; অসাধারণ *You will only be allowed to leave early in exceptional circumstances.* ➪ **unexceptional** দেখো। ► **exceptionally** / -ʃənəli -শ্যান্যালি / *adv.* অসাধারণ রকমের, অস্বাভাবিকভাবে *The past year has been exceptionally difficult for us.*

excerpt / ˈeksɜːpt ˈএক্স্যপ্ট্ / *noun* [C] a short piece taken from a book, film, piece of music, etc. গান, বই, চলচ্চিত্র ইত্যাদি থেকে নেওয়া ক্ষুদ্র অংশ; উদ্ধৃতি

excess¹ / ɪkˈses ইক্ˈসেস্ / *noun* [*sing.*] **an excess (of sth)** more of sth than is necessary or usual; too much of sth যা দরকার তার থেকে বেশি; মাত্রাতিরিক্ত রকমের বেশি, সীমা ছাড়িয়ে *An excess of fat in your diet can lead to heart disease.*

IDM **in excess of** more than-এর থেকে বেশি *Her debts are in excess of Rs 10,000.* ➪ **exceed** verb দেখো।

excess² / ˈekses ˈএক্সেস্ / *adj.* (*only before a noun*) more than is usual or allowed; extra যা সীমার মধ্যে বা স্বাভাবিক তার থেকে বেশি; বাড়তি *Cut any excess fat off the meat.* ➪ **exceed** verb দেখো।

excessive / ɪkˈsesɪv ইক্'সেসিভ্ / *adj.* too much; too great or extreme অত্যধিক; অপরিমিত *He was driving at excessive speed when he crashed.* ▶ **excessively** *adv.* নিদারুণভাবে, অপরিমিত

exchange¹ / ɪksˈtʃeɪndʒ ইক্স্'চেইন্জ্ / *noun* **1** [C, U] giving or receiving sth in return for sth else কোনো কিছুর বদলে অন্য কিছু দেওয়া বা পাওয়া হচ্ছে এমন; বিনিময় *a useful exchange of information* ○ *We can offer free accommodation* ***in exchange for*** *some help in the house.* **2** [U] the relation in value between kinds of money used in different countries বিভিন্ন দেশের মধ্যে বিভিন্ন প্রকার মুদ্রার মূল্যগত সম্পর্ক; বিভিন্ন দেশের মধ্যে মুদ্রা বিনিময়ের হার *What's the* ***exchange rate*** *for dollars?* ○ *Most of the country's* ***foreign exchange*** *comes from oil.* ➪ **Stock Exchange** দেখো। **3** [C] a visit by a group of students or teachers to another country and a return visit by a similar group from that country দুই দেশের মধ্যে এক দল ছাত্র ও শিক্ষকের সাক্ষাৎ বিনিময় *She went on an exchange to Germany when she was sixteen.* **4** [C] an angry conversation or argument কথা কাটাকাটি অথবা রেগে গিয়ে বাদানুবাদ *She ended up having a* ***heated exchange*** *with her neighbours about the noise the night before.*

exchange² / ɪksˈtʃeɪndʒ ইক্স্'চেইন্জ্ / *verb* [T] **exchange A for B; exchange sth (with sb)** to give or receive sth in return for sth else কোনো কিছুর বিনিময়ে কিছু দেওয়া বা পাওয়া *I would like to exchange this skirt for a bigger size.* ○ *They exchanged glances* (= they looked at each other).

exchequer / ɪksˈtʃekə(r) ইক্স্'চেক্যা(র্) / *noun* [*sing.*] (*usually* **the Exchequer**) the government department that controls public money in Britain and some countries ব্রিটেন এবং আরও কিছু দেশে যে সরকারি বিভাগ জনগণের অর্থ বা জাতীয় অর্থ নিয়ন্ত্রণ করে ➪ **Treasury** দেখো। **2** the public or national supply of money জনগণ কর্তৃক প্রদত্ত অর্থ বা জাতীয় অর্থ সরবরাহ *The indefinite strike by the transporters caused a massive loss to the exchequer.*

excise / ˈeksaɪz 'এক্সাইজ্ / *noun* [U] a government tax on certain goods that are produced or sold inside a country, for example, tobacco, alcohol, etc. দেশে উৎপন্ন এবং দেশের মধ্যে বিক্রিত কোনো কোনো দ্রব্যের উপর ধার্য মাশুল বা শুল্ক (উদাহরণস্বরূপ তামাক, অ্যালকোহল ইত্যাদি); অন্তঃশুল্ক, আবগারি ➪ **customs** দেখো।

excitable / ɪkˈsaɪtəbl ইক্'সাইট্যাব্ল্ / *adj.* easily excited সহজে উত্তেজিত হয় এমন

excite / ɪkˈsaɪt ইক্'সাইট্ / *verb* [T] **1** to make sb feel happy and enthusiastic or nervous কাউকে উত্তেজিত করা; উদ্দীপ্ত করা, ভয় দেখানো *Don't excite the baby too much or we'll never get him off to sleep.* **2** to make sb react in a particular way বিশেষভাবে কারও মধ্যে প্রতিক্রিয়া ঘটানো, কাউকে জাগানো, ভাবোদ্রেক করা *The programme excited great interest.*

excited / ɪkˈsaɪtɪd ইক্'সাইটিড্ / *adj.* **excited (about/at/by sth)** feeling or showing happiness and enthusiasm; not calm উৎসাহ, উত্তেজনা অনুভূত হচ্ছে বা তার প্রকাশ ঘটছে এমন; অশান্ত, অস্থির *Are you getting excited about your holiday?* ○ *We're all very excited at the thought of moving house.* ▶ **excitedly** *adv.* উত্তেজিতভাবে

excitement / ɪkˈsaɪtmənt ইক্'সাইট্ম্যান্ট্ / *noun* [U] the state of being excited, especially because sth interesting is happening or will happen উত্তেজিত মনোভাব, বিশেষত কোনো আগ্রহজনক ঘটনা ঘটছে বা ঘটবে সেই কারণে *There was* ***great excitement*** *as the winner's name was announced.* ○ *The match was* ***full of excitement***.

exciting / ɪkˈsaɪtɪŋ ইক্'সাইটিং / *adj.* causing strong feelings of pleasure and interest উত্তেজনাময়, রোমাঞ্চকর *That's very exciting news.* ○ *Bengaluru is one of the most exciting cities in India.*

exclaim / ɪkˈskleɪm ইক্'স্ক্লেইম্ / *verb* [I, T] to say sth suddenly and loudly because you are surprised, angry, etc. বিস্ময় অথবা রাগ ইত্যাদি কারণে হঠাৎ জোরে চেঁচিয়ে ওঠা *'I just don't believe it!' he exclaimed.*

exclamation / ˌekskləˈmeɪʃn ˌএক্স্ক্ল্যা'মেইশ্ন্ / *noun* [C] a short sound, word or phrase that you say suddenly because of a strong emotion, pain, etc. প্রবল আবেগ, যন্ত্রণা ইত্যাদি প্রকাশক বিস্ময়সূচক আকস্মিক উক্তি বা আওয়াজ *'Ouch!' is an exclamation.* ✪ সম **interjection**

exclamation mark (*AmE* **exclamation point**) *noun* [C] a mark (!) that is written after an exclamation (!) এই চিহ্নটি যেটি কোনো বিস্ময়সূচক শব্দের পরে বসানো হয়

exclude / ɪkˈskluːd ইক্'স্ক্লুড্ / *verb* [T] (*not used in the continuous tenses*) **1** to leave out; not include বাদ রাখা; অন্তর্ভুক্ত না করা *The price excludes all extras such as drinks or excursions.* **2 exclude sb/sth (from sth)** to prevent sb/sth from entering a place or taking part in sth কোনো ব্যক্তি বা বস্তুকে কোনো স্থানে প্রবেশের বা কোনো কিছুতে অংশ গ্রহণ থেকে আটকানো *Women are excluded from the temple.* ○ *Mohan was excluded from the game for cheating.* ✪ বিপ **include** **3** to decide that sth is not possible কোনো কিছু সম্ভব নয় এই সিদ্ধান্তে আসা

*The police had **excluded the possibility** that the child had run away.*

excluding / ɪkˈskluːdɪŋ ইক্‌'স্ক্লুডিং / *prep.* leaving out; without বাদ দিয়ে; ছাড়া, ব্যতীত *Lunch costs Rs 50 per person excluding drinks.* ✪ বিপ **including**

exclusion / ɪkˈskluːʒn ইক্‌'স্ক্লুজ্‌ন্ / *noun* [U] keeping or leaving sb/sth out কাউকে বা কোনো কিছুকে বাদ রাখা হয়েছে এমন

exclusive[1] / ɪkˈskluːsɪv ইক্‌'স্ক্লুসিভ্ / *adj.* **1** (*only before a noun*) only to be used by or given to one person, group, etc.; not to be shared কোনো ব্যক্তি বা গোষ্ঠী ইত্যাদির ব্যবহারের জন্য বিশেষভাবে সংরক্ষিত; যা ভাগ করার জন্য নয় *This car is for the Director's exclusive use.* **2** expensive and not welcoming people who are thought to be of a lower social class যে স্থান মহার্ঘ এবং যেখানে সমাজের নিম্নস্তরের লোকজনের প্রবেশ কাম্য নয় *an exclusive restaurant* ○ *a flat in an exclusive part of the city* **3 exclusive of sb/sth** not including sb/sth; without কাউকে বা কোনো কিছুকে না জড়িয়ে; ছাড়া, ব্যতীত *Lunch costs Rs 70 per person exclusive of drinks.*

exclusive[2] / ɪkˈskluːsɪv ইক্‌'স্ক্লুসিভ্ / *noun* [C] a newspaper story that is given to and published by only one newspaper কেবলমাত্র একটি সংবাদপত্রকে দেওয়া এবং তার দ্বারা প্রকাশিত বিশেষ রচনা

exclusively / ɪkˈskluːsɪvli ইক্‌'স্ক্লুসিভ্‌লি / *adv.* only; not involving anyone/anything else কেবলমাত্র; নির্দিষ্ট ব্যক্তিদের জন্য সংরক্ষিত *The swimming pool is reserved exclusively for members of the club.*

excommunicate / ˌekskəˈmjuːnɪkeɪt ˌএক্স্‌ক্যা-'মিউনিকেইট্ / *verb* [T] **excommunicate sb (for sth)** to punish sb by officially not allowing them to remain a member of a Christian Church, especially the Roman Catholic Church খ্রিস্টান গির্জার সদস্যপদ থেকে কোনো ব্যক্তিকে বহিষ্কার করে (বিশেষত রোমান ক্যাথলিক গির্জায়) আনুষ্ঠানিকভাবে শাস্তি দেওয়া *The Church excommunicated him for blasphemy.* ▶ **excommunication** / ˌekskə-ˈmjuːnɪkeɪʃn ˌএক্স্‌ক্যা'মিউনিকেইশ্‌ন্ / *noun* [C, U] গির্জা থেকে বহিষ্করণ

excrement / ˈekskrɪmənt 'এক্স্‌ক্রিম্যান্ট্ / *noun* [U] (*formal*) the solid waste material that you get rid of when you go to the toilet পরিত্যক্ত মল, বিষ্ঠা, পায়খানা ✪ সম **faeces**

excrete / ɪkˈskriːt ইক্‌'স্ক্রীট্ / *verb* [T] (*formal*) to get rid of solid waste material from the body শরীর থেকে বর্জ্য পদার্থ (মল) বার করা; মলত্যাগ করা ▶ **excretion** / ɪkˈskriːʃn ইক্‌'স্ক্রীশ্‌ন্ / *noun* [U] রেচন, ক্লেদ-নিঃসরণ

excruciating / ɪkˈskruːʃieɪtɪŋ ইক্‌'স্ক্রুশিএইটিং / *adj.* extremely painful খুবই কষ্টদায়ক

excursion / ɪkˈskɜːʃn ইক্‌'স্ক্যশ্‌ন্ / *noun* [C] a short journey or trip that a group of people make for pleasure আনন্দ লাভের জন্য অন্য কোনো জায়গায় দলবেঁধে স্বল্পস্থায়ী ভ্রমণ *to **go on an excursion** to the seaside* ➪ **travel**-এ নোট দেখো।

excusable / ɪkˈskjuːzəbl ইক্‌'স্কিউজ্যাব্‌ল্ / *adj.* that you can forgive ক্ষমাযোগ্য, মার্জনীয় *an excusable mistake* ✪ বিপ **inexcusable**

excuse[1] / ɪkˈskjuːs ইক্‌'স্কিউস্ / *noun* [C] **an excuse (for sth/doing sth)** a reason (that may or may not be true) that you give in order to explain your behaviour নিজের ব্যবহারের ব্যাখ্যা দেওয়ার জন্য দেখানো কারণ (সত্য হতে পারে বা না-ও হতে পারে); অজুহাত, ওজর *There's **no excuse for** rudeness.* ○ *to **make an excuse***

excuse[2] / ɪkˈskjuːz ইক্‌'স্কিউজ্ / *verb* [T] **1 excuse sb/sth (for sth/for doing sth)** to forgive sb for sth he/she has done wrong that is not very serious কোনো ব্যক্তিকে সামান্য অপরাধের জন্য ক্ষমা করে দেওয়া; মার্জনা করা *Please excuse the interruption but I need to talk to you.* **2** to explain sb's bad behaviour and make it seem less bad কোনো ব্যক্তির খারাপ ব্যবহারের কোনো একটা কারণ দেখিয়ে তার দোষের মাত্রা কমানো *Nothing can excuse such behaviour.* **3 excuse sb (from sth)** to free sb from a duty, responsibility, etc. কাউকে কর্তব্য, দায়িত্ব ইত্যাদি থেকে রেহাই দেওয়া; মুক্তি দেওয়া *She excused herself* (= asked if she could leave) *and left the meeting early.*

> **NOTE** কোনো ব্যক্তিকে তার কথা বলা বা কাজের মাঝে থামিয়ে কোনো কথা বলতে গেলে অথবা কোনো অপরিচিত ব্যক্তির সঙ্গে বাক্যালাপ শুরু করতে গেলে **excuse me** অভিব্যক্তিটি ব্যবহৃত হয়—*Excuse me, can you tell me the way to the station?* আমেরিকান ইংরেজিতে এবং অনেকসময়ে ব্রিটিশ ইংরেজিতে **excuse me** ক্ষমা চাওয়ার জন্য ব্যবহৃত হয়—*Did I tread on your toe? Excuse me.*

execute / ˈeksɪkjuːt 'এক্‌সিকিউট্ / *verb* [T] **1 execute sb (for sth)** (*usually passive*) to kill sb as an official punishment কোনো অপরাধের জন্য দণ্ডাদেশ দিয়ে হত্যা করা *He was executed for murder.* **2** (*formal*) to perform a task, etc. or to put a plan into action কোনো কাজ ইত্যাদি সম্পাদন করা, কোনো পরিকল্পনা কাজে লাগানো ▶ **execution** / ˌeksɪˈkjuːʃn ˌএক্‌সি'কিউশ্‌ন্ / *noun* [C, U] সংকল্প অনুযায়ী কর্ম সম্পাদন; প্রাণদণ্ড

executioner / ˌeksɪˈkjuːʃənə(r) ˌএক্সি'কিউশ্যান্যা(র্) / *noun* [C] a person whose job is to execute criminals জল্লাদ, হত্যাকারী

executive¹ / ɪɡˈzekjətɪv ইগ্'জ়েকিঅ্যাটিভ্ / *adj.* **1** (used in connection with people in business, government, etc.) concerned with managing, making plans, decisions, etc. (সরকারি প্রতিষ্ঠান বা কোনো ব্যাবসায়িক প্রতিষ্ঠান ইত্যাদির সঙ্গে জড়িত ব্যক্তিদের সম্পর্কে ব্যবহৃত) পরিচালনকার্য, পরিকল্পনা প্রস্তুত, সিদ্ধান্তগ্রহণ ইত্যাদি কার্যনির্বাহকারী ব্যক্তি; প্রশাসনিক দায়িত্বপ্রাপ্ত কর্মচারী *an executive director of the company* ○ *executive decisions/jobs/duties* **2** (used about goods, buildings, etc.) designed to be used by important business people (জিনিসপত্র, বাড়ি ইত্যাদি সম্পর্কে ব্যবহৃত) উচ্চপদস্থ ব্যক্তিদের ব্যবহারের উপযোগী নকশাযুক্ত *an executive briefcase*

executive² / ɪɡˈzekjətɪv ইগ্'জ়েকিঅ্যাটিভ্ / *noun* **1** [C] a person who has an important position as a manager of a business or organization কোনো ব্যাবসা বা অন্য কোনো প্রতিষ্ঠানের উচ্চপদস্থ কর্মচারী *She's a senior executive in a computer company.* **2** [*sing.*] the group of people who are in charge of an organization or a company কোনো প্রতিষ্ঠান বা কোম্পানির দায়িত্ব যে গোষ্ঠীর উপর

exemplary / ɪɡˈzempləri ইগ্'জ়েমপ্ল্যারি / *adj.* very good; that can be an example to other people খুব ভালো; দৃষ্টান্তস্বরূপ, অনুকরণীয় *exemplary behaviour*

exemplify / ɪɡˈzemplɪfaɪ ইগ্'জ়েম্প্লিফাই / *verb* [T] (*pres. part.* **exemplifying;** *3rd person sing. pres.* **exemplifies;** *pt, pp* **exemplified**) to be a typical example of sth কোনো বস্তুর উদাহরণ বা দৃষ্টান্তস্বরূপ হওয়া

exempt¹ / ɪɡˈzempt ইগ্'জ়েম্প্ট্ / *adj.* (*not before a noun*) **exempt (from sth)** free from having to do sth or pay for sth কোনো কিছু করা বা কিছুর জন্য অর্থ প্রদান করা থেকে অব্যাহতি প্রাপ্ত; ছাড়প্রাপ্ত *Children under 16 are exempt from dental charges.* ▶ **exemption** / ɪɡˈzempʃn ইগ্'জ়েম্প্শ্ন্ / *noun* [C, U] অব্যাহতি, ছাড়

exempt² / ɪɡˈzempt ইগ্'জ়েম্প্ট্ / *verb* [T] (*formal*) **exempt sb/sth (from sth)** to say officially that sb does not have to do sth or pay for sth কাউকে কোনো কাজ বা কিছুর জন্য অর্থ প্রদান থেকে সরকারিভাবে মাফ করে দেওয়া

exercise¹ / ˈeksəsaɪz 'এক্স্যাসাইজ় / *noun* **1** [U] physical or mental activity that keeps you healthy and strong ব্যায়াম, শরীরচর্চা, মানসিক তৎপরতা যা কাউকে স্বাস্থ্যবান এবং শক্তিশালী রাখে *The doctor advised him to* ***take regular exercise***. **2** [C] (*usually pl.*) a movement or activity that you do in order to stay healthy or to become skilled at sth শরীর স্বাস্থ্য ভালো রাখার জন্য বা কোনো বিষয়ে দক্ষতা অর্জনের জন্য যে অনুশীলন করা হয় *breathing/stretching/relaxation exercises* **3** [C] a piece of work that is intended to help you learn or practise sth কোনো কিছু শেখা বা অভ্যাস করায় সাহায্য করে যে কাজ *an exercise on phrasal verbs* **4** [C] **an exercise in sth** an activity or a series of actions that have a particular aim কোনো কাজ বা কাজের ক্রমপর্যায় যার কোনো নির্দিষ্ট উদ্দেশ্য আছে *The project is an exercise in getting the best results at a low cost.* **5** [U] (*formal*) **exercise of sth** the use of sth, for example a power, right, etc. শক্তি, ক্ষমতা, অধিকার ইত্যাদির প্রয়োগ বা ব্যবহার *the exercise of patience/judgement/discretion* **6** [C, *usually pl.*] a series of activities by soldiers to practise fighting সামরিক অনুশীলন, মহড়া, কুচকাওয়াজ *military exercises*

exercise² / ˈeksəsaɪz 'এক্স্যাসাইজ় / *verb* **1** [I] to do some form of physical activity in order to stay fit and healthy শারীরিকভাবে পটু এবং স্বাস্থ্যবান থাকার জন্য ব্যায়াম করা; শরীরচর্চা করা *It is important to exercise regularly.* **2** [T] to make use of sth, for example a power, right, etc. ক্ষমতা, অধিকার ইত্যাদি ব্যবহার করা বা প্রয়োগ করা *You should exercise your right to vote.*

exert / ɪɡˈzɜːt ইগ্'জ়্যট্ / *verb* [T] **1** to make use of sth, for example influence, strength, etc., to affect sb/sth কোনো ব্যক্তি বা বস্তুকে প্রভাবিত করার জন্য কোনো কিছু প্রয়োগ করা, খাটানো (ক্ষমতা, প্রভাব ইত্যাদি) *Parents exert a powerful influence on their children's opinions.* **2 exert yourself** to make a big effort উদ্যম নেওয়া, সমস্ত শক্তি দিয়ে চেষ্টা করা *You won't make any progress if you don't exert yourself a bit more.*

exertion / ɪɡˈzɜːʃn ইগ্'জ়্যশ্ন্ / *noun* [U, C] using your body in a way that takes a lot of effort; sth that you do that makes you tired পরিশ্রম; ধকল *At his age physical exertion was dangerous.*

exhale / eksˈheɪl এক্স্'হেইল্ / *verb* [I, T] (*formal*) to breathe out the air, smoke, etc. in your lungs নিঃশ্বাস ফেলা, নিঃশ্বাস ত্যাগ করা ✪ বিপ **inhale** ▶ **exhalation** / ˌekshəˈleɪʃn ˌএক্সহ্যা'লেইশ্ন্ / *noun* [U] নিঃশ্বাস, বাষ্পীভবন; নিঃসরণ

exhaust¹ / ɪɡˈzɔːst ইগ্'জ়ঃস্ট্ / *noun* **1** [U] the waste gas that comes out of a vehicle, an engine or a machine কোনো গাড়ি বা তার ইঞ্জিন অথবা কোনো যন্ত্র থেকে বেরোনো বর্জ্য গ্যাস *car exhaust fumes/emissions* **2** [C] (*also* **exhaust pipe** *AmE*

tailpipe) a pipe (particularly at the back of a car) through which waste gas escapes from an engine or machine গাড়ির ইঞ্জিন বা মেশিনের পিছনের পাইপ যা দিয়ে বর্জ্য গ্যাস বেরোয়

exhaust[2] / ɪɡˈzɔːst ইগ্‌'জ়:স্ট্ / *verb* [T] **1** to make sb very tired কাউকে ক্লান্ত করা *The long journey to work every morning exhausted him.* **2** to use sth up completely; to finish sth কোনো কিছু সম্পূর্ণরূপে ব্যবহার করা; কোনো কিছু নিঃশেষ করা *All the supplies of food have been exhausted.* **3** to say everything you can about a subject, etc. কোনো বিষয় ইত্যাদি সম্বন্ধে যা বলার ছিল সব বলা *Well, I think we've exhausted that topic.*

exhausted / ɪɡˈzɔːstɪd ইগ্‌'জ়:স্টিড্ / *adj.* very tired খুবই ক্লান্ত

exhausting / ɪɡˈzɔːstɪŋ ইগ্‌'জ়:স্টিং / *adj.* making sb very tired কোনো ব্যক্তিকে পরিশ্রান্ত করে এমন *Teaching young children is exhausting work.*

exhaustion / ɪɡˈzɔːstʃən ইগ্‌'জ়:স্চ্যান্ / *noun* [U] the state of being extremely tired নিঃশেষিত, ক্লান্ত অবস্থা

exhaustive / ɪɡˈzɔːstɪv ইগ্‌'জ়:স্টিভ্ / *adj.* including everything possible সব কিছু ধরে, চূড়ান্ত *This list is certainly not exhaustive.*

exhibit[1] / ɪɡˈzɪbɪt ইগ্‌'জ়িবিট্ / *noun* [C] an object that is shown in a museum, etc. or as a piece of evidence in a court of law কোনো বস্তু যা মিউজিয়াম ইত্যাদিতে অথবা আদালতে জনসমক্ষে প্রমাণ হিসেবে প্রদর্শন করা হয়

exhibit[2] / ɪɡˈzɪbɪt ইগ্‌'জ়িবিট্ / *verb* [T] **1** to show sth in a public place for people to enjoy or to give them information প্রকাশ্য জায়গায় প্রদর্শনী করা (তথ্য জানানোর জন্য বা আনন্দদানের জন্য) *His paintings have been exhibited in the local art gallery.* **2** (*formal*) to show clearly that you have a particular quality, feeling, etc. গুণ, অনুভূতি ইত্যাদির প্রদর্শন করা বা প্রকাশ করা *The refugees are exhibiting signs of exhaustion and stress.*

exhibition / ˌeksɪˈbɪʃn ˌএক্‌সি'বিশ্‌ন্ / *noun* **1** [C] a collection of objects, for example works of art, that are shown to the public সংগৃহীত বস্তুসমূহের (যেমন শিল্পকর্ম) প্রদর্শনী *an exhibition of photographs* ○ *Her paintings will be* ***on exhibition*** *in Mumbai for the whole of April.* **2** [C] an occasion when a particular skill is shown to the public বিশেষ কোনো দক্ষতার প্রদর্শনী *We saw an exhibition of folk dancing last night.* **3** [*sing.*] (*formal*) the act of showing a quality, feeling, etc. গুণ, অনুভূতি ইত্যাদি প্রকাশের ক্রিয়া *The game was a superb exhibition of football at its best.*

exhibitor / ɪɡˈzɪbɪtə(r) ইগ্‌'জ়িবিট্যা(র্) / *noun* [C] a person, for example, an artist, a photographer, etc., who shows his/her work to the public যে ব্যক্তি (যেমন চিত্রশিল্পী, আলোকচিত্রশিল্পী প্রমুখ) নিজের সৃষ্টি জনসমক্ষে প্রদর্শন করে

exhilarate / ɪɡˈzɪləreɪt ইগ্‌'জ়িল্যারেইট্ / *verb* [T] (*usually passive*) to make sb feel very excited and happy কাউকে উল্লসিত, আনন্দিত ও উত্তেজিত করা; প্রাণবন্ত করা *We felt exhilarated by our walk along the beach.* ► **exhilarating** *adj.* আনন্দোদ্দীপক, উল্লাসকর ► **exhilaration** / ɪɡˌzɪləˈreɪʃn ইগ্‌ˌজ়িল্যা-'রেইশন্ / *noun* [U] আনন্দোৎসাহ, স্ফূর্তি, উল্লাস

exhume / eksˈhjuːm এক্স্‌'হিউম্ / *verb* [T] (*usually passive*) (*formal*) to remove a dead body from the ground especially in order to examine how the person died কিভাবে মৃত্যু ঘটেছে তা পরীক্ষা করার জন্য কবর খুঁড়ে মৃতদেহ বার করা ► **exhumation** / ˌekshjuːˈmeɪʃn ˌএক্স্‌হিউ'মেইশন্ / *noun* [U] মৃতদেহ বার করার কাজ

exile / ˈeksaɪl 'এক্‌সাইল্ / *noun* **1** [U] the state of being forced to live outside your own country (especially for political reasons) নিজের দেশ ছেড়ে বাইরে কোথাও থাকতে বাধ্য এমন অবস্থা বা পরিস্থিতি (বিশেষত রাজনৈতিক কারণে); নির্বাসন *They lived* ***in exile*** *in London for many years.* **2** [C] a person who is forced to live outside his/her own country (especially for political reasons) নির্বাসিত, দেশান্তরী (বিশেষ করে রাজনৈতিক কারণে) ⇨ **refugee** দেখো। ► **exile** *verb* [T] (*usually passive*) নির্বাসিত করা *After the revolution the king was exiled.*

exist / ɪɡˈzɪst ইগ্‌'জ়িস্ট্ / *verb* [I] **1** (*not used in the continuous tenses*) to be real; to be found in the real world; to live বিদ্যমান হওয়া; প্রকৃত জগতে পাওয়া; বেঁচে থাকা *Dreams only exist in our imagination.* ○ *Fish cannot exist out of water.* **2 exist (on sth)** to manage to live বেঁচে থাকা, অস্তিত্ব টিকিয়ে রাখা *I don't know how she exists on the wage she earns.*

existence / ɪɡˈzɪstəns ইগ্‌'জ়িস্ট্যান্স্ / *noun* **1** [U] the state of existing অস্তিত্ব, জীবন *This is the oldest human skeleton* ***in existence***. ○ *How did the universe* ***come into existence?*** **2** [*sing.*] a way of living, especially when it is difficult জীবনধারা, দৈনন্দিন জীবনযাত্রা (বিশেষত যখন সেটি কঠিন) *They lead a miserable existence in a tiny flat in Mumbai.*

existing / ɪɡˈzɪstɪŋ ইগ্‌'জ়িস্টিং / *adj.* (*only before a noun*) that is already there or being used; present বিদ্যমান; বর্তমান *Under the existing law you are not allowed to work in this country.*

exit¹ / ˈeksɪt; ˈegzɪt ˈএক্‌সিট্; ˈএগ্‌জ়িট্ / *noun* [C] **1** a door or way out of a public building or vehicle কোনো রঙ্গালয়, প্রেক্ষাগৃহ প্রভৃতির প্রস্থান-পথ; বেরোনোর দরজা *The emergency exit is at the back of the bus.* **2** the act of leaving sth কোনো বস্তুর নিঃসরণের ক্রিয়া, নির্গত হওয়ার ক্রিয়া *If I see her coming I'll make a quick exit.* ○ *an exit visa* (= one that allows you to leave a country) ✪ বিপ **entrance** (অর্থ সংখ্যা **1** এবং **2**-এর জন্য) **3** a place where traffic can leave a road or a highway to join another road যে জায়গায় গাড়ি একটি রাস্তা বা হাইওয়ে থেকে অন্য একটি রাস্তায় গিয়ে পড়ে *At the roundabout take the third exit.*

exit² / ˈeksɪt; ˈegzɪt ˈএক্‌সিট্; ˈএগ্‌জ়িট্ / *verb* [I, T] (*formal*) to leave a place কোনো জায়গা থেকে বেরিয়ে যাওয়া *He exited through the back door.* ○ *I exited the database and switched off the computer.*

exodus / ˈeksədəs ˈএক্‌স্যাড্যাস্ / *noun* [*sing.*] (*formal*] a situation in which many people leave a place at the same time একসঙ্গে একই সময়ে অনেক লোকের স্থান ত্যাগ; অভিনিষ্ক্রমণ

ex officio / ˌeks əˈfɪʃiəʊ ˈএক্‌স্ অ্যাˈফিশিঅ্যাউ / *adj.* included or allowed because of your job, rank or position কর্ম, প্রতিষ্ঠা অথবা পদমর্যাদার জন্য প্রদত্ত মঞ্জুরি বা অনুমতি প্রাপ্ত অথবা তার অন্তর্ভুক্ত

exonerate / ɪgˈzɒnəreɪt ইগ্ˈজ়ন্যারেইট্ / *verb* [T] (*formal*) (*usually passive*) to say officially that sb was not responsible for sth bad that happened কাউকে দোষ বা কোনো অভিযোগ বা কোনো মন্দ কাজের দায় থেকে আনুষ্ঠানিকভাবে অব্যাহিত দেওয়া; মুক্তি দেওয়া

exorbitant /ɪgˈzɔːbɪtənt ইগ্ˈজ়:বিট্যান্ট্ / *adj.* (*formal*) (used about the cost of sth) much more expensive than it should be (কোনো কিছুর দাম প্রসঙ্গে ব্যবহৃত) মাত্রাতিরিক্ত, চড়া, স্বাভাবিকের থেকে অনেক বেশি

exorcise (*AmE* **-ize**) / ˈeksɔːsaɪz ˈএক্‌স:সাইজ় / *verb* [T] **1 exorcise sth (from sth)** to make an evil spirit leave a place or sb's body by special prayers or ceremonies বিশেষ প্রার্থনা অথবা অনুষ্ঠানের দ্বারা কোনো স্থান বা কারও শরীর থেকে প্রেতাত্মাকে বিতাড়িত করা *The priest was called to exorcise the ghost.* ○ *The ghost was exorcised from the bungalow.* **2** (*written*) to remove sth that is bad or painful from your mind মন্দ কিছু অথবা যন্ত্রণাদায়ক কোনো কিছু মন থেকে বার করে দেওয়া *She helped him in exorcising the unhappy memories from his mind.*

exorcism / ˈeksɔːsɪzəm ˈএক্‌স:সিজ়্যাম্ / *noun* [C, U] the act of forcing an evil spirit to leave a place or body by prayers or ceremonies (প্রার্থনা বা অনুষ্ঠানের দ্বারা) কোনো স্থান বা কারও শরীর থেকে প্রেতবিতাড়ন, ভূতঝাড়া *There was peace in the house after the exorcism.*

exorcist / ˈeksɔːsɪst ˈএক্‌স:সিস্ট্ / *noun* [C] a person who makes spirits leave a place by prayers or ceremonies প্রার্থনা বা অনুষ্ঠানের দ্বারা যে ব্যক্তি ভূত তাড়ায়; ভূতের ওঝা

exoskeleton / ˈeksəʊskelɪtn ˈএক্‌স্যাউস্কেলিট্‌ন্ / *noun* [C] a hard outer covering that protects the bodies of certain animals, such as insects কোনো কোনো প্রাণীর (যেমন পতঙ্গাদির) বাইরের শক্ত আবরণ যা তাকে সুরক্ষা দেয়; খোলস ➪ **endoskeleton** দেখো।

exothermic / ˌeksəʊˈθɜːmɪk ˌএক্‌স্যাউˈথ্যমিক্ / *adj.* (*technical*) (used about a chemical reaction or process) producing heat (রাসায়নিক প্রতিক্রিয়া বা পদ্ধতির প্রসঙ্গে ব্যবহৃত) তাপ উৎপাদন করে এমন ➪ **water**-এ ছবি দেখো।

exotic / ɪgˈzɒtɪk ইগ্ˈজ়টিক্ / *adj.* unusual or interesting because it comes from a different country or culture ভিন্ন দেশ বা ভিন্ন সংস্কৃতি থেকে আমদানিকৃত হওয়ার কারণে বিচিত্র, অদ্ভুত *exotic plants/ animals / fruits*

expand / ɪkˈspænd ইক্ˈস্প্যান্ড্ / *verb* [I, T] to become or to make sth bigger স্ফীত করা বা হওয়া, বড়ো করা, বেড়ে যাওয়া *Metals expand when they are heated.* ○ *We hope to expand our business this year.* ✪ বিপ **contract**

PHR V **expand on sth** to give more details of a story, plan, idea, etc. কোনো গল্প, পরিকল্পনা, চিন্তাধারা, ইত্যাদির আরও খুঁটিনাটি বিবরণ দেওয়া

expanse / ɪkˈspæns ইক্ˈস্প্যান্স্ / *noun* [C] a large open area (of land, sea, sky, etc.) (ভূমি, সমুদ্র, আকাশ ইত্যাদির) বিস্তীর্ণ এলাকা

expansion / ɪkˈspænʃn ইক্ˈস্প্যান্‌শ্‌ন্ / *noun* [U] the action of becoming bigger or the state of being bigger than before (আগের থেকে বেশি) স্ফীতি, প্রসার, বৃদ্ধি, বিস্তার *The rapid expansion of the university has caused a lot of problems.*

expansive / ɪkˈspænsɪv ইক্ˈস্প্যান্‌সিভ্ / *adj.* (*formal*) (used about a person) talking a lot in an interesting way; friendly (ব্যক্তি সম্বন্ধে ব্যবহৃত) খোলামেলা, উচ্ছ্বসিতভাবে কথাবার্তা বলে এমন; বন্ধুত্বপূর্ণ

expatriate / ˌeksˈpætriət ˌএক্স্ˈপ্যাট্রিঅ্যাট্/ (*informal* **expat**) *noun* [C] a person who lives outside his/ her own country প্রবাসী ব্যক্তি *Indian expatriates in America.*

expect / ɪkˈspekt ইক্ˈস্পেক্ট্ / *verb* [T] **1** to think or believe that sb/sth will come or that sth will happen (কোনো ব্যক্তি বা বস্তু) আসবে বা কিছু ঘটবে বলে মনে করা বা বিশ্বাস করা *She was expecting a letter* from the bank this morning but it didn't come. o *I expect that it will rain this afternoon.* ➪ **wait**¹-এ নোট দেখো। **2 expect sth (from sb); expect sb to do sth** to feel confident that you will get sth from sb or that he/she will do what you want কারও কাছ থেকে কিছু পাওয়া যাবে বা যা চাওয়া হচ্ছে কেউ সেটা করবে মনে করে নিশ্চিত থাকা *He expects a high standard of work from everyone.* o *Factory workers are often expected to work at nights.* **3** (*not used in the continuous tenses*) to think that sth is true or correct; to suppose সত্যি বলে মনে করা; অনুমান করা *'Whose is this suitcase?' 'Oh it's Surya's, I expect.'* o *'Will you be able to help me later on?' 'I expect so.'*

NOTE এই ক্রিয়াপদটির (verb) ব্যবহার ঘটমানকালে (continuous tenses-এ) হয় না। কিন্তু *-ing* সহযোগে এর বর্তমান কৃদন্ত (present participle) (= *-ing* from) রূপটি সাধারণভাবে অত্যন্ত প্রচলিত—*She flung the door open, expecting to see Raghav standing there.*

expectancy / ɪkˈspektənsi ইক্'স্পেক্ট্যান্সি / *noun* [U] the state of expecting sth to happen; hope আশান্বিত অবস্থা; প্রত্যাশা *a look/feeling of expectancy* ➪ **life expectancy** দেখো।

expectant / ɪkˈspektənt ইক্'স্পেক্ট্যান্ট / *adj.* **1** thinking that sth good will happen; hopeful প্রত্যাশাপূর্ণ; আশান্বিত *an expectant audience* o *expectant faces* **2** pregnant গর্ভবতী, সন্তানসম্ভবা *Expectant mothers need a lot of rest.*
▸ **expectantly** *adv.* প্রত্যাশিতভাবে

expectation / ˌekspekˈteɪʃn ˌএক্স্পেক্'টেইশ্‌ন্ / *noun* (*formal*) **1** [U] **expectation (of sth)** the belief that sth will happen or come কোনো কিছু আসার বা ঘটার প্রত্যাশা; আশা *The dog was sitting under the table in expectation of food.* **2** [C, usually pl.] hope for the future ভবিষ্যতের জন্য আশা *They had great expectations for their daughter, but she didn't really live up to them.*
IDM against/contrary to (all) expectation(s) very different to what was expected যা ভাবা হয়েছিল একেবারেই তা নয়; প্রত্যাশার বিপরীত
not come up to (sb's) expectations to not be as good as expected যতটা ভাবা হয়েছিল ততটা ভালো নয়; প্রত্যাশানুযায়ী নয়

expedient / ɪkˈspiːdiənt ইক্'স্পীডিঅ্যান্ট্ / *adj.* (*formal*) (used about an action) convenient or helpful for a purpose, but possibly not completely honest or moral (কোনো কাজ সম্বন্ধে ব্যবহৃত) উদ্দেশ্য সিদ্ধ করার জন্য সুবিধাজনক কিন্তু পুরোপুরি সৎ বা নৈতিক নয়, অনেকক্ষেত্রে নীতিবিরুদ্ধ *The government decided that it was expedient not to increase taxes until after the election.*
▸ **expediency** / -ənsi -অ্যান্সি / *noun* [U] উপযোগিতা, যুক্তিযুক্ততা

expedition / ˌekspəˈdɪʃn ˌএক্স্প্যা'ডিশ্‌ন্ / *noun* [C] **1** a long journey for a special purpose বিশেষ উদ্দেশ্যে দীর্ঘ যাত্রা; অভিযান *a scientific expedition to Antarctica* **2** a short journey that you make for pleasure আনন্দের জন্য ছোটোখাটো অভিযান *a fishing expedition*

expel / ɪkˈspel ইক্'স্পেল্ / *verb* [T] (**expelling; expelled**) **1** to force sb to leave a country, school, club, etc. কোনো ব্যক্তিকে জোর করে বার করা; স্কুল-কলেজ, ক্লাব বা দেশ ছাড়তে বাধ্য করা *The government has expelled all foreign journalists.* o *The boy was expelled from school for smoking.* **2** to send sth out by force জোর করে কিছু বার করে দেওয়া *to expel air from the lungs* ➪ **expulsion** *noun* দেখো।

expend / ɪkˈspend ইক্'স্পেন্ড্ / *verb* [T] (*formal*) **expend sth (on sth)** to spend or use money, time, care, etc. in doing sth কোনো কিছুতে অর্থ, সময়, প্রয়াস ইত্যাদি খরচ করা; ব্যয় করা

expendable / ɪkˈspendəbl ইক্'স্পেন্ড্যাব্‌ল্ / *adj.* (*formal*) not considered important enough to be saved বাঁচিয়ে রাখার মতো যথেষ্ট গুরুত্বপূর্ণ নয়; ব্যয়িত হতে পারে এমন; নগণ্য *In a war human life is expendable.*

expenditure / ɪkˈspendɪtʃə(r) ইক্'স্পেনডিচ্যা(র্) / *noun* [U, sing.] (*formal*) the act of spending money; the amount of money that is spent ব্যয় করার বা খরচ করার ক্রিয়া; ব্যয়, খরচা ইত্যাদির পরিমাণ *Government expenditure on education is very low.*

expense / ɪkˈspens ইক্'স্পেন্স্ / *noun* **1** [C, U] the cost of sth in time or money অর্থ ও সময়ের বিচারে কোনো কিছুর মূল্য বা দাম *Running a car is a great expense.* o *The movie was filmed in Kashmir at great expense.* **2 expenses** [pl.] money that is spent for a particular purpose বিশেষ উদ্দেশ্যে যে অর্থ খরচ হয়েছে *You can claim back your travelling expenses.*
IDM at sb's expense 1 with sb paying; at sb's cost কোনো ব্যক্তির দেওয়া অর্থ সমেত; কারও খরচায় *My trip is at the company's expense.* **2** against sb, so that he/she looks silly কারও বিরুদ্ধে গিয়ে কাউকে যখন বোকা বানানো হয় *They were always making jokes at Raghav's expense.*
at the expense of sth harming or damaging sth কোনো কিছুর লোকসান অথবা কোনো কিছুর মূল্যের বিনিময়ে

He was a successful businessman, but it was at the expense of his family life.

expensive / ɪkˈspensɪv ইক্‌'স্পেন্‌সিভ্ / *adj.* costing a lot of money দামি, মহার্ঘ, খরচসাপেক্ষ ✪ বিপ **inexpensive** অথবা **cheap** ▶ **expensively** *adv.* খরচসাপেক্ষভাবে

experience[1] / ɪkˈspɪəriəns ইক্‌'স্পিঅ্যারিঅ্যান্স্ / *noun* **1** [U] the things that you have done in your life; the knowledge or skill that you get from seeing or doing sth জীবনে যা যা কাজ করা হয়েছে; হাতে কলমে কাজ করে দেখেশুনে যে জ্ঞান লাভ হয়েছে; প্রত্যক্ষ বা উপলব্ধ জ্ঞান; অভিজ্ঞতা *We all learn **by experience**.* ○ *She has five years' teaching experience.* ○ *I know **from experience** what will happen.* **2** [C] something that has happened to you (often something unusual or exciting) নিজের জীবনের ঘটনাবলী ও চাঞ্চল্যকর অভিজ্ঞতাদি *She wrote a book about her experiences in Africa.*

experience[2] / ɪkˈspɪəriəns ইক্‌'স্পিঅ্যারিঅ্যান্স্ / *verb* [T] to have sth happen to you; to feel অভিজ্ঞতা লাভ করা; অনুভব বা উপলব্ধি করা *to experience pleasure/pain/difficulty*

experienced / ɪkˈspɪəriənst ইক্‌'স্পিঅ্যারিঅ্যান্স্‌ট্ / *adj.* having the knowledge or skill that is necessary for sth অভিজ্ঞ, সুদক্ষ *He's an experienced diver.* ✪ বিপ **inexperienced**

experiment[1] / ɪkˈsperɪmənt ইক্‌'স্পেরিম্যান্ট্ / *noun* [C, U] a scientific test that is done in order to get proof of sth or new knowledge কোনো কিছুর প্রমাণ বা নতুন জ্ঞান লাভের জন্য বৈজ্ঞানিক পরীক্ষানিরীক্ষা; গবেষণা *to carry out perform/conduct/do an experiment* ○ *We need to prove this theory **by experiment**.* ▶ **experimentally** / -təli -ট্যালি/ *adv.* পরীক্ষামূলকভাবে

experiment[2] / ɪkˈsperɪmənt ইক্‌'স্পেরিম্যান্ট্ / *verb* [I] **experiment (on/with sth)** to do tests to see if sth works or to try to improve it পরীক্ষানিরীক্ষা করা, গবেষণা করা অথবা কিছু উন্নত করার চেষ্টা করা *Is it really necessary to experiment on animals?* ○ *We're experimenting with a new timetable this month.*

experimental / ɪkˌsperɪˈmentl ইক্‌,স্পেরি'মেন্‌ট্‌ল্ / *adj.* connected with experiments or trying new ideas গবেষণামূলক; পরীক্ষাভিত্তিক *We're still at the experimental stage with the new product.* ○ *experimental schools*

expert / ˈekspɜːt 'এক্‌স্প্যট্ / *noun* [C] **an expert (at/in/on sth)** a person who has a lot of special knowledge or skill বিশেষভাবে দক্ষ; কোনো বিশেষ বিষয়ে অভিজ্ঞতাসম্পন্ন ও শিক্ষিত; বিশেষজ্ঞ *She's a leading expert in the field of genetics.* ○ *a computer expert* ○ *Let me try—I'm an expert at parking cars in small spaces.* ▶ **expert** *adj.* দক্ষ, কুশলী, বিশেষজ্ঞ *He's an expert cook.* ○ *I think we should get expert advice on the problem.* ▶ **expertly** *adv.* দক্ষতার সঙ্গে, কুশলতার সঙ্গে

expertise / ˌekspɜːˈtiːz ˌএক্‌স্প্য'টীজ্ / *noun* [U] a high level of special knowledge or skill বিশেষ জ্ঞান; পারদর্শিতা

expire / ɪkˈspaɪə(r) ইক্‌'স্পাইঅ্যা(র্) / *verb* [I] (*formal*) (used about an official document, agreement, etc.) to come to the end of the time when you can use it or in which it has effect (সরকারি দলিল, চুক্তি ইত্যাদি সম্বন্ধে ব্যবহৃত) তামাদি হওয়া, বাতিল হওয়া *My passport's expired. I'll have to renew it.* ✪ বিপ **run out**

expiry / ɪkˈspaɪəri ইক্‌'স্পাইঅ্যারি / *noun* [U] the end of a period when you can use sth মেয়াদের শেষ, ব্যবহার করার শেষ সীমা; অবসান *The expiry date on this yoghurt was 20 November.*

explain / ɪkˈspleɪn ইক্‌'স্প্লেইন্ / *verb* [I, T] **explain (sth) (to sb)** **1** to make sth clear or easy to understand কোনো বিষয় ব্যাখ্যা করা, ভালোভাবে বুঝিয়ে বলা *She explained how I should fill in the form.* ○ *I don't understand this. Can you explain it to me?* **2** to give a reason for sth কোনো কিছুর জন্য কারণ দেখানো *The manager explained to the customers why the goods were late.*

IDM **explain yourself** **1** to give reasons for your behaviour, especially when it has upset sb কোনো আচরণের ব্যাখ্যা দেওয়া (বিশেষত যখন সেটি কাউকে বিপর্যস্ত করেছে); কৈফিয়ত দেওয়া, জবাব দেওয়া **2** to say what you mean in a clear way ভালোভাবে বক্তব্য বুঝিয়ে বলা

PHR V **explain sth away** to give reasons why sth is not your fault or is not important নিজের দোষ ঢাকতে কৈফিয়ত দেখানো

explanation / ˌekspləˈneɪʃn ˌএক্স্প্ল্যা'নেইশ্‌ন্ / *noun* **1** [C, U] **an explanation (for sth)** a statement, fact or situation that gives a reason for sth বিবৃতি, তথ্য বা অবস্থা যা কোনো কাজের যুক্তি দেয়; কোনো কাজের ব্যাখ্যা *He could not **give an explanation** for his behaviour.* **2** [C] a statement or a piece of writing that makes sth easier to understand বক্তব্য বা ছোটো বিবৃতি যার সাহায্যে কিছু বুঝতে সুবিধা হয় *That idea needs some explanation.*

explanatory / ɪkˈsplænətri ইক্‌'স্প্ল্যান্যাট্রি / *adj.* giving an explanation ব্যাখ্যামূলক, জবাবদিহি করা হয়েছে এমন *There are some explanatory notes at the back of the book.* ○ *Those instructions are self-explanatory* (= they don't need explaining).

expletive / ɪk'spliːtɪv ইক্'স্প্লীটিভ্ / *noun* [C] (*formal*) a word, especially a rude word, that you use when you are angry or in pain ক্রুদ্ধতাবশত বা বেদনাবশত যে রূঢ় শব্দ ব্যবহৃত হয় ✪ সম **swear word**

explicable / ɪk'splɪkəbl; 'eksplɪkəbl ইক্'স্প্লিক্যাব্ল্; 'এক্স্প্লিক্যাব্ল্ / *adj.* that can be explained ব্যাখ্যা করা যায় এমন; ব্যাখ্যাযোগ্য *Manoj's strange behaviour is only explicable in terms of the stress he is under.* ✪ বিপ **inexplicable**

explicit / ɪk'splɪsɪt ইক্'স্প্লিসিট্ / *adj.* **1** clear, making sth easy to understand স্পষ্ট, সহজবোধ্যভাবে তৈরি *I gave you explicit instructions not to touch anything.* ○ *She was quite explicit about her feelings on the subject.* ➪ **implicit** দেখো। **2** not hiding anything কোনো কিছু না লুকিয়ে ▶ **explicitly** *adv.* স্পষ্টভাবে, দ্ব্যর্থহীনভাবে *He was explicitly forbidden to stay out later than midnight.*

explode / ɪk'spləʊd ইক্'স্প্ল্যাউড্ / *verb* [I, T] to burst with a loud noise প্রচণ্ড শব্দে কোনো কিছু ফাটা, বিস্ফোরণ ঘটা *The army exploded the bomb at a safe distance from the houses.* ○ (*figurative*) *My father exploded* (= became very angry) *when I told him how much the car would cost to repair.* ➪ **explosion** noun দেখো।

exploit[1] / ɪk'splɔɪt ইক্'স্প্লইট্ / *verb* [T] **1** to use sth or to treat sb unfairly for your own advantage অন্যকে নিজের সুবিধার্থে ব্যবহার করা বা স্বার্থসিদ্ধির কাজে লাগানো; শোষণ করা *Some employers exploit foreign workers, making them work long hours for low pay.* **2** to develop sth or make the best use of sth কোনো কিছুর উন্নতি করা অথবা যতটা সম্ভব তা কাজে লাগানো *This region has been exploited for oil for fifty years.* ○ *Solar energy is a source of power that needs to be exploited more fully.* ▶ **exploitation** / ˌeksplɔɪ'teɪʃn ˌএক্স্প্লই'টেইশ্ন্ / *noun* [U] শোষণ, স্বার্থসিদ্ধির কাজে লাগানো *They're making you work seven days a week? That's exploitation!*

exploit[2] / 'eksplɔɪt 'এক্স্প্লইট্ / *noun* [C] something exciting or interesting that sb has done কোনো ব্যক্তির কোনো রোমাঞ্চকর বা চিত্তাকর্ষক কাজ

exploration / ˌeksplə'reɪʃn ˌএক্স্প্ল্যা'রেইশ্ন্ / *noun* [C, U] the act of travelling around a place in order to learn about it জানার বা চেনার উদ্দেশ্যে দেশভ্রমণ *space exploration*

exploratory / ɪk'splɒrətri ইক্'স্প্লর‍্যাট্রি / *adj.* done in order to find sth out অনুসন্ধানের উদ্দেশ্যে কৃত কাজ *The doctors are doing some exploratory tests to try and find out what's wrong.*

explore / ɪk'splɔː(r) ইক্'স্প্ল:(র্) / *verb* [I, T] to travel around a place, etc. in order to learn about it অজানা স্থান ইত্যাদি জানার উদ্দেশ্যে ঘুরে বেড়ানো; অভিযানে বেরোনো *They went on an expedition to explore the River Brahmaputra* ○ (*figurative*) *We need to explore* (= look carefully at) *all the possibilities before we decide.*

explorer / ɪk'splɔːrə(r) ইক্'স্প্ল:র‍্যা(র্) / *noun* [C] a person who travels around a place in order to learn about it অভিযানকারী, পর্যটক

explosion / ɪk'spləʊʒn ইক্'স্প্ল্যাউজ্ন্ / *noun* [C] **1** a sudden and extremely violent bursting সশব্দ প্রচণ্ড বিস্ফোরণ; সাংঘাতিক বিস্ফোরণ *Two people were killed in the explosion.* **2** a sudden dramatic increase in sth কোনো বস্তুর নাটকীয় বৃদ্ধি *the population explosion* ➪ **explode** verb দেখো।

explosive[1] / ɪk'spləʊsɪv ইক্'স্প্ল্যাউসিভ্ / *adj.* **1** capable of exploding and therefore dangerous বিস্ফোরক *Hydrogen is highly explosive.* **2** causing strong feelings or having dangerous effects প্রবলভাবে উত্তেজক অথবা বিপজ্জনক প্রভাবসম্পন্ন

explosive[2] / ɪk'spləʊsɪv ইক্'স্প্ল্যাউসিভ্ / *noun* [C] a substance that is used for causing explosions বিস্ফোরণ ঘটায় যে পদার্থ; বিস্ফোরক

exponent / ɪk'spəʊnənt ইক্'স্প্যাউন্যান্ট্ / *noun* [C] **1** a person who supports an idea, a **theory,** etc. and persuades others that it is good যে ব্যক্তি কোনো মতবাদ, নীতি ইত্যাদির পৃষ্ঠপোষক এবং অন্যকেও তা মেনে চলতে উদ্বুদ্ধ করেন *She was* ***a leading exponent*** *of free trade during her political career.* **2** a person who is able to perform a particular activity with skill কোনো বিশেষ কাজ যে দক্ষতার সঙ্গে করতে পারে; কোনো বিষয়ে পারদর্শী *the most famous exponent of the Kathak dance form* **3** (in mathematics) a small number or symbol that shows how many times a quantity must be multiplied by itself (গণিতে) কোনো রাশিকে সেই রাশি দিয়ে যতবার গুণ করা যায় তার নির্দেশক ছোটো কোনো সংখ্যা বা চিহ্ন; ঘাত

export[1] / ɪk'spɔːt ইক্'স্প:ট্ / *verb* [I, T] **1** to send goods, etc. to another country, usually for sale পণ্যদ্রব্য ইত্যাদি রপ্তানি করা, বিক্রির জন্য অন্য দেশে জিনিস পাঠানো *India exports tea and cotton.* ✪ বিপ **import** **2** (*computing*) to move information from one program to another কম্পিউটারে একটি প্রোগ্রাম থেকে অন্যটিতে তথ্য নিয়ে যাওয়া

export[2] / 'ekspɔːt 'এক্স্প:ট্ / *noun* **1** [U] sending goods to another country for sale বিদেশে পণ্যদ্রব্যের রপ্তানি *Most of our goods are produced for export.* ○ *the export trade* **2** [C, *usually pl.*] something that is sent to another country for sale বিক্রি করার

জন্য অন্য দেশে যেসব সামগ্রী রপ্তানি করা হয়েছে *What are India's main exports?* ✪ বিপ **import**
▸ **exporter** *noun* [C] রপ্তানিকারী *Japan is the largest exporter of electronic goods.* ✪ বিপ **importer**

expose / ɪkˈspəʊz ইক্‌স্প্যাউজ্ / *verb* [T] **1 expose sth (to sb); expose sb/sth (as sth)** to show sth that is usually hidden; to tell sth that has been kept secret গোপন বা লুকোনো জিনিস দেখানো; গোপন তথ্য ফাঁস করে দেওয়া *She didn't want to expose her true feelings to her family.* ○ *The politician was exposed as a liar on TV.* **2 expose sb/sth to sth** to put sb/sth or yourself in a situation that could be difficult or dangerous কোনো ব্যক্তি বা বস্তুকে অথবা নিজেকে বিপদের মুখে ফেলা *to be exposed to radiation/danger* **3 expose sb to sth** to give sb the chance to experience sth কোনো ব্যক্তিকে কোনো অভিজ্ঞতা লাভের সুযোগ দেওয়া *I like Kathak because I was exposed to it as a child.* **4** (in photography) to allow light onto the film inside a camera when taking a photograph (ছবি তোলার সময়ে) ক্যামেরার ফিল্মে আলো ঢুকতে দেওয়া

exposed / ɪkˈspəʊzd ইক্'স্প্যাউজ্‌ড্ / *adj.* (used about a place) not protected from the wind and bad weather (কোনো জায়গা সম্পর্কে ব্যবহৃত) বাতাস এবং খারাপ আবহাওয়া থেকে অরক্ষিত

exposure / ɪkˈspəʊʒə(r) ইক্'স্প্যাউজ্যা(র্) / *noun* **1** [U, C] the act of making sth public; the thing that is made public কোনো বস্তুকে প্রকাশ করার ক্রিয়া; প্রকাশিত বস্তু বা বিষয় *The new movie has been given a lot of exposure in the media.* ○ *The politician resigned because of the exposures about his private life.* **2** [U] being allowed or forced to experience sth কোনো বস্তুর সম্পর্কে অভিজ্ঞতা লাভের অনুমতি প্রাপ্তি হয়েছে বা বাধ্যতামূলকভাবে অভিজ্ঞতা প্রাপ্তি ঘটেছে এমন *Exposure to radiation is almost always harmful.* ○ *Television can give children exposure to other cultures from an early age.* **3** [U] a harmful condition when a person becomes very cold because he/she has been outside in very bad weather খারাপ আবহাওয়ায় বাইরে যাওয়ার ফলে কারও ঠান্ডা লেগে যে ক্ষতিকর অবস্থা হয় *The climbers all died of exposure.* **4** [C] the amount of film that is used when you take one photograph একটি ফোটো তুলতে যতটা ফিল্ম লেগেছে তার মাপ *How many exposures are there on this film?*

express¹ / ɪkˈspres ইক্'স্প্রেস্ / *verb* [T] **1** to show sth such as a feeling or an opinion by words or actions কথায় বা কাজে মনোভাব বা অভিমত প্রকাশ করা *I found it very hard to express what I felt about her.* ○ *to express fears/concern about sth* **2 express yourself** to say or write your feelings, opinions, etc. অনুভূতি, মতামত ইত্যাদি লেখার মাধ্যমে বা কথায় প্রকাশ করা *I don't think she expresses herself very well in that article.*

express² / ɪkˈspres ইক্'স্প্রেস্ / *adj., adv.* **1** going or sent quickly তাড়াতাড়ি যাওয়া বা পাঠানো হচ্ছে এমন *an express coach* ○ *We'd better send the parcel express if we want it to get there on time.* **2** (used about a wish, command, etc.) clearly and definitely stated (ইচ্ছে বা নির্দেশ ইত্যাদি প্রকাশের ক্ষেত্রে ব্যবহৃত) স্পষ্ট ভাষায় দৃঢ়ভাবে উচ্চারিত *It was her express wish that he should have the picture after her death.*

express³ / ɪkˈspres ইক্'স্প্রেস্ / (*also* **express train**) *noun* [C] a fast train that does not stop at all stations দ্রুতগামী ট্রেন যা সব স্টেশনে থামে না

expression / ɪkˈspreʃn ইক্'স্প্রেশ্‌ন্ / *noun* **1** [C, U] something that you say that shows your opinions or feelings এমন কোনো মন্তব্য যাতে অভিমত অথবা মনোভাব প্রকাশ পায় *Freedom of expression is a basic human right.* ○ *an expression of gratitude/sympathy/anger* **2** [C] the look on a person's face that shows what he/she is thinking or feeling কোনো ব্যক্তির মুখের অভিব্যক্তি (যার দ্বারা তার চিন্তাভাবনা বা অনুভূতি বোঝা যায়); মুখের ভাব *He had a puzzled expression on his face.* **3** [C] a word or phrase with a particular meaning বিশেষ অর্থবহ কোনো শব্দ বা শব্দগুচ্ছ *'I'm starving' is an expression meaning 'I'm very hungry'.* ○ *a slang/an idiomatic expression*

expressive / ɪkˈspresɪv ইক্'স্প্রেসিভ্ / *adj.* showing feelings or thoughts ভাবব্যঞ্জক; ভাব প্রকাশক *That is a very expressive piece of music.* ○ *Abhay has a very expressive face.* ▸ **expressively** *adv.* প্রকাশযোগ্যভাবে; ভাবব্যঞ্জকভাবে

expressly / ɪkˈspresli ইক্'স্প্রেস্‌লি / *adv.* **1** clearly; definitely স্পষ্টভাবে; নিশ্চিতভাবে *I expressly told you not to do that.* **2** for a special purpose; specially বিশেষ কোনো উদ্দেশ্যে; বিশেষত *These scissors are expressly designed for left-handed people.*

expressway / ɪkˈspresweɪ ইক্'স্প্রেস্‌উএই/ (*AmE*) = **motorway**

expulsion / ɪkˈspʌlʃn ইক্'স্পাল্‌শ্‌ন্ / *noun* [C, U] the act of making sb leave a place or an institution কোনো ব্যক্তিকে কোনো স্থান বা কোনো প্রতিষ্ঠান থেকে বিতাড়ন; বহিষ্কার *There have been three expulsions from school this year.* ➪ **expel** verb দেখো।

exquisite / ˈekskwɪzɪt; ɪkˈskwɪzɪt ˈএক্স্কুইজ়িট্; ইক্'স্কুইজ়িট্ / *adj.* extremely beautiful and pleasing

খুবই সুন্দর এবং চিত্তাকর্ষক; অনবদ্য, চমৎকার *She has an exquisite face.* ○ *I think that ring is exquisite.* ▶ **exquisitely** *adv.* খুব সুন্দরভাবে, নিখুঁতভাবে

ext. *abbr.* extension number of a telephone টেলিফোনের এক্সটেনশান সংখ্যা; টেলিফোন লাইনের বিস্তার *ext. 3492*

extend / ɪkˈstend ইক্'স্টেন্ড্ / *verb* **1** [T] to make sth longer or larger (in space or time) (স্থান অথবা সময়) টেনে বাড়ানো বা দীর্ঘতর করা; মেয়াদ বাড়ানো *Could you extend your visit for a few days?* ○ *Since my injury I can't extend this leg fully* (= make it completely straight). **2** [I, T] to cover the area or period of time mentioned নির্দিষ্ট অঞ্চলের বিস্তৃতি হওয়া, উল্লিখিত সময়ের বৃদ্ধি হওয়া *The desert extends over a huge area of the country.* ○ *The company is planning to extend its operations into Asia.* **3** [T] (*formal*) to offer sth to sb কোনো ব্যক্তির কাছে কিছু পেশ করা *to extend hospitality/a warm welcome/an invitation to sb*

extension / ɪkˈstenʃn ইক্'স্টেন্শন্ / *noun* [C] **1** an extra period of time that you are allowed for sth সময় বাড়ানো, মেয়াদ বাড়ানো *I've applied for an extension to my work permit.* **2** a part that is added to a building কোনো বড়ো বাড়িতে বাড়তি সংযোজন *They're building an extension on the hospital.* **3** a telephone that is connected to a central telephone in a house or to a central point (**switchboard**) in a large office building কোনো বড়ো অফিসে বা বাড়িতে যে টেলিফোনটি মূল সুইচবোর্ডের সঙ্গে বা মূল টেলিফোনের সঙ্গে যুক্ত *What's your extension number?* ○ *Can I have extension 4342, please?*

extensive / ɪkˈstensɪv ইক্'স্টেন্সিভ্ / *adj.* **1** large in area or amount বহুদূর প্রসারী; ব্যাপক, বিশাল *The house has extensive grounds.* ○ *Most of the buildings suffered extensive damage.* **2** (used about methods of farming) producing a small amount of food from a large area of land with a small amount of money and effort (কৃষি পদ্ধতি সম্পর্কে ব্যবহৃত) কম খরচে এবং কম উদ্যমে বিস্তৃত এলাকায় স্বল্পপরিমাণ ফসল উৎপাদন *extensive agriculture* ⇨ **intensive** দেখো। ▶ **extensively** *adv.* ব্যাপকভাবে, বহুল পরিমাণে

extent / ɪkˈstent ইক্'স্টেন্ট্ / *noun* [U] **the extent of sth** the length, area, size or importance of sth কোনো কিছুর দৈর্ঘ্য, পরিসর, আকার অথবা গুরুত্ব *I was amazed at the extent of his knowledge.* ○ *The* ***full extent of*** *the damage is not yet known.*
IDM to a certain/to some extent used to show that sth is only partly true কোনো কিছু অংশত সত্য বা কিছুদূর পর্যন্ত সত্য এই বোঝাতে ব্যবহৃত *I agree with you to a certain extent but there are still a lot of points I disagree with.*
to what extent how far; how much কতদূর পর্যন্ত; কতটা পর্যন্ত *I'm not sure to what extent I believe her.*

exterior[1] / ɪkˈstɪəriə(r) ইক্'স্টিঅ্যারিঅ্যা(র্) / *adj.* on the outside বাইরের দিকে *the exterior walls of a house* ✪ বিপ **interior**

exterior[2] / ɪkˈstɪəriə(r) ইক্'স্টিঅ্যারিঅ্যা(র্) / *noun* [C] the outside of sth; the appearance of sb/sth কোনো বস্তুর বহিরাবরণ; কোনো ব্যক্তি বা বস্তুর বাইরের চেহারা *The exterior of the house is fine but inside it isn't in very good condition.* ○ *Despite his calm exterior, Reena suffers badly from stress.*

exterminate / ɪkˈstɜːmɪneɪt ইক্'স্ট্যমিনেইট্ / *verb* [T] to kill a large group of people or animals মানুষ অথবা অন্য প্রাণীর বৃহৎ গোষ্ঠীকে নির্মূল করা; সম্পূর্ণরূপে শেষ করে দেওয়া; পুরো দলকে মেরে ফেলা ▶ **extermination** / ɪkˌstɜːmɪˈneɪʃn ইক্ˌস্ট্যমি'নেইশন্ / *noun* [U] উচ্ছেদ, বিনাশ, ধ্বংস

external / ɪkˈstɜːnl ইক্'স্ট্যন্ল্ / *adj.* **1** connected with the outside of sth বাইরের সঙ্গে যুক্ত; বহিঃস্থ *The cream is for external use only* (= to be used on the skin). **2** coming from another place বহিরাগত *You will be tested by an external examiner.* ✪ বিপ **internal** ▶ **externally** / -nəli -ন্যালি / *adv.* বাইরের দিক থেকে

extinct / ɪkˈstɪŋkt ইক্'স্টিংক্ট্ / *adj.* **1** (used about a type of animal, plant, etc.) no longer existing (কোনো প্রাণী বা উদ্ভিদ ইত্যাদি সম্পর্কে ব্যবহৃত) বিলুপ্ত, লুপ্ত *Tigers are nearly extinct in the wild.* **2** (used about a volcano) no longer active (আগ্নেয়গিরি সম্পর্কে ব্যবহৃত) নিষ্ক্রিয়, যা এখন সক্রিয় নেই ▶ **extinction** / ɪkˈstɪŋkʃn ইক্'স্টিংকশন্ / *noun* [U] বিনাশ, মৃত্যু, অবলুপ্তি *The giant panda is in danger of extinction.*

extinguish / ɪkˈstɪŋgwɪʃ ইক্'স্টিংগুইশ্ / *verb* [T] (*formal*) to cause sth to stop burning আগুন নেভানো; নির্বাপিত করা *The fire was extinguished very quickly.* ✪ সম **put out** ▶ **extinguisher** = **fire extinguisher**

extort / ɪkˈstɔːt ইক্'স্ট:ট্ / *verb* [T] (*formal*) **extort sth (from sb)** to get sth by using threats or violence ভয় দেখিয়ে, শাসিয়ে বা মারধোর করে কিছু আদায় করা *The gang were found guilty of extorting money from small businesses.* ▶ **extortion** *noun* [U] জোর করে আদায়; শোষণ

extortionate / ɪkˈstɔːʃənət ইক্'স্ট:শ্যান্যাট্ / *adj.* (used especially about prices) much too high (বিশেষত দাম সম্বন্ধে ব্যবহৃত) অত্যন্ত বেশি, চড়া

extra¹ / ˈekstrə ˈএক্স্ট্র্যা / *adj., adv.* more than is usual, expected, or than exists already সাধারণের থেকে বেশি, আশাতিরিক্তি, বাড়তি *I'll need some extra money for the holidays.* ○ *'What size is this sweater?' 'Extra large.'* ○ *Is dessert included in the price of the meal or is it extra?* ○ *I tried to be extra nice to him yesterday because it was his birthday.*

extra² / ˈekstrə ˈএক্স্ট্র্যা / *noun* [C] **1** something that costs more, or that is not normally included সাধারণত মূল্যের সঙ্গে যা ধরা থাকে না, যে বাড়তি জিনিসের আলাদা দাম দিতে হয় *Optional extras such as colour printer, scanner and modem are available on top of the basic package.* **2** a person in a film, etc. who has a small unimportant part, for example in a crowd চলচ্চিত্র ইত্যাদিতে গৌণচরিত্রে (যেমন ভিড়ের দৃশ্যে) অভিনয়ের জন্য যে ব্যক্তিকে নেওয়া হয়; এক্সট্রা

extra- / ˈekstrə ˈএক্স্ট্র্যা / *prefix* (*in adjectives*) **1** outside; beyond বাইরের দিক; এর বাইরে *extramarital affair* ○ *extraterrestrial beings* **2** very; more than usual খুবই; স্বাভাবিকের থেকে বেশি *extra-thin* ○ *extra-special*

extract¹ / ɪkˈstrækt ইক্ˈস্ট্র্যাক্ট্ / *verb* [T] (*formal*) to take sth out, especially with difficulty (বিশেষত কষ্ট করে) বার করা, উপড়ে নেওয়া, তুলে দেওয়া *I think this tooth will have to be extracted.* ○ *I wasn't able to extract an apology from her.*

extract² / ˈekstrækt ˈএক্স্ট্র্যাক্ট্ / *noun* [C] a part of a book, piece of music, etc., that has often been specially chosen to show sth বই, গান ইত্যাদির অংশবিশেষ যা কোনো কিছু দেখানোর জন্য বিশেষভাবে নির্বাচিত *The newspaper published extracts from the controversial novel.*

extraction / ɪkˈstrækʃn ইক্ˈস্ট্র্যাক্শন্ / *noun* (*formal*) **1** [C, U] the act of taking sth out নিষ্কাশন, উৎপাটন *extraction of salt from sea water* ○ *Dentists report that children are requiring fewer extractions.* **2** [U] family origin কুল, বংশ *He's an American but he's of Italian extraction.*

extra-curricular / ˌekstrə kəˈrɪkjələ(r) ˈএক্স্ট্র্যা ক্যাˈরিকিঅ্যাল্যা(র্) / *adj.* not part of the normal course of studies **(curriculum)** in a school or college স্কুল কলেজে স্বাভাবিক পাঠ্যক্রমের বাইরে *The school offers many extra-curricular activities such as sport, music, drama, etc.*

extradite / ˈekstrədaɪt ˈএক্স্ট্র্যাডাইট্ / *verb* [T] to send a person who may be guilty of a crime from the country in which he/she is living to the country which wants to put him/her on trial for the crime ধৃত অপরাধীকে (তার বসবাসের দেশ থেকে) বিচারের জন্য সেই দেশের সরকারের কাছে সমর্পণ করা যেখানে সে অপরাধ করেছে *The suspected terrorists were captured in Belgium and extradited to India.* ▶ **extradition** / ˌekstrəˈdɪʃn ˌএক্স্ট্র্যাˈডিশ্ন্ / *noun* [C, U] বিচার বা দণ্ডদানের উদ্দেশ্যে সমর্পণ

extraordinary / ɪkˈstrɔ:dnri ইক্ˈস্ট্র:ড্ন্রি / *adj.* **1** very unusual অসাধারণ, বিশিষ্ট *She has an extraordinary ability to whistle and sing at the same time.* **2** not what you would expect in a particular situation; very strange অপ্রত্যাশিত; অদ্ভুত *That was extraordinary behaviour for a teacher!* ✪ বিপ **ordinary** ▶ **extraordinarily** / ɪkˈstrɔ:dnrəli ইক্ˈস্ট্র:ড্ন্র্যালি / *adv.* অনন্য-সাধারণভাবে *He was an extraordinarily talented musician.*

extrapolate / ɪkˈstræpəleɪt ইক্ˈস্ট্র্যাপ্যালেইট্ / *verb* [I, T] **extrapolate (sth) (from/to sth)** (*formal*) to form an opinion or make a judgement about a situation by using facts that you know from a different situation অভিজ্ঞতালব্ধ জ্ঞান ও তথ্যের ভিত্তিতে কোনো পরিস্থিতির বিচার করা বা সিদ্ধান্ত নেওয়া *The figures were obtained by extrapolating from past trends.* ○ *We have extrapolated the results from research done in other countries.* ▶ **extrapolation** / ɪkˌstræpəˈleɪʃn ইক্ˌস্ট্র্যাপ্যাˈলেইশন্ / *noun* [U, C] জ্ঞাত তথ্য হতে অজ্ঞাত তথ্যের নিরূপণ *Their age can be determined by extrapolation from their growth rate.*

extraterrestrial / ˌekstrətəˈrestriəl ˌএক্স্ট্র্যাট্যাˈরেস্ট্রিঅ্যাল্ / *noun* [C] (in stories) a creature that comes from another planet; a creature that may exist on another planet (কাহিনিতে) অন্য গ্রহ থেকে আগত প্রাণী; অন্যগ্রহের প্রাণী ▶ **extraterrestrial** *adj.* বহির্জাগতিক

extravagant / ɪkˈstrævəgənt ইক্ˈস্ট্র্যাভ্যাগ্যান্ট্ / *adj.* **1** spending or costing too much money অমিতব্যয়ী, বেহিসেবি খরচ *He's terribly extravagant—he travels everywhere by taxi.* ○ *an extravagant present* **2** exaggerated; more than is usual, true or necessary অতি উচ্ছ্বসিত; লাগামছাড়া, বাড়াবাড়ি রকমের *The advertisements made extravagant claims for the new medicine.* ▶ **extravagance** *noun* [C, U] অমিতব্যয়িতা ▶ **extravagantly** *adv.* মাত্রাতিরিক্ত রকমের; লাগামছাড়াভাবে

extreme / ɪkˈstri:m ইক্ˈস্ট্রীম্ / *adj.* **1** (*only before a noun*) the greatest or strongest possible চরম, যতদূর সম্ভব *You must take extreme care when driving at night.* ○ *extreme heat/difficulty/poverty* **2** much stronger than is considered usual, acceptable, etc. (সাধারণ বা গ্রহণযোগ্যের থেকে অনেক বেশি) তীব্র, সাংঘাতিক, চরম *Her extreme views on immigration are shocking to most people.* **3** (*only before a noun*) as far away as possible from the centre in the direction mentioned কেন্দ্রবিন্দু থেকে যতটা দূরে সম্ভব; সবচেয়ে দূরে *There could be snow in the extreme north of the country.* ০ *politicians on the extreme left of the party* ⇨ **moderate** এবং **radical** দেখো। ▶ **extreme** *noun* [C] সর্বোচ্চ মাত্রা, চরম সীমা *Shikha used to be very shy but now she's gone to the opposite extreme.*

extremely / ɪkˈstriːmli ইক্‌'স্ট্রীম্‌লি / *adv.* very খুব, প্রচণ্ড, অতিমাত্রায় *Listen carefully because this is extremely important.*

extreme sport *noun* [C] a very dangerous sport or activity which some people do for fun বিপজ্জনক এবং ঝুঁকিপূর্ণ কোনো খেলা (যা কিছু লোকে মজা পাওয়ার জন্য খেলে)

extremist / ɪkˈstriːmɪst ইক্‌'স্ট্রীমিস্ট্‌ / *noun* [C] a person who has extreme political opinions রাজনৈতিক মতবাদে চরমপন্থী ⇨ **moderate** এবং **radical** দেখো। ▶ **extremism** *noun* [U] চরমপন্থা, উগ্রপন্থা

extremity / ɪkˈstreməti ইক্‌'স্ট্রেম্যাটি / *noun* [C] (*pl.* **extremities**) the part of sth that is furthest from the centre কোনো বস্তুর মধ্যদেশ থেকে দূরতম অংশ; প্রান্তসীমা, শেষসীমা

extricate / ˈekstrɪkeɪt 'এক্সট্রিকেইট্‌ / *verb* [T] to manage to free sb/sth from a difficult situation or position কোনো ব্যক্তি বা বস্তুকে কঠিন অবস্থা বা পরিস্থিতি থেকে উদ্ধার করা, ছাড়িয়ে আনা

extrovert / ˈekstrəvɜːt 'এক্সট্রাভ্‌ট্‌ / *noun* [C] a person who is confident and full of life and who prefers being with other people to being alone আত্মবিশ্বাসী এবং প্রাণবন্ত এবং যে একা থাকার চেয়ে অন্যের সঙ্গ বেশি পছন্দ করে; উচ্ছল, মিশুকে, প্রাণবন্ত ۞ বিপ **introvert**

extrusive / ɪkˈstruːsɪv ইক্‌'স্ট্রুসিভ্‌ / *adj.* (*technical*) (used about rock) that has been pushed out of the earth by a **volcano** (পাথর সম্বন্ধে ব্যবহৃত) আগ্নেয়গিরির প্রসূত চাপের ফলে যে প্রস্তরখণ্ড পৃথিবীর ভিতর থেকে বার হয়েছে; নিঃসৃত শিলা

exuberant / ɪɡˈzjuːbərənt ইগ্‌'জ়িউব্যার্যান্ট্‌ / *adj.* (used about a person or his/her behaviour) full of energy and excitement (ব্যক্তি ও তার ব্যবহার সম্বন্ধে ব্যবহৃত) উচ্ছল, প্রাণবন্ত ▶ **exuberance** *noun* [U] অতিপ্রাচুর্য, উচ্ছ্বাস

eye¹ / aɪ আই/ *noun* [C] **1** one of the two organs of your body that you use to see with চোখ, চক্ষু, নেত্র *She opened/closed her eyes.* ০ *He's got blue*

eyes. ⇨ **black eye** দেখো। **2** the ability to see sth দেখার ক্ষমতা, দৃষ্টিশক্তি *He has **sharp eyes*** (= he can see very well). ০ *She has an eye for detail* (= she notices small details). **3** the hole at one end of a needle that the thread goes through ছুঁচের ফুটো, ছ্যাদা

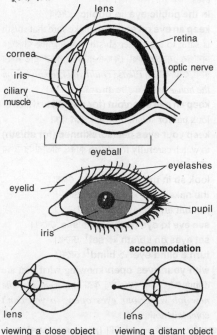

the eye

IDM **an eye for an eye** used to say that you should punish sb by doing to him/her what he/she has done to sb else আঘাতের বদলে পালটা আঘাত করা–এই অভিব্যক্তি প্রকাশ করার জন্য ব্যবহৃত হয়; ইটের বদলে পাটকেল

as far as the eye can see ⇨ **far²** দেখো।

be up to your eyes in sth (*informal*) to have more of sth than you can easily do or manage কোনো বস্তু যতখানি সহজে সম্পাদন করা যায় তার থেকে বেশি থাকা

before sb's very eyes in front of sb so that he/she can clearly see what is happening একেবারে নাকের ডগায়, চোখের সামনেই

cast an eye/your eye(s) over sb/sth ⇨ **cast¹** দেখো।

catch sb's attention/eye ⇨ **catch¹** দেখো।

cry your eyes out ⇨ **cry¹** দেখো।

have (got) your eye on sb to watch sb carefully to make sure that he/she does nothing wrong কোনো ব্যক্তিকে চোখে চোখে রাখা, নজরের মধ্যে রাখা

have (got) your eye on sth to be thinking about buying sth কোনো কিছু কেনার কথা ভেবে সেদিকে চোখ যাওয়া

in the eyes of sb/in sb's eyes in the opinion of sb কারও বিচারে *She was still a child in her mother's eyes.*

in the public eye ⇨ **public**[1] দেখো।

keep an eye on sb/sth to make sure that sb/sth is safe; to look after sb/sth কোনো ব্যক্তি বা বস্তুর নিরাপত্তা নিশ্চিত করা; কোনো ব্যক্তি বা বস্তুর প্রতি নজর রাখা, খেয়াল রাখা *Please could you keep an eye on the house while we're away?*

keep an eye open/out (for sb/sth) to watch or look out for sb/sth চোখ কান খুলে রাখা

keep your eyes peeled/skinned (for sb/sth) to watch carefully for sb/sth কারও গতিবিধির উপর নজর রাখা

look sb in the eye ⇨ **look**[1] দেখো।

the naked eye ⇨ **naked** দেখো।

not bat an eye ⇨ **bat**[2] দেখো।

see eye to eye (with sb) ⇨ **see** দেখো।

set eyes on sb/sth ⇨ **set**[1] দেখো।

turn a blind eye ⇨ **blind**[1] দেখো।

with your eyes open knowing what you are doing চোখ কান খুলে কিছু করা *You went into the new job with your eyes open, so you can't complain now.*

eye[2] / aɪ আই / *verb* [T] (*pres. part.* **eyeing** or **eying;** *pt, pp* **eyed**) to look at sb/sth closely কোনো ব্যক্তি বা বস্তুকে ঠাহর করা; ভালোভাবে নজর করা *She eyed him with suspicion.*

eyeball / ˈaɪbɔːl ˈআইব:ল্ / *noun* [C] the whole of your eye (including the part which is hidden inside the head) সম্পূর্ণ চোখ (মস্তিষ্কে স্থিত অংশসমেত) নেত্রগোলক, চক্ষুগোলক

eyebrow / ˈaɪbraʊ ˈআইব্রাউ / *noun* [C] the line of hair that is above your eye ভ্রু, ভুরু ⇨ **body**-তে ছবি দেখো।

IDM raise your eyebrows ⇨ **raise** দেখো।

eye-catching *adj.* (used about a thing) attracting your attention immediately because it is interesting, bright or pretty (কোনো জিনিস সম্বন্ধে ব্যবহৃত) চোখে পড়ার মতো উজ্জ্বল, সুন্দর, চিত্তাকর্ষক

eyeglasses / ˈaɪglɑːsɪz ˈআইগ্লা:সিজ্ / (*AmE*) = **glasses**

eyelash / ˈaɪlæʃ ˈআইল্যাশ্ / (*also* **lash**) *noun* [C] one of the hairs that grow on the edges of your eyelids চোখের পলক ⇨ **eye**-তে ছবি দেখো।

eye level *adj.* at the same height as sb's eyes when he/she is standing up চোখের সমান উচ্চতায় *an eye-level grill*

eyelid / ˈaɪlɪd ˈআইলিড্ / (*also* **lid**) *noun* [C] the piece of skin that can move to cover your eye চোখের পাতা, নেত্রপল্লব ⇨ **eye**-তে ছবি দেখো।

IDM not bat an eyelid ⇨ **bat**[2] দেখো।

eyeliner / ˈaɪlaɪnə(r) ˈআইলাইন্যা(র্) / *noun* [U] colour that is put around the edge of the eyes with a type of pencil to make them look more attractive চোখের কোলে যে পেনসিল দিয়ে দাগ টেনে চোখকে আরও সুন্দর করে তোলার চেষ্টা করা হয়; আইলাইনার

eye-opener *noun* [C] something that makes you realize the truth about sth যে জিনিস চোখ খুলে দেয়, যার ফলে ঠিকভাবে সত্য জানা যায়

eyepiece / ˈaɪpiːs ˈআইপীস্ / *noun* [C] the piece of glass (**lens**) at the end of a **telescope** or **microscope** that you look through দূরবীক্ষণ বা অণুবীক্ষণ যন্ত্রের প্রান্তস্থিত যে কাচের (লেন্স) মধ্য দিয়ে দেখতে পাওয়া যায় ⇨ **laboratory**-তে ছবি দেখো।

eyeshadow / ˈaɪʃædəʊ ˈআইশ্যাড্যাউ / *noun* [U] colour that is put on the skin above the eyes to make them look more attractive আরও সুন্দর দেখানোর জন্য চোখের ঠিক উপরের পাতায় যে রং লাগানো হয়; আইশ্যাডো

eyesight / ˈaɪsaɪt ˈআইসাইট্ / *noun* [U] the ability to see দৃষ্টিক্ষমতা, দৃষ্টিশক্তি *good/poor eyesight*

eyesore / ˈaɪsɔː(r) ˈআইস:(র্) / *noun* [C] something that is ugly and unpleasant to look at কুৎসিত, অপ্রীতিকর *All this litter in the streets is a real eyesore.*

eyewitness / ˈaɪwɪtnəs ˈআইউইট্ন্যাস্ / = **witness**[1] **1** দেখো।

e-zine / ˈiːziːn ˈঈজীন্ / *noun* [C] a magazine that you can pay to read in electronic form on your computer কম্পিউটার থেকে কিছু অর্থের বিনিময়ে (বৈদ্যুতিন রূপবিশিষ্ট) যে পত্রিকা পড়া যায়

F f

F, f[1] / ef এফ্ / *noun* [C, U] (*pl.* **F's; f's** / efs এফ্স্ /) the sixth letter of the English alphabet ইংরেজি বর্ণমালার ষষ্ঠ অক্ষর বা বর্ণ *'Father' begins with an 'F'.*

F[2] *abbr.* **1** Fahrenheit ফারেনহাইট *Water freezes at 32°F.* **2** (*also* **fem**) female or feminine স্ত্রী, স্ত্রীজাতীয়, স্ত্রীসুলভ

fable / ˈfeɪbl ˈফেইব্ল্ / *noun* [C] a short story that teaches a lesson (**a moral**) and that often has animals as the main characters নীতিশিক্ষামূলক ছোটো কাহিনি যার প্রধান চরিত্রগুলি বেশিরভাগ সময়েই জন্তু জানোয়ার; নীতিগল্প, উপকথা *Aesop's fables*

fabric / ˈfæbrɪk ˈফ্যাব্রিক্ / *noun* **1** [C, U] (a type of) cloth or soft material that is used for making clothes, curtains, etc. একধরনের কাপড় বা নরম কোনো উপাদান যা দিয়ে পোশাকাদি বা পর্দা ইত্যাদি তৈরি করা যায় *cotton fabrics* **2** [*sing.*] the basic structure of a building or system (অট্টালিকা, গৃহ অথবা কোনো ব্যবস্থার) মূল কাঠামো *The Industrial Revolution changed the fabric of society.*

fabricate / ˈfæbrɪkeɪt ˈফ্যাব্রিকেইট্ / *verb* [T] (*usually passive*) **1** to invent sth false in order to deceive people লোকজনকে প্রতারণা করার জন্য মনগড়া কথা বলা বা বানিয়ে বলা; গুল মারা *According to the newspapers the evidence was totally fabricated.* **2** (*technical*) to make or produce goods, equipment, etc. from various different materials পৃথক পৃথক উপাদান থেকে বিভিন্ন পণ্যদ্রব্য, সরঞ্জাম ইত্যাদি নির্মাণ করা বা তৈরি করা ➪ **manufacture** দেখো। ▶ **fabrication** / ˌfæbrɪˈkeɪʃn ˌফ্যাব্রিˈকেইশ্ন্ / *noun* [C, U] মনগড়া বা বানানো, নির্মাণ, চূড়ান্ত রূপদান *According to the police, the evidence presented in court was a complete fabrication.*

fabulous / ˈfæbjələs ˈফ্যাবিঅ্যাল্যাস্ / *adj.* **1** very good; excellent দারুণ, অপূর্ব *It was a fabulous concert.* **2** very great মহান, অতি বিখ্যাত, অবিশ্বাস্য রকমের *fabulous wealth/riches/beauty*

façade (*also* **facade**) / fəˈsɑːd ফ্যাˈসা:ড্ / *noun* [C] **1** the front wall of a large building that you see from the outside সদর, বাড়ির সামনের দিক **2** the way sb/sth appears to be, which is not the way he/she/it really is কোনো ব্যক্তি বা বস্তুর বাইরের রূপ (প্রকৃত রূপ নয়); ছদ্মরূপ *His good humour was just a façade.*

face[1] / feɪs ফেইস্ / *noun* [C] **1** the front part of your head; the expression that is shown on it মুখ, বদন, মুখমণ্ডল; মুখের অভিব্যক্তি *He came in with a smile on his face.* ○ *Her face lit up* (= showed happiness) *when Jai came into the room.* ➪ **body**-তে ছবি দেখো। **2** the front or one side of sth কোনো বস্তুর সামনের দিক বা কোনো এক দিক *the north face of the mountain* ○ *He put the cards* ***face up/down*** *on the table.* ○ *a clock face* **3-faced** (*used to form compound adjectives*) having the type of face or expression mentioned নির্দিষ্ট মুখভাব বা অভিব্যক্তিসম্পন্ন *red/round/sour-faced*

IDM face to face (with sb/sth) close to and looking at sb/sth কোনো ব্যক্তি বা বস্তুর মুখোমুখি; সামনাসামনি

keep a straight face ➪ **straight**[1] দেখো।

lose face ➪ **lose** দেখো।

make/pull faces/a face (at sb/sth) to make an expression that shows that you do not like sb/sth মুখভাবের দ্বারা কোনো ব্যক্তি বা বস্তু সম্পর্কে অপছন্দের ভাব বোঝানো

make/pull faces to make rude expressions with your face মুখবিকৃতি করা, মুখ ভার করা *The children made faces behind the teacher's back.*

put on a brave face; put a brave face on sth ➪ **brave**[1] দেখো।

save face ➪ **save**[1] দেখো।

to sb's face if you say sth to sb's face, you do it when that person is with you সাহসের সঙ্গে কোনো কিছুর মোকাবিলা করা, কারও সামনাসামনি হওয়া ✪ বিপ **behind sb's back**

face[2] / feɪs ফেইস্ / *verb* [T] **1** to have your face or front pointing towards sb/sth or in a particular direction কোনো ব্যক্তি বা বস্তুর দিকে অথবা কোনো বিশেষ দিকে মুখ করে বা সামনাসামনিভাবে থাকা *The garden faces south.* ○ *Can you all face the front, please?* **2** to have to deal with sth unpleasant; to deal with sb in a difficult situation কোনো অপ্রিয় বিষয়ের সামনাসামনি হওয়া; কোনো কঠিন পরিস্থিতিতে কারও মোকাবিলা করা *I can't face another argument.* ○ *He couldn't face going to work yesterday—he felt too ill.* **3** to need attention or action from sb কারও কাছ থেকে যত্ন অথবা তৎপরতার প্রয়োজন হওয়া বা দরকার পড়া *There are several problems facing the government.* ○ *We are faced with a difficult decision.*

IDM let's face it (*informal*) we must accept it as true সত্য হিসেবে নিশ্চিতভাবে স্বীকার করা; সত্যকে মেনে নেওয়া *Let's face it, we can't afford a holiday this year.*

PHR V face up to sth to accept a difficult or unpleasant situation and do sth about it কঠিন বা অপ্রিয় পরিস্থিতির মুখোমুখি হওয়া এবং তার সঙ্গে মোকাবিলা করার চেষ্টা করা

facecloth / ˈfeɪsklɒθ ˈফেইসক্লথ্ / (*also* **flannel**) *noun* [C] (*BrE*) a small square towel that is used for washing the face, hands, etc. মুখ, হাত ইত্যাদি মোছার জন্য ব্যবহৃত ছোটো চৌকো কাপড় বা তোয়ালে

faceless / ˈfeɪsləs ˈফেইস্‌ল্যাস্ / *adj.* without individual character or identity ব্যক্তিস্বাতন্ত্র্য অথবা অনন্যতাবিহীন; যাকে আলাদা করে চিহ্নিত করা যায় না, যার আলাদা ব্যক্তিত্ব বোঝা যায় না *faceless civil servants*

facelift / ˈfeɪslɪft ˈফেইস্‌লিফ্ট্ / *noun* [C] a medical operation that makes your face look younger যে বিশেষ অস্ত্রোপচার দ্বারা মুখের ত্বক তরুণ দেখানো হয় ➪ **plastic surgery** দেখো।

face-saving *adj.* (*only before a noun*) said or done in order to avoid looking silly or losing other people's respect মান বাঁচানো অথবা মুখ রক্ষা করার জন্য ব্যক্ত অথবা কৃত; অজুহাত বা সাফাই দিয়ে মুখরক্ষা *In his interview, the captain made face-saving excuses for his team's defeat.*

facet / ˈfæsɪt ˈফ্যাসিট্ / *noun* [C] **1** one part or particular aspect of sth কোনো বস্তুর অংশ বা নির্দিষ্ট দিক **2** one side of a precious stone কোনো দামি পাথরের একটা দিক

facetious / fəˈsiːʃəs ফ্যা'সীশ্যাস্ / *adj.* trying to be amusing about a subject at a time that is not appropriate so that other people become annoyed অসময়ে কোনো বিষয়ে ঠাট্টা বা মজা করার চেষ্টা করা (যাতে অন্য লোকেরা বিরক্ত হয়) হচ্ছে এমন; স্ফূর্তিবাজ *He kept making facetious remarks during the lecture.* ▶ **facetiously** *adv.* রসিকতা বা ইয়ার্কিপূর্ণভাবে, স্ফূর্তিবাজের মতো

face value *noun* [U, *sing.*] the cost or value that is shown on the front of stamps, coins, etc. ডাকটিকিট, মুদ্রা ইত্যাদির সামনের দিকে অঙ্কিত দাম অথবা মূল্য

IDM take sb/sth at (its, his, etc.) face value to accept sb/sth as it, he, etc. appears to be কোনো প্রাণী বা ব্যক্তি ইত্যাদির আপাতরূপ বা বক্তব্যকে গ্রহণ করা বা মেনে নেওয়া *Don't take his story at face value. There's something he hasn't told us yet.*

facial / ˈfeɪʃl ˈফেইশ্‌ল্ / *adj.* connected with a person's face মুখমণ্ডল সংক্রান্ত, মুখমণ্ডলের সৌন্দর্য সংক্রান্ত *a facial expression* ○ *facial hair*

facile / ˈfæsaɪl ˈফ্যাসাইল্ / *adj.* (used about a comment, argument, etc.) not carefully thought out (কোনো মন্তব্য, বিতর্ক ইত্যাদি সম্পর্কে ব্যবহৃত) মনোযোগ সহকারে চিন্তা করা হয়নি এমন

facilitate / fəˈsɪlɪteɪt ফ্যা'সিলিটেইট্ / *verb* [T] (*formal*) to make sth possible or easier কোনো কিছু সহজ ও সম্ভব করে দেওয়া

facility / fəˈsɪləti ফ্যা'সিল্যাটি / *noun* (*pl.* **facilities**) **1 facilities** [*pl.*] a service, building, piece of equipment, etc. that makes it possible to do sth কিছু করার জন্য কোনো সুযোগসুবিধা, সহায়ক বন্দোবস্ত (পরিষেবা, বাড়ি বা গৃহ, উপকরণ ইত্যাদি) *Our town has excellent sports facilities* (= a stadium, swimming pool, etc.). **2** [C] an extra function or ability that a machine, etc. may have কোনো যন্ত্র ইত্যাদিতে থাকতে পারে এমন কোনো অতিরিক্ত কাজের ব্যবস্থা বা সেই কাজ করার মতো ক্ষমতা *This word processor has a facility for checking spelling.*

facsimile / fækˈsɪməli ফ্যাক্‌'সিম্যালি / *noun* [C, U] an exact copy of a picture, piece of writing, etc. কোনো ছবি, রচনাংশ ইত্যাদির অবিকল প্রতিলিপি ➪ **fax** দেখো।

fact / fækt ফ্যাক্ট্ / *noun* **1** [C] something that you know has happened or is true কোনো কিছু যা ঘটেছে বা যা সত্য *I know **for a fact** that Pawan wasn't ill yesterday.* ○ ***The fact that** I am older than you makes no difference at all.* ○ *You must **face facts** and accept that he has gone.* **2** [U] true things; reality সত্য ঘটনা; বাস্তব *The film is based on fact.* ✪ বিপ **fiction**

IDM as a matter of fact ➪ **matter**[1] দেখো।

the fact (of the matter) is (that)... the truth is that... আসল কথা এই যে... *I would love a car, but the fact is that I just can't afford one.*

facts and figures detailed information পুঙ্খানুপুঙ্খ তথ্য, বিস্তারিত খবর *Before we make a decision, we need some more facts and figures.*

a fact of life something unpleasant that you must accept because you cannot change it অপ্রিয় বা অস্বস্তিকর হলেও সেটি গ্রহণ করতে হয় কারণ তা অপরিবর্তনীয়

the facts of life the details of sexual behaviour and how babies are born মানুষের যৌন আচরণ এবং প্রজনন পদ্ধতির খুঁটিনাটি

hard facts ➪ **hard**[1] দেখো।

in (actual) fact 1 (used for emphasizing that sth is true) really; actually (কোনো কিছুর সত্যতার উপর জোর দেওয়ার জন্য ব্যবহৃত) বাস্তবিকই; সত্যই, সত্যিই *I thought the lecture would be boring but in actual fact it was rather interesting.* **2** used for introducing more detailed information বিস্তারিত তথ্য জানানোর জন্য ব্যবহৃত হয় *It was cold. In fact it was freezing.*

faction / ˈfækʃn ˈফ্যাক্শ্ন্ / *noun* [C] a small group of people within a larger one whose members have some different aims and beliefs to those of the larger group বৃহৎ গোষ্ঠীর মধ্যে পৃথক উদ্দেশ্যাবলম্বী এবং মতবাদে বিশ্বাসী কয়েকজনের উপগোষ্ঠী; উপদল *rival factions within the organization* ▶ **factional** *adj.* উপদলীয়, উপদলঘটিত *factional rivalries/disputes*

factor / ˈfæktə(r) ˈফ্যাক্ট্যা(র্) / *noun* [C] **1** one of the things that influences a decision, situation, etc. কোনো কিছু যা সিদ্ধান্ত, পরিস্থিতি ইত্যাদির উপর প্রভাব ফেলে; গুরুত্বপূর্ণ বিষয় *His unhappiness at home was a major factor in his decision to go abroad.* **2** (*technical*) (in mathematics) a whole number (except 1) by which a larger number can be divided (গণিতে) কোনো পূর্ণ সংখ্যা যা দিয়ে বড়ো কোনো সংখ্যাকে ভাগ করা যায়; উৎপাদক, গুণনীয়ক *2, 3, 4 and 6 are factors of 12.*

factory / ˈfæktri; -təri ˈফ্যাক্ট্রি; -ট্যারি / *noun* [C] (*pl.* **factories**) a building or group of buildings where goods are made in large quantities by machine কারখানা, কর্মশালা

factual / ˈfæktʃuəl ˈফ্যাক্চুঅ্যাল্ / *adj.* based on or containing things that are true or real তথ্যভিত্তিক, সত্য ঘটনার উপর প্রতিষ্ঠিত *a factual account of the events* ➪ **fictional** দেখো।

faculty / ˈfæklti ˈফ্যাক্ল্টি / *noun* [C] (*pl.* **faculties**) **1** one of the natural abilities of a person's body or mind ব্যক্তি বিশেষের কোনো দৈহিক দক্ষতা বা মানসিক সামর্থ্য *the faculty of hearing/sight/speech* **2** (*also* **Faculty**) one department in a university, college, etc. বিশ্ববিদ্যালয়, কলেজ ইত্যাদিতে কোনো একটি বিভাগ *the Faculty of Law/Arts*

> NOTE **The Faculty**-র দ্বারা বিশ্ববিদ্যালয় অথবা কলেজের শিক্ষক সম্প্রদায়কেও বোঝানো হয় এবং এটি একবচন অথবা বহুবচন দুরকম ক্রিয়াপদের (singular অথবা plural verb)-এর সঙ্গে ব্যবহার করা যায়—*The Faculty has/have been invited to the meeting.*

fad / fæd ফ্যাড্ / *noun* [C] (*informal*) a fashion, interest, etc. that will probably not last long এক সময়ের প্রচলিত খেয়াল, ফ্যাশন ইত্যাদি যা দীর্ঘদিন টেকে না

fade / feɪd ফেইড্ / *verb* **1** [I, T] to become or make sth become lighter in colour or less strong or fresh কোনো কিছুর রং হালকা বা ফিকে অথবা নিষ্প্রভ হয়ে যাওয়া, ফ্যাকাশে হয়ে যাওয়া, বিবর্ণ বা কম জোরালো হয়ে যাওয়া বা কোনো কিছুকে সেরকম করা *Jeans fade when you wash them.* ○ *Look how the sunlight has faded these curtains.* **2** [I] **fade (away)** to disappear slowly (from sight, hearing, memory, etc.) (দৃষ্টি, স্মৃতি, শ্রবণশক্তি ইত্যাদি থেকে) ধীরে ধীরে ম্লান হয়ে যাওয়া *The cheering of the crowd faded away.* ○ *The smile faded from his face.*

faeces (*AmE* **feces**) / ˈfiːsiːz ˈফীসীজ় / *noun* [*pl.*] (*technical*) the solid waste material that you get rid of when you go to the toilet মল, বিষ্ঠা, শরীরের বর্জ্য পদার্থ

fag / fæg ফ্যাগ্ / *noun* (*BrE*) **1** [C] (*slang*) a cigarette (অপপ্রয়োগ) সিগারেট **2** [*sing.*] (*informal*) a piece of work that you do not want to do অবাঞ্ছিত কাজ

Fahrenheit / ˈfærənhaɪt ˈফ্যার‍্যান্হাইট্ / *noun* [U] (*abbr.* **F**) the name of a scale which measures temperatures তাপমাত্রা মাপার মাত্রা; সূচক; ফারেনহাইট *Water freezes at 32° Fahrenheit (32°F).* ➪ **Celsius** দেখো।

fail¹ / feɪl ফেইল্ / *verb* **1** [I, T] to not be successful in sth কোনো কিছুতে ব্যর্থ হওয়া, সফল না হতে পারা; কোনো কিছুতে ফেল করা *She failed her driving test.* ○ *I feel that I've failed—I'm 35 and I still haven't got a steady job.* ➪ **pass** এবং **succeed** দেখো। **2** [T] to decide that sb is not successful in a test, exam, etc. কাউকে ফেল করানো, পরীক্ষায় কৃতকার্য হতে না দেওয়া *The examiners failed half of the candidates.* ✪ বিপ **pass** **3** [I] **fail to do sth** to not do sth কোনো কিছু করতে না পারা *She never fails to do her homework.* **4** [I, T] to not be enough or not do what people are expecting or wanting লোকের প্রত্যাশা বা চাহিদা পূরণে সমর্থ না হওয়া বা সেইমতো কাজ না করা *If the crops fail, people will starve.* ○ *I think the government has failed us.* **5** [I] (used about health, eye sight, etc.) to become weak (স্বাস্থ্য, দৃষ্টিশক্তি ইত্যাদি সম্বন্ধে ব্যবহৃত) দুর্বল হয়ে পড়া *His health is failing.* **6** [I] to stop working কাজ বন্ধ হওয়া, বিকল হওয়া *My brakes failed on the hill but I managed to stop the car.*

fail² / feɪl ফেইল্ / *noun* [C] the act of not being successful in an exam পরীক্ষায় সাফল্যলাভ না করার ক্রিয়া; অকৃতকার্যতা ✪ বিপ **pass**

IDM **without fail** always, even if there are difficulties সবসময়, সর্বদা (কোনো অসুবিধা থাকলেও) *The postman always comes at 8 o'clock without fail.*

failing¹ / ˈfeɪlɪŋ ˈফেইলিং / *noun* [C] a weakness or fault দুর্বলতা অথবা ত্রুটি *She's not very patient—that's her only failing.*

failing² / ˈfeɪlɪŋ ˈফেইলিং / *prep.* if sth is not possible সম্ভব না হলে, করা না গেলেও *Ask Manav to go with you, or failing that, try Anu.*

failure / ˈfeɪljə(r) 'ফেইলিঅ্যা(র্) / *noun* **1** [U] lack of success ব্যর্থতা, বিফলতা *All my efforts ended in failure.* **2** [C] a person or thing that is not successful (ব্যক্তি বা বস্তু) অসফল, ব্যর্থ *His first attempt at skating was a miserable failure.* ✪ বিপ **success** (অর্থ সংখ্যা **1** এবং **2**-এর জন্য) **3** [C, U] **failure to do sth** not doing sth that people expect you to do অন্যের প্রত্যাশামতো কাজ করা হচ্ছে না এমন *I was very disappointed at his failure to come to the meeting.* **4** [C, U] an example of sth not working properly কোনো বস্তু বা যন্ত্রের গোলযোগ; বৈকল্য *She died of heart failure.* ○ *There's been a failure in the power supply.*

faint[1] / feɪnt ফেইন্ট্ / *adj.* **1** (used about things that you can see, hear, feel, etc.) not strong or clear (দেখা যায়, শোনা যায়, স্পর্শ করা যায় এরকম ইন্দ্রিয়গ্রাহ্য বিষয় সম্পর্কে ব্যবহৃত) অস্পষ্ট, হালকা, মৃদু *a faint light/sound* ○ *There is still a faint hope that they will find more people alive.* **2** (used about people) almost losing consciousness; very weak (ব্যক্তি সম্পর্কে ব্যবহৃত) প্রায় অজ্ঞান অবস্থা; খুব দুর্বল *I **feel faint**—I'd better sit down.* **3** (used about actions, etc.) done without much effort (কোনো কাজ ইত্যাদি সম্পর্কে ব্যবহৃত) অনায়াসে, বিনা উদ্যমে কৃত *He made a faint protest.* ► **faintly** *adv.* অন্যায়ভাবে, মৃদুভাবে

IDM not have the faintest/foggiest (idea) to not know at all কিছুর সম্পর্কে একেবারেই না জানা; বিন্দুমাত্র ধারণা না থাকা *I haven't the faintest idea where they've gone.*

faint[2] / feɪnt ফেইন্ট্ / *verb* [I] to lose consciousness জ্ঞান হারানো, অজ্ঞান হয়ে যাওয়া

fair[1] / feə(r) ফেঅ্যা(র্) / *adj., adv.* **1** appropriate and acceptable in a particular situation বিশেষ কোনো পরিস্থিতিতে ন্যায্য এবং গ্রহণযোগ্য *That's a fair price for that house.* ○ *I think **it's fair to say that** the number of homeless people is increasing.* **2 fair (to/on sb)** treating each person or side equally, according to the law, the rules, etc. আইন, নীতি ইত্যাদি অনুসারে প্রতিটি ব্যক্তি বা পক্ষকে সমানভাবে বিচার করা বা দেখা হয় এমন *That's not fair—he got the same number of mistakes as I did and he's got a better mark.* ○ *It wasn't fair on her to ask her to stay so late.* ○ *a fair trial* ✪ বিপ **unfair** অর্থ সংখ্যা **1** এবং **2**-এর জন্য) **3** quite good, large, etc. যথেষ্ট, রীতিমতো *They have a fair chance of success.* **4** (used about the skin or hair) light in colour (চুল অথবা ত্বক সম্বন্ধে ব্যবহৃত) হালকা রঙের *Laila has fair hair and blue eyes.* **5** (used about the weather) good, without rain (আবহাওয়া সম্পর্কে ব্যবহৃত) উত্তম, বৃষ্টিহীন

IDM fair enough (*spoken*) used to show that you agree with what sb has suggested কারও প্রস্তাবে সম্মতি জানানোর জন্য ব্যবহৃত

fair play equal treatment of both/all sides according to the rules নিরপেক্ষ, পক্ষপাতশূন্য *The referee is there to ensure fair play during the match.*

(more than) your fair share of sth (more than) the usual or expected amount of sth কোনো কিছুর স্বাভাবিকের থেকে বেশি বা আশাতিরিক্ত পরিমাণ

fair[2] / feə(r) ফেঅ্যা(র্) / *noun* [C] **1** (*also* **funfair**) a type of entertainment in a field or park. At a fair you can ride on machines or try and win prizes at games. Fairs usually travel from town to town মাঠে বা পার্কে (আমোদ-প্রমোদ বা মনোরঞ্জনের জন্য) যে মেলা বসে। এগুলি সাধারণত এক শহর থেকে অন্য শহরে যায় **2** a large event where people, businesses, etc. show and sell their goods পণ্য প্রদর্শনী, মেলা, হাট-বাজার *a trade fair* ○ *the Delhi book fair*

fairground / ˈfeəgraʊnd 'ফেঅ্যাগ্রাউন্ড্ / *noun* [C] a large outdoor area where fairs are held মেলার মাঠ

fair-haired *adj.* with light-coloured hair কটা চুল সহ ✪ সম **blond**

fairly / ˈfeəli 'ফেঅ্যালি / *adv.* **1** in an acceptable way; in a way that treats people equally or according to the law, rules, etc. ন্যায্যভাবে, সৎভাবে, নিয়মানুসারে *I felt that the teacher didn't treat us fairly.* ✪ বিপ **unfairly** **2** quite, not very মোটামুটি, খুব একটা নয় *He is fairly tall.* ➪ **rather**-এ নোট দেখো।

fairness / ˈfeənəs 'ফেঅ্যান্যাস্ / *noun* [U] treating people equally or according to the law, rules, etc. আইনসম্মতভাবে, নিয়মানুসারে সকলকে সমান চোখে দেখা হয় এমন; পক্ষপাতশূন্যতা, নিরপেক্ষতা

fairy / ˈfeəri 'ফেঅ্যারি / *noun* [C] (*pl.* **fairies**) (in stories) a small creature with wings and magic powers (কাহিনিতে) পরি

fairy tale (*also* **fairy story**) *noun* [C] a story that is about fairies, magic, etc. যে গল্পে পরিদের কথা, জাদুমন্ত্রের কথা ইত্যাদি আছে; রূপকথার কাহিনি

faith / feɪθ ফেইথ্ / *noun* **1** [U] **faith (in sb/sth)** strong belief (in sb/sth); trust (কোনো ব্যক্তি বা বস্তুর প্রতি) দৃঢ় বিশ্বাস; আস্থা, নির্ভরতা *I've got great/little faith in his ability to do the job.* ○ *I have **lost faith** in him.* **2** [U] strong religious belief দৃঢ় ধর্মীয় বিশ্বাস *I've lost my faith.* **3** [C] a particular religion বিশেষ কোনো ধর্ম, ধর্মীয় মতবাদ *the Jewish faith*

IDM in good faith with honest reasons for doing sth (কোনো কিছু করার) ন্যায্য কারণবশত *I bought the car in good faith. I didn't know it was stolen.*

faithful / ˈfeɪθfl ˈফেইথ্‌ফ্‌ল্ / *adj.* **faithful (to sb/sth) 1** always staying with and supporting a person, organization or belief কোনো ব্যক্তি, সংস্থা বা মতবাদের সমর্থনকারী বা তার প্রতি বিশ্বস্ত; নিষ্ঠাবান, নির্ভরযোগ্য *He was always faithful to his wife* (= he didn't have sexual relations with anyone else). ✪ সম **loyal** ✪ বিপ **unfaithful 2** true to the facts; accurate তথ্যনিষ্ঠ; নিখুঁত *a faithful description* ▶ **faithfully** / -fəli -ফ্যালি / *adv.* আস্থা সহকারে, নির্ভরযোগ্যভাবে ▶ **faithfulness** *noun* [U] বিশ্বস্ততা, নির্ভরযোগ্যতা ➪ **fidelity** দেখো।

fake¹ / feɪk ফেইক্ / *noun* [C] **1** a work of art, etc. that seems to be real or genuine but is not কৃত্রিম, মেকি শিল্পকর্ম **2** a person who is not really what he/she appears to be ঠগ, কপটাচারী, জালিয়াত ▶ **fake** *adj.* জালি, নকল *a fake passport*

fake² / feɪk ফেইক্ / *verb* [T] **1** to copy sth and try to make people believe it is the real thing কোনো কিছু নকল করা এবং সেটি সত্যি বলে মানুষকে বিশ্বাস করানোর চেষ্টা করা; জাল করা *He faked his father's signature.* **2** to make people believe that you are feeling sth that you are not নিজে এমন ভাব করা যাতে সেটা সত্যি না হলেও লোকে সত্যি বলে মনে করবে; মানুষকে বোকা বানানো *I faked surprise when he told me the news.*

falcon / ˈfɔːlkən ˈফ:ল্‌ক্যান্ / *noun* [C] a bird with long pointed wings that kills and eats other animals, a type of **bird of prey**. Falcons can be trained to hunt একধরনের শিকারি পাখি যার লম্বা ছুঁচোলো ধারালো ডানা তাদের শিকার ধরতে সাহায্য করে। এই পাখিকে শিকার ধরার প্রশিক্ষণও দেওয়া যায়; বাজপাখি

fall¹ / fɔːl ফ:ল্ / *verb* [I] (*pt* **fell** / fel ফেল্ /; *pp* **fallen** / ˈfɔːlən ˈফ:ল্যান্ /) **1** to drop down towards the ground উপর থেকে নীচে পড়া *He fell off the ladder onto the grass.* ○ *The rain was falling steadily.* **2 fall (down/over)** to suddenly stop standing and drop to the ground দাঁড়িয়ে থাকতে থাকতে হঠাৎ পড়ে যাওয়া *She slipped on the ice and fell.* ○ *The little boy fell over and hurt his knee.* **3** to hang down ঝুলে থাকা *Her hair fell down over her shoulders.* **4** to become lower or less নীচের দিকে নেমে আসা, কমে যাওয়া বা কম হওয়া *The temperature is falling.* ○ *The price of coffee has fallen again.* ✪ বিপ **rise 5** to be defeated হেরে যাওয়া *The Government fell because of the scandal.* **6** (*written*) to be killed (in battle) যুদ্ধে হত হওয়া *Millions of soldiers fell in the war.* **7** to change into a different state; to become অন্য কোনো অবস্থায় পরিবর্তিত করা; হওয়া *He **fell asleep** on the sofa.* ○ *I must get some new shoes—these ones are **falling to pieces**.* **8** (*formal*) to come or happen আসা অথবা ঘটা *My birthday falls on a Sunday this year.* **9** to belong to a particular group, type, etc. কোনো বিশেষ দল, প্রকার ইত্যাদির অন্তর্ভুক্ত হওয়া *Animals fall into two groups, those with backbones and those without.*

IDM **fall flat** ➪ **flat¹** দেখো।

fall/slot into place ➪ **place¹** দেখো।

fall short (of sth) ➪ **short¹** দেখো।

PHR V **fall apart** to break (into pieces) খণ্ড খণ্ড হয়ে, টুকরো টুকরো হয়ে ভেঙে যাওয়া *My bookcase is falling apart.*

fall back on sb/sth to use sb/sth when you are in difficulty অসুবিধার সময়ে কোনো ব্যক্তি অথবা বস্তুকে ব্যবহার করা *When the electricity was cut off we fell back on candles.*

fall for sb (*informal*) to be strongly attracted to sb; to fall in love with sb কোনো ব্যক্তির প্রতি তীব্রভাবে আসক্ত হওয়া; কারও প্রেমে পড়া

fall for sth (*informal*) to be tricked into believing sth that is not true সত্যি নয় এমন কিছুতে বিশ্বাস করে প্রতারিত হওয়া *He makes excuses and she falls for them every time.*

fall out (with sb) to argue and stop being friendly (with sb) কারও সঙ্গে ঝগড়া করা এবং বন্ধুত্ব না রাখা

fall through to fail or not happen ব্যর্থ হওয়া অথবা কাজে পরিণত না হওয়া, না ঘটা *Our trip to Japan has fallen through.*

fall² / fɔːl ফ:ল্ / *noun* **1** [C] an act of falling down or off sth (কোনো কিছু থেকে নীচে) পতন *She **had a** nasty **fall** from her horse.* **2** [C] **a fall (of sth)** the amount of sth that has fallen or the distance that sth has fallen উপর থেকে পতিত বস্তুর পরিমাণ বা পতনের সময়ে তার দ্বারা অতিক্রান্ত দূরত্ব *We have had a heavy fall of snow.* ○ *a fall of four metres* **3** [C] **a fall (in sth)** a decrease (in value, quantity, etc.) (মূল্য, পরিমাণ ইত্যাদিতে) হ্রাস, নিম্নগতি *There has been a sharp fall in the price of oil.* ✪ সম **drop** ✪ বিপ **rise 4** [*sing.*] **the fall of sth** a (political) defeat; a failure রাজনৈতিক পতন; ব্যর্থতা *the fall of the Mughal Empire* **5 falls** [*pl.*] a large amount of water that falls from a height down the side of a mountain, etc. পাহাড় ইত্যাদির পাশে উঁচু থেকে পড়া জলরাশি; জলপ্রপাত *Niagara Falls* ✪ সম **waterfall 6** [C] (*AmE*) = **autumn**

fallacy / ˈfæləsi ˈফ্যাল্যাসি / *noun* **1** (*pl.* **fallacies**) [C, U] (*formal*) a false belief or a wrong idea ভ্রান্ত বিশ্বাস বা ভুল ধারণা *It's a fallacy to believe that money brings happiness* (= it's not true). **2** (in logic) an **erroneous** reasoning ভ্রমপূর্ণ যুক্তি, ভ্রান্ত কারণ

fallen ➪ **fall**[1]-এর past participle

fallible / ˈfæləbl ˈফ্যাল্যাব্‌ল্ / *adj.* able or likely to make mistakes ভুল করতে পারে এমন, ভুল হতে পারে এমন *Even our new computerized system is fallible.* ✪ বিপ **infallible**

Fallopian tubes / fəˈləʊpiən tju:bz ফ্যাˈল্যাউপিঅ্যান্ টিউবজ্ / *noun* [C, *usually pl.*] the two tubes in the body of a woman or a female animal along which eggs travel from the place where they are produced (**the ovaries**) to the place where a baby is formed (**the uterus**) (নারীদেহে অথবা স্ত্রী পশুর শরীরের) দুটি ডিম্ববাহী নালির মধ্যে একটি যার মধ্যে দিয়ে ডিম্বাশয় থেকে ডিম্বাণু জরায়ুতে বাহিত হয়; ডিম্বাণুবাহী নলদ্বয়; ফেলোপিয়ান টিউব

fallout / ˈfɔ:laʊt ˈফ:ল্আউট্ / *noun* [U] **1** dangerous waste that is carried in the air after a nuclear explosion পারমাণবিক বিস্ফোরণের ফলে সৃষ্ট বিপজ্জনক বর্জ্য পদার্থ **2** the effect or result of sth কোনো ঘটনার প্রভাব বা পরিণতি

fallow / ˈfæləʊ ˈফ্যাল্যাউ / *adj.* (used about land) not used for growing plants, especially so that the quality of the land will improve (জমি সম্পর্কে ব্যবহৃত) যাতে জমির মান বৃদ্ধি হয় সেজন্য কৃষিকার্যে ব্যবহৃত হয় না এমন; অকর্ষিত জমি, অনাবাদী বা পতিত জমি *The farmer let the field **lie fallow** for two years.*

false / fɔ:ls ফ:ল্স্ / *adj.* **1** not true; not correct সত্য নয়; ঠিক নয় *I think the information you have been given is false.* ○ *I got a completely false impression of him from our first meeting.* ✪ বিপ **true** **2** not real; artificial বাস্তব নয়; কৃত্রিম *false hair/eyelashes/teeth* ✪ বিপ **real** এবং **natural** **3** not genuine, but made to look real in order to trick people ভুয়ো, প্রতারণাপূর্ণ, অবিকল নকল *This suitcase has a false bottom.* ○ *a false name/passport* **4** (used about sb's behaviour or expression) not sincere or honest (কারও অভিব্যক্তি বা ব্যবহার সম্বন্ধে ব্যবহৃত) আন্তরিক নয়; কৃত্রিম, অসাধু, মেকি *a false smile* ○ *false modesty* ▶ **falsely** *adv.* ভুলভাবে *She was falsely accused of stealing a wallet.*

IDM **a false alarm** a warning about a danger that does not happen ভুল বা মিথ্যা বিপদসংকেত

a false friend a word in another language that looks similar to a word in your own but has a different meaning অন্য ভাষার এমন একটি শব্দ যা নিজের ভাষার কোনো একটি শব্দের মতোই কিন্তু যার অর্থ সম্পূর্ণ আলাদা

under false pretences pretending to be or to have sth in order to trick people লোক ঠকানোর জন্য নিজের মিথ্যে পরিচয় দেওয়া বা নিজের কাছে কিছু আছে এমন ভান করা *She got into the club under false pretences—she isn't a member at all!*

false teeth (*also* **dentures**) *noun* [*pl.*] artificial teeth that are worn by sb who has lost his/her natural teeth কোনো ব্যক্তি তার স্বাভাবিক দাঁত হারানোর ফলে যে নকল দাঁত পরে থাকে

falsify / ˈfɔ:lsɪfaɪ ˈফ:ল্সিফাই / *verb* [T] (*pres. part.* **falsifying**; *3rd person sing. pres.* **falsifies**; *pt, pp* **falsified**) (*formal*) to change a document, information, etc. so that it is no longer true in order to trick sb (সত্যকে লুকিয়ে) কাউকে ঠকানোর জন্য দলিল ইত্যাদি জাল করা বা তথ্যাদি বদলে দেওয়া

falter / ˈfɔ:ltə(r) ˈফ:ল্ট্যা(র্) / *verb* [I] **1** to become weak or move in a way that is not steady দুর্বল বা ক্ষীণশক্তি হয়ে পড়া বা টলমলভাবে চলা *The engine faltered and stopped.* **2** to lose confidence and determination আত্মবিশ্বাস ও সংকল্পশক্তি হারানো *Sampras faltered and missed the ball.*

fame / feɪm ফেইম্ / *noun* [U] being known or talked about by many people because of what you have achieved খ্যাতি, সুনাম, যশ *Pop stars achieve fame at a young age.* ○ *The town's only **claim to fame** is that there was a riot there.*

famed / feɪmd ফেইম্‌ড্ / *adj.* **famed (for sth)** well known (for sth) কোনো কিছুর জন্য বিখ্যাত, খ্যাতিমান, যশস্বী *Goans are famed for their singing.* ➪ **famous** দেখো।

familiar / fəˈmɪliə(r) ফ্যাˈমিলিঅ্যা(র্) / *adj.* **1 familiar (to sb)** well known to you; often seen or heard and therefore easy to recognize অত্যন্ত পরিচিত; প্রায়ই দেখাশোনা হয়েছে এবং সেকারণে সহজে চেনা যায় *to look/sound familiar* ○ *Chinese music isn't very familiar to people in Europe.* ○ *It was a relief to see a familiar face in the crowd.* **2 familiar (with sth)** having a good knowledge of sth জ্ঞাত, কোনো বিষয়ে অবহিত *People in Europe aren't very familiar with Chinese music.* ✪ বিপ **unfamiliar** (অর্থ সংখ্যা **1** এবং **2**-এর জন্য) **3 familiar (with sb)** (used about a person's behaviour) too friendly and informal (কোনো ব্যক্তির ব্যবহার সম্পর্কে ব্যবহৃত) গায়ে পড়া ভাব, আটপৌরে, ঘরোয়া, সৌজন্যবর্জিত *I was annoyed by the waiter's familiar behaviour.*

familiarity / fəˌmɪliˈærəti ফ্যাˌমিলিˈঅ্যারাটি / *noun* [U] **1 familiarity (with sth)** having a good knowledge of sth কোনো বিষয়ে গভীর ব্যুৎপত্তি; কোনো কিছু সম্পর্কে পরিচিতি *His familiarity with the area* *was an advantage.* **2** being too friendly and informal অত্যন্ত ঘরোয়া এবং বন্ধুত্বপূর্ণ ব্যবহার

familiarize (*also* **-ise**) / fə'mɪliəraɪz ফ্যা'মিলি-অ্যারাইজ্ / *verb* [T] **familiarize sb/yourself (with sth)** to teach sb about sth or learn about sth until you know it well কোনো ব্যক্তিকে কোনো কিছু শেখানো অথবা যতক্ষণ না ভালোভাবে জানা হচ্ছে ততক্ষণ পর্যন্ত শেখা *I want to familiarize myself with the plans before the meeting.*

family / 'fæməli 'ফ্যাম্যালি / *noun* (*pl.* **families**) **1** [C, *with sing. or pl. verb*] a group of people who are related to each other পরিবার ও পরিবারের সদস্যবর্গ *I have quite a large family.*

> **NOTE** বাবা, মা এবং তাদের বাচ্চাদেরকে নিয়ে যে ছোটো পরিবার হয় তাকে আমরা অনেক সময় **family** বলে থাকি (**a nuclear family**)। অন্যান্য আত্মীয়স্বজন যেমন, দাদু-ঠাকুমা, কাকু-কাকিমা বা পরিবারের অন্য সকলকে নিয়ে যে একান্নবর্তী পরিবার হয় তাকেও আমরা **family** বলি (**an extended family**)।
>
> যখন **family** একটি একক হিসেবে ব্যবহৃত হয় তখন এই শব্দটির সঙ্গে ব্যবহৃত ক্রিয়াপদটি (verb) একবচনে (singular) ব্যবহৃত হয়—*Almost every family in the village owns a television.* তবে যখন পরিবারের প্রতিটি সদস্যের কথা আলাদাভাবে উল্লেখ করা হয় তখন ক্রিয়াপদটি বহুবচনে (plural) ব্যবহার করা হয়—*My family are all very tall.* পরিবারের সকলের ক্ষেত্রে প্রযোজ্য অথবা পরিবারের সকলেরই ব্যবহারযোগ্য এমন কিছু কথা উল্লেখ করতে গেলে **family** শব্দটি অন্য একটি বিশেষ্য পদের (noun) পূর্বে ব্যবহৃত হয়—*family entertainment* o *the family car*

2 [C, U] children সন্তান *Do you have any family?* o *We are planning to* **start a family** *next year* (= to have our first baby). o *to bring up/raise a family* **3** [C] a group of animals, plants, etc. that are of a similar type একই গোষ্ঠী বা জাতিভুক্ত প্রাণীসমূহ, একই ধরনের উদ্ভিদসকল ইত্যাদি *Lions belong to the cat family.*

IDM run in the family to be found very often in a family কোনো পরিবারে প্রায়ই প্রাপ্ত হওয়া *Red hair runs in the family.*

family doctor (*BrE*) = **GP**

family name *noun* [C] the name that is shared by members of a family পদবি ○ সম **surname** ⇨ **name**-এ নোট দেখো।

family planning *noun* [U] controlling the number of children you have by using birth control জন্মনিয়ন্ত্রণ পদ্ধতি ব্যবহারের দ্বারা সন্তান সংখ্যা নিয়ন্ত্রণ; পরিবার-পরিকল্পনা ⇨ **contraception** দেখো।

family tree *noun* [C] a diagram that shows the relationship between different members of a family over a long period of time পরিবারের বিভিন্ন প্রজন্মের সদস্যদের মধ্যে আত্মীয়তা প্রদর্শন করে অঙ্কিত রেখাচিত্র; বংশলতিকা, কুলপঞ্জি

famine / 'fæmɪn 'ফ্যামিন্ / *noun* [C, U] a lack of food over a long period of time in a large area that can cause the death of many people দীর্ঘ সময় ধরে কোনো বৃহৎ অঞ্চলে খাদ্যাভাব যার দরুন বহু মানুষের মৃত্যু ঘটতে পারে; মন্বন্তর, আকাল, দুর্ভিক্ষ *There is a severe famine in many parts of Africa.* o *The long drought* (= a lack of rain or water) *was followed by famine.*

famished / 'fæmɪʃt 'ফ্যামিশ্ট্ / *adj.* (*informal*) (*not before a noun*) very hungry অত্যন্ত ক্ষুধার্ত

famous / 'feɪməs 'ফেইম্যাস্ / *adj.* **famous (for sth)** well known to many people প্রসিদ্ধ, বিখ্যাত, নামজাদা *a famous singer* o *Banaras is famous for its saris.* ⇨ **infamous** এবং **notorious** দেখো।

famously / 'feɪməsli 'ফেইম্যাস্লি / *adv.* in a way that is famous উল্লেখযোগ্যভাবে *the words he famously uttered just before he died*

IDM get on/along famously to have a very good relationship with sb কারও সঙ্গে খুব ভালো সম্পর্ক থাকা

fan¹ / fæn ফ্যান / *noun* [C] **1** somebody who admires and is very enthusiastic about a sport, a film star, a singer, etc. (কোনো খেলা, চলচ্চিত্র-তারকা, গায়ক ইত্যাদির) প্রশংসাকারী, অত্যুৎসাহী সমর্থক; ফ্যান *football fans* o *He's a Hrithik Roshan fan.* o *fan mail* (=letters from fans to the person they admire) **2** a machine with parts that turn around very quickly to create a current of cool or warm air পাখা (বৈদ্যুতিক); ফ্যান *an electric fan* o *a fan heater* **3** an object in the shape of a half-circle made of paper, feathers, etc. that you wave in your hand to create a current of cool air (কাগজ, পালক ইত্যাদির দ্বারা অর্ধবৃত্তাকারভাবে তৈরি) হাতপাখা

fan² / fæn ফ্যান / *verb* [T] (**fanning; fanned**) **1** to make air blow on sb/sth by waving a **fan¹ 3**, your hand, etc. in the air পাখার সাহায্যে বা অন্য কিছুর সাহায্যে কাউকে হাওয়া করা *She used a newspaper to fan her face.* **2** to make a fire burn more strongly by blowing on it হাওয়া দিয়ে আগুন আরও জোরালো করা *The strong wind really fanned the flames.*

PHR V fan out to spread out ছড়িয়ে পড়া *The police fanned out across the field.*

fanatic / fə'nætɪk ফ্যা'ন্যাটিক / *noun* [C] a person who is very enthusiastic about sth and may have extreme or dangerous opinions (especially about religion or politics) (বিশেষত ধর্ম বা রাজনীতি সম্বন্ধে) অতি উৎসাহী ব্যক্তি (কখনো কখনো যে চরম অথবা বিপজ্জনক মতাবলম্বী হয়ে উঠতে পারে); অন্ধ ভক্ত, অনুরক্ত *a religious fanatic* ○ *She's a health-food fanatic.* ✪ সম **fiend** অথবা **freak** ▶ **fanatical** / -kl ক্ল্ / *adj. He's fanatical about keeping things tidy.* ▶ **fanatically** / -kli -ক্লি / *adv.* যুক্তিহীনভাবে, গোঁড়া ভাবে ▶ **fanaticism** / -tɪsɪzəm -টিসিজ্‌ম্ / *noun* [U] অন্ধ উন্মত্ততা; গোঁড়ামি, ভক্তিমত্ততা

fan belt *noun* [C] the belt that operates the machinery that cools a car engine গাড়ির ইঞ্জিন ঠান্ডা করার যন্ত্র চালু করার জন্য ব্যবহৃত বেল্ট

fancy¹ / ˈfænsi ˈফ্যান্‌সি / *verb* [T] (*pres. part.* **fancying;** *3rd person sing. pres.* **fancies;** *pt, pp* **fancied**) **1** (*BrE informal*) to like the idea of having or doing sth; to want sth or to want to do sth কোনো কিছু করার বা কিছু পাওয়ার বাসনা হওয়া; কোনো কিছু চাওয়া বা কোনো কিছু করতে চাওয়া *What do you fancy to eat?* ○ *I don't fancy going out in this rain.* **2** (*BrE informal*) to be sexually attracted to sb কোনো ব্যক্তির প্রতি যৌনভাবে আকৃষ্ট হওয়া *Prem keeps looking at you. I think he fancies you.* **3** **fancy yourself (as) sth** to think that you would be good at sth; to think that you are sth (although this may not be true) নিজের সম্বন্ধে অনেক কিছু কল্পনা করা; নিজের সম্বন্ধে বাড়িয়ে ভাবা *He fancied himself (as) a poet.*

fancy² / ˈfænsi ˈফ্যান্‌সি / *adj.* not simple or ordinary যা সাধারণ বা মামুলি নয়, শৌখিন *My father doesn't like fancy food.* ○ *I just want a pair of black shoes—nothing fancy.*

fancy³ / ˈfænsi ˈফ্যান্‌সি / *noun*

IDM **take sb's fancy** to attract or please sb কোনো ব্যক্তির দৃষ্টি আকর্ষণ করা বা তাকে খুশি করা *If you see something that takes your fancy I'll buy it for you.*

take a fancy to sb/sth to start liking sb/sth কাউকে বা কোনো কিছু ভালো লাগতে শুরু করা *I think that Leena's really taken a fancy to you.*

fancy dress *noun* [U] special clothes that you wear to a party at which people dress up to look like a different person (for example from history or a story) বিশেষ ধরনের পোশাক যা পরে কোনো পার্টিতে যাওয়া হয় যেখানে লোকে আলাদা কোনো ব্যক্তি বা চরিত্রের (যেমন ইতিহাসে বা গল্পে থাকে) মতো সাজপোশাক করে *It was Children's Day and everyone went* ***in fancy dress****.*

fanfare / ˈfænfeə(r) ˈফ্যান্‌ফেঅ্যা(র্) / *noun* [C] a short loud piece of music that is used for introducing sb important, for example a king or queen গুরুত্বপূর্ণ কোনো ব্যক্তি, যেমন রাজা, রানি প্রমুখের অভিবাদনের সময়ে প্রবল ধ্বনিযুক্ত স্বল্পস্থায়ী যে বাজনা বাজানো হয়

fang / fæŋ ফ্যাং / *noun* [C] a long sharp tooth of a dog, snake, etc. কুকুর, সাপ ইত্যাদির লম্বা ধারালো দাঁত

fantasize (*also* **-ise**) / ˈfæntəsaɪz ˈফ্যান্‌ট্যাসাইজ্ / *verb* [I, T] to imagine sth that you would like to happen এমন কিছু কল্পনা করা যা ঘটলে ভালো হয়; দিবাস্বপ্ন দেখা *He liked to fantasize that he had won a gold medal at the Olympics.*

fantastic / fænˈtæstɪk ফ্যান্‌ˈট্যাস্‌টিক্ / *adj.* **1** (*informal*) very good; excellent খুব ভালো; অপূর্ব, দারুণ *She's a fantastic swimmer.* **2** strange and difficult to believe অদ্ভুত এবং অবিশ্বাস্য *a story full of fantastic creatures from other worlds* **3** (*informal*) very large or great বিশাল বা বহুল *A Rolls Royce costs a fantastic amount of money.* ▶ **fantastically** / -kli -ক্লি / *adv.* অস্বাভাবিকভাবে, অদ্ভুতভাবে

fantasy / ˈfæntəsi ˈফ্যান্‌ট্যাসি / *noun* [C, U] (*pl.* **fantasies**) situations that are not true, that you just imagine উদ্ভট কল্পনা, দিবাস্বপ্ন *I have a fantasy about going to live in the Bahamas.* ○ *They live in a world of fantasy.*

fanzine / ˈfænzi:n ˈফ্যান্‌জীন্ / *noun* [C] a magazine that is written by and for people (**fans**) who like a particular sports team, singer, etc. যে ম্যাগাজিন বিশেষ একদল অনুরক্ত ভক্তের দ্বারা তাদের নিজেদের জন্যই লেখা (যারা বিশেষ কোনো খেলার দল বা গায়ক ইত্যাদিকে পছন্দ করে)

FAQ / ˌef eɪˈkju: ˌএফ এইˈকিউ / *noun* [C] a document on the Internet that contains the most *frequently asked questions* about a subject and the answers to these questions ইন্টারনেটে দেওয়া কোনো তথ্যপঞ্জি যাতে বহুবার জিজ্ঞাসিত বিষয়ের উপর প্রশ্ন ও সেগুলির উত্তর থাকে; ফ্রিকোয়েন্টলি আসকড কোয়েশ্চন-এর সংক্ষিপ্ত রূপ; এফ এ কিউ

far¹ / fɑ:(r) ফা:(র্) / *adj.* (**farther** / ˈfɑ:ðə(r) ˈফা:দ্যা(র্) / or **further** / ˈfɜ:ðə(r) ˈফ্যদ্যা(র্) /, **farthest** / ˈfɑ:ðɪst ˈফা:দিস্ট্ / or **furthest** / ˈfɜ:ðɪst ˈফ্যদিস্ট্ /) **1** a long way away; distant অনেক দূরে; দূরবর্তী, দূরে অবস্থিত *Let's walk—it's not far.* **2** (*only before a noun*) the largest distance away of two or more things দুই বা ততোধিক বস্তুর থেকে দূরে; সবচেয়ে দূরবর্তী *the far side of the river* **3** (*only before a noun*) a long way from the centre in the direction mentioned (নির্দিষ্ট দিকে) কেন্দ্র থেকে বহু দূরে; দূরবর্তী, দূরস্থিত *politicians from the far left of the party*

IDM a far cry from sth/from doing sth an experience that is very different from sth/doing sth সম্পূর্ণ অন্য রকমের অভিজ্ঞতা (কোনো কাজ বা কিছুর থেকে)

far² / fɑː(r) ফা:(র্) / *adv.* (**farther** / ˈfɑːðə(r) ˈফা:দ্যা(র্) / or **further** / ˈfɜːðə(r) ˈফ্যদ্যা(র্), **farthest** / ˈfɑːðɪst ˈফা:দিস্ট্ / or **furthest** / ˈfɜːðɪst ˈফ্যদিস্ট্ /) **1** (at) a distance দূরবর্তী, দূরে অবস্থিত *Jaipur's not far from here.* ○ *How far did we walk yesterday?* ○ *If we sit too far away from the screen I won't be able to see the film.* ○ *I can't swim as far as you.* ○ *How much further is it?*

> **NOTE** এই অর্থে সাধারণত নেতিবাচক অথবা প্রশ্নাত্মক বাক্যে **far** শব্দটি ব্যবহৃত হয়। ইতিবাচক বাক্যে এই অর্থে **a long way** ব্যবহৃত হয়—*It's a long way from here to the sea.* কোনো কোনো ইতিবাচক বাক্যে এই শব্দটি নেতিবাচক অর্থে ব্যবহৃত হতে পারে—*Let's get a bus. It's much too **far** to walk.*

2 very much খুব বেশি *She's far more intelligent than I thought.* ○ *There's far too much salt in this soup.* **3** (to) a certain degree কিছুদূর পর্যন্ত, নির্দিষ্ট কিছুটা *How far have you got with your homework?* ○ *The company employs local people as far as possible.* **4** a long time অনেকক্ষণ ধরে, অনেক সময় নিয়ে *We danced far into the night.*

IDM as far as to the place mentioned but not further উল্লিখিত জায়গা পর্যন্তই, তার বেশি নয় *We walked as far as the river and then turned back.*

as/so far as used for giving your opinion or judgement of a situation কোনো পরিস্থিতি সম্পর্কে মতামত বা সিদ্ধান্ত দেওয়ার জন্য ব্যবহৃত অভিব্যক্তিবিশেষ ***As far as I know**, she's not coming, but I may be wrong.* ○ ***So far as** school work **is concerned**, he's hopeless.* ○ ***As far as I'm concerned**, this is the most important point.* ○ ***As far as I can see**, the accident was Raju's fault, not Radha's.*

as far as the eye can see to the furthest place you can see চোখে যতদূর দেখা যায়, যতদূর পর্যন্ত দেখা যাচ্ছে

by far (*used for emphasizing comparative or superlative words*) by a large amount (তুলনা করার ক্ষেত্রে) খুব বেশি পরিমাণে *Kamran is by far the best student in the class.*

far from doing sth instead of doing sth কোনো কিছু করার পরিবর্তে *Far from enjoying the film, he fell asleep in the middle.*

far from sth almost the opposite of sth; not at all (কোনো কিছুর) সম্পূর্ণ বিপরীত; একেবারেই নয় *He's far from happy* (= he's very sad or angry).

far from it (*informal*) certainly not; just the opposite নিশ্চয় নয়; একেবারেই উলটো *'Did you enjoy your holiday?' 'No, far from it. It was awful.'*

few and far between ➪ **few** দেখো।

go far 1 to be enough পর্যাপ্ত হওয়া *This food won't go very far between three of us.* **2** to be successful in life সফল হওয়া, জীবনে সার্থকতা লাভ করা *Dinesh is very talented and should go far.*

go too far to behave in a way that causes trouble or upsets other people অন্য লোকদের সমস্যায় ফেলে অথবা বিপর্যস্ত করে এমন ব্যবহার করা; মাত্রা ছাড়িয়ে যাওয়া *He's always been naughty but this time he's gone too far.*

so far until now এখন পর্যন্ত *So far the weather has been good but it might change.*

so far so good (*spoken*) everything has gone well until now এখন পর্যন্ত সব ঠিকঠাক হয়েছে

faraway / ˈfɑːrəweɪ ˈফা:র‍্যাউএই / *adj.* (*only before a noun*) **1** (*written*) a great distance away অনেক দূরের *He told us stories of faraway countries.* **2** (used about a look in a person's eyes) as if you are thinking of sth else (কারও চোখের দৃষ্টি সম্বন্ধে ব্যবহৃত) দূরবর্তী, দৃষ্টি সম্পূর্ণ অন্যদিকে, অন্যমনস্কভাবে *She stared out of the window with a faraway look in her eyes.*

farce / fɑːs ফা:স্ / *noun* [C] **1** something important or serious that is not organized well or treated with respect গুরুত্বপূর্ণ কিছু যখন ভালোভাবে সংগঠিত অথবা মনোযোগ সহকারে সম্পাদিত না হওয়ায় প্রহসনে পরিণত হয়; নিরর্থক ব্যাপার, চরম হাস্যকর *The meeting was a farce—everyone was shouting at the same time.* **2** a funny play for the theatre full of ridiculous situations কৌতুকবোধক নাটক; প্রহসন ▶ **farcical** / ˈfɑːsɪkl ˈফা:সিক্‌ল্ / *adj.* হাস্যরসাত্মক, প্রহসন সুলভ

fare¹ / feə(r) ফেঅ্যা(র্) / *noun* [C] the amount of money you pay to travel by bus, train, taxi, etc. (বাস, ট্রেন, ট্যাক্সি ইত্যাদিতে ভ্রমণের সময়ে) যাত্রী ভাড়া, যাতায়াতের খরচ *What's the fare to Bangalore?* ○ *Adults pay **full fare**, children pay **half fare**.*

fare² / feə(r) ফেঅ্যা(র্) / *verb* [I] (*formal*) to be successful or not successful in a particular situation নির্দিষ্ট পরিস্থিতিতে সফল বা অসফল হওয়া, ভালো বা মন্দ হওয়া *How did you fare in your examination* (= did you do well or badly)?

the Far East *noun* [*sing.*] China, Japan and other countries in E and SE Asia চীন, জাপান প্রভৃতি পূর্ব বা পূর্বদক্ষিণ এশিয়ার দেশগুলি; দূরপ্রাচ্য ➪ **the Middle East** দেখো।

farewell / ˌfeəˈwel ˌফেআ্যা'উএল্ / *noun* [C, U] the act of saying goodbye to sb কারও কাছ থেকে বিদায় নেওয়া বা কারও প্রতি বিদায় সম্ভাষণ জানানোর ক্রিয়া *He said his farewells and left.* ○ *a farewell party/drink* ▶ **farewell** *exclamation* (*old-fashioned*) বিদায়

far-fetched *adj.* not easy to believe বিশ্বাস করা কঠিন *It's a good book but the story's too far-fetched.*

farm[1] / fɑːm ফা:ম্ / *noun* [C] an area of land with fields and buildings that is used for growing crops and keeping animals ফসল উৎপাদন ও পশুপালনের জন্য ব্যবহৃত খেত এবং খামার-বাড়ি সহ জমি; কৃষিক্ষেত্র *to work **on a farm*** ○ *farm buildings/workers/animals*

farm[2] / fɑːm ফা:ম্ / *verb* [I, T] to use land for growing crops or keeping animals কৃষিকার্য বা পশুপালনের উদ্দেশ্যে জমি ব্যবহার করা *She farms 200 acres.*

farmer / ˈfɑːmə(r) 'ফা:ম্যা(র্) / *noun* [C] a person who owns or manages a farm জোতদার, চাষী, কৃষক

farmhouse / ˈfɑːmhaʊs 'ফা:ম্হাউস্ / *noun* **1** [C] the house on a farm where the farmer lives চাষীর বসবাসের জন্য খামার বাড়ি **2** [C] (*IndE*) an expensive house on a small area of land on the outskirts of a city owned by wealthy people and used as a holiday resort শহরের বাইরের দিকে ছোটো ভূখণ্ডের উপর ধনী ব্যক্তিদের স্বত্ব সম্বলিত ব্যয়বহুল গৃহ যেগুলি অবসর যাপনের জন্য ব্যবহৃত হয়; ফার্ম-হাউস

farming / ˈfɑːmɪŋ 'ফা:মিং / *noun* [U] managing a farm or working on it খামার পরিচালনা অথবা সেখানকার কোনো কাজ *farming methods/areas*

farmyard / ˈfɑːmjɑːd 'ফা:ম্ইআ:ড্ / *noun* [C] an outside area near a farmhouse surrounded by buildings or walls খামারবাড়ির কাছে গোলা, মরাই অথবা প্রাচীর বেষ্টিত উঠোন

far-reaching *adj.* having a great influence on a lot of other things সুদূরপ্রসারী, ব্যাপক *far-reaching changes*

far-sighted *adj.* **1** being able to see what will be necessary in the future and making plans for it দূরদর্শী, বিচক্ষণ **2** (*AmE*) = **long-sighted**

fart / fɑːt ফা:ট্ / *verb* [I] (*informal*) to suddenly let gas from the stomach escape from your bottom বাতকর্ম করা ▶ **fart** *noun* [C] বাতকর্ম, পাদ

farther / ˈfɑːðə(r) 'ফা:দ্যা(র্) / ⇨ **far**-এর comparative ⇨ **further**-এ নোট দেখো।

farthest / ˈfɑːðɪst 'ফা:দিস্ট্ / ⇨ **far**-এর superlative

fascinate / ˈfæsɪneɪt 'ফ্যাসিনেইট্ / *verb* [T] to attract or interest sb very much কোনো ব্যক্তিকে আকর্ষণ করা বা মোহিত করা *Chinese culture has always fascinated me.* ▶ **fascinating** *adj.* মনোমুগ্ধকর, মনোরম ▶ **fascination** / ˌfæsɪˈneɪʃn ˌফ্যাসি'নেইশ্ন্ / *noun* [C, U] মুগ্ধতা, আকর্ষণ, মোহ

fascism (*also* **Fascism**) / ˈfæʃɪzəm 'ফ্যাশিজ্যাম্ / *noun* [U] an extreme (**right-wing**) political system চরম উগ্রপন্থী (দক্ষিণপন্থী) রাজনৈতিক মতবাদ; ফ্যাসিবাদ ▶ **fascist** (*also* **Fascist**) / ˈfæʃɪst 'ফ্যাশিস্ট্ / *noun* [C], *adj.* ফ্যাসিবাদের সমর্থনকারী

fashion / ˈfæʃn 'ফ্যাশ্ন্ / *noun* **1** [C, U] the style of dressing or behaving that is the most popular at a particular time পোশাক-পরিচ্ছদ বা আচার-ব্যবহারের তৎকালীন সর্বাপেক্ষা জনপ্রিয় ধরন; রীতি, ছাঁদ, কায়দা; ফ্যাশন *What is **the latest fashion** in hairstyles?* ○ *a fashion show/model/magazine* ○ *Jeans are always **in fashion**.* ○ *That colour is **out of fashion** this year.* **2** [*sing.*] the way you do sth কোনো কিছু করার ধরন; কায়দা *Watch him. He's been behaving **in a** very strange **fashion**.*

fashionable / ˈfæʃnəbl 'ফ্যাশ্ন্যাব্ল্ / *adj.* **1** popular or in a popular style at the time কেতামাফিক, কেতাদুরস্ত, কায়দামাফিক, প্রথামতো *a fashionable area/dress/opinion* **2** considering fashion to be important ফ্যাশন বা প্রচলিত কেতাকে গুরুত্বপূর্ণ মনে করা হয় এমন; সমাজে ফ্যাশন যখন গুরুত্বপূর্ণ বলে বিবেচিত হয় *fashionable society* ✪ বিপ **unfashionable** অথবা **old-fashioned** ▶ **fashionably** / -əbli -অ্যাব্লি / *adv.* কেতাদুরস্তভাবে, কায়দামাফিক

fast[1] / fɑːst ফা:স্ট্ / *adj.* **1** able to move or act at great speed দ্রুত গতিতে কাজ করতে সক্ষম *a fast car/worker/runner/reader* ⇨ **quick**-এ নোট দেখো। **2** (used about a clock or watch) showing a time that is later than the real time (ঘড়ি বা হাতঘড়ি সম্বন্ধে ব্যবহৃত) যে ঘড়িতে প্রকৃত সময়ের থেকে কাঁটা এগিয়ে থাকে, অগ্রবর্তী সময় দেখায় *The clock is five minutes fast.* ✪ বিপ **slow** **3** (used about camera film) very sensitive to light, and therefore good for taking photographs in poor light or of things that are moving quickly (ক্যামেরার ফিল্ম সম্বন্ধে ব্যবহৃত) আলোর প্রতি সংবেদনশীলতার কারণে সংক্ষিপ্ত সময়ে এবং স্বল্পালোকে ছবি তোলার যোগ্য **4** (*not before a noun*) firmly fixed মজবুত, শক্ত করে গাঁথা বা আটকানো আছে এমন *He made the boat fast* (= he tied it to something) *before he got out.* ○ *Do you think the colour in this T-shirt is fast* (= will not come out when washed)*?*

IDM **fast and furious** very fast and exciting উচ্ছৃঙ্খল, উত্তেজনাপূর্ণ এবং দ্রুতগতিসম্পন্ন

hard and fast ⇨ **hard**[1] দেখো।

fast² / fɑːst ফা:স্ট্ / *adv.* **1** quickly তাড়াতাড়ি, শিগগির *She ran very fast.* **2** firmly or deeply শক্ত করে, গভীরভাবে *Sameer was **fast asleep** by ten o'clock.* ○ *Our car was stuck fast in the mud.*

fast³ / fɑːst ফা:স্ট্ / *verb* [I] to eat no food for a certain time, usually for religious reasons উপবাস করা বা উপোস করা (বিশেষ করে ধর্মীয় কারণে) *Muslims fast during Ramadan.* ► **fast** *noun* [C] উপবাস, নিরশন, উপোস

fasten / ˈfɑːsn ˈফা:স্‌ন্ / *verb* **1** [I, T] **fasten (sth) (up)** to close or join the two parts of sth; to become closed or joined কোনো বস্তুর দুই অংশ আটকানো; জোড়া, জুড়ে যাওয়া, বন্ধ হওয়া *Please fasten your seat belts.* ○ *Fasten your coat up—it's cold outside.* ○ *My dress fastens at the back.* **2** [T] **fasten sth (on/to sth); fasten A and B (together)** to fix or tie sth to sth, or two things together একটির সঙ্গে আর একটি জিনিস বেঁধে রাখা, দুটি জিনিস একসঙ্গে করে বাঁধা *Fasten this badge on your jacket.* ○ *How can I fasten these pieces of wood together?* **3** [T] to close or lock sth firmly so that it will not open কোনো কিছু ভালোভাবে বা তালা দিয়ে বন্ধ করা (যাতে তা খুলে না যায়) *Close the window and fasten it securely.*

fastener / ˈfɑːsnə(r) ˈফা:স্‌ন্যা(র্); / (*also* **fastening**) / ˈfɑːsnɪŋ ˈফা:স্‌নিং / *noun* [C] something that fastens things together একত্রে বাঁধার জন্য ব্যবহৃত বস্তু

fast food *noun* [U] food that can be served very quickly in special restaurants and is often taken away to be eaten in the street বিশেষ ধরনের রেস্তোরাঁয় যে খাবার খুব তাড়াতাড়ি পাওয়া যায় এবং বাইরে খাওয়ার জন্য অনেক সময়ে তা কিনে নিয়ে যাওয়া হয়; ফাস্ট ফুড *a fast food restaurant*

fast forward *verb* [T] to make a videotape or a cassette go forward quickly without playing it ভিডিও বা ক্যাসেটের টেপ না বাজিয়ে সামনের দিকে নিয়ে যাওয়া, ফাস্ট ফরোয়ার্ড করা ► **fast forward** *noun* [U] সম্মুখবর্তী *Press fast forward to advance the tape.* ○ *the fast-forward button* ⇨ **rewind** দেখো।

fastidious / fæˈstɪdiəs ফ্যা'স্টিডিঅ্যাস্ /*adj.* difficult to please; wanting everything to be perfect খুশি করা কঠিন; খুঁতখুঁতে, সব কিছু যে নিখুঁত চায়; রুচিবাগীশ

fat¹ / fæt ফ্যাট্ / *adj.* (**fatter; fattest**) **1** (used about people's or animal's bodies) weighing too much; covered with too much flesh (প্রাণী অথবা মানব শরীর ও স্বাস্থ্য সম্বন্ধে ব্যবহৃত) মেদবহুল, চর্বিবহুল, মোটা *You'll **get fat** if you eat too much.* ✪ বিপ **thin**

> **NOTE** কোনো ব্যক্তিকে **fat** শব্দটির দ্বারা বর্ণনা করাটা অশোভনীয়। এর পরিবর্তে আমরা **plump**, **stout** অথবা **overweight** এই শব্দগুলি ব্যবহার করতে পারি।

2 (used about a thing) thick or full (কোনো দ্রব্য সম্পর্কে ব্যবহৃত) পুরু বা মোটা, ভর্তি *a fat wallet/book*

fat² / fæt ফ্যাট্ / *noun* **1** [U] the soft white substance under the skins of animals and people চর্বি, স্নেহপদার্থ *I don't like meat with fat on it.* ⇨ **fatty** adjective দেখো। **2** [C, U] the substance containing oil that we obtain from animals, plants or seeds and use for cooking তেলজাতীয় যে পদার্থ প্রাণী, উদ্ভিদ বা তার বীজ থেকে পাওয়া যায় এবং সেটি রান্নায় ব্যবহৃত হয়; চর্বি, স্নেহপদার্থ *Cook the onions in a little fat.*

fatal / ˈfeɪtl ˈফেইট্‌ল্ / *adj.* **1** causing or ending in death প্রাণঘাতী *a fatal accident/disease* ⇨ **mortal** দেখো। **2** causing trouble or a bad result সর্বনাশা, ধ্বংসাত্মক *She made the fatal mistake of trusting him.* ► **fatally** / -əli -অ্যালি / *adv.* মারাত্মকভাবে, সাংঘাতিকভাবে *fatally injured*

fatality / fəˈtæləti ফ্যা'ট্যাল্যাটি / *noun* [C] (*pl.* **fatalities**) a person's death caused by an accident, in war, etc. দুর্ঘটনা, যুদ্ধ ইত্যাদি কারণে মৃত্যু *There were no fatalities in the fire.*

fate / feɪt ফেইট্ / *noun* **1** [U] the power that some people believe controls everything that happens ভাগ্য, নিয়তি, অদৃষ্ট *It was fate that brought them together again after twenty years.* **2** [C] your future; something that happens to you ভবিষ্যৎ, নির্দিষ্ট পরিণতি; অবধারিত ভবিষ্যৎ, ভবিতব্য *Both men suffered the same fate—they both lost their jobs.* ✪ সম **fortune**

fateful / ˈfeɪtfl ˈফেইট্‌ফ্‌ল্ / *adj.* having an important effect on the future ভবিষ্যতের উপর গুরুত্বপূর্ণ প্রভাবসম্পন্ন; নিয়তিনিয়ন্ত্রিত *a fateful decision*

father¹ / ˈfɑːðə(r) ˈফা:দ্যা(র্) / *noun* [C] **1** a person's male parent বাবা, পিতা, জনক *Vijay looks exactly like his father.* **2 Father** the title of certain priests আচার্য, মহান্ত, গুরু, যাজক প্রমুখের নামের সঙ্গে বলা হয় *Father O'Reilly*

father² / ˈfɑːðə(r) ˈফা:দ্যা(র্) / *verb* [T] to become a father বাবা হওয়া, শিশুর পিতা হওয়া *to father a child*

Father Christmas (*also* **Santa Claus**) *noun* [C] an old man with a red coat and a long white beard who, children believe, brings presents at Christmas লালকোট এবং লম্বা সাদা দাড়িওয়ালা এক বৃদ্ধ ব্যক্তি। ছোটোরা বিশ্বাস করে তিনি ক্রিসমাসের সময় তাদের জন্য উপহার নিয়ে আসেন; সান্টাক্লজ

fatherhood / ˈfɑːðəhʊd ˈফা:দ্যাহুড্ / *noun* [U] the state of being a father পিতৃত্ব

father-in-law *noun* [C] (*pl.* **fathers-in-law**) the father of your husband or wife শ্বশুরমশায়, শ্বশুর

fatherly / ˈfɑːðəli ˈফা:দ্যালি / *adj.* like or typical of a father বাবার মতো, পিতৃসুলভ *Would you like a piece of fatherly advice?*

fathom[1] / ˈfæðəm ˈফ্যাদ্যাম্ / *verb* [T] (*usually in the negative*) to understand sth কোনো কিছু বোঝা *I can't fathom what he means.*

fathom[2] / ˈfæðəm ˈফ্যাদ্যাম্ / *noun* [C] a measure of the depth of water; 6 feet (1.8 metres) জলের গভীরতা মাপার মাত্রা : ৬ ফিট (১.৮ মিটার)

fatigue / fəˈtiːg ফ্যাˈটীগ্ / *noun* [U] **1** the feeling of being extremely tired চূড়ান্ত ক্লান্তি, অবসন্নতা, অবসাদ *He was suffering from mental and physical fatigue.* **2** weakness in metals caused by a lot of use বহু ব্যবহারের ফলে ধাতু দুর্বল হয়ে যাওয়ার কারণে ধাতুশ্রান্তি *The plane crash was caused by metal fatigue in a wing.*

fatten / ˈfætn ˈফ্যাট্ন্ / *verb* [T] **fatten sb/sth (up)** to make sb/sth fatter কোনো ব্যক্তি বা বস্তুকে অপেক্ষাকৃত মোটা করা *He's fattening the pigs up for the market.*

fattening / ˈfætnɪŋ ˈফ্যাট্নিং / *adj.* (used about food) that makes people fat (খাদ্য সম্বন্ধে ব্যবহৃত) যা খেলে মোটা হয় *Chocolate is very fattening.*

fatty / ˈfæti ˈফ্যাটি / *adj.* (**fattier; fattiest**) (used about food) having a lot of fat in or on it (খাদ্য সম্বন্ধে ব্যবহৃত) বেশি চর্বি বা স্নেহপদার্থযুক্ত

fatty acid *noun* [C] an acid that is found in fats and oils চর্বি এবং তেলে যে অ্যাসিড থাকে

faucet / ˈfɔːsɪt ˈফ:সিট্ / (*AmE*) = **tap[2] 1**

fault[1] / fɔːlt ফ:ল্ট্ / *noun* **1** [C] something wrong or not perfect in a person's character or in a thing (ব্যক্তির চরিত্রে বা কোনো বস্তুর মধ্যে) ত্রুটি, অক্ষমতা, দুর্বলতা *One of my faults is that I'm always late.* ➪ **mistake**-এ নোট দেখো। **2** [U] responsibility for a mistake দোষ বা ভুলের দায়িত্ব *It will be your **own fault** if you don't pass your exams.* **3** [C] (*technical*) a place where there is a break in the layers of rock in the earth's surface and the rocks on either side have moved in opposite directions ভূপৃষ্ঠের উপরিতলের শিলাস্তরে ফাটল এবং অন্যদিকের শিলাস্তরের বিপরীতমুখী চলন; চ্যুতি, ভ্রংস ➪ **limestone**-এ ছবি দেখো।

IDM be at fault to be wrong or responsible for a mistake দোষী হওয়া, দোষযুক্ত হওয়া *The other driver was at fault—he didn't stop at the traffic lights.*

find fault (with sb/sth) ➪ **find[1]** দেখো।

fault[2] / fɔːlt ফ:ল্ট্ / *verb* [T] to find sth wrong with sb/sth অন্যের দোষ দেখা, অপরের খুঁত ধরা *It was impossible to fault her English.*

faultless / ˈfɔːltləs ˈফ:ল্ট্ল্যাস্ / *adj.* without any mistakes; perfect ত্রুটিহীন; নিখুঁত *The pianist gave a faultless performance.*

faulty / ˈfɔːlti ˈফ:ল্টি / *adj.* (used especially about electricity or machinery) not working properly (বৈদ্যুতিক ব্যবস্থা বা যন্ত্রপাতি সম্পর্কে ব্যবহৃত) ঠিকমতো কাজ করছে না *a faulty switch*

fauna / ˈfɔːnə ˈফ:ন্যা / *noun* [U] all the animals of an area or a period of time কোনো নির্দিষ্ট সময়কাল বা কোনো নির্দিষ্ট এলাকার সমস্ত রকমের প্রাণী *the flora and fauna of the Sunderbans* ➪ **flora** দেখো।

faux pas / ˌfəʊˈpɑː ˌফ্যাউˈপা: / *noun* [C] (*pl.* **faux pas** / ˌfəʊˈpɑːz ˌফ্যাউˈপা:জ্ /) something you say or do that is embarrassing or offends people কোনো কথা বা কাজ যা অন্যদের পক্ষে অস্বস্তিকর বা বিরক্তিকর *to **make a faux pas***

favour[1] (*AmE* **favor**) / ˈfeɪvə(r) ˈফেইভ্যা(র্) / *noun* **1** [C] something that helps sb (কারও প্রতি) আনুকূল্য, সদাশয়তা, অনুগ্রহ *Would you **do me a favour** and post this letter for me?* ○ *Could I **ask** you **a favour**?* ○ *Are they paying you for the work, or are you doing it **as a favour**?* **2** [U] **favour (with sb)** liking or approval কাউকে পছন্দ বা অনুমোদন করা *I'm afraid I'm **out of favour** with my neighbour since our last argument.* ○ *The new boss's methods didn't **find favour** with the staff.*

IDM in favour of sb/sth in agreement with কারও সমর্থনে বা সুবিধায় *Are you in favour of private education?*

in sb's favour to the advantage of sb কারও পক্ষে সুবিধাজনক, সহায়ক *The committee decided in their favour.*

favour[2] (*AmE* **favor**) / ˈfeɪvə(r) ˈফেইভ্যা(র্) / *verb* [T] **1** to support sb/sth; to prefer কোনো ব্যক্তি বা বস্তুকে সমর্থন করা; পছন্দ করা *Which suggestion do you favour?* **2** to treat one person very well and so be unfair to others কাউকে বেশি সুবিধা দিয়ে অন্যদের প্রতি অন্যায় করা, কারও প্রতি পক্ষপাত করা *Parents must try not to favour one of their children.*

favourable (*AmE* **favorable**) / ˈfeɪvərəbl ˈফেইভ্যার্যাব্ল্ / *adj.* **1** showing liking or approval অনুকূল, সম্মতিসূচক *He made a favourable impression on the interviewers.* **2** (often used about the weather) suitable or helpful (সাধারণত আবহাওয়া সম্পর্কে ব্যবহৃত) সন্তোষজনক অথবা সুবিধাজনক; উপযুক্ত *Conditions are favourable for skiing today.* ✪ বিপ **unfavourable adverse**

▶ **favourably** (*AmE* **favorably**) / -əbli -অ্যাব্লি / *adv.* অনুমোদনসূচকভাবে, সুবিধাজনকভাবে

favourite[1] (*AmE* **favorite**) / ˈfeɪvərɪt ˈফেইভ্যারিট্ / *adj.* liked more than any other সবচেয়ে প্রিয় *What is your favourite colour?* ○ *Who is your favourite singer?*

favourite[2] (*AmE* **favorite**) / ˈfeɪvərɪt ˈফেইভ্যারিট্ / *noun* [C] **1** a person or thing that you like more than any others প্রিয় পাত্র বা প্রিয় জিনিস *The other kids were jealous of Rashmi because she was the teacher's favourite.* **2 favourite (for sth/to do sth)** the horse, team, competitor, etc. who is expected to win ঘোড়দৌড়ে ঘোড়া, কোনো দল বা কোনো প্রতিযোগী ইত্যাদি যার জয় প্রত্যাশিত *Saurabh is the hot favourite for the leadership of the party.* ✪ বিপ **outsider**

favouritism (*AmE* **favoritism**) / ˈfeɪvərɪtɪzəm ˈফেইভ্যারিটিজ়্যাম্ / *noun* [U] giving unfair advantages to the person or people that you like best প্রশ্রয়দান, পক্ষপাতিত্ব *The referee was accused of **showing favouritism** to the home side.*

fawn[1] / fɔːn ফ:ন্ / *adj., noun* [U] (of) a light yellowish-brown colour হালকা হলুদ-বাদামী রং

fawn[2] / fɔːn ফ:ন্ / *noun* [C] a young animal **(deer)** হরিণের বাচ্চা; হরিণশিশু ➪ **deer**-এ নোট দেখো।

fax[1] / fæks ফ্যাক্স্ / *noun* **1** [C, U] a copy of a letter, etc. that you can send by telephone lines using a special machine কোনো চিঠির প্রতিলিপি ইত্যাদি যা টেলিফোন লাইনের মাধ্যমে বিশেষ যন্ত্র ব্যবহার করে দূরে পাঠানো যায় *They need an answer today so I'll **send a fax**.* ○ *They contacted us **by fax**.* **2** [C] (*also* **fax machine**) the machine that you use for sending faxes 'ফ্যাক্স' পাঠানোর যন্ত্র *Have you got a fax?* ○ *What's your fax number?*

fax[2] / fæks ফ্যাক্স্ / *verb* [T] **fax sth (to sb); fax sb (sth)** to send sb a fax কোনো ব্যক্তিকে ফ্যাক্স পাঠানো *We will fax our order to you tomorrow.* ○ *I've faxed her a copy of the letter.*

faze / feɪz ফেইজ় / *verb* [T] (*informal*) to make sb worried or nervous কোনো ব্যক্তিকে দুশ্চিন্তায় ফেলা বা উদ্বিগ্ন করা

fear[1] / fɪə(r) ফিআ্য(র্) / *noun* [C, U] the feeling that you have when sth dangerous, painful or frightening might happen ভয়, ভীতি, শঙ্কা, ত্রাস *He was shaking **with fear** after the accident.* ○ *People in this area live **in** constant **fear** of crime.*

IDM **no fear** (*spoken*) (used when answering a suggestion) certainly not (কোনো পরামর্শের উত্তরে ব্যবহৃত) কখনোই নয়

fear[2] / fɪə(r) ফিআ্য(র্) / *verb* [T] **1** to be afraid of sb/sth or of doing sth (কোনো ব্যক্তি বা বস্তুকে অথবা কিছু করতে) ভয় করা, ভয় পাওয়া, আশঙ্কা করা *We all fear illness and death.* **2** to feel that sth bad might happen or might have happened চরম সর্বনাশ বা খুব খারাপ কিছু ঘটবে বা ঘটেছে বলে আশঙ্কা করা *The government fears that it will lose the next election.* ○ *Thousands of people are feared dead in the earthquake.*

PHR V **fear for sb/sth** to be worried about sb/sth কারও সম্বন্ধে ভয়ে ভয়ে থাকা *Parents often fear for the safety of their children.*

fearful / ˈfɪəfl ˈফিআ্যফ্‌ল্ / *adj.* (*formal*) **1 fearful (of sth/doing sth); fearful that...** afraid or worried about sth কোনো কিছুর জন্য ভীত বা উদ্বিগ্ন হওয়া *You should never be fearful of starting something new.* ○ *They were fearful that they would miss the plane.* ➪ **frightened** এবং **scared** দেখো এবং **afraid**-এ নোট দেখো। **2** terrible মারাত্মক, সাংঘাতিক *the fearful consequences of war* ▶ **fearfully** / -fəli -ফ্যালি / *adv.* ভয়ে ভয়ে ▶ **fearfulness** *noun* [U] ভীরুতা, ভীতিজনক অবস্থা

fearless / ˈfɪələs ˈফিআ্যাল্যাস্ / *adj.* never afraid নির্ভীক, ভয়শূন্য, আশঙ্কাহীন ▶ **fearlessly** *adv.* নির্ভীকভাবে, বিনা আশঙ্কায় ▶ **fearlessness** *noun* [U] নির্ভীকতা, ভয়শূন্যতা, আশঙ্কাহীনতা

feasible / ˈfiːzəbl ˈফীজ়্যাবল্ / *adj.* possible to do সম্ভবপর, সম্পাদনযোগ্য *a feasible plan* ▶ **feasibility** / ˌfiːzəˈbɪləti ˌফীজ়্যাˈবিল্যাটি / *noun* [U] সম্ভবপরতা, সম্পাদনযোগ্যতা

feast / fiːst ফীস্ট্ / *noun* [C] a large, special meal, especially to celebrate sth ভোজ, বিশেষত কোনো উৎসব পালনের জন্য ▶ **feast** *verb* [I] **feast (on sth)** ভোজ খাওয়া *They feasted on exotic dishes.*

feat / fiːt ফীট্ / *noun* [C] something you do that shows great strength, skill or courage শক্তি, সাহস বা দক্ষতার পরিচায়ক কোনো কাজ *That new bridge is a remarkable feat of engineering.* ○ *Persuading Harish to give you a pay rise was **no mean feat*** (= difficult to do).

feather / ˈfeðə(r) ˈফেদ্যা(র্) / *noun* [C] one of the light, soft things that grow in a bird's skin and cover its body (পাখির) পালক

feature[1] / ˈfiːtʃə(r) ˈফীচ্যা(র্) / *noun* [C] **1** an important or noticeable part of sth কোনো কিছুর গুরুত্বপূর্ণ বা চোখে পড়ার মতো কোনো একটা দিক; বৈশিষ্ট্য *Mountains and lakes are the main features of the landscape of Kashmir.* ○ *Noise is a feature of city life.* **2** a part of the face মুখের অংশ, গঠন *Her eyes are her best feature.* **3 a feature (on sth)** a newspaper or magazine article or television programme about sth কোনো বিষয় বা বস্তু সম্পর্কে

সংবাদপত্র বা পত্রিকায় বিশেষ রচনা অথবা দূরদর্শনের কোনো অনুষ্ঠান *There's a feature on kangaroos in this magazine.* 4 (*also* **feature film**) a long film that tells a story কাহিনিচিত্র ▶ **featureless** *adj.* অবয়বহীন, বৈশিষ্ট্যহীন *dull, featureless landscape*

feature² / ˈfi:tʃə(r) ˈফীচ্যা(র্) / *verb* 1 [T] to include sb/sth as an important part কোনো ব্যক্তি অথবা বস্তুকে গুরুত্বপূর্ণ অংশ হিসেবে অন্তর্ভুক্ত করা *The film features many well-known actors.* 2 [I] **feature in sth** to have a part in sth কোনো বিষয়ে অংশ বা স্থান থাকা *Does marriage feature in your future plans?* ✪ সম **figure**

Feb. *abbr.* February ফেব্রুয়ারি মাস

February / ˈfebruəri ˈফেব্রুআ্যারি / *noun* [U, C] (*abbr.* **Feb.**) the second month of the year, coming after January বছরের দ্বিতীয় মাস; জানুয়ারির পরবর্তী ফেব্রুয়ারি

NOTE বাক্যে মাসের নামের ব্যবহার দেখার জন্য **January**-তে দেওয়া উদাহরণ এবং নোট দেখো।

feces (*AmE*) = **faeces**

fed ⇨ **feed¹**-এর past tense এবং past participle

federal / ˈfedərəl ˈফেড্যার‍্যাল্ / *adj.* 1 organized as a federation যুক্তরাষ্ট্রীয়, মৈত্রীবন্ধ, মৈত্র *a federal system of rule* 2 connected with the central government of a federation মৈত্র রাষ্ট্রের কেন্দ্রীয় সরকার সংক্রান্ত *That is a federal, not a state law.*

federalist / ˈfedərəlɪst ˈফেড্যার‍্যালিস্ট্ / *noun* [C] a supporter of a system of government in which the individual states of a country have control of their own affairs, but are controlled by a central government for national decisions একধরনের সরকারি ব্যবস্থার সমর্থক যে ব্যবস্থায় কোনো দেশের রাজ্যগুলি নিজেদের ব্যাপারে স্বনিয়ন্ত্রিত কিন্তু জাতীয় সিদ্ধান্তসমূহের ক্ষেত্রে কেন্দ্রীয় সরকার দ্বারা নিয়ন্ত্রিত; যুক্তরাষ্ট্রীয় ব্যবস্থায় বিশ্বাসী ব্যক্তি ▶ **federalist** *adj.* যুক্তরাষ্ট্রীয়, যুক্তরাষ্ট্রিক *a federalist future for Europe* ▶ **federalism** / ˈfedərəlɪzəm ˈফেড্যার‍্যালিজ্‌ম্ / *noun* [U] যুক্তরাষ্ট্রীয় সম্মিলন-নীতি, মৈত্রীতন্ত্র, যুক্তরাষ্ট্রিকতা *European federalism*

federate / ˈfedəreɪt ˈফেড্যারেইট্/ *verb* [I] (*technical*) (used about states, organizations, etc.) to unite under a central government or organization while keeping some local control (রাষ্ট্র, প্রতিষ্ঠান ইত্যাদি সম্পর্কে ব্যবহৃত) কিছুটা স্থানীয় স্বায়ত্তশাসন বজায় রেখে কেন্দ্রীয় সরকার বা সংগঠন দ্বারা সংঘবদ্ধ হওয়া

federation / ˌfedəˈreɪʃn ˌফেড্যাˈরেইশ্‌ন্ / *noun* [C] a group of states, etc. that have joined together to form a single group অনেকগুলি রাষ্ট্র ইত্যাদি মিলিত হয়ে একক একটি দলের গঠন

fed up *adj.* (*informal*) (*not before a noun*) **fed up (with/of sb/sth/doing sth)** bored or unhappy; tired of sth একঘেয়ে ও নিরানন্দ বোধ হওয়ার অনুভূতি; কোনো কিছুতে ক্লান্ত *What's the matter? You look really fed up.* ○ *I'm fed up with waiting for the phone to ring.*

fee / fi: ফী / *noun* [C] 1 (*usually pl.*) the money you pay for professional advice or service from doctors, lawyers, schools, universities, etc. চিকিৎসক, আইনজীবীর কাছ থেকে অথবা বিদ্যালয়, বিশ্ববিদ্যালয় ইত্যাদি থেকে কোনো পেশাদারি উপদেশ বা পরিষেবা নেওয়ার জন্য প্রদেয় পারিশ্রমিক; দক্ষিণা, অর্থ; ফি *We can't afford private school fees.* ○ *Most ticket agencies will* ***charge a small fee.*** 2 the cost of an exam, the cost of becoming a member of a club, the amount you pay to go into certain buildings, etc. পরীক্ষার ফি, কোনো ক্লাবের সদস্য হওয়ার জন্য দেয় অর্থ অথবা নির্দিষ্ট অট্টালিকাসমূহ ইত্যাদিতে ঢোকার মূল্য; প্রবেশিকা, প্রবেশ মূল্য *How much is the entrance fee?* ⇨ **pay²**-তে নোট দেখো।

feeble / ˈfi:bl ˈফীবল্ / *adj.* 1 with no energy or power; weak শক্তি অথবা ক্ষমতাবিহীন; দুর্বল, অশক্ত *a feeble old man* ○ *a feeble cry* 2 not able to make sb believe sth বিশ্বাসযোগ্য নয়; ছেঁদো, যুক্তিহীন *a feeble argument/excuse* ▶ **feebly** *adv.* দুর্বলভাবে *He shook his head feebly.*

feed¹ / fi:d ফীড্ / *verb* (*pt, pp* **fed** / fed ফেড্ /) 1 [T] **feed sb/sth (on) (sth)** to give food to a person or an animal কোনো ব্যক্তি বা প্রাণীকে খাওয়ানো *Don't forget to feed the dog.* ○ *Some of the snakes in the zoo are fed (on) rats.* 2 [I] **feed (on sth)** (used about animals or babies) to eat (পশু বা শিশু সম্পর্কে ব্যবহৃত) খাবার খাওয়া *What do horses feed on in the winter?* ○ *Bats feed at night.* 3 [T] **feed A (with B); feed B into/to/through A** to supply sb/sth with sth; to put sth into sth else কোনো ব্যক্তি বা বস্তুকে কিছু সরবরাহ করা; কোনো কিছুর মধ্যে কিছু দেওয়া *This channel feeds us with news and information 24 hours a day.* ○ *Metal sheets are fed through the machine one at a time.*

feed² / fi:d ফীড্ / *noun* 1 [C] a meal for an animal or a baby শিশু বা পশুর একবারের খাবার *When's the baby's next feed due?* 2 [U] food for animals পশুখাদ্য *cattle feed*

feedback / ˈfi:dbæk ˈফীড্ ব্যাক্ / *noun* [U] information or comments about sth that you have done which tells you how good or bad it is কৃত কর্ম সম্বন্ধে তথ্য অথবা সেটির সম্বন্ধে ভালোমন্দ ইত্যাদি মন্তব্য *The teacher spent five minutes with each of us to* ***give us feedback on*** *our homework.*

feel¹ / fi:l ফীল্ / *verb* (*pt, pp* **felt** / felt ফেল্ট্ /) 1 *linking verb* (*usually with an adjective*) to be in the state that is mentioned কোনো কিছু বোধ করা, উল্লিখিত অবস্থার মধ্যে থাকা *to feel cold/sick/tired/happy* ○ *How are you feeling today?* ○ *You'll feel better in the morning.* **2** *(linking verb)* used to say how sth seems to you when you touch, see, smell, experience, etc. it কোনো কিছুর দর্শন, স্পর্শ, গন্ধ, অভিজ্ঞতা ইত্যাদির দ্বারা সেটি কেমন মনে হয় তা বোঝানোর জন্য ব্যবহৃত *He **felt as if** he had been there before.* ○ *My head **feels as though** it will burst.* **3** [T] to notice or experience sth physical or emotional শারীরিক বা মানসিক কিছু লক্ষ করা বা তার বোধ হওয়া *I damaged the nerves and now I can't feel anything in this hand.* ○ *I felt something crawling up my back.* **4** [T] to touch sth in order to find out what it is like কোনো বস্তু কেমন তা বোঝার জন্য স্পর্শ করা *Feel this material. Is it cotton or silk?* ○ *I felt her forehead to see if she had a temperature.* **5** [I] **feel (about) (for sb/sth)** to try to find sth with your hands instead of your eyes দেখার পরিবর্তে হাত দিয়ে স্পর্শ করে খোঁজার চেষ্টা করা *She felt about in the dark for the light switch.* **6** [T] to be affected by sth কোনো কিছুর দ্বারা প্রভাবিত হওয়া *Do you feel the cold in winter?* ○ *She felt it badly when her mother died.*

IDM feel free (to do sth) (*informal*) used to tell sb he/she is allowed to do sth ইচ্ছেমতো কাজ করতে পারা যায় এই কথা বলার জন্য ব্যবহৃত অভিব্যক্তি-বিশেষ *Feel free to use the phone.*

feel like sth/doing sth to want sth or to want to do sth কোনো কিছু চাওয়া বা কোনো কিছু করতে চাওয়া *Do you feel like going out?*

feel your age to realize that you are getting old, especially compared to other younger people around you (বিশেষত চারিপাশের অন্যান্য অল্পবয়সি লোকদের তুলনায়) নিজের বয়োবৃদ্ধি উপলব্ধি করা বা বয়সের কথা খেয়াল রাখা

not feel yourself to not feel healthy or well ভালো বোধ না করা

PHR V feel for sb to understand sb's feelings and situation and feel sorry for him/her কোনো ব্যক্তির অনুভূতি এবং পরিস্থিতি সম্বন্ধে সমবেদনা অনুভব করা *I really felt for him when his wife died.*

feel up to sth/to doing sth to have the strength and the energy to do or deal with sth কোনো কিছু করা বা তার মোকাবিলা করার দৃঢ়তা এবং উৎসাহ থাকা *I really don't feel up to eating a huge meal.*

feel[2] / fi:l ফীল্ / *noun* [*sing.*] **1** the impression sth gives you when you touch it; the impression that a place or situation gives you স্পর্শ দ্বারা কোনো কিছু সম্পর্কে যে ধারণা বা বোধ; কোনো স্থান বা পরিস্থিতি সম্পর্কে অনুভূতি *You can tell it's wool by the feel.* ○ *The town has a friendly feel.* **2** an act of touching sth in order to learn about it কোনো বস্তু সম্পর্কে জানার জন্য সেটি স্পর্শ করার ক্রিয়া *Let me have a feel of that material.*

feeler / ˈfi:lə(r) ˈফীল্যা(র্) / *noun* [C, *usually pl.*] either of the two long thin parts on the heads of some insects and of some animals that live in shells that they use to feel and touch things with কোনো কোনো পতঙ্গ এবং খোলসের মধ্যে বাস করে এমন কোনো কোনো প্রাণীর মাথার উপরকার লম্বা সরু অংশ যেটি তারা বস্তুসমূহ অনুভব করা এবং স্পর্শ করার জন্য ব্যবহার করে; শুঙ্গ, শুঁয়া ✪ সম **antenna**

feeling / ˈfi:lɪŋ ˈফীলিং / *noun* **1** [C] **a feeling (of sth)** something that you feel in your mind or body শরীর অথবা মনে কোনো কিছুর বোধ করার যে অনুভূতি *a feeling of hunger/happiness/fear/helplessness* ○ *I've got a funny feeling in my leg.* **2** [*sing.*] a belief or idea that sth is true or is likely to happen কোনো কিছুর সত্যতা বা সম্ভাব্য ঘটনা সম্পর্কে বিশ্বাস বা ধারণা *I **get the feeling** that Aryan doesn't like me much.* ○ *I **have a** nasty **feeling** that Parag didn't get our message.* **3** [C, U] **feeling(s) (about/on sth)** an attitude or opinion about sth কোনো বিষয়ে মনোভাব বা মতামত *What are your feelings on this matter?* ○ *My own feeling is that we should postpone the meeting.* ○ *Public feeling seems to be against the new dam.* **4** [U, C, *usually pl.*] a person's emotions; strong emotion কারও অনুভূতি; গভীর এবং প্রবল আবেগ *I have to tell Udit his work's not good enough but I don't want to **hurt** his **feelings**.* ○ *Let's practise that song again, this time **with feeling**.* **5** [C, U] **(a) feeling/feelings (for sb/sth)** love or understanding for sb/sth কোনো ব্যক্তি বা বস্তুর প্রতি ভালোবাসা, সংবেদনশীলতা *She doesn't have much (of a) feeling for music.* ○ *He still has feelings for his first job.* **6** [U] the ability to feel in your body শরীরের বোধশক্তি, অনুভূতি *After the accident he lost all feeling in his legs.*

IDM bad/ill feeling unhappy relations between people তিক্ততা, বিদ্বেষ *The decision caused a lot of bad feeling at the factory.*

no hard feelings ➪ **hard**[1] দেখো।

feet ➪ **foot**[1]-এর plural

feign / feɪn ফেইন্ / *verb* [T] (*formal*) to pretend that you have a particular feeling or that you are tired or ill, etc. ক্লান্তি বা অসুস্থতা ইত্যাদির অথবা বিশেষ কোনো অনুভূতির ভান করা *He feigned illness to avoid going to the party.* ○ *He feigned innocence.*

feldspar / ˈfeldspɑ:(r) ˈফেল্ড্স্পা:(র্) / *noun* [U, C] (in geology) a type of white or red rock (ভূতত্ত্বে) একধরনের লাল বা সাদা পাথর

feline / ˈfi:laɪn ˈফীলাইন্ / *adj.* connected with an animal of the cat family; like a cat বিড়াল-সংক্রান্ত; বিড়াল জাতীয় প্রাণীর মতো; বৈড়াল

fell[1] ➪ শব্দ **fall**[1] এর past tense

fell[2] / fel ফেল্ / *verb* [T] to cut down a tree গাছ কেটে ফেলা

fellow[1] / ˈfeləʊ ˈফেল্যাউ / *noun* [C] **1** a member of an academic or professional organization, or of certain universities কোনো বিদ্যাপ্রতিষ্ঠান অথবা পেশাদারি সংগঠনের বা নির্দিষ্ট কোনো বিশ্ববিদ্যালয়ের সদস্য; ফেলো *a fellow of the Institute of Chartered Accountants* **2** a person who is paid to study a particular thing at a university বিশ্ববিদ্যালয়ে নির্দিষ্ট বিষয়ে অধ্যয়নের জন্য বৃত্তিভোগী ছাত্র *Tanushree is a research fellow in the biology department.* **3** (*old-fashioned*) a man মানুষ, লোক

fellow[2] / ˈfeləʊ ˈফেল্যাউ / *adj.* (*only before a noun*) another or others like yourself in the same situation সহযাত্রী, সহকর্মী, সঙ্গী *Her fellow students were all older than her.* ○ *fellow workers/passengers/citizens*

fellowship / ˈfeləʊʃɪp ˈফেল্যাউশিপ্ / *noun* **1** [U] a feeling of friendship between people who share an interest সমরুচির মানুষের মধ্যে বন্ধুত্ব, সঙ্গ **2** [C] a group or society of people who share the same interest or belief সমস্বার্থবিশিষ্ট বা সমধর্মী ব্যক্তিগোষ্ঠী বা সমাজ **3** [C] the position of a college or university fellow কলেজ বা বিশ্ববিদ্যালয়ের সদস্যপদ

felon / ˈfelən ˈফেল্যান্ / *noun* [C] (*AmE*) a person who commits a serious crime such as murder নৃশংস অপরাধী

felony / ˈfeləni ˈফেল্যানি / *noun* [C, U] (*pl.* **felonies**) the act of committing a serious crime such as murder; a crime of this type গুরুতর কোনো অপরাধ (যেমন হত্যা) করার ক্রিয়া; এই ধরনের অপরাধ ➪ **misdemeanour** দেখো।

felt[1] ➪ **feel**[1]-এর past tense এবং past participle

felt[2] / felt ফেল্ট্ / *noun* [U] a type of soft cloth made from wool, etc. which has been pressed tightly together পশম বা উল ইত্যাদি দৃঢ়ভাবে চাপের মধ্যে রেখে তৈরি করা একধরনের কাপড়; ফেল্ট কাপড় *a felt hat*

felt-tip pen (*also* **felt tip**) *noun* [C] a type of pen with a point made of felt মুখের কাছটা ফেল্ট দিয়ে তৈরি এমন কলম ➪ **stationery**-তে ছবি দেখো।

female[1] / ˈfi:meɪl ˈফীমেইল্ / *adj.* **1** being a woman or a girl স্ত্রী, স্ত্রী জাতীয়, মহিলা *a female artist/employer/student* **2** being of the sex that produces eggs or gives birth to babies স্ত্রী লিঙ্গের প্রাণী যারা সন্তানের জন্ম দেয় বা ডিম্ব প্রসব করে *a female cat* **3** (used about plants and flowers) that can produce fruit (উদ্ভিদ ও ফুল সম্পর্কে ব্যবহৃত) যা ফল সৃষ্টি করে

female[2] / ˈfi:meɪl ˈফীমেইল্ / *noun* [C] **1** an animal that can produce eggs or give birth to babies; a plant that can produce fruit যে প্রাণী ডিম দেয় বা সন্তানের জন্ম দেয়; যে গাছে ফল ফলে **2** a woman or a girl মহিলা, বালিকা

> **NOTE** **Female** এবং **male** শব্দ দুটি কোনো প্রাণীর লিঙ্গ বোঝানোর জন্য ব্যবহৃত হয়। তবে নারী বা পুরুষ হওয়ার যে চরিত্রিক গুণগত বৈশিষ্ট্য থাকে তা বোঝানোর জন্য **feminine** এবং **masculine** ব্যবহার করা হয়।

feminine / ˈfemənɪn ˈফেম্যানিন্ / *adj.* **1** typical of or looking like a woman; connected with women মেয়েলি, মেয়েসুলভ, স্ত্রীলোকের মতো দেখতে লাগে এমন; মেয়ে বা মহিলা সংক্রান্ত *My daughter always dresses like a boy. She hates looking feminine.* ➪ **female**-এ নোট দেখো এবং **masculine** দেখো। **2** (*abbr.* **fem**) (*grammar*) (in English) of the forms of words used to describe females ইংরেজি ভাষায় স্ত্রীলিঙ্গ বোঝানোর জন্য শব্দসমূহের যে সকল রূপ ব্যবহৃত হয় *'Lioness' is the feminine form of 'lion'.* **3** (*abbr.* **fem**) (in the grammar of some languages) belonging to a certain class of nouns, adjectives or pronouns (কোনো কোনো ভাষার ব্যাকরণে) নির্দিষ্ট শ্রেণিভুক্ত বিশেষ্য, বিশেষণ বা সর্বনামপদের সঙ্গে সম্বন্ধিত (যা কেবল স্ত্রীলিঙ্গ হয়) *The German word for a flower is feminine.* ➪ **masculine** এবং **neuter** দেখো। ▶ **femininity** / ˌfeməˈnɪnəti ˌফেম্যাˈনিন্যাটি / *noun* [U] নারীত্ব, মেয়েলিপনা

feminism / ˈfemənɪzəm ˈফেম্যানিজ্যাম্ / *noun* [U] the belief that women should have the same rights and opportunities as men নারী ও পুরুষের সমান অধিকার এবং সমান সুযোগ এরকম মতবাদ বা বিশ্বাস; নারীবাদ ▶**feminist** / ˈfemənɪst ˈফেম্যানিস্ট্ / *noun* [C], *adj.* নারীবাদের প্রবক্তা; যারা নারীবাদে বিশ্বাসী, নারীবাদী

femur / ˈfi:mə(r) ˈফীম্যা(র্) / *noun* [C] the large thick bone in the top part of your leg above the knee উরুর মোটা হাড়; উর্বাস্থি ✪ সম **thigh bone** ➪ **body**-তে ছবি দেখো।

fence[1] / fens ফেন্স্ / *noun* [C] a line of wooden or metal posts joined by wood, wire, metal, etc. to divide land or to keep in animals বেড়া (বাঁশ, কাঠ, তার বা কোনো ধাতু ইত্যাদির)

IDM **sit on the fence** ➪ **sit** দেখো।

fence[2] / fens ফেন্স্ / *verb* **1** [T] to surround land with a fence কোনো জমিকে বেড়া দিয়ে ঘেরা **2** [I] to fight with a long thin pointed weapon (**a foil**) as a sport লম্বা, সরু, ছুঁচোলো তলোয়ার (foil) দিয়ে খেলা

PHR V **fence sb/sth in** 1 to surround sb/sth with a fence কোনো কিছু বা কাউকে ঘিরে বেড়া দেওয়া, বেষ্টন করা *They fenced in their garden to make it more private.* 2 to limit sb's freedom কোনো ব্যক্তির স্বাধীনতা খর্ব করা *She felt fenced in by so many responsibilities.*

fence sth off to separate one area from another with a fence বেড়ার সাহায্যে একটা জায়গাকে অন্য জায়গা থেকে আলাদা করা

fencing / ˈfensɪŋ ˈফেন্সিং / *noun* [U] the sport of fighting with long thin pointed weapons (**foils**) অসিক্রীড়া, তলোয়ার খেলা

fend / fend ফেন্ড্ / *verb*

PHR V **fend for yourself** to look after yourself without help from anyone else নিজের ভরণপোষণ নিজেই করা *It's time Bakul left home and learned to fend for himself.*

fend sb/sth off to defend yourself from sb/sth that is attacking you আক্রমণাত্মক কারও বা কোনো কিছু থেকে নিজেকে বাঁচানো *Politicians usually manage to fend off awkward questions.*

fender / ˈfendə(r) ˈফেন্ড্যা(র্) / *noun* [C] 1 (*AmE*) = **wing 4** 2 a low metal frame in front of an open fire that stops coal or wood from falling out কয়লা ও কাঠকে বাইরে পড়ে যাওয়া থেকে আটকানোর জন্য যে নীচু ধরনের ধাতব আটক বা ঘের খোলা আগুনের সামনে রাখা হয়

fennel / ˈfenl ˈফেন্‌ল্ / *noun* [U] a plant that has a thick round stem and leaves with a strong taste. The base is used as a vegetable and the seeds and leaves are used in cooking to give a special flavour to food মৌরির গাছ (যার নীচেটা সবজি হিসেবে এবং বীজ ও পাতাগুলি রান্নায় স্বাদ আনতে ব্যবহৃত হয়)

fenugreek / ˈfenjugriːk ˈফেনিউগ্রীক্ / *noun* [U] a leguminous herb with yellowish-brown seeds used as a spice শুঁটিজাতীয় বা শিম্বিগোত্রের একজাতীয় উদ্ভিদ যার হলুদ-বাদামি বীজ মশলা হিসেবে ব্যবহৃত হয়; মেথি

feral / ˈferəl ˈফের‍্যাল্ / *adj.* (used about animals) living wild, especially after escaping from life as a pet or on a farm (প্রাণী সম্পর্কে ব্যবহৃত) বন্য, বিশেষ করে বন্দিদশা থেকে ছাড়া পাওয়ার পরে বনে ফিরে গেছে এমন

ferment[1] / fəˈment ফ্যাˈমেন্ট্ / *verb* [I, T] to change or bring a chemical change in sth due to yeast or bacterial action, especially changing sugar to alcohol ইস্ট অথবা জীবাণু দ্বারা কোনো কিছুতে রাসায়নিক পরিবর্তন আনা, বিশেষত চিনিকে অ্যালকোহলে পরিবর্তন করা; গাঁজিয়ে তোলা *The wine is starting to ferment.* ▶ **fermentation** / ˌfɜːmenˈteɪʃn ˌফ্যমেন্ˈটেইশ্‌ন্ / *noun* [U] উৎসেচন, গাঁজানো

ferment[2] / ˈfɜːment ˈফ্যমেন্ট্ / *noun* [U] a state of political or social excitement and change রাজনৈতিক বা সামাজিক উত্তেজনাপূর্ণ এবং পরিবর্তনশীল অবস্থা *The country is **in ferment** and nobody's sure what will happen next.*

fern / fɜːn ফ্যন্ / *noun* [C] a green plant with no flowers and a lot of long thin leaves ফার্ণ গাছ; লম্বা পাতলা পাতাওয়ালা ফুলবিহীন গাছ ➪ **plant**-এ ছবি দেখো।

ferocious / fəˈrəʊʃəs ফ্যাˈর‍্যাউশ্যাস্ / *adj.* very aggressive and violent অত্যন্ত ভয়ানক এবং হিংস্র *a ferocious beast/attack/storm/war* ▶ **ferociously** *adv.* নিষ্ঠুরভাবে, হিংস্রভাবে

ferocity / fəˈrɒsəti ফ্যাˈরস্যাটি / *noun* [U] violence; cruel and aggressive behaviour হিংস্রতা; নিষ্ঠুর এবং আক্রমণাত্মক ব্যবহার ➪ **fierce** adjective দেখো।

ferret / ˈferɪt ˈফেরিট্ / *noun* [C] a small aggressive animal used for hunting rats and rabbits ইঁদুর, খরগোশ প্রভৃতি শিকারের জন্য ব্যবহৃত আক্রমণাত্মক ছোটো প্রাণী

ferrous / ˈferəs ˈফের‍্যাস্ / *adj.* (*technical*) containing iron লৌহ সমন্বিত, যাতে লোহা আছে এমন

ferry[1] / ˈferi ˈফেরি / *noun* [C] (*pl.* **ferries**) a boat that carries people, vehicles or goods across a river or across a narrow part of the sea (মানুষ, যানবাহন বা পণ্য ইত্যাদি বহন করে) নদীতে বা সমুদ্রের সংকীর্ণ অংশে খেয়া পারাপার করার নৌকো *a car ferry*

ferry[2] / ˈferi ˈফেরি / *verb* [T] (*pres. part.* **ferrying;** *3rd person sing. pres.* **ferries;** *pt, pp* **ferried**) to carry people or goods in a boat or other vehicle from one place to another, usually for a short distance এক স্থান থেকে অন্য স্থানে নৌকো বা অন্য কোনো বাহনের দ্বারা মানুষ বা পণ্য নিয়ে যাওয়া (সাধারণত সংক্ষিপ্ত দূরত্বের জন্য) *Could you ferry us across to the island?*

fertile / ˈfɜːtaɪl ˈফ্যটাইল্ / *adj.* 1 (used about land or soil) that plants grow well in (জমি অথবা মাটি সম্বন্ধে ব্যবহৃত) উর্বর, চাষযোগ্য, সুফলা 2 (used about people, animals or plants) that can produce babies, fruit or new plants (মানুষ, প্রাণী অথবা উদ্ভিদ সম্বন্ধে ব্যবহৃত) জননশক্তি সম্পন্ন 3 (used about a person's mind) full of ideas (মানুষের মন সম্বন্ধে ব্যবহৃত) উদ্ভাবনী শক্তি সম্পন্ন *a fertile imagination* ✪ বিপ **infertile** ➪ **sterile** দেখো। ▶ **fertility** / fəˈtɪləti ফ্যাˈটিল্যাটি / *noun* [U] উর্বরতা, জননশক্তি, উদ্ভাবনী শক্তি *Nowadays farmers can use chemicals to increase their soil's fertility* ✪ বিপ **infertility**

fertilize (*also* **-ise**) / ˈfɜːtəlaɪz ˈফ্যট্যালাইজ্ / *verb* [T] 1 (*technical*) to put a male seed into an egg, a plant or a female animal so that a baby, fruit or a young animal starts to develop গর্ভনিষেক করা, গর্ভাধান বা গর্ভবতী করা বা হওয়া **2** to put natural or artificial substances on soil in order to make plants grow better জমিতে ভালোভাবে চাষ করার জন্য, উর্বরাশক্তি বাড়ানোর জন্য সার (জৈবিক বা কৃত্রিম) দেওয়া ▶ **fertilization** (*also* **-isation**) / ˌfɜːtəlaɪˈzeɪʃn ˌফ্যট্যালাইˈজ়েইশ্‌ন্ / *noun* [U] গর্ভাধান, ডিম্বস্ফোটন, নিষিক্তকরণ

fertilizer (*also* **-iser**) / ˈfɜːtɪlaɪzə(r) ˈফ্যটিলাইজ়্যা(র্) / *noun* [C, U] a natural or chemical substance that is put on land or soil to make plants grow better সার (প্রাকৃতিক বা রাসায়নিক) ⇨ **manure** দেখো।

fervent / ˈfɜːvənt ˈফ্যভ্যান্ট্ / *adj.* having or showing very strong feelings about sth ঐকান্তিক, তীব্র *She's a fervent believer in women's rights.* ○ *a fervent belief/hope/desire* ▶ **fervently** *adv.* তীব্রভাবে, একান্তভাবে

fervour (*AmE* **fervor**) / ˈfɜːvə(r) ˈফ্যভ্যা(র্) / *noun* [U] very strong feelings about sth; enthusiasm কোনো কিছু সম্পর্কে প্রবল অনুভূতি; আকুলতা, প্রবল উৎসাহ

fester / ˈfestə(r) ˈফেস্‌ট্যা(র্) / *verb* [I] **1** (used about a cut or an injury) to become infected (কোনো ক্ষত সম্বন্ধে ব্যবহৃত) পেকে ওঠা, পুঁজে ভরে যাওয়া *a festering sore/wound* **2** (used about an unpleasant situation, feeling or thought) to become more unpleasant because you do not deal with it successfully (কোনো অপ্রীতিকর পরিস্থিতি, মনোভাব বা চিন্তা ইত্যাদি সম্বন্ধে ব্যবহৃত) ঠিকমতো মোকাবিলা না করতে পারায় আরও তিক্ত হয়ে ওঠা

festival / ˈfestɪvl ˈফেস্‌টিভ্‌ল্ / *noun* [C] **1** a day or time when people celebrate sth (especially a religious event) ধর্মীয় উৎসব-অনুষ্ঠান *Christmas is an important Christian festival.* **2** a series of plays, films, musical performances, etc. often held regularly in one place সংগীত, নাটক, চলচ্চিত্র ইত্যাদির পর্যায়ক্রমিক অনুষ্ঠান যা প্রায়ই কোনো স্থানে নিয়মিতভাবে অনুষ্ঠিত হয় *the Cannes Film Festival* ○ *a dance festival*

festive / ˈfestɪv ˈফেস্‌টিভ্ / *adj.* happy, because people are enjoying themselves celebrating sth উৎসবমুখর, আনন্দিত, খুশি খুশি ভাব *the festive season*

festivity / feˈstɪvəti ফেˈস্টিভ্যাটি / *noun* **1** (*pl.* **festivities**) [*pl.*] happy events when people celebrate sth উৎসব-সংক্রান্ত নানা ধরনের আনন্দানুষ্ঠান; উৎসবানুষ্ঠান *The festivities went on until dawn.* **2** [U] being happy and celebrating sth উৎসব পালনের ফলে খুশি এবং আনন্দিত *The wedding was followed by three days of festivity.*

fetal (*AmE*) = **foetal**

fetch / fetʃ ফেচ্ / *verb* [T] (*BrE*) **1** to go to a place and bring back sb/sth কোনো জায়গায় গিয়ে কাউকে বা কোনো কিছু নিয়ে আসা *Shall I fetch you your coat?* ○ *Shall I fetch your coat for you?* **2** (used about goods) to be sold for the price mentioned (জিনিসপত্র সম্বন্ধে ব্যবহৃত) উল্লিখিত দামে বিক্রিত হওয়া; দাম পাওয়া *'How much will your car fetch?' 'It should fetch about Rs 75,000.'*

fête / feɪt ফেইট্ / *noun* [C] an outdoor event with competitions, entertainment and things to buy, often organized to make money for a particular purpose বিশেষ উদ্দেশ্যে অর্থ সংগ্রহের জন্য উন্মুক্ত স্থানে নানা ধরনের খেলাধুলো, আমোদ-প্রমোদ ও কেনাকাটার আয়োজন সম্বলিত অনুষ্ঠান *the school/village/church fête*

fetus (*AmE*) = **foetus**

feud / fjuːd ফিউড্ / *noun* [C] **a feud (between A and B); a feud (with sb) (over sb/sth)** an angry and serious argument between two people or groups that continues over a long period of time দুজন ব্যক্তি বা দুই গোষ্ঠীর মধ্যে দীর্ঘস্থায়ী ঝগড়া বা তর্কাতর্কি *a family feud* (= within a family or between two families) ▶ **feud** *verb* [I] পারস্পরিক ঝগড়া বা তর্কাতর্কি করা

feudal / ˈfjuːdl ˈফিউড্‌ল্ / *adj.* connected with the system of feudalism সামন্ততান্ত্রিক *the feudal system*

feudalism / ˈfjuːdəlɪzəm ˈফিউড্যালিজ়্যাম্ / *noun* [U] the social system which existed in the Middle Ages in Europe, in which people worked and fought for a person who owned land and received land and protection from him in return মধ্যযুগের ইউরোপে প্রচলিত যে সমাজব্যবস্থায় জমিদার বা জোতদার শ্রেণির মানুষের কাছ থেকে জমি বা সুরক্ষার বিনিময়ে সাধারণ মানুষ তাদের জন্য শ্রম ও শক্তি ব্যয় করত; সামন্ততন্ত্র

fever / ˈfiːvə(r) ˈফীভ্যা(র্) / *noun* **1** [C, U] a condition of the body when it is too hot because of illness জ্বর *A high fever can be dangerous, especially in small children.*

> **NOTE** যখন কোনো ব্যক্তির শরীরের তাপ খুব বেড়ে যায় বা জ্বর হয় তখন আমরা ***has a temperature*** অভিব্যক্তিটি ব্যবহার করি।

2 [*sing.*] **a fever (of sth)** a state of nervous excitement স্নায়বিক উত্তেজনা

feverish / ˈfiːvərɪʃ ˈফীভ্যারিশ্ / *adj.* **1** suffering from or caused by a fever জ্বর জ্বর লাগা, অথবা জ্বরের জন্য ঘটা *a feverish cold/dream* **2** (*usually before a noun*) showing great excitement অধিক উত্তেজনা হওয়া ▶ **feverishly** *adv.* অস্থিরভাবে, জ্বরগায়ে

few / fju: ফিউ / *det., adj., pronoun* (*used with a plural countable noun and a plural verb*) **1** not many খুব বেশি নয়, অল্প সংখ্যক, কতিপয় *Few people live to be 100.* ○ *There are fewer cars here today than yesterday.* ○ *Few of the players played really well.* **2 a few** a small number of; some কয়েকজন, কম সংখ্যায়; সামান্য সংখ্যক, কিছু, গুটিকয়েক, মুষ্টিমেয় *a few people* ○ *a few hours/days/years* ○ *I'll meet you later. I've got a few things to do first.* ○ *I knew a few of the people there.* ➪ **less**-এ নোট দেখো।

IDM few and far between not happening very often; not common প্রায়ই ঘটে না এমন; সাধারণত ঘটে না এমন

a good few; quite a few quite a lot বেশ কয়েকজন; বেশ কয়েকটা *It's been a good few years since I saw him last.*

ff. *abbr.* used to show that sth starts on a particular page or line and continues for several pages or lines more কোনো বিষয় সেই পাতা বা সেই পঙ্‌ক্তিতে শুরু হয়ে আরও বেশ কয়েক পাতা বা কয়েক পঙ্‌ক্তি চলেছে এই বোঝাতে ব্যবহৃত অভিব্যক্তিবিশেষ *British Politics, p 10 ff.*

fiancé (*feminine* **fiancée**) / fiˈɒnseɪ ফি'অন্‌সেই / *noun* [C] a person who has promised to marry sb বাগ্‌দত্তা, বাগ্‌দত্ত *This is my fiancé Prem. We got engaged a few weeks ago.*

fiasco / fiˈæskəʊ ফি'অ্যাস্‌ক্যাউ / *noun* [C] (*pl.* **fiascos** *AmE* **fiascoes**) an event that does not succeed, often in a way that causes embarrassment কোনো উদ্যোগ বা আয়োজনের ভরাডুবি বা ব্যর্থতা যা অনেক সময়েই অস্বস্তির কারণ হয় *Our last party was a complete fiasco.*

fib / fɪb ফিব্ / *noun* [C] (*informal*) something you say that is not true অসত্য বা মিথ্যা কথা *Please don't tell fibs.* ✪ সম **lie** ▶ **fib** *verb* [I] (**fibbing; fibbed**) মিথ্যা বলা, গুল মারা

NOTE **Fib** শব্দটি কোনো গুরুতর মিথ্যা কথার জন্য প্রয়োগ করা হয় না।

fibre (*AmE* **fiber**) / ˈfaɪbə(r) 'ফাইব্যা(র্) / *noun* **1** [U] parts of plants that you eat which are good for you because they help to move food quickly through your body উদ্ভিদের অংশ যা খেলে শরীরের রেচন ভালোভাবে কাজ করে; তন্তু, আঁশ *Wholemeal bread is **high in fibre**.* **2** [C, U] a material or a substance that is made from natural or artificial threads প্রাকৃতিক বা কৃত্রিম সুতো থেকে উৎপন্ন পদার্থ ***natural fibres*** (= for example cotton and wool) ○ ***man-made/synthetic fibres*** (= for example, nylon, polyester, etc.) **3** [C] one of the thin threads which form a natural or artificial substance প্রাকৃতিক বা কৃত্রিম পদার্থের মধ্যেকার যে-কোনো একটি সরু সুতো *cotton/wool/nerve/muscle fibres*

fibreglass (*AmE* **fiberglass**) / ˈfaɪbəglɑ:s ফাইব্যাগ্লা:স্ / (*also* **glass fibre**) *noun* [U] a material made from small threads of plastic or glass, used for making small boats, parts of cars, etc. কাচ বা প্লাস্টিকের তন্তু থেকে বোনা উপাদান যা ছোটো নৌকো, গাড়ির অংশ ইত্যাদি তৈরি করতে ব্যবহৃত হয়; ফাইবার গ্লাস

fibre optics (*AmE* **fiber optics**) *noun* [U] the use of very thin pieces of glass, etc. (**fibres**) for sending information in the form of light signals আলোক-সংকেতরূপে তথ্য প্রেরণের কাজে খুব পাতলা সরু কাচ ইত্যাদির (তন্তু) ব্যবহার ▶ **fibre-optic** *adj.* আলোর সংকেতের মাধ্যমে তন্তু বা ফাইবার দ্বারা তথ্য পাঠানোর পদ্ধতি সংক্রান্ত *fibre-optic cables*

fibrin / ˈfaɪbrɪn; ˈfɪbrɪn 'ফাইব্রিন্; 'ফিব্রিন্ / *noun* [U] a substance that forms in the blood to help stop the blood from flowing, for example when there is a cut রক্তের মধ্যেই তৈরি হয় এক ধরনের পদার্থ যা শরীরের কোনো জায়গা কেটে গেলে রক্ত জমাট বাঁধতে সাহায্য করে; ফাইব্রিন

fibrinogen / faɪˈbrɪnədʒən ফাই'ব্রিন্যাজ্যান্ / *noun* [U] a substance in the blood from which **fibrin** is made রক্তের মধ্যেকার সেই পদার্থ যার থেকে ফাইব্রিন তৈরি হয়; ফাইব্রিনোজেন

fibula / ˈfɪbjələ 'ফিবিঅ্যাল্যা / *noun* [C] (*technical*) the outer bone of the two bones in the lower part of your leg, between your knee and your foot পায়ের নীচের দিকে গোড়ালি ও হাঁটুর মধ্যে যে হাড় দুটি থাকে তার বাইরের দিকের হাড়টি; অনুজঙ্ঘাস্থি ➪ **tibia** দেখো এবং **body**-তে ছবি দেখো।

fickle / ˈfɪkl 'ফিক্‌ল্ / *adj.* always changing your mind or your feelings so you cannot be trusted সদাই মত বা মনোভাব পরিবর্তন করে এমনভাবে যে তাকে বিশ্বাস করা যায় না; অস্থিরমনস্ক, সদাপরিবর্তনশীল, চঞ্চল *a fickle friend*

fiction / ˈfɪkʃn 'ফিক্‌শ্‌ন্ / *noun* [U] stories, novels, etc. which describe events and people that are not real মনগড়া ঘটনা এবং চরিত্র দিয়ে বানানো কোনো কাহিনি, উপন্যাস ইত্যাদি *I don't read much fiction.* ✪ বিপ **non-fiction** ➪ **fact** দেখো।

fictional / ˈfɪkʃənl 'ফিক্‌শ্যান্‌ল্ / *adj.* not real or true; only existing in stories, novels, etc. কাল্পনিক বা অবাস্তব; কেবলমাত্র গল্প বা উপন্যাস ইত্যাদিতে যার অস্তিত্ব *The book gave a fictional account of a doctor's life.* ➪ **factual** দেখো।

fictitious / fɪkˈtɪʃəs ফিক্'টিশ্যাস্ / *adj.* invented; not real কৃত্রিম, বানানো *The novel is set in a fictitious village called Gangapur.*

fiddle[1] / ˈfɪdl ˈফিড্‌ল্ / *noun* [C] (*informal*) **1 = violin 2** (*BrE*) a dishonest action, especially one connected with money অসৎ কাজ, বিশেষত অর্থসংক্রান্ত; জোচ্চুরি *a tax fiddle*

fiddle[2] / ˈfɪdl ˈফিড্‌ল্ / *verb* **1** [I] **fiddle (about/around) (with sth)** to play with sth carelessly, because you are nervous or not thinking অকারণে, অন্যমনস্কভাবে কোনো কিছু নিয়ে নাড়াচাড়া করা *He sat nervously, fiddling with a pencil.* **2** [T] (*informal*) to change the details or facts of sth (business accounts, etc.) in order to get money dishonestly অন্যায়ভাবে অর্থসংগ্রহের জন্য কোনো কিছুর খুঁটিনাটি বা তথ্য (ব্যাবসার হিসেব বা অ্যাকাউন্টস ইত্যাদি) বদলে ফেলা *She fiddled her expenses form.*

fiddler / ˈfɪdlə(r) ˈফিড্‌ল্যা(র্) / *noun* [C] a person who plays a musical instrument with strings (**a violin**), especially to play a certain kind of music (**folk music**) যে ব্যক্তি বেহালায় বিশেষ করে লোকসংগীতের সুর বাজায়

fiddly / ˈfɪdli ˈফিড্‌লি / *adj.* (*informal*) difficult to do or manage with your hands (because small or complicated parts are involved) অত্যন্ত ছোটো ছোটো বা জটিল অংশ থাকায় হাত দিয়ে করা বা হাত চালিয়ে করা কঠিন এমন

fidelity / fɪˈdeləti ফিˈডেল্যাটি / *noun* [U] **1** (*formal*) **fidelity (to sb/sth)** the quality of being faithful, especially to a wife or husband by not having a sexual relationship with anyone else সত্যনিষ্ঠ হওয়ার গুণ বিশেষত স্বামী বা স্ত্রীর প্রতি (অন্য কারও সঙ্গে যৌন সম্পর্ক না ঘটিয়ে) ✪ বিপ **infidelity**

> **NOTE** এই অর্থে **faithfulness** শব্দটি অপেক্ষাকৃত-ভাবে বেশি ব্যবহৃত হয়।

2 (used about translations, the reproduction of music, etc.) the quality of being accurate or close to the original (অনুবাদ, গানের পুনর্সৃজন ইত্যাদির ক্ষেত্রে) মূলের যথাযথ অনুসরণ ➪ **hi-fi** দেখো।

fidget / ˈfɪdʒɪt ˈফিজিট্ / *verb* [I] **fidget (with sth)** to keep moving your body, hands or feet because you are nervous, bored, excited, etc. (ক্লান্ত, উত্তেজিত, ভীত ইত্যাদি হওয়ার কারণে) অস্থিরভাবে চলাফেরা করা *She fidgeted nervously with her keys.*
▶ **fidgety** *adj.* দুশ্চিন্তাগ্রস্ত, দুশ্চিন্তাজনক

field[1] / fi:ld ফীল্ড্ / *noun* [C] **1** an area of land on a farm, usually surrounded by fences or walls, used for growing crops or keeping animals in (বেড়া, আল বা দেয়াল দিয়ে ঘেরা) ক্ষেত, জমি, পশুচারণভূমি, মাঠ, খেত **2** an area of study or knowledge জ্ঞানচর্চার বিশেষ দিক *He's an expert in the field of economics.* ○ *That question is outside my field* (= not one of the subjects that I know about). **3** an area of land used for sports, games or some other activity খেলাধুলো বা খোলা জায়গায় করা হয় এমন সব কাজকর্মের জায়গা, খেলার মাঠ *a football field* ○ *an airfield* (=where aeroplanes land and take off) ○ *a battlefield* ➪ **pitch** দেখো। **4** an area affected by or included in sth কোনো কিছু দ্বারা অধ্যুষিত বা কোনো কিছুর অন্তর্ভুক্ত অঞ্চল *a magnetic field* ○ *It's outside my field of vision* (=I can't see it). ➪ **magnet**-এ ছবি দেখো। **5** an area of land where oil, coal or other minerals are found তেল, কয়লা অথবা অন্য কোনো খনিজ সম্পদ যে অঞ্চলে পাওয়া যায় *a coalfield* ○ *a North Sea oilfield*

field[2] / fi:ld ফীল্ড্ / *verb* **1** [I, T] (in cricket, baseball, etc.) to (be ready to) catch and throw back the ball after sb has hit it (ক্রিকেট, বেসবল ইত্যাদিতে) কারও মারার পর বলটি ধরার জন্য বা সেটি ধরে আবার ছুড়ে মারার জন্য প্রস্তুত থাকা; ফিল্ডিং করা

> **NOTE** যখন একটি দল **fielding** করে তখন অন্য দলটি **batting** করে।

2 [T] to choose a team for a game of football, cricket, etc. ফুটবল, ক্রিকেট ইত্যাদি খেলার দল নির্বাচন করা *New Zealand is fielding an excellent team for the next match.*

field day *noun*
IDM have a field day to get the opportunity to do sth you enjoy, especially sth other people disapprove of উপভোগ্য কোনো কাজ করার সুযোগ পাওয়া (বিশেষত অন্যরা যা পছন্দ করে না) *The newspapers always have a field day when there's a political scandal.*

fielder / ˈfi:ldə(r) ˈফীল্ড্যা(র্) / *noun* [C] (in cricket and baseball) a member of the team that is trying to catch the ball rather than hit it (ক্রিকেট এবং বেসবলে) দলের যে খেলোয়াড়ের কাজ প্রধানত বল ধরা

field event *noun* [C] a sport, such as jumping and throwing, that is not a race and does not involve running দৌড় বাদ দিয়ে লাফানো, ছোড়া প্রভৃতি ক্রীড়া ➪ **track event** দেখো।

fieldwork / ˈfi:ldwɜ:k ˈফীল্ড্উঅ্যক্ / *noun* [U] practical research work done outside school, college, etc. ব্যাবহারিক শিক্ষা বা গবেষণার কাজ যেগুলি স্কুল, কলেজ ইত্যাদির ভিতরে না করে বাইরে করা হয়

fiend / fi:nd ফীন্ড্ / *noun* [C] **1** a very cruel person নিষ্ঠুর ব্যক্তি, শয়তান **2** (*informal*) a person who is very interested in one particular thing কোনো কিছুতে প্রবলভাবে আসক্ত ব্যক্তি *a health fiend* ✪ সম **fanatic**

fiendish / ˈfi:ndɪʃ ˈফীন্ডিশ্ / *adj.* **1** very unpleasant or cruel নিষ্ঠুর, অসভ্য, বর্বর **2** (*informal*) clever

and complicated ধূর্ত, জটিল, প্যাঁচানো *a fiendish plan*
▶ **fiendishly** *adv.* জটিলভাবে

fierce / fɪəs ফিঅ্যাস্ / *adj.* **1** angry, aggressive and frightening ক্রুদ্ধ, আক্রমণাত্মক এবং ভয়াবহ *The house was guarded by fierce dogs.* **2** very strong; violent খুব শক্তিশালী; ভয়ংকর, নৃশংস *fierce competition for jobs ○ a fierce attack* ➪ **ferocity** noun দেখো। ▶ **fiercely** *adv.* তীব্রভাবে, প্রবলভাবে

fiery / ˈfaɪəri ˈফাইঅ্যারি / *adj.* **1** looking like fire অগ্নিবর্ণ, জ্বলন্ত, আগুনের মতো *She has fiery red hair.* **2** quick to become angry যে সহজে রেগে যায়; বদমেজাজি *a fiery temper*

FIFA / ˈfiːfə ˈফীফ্যা / *abbr.* the organization that is in charge of international football যে প্রতিষ্ঠানের উপর আন্তর্দেশীয় ফুটবল খেলার যাবতীয় ব্যবস্থা করার দায়িত্ব থাকে; ফিফা

fifteen / ˌfɪfˈtiːn ˌফিফ্ˈটীন্ / *number* 15 পনের, ১৫, পঞ্চদশ

> **NOTE** বাক্যে সংখ্যার ব্যবহার এবং তার প্রয়োগের উদাহরণ দেখার জন্য **six** দেখো।

fifteenth / ˌfɪfˈtiːnθ ˌফিফ্ˈটীন্থ্ / *pronoun, det., adv.* 15th ১৫-ই, পঞ্চদশতম ➪ **sixth**[1]-এ উদাহরণ দেখো।

fifth[1] /fɪfθ ফিফ্থ্ / *pronoun, det., adv.* 5th ৫-ই, পঞ্চম ➪ **sixth**[1]-এ উদাহরণ দেখো।

fifth[2] / fɪfθ ফিফ্থ্ / *noun* [C] the fraction $^1/_5$; one of five equal parts of sth ভগ্নাংশ $^1/_5$; পাঁচটি সমান ভাগের এক ভাগ, একপঞ্চমাংশ

fiftieth / ˈfɪftiəθ ˈফিফ্টিঅ্যাথ্ / *pronoun, det., adv.* 50th ৫০তম, পঞ্চাশত্তম, অর্ধশততম

> **NOTE** **sixth**[1]-এর উদাহরণগুলি দেখো।

fifty / ˈfɪfti ˈফিফ্টি / *number* 50 পঞ্চাশ, ৫০, পঞ্চাশৎ

> **NOTE** বাক্যে সংখ্যার ব্যবহার এবং তার প্রয়োগের উদাহরণ দেখার জন্য **six** দেখো।

fifty-fifty *adj., adv.* equal or equally (between two people, groups, etc.) সমান সমান বা সমানভাগে (দুজন, দুইদল ইত্যাদির মধ্যে) *You've got **a fifty-fifty chance** of winning. ○ We'll divide the money fifty-fifty.*

fig / fɪg ফিগ্ / *noun* [C] (a type of tree with) a soft sweet fruit full of small seeds that grows in warm countries and is often eaten dried (গ্রীষ্মপ্রধান দেশে জাত এবং প্রায়ই শুকনো করে খাওয়া হয় এমন) ডুমুর ফল বা গাছ

fig. *abbr.* **1** figure, illustration নকশাচিত্র, অলংকরণ চিত্র *See diagram at fig. 2.* **2** figurative(ly) প্রতীকী, আলংকারিক (ভাবে)

fight[1] / faɪt ফাইট্ / *verb* (*pt, pp* **fought** / fɔːt ফ:ট্ /) **1** [I, T] **fight (against sb)** to use physical strength, guns, weapons, etc. against sb/sth (কোনো ব্যক্তির সঙ্গে দৈহিক শক্তি, বন্দুক, অস্ত্রশস্ত্র ইত্যাদি ব্যবহার করে) লড়াই করা, যুদ্ধ করা, মারামারি করা *They gathered soldiers to fight the invading army. ○ My younger brothers were always fighting.* **2** [I, T] **fight (against sth)** to try very hard to stop or prevent sth কোনো কিছু থামানো বা আটকানোর জন্য সর্বশক্তি দিয়ে চেষ্টা করা *to fight a fire/a decision/ prejudice ○ to fight against crime/disease* **3** [I] **fight (for sth/to do sth)** to try very hard to get or keep sth কোনো কিছু পাওয়ার জন্য বা নিজের কাছে রাখার জন্য প্রবল চেষ্টা করা *to fight for your rights* **4** [I] **fight (with sb) (about/over sth)** to argue (কারও সঙ্গে কোনো বিষয়ে) তর্কাতর্কি করা *It's not worth fighting about money.* ➪ **argue** এবং **quarrel**[2] দেখো।

PHR V **fight back** to protect yourself with actions or words by attacking sb who has attacked you প্রতিরোধ করা, রুখে দাঁড়ানো (আক্রমণকারীর বিরুদ্ধে) *If he hits you again, fight back!*

fight[2] / faɪt ফাইট্ / *noun* **1** [C] **a fight (with sb/ sth); a fight (between A and B)** the act of using physical force against sb/sth কোনো ব্যক্তি বা বস্তুর বিরুদ্ধে পেশিশক্তির ব্যবহার; যুদ্ধ, মারামারি *Don't **get into a fight** at school, will you? ○ Fights broke out between rival groups of fans.* **2** [*sing.*] **a fight (against/for sth) (to do sth)** the work done trying to destroy, prevent or achieve sth কোনো কিছু ধ্বংস করা, প্রতিরোধ করা বা অর্জন করার জন্য চালিয়ে যাওয়া লড়াই বা কাজ *Workers won their fight against the management to stop the factory from closing down.* **3** [C] **a fight (with sb/sth) (about/over sth)** an argument about sth কোনো বিষয় সম্বন্ধে তর্ক ***I had a fight** with my father over what time I had to be home.* **4** [U] the desire to continue trying or fighting যুদ্ধ বা প্রয়াস চালিয়ে যাওয়ার ইচ্ছে *I've had some bad luck but I've still got plenty of fight in me.*

IDM **pick a fight** ➪ **pick**[1] দেখো।

fighter / ˈfaɪtə(r) ˈফাইট্যা(র্) / *noun* [C] **1** (*also* **fighter plane**) a small fast military aircraft used for attacking enemy aircraft শত্রুপক্ষের বিমান আক্রমণের জন্য বিশেষভাবে তৈরি দ্রুতগামী ছোটো বিমান *a fighter pilot ○ a jet fighter* **2** a person who fights in a war or in sport (**a boxer**) যে যুদ্ধ করে বা ক্রীড়া প্রতিযোগিতায় লড়াইয়ে নামে

fighting / ˈfaɪtɪŋ ˈফাইটিং / *noun* [U] an occasion when people fight লড়াই, মারামারি *There has been street fighting in many parts of the city today.*

figurative / ˈfɪɡərətɪv ˈফিগ্যার্যাটিভ্ / *adj.* (*abbr.* **fig.**) (used about a word or an expression) not used with its exact meaning but used for giving an imaginative description or a special effect (কোনো শব্দ বা অভিব্যক্তি সম্বন্ধে ব্যবহৃত) ঠিক প্রকৃত অর্থে নয়, কাল্পনিক বর্ণনা অথবা বিশেষ মাত্রা যোগ করার জন্য ব্যবহৃত হয় *'He exploded with rage' is a figurative use of the verb 'to explode'.* ⇨ **literal** এবং **metaphor** দেখো। ▶ **figuratively** *adv.* আলংকারিকভাবে

figure¹ /ˈfɪɡə(r) ˈফিগ্যা(র্) / *noun* [C] **1** an amount (in numbers) or a price (সংখ্যায় বোঝানো) পরিমাণ অথবা কোনো কিছুর দাম *The unemployment figures are lower this month.* **2** a written sign for a number (0 to 9) ০ থেকে ৯ পর্যন্ত লিখিত সংখ্যা *Write the numbers in figures, not words.* ○ *He has a six-figure income/an income in six figures* (=Rs 100,000 or more). ○ *Interest rates are now down to single figures* (=less than 10%). ○ *double figures* (=10 to 99) **3 figures** [*pl.*] (*informal*) mathematics গণিতবিদ্যা, অঙ্ক *I don't have a head for figures* (= I'm not very good with numbers). **4** a well-known or important person বিখ্যাত অথবা গুরুত্বপূর্ণ ব্যক্তি *an important political figure* **5** the shape of the human body, especially a woman's body that is attractive শারীরিক গঠন, চেহারা (বিশেষ করে সুন্দরী মহিলার আকর্ষণীয় আকৃতি বা গঠন) *She's got a beautiful slim figure.* ⇨ **build²**-তে নোট দেখো। **6** a person that you cannot see very clearly or do not know কোনো ব্যক্তি যাকে পরিষ্কারভাবে দেখা যাচ্ছে না বা চেনা যাচ্ছে না *Two figures were coming towards us in the dark.* **7** (*abbr.* **fig.**) a diagram or picture used in a book to explain sth নকশা, ছবি (কোনো কিছু বোঝানোর জন্য বইয়ের মধ্যে দেওয়া) *Figure 3 shows the major cities of India.*
IDM a ballpark figure/estimate ⇨ **ballpark** দেখো।

facts and figures ⇨ **fact** দেখো।

in round figures/numbers ⇨ **round¹** দেখো।

figure² /ˈfɪɡə(r) ˈফিগ্যা(র্) / *verb* **1** [I] **figure (as sth) (in/among sth)** to be included in sth; to be an important part of sth কোনো কিছুর মধ্যে অন্তর্ভুক্ত হওয়া; কোনো কিছুর মধ্যে গুরুত্ব পাওয়া *Women don't figure much in his novels.* ○ সম **feature 2** [T] **figure (that)** (*AmE*) to think or guess sth মনে মনে কিছু ভেবে নেওয়া বা অনুমান করা *I figured he was here because I saw his car outside.*
IDM it/that figures (*informal*) that is what I expected যা ভাবা হয়েছিল তাই
PHRV figure on sth/on doing sth (*AmE*) to include sth in your plans কোনো কিছু নিজের পরিকল্পনার

মধ্যে যুক্ত করা *I figure on arriving in Ujjain on Wednesday.*

figure sb/sth out to find an answer to sth or to understand sb কাউকে বোঝা বা কোনো কিছুর উত্তর খুঁজে পাওয়া *I can't figure out why she married him in the first place.*

figurehead / ˈfɪɡəhed ˈফিগ্যাহেড্ / *noun* [C] **1** a person who has the position of a head in a country or organization but who has no real power or authority কোনো রাষ্ট্র অথবা সংগঠনের প্রধান পদাধিকারী কিন্তু প্রকৃত ক্ষমতা অথবা কর্তৃত্ববিহীন *In the parliamentary system of government, the president is merely a figurehead.* **2** a statue made of wood and usually representing a woman that used to be fixed to the front of a ship জাহাজের সামনে বসানো কাঠের খোদাই করা মূর্তি (সাধারণত কোনো মহিলার)

figure of speech *noun* [C] (*pl.* **figures of speech**) a word or expression used not with its original meaning but in an imaginative way to make a special effect (আক্ষরিক বা মৌলিক অর্থ প্রয়োগ না করে) বাক্যের মধ্যে শব্দ বা অভিব্যক্তির সৃষ্টিধর্মী ব্যবহার; শব্দালংকার

filament / ˈfɪləmənt ˈফিল্যাম্যান্ট্ / *noun* [C] **1** a thin wire in a **light bulb** that produces light when electricity is passed through it বাল্বের মধ্যেকার পাতলা সরু তার যার মধ্যে দিয়ে বিদ্যুৎ প্রবাহিত হলে আলো জ্বলে ওঠে ⇨ **bulb**-এ ছবি দেখো। **2** a long thin piece of sth that looks like a thread কোনো কিছুর লম্বা, সরু টুকরো যেটি অনেকটা সুতোর মতো দেখতে *glass/metal filaments* **3** a long thin part of the male part of a flower (**stamen**) that supports the part where **pollen** is produced (**anther**) ফুলের পুংকেশরের (stamen) লম্বা সরু অংশ যা পরাগধানী (anther) অর্থাৎ যেখানে পরাগরেণু (pollen) উৎপন্ন হয় সেটি ধরে রাখে; পুংদণ্ড ⇨ **flower**-এ ছবি দেখো।

file¹ / faɪl ফাইল্ / *noun* [C] **1** a box or a cover that is used for keeping papers together কাগজপত্র একসঙ্গে গুছিয়ে রাখার বাক্স বা খাপ ⇨ **stationery**-তে ছবি দেখো। **2** a collection of information or material on one subject that is stored together in a computer or on a disk, with a particular name নির্দিষ্ট নামে কোনো কম্পিউটার বা ডিস্কের মধ্যে একত্রে সংরক্ষিত (কোনো বিষয়ের উপর সংগৃহীত) তথ্যাদি; ফাইল *to open/close a file* ○ *to create/delete/save/copy a file* **3 a file (on sb/sth)** a collection of papers or information about sb/sth kept inside a file কোনো ব্যক্তি বা বস্তু সম্বন্ধে কাগজ বা তথ্যাদির সংগ্রহ যা ফাইলে একত্র করে গোছানো থাকে *The police are now keeping a file on all known traffic offenders.* **4** a metal tool with a rough surface used for shaping hard substances or for making surfaces smooth অমসৃণ ধাতব কল যা কোনো শক্ত বস্তুকে আকার দেওয়া অথবা কোনো পৃষ্ঠতল মসৃণ করার কাজে ব্যবহৃত হয়; উখা বা উখো *a nail file* ➪ **tool**-এ ছবি দেখো।

IDM on file kept in a file ফাইল করে রাখা হয়েছে এমন *We have all the information you need on file.*

in single file in a line, one behind the other সারবেঁধে, একের পর এক

the rank and file ➪ **rank**[1] দেখো।

file[2] / faɪl ফাইল্ / *verb* **1** [T] **file sth (away)** to put and keep documents, etc. in a particular place so that you can find them easily; to put sth into a file কাগজপত্র, দলিল ইত্যাদি বিশেষ একটি জায়গায় গুছিয়ে রাখা যাতে সহজে সেটি খুঁজে পাওয়া যায়; ফাইলে কোনো কিছু রাখা *I filed the letters away in a drawer.* **2** [I] **file in, out, past, etc.** to walk or march in a line পঙ্‌ক্তিবদ্ধভাবে, সার বেঁধে চলা বা কুচকাওয়াজ করা *The children filed out of the classroom.* **3** [T] **file sth (away, down, etc.)** to shape sth hard or make sth smooth with a file কোনো শক্ত জিনিসকে উখো দিয়ে ঘষে নরম করা *to file your nails* **4 file a case** to make an official complaint in a court of law আদালতে কোনো অভিযোগ করে মামলা দায়ের করা

filial / ˈfɪliəl ˈফিলিঅ্যাল্ / *adj* (*only before a noun*) (*formal*) connected to or related with the relationship between children and their parents সন্তান ও পিতামাতার মধ্যে সম্পর্ক সংক্রান্ত অথবা তার সঙ্গে সম্বন্ধযুক্ত *filial affection*

fill / fɪl ফিল্ / *verb* **1** [I, T] **fill (sth/sb) (with sth)** to make sth full or to become full কোনো কিছু পূর্ণ করা বা পূর্ণ হওয়া *The news filled him with excitement.* ○ *The room filled with smoke within minutes.* **2** [T] to take a position or to use up your time doing sth কোনো পদ অধিকার করা, কোনো কাজ করে নিজের সময়ের সদ্‌ব্যবহার করা *I'm afraid that the teaching post has just been filled* (= somebody has got the job).

PHR V fill sth in (*AmE* **fill sth out**) **1** to complete a form, etc. by writing information on it কোনো আবেদনপত্র ইত্যাদি যথাযথ তথ্য লিখে ভর্তি করা *Could you fill in the application form, please?* **2** to fill a hole or space completely to make a surface flat জায়গাটা সমান করার জন্য গর্ত বা ফাঁক ইত্যাদি বোজানো *You had better fill in the cracks in the wall before you paint it.*

fill (sth) up to become or to make sth completely full কোনো কিছু পুরোপুরি ভরে দেওয়া বা ভরে যাওয়া *There weren't many people at first but then the room filled up.*

filler cap *noun* [C] a lid for covering the end of the pipe through which petrol is put into a motor vehicle যে পাইপ দিয়ে মোটরগাড়িতে পেট্রোল দেওয়া হয় সেই পাইপের মুখ বন্ধ করার ঢাকনা

fillet (*AmE* **filet**) / ˈfɪlɪt ˈফিলিট্ / *noun* [C, U] a piece of meat or fish with the bones taken out কাঁটা ছাড়ানো মাছ বা হাড় ছাড়ানো মাংসের টুকরো; ফিলে

filling[1] / ˈfɪlɪŋ ˈফিলিং / *noun* **1** [C] the material that a dentist uses to fill a hole in a tooth দাঁতের ডাক্তার দাঁতের গর্ত বোজানোর জন্য যে উপাদান ব্যবহার করে; ফিলিং *a gold filling* **2** [C, U] the food inside a sandwich, pie, cake, etc. কেক, স্যান্ডুউইচ, পাই ইত্যাদির ভিতরে দেওয়া খাদ্যদ্রব্য

filling[2] / ˈfɪlɪŋ ˈফিলিং / *adj.* (used about food) that makes you feel full (খাদ্য সম্বন্ধে ব্যবহৃত) যা খেলে পেট ভর্তি হয়ে যায় বা মনে হয় অনেক খাওয়া হয়ে গেছে, পেটভরা খাবার *Pasta is very filling.*

filly / ˈfɪli ˈফিলি / *noun* [C] (*pl.* **fillies**) a young female horse অল্পবয়সি স্ত্রী ঘোড়া, বাচ্চা ঘোটকী ➪ **colt** দেখো।

film[1] / fɪlm ফিল্ম্ / *noun* **1** (*AmE* **movie**) [C] a story, play, etc. shown in moving pictures at the cinema or on television চলচ্চিত্র, সিনেমা *Let's go to the cinema—there's a good film on this week.* ○ *to* **watch a film** *on TV* ○ *to* **see a film** *at the cinema* ○ *a horror/documentary/feature film* ○ *a film director/producer/critic* **2** [U] the art or business of making films চলচ্চিত্র নির্মাণ-শিল্প বা সেই সংক্রান্ত ব্যাবসা *She's studying film and theatre.* ○ *the film industry* **3** [U] moving pictures of real events সত্য ঘটনার চলমান ছবি *The programme included a film of the town one hundred years ago.* **4** [C] a roll of thin plastic that you use in a camera to take photographs ক্যামেরায় ফোটো তোলার জন্য গোল পাকানো প্লাস্টিকের যে ফিল্ম ব্যবহার করা হয় *to have a film developed* ○ *Fast film is better if there's not much light.* ➪ **camera**-তে ছবি দেখো। **5** [C, *usually sing.*] a thin layer of a substance or material (কোনো পদার্থ বা উপাদানের) ঝিল্লি, পাতলা পর্দা, সর *Oil forms a film on the surface of the water.*

film[2] / fɪlm ফিল্ম্ / *verb* [I, T] to record moving pictures of an event, story, etc. with a camera ক্যামেরার সাহায্যে কোনো ঘটনা বা গল্প ইত্যাদির চলমান ছবি রেকর্ড করা; চলচ্চিত্র করা, ছবি করা, *A lot of Hindi films are now being filmed abroad.* ○ *The man was filmed stealing from the shop.*

film star *noun* [C] a person who is a well-known actor in films সিনেমার অভিনেতা, চলচ্চিত্রের কোনো বিখ্যাত অভিনেতা; চলচ্চিত্র-তারকা, ফিল্মস্টার

filter[1] / ˈfɪltə(r) ˈফিল্ট্যা(র্) / *noun* [C] **1** a device for holding back solid substances from a liquid or gas that passes through it তরল বা গ্যাস থেকে কঠিন পদার্থ ছেঁকে নেওয়ার সরঞ্জাম; পরিস্রুত করার যন্ত্র বা ছাঁকনি *a coffee filter* ○ *an oil filter* **2** a piece of coloured glass used with a camera to hold back some types of light একধরনের রঙিন কাচ, যা সাধারণত ক্যামেরায় ব্যবহৃত হয় এবং তা বিশেষ ধরনের আলোর গতি রোধ করে

filter[2] / ˈfɪltə(r) ˈফিল্ট্যা(র্) / *verb* **1** [T] to pass a liquid through a filter বিশেষ ধরনের ছাঁকনির মধ্যে দিয়ে তরল ছাঁকা; পরিস্রুত করা *Do you filter your water?* **2** [I] **filter in, out, through, etc.** to move slowly and/or in small amounts খুব কম আসা, খুব কম পরিমাণে আসা বা ছড়িয়ে পড়া *Sunlight filtered into the room through the curtains.* ○ (*figurative*) *News of her illness filtered through to her friends.*

PHR V **filter sth out (of sth)** to remove sth that you do not want from a liquid, light, etc. using a special device or substance তরল বা আলো ইত্যাদি থেকে বিশেষ যন্ত্র বা কোনো পদার্থ ব্যবহার করে অবাঞ্ছিত জিনিস বাদ দেওয়া *This chemical filters impurities out of the water.* ○ (*figurative*) *This test is designed to filter out weaker candidates before the interview stage.*

filter paper *noun* [U, C] a type of paper used in chemistry for separating solids from liquids; a piece of this paper used, for example, in making coffee (রসায়নে) একধরনের কাগজ যা তরল থেকে কঠিন পদার্থ আলাদা করার জন্য ব্যবহার করা হয়; এই কাগজের ব্যবহৃত টুকরো (যেমন কফি তৈরি করতে) ➪ **laboratory**-তে ছবি দেখো।

filth / fɪlθ ফিল্থ্ / *noun* [U] **1** unpleasant dirt নোংরা, ময়লা, দূষিত জিনিস *The room was covered in filth.* **2** sexual words or pictures that cause offence যৌনতা সংক্রান্ত অশ্লীল (যা আপত্তিকর) ছবি

filthy / ˈfɪlθi ˈফিল্থি / *adj.* (**filthier; filthiest**) **1** very dirty খুব নোংরা **2** (used about language, books, films, etc.) connected with sex, and causing offence (ভাষা, বই, চলচ্চিত্র ইত্যাদি সম্বন্ধে ব্যবহৃত) যৌনতা সম্বন্ধীয় এবং অবমাননাকর বা আপত্তিকর

filtrate / ˈfɪltreɪt ˈফিল্ট্রেইট্ / *noun* [C] a liquid that has passed through a **filter** যে তরল পদার্থ ফিল্টারের মধ্যে দিয়ে ছাঁকা হয়েছে

filtration / fɪlˈtreɪʃn ফিল্ˈট্রেইশ্ন্ / *noun* [U] the process of passing a liquid or gas through a **filter** ফিল্টারের মধ্যে দিয়ে তরল বা গ্যাস ছেঁকে নেওয়ার যে বিশোধন প্রক্রিয়া

fin / fɪn ফিন্ / *noun* [C] **1** paired or unpaired expansions of the skin of a fish which are helpful in swimming মাছের পাখনা (যার সাহায্যে মাছ সাঁতার কাটে) ➪ **fish**-এ ছবি দেখো। **2** a flat, thin part that sticks out of an aircraft, a vehicle, etc. to improve its balance and movement through the air or water বিমানপোত, অন্য কোনো যান ইত্যাদির চ্যাপটা ল্যাজের মতো পাতলা অংশ যেটি তার ভারসাম্য বজায় রাখতে এবং বাতাস অথবা জলের মধ্য দিয়ে চলাচল করাতে সুবিধা করে

final[1] / ˈfaɪnl ˈফাইন্ল্ / *adj.* **1** (*only before a noun*) last (in a series) শেষ পর্ব (ধারাবাহিকভাবে) *This will be the final lesson of our course.* ○ *I don't want to miss the final episode of that serial.* **2** not to be changed চূড়ান্ত, চরম, অপরিবর্তনীয় *The judge's decision is always final.* ○ *I'm not lending you the money, and that's final!*

IDM **the last/final straw** ➪ **straw** দেখো।

final[2] / ˈfaɪnl ˈফাইন্ল্ / *noun* **1** [C] the last game or match in a series of competitions or sporting events ধারাবাহিকভাবে কোনো প্রতিযোগিতা বা ক্রীড়ানুষ্ঠানের শেষ খেলা অথবা অন্তিম ভাগ *The first two runners in this race go through to the final.* ➪ **semi-final** দেখো। **2 finals** [*pl.*] the exams you take in your last year at university বিশ্ববিদ্যালয়ের শেষ বছরের পরীক্ষা

finale / fɪˈnɑːli ফিˈনা:লি / *noun* [C] the last part of a piece of music, an opera, a show, etc. কোনো অপেরা, সংগীত বা কোনো অনুষ্ঠান ইত্যাদির শেষপর্ব

finalist / ˈfaɪnəlɪst ˈফাইন্যালিস্ট্ / *noun* [C] a person who is in the **final**[2] **1** of a competition কোনো ক্রীড়াপ্রতিযোগিতার অন্তিমখেলায় যোগদানকারী ব্যক্তি ➪ **semi-finalist** দেখো।

finalize (*also* **-ise**) / ˈfaɪnəlaɪz ˈফাইন্যালাইজ় / *verb* [T] to make firm decisions about plans, dates, etc. (পরিকল্পনা, তারিখ ইত্যাদি সম্পর্কে) চূড়ান্তভাবে সিদ্ধান্ত নেওয়া; ঠিক করে ফেলা *Have you finalized your holiday arrangements yet?*

finally / ˈfaɪnəli ˈফাইন্যালি / *adv.* **1** after a long time or delay শেষ পর্যন্ত, অবশেষে *It was getting dark when the plane finally took off.* ✪ সম **eventually** **2** used to introduce the last in a list of things সবশেষে *Finally, I would like to say how much we have all enjoyed this evening.* ✪ সম **lastly** **3** in a definite way so that sth will not be changed চূড়ান্তরূপে, নিশ্চিতভাবে *We haven't decided finally who will get the job yet.*

finance[1] / ˈfaɪnæns ˈফাইন্যান্স্ / *noun* **1** [U] the money you need to start or support a business, etc. ব্যাবসা ইত্যাদি শুরু করা বা চালিয়ে যাওয়ার জন্য প্রয়োজনীয় অর্থ; পুঁজি, বিনিয়োগ *How will you raise the finance to start the project?* **2** [U] the activity of managing money রাজস্ব-ব্যবস্থা বা অর্থ-

ব্যবস্থা পরিচালনা *Who is the new Minister of Finance?* ○ *an expert in finance* **3 finances** [*pl.*] the money a person, company, country, etc. has to spend কোনো ব্যক্তি, প্রতিষ্ঠান বা দেশকে যে টাকা খরচ করতে হয় *What are our finances like at the moment* (=how much money have we got)*?*

finance[2] / ˈfaɪnæns; fəˈnæns ˈফাইন্যান্স্; ফ্যাˈন্যান্স্ / *verb* [T] to provide the money to pay for sth (কোনো কিছুর জন্য) টাকার জোগান দেওয়া *Your trip will be financed by the company.*

financial / faɪˈnænʃl; fəˈnæ- ফাইˈন্যান্শ্ল্; ফ্যাˈন্যা-/ *adj.* connected with money আর্থিক, অর্থ বা টাকাকড়ি সংক্রান্ত *The business got into financial difficulties.* ▶ **financially** *adv.* / -ʃəli -শ্যালি / আর্থিক দিক থেকে

finch / fɪntʃ ফিন্চ্ / *noun* [C] a small bird with a short strong beak ক্ষুদ্র এবং শক্ত ঠোঁটের ছোটো পাখি

find[1] / faɪnd ফাইন্ড্ / *verb* [T] (*pt, pp* **found** /faʊnd ফাউন্ড্ /) **1** to discover sth that you want or that you have lost after searching for it যা চাওয়া হচ্ছে তেমন কিছু বা হারানো কিছু খুঁজে পাওয়া *Did you find the pen you lost?* ○ *After six months she finally found a job.* ○ *Scientists haven't yet found a cure for AIDS.* ○ *I hope you find an answer to your problem.*

> **NOTE** **Find the time** এবং **find the money** বাক্যাংশগুলির ব্যবহার লক্ষ করো—*I never seem to find the time to write letters these days.* ○ *We'd like to go on holiday but we can't find the money.*

2 to discover sth by chance দৈবাৎ কিছু দেখতে পেয়ে যাওয়া *I've found a piece of glass in this milk.* ○ *We went into the house and found her lying on the floor.* ○ *This animal can be found* (= exists) *all over the world.* **3** to have an opinion about sth because of your own experience নিজের অভিজ্ঞতাপ্রসূত ধারণা তৈরি হওয়া, অভিজ্ঞতার মাধ্যমে জানা *I find that book very difficult to understand.* ○ *We didn't find the film at all funny.* ○ *How are you finding life as a student?* **4** to suddenly realize or see sth কোনো কিছু সম্পর্কে হঠাৎ অনুধাবন করা বা হঠাৎ দেখা; সচেতন হওয়া *I got home to find that I'd left the tap on all day.* ○ *Sahil turned a corner and suddenly found himself in the park.* **5** to arrive at sth naturally; to reach sth স্বাভাবিকভাবে কোথাও পৌঁছোনো; কোনো কিছু পৌঁছোনো *Water always finds its own level.* ○ *These birds* ***find their way*** *to Africa every winter.*

IDM find fault (with sb/sth) to look for things that are wrong with sb/sth and complain about them খুঁত ধরা, অন্যের দোষ দেখা

find your feet to become confident and independent in a new situation নিজের পায়ে দাঁড়ানো

PHR V find (sth) out to get some information; to discover a fact কোনো তথ্য পাওয়া; কোনো কাজ বা ঘটনা জানতে পারা *Have you found out how much the tickets cost?* ○ *I later found out that Madhu had been lying to me.*

find sb out to discover that sb has done sth wrong অন্যের দোষ বা অপরাধ ধরা *He had used a false name for years before they found him out.*

find[2] / faɪnd ফাইন্ড্ / *noun* [C] a thing or a person that has been found, especially one that is valuable or useful মূল্যবান অথবা প্রয়োজনীয় কোনো ব্যক্তি বা বস্তু যাকে বা যা খুঁজে পাওয়া গেছে *Archaeologists made some interesting finds when they dug up the field.* ○ *This new young player is quite a find!*

finder / ˈfaɪndə(r) ˈফাইন্ড্যা(র্) / *noun* [C] a person or thing that finds sth কোনো ব্যক্তি যে কিছু খুঁজে পায়, কোনো বস্তু যার সাহায্যে কোনো জিনিস খুঁজে পাওয়া যায়

finding / ˈfaɪndɪŋ ˈফাইন্ডিং / *noun* [C, *usually pl.*] information that is discovered as a result of research into sth কোনো কিছু সম্বন্ধে গবেষণালব্ধ তথ্যাবলীর আবিষ্কার *the findings of a survey/report/committee*

fine[1] / faɪn ফাইন্ / *adj.* **1** in good health, or happy and comfortable খুশিতে, আরামে বা স্বাস্থ্যবানভাবে *'How are you?'* ***'Fine thanks.'*** ○ *'Do you want to change places?' 'No I'm fine here, thanks.'* **2** all right; acceptable ঠিক আছে; গ্রহণযোগ্য *Do you want some more milk in your coffee?' 'No* ***that's fine****, thanks.'* ○ *Don't cook anything special—a sandwich will be fine.* ○ *The hotel rooms were fine but the food was awful.*

> **NOTE** অর্থ সংখ্যা **1** এবং **2** নেতিবাচক এবং প্রশ্নাত্মক বাক্যে ব্যবহার করা যায় না। *'Are you fine?'* অথবা *'This isn't fine'* সঠিক প্রয়োগ নয়।

3 (used about weather) bright with sunlight; not raining (আবহাওয়া সম্পর্কে ব্যবহৃত) মেঘমুক্ত, ঝলমলে, রৌদ্রোজ্জ্বল *Let's hope it stays fine for the match tomorrow.* **4** (*only before a noun*) of very good quality, beautiful, well made খুব উচ্চ মানের, সুন্দর, সুগঠিত *a fine piece of work* ○ *fine detail/carving/china* **5** very thin or narrow সূক্ষ্ম, খুব পাতলা, সরু *That hairstyle's no good for me—my hair's too fine.* ○ *You must use a fine pencil for the diagrams.* ✪ বিপ **thick** **6** made of very small pieces, grains, etc. মিহি টুকরো বা দানা ইত্যাদি দিয়ে

তৈরি *Salt is finer than sugar.* ✪ বিপ **coarse**
7 difficult to notice or understand যা সহজে চোখে পড়ে না বা বোঝা যায় না, যা দেখা এবং বোঝা বেশ কঠিন *I couldn't understand **the finer points** of his argument.* ○ *There's **a fine line between** being reserved and being unfriendly.*

fine² / faɪn ফাইন্ / *noun* [C] a sum of money that you have to pay for breaking a law or rule আইনত কোনো অন্যায় করলে বা আইন ভাঙলে যে অর্থদণ্ড দিতে হয়; জরিমানা *a parking fine* ○ *You'll **get a fine** if you park your car there.* ▶ **fine** *verb* [T] **fine sb (for sth/doing sth)** (কিছুর জন্য বা কিছু করার জন্য) কারও জরিমানা করা *He was fined Rs 500 for driving without a licence.*

finely / ˈfaɪnli ˈফাইন্‌লি / *adv.* **1** into small pieces ছোটো ছোটো টুকরোয় *The onions must be finely chopped for this recipe.* **2** very accurately খুব যথাযথভাবে; ঠিকভাবে *a finely tuned instrument*

finery / ˈfaɪnəri ˈফাইন্যারি / *noun* [U] (*literary*) elegant and beautiful clothes and jewellery, especially those that are worn for a special occasion বিশেষ অনুষ্ঠানে পরার জন্য সুন্দর এবং সুরুচিপূর্ণ বস্ত্র অথবা গহনা; অলংকার *Most of the guests at the party were dressed in all their finery.*

finger¹ / ˈfɪŋɡə(r) ˈফিংগ্যা(র্) / *noun* [C] one of the five parts at the end of each hand আঙ্গুল, হাতের আঙুল, অঙ্গুষ্ঠ, করাঙ্গুলি *little finger, ring finger, middle finger, forefinger (or index finger), thumb*

> **NOTE** কখনো কখনো আমরা বৃদ্ধাঙ্গুষ্ঠকে (thumb) পাঁচটি আঙুলের একটি হিসেবে গণ্য করি, আবার অন্য সময় আমরা এটিকে আলাদা করেও দেখি—*Hold the pen between your finger and thumb.* পায়ের আঙুলকে আমরা **toes** বলি। ➪ **body**-তে ছবি দেখো।

IDM cross your fingers; keep your fingers crossed to hope that sb/sth will be successful or lucky আশায় থাকা, সাফল্যের আশা করা *I'll keep my fingers crossed for you in your exams.* ○ *There's nothing more we can do now—just cross our fingers and hope for the best.*

have green fingers ➪ **green¹** দেখো।

snap your fingers ➪ **snap¹** দেখো।

finger² / ˈfɪŋɡə(r) ˈফিংগ্যা(র্) / *verb* [T] to touch or feel sth with your fingers আঙুল দিয়ে কোনো কিছু ছোঁয়া বা অনুভব করা

fingermark / ˈfɪŋɡəmɑːk ˈফিংগ্যামা:ক্ / *noun* [C] a mark on sth made by a dirty finger কোনো বস্তুর উপরে পড়া নোংরা ময়লা আঙুলের দাগ

fingernail / ˈfɪŋɡəneɪl ˈফিংগ্যানেইল্ / (*also* **nail**) *noun* [C] the thin hard layer that covers the outer end of each finger আঙুলের নখ ➪ **body**-তে ছবি দেখো।

fingerprint / ˈfɪŋɡəprɪnt ˈফিংগ্যাপ্রিন্ট্ / *noun* [C] the mark made by the skin of a finger, used for identifying people আঙুলের ছাপ (কাউকে শনাক্তকরণের জন্য আঙুলের ছাপ ব্যবহৃত হয়) *The burglar left his fingerprints all over the house.*

fingertip / ˈfɪŋɡətɪp ˈফিংগ্যাটিপ্ / *noun* [C] the end of a finger আঙুলের ডগা

IDM have sth at your fingertips to have sth ready for quick and easy use কোনো কিছু নখদর্পণে থাকা *They asked some difficult questions but luckily I had all the facts at my fingertips.*

finish¹ / ˈfɪnɪʃ ˈফিনিশ্ / *verb* **1** [I, T] **finish (sth/doing sth)** to complete sth or reach the end of sth কোনো কিছু শেষ করা, সমাপ্ত করা, কোনো কিছুর শেষ সীমান্তে পৌঁছোনো *What time does the film finish?* ○ *Haven't you finished yet? You've taken ages!* ○ *The Ethiopian runner won and the Kenyans finished second and third.* ○ *Finish your work quickly!* ○ *Have you finished typing that letter?* **2** [T] **finish sth (off/up)** to eat, drink or use the last part of sth সবটা খেয়ে ফেলা (খাদ্য বা পানীয়), শেষটুকুও খেয়ে ফেলা *Finish up your milk, Tina!* ○ *Who finished off all the bread?* **3** [T] **finish sth (off)** to complete the last details of sth or make sth perfect কোনো কিছুর শেষ খুঁটিনাটি কাজও সম্পূর্ণ করা বা নিখুঁতভাবে কাজ সম্পূর্ণ করা *He stayed up all night to finish off the article he was writing.* ○ *He's just **putting the finishing touches to** his painting.*

PHR V finish sb/sth off (*informal*) to kill sb/sth; to be the thing that makes sb unable to continue কোনো বস্তু বা ব্যক্তিকে ধ্বংস করা, হত্যা করা, খতম করা, শেষ করে দেওয়া; কোনো ব্যক্তির বিনাশকারী হওয়া *The cat played with the mouse before finishing it off.* ○ *I was very tired towards the end of the race, and that last hill finished me off.*

finish with sb (*informal*) to end a relationship with sb কোনো ব্যক্তির সঙ্গে সম্পর্ক ছেদ করা, চুকিয়ে দেওয়া *Reena's not going out with Tarun any more—she finished with him last week.*

finish with sth to stop needing or using sth কোনো বস্তুর প্রয়োজন ফুরিয়ে যাওয়া অথবা আর ব্যবহার না করা *I'll borrow that book when you've finished with it.*

finish² / ˈfɪnɪʃ ˈফিনিশ্ / *noun* [C] **1** the last part or end of sth কোনো কিছুর উপসংহার, শেষ অংশ, চূড়ান্ত পর্যায় *There was a dramatic finish to the race when two runners fell.* ○ *I enjoyed the film **from***

start to finish. **2** the last covering of paint, polish, etc. that is put on a surface to make it look good রং, পালিশ ইত্যাদির শেষ প্রলেপ যা জিনিসটি সুন্দর করার জন্য একদম উপরে লাগানো হয়

finished / ˈfɪnɪʃt ˈফিনিশ্‌ট্ / *adj.* **1** (*not before a noun*) **finished (with sb/sth)** having stopped doing sth, using sth or dealing with sb/sth কোনো কিছু করা বন্ধ করা হয়েছে, কিছুর ব্যবহার বা কোনো ব্যক্তি বা বস্তুর মোকাবিলা করা বন্ধ করা হয়েছে এমন *'Are you using the computer?' 'Yes, I won't be finished with it for another hour or so.'* **2** (*not before a noun*) not able to continue চালাতে অক্ষম *The business is finished—there's no more money.* **3** made; completed তৈরি; সম্পূর্ণ *the finished product / article*

finite / ˈfaɪnaɪt ˈফাইনাইট্ / *adj.* having a definite limit or a fixed size পরিমিত, সীমিত *The world's resources are finite.* ✪ বিপ **infinite**

fir / fɜ:(r) ফ্য(র্) / (*also* **fir tree**) *noun* [C] a tree with thin leaves (**needles**) that do not fall off in winter সূঁচ বা কাঁটার মতো খুব সরু পাতাওয়ালা একধরনের গাছ যার পাতা শীতকালে ঝরে না

fir cone *noun* [C] the fruit of the fir tree ফার গাছের ফল

fire¹ / ˈfaɪə(r) ˈফাইআ্যা(র্) / *noun* **1** [C, U] burning and flames, especially when it destroys and is out of control (বিধ্বংসী এবং অনিয়ন্ত্রিত) জ্বলন্ত শিখা, আগুন, অগ্নি, বহ্নি *Firemen struggled for three hours to* ***put out the fire***. ○ *In very hot weather, dry grass can* ***catch fire*** (= start burning). ○ *Did someone* ***set fire to*** *that pile of wood?* **2** [C] burning wood or coal used for warming people or cooking food রান্না করার জন্য বা ঘর বাড়ি গরম করার জন্য প্রজ্বলিত কাঠের আগুন *They tried to* ***light a fire*** *to keep warm.* ○ *It's cold—don't let the fire go out!* **3** [C] a machine for heating a room, etc. ঘর ইত্যাদি গরম করার যন্ত্র *a gas/an electric fire* **4** [U] shooting from guns বন্দুক থেকে গুলি বর্ষণ *The soldiers came* ***under fire*** *from all sides.* ○ *I could hear gun fire in the distance.*

IDM **get on/along like a house on fire** ⇨ **house¹** দেখো।

open fire ⇨ **open²** দেখো।

come/be under fire be strongly criticized কঠোরভাবে সমালোচিত হওয়া *The government has come under fire from all sides for its foreign policy.*

fire² / ˈfaɪə(r) ˈফাইআ্যা(র্) / *verb* **1** [I, T] **fire (sth) (at sb/sth); fire (sth) (on/into sb/sth)** to shoot bullets, etc. from a gun or other weapon বন্দুক বা অন্য কোনো আগ্নেয়াস্ত্র থেকে গুলি ইত্যাদি বর্ষণ করা *Can you hear the guns firing?* ○ *The soldiers fired on the crowd, killing twenty people.* ○ *She fired an arrow at the target.* ○ (*figurative*) *If you stop firing questions at me I might be able to answer!* **2** [T] (*informal*) to remove an employee from a job কাউকে চাকরি ছাড়তে বাধ্য করা *He was fired for always being late.* **3** [T] **fire sb with sth** to produce a strong feeling in sb কারও মধ্যে উদ্দীপনা জাগানো; অনুপ্রাণিত করা *Her speech fired me with determination.*

fire alarm *noun* [C] a bell or other signal to warn people that there is a fire অগ্নিসংকেত ব্যবস্থা (লোককে সচেতন করার জন্য)

firearm / ˈfaɪərɑːm ˈফাইআ্যারা:ম্ / *noun* [C] a gun that you can carry বহনযোগ্য আগ্নেয়াস্ত্র

firebrand / ˈfaɪəbrænd ˈফাইআ্যাব্র্যান্ড্ / *noun* [C] a person who encourages other people to take strong political action, often causing trouble যে ব্যক্তি অন্যদের দৃঢ় বা কঠোর রাজনৈতিক কর্মপ্রক্রিয়া অবলম্বন করার জন্য উৎসাহিত করে (যা প্রায়ই উপদ্রব সৃষ্টি করে)

fire brigade (*AmE* **fire department**) *noun* [C, *with sing. or pl. verb*] an organization of people trained to deal with fires দমকল বাহিনী, দমকল বিভাগ, অগ্নিনির্বাপক সংস্থা

-fired / ˈfaɪəd ˈফাইআ্যাড্ / (*used in compounds*) using the fuel mentioned উল্লিখিত জ্বালানির ব্যবহার করা হচ্ছে এমন *gas-fired central heating*

fire engine *noun* [C] a special vehicle that carries equipment for dealing with large fires দমকল, অগ্নিনির্বাপক যন্ত্রসমেত গাড়ি

fire escape *noun* [C] a special staircase on the outside of a building that people can go down if there is a fire বাড়ির বাইরের দিকে লাগানো বিশেষ সিঁড়ি যেটি বাড়িতে আগুন লাগলে তাড়াতাড়ি বাইরে যাওয়ার জন্য ব্যবহৃত হয়

fire extinguisher (*also* **extinguisher**) *noun* [C] a metal container with water or chemicals inside that you use for stopping small fires ছোটোখাটো আগুন নেভানোর জন্য ব্যবহৃত ধাতব অগ্নিনির্বাপক যন্ত্র

firefighter / ˈfaɪəfaɪtə(r) ˈফাইআ্যাফাইট্যা(র্) / *noun* [C] a person whose job is to stop fires আগুন নেভানোর কাজে যুক্ত ব্যক্তি; দমকলকর্মী

firelight / ˈfaɪəlaɪt ˈফাইআ্যালাইট্ / *noun* [U] the light that comes from a fire আগুনের আভা

fireman / ˈfaɪəmən ˈফাইআ্যাম্যান্ / (*pl.* **-men** / -mən -ম্যান্ /) *noun* [C] = **firefighter**

fireplace / ˈfaɪəpleɪs ˈফাইঅ্যাপ্লেইস্ / *noun* [C] the open place in a room where you light a fire বাড়ি বা ঘরের মধ্যে আগুন জ্বালানোর জায়গা; ফায়ার প্লেস

fireproof / ˈfaɪəpruːf ˈফাইঅ্যাপ্রূফ্ / *adj.* able to take great heat without burning or being badly damaged পুড়ে না গিয়ে বা খারাপভাবে ক্ষতিগ্রস্ত না হয়েও আগুনের প্রচণ্ড তাপ সহ্য করতে পারে এমন; অগ্নিনিরোধী *a fireproof door*

fireside / ˈfaɪəsaɪd ˈফাইঅ্যাসাইড্ / *noun* [sing.] the part of a room beside the fire ঘরের যেখানে আগুন জ্বলে তার পাশে, আগুনের পাশে *Come and sit by the fireside.*

fire station *noun* [C] a building where **firefighters** wait to be called, and where the vehicles that they use are kept দমকলকর্মীরা যে স্থানে অপেক্ষা করে এবং যেখানে আগুন নেভানোর গাড়িগুলি রাখা হয়

fire temple / ˈfaɪə(r) ˌtempl ˈফাইঅ্যা(র্) ˌটেম্পল্ / *noun* [C] a place of worship for **Zoroastrians**, where the sacred fire is housed জরথুষ্ট্রবাদীদের উপাসনাগৃহ বা পূজাস্থল যেখানে তারা পবিত্র অগ্নির উপাসনা করে

firewall / ˈfaɪəwɔːl ˈফাইঅ্যাউঅঃল্ / *noun* [C] (*computing*) a part of a computer system that is designed to prevent people from getting information without authority but still allows them to receive information that is sent to them কম্পিউটারের মধ্যে এমন ব্যবস্থা যা অন্যকে বিনা অধিকারে অনুমতি ছাড়া তথ্য সংগ্রহে বাধা দেয় কিন্তু তাদের কাছে যে তথ্য পাঠানো হয় তা পেতে কোনো বাধা দেয় না

firewood / ˈfaɪəwʊd ˈফাইঅ্যাউউড্ / *noun* [U] wood used for burning on fires জ্বালানি কাঠ

firework / ˈfaɪəwɜːk ˈফাইঅ্যাউউঅ্যক্ / *noun* [C] a small object that burns or explodes with coloured lights and loud sounds, used for entertainment (আমোদ, আনন্দের জন্য ব্যবহৃত) আতসবাজি, বাজি

firing line *noun*

IDM **be in the firing line** **1** to be in a position where you can be shot at এমন জায়গায় দাঁড়ানো যেখানে শত্রুপক্ষের গুলি লাগতে পারে **2** to be in a position where people can criticize you or say that sth is your fault এমন অবস্থায় যাওয়া যেখানে লোকে সমালোচনা বা দোষারোপ করতে পারে

firing squad *noun* [C] a group of soldiers who have been ordered to shoot and kill a prisoner মৃত্যুদণ্ড প্রাপ্ত অপরাধীকে গুলি করে হত্যা করার নির্দেশপ্রাপ্ত সৈন্যদল

firm¹ / fɜːm ফ্যম্ / *adj.* **1** able to stay the same shape when pressed; quite hard দৃঢ়, কঠিন, শক্ত *a firm mattress* o *firm muscles* **2** strong and steady

or not likely to change এত দৃঢ় ও শক্ত যা বদলানো সম্ভব নয় *She kept a firm grip on her mother's hand.* o *a firm commitment/decision/offer* **3** **firm (with sb)** strong and in control শক্ত, আয়ত্তাধীন *You have to show the examiner that you have a firm grasp* (=good knowledge) *of grammar.* ▶ **firmly** *adv.* দৃঢ়ভাবে, শক্তভাবে ▶ **firmness** *noun* [U] দৃঢ়তা, স্থিরতা বা স্থৈর্য **IDM** **a firm hand** strong control or discipline কঠিন নিয়ন্ত্রণ বা নিয়মানুবর্তিতা

firm² / fɜːm ফ্যম্ / *noun* [C, with sing. or pl. verb] a business company ব্যাবসা-প্রতিষ্ঠান *Which firm do you work for?*

firni *noun* [U] (*IndE*) a sweet dish made of milk, nuts, **raisins** and rice; a variation of rice pudding দুধ, চাল, বাদাম, কিশমিশ ইত্যাদি সহযোগে প্রস্তুত করা হয় যে মিষ্টি খাবার; চাল দিয়ে তৈরি একধরনের পুডিং জাতীয় খাবার; ফিরনি

first¹ / fɜːst ফ্যস্ট্ / *det.* coming before all others; that has not happened before প্রথম, সর্বপ্রথম, আদি; যা আগে ঘটেনি *She's expecting her first baby.* o *the first half of the game* o *You've won the first prize!* o *What were your first impressions of this country when you arrived?* ⇨ **one** দেখো। **IDM** **at first glance/sight** when first seen or examined প্রথম দেখায়, প্রথম পরীক্ষায় *The task seemed impossible at first glance, but it turned out to be quite easy.*

first/last thing ⇨ **thing** দেখো।

first² / fɜːst ফ্যস্ট্ / *adv.* **1** before any others অন্য কারও আগে, অন্য কিছুর আগে *Rahul arrived first at the party.* o *Binny's very competitive—he always wants to **come first** when he plays a game.* **2** before doing anything else কোনো কিছু করার আগে *I'll come out later. I've got to finish my homework first.* **3** for the first time সর্বপ্রথম, প্রথমবার *Where did you first meet your husband?* **4** at the beginning সূচনাপর্বে, প্রারম্ভে *When I first started my job I hated it.* **5** used for introducing the first thing in a list তালিকার মধ্যে কোনো কিছু সর্বপ্রথম এরকম বোঝানোর জন্য ব্যবহৃত *There are several people I would like to thank: First, my mother.* ✺ সম **firstly**

IDM **at first** at the beginning প্রথমে, শুরুতে, গোড়ায় *At first I thought he was joking, but then I realized he was serious.*

come first to be more important to sb than anything else কারও কাছে অন্য সব কিছুর থেকে বেশি গুরুত্বপূর্ণ হওয়া; অগ্রাধিকার পাওয়া

first and foremost more than anything else; most importantly সব কিছুর থেকে বেশি; অত্যন্ত গুরুত্বপূর্ণ

first come, first served (*informal*) people will be dealt with, served, seen, etc. strictly in the order in which they arrive আগে এলে আগে সুবিধা বা কাজ পাওয়া যাবে এমন *Tickets can be bought here on a first come, first served basis.*

first of all as the first thing (to be done or said) সর্বপ্রথম, প্রথম (যা বলা বা করা হবে) *In a moment I'll introduce our guest speaker, but first of all, let me thank you all for coming.*

first off (*informal*) before anything else অন্য কোনো কিছুর আগে *First off, let's decide who does what.*

head first ➪ **head**[1] দেখো।

first[3] / fɜːst ফ্যার্স্ট্ / *noun, pronoun* **1 the first** [C] (*pl.* **the first**) the first person or thing, people or things সর্বপ্রথম ব্যক্তি বা বস্তু অথবা ব্যক্তিসকল বা বস্তুসমূহ *Are we the first to arrive?* ○ *I'd be* ***the first to admit*** (= I will most willingly admit) *I might be wrong.* **2 a first** [*sing.*] an important event that is happening for the first time প্রথম ঘটছে এমন কোনো গুরুত্বপূর্ণ ঘটনা *This operation is a first in medical history.*

IDM from the (very) first from the beginning আরম্ভ থেকে, গোড়া থেকেই

first aid *noun* [U] medical help that you give to sb who is hurt or ill before the doctor arrives আহত বা অসুস্থ কাউকে চিকিৎসক আসার আগে যে প্রাথমিক চিকিৎসা দেওয়া হয় *a first aid kit course* ○ *to give sb first aid*

firstborn / ˈfɜːstbɔːn ˈফ্যার্স্ট্‌বːন্ / *noun* [C] (*old-fashioned*) a person's first child প্রথম সন্তান ► **firstborn** *adj.* (*only before a noun*) জ্যেষ্ঠ, প্রথম

first class *noun* [U] **1** the best and most expensive seats or accommodation on a train, ship, etc. (রেলগাড়ি বা জাহাজ ইত্যাদিতে বসার স্থান বা থাকার বন্দোবস্ত সম্বন্ধে ব্যবহৃত) প্রথম শ্রেণির, উৎকৃষ্ট মানের এবং ব্যয়বহুল; সর্বোচ্চ শ্রেণির **2** (in Britain) the quickest form of mail (ব্রিটেনে) দ্রুতগতির ডাক-ব্যবস্থা *First class costs more.* **3** the highest standard of degree given by a university বিশ্ববিদ্যালয় দ্বারা প্রদত্ত ডিগ্রির উচ্চতম মান ► **first class** *adv.* প্রথম শ্রেণি *to travel first class* ○ *I sent the letter first class on Tuesday.*

first-class *adj.* **1** in the best group; of the highest standard উৎকৃষ্ট দলভুক্ত; উচ্চমানের *a first-class player* ✪ সম **excellent** **2** giving or using the best and most expensive type of service সর্বোচ্চমূল্যের উচ্চমানের পরিষেবা দেওয়া হচ্ছে বা সেটি ব্যবহার করা হচ্ছে এমন *first-class rail travel* **3** (*only before a noun*) used to describe a university degree of the highest class from a university উচ্চমানের বিশ্ববিদ্যালয়ের ডিগ্রি সম্বন্ধে বর্ণনা করার জন্য ব্যবহৃত অভিব্যক্তিবিশেষ *She was awarded a first-class degree in French.*

first-degree *adj.* (*only before a noun*) **1** (used about murder) of the most serious kind (কোনো খুন বা হত্যা সম্বন্ধে ব্যবহৃত) নৃশংস, ভয়াবহ, গুরুতর **2** (used about burns) of the least serious of three kinds, affecting only the surface of the skin (পোড়া সম্বন্ধে ব্যবহৃত) তিন ধরনের পোড়ার মধ্যে যেটি সব থেকে কম গুরুতর, এটি কেবলমাত্র ত্বকের উপরিভাগকে প্রভাবিত করে ➪ **second-degree** এবং **third-degree** দেখো।

the first floor *noun* [C] **1** (*BrE*) the floor of a building above the one on street level (**the ground floor**) দোতলা *I live in a flat* ***on the first floor***. ○ *a first-floor flat* **2** (*AmE*) the floor of a building on street level একতলা

first gear *noun* [C] the lowest **gear** on a car, bicycle, etc. গাড়ি, সাইকেল ইত্যাদির নিম্নতম বা প্রথম গিয়ার *To move off,* ***put*** *the car* ***into first gear*** *and slowly release the clutch.*

first generation *noun* [*sing.*] people who have left their country to go and live in a new country যে ব্যক্তিগণ নিজের দেশ ছেড়ে নতুন দেশে বসবাস করার জন্য গেছে ► **first-generation** *adj.* প্রথম প্রজন্ম *first-generation Indians in the UK*

first-hand *adj., adv.* (used about information, experience, a story, etc.) heard, seen or learnt by yourself, not from other people (তথ্য, অভিজ্ঞতা, কাহিনি ইত্যাদি সম্বন্ধে ব্যবহৃত) অন্যান্যদের কাছ থেকে নয়, স্বয়ংলব্ধ বা জ্ঞাত *He gave me a first-hand account of the accident* (= he had seen it). ○ *I've experienced the problem first-hand, so I know how you feel.*

first lady *noun* [C, *usually sing.*] **the First Lady** the wife of the President or the leader of a state রাষ্ট্রপতির পত্নী বা কোনো রাষ্ট্রের প্রধান মহিলা

firstly / ˈfɜːstli ˈফ্যার্স্ট্‌লি / *adv.* used to introduce the first point in a list প্রথমত, সর্বাগ্রে *They were angry firstly because they had to pay extra, and secondly because no one had told them about it.* ✪ সম **first**

first name *noun* [C] the first of your names that come before your family name নাম (পদবি নয়) *'What's Mr Desai's first name?' 'Raghav, I think.'* ➪ **name**[1] দেখো।

the first person *noun* [*sing.*] **1** (*grammar*) the set of pronouns and verb forms used by a speaker to refer to himself or herself, or to a group including himself or herself (ব্যাকরণ) বক্তা বা

F

বক্তাগণ দ্বারা নিজেকে বা নিজেদের উল্লেখ করার জন্য ব্যবহৃত সর্বনাম ও ক্রিয়াপদসমূহ; উত্তম পুরুষ *'I am' is the first person singular of the verb 'to be'.* ○ *'I', 'me', 'we' and 'us' are first person pronouns.* **2** the style of writing a novel, telling a story, etc. as if it happened to you উত্তম পুরুষ অবলম্বনে যে রচনাশৈলী উপন্যাস, কাহিনি ইত্যাদিতে ব্যবহৃত হয় *The author writes in the first person.* ➪ **the second person** এবং **the third person** দেখো।

first-rate *adj.* excellent; of the best quality অতি উত্তম; খুব ভালো, উন্নত মানের

the First World *noun* [*sing.*] the rich industrial countries of the world বিশ্বের ধনী শিল্পোন্নত দেশগুলি; প্রথম বিশ্বের দেশগুলি ➪ **the Third World** দেখো।

fiscal / ˈfɪskl ˈফিস্‌কল্ / *adj.* connected with government or public money, especially taxes সরকারি বা জাতীয় অর্থ সংক্রান্ত, বিশেষত রাজস্ব

fish[1] / fɪʃ ফিশ্ / *noun* (*pl.* **fish** or **fishes**) **1** [C] an animal that lives and breathes in water and swims মাছ, মৎস্য, জলচর প্রাণী *How many fish have you caught?* ○ *The list of endangered species includes nearly 600 fishes.*

NOTE **Fish** শব্দটি বহুবচন (Plural) অর্থেও ব্যবহার করা হয়। তবে বিভিন্ন ধরনের মাছ বোঝাতে **fishes** শব্দটি ব্যবহৃত হতে পারে।

2 [U] fish as food মাছ (খাদ্যরূপে প্রচলিত) *We're having fish for dinner.*

fish[2] / fɪʃ ফিশ্ / *verb* [I] **1 fish (for sth)** to try to catch fish মাছ ধরার চেষ্টা করা *He's fishing for trout.* ○ *They often **go fishing** at weekends.* **2 fish (around) (in sth) (for sth)** to search for sth in water or in a deep or hidden place জলের মধ্যে অথবা গভীর বা গুপ্ত কোনো জায়গায় কিছু খোঁজা *She fished (around) for her keys in the bottom of her bag.*

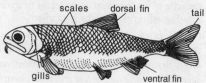

scales
dorsal fin
tail
gills
ventral fin

fish

PHR V **fish for sth** to try to get sth you want in an indirect way পরোক্ষে কোনো কিছু পাওয়ার চেষ্টা করা *to fish for an invitation*

fish sth out (of sth) to take or pull sth out (of sth) especially after searching for it খোঁজার পর কোনো কিছুর ভিতর থেকে কিছু টেনে বার করা *After the accident they fished the car out of the canal.*

fisherman / ˈfɪʃəmən ˈফিশ্যাম্যান্ / *noun* [C] (*pl.* **-men** / -men -মেন্ /) a person who catches fish either as a job or as a sport যে ব্যক্তির পেশা বা শখ মাছ ধরা; জেলে, মৎস্যজীবী, ধীবর, কৈবর্ত ➪ **angler** দেখো।

fishing / ˈfɪʃɪŋ ˈফিশিং / *noun* [U] catching fish as a job, sport or hobby পেশা হিসেবে অথবা খেলাচ্ছলে বা শখের জন্য মাছ ধরা *Fishing is a major industry in Iceland.* ➪ **angling** দেখো।

fishing rod *noun* [C] a long thin stick with a long thread (**line**) and a hook on it for catching fish (মাছ ধরার বঁড়শিযুক্ত) ছিপ

fishmeal / ˈfɪʃmiːl ˈফিশ্‌মীল্ / *noun* [U] dried fish made into powder and used as animal food or used by farmers to make plants grow well গুঁড়ো করা শুকনো মাছ যেটি সার হিসেবে কৃষকগণের দ্বারা ব্যবহৃত হয় বা পশুর খাদ্য হিসেবে ব্যবহার করা হয়

fishmonger / ˈfɪʃmʌŋɡə(r) ˈফিশ্‌মাংগ্যা(র্) / *noun* (*BrE*) **1** [C] a person whose job is to sell fish মাছ বিক্রি করা যার পেশা; মাছ বিক্রেতা, মেছো, জেলে **2 the fishmonger's** [*sing.*] a shop that sells fish যে দোকানে মাছ বিক্রি হয়

fishy / ˈfɪʃi ˈফিশি / *adj.* **1** tasting or smelling like a fish মাছের মতো গন্ধ অথবা স্বাদযুক্ত; আঁশটে *a fishy smell* **2** (*informal*) seeming suspicious or dishonest গোলমেলে, সন্দেহজনক *The police thought the man's story sounded extremely fishy.*

fission / ˈfɪʃn ˈফিশ্‌ন্ / *noun* [U] **1** (*also* **nuclear fission**) (in physics) the action or process of dividing the central part (**nucleus**) of an atom, when a large amount of energy is created (পদার্থবিদ্যায়) অণু বা পরমাণুর কেন্দ্রকের বিদারণ বা বিভাজন ক্রিয়া বা প্রক্রিয়া যার ফলে প্রচণ্ড পরিমাণ শক্তি নির্গত হয় ➪ **fusion** দেখো। **2** (in biology) the division of cells into new cells as a method of creating more cells (জীববিদ্যায়) কোষের বিভাজন এবং নতুন কোষের সৃষ্টি (যেটি কোষ বৃদ্ধির প্রক্রিয়া)

fissure / ˈfɪʃə(r) ˈফিশ্যা(র্) / *noun* [C] (*technical*) a long deep crack in sth, especially in rock or in the earth পাথরের গায়ে বা ভূপৃষ্ঠে ফাটল; চিড়, বিদার

fist / fɪst ফিস্ট্ / *noun* [C] a hand with the fingers closed together tightly মুঠি, মুঠো, মুষ্টি *She **clenched** her **fists** in anger.*

fit[1] / fɪt ফিট্ / *verb* (**fitting; fitted**) (*AmE pt, pp usually* **fit**) **1** [I, T] to be the right size or shape for sb/sth কোনো ব্যক্তি বা বস্তুর যথোচিত বা ঠিক মাপের হওয়া *These jeans fit very well.* ○ *This dress doesn't fit me any more.* ○ *This key doesn't fit in the lock.* **2** [T] **fit (sb/sth) in/into/on/onto sth** to find or have enough space for sb/sth কোনো

ব্যক্তি বা বস্তুর জন্য যথেষ্ট জায়গা খোঁজা বা জায়গা থাকা *I can't fit into these trousers any more.* ○ *Can you fit one more person in the car?* ○ *I can't fit all these books onto the shelf.* **3** [T] to put or fix sth in the right place ঠিক জায়গামতো কিছু জোড়া লাগানো *The builders are fitting new windows today.* ○ *I can't fit these pieces of the model together.* **4** [T] to be or make sb/sth right or suitable কোনো ব্যক্তি বা বস্তুকে যোগ্য বা উপযুক্ত করে তোলা বা হওয়া *I don't think Kartik's fitted for such a demanding job.* ○ *That description fits Anuradha perfectly.*

PHR V **fit sb/sth in; fit sb/sth in/into sth** to find time to see sb or to do sth কোনো ব্যক্তিকে দেখার জন্য বা কিছু করার জন্য সময় করে নেওয়া *The doctor managed to fit me in this morning.*

fit in (with sb/sth) to be able to live, work, etc. in an easy and natural way (with sb/sth) কাজ বা জীবনযাত্রার সঙ্গে সহজ ও স্বাভাবিকভাবে নিজেকে খাপ খাওয়াতে সমর্থ হওয়া *The new girl found it difficult to fit in (with the other children) at school.*

fit[2] / fɪt ফিট্ / *adj.* (**fitter; fittest**) **1 fit (for sth/to do sth)** strong and in good physical health (especially because of exercise) শক্তিমান, স্বাস্থ্যবান, সুস্বাস্থ্যের অধিকারী (বিশেষত ব্যায়ামের কারণে) *Swimming is a good way to* ***keep fit****.* ○ *My dad's almost recovered from his illness, but he's still not fit enough for work.* ○ *She goes to keep-fit classes.* ✪ বিপ **unfit** **2 fit (for sb/sth); fit to do sth** good enough; suitable যথেষ্ট ভালো; যোগ্য, উপযুক্ত *Do you think she is fit for the job?* ○ *These houses are not fit (for people) to live in.*

fit[3] / fɪt ফিট্ / *noun* **1** [C] a sudden attack of an illness, in which sb loses consciousness and his/her body may make violent movements আকস্মিক কোনো রোগের আক্রমণ যাতে সেই ব্যক্তি বা রোগী জ্ঞান হারাতে পারে এবং সমস্ত শরীরে প্রচণ্ড ঝাঁকুনি, খিঁচুনি বা তড়কা দেখা যেতে পারে *to have fits* **2** [C] a sudden short period of coughing, laughter, etc. that you cannot control হাসি বা কাশির দমক *a fit of laughter/anger* **3** [*sing.*] (*usually after an adjective*) the way in which sth (for example a piece of clothing) fits ঠিক মাপের, (যেমন কোনো বস্ত্র) ঠিকমতো বা মাপমতো *a good/bad/tight/loose fit*

fitness / ˈfɪtnəs ˈফিট্‌ন্যাস্ / *noun* [U] **1** the condition of being strong and healthy শারীরিক পটুতা, সুস্বাস্থ্য *Fitness is important in most sports.* **2 fitness for sth/to do sth** the quality of being suitable উপযুক্ততা, কোনো কিছু কাজের যোগ্যতা *The directors were not sure about his fitness for the job.*

fitted / ˈfɪtɪd ˈফিটিড্ / *adj.* made or cut to fit a particular space and fixed there নির্দিষ্ট কোনো স্থানের মাপমতো কেটে তৈরি করা এবং সেখানে লাগানো হয়েছে এমন *a fitted carpet* ○ *a fitted kitchen* (= one with fitted cupboards)

fitting[1] / ˈfɪtɪŋ ˈফিটিং / *adj.* **1** (*formal*) right; suitable ঠিক; উপযুক্ত *It would be fitting for the Olympics to be held in Greece, as that is where they originated.* **2 -fitting** used in compounds to describe how clothes, etc. fit মাপসই বা মানানসই পোশাক ইত্যাদি এসব বোঝাতে যৌগিক শব্দে ব্যবহৃত অভিব্যক্তিবিশেষ *a tight-fitting dress* ○ *loose-fitting trousers*

fitting[2] / ˈfɪtɪŋ ˈফিটিং / *noun* [C, *usually pl.*] the things that are fixed in a building or on a piece of furniture but that can be changed or moved if necessary আসবাবপত্র বা বাড়ির কোনো জায়গায় লাগানো (স্থায়ী অথচ প্রয়োজনে পরিবর্তন করা বা সরানো যেতে পারে এমন) সরঞ্জাম ➪ **fixture** দেখো।

five / faɪv ফাইভ্ / *number* **1** 5 পাঁচ, ৫, পঞ্চ ➪ **fifth** দেখো।

NOTE বাক্যে সংখ্যার ব্যবহার এবং তার উদাহরণ দেখার জন্য **six** দেখো।

2 five- (*used in compounds*) having five of the thing mentioned পাঁচের সমন্বয়ে গঠিত, একই জিনিস পাঁচটা করে আছে এমন *a five-day week* ○ *a five-hour flight*

fiver / ˈfaɪvə(r) ˈফাইভ্যা(র্) / *noun* [C] (*BrE informal*) a five-rupee note; Rs 5 পাঁচ টাকার নোট; ৫ টাকা

fix[1] / fɪks ফিক্স্ / *verb* [T] **1** to put sth firmly in place so that it will not move শক্ত করে কোনো জিনিস আটকানো যাতে সেটি না নড়ে *Can you fix this new handle to the door?* ○ (*figurative*) *I found it difficult to keep my mind fixed on my work.* **2** to repair sth কোনো কিছু সারানো *The electrician is coming to fix the ceiling fan.* ✪ সম **repair** **3 fix sth (up)** to decide or arrange sth কোনো কিছু নির্ধারণ করা বা তার ব্যবস্থা করা *We need to fix the price.* ○ *Have you fixed (up) a date for the party?* **4 fix sth (up)** to get sth ready কোনো কিছু প্রস্তুত করা *They're fixing up their spare room for the new baby.* **5** (*usually passive*) (*informal*) to arrange the result of sth in a way that is not honest or fair কোনো কিছুর ফলাফল ইত্যাদি অন্যায়ভাবে নিজের দিকে করে নেওয়া *Fans of the losing team suspected that the match had been fixed.* **6 fix sth (for sb)** (*AmE*) to prepare sth (especially food or drink) কোনো কিছু তৈরি করা (বিশেষত খাদ্য

অথবা পানীয়) *Can I fix you a drink/a drink for you?*

PHR V fix sb up (with sth) (*informal*) to arrange for sb to have sth কারও জন্য কোনো কিছুর ব্যবস্থা করে দেওয়া, বন্দোবস্ত করা *I can fix you up with a place to stay.*

fix² / fɪks ফিক্স্ / *noun* [C] **1** a solution to a problem, especially one that is easy or temporary সমস্যার সহজ, স্বল্পস্থায়ী সমাধান *There's no **quick fix** to this problem.* **2** [*usually sing.*] (*informal*) a difficult situation কঠিন অবস্থা, পরিস্থিতি *I was **in a real fix**—I'd locked the car keys inside the car.* **3** [*usually sing.*] (*informal*) a result that is dishonestly arranged অন্যায়ভাবে ব্যবস্থা করে প্রাপ্ত কোনো ফল বা পরিণতি

fixation / fɪkˈseɪʃn ফিক্ˈসেইশ্ন্ / *noun* [C] **a fixation (with sth)** an interest in sth that is too strong and not normal কোনো কিছুতে অস্বাভাবিকভাবে প্রবল আসক্তি

fixed / fɪkst ফিক্স্ট্ / *adj.* **1** already decided স্থিরীকৃত, সুনির্দিষ্ট *a fixed date/price/rent* **2** not changing অপরিবর্তনীয় *He has such fixed ideas that you can't discuss anything with him.*

IDM (of) no fixed abode/address (*formal*) (with) no permanent place to live থাকার কোনো স্থায়ী জায়গা নেই এমন *The poor man, of no fixed abode, was found guilty of robbery.*

fixture / ˈfɪkstʃə(r) ˈফিক্স্চ্যা(র্) / *noun* [C] **1** a sporting event arranged for a particular day ক্রীড়ানুষ্ঠানের নির্ধারিত দিন *to arrange/cancel/play a fixture* **2** [*usually pl.*] a piece of furniture or equipment that is fixed in a house or building and sold with it কোনো আসবাব বা উপকরণ যা বাড়ির সঙ্গে লাগানো থাকে ও সেই সমেত বাড়ি বিক্রি হয় *Does the price of the house include fixtures and fittings?* ➪ **fitting** দেখো।

fizz / fɪz ফিজ়্ / *noun* [U] the bubbles in a liquid and the sound they make কোনো তরলের মধ্যেকার বুদ্‌বুদ এবং তার আওয়াজ *This lemonade's lost its fizz.* ▶ **fizz** *verb* [I] বুদ্‌বুদ ওঠা বা বুদ্‌বুদায়িত হওয়া

fizzle / ˈfɪzl ˈফিজ়্ল্ / *verb*

PHR V fizzle out to end in a weak or disappointing way (দুর্বলভাবে বা হতাশাপূর্ণভাবে) ভেস্তে যাওয়া, ব্যর্থ হওয়া, বন্ধ হয়ে যাওয়া *The game started well but it fizzled out in the second half.*

fizzy / ˈfɪzi ˈফিজ়ি / *adj.* (used about a drink) containing many small bubbles of gas (পানীয় সম্বন্ধে ব্যবহৃত) অসংখ্য ছোটো ছোটো গ্যাসীয় বুদ্‌বুদসহ

> **NOTE** বুদ্‌বুদযুক্ত সুরার **(wine)** জন্য **fizzy** শব্দটি ব্যবহার করা হয় না। এই অর্থে সঠিক প্রয়োগ হল **sparking**। ➪ **still** দেখো।

fizzy drink (*AmE* **soda**) *noun* [C] a sweet drink without alcohol that contains many small bubbles অসংখ্য বুদ্‌বুদে ভর্তি যে মিষ্ট পানীয়ে ঝাঁজ থাকলেও অ্যালকোহল থাকে না

fjord / ˈfjɔːd ˈফিঅ:ড্ / *noun* [C] a long narrow piece of sea between cliffs, especially in Norway খাড়াই পাথুরে চূড়ার মাঝে সমুদ্রের খাঁড়ি (যা নরওয়েতে দেখা যায়)

flabbergasted / ˈflæbəɡɑːstɪd ˈফ্ল্যাব্যাগা:স্টিড্ / *adj.* (*informal*) extremely surprised and/or shocked অত্যন্ত হতবাক এবং/অথবা স্তম্ভিত

flabby / ˈflæbi ˈফ্ল্যাবি / *adj.* having too much soft fat instead of muscle নরম, তুলতুলে, থলথলে *a flabby stomach*

flaccid / ˈflæsɪd ˈফ্ল্যাসিড্ / *adj.* **1** (*formal*) soft and weak ঢিলে, শিথিল, দুর্বল *flaccid muscles* **2** (*technical*) (used about parts of plants) not containing enough water (উদ্ভিদের অংশ সম্বন্ধে ব্যবহৃত) যার মধ্যে জলীয় পদার্থ কম

flag¹ / flæɡ ফ্ল্যাগ্ / *noun* [C] a piece of cloth with a pattern or picture on it, often tied to a pole (**flagpole**) or rope and used as a symbol of a country, club, etc. or as a signal (দেশ, ক্লাব, কোনো প্রতিষ্ঠান ইত্যাদির প্রতীক হিসেবে বা কোনো কিছুর সংকেত হিসেবে ব্যবহৃত হয়) পতাকা, ধ্বজা, ঝান্ডা

flag² / flæɡ ফ্ল্যাগ্ / *verb* [I] (**flagging; flagged**) to become tired or less strong দুর্বল হয়ে পড়া বা নেতিয়ে পড়া

PHR V flag sb/sth down to wave to sb in a car to make him/her stop কোনো ব্যক্তিকে গাড়ি থামানোর জন্য ইশারা করা, সংকেত দেওয়া

flagrant / ˈfleɪɡrənt ˈফ্লেইগ্র্যান্ট্ / *adj.* (*only before a noun*) (used about an action) shocking because it is done in a very obvious way and shows no respect for people, laws, etc. (কোনো কাজ সম্বন্ধে ব্যবহৃত) বেপরোয়া, জঘন্য, কলঙ্কিত

flail / fleɪl ফ্লেইল্ / *verb* [I, T] to wave or move about without control এলোমেলো বা নিয়ন্ত্রণ-বিহীনভাবে দোলানো বা নাড়ানো *The insect's legs were flailing in the air.* ○ *Don't flail your arms about like that—you might hurt someone.*

flair / fleə(r) ফ্লেঅ্যা(র্) / *noun* **1 (a) flair for sth** [*sing.*] a natural ability to do sth well কোনো কিছু ভালোভাবে করার সহজাত ক্ষমতা; এলেম *She has a flair for languages.* **2** [U] the quality of being interesting or having style স্বভাবনৈপুণ্য বা নিজস্ব স্বকীয়তা *That poster is designed with her usual flair.*

flak / flæk ফ্ল্যাক্ / *noun* [U] (*informal*) criticism সমালোচনা *He'll get some flak for missing that goal.*

flake[1] / fleɪk ফ্লেইক্ / *noun* [C] a small thin piece of sth (কোনো কিছুর) চিলতে, টুকরো, কুচি *snowflakes* ○ *flakes of paint*

flake[2] / fleɪk ফ্লেইক্ / *verb* [I] **flake (off)** to come off in flakes ছোটো টুকরো বা চিলতে হয়ে খসে পড়া *This paint is very old—it's beginning to flake (off).*

flamboyant / flæmˈbɔɪənt ফ্ল্যাম্'বইঅ্যান্ট্ / *adj.* 1 (used about a person) acting in a loud, confident way that attracts attention (কোনো ব্যক্তি সম্পর্কে ব্যবহৃত) প্রবল হাঁকডাকের সঙ্গে আত্মবিশ্বাসপূর্ণভাবে কাজ করে এমনভাবে যা দৃষ্টি আকর্ষণ করে *a flamboyant gesture/style/personality* 2 bright and easily noticed উজ্জ্বল এবং সহজে যা চোখে পড়ে, নজর কাড়ে *flamboyant colours* ▶ **flamboyance** *noun* [U] দৃষ্টি আকর্ষণ করার ক্ষমতা, বাহারি ▶ **flamboyantly** *adv.* জমকালোভাবে, বাহারিভাবে, ঠাটবাটের সঙ্গে

flame / fleɪm ফ্লেইম্ / *noun* [C, U] an area of bright burning gas that comes from sth that is on fire অগ্নিশিখা, বহ্নিশিখা *The house was* ***in flames*** *when the fire engine arrived.* ○ *The piece of paper* ***burst into flames*** *in the fire* (= suddenly began to burn strongly).

Flame of the Forest *noun* [C] a common name used to refer to a tree native to southern Asia. It has brilliant red flowers উজ্জ্বল লাল ফুল হয় এমন বৃক্ষ যা দক্ষিণ এশিয়ায় দেখা যায়

flaming / ˈfleɪmɪŋ ˈফ্লেইমিং / *adj.* (*only before a noun*) 1 (used about anger, an argument, etc.) violent (ক্রোধ, তর্ক ইত্যাদি প্রসঙ্গে ব্যবহৃত) প্রচণ্ড উগ্র *We had a flaming argument over the telephone bills.* 2 burning brightly উজ্জ্বলভাবে জ্বলছে এমন 3 (*slang*) used as a mild swear word প্রচলিত গালাগালি রূপে ব্যবহৃত *I can't get in—I've lost the flaming key.* 4 (used about colours, especially red) very bright (রং, বিশেষ করে লাল রং সম্বন্ধে ব্যবহৃত) অতি উজ্জ্বল *flaming red hair* ○ *a flaming sunset*

flamingo / fləˈmɪŋɡəʊ ফ্ল্যা'মিংগ্যাউ / *noun* [C] (*pl.* **flamingoes** or **flamingos**) a large pink and red bird that has long legs and lives near water দীর্ঘাকৃতি, লম্বা পদবিশিষ্ট ও গোলাপি রংযুক্ত পাখি যা জলের কাছে বাস করে; ফ্লেমিংগো

flammable / ˈflæməbl ˈফ্ল্যাম্যাব্ল্ / *adj.* able to burn easily সহজদাহ্য, যাতে সহজে আগুন লাগে ✪ সম **inflammable** ✪ বিপ **non-flammable**

flan / flæn ফ্ল্যান্ / *noun* [C, U] a round open pie that is filled with fruit, cheese, vegetables, etc. ফল, চীজ, তরিতরকারি ইত্যাদি দিয়ে তৈরি গোলাকৃতি খোলা পাই

flank[1] / flæŋk ফ্ল্যাংক্ / *noun* [C] 1 the side of an animal's body পশুদেহের কোনো একদিকের মাংস 2 the parts of an army at the sides in a battle যুদ্ধক্ষেত্রে সৈন্যবাহিনীর ধার বা পাশের অংশ

flank[2] / flæŋk ফ্ল্যাংক্ / *verb* [T] (*usually passive*) to be placed at the side or sides of একধারে বা চারিধারে বেষ্টন করে রাখা বা থাকা *The road was flanked by trees.*

flannel / ˈflænl ˈফ্ল্যান্ল্ / *noun* 1 [U] a type of soft woollen cloth নরম পশমী কাপড়; ফ্ল্যানেল 2 = **facecloth**

flap[1] / flæp ফ্ল্যাপ্ / *noun* [C] a piece of material, paper, etc. that is fixed to sth at one side only, often covering an opening কোনো বস্তুর কেবল একদিকে আটকানো কোনো উপাদান, কাগজ ইত্যাদির টুকরো যা দিয়ে অনেক সময় খোলা অংশ ঢাকা দেওয়া যায় *the flap of an envelope*

IDM **be in/get into a flap** (*informal*) to be in/get into a state of worry or excitement স্নায়বিক উত্তেজনা বা উদ্বেগের শিকার হওয়া

flap[2] / flæp ফ্ল্যাপ্ / *verb* (**flapping; flapped**) 1 [I, T] to move (sth) up and down or from side to side, especially in the wind বাতাসে উপর-নীচে বা এপাশ থেকে ওপাশে আন্দোলিত হওয়া *The sails were flapping in the wind.* ○ *The bird flapped its wings and flew away.* 2 [I] (*informal*) to become worried or excited উদ্বিগ্ন বা উত্তেজিত হওয়া *Stop flapping—it's all organized!*

flare[1] / fleə(r) ফ্লেঅ্যা(র্) / *verb* [I] to burn for a short time with a sudden bright flame দপ করে হঠাৎ অল্প সময়ের জন্য জ্বলে ওঠা

PHR V **flare up** 1 (used about a fire) to suddenly burn more strongly (আগুন সম্বন্ধে ব্যবহৃত) হঠাৎ খুব বেড়ে যাওয়া 2 (used about violence, anger, etc.) to start suddenly or to become suddenly worse (হিংসা, রাগ ইত্যাদি সম্বন্ধে ব্যবহৃত) হঠাৎ শুরু হওয়া বা হঠাৎ উগ্রচণ্ডা হয়ে ওঠা

flare[2] / fleə(r) ফ্লেঅ্যা(র্) / *noun* 1 [*sing.*] a sudden bright light or flame উজ্জ্বল লেলিহান শিখা 2 [C] a thing that produces a bright light or flame, used especially as a signal উজ্জ্বল আলোর সংকেত

flared / fleəd ফ্লেঅ্যাড্ / *adj.* (used about trousers and skirts) becoming wider towards the bottom (ট্রাউজার এবং স্কার্ট সম্বন্ধে ব্যবহৃত) নীচের দিকে চওড়া হয়ে যাওয়া

flash[1] / flæʃ ফ্ল্যাশ্ / *verb* 1 [I, T] to produce or make sth produce a sudden bright light for a short time অল্পসময়ের জন্য হঠাৎ আলোর ঝলক উৎপন্ন করা বা করানো *The neon sign above the door flashed on and off all night.* ○ *That lorry driver is flashing* *his lights at us.* **2** [I] to move very fast খুব দ্রুত গতিতে চলে যাওয়া *I saw something flash past the window.* ○ *Thoughts kept flashing through my mind and I couldn't sleep.* **3** [T] to show sth quickly খুব তাড়াতাড়ি কিছু দেখানো, অল্প সময়ের জন্য দেখানো *The detective flashed his card and went straight in.* **4** [T] to send sth by radio, television, etc. বেতার বা দূরদর্শন ইত্যাদির মাধ্যমে কিছু পাঠানো *The news of the disaster was flashed across the world.*

PHR V flash back (used about a person's thoughts) to return suddenly to a time in the past (কোনো ব্যক্তির চিন্তা সম্বন্ধে ব্যবহৃত) হঠাৎ কোনো অতীত সময়ে ফিরে যাওয়া, মনের মধ্যে উদয় হওয়া, হঠাৎ করে মনে জাগা *Something he said made my mind flash back to my childhood.*

flash² / flæʃ ফ্ল্যাশ্ / *noun* **1** [C] a sudden bright light that comes and goes quickly হঠাৎ আলোর ঝলকানি যা এসেই মিলিয়ে যায় *a flash of lightning* **2** [C] **a flash (of sth)** a sudden strong feeling or idea তাৎক্ষণিক আকস্মিক প্রবল অনুভূতি বা চিন্তা *a flash of inspiration* ○ *The idea came to me in a flash.* **3** [C, U] a bright light that you use with a camera for taking photographs when it is dark; the device for producing this light ক্যামেরার সাহায্যে অন্ধকারে ছবি তোলার জন্য কৃত্রিম পদ্ধতিতে যে উজ্জ্বল আলোর ব্যবহার করা হয়; এই আলো উৎপন্ন করার যন্ত্রবিশেষ

IDM in/like a flash very quickly খুব তাড়াতাড়ি

(as) quick as a flash ➪ **quick¹** দেখো।

flashback / ˈflæʃbæk ˈফ্ল্যাশ্ব্যাক্ / *noun* [C, U] a part of a film, play, etc. that shows sth that happened before the main story চলচ্চিত্র, নাটক ইত্যাদিতে যে অংশে প্রধান কাহিনির আগের ঘটনা দেখানো হয়

flash flood *noun* [C] a sudden flood of water caused by heavy rain প্রবল বৃষ্টিপাতের ফলে হঠাৎ যে প্রবল জলোচ্ছ্বাস দেখা যায়; হড়কা বান

flashlight / ˈflæʃlaɪt ˈফ্ল্যাশ্লাইট্ / (*AmE*) = **torch 1**

flashy / ˈflæʃi ˈফ্ল্যাশি / *adj.* (**flashier; flashiest**) attracting attention by being very big, bright and expensive খুব বড়ো, উজ্জ্বল এবং ব্যয়বহুল হওয়ায় লোকের দৃষ্টি আকর্ষণ করে এমন *a flashy sports car*

flask / flɑːsk ফ্লা:স্ক্ / *noun* [C] **1** (*also* **Thermos™**) a type of container for keeping a liquid hot or cold তরল পদার্থ ঠান্ডা বা গরম রাখার পাত্র; ফ্লাস্ক **2** a bottle with a narrow neck that is used for storing and mixing chemicals in scientific work পরীক্ষাগারে জিনিসপত্র সংরক্ষণ বা মিশ্রণের জন্য ব্যবহৃত সরু গলার বোতল ➪ **laboratory**-তে ছবি দেখো।

flat¹ / flæt ফ্ল্যাট্ / *adj., adv.* (**flatter; flattest**) **1** smooth and level, with no parts that are higher than the rest সমতল *He fell flat on his face in the mud.* **2** not high or deep উঁচু নয় বা গভীর নয় *You need flat shoes for walking.* ○ *a flat dish* **3** without much interest or energy উৎসাহ বা উদ্দীপনাবিহীন, নীরস, একঘেয়ে *Things have been a bit flat since their son left.* **4** (*only before a noun*) (used about sth that you say or decide) that will not change; firm (নিজের বক্তব্য বা সিদ্ধান্ত সম্পর্কে ব্যবহৃত) অপরিবর্তনীয়; স্থির *He answered our request with a flat 'No!'* **5** (in music) lower than the correct note (সংগীতে) শুধ স্বরের ঠিক নিম্নবর্তী, কোমল *That last note was flat. Can you sing it again?* ○ *You're singing flat.* ➪ **sharp** দেখো। **6** (in music) half a note lower than the stated note (সংগীতে) ঘোষিত স্বর থেকে অর্ধস্বর নীচে **7** (used about a drink) not fresh because it has lost its bubbles (পানীয় সম্বন্ধে ব্যবহৃত) টাটকা নয় কারণ ঝাঁজ নষ্ট হয়েছে *Open a new bottle. That lemonade has* ***gone flat***. **8** (*BrE*) (used about a battery) no longer producing electricity; not working (ব্যাটারি সম্বন্ধে ব্যবহৃত) আর বিদ্যুৎ উৎপাদন করে না; অকেজো *We couldn't start the car because the battery was completely flat.* **9** (used about a tyre) without enough air in it (গাড়ির টায়ার সম্বন্ধে ব্যবহৃত) যার হাওয়া কমে গেছে বা চুপসে গেছে *This tyre looks flat—has it got a puncture?* **10** (used about the cost of sth) that is the same for everyone; that is fixed (কোনো কিছুর দাম সম্বন্ধে ব্যবহৃত) সবার জন্যে সমমূল্য বিশিষ্ট; এক দাম *We charge a flat fee of Rs 500, however long you stay.* **11** (used for emphasizing how quickly sth is done) in exactly the time mentioned and no longer (কত তাড়াতাড়ি কোনো কিছু করা যায় তার উপর জোর দেওয়ার জন্য ব্যবহৃত) যে সময় উল্লেখ করা হয়েছে তার মধ্যেই, একটুও বেশি দেরি করে নয় *She can get up and go out of the house in ten minutes flat.*

IDM fall flat (used about a joke, a story, an event, etc.) to fail to produce the effect that you wanted (কোনো কৌতুক, কাহিনি বা ঘটনা ইত্যাদি সম্বন্ধে ব্যবহৃত) বাঞ্ছিত প্রভাব সৃষ্টি করতে ব্যর্থ হওয়া; নীরস, একঘেয়ে, বৈচিত্র্যহীন হওয়া

flat out as fast as possible; without stopping যত তাড়াতাড়ি সম্ভব; বিরতিবিহীনভাবে *He's been working flat out for two weeks and he needs a break.*

flat² / flæt ফ্ল্যাট্ / *noun* **1** [C] (*AmE* **apartment**) a set of rooms that is used as a home (usually in a large building) (সাধারণত কোনো বড়ো বাড়ির মধ্যে) কয়েকটি কক্ষ যা থাকার জন্য ব্যবহৃত হয় *Do you rent your flat or have you bought it?*

NOTE আমেরিকান ইংরেজিতে **flat** শব্দটির সমার্থক শব্দ হিসেবে **apartment** শব্দটি সাধারণত ব্যবহার করা

হয়। ব্রিটিশ ইংরেজিতে ছুটি কাটানোর জন্য যে **flat** বা বাড়ি ভাড়া নেওয়া হয় তাকে **apartment** বলা হয়— *We're renting an apartment in London.* যার থেকে কোনো বাড়ি বা **flat** আমরা ভাড়া **(rent)** করি সেই বাড়িওয়ালাকে **landlord** এবং বাড়িওয়ালিকে **landlady** বলা হয়। **let** অর্থে ভাড়া দেওয়া বোঝানো হয়, ভাড়াটেকে **tenant** বলা হয় এবং ভাড়া হিসেবে বাড়িওয়ালা বা বাড়িওয়ালিকে দেয় অর্থকে **rent** বলা হয়। ভাড়া বাড়ি **furnished** অথবা **unfurnished** হতে পারে। বহুতল আধুনিক অট্টালিকা যেখানে অনেক **flats** থাকে তাকে **block of flats** বলা হয়। যে ব্যক্তি অন্য কোনো ব্যক্তির সঙ্গে কোনো ভাড়াবাড়িতে যৌথভাবে থাকে তাকে **flatmate** বলা হয়।

2 [C] (*symbol* b) (in music) a note which is half a note lower than the note with the same letter (সংগীতে) একই স্বর থেকে অর্ধস্বর নিম্নবর্তী ➪ **sharp** দেখো। **3** [*sing.*] **the flat (of sth)** the flat part or side of sth কোনো কিছুর পাশের দিক বা চ্যাপটা অংশ *the flat of your hand* **4** [C] a tyre on a vehicle that has no air in it বায়ুশূন্য টায়ার, চোপসানো টায়ার

flatfish / ˈflætfɪʃ ˈফ্ল্যাট্‌ফিশ্ / *noun* [C] (*pl.* **flatfish**) any sea fish with a flat body যেসব সামুদ্রিক মাছের শরীর চ্যাপটা *Plaice and turbot are flatfish.*

flatly / ˈflætli ˈফ্ল্যাট্‌লি / *adv.* **1** in a direct way; absolutely সোজাসুজিভাবে, স্পষ্টভাবে; জোর দিয়ে *He flatly denied the allegations.* **2** in a way that shows no interest or emotion নীরস, বৈচিত্র্যহীন ও আবেগশূন্যভাবে

flatten / ˈflætn ˈফ্ল্যাট্‌ন্ / *verb* [I, T] **flatten (sth) (out)** to become or make sth flat চ্যাপটা বা সমান হওয়া বা করা *The countryside flattens out as you get nearer the sea.* ○ *The storms have flattened crops all over the country.*

flatter / ˈflætə(r) ˈফ্ল্যাট্যা(র্) / *verb* [T] **1** to say nice things to sb, often in a way that is not sincere, because you want to please him/her or because you want to get an advantage for yourself (আন্তরিকভাবে নয়) কোনো সুবিধালাভের প্রত্যাশায় কারও বাড়াবাড়ি রকমের প্রশংসা করা; খোশামোদ করা **2 flatter yourself (that)** to choose to believe sth good about yourself although other people may not think the same নিজেকে মিথ্যেভাবে ভুলিয়ে আনন্দ পাওয়া বা আত্মতৃপ্তি লাভ করা *He flatters himself that he speaks fluent French.* **3** (*usually passive*) to give pleasure or honour to sb কাউকে খুশি করা বা সম্মান জানানো *I felt very flattered when they gave me the job.*

flattering / ˈflætərɪŋ ˈফ্ল্যাট্যারিং / *adj.* making sb look or sound more attractive or important than he/she really is (কোনো ব্যক্তিকে) বাস্তবের থেকে বেশি আকর্ষণীয় বা গুরুত্বপূর্ণ করে তোলা হচ্ছে এমন

flattery / ˈflætəri ˈফ্ল্যাট্যারি / *noun* [U] saying good things about sb/sth that you do not really mean তোষামোদ, স্তাবকতা, খোশামোদ

flaunt / flɔːnt ফ্ল:ন্ট্ / *verb* [T] to show sth that you are proud of so that other people will admire it নিজের সম্বন্ধে এমনভাবে জাঁক করা বা জাহির করা যাতে লোকে আরও ভালো বলে

flautist / ˈflɔːtɪst ˈফ্ল:টিস্ট্ / (*AmE* **flutist**) *noun* [C] a person who plays a musical instrument that you blow into (**a flute**) যে বাঁশি বাজায়; বংশীবাদক

flavour[1] (*AmE* **flavor**) / ˈfleɪvə(r) ˈফ্লেইভ্যা(র্) / *noun* [C, U] **1** the taste (of food) (খাবারের) স্বাদগন্ধ, তার *Do you think a little salt would improve the flavour?* ○ *ten different flavours of yoghurt* **2** [*sing.*] an idea of the particular quality or character of sth কোনো কিছুর নিজস্ব গুণ বা চারিত্রিক বৈশিষ্ট্যসমূহ *This video will give you a flavour of what the city is like.*

flavour[2] (*AmE* **flavor**) / ˈfleɪvə(r) ˈফ্লেইভ্যা(র্) / *verb* [T] to give flavour to sth কোনো কিছুতে স্বাদগন্ধ যোগ করা *Add a little tamarind to flavour the sauce.* ○ *strawberry-flavoured milkshake*

flavouring (*AmE* **flavoring**) / ˈfleɪvərɪŋ ˈফ্লেইভ্যারিং / *noun* [C, U] something that you add to food or drink to give it a particular taste খাদ্য বা পানীয়কে সুস্বাদু করার মশলা *no artificial flavourings*

flaw / flɔː ফ্ল: / *noun* [C] **1 a flaw (in sth)** a mistake in sth that makes it not good enough, or means that it does not function as it should ত্রুটি, খুঁত, ফাঁক *There are some flaws in her argument.* **2** a mark or crack in an object that means that it is not perfect (নিম্নগুণমানসম্পন্ন) কোনো বস্তুর মধ্যে ফাটল; চিড় **3 a flaw (in sb/sth)** a bad quality in sb's character কোনো ব্যক্তির চরিত্রের খারাপ দিক; ত্রুটি ▶ **flawed** *adj.* দোষযুক্ত, খুঁতো *I think your plan is flawed.*

flawless / ˈflɔːləs ˈফ্ল:ল্যাস্ / *adj.* perfect; with no faults or mistakes নিখুঁত; নির্ভুল, ত্রুটিহীন *a flawless diamond*

flax / flæks ফ্ল্যাক্স্ / *noun* [U] **1** a plant with blue flowers that is cultivated for its seed (**linseed**) and for the thread made from its stalk নীলফুলযুক্ত উদ্ভিদ যা তার বীজ এবং তার কান্ড থেকে প্রস্তুত তন্তুর জন্য চাষ করা হয়; শণগাছ, তিসি গাছ **2** the thread made from the stalks of the plant used to make linen শণের তন্তু যা লিনেন তৈরিতে ব্যবহৃত হয়

flea / fliː ফ্লী / *noun* [C] a very small jumping insect without wings that lives on animals, for example cats and dogs. Fleas bite people and animals and make them scratch একধরনের ডানাহীন কীট যেগুলি সাধারণত কুকুর বিড়ালের মতো প্রাণীর গায়ে হয় এবং লাফিয়ে লাফিয়ে চলে। এদের কামড়ের ফলে মানুষ ও পশুর গায়ে চুলকানি হয়; পিশু ➪ **insect**-এ ছবি দেখো।

flea market *noun* [C] a market, often in a street, where old and used goods are sold রাস্তার ধারে পুরোনো জিনিসপত্রের বাজার; হাট

fleck / flek ফ্লেক্ / *noun* [C, *usually pl.*] a very small mark on sth; a very small piece of sth ফুটকি, ছোটো দাগ; কোনো কিছুর খুব ছোটো টুকরো *After painting the ceiling, her hair was covered with flecks of white paint.*

fledgling (*BrE* **fledgeling**) / ˈfledʒlɪŋ ˈফ্লেজ্লিং / *noun* [C] **1** a young bird that has just learnt to fly সবে উড়তে শিখেছে ছোট্টো যে পাখি **2** (*usually before another noun*) a person, an organization or a system that is new and without experience অপরিণত, অনভিজ্ঞ ব্যক্তি, প্রতিষ্ঠান বা নিয়ম-ব্যবস্থা *fledgling democracies*

flee / fli: ফ্লী / *verb* [I, T] (*pt, pp* **fled** / fled ফ্লেড্ /) **flee (to.../into...)**; **flee (from) sb/sth** to run away or escape from sth কোনো কিছু থেকে পালিয়ে যাওয়া বা পালিয়ে বাঁচা *The robbers fled the town with Rs 200,000.*

fleece / fli:s ফ্লীস্ / *noun* [C] **1** the wool coat of a sheep ভেড়ার গায়ের পশমি লোমযুক্ত চামড়া ➪ **sheep**-এ ছবি দেখো। **2** a piece of clothing like a jacket, made of warm artificial material কৃত্রিম কোনো উষ্ণ উপাদান দিয়ে তৈরি জ্যাকেটজাতীয় পোশাক

fleet / fli:t ফ্লীট্ / *noun* [C, *with sing. or pl. verb*] **1** a group of ships or boats that sail together একসঙ্গে যায় এরকম অনেকগুলি জাহাজ বা নৌকো; নৌবহর *a fishing fleet* **2 a fleet (of sth)** a group of vehicles (especially taxis, buses or aircraft) that are travelling together or owned by one person একসঙ্গে চলে এরকম বেশ কিছু গাড়ি (বিশেষত ট্যাক্সি, বাস বা এরোপ্লেন) অথবা একই মালিকানার অধীন বেশ কিছু গাড়ি

flesh / fleʃ ফ্লেশ্ / *noun* [U] **1** the soft part of a human or animal body (between the bones and under the skin) প্রাণীদেহের মাংস (হাড় এবং চামড়ার মধ্যবর্তী অংশ)

> **NOTE** পশুর যে মাংস আমাদের খাওয়ার যোগ্য তাকে **meat** বলা হয়।

2 the part of a fruit or vegetable that is soft and can be eaten ফল বা উদ্ভিদ বা বিভিন্ন তরিতরকারির শাঁস, যা খাওয়া যায়

IDM your (own) flesh and blood a member of your family নিকট আত্মীয়

in the flesh in person, not on television, in a photograph, etc. সশরীরে, টেলিভিশনে বা ফোটো ইত্যাদিতে নয়

make your flesh creep to make you feel disgusted and/or nervous ভয়ে আঁতকে ওঠা এবং/অথবা বিরক্ত হওয়া *The way he smiled made her flesh creep.*

flew ➪ **fly**[1]-এর past tense

flex[1] / fleks ফ্লেক্স্ / (*AmE* **cord**) *noun* [C, U] (a piece of) wire inside a plastic tube, used for carrying electricity to electrical equipment প্লাস্টিক নলের অন্তর্বর্তী তড়িৎবাহী তার যা বৈদ্যুতিক সরঞ্জামের মধ্যে বিদ্যুৎ বহন করে নিয়ে যাওয়ার জন্য ব্যবহৃত হয়

> **NOTE Flex**-এর শেষ প্রান্তে একটি **plug** থাকে যেটি **socket**-এর সঙ্গে বা কোনো **power point**-এ লাগানো যায়।

flex[2] / fleks ফ্লেক্স্ / *verb* [T] to bend or move a leg, arm, muscle, etc. in order to exercise it ব্যায়াম করার জন্য শরীরের কোনো অঙ্গ যেমন হাত, পা, পেশি ইত্যাদি নাড়ানো বা চালনা করা

flexible / ˈfleksəbl ˈফ্লেক্স্যাব্ল্ / *adj.* **1** able to bend or move easily without breaking যা সহজে বাঁকানো বা নোয়ানো যায়; নমনীয় **2** that can be changed easily যা সহজে বদলানো যায়; শিথিল *flexible working hours* ✪ বিপ **inflexible** ▶ **flexibility** / ˌfleksəˈbɪləti ˌফ্লেক্স্যাˈবিল্যাটি / *noun* [U] নমনীয়তা, সহজবশ্যতা

flexitime / ˈfleksitaɪm ˈফ্লেক্সিটাইম্ / (*AmE* **flextime** / ˈflekstaɪm ফ্লেক্স্টাইম্ /) *noun* [U] a system in which employees work a particular number of hours each week or month but can choose when they start and finish work each day যে ব্যবস্থায় কর্মচারীদের নির্দিষ্ট কত ঘন্টা সপ্তাহে কাজ করতে হবে তা ঠিক থাকলেও প্রতিদিনের কাজ কখন শুরু ও শেষ হবে, তা ইচ্ছেমতো ঠিক করে নেওয়া যায় *She works flexitime.*

flick / flɪk ফ্লিক্ / *verb* **1** [T] **flick sth (away, off, onto, etc.)** to hit sth lightly and quickly with your finger or hand in order to move it খুব তাড়াতাড়ি কোনো কিছু ঝেড়ে ফেলার জন্য হাত বা আঙুল দিয়ে টোকা দেওয়া *She flicked the dust off her jacket.* ○ *Please don't flick ash on the carpet.* **2** [I, T] **flick (sth) (away, off, out, etc.)** to move, or to make sth move, with a quick sudden movement দ্রুত ও আকস্মিকভাবে কোনো কিছু সরা বা সরানো; টোকা মারা *She flicked the switch and the light came on.* ▶ **flick** *noun* [C] আঙুল দিয়ে টোকা বা এরকম আঘাত

PHR V flick/flip through sth to turn over the pages of a book, magazine, etc. quickly without reading everything (খুঁটিনাটি না পড়ে) খুব তাড়াতাড়ি বই, পত্রিকা ইত্যাদির পাতা উলটানো

flicker[1] / ˈflɪkə(r) ˈফ্লিক্যা(র্) / *verb* [I] **1** (used about a light or a flame) to keep going on and off as it burns or shines (আলো বা আলোর শিখা সম্বন্ধে ব্যবহৃত) জ্বলার সময়ে দপদপ করা, কেঁপে কেঁপে ওঠা *The candle flickered and went out.* **2** (used about a feeling, thought, etc.) to appear for a short time (কোনো অনুভূতি, ভাব ইত্যাদি সম্বন্ধে ব্যবহৃত) হঠাৎ আসা, স্বল্প সময়ের জন্য উপস্থিত হওয়া *A smile flickered across her face.* **3** to move lightly and quickly up and down খুব তাড়াতাড়ি হালকাভাবে উপর নীচে নড়া *His eyelids flickered for a second and then he lay still.*

flicker[2] / ˈflɪkə(r) ˈফ্লিক্যা(র্) / *noun* [C, *usually sing.*] **1** a light that shines on and off quickly কম্পমান আলোক শিখা **2** a small, sudden movement of part of the body শরীরের আকস্মিক মৃদু কম্পন; ঝাঁকুনি **3** a feeling of sth that only lasts for a short time স্বল্পস্থায়ী কোনো অনুভূতি *a flicker of hope/interest/doubt*

flier = **flyer**

flies ➪ **fly** দেখো।

flight / flaɪt ফ্লাইট্ / *noun* **1** [C] a journey by air উড়ান, বিমানযাত্রা *to book a flight* ○ *a direct/scheduled/charter flight* ○ *They met* ***on a flight*** *to Australia.* ○ *a manned space flight to Mars* **2** [C] an aircraft that takes you on a particular journey নির্দিষ্ট গন্তব্যে যাওয়ার কোনো বিশেষ বিমান *Flight number 281 from New Delhi to Chennai is boarding now* (= is ready for passengers to get on it). **3** [U] the action of flying বিমান চলাচলের ক্রিয়া *It's unusual to see swans* ***in flight*** (= when they are flying). **4** [C] a number of stairs or steps going up or down সিঁড়ির সারি, সিঁড়ির ধাপ *a flight of stairs* **5** [C, U] the action of running away or escaping from a dangerous or difficult situation বিপজ্জনক বা কঠিন পরিস্থিতি থেকে পালানোর ক্রিয়া, দ্রুত পশ্চাদপসরণ *the refugees' flight from the war zone*

flight attendant *noun* [C] a person whose job is to serve and take care of passengers on an aircraft বিমানসেবক, বিমানসেবিকা ✪ সম **air hostess, steward, stewardess**

flight deck *noun* [C] **1** an area at the front of a large plane where the pilot sits to use the controls and fly the plane (বিমান চালানোর জন্য) বিমানের মধ্যে চালকের বসার নির্দিষ্ট জায়গা ➪ **plane**-এ ছবি দেখো। **2** a long flat surface on top of an **aircraft carrier** where they take off and land বিমানবাহী বাহনের উপরিতলের লম্বা, সমতল স্থান যেখান থেকে বা যেখানে বিমানগুলি ওঠানামা করে

flightless / ˈflaɪtləs ˈফ্লাইট্ল্যাস্ / *adj.* (used about birds and insects) not able to fly (পাখি এবং কীটপতঙ্গ সম্বন্ধে ব্যবহৃত) উড়তে অসমর্থ

flight path *noun* [C] the route taken by an aircraft through the air আকাশে বিমান যাত্রার নির্দিষ্ট পথ

flimsy / ˈflɪmzi ˈফ্লিম্‌জি / *adj.* **1** not strong; easily broken or torn অশক্ত; সহজে ভেঙে বা নষ্ট হয়ে যায় এমন; ভঙ্গুর *a flimsy bookcase* ○ *a flimsy blouse* **2** weak; not making you believe that sth is true দুর্বল; বানানো, অবিশ্বাস্য *He gave a* ***flimsy excuse*** *for his absence.*

flinch / flɪntʃ ফ্লিন্চ্ / *verb* [I] **1 flinch (at sth); flinch (away)** to make a sudden movement backwards because of sth painful or frightening যন্ত্রণাদায়ক বা ভীতিকর কোনো কিছুর কারণে হঠাৎ পিছু হটা, পিছিয়ে আসা **2 flinch from sth/doing sth** to avoid doing sth because it is unpleasant অপ্রীতিকর হওয়ার কারণে কোনো কাজ এড়িয়ে যাওয়া *She didn't flinch from telling him the whole truth.*

fling[1] / flɪŋ ফ্লিং / *verb* [T] (*pt, pp* **flung** / flʌŋ ফ্লাং /) to throw sb/sth suddenly and carelessly or with great force হঠাৎ সজোরে বা যেমন-তেমন ভাবে কিছু ছুড়ে দেওয়া *He flung his coat on the floor.*

fling[2] / flɪŋ ফ্লিং / *noun* [C, *usually sing.*] a short period of fun and pleasure আমোদ-আহ্লাদের স্বল্প সময়, অল্প সময়ের আনন্দ উন্মাদনা

flint / flɪnt ফ্লিন্ট / *noun* **1** [U] very hard grey stone that produces small flames (**sparks**) when you hit it against steel অত্যন্ত কঠিন ধূসর রঙের পাথর যা লোহায় ঘষলে আগুনের শিখা জ্বলে ওঠে; চকমকি পাথর **2** [C] a small piece of flint or metal that is used to produce sparks (for example in a cigarette lighter) সিগারেট-লাইটার ইত্যাদিতে আগুনের ফুলকি সৃষ্টিকারী পাথরকুচি বা ধাতব টুকরো

flip / flɪp ফ্লিপ্ / *verb* (**flipping; flipped**) **1** [I, T] to turn (sth) over with a quick movement তাড়াতাড়ি কোনো কিছু উলটে দেওয়া *She flipped the book open and started to read.* **2** [T] to throw sth into the air and make it turn over হাওয়ায় কোনো বস্তু ছোড়া এবং উলটে দিয়ে ফেলা, আঙুল দিয়ে পয়সা ছোড়া *Let's flip a coin to see who starts.* **3** [I] **flip (out)** (*spoken*) to become very angry or excited খুবই ক্রুদ্ধ বা উত্তেজিত হয়ে ওঠা *When his father saw the damage to the car he flipped.*

PHR V flick/flip through sth ➪ **flick** দেখো।

flip-flop (*AmE* **thong**) *noun* [C, *usually pl.*] a simple open shoe with a thin strap that goes between your big toe and the toe next to it বুড়ো আঙুল ও তারপরের আঙুলের মধ্যে স্ট্র্যাপ লাগানো চটি

flippant / ˈflɪpənt 'ফ্লিপ্যান্ট্ / (*informal* **flip**) *adj.* not serious enough about things that are important বাচাল, লঘুচিত্ত, ফাজিল

flipper / ˈflɪpə(r) 'ফ্লিপ্যা(র্) / *noun* [C, *usually pl.*] **1** a flat arm that is part of the body of some sea animals which they use for swimming কোনো কোনো সামুদ্রিক প্রাণীর হাত বা পাখনার মতো চ্যাপটা অঙ্গ যা তারা সাঁতার কাটার জন্য ব্যবহার করে *Seals have flippers.* **2** a rubber shoe shaped like an animal's flipper that people wear so that they can swim better, especially under water সামুদ্রিক প্রাণীর পাখনার মতো রবারের যে জুতো ডুবুরিরা জলের তলায় সাঁতার কাটার সুবিধার জন্য ব্যবহার করে *a pair of flippers*

flipping / ˈflɪpɪŋ 'ফ্লিপিং / *adj., adv.* (*slang*) used as a mild way of swearing (অপপ্রয়োগ) গালাগাল দেওয়ার মৃদু প্রকাশভঙ্গি *When's the flipping bus coming?*

flirt[1] / flɜːt ফ্ল্যট্ / *verb* [I] **flirt (with sb)** to behave in a way that suggests you find sb attractive though you are not serious about a relationship প্রেমের ভান করা, প্রেমের ছলনা করা *Who was that man Jaya was flirting with at the party?* ○ (*figurative*) *to flirt with death/danger/disaster* **PHR V** **flirt with sth** to think about doing sth (but not very seriously) হালকাভাবে কোনো কিছু করার বিষয়ে চিন্তা করা *She had flirted with the idea of becoming a model for a while.*

flirt[2] / flɜːt ফ্ল্যট্ / *noun* [C] a person who behaves in a way that suggests he/she finds sb attactive and is trying to attract him/her, but not in a very serious way যে ব্যক্তি কারও সঙ্গে প্রেমের খেলা খেলে; প্রেমের ভান করে

flit / flɪt ফ্লিট্ / *verb* [I] (**flitting; flitted**) **flit (from A to B); flit (between A and B)** to fly or move quickly from one place to another without staying anywhere for long কোনো জায়গায় বেশিদিন না থেকে বারবার জায়গা বদল করা

float[1] / fləʊt ফ্ল্যাউট্ / *verb* **1** [I] to move slowly through air or water জলে বা হাওয়ায় আস্তে আস্তে ভাসা, আন্দোলিত হওয়া, ভেসে বেড়ানো *The boats were floating gently down the river.* ○ *The smell of freshly baked bread floated in through the window.* **2** [I] **float (in/on sth)** to stay on the surface of a liquid and not sink তরলের উপরিভাগে ভেসে থাকা (না ডুবে) *Wood floats in water.* **3** [T] to sell shares in a company or business to the public for the first time কোনো ব্যাবসায়িক প্রতিষ্ঠান কর্তৃক সর্বপ্রথম বাজারে শেয়ার ছাড়া (বিক্রির জন্য) *The company was floated on the stock market in 2005.* **4** [I, T] (used in economics) if a government **floats** its country's money, or allows it to **float,** it allows its value to change freely according to the value of the money of other countries (অর্থনীতিতে) কোনো দেশের মুদ্রাকে সরকার কর্তৃক মুক্ত করা বা মুক্ত হতে দেওয়া যাতে তার মূল্য অন্যান্য দেশের মুদ্রার মূল্য অনুযায়ী পরিবর্তিত হতে পারে *The Indian government floated the rupee on the foreign exchange market.* **5** [I, T] to suggest an idea or a plan, especially in order to find out what people think about it জনসাধারণের মনোভাব বোঝার জন্য কোনো পরিকল্পনা বা মত প্রকাশ্যে আনা *float the idea of barring smoking in public places*

float[2] / fləʊt ফ্ল্যাউট্ / *noun* [C] **1** a lorry or other vehicle that is decorated and used in a celebration that travels through the streets সুসজ্জিত লরি বা অন্য যান যা উৎসব ইত্যাদি পালনার্থে শোভাযাত্রা করে যায় *a carnival float* **2** a light object used in fishing that moves on the water when a fish has been caught বঁড়শির ফাতনা **3** a light object used for helping people to learn to swim সাঁতার শেখার সময়ে শিক্ষার্থীকে জলে ভাসমান থাকতে সাহায্য করে যে হালকা পাটাতন

floating / ˈfləʊtɪŋ 'ফ্ল্যাউটিং / *adj.* not fixed; not living permanently in one place স্থির নয়; পরিবর্তনশীল, এক জায়গায় স্থায়ীভাবে বসবাস করে না এমন *the city's floating population*

flock[1] / flɒk ফ্লক্ / *noun* [C] **1** a group of sheep or birds ভেড়ার দল বা পাখির ঝাঁক ➪ **herd** দেখো। **2** a large number of people বহুসংখ্যক মানুষ *Flocks of tourists visit Nainital every summer.*

flock[2] / flɒk ফ্লক্ / *verb* [I] (used about people) to go or meet somewhere in large numbers (মানুষ সম্বন্ধে ব্যবহৃত) একত্রে সম্মিলিত হওয়া, দলে দলে যাওয়া *People are flocking to her latest exhibition.*

floe / fləʊ ফ্ল্যাউ / =**ice floe**

flog / flɒg ফ্লগ্ / *verb* [T] (**flogging; flogged**) **1** (*usually passive*) to hit sb hard several times with a stick or a long thin piece of leather (**whip**) as a punishment শাস্তি হিসেবে চাবুক বা বেত দিয়ে কাউকে প্রচণ্ডভাবে মারা **2** (*informal*) to sell sth কোনো কিছু বিক্রি করা

flogging / ˈflɒgɪŋ 'ফ্লগিং / *noun* [C, U] the act of hitting sb several times with a long thin piece of leather (**whip**) or a stick as a punishment শাস্তি হিসেবে চাবুক মারা বা চাবকানোর ক্রিয়া

flood[1] / flʌd ফ্লাড্ / *verb* **1** [I, T] to fill a place with water; to be filled or covered with water বন্যা হওয়া; প্লাবিত হওয়া বা করা, বান আসা *I left the taps on and it flooded the bathroom.* ○ *The River Brahmaputra floods almost every year.* **2** [I] **flood in/into/out of sth** to go somewhere in large numbers কোনো জায়গায় খুব বেশি সংখ্যায় যাওয়া *Since the television programme was shown, phone calls have been flooding into the studio.* **3** [I, T] (used about a thought, feeling, etc.) to fill sb's mind suddenly (কোনো চিন্তা, অনুভূতি ইত্যাদি সম্পর্কে ব্যবহৃত) হঠাৎ কারও মনে ভিড় করে আসা *At the end of the day all his worries came flooding back.*

flood² / flʌd ফ্লাড্ / *noun* [C] **1** a large amount of water that has spread from a river, the sea, etc. that covers an area which should be dry নদী বা সমুদ্র ইত্যাদি থেকে আসা প্রবল জলরাশি যা নিকটবর্তী সব কিছু ভাসিয়ে নিয়ে যায় *Many people have been forced to leave their homes because of the floods.* ➪ **flash flood** দেখো। **2 a flood (of sth)** a large number or amount খুব বেশি সংখ্যায় বা পরিমাণে *She received a flood of letters after the accident.*

floodlight / ˈflʌdlaɪt ফ্লাড্‌লাইট্ / *noun* [C] a powerful light that is used for lighting places where sports are played, the outside of public buildings, etc. সাধারণত ক্রীড়াস্থল বা কোনো সরকারি অট্টালিকা ইত্যাদিতে লাগানো জোরালো আলো

floodlit / ˈflʌdlɪt ফ্লাড্‌লিট্ / *adj.* lit by powerful lights (**floodlights**) জোরালো আলোয় আলোকিত *a floodlit hockey match*

flood plain *noun* [C] an area of flat land beside a river that regularly becomes flooded when there is too much water in the river নদীতে জল বাড়লেই তার পার্শ্ববর্তী যেসব সমতল অঞ্চল প্লাবিত হয়ে যায়

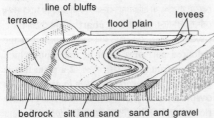

line of bluffs
terrace
flood plain
levees
bedrock
silt and sand
sand and gravel

flood plain

floor¹ / flɔ:(r) ফ্ল:(র্) / *noun* **1** [C, *usually sing.*] the flat surface that you walk on indoors কক্ষতল, গৃহতল, ঘরের মেঝে *Don't come in—there's broken glass **on the floor**!* ○ *a wooden/concrete/marble floor* ➪ **ground**-এ নোট দেখো। **2** [C] all the rooms that are on the same level of a building বাড়ির একই তলায় অবস্থিত সমস্ত ঘরগুলি *My office is **on the second floor**.*

> **NOTE** ব্রিটিশ ইংরেজিতে একতলাকে **ground floor** এবং দোতলাকে **first floor** বলা হয়। কিন্তু আমেরিকান ইংরেজিতে একতলাকে বলা হয় **first floor**।

3 [C, *usually sing.*] the ground or surface at the bottom of the sea, a forest, etc. জঙ্গল, সমুদ্র ইত্যাদির তলদেশ *the ocean/valley/cave/forest floor* **4 the floor** [*sing.*] the part of the parliament, public meeting place etc. where people sit সংসদের নির্দিষ্ট অংশ বা কক্ষ ইত্যাদি যেখানে লোকে বসে

floor² / flɔ:(r) ফ্ল:(র্) / *verb* [T] (*informal*) to surprise or confuse sb completely with a question or a problem কোনো ব্যক্তিকে কোনো প্রশ্ন বা সমস্যার দ্বারা সম্পূর্ণরূপে স্তম্ভিত বা সংশয়াপন্ন করে তোলা; কোনো সমস্যা বা প্রশ্নের দ্বারা অবাক করে পরাস্ত করা *Some of the questions I was asked in the interview completely floored me.*

floorboard / ˈflɔ:bɔ:d ˈফ্ল:ব:ড্ / *noun* [C] one of the long wooden boards used to make a floor মেঝে তৈরির জন্য ব্যবহৃত কাঠের লম্বা পাটাতন ➪ **joist**-এ ছবি দেখো।

flop¹ / flɒp ফ্লপ্ / *verb* [I] (**flopping; flopped**) **1 flop into, onto sth; flop (down/back)** to sit or lie down in a sudden and careless way because you are very tired ধপ করে বসে বা শুয়ে পড়া; ক্লান্তির ভারে, বিচিত্র ভঙ্গিতে শরীর এলিয়ে দেওয়া *I was so tired that all I could do was flop onto the sofa and watch TV.* **2 flop around, back, down, etc.** to move, hang or fall in a careless way without control অনিয়ন্ত্রিত এলোমেলোভাবে এসে পড়া, ঝুলে থাকা বা নড়াচড়া করা *I can't bear my hair flopping in my eyes.* **3** (used about a book, film, record, etc.) to be a complete failure with the public (কোনো বই, সিনেমা, রেকর্ড ইত্যাদি সম্বন্ধে ব্যবহৃত) জনগণের কাছে সম্পূর্ণরূপে ব্যর্থ হওয়া; মার খাওয়া, লোকে গ্রহণ না করা, একেবারে না চলা

flop² / flɒp ফ্লপ্ / *noun* [C] (used about a film, play, party, etc.) something that is not a success; a failure (সিনেমা, নাটক, পার্টি ইত্যাদি সম্বন্ধে ব্যবহৃত) অসফল; ব্যর্থ *a box-office flop*

floppy / ˈflɒpi ˈফ্লপি / *adj.* soft and hanging downwards; not rigid নরম এবং সামনে ঝুঁকে পড়া; শক্ত নয় *a floppy hat*

floppy disk (*also* **floppy**, *pl.* **floppies**) (*also* **diskette**) *noun* [C] a square piece of plastic that can store information from a computer কম্পিউটার থেকে গৃহীত তথ্য জমা রাখার চৌকো প্লাস্টিকের চাকতি; ফ্লপি ডিস্ক *Don't forget to back up your files onto a floppy disk.*

flora / ˈflɔ:rə ˈফ্ল:র‍্যা / *noun* [*pl.*] all the plants growing in a particular area বিশেষ কোনো একটি

অঞ্চলের যাবতীয় উদ্ভিদ *He's studying the* ***flora and fauna*** (= the plants and animals) *of the Andaman and Nicobar Islands.* ⇨ **fauna** দেখো।

floral / ˈflɔːrəl ˈফ্ল:র‍্যাল্ / *adj.* decorated with a pattern of flowers, or made with flowers ফুল দিয়ে সাজানো বা বানানো, ফুলের নকশা বা পুষ্পশোভিত

florist / ˈflɒrɪst ˈফ্লরিস্ট্ / *noun* **1** [C] a person who has or works in a shop where flowers are sold যার ফুলের দোকান আছে বা যে ফুলের দোকান কাজ করে; পুষ্প বিক্রেতা, পুষ্প ব্যবসায়ী **2 the florist's** [*sing.*] a shop that sells flowers যে দোকানে কেনার জন্য ফুল পাওয়া যায়

flotation / fləʊˈteɪʃn ফ্ল্যাউˈটেইশ্ন্ / *noun* **1** (*also* **float**) [C, U] (*technical*) the process of selling shares in a company to the public for the first time in order to obtain money অর্থ সংগ্রহের জন্য কোনো কোম্পানির জনসাধারণের কাছে শেয়ার বিক্রি করার প্রক্রিয়া *plans for (a) flotation on the stock exchange* **2** [U] the act of floating on or in water জলে ভাসার ক্রিয়া

flounder / ˈflaʊndə(r) ˈফ্লাউন্ড্যা(র্) / *verb* [I] **1** to find it difficult to speak or act (usually in a difficult or embarrassing situation) (কোনো কঠিন বা অস্বস্তিকর পরিস্থিতিতে) কোনো কিছু বলা বা করা কঠিন মনে হওয়া *The questions they asked her at the interview had her floundering helplessly.* **2** to have a lot of problems and be in danger of failing completely নানা সমস্যা থাকায় বিপদগ্রস্ত এবং সম্পূর্ণ পতন হওয়ার অবস্থায় থাকা *By the end of the year the business was floundering.* **3** to move with difficulty, for example when trying to get out of some water, wet earth, etc. জল, ভিজে মাটি বা কাদা ইত্যাদির মধ্যে পড়ে অনেক কষ্টে ওঠার চেষ্টা করা; কষ্টকর পরিস্থিতি থেকে বেরোনোর চেষ্টা করা

flour / ˈflaʊə(r) ˈফ্লাউঅ্যা(র্) / *noun* [U] a very thin powder made from wheat or other grain and used for making bread, cakes, biscuits, etc. (গম বা অন্য শস্য থেকে প্রাপ্ত) ময়দা, আটা যা রুটি, কেক, বিস্কুট ইত্যাদি তৈরিতে ব্যবহৃত হয়

flourish¹ / ˈflʌrɪʃ ˈফ্লারিশ্ / *verb* **1** [I] to be strong and healthy; to develop in a successful way শক্তিশালী এবং স্বাস্থ্যবান হওয়া; সাফল্যের পথে যাওয়া, উন্নতি করা *a flourishing business* **2** [T] to wave sth in the air so that people will notice it জনসমক্ষে তুলে ধরার জন্য কোনো বস্তু হাওয়ায় আন্দোলিত করা; গর্ব করে দেখানো *He proudly flourished two tickets for the concert.*

flourish² / ˈflʌrɪʃ ˈফ্লারিশ্ / *noun* [C] an exaggerated movement বাড়াবাড়ি রকমের অঙ্গভঙ্গি *He opened the door for her with a flourish.*

flout / flaʊt ফ্লাউট্ / *verb* [T] to refuse to obey or accept sth কোনো কিছুর বিরোধিতা করা অথবা গ্রহণ করতে বা মানতে অস্বীকার করা *to flout the rules of the organization* ○ *to flout sb's advice*

flow¹ / fləʊ ফ্ল্যাউ / *noun* [*sing.*] **a flow (of sth/sb) 1** a steady, continuous movement of sth/sb অবিরত প্রবাহ; ধারা *Press hard on the wound to stop the flow of blood.* **2** a supply of sth কোনো কিছুর সরবরাহ *the flow of information between the school and the parents* **3** the way in which words, ideas, etc. are joined together smoothly কথার স্রোত, বাক্য প্রবাহ, চিন্তা প্রবাহ *Once Charlie's* ***in full flow****, it's hard to stop him talking.*

IDM the ebb and flow (of sth) ⇨ **ebb²** দেখো।

flow² / fləʊ ফ্ল্যাউ / *verb* [I] **1** to move in a smooth and continuous way (like water) বয়ে চলা, প্রবাহিত হওয়া (জলের মতো) *This river flows south into the Arabian sea.* ○ *a fast-flowing stream* ○ *Traffic began to flow normally again after the accident.* **2** (used about words, ideas, actions, etc.) to be joined together smoothly (বাক্য, চিন্তাধারা কাজকর্ম ইত্যাদি সম্বন্ধে ব্যবহৃত) তরতর করে এগিয়ে চলা *As soon as we sat down at the table, the conversation began to flow.* **3** (used about hair and clothes) to hang down in a loose way (চুল এবং পোশাক সম্বন্ধে ব্যবহৃত) আলাদাভাবে ঝুলে থাকা *a long flowing dress*

flow chart (*also* **flow diagram**) *noun* [C] a diagram that shows the connections between different stages of a process or parts of a system কোনো ব্যবস্থা বা প্রক্রিয়ার বিভিন্ন পর্ব বা অংশের মধ্যে সম্বন্ধ দেখিয়ে বানানো রেখাচিত্র ⇨ **chart¹** এ ছবি দেখো।

flower¹ / ˈflaʊə(r) ˈফ্লাউঅ্যা(র্) / *noun* [C] **1** the coloured part of a plant or tree from which seeds or fruit grow ফুল, পুষ্প **2** a plant that is grown for its flowers ফুলের গাছ *to grow flowers*

flower² / ˈflaʊə(r) ˈফ্লাউঅ্যা(র্) / *verb* [I] to produce flowers ফুল ফোটা, পুষ্পিত হওয়া *This plant flowers in late summer.*

flower bed *noun* [C] a piece of ground in a garden or park where flowers are grown বাগান বা পার্কের একফালি জমি যেখানে ফুল ফোটে

flowerpot / ˈflaʊəpɒt ˈফ্লাউঅ্যাপট্ / *noun* [C] a pot in which a plant can be grown ফুলগাছের টব

flowery / ˈflaʊəri ˈফ্লাউঅ্যারি / *adj.* **1** covered or decorated with flowers ফুল দিয়ে আচ্ছাদিত বা সজ্জিত; পুষ্পশোভিত *a flowery dress/hat/pattern* **2** (used about a style of speaking or writing) using long, difficult words when they are not necessary (বাচনভঙ্গি বা লেখনশৈলী সম্বন্ধে ব্যবহৃত) অপ্রয়োজনীয়-

F

ভাবে আলংকারিক শব্দের ব্যবহার করা হয়েছে এমন; শব্দালংকারপূর্ণ

flown ⇨ **fly**[1]-এর past participle

fl oz *abbr.* = **fluid ounce(s)**

flu / flu: ফ্লু / (*formal* **influenza**) *noun* [U] an illness that is like a bad cold but more serious. You usually feel very hot and your arms and legs hurt প্রবল ঠান্ডা লাগার থেকে হওয়া গুরুতর এমন অসুখ যখন শরীরের তাপমাত্রা বৃদ্ধি পায় এবং গায়ে হাতে পায়ে ব্যথা হয়; ফ্লু

fluctuate / ˈflʌktʃueɪt ˈফ্লাকচুএইট্ / *verb* [I] **fluctuate (between A and B)** (used about prices and numbers, or people's feelings) to change frequently from one thing to another (কোনো কিছুর দাম, সংখ্যা বা মানুষের মনোভাব সম্বন্ধে ব্যবহৃত) খুব ঘন ঘন যা বদলায় বা এক থেকে অন্যটায় যায় *The number of students fluctuates between 100 and 150.* ▶ **fluctuation** / ˌflʌktʃuˈeɪʃn ˌফ্লাকচুˈএইশ্ন্ / *noun* [C, U] ওঠানামা, অস্থিরতা, চাঞ্চল্য

flue / flu: ফ্লু / *noun* [C] a pipe or tube, especially in a chimney, that takes smoke, gas or hot air away from a fire or an oven (জ্বলন্ত আগুন বা ওভেন থেকে) ধোঁয়া বা গরম হাওয়া বেরোনোর জন্য চিমনিতে লাগানো নালি

fluent / ˈflu:ənt ˈফ্লুঅ্যান্ট্ / *adj.* **1 fluent (in sth)** able to speak or write a language easily and accurately কোনো ভাষা বলা বা লেখায় যে স্বচ্ছন্দ, সাবলীল বা পারদর্শী *After a year in France she was fluent in French.* **2** (used about speaking, reading or writing) expressed in a smooth and accurate way (কথা বলা, বই পড়া বা লেখা সম্বন্ধে ব্যবহৃত) সাবলীল এবং নির্ভুলভাবে অভিব্যক্ত *He speaks fluent German.* ▶ **fluency** / ˈflu:ənsi ˈফ্লুঅ্যান্সি / *noun* [U] সাবলীলতা, স্বাচ্ছন্দ্য *My knowledge of Japanese grammar is good but I need to work on my fluency.* ▶ **fluently** *adv.* সাবলীলভাবে, অনর্গল এবং স্বচ্ছন্দভাবে

fluff / flʌf ফ্লাফ্ / *noun* [U] **1** very small pieces of wool, cotton, etc. that form into balls and collect on clothes and other surfaces পশম, সুতো, কম্বল ইত্যাদির আঁশ যা পোশাকে বা অন্য কিছুর উপরে বলের মতো জমা হয় **2** the soft new fur on young animals or birds পশু বা পাখির শাবকের নরম লোম

fluffy / ˈflʌfi ˈফ্লাফি / *adj.* **1** covered in soft fur তুলোয় বা পাতলা রোমে ঢাকা *a fluffy kitten* **2** that looks or feels very soft and light খুব নরম আর হালকা *fluffy clouds/towels*

fluid[1] / ˈflu:ɪd ˈফ্লুইড্ / *noun* [C, U] a substance that can flow; a liquid যে বস্তু প্রবাহিত হতে পারে; তরল *The doctor told her to drink plenty of fluids.* ○ *cleaning fluid*

fluid[2] / ˈflu:ɪd ˈফ্লুইড্ / *adj.* **1** able to flow smoothly like a liquid যা বয়ে যেতে পারে, তরল (*figurative*) *I like her fluid style of dancing.* **2** (used about plans, etc.) able to change or likely to be changed (পরিকল্পনা, প্ল্যান ইত্যাদি সম্বন্ধে ব্যবহৃত) পরিবর্তনশীল

fluid ounce *noun* [C] (*abbr.* **fl oz**) a measure of liquid; in Britain, 0.0284 of a litre; in the US, 0.0295 of a litre তরল মাপার একক বা মাত্রা; ব্রিটেনে এক লিটারের ০.০২৮৪ এবং আমেরিকায় এক লিটারের ০.০২৯৫ ভাগ

> **NOTE** মাপ এবং মাপক সম্বন্ধে আরও তথ্যের জন্য এই অভিধানের শেষাংশে সংখ্যা সম্বন্ধীয় বিশেষ অংশটি দেখো।

fluke / flu:k ফ্লুক / *noun* [C, *usually sing.*] (*informal*) a surprising and lucky result that happens by accident, not because you have been clever or skilful বুদ্ধির জোরে নয়; কপালজোরে যে বিস্ময়কর এবং সৌভাগ্যজনক ফল পাওয়া যায়; আকস্মিক সৌভাগ্য

flung ⇨ **fling**[1]-এর past tense এবং past participle

fluorescent / ˌflɔ:ˈresnt; ˌflʊəˈre- ˌফ্লঃˈরেস্‌ন্ট্;

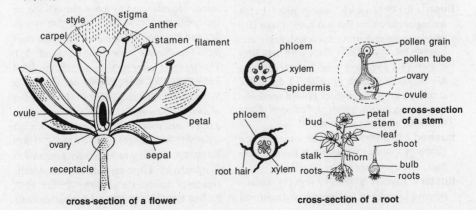

style
stigma
anther
carpel
stamen
filament
ovule
petal
ovary
sepal
receptacle

cross-section of a flower

phloem
xylem
epidermis
pollen grain
pollen tube
ovary
ovule
phloem
root hair
xylem
bud
petal
stem
leaf
shoot
stalk
thorn
roots
bulb
roots

cross-section of a stem

cross-section of a root

ˌফ্লুঅ্যা'রে-/ *adj.* **1** producing a bright white light by radiation যার থেকে বিকিরণের দ্বারা উজ্জ্বল সাদা আলো বিচ্ছুরিত হয়; প্রতিপ্রভ *fluorescent lighting* **2** very bright and easy to see even in the dark; seeming to shine খুব উজ্জ্বল এবং অন্ধকারেও দেখা যায়; মনে হয় যেন চকচক করছে *fluorescent pink paint*

fluoride / ˈflɔːraɪd ˈফ্লঃরাইড্ / *noun* [U] a chemical substance that can be added to water or toothpaste to help prevent bad teeth দাঁত ভালো রাখার জন্য বা তার ক্ষয় রোধের জন্য যে রাসায়নিক পদার্থ জল বা টুথপেস্টের সঙ্গে মেশানো হয়; ফ্লোরাইড

fluorine / ˈflɔːriːn ˈফ্লঃরীন্ / *noun* [U] (*symbol* **F**) a poisonous pale yellow gas হালকা হলুদ রঙের এক জাতীয় বিষাক্ত গ্যাস

flurry / ˈflʌri ˈফ্লারি / *noun* [C] (*pl.* **flurries**) **1** a short time in which there is suddenly a lot of activity আকস্মিক উত্তেজনা, স্বল্পস্থায়ী কর্মচাঞ্চল্য *a flurry of excitement/activity* **2** a sudden short fall of snow or rain আচমকা ঝড়বৃষ্টি বা তুষারপাত

flush[1] / flʌʃ ফ্লাশ্ / *verb* **1** [I] (used about a person or his/her face) to go red (কোনো ব্যক্তি বা তার মুখমণ্ডল সম্বন্ধে ব্যবহৃত) লাল হয়ে যাওয়া, রক্তিমাভা ফুটে ওঠা *Reena flushed and could not hide her embarrassment.*

> **NOTE** **flush** শব্দটির তুলনায় **blush** শব্দটি বেশি প্রচলিত।

2 [T] to clean a toilet by pressing or pulling a handle that sends water into the toilet কোনো হাতলে চাপ দিয়ে বা টেনে জোরে জল প্রবাহিত করে শৌচাগার পরিষ্কার করা **3** [I] (used about a toilet) to be cleaned with a short flow of water (শৌচাগার সম্বন্ধে ব্যবহৃত) জল ঢেলে পরিষ্কৃত হওয়া বা পরিষ্কার করা *The toilet won't flush.* **4** [T] **flush sth away, down, etc.** to get rid of sth in a flow of water জলের তোড়ে অবাঞ্ছিত জিনিস ভাসিয়ে দেওয়া বা ফেলে দেওয়া *You can't flush tea leaves down the sink—they'll block it.*

flush[2] / flʌʃ ফ্লাশ্ / *noun* [C, *usually sing.*] **1** a hot feeling or red colour that you have in your face when you are embarrassed, excited, angry, etc. উত্তেজনা, রাগ, অস্বস্তি ইত্যাদি কারণে মুখের রক্তিম আভা বা উষ্ম অনুভূতি *The harsh words brought a flush to her cheeks.* ○ *a flush of anger* **2** the act of cleaning a toilet with a quick flow of water; the system for doing this দ্রুত জল ঢেলে বর্জ্য পদার্থ পরিষ্কার করার ক্রিয়া; এই ধরনের কাজের ব্যবস্থা

flushed / flʌʃt ফ্লাশ্ট্ / *adj.* with a hot red face রক্তিমাভাযুক্ত মুখমণ্ডল, লালচে আভাযুক্ত *You look very flushed. Are you sure you're all right?*

fluster / ˈflʌstə(r) ˈফ্লাস্ট্যা(র্) / *verb* [T] (*usually passive*) to make sb feel nervous and confused (because there is too much to do or not enough time) কোনো ব্যক্তিকে হতবুদ্ধি এবং বিভ্রান্ত করা (কারণ অনেক কিছু করার আছে কিন্তু তার জন্য যথেষ্ট সময় নেই) *Don't get flustered—there's plenty of time.* ► **fluster** *noun* [*sing.*] হাঁকপাকানি, তাড়াহুড়ো, হৈ হট্টগোল *I always get **in a fluster** before exams.*

flute / fluːt ফ্লুট্ / *noun* [C] a musical instrument like a pipe that you hold sideways and play by blowing over a hole at one side বাঁশি ➪ **music**-এ ছবি দেখো।

flutist / ˈfluːtɪst ˈফ্লুটিস্ট্ / (*AmE*) = **flautist**

flutter[1] / ˈflʌtə(r) ˈফ্লাট্যা(র্) / *verb* **1** [I, T] to move or make sth move quickly and lightly, especially through the air (বিশেষত বাতাসের মধ্যে) দ্রুত এবং হালকাভাবে স্পন্দিত বা আন্দোলিত করা বা হওয়া; ডানা ঝাপটানো *The flags were fluttering in the wind.* ○ *The bird fluttered its wings and tried to fly.* **2** [I] your heart or stomach flutters when you feel nervous and excited উত্তেজনা হলে বা ভয় পেলে হৃৎপিণ্ড বা পাকস্থলী অনিয়মিতভাবে স্পন্দিত হওয়া, পেটের মধ্যে গুরগুর করা

flutter[2] / ˈflʌtə(r) ˈফ্লাট্যা(র্) / *noun* [C, *usually sing.*] **1** the state of being confused, nervous or excited দিশাহারা, ভীত অথবা উত্তেজিত অবস্থা **2** a quick, light movement দ্রুত, হালকা কম্পন *the flutter of wings/eyelids* **3** (*slang*) a bet on a race, etc. (অপপ্রয়োগ) ঘোড়দৌড় ইত্যাদিতে বাজি ধরা *I sometimes **have a flutter** on the horses.*

fluvial / ˈfluːviəl ˈফ্লুভিঅ্যাল্ / *adj.* (*technical*) connected with rivers নদী সংক্রান্ত

flux / flʌks ফ্লাক্স্ / *noun* [C, *usually sing.*, U] (*technical*) a continuous movement বিরামহীন ধারা, অবিরাম প্রবাহ *a flux of neutrons* ○ *magnetic flux*

fly[1] / flaɪ ফ্লাই / *verb* (*pres. part.* **flying;** *3rd person sing. pres.* **flies;** *pt* **flew** / fluː ফ্লু /; *pp* **flown** / fləʊn ফ্ল্যাউন্ /) **1** [I] (used about a bird, insect, aircraft, etc.) to move through the air (পাখি, কীটপতঙ্গ, বিমান ইত্যাদি সম্বন্ধে ব্যবহৃত) ওড়া, উড়ে চলা *This bird has a broken wing and can't fly.* ○ *I can hear a plane flying overhead.* **2** [I, T] to travel or carry sth in an aircraft, etc. বিমান ইত্যাদিতে ভ্রমণ করা বা কিছু বহন করা *My daughter is flying (out) to Singapore next week.* ○ *Supplies of food were flown (in) to the starving people.* **3** [I, T] (used about a pilot) to control an aircraft (বিমানচালক সম্বন্ধে ব্যবহৃত) উড়োজাহাজ চালানো বা তাকে নিয়ন্ত্রণে রাখা *You have to have special training to fly a jumbo jet.* **4** [I] to move quickly or suddenly, especially through the air হঠাৎ আন্দোলিত হওয়া, দ্রুত উড়ে যাওয়া বিশেষত বাতাসে *A large stone came* *flying through the window.* ○ *I slipped and my shopping* ***went flying*** *everywhere.* ○ *Suddenly the door* ***flew open*** *and Ravi came running in.* ○ (*figurative*) *The weekend has just* ***flown by*** *and now it's Monday again.* **5** [I, T] to move about in the air; to make sth move about in the air বাতাসে ওড়া বা পতপত করা; আকাশে ওড়ানো *The flags are flying.* ○ *to fly a flag/kite* ➪ **flight** noun দেখো।

IDM as the crow flies ➪ **crow[1]** দেখো।

fly off the handle (*informal*) to become very angry in an unreasonable way অযৌক্তিকভাবে খুব বেশি রকমের রেগে যাওয়া

let fly (at sb/sth) 1 to shout angrily at sb রেগে গিয়ে চিৎকার করা, কারও উপর গলা চড়িয়ে কথা বলা **2** to hit sb in anger রেগে গিয়ে কাউকে আঘাত করা *She let fly at him with her fists.*

fly[2] / flaɪ ফ্লাই / *noun* [C] **1** (*pl.* **flies**) a small insect with two wings মাছি, মক্ষি *Flies buzzed round the dead cow.* ➪ **insect**-এ ছবি দেখো। **2** (*also* **flies**) [*pl.*] an opening down the front of a pair of trousers that fastens with buttons or another device (**a zip**) and is covered with a narrow piece of material ট্রাউজারের সামনে পাতলা কাপড়ে ঢাকা যে সরু খোলা অংশ বা ফাঁক থাকে বোতাম বা জিপ লাগানোর জন্য

flyer (*also* **flier**) / ˈflaɪə(r) ফ্লাইঅ্যা(র্) / *noun* [C] **1** (*informal*) a person who flies a plane (usually a small one, not a passenger plane) যে ব্যক্তি ছোটো আকারের কোনো বিমান চালায় যা সাধারণত যাত্রীবাহী নয় **2** a person who travels in a plane as a passenger বিমানের যাত্রী *frequent flyers* **3** a thing, especially a bird or an insect, that flies in a particular way পাখি, পতঙ্গ ইত্যাদি যা ওড়ে *Ducks are strong flyers.* **4** a small sheet of paper that advertises a product or an event and is given to a large number of people কোনো উৎপাদন অথবা অনুষ্ঠানের বিজ্ঞাপন বা প্রচারের কাগজ, যা জনসাধারণের মধ্যে বিলি করা হয় **5** (*informal*) a person, an animal or a vehicle that moves very quickly দ্রুতগামী ব্যক্তি, পশু বা কোনো যান

flying / ˈflaɪɪŋ ফ্লাইইং / *adj.* able to fly উড়তে সক্ষম, উড়ন্ত *flying insects*

IDM with flying colours with great success; very well সাফল্যের সঙ্গে, গৌরবের সঙ্গে; খুব ভালোভাবে *Manoj passed the exam with flying colours.*

get off to a flying start to begin sth well; to make a good start ভালোভাবে কোনো কিছু শুরু করা; প্রথমেই দ্রুত গতিতে যাত্রা শুরু করা

flying saucer *noun* [C] a round spacecraft that some people say they have seen and that they believe comes from another planet একধরনের গোলাকৃতি মহাকাশযান অনেকে বলে যে তারা সেটি দেখেছে এবং তাদের বিশ্বাস যে সেটি অন্য গ্রহ থেকে আসে; উড়ন্ত চাকতি

flying visit *noun* [C] a very quick visit অল্প সময়ের জন্য সাক্ষাৎ *I can't stop. This is just a flying visit.*

flyover / ˈflaɪəʊvə(r) ফ্লাইঅ্যাউভ্যা(র্) / (*AmE* **overpass**) *noun* [C] a type of bridge that carries a road over another road উড়াল-পুল

FM / ˌef ˈem ˌএফ্ ˈএম্ / *abbr.* frequency modulation; one of the systems of sending out radio signals বেতার-সংকেত পাঠানোর একটা উপায়; এফ এম

foal / fəʊl ফ্যাউল্ / *noun* [C] a young horse বাচ্চা ঘোড়া ➪ **horse**-এ নোট দেখো।

foam[1] / fəʊm ফ্যাউম্ / *noun* [U] **1** (*also* **foam rubber**) a soft light rubber material that is used inside seats, cushions, etc. নরম, হালকা রবার জাতীয় উপাদান যা বসার আসন, কুশন ইত্যাদিতে ব্যবহৃত হয়; ফোম *a foam mattress* **2** a mass of small air bubbles that form on the surface of a liquid তরল পদার্থের উপরকার বুদ্‌বুদ; ফেনা, গাঁজলা *white foam on the tops of the waves* **3** an artificial substance that is between a solid and a liquid and is made from very small bubbles (ছোটো ছোটো বুদ্‌বুদ থেকে তৈরি কঠিন ও তরলের মাঝামাঝি কোনো পদার্থ) কৃত্রিম ফেনা, গাঁজলা *shaving foam*

foam[2] / fəʊm ফ্যাউম্ / *verb* [I] to produce foam ফেনা সৃষ্টি করা, ফেনাযুক্ত হওয়া, ফেনা করা *We watched the foaming river below.*

fob / fɒb ফব্ / *verb* (**fobbing; fobbed**)

PHR V fob sb off (with sth) 1 to try to stop sb asking questions or complaining by telling him/her sth that is not true প্রশ্নকারী বা অনুযোগকারী ব্যক্তিকে থামানোর চেষ্টায় কোনো অসত্য কিছু বলে দেওয়া *Don't let them fob you off with any more excuses.* **2** to try to give sb sth that he/she does not want কাউকে ইচ্ছার বিরুধে কোনো জিনিস গছানো *Don't try to fob me off with that old car—I want a new one.*

focal / ˈfəʊkl ˈফ্যাউক্‌ল্ / *adj.* (*only before a noun*) central; very important; connected with or providing a focus কেন্দ্রীয়; খুবই গুরুত্বপূর্ণ; ফোকাস দেওয়ার সঙ্গে সংযুক্ত বা সেই সংক্রান্ত

focal length *noun* [C] (*technical*) the distance between the centre of a mirror or a **lens** and its **focus** আয়না কেন্দ্রবিন্দু বা লেন্সের থেকে তার ফোকাসের দূরত্ব; ফোকাস-দৈর্ঘ্য ➪ **lens**-এ ছবি দেখো।

focal point *noun* **1** [*sing.*] the centre of interest or activity কোনো আগ্রহ বা কর্মের মূলকেন্দ্র, প্রধান কেন্দ্রস্থল **2** [C] (*technical*) = **focus² 2** ➪ **lens**-এ ছবি দেখো।

focus¹ / ˈfəʊkəs ˈফ্যাউক্যাস্ / *verb* [I, T] (**focusing; focused** or **focussing; focussed**) **focus (sth) (on sth) 1** to give all your attention to sth কোনো কিছুতে পূর্ণ মনোযোগ দেওয়া *to focus on a problem* **2** (used about your eyes or a camera) to change or be changed so that things can be seen clearly (চোখ অথবা ক্যামেরা সম্বন্ধে ব্যবহৃত) ভালোভাবে বা পরিষ্কারভাবে দেখতে পাওয়ার জন্য পরিবর্তন করা বা পরিবর্তিত হওয়া *Gradually his eyes focused.* ○ *I focused (the camera) on the person in the middle of the group.*

focus² / ˈfəʊkəs ˈফ্যাউক্যাস্ / *noun* [C] (*pl.* **focuses** or **foci** / ˈfəʊsaɪ ˈফ্যাউসাই /) **1** [*usually sing.*] the centre of interest or attention; special attention that is given to sb/sth মনোযোগের বা আগ্রহের কেন্দ্রস্থল; কোনো ব্যক্তির বা বস্তুর প্রতি প্রদত্ত বিশেষ মনোযোগ *The school used to be the focus of village life.* **2** (*also* **focal point**) (*technical*) a point at which rays or waves of light, sound, etc. meet after **reflection** or **refraction;** the point from which rays or waves of light, sound, etc. seem to come প্রতিফলন বা প্রতিসরণের পরে যে বিন্দুতে আলো, শব্দতরঙ্গ ইত্যাদি এসে মেশে; যে বিন্দু থেকে আলো ও শব্দতরঙ্গ ইত্যাদি আসছে বলে মনে হয়

IDM in focus/out of focus (used about a photograph or sth in a photograph) clear/not clear (কোনো ফোটোগ্রাফ সম্পর্কে ব্যবহৃত) স্পষ্ট/ স্পষ্ট নয় *This picture is so badly out of focus that I can't recognize anyone.*

fodder / ˈfɒdə(r) ˈফড্যা(র্) / *noun* [U] food that is given to farm animals গবাদি পশুর খাদ্য; জাব

foe / fəʊ ফ্যাউ / *noun* [C] (*written*) an enemy শত্রু, প্রতিপক্ষ, বৈরী

foetal (*AmE* **fetal**) / ˈfiːtl ˈফীট্‌ল্ / *adj.* (*technical*) connected with or typical of a baby that is still developing in its mother's body মাতৃজঠরে শায়িত শিশুর সঙ্গে যুক্ত বা সেই বিষয়ক; ভ্রূণ

foetus (*AmE* **fetus**) / ˈfiːtəs ˈফীট্যাস্ / *noun* [C] (*pl.* **foetuses; fetuses**) a young human or animal that is still developing in its mother's body মাতৃজঠরে আবদ্ধ মানবশিশু বা অন্য প্রাণীর শাবক যা বিকাশমান

> **NOTE** গর্ভস্থ ভ্রূণ অথবা কোনো প্রাণীর ভ্রূণাবস্থাকে **embryo** বলা হয়।

fog / fɒg ফগ্ / *noun* [U, C] thick white cloud that forms close to the land or sea. Fog makes it difficult for us to see ভূখণ্ড বা সমুদ্রের কাছে যে ঘন সাদা মেঘের সৃষ্টি হয়। কুয়াশায় দৃষ্টি আচ্ছন্ন হয়ে যায়; কুহেলিকা, কুজ্‌ঝটিকা *Patches of dense fog are making driving dangerous.* ○ *Bad fogs are common in late December.*

> **NOTE** **Mist**-এর তুলনায় **fog** বেশি ঘন হয়। প্রচণ্ড গরমের জন্য **haze**-এর সৃষ্টি হয় এবং পরিবেশ দূষণের কারণে **smog** দেখা যায়। ➪ **weather**-এ নোট দেখো।

foggy / ˈfɒgi ˈফগি / *adj.* (**foggier; foggiest**) used to describe the weather when there is fog কুয়াশাচ্ছন্ন

IDM not have the faintest/foggiest (idea) ➪ **faint¹** দেখো।

foil¹ / fɔɪl ফইল্ / *noun* **1** [U] (*also* **tinfoil**) metal that has been made into very thin sheets, used for putting around food খুব পাতলা ধাতুর পাত; তবক (খাবারের জন্য ব্যবহৃত) *aluminium foil* **2** [C] a long, thin, pointed weapon used in a type of fighting sport (**fencing**) তরোয়ালের খেলায় ব্যবহৃত লম্বা, পাতলা, ছুঁচোলো তলোয়ার

foil² / fɔɪl ফইল্ / *verb* [T] to prevent sb from succeeding, especially with a plan; to prevent a plan from succeeding কাউকে সাফল্য লাভ থেকে আটকানো (বিশেষত কোনো পরিকল্পনার দ্বারা) কোনো পরিকল্পনা বা কাজ ভেস্তে দেওয়া *The prisoners were foiled in their attempt to escape.*

foist / fɔɪst ফইস্ট্ / *verb*

PHR V foist sth on/upon sb to force sb to accept sth that he/she does not want আপত্তি সত্ত্বেও কাউকে কিছু জোর করে গ্রহণ করতে বাধ্য করা

fold¹ / fəʊld ফ্যাউল্ড্ / *verb* **1** [T] **fold sth (up)** to bend one part of sth over another part in order to make it smaller, tidier, etc. ভাঁজ করা; ছোটো করে, সুন্দর করে মোড়া *He folded the letter into three before putting it into the envelope.* ○ *Fold up your clothes neatly, please.* ✪ বিপ **unfold 2** [I] **fold (up)** to be able to be made smaller in order to be carried or stored more easily সহজে বহন করা বা গুছিয়ে রাখার জন্য কোনো বস্তুকে ছোটো করে ভাঁজ করতে পারা *This table folds up flat.* ○ *a folding bed* **3** [T] **fold A in B; fold B round/over A** to put sth around sth else অন্য কিছু দিয়ে কোনো কিছু জড়িয়ে রাখা *I folded the photos in a sheet of paper and put them away.* **4** [I] (used about a business, a play in the theatre, etc.) to close because it is a failure (কোনো ব্যাবসা বা মঞ্চে চলা নাটক ইত্যাদি সম্বন্ধে ব্যবহৃত) সফল না হওয়ার জন্য বন্ধ করে দেওয়া, ভালোভাবে না চলায় বন্ধ হয়ে যাওয়া

IDM cross/fold your arms ➪ **arm¹** দেখো।

fold² / fəʊld ফ্যাউল্ড্ / *noun* [C] **1** the mark or line where sth has been folded ভাঁজের দাগ; বলি **2** a curved shape that is made when there is more material, etc. than is necessary to cover sth ভাঁজ, পাট *the folds of a dress/curtain* **3** a small area inside a fence where sheep are kept together in a field ভেড়ার খোঁয়াড়

folder / ˈfəʊldə(r) ˈফ্যাউলড্যা(র্) / *noun* [C] **1** a cardboard or plastic cover that is used for holding papers, etc. কাগজপত্র ইত্যাদি রাখার প্লাস্টিকের মোড়ক বা মোটা কাগজের ভাঁজ করা খাপ; ফোল্ডার ➪ **stationery**-তে ছবি দেখো। **2** a collection of information or files on one subject that is stored in a computer or on a disk কম্পিউটারে বা কোনো ডিস্কে সংরক্ষিত কোনো বিষয়ের উপর সংগৃহীত তথ্য বা ফাইল

foliage / ˈfəʊliɪdʒ ˈফ্যাউলিইজ্ / *noun* [U] (*formal*) all the leaves of a tree or plant কোনো গাছের সমস্ত পাতা; পত্ররাজি, পর্ণরাজি

folic acid / ˌfɒlɪk ˈæsɪd ˌফলিক্ ˈঅ্যাসিড্ / *noun* [U] a natural substance that is found in green vegetables, and certain types of meat, for example **liver** and **kidneys**. We must eat this substance so that our bodies can produce red blood cells প্রধানত সবুজ শাক ও সবজিতে এবং মাংসে (যেমন যকৃৎ এবং বৃক্ক) প্রাপ্ত প্রাকৃতিক পদার্থ (যা মানবদেহে লোহিত কণিকা উৎপন্ন করার পক্ষে অত্যন্ত প্রয়োজনীয়) ফোলিক অ্যাসিড

folio / ˈfəʊliəʊ ˈফ্যাউলিঅ্যাউ / *noun* [C] (*pl.* **folios**) **1** a book made with large sheets of paper, especially as used in early printing এক ভাঁজ-করা বড়ো কাগজ, মুদ্রণের আদি যুগে এই কাগজে বই ছাপা হত **2** (*technical*) a single sheet of paper from a book numbered on one side কোনো বইয়ের একটি সংখ্যা-চিহ্নিত পাতা **3** printing a page number on the pages of a book বই-এর পাতায় পৃষ্ঠা সংখ্যার ছাপ বা মুদ্রণ

folk¹ / fəʊk ফ্যাউক্ / *noun* **1** (*AmE* **folks**) [*pl.*] (*informal*) people in general জনসাধারণ, লোক *Some folk are never satisfied.* **2** [*pl.*] a particular type of people বিশেষ ধরনের লোক *Old folk often don't like change.* ○ *country folk* **3 folks** [*pl.*] (*informal*) used as a friendly way of addressing more than one person একের বেশি ব্যক্তিকে ভদ্র বা বন্ধুত্বপূর্ণভাবে সম্বোধন করার জন্য ব্যবহৃত অভিব্যক্তিবিশেষ *What shall we do today, folks?* **4 folks** [*pl.*] (*informal*) your parents or close relatives পিতামাতা বা অতি নিকটাত্মীয় *How are your folks?* **5** [U] (*also* **folk music**) music in the traditional style of a country or community কোনো দেশ বা সম্প্রদায়ের ঐতিহ্যপূর্ণ সংগীতশৈলী; লোকগীতি, লোকসংগীত *Do you like Irish folk?*

folk² / fəʊk ফ্যাউক্ / *adj.* traditional in a community; of a traditional style কোনো সম্প্রদায়ের লোকপরম্পরাগত, লোকঐতিহ্য অনুসারী *Bihu is a folk dance of Assam.* ○ *folk music* ○ *a folk song*

folklore / ˈfəʊklɔː(r) ˈফ্যাউক্ল:(র্) / *noun* [U] traditional stories and beliefs লোকগাথা, লোককাহিনি এবং লোকবিশ্বাস

follicle / ˈfɒlɪkl ˈফলিক্ল্ / *noun* [C] one of the very small holes in the skin which hairs grow from চুলের গ্রন্থিকোষ

follow / ˈfɒləʊ ˈফল্যাউ / *verb* **1** [I, T] to come, go or happen after sb/sth কোনো ব্যক্তি বা বস্তুকে অনুসরণ করা *You go first and I'll follow (on) later.* ○ *The dog followed her (around) wherever she went.* ○ *I'll have soup followed by spaghetti.* **2** [T] to go along a road, etc.; to go in the same direction as sth কোনো রাস্তা ইত্যাদি ধরে যাওয়া; একই মুখে যাওয়া (কোনো কিছু লক্ষ্য করে) *Follow this road for a mile and then turn right at the post office.* ○ *The road follows the river for a few kilometres.* **3** [T] to do sth or to happen according to instructions, an example, what is usual, etc. কোনো উদাহরণ বা নমুনা, নির্দেশ, সাধারণ নিয়ম ইত্যাদি মেনে চলা বা সেইমতো ঘটা *When lighting fireworks, it is important to* ***follow the instructions*** *carefully.* ○ *The day's events followed the usual pattern.* **4** [I, T] to understand the meaning of sth কোনো কিছুর অর্থ বোঝা, অনুধাবন করা *The children couldn't follow the plot of that film.* **5** [T] to keep watching or listening to sth as it happens or develops কোনো কিছুর ক্রমপরিণতি বা বিকাশের গতির প্রতি লক্ষ রাখা বা সেই সম্বন্ধে সজাগ থাকা *The film follows the career of a young dancer.* ○ *Have you been following the tennis champion-ships?* **6** [I] **follow (on) (from sth)** to be the logical result of sth; to be the next logical step after sth কোনো কিছুর যুক্তিসংগত ফল হওয়া; কোনো কিছুর পরবর্তী ধাপ ঠিক হওয়া *It doesn't follow that old people can't lead active lives.* ○ *Intermediate Book One follows on from Elementary Book Two.*

IDM **a hard act to follow** ➪ **hard¹** দেখো।

as follows used for introducing a list কোনো তালিকা দেওয়ার আগে ব্যবহৃত হয়—*The names of the successful candidates are as follows...*

follow in sb's footsteps to do the same job as sb else who did it before you কোনো ব্যক্তির পদানুসরণ করা, আগের জন যে কাজ করেছে ঠিক তাই করা *He followed in his father's footsteps and joined the army.*

F

follow sb's example/lead to do what sb else has done or decided to do কারও দৃষ্টান্ত দেখে কাজ করা বা তাকে অনুসরণ করা

follow suit to do the same thing that sb else has just done অন্যে যা করেছে ঠিক তাই করা

follow your nose to go straight forward সোজা সামনে এগিয়ে যাওয়া, নাকবরাবর যাওয়া

PHR V **follow sth through** to continue doing sth until it is finished শেষ না হওয়া পর্যন্ত কাজটি করে যাওয়া

follow sth up **1** to take further action about sth কোনো বিষয়ে আগের কাজের পরে বা তার জের টেনে আরও কাজ করা *You should follow up your letter with a phone call.* **2** to find out more about sth কোনো ব্যাপারে আরও জানা *We need to follow up the story about the school.*

follower / ˈfɒləʊə(r) ˈফল্যাউঅ্যা(র্) / *noun* [C] a person who follows or supports a person, belief, etc. (ব্যক্তি, বিশ্বাস ইত্যাদির) অনুগামী, অনুসরণকারী

following[1] / ˈfɒləʊɪŋ ˈফল্যাউইং / *adj.* **1** next (in time) পরবর্তী (সময়ে) *He became ill on Sunday and was hospitalized the following day.* **2** that are going to be mentioned next পরবর্তীকালে যা উল্লেখ করা হবে; মিটিং-এ আলোচনার পরবর্তী যে বিষয় *Please could you bring the following items to the meeting...*

following[2] / ˈfɒləʊɪŋ ˈফল্যাউইং / *noun* **1** [*sing.*] a group of people who support or admire sth (কোনো কিছুর) অনুরাগী সমর্থকের দল *The Brazilian soccer team has a large following all over the world.* **2 the following** [*pl.*] the people or things that are going to be mentioned next পরবর্তীকালে উল্লেখনীয় বিষয় বা ব্যক্তি *The following are the winners of the competition...*

following[3] / ˈfɒləʊɪŋ ˈফল্যাউইং / *prep.* after; as a result of পরে; পরিণামে, ফলে *Following the riots many students have been arrested.*

follow-up *noun* [C] something that is done as a second stage to continue or develop sth কোনো কিছুর বিকাশ ঘটানোর দ্বিতীয় পর্যায় হিসেবে কৃত; পরবর্তী ধাপ *As a follow-up to the television series, the BBC is publishing a book.*

folly / ˈfɒli ˈফলি / *noun* [C, U] (*pl.* **follies**) (*formal*) an act that is not sensible and may have a bad result কাণ্ডজ্ঞানহীন কাজ; নির্বুদ্ধিতা *It would be folly to ignore their warnings.*

foment / fəʊˈment ফ্যাউˈমেন্ট্ / *verb* [T] (*formal*) to cause trouble or violence and make people fight each other or the government হিংসা অথবা বিদ্রোহ ছড়ানো এবং মানুষকে সরকার অথবা অন্যদের বিরুদ্ধে প্ররোচিত করা *They were accused of fomenting political unrest.* ✪ সম **incite**

fond / fɒnd ফন্ড্ / *adj.* **1** (*not before a noun*) **fond of sb/sth; fond of doing sth** liking a person or thing, or liking doing sth কোনো ব্যক্তি বা বস্তুর প্রতি আসক্ত, কোনো কাজের অনুরাগী *Elephants are very fond of bananas.* ○ *I'm not very fond of getting up early.* ○ *Teachers often **grow fond** of their students.* **2** (*only before a noun*) kind and loving দয়ালু এবং স্নেহপরায়ণ *I have **fond memories** of my grandmother.*

fondle / ˈfɒndl ˈফন্ড্ল্ / *verb* [T] to touch sb/sth gently in a loving or sexual way কোনো ব্যক্তি বা বস্তুকে আদর করা বা প্রেমপূর্ণভাবে স্পর্শ করা

fondly / ˈfɒndli ˈফন্ড্লি / *adv.* in a loving way সপ্রেমে, সস্নেহে *Mrs Datta will be fondly remembered by all her former students.*

fondness / ˈfɒndnəs ˈফন্ড্ন্যাস্ / *noun* [U, *sing.*] **(a) fondness (for sb/sth)** a liking for sb/sth (কোনো ব্যক্তি বা বস্তুর প্রতি) ভালোবাসা, টান, পছন্দ *I've always had a fondness for cats.* ○ *My grandmother talks about her schooldays **with fondness**.*

font / fɒnt ফন্ট্ / *noun* [C] (*computing*) the particular shape and style of a set of letters that are used in printing, on a computer screen, etc. মুদ্রণের সময়ে, কম্পিউটারের পর্দার উপর ইত্যাদিতে ব্যবহৃত হয় এরকম একজাতীয় বর্ণ বা অক্ষরসমূহের নির্দিষ্ট আকার এবং শৈলী; ফন্ট

food / fu:d ফূড্ / *noun* **1** [U] something that people or animals eat খাদ্য, খাবার *Food and drink will be provided after the meeting.* ○ *There is a shortage of food in some areas.* **2** [C, U] a particular type of food that you eat বিশেষ কোনো ধরনের খাবার *My favourite food is pasta.* ○ *Have you ever had Japanese food?* ○ *baby food* ○ *dog food* ○ *health foods*

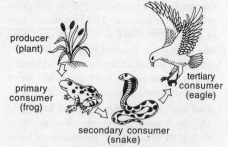

producer
(plant)
primary
consumer
(frog)
secondary consumer
(snake)
tertiary
consumer
(eagle)

food chain

food chain *noun* [C] a series of organisms in which each creature eats the one below it in the series and becomes a source of food for the organisms above it সজীব বস্তুসমূহের পর্যায়ক্রম বা পর্যায়ক্রমিক শৃঙ্খল যাতে অগ্রবর্তী প্রাণী নিম্নস্থ প্রাণীকে খাদ্য হিসেবে গ্রহণ করে এবং তার নিজের থেকে অগ্রবর্তী প্রাণীর খাদ্যের উৎসে পরিণত হয়; খাদ্যশৃঙ্খল; খাবারের জন্য পরস্পরের উপর নির্ভরশীল প্রাণীসমূহ

food poisoning *noun* [U] an illness that is caused by eating food that is bad পচা বা খারাপ খাদ্য গ্রহণের ফলে যে অসুস্থতা দেখা দেয়

food processor *noun* [C] an electric machine that can mix food and also cut food into small pieces যে বৈদ্যুতিক যন্ত্রের সাহায্যে নানাধরনের খাদ্যদ্রব্য মেশানো যায় এবং প্রয়োজনমতো ছোটো ছোটো টুকরো করে কেটেও নেওয়া যায়; ফুড প্রসেসর ⇨ **kitchen**-এ ছবি দেখো।

foodstuff / ˈfuːdstʌf ˈফুড়স্টাফ্ / *noun* [C, *usually pl.*] a substance that is used as food খাদ্যদ্রব্য There has been a sharp rise in the cost of basic foodstuffs.

food web *noun* [C] a system of **food chains** that are related to and dependent on each other খাদ্যশৃঙ্খল ব্যবস্থা যা একে অপরের সঙ্গে জড়িত এবং পরস্পর নির্ভরশীল

fool¹ / fuːl ফুল্ / *noun* [C] a person who is silly or who acts in a silly way বোকা, নির্বোধ, মূর্খ I felt such a fool when I realized my mistake. ⇨ **April Fool** দেখো।

IDM make a fool of sb/yourself to make sb/yourself look foolish or silly এমন কাজ করা যাতে সকলে বোকা ভাবে Akhil got caught while lying and made a complete fool of himself.

fool² / fuːl ফুল্ / *verb* **1** [T] **fool sb (into doing sth)** to trick sb কোনো ব্যক্তিকে বোকা বানানো; ঠকানো Don't be fooled into believing everything that the salesman says. **2** [I] to speak without being serious গুরুত্বহীন বা ছেঁদো কথা বলা, এমনি এমনি বলা You didn't really believe me when I said I was going to America, did you? I was only fooling.

PHRV fool about/around to behave in a silly way বোকার মতো আচরণ করা Stop fooling around with that knife or someone will get hurt!

foolhardy / ˈfuːlhɑːdi ˈফুল্হাঃডি / *adj.* taking unnecessary risks দুঃসাহসী, হঠকারী

foolish / ˈfuːlɪʃ ˈফুলিশ্ / *adj.* **1** silly; not sensible বোকা, নির্বোধ; বিচারবুদ্ধিহীন I was foolish enough to trust him. **2** looking silly or feeling embarrassed হাস্যকর অথবা অপ্রস্তুত লাগা I felt a bit foolish when I couldn't remember the man's name.

▶ **foolishly** *adv.* বোকার মতো, নির্বোধের মতো I foolishly agreed to lend him money.

▶ **foolishness** *noun* [U] বোকামো, নির্বুদ্ধিতা

foolproof / ˈfuːlpruːf ˈফুল্প্রুফ্ / *adj.* not capable of going wrong or being wrongly used অপব্যবহার করার অথবা ভুলভাবে ব্যবহৃত হওয়ার সম্ভাবনা নেই এমন Our security system is absolutely foolproof.

foot¹ / fʊt ফুট্ / *noun* (*pl.* **feet** / fiːt ফীট্ /) **1** [C] the lowest part of the body, at the end of the leg, on which a person or animal stands পায়ের পাতা to get/rise to your feet (= stand up) o I usually go to school on foot (= walking). o a foot brake/pedal/pump (= one that is operated by your foot) **2** **-footed** (*used to form compound adjectives and adverbs*) having or using the type of foot or number of feet mentioned কোন পা বা কি প্রকারের পা ব্যবহার করা হচ্ছে বা কটি পা উল্লেখ করা হয়েছে তা বোঝাতে ব্যবহৃত হয় There are no left-footed players in the team. o a four-footed creature **3** [C] the part of a sock, etc. that covers the foot মোজার অংশ ইত্যাদি যার দ্বারা পা ঢাকা থাকে **4** [*sing.*] **the foot of sth** the bottom of sth কোনো বস্তুর পায়া, পাদদেশ, নীচের অংশ There's a note at the foot of the page. o the foot of the stairs o the foot of the bed ♦ বিপ **top** **5** [C] (*abbr.* **ft**) measurement of length; 30.48 centimetres দৈর্ঘের মাপ; ৩০.৪৮ সেন্টিমিটার 'How tall are you?' 'Five foot six (inches).' o a six-foot high wall

IDM back on your feet completely healthy again after an illness or a time of difficulty অসুস্থতা বা দুঃসময়ের পরে পুনরায় সম্পূর্ণরূপে সুস্থতা লাভ হয়েছে এমন

be rushed/run off your feet to be extremely busy; to have too many things to do অত্যন্ত ব্যস্ত থাকা; একসঙ্গে অনেক কাজ হাতে থাকা Over the end of the year we were rushed off our feet at work.

fall/land on your feet to be lucky in finding yourself in a good situation, or in getting out of a difficult situation ভাগ্যবান হওয়া (ভালো কোনো পরিস্থিতি পাওয়া বা বিপদ কাটিয়ে ভালো অবস্থায় ফিরে আসা)

find your feet ⇨ **find¹** দেখো।

get/have cold feet ⇨ **cold¹** দেখো।

get/start off on the right/wrong foot (with sb) (*informal*) to start a relationship well/badly ভালোভাবে/খারাপভাবে কোনো সম্পর্ক শুরু করা

have one foot in the grave (*informal*) to be so old or ill that you are not likely to live much longer এমনভাবে জরাগ্রস্ত বা অসুস্থ যে দীর্ঘদিন বাঁচার আশা নেই এমন; তিনকাল গিয়ে এককালে ঠেকা

put your foot down (*informal*) to say firmly that sth must (not) happen দৃঢ়ভাবে, জোর দিয়ে আপত্তি

জানানো, প্রতিবাদ করা *I put my foot down and told Amit he couldn't use our car any more.*

put your foot in it (*informal*) to say or do sth that makes sb embarrassed or upset এমন মন্তব্য করা বা কোনো কিছু করা যাতে অন্যের অপ্রস্তুত বা খারাপ লাগতে পারে

put your feet up to sit down and relax, especially with your feet off the floor and supported পা ছড়িয়ে বিশ্রাম করা *I'm so tired that I just want to go home and put my feet up.*

set foot in/on sth ⇨ **set¹** দেখো।

stand on your own (two) feet to take care of yourself without help; to be independent স্বাবলম্বী হওয়া, নিজের পায়ে দাঁড়ানো; স্বনির্ভর হওয়া

under your feet in the way; stopping you from working, etc. বাধাস্বরূপ; কাজ ইত্যাদিতে বাধার সৃষ্টি করে এমন *Would somebody get these children out from under my feet and take them to the park?*

foot² / fʊt ফুট্ / *verb*

IDM foot the bill (for sth) to pay (for sth) (কোনো কিছুর) বিল বা দেয় পাওনা শোধ করা

footage / ˈfʊtɪdʒ ˈফুটিজ্ / *noun* [U] part of a film showing a particular event কোনো বিশেষ ঘটনার অংশ সম্বলিত সিনেমার অংশবিশেষ *The documentary included footage of the assassination of Kennedy.*

football / ˈfʊtbɔːl ˈফুট্বঃল্ / *noun* **1** (*also* **soccer**) [U] a game that is played by two teams of eleven players who try to kick a round ball into a goal প্রতি দলে এগারোজন করে খেলোয়াড় সম্বলিত দুটি দলের খেলা। এই খেলায় খেলোয়াড়েরা পা-দিয়ে গোলে বল মারার চেষ্টা করে; ফুটবল খেলা *a football pitch/match*

> **NOTE** মার্কিন যুক্তরাষ্ট্রে যেহেতু **football** বলতে **American football** বোঝায় তাই ওদেশে **football**-এর পরিবর্তে **soccer** শব্দটি ব্যবহৃত হয়।

2 [C] the large round ball that is used in this game ফুটবল খেলায় ব্যবহৃত বল

footballer / ˈfʊtbɔːlə(r) ˈফুটব:ল্যা(র্) / *noun* [C] a person who plays football ফুটবল খেলোয়াড় *a talented footballer*

footbridge / ˈfʊtbrɪdʒ ˈফুট্ব্রিজ্ / *noun* [C] a narrow bridge used only by people who are walking পথচারীদের জন্য নির্মিত সেতু, শুধু হেঁটে যাওয়া যায় এমন সেতু; সাঁকো

foothills / ˈfʊthɪlz ˈফুট্হিল্জ্ / *noun* [*pl.*] hills or low mountains at the base of a higher mountain or line of mountains উচ্চতর পর্বত অথবা পর্বতশ্রেণির পাদদেশে অবস্থিত ছোটো পাহাড় বা পাহাড়ের সারি

foothold / ˈfʊthəʊld ˈফুট্হ্যাউল্ড্ / *noun* [C] a place where you can safely put your foot when you are climbing কোথাও চড়ার সময়ে নিরাপদে পা রাখার জায়গা (*figurative*) *We need to get a foothold in the soap market.*

footing / ˈfʊtɪŋ ˈফুটিং / *noun* [*sing.*] **1** being able to stand firmly on a surface কোনো কিছুর উপরিতলে দৃঢ়ভাবে দাঁড়ানো যায় এমন *Climbers usually attach themselves to a rope in case they* ***lose their footing****.* ○ (*figurative*) *The company is now* ***on a firm footing*** *and should soon show a profit.* **2** the level or position of sb/sth (in relation to sb/sth else) (অন্য কোনো ব্যক্তি বা বস্তুর তুলনায়) কোনো ব্যক্তি বা বস্তুর স্তর বা অবস্থান *to be* ***on an equal footing*** *with sb*

footnote / ˈfʊtnəʊt ˈফুট্ন্যাউট্ / *noun* [C] an extra piece of information that is added at the bottom of a page in a book বইয়ের পাতায় নীচে দেওয়া অতিরিক্ত তথ্য; পাদটীকা

footpath / ˈfʊtpɑːθ ˈফুট্পা:থ্ / *noun* [C] a path for people to walk on পায়ে হাঁটার পথ; ফুটপাথ *a public footpath*

footprint / ˈfʊtprɪnt ˈফুট্প্রিন্ট্ / *noun* [C] a mark that is left on the ground by a foot or a shoe পায়ের ছাপ, জুতো পরা পায়ের ছাপ ⇨ **track** দেখো।

footstep / ˈfʊtstep ˈফুট্স্টেপ্ / *noun* [C] the sound of sb walking কারও পদক্ষেপ বা পা ফেলার শব্দ *I heard his footsteps in the hall.*

IDM follow in sb's footsteps ⇨ **follow** দেখো।

footwear / ˈfʊtweə(r) ˈফুট্উএঅ্যা(র্) / *noun* [U] boots or shoes বুট জুতো; পাদুকা

for¹ / fə(r); *strong form* fɔː(r) ফ্যা(র্); *প্রবল রূপ* ফ:(র্) / *prep.* **1** showing the person that will use or have sth জন্য, নিমিত্ত, হেতু *Here is a letter for you.* ○ *He made lunch for them.* ○ *It's a book for children.* **2** in order to do, have or get sth কিছু করা, থাকা বা পাওয়ার জন্য *What did you do that for* (= why did you do that)*?* ○ *Do you learn English for your job or for fun?* ○ *to go for a walk/swim/drink* **3** in order to help sb/sth কাউকে বা কিছুকে কোনো সাহায্য করার জন্য *What can I do for you?* ○ *You should take some medicine for your cold.* ○ *Doctors are fighting for his life.* **4** in support of (sb/sth) কোনো ব্যক্তি বা বস্তুর সমর্থনে, সহায়তায় *Are you for or against shops opening on Sundays?* **5** meaning sth or representing sb/sth কোনো কিছুর অর্থ বা তাৎপর্য অনুযায়ী অথবা কোনো ব্যক্তি বা বস্তুর প্রতিনিধি হিসেবে *What's the 'C' for in 'BBC'?* ○ *What's the Russian for 'window'?* **6** showing the place that sb/sth will go to উদ্দেশ্যে, সেই দিকে, অভিমুখে *Is this the train for Kanpur?* ○ *They set off for the shops.* **7** (showing a reason) as a result of (কারণ দেখিয়ে) এই জন্য, এই কারণে *Sheila didn't want to come for some reason.* ○ *He was sent to prison for robbery.* **8** (showing the price or value of sth) in exchange for মূল্য স্বরূপ; বিনিময়ে *You get one point for each correct answer.* ○ *The officer was accused of giving secret information for cash.* **9** showing a length of time এতটা সময় ধরে; ব্যাপিয়া *I'm going away for a few days.* ○ *for a while/a long time/ages* ○ *They have left the town **for good*** (= they will not return).

NOTE নির্দিষ্ট কোনো সময় উল্লেখ করে তার সঙ্গে **since** শব্দটি ব্যবহার করা হয় এই বোঝানোর জন্য যে সেই কাজটি কবে শুরু হয়েছিল—*He has been in London since 1975.* **Ago** শব্দটি কোনো কিছুর আরম্ভ বোঝানোর জন্য ব্যবহৃত হয়—*He went to London thirty years ago.*

10 showing how many times sth has happened কতবার বলা হয়েছে বা করা হয়েছে তা বোঝাতে ব্যবহৃত অভিব্যক্তিবিশেষ *I'm warning you for the last time.* ○ *I met him for the second time yesterday.* **11** at a particular, fixed time কোনো নির্দিষ্ট সময়ে *What did they give you for your birthday?* ○ *Shall we have eggs for breakfast?* **12** showing a distance দূরত্ব বোঝাতে ব্যবহৃত অভিব্যক্তিবিশেষ *He walked for five kilometers.* **13** (*after an adjective*) showing how usual, suitable, difficult, etc. sb/sth is in relation to sb/sth else অন্য কোনো ব্যক্তি বা বস্তুর তুলনায় কোনো কিছু বা কেউ সাধারণ, মানানসই, কঠিন ইত্যাদি বোঝাতে ব্যবহৃত অভিব্যক্তিবিশেষ *She's tall for her age.* ○ *It's quite warm for January.*

IDM be (in) for it (*informal*) to be going to get into trouble or be punished বিপদে পড়া বা শাস্তি পাওয়ার সম্ভাবনা থাকা *If you arrive late again you'll be in for it.*

for all in spite of এ সব সত্ত্বেও, তা সত্ত্বেও *For all his money, he's a very lonely man.*

for ever ➪ **forever 1** দেখো।

for[2] / fə(r); *strong form* fɔ:(r) ফ্যা(র্); *প্রবল রূপ* ফ:(র্) / *conj.* (*formal*) because এই কারণে, এই জন্য, কারণ, যেহেতু *The children soon lost their way, for they had never been in the forest alone before.*

forage[1] / ˈfɒrɪdʒ ˈফরিজ্ / *verb* [I] **forage (for sth)** (used about animals) to search for food (পশুর সম্বন্ধে ব্যবহৃত) খাদ্য সন্ধান করা

forage[2] / ˈfɒrɪdʒ ˈফরিজ্ / *noun* [U] plants that are grown as food for horses and cows ঘোড়া ও গবাদি পশুর খাদ্য হিসেবে যেসকল উদ্ভিদ উৎপন্ন করা হয়; পশুখাদ্যের ফসল

forbid / fəˈbɪd ফ্যাˈবিড্ / *verb* [T] (*pres. part.* **forbidding**; *pt* **forbade** / fəˈbæd ফ্যাˈব্যাড্ /; *pp* **forbidden** / fəˈbɪdn ফ্যাˈবিড্‌ন্ /) **1** (*usually passive*) to not allow sth কোনো কিছু নিষেধ করা, বারণ করা, বাধা দেওয়া *Smoking is forbidden inside the building.* **2 forbid sb to do sth** to order sb not to do sth কাউকে কোনো কাজ করতে বাধা দেওয়া, মানা করা *My parents forbade me to see Jeena again.*

forbidding / fəˈbɪdɪŋ ফ্যাˈবিডিং / *adj.* looking unfriendly or frightening ভীতিজনক, ভয়াবহ, বিশ্রী

force[1] / fɔ:s ফ:স্ / *noun* **1** [U] physical strength or power শক্তি, জোর, দৈহিক ক্ষমতা *The force of the explosion knocked them to the ground.* ○ *The police **used force** to break up the demonstration.* **2** [U] power and influence ক্ষমতা এবং প্রভাব *the force of public opinion* **3** [C] a person or thing that has power or influence (ব্যক্তি অথবা বস্তু) প্রভাবশালী, ক্ষমতাবান *Britain is no longer a major force in international affairs.* ○ *The president has been **the driving force** behind the company's success.* **4** [C] a group of people who are trained for a particular purpose বিশেষ উদ্দেশ্যে প্রশিক্ষিত কর্মীদল *a highly trained workforce* ○ *the police force* **5** (*usually pl.*) the soldiers and weapons that an army, etc. has সামরিক বাহিনী ইত্যাদিতে সৈন্যগণ ও তার অস্ত্রশস্ত্রসমূহ *the armed forces* **6** [C, U] (*technical*) a power that can cause change or movement যে শক্তি কোনো পরিবর্তন বা গতির কারণ *the force of gravity* ○ *magnetic/centrifugal force* ➪ **hydraulic**-এ ছবি দেখো। **7** [C, *usually sing.*] a measure of wind strength বায়ুগতি মাপার মাত্রা *a force 9 gale*

IDM bring sth/come into force to start using a new law, etc.; to start being used (নতুন কোনো আইন ইত্যাদি) চালু হওয়া, বা আরোপ করা; ব্যবহৃত হতে শুরু করা *The government want to bring new anti-pollution legislation into force next year.*

force of habit if you do sth from or out of force of habit, you do it in a particular way because you have always done it that way in the past অভ্যাসের বশে বা অভ্যাস দ্বারা তাড়িত এমন

in force 1 (used about people) in large numbers (জনসাধারণ সম্বন্ধে ব্যবহৃত) বিপুল সংখ্যক *The police were present in force at the football match.* **2** (used about a law, rule, etc.) being used (কোনো আইন, নিয়ম ইত্যাদি সম্বন্ধে ব্যবহৃত) ব্যবহার করা হচ্ছে এমন; বর্তমান, চালু *The new speed limit is now in force.*

join forces (with sb) to work together in order to achieve a shared goal একই লক্ষ্য অর্জনের জন্য একত্রে কাজ করা

force² / fɔːs ফ:স্ / *verb* [T] **1 force sb (to do sth); force sb (into sth/doing sth)** to make sb do sth that he/she does not want to do কারও উপর জোর খাটানো, কাউকে বাধ্য করা *She forced herself to speak to him.* ○ *The President was forced into resigning.* **2** to use physical strength to do sth or to move sth কোনো কিছু করা বা কোনো জিনিস সরানোর জন্য শারীরিক শক্তি প্রয়োগ করা, বলপ্রয়োগ করা *The window had been forced (open).* ○ *We had to force our way through the crowd.* **3** to make sth happen when it will not happen naturally যদি স্বাভাবিকভাবে কিছু না ঘটে তখন জোর করে সেটি ঘটানো *to force a smile/laugh* ○ *To force the issue, I gave him until midday to decide.*

IDM **force sb's hand** to make sb do sth that he/she does not want to do, or make him/her do it sooner than intended ইচ্ছের বিরুধে বা নির্দিষ্ট সময়ের আগে কাউকে কিছু করতে বাধ্য করা

forceful / ˈfɔːsfl ˈফ:স্‌ফ্‌ল্ / *adj.* having the power to persuade people মানুষকে বুঝিয়ে সুজিয়ে মানানোর ক্ষমতাসম্পন্ন; জবরদস্ত, জোরালো, শক্তিশালী *He has a very forceful personality.* ○ *a forceful speech*

forceps / ˈfɔːseps ˈফ:সেপ্‌স্ / *noun* [*pl.*] a special instrument that looks like a pair of scissors but is not sharp. Forceps are used by doctors for holding things firmly চিকিৎসকরা ব্যবহার করেন এমন একধরনের ভোঁতা চিমটে বা সাঁড়াশির মতো বস্তু; ফরসেপ *a pair of forceps*

forcible / ˈfɔːsəbl ˈফ:স্যাব্‌ল্ / *adj.* (*only before a noun*) done using (physical) force বলপ্রয়োগ করে বা গায়ের জোরে কৃত *The police made a forcible entry into the building.* ▶ **forcibly** / ˈfɔːsəbli ˈফ:স্যাব্‌লি / *adv.* গায়ের জোরে, জোর করে *The hawkers were forcibly removed by the police.*

ford / fɔːd ফ:ড্ / *noun* [C] a place in a river where you can walk or drive across because the water is not deep নদীর সেই অংশ যেখানে জল কম থাকায় হেঁটে বা গাড়িতে করে পার হওয়া যায়

fore¹ / fɔː(r) ফ:(র্) / *noun*

IDM **be/come to the fore** to be in or get into an important position so that you are noticed by people বিশিষ্ট বা অগ্রণী ভূমিকা নেওয়া যাতে লোকের চোখে পড়ে

fore² / fɔː(r) ফ:(র্) / *adj.* (*only before a noun*) *adv.* (*technical*) at, near or towards the front of a ship or an aircraft জাহাজ বা বিমানের সামনের দিকে বা তার কাছে ➪ **aft** দেখো।

fore- / fɔː ফ:/ *prefix* (*in nouns and verbs*) **1** before; in advance আগে, সামনে; অগ্রবর্তী *foreword* ○ *foretell* **2** in front of সামনে, সম্মুখে *the foreground of the picture*

forearm / ˈfɔːrɑːm ˈফ:র্‌আ:ম্ / *noun* [C] the lower part of your arm হাতের কনুই থেকে আঙুলের ডগা পর্যন্ত বা কবজি পর্যন্ত ➪ **body**-তে ছবি দেখো।

forebear (*also* **forbear**) / ˈfɔːbeə(r) ˈফ:বেঅ্যা(র্) / *noun* [C, *usually pl.*] (*formal*) a person in your family who lived a long time before you পূর্বপুরুষ ✪ সম **ancestor**

foreboding / fɔːˈbəʊdɪŋ ফ:ˈব্যাউডিং / *noun* [U, *sing.*] a strong feeling that danger or trouble is coming অমঙ্গল বা ভয়ংকর বিপদের আশঙ্কা *She was suddenly filled with **a sense of foreboding**.*

forecast / ˈfɔːkɑːst ˈফ:কা:স্ট্ / *verb* [T] (*pt, pp* **forecast**) to say (with the help of information) what will probably happen in the future তথ্যের সাহায্যে কোনো কিছু সম্বন্ধে ভবিষ্যদ্বাণী করা *The government did not forecast the sudden rise in inflation.* ○ *Rain has been forecast for tomorrow.* ▶ **forecast** *noun* [C] তথ্যানুযায়ী পূর্বানুমান, ভবিষ্যদ্‌বাণী *a sales forecast for the coming year* ➪ **weather forecast** দেখো।

forecourt / ˈfɔːkɔːt ˈফ:ক:ট্ / *noun* [C] a large open area in front of a building such as a hotel or petrol station বাড়ি, হোটেল, পেট্রোল স্টেশন ইত্যাদির সামনের খোলা জায়গা

forefinger / ˈfɔːfɪŋɡə(r) ˈফ:ফিংগ্যা(র্) / (*also* **index finger**) *noun* [C] the finger next to the thumb হাতের বুড়ো আঙুলের পাশের আঙুলটি; তর্জনী

forefront / ˈfɔːfrʌnt ˈফ:ফ্রান্ট্ / *noun* [*sing.*] the leading position; the position at the front একেবারে প্রথমে, পুরোভাগে, সামনের সারিতে *Our department is right at **the forefront of** scientific research.*

forego = **forgo**

foregone / ˈfɔːɡɒn ˈফ:গন্ / *adj.*

IDM **a foregone conclusion** a result that is or was certain to happen নিশ্চিত পরিণাম, জানা কথা

foreground / ˈfɔːɡraʊnd ˈফ:গ্রাউন্ড্ / *noun* [*sing.*] **1** the part of a view, picture, photograph, etc. that appears closest to the person looking at it দৃশ্য, ছবি, ফোটোগ্রাফ ইত্যাদির যে অংশ দর্শকের সবচেয়ে নিকটবর্তী *Notice the artist's use of colour **in the foreground** of the picture.* **2** a position where you will be noticed most এমন স্থান যেখানে সকলের চোখ পড়বে *He likes to be in the foreground at every meeting.* ✪ বিপ **background**

forehand / ˈfɔːhænd ˈফ:হ্যান্ড্ / *noun* [C] a way of hitting the ball in tennis, etc. that is made with the inside of your hand facing forward টেনিস ইত্যাদি খেলার সময়ে বল মারার এক বিশেষ ধরন যাতে হাতের ভিতরের দিক সামনে রেখে প্রতিপক্ষের দিকে করতল ঘুরিয়ে মারা হয় ✪ বিপ **backhand**

forehead / ˈfɔːhed; ˈfɒrɪd ˈফ:হেড্; ˈফরিড্ / (*also* **brow**) *noun* [C] the part of a person's face above the eyes and below the hair কপাল, ললাট ➪ **body**-তে ছবি দেখো।

foreign / ˈfɒrən ˈফর্যান্ / *adj.* **1** belonging to or connected with a country that is not your own স্বদেশের সঙ্গে যুক্ত নয়, বিদেশে *a foreign country/ coin/accent* ○ *to learn a foreign language* **2** (*only before a noun*) dealing with or involving other countries বিদেশ সংক্রান্ত; বিদেশীয়, বৈদেশিক *foreign policy* (= government decisions concerning other countries) ○ *foreign affairs/ news/trade* ○ *the Indian Foreign Minister* **3** (used about an object or a substance) not being where it should be (কোনো বস্তু বা পদার্থ সম্বন্ধে ব্যবহৃত) বিজাতীয়, বাইরের *The X-ray showed up a foreign body* (= object) *in her stomach.*

foreigner / ˈfɒrənə(r) ˈফর্যান্যা(র্) / *noun* [C] a person who belongs to a country that is not your own বিদেশি

foreign exchange *noun* [C, U] the system of buying and selling money from a different country; the place where it is bought and sold বৈদেশিক মুদ্রা কেনাবেচা করার ব্যবস্থা; বৈদেশিক মুদ্রা বিনিময় করার স্থান

the Foreign Secretary *noun* [C] the person in the government who is responsible for dealing with foreign countries বিদেশি রাষ্ট্রসমূহের সঙ্গে যোগাযোগ তৈরি ও নীতি নির্ধারণের দায়িত্ব যে সরকারি আধিকারিকের উপর; বিদেশসচিব; ফরেন সেক্রেটারি ➪ **Home-secretary** দেখো।

foreleg / ˈfɔːleg ˈফ:লেগ্ / (*also* **front leg**) *noun* [C] either of the two legs at the front of an animal that has four legs চতুষ্পদী প্রাণীর সামনের দুটি পায়ের মধ্যে যে-কোনো একটি ➪ **hind** দেখো।

foremost / ˈfɔːməʊst ˈফ:ম্যাউস্ট্ / *adj.* most famous or important; best সর্বাপেক্ষা খ্যাত; সর্বাগ্রগণ্য, সর্বপ্রধান *Ajay Devgan is among the foremost actors of our times.*

IDM **first and foremost** ➪ **first**² দেখো।

forename / ˈfɔːneɪm ˈফ:নেইম্ / *noun* [C] (*formal*) your first name, that is given to you when you are born (জন্ম সময়ে দেওয়া) নিজস্ব নাম, প্রথম নাম ➪ **name**-এ নোট দেখো।

forensic / fəˈrensɪk; -ˈrenzɪk ফ্যাˈরেন্সিক্; -ˈরেন্জ়িক্ / *adj.* (*only before a noun*) using scientific tests to find out about a crime কোনো অপরাধ অনুসন্ধান করার বৈজ্ঞানিক পরীক্ষা-নিরীক্ষা *The police are carrying out forensic tests to try and find out the cause of death.*

forerunner / ˈfɔːrʌnə(r) ˈফ:রান্যা(র্) / *noun* [C] **a forerunner (of sb/sth)** a person or thing that is an early example or a sign of sth that appears or develops later কোনো কিছুর অগ্রদূত (মানুষ বা জিনিস), কোনো কিছুর পূর্বলক্ষণ বা ইঙ্গিত *Country music was undoubtedly one of the forerunners of rock and roll.*

foresee / fɔːˈsiː ফ:ˈসী: / *verb* [T] (*pt* **foresaw** / fɔːˈsɔː ফ:ˈস: / ; *pp* **foreseen** / fɔːˈsiːn ফ:ˈসীন্ /) to know or guess that sth is going to happen in the future আগে থেকেই ভবিষ্যৎ সম্পর্কে অনুমান করা বা সচেতন হওয়া *Nobody could have foreseen the result of the election.* ➪ **unforeseen** দেখো।

foreseeable / fɔːˈsiːəbl ফ:ˈসীঅ্যাব্‌ল্ / *adj.* that can be expected; that you can guess will happen যা প্রত্যাশা করা যায় এমন; কোনো ঘটনার পূর্বানুমান, পূর্ব প্রত্যাশিত *These problems were foreseeable.* ○ *The weather won't change* ***in the foreseeable future*** (= as far ahead as we can see).

foreshadow / fɔːˈʃædəʊ ফ:ˈশ্যাড্যাউ / *verb* [T] (*formal*) to show or act as a sign of sth that will happen in the future ভবিষ্যতের ঘটনার পূর্বাভাস দেওয়া বা সেইমতো কাজ করা *Political unrest foreshadowed the fall of the government.*

foreshore / ˈfɔːʃɔː(r) ˈফ:শ:(র্) / *noun* [C, *usually sing.*, U] **1** (on a beach or by a river) the part of the **shore** between the highest and lowest levels reached by the water (সমুদ্রের পাড় বা নদীর তীরে) জোয়ারে যত দূর জল ওঠে এবং ভাঁটার জল যত দূর নামে সেই পর্যন্ত অংশ; জোয়াররেখা ও ভাঁটারেখার মধ্যবর্তী স্থান **2** the part of the **shore** between the highest level reached by the water and the area of land that has buildings, plants, etc. on it জোয়াররেখা ও ভাঁটারেখার মধ্যবর্তী অঞ্চল এবং সেই ক্ষেত্র যেখানে বাড়ি, ঘরদোর, গাছপালা ইত্যাদি থাকে

foresight / ˈfɔːsaɪt ˈফ:সাইট্ / *noun* [U] the ability to see what will probably happen in the future and to use this knowledge to make careful plans দূরদর্শিতা, দূরদৃষ্টি *My neighbour had the foresight to move house before the new flyover was built.* ➪ **hindsight** দেখো।

foreskin / ˈfɔːskɪn ˈফ:স্কিন্ / *noun* [C] the piece of skin that covers the end of the male sexual organ পুংজননেন্দ্রিয়ের অগ্রত্বক; পরিত্বক

forest / ˈfɒrɪst ˈফরিস্ট্ / *noun* [C, U] a large area of land covered with trees জঙ্গল, অরণ্য *the* ***tropical rainforests*** *of South America* ○ *a forest fire*

> **NOTE** **Wood**-এর তুলনায় **forest** বড়ো হয়। গ্রীষ্মপ্রধান অঞ্চলের অরণ্যকে **jungle** বলা হয়।

forestall / fɔːˈstɔːl ফ:ˈস্ট:ল্ / *verb* [T] (*written*) to take action to prevent sb from doing sth or sth from happening কাউকে কিছু করা থেকে আটকানো বা কোনো ঘটনা রোধ করার জন্য কিছু করা

forestry / ˈfɒrɪstri ˈফরিস্ট্রি / *noun* [U] the science of planting and taking care of trees in forests বনরক্ষণবিদ্যা

foretell / fɔːˈtel ফ:ˈটেল্ / *verb* [T] (*pt, pp* **foretold** / fɔːˈtəʊld ফ:ˈট্যাউল্ড্ /) (*formal*) to say what will happen in the future অনাগত ঘটনা সম্বন্ধে ভবিষ্যদ্বাণী করা *The lady foretold that a bright and happy future lay ahead for him.* ➪ **predict** দেখো।

forethought / ˈfɔːθɔːt ˈফ:থ:ট্ / *noun* [U] careful thought about, or preparation, for the future ভবিষ্যৎ সম্পর্কে সুচিন্তিত ভাবনা বা প্রস্তুতি

forever / fərˈevə(r) ফ্যার্ˈএভ্যা(র্) / *adv.* **1** (*also* **for ever**) for all time; permanently চিরকালীন; স্থায়ীভাবে *I wish the holidays would last forever!* ○ *I realized that our relationship had finished forever.* **2** (*only used with the continuous tenses*) very often; in a way which is annoying প্রায়ই; প্রায় সবসময় (অনেক সময় যা বিরক্তিকর হয়ে ওঠে) *Our neighbours are forever having noisy parties.*

foreword / ˈfɔːwɜːd ˈফ:উঅ্যাড্ / *noun* [C] a piece of writing at the beginning of a book that introduces the book and/or its author (পুস্তক বা গ্রন্থের ভূমিকা, মুখবন্ধ

forfeit / ˈfɔːfɪt ˈফ:ফিট্ / *verb* [T] to lose sth or have sth taken away from you, usually because you have done sth wrong সাধারণত কোনো কোনো ভুল কাজের জন্য কারও কাছ থেকে কিছু বাজেয়াপ্ত করা বা সেই কাজের জন্য খেসারত দেওয়া *Because of his violent behaviour he forfeited the right to visit his children.* ▶ **forfeit** *noun* [C] খেসারত

forgave ➪ **forgive**-এর past tense

forge[1] / fɔːdʒ ফ:জ্ / *verb* [T] **1** to make an illegal copy of sth জালিয়াতি করা, জাল সই বা অবৈধভাবে কোনো কিছুর নকল করা (জাল করা) *to forge a signature/bank note/passport/cheque* ➪ **counterfeit** দেখো। **2** to put a lot of effort into making sth strong and successful কোনো কিছুকে শক্তিশালী এবং সফল করে তোলার জন্য বিশেষ কর্মোদ্যম বা প্রচেষ্টা প্রয়োগ করা *Our school has forged links with a school in Japan.*

PHR V **forge ahead** to go forward or make progress quickly সামনে এগিয়ে চলা বা দ্রুত উন্নতি করা

forge[2] / fɔːdʒ ফ:জ্ / *noun* [C] a place where objects are made by heating and shaping metal যে স্থানে ধাতু গরম করে এবং তাতে নানা আকার দিয়ে বস্তুসমূহ তৈরি করা হয়

forgery / ˈfɔːdʒəri ˈফ:জ্যারি / *noun* (*pl.* **forgeries**) **1** [U] the crime of illegally copying a document, signature, painting, etc. (নথি, সই, অঙ্কিত চিত্র ইত্যাদির) বেআইনিভাবে নকল করার অপরাধ; জালিয়াতি **2** [C] a document, signature, picture, etc. that is a copy of the real one কোনো দলিল, ছবি, সই ইত্যাদির বেআইনি নকল বা প্রতিলিপি

forget / fəˈget ফ্যাˈগেট্ / *verb* (*pt* **forgot** / fəˈgɒt ফ্যাˈগট্; *pp* **forgotten** / fəˈgɒtn ফ্যাˈগট্ন্ /) **1** [T] **forget (doing) sth** to not be able to remember sth (কোনো কিছু) ভুলে যাওয়া, মনে না করতে পারা, বিস্মৃত হওয়া *I've forgotten her telephone number.* ○ *He forgot that he had invited her to the party.* **2** [I, T] **forget (about) sth; forget to do sth** to fail to remember to do sth that you ought to have done অবশ্যকরণীয় কোনো কাজ করতে ভুলে যাওয়া *'Why didn't you come to the party?' 'Oh dear! I completely forgot about it!'* ○ *Don't forget to do your homework!* **3** [T] to fail to bring sth with you সঙ্গে নিতে ভুলে যাওয়া, দরকারি জিনিস সঙ্গে নিতে ভোলা *When my father got to the airport he realized he'd forgotten his passport.*

> **NOTE** কোনো ব্যক্তি কোনো কিছু যা সঙ্গে করে নিয়ে যেতে ভুলে গেছে এবং সেটি কোথায় ফেলে রেখে এসেছে তা বোঝানোর জন্য **leave** শব্দটি ব্যবহার করা হয়। এই অর্থে *'He forgot his passport at home'* বাক্যটি সঠিক নয়। বলতে হবে *'He left his passport at home'*

4 [I, T] **forget (about) sb/sth; forget about doing sth** to make an effort to stop thinking about sb/sth; to stop thinking that sth is possible কোনো ব্যক্তি বা বস্তু সম্পর্কে চিন্তা না করতে চেষ্টা করা; কোনো কিছু সম্ভব কিনা সেই সম্পর্কে চিন্তা না করা *Forget about your work and enjoy yourself!* ○ *'I'm sorry I shouted at you.' 'Forget it* (= don't worry about it).*'*

forgetful / fəˈgetfl ফ্যাˈগেট্ফ্ল্ / *adj.* often forgetting things ভুলোমন, বিস্মরণশীল *My grandmother's nearly 80 and she's starting to get a bit forgetful.* ✪ সম **absent-minded**

forgivable / fəˈgɪvəbl ফ্যাˈগিভ্যাব্ল্ / *adj.* that can be forgiven ক্ষমার্হ, মার্জনীয়

forgive / fə'gɪv ফ্যা'গিভ্ / *verb* [T] (*pt* **forgave** / fə'geɪv ফ্যা'গেইভ্ /; *pp* **forgiven** / fə'gɪvn ফ্যা'গিভ্‌ন্ /) **1 forgive sb/yourself (for sth/for doing sth)** to stop being angry towards sb for sth that he/she has done wrong ক্ষমা করা, মার্জনা করা, মাফ করা *I can't forgive him for his behaviour last night.* o *I can't forgive him for behaving like that last night.* **2 forgive me (for doing sth)** used for politely saying sorry সৌজন্যমূলকভাবে ক্ষমা প্রার্থনা করার জন্য ব্যবহৃত অভিব্যক্তিবিশেষ *Forgive me for asking, but where did you get that dress?* ▶ **forgiveness** *noun* [U] ক্ষমাশীলতা, ক্ষমা, তিতিক্ষা *He begged for forgiveness for what he had done.*

forgiving / fə'gɪvɪŋ ফ্যা'গিভিং / *adj.* ready and able to forgive ক্ষমাশীল, দয়ালু

forgo (*also* **forego**) / fɔː'gəʊ ফ:'গ্যাউ / *verb* [T] (*pt* **forwent** / fɔː'went ফ:'উএন্ট্ /; *pp* **forgone** / fɔː'gɒn ফ:'গন্ /) (*formal*) to decide not to have or do sth that you want (কোনো কিছু পাওয়া বা করা থেকে) নিরস্ত থাকা, বিরত থাকা

forgot ⇨ **forget**-এর past tense

forgotten ⇨ **forget**-এর past participle

fork¹ / fɔːk ফ:ক্ / *noun* [C] **1** a small metal object with a handle and two or more points (**prongs**) that you use for lifting food to your mouth when eating কাঁটা-চামচ (খাওয়ার সময়ে ব্যবহারের জন্য) *a knife and fork* **2** a large tool with a handle and three or more points (**prongs**) that you use for digging the ground (মাটি খোঁড়ার জন্য ব্যবহৃত) দু বা তিনমুখের বেলচা; কাঁটা-বেলচা *a garden fork* ⇨ **gardening**-এ ছবি দেখো। **3** a place where a road, river, etc. divides into two parts; one of these parts নদী, রাস্তা ইত্যাদির বিভাজনস্থল; দ্বিমুখী মোড় *After about two kilometres you'll come to a fork in the road.*

fork² / fɔːk ফ:ক্ / *verb* [I] **1** (used about a road, river, etc.) to divide into two parts (নদী, রাস্তা ইত্যাদি সম্বন্ধে ব্যবহৃত) দুভাগে বিভক্ত হওয়া *Bear right where the road forks at the top of the hill.* **2** to go along the left or right fork of a road রাস্তার বাম অথবা ডান যে-কোনো একটা বাঁক ধরে যাওয়া *Fork right up the hill.*

PHRV **fork out (for sth)** (*informal*) to pay for sth when you do not want to (অনিচ্ছায়) কোনো কিছুর দাম দেওয়া *I forked out over Rs 300 for that book.*

forked / fɔːkt ফ:ক্ট্ / *adj.* with one end divided into two parts, like the shape of the letter Y-এর মতো দুভাগে বিভক্ত প্রান্ত সম্পন্ন *a bird with a forked tail* o *the forked tongue of the snake*

forked lightning *noun* [U] the type of **lightning** that is like a line that divides into smaller lines near the ground একধরনের বিশেষ বজ্রপাত যখন আলোর তড়িৎ রেখা মাটির কাছে এসে ছোটো ছোটো রেখায় বিভক্ত হয়ে যায় ⇨ **sheet lightning** দেখো।

fork-lift truck (*also* **fork-lift**) *noun* [C] a vehicle with special equipment on the front for moving and lifting heavy objects মাল ইত্যাদি ওঠানো নামানোর জন্য সামনে বিশেষ সরঞ্জাম লাগানো ট্রাক ইত্যাদি; মাল গাড়ি

forlorn / fə'lɔːn ফ্যা'ল:ন্ / *adj.* lonely and unhappy; not cared for একাকী এবং অসুখী; পরিত্যক্ত

form¹ / fɔːm ফ:ম্ / *noun* **1** [C] a particular type or variety of sth or a way of doing sth ধরন, প্রকার, আকার, ভাব, ধাঁচা, আকৃতি *Swimming is an excellent form of exercise.* o *We never eat meat in any form.* **2** [C, U] the shape of sb/sth কোনো ব্যক্তি বা বস্তুর, চেহারা বা আকার *The articles will be published in book form.* **3** [C] an official document with questions on it and spaces where you give answers and personal information প্রশ্নোত্তরের মাধ্যমে ব্যক্তিগত পরিচয় ও তথ্য জানানো হয় এমন আনুষ্ঠানিক নথি; ফর্ম *an entry form for a competition* o *to fill in an application form* **4** [C] (*grammar*) a way of spelling or changing a word in a sentence (ব্যাকরণ) বাক্যের মধ্যে শব্দ পরিবর্তনের বা বানানের একটা ধরন *the irregular forms of the verbs* o *The plural form of mouse is mice.* **5** [U] the state of being fit and strong for a sports player, team, etc. খেলোয়াড় বা খেলার দলের যোগ্যতা, পটুতা *to be in/out of form* **6** [U] how well sb/sth is performing at a particular time, for example in sport or business নির্দিষ্ট একটি সময়ে কারও বা কিছুর দক্ষতা প্রদর্শনের মান বা স্তর (খেলায় বা ব্যাবসায়) *to be on/off form* o *On present form the Italian team should win easily.*

IDM **true to form** ⇨ **true** দেখো।

form² / fɔːm ফ:ম্ / *verb* **1** [I, T] to begin to exist or to make sth exist গড়ে ওঠা বা গড়ে তোলা, বিদ্যমান হওয়া বা থাকা *A pattern was beginning to form in the monthly sales figures.* o *These tracks were formed by rabbits.* **2** [T] to make or organize sth কোনো কিছু গঠন করা বা গড়ে তোলা *to form a government* o *In English we usually form the past tense by adding '-ed'.* **3** [T] to become or make a particular shape কোনো বিশেষ আকৃতির হওয়া বা বিশেষ আকারে গড়ে তোলা *The police formed a circle around the house.* o *to form a line/queue* **4** to be the thing mentioned কোনো উল্লিখিত বিষয়ের অঙ্গ হওয়া *Seminars form the main part of the course.* o *The survey formed part of a larger programme of market research.* **5** [T] to begin to have or think sth কোনো (ভাব) মনের মধ্যে গড়ে তোলা বা চিন্তা করা *I haven't formed an opinion about the new boss yet.* ○ *to form a friendship*

formal / ˈfɔːml ˈফ:ম্ল্ / *adj.* **1** (used about language or behaviour) used when you want to appear serious or official and in situations in which you do not know the other people very well (ভাষা বা আচরণ সম্পর্কে ব্যবহৃত) আনুষ্ঠানিক, প্রথানুসারী, অতিরিক্ত ভদ্র বা সৌজন্যমূলকভাবে *'Yours faithfully' is a formal way of ending a letter.* ○ *She has a very formal manner—she doesn't seem to be able to relax.* ○ *a formal occasion* (= one where you behave politely and wear the clothes that people think are suitable)

> **NOTE** এই অভিধানে কিছু শব্দ বা শব্দগুচ্ছ formal অথবা informal শব্দ দুটি দ্বারা চিহ্নিত করা হয়েছে। এর সাহায্যে কোনো বিশেষ পরিস্থিতিতে কোন শব্দটি ব্যবহার করতে হবে তা নির্বাচন করা সহজ হবে। প্রায়শ দেখা যায় যে কোনো পোশাকি বা আলংকারিক কাজের তুলনায় সাধারণ বা নিরপেক্ষ শব্দের সমার্থক শব্দও পাওয়া যায়।

2 official সরকারি, আনুষ্ঠানিক *I shall make **a formal complaint** to the hospital about the way I was treated.* ◑ সম **informal** ▶ **formally** / -məli -ম্যালি / *adv.* আনুষ্ঠানিকভাবে, রীতিনীতি মেনে

formaldehyde / fɔːˈmældɪhaɪd ফ:ˈম্যাল্ডিহাইড্ / *noun* [U] **1** (*symbol* CH_2O) a colourless gas with a strong smell তীব্র গন্ধযুক্ত, বর্ণহীন একধরনের গ্যাস **2** (*also* **formalin** / ˈfɔːməlɪn ˈফ:ম্যালিন্ /) a liquid made by mixing formaldehyde and water, used especially for keeping examples of animals, plants, etc. (**specimens**) in a good condition for a long time so that they can be studied by experts or scientists ফর্মালডিহাইড জলের সঙ্গে মিশিয়ে একধরনের তরল পদার্থ সৃষ্টি করা হয় যা বিশেষত বিভিন্ন ধরনের প্রাণী, উদ্ভিদ ইত্যাদির নমুনা অনেক দিন ধরে ভালোভাবে সংরক্ষণ করার কাজে ব্যবহৃত হয় যাতে বিজ্ঞানীরা পরে সেই সম্বন্ধে পরীক্ষা-নিরীক্ষা চালাতে পারেন

formality / fɔːˈmæləti ফ:ˈম্যাল্যাটি / *noun* (*pl.* **formalities**) **1** [C] an action that is necessary according to custom or law প্রথাসম্মত ব্যবহার, সৌজন্যমূলক আচরণ, রীতিনীতি মেনে আচার-ব্যবহার *There are certain formalities to attend to before we can give you a visa.*

> **NOTE** Just a formality-র জন্য যখন কোনো কাজ করা হয় তখন সেটা নিছক নিয়মানুসারী এবং প্রথাগত কোনো কাজ, আপাতদৃষ্টিতে যা মূল্যহীন এবং যার কোনো বিশেষ গুরুত্ব বা প্রভাব নেই। নিছক নিয়মরক্ষার জন্য করা কোনো কাজকে এইভাবে বর্ণনা করা হয়।

2 [U] careful attention to rules of language and behaviour ভাষা ও তার নিয়মমাফিক ব্যবহার এবং আচার-আচরণের সঠিক নিয়মের প্রতি গভীর মনোযোগ

format[1] / ˈfɔːmæt ˈফ:ম্যাট্ / *noun* [C] the shape of sth or the way it is arranged or produced কোনো কিছুর বিন্যাস, সজ্জা, সামগ্রিক রূপ *It's the same book but in a different format.*

format[2] / ˈfɔːmæt ˈফ:ম্যাট্ / *verb* [T] (**formatting; formatted**) **1** (*computing*) to prepare a computer disk so that data can be recorded on it কম্পিউটার ডিস্ক তৈরি করা যাতে ডাটাসমূহ তার মধ্যে রেকর্ড করা যায় **2** to arrange text on a page or a screen কোনো বিষয়বস্তুকে একটি পাতায় বা কম্পিউটার স্ক্রীনে ঠিকভাবে সাজানো *to format a letter*

formation / fɔːˈmeɪʃn ফ:ˈমেইশ্ন্ / *noun* **1** [U] the act of making or developing sth কোনো কিছুর গঠন বা নির্মাণ *the formation of a new government* **2** [C, U] a number of people or things in a particular shape or pattern নির্দিষ্ট আকার-বিশিষ্ট মানুষজন বা বস্তুসকল *rock formations* ○ *A number of planes flew over **in formation**.* ○ *formation dancing*

formative / ˈfɔːmətɪv ˈফ:ম্যাটিভ্ / *adj.* having an important and lasting influence (on sb's character and opinions) (কারও চরিত্র বা মনোভাবের উপর) গুরুত্বপূর্ণ এবং দীর্ঘস্থায়ী প্রভাবসম্পন্ন *A child's early years are thought to be the most formative ones.*

former / ˈfɔːmə(r) ˈফ:ম্যা(র্) / *adj.* (*only before a noun*) of an earlier time; belonging to the past পূর্বকালীন; ভূতপূর্ব, প্রাক্তন *Rajiv Gandhi, the former Indian Prime Minister* ○ *In former times people often had larger families.*

the former / ˈfɔːmə(r) ˈফ:ম্যা(র্) / *noun* [*sing.*] the first (of two people or things just mentioned) তাৎক্ষণিক উল্লিখিত দুটি ব্যক্তি বা বস্তুর মধ্যে প্রথমটি *Of the two hospitals in the town—the General and the Royal—the former* (= the General) *has the better reputation.* ⇨ **the latter** দেখো।

formerly / ˈfɔːməli ˈফ:ম্যালি / *adv.* in the past; before now অতীতে, অতীতকালে; আগে, পূর্বে *the country of Myanmar (formerly Burma)* ○ *The hotel was formerly a palace.*

> **NOTE** Used to be অভিব্যক্তিটি was formerly-র অর্থে সাধারণত ব্যবহৃত হয়—*The hotel used to be a fort.*

formidable / ˈfɔːmɪdəbl ˈফ:মিড্যাব্ল্ / *adj.* **1** inspiring fear যা ভয় জাগায়, ভীতি উৎপাদক *His mother is a rather formidable lady.* **2** difficult to deal with; needing a lot of effort যার সঙ্গে মেলামেশা করা কষ্টসাধ্য; প্রবল আয়াসসাধ্য

formula / ˈfɔːmjələ ˈফ:মিঅ্যাল্যা / *noun* [C] (*pl.* **formulas** or **formulae** / -liː -লী /) **1** (*technical*) a group of signs, letters or numbers used in science or mathematics to express a general law or fact বিজ্ঞান বা অঙ্কে সাধারণ নিয়ম বা বিষয় অভিব্যক্ত করার জন্য ব্যবহৃত একগুচ্ছ চিহ্ন, বর্ণ বা সংখ্যা; সমাধান সূত্র, মূল নিয়ম-নির্দেশক সংকেত সূত্র; ফর্মূলা *What is the formula for converting miles to kilometres?* **2** a list of (often chemical) substances used for making sth; the instructions for making sth কোনো কিছু প্রস্তুত করার উপাদান সমূহের (অনেক সময়েই রাসায়নিক) তালিকা; কোনো কিছু প্রস্তুত করার নিয়মাবলী **3 a formula for (doing) sth** a plan of how to get or do sth কোনো কিছু পাওয়ার বা করার পরিকল্পনা; উপায় *What is her formula for success?* ○ *Unfortunately, there's no **magic formula** for a perfect marriage.*

formulate / ˈfɔːmjuleɪt ˈফ:মিউলেইট্ / *verb* [T] **1** to prepare and organize a plan or ideas for doing sth কোনো কাজের উদ্ভাবন করা বা পরিকল্পনা প্রস্তুত করা এবং তা কাজে পরিণত করার চেষ্টা করা *to formulate a plan* **2** to express sth (clearly and exactly) স্পষ্টভাবে, যথাযথভাবে কোনো কিছু প্রকাশ করা *She struggled to formulate a simple answer to his question.*

forsake / fəˈseɪk ফ্যা'সেইক্ / *verb* [T] (*pt* **forsook** / fəˈsʊk ফ্যা'সুক্ /; *pp* **forsaken** /fəˈseɪkən ফ্যা'সেইক্যান্ /) (*old-fashioned*) to leave a person or a place for ever (especially when you should stay) (বিশেষত যখন থাকা উচিত ছিল) ছেড়ে যাওয়া, পরিত্যাগ করে ফেলে চলে আসা

fort / fɔːt ফ:ট্ / *noun* [C] a strong building that is used for military defence দুর্গ, কেল্লা, গড়

forth / fɔːθ ফ:থ্ / *adv.*

IDM **and so forth** and other things like those just mentioned তাৎক্ষণিক যেগুলি উল্লিখিত হয়েছে সেগুলিও *The sort of job that you'll be doing is taking messages, making tea and so forth.*

back and forth ➪ **back**[3] দেখো।

forthcoming / ˌfɔːθˈkʌmɪŋ ˌফ:থ্'কামিং / *adj.* **1** that will happen or appear in the near future অদূর ভবিষ্যতে যা ঘটতে চলেছে; আসন্ন *Look in the local paper for a list of **forthcoming events**.* **2** (*not before a noun*) offered or given প্রদত্ত বা প্রস্তাবিত *If no money is forthcoming, we shall not be able to continue the project.* **3** (*not before a noun*) (used about a person) ready to be helpful, give information, etc. (কোনো ব্যক্তি সম্বন্ধে ব্যবহৃত) সাহায্য করতে, তথ্য প্রদান ইত্যাদি করতে প্রস্তুত

forthright / ˈfɔːθraɪt ˈফ:থ্রাইট্ / *adj.* saying exactly what you think in a clear and direct way সোজাসুজি, স্পষ্টভাবে, দ্বিধাহীন

forthwith / ˌfɔːθˈwɪθ ˌফ:থ্'উইথ্ / *adv.* (*old-fashioned*) immediately অবিলম্বে, সঙ্গে সঙ্গে, এখনই, তখনই

fortieth / ˈfɔːtiəθ ˈফ:টিঅ্যাথ্ / *pronoun, det., adv.* 40th ৪০তম, চত্বারিংশত্তম, চল্লিশতম ➪ **sixth**[1]-এ উদাহরণ দেখো।

fortification / ˌfɔːtɪfɪˈkeɪʃn ˌফ:টিফি'কেইশ্ন্ / *noun* [C, *usually pl.*] walls, towers, etc., built especially in the past to protect a place against attack আক্রমণ থেকে রক্ষা পাওয়ার উদ্দেশ্যে নির্মিত প্রাচীর, দেয়াল, প্রাকার ইত্যাদি (আগেকার দিনে)

fortify / ˈfɔːtɪfaɪ ˈফ:টিফাই / *verb* [T] (*pres. part.* **fortifying**; *3rd person sing. pres.* **fortifies**; *pt, pp* **fortified**) **1** to make a place stronger and ready for an attack কোনো স্থানকে আরও সুরক্ষিত করা এবং আক্রমণের জন্য প্রস্তুত করা *to fortify a city* **2** to add sth (nutrients, alcohol etc.) to improve the quality and strength of food or drink (পুষ্টিকর পদার্থ, অ্যালকোহল ইত্যাদি যোগ করে) খাদ্য বা পানীয়ের গুণগত মান উন্নত করা *Health drinks are fortified with vitamins and proteins.*

fortnight / ˈfɔːtnaɪt ˈফ:ট্নাইট্ / *noun* [C, *usually sing.*] two weeks দুই সপ্তাহ, পক্ষকাল *We're going on holiday for a fortnight.* ○ *School finishes in a fortnight/in a fortnight's time* (= two weeks from now).

fortnightly / ˈfɔːtnaɪtli ˈফ:ট্নাইট্লি / *adj., adv.* (happening or appearing) once every two weeks দুই সপ্তাহে একবার; পাক্ষিক *This magazine is published fortnightly.*

fortress / ˈfɔːtrəs ˈফ:ট্র্যাস্ / *noun* [C] a castle or other large strong building that it is not easy to attack কোনো দুর্গ বা বড়ো মজবুত অট্টালিকা যা সামরিক আক্রমণের হাত থেকে সুরক্ষিত করে

fortunate / ˈfɔːtʃənət ˈফ:চ্যান্যাট্ / *adj.* lucky ভাগ্যবান বা ভাগ্যবতী; পয়মন্ত *It was fortunate that he was at home when you phoned.* ✪ বিপ **unfortunate**

fortunately / ˈfɔːtʃənətli ˈফ:চ্যান্যাট্লি / *adv.* by good luck ভাগ্যক্রমে, সৌভাগ্যবশত *Fortunately the traffic wasn't too bad so I managed to get to the meeting on time.* ✪ সম **luckily**

fortune / ˈfɔːtʃuːn ˈফ:চুন্ / *noun* **1** [C, U] a very large amount of money অনেক টাকা, প্রচুর অর্থ *I always **spend a fortune** on presents at Christmas.* ○ *She went to Bollywood in search of **fame and fortune**.* **2** [U] chance or the power that affects what happens in a person's life; luck সুযোগ বা

ক্ষমতা যা কারও জীবনকে প্রভাবিত করে; কপাল, বরাত, ভাগ্য *Fortune was not on our side that day* (= we were unlucky). ✪ সম **fate** **3** [C, *usually pl.*] the things (both good and bad) that happen to a person, family, country, etc. (ব্যক্তি, পরিবার, দেশ ইত্যাদির) ভালো-মন্দ *The country's fortunes depend on its industry being successful.* **4** [C] what is going to happen to a person in the future ভবিষ্যৎ, অদৃষ্ট, ভালো-মন্দ, ভাগ্য *Show me your hand and I'll try to* ***tell your fortune****.* ✪ সম **fate** অথবা **destiny**

IDM **cost the earth/a fortune** ➪ **cost**[2] দেখো।

fortune teller *noun* [C] a person who tells people what will happen to them in the future জ্যোতিষী, গনতকার

forty / ˈfɔːti ˈফ:টি / *number* 40 চল্লিশ, ৪০, চত্বারিংশ

> **NOTE** বাক্যে সংখ্যার ব্যবহার এবং তার প্রয়োগের উদাহরণ দেখার জন্য **sixty** দেখো।

IDM **forty winks** (*informal*) a short sleep, especially during the day দিনের বেলার হালকা ঘুম; ভাত-ঘুম

forum / ˈfɔːrəm ˈফ:র‍্যাম্ / *noun* [C] **a forum (for sth)** a place or meeting where people can exchange and discuss ideas প্রকাশ্যে অনেকের মধ্যে ভাবধারার বিনিময় বা আলোচনার স্থান, প্রকাশ্য বিতর্কের জায়গা; ফোরাম

forward[1] / ˈfɔːwəd ˈফ:উঅ্যাড় / *adv.* **1** (*also* **forwards**) in the direction that is in front of you; towards the front, end or future সামনের দিকে; সামনে, ভবিষ্যৎ বা সমাপ্তির দিকে *Keep going forward and try not to look back.* ✪ বিপ **back** অথবা **backward(s)** **2** in the direction of progress; ahead উন্নতির পথে; অগ্রগতির দিকে, এগিয়ে *The new form of treatment is a big step forward in the fight against AIDS.*

> **NOTE** অনেক ক্রিয়াপদের (**verb**) পরে **forward** শব্দটি ব্যবহার করা যায়, যেমন **bring, come, look, put**। এই শব্দগুলি দিয়ে গঠিত অভিব্যক্তির অর্থের জন্য ক্রিয়াপদে (**verb**)-এ ব্যবহৃত শীর্ষ শব্দ দেখো।

IDM **backward(s) and forward(s)** ➪ **backwards** দেখো।

put the clock/clocks forward/back ➪ **clock**[1] দেখো।

forward[2] / ˈfɔːwəd ˈফ:উঅ্যাড় / *adj.* **1** (*only before a noun*) towards the front or future সম্মুখবর্তী বা অগ্রবর্তী, ভবিষ্যতের দিকে *forward planning* **2** having developed earlier than is normal or expected; advanced স্বাভাবিক নিয়মে বা প্রত্যাশিত সময়ের পূর্বেই উন্নতিপ্রাপ্ত; বিকাশপ্রাপ্ত ✪ বিপ **backward** **3** behaving towards sb in a way that is too confident or too informal আতিশয্যপূর্ণ ব্যবহার; আদিখ্যেতা *I hope you don't think I'm being too forward, asking you so many questions.*

forward[3] / ˈfɔːwəd ˈফ:উঅ্যাড় / *verb* [T] **1** to send a letter, etc. received at one address to a new address কোনো ঠিকানায় ডাকে আসা চিঠিপত্র ইত্যাদি নতুন ঠিকানায় পাঠিয়ে দেওয়া **2** to help to improve sth or to make sth progress কোনো কিছু উন্নত করতে অথবা কিছুর উন্নতির পথে সাহায্য করা

forward[4] / ˈfɔːwəd ˈফ:উঅ্যাড় / *noun* [C] an attacking player in a sport such as football ফুটবল ইত্যাদি খেলায় আক্রমণকারী খেলোয়াড়

forwarding address *noun* [C] a new address to which letters, etc. should be sent নতুন যে ঠিকানায় চিঠিপত্র ইত্যাদি পাঠানোর কথা *The previous owners didn't leave a forwarding address.*

forward-looking *adj.* thinking about or planning for the future; having modern ideas ভবিষ্যৎ সম্বন্ধে চিন্তা-ভাবনা বা পরিকল্পনা সমৃদ্ধ; আধুনিক চিন্তাধারা সম্পন্ন

forwent ➪ **forgo**-এর past tense

fossil / ˈfɒsl ˈফস্ল্ / *noun* [C] (part of) an animal or plant that lived thousands of years ago which has turned into rock বহু সহস্র বছর পূর্বে জীবিত ছিল এমন কোনো প্রাণী বা উদ্ভিদ যা এখন প্রস্তরীভূত জীবাশ্ম ; ফসিল

fossil fuel *noun* [C, U] a natural fuel such as coal or oil, that was formed millions of years ago from dead animals or plants in the ground বহু লক্ষ বছর পূর্বেকার ভূগর্ভস্থিত মৃত প্রাণী বা উদ্ভিদ থেকে প্রাপ্ত প্রাকৃতিক ইন্ধন বা জ্বালানি (যেমন কয়লা বা তেল)

fossilize (*also* **-ise**) / ˈfɒsəlaɪz ˈফস্যালাইজ্ / *verb* [I, T] (*usually passive*) to turn into rock or to make (part of) an animal or plant turn into rock over thousands of years হাজার হাজার বছর ধরে জীবদেহ বা উদ্ভিদের প্রস্তরীভূত হওয়া; অশ্মীভূত হওয়া, শিলাভূত হওয়া *fossilized bones*

foster / ˈfɒstə(r) ˈফস্ট্যা(র্) / *verb* [T] **1** to take a child who needs a home into your family and to care for him/her without becoming the legal parent বৈধ পিতা-মাতা না হয়েও অনাথ বা আশ্রয়হীন শিশুকে লালনপালন করা *to foster a homeless child*

> **NOTE** এইভাবে লালিতপালিত বাচ্চাকে **foster-child** বলা হয় এবং এই বাচ্চাটির অভিভাবক দম্পতিকে **foster-parents** বলা হয়। ➪ **adopt** দেখো।

2 to help or encourage the development of sth (especially feelings or ideas) কোনো কিছু (বিশেষত ভাবনা, অনুভূতি ইত্যাদিকে প্রশ্রয় দেওয়া, তার বিকাশের পথে সাহায্য করা

fought ➪ **fight**[1]-এর past tense এবং past participle

foul[1] / faʊl ফাউল্ / *adj.* **1** that smells or tastes disgusting দুর্গন্ধযুক্ত বা বিস্বাদ; নোংরা, বিশ্রী *a foul-smelling cigar* ○ *This coffee tastes foul!* **2** very bad or unpleasant খুব খারাপ, বিরক্তিকর *Careful what you say—he's* ***in a foul temper/mood***. ○ *The* ***foul weather*** *prevented our plane from taking off.* **3** (used about language) very rude; full of swearing (ভাষা সম্বন্ধে ব্যবহৃত) রূঢ়; অসভ্য, অশ্লীল, অসংযত, অভদ্র *foul language*

IDM fall foul of sb/sth to get in trouble with sb/sth because you have done sth wrong অন্যায় বা ভুল কাজ করে কোনো কোনো ব্যক্তি বা বস্তুর সঙ্গে ঝামেলায় জড়িয়ে পড়া *At twenty-two she fell foul of the law for the first time.*

foul[2] / faʊl ফাউল্ / *verb* **1** [I, T] (used in sports) to break the rules of the game (খেলাধুলোর ক্ষেত্রে ব্যবহৃত) খেলার মাঠে নিয়মভঙ্গ করা; কোনো খেলোয়াড়কে আক্রমণ করা **2** [T] to make sth dirty (with rubbish, waste, etc.) (আবর্জনা, বর্জ্য পদার্থ ইত্যাদির দ্বারা কোনো কিছুকে) ময়লা করা, নোংরা করা *Dogs must not foul the pavement.*

PHR V foul sth up (*spoken*) to spoil sth কোনো কিছু নষ্ট করা বা খারাপ করা *The delay on the train fouled up my plans for the evening.*

foul[3] / faʊl ফাউল্ / *noun* [C] (used in sports) an action that is against the rules (খেলাধূলো সম্বন্ধে ব্যবহৃত) নিয়মবহির্ভূত কোনো কাজ *He was sent off for a foul on the goalkeeper.*

foul play *noun* [U] **1** violence or crime that causes sb's death হিংসা বা নৃশংস অপরাধ যা কারও মৃত্যুর কারণ *The police suspect foul play.* **2** action that is against the rules of a sport কোনো খেলার নিয়মের বাইরে করা কাজ

found[1] ➪ **find**[1]-এর past tense এবং past participle

found[2] / faʊnd ফাউন্ড্ / *verb* [T] **1** to start an organization, institution, etc. কোনো সংস্থা, প্রতিষ্ঠান ইত্যাদি প্রতিষ্ঠা করা বা তার সূচনা করা *This museum was founded in 1921.* **2** to be the first to start building and living in a town or country (দেশ বা শহর) পত্তন করা এবং বসবাস শুরু করা *Liberia was founded by freed American slaves.* **3 found sth (on sth)** (*usually passive*) to base sth on sth (কোনো কিছু) কোনো কিছুর উপর ভিত্তি করা *The book was founded on real life.*

foundation / faʊnˈdeɪʃn ফাউন্ˈডেইশ্ন্ / *noun* **1 foundations** [*pl.*] a layer of bricks, etc. under the surface of the ground that forms the solid base of a building (মাটির নীচে ইঁট ইত্যাদির দ্বারা স্থাপিত) অট্টালিকা ইত্যাদির ভিত; ভিত্তি **2** [C, U] the idea, principle, or fact on which sth is based চিন্তাধারা, আদর্শ বা মূল বস্তু যার উপর ভিত্তি করে কোনো কিছু গড়ে উঠেছে (চিন্তাধারা, আদর্শ প্রভৃতি) *This coursebook aims to give students a solid foundation in grammar.* ○ *That rumour is completely without foundation* (= it is not true). **3** [C] an organization that provides money for a special purpose বিশেষ ধরনের কাজে যে প্রতিষ্ঠান আর্থিক অনুদান দেয় *The British Heart Foundation* **4** [U] the act of starting a new institution or organization কোনো নতুন প্রতিষ্ঠান বা সংগঠন ইত্যাদি আরম্ভ করার ক্রিয়া

foundation stone *noun* [C] a large block of stone that is put at the base of an important new public building in a special ceremony (বিশেষ অনুষ্ঠানের মাধ্যমে স্থাপিত) নতুন কোনো সর্বজনীন অট্টালিকার ভিত্তিপ্রস্তর

founder / ˈfaʊndə(r) ˈফাউন্ড্যা(র্) / *noun* [C] a person who starts a new institution or organization প্রতিষ্ঠাতা

founder member *noun* [C] one of the original members of a club, organization, etc. (কোনো ক্লাব, সংস্থা ইত্যাদির) প্রতিষ্ঠাতা-সদস্য

foundry / ˈfaʊndri ˈফাউন্ড্রি / *noun* [C] (*pl.* **foundries**) a place where metal or glass is melted and shaped into objects ধাতু বা কাচ গলিয়ে এবং বিভিন্ন আকারে ঢালাই করে নানা ধরনের জিনিস তৈরি হয় যেখানে

fountain / ˈfaʊntən ˈফাউনট্যান্ / *noun* [C] **1** a decoration (in a garden or in a square in a town) that sends a flow of water into the air; the water that comes out of a fountain (উদ্যান অথবা নগর সাজানোর জন্য) কৃত্রিম প্রস্রবণ; প্রস্রবণ থেকে নির্গত জলধারা **2** a strong flow of liquid or another substance that is forced into the air উথলে বা ফুলে ওঠা কোনো তরল পদার্থ বা পৃথক কোনো পদার্থ *a fountain of blood/sparks*

fountain pen *noun* [C] a type of pen that you fill with ink একধরনের কলম যার মধ্যে কালি ভরে লেখা হয়; ঝর্ণা কলম ➪ **stationery**-তে ছবি দেখো।

four / fɔ:(r) ফ:(র্) / *number* **1** 4 চার, ৪, চতুর্থ

NOTE বাক্যে সংখ্যার ব্যবহার এবং তার প্রয়োগের উদাহরণ দেখার জন্য **six** দেখো।

2 four- (*in compounds*) having four of the thing mentioned উল্লিখিত বস্তুগুলির মধ্যে চারটি বস্তু বিশিষ্ট *fourlegged animals*

IDM on all fours with your hands and knees on the ground; crawling (চার হাত-পা ইত্যাদির দ্বারা) মাটিতে যেমন হামাগুড়ি দেওয়া হয় *The children went through the tunnel on all fours.*

four-letter word *noun* [C] a swear word that shocks or offends people (often with four letters) (চার অক্ষরের) অশ্লীল গালাগালি যা মানুষকে বিব্রত বা বিরক্ত করে

fourteen / ˌfɔːˈtiːn ˌফ:ˈটীন্ / *number* 14 চোদ্দ, ১৪; চতুর্দশ

> **NOTE** বাক্যে সংখ্যার ব্যবহার এবং তার প্রয়োগের উদাহরণ দেখার জন্য **six** দেখো।

fourteenth / ˌfɔːˈtiːnθ ˌফ:ˈটীন্থ্ / *pronoun, det., adv.* 14th ১৪-ই, চতুর্দশতম

fourth / fɔːθ ফ:থ্ / *pronoun, det., adv.* 4th ৪-ঠা, চতুর্থতম

> **NOTE** ১/৪ বোঝানো জন্য **quarter** শব্দটি ব্যবহার করা হয়—*a quarter of an hour* (= fifteen minutes)

four-wheel drive *noun* [C, U] a system which provides power to all four wheels of a vehicle, making it easier to control; a vehicle with this system যে ব্যবস্থার দ্বারা কোনো গাড়ির চারটি চাকাতেই গতিশীলতা নিয়ন্ত্রণ করা যায়; এই ধরনের ব্যবস্থাযুক্ত গাড়ি *a car with four-wheel drive* ○ *We rented a four-wheel drive to get around the island.*

fowl / faʊl ফাউল্ / *noun* [C] (*pl.* **fowl** or **fowls**) a bird, especially a chicken, that is kept on a farm যে-কোনো পাখি, বিশেষত মুরগী (গৃহপালিত)

fox / fɒks ফক্স্ / *noun* [C] a wild animal like a small dog with reddish fur, a pointed nose and a thick tail খ্যাঁকশিয়াল

> **NOTE** খ্যাঁকশিয়ালের জন্য প্রায়ই **sly** এবং **cunning** বিশেষণগুলি (adjective) প্রয়োগ করা হয়। স্ত্রী খ্যাঁকশিয়ালের জন্য **vixen** শব্দটি ব্যবহৃত হয় এবং বাচ্চা খ্যাঁকশিয়ালকে **cub** বলা হয়।

foyer / ˈfɔɪeɪ ˈফইএই / *noun* [C] an entrance hall in a cinema, theatre, hotel, etc. where people meet or wait সিনেমা, থিয়েটার এবং হোটেল ইত্যাদির প্রবেশকক্ষ যেখানে জনসাধারণ দেখাসাক্ষাৎ করতে বা অপেক্ষা করতে পারে

fraction / ˈfrækʃn ˈফ্র্যাক্শ্ন্ / *noun* [C] **1** a small part or amount ক্ষুদ্র অংশ বা পরিমাণ *For a fraction of a second I thought the car was going to crash.* **2** a division of a number কোনো সংখ্যার বিভাজনের এক অংশ; ভগ্নাংশ *½ and ¼ are fractions.* ⇨ **vulgar fraction** এবং **integer** দেখো।

fractional distillation / ˌfrækʃənl dɪstɪˈleɪʃn ˌফ্র্যাক্শ্যান্ল্ ডিস্টিˈলেইশ্ন্ / *noun* [U] (*technical*) the process of separating the parts of a liquid mixture by heating it. As the temperature goes up, each part in turn becomes a gas, which then cools as it moves up a tube and can be collected as a liquid বিভিন্ন তরলসমূহের মিশ্রণকে পর্যায়ক্রমে গরম করে তাদের পৃথক করার প্রক্রিয়া। তাপমাত্রা যত বৃদ্ধি পায়, প্রতিটি অংশ গ্যাসে পরিণত হয় এবং তারপর সেটি ঠান্ডা করে তরল হিসেবে টিউবের মধ্যে সংগ্রহ করা হয়; ক্রমাংশিক অথবা আংশিক পাতন

fractionally / ˈfrækʃənəli ˈফ্র্যাক্শ্যান্যালি / *adv.* to a very small degree; slightly খুব কম পরিমাণে; সামান্যভাবে *fractionally faster/taller/heavier*

fracture / ˈfræktʃə(r) ˈফ্র্যাক্চ্যা(র্) / *noun* [C, U] a break in a bone or other hard material হাড় বা অন্য কোনো শক্ত পদার্থ যখন ভেঙে যায়; ভগ্ন অস্থি, ভাঙা হাড়
▶ **fracture** *verb* [I, T] ভেঙে যাওয়া, ফাটল ধরা *She fell and fractured her ankle.* ○ *A water pipe fractured and flooded the bathroom.*

fragile / ˈfrædʒaɪl ˈফ্র্যাজাইল্ / *adj.* easily damaged or broken ভঙ্গুর, ঠুনকো, ক্ষণস্থায়ী

fragment¹ / ˈfrægmənt ˈফ্র্যাগ্ম্যান্ট্ / *noun* [C] a small piece that has broken off or that comes from sth larger বড়ো কোনো কিছু থেকে ভেঙে যাওয়া বা বেরিয়ে আসা টুকরো *The archaeologists found fragments of Harappan pottery on the site.* ○ *I heard only a fragment of their conversation.*

fragment² / frægˈment ফ্র্যাগ্ˈম্যান্ট্ / *verb* [I, T] (*formal*) to break (sth) into small pieces কোনো বস্তুকে বিভিন্ন অংশে বিচ্ছিন্ন করা অথবা টুকরো করা *The country is becoming increasingly fragmented by civil war.*

fragrance / ˈfreɪgrəns ˈফ্রেইগ্র্যান্স্ / *noun* [C, U] a pleasant smell সুগন্ধ, সৌরভ

fragrant / ˈfreɪgrənt ˈফ্রেইগ্র্যান্ট্ / *adj.* having a pleasant smell সুগন্ধিত, সুরভিত

frail / freɪl ফ্রেইল্ / *adj.* weak or not healthy দুর্বল বা রুগ্ন *My aunt is still very frail after her accident.*

frailty / ˈfreɪlti ˈফ্রেইল্টি / *noun* [C, U] (*pl.* **frailties**) weakness of a person's body or character কোনো ব্যক্তির শারীরিক অথবা চারিত্রিক দুর্বলতা

frame¹ / freɪm ফ্রেইম্ / *noun* [C] **1** a border of wood or metal that goes around the outside of a door, picture, window, etc. কোনো ছবি, জানলা বা দরজা ইত্যাদির চারপাশের ধাতু বা কাঠের তৈরি কাঠামো; ঘের; ফ্রেম *a window frame* **2** the basic strong structure of a piece of furniture, building, vehicle, etc. which gives it its shape আসবাব, বাড়ি, গাড়ি ইত্যাদিকে তার আকার দেওয়ার জন্য মূল মজবুত কাঠামো *the frame of a bicycle/an aircraft* ⇨ **bicycle**-এ ছবি দেখো। **3** [*usually pl.*] a structure made of plastic or metal that holds the two pieces of glass (**lenses**) in a pair of glasses চশমার ফ্রেম

4 [*usually sing.*] the basic shape of a human or animal body মানুষ অথবা প্রাণীদেহের মূল কাঠামো *He has a large frame but he's not fat.*

IDM **frame of mind** a particular state or condition of your feelings; the mood মনের বিশেষ অবস্থা; মনের ভাব *I'm not in the right frame of mind for a party. I'd prefer to be on my own.*

frame[2] / freɪm ফ্রেইম্ / *verb* [T] **1** to put a border around sth (especially a picture or photograph) ছবি বা ফোটো ইত্যাদির চারিপাশ ফ্রেম দিয়ে বাঁধানো *Let's have this photograph framed.* **2** (*usually passive*) to give false evidence against sb in order to make him/her seem guilty of a crime কাউকে অপরাধী সাজানোর জন্য তার বিরুদ্ধে মিথ্যে সাক্ষ্য দেওয়া *The man claimed that he had been framed by the police.* **3** (*formal*) to express sth in a particular way কোনো কিছু নির্দিষ্ট পন্থতিতে অভিব্যক্ত করা বা বলা *The question was very carefully framed.*

framework / ˈfreɪmwɜːk ˈফ্রেইমউঅ্যক্ / *noun* [C] **1** the basic structure of sth that gives it shape and strength কোনো বস্তুর মূল কাঠামো, ভিত্তি যা তাকে আকার প্রদান করে এবং মজবুত করে *A greenhouse is made of glass panels fixed in a metal framework.* ○ (*figurative*) *the basic framework of society* **2** a system of rules or ideas which help you decide what to do কোনো কাজের মূল চিন্তাধারা বা নিয়মকানুন সম্বলিত ব্যবস্থা যা করণীয় যা কিছু করতে সাহায্য করে *The plan may be changed but it will provide a framework on which we can build.*

franc / fræŋk ফ্র্যাংক / *noun* [C] the unit of money that is used in France, Belgium, Switzerland and several other countries ফ্রান্স, বেলজিয়ম, সুইজারল্যান্ড সমেত আরও অনেক দেশে প্রচলিত মুদ্রা; ফ্রাংক

franchise / ˈfræntʃaɪz ˈফ্র্যান্চাইজ্ / *noun* **1** [C, U] official permission to sell a company's goods or services in a particular area নির্দিষ্ট অঞ্চলে কোনো কোম্পানির পরিষেবা বিক্রির স্বীকৃত অনুমতি *They have the franchise to sell this product in the southern region.* ○ *Most fast-food restaurants are operated* ***under franchise***. **2** [U] (*formal*) the right to vote in elections নির্বাচনে ভোটদানের অধিকার; ভোটাধিকার

frank / fræŋk ফ্র্যাংক্ / *adj.* showing your thoughts and feelings clearly; saying what you mean সরল, ঘোরপ্যাঁচহীন, সাদাসিধে; অকপট *To be perfectly frank with you, I don't think you'll pass your driving test.* ▶ **frankly** *adv.* অকুণ্ঠভাবে, স্পষ্টভাবে, সোজাসুজিভাবে *Please tell me frankly what you think about my idea.* ▶ **frankness** *noun* [U] সরলতা, স্পষ্টতা, অকপট ভাব

frantic / ˈfræntɪk ˈফ্র্যান্টিক্ / *adj.* **1** extremely worried or frightened অত্যন্ত উদ্বিগ্ন বা ভীত *The woman went frantic when she couldn't find her purse.* ○ *frantic cries for help* **2** very busy or done in a hurry অত্যন্ত ব্যস্ততার মধ্যে করা হয়েছে এমন; খুব ব্যস্ত হয়ে, তাড়াতাড়ির মধ্যে *a frantic search for the keys* ○ *We're not busy at work now, but things get frantic at Christmas.* ▶ **frantically** / -kli -ক্লি / *adv.* ব্যস্ততাপূর্ণভাবে

fraternal / frəˈtɜːnl ফ্র্যা'ট্যন্ল্ / *adj.* (*formal*) connected with the relationship that exists between brothers; like a brother ভ্রাতৃসুলভ সম্পর্কের সঙ্গে যুক্ত; ভাইয়ের মতো বা ভ্রাতৃসুলভ *fraternal love/ rivalry*

fraternity / frəˈtɜːnəti ফ্র্যা'ট্যন্যাটি / *noun* (*pl.* **fraternities**) **1** [U] the feeling of friendship and support between people in the same group একই দলের লোকদের মধ্যে বন্ধুর মতো সম্পর্ক ও সহানুভূতিবোধ **2** [C] a group of people who share the same work or interests একই দলভুক্ত কয়েকজন মানুষ যাদের চিন্তাভাবনা, কাজকর্ম একধরনের; সমিতি *the medical fraternity*

fraud / frɔːd ফ্র:ড্ / *noun* **1** [C, U] (an act of) cheating sb in order to get money, etc. illegally অবৈধভাবে অর্থলাভের উদ্দেশ্যে কোনো ব্যক্তিকে প্রতারণা; জুয়োচুরি, জালিয়াতি *The accountant was sent to prison for fraud.* ○ *Massive amounts of money are lost every year in credit card frauds.* **2** [C] a person who tricks sb by pretending to be sb else প্রতারক, জুয়াচোর

fraudulent / ˈfrɔːdjələnt 'ফ্র:ডিঅ্যাল্যান্ট্ / *adj.* (*formal*) done in order to cheat sb; dishonest প্রতারণামূলক; অসৎ *the fraudulent use of stolen cheques*

fraught / frɔːt ফ্র:ট্ / *adj.* **1 fraught with sth** filled with sth unpleasant আশঙ্কাপূর্ণ, বিপদের ঝুঁকি বা সম্ভাবনাযুক্ত *a situation fraught with danger/ difficulty* **2** (used about people) worried and nervous; (used about a situation) very busy so that people become nervous (ব্যক্তি সম্বন্ধে ব্যবহৃত) চিন্তিত, উদ্বিগ্ন; (পরিস্থিতি সম্বন্ধে ব্যবহৃত) প্রবল চাপ অথবা ব্যস্ততা যাতে লোকে ভীত হয়ে পড়ে *Things are usually fraught at work on Mondays.*

fray[1] / freɪ ফ্রেই / *verb* [I, T] **1** if cloth, etc. frays or becomes frayed, some of the threads at the end start to come apart ঘষা লেগে কাপড় ইত্যাদি ফেঁসে যাওয়া, এবং তার ফলে ধার থেকে সুতো বেরিয়ে আসা *This shirt is beginning to fray at the cuffs.* ○ *a frayed rope* **2** if a person's nerves, etc. fray or become frayed, he/she starts to get annoyed স্নায়ু ইত্যাদির চাপের ফলে মানুষের বিরক্ত হয়ে পড়া *Tempers began to fray towards the end of the match.*

fray² / freɪ ফ্রেই / *noun* [*sing*] a fight, an argument or any lively action scene মারামারি, তর্ক অথবা কোনো উত্তেজনাপূর্ণ ঘটনাস্থল *join the fray* ○ *The minister was forced to join the political fray.*

freak¹ / fri:k ফ্রীক্ / *noun* [C] **1** (*informal*) a person who has a very strong interest in sth যে ব্যক্তির কোনো কিছুতে অস্বাভাবিক আসক্তি বা উৎসাহ আছে *a fitness/computer freak* ✪ সম **fanatic** **2** a very unusual and strange event, person, animal, etc. অস্বাভাবিক, সৃষ্টিছাড়া কোনো ঘটনা, ব্যক্তি, প্রাণী ইত্যাদি *a freak accident/storm/result* ○ *The other kids think Anshu's a freak because she doesn't watch TV.*

freak² / fri:k ফ্রীক্ / *verb* [I, T] (*informal*) **freak (sb) (out)** to react very strongly to sth that makes you feel shocked, frightened, upset, etc.; to make sb react strongly যে বস্তু ভীতিজনক, আঘাতজনক বা আতঙ্কজনক তার প্রতি প্রবল প্রতিক্রিয়া দেখানো; কাউকে প্রবল প্রতিক্রিয়া করানো *She freaked out when she heard the news.* ○ *The film 'Psycho' really freaked me out.*

freckle / ˈfrekl ˈফ্রেক্‌ল্ / *noun* [C, *usually pl.*] a small brown spot on your skin গায়ের চামড়ায় বাদামি ছোটো দাগ (অনেকটা তিলের মতো); ফ্রেক্‌ল্ *A lot of people with red hair have got freckles.* ➪ **mole** দেখো। ▶ **freckled** *adj.* ঐ রকম দাগে ভর্তি ত্বক, ফ্রেকলের দাগ থাকা ত্বক

free¹ / fri: ফ্রী / *adj.* **1** not in prison, in a cage, etc.; not held or controlled বন্ধনমুক্ত; স্বাধীন, মুক্ত *The government set Mandela free in 1989.* ○ *There is nowhere around here where dogs can run free.* **2 free (to do sth)** not controlled by the government, rules, etc. সরকার, কোনো বিধিনিষেধ ইত্যাদির দ্বারা নিয়ন্ত্রিত নয় এমন *There is free movement of people across the border.* ○ *free speech/press* **3** costing nothing দাম লাগে না এমন, বিনামূল্যে *Admission to the museum is free/free of charge.* ○ *Children under five usually travel free on trains.* **4** not busy or being used খালি, যা কেউ ব্যবহার করছে না *I'm afraid Mr Kapur is not free this afternoon.* ○ *I don't get much* ***free time***. ○ *Is this seat free?* **5 free from/of sth** not having sth dangerous, unpleasant, etc. বিপজ্জনক বা অপ্রীতিকর কিছু ইত্যাদি থেকে মুক্ত; সাবলীল, স্বচ্ছন্দ *free of worries/responsibility* ○ *free from pain*

IDM **feel free** ➪ **feel¹** দেখো।

free and easy informal or relaxed আটপৌরে, স্বচ্ছন্দ, স্বতঃস্ফূর্ত *The atmosphere in our office is very free and easy.*

get, have, etc. a free hand to get, have, etc. permission to make your own decisions about sth কোনো বিষয়ে নিজের বুদ্ধি-বিবেচনা অনুযায়ী সিদ্ধান্ত গ্রহণের স্বাধীনতা পাওয়া, থাকা ইত্যাদি

of your own free will because you want to, not because sb forces you কারও দ্বারা বাধ্য বা প্রভাবিত হয়ে নয়, নিজের ইচ্ছানুসারে

free² / fri: ফ্রী / *verb* [T] **1 free sb/sth (from sth)** to let sb/sth leave or escape from a place where he/she/it is held কাউকে মুক্ত করা, ছেড়ে দেওয়া, বন্দিত্ব থেকে মুক্তি দেওয়া *to free a prisoner* ○ *The protesters freed the animals from their cages.* **2 free sb/sth of/from sth** to take away sth that is unpleasant from sb কোনো ব্যক্তির কাছ থেকে অপ্রীতিকর কিছু অপসারণ করা, দূর করা *The medicine freed her from pain for a few hours.* **3 free sb/sth (up) for sth; free sb/sth (up) to do sth** to make sth available so that it can be used; to put sb in a position in which he/she can do sth কোনো কিছুকে প্রাপ্তিসাধ্য করা যাতে তা সহজে ব্যবহৃত হতে পারে; কাউকে এমন অবস্থায় রাখা যাতে সে কিছু করতে পারে

free agent *noun* [C] a person who can do what he/she wants because nobody else has the right to tell him/her what to do যে ব্যক্তি স্বেচ্ছায় স্বাধীনভাবে কাজ করে

freedom / ˈfri:dəm ˈফ্রীড্যাম্ / *noun* **1** [U] the state of not being held prisoner or controlled by sb else স্বাধীনতা, মুক্তি *The opposition leader was given his freedom after 25 years.* **2** [C, U] the right or ability to do or say what you want কাজ করার এবং নিজের মত প্রকাশের অধিকার বা সামর্থ্য *You have the freedom to come and go as you please.* ○ *freedom of speech* ○ *the rights and freedoms of the individual* ➪ **liberty** দেখো। **3** [U] **freedom from sth** the state of not being affected by sth unpleasant অপ্রীতিকর কোনো কিছুর দ্বারা প্রভাবিত না হওয়ার অবস্থা; মুক্তি, রেহাই *freedom from fear/hunger/pain* **4** [U] **the freedom of sth** the right to use sth with nothing to limit you কোনো সীমা বা বাধানিষেধ ছাড়া সবকিছু ভোগ করা বা ব্যবহার করার অধিকার *You can have the freedom of the whole house while we're away.*

freedom fighter *noun* [C] a person who belongs to a group that takes part in a movement to liberate a country from an unpopular government জনবিরোধী সরকার থেকে দেশকে মুক্ত করার আন্দোলনে অংশ গ্রহণ করে যে জনগোষ্ঠী তার অন্তর্ভুক্ত কোনো ব্যক্তি; স্বাধীনতা সংগ্রামী, স্বাধীনতা যোদ্ধা

free enterprise [U] the operation of private business without government control সরকারি নিয়ন্ত্রণবিহীন বেসরকারি ব্যাবসা চালনা; অবাধ বাণিজ্য

freehand / ˈfriːhænd ˈফ্রীহ্যান্ড্ / *adj., adv.* (used about a drawing) done by hand, without the help of any instruments (অঙ্কন সম্বন্ধে ব্যবহৃত) কোনো যন্ত্রপাতির সাহায্য ছাড়াই খালি হাতে করা হয় এমন *a freehand sketch* ○ *to draw freehand*

freehold / ˈfriːhəʊld ˈফ্রীহ্যাউল্ড্ / *noun* [C, U] the fact of owning a building or piece of land for a period of time that is not limited যে জমি বা বাড়ি অনির্দিষ্ট কালের জন্য ব্যবহারের মালিকানা বা স্বত্ব আছে; খাসতালুক *Do you own the freehold of this house?* ▶ **freehold** *adj., adv.* মুক্ত মালিকানা সম্পন্ন; ফ্রিহোল্ড *a freehold property* ○ *to buy a house freehold* ➪ **leasehold** দেখো।

free kick *noun* [C] (in football, rugby etc.) a situation in which a player of one team is allowed to kick the ball because a member of the other team has broken a rule (ফুটবল, রাগবি ইত্যাদিতে) যে পরিস্থিতিতে অন্য দলের কোনো সদস্যের খেলার নিয়মভঙ্গের শাস্তিস্বরূপ প্রতিযোগী দলের খেলোয়াড়কে বলে কিক করার জন্য বা মারার জন্য অনুমতি দেওয়া হয়; ফ্রি ক্রিক

freelance / ˈfriːlɑːns ˈফ্রীলা:ন্স্ / *adj., adv.* earning money by selling your services or work to different organizations rather than being employed by a single company কোনো একটি সংস্থা বা কোম্পানিতে চাকুরিরত না থেকে বিভিন্ন প্রতিষ্ঠান বা সংস্থায় কাজ করে উপার্জন করা হয় এমন; ফ্রিল্যান্স *a freelance journalist* ○ *She works freelance.* ▶ **freelance** (*also* **freelancer**) *noun* [C] এইভাবে কাজ করে যে ব্যক্তি ▶ **freelance** *verb* [I] এইভাবে কাজ করা

freely / ˈfriːli ˈফ্রীলি / *adv.* **1** in a way that is not controlled or limited স্বাধীনভাবে, বাধাবন্ধনহীনভাবে, অবাধে *He is the country's first freely elected president.* **2** without trying to avoid the truth even though it might be embarrassing; in an honest way অস্বস্তিজনক হলেও সত্যকে এড়িয়ে যাওয়া বা ঢাকা হয় না যখন; সৎভাবে *I freely admit that I made a mistake.*

free market *noun* [C] an economic system in which the price of goods and services is affected by supply and demand rather than controlled by the government যে আর্থিক ব্যবস্থায় চাহিদা ও জোগানের মাধ্যমে পণ্য এবং পরিষেবার মূল্য নির্ধারিত হয়, সরকারি নিয়ন্ত্রণের মাধ্যমে নয়; মুক্ত অর্থনীতি; ফ্রি মার্কেট

free port *noun* [C] a port at which tax is not paid on goods that have been brought there for a short time before being sent to a different country ভিন্নদেশে পাঠানোর আগে সংক্ষিপ্ত সময়ের জন্য আনা পণ্যের উপর শুল্ক দিতে হয় না যে বন্দরে; মুক্ত বন্দর; ফ্রি-পোর্ট

free-range *adj.* (used about farm birds or their eggs) kept or produced in a place where birds can move around freely (পাখি বা তার ডিম সম্বন্ধে ব্যবহৃত) যাতে পাখিগুলি ইচ্ছেমতো ঘোরা ফেরা করতে পারে সেইভাবে রক্ষিত অথবা উৎপন্ন *free-range hens/eggs* ➪ **battery** দেখো।

free speech *noun* [U] the right to express any opinion in public প্রকাশ্যে নিজস্ব মতপ্রকাশের অধিকার

free trade *noun* [U] a system of international commercial activity in which there are no limits or taxes on imports and exports নিয়ন্ত্রণমুক্ত বা শুল্কমুক্ত আন্তর্জাতিক আমদানি-রপ্তানি ব্যবস্থা; অবাধ বাণিজ্য; ফ্রি ট্রেড *a free-trade agreement/area*

freeway / ˈfriːweɪ ˈফ্রীউএই / (*AmE*) = **motorway**

freeze¹ / friːz ফ্রীজ্ / *verb* (*pt* **froze** / frəʊz ফ্র্যাউজ্ /; *pp* **frozen** / ˈfrəʊzn ˈফ্র্যাউজ্ন্ /) **1** [I, T] to become hard (and often change into ice) because of extreme cold; to make sth do this অত্যধিক ঠান্ডায় জমে যাওয়া, জমে বরফ হয়ে যাওয়া; কোনো কিছুকে বরফে পরিবর্তন করা *Water freezes at 0° Celsius.* ○ *The ground was **frozen solid** for most of the winter.* ○ *frozen peas/fish/food* **2** [I] used with 'it' to describe extremely cold weather when water turns into ice অত্যন্ত ঠান্ডা আবহাওয়া যখন জল জমে বরফে পরিণত হয় তখন সেই অবস্থা বোঝানোর জন্য বাক্যে 'it'-এর সঙ্গে প্রযুক্ত হয় *I think it's going to freeze tonight.* **3** [I, T] to be very cold or to die from cold খুব ঠান্ডা লাগা, ঠান্ডা লেগে মারা যাওয়া বা মৃতবৎ হওয়া, ঠান্ডায় প্রাণহানি ঘটা *It was so cold on the mountain that we thought we would **freeze to death**.* ○ *Turn the heater up a bit—I'm **frozen stiff**.* **4** [I] to stop moving suddenly and completely because you are frightened or in danger (ভীত বা বিপদগ্রস্ত হওয়ার কারণে হঠাৎ সম্পূর্ণভাবে) সিঁটিয়ে যাওয়া, জমে যাওয়া, চলৎশক্তি হারিয়ে ফেলা *The terrible scream made her freeze with terror.* ○ *Suddenly the man pulled out a gun and shouted 'Freeze!'* **5** [T] to keep the money you earn, prices, etc. at a fixed level for a certain period of time কিছুদিনের জন্য অর্থোপার্জন, জিনিসপত্রের দাম ইত্যাদি নির্দিষ্ট স্তরে রাখা বা বেঁধে দেওয়া *Spending on defence has been frozen for one year.*

freeze² / friːz ফ্রীজ্ / *noun* [C] **1** a period of weather when the temperature stays below 0°C (**freezing point**) যে আবহাওয়ায় তাপমাত্রা হিমাঙ্কের অর্থাৎ শূন্য ডিগ্রি সেলসিয়াসের নীচে থাকে; হিমাঙ্ক **2** the fixing of the money you earn, prices, etc. at one level for a certain period of time (নির্দিষ্ট সময়ের জন্য) বেতন, মজুরি, দাম ইত্যাদি ধার্যকরণ *a wage/pay/price freeze*

freeze-dried *adj.* (used about food or drink) frozen and then dried very quickly, so that it can be kept for a long time (খাদ্য এবং পানীয় সম্বন্ধে ব্যবহৃত) দীর্ঘদিন ভালো রাখার জন্য প্রথমে ঠান্ডা করে নিয়ে তারপর দ্রুত শুকনো করে নেওয়া হয় এমন

freezer / ˈfri:zə(r) 'ফ্রীজ়্যা(র্) / (*also* **deep freeze**) *noun* [C] a large box or cupboard in which you can store food for a long time at a temperature below 0° Celsius (**freezing point**) so that it stays frozen কোনো বড়ো বাক্স বা কাবার্ড যার মধ্যে হিমাঙ্কের নীচের তাপমাত্রায় দীর্ঘদিন ধরে খাদ্যদ্রব্য সুসংরক্ষিত রাখা যায়; হিমায়ন ➪ **fridge** দেখো।

freezing[1] / ˈfri:zɪŋ 'ফ্রীজ়িং / *adj.* (*informal*) very cold হাড় কাঁপানো ঠান্ডা, প্রচন্ড ঠান্ডা *Can we turn the central heating on? I'm freezing.* ○ *Put a coat on, it's absolutely freezing outside.*

freezing[2] / ˈfri:zɪŋ 'ফ্রীজ়িং / (*also* **freezing point**) *noun* [U] the temperature at which water freezes যে তাপমাত্রায় জল জমে বরফে পরিণত হয় *Last night the temperature fell to six degrees below freezing.*

freight / freɪt ফ্রেইট্ / *noun* [U] goods that are carried from one place to another by ship, lorry, etc.; the system for carrying goods in this way জাহাজ, লরি ইত্যাদিতে পরিবাহিত পণ্য; এই ধরনের পণ্য পরিবহণ ব্যবস্থা *Your order will be sent by air freight.* ○ *a freight train*

freight car (*AmE*) = **wagon**

freighter / ˈfreɪtə(r) 'ফ্রেইট্যা(র্) / *noun* [C] a ship or an aircraft that carries only goods and not passengers যে জাহাজ বা উড়োজাহাজ কোনো যাত্রী নয়, কেবলমাত্র মাল পরিবহণ করে; মালবাহী জাহাজ ইত্যাদি

French horn *noun* [C] a metal (**brass**) musical instrument that consists of a long tube curved around in a circle with a wide opening at the end শেষ প্রান্তে বড়ো ছিদ্রযুক্ত বৃত্তাকারে পাকানো পিতলের লম্বা টিউব বা নলবিশিষ্ট বাদ্যযন্ত্র

French window (*AmE* **French door**) *noun* [C] one of a pair of glass doors that open onto a garden or **balcony** ঝুলবারান্দা বা বাগানের দিকে খোলে এমন কাচের জানলা (গরাদহীন) বা দরজা

frenzied / ˈfrenzid 'ফ্রেন্‌জ়িড্ / *adj.* that is wild and out of control বন্য এবং অনিয়ন্ত্রিত; অত্যন্ত উত্তেজিত, উন্মাদনাগ্রস্ত *a frenzied attack* ○ *frenzied activity*

frenzy / ˈfrenzi 'ফ্রেন্‌জ়ি / *noun* [*sing.*,U] a state of great emotion or activity that is not under control সাময়িক উন্মাদনা বা কার্যকলাপ যা নিয়ন্ত্রণের মধ্যে নেই

frequency / ˈfri:kwənsi 'ফ্রীকুঅ্যান্‌সি / *noun* (*pl.* **frequencies**) **1** [U] the number of times sth happens in a particular period কোনো ঘটনার পুনরাবৃত্তির হার বা পরিসংখ্যান; বারবার ঘটার পরিমাণ, ঘটনামাত্রা *Fatal accidents have decreased in frequency in recent years.* **2** [U] the fact that sth happens often বারংবার, পৌনঃপুনিক *The frequency of child deaths from cancer near the nuclear power station is being investigated.* **3** [C, U] the rate at which a sound wave or radio wave moves up and down (**vibrates**) (কোনো শব্দতরঙ্গ বা বেতারতরঙ্গ) স্পন্দনের হার, স্পন্দনের দ্রুততা, স্পন্দনের কম্পাঙ্ক *high-frequency/low-frequency sounds* ➪ **wavelength**-এ ছবি দেখো।

frequent[1] / ˈfri:kwənt 'ফ্রীকুঅ্যান্ট্ / *adj.* happening often প্রায়ই ঘটে বা বারবার ঘটে এমন *His visits became less frequent.* ✪ বিপ **infrequent** ► **frequently** *adv.* প্রায়ই, প্রায়শ

frequent[2] / friˈkwent ফ্রি'কুএন্ট্ / *verb* [T] (*formal*) to go to a place often প্রায়ই কোনো জায়গায় যাওয়া *He spent most of his evenings in Paris frequenting bars and clubs.*

fresh / freʃ ফ্রেশ্ / *adj.* **1** (used especially about food) produced or picked very recently; not frozen or in a tin (বিশেষত খাদ্যবস্তু সম্বন্ধে ব্যবহৃত) টাটকা, তাজা; হিমায়িত বা টিনের ক্যানে সংরক্ষিত নয় এমন *fresh bread/fruit/flowers* ➪ **stale** দেখো। **2** left somewhere or experienced recently সদ্য পরিত্যক্ত, সাম্প্রতিক, কাঁচা, সদ্য ঘটেছে এমন *fresh blood/footprints* ○ *Write a few notes while the lecture is still* ***fresh in your mind***. **3** new and different নতুন এবং অন্য কিছুর থেকে আলাদা *They have decided to* ***make a fresh start*** *in a different town.* ○ *I'm sure he'll have some fresh ideas on the subject.* **4** (used about water) without salt; not sea water (জল সম্বন্ধে ব্যবহৃত) নোনতা নয়, সমুদ্রের নয়, মিষ্টি, টাটকা **5** pleasantly clean or bright ঝলমলে, প্রাণজুড়োনো, নির্মল *Open the window and let some* ***fresh air*** *in.* **6** not tired প্রাণবন্ত, ঝরঝরে *I'll think about the problem again in the morning when I'm fresh.* **7 fresh from/out of sth** having just finished sth সাম্প্রতিককালে সমাপ্ত হয়েছে এমন *Life isn't easy for a young teacher fresh from university.* ► **freshly** *adv.* টাটকা, সদ্য সদ্য *freshly baked bread* ► **freshness** *noun* [U] ঝরঝরে তাজা ভাব

IDM **break fresh/new ground** ➪ **ground[1]** দেখো।

freshen / ˈfreʃn 'ফ্রেশ্‌ন্ / *verb* [T] **freshen sth (up)** to make sth cleaner or brighter কোনো কিছু আরও পরিষ্কার বা উজ্জ্বল করে তোলা

PHR V **freshen up** to wash and make yourself clean and tidy ঝরঝরে পরিষ্কার হওয়া

fresher / ˈfreʃə(r) ˈফ্রেশ্যা(র্) / *noun* [C] (*BrE*) a student who is in his/her first year at university, college, etc. বিশ্ববিদ্যালয় বা কলেজে সদ্য আগত প্রথম বর্ষের ছাত্র বা ছাত্রী; নবাগত; ফ্রেশার

freshman / ˈfreʃmən ˈফ্রেশ্‌ম্যান্ / *noun* [C] (*pl.* **-men** / -mən -ম্যান্ /) (*AmE*) a student who is in his/her first year at college, high school, university, etc. কলেজ, উচ্চবিদ্যালয় বা বিশ্ববিদ্যালয় ইত্যাদির প্রথম বছরের ছাত্র বা ছাত্রী

freshwater / ˈfreʃwɔːtə(r) ˈফ্রেশ্‌উঅংট্যা(র্) / *adj.* (*only before a noun*) **1** living in water that is not the sea and is not salty জলে বসবাসকারী কিন্তু সমুদ্রের জল বা নোনতা জলের নয় *freshwater fish* **2** having water that is not salty নোনতা নয়, মিষ্টি বা টাটকা জলসম্পন্ন *freshwater lakes/pools* ➪ **saltwater** দেখো।

fret[1] / fret ফ্রেট্ / *verb* [I] (**fretting; fretted**) **fret (about/at/over sth)** to be worried and unhappy about sth কোনো কিছু সম্পর্কে দুশ্চিন্তাগ্রস্ত বা উদ্বিগ্ন এবং অসুখী হওয়া

fret[2] / fret ফ্রেট্ / *noun* [C] one of the bars across the long thin part of a guitar, etc. that show you where to put your fingers to produce a particular sound গিটার ইত্যাদি বাজনার লম্বা পাতলা অংশের উপর আড়াআড়িভাবে অবস্থিত ঘাটগুলির মধ্যে একটি যেখানে আঙুল রেখে নির্দিষ্ট সুরধ্বনি বাজানো যায় ➪ **music**-এ ছবি দেখো।

fretsaw / ˈfretsɔː ˈফ্রেট্‌স: / *noun* [C] a tool with a narrow blade, used for cutting patterns into wood for decoration সরু, ধারালো পাতওয়ালা যন্ত্র যা কাঠ কেটে নকশা বানানোর কাজে ব্যবহৃত হয়; করাতি, আরি

fretwork / ˈfretwɜːk ˈফ্রেট্‌উঅ্যক / *noun* [U] patterns cut into wood, metal, etc. to decorate it; the process of making these patterns কিছু সাজানোর জন্য কাঠ, ধাতু ইত্যাদিতে বানানো নকশা; ঐ নকশা বানানোর পদ্ধতি

Fri. *abbr.* Friday শুক্রবার

friction / ˈfrɪkʃn ˈফ্রিক্‌শ্‌ন্ / *noun* [U] **1** the rubbing of one surface or thing against another ঘর্ষণ *You have to put oil in the engine to reduce friction between the moving parts.* **2 friction (between A and B)** disagreement between people or groups দুই ব্যক্তি বা একাধিক ব্যক্তি ও দলের মধ্যে মতান্তর; সংঘর্ষ, সংঘাত *There is a lot of friction between the older and younger members of staff.*

Friday / ˈfraɪdeɪ; -di ˈফ্রাইডেই; -ডি / *noun* [C, U] (*abbr.* **Fri.**) the day of the week after Thursday সপ্তাহের যে দিন বৃহস্পতিবারের পরে আসে; শুক্রবার

> **NOTE** সপ্তাহের দিনগুলির নামের প্রথম অক্ষরটি সবসময় বড়ো হাতের অক্ষরে (**capital letter**) লেখা হয়। বাক্যে সপ্তাহের বারের বা দিনগুলির নামের ব্যবহার এবং তার উদাহরণ দেখার জন্য **Monday** দেখো।

fridge / frɪdʒ ফ্রিজ্ / (*formal* **refrigerator,** *AmE* **ice box**) *noun* [C] a metal container with a door in which food, etc. is kept cold (but not frozen) so that it stays fresh দরজাওয়ালা ধাতুনির্মিত আলমারি যাতে খাবার ইত্যাদি তাজা রাখার জন্য ঠান্ডা অবস্থায় রাখা হয় (কিন্তু জমে না); ফ্রিজ ➪ **freezer** দেখো।

fried[1] ➪ **fry[1]**-এর past tense এবং past participle

fried[2] / fraɪd ফ্রাইড্ / *adj.* (used about food) cooked in hot fat or oil (খাদ্য সম্বন্ধে ব্যবহৃত) গরম চর্বি বা তেলে ভাজা *a fried egg*

friend / frend ফ্রেন্ড্ / *noun* [C] **1** a person that you know and like (not a member of your family), and who likes you (পরিবারের সদস্য নয়) বন্ধু, সখা, সুহৃৎ *Seema and I are **old friends**. We were at school together.* ○ *We're only inviting **close friends** and relatives to the wedding.* ○ *One of my friends told me about this restaurant.* ➪ **boyfriend, girlfriend** এবং **penfriend** দেখো। **2 a friend of/to sth** a person who supports an organization, a charity, etc., especially by giving money; a person who supports a particular idea, etc. কোনো সংস্থা, দাতব্য প্রতিষ্ঠান ইত্যাদিকে সাহায্য করে (বিশেষত অর্থ দিয়ে) যে ব্যক্তি; কোনো নির্দিষ্ট ভাবধারা ইত্যাদির সমর্থক *the Friends of the Churchill Hospital*

IDM be/make friends (with sb) to be/become a friend (of sb) কারও বন্ধু হওয়া, পারস্পরিক বন্ধুতার সূত্রে আবদ্ধ হওয়া *Sachin is rather shy and finds it hard to make friends.*

a false friend ➪ **false** দেখো।

friendly[1] / ˈfrendli ˈফ্রেন্ড্‌লি / *adj.* (**friendlier; friendliest**) **1 friendly (to/toward(s) sb)** behaving in a kind and open way সহৃদয় এবং খোলামেলা ব্যবহার করে এমন; বন্ধুর মতো, সৌহার্দ্যপূর্ণ ব্যবহারবিশিষ্ট, সহৃদয়ভাবে *Everyone here has been very friendly towards us.* **2** showing kindness in a way that makes people feel happy and relaxed সদ্ভাবসুচক, বন্ধুত্বপূর্ণ *a friendly smile/atmosphere* ✪ বিপ **unfriendly** (অর্থ সংখ্যা **1** এবং **2**-এর জন্য) **3 friendly with sb** treating sb as a friend কোনো ব্যক্তির প্রতি বন্ধুত্বপূর্ণ ভাবসম্পন্ন *Udhav has **become** quite **friendly** with the boy next door.* ○ *Are you **on friendly terms** with your neighbours?* **4** (*in compounds*) helpful to sb/sth; not harmful to sth কোনো ব্যক্তি বা বস্তুর প্রতি সহায়তাপূর্ণ; ক্ষতিকর নয় এমন *Our computer is extremely **user-friendly**.* ○ *ozone-friendly sprays* **5** in which the people, teams, etc. taking part are not competing seriously যেখানে কোনো প্রতিদ্বন্দ্বিতার জন্য নয়, নিছক

আনন্দের জন্য লোকজন বা কোনো দল অংশগ্রহণ করে *a friendly argument* ○ *I've organized a friendly match against my brother's team.* ▶ **friendliness** *noun* [U] বন্ধুত্বের মনোভাব

friendly² / ˈfrendli ˈফ্রেন্ড্‌লি / *noun* [C] (*pl.* **friendlies**) a sports match that is not part of a serious competition যে খেলা কোনো গুরুত্বপূর্ণ প্রতিযোগিতার অংশ নয়

friendship / ˈfrendʃɪp ˈফ্রেন্ড্‌শিপ্ / *noun* **1** [C] **a friendship (with sb); a friendship (between A and B)** a relationship between people who are friends বন্ধুত্ব, সৌহার্দ্য *a close/lasting/lifelong friendship* **2** [U] the state of being friends বন্ধুত্বপূর্ণ অবস্থা *Our relationship is based on friendship, not love.*

frigate / ˈfrɪgət ˈফ্রিগ্যাট্ / *noun* [C] a small fast ship in the navy that travels with other ships in order to protect them নৌবাহিনীর অন্তর্গত দ্রুতগামী ছোটো যুদ্ধজাহাজ যা অন্য জাহাজদের নিরাপত্তা দেওয়ার জন্য সেগুলির সঙ্গে চলে

fright / fraɪt ফ্রাইট্ / *noun* [C, U] a sudden feeling of fear or shock আকস্মিক ভয়, ত্রাস, আচমকা প্রচণ্ড আতঙ্ক *I hope I didn't* ***give*** *you* ***a fright*** *when I shouted.* ○ *The child cried out* ***in fright***.

frighten / ˈfraɪtn ˈফ্রাইট্‌ন্ / *verb* [T] to make sb/sth afraid or shocked কোনো ব্যক্তিকে ভয় পাওয়ানো, আতঙ্কিত করে তোলা বা কোনো কিছুকে আঘাত দেওয়া *That programme about crime really frightened me.*

PHR V **frighten sb/sth away / off** to cause a person or animal to go away by frightening him/her/it ভয় দেখিয়ে কোনো ব্যক্তি বা কোনো পশুকে তাড়ানো *Walk quietly so that you don't frighten the birds away.*

frightened / ˈfraɪtnd ˈফ্রাইট্‌ন্ড্ / *adj.* **1** full of fear or worry আতঙ্কিত, ভীত, উদ্বিগ্ন *Frightened children were calling for their mothers.* ○ *I was frightened that they would think that I was rude.* **2 frightened of sb/sth** afraid of a particular person, thing or situation কোনো ব্যক্তি, বস্তু বা পরিস্থিতির ভয়ে ভীত *When I was young I was frightened of spiders.* ➪ **afraid**-এ নোট দেখো।

frightening / ˈfraɪtnɪŋ ˈফ্রাইট্‌নিং / *adj.* making you feel afraid or shocked ভয়ানক আতঙ্কজনক; ভীতিপ্রদ *a frightening experience* ○ *It's frightening that time passes so quickly.*

frightful / ˈfraɪtfl ˈফ্রাইট্‌ফ্‌ল্ / *adj.* (*old-fashioned*) **1** very bad or unpleasant ভয়ংকর, কষ্টদায়ক, অস্বস্তিকর, জঘন্য *The weather this summer has been frightful.* **2** (used for emphasizing sth) very bad or great (কোনো কিছুর উপর জোর দিতে ব্যবহৃত) খুব খারাপ, বেশি বেশি, অত্যন্ত *We're in a frightful rush.*

frightfully / ˈfraɪtfəli ˈফ্রাইট্‌ফ্যালি / *adv.* (*old-fashioned*) very খুবই, অত্যন্ত *I'm frightfully sorry.*

frigid / ˈfrɪdʒɪd ˈফ্রিজিড্ / *adj.* **1** (usually used about a woman) unable to enjoy sex (সাধারণত কোনো মহিলা সম্বন্ধে ব্যবহৃত) যৌনশীতল, ঠান্ডা, যৌন আবেগহীন **2** not showing any emotion নিরুত্তাপ, নির্লিপ্ত

frill / frɪl ফ্রিল্ / *noun* [C] **1** a decoration for the edge of a dress, shirt, etc. which is made by forming many folds in a narrow piece of cloth (কোনো পোশাক, জামা ইত্যাদির প্রান্ত অলংকৃত করার জন্য ব্যবহৃত) কাপড়ের কুঁচি, ঝালর; ফ্রিল **2** [*usually pl.*] something that is added for decoration that you feel is not necessary অনাবশ্যক আড়ম্বর, যে সাজসজ্জার কোনো দরকার নেই *We just want a plain simple meal—no frills.* ▶ **frilly** *adj.* ঝালরযুক্ত, ঝালরওয়ালা *a frilly dress*

fringe¹ / frɪndʒ ফ্রিন্জ্ / *noun* [C] **1** (*AmE* **bangs** [*pl.*]) the part of your hair that is cut so that it hangs over your forehead কপালের উপর ঝুলে থাকা চুল; চূর্ণকুন্তল, কর্কবাল, চুরুল *Your hair looks better with a fringe.* **2** a border for decoration on a piece of clothing, etc. that is made of lots of hanging threads সুতো ঝোলানো ঝালর দিয়ে তৈরি কোনো বস্তুর উপর (অলংকৃত করার জন্য) লাগানো পাড়; সঞ্জাব, কাপড়ের ধারি **3** (*BrE*) the outer edge of an area or a group that is a long way from the centre or from what is usual কোনো অঞ্চল বা শক্তিসমূহের বাইরের ধার বা প্রান্ত যা কেন্দ্র থেকে দূরবর্তী *Some people* ***on the fringes of*** *the coalition government are opposed to the policy on disinvestment.*

fringe² / frɪndʒ ফ্রিন্জ্ / *verb*

IDM **be fringed with sth** to have sth as a border or around the edge বেষ্টন করে আছে এমন কিছু থাকা, প্রান্ত বেষ্টন করে আছে এরকম কিছু থাকা *The lake was fringed with pine trees.*

fringe benefit *noun* [C, *usually pl.*] an extra thing that is given to an employee in addition to the money he/she earns মজুরি বা মাইনের অতিরিক্ত যেসব সুযোগসুবিধা একজন কর্মচারী পান

> **NOTE** এই অর্থে কম অলংকারিক শব্দ হল **perk**।

frisk / frɪsk ফ্রিস্ক্ / *verb* **1** [T] to pass your hands over sb's body in order to search for hidden weapons, drugs, etc. লুকোনো কিছু (যেমন অস্ত্রাদি, মাদকদ্রব্য ইত্যাদি) আছে কিনা তা দেখার জন্য সর্বাঙ্গে হাত বুলিয়ে দেহ তল্লাশ করা **2** [I] (used about an animal or child) to play and jump about happily and with a lot of energy (কোনো শিশু বা কোনো পশু সম্বন্ধে ব্যবহৃত) মনের আনন্দে এবং উল্লসিতভাবে খেলা এবং লাফানো

frisky / ˈfrɪski ˈফ্রিস্‌কি / *adj.* full of life and wanting to play ছটফটে, প্রাণবন্ত, খেলতে ইচ্ছুক

fritter / ˈfrɪtə(r) ˈফ্রিট্যা(র্) / *verb*

PHR V **fritter sth away (on sth)** to waste time or money on things that are not important যে সকল বস্তু গুরুত্বপূর্ণ নয় সেগুলির উপর টাকা-পয়সা, সময় নষ্ট করা

frivolity / frɪˈvɒləti ফ্রি'ভল্যাটি / *noun* [U] silly behaviour (especially when you should be serious) মূর্খতা, চাপল্য, বোকার মতো ব্যবহার (বিশেষত যখন রাশভারি হওয়া দরকার)

frivolous / ˈfrɪvələs ˈফ্রিভ্যাল্যাস্ / *adj.* not serious; silly রাশভারি নয়; অগভীর, হালকা; অর্থহীন

frizzy / ˈfrɪzi ˈফ্রিজ়ি / *adj.* (used about hair) very curly (চুল সম্বন্ধে ব্যবহৃত) খুব কোঁকড়ানো

fro / frəʊ ফ্র্যাউ / *adv.*

IDM **to and fro** ➪ **to** দেখো।

frock / frɒk ফ্রক্ / *noun* [C] (*old-fashioned*) (*especially BrE*) a dress পোশাক; ফ্রক *a party frock*

frog / frɒg ফ্রগ্ / *noun* [C] a small animal with smooth skin and long back legs that it uses for jumping. Frogs live in or near water (উভচর প্রাণী) ব্যাঙ, ভেক ➪ **amphibian**-এ ছবি দেখো।

frogman / ˈfrɒgmən ˈফ্রগ্‌ম্যান্ / *noun* [C] (*pl.* **-men** / -mən -ম্যান্ /) a person whose job is to work under the surface of water wearing special rubber clothes and using breathing equipment বিশেষ ধরনের রবারের পোশাক পরিহিত ব্যক্তি যাকে কৃত্রিম শ্বাস ব্যবস্থার সাহায্যে জলের নীচে কাজ করতে হয়; ডুবুরি *Police frogmen searched the river.*

frogspawn / ˈfrɒgspɔːn ˈফ্রগ্‌স্পঃন্ / *noun* [U] an almost transparent substance that is between a liquid and a solid and contains the eggs of a **frog** ব্যাঙের ডিমভর্তি স্বচ্ছ থকথকে পদার্থ ➪ **amphibian**-এ ছবি দেখো।

frolic / ˈfrɒlɪk ˈফ্রলিক্ / *verb* [I] to behave in a playful way হইচই করা করা, আনন্দে লাফালাফি করা *A group of happy children were frolicking in the park.* ▶ **frolic** *noun* [C, *usually pl.*] আনন্দ, উল্লাস, হইচই

from / frəm; *strong form* frɒm ফ্র্যাম্; *এর প্রবল রূপ* ফ্রম্ / *prep.* **1** showing the place, direction or time that sb/sth starts or started (কোনো স্থান, দিক বা সময় যেখান থেকে কেউ বা কিছু শুরু করে বা শুরু করেছিল) থেকে, হইতে, হতে*a cold wind from the east* ○ *Water was dripping from the tap.* ○ *Sanjay's on holiday from next Friday.* ○ *The supermarket is open* ***from*** *8 a.m.* ***till*** *8 p.m. every day.* **2** showing the person who sent or gave sth কেউ পাঠিয়েছে বা কিছু দিয়েছে বোঝাতে *I borrowed this jacket from my sister.* ○ *a phone call from my father* **3** showing the origin of sb/sth কোনো বস্তুর উৎপত্তিস্থল বোঝাতে, কারও জন্মভূমি বোঝাতে *'Where do you come from?' 'I'm from Kerala.'* ○ *cheeses from France and Italy* ○ *quotations from Shakespeare* **4** showing the material which is used to make sth কোনো কিছু উৎপন্ন করার জন্য ব্যবহৃত কোনো উপকরণ বোঝাতে*Paper is* ***made from*** *wood.* ○ *This sauce is made from mint and tamarind.*

NOTE **Made of** বললে জিনিসটি কি কি উপাদানে তৈরি তা বোঝা যায়—*a table made of wood* ○ *a house made of bricks*

5 showing the distance between two places দুই স্থানের দূরত্ব বোঝাতে *The house is five kilometres from the town centre.* ○ *I work not far from here.* **6** showing the point at which a series of prices, figures, etc. start অর্থ, সংখ্যা, দাম ইত্যাদির নিম্নসীমা বোঝাতে *Our prices start from Rs 250 a bottle.* ○ *Tickets cost from Rs 25 to Rs 125.* **7** showing the state of sb/sth before a change কারও বা কিছুর পরিবর্তনের পূর্বেকার অবস্থা বোঝাতে *The time of the meeting has been changed* ***from*** *7* ***to*** *8 o'clock.* ○ *The article was translated* ***from*** *Malayalam* ***into*** *English.* ○ *Things have gone* ***from bad to worse***. **8** showing that sb/sth is taken away, removed or separated from sb/sth else কোনো কিছুর থেকে কোনো কিছুর আলাদা হয়ে যাওয়া বা সরিয়ে নেওয়া ইত্যাদি বোঝাতে *Children don't like being separated from their parents for a long period.* ○ *(in mathematics) 8 from 12 leaves 4.* **9** showing sth that you want to avoid কোনো কিছু এড়াতে চাওয়া বোঝাতে *There was no shelter from the wind.* ○ *This game will stop you from getting bored.* **10** showing the cause of sth কোনো কিছুর উদ্দেশ্য, কারণ ইত্যাদি বোঝাতে *People in the camps are suffering from hunger and cold.* **11** showing the reason for making a judgement or forming an opinion কোনো সিদ্ধান্ত গ্রহণ বা মনোভাব গড়ে ওঠার কারণ বোঝাতে *You can tell quite a lot from a person's handwriting.* **12** showing the difference between two people, places or things দুই ব্যক্তি, দুটি জিনিস বা দুই স্থানের মধ্যে পার্থক্য বোঝাতে *Can you tell margarine from butter?* ○ *Is Bengali very different from Oriya?*

IDM **from... on** starting at a particular time and continuing for ever কোনো নির্দিষ্ট সময় থেকে শুরু করে বরাবর চলে আসছে এমন বোঝাতে *She never spoke to him again* ***from that day on***. ○ ***From now on*** *you must earn your own living.*

frond / frɒnd ফ্রন্ড্ / *noun* [C] **1** a long leaf, often divided into parts along the edge, of some plants or trees কোনো উদ্ভিদ বা গাছের লম্বা পাতা যার ধার বা প্রান্ত অংশত বিভক্ত থাকে *the fronds of a palm tree* **2** a long piece of **seaweed** that looks like one of these leaves এক জাতীয় সামুদ্রিক উদ্ভিদ যেটি এইরকম পাতার মতো দেখতে

front[1] / frʌnt ফ্রান্ট্ / *noun* **1 the front** [C, *usually sing.*] the side or surface of sth/sb that faces forward কোনো ব্যক্তি বা বস্তুর সামনের দিক বা পৃষ্ঠতল *a dress with buttons down the front* ○ *the front of a building* (= the front wall) ○ *a card with flowers* ***on the front*** ○ *She slipped on the stairs and spilt coffee all down her front.* **2 the front** [C, *usually sing.*] the most forward part of sth; the area that is just outside of or before sb/sth কোনো কিছুর একেবারে সামনের অংশ; কারও বা কিছুর সম্মুখবর্তী অঞ্চল; সম্মুখ ভাগ, সদর *Young children should not travel* ***in the front of*** *the car.* ○ *There is a small garden* ***at the front of*** *the house.*

> **NOTE** **On the front of** বাক্যাংশটি কোনো বস্তুর সামনের দিকের উপরের অংশ অথবা উপরিতল বোঝানোর জন্য ব্যবহৃত হয়—*The number is shown on the front of the bus.*
> **In front (of sth)** বাক্যাংশটি কোনো ব্যক্তি অথবা বস্তুর আগে বা পূর্বে অথবা সামনে বোঝাতে ব্যবহৃত হয়—*A car has stopped in front of the bus.* ○ *There were three people in front of me in the queue.*
> **At/In the front (of sth)** বাক্যাংশটির অর্থ হল কোনো বস্তুর ভিতরকার অগ্রভাগে—*The driver sits at the front of the bus.*
> এই বাক্যগুলিও লক্ষ করো—*The teacher usually stands in* ***front*** *of the class.* ○ *The noisy children were asked to sit at the front of the class* (= in the front seats).

3 [C] a particular area of activity কোনো কাজের নির্দিষ্ট ধরন *Things are difficult* ***on the*** *domestic/political/economic* ***front*** *at the moment.* ○ *Progress has been made* ***on all fronts***. **4 the front** [*sing.*] the line or area where fighting takes place in a war যুধ্বরত সৈন্যবাহিনীর সামনের সারি বা এলাকা *to be sent to the front* **5** [*sing.*] a way of behaving that hides your true feelings প্রকৃত মনোভাব লুকিয়ে রেখে যে ধরনের ব্যবহার *His brave words were just a front. He was really feeling very nervous.* **6** [C] a line or area where warm air and cold air meet যে স্থানে বা যে রেখায় গরম আর ঠান্ডা হাওয়া এসে মেশে ***A cold front*** *is moving in from the north.*

IDM **back to front** ➪ **back**[1] দেখো।

in front further forward than sb/sth; ahead কোনো কিছু বা কারও অগ্রবর্তী; আগে বা এগিয়ে *Some of the children ran on in front.* ○ *After three laps the Kenyan runner was in front.*

in front of sb/sth **1** in a position further forward than but close to sb/sth অগ্রবর্তী কিন্তু কারও বা কিছুর থেকে দূরে নয় এমন অবস্থায় *The bus stops right in front of our house.* ○ *Don't stand in front of the television.* ○ *The book was open in front of her on the desk.* **NOTE** **in front of** বাক্যাংশটি কিন্তু **opposite** অর্থে ব্যবহৃত হয় না **2** if you do sth in front of sb, you do it when that person is there in the same room or place as you একই স্থানে বা একই ঘরে কারও উপস্থিতিতে বা কারও সামনে কিছু করার অর্থ সেই ব্যক্তিটি তখন সেই জায়গায় উপস্থিত *I couldn't talk about that in front of my parents.*

up front (*informal*) as payment before sth is done কোনো কিছু করার আগেই প্রদত্ত দাম বা পারিশ্রমিক *I want half the money up front and half when the job is finished.*

front[2] / frʌnt ফ্রান্ট্ / *adj.* (*only before a noun*) of or at the **front**[1]**2** সামনের দিকে অথবা সামনে *the front door/garden/room* ○ *sit in the front row* ○ *front teeth*

frontage / ˈfrʌntɪdʒ ˈফ্রান্‌টিজ্ / *noun* [C, U] the front of a building, especially when this faces a road or river কোনো বাড়ি বা অট্টালিকার সম্মুখ ভাগ অথবা সামনের দিক (বিশেষ করে যদি সেই বাড়ি কোনো নদী বা রাস্তার দিকে মুখ করে থাকে)

frontal / ˈfrʌntl ˈফ্রান্‌ট্‌ল্ / *adj.* (*not before a noun*) from the front সামনের দিক থেকে *a frontal attack*

frontier / ˈfrʌntɪə(r) ˈফ্রান্‌টিঅ্যা(র্) / *noun* **1** [C] **the frontier (between A and B)** the line where one country joins another; border দুই দেশের মধ্যবর্তী সীমান্তরেখা; প্রান্তসীমা *the end of frontier controls in Europe* ➪ **border**-এ নোট দেখো। **2 the frontiers** [*pl.*] the limit between what we do and do not know জানা অজানার সীমারেখা, বিজ্ঞানের অগ্রগতির চরম সীমা, জ্ঞানের পরিধি *Scientific research is constantly* ***pushing back the frontiers of*** *our knowledge about the world.*

front-page *adj.* interesting or important enough to appear on the front page of a newspaper খবরের কাগজের প্রথম পাতায় প্রকাশিত হওয়ার মতো আগ্রহজনক বা গুরুত্বপূর্ণ *front-page news/headlines*

frost[1] / frɒst ফ্রস্ট্ / *noun* [C, U] the weather condition when the temperature falls below 0° Celsius (**freezing point**) and a thin layer of ice forms on the ground and other surfaces, especially at night যে আবহাওয়ায় তাপমাত্রা ০° C এর

(হিমাঙ্কের) নীচে চলে যায়, ফলে তখন মাটিতে এবং অন্যান্য কোনো কিছুর উপরিতলে বিশেষ করে রাত্রিতে, যে হালকা পাতলা তুষার জমে *There was a **hard frost** last night.* ○ *It will be a chilly night with some **ground frost**.*

frost² / frɒst ফ্রস্ট্ / *verb* [T] (*AmE*) = **ice²**

PHR V **frost over/up** to become covered with a thin layer of ice পাতলা বরফে ঢেকে যাওয়া; তুষারাবৃত হওয়া *The window has frosted over/up.* ➪ **defrost** দেখো।

frostbite / ˈfrɒstbaɪt ˈফ্রস্ট্বাইট্ / *noun* [U] a serious medical condition of the fingers, toes, etc. that is caused by very low temperatures অত্যন্ত কম তাপমাত্রা থাকার ফলে আঙুল, বুড়ো আঙুল ইত্যাদিতে যে তুষারক্ষত হয়; হিমফোসকা

frosted / ˈfrɒstɪd ˈফ্রস্টিড্ / *adj.* (used about glass or a window) with a special surface so you can not see through it (কোনো কাচ বা জানলা সম্বন্ধে ব্যবহৃত) ঘষা কাচযুক্ত যাতে বাইরে কিছু দেখা না যায়

frosting / ˈfrɒstɪŋ ˈফ্রস্টিং / (*AmE*) = **icing**

frosty / ˈfrɒsti ˈফ্রস্টি / *adj.* **1** very cold, with frost হিমশীতল, তুষারাবৃত *a cold and frosty morning* **2** cold and unfriendly ঠান্ডা, নিরুত্তাপ, সহৃদয়তাহীন, আবেগশূন্য *a frosty welcome*

froth¹ / frɒθ ফ্রথ্ / *noun* [U] a mass of small white bubbles on the top of a liquid, etc. ফেনা, গাঁজলা ▶ **frothy** *adj.* ফেনাযুক্ত *frothy beer* ○ *a frothy cappuccino*

froth² / frɒθ ফ্রথ্ / *verb* [I] to have or produce a mass of white bubbles গাঁজলা তোলা, ফেনা ছিটোনো বা তৈরি করা *The mad dog was frothing at the mouth.*

frown / fraʊn ফ্রাউন্ / *verb* [I] to show you are angry, serious, etc. by making lines appear on your forehead above your nose ভ্রূকুটি করা, বিরক্তি বা গম্ভীর ভাব ইত্যাদি দেখাতে কপাল কোঁচকানো বা কপালে ভাঁজ ফেলা ▶ **frown** *noun* [C] ভ্রূকুটি

PHR V **frown on/upon sth** to disapprove of sth কোনো কিছু অপছন্দ করা, আপত্তি জানানো *Smoking is very much frowned upon these days.*

froze ➪ **freeze¹**-এর past tense

frozen¹ ➪ **freeze¹**-এর past participle

frozen² / ˈfrəʊzn ˈফ্র্যাউজ্ন্ / *adj.* **1** (used about food) stored at a low temperature in order to keep it for a long time (খাদ্যদ্রব্য সম্বন্ধে ব্যবহৃত) ঠান্ডা তাপমাত্রায় সংরক্ষিত (দীর্ঘদিন ভালো রাখার জন্য) *frozen meat/vegetables* **2** (*informal*) (used about people and parts of the body) very cold (কোনো ব্যক্তি বা মানব শরীরের কোনো বিশেষ অংশ সম্বন্ধে ব্যবহৃত) অত্যন্ত ঠান্ডা, শীতল *My feet are frozen!* ○ *I was **frozen stiff**.* ✪ সম **freezing** **3** (used about water) with a layer of ice on the surface (জল সম্বন্ধে ব্যবহৃত) উপরিতলে জমা বরফের স্তর সমেত *The pond is frozen. Let's go skating.*

fructose / ˈfrʌktəʊs; -təʊz ˈফ্রাক্ট্যাউস্; -ট্যাউজ্ / *noun* [U] a type of natural sugar that is found in fruit juice ফলের রস ইত্যাদির মধ্যে পাওয়া প্রাকৃতিক শর্করা; ফল-শর্করা ➪ **dextrose, glucose, lactose** এবং **sucrose** দেখো।

frugal / ˈfru:gl ˈফ্রুগ্ল্ / *adj.* **1** using only as much money or food as is necessary মিতব্যয়ী, হিসেবী *a frugal existence/life* **2** (used about meals) small, simple and not costing very much (কোনো একবারের খাবার সম্বন্ধে ব্যবহৃত) সাধারণ, হিসেবি ▶ **frugality** / fruˈgæləti ফ্রুˈগ্যাল্যাটি / *noun* [U] মিতব্যয়িতা ▶ **frugally** / ˈfru:gəli ˈফ্রুগ্যালি / *adv.* হিসেবমতো, ঠিকমতো *to live/eat frugally*

fruit / fru:t ফ্রুট্ / *noun* **1** [C, U] the part of a plant or tree that contains seeds and that we eat ফল *Try and eat more **fresh fruit** and vegetables.* ○ *Marmalade is made with **citrus fruit*** (= oranges, lemons, grapefruit, etc.) ○ *fruit juice* *fruit*-এ ➪ পৃষ্ঠা ৫৩৬-এ ছবি দেখো।

> **NOTE** **'A fruit'** বাক্যাংশটি যে-কোনো একরকমের ফল অর্থে ব্যবহার করা হয়—*Most big supermarkets sell all sorts of tropical fruits.* কোনো একটি ফলের সম্বন্ধে উল্লেখ করতে হলে আমরা ফলের নামটি বলি—*Would you like an apple?* অথবা তার অগণনীয় রূপটি ব্যবহার করি—*Would you like some fruit?*

2 [C] the part of any plant in which the seed is formed বৃক্ষের সেই অংশ যার মধ্যে বীজ হয় **3** [*pl.*] **the fruits (of sth)** a good result or success from work that you have done কৃতকর্মের সাফল্য বা সুফল

IDM **bear fruit** ➪ **bear²** দেখো।

fruit fly *noun* [C] (*pl.* **fruit flies**) a small flying insect that eats plants that have died, especially fruit একধরনের উড়ন্ত পোকা যা পচা ফল বা মৃত উদ্ভিদে দেখা যায়

fruitful / ˈfru:tfl ˈফ্রুট্ফ্ল্ / *adj.* producing good results; useful ফলদায়ী, ব্যবহারযোগ্য; প্রয়োজনীয়, দরকারি *fruitful discussions*

fruition / fruˈɪʃn ফ্রুˈইশ্ন্ / *noun* [U] (*formal*) the time when a plan, etc. starts to be successful পরিকল্পনা ইত্যাদি যখন সফল হতে শুরু করে; ফললাভের সময় *After months of hard work, our efforts were **coming to fruition**.*

fruitless / ˈfru:tləs ˈফ্রুট্ল্যাস্ / *adj.* producing poor or no results; not successful নিষ্ফলা; ব্যর্থ *a fruitless search*

frustrate / frʌˈstreɪt ফ্রাˈস্ট্রেইট্ / *verb* [T] **1** to cause a person to feel annoyed or impatient

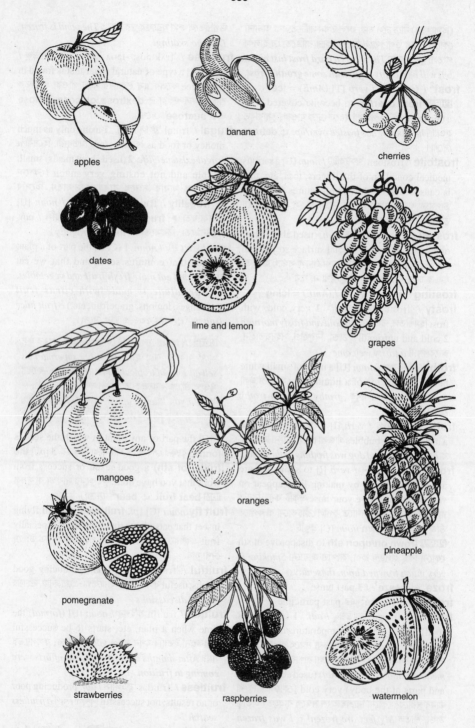

apples

banana

cherries

dates

lime and lemon

grapes

mangoes

oranges

pineapple

pomegranate

strawberries

raspberries

watermelon

fruit

because he/she cannot do or achieve what he/she wants যা করতে চাওয়া হয়েছিল তা করতে না পারায় কোনো ব্যক্তির বিরক্তি বোধ করা বা অধৈর্য হয়ে ওঠা; মনোবল ভেঙে দেওয়া, আশাহত হওয়া *It's the lack of money that really frustrates him.* **2** (*formal*) to prevent sb from doing sth or sth from happening কিছু করা থেকে কাউকে আটকানো; কোনো ঘটনায় বাধা পড়া; ব্যর্থ করে দেওয়া *The rescue work has been frustrated by bad weather conditions.* ► **frustrated** *adj.* অভিলাষ পূরণে ব্যর্থতার জন্য ক্ষুব্ধ, আশাহত *He felt very frustrated at his lack of progress in learning Chinese.* ► **frustrating** *adj.* হতাশাব্যঞ্জক

frustration / frʌˈstreɪʃn ফ্রা'স্ট্রেইশ্‌ন্ / *noun* [C, U] a feeling of anger because you cannot get what you want; sth that causes you to feel like this কোনো কিছু না পারা বা না পাওয়ার ফলে হতাশা, রাগ, দুঃখ; এইধরনের অনুভূতির কারণ *He felt anger and frustration at no longer being able to see very well.* ○ *Every job has its frustrations.*

fry[1] / fraɪ ফ্রাই / *verb* [I, T] (*pres. part.* **frying;** *3rd person sing. pres.* **fries**; *pt, pp* **fried** /fraɪd ফ্রাইড্/) to cook sth or to be cooked in hot fat or oil গরম তেল বা চর্বিতে খাবার জিনিস ভাজা বা রান্না করা *to fry an egg* ○ *I could smell fish frying in the kitchen.*

fry[2] / fraɪ ফ্রাই/ (*AmE* **French fry**) *noun* [C] (*pl.* **fries**) a long thin piece of potato fried in oil পাতলা করে কাটা তেলে ভাজা আলু

frying pan (*AmE* **frypan; skillet**) *noun* [C] a flat pan with a long handle that is used for frying food খাবারদাবার ভাজার জন্য ব্যবহৃত হয় এরকম লম্বা হাতলওয়ালা পাত্র ➪ **pan**-এ ছবি দেখো।

ft *abbr.* foot, feet; a measure of length, about 30.5 cm ফুট, ফিট; দৈর্ঘ্য মাপার একক, প্রায় ৩০.৫ সে.মি.-এর সমান *a room 10 ft by 6 ft*

fuel[1] / ˈfjuːəl 'ফিউঅ্যাল্ / *noun* **1** [U] material that is burned to produce heat or power তাপ ও শক্তি উৎপন্ন করার জন্য যেসকল পদার্থ জ্বালানো হয়; ইন্ধন, জ্বালানি পদার্থ **2** [C] a type of fuel যে-কোনো একপ্রকারের জ্বালানি, ইন্ধন *I think gas is the best fuel for central heating.*

fuel[2] / ˈfjuːəl 'ফিউঅ্যাল্ / *verb* [T] (**fuelling; fuelled** *AmE* **fueling; fueled**) to make sb feel an emotion more strongly কারও আবেগ বাড়িয়ে তোলা *Her interest in the Spanish language was fuelled by a visit to Spain.*

fugitive / ˈfjuːdʒətɪv 'ফিউজ্যাটিভ্ / *noun* [C] a person who is running away or escaping (for example from the police) পলাতক (যেমন পুলিশের হাত থেকে) ➪ **refugee** দেখো।

fulcrum / ˈfʊlkrəm 'ফুল্‌ক্র্যাম্ / *noun* [C, *usually sing.*] (*technical*) the point on which sth turns or is supported যে বিন্দুর উপর কোনো বস্তু ঘোরে বা ভর দিয়ে থাকে; স্কন্ধদণ্ড, আলম্ব; ফাল্‌ক্রাম

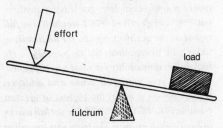

fulfil (*AmE* **fulfill**) / fʊlˈfɪl ফুল্'ফিল্ / *verb* [T] (**fulfilling; fulfilled**) **1** to make sth that you wish for happen; to achieve a goal কোনো কিছু সম্পাদন করা, সফল করা, সাফল্যের লক্ষ্যে পৌঁছোনো *He finally fulfilled his childhood dream of becoming a doctor.* ○ *to fulfil your ambition/potential* **2** to do or have everything that you should or that is necessary কর্তব্যকার্য সমাধা করা বা আবশ্যকমতো সবকিছু থাকা *to fulfil a duty/obligation/promise/need* ○ *The conditions of entry to university in this country are quite difficult to fulfil.* **3** to have a particular role or purpose বিশেষ ভূমিকা বা উদ্দেশ্য থাকা *India fulfils a very important role within the United Nations.* **4** to make sb feel completely happy and satisfied কাউকে সম্পূর্ণরূপে তৃপ্ত করা, সুখী ও সন্তুষ্ট করা *I need a job that really fulfils me.* ► **fulfilled** *adj.* পরিপূর্ণ, সম্পূর্ণ, সার্থক *When I had my baby I felt totally fulfilled.* ► **fulfilling** *adj.* সন্তুষ্টজনক, সার্থক *I found working abroad a very fulfilling experience.*

fulfilment / fʊlˈfɪlmənt ফুল্'ফিল্‌ম্যান্ট্ / (*AmE* **fulfillment**) *noun* [U] the act of achieving a goal; the feeling of satisfaction that you have when you have done sth অভীষ্ট পূরণের ক্রিয়া; কৃতকর্মের জন্য সার্থকতার বোধ; আত্মতৃপ্তি *the fulfilment of your dreams/hopes/ambitions* ○ *to find personal/emotional fulfilment*

full[1] / fʊl ফুল্ / *adj.* **1** holding or containing as much or as many as possible পরিপূর্ণ, ভর্তি, ভরা, ঠাসা *The bin needs emptying. It's* ***full up*** (= completely full). ○ *a full bottle* ○ *The bus was full so we had to wait for the next one.* ○ (*figurative*) *We need a good night's sleep because we've got a full* (= busy) *day tomorrow.* **2 full of sb/sth** containing a lot of sb/sth মানুষজন অথবা জিনিসপাত্রে ভর্তি *The room was full of people.*

○ *His work was full of mistakes.* ○ *The children are full of energy.* **3 full (up)** having had enough to eat and drink যথেষ্ট খাদ্য পানীয় গ্রহণ করা হয়েছে এমন *No more, thank you. I'm full (up).* **4** (*only before a noun*) complete; not leaving anything out সম্পূর্ণ; কিছুই বাদ না দিয়ে *I would like* ***a full report*** *on the accident, please.* ○ ***Full details*** *of today's TV programmes are on page 20.* ○ *He took* ***full responsibility*** *for what had happened.* ○ *Please give your* ***full name and address****.* **5** (*only before a noun*) the highest or greatest possible চরম, যতটা সম্ভব ততটাই *She got* ***full marks*** *in her English exam.* ○ *The train was travelling* ***at full speed****.* **6 full of sb/sth/yourself** thinking or talking a lot about sb/sth/yourself কোনো ব্যক্তি, বস্তু বা নিজের বিষয়ে প্রচুর চিন্তাভাবনা বা বক্তব্য রয়েছে এমন *When she got back from holiday she was full of everything they had seen.* ○ *He's* ***full of himself*** (= thinks that he is very important) *since he got that new job.* **7** round in shape গোলাকার *She's got quite* ***a full figure****.* ○ *He's quite* ***full in the face****.* **8** (used about clothes) made with plenty of material (বস্ত্রাদি সম্বন্ধে ব্যবহৃত) বেশি পরিমাণে কাপড় দিয়ে তৈরি *a full skirt*

IDM at full stretch working as hard as possible পুরোমাত্রায় বা যথাসাধ্য ক্ষমতা দিয়ে কাজ করা হচ্ছে এমন

full of beans/life with a lot of energy and enthusiasm উদ্যমী, উৎসাহী এবং জীবনীশক্তিতে ভরপুর

have your hands full ➪ **hand**¹ দেখো।

in full with nothing missing; completely কিছুই বাদ না রেখে; সবটা, সম্পূর্ণভাবে, আগাগোড়া *Your money will be refunded in full* (=you will get all your money back). ○ *Please write your name in full.*

in full swing at the stage when there is the most activity যখন পুরোদমে কাজ চলছে *When we arrived the party was already in full swing.*

in full view (of sb/sth) in a place where you can easily be seen এমন স্থানে যা সকলের চোখের সামনে, সহজেই দৃশ্যমান *In full view of the guards, he tried to escape over the prison wall.*

to the full as much as possible যথাসাধ্য, পূর্ণমাত্রায় *to enjoy life to the full*

full² / fʊl ফুল্ / *adv.* **full in/on (sth)** straight; directly সোজা; সরাসরি, সামনে *Rahul hit him full in the face.* ○ *The two cars crashed full on.*

full-blown *adj.* fully developed পরিপূর্ণ, সম্পূর্ণ বিকশিত *to have full-blown chicken pox*

full board *noun* [U] (in a hotel, etc.) including all meals (হোটেল ইত্যাদিতে) সমস্ত ভোজ-ব্যবস্থা বা আহার্য-ব্যবস্থা সমেত ➪ **half board** এবং **bed and breakfast** দেখো।

full-fledged = **fully-fledged**

full-length *adj.* **1** (used about a picture, mirror, etc.) showing a person from head to foot (ছবি, আয়না ইত্যাদি সম্পর্কে ব্যবহৃত) মাথা থেকে পা পর্যন্ত দেখা যায় যাতে **2** not made shorter কেটে ছেঁটে বাদ না দিয়ে; সবটা *a full-length film* **3** (used about a dress, skirt, etc.) reaching the feet (পোশাক, বিশেষ করে স্কার্ট বা ঘাগরা ইত্যাদির ক্ষেত্রে ব্যবহৃত) পা পর্যন্ত লম্বা

full moon *noun* [*sing.*] the moon when it appears as a complete circle পূর্ণচন্দ্র, পূর্ণিমার চাঁদ ➪ **new moon** দেখো।

full-scale *adj.* (*only before a noun*) **1** using every thing or person that is available প্রাপ্তিসাধ্য সকল ব্যক্তি বা বস্তুকে ব্যবহার করা হয়েছে বা হচ্ছে এমন; পুরোদমে *The police have started a full-scale murder investigation.* **2** (used about a plan, drawing, etc.) of the same size as the original object (কোনো ছক বা নকশা ইত্যাদি সম্বন্ধে ব্যবহৃত) মূল বস্তুর সমান মাপে বা আকারে *a full-scale plan/model*

full stop (*AmE* **period**) *noun* [C] a mark (.) that is used in writing to show the end of a sentence পূর্ণচ্ছেদ, বাক্যের শেষে বিরতি-চিহ্ন (.)

full-time *adj., adv.* for a whole of the normal period of work স্বাভাবিক কাজের পূর্ণ সময় *He has a full-time job.* ○ *He works full time.* ○ *We employ 800 full-time staff.* ➪ **part-time** দেখো।

fully / ˈfʊli ˈফুলি / *adv.* completely; to the highest possible degree সম্পূর্ণভাবে; যতটা সম্ভব ততটা, সর্বোচ্চ পরিমাণে *I'm fully aware of the problem.* ○ *All our engineers are fully trained.*

fully-fledged / ˌfʊliˈfledʒd ˌফুলিˈফ্লেজ্ড্ / (*AmE* **full-fledged**) *adj.* completely trained or completely developed পরিপূর্ণভাবে প্রশিক্ষিত বা পরিপূর্ণভাবে বিকশিত *Computer science is now a fully-fledged academic subject.*

fumble / ˈfʌmbl ˈফাম্বল্ / *verb* [I] to try to find or take hold of sth with your hands in a nervous or careless way আনাড়ির মতো হাত নেড়ে কিছু খোঁজার বা ধরার চেষ্টা করা, লটর পটর করা, হাতড়ানো *'It must be here somewhere', she said, fumbling in her pocket for her key.*

fume / fju:m ফিউম্ / *verb* [I] to be very angry about sth কোনো বিষয়ে খুব রেগে যাওয়া; রাগে গরগর করা

fumes / fju:mz ফিউম্জ্ / *noun* [*pl.*] smoke or gases that smell unpleasant and that can be dangerous to breathe in ঝাঁঝালো ধোঁয়া বা বাষ্প যাতে দুর্গন্ধ থাকে এবং যা নিঃশ্বাসের সঙ্গে শরীরে গেলে ক্ষতিকর হতে পারে *diesel/petrol/exhaust fumes*

fumigate / ˈfjuːmɪgeɪt ˈফিউমিগেইট্ / *verb* [T] to use special chemicals, smoke or gas to destroy the harmful insects or bacteria in a place কোনো জায়গা ধোঁয়া বা গ্যাস দিয়ে বা কোনো বিশেষ রাসায়নিক পদার্থ দিয়ে জীবাণুমুক্ত করা; বিশুদ্ধিকরণ করা, ধূম্র-বিশোধন করা *to fumigate a room* ▶ **fumigation** / ˌfjuːmɪˈgeɪʃn ˌফিউমিˈগেইশ্‌ন্ / *noun* [U] বাষ্পশোধন, ধূম্রবিশোধন

fun¹ / fʌn ফান্ / *noun* [U] pleasure and enjoyment; an activity or a person that gives you pleasure and enjoyment মজা, আনন্দ, কৌতুক; কোনো কাজ বা ব্যক্তি যা আনন্দ দেয় *We* ***had*** *a lot of* ***fun*** *at the party last night.* ○ *The party was* ***great fun.*** ○ *Have fun* (= enjoy yourself)*!* ○ ***It's no fun*** *having to get up at 4 o'clock every day.*

IDM **(just) for fun/for the fun of it** (just) for amusement or pleasure; not seriously কেবলমাত্র মজা বা খুশির জন্য; গুরুগম্ভীরভাবে নয় *I don't need French for my work. I'm just learning it for fun.*

in fun as a joke হাসিঠাট্টার মতো *It was said in fun. They didn't mean to upset you.*

make fun of sb/sth to laugh at sb/sth in an unkind way; to make other people do this কাউকে ঠাট্টা করা, পিছনে লাগা, হাসি তামাশা করা; কাউকে দিয়ে এরকম করানো *The older children are always making fun of him because of his accent.*

poke fun at sb/sth ➪ **poke** দেখো।

fun² / fʌn ফান্ / *adj.* amusing or enjoyable মজার, আনন্দের, উপভোগ্য *to have a fun time/day out* ○ *Prateek's a fun guy.*

function¹ / ˈfʌŋkʃn ˈফাংকশ্‌ন্ / *noun* [C] **1** the purpose or special duty of a person or thing (কোনো জিনিসের বা ব্যক্তির) নির্দিষ্ট উদ্দেশ্য বা কাজ *The function of the heart is to pump blood through the body.* ○ *to perform/fulfil a function* **2** an important social event, ceremony, etc. গুরুত্বপূর্ণ কোনো সামাজিক ঘটনা, অনুষ্ঠান ইত্যাদি *The president attends hundreds of official functions every year.* **3** (*mathematics*) a quantity whose value depends on the varying values of others. In the statement $2x = y$, y is a function of x (গণিত) এমন একটা পরিমাণ যার মূল্যমান বা মাত্রা অন্যের পরিবর্তিত মূল্যমানের উপর নির্ভরশীল অর্থাৎ একটা রাশি যা অন্য এক রাশির সঙ্গে এমনভাবে জড়িত যে সেটির পরিবর্তন হলে অন্যটিরও হবে। $2x = y$ এই বিবৃতিটিতে y-এর মূল্যমান x-এর উপর নির্ভরশীল; অপেক্ষক

function² / ˈfʌŋkʃn ˈফাংকশ্‌ন্ / *verb* [I] to work correctly; to be in action ঠিকমতো কাজ করা; কর্মরত অবস্থায় থাকা *Only one engine was still functioning.* ✪ সম **operate**

functional / ˈfʌŋkʃənl ˈফাংকশ্যান্‌ল্ / *adj.* **1** practical and useful rather than attractive দেখতে ভালো না হলেও কাজের এবং ব্যবহারযোগ্য *cheap functional furniture* **2** working; being used ক্রিয়াশীল, কার্যকর, কাজ হচ্ছে; ব্যবহৃত হচ্ছে এমন, চালু *The system is now fully functional.*

functionality / ˌfʌŋkʃəˈnæləti ˌফাংকশ্যাˈন্যাল্যাটি / *noun* [C, U] (*pl.* **functionalities**) (*computing*) the set of functions that a computer or other electronic system can perform কোনো কম্পিউটার বা ঐ জাতীয় বৈদ্যুতিন ব্যবস্থায় যেসব কাজ সম্পন্ন হয় *new software with additional functionality*

function key *noun* [C] (*computing*) one of the **keys** on a computer which are used to perform a particular operation কোনো কম্পিউটারের বিশেষ চাবি বা বোতামসমূহের একটি যার দ্বারা নির্দিষ্ট কোনো একটি কাজ করা যায়

fund¹ / fʌnd ফান্ড্ / *noun* **1** [C] a sum of money that is collected for a particular purpose বিশেষ উদ্দেশ্যে সংগৃহীত অর্থ-তহবিল *They contributed Rs 500 to the flood relief fund.* **2 funds** [*pl.*] money that is available and can be spent আর্থিক সম্বল, পুঁজি *The hospital is trying to* ***raise funds*** *for a new X-ray machine.*

fund² / fʌnd ফান্ড্ / *verb* [T] to provide a project, school, charity etc. with money কোনো প্রকল্প, বিদ্যালয়, সেবাকার্য ইত্যাদিতে সাহায্যের জন্য অর্থ প্রদান করা *The school is not funded by government money.*

fundamental / ˌfʌndəˈmentl ˌফান্ড্যাˈমেন্ট্‌ল্ / *adj.* basic and important; from which everything else develops মৌলিক এবং গুরুত্বপূর্ণ; একেবারে গোড়ার, প্রধানতম *There will be fundamental changes in the way the school is run.* ○ *There is a fundamental difference between your opinion and mine.* ▶ **fundamentally** / -təli -ট্যালি /*adv.* মৌলিকভাবে, মূলত *The government's policy has changed fundamentally.*

fundamentalist / ˌfʌndəˈmentəlɪst ˌফান্ড্যাˈমেন্ট্যালিস্ট্ / *noun* [C] a person who strictly follows the rules and teachings of any religion ধর্মীয় নীতি ও নিয়মকানুনের প্রতি অন্ধভাবে অনুগত যে ব্যক্তি; ধার্মিক, মৌলবাদী *religious fundamentalist* ▶ **fundamentalism** *noun* [U] ধর্মীয় নীতি ও নিয়মকানুনের প্রতি অন্ধ আনুগত্য ও বিশ্বাস

fundamentals / ˌfʌndəˈmentlz ˌফান্ড্যাˈমেন্ট্‌ল্জ্ / *noun* [*pl.*] basic facts or principles আদি সূত্র, মূল নীতি, মূল নিয়মাবলী

fund-raiser *noun* [C] a person whose job is to find ways of collecting money for a charity or an organization যে ব্যক্তির কাজ কোনো প্রতিষ্ঠান বা

দাতব্য কাজের জন্য অর্থ সংগ্রহ করার উপায় খুঁজে বার করা ▶ **fund-raising** *noun* [U] অর্থ সংগ্রহ *fund-raising events*

funeral / ˈfjuːnərəl ˈফিউন্যার‍্যাল্ / *noun* [C] a ceremony (usually religious) for burying or burning a dead person মৃত ব্যক্তিকে কবর দেওয়া বা দাহ করার যে ধর্মীয় ক্রিয়া; অন্ত্যেষ্টিক্রিয়া

funeral director = **undertaker**

funfair / ˈfʌnfeə(r) ˈফান্‌ফেঅ্যা(র্) / = **fair² 1**

fungicide / ˈfʌŋgɪsaɪd ˈফাংগিসাইড্ / *noun* [C, U] a substance that kills a type of plant with no leaves or flowers (**fungus**) that grows on other plants or animals and harms them (অন্যান্য উদ্ভিদ বা প্রাণীদেহের উপর জন্মায় এবং তাদের ক্ষতি করে) ফাংগাস বা ছত্রাককে ধ্বংস করে যে পদার্থ; ছত্রাকনাশক

fungus / ˈfʌŋgəs ˈফাংগ্যাস্ / *noun* [C, U] (*pl.* **fungi** / ˈfʌŋgiː; -gaɪ ˈফাংগী; -গাই / or **funguses**) a plant that is not green and does not have leaves or flowers (for example a **mushroom**), or that is like a wet powder and grows on old wood or food, walls, etc. Some fungi can be harmful যে গাছের রং সবুজ নয়, যার কোনো পাতা বা ফুল হয় না (উদাহরণস্বরূপ ছত্রাকের কথা বলা যায়) অথবা যা অনেকটা ভিজে গুঁড়োর মতো এবং সাধারণত পুরোনো কাঠ, খাবার বা দেয়াল ইত্যাদিতে জন্মায়। কোনো কোনো ছত্রাক খুব ক্ষতিকারক হতে পারে। ➪ **mould**-এবং **toadstool** দেখো। ▶ **fungal** *adj.* ছত্রাক-ঘটিত, ছত্রাক সংক্রান্ত *a fungal disease/infection/growth*

funnel / ˈfʌnl ˈফান্‌ল্ / *noun* [C] **1** an object that is wide at the top and narrow at the bottom, used for pouring liquid, powder, etc. into a small opening উপরের দিক চওড়া, নীচের দিক সরু এমন কোনো বস্তু যা সরু মুখওয়ালা কিছুর মধ্যে কোনো পদার্থ (তরল, গুঁড়ো ইত্যাদি) ঢালার কাজে ব্যবহৃত হয়; কুপি, ফানেল ➪ **laboratory**-তে ছবি দেখো। **2** the metal chimney of a ship, engine, etc. জাহাজ, ইঞ্জিন ইত্যাদির ধোঁয়া বেরোনোর চোং বা চিমনি

funnily / ˈfʌnɪli; -əli ˈফানিলি; -অ্যালি / *adv.* in a strange or unusual way মজাদারভাবে বা অস্বাভাবিক অদ্ভুতভাবে *She's walking very funnily.*

IDM **funnily enough** used for expressing surprise at sth strange that has happened অস্বাভাবিক কিছু ঘটেছে দেখে বিস্ময় প্রকাশ করতে ব্যবহৃত অভিব্যক্তিবিশেষ *Funnily enough, my parents weren't at all cross about it.*

funny / ˈfʌni ˈফানি / *adj.* (**funnier; funniest**) **1** that makes you smile or laugh মজাদার, হাসির বা কৌতুককর *a funny story* ○ *He's an extremely funny person.* ○ *That's the funniest thing I've heard in ages!* **2** strange or unusual; difficult to explain or understand অদ্ভুত বা অস্বাভাবিক; যা বোঝা বা বিশ্লেষণ করা কঠিন *Oh dear, the engine is making a funny noise.* ○ *It's funny that they didn't phone to let us know they couldn't come.* ○ ***That's funny***—*he was here a moment ago and now he's gone.* ○ *Can I sit down for a minute? I feel a bit* ***funny*** = a bit ill).

funny bone *noun* [C, *usually sing.*] (*informal*) the bone at your elbow কনুই-এর একটি হাড়

fur / fɜː(r) ফ্য(র্) / *noun* **1** [U] the soft thick hair that covers the bodies of some animals কোনো কোনো পশুর নরম কোমল ঘন লোম; ফার **2** [C, U] the skin and hair of an animal that is used for making clothes, etc.; a piece of clothing that is made from this কোনো পশুর ত্বক এবং লোম যা বস্ত্র ইত্যাদি তৈরিতে ব্যবহৃত হয়; ঐ নরম লোম থেকে তৈরি পোশাক *a fur coat*

furious / ˈfjʊəriəs ˈফিউঅ্যারিঅ্যাস্ / *adj.* **1 furious (with sb); furious (at sth)** very angry ক্ষিপ্ত, ক্রুদ্ধ, রেগে অগ্নিশর্মা *He was furious with her for losing the car keys.* ○ *He was furious at having to catch the train home.* ➪ **fury** দেখো। **2** very strong; violent অত্যন্ত জোরালো; ভয়ানক, প্রচণ্ড *A furious row has broken out over the closure of the school.* ▶ **furiously** *adv.* ক্ষিপ্তভাবে, ক্রোধোন্মত্তভাবে

IDM **fast and furious** ➪ **fast¹** দেখো।

furnace / ˈfɜːnɪs ˈফ্যনিস্ / *noun* [C] a large, very hot, enclosed fire that is used for melting metal, burning rubbish, etc. কারখানাদির বিরাট বড়ো উনুনের মতো অগ্নিকুণ্ড বা চুল্লি যা সাধারণত ধাতু গলানো, আবর্জনা পোড়ানো ইত্যাদি কাজে লাগে

furnish / ˈfɜːnɪʃ ˈফ্যনিশ্ / *verb* [T] to put furniture in a room, house, etc. আসবাবপত্র দিয়ে ঘর, বাড়ি ইত্যাদি সাজানো *The room was comfortably furnished.* ▶ **furnished** *adj.* আসবাবপত্রে সজ্জিত *She's renting a furnished room in Pune.*

furnishings / ˈfɜːnɪʃɪŋz ˈফ্যনিশিংজ্ / *noun* [*pl.*] the furniture, carpets, curtains, etc. in a room, house, etc. কোনো ঘর, বাড়ি ইত্যাদির ভিতরের আসবাবপত্রাদি, জাজিম, পর্দা প্রভৃতি

furniture / ˈfɜːnɪtʃə(r) ˈফ্যনিচ্যা(র্) / *noun* [U] the things that can be moved, for example, tables, chairs, beds, etc. in a room, house or office (ঘর, বাড়ি বা অফিসের) আসবাবপত্র *modern/antique/second-hand furniture* ○ *garden/office furniture*

NOTE মনে রেখো যে **furniture** শব্দটি একটি অগণনীয় বিশেষ্যপদ (noun)—*They only got married recently and they haven't got much furniture.*

আমরা যদি কোনো বিশেষ একটি আসবাবের কথা উল্লেখ করি তাহলে আমরা ***a piece of furniture*** ব্যবহার করি—*The only nice piece of furniture in the room was an antique desk.*

furrow / ˈfʌrəʊ ˈফার‍্যাউ / *noun* [C] **1** a line in a field that is made for planting seeds in by a farming machine that turns the earth (**plough**) জমির মধ্যে বীজ রোঁয়ার জন্য লাঙল চালানোর দাগ; কর্ষণের দাগ **2** a deep line in the skin on a person's face, especially on the forehead মানুষের মুখের চামড়ার উপর, বিশেষত কপালের উপর গভীর দাগ; বলিরেখা ➪ **wrinkle** দেখো।

furry / ˈfɜ:ri ˈফ্যরি / *adj.* having fur লোমওয়ালা *a small furry animal.*

further[1] / ˈfɜ:ðə(r) ˈফ্যদ্যা(র্) / *adj., adv.* **1** more; to a greater degree আরও; আরও বেশি পর্যন্ত *Are there **any further questions**?* ○ *Please let us know if you require any **further information**.* ○ *I have **nothing further to say** on the subject.* ○ *The museum is closed **until further notice*** (=until another announcement is made). ○ *Can I have time to consider the matter further?* **2** (*also* **farther**) (*the comparative of* **far**) at or to a greater distance in time or space আরও দূর সময়ে অথবা আরও দূর দেশে বা কালে *It's not safe to go any further.* ○ *I can't remember any further back than 1975.*

NOTE **Further** এবং **farther** এই দুটি শব্দ দূরত্ব বোঝাতে ব্যবহার করা যায়—*Agra is further/farther from Delhi than Mathura is.* ○ *I jumped further/farther than you did.* কিন্তু অন্য অর্থে কেবলমাত্র **further** ব্যবহার করা যেতে পারে—*We need a **further** week to finish the job.*

IDM **further afield** ➪ **far[2]** দেখো।

further[2] / ˈfɜ:ðə(r) ˈফ্যদ্যা(র্) / *verb* [T] (*formal*) to help sth to develop or be successful কোনো কিছুকে উন্নত করতে অথবা সফল হতে সাহায্য করা *to further the cause of peace*

furthermore / ˌfɜ:ðəˈmɔ:(r) ˌফ্যদ্যাˈম:(র্) / *adv.* also; in addition আরও; এ ছাড়াও

furthest ➪ **far**-এর superlative

furtive / ˈfɜ:tɪv ˈফ্যটিভ্ / *adj.* secret, acting as though you are trying to hide sth because you feel guilty (নিজে অপরাধী বোধ করার কারণে) গোপনীয়ভাবে চুপিচুপি, অন্যের নজর এড়িয়ে ▶**furtively** *adv.* চোরের মতো, চুপিচুপি

fury / ˈfjʊəri ˈফিউঅ্যারি / *noun* [U] very great anger প্রচণ্ড রাগ *She was speechless with fury.* ➪ **furious** adjective দেখো।

fuse[1] / fju:z ফিউজ্ / *noun* [C] **1** a small piece of wire in an electrical system, machine, etc. that melts and breaks if there is too much power. This stops the flow of electricity and prevents fire or damage বৈদ্যুতিক যন্ত্রের মধ্যে এমন কিছুটা তার যার ভিতর দিয়ে একটু বেশি তেজে বিদ্যুৎ-প্রবাহ গেলেই সেটি গলে গিয়ে যন্ত্রটি অচল হয়ে যায়। তার ফলে বিদ্যুৎ প্রবাহ বন্ধ হয়ে যায় এবং কোনোরকম ক্ষতি বা আগুন লাগা এড়ানো যায়; ফিউজ *A fuse has blown—that's why the house is in darkness.* ○ *That plug needs a 15 amp fuse.* **2** a piece of rope, string, etc. or a device that is used to make a bomb, etc. explode at a particular time এক টুকরো দড়ি, সুতো ইত্যাদি অথবা আর কোনো কল যার সাহায্যে বোমা ইত্যাদি নির্দিষ্ট সময়ে বিস্ফোরণ করানো বা ফাটানো যায়

fuse[2] / fju:z ফিউজ্ / *verb* [I, T] **1** (used about two things) to join together to become one; to make two things do this (দুটি বস্তু সম্বন্ধে ব্যবহৃত) জুড়ে এক করা; দুটি বস্তু জুড়ে কাজটি করা *As they heal, the bones will fuse together.* ○ *The two companies have been fused into one large organization.* **2** to stop working because a **fuse[1] 1** has melted; to make a piece of electrical equipment do this ফিউজ গলে যাওয়ার ফলে অকেজো হয়ে যাওয়া; কোনো বৈদ্যুতিক যন্ত্রকে এইরকমভাবে কাজ বন্ধ করানো *The lights have fused.* ○ *I've fused the lights.*

fuselage / ˈfju:zəlɑ:ʒ ˈফিউজ্যালা:জ্ / *noun* [C] the main part of a plane (not the engines, wings or tail) এরোপ্লেনের প্রধান অংশ (ইঞ্জিন, ডানা, লেজ বাদে) ➪ **plane**-এ ছবি দেখো।

fusion / ˈfju:ʒn ˈফিউজ্ন্ / *noun* **1** [U, *sing.*] the process or the result of joining different things together to form one বিভিন্ন বস্তু একত্র যুক্ত করার প্রক্রিয়া বা তার ফল *the fusion of two political systems* **2** (*also* **nuclear fusion**) [U] (in physics) the action or process of combining the central parts (**nuclei**) of atoms to form a heavier central part (**nucleus**), with energy being created (পদার্থ-বিদ্যায়) যে কাজ অথবা পদ্ধতিতে পরমাণু বা অ্যাটমের কেন্দ্রের বিভিন্ন অংশকে একত্র করে নিয়ে আরও ভারী কেন্দ্রীয় অংশ বা নিউক্লিয়াস তৈরি করা হয় এবং সেই সঙ্গে শক্তিও তৈরি হয়; পারমাণবিক সংযোজন ➪ **fission** দেখো।

fuss[1] / fʌs ফাস্ / *noun* [*sing.*, U] a time when people behave in an excited, a nervous or an angry way, especially about sth unimportant যে সময়ে মানুষ কোনো বিষয়ে (বিশেষত যা গুরুত্বপূর্ণ নয়) উত্তেজিত বা রাগতভাবে বা ঘাবড়ে গিয়ে আচরণ করে *The waiter didn't **make a fuss** when I spilt my drink.* ○ *What's all the fuss about?*

IDM make/kick up a fuss (about/over sth) to complain strongly খুব বেশিরকম আপত্তি জানানো; জোরালোভাবে অভিযোগ করা

make a fuss of/over sb/sth to pay a lot of attention to sb/sth কাউকে বা কোনো বিষয়ে খুব বেশি দেখাশোনা করা বা মনোযোগ দেওয়া *My grandmother used to make a big fuss of me when she visited.*

fuss² / fʌs ফাস্ / *verb* [I] **1** to be worried or excited about small things ছোটোখাটো ব্যাপারে উত্তেজিত হওয়া বা ঘাবড়ে যাওয়া *Stop fussing. We're not going to be late.* **2 fuss (over sb/sth)** to pay too much attention to sb/sth কাউকে বা কোনো বিষয়ে বড়ো বেশি মনোযোগ দেওয়া বা মনঃসংযোগ করা *Stop fussing over all the details.*

IDM not be fussed (about sb/sth) (*BrE* **spoken**) to not care very much বেশি পরোয়া না-করা *'Where do you want to go for lunch?' 'I'm not fussed.'*

fussy / ˈfʌsi ˈফাসি / *adj.* **1 fussy (about sth)** (used about people) giving too much attention to small details and therefore difficult to please (লোকজন সম্বন্ধে ব্যবহৃত) ছোটখাটো ব্যাপারে বড়ো খুঁতখুঁতে এবং সেই কারণে খুশি করা কঠিন *He is very fussy about food* (= there are many things that he does not eat). ➪ **particular** এবং **picky** দেখো। **2** having too much detail or decoration আতিশয্যময়, অতিরিক্ত অলংকৃত *I don't like that pattern. It's too fussy.*

futile / ˈfjuːtaɪl ˈফিউটাইল্ / *adj.* (used about an action) having no success; useless ব্যর্থ, অকৃতকার্য; অপ্রয়োজনীয় *They made a last futile attempt to make him change his mind.* ▶ **futility** *noun* [U] নিরর্থকতা, নিষ্ফলতা, অকৃতকার্যতা

future / ˈfjuːtʃə(r) ˈফিউচ্যা(র্) / *noun* **1 the future** [*sing.*] the time that will come after the present ভবিষ্যৎ *Who knows what will happen **in the future**?* ○ *in the near/distant future* (=soon/not soon) **2** [C] what will happen to sb/sth in the time after the present বর্তমানের পরে বা ভবিষ্যতে কোনো ব্যক্তি বা বস্তুর ক্ষেত্রে যা ঘটবে *Our children's futures depend on a good education.* ○ *The company's future does not look very hopeful.* **3** [U] the possibility of being successful সফল হওয়ার সম্ভাবনা *I could see no future in this country so I left to work abroad.* **4 the future** [*sing.*] = **the future tense** ▶ **future** *adj.* (*only before a noun*) ভবিষ্যৎ *She met her future husband when she was still at college.* ○ *You can keep that book **for future reference*** (= to look at again later).

IDM in future from now on ভবিষ্যতে, এখন থেকে *Please try to be more careful in future.*

the future perfect *noun* [*sing.*] (*grammar*) the form of a verb which expresses an action in the future that will be finished before the time mentioned. The future perfect is formed with the future tense of 'have' and the past participle of the verb (ব্যাকরণ) ক্রিয়াপদের সেই রূপ যার মধ্যে দিয়ে ভবিষ্যতের এমন একটি কর্মের কথা বলা হয় যা উল্লিখিত সময়ের পূর্বেই সম্পন্ন হবে। ক্রিয়াপদের এই রূপটি 'have' শব্দটির future tense এবং ক্রিয়াপদটির past participle রূপের সঙ্গে একত্রে গড়ে ওঠে; পুরাঘটিত ভবিষ্যৎ

the future tense (*also* **the future**) *noun* [*sing.*] (*grammar*) the form of a verb that expresses what will happen after the present (ব্যাকরণ) ক্রিয়াপদের ভবিষ্যৎ কাল

> **NOTE** ভবিষ্যৎকাল সম্বন্ধে আরও তথ্যের জন্য এই অভিধানের শেষাংশে **Quick Grammar Reference** দেখো।

fuzzy / ˈfʌzi ˈফাজ়ি / *adj.* not clear ঘোলাটে, অস্বচ্ছ *The photo was a bit fuzzy but I could just make out my mother on it.*

G g

G, g[1] / dʒiː জী / *noun* [C, U] (*pl.* **G's; g's** / dʒiːz জীজ্‌ / the seventh letter of the English alphabet ইংরেজি বর্ণমালার সপ্তম অক্ষর বা বর্ণ *'Girl' begins with a 'G'.*

g[2] *abbr.* gram(s) গ্রাম

gable / ˈɡeɪbl ˈগেইব্‌ল্ /*noun* [C] the pointed part at the top of an outside wall of a house between two parts of the roof বাড়ির ছাদের দুই অংশের মধ্যবর্তী দেয়ালের বাইরের অংশের উপরিস্থিত কোণাচে স্থান

gadget / ˈɡædʒɪt ˈগ্যাজিট্‌ / *noun* [C] (*informal*) a small device, tool or machine that has a particular but usually unimportant purpose (সাধারণত কম গুরুত্বপূর্ণ কাজের জন্য ব্যবহৃত) ছোটোখাটো যন্ত্র-ব্যবস্থা, ছোটো যন্ত্র

gag[1] / ɡæɡ গ্যাগ্‌ / *noun* [C] **1** a piece of cloth, etc. that is put in or over sb's mouth in order to stop him/her from talking কোনো কাপড়ের টুকরো যা মুখের মধ্যে পুরে দিয়ে কারও কথা বলা আটকানো হয় **2** a joke কোনো ঠাট্টা, তামাশা, রসিকতা

gag[2] / ɡæɡ গ্যাগ্‌ / *verb* [T] (**gagging; gagged**) to put a gag in or over sb's mouth কারও মুখে কাপড় পুরে দেওয়া; কণ্ঠরোধ করা

gage (*AmE*) = **gauge**[1]

gaiety / ˈɡeɪəti ˈগেইঅ্যাটি / *noun* [U] a feeling of happiness and fun স্ফূর্তি, আমোদ, হৈ হুল্লোড়

gaily / ˈɡeɪli ˈগেইলি / *adv.* happily; cheerfully খুশি হয়ে; আনন্দিতভাবে

gain[1] / ɡeɪn গেইন্‌ / *verb* **1** [T] to obtain or win sth, especially sth that you need or want লাভ করা, পাওয়া বা জিতে নেওয়া (বিশেষত যা প্রয়োজন বা চাহিদা ছিল) *They managed to gain access to secret information.* ○ *The country gained its independence ten years ago.* **2** [T] to gradually get more of sth কোনো কিছু ক্রমশ বৃদ্ধি পাওয়া, উন্নতি লাভ করা *The train was gaining speed.* ○ *to gain weight/confidence* ✪ বিপ **lose** **3** [I,T] **gain (sth) (by/from sth/doing sth)** to get an advantage প্রাধান্য পাওয়া, সুবিধা পাওয়া *I've got* ***nothing to gain*** *by staying in this job.* ✪ বিপ **lose**

IDM **gain ground** to make progress; to become stronger or more popular উন্নতি করা, এগিয়ে যাওয়া; আরও শক্তিশালী ও জনপ্রিয় হয়ে ওঠা

PHR V **gain in sth** to gradually get more of sth ক্রমবর্ধিতভাবে কোনো কিছু পাওয়া *He's gained in confidence in the past year.*

gain on sb/sth to get closer to sb/sth that you are trying to catch যাকে ধরার চেষ্টা করা হচ্ছে ক্রমশ তার কাছাকাছি হওয়া *I saw the other runners were gaining on me so I increased my pace.*

gain[2] / ɡeɪn গেইন্‌ / *noun* [C, U] an increase, improvment or advantage in sth (কোনো কিছুর) বৃদ্ধি, উন্নতি, ফায়দা, মুনাফা *We hope to make a gain* (= more money) *when we sell our house.* ○ *a* ***gain in weight*** *of one kilo*

gait / ɡeɪt গেইট্‌ / *noun* [*sing.*] the way that sb/sth walks হাঁটার ধরন, চলনভঙ্গি, গতিভঙ্গি

gala / ˈɡɑːlə ˈগা:ল্যা / *noun* [C] a special social or sporting occasion বিশেষ সামাজিক অনুষ্ঠান বা ক্রীড়ানুষ্ঠান *a swimming gala*

galaxy / ˈɡæləksi ˈগ্যাল্যাক্‌সি / *noun* (*pl.* **galaxies**) **1** [C] any of the large systems of stars, etc. in outer space মহাকাশের যে-কোনো বৃহৎ তারকাপুঞ্জ; ছায়াপথ; গ্যালাক্সি **2 the Galaxy** (*also* **the Milky Way**) [*sing.*] the system of stars that contains our sun and its planets, seen as a bright band in the night sky সূর্য এবং তার সবকটি গ্রহসমেত তারকাপুঞ্জ রাত্রির আকাশে যা উজ্জ্বল ডোরার মতো দেখায়

gale / ɡeɪl গেইল্‌ / *noun* [C] a very strong wind প্রবল ঝড়; ঝঞ্ঝা, বাতাস *Several trees blew down in the gale.* ➪ **storm**-এ নোট দেখো।

gall[1] / ɡɔːl গ:ল্‌ / *noun* **1** [U] rude behaviour showing a lack of respect that is surprising because the person doing it is not embarrassed বিব্রত না হয়ে (আশ্চর্যজনকভাবে) কারও প্রতি রূঢ় ও অসম্মানজনক যে আচরণ করা হয় *He arrived two hours late then* ***had the gall*** *to complain about the food.* **2** [U] (*formal*) a bitter feeling full of hatred তিক্ততাসূচক মনোভাব; বিদ্বেষ ✪ সম **resentment** **3** [C] a swelling on plants and trees caused by insects, disease, etc. গাছের গায়ে পোকামাকড়, রোগ ইত্যাদি কারণে উদ্ভূত অস্বাভাবিক স্ফীতি **4** (*old-fashioned*) = **bile**

gall[2] / ɡɔːl গ:ল্‌ / *verb* [T] to make sb feel upset and angry, especially because sth is unfair কাউকে বিরক্ত করা, রাগানো (বিশেষত অন্যায় কোনো কিছুর কারণে) *It galls me to have to apologize to her.*

gall. *abbr.* gallon(s) গ্যালন

gallant / ˈɡælənt ˈগ্যাল্যান্ট্‌ / *adj.* (*formal*) **1** showing courage in a difficult situation বীর, সাহসী; শৌর্যশীল *gallant men/soldiers/heroes* ✪ সম **brave** **2** (used about men) polite to and showing respect for women (পুরুষদের সম্বন্ধে ব্যবহৃত) ভদ্র, সৌজন্যমূলক ব্যবহার বিশিষ্ট (বিশেষ করে মহিলাদের প্রতি)

gallantry / ˈɡæləntri ˈগ্যাল্যান্ট্রি / *noun* [C, U] (*pl.* **gallantries**) **1** courage, especially in battle (যুদ্ধক্ষেত্রে) সাহসিকতা, বীরত্ব **2** polite behaviour towards women by men পুরুষদের দ্বারা মহিলাদের প্রতি নম্র আচরণ

gall bladder *noun* [C] an organ that is connected to your **liver** where **bile** is stored, which helps your body to deal with fats পিত্তথলি, পিত্তাশয়; গলব্লাডার

gallery / ˈɡæləri ˈগ্যাল্যারি / *noun* [C] (*pl.* **galleries**) **1** a building or room where works of art are shown to the public কোনো বাড়ি বা বিশেষ একটি কক্ষ যেখানে জনসাধারণের জন্য শিল্পকর্মের প্রদর্শনী হয়; গ্যালারি *an art gallery* **2** an upstairs area at the back or sides of a large hall or theatre where people can sit সভাকক্ষ বা প্রেক্ষাগৃহের চারিপাশে বা পিছনের দিকে ধাপে ধাপে সাজানো দর্শকের আসনের সারি; গ্যালারি

galley / ˈɡæli ˈগ্যালি / *noun* [C] **1** a long flat ship with sails, especially one used by the ancient Greeks or Romans in war, which was usually rowed by criminals or **slaves** (গ্রীক বা রোমান যুদ্ধে প্রাচীনকালে ব্যবহৃত হত) পালতোলা লম্বা চ্যাপটা জাহাজ, সচরাচর কয়েদি, অপরাধী বা ক্রীতদাসগণের দ্বারা যেগুলি বাওয়া হত **2** the kitchen on a ship or plane জাহাজ বা উড়োজাহাজের ভিতরের রান্নাঘর

gallon / ˈɡælən ˈগ্যাল্যান্ / *noun* [C] (*abbr.* **gall.**) a measure of liquid; 4.5 litres (or 3.8 litres in an American gallon) তরল মাপার একক; ৪.৫ লিটার (অথবা এক আমেরিকান গ্যালনে ৩.৮ লিটার) **NOTE** এক গ্যালনে আট **pints** থাকে।

gallop / ˈɡæləp ˈগ্যাল্যাপ্ / *verb* [I] (used about a horse or a rider) to go at the fastest speed (অশ্ব বা অশ্বারোহী সম্বন্ধে ব্যবহৃত) টগবগ করে ছোটা ➪ **canter** এবং **trot** দেখো। ▶ **gallop** *noun* [*sing.*] দ্রুত দৌড়, জোর ছুট

gallows / ˈɡæləʊz ˈগ্যাল্যাউজ্ / *noun* [C] (*pl.* **gallows**) a wooden frame used in the past for killing people by hanging অতীতে ব্যবহৃত ফাঁসিকাঠ

gallstone / ˈɡɔːlstəʊn ˈগ:ল্স্ট্যাউন্ / *noun* [C] a hard painful mass that can form in the **gall bladder** পিত্তাশয়ে জমা পাথর; গলস্টোন

galore / ɡəˈlɔː(r) গ্যাˈল:(র্) / *adv.* (*only before a noun*) in large numbers or amounts প্রচুর সংখ্যায় বা পরিমাণে; দেদার

galvanize (*also* **-ise**) / ˈɡælvənaɪz ˈগ্যাল্ভ্যানাইজ্ / *verb* [T] to cover iron or steel in a whitish metal (**zinc**) to protect it from being damaged by water (**rusting**) লোহা বা ইস্পাতে সাদা দস্তার প্রলেপ লাগানো যাতে তা মরচে ধরে নষ্ট হয়ে না যায়; রাংঝালাই করা

gamble[1] / ˈɡæmbl ˈগ্যাম্ব্ল্ / *verb* [I,T] **gamble (sth) (on sth)** to bet money on the result of a card game, horse race, etc. তাস, ঘোড়দৌড় ইত্যাদি খেলায় তার ফলের উপর টাকাপয়সা বাজি ধরা; জুয়াখেলা *She gambled all her money on the last race.* ✪ সম **bet** ▶ **gambler** *noun* [C] জুয়াড়ি *He's a compulsive gambler.* ▶ **gambling** *noun* [U] জুয়াখেলা

PHR V **gamble on sth/on doing sth** to act in the hope that sth will happen although it may not কিছু ঘটতে পারে (যদিও তা না-ও ঘটতে পারে) এই ভেবে কাজ করা *I wouldn't gamble on the weather staying fine.*

gamble[2] / ˈɡæmbl ˈগ্যাম্ব্ল্ / *noun* [C] something you do that is a risk ঝুঁকিপূর্ণ কাজ *Setting up this business was a bit of a gamble, but it paid off* (= was successful) *in the end.*

game[1] / ɡeɪm গেইম্ / *noun* **1** [C] **a game (of sth)** a form of play or sport with rules; a time when you play it নিয়মকানুন মেনে কোনো বিশেষ খেলা; যে সময়ে এই খেলা হয় *Shall we **play a game**?* ○ *Let's **have a game** of chess.* **2** [C] an activity that you do to have fun মজা পাওয়ার জন্য করা কোনো কাজ *Some children were playing a game of robbers and police.* **3** [C] how well sb plays a sport কোনো ব্যক্তি কত ভালো কোনো খেলা খেলে *My new racket has really improved my game.* **4 games** [*pl.*] an important sports competition কোনো গুরুত্বপূর্ণ ক্রীড়া-প্রতিযোগিতা *Where were the last Olympic Games held?* **5** [C] (*informal*) a secret plan or trick গোপন পরিকল্পনা বা মতলব *Stop **playing games** with me and tell me where you've hidden my bag.* **6** [U] wild animals or birds that are killed for sport or food শখের জন্য (খেলাচ্ছলে) বা খাদ্য সংগ্রহের উদ্দেশ্যে মারা হয়েছে বা শিকার করা হয়েছে যে সকল বন্য প্রাণী *big game* (=lion, tiger, etc.)

IDM **give the game away** to tell a person sth that you are trying to keep secret কারও কাছে গোপনীয় কৌশল বা পরিকল্পনা ফাঁস করে দেওয়া *It was the expression on her face that gave the game away.*

game[2] / ɡeɪm গেইম্ / *adj.* (used about a person) ready to try sth new, unusual, difficult, etc. (কোনো ব্যক্তি সম্বন্ধে ব্যবহৃত) নতুন, অসাধারণ, কঠিন ইত্যাদি কিছু করার জন্য উৎসুক বা উদ্গ্রীব *I've never been sailing before but I'm game to try.*

gamekeeper / ˈɡeɪmkiːpə(r) ˈগেইম্কীপ্যা(র্) / *noun* [C] a person who is responsible for private land where people hunt animals and birds পশু এবং পাখি শিকার করা যায় এরকম কোনো ব্যক্তিগত ভূখণ্ডের তত্ত্বাবধায়ক বা ভারপ্রাপ্ত ব্যক্তি

gamete / ˈgæmiːt ˈগ্যামীট্ / *noun* [C] a male or female cell that joins with a cell of the opposite sex to form a **zygote** পুং বা স্ত্রী যে-কোনো একটি জননকোষ যা জাইগোট তৈরি করার জন্য বিপরীত লিঙ্গের কোষের সঙ্গে যুক্ত হয়ে যায়

gamma / ˈgæmə ˈগ্যাম্যা / *noun* [C] the third letter of the Greek alphabet [γ, Γ] গ্রীক বর্ণমালার তৃতীয় অক্ষর; গামা (γ, Γ)

gamma radiation *noun* [U] (*also* **gamma rays**) [*pl.*] rays that are sent out by some dangerous (**radioactive**) substances বিপজ্জনক তেজস্ক্রিয় পদার্থ থেকে নির্গত একধরনের রশ্মি; গামা রশ্মি ➪ **wavelength**-এ ছবি দেখো।

gammon / ˈgæmən ˈগ্যাম্যান্ / *noun* [U] meat from the back leg or side of a pig that has been **cured**. Gammon is usually served in thick slices শূকরের পিছনের পা বা রাং বা জঙ্ঘা যা মশলা বা লবণে জারিত। এটি সাধারণত পুরু টুকরো করে কাটা হয়

gander / ˈgændə(r) ˈগ্যান্ড্যা(র্) / *noun* [C] a male bird **(goose)** পুরুষ পক্ষী; কলহংস

Gandhian *adj.* connected with or related to the way of life of Mahatma Gandhi or his teachings মহাত্মা গান্ধীর জীবনযাপন অথবা তাঁর শিক্ষা সংক্রান্ত অথবা তার সঙ্গে সম্বন্ধযুক্ত; গান্ধীবাদী

gang[1] / gæŋ গ্যাং / *noun* [C, *with sing. or pl. verb*] **1** an organized group of criminals সংগঠিত অপরাধী দল **2** a group of young people who cause trouble, fight other groups, etc. একসঙ্গে জোটবাঁধা কয়েকজন অল্পবয়সির দল যারা উপদ্রব সৃষ্টি করে, অন্যদের সঙ্গে বিবাদ করে ইত্যাদি *The woman was robbed by a gang of youths.* ○ *gang warfare/violence* **3** (*informal*) a group of friends who meet regularly (নিয়মিত দেখা করে এমন) বন্ধুবর্গ, বন্ধুর দল

gang[2] / gæŋ গ্যাং / *verb*

gang up on sb (*informal*) to join together with other people in order to act against sb কারও বিরুদ্ধে কিছু করার জন্য একত্রে জোট বাঁধা বা দলবদ্ধ হওয়া *She's upset because she says the other kids are ganging up on her.*

gangrene / ˈgæŋgriːn ˈগ্যাংগ্রীন্ / *noun* [U] the death of a part of the body because the blood supply to it has been stopped as a result of disease or injury রোগ বা আঘাতের কারণে শরীরের কোনো অংশে রক্ত চলাচল বন্ধ হয়ে যাওয়ায় ঐ অংশের পচন; দেহকোষের পচন, পচনশীল ক্ষত ▶ **gangrenous** / ˈgæŋgrɪnəs ˈগ্যাংগ্রিন্যাস্ / *adj.* পচনপ্রাপ্ত, অবক্ষয়ী

gangster / ˈgæŋstə(r) ˈগ্যাংস্ট্যা(র্) / *noun* [C] a member of a group of criminals অপরাধীদের দলের একজন সদস্য

gangway / ˈgæŋweɪ ˈগ্যাংউএই / *noun* [C] **1** a passage between rows of seats in a cinema, an aircraft, etc. সিনেমা, উড়োজাহাজ ইত্যাদিতে আসনের সারিগুলির মধ্যবর্তী যাতায়াতের রাস্তা **2** a bridge that people use for getting on or off a ship জাহাজে ওঠা বা নামার জন্য যে সেতু মানুষ ব্যবহার করে

gantry / ˈgæntri ˈগ্যান্ট্রি / *noun* [C] (*pl.* **gantries**) a tall metal frame like a bridge that is used to support signs over a road, lights over a stage, etc. সেতুর ধাঁচে ধাতুর লম্বা কাঠামো যেটি রাস্তায় বিজ্ঞাপন লাগানো, মঞ্চে আলো দেওয়া ইত্যাদি কাজে ব্যবহৃত হয়

gaol, gaoler (*BrE*) = **jail, jailer**

gap / gæp গ্যাপ্ / *noun* [C] **1 a gap (in/between sth)** an empty space in sth or between two things (কোনো বস্তুর মধ্যে অথবা দুটি জিনিসের মধ্যে) ফাঁক, ফাটল *The sheep got out through a gap in the fence.* **2** a period of time when sth stops, or between two events কোনো কাজ বা দুটি ঘটনার মধ্যবর্তী সময়; ছেদ, বিরতি *I returned to teaching after a gap of about five years.* ○ *a gap in the conversation* **3** a difference between people or their ideas মানুষ ও তাদের চিন্তাধারার মধ্যে পার্থক্য; মতভেদ *The gap between the rich and the poor is getting wider.* **4** a part of sth that is missing ফাঁক, শূন্যস্থান *In this exercise you have to fill (in) the gaps in the sentences.* ○ *I think our new product should fill a gap in the market.*

IDM **bridge a/the gap** ➪ **bridge**[2] দেখো।

gape / geɪp গেইপ্ / *verb* [I] **1 gape (at sb/sth)** to stare at sb/sth with your mouth open কারও দিকে মুখ ব্যাদান করে তাকানো, হাঁ করে তাকানো *We gaped in astonishment when we saw what Anita was wearing.* **2 gape (open)** to be or become wide open বড়ো ধরনের ফাঁক হওয়া বা খুলে যাওয়া *a gaping hole/wound.*

garage / ˈgærɑːʒ; ˈgærɪdʒ ˈগ্যারা:জ্; ˈগ্যারিজ্ / *noun* [C] **1** a small building where a car, etc. is kept গাড়ি ইত্যাদি রাখার জায়গা; গ্যারাজ *The house has a double garage.* **2** a place where vehicles are repaired and/or petrol is sold যে স্থানে গাড়ি সারানো হয় এবং/অথবা পেট্রোল বিক্রি হয় *a garage mechanic* ➪ **petrol station** দেখো।

garam masala *noun* [U] a mixture of spices like **cloves, cardamom, black pepper**, etc. that is used in Indian cookery লবঙ্গ, ছোটো এলাচ, গোলমরিচ ইত্যাদি মিশ্রিত করে তৈরি মশলা যা ভারতীয় রান্নায় ব্যবহৃত হয়; গরম মশলা

Garba *noun* [U] a folk dance from Gujarat in which the dancers move in circles in a clockwise and an anticlockwise direction গুজরাতি লোকনৃত্য

যাতে নৃত্যশিল্পীগণ বৃত্তাকারে বাঁদিক থেকে ডানদিকে আবার ডানদিক থেকে বাঁদিকে ঘুরে ঘুরে নাচে; গরবা

garbage / ˈgɑːbɪdʒ ˈগা:বিজ্ / (*AmE*) = **rubbish**

garbage can (*AmE*) = **dustbin**

garbled / ˈgɑːbld ˈগা:বল্ড্ / *adj.* (used about a message, story, etc.) difficult to understand because it is not clear (কোনো বার্তা, গল্প ইত্যাদি সম্বন্ধে ব্যবহৃত) পরিষ্কার না হওয়ার কারণে দুর্বোধ্য

garden[1] / ˈgɑːdn ˈগা:ড্ন্ / *noun* [C] **1** (*AmE* **yard**) a piece of land next to a house where flowers and vegetables can be grown, usually with a piece of grass (**lawn**) (বাড়ির পাশে) ঘাসে ঢাকা জমি যেখানে ফুল ও শাকসবজি চাষ করা যেতে পারে *the back/front garden ○ garden flowers ○ garden chairs* ➪ **yard**-এ নোট দেখো। **2 gardens** [*pl.*] a public park জনসাধারণের জন্য উন্মুক্ত কোনো বাগান; উদ্যান, বাগিচা

garden[2] / ˈgɑːdn ˈগা:ড্ন্ / *verb* [I] to work in a garden বাগানে কাজ করা *She's been gardening all afternoon.*

garden centre *noun* [C] a place where plants, seeds, garden equipment, etc. are sold বাগান করার জিনিসপত্র, বীজ, চারাগাছ, সার ইত্যাদির বিক্রয়কেন্দ্র

gardener / ˈgɑːdnə(r) ˈগা:ড্ন্যা(র্) / *noun* [C] a person who works in a garden as a job or for pleasure (জীবিকা বা শখ হিসেবে) মালি; বাগানকর্মী, উদ্যান-পরিচারক

gardening / ˈgɑːdnɪŋ ˈগা:ড্নিং / *noun* [U] looking

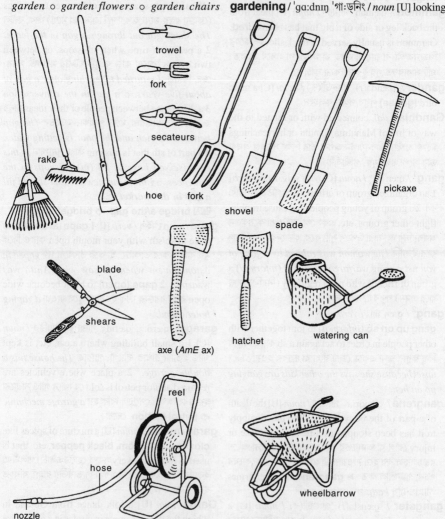

gardening equipment

after a garden কোনো উদ্যান বা বাগানের রক্ষণাবেক্ষণ করার ক্রিয়া *I'm going to **do some gardening** this afternoon.* ○ *gardening tools/gloves*

garden party *noun* [C] a social event held on a lawn in a garden উদ্যান-প্রাঙ্গণে সমবেত হয়ে পালিত সামাজিক অনুষ্ঠান; উদ্যান-সম্মিলনী

gargle / ˈgɑːgl ˈগা:গ্‌ল্ / *verb* [I] to wash your throat with a liquid (which you do not swallow) (কোনো তরল পদার্থের সাহায্যে) কুলকুচি করে গলা পরিষ্কার করা; গার্গল করা

garish / ˈgeərɪʃ ˈগেঅ্যারিশ্ / *adj.* very bright or decorated and therefore unpleasant বেশি উজ্জ্বল বা জমকালো এবং সেজন্য দৃষ্টিকটু; জবড়জং, কটকটে ✪ সম **gaudy**

garland / ˈgɑːlənd ˈগা:ল্যান্ড্ / *noun* [C] a circle of flowers and leaves that is worn on the head or around the neck or is hung in a room, etc. as decoration (গলায় পরা হয় বা কোনো ঘর ইত্যাদিতে সাজানোর জন্য ঝোলানো হয়) পুষ্পমাল্য, পুষ্পমালিকা *a garland of flowers* ▶ **garland** *verb* [T] পুষ্পমাল্য দিয়ে সাজানো, পুষ্পমালিকায় অভ্যর্থনা জানানো *The chief guest was garlanded on his arrival.*

garlic / ˈgɑːlɪk ˈগা:লিক্ / *noun* [U] a plant with a strong taste and smell that looks like a small onion and is used in cooking (রান্নায় ব্যবহৃত) রসুন, রসুন গাছ *Chop two **cloves of garlic** and fry in oil.*

garment / ˈgɑːmənt ˈগা:ম্যান্ট্ / *noun* [C] (*formal*) one piece of clothing একপ্রস্থ পোশাক, জামা ⇨ **clothes** দেখো।

garnish / ˈgɑːnɪʃ ˈগা:নিশ্ / *verb* [T] to decorate a dish of food with a small amount of another food স্বল্প পরিমাণে কোনো খাদ্যবস্তু দ্বারা অন্য খাদ্যবস্তু সুন্দর করে সাজানো ▶ **garnish** *noun* [U, C] সুন্দর করে খাবার সাজানোর উপকরণ

garrison / ˈgærɪsn ˈগ্যারিস্‌ন্ / *noun* [C] a group of soldiers who are living in and guarding a town or building অট্টালিকা, নগর ইত্যাদি রক্ষার জন্য মোতায়েন সৈন্যদল

gas[1] / gæs গ্যাস্ / *noun* (*pl.* **gases; *AmE* gasses**) **1** [C, U] a substance like air that is not a solid or a liquid বাষ্পীয়, বায়বীয় পদার্থ; গ্যাস *Hydrogen and oxygen are gases.* **2** [U] a particular type of gas or mixture of gases that is used for heating or cooking রান্না করা বা তাপ উৎপন্ন করার জন্য ব্যবহৃত বিশেষ ধরনের গ্যাস বা গ্যাসসমূহের মিশ্রণ *a gas cylinder* **3** [U] (*AmE*) = **petrol**

gas[2] /gæs গ্যাস্ / *verb* [T] (**gassing; gassed**) to poison or kill sb with gas বিষাক্ত গ্যাস দ্বারা কাউকে হত্যা করা

gas chamber *noun* [C] a room that can be filled with poisonous gas in order to kill animals or people পশু বা মানুষদের হত্যা করার উদ্দেশ্যে যে কুঠুরি বা ঘর বিষাক্ত গ্যাস দ্বারা ভরা যায়; গ্যাস চেম্বার

gaseous / ˈgæsiəs ˈগ্যাসিঅ্যাস্ / *adj.* like gas or containing gas গ্যাসের মতো অথবা গ্যাসযুক্ত

gash / gæʃ গ্যাশ্ / *noun* [C] a long deep cut or wound লম্বা, গভীর কাটা বা ক্ষত *He had a nasty gash in his arm.* ▶ **gash** *verb* [T] বড়ো গভীর ক্ষত করা

gasket / ˈgæskɪt ˈগ্যাস্‌কিট্ / *noun* [C] a flat piece of rubber, etc. placed between two metal surfaces in a pipe or an engine to prevent steam, gas or oil from escaping কোনো ইঞ্জিন বা নলের মধ্যে দুটি ধাতব পৃষ্ঠতলের সংযোগস্থলে স্থাপিত রাবার ইত্যাদির চ্যাপটা টুকরো যা তেল, গ্যাস বা বাতাসের বহির্নির্গমন রোধ করে; গ্যাসকেট *The engine had **blown a gasket*** (= had allowed steam, etc. to escape). ○ (*figurative*) *He **blew a gasket*** (= became very angry) *at the news.*

gas mask *noun* [C] a piece of equipment that is worn over the face to protect against poisonous gas বিষাক্ত গ্যাস থেকে বাঁচার জন্য মুখের উপরে পরা হয় এরকম একধরনের সরঞ্জাম; গ্যাস মুখোশ

gas meter *noun* [C] an instrument that measures the amount of gas that you use in your home বাড়িতে ব্যবহৃত গ্যাসের পরিমাণ মাপার যন্ত্র; গ্যাস মিটার

gasoline / ˈgæsəliːn ˈগ্যাস্যালীন্ / (*also* **gas**) (*AmE*) = **petrol**

gasp / gɑːsp গা:স্প্ / *verb* [I] **1 gasp (at sth)** to take a sudden loud breath with your mouth open, usually because you are surprised or in pain (বিস্ময়ে বা যন্ত্রণায়) হাঁফানো, হাঁ করে নিঃশ্বাস নেওয়া **2** to have difficulty breathing নিঃশ্বাস নিতে কষ্ট হওয়া, শ্বাসকষ্ট হওয়া, খাবি খাওয়া *I pulled the boy out of the pool and he lay there **gasping for breath**.* ▶ **gasp** *noun* [C] বিশেষ অবস্থায় আকস্মিক শ্বাসগ্রহণ; হাঁফ *to give a gasp of surprise/pain/horror.*

gas station (*AmE*) =**petrol station**

gastric / ˈgæstrɪk ˈগ্যাস্‌ট্রিক্ / *adj.* (*medical*) (*only before a noun*) connected with the stomach পাকস্থলী সংক্রান্ত; গ্যাসট্রিক *a gastric ulcer* ○ *gastric juices* (= the acids in your stomach that deal with the food you eat)

gastritis / gæˈstraɪtɪs গ্যাˈস্ট্রাইটিস্ / *noun* [U] an illness in which the inside of the stomach becomes swollen and painful একধরনের অসুখ যখন পাকস্থলীর ভিতরর অংশ ফুলে যায় এবং সেখানে যন্ত্রণা হয়; পাকস্থলীর প্রদাহ

gastroenteritis / ˌgæstrəʊ ˌentəˈraɪtɪs ˌগ্যাস্‌ট্র্যাউ,এন্ট্যাˈরাইটিস্ / *noun* [U] an illness in which the inside of the stomach and the tube that carries food out of the stomach (**intestine**) become swollen and painful যে অসুখ পাকস্থলীর অন্তরস্থ অন্ত্রের মধ্যে সংক্রামিত হয়ে সেই অন্ত্র এবং পাকস্থলী দু জায়গা ফুলে ওঠে এবং বেদনাদায়ক হয়

gastronomic / ˌgæstrəˈnɒmɪk ˌগ্যাস্ট্র্যা'নমিক্ / *adj.* connected with good food উত্তম খাদ্যবস্তু সংক্রান্ত

gastropod / ˈgæstrəpɒd ˈগ্যাস্ট্র্যাপড্ / *noun* [C] any of a **class** of animals with a soft body and usually a shell, that can live either on land or in water সাধারণত শক্ত খোলসযুক্ত নরম দেহের প্রাণী যারা জল এবং জমি দু জায়গাতেই বাস করে; উদরপদ প্রাণী *Snails and slugs are gastropods.* ➪ **mollusc**-এ ছবি দেখো।

gate / geɪt গেইট্ / *noun* [C] **1** the part of a fence, wall, etc. like a door that can be opened to let people or vehicles through বেড়া, দেয়াল ইত্যাদির দরজার মতো যে অংশ মানুষ বা যান চলাচলের জন্য খোলা যায়; ফটক, দ্বার, প্রবেশপথ, সিংহদ্বার *Please keep the garden gate closed.* **2** (*also* **gateway**) the space in a wall, fence, etc. where the gate is দেয়াল, বেড়া ইত্যাদির মধ্যে খালি জায়গা; গেট *Drive through the gates and you'll find the car park on the right.* **3** the place at an airport where you get on or off a plane বিমানবন্দরে যে জায়গায় প্লেন থেকে ওঠা বা নামা যায় *Air Deccan Flight 201 to Bangalore is now boarding at Gate 16.*

gateau / ˈgætəʊ ˈগ্যাট্যাউ / *noun* [C] (*pl.* **gateaux**) a large cake that is usually decorated with cream, fruit, etc. সাধারণত ফল, ক্রিম ইত্যাদি দিয়ে সজ্জিত বড়ো কেক

gatecrash / ˈgeɪtkræʃ ˈগেইট্ক্র্যাশ্ / *verb* [I, T] to go to a private party without being invited অনাহুত বা অনিয়ন্ত্রিতভাবে কোনো জায়গায় (বিশেষ করে ব্যক্তিগত পার্টি ইত্যাদিতে) ঢুকে পড়া ▶ **gate-crasher** *noun* [C] যে ব্যক্তি ব্যক্তিগত পার্টি ইত্যাদিতে ঢুকে পড়ে, অনাহুত প্রবেশকারী

gatepost / ˈgeɪtpəʊst ˈগেইট্প্যাউস্ট্ / *noun* [C] either of the posts at the end of a gate which it is supported by or fastened to when it is closed গেটের দুই প্রান্তের থামদুটির একটি যা গেটটিকে আটকে রাখে বা যেখানে কিছু লাগিয়ে গেট বন্ধ করা হয়

gateway / ˈgeɪtweɪ ˈগেইট্উএই / *noun* [C] **1**= **gate 2** **2** [*sing.*] **the gateway to sth** the place which you must go through in order to get to somewhere else যে পথ দিয়ে অন্য কোনো জায়গায় যেতে হয়

gather / ˈgæðə(r) ˈগ্যাদ্যা(র্) / *verb* **1** [I,T] **gather (round) (sb/ sth); gather sb/sth (round) (sb/ sth)** (used about people) to come or be brought together in a group (লোকজন সম্বন্ধে ব্যবহৃত) দলবদ্ধ হওয়া বা দলবধ্ব করা *A crowd soon gathered at the scene of the accident.* ○ *We all gathered round and listened to what the guide was saying.* **2** [T] **gather sth (together/up)** to bring many things together অনেকগুলি জিনিস একত্রিত করা বা জড়ো করা *He gathered up all his papers and put them away.* ○ *They have gathered together a lot of information on the subject.* **3** [T] (*formal*) to pick wild flowers, fruit, etc. from a wide area বিস্তীর্ণ অঞ্চল থেকে বন্যফুল, ফল ইত্যাদি কুড়িয়ে তোলা অথবা পাড়া, সংগ্রহ করা *to gather mushrooms* **4** [T] to understand or find out sth (from sb/sth) (কারও বা কিছুর থেকে) কোনো কিছু বুঝতে পারা বা খুঁজে পাওয়া, জানতে পারা *I gather from your letter that you have several years' experience of this kind of work.* **5** [I, T] to gradually become greater; to increase ধীরে ধীরে বৃহত্তর হওয়া; আস্তে আস্তে বৃদ্ধি পাওয়া, বাড়ানো *I gathered speed as I cycled down the hill.*

gathering / ˈgæðərɪŋ ˈগ্যাদ্যারিং / *noun* [C] a time when people come together; a meeting যে সময়ে মানুষজন একত্রিত হয়; জনসমাবেশ, সম্মিলনী; মিটিং *a family gathering*

gaudy / ˈgɔːdi ˈগ:ডি / *adj.* very bright or decorated and therefore unpleasant বেশি রংচঙে বা সজ্জিত এবং সেইজন্য উৎকট ✪ সম **garish**

gauge[1] (*AmE* **gage**) / geɪdʒ গেইজ্ / *noun* [C] **1** an instrument for measuring the amount of sth কোনো কিছুর পরিমাণ মাপার যন্ত্রবিশেষ *a fuel/ temperature/pressure gauge* ➪ **car** দেখো। **2** (*technical*) a measurement of the width of sth or of the distance between two things কোনো কিছুর প্রস্থের পরিমাপ বা দুটি বস্তুর মধ্যে দূরত্বের পরিমাপ; গেজ *a narrow-gauge railway* **3 a gauge (of sth)** a fact that you can use to judge a situation, sb's feelings, etc. কোনো পরিস্থিতি, কারও মনোভাব ইত্যাদি পরখ বা যাচাই করতে ব্যবহার করা যেতে পারে এমন তথ্য

gauge[2] / geɪdʒ গেইজ্ / *verb* [T] **1** to make a judgement or to calculate sth by guessing অনুমানের দ্বারা বিচার করা বা কোনো কিছু হিসেব করা *It was difficult to gauge the mood of the audience.* **2** to measure sth accurately using a special instrument যন্ত্র ব্যবহার করে নিখুঁতভাবে বা যথাযথভাবে কোনো কিছু মাপা

gaunt / gɔːnt গ:ন্ট্ / *adj.* (used about a person) very thin because of hunger, illness, etc. (কোনো ব্যক্তি সম্বন্ধে ব্যবহৃত) ক্ষুধা, অসুস্থতা ইত্যাদি কারণে অতি দুর্বল, রোগা

gaur *noun* [C] a wild ox found in the mountainous areas of eastern India and Southeast Asia ভারতের

পূর্বাঞ্চলে এবং দক্ষিণ-পূর্ব এশিয়ার পার্বত্য অঞ্চলে প্রাপ্ত বন্য ষাঁড়

gauze / gɔːz গ:জ্ / *noun* **1** [U] light transparent material, usually made of cotton or **silk** পাতলা স্বচ্ছ সুতো বা সিল্কের কাপড় **2** [U] a thin material like a net, that is used for covering an area of skin that you have hurt or cut জালের মতো পাতলা কাপড় যা দিয়ে ক্ষতস্থান বাঁধা হয়; ব্যান্ডেজ, পটি; গজ **3** [U, C] material made from a **network** of wire; a piece of this তার দিয়ে বানানো কোনো দ্রব্য; জালের টুকরো *a wire gauze* ➪ **laboratory**-তে ছবি দেখো।

gave ➪ **give**-এর past tense

gawp / gɔːp গ:প্ / *verb* [I] (*informal*) **gawp (at sb/sth)** to look or stare in a stupid way হাঁ করে বোকার মতো তাকিয়ে থাকা বা ফ্যালফ্যাল করে দেখা *Lots of drivers slowed down to gawp at the accident.*

gay[1] / geɪ গেই / *adj.* **1** sexually attracted to people of the same sex; homosexual সমলিঙ্গের মানুষের প্রতি যৌনভাবে আকৃষ্ট; সমকামী *the gay community* ○ *a gay bar/club* (=for gay people) ➪ **lesbian** দেখো। **2** (*old-fashioned*) happy and full of fun আনন্দিত, রঙ্গপ্রিয়, হাস্যোজ্জ্বল, আমোদপ্রিয় ➪ **gaiety** noun দেখো।

gay[2] / geɪ গেই / *noun* [C] a person, especially a man, who is sexually attracted to people of the same sex; a homosexual কোনো ব্যক্তি, বিশেষত কোনো পুরুষ যে সমলিঙ্গের মানুষের প্রতি যৌনভাবে আকৃষ্ট; সমকামী পুরুষ (বা মহিলা) ➪ **lesbian** দেখো।

gaze / geɪz গেইজ্ / *verb* [I] to look steadily for a long time একদৃষ্টে চেয়ে থাকা, চোখের পাতা না ফেলে তাকিয়ে থাকা *She sat at the window gazing dreamily into space.* ▶ **gaze** *noun* [*sing.*] স্থির দৃষ্টি, নজর

gazette / gəˈzet গ্যাˈজেট্ *noun* [C] **1** an official newspaper containing important information about decisions that have been made, people who have been employed, etc. published by an organization কোনো প্রতিষ্ঠানের গৃহীত সিদ্ধান্ত, নিয়োগপ্রাপ্ত ব্যক্তি ইত্যাদি সম্পর্কে গুরুত্বপূর্ণ তথ্যাদি প্রকাশিত হয় এরকম সূচনাপত্র বা ঘোষণাপত্র; সরকারি সংবাদপত্র বা সূচনাপত্র, ঘোষণাপত্র; গেজেট **2** a word used in the titles of some newspapers কোনো কোনো সংবাদপত্রের শীর্ষে ব্যবহৃত শব্দ *The Morning Gazette*

GDP / ˌdʒiː diːˈpiː ˌজী ডীˈপী / *abbr.* gross domestic product; the total value of all the goods and services produced in a country in one year গ্রস ডোমেস্টিক প্রোডাক্ট-এর সংক্ষিপ্ত রূপ; কোনো দেশে একবছরে দেশে উৎপাদিত সমস্ত দ্রব্য ও পরিষেবার সমষ্টিগত আয় ➪ **GNP** দেখো।

gear[1] / gɪə(r) গিআ্য(র্) / *noun* **1** [C] the machinery in a vehicle that turns engine power into a movement forwards or backwards গাড়িতে এমন যন্ত্রব্যবস্থা যার দ্বারা তার ইঞ্জিন সামনে বা পিছনে গতি পরিবর্তন করতে পারে; গিয়ার *Most cars have four or five forward gears and a reverse.* ➪ **bicycle**-এ ছবি দেখো। **2** [U] a particular position of the gears in a vehicle গাড়িতে গিয়ারের নির্দিষ্ট অবস্থান *first/second/top/reverse gear* ○ *to change gear* **3** [U] equipment or clothing that you need for a particular activity, etc. কোনো বিশেষ কাজ ইত্যাদির জন্য উপযুক্ত সরঞ্জাম বা পোশাক *camping/fishing/sports gear* **4** [*sing.*] an instrument or part of a machine that is used for a particular purpose বিশেষ কোনো উদ্দেশ্যে ব্যবহৃত হয় এমন যন্ত্র বা যন্ত্রাংশ *the landing gear of an aeroplane*

gear[2] / gɪə(r) গিআ্য(র্) / *verb*

PHR V **gear sth to/towards sb/sth** (*usually passive*) to make sth suitable for a particular purpose or person কোনো বিশেষ উদ্দেশ্যে বা কোনো ব্যক্তির জন্য উপযুক্ত কিছু তৈরি করা *There is a special course geared towards the older learner.*

gear up (for sb/sth); gear sb/sth up (for sb/sth) to get ready or to make sb/sth ready (কারও জন্য বা কিছুর জন্য) কাউকে তৈরি করা বা নিজে তৈরি হওয়া

gearbox / ˈgɪəbɒks ˈগিঅ্যাবক্স্ / *noun* [C] the metal case that contains the **gears**[1] **1** of a car, etc. গাড়ির গিয়ার ইত্যাদি যে ধাতব খাপের মধ্যে থাকে

gear lever (*AmE.* **gear shift**) *noun* [C] a stick that is used for changing **gear**[1] **2** in a car, etc. গাড়ি ইত্যাদিতে গিয়ার বদলানোর জন্য ব্যবহৃত হয় যে ছড়ি বা লাঠি ➪ **car**-এ ছবি দেখো।

gee / dʒiː জী / *exclamation* (*AmE*) used for expressing surprise, pleasure, etc. বিস্ময় বা আনন্দসূচক অভিব্যক্তিবিশেষ

geese ➪ **goose**-এর plural

Geiger counter / ˈgaɪgə kaʊntə(r) ˈগাইগ্যা কাউন্ট্যা(র্) / *noun* [C] a machine used for finding and measuring the rays that are sent out by dangerous **(radioactive)** substances বিপজ্জনক তেজস্ক্রিয় পদার্থ থেকে নিঃসৃত বিকিরণের উপস্থিতি খুঁজে পাওয়া এবং তা পরিমাপ করার জন্য ব্যবহৃত হয় এমন যন্ত্র

gel / dʒel জেল্ / *noun* [C, U] / (*usually compounds*) a thick substance that is between a liquid and a solid তরল এবং কঠিন পদার্থের মাঝামাঝি একধরনের ঘন থকথকে পদার্থ *hair gel* ○ *shower gel*

gelatin / ˈdʒelətɪn ˈজেল্যাটিন্ / (*also* **gelatine** / ˈdʒelətiːn ˈজেল্যাটীন্ /) *noun* [U] a clear substance without any taste that is made from boiling animal bones and is used to make liquid food **set** তরল খাদ্যদ্রব্য জমানোর জন্য ব্যবহৃত একজাতীয় স্বাদহীন স্বচ্ছ

পদার্থ যা অনেক সময় পশুর অস্থি সিদ্ধ করে বা ফুটিয়ে তৈরি করা হয়; জিলেটিন

gelignite / ˈdʒelɪgnaɪt ˈজেলিগ্নাইট্ / *noun* [U] a substance that is used for making explosions বিস্ফোরক দ্রব্য তৈরি করতে যে পদার্থ ব্যবহৃত হয়

gem / dʒem জেম্ / *noun* [C] **1** a jewel or precious stone মূল্যবান পাথর, মণিরত্ন, জহরত **2** a person or thing that is especially good বিশেষভাবে ভালো বা দামি যে ব্যক্তি বা বস্তু

Gemini / ˈdʒemɪnaɪ ˈজেমিনাই / *noun* [U] the third sign of the **zodiac;** the Twins মিথুন রাশি, রাশি চিহ্নের তৃতীয় রাশি; যুগ্ম, যৌথ

Gen. *abbr.* General; an officer in the army জেনারেল-এর সংক্ষিপ্ত রূপ; সৈন্যবাহিনীর উচ্চপদস্থ কর্মচারী

gender / ˈdʒendə(r) ˈজেন্ড্যা(র্) / *noun* [C, U] **1** (*formal*) the fact of being male or female (স্ত্রী বা পুং) লিঙ্গ ✪ সম **sex 2** (*grammar*) (in some languages) the division of nouns, pronouns, etc. into different classes (**masculine, feminine** and **neuter**); one of these three types কোনো কোনো ভাষার ব্যাকরণে বিশেষ্যপদ, সর্বনামপদ ইত্যাদির শ্রেণি বিভাগ (পুংলিঙ্গ, স্ত্রীলিঙ্গ এবং ক্লীবলিঙ্গ); এই তিনটি ভাগের যে-কোনো একটি

gene / dʒiːn জীন্ / *noun* [C] a unit of information inside a cell which controls what a living thing will be like. Genes are passed from parents to children দেহকোষের সূক্ষ্ম অংশ যা সজীব বস্তুসমূহের আকৃতি ও বংশগত প্রকৃতি নির্দিষ্ট করে। পিতামাতার কাছ থেকে সন্তানের মধ্যে জিন বা বংশাণু সঞ্চারিত হয় ➪ **genetics** দেখো।

general¹ / ˈdʒenrəl ˈজেন্র্যাল্ / *adj.* **1** affecting all or most people, places, things, etc. সাধারণ, সর্বজনীন, সার্বিক, সকলের জন্য *Fridges were once a luxury, but now they are in general use.* ○ *the general public* (= most ordinary people) **2** (*only before a noun*) referring to or describing the main part of sth, not the details কোনো কিছুর মূল অংশ সম্পর্কে বিবরণী (বিস্তারিতভাবে নয়) *Your general health is very good.* ○ ***As a general rule*** *the most common verbs in English tend to be irregular.* **3** not limited to one subject or area of study; not specialized একটি বিষয় বা পাঠ্যক্ষেত্রের মধ্যে সীমাবদ্ধ নয়; বিশেষভাবে কিছু নয় *Children need a good general education.* ○ *The quiz tests your* ***general knowledge***. ○ *a general hospital* **4** (*usually in compounds*) with responsibility for the whole of an organization কোনো প্রতিষ্ঠানের সর্বময় কর্তৃত্বের অধিকারী *a general manager*

IDM in general 1 in most cases; usually বেশির ভাগ ক্ষেত্রে; সাধারণত *In general, standards of hygiene are good.* **2** as a whole সাধারণভাবে *I'm interested in American history in general, and the civil war in particular.*

general² / ˈdʒenrəl ˈজেন্র্যাল্ / *noun* [C] (*abbr.* **Gen.**) an army officer in a very high position উচ্চপদস্থ সামরিক কর্মচারী

general election *noun* [C] an election in which all the people of a country vote to choose a government কোনো দেশের সকল মানুষ ভোটদানের মাধ্যমে যখন সরকার নির্বাচন করে; সাধারণ নির্বাচন ➪ **by-election** দেখো।

generalization (*also* **-isation**) / ˌdʒenrəlaɪˈzeɪʃn ˌজেন্র্যালাইˈজ়েইশ্ন্ / *noun* [C, U] a general statement that is based on only a few facts or examples; the act of making such a statement কেবলমাত্র কয়েকটি তথ্য বা উদাহরণের ভিত্তিতে দেওয়া সাধারণ বিবৃতি; বিবৃতিদান *You can't* ***make*** *sweeping* ***generalizations about*** *French people if you've only been there for a day!*

generalize (*also* **-ise**) / ˈdʒenrəlaɪz ˈজেন্র্যালাইজ় / *verb* [I] **generalize (about sth)** to form an opinion or make a statement using only a small amount of information instead of looking at the details কেবলমাত্র অল্পবিস্তর তথ্য ব্যবহার করে (খুঁটিনাটি বিস্তারিত তথ্যাবলীর খোঁজ না নিয়েই) মতামত তৈরি করা অথবা সেই সম্বন্ধে এজাহার বা বিবৃতি দান করা

generally / ˈdʒenrəli ˈজেন্র্যালি / *adv.* **1** by or to most people সাধারণভাবে, অনেকের মতে *He is generally considered to be a good doctor.* **2** usually সাধারণত *She generally cycles to work.* **3** without discussing the details of sth কোনো কিছুর খুঁটিনাটির মধ্যে না গিয়ে; সাধারণভাবে, মোটের উপর *Generally speaking, houses in America are bigger than houses in this country.*

general practitioner (BrE) = **GP**

generate / ˈdʒenəreɪt ˈজেন্যারেইট্ / *verb* [T] to produce or create sth কোনো কিছু উৎপন্ন বা তৈরি করা *to generate heat/power/electricity*

generation / ˌdʒenəˈreɪʃn ˌজেন্যাˈরেইশ্ন্ / *noun* **1** [C] all the people in a family, group or country who were born at about the same time কোনো পরিবার, গোষ্ঠী বা দেশের মধ্যে একই সময়ে জাত মানুষজন; প্রজন্ম *We should look after the planet for future generations.* ○ *This photograph shows three generations of my family* (= children, parents and grandparents). ➪ **first generation** দেখো।

NOTE Generation শব্দটির সব সময়ে একবচন (singular) রূপ ব্যবহার করা হয় কিন্তু এর সঙ্গে ব্যবহৃত হয় যে ক্রিয়াপদ (verb) সেটি একবচন বা বহুবচন

G

(plural) হতে পারে—*The younger generation only seem/seems to be interested in money.*

2 [C] the average time that children take to grow up and have children of their own, usually considered to be about 25–30 years গড়ে যে সময়ের মধ্যে শিশুরা বড়ো হয়ে ওঠে এবং তাদের সন্তানাদি হয়, মোটামুটিভাবে ২৫ থেকে ৩০ বছর; এক পুরুষ *A generation ago foreign travel was still only possible for a few people.* **3** [U] the production of sth, especially heat, power, etc. কোনো কিছুর উৎপাদন, বিশেষত বিদ্যুৎ, শক্তি ইত্যাদি

the generation gap *noun* [*sing.*] the difference in behaviour, and the lack of understanding, between young people and older people অল্পবয়সি এবং বয়স্ক মানুষজনের মধ্যে আচরণগত পার্থক্য এবং বোঝাপড়ার অভাব; প্রজন্মগত ব্যবধান

generator / ˈdʒenəreɪtə(r) ˈজেন্যারেইট্যা(র্) / *noun* [C] a machine that produces electricity বিদ্যুৎ উৎপাদনকারী যন্ত্র

generic / dʒəˈnerɪk জ্যাˈনেরিক্ / *adj.* **1** shared by, including or typical of a whole group of things; not specific যা একই ধরন বা প্রকারবিশিষ্ট বস্তুসমূহের অন্তর্ভুক্ত; স্বতন্ত্র বা বিশিষ্ট নয় **2** (used about a product, especially a drug) not using the name of the company that made it (কোনো উৎপন্ন দ্রব্য, বিশেষত কোনো ওষুধ বিষয়ে ব্যবহৃত) উৎপাদনকারী কোম্পানির নাম ব্যবহার করা হচ্ছে না এমন ▶ **generically** / dʒəˈnerɪkli জ্যাˈনেরিক্লি / *adv.* শ্রেণিগতভাবে

generosity / ˌdʒenəˈrɒsəti ˌজেন্যাˈরস্যাটি/ *noun* [U] the quality of being generous উদারতা, বদান্যতা, মহানুভবতা

generous / ˈdʒenərəs ˈজেন্যার‍্যাস্ / *adj.* **1** happy to give more money, help, etc. than is usual or expected উদার, মহানুভব, মহৎ *It was very generous of your parents to lend us all that money.* **2** larger than usual সাধারণের থেকে বেশি; পর্যাপ্ত; প্রচুর *a generous helping of pasta* ▶ **generously** *adv.* উদারভাবে, প্রাণভরে, দিলদরিয়াভাবে *People gave very generously to our appeal for the homeless.*

genesis / ˈdʒenəsɪs ˈজেন্যাসিস্ / *noun* [*sing.*] (*formal*) the beginning or origin of sth কোনো কিছুর উৎপত্তি, শুরু, আরম্ভ

genetic / dʒəˈnetɪk জ্যাˈনেটিক্ / *adj.* connected with **genes** or with **genetics** জিন বা বংশাণুসংক্রান্ত, বংশগতি বিষয়ক *The disease is caused by a genetic defect.* ▶ **genetically** / -kli -ক্লি *adv.* বংশপরম্পরায়

genetically modified *adj.* (*abbr.* **GM**) (used about food, plants, etc.) that has been grown from cells whose **genes** have been changed artificially (খাদ্যদ্রব্য, উদ্ভিদ ইত্যাদি সম্বন্ধে ব্যবহৃত) কৃত্রিম উপায়ে বর্ধিত বা পরিবর্তিত জিনের মাধ্যমে উৎপন্ন বা সৃষ্ট

genetic engineering *noun* [U] the science of changing the way a human, an animal or a plant develops by changing the information in its **genes** জিনগত তথ্য পরিবর্তনের দ্বারা মানুষ, পশু বা উদ্ভিদের বিকাশ-পদ্ধতি পরিবর্তন সম্পর্কিত বিজ্ঞান; জেনেটিক ইঞ্জিনীয়ারিং

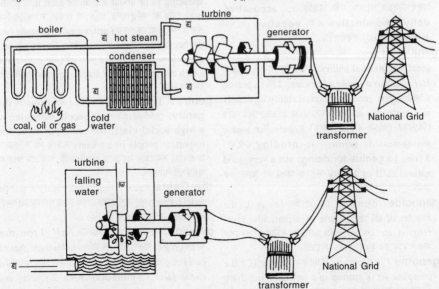

turbine
boiler
hot steam
generator
condenser
coal, oil or gas
cold water
National Grid
transformer
turbine
falling water
generator
National Grid
transformer

generator

genetics / dʒəˈnetɪks জ্যা'নেটিক্স্ / *noun* [U] the scientific study of the way that the development of living things is controlled by qualities that have been passed on from parents to children পিতামাতার কাছ থেকে সন্তানের মধ্যে সঞ্চারিত গুণাবলীর দ্বারা নিয়ন্ত্রিত সজীব বস্তুসমূহের বিকাশ পদ্ধতি সম্পর্কিত বিজ্ঞানসম্মত চর্চা বা অধ্যয়ন; বংশগতিবিদ্যা; জেনেটিক্স্ ➪ **gene** দেখো।

genial / ˈdʒiːniəl 'জীনিঅ্যাল্ / *adj.* (used about a person) pleasant and friendly (কোনো ব্যক্তি সম্বন্ধে ব্যবহৃত) সহৃদয়, অমায়িক, মিশুকে

genie / ˈdʒiːni 'জীনি / *noun* [C] a spirit with magic powers, especially one that lives in a bottle or a lamp রূপকথার দৈত্য যার জাদুশক্তি আছে, বিশেষত যারা বোতল বা প্রদীপের মধ্যে থাকে; জিন

genitals / ˈdʒenɪtlz 'জেনিট্‌ল্জ্ / (*also* **genitalia** / ˌdʒenɪˈteɪliə ˌজেনি'টেইলিঅ্যা / *noun* [*pl.*] (*formal*) the parts of a person's sex organs that are outside the body কোনো ব্যক্তির যৌনাঙ্গের অংশগুলি যা শরীরের বহিরাংশে অবস্থিত ▸ **genital** / ˈdʒenɪtl 'জেনিট্‌ল্ / *adj.* প্রজনন

genitive / ˈdʒenətɪv 'জেন্যাটিভ্ / *noun* [C] (*grammar*) (in some languages) the special form of a noun, a pronoun or an adjective that is used to show possession or close connection between two things (কোনো কোনো ভাষার ব্যাকরণে) বিশেষ্যপদ, সর্বনামপদ বা বিশেষণপদের বিশেষ রূপ যা দুটি জিনিসের মধ্যে ঘনিষ্ঠ সম্বন্ধ বা অধিকার বোঝাতে ব্যবহৃত হয়; সম্বন্ধপদসূচক কারক; ষষ্ঠী বিভক্তি ➪ **accusative, dative, nominative** এবং **vocative** দেখো।
▸ **genitive** *adj* সম্বন্ধপদীয়

genius / ˈdʒiːniəs 'জীনিঅ্যাস্ / *noun* **1** [U] very great and unusual ability অসাধারণ সামর্থ্য, প্রতিভা *Her idea was **a stroke of genius**.* **2** [C] a person who has very great and unusual ability, especially in a particular subject অসাধারণ প্রতিভাশালী ব্যক্তি (বিশেষত কোনো একটি বিষয়ে) *Ramanujan was a mathematical genius.* ➪ **prodigy** দেখো। **3** [*sing.*] **a genius for(doing) sth** a very good natural skill or ability স্বভাবদক্ষতা বা স্বাভাবিক কর্মনিপুণতা

genocide / ˈdʒenəsaɪd 'জেন্যাসাইড্ / *noun* [U] the murder of all the people of a particular race, religion, etc. কোনো নির্দিষ্ট জাতি বা ধর্মীয় সম্প্রদায়ের সকল মানুষের হত্যাসাধন; গণহত্যা

genome / ˈdʒiːnəʊm 'জীন্যাউম্ / *noun* [C] the complete set of **genes** in a cell or living thing জীবদেহের মধ্যে বা তার কোষের অন্তর্গত জিনসমূহ *the decoding of the human genome*

genre / ˈʒɑːnrə 'জ়া:ন্‌র্যা / *noun* [C] (*formal*) a particular type or style of literature, art, film or music that you can recognize because of its special characteristics সাহিত্য, শিল্প, চলচ্চিত্র বা সংগীতের বিশেষ রীতি বা শৈলী যার জন্য সেটি চেনা যায়

gent / ˈdʒent 'জেন্ট্ / (*informal*) =**gentleman**

genteel / dʒenˈtiːl জেন্'টীল্ / *adj.* behaving in a very polite way, often in order to make people think that you are from a high social class অত্যন্ত নম্রভাবে ব্যবহার করে এমন (প্রায়ই সমাজের উচ্চ পর্যায় থেকে আগত এরকম দেখানোর জন্য) ▸ **gentility** / dʒenˈtɪləti জেন্'টিল্যাটি / *noun* [U] আভিজাত্য, কৌলীন্য

gentle / ˈdʒentl 'জেন্ট্‌ল্ / *adj.* **1** (used about people) kind and calm; touching or treating people or things in a careful way so that they are not hurt (ব্যক্তি সম্বন্ধে ব্যবহৃত) দয়ালু এবং শান্ত; কোনো ব্যক্তি বা বস্তু যাতে আঘাতপ্রাপ্ত না হয় এরকম যত্নশীলভাবে তাকে বা সেটিকে স্পর্শ বা ব্যবহার করা হয় এমন *I'll try and be as gentle as I can,' said the dentist.* **2** not strong, violent or extreme মৃদু, স্নিগ্ধ, মাত্রাতিরিক্ত নয় এমন *gentle exercise* ○ *a gentle slope/curve* ▸ **gentleness** / ˈdʒentlnəs 'জেন্ট্‌ল্‌ন্যাস্ / *noun* [U] সহৃদয়তা, স্থিরতা, নম্রতা ▸ **gently** / ˈdʒentli 'জেন্ট্‌লি / *adv.* স্নিগ্ধভাবে, নরমভাবে, ভদ্রভাবে

gentleman / ˈdʒentlmən 'জেন্ট্‌ল্‌ম্যান্ / *noun* [C] (*pl.* **-men** /-mən -ম্যান্ /) **1** a man who is polite and who behaves well towards other people ভদ্রলোক, সদাশয় ব্যক্তি **2** (*formal*) used when speaking to or about a man or men in a polite way ব্যক্তি বা ব্যক্তিগণের প্রতি বা সম্বন্ধে নম্রভাবে কিছু বলার সময়ে ব্যবহৃত হয় ***Ladies and gentlemen*** (=at the beginning of a speech) ○ *Mrs Gupta, there is a gentleman here to see you.* **3** (*old-fashioned*) a rich man with a high social position অভিজাত, ধনী, সম্ভ্রান্ত

gentry / ˈdʒentri 'জেন্ট্রি / *noun* [*pl.*] (*usually* **the gentry**) (*old-fashioned*) people belonging to a high social class; the most powerful and important people in a society সম্ভ্রান্ত বা অভিজাত সম্প্রদায়; সমাজের সবচেয়ে প্রভাবশালী, ক্ষমতাসম্পন্ন বা গুরুত্বপূর্ণ ব্যক্তিগণ

the Gents *noun* [*sing.*] (*informal*) a public toilet for men পুরুষ শৌচালয় (সাধারণের ব্যবহারের জন্য) ➪ **toilet**-এ নোট দেখো।

genuine / ˈdʒenjuɪn 'জেনিউইন্ / *adj.* **1** real; true বাস্তব; প্রকৃত, সত্য, খাঁটি, আসল *He thought that he had bought a genuine Rolex watch but it was a cheap fake.* ➪ **imitation** দেখো। **2** sincere and honest; that can be trusted আন্তরিক এবং সৎ; বিশ্বাসযোগ্য, নির্ভরযোগ্য ▸ **genuinely** *adv.* সত্যই

genus / ˈdʒi:nəs ˈজীন্যাস্ / *noun* [C] (*pl.* **genera** / ˈdʒenərə ˈজেন্যার‍্যা/) (*technical*) a group into which animals, plants, etc. that have similar characteristics are divided, smaller than a **family** and larger than a **species** একই ধরনের বৈশিষ্ট্যসম্পন্ন প্রাণী, উদ্ভিদ ইত্যাদি যে গোষ্ঠী বা বর্গে বিভক্ত করা হয় (**family** বা পরিবার থেকে ছোটো এবং **species** বা প্রজাতি থেকে বড়ো)

geo- *prefix* (*in nouns, adjectives and adverbs*) of the earth পৃথিবী সংক্রান্ত, পৃথিবী বিষয়ে *geophysical* ○ *geoscience*

geographer / dʒiˈɒɡrəfə(r) জিˈঅগ্র্যাফ্যা(র্) / *noun* [C] an expert in geography or a student of geography ভূগোলবিদ অথবা ভূগোলের ছাত্র

geography / dʒiˈɒɡrəfi জিˈঅগ্র্যাফি / *noun* [U] **1** the study of the world's surface, physical qualities, climate, population, products, etc. ভূপৃষ্ঠ এবং তার প্রাকৃতিক গুণাবলী, আবহাওয়া, জনসংখ্যা, উৎপাদন দ্রব্য ইত্যাদি সম্পর্কিত চর্চা বা অধ্যয়ন; ভূগোল *human/physical/economic geography* **2** the physical arrangement of a place কোনো স্থানের প্রাকৃতিক বিন্যাস *We're studying the geography of Asia.* ▶ **geographical** / ˌdʒi:əˈɡræfɪkl ˌজীঅ্যাˈগ্র্যাফিক্‌ল্ / *adj.* ভৌগোলিক, ভূগোল সংক্রান্ত ▶ **geographically** / -kli -ক্‌লি / *adv.* ভৌগোলিক বিচারে, ভৌগোলিক দিক থেকে

geologist / dʒiˈɒlədʒɪst জিˈঅল্যাজিস্ট্ / *noun* [C] an expert in geology or a student of geology ভূতাত্ত্বিক, ভূবিজ্ঞানী

geology/ dʒiˈɒlədʒi জিˈঅল্যাজি / *noun* [U] the study of rocks, and of the way they are formed ভূতত্ত্ব, ভূবিদ্যা ▶ **geological** / ˌdʒi:əˈlɒdʒɪkl ˌজী:অ্যাˈলজিক্‌ল্ / *adj.* ভূতাত্ত্বিক

geometric / ˌdʒi:əˈmetrɪk ˌজীঅ্যাˈমেট্রিক্ / (*also* **geometrical** / -kl -ক্‌ল্ /) *adj.* **1** of geometry জ্যামিতি বিষয়ক, জ্যামিতির **2** consisting of regular shapes and lines বিভিন্ন আকার ও রেখার সমন্বয়ে গঠিত; জ্যামিতিক *a geometric design/pattern* ▶ **geometrically** / -kli -কলি / *adv.* জ্যামিতিকভাবে

geometric progression / *noun* [C] (*mathematics*) a series of numbers in which each is multiplied or divided by a fixed number to produce the next, for example 1, 3, 9, 27, 81 (গণিত) পর্যায়ক্রমিকভাবে এমন কতকগুলি সংখ্যা যেগুলিকে নির্দিষ্ট সংখ্যা দ্বারা গুণ বা ভাগ করে পরবর্তী সংখ্যা পাওয়া যায়, যেমন ১, ৩, ৯, ২৭, ৮১; সমগুণ শ্রেণি ➪ **arithmetic progression** দেখো।

geometry / dʒiˈɒmətri জিˈঅম্যাট্রি / *noun* [U] the study in mathematics of lines, shapes, curves, etc. সরলরেখা, বক্ররেখা, বিভিন্ন আকার ইত্যাদি সম্পর্কিত চর্চা বা অধ্যয়ন; জ্যামিতি

geothermal / ˌdʒi:əʊˈθɜ:ml ˌজীঅ্যাউˈথ্যম্‌ল্ / *adj.* connected with the natural heat of rock deep in the ground ভূগর্ভের অভ্যন্তরস্থ পাথরের স্বাভাবিক উত্তাপ সংক্রান্ত; ভূতাপীয় *geothermal energy*

geriatrics/ ˌdʒeriˈætrɪks ˌজেরিˈঅ্যাট্রিক্স্ / *noun* [U] the medical care of old people বয়স্ক ব্যক্তিদের স্বাস্থ্য ও পরিচর্যা সংক্রান্ত বিদ্যা বা চিকিৎসা বিজ্ঞান; জরাবিজ্ঞান, বার্ধক্যবিদ্যা ▶ **geriatric** *adj.* বার্ধক্যবিদ্যা সংক্রান্ত

germ / dʒɜ:m জ্যম্ / *noun* **1** [C] a very small living thing that causes disease জীবাণু (যার থেকে রোগ সংক্রামিত হয়) ➪ **bacteria** এবং **virus** দেখো। **2** [*sing.*] **the germ of sth** the beginning of sth that may develop কোনো কিছুর সূত্রপাত যার বিকাশ হতে পারে *the germ of an idea*

German measles / ˌdʒɜ:mən ˈmi:zlz ˌজ্যম্যান্-ˈমীজ়্‌ল্‌জ্ / (*also* **rubella**) *noun* [U] a mild disease that causes red spots all over the body. It may damage a baby if the mother catches it when she is pregnant একধরনের অসুখ যাতে সারা শরীরে লাল দাগ দেখা যায়। অন্তঃসত্ত্বা অবস্থায় মায়ের এই রোগ হলে তার গর্ভস্থ শিশুর ক্ষতি হতে পারে

German shepherd = Alsatian

germinate / ˈdʒɜ:mɪneɪt ˈজ্যমিনেইট্ / *verb* [I, T] (used about a seed) to start growing; to cause a seed to do this (বীজ সম্বন্ধে ব্যবহৃত) অঙ্কুরিত হওয়া; কোনো বীজকে অঙ্কুরিত করা ▶ **germination** / ˌdʒɜ:mɪˈneɪʃn ˌজ্যমিˈনেইশ্‌ন্ / *noun* [U] অঙ্কুরোদ্গম, উন্মেষ

gerrymander / ˈdʒerimændə(r) ˈজেরিম্যান্ড্যা(র্) / *verb* [I,T] to change the size and borders of an area for voting in order to give an unfair advantage to one party in an election নির্বাচনে কোনো দলকে অন্যায়ভাবে সুবিধা দানের জন্য নির্বাচনী এলাকার আকার এবং সীমারেখার অদলবদল করা ▶ **gerrymandering** *noun* [U] অন্যায়ভাবে সুবিধা দানের জন্য নির্বাচনী এলাকা অদলবদলের অসাধু কৌশল

gerund / ˈdʒerənd ˈজের‍্যান্ড্ / *noun* [C] (*grammar*) a noun, ending in -ing, that has been made from a verb (ইংরেজি ব্যাকরণে) ক্রিয়াপদের সঙ্গে '-ing' যোগ করে সৃষ্ট বিশেষ্যপদ *In the sentence 'His hobby is collecting stamps', 'collecting' is a gerund.*

gestation / dʒeˈsteɪʃn জেˈস্টেইশ্‌ন্ / *noun* [U, *sing.*] the period of time that a baby (human or animal) develops inside its mother's body; the process of developing inside the mother's body (মানুষ অথবা পশুর) অন্তঃসত্ত্বা অবস্থা; মাতৃশরীরে বিকাশ লাভের পদ্ধতি *The* ***gestation period*** *of a horse is about eleven months.*

gesticulate / dʒeˈstɪkjuleɪt জেˈস্টিকিউলেইট্ / *verb* [I] to make movements with your hands and arms in order to express sth কোনো কিছু অভিব্যক্ত করার জন্য অঙ্গভঙ্গি করা, অঙ্গভঙ্গি সহকারে কথা বলা

gesture[1] / ˈdʒestʃə(r) ˈজেস্চ্যা(র্) / *noun* [C] **1** a movement of the hand, head, etc. that expresses sth অঙ্গভঙ্গি, ইশারা, সংকেত *I saw the boy **make a** rude **gesture** at the policeman before running off.* **2** something that you do that shows other people what you think or feel অন্যদেরকে নিজের মনোভাব বা অনুভূতি বোঝানো যায় সেরকম কোনো কাজ

gesture[2] / ˈdʒestʃə(r) ˈজেস্চ্যা(র্) / *verb* [I, T] to point at sth, to make a sign to sb কোনো কিছু দেখানো, ইশারার মাধ্যমে কাউকে নির্দেশ দেওয়া *She asked them to leave and gestured towards the door.*

get / get গেট্ / *verb* (*pres. part.* **getting**; *pt* **got** / gɒt গট্ / ; *pp* **got**: *AmE* **gotten** / ˈgɒtn ˈগট্‌ন্ /) **1** [T] (*no passive*) to receive, obtain or buy sth (কোনো বস্তু) পাওয়া, অর্জন করা, ক্রয় করা অথবা কেনা *I got a letter from my sister.* ○ *Did you get a present for your mother?* ○ *How much did you get for your old car* (=when you sold it)*?* ○ *to get a shock/surprise* **2** [T] **have/has got sth** to have sth (কোনো কিছু) হাতে থাকা, করার আছে, করতে হবে, থাকা, অধিকারে থাকা *I've got a lot to do today.* ○ *My daughter's got brown hair.* ○ *Have you got a spare pen?* **3** [T] (*no passive*) to go to a place and bring sth back; fetch কোথাও গিয়ে কিছু ফেরত নিয়ে আসা ***Go and get** me a pen, please.* ○ *Sam's gone to get his mother from the station.* **4** [I] to become; to reach a particular state or condition; to make sb/sth be in a particular state or condition হওয়া; কোনো বিশেষ অবস্থায় বা পরিস্থিতিতে পৌঁছোনো; কোনো ব্যক্তি বা বস্তুকে বিশেষ অবস্থায় রাখা *It's getting dark.* ○ *to get angry/bored hungry/fat* ○ *He's always **getting into trouble** with the police.* **5** [I] to arrive at or reach a place কোনো স্থানে এসে পৌঁছোনো *We should get to Delhi at about ten.* ○ *What time do you usually **get home**?* ➪ **get in, on, etc.** দেখো। **6** [I, T] to move or go somewhere; to move or put sth somewhere চলা বা কোথাও যাওয়া; কোথাও কিছু সরানো বা রাখা *I can't swim so I couldn't get across the river.* ○ *My grandmother's 92 and she doesn't get out of the house much.* **7** [I] used instead of 'be' in the passive কর্মবাচ্য সম্বলিত বাক্যে 'be'-র পরিবর্তে ব্যবহৃত হয় *She got bitten by a dog.* ○ *Don't leave your wallet on the table or it'll get stolen.* **8** [T] **get sth done, mended, etc.** to cause sth to be done, mended, etc. কোনো কাজ সেরে ফেলা, শেষ করা ইত্যাদি *Let's get this work done, then we can go out.* ○ *I'm going to **get my hair cut**.* **9** [T] **get sb/sth to do sth** to make or persuade sb/sth to do sth কাউকে কোনো কিছু করতে প্ররোচিত করা, উদ্বুদ্ধ করা, কোনো কিছু ঠিকমতো কাজে লাগানো *I got him to agree to the plan.* ○ *I can't get the television to work.* **10** [T] to catch or have an illness, pain, etc. অসুখ হওয়া, ব্যথা পাওয়া ইত্যাদি *I think I'm getting a cold.* ○ *He gets really bad headaches.* **11** [T] to use a form of transport যে-কোনো ধরনের গাড়ি ব্যবহার করা, বাস ইত্যাদি ধরা *Shall we walk or get the bus?* **12** [I] to hit, hold or catch sb/sth কোনো ব্যক্তি বা বস্তুকে মারা, তাকে ধরা বা তার গায়ে হাত দেওয়া *A boy threw a stone at me but he didn't get me.* **13** [T] to hear or understand sth কোনো কিছু শুনতে পাওয়া বা বুঝতে পারা *I'm sorry, I didn't get that. Could you repeat it?* ○ *Did you **get** that **joke** that Kiran told?* **14** [T] **get (sb) sth; get sth (for sb)** to prepare food খাবার তৈরি করা, (কাউকে) খেতে দেওয়া *Can I get you anything to eat?* ○ *Joe's in the kitchen getting breakfast for everyone.* **15** [I] **get to do sth** to have the chance to do sth কোনো কিছু করার সুযোগ পাওয়া *Did you get to try the new computer?* **16** [I] (*used with verbs in the -ing form*) to start doing sth কোনো কিছু আরম্ভ করা *We don't have much time so we'd better get working.* ○ *We'd better **get going** if we don't want to be late.*

IDM get somewhere/nowhere (with sb/sth) to make/not make progress প্রয়াসে সফল হওয়া বা না হওয়া, উন্নতি করা বা করতে না পারা *I'm getting nowhere with my research.*

> **NOTE Get** শব্দটি প্রয়োগ করা হয়েছে যেসব প্রবাদ বা বাগ্‌ধারায় তার জন্য সেই প্রবাদ বা বাগ্‌ধারায় ব্যবহৃত বিশেষ্য (noun) বিশেষণ (adjective) ইত্যাদি শব্দের শীর্ষশব্দগুলি দেখো। উদাহরণস্বরূপ **get rid of** বাগ্‌ধারাটি পাবে **rid** শীর্ষশব্দে।

PHR V get about/around to move or travel from place to place বিভিন্ন জায়গায় চলে ফিরে বেড়ানো বা নানা স্থানে ঘোরা *My grandmother needs a stick to get around these days.*

get about/around/round (used about news, a story, etc.) to become known by many people (কোনো সংবাদ, কাহিনি ইত্যাদি সম্বন্ধে ব্যবহৃত) মুখে মুখে চাউড় হওয়া, অনেক লোকের মধ্যে ছড়িয়ে পড়া

get sth across (to sb) to succeed in making people understand sth অন্যদের কিছু বোঝাতে সফল হওয়া *The party failed to get its policies across to the voters.*

get ahead to progress and be successful in sth, especially a career কোনো কিছুতে (বিশেষ করে কর্মজগতে) উন্নতি করা অথবা সফল হওয়া

get along 1 (*spoken*) (*usually in the continuous tenses*) to leave a place কোনো স্থান ছেড়ে যাওয়া, চলে যাওয়া *I'd love to stay, but I should be getting along now.* **2** ⇨ **get on** দেখো।

get around 1 ⇨ **get about/around** দেখো। **2** ⇨ **get about/ around/round** দেখো।

get around sb ⇨ **get round/around sb** দেখো।

get around sth ⇨ **get round/around sth** দেখো।

get around to sth/doing sth ⇨ **get round/ around to sth/doing sth** দেখো।

get at sb to criticize sb a lot কোনো ব্যক্তিকে তীব্র সমালোচনা করা *The teacher's always getting at me about my spelling.*

get at sb/sth to be able to reach sth; to have sth available for immediate use কোনো কিছুতে উপনীত হওয়া; তাৎক্ষণিক ব্যবহারের জন্য কিছু খুঁজে পাওয়া *The files are locked away and I can't get at them.*

get at sth (*only used in the continuous tenses*) to try to say sth without saying it in a direct way; to suggest প্রত্যক্ষভাবে না বলে পরোক্ষভাবে কিছু বলার চেষ্টা করা; আভাস বা ইঙ্গিত দেওয়া; পরামর্শ দেওয়া *I'm not quite sure what you're getting at—am I doing something wrong?*

get away (from) to succeed in leaving or escaping from sb or a place কারও কাছ থেকে মুক্তি পাওয়া, কোথাও থেকে পালিয়ে যাওয়া অথবা রেহাই পাওয়া *He kept talking to me and I couldn't get away from him.* ○ *The thieves got away in a stolen car.*

get away with sth/doing sth to do sth bad and not be punished for it মন্দ কাজ করেও কোনোরকম শাস্তি না পাওয়া *He lied but he got away with it.*

get back to return to the place where you live or work বসবাসের বা কাজের জায়গায় ফেরত আসা

get sth back to be given sth that you had lost or lent ধার হিসেবে নিয়ে পরে ফেরত দেওয়া, হারিয়ে যাওয়া জিনিস খুঁজে পেয়ে ফেরত দেওয়া *Can I borrow this book? You'll get it back next week, I promise.*

get back to sb to speak to, write to or telephone sb later, especially in order to give an answer (বিশেষত উত্তর দেওয়ার জন্য) কথা বলা, লেখা বা টেলিফোন করা *I'll get back to you on prices when I've got some more information.*

get back to sth to return to doing sth or talking about sth পুরোনো কাজে বা পুরোনো কথায় ফিরে আসা, পূর্ব আলোচনায় ফেরত আসা *I woke up early and couldn't get back to sleep.* ○ *Let's get back to the point you raised earlier.*

get behind (with sth) to fail to do, pay sth, etc. on time, and so have more to do, pay, etc. the next time কোনো কাজ বা কোনো দেয় অর্থ সময়মতো না দেওয়ার ফলে পরবর্তীকালে বেশি পরিমাণে কাজ করা বা অধিক পরিমাণে অর্থ দেওয়া ইত্যাদি *to get behind with your work/rent.*

get by (on/in/with sth) to manage to live or do sth with difficulty কষ্টেসৃষ্টে চালানো বা জীবনযাত্রা নির্বাহ করা *It's very hard to get by on such a low income.* ○ *My Marathi is good and I can get by in Gujarati.*

get sb down to make sb unhappy কাউকে কষ্ট দেওয়া, অসুখী করা

get down to sth/doing sth to start working on sth কোনো বিষয়ে কাজ শুরু করা, কাজে মন দেওয়া *We'd better stop chatting and get down to work.* ○ *I must get down to answering these letters.*

get in to reach a place কোনো গন্তব্য স্থানে পৌঁছোনো *What time does your train get in?*

get in; get into sth 1 to climb into a car গাড়িতে চাপা, ওঠা *We all got in and Raj drove off.* **2** to be elected to a political position রাজনৈতিক পদে নির্বাচিত হওয়া; নির্বাচন জেতা বা নির্বাচিত হওয়া *She got into Parliament in 2004.*

get sb in to call sb to your house to do a job কোনো কাজ করানোর জন্য কাউকে বাড়িতে ডাকা

get sth in 1 to collect or bring sth inside; to buy a supply of sth কোনো কিছু সংগ্রহ করা বা ভিতরে আনা; কোনো জিনিস কেনা *It's going to rain—I'd better get the washing in from outside.* **2** to manage to find an opportunity to say or do sth কোনো কিছু বলা বা করার সুযোগ পাওয়া *He talked all the time and I couldn't get a word in.*

get in on sth to become involved in an activity কোনো কাজে জড়িয়ে পড়া

get into sb (*informal*) (used about a feeling or attitude) to start affecting sb strongly, causing him/her to behave in an unusual way (কোনো অনুভূতি বা দৃষ্টিভঙ্গি প্রসঙ্গে ব্যবহৃত) কাউকে গভীরভাবে প্রভাবিত করতে শুরু করা, তার অস্বাভাবিক ব্যবহারের কারণ হওয়া *I wonder what's got into him—he isn't usually unfriendly.*

get into sth 1 to put on a piece of clothing with difficulty কষ্ট করে পোশাকের মধ্যে শরীর গলানো, জামা কাপড় পরা *I've put on so much weight I can't get into my trousers.* **2** to start a particular activity; to become involved in sth কোনো বিশেষ কর্মপ্রচেষ্টা শুরু করা; কোনো কিছুতে জড়িয়ে পড়া *How did you first get into the music business?* ○ *We got into an argument about politics.* **3** to become more interested in or familiar with sth কোনো কিছুতে আরও আগ্রহী হওয়া বা মন দেওয়া *I've been getting into yoga recently.*

get off (sb/sth) used especially to tell sb to stop touching you/sb/sth কোনো ব্যক্তি বা বস্তুকে বা নিজেকে কেউ স্পর্শ করলে বা ধরলে তাকে ছেড়ে দিতে বলার জন্য ব্যবহৃত অভিব্যক্তিবিশেষ *Get off (me) or I'll call the police!* ○ *Get off that money, it's mine!*

get off (sth) 1 to leave a bus, train, etc.; to climb down from a bicycle, horse, etc. বাস, ট্রেন ইত্যাদি থেকে নামা; সাইকেল, ঘোড়া ইত্যাদি থেকে নামা; অবতরণ করা, নেমে আসা **2** to leave work with permission at a particular time কর্তৃপক্ষের অনুমতি নিয়ে কাজ থেকে ছুটি নেওয়া *I might be able to get off early today.*

get off (with sth) to be lucky to receive no serious injuries or punishment সৌভাগ্যবশত কোনো বড়ো রকমের বিপদ না হওয়া বা শাস্তি না পাওয়া *to get off with just a warning*

get on 1 to progress or become successful in life, in a career, etc. জীবন, পেশা ইত্যাদিতে উন্নতি করা বা সফল হওয়া **2** (*only used in the continuous tenses*) to be getting old বয়স বাড়া, বুড়ো হওয়া *He's getting on—he's over 70, I'm sure.* **3** (*only used in the continuous tenses*) to be getting late দেরি হয়ে যাওয়া, সময় পেরিয়ে যাওয়া *Time's getting on—we don't want to be late.*

get on/along to have a particular amount of success কিছু পরিমাণে সাফল্য পাওয়া *How are you getting on in your course?* ○ *'How did you get on at your interview?' 'I got the job!'*

get on/along with sb; get on/along (together) to have a friendly relationship with sb কারও সঙ্গে বন্ধুত্বপূর্ণ সম্পর্ক বজায় রাখা *Do you get on well with your colleagues?*

get on/along with sth to make progress with sth that you are doing কোনো কাজে এগিয়ে যাওয়া বা উন্নতি করা *How are you getting on with that essay?*

get on/onto sth to climb onto a bus, train, bicycle, horse, etc. বাস, ট্রেন, সাইকেল, ঘোড়া ইত্যাদিতে চাপা *I got on just as the train was about to leave.*

get on for (*only used in the continuous tenses*) to be getting near to a certain time or age (কোনো এক বিশেষ সময় বা বয়সের) কাছাকাছি পৌঁছোনো *I'm not sure how old he is but he must be getting on for 50.*

get on to sb (about sth) to speak or write to sb about a particular matter কোনো নির্দিষ্ট বিষয় সম্পর্কে কাউকে বলা বা লেখা

get on with sth to continue doing sth, especially after an interruption বিশেষত কোনো বাধা পড়লেও সেই কাজটি চালিয়ে যাওয়া *Stop talking and get on with your work!*

get out (used about a piece of information) to become known, after being secret until now (কোনো একটি খবর সম্বন্ধে ব্যবহৃত) গোপন তথ্য ফাঁস হওয়া

get sth out (of sth) to take sth from its container রক্ষিত স্থান থেকে জিনিসটি বার করা *I got my keys out of my bag.*

get out of sth/doing sth to avoid a duty or doing sth that you have said you will do কর্তব্যকর্ম এড়িয়ে যাওয়া বা প্রথমে রাজি হয়েও কোনো কাজ না করা

get sth out of sb to persuade or force sb to give you sth কাউকে বুঝিয়ে বা শক্তি প্রয়োগ করে কোনো জিনিস দিতে বাধ্য করা

get sth out of sb/sth to gain sth from sb/sth কারও বা কিছু থেকে কোনো বস্তু লাভ করা *I get a lot of pleasure out of music.*

get over sth 1 to deal with a problem successfully কোনো সমস্যার সুচারু সমাধান করা *We'll have to get over the problem of finding somewhere to live first.* **2** to feel normal again after being ill or having an unpleasant experience অসুস্থতার পরে বা তিক্ত অভিজ্ঞতার পরে আবার স্বাভাবিক হয়ে ওঠা *He still hasn't got over his wife's death.* **get sth over with** (*informal*) to do and complete sth unpleasant that has to be done অপ্রিয় করণীয় কাজ করে ফেলা *I'll be glad to get my visit to the dentist's over with.*

get round ⇨ **get about/around/round** দেখো।

get round/around sb (*informal*) to persuade sb to do sth or agree with sth কোনো কিছু করার জন্য কাউকে প্ররোচিত করা বা কোনো কিছুতে রাজি করানো *My father says he won't lend me the money but I think I can get round him.*

get round/around sth to find a way of avoiding or dealing with a problem সমস্যা এড়ানো বা তার মোকাবিলা করার উপায় খুঁজে পাওয়া

get round/around to sth/doing sth to find the time to do sth, after a delay কোনো ফেলে রাখা কাজের জন্য সময় বার করা *I've been meaning to reply to that letter for ages but I haven't got round to it yet.*

get through sth to use or complete a certain amount or number of sth কোনো কিছুর নির্দিষ্ট পরিমাণ বা সংখ্যা ব্যবহার করা বা সেটি সম্পূর্ণ করা *I got through a lot of money at the weekend.* ○ *I got through an enormous amount of work today.*

get (sb) through (sth) to manage to complete sth difficult or unpleasant; to help sb to do this কোনো কঠিন বা অপ্রীতিকর কাজ করে ফেলা; কাউকে ঐ কাজ করতে সাহায্য করা *She got through her final exams easily.*

get through (to sb) **1** to succeed in making sb understand sth কাউকে কিছু বোঝাতে সফল হওয়া *They couldn't get through to him that he was completely wrong.* **2** to succeed in speaking to sb on the telephone টেলিফোনে (ফাঁকা পেয়ে) কারও সঙ্গে কথা বলতে পারা *I couldn't get through to them because their phone was engaged all day.*

get to sb (*informal*) to affect sb in a bad way কাউকে খারাপভাবে প্রভাবিত করা *Public criticism is beginning to get to the team manager.*

get sb/sth together to collect people or things in one place এক জায়গায় অনেক লোক বা অনেক জিনিস জড়ো করা *I'll just get my things together and then we'll go.*

get together (with sb) to meet socially or in order to discuss or do sth সামাজিকভাবে বা কোনো কিছু আলোচনা করার জন্য অথবা কিছু করার জন্য অনেকে একত্রিত হওয়া *Let's get together and talk about it.*

get up to stand up উঠে দাঁড়ানো *He got up to let an elderly woman sit down.*

get (sb) up to get out of bed or make sb get out of bed বিছানা ছেড়ে ওঠা অথবা কাউকে বিছানা থেকে তোলা *What time do you have to get up in the morning?* ○ *Could you get me up at 6 a.m. tomorrow?*

get up to sth **1** to reach a particular point or stage in sth কোনো বিশেষ স্থানে বা স্তরে পৌঁছোনো *We've got up to the last section of our grammar book.* **2** to be busy with sth, especially sth secret or bad বিশেষত গোপনীয় বা খারাপ কিছুতে ব্যস্ত হয়ে পড়া *I wonder what the children are getting up to?*

getaway / ˈgetəweɪ ˈগেট্অ্যাউএই / *noun* [C] an escape (after a crime) পলায়ন (অপরাধের পর) *to make a getaway* ○ *a getaway car/driver*

get-together *noun* [C] (*informal*) an informal social meeting or party ঘরোয়া সামাজিক আড্ডা বা পার্টি

geyser / ˈgiːzə(r) ˈগীজ়্যা(র্) / *noun* [C] (in geography) a place where naturally hot water comes out of the ground. Sometimes hot water or steam goes up into the air (ভূগোলে) প্রাকৃতিক উষ্ণ প্রস্রবণ। কখনো কখনো প্রস্রবণের গরম জলের সঙ্গে বাষ্পও উঠে আসে ➪ **volcano**-তে ছবি দেখো।

gharana *noun* [U, C] (*IndE*) (in music, dance, etc.) a style or method used by a particular teacher or group of teachers who pass it on to their next generation or to their pupils (সংগীত, নৃত্য ইত্যাদিতে) বিশেষ কোনো শিক্ষক অথবা শিক্ষক গোষ্ঠীর কোনো সংগীত অথবা নৃত্যের বিশেষ শৈলী বা পদ্ধতি যা তারা পরের প্রজন্ম অথবা শিষ্যদের মধ্যে সঞ্চারিত করে; ঘরানা *The Kirana Gharana*

ghastly / ˈgɑːstli ˈগা:স্ট্লি / *adj.* extremely unpleasant or bad বীভৎস, ভয়ংকর, খুব খারাপ ধরনের *a ghastly accident*

ghat *noun* [C] **1** a broad flight of steps leading down to a river নদীর পাড়ে নদী পর্যন্ত যাওয়ার জন্য সিঁড়ি; ঘাট *Varanasi has many ghats.* **2 Ghats** [*pl.*] the mountains near the eastern and western coasts of India ভারতের পশ্চিম এবং পূর্ব তটে অবস্থিত পর্বত; ঘাট *Western Ghats* ○ *Eastern Ghats.* **3** a place where dead bodies are cremated after a ceremony শ্মশানঘাট

ghatam *noun* [C] a South Indian classical percussion instrument shaped like a pot দক্ষিণ ভারতীয় ধ্রুপদী আনদ্ধ বাদ্যযন্ত্র; ঘটম্

ghazal *noun* [C] a traditional form of poetry in Persian or Urdu. It has a fixed number of verses and is usually set to music নির্দিষ্ট পঙ্ক্তি অথবা স্তবকে বিভক্ত ঐতিহ্যপূর্ণ ফারসি অথবা উর্দু কবিতা যা সুর সংযোগে গাওয়া হয়; গজল *Jagjit Singh is a famous ghazal singer.*

ghee *noun* [U] clarified butter used in Indian and south Asian cooking (ভারতীয় এবং দক্ষিণ এশিয় রান্নায় ব্যবহৃত) বিশুদ্ধ মাখন; ঘৃত, ঘি

gherao *noun* [C] a way of protesting in South Asia in which a group of people surround a place of work, etc. preventing those in authority from leaving until their demands are heard or met দক্ষিণ এশিয়ায় প্রচলিত প্রতিবাদের রীতি যখন একটি গোষ্ঠীর ব্যক্তিগণ কোনো কর্মস্থল ইত্যাদি ঘিরে ফেলে সেখানে কর্মরত কর্তাব্যক্তি অথবা কর্তৃপক্ষকে নিজেদের দাবি না পূরণ হওয়া বা সেটি না শোনা পর্যন্ত আটকে রাখে; ঘেরাও ▶ **gherao** *verb* [T] ঘেরাও করা *The employees gheraoed the manager to press for an increment.*

gherkin / ˈgɜːkɪn ˈগ্যকিন্ / (*AmE* **pickle**) *noun* [C] a small green vegetable (**cucumber**) that is stored in salt water or **vinegar** before being eaten একধরনের ছোটো শসা যা খাওয়ার আগে নোনতা জলে বা ভিনিগারে ভিজিয়ে রাখা হয়

ghetto / ˈgetəʊ ˈগেট্যাউ / *noun* [C] (*pl.* **ghettoes**) a part of a town where many people of the same race, religion, etc. live in poor conditions কোনো শহরের যে অঞ্চলে একই জাতি, ধর্ম ইত্যাদির বহু মানুষ দারিদ্র্যের মধ্যে বসবাস করে; সংখ্যালঘুদের বস্তি

ghost / gəʊst গ্যাউস্ট্ / *noun* [C] the spirit of a dead person that is seen or heard by sb who is still living ভূত, প্রেত *I don't believe in ghosts.* ○ *a ghost story* ➪ **spectre** দেখো।

ghostly / ˈɡəʊstli ˈগ্যাউস্‌ট্‌লি / *adj.* looking or sounding like a ghost; full of ghosts ভূতপ্রেতের মতো আকার বা আওয়াজসম্পন্ন; ভৌতিক, ভুতুড়ে *ghostly noises*

ghost town *noun* [C] a town whose inhabitants have all left জনহীন নগরী, যেখানের অধিবাসীরা সকলে শহর ছেড়ে চলে গেছে; প্রেতপুরী

ghostwriter / ˈɡəʊstraɪtə(r) ˈগ্যাউস্‌ট্‌রাইট্যা(র্) / *noun* [C] a person who writes a book, etc. for a famous person (whose name appears as the author) যে ব্যক্তি অন্য কোনো বিখ্যাত মানুষের (যার নাম লেখক হিসেবে দেওয়া থাকে) হয়ে বই ইত্যাদি লেখে

giant / ˈdʒaɪənt ˈজাইঅ্যান্ট্ / *noun* [C] **1** (in stories) an extremely large, strong person (গল্পে) দৈত্য, দানব, বিশালাকার **2** something that is very large এমন কিছু যা খুবই বড়ো *the multinational oil giants* (=very large companies) ► **giant** *adj.* বৃহদাকার, বিশাল *a giant new shopping centre*

gibberish / ˈdʒɪbərɪʃ ˈজিব্যারিশ্ / *noun* [U] words that have no meaning or that are impossible to understand অর্থহীন অথবা দুর্বোধ্য শব্দসমষ্টি

gibbon / ˈɡɪbən ˈগিব্যান্ / *noun* [C] a small **ape** (=an animal like a monkey but without a tail) with long arms, which is found in South East Asia দক্ষিণ পূর্ব এশিয়ায় প্রাপ্ত লম্বা হাতওয়ালা লেজবিহীন বাঁদরের মতো এক ধরনের প্রাণী; উল্লুক

giblets / ˈdʒɪbləts ˈজিব্‌ল্যাট্‌স্ / *noun* [*pl.*] the inside parts of a chicken or other bird, including the heart and liver, that are usually removed before it is cooked মুরগী বা পাখির শরীরের ভিতরের যে অংশ (হৃদয় ও যকৃৎসহ) রাঁধার আগে সাধারণত বার করে ফেলা হয়

giddy / ˈɡɪdi ˈগিডি / *adj.* having the feeling that everything is going round and that you are going to fall যেন মাথা ঘুরছে এমন অবস্থা, মাথা টলমল করার অবস্থা *I feel giddy. I must sit down.* ✪ সম **dizzy**

gift / ɡɪft গিফ্‌ট্ / *noun* [C] **1** something that you give to sb; a present দান; উপহার *This watch was a gift from my mother.* ○ *The company* ***made a gift of*** *a computer to a local school.* ➪ **present**-এ নোট দেখো। **2 a gift (for sth/doing sth)** natural ability স্বাভাবিক ক্ষমতা বা গুণ; প্রতিভা

gifted / ˈɡɪftɪd ˈগিফ্‌টিড্ / *adj.* having natural ability or great intelligence প্রকৃতিদত্ত সহজাত ক্ষমতা বা মহৎবুদ্ধি সম্পন্ন; গুণী, গুণসম্পন্ন

gig / ɡɪɡ গিগ্ / *noun* [C] (*informal*) an event where a musician or band is paid to perform যে অনুষ্ঠানে দক্ষতা প্রদর্শনের জন্য কোনো সংগীতজ্ঞ বা কোনো দলকে পারিশ্রমিক দেওয়া হয় সেই অনুষ্ঠান

gigantic / dʒaɪˈɡæntɪk জাইˈগ্যান্‌টিক্ / *adj.* extremely big বিশাল, প্রকাণ্ড

giggle / ˈɡɪɡl ˈগিগ্‌ল্ / *verb* [I] to laugh in a silly way that you cannot control, because you are amused or nervous অবাক হয়ে ঘাবড়ে গিয়ে বেসামালভাবে হাসা; বোকার মতো হাসা, খিকখিক করে হাসা ► **giggle** *noun* [C] খিকখিক হাসি *I've got the giggles* (= I can't stop laughing).

gill / ɡɪl গিল্ / *noun* [C, *usually pl.*] one of the parts on the side of a fish's head that it breathes through মাছের মাথার পাশে থাকা শ্বাসযন্ত্র; ফুলকো, কানকো ➪ **fish**-এ ছবি দেখো।

gilt / ɡɪlt গিল্ট্ / *noun* [U] a thin covering of gold সোনার হালকা পাত

gimmick / ˈɡɪmɪk ˈগিমিক্ / *noun* [C] an idea for attracting customers or persuading people to buy sth খদ্দেরের মনোযোগ আকর্ষণ করা বা মানুষকে কিছু কেনার জন্য প্ররোচিত করার কৌশল বা কায়দাকানুন *New magazines often use free gifts or other gimmicks to get people to buy them.*

gin / dʒɪn জিন্ / *noun* [C, U] a strong, colourless alcoholic drink বর্ণহীন একধরনের মাদক পানীয়; জিন

ginger / ˈdʒɪndʒə(r) ˈজিন্‌জ্যা(র্) / *noun* [U], *adj.* **1** a root that tastes hot and is used in cooking আদা *ground ginger* ○ *ginger biscuits* **2** (of) a light brownish-orange colour আদা রঙের, হালকা কমলা-বাদামি রঙের *ginger hair*

ginger ale (*also* **ginger beer**) *noun* [U] a drink that does not contain alcohol and is flavoured with a spice (**ginger**) আদার গন্ধযুক্ত অ্যালকোহলহীন একধরনের পানীয়

gingerly / ˈdʒɪndʒəli ˈজিন্‌জ্যালি / *adv.* very slowly and carefully so as not to cause harm, make a noise, etc. খুব ধীরে ধীরে এবং সযত্নে যাতে কোনো ক্ষতি, কোনো গোলমাল ইত্যাদি না হয়

gipsy = **gypsy**

giraffe / dʒəˈrɑːf জ্যাˈরা:ফ্ / *noun* [C] (*pl.* **giraffe** or **giraffes**) a large African animal with a very long neck and legs and big dark spots on its skin (বৃহদাকার আফ্রিকান পশু) জিরাফ

girder / ˈɡɜːdə(r) ˈগ্যড্যা(র্) / *noun* [C] a long, heavy piece of iron or steel that is used in the building of bridges, large buildings, etc. সেতু, বড়ো বাড়ি ইত্যাদি তৈরি করার কাজে ব্যবহৃত হয় এমন একধরনের লম্বা, ভারী লোহা বা ইস্পাতের খণ্ড

girl / ɡɜːl গ্যল্ / *noun* [C] **1** a female child মেয়ে, বালিকা, অল্পবয়সি স্ত্রীলোক *There are more boys than girls in the class.* **2** a daughter কন্যাসন্তান, মেয়ে *They have two boys and a girl.* **3** a young woman তরুণী, বালিকা, কিশোরী, নাবালিকা *The girl at the cash* *desk was very helpful.* **4 girls** [*pl.*] a woman's female friends of any age কোনো মহিলার যে-কোনো বয়সের মেয়ে বন্ধু *a night out with the girls*

girlfriend / ˈgɜːlfrend ˈগ্যাল্‌ফ্রেন্ড্ / *noun* [C] **1** a girl or woman with whom sb has a romantic and/or sexual relationship যে বান্ধবীর সঙ্গে প্রেমের এবং/অথবা যৌন সম্পর্ক গড়ে উঠেছে; প্রেমিকা, মেয়েবন্ধু *Have you got a girlfriend?* **2** a girl or woman's female friend কোনো মেয়ে বা মহিলার মেয়ে বন্ধু

Girl Guide (*BrE old-fashioned*) = **guide¹ 5**

girlhood / ˈgɜːlhʊd ˈগ্যল্‌হুড্ / *noun* [U] the time when sb is a **girl 1** বালিকাবেলা, মেয়েবেলা, বালিকাবয়স

girlish / ˈgɜːlɪʃ ˈগ্যালিশ্ / *adj.* looking, sounding or behaving like a girl মেয়েলি, মেয়েদের মতো, বালিকাসুলভ *a girlish figure/giggle*

giro / ˈdʒaɪrəʊ ˈজাইর‍্যাউ / *noun* (*pl.* **giros**) (*BrE*) **1** [U] a system for moving money from one bank, etc. to another এক ব্যাংক থেকে অন্য ব্যাংকে টাকা পাঠানোর পদ্ধতি **2** [C] a cheque that the government pays to people who are unemployed or cannot work বেকার এবং অক্ষম ব্যক্তিদের সরকার যে ভাতা বা অর্থ প্রদান করে

girth / gɜːθ গ্যথ্ / *noun* **1** [U, C] the measurement around sth, especially a person's waist কোনো কিছুর ঘেরের মাপ, বিশেষত কোনো ব্যক্তির কোমরের মাপ **2** [C] a leather or cloth strap that is fastened around the middle of a horse to keep the seat (**saddle**) or a load in place ঘোড়ার মধ্যিখানে বসার বা মাল রাখার জায়গাটি (Saddle) ঠিক করে রাখার জন্য চামড়া বা কাপড়ের যে পট্টি বাঁধা হয়; ঘোড়ার জিন

gist / dʒɪst জিস্ট্ / *noun* **the gist (of sth)** [*sing.*] the general meaning of sth rather than all the details কোনো বস্তুর সারাংশ; সারমর্ম, মূলকথা *I know a little Spanish so I was able to **get the gist** of what he said.*

give¹ / gɪv গিভ্ / *verb* (*pt* **gave** /geɪv গেইভ্ /; *pp* **given** / ˈgɪvn/ ˈগিভ্‌ন্) **1** [T] **give sb sth, give sth to sb** to let sb have sth, especially sth that he/she wants or needs কাউকে কিছু পেতে দেওয়া, বিশেষত তার প্রয়োজন বা চাহিদা অনুযায়ী *I gave Jaspreet a book for her birthday.* ○ *Give me that book a minute—I just want to check something.* **2** [T] **give sb sth; give sth to sb** to make sb have sth, especially sth he/she does not want বিশেষত না চাইলেও কাউকে কিছু জোর করে দেওয়া, অনিচ্ছা সত্ত্বেও তার উপর চাপানো *Mr Ahuja gives us too much homework.* ○ *Playing chess gives me a headache.* **3** [T] to make sb have a particular feeling, idea, etc. কারও মধ্যে বিশেষ অনুভূতি জাগানো, বিশেষ ভাব ইত্যাদি সৃষ্টি করা *Swimming always gives me a good appetite.* ○ *to give sb a surprise/shock/fright* ○ *What gives you the idea that he was lying?* **4** [T] **give (sb) sth; give sth to sb** to let sb have your opinion, decision, judgement, etc. কোনো ব্যক্তিকে নিজের মতামত, সিদ্ধান্ত, বিচার ইত্যাদি জানানো *Can you give me some advice?* ○ *My boss has given me permission to leave early.* ○ *The judge gave him five years in prison.* **5** [T] **give sb sth; give sth to sb** to speak to people in a formal situation আনুষ্ঠানিক সভায়, জনসমাবেশে কিছু বলা, সরকারিভাবে কিছু বলা *to give a speech/talk/lecture* ○ *The officer was called to give evidence in court.* **6** [T] **give (sb) sth for sth; give (sb) sth (to do sth)** to pay in order to have sth কোনো কিছুর দাম দেওয়া *How much did you give him for fixing the car?* ○ (*figurative*) *I'd give anything* (= I would love) *to be able to sing like that.* **7** [T] to spend time dealing with sb/sth কোনো ব্যক্তি বা বস্তুর মোকাবিলায় সময় ব্যয় করা *We need to give some thought to this matter urgently.* **8** [T] **give (sb/sth) sth** to do sth to sb/sth; to make a particular sound or movement কোনো ব্যক্তি বা বস্তুর প্রতি কিছু করা; বিশেষ আওয়াজ করা বা আলোড়ন তোলা *to give sth a clean/wash/polish* ○ ***Give me a call** when you get home.* ○ *She opened the door and gave a shout of horror.* **9** [T] to perform or organize sth for people জনসাধারণের জন্য কোনো কিছু প্রদর্শন বা সংগঠন করা *The company gave a party to celebrate its 50th anniversary.* **10** [I] to bend or stretch under pressure চাপের মধ্যে নুয়ে পড়া বা ছড়িয়ে পড়া *The branch began to give under my weight.*

IDM **not care/give a damn (about sb/sth)** ⇨ **damn³** দেখো।

give or take more or less the number mentioned উল্লিখিত সংখ্যার আশেপাশে, এর থেকে একটু কমবেশি *It took us two hours to get here, give or take five minutes.*

> NOTE **Give** শব্দটি প্রয়োগ করা হয়েছে যেসব প্রবাদ বাগ্‌ধারায় তার জন্য সেই প্রবাদ বা বাগ্‌ধারায় ব্যবহৃত বিশেষ্য (noun) বিশেষণ (adjective) ইত্যাদি শব্দের শীর্ষশব্দগুলি দেখো। উদাহরণস্বরূপ **give away** বাগ্‌ধারাটি পাবে **way** শীর্ষশব্দে।

PHR V **give sth away** to give sth to sb without wanting money in return বিনিময়ে অর্থের প্রত্যাশা না করেই কাউকে কিছু দান করা, দিয়ে দেওয়া *When she got older she gave all her toys away.* ○ *We are giving away a free CD with this month's issue.*

G

give sth/sb away to show or tell the truth about sth/sb which was secret কোনো ব্যক্তি বা বস্তু সম্বন্ধে গোপন সত্য প্রকাশ করা *He smiled politely and didn't give away his real feelings.*

give (sth) back to return sth to the person that you took or borrowed it from কারও কাছ থেকে ধার নেওয়া কোনো বস্তু তাকে ফেরত দেওয়া *I lent him some books months ago and he still hasn't given them back to me.*

give sth in to give sth to the person who is collecting it যে ব্যক্তি কোনো কিছু সংগ্রহ করছে তার হাতে সেটি তুলে দেওয়া *I've got to give this essay in to my teacher by Friday.*

give in (to sb/sth) to stop fighting against sb/sth; to accept that you have been defeated কোনো ব্যক্তি বা বস্তুর সঙ্গে লড়াই বন্ধ করা; হার মেনে নেওয়া, পরাজয় স্বীকার করা

give sth off to send sth (for example smoke, a smell, heat, etc.) out into the air বাতাসে ধোঁয়া, গন্ধ তাপ ইত্যাদি উদ্‌গিরণ করা *Cars give off poisonous fumes.*

give out (used about a machine, etc.) to stop working (কোনো যন্ত্র ইত্যাদি সম্বন্ধে ব্যবহৃত) অকেজো হয়ে যাওয়া, বিকল হয়ে পড়া *His heart gave out and he died.*

give sth out to give one of sth to each person প্রত্যেকের মধ্যে কোনো কিছু বন্টন করা, প্রত্যেককে একটি করে দেওয়া *Could you give out these books to the class, please?*

give up to stop trying to do sth; to accept that you cannot do sth কোনো কিছু করার চেষ্টা বন্ধ করা, হাল ছেড়ে দেওয়া; অক্ষমতা মেনে নেওয়া *They gave up once the other team had scored their third goal.* ○ *I give up. What's the answer?*

give sb up; give up on sb to stop expecting sb to arrive, succeed, improve, etc. (কোনো ব্যক্তি সম্বন্ধে ব্যবহৃত) এসে পৌঁছোনো, সাফল্যলাভ, উন্নতি ইত্যাদির সব আশা ছেড়ে দেওয়া; কোনো রকম আশা না রাখা *Her work was so poor that all her teachers gave up on her.*

give sth up; give up doing sth to stop doing or having sth that you did or had regularly before যেগুলি আগে নিয়মিতভাবে করা হত বা থাকত সেগুলি বন্ধ করা; পুরোনো অভ্যাস ত্যাগ করা *I've tried many times to give up smoking.* ○ *Don't give up hope. Things are bound to improve.*

give yourself/sb up (to sb) to go to the police when they are trying to catch you; to tell the police where sb is পুলিশের হাতে আত্মসমর্পণ করা; অন্য কারও সংবাদ পুলিশকে দেওয়া

give sth up (to sb) to give sth to sb who needs or asks for it কেউ চাইলে বা তার প্রয়োজন আছে মনে করলে তাকে কোনো জিনিস দেওয়া *He gave up his seat on the bus to an elderly woman.*

give² / ɡɪv গিভ্ / *noun* [U] the quality of being able to bend or stretch a little নমনশীলতা, নমনীয়তা

IDM give and take a situation in which two people, groups, etc. respect each others' rights and needs যে পরিস্থিতিতে দুটি মানুষ, দুটি দল ইত্যাদি পারস্পরিক অধিকার এবং প্রয়োজনকে মেনে চলে, আপস রফা করে চলে *There has to be some give and take for a marriage to succeed.*

giveaway / ˈɡɪvəweɪ ˈগিভ্অ্যাউএই / *noun* [C] (*informal*) **1** a thing that is included free when you buy sth কিছু কিনলে তার সঙ্গে বিনামূল্যে পাওয়া অন্য জিনিস **2** something that makes you guess the truth about sb/sth কোনো ব্যক্তি বা বস্তু সম্পর্কিত তথ্য বা কিছু যা সে সম্পর্কে সত্য অনুমান করতে সাহায্য করে বা সত্য ভাব প্রকাশ করে *She said she didn't know about the money but her face was* ***a dead giveaway****.*

given¹ / ˈɡɪvn ˈগিভ্‌ন্ / *adj.* (*only before a noun*) already stated or decided ইতিমধ্যে বিবৃত অথবা স্থিরীকৃত *At any given time, up to 200 people are using the library.*

given² / ˈɡɪvn ˈগিভ্‌ন্ / *prep.* considering sth কোনো কিছুর পরিপ্রেক্ষিতে *Given that you had very little help, I think you did very well.*

given name (*AmE*) = **first name** ⇨ **name**-এ নোট দেখো।

gizzard / ˈɡɪzəd ˈগিজ়্যাড্ / *noun* [C] the part of a bird's stomach in which food is changed into smaller pieces before it can be **digested** হজম করার পূর্বে পাখির পাকস্থলীর মধ্যে যে অংশে খাদ্যদ্রব্য ছোটো ছোটো খণ্ডে বিভক্ত হয়ে যায় সেই অঙ্গ

glacial / ˈɡleɪʃl; ˈɡleɪsiəl ˈগ্লেইশ্‌ল্; ˈগ্লেইসিঅ্যাল্ / *adj.* **1** caused by ice or a glacier বরফ বা হিমবাহজনিত

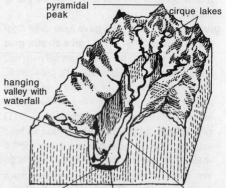

pyramidal peak
cirque lakes
hanging valley with waterfall
deposits of moraine (boulder clay)
ribbon lake
glacial U-shaped valley (trough)

glacial features

a glacial valley **2** extremely cold তীব্র ঠান্ডা, অত্যন্ত শীত, বরফ-ঠান্ডা *glacial winds*

glaciation / ˌgleɪsiˈeɪʃn ˌগ্লেইসি'এইশ্ন্ / *noun* [U] (in geography) the movement of a mass of ice over an area of land, and the things that are caused or created by this (ভূগোলে) ভূখণ্ডের উপর দিয়ে বিরাট বড়ো বরফের চাঙড়ের বিচলন এবং তার দ্বারা বা সেই কারণে তৈরি বস্তুসমূহ; হিমক্রিয়া, হিমায়ন

glacier / ˈglæsiə(r); ˈgleɪs- 'গ্ল্যাসিঅ্যা(র্); 'গ্লেইস্-/ *noun* [C] a mass of ice that moves slowly down a valley হিমবাহ, তুষারনদী

glad / glæd গ্ল্যাড্ / *adj.* **1** (*not before a noun*) **glad (about sth); glad to do sth/that** happy; pleased খুশি; আনন্দিত, উৎফুল্ল *Are you glad about your new job?* ○ *I'm glad to hear he's feeling better.* ○ *I'm glad (that) he's feeling better.* ○ *I'll be glad when these exams are over.*

> **NOTE** কোনো বিশেষ ঘটনা অথবা পরিস্থিতি সম্বন্ধে প্রসন্ন হলে আমরা **please** অথবা **glad** শব্দ দুটি ব্যবহার করি। মানসিক অবস্থা ইত্যাদি বর্ণনা করার জন্য **happy** শব্দটি ব্যবহার করা যেতে পারে এবং কোনো বিশেষ্যপদ (noun)-এর বর্ণনা করার জন্য তার পূর্বেও ব্যবহৃত হতে পারে—*This kind of music always makes me feel happy.* ○ *She's such a happy child—she's always laughing.*

2 glad (of sth); glad (if...) grateful for sth কোনো কিছুর জন্য কৃতজ্ঞ *If you are free, I'd be glad of some help.* ○ *I'd be glad if you could help me.* **3** (*only before a noun*) (*old-fashioned*) bringing happiness আরামদায়ক, সুখদায়ক কিছু *I want to be the first to tell her the glad news.* ► **gladness** *noun* [U] আনন্দ, খুশি খুশি ভাব

gladden / ˈglædn 'গ্ল্যাড্ন্ / *verb* [T] to make sb glad or happy কাউকে আনন্দিত বা খুশিকরা

glade / gleɪd গ্লেইড্ / *noun* [C] (*written*) an open space in a forest or wood where there are no trees বনের মধ্যে বৃক্ষহীন ফাঁকা জায়গা ✪ সম **clearing**

gladiator / ˈglædieɪtə(r) 'গ্ল্যাডিএইট্যা(র্) / *noun* [C] (in ancient Rome) a man who fought against another man or a wild animal in a public show (পুরোনো দিনের রোমে) যে মানুষ প্রকাশ্যে কোনো বিনোদন অনুষ্ঠানে অন্য কোনো ব্যক্তি বা বন্যজন্তুর সঙ্গে লড়াই করত; গ্ল্যাডিয়েটর

gladly / ˈglædli 'গ্ল্যাড্লি / *adv.* used for politely agreeing to a request or accepting an invitation খুশি মনে, ভদ্রভাবে কোনো অনুরোধ মেনে নেওয়া বা নিমন্ত্রণ গ্রহণ করার জন্য ব্যবহৃত হয় *'Could you help me carry these bags?' 'Gladly.'* ○ *She gladly accepted the invitation to stay the night.*

glamorize (*also*-**ise**) / ˈglæməraɪz 'গ্ল্যাম্যারাইজ্ / *verb* [T] to make sth appear more attractive or exciting than it really is কোনো বস্তু আসলে যা তার থেকে আরও আকর্ষণীয় বা উত্তেজনাময় করে তোলা *Television tends to glamorize violence.*

glamour (*AmE* **glamor**) / ˈglæmə(r) 'গ্ল্যাম্যা(র্) / *noun* [U] the quality of seeming to be more exciting or attractive than ordinary things or people সাধারণ বস্তুসমূহ বা সাধারণ মানুষের থেকে বেশি উত্তেজনাময় বা আকর্ষণীয় হওয়ার গুণ; জেল্লা, চমক, চটক *Young people are attracted by the glamour of city life.* ► **glamorous** / -mərəs -ম্যার্যাস্ / *adj.* চটকদার, মায়াময় রূপের অধিকারী *the glamorous world of show business* ► **glamorously** *adv.* চটকদারভাবে, জেল্লাদারভাবে

glance[1] / glɑːns গ্লা:ন্স্ / *verb* [I] to look quickly at sb/sth কোনো ব্যক্তি বা বস্তুকে এক ঝলকে দেখা, খুব তাড়াতাড়ি দেখা *She glanced round the room to see if they were there.* ○ *The receptionist glanced down the list of names.*

PHR V glance off (sth) to hit sth at an angle and move off again in another direction কোনো বস্তুর এক কোণে ঠোকা লেগে অন্য দিকে চলে যাওয়া *The ball glanced off his knee and into the net.*

glance[2] / glɑːns গ্লা:ন্স্ / *noun* [C] a quick look এক নজর *to take/have a glance at the newspaper headlines*

IDM at a (single) glance with one look একবার দেখেই, দেখামাত্র, এক ঝলক দেখেই *I could tell at a glance that something was wrong.*

at first glance/sight ⇨ **first**[1] দেখো।

gland / glænd গ্ল্যান্ড্ / *noun* [C] any of the small parts (**organs**) inside your body that produce chemical substances for your body to use শরীরের মধ্যেকার ছোটো ছোটো অঙ্গের মধ্যে কোনো একটি যা বিভিন্ন ধরনের রাসায়নিক পদার্থ উৎপন্ন করে যেগুলি শরীরের মধ্যেই ব্যবহৃত হয়; গ্রন্থি *sweat glands* ► **glandular** / ˈglændjʊlə(r) 'গ্ল্যান্ডিউল্যা(র্) / *adj.* গ্রন্থি-গঠিত

glare[1] / gleə(r) গ্লেঅ্যা(র্) / *verb* [I] **1 glare (at sb/sth)** to look at sb in a very angry way রেগে গিয়ে কারও দিকে কটমট করে তাকানো, তীব্র দৃষ্টিতে তাকানো **2** to shine with strong light that hurts your eyes চোখ ধাঁধিয়ে দেওয়া, ঝলসে ওঠা

glare[2] / gleə(r) গ্লেঅ্যা(র্) / *noun* **1** [U] strong light that hurts your eyes চোখ ধাঁধানো আলো *the glare of the sun/a car's headlights* **2** [C] a very angry look ক্রুদ্ধ দৃষ্টি

glaring / ˈgleərɪŋ 'গ্লেঅ্যারিং / *adj.* **1** very easy to see; shocking স্পষ্ট, প্রত্যক্ষ; আপত্তিকর *a glaring mistake/injustice* **2** (used about a light) too strong and bright (আলো সম্বন্ধে ব্যবহৃত) তীব্র জোরালো, অতি উজ্জ্বল **3** angry ক্রুদ্ধ *glaring eyes* ▶ **glaringly** *adv.* স্পষ্টভাবে, আপত্তিকরভাবে ধাঁধানোভাবে *a* ***glaringly obvious*** *mistake*

glass / glɑːs গ্লা:স্ / *noun* **1** [U] a hard substance that you can usually see through that is used for making windows, bottles, etc. (জানলা, শিশি-বোতল ইত্যাদি তৈরিতে ব্যবহৃত) কাচ *He cut himself on broken glass.* ○ *a sheet/pane of glass* ○ *a glass jar/dish/vase* **2** [C] a drinking container made of glass; the amount of liquid it contains কাচের তৈরি পানপাত্র; ঐ পানপাত্রে পানীয়ের পরিমাণ *a wine glass* ○ *He drank three glasses of milk.*

glasses / ˈglɑːsɪz ˈগ্লা:সিজ্ / [*formal* **spectacles** (*informal* **specs**, *AmE* **eyeglasses**)] *noun* [*pl.*] two **lenses** in a frame that rests on the nose and ears. People wear glasses in order to be able to see better or to protect their eyes from bright sunlight চশমা, রোদ-চশমা *My sister has to* ***wear glasses****.* ○ *reading glasses* ○ *dark glasses/sunglasses*

glass fibre = **fibreglass**

glassful / ˈglɑːsfʊl ˈগ্লা:স্‌ফুল্ / *noun* [C] the amount of liquid that one glass holds একটি গ্লাসে যতটা পানীয় রাখা যায়; গ্লাসে রাখা তরল পদার্থের পরিমাণ

glasshouse / ˈglɑːshaʊs ˈগ্লা:স্‌হাউস্ / = **greenhouse**

glassy / ˈglɑːsi ˈগ্লা:সি / *adj.* **1** looking like glass কাচের মতো **2** (used about the eyes) showing no interest or expression (চোখ সম্বন্ধে ব্যবহৃত) নিষ্প্রভ, ভাবলেশহীন

glaucoma / glɔːˈkəʊmə গ্ল:ˈক্যাউম্যা / *noun* [U] an eye disease that causes gradual loss of sight চোখের যে অসুখে ক্রমশঃ দৃষ্টিশক্তি হারিয়ে যায়; গ্লুকোমা

glaze[1] / gleɪz গ্লেইজ্ / *verb* [T] **1** to fit a sheet of glass into a window, etc. জানলা ইত্যাদিতে কাচ বসানো অথবা লাগানো ➪ **double-glazing** দেখো। **2 glaze sth (with sth)** to cover a pot, brick, pie, etc. with a shiny transparent substance (before it is put into an oven) ওভেনে দেওয়ার আগে কোনো স্বচ্ছ আবরণী দিয়ে রান্নার পাত্র, ইট ইত্যাদি ঢেকে দেওয়া

PHR V glaze over (used about the eyes) to show no interest or expression (চোখ সম্বন্ধে ব্যবহৃত) আগ্রহ বা অভিব্যক্তিহীন ভাব দেখানো

glaze[2] / gleɪz গ্লেইজ্ / *noun* [C, U] (a substance that gives) a shiny transparent surface on a pot, brick, pie, etc. বাসনপত্র, ইট ইত্যাদিতে উজ্জ্বল আভা এনে দেয় এমন পদার্থ; জেল্লাদার প্রলেপ, চিক্কণলেপ

glazed / gleɪzd গ্লেইজ্‌ড্ / *adj.* (used about the eyes, etc.) showing no interest or expression (চোখ ইত্যাদি সম্বন্ধে ব্যবহৃত) আগ্রহ বা অভিব্যক্তিহীন; নিষ্প্রভ

glazier / ˈgleɪziə(r) ˈগ্লেইজ়িঅ্যা(র্) / *noun* [C] a person whose job is to fit glass into windows, etc. যে ব্যক্তির কাজ জানলা ইত্যাদিতে কাচ লাগানো

gleam / gliːm গ্লীম্ / *noun* [C, *usually sing.*] **1** a soft light that shines for a short time আলোর ক্ষণিক প্রভা *the gleam of moonlight on the water* **2** a sudden expression of an emotion in sb's eyes কারও চোখে অকস্মাৎ কোনো আবেগের ক্ষণিক অভিব্যক্তি *I saw a gleam of amusement in his eyes.* **3** a small amount of sth কোনো কিছুর স্বল্প পরিমাণ *a faint gleam of hope* ▶ **gleam** *verb* [I] অস্থায়ীভাবে বা থেকে থেকে জ্বলা বা চকচক করা *gleaming white teeth* ○ *Their eyes gleamed with enthusiasm.*

glean / gliːn গ্লীন্ / *verb* [T] **glean sth (from sb/sth)** to obtain information, knowledge, etc., sometimes with difficulty and often from various different places প্রায়ই বিভিন্ন জায়গা থেকে, অনেক সময় অসুবিধা সত্ত্বেও, তথ্য, খবর ইত্যাদি সংগ্রহ করা; খুঁটে খুঁটে খবর জোগাড় করা *These figures have been gleaned from a number of studies.*

glee / gliː গ্লী / *noun* [U] a feeling of happiness, usually because sth good has happened to you or sth bad has happened to sb else সাধারণত নিজের সৌভাগ্যে অথবা অপরের দুর্ভাগ্যে যে খুশির অনুভূতি বা ভাব *She couldn't hide her glee when her rival came last in the race.* ▶ **gleeful** / -fl -ফ্ল্ / *adj.* উল্লাসে ভরপুর ▶ **gleefully** / -fəli -ফ্যালি / *adv.* উল্লসিতভাবে, উল্লাসের সঙ্গে

glen / glen গ্লেন্ / *noun* [C] a deep, narrow valley, especially in Scotland or Ireland বিশেষভাবে স্কটল্যান্ড এবং আয়ার্ল্যান্ডে দেখা যায় এমন গভীর, সংকীর্ণ উপত্যকা

glib / glɪb গ্লিব্ / *adj.* using words in a way that is clever and quick, but not sincere চতুর এবং অনর্গলভাবে কথা বলতে পটু কিন্তু আন্তরিকতার অভাব আছে এমন; বাক্যবাগীশ, বাক্‌পটু *a glib salesman/politician* ○ *a glib answer/excuse* ▶ **glibly** *adv.* বাক্যবাগীশের মতো ▶ **glibness** *noun* [U] বাক্‌পটুতা

glide / glaɪd গ্লাইড্ / *verb* [I] **1** to move smoothly without noise or effort নিঃশব্দে অবলীলাক্রমে যাওয়া *The dancers glided across the floor.* **2** to fly in a glider গ্লাইডারে ভেসে আকাশে ওড়া *I've always wanted to* ***go gliding****.*

glider / ˈglaɪdə(r) ˈগ্লাইড্যা(র্) / *noun* [C] a light aircraft without an engine that flies using air currents বিনা ইঞ্জিনে বাতাসের প্রবাহে যে ছোটো উড়োজাহাজ আকাশে ওড়ে; গ্লাইডার; ➪ **hang-glider** দেখো। ▶ **gliding** *noun* [U] গ্লাইডারে ওড়ার কৌশল

glimmer / ˈglɪmə(r) ˈগ্লিম্যা(র্) / *noun* [C] **1** a weak light that is not steady মিটমিট করে জ্বলে এমন আলো *I could see a faint glimmer of light in one of the* *windows.* **2** a small sign of sth কোনো কিছুর আবছা আভাস, অস্পষ্ট চিহ্ন *a glimmer of hope* ▶ **glimmer** *verb* [I] মিটমিট করে জ্বলা

glimpse / glɪmps গ্লিম্প্‌স্ / *noun* [C] **1 a glimpse (at/of sth)** a very quick and not complete view of sb/sth কোনো ব্যক্তি বা বস্তুর আবছা আভাস, ক্ষণিক দর্শন (সম্পূর্ণভাবে নয়) *I just managed to **catch a glimpse** of the fox's tail as it ran down a hole.* **2 a glimpse (into/of sth)** a short experience of sth that helps you understand it কোনো কিছু বোঝার জন্য সাহায্যকারী সংক্ষিপ্ত অভিজ্ঞতা *The programme gives us an interesting glimpse into the life of the cheetah.* ▶ **glimpse** *verb* [T] এক নজর দেখা, আবছা আভাস পাওয়া

glint / glɪnt গ্লিন্ট্ / *verb* [I] to shine with small bright flashes of light ঝিলিক দেওয়া, ঝলকে ওঠা *His eyes glinted at the thought of all that money.* ▶ **glint** *noun* [C] ঝলক, ঝিলিক, দ্যুতি

glisten / ˈglɪsn ˈগ্লিস্‌ন্ / *verb* [I] (used about wet surfaces) to shine (কোনো ভিজে পৃষ্ঠতল সম্বন্ধে ব্যবহৃত) চিকচিক করা *Her eyes glistened with tears.* ○ *Tears glistened in her eyes.*

glitter / ˈglɪtə(r) ˈগ্লিট্যা(র্) / *noun* [U] **1** a shiny appearance consisting of many small flashes of light আলোর ছটা বা রোশনাইয়ে দীপ্ত রূপ *the glitter of jewellery* **2** the exciting quality that sth appears to have কোনো কিছুর উত্তেজনাপূর্ণ গুণাবলী বা আকর্ষণ *the glitter of a career in show business* **3** very small, shiny pieces of thin metal or paper, used as a decoration ছোটো, চকচকে টুকরো কাগজ বা পাতলা ধাতুর পাত যা কোনো কিছু সাজানোর কাজে ব্যবহার করা হয় *The children decorated their pictures with glitter.* ▶ **glitter** *verb* [I] চকমক করা, ঝকমক করা

glittering / ˈglɪtərɪŋ ˈগ্লিট্যারিং / *adj.* **1** very impressive or successful উজ্জ্বল, ঝকঝকে, সফল *a glittering career/performance* **2** shining brightly with many small flashes of light ছোটো ছোটো ফুলঝুরির মতো আলোয় ঝকঝক করছে এমন

gloat / gləʊt গ্ল্যাউট্ / *verb* [I] **gloat (about/over sth)** to feel or express happiness in an unpleasant way because sth good has happened to you or sth bad has happened to sb else অন্যের প্রতি খারাপ বা নিজের প্রতি ভালো এরকম কোনো কিছু ঘটার কারণে দৃষ্টিকটুভাবে উল্লাস বোধ করা বা অভিব্যক্ত করা

global / ˈgləʊbl ˈগ্ল্যাউব্‌ল্ / *adj.* **1** affecting the whole world পৃথিবীব্যাপী, বিশ্বব্যাপী *the global effects of pollution* **2** considering or including all parts সামগ্রিক, সর্বব্যাপক *We must take a global view of the problem.* ▶ **globally** / -bəli -ব্যালি/ *adv.* সর্বতোভাবে, সামগ্রিকভাবে

globalize (*also* **-ise**) / ˈgləʊbəlaɪz ˈগ্ল্যাউব্যালাইজ্ / *verb* [I, T] (*technical*) if sth, for example a business company, globalizes or is globalized, it operates all around the world কোনো কিছু, যেমন কোনো ব্যাবসায়িক সংস্থার সারা বিশ্ব জুড়ে কাজকর্ম চালানো; বিশ্বায়ন ঘটানো বা বিশ্বায়িত হওয়া ▶ **globalization** (*also*-**isation**) / ˌgləʊbəlaɪˈzeɪʃn ˌগ্ল্যাউব্যালাই-ˈজ়েইশ্‌ন্ / *noun* [U] পৃথিবীব্যাপী ব্যাবসায়িক কাজকর্মের প্রসার; বিশ্বায়ন *the globalization of world trade*

the global village *noun* [*sing.*] the world considered as a single community connected by computers, telephones, etc. কম্পিউটার, টেলিফোন ইত্যাদির মাধ্যমে সংযুক্ত পৃথিবীর সকল মানুষ যেন একই জনগোষ্ঠীর অন্তর্ভুক্ত; বিশ্বপল্লি

global warming *noun* [*sing.*] the increase in the temperature of the earth's atmosphere, caused by the increase of certain gases বিশেষ ধরনের গ্যাস নিঃসরণের কারণে পৃথিবীর বায়ুমণ্ডলে তাপমাত্রা বৃদ্ধি; বিশ্ব উষ্মায়ন ⇨ **greenhouse effect** দেখো।

globe / gləʊb গ্ল্যাউব্/ *noun* **1 the globe** [*sing.*] the earth পৃথিবী *to travel all over the globe* **2** [C] a round object with a map of the world on it মানচিত্র আঁকা গোলাকার বলের মতো বস্তু; ভূগোলক; গ্লোব **3** [C] any object shaped like a ball গোলাকার, বর্তুলাকার কোনো বস্তু

globe artichoke = **artichoke**

globetrotter / ˈgləʊbtrɒtə(r) ˈগ্ল্যাউব্‌ট্রট্যা(র্) / *noun* [C] (*informal*) a person who travels to many countries ভূপর্যটক

globule / ˈglɒbjuːl ˈগ্লবিউল্ / *noun* [C] a small drop or ball of a liquid এক ফোঁটা তরল অথবা তার গোল ছোটো বিন্দু *There were globules of fat in the soup.*

gloom / gluːm গ্লুম্ / *noun* [U] **1** a feeling of being sad and without hope বিষণ্ণ, বিমর্ষ *The news brought deep gloom to the village.* **2** a state when it is almost completely dark অন্ধকারাচ্ছন্ন বা ধোঁয়াটে অবস্থা

gloomy / ˈgluːmi ˈগ্লুমি / *adj.* (**gloomier; gloomiest**) **1** dark in way that makes you feel sad মন খারাপ করে দেওয়ার মতো অন্ধকার; নিরানন্দ ভাব *This dark paint makes the room very gloomy.* **2** sad and without much hope বিষণ্ণ, হতাশ *Don't be so gloomy—cheer up!* ▶ **gloomily** *adv.* হতাশার মধ্যে, নিরানন্দভাবে

glorified / ˈglɔːrɪfaɪd ˈগ্ল:রিফাইড্ / *adj.* (*only before a noun*) described in a way that makes sb/sth seem better, bigger, more important, etc. than he/she/it really is এমনভাবে বর্ণিত যে প্রকৃতপক্ষে কেউ বা কিছু যতটা তার থেকে উন্নততর, বৃহত্তর বা আরও বেশি গুরুত্বপূর্ণ মনে হয়

glorify / ˈglɔːrɪfaɪ ˈগ্ল:রিফাই / *verb* [T] (*pres. part.* **glorifying;** *3rd person sing. pres.* **glorifies;** *pt, pp* **glorified**) to make sb/sth appear better or more important than he/she/it really is কোনো ব্যক্তি বা বস্তু প্রকৃতপক্ষে যা তার থেকে তাকে আরও ভালো বা গুরুত্বপূর্ণ করে দেখানো *His biography does not attempt to glorify his early career.*

glorious / ˈglɔːriəs ˈগ্ল:রিঅ্যাস্ / *adj.* **1** having or deserving fame or success বিখ্যাত, মহিমান্বিত *a glorious victory* **2** wonderful; splendid সুন্দর; চমৎকার, অপূর্ব *a glorious day/view* ▶ **gloriously** *adv.* চমৎকারভাবে, মহিমান্বিত রূপে

glory¹ / ˈglɔːri ˈগ্ল:রি / *noun* [U] **1** fame or honour that you get for achieving sth যশ, সম্মান, মহিমা *The winning team was welcomed home* ***in a blaze of glory***. **2** great beauty মহৎ সৌন্দর্য

glory² / ˈglɔːri ˈগ্ল:রি / *verb* (*pres. part.* **glorying**; *3rd person sing. pres.* **glories**; *pt, pp* **gloried**)

PHR V **glory in sth** to take (too much) pleasure or pride in sth কোনো কিছুতে (অত্যন্ত) খুশি বা গর্ব অনুভব করা *He gloried in his sporting successes.*

gloss¹ / glɒs গ্লস্ / *noun* [U, *sing.*] (a substance that gives sth) a smooth, shiny surface কোনো পদার্থ যা কোনো কিছুর পৃষ্ঠতল মসৃণ, চকচকে করে *gloss paint* ○ *gloss photographs* ⇨ **matt** দেখো।

gloss² / glɒs গ্লস্ / *verb*

PHR V **gloss over sth** to avoid talking about a problem, mistake, etc. in detail কোনো সমস্যা, ভুল ইত্যাদি সম্বন্ধে বিস্তারিতভাবে না বলা বা সেগুলি এড়িয়ে যাওয়া

glossary / ˈglɒsəri ˈগ্লস্যারি / *noun* [C] (*pl.* **glossaries**) a list of special or unusual words and their meanings, usually at the end of a text or book সাধারণত পাঠ্যবস্তু বা বই-এর শেষে দেওয়া বিশেষ বা অপরিচিত শব্দের অর্থসহ তালিকা; পরিভাষা-নির্ঘণ্ট

glossy / ˈglɒsi ˈগ্লসি / *adj.* (**glossier; glossiest**) smooth and shiny মসৃণ এবং চকচকে *glossy hair* ○ *a glossy magazine* (=printed on shiny paper)

glottal stop / ˌglɒtl ˈstɒp ˌগ্লট্‌ল্ ˈস্টপ্ / *noun* [C] (*technical*) a speech sound made by closing and opening the **glottis**, which in English sometimes takes the place of a /t/, for example in *butter* কথা বলার সময়ে শ্বাসরন্ধ্র খোলা বা বন্ধ করার যে শব্দ হয় (যেমন ইংরেজি ভাষায় 'butter' শব্দটির/t/ উচ্চারণের সময়ে)

glottis / ˈglɒtɪs ˈগ্লটিস্ / *noun* [C] the part of the **larynx** in the throat that contains the muscles that move to produce the voice (**vocal cords**) and the narrow opening between them গলার মধ্যে স্বরযন্ত্রের সেই অংশ যার মধ্যে সেই পেশিগুলি (স্বররজ্জুসমূহ) থাকে যেগুলির বিচলনের মাধ্যমে শব্দ উৎপন্ন হয় এবং সেগুলির মধ্যবর্তী সরু ছিদ্রও থাকে

glove / glʌv গ্লাভ্ / *noun* [C] a piece of clothing that covers your hand and has five separate parts for the fingers দস্তানা; গ্লাভ *I need a new pair of gloves for the winter.* ○ *leather/woollen/rubber gloves* ⇨ **mitten** দেখো।

glove compartment (*also* **glove box**) *noun* [C] a small enclosed space or shelf facing the front seats of a car, used for keeping small things in কোনো গাড়ির সামনের সারির আসনের মুখোমুখি ছোটো বন্ধ খোপ যা টুকিটাকি জিনিস রাখার জন্য ব্যবহৃত হয় ⇨ **car**-এ ছবি দেখো।

glow / gləʊ গ্লাউ / *verb* [I] **1** to produce light and/or heat without smoke or flames আলো এবং/ অথবা তাপ বেরোনো (ধোঁয়া বা শিখাবিহীনভাবে) *A cigarette glowed in the dark.* **2 glow (with sth)** to be warm or red because of excitement, exercise, etc. বিশেষ কোনো উত্তেজনা, পরিশ্রম ইত্যাদিতে লাল হয়ে ওঠা, উদ্দীপ্ত হয়ে ওঠা *to glow with health/ enthusiasm/pride* ▶ **glow** *noun* [*sing.*] দীপ্তি, আভা, ঔজ্জ্বল্য, ভাবাবেগ *the glow of the sky at sunset*

glower / ˈglaʊə(r) ˈগ্লাউঅ্যা(র্) / *verb* [I] **glower (at sb/sth)** to look angrily (at sb/sth) (কোনো ব্যক্তি বা বস্তুর দিকে) রেগে গিয়ে কটমট করে তাকানো, ভ্রু কুঁচকে তাকানো

glowing / ˈgləʊɪŋ ˈগ্ল্যাউইং / *adj.* saying that sb/ sth is very good কোনো ব্যক্তি বা বস্তু সম্বন্ধে বিশেষ প্রশংসাসূচক বক্তব্য *His teacher wrote a glowing report about his work.* ▶ **glowingly** *adv.* জ্বলজ্বলেভাবে, আবেগমিশ্রিতভাবে

glow-worm *noun* [C] a type of insect. The female has no wings and produces a green light at the end of her tail একধরনের পতঙ্গ। এদের মধ্যে স্ত্রী জাতির কোনো পাখা থাকে না এবং তাদের লেজের প্রান্তে সবুজ আলো জ্বলে; জোনাকি পোকা

glucose / ˈgluːkəʊs ˈগ্লুক্যাউস্ / *noun* [U] a type of sugar that is found in fruit যে শর্করা ফলের মধ্যে পাওয়া যায়; গ্লুকোজ ⇨ **dextrose, fructose, lactose** এবং **sucrose** দেখো।

glue¹ / gluː গ্লু / *noun* [U] a thick sticky liquid that is used for joining things together আঠা, লেই, কাই, গঁদ *Stick the photo in with glue.*

glue² / gluː গ্লু / *verb* [T] (*pres. part.* **gluing**) **glue A (to/onto B); glue A and B (together)** to join a thing or things together with glue আঠার সাহায্যে কোনো বস্তু বা বস্তুসমূহ আটকানো, আঠা দিয়ে সাঁটা *Do you think you can glue the handle back onto the teapot?*

IDM **glued to sth** (*informal*) giving all your attention to sth and not wanting to leave it কোনো কিছুতে পুরোপুরি নিযুক্ত (সম্পূর্ণ মনোযোগ সহকারে) *He just sits there every evening glued to the television.*

glum / glʌm গ্লাম্ / *adj.* sad and quiet বিষণ্ণ, চুপচাপ, দুঃখিত, মনমরা ▶ **glumly** *adv.* বিষাদগ্রস্ত অবস্থায়, মুখ গোমড়া করে

glut / glʌt গ্লাট্ / *noun* [C, *usually* sing.] more of sth than is needed চাহিদার চাইতে বেশি; প্রয়োজনাতিরিক্ত *The glut of coffee has forced down the price.*

gluten / ˈglu:tn ˈগ্লুটন্ / *noun* [U] a sticky substance that is found in grains that we make into flour, for example wheat শস্যকণায় প্রাপ্ত আঠালো পদার্থ; গ্লুটেন

glutton / ˈglʌtn ˈগ্লাটন্ / *noun* [C] **1** a person who eats too much যে ব্যক্তি খুব বেশি খায়; ভোজনবিলাসী, পেটুক, ঔদরিক **2** (*informal*) **a glutton for sth** a person who enjoys having or doing sth difficult, unpleasant, etc. কঠিন, অপ্রীতিকর ইত্যাদি কাজ পেতে বা করতে পছন্দ করে যে ব্যক্তি; কর্মোদ্যোগী *She's a glutton for hard work—she never stops.*

gluttony / ˈglʌtəni ˈগ্লাট্যানি / *noun* [U] the habit of eating and drinking too much অতিরিক্ত খাওয়া এবং পান করার অভ্যাস; ভোজনবিলাসিতা

glycerine (*AmE* **glycerin**) / ˈglɪsəri:n ˈগ্লিস্যারীন্ / *noun* [U] a thick sweet colourless liquid made from fats and oils and used in medicines, beauty products and explosive substances (চর্বি এবং তেল থেকে প্রস্তুত) গাঢ় বর্ণহীন মিষ্টি তরল যা ওষুধ, প্রসাধন সামগ্রী এবং বিস্ফোরককে ব্যবহার করা হয়; গ্লিসারিন

GM / ˌdʒi:ˈem ˌজীˈএম্ / *abbr.* genetically modified জেনেটিক্যালি মডিফায়েড-এর সংক্ষিপ্ত রূপ; জিন-এর সঙ্গে সম্বন্ধিত

GMT / ˌdʒi: emˈti: ˌজী এম্ ˈটী / *abbr.* Greenwich Mean Time; the time system that is used in Britain during the winter and for calculating the time in other parts of the world গ্রিনউইচ মিন টাইমের সংক্ষিপ্ত রূপ; সময় মাপক পদ্ধতি যা ব্রিটেনে শীতকালে ব্যবহৃত হয় এবং পৃথিবীর অন্যান্য অংশেও সময়ের হিসেব করার জন্য ব্যবহৃত হয়; গ্রিনউইচ সময়; জিএমটি

gnarled / nɑ:ld না:ল্ড্ / *adj.* rough and having grown into a strange shape, because of old age or hard work বয়স বা অতিরিক্ত পরিশ্রমের ফলে অদ্ভুত আকার বিশিষ্ট, বাঁকা, কর্কশ, কড়া-পড়া *The old man had gnarled fingers.* ○ *a gnarled oak tree*

gnash / næʃ ন্যাশ্ / *verb*

IDM **gnash your teeth** to feel very angry and upset about sth কোনো কিছু সম্বন্ধে অত্যন্ত রেগে যাওয়া এবং বিপর্যস্ত বোধ করা; রাগে দাঁত কড়মড় করা

gnat / næt ন্যাট্ / *noun* [C] a type of very small fly that bites ছোটো আকারের মাছি; ডাঁশ মাছি ✪ সম **midge**

gnaw / nɔ: ন: / *verb* **1** [I, T] **gnaw (away) (at/on) sth** to bite a bone, etc. many times with your back teeth (পিছনের দাঁত দিয়ে) অনেকক্ষণ ধরে হাড় ইত্যাদি চিবোনো **2** [I] **gnaw (away) at sb** to make sb feel worried or frightened over a long period of time অনেকদিন ধরে কাউকে চিন্তার মধ্যে রাখা, দীর্ঘ সময় ধরে মনে ভয় পুষে রাখা *Fear of the future gnawed away at her all the time.*

gneiss / naɪs নাইস্ / *noun* [U] (*technical*) a type of **metamorphic** rock formed at high pressure and temperature deep in the ground গভীর ভূতলে অত্যধিক তাপ ও চাপের ফলে সৃষ্ট হয়েছে এমন একধরনের রূপান্তরিত পাথর; রূপান্তরজ শিলা

gnome / nəʊm ন্যাউম্ / *noun* [C] (in children's stories, etc.) a little old man with a beard and a pointed hat who lives under the ground (শিশু-কাহিনি ইত্যাদিতে উল্লিখিত) দাড়ি এবং ছুঁচোলো টুপিওয়ালা যে বৃদ্ধ মাটির নীচে বাস করে

GNP / ˌdʒi: enˈpi: ˌজী এন্ˈপী / *abbr.* gross national product; the total value of all the goods and services produced by a country in one year, including the total amount of money that comes from foreign countries গ্রস ন্যাশনাল প্রোডাক্ট-এর সংক্ষিপ্ত রূপ; (বিদেশ থেকে আমদানিকৃত সমস্ত মুদ্রা সমেত) কোনো দেশের দ্বারা বার্ষিকভাবে উৎপাদিত সকল দ্রব্য ও পরিষেবার মোট মূল্য NOTE **GNP** = **GDP** + net foreign income (নগদ বৈদেশিক আয়) ⇨ **GDP** দেখো।

go1 / gəʊ গ্যাউ / *verb* (*pres. part.* **going;** *3rd person sing. pres.* **goes** / gəʊz গ্যাউজ্ / ; *pt* **went** /went উএন্ট্ / ; *pp* **gone** / gɒn গন্ /) **1** [I] to move or travel from one place to another এক স্থান থেকে অন্য স্থানে যাওয়া বা ভ্রমণ করা *She always goes home by bus.* ○ *We're going to Lucknow tomorrow.* ○ *We've still got fifty kilometres to go.*

NOTE কোনো একটি স্থানে যাওয়ার পরে কোনো ব্যক্তি ফিরে এসেছে এই অর্থ ব্যক্ত করার জন্য **go** শব্দটির past participle রূপে **been** শব্দটি ব্যবহার করা হয়। কোনো ব্যক্তি কোনো স্থানে গেছে কিন্তু ফিরে আসেনি এই অর্থে **gone** শব্দটি ব্যবহৃত হয়।—*I've just been to Mumbai. I got back this morning.* ○ *Sreekant's gone to Delhi. He'll be back in two weeks.*

2 to travel to a place to take part in an activity or do sth কোনো কর্মকাণ্ডে অংশগ্রহণ অথবা কিছু করার জন্য কোনো স্থানে যাওয়া *Are you going to Dinesh's party?* ○ *to go for a swim/drive/drink/walk/meal* ○ *They've gone on holiday.* **3** [I] to belong to or stay in an institution কোনো প্রতিষ্ঠানের সঙ্গে যুক্ত থাকা বা সেখানে থাকা *Which school do you go to?* ○ *to go to hospital/prison/college/university* **4** [I] to leave a place কোনো স্থান ছেড়ে যাওয়া, বিদায় নেওয়া, চলে যাওয়া *I have to go now. It's nearly 4 o'clock.* ○ *What time does the train go?* **5** [I] to lead to or reach a place or time কোনো স্থান বা সময়ের অভিমুখী হওয়া বা সেইমতো পৌঁছোনো *Where does this road go to?* **6** [I] to be put or to fit in a particular place কোনো নির্দিষ্ট জায়গায় ঠিকমতো বসানো, জায়গামতো স্থিত হওয়া *Where does this vase go?* ○ *My clothes won't all go in one suitcase.* **7** [I] to happen in a particular way; to develop নির্দিষ্ট পদ্ধতিতে ঘটা; উন্নত করা *How's the new job going?* **8** *(linking verb)* to become; to reach a particular state হওয়া; বিশেষ অবস্থায় পৌঁছোনো *Her hair is going grey.* ○ *to go blind/deaf/bald/senile/mad* **9** [I] to stay in the state mentioned উল্লিখিত পরিস্থিতিতে থাকা *Many mistakes go unnoticed.* **10** [I] to be removed, lost, used, etc.; to disappear স্থানান্তরিত হওয়া, হৃত হওয়া, ব্যবহৃত হওয়া ইত্যাদি; অদৃশ্য করে দেওয়া, সরিয়ে দেওয়া *Has your headache gone yet?* ○ *I like the furniture, but that carpet will have to go.* ○ *About half my salary goes on rent.* **11** [I] to work correctly ঠিকমতো কাজ করা *This clock doesn't go.* ○ *Is your car going at the moment?* **12** [I] to become worse or stop working correctly খারাপ হয়ে যাওয়া বা বিকল হয়ে পড়া *The brakes on the car have gone.* ○ *His sight/voice/mind has gone.* **13 go (with sth); go (together)** [I] to look or taste good with sth else অন্য কিছুর সঙ্গে দেখতে বা স্বাদে ভালো লাগা *This sauce goes well with rice or pasta.* ○ *These two colours don't really go.* **14** [I] to have certain words or a certain tune নির্দিষ্ট শব্দ বা নির্দিষ্ট সুরের প্রয়োগ ঘটানো *How does that song go?* **15** [I] (used about time) to pass সময় কাটানো *The last hour went very slowly.* **16** [I] to start an activity কোনো কাজ শুরু করা *Everybody ready to sing? Let's go!* **17** [I] to make a sound শব্দ করা *The bell went early today.* ○ *Cats go 'miaow'.* **18** [I] *(spoken, informal)* used in the present tense for saying what a person said কোনো ব্যক্তির দ্বারা পূর্বোক্ত কিছু যখন পরে বলা হয় তখন বর্তমান কাল ব্যবহৃত হয় *I said, 'How are you, Imran?' and he goes, 'It's none of your business!'* **19** [I] *(informal)* (only used in the continuous tenses) to be available (কেবলমাত্রে ঘটমান কালে ব্যবহৃত) লভ্য হওয়া, প্রাপ্তিসাধ্য হওয়া *Are there any jobs going in your department?* **20** [I] *(informal)* used for saying that you do not want sb to do sth bad or stupid খারাপ বা বোকার মতো কাজ কেউ করতে পারে, তাই সে বাঞ্ছনীয় নয় এরকম বলার জন্য ব্যবহৃত অভিব্যক্তিবিশেষ *You can borrow my bike again, but don't go breaking it this time!* ○ *I hope Jatin doesn't go and tell everyone about our plan.*

IDM **as people, things, etc. go** compared to the average person or thing সাধারণ বা গড়পড়তা মানের ব্যক্তি বা বস্তুর সঙ্গে তুলনার সময়ে ব্যবহৃত অভিব্যক্তিবিশেষ *As Chinese restaurants go, it wasn't bad.*

be going to do sth 1 used for showing what you plan to do in the future ভবিষ্যতের কোনো পরিকল্পনা ব্যক্ত করার জন্য ব্যবহৃত অভিব্যক্তিবিশেষ *We're going to sell our car.* **2** used for saying that you think sth will happen আসন্ন কোনো সম্ভাবনার কথা বোঝাতে ব্যবহৃত অভিব্যক্তিবিশেষ *It's going to rain soon.* ○ *Oh no! He's going to fall!*

go all out for sth, go all out to do sth to make a great effort to do sth কোনো কিছু করার আপ্রাণ চেষ্টা করা

go for it *(informal)* to do sth after not being sure about it পুরোপুরিভাবে নিশ্চিত না হয়েও কিছু করতে যাওয়া *'Do you think we should buy it?' 'Yeah, let's go for it!'*

have a lot going for you to have many advantages অনেক সুবিধা পাওয়া

Here goes! said just before you start to do sth difficult or exciting কোনো কঠিন বা উত্তেজনাপূর্ণ কাজ শুরু করার আগে ব্যবহৃত অভিব্যক্তিবিশেষ

to go that is/are left before sth ends (কতটা) সময় লাগা *How long (is there) to go before the end of the lesson?*

> NOTE **Go** শব্দটি প্রয়োগ করা হয়েছে যেসব প্রবাদ বা বাগ্‌ধারায় তার জন্য সেই প্রবাদ বাগ্‌ধারায় ব্যবহৃত বিশেষ্য (noun), বিশেষণ (adjective) ইত্যাদি শব্দের শীর্ষশব্দগুলি দেখো। উদাহরণস্বরূপ **go astray** বাগ্‌ধারাটি পাবে **astray** শীর্ষশব্দে।

PHR V **go about** ⇨ **go round/around/about**

go about sth/doing sth to start trying to do sth difficult কোনো কঠিন কাজ শুরু করা, কোনো কাজে নামা *I wouldn't have any idea how to go about building a house.*

go about with sb ⇨ **go round/around/about with sb**

go after sb/sth to try to catch or get sb/sth কোনো ব্যক্তিকে ধরার বা কোনো জিনিস পাওয়ার চেষ্টা করা

go against sb to not be in sb's favour or not be to sb's advantage কারও অনুকূলে না থাকা বা উপকারে না লাগা *The referee's decision went against him.*

go against sb/sth to do sth that sb/sth says you should not do কারও মতের বিরুদ্ধে গিয়ে কিছু করা *She went against her parents' wishes and married him.*

go ahead 1 to take place after being delayed or in doubt কোনো বাধা পড়ার পরে বা সমস্যার পরে কাজটা সম্পন্ন করা *Although several members were missing, the meeting went ahead without them.* **2** to travel in front of other people in your group and arrive before them দলের অন্য সকলকে ছাড়িয়ে এগিয়ে যাওয়া এবং তাদের আগে পৌঁছে যাওয়া

go ahead (with sth) to do sth after not being sure that it was possible কোনো কাজ সম্ভব কিনা সে সম্পর্কে নিশ্চিত না হয়েও কাজটি করে যাওয়া *We decided to go ahead with the match in spite of the heavy rain.* ○ *'Can I take this chair?' 'Sure, go ahead.'*

go along to continue; to progress ক্রমাগত চালিয়ে যাওয়া; অগ্রসর হওয়া *The course gets more difficult as you go along.*

go along with sb/sth to agree with sb/sth; to do what sb else has decided কারও বা কিছুর সঙ্গে রাজি হওয়া; অন্য কারও সিদ্ধান্তমতো কাজ করা *I'm happy to go along with whatever you suggest.*

go around ⇨ go round/around/about দেখো। **go around with sb ⇨ go round/around/about with sb** দেখো।

go away 1 to disappear or leave চলে যাওয়া, ছেড়ে যাওয়া বা প্রস্থান করা *I've got a headache that just won't go away.* ○ *Just go away and leave me alone!* **2** to leave the place where you live for at least one night কোনো জায়গায় অন্তত এক রাত কাটানোর পরে সেই জায়গা ছেড়ে চলে যাওয়া *We're going away to the coast this weekend.*

go back (to sth) 1 to return to a place কোনো স্থানে ফেরত আসা, প্রত্যাবর্তন করা *It's a wonderful city and I'd like to go back there one day.* **2** to return to an earlier matter or situation পূর্বের প্রসঙ্গে বা পরিস্থিতির মধ্যে ফেরত আসা *Let's go back to the subject we were discussing a few minutes ago.* **3** to have its origins in an earlier period of time বিগত কোনো নির্দিষ্ট সময়ের সঙ্গে মূলগতভাবে সংযুক্ত থাকা *A lot of the buildings in the village go back to the fifteenth century.*

go back on sth to break a promise, an agreement, etc. প্রতিজ্ঞা, চুক্তি ইত্যাদি ভঙ্গ করা, কথা না রাখা *I promised to help them and I can't go back on my word.*

go back to sth/doing sth to start doing again sth that you had stopped doing ছেড়ে দেওয়া কাজ আবার নতুন করে শুরু করা *When the children got a bit older she went back to full-time work.*

go by 1 (used about time) to pass (সময় সম্বন্ধে ব্যবহৃত) অতিবাহিত হওয়া, কেটে যাওয়া *As time went by, her confidence grew.* **2** to pass a place কোনো স্থান দিয়ে যাওয়া, অতিক্রম করা *She stood at the window watching people go by.*

go by sth to use particular information, rules, etc. to help you decide your actions or opinions কোনো কাজ সম্পর্কে সিদ্ধান্ত নেওয়া বা মতামত তৈরিতে সাহায্য করার জন্য নির্দিষ্ট তথ্য, নিয়ম ইত্যাদি ব্যবহার করা

go down 1 (used about a ship, etc.) to sink (কোনো জাহাজ ইত্যাদি সম্বন্ধে ব্যবহৃত) ডুবে যাওয়া **2** (used about the sun) to disappear from the sky (সূর্য সম্বন্ধে ব্যবহৃত) ডুবে যাওয়া, ডোবা, অস্ত যাওয়া **3** to become lower in price, level, etc.; to fall মূল্য হ্রাস পাওয়া, মান নেমে যাওয়া; কমে যাওয়া *The number of people out of work went down last month.*

go down (with sb) (used with adverbs, especially 'well' or 'badly' or in questions beginning with 'how') to be received in a particular way by sb (সাধারণত well বা badly এই adverb গুলির সঙ্গে বা how দিয়ে শুরু হওয়া প্রশ্নবোধক বাক্যে ব্যবহৃত হয়) কোনো ব্যক্তির দ্বারা নির্দিষ্টভাবে প্রাপ্ত হওয়া *The film went down well with the critics.*

go down with sth to catch an illness; to become ill with sth অসুখে পড়া, অসুস্থ হওয়া; কোনো বিশেষ রোগে ভোগা

go for sb to attack sb কাউকে আক্রমণ করা

go for sb/sth 1 to be true for a particular person or thing কোনো বিশেষ ব্যক্তি বা দ্রব্যের ক্ষেত্রে সত্য হওয়া *We've got financial problems but I suppose the same goes for a great many people.* **2** to choose sb/sth কোনো ব্যক্তি বা বস্তুকে পছন্দ করা বা মনোনীত করা, বেছে নেওয়া *I think I'll go for the roast chicken.*

go in (used about the sun) to disappear behind a cloud (সূর্য সম্বন্ধে ব্যবহৃত) মেঘের আড়ালে ঢেকে যাওয়া বা অদৃশ্য হয়ে যাওয়া

go in for sth to enter or take part in an exam or competition কোনো পরীক্ষা বা প্রতিযোগিতায় অংশগ্রহণ করা

go in for sth/doing sth to do or have sth as a hobby or interest শখ বা আগ্রহের জন্য কোনো কিছু করা বা থাকা

go into sth 1 to hit sth while travelling in/on a vehicle গাড়ি চালাতে চালাতে অন্য কিছুর সঙ্গে বা কোনো গাড়ির সঙ্গে ধাক্কা লাগা বা তাকে ধাক্কা মারা *I couldn't stop in time and went into the back of the car in front.* **2** to start working in a certain type of job কোনো বিশেষ ধরনের কাজ করতে শুরু করা *When she left school she went into nursing.* **3** to look at or describe sth in detail পুঙ্খানুপুঙ্খভাবে কোনো কিছু দেখা বা বর্ণনা করা *I haven't got time to go into all the details now.*

go off 1 to explode ফাটা *A bomb has gone off in the city centre.* **2** to make a sudden loud noise হঠাৎ খুব জোরে আওয়াজ করা *I woke up when my alarm clock went off.* **3** (used about lights, heating, etc.) to stop working (বিদ্যুৎ, তাপ ইত্যাদি সম্বন্ধে ব্যবহৃত) বিকল হয়ে যাওয়া *There was a power cut and all the lights went off.* **4** (used about food and drink) to become too old to eat or drink; to go bad (খাদ্য এবং পানীয় সম্বন্ধে ব্যবহৃত) খাওয়া বা পান করার পক্ষে বেশি পুরোনো হয়ে যাওয়া; খারাপ হয়ে যাওয়া **5** to become worse in quality গুণ নষ্ট হয়ে যাওয়া, নিকৃষ্ট মানের হয়ে যাওয়া *I used to like that band but they've gone off recently.*

go off sb/sth to stop liking or being interested in sb/sth কোনো ব্যক্তি বা বস্তুর প্রতি উৎসাহ বা আগ্রহ হারানো *I went off spicy food after I was ill last year.*

go off (with sb) to leave with sb কারও সঙ্গে যাওয়া, কাউকে সঙ্গে নিয়ে প্রস্থান করা *I don't know where Siddharth is—he went off with friends an hour ago.*

go off with sth to take sth that belongs to sb else অন্যের জিনিস সঙ্গে করে নিয়ে যাওয়া

go on 1 (used about lights, heating, etc.) to start working (বিদ্যুৎ, তাপ ইত্যাদি সম্বন্ধে ব্যবহৃত) কাজ করতে শুরু করা *I saw the lights go on in the house opposite.* **2** (used about time) to pass (সময় সম্বন্ধে ব্যবহৃত) কাটা, অতিবাহিত হওয়া *As time went on, she became more and more successful.* **3** (used especially in the continuous tenses) to happen or take place (বিশেষত ঘটমানকালে এর ব্যবহার দেখা যায়) ঘটতে থাকা বা চলতে থাকা *Can anybody tell me what's going on here?* **4** (used about a situation) to continue without changing (পরিস্থিতি সম্বন্ধে ব্যবহৃত) কোনো বদল ছাড়াই চালিয়ে যাওয়া, অপরিবর্তিতভাবে ঘটতে থাকা বা একভাবে ঘটে যাওয়া *This is a difficult period but it won't go on forever.* **5** to continue speaking after stopping for a moment মুহূর্তের জন্য দম নিয়েই আবার কথা বলে যাওয়া, বকে চলা *Go on. What happened next?* **6** used for encouraging sb to do sth কাউকে কোনো কাজে উৎসাহ দেওয়ার জন্য ব্যবহৃত অভিব্যক্তিবিশেষ *Oh go on, let me borrow your car. I'll bring it back in an hour.*

go on sth to use sth as information so that you can understand a situation কোনো পরিস্থিতি বোঝার জন্য কোনো কিছুকে তথ্য হিসেবে ব্যবহার করা *There were no witnesses to the crime, so the police had very little to go on.*

go on (about sb/sth) to talk about sb/sth for a long time in a boring or annoying way কোনো ব্যক্তি বা বস্তু সম্বন্ধে দীর্ঘ সময় ধরে একঘেয়ে বা বিরক্তিকরভাবে বকে যাওয়া *She went on and on about work.*

go/be on (at sb) (about sth) to keep complaining about sth কোনো কিছু সম্বন্ধে অভিযোগ করতে থাকা, ঘ্যানঘ্যান করা, পিছনে পড়ে থাকা *She's always (going) on at me to mend the roof.*

go on (doing sth) to continue doing sth without stopping or changing কোনো কিছু বিরামহীন বা পরিবর্তনহীনভাবে করে যাওয়া *We don't want to go on living here for the rest of our lives.*

go on (with sth) to continue doing sth, perhaps after a pause or break একটু থেমে বা অল্প বিশ্রামের পরেই আবার কাজটি করতে থাকা *She ignored me and went on with her meal.*

go on to do sth to do sth after completing sth else কোনো কিছু শেষ করে অন্য কিছু শুরু করা

go out 1 to leave the place where you live or work for a short time, returning on the same day সেই দিনেই ফিরে আসা হবে এমনভাবে অল্প সময়ের জন্য বাড়ির বাইরে বেরোনো, কাজের জায়গা ছেড়ে বাইরে যাওয়া *Let's go out for a meal tonight* (=to a restaurant). **2** to stop shining or burning নিভে যাওয়া *Suddenly all the lights went out.* **3** to stop being fashionable or in use কেতাদুরস্ত না হওয়া বা ব্যবহার বা জনপ্রিয়তা কমে আসা *That kind of music went out in the seventies.* **4** (used about the sea) to move away from the land সমুদ্রতীরের থেকে সরে যাওয়া *Is the tide coming in or going out?* ○ সম ebb ⇨ **tide¹** দেখো।

go out (with sb); go out (together) to spend time regularly with sb, having a romantic and/or sexual relationship প্রেম এবং/অথবা যৌন সম্পর্ক আছে এমন কারও সঙ্গে নিয়মিত সময় কাটানো *Is Madhu going out with anyone?* ○ *They went out together for five years before they got married.*

go over sth to look at, think about or discuss sth carefully from beginning to end প্রথম থেকে শেষ পর্যন্ত খুব ভালোভাবে দেখা, ভাবা বা আলোচনা করা *Go over your work before you hand it in.*

go over to sth to change to a different side, system, habit, etc. দল, পদ্ধতি, অভ্যাস ইত্যাদি বদলানো

go round (used especially after 'enough') to be shared among all the people (বিশেষত 'enough'-এর পরে ব্যবহৃত) অনেক লোকের মধ্যে ভাগ হওয়া *In this area, there aren't enough jobs to go round.*

go round/around/about (used about a story, an illness, etc.) to pass from person to person (কোনো কাহিনি, অসুস্থতা ইত্যাদি সম্বন্ধে ব্যবহৃত) একজনের

কাছ থেকে আর একজনের কাছে যাওয়া *There's a rumour going round that he's going to resign.*

go round (to...) to visit sb's home, usually a short distance away কারও বাড়ি ঘুরতে যাওয়া, সাধারণত একটু দূরে বা সামান্য দূরে *I'm going round to Gupta's for dinner tonight.*

go round/around/about with sb to spend time and go to places regularly with sb কারও সঙ্গে নিয়মিত সময় কাটানো এবং ঘুরে বেড়ানো *Her parents don't like the people she has started going round with.*

go through to be completed successfully সাফল্যের সঙ্গে শেষ হওয়া *The deal went through as agreed.*

go through sth 1 to look in or at sth carefully, especially in order to find sth কোনো কিছু ভালোভাবে দেখা, বিশেষত কিছু খুঁজে বার করার জন্য *I went through all my pockets but I couldn't find my wallet.* 2 to look at, think about or discuss sth carefully from beginning to end কোনো কিছু প্রথম থেকে শেষ পর্যন্ত ভালোভাবে দেখা, সে সম্বন্ধে ভাবা বা আলোচনা করা *We'll start the lesson by going through your homework.* 3 to have an unpleasant experience তিক্ত অভিজ্ঞতা হওয়া *I'd hate to go through such a terrible ordeal again.*

go through with sth to do sth unpleasant or difficult that you have decided, agreed or threatened to do কোনো বিষয়ে মনস্থির করা, সম্মত হওয়া বা সেটি করার জন্য হুমকি পাওয়ার পর তা অপ্রীতিকর বা কঠিন হলেও করে ফেলা *Do you think she'll go through with her threat to leave him?*

go together (used about two or more things) (দুই বা ততোধিক বস্তু সম্বন্ধে ব্যবহৃত) 1 to belong to the same set or group একই বর্গ বা গোষ্ঠীর হওয়া 2 to look or taste good together একসঙ্গে বা একত্রে ভালো দেখানো বা ভালো লাগা

go towards sth to be used as part of the payment for sth কোনো কিছুর জন্য প্রদত্ত অর্থমূল্যের অংশ হিসেবে ব্যবহৃত হওয়া *The money I was given for my birthday went towards my new bike.*

go under 1 to sink below the surface of some water জলের নীচে তলিয়ে যাওয়া 2 (*informal*) (used about a company) to fail and close (কোনো সংস্থা বা কোম্পানি সম্বন্ধে ব্যবহৃত) ব্যর্থ হয়ে বন্ধ হয়ে যাওয়া *A lot of firms are going under in the recession.*

go up 1 to become higher in price, level, amount, etc.; to rise মূল্য, স্তর, পরিমাণ ইত্যাদিতে ঊর্ধ্বমুখী হওয়া; বেড়ে যাওয়া *The birth rate has gone up by 10%.* 2 to start burning suddenly and strongly হঠাৎ দাউদাউ করে জ্বলে ওঠা *The car crashed*

into a wall and went up in flames. 3 to be built যা গড়ে তুলতে হবে; গঠনীয়

go with sth 1 to be included with sth; to happen as a result of sth কোনো কিছুর সঙ্গে জড়িয়ে থাকা; কোনো কিছুর পরিণতি হিসেবে ঘটা *Pressure goes with the job.* 2 to look or taste good with sth else অন্য কোনো বস্তুর সঙ্গে দেখতে বা রুচিতে ভালোভাবে মিল হওয়া *What colour carpet would go with the walls?*

go without (sth) to choose or be forced to not have sth কিছু থেকে বঞ্চিত হওয়া বা স্বেচ্ছায় বাদ যাওয়া *They went without sleep night after night while the baby was ill.*

go² / gəʊ গ্যাউ / *noun* (*pl.* **goes** / gəʊz গ্যাউজ় /) [C] 1 a turn to play in a game, etc. খেলার দান *Whose go is it?* ○ *Hurry up—it's your go.* ✪ সম **turn** 2 (*informal*) **a go (at sth/doing sth)** an occasion when you try to do sth; an attempt কোনো উপলক্ষ্যে যখন কিছু করার চেষ্টা করা হয়; প্রচেষ্টা *I've never played this game before, but I'll **give it a go**.* ○ *Anand passed his driving test **first go**.*

IDM **be on the go** (*informal*) to be very active or busy কর্মব্যস্ত থাকা *I'm exhausted. I've been on the go all day.*

have a go at sb (*informal*) to criticize sb/sth কারও বা কিছুর সমালোচনা করা

make a go of sth (*informal*) to be successful at sth কোনো কিছুতে সফল হওয়া, কৃতকার্য হওয়া

goad / gəʊd গ্যাউড্ / *verb* [T] **goad sb/sth (into sth/doing sth)** to cause sb to do sth by making him/her angry কাউকে রাগিয়ে দিয়ে কাজে লাগানো

go-ahead¹ *noun* [*sing.*] **the go-ahead (for sth)** permission to do sth কোনো কিছু করার অনুমতি *It looks like the council are going to **give us the go-ahead** for the new building.*

go-ahead² *adj.* enthusiastic to try new ways of doing things নতুন পদ্ধতিতে কাজ করতে উৎসাহী

goal / gəʊl গ্যাউল্ / *noun* [C] 1 (in football, rugby, hockey, etc.) the area between two posts into which the ball must be kicked, hit, etc. for a point or points to be scored ফুটবল, রাগবি, হকি ইত্যাদি খেলায় গোল করা বা পয়েন্ট পাওয়ার জন্য দুটি খুঁটির মধ্যেকার যে অংশে বলটিকে আঘাত করে বা লাথি মেরে পাঠানো হয় *He crossed the ball in front of the goal.* 2 a point that is scored when the ball goes into the goal গোল করলে যে পয়েন্ট পাওয়া যায় *Mohun Bagan won by three goals to two.* ○ *to score a goal* 3 your purpose or aim লক্ষ্য, উদ্দেশ্য, অভীষ্ট লক্ষ্যবস্তু *This year I should **achieve** my goal of visiting all the capital cities of India.*

goalkeeper / ˈgəʊlki:pə(r) ˈগ্যাউল্‌কীপ্যা(র্) / (*informal* **goalie** / ˈgəʊli ˈগ্যাউলি / or **keeper**) *noun* [C] (in football, hockey, etc.) the player who stands in front of the **goal 1** and tries to stop the other team from scoring (ফুটবল, হকি ইত্যাদি খেলায়) গোলরক্ষক; গোলকীপার *The goalkeeper made a magnificent save.*

goalless / ˈgəʊlləs ˈগ্যাউল্‌ল্যাস্ / *adj.* with no goals scored কোনো গোল হয়নি এমন *a goalless draw* ○ *The match finished goalless.*

goalpost / ˈgəʊlpəʊst ˈগ্যাউল্‌প্যাউস্ট্ / *noun* [C] (in football, hockey, etc.) one of the two posts that form the sides of a goal. They are joined together by a bar **(the crossbar)** ফুটবল হকি ইত্যাদি খেলায় গোলের দুদিকের দুটি খুঁটি বা পোস্টের একটি। এগুলি ক্রসবার দিয়ে যুক্ত করা থাকে ; গোলপোস্ট

goat / gəʊt গ্যাউট্ / *noun* [C] a small animal with horns which lives in mountain areas or is kept on farms for its milk and meat (দুধ এবং মাংসের জন্য পালন করা হয়) ছাগল, ছাগ

> NOTE পুরুষ ছাগলকে **billy goat** এবং স্ত্রী ছাগলকে **nanny goat** বলা হয়।

goatee / gəʊˈti: গ্যাউ টী / *noun* [C] a small pointed beard on a man's chin ছাগলদাড়ি

gobar gas *noun* [U] a gas produced from cow dung which is used as fuel একধরনের গ্যাস যা গোবর থেকে উৎপন্ন হয় এবং সেটি জ্বালানি বা ইন্ধন হিসেবে ব্যবহৃত হয়; গোবর গ্যাস ⇨ **biogas** দেখো।

gobble / ˈgɒbl ˈগব্‌ল্ / *verb* [I, T] (*informal*) **gobble sth (up/down)** to eat quickly and noisily তাড়াতাড়ি গবগব করে খাওয়া

gobbledegook (*also* **gobbledygook**) / ˈgɒbldigu:k ˈগব্‌লডিগুক্ / *noun* [U] (*informal*) complicated language that is hard to understand জটিল ভাষা যা দুর্বোধ্য

go-between *noun* [C] a person who takes messages between two people or groups মধ্যস্থতাকারী ব্যক্তি

goblin / ˈgɒblɪn ˈগব্‌লিন্ / *noun* [C] (in stories) a small ugly creature who tricks people রূপকথার কাহিনিতে ক্ষুদ্র কদাকার ভুতের মতো প্রাণী যারা লোক ঠকায়

gobsmacked / ˈgɒbsmækt ˈগব্‌স্‌ম্যাক্ট্ / *adj.* (*informal*) so surprised that you cannot speak (বিস্ময়ে) হতবাক, বাক্যহারা ✪ সম **speechless**

god / gɒd গড্ / *noun* [C] **1** [*sing.*] **God** (not used with *the*) the being or spirit who people pray to and who people believe created the universe বিশ্ববিধাতা, পরমেশ্বর, সৃষ্টিকর্তা *Do you believe in God?* ○ *Muslims worship God in a mosque.* **2** (*feminine* **goddess**) [*sing.*] a being or spirit that people believe has power over a particular part of nature or that represents a particular quality (জনগণের বিশ্বাস অনুযায়ী) প্রকৃতির বিশেষ অংশের উপর দিব্যশক্তিসম্পন্ন সত্তা বা আত্মা অথবা যা কোনো বিশেষ গুণের প্রতিরূপ স্বরূপ; দেব দেবতা *Indra is the Indian god of rain and Lakshmi is the goddess of wealth.*

> NOTE **'God'** শব্দটি নানাধরনের ভাব প্রকাশ করতে ব্যবহৃত হয়। অনেকে মনে করেন যে **God** শব্দটির এই প্রকার ব্যবহার অনুচিত। *'Oh my God !'* বাক্যাংশটি বিস্ময় এবং আতঙ্ক বোঝাতে ব্যবহার করা যেতে পারে—*'Oh my God! I've won the lottery!'* আনন্দ এবং স্বস্তি ব্যক্ত করার জন্য *'thank God'* অভিব্যক্তিটি প্রয়োগ করা হয়—*Thank God you've arrived—I was beginning to think you'd had an accident.* কোনো ব্যক্তিকে কোনো কাজ করার জন্য অনুরোধ করার সময়ে তার গুরুত্ব বা গরজ বোঝাতে অথবা কোনো ব্যক্তির উপর রেগে গেলে *'for God's sake'* ব্যবহার করা হয়—*For God's sake, shut up!*

godchild/ ˈgɒdtʃaɪld ˈগড্‌চাইল্ড্ / (**also god-daughter** or **godson**) *noun* [C] a child that a chosen friend of the family (**godmother** or **godfather**) promises to help and to make sure is educated as a Christian কোনো পারিবারিক বন্ধুর (ধর্মমাতা বা ধর্মপিতা) দ্বারা সাহায্য এবং খ্রিস্টান ধর্মানুসারে শিক্ষিত করার প্রতিশ্রুতি-প্রাপ্ত শিশু; খ্রিস্টান ধর্মসন্তান

goddess / ˈgɒdes ˈগডেস্ / *noun* [C] a female god দেবী

godfather / ˈgɒdfɑ:ðə(r) ˈগড্‌ফা:দ্যা(র্) / (*also* **godmother** or **godparent**) *noun* [C] a person chosen by a child's family who promises to help the child and to make sure he/she is educated as a Christian শিশুর পরিবারের দ্বারা মনোনীত যে ব্যক্তি শিশুটিকে সাহায্য করা এবং খ্রিস্টান ধর্মানুসারে শিক্ষাদানের প্রতিশ্রুতি দেন; ধর্মপিতা

godforsaken / ˈgɒdfəseɪkən ˈগড্‌ফ্যাসেইক্যান্ / *adj.* (used about a place) not interesting or attractive in any way (কোনো স্থান সম্বন্ধে ব্যবহৃত) কোনোভাবেই আগ্রহজনক বা আকর্ষণীয় নয়; পাণ্ডববর্জিত, মোটেও সুন্দর নয়

godown / ˈgeʊdaʊn ˈগেউডাউন্ / = **warehouse**

godsend / ˈgɒdsend ˈগড্‌সেন্ড্ / *noun* [C] something unexpected that is very useful because it comes just when it is needed যখন অত্যন্ত প্রয়োজন তখন অপ্রত্যাশিতভাবে পাওয়া সেই বস্তু; দৈবপ্রেরিত

goggles / ˈgɒglz ˈগগ্‌ল্‌জ্ / *noun* [*pl.*] special glasses that you wear to protect your eyes from water, wind, dust, etc. জল, বাতাস, ধুলোবালি ইত্যাদি

থেকে চোখকে বাঁচাতে যে বিশেষ ধরনের চশমা পরা হয়; কালো বা রঙিন চশমা ➪ **mask** দেখো।

going[1] / ˈɡəʊɪŋ ˈগ্যাউইং / *noun* **1** [*sing.*] (*formal*) the act of leaving a place কোনো স্থান ত্যাগ করার ক্রিয়া; প্রস্থান *We were all saddened by his going.* ✪ সম **departure** **2** [U] the rate or speed of travel, progress, etc. ভ্রমণ, উন্নতি ইত্যাদির হার বা গতি *Three children in four years? That's* ***not bad going!*** **3** [U] how difficult it is to make progress উন্নতি করার জন্য সেটি কত কঠিন *The path up the mountain was* ***rough going.*** ○ *It'll be* ***hard going*** *if we need to finish this by Friday!*

IDM **get out, go, leave, etc. while the going is good** to leave a place or stop doing sth while it is still easy to do so পরিস্থিতি যখন অনুকূল তখন কোনো স্থান ত্যাগ করে যাওয়া বা কাজ বন্ধ করা

going[2] / ˈɡəʊɪŋ ˈগ্যাউইং / *adj.*

IDM **a going concern** a successful business সাফল্যমণ্ডিত ব্যাবসা

the going rate (for sth) the usual cost (of sth) (কোনো কিছুর) চলতি দর, সাধারণ মূল্য *What's the going rate for an office cleaner?*

going-over *noun* [*sing.*] (*informal*) **1** a very careful examination of sth মনোযোগ সহকারে কোনো কিছুর ভালোভাবে পর্যবেক্ষণ ***Give the car a good going-over*** *before deciding whether to buy it.* **2** a serious physical attack on sb কারও উপর শারীরিক আক্রমণ

goings-on *noun* [*pl.*] (*informal*) unusual things that are happening অদ্ভুত, অস্বাভাবিক ঘটনাসমূহ

goitre (*AmE* **goiter**) / ˈɡɔɪtə(r) ˈগইট্যা(র্) / *noun* [U] a swelling in the front of the throat caused by an increase in the size of the thyroid gland থাইরয়েড গ্রন্থির বৃদ্ধির ফলে গলার সামনের দিক যখন ফুলে ওঠে; গলগণ্ড

go-kart / ˈɡəʊ kɑːt ˈগ্যাউ কা:ট্ / *noun* [C] a vehicle like a very small car with no roof or doors, used for racing কোনো ছাদ বা দরজা ছাড়া ছোটো গাড়ির মতো একধরনের যান যা রেসখেলায় ব্যবহৃত হয়

gold / ɡəʊld গ্যাউল্ড্ / *noun* **1** [U] (*symbol* **Au**) a precious yellow metal that is used for making coins, jewellery, etc. (মুদ্রা, অলংকার ইত্যাদি তৈরিতে ব্যবহৃত হয়) সোনা, স্বর্ণ, সুবর্ণ *Is your bracelet made of solid gold?* ○ *22 carat gold* **2** [C] = **gold medal** ▶ **gold** *adj.* সোনার, স্বর্ণময়, সোনার তৈরি *The invitation was written in gold letters.* ➪ **golden** দেখো।

IDM **(as) good as gold** ➪ **good**[1] দেখো।

have a heart of gold ➪ **heart** দেখো।

golden / ˈɡəʊldən ˈগ্যাউল্ড্যান্ / *adj.* **1** made of gold or bright yellow in colour like gold সোনার তৈরি, স্বর্ণনির্মিত, সোনালি রঙের, সোনালি *a golden crown* ○ *golden hair/sand* **2** best, most important, favourite, etc. অতীব মূল্যবান, সর্বশ্রেষ্ঠ, সর্বাধিক জনপ্রিয় ইত্যাদি *The golden rule is 'Keep your eye on the ball'.* ○ *a golden opportunity*

IDM **the golden rule (of sth)** ➪ **rule**[1] **2** দেখো।

golden wedding *noun* [C] the 50th anniversary of a wedding বিবাহের স্বর্ণজয়ন্তী, পঞ্চাশতম বিবাহ বার্ষিকী *The couple celebrated their golden wedding in August.* ➪ **diamond wedding, ruby wedding** এবং **silver wedding** দেখো।

goldfish / ˈɡəʊldfɪʃ ˈগ্যাউল্ড্ফিশ্ / *noun* [C] (*pl.* **goldfish**) a small orange fish, often kept as a pet in a bowl or a small pool in the garden (**pond**) ছোটো বাহারি রঙিন মাছ (প্রায়ই যা কোনো পাত্রে বা উদ্যান-সংলগ্ন জলাশয়ে রাখা হয়); গোল্ডফিশ

gold medal (*also* **gold**) *noun* [C] the prize for first place in a sports competition কোনো ক্রীড়া প্রতিযোগিতার প্রথম পুরস্কার; স্বর্ণপদক ➪ **silver medal** এবং **bronze medal** দেখো।

gold mine *noun* [C] **1** a place where gold is taken from the ground স্বর্ণখনি **2 a gold mine (of sth)** a place, person or thing that provides a lot of sth কোনো স্থান, ব্যক্তি বা বস্তু যা বা যে অনেক কিছুর উৎস বা আকর *This website is a gold mine of information.*

goldsmith / ˈɡəʊldsmɪθ ˈগ্যাউল্ড্স্মিথ্ / *noun* [C] a person who makes, repairs or sells articles made of gold স্বর্ণকার, স্যাকরা

golf / ɡɒlf গল্ফ্ / *noun* [U] a game that is played outdoors on a large area of grass (**golf course**) and in which you use a stick (**golf club**) to hit a small hard ball (**golf ball**) into a series of holes (usually 18) এক ধরনের খেলা, যা বাইরে বিরাট ঘাসের মাঠে (golf course) খেলা হয় এবং এই খেলায় একটি লাঠি (golf club) দিয়ে একটি ছোটো শক্ত বলকে (golf ball) মেরে একইধরনের কতকগুলি ছোটো গর্তের (সাধারণত ১৮) মধ্যে একটি গর্তে ফেলা হয়; গল্ফ খেলা *to play a round of golf*

golfer / ˈɡɒlfə(r) ˈগল্ফ্যা(র্) / *noun* [C] a person who plays golf গল্ফ খেলোয়াড়

golly / ˈɡɒli ˈগলি/ *exclamation* (*informal*) used for expressing surprise বিস্ময়সূচক ভাব প্রকাশে ব্যবহৃত অভিব্যক্তিবিশেষ

gone[1] ➪ **go**[1]-এর past participle দেখো।

gone[2] / ɡɒn গন্ / *adj.* (*not before a noun*) not present any longer; completely used or finished অনুপস্থিত; একেবারে ফুরিয়ে গেছে; সম্পূর্ণরূপে ব্যবহৃত

হয়েছে *He stood at the door for a moment, and then he was gone.* ○ *Can I have more ice cream please, or is it all gone?*

NOTE অদৃশ্য হওয়া অথবা ফুরিয়ে যাওয়ার অর্থে যখন **gone** শব্দটি ব্যবহার করা হয় তখন তা **be** ক্রিয়াপদটির সঙ্গে ব্যবহৃত হয় (উপরের উদাহরণগুলি দেখো)। কিন্তু যখন আমরা কোথাও কোনো বস্তু বা ব্যক্তি চলে গেছে বা উধাও হয়ে গেছে এই অর্থে ব্যবহার করি তখন **gone** শব্দটি **have** শব্দটির সঙ্গে ব্যবহার করা হয়—*Nobody knows where they have gone.*

gone³ / gɒn গন্ / *prep.* later than সময়ের পরে *Hurry up! It's gone six already!*

gong / gɒŋ গং / *noun* [C] a round and flat metal disc that gives a **resonant** sound when struck with a stick. It is also used to give signals, for example in schools it is sounded at the end of each period গোল এবং চ্যাপটা আকারে ধাতুনির্মিত ঘন্টা যেটি ছোটো লাঠি দিয়ে আঘাত করলে অনুনাদী আওয়াজ করে। এটি সংকেত দেওয়ার কাজেও ব্যবহৃত হয়, উদাহরণস্বরূপ বিদ্যালয়ে প্রতি পিরিয়ডের শেষে যেমন শোনা যায়

gonna / ˈgɒnə ˈগন্যা / (*informal*) a way of writing 'going to' to show that sb is speaking in an informal way, কেউ ঘরোয়াভাবে কথা বলছে বোঝাতে অনেক ক্ষেত্রে 'going to' এই ভাবে লেখা হয়

NOTE অন্য কোনো ব্যক্তির উচ্চারণ বা বাচনভঙ্গি অনুকরণ করা ছাড়া **'gonna'** শব্দটি ব্যবহার করা ভুল। **Wanna** (=want to) এবং **gotta** (=got to)-এর প্রয়োগও একই প্রকারের।

gonorrhoea (*AmE* **gonorrhea**) / ˌgɒnəˈrɪə ˌগন্যাˈরিঅ্যা / *noun* [U] a disease of the sexual organs, caught by having sex with a person who has it এক ধরনের যৌনরোগ যা ঐ রোগাক্রান্ত ব্যক্তির সঙ্গে যৌন সম্পর্কের মাধ্যমে সংক্রামিত হয়; প্রমেহ রোগ

goo / guː গূ / *noun* [U] (*informal*) a sticky wet substance চটচটে পদার্থ ➪ **gooey** adjective দেখো।

good¹ / gʊd গুড় / *adj.* (**better** / ˈbetə(r) ˈবেট্যা(র্) /, **best** / best বেস্ট্ /) **1** of a high quality or standard ভালো, উচ্চমানের *a good book/film/actor* ○ *That's a really good idea!* **2 good at sth; good with sb/sth** able to do sth or deal with sb/sth well কোনো কিছু করতে বা কোনো কিছুর মোকাবিলা করতে সমর্থ; উপযুক্ত, নির্ভরযোগ্য *Nisha's really good at science subjects but she's* ***no good at*** *languages.* ○ *He's very good with children.* **3** pleasant or enjoyable ভালো, আনন্দদায়ক, আরামের *It's good to be home again.* ○ *good news/weather* ○ ***Have a good time*** *at the party!* **4** morally right or well behaved নীতিগতভাবে সঠিক বা সদ্ব্যবহারসম্পন্ন *She was a very good person—she spent her whole life trying to help other people.* ○ *Were the children good while we were out?* **5 good (to sb); good of sb (to do sth)** kind; helpful দয়ালু; উপকারী *They were good to me when I was ill.* ○ *It was good of you to come.* **6 good (for sb/sth)** having a positive effect on sb/sth's health or condition কোনো ব্যক্তি বা বস্তুর স্বাস্থ্য বা অবস্থার পক্ষে ভালো *Green vegetables are very good for you.* **7 good (for sb/sth)** suitable or convenient যথোপযুক্ত অথবা সুবিধাজনক, নিরাপদ *This beach is very good for surfing.* ○ *I think Puneet would be a good person for the job.* **8** (used about a reason, etc.) acceptable and easy to understand (কোনো যুক্তি ইত্যাদি সম্বন্ধে ব্যবহৃত) গ্রহণযোগ্য এবং বোধগম্য *a good excuse/explanation/reason* ○ *She has good reason to be pleased—she's just been promoted.* **9 good (for sth)** that can be used or can provide sth ব্যবহারযোগ্য, কার্যকরী, চালু *I've only got one good pair of shoes.* ○ *This ticket's good for another three days.* **10 a good...** more, larger, etc. than is usual or expected আরও, বৃহত্তর, (প্রত্যাশার থেকে বেশি) ইত্যাদি; প্রচুর ***a good many/a good few*** *people* (=a lot of people) ○ *a good distance* (=a long way) **11** used when you are pleased about sth কোনো বিষয়ে আনন্দ প্রকাশ করতে ব্যবহৃত অভিব্যক্তিবিশেষ *'Leena's invited us to dinner next week.' 'Oh, good!'*

IDM a good/great many ➪ **many** দেখো।

as good as almost; virtually প্রায়; কার্যত, প্রকৃতপক্ষে *The project is as good as finished.*

(as) good as gold very well behaved সংযত, ভদ্র, সুন্দর আচরণ যার

be in/for a good cause ➪ **cause¹** দেখো।

in good faith ➪ **faith** দেখো।

good for you, him, her, etc. (*informal*) used to show that you are pleased that sb has done sth clever কেউ বুদ্ধিমানের মতো কোনো কিছু করাতে খুশি এরকম বোঝাতে ব্যবহৃত *'I passed my driving test!' 'Well done! Good for you!'*

for good measure ➪ **measure²** দেখো।

so far so good ➪ **far²** দেখো।

good² / gʊd গুড় / *noun* [U] **1** behaviour that is morally right or acceptable শুভ, সৎ, মঙ্গলজনক ব্যবহার বা আচরণ *the difference between good and evil* ○ *I'm sure there's some good in everybody.* **2** something that will help sb/sth; advantage কারও বা কিছুর ভালোর জন্য; সুবিধা *She did it* ***for the good*** *of her country.* ○ *I know you don't want to go into hospital, but it's* ***for your own good****.* ➪ **goods** দেখো।

IDM be no good (doing sth) to be of no use or value কাজে না লাগা অথবা মূল্য না থাকা *It's no good standing here in the cold. Let's go home.* ○ *This sweater isn't any good. It's too small.*

do you good to help or be useful to you সাহায্য করা বা কারও দরকারে লাগা *It'll do you good to meet some new people.*

for good for ever চিরতরে, বরাবরের জন্য *I hope they've gone for good this time!*

not much good (*informal*) bad or not useful খারাপ, মন্দ অথবা অপ্রয়োজনীয়, কাজের নয় *'How was the party?' 'Not much good.'*

a/the world of good ⇨ **world** দেখো।

goodbye / ˌgʊdˈbaɪ ˌগুড্'বাই / *exclamation* said when sb goes or you go বিদায়কালীন সম্ভাষণ, বিদায় *We said goodbye to Sachin at the airport.* ▶ **goodbye** *noun* [C] বিদায়; গুডবাই *We said our goodbyes and left.*

Good Friday *noun* [C] the Friday before Easter when Christians remember the death of Christ ইস্টারের আগের শুক্রবার যেদিন খ্রিস্টধর্মাবলম্বীরা জিশুর মৃত্যুদিবস স্মরণ করে; গুড ফ্রাইডে

good-humoured *adj.* pleasant and friendly মনোরম এবং বন্ধুত্বপূর্ণ

goodies / ˈgʊdiz ˈগুডিজ্ / *noun* [*pl.*] (*informal*) exciting things that are provided or given (পরিবেশিত অথবা প্রদত্ত) উত্তেজনাপূর্ণ বা আগ্রহজনক দ্রব্যসমূহ *There were lots of cakes and other goodies on the table.*

good-looking *adj.* (usually used about a person) attractive (সাধারণত কোনো ব্যক্তি সম্বন্ধে ব্যবহৃত) আকর্ষণীয় ⇨ **beautiful**-এ নোট দেখো।

good looks *noun* [*pl.*] an attractive appearance (of a person) (কোনো ব্যক্তির) চোখে পড়ার মতো হাবভাব, শারীরিক গঠন, সুদর্শন

good-natured *adj.* friendly or kind বন্ধুত্বপূর্ণ বা দয়ালু

goodness / ˈgʊdnəs ˈগুড্‌ন্যাস্ / *noun* [U] **1** the quality of being good ভালোত্ব, বিভিন্ন ধরনের সদ্‌গুণ ✪ সম **virtue** **2** the part of sth that has a good effect, especially on sb/sth's health ভালো প্রভাববিশিষ্ট কোনো কিছু, বিশেষত কারও স্বাস্থ্যের ক্ষেত্রে *Wholemeal bread has more goodness in it than white.*

NOTE Goodness শব্দটি বিভিন্ন প্রকারের অভিব্যক্তি বা ভাব প্রকাশ করার জন্য প্রয়োগ করা হয়। বিস্ময় বা আশ্চর্য ভাব প্রকাশ করতে *Goodness (me)!* অভিব্যক্তিটি ব্যবহার করা হয়। আনন্দ এবং স্বস্তি বোঝাতে *Thank goodness* ব্যবহৃত হয়—*Thank goodness it's stopped raining!* কোনো জরুরি বা গুরুত্বপূর্ণ কাজ কোনো ব্যক্তিকে করতে বলার জন্য অথবা তার উপর ক্রোধ প্রকাশ করার জন্য *For goodness' sake* অভিব্যক্তিটি ব্যবহার করা হয়—*For goodness' sake, hurry up!*

goods / gʊdz গুড্‌জ্ / *noun* [*pl.*] **1** things that are for sale পণ্যদ্রব্য *a wide range of consumer goods* ○ *electrical goods* ○ *stolen goods* **2** (*AmE* **freight**) things that are carried by train or lorry (ট্রেন বা লরিতে) বহনযোগ্য বা বাহিত মাল *a goods train* ○ *a heavy goods vehicle* (= HGV)

IDM come up with/deliver the goods (*informal*) to do what you have promised to do প্রতিশ্রুত কাজ করা

good sense *noun* [U] good judgement or intelligence সুবিচার বা বুদ্ধিমত্তা *He had the good sense to refuse the offer.*

goodwill / ˌgʊdˈwɪl ˌগুড্'উইল্ / *noun* [U] friendly, helpful feelings towards other people অন্যদের প্রতি বন্ধুত্বপূর্ণ, সহায়তাপূর্ণ অনুভূতি; শুভেচ্ছা *The visit was designed to promote friendship and goodwill.*

goody (*also* **goodie**) / ˈgʊdi ˈগুডি / *noun* [C] (*pl.* **goodies**) (*informal*) a good person in a film, book, etc. চলচ্চিত্র, কাহিনি ইত্যাদিতে বর্ণিত সৎ লোক, ভালো লোক ✪ বিপ **baddy**

goody-goody *noun* [C] a person who always behaves well so that other people have a good opinion of him/her সর্বদা সুন্দর ব্যবহার করায় যে ব্যক্তির প্রতি অন্যান্য সকলে ভালো ধারণা পোষণ করে

gooey / ˈguːi ˈগুই / *adj.* (*informal*) soft and sticky নরম এবং চটেচটে *gooey cakes*

goof / guːf গুফ্ / *verb* [I] (*AmE informal*) to make a silly mistake বোকার মতো ভুল করা

goose / guːs গুস্ / *noun* [C] (*pl.* **geese** /giːs গীস্ /) a large white bird that is like a duck, but bigger. Geese are kept on farms for their meat and eggs অপেক্ষাকৃত বড়ো আকারের হাঁসের মতো সাদা পাখি। মাংস এবং ডিমের জন্য এগুলিকে পালন-পোষণ করা হয়; **NOTE** পুরুষ হাঁসকে **gander** এবং তার শাবককে **gosling** বলা হয়।

gooseberry / ˈgʊzbəri ˈগুজ্‌ব্যারি / *noun* [C] (*pl.* **gooseberries**) a small green fruit that is covered in small hairs and has a sour taste (ছোটো ছোটো রোঁয়াতে ঢাকা এবং টকস্বাদের) বৈঁচি জাতীয় ফল; গুজবেরি

IDM play gooseberry to be present when two lovers want to be alone প্রেমিক প্রেমিকার মধ্যে অবাঞ্ছিতভাবে উপস্থিত হওয়া

goose pimples (*also* **goose bumps**) *noun* [*pl.*] small points or lumps which appear on your skin because you are cold or frightened ভয়ে বা ঠান্ডায় চামড়ায় যে দানা ফুটে ওঠে, গায়ে যে কাঁটা দেয়

gore[1] / gɔː(r) গ:(র্) / *noun* [U] thick blood that comes from a wound ক্ষত থেকে নির্গত ঘন রক্ত ➪ **gory** adjective দেখো।

gore[2] / gɔː(r) গ:(র্) / *verb* [T] (used about an animal) to wound sb with a horn, etc. (পশু সম্বন্ধে ব্যবহৃত) কোনো ব্যক্তিকে শিং ইত্যাদি দিয়ে আহত করা *She was gored to death by a bull.*

gorge[1] / gɔːdʒ গ:জ্ / *noun* [C] a narrow valley with steep sides and a river running through it ঋজু পার্শ্বদেশ এবং মধ্যে জলধারা সম্বলিত সংকীর্ণ গিরিখাত ➪ **limestone**-এ ছবি দেখো।

gorge[2] / gɔːdʒ গ:জ্ / *verb* [I,T] **gorge (yourself) (on/with sth)** to eat a lot of food অতিভোজন করা, আকণ্ঠ খাওয়া, বেশি পরিমাণে খাওয়া

gorgeous / ˈgɔːdʒəs ˈগ:জ্যাস্ / *adj.* (*informal*) extremely pleasant or attractive চমৎকার, জাঁকজমকপূর্ণ, জমকালো *You look gorgeous in that dress.* ○ *What gorgeous weather!* ▶ **gorgeously** *adv.* জাঁকজমকপূর্ণভাবে

gorilla / gəˈrɪlə গ্যা'রিল্যা / *noun* [C] a large very powerful African **ape** with a black or brown hairy body কালো বা বাদামি রঙের রোমশ দেহবিশিষ্ট অত্যন্ত শক্তিশালী বৃহৎ আফ্রিকান বনমানুষ; গরিলা

gory / ˈgɔːri ˈগ:রি / *adj.* full of violence and blood হিংসাপূর্ণ, রক্তক্ষয়ী, রক্তাক্ত *a gory film*

gosh / gɒʃ গশ্ / *exclamation* (*informal*) used for expressing surprise, shock, etc. বিস্ময়, আঘাত ইত্যাদি বোঝাতে ব্যবহৃত হয়

gosling / ˈgɒzlɪŋ ˈগজ্‌লিং / *noun* [C] a young **goose** হাঁসের ছানা, শিশু হংসী, হংস শাবক

gospel / ˈgɒspl ˈগস্‌প্‌ল্ / *noun* **1 Gospel** [*sing.*] one of the four books in the Bible that describe the life and teachings of Jesus Christ বাইবেলের চারটি বই-এর যে-কোনো একটি যাতে জিশুখ্রিস্টের জীবনী ও উপদেশাবলী আছে *St Matthew's/Mark's/ Luke's/ John's Gospel* **2** (*also* **gospel truth**) [U] the truth সত্য, পরম সত্য, শাস্ত্রীয় বচন *You can't take what he says as gospel.* **3** (*also* **gospel music**) [U] a style of religious music that is especially popular among black American Christians ধর্মীয় সংগীতের একটি রীতি যা আমেরিকার কৃষ্মকায় খ্রিস্টানদের মধ্যে জনপ্রিয়

gossip / ˈgɒsɪp ˈগসিপ্ / *noun* **1** [U] informal talk about other people and their private lives, that is often unkind or not true গালগল্প, পরনিন্দা-পরচর্চা (প্রায়শ যা সত্য নয়) *Mahesh phoned me up to tell me the latest gossip.* **2** [C] an informal conversation about other people and their private lives অন্যান্য লোকজন এবং তাদের ব্যক্তিগত জীবন সম্বন্ধে আটপৌরে গালগল্প; আড্ডাবাজি, পরচর্চা, অপরের নামে নিজেদের মধ্যে আলোচনা *The two neighbours were having a good gossip over the fence.* **3** [C] a person who enjoys talking about other people's private lives যে ব্যক্তি অন্য লোকের ব্যক্তিগত জীবন সম্বন্ধে গুজব ছড়াতে পছন্দ করে; কুচুটে, ছিদ্রান্বেষী ▶ **gossip** *verb* [I] বাজে গল্প, কলঙ্কের গুজব ছড়ানো, পরচর্চা করা

gossip column *noun* [C] a part of a newspaper or magazine where you can read about the private lives of famous people সংবাদপত্র বা ম্যাগাজিনের যে অংশে বিখ্যাত ব্যক্তিদের ব্যক্তিগত জীবনের নানা কাহিনি ছাপা হয়

got ➪ **get**-এর past tense এবং past participle

gotta / ˈgɒtə ˈগট্যা / (*AmE informal*) a way of writing 'got to' or 'got a' to show that sb is speaking in an informal way (ঘরোয়া কথোপকথনে ব্যবহৃত হয়) 'got to' বা 'got a' লেখার ধরন

> **NOTE** কোনো ব্যক্তির উচ্চারণ বা বাচনভঙ্গি অনুকরণ করা ছাড়া **'gotta'** শব্দটির ব্যবহার ভুল। **Gonna** এবং **wanna**-র প্রয়োগ এক—*I gotta go* (=I have got to go). ○ *Gotta* (=have you got a) *minute?*

gotten (*AmE*) ➪ **get**-এর past participle

gouge / gaʊdʒ গাউজ্ / *verb* [T] to make a hole in a surface using a sharp object in a rough way ধারালো কোনো বস্তু দ্বারা কোনো কিছুর পৃষ্ঠতলে প্রবল জোরে গর্ত করা

PHR V **gouge sth out** to remove or form sth by digging into a surface কোনো কিছুর পৃষ্ঠতলে গর্ত করে কিছু উপড়ে ফেলা বা তৈরি করা

goulash / ˈguːlæʃ ˈগূল্যাশ্ / *noun* [C, U] a hot Hungarian dish of meat that is cooked slowly in liquid with **paprika** মাংস দিয়ে তৈরি একধরনের ঝাল হাঙ্গেরিয়ান খাবার যেটির ঝোলের মধ্যে শুকনো লাল লঙ্কা দিয়ে ধীরে ধীরে রান্না করা হয়; গুলাশ

gourd / gʊəd; gɔːd গুঅ্যাড্; গ:ড্ / *noun* [C] a type of large fruit, not normally eaten, with hard skin and a soft inside. Gourds are often dried and used as containers (বাইরের ত্বক শক্ত এবং ভিতরটা নরম, আর প্রায়ই যেগুলি শুকিয়ে নিয়ে পাত্র হিসেবে ব্যবহৃত হয়) অলাবু, লাউ

gourmand / ˈgʊəmənd ˈগুঅ্যাম্যান্ড্ / *noun* [C] a person who enjoys eating and eats large amounts of food যে ব্যক্তি খেতে ভালোবাসে এবং প্রচুর পরিমাণে খায়; ভোজনরসিক, খাইয়ে

gourmet / ˈɡʊəmeɪ ˈগুঅ্যামেই / *noun* [C] a person who enjoys food and knows a lot about it যে নিজে খেতে ভালোবাসে উপরন্তু খাদ্য-বিশারদ; খাদ্যরসিক

gout / ɡaʊt গাউট্ / *noun* [U] a disease that causes painful swelling in the places where two bones fit together (**joints**), especially of the toes, knees and fingers যে রোগে বিশেষত পায়ের বা হাতের আঙুল, হাঁটু এগুলির অস্থিসন্ধি যন্ত্রণাদায়কভাবে ফুলে ওঠে; গেঁটে বাত

govern / ˈɡʌvn ˈগাভ্‌ন্ / *verb* **1** [I, T] to rule or control the public affairs of a country, city, etc. দেশ, শহর ইত্যাদির সাধারণ বিষয়গুলি শাসন বা নিয়ন্ত্রণ করা *Britain is governed by the Prime Minister and the Cabinet.* **2** [T] (*usually passive*) to influence or control sb/sth কোনো ব্যক্তি অথবা বস্তুকে প্রভাবিত বা নিয়ন্ত্রণ করা *Our decision will be governed by the amount of money we have to spend.*

governess / ˈɡʌvənəs ˈগাভ্যান্যাস্ / *noun* [C] (especially in the past) a woman employed to teach the children of a rich family in their home and to live with them (বিশেষত অতীতে) বিত্তবান পরিবারের সন্তানদের শিক্ষা দেওয়ার জন্য এবং তাদের বাড়িতে থাকার জন্য নিযুক্ত মহিলা; পরিচারিকা; গভর্নেস

government /ˈɡʌvənmənt ˈগাভ্যান্‌ম্যান্ট্ / *noun* **1** [C] (*often* **the Government**) (*abbr.* **govt**) the group of people who rule or control a country নির্দিষ্ট কোনো ব্যক্তিবর্গ যারা সমবেতভাবে দেশ শাসন বা নিয়ন্ত্রণ করে; সরকার *He has resigned from the Government.* ○ *government policy/money/ministers.*

> **NOTE** একবচনের (singular) ব্যবহারে **'government'** শব্দটি একবচন অথবা বহুবচন (plural) দুরকম ক্রিয়াপদের (verb) সঙ্গে প্রয়োগ করা যেতে পারে। **Government** শব্দটি যখন একক গোষ্ঠী হিসেবে ব্যবহৃত হয় তখন এই শব্দটির সঙ্গে ব্যবহৃত ক্রিয়াপদটিও একবচনে থাকে—*The Government welcomes the proposal.* যখন সরকারের মধ্যস্থ ভিন্ন সদস্যদের কথা আলাদাভাবে প্রকাশ করা হয় তখন ব্যবহৃত ক্রিয়াপদটি বহুবচনেও ব্যবহার করা হয়—*The Government are still discussing the problem.* সরকারের শাসন অনেক প্রকারের হয়—*communist* (সাম্যবাদী), *conservative* (রক্ষণশীল), *democratic* (গণতান্ত্রিক), *liberal* (উদারনৈতিক), *reactionary* (প্রগতিবিরোধী), *socialist* (সমাজতন্ত্রবাদী) ইত্যাদি। কোনো কোনো দেশের সরকার *military* (সামরিক), *provisional* (অস্থায়ী), *central* (কেন্দ্রীয়), *federal* (যুক্তরাষ্ট্রীয়), *coalition* (যুক্তফ্রন্ট) ইত্যাদি হতে পারে। ➪ **local government** এবং **opposition** দেখো।

2 [U] the activity or method of controlling a country কোনো দেশের শাসনব্যবস্থা বা পদ্ধতি *weak/strong/corrupt government* ○ *Which party is* ***in government****?*

▶ **governmental** / ˌɡʌvnˈmentl ˌগাভ্‌ন্ˈমেন্ট্‌ল্ / *adj.* সরকারি, সরকার-সংক্রান্ত *a governmental department* ○ *governmental different systems*

governor / ˈɡʌvənə(r) ˈগাভ্যান্যা(র্) / *noun* [C] **1** a person who rules or controls a region or state (especially in the US) যে ব্যক্তি কোনো অঞ্চল বা দেশ শাসন বা নিয়ন্ত্রণ করে (বিশেষত আমেরিকা যুক্তরাষ্ট্রে) **2** the **nominal** head of a state in India (ভারতে) রাজ্যের তথাকথিত প্রধান বা মুখ্য ব্যক্তি; রাজ্যপাল ○ *the governor of West Bengal* **3** the leader or member of a group of people who control an organization কোনো সংস্থার নিয়ন্ত্রণকারী ব্যক্তিবর্গের নেতা বা সেই বর্গের একজন সদস্য; পরিচালক, নেতা *the Governor of the Reserve Bank of India*

govt *abbr.* (*written*) = **government**

gown / ɡaʊn গাউন্ / *noun* [C] **1** a long formal dress for a special occasion বিশেষ কোনো উপলক্ষ্যের জন্য লম্বা, আনুষ্ঠানিক পোশাক; গাউন *a ball gown* **2** a long loose piece of clothing that is worn over clothes by judges, doctors performing operations, etc. বিচারপতি, শল্যচিকিৎসক প্রমুখ তাঁদের পোশাকের উপর যে ধরনের লম্বা ঢিলা বস্ত্র পরিধান করেন

GP / ˌdʒiːˈpiː ˌজীˈপী / *abbr.* general practitioner; a doctor who treats all types of illnesses and works in the local community in a **practice**, not in a hospital. In Britain a GP is also called a **family doctor** জেনারেল প্র্যাকটিশনার-এর সংক্ষিপ্ত রূপ; যে চিকিৎসক স্থানীয় জনসাধারণের মধ্যে সব ধরনের রোগের চিকিৎসা করেন এবং কোনো হাসপাতালের সঙ্গে যুক্ত থাকেন না। ব্রিটেনে এদের পারিবারিক চিকিৎসক বা family doctor-ও বলা হয়

grab / ɡræb গ্র্যাব্ / *verb* (**grabbing; grabbed**) **1** [I, T] **grab sth (from sb)** to take sth with a sudden movement কোনো কিছু ছোঁ মেরে কেড়ে নেওয়া, আচমকা টান মেরে নেওয়া ***Grab hold of*** *his arm in case he tries to run!* ○ (*figurative*) *He grabbed the opportunity of a free trip to America.* ➪ **snatch** দেখো। **2** [I] **grab at/for sth** to try to get or catch sb/sth কোনো কিছু বা কাউকে পাওয়া বা আঁকড়ে ধরার চেষ্টা করা *Suhail grabbed at the ball but missed.* **3** [T] to do sth quickly because you are in a hurry সময় কম থাকায় তাড়াতাড়ি কিছু করা, ছুটে কোনো কাজ করতে যাওয়া *I'll just grab something*

to eat and then we'll go. ▶ **grab** / græb গ্র্যাব্ /
noun [C] ঝাপটা, ঝটকা *She made a grab for the
boy but she couldn't stop him from falling.*

grace / greɪs গ্রেইস্ / *noun* [U] **1** the ability to
move in a smooth and controlled way সুচারুরূপে
চলাফেরার ক্ষমতা; লাবণ্য, শ্রী **2** extra time that is
allowed for sth or (especially in *IndE*) extra
marks given for passing an examination কোনো
কাজের জন্য অতিরিক্ত যে সময় মঞ্জুর করা হয় অথবা কোনো
পরীক্ষায় উত্তীর্ণ হওয়ার জন্য যে অতিরিক্ত নম্বর দেওয়া হয়
3 a short prayer of thanks to God before or after
a meal খাদ্য গ্রহণের আগে বা পরে ঈশ্বরের কাছে সংক্ষিপ্ত
প্রার্থনা

IDM sb's fall from grace a situation in which
sb loses the respect that people had for him/her
by doing sth wrong or immoral এমন কোনো
পরিস্থিতি যাতে কোনো খারাপ বা অনৈতিক কাজের জন্য
কোনো ব্যক্তি মানুষের শ্রদ্ধা হারায় বা অন্যের চোখে ছোটো
হয়ে যায়

have the grace to do sth to be polite enough to
do sth কোনো কাজের ক্ষেত্রে যথেষ্ট ভদ্রতা, পরিশীলিত
মনোভাব থাকা

with good grace in a pleasant and reasonable
way, without complaining অভিযোগ ছাড়া ভদ্রভাবে
এবং যুক্তিপূর্ণভাবে *He accepted the refusal with good
grace.*

graceful / ˈgreɪsfl ˈগ্রেইস্ফ্ল্ / *adj.* having a
smooth, attractive movement or form (গতিভঙ্গি
বা রূপ) মাধুর্যমণ্ডিত, শ্রীমণ্ডিত, লীলায়িত, সুন্দর *a
graceful dancer* ○ *graceful curves* ⇨ **gracious**
দেখো। ▶ **gracefully** / -fəli -ফ্যালি / *adv.* সুন্দরভাবে,
শোভনভাবে, ভদ্রভাবে *The goalkeeper rose
gracefully to catch the ball.* ○ *She accepted
the decision gracefully* (=without showing her
disappointment). ▶ **gracefulness** *noun* [U] শ্রী,
সৌষ্ঠব, মাধুর্য

graceless / ˈgreɪsləs ˈগ্রেইস্ল্যাস্ / *adj.* **1** not
knowing how to be polite to people ভদ্রতার অভাব,
সৌজন্যের অভাব **2** (used about a movement or
a shape) ugly and not elegant (গতিভঙ্গি বা
আকার সম্বন্ধে ব্যবহৃত) লাবণ্যহীন, বিশ্রী, অসুন্দর
▶ **gracelessly** *adv.* লাবণ্যহীনভাবে, বিশ্রীভাবে

gracious / ˈgreɪʃəs ˈগ্রেইশ্যাস্ / *adj.* **1** (used about
a person or his/her behaviour) kind, polite and
generous (কোনো ব্যক্তি অথবা তার আচরণ সম্বন্ধে ব্যবহৃত)
সহৃদয়, নম্র এবং উদার *a gracious smile* **2** (only before
a noun) showing the easy comfortable way of
life that rich people can have স্বচ্ছন্দ ও আরামদায়ক
জীবনযাত্রা, যা সাধারণত অর্থবানদের ক্ষেত্রে দেখা যায়
gracious living ⇨ **graceful** দেখো। ▶ **graciously**
adv. সদয়ভাবে, পরোপকারী মনোভাবের সঙ্গে
▶ **graciousness** *noun* [U] ভদ্রতা, পরিশীলিত ভাব

IDM good gracious! used for expressing
surprise বিস্ময় প্রকাশক অভিব্যক্তিবিশেষ *Good
gracious! Is that the time?*

grade¹ / greɪd গ্রেইড্ / *noun* [C] **1** the quality or
the level of ability, importance, etc. that sb/sth
has কোনো ব্যক্তি বা বস্তুর সামর্থ্য, গুরুত্ব ইত্যাদির মান বা
স্তর *Which grade of petrol do you need?* ○ *We
need to use high-grade materials for this job.*
2 a mark that is given for school work, etc. or in
an exam স্কুলে কাজের মান বা পরীক্ষার ফলাফল বোঝাতে
যে চিহ্ন ব্যবহার করা হয় *He got good/poor grades
this term.* ○ *Very few students pass the exam with
a grade A.* **3** (*AmE*) a class or classes in a school
in which all the children are the same age স্কুলের
শ্রেণি বা ক্লাস—যেখানে সমবয়সি ছেলেমেয়েরা পড়ে *My
daughter is in the third grade.*

IDM make the grade (*informal*) to reach the
expected standard; to succeed প্রত্যাশিত মানে
পৌঁছোনো; সাফল্য লাভ করা

grade² / greɪd গ্রেইড্ / *verb* [T] (*usually passive*)
to put things or people into groups according to
their quality, ability, size, etc. ব্যক্তি বা বস্তুকে তাদের
শ্রেণি, গুণপনা, আকার ইত্যাদি অনুসারে কতকগুলি দলে
ভাগ করা *I've graded their work from 1 to 10.*
○ *Eggs are graded by size.*

gradient / ˈgreɪdiənt ˈগ্রেইডিঅ্যান্ট্ / *noun* [C] the
degree at which a road, etc. goes up or down
রাস্তা ইত্যাদির ঢাল বা খাড়াই এর মাত্রা *The hill has a
gradient of 1 in 4* (=25%). ○ *a steep gradient*

gradual / ˈgrædʒuəl ˈগ্র্যাজুঅ্যাল্ / *adj.* happening
slowly or over a long period of time; not sudden
ক্রমশ বা ধীরে ধীরে ঘটছে এমন; হঠাৎ নয় *a gradual
increase* ▶ **gradually** *adv.* ক্রমশ *After the war
life gradually got back to normal.*

graduate¹ / ˈgrædʒuət ˈগ্র্যাজুঅ্যাট্ / *noun* [C] **1** a
graduate (in sth) a person who has a first
degree from a university, etc. বিশ্ববিদ্যালয় ইত্যাদি
থেকে প্রথম ডিগ্রি বা উপাধি প্রাপ্ত হয়েছে যে ব্যক্তি; স্নাতক
a law graduate/a graduate in law ○ *a graduate
of Delhi University/a Delhi University graduate*
⇨ **postgraduate, undergraduate, bachelor**
এবং **student** দেখো। **2** (*AmE*) a person who has
completed a course at a school, college, etc.
বিদ্যালয়, কলেজ ইত্যাদিতে নির্দিষ্ট পাঠ্যসূচী অনুযায়ী
শিক্ষাক্রম সম্পূর্ণ করেছে যে ব্যক্তি *a high-school
graduate*

graduate² / ˈgrædʒueɪt ˈগ্র্যাজুএইট্ / *verb* [I]
1 graduate (in sth) (from sth) to get a (first)
degree from a university, etc. বিশ্ববিদ্যালয় ইত্যাদি
থেকে কোনো বিষয়ে প্রথম ডিগ্রি বা স্নাতক উপাধি লাভ
করা *She graduated in History from Delhi*

University. **2** (*AmE*) **graduate (from sth)** to complete a course at a school, college, etc. বিদ্যালয় বা কলেজ ইত্যাদির কোনো শিক্ষাক্রম সমাপ্ত করা **3 graduate (from sth) to sth** to change (from sth) to sth more difficult, important, expensive, etc. (কোনো কিছুকে) আরও কঠিন, গুরুত্বপূর্ণ এবং মহার্ঘ কিছুতে পরিবর্তন করা

graduation / ˌgrædʒuˈeɪʃn ˌগ্র্যাজু'এইশ্‌ন্ / *noun* **1** [U] the act of successfully completing a university degree or (in the US) studies at a high school বিশ্ববিদ্যালয়ের ডিগ্রি অথবা (মার্কিন যুক্তরাষ্ট্রে) উচ্চবিদ্যালয়ের পাঠক্রম সফলভাবে সম্পূর্ণ করার ক্রিয়া **2** [*sing.*] a ceremony in which certificates are given to people who have graduated যে বিশেষ অনুষ্ঠানের মাধ্যমে স্নাতকদের উপাধিপত্র দান করা হয়; সমাবর্তন-উৎসব

graffiti / grəˈfiːti গ্র্যা'ফীটি / *noun* [U, *pl.*] pictures or writing on a wall, etc. in a public place প্রকাশ্যস্থানে দেয়াল ইত্যাদির চিত্রসমূহ বা লেখা; দেয়াললিপি, দেয়ালচিত্র *Vandals had covered the walls in graffiti.*

graft / grɑːft গ্রা:ফ্‌ট্ / *noun* [C] **1** a piece of a living plant that is fixed onto another plant so that it will grow কোনো গাছের টুকরো অন্য গাছে এমনভাবে জুড়ে দেওয়া যাতে সেটি বেড়ে উঠতে পারে; গাছের কলম **2** a piece of living skin, bone, etc. that is fixed onto a damaged part of a body in an operation (শল্যচিকিৎসার মাধ্যমে) দেহের ক্ষতিগ্রস্ত অংশে সংযোজিত সজীব ত্বক, অস্থি ইত্যাদির টুকরো অথবা দেহকলা *a skin graft* ▶ **graft** *verb* [T] **graft sth onto sth** দেহকলা বা গাছের কলম জোড়া *Skin from his leg was grafted onto the burnt area of his face.* ➪ **transplant** দেখো।

grain / greɪn গ্রেইন্ / *noun* **1** [U,C] the seeds of wheat, rice, etc. চাল, গম ইত্যাদির দানা; শস্যদানা *The US is a major producer of grain.* ○ *grain exports* ○ *a few grains of rice* ➪ **cereal**-এ ছবি দেখো। **2** [C] **a grain of sth** a very small piece of sth কোনো কিছুর কণা, দানা *a grain of sand/salt/sugar* ○ (*figurative*) *There isn't* ***a grain of truth*** *in the rumour.* **3** [U] the natural pattern of lines that can be seen or felt in wood, rock, stone, etc. কাঠ, বড়ো বা ছোটো পাথর ইত্যাদির গায়ে প্রাকৃতিক নিয়মেই যে সকল নকশা দেখা যায় বা বোধ করা যায়

IDM **(be/go) against the grain** to be different from what is usual or natural স্বাভাবিক বা সাধারণের থেকে আলাদা হওয়া

gram (*also* **gramme**) / græm গ্র্যাম্ / *noun* [C] (*abbr.* **g**) a measure of weight. There are 1000 grams in a kilogram এক গ্রাম, ওজন মাপার একক। এক কিলোগ্রামে ১০০০ গ্রাম থাকে

grammar / ˈgræmə(r) ˈগ্র্যাম্যা(র্) / *noun* **1** [U] the rules of a language, for example for forming words or joining words together in sentences ভাষার নিয়মসমূহ, উদাহরণস্বরূপ শব্দ তৈরি বা বাক্যে শব্দবন্ধ তৈরি *Russian grammar can be difficult for foreign learners.* **2** [U] the way in which sb uses the rules of a language যে পদ্ধতিতে কোনো ব্যক্তি ব্যাকরণ বা ভাষার নিয়মাবলী ব্যবহার করে *You have a good vocabulary, but your grammar needs improvement.* **3** [C] a book that describes and explains the rules of a language ব্যাকরণের বই *a French grammar*

grammatical / grəˈmætɪkl গ্র্যা'ম্যাটিক্‌ল্ / *adj.* **1** connected with grammar ব্যাকরণ সম্বন্ধীয়, ব্যাকরণগত *the grammatical rules for forming plurals* **2** following the rules of a language ব্যাকরণসম্মত *The sentence is not grammatical.* ▶ **grammatically** / -kli -ক্‌লি / *adv.* ব্যাকরণ অনুসারী, ব্যাকরণসম্মতভাবে

gramme = **gram**

gramophone / ˈgræməfəʊn ˈগ্র্যাম্যাফ্যাউন্ / (*BrE old-fashioned*) = **record player**

gran / græn গ্র্যান্ / (*BrE informal*) = **grandmother**

granary / ˈgrænəri ˈগ্র্যান্যারি/ *noun* [C] (*pl.* **granaries**) a large building for storing grains শস্যগোলা, শস্যগুদাম

granary bread / ˈgrænəri bred ˈগ্র্যান্যারি ব্রেড্ / *noun* [U] a type of brown bread containing whole grains of wheat গমের দানা অথবা আটার তৈরি 'ব্রাউন ব্রেড' বা পাউরুটি

grand[1] / grænd গ্র্যান্ড্ / *adj.* **1** impressive and large or important (also used in names) চমৎকার, দারুণ, প্রকাণ্ড, মহৎ, গুরুত্বপূর্ণ (নাম হিসেবেও ব্যবহৃত হয়) *Our house isn't very grand, but it has a big garden.* ○ *the Grand Canyon* ○ *the Grand Hotel* ➪ **grandeur** noun দেখো। **2** used in compounds before a noun to show a family relationship পারিবারিক সম্পর্ক বোঝাতে বিশেষ্যের আগে মিশ্র বা যৌগিক শব্দে এটি ব্যবহার করা হয় *grandson* **3** (*informal*) very good or pleasant খুব ভালো, মনোমুগ্ধকর বা চমৎকার *You've done a grand job!* ▶ **grandly** *adv.* চমৎকারভাবে ▶ **grandness** *noun* [U] রাজকীয়ত্ব, জমকালো আড়ম্বর, মহত্ত্ব

grand[2] / grænd গ্র্যান্ড্ / *noun* [C] (*pl.* **grand**) (*slang*) 1000 pounds or dollars (অপপ্রয়োগ) ১০০০ পাউন্ড বা ডলার

grandad / ˈgrændæd ˈগ্র্যান্ড্যাড্ / (*BrE informal*) = **grandfather**

grandchild / ˈgræntʃaɪld ˈগ্র্যান্‌চাইল্‌ড্ / (*pl.* **grandchildren**) (*also* **granddaughter** and **grandson**) *noun* [C] the daughter or son of your child নাতি, নাতনি

grandeur / ˈgrændʒə(r) ˈগ্র্যান্‌জ্যা(র্) / *noun* [U] (*formal*) **1** the quality of being large and impressive মহত্ত্ব, শ্রেষ্ঠত্ব, জমকালোভাব *the grandeur of the Himalayas* **2** the feeling of being important নিজেকে গুরুত্বপূর্ণ ভাবার মনোভাব, শ্রেষ্ঠবোধ করার অনুভূতি

grandfather / ˈgrænfa:ðə(r) ˈগ্র্যান্‌ফা:দ্যা(র্) / *noun* [C] the father of one of your parents পিতার বা মাতার পিতা; ঠাকুরদা, দাদু *My grandfather is very active.*

grandfather clock *noun* [C] a clock that stands on the floor in a tall wooden case লম্বা কাঠের বাক্সের মধ্যে রাখা বড়ো আকারের ঘড়ি (যেটি মাটিতে দাঁড় করিয়ে রাখা যায়)

grandiose / ˈgrændiəʊs ˈগ্র্যান্‌ডিঅ্যাউস্ / *adj.* bigger or more complicated than necessary প্রয়োজনাতিরিক্ত বিশাল, জটিল

grandma / ˈgrænmɑ: ˈগ্র্যান্‌মা: / (*informal*) = **grandmother**

grandmaster / ˈgræn,ma:stə(r) ˈগ্র্যান্‌,মা:স্ট্যা(র্) / *noun* [C] a title awarded to a chess player who is regarded as having the highest level of skill সর্বোচ্চ শ্রেণির দাবাড়ু বা দাবার ওস্তাদকে যে উপাধি দেওয়া হয়; গ্র্যান্ডমাস্টার

grandmother / ˈgrænmʌðə(r) ˈগ্র্যান্‌মাদ্যা(র্) / *noun* [C] the mother of one of your parents পিতার বা মাতার মাতা; ঠাকুরমা, দিদিমা

grandpa / ˈgrænpɑ: ˈগ্র্যান্‌পা: / (*informal*) = **grandfather**

grandparent / ˈgrænpeərənt ˈগ্র্যান্‌পেঅ্যার‍্যান্ট্ / (*also* **grandmother** and **grandfather**) *noun* [C] the mother or father of one of your parents পিতা বা মাতার পিতা অথবা মাতা; ঠাকুরদা, ঠাকুরমা, দাদু, দিদিমা, পিতামহ, পিতামহী বা মাতামহ, মাতামহী *This is a picture of two of my great-grandparents* (=the parents of one of my grandparents).

> **NOTE** দাদু/দিদিমা অথবা ঠাকুরদা/ঠাকুরমা, মাতামহ/মাতামহী অথবা পিতামহ/পিতামহী নির্দিষ্টভাবে বোঝানোর জন্য বলা হয়—*My maternal/paternal grandfather* অথবা *my mother's/father's father.*

grand piano *noun* [C] a large flat piano (with horizontal strings) বড়ো পিয়ানো (অনুভূমিক বা সমান্তরাল তারসহ)

Grand Prix / ˌgrɑ̃ːˈpri: ˌগ্রাঁ:ˈপ্রী / *noun* [C] (*pl.* **Grands Prix** / ˌgrɑ̃ːˈpri: ˌগ্রাঁ:ˈপ্রী /) one of a series of important international races for racing cars or motorbikes মোটরগাড়ি বা মোটরসাইকেল চালানোর আন্তর্জাতিক প্রতিযোগিতা; গ্রাঁ প্রি

grand slam *noun* [C] winning all the important matches or competitions in a particular sport, for example **tennis** or **rugby** নির্দিষ্ট কোনো খেলায় সমস্ত গুরুত্বপূর্ণ ম্যাচ বা প্রতিযোগিতায় জয়ী হয়েছে এমন, যেমন টেনিস বা রাগবি; গ্রান্ড স্লাম

grandstand / ˈgrænstænd ˈগ্র্যান্‌স্ট্যান্ড্ / *noun* [C] rows of seats, usually covered by a roof, from which you get a good view of a sports competition, etc. খেলার মাঠে একরকম বসার জায়গা যার উপরে ছাদ আছে এবং যেখান থেকে ভালোভাবে খেলা দেখা যায়

grand total *noun* [C] the amount that you get when you add several totals together মোট যোগফল

granite / ˈgrænɪt ˈগ্র্যানিট্ / *noun* [U] a hard grey rock একধরনের ধূসর, কঠিন পাথর; গ্রানাইট

granny / ˈgrænɪ ˈগ্র্যানি / (*pl.* **grannies**) (*informal*) = **grandmother**

grant[1] / grɑ:nt গ্রা:ন্ট্ / *verb* [T] **1** (*formal*) to (officially) give sb what he/she has asked for কাউকে কিছু আনুষ্ঠানিকভাবে মঞ্জুর করা, অনুমোদন করা *He was granted permission to leave early.* **2** to agree (that sth is true) কোনো কিছু মেনে নেওয়া, সত্য বলে স্বীকার করা *I grant you that New York is an interesting place but I still wouldn't want to live there.*

IDM **take sb/sth for granted** to be so used to sb/sth that you forget his/her/its true value and are not grateful কারও বা কিছুর সঙ্গে বেশি পরিচিত হয়ে সত্যকার দাম মনে না রাখা এবং কৃতজ্ঞতা ভুলে যাওয়া *In developed countries we take running water for granted.*

take sth for granted to accept sth as being true প্রমাণ ছাড়াই কোনো কিছু সত্য বলে মেনে নেওয়া *We can take it for granted that the new students will have at least an elementary knowledge of English.*

grant[2] / grɑ:nt গ্রা:ন্ট্ / *noun* [C] money that is given by the government, etc. for a particular purpose নির্দিষ্ট কোনো উদ্দেশ্যে সরকার ইত্যাদি দ্বারা প্রদত্ত অনুদান; সরকারি অনুদান, অর্থকরী সাহায্য *a student grant* (=to help pay for university education) ○ *to apply for/be awarded a grant*

granted / ˈgra:ntɪd ˈগ্রা:ন্টিড্ / *adv.* used for saying that sth is true, before you make a comment about it কোনো মন্তব্য করার আগেই সত্য বলে মেনে নেওয়া হয়েছে এরকম বোঝাতে ব্যবহৃত অভিব্যক্তিবিশেষ *'We've never had any problems before.' 'Granted, but this year there are 200 more people coming.'*

grantha *noun* [U] an ancient script that was once prevalent in South India দক্ষিণ ভারতে প্রচলিত প্রাচীন লিপি; গ্রন্থ

granular / ˈgrænjələ(r) ˈগ্র্যানিঅ্যাল্যা(র্) / *adj.* (*technical*) made of a mass of small hard pieces; looking or feeling like a mass of small hard pieces বহুল সংখ্যক ছোটো ছোটো দানা দ্বারা তৈরি; ছোটো ছোটো শক্ত দানার মতো দেখতে লাগে বা সেরকম অনুভূত হয় এমন

granulated sugar / ˌgrænjuleɪtɪdˈʃʊgə(r) ˌগ্র্যানিউলেইটিড্ˈশুগ্যা(র্) / *noun* [U] white sugar in the form of small grains দানাওয়ালা চিনি, করকরে চিনি

granule / ˈgrænju:l ˈগ্র্যানিউল্ / *noun* [C] a small hard piece of sth কোনো বস্তুর শক্ত ছোটো দানা *instant coffee granules*

grape / greɪp গ্রেইপ্ / *noun* [C] a green or purple berry that grows in bunches on a climbing plant (**a vine**) and that is used for making wine (মদ্য বা সুরা তৈরিতে ব্যবহৃত হয়) গুচ্ছ গুচ্ছভাবে লতানো গাছে জন্মায় আঙুর *a bunch of grapes* ⇨ **fruit**-এ ছবি দেখো।

> **NOTE** সবুজ আঙুরকে **'white'** বলা হয়, কালো আঙুরকে **'black'** বলা হয় এবং শুকোনো আঙুরকে **raisins, currants** অথবা **sultanas** বলা হয়।

IDM **sour grapes** ⇨ **sour** দেখো।

grapefruit / ˈgreɪpfru:t ˈগ্রেইপ্‌ফ্রুট্ / *noun* [C] (*pl.* **grapefruit** or **grapefruits**) a large round yellow fruit with a thick skin and a sour taste (পুরু ত্বক এবং টকস্বাদযুক্ত) বাতাবি বা মুসম্বি লেবু

the grapevine / ˈgreɪpvaɪn ˈগ্রেইপ্‌ভাইন্ / *noun* [*sing.*] the way that news is passed from one person to another মুখে মুখে খবর ছড়ানোর উপায় *I heard* ***on/through the grapevine*** *that you're moving.*

graph / grɑ:f গ্রা:ফ্ / *noun* [C] a diagram in which a line or a curve shows the relationship between two quantities, measurements, etc. যে রেখাচিত্রে

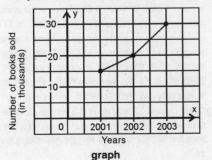

graph

সোজা বা বাঁকা রেখার মাধ্যমে দুটি পরিমাণ, মাত্রা ইত্যাদির পারস্পরিক সম্বন্ধ বা অবস্থান বোঝানো হয়; লেখাচিত্র *a graph showing/to show the number of cars sold each month*

graphic / ˈgræfɪk ˈগ্র্যাফিক্ / *adj.* **1** (*only before a noun*) connected with drawings, diagrams, etc. রেখাচিত্র, নকশা ইত্যাদি সম্বন্ধীয় *graphic design* ○ *a graphic artist* **2** (used about descriptions) clear and giving a lot of detail, especially about sth unpleasant (কোনো বর্ণনা সম্বন্ধে ব্যবহৃত) স্পষ্ট, বিশদভাবে বর্ণিত, বিশেষ করে কোনো অপ্রীতিকর ঘটনা সম্বন্ধে *She described the accident in graphic detail.* ▶ **graphically** / -kli -ক্লি / *adv.* পুঙ্খানুপুঙ্খভাবে

graphics / ˈgræfɪks ˈগ্র্যাফিক্স্ / *noun* [*pl.*] the production of drawings, diagrams, etc. রেখাচিত্র, নকশা ইত্যাদির সৃষ্টি *computer graphics*

graphite / ˈgræfaɪt ˈগ্র্যাফাইট্ / *noun* [U] a soft black substance (a form of **carbon**) that is used in pencils একরকম নরম কালো পদার্থ (কার্বন বা অঙ্গারের একটি রূপ) যা পেনসিলের শিস তৈরি করতে ব্যবহার করা হয়

graph paper *noun* [U] paper with small squares of equal size printed on it, used for drawing **graphs** and other diagrams ছোটো ছোটো সম আকারের চৌখুপি আঁকা কাগজ যা রেখাচিত্র এবং গ্রাফ আঁকার জন্য ব্যবহার করা হয়

grapple / ˈgræpl ˈগ্র্যাপ্‌ল্ / *verb* [I] **grapple (with sb)** to get hold of sb/sth and fight with or try to control him/her/it কাউকে বা কোনো কিছুকে ধরে লড়াই করা অথবা বাগে আনার চেষ্টা করা

grasp[1] / grɑ:sp গ্রা:স্প্ / *verb* [T] **1** to take hold of sb/sth suddenly and firmly কাউকে বা কোনো কিছু হঠাৎ আঁকড়ে ধরা *Lalita grasped the child firmly by the hand before crossing the road.* ○ (*figurative*) *to grasp an opportunity/a chance* **2** to understand sth completely কোনো কিছু সম্পূর্ণরূপে বোঝা *I don't think you've grasped how serious the situation is.*

PHR V **grasp at sth** to try to take hold of sth কোনো কিছু ধরার চেষ্টা করা

grasp[2] / grɑ:sp গ্রা:স্প্ / *noun* [*sing.*,U] **1** a firm hold of sb/sth কাউকে বা কোনো কিছু দৃঢ়ভাবে ধরা *Get a good grasp on the rope before pulling yourself up.* ○ *I grabbed the boy, but he slipped from my grasp.* **2** a person's understanding of a subject or of difficult facts কোনো বিষয় অথবা জটিল তথ্য বোঝার ক্ষমতা He has ***a good grasp of*** *English grammar.* **3** the ability to get or achieve sth (কোনো কিছু) পাওয়ার বা অর্জন করার ক্ষমতা *Finally their dream was* ***within their grasp***.

grasping / ˈgrɑːspɪŋ ˈগ্রা:স্পিং / *adj.* wanting very much to have a lot more money, power, etc. অনেক বেশি অর্থ, ক্ষমতা, প্রতিপত্তি ইত্যাদি চাওয়া হচ্ছে এমন

grass / grɑːs গ্রা:স্ / *noun* **1** [U] the common green plant with thin leaves which covers fields and parts of gardens. Cows, sheep, horses, etc. eat grass (গরু, ভেড়া, ঘোড়া ইত্যাদির খাদ্য) ঘাস, তৃণ *Don't walk on the grass.* ○ *I must cut the grass at the weekend.* ○ *a blade* (=one leaf) *of grass* **NOTE** বাগানে ঘাসভর্তি অংশকে **lawn** বলা হয়। **2** [C] one type of grass একধরনের ঘাস *an arrangement of dried flowers and grasses*

grasshopper / ˈgrɑːshɒpə(r) ˈগ্রা:স্হপ্যা(র্) / *noun* [C] an insect that lives in long grass or trees and that can jump high in the air. Grasshoppers make loud noises একধরনের পতঙ্গ যারা লম্বা ঘাস বা গাছে থাকে এবং বাতাসে লাফায়। এরা জোরে শব্দ করে; ফড়িং ➪ **insect**-এ ছবি দেখো।

grassland / ˈgrɑːslænd ˈগ্রা:স্ল্যান্ড্ / *noun* [U] (*also* **grasslands**) [*pl.*] a large area of open land covered with wild grass অনেকটা বুনো ঘাসে আবৃত জায়গা, মাঠ-ঘাট

grass roots *noun* [*pl.*] the ordinary people in an organization, not those who make decisions কোনো দল বা প্রতিষ্ঠানের সাধারণ সভ্য বা সদস্য (যারা সিদ্ধান্ত গ্রহণ করে তারা নয়)

grassy / ˈgrɑːsi ˈগ্রা:সি / *adj.* covered with grass ঘাসে ঢাকা বা আবৃত

grate[1] / greɪt গ্রেইট্ / *verb* **1** [T] to rub food into small pieces using a metal tool **(grater)** খাদ্য বস্তু ধাতব কোনো যন্ত্রে বারবার ঘষে টুকরো টুকরো করা *grated cheese/carrot* **2** [I] **grate (on sb)** to annoy or irritate কাউকে বিরক্ত বা উত্ত্যক্ত করা **3** [I] **grate (against/on sth)** to make a sharp unpleasant sound (when two metal surfaces rub against each other) বিরক্তিকর কর্কশ শব্দ করা (যখন দুটি ধাতব পৃষ্ঠতল একে অপরের সঙ্গে ঘষা হয়)

grate[2] / greɪt গ্রেইট্ / *noun* [C] the metal frame that holds the wood, coal, etc. in a **fireplace** উনুন বা চুল্লির (ফায়ারপ্লেস) নীচে ধাতব কোনো কাঠামো বা ঝাঁঝরি যা কাঠ, কয়লা ইত্যাদি আটকে বা ধরে রাখে

grateful / ˈgreɪtfl ˈগ্রেইট্ফ্ল্ / *adj.* **grateful (to sb) (for sth); grateful (that...)** feeling or showing thanks (to sb) (কারও প্রতি) কৃতজ্ঞ, বাধিত *We are very grateful to you for all the help you have given us.* ○ *He was very grateful that you did as he asked.* ✪বিপ **ungrateful** ➪ **gratitude** noun দেখো। ► **gratefully** / -fəli -ফ্যালি / *adv.* কৃতজ্ঞচিত্তে

grater / ˈgreɪtə(r) ˈগ্রেইট্যা(র্) / *noun* [C] a kitchen tool that is used for cutting food (for example cheese) into small pieces by rubbing it across its rough surface রান্নাঘরের একরকম সরঞ্জাম যার অমসৃণ পৃষ্ঠতলের উপর ঘষে ঘষে খাদ্য (যেমন চীজ) ছোটো ছোটো টুকরোয় কাটা হয় ➪ **kitchen**-এ ছবি দেখো।

gratify / ˈgrætɪfaɪ ˈগ্র্যাটিফাই / *verb* [T] (*pres. part.* **gratifying;** *3rd person sing. pres.* **gratifies;** *pt, pp* **gratified**) (*usually passive*) (*formal*) to give sb pleasure and satisfaction কাউকে তৃপ্তি এবং সন্তোষ দান করা ► **gratifying** *adj.* সন্তুষ্টিদায়ক

grating / ˈgreɪtɪŋ ˈগ্রেইটিং / *noun* [C] a flat frame made of metal bars that is fixed over a hole in the road, a window, etc. চ্যাপটা ধাতুখণ্ড বা লোহার তৈরি গরাদ যা রাস্তার গর্তের উপর, জানলা ইত্যাদিতে লাগানো হয়

gratitude / ˈgrætɪtjuːd ˈগ্র্যাটিটিউড্ / *noun* [U] **gratitude (to sb) (for sth)** the feeling of being grateful or of wanting to give your thanks to sb কারও প্রতি কৃতজ্ঞবোধ দেখানোর বা কোনো ব্যক্তিকে ধন্যবাদ দেওয়ার ইচ্ছে ✪ বিপ **ingratitude**

gratuity / grəˈtjuːəti গ্র্যাˈটিউঅ্যাটি / *noun* [C] (*pl.* **gratuities**)**1** (*formal*) a small amount of extra money that you give to sb who serves you, for example in a restaurant কারও সেবা বা কাজে খুশি হয়ে তাকে যে স্বল্প পরিমাণ অতিরিক্ত অর্থ দেওয়া হয়, যেমন রেস্তোরাঁতে; পারিতোষিক (কোনো কাজে খুশি হয়ে দেওয়া) ✪ সম **tip 2** (*formal*) a large gift of money that is given to an employee when he leaves the job or retires after a certain number of years কোনো সংস্থায় নির্দিষ্ট সময়কাল পর্যন্ত কর্মরত থাকার পর কোনো ব্যক্তির অবসরগ্রহণের কালে অথবা কর্মত্যাগ করার সময়ে প্রদত্ত পারিতোষিক; গ্র্যাচুইটি

grave[1] / greɪv গ্রেইভ্ / *noun* [C] the place where a dead body is buried কবর, সমাধি *I put some flowers on my grandmother's grave.* ➪ **tomb** দেখো।

IDM have one foot in the grave ➪ **foot**[1] দেখো।

grave[2] / greɪv গ্রেইভ্ / *adj.* (*formal*) **1** bad or serious গুরুতর, সঙ্গিন, মারাত্মক *These events could have **grave consequences** for us all.* ○ *The children were **in grave danger**.* **2** (used about people) sad or serious (মানুষের সম্বন্ধে ব্যবহৃত) মারাত্মক, গভীর চিন্তার ব্যাপার ➪ **gravity** noun দেখো। **NOTE** দুটি অর্থের জন্য **serious** শব্দটি বেশি প্রচলিত। ► **gravely** *adv.* সাংঘাতিকভাবে *gravely ill*

gravel / ˈgrævl ˈগ্র্যাভ্ল্ / *noun* [U] very small stones that are used for making roads, paths, etc. রাস্তা, সড়ক ইত্যাদি তৈরি করতে যে পাথরের কুচি ব্যবহার করা হয়

gravestone / ˈgreɪvstəʊn ˈগ্রেইভ্স্ট্যাউন্ / *noun* [C] a stone in the ground that shows the name, dates, etc. of the dead person who is buried there কবরস্থানে যে পাথরের উপর মৃত ব্যক্তির নাম, জন্ম ও মৃত্যু তারিখ ইত্যাদি লেখা থাকে; সমাধিপ্রস্তর ➪ **headstone** এবং **tombstone** দেখো।

graveyard / ˈgreɪvjɑːd ˈগ্রেইভ্ইআ:ড্ / *noun* [C] an area of land next to a church where dead people are buried চার্চের ধারে সমাধিক্ষেত্র ➪ **cemetery** এবং **churchyard** দেখো।

gravitational / ˌgrævɪˈteɪʃənl ˌগ্র্যাভিˈটেইশ্যান্ল্ / *adj.* connected with or caused by the force of **gravity** মাধ্যাকর্ষণশক্তির সঙ্গে জড়িত বা সেই জনিত; মহাকর্ষীয় *a gravitational field* ○ *the gravitational pull of the moon* ► **gravitationally** / -ʃənəli -শ্যান্যালি/ *adv.* মাধ্যাকর্ষণশক্তি-সম্বন্ধীয়

gravity / ˈgrævəti ˈগ্র্যাভ্যাটি / *noun* [U] **1** the natural force that makes things fall to the ground when you drop them মাধ্যাকর্ষণশক্তি *the force of gravity* **2** (*formal*) importance গুরুত্ব **NOTE** **Seriousness** এই অর্থে প্রচলিত শব্দ। ➪ **grave** adjective দেখো।

gravy / ˈgreɪvi ˈগ্রেইভি / *noun* [U] a thin sauce that is made from the juices that come out of meat while it is cooking মাংস রান্না করার সময়ে তার থেকে নির্গত তরল দিয়ে তৈরি পাতলা ঝোল ➪ **sauce** দেখো।

gray (*AmE*) = **grey**

graze¹ / greɪz গ্রেইজ় / *verb* [I] **1** (used about cows, sheep, etc.) to eat grass (that is growing in a field) (গরু, ভেড়া ইত্যাদির সম্বন্ধে ব্যবহৃত) মাঠে ঘাস খেয়ে চরে বেড়ানো *There were cows grazing by the river.* **2** [T] to break the surface of your skin by rubbing it against sth rough অমসৃণ বা খরখরে কোনো কিছুতে ঘষা লেগে চামড়ার উপর নুনছাল উঠে যাওয়া *The child fell and grazed her knee.* **3** [T] to pass sth and touch it lightly কোনো কিছুতে আলতো বা হালকা ভাবে ছুঁয়ে বেরিয়ে যাওয়া *The bullet grazed his shoulder.*

graze² / greɪz গ্রেইজ় / *noun* [C] a slight injury where the surface of the skin has been broken by rubbing it against sth rough অমসৃণ বা খরখরে কোনো কিছুতে ঘষা লেগে চামড়ার অগভীর ক্ষত; নুন ছাল

grease¹ / griːs গ্রীস্ / *noun* [U] **1** a thick substance containing oil and used, for example, to make engines run smoothly থকথকে কোনো তৈলাক্ত পদার্থ যা যন্ত্রে দিলে তা সহজে চলে *engine grease* **2** animal fat that has been made soft by cooking পশুর চর্বি যা রান্নার ফলে নরম হয়েছে *You'll need very hot water to get all the grease off those pans.*

grease² / griːs গ্রীস্ / *verb* [T] to rub grease or fat on or in sth কোনো কিছুতে চর্বি বা গ্রীস ঘষা বা লাগানো *Grease the tin thoroughly to stop the cake from sticking.*

greaseproof paper / ˌgriːspruːfˈpeɪpə(r) ˌগ্রীস্প্রুফ্ˈপেইপ্যা(র্) / (*AmE* **wax paper**) *noun* [U] paper that does not let fat, oil etc. pass through it, used in cooking and for putting round food এমন কাগজ যার মধ্যে দিয়ে তেল, চর্বি ইত্যাদি চুঁইয়ে যেতে পারে না (রান্না করা এবং ভোজ্য বস্তু রাখার জন্য ব্যবহৃত)

greasy / ˈgriːsi ˈগ্রীসি / *adj.* (**greasier; greasiest**) covered with or containing a lot of grease যাতে অনেক চর্বি বা তেল আছে; তৈলাক্ত *greasy skin/hair* ○ *greasy food*

great¹ / greɪt গ্রেইট্ / *adj.* **1** large in amount, degree, size, etc.; a lot of পরিমাণ, মাত্রা, আকার ইত্যাদিতে অনেকটা বড়ো; প্রচুর, অনেক *The party was a great success.* ○ *We had great difficulty in solving the problem.* **2** particularly important; of unusually high quality বিশেষ গুরুত্বপূর্ণ; অসাধারণভাবে বা অভাবনীয়ভাবে উচ্চস্তরের, উচ্চমূল্যের *Einstein was perhaps the greatest scientist of the century.* ➪ **big**-এ নোট দেখো। **3** (*informal*) good; wonderful ভালো; অতি ভালো *We had **a great time** in Paris.* ○ ***It's great** to see you again.* **4** (*informal*) (used to emphasize adjectives of size, quantity, etc.) very; very good (কোনো কিছুর আকার, পরিমাণ ইত্যাদিতে জোর দিতে ব্যবহৃত) খুব; খুব ভালো *There was a **great big** dog in the garden.* ○ *They were great friends.* **5 great-** used before a noun to show a family relationship কোনো বিশেষ্য পদের আগে পারিবারিক সম্পর্ক বোঝাতে ব্যবহার করা হয়

> **NOTE** পারিবারিক সদস্যদের ক্ষেত্রে অন্য শব্দের সঙ্গে **great-** শব্দটি ব্যবহার করে পূর্ব প্রজন্ম বোঝানো যায়। মা অথবা বাবার কাকিমা, পিসি, মাসি ইত্যাদি ব্যক্তিদের জন্য ব্যবহৃত শব্দ হল **great-aunt**। কোনো ব্যক্তির নাতি অথবা নাতনির ছেলে অথবা মেয়ে সম্পর্কে তার **great-grandchild** হবে। দাদু-দিদা অথবা ঠাকুরদা-ঠাকুরমার বাবা অথবা মাকে আমরা **great-grandparents** বলি। দাদু-দিদা অথবা ঠাকুরমার ঠাকুরদা অথবা ঠাকুরমাকে আমরা **great-great-grandfather** অথবা **great-great-grandmother** বলে থাকি।

► **greatness** *noun* [U] মহত্ত্ব

IDM **go to great lengths** ➪ **length** দেখো।

a good/great deal ➪ **deal²** দেখো।

a good/great many ➪ **many** দেখো।

great² / greɪt গ্রেইট্ / *noun* [C, *usually pl.*] (*informal*) a person or thing of special ability or importance বিশেষ ক্ষমতা বা গুরুত্বপূর্ণ ব্যক্তি বা বিষয় *That film is one of the all-time greats.*

Great Britain (*also* **Britain**) (*abbr.* **GB**) England, Wales and Scotland ইংল্যান্ড, ওয়েলস এবং স্কটল্যান্ড ➪ **United Kingdom**-এ নোট দেখো।

greatly / ˈgreɪtli ˈগ্রেইট্‌লি / *adv.* very much বেশি রকম, খুব বেশি

greed / gri:d গ্রীড্ / *noun* [U] **greed (for sth)** a desire for more food, money, power, etc. than you really need (প্রয়োজনের অতিরিক্ত খাদ্য, অর্থ, ক্ষমতা ইত্যাদির জন্য) লোভ, লালসা

greedy / ˈgri:di ˈগ্রীডি / *adj.* **(greedier; greediest)** **(greedy for sth)** wanting more food, money, power, etc. than you really need প্রয়োজনের অতিরিক্ত খাদ্য, অর্থ, ক্ষমতা ইত্যাদি পাওয়ার ইচ্ছা বা আকাঙ্ক্ষা আছে এমন; লোভী *Don't be so greedy you've had three pieces of cake already.* ▶ **greedily** *adv.* লালসার সঙ্গে ▶ **greediness** *noun* [U] লালসা

green[1] / gri:n গ্রীন্ / *adj.* **1** having the colour of grass or leaves সবুজ *dark/light/pale green* **2** connected with protecting the environment or the natural world প্রকৃতি বা পরিবেশ রক্ষার সঙ্গে যুক্ত *the Green party* ○ *green products* (= that do not damage the environment) **3** (*informal*) (used about a person) with little experience of life or a particular job (কোনো ব্যক্তির বিষয়ে ব্যবহৃত) কাঁচা, অপরিপক্ক, অনভিজ্ঞ *The new batsmen got out early as he was still very green.* **4** jealous (wanting to have what sb else has got) হিংসুটে, পরশ্রীকাতর, ঈর্ষাপরায়ণ, সন্দিগ্ধ *He was* ***green with envy*** *when he saw his neighbour's new car.* **5** (used about the skin) a strange, pale colour (because you feel sick) (ত্বক সম্বন্ধে ব্যবহৃত) অসুস্থতার কারণে বিবর্ণ, ফ্যাকাশে *At the sight of all the blood he* ***turned green*** *and fainted.*

IDM **give sb/get the green light** (*informal*) to give sb/get permission to do sth কিছু করার জন্য কোনো ব্যক্তিকে অনুমতি দেওয়া বা পাওয়া

have green fingers; (*AmE*) **have a green thumb** (*informal*) to have the ability to make plants grow well গাছপালা ভালোভাবে বাড়ানোর ক্ষমতা থাকা, গাছগাছালি পরিচর্যার ভালো হাত থাকা

green[2] / gri:n গ্রীন্ / *noun* **1** [C, U] the colour of grass or leaves ঘাস বা পাতার সবুজ রং *They were all dressed in green.* ○ *The room was decorated in greens and blues.* **2 greens** [*pl.*] green vegetables that are usually eaten cooked সবুজ রঙের শাক সবজি, যা সাধারণত রান্না করে খাওয়া হয় *To have a healthy complexion you should eat more greens.* **3** [C] (*BrE*) an area of grass in the centre of a village গ্রামের মাঝে ঘাসে ঢাকা অনেকটা অঞ্চল **4** [C] a flat area of very short grass used in games such as golf গল্ফ ইত্যাদি খেলার জন্য খুব ছোটো ঘাসে ঢাকা সমতল ভূমি

green belt *noun* [C, U] (*BrE*) an area of open land around a city where building is not allowed কোনো শহর ঘিরে খোলা জায়গা যেখানে বাড়িঘর তৈরি করা নিষেধ; সবুজ এলাকা

green card *noun* [C] a document that allows sb from another country to live and work in the US অন্য দেশের কাউকে মার্কিন যুক্তরাষ্ট্রে থাকা এবং কাজ করতে দেওয়ার অনুমতিপত্র; গ্রীনকার্ড

greenery / ˈgri:nəri ˈগ্রীন্যারি / *noun* [U] attractive green leaves and plants আকর্ষণীয় সবুজ গাছপালা

greenfield / ˈgri:nfi:ld ˈগ্রীন্‌ফীল্ড্ / *adj.* (*only before a noun*) used to describe an area of land that has not yet had buildings on it, but for which building development may be planned লোকালয়ের কাছে কোনো ফাঁকা জায়গা যেখানে এখনও কোনো বাড়ি-ঘর নেই, কিন্তু সেখানে বসতি নির্মাণ করা যেতে পারে সেরকম কিছু বর্ণনা করার জন্য ব্যবহৃত *a greenfield site*

greenfly / ˈgri:nflaɪ ˈগ্রীন্‌ফ্লাই / *noun* [C] (*pl.* **greenflies** or **greenfly**) a small flying insect that is harmful to plants একরকম ছোটো মাছি যারা গাছপালার পক্ষে ক্ষতিকর

greengage / ˈgri:ngeɪdʒ ˈগ্রীন্‌গেইজ্ / *noun* [C] a small round yellowish-green fruit like a **plum** প্লামের মতো একরকম গোল গোল ছোটো আকারের হলদেটে সবুজ রঙের ফল

greengrocer / ˈgri:ngrəʊsə(r) ˈগ্রীন্‌গ্র্যাউস্যা(র্) / *noun* (*BrE*) **1** [C] a person who has a shop that sells fruit and vegetables যে দোকানদার ফলমূল এবং শাকসবজি বিক্রি করে ➪ **grocer** দেখো। **2 the greengrocer's** [*sing.*] a shop that sells fruit and vegetables যে দোকানে ফলমূল এবং শাকসবজি বিক্রি করা হয়

greenhouse / ˈgri:nhaʊs ˈগ্রীন্‌হাউস্ / (*also* **glasshouse**) *noun* [C] a building made of glass in which plants are grown কাচের তৈরি যে বাড়ির মধ্যে গাছপালা লাগানো হয় ➪ **hothouse** দেখো।

the greenhouse effect *noun* [*sing.*] the warming of the earth's atmosphere as a result of harmful gases, etc. in the air বাতাসে ক্ষতিকর গ্যাস ইত্যাদি বৃদ্ধির ফলে পৃথিবীর আবহাওয়ার উষ্মতা বৃদ্ধি ➪ **global warming** দেখো।

greenish / ˈgri:nɪʃ ˈগ্রীনিশ্ / *adj.* slightly green ফিকে সবুজ

green pepper *noun* [C] = **pepper**[1] **2**

green room / ˈgri:nˌrum ˈগ্রীন্‌ˌরুম্ / *noun* [C] a room in a theatre, television studio, etc. where the performers can get ready for the show or wait and relax when they are not performing অভিনেতা অভিনেত্রীদের সাজঘর বা বিশ্রামঘর; গ্রীনরুম

green tea *noun* [U] a pale tea made from leaves that have been dried but that have not gone through a chemical process (**fermentation**) কোনো রাসায়নিক পদ্ধতি (উৎসেচন) ব্যবহার না-করে শুকোনো হয়েছে এমন চা পাতা থেকে তৈরি পাতলা চা

Greenwich Mean Time ˌgrenɪtʃ ˈmi:n taɪm ˌগ্রেনিচ্ ˈমীন্ টাইম্ / = **GMT**

greet / gri:t গ্রীট্ / *verb* [T] **1 greet sb (with sth)** to welcome sb when you meet him/her; to say hello to sb কোনো ব্যক্তিকে স্বাগতম জানানো; সম্ভাষণ করা *He greeted me with a friendly smile.* ○ (*figurative*) *As we entered the house we were greeted by the smell of cooking.* **2 greet sb/sth (as/with) sth** (*usually passive*) to react to sb or receive sth in a particular way বিশেষভাবে কারও প্রতি প্রতিক্রিয়া জানানো অথবা কোনো কিছু গ্রহণ করা *The news was greeted with a loud cheer.*

greeting / ˈgri:tɪŋ ˈগ্রীটিং / *noun* [C] the first words you say when you meet sb or write to him/her কারও সঙ্গে দেখা হলে অথবা চিঠি লিখলে প্রথম যে দু-একটি শব্দ বলা বা লেখা হয় *'Hello' and 'Hi' are informal greetings.*

gregarious / grɪˈgeəriəs গ্রিˈগেঅ্যারিঅ্যাস্ / *adj.* liking to be with other people সকলের সঙ্গে থাকতে যে ভালোবাসে; যূথচারী ✪ সম **sociable**

grenade / grəˈneɪd গ্রাˈনেইড্ / *noun* [C] a small bomb that is thrown by hand or fired from a gun এমন ছোটো বোমা যা হাতে করে বা বন্দুকের সাহায্যে ছোড়া যায়

grew ➪ **grow**-এর past tense

grey[1] (*AmE* **gray**) / greɪ গ্রেই / *adj.* **1** having the colour between black and white ছাই রং, ধূসর বর্ণ *dark/light/pale grey* ○ *He was wearing a grey suit.* **2** having grey hair পাকা বা সাদা চুল অথবা সাদাকালো মেশানো চুল আছে এমন *He's **going grey**.* **3** (used about the weather) full of cloud; not bright (আবহাওয়া সম্বন্ধে ব্যবহৃত) মেঘাচ্ছন্ন; অনুজ্জ্বল, রোদহীন *grey skies* ○ *a grey day* **4** boring and sad; without interest or variety একঘেয়ে, বিষণ্ণ; যাতে কোনো উৎসাহ পাওয়া যায় না

grey[2] / greɪ গ্রেই / (*AmE* **gray**) *noun* [C, U] the colour between black and white কালো এবং সাদার মাঝামাঝি রং; ধূসর বা ছাই রং *dressed in grey*

greyhound / ˈgreɪhaʊnd ˈগ্রেইহাউন্ড্ / *noun* [C] a large thin dog that can run very fast and that is used for racing পাতলা-রোগা বড়ো আকারের একজাতীয় কুকুর যা খুব জোরে ছুটতে পারে এবং দৌড় প্রতিযোগিতায় ব্যবহৃত হয়; গ্রেহাউন্ড *greyhound racing*

greyish / ˈgreɪɪʃ ˈগ্রেইইশ্ / (*AmE* **grayish**) *adj.* slightly grey ছাই ছাই রং, হালকা ধূসর রং

grid / grɪd গ্রিড্ / *noun* [C] **1** a pattern of straight lines that cross each other to form squares চারকোণা ঘর বা ছকের নকশা, চারকোণা ছোটো ছোটো ঘর বা ছক *She drew a grid to show how the students had scored in each part of the test.* **2** a frame of parallel metal or wooden bars, usually covering a hole in sth সমান্তরাল ধাতু অথবা কাষ্ঠখণ্ড দিয়ে তৈরি কাঠামো সাধারণত যা কোনো গর্ত ঢাকার জন্য ব্যবহৃত হয়; ঝাঁঝরি **3** a system of squares that are drawn on a map so that the position of any place can be described or found ম্যাপ বা মানচিত্রর উপর যেসব বর্গক্ষেত্র আঁকা হয় এবং যার সাহায্যে কোন জায়গা কোথায় দেখানো বা খুঁজে পাওয়া সহজ হয় *a grid reference* **4** the system of electricity wires, etc. taking power to all parts of a country যে বৈদ্যুতিক তারব্যবস্থার সাহায্যে দেশের চারদিকে বিদ্যুৎ সরবরাহ করা হয় *the National Grid* ➪ **generator**-এ ছবি দেখো।

griddle / ˈgrɪdl ˈগ্রিড্ল্ / *noun* [C] a circular iron plate that is heated on a cooker or over a fire and used for cooking যে গোলাকার লোহার চাকতি উনুন অথবা আগুনের উপর গরম করা হয় এবং পরে তা রান্নার জন্য ব্যবহৃত হয়; তাওয়া, চাটু

gridlock / ˈgrɪdlɒk ˈগ্রিড্লক্ / *noun* [U, C] a situation in which there are so many cars in the streets of a town that the traffic cannot move at all শহরের রাস্তায় এত যানবাহন যে তার ফলে তারা নড়াচড়া করতে পারে না এমন পরিস্থিতি; যানজট ▶ **gridlocked** *adj.* যানজট

grief / gri:f গ্রীফ্ / *noun* [U] great sadness (especially because of the death of sb you love) তীব্র শোক, গভীর দুঃখ (বিশেষত প্রিয়জনের মৃত্যুতে)

IDM good grief (*spoken*) used for expressing surprise or shock হঠাৎ কিছু ঘটলে বা অবাক হলে ব্যবহৃত অভিব্যক্তিবিশেষ *Good grief! Whatever happened to you?*

grievance / ˈgri:vəns ˈগ্রীভ্যান্স্ / *noun* [C] **a grievance (against sb)** something that you think is unfair and that you want to complain or protest about দুঃখের বা নালিশের কারণ, অভিযোগ

grieve / gri:v গ্রীভ্ / *verb* **1** [I] **grieve (for sb)** to feel great sadness (especially about the death of sb you love) শোক করা (বিশেষত প্রিয়জনের মৃত্যুতে) **2** [T] (*formal*) to cause unhappiness দুঃখ দেওয়া; দুঃখের কারণ হওয়া

grill[1] / grɪl গ্রিল্ / *noun* [C] **1** a part of a cooker where the food is cooked by heat from above রান্নার সরঞ্জামের অংশ যেটিতে উপর থেকে তাপ ছড়িয়ে খাবার রান্না করা হয়; গ্রিল **2** a metal frame that you put food on to cook over an open fire খোলা চুল্লির উপর ধাতুর তৈরি যে ঝিল্লি বা গ্রিলের উপর খাবার রেখে রান্না করা হয় **3** = **grille**

grill² / grɪl গ্রিল্ / *verb* **1** (*AmE* **broil**) [I, T] to cook under a grill ঝিল্লিতে বা গ্রিলে পুড়িয়ে বা ঝলসিয়ে রান্না করা *grilled steak/chicken/fish* **2** [T] (*informal*) **grill sb (about sth)** to question sb for a long time অনেকক্ষণ ধরে কোনো ব্যক্তিকে প্রশ্ন বা জিজ্ঞাসাবাদ করা

grille / grɪl গ্রিল্ / (*also* **grill**) *noun* [C] a metal frame that is placed over a window, a piece of machinery, etc. ধাতুর কাঠামো বা ঢাকনা গোছের কিছু যা দিয়ে জানলা, কোনো যন্ত্রাংশ ইত্যাদি ঢাকা হয়

grim / grɪm গ্রিম্ / *adj.* (**grimmer; grimmest**) **1** (used about a person) very serious; not smiling (কোনো ব্যক্তি সম্বন্ধে ব্যবহৃত) অত্যন্ত গম্ভীর; গম্ভীরমুখ, গোমড়ামুখো **2** (used about a situation, news, etc.) unpleasant or worrying (পরিস্থিতি, খবর ইত্যাদি সম্বন্ধে ব্যবহৃত) চিন্তাজনক, ভয়ানক আশঙ্কাজনক *The news is grim, I'm afraid.* **3** (used about a place) unpleasant to look at; not attractive (কোনো জায়গা সম্বন্ধে ব্যবহৃত) যা দেখতে বা যেখানে থাকতে ভালো লাগে না; একেবারেই আকর্ষণ করে না এমন *a grim block of flats* **4** (*BrE informal*) *feeling ill* অসুস্থ ভাব, শরীর খারাপ I *was feeling grim yesterday but I managed to get to work.* ▶ **grimly** *adv.* কঠোরভাবে, গম্ভীরভাবে

grimace / ˈgrɪməs; grɪˈmeɪs ˈগ্রিম্যাস্; গ্রিˈমেইস্ / *noun* [C] an ugly expression on your face that shows that you are angry, disgusted or that sth is hurting you ক্রুদ্ধ বা বিরক্ত বা আহত হওয়ার মতো মুখভঙ্গি বা মুখবিকৃতি *a grimace of pain* ▶ **grimace** *verb* [I] মুখভঙ্গি বা মুখবিকৃতি করা *She grimaced with pain.*

grime / graɪm গ্রাইম্ / *noun* [U] a thick layer of dirt ধুলো-ময়লার পুরু আস্তরণ

grimy / ˈgraɪmi ˈগ্রাইমি / *adj.* very dirty অত্যন্ত অপরিষ্কার, নোংরা

grin / grɪn গ্রিন্ / *verb* [I] (**grinning; grinned**) **grin (at sb)** to give a broad smile (so that you show your teeth) এমনভাবে হাসা যাতে দাঁত দেখা যায়, দাঁত বার করে হাসা *She grinned at me as she came into the room.* ▶ **grin** *noun* [C] দাঁত বার করে হাসি, দেঁতো হাসি

grind¹ / graɪnd গ্রাইন্ড্ / *verb* [T] (*pt, pp* **ground** /graʊnd গ্রাউন্ড্/) **1 grind sth (down/up); grind sth (to/into sth)** to press and break sth into very small pieces or into a powder between two hard surfaces or in a special machine দুটি শক্ত জিনিসের মধ্যে অথবা বিশেষ যন্ত্রের মধ্যে কিছু পিষে গুঁড়ো করা; ছোটো টুকরোতে ভাঙা *Wheat is ground into flour.* ○ *ground pepper/coffee* **2** to make sth sharp or smooth by rubbing it on a rough hard surface শক্ত কিছুর উপর ঘষে ঘষে ধার দেওয়া অথবা মসৃণ করা *to grind a knife on a stone* **3 grind sth in/into sth** to press or rub sth into a surface কোনো কিছুর উপর চেপে ধরা বা ঘষা *He ground his cigarette into the ashtray.* **4** to rub sth together or make sth rub together, often producing an unpleasant noise কোনো কিছু একত্রে ঘর্ষণ করা বা করানো যার ফলে প্রায়ই বিরক্তিকর আওয়াজ বেরোয় *Some people* ***grind*** *their* ***teeth*** *while they're asleep.*

IDM **grind to a halt/standstill** to stop slowly আস্তে আস্তে বন্ধ হওয়া, ধীরে ধীরে থেমে যাওয়া

grind² / graɪnd গ্রাইন্ড্ / *noun* [*sing.*] (*informal*) an activity that is tiring and boring and that takes a lot of time এমন কাজ যা ক্লান্তিকর এবং একঘেয়ে এবং যেটি অত্যন্ত সময়সাপেক্ষ *the* ***daily grind*** *of working life*

grinder / ˈgraɪndə(r) ˈগ্রাইন্ড্যা(র্) / *noun* [C] a machine for grinding ঘষার বা গুঁড়ো করার যন্ত্র *a coffee grinder*

grip¹ / grɪp গ্রিপ্ / *verb* [I, T] (**gripping; gripped**) **1** to hold sb/sth tightly কাউকে বা কোনো কিছু চেপে ধরে রাখা *She gripped my arm in fear.* **2** to interest sb very much; to hold sb's attention কারও আগ্রহ জাগানো; কারও মনোযোগ আকর্ষণ করা *The book grips you from start to finish.* ➪ **gripping** adjective দেখো।

grip² / grɪp গ্রিপ্ / *noun* **1** [*sing.*] **a grip (on sb/ sth)** a firm hold (on sb/sth) (কোনো ব্যক্তি বা বস্তুকে) দৃঢ়ভাবে ধারণ বা ভালোভাবে ধরার ক্রিয়া *I relaxed my grip and he ran away.* ○ *The climber slipped and lost her grip.* ○ *(figurative) The teacher kept a firm grip on the class.* **2** [*sing.*] **a grip (on sth)** an understanding of sth কোনো কিছুর উপলব্ধি **3** [C] the person whose job it is to move the cameras while a film is being made এমন কোনো লোক বা ব্যক্তি যার কাজ চলচ্চিত্রের ছবি তোলার সময়ে ক্যামেরা প্রয়োজনমতো স্থানান্তরিত করা

IDM **come/get to grips with sth** to start to understand and deal with a problem সমস্যা বুঝে তার মোকাবিলা করতে শুরু করা

get/keep/take a grip/hold (on yourself) (*informal*) to try to behave in a calmer or more sensible way; to control yourself আরও শান্তভাবে বা আরও বেশি বোধশক্তির সঙ্গে আচরণের চেষ্টা করা; নিজেকে নিয়ন্ত্রণে রাখা

in the grip of sth experiencing sth unpleasant that cannot be stopped এমন অপ্রীতিকর কিছুর মধ্যে পড়া বা অনুভব করা যার থেকে মুক্তি নেই *a country in the grip of recession*

gripe / graɪp গ্রাইপ্ / *noun* [C] (*informal*) a complaint about sb/sth কোনো ব্যক্তি বা বস্তু সম্পর্কে নালিশ বা অভিযোগ ▶ **gripe** *verb* [I] খুঁতখুঁত করা

gripping / ˈɡrɪpɪŋ ˈগ্রিপিং / *adj.* exciting; holding your attention উত্তেজনাপূর্ণ; মাতিয়ে রাখে এমন *a gripping film/book*

grisly / ˈɡrɪzli ˈগ্রিজ়্লি / *adj.* (used for describing sth that is concerned with death or violence) terrible; horrible (মৃত্যু অথবা হিংসার সঙ্গে জড়িত কোনো কিছু বর্ণনা করার জন্য ব্যবহৃত) ভয়ানক; বীভৎস *a grisly crime/death/murder* ➪ **gruesome** দেখো।

gristle / ˈɡrɪsl ˈগ্রিস্‌ল্ / *noun* [U] a hard substance in a piece of meat that is unpleasant to eat মাংসের মধ্যে যে শক্ত অংশ খেতে ভালো লাগে না ▶ **gristly** *adv.* হাড়ের টুকরোসহ

grit[1] / ɡrɪt গ্রিট্ / *noun* [U] **1** small pieces of stone or sand ছোটো ছোটো পাথর বা বালির কুচি *I've got some grit/a piece of grit in my shoe.* **2** (*informal*) courage; determination that makes it possible for sb to continue doing sth difficult or unpleasant মনের জোর, সাহস; কঠিন বা অপ্রীতিকর কোনো কাজ সম্ভব করে তোলার মতো চরিত্রের দৃঢ়তা

grit[2] / ɡrɪt গ্রিট্ / *verb* [T] (**gritting; gritted**) to spread small pieces of stone and sand on a road that is covered with ice তুষারে ঢাকা রাস্তার উপর গুঁড়ো পাথর এবং বালি ছড়ানো

IDM grit your teeth 1 to bite your teeth tightly together দাঁত কড়মড় করা *She gritted her teeth against the pain as the doctor examined her injured foot.* **2** to use your courage or determination in a difficult situation কঠিন অবস্থার মধ্যে সাহস অথবা মনের দৃঢ়তা বজায় রাখা

groan / ɡrəʊn গ্র্যাউন্ / *verb* [I] **groan (at/with sth)** to make a deep sad sound because you are in pain, or to show that you are unhappy about sth বেদনায় কাতরানো, গোঙানো অথবা মনের দুঃখ প্রকাশ করতে গজরানো *He groaned with pain.* ○ *All the students were* ***moaning and groaning*** (= complaining) *about the amount of work they had to do.* ▶ **groan** *noun* [C] গোঙানি, আর্তনাদ

grocer / ˈɡrəʊsə(r) ˈগ্র্যাউস্যা(র্) / *noun* **1** [C] a person who has a shop that sells food and other things for the home যে ব্যক্তি বাড়িতে ব্যবহারের জন্য খাদ্যদ্রব্য এবং অন্যান্য জিনিস বিক্রি করে; মুদি ➪ **greengrocer** দেখো। **2 the grocer's** [*sing.*] a shop that sells food and other things for the home যে দোকানে বাড়িতে ব্যবহারের জন্য খাদ্যদ্রব্য এবং অন্যান্য জিনিস বিক্রি করা হয়; মুদিখানা

groceries / ˈɡrəʊsəriz ˈগ্র্যাউস্যারিজ় / *noun* [*pl.*] food, etc. that is sold by a grocer or in a larger food shop (**supermarket**) খাদ্যদ্রব্য ইত্যাদি যা মুদিখানায় অথবা বড়ো দোকানে বা সুপার মার্কেটে বিক্রি করা হয়

groggy / ˈɡrɒɡi ˈগ্রগি / *adj.* (*informal*) weak and unable to walk steadily because you feel ill, have not had enough sleep, etc. অসুস্থতা বা নিদ্রাহীনতার ফলে দুর্বলতার জন্য ভালোভাবে হাঁটতে অক্ষম

groin / ɡrɔɪn গ্রইন্ / *noun* [C] **1** the front part of your body where it joins your legs উরুসন্ধি, কুঁচকি **2** (*AmE*) = **groyne**

groom[1] / ɡru:m গ্রুম্ / *noun* [C] **1** = **bridegroom** **2** a person who looks after horses, especially by cleaning and brushing them ঘোড়ার রক্ষণাবেক্ষণ বা দেখাশোনা করে এমন ব্যক্তি; সহিস

groom[2] / ɡru:m গ্রুম্ / *verb* [T] **1** to clean or look after an animal by brushing, etc. কোনো জন্তুকে ঘষে-মুছে পরিষ্কার-পরিচ্ছন্ন রাখা, তাকে দেখাশোনা করা *to groom a horse/dog/cat* **2 groom sb (for/as sth)** (*usually passive*) to choose and prepare sb for a particular career or job কাউকে বিশেষ কোনো পেশা অথবা কাজের জন্য বেছে নিয়ে তার জন্য গড়ে তোলা

groove / ɡru:v গ্রুভ্ / *noun* [C] a long deep line that is cut in the surface of sth কোনো কিছুর উপর খোদাই করে কাটা দাগ

grope / ɡrəʊp গ্র্যাউপ্ / *verb* **1** [I] **grope (about/around) (for sth)** to search for sth or find your way using your hands because you cannot see দেখতে না পাওয়ার জন্য কোনো কিছু হাতড়ে দেখা অথবা কোনো দিকে হাতড়ানো *He groped around for the light switch.* **2** [T] (*informal*) to touch sb sexually, especially when he/she does not want you to ইচ্ছার বিরুদ্ধে কাউকে যৌনভাবে স্পর্শ করা

gross / ɡrəʊs গ্র্যাউস্ / *adj.* **1** (*only before a noun*) being the total amount before anything is taken away কোনো কিছু বাদ দেওয়ার আগে যে মোট পরিমাণ বা সংখ্যা *gross income* (=before tax, etc. is taken away) ✪ বিপ **net** **2** (*formal*) (*only before a noun*) very great or serious গুরুতর অথবা খুব বড়ো রকমের *gross indecency/negligence/misconduct* **3** very rude and unpleasant খুব অভদ্র এবং অপ্রীতিকর **4** very fat and ugly অতি মোটা এবং কুৎসিত

gross domestic product *noun* [*sing.*, U] = **GDP**

grossly / ˈɡrəʊsli ˈগ্র্যাউস্‌লি / *adv.* very খুব বেশি, অত্যন্ত *That is grossly unfair.*

gross national product *noun* [*sing.*, U] = **GNP**

grotesque / ɡrəʊˈtesk গ্র্যাউˈটেস্ক্ / *adj.* strange or ugly in a way that is not natural অস্বাভাবিক রকম অদ্ভুত বা কুৎসিত

grotty / ˈgrɒti ˈগ্রটি / *adj.* (*informal*) (**grottier; grottiest**) unpleasant; of poor quality অপ্রীতিকর; খারাপ মানের *She lives in a grotty flat.*

ground[1] / graʊnd গ্রাউন্ড্ / *noun* **1 the ground** [*sing.*] the solid surface of the earth ভূমি, স্থল *He slipped off the ladder and fell to the ground.* ○ *waste ground* (=that is not being used) **2** [U] an area or type of soil বিশেষ অঞ্চল অথবা কোনো বিশেষ ধরনের মাটি বা জমি *solid/marshy/stony ground*

> **NOTE** যে গ্রহে আমরা বসবাস করি তার নাম **Earth**। **Sea** শব্দটির বিপরীতার্থক শব্দ হল **land**—*The sailors sighted land.* ○ *The astronauts returned to Earth.* যে জমিজায়গা আমরা কেনাবেচা করতে পারি তাকে আমরা **land** বলি—*The price of land in Tokyo is extremely high.* যখন আমরা বাইরে যাই তখন আমাদের পায়ের তলার মাটিকে আমরা **the ground** বলি। ঘরের মধ্যে পায়ের তলার মাটিকে আমরা **the floor** বলি—*Don't sit on the ground. You'll get wet.* ○ *Don't sit on the floor. I'll get another chair.* গাছপালা **earth** অথবা **soil**-এ জন্মায়।

3 [C] a piece of land that is used for a particular purpose খানিকটা জমি যা বিশেষ কোনো কিছুর জন্য ব্যবহার করা হয় *a sports ground* ○ *a playground* **4 grounds** [*pl.*] land or gardens surrounding a large building কোনো বড়ো বাড়ির চারিদিকে যে জমি বা বাগান *the grounds of the palace* **5** [U] an area of interest, study, discussion, etc. চিন্তাভাবনা, অধ্যয়ন, আলোচনা ইত্যাদির বিষয় বা ক্ষেত্র *The lecture went over* ***the same old ground*** *covered a lot of* ***new ground****.* ○ *to be on dangerous ground* (= saying sth likely to cause anger) **6** [C, *usually pl.*] **grounds (for sth/doing sth)** a reason for sth কোনো কিছুর কারণ *She retired* ***on medical grounds****.* ○ *grounds for divorce* **7** (*AmE*) = **earth**[1] **4**

IDM above/below ground above/below the surface of the earth মাটির উপরে/নীচে

break fresh/new ground to make a discovery or introduce a new method or activity কোনো নতুন উপায়, পন্থা, পদ্ধতি বার করা বা আরম্ভ করা

gain ground ➪ **gain**[1] দেখো।

get off the ground (used about a business, project, etc.) to make a successful start (ব্যাবসা, প্রকল্প ইত্যাদি সম্বন্ধে ব্যবহৃত) সফলতার সঙ্গে আরম্ভ করা

give/lose ground (to sb/sth) to allow sb to have an advantage; to lose an advantage for yourself কাউকে সুবিধা দেওয়া; নিজের কোনো সুবিধা হাতছাড়া করা *Labour lost a lot of ground to the Liberal Democrats at the elections.*

hold/keep/stand your ground to refuse to change your opinion or to be influenced by pressure from other people অন্যদের প্রভাব বা চাপের কাছে নতি স্বীকার না করা; চাপে পড়ে নিজের মত পরিবর্তন করতে রাজি না হওয়া

thin on the ground difficult to find; not common পাওয়া কঠিন; অসাধারণ

ground[2] / graʊnd গ্রাউন্ড্ / *verb* [T] **1** (*usually passive*) to force an aircraft, etc. to stay on the ground কোনো বিমান ইত্যাদিকে মাটিতে থাকতে বাধ্য করা *to be grounded by fog* **2** (*usually passive*) to punish a child by not allowing them to go out with their friends for a period of time কিছুক্ষণের জন্য বন্ধুদের সঙ্গে বেরোতে না দিয়ে কোনো শিশুকে শাস্তি দেওয়া **3** (*AmE*) = **earth**[2]

ground[3] ➪ **grind**[1]-এর past tense এবং past participle *ground almonds*

ground beef (*AmE*) = **mince**

ground crew (*also* **ground staff**) *noun* [C, U] the people in an airport whose job it is to look after an aircraft while it is on the ground বিমান মাটিতে থাকাকালীন বিমানবন্দরের যেসব কর্মী তার দেখাশোনা করে

ground floor (*AmE* **first floor**) *noun* [C] the floor of a building that is at ground level কোনো বাড়ির একতলা *a ground-floor flat* ➪ **floor**-এ নোট দেখো।

grounding / ˈgraʊndɪŋ ˈগ্রাউন্‌ডিং / *noun* [*sing.*] **a grounding (in sth)** the teaching of the basic facts or principles of a subject কোনো বিষয়ে বুনিয়াদি স্তরের তথ্য বা নীতিগত শিক্ষা

groundless / ˈgraʊndləs ˈগ্রাউন্ড্‌ল্যাস্ / *adj.* having no reason or cause ভিত্তিহীন বা অমূলক *Our fears were groundless*

groundnut / ˈgraʊndnʌt ˈগ্রাউন্ড্‌নাট্ / = **peanut**

groundsheet / ˈgraʊndʃiːt ˈগ্রাউন্ড্‌শীট্ / *noun* [C] a large piece of material that does not let water through, that is placed on the ground inside a tent বড়ো আকারের (চাদরজাতীয়) কোনো কিছু যা তাঁবুর মধ্যে মাটিতে পাতলে তার মধ্য দিয়ে জল চুঁইয়ে ওঠে না

groundwater / ˈgraʊndwɔːtə(r) ˈগ্রাউন্ড্‌উঅ:ট্যা(র্) / *noun* [U] water that is found under the ground in soil, rocks, etc. মাটি, পাথর ইত্যাদির নীচে যে জল পাওয়া যায়; ভূগর্ভস্থ জল

groundwork / ˈgraʊndwɜːk ˈগ্রাউন্ড্‌উঅ্যাক্ / *noun* [U] work that is done in preparation for further work or study আরও কাজ করা বা পড়াশোনা করার উদ্দেশ্যে প্রথমে প্রস্তুতি হিসেবে যে কাজ করা হয়

group[1] / gruːp গ্রুপ্ / *noun* [C] **1** [*with sing. or pl. verb*] a number of people or things that are together in the same place or that are connected in some way কোনো একভাবে একসঙ্গে যুক্ত বা একই স্থানে স্থিত কয়েকজন লোক বা কিছু জিনিসপত্র; এক দল লোক, গোষ্ঠী *Students were standing **in groups** waiting for their exam results.* ○ *people of many different social groups* ○ ***a pressure group*** (= a political group that tries to influence the government) ○ ***blood group***

> **NOTE** **Group** শব্দটি একবচনের (singular) রূপে একবচন বা বহুবচন (plural) ক্রিয়াপদের (verb) সঙ্গে প্রয়োগ করা যেতে পারে। সেই ক্ষেত্রে বহুবচনে ক্রিয়াপদের প্রয়োগ বেশি দেখা যায়।

2 (used in business) a number of companies that are owned by the same person or organization (ব্যাবসার ক্ষেত্রে ব্যবহৃত) এমন কয়েকটি প্রতিষ্ঠান যাদের মালিক একই ব্যক্তি বা একটি প্রতিষ্ঠান **3** (*old-fashioned*) a number of people who play music together কয়েকজন লোকের একটি দল যারা একসঙ্গে গানবাজনা করে *a pop group* ⇨ **band** দেখো।

group² / gruːp গ্রুপ্ / *verb* [I, T] **group (sb/sth) (around/round sb/sth); group (sb/sth) (together)** to put sb/sth or to form into one or more groups কাউকে বা কোনো কিছুকে এক বা একাধিক দলভুক্ত করা *Group these words according to their meaning.*

grouping / ˈgruːpɪŋ ˈগ্রুপিং / *noun* **1** [C] a number of people or organizations that have the same interests, aims or characteristics and are often part of a larger group কয়েকজন মানুষ অথবা প্রতিষ্ঠান যাদের একই ধরনের আগ্রহ, উদ্দেশ্য বা বৈশিষ্ট্য ইত্যাদি থাকে এবং প্রায়ই যারা কোনো একটা বড়ো দলের অন্তর্গত হয়ে থাকে *These small nations constitute an important grouping within the SAARC nations.* **2** [U] the act of forming sth into a group কোনো কিছুকে কোনো বর্গভুক্ত করার ক্রিয়া

grouse / graʊs গ্রাউস্ / *noun* [C] (*pl.* **grouse**) a fat brown bird with feathers on its legs that is shot for sport in some countries একধরনের স্থূল বাদামি পাখি যাদের পায়ে পালক থাকে। কোনো কোনো দেশে বিনোদনের জন্য যাদের গুলি করে মারা হয়; মেঠো মোরগবিশেষ

grove / grəʊv গ্রোউভ্ / *noun* [C] a small group of trees, especially of one particular type ছোটো গাছের ঝোপ; বিশেষত কোনো নির্দিষ্ট ধরনের *an olive grove*

grovel / ˈgrɒvl ˈগ্রভ্ল্ / *verb* [I] (**grovelling; grovelled** *AmE* **groveling; groveled**) **1 grovel (to sb) (for sth)** to try too hard to please sb who is more important than you or who can give you sth that you want যা চাওয়া হচ্ছে তা পাওয়ার জন্যে নিজের থেকে বেশি গুরুত্বপূর্ণ কাউকে খুশি করার চেষ্টা করা *to grovel for forgiveness* **2 grovel (around/about) (for sth)** to move around on your hands and knees (usually when you are looking for sth) কিছু খোঁজার উদ্দেশ্যে হামাগুড়ি দেওয়া ▶ **grovelling** *adj.* লজ্জাজনকভাবে, হীনভাবে *He wrote a grovelling letter to my bank manager.*

grow / grəʊ গ্রোউ / *verb* (*pt* **grew** / gruː গ্রু /; *pp* **grown** / grəʊn গ্রোউন্ /) **1** [I] **grow (in sth)** to increase in size or number; to develop into an adult form আকারে বা সংখ্যায় বাড়ানো; পূর্ণরূপে বিকশিত হওয়া *a growing child* ○ *She's growing in confidence all the time.* ○ *You must invest if you want your business to grow.* **2** [I, T] (used about plants) to exist and develop in a particular place; to make plants grow by giving them water, etc. (গাছপালা সম্বন্ধে ব্যবহৃত) বিশেষ স্থানে হয় এমন; জল ইত্যাদি দিয়ে গাছপালা বড়ো করা *Palm trees don't grow in cold climates.* ○ *We grow vegetables in our garden.* **3** [T] to allow your hair or nails to grow চুল অথবা নখ বড়ো হতে দেওয়া *to grow a beard/moustache* **4** (***linking verb***) to gradually change from one state to another; to become এক অবস্থা থেকে অন্য অবস্থায় ধীরে ধীরে রূপান্তরিত হওয়া; হয়ে ওঠা *It began to grow dark.* ○ *to grow older/wiser/taller/bigger* ○ *The teacher was growing more and more impatient.* **NOTE** এই অর্থে **get** শব্দটি বেশি ব্যবহৃত।

PHR V **grow into sth 1** to gradually develop into a particular type of person ধীরে ধীরে বিশেষ এক ধরনের মানুষে পরিণত হওয়া *She has grown into a very attractive young woman.* **2** to become big enough to fit into clothes, etc. পোশাক ইত্যাদি পরার পক্ষে উপযুক্ত হওয়া *The coat is too big for him, but he will soon grow into it.*

grow on sb to become more pleasing আরও বেশি প্রীতিকর হয়ে ওঠা *I didn't like ginger at first, but it's a taste that grows on you.*

grow out of sth to become too big or too old for sth কোনো কিছুর পক্ষে বেশি বড়ো বা পুরোনো হয়ে যাওয়া *She's grown out of that dress I made her last year.*

grow (sth) out (used about hairstyles, etc.) to disappear gradually as your hair grows; to allow your hair to grow in order to change the style (চুলের কায়দা ইত্যাদি সম্বন্ধে ব্যবহৃত) ক্রমশ বেড়ে গিয়ে চাপা পড়ে যাওয়া বা হারিয়ে যাওয়া; চুলের কায়দা পরিবর্তন করার উদ্দেশ্যে তাকে বাড়তে দেওয়া

grow up 1 to develop into an adult; to mature পূর্ণবয়স্ক হওয়া; পরিণত হওয়া *What do you want to* *be when you grow up* (=what job do you want to do later)? ○ *She grew up* (=spent her childhood) *in Spain.* **2** (used about a feeling, etc.) to develop or become strong (কোনো অনুভূতি ইত্যাদি সম্বন্ধে ব্যবহৃত) বৃদ্ধি পাওয়া বা জোরালো হওয়া *A close friendship has grown up between them.*

growing / ˈgrəʊɪŋ ˈগ্র্যাউইং / *adj.* increasing যা বেড়ে উঠছে এমন; বাড়ন্ত *A growing number of people are becoming vegetarian these days.*

growl / graʊl গ্রাউল্ / *verb* [I] **growl (at sb/sth)** (used about dogs and other animals) to make a low noise in the throat to show anger or to give a warning (কুকুর এবং অন্যান্য পশু সম্বন্ধে ব্যবহৃত) গরগর করে রাগ প্রকাশ করা অথবা ভয় দেখানো ▶ **growl** *noun* [C] গরগর শব্দ

grown / grəʊn গ্র্যাউন্ / *adj.* physically an adult প্রাপ্তবয়স্ক, পূর্ণবয়স্ক *a fully grown elephant*

grown-up[1] *adj.* physically or mentally adult শারীরিক বা মানসিক দিক থেকে পরিণত পুরুষ বা মহিলা *She's very grown-up for her age.* ✪ সম **mature**

grown-up[2] *noun* [C] an adult person পূর্ণবয়স্ক ব্যক্তি

growth / grəʊθ গ্র্যাউথ্ / *noun* **1** [U] the process of growing and developing বেড়ে ওঠা এবং বিকাশের পদ্ধতি *A good diet is very important for children's growth.* ○ *a growth industry* (=one that is growing) **2** [U, *sing.*] an increase (in sth) (কোনো কিছুতে) বৃদ্ধি *population growth* **3** [C] a lump caused by a disease that grows in a person's or an animal's body কোনো ব্যক্তি অথবা অন্য প্রাণীর শরীরে অসুস্থতা হেতু যে স্ফোটক বা ফোড়ার মতো হয় *a cancerous growth* **4** [U] something that has grown কোনো কিছু বেড়ে উঠেছে এমন *several days' growth of beard*

groyne (*AmE* **groin**) / grɔɪn গ্রইন্ / *noun* [C] a low wall built out into the sea to prevent it from washing away sand and stones from the beach সমুদ্রতীরবর্তী বালি এবং পাথর যাতে ধুয়ে না যায় সেইজন্য সমুদ্রের পাড়ে যে নীচু দেয়াল বানানো হয়

grub / grʌb গ্রাব্ / *noun* **1** [C] the first form that an insect takes when it comes out of the egg. Grubs are short, fat and white ডিম থেকে বেরিয়ে কীট পতঙ্গ প্রথম যে ক্ষুদ্র, স্থূল আকার নেয়। এগুলি ছোটো, মোটা এবং সাদা হয়; শূক **2** [U] (*informal*) food খাবার, খাদ্যদ্রব্য

grubby / ˈgrʌbi ˈগ্রাবি / *adj.* (**grubbier**; **grubbiest**) (*informal*) dirty after being used and not washed ব্যবহার করার পর অপরিষ্কার, আধোয়া, ময়লা অবস্থা

grudge[1] / grʌdʒ গ্রাজ্ / *noun* [C] **a grudge (against sb)** unfriendly feelings towards sb, because you are angry about what has happened in the past আগে যা ঘটেছে তার জন্য কারও প্রতি বিরক্তি বা রাগের মনোভাব *to* ***bear a grudge*** *against sb*

grudge[2] / grʌdʒ গ্রাজ্ / *verb* [T] **grudge sb sth**; **grudge doing sth** to be unhappy that sb has sth or that you have to do sth কারও প্রতি ঈর্ষান্বিত হওয়া বা কোনো কিছু করতে নারাজ হওয়া *I don't grudge him his success—he deserves it.* ○ *I grudge having to pay so much tax.* ➪ **begrudge** দেখো।

grudging / ˈgrʌdʒɪŋ ˈগ্রাজিং / *adj.* given or done although you do not want to অনিচ্ছা সত্ত্বেও দেওয়া অথবা করা হয়েছে এমন *grudging thanks* ▶ **grudgingly** *adv.* অনিচ্ছাপূর্ণভাবে, অনিচ্ছায়

gruel / ˈgruːəl ˈগ্রুঅ্যাল্ / *noun* [U] a simple dish made by boiling cereals like oats in water or milk, eaten, especially in the past, by poor people আগেকার দিনে দরিদ্র মানুষেরা জলে বা দুধে শস্যদানা (যেমন ওট্স্) সিদ্ধ করে যে সাধারণ খাবার বানিয়ে খেত

gruelling (*AmE* **grueling**) / ˈgruːəlɪŋ ˈগ্রুঅ্যালিং / *adj.* very tiring and long ক্লান্তিকর এবং দীর্ঘস্থায়ী *a gruelling nine-hour march*

gruesome / ˈgruːsəm ˈগ্রুস্যাম্ / *adj.* (used about sth concerned with death or injury) very unpleasant or shocking (মৃত্যু অথবা আঘাতের সঙ্গে জড়িত কোনো কিছু সম্বন্ধে ব্যবহৃত) অত্যন্ত অপ্রীতিকর বা ভয়াবহ; বীভৎস ➪ **grisly** দেখো।

gruff / grʌf গ্রাফ্ / *adj.* (used about a person or a voice) rough and unfriendly (কোনো ব্যক্তি অথবা তার কণ্ঠস্বর সম্বন্ধে ব্যবহৃত) কর্কশ, অভদ্র, রূঢ়বাক, অসৌজন্যমূলক ▶ **gruffly** *adv.* কর্কশভাবে, অভদ্রভাবে

grumble / ˈgrʌmbl ˈগ্রাম্ব্ল্ / *verb* [I] to complain in a bad-tempered way; to keep saying that you do not like sth রূঢ়ভাবে আপত্তি জানানো; কোনো কিছু পছন্দ না-হলে তা বারে বারে বলা *The students were always grumbling about the standard of the food.*

> **NOTE** যতটা ভালো হবে আশা করা হয়েছিল ততটা ভালো না হলে **grumble** অথবা **moan** শব্দগুলি ব্যবহার করা হয়। কোনো কিছুর মধ্যে সংশোধন অথবা প্রতিকার আনতে চেয়ে কর্তৃপক্ষকে অভিযোগ জানানোর জন্য **complain** শব্দটি ব্যবহৃত হয়।

▶ **grumble** *noun* [C] উদ্ধত প্রতিবাদ, গজগজানি

grumpy / ˈgrʌmpi ˈগ্রাম্পি / *adj.* (*informal*) badtempered বদমেজাজি, তিরিক্ষে মেজাজসম্পন্ন ▶ **grumpily** *adv.* বদমেজাজিভাবে, তিরিক্ষেভাবে

grunt / grʌnt গ্রান্ট্ / *verb* [I, T] to make a short low sound in the throat. People grunt when they do not like sth or are not interested and do not want to talk নীচুস্বরে গলার মধ্যে গরগর করা। লোকে সেরকম করে যখন তারা কোনো কিছু পছন্দ করে না বা তাতে আগ্রহ বোধ করে না এবং কথা বলতে চায় না

I tried to find out her opinion but she just grunted when I asked her. ▶ **grunt** *noun* [C] নীচুস্বরে গলার মধ্যে করা গরগর আওয়াজ; অসন্তুষ্টভাবে করা বিড়বিড় আওয়াজ

guano / ˈgwɑːnəʊ ˈগুআ:ন্যাউ / *noun* [U] the waste substance passed from the bodies of seabirds, that is used by farmers to make plants grow well কোনো কোনো সামুদ্রিক পাখির বিষ্ঠা, যা চাষীরা ভালো ফলনের জন্য সার হিসেবে ব্যবহার করে

guarantee[1] / ˌgærənˈtiː ˌগ্যার‍্যান্ˈটী / *noun* [C, U] **1** a firm promise that sth will be done or that sth will happen কিছু করা হবে বা ঘটবে বলে দেওয়া দৃঢ় আশ্বাস *The refugees are demanding guarantees about their safety before they return home.* **2** a written promise by a company that it will repair or replace a product if it breaks in a certain period of time কোনো জিনিস কেনার পরে নির্দিষ্ট সময়ের মধ্যে সেটি ভেঙে গেলে তাকে মেরামত করা বা তা বদলে দেওয়ার যে লিখিত প্রতিশ্রুতি-পত্র কোম্পানি বা বিক্রেতা দেয়; গ্যারান্টি *The watch comes with a year's guarantee.* ○ *Is the computer still* ***under guarantee****?* ➪ **warranty** দেখো। **3** something that makes sth else certain to happen কোনো কিছু যা অন্য কোনো ঘটনা নিশ্চিত করে *Without a reservation there's no guarantee that you'll get a seat on the train.*

guarantee[2] / ˌgærənˈtiː ˌগ্যার‍্যান্ˈটী / *verb* [T] **1** to promise that sth will be done or will happen কোনো কিছু যে করা হবেই বা ঘটবেই তার প্রতিশ্রুতি দেওয়া *They have guaranteed delivery within one week.* **2** to give a written promise to repair or replace a product if anything is wrong with it কোনো পণ্য দ্রব্য খারাপ হয়ে গেলে তা সারিয়ে বা বদলে দেওয়া হবে বলে লিখিত প্রতিশ্রুতি দেওয়া; গ্যারান্টি দেওয়া *This washing machine is guaranteed for three years.* **3** to make sth certain to happen কোনো কিছু যে ঘটবেই বা হবেই তা নিশ্চিত করা *Tonight's win guarantees the team a place in the final.*

guarantor / ˌgærənˈtɔː(r) ˌগ্যার‍্যান্ˈট:(র্) / *noun* [C] **1** (*formal*) a person who agrees to be responsible for making sure that sth happens or is done কোনো কিছুর ঘটা বা কিছু করা নিশ্চিত করার দায়িত্ব নিতে সম্মত হয় যে ব্যক্তি; জামিনদার *The United Nations will act as a guarantor of the peace settlement.* **2** (*legal*) a person who formally agrees to pay a debt if you cannot যে ব্যক্তি আইনসম্মতভাবে অন্য ব্যক্তির ঋণ শোধ করতে রাজি হয় *You must have a guarantor in order to take a loan.*

guard[1] / gɑːd গা:ড্ / *noun* **1** [C] a person who protects a place or people, or who stops prisoners from escaping কোনো স্থান বা মানুষজনকে রক্ষা করে যে ব্যক্তি বা যে বন্দিদের পাহারা দেয়; প্রহরী, পাহারাদার, রক্ষক *a security guard* ➪ **warder** এবং **bodyguard** দেখো। **2** [U] the state of being ready to prevent attack or danger বিপদ অথবা আক্রমণ আটকানোর জন্য প্রস্তুত এমন অবস্থা *Soldiers* ***keep guard*** *at the gate.* ○ *The prisoner arrived* ***under*** *armed* ***guard****.* **3** [*sing., with sing. or pl. verb*] a group of soldiers, police officers, etc. who protect sb/sth একদল সৈন্য, পুলিশ অফিসার ইত্যাদি যারা কাউকে বা কোনো কিছু পাহারা দেয় *The president always travels with an armed guard.* **4** [C] (*often in compounds*) something that covers sth dangerous or protects sth যা বিপজ্জনক কোনো কিছু আটকে রাখে বা কোনো কিছু রক্ষা করে *a fireguard* ○ *a mudguard* (= over the wheel of a bicycle) **5** (*AmE* **conductor**) [C] a person who is in charge of a train but does not drive it ট্রেনের তত্ত্বাবধায়ক, কিন্তু সেটি চালায় না **6** [U] a position that you take to defend yourself, especially in sports such as boxing নিজেকে রক্ষা করার জন্য যে ভঙ্গি নেওয়া হয়, বিশেষত খেলাধুলায়, যেমন মুষ্টিযুধে (বক্সিংয়ে)

IDM **off/on (your) guard** not ready/ready for an attack, surprise, mistake, etc. আক্রমণ, বিস্ময়, ভুলভ্রান্তি ইত্যাদির জন্য প্রস্তুত অথবা প্রস্তুত নয় *The question caught me off (my) guard and I didn't know what to say.*

guard[2] / gɑːd গা:ড্ / *verb* [T] **1** to keep sb/sth safe from other people; protect কাউকে বা কোনো কিছুকে অপরের থেকে রক্ষা করে রাখা; রক্ষা করা *The building was guarded by men with dogs.* ○ (*figurative*) *a closely guarded secret* **2** to be ready to stop prisoners from escaping বন্দিরা যাতে না পালিয়ে যায় তার জন্য প্রস্তুত থাকা

PHR V **guard against sth** to try to prevent sth or stop sth happening কোনো কিছু যাতে না-হতে বা ঘটতে পারে তার জন্য চেষ্টা করা

guarded / ˈgɑːdɪd ˈগা:ডিড্ / *adj.* (used about an answer, statement, etc.) careful; not giving much information or showing what you feel (কোনো উত্তর, বিবৃতি ইত্যাদি সম্বন্ধে ব্যবহৃত) সাবধানী, সতর্ক; বেশি তথ্য দেওয়া হচ্ছে না বা আসল মনোভাব দেখানো হচ্ছে না এমন ✪ বিপ **unguarded** ▶ **guardedly** *adv.* সাবধানে, রেখে ঢেকে

guardian / ˈgɑːdiən ˈগা:ডিঅ্যান্ / *noun* [C] **1** a person or institution that guards or protects sth এমন ব্যক্তি অথবা এমন প্রতিষ্ঠান যে বা যা কোনো কিছু পাহারা দেয় বা রক্ষা করে *The police are the guardians of law and order.* **2** a person who is legally responsible for the care of another person, especially of a child whose parents are dead কোনো ব্যক্তি যে আইনত অপর কোনো ব্যক্তির, বিশেষত মাতৃপিতৃহীন কোনো শিশুর, রক্ষণাবেক্ষণের জন্য দায়ী

guava / ˈgwɑːvə ˈগুআ:ভ্যা / *noun* [C] the fruit of a tropical American tree, with yellow skin and a pink inside পেয়ারা

guerrilla (*also* **guerilla**) / gəˈrɪlə গ্যাˈরিল্যা / *noun* [C] a member of a small military group who are not part of an official army and who make surprise attacks on the enemy ক্ষুদ্র সামরিক দলের একজন যে দেশের সরকারি সামরিক বাহিনীর অন্তর্গত নয় এবং দেশের শত্রুদের উপর অতর্কিতে আক্রমণ করে; গেরিলা

guess[1] / ges গেস্ / *verb* **1** [I, T] **guess (at sth)** to try to give an answer or make a judgement about sth without being sure of all the facts কোনো কিছুর সকল তথ্য সম্বন্ধে নিশ্চিত না হয়ে সেই সম্বন্ধে উত্তর দেওয়া অথবা বিচার করার চেষ্টা করা *I'd guess that he's about 45.* ○ *If you're not sure of an answer, guess.* ○ *We can only guess at her reasons for leaving.* **2** [I, T] to give the correct answer when you are not sure about it; to guess correctly আন্দাজ করে ঠিক উত্তর দেওয়া; ঠিক উত্তর আন্দাজ করা *Can you guess my age?* ○ *You'll never guess what Ankur just told me!* ○ *Did I guess right?* **3** [T] (*AmE informal*) to imagine that sth is probably true or likely কোনো কিছু সম্ভবত সত্য এই রকম আন্দাজ করা *I guess you're tired after your long journey.* ✪ সম **suppose** **4** [T] used to show that you are going to say sth surprising or exciting বিস্ময়কর বা উত্তেজনাপূর্ণ কোনো কিছু বলতে যাওয়া হচ্ছে এরকম ভাব প্রকাশে ব্যবহৃত অভিব্যক্তিবিশেষ *Guess what! I'm getting married!*

guess[2] / ges গেস্ / *noun* [C] an effort you make to imagine a possible answer or give an opinion when you cannot be sure if you are right যথার্থতা সম্পর্কে নিশ্চিত না হয়ে কল্পনাপ্রসূত কোনো উত্তর অথবা মতামত দেওয়ার প্রচেষ্টা *I don't know how far it is, but* ***at a guess*** *I'd say about 50 kilometres.* ○ *I'd say it'll take about four hours, but that's just* ***a rough guess****.*

IDM **anybody's/anyone's guess** something that nobody can be certain about এমন কিছু যে ব্যাপারে কেউই নিশ্চিত নয় *What's going to happen next is anybody's guess.*

your guess is as good as mine I do not know আমি জানি না, আমার জানা নেই *'Where's Raj?' 'Your guess is as good as mine.'*

guesswork / ˈgeswɜːk ˈগেস্উঅ্যাক্ / *noun* [U] an act of guessing আন্দাজ করার ক্রিয়া; অনুমান *I arrived at the answer* ***by pure guesswork****.*

guest / gest গেস্ট্ / *noun* [C] **1** a person who is invited to a place or to a special event এমন ব্যক্তি যাকে কোনো স্থানে অথবা কোনো বিশেষ অনুষ্ঠানে আমন্ত্রণ করা হয়েছে; আমন্ত্রিত ব্যক্তি, অতিথি *wedding guests* ○ *Who is the guest speaker at the conference?* **2** a person who is staying at a hotel, etc. হোটেল ইত্যাদিতে থাকছে এমন ব্যক্তি, হোটেলের আবাসিক *This hotel has accommodation for 500 guests.*

IDM **be my guest** (*informal*) used to give sb permission to do sth that he/she has asked to do কেউ কিছু করতে চাইলে তাকে তা করার অনুমতি দেওয়ার জন্য ব্যবহৃত অভিব্যক্তিবিশেষ *'Do you mind if I have a look at your newspaper?' 'Be my guest!'*

guest house *noun* [C] a small hotel, sometimes in a private house ছোটো হোটেল যা কখনও কোনো বসত বাড়ির অংশ; অতিথিশালা

guidance / ˈgaɪdns ˈগাইড্‌ন্স্ / *noun* [U] **guidance (on sth)** help or advice (কোনো ব্যাপারে) সাহায্য অথবা পরামর্শ *The centre offers guidance for unemployed people on how to find work.*

guide[1] / gaɪd গাইড্ / *noun* [C] **1** a book, magazine, etc. that gives information or help on a subject বই, পত্রিকা ইত্যাদি যা থেকে কোনো বিষয়ে খোঁজখবর বা সাহায্য পাওয়া যায় *Your Guide to Using the Internet* **2** (*also* **guidebook**) a book that gives information about a place for travellers and tourists এমন বই যাতে ভ্রমণকারী এবং পর্যটকদের জন্য কোনো জায়গা সম্বন্ধে খোঁজখবর থাকে **3** a person who shows tourists or travellers where to go এমন ব্যক্তি যে ভ্রমণকারী বা পর্যটকদের কোথায় যেতে হবে, কি দেখতে হবে ইত্যাদির ব্যাপারে সাহায্য করে, পথ দেখিয়ে নিয়ে যায় এবং দ্রষ্টব্য দেখায় *She works as a tour guide in Goa.* **4** something that helps you to judge or plan sth এমন কিছু যা কোনো কিছু সম্বন্ধে বিচার অথবা পরিকল্পনা করতে সাহায্য করে ***As a rough guide****, use twice as much water as rice.* **5 Guide** a member of an organization **(the Guides)** that teaches girls practical skills and organizes activities such as camping মেয়েদের ব্যাবহারিক জীবনের ক্রিয়াপদ্ধতি ও কলাকৌশল শেখায় এবং ক্যাম্পিংয়ের মতো কর্মপ্রক্রিয়া সংগঠিত করে যে সংস্থা তার একজন সদস্য NOTE ছেলেদের এই ধরনের দলকে **the Scouts** বলা হয়।

guide[2] / gaɪd গাইড্ / *verb* [T] **1** to help a person or a group of people to find the way to a place; to show sb a place that you know well কোনো ব্যক্তি বা দলকে কোনো জায়গায় যাওয়ার পথনির্দেশ বলে দেওয়া; কাউকে কোনো স্থান (যা নিজের জানা আছে) দেখানো *He guided us through the busy streets to our hotel.* ➪ **lead**-এ নোট দেখো। **2** to have an influence on sb/sth কারও বা কিছুর উপর প্রভাব থাকা

I was guided by your advice. **3** to help sb deal with sth difficult or complicated কাউকে কোনো কঠিন বা জটিল সমস্যা মোকাবিলাতে সাহায্য করা *The manual will guide you through every step of the procedure.* **4** to carefully move sb/sth or to help sb/sth to move in a particular direction সাবধানে কাউকে বা কোনো কিছুকে সরানো অথবা কোনো বিশেষ দিকে কাউকে বা কোনো কিছুকে সরতে বা সরাতে সাহায্য করা *A crane lifted the piano and two men carefully guided it through the window.*

guided / ˈgaɪdɪd ˈগাইডিড্ / *adj.* led by a guide প্রদর্শকের দ্বারা চালিত *a guided tour/ walk*

guideline / ˈgaɪdlaɪn ˈগাইড্লাইন্ / *noun* [C] **1** [*usually pl.*] official advice or rules on how to do sth কিভাবে কোনো কিছু করতে হবে তার জন্য সরকারি পরামর্শ অথবা নিয়মাবলী **2** something that can be used to help you make a decision or form an opinion এমন কিছু যা ব্যবহার করলে কোনো সিদ্ধান্ত নেওয়া অথবা কোনো মতামত তৈরি করা সহজ হয় *These figures are a useful guideline when buying a house.*

guild / gɪld গিল্ড্ / *noun* [C, *with sing. or pl. verb*] **1** an organization of people who do the same job or who have the same interests or aims যেসব লোকেরা এক ধরনের কাজ করে অথবা যাদের কাজকর্ম, চাওয়াপাওয়া একই ধরনের তাদের নিয়ে সংগঠিত কোনো প্রতিষ্ঠান; একই উদ্দেশ্যে ও স্বার্থসাধনের জন্য স্থাপিত সংঘ *the Screen Actors' Guild* **2** an association of skilled workers in the Middle Ages মধ্যযুগীয় কোনো কর্মদক্ষ ব্যক্তিগণের সমিতি

guile / gʌɪl গাইল্ / *noun* [U] (*formal*) the ability to be clever but by using dishonest means ধূর্ততা, চাতুরি, কপটতা

guillotine /ˈgɪlətiːn ˈগিল্যাটীন্ / *noun* [C] **1** a machine used for cutting paper কাগজ কাটার এক রকম যন্ত্র **2** a machine that was used in France in the past for cutting people's heads off অতীতে ফ্রান্সে শিরশ্ছেদের জন্য যে যন্ত্র ব্যবহৃত হত ; গিলোটিন ▶ **guillotine** *verb* [T] কর্তন যন্ত্রের সাহায্যে কাটা, গিলোটিন ব্যবহার করা

guilt / gɪlt গিল্ট্ / *noun* [U] **1 guilt (about/at sth)** the bad feeling that you have when you know that you have done sth wrong অন্যায় কিছু করলে মনের মধ্যে যে খারাপ অনুভূতি হয়; অপরাধবোধ *He sometimes had a sense of guilt about not spending more time with his children.* **2** the fact of having broken a law আইনভঙ্গ, নিয়মভঙ্গ, অপরাধ *We took his refusal to answer questions as an admission of guilt.* ✪ বিপ **innocence** **3** the responsibility for doing sth wrong or for sth bad that has happened; the blame for sth কোনো কিছু অন্যায় করার জন্য অথবা খারাপ কিছু ঘটার জন্য যে দায়-দায়িত্ব; দোষারোপ *It's difficult to say whether the guilt lies with the parents or the children.*

guilty / ˈgɪlti ˈগিল্টি / *adj.* **1 guilty (of sth)** having broken a law; being responsible for doing sth wrong আইনভঙ্গ করার অপরাধী; মন্দ কাজের জন্য দায়ী *She **pleaded guilty/not guilty** to the crime.* ○ *The jury **found** him **guilty** of fraud.* ✪ বিপ **innocent** **2 guilty (about sth)** having an unpleasant feeling because you have done sth bad দোষী, অপরাধী, পাপবোধে পীড়িত *I **feel** really **guilty** about lying to Sameer.* ○ *It's hard to sleep with **a guilty conscience**.* ▶ **guiltily** *adv.* দোষীভাবে

guinea pig / ˈgɪni pɪg ˈগিনি পিগ্ / *noun* [C] **1** a small animal with no tail that is often kept as a pet ছোটো একরকম লেজহীন জন্তু যাকে অনেকে পোষে; গিনিপিগ **2** a person who is used in an experiment এমন ব্যক্তি যার উপর বৈজ্ঞানিক পরীক্ষা করা হয় *I volunteered to act as a guinea pig in their research.*

guise / gaɪz গাইজ্ / *noun* [C] a way in which sb/sth appears, which is often different from usual or hides the truth কারও বা কোনো কিছুর প্রকাশ, যা সাধারণের থেকে আলাদা অথবা সত্যকে আড়ালে রাখে *The President was at the meeting **in his guise as** chairman of the charity.* ○ *His speech presented racist ideas **under the guise of** nationalism.*

guitar / gɪˈtɑː(r) গিˈটা:(র্) / *noun* [C] a type of musical instrument with strings that you play with your fingers or with a piece of plastic (**a plectrum**) তার লাগানো একধরনের বাদ্যযন্ত্র যা আঙুল দিয়ে অথবা ছোটো এক টুকরো প্লাস্টিক (plectrum) দিয়ে বাজানো হয়; গিটার ➪ **piano**-তে নোট এবং **music**-এ ছবি দেখো।

guitarist / gɪˈtɑːrɪst গিˈটা:রিস্ট্ / *noun* [C] a person who plays the guitar যে গিটার বাজায়; গিটার-বাদক

gulab jamun *noun* [C] an Indian sweet that consists of deep fried balls of **dough** and milk soaked in rose-flavoured sugar syrup ময়দা ও দুধের গোল বল ভেজে নিয়ে গোলাপ-সুবাসিত চিনির রসে ভিজিয়ে নিয়ে তৈরি ভারতীয় মিষ্টি; গোলাপ জাম

gulf / gʌlf গাল্ফ্ / *noun* **1** [C] a part of the sea that is almost surrounded by land সমুদ্রের এমন অংশ যা প্রায় চারিদিকে স্থল দ্বারা বেষ্টিত; উপসাগর, খাড়ি, *the Gulf of Mexico* **2 the Gulf** [*sing.*] (*informal*) a way of referring to the Persian Gulf এইভাবে পারস্য উপসাগরের কথা বলা হয় **3** [C] an important or serious difference between people in the way they live, think or feel লোকদের চিন্তা-ভাবনা, বসবাস করা অথবা আবেগ অনুভূতির মধ্যে গুরুত্বপূর্ণ অথবা বড়ো রকমের পার্থক্য বোঝাতে বলা হয় *the gulf between rich and poor*

the Gulf Stream *noun* [*sing.*] a warm current of water flowing across the Atlantic Ocean from the Gulf of Mexico towards Europe মেক্সিকোর উপসাগর থেকে আসা যে উষ্ণ জলের স্রোত আটলান্টিক সমুদ্র পেরিয়ে ইউরোপের দিকে যায়

gull / gʌl গাল্ / (*also* **seagull**) *noun* [C] a white or grey seabird that makes a loud noise একরকম সাদা বা ছাই রঙের সামুদ্রিক পাখি যারা জোরে ডাকে ; সী-গাল ⇨ **seabird**-এ ছবি দেখো।

gullet / ˈgʌlɪt ˈগালিট্ / *noun* [C] the tube through which food passes from your mouth to your stomach যে নলের মধ্য দিয়ে খাবার মুখ থেকে পাকস্থলীতে যায় **NOTE** এই অর্থে **oesophagus** শব্দটি বেশি ব্যবহৃত। ⇨ **body**-তে ছবি দেখো।

gullible / ˈgʌləbl ˈগাল্যাবল্ / *adj.* (used about a person) believing and trusting people too easily, and therefore easily tricked (কোনো ব্যক্তি সম্বন্ধে ব্যবহৃত) অতি সহজে লোকজনকে বিশ্বাস করে এবং ভরসা রাখে এবং সেজন্য সহজেই প্রতারিত হয়

gully / ˈgʌli ˈগালি / *noun* [C] (*pl.* **gullies**) a small, narrow passage or valley, usually formed by a **stream** or by rain ছোটো সরু পথ বা উপত্যকা যা সাধারণত কোনো ছোটো নদীর দ্বারা বা বৃষ্টির ফলে তৈরি হয়

gulmohar *noun* [C] an exotic deciduous tree bearing masses of reddish-orange flowers কৃষ্ণচূড়া গাছ

gulp¹ / gʌlp গাল্প্ / *verb* **1** [I, T] **gulp sth (down); gulp (for) sth** to swallow large amounts of food, drink, etc. quickly (খাদ্য, পানীয় ইত্যাদি) তাড়াতাড়ি এক এক গ্রাসে অথবা এক এক ঢোকে অনেকটা করে খাওয়া *He gulped down his breakfast and went out.* ○ *She finally came to the surface, desperately gulping (for) air.* **2** [I] to make a swallowing movement because you are afraid, surprised, etc. ভয় পেয়ে অথবা অবাক হয়ে ঢোঁক গেলার মতো ভাব করা

gulp² / gʌlp গাল্প্ / *noun* [C] **1** the action of breathing in or swallowing sth নিঃশ্বাস নেওয়া অথবা কিছু গেলার ক্রিয়া *I drank my coffee* ***in one gulp*** *and ran out of the door.* **2 a gulp (of sth)** the amount that you swallow when you gulp এক ঢোঁক, চুমুক

gum / gʌm গাম্ / *noun* **1** [C] either of the firm pink parts of your mouth that hold your teeth দাঁতের গোড়ার মাংস; দন্তবেষ্ট, মাড়ি **2** [U] a substance that you use to stick things together (especially pieces of paper) গঁদ, আঠা, লেই **3** = **chewing gum** ⇨ **bubblegum** দেখো।

gun¹ / gʌn গান্ / *noun* [C] **1** a weapon that is used for shooting বন্দুক, কামান *The robber held a gun to the bank manager's head.*

> **NOTE** **Gun**-এর সঙ্গে প্রায়ই ব্যবহৃত ক্রিয়াপদগুলি (verb) হল **load, unload, point, aim, fire**। বিভিন্ন প্রকার বন্দুকের নাম হল **machine gun, pistol, revolver, rifle, shotgun**।

2 a tool that uses pressure to send out a substance or an object কোনো যন্ত্র বা হাতিয়ার যা চাপের সাহায্যে কোনো পদার্থ বা বস্তু ছুড়ে ফেলতে পারে *a grease gun* ○ *a staple gun*

IDM **jump the gun** ⇨ **jump¹** দেখো।

gun² /gʌn গান্ / *verb* [T] (**gunning; gunned**)

PHR V **gun sb down** (*informal*) to shoot and kill or seriously injure sb গুলি করে কাউকে মেরে ফেলা অথবা গুরুতরভাবে জখম করা

gunboat / ˈgʌnbəʊt ˈগান্ব্যাউট্ / *noun* [C] a small ship used in war that carries heavy guns ছোটো যুদ্ধ-জাহাজ যাতে ভারী বন্দুক বা কামান থাকে

gunfire / ˈgʌnfaɪə(r) ˈগান্ফাইঅ্যা(র্) / *noun* [U] the repeated firing of guns বন্দুক বা কামানের ঘন-ঘন গুলি বর্ষণ We *could hear gunfire in the streets.*

gunman / ˈgʌnmən ˈগান্ম্যান্ / *noun* [C] (*pl.* **-men** / -mən -ম্যান্ /) a man who uses a gun to rob or kill people এমন কেউ যে বন্দুক ব্যবহার করে লোকের কাছ থেকে জিনিস ছিনিয়ে নেয় অথবা তাদের মেরেও ফেলে

gunnysack / ˈgʌnisæk ˈগানিস্যাক্ / *noun* [C] a big strong bag made of rough material such as jute fibre and used for carrying or storing things like grains, potatoes, sand, etc. (চাল, গম, আলু অথবা বালি ইত্যাদি বয়ে নিয়ে যাওয়ার জন্য বা তাতে রাখার জন্য ব্যবহৃত) পাটের তন্তু ইত্যাদি দিয়ে তৈরি গুনচট, চটের থলে

gunpoint / ˈgʌnpɔɪnt ˈগান্পইন্ট্ / *noun*

IDM **at gunpoint** threatening to shoot sb কাউকে গুলি করে মেরে ফেলার ভয় দেখানো হচ্ছে এমন *He held the hostages at gunpoint.*

gunpowder / ˈgʌnpaʊdə(r) ˈগান্পাউড্যা(র্) / *noun* [U] an explosive powder that is used in guns, etc. গোলা বারুদ, বিস্ফোরক পদার্থ যা বন্দুকের টোটা ইত্যাদিতে ব্যবহার করা হয়

gunshot / ˈgʌnʃɒt ˈগান্শট্ / *noun* [C] the firing of a gun or the sound that it makes বন্দুক ছোড়ার আওয়াজ

gurdwara *noun* [C] a Sikh place of worship শিখ ধর্মাবলম্বীদের প্রার্থনার জায়গা; গুরুদোয়ারা, গুরুদ্বার

gurgle / ˈgɜːgl ˈগ্যাগল্ / *verb* [I] **1** to make a sound like water flowing quickly through a narrow space কোনো সরু জায়গার মধ্য দিয়ে জল বেরোনোর মতো আওয়াজ করা; গলগল করে আওয়াজ করা *a gurgling stream* **2** if a baby gurgles, it makes a noise in its throat because it is happy স্ফুর্তি হলে কোনো শিশু গলগল করে গলার মধ্যে যে-আওয়াজ করে ▶ **gurgle** *noun* [C] গল গল, খিল খিল শব্দ

guru / ˈgʊru: ˈগুরু / *noun* [C] **1** a spiritual leader or teacher in the Hindu religion হিন্দু ধর্মের গুরু বা আচার্য **2** somebody whose opinions you admire and respect, and whose ideas you follow এমন কেউ যাঁর মতবাদকে প্রশংসা ও শ্রদ্ধা করা হয় এবং যাঁর ভাবধারা অনুসরণ করা হয় *a management/fashion guru*

Guru Granth Sahib (*also* **the Granth Sahib**) *noun* the sacred book of the Sikhs শিখ ধর্মালম্বীদের ধর্মীয় পুস্তক; গ্রন্থসাহিব

gush / gʌʃ গাশ্ / *verb* **1** [I] **gush (out of/from/into sth); gush out/in** (used about a liquid) to flow out suddenly and in great quantities (তরল পদার্থ সম্বন্ধে বলা হয়) প্রবলভাবে হঠাৎ অনেকটা বেরিয়ে আসা, ফিনকি দিয়ে বেরিয়ে আসা *Blood gushed from the wound.* ○ *I turned the tap on and water gushed out.* **2** [T] (used about a container/vehicle, etc.) to produce large amounts of a liquid (কোনো পাত্র, বাহন ইত্যাদি সম্বন্ধে ব্যবহৃত) অনেকটা তরল পদার্থ বেরোনো *The broken pipe was gushing water all over the road.* **3** [I, T] to express pleasure or admiration too much so that it does not sound sincere অতিরিক্ত আনন্দপ্রকাশ বা প্রশংসা করা, যা সত্য না-ও হতে পারে ▶ **gush** *noun* [C] তোড়, ফিনকি *a sudden gush of water*

gust / gʌst গাস্ট্ / *noun* [C] a sudden strong wind হাওয়ার তোড়, দমকা হাওয়া ▶ **gust** *verb* [I] দমকা হাওয়া বওয়া, প্রচণ্ড জোরে বয়ে যাওয়া

gusto / ˈgʌstəʊ ˈগাস্ট্যাউ / *noun*

IDM **with gusto** with great enthusiasm খুব উৎসাহের সঙ্গে; অত্যুৎসাহে

gut[1] / gʌt গাট্ / *noun* **1** [C] the tube in your body that food passes through when it leaves your stomach যে নালির মধ্য দিয়ে খাদ্য পাকস্থলী থেকে বেরিয়ে যায় বা আসে ⇨ **intestine** দেখো। **2 guts** [*pl.*] the organs in and around the stomach, especially of an animal পাকস্থলীর ভিতর এবং তার চারিদিকের বিভিন্ন অঙ্গ, বিশেষভাবে পশুদেহে **3 guts** [*pl.*] (*informal*) courage and determination সাহস এবং দৃঢ়তা ***takes guts*** *to admit that you are wrong.* ○ *I don't* ***have the guts*** *to tell my boss what he's doing wrong.* **4** [C] a person's fat stomach ভুঁড়ি, মোটা পেট *a beer gut* (=caused by drinking beer)

IDM **work/sweat your guts out** to work extremely hard খুব পরিশ্রম করা

gut[2] / gʌt গাট্ / *verb* [T] (**gutting; gutted**) **1** to remove the organs from inside an animal, fish, etc. জন্তু জানোয়ার, মাছ ইত্যাদির ভিতরের অঙ্গগুলি বার করে ফেলা **2** to destroy the inside of a building কোনো বাড়ির ভিতরের অংশ ধ্বংস করে ফেলা *The warehouse was gutted by fire.*

gut[3] / gʌt গাট্ / *adj.* (*only before a noun*) based on emotion or feeling rather than on reason যুক্তির থেকে বেশি আবেগ অথবা অনুভূতির ভিত্তিতে *a gut feeling/reaction*

gutter / ˈgʌtə(r) ˈগাট্যা(র্) / *noun* [C] **1** a long piece of metal or plastic with a curved bottom that is fixed to the edge of a roof to carry away the water when it rains বাড়ির ছাদের প্রান্তে বৃষ্টির জল বয়ে বার হয়ে যাওয়ার প্লাস্টিকের বা ধাতুর নালি **2** a lower part at the edge of a road along which the water flows away when it rains রাস্তার ধারের অপেক্ষাকৃত নীচু অংশ যেখান দিয়ে বৃষ্টির জল বয়ে যেতে পারে **3** the very lowest level of society সমাজের সর্বনিম্ন স্তর *She rose from the gutter to become a great star.*

guy / gaɪ গাই / *noun* **1** [C] (*informal*) a man or a boy কোনো লোক বা ছেলে *He's a nice guy.* **2 guys** [*pl.*] (*informal*) used when speaking to a group of men and women একদল পুরুষ এবং মহিলাদের সঙ্গে কথা বলার সময়ে ব্যবহার করা হয় *What do you guys want to eat?* **3** [*sing.*] (*BrE*) a model of a man that is burned on 5 November in memory of Guy Fawkes গাই ফক্সের কথা মনে করে ৫ নভেম্বর কোনো ব্যক্তির যে মডেল পোড়ানো হয়

guzzle / ˈgʌzl ˈগাজ়্ল্ / *verb* [I, T] (*informal*) to eat or drink too fast and too much খুব তাড়াতাড়ি অনেকটা গবগব করে খাওয়া অথবা ঢকঢক করে গেলা

gym / dʒɪm জিম্ / *noun* **1** (*formal* **gymnasium**) [C] a large room or a building with equipment for doing physical exercise ব্যায়াম করার সাজ-সরঞ্জাম আছে এমন বড়ো ঘর অথবা বাড়ি, শরীর চর্চার জায়গা; ব্যায়ামাগার *I work out at the gym twice a week.* **2** [U] = **gymnastics** *gym shoes*

gymkhana *noun* [C] **1** a sports event in which people (especially on horses) compete in races and jumping competitions যে খেলার প্রতিযোগিতায় বিশেষত অশ্বারোহীরা দৌড় এবং লাফ দেওয়ার প্রতিযোগিতায় যোগদান করে; জিমখানা **2** (*IndE*) a public place with facilities for sports সর্বসাধারণের ব্যবহার্যে খেলাধূলার সুযোগসুবিধা সম্বলিত ক্রীড়াঙ্গন

gymnasium / dʒɪmˈneɪziəm জিম্ˈনেইজ়িঅ্যাম্ / *noun* [C] (*pl.* **gymnasiums** or **gymnasia** /-zɪə -জ়িঅ্যা/) = **gym 1**

gymnast / ˈdʒɪmnæst ˈজিম্‌ন্যাস্ট্ / *noun* [C] a person who does gymnastics এমন কেউ যে অনেক রকম শরীরচর্চামূলক ব্যায়াম বা কসরত করে

gymnastics / dʒɪmˈnæstɪks জিম্ˈন্যাস্টিক্স্ / (*also* **gym**) *noun* [U] physical exercises that are done indoors, often using special equipment such as bars and ropes প্রায়ই সাজ-সরঞ্জাম ব্যবহার করে (যেমন পাটাতন এবং দড়ি) বাড়ির মধ্যে যেসব ব্যায়াম করা হয়; শরীরচর্চার প্রণালী বা পদ্ধতি বিশেষ; জিমন্যাস্টিক্স্

gynaecology (*AmE* **gynecology**) / ˌgaɪnəˈkɒlədʒi ˌগাইন্যাˈকল্যাজি / *noun* [U] the study and treatment of the diseases and medical problems of women মহিলাদের অসুখবিসুখ সংক্রান্ত চর্চা এবং চিকিৎসা; স্ত্রীরোগবিদ্যা ► **gynaecological** (*AmE* **gyne-**) / ˌgaɪnəkəˈlɒdʒɪkl ˌগাইন্যাক্যাˈলজিকল্ /*adj.* স্ত্রীরোগ সংক্রান্ত ► **gynaecologist** (*AmE* **gyne-**) /ˌgaɪnəˈkɒlədʒɪst ˌগাইন্যাˈকল্যাজিস্ট্ / *noun* [C] স্ত্রীরোগ-বিশেষজ্ঞ

gypsum / ˈdʒɪpsəm ˈজিপ্স্যাম্ / *noun* [U] a soft white rock like chalk that is used in the building industry চকের মতো একরকম সাদা নরম পাথর যা ঘর-বাড়ি তৈরির কাজে ব্যবহার করা হয়; জিপসাম

gypsy (*also* **gipsy**) / ˈdʒɪpsi ˈজিপ্সি / *noun* [C] (*pl.* **gypsies**) a member of a race of people who traditionally spend their lives travelling around from place to place, living in **caravans** ভবঘুরে শ্রেণির লোক যারা বংশপরম্পরায় স্থান থেকে স্থানান্তরে ভ্রমণ করে এবং ক্যারাভ্যানে থাকে; যাযাবর, জিপসি ⇨ **traveller** দেখো।

gyroscope / ˈdʒaɪrəskəʊp ˈজাইর‍্যাস্ক্যাউপ্ / (*informal* **gyro**) / ˈdʒaɪrəʊ ˈজাইর‍্যাউ / *noun* [C] a device consisting of a wheel that turns very quickly inside a frame and does not change position when the frame is moved একটি কাঠামোর মধ্যে দ্রুত গতিতে ঘোরে এবং কাঠামোটি সরলেও স্থান পরিবর্তন করে না এরকম চাকাসমেত যন্ত্র; জাইরোস্কোপ

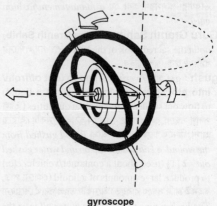

gyroscope

H h

H, h / eɪtʃ এইচ্ / *noun* [C, U] (*pl.* **H's; h's** / ˈeɪtʃɪz ˈএইচিজ্ /) the eighth letter of the English alphabet ইংরেজি বর্ণমালার অষ্টম অক্ষর বা বর্ণ *'Hat' begins with an 'H'.*

ha[1] / hɑː হাঃ / *exclamation* **1** used for showing that you are surprised or pleased অবাক বা খুশি হলে এই শব্দটি ব্যবহার করা হয় *Ha! I knew he was hiding something!* **2 ha! ha!** used in written language to show that sb is laughing কেউ হাসছে বোঝাতে লিখিত ভাষায় এর ব্যবহার হয়

ha[2] *abbr.* hectare(s) হেক্টর-এর সংক্ষিপ্ত রূপ

habit / ˈhæbɪt ˈহ্যাবিট্ / *noun* **1** [C] **a/the habit (of doing sth)** something that you do often and almost without thinking, especially sth that is hard to stop doing (প্রায়ই এবং ভাবনাচিন্তা না করে যা করা হয়, বিশেষত যা বন্ধ করা কঠিন) অভ্যাস, স্বভাব *I'm trying to* ***get into the habit*** *of hanging up my clothes every night.* ○ *Once you start smoking it's hard to* ***break the habit.*** ⇨ **habitual** adjective দেখো।

> **NOTE** কোনো ব্যক্তির অভ্যাস বা স্বভাবকে **habit** বলা হয়। কিন্তু কোনো গোষ্ঠী, বিশেষ কোনো সম্প্রদায় অথবা কোনো রাষ্ট্রের রীতি বা পরম্পরাকে **custom** বলা হয়।

2 [U] usual behaviour সাধারণ ব্যবহার, নিয়মিত অভ্যাস, সাধারণ আচরণ *I think I only smoke* ***out of habit*** *now I don't really enjoy it.*

IDM force of habit ⇨ **force**[1] দেখো।

kick the habit ⇨ **kick**[1] দেখো।

habitable / ˈhæbɪtəbl ˈহ্যাবিট্যাব্‌ল্ / *adj.* (used about buildings) suitable to be lived in (বাড়ি সম্বন্ধে ব্যবহৃত) বাসোপযোগী, বাসযোগ্য, বসবাসের উপযুক্ত ✪ বিপ **uninhabitable**

habitat / ˈhæbɪtæt ˈহ্যাবিট্যাট্ / *noun* [C] the natural home of a plant or an animal গাছ-গাছড়া অথবা জন্তু-জানোয়ারের স্বাভাবিক আবাস বা জন্মস্থান *I've seen wolves in the zoo, but not in their natural habitat.*

habitation / ˌhæbɪˈteɪʃn ˌহ্যাবিˈটেইশ্‌ন্ / *noun* [U] (*formal*) living in a place বাসস্থান

habitual / həˈbɪtʃuəl হ্যাˈবিচুঅ্যাল্ / *adj.* **1** doing sth very often অভ্যাসগত, স্বভাবগত *a habitual liar* **2** which you always have or do; usual নিয়মিত, অভ্যাসগত; চিরাচরিত *He had his habitual cigarette after lunch.* ▶ **habitually** / -tʃuəli -চুঅ্যালি / *adv.* স্বভাবতই, স্বভাববশত, মজ্জাগতভাবে

hack / hæk হ্যাক্ / *verb* [I, T] **1 hack (away) (at) sth** to cut sth in a rough way with a tool such as a large knife বড়ো ছুরি বা ঐ জাতীয় কিছু দিয়ে কোনো কিছু অযত্নে কাটা; কুপিয়ে কাটা *He hacked at the branch of the tree until it fell.* **2** (*informal*) **hack (into) (sth)** to use a computer to look at and/or change information that is stored on another computer without permission বিনা অনুমতিতে অন্যের কম্পিউটারে রক্ষিত তথ্যাদি দেখা এবং/অথবা তা বদলে দেওয়া

hacker / ˈhækə(r) ˈহ্যাক্যা(র্) / *noun* [C] (*informal*) a person who uses a computer to look at and/or change information on another computer without permission যে ব্যক্তি কম্পিউটারের সাহায্যে বিনা অনুমতিতে অন্য কোনো কম্পিউটারে রক্ষিত খবর দেখে এবং/অথবা তা পরিবর্তন করে

hacksaw / ˈhæksɔː ˈহ্যাক্‌সঃ / *noun* [C] a tool with a narrow cutting edge in a frame, used for cutting metal কোনো কাঠামোতে লাগানো ধারালো সরু মুখওয়ালা একধরনের হাতিয়ার যা ধাতু কাটার জন্য ব্যবহার করা হয়

had[1] / hæd ; həd হ্যাড্; হ্যাড্ / ⇨ **have**-এর past tense এবং past participle

had[2] / hæd হ্যাড্ / *adj.*

IDM be had (*informal*) to be tricked ঠকে যাওয়া *I've been had. This watch I bought doesn't work.*

haddock / ˈhædək ˈহ্যাড্যাক্ / *noun* [C, U] (*pl.* **haddock**) a sea fish that you can eat and that lives in the North Atlantic উত্তর অ্যাটলান্টিক সমুদ্রে পাওয়া যায় একরকম মাছ যা খাওয়া যায়; হ্যাডক মাছ

hadn't ⇨ **had not**-এর সংক্ষিপ্ত রূপ

haematite (*AmE* **hematite**) / ˈhiːmətaɪt ˈহীম্যাটাইট্ / *noun* [U] a dark red rock from which we get iron গাঢ় লাল রঙের একরকম পাথর যা থেকে লোহা পাওয়া যায়; লোহাপাথর

haemo- (*AmE* **hemo-**) / ˈhiːməʊ ˈহীম্যাউ / *prefix* (*in nouns and adjectives*) connected with blood রক্তের সঙ্গে যুক্ত আছে এমন; রক্ত সংক্রান্ত *haemophilia*

haemoglobin (*AmE* **hemoglobin**) / ˌhiːməˈɡləʊbɪn ˌহীম্যাˈগ্ল্যাউবিন্ / *noun* [U] a red substance in the blood that carries the gas we need to live (**oxygen**) and contains iron রক্তের মধ্যে থাকে এমন লাল রঙের পদার্থ যা অক্সিজেন বহন করে এবং যা লৌহসমৃদ্ধ; লোহিতকণিকা

haemophilia (*AmE* **hemophilia**) / ˌhiːməˈfɪliə ˌহীম্যাˈফিলিঅ্যা / *noun* [U] a disease that causes a person to bleed a lot even from very small injuries because the blood does not **clot** রক্তক্ষরণ

রোগ যার ফলে খুব ছোটো ক্ষতস্থান থেকেও রক্তপাত বন্ধ হয় না কারণ এই সব রোগীদের রক্ত তঞ্চন হয় না বা রক্ত সহজে জমাট বাঁধে না; হিমোফিলিয়া

haemophiliac (*AmE* **hemophiliac**) / ˌhiːməˈfɪliæk ˌহীম্যা'ফিলিঅ্যাক্ / *noun* [C] a person who suffers from haemophilia হিমোফিলিয়ার রোগী

haemorrhage (*AmE* **hemorrhage**) / ˈhemərɪdʒ 'হেম্যারিজ্ / *noun* [C, U] a lot of bleeding inside the body শরীরের মধ্যে প্রচুর রক্তপাত বা রক্তক্ষরণ ▶ **haemorrhage** *verb* [I] শরীরের মধ্যে রক্তক্ষরণ হওয়া

haemorrhoids (*AmE* **hemorrhoids**) / ˈhemərɔɪdz 'হেম্যারইড্‌জ্ / (*also* **piles**) *noun* [*pl.*] a medical condition in which the tubes that carry blood (**veins**) to the opening where waste food leaves the body (**the anus**) swell and become painful যে অসুখে পায়ুর কাছাকাছি রক্তবাহী নালিকা ফুলে গিয়ে যন্ত্রণাদায়ক হয়ে পড়ে; অর্শ

haggard / ˈhæɡəd 'হ্যাগ্যাড্ / *adj.* (used about a person) looking tired or worried (কোনো ব্যক্তি সম্বন্ধে ব্যবহৃত) যাকে দেখে শ্রান্ত এবং দুশ্চিন্তাগ্রস্ত মনে হয়

haggle / ˈhæɡl 'হ্যাগ্‌ল্ / *verb* [I] **haggle (with sb) (over/about sth)** to argue with sb until you reach an agreement, especially about the price of sth যতক্ষণ না কোনো ঐকমত্য বা চুক্তিতে পৌঁছোনো হচ্ছে ততক্ষণ তর্কবিতর্ক করা, বিশেষত কোনো কিছুর দাম সম্বন্ধে বাকবিতণ্ডা করা *In the market, some tourists were haggling over the price of a carpet.*

haiku / ˈhaɪkuː 'হাইকু / (*pl.* **haiku** or **haikus**) *noun* [C] a Japanese poem with three lines of five, seven and five syllables পাঁচটি, সাতটি এবং পাঁচটি শব্দমাত্রা যুক্ত তিন পঙ্‌ক্তির জাপানী কবিতা; হাইকু

hail¹ / heɪl হেইল্ / *verb* **1** [T] **hail sb/sth as sth** to proclaim that sb/sth is very good or very special সর্বসমক্ষে বলা বা ঘোষণা করা যে কেউ বা কোনো কিছু খুব ভালো অথবা বিশেষ গুণসম্পন্ন *The book was hailed as a masterpiece.* **2** [T] to call or wave to sb/sth চিৎকার করে অথবা হাতের ইঙ্গিতে কোনো ব্যক্তি অথবা বস্তুর দৃষ্টি আকর্ষণ করা বা ডাকা *to hail a taxi* **3** [I] when it hails, small balls of ice fall from the sky like rain শিলাবৃষ্টি হওয়া ➪ **weather**-এ নোট দেখো।

hail² / heɪl হেইল্ / *noun* **1** [U] small balls of ice (**hailstones**) that fall from the sky like rain শিলা **2** [*sing.*] **a hail of sth** a large amount of sth that is aimed at sb in order to harm him/her কারও ক্ষতির উদ্দেশ্যে তার দিকে ছোড়া প্রচুর পরিমাণে কোনো জিনিস *a hail of bullets/stones/abuse*

hair / heə(r) হেঅ্যা(র্) / *noun* **1** [U, C] the mass of long thin strands that grow on the head and body of people and animals; one such strand চুল, রোম, কুন্তল, চিকুর, কেশ *He has got short black hair.* ○ *Dinesh's losing his hair* (=going bald). ○ *The dog left hairs all over the furniture.* ➪ **body**-তে ছবি দেখো। **2 -haired** *adj.* (*used in compounds*) having the type of hair mentioned উল্লিখিত ধরনের চুল বা রোমবিশিষ্ট *a dark-haired woman* ○ a *long-haired dog*

> **NOTE** চুলের নানা প্রকারের রং বোঝানোর জন্য **auburn, blonde, dark, fair, ginger** এবং **red** শব্দগুলি ব্যবহার করা হয়। চুলের যত্ন অথবা কেশবিন্যাসের জন্য আমরা চুলকে **brush, comb, wash** (অথবা **shampoo**) করি এবং তার পরে শুকোনোর জন্য **blow-dry** করি। আমরা একপাশে অথবা মাঝখানে সিঁথি **(part** অথবা **parting)** করতে পারি। আমরা কেশবিন্যাসকারীর **(hairdresser)** কাছে **cut** (চুল কাটাতে) অথবা চুলে **perm, colour** ইত্যাদি করাতে যাই।

3 a very thin thread-like structure that grows on the surface of some plants উদ্ভিদের উপর যে পাতলা সুতোর মতো রোঁয়া জন্মায় *The leaves and stem are covered in fine hairs.*

IDM keep your hair on (*spoken*) (used to tell sb to stop shouting and become less angry) calm down কাউকে চিৎকার-চেঁচামেচি বন্ধ করে শান্ত হতে বলার জন্য ব্যবহার করা হয়

let your hair down (*informal*) to relax and enjoy yourself after being formal বাহ্যিক নিয়মনিষ্ঠা, আইনকানুন মানার পর গা ছেড়ে দিয়ে আরাম করা

make sb's hair stand on end to frighten or shock sb কাউকে ঘাবড়ে দেওয়া বা চমকে দেওয়া

not turn a hair to not show any reaction to sth that many people would find surprising or shocking যে ব্যাপার অনেকের কাছেই অবাক হওয়া বা ঘাবড়ে যাওয়ার মতো লাগে তাতে কোনোরকমভাবে বিচলিত না-হওয়া বা প্রতিক্রিয়া না দেখানো

split hairs ➪ **split¹** দেখো।

hairbrush / ˈheəbrʌʃ 'হেঅ্যাব্রাশ্ / *noun* [C] a brush that you use on your hair চুল আঁচড়ানোর বুরুশ; হেয়ার ব্রাশ

haircut / ˈheəkʌt 'হেঅ্যাকাট্ / *noun* [C] **1** the act of sb cutting your hair কোনো ব্যক্তির চুল কাটা বা ছাঁটার ক্রিয়া *You need (to have) a haircut.* **2** the style in which your hair has been cut যে কায়দায় চুল কাটা হয় *That haircut really suits you.*

hairdo / ˈheəduː 'হেঅ্যাডু / (*informal*) = **hairstyle**

hairdresser / ˈheədresə(r) 'হেঅ্যাড্রেস্যা(র্) / *noun* **1** [C] a person whose job is to cut, shape, colour, etc. hair নাপিত, কেশকর্তক, কবরী বিন্যাসকারী

NOTE যে ব্যক্তি কেবল পুরুষদের চুল কাটে তাকে **barber** বলা হয়।

2 (**the hairdresser's**) [*sing.*] the place where you go to have your hair cut নাপিতের দোকান, কেশকর্তকের দোকান; সেলুন

hairdryer (*also* **hairdrier**) / ˈheədraɪə(r) ˈহেঅ্যাড্রাইঅ্যা(র্) / *noun* [C] a machine that dries hair by blowing hot air through it গরম হাওয়া দিয়ে চুল শুকোনোর যন্ত্র; হেয়ারড্রায়ার

hairgrip / ˈheəgrɪp ˈহেঅ্যাগ্রিপ্ / *noun* [C] a U-shaped pin that is used for holding the hair in place ঠিক জায়গায় চুল আটকে রাখতে যে U-আকারের ক্লিপ ব্যবহার করা হয়

hairless / ˈheələs ˈহেঅ্যাল্যাস্ / *adj.* without hair চুল বা লোমহীন, নির্লোম ➪ **bald** দেখো।

hairline¹ / ˈheəlaɪn ˈহেঅ্যালাইন্ / *noun* [C] the place on a person's forehead where his/her hair begins to grow কপালের যে-জায়গা থেকে চুল গজায়, কপালে চুলের প্রান্তরেখা

hairline² / ˈheəlaɪn ˈহেঅ্যালাইন্ / *adj.* (used about a crack in sth) very thin (কোনো কিছুতে ফাটল সম্বন্ধে ব্যবহৃত) অতি সূক্ষ্ম; চিড় *a hairline fracture of the bone*

hairpin bend / ˌheəpɪn ˈbend ˌহেঅ্যাপিন্ ˈবেন্ড্ / *noun* [C] (*BrE*) a very sharp bend in a road, especially a mountain road রাস্তায়, বিশেষত পাহাড়ী রাস্তায়, সরু ও তীক্ষ্ণ মোড়

hair-raising *adj.* sth that makes you very frightened ভয়ে চুল খাড়া হয়ে যায় বা গায়ে কাঁটা দেয় এমন, খুব ভয় পাইয়ে দেয় এমন *a hair-raising experience*

hairspray / ˈheəspreɪ ˈহেঅ্যাস্প্রেই / *noun* [U, C] a substance you spray onto your hair to hold it in place মাথার চুল ঠিক জায়গায় ধরে রাখার জন্য যে পদার্থ ব্যবহার করা হয়, চুলের স্প্রে ✪ সম **lacquer**

hairstyle / ˈheəstaɪl ˈহেঅ্যাস্টাইল্ / (*informal* **hairdo**) *noun* [C] the style in which your hair has been cut or arranged যে কায়দায় কারও চুল কাটা বা আঁচড়ে রাখা হয়; চুলের স্টাইল

hairstylist / ˈheəstaɪlɪst ˈহেঅ্যাস্টাইলিস্ট্ / (*also* **stylist**) *noun* [C] a person whose job is to cut and shape sb's hair এমন কেউ যার কাজ অন্যের চুল কেটে ছোটো করা বা তাতে বিশেষ আকার দেওয়া

hairy / ˈheəri ˈহেঅ্যারি / *adj.* (**hairier; hairiest**) 1 having a lot of hair এমন কেউ যার অনেক বা ঘন চুল আছে; লোমশ, রোমশ, লোমওয়ালা 2 (*slang*) dangerous or worrying (অপপ্রয়োগ) ভীতিজনক অথবা চিন্তাজনক

hajj (*also* **haj**) *noun* [*sing.*] the religious journey (**pilgrimage**) to Mecca that many Muslims make মুসলমান ধর্মাবলম্বীদের মক্কায় তীর্থ যাত্রা; হজ যাত্রা

half¹ / hɑːf হা:ফ্ / *det., noun* [C] (*pl.* **halves** / hɑːvz হা:ভ্জ্ /) one of two equal parts of sth (কোনো কিছুর) অর্ধেক, অর্ধ, আধ *Beckham scored in the first half* (= of a match). ○ *Half the people in the office leave at 5 p.m.* ➪ **halve** verb দেখো।

IDM break, cut, etc. sth in half to break, etc. sth into two parts কোনো কিছু দুই ভাগে ভাগ করা

do nothing/not do anything by halves to do whatever you do completely and properly কোনো কাজ ভালোভাবে এবং সম্পূর্ণভাবে করা

go half and half/go halves with sb (*BrE*) to share the cost of sth with sb কোনো কিছুর দাম অথবা মূল্য অন্য কোনো ব্যক্তির সঙ্গে ভাগ করে নেওয়া

half² / hɑːf হা:ফ্ / *adv.* not completely; to the amount of half সম্পূর্ণ নয়; অর্ধেক অংশ বা ভাগ ***half full*** ○ *The hotel was only* ***half finished***. ○ *He's half German* (=one of his parents is German).

IDM half past (in time) 30 minutes past an hour পুরো ঘন্টার পর ৩০ মিনিট হওয়া, যেমন সাড়ে তিনটে, সাড়ে চারটে বোঝাতে ব্যবহৃত *half past six* (=6.30)

not half as much, many, good, bad, etc. much less অনেক কম, খুব কম *This episode wasn't half as good as the last.*

half-baked *adj.* (*informal*) not well planned or considered সুপরিকল্পিত বা সুবিবেচিত নয় এমন *a half-baked idea/scheme*

half board *noun* [U] (*BrE*) a price for a room in a hotel, etc. which includes breakfast and an evening meal কোনো হোটেলের ঘরের মূল্য ইত্যাদি যার মধ্যে প্রাতরাশ এবং সন্ধ্যার ভোজনও ধরা থাকে ➪ **full board** এবং **bed and breakfast** দেখো।

half-brother *noun* [C] a brother with whom you share one parent বৈমাত্রেয় বা বৈপিত্রেয় ভাই ➪ **step-brother** দেখো।

half-hearted *adj.* without interest or enthusiasm আগ্রহ বা উৎসাহবিহীন ▶**half-heartedly** *adv.* বিশেষ আগ্রহ বা উৎসাহ ছাড়া অথবা দায়সারাভাবে

half-life *noun* [C] (*technical*) the time taken for the **radioactivity** of a substance to fall to half its original value কোনো তেজস্ক্রিয় পদার্থের তেজস্ক্রিয়তার পরিমাণ অর্ধেক হয়ে যেতে যে সময় লাগে

half note (*AmE*) = **minim**

half-sister *noun* [C] a sister with whom you share one parent বৈমাত্রেয় বা বৈপিত্রেয় বোন ➪ **step-sister** দেখো।

half-term *noun* [C] (*BrE*) a holiday of one week in the middle of a three-month period of school (**term**) স্কুলের তিন মাস টানা পড়াশোনার মাঝে যে এক সপ্তাহ ছুটি থাকে

half-time *noun* [U] (in sport) the period of time between the two halves of a match কোনো ম্যাচ খেলার সময়ে দুটি অর্ধের মধ্যে যে কিছুক্ষণ বিরতি পাওয়া যায়; হাফটাইম

halfway / ˌhɑːfˈweɪ ˌহাঃফ্'উএই / *adj., adv.* at an equal distance between two places; in the middle of a period of time দুটো জায়গার মধ্যে যে দূরত্ব তার মধ্যিখানে; কোনো সময়ের মধ্যবর্তী সময় *They have a break halfway through the morning.* ✪ সম **midway**

hall / hɔːl হ:ল্ / *noun* [C] **1** (*also* **hallway**) a room or passage that is just inside the front entrance of a house or public building কোনো ঘর অথবা অলিন্দ যা কোনো বাড়ি বা জনসাধারণের জন্য বড়ো অট্টালিকায় ঢোকার মুখে দেখা যায় *There is a public telephone in the* ***entrance hall*** *of this building.* **2** a building or large room in which meetings, concerts, dances, etc. can be held এমন বাড়ি অথবা বড়ো ঘর যার মধ্যে আলোচনাসভা, গান-বাজনা, নাচ ইত্যাদির আয়োজন করা যায় *a concert hall* ➪ **town hall** দেখো।

hallmark / ˈhɔːlmɑːk ˈহ:ল্মা:ক্ / *noun* [C] **1** a characteristic that is typical of sb কোনো ব্যক্তির বিশেষ গুণ বা বৈশিষ্ট্য *The ability to motivate students is the hallmark of a good teacher.* **2** a mark that is put on objects made of valuable metals, giving information about the quality of the metal and when and where the object was made মূল্যবান ধাতুর তৈরি কোনো বস্তুর উপর যে চিহ্ন দেওয়া হয় যাতে জিনিসটি কখন, কোথায় তৈরি হয়েছিল এবং তার গুণ, বৈশিষ্ট্য ইত্যাদির উল্লেখ থাকে ; হলমার্ক

hallo = **hello**

hall of residence *noun* [C] (*pl.* **halls of residence**) (*AmE* **dormitory**) (in colleges, universities, etc.) a building where students live (কলেজ, বিশ্ববিদ্যালয় ইত্যাদিতে) যে বাড়িতে ছাত্রছাত্রীরা থাকে; ছাত্রাবাস

Hallowe'en / ˌhæləʊˈiːn ˌহ্যাল্যাউ'ঈন্ / *noun* [*sing.*] (especially in the US) (*also* **Halloween**) the night of October 31st (before All Saints' Day) অক্টোবর ৩১-এর রাত্রি (All Saints' Day-র আগে)

> **NOTE** হ্যালোইনের সময় ভূত এবং পেতনির আবির্ভাব হয় বলে বিশ্বাস করা হয়। এই দিনে ছোটোরা ভূত, পেতনি ইত্যাদির বেশ ধারণ করে লোকেদের ঠকায় বা ফন্দিফিকির করে। মার্কিন যুক্তরাষ্ট্রে ছোটোরা ঘরে ঘরে গিয়ে **'trick or treat'** বললে সবাই তাদের মিষ্টি দেয়।

hallucination / həˌluːsɪˈneɪʃn হ্যাˌলুসি'নেইশ্ন্ / *noun* [C, U] seeing or hearing sth that is not really there (because you are ill or have taken a drug) (অসুস্থতা অথবা কোনো ওষুধের প্রক্রিয়ার কারণে) দৃষ্টিবিভ্রম বা শ্রবণ-বিভ্রম

hallucinogen / hæˈluːsɪnədʒən হ্যা'লূসিন্যাজ্যান্ / *noun* [C] a drug that affects people's minds and makes them see and hear things that are not really there দৃষ্টিবিভ্রম ও শ্রবণবিভ্রম এবং চিত্তভ্রম ঘটায় যে ওষুধ ► **hallucinogenic** / həˌluːsɪnəˈdʒenɪk হ্যাˌলুসিন্যা 'জেনিক্ / *adj.* দৃষ্টিভ্রমকারী, চিত্তভ্রমকারী *hallucinogenic drugs*

hallway / ˈhɔːlweɪ ˈহ:ল্উএই / = **hall**

halo / ˈheɪləʊ ˈহেইল্যাউ / *noun* [C] (*pl.* **halos** or **haloes**) the circle of light shown around the head of an important religious person in a painting ছবিতে দেবদেবী বা সাধুসন্তদের মাথার চারিদিকে আঁকা জ্যোতির্মণ্ডল বা জ্যোতির্বলয় **2** a ring of light seen around the sun or moon, especially during an **eclipse** (সূর্য অথবা চন্দ্রের) গ্রহণের সময়ে তার চারদিকে যে আলোর বলয় দেখা যায়; জ্যোতিশ্চক্র, বর্ণবলয় ➪ **corona** দেখো।

halogen / ˈhælədʒən ˈহ্যাল্যাজ্যান্ / *noun* [C] any of five chemical substances that are not metals and that combine with **hydrogen** to form strong acid compounds from which simple salts can be made ধাতু নয় এমন পাঁচটি রাসায়নিক পদার্থের একটি যা হাইড্রোজেনের সঙ্গে মেশালে তীব্র অম্লযৌগ তৈরি হয় এবং যার থেকে সাধারণ লবণ তৈরি করা যায় *The halogens are fluorine, chlorine, bromine, iodine and astatine.*

halt / hɔːlt হ:ল্ট্ / *noun* [*sing.*] a short stop in some activity, movement or growth কোনো কাজ, গতি বা বৃদ্ধির মধ্যে স্বল্পক্ষণের জন্য ছেদ, বিরতি *Work* ***came to a halt*** *when the machine broke down.* ► **halt** *verb* [I, T] (*formal*) বিরতি দেওয়া, থামা *An accident halted the traffic in the town centre for half an hour.*

IDM **grind to a halt/standstill** ➪ **grind**[1] দেখো।

halter / ˈhɔːltə(r) ˈহ:ল্ট্যা(র্) / *noun* [C] **1** a rope or leather strap put around the head of a horse for leading it with ঘোড়াকে চালিয়ে নিয়ে বেড়ানোর জন্য তার মাথার চারিদিক দিয়ে ঘিরে যে দড়ি বা চামড়ার ফালি আটকানো হয় **2** (*usually used as an adjective*) a strap around the neck that holds a woman's dress or shirt in position without the back and shoulders being covered মেয়েদের পোশাক অথবা শার্টের গলা বেষ্টন করে যে পট্টি কাঁধ বা পিঠ না ঢেকে সেই পোশাক বা শার্টকে যথাস্থানে ধরে রাখে

halve / hɑːv হাːভ্ / *verb* **1** [I, T] to reduce by a half; to make sth reduce by a half অর্ধেক করা; কোনো কিছু কমিয়ে অর্ধেক করা *Shares in the company have halved in value.* ○ *We aim to halve the number of people on our waiting list in the next six months.* **2** to divide sth into two equal parts কোনো কিছু দুই সমান ভাগে ভাগ করা *First halve the peach and then remove the stone.*

ham / hæm হ্যাম্ / *noun* [U] meat from a pig's back leg that has been smoked, etc. (**cured**) to keep it fresh শুয়োরের পিছনের পায়ের মাংস যেটি ধোঁয়া ইত্যাদির সাহায্যে জারিত করে টাটকা রাখা হয়; হ্যাম

hamburger / ˈhæmbɜːɡə(r) ˈহ্যাম্ব্যগ্যা(র্) / *noun* **1** (*also* **burger**) [C] meat that has been cut up small and pressed into a flat round shape. Hamburgers are often eaten in a bread roll ছোটো ছোটো টুকরো করে কাটা মাংস যা চাপ দিয়ে চ্যাপটা গোল করা হয়। প্রায়ই গোল পাউরুটির মধ্যে হ্যামবার্গার রেখে খাবার বানানো হয় **2** [U] (*AmE*) = **mince**

hamlet / ˈhæmlət ˈহ্যাম্ল্যাট্ / *noun* [C] a very small village ছোট্টো গ্রাম, ক্ষুদ্র পল্লি

hammer[1] / ˈhæmə(r) ˈহ্যাম্যা(র্) / *noun* [C] a tool with a heavy metal head that is used for hitting nails, etc. হাতুড়ি ➪ **tool**-এ ছবি দেখো।

hammer[2] / ˈhæmə(r) ˈহ্যাম্যা(র্) / *verb* **1** [I, T] **hammer sth (in/into/onto sth)** to hit with a hammer হাতুড়ি দিয়ে পেটানো, হাতুড়ি দিয়ে ঘা মারা বা আঘাত করা *She hammered the nail into the wall.* **2** [I] to hit sth several times, making a loud noise কোনো কিছু জোর আওয়াজ করে কয়েকবার পেটানো

IDM **hammer sth into sb** to force sb to remember sth by repeating it many times কাউকে কোনো কিছু বারে বারে বলে বা পুনরাবৃত্তি করে সেটি মনে রাখতে বাধ্য করা

hammer sth out to succeed in making a plan or agreement after a lot of discussion অনেক আলোচনার পরে কোনো পরিকল্পনা করতে অথবা একমত হতে সক্ষম হওয়া

hammering / ˈhæmərɪŋ ˈহ্যাম্যারিং / *noun* **1** [U] the noise that is made by sb using a hammer or by sb hitting sth many times কোনো কিছুকে হাতুড়ি বা অন্য কিছু দিয়ে পেটানোর আওয়াজ **2** [C] (*BrE informal*) a very bad defeat খুব বিশ্রীভাবে হার বা পরাজয়

hammock / ˈhæmək ˈহ্যাম্যাক্ / *noun* [C] a bed, made of strong cloth (**canvas**) or rope, which is hung up between two trees or poles দুটো গাছ অথবা গুঁড়ির মধ্যে ঝোলানো শক্ত কাপড়, ক্যান্বিস অথবা দড়ি দিয়ে তৈরি বিছানা

hamper[1] / ˈhæmpə(r) ˈহ্যাম্প্যা(র্) / *verb* [T] (*usually passive*) to make sth difficult কোনো কিছু জটিল করে তোলা *The building work was hampered by bad weather.*

hamper[2] / ˈhæmpə(r) ˈহ্যাম্প্যা(র্) / *noun* [C] a large basket with a lid that is used for carrying food ঢাকনাসমেত বড়ো ঝুড়ি যা খাদ্যদ্রব্য বহনের জন্য ব্যবহৃত হয়

hamster / ˈhæmstə(r) ˈহ্যাম্স্ট্যা(র্) / *noun* [C] a small animal that is kept as a pet. Hamsters are like small rats but are fatter and do not have a tail. They store food in the sides of their mouths পোষা যায় এমন ছোটো ল্যাজহীন প্রাণী যারা ইঁদুরের মতো দেখতে হয় কিন্তু আরও মোটা হয় এবং এরা মুখের দুদিকে খাদ্য জমা করে রাখে; হ্যামস্টার

hamstring / ˈhæmstrɪŋ ˈহ্যাম্স্ট্রিং / *noun* [C] one of the five strong thin tissues (**tendons**) behind your knee that connect the muscles of your upper leg to the bones of your lower leg হাঁটুর পিছন দিকে পাঁচটি সরু শক্ত তন্তুরজ্জুর (কণ্ডরা বা পেশিবন্ধনী) মধ্যে একটি যা পায়ের উপরের অংশের পেশিগুলোকে পায়ের নীচের অংশের হাড়ের সঙ্গে যুক্ত করে রাখে

hand[1] / hænd হ্যান্ড্ / *noun* **1** [C] the part of your body at the end of your arm which has a thumb, four fingers and a palm হাত, হস্ত, কর *He* ***took*** *the child* ***by the hand***. ○ *She was on her hands and knees* (=crawling on the floor) *looking for an earring.* ➪ **body**-তে ছবি দেখো। **2 a hand** [*sing.*] (*informal*) some help কিছুটা সাহায্য, সামান্য সহায়তা *I'll give you a hand with the washing up.* ○ *Do you want/need a hand?* **3** [C] the part of a clock or watch that points to the numbers ঘড়ির কাঁটা *the hour/minute/second hand* **4** [C] a person who does physical work on a farm, in a factory etc. এমন লোক যে খেত-খামার, কারখানা ইত্যাদিতে শারীরিক পরিশ্রমের কাজ করে; মজদুর, মজুর, শ্রমিক *farmhands* **5** [C] the set of playing cards that sb has been given in a game of cards তাস খেলায় একবারের দান; হাত *have a good/bad hand* **6 -handed** *adj.* (*used in compounds*) having, using or made for the type of hand(s) mentioned উল্লিখিত নির্দিষ্ট প্রকারের হাত বিশিষ্ট অথবা সেই প্রকার হাতের ব্যবহার করা বা তার জন্য তৈরি এমন *heavy-handed* (=clumsy and careless) ○ *right-handed/left-handed*

IDM **(close/near) at hand** (*formal*) near in space or time জায়গা অথবা সময়ের কাছাকাছি *Help is close at hand.*

be an old hand (at sth) ➪ **old** দেখো।

by hand **1** done by a person and not by machine হাতে করা, যন্ত্রের সাহায্যে নয় *I had to do all* *the sewing by hand.* **2** not by post ডাকের মাধ্যমে নয় *The letter was delivered by hand.*

catch sb red-handed ⇨ **catch¹** দেখো।

change hands ⇨ **change¹** দেখো।

a firm hand ⇨ **firm¹** দেখো।

(at) first hand (used about information that you have received) from sb who was closely involved (যে তথ্য পাওয়া গেছে সে সম্বন্ধে ব্যবহৃত) এমন কারও কাছ থেকে যে এই ব্যাপারে ঘনিষ্ঠভাবে জড়িত *Did you get this information first hand?* ⇨ **second-hand** দেখো।

force sb's hand ⇨ **force²** দেখো।

get, have, etc. a free hand ⇨ **free¹** দেখো।

get, etc. the upper hand ⇨ **upper** দেখো।

get/lay your hands on sb/sth 1 to find or obtain sth কোনো কিছু পাওয়া বা জোগাড় করা *I need to get my hands on a good computer.* **2** (*informal*) to catch sb কোনো ব্যক্তিকে ধরা *Just wait till I get my hands on that boy!*

give sb a big hand to hit your hands together to show approval, enthusiasm, etc. জোরে হাততালি দিয়ে সমর্থন করা বা উৎসাহ দেওয়া *The audience gave the girl a big hand when she finished her song.*

hand in hand 1 holding each other's hands হাত ধরাধরি করে, একসঙ্গে *The couple walked hand in hand along the beach.* **2** usually happening together; closely connected যা সাধারণত একসঙ্গে ঘটে; ঘনিষ্ঠভাবে সংযুক্ত *Drought and famine usually go hand in hand.*

your hands are tied to not be in a position to do as you would like because of rules, promises, etc. অনেক ধরনের বাধার (যেমন নিয়ম, প্রতিশ্রুতি ইত্যাদি) ফলে ইচ্ছানুযায়ী কাজ করতে না পারা

hands off (sb/sth) (*informal*) used for ordering sb not to touch sth কাউকে কিছু না ছুঁতে বা না করতে বলার জন্য ব্যবহৃত অভিব্যক্তিবিশেষ

hands up 1 used in a school, etc. for asking people to lift one hand and give an answer স্কুল, কলেজ ইত্যাদিতে ছাত্রছাত্রীদের এক হাত তুলে প্রশ্নের উত্তর দিতে বলার জন্য ব্যবহৃত অভিব্যক্তিবিশেষ *Hands up, who'd like to go on the trip this afternoon?* **2** used by a person with a gun to tell other people to put their hands in the air বন্দুকধারীদের দ্বারা আক্রান্ত ব্যক্তিদের দু হাত তুলতে বলার জন্য ব্যবহৃত অভিব্যক্তিবিশেষ

have a hand in sth to take part in or share sth কোনো কিছুর ব্যাপারে হাত থাকা, তার জন্য দায়ী হওয়া, যোগ দেওয়া, দায়িত্ব নেওয়া

have sb eating out of your hand ⇨ **eat** দেখো।

have your hands full to be very busy so that you cannot do anything else অতি ব্যস্ত থাকার ফলে অন্য কিছু না-করতে পারা, হাত ভর্তি থাকা

a helping hand ⇨ **help¹** দেখো।

hold sb's hand to give sb support in a difficult situation কঠিন অবস্থার মধ্যে কাউকে সাহায্য করা বা সাহস জোগানো *I'll come to the dentist's with you to hold your hand.*

hold hands (with sb) (used about two people) to hold each other's hands (দুজন ব্যক্তির সম্বন্ধে ব্যবহৃত) পরস্পরের হাত ধরা

in hand 1 being dealt with at the moment; under control এই মুহূর্তে মোকাবিলা করা হচ্ছে এমন; নিয়ন্ত্রণাধীনে, আয়ত্তের মধ্যে *The situation is in hand.* ◑ বিপ **out of hand** **2** (used about money, etc.) not yet used (অর্থ ইত্যাদি সম্বন্ধে ব্যবহৃত) খরচ করা হয়নি, ব্যবহৃত হয়নি এমন *If you have time in hand at the end of the exam, check what you have written.*

in safe hands ⇨ **safe¹** দেখো।

in your hands in your possession, control or care আওতায়, অধীনে *The matter is in the hands of a solicitor.*

keep your hand in to do an activity from time to time so that you do not forget how to do it or lose the skill কোনো কিছু মাঝে-মধ্যে করা যাতে তা ভুলে না যেতে হয় বা সেটি করার দক্ষতা বজায় থাকে

lend (sb) a hand/lend a hand (to sb) ⇨ **lend** দেখো।

off your hands not your responsibility any more যা আর দায়িত্বে নেই

on hand available to help or to be used সাহায্য করার জন্য অথবা ব্যবহৃত হওয়ার জন্য প্রাপ্তিসাধ্য *There is always an adult on hand to help when the children are playing outside.*

on your hands being your responsibility নিজের দায়িত্বে *We seem to have a problem on our hands.*

on the one hand... on the other (hand) used for showing opposite points of view দুটি পরস্পর বিরোধী দৃষ্টিভঙ্গি দেখানোর জন্য ব্যবহৃত অভিব্যক্তিবিশেষ *On the one hand, of course, cars are very useful. On the other hand, they cause a huge amount of pollution.*

(get/be) out of hand not under control হাতের বাইরে; নিয়ন্ত্রণ বা শাসনের বাইরে *Violence at football matches is getting out of hand.* ◑ বিপ **in hand**

out of your hands not in your control; not your responsibility নিয়ন্ত্রণ বা আওতার বাইরে; দায়িত্বে নয় *I can't help you, I'm afraid. The matter is out of my hands.*

shake sb's hand/shake hands (with sb)/shake sb by the hand ➩ **shake**[1] দেখো।

to hand near or close to you কাছে, নিকটে *I'm afraid I haven't got my diary to hand.*

try your hand at sth ➩ **try**[1] দেখো।

turn your hand to sth to have the ability to do sth কোনো কিছু করার দক্ষতা থাকা *She can turn her hand to all sorts of jobs.*

wash your hands of sb/sth ➩ **wash**[1] দেখো।

with your bare hands ➩ **bare** দেখো।

hand[2] / hænd হ্যান্ড্ / *verb* [T] **hand sb sth; hand sth to sb** to give or pass sth to sb কাউকে কিছু এগিয়ে অথবা বাড়িয়ে দেওয়া

have (got) to hand it to sb used to show admiration and approval of sb's work or efforts কারও কাজ বা প্রয়াসের তারিফ করতে এবং সমর্থন দেখাতে ব্যবহৃত অভিব্যক্তিবিশেষ *You've got to hand it to Rita—she's a great cook.*

PHR V **hand sth back (to sb)** to give or return sth to the person who owns it or to where it belongs ফেরত দেওয়া, যার হওয়া উচিত তাকে দেওয়া

hand sth down (to sb) 1 to pass customs, traditions, etc. from older people to younger ones প্রথা, রীতি-রেওয়াজ, ঐতিহ্য ইত্যাদি বড়োদের কাছ থেকে অল্পবয়সিদের মধ্যে সঞ্চারিত করা 2 to pass clothes, toys, etc. from older children to younger ones in the family বড়ো ছেলেমেয়েদের জামাকাপড়, খেলনা ইত্যাদি পরিবারের ছোটো ছোটো ছেলেমেয়েদের দেওয়া

hand sth in (to sb) to give sth to sb in authority কর্তৃত্বপ্রাপ্ত বা কর্তৃত্বে আছে এমন ব্যক্তিকে কোনো কিছু দেওয়া *I found a wallet and handed it in to the police.*

hand sth on (to sb) to send or give sth to another person কোনো কিছু অন্য কাউকে পাঠানো বা দেওয়া *When you have read the article, please hand it on to another student.*

hand sth out (to sb) to give sth to many people in a group কোনো দলের সদস্যদের কিছু দেওয়া *Food was handed out to the starving people.*

hand (sth) over (to sb) to give sb else your position of power or the responsibility for sth নিজের পদ-ক্ষমতা বা কোনো কিছুর দায়িত্ব অপর কাউকে দেওয়া

hand (sb) over to sb (used at a meeting or on the television, radio, telephone, etc.) to let sb speak or listen to another person (যেমন কোনো মিটিং অথবা টেলিভিশন, রেডিও, ফোন ইত্যাদিতে ব্যবহৃত) কাউকে বলার বা শোনার অনুমতি দেওয়া

hand sb/sth over (to sb) to give sb/sth (to sb) কাউকে বা কোনো কিছু কারও হাতে তুলে দেওয়া *People were tricked into handing over large sums of money.*

hand sth round to offer to pass sth, especially food and drinks, to all the people in a group কোনো কিছু, বিশেষত খাদ্য ও পানীয়, দলের সবাইকে নিতে বলা বা ভাগ করে দেওয়া

handbag / ˈhændbæg ˈহ্যান্ড্ব্যাগ্ / (*AmE* **purse**) *noun* [C] a small bag in which women carry money, keys, etc. ছোটো ব্যাগ যাতে মহিলারা টাকা পয়সা, চাবি ইত্যাদি রাখে; হাতব্যাগ

handbook / ˈhændbʊk ˈহ্যান্ড্বুক্ / *noun* [C] a small book that gives instructions on how to use sth or advice and information about a particular subject যে ছোটো পুস্তিকাতে বিশেষ কোনো কিছুর ব্যবহারের নির্দেশিকা থাকে, অথবা কোনো বিশেষ একটি বিষয় সম্বন্ধে তথ্যাদি জানানো হয়; চটিবই, বিধিবই

handbrake / ˈhændbreɪk ˈহ্যান্ড্ব্রেইক্ / (*AmE* **emergency brake; parking brake**) *noun* [C] a device that is operated by hand to stop a car from moving when it is parked দাঁড়িয়ে থাকার সময়ে মোটরগাড়ির গড়িয়ে যাওয়া বা সরে যাওয়া বন্ধ করার জন্য ব্যবহৃত হয় এরকম হস্তচালিত যন্ত্র; হাতব্রেক ➩ **car**-এ ছবি দেখো।

handcuffs / ˈhændkʌfs ˈহ্যান্ড্কাফ্স্ / (*also* **cuffs**) *noun* [*pl.*] a pair of metal rings that are joined together by a chain and put around the wrists of prisoners (বন্দিদের হাতে পরানো হয়) হাতকড়া, হাতকড়ি

handful / ˈhændfʊl ˈহ্যান্ড্ফুল্ / *noun* 1 [C] **a handful (of sth)** as much or as many of sth as you can hold in one hand এক হাতে যতটা বা যতগুলো ধরে *a handful of sand* 2 [*sing.*] a small number (of sb/sth) অল্প কয়েকজন বা কয়েকটা, হাতে গোনা কয়েকটি বা কয়েকজন; মুষ্টিমেয় *Only a handful of people came to the meeting.* 3 **a handful** [*sing.*] (*informal*) a person or an animal that is difficult to control এমন ব্যক্তি বা পশু যাকে বাগে আনা বা নিয়ন্ত্রণ করা কঠিন

handgun / ˈhændgʌn ˈহ্যান্ড্গান্ / *noun* [C] a small gun that you can hold and fire with one hand ছোটো বন্দুক যা একহাতে ধরে চালানো যায়

handicap[1] / ˈhændikæp ˈহ্যান্ডিক্যাপ্ / *noun* [C] 1 something that makes doing sth more difficult; a disadvantage কোনো কিছু করা যা কঠিন করে তোলে; বাধা, বাধাস্বরূপ, প্রতিকূলতা *Not speaking French is going to be a bit of a handicap in my new job.* 2 a disadvantage that is given to a strong competitor in a sports event, etc. so that the other competitors have more chance প্রতিযোগিতায় অন্যান্য প্রতিযোগীদের বেশি সুযোগ দেওয়ার জন্য শক্তিশালী কোনো প্রতিযোগীর উপর আরোপিত অসুবিধা 3 (*old-fashioned*) =**disability** **NOTE** এখন এই শব্দটির প্রয়োগ অথবা ব্যবহার আপত্তিজনক বলে মনে করা হয়।

handicap² / ˈhændikæp ˈহ্যান্‌ডিক্যাপ্ / *verb* [T] (**handicapping; handicapped**) (*usually passive*) to give or be a disadvantage to sb কারও উপর অসুবিধা চাপানো বা কারও পক্ষে অসুবিধা হয়ে দাঁড়ানো *They were handicapped by their lack of education.*

handicapped / ˈhændikæpt ˈহ্যান্‌ডিক্যাপ্‌ট্ / *adj.* (*old-fashioned*) =**disabled** NOTE আজকাল অনেকে এই শব্দটির ব্যবহার আপত্তিজনক বা অবমাননাকর বলে মনে করে।

handicraft / ˈhændikrɑːft ˈহ্যান্‌ডিক্রা:ফ্ট্ / *noun* **1** [C] an activity that needs skill with the hands as well as artistic ability, for example sewing শিল্পীসুলভ দক্ষতা, যেমন সূচিশিল্প; হস্তশিল্প **2 handicrafts** [*pl.*] the objects that are produced by this activity হস্তশিল্প দ্বারা যে বস্তু প্রস্তুত করা হয়

handiwork / ˈhændiwɜːk ˈহ্যান্‌ডিউঅ্যক্ / *noun* [U] **1** a thing that you have made or done, especially using your artistic skill নিজের হাতে বানানো কোনো বস্তু, বিশেষত নিজস্ব শিল্পদক্ষতা ব্যবহার করে; হাতের কাজ *She put the dress on and stood back to admire her handiwork.* **2** a thing done by a particular person or group, especially sth bad কয়েকজন মিলে অথবা একজনের দ্বারা কৃত কাজ, বিশেষত খারাপ কিছু

handkerchief / ˈhæŋkətʃɪf; -tʃiːf ˈহ্যাংক্যাচিফ্; -চীফ্ / *noun* [C] (*pl.* **handkerchiefs** or **handkerchieves** / -tʃiːvz -চীভ্‌জ্ /) a square piece of cloth or soft thin paper that you use for clearing your nose রুমাল

> NOTE এই অর্থে কথ্য ভাষায় **hanky** অথবা **hankie** শব্দটি ব্যবহৃত হয়। নরম পাতলা কাগজের তৈরি রুমালকে **paper handkerchief** অথবা **tissue** বলা হয়।

handle¹ / ˈhændl ˈহ্যান্‌ড্‌ল্ / *verb* [T] **1** to touch or hold sth with your hand(s) হাত দিয়ে ছোঁয়া, ধরা বা নাড়াচাড়া করা *Wash your hands before you handle food.* **2** to deal with or to control sb/sth কোনো ব্যক্তি বা বস্তুর মোকাবিলা করা বা নিয়ন্ত্রণ করা *This port handles 100 million tons of cargo each year.* ○ *I have a problem at work and I don't really know how to handle it.* ▶ **handler** *noun* [C] পরিচালক, ব্যবস্থাপক *baggage/dog/food handlers*

handle² / ˈhændl ˈহ্যান্‌ড্‌ল্ / *noun* [C] a part of sth that is used for holding or opening it হাতল *She turned the handle and opened the door.* ➪ **scythe**-তে ছবি দেখো।

IDM **fly off the handle** ➪ **fly¹** দেখো।

handlebar / ˈhændlbɑː(r) ˈহ্যান্‌ড্‌ল্‌বা:(র্) / *noun* [C, *usually pl.*] the metal bar at the front of a bicycle that you hold when you are riding it সাইকেল ইত্যাদির সামনেকার ধাতব হাতল যা তাতে চড়ার সময়ে ধরে থাকতে হয় ➪ **bicycle**-এ ছবি দেখো।

handloom *noun* [C] a machine for weaving cloth, operated by hand হস্তচালিত কাপড় বোনার যন্ত্র; তাঁত *a handloom sari*

hand luggage (*AmE* **carry-on bag**) *noun* [U] a small bag, etc. that you can keep with you on a plane হালকা যে হাতব্যাগ ইত্যাদি বিমানের ভিতরে সঙ্গে নেওয়া যায়

handmade / ˌhændˈmeɪd ˌহ্যান্ড্ˈমেইড্ / *adj.* made by hand and of very good quality, not by machine হাতে তৈরি উচ্চ মানের জিনিস, যন্ত্রনির্মিত নয়

handout / ˈhændaʊt ˈহ্যান্ড্‌আউট্ / *noun* [C] **1** food, money, etc. given to people who need it badly খাদ্য, অর্থ ইত্যাদি যা অভাবী মানুষকে দেওয়া হয়; মুষ্টিভিক্ষা **2** a free document that is given to a lot of people, to advertise sth or explain sth, for example in a class বিনামূল্যে দেওয়া কোনো লিখিত বিবৃতি যা কোনো বিজ্ঞাপনের জন্য বা ক্লাসে কিছু বোঝানোর জন্য বহু মানুষকে দেওয়া হয়; হ্যান্ডবিল

hand-picked *adj.* chosen carefully or personally সযত্নে বাছাইকৃত; বাছাবাছা

handrail / ˈhændreɪl ˈহ্যান্ড্‌রেইল্ / *noun* [C] a long narrow wooden or metal bar at the side of some steps, a bath, etc. that you hold for support or balance সিঁড়িতে চড়া, চান করা ইত্যাদির সময়ে ভর দেওয়া বা ভারসাম্য রক্ষার জন্য পাশের যে লম্বা সরু কাঠের বা ধাতুর রেলিং

handset = **receiver1**

handshake / ˈhændʃeɪk ˈহ্যান্ড্‌শেইক্ / *noun* [C] the action of shaking sb's right hand with your own when you meet him/her করমর্দন; হ্যান্ডশেক

handsome / ˈhænsəm ˈহ্যান্‌স্যাম্ / *adj.* **1** (used about a man) attractive (পুরুষের বিষয়ে ব্যবহৃত) সুদর্শন, সুপুরুষ ➪ **beautiful**-এ নোট দেখো। **2** (used about money, an offer, etc.) large or generous (অর্থ, দান ইত্যাদি সম্বন্ধে ব্যবহৃত) প্রভূত, অপর্যাপ্ত, উদার *a handsome profit* ▶ **handsomely** *adv.* সুন্দরভাবে, ভালোভাবে, উদারভাবে *Her efforts were handsomely rewarded.*

hands-on *adj.* learnt by doing sth yourself, not watching sb else do it; practical কাউকে দেখে নয়, নিজে করে শেখা হয়েছে এমন; প্রত্যক্ষ, হাতে কলমে *She needs some hands-on computer experience.*

handstand / ˈhændstænd ˈহ্যান্ড্‌স্ট্যান্ড্ / *noun* [C] a movement in which you put your hands on the ground and lift your legs straight up in the air হাতের উপর ভর দিয়ে শূন্যে পা তোলার যে ভঙ্গি; হাতের উপর দাঁড়ানোর মুদ্রা

handwriting / ˈhændraɪtɪŋ ˈহ্যান্ড্রাইটিং / *noun* [U] a person's style of writing by hand হাতের লেখা বা তার ধরন; হস্তাক্ষর

handwritten / ˌhændˈrɪtn ˌহ্যান্ড্ˈরিট্ন্ / *adj.* written by hand, not typed or printed হাতে-লেখা; টাইপ করা বা ছাপা নয়

handy / ˈhændi ˈহ্যান্ডি / *adj.* (**handier; handiest**) **1** useful; easy to use সুবিধাজনক; সহজে ব্যবহারযোগ্য *a handy tip* ○ *a handy gadget* **2 handy (for sth/ doing sth)** within easy reach of sth; nearby হাতের কাছে; পাশেই *Always keep a first-aid kit handy for emergencies.* **3** skilful in using your hands or tools to make or repair things যে ব্যক্তি হাতের সাহায্যে বা কোনো যন্ত্রের সাহায্যে জিনিসপত্র সারানোর কাজে দক্ষ; সহজেই কাজে লাগতে পারে এমন *Avinash is very handy around the house.*

IDM come in handy to be useful at some time (দরকার পড়লেই যাতে পাওয়া যায়) এভাবে হাতের কাছে থাকা *Don't throw that box away. It may come in handy.*

handyman / ˈhændimæn ˈহ্যান্ডিম্যান্ / *noun* [*sing.*] a person who is clever at making or repairing things, especially around the house কোনো কিছু তৈরি বা জিনিসপত্র সারাই-এর কাজে দক্ষ ব্যক্তি, বিশেষত বাড়িতে; বাড়ির টুকটাক কাজে দক্ষ ব্যক্তি

hang¹ / hæŋ হ্যাং / *verb* (*pt, pp* **hung** / hʌŋ হাং /)

> **NOTE** শুধুমাত্র অর্থ সংখ্যা 2-এর জন্য past tense এবং past participle রূপে hanged শব্দটি ব্যবহার করা যেতে পারে।

1 [I, T] to fasten sth or be fastened at the top so that the lower part is free or loose কোনো কিছু উপরে বেঁধে নীচেটা আলগাভাবে ছেড়ে দেওয়া; ঝোলানো, লম্বা করে ঝুলিয়ে দেওয়া *I left the washing hanging on the line all day.* ○ *A cigarette hung from his lips.* **2** [T] to kill sb/yourself by putting a rope around the neck and allowing the body to drop downwards কাউকে বা নিজেকে গলায় দড়ি বেঁধে নীচের দিকে ঝুলিয়ে দেওয়া; ফাঁসি দেওয়া, ফাঁসিতে ঝোলানো *He was hanged for murder.* **3** [I] **hang (above/over sb/sth)** to stay in the air in a way that is unpleasant or threatening অপ্রীতিকর বা ভয়াবহভাবে ঝুলে থাকা বা ঝোলানো *Smog hung in the air over the city.*

IDM be/get hung up (about/on sb/sth) to think about sb/sth all the time in a way that is not healthy or good কোনো ব্যক্তি বা বস্তু সম্বন্ধে সর্বদা এমনভাবে চিন্তা করা যা স্বাস্থ্যকর নয় বা ভালো নয় *She's really hung up about her parents' divorce.*

hang (on) in there (*spoken*) to have courage and keep trying, even though a situation is difficult কঠিন অবস্থার মধ্যেও সাহসের সঙ্গে লেগে থাকা *The worst part is over now. Just hang on in there and be patient.*

PHR V hang about/around (*informal*) to stay in or near a place not doing very much বিশেষ কিছুই না করে আশেপাশে ঘোরাঘুরি করা

hang back 1 to not want to do or say sth, often because you are shy or not sure of yourself দ্বিধা বা সংকোচের জন্য কোনো কিছু বলতে বা করতে না চাওয়া **2** to stay in a place after other people have left it অন্য লোকজন চলে যাওয়ার পরেও কোনো জায়গায় থেকে যাওয়া

hang on 1 to wait for a short time একটু সময় অপেক্ষা করা *Hang on a minute. I'm nearly ready.* **2** to hold sth tightly ভালোভাবে, শক্ত করে কোনো কিছু ধরে রাখা *Hang on, don't let go!*

hang on sth to depend on sth কোনো কিছুর উপর নির্ভর করা

hang on to sth 1 (*informal*) to keep sth কোনো কিছু রেখে দেওয়া *Let's hang on to the car for another year.* **2** to hold sth tightly কোনো কিছু জোর দিয়ে বা শক্ত করে ধরা *He hung on to the child's hand as they crossed the street.*

hang sth out to put washing, etc. on a clothes line so that it can dry শুকোনোর জন্য কাচা জামাকাপড় দড়িতে মেলা

hang over sb to be present or about to happen in a way which is unpleasant or threatening অপ্রীতিকর বা উদ্বেগজনকভাবে কিছু থাকা বা ঘটার মতো অবস্থায় থাকা; কোনো সমস্যা থাকা *This essay has been hanging over me for days.*

hang sth up to put sth on a nail, hook, etc. হুক, পেরেক ইত্যাদিতে কিছু ঝোলানো *Hang your coat up over there.*

hang up to end a telephone conversation and put the telephone down কথা শেষ করে টেলিফোনটি রেখে দেওয়া

hang up on sb (*informal*) to end a telephone conversation without saying goodbye because you are angry রাগ করে, বিদায় না জানিয়েই টেলিফোন সজোরে নামিয়ে রাখা, হঠাৎ টেলিফোনে কথা বন্ধ করে দেওয়া

hang² / hæŋ হ্যাং / *noun*

IDM get the hang of (doing) sth (*informal*) to learn how to use or do sth কোনো কিছু ভালোভাবে ব্যবহার করতে অথবা কোনো কাজ করতে শেখা *It took me a long time to get the hang of my new computer.*

hangar / ˈhæŋə(r) ˈহ্যাংঅ্যা(র্) / *noun* [C] a big building where planes are kept বিমান ইত্যাদি রাখার বড়ো বাড়ি

hanger / ˈhæŋə(r) ˈহ্যাংঅ্যা(র্) / (*also* **coat hanger, clothes-hanger**) *noun* [C] a metal, plastic or wooden object with a hook that is used for hanging up clothes in a cupboard কাবার্ড বা আলমারিতে জামাকাপড় ঝুলিয়ে রাখার জন্য ব্যবহৃত ধাতু, প্লাস্টিক অথবা কাঠের তৈরি হুকওয়ালা বস্তু; হ্যাংগার

hanger-on / ˌhæŋər ˈɒn ˌহ্যাংঅ্যার্ ˈঅন্ / *noun* [C] (*pl.* **hangers-on**) a person who tries to be friendly with sb who is rich or important যে ব্যক্তি বড়োলোক বা নামিদামি লোকের সঙ্গে গায়ে পড়ে বন্ধুত্ব করতে চায়

hang-glider *noun* [C] a type of frame covered with cloth, which a person holds and flies through the air with as a sport কাপড় দিয়ে ঢাকা কাঠামো যা ধরে কোনো ব্যক্তি আকাশে উড়তে পারে (এক ধরনের ক্রীড়া) ▶ **hang-gliding** *noun* [U] হ্যাংগ্লাইডারে আকাশে ওড়া

hanging / ˈhæŋɪŋ ˈহ্যাংইং / *noun* [C, U] death as a form of punishment for a crime, caused by putting rope around a person's neck and letting the body drop downwards গলায় দড়ি পরিয়ে এবং পুরো শরীর তারপর নীচের দিকে ঝুলিয়ে দিয়ে কোনো অপরাধের জন্য যে মৃত্যুদণ্ড দেওয়া হয়; ফাঁসি

hanging valley *noun* [C] (in geography) a valley which has been cut across by a deeper valley or cliff (ভূগোলে) যে উপত্যকা আরও গভীর কোনো উপত্যকা অথবা সুউচ্চপর্বত দ্বারা বিভক্ত হয়েছে ➪ **glacial**-এ ছবি দেখো।

hangman / ˈhæŋmən ˈহ্যাংম্যান্ / *noun* [*sing.*] **1** a person whose job is to kill criminals as a form of punishment by hanging them with a rope শাস্তি হিসাবে অপরাধীদের ফাঁসি দেওয়া যার পেশা; জল্লাদ **2** a word game where the aim is to guess all the letters of a word before a stick picture of a person hanging is completed একধরনের শব্দের খেলা যেখানে একজন ব্যক্তির ফাঁসি হওয়ার কাঠিচিত্র সম্পূর্ণ হওয়ার আগেই যে শব্দটি দেওয়া হয়েছে তার সবকটি অক্ষর সঠিকভাবে অনুমান করতে হয়

hangover / ˈhæŋəʊvə(r) ˈহ্যাংঅ্যাউভ্যা(র্) / *noun* [C] pain in your head and a sick feeling that you have if you have drunk too much alcohol the night before আগের রাতে অত্যধিক মদ্যপানের ফলে পরের দিন সকালে মাথা ধরা, গা ম্যাজম্যাজ ভাব; শারীরিক গ্লানি; হ্যাংওভার

hang-up *noun* [C] (*slang*) **a hang-up (about sb/sth)** an emotional problem about sth that makes you embarrassed or worried কোনো কিছু সম্বন্ধে আবেগজাত সমস্যা, যা কাউকে বিব্রত বা উদ্বিগ্ন করে তোলে *He has a real hang-up about his height.*

hanker / ˈhæŋkə(r) ˈহ্যাংক্যা(র্) / *verb* [I] **hanker after/for sth** to want sth very much (often sth that you cannot easily have) যা সহজে পাওয়া না-ও যেতে পারে এমন কিছু প্রবলভাবে চাওয়া

hanky (*also* **hankie**) / ˈhæŋki ˈহ্যাংকি / *noun* [C] (*pl.* **hankies**) (*informal*) = **handkerchief**

haphazard / hæpˈhæzəd হ্যাপ্ˈহ্যাজ্যাড় / *adj.* with no particular order or plan; badly organized খেয়ালমাফিক; এলোমেলো, অগোছালো ▶ **haphazardly** *adv.* এলোমেলোভাবে, উদ্দেশ্যহীনভাবে

haploid / ˈhæplɔɪd ˈহ্যাপ্লইড্ / *adj.* (*technical*) (used about a cell) containing only the set of **chromosomes** from one parent যে কোষের মধ্যে মাতাপিতার দুজনের মধ্যে কেবল একজনের ক্রোমোজোম থাকে ➪ **diploid** দেখো।

happen / ˈhæpən ˈহ্যাপ্যান্ / *verb* [I] **1** (of an event or situation) to take place, usually without being planned first (ঘটনা বা পরিস্থিতি সম্বন্ধে ব্যবহৃত) হঠাৎ ঘটা, সাধারণত পূর্বপরিকল্পনা ছাড়াই *Can you describe to the police what happened after you left the party?* ○ *How did the accident happen?*

> **NOTE** **Happen** এবং **occur** শব্দ দুটি পূর্ব পরিকল্পিত নয় এমন ঘটনা বোঝানোর জন্য ব্যবহার করা হয়। **Occur** শব্দটি **happen** শব্দটির তুলনায় বেশি আলংকারিক প্রয়োগ। **Take place** কেবল পূর্বপরিকল্পিত কোনো ঘটনার জন্য ব্যবহার করা হয়—*The wedding took place on Sunday July 25th.*

2 happen to sb/sth to be what sb/sth experiences কারও কিছু ঘটা, কোনো অভিজ্ঞতা হওয়া *What do you think has happened to Ritu? She should have been here an hour ago.* ○ *What will happen to the business when your father retires?* **3 happen to do sth** to do sth by chance কোনো সুযোগে হঠাৎ কিছু করা বা ঘটা *I happened to meet him in Chennai yesterday.*

IDM **as it happens/happened** (used when you are adding to what you have said) actually (বাড়তি আরও কিছু বলার সময়ে ব্যবহৃত) প্রকৃতপক্ষে, ঘটনাচক্রে *As it happens, I did remember to bring the book you wanted.*

it (just) so happens ➪ **so**[1] দেখো।

happening / ˈhæpənɪŋ ˈহ্যাপ্যানিং / *noun* [C, *usually pl.*] a thing that happens; an event (that is usually strange or difficult to explain) যা ঘটে; এমন কোনো অদ্ভুত ঘটনা যা ব্যাখ্যার অতীত *Strange happenings have been reported in that old hotel.*

happily / ˈhæpɪli ˈহ্যাপিলি / *adv.* **1** in a happy way আনন্দের সঙ্গে, খুশি মনে *I would happily give up my job if I didn't need the money.* **2** it is lucky that; fortunately আনন্দের খবর; সৌভাগ্যবশত

The police found my handbag and, happily, nothing had been stolen.

happy / ˈhæpi ˈহ্যাপি / *adj.* (**happier; happiest**) **1 happy (to do sth); happy for sb; happy that...** feeling or showing pleasure; pleased আনন্দের, সুখের মনোভাব; আনন্দিত, সুখী *I was really happy to see Prakash again yesterday.* ○ *You look very happy today.* ○ *Congratulations! I'm very happy for you.* ✪ বিপ **unhappy** এবং **sad** ➪ **glad**-এ নোট দেখো। **2** giving or causing pleasure সুখদায়ক বা আনন্দজনক *a happy marriage/memory/childhood* ○ *The film is sad but it has **a happy ending**.* **3 happy (with/about sb/sth)** satisfied that sth is good and right; not worried সুখী; চিন্তামুক্ত *I'm not very happy with what you've done.* ○ *She doesn't feel happy about the salary she's been offered.* **3 happy to do sth** (*not before a noun*) ready to do sth; pleased খুশি মনে কোনো কাজের জন্য প্রস্তুত; আনন্দিত *I'll be happy to see you any day next week.* **4 Happy** used to wish sb an enjoyable time কারও শুভকামনা করার জন্য ব্যবহৃত অভিব্যক্তিবিশেষ *Happy Birthday!* **5** (*before a noun*) lucky; fortunate ভাগ্যবান; সৌভাগ্যমণ্ডিত *a happy coincidence.* ✪ বিপ **unhappy** ► **happiness** *noun* [U] সুখ, আনন্দ

happy-go-lucky *adj.* not caring or worried about life and the future জীবন এবং ভবিষ্যৎ সম্পর্কে ভাবনাচিন্তাহীন, উদ্বেগহীন

happy hour *noun* [C, *usually sing.*] a time when a pub or bar sells alcoholic drinks at lower prices than usual যে সময়ে সরাইখানা বা পানশালায় বিভিন্ন ধরনের মদ বা সুরা কম দামে বিক্রি হয়

harass / ˈhærəs; həˈræs ˈহ্যার‍্যাস্; হ্যাˈর‍্যাস্ / *verb* [T] to annoy or worry sb by doing unpleasant things to him/her, especially over a long time অনেকক্ষণ ধরে অপ্রীতিকর কাজ করে কাউকে বিরক্ত করা বা উত্ত্যক্ত করা, পিছনে লাগা, হয়রান করা *The court ordered him to stop harassing his ex-wife.* ► **harassment** *noun* [U] হয়রানি *She accused her boss of **sexual harassment**.*

harassed / ˈhærəst; həˈræst ˈহ্যার‍্যাস্ট্; হ্যাˈর‍্যাস্ট্ / *adj.* tired and worried because you have too much to do অত্যধিক পরিশ্রমে ক্লান্ত, হয়রান

harbour[1] (*AmE* **harbor**) / ˈhɑːbə(r) ˈহা:ব্যা(র্) / *noun* [C, U] a place on the coast where ships can be tied up (**moored**) and protected from the sea and bad weather উপকূলবর্তী কোনো স্থান যেখানে জাহাজগুলিকে নোঙর বা কাছি দিয়ে বেঁধে রাখা হয় এবং সমুদ্র ও খারাপ আবহাওয়া থেকে রক্ষা করা হয়; বন্দর, পোতাশ্রয়

harbour[2] (*AmE* **harbor**) / ˈhɑːbə(r) ˈহা:ব্যা(র্) / *verb* [T] **1** to keep feelings or thoughts secret in your mind for a long time কোনো মনোভাব দীর্ঘদিন মনের মধ্যে পুষে রাখা, মনোভাব গোপন রাখা *She began to **harbour doubts** about the decision.* **2** to hide or protect sb/sth that is bad কোনো মন্দ ব্যক্তি বা অন্যায় কাজকে প্রশ্রয় দেওয়া *They were accused of harbouring terrorists.*

hard[1] / hɑːd হা:ড্ / *adj.* **1** not soft to touch; not easy to break or bend শক্ত, কঠিন; অভঙ্গুর *The bed was so hard that I couldn't sleep.* ○ *Diamonds are the hardest known mineral.* ✪ বিপ **soft** **2 hard (for sb) (to do sth)** difficult to do or understand; not easy জটিল, দুর্বোধ্য; কঠিন *The first question in the exam was very hard.* ○ *It's hard for young people to find good jobs nowadays.* ○ *I find his attitude very hard to take* (=difficult to accept). ✪ বিপ **easy** **3** needing or using a lot of physical strength or mental effort যে কাজের জন্য বেশি রকমের শারীরিক ক্ষমতা বা মানসিক প্রস্তুতি লাগে ***Hard work** is said to be good for you.* ○ *He's a hard worker.* **4** (used about a person) not feeling or showing kindness or pity; not gentle (কোনো ব্যক্তি সম্বন্ধে ব্যবহৃত) কঠিন হৃদয় ; কর্কশ, অভদ্র, *You have to be hard to succeed in business.* ✪ বিপ **soft**-এবং **lenient** **5** (used about conditions) unpleasant or unhappy; full of difficulty (পরিস্থিতি সম্বন্ধে ব্যবহৃত) অপ্রীতিকর বা অসুখী; সমস্যাজর্জরিত *He had a hard time when his parents died.* ○ *to have a hard day/life/childhood* **6** (used about the weather) very cold (আবহাওয়া সম্বন্ধে ব্যবহৃত) তীব্র শীত, অত্যন্ত ঠান্ডা *The forecast is for a hard winter/frost.* ✪ বিপ **mild** **7** (used about water) containing particular minerals so that soap does not make many bubbles (জল সম্বন্ধে ব্যবহৃত) বিশেষ খনিজ পদার্থযুক্ত জল যাতে সাবান দিলে ফেনা হয় না *We live in a **hard water** area.* ✪ বিপ **soft** ► **hardness** *noun* [U] কঠোরতা, অনমনীয়, কঠিন

IDM **a hard act to follow** a person or a thing that it is difficult to do better than কোনো ব্যক্তি বা বস্তু যার থেকে আরও ভালো করা বা হওয়া সহজ নয়

be hard at it to be working very hard doing sth পরিশ্রম এবং কষ্ট করে কোনো কিছু করা; প্রাণপণ চেষ্টা করা

be hard on sb/sth **1** to treat sb/sth in a harsh way or to make things difficult কারও বা কিছুর সঙ্গে কঠিন হওয়া বা অসুবিধা সৃষ্টি করা *Don't be too hard on her—she's only a child.* **2** to be unfair to sb কারও প্রতি অন্যায় করা, সঠিক ব্যবহার না করা *Moving the office to the country is a bit hard on the people who haven't got a car.*

give sb a hard time (*informal*) to make a situation unpleasant, embarrassing or difficult for sb কোনো পরিস্থিতি অপ্রীতিকর, অস্বস্তিজনক বা জটিল করে তোলা

hard and fast (used about rules, etc.) that cannot be changed (নিয়মবিধি প্রসঙ্গে ব্যবহৃত) অপরিবর্তনীয়, যা বদলানো যাবে না *There are no hard and fast rules about this.*

hard facts information that is true, not just people's opinions কেবলমাত্র জনমত নয়, প্রকৃত সত্য; আসল তথ্য

hard luck ⇨ **luck** দেখো।

hard of hearing unable to hear well কানে খাটো, আংশিক বধির

hard to swallow difficult to believe মেনে নেওয়া কঠিন; অবিশ্বাস্য

have a hard job doing/to do sth; have a hard time doing sth to do sth with great difficulty কষ্ট করে কিছু করা

no hard feelings (*spoken*) used to tell sb you do not feel angry after an argument, etc. কোনো তর্কাদির পরে বক্তা যে রাগ করেনি তা কাউকে বোঝানোর জন্য ব্যবহৃত অভিব্যক্তিবিশেষ *'No hard feelings, I hope,' he said, offering me his hand.*

the hard way through having unpleasant or difficult experiences, rather than learning from what you are told অন্যের কথার উপর নির্ভর না করে নিজে অনেক অপ্রীতিকর বা কঠিন অভিজ্ঞতার মধ্য দিয়ে জানা হয় এমন *She won't listen to my advice so she'll just have to* ***learn the hard way****.*

take a hard line (on sth) to deal with sth in a very serious way that you will not allow anyone to change গম্ভীর ও অনমনীয়ভাবে কোনো কিছু এমনভাবে মোকাবিলা করা যেন কাউকেই তা বদলাতে দেওয়া হবে না; নিজের মত থেকে একচুল না সরা *The government has taken a hard line on people who drink and drive.*

hard² / hɑːd হা:ড্ / *adv.* **1** with great effort, energy or attention যত্নসহকারে, সম্পূর্ণ মনোযোগ ও ক্ষমতার সঙ্গে *He worked hard all his life.* ○ *You'll have to try a bit harder than that.* **2** with great force; heavily খুব জোরে; সশব্দে, সজোরে *It was raining/snowing hard.* ○ *He hit her hard across the face.*

be hard up (for sth) to have too few or too little of sth, especially money অর্থের অভাব হওয়া; টাকাপয়সা কমে যাওয়া

be hard pressed/pushed/put to do sth to find sth very difficult to do কিছু করা অত্যন্ত কঠিন মনে হওয়া; ভীষণ বিপন্ন বোধ করা *He was hard pressed to explain his wife's sudden disappearance.*

die hard ⇨ **die** দেখো।

hard done by (*BrE*) not fairly treated ভালো ব্যবহার পায়নি এমন *He felt very hard done by when he wasn't chosen for the team.*

hardback / ˈhɑːdbæk ˈহা:ড্ব্যাক্ / *noun* [C] a book that has a hard rigid cover শক্ত মলাটের বই *This book is only available* ***in hardback****.* ⇨ **paperback** দেখো।

hardboard / ˈhɑːdbɔːd ˈহা:ড্‌ব:ড্ / *noun* [U] a type of wooden board made by pressing very small pieces of wood together into thin sheets এক ধরনের তক্তা বা পাটাতন যা ছোটো ছোটো কাঠের টুকরো পাতলা চাদরে ঠেসে ঠেসে বানানো হয়

hard-boiled *adj.* (used about an egg) boiled until it is solid inside (ডিম সম্বন্ধে ব্যবহৃত) ভিতরটা শক্ত হয়ে গেছে এমনভাবে সিদ্ধ, পুরোপুরি সিদ্ধ; ফুল-বয়েল

hard cash (*AmE* **cold cash**) *noun* [U] money, especially in the form of coins and notes, that you can spend নগদ টাকাপয়সা

hard copy *noun* [U] (*computing*) information from a computer that has been printed on paper কম্পিউটার থেকে বার করা, কাগজে ছাপা তথ্যাদি

hard core *noun* [*sing., with sing. or pl. verb*] the members of a group who are the most active দলের মধ্যে বেশি রকমের সক্রিয় সদস্যরা; কট্টর, উদ্যমী, তৎপর

hard currency *noun* [U] money belonging to a particular country that is easy to exchange and not likely to fall in value কোনো বিশেষ দেশের মুদ্রা যা সহজে অন্য দেশের মুদ্রায় বদলে নেওয়া যায় এবং যার মূল্য তাতে কমে না

hard disk *noun* [C] (*computing*) a piece of hard plastic that is fixed inside a computer and is used for storing data and programs permanently কম্পিউটারের ভিতরে স্থাপিত এবং ডাটা ও প্রোগ্রাম স্থায়ীভাবে সংগ্রহ করে রাখার জন্য ব্যবহৃত হয় যে শক্ত প্লাস্টিকের টুকরো; হার্ড ডিস্ক ⇨ **floppy disk** দেখো।

hard drug *noun* [C, *usually pl.*] a powerful and illegal drug that some people take for pleasure and may become dependent on (**addicted**) শক্তিশালী এবং বেআইনি ওষুধ যা লোকে মজা পাওয়ার জন্য নেয় এবং তার উপর নির্ভরশীল (নেশাগ্রস্ত) হয়ে পড়ে *Heroin and cocaine are hard drugs.* ⇨ **soft drug** দেখো।

harden / ˈhɑːdn ˈহা:ড্‌ন্ / *verb* **1** [I, T] to become or to make sth hard or less likely to change শক্ত হয়ে যাওয়া, কঠিন বা অপরিবর্তনীয় করা, পোক্ত করা বা হওয়া *The concrete will harden in 24 hours.* ○ *The firm has hardened its attitude on this question.* **2** [T] (*usually passive*) **harden sb (to sth/doing sth)** to make sb less kind or less easily shocked কাউকে কঠোর মনের মানুষ করে তোলা যাতে সে সহজে মানসিক আঘাত না পায় *a hardened reporter/criminal* ○ *Police officers get hardened to seeing dead bodies.* **3** [I] (used about a person's face, voice, etc.) to become serious and unfriendly (কারও মুখাবয়ব বা কণ্ঠস্বর সম্বন্ধে ব্যবহৃত) কঠোর এবং গম্ভীর হওয়া

hard-headed *adj.* determined and not allowing yourself to be influenced by emotions দৃঢ়চিত্ত এবং ভাবাবেগহীন কাজের মানুষ *a hard-headed business-man*

hard-hearted *adj.* not kind to other people and not considering their feelings কঠিন হৃদয়, নিষ্ঠুর, নির্মম ✪ বিপ **soft-hearted**

hard-hitting *adj.* that talks about or criticizes sb/sth in an honest and very direct way কোনো ব্যক্তি বা বস্তু সম্বন্ধে সরাসরি কথাবার্তা বলা বা সমালোচনা করা *a hard-hitting campaign/speech/report*

hardly / ˈhɑːdli ˈহা:ড্‌লি / *adv.* **1** almost no; almost not; almost none খুবই সামান্য, যৎসামান্য, নামমাত্র *There's **hardly any** coffee left.* ○ *We **hardly ever** go out nowadays.* ➪ **almost** দেখো। **2** used especially after 'can' and 'could' and before the main verb to emphasize that sth is difficult to do বিশেষত can এবং could এর পরে এবং প্রধান ক্রিয়াপদের পূর্বে কোনো কিছু করা কঠিন এই বোঝানোর জন্য ব্যবহৃত হয় *Speak up I can hardly hear you.* **3** (used to say that sth has just begun, happened, etc.) only just (সবেমাত্র আরম্ভ হয়েছে, ঘটেছে ইত্যাদি বোঝাতে ব্যবহৃত অভিব্যক্তিবিশেষ) সবেমাত্র *She'd **hardly** gone to sleep **than** it was time to get up again.*

> **NOTE** বাক্যের শুরুতে **hardly** শব্দটি ব্যবহার করা হলে এই শব্দটির ঠিক পরেই ক্রিয়াপদ (verb) ব্যবহৃত হয়। এরকম প্রয়োগ লিখিত ভাষার ক্ষেত্রেই চোখে পড়ে—*Hardly had she gone to sleep than it was time to get up again.*

4 (used to suggest that sth is unlikely or unreasonable) not really (কোনো কিছুর অসম্ভবতা বা যুক্তিহীনতা বোঝাতে ব্যবহৃত) নিশ্চয় নয়, সত্যি তো নয় *You can hardly expect me to believe that excuse!* ➪ **barely** এবং **scarcely** দেখো।

hard-nosed *adj.* not affected by feelings or emotions when trying to get what you want যখন কাঙ্ক্ষিত বস্তু পাওয়ার চেষ্টা করা হচ্ছে তখন অনুভূতি বা আবেগের দ্বারা প্রভাবিত নয় এমন; গোঁয়ার, একরোখা

hardship / ˈhɑːdʃɪp ˈহা:ড্‌শিপ্ / *noun* [C, U] the fact of not having enough money, food, etc. পর্যাপ্ত খাদ্য, অর্থ ইত্যাদির অভাব; আর্থিক কষ্ট, দৈন্যদশা *This new tax is going to cause a lot of hardship.*

hard shoulder (*AmE* **shoulder**) *noun* [C] (*BrE*) a narrow section of road at the side of a motorway where cars are allowed to stop in an emergency মোটরগাড়ি চলার প্রধান রাস্তার ধারে ধারে সরু অংশ যেখানে আপৎকালীন কোনো কারণে গাড়ি থামানো হয়

hardware / ˈhɑːdweə(r) ˈহা:ড্‌উএঅ্যা(র্) / *noun* [U] **1** the machinery of a computer, not the programmes written for it কম্পিউটারের যন্ত্রপাতি (কিন্তু প্রোগ্রামসমূহ নয়); হার্ডওয়্যার ➪ **software** দেখো। **2** tools and equipment that are used in the house and garden লোহালক্কড় ও সরঞ্জাম যা বাড়ি ও বাগানের কাজে লাগে *a hardware shop*

hard-wearing *adj.* (*BrE*) (used about materials, clothes, etc.) strong and able to last for a long time (পোশাক-পরিচ্ছদ, ছিট, কাপড় ইত্যাদি সম্বন্ধে ব্যবহৃত) শক্ত, টেকসই

hardwood / ˈhɑːdwʊd ˈহা:ড্‌উউড্ / *noun* [U, C] hard heavy wood from trees that lose their leaves in winter (**deciduous trees**) পর্ণমোচী গাছ থেকে পাওয়া শক্ত ভারী ধরনের কাঠ *tropical hardwoods* ➪ **soft-wood** দেখো।

hard-working *adj.* working with effort and energy পরিশ্রমী *a hard-working man*

hardy / ˈhɑːdi ˈহা:ডি / *adj.* (**hardier; hardiest**) strong and able to survive difficult conditions and bad weather শক্ত এবং কঠিন পরিস্থিতি ও ঝড়ঝাপটা সহ্য করতে পারে এমন; দীর্ঘস্থায়ী, দৃঢ়, কষ্টসহিষ্ণু *a hardy plant* ▶ **hardiness** *noun* [U] দৃঢ়তা, কষ্টসহিষ্ণুতা

hare / heə(r) হেঅ্যা(র্) / *noun* [C] an animal like a rabbit but bigger with longer ears and legs (লম্বা কান এবং পা ওয়ালা) বড়ো খরগোশ, শশক

harem / ˈhærəm ˈহ্যার‍্যাম্ / *noun* [C] a number of women living with one man, especially in Muslim societies. The part of the building the women live in is also called a harem (সাধারণত মুসলিম সমাজে) একজন পুরুষের সঙ্গে বসবাস করে যে স্ত্রীগণ অথবা অন্তঃপুরবাসিনীবৃন্দ। অট্টালিকার যে অংশে তারা বাস করে তাকে হারেম-ও বলা হয়; জেনানা মহল

harm¹ / hɑːm হা:ম্ / *noun* [U] damage or injury ক্ষতি বা আঘাত *The home-cooked food didn't **do** him any **harm**. Experienced staff watch over the children to make sure they don't **come to any harm**.*

IDM **no harm done** (*informal*) used to tell sb that he/she has not caused any damage or injury কোনো ক্ষতি হয়নি অথবা কাউকে আঘাত দেওয়া হয়নি এমন বোঝাতে ব্যবহৃত অভিব্যক্তিবিশেষ *'Sorry about what I said to you last night.' 'That's all right, Jai, no harm done!'*

out of harm's way in a safe place নিরাপদ স্থানে *Put the medicine out of harm's way where the children can't reach it.*
there is no harm in doing sth; it does no harm (for sb) to do sth there's nothing wrong in doing sth (and sth good may result) ক্ষতি তো নেই, এতে ক্ষতি হবে না (বরং ভালো কিছু হতে পারে) *I'm sure he'll say no, but there's no harm in asking.*

harm² / hɑːm হা:ম্ / *verb* [T] to cause injury or damage; hurt ক্ষতি করা; আঘাত দেওয়া *Too much sunshine can harm your skin.*

harmful / ˈhɑːmfl ˈহা:ম্ফ্‌ল্ / *adj.* **harmful (to sb/sth)** causing harm ক্ষতিকারক *Traffic fumes are harmful to the environment.*

harmless / ˈhɑːmləs ˈহা:ম্‌ল্যাস্ / *adj.* **1** not able or not likely to cause damage or injury; safe ক্ষতি বা আঘাত করতে অসমর্থ বা তার সম্ভাবনা নেই এমন; নিরীহ, নিরাপদ *You needn't be frightened—these insects are completely harmless.* **2** not likely to upset people লোকজনের ক্ষতির সম্ভাবনা কম *The children can watch that film—it's quite harmless.* ▶ **harmlessly** *adv.* নির্দোষভাবে, নিরাপদে

harmonic¹ / hɑːˈmɒnɪk হা:ˈমনিক্ / *adj.* (*usually before a noun*) (in music) used to describe the way notes are played or sung together to make a pleasing sound (সংগীতে) বাজনা বা কণ্ঠসংগীতের ক্ষেত্রে সুরসংগতি বোঝাতে ব্যবহৃত অভিব্যক্তিবিশেষ

harmonica / hɑːˈmɒnɪkə হা:ˈমনিক্যা / (*BrE* **mouth organ**) *noun* [C] a small musical instrument that you play by moving it across your lips while you are blowing ঠোঁটের এদিক থেকে ওদিকে সরিয়ে সরিয়ে ফুঁ দিয়ে বাজানোর ছোটো বাদ্যযন্ত্র ; মাউথ অর্গান ➪ **music**-এ ছবি দেখো।

harmonious / hɑːˈməʊniəs হা:ˈম্যাউনিঅ্যাস্ / *adj.* **1** friendly, peaceful and without disagreement সুমধুর, বন্ধুত্বপূর্ণ, শান্ত, নির্বিরোধী **2** (used about musical notes, colours, etc.) producing a pleasant effect when heard or seen together (সংগীতের সুরধ্বনি অথবা কোনো বর্ণ বা রং ইত্যাদি সম্বন্ধে ব্যবহৃত) যেগুলির একত্র ব্যবহার শ্রবণসুখকর বা দৃষ্টিসুখকর; সামঞ্জস্যপূর্ণ, সুসংগত, সুসমন্বিত ▶ **harmoniously** *adv.* সামঞ্জস্যপূর্ণভাবে, সুসংগতভাবে

harmonize (*also* **-ise**) / ˈhɑːmənaɪz ˈহা:ম্যানাইজ্ / *verb* [I] **1 harmonize (with sth)** (used about two or more things) to produce a pleasant effect when seen, heard, etc. together (দুই বা ততোধিক বস্তু সম্বন্ধে ব্যবহৃত) একত্রে দেখা, শোনা ইত্যাদি সংগতিপূর্ণ করে তোলা **2 harmonize (with sb/sth)** to sing or play music that sounds good combined with the main tune মূল সুরের সঙ্গে সংগতি রেখে গাওয়া বা বাজানো ▶ **harmonization** (*also* **-isation**) / ˌhɑːmənaɪˈzeɪʃn ˌহা:ম্যানাইˈজ়েইশ্‌ন্ / *noun* [U] সুরের সংগতিসাধন, সুরসম্মেলন, একতানযুক্ত

harmony / ˈhɑːməni ˈহা:ম্যানি / *noun* (*pl.* **harmonies**) **1** [U] a state of agreement or of peaceful existence together পারস্পরিক সম্মতি বা শান্তিপূর্ণ সহাবস্থানের পরিস্থিতি *We need to live more **in harmony with** our environment.* **2** [C, U] a pleasing combination of musical notes, colours, etc. সুরেলা ঝংকার,বর্ণ ইত্যাদির প্রীতিকর সমাবেশ *There are some beautiful harmonies in that music.*

harness¹ / ˈhɑːnɪs ˈহা:নিস্ / *noun* [C] **1** a set of leather straps that is put around a horse's neck and body so that it can pull sth ঘোড়া যাতে টানতে পারে তার জন্য তার গলায় এবং শরীরে পরানো চামড়ার লাগাম **2** a set of straps for fastening sth to a person's body or for stopping sb from moving around, falling, etc. চারিপাশে ঘুরে বেড়ানো, পড়ে যাওয়া ইত্যাদি থেকে কাউকে আটকানোর জন্য বা কোনো ব্যক্তির শরীরে কিছু বাঁধার জন্য একপ্রস্থ ফিতে বা স্ট্র্যাপ *a safety harness*

harness² / ˈhɑːnɪs ˈহা:নিস্ / *verb* [T] **1 harness sth (to sth)** to put a harness on a horse, etc. or to tie a horse, etc. to sth using a harness ভারবাহী অশ্বাদির গলায় চামড়ার ফিতে পরানো অথবা এই ধরনের ফিতে ব্যবহার করে সেটি বাঁধা *Two ponies were harnessed to the cart.* **2** to control the energy of sth in order to produce power or to achieve sth শক্তি উৎপন্ন করা বা কিছু অর্জন করার জন্য কোনো কিছুর বল নিয়ন্ত্রণ করা *to harness the sun's rays as a source of energy*

harp / hɑːp হা:প্ / *noun* [C] a large musical instrument which has many strings stretching from the top to the bottom of a frame. You play the harp with your fingers একটা কাঠামোর উপর থেকে নীচ পর্যন্ত তার আছে এমন বড়ো বাদ্যযন্ত্র যা আঙুল দিয়ে বাজাতে হয়; হার্প ➪ **music**-এ ছবি দেখো। ▶ **harpist** *noun* [C] হার্প-বাদক

harpoon / hɑːˈpuːn হা:ˈপুন্ / *noun* [C] a long thin weapon with a sharp pointed end and a rope tied to it that is used to catch large sea animals (**whales**) একধরনের লম্বা পাতলা অস্ত্র যার তীক্ষ্ণ প্রান্ত থাকে এবং এটির সঙ্গে একটি দড়ি বাঁধা থাকে যা বড়ো সামুদ্রিক প্রাণী (যেমন তিমি) ধরার জন্য ব্যবহৃত হয়; বর্শাফলক; হার্পুন ▶ **harpoon** *verb* [T] হার্পুন ছুড়ে মারা

harrow / ˈhærəʊ ˈহ্যার্যাউ / *noun* [C] a piece of farming equipment that is pulled over land that has been turned over (**ploughed**) to break up the earth before planting লাঙল দিয়ে চষা মাটির জমি সমান করার যন্ত্রবিশেষ; চাকতি বিদা

harrowing / ˈhærəʊɪŋ ˈহ্যার‍্যাউইং / *adj.* making people feel very sad or upset ভয়ংকর, মর্মান্তিক, নিদারুণ *The programme showed harrowing scenes of the victims of the war.*

harsh / hɑːʃ হা:শ্ / *adj.* **1** very strict and unkind কঠোর, নির্মম, নির্দয় *a harsh punishment/criticism* ○ *The judge had some* ***harsh words*** *for the journalist's behaviour.* **2** unpleasant and difficult to live in, look at, listen to, etc. বাস করা, দেখা, শোনা ইত্যাদি অপ্রীতিকর এবং কঠিন এমন *She grew up in the harsh environment of New York City.* ○ *a harsh light/voice* **3** too strong or rough and likely to damage sth অত্যন্ত জোরালো, রুক্ষ এবং ক্ষতি করার সম্ভাবনা আছে এমন *This soap is too harsh for a baby's skin.* ▶ **harshly** *adv.* কর্কশভাবে, রুক্ষভাবে ▶ **harshness** *noun* [U] কঠোরতা, নির্মমতা

harvest / ˈhɑːvɪst ˈহা:ভিস্ট্ / *noun* **1** [C, U] the time of year when the grain, fruit, etc. is collected on a farm; the act of collecting the grain, fruit, etc. (বাৎসরিক) ফসলকাটা অথবা জমি থেকে শস্য, ফল ইত্যাদি ঘরে তোলার যে সময়; শস্য, ফল ইত্যাদি ঘরে তোলার ক্রিয়া *Farmers always need extra help with the harvest.* **2** [C] the amount of grain, fruit, etc. that is collected উৎপন্ন এবং সংগৃহীত শস্য, ফল ইত্যাদির পরিমাণ *This year's wheat harvest was very poor.* ▶ **harvest** *verb* [I, T] ফসলকাটা, শস্য সংগ্রহ করা ➪ **combine harvester** দেখো।

has / həz; *strong form* hæz হ্যাজ়্; *প্রবল রূপ* হ্যাজ়্ / ➪ **have** দেখো।

has-been *noun* [C] (*informal*) a person or thing that is no longer as famous, successful or important as before যে যে ব্যক্তি বা বস্তু এখন আর আগের মতো বিখ্যাত, সফল বা উল্লেখযোগ্য নেই

hash / hæʃ হ্যাশ্ / *noun* **1** [U, C] a hot dish of meat mixed together with potato and fried মাংস এবং আলু মিশিয়ে নিয়ে এবং তারপর ভেজে নিয়ে তৈরি করা ঝাল খাবার **2** [U] =**hashish** **3** (**hash sign**) (*BrE*) [C] the symbol (#), especially one on the telephone # চিহ্ন, বিশেষ করে যা টেলিফোনে থাকে

IDM **make a hash of sth** (*informal*) to do sth badly কোনো কিছু করতে গিয়ে ভণ্ডুল করা, নষ্ট করে ফেলা

hashish / ˈhæʃiːʃ ˈহ্যাশীশ্ / (*also* **hash**) *noun* [U] a drug made from a plant (**hemp**) that some people smoke for pleasure and which is illegal in many countries শণ গাছ থেকে তৈরি একজাতীয় মাদকদ্রব্য। অনেকে নেশার আনন্দে এটির ধোঁয়া গ্রহণ করে এবং যা অনেক দেশেই বেআইনি; সিদ্ধি, ভাং, হাশিশ

hasn't ➪ **has not**-এর সংক্ষিপ্ত রূপ

hassle1 / ˈhæsl ˈহ্যাস্‌ল্ / *noun* (*informal*) **1** [C, U] a thing or situation that is annoying because it is complicated or involves a lot of effort জটিল অথবা আয়াসসাধ্য হওয়ার কারণে যে বস্তু বা পরিস্থিতি বিরক্তিকর *It's going to be a hassle having to change trains with all this luggage.* **2** [U] disagreeing or arguing তর্কবিতর্ক, ঝগড়াঝাঁটি, কথা কাটাকাটি *I've decided what to do—please don't give me any hassle about it.*

hassle2 / ˈhæsl ˈহ্যাস্‌ল্ / *verb* [T] to annoy sb, especially by asking him/her to do sth many times কাউকে বিরক্ত করা, বিশেষত বারবার কিছু করার কথা বলে পিছনে লেগে থাকা

haste / heɪst হেইস্ট্ / *noun* [U] speed in doing sth, especially because you do not have enough time কোনো কিছু করায় গতি, ব্যস্ততা কারণ হাতে সময় কম *It was obvious that the letter had been written* ***in haste***.

hasten / ˈheɪsn ˈহেইস্‌ন্ / *verb* (*formal*) **1** [I] **hasten to do sth** to be quick to do or say sth কোনো কিছু তাড়াতাড়ি করতে বা বলতে পারা *She hastened to apologize.* **2** [T] to make sth happen or be done earlier or more quickly কোনো কিছু তাড়াতাড়ি করানো বা ঘটার ব্যবস্থা করা, কোনো কাজ এগিয়ে দেওয়া

hasty / ˈheɪsti ˈহেইস্‌টি / *adj.* **1** said or done too quickly অত্যন্ত দ্রুত ব্যক্ত বা কৃত *He said a hasty 'goodbye' and left.* **2** **hasty (in doing sth/to do sth)** (used about a person) acting or deciding sth too quickly or without enough thought (কোনো ব্যক্তি সম্বন্ধে ব্যবহৃত) না ভেবেচিন্তে হঠাৎ কোনো কাজ করা হয়েছে বা আকস্মিক কোনো সিদ্ধান্ত নিয়ে ফেলা হয়েছে এমন *Maybe I was too hasty in rejecting her for the job.* ▶ **hastily** *adv.* তাড়াতাড়ি করে, দ্রুতগতিতে

hat / hæt হ্যাট্ / *noun* [C] a covering that you wear on your head, usually when you are outside টুপি; হ্যাট *to wear a hat*

IDM **at the drop of a hat** ➪ **drop2** দেখো।

hatch1 / hætʃ হ্যাচ্ / *verb* **1** [I] **hatch (out)** (used about a baby bird, insect, fish, etc.) to come out of an egg (পাখির শাবক, পোকা-মাকড় এবং মাছ ইত্যাদি সম্বন্ধে ব্যবহৃত) ডিম ফুটে বেরিয়ে আসা *Ten chicks hatched (out) this morning.* **2** [T] to make a baby bird, etc. come out of an egg ডিমে তা দেওয়া, ডিম ফুটে পাখির ছানা বেরোনো **3** [T] **hatch sth (up)** to think of a plan (usually to do sth bad) ষড়যন্ত্র করা (সাধারণত খারাপ কোনো কিছু করার জন্য) *He hatched a plan to avoid paying any income tax.*

hatch² / hætʃ হ্যাচ্ / *noun* [C] **1** an opening in the floor of a ship (**the deck**) through which cargo is lowered মালপত্র নামানোর জন্য জাহাজের ডেকে বিশেষভাবে বানানো খোলা জায়গা **2** an opening in the wall between a kitchen and another room that is used for passing food through রান্নাঘর এবং অন্য একটি ঘরের দেয়ালে খোলা জায়গা যা খাবার আনা নেওয়ার জন্য ব্যবহৃত হয় **3** the door in a plane or spacecraft মহাকাশগামী যান বা বিমানের দরজা

hatchback / ˈhætʃbæk ˈহ্যাচ্ব্যাক্ / *noun* [C] a car with a large door at the back that opens upwards যে গাড়ির পিছনের দিকের বড়ো দরজা উপর দিকে খোলে

hatchet / ˈhætʃɪt ˈহ্যাচিট্ / *noun* [C] a tool with a short handle and a heavy metal head with a sharp edge used for cutting wood কাঠ কাটার কাজে ব্যবহৃত হয়; কুঠার, কুড়ুল ➪ **gardening**-এ ছবি দেখো।

hate¹ / heɪt হেইট্ / *verb* [T] **1** to have a very strong feeling of not liking sb/sth at all কোনো ব্যক্তি বা বস্তুকে ঘৃণা করা বা একেবারেই পছন্দ না করা *I hate it when it's raining like this.* ○ *I hate to see the countryside spoilt.* ➪ **detest** এবং **loathe** দেখো। এই শব্দ দুটির মধ্য দিয়ে আরও জোরালো বিতৃষ্ণা প্রকাশ পায়। **2** used as a polite way of saying sorry for sth you would prefer not to have to say কোনো বিষয়ে দুঃখ প্রকাশ করার জন্য Sorry না বলে ভদ্রভাবে সেই ভাব প্রকাশের জন্য ব্যবহৃত অভিব্যক্তিবিশেষ *I hate to bother you, but did you pick up my keys by mistake?*

hate² / heɪt হেইট্ / *noun* **1** [U] a very strong feeling of not liking sb/sth at all; hatred (কারও বা কোনো কিছুর প্রতি) অনীহা; ঘৃণা, বিতৃষ্ণা *Do you feel any hate towards the kidnappers?* **2** [C] a thing that you do not like at all যা একেবারেই পছন্দের নয় *Plastic flowers are one of my pet hates* (=the things that I particularly dislike).

hateful / ˈheɪtfl ˈহেইট্ফ্ল্ / *adj.* **hateful (to sb)** extremely unpleasant অত্যন্ত ঘৃণাদায়ক, বিশ্রী, জঘন্য *It was a hateful thing to say.* ✪ সম **horrible**

hatred / ˈheɪtrɪd ˈহেইট্রিড্ / *noun* [U] **hatred (for/of sb/sth)** a very strong feeling of not liking sb/sth; hate কোনো ব্যক্তি বা বস্তুর প্রতি অপছন্দের অত্যন্ত জোরালো অনুভূতি; ঘৃণা, ঘেন্না, বিরূপতা

hat-trick *noun* [C] three points, goals, etc. scored by one player in the same game; three successes achieved by one person কোনো নির্দিষ্ট খেলায় একজন খেলোয়াড়ের পরপর পাওয়া তিনটে পয়েন্ট, তিনটে গোল ইত্যাদি; কোনো ব্যক্তির তিনবার বিজয়লাভ; হ্যাটট্রিক *to score a hat-trick*

haughty / ˈhɔːti ˈহ:টি / *adj.* proud, and thinking that you are better than other people অন্যদের থেকে ভালো এমন মনোভাব; উদ্ধত, দাম্ভিক, হামবড়া ▶ **haughtily** *adv.* উদ্ধতভাবে

haul¹ / hɔːl হ:ল্ / *verb* [T] to pull sth with a lot of effort or difficulty প্রবল আয়াস অথবা অসুবিধার সঙ্গে কোনো কিছু টানা *A lorry hauled the car out of the mud.*

haul² / hɔːl হ:ল্ / *noun* **1** [C, *usually sing.*] **a haul (of sth)** a large amount of sth that has been stolen, caught, collected, etc. চুরি করে, ধরে, সংগ্রহ করে আনা হয়েছে এরকম কোনো কিছুর বিপুল পরিমাণ *The fishermen came back with a good haul of fish.* **2** [*sing.*] a distance to be travelled গন্তব্যপথ, লম্বা পথ *It seemed **a long haul** back home at night.*

haunches / ˈhɔːntʃɪz ˈহ:ন্চিজ্ / *noun* [*pl.*] the back end of an animal, including the tops of its back legs; a person's bottom and the tops of his or her legs মানুষ বা জীবজন্তুর পশ্চাৎ প্রান্ত; নিতম্ব *The lion rested on its haunches.*

haunt¹ / hɔːnt হ:ন্ট্ / *verb* [T] **1** (*usually passive*) (used about a ghost of a dead person) to appear in a place regularly (মৃত ব্যক্তির প্রেত সম্বন্ধে ব্যবহৃত) নিয়মিতভাবে হানা দেওয়া*The house is said to be haunted.* **2** (used about sth unpleasant or sad) to be always in your mind (অপ্রীতিকর বা দুঃখজনক কোনো বিষয় সম্বন্ধে ব্যবহৃত) মনে বসে থাকা, সর্বদা চিন্তার মধ্যে থাকা *His unhappy face has haunted me for years.*

haunt² / hɔːnt হ:ন্ট্ / *noun* [C] a place that you visit regularly যে জায়গায় নিয়মিতভাবে যাওয়া হয় *This cafe has always been a favourite haunt of mine.*

haunting / ˈhɔːntɪŋ ˈহ:ন্টিং / *adj.* having a quality that stays in your mind কোনো কিছু মনে থেকে যাওয়ার যে গুণ *a haunting song*

have¹ / həv; *strong form* hæv হ্যাভ্; *প্রবল রূপ* হ্যাভ্ / *auxiliary verb* used for forming the perfect tenses সাহায্যকারী ক্রিয়াপদ যা ক্রিয়ার পুরাঘটিত কাল তৈরি করতে ব্যবহৃত হয় ➪ Auxiliary Verb সম্বন্ধে জানতে হলে এই অভিধানের শেষে **Quick Grammar Reference** অংশটি দেখো।

have² / hæv হ্যাভ্ / *verb* [T] **1** (*BrE* **have got**) (*not used in the continuous tenses*) to own or to hold sth; to possess কারও কোনো কিছু থাকা বা কিছু ধরা; অধিকারী হওয়া *I've got a new camera.* ○ *The flat has two bedrooms.* ○ *to have patience/enthusiasm/skill* ○ *Have you got any brothers or sisters?* **2** used with many nouns to talk about doing sth কোনো কাজ সম্বন্ধে বলার জন্য বিভিন্ন

বিশেষ্যপদের সঙ্গে ব্যবহৃত অভিব্যক্তিবিশেষ *to have a drink/something to eat* ○ *to have an argument/talk/chat* **3** to experience sth বিশেষ কোনো অভিজ্ঞতা লাভ করা *to have fun* ○ *to have problems/difficulties* ○ *to have an idea/an impression/a feeling* **4** (*also* **have got**) (*not used in the continuous tenses*) to be ill with sth কোনো কিছুতে অসুস্থ হয়ে পড়া *She's got a bad cold.* ○ *to have flu/a headache/cancer/AIDS* **5 have sth done** to arrange for sb to do sth কাউকে দিয়ে কোনো কাজ করানো *I have my hair cut every six weeks.* ○ *You should have your eyes tested.* **6** (*also* **have got**) to have a particular duty or plan বিশেষ কর্তব্য বা পরিকল্পনা থাকা *Do you have any homework tonight?* ○ *I've got a few things to do this morning, but I'm free later.* **7** (*also* **have got**) (*not used in the continuous tenses*) to hold sb/sth; to keep sth in a particular place কাউকে বা কিছুকে ধরা; কোনো বিশেষ জায়গায় কোনো জিনিস রাখা *The dog had me by the leg.* ○ *We've got our TV up on a shelf.* **8** to cause sb/sth to do sth or to be in a particular state কাউকে দিয়ে কিছু করানো অথবা বিশেষ কোনো অবস্থায় পড়া *The music soon had everyone dancing.* ○ *I'll have dinner ready when you get home.* **9** to look after or entertain sb কাউকে দেখাশোনা করা বা তাকে আনন্দ দেওয়া *We're having some people to dinner tomorrow.*

IDM have had it used about things that are completely broken, or dead একেবারে ভেঙে গেছে, অথবা মারা গেছে বোঝাতে ব্যবহৃত অভিব্যক্তিবিশেষ *This television has had it. We'll have to buy a new one.*

> **NOTE Have** শব্দটি প্রয়োগ করা হয়েছে যেসব প্রবাদ বা বাগ্‌ধারায় তার জন্য সেই প্রবাদ বা বাগ্‌ধারায় ব্যবহৃত বিশেষ্য (noun), বিশেষণ (adjective) ইত্যাদি শব্দের শীর্ষশব্দগুলি দেখো। উদাহরণস্বরূপ **not have a clue** বাগ্‌ধারাটি পাবে **clue** শীর্ষশব্দে।

PHR V have sb on to trick sb as a joke কাউকে নিয়ে মজা করা *Don't listen to what Vaibhav says—he's only having you on.*

have (got) sth on 1 to be wearing sth কোনো কিছু পরিধান করা, পরা *She's got a green sweater on.* **2** (*informal*) to have an arrangement to do sth কোনো কিছু করার ব্যবস্থা থাকা *I've got a lot on this week* (=I'm very busy).

have sth out to allow part of your body to be removed শরীরের কোনো অংশ বাদ দিতে দেওয়া, অঙ্গচ্ছেদ করা *to have a tooth/your appendix out*

haven / ˈheɪvn ˈহেইভ্‌ন্ / *noun* [C] **a haven (of sth); a haven (for sb/sth)** a place where people or animals can be safe and rest নিরাপদ আশ্রয়স্থল *The lake is a haven for water birds.* ➪ **tax haven** দেখো।

have to / ˈhæv tə; ˈhæf tə ˈহ্যাভ্ ট্যা; ˈহ্যাফ্ ট্যা / *strong form and before vowels* ˈhæv tuː; ˈhæf tuː *প্রবলরূপ এবং স্বরবর্ণের পূর্বে* ˈহ্যাভ্ টু; ˈহ্যাফ্ টু / *modal verb* used for saying that sb must do sth or that sth must happen কোনো কাজ অবশ্যই করতে হবে অথবা কিছু অবশ্যই ঘটবে এটি বোঝানোর জন্য ব্যবহৃত অভিব্যক্তিবিশেষ *I usually have to work on Saturday mornings.* ○ *We don't have to* (=it's not necessary to) *go to the party if you don't want to.*

> **NOTE Modal Verbs** সম্বন্ধে আরও বিশদভাবে জানার জন্য এই অভিধানের শেষে **Quick Grammar Reference** অংশটি দেখো।

havoc / ˈhævək ˈহ্যাভ্যাক্ / *noun* [U] a situation in which there is a lot of damage or confusion ক্ষয়ক্ষতি, সর্বনাশা পরিস্থিতি *The rail strikes will **cause havoc** all over the country.*

hawk¹ / hɔːk হ:ক্ / *noun* [C] a type of large bird that catches and eats small animals and birds. Hawks can see very well (ছোটো ছোটো প্রাণী ও পাখিদের খায় এবং ভালো দৃষ্টিশক্তি আছে) শ্যেনপক্ষী, বাজপাখি

> **NOTE** বাজপাখি এক ধরনের **bird of prey** (শিকারি পাখি)।

hawk² / hɔːk হ:ক্ / *verb* [T] to try to sell things by going from place to place asking people to buy them ফেরি করে জিনিস বিক্রির চেষ্টা করা ▶ **hawker** *noun* [C] ফেরিওয়ালা

hay / heɪ হেই / *noun* [U] grass that has been cut and dried for use as animal food শুকোনো ঘাস, খড় ইত্যাদি যা পশুর খাদ্য

hay fever *noun* [U] an illness that affects the eyes, nose and throat and is caused by breathing in the powder (**pollen**) produced by some plants কোনো কোনো গাছের পরাগ বা রেণু নিঃশ্বাসের সঙ্গে শরীরে চলে গিয়ে যখন চোখ, নাক এবং গলা আক্রান্ত হয়ে অসুখ করে

haystack / ˈheɪstæk ˈহেইস্ট্যাক্ / (*also* **hayrick** / ˌheɪrɪk ˌহেইরিক্ /) *noun* [C] a large firmly packed pile of hay খড়ের গাদা; পালই, পালুই

haywire / ˈheɪwaɪə(r) ˈহেইউআইআ্যা(র্) / *adj.*

IDM be/go haywire (*informal*) to be or become out of control কোনো পরিকল্পনা ভেস্তে যাওয়া বা হাতের বাইরে চলে যাওয়া

hazard[1] / ˈhæzəd ˈহ্যাজ়্যাড্ / *noun* [C] a danger or risk বিপদ বা ঝুঁকি *Smoking is a serious health hazard.*

hazard[2] / ˈhæzəd ˈহ্যাজ়্যাড্ / *verb* [T] to make a guess or to suggest sth even though you know it may be wrong আনুমানিক মন্তব্য করা বা ভুল হওয়ার সম্ভাবনা আছে জেনেও বলা *I don't know what he paid for the house but I could* ***hazard a guess***.

hazardous / ˈhæzədəs ˈহ্যাজ়্যাড্যাস্ / *adj.* dangerous বিপজ্জনক ✪ সম **risky**

haze / heɪz হেইজ় / *noun* **1** [C, U] air that is difficult to see through because it contains very small drops of water, especially caused by hot weather হালকা কুয়াশা *a heat haze* ➪ **fog**-এ নোট দেখো। **2** [*sing.*] air containing sth that makes it difficult to see through it বাতাসে কোনো কিছুর পাতলা আস্তরণ *a haze of smoke/ dust/steam* **3** [*sing.*] a mental state in which you cannot think clearly মানসিক আচ্ছন্নতা; বিভ্রান্তি

hazel[1] / ˈheɪzl ˈহেইজ়্ল্ / *noun* [C] a small tree or bush that produces nuts ছোটো গাছ অথবা ঝোপ যাতে বাদাম জন্মায়

hazel[2] / ˈheɪzl ˈহেইজ়্ল্ / *adj.* (used especially about eyes) light brown in colour (বিশেষত চোখ সম্বন্ধে ব্যবহৃত) হালকা বাদামি রঙের

hazelnut / ˈheɪzlnʌt ˈহেইজ়্ল্নাট্ / *noun* [C] a small nut that we eat একধরনের ছোটো ছোটো বাদাম যা খাওয়া যায় ➪ **nut**-এ ছবি দেখো।

hazy / ˈheɪzi ˈহেইজ়ি / *adj.* **1** not clear, especially because of heat (বিশেষত গরমের কারণে) আবছা, কুয়াশাচ্ছন্ন, অস্পষ্ট *The fields were hazy in the early morning sun.* **2** difficult to remember or understand clearly আবছা, ঘোলাটে স্মৃতি *a hazy memory* **3** (used about a person) uncertain, not expressing things clearly (কোনো ব্যক্তি সম্বন্ধে ব্যবহৃত) অনিশ্চিত, অস্পষ্ট *She's a bit hazy about the details of the trip.*

H-bomb = **hydrogen bomb**

he[1] / hiː হী / *pronoun* (*the subject of a verb*) the male person mentioned earlier (কোনো ক্রিয়াপদের কর্তা) যে ব্যক্তি (পুরুষ) সম্বন্ধে আগে উল্লেখ করা হয়েছে *I spoke to Ahmed before he left.* ○ *Look at that little boy—he's going to fall in!*

> **NOTE** কোনো ব্যক্তি যিনি পুরুষ অথবা মহিলা হতে পারেন তার সম্বন্ধে উল্লেখ করার জন্য **he or she** অথবা **him or her** এবং লেখার সময়ে **he/she** অথবা **she/he** ব্যবহার করা যেতে পারে—*If you are not sure, ask your doctor. He/she can give you further information.* সাধারণ কথোপকথনের সময়ে আমরা **they, them** অথবা **their** ব্যবহার করতে পারি—*Everybody knows what they want.* ○ *When somebody asks me a question I always try to give them a quick answer.* এই বাক্যগুলি বহুবচনেও (plural) করা যেতে পারে যেমন—*A baby cries when she/he is tired.* এই বাক্যটি বদলে গিয়ে বহুবচনে হবে—*Babies cry when they are tired.*

he[2] / hiː হী / *noun* [*sing.*] a male animal কোনো পুরুষ জন্তু *Is your cat a he or a she?*

head[1] / hed হেড্ / *noun* [C] **1** the part of your body above your neck মাথা, মস্তিষ্ক *She turned her head to look at him.* ➪ **body**-তে ছবি দেখো। **2 -headed** (*used to form compound adjectives*) having the type of head mentioned উল্লিখিত ধরনের মস্তিষ্কবিশিষ্ট *a bald-headed man* **3** a person's mind, brain or mental ability বুদ্ধি, মেধা, বিচারশক্তি, মগজ *Use your head* (= think)*!* ○ *A horrible thought entered my head.* **4** the top, front or most important part সামনে, উপরে বা সর্বাপেক্ষা গুরুত্বপূর্ণ জায়গায়; শীর্ষস্থান, সেরা স্থান *to sit at the head of the table* ○ *the head of a nail* ○ *the head of the queue* **5** the person in charge of a group of people দলপতি, নেতা, কর্তা, প্রধান *the head of the family* ○ *Several* ***heads of state*** (=official leaders of countries) *attended the funeral.* ○ *the head waiter* **6** (*also* **head teacher**) the teacher in charge of a school বিদ্যালয়ের প্রধান শিক্ষক *Who is going to be the new head?* **7 heads** the side of a coin with the head of a person on it কোনো মুদ্রার যে দিকে কারও মাথার ছাপ থাকে সেই দিক *Heads or tails? Heads I go first, tails you do.* **8** the white mass of small bubbles on the top of a glass of beer বিয়ার-গ্লাসের উপরের সাদা বুদ্‌বুদগুলি **9 a head** [*sing.*] the height or length of one head এক মাথা লম্বা *She's a head taller than her sister.* **10** the part of a machine for playing tapes or videos (**a tape/ video recorder**) that touches the tape and changes the electronic signal into sounds and/or pictures টেপ অথবা ভিডিও রেকর্ডারের যে অংশ টেপটি স্পর্শ করে বৈদ্যুতিন সংকেতকে শব্দ এবং/অথবা ছবিতে পরিণত করে

IDM a/per head for each person মাথাপিছু, প্রতি জনে *How much will the meal cost a head?*

bite sb's head off ➪ **bite**[1] দেখো।

come to a head; bring sth to a head if a situation comes to a head or if you bring it to a head, it suddenly becomes very bad and you have to deal with it immediately কোনো পরিস্থিতি হঠাৎ যখন অত্যন্ত খারাপ হয়ে পড়ে এবং তখনই সেটির মোকাবিলা করতে হয়; মাথায় বাজ পড়া

do sb's head in (*BrE informal*) to make sb upset and confused কাউকে ঘাবড়ে দেওয়া এবং সংশয়গ্রস্ত করা

get sth into your head; put sth into sb's head to start or to make sb start believing or thinking sth নিজে অথবা কাউকে কিছু বিশ্বাস করতে বা চিন্তা করতে শুরু করা বা করানো; নিজের বা কারও মাথায় ঢোকানো

go to sb's head 1 to make sb too proud কাউকে অত্যন্ত গর্বিত করা; কারও মাথা ঘুরিয়ে দেওয়া *If you keep telling him how clever he is, it will go to his head!* **2** to make sb drunk কাউকে নেশাগ্রস্ত করা *Wine always goes straight to my head.*

have a head for sth to be able to deal with sth easily সহজে কোনো কাজ সামলে নিতে পারা *You need a good head for heights if you live on the top floor!* o *to have a head for business/figures*

head first 1 with your head before the rest of your body মাথা আগে আছে এমনভাবে *Don't go down the slide head first.* **2** too quickly or suddenly খুব তাড়াতাড়ি, আকস্মিক বা আচমকা *Don't rush head first into a decision.*

head over heels (in love) loving sb very much; madly তীব্র প্রেমের অনুভূতি, পাগলের মতো (ভালোবাসা) *Mona's fallen head over heels in love with her new neighbour.*

hit the nail on the head ⇨ **hit**[1] দেখো।

keep your head to stay calm মাথা ঠান্ডা রাখা

keep your head above water to just manage to survive in a difficult situation, especially one in which you do not have enough money কঠিন পরিস্থিতিতে কোনোরকমে টিকে থাকা, বিশেষত অর্থাভাবের মধ্যে টিকে থাকা

keep your head down to try not to be noticed যাতে লোকের নজরে না পড়ে সে ভাবে থাকা, মাথা নীচু করে থাকা

laugh, scream, etc. your head off to laugh, shout, etc. very loudly and for a long time মনের সুখে বা পাগলের মতো অনেকক্ষণ ধরে হাসা, প্রচণ্ড জোরে চিৎকার করা ইত্যাদি

lose your head ⇨ **lose** দেখো।

make head or tail of sth to understand sth কোনো কিছু বোঝা, হৃদয়ংগম করা *I can't make head or tail of this exercise.*

off the top of your head ⇨ **top**[1] দেখো।

out of/off your head (*informal*) crazy, often because of the effects of drugs or alcohol পাগল, ছিটিয়াল, ড্রাগ বা অ্যালকোহলের প্রভাবে নেশাগ্রস্ত, অস্বাভাবিক অবস্থাপ্রাপ্ত

put/get your heads together to make a plan with sb কারও সঙ্গে মাথা খাটিয়ে কোনো পরিকল্পনা করা

a roof over your head ⇨ **roof** দেখো।

shake your head ⇨ **shake**[1] দেখো।

take it into your head to do sth to suddenly decide to do sth that other people consider strange হঠাৎ সিদ্ধান্ত নিয়ে এমন কিছু করা যা অন্যের কাছে অস্বাভাবিক *I don't know why Arjun took it into his head to enter that marathon!*

head[2] / hed হেড্ / *verb* **1** [I] to move in the direction mentioned গন্তব্যস্থলের দিকে এগিয়ে যাওয়া *The ship headed towards the harbour.* o *Where are you heading?* **2** [T] to be in charge of or to lead sth কোনো কিছু পরিচালনা করা, নিয়ন্ত্রণ করা বা দলের নেতা হওয়া **3** [T] to be at the front of a line, top of a list, etc. পঙ্ক্তির প্রথমে থাকা, তালিকার শীর্ষে থাকা ইত্যাদি **4** [T] (*usually passive*) to give a title at the top of a piece of writing কোনো রচনাংশের শিরোনাম দেওয়া *The report was headed 'The State of the Market'.* **5** [T] (in football) to hit the ball with your head (ফুটবল খেলায়) মাথা দিয়ে বল মারা

PHR V head for to move towards a place কোনো জায়গার দিকে এগিয়ে যাওয়া *It's getting late—I think it's time to head for home.*

headache / ˈhedeɪk ˈহেড্এইক্ / *noun* [C] **1** a pain in the head মাথাধরা, মাথায় ব্যথা *I've got a splitting* (=very bad) *headache.* ⇨ **ache**-এ নোট দেখো। **2** a person or thing that causes worry or difficulty যে ব্যক্তি বা বস্তু অসুবিধা বা দুশ্চিন্তার কারণ *Paying the bills is a constant headache.*

headhunter / ˈhedhʌntə(r) ˈহেড্হান্ট্যা(র্) / *noun* [C] a person whose job is to find people to work for a particular company and to persuade them to join it যে ব্যক্তির কাজ কোনো বিশেষ কোম্পানির জন্য যোগ্য কাজের লোক খুঁজে বার করে সেই প্রতিষ্ঠানে যোগ দিতে প্ররোচিত করা

heading / ˈhedɪŋ ˈহেডিং / *noun* [C] the words written as a title at the top of a page or a piece of writing প্রবন্ধ বা রচনাটির নাম; শিরোনাম *I've grouped our ideas under three main headings.*

headland / ˈhedlənd; -lænd ˈহেড্ল্যান্ড্; -ল্যান্ড্ / *noun* [C] a narrow piece of land that sticks out into the sea যে সংকীর্ণস্থল সমুদ্রের মধ্যে থেকে বেরিয়ে থাকে; অন্তরীপ

headlight / ˈhedlaɪt ˈহেড্লাইট্ / (*also* **headlamp** / ˈhedlæmp ˈহেড্ল্যাম্প্ /) *noun* [C] one of the two large bright lights at the front of a vehicle গাড়ির সামনের বড়ো জোরালো আলো দুটির যে-কোনো একটি; হেডলাইট

headline / ˈhedlaɪn ˈহেড্লাইন্ / *noun* **1** [C] the title of a newspaper article printed in large letters above the story খবরের কাগজের কোনো লেখার উপরে মোটা হরফে ছাপা শিরোনাম; হেডলাইন **2 the headlines**

[*pl.*] the main items of news read on television or radio বেতার বা দূরদর্শনের সংবাদের প্রধান উপাদানগুলি

headlong / ˈhedlɒŋ ˈহেড্‌লং / *adv., adj.* **1** with your head before the rest of your body মাথা নীচের দিকে করে, মাথা দিয়ে, মাথাটা আগে *I tripped and fell headlong into the road.* **2** too quickly; without enough thought খুব তাড়াতাড়ি; বিবেচনাহীনভাবে, না ভেবেচিন্তে *He rushed headlong into buying the business.*

headmaster / ˌhedˈmɑːstə(r) ˌহেড্‌ˈমা:স্‌ট্যা(র্) / *noun* [C] (*old-fashioned*) the man who is in charge of a school প্রধান শিক্ষক

NOTE এই অর্থে এখন **head** অথবা **headteacher** ব্যবহার করা হয়।

headmistress / ˌhedˈmɪstrəs ˌহেড্‌ˈমিস্‌ট্র্যাস্ / *noun* [C] (*old-fashioned*) the woman who is in charge of a school প্রধান শিক্ষিকা

NOTE এই অর্থে এখন **head** অথবা **headteacher** ব্যবহার করা হয়।

head-on *adj., adv.* with the front of one car, etc. hitting the front of another একটা গাড়ির সঙ্গে আর একটা গাড়ির সামনাসামনি ধাক্কা লেগেছে এমন *a head-on crash*

headphones / ˈhedfəʊnz ˈহেড্‌ফ্যাউন্‌জ্ / *noun* [*pl.*] a piece of equipment worn over the ears that makes it possible to listen to music, the radio, etc. without other people hearing it অন্যের অসুবিধা না করে কেবল নিজে গান অথবা রেডিও শোনার জন্য যে যন্ত্র কানে লাগানো হয়; হেডফোন

headquarters / ˌhedˈkwɔːtəz ˌহেড্‌ˈকুঅ:ট্যাজ্ / *noun* [*pl., with sing. or pl. verb*] (*abbr.* **HQ**) the place from where an organization is controlled; the people who work there প্রধান কার্যালয়, সদর দপ্তর; সেখানে যারা কাজ করে *Where is/are the firm's headquarters?*

headrest / ˈhedrest ˈহেড্‌রেস্ট্ / *noun* [C] the part of a seat or chair that supports a person's head, especially on the front seat of a car কোনো আসন বা চেয়ারের অংশ যাতে কেউ পিছনের দিকে মাথা হেলান দিতে পারে, বিশেষত গাড়ির সামনের সিট ➪ **car**-এ ছবি দেখো।

headroom / ˈhedruːm ˈহেড্‌রূম্ / *noun* [U] **1** the space between the top of a vehicle and an object, for example a bridge, that it drives under গাড়ির ছাদ এবং অন্য কোনো বস্তু (যেমন সেতুর) যার নীচে দিয়ে গাড়ি যায় তার মধ্যবর্তী জায়গা **2** the space between the top of your head and the inside roof of a vehicle গাড়ির ছাদ ও আরোহীর মাথার মধ্যবর্তী স্থান

headset / ˈhedset ˈহেড্‌সেট্ / *noun* [C] a piece of equipment that you wear on your head that includes a device for listening (**headphones**) and/or a device for speaking into (**a microphone**) শোনা এবং/অথবা বলার উপকরণযুক্ত একধরনের সরঞ্জাম যা মাথায় পরা যায় *The pilot was talking into his headset.*

head start *noun* [*sing.*] an advantage that you have from the beginning of a race or competition কোনো দৌড় অথবা প্রতিযোগিতায় শুরুতেই যে সুবিধাটা পাওয়া যায়; হেডস্টার্ট ➪ **start**[2] **4** দেখো।

headstone / ˈhedstəʊn ˈহেড্‌স্ট্যাউন্ / *noun* [C] a large stone with writing on, used to mark where a dead person is buried সমাধিফলক, সমাধিপ্রস্তর ➪ **gravestone** এবং **tombstone** দেখো।

headstrong / ˈhedstrɒŋ ˈহেড্‌স্ট্রং / *adj.* doing what you want, without listening to advice from other people অন্যের উপদেশ বা পরামর্শ না মেনে নিজের ইচ্ছেমতো কাজ করতে চায় এমন; একগুঁয়ে

head teacher = **head**[1] **6**

headway / ˈhedweɪ ˈহেড্‌উএই / *noun*

IDM **make headway** to go forward or make progress in a difficult situation কোনো কঠিন কাজের সমাধানসূত্র পাওয়া বা তা সম্পূর্ণ করার পথে এগিয়ে যাওয়া

headwind / ˈhedwɪnd ˈহেড্‌উইন্ড্ / *noun* [C] a wind that is blowing towards a person or vehicle, so that it is blowing from the direction in which the person or vehicle is moving কোনো ব্যক্তি বা বাহনের সামনের দিক থেকে আসা বাতাস অর্থাৎ কোনো ব্যক্তি বা বাহন যেদিকে এগোচ্ছে সেদিক থেকে আসা বাতাস; উলটো মুখে অর্থাৎ প্রতিকূল বাতাস ➪ **tailwind** দেখো।

headword / ˈhedwɜːd ˈহেড্‌উঅ্যড্ / *noun* [C] (*technical*) the first word of an entry in a dictionary, which is followed by an explanation of its meaning অভিধানের মূল শব্দ, পরে যার অর্থ দেওয়া থাকে; শীর্ষশব্দ, মুখ্যশব্দ

heal / hiːl হীল্ / *verb* [I, T] **heal (over/up)** to become healthy again; to make sth healthy again সেরে ওঠা; কোনো কিছু সারিয়ে তোলা *The cut will heal up in a few days.* ○ (*figurative*) *Nothing he said could heal the damage done to their relationship.*

healer / ˈhiːlə(r) ˈহীল্যা(র্) / *noun* [C] a person who cures people of illnesses and disease using natural powers rather than medicine এমন ব্যক্তি যে প্রাকৃতিক শক্তির সাহায্যে বিনা ওষুধে রোগ নিরাময় করে; আরোগ্যদানকারী

health / helθ হেল্‌থ্ / *noun* [U] **1** the condition of a person's body or mind কোনো ব্যক্তির মানসিক এবং শারীরিক অবস্থা *Fresh fruit and vegetables are good for your health.* ○ *in good/poor health*

○ *(figurative) the health of your marriage/finances* **2** the state of being well and free from illness সুস্বাস্থ্য, সুস্থ অবস্থা, রোগমুক্ত জীবন *As long as you have your health, nothing else matters.* **3** the work of providing medical care স্বাস্থ্য ব্যবস্থা, চিকিৎসা ব্যবস্থা *health and safety regulations*

health centre *noun* [C] a building where a group of doctors see their patients স্বাস্থ্যকেন্দ্র

health food *noun* [C, U] natural food that many people think is especially good for your health because it has been made or grown without adding chemicals রাসায়নিক সারের ব্যবহার না করে জন্মানো (বিভিন্ন ধরনের শাক-সবজি, ফল প্রভৃতি) প্রাকৃতিক খাদ্য অনেকেই যা স্বাস্থ্যের পক্ষে উপকারী বলে মনে করে

the health service *noun* [C] the organization of the medical services of a country কোনো দেশের চিকিৎসা পরিষেবা সংক্রান্ত প্রতিষ্ঠান; স্বাস্থ্য পরিষেবা

healthy / ˈhelθi ˈহেল্থি / *adj.* (**healthier; healthiest**) **1** not often ill; strong and well সুস্বাস্থ্যের অধিকারী; সুস্থ, সবল, স্বাস্থ্যবান *a healthy child/animal/plant* **2** showing good health (of body or mind) স্বাস্থ্যোজ্জ্বল শরীর ও মন *healthy skin and hair* **3** helping to produce good health স্বাস্থ্যবর্ধক *a healthy climate/diet/life style* **4** normal and sensible স্বাভাবিক এবং যুক্তিসংগত *There was plenty of healthy competition between the brothers.* ✪ বিপ **unhealthy** ▶ **healthily** *adv.* স্বাস্থ্যকরভাবে, স্বাস্থ্যসম্মতভাবে

heap[1] / hiːp হীপ্ / *noun* [C] **1 a heap (of sth)** an untidy pile of sth কোনো জিনিসের আগোছালো গাদা বা স্তূপ, আবর্জনার রাশি *a heap of books/papers* ○ *All his clothes are* **in a heap** *on the floor!* ➪ **pile**-এ নোট দেখো। **2** (*informal*) **a heap (of sth); heaps (of sth)** a large number or amount; plenty প্রচুর পরিমাণে, প্রভূত পরিমাণে; অনেক *I've got a heap of work to do.* ○ *There's heaps of time before the train leaves.*

IDM heaps better, more, older, etc. (*informal*) much better, etc. অনেক ভালো, অনেক বেশি, অনেক পুরোনো ইত্যাদি

heap[2] / hiːp হীপ্ / *verb* [T] **1 heap sth (up)** to put things in a pile একজায়গায় জড়ো করা, গাদা করা, স্তূপীকৃত করা *I'm going to heap all the leaves up over there.* ○ *Add six heaped tablespoons of flour* (=in a recipe). **2 heap A on/onto B; heap B with A** to put a large amount of sth on sth/sb কোনো ব্যক্তি বা বস্তুর উপর প্রচুর পরিমাণে কিছু রাখা, জমা করা, কাউকে কিছু দিয়ে ভরিয়ে তোলা *He heaped food onto his plate.* ○ *The press heaped the team with praise.*

hear / hɪə(r) হিয়্যা(র্) / *verb* (*pt, pp* **heard** /hɜːd হ্যড় /) **1** [I, T] (*not used in the continuous tenses*) to receive sounds with your ears কানে শোনা, কর্ণগোচর হওয়া *Can you speak a little louder—I can't hear very well.* ○ *Did you hear what I said?*

> **NOTE** **Hear** এবং **listen** এই দুটি শব্দ তুলনা করো। **Hear** শব্দটি প্রায়ই কোনো প্রচেষ্টা ছাড়া শোনার অর্থে ব্যবহার করা হয় এবং চেষ্টা করে মনোযোগ দিয়ে শোনার অর্থে **listen** শব্দটি ব্যবহৃত হয়—*I always wake up when I hear the milkman come.* ○ *I love listening to music in the evening.* ○ *Listen—I've got something to tell you.* কখনো কখনো **hear** এবং **listen to** সমার্থক অভিব্যক্তি হিসাবে ব্যবহার হয়—*We'd better hear what they have to say.*

2 [T] (*not used in the continuous tenses*) to be told or informed about sth শুনতে পাওয়া বা অন্য কারও মাধ্যমে খবর পাওয়া, জানতে পারা *I hear that you've been offered a job in Canada.* ○ *'I passed my test!' '**So I've heard**—well done!'*

> **NOTE** এই ক্রিয়াপদটির (verb) ব্যবহার ঘটমান কালে (continuous tenses) হয় না কিন্তু '-ing' সহযোগে বর্তমান কৃদন্ত (present participle) রূপটি সাধারণভাবে অত্যন্ত প্রচলিত—*Not hearing what he'd said over the roar of the machines, she just nodded in reply.*

3 [T] (used about a judge, a court, etc.) to listen to the evidence in a trial in order to make a decision about it (বিচারপতি, ন্যায়ালয় ইত্যাদি সম্বন্ধে ব্যবহৃত) মামলা মোকদ্দমার বিষয়ে সিধান্ত নেওয়ার জন্য তার শুনানি শোনা *Your case will be heard this afternoon.*

IDM hear! hear! used for showing that you agree with what sb has just said, especially in a meeting কোনো আলোচনা সভা বা মিটিং-এ ঐকমত্য বোঝাতে এরকম আওয়াজ করা হয়

won't/wouldn't hear of sth to refuse to allow sth অনুমতি দিতে আপত্তি করা *I wanted to go to art school but my parents wouldn't hear of it.*

PHR V hear from sb to receive a letter, telephone call, etc. from sb কারও কাছ থেকে চিঠি, টেলিফোন ইত্যাদি পাওয়া

hear of sb/sth to know that sb/sth exists because you have heard him/her/it mentioned কোনো কিছুর অস্তিত্ব সম্বন্ধে অন্যের কাছে শুনে জানতে পারা *Have you heard of the Niagara Falls?*

hearing / ˈhɪərɪŋ ˈহিয়্যারিং / *noun* **1** [U] the ability to hear শোনার ক্ষমতা; শ্রবণশক্তি *Her hearing isn't very good so you need to speak louder.* **2** [*sing.*]

a time when evidence is given to a judge in a court of law আদালতে যে সময়ে বিচারপতির কাছে প্রমাণ দাখিল করা হয়; শুনানি *a court/disciplinary hearing* **3** [*sing.*] a chance to give your opinion or explain your position মতামত জানানোর অথবা নিজের বা নিজের অবস্থানটি বিশ্লেষণ করার সুযোগ *to get/give sb a fair hearing*

hard of hearing ➪ **hard**[1] দেখো।

in/within sb's hearing near enough to sb so that he/she can hear what is being said কথাটা শুনতে পায় এরকম দূরত্বে, শ্রবণশক্তির সীমারেখার মধ্যে

hearing aid *noun* [C] a small device for people who cannot hear well that fits inside the ear and makes sounds louder যে সকল ব্যক্তি ভালো শুনতে পায় না তাদের জন্য কোনো ছোটো যন্ত্র যা কানের মধ্যে লাগানো হয় এবং শব্দ বা আওয়াজ বাড়িয়ে তোলে; শ্রবণ সহায়ক, শব্দবিবর্ধক যন্ত্র

hearsay / ˈhɪəseɪ ˈহিঅ্যাসেই / *noun* [U] things you have heard another person or other people say, which may or may not be true; gossip অন্য কোনো ব্যক্তি বা ব্যক্তিগণের মুখে যা শুনতে পাওয়া যায়, যা সত্য হতে পারে বা না-ও হতে পারে; গুজব, জনশ্রুতি

hearse / hɜːs হ্যস্ / *noun* [C] a large car used for carrying a dead person to his/her funeral শবদেহবাহী গাড়ি, মৃতদেহ নিয়ে যাওয়ার জন্য গাড়ি

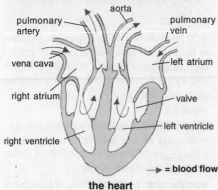

the heart

heart / hɑːt হা:ট্ / *noun* **1** [C] the organ inside your chest that sends blood round your body হৃৎপিণ্ড *When you exercise your heart beats faster.* ○ *heart disease/failure* ➪ **circulation** দেখো। **2** [C] the centre of a person's feelings and emotions হৃদয়; আবেগ ও অনুভূতির কেন্দ্র *She has a kind heart* (=she is kind and gentle). **3 -hearted** (*used to form compound adjectives*) having the type of feelings or character mentioned উল্লিখিত হৃদয়বৃত্তি বা চরিত্র সম্পন্ন *kind-hearted* ○ *cold-hearted* **4** [*sing.*] **the heart (of sth)** the most central or important part of sth; the middle কোনো কিছুর মূল কেন্দ্র; মধ্যবিন্দু *Rare plants can be found **in the heart of** the forest.* **5** [C] a symbol that is shaped like a heart, often red or pink and used to show love অনেক সময়ে প্রেম, ভালোবাসা জানাতে লাল বা গোলাপি রং বিশিষ্ট হৃৎপিণ্ডের যে আকার ব্যবহার করা হয় *He sent her a card with a big red heart on it.* **6 hearts** [*pl.*] the group (**suit**) of playing cards with red shapes like **hearts 5** on them তাসের যে গোছায় হৃৎপিণ্ডের আকারে লাল রঙের ছাপ দেওয়া থাকে; হরতন *the queen of hearts* ➪ **card** দেখো। **7** [C] one of the cards from this suit ঐ গোছার যে-কোনো একটি তাস *Play a heart, if you've got one.*

IDM after your own heart (used about people) similar to yourself or of the type you like best (লোকজন সম্বন্ধে ব্যবহৃত) মনের মতো বা ঠিক যেমনটি ভালো লাগে

at heart really; in fact বাস্তবিক; প্রকৃতপক্ষে *My father seems strict but he's a very kind man at heart.*

break sb's heart to make sb very sad কাউকে দুঃখ দেওয়া, মন ভেঙে দেওয়া, গভীর বেদনা দেওয়া

by heart by remembering exactly; from memory ঠিক ঠিক মনে রাখা; মুখস্থ করা *Learning lists of words off by heart isn't a good way to increase your vocabulary.*

a change of heart ➪ **change**[2] দেখো।

close/dear/near to sb's heart having a lot of importance and interest for sb কারও পছন্দসই, মনের মতো

cross my heart ➪ **cross**[2] দেখো।

from the (bottom of your) heart in a way that is true and sincere মনের গোপন উৎস থেকে, সর্বান্তঃকরণে, সত্যি সত্যি *I mean what I said from the bottom of my heart.*

have a heart of gold to be a very kind person দয়ালু বা দয়াবান হওয়া

have/with sb's (best) interests at heart ➪ **interest**[1] দেখো।

heart and soul with a lot of energy and enthusiasm সর্বান্তঃকরণে, পূর্ণোদ্যমে

your heart is not in sth used to say that you are not very interested in or enthusiastic about sth কোনো কিছু সম্বন্ধে খুব একটা ইচ্ছুক বা উৎসাহী নয় বোঝাতে ব্যবহৃত অভিব্যক্তিবিশেষ

your heart sinks to suddenly feel disappointed or sad হঠাৎ হতাশাচ্ছন্ন হয়ে পড়া, বিষণ্ণ বা মনমরা হওয়া, ভেঙে পড়া *When I saw the queues of people in front of me my heart sank.*

in your heart (of hearts) used to say that you know that sth is true although you do not want to admit or believe it সত্যি বলে মন থেকে জানলেও তা স্বীকার করতে বা বিশ্বাস করতে কারও অনিচ্ছা বোঝানোর জন্য ব্যবহৃত অভিব্যক্তিবিশেষ *She knew in her heart of hearts that she was making the wrong decision.*

lose heart ➪ **lose** দেখো।

not have the heart (to do sth) to be unable to do sth unkind নির্মম বা নিষ্ঠুর কোনো কাজ করতে না পারা *I didn't have the heart to say no.*

pour your heart out (to sb) ➪ **pour** দেখো।

set your heart on sth; have your heart set on sth to decide you want sth very much; to be determined to do or have sth কোনো কিছু আন্তরিকভাবে চাওয়ার সিদ্ধান্ত নেওয়া; কিছু করা বা কিছু পাওয়ার জন্য স্থির নিশ্চিত হওয়া

take heart (from sth) to begin to feel positive and hopeful about sth কোনো কিছু সম্বন্ধে আশান্বিত হওয়া, ইতিবাচক চিন্তা করা

take sth to heart to be deeply affected or upset by sth কোনো কিছু মনে লাগা, প্রভাবান্বিত বা আশাহত হওয়া

to your heart's content as much as you want আশ মিটিয়ে, মনের সুখে যত খুশি

with all your heart; with your whole heart completely সম্পূর্ণরূপে, পুরোপুরি *I hope with all my heart that things work out for you.*

young at heart ➪ **young**[1] দেখো।

heartache / ˈhɑːteɪk ˈহা:টেইক্ / *noun* [U] great sadness or worry গভীর শোক, চরম দুশ্চিন্তা, মর্মবেদনা

heart attack *noun* [C] a sudden serious illness when the heart stops working correctly, sometimes causing death হৃৎপিণ্ড ঠিকমতো কাজ না করায় হঠাৎ গুরুতর অসুস্থতা, কখনও তাতে মৃত্যুও ঘটে; হৃদ্‌রোগের আক্রমণ *She's had a heart attack.*

heartbeat / ˈhɑːtbiːt ˈহা:ট্‌বীট্ / *noun* [C] the regular movement or sound of the heart as it sends blood round the body হৃৎপিণ্ডের নিয়মিত গতি; হৃৎস্পন্দন

heartbreak / ˈhɑːtbreɪk ˈহা:ট্‌ব্রেইক্ / *noun* [U] very great sadness হৃদয় বিদারক শোক, দুঃখ, গভীর মর্মবেদনা

heartbreaking / ˈhɑːtbreɪkɪŋ ˈহা:ট্‌ব্রেইকিং / *adj.* making you feel very sad মর্মবিদারী, বুকফাটা হৃদয়বিদারক

heartbroken / ˈhɑːtbrəʊkən ˈহা:ট্‌ব্র্যাউক্যান্ / (*also* **broken-hearted**) *adj.* extremely sad because of sth that has happened গভীর দুঃখে মন ভেঙে গেছে এমন; ভগ্নহৃদয় *Madhu was heartbroken when Vijay left her.*

heartburn / ˈhɑːtbɜːn ˈহা:ট্‌ব্যান্ / *noun* [U] a pain that feels like sth burning in your chest and that you get when your stomach cannot deal with a particular food অম্বলের ব্যথা, জ্বালা-যন্ত্রণা, বদহজমজনিত বুকজ্বালা

hearten / ˈhɑːtn ˈহা:ট্‌ন্ / *verb* [T] (*usually passive*) to encourage sb; to make sb feel happier কাউকে উৎসাহিত করা; কোনো ব্যক্তিকে আরও খুশি করা ✪ বিপ **dishearten**

heartening / ˈhɑːtnɪŋ ˈহা:ট্‌নিং / *adj.* making you feel more hopeful; encouraging আশাদায়ক; উৎসাহব্যঞ্জক ✪ বিপ **disheartening**

heartfelt / ˈhɑːtfelt ˈহা:ট্‌ফেল্ট্ / *adj.* deeply felt; sincere আন্তরিক; নিখাদ *a heartfelt apology*

hearth / hɑːθ হা:থ্ / *noun* [C] the place where you have an open fire in the house or the area in front of it বাড়ির মধ্যে থাকা চুল্লি বা তার সামনের জায়গা; আগুন পোহানোর চুল্লির সামনের ভাগ

heartily / ˈhɑːtɪli ˈহা:টিলি / *adv.* **1** with obvious enthusiasm and enjoyment সোৎসাহে, মনপ্রাণ ঢেলে *He joined in heartily with the singing.* **2** very much; completely অত্যন্ত; সম্পূর্ণভাবে

heartland / ˈhɑːtlænd ˈহা:ট্‌ল্যান্ড্ / *noun* [C] the most central or important part of a country, area, etc. কোনো দেশ, অঞ্চল ইত্যাদির সবচেয়ে মধ্যবর্তী বা গুরুত্বপূর্ণ জায়গা *India's industrial heartland*

heartless / ˈhɑːtləs ˈহা:ট্‌ল্যাস্ / *adj.* unkind; cruel নির্দয়; নিষ্ঠুর ▶ **heartlessly** *adv.* নির্দয়ভাবে, নিষ্ঠুরভাবে ▶ **heartlessness** *noun* [U] নিষ্ঠুরতা, নির্মমতা

heart-rending *adj.* making you feel very sad হৃদয়বিদারী, মর্মঘাতী, মর্মন্তুদ, বুকফাটা

heart-to-heart *noun* [C] a conversation in which you say exactly what you really feel or think আন্তরিক কথোপকথন

hearty / ˈhɑːti ˈহা:টি / *adj.* **1** showing warm and friendly feelings উৎসাহব্যঞ্জক, আন্তরিক এবং সাদর সম্ভাষণ বিশিষ্ট *a hearty welcome* **2** loud, happy and full of energy প্রাণখোলা, দরাজ *a hearty laugh* **3** large; making you feel full জোরালো; পেটভরা *a hearty appetite* **4** showing that you feel strongly about sth কোনো বিষয়ে নিজের দৃঢ় সমর্থনের প্রকাশ *He nodded his head in hearty agreement.*

heat[1] / hiːt হীট্ / *noun* **1** [U] the feeling of sth hot উত্তাপের অনুভূতি, গরম *This fire doesn't **give out** much **heat**.* **2** [*sing.*] (*often with 'the'*) hot weather উষ্ণ আবহাওয়া *I like the English climate because I can't stand the heat.* **3** [*sing.*] a thing that produces heat তাপ-উৎপাদক *Remove the pan from the heat* (=the hot part of the stove). **4** [U] a state or time of anger or excitement রাগ বা উত্তেজনার অবস্থা বা সময়, রাগতভাবে বা উত্তেজনার বশে ***In the heat of the moment**, she threatened* *to resign.* **5** [C] one of the first parts of a race or competition. The winners of the heats compete against other winners until the final result is decided কোনো দৌড় অথবা প্রতিযোগিতার প্রাথমিক পর্যায়। এই পর্যায়ের বিজয়ীরা চূড়ান্ত ফলাফলের সিধান্ত না হওয়া পর্যন্ত অন্য বিজয়ীদের সঙ্গে প্রতিযোগিতা করে; হিট

IDM be on heat (used about some female animals) to be ready to have sex because it is the right time of the year (কোনো কোনো স্ত্রী পশু সম্বন্ধে ব্যবহৃত) বছরের বিশেষ সময়ে যৌন উত্তেজনা বোধ করা

heat² / hi:t হীট্ / *verb* [I, T] **heat (sth) (up)** to become or to make sth hot or warm গরম করা অথবা হওয়া *Wait for the oven to heat up before you put the pie in.* ○ *The meal is already cooked but it will need heating up.*

heated / ˈhi:tɪd ˈহীটিড্ / *adj.* (used about a person or discussion) angry or excited (কোনো ব্যক্তি বা কোনো আলোচনা প্রসঙ্গে ব্যবহৃত) ক্রুদ্ধ অথবা উত্তেজিত, উত্তপ্ত *a heated argument/debate* ► **heatedly** *adv.* উত্তেজিতভাবে, উত্তপ্তভাবে

heater / ˈhi:tə(r) ˈহীট্যা(র্) / *noun* [C] a machine used for making water or the air in a room, car, etc. hotter জল অথবা ঘর বা গাড়ি ইত্যাদির ভিতরের বাতাস গরম করার যন্ত্রবিশেষ; হীটার *an electric/gas heater* ○ *a water heater*

heath / hi:θ হীথ্ / *noun* [C] (especially in Britain) an area of open land that is not used for farming and that is often covered with rough grass and other wild plants (বিশেষত ব্রিটেনে) ঝোপঝাড়ে ভরা অনুর্বর পোড়ো জমি; পতিত জমি

heathen / ˈhi:ðn ˈহীদ্‌ন্ / *noun* [C] (*old-fashioned*) a person who does not belong to one of the main world religions যে ব্যক্তি পৃথিবীর কোনো প্রধান ধর্মের অনুগামী নয়; বিধর্মী

heather / ˈheðə(r) ˈহেদ্যা(র্) / *noun* [U] a low wild plant that grows especially on hills and land that is not farmed and has small purple, pink or white flowers একজাতীয় ছোটো বেগুনি, গোলাপি বা সাদা ফুলের বন্য গুল্মজাতীয় গাছ, বিশেষ করে যা পার্বত্য এলাকায় জন্মায়

heating / ˈhi:tɪŋ ˈহীটিং / *noun* [U] a system for making rooms and buildings warm ঘর বাড়ি ইত্যাদি গরম করার পদ্ধতি অথবা ব্যবস্থা *Our heating goes off at 10 p.m. and comes on again in the morning.* ➪ **central heating** দেখো।

heatstroke / ˈhi:tstrəʊk ˈহীট্‌স্ট্র্যাউক্ / *noun* [C] a medical condition that you can get if you are in a hot place for too long অত্যধিক গরমে থাকার জন্য অসুস্থতা; সর্দিগর্মি

heatwave / ˈhi:tweɪv ˈহীটউএইভ্ / *noun* [C] a period of unusually hot weather তাপপ্রবাহ, দাবদাহ

heave¹ / hi:v হীভ্ / *verb* **1** [I, T] to lift, pull or throw sb/sth heavy with one big effort একবারের প্রবল চেষ্টায় ভারী কোনো বস্তু বা ব্যক্তিকে তোলা, টানা বা তুলে ফেলা *Take hold of this rope and heave!* ○ *We heaved the cupboard up the stairs.* **2** [I] **heave (with sth)** to move up and down or in and out in a heavy but regular way হাঁসফাঁস করা, ঘনঘন শ্বাস নেওয়া *His chest was heaving with the effort of carrying the trunk.* **3** [I] to experience the tight feeling you get in your stomach when you are just about to vomit বমি করার আগে পেটে অস্বস্তিভাব হওয়া *The sight of all that blood made her stomach heave.*

IDM heave a sigh to breathe out slowly and loudly সশব্দে দীর্ঘশ্বাস ফেলা *He heaved a sigh of relief when he heard the good news.*

heave² / hi:v হীভ্ / *noun* [C, U] a strong pull, push, throw, etc. প্রবলভাবে আকর্ষণ, ধাক্কা, নিক্ষেপ ইত্যাদি

heaven / ˈhevn ˈহেভ্‌ন্ / *noun* **1** [*sing.*] the place where, in some religions, it is believed that God lives and where good people go when they die স্বর্গ, দেবলোক *to go to/be in heaven* ➪ **hell** দেখো।

> **NOTE** কোনো কোনো অভিব্যক্তির ক্ষেত্রে **God** শব্দটির পরিবর্তে **heaven** শব্দটি ব্যবহৃত হয়, সেটি কোনো কোনো ব্যক্তি অবমাননাকর বলে মনে করেন। ➪ **God**-এ নোট দেখো।

2 [U, C] a place or a situation in which you are very happy চরম সুখ ও আনন্দের স্থান বা পরিস্থিতি *It was heaven being away from work for a week.* **3 the heavens** [*pl.*] (used in poetry and literature) the sky (কবিতায় এবং সাহিত্যে ব্যবহৃত) আকাশ, মহাকাশ, অন্তরিক্ষ

heavenly / ˈhevnli ˈহেভ্‌ন্‌লি / *adj.* **1** (*only before a noun*) connected with heaven or the sky স্বর্গ অথবা অন্তরিক্ষ সম্বন্ধীয়; স্বর্গীয় *heavenly bodies* (=the sun, moon, stars, etc.) **2** (*informal*) very pleasant; wonderful চরম সুখের; বিস্ময়কর, বড়োই আনন্দের

heavy / ˈhevi ˈহেভি / *adj.* (**heavier; heaviest**) **1** weighing a lot; difficult to lift or move খুব ভারী; দুর্বহ, ওজনযুক্ত *This box is too heavy for me to carry.* **2** used when asking or stating how much sb/sth weighs কোনো কিছুর ওজন জানতে হলে অথবা জানাতে হলে এই শব্দ ব্যবহার করা হয় ***How heavy** is your suitcase?* **3** larger, stronger or more than usual অপেক্ষাকৃত বড়ো, শক্তিশালী বা স্বাভাবিকের থেকে বেশি *heavy rain* ○ *heavy traffic* ○ *a heavy smoker/drinker* (=a person who smokes/drinks a lot)

○ *The sound of his heavy* (=loud and deep) *breathing told her that he was asleep.* ○ *a heavy sleeper* (=sb who is difficult to wake) **4** serious, difficult or boring জটিল; গুরুতর বা একঘেয়ে *His latest novel makes **heavy reading**.* ○ *Things got a bit heavy when she started talking about her failed marriage.* **5** full of hard work; (too) busy পরিশ্রমবহুল; প্রচণ্ড কর্মব্যস্ত *a heavy day/schedule/timetable* **6** (used about a material or substance) solid or thick (কোনো উপকরণ বা পদার্থ সম্বন্ধে ব্যবহৃত) নিরেট, মোটা, পুরু *heavy soil* ○ *a heavy coat* ✪ বিপ **light** (সব অর্থের জন্য) ▶ **heavily** *adv.* সাংঘাতিকভাবে, গুরুতরভাবে, প্রবলভাবে ▶ **heaviness** *noun* [U] ভার, ওজন, (মনের) ভার

IDM make heavy weather of sth to make sth seem more difficult than it really is (কোনো বস্তুকে) আসলে যা তার থেকে বেশি জটিল করে তোলা

heavy-duty *adj.* not easily damaged and therefore suitable for regular use or for hard physical work টেকসই, ভার বহনে সক্ষম, নিয়মিত ব্যবহারযোগ্য বা কঠিন শারীরিক পরিশ্রমের উপযুক্ত *a heavy-duty carpet/tyre*

heavy-handed *adj.* **1** not showing much understanding of other people's feelings হৃদয়হীন, রুক্ষ, কঠোর *a heavy-handed approach* **2** using unnecessary force প্রয়োজনের থেকে অতিরিক্ত শক্তি ব্যবহার করা হচ্ছে এমন *heavy-handed police methods*

heavy industry *noun* [C, U] industry that uses large machinery to produce metal, coal, vehicles, etc. যে শিল্পে ধাতু, কয়লা, যানবাহন ইত্যাদি উৎপাদন করার সময়ে বড়ো বড়ো যন্ত্রপাতি ব্যবহার করা হয়; ভারীশিল্প

heavy metal *noun* [U] a style of very loud rock music that is played on electric instruments বৈদ্যুতিক যন্ত্রে বাজানো অত্যন্ত জোরালো এক ধরনের রক-সংগীত

heavyweight / ˈheviweɪt ˈহেভিউএইট্ / *noun* [C] a person who is in the heaviest weight group in certain fighting sports সর্বাপেক্ষা ওজন-বিশিষ্ট খেলোয়াড়দের দলের একজন প্রতিযোগী (সাধারণত মুষ্টিযুদ্ধ, কুস্তি ইত্যাদি খেলায়) *the world heavyweight boxing champion*

heckle / ˈhekl ˈহেক্‌ল্ / *verb* [I, T] to interrupt a speaker at a public meeting with difficult questions or rude comments প্রকাশ্য জনসভায় বারবার কঠিন প্রশ্ন করে বক্তাকে নাস্তানুবাদ করা অথবা নানাধরনের কঠোর মন্তব্যে জর্জরিত করা ▶ **heckler** *noun* [C] ঐ ধরনের প্রশ্ন করে যে ব্যক্তি

hectare / ˈhekteə(r) ˈহেক্‌টেঅ্যা(র্) / *noun* [C] (*abbr.* ha) a measurement of land; 10,000 square metres জমির মাপ; ১০,০০০ বর্গ মিটার; হেক্টর

hectic / ˈhektɪk ˈহেক্‌টিক্ / *adj.* very busy with a lot of things that you have to do quickly কর্মব্যস্ত, নানাধরনের কাজের মধ্যে ব্যস্ত এরকম ▶ **hectically** / -kli -ক্‌লি / *adv.* কর্মব্যস্তভাবে

he'd / hiːd ➪ **he had; he would**-এর সংক্ষিপ্ত রূপ

hedge[1] / hedʒ হেজ্ / *noun* [C] a row of bushes or trees planted close together at the edge of a garden or field to separate one piece of land from another বাগানের বা দুটি জমির মধ্যে সীমারেখা টানার জন্য যত্ন করে লাগানো গাছের বা ঝোপঝাড়ের সারি; বেড়া, গুল্ম-বেড়া

hedge[2] / hedʒ হেজ্ / *verb* [I] to avoid giving a direct answer to a question প্রকৃত প্রশ্ন এড়িয়ে যাওয়া, সঠিক উত্তর না দেওয়া

IDM hedge your bets to protect yourself against losing or making a mistake by supporting more than one person or opinion হেরে যাওয়া বা ভুল করা থেকে নিজেকে বাঁচাতে একাধিক ব্যক্তি অথবা মতবাদ সমর্থন করা

hedgehog / ˈhedʒhɒg ˈহেজ্‌হগ্ / *noun* [C] a small brown animal covered with sharp needles (**prickles**) শজারুজাতীয় ছোটো প্রাণী; কাঁটাচুয়া

hedgerow / ˈhedʒrəʊ ˈহেজ্‌র‍্যাউ/ *noun* [C] a row of bushes, etc. especially at the side of a country road or around a field বিশেষত গ্রামের রাস্তা বা মাঠের চারিধারে পোঁতা বেড়ার মতো ঝোপঝাড়ের সারি

heed[1] / hiːd হীড্ / *verb* [T] (*formal*) to pay attention to advice, a warning, etc. উপদেশ পরামর্শ, সতর্কবার্তা ইত্যাদিতে মনোযোগ দেওয়া বা কান দেওয়া

heed[2] / hiːd হীড্ / *noun* (*formal*) মনোযোগ

IDM take heed (of sb/sth); pay heed (to sb/sth) to pay careful attention to what sb says কেউ যা বলছে তা অত্যন্ত মনোযোগের সঙ্গে শোনা *You should take heed of your doctor's advice.*

heel[1] / hiːl হীল্ / *noun* [C] **1** the back part of your foot গোড়ালি, গুল্‌ফ ➪ **body**-তে ছবি দেখো। **2** the part of a sock, etc. that covers your heel মোজার যে অংশে গোড়ালি ঢাকা পড়ে **3** the higher part of a shoe under the heel of your foot গোড়ালির তলায় জুতোর উঁচু করা অংশ; হীল *High heels* (=shoes with high heels) *are not practical for long walks.* **4 -heeled** having the type of heel mentioned যে ধরনের হীলের উল্লেখ করা হয়েছে সেই প্রকারবিশিষ্ট *high-heeled/low-heeled shoes*

IDM dig your heels in ➪ **dig[1]** দেখো।

head over heels ➪ **head[1]** দেখো।

heel[2] / hiːl হীল্ / *verb* [T] to repair the heel of a shoe জুতোর হীল সারানো

hefty / ˈhefti ˈহেফ্‌টি / *adj.* (*informal*) big and strong or heavy বিপুলাকার, শক্তিশালী, ভারী, শক্তপোক্ত *a hefty young man*

hegemony / hɪˈdʒeməni; - ˈge- হি'জেম্যানি; -'গে- / *noun* [U, C] (*pl.* **hegemonies**) (*formal*) control by one country, organization, etc. over other countries, etc. within a particular group কোনো বিশেষ গোষ্ঠীর মধ্যে কোনো একটি রাষ্ট্র, প্রতিষ্ঠান ইত্যাদির উপর অন্য রাষ্ট্র ইত্যাদির কর্তৃত্ব অথবা নেতৃত্ব ▶ **hegemonic** / ˌhedʒɪˈmɒnɪk; ˌhegɪ- ˌহেজি-'মনিক্; ˌহেগি- / *adj.* সর্বোচ্চ কর্তৃত্ব বা অধিষ্ঠান সংক্রান্ত

heifer / ˈhefə(r) 'হেফ্যা(র্) / *noun* [C] a young female cow, especially one that has not yet had a baby (**calf**) বাছুর, অল্পবয়সি গরু বিশেষত যার এখনও বাচ্চা হয়নি; বকনা গরু

height / haɪt হাইট্ / *noun* **1** [C, U] the measurement from the bottom to the top of a person or thing উচ্চতা *The nurse is going to check your height and weight.* ○ *We need a fence that's about two metres* ***in height***. ⇨ **high** adjective দেখো এবং **tall**-এ নোট দেখো। **2** [U] the fact that sb/sth is tall or high কারও বা কিছুর উচ্চতা *He looks older than he is because of his height.* **3** [C, U] the distance that sth is above the ground জমি থেকে উপর পর্যন্ত দূরত্বজাত উচ্চতা; উচ্চতা *We are now flying at a height of 10,000 metres.*

> **NOTE** বিমানের আকাশপথে গমনের উচ্চতা বৃদ্ধি **(gain)** অথবা হ্রাস **(lose)** হতে পারে। বিমানের উচ্চতা উল্লেখ করতে হলে এই অর্থে **height** শব্দটির পরিবর্তে **altitude** শব্দটি সঠিক প্রয়োগ।

4 [C, *usually pl.*] a high place or area কোনো উঁচু জায়গা অথবা অঞ্চল *I can't go up there. I'm afraid of heights.* **5** [U] the strongest or most important part of sth কোনো কিছুর চরম, শীর্ষ; সব থেকে বেশি, চূড়ান্ত *the height of summer*

heighten / ˈhaɪtn 'হাইট্‌ন্ / *verb* [I, T] to become or to make sth greater or stronger আরও উৎকৃষ্ট বা আরও তীব্র হওয়া বা কোনো কিছুকে করে তোলা

heir / eə(r) এঅ্যা(র্) / *noun* [C] **heir (to sth)** the person with the legal right to receive (**inherit**) money, property or a title when the owner dies (অর্থ, সম্পত্তি, উপাধির অধিকারী বা মালিকের মৃত্যুর পরে) আইনসংগত উত্তরাধিকারী *He's the heir to a large fortune.*

> **NOTE** মহিলা উত্তরাধিকারী অথবা উত্তরাধিকারিণীকে সাধারণত **heiress** বলা হয়।

heirloom / ˈeəlu:m 'এঅ্যালুম্ / *noun* [C] something valuable that has belonged to the same family for many years পুরুষানুক্রমে রক্ষিত বিশেষ সম্পত্তি অথবা মূল্যবান বস্তু

held ⇨ **hold**[1]-এর past tense এবং past participle

helicopter / ˈhelɪkɒptə(r) 'হেলিকপ্‌ট্যা(র্) / (*informal* **chopper**) *noun* [C] a small aircraft that can go straight up into the air. Helicopters have long thin metal parts on top that go round ছোটো আকাশযান (যার উপরের পাতলা লম্বা অংশ ঘোরে); হেলিকপ্টার

helium / ˈhi:liəm 'হীলিঅ্যাম্ / *noun* [U] (*symbol* **He**) a very light colourless gas that does not burn, often used to fill objects that float in the air (**balloons**) অত্যন্ত হালকা বর্ণহীন অদাহ্য গ্যাস যা কোনো বেলুন ইত্যাদি আকাশে ওড়ানোর জন্য তার মধ্যে ভরা হয়; হিলিয়ম **NOTE** **Helium** একপ্রকারের **noble gas**

helix / ˈhi:lɪks 'হীলিক্স্ / *noun* [C] (*pl.* **helices** / ˈhi:lɪsi:z 'হীলিসীজ্ /) a shape like a **spiral** (=a long curved line that moves round and round away from a central point) or a line curved round a **cylinder** or **cone** কেন্দ্রবিন্দু থেকে গোল গোল ঘোরানো আকার অথবা কোনো বেলন বা শঙ্কুকে ঘিরে প্যাঁচানো আকারের মতো; কুণ্ডলী

he'll / hi:l হীল্ / ⇨ **he will**-এর সংক্ষিপ্ত রূপ

hell / hel হেল্ / *noun* **1** [*sing.*] the place where, in some religions, it is believed that the Devil lives and where bad people go to when they die (শয়তানের বাসস্থান এবং মৃত্যুর পরে খারাপ লোকেরা যেখানে যায়) নরক, মৃত্যুপুরী, যমালয় *to go to/be in hell* ⇨ **heaven** দেখো। **2** [C, U] (*informal*) a situation or place that is very unpleasant or painful যে পরিস্থিতি বা স্থান অত্যন্ত অপ্রীতিকর বা যন্ত্রণাময়; নারকীয় স্থান অথবা পরিস্থিতি *He went through hell when his wife left him.*

> **NOTE** লক্ষ রেখো যে কোনো কোনো ব্যক্তিগণ **hell** শব্দটির নিম্নলিখিত অর্থের ব্যবহার এবং **'hell'** শব্দটি ব্যবহার করা হয় এমন বাগ্‌ধারাগুলিকে অপমানকর বলে মনে করে।

3 [U] (*slang*) used as a swear word to show anger (অপপ্রয়োগ) রাগ প্রকাশের জন্য উচ্চারিত অবমাননাকর শব্দ *Oh hell, I've forgotten my money!* **4 the hell** (*slang*) used as a swear word in questions to show anger or surprise (অপপ্রয়োগ) ক্রোধ বা বিস্ময় প্রকাশ করতে প্রশ্নাত্মক বাক্যের শুরুতে ব্যবহৃত অপমানকর শব্দ *Why the hell didn't you tell me this before?*

IDM **a/one hell of a...** (*informal*) used to make an expression stronger or to mean 'very' কোনো বক্তব্যের উপর জোর দেওয়ার জন্য বা বেশি রকমের কিছু

H
hem[1]
621

বোঝানোর জন্য ব্যবহৃত হয় *He got into a hell of a fight* (=a terrible fight).

all hell broke loose (*informal*) there was suddenly a lot of noise and confusion হঠাৎ ভীষণ গোলমাল, চরম বিশৃঙ্খল অবস্থা

(just) for the hell of it (*informal*) for fun কেবলমাত্র মজার জন্য, নিছক মজা করার জন্য

give sb hell (*informal*) to speak to sb very angrily or to be very strict with sb কারও সঙ্গে খুব রেগে কথা বলা অথবা খুব শক্ত ভাব দেখানো

like hell (*informal*) very much; with a lot of effort বেশি রকমের; প্রাণপণ খেটে, সর্বশক্তি দিয়ে *I'm working like hell at the moment.*

hellish / ˈhelɪʃ ˈহেলিশ্ / *adj.* terrible; awful নারকীয়; পৈশাচিক, বীভৎস *a hellish experience*

hello (*BrE also* **hallo**) / həˈləʊ হ্যা'ল্যাউ / *exclamation* used when you meet sb, for attracting sb's attention or when you are using the telephone কারও সঙ্গে দেখা হলে, কারও মনোযোগ অথবা দৃষ্টি আকর্ষণ করতে চাইলে বা টেলিফোন তুলে কথা বলার আরম্ভে এই সম্বোধন ব্যবহার করা হয়; হ্যালো

helm / helm হেল্ম্ / *noun* [C] the part of a boat or ship that is used to guide it. The helm can be a handle or a wheel জাহাজ বা নৌকোর হাল; কর্ণ

IDM at the helm in charge of an organization, group of people, etc. কোনো প্রতিষ্ঠান, দল ইত্যাদির পরিচালন-দায়িত্বে

take the helm to take charge of an organisation, project, etc. কোনো প্রতিষ্ঠান, প্রকল্প ইত্যাদির দায়িত্বভার গ্রহণ করা

helmet / ˈhelmɪt ˈহেল্‌মিট্ / *noun* [C] a type of hard hat that you wear to protect your head মাথা বাঁচানোর শক্ত শিরস্ত্রাণ, মাথার বর্ম ; হেলমেট

help[1] / help হেল্প্ / *verb* **1** [I, T] **help (sb) (with sth); help (sb) (to) do sth; help sb (across, over, out of, into, etc.)** to do sth for sb in order to be useful or to make sth easier for him/her (কোনো কিছু করে কাউকে) সাহায্য করা, সহায়তা করা; আনুকূল্য দেখানো *Could you help me with the cooking?* ○ *My son's helping in our shop at the moment.* ○ *She helped her grandmother up the stairs* (=supported her as she climbed the stairs). **2** [I, T] to make sth better or easier কোনো কিছু আরও উৎকৃষ্ট অথবা সহজ করে তোলা *If you apologize to him it might help.* ○ *This medicine should help your headache.* **3** [T] **help yourself (to sth)** to take sth (especially food and drink) that is offered to you যা দেওয়া হয়েছে (বিশেষত খাদ্য এবং পানীয়) তার থেকে নিজে পছন্দমতো নিয়ে নেওয়া *'If you want another drink, just help yourself.'* **4** [T] **help yourself to sth** to take sth without asking permission; to steal বিনা অনুমতিতে অন্যের জিনিস নেওয়া; চুরি করা **5** [I] (*spoken*) used to get sb's attention when you are in danger or difficulty বিপদে অথবা অসুবিধায় পড়লে অন্য কোনো ব্যক্তির মনোযোগ আকর্ষণ করার জন্য ব্যবহৃত হয় *Help! I'm going to fall!*

IDM can/can't/couldn't help sth be able/not be able to stop or avoid doing sth কোনো কাজ থেকে নিবৃত্ত হতে পারা বা না পারা *It was so funny I couldn't help laughing.* ○ *I just couldn't help myself—I had to laugh.*

a helping hand some help কিছুটা সাহায্য *My neighbour is always ready to give me a helping hand.*

PHR V help (sb) out to help sb in a difficult situation; to give money to help sb (কোনো ব্যক্তিকে) কঠিন পরিস্থিতিতে সাহায্য করা; কাউকে সাহায্য করার জন্য অর্থ প্রদান করা

help[2] / help হেল্প্ / *noun* **1** [U] **help (with sth)** the act of helping সহায়তা, সাহায্য, সাহায্যদান *Do you need any help with that?* ○ *This map isn't much help.* ○ *She stopped smoking* ***with the help of*** *her family and friends.* **2** [*sing.*] **a help (to sb)** a person or thing that helps কোনো ব্যক্তি বা বস্তু যার সাহায্য দরকার *Your directions were a great help—we found the place easily.*

helper / ˈhelpə(r) ˈহেল্‌প্যা(র্) / *noun* [C] a person who helps (especially with work) যে ব্যক্তি সাহায্য করে (বিশেষত কাজকর্মে); পরিচারক

helpful / ˈhelpfl ˈহেল্পফ্‌ল্ / *adj.* giving help সাহায্যকারী, উপকারী, সহায়ক *helpful advice* ▶ **helpfully** / -fəli -ফ্যালি / *adv.* সাহায্যকারী হিসেবে, সাহায্য করার মনোভাব নিয়ে ▶ **helpfulness** *noun* [U] সাহায্যের মনোভাব

helping / ˈhelpɪŋ ˈহেল্‌পিং / *noun* [C] the amount of food that is put on a plate at one time প্লেটে একবারে নেওয়া খাবারের ভাগ *After two helpings of pasta, I couldn't eat any more.* ⇨ **portion** দেখো।

helpless / ˈhelpləs ˈহেল্প্‌ল্যাস্ / *adj.* unable to take care of yourself or do things without the help of other people অক্ষম, নিরুপায়, অন্যের উপর নির্ভরশীল, নিঃসহায়; অসহায় *a helpless baby* ▶ **helplessly** *adv.* অসহায়ভাবে, কাতরভাবে *They watched helplessly as their house went up in flames.* ▶ **helplessness** *noun* [U] অসহায়তা

hem[1] / hem হেম্ / *noun* [C] the edge at the bottom of a piece of cloth (especially on a skirt, dress or trousers) that has been turned up and sewn কোনো পোশাক (বিশেষত স্কার্ট, জামা অথবা প্যান্টের)

বা ছিটের মুড়ি, কিনারা বা প্রান্ত যেটা মুড়ে সেলাই করা হয়; হেম

hem² / hem হেম্ / *verb* [T] (**hemming; hemmed**) to turn up and sew the bottom of a piece of clothing or cloth কোনো পোশাক অথবা ছিটের কিনারার মুড়ি সেলাই করা; হেম করা

PHR V **hem sb in** to surround sb and prevent him/her from moving away কোনো ব্যক্তিকে ঘিরে ফেলা এবং আটকে ফেলা *We were hemmed in by the crowd and could not leave.*

hematite (*AmE*) = **haematite**

hemisphere / ˈhemɪsfɪə(r) ˈহেমিস্ফিঅ্যা(র্) / *noun* [C] **1** one half of the earth পৃথিবীর অর্ধেক ভাগ, অর্ধ গোলক; গোলার্ধ *the northern/southern/eastern/western hemisphere* **2** the shape of half a ball; half a **sphere** বলের অর্ধেক অংশের মতো আকার; অর্ধ গোলাকার

hemoglobin (*AmE*) = **haemoglobin**

hemophilia, hemophiliac (*AmE*) = **haemophilia, haemophiliac**

hemorrhage (*AmE*) = **haemorrhage**

hemorrhoids (*AmE*) = **haemorrhoids**

hemp / hemp হেম্প্ / *noun* [U] a plant that is used for making rope and rough cloth and for producing an illegal drug (**cannabis**) শণ, যা থেকে দড়ি এবং মোটা কাপড় এবং বেআইনি গাঁজা (মাদক) তৈরি হয়

hen / hen হেন্ / *noun* [C] **1** a female bird that is kept for its eggs or its meat মুরগী ➪ **chicken**-এ নোট দেখো। **2** the female of any type of bird যে-কোনো ধরনের মেয়েপাখি; পক্ষিণী *a hen pheasant*

NOTE মুরগীর পুংলিঙ্গ হল **cock** (মোরগ)।

hence / hens হেন্স্ / *adv.* (*formal*) for this reason এই কারণে, এইজন্য, অতএব *I've got some news to tell you—hence the letter.*

henceforth / ˌhensˈfɔːθ ˌহেন্স্ˈফ:থ্ / (*also* **henceforward** / ˌhensˈfɔːwəd ˌহেন্স্ˈফ:উঅ্যাড্ /) *adv.* (*written*) from now on; in future এরপর থেকে; ভবিষ্যতে

henchman / ˈhentʃmən ˈহেন্চ্ম্যান্ / *noun* [C] (*pl.* **-men** / -mən -ম্যান্ /) a person who is employed by sb to protect him/her and who may do things that are illegal or violent কোনো ব্যক্তির সুরক্ষার জন্য নিযুক্ত বিশ্বস্ত অনুগামী যে বেআইনি বা হিংসাত্মক কাজ করতে পারে

henna / ˈhenə ˈহেন্যা/ *noun* [U] a reddish-brown colour (**dye**) that is obtained from the henna plant. It is used to colour and decorate the hands, finger nails, etc. মেহেদি গাছ থেকে প্রাপ্ত লালচে-বাদামি রং যা দিয়ে হাত, নখ ইত্যাদি রাঙানো হয়; হেনা

hen party (*also* **hen night**) *noun* [*sing.*] a party that a woman who is getting married soon has with her female friends যার বিয়ে ঠিক হয়ে গেছে এরকম মেয়ের মেয়ে-বন্ধুদের সঙ্গে সম্মিলিত হয়ে আনন্দ-অনুষ্ঠান বা পার্টি ➪ **stag night** দেখো।

henpecked / ˈhenpekt ˈহেন্পেক্ট্ / *adj.* used to describe a husband who always does what his wife tells him to do (কোনো মহিলার স্বামী সম্বন্ধে ব্যবহৃত) স্ত্রৈণ, স্ত্রীবশ্য

hepatic / hɪˈpætɪk হিˈপ্যাটিক্ / *adj.* (*technical*) connected with the **liver** লিভার অথবা যকৃৎ সংক্রান্ত

hepatic portal vein = **portal vein**

hepatitis / ˌhepəˈtaɪtɪs ˌহেপ্যাˈটাইটিস্ / *noun* [U] a serious disease of one of the body's main organs (**liver**) যকৃতের অসুখ, যকৃৎপ্রদাহ; হেপাটাইটিস

hepta- / ˈheptə ˈহেপ্ট্যা / *prefix* (*used in nouns, adjectives and adverbs*) seven; having seven সাত; সপ্তসংখ্যাবিশিষ্ট *heptathlon* (=an athletics competition, usually one for women, that consists of seven different events)

heptagon / ˈheptəgən ˈহেপ্ট্যাগ্যান্ / *noun* [C] a flat shape with seven straight sides and seven angles সপ্তভুজ ▶ **heptagonal** / hepˈtægənl হেপ্ˈট্যাগ্যান্ল্ / *adj.* সপ্তভুজবিশিষ্ট

her¹ / hɜː(r) হ্য(র্) / *pronoun* (*the object of a verb or preposition*) the female person that was mentioned earlier পূর্বোল্লিখিত স্ত্রী বা মহিলা; তাকে *He told Sheela that he loved her.* ○ *I've got a letter for your mother. Could you give it to her, please?* ➪ **she** দেখো এবং **he**-তে নোট দেখো।

her² / hɜː(r) হ্য(র্) / *det.* of or belonging to the female person mentioned earlier পূর্বোল্লিখিত স্ত্রী বা মহিলার; তার *That's her book. She left it there this morning.* ○ *Mala has broken her leg.* ➪ **hers** দেখো।

herald / ˈherəld ˈহের‍্যাল্ড্ / *verb* [T] (*written*) to be a sign that sth is going to happen soon শীঘ্র যা ঘটতে চলেছে তার সংকেত বা চিহ্ন হওয়া; বার্তাবহ বা অগ্রদূত হওয়া *The minister's speech heralded a change of policy.*

heraldry / ˈherəldri ˈহের‍্যাল্ড্রি / *noun* [U] the study of the history of old and important families and their special family symbols (**coats of arms**) পুরোনো এবং গুরুত্বপূর্ণ পরিবার সমূহ এবং তাদের বিশেষ পারিবারিক চিহ্ন বা অভিজ্ঞানসমূহের ইতিহাস সম্বন্ধে অধ্যয়ন

herb / hɜːb হ্যব্ / *noun* [C] a plant whose leaves, seeds, etc. are used in medicine or in cooking যেসব গাছের পাতা, বীজ ইত্যাদি ওষুধ তৈরির কাজে বা রান্নার কাজে ব্যবহার করা হয়; ঔষধি *Add some herbs, such as rosemary and thyme.* ➪ **spice** দেখো।

herbaceous / hɜːˈbeɪʃəs হ্য'বেইশ্যাস্ / *noun* [C] (*technical*) connected with plants that have soft **stems** নরম কাণ্ডের ঔষধি জাতীয় গাছ *a herbaceous plant*

herbal / ˈhɜːbl 'হ্যব্‌ল্ / *adj.* made of or using herbs ঔষধি থেকে প্রস্তুত, ঔষধি-জাত *herbal medicine/remedies*

herbicide / ˈhɜːbɪsaɪd 'হ্যবিসাইড্ / *noun* [C, U] a chemical substance that farmers use to kill plants that are growing where they are not wanted আগাছা নষ্ট করার কাজে ব্যবহৃত রাসায়নিক পদার্থ

herbivore / ˈhɜːbɪvɔː(r) 'হ্যবিভ:(র্) / *noun* [C] an animal that only eats grass and plants তৃণভোজী জীব ➪ **carnivore, insectivore** এবং **omnivore** দেখো। ▶ **herbivorous** / hɜːˈbɪvərəs হ্য'বিভ্যার্যাস্ / *adj.* নিরামিষাশী *herbivorous dinosaurs*

herd[1] / hɜːd হ্যড্ / *noun* [C] a large number of animals that live and feed together একজাতীয় পশুর দল বা পাল; যূথ *a herd of cattle/deer/elephants* ➪ **flock** দেখো।

herd[2] / hɜːd হ্যড্ / *verb* [T] to move people or animals somewhere together in a group দলবদ্ধভাবে একদল মানুষ বা একপাল পশুকে স্থানান্তরিত করা *The prisoners were herded onto the train.*

herdsman / ˈhɜːdzmən 'হ্যড্‌জ্‌ম্যান্ / (*pl.* **-men** / -mən -ম্যান্ /) *noun* [C] a man who looks after a group of animals পশুপালক

here[1] / hɪə(r) হিআ্যা(র্) / *adv.* **1** (*after a verb or a preposition*) in, at or to the place where you are or which you are pointing to এখানে, এই জায়গায়, হেথায় *Come (over) here.* ○ *The school is a kilometre from here.* ○ *Please sign here.* **2** used at the beginning of a sentence to introduce or draw attention to sb/sth কারও বা কিছুর প্রথম পরিচয় দেওয়া বা তার অথবা সেগুলির প্রতি দৃষ্টি আকর্ষণ করার জন্য বাক্যের প্রথমে ব্যবহৃত হয় *Here is the nine o'clock news.* ○ *Here comes the bus.* ○ *Here we are* (=we've arrived).

> **NOTE** শেষের উদাহরণে শব্দগুলির ক্রম আগের বাক্যের তুলনায় অন্যরকম। আমরা বলি—*Here are the children.* কিন্তু কোনো সর্বনাম (pronoun) ব্যবহার করলে বাক্যটি বদলে হয়ে যাবে—*Here they are.* কোনো ব্যক্তিকে কোনো জিনিস দেওয়ার সময়ে ***Here you are*** অভিব্যক্তিটি ব্যবহৃত হয়—*Here you are—this is that book I was talking about.*

3 used for emphasizing a noun বিশেষ্যপদের উপর জোর দিতে ব্যবহৃত হয় *I think you'll find this book here very useful.* **4** at this point in a discussion or a piece of writing কোনো আলোচনা বা লেখার কোনো বিশেষ মুহূর্তে বা জায়গায় *Here the speaker stopped and looked around the room.*

IDM **here and there** in various places বিভিন্ন জায়গায়, নানাস্থানে, এখানে ওখানে, ইতস্তত

here goes (*informal*) used to say that you are about to do sth exciting, dangerous, etc. কোনো উত্তেজনাপূর্ণ, বিপদসংকুল ইত্যাদি কাজ করতে উদ্যত হওয়ার আগে বলার জন্য ব্যবহৃত অভিব্যক্তিবিশেষ *I've never done a backward dive before, but here goes!*

here's to sb/sth used for wishing for the health, success, etc. of sb/sth while holding a drink সুরাভর্তিপাত্র হাতে ধরে কারও স্বাস্থ্য, সাফল্য ইত্যাদি কামনা করার জন্য ব্যবহৃত অভিব্যক্তিবিশেষ *Here's to a great holiday!*

neither here nor there not important অপ্রাসঙ্গিক, গুরুত্বহীন, মূল্যহীন *My opinion is neither here nor there. If you like the dress then buy it.*

here[2] / hɪə(r) হিআ্যা(র্) / *exclamation* used for attracting sb's attention, when offering help or when giving sth to sb সাহায্য করতে গিয়ে অথবা কোনো ব্যক্তিকে কিছু দিতে গিয়ে তার মনোযোগ আকর্ষণ করার জন্য ব্যবহৃত অভিব্যক্তিবিশেষ *Here, let me help!*

hereabouts / ˌhɪərəˈbaʊts ˌহিআ্যার্যা'বাউট্‌স্ / (*AmE* **hereabout**) *adv.* around or near here কাছাকাছি, আশেপাশে

hereafter / ˌhɪərˈɑːftə(r) ˌহিআ্যার্'আ:ফ্‌ট্যা(র্) / *adv.* (*written*) (used in legal documents, etc.) from now on (আইনি নথিপত্র ইত্যাদিতে ব্যবহৃত) এখন থেকে, এবার থেকে

hereditary / həˈredɪtri হ্যা'রেডিট্রি / *adj.* passed on from parent to child বংশানুক্রমিক, বংশগত *a hereditary disease*

heredity / həˈredəti হ্যা'রেড্যাটি / *noun* [U] the process by which physical or mental qualities pass from parent to child যে পদ্ধতিতে বংশানুক্রমে শারীরিক বা মানসিক বৈশিষ্ট্য বা গুণাবলী সঞ্চারিত হয়; বংশধারা

heresy / ˈherəsi 'হের‍্যাসি / *noun* [C, U] (*pl.* **heresies**) a (religious) opinion or belief that is different from what is generally accepted to be true স্বীকৃত বা প্রচলিত ধর্মমতের থেকে আলাদা মত বা বিশ্বাস

heretic / ˈherətɪk 'হের‍্যাটিক্ / *noun* [C] a person whose religious beliefs are believed to be wrong or evil এমন ব্যক্তি যার ধর্মবিশ্বাস ভুল অথবা অমঙ্গলজনক বলে মনে করা হয়; বিধর্মী ▶ **heretical** / həˈretɪkl হ্যা'রেটিক্‌ল্ / *adj.* কালাপাহাড়ী, বিধর্মী

herewith / ˌhɪəˈwɪð ˌহিআ্যা'উইদ্ / *adv.* (*formal*) with this letter, etc. এই চিঠি ইত্যাদির সঙ্গে *Please fill in the form enclosed herewith.*

heritage / ˈherɪtɪdʒ ˈহেরিটিজ্ / *noun* [C, *usually sing.*] the traditions, qualities and culture of a country that have existed for a long time and that have great importance for the country দীর্ঘদিনের জাতীয় ঐতিহ্য; পরম্পরা

hermaphrodite / hɜːˈmæfrədaɪt হ্যˈম্যাফ্র্যাডাইট্ / *noun* [C] a person, an animal or a flower that has both male and female sexual organs or characteristics স্ত্রী ও পুরুষ উভয় লিঙ্গের বৈশিষ্ট্যযুক্ত কোনো ব্যক্তি, পশু বা ফুল; উভলিঙ্গ, দ্বিলিঙ্গ

hermit / ˈhɜːmɪt ˈহ্যমিট্ / *noun* [C] a person who prefers to live alone, without contact with other people নির্জনে থাকেন এমন সন্ন্যাসী, নির্জনতাপ্রিয় মানুষ; সাধক, তপস্বী

hermitage / ˈhɜːmɪtɪdʒ ˈহ্যমিটিজ্ / *noun* [C,U] a place away from society where a **hermit** lives or lived মানবসমাজ থেকে দূরে সন্ন্যাসীর আশ্রম; তপোবন, মঠ

hernia / ˈhɜːniə হ্যনিঅ্যা / (*also* **rupture**) *noun* [C, U] the medical condition in which an organ inside the body, for example the stomach, pushes through the wall of muscle which surrounds it শরীরের কোনো অংশের (যেমন পাকস্থলী বা অন্ত্র) স্থানচ্যুত হয়ে মাংসপেশি ঠেলে বাইরে বেরিয়ে আসার অবস্থা; অন্ত্রবৃদ্ধির রোগ; হার্নিয়া

hero / ˈhɪərəʊ ˈহিঅ্যার্যাউ / *noun* [C] (*pl.* **heroes**) **1** a person who is admired, especially for having done sth difficult or good বীর, নায়ক, কীর্তিমান পুরুষ, বীরেন্দ্র, শূর; হিরো *The team were given a* ***hero's welcome*** *on their return home.* **2** the most important male character in a book, play, film, etc. কোনো গ্রন্থ, নাটক, চলচ্চিত্র ইত্যাদির প্রধানতম পুরুষ চরিত্র; নায়ক *The hero of the film is a little boy.* ⇨ **heroine, antihero** এবং **villain** দেখো।

heroic / həˈrəʊɪk হ্যাˈর্যাউইক্ / *adj.* (used about people or their actions) having a lot of courage (কোনো ব্যক্তি বা তার কাজ সম্বন্ধে ব্যবহৃত) বীরত্বব্যঞ্জক, বীরোচিত, বীরের মতো *a heroic effort* ▶ **heroically** / -kli -কলি / *adv.* বীরোচিতভাবে, শৌর্যসহকারে

heroin / ˈherəʊɪn ˈহের‍্যাউইন্ / *noun* [U] a powerful illegal drug produced from morphine that some people take for pleasure and then cannot stop taking মরফিন থেকে উৎপন্ন শক্তিশালী মাদক দ্রব্য যা সাধারণত মজা বা আনন্দ পাওয়ার জন্য একবার নেওয়া শুরু করলে ছাড়া কঠিন হয়ে পড়ে; হেরোইন

heroine / ˈherəʊɪn ˈহের‍্যাউইন্ / *noun* [C] **1** a woman who is admired, especially for having done sth difficult or good বীরাঙ্গনা, সাহসী মহিলা, বীরবালা, বীরজায়া **2** the most important female character in a book, play, film, etc. কোনো গ্রন্থ, নাটক, চলচ্চিত্র ইত্যাদির প্রধান মহিলা চরিত্র; নায়িকা; হিরোইন ⇨ **hero** দেখো।

heroism / ˈherəʊɪzəm ˈহের‍্যাউইজ্‌্যাম্ / *noun* [U] great courage বীরত্ব, শৌর্য, বীর্য, নির্ভীকতা

heron / ˈherən ˈহের‍্যান্ / *noun* [C] a large bird with a long neck and long legs, that lives near water একধরনের বড়ো পাখি, যার গলা এবং পা লম্বা হয় এবং যারা জলের ধারে বাস করে; সারসজাতীয় পাখি

herpes / ˈhɜːpiːz ˈহ্যপীজ্ / *noun* [U] a contagious disease that causes painful spots on the skin, especially on the face and sexual organs একধরনের সংক্রামক ব্যাধি যাতে ত্বকের উপরে, বিশেষত মুখ এবং যৌনাঙ্গে যন্ত্রণাদায়ক ফুসকুড়ি দেখা যায়; জ্বরদাহকুড়ি ; হার্পিস

herring / ˈherɪŋ ˈহেরিং / *noun* [C, U] (*pl.* **herring** or **herrings**) a fish that swims in large groups (**shoals**) in cold seas and is used for food সমুদ্রের ঠান্ডা জলে দল বেঁধে ঘুরে বেড়ায় এমন ভোজ্য মাছ; হেরিং মাছ

IDM a red herring ⇨ **red** দেখো।

herringbone / ˈherɪŋbəʊn ˈহেরিংব্যাউন্ / *noun* [U] a pattern used in cloth consisting of lines of V shape that are parallel to each other ইংরেজি V আকারের সমান্তরাল রেখাসমূহ যা কাপড়ের উপরে অলংকরণ বা প্যাটার্ন হিসাবে ব্যবহৃত হয়

hers / hɜːz হ্যজ্ / *pronoun* of or belonging to her তার, তাঁর (স্ত্রীলিঙ্গ) *I didn't have a pen but Hema lent me hers.*

herself / hɜːˈself হ্যˈসেল্ফ্ / *pronoun* **1** used when the female who does an action is also affected by it সে বা তিনি নিজে (স্ত্রীলিঙ্গ) যখন এমন কোনো কাজ করে বা করেন যা তাকেই প্রভাবিত করে সেক্ষেত্রে ব্যবহৃত অভিব্যক্তিবিশেষ *She hurt herself quite badly when she fell downstairs.* ○ *Isha looked at herself in the mirror.* **2** used to emphasize the female who did the action যে মহিলা কাজটি করেছে বা করেছেন তার বা তাঁর উপর জোর দিতে ব্যবহৃত অভিব্যক্তিবিশেষ *She told me the news herself.* ○ *Has Roshni done this herself* (=or did sb else do it for her)*?*

IDM (all) by herself 1 alone সে বা তিনি একাই, একা একা, একলা *She lives by herself.* ⇨ **alone**-এ নোট দেখো। **2** without help অন্য কারও সাহায্য ছাড়াই, নিজে নিজেই *I don't think she needs any help—she can change a tyre by herself.*

(all) to herself without having to share অন্য কারও সঙ্গে ভাগ না করে *Sana has the bedroom to herself now her sister's left home.*

hertz / hɜːts হ্যট্‌স্ / *noun* [C] (*pl.* **hertz**) (*abbr.* **Hz**) (*technical*) a unit for measuring the **frequency** of sound waves শব্দতরঙ্গ মাপার একক; হার্টজ্

he's ⇨ **he is, he has**-এর সংক্ষিপ্ত রূপ

hesitant / ˈhezɪtənt ˈহেজ়িট্যান্ট্ / *adj.* **hesitant (to do/about doing sth)** slow to speak or act because you are uncertain দ্বিধাজর্জরিত, দ্বিধাগ্রস্ত, অনিশ্চিত, দোদুল্যমান *I'm very hesitant about criticizing him too much.* ▶ **hesitancy** / -ənsi -অ্যান্সি / *noun* [U] দ্বিধা, সংশয় ▶ **hesitantly** *adv.* দ্বিধাগ্রস্তভাবে, দোদুল্যমানচিত্তে

hesitate / ˈhezɪteɪt ˈহেজ়িটেইট্ / *verb* [I] **1 hesitate (about/over sth)** to pause before you do sth or before you take a decision, usually because you are uncertain or worried সাধারণত অনিশ্চিত বা উদ্বিগ্ন হওয়ার কারণে কিছু করা বা সিদ্ধান্ত নেওয়ার আগে দ্বিধা করা, বারবার ভাবা *He hesitated before going into the room.* ○ *She's still hesitating about whether to accept the job or not.* **2 hesitate (to do sth)** to not want to do sth because you are not sure that it is right সঠিক কিনা সেই সম্বন্ধে নিশ্চিত না হওয়ার কারণে কিছু করতে না চাওয়া; সংকোচ করা, মনস্থির করতে না পারা *Don't hesitate to phone if you have any problems.* ▶ **hesitation** / ˌhezɪˈteɪʃn ˈহেজ়িˈটেইশ্ন্ / *noun* [C, U] দ্বিধা, দোনামনা ভাব, অনিশ্চয়তার মনোভাব, কুণ্ঠা *She agreed without a moment's hesitation.*

hessian / ˈhesiən ˈহেসিঅ্যান্ / (*AmE usually* **burlap**) *noun* [U] a strong rough brown cloth, used especially for making large bags (**sacks**) বড়ো ব্যাগ (বস্তা) বানানোতে ব্যবহৃত হয় মোটা, খসখসে বাদামি রঙের কাপড়; বস্তার কাপড়

hetero- / ˈhetərəʊ ˈহেট্যার্যাউ / *prefix* (*in nouns, adjectives and adverbs*) other; different অন্য; আলাদা *heterogeneous* ○ *heterosexual* ⇨ **homo-** দেখো।

heterogeneous / ˌhetərəˈdʒiːniəs ˌহেট্যার্যা-ˈজীনিঅ্যাস্ / *adj.* (*formal*) consisting of different kinds of people or things অসম মানুষের দল অথবা অসদৃশ জিনিস সমন্বিত; পাঁচমিশালি ⇨ **homogeneous** দেখো।

heterosexual / ˌhetərəˈsekʃuəl ˌহেট্যার্যা-ˈসেক্শুঅ্যাল / *adj.* sexually attracted to a person of the opposite sex বিপরীত লিঙ্গের মানুষের প্রতি যৌনভাবে আসক্ত ⇨ **bisexual** এবং **homosexual** দেখো। ▶ **heterosexual** *noun* [C] বিপরীতকামী, বিপরীত লিঙ্গ সম্পর্কিত

heterozygote / ˌhetərəˈzaɪgəʊt; ˌhetərəʊ- ˌহেট্যার্যাˈজ়াইগ্যাউট্; ˌহেট্যার্যাউ- / *noun* [C] a living thing that has two varying forms of a particular **gene** and whose young may therefore vary in a particular characteristic যে প্রাণীর মধ্যে একটি বিশেষ ধরনের জিনের দুধরনের রূপ দেখা যায় ▶ **heterozygous** / ˌhetərəˈzaɪgəs ˌহেট্যার্যাˈজ়াইগ্যাস্ / *adj.* বিসদৃশ জিনের প্রাণী সম্বন্ধীয়

hewn / hjuːn হিউন্ / *adj.* (*old-fashioned*) cut with a large sharp tool তীক্ষ্ণ, ধারালো যন্ত্র দিয়ে কাটা হয়েছে এমন *roughly hewn stone*

hexa- / ˈheksə ˈহেক্স্যা / (*also* **hex-**) *prefix* (*in nouns, adjectives and adverbs*) six; having six ছয়, ষষ্ঠ, ষড়; ছ-টা বা ছয়টা আছে এমন কোনো কিছু *hexagonal*

hexagon / ˈheksəgən ˈহেক্স্যাগ্যান্ / *noun* [C] a shape with six sides যে আকারে ছ-টা দিক আছে; ষড়ভুজ ▶ **hexagonal** / heksˈægənl হেক্স্ˈঅ্যাগ্যান্ল্ / *adj.* ষড়ভুজাকৃতি

hey / heɪ হেই / *exclamation* (*informal*) used to attract sb's attention or to show that you are surprised or interested অবাক অথবা উৎসুক হলে বা কোনো ব্যক্তির মনোযোগ আকর্ষণ করতে গেলে ব্যবহৃত অভিব্যক্তিবিশেষ *Hey, what are you doing?*

IDM **hey presto** people sometimes say 'hey presto' when they have done sth so quickly that it seems like magic খুব দ্রুত কোনো কাজ শেষ করতে পারলে (যেন তা ম্যাজিকের মতো মনে হয়) অনেক সময় এই অভিব্যক্তিটি ব্যবহার করা হয়

heyday / ˈheɪdeɪ ˈহেইডেই / *noun* [*sing.*] the period when sb/sth was most powerful, successful, rich, etc. কোনো ব্যক্তি বা বস্তুর ক্ষমতা, সাফল্য, সম্পদ ইত্যাদির সর্বাধিক সমৃদ্ধিকাল; সফলতম সময়, স্বর্ণযুগ

HGV / ˌeɪtʃ dʒiː ˈviː ˌএইচ্ জী ˈভী / *abbr.* (*BrE*) heavy goods vehicle, such as a lorry লরির মতো ভারী মালবাহী গাড়ি

hi / haɪ হাই / *exclamation* (*informal*) an informal word used when you meet sb you know well; hello পরিচিত কারও সঙ্গে দেখা হলে ব্যবহৃত সাধারণ সম্বোধনবিশেষ; হ্যালো

hibernate / ˈhaɪbəneɪt ˈহাইব্যানেইট্ / *verb* [I] (used about animals) to spend the winter in a state like deep sleep (পশু সম্বন্ধে ব্যবহৃত) জড়ভাবে বা নিষ্ক্রিয়ভাবে শীতকাল কাটানো ▶ **hibernation** / ˌhaɪbəˈneɪʃn ˌহাইব্যাˈনেইশ্ন্ / *noun* [U] শীতঘুম, শীতস্তম্ভ

hiccup (*also* **hiccough**) / ˈhɪkʌp ˈহিকাপ্ / *noun* **1** [C] a sudden, usually repeated sound that is made in the throat and that you cannot control হেঁচকি, হিক্কা **2 (the) hiccups** [*pl.*] a series of hiccups হেঁচকির দমক *Don't eat so fast or you'll **get hiccups**!* ○ *If you **have the hiccups**, try holding your breath.* **3** [C] a small problem or difficulty ছোটোখাটো সমস্যা, বাধা ▶ **hiccup** (*also* **hiccough**) *verb* [I] হেঁচকি, বাধা

hide[1] / haɪd হাইড্ / *verb* (*pt* **hid** / hɪd হিড্ /; *pp* **hidden** / ˈhɪdn ˈহিড্ন্ /) **1** [T] to put or keep sb/sth in a place where he/she/it cannot be seen; to cover sth so that it cannot be seen কাউকে বা কিছু

এমন জায়গায় রাখা যাতে তাদের দেখতে না পাওয়া যায়; কোনো কিছু ঢেকে দেওয়া যাতে দেখতে না পাওয়া যায় *Where shall I hide the money?* ○ *You couldn't see Ram in the photo—he was hidden behind Shyam.* **2** [I] to be or go in a place where you cannot be seen or found নিজে লুকিয়ে পড়া, অন্তরালে থাকা *Quick, run and hide!* ○ *The child was hiding under the bed.* **3** [T] **hide sth (from sb)** to keep sth secret, especially your feelings অন্যের কাছে নিজস্ব মনোভাব গোপন করা *She tried to hide her disappointment from them.*

hide² / haɪd হাইড্ / *noun* **1** [C, U] the skin of an animal that will be used for making leather, etc. পশুত্বক যা চামড়া ইত্যাদি তৈরিতে ব্যবহৃত হয় **2** [C] a place from which people can watch wild animals, birds, etc. without being seen যে স্থান থেকে লোকে আড়ালে থেকে বন্যপ্রাণী, পাখি ইত্যাদি পর্যবেক্ষণ করতে পারে

hide-and-seek *noun* [U] a children's game in which one person covers his or her eyes while the other players hide and then tries to find them (শিশুদের খেলা) লুকোচুরি

hideous / ˈhɪdiəs ˈহিডিঅ্যাস্ / *adj.* very ugly or unpleasant বিশ্রী, কুৎসিত বা অপ্রিয়, বীভৎস *a hideous sight* ○ *a hideous crime* ▶ **hideously** *adv.* বিশ্রীভাবে, বীভৎসভাবে

hiding / ˈhaɪdɪŋ ˈহাইডিং / *noun* **1** [U] the state of being hidden লুকিয়ে রাখা অবস্থা বা লুকোনো অবস্থা *The escaped prisoners are believed to be **in hiding** somewhere in Kanpur.* ○ *to go into hiding* **2** [C, *usually sing.*] (*informal*) a punishment involving being hit hard many times (শাস্তি) প্রহার, উত্তমমধ্যম ধোলাই *You deserve a good hiding for what you've done.*

hierarchy / ˈhaɪərɑːki ˈহাইঅ্যারা:কি / *noun* [C] (*pl.* **hierarchies**) a system or organization that has many levels from the lowest to the highest কোনো ব্যবস্থা বা প্রতিষ্ঠান যার মধ্যে নীচ থেকে উপর পর্যন্ত বিভিন্ন স্তর রয়েছে; শ্রেণিক্রম ▶ **hierarchical** / ˌhaɪəˈrɑːkɪkl ˌহাইঅ্যা'রা:কিক্‌ল্ / *adj.* পর্যায়ক্রমিক

hieroglyphics / ˌhaɪərəˈglɪfɪks ˌহাইঅ্যার‍্যা'গ্লিফিক্স্ / *noun*[*pl.*] the system of writing that was used in ancient Egypt in which a small picture represents a word or sound প্রাচীন মিশরের লিখন পদ্ধতি যাতে ছোটো ছোটো ছবির মাধ্যমে কোনো শব্দ বা ধ্বনি উপস্থাপিত করা হত; চিত্রলিপি

hi-fi / ˈhaɪ faɪ ˈহাই ফাই / *noun* [C] equipment for playing recorded music that produces high-quality sound রেকর্ড করা সংগীত বাজানোর সরঞ্জাম যা উচ্চমানের ধ্বনি উৎপন্ন করতে সক্ষম ▶ **hi-fi** *adj.* উঁচুমানের, নির্ভরযোগ্য *a hi-fi system*

higgledy-piggledy / ˌhɪgldi ˈpɪgldi ˌহিগ্‌ল্ডি ˈপিগ্‌ল্ডি / *adv., adj.* (*informal*) not in any order; mixed up together এলোমেলো, যত্রতত্র ছড়ানো, হট্টগোলের অবস্থা, বিশৃঙ্খলা

high¹ / haɪ হাই / *adj.* **1** (used about things) having a large distance between the bottom and the top (জিনিসপত্র সম্বন্ধে ব্যবহৃত) উঁচু, উচ্চ, উন্নত *high cliffs* ○ *What's the highest mountain in the world?* ✪ বিপ **low** ⇨ **height** noun দেখো এবং **tall**-এ নোট দেখো। **2** having a particular height বিশেষ মাপের উচ্চতাসম্পন্ন *The hedge is one metre high.* ○ *knee-high boots* **3** at a level which is a long way from the ground, or from sea level সমুদ্রপৃষ্ঠ অথবা মাটি থেকে অনেক উপরের স্তরে *a high shelf* ○ *The castle was built on high ground.* ✪ বিপ **low** **4** above the usual or normal level or amount সাধারণ বা স্বাভাবিক স্তর বা পরিমাণের থেকে বেশি *high prices* ○ *a high level of unemployment* ○ *Oranges are high in vitamin C.* ✪ বিপ **low** **5** better than what is usual সাধারণ বা স্বাভাবিক স্তর বা পরিমাণের থেকে বেশি *high-quality goods* ○ *Her work is of a very high standard.* ○ *He has a high opinion of you.* ✪ বিপ **low** **6** having an important position গুরুত্বপূর্ণ পদে আসীন এমন *Sameera only joined the company three years ago, but she's already quite high up.* **7** morally good নৈতিকভাবে ভালো *high ideals* **8** (used about a sound or voice) not deep or low (কোনো শব্দ বা কণ্ঠস্বর সম্বন্ধে ব্যবহৃত) গভীর বা নীচু নয়; উচ্চ গ্রাম *Dogs can hear very high sounds.* ○ *Women usually have higher voices than men.* ✪ বিপ **low** **9** (*informal*) **high (on sth)** under the influence of drugs, alcohol, etc. মদ্যপান, মাদক দ্রব্য ইত্যাদি সেবনের ফলে নেশাগ্রস্ত **10** (used about a gear in a car) that allows a faster speed (গাড়ির গীয়ার সম্বন্ধে ব্যবহৃত) যা গতি বৃদ্ধি করে ✪ বিপ **low**

IDM **be left high and dry** to be left without help in a difficult situation কোনোরকম সাহায্য ছাড়া কঠিন পরিস্থিতির মধ্যে পরিত্যক্ত হওয়া

high² / haɪ হাই / *adv.* **1** at or to a high position or level উচ্চ পর্যায়ে, উচ্চ স্তরে, উঁচুতে *The sun was high in the sky.* ○ *I can't jump any higher.* ○ *The plane*

flew high overhead. ➪ **height** noun দেখো।
2 (used about a sound) at a high level (কোনো শব্দ সম্বন্ধে ব্যবহৃত) উচ্চ গ্রামে, প্রবল, সুতীব্র, চড়া *How high can you sing?* ✪ বিপ **low**

IDM **high and low** everywhere সর্বত্র, প্রত্যেকটি জায়গায় *We've searched high and low for the keys.*
run high (used about the feelings of a group of people) to be especially strong (কোনো বিশেষ দলের মনোভাব প্রসঙ্গে ব্যবহৃত) বিশেষভাবে জোরালো হওয়া; প্রচণ্ড বা প্রবল হওয়া *Emotions are running high in the neighbourhood where the murders took place.*

high³ / haɪ হাই / *noun* [C] **1** a high level or point উচ্চ স্তর বা বিন্দু *Profits reached an all-time high last year.* **2** an area of high air pressure উচ্চ বায়ুচাপযুক্ত অঞ্চল **3** (*informal*) a feeling of great pleasure or happiness that sb gets from doing sth exciting or being successful কোনো উত্তেজনাপূর্ণ কাজ করে অথবা কাজে সাফল্যলাভের পরে চরম মানসিক আনন্দ ও সুখানুভূতি *He was* ***on a high*** *after passing all his exams.* ○ *She talked about the* ***highs and lows*** *of her career.* **4** (*informal*) a feeling of great pleasure or happiness that may be caused by a drug, alcohol, etc. মাদকদ্রব্য, মদ্য ইত্যাদির কারণে তুরীয় আনন্দ; নেশার আনন্দ বা সুখানুভূতি ✪ বিপ **low** =(সব অর্থের জন্য)

IDM **on high** (*formal*) above, in the sky or heaven উপরে, উচ্চশীর্ষে, আকাশে বা স্বর্গে *The order came from on high.*

highbrow / ˈhaɪbraʊ ˈহাইব্রাউ / *adj.* interested in or concerned with matters that many people would find too serious to be interesting বহু মানুষের কাছে যা অত্যন্ত গুরুগম্ভীর বা ধরা ছোঁয়ার অতীত সেইধরনের বিষয়ের সঙ্গে সম্বন্ধিত বা তাতে আগ্রহী; অভিজাত, কুলীন *highbrow newspapers/television programmes*

high-class *adj.* of especially good quality বিশেষ উচ্চমানের, খুবই ভালো, উৎকৃষ্ট *a high-class restaurant*

High Commissioner *noun* [C] **1** a senior diplomat who is sent by one Commonwealth country to live in another, to protect the interests of his/her own country কোনো কমনওয়েলথ রাষ্ট্র থেকে অন্য একটি কমনওয়েলথ দেশে নিজের দেশের স্বার্থ রক্ষার কাজে সেখানে বসবাসের জন্য প্রেরিত উচ্চপদস্থ কূটনীতিবিদ; হাইকমিশনার **2** a person who is head of an important international project কোনো গুরুত্বপূর্ণ আন্তর্জাতিক প্রকল্পের প্রধান *the United Nations High Commissioner for Refugees*

High Court *noun* [C] the most important court of law in some countries (কোনো কোনো দেশে সবথেকে গুরুত্বপূর্ণ) উচ্চ ন্যায়ালয় বা আদালত ; হাইকোর্ট

higher education *noun* [U] education and training at a college or university, especially to degree level (কলেজ বা বিশ্ববিদ্যালয়ে) উচ্চশিক্ষা ➪ **further education** দেখো।

high jump *noun [sing.]* the sport in which people try to jump over a bar in order to find out who can jump the highest কোন ব্যক্তি সব চাইতে বেশি উঁচুতে লাফ দিতে পারে তা দেখার জন্য যে খেলায় একটা উঁচু লাঠির উপর দিয়ে লোকে লাফাতে চেষ্টা করে; হাইজাম্প ➪ **long jump** দেখো।

highland / ˈhaɪlənd ˈহাইল্যান্ড্ / *adj.* **1** in or connected with an elevated land that has mountains পার্বত্য এলাকা সম্বন্ধীয়, ঐ এলাকার সঙ্গে জড়িত *highland streams* ➪ **lowland** দেখো। **2** [*pl.*] in or connected with the part of Scotland where there are mountains (**the Highlands**) স্কটল্যান্ডের পার্বত্য এলাকায় অথবা এই এলাকা সম্বন্ধীয়

high-level *adj.* **1** involving important people উচ্চ পর্যায়ের, উচ্চপদস্থ ব্যক্তিদের সংক্রান্তে *high-level talks* **2** (*computing*) (of a computer language) similar to an existing language such as English, making it fairly simple to use (কম্পিউটারের ভাষা) বর্তমান প্রচলিত ভাষার সদৃশ, যেমন ইংরেজি, যাতে সেটি ব্যবহার করা আরও সরল হয়ে যায় ✪ বিপ **low-level**

highlight¹ / ˈhaɪlaɪt ˈহাইলাইট্ / *verb* [T] **1** to emphasize sth so that people give it special attention কোনো কিছুর প্রতি জোর দেওয়া যাতে লোকে তার উপর বিশেষ মনোযোগ দেয় *The report highlighted the need for improved safety at football grounds.* **2** to mark part of a text with a different colour, etc. so that people give it more attention পাঠ্যবস্তুর কোনো অংশ অন্য রঙে চিহ্নিত করা যাতে লোকে তার প্রতি আরও মনোযোগ দান করে **3** to make some parts of a person's hair a lighter colour চুলের কোনো অংশে অপেক্ষাকৃত হালকা রং করা *Have you had your hair highlighted?*

highlight² / ˈhaɪlaɪt ˈহাইলাইট্ / *noun* **1** [C] the best or most interesting part of sth কোনো কিছুর সবচেয়ে ভালো বা উল্লেখযোগ্য অংশ *The highlights of the match will be shown on TV tonight.* **2 highlights** [*pl.*] areas of lighter colour that are put in a person's hair কোনো ব্যক্তির অপেক্ষাকৃত হালকা রঙে রাঙানো চুলের অংশ

highlighter / ˈhaɪlaɪtə(r) ˈহাইলাইট্যা(র্) / (*also* **highlighter pen**) *noun* [C] a special pen used for marking words in a text in a bright colour বিশেষ ধরনের কলম যা দিয়ে পাঠ্যবস্তুর কোনো কোনো শব্দ উজ্জ্বলভাবে চিহ্নিত করা হয়; হাইলাইট করার কলম ➪ **stationery**-তে ছবি দেখো।

highly / ˈhaɪli ˈহাইলি / *adv.* **1** to a high degree; very যথেষ্ট বেশি পরিমাণে; অত্যন্ত *highly trained/educated/developed* ○ *a highly paid job* ○ *It's highly unlikely that anyone will complain.* **2** with admiration প্রশংসাপূর্ণ, সশ্রদ্ধ *I think very highly of your work.*

highly strung *adj.* nervous and easily upset স্নায়ুতাড়িত এবং সহজে বিপর্যস্ত

Highness / ˈhaɪnəs ˈহাইন্যাস্/ *noun* [C] **your/his/her Highness** a title used when speaking about or to a member of a royal family রাজা-রাজড়াদের সম্বন্ধে ব্যবহৃত উপাধি বা তাঁর প্রতি ব্যবহৃত মর্যাদাজ্ঞাপক সম্বোধন

high-pitched *adj.* (used about sounds) very high (শব্দ সম্বন্ধে ব্যবহৃত) অত্যন্ত তীক্ষ্ণ, তীব্র, খুব জোরালো *a high-pitched voice/whistle* ✪ বিপ **low-pitched**

high-powered *adj.* **1** (used about things) having great power (কোনো বস্তু সম্বন্ধে ব্যবহৃত) খুব শক্তিশালী *a high-powered engine* **2** (used about people) important and successful (ব্যক্তি সম্বন্ধে ব্যবহৃত) গুরুত্বপূর্ণ ও সফল *high-powered executives*

high-rise *adj.* (*only before a noun*) (used about a building) very tall and having a lot of floors (অট্টালিকা বা ঘরবাড়ি সম্বন্ধে ব্যবহৃত) খুব উঁচু, গগনচুম্বী এবং বহুতলবিশিষ্ট

high school *noun* [C, U] a school for children who are about 13–18 years old উচ্চবিদ্যালয় সাধারণত যেখানে ১৩ থেকে ১৮ বছরের ছেলেমেয়েরা পড়ে; হাইস্কুল

high season *noun* [C] (*BrE*) the time of year when a hotel or tourist area receives most visitors (কোনো হোটেল অথবা পর্যটনস্থানে) বছরের যে সময় সব থেকে বেশি পর্যটক আসে ➪ **low season** দেখো।

high street *noun* [C] (*BrE*) (often used in names) the main street of a town (বেশির ভাগ সময় নাম হিসেবে ব্যবহৃত) কোনো শহরের প্রধান রাস্তা *The Post Office is in the High Street.*

high-tech (*also* **hi-tech**) / ˌhaɪ ˈtek ˌহাই ˈটেক্ / *adj.* using the most modern methods and machines, especially electronic ones আধুনিক প্রযুক্তি যন্ত্রসমূহ, বিশেষত ইলেকট্রনিক যন্ত্র ব্যবহার করে এমন *high-tech industries/hospitals*

high tide *noun* [U] the time when the sea comes furthest onto the land সমুদ্রের জল যখন তীরের উপর দিয়ে উপচে ওঠে; জোয়ার ✪ বিপ **low tide**

highway / ˈhaɪweɪ ˈহাইউএই / *noun* [C] (*BrE*) a main road (between towns) দুই শহরের মধ্যবর্তী বড়ো রাস্তা; হাইওয়ে ➪ **road** -এ নোট দেখো।

hijack / ˈhaɪdʒæk ˈহাইজ্যাক্ / *verb* [T] **1** to take control of a plane, etc. by force, usually for political reasons সাধারণত রাজনৈতিক কারণে কোনো বিমান ইত্যাদি বলপূর্বক নিজের নিয়ন্ত্রণে আনা; বিমান ইত্যাদি ছিনতাই করা; হাইজ্যাক করা *The plane was hijacked on its flight to Sydney.* ➪ **kidnap** দেখো। **2** to take control of a meeting, an event, etc. in order to force people to pay attention to sth কোনো জনসভা, অনুষ্ঠান ইত্যাদি নিজের আয়ত্তে আনা যাতে জনসাধারণকে কোনো বিশেষ দিকে মনোযোগ দিতে বাধ্য করা যায় *The peace rally was hijacked by right-wing extremists.* ▶ **hijack** *noun* [C] ছিনতাই-পর্ব *The hijack was ended by armed police.* ▶ **hijacker** *noun* [C] ছিনতাইকারী ▶ **hijacking** *noun* [C, U] ছিনতাই

hike / haɪk হাইক্ / *noun* [C] a long walk in the country গ্রামাঞ্চলের বিস্তৃত পথে পায়ে হেঁটে ভ্রমণ *We went on a twenty-kilometre hike at the weekend.* ▶ **hike** *verb* [I] **NOTE** লম্বা রাস্তা পায়ে হেঁটে প্রমোদ ভ্রমণের কথা বলতে গেলে আমরা **go hiking** অভিব্যক্তিটি প্রয়োগ করি—*They went hiking in Kasauli for their holiday.* ▶ **hiker** *noun* [C] দীর্ঘপথের পদযাত্রী

hilarious / hɪˈleəriəs হিˈলেঅ্যারিঅ্যাস্ / *adj.* extremely funny খুব মজার, আনন্দোচ্ছাস, আনন্দোচ্ছল ▶ **hilariously** *adv.* হুল্লোড়ের মধ্যে, উল্লসিতভাবে

hilarity / hɪˈlærəti হিˈল্যার‍্যাটি / *noun* [U] great amusement or loud laughter হুল্লোড়, উচ্চস্বরে হাসি, হইচই

hill / hɪl হিল্ / *noun* [C] a high area of land that is not as high as a mountain উঁচু ভূখণ্ড বা উঁচু অঞ্চল যা পাহাড়ের মতো সুউচ্চ নয়; টিলা *There was a wonderful view from the top of the hill.* ➪ **uphill** এবং **downhill** দেখো।

hillock / ˈhɪlək ˈহিল্যাক্ / *noun* [C] a small hill ছোটো পাহাড়, ঢিবি, টিলা

hillside / ˈhɪlsaɪd ˈহিল্‌সাইড্ / *noun* [C] the side of a hill পর্বতগাত্র

hilltop / ˈhɪltɒp ˈহিল্‌টপ্ / *noun* [C] the top of a hill পাহাড়ের চূড়ায়

hilly / ˈhɪli ˈহিলি / *adj.* having a lot of hills পর্বতময়; পার্বতীয়, পার্বত, পার্বত্য *The country's very hilly around here.*

hilt / hɪlt হিল্ট্ / *noun* [C] the handle of a knife or a similar weapon (**sword**) ছুরি বা সেইরকম কোনো অস্ত্রের বাঁট বা হাতল

IDM to the hilt to a high degree; completely উচ্চমাত্রায়; সম্পূর্ণরূপে, পুরোপুরি, আমূল *I'll defend you to the hilt.*

him / hɪm হিম্ / *pronoun* (*the object of a verb or preposition*) the male person who was mentioned earlier তাকে বা তাঁকে (যে ভদ্রলোক বা ছেলেটির সম্বন্ধে আগে বলা হয়েছে) *I've got a letter for your father—can you give it to him, please?* ➪ **he**-তে নোট দেখো।

himself / hɪmˈself হিম্‌'সেল্ফ্ / *pronoun* **1** used when the male who does an action is also affected by it সে বা তিনি নিজে (পুংলিঙ্গ) যখন এমন কোনো কাজ করে বা করেন যা তাকেই প্রভাবিত করে সেক্ষেত্রে ব্যবহৃত অভিব্যক্তিবিশেষ *He cut himself when he was shaving.* ○ *Ravi looked at himself in the mirror.* **2** used to emphasize the male who did the action যে পুরুষ কাজটি করেছে বা করেছেন তাঁর বা তার উপর জোর দেওয়ার জন্য ব্যবহৃত অভিব্যক্তিবিশেষ *He told me the news himself.* ○ *Did he write this himself* (=or did sb else do it for him) ?

IDM **(all) by himself** **1** alone সম্পূর্ণ নিজেই, একাই *He lives by himself.* ➪ **alone**-এ নোট দেখো। **2** without help কোনো সাহায্য ছাড়া *He should be able to cook a meal by himself.*

(all) to himself without having to share কারও সঙ্গে ভাগ করা হয়নি এমন *Chandan has the bedroom to himself now his brother's left home.*

hind / haɪnd হাইন্ড্ / *adj.* (used about an animal's legs, etc.) at the back (কোনো পশুর পা ইত্যাদির সম্বন্ধে ব্যবহৃত) পিছনের, পশ্চাদ্‌বর্তী

> **NOTE** কোনো পশুর পিছনের পা-কে **back legs**-ও বলা হয়। সামনের পা-কে **front legs** অথবা **forelegs** বলা হয়।

hinder / ˈhɪndə(r) 'হিন্ড্যা(র্) / *verb* [T] to make it more difficult for sb/sth to do sth কোনো ব্যক্তি বা বস্তুর পক্ষে কোনো কাজ কঠিন করে তোলা বা বাধার সৃষ্টি করা *A lot of scientific work is hindered by lack of money.*

Hindi *noun* [U] an Indo-European language that is derived from Sanskrit and is written in the Devanagari script. It is the most widely spoken language of north and central India and is one of the official languages of India সংস্কৃত থেকে উদ্ভূত ইন্দো-ইউরোপীয় ভাষাগোষ্ঠীর অন্তর্গত এই ভাষা দেবনাগরী হরফে লেখা হয়। এটি উত্তর এবং মধ্য ভারতে বহুল প্রচলিত এবং ভারতের সরকারি ভাষাগুলির অন্যতম; হিন্দি ভাষা ▶ **Hindi** *adj.* হিন্দি (ভাষা) বিষয়ক

hindquarters / ˌhaɪndˈkwɔːtəz ˌহাইন্ড্'কুঅ:ট্যাজ্ / *noun* [*pl.*] the back part of an animal that has four legs, including its two back legs চতুষ্পদী জন্তুর পিছনের অংশ (দুটি পিছনের পা-সমেত)

hindrance / ˈhɪndrəns 'হিন্ড্র্যান্স্ / *noun* [C] a person or thing that makes it difficult for you to do sth, an obstacle or obstruction কোনো কিছু করার পথে বাধা বা অন্তরায় সৃষ্টি করে যে ব্যক্তি বা বস্তু; প্রতিবন্ধক

hindsight / ˈhaɪndsaɪt 'হাইন্ড্সাইট্ / *noun* [U] the understanding that you have of a situation only after it has happened কোনো ঘটনা ঘটে যাওয়ার পরে বুদ্ধির উদয়, পশ্চাৎ-দৃষ্টি ***With hindsight,** I wouldn't have lent him the money.* ➪ **foresight** দেখো।

Hindu *noun* [C] a person whose religion is Hinduism হিন্দুধর্মাবলম্বী, হিন্দু ▶ **Hindu** *adj.* হিন্দু সংক্রান্ত *Hindu beliefs*

Hinduism *noun* [U] a major religion of India. Hindus believe in many gods and in rebirth একটি প্রধান ভারতীয় ধর্ম। হিন্দুধর্মালম্বীরা বহু দেবদেবী এবং পুনর্জন্মে বিশ্বাসী; হিন্দুত্ব

Hindustani music *noun* [U] the main style of classical music of northern India উত্তর ভারতে প্রচলিত প্রধান ধ্রুপদী সংগীত শৈলী; হিন্দুস্তানি সংগীত

hinge[1] / hɪndʒ হিন্জ্ / *noun* [C] a piece of metal that joins two sides of a box, door, etc. together and allows it to be opened or closed (বাক্স, দরজা ইত্যাদিতে লাগানোর জন্য ব্যবহৃত) কবজা

hinge[2] / hɪndʒ হিন্জ্ / *verb*

PHR V **hinge on sth** to depend on sth কোনো কিছুর উপর নির্ভর করা *The future of the project hinges on the meeting today.*

hint[1] / hɪnt হিন্ট্ / *noun* [C] **1** something that you suggest in an indirect way কোনো কিছু যা ঘুরিয়ে বলা হয় বা ইঙ্গিত করা হয় *If you keep mentioning parties, maybe they'll **take the hint** and invite you.* **2** sth that suggests what will happen in the future এমন কিছু যা পরবর্তী ঘটনার আভাস দেয় *The first half of the match **gave no hint** of the excitement to come.* **3** a small amount of sth কোনো কিছুর একটু আভাস, ছায়া *There was a hint of sadness in his voice.* **4** a piece of advice or information উপদেশ বা তথ্য *helpful hints*

hint[2] / hɪnt হিন্ট্ / *verb* [I, T] **hint (at sth); hint that...** to suggest sth in an indirect way ঘুরিয়ে কোনো কিছু বলা, ইশারা করা, আভাস দেওয়া *They only hinted at their great disappointment.* ○ *He hinted that he might be moving to USA.*

hinterland / ˈhɪntəlænd 'হিন্ট্যাল্যান্ড্ / *noun* [C, *usually sing.*] the areas of a country that are away from the coast, from the banks of a large river or from the main cities কোনো দেশের সমুদ্র, বড়ো নদী বা প্রধান শহরগুলি থেকে দূরবর্তী অঞ্চলসমূহ; পশ্চাদ্‌ভূমি, প্রান্তবর্তী, দূরবর্তী অঞ্চল *the rural/agricultural hinterland*

hip[1] / hɪp হিপ্ / *noun* [C] the part of the side of your body above your legs and below your waist নিতম্ব, পাছা, শ্রোণি *He stood there angrily with his hands on his hips.* ○ *the hip bone* ➪ **body**-তে ছবি দেখো।

hip² / hɪp হিপ্ / *exclamation*

IDM hip, hip, hurray/hurrah shouted three times when a group wants to show that it is pleased with sb or with sth that has happened কারও প্রতি বা কোনো ঘটনায় খুশি এরকম ভাব যখন কোনো দল বা গোষ্ঠী দেখাতে চায় তখন হিপ হিপ হুররে আওয়াজ করে (তিনবার)

hippie (*also* **hippy**) / ˈhɪpi ˈহিপি / *noun* [C] (*pl.* **hippies**) a person who rejects the usual values and way of life of Western society. Especially in the 1960s, hippies showed that they were different by wearing colourful clothes, having long hair and taking drugs যে ব্যক্তি পাশ্চাত্য সমাজের প্রচলিত মূল্যবোধ, সংস্কার এবং জীবনযাত্রাকে অস্বীকার করে। হিপিরা বিশেষত ১৯৬০-এর দশকে বর্ণোজ্জ্বল পোশাক-পরিচ্ছদ, লম্বা চুল এবং মাদকাসক্তির মাধ্যমে তাদের স্বাতন্ত্র্য প্রকাশ করত ; হিপি

hippopotamus / ˌhɪpəˈpɒtəməs ˌহিপ্যাˈপট্যাম্যাস্ / *noun* [C] (*pl.* **hippopotamuses** / -sɪz -সিজ্ / or **hippopotami** / -maɪ -মাই /) (*informal* **hippo** / ˈhɪpəʊ ˈহিপ্যাউ /) a large African animal with a large head and short legs that lives in or near rivers (আফ্রিকায় পাওয়া যায়) জলহস্তী ⇨ **pachyderm**-এ ছবি দেখো।

hire¹ / ˈhaɪə(r) ˈহাইঅ্যা(র্) / *verb* [T] **1** (*AmE* **rent**) **hire sth (from sb)** to have the use of sth for a short time by paying for it ভাড়া করা, ভাড়া নেওয়া

> **NOTE** ব্রিটিশ ইংরেজি অনুসারে কোনো বস্তু অল্প সময়ের জন্য ভাড়া নিলে **hire** শব্দটি ব্যবহার করা হয়—*We hired a car for the day.* কিন্তু বেশি সময়ের জন্য ভাড়া নিলে **rent** শব্দটির প্রয়োগ করা হয়—*to rent a house/flat/room* মার্কিন ইংরেজিতে **rent** শব্দটি দুটি পরিস্থিতিতেই ব্যবহারযোগ্য।

2 to give sb a job for a short time অল্পদিনের জন্য কোনো ব্যক্তিকে কাজ দেওয়া *We'll have to hire somebody to mend the roof.*

> **NOTE** মার্কিন ইংরেজি অনুসারে স্থায়ী কর্ম বা চাকুরি সম্বন্ধে উল্লেখ করতে গেলে **hire** শব্দটি ব্যবহার করা হয়—*We just hired a new secretary.*

3 (*AmE* **rent**) **hire sth (out) (to sb)** to allow sb to use sth for a short fixed period in exchange for money পয়সার বিনিময়ে স্বল্পস্থায়ী নির্দিষ্ট কিছু সময়ের জন্য কাউকে কোনো জিনিস ব্যবহার করতে দেওয়া অথবা ভাড়া দেওয়া *We hire (out) our vans by the day.*

> **NOTE** ব্রিটিশ ইংরেজিতে **rent** অথবা **let** শব্দ দুটি বেশি সময়ের জন্য ভাড়া নেওয়ার অর্থে ব্যবহার করা হয়—*Mrs Smith rents out rooms to students.* ○ *We let our house while we were in France for a year.*

hire² / ˈhaɪə(r) ˈহাইঅ্যা(র্) / *noun* [U] the act of paying to use sth for a short time অল্প সময়ের জন্য কিছু ভাড়া নেওয়ার ক্রিয়া *Car hire is expensive in this country.* ○ *Do you have bicycles* ***for hire****?*

his / hɪz হিজ্ / *det., pronoun* of or belonging to the male person that was mentioned earlier পূর্বোল্লিখিত কোনো ব্যক্তির (পুরুষ) অথবা তার সঙ্গে সম্বন্ধ আছে এমন; তাঁর, তার, তাহার, ওঁর *Govind has hurt his shoulder.* ○ *This is my book so that other one must be his.* ⇨ **he**-তে নোট দেখো।

hiss / hɪs হিস্ / *verb* **1** [I, T] to make a sound like a very long 's' to show that you are angry or do not like sth অপছন্দের মনোভাব বা ক্রোধ প্রকাশে হিসহিস শব্দ করা *The cat hissed at me.* ○ *The speech was hissed and booed.* **2** [T] to say sth in an angry hissing voice রেগে গিয়ে এরকম আওয়াজ করে কথা বলা *'Stay away from me!' she hissed.* ► **hiss** *noun* [C] হিসহিস শব্দ, ফোঁসফোঁস শব্দ

histamine / ˈhɪstəmiːn ˈহিস্ট্যামীন / *noun* [U] a chemical substance that is produced by the body if you are injured or have a bad reaction to sth that you touch, eat or breathe কোনোভাবে আহত হলে বা কিছু ছুঁয়ে অথবা খেয়ে ফেললে বা কোনো প্রতিকূল অবস্থায় নিঃশ্বাস নিলে দেহে যে রাসায়নিক পদার্থ উৎপন্ন হয়; হিস্টামিন ⇨ **antihistamine** দেখো।

historian / hɪˈstɔːriən হিˈস্ট:রিঅ্যান্ / *noun* [C] a person who studies or who is an expert in history ঐতিহাসিক, ইতিহাসবিদ

historic / hɪˈstɒrɪk হিˈস্টরিক্ / *adj.* famous or important in history ঐতিহাসিক, ইতিহাস-প্রসিদ্ধ *The ending of apartheid was a historic event.*

historical / hɪˈstɒrɪkl হিˈস্টরিক্‌ল্ / *adj.* that really lived or happened; connected with real people or events in the past প্রকৃতপক্ষে যা ছিল বা ঘটেছিল; বাস্তব মানুষ বা অতীতের ঘটনার সঙ্গে সংযুক্ত; ইতিহাসের, ঐতিহাসিক *historical events/records* ○ *This house has great historical interest.* ► **historically** / -kli -ক্লি / *adv.* ইতিহাসের দিক থেকে, ঐতিহাসিকভাবে

history / ˈhɪstri ˈহিস্ট্রি / *noun* (*pl.* **histories**) **1** [U] all the events of the past ইতিহাস, অতীতের ঘটনাবলি *an important moment in history* ⇨ **natural history** দেখো। **2** [C, *usually sing.*] the series of events or facts that is connected with sb/sth কোনো বস্তু অথবা ব্যক্তির অতীত ঘটনাবলির ধারা বা পর্যায়সমূহ *He has a history of violence.* ○ *a patient's medical history* **3** [U] the study of past events অতীত ঘটনাবলির অধ্যয়ন *She has a degree in history.* ○ *History was my favourite subject at school.* **4** [C] a written description of past events অতীতের ঘটনাবলির লিখিত বিবরণ *a new history of Asia.*

NOTE ইতিহাস অথবা **history** অতীতের বাস্তবিক ঘটনাবলির বিবরণ। কিন্তু কাহিনি বা **story** কাল্পনিক চরিত্র, স্থান, ঘটনাপ্রবাহ ইত্যাদিকে ঘিরে গড়ে উঠতে পারে আবার প্রকৃতপক্ষে ঘটেছে এমন ঘটনার বর্ণনা অবলম্বন করেও তা রচনা করা যেতে পারে।

IDM **go down in/make history** to be or do sth so important that it will be recorded in history এমন কিছু করা বা হওয়া যা ইতিহাসে স্মরণীয় হয়ে থাকবে; ইতিহাস সৃষ্টি করা

the rest is history used when you are telling a story to say that you are not going to tell the end of the story, because everyone knows it already কোনো গল্পের শেষে এই অভিব্যক্তিটি এটি বোঝানোর জন্য ব্যবহৃত হয় যে গল্পে অন্তিম এবং পরবর্তী ঘটনাগুলি বলা হচ্ছে না কারণ ইতিমধ্যে সেটি সবার জানা হয়ে গেছে

hit¹ / hɪt হিট্ / *verb* [T] (*pres. part.* **hi̱tting**; *pt, pp* **hit**) **1** to make sudden, violent contact with sb/sth কাউকে বা কিছুকে ধাক্কা দেওয়া, আঘাত লাগা *The bus left the road and hit a tree.* o *to hit somebody in the eye/across the face/on the nose*

NOTE **Strike** শব্দটি **hit** শব্দটির তুলনায় অনেক বেশি আনুষ্ঠানিক। বারবার আঘাত করা বা মারাকে **beat** বলা হয়—*He was badly beaten in the attack.*

2 **hit sth (on/against sth)** to knock a part of your body, etc. against sth কিছুর সঙ্গে বা কিছুতে শরীরের কোনো অংশ ইত্যাদির ধাক্কা লাগা, জোরে ধাক্কা লাগা *Pawan hit his head on the low beam.* **3** to have a bad or unpleasant effect on sb/sth কারও বা কিছুর উপর খারাপ বা অপ্রীতিকর প্রভাব পড়া, ভীষণভাবে আঘাত পাওয়া *Inner city areas have been badly hit by unemployment.* o *Her father's death has hit her very hard.* **4** to experience sth unpleasant or difficult জটিল বা অপ্রিয় কোনো কিছুর সম্মুখীন হওয়া *Things were going really well until we hit this problem.* **5** to reach a place or a level নির্দিষ্ট কোনো একটি জায়গায় অথবা পর্যায়ে পৌঁছোনো *The price of oil hit a new high yesterday.* **6** to suddenly come into sb's mind; to make sb realize or understand sth কারও হঠাৎ খেয়াল হওয়া; কোনো ব্যক্তিকে কোনো কিছু উপলব্ধি করতে বা বুঝতে সাহায্য করা *I thought I recognized the man's face and then it hit me— he was my old maths teacher!*

IDM **hit it off (with sb)** (*informal*) to like sb when you first meet him/her প্রথম দর্শনেই কাউকে ভালো লাগা *When I first met Tarun's parents, we didn't really hit it off.*

hit the nail on the head to say sth that is exactly right সঠিক কথা বলা, একদম ঠিক অনুমান করা

hit the jackpot to win a lot of money or have a big success একসঙ্গে বিশাল পরিমাণ টাকা পাওয়া অথবা বিরাট সাফল্য অর্জন করা; আঙুল ফুলে কলাগাছ হওয়া

PHR V **hit back (at sb/sth)** to attack (with words) sb who has attacked you বাক্যবাণে বিদ্ধ করা, বাক্যযুদ্ধ চালানো

hit on sth to suddenly find sth by chance হঠাৎ কিছু খুঁজে পাওয়া, দৈবাৎ পাওয়া *I finally hit on a solution to the problem.*

hit out (at sb/sth) to attack sb/sth আক্রমণ করা, প্রচণ্ড জোরে হঠাৎ আঘাত করা *The man hit out at the policeman.*

hit² / hɪt হিট্ / *noun* [C] **1** the act of hitting sth প্রহার, আঘাত, ধাক্কা *The ship took a direct hit and sank.* o *She gave her brother a hard hit on the head.* ⇨ **miss** দেখো। **2** a person or thing that is very popular or successful কোনো ব্যক্তি বা বস্তু যা অত্যন্ত জনপ্রিয় অথবা সফল *The record was a big hit.* **3** (*computing*) a result of a search on a computer, especially on the Internet কম্পিউটারে ইন্টারনেটের মাধ্যমে কোনো অনুসন্ধানের ফল

IDM **make a hit (with sb)** (*informal*) to make a good impression on sb কোনো ব্যক্তির মনের উপর ভালো প্রভাব ফেলা

hit-and-miss (also **hit-or-miss**) *adj.* not done in a careful or planned way and therefore not likely to be successful সুপরিকল্পিতভাবে এবং যত্ন নিয়ে না করার ফলে সাফল্য না পাওয়ার সম্ভাবনা *This method is a bit hit-and-miss, but it usually works.*

hit-and-run *adj.* (used about a road accident) caused by a driver who does not stop to help (পথ দুর্ঘটনা সম্বন্ধে ব্যবহৃত) গাড়ির ড্রাইভার যে ধাক্কা মেরেই পালিয়ে যায় তার দ্বারা সংঘটিত

hitch¹ / hɪtʃ হিচ্ / *verb* **1** [I, T] (*informal*) to get a lift or a free ride by holding out your hand at the vehicles passing by to your destination হাত দিয়ে ইশারা করে পথচলতি গাড়ি থামিয়ে বিনা খরচে গন্তব্যস্থল পর্যন্ত যাওয়া *I managed to hitch to Pune in just six hours.* o *We missed the bus so we had to **hitch a lift**.* **2** [T] to fasten sth to sth else একটার সঙ্গে আর একটা বাঁধা অথবা আটকে দেওয়া *to hitch a trailer to the back of a car*

hitch² / hɪtʃ হিচ্ / *noun* [C] a small problem or difficulty ছোটোখাটো বাধা বা গোলযোগ *a technical hitch*

hitch-hike (*informal* **hitch**) *verb* [I] to get a lift or free ride by holding out your hand at the vehicles passing by to your destination হাত বাড়িয়ে গাড়ি থামিয়ে তাতে চড়ে বিনা পয়সায় নিজের গন্তব্যের

পথে কিছুটা চলে যাওয়া *He hitch-hiked across Europe.* ▶ **hitch-hiker** *noun* [C] এইভাবে যে যাত্রী ভ্রমণ করে; হিচ-হাইকার

hi-tech = **high-tech**

hitherto / ˌhɪðəˈtuː ˌহিদ্যা'টু / *adv.* (*formal*) until now এখন পর্যন্ত

HIV / ˌeɪtʃ aɪ ˈviː ˌএইচ্‌ আই 'ভী / *abbr.* human immunodeficiency virus; the **virus** that is believed to cause the illness; human immunodeficiency virus-এর সংক্ষিপ্ত রূপ; এটিকে **AIDS** রোগের কারণ বলে বিশ্বাস করা হয়; এইচআই ভি

hive / haɪv হাইভ্‌ / = **beehive**

hm *exclamation* (used when you are not sure or when you are thinking about sth) সংশয়িত মনে অথবা অন্যমনস্ক হলে ব্যবহৃত ধ্বনি; হমম....

hoard[1] / hɔːd হ:ড্‌ / *noun* [C] a store (often secret) of money, food, etc. অর্থ, খাদ্য ইত্যাদির গোপন সংগ্রহ, গুপ্ত ভাণ্ডার, গোপন ধনরাশি

hoard[2] / hɔːd হ:ড্‌ / *verb* [I, T] **hoard (sth) (up)** to collect and store large quantities of sth (often secretly) গুপ্ত ভাণ্ডার

hoarding / ˈhɔːdɪŋ 'হ:ডিং / (*BrE*) = **billboard**

hoarse / hɔːs হ:স্‌ / *adj.* (used about a person or his/her voice) sounding rough and quiet, especially because of a sore throat (কোনো ব্যক্তি বা তার গলার স্বর সম্বন্ধে ব্যবহৃত) কর্কশ, রুক্ষ, ভাঙা গলা *a hoarse whisper* ▶ **hoarsely** *adv.* কর্কশভাবে

hoax / həʊks হ্যাউক্স্‌ / *noun* [C] a trick to make people believe sth that is not true, especially sth unpleasant ছল, চাতুরি, ধোঁকা *The fire brigade answered the call, but found that it was a hoax.*

hob / hɒb হব্‌ / (*AmE* **stovetop**) *noun* [C] the surface on the top of a stove that is used for boiling, frying, etc. উনুন অথবা স্টোভের উপরের ভাগ যেখানে খাবার বানানো হয়

hobble / ˈhɒbl 'হব্‌ল্‌ / *verb* [I] to walk with difficulty because your feet or legs are hurt খুঁড়িয়ে খুঁড়িয়ে অথবা পা টেনে টেনে চলা; খোঁড়ানো *He hobbled home on his twisted ankle.*

hobby / ˈhɒbi 'হবি / *noun* [C] (*pl.* **hobbies**) something that you do regularly for pleasure in your free time নিজের অবসর সময়ে আনন্দের জন্য যে কাজ বরাবর করা হয়; শখ, খেয়ালচর্চা *Balwinder's hobbies are stamp collecting and surfing the net.* ✪ সম **pastime**

hockey / ˈhɒki 'হকি / *noun* [U] **1** a game that is played on a field (**pitch**) by two teams of eleven players who try to hit a small hard ball into a goal with a curved wooden stick (**hockey stick**) একধরনের খেলা যাতে দুটি দলের প্রত্যেকটিতে এগারোজন করে খেলোয়াড় থাকে এবং তারা কাঠের বাঁকানো লাঠি বা স্টিক দিয়ে একটি ছোটো এবং শক্ত বলকে মেরে গোল-এ পাঠানোর চেষ্টা করে; হকি খেলা

> **NOTE** বরফের উপরে যে হকি খেলা হয় তাকে **ice hockey** বলা হয় এবং এই ধরনের হকি খেলা থেকে মাঠে খেলা হকিকে পৃথক করার জন্য মার্কিন যুক্তরাষ্ট্রে **field hockey** শব্দ ব্যবহার করা হয়।

2 (*AmE*) = **ice hockey**

hoe / həʊ হ্যাউ / *noun* [C] a garden tool with a long handle that is used for turning the soil and for removing plants that you do not want লম্বা হাতলওয়ালা বাগানে কাজ করার যন্ত্র যা দিয়ে মাটি কোপানো এবং অবাঞ্ছিত গাছপালা তুলে ফেলার কাজ করা হয়; কোদাল, খুরপি, নিড়ানি, খন্তা ➪ **gardening**-এ ছবি দেখো।

hog[1] / hɒg হগ্‌ / *noun* [C] a male pig that is kept for its meat (মাংসের জন্য) গৃহপালিত শূকর

IDM **go the whole hog** (*informal*) to do sth as completely as possible সম্যকভাবে কাজটি শেষ করা, সাধ্যমতো সম্পূর্ণ করা

hog[2] / hɒg হগ্‌ / *verb* [T] (**hogging; hogged**) (*informal*) to take or keep too much or all of sth for yourself নিজেই সবটা নিয়ে অন্যের জন্য না রাখা *The red car was hogging the middle of the road so no one could overtake.*

Hogmanay / ˈhɒgməneɪ 'হগ্‌ম্যানেই / *noun* [C] the Scottish name for New Year's Eve (31 December) and the celebrations that take place then বর্ষশেষের দিনে এবং সেদিনের পালিত উৎসবানুষ্ঠানের জন্য স্কটল্যান্ডে প্রচলিত শব্দ

hoist / hɔɪst হইস্ট্‌ / *verb* [T] to lift or pull sth up, often by using ropes, etc. দড়ি ইত্যাদির সাহায্যে কোনো কিছু টেনে উঁচুতে তোলা, উত্তোলন করা *to hoist a flag/sail*

hold[1] / həʊld হ্যাউল্ড্‌ / *verb* (*pt, pp* **held** /held হেল্ড্‌ /) **1** [T] to take sb/sth and keep him/her/it in your hand, etc. হাতে ধরে রাখা, কোনো ব্যক্তিকে বা বস্তুকে চেপে ধরে রাখা *He held a gun in his hand.* ○ *The woman was holding a baby in her arms.* **2** [T] to keep sth in a certain position নির্দিষ্ট কোনো স্থানে অথবা ভঙ্গিতে কোনো বস্তু রাখা *Hold your head up straight.* ○ *These two screws hold the shelf in place.* **3** [T] to take the weight of sb/sth কোনো ব্যক্তি অথবা বস্তুর ভার বহন করতে পারা *Are you sure that branch is strong enough to hold you?* **4** [T] to organize an event; to have a meeting, an election, a concert, etc. কোনো অনুষ্ঠানের ব্যবস্থা করা; সভা, নির্বাচন, কনসার্ট ইত্যাদি অনুষ্ঠিত হওয়া *They're holding a party for his fortieth birthday.* ○ *The Olympic Games are held every four years.* **5** [I] to stay the same একই রকম থাকা, পরিবর্তন না হওয়া

I hope this weather holds till the weekend. ○ *What I said still holds—nothing has changed.* **6** [T] to contain or have space for a particular amount নির্দিষ্ট পরিমাণ জিনিসের জন্য জায়গা থাকা *The car holds five people.* ○ *How much does this bottle hold?* **7** [T] to keep a person in a position or place by force কাউকে বিশেষ অবস্থায় বা জায়গায় জোর করে ধরে রাখা, আটকে রাখা *The terrorists are **holding** three men **hostage**.* ○ *A man is being held at the police station.* **8** [T] to have sth, usually in an official way কোনো কিছুর অধিকারী হওয়া, সাধারণত আনুষ্ঠানিকভাবে *Does she **hold** an Indian **passport**?* ○ *She holds the world record in the 100 metres.* **9** [T] to have an opinion, etc. কোনো মতামত ইত্যাদি থাকা *They **hold the view** that we shouldn't spend any more money.* **10** [T] to believe that sth is true about a person কোনো ব্যক্তির সম্বন্ধে কোনো কিছু সত্যি বলে মনে করা *I **hold** the parents **responsible** for the child's behaviour.* **11** [I, T] (used when you are telephoning) to wait until the person you are calling is ready (টেলিফোনে কথা বলার সময়ে ব্যবহৃত) অপরপক্ষ উত্তর না দেওয়া পর্যন্ত অপেক্ষা করা *I'm afraid his phone is engaged. Will you **hold the line**?* **12** [T] to have a conversation কথোপকথন করা, কথাবার্তা চালানো *It's impossible to **hold a conversation** with all this noise.*

IDM **Hold it!** (*spoken*) Stop! Don't move! থামো! নড়বে না!

> NOTE **Hold** শব্দটি প্রয়োগ করা হয়েছে যেসব প্রবাদ বা বাগ্‌ধারায় তার জন্য সেই প্রবাদ বা বাগ্‌ধারায় ব্যবহৃত বিশেষ্য (noun), বিশেষণ (adjective) ইত্যাদি শব্দের শীর্ষশব্দগুলি দেখো। উদাহরণস্বরূপ **hold your own** বাগ্‌ধারাটি পাবে **own** শীর্ষশব্দে।

PHR V **hold sth against sb** to not forgive sb because of sth he/she has done কেউ কিছু করার জন্য তাকে ক্ষমা না করা

hold sb/sth back 1 to prevent sb from making progress কোনো ব্যক্তির কাজে বাধা দেওয়া, অগ্রগতির পথে অন্তরায় হয়ে দাঁড়ানো, প্রতিবন্ধকতার সৃষ্ট করা **2** to prevent sb/sth from moving forward কোনো ব্যক্তি বা বস্তুকে সামনে এগোতে না দেওয়া, চলার পথে বাধা দেওয়া

hold sth back 1 to refuse to give some of the information that you have কোনো কোনো সংবাদ বা তথ্য ইত্যাদি গোপন করা **2** to control an emotion and stop yourself from showing what you really feel নিজের মনোভাব গোপন করা

PHR V **hold off (sth/doing sth)** to delay sth দেরি করা, বিলম্ব করা

hold on 1 to wait or stop for a moment মুহূর্তের জন্য অপেক্ষা করা বা থামা *Hold on. I'll be with you in a minute.* **2** to manage in a difficult or dangerous situation কঠিন বা বিপজ্জনক পরিস্থিতি সামলে নেওয়া *They managed to hold on until a rescue party arrived.*

hold onto sb/sth to hold sb/sth tightly কোনো ব্যক্তি অথবা বস্তুকে চেপে ধরে রাখা *The child held on to his mother; he didn't want her to go.*

hold onto sth to keep sth; to not give or sell sth কোনো বস্তু নিজের কাছে রেখে দেওয়া; কোনো বস্তু দান অথবা বিক্রি না করা *They've offered me a lot of money for this painting, but I'm going to hold onto it.*

hold out to last (in a difficult situation) কঠিন পরিস্থিতিতে টিকে থাকা *How long will our supply of water hold out?*

hold sth out to offer sth by moving it towards sb in your hand হাত বাড়িয়ে কাউকে কোনো জিনিস দেওয়া *He held out a carrot to the horse.*

hold out for sth (*informal*) to cause a delay while you continue to ask for sth ক্রমাগত কোনো কিছু দাবি করে দেরি করিয়ে দেওয়া *Union members are holding out for a better pay offer.*

hold sb/sth up to make sb/sth late; to cause a delay কাউকে দেরি করিয়ে দেওয়া; দেরি করা *We were held up by the traffic.*

hold up sth to rob a bank, shop, vehicle, etc. using a gun বন্দুকের ভয় দেখিয়ে ব্যাংক, দোকান, গাড়ি ইত্যাদি লুঠ করা

hold² / həʊld হ্যাউল্ড্ / *noun* **1** [C] the act or manner of having sb/sth in your hand(s) শক্ত করে হাতে ধরে রাখার ক্রিয়া বা ভঙ্গি *to have a firm hold on the rope* ○ *judo/wrestling holds* **2** [*sing.*] **a hold (on/over sb/sth)** influence or control প্রভাব বা নিয়ন্ত্রণ *The new government has strengthened its hold on the country.* **3** [C] the part of a ship or an aircraft where cargo is carried জাহাজ বা উড়োজাহাজের যে অংশে মালপত্র বাহিত হয় ➪ **plane**-এ ছবি দেখো।

IDM **catch, get, grab, take, etc. hold (of sb/sth) 1** to take sb/sth in your hands কোনো ব্যক্তি অথবা বস্তুকে ধরে ফেলা *I managed to catch hold of the dog before it ran out into the road.* **2** to take control of sb/sth; to start to have an effect on sb/sth (কোনো ব্যক্তি অথবা বস্তুকে) নিয়ন্ত্রণে রাখা; কোনো ব্যক্তি বা বস্তুর উপর প্রভাব ফেলা *Mass hysteria seemed to have taken hold of the crowd.*

get hold·of sb to find sb or make contact with sb কোনো ব্যক্তিকে খুঁজে পাওয়া অথবা তার সঙ্গে যোগাযোগ করা *I've been trying to get hold of the complaints department all morning.*

get hold of sth to find sth that will be useful কাজে লাগবে এমন জিনিস খোঁজা *I must try and get hold of a good second-hand bicycle.*

holdall / ˈhəʊldɔːl ˈহ্যাউল্ড্ঃল্ / *noun* [C] a large bag that is used for carrying clothes, etc. when you are travelling ভ্রমণকালে জামাকাপড় ইত্যাদি নেওয়ার এক বিশেষ ধরনের বড়ো ব্যাগ; হোল্ডল

holder / ˈhəʊldə(r) ˈহ্যাউল্ড্যা(র্) / *noun* [C] (*often in compound nouns*) **1** a person who has or holds sth কোনো কিছুর অধিকারী, ধারক *a season ticket holder* o *the world record holder in the 100 metres* **2** something that contains or holds sth যার মধ্যে জিনিস থাকে, ধারক; হোল্ডার *a toothbrush holder*

holding company *noun* [C] a company that is formed to buy shares in other companies which it then controls অন্য কোম্পানির শেয়ার কিনে তৈরি হয়েছে যে নতুন কোম্পানি; হোল্ডিং কোম্পানি

hold-up *noun* [C] **1** a delay বিলম্ব, দেরি *'What's the hold-up?' 'There's been an accident ahead of us.'* **2** the act of robbing a bank, etc. using a gun (বন্দুক দেখিয়ে) ব্যাংক ইত্যাদি লুঠন, লুঠনের কাজ, রাহাজানি *The gang have carried out three hold-ups of banks in South Delhi.*

hole / həʊl হ্যাউল্ / *noun* **1** [C] an opening; an empty space in sth solid গর্ত, ফুটো, ছ্যাঁদা, রন্ধ্র *The pavement is full of holes.* o *There are holes in my socks.* **2** [C] the place where an animal lives in the ground or in a tree কোটর, গর্ত, গাছের ফোকর বা মাটির সুড়ঙ্গ যেখানে কোনো প্রাণী বাস করে *a mouse hole* **3** [C] (in golf) the hole in the ground that you must hit the ball into. Each section of the land where you play (**golf course**) is also called a hole (গল্ফ খেলায়) যে গর্তে গল্ফের বল ফেলতে হয়। গল্ফ খেলার মাঠের প্রতিটি অংশ যেখানে গল্ফ খেলা হয় সেটিকেও (golf course) হোল বলা হয় *an eighteen-hole golf course* **4** [*sing.*] (*informal*) a small dark and unpleasant room, flat, etc. অন্ধকার, স্যাঁতসেঁতে ছোটো ঘর ফ্ল্যাট ইত্যাদি *This place is a hole—you can't live here!*

Holi *noun* [C, U] an Indian spring festival celebrated in honour of Lord Krishna. During this festival people scatter coloured powders or apply them on each other ভগবান শ্রীকৃষ্ণকে স্মরণ করে ভারতে বসন্তোৎসব পালন করা হয়। এই সময়ে লোকে আবীর, ফাগ ইত্যাদি একে অপরের উপর ছড়ায়; হোলির উৎসব; দোল

holiday / ˈhɒlədeɪ ˈহল্যাডেই / *noun* **1** (*AmE* **vacation**) [C, U] a period of rest from work or school (often when you go and stay away from home) ছুটির দিন, অবকাশকাল, অবকাশযাপন *We're going to Shimla for our summer holidays this year.* o *Mr Philips isn't here this week. He's away on holiday.*

> **NOTE** কোনো বিশেষ কারণে কর্মস্থানে অনুপস্থিত থাকলে তাকে **leave** নেওয়া বলে—*sick leave* o *maternity leave* (=when you are having a baby) o *unpaid leave*

2 [C] a day of rest when people do not go to work, school, etc. often for religious or national celebrations কোনো ধর্মীয় কারণে বা জাতীয় উৎসবের দিনে প্রাপ্য ছুটি *Next Monday is a holiday.* o *New Year's Day is a bank/public holiday in Britain.*

> **NOTE** Holiday শব্দটি এই অর্থে ব্রিটিশ ইংরেজি এবং মার্কিনি ইংরেজিতেও ব্যবহৃত হয়। কোনো এক দিন স্বেচ্ছায় কর্মস্থলে না গেলে তাকে **day off** বলা হয়— *I'm having two days off next week when we move house.*

holiday camp *noun* [C] (*BrE*) a place that provides a place to stay and organizes entertainment for people on holiday যে স্থানে অবকাশ-যাপনরত ব্যক্তিদের থাকার জায়গা এবং আমোদ প্রমোদের ব্যবস্থা থাকে; ছুটি শিবির

holidaymaker / ˈhɒlədeɪmeɪkə(r); -dimeɪ- ˈহল্যাডেইমেইক্যা(র্); -ডিমেই- / *noun* [C] (*BrE*) a person who is away from home on holiday ছুটিতে বাড়ির বাইরে বেড়াতে গেছে যে ব্যক্তি

hollow¹ / ˈhɒləʊ ˈহল্যাউ / *adj.* **1** with a hole or empty space inside ফাঁপা, শূন্যগর্ভ *a hollow tree* **2** (used about parts of the face) sinking deep into the face (মুখাবয়বের কোনো অংশ সম্বন্ধে ব্যবহৃত) ঢুকে গেছে বা বসে গেছে এমন; কোটরগত *hollow cheeks* o *hollow-eyed* **3** not sincere আন্তরিক নয়; কৃত্রিম, ফাঁকা, মিথ্যা *a hollow laugh/voice* o *hollow promises/threats* **4** (used about a sound) seeming to come from a hollow place (কোনো শব্দ সম্বন্ধে ব্যবহৃত) মনে হয় যেন কোনো ফাঁপা জায়গা থেকে আসছে *hollow footsteps*

hollow² / ˈhɒləʊ ˈহল্যাউ / *verb*
PHRV **hollow sth out** to take out the inside part of sth কোনো কিছুর ভিতরের জিনিস বার করে ফেলা

hollow³ / ˈhɒləʊ ˈহল্যাউ / *noun* [C] an area that is lower than the land around it পার্শ্ববর্তী জমির তুলনায় নীচু এলাকা

holly / ˈhɒli ˈহলি / *noun* [U] a plant that has shiny dark green leaves with sharp points and red berries in the winter. It is often used as a Christmas decoration ক্রিসমাসের সময় সাজানো হয় এমন একধরনের গাঢ় সবুজ ছুঁচোলো পাতাযুক্ত গাছ, শীতে যাতে লাল কুলের মতো ফল ধরে; হলি গাছ

holocaust / ˈhɒləkɔːst ˈহল্যাক:স্ট্ / *noun* [C] a situation where a great many things are destroyed and a great many people die যখন ধ্বংসের তাণ্ডব ঘটে এবং অসংখ্য মানুষ মারা যায় এরকম বিধ্বংসী; ভয়ংকর পরিস্থিতি *a nuclear holocaust*

hologram / ˈhɒləgræm ˈহল্যাগ্র্যাম্ / *noun* [C] an image or picture which appears to stand out from the flat surface it is on when light falls on it চ্যাপটা কোনো পৃষ্ঠতলের উপরের ছবি বা প্রতিরূপ যার উপর আলো পড়লে বেশি স্পষ্টভাবে চোখে পড়ে; ত্রিমাত্রিক আলোকচিত্র; হোলোগ্রাম

holster / ˈhəʊlstə(r) ˈহ্যাউল্স্ট্যা(র্)/ *noun* [C] a leather case for a gun that is fixed to a belt or worn under the arm পিস্তল রাখার চামড়ার খাপ যা কোমরের বেল্টে লাগানো যায় বা হাতের তলায় পরা যায়

holy / ˈhəʊli ˈহ্যাউলি / *adj.* (**holier; holiest**) **1** connected with God or with religion and therefore very special or important ঈশ্বর অথবা ধর্ম সম্বন্ধীয় এবং তাই অত্যন্ত বিশিষ্ট বা গুরুত্বপূর্ণ; পবিত্রতম, পবিত্র *the Holy Bible/Holy Koran* ○ *holy water* **2** (used about a person) serving God; pure (কোনো ব্যক্তি সম্বন্ধে ব্যবহৃত) সাধক; পবিত্র, পবিত্রচেতা, নীতিনিষ্ঠ

▶ **holiness** *noun* [U] পবিত্রতা

homage / ˈhɒmɪdʒ ˈহমিজ্ / *noun* [U, C, *usually sing.*] (*formal*) **homage (to sb/sth)** something that is said or done to show respect publicly for sb কোনো ব্যক্তির প্রতি প্রকাশ্যে শ্রদ্ধাঞ্জলি, আনুষ্ঠানিকভাবে শ্রদ্ধা, আনুগত্য প্রদর্শন *Thousands came to* ***pay/do homage*** *to the dead leader.*

home[1] / həʊm হ্যাউম্ / *noun* **1** [C, U] the place where you live or where you feel that you belong বাড়ি, বাস্তু, গৃহ, বাসভবন *She* ***left home*** (=left her parents' house and began an independent life) *at the age of 21.* ○ *Children from* ***broken homes*** (=whose parents are divorced) *sometimes have learning difficulties.* ➩ **house** -এ নোট দেখো।

> NOTE খেয়াল রেখো যে 'to' এই পদান্বয়ী অব্যয়টি (*preposition*) **home** শব্দটির পূর্বে ব্যবহার করা যায় না— *It's time to go home.* ○ *She's usually tired when she gets/arrives home.* অন্য কোনো ব্যক্তির বাড়ির সম্বন্ধে উল্লেখ করতে গেলে বলতে হবে—*at Reena and Arun's* অথবা *at Reena and Arun's place/house.*

2 [C] a place that provides care for a particular type of person or for animals যে স্থানে বিশেষ ধরনের মানুষ বা পশুপক্ষীর দেখাশোনা করা হয় *a children's home* (=for children who have no parents to look after them) ○ *an* ***old people's home*** **3** [*sing.*] **the home of sth** the place where sth began যেখানে কোনো কিছুর জন্ম অথবা সূচনা হয়েছিল *Greece is said to be the home of democracy.*

IDM **at home 1** in your house, flat, etc. নিজের বাড়িতে, নিজের ফ্ল্যাটে ইত্যাদি *Is anybody at home?* ○ *Tomorrow we're staying at home all day.* **2** comfortable, as if you were in your own home স্বাচ্ছন্দ্যে, নিজের বাড়ির সুখস্বাচ্ছন্দ্য আরামের মধ্যে; স্বস্তিতে *Please make yourself at home.* **3** (used in sport) played in the town to which the team belongs (খেলাধুলোয় ব্যবহৃত) নিজের শহরে খেলা *Manchester City are playing at home on Saturday.*

IDM **romp home/to victory** ➩ **romp** দেখো।

home[2] / həʊm হ্যাউম্ / *adj.* (*only before a noun*) **1** connected with home গৃহসম্বন্ধীয়, বাড়িসংক্রান্ত *home cooking* ○ *your home address/town* (=with your family) **2** connected with your own country, not with a foreign country দেশি *The Home Minister is responsible for* ***home affairs***. **3** (used in sport) connected with a team's own sports ground (খেলাধুলোর ক্ষেত্রে ব্যবহৃত) কোনো দলের নিজস্ব খেলার মাঠ সংক্রান্ত *The home team has a lot of support.* ○ *a home game* ✪ বিপ **away**

home[3] / həʊm হ্যাউম্ / *adv.* at, in or to your home or home country বাড়িতে, বাড়ির দিকে অথবা নিজের দেশে *We must be getting home soon.* ○ *She'll be flying home for Diwali.*

IDM **bring sth home to sb** to make sb understand sth fully কাউকে ভালো করে কোনো জিনিস পুরোপুরি বোঝানো

drive sth home (to sb) ➩ **drive**[1] দেখো।

home[4] / həʊm হ্যাউম্ / *verb*

PHR V **home in on sb/sth** to move towards sb/sth কোনো ব্যক্তি বা বস্তুর উদ্দেশ্যে যাওয়া, নির্দিষ্ট লক্ষ্যে অগ্রসর হওয়া *The police homed in on the house where the thieves were hiding.*

homecoming /ˈhəʊmkʌmɪŋ ˈহ্যাউম্কামিং / *noun* [C, U] the act of returning home, especially when you have been away for a long time বাড়ি ফেরা অথবা দেশে ফেরার ক্রিয়া (বিশেষত অনেক দিন দূরে থাকার পর)

home-grown *adj.* (used about fruit and vegetables) grown in your own garden (ফল এবং শাকসবজি সম্বন্ধে ব্যবহৃত) বাড়ির বাগানে উৎপন্ন

homeland / ˈhəʊmlænd ˈহ্যাউম্‌ল্যান্ড্ / *noun* [C] the country where you were born or that your parents came from, or to which you feel you belong জন্মভূমি, মাতৃভূমি, দেশ

homeless / ˈhəʊmləs ˈহ্যাউম্‌ল্যাস্ / *adj.* **1** having no home নিরাশ্রয়, চালচুলোহীন **2 the homeless** *noun* [*pl.*] people who have no home বাস্তুহারা, গৃহহারা ব্যক্তি, উদ্বাস্তু ▶ **homelessness** *noun* [U] আশ্রয়হীনতা, গৃহহীনতা

homely / ˈhəʊmli ˈহ্যাউম্‌লি / *adj.* (*BrE*) (used about a place) simple but also pleasant or welcoming (কোনো স্থান সম্বন্ধে ব্যবহৃত) ঘরোয়া, সাধারণ কিন্তু মনোরম বা কাঙ্ক্ষিত, নিজের ঘরের মতো

home-made *adj.* made at home; not bought in a shop বাড়ির তৈরি; দোকানে কেনা নয় *home-made cakes*

homeopath (*also* **homoeopath**) /ˈhəʊmiəpæθ ˈহ্যাউমিঅ্যাপ্যাথ্ / *noun* [C] a person who treats sick people using homoeopathy হোমিওপ্যাথি চিকিৎসক

homeopathy (*also* **homoeopathy**) / ˌhəʊmiˈɒpəθi ˌহ্যাউমিˈঅপ্যাথি / *noun* [U] the treatment of a disease by giving very small amounts of a drug that would cause the disease if given in large amounts হোমিওপ্যাথির চিকিৎসা পদ্ধতি ▶ **homeopathic** (*also* **homoeopathic**) / ˌhəʊmiəˈpæθɪk ˌহ্যাউমিঅ্যাˈপ্যাথিক্ / *adj.* হোমিওপ্যাথি সংক্রান্ত *homeopathic medicine*

homeostasis / ˌhəʊmiəʊˈsteɪsɪs; ˌhɒm- ˌহ্যাউমিঅ্যাউˈস্টেইসিস্; ˌহম্- / *noun* [U] (*technical*) the process by which the body reacts to changes in order to keep conditions inside the body, for example temperature,the same জীবদেহের অভ্যন্তরীণ স্থিতি বজায় রাখার জন্য (যেমন তাপমাত্রা) দেহ যে প্রক্রিয়ার দ্বারা বাইরের পরিবর্তনের সঙ্গে প্রতিক্রিয়া করে

home page *noun* [C] (*computing*) the first of a number of pages of information on the Internet that belongs to a person or an organization. A home page contains connections to other pages of information ইন্টারনেটে কোনো ব্যক্তি বা কোনো প্রতিষ্ঠানের নিজস্ব পাতাগুলির প্রথমটি। এই পাতাতেই অন্যান্য তথ্যসম্বলিত পাতার সংযোগ পাওয়া যায়; হোম পেজ

home rule *noun* [U] the right of a country or region to govern itself, especially after another country or region has governed it বিশেষত অন্য দেশ বা অঞ্চলের দ্বারা শাসিত হওয়ার পরে সেই দেশ বা অঞ্চলের স্বশাসনের অধিকার

the Home Secretary *noun* [C] the person in the government who is responsibile for dealing with home affairs দেশের অভ্যন্তরীণ বিষয়সমূহের দায়িত্বপ্রাপ্ত সরকারি আধিকারিক; গৃহসচিব; হোমসেক্রেটারি ➪ **the Foreign Secretary** দেখো।

homesick / ˈhəʊmsɪk ˈহ্যাউম্‌সিক্ / *adj.* **homesick (for sb/sth)** sad because you are away from home and you miss it বাড়ির অথবা দেশের জন্য মন খারাপ; গৃহাকুল ▶ **homesickness** *noun* [U] বাড়ির জন্য কাতরতা; গৃহাকুলতা

homeward / ˈhəʊmwəd ˈহ্যাউম্‌উঅ্যাড্ / *adj., adv.* going towards home গৃহমুখী, ঘরপানে, গৃহাভিমুখে *the homeward journey* ○ *to travel homeward*

homework / ˈhəʊmwɜːk ˈহ্যাউম্‌উঅ্যাক্ / *noun* [U] the written work that teachers give to students to do away from school বাড়িতে করার জন্য শিক্ষক যে কাজ দেন *Have we got any homework?*

> **NOTE** **Homework** অগণনীয় বা **uncountable** সেইজন্য এই শব্দটি বহুবচনে (plural) ব্যবহার করা যায় না। কোনো একটি বিশেষ **homework**-এর কথা বলতে গেলে **a piece of homework** বলতে হবে। ➪ **housework**-এ নোট দেখো।

homicidal / ˌhɒmɪˈsaɪdl ˌহমিˈসাইড্‌ল্ / *adj.* likely to murder sb খুনি মনোভাব সম্পন্ন, নরহত্যা সংক্রান্ত, নরহত্যাঘটিত *a homicidal maniac*

homicide / ˈhɒmɪsaɪd ˈহমিসাইড্ / *noun* [C, U] (*AmE*) the illegal killing of one person by another; murder নরহত্যা, খুন

homo- / ˈhɒməʊ; ˈhəʊməʊ ˈহম্যাউ; ˈহউম্যাউ / *prefix* (*in nouns, adjectives and adverbs*) the same একই, সম *homogeneous* ○ *homosexual* ➪ **hetero-** দেখো।

homogeneous / ˌhɒməˈdʒiːniəs ˌহম্যাˈজীনিঅ্যাস্ / *adj.* (*technical*) made up of parts that are all of the same type সমপ্রকৃতি, সমরূপ, সমজাতীয়, সমসত্ত্ব ➪ **heterogeneous** দেখো।

homograph / ˈhɒməɡrɑːf ˈহম্যাগ্রাঃফ্ / *noun* [C] (*grammar*) a word that is spelled like another word but has a different meaning and may have a different pronunciation, for example **'bow'** / baʊ/ and **'bow'**/bəʊ/ (ব্যাকরণ) একই বানানযুক্ত কিন্তু ভিন্ন অর্থবোধক (এবং ভিন্ন উচ্চারণও হতে পারে) শব্দ, যেমন bow/baʊ বাউ/ এবং bow/baʊ ব্যাউ/

homologous / həˈmɒləɡəs হ্যাˈমল্যাগ্যাস্ / *adj.* **homologous (with sth)** (*technical*) similar in position, structure, etc. to sth else অন্য কোনো কিছুর সঙ্গে অবস্থান, কাঠামো ইত্যাদিতে একইরকম; সমসম্পর্ক বিশিষ্ট, সমস্থানিক, অনুরূপ *The seal's flipper is homologous with the human arm.*

homonym / ˈhɒmənɪm ˈহম্যানিম্ / *noun* [C] (*grammar*) a word that is spelt and pronounced like another word but that has a different meaning (ব্যাকরণ) সমোচ্চারিত বা সমবানানযুক্ত ভিন্নার্থক শব্দ *'Bank'* (=river bank) *and 'bank'* (=place where money is kept) *are homonyms.*

homophone / ˈhɒməfəʊn ˈহম্যাফ্যাউন্ / *noun* [C] (*grammar*) a word that is pronounced the same as another word but that has a different spelling and meaning (ব্যাকরণ) সমোচ্চারিত কিন্তু ভিন্ন বানান এবং ভিন্নার্থক শব্দ *'Flower' and 'flour' are homophones.*

Homo sapiens / ˌhəʊməʊ ˈsæpienz ˌহ্যাউম্যাউ ˈস্যাপিএন্জ্ / *noun* [U] (*technical*) the kind or **species** of human being that exists now বর্তমান মনুষ্যজাতি

homosexual / ˌhəʊməˈsekʃuəl; ˌhɒm- ˌহ্যাউ ম্যা ˈসেক্ শুঅ্যাল্; ˌহম্- / *adj.* sexually attracted to people of the same sex সমকামী ➪ **heterosexual, bisexual, gay** এবং **lesbian** দেখো। ▶ **homosexual** *noun* [C] সমকামী ▶ **homosexuality** /ˌhəʊməˌsekʃuˈæləti; ˌhɒm- ˌহ্যাউম্যা-ˌসেক্শুˈঅ্যাল্যাটি; ˌহম্- / *noun* [U] সমকামিতা, সমকাম

homozygote / ˌhɒməˈzaɪgəʊt; ˌhɒməʊ- ˌহম্যাˈজাইগ্যাউট্; ˌহম্যাউ- / *noun* [C] a living thing that has only one form of a particular **gene** and so whose young are more likely to share a particular characteristic যে জীবের মধ্যে কেবল বিশেষ একধরনের জিন থাকে এবং যাদের সন্তানদের মধ্যে একটি বিশেষ বৈশিষ্ট্য স্পষ্টভাবে দেখা যায়; সমরূপী ভ্রূণ ▶ **homozygous** / ˌhɒməˈzaɪgəs ˌহম্যাˈজাইগ্যাস্ / *adj.* হোমোজাইগোট সম্পর্কিত

Hon *abbr.* **1** Honorary; used to show that sb holds a position without being paid for it Honorary-এর সংক্ষিপ্ত রূপ; অবৈতনিক, সাম্মানিক (কোনো কাজ, পদ ইত্যাদির ক্ষেত্রে) *Hon President* **2** Honourable: a title for Members of Parliament and some high officials সম্মানীয়; লোকসভার অথবা সংসদের সদস্য বা ঐ জাতীয় কোনো উচ্চপদস্থ কর্মচারীর খেতাব

honest / ˈɒnɪst ˈঅনিস্ট্ / *adj.* **1** (used about a person) telling the truth; not lying to people or stealing (কোনো ব্যক্তি সম্বন্ধে ব্যবহৃত) সৎ, সত্যনিষ্ঠ, সত্যবাদী; ন্যায়পরায়ণ *Just be honest—do you like this skirt or not?* ○ ***To be honest**, I don't think that's a very good idea.* **2** showing honest qualities অকপট, আন্তরিক *an honest face* ○ *I'd like your honest opinion, please.* ✪ বিপ **dishonest** (উল্লিখিত দুটি অর্থে) ▶ **honesty** *noun* [U] সততা, সাধুতা, সত্যবাদিতা, অকপটতা ✪ বিপ **dishonesty**

honestly / ˈɒnɪstli ˈঅনিস্ট্লি / *adv.* **1** in an honest way সৎপথে, আন্তরিকভাবে, অকপটভাবে, ন্যায়পরায়ণতার সঙ্গে *He tried to answer the lawyer's questions honestly.* **2** used for emphasizing that what you are saying is true বক্তব্য যে সত্য তা জোর দিয়ে বলার জন্য ব্যবহৃত *I honestly don't know where she has gone.* **3** used for expressing disapproval আপত্তি বা অসন্তোষ প্রকাশের জন্য ব্যবহৃত *Honestly! What a mess!*

honey / ˈhʌni ˈহানি / *noun* [U] **1** the sweet sticky substance that is made by bees and that people eat মৌমাছির মধু, মৌ **2** a word for 'darling', used especially in American English প্রিয়, লক্ষ্মীটি, 'darling'-এর সমার্থে বিশেষত মার্কিনি ইংরেজিতে ব্যবহৃত শব্দ

honeycomb / ˈhʌnikəʊm ˈহানিক্যাউম্ / *noun* [C, U] a structure of holes (**cells**) with six sides, in which bees keep their eggs and the substance they produce (**honey**) মৌচাক, মধুচক্র

honeymoon / ˈhʌnimu:n ˈহানিমূন্ / *noun* [C] a holiday that is taken by a man and a woman who have just got married মধুচন্দ্রিমা; হনিমুন *We went on a world tour for our honeymoon.*

honk / hɒŋk হংক্ / *verb* [I,T] to sound the horn of a car; to make this sound গাড়ির হর্নের আওয়াজ করা; গাড়ির হর্ন বাজানো

honorary / ˈɒnərəri ˈঅন্যার্যারি / *adj.* **1** given as an honour (without the person needing the usual certificates, etc.) সাম্মানিক (সাধারণ শংসাপত্র ইত্যাদি ছাড়াই) *to be awarded an honorary degree* **2** (*often* **Honorary**) (*abbr.* **Hon**) not paid অবৈতনিক *He is the Honorary President.*

honour[1] (*AmE* **honor**) / ˈɒnə(r) ˈঅন্যা(র্) / *noun* **1** [U] the respect from other people that a person, country, etc. gets because of high standards of behaviour and moral character উচ্চ মানের আচরণ এবং নৈতিক চরিত্রের কারণে অন্যান্য মানুষজনের কাছ থেকে যে সম্মান কোনো ব্যক্তি, দেশ ইত্যাদি পেয়ে থাকে; প্রচুর সম্মান, মর্যাদা, শ্রদ্ধা, মান, সম্ভ্রম *the guest of honour* (=the most important one) ➪ **dishonour** দেখো। **2** [*sing.*] (*formal*) something that gives pride or pleasure সুনাম, গৌরব, সুখ্যাতি, খ্যাতি *It was a great honour to be asked to speak at the conference.* **3** [U] the quality of doing what is morally right নীতিগতভাবে ঠিক কাজ করার গুণ *I give you my word of honour.* **4 Honours** [*pl.*] the four highest marks you can be given in Bachelor degrees স্নাতক উপাধি দেওয়ার জন্য উচ্চতম চার অঙ্ক; বিশ্ববিদ্যালয়ের পরীক্ষায় বিশেষ সম্মান; অনার্স **5** [C] something that is given to a person officially, to show great respect সরকারিভাবে কাউকে যে গভীর সম্মান দেখানো হয় *He was buried with full military honours* (=with a military ceremony as a sign of respect).

IDM in honour of sb/sth; in sb/sth's honour out of respect for sb/sth কারও বা কিছুর প্রতি সম্মানার্থে *A party was given in honour of the guests from Russia.*

honour² (*AmE* **honor**) / ˈɒnə(r) ˈঅন্যা(র্) / *verb* [T] **1 honour sb/sth (with sth)** to show great (public) respect for sb/sth or to give sb pride or pleasure কাউকে গভীর সম্মান দেখানো অথবা কোনো ব্যক্তিকে গর্ব বা আনন্দ প্রদান করা *I am very honoured by the confidence you have shown in me.* **2** to do what you have agreed or promised প্রতিশ্রুত কাজ করা

honourable (*AmE* **honorable**) / ˈɒnərəbl ˈঅন্যার্যাব্‌ল্ / *adj.* **1** acting in a way that makes people respect you; having or showing honour (লোকের চোখে) সম্মানযোগ্য; মাননীয়, সম্ভ্রান্ত ✪ বিপ **dishonourable 2 the Honourable** (*abbr.* **the Hon**) a title that is given to some high officials and to Members of Parliament when they are speaking to each other কোনো কোনো উচ্চপদস্থ আধিকারিকগণ এবং সংসদের সদস্যগণকে (যখন তারা একে অপরকে সম্বোধন করে) প্রদত্ত উপাধি বা সম্বোধন ▶ **honourably** / -əbli -অ্যাব্‌লি / *adv.* সসম্মানে

Hons / ɒnz অন্জ্ / *abbr.* Honours (in Bachelor degrees) স্নাতক উপাধি *Jimmy Bhatia BSc (Hons)*

hood / hʊd হুড্ / *noun* [C] **1** the part of a coat, etc. that you pull up to cover your head and neck in bad weather কোটের যে অংশ তুলে মাথা ঢাকা যায়; হুড **2** (*BrE*) a soft cover for a car that has no roof, or a folding cover on a baby's **pram**, which can be folded down in good weather গাড়ির মাথার নরম আচ্ছাদন বা বাচ্চাদের গাড়ির মাথার আচ্ছাদন (ভালো আবহাওয়ায় যেটি ভাঁজ করে রাখা যায়) **3** (*AmE*) = **bonnet¹**

hoof / hu:f হূফ্ / *noun* [C] (*pl.* **hoofs** or **hooves** / hu:vz হূভ্জ্ /) the hard part of the foot of horses and some other animals ঘোড়া বা অন্য জন্তুর পায়ের ক্ষুর ➪ **paw** দেখো।

hook¹ / hʊk হুক্ / *noun* [C] **1** a curved piece of metal, plastic, etc. that is used for hanging sth on or for catching fish কিছু ঝোলানোর জন্য বা মাছ ধরার জন্য ধাতু, প্লাস্টিক ইত্যাদির হুক, আংটা *Put your coat on the hook over there.* ○ *a fish-hook* **2** (used in boxing) a way of hitting sb that is done with the arm bent (মুষ্টিযুদ্ধে) হাত মুড়ে কোনো ব্যক্তিকে আঘাত-করার প্রণালী *a right hook* (=with the right arm)

IDM **off the hook** (used about the top part of a telephone) not in position, so that telephone calls cannot be received (টেলিফোনের উপরাংশ সম্বন্ধে ব্যবহৃত) ঠিকমতো রাখা নেই, যে কারণে সেখানে কোনো কল আসতে পারে না

get/let sb off the hook (*informal*) to free yourself or sb else from a difficult situation or punishment কোনো কঠিন পরিস্থিতি অথবা শাস্তি থেকে নিজে অথবা অন্য কোনো ব্যক্তিকে মুক্ত করা *My father paid the money I owed and got me off the hook.*

hook² / hʊk হুক্ / *verb* **1** [I, T] to fasten or catch sth with a hook or sth in the shape of a hook; to be fastened in this way হুক অথবা আঁকড়ার সাহায্যে অথবা এইরকম আকারের কোনো বস্তু দিয়ে কোনো ব্যক্তিকে ধরা অথবা আটকানো; এইভাবে আটকে থাকা *We hooked the trailer to the back of the car.* ○ *The curtain simply hooks onto the rail.* **2** [T] to put sth through a hole in sth else কোনো বস্তুকে অন্য কোনো বস্তুর মধ্যে দিয়ে গলানো *Hook the rope through your belt.*

PHR V **hook (sth) up (to sth)** to connect sb/sth to a piece of electronic equipment or to a power supply কোনো ব্যক্তি বা বস্তুকে বৈদ্যুতিন যন্ত্র বা বিদ্যুৎ সরবরাহের সঙ্গে যুক্ত করা

hook and eye *noun* [C] a thing that is used for fastening clothes পোশাক বা জামা আটকানোর জন্য ব্যবহৃত বস্তু ➪ **button**-এ ছবি দেখো।

hooked / hʊkt হুক্ট্ / *adj.* **1** shaped like a hook হুকের মতো আকারবিশিষ্ট *a hooked nose* **2** (*not before a noun*) (*informal*) **hooked (on sth)** enjoying sth very much, so that you want to do it, see it, etc. as much as possible কোনো কিছু এত ভালো লাগা যে যতক্ষণ সম্ভব তা করা, দেখা ইত্যাদি *He is hooked on computer games.* **3** (*not before a noun*) (*informal*) **hooked (on sth)** dependent on sth bad, especially drugs কোনো খারাপ বস্তুর উপর নির্ভরশীল বা আসক্ত, বিশেষত মাদকদ্রব্য *to be hooked on gambling* ✪ সম **addicted**

hooligan / ˈhu:lɪgən ˈহূলিগ্যান্ / *noun* [C] a person who behaves in a violent and aggressive way in public places মস্তান, গুন্ডা *football hooligans* ➪ **lout** এবং **yob** দেখো। ▶ **hooliganism** / -ɪzəm -ইজ়্যাম্ / *noun* [U] গুন্ডামি, মস্তানি

hoop / hu:p হূপ্ / *noun* [C] a large metal or plastic ring ধাতু বা প্লাস্টিকের বিরাট বড়ো আংটির মতো গোলাকার রিং

hooray = **hurray**

hoot¹ / hu:t হূট্ / *noun* **1** [C] (*BrE*) a short loud laugh or shout উচ্চস্বরে ক্ষণিকের হাসি অথবা চিৎকার *hoots of laughter* **2** [*sing.*] (*spoken*) a situation or a person that is very funny মজার ব্যক্তি অথবা মজাদার পরিস্থিতি *Gagan is a real hoot!* **3** [C] the loud sound that is made by the horn of a vehicle কোনো গাড়ির হর্নের প্রবল আওয়াজ **4** [C] the cry of a particular bird (**an owl**) প্যাঁচার ডাক

hoot² / hu:t হূট্ / *verb* [I, T] to sound the horn of a car or to make a loud noise জোরে গাড়ির হর্ন

বাজানো অথবা জোরে আওয়াজ করা *The driver hooted (his horn) at the dog but it wouldn't move.* ○ *They hooted with laughter at the suggestion.*

hoover / ˈhuːvə(r) ˈহুভ্যা(র্) / *verb* [I, T] (*BrE*) to clean a carpet, etc. with a machine that sucks up the dirt কোনো যন্ত্রের সাহায্যে ধুলো টেনে নিয়ে কার্পেট ইত্যাদি পরিষ্কার করা *This carpet needs hoovering.* ✪ সম **vacuum** ▶ **Hoover™** *noun* [C] কার্পেট ইত্যাদি পরিষ্কার করার যন্ত্র; হুবার ✪ সম **vacuum cleaner**

hooves / huːvz হুভ্জ্ / ⇨ **hoof**-এর plural

hop¹ / hɒp হপ্ / *verb* [I] (**hopping; hopped**) **1** (used about a person) to jump on one leg (কোনো ব্যক্তি সম্বন্ধে ব্যবহৃত) একপায়ে লাফানো **2** (used about an animal or bird) to jump with both or all feet together (পশু বা পাখি সম্বন্ধে ব্যবহৃত) দুপায়ে অথবা চারপায়ে লাফানো **3 hop (from sth to sth)** to change quickly from one activity or subject to another হঠাৎ এক কাজ থেকে আর এক কাজ শুরু করা বা প্রসঙ্গান্তরে চলে যাওয়া

IDM **hop it!** (*slang*) Go away! (অপভাষা) চলে যাও! দূর হও!

PHR V **hop in/into sth; hop out/out of sth** (*informal*) to get in or out of a car, etc. (quickly) তাড়াহুড়ো করে গাড়িতে ওঠা বা নামা, লাফিয়ে গাড়িতে চড়া বা নামা

PHR V **hop on/onto sth; hop off sth** (*informal*) to get onto/off a bus, etc. (quickly) তাড়াহুড়ো করে বাস ইত্যাদিতে চড়া বা নামা

hop² / hɒp হপ্ / *noun* **1** [C] a short jump by a person on one leg or by a bird or animal with its feet together (মানুষ দ্বারা) এক পায়ে বা (পশুপক্ষীর দ্বারা) দুই বা চার পায়ে ছোট্টো লাফ **2** [C] a tall climbing plant with flowers পুষ্পবতী লম্বা লতানো গাছ **3 hops** [*pl.*] the flowers of this plant that are used in making beer এই গাছের ফুল যা বিয়র তৈরি করতে লাগে

hope¹ / həʊp হ্যাউপ্ / *verb* [I, T] **hope that... ; hope to do sth; hope (for sth)** to want sth to happen or be true (কোনো কিছু ঘটা বা সত্যি হওয়ার) আশা করা, প্রত্যাশা করা *'Is it raining?' 'I hope not. I haven't got a coat with me.'* ○ *Hoping to hear from you soon* (=at the end of a letter).

hope² / həʊp হ্যাউপ্ / *noun* **1** [C, U] **(a) hope (of/for sth); (a) hope of doing sth; (a) hope that...** the feeling of wanting sth to happen and thinking that it will আশা, প্রত্যাশা, ভরসা *Amar has* ***high hopes*** *of becoming a jockey* (=is very confident about it). ○ *She never* ***gave up hope*** *that a cure for the disease would be found.* **2** [*sing.*] a person, a thing or a situation that will help you get what you want যে ব্যক্তি, বস্তু অথবা পরিস্থিতির উপর ভরসা বা আশা রাখা যায় *Please can you help me? You're my* ***last hope.***

IDM **dash sb's hopes (of sth/of doing sth)** ⇨ **dash²** দেখো।

in the hope of sth/that... because you want sth to happen কোনো কিছুর আশায় *I came here in the hope that we could talk privately.*

pin (all) your hopes on sb/sth ⇨ **pin²** দেখো।

a ray of hope ⇨ **ray** দেখো।

hopeful / ˈhəʊpfl ˈহ্যাউপ্ফ্ল্ / *adj.* **1 hopeful (about sth); hopeful that...** believing that sth that you want will happen আশাবাদী, আশাপ্রদ, আশাময় *He's very hopeful about the success of the business.* ○ *The ministers seem hopeful that an agreement will be reached.* **2** making you think that sth good will happen আশাব্যঞ্জক, আশাদায়ক, সম্ভাবনাময় *a hopeful sign*

hopefully / ˈhəʊpfəli ˈহ্যাউপ্ফ্যালি / *adv.* **1** (*informal*) I/We hope; if everything happens as planned আশা করি; যে ভাবে ভাবা হয়েছিল সে ভাবেই যদি হয় (ভবিষ্যৎ সম্বন্ধে আশাবাদী) *Hopefully, we'll be finished by six o'clock.* **2** hoping that what you want will happen যা চাওয়া হয়েছিল সেরকম হবে এই আশা করা হচ্ছে এমন *She smiled hopefully at me, waiting for my answer.*

hopeless / ˈhəʊpləs ˈহ্যাউপ্ল্যাস্ / *adj.* **1** giving no hope that sth/sb will be successful or get better কারও বা কিছুর সাফল্য লাভ করা বা ভালো হওয়ার আশা নেই এমন; নৈরাশ্যব্যঞ্জক *It's hopeless. There is nothing we can do.* **2** (*informal*) **hopeless (at sth)** (*BrE*) (used about a person) often doing things wrong; very bad at doing sth (ব্যক্তি সম্বন্ধে ব্যবহৃত) কোনো কাজের নয়; অকর্মা, অকেজো, ব্যর্থ *I'm absolutely hopeless at tennis.* ▶ **hopelessly** *adv.* নিরাশভাবে *They were hopelessly lost.* ▶ **hopelessness** *noun* [U] নিরাশা

horde / hɔːd হ:ড্ / *noun* [C] a very large number of people মানুষের বিরাট দল, বিশাল জনতা **2** nomadic tribe যাযাবর আদিবাসী গোষ্ঠী

horizon / həˈraɪzn হ্যা'রাইজ্ন্ / *noun* **1** [*sing.*] the line where the earth and sky appear to meet দিগন্ত, দিগন্তরেখা, দিগ্বলয় *The ship appeared on/disappeared over the horizon.* **2 horizons** [*pl.*] the limits of your knowledge or experience জ্ঞানের বা অভিজ্ঞতার সীমা *Foreign travel is a good way of expanding your horizons.*

IDM **on the horizon** likely to happen soon আসন্ন, ঘনায়মান *There are further job cuts on the horizon.*

horizontal / ˌhɒrɪˈzɒntl ˌহরি'জ়ন্‌ট্‌ল্ / *adj.* going from side to side, not up and down; flat or level পাশাপাশি যাচ্ছে এমন, উপরে এবং নীচে নয়; অনুভূমিক *The gymnasts were exercising on the horizontal bars.* ➪ **vertical, perpendicular** এবং **line** দেখো। ▶ **horizontally** / -təli -ট্যালি / *adv.* সমান্তরালভাবে

hormone / ˈhɔːməʊn ˈহ:ম্যাউন / *noun* [C] a substance in your body that influences growth and development শরীরের বৃদ্ধি এবং বিকাশ প্রভাবিত করে যে পদার্থ; গ্রন্থিরস, হরমোন ▶ **hormonal** / hɔːˈməʊnl হ:'ম্যাউনল্ / *adj.* গ্রন্থিরস সংক্রান্ত বা ঘটিত *the hormonal changes occurring during pregnancy*

horn / hɔːn হ:ন্ / *noun* [C] **1** one of the hard pointed things that some animals have on their heads জীবজন্তুর শিং, শৃঙ্গ **2** the thing in a car, etc. that gives a loud warning sound (গাড়িতে জোরালো সতর্ক ধ্বনি দেয়) হর্ন *Don't sound your horn late at night.* ➪ **car**-এ ছবি দেখো। **3** one of the family of metal musical instruments that you play by blowing into them একজাতীয় ধাতব বাজনা যা ফুঁ দিয়ে বাজাতে হয়; শুষির *the French horn*

hornet / ˈhɔːnɪt ˈহ:নিট্ / *noun* [C] a black and yellow flying insect that has a very powerful sting (শক্ত হুলযুক্ত কালো এবং হলুদ রঙের) ভীমরুল

> **NOTE** **Wasp**-এর থেকে **hornet** আকারে বড়ো হয়।

horoscope / ˈhɒrəskəʊp ˈহর্যাস্‌ক্যাউপ্ / *noun* [C] (*also* **stars** [*pl.*]) a statement about what is going to happen to a person in the future, based on the position of the stars and planets when he/she was born কোনো ব্যক্তির জন্ম সময়ে গ্রহ-নক্ষত্রের অবস্থান অনুযায়ী ভবিষ্যতে তার কি ঘটতে পারে সেই সংক্রান্ত বিবৃতি; ঠিকুজি, কুষ্ঠি, জন্মপত্রিকা, রাশিচক্র *What does my horoscope for next week say?* ➪ **astrology** এবং **zodiac** দেখো।

horrendous / hɒˈrendəs হ'রেনড্যাস্ / *adj.* (*informal*) very bad or unpleasant খুব খারাপ, বা অপ্রীতিকর, সাংঘাতিক ▶ **horrendously** *adv.* সাংঘাতিকভাবে

horrible / ˈhɒrəbl ˈহর্যাব্‌ল্ / *adj.* **1** (*informal*) bad or unpleasant খুবই খারাপ বা অপ্রীতিকর *Don't be so horrible* (=unkind)*!* ○ *I've got* ***a horrible feeling*** *that I've forgotten something.* ✪ সম **horrid** **2** shocking and/or frightening ভীতিপ্রদ এবং/অথবা ভয়াবহ *a horrible murder/death/nightmare* ▶ **horribly** / -əbli -অ্যাব্‌লি / *adv.* ভয়ানকভাবে

horrid / ˈhɒrɪd ˈহরিড় / *adj.* (*informal*) very unpleasant or unkind অত্যন্ত অপ্রীতিকর অথবা নির্দয়, রুক্ষ, ভয়ংকর *horrid weather* ○ *I'm sorry that I was so horrid last night.* ✪ সম **horrible**

horrific / həˈrɪfɪk হ্যা'রিফিক্ / *adj.* **1** extremely bad and shocking or frightening জঘন্য এবং সাংঘাতিক বা ভয়াবহ *a horrific murder/accident/attack* **2** (*informal*) very bad or unpleasant ভয়াবহ অথবা আতঙ্কজনক ▶ **horrifically** / -kli -ক্‌লি / *adv.* সাংঘাতিকভাবে *horrifically expensive*

horrify / ˈhɒrɪfaɪ ˈহরিফাই / *verb* [T] (*pres. part.* **horrifying;** *3rd person sing. pres.* **horrifies;** *pt, pp* **horrified**) to make sb feel extremely shocked, disgusted or frightened কাউকে অত্যন্ত আতঙ্কিত বিরক্ত বা ভীত করা ▶ **horrifying** *adj.* আতঙ্কজনক, ভীতিপ্রদ

horror / ˈhɒrə(r) ˈহর্যা(র্) / *noun* **1** [U, *sing.*] a feeling of great fear or shock প্রচণ্ড আতঙ্ক বা চমকের অনুভূতি *They watched* ***in horror*** *as the building collapsed.* **2** [C] something that makes you feel frightened or shocked ভীতিপ্রদ, আতঙ্কজনক *a horror film/story*

horror film *noun* [C] a film that entertains people by showing frightening or shocking things ভয়ের ছবি, বিভীষিকাপূর্ণ, আতঙ্ক-জাগানো চলচ্চিত্র

horse / hɔːs হ:স্ / *noun* **1** [C] a large animal that is used for riding on or for pulling or carrying heavy loads ঘোড়া, অশ্ব, হয়

horse

> **NOTE** পুরুষ ঘোড়াকে **stallion** এবং স্ত্রী ঘোড়াকে **mare** এবং ঘোড়ার শাবককে **foal** বলা হয়।

2 the horses [*pl.*] (*informal*) horse racing ঘোড়দৌড়, অশ্বারোহণ প্রতিযোগিতা

IDM **on horseback** sitting on a horse ঘোড়ার পিঠে, অশ্বারূঢ়

horse chestnut *noun* [C] **1** a large tree that has leaves divided into seven sections and pink or white flowers একজাতীয় বিশাল বৃক্ষ যার পাতাগুলি

সাতভাগে বিভক্ত থাকে এবং যার ফুলের রং গোলাপি বা সাদা হয় **2** (*informal* **conker**) the nut from this tree এই গাছের বাদাম

horseman / ˈhɔːsmən ˈহ:সম্যান্ / *noun* [C] (*pl.* **-men** / -mən -ম্যান্ /) a man who rides a horse well অশ্বারোহণ অথবা ঘোড়সওয়ার হিসেবে অভিজ্ঞ ব্যক্তি *an experienced horseman*

horsepower / ˈhɔːspaʊə(r) ˈহ:স্পাউঅ্যা(র্) / *noun* [C] (*pl.* **horsepower**) (*abbr.* **h.p.**) a measurement of the power of an engine কোনো ইঞ্জিনের শক্তি মাপার একক ; অশ্বশক্তি; হর্স পাওয়ার

horse racing (*also* **racing**) *noun* [U] the sport in which a person (**jockey**) rides a horse in a race to win money (টাকা পয়সার বাজি জেতার জন্য) ঘোড়দৌড়ের প্রতিযোগিতা

> **NOTE** ঘোড়দৌড় **racecourse**-এ আয়োজিত হয়। অনেক দর্শকই এই প্রতিযোগিতার ফলাফলের উপর টাকা বাজি (**bet**) রাখে।

horseshoe / ˈhɔːsʃuː ˈহ:স্শূ / (*also* **shoe**) *noun* [C] a U-shaped piece of metal that is fixed to the bottom of a horse's foot (**hoof**). Some people believe that horseshoes bring good luck U-আকৃতির ধাতুখণ্ড বা ঘোড়ার নাল যা ঘোড়ার ক্ষুরের নীচে লাগানো থাকে। অনেকেরই বিশ্বাস যে ঘোড়ার নাল সৌভাগ্য নিয়ে আসে

horsewoman / ˈhɔːswʊmən ˈহ:সউউম্যান্ / *noun* [C] (*pl.* **-women** / -wɪmɪn -উইমিন্ /) a woman who rides a horse well যে মহিলা ভালোভাবে ঘোড়ায় চড়তে পারে; দক্ষ অশ্বারোহিণী

horticulture / ˈhɔːtɪkʌltʃə(r) ˈহ:টিকাল্চ্যা(র্) / *noun* [U] the study or practice of growing flowers, fruits and vegetables শাকসবজি, ফুল, ফল ফলানোর চর্চা বা অভ্যাস; উদ্যানবিদ্যা ▶ **horticultural** / ˌhɔːtɪˈkʌltʃərəl ˌহ:টিˈকাল্চ্যার‍্যাল্ / *adj.* উদ্যানবিদ্যা সংক্রান্ত

hose / həʊz হ্যাউজ্ / (*also* **hosepipe** / ˈhəʊzpaɪp ˈহ্যাউজ্‌পাইপ্ /) *noun* [C, U] a long rubber or plastic tube that water can flow through প্লাস্টিক বা রবারের লম্বা জলের পাইপ; হোসপাইপ ⇨ **gardening**-এ ছবি দেখো।

hospice / ˈhɒspɪs ˈহস্পিস্ / *noun* [C] a special hospital where people who are dying are cared for মৃত্যুপথযাত্রী রোগীদের দেখাশোনার জন্য বিশেষ ধরনের হাসপাতাল

hospitable / hɒˈspɪtəbl; ˈhɒspɪtəbl হˈস্পিট্যাব্‌ল্; ˈহস্পিট্যাব্‌ল্ / *adj.* (used about a person) friendly and kind to visitors (ব্যক্তি সম্বন্ধে ব্যবহৃত) অতিথির প্রতি সেবাপরায়ণ; অতিথিবৎসল ✪ বিপ **inhospitable**

hospital / ˈhɒspɪtl ˈহস্পিট্‌ল্ / *noun* [C] a place where ill or injured people are treated হাসপাতাল, চিকিৎসালয় *He was rushed* ***to hospital*** *in an ambulance.* ○ *to be admitted to/discharged from hospital* ○ *a psychiatric/mental hospital*

> **NOTE** রোগী যখন চিকিৎসার্থে হাসপাতালে যায় বা সেখানে ভর্তি থাকে তখন **goes to hospital** অথবা **is in hospital** অভিব্যক্তিগুলি ব্যবহার করা হয়। (এখানে *'the'* শব্দটি *hospital* শব্দটির পূর্বে ব্যবহার করা হয় না)—*His mother's in hospital.* ○ *She cut her hand and had to go to hospital.* বিশেষ কোনো একটি হাসপাতাল বোঝানোর জন্য hospital শব্দটির পূর্বে the শব্দটি (the hospital) ব্যবহৃত হয় অথবা যদি কোনো ব্যক্তি অল্পক্ষণের জন্য অথবা সাময়িকভাবে কোনো বিশেষ কাজের জন্য হাসপাতালে যান সেই অর্থে এই অভিব্যক্তিটি ব্যবহৃত হতে পারে—*He went to the hospital to visit Rana.* **nurses** এবং **doctors**-এর দ্বারা যে ব্যক্তির কোনো হাসপাতালে চিকিৎসা চলছে তাকে **patient** বলা হয়। কোনো ব্যক্তির কোনো দুর্ঘটনা ঘটলে তাকে প্রথমে চিকিৎসার জন্য হাসপাতালের **casualty** বিভাগে (*AmE* **emergency room**) নিয়ে যাওয়া হয়।

hospitality / ˌhɒspɪˈtæləti ˌহস্পিˈট্যাল্যাটি / *noun* [U] looking after guests and being friendly and welcoming towards them অতিথিবৎসলতা, অতিথিসেবা, আতিথেয়তা

host / həʊst হ্যাউস্ট্ / *noun* [C] **1** a person who invites guests to his/her house, etc. and provides them with food, drink, etc. নিমন্ত্রণকর্তা, যিনি নিজের বাড়িতে খাদ্য, পানীয় ইত্যাদির দ্বারা অতিথি সৎকার করেন ⇨ **hostess** দেখো। **2** a person who introduces a television or radio show and talks to the guests রেডিও বা টেলিভিশনের কোনো বিশেষ অনুষ্ঠানে যে ব্যক্তি দর্শক ও শ্রোতাদের কাছে বিষয়টির পরিচয় দিয়ে অনুষ্ঠানটি পরিচালনা করেন **3 a host of sth** a large number of people or things বিপুল সংখ্যা, বিশাল জনতা, রাশিকৃত জিনিস **4** an animal or a plant on which another animal or plant lives and feeds কোনো প্রাণী বা উদ্ভিদ যার উপর অন্য প্রাণী বা উদ্ভিদ বাসা করে এবং বেঁচে থাকে ▶ **host** *verb* [T] আয়োজন করা, ব্যবস্থা করা *The city is aiming to host the Commonwealth Games in four years' time.*

hostage / ˈhɒstɪdʒ ˈহস্টিজ্ / *noun* [C] a person who is caught and kept prisoner. A hostage may be killed or injured if the person who is holding him/her does not get what he/she is asking for দাবি আদায়ের জামিন রূপে আটকে রাখা বন্দি। অনেক সময় ঠিকমতো দাবি আদায় না হলে ধৃত ব্যক্তির জীবন হানি করা হতে পারে বা তাকে আহত করা হতে পারে *The robbers* *tried to* ***take*** *the staff* ***hostage.*** ○ *The hijackers say they will* ***hold*** *the passengers* ***hostage*** *until their demands are met.* ➪ **ransom** দেখো।

hostel / ˈhɒstl ˈহস্‌ট্‌ল্ / *noun* [C] **1** a place like a cheap hotel where people can stay when they are living away from home ছাত্রাবাস, কর্মীনিবাস; হোস্টেল *a youth hostel* ○ *a student hostel* **2** a building where people who have no home can stay for a short time গৃহহীন বা নিরাশ্রয় ব্যক্তিদের অল্পসময় বসবাস করার জন্য গৃহ বা আশ্রয়

hostess / ˈhəʊstəs; -es ˈহ্যাউস্‌ট্যাস্; -এস্ / *noun* [C] **1** a woman who invites guests to her house, etc. and provides them with food, drink, etc. নিমন্ত্রণকর্ত্রী, যিনি নিজের বাড়িতে খাদ্য, পানীয় ইত্যাদির দ্বারা অতিথি সৎকার করেন ➪ **host** দেখো। **2** a woman who introduces a television or radio show and talks to the guests যে মহিলা কোনো রেডিও বা টেলিভিশনের বিশেষ অনুষ্ঠানের পরিচয় দিয়ে আমন্ত্রিত অতিথির সঙ্গে কথাবার্তা বলেন **3** = **air hostess**

hostile / ˈhɒstaɪl ˈহস্‌টাইল্ / *adj.* **hostile (to/towards sb/sth)** having very strong feelings against sb/sth (কোনো ব্যক্তি বা বস্তুর প্রতি) শত্রুভাবাপন্ন, বিরোধী মনোভাব সম্পন্ন, বিদ্বেষপূর্ণ *a hostile crowd* ○ *They are very hostile to any change.*

hostility / hɒˈstɪləti হˈস্টিল্যাটি / *noun* **1** [U] **hostility (to/towards sth)** very strong feelings against sb/sth (কোনো ব্যক্তি বা বস্তুর বিরুদ্ধে) শত্রুতা, বৈরিতা, বিদ্বেষ *She didn't say anything but I could sense her hostility.* ✪ সম **animosity** **2 hostilities** [*pl.*] fighting in a war যুদ্ধবিগ্রহ

hot¹ / hɒt হট্ / *adj.* (**hotter; hottest**) **1** having a high temperature গরম, উত্তপ্ত, তপ্ত *It was* ***boiling hot*** *on the beach.* ○ *Don't touch the plates—they're* ***red hot!***

> **NOTE** কোনো কিছুর তাপমাত্রা বোঝানোর জন্য আমরা **freezing (cold), cold, cool, tepid** (জলের ক্ষেত্রে) **warm, hot** অথবা **boiling (hot)** শব্দগুলি ব্যবহার করি। ➪ **cold¹**-এ নোট দেখো।

2 (used about food) causing a burning feeling in your mouth (খাদ্য সম্বন্ধে ব্যবহৃত) ঝাল, ঝাঁজালো *hot curry* ✪ সম **spicy** **3** (*informal*) difficult or dangerous to deal with যাদের মোকাবিলা করা বা সামলানো কঠিন এবং বিপজ্জনক *The defenders found the Italian strikers* ***too hot to handle.*** **4** (*informal*) exciting and popular জনপ্রিয় এবং উত্তেজনাপূর্ণ *This band is* ***hot stuff!***

IDM in hot pursuit following sb who is moving fast প্রচণ্ড বেগে যাচ্ছে এমন কোনো ব্যক্তিকে ধাওয়া করা

hot² / hɒt হট্ / *verb* (**hotting; hotted**)

PHR V hot up (*BrE informal*) to become more exciting জোরালো, বেশ জমে ওঠা *The election campaign has really hotted up in the past few days.*

hot-air balloon = **balloon2**

hot dog *noun* [C] a hot sausage in a soft bread roll নরম পাউরুটির রোলের ভিতরে ভরা গরম সসেজ; হট ডগ

hotel / həʊˈtel হ্যাউˈটেল্ / *noun* [C] a place where you pay to stay when you are on holiday or travelling অর্থের বিনিময়ে ভ্রমণ অথবা ছুটি কাটানোর জন্য যেখানে থাকা যায়; সরাই, পান্থনিবাস, হোটেল *to stay in/at a hotel* ○ *I've booked a double room at the Grand Hotel.* ○ *a two-star hotel*

> **NOTE** হোটেলে **double, single** অথবা **twin-bedded** ঘর **book** অথবা ভাড়া নেওয়া যায়। হোটেলে পৌঁছোনোর পরে **check in** অথবা **register** করতে হয় এবং ছেড়ে যাওয়ার সময়ে **check out** করতে হয়।

hotelier / həʊˈteliə(r); -lieɪ হ্যাউˈটেলিঅ্যা(র্); -লিএই / *noun* [C] a person who owns or manages a hotel হোটেলের মালিক বা ম্যানেজার, হোটেল ব্যবসায়ী

hothouse / ˈhɒthaʊs ˈহট্‌হাউস্ / *noun* [C] a heated glass building where plants are grown বিশেষ ধরনের গাছপালা জন্মানোর জন্য তাপ-নিয়ন্ত্রিত কাচের ঘর ➪ **greenhouse** দেখো।

hotline / ˈhɒtlaɪn ˈহট্‌লাইন্ / *noun* [C] a direct telephone line to a business or organization কোনো প্রতিষ্ঠান বা কোনো ব্যাবসায়িক কেন্দ্রের সঙ্গে সরাসরি কথা বলার জন্য টেলিফোন লাইন; হটলাইন

hotly / ˈhɒtli ˈহট্‌লি / *adv.* **1** in an angry or excited way রেগে গিয়ে অথবা উত্তেজিতভাবে *They hotly denied the newspaper reports.* **2** closely and with determination নিষ্ঠাভরে, একমনে, সাগ্রহে *The dog ran off, hotly pursued by its owner.*

hot-water bottle *noun* [C] a rubber container that is filled with hot water and put in a bed to warm it (বিছানা গরম করতে ব্যবহৃত) গরম জল ভরা যায় এমন রাবারের থলে; হট ওয়াটার ব্যাগ

hound¹ / haʊnd হাউন্ড্ / *noun* [C] a type of dog that is used for hunting or racing একধরনের শিকারী কুকুর *a foxhound*

hound² / haʊnd হাউন্ড্ / *verb* [T] to follow and disturb sb কোনো ব্যক্তিকে অনুসরণ এবং বিরক্ত করা *Many famous people complain of being hounded by the press.*

hour / ˈaʊə(r) ˈআউঅ্যা(র্) / *noun* **1** [C] a period of 60 minutes ঘন্টা, ষাট মিনিট *He studies* ***for three hours*** *most evenings.* **2** [C] the distance that you can travel in about 60 minutes যে দূরত্ব ষাট মিনিটে

অতিক্রম করা যায় *Agra is only three hours away from Delhi.* **3 hours** [*pl.*] the period of time when sb is working or a shop, etc. is open কাজের জন্য নির্দিষ্ট সময় অথবা দোকান ইত্যাদি খোলা থাকার নির্দিষ্ট সময়কাল *Employees are demanding shorter **working hours**.* **4** [C] a period of about an hour when sth particular happens বিশেষ কোনো ঘটনার জন্য চিহ্নিত এক ঘণ্টা সময় *I'm going shopping in my **lunch hour**.* ○ *The traffic is very bad in **the rush hour**.* **5 the hour** [*sing.*] the time when a new hour starts (=1 o'clock, 2 o'clock, etc.) যখন পরবর্তী নতুন ঘণ্টা শুরু হয়, যেমন ঘড়িতে একটা বাজা, দুটো বাজা ইত্যাদি *Buses are **on the hour** and at twenty past the hour.* **6 hours** [*pl.*] a long time দীর্ঘ সময়কাল *He went on speaking **for hours** and hours.*

IDM at/till all hours at/until any time যে-কোনো সময়ে অথবা সেই সময় পর্যন্ত *She stays out till all hours* (=very late).

the early hours ➪ **early** দেখো।

hourly / ˈaʊəli ˈআউঅ্যালি / *adj., adv.* **1** done, happening, etc. every hour (কোনো কাজ করা অথবা ঘটনা ঘটা) ঘণ্টায় ঘণ্টায়, প্রতি ঘণ্টায় *an hourly news bulletin* ○ *Trains are hourly.* **2** for one hour এক ঘণ্টার জন্য *What is your hourly rate of pay?*

house[1] / haʊs হাউস্ / *noun* [C] (*pl.* **houses** / ˈhaʊzɪz ˈহাউজিজ্ /) **1** a building that is made for people to live in বাসস্থান, থাকার জায়গা, বাড়ি, বাসভবন, নিকেতন, গৃহ, আলয়, বাসা *Is yours a four-bedroomed or a three-bedroomed house?* ➪ **bungalow, cottage** এবং **flat** দেখো।

> **NOTE Home** শব্দটি বাসস্থান অথবা বাসভবন অর্থে ব্যবহার করা হয়। এটি একটি পৃথক এবং স্বয়ংসম্পূর্ণ বাড়ি না হয়ে একটি ফ্ল্যাটও হতে পারে—*Let's go home to my flat.* যে স্থানে আমরা স্বাচ্ছন্দ্য এবং স্বস্তি বোধ করি সেই স্থানকেও আমরা home বলতে পারি। কাঠ সিমেন্টের চারদেয়ালের বাড়িকে আমরা house বলি—*We've only just moved into our new house and it doesn't feel like home yet.* গৃহ অথবা বাসস্থানকে **build, do up, redecorate** অথবা **extend** করা যায়। আমরা বাড়ি ভাড়া **(rent)** নিতে পারি অথবা ভাড়া দিতে **(let)** পারি। বাড়ি বদল করতে হলে **real estate agent** এর কাছে যেতে হয়।

2 [*usually sing.*] all the people who live in one house এক পরিবারের সকল সদস্য, এক বাড়িতে বাস করে এমন সকলে; পরিবার গোষ্ঠী *Don't shout. You'll wake the whole house up.* **3** a building that is used for a particular purpose কোনো বিশেষ উদ্দেশ্যে ব্যবহৃত কোনো বাড়ি বা অট্টালিকা *a warehouse* **4** a large firm involved in a particular kind of business বিশেষ ধরনের বড়ো ব্যাবসায়িক প্রতিষ্ঠান *a fashion/publishing house* **5** a restaurant, usually that sells one particular type of food কোনো রেস্তোরাঁ সাধারণত যেখানে কোনো বিশেষ ধরনের খাবার পাওয়া যায় *a curry/spaghetti house* ○ *house wine* (=the cheapest wine on a restaurant's menu) **6 House** a group of people who meet to make a country's laws কোনো এক স্থানে মিলিত হয়ে দেশের আইন বানায় যে গোষ্ঠী; আইনসভা *the House of Commons* ○ *the Houses of Parliament* ➪ **Parliament**-এ নোট দেখো। **7** [*usually sing.*] the audience at a theatre or cinema, or the area where they sit নাটক বা চলচ্চিত্রের দর্শকগণ বা তাদের বসার জায়গা *There was a full house for the play this evening.*

IDM move house ➪ **move[1]** দেখো।

on the house paid for by the pub, restaurant, etc. that you are visiting; free যার জন্য রেস্তোরাঁ, পানশালা ইত্যাদি আগে থেকেই দাম বা শুল্ক মিটিয়ে দেয়; নিঃশুল্ক *Your first drink is on the house.*

get on/along like a house on fire to immediately become good friends with sb কোনো ব্যক্তির সঙ্গে খুব তাড়াতাড়ি বন্ধুত্ব হয়ে যাওয়া

house[2] / haʊz হাউজ্ / *verb* [T] **1** to provide sb with a place to live কোনো ব্যক্তিকে থাকার জায়গা দেওয়া অথবা আশ্রয় দেওয়া *The government must house homeless families.* **2** to contain or keep sth কোনো কিছুর মধ্যে থাকা, কোনো কিছু রাখা *Her office is housed in a separate building.*

house arrest *noun* [U] the state of being a prisoner in your own house rather than in a prison স্বগৃহে বন্দি অথবা অন্তরিন; গৃহবন্দি *to be kept/held/placed **under house arrest***

houseboat / ˈhaʊsbəʊt ˈহাউস্ব্যাউট্ / *noun* [C] a boat on a river, etc. where sb lives and which usually stays in one place নদী ইত্যাদিতে যে নৌকো একই স্থানে থাকে এবং যেখানে কেউ বাস করে; হাউসবোট

housebound / ˈhaʊsbaʊnd ˈহাউস্বাউন্ড্ / *adj.* unable to leave your house because you are old or ill গৃহবন্দি (অসুস্থতা বা বার্ধক্যের কারণে)

household / ˈhaʊshəʊld ˈহাউস্হ্যাউল্ড্ / *noun* [C] all the people who live in one house and the work, money, organization, etc. that is needed to look after them একান্নবর্তী পরিবারের সমস্ত লোকজন এবং তাদের দেখাশোনার জন্য প্রয়োজনীয় কাজকর্ম, যাবতীয় খরচাপত্র, সুসমন্বিত ব্যবস্থা ইত্যাদি; ঘরকন্না, সংসার *household expenses*

householder / ˈhaʊshəʊldə(r) ˈহাউস্হ্যাউল্ড্যা(র্) / *noun* [C] a person who rents or owns a house যে ব্যক্তি বাড়ি ভাড়া দেয় বা যার বাড়ি আছে

housekeeper / ˈhaʊskiːpə(r) 'হাউস্‌কীপ্যা(র্) / *noun* [C] a person who is paid to look after sb else's house and organize the work in it ঘরগৃহস্থালি দেখাশোনার জন্য নিযুক্ত কর্মচারী

housekeeping / ˈhaʊskiːpɪŋ 'হাউস্‌কীপিং / *noun* [U] **1** the work involved in looking after a house গৃহস্থালির কাজকর্ম, ঘরসংসারের তত্ত্বাবধান **2** the money that you need to manage a house সংসার চালানোর খরচা

house-proud *adj.* paying great attention to the care, cleaning, etc. of your house গৃহের যত্ন, পরিচ্ছন্নতা ইত্যাদির প্রতি সজাগ

house-to-house *adj.* going to each house প্রতিটি বাড়িতে যাওয়া হচ্ছে এমন *The police are making house-to-house enquiries.*

house-warming *noun* [C] a party that you have when you have just moved into a new home নতুন বাড়িতে গৃহপ্রবেশ উপলক্ষ্যে উৎসবানুষ্ঠান

housewife / ˈhaʊswaɪf 'হাউস্‌উআইফ্ / *noun* [C] (*pl.* **housewives**) a woman who does not have a job outside the home and who spends her time cleaning the house, cooking, looking after her family, etc. যে মহিলার কাছে বাইরের কাজ নেই এবং যে ঘরদোর পরিষ্কার, রান্না, পরিবারের দেখাশোনা ইত্যাদি কাজে সময় ব্যয় করে; ঘরের বউ, গৃহবধূ

NOTE কোনো গৃহবধূর দায়িত্ব যখন কোনো পুরুষ পূরণ করে তখন তাকে **house husband** বলা হয়।

housework / ˈhaʊswɜːk 'হাউস্‌উঅ্যক্ / *noun* [U] the work that is needed to keep a house clean and tidy ঘরদোর পরিষ্কার পরিচ্ছন্ন রাখার যাবতীয় কাজ

NOTE খেয়াল রেখো যে স্কুলের শিক্ষক বাড়িতে করার জন্য শিক্ষার্থীদের যে কাজ দেন তাকে **homework** বলা হয়।

housing / ˈhaʊzɪŋ 'হাউজ়িং / *noun* [U] houses, flats, etc. for people to live in বাড়ি, ফ্ল্যাট ইত্যাদি যেখানে মানুষ বসবাস করে; আবাসন ব্যবস্থা

housing estate *noun* [C] an area where there are a large number of similar houses that were built at the same time কোনো অঞ্চল যেখানে একই সময়ে একই ধরনের অনেকগুলি বাড়ি বানানো হয়েছিল; আবাসন ব্যবস্থা, আবাসন পল্লি, আবাসন এলাকা

housing society *noun* [C] (especially in India) a term used for a **residential** complex usually consisting of several buildings each having a certain number of flats (বিশেষত ভারতে) সাধারণত প্রতিটিতে নির্দিষ্ট সংখ্যক ফ্ল্যাট আছে এরকম বেশ কয়েকটি অট্টালিকা বিশিষ্ট বসবাস-ব্যবস্থাকে বলা হয়; গৃহসমষ্টি, আবাসন; হাউসিং সোসাইটি

hovel / ˈhɒvl 'হভ্‌ল্ / *noun* [C] a house or room that is not fit to live in because it is dirty or in very bad condition নোংরা, ভাঙাচোরা, বাসযোগ্য নয় এমন বাড়ি অথবা ঘর; চালা, ঝুপড়ি

hover / ˈhɒvə(r) 'হভ্যা(র্) / *verb* [I] **1** (used about a bird, etc.) to stay in the air in one place (পাখি ইত্যাদি সম্বন্ধে ব্যবহৃত) আকাশে, শূন্যে একই জায়গায় থাকা বা প্রলম্বিত থাকা **2** (used about a person) to wait near sb/sth (ব্যক্তি সম্বন্ধে ব্যবহৃত) বস্তু অথবা ব্যক্তির কাছাকাছি বা আশেপাশে অপেক্ষা করা *He hovered nervously outside the office.*

hovercraft / ˈhɒvəkrɑːft 'হভ্যাক্রা:ফ্ট্ / *noun* [C] (*pl.* **hovercraft**) a type of boat that moves over land or water on a cushion of air হাওয়ার উপর ভর করে স্থল এবং জলে চলতে পারে একপ্রকারের নৌকো; হোভারক্র্যাফ্ট

how / haʊ হাউ / *adv., conj.* **1** (*often used in questions*) in what way (প্রায়ই প্রশ্নবোধক হিসেবে ব্যবহৃত) কীভাবে, কী প্রকারে, কী উপায়ে, কেমন করে *How do you spell your name?* ○ *Can you show me how to use this machine?* **2** used when you are asking about sb's health or feelings কারও কুশল জিজ্ঞাসা করার জন্য ব্যবহৃত অভিব্যক্তিবিশেষ *'How is your mother?' 'She's much better, thank you.'* ○ *How are you feeling today?* ○ *How do you feel about your son joining the army?*

NOTE কোনো ব্যক্তির স্বাস্থ্য সম্বন্ধে জানতে চাইলে বা কুশল জিজ্ঞাসা করতে হলে **how** শব্দটির প্রয়োগ করা হয়। কিন্তু কোনো ব্যক্তির স্বভাব-চরিত্র বা চেহারা সম্বন্ধে প্রশ্ন করতে হলে **what ... like?** ব্যবহার করতে হবে। —*'What is your mother like?' 'Well, she's much taller than me and she's got dark hair.'*

3 used when you are asking about sb's opinion of a thing or a situation কোনো বস্তু অথবা পরিস্থিতি সম্বন্ধে কোনো ব্যক্তির মতামত জানতে চাওয়ার সময় ব্যবহৃত অভিব্যক্তিবিশেষ *How was the weather?* ○ ***How** did the interview **go**?* **4** used in questions when you are asking about the degree, amount, age, etc. of sb/sth কোনো ব্যক্তি অথবা বস্তুর মাত্রা, পরিমাণ, বয়স, ইত্যাদি জানতে চেয়ে ব্যবহৃত অভিব্যক্তিবিশেষ *How old are you?* ○ *How much is that?* **5** used for expressing surprise, pleasure, etc. বিস্ময়, আনন্দ ইত্যাদি প্রকাশার্থে ব্যবহৃত অভিব্যক্তিবিশেষ *She's gone. How strange!* ○ *I can't believe how expensive it is!*

IDM **how/what about...?** ⇨ **about**[2] দেখো।

how come? ⇨ **come** দেখো।

how do you do? (*formal*) used when meeting sb for the first time কোনো অপরিচিত ব্যক্তির সঙ্গে পরিচয়ের সূচনায় ব্যবহৃত ভদ্রতাসূচক সম্বোধনবিশেষ

however / haʊˈevə(r) হাউ'এভ্যা(র্) / *adv., conj.* **1** (*formal*) (used for adding a comment to what you have just said) although sth is true (সদ্য যে কথা বলা হয়েছে তার উপর মন্তব্য করার জন্য ব্যবহৃত) যদিও কথাটা সত্য, যাই হোক না কেন *Sales are poor this month. There may, however, be an increase before Diwali.* **2** (used in questions for expressing surprise) in what way; how (বিস্ময় প্রকাশ করে এমন প্রশ্নে ব্যবহৃত) কিভাবে; কেমন করে *However did you manage to find me here?*

> **NOTE** এইপ্রকার প্রশ্নবোধক বাক্যে যখন কেবলমাত্র **how** শব্দটি প্রয়োগ করা হয় তখন সেই বাক্যে বিশেষ কোনো প্রকারের বিস্ময় প্রকাশ হয় না।

3 in whatever way যে ভাবেই হোক না কেন, যেমন ভাবেই হোক *However I sat I couldn't get comfortable.* ○ *You can dress however you like.* **4** (*before an adjective or adverb*) to whatever degree যে- কোনো পর্যায়ে অথবা মাত্রায় *He won't wear a hat however cold it is.* ○ *You can't catch her however fast you run.*

howl / haʊl হাউল্ / *verb* [I] to make a long loud sound একটানা জোরে আর্তনাদ করা *I couldn't sleep because there was a dog howling all night.* ○ *The wind howled around the house.* ▶ **howl** *noun* [C] টানা চিৎকার, আর্তনাদ

h.p. / ˌeɪtʃ ˈpiː ˌএইচ্ 'পী/ *abbr.* **1** (used about an engine) horsepower (ইঞ্জিন সম্বন্ধে ব্যবহৃত) অশ্বশক্তি

HQ / ˌeɪtʃ ˈkjuː ˌএইচ্ 'কিউ / *abbr.* headquarters হেডকোয়ার্টারের সংক্ষিপ্ত রূপ; প্রধান দপ্তর; মুখ্যকার্যালয়

hr (*pl.* **hrs**) *abbr.* hour ঘন্টা *3 hrs 15 min*

HTML / ˌeɪtʃ tiː em ˈel ˌএইচ্ টী এম্ 'এল্ / *abbr.* (*computing*) Hypertext Mark-up Language (a system used to mark text for **World Wide Web** pages in order to obtain colours, style, pictures, etc.) হাইপার টেক্সট মার্ক-আপ লাঙ্গুয়েজ-এর সংক্ষিপ্ত রূপ (নানা প্রকার রং, প্রণালী, ছবি ইত্যাদি প্রাপ্ত করার জন্য ওয়ার্ল্ড ওয়াইড ওয়েব-এর পৃষ্ঠা চিহ্নিত করার বিশেষ ব্যবস্থা); এইচটিএমএল

hub / hʌb হাব্ / *noun* [*usually sing.*] **1 the hub (of sth)** the central and most important part of a place or an activity (কোনো স্থান অথবা কার্যপ্রণালীর) কেন্দ্রস্থল, কেন্দ্রবিন্দু *the commercial hub of the city* **2** the central part of a wheel চাকার কেন্দ্রবিন্দু, চক্রনাভি

hubbub / ˈhʌbʌb 'হাবাব্ / *noun* [*sing.*,U] **1** the noise made by a lot of people talking at the same time হল্লা, গুঞ্জন, হট্টগোল, হৈচৈ **2** a situation in which there is a lot of noise, excitement and activity উত্তেজনাপূর্ণ, গোলমেলে, হইচইপূর্ণ পরিস্থিতি

hubcap / ˈhʌbkæp 'হাব্‌ক্যাপ্ / *noun* [C] a round metal cover that fits over the **hub** of a vehicle's wheel চাকার মধ্যবর্তী জায়গার গোল ধাতব ঢাকনা

hubris / ˈhjuːbrɪs 'হিউব্রিস্ / *noun* [U] (in literature) the fact of sb being too proud. A character with this pride usually dies because he/she ignores warnings (সাহিত্যে) কোনো চরিত্রের সীমাহীন স্পর্ধা, ঔদ্ধত্য, দর্প। এই অহংকারের ফলে সে সতর্কবাণী অবজ্ঞা করে এবং তাকে সাধারণত মৃত্যুর সম্মুখীন হতে হয়

huddle[1] / ˈhʌdl 'হাড্‌ল্ / *verb* [I] **huddle (up) (together)** **1** to get close to other people because you are cold or frightened ভয়ে বা ঠান্ডায় একসঙ্গে জড়াজড়ি করে থাকা, ঠাসাঠাসি করে থাকা *The campers huddled together around the fire.* **2** to make your body as small as possible because you are cold or frightened ঠান্ডায় বা ভয়ে কুঁকড়ে থাকা, গুটিসুটি মেরে থাকা *She huddled up in her sleeping bag and tried to get some sleep.* ▶ **huddled** *adj.* ঠাসাঠাসি, জড়াজড়ি, গাদাগাদি *We found the children lying huddled together on the ground.*

huddle[2] / ˈhʌdl 'হাড্‌ল্ / *noun* [C] a small group of people or things that are close together একত্রিত ছোটো দল *They all stood* ***in a huddle****, laughing and chatting.*

hue / hjuː হিউ / *noun* [C] **1** (*written*) or (*technical*) a colour; a particular shade of a colour রং, বর্ণ; কোনো রঙের মাত্রা, গভীরতা বা নির্দিষ্ট পরত **2** (*formal*) a type of belief or opinion একধরনের বিশ্বাস বা মতামত

IDM **hue and cry** strong public protest about sth বলিষ্ঠ জনপ্রতিবাদ

huff / hʌf হাফ্ / *noun* [C]

IDM **in a huff** (*informal*) in a bad mood because sb has annoyed or upset you কোনো ব্যক্তিকে বিরক্ত অথবা বিচলিত করার ফলে ক্রোধান্বিত মনোভাবাপন্ন *Did you see Sagar* ***go off in a huff*** *when he wasn't chosen for the team?*

hug / hʌg হাগ্ / *verb* [T] (**hugging; hugged**) **1** to put your arms around sb, especially to show that you love him/her কাউকে আলিঙ্গন করা, জড়িয়ে ধরা (বিশেষত তার প্রতি ভালোবাসা দেখানোর জন্য) **2** to hold sth close to your body কাউকে জাপটে ধরে থাকা, আঁকড়ে থাকা *She hugged the parcel to her chest as she ran.* **3** (used about a ship, car, road, etc.) to stay close to sth (জাহাজ, গাড়ি, রাস্তা ইত্যাদি সম্বন্ধে ব্যবহৃত) কোনো বস্তুর কাছাকাছি থাকা *to hug the coast* ▶ **hug** *noun* [C] আলিঙ্গন *Niraj's crying—I'll go and* ***give him a hug****.*

huge / hjuːdʒ হিউজ্ / *adj.* very big বিশাল, বিরাট *a huge amount/quantity/sum/number* ○ *a huge building* ○ *The film was a huge success.* ▶ **hugely** *adv.* বিশালভাবে, বিপুলভাবে *hugely successful/popular/expensive*

huh / hʌ হা / *exclamation* (*informal*) used for expressing anger, surprise, etc. or for asking a question রাগ, বিস্ময় ইত্যাদি প্রকাশ করা অথবা প্রশ্ন করার সময়ে ব্যবহৃত অভিব্যক্তিবিশেষ *They've gone away, huh? They didn't tell me.*

hull / hʌl হাল্ / *noun* [C] the body of a ship জাহাজের কাঠামো ➪ **boat**-এ ছবি দেখো। **2** the outer covering of some fruits and seeds কোনো কোনো ফলের বা বীজের খোসা *The hull of peas were thrown away.*

hullabaloo / ˌhʌləbəˈluː ˌহাল্যাব্যা'লু / *noun* [*sing.*] a lot of loud noise, for example made by people shouting খুব গোলমাল, শোরগোল, হইচই

hum / hʌm হাম্ / *verb* (**humming; hummed**) **1** [I] to make a continuous low noise গুনগুন করা, গুঞ্জরণ করা *The machine began to hum as I switched it on.* **2** [I, T] to sing with your lips closed গুনগুন করে গান করা *You can hum the tune if you don't know the words.* ▶ **hum** *noun* [*sing.*] গুঞ্জন *the hum of machinery/distant traffic*

human[1] / ˈhjuːmən 'হিউম্যান্ / *adj.* connected with people, not with animals, machines or gods; typical of people মানবিক, মনুষ্যজাতীয়, মনুষ্য সংক্রান্ত; মানুষের মতো, মানবজাতি সম্বন্ধীয় *the human body* ○ *The disaster was caused by* ***human error.*** ▶ **humanly** *adv.* মনুষ্যোচিত, মানবোচিত *They did all that was humanly possible to rescue him* (=everything that a human being could possibly do).

human[2] / ˈhjuːmən 'হিউম্যান্ / (*also* **human being**) *noun* [C] a person ব্যক্তি, একজন মানুষ

humane / hjuːˈmeɪn হিউ'মেইন্ / *adj.* having or showing kindness or understanding, especially to a person or animal that is suffering সহৃদয়, দয়ালু, কোমল হৃদয়, হিতৈষী *Zoo animals must be kept in humane conditions.* ✪ বিপ **inhumane** ▶ **humanely** *adv.* মানবিকভাবে

humanitarian / hjuːˌmænɪˈteəriən হিউ,ম্যানি-'টেঅ্যারিঅ্যান্ / *adj.* concerned with trying to make people's lives better and reduce suffering মানরবাদী, মানবিক, মানবহিতৈষী, মানবদরদী *Many countries have sent humanitarian aid to the earthquake victims.*

humanity / hjuːˈmænəti হিউ'ম্যান্যাটি / *noun* **1** [U] all the people in the world, thought of as a group সমগ্র মনুষ্যজাতি, পৃথিবীর সকল মানুষ, মানবগোষ্ঠী *crimes against humanity* ✪ সম **the human race** **2** [U] the quality of being kind and understanding মানবতা, মানবিকতা, মনুষ্যস্বভাব *The prisoners were treated with humanity.* ✪ বিপ **inhumanity** **3 (the) humanities** [*pl.*] the subjects of study that are connected with the way people think and behave, for example literature, language, history and **philosophy** মানুষের ভাবনা এবং আচরণ ইত্যাদির সঙ্গে সংযুক্ত বিষয়সমূহ যেমন সাহিত্য, ভাষা, ইতিহাস এবং দর্শন

human nature *noun* [U] feelings, behaviour, etc. that all people have in common মানুষের সহজাত স্বভাব, মনুষ্যসুলভ

the human race *noun* [*sing.*] all the people in the world, thought of as a group সমগ্র মানবসমাজ, মানবজাতি, মানবসম্প্রদায় ✪ সম **humanity**

human rights *noun* [*pl.*] the basic freedoms that all people should have, for example the right to say what you think, to travel freely, etc. নিজের চিন্তা ভাবনা ব্যক্ত করা, বাধাহীনভাবে ভ্রমণ করা ইত্যাদি মৌলিক অধিকার যা সকল ব্যক্তির থাকা উচিত; মানবাধিকার

humble[1] / ˈhʌmbl 'হাম্ব্ল্ / *adj.* **1** not thinking that you are better or more important than other people; not proud বিনীত, নম্র, বিনয়াবনত; নিরহংকারী *He became very rich and famous but he always remained a very humble man.* ➪ **humility** noun দেখো। ➪ **modest** দেখো। **2** not special or important সাধারণ, বিশেষ নয়, সামান্য, তুচ্ছ, অকিঞ্চিৎকর *She comes from a humble background.* ▶ **humbly** / ˈhʌmbli 'হাম্ব্লি / *adv.* বিনীতভাবে, সবিনয়ে *He apologized very humbly for his behaviour.*

humble[2] / ˈhʌmbl 'হাম্ব্ল্ / *verb* [T] to make sb feel that he/she is not as good or important as he/she thought কাউকে নীচু বা হেয় করা, ছোটো করে দেখা বা লাঞ্ছিত করা

humerus / ˈhjuːmərəs 'হিউম্যার্যাস্ / *noun* [C] the large bone in the top part of the arm between your shoulder and your elbow কাঁধ ও কনুই-এর মধ্যবর্তী হাতের লম্বা হাড়; প্রগণ্ডাস্থি ➪ **body**-তে ছবি দেখো।

humid / ˈhjuːmɪd 'হিউমিড্ / *adj.* (used about the air or climate) containing a lot of water; damp (বাতাস এবং আবহাওয়া সম্বন্ধে ব্যবহৃত) স্যাঁতস্যাঁতে, ভিজে ভিজে, আর্দ্র; ভ্যাপসা *Mumbai is hot and humid in summer.* ▶ **humidity** / hjuːˈmɪdəti হিউ'মিড্যাটি / *noun* [U] আর্দ্রতা

humiliate / hjuːˈmɪlieɪt হিউ'মিলিএইট্ / *verb* [T] to make sb feel very embarrassed কাউকে বিব্রত করা, অপমান করা, অবমাননা করা, হীন করা *I felt humiliated* *when the teacher laughed at my work.* ▶ **humiliating** *adj.* অপমানজনক, অবমাননাকর *a humiliating defeat* ▶ **humiliation** / hjuːˌmɪliˈeɪʃn হিউˌমিলি'এইশন্ / *noun* [C, U] অপমান, মানহানি, লজ্জা, অবমাননা

humility / hjuːˈmɪləti হিউ'মিল্যাটি / *noun* [U] the quality of not thinking that you are better than other people বিনয়, নম্রতা, বিনয়নম্রতা ➪ **humble** adjective দেখো।

humorous / ˈhjuːmərəs 'হিউম্যার্যাস্ / *adj.* amusing or funny কৌতুকপূর্ণ, মজার, হাস্যকৌতুকে ভরা, হাস্যোদ্দীপক ▶ **humorously** *adv.* হাস্যোজ্জ্বলভাবে, মজা করে

humour¹ (*AmE* **humor**) / ˈhjuːmə(r) 'হিউম্যা(র্) / *noun* [U] **1** the funny or amusing qualities of sb/sth (কোনো ব্যক্তি অথবা বস্তুর) হাস্যরস, কৌতুকপ্রিয়তা *It is sometimes hard to understand the humour* (=the jokes) *of another country.* **2** being able to see when sth is funny and to laugh at things রসিক, রসবোধসম্পন্ন *Rani has a good* ***sense of humour***. **3 -humoured** (*AmE* **-humored**) (*used to form compound adjectives*) having or showing a particular mood কোনো বিশেষ মনোভাবসম্পন্ন বা সেই সূচক *good-humoured*

humour² (*AmE* humor) / ˈhjuːmə(r) 'হিউম্যা(র্) / *verb* [T] to keep sb happy by doing what he/she wants কোনো ব্যক্তির ইচ্ছেমতো কাজ করে তাকে খুশি রাখা

humourless / ˈhjuːmələs 'হিউম্যাল্যাস্ / (*AmE* **humorless**) *adj.* having no sense of fun; serious কৌতুকবোধহীন; নীরস, কাঠখোট্টা, গোমড়া

hump / hʌmp হাম্প্ / *noun* [C] a large round lump, for example on the back of an animal who lives in the desert (**camel**) মরুভূমিতে বসবাসকারী প্রাণী, যেমন উটের পিঠে বড়ো গোল মাংসপিণ্ড; কুঁজ

humus / ˈhjuːməs 'হিউম্যাস / *noun* [U] a substance made from dead leaves and plants, that you put into the ground to help plants grow মৃত উদ্ভিদ এবং তার ঝরে পড়া পাতা থেকে তৈরি পদার্থ যা গাছপালা বৃদ্ধিতে সাহায্য করে; সারমাটি

hunch¹ / hʌntʃ হান্চ্ / *noun* [C] (*informal*) a thought or an idea that is based on a feeling rather than on facts or information (বিষয় বা তথ্য অপেক্ষা অনুভূতির উপর ভিত্তি করে যে চিন্তা বা ভাবনা) অনুমান, আঁচ, পূর্বাভাস *I'm not sure, but I've got a hunch that she's got a new job.*

hunch² / hʌntʃ হান্চ্ / *verb* [I, T] to bend your back and shoulders forward into a round shape কুঁজো হয়ে সামনের দিকে ঝুঁকে যাওয়া

hunchback / ˈhʌntʃbæk 'হান্চ্ব্যাক্ / *noun* [C] a person with a back that has a round lump on it (ব্যক্তি) কুঁজো, কুব্জ

hundred / ˈhʌndrəd 'হানড্র্যাড্ / *number* **1** (*pl.* **hundred**) 100 একশত, একশো *two hundred* ○ *There were a/one hundred people in the room.* ○ *She's a hundred today.*

> **NOTE** কোনো সংখ্যা, যেমন 1430 লেখা বা বলার সময়ে **hundred** শব্দটির পরে 'and' যোগ করা হয়—*one thousand four hundred and thirty.*

2 hundreds (*informal*) a lot; a large amount প্রচুর শত শত; বিশাল পরিমাণে, বিপুল সংখ্যায় *I've got hundreds of things to do today.*

> **NOTE** সংখ্যা সম্বন্ধে আরও বিশদভাবে জানার জন্য অভিধানের শেষাংশে সংখ্যার উপর সংকলিত বিশেষ অংশটি দেখো।

hundredth¹ / ˈhʌndrədθ 'হানড্র্যাড্থ্ / *noun* [C] the fraction $^1/_{100}$; one of a hundred equal parts of sth এক শতাংশ, ১/১০০ ভগ্নাংশ ; একশোভাগের একভাগ

hundredth² / ˈhʌndrədθ 'হানড্র্যাড্থ্ / *pronoun, det., adv.* 100th শততম

> **NOTE** **Sixth**-এ দেওয়া দৃষ্টান্ত দেখো।

hundredweight / ˈhʌndrədweɪt 'হানড্র্যাড্উএইট্ / *noun* [C] (*abbr.* **cwt.**) a measurement of weight ওজন মাপার একটি মাত্রা

> **NOTE** ওজন সম্বন্ধে আরও বিশদভাবে জানার জন্য এই অভিধানের শেষাংশে সংকলিত সংখ্যার উপর বিশেষ অংশটি দেখো।

hung ➪ **hang1**-এর past tense এবং past participle

hunger¹ / ˈhʌŋɡə(r) 'হাংগ্যা(র্) / *noun* **1** [U] the state of not having enough food to eat, especially when this causes illness or death ক্ষুৎপীড়িত, ক্ষুধাকাতর, বুভুক্ষু (বিশেষত যা অসুস্থতা অথবা মৃত্যু ঘটাতে পারে) *In some parts of the world many people die of hunger each year.* ➪ **thirst** দেখো। **2** [U] the feeling caused by a need to eat ক্ষুধাবোধ, খিদে *Hunger is one reason why babies cry.*

> **NOTE** লক্ষ রেখো ইংরেজিতে 'আমার ক্ষিদে পেয়েছে' বলতে গেলে *I have hunger* বলাটা ভুল হবে। সঠিক প্রয়োগ হল—*I am hungry.*

3 [*sing.*] **a hunger (for sth)** a strong desire for sth কোনো কিছুর জন্য প্রবল আকাঙ্ক্ষা, তীব্র স্পৃহা, আকুতি, ঈপ্সা *a hunger for knowledge/fame/success*

hunger² / ˈhʌŋɡə(r) ˈহাংগ্যা(র্) / *verb* (*formal*)

PHR V **hunger for/after sth** to have a strong desire for sth কোনো কিছুর জন্য প্রবল আকাঙ্ক্ষা অথবা ইচ্ছে পোষণ করা

hunger strike *noun* [C, U] a time when sb (especially a prisoner) refuses to eat because he/she is protesting about sth (বিশেষত কোনো বন্দি যখন কোনো কিছুর বিরুধে প্রতিবাদ করার জন্য খাবার প্রত্যাখ্যান করে) অনশন ধর্মঘট *to be/go* ***on hunger strike***

hungry / ˈhʌŋɡri ˈহাংগ্রি / *adj.* (**hungrier; hungriest**) **1** wanting to eat ক্ষুধার্ত, ক্ষুধিত, বুভুক্ষু, ভুখা *I'm hungry. Let's eat soon.* ○ *There were hungry children begging for food in the streets.* ➪ **thirsty** দেখো। **2 hungry for sth** wanting sth very much (কোনো বস্তুর জন্য) উৎসুক, ব্যগ্র, আগ্রহী, লুব্ধ *I'm hungry for some excitement tonight.* ▶ **hungrily** *adv.* উৎসুকভাবে, ক্ষুধিতভাবে, অতি আগ্রহের সঙ্গে

IDM **go hungry** to not have any food কোনো খাবার না খাওয়া

hunk / hʌŋk হাংক্ / *noun* [C] **1** a large piece of sth কোনো বস্তুর বড়ো টুকরো বা খণ্ড *a hunk of bread/cheese/meat* **2** (*informal*) a man who is big, strong and attractive শক্তিশালী এবং আকর্ষণীয় পুরুষ

hunt¹ / hʌnt হান্ট্ / *verb* [I, T] **1** to run after wild animals, etc. in order to catch or kill them either for sport or for food শিকার করা, মৃগয়া করা *Owls hunt at night.* ○ *Are tigers still hunted in India?*

NOTE যখন আমরা শিকার বা মৃগয়াতে লোকজনের সময় ব্যয় করার কথা বলি তখন go hunting অভিব্যক্তিটি ব্যবহার করি।

2 hunt (for) (sb/sth) to try to find sb/sth কোনো ব্যক্তি বা বস্তুকে খোঁজার চেষ্টা করা *The police are still hunting for the murderer.*

hunt² / hʌnt হান্ট্ / *noun* [C] **1** the act of hunting wild animals, etc.বন্য পশু ইত্যাদির শিকার; মৃগয়া *a fox-hunt* **2** [*usually sing.*] **a hunt (for sb/sth)** the act of looking for sb/sth that is difficult to find যে ব্যক্তি অথবা বস্তু খুঁজে বার করা কঠিন তার তল্লাশি করা অথবা অনুসন্ধান করার ক্রিয়া *The police have launched a hunt for the missing child.*

hunter / ˈhʌntə(r) ˈহান্ট্যা(র্) / *noun* [C] a person that hunts wild animals for food or sport; an animal that hunts its food যে খাদ্য বা বিনোদনের জন্য বন্য প্রাণী শিকার করে; শিকারি, ব্যাধ; যে পশু খাদ্যের জন্য অন্য পশু শিকার করে

hunter-gatherer / ˌhʌntə ˈɡæðərə(r) ˌহান্ট্যা ˈগ্যাদ্যার‍্যা(র্) / *noun* [C] a member of a group of people who do not live in one place but move around and live by hunting and fishing একধরনের গোষ্ঠীর সদস্য যারা কোনো একটি স্থানে বাস করে না কিন্তু আশেপাশে ঘুরে বেড়ায় এবং শিকার করে ও মাছ ধরে জীবিকা নির্বাহ করে

hunting / ˈhʌntɪŋ ˈহান্টিং / *noun* [U] the act of following and killing wild animals or birds as a sport or for food খাদ্য বা বিনোদনের জন্য বন্য পশু বা পাখিদের অনুসরণ করা বা হত্যা করার ক্রিয়া; শিকার, মৃগয়া ➪ **shoot** দেখো।

hurdle¹ / ˈhɜːdl ˈহ্যড্‌ল্ / *noun* **1** [C] a type of light fence that a person or a horse jumps over in a race বিশেষ ধরনের হালকা বেড়া বা জাফরি যা দৌড় প্রতিযোগিতায় মানুষ অথবা ঘোড়া লাফিয়ে অতিক্রম করে; হার্ডল *to clear a hurdle* (= to jump over it successfully) **2 hurdles** [*pl.*] a race in which runners or horses have to jump over hurdles (প্রতিযোগী বা ঘোড়াগুলিকে) বাধা অথবা হার্ডল অতিক্রম করতে হয় এমন দৌড় প্রতিযোগিতা; হার্ডল রেস *the 200-metres hurdles* **3** [C] a problem or difficulty that you must solve or deal with before you can achieve sth কোনো কিছু অর্জন করার পূর্বে যে প্রতিবন্ধকতা বা অসুবিধার সমাধান বা মোকাবিলা করতে হয়

hurdle² / ˈhɜːdl ˈহ্যড্‌ল্ / *verb* [I, T] **hurdle (over sth)** to jump over sth while you are running দৌড়োনোর সময়ে কোনো কিছুর উপর দিয়ে লাফিয়ে তা অতিক্রম করা

hurl / hɜːl হ্যল্ / *verb* [T] to throw sth with great force কোনো কিছু সজোরে ছুড়ে মারা, জোরে নিক্ষেপ করা, ক্ষেপণ করা

hurray / həˈreɪ হ্যা'রেই / (**hooray** / huˈreɪ হু'রেই /; **hurrah** / həˈrɑː হ্যা'রা: /) *exclamation* used for expressing great pleasure, approval, etc. প্রবল আনন্দ, অনুমোদন ইত্যাদি প্রকাশ করার জন্য ব্যবহৃত অভিব্যক্তিবিশেষ; হর্ষধ্বনি *Hurray! We've won!*

IDM **hip, hip, hurray/hurrah** ➪ **hip²** দেখো।

hurricane / ˈhʌrɪken ˈহারিকেন্ / *noun* [C] a violent storm with very strong winds ঝড়ঝঞ্ঝা, ঘূর্ণিঝড়, প্রভঞ্জন; হারিকেন ➪ **storm**-এ নোট দেখো।

hurried / ˈhʌrid ˈহারিড্ / *adj.* done (too) quickly তাড়াতাড়ি নিষ্পন্ন, দ্রুত-সম্পন্ন *a hurried meal* ▶ **hurriedly** *adv.* দ্রুত, তাড়াতাড়ি

hurry¹ / ˈhʌri ˈহারি / *noun* [U] the need or wish to do sth quickly (কোনো কিছু) তাড়াতাড়ি করে করার দরকার বা ইচ্ছে *Take your time. There's* ***no hurry***.

IDM **in a hurry** quickly শশব্যস্তভাবে, হন্তদন্ত বা ব্যস্তসমস্ত হয়ে *She got up late and left in a hurry.*

in a hurry (to do sth) wanting to do sth soon; impatient কোনো কিছু তাড়াতাড়ি করার ইচ্ছা; অধৈর্য, অসহিষ্ণু *They are in a hurry to get the job done before the winter.*

in no hurry (to do sth); not in any hurry (to do sth) 1 not needing or wishing to do sth quickly কোনো কিছু তাড়াহুড়ো করে বা শশব্যস্ত হয়ে করার ইচ্ছে বা প্রয়োজন নেই এমন *We weren't in any hurry so we stopped to admire the view.* 2 not wanting to do sth অনিচ্ছুক (কোনো কাজে); অনাগ্রহী *I am in no hurry to repeat that experience.*

hurry[2] / ˈhʌri ˈহারি / *verb* (*pres. part.* **hurrying;** *3rd person sing. pres.* **hurries;** *pt, pp* **hurried**) 1 [I] to move or do sth quickly because there is not much time (সময়ের অভাবে) কোনো কাজ দ্রুত চলা বা চটপট করা, ব্যস্ত হয়ে করা, তড়িঘড়ি করা *Don't hurry. There's plenty of time.* ○ *Several people hurried to help.* 2 **hurry sb (into sth/doing sth)** [T] to cause sb/sth to do sth, or sth to happen more quickly কোনো ব্যক্তি অথবা বস্তুকে কোনো কাজ করানো অথবা কোনো ঘটনা আরও দ্রুত ঘটানো *Don't hurry me. I'm going as fast as I can.* ○ *He was hurried into a decision.* 3 [T] (*usually passive*) to do sth too quickly হন্তদন্ত হয়ে বা ব্যস্ত সমস্ত হয়ে কিছু করা

PHR V **hurry up (with sth)** (*informal*) to move or do sth more quickly আরও তাড়াতাড়ি চলা অথবা আরও চটপট বা দ্রুত কোনো কাজ করা *Hurry up or we'll miss the train.*

hurt[1] / hɜːt হ্যট্ / *verb* (*pt, pp* **hurt**) 1 [I, T] to cause sb/yourself physical pain or injury কাউকে বা নিজেকে দৈহিক আঘাত দেওয়া বা যন্ত্রণা দেওয়া *I fell and hurt my arm.* ○ *These shoes hurt; they're too tight.*

NOTE **Hurt, injure** এবং **wound** শব্দগুলির তুলনা করো। সাধারণত মারামারি, লড়াই বা যুদ্ধে কোনো ব্যক্তি ছুরি বা চাকু, তলোয়ার, বন্দুক ইত্যাদির দ্বারা আহত হলে **wounded** শব্দটি ব্যবহার করা হয়—*a wounded soldier.* দুর্ঘটনায় কোনো ব্যক্তি আহত বা জখম হলে সাধারণত **injured** শব্দটি ব্যবহার করা হয়—*Five people were killed in the crash and twelve others were injured.* **Hurt** এবং **injured** শব্দ দুটি সম অর্থে ব্যবহার করা যেতে পারে কিন্তু লক্ষ রাখতে হবে যে কোনো আঘাত বা ক্ষতি গুরুতর না হলে তার জন্য **hurt** শব্দটি ব্যবহার করাটাই সঠিক—*I hurt my leg when I fell off my bike.*

2 [I] to be painful বেদনা বোধ হওয়া, ব্যথা করা *My leg hurts.* ○ ***It hurts** when I lift my leg.* ○ *Where exactly does it hurt?* 3 [T] to make sb unhappy; to upset sb কোনো ব্যক্তিকে দুঃখ অথবা মনোকষ্ট দেওয়া; কোনো ব্যক্তির ধৈর্যচ্যুতি ঘটানো, কাউকে বিচলিত করা বা মেজাজ নষ্ট করা *His unkind remarks hurt her deeply.* ○ *I didn't want to **hurt his feelings**.*

IDM **it won't/wouldn't hurt (sb/sth) (to do sth)** (*informal*) used to say that sb should do sth কোনো ব্যক্তির কোনো কাজ করা উচিত এরকম বলার জন্য ব্যবহৃত অভিব্যক্তিবিশেষ *It wouldn't hurt you to help with the housework occasionally.*

hurt[2] / hɜːt হ্যট্ / *adj.* 1 injured physically শারীরিকভাবে আহত *None of the passengers were **badly/seriously hurt**.* 2 upset and offended by sth that sb has said or done কোনো ব্যক্তির কাজে বা কথায় দুঃখিত বা অপমানিত *She was **deeply hurt** that she had not been invited to the party.*

hurt[3] / hɜːt হ্যট্ / *noun* [U] a feeling of unhappiness because sb has been unkind or unfair to you কোনো ব্যক্তির কঠিন বা নির্দয় অথবা অনুচিত ব্যবহারের কারণে মনোবেদনা, পীড়া বা আঘাত

hurtful / ˈhɜːtfl ˈহ্যট্‌ফ্‌ল্ / *adj.* **hurtful (to sb)** unkind; making sb feel upset and offended কঠোর; কাউকে বিরক্ত বা ক্ষুন্ন করা হয় এমন; বেদনাদায়ক

hurtle / ˈhɜːtl ˈহ্যট্‌ল্ / *verb* [I] to move with great speed, perhaps causing danger অত্যন্ত দ্রুত বা উল্কার গতিতে এমন ভাবে ছোটা যাতে বিপদের আশঙ্কা থাকে *The lorry **came hurtling** towards us.*

husband / ˈhʌzbənd ˈহাজ্‌ব্যান্ড্ / *noun* [C] a man that a woman is married to স্বামী, পতি, বর, কর্তা *Her husband is a doctor.*

husbandry / ˈhʌzbəndri ˈহাজ্‌ব্যান্‌ড্রি / *noun* [U] farming; looking after animals and food crops কৃষি; পশুপালন এবং শস্য সংরক্ষণ

hush[1] / hʌʃ হাশ্/ *verb* [I] (*spoken*) used to tell sb to be quiet, to stop talking or crying কাউকে চুপ করতে বলার জন্য অথবা কান্না বা কথা বলা থামানোর জন্য ব্যবহৃত অভিব্যক্তিবিশেষ *Hush now and try to sleep.*

PHR V **hush sth up** to hide information to stop people knowing about sth; to keep sth secret কোনো কিছু গোপন করা, লোকে জেনে যাওয়ার ভয়ে ধামাচাপা দেওয়া; তথ্য লুকোনো

hush[2] / hʌʃ হাশ্ / *noun* [*sing.*] silence নিস্তব্ধতা, শান্তভাব, নীরবতা

hush-hush *adj.* (*informal*) very secret অত্যন্ত গোপনীয়, লুকোছাপা

husk / hʌsk হাস্ক্ / *noun* [C] the dry outside layer of nuts, fruits and seeds, especially of grain বাদাম, ফল এবং বীজের খোসা বিশেষত শস্যদানার খোলা; তুষ

husky[1] / ˈhʌski ˈহাস্‌কি / *adj.* (used about a person's voice) sounding rough and quiet as if your throat were dry (কোনো ব্যক্তির কণ্ঠস্বর সম্বন্ধে ব্যবহৃত) কর্কশ, মোটা, ভাঙা, চেরা

husky[2] / ˈhʌski ˈহাস্‌কি / *noun* [C] (*pl.* **huskies**) a strong dog with thick fur that is used in teams for pulling heavy loads over snow মোটা লোমে ঢাকা শক্তিশালী কুকুর যারা অন্য কুকুরের সঙ্গে মিলে বরফের উপর দিয়ে ভারী মালপত্র টেনে নিয়ে যেতে পারে

H

hustle / ˈhʌsl ˈহাস্‌ল্ / *verb* [T] to push or move sb in a way that is not gentle কাউকে ঠেলা দেওয়া বা ধাক্কাধাক্কি করে এগোনো

hut / hʌt হাট্ / *noun* [C] a small building with one room, usually made of wood or metal (সাধারণত) কাঠের বা ধাতুর তৈরি একঘরের বাড়ি; কুঁড়েঘর, কুটির *a wooden/mud hut*

hutch / hʌtʃ হাচ্ / *noun* [C] a wooden box with a front made of wire, that is used for keeping rabbits or other small animals খরগোশ এবং অন্যান্য ছোটো প্রাণী রাখার জন্য কাঠের বাক্স যার সামনেটা তারের

hybrid / ˈhaɪbrɪd ˈহাইব্রিড্ / *noun* [C] an animal or a plant that has parents of two different types (**species**) দোঁআশলা প্রাণী, সংকর, বিষমমিলনজাত *A mule is a hybrid of a male donkey and a female horse.* ▶ **hybrid** *adj.* দোঁআশলা, সংকর *a hybrid flower*

hydrant / ˈhaɪdrənt ˈহাইড্র্যান্ট্ / *noun* [C] a pipe in a street from which water can be taken for stopping fires, cleaning the streets, etc. রাস্তার পাইপ যেখান থেকে জল নিয়ে রাস্তা ধোয়া বা আগুন নেভানো ইত্যাদি করা যায়; হাইড্র্যান্ট

hydrate / ˈhaɪdreɪt; haɪˈdreɪt ˈহাইড্রেইট্; হাইˈড্রেইট্ / *verb* [T] (*technical*) to make sth take in water (কোনো বস্তুকে) সিক্ত করা ▶ **hydration** / haɪˈdreɪʃn হাইˈড্রেইশ্‌ন্ / *noun* [U] জলসিঞ্চন, জলযোজন ➪ **dehydrate** দেখো।

hydraulic / haɪˈdrɔːlɪk হাইˈড্রঃলিক্ / *adj.* operated by water or another liquid moving through pipes, etc. under pressure পাইপ ইত্যাদির মধ্যে দিয়ে চাপের দ্বারা প্রবাহিত জল বা অন্য কোনো তরলের দ্বারা চালিত; হাইড্রোলিক *hydraulic brakes*

hydraulics / haɪˈdrɔːlɪks; -ˈdrɒl- হাইˈড্রঃলিক্স্; -ˈড্রল্- / *noun* **1** [*pl.*] machinery that works by the use of liquid moving under pressure চাপের সাহায্যে প্রবাহিত তরলের ব্যবহারে যেসব যন্ত্রাদি চলে **2** [U] the science of the use of liquids moving under pressure তরল পদার্থের গতিবিজ্ঞান, জলপ্রবাহ বিজ্ঞান; ঔদ ইঞ্জিনীয়ারিং

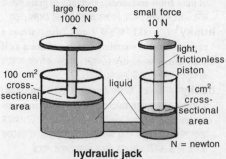

large force
1000 N
small force
10 N
light,
frictionless
piston
100 cm²
cross-
sectional
area
liquid
1 cm²
cross-
sectional
area
N = newton

hydraulic jack

hydr(o)- / ˈhaɪdr(əʊ) ˈহাইড্‌র্(অ্যাউ) / *prefix* (*in nouns, adjectives and adverbs*) **1** connected with water জলসম্পর্কিত, জলসংক্রান্ত *hydroelectricity* **2** (*technical*) connected with or mixed with **hydrogen** হাইড্রোজেন সংক্রান্ত বা হাইড্রোজেন মিশ্রিত

hydrocarbon / ˌhaɪdrəˈkɑːbən ˌহাইড্র্যাˈকা:ব্যান্ / *noun* [C] (in chemistry) a combination of a very light gas (**hydrogen**) and a substance that is found in all living things (**carbon**). Hydrocarbons are found in petrol, coal and natural gas (রসায়নশাস্ত্রে) অত্যন্ত হালকা গ্যাস (হাইড্রোজেন) এবং সকল সজীব বস্তুতে পাওয়া যায় এরকম গ্যাসের (কার্বনের) যৌগ। পেট্রোল, কয়লা এবং প্রাকৃতিক গ্যাসে এটি পাওয়া যায়; হাইড্রোকার্বন

hydrochloric acid / ˌhaɪdrəˌklɒrɪk ˈæsɪd ˌহাইড্র্যা ˌক্লরিক্ ˈঅ্যাসিড্ / *noun* [U] (*symbol* **HCl**) (in chemistry) a type of acid containing a very light gas (**hydrogen**) and a greenish-yellow gas with a strong smell (**chlorine**) (রসায়নশাস্ত্রে) একধরনের অম্ল বা অ্যাসিড যা হালকা গ্যাস (হাইড্রোজেন) এবং তীব্র গন্ধযুক্ত সবুজ-হলুদ গ্যাসের (ক্লোরিন) মিশ্রণে গঠিত; লবণাম্ল; হাইড্রোক্লোরিক অ্যাসিড

hydroelectric / ˌhaɪdrəʊɪˈlektrɪk ˌহাইড্র্যাউই-ˈলেক্‌ট্রিক্ / *adj.* using the power of water to produce electricity; produced by the power of water বিদ্যুৎ উৎপাদনে জল ব্যবহার করা হচ্ছে এমন; জলশক্তির দ্বারা উৎপন্ন; জলবিদ্যুৎ *a hydroelectric dam* ○ *hydroelectric power*

hydrogen / ˈhaɪdrədʒən ˈহাইড্র্যাজ্যান্ / *noun* [U] (*symbol* **H**) a light colourless gas. Hydrogen and another gas (**oxygen**) form water একজাতীয় হালকা বর্ণহীন গ্যাস। হাইড্রোজেন এবং অক্সিজেন একত্রে মিলে জল তৈরি হয়; হাইড্রোজেন

hydrogen bomb (*also* **H-bomb**) *noun* [C] a very powerful nuclear bomb শক্তিশালী পারমাণবিক বোমা; হাইড্রোজেন বোমা

hydrogen peroxide = **peroxide**

hydrology / haɪˈdrɒlədʒi হাইˈড্রল্যাজি / *noun* [U] the scientific study of the earth's water, especially its movement in relation to land পৃথিবীর জলরাশির বিজ্ঞানসম্মত অধ্যয়ন, বিশেষত ভূখন্ডের সঙ্গে তার ক্রিয়াশীলতা সম্বন্ধে; জলবিজ্ঞান

hydroplane / ˈhaɪdrəpleɪn ˈহাইড্র্যাপ্লেইন্ / *noun* [C] **1** a light boat with an engine and a flat bottom, designed to travel fast over the surface of water চ্যাপটা তলদেশ এবং হালকা ইঞ্জিনযুক্ত যান যেটিকে জলের উপর দিয়ে দ্রুত চলার জন্য নকশা করা হয়েছে **2** (*AmE*) = **seaplane**

hydroxide / haɪˈdrɒksaɪd হাইˈড্রক্সাইড্ / *noun* [C] a chemical compound consisting of a metal and a combination of **oxygen** and **hydrogen** ধাতু এবং

অক্সিজেন ও হাইড্রোজেনের সংমিশ্রণে গঠিত একজাতীয় রাসায়নিক যৌগ; হাইড্রোক্সাইড

hyena (*also* **hyaena**) / haɪˈiːnə হাইˈঈন্যা / *noun* [C] a wild animal like a dog that lives in Africa and Asia. Hyenas eat the meat of animals that are already dead and can make a sound like a human laugh (আফ্রিকা এবং এশিয়ায় পাওয়া যায় কুকুর জাতীয় বন্য প্রাণী) যারা মৃত জন্তুর মাংস খায় এবং মানুষের মতো হাসির শব্দ করে; হায়েনা

hygiene / ˈhaɪdʒiːn ˈহাইজীন্ / *noun* [U] (the rules of) keeping yourself and things around you clean, in order to prevent disease রোগমুক্ত রাখার জন্য নিজের চারিপাশ পরিষ্কার রাখার যে বিধিনিয়ম; স্বাস্থ্যবিধি, স্বাস্থ্যবিধান *High standards of hygiene are essential when you are preparing food.* ○ *personal hygiene*

hygienic / haɪˈdʒiːnɪk হাইˈজীনিক্ / *adj.* clean, without the bacteria that cause disease পরিষ্কার, জীবাণুমুক্ত, স্বাস্থ্যসম্মত, স্বাস্থ্যকর *hygienic conditions* ▶ **hygienically** / -kli -ক্লি / *adv.* স্বাস্থ্যসম্মতভাবে

hymn / hɪm হিম্ / *noun* [C] a religious song that Christians sing together in church, etc. গির্জা ইত্যাদিতে খ্রিস্টানগণ একসঙ্গে যে ধর্মীয় সংগীত গায়; ঈশ্বরের মহিমা কীর্তন, সমবেত প্রার্থনা সংগীত; স্তবগান, স্তোত্র

hype[1] / haɪp হাইপ্ / *noun* [U] advertisements that tell you how good and important a new product, film, etc. is কোনো নতুন পণ্যদ্রব্য, চলচ্চিত্র ইত্যাদির গুরুত্ব, গুণাগুণ এবং উৎকর্ষতা প্রকাশক বিজ্ঞাপন *Don't believe all the hype—the book is rubbish!*

hype[2] / haɪp হাইপ্ / *verb* [T] **hype sth (up)** to exaggerate how good or important sth is কোনো কিছুর গুণাবলী অথবা মহত্ত্ব অতিরঞ্জিত করা

hyper- / ˈhaɪpə(r) ˈহাইপ্যা(র্) / *prefix* (*in adjectives and nouns*) more than normal; too much (বিশেষণ এবং বিশেষ্যর সঙ্গে) স্বাভাবিকের থেকে বেশি; খুব বেশি পরিমাণে *hypercritical* ○ *hypersensitive* ➪ **hypo-** দেখো।

hyperbole / haɪˈpɜːbəli হাইˈপ্যব্যালি / *noun* [U, C, *usually sing.*] a way of speaking or writing that makes sth sound better, more exciting, dangerous, etc. than it really is (লেখা অথবা বলার ধরন) অতিরঞ্জন, অত্যুক্তি, অতিশয়োক্তি অলংকার ✪ সম **exaggeration** *His latest movie is accompanied by the usual hyperbole.*

hyperlink / ˈhaɪpəlɪŋk ˈহাইপ্যালিংক্ / *noun* [C] (*computing*) a place in an electronic document on a computer that is connected to another electronic document কম্পিউটারের ডকুমেন্টের মধ্যেকার সংযোগস্থল যাতে অন্য ডকুমেন্টের হদিস পাওয়া যায়; হাইপারলিঙ্ক *Click on the hyperlink.*

hypermarket / ˈhaɪpəmɑːkɪt ˈহাইপ্যামা:কিট্ / *noun* [C] (*BrE*) a very large shop that is usually situated outside a town and sells a wide variety of goods শহরের বাইরে অবস্থিত কোনো বড়ো দোকান যেখানে রকমারি ধরনের জিনিস পাওয়া যায়

hyphen / ˈhaɪfn ˈহাইফ্ন্ / *noun* [C] the mark (–) used for joining two words together (for example left-handed, red-hot) or to show that a word has been divided and continues on the next line দুটি শব্দ সংযুক্ত করার জন্য (যেমন left-handed, red-hot) অথবা কোনো শব্দ বিভক্ত হয়ে পরের পঙ্ক্তি পর্যন্ত চলে গেছে এরকম দেখানোর জন্য ব্যবহৃত চিহ্ন বা হাইফেন (-); দুটি শব্দ বা শব্দাংশের সংযোজক চিহ্ন; হাইফেন ➪ **dash** দেখো।

hyphenate / ˈhaɪfəneɪt ˈহাইফ্যানেইট্ / *verb* [T] to join two words together with a hyphen হাইফেনের সাহায্যে দুটি শব্দ যোগ করা ▶ **hyphenation** / ˌhaɪfəˈneɪʃn ˌহাইফ্যাˈনেইশ্ন্ / *noun* [U] হাইফেন লাগানোর কাজ, হাইফেন-সংযোগ

hypnosis / hɪpˈnəʊsɪs হিপ্ˈন্যাউসিস্ / *noun* [U] (the producing of) an unconscious state where sb's mind and actions can be controlled by another person অচেতন অবস্থা যখন অন্য কোনো ব্যক্তির দ্বারা কোনো ব্যক্তির মন এবং ক্রিয়া নিয়ন্ত্রিত হয়; কারও অচেতন অবস্থা, সম্মোহিত অবস্থা; সংবেশন *She was questioned **under hypnosis**.*

hypnotize (*also* **-ise**) / ˈhɪpnətaɪz ˈহিপ্ন্যাটাইজ্ / *verb* [T] to put sb into an unconscious state where the person's mind and actions can be controlled কোনো ব্যক্তিকে এমনভাবে অচেতন অবস্থায় রাখা যখন তার মন এবং কাজকর্মকে নিয়ন্ত্রণ করা যায়; সম্মোহিত করা, সংবিষ্ট করা ▶ **hypnotic** / hɪpˈnɒtɪk হিপ্ˈনটিক্ / *adj.* সম্মোহন অথবা কৃত্রিম নিদ্রা সৃষ্টিকারী; আচ্ছন্নকারী ▶ **hypnotism** / ˈhɪpnətɪzəm ˈহিপ্ন্যাটিজ্যাম্ / *noun* [U] সম্মোহন অথবা অবচেতনতা; সংবেশন, সম্মোহন ▶ **hypnotist** / ˈhɪpnətɪst ˈহিপ্ন্যাটিস্ট্ / *noun* [C] সম্মোহনকারী, কৃত্রিম সংবেশক

hypo- / ˈhaɪpəʊ ˈহাইপ্যাউ / (*also* **hyp-**) *prefix* (*in adjectives and nouns*) under; below normal (বিশেষণ ও বিশেষ্যর সঙ্গে) নীচে; কম, স্বাভাবিকের থেকে কম *hypodermic* ○ *hypothermia* ➪ **hyper**-দেখো।

hypochondria / ˌhaɪpəˈkɒndriə ˌহাইপ্যাˈকন্ড্রিঅ্যা / *noun* [U] a mental condition in which sb believes that he/she is ill, even when there is nothing wrong নিজের স্বাস্থ্য সম্বন্ধে অকারণ উদ্বেগ, কোনো রকম রোগ না থাকলেও নিজেকে অসুস্থ ভাবার মনোভাব; বিষণ্ণতা

hypochondriac / ˌhaɪpəˈkɒndriæk ˌহাইপ্যাˈকন্ড্রিঅ্যাক্ / *noun* [C] a person who is always worried about his/her health and believes he/she is ill, even when there is nothing wrong নিজের স্বাস্থ্য সম্বন্ধে অকারণে উদ্বিগ্ন, কোনো রকম রোগ না থাকলেও নিজেকে অসুস্থ মনে করে যে ব্যক্তি; বিষণ্ণপ্রকৃতি

hypocrisy / hɪˈpɒkrəsi হি'পক্র্যাসি / *noun* [U] behaviour in which sb pretends to have moral standards or opinions that he/she does not really have কপট সাধুতা, ছলনা, ভণ্ডামি

hypocrite / ˈhɪpəkrɪt 'হিপ্যাক্রিট্ / *noun* [C] a person who pretends to have moral standards or opinions which he/she does not really have. Hypocrites say one thing and do another কপট সাধু। এই ভণ্ড বা ভেকধারী ব্যক্তিগণ একরকম বলে এবং অন্য কিছু করে *What a hypocrite! She says she's against the hunting of animals but she's wearing a fur coat.* ▶ **hypocritical** / ˌhɪpəˈkrɪtɪkl ˌহিপ্যা'ক্রিটিক্ল্ / *adj.* কপট, ভণ্ড, ছদ্ম ▶ **hypocritically** / -kli -ক্লি / *adv.* কপটভাবে, ভণ্ডভাবে

hypodermic / ˌhaɪpəˈdɜːmɪk ˌহাইপ্যা'ড্যমিক্ / *adj.* a medical instrument with a long needle that is used for putting drugs under the skin (giving an injection) লম্বা ছুঁচওয়ালা ডাক্তারি উপকরণ যেটি ত্বকের নীচে ওষুধ প্রবেশ করানোর (ইঞ্জেকশন দেওয়া) কাজে ব্যবহৃত হয় হয় *a hypodermic needle/syringe*

hypotenuse / haɪˈpɒtənjuːz হাই'পট্যানিউজ্ / *noun* [C] (*mathematics*) the side opposite the **right angle** of a **right-angled** triangle (গণিতে) সমকোণী ত্রিভুজের সমকোণের বিপরীতে যে ভুজ; অতিভুজ

hypothermia / ˌhaɪpəˈθɜːmiə ˌহাইপ্যা'থ্যমিঅ্যা / *noun* [U] a medical condition in which the body temperature is much lower than normal স্বাভাবিকের থেকে দেহের তাপমাত্রা অনেক নীচে নেমে যাওয়ার যে শারীরিক অবস্থা

hypothesis / haɪˈpɒθəsɪs হাই'পথ্যাসিস্ / *noun* [C] (*pl.* **hypotheses** / -siːz -সীজ্ /) an idea that is suggested as the possible explanation for sth but has not yet been found to be true or correct যে মত বা ধারণা সত্য বলে প্রমাণিত না হলেও কোনো কিছুর সম্ভাব্য ব্যাখ্যা হিসেবে প্রস্তাবিত হয়েছে; তত্ত্বপ্রকল্প, অনুমান

hypothetical / ˌhaɪpəˈθetɪkl ˌহাইপ্যা'থেটিক্ল্ / *adj.* based on situations that have not yet happened, not on facts অনুমানভিত্তিক, বাস্তবভিত্তিক নয়; কল্পিত, অনুমানাত্মক *That's a hypothetical question because we don't know what the situation will be next year.* ▶ **hypothetically** / -kli -ক্লি / *adv.* অনুমানের উপর নির্ভর করে

hysteria / hɪˈstɪəriə হি'স্টিঅ্যারিঅ্যা / *noun* [U] a state in which a person or a group of people cannot control their emotions, for example cannot stop laughing, crying, shouting, etc. যে অবস্থায় কোনো একজন ব্যক্তি অথবা ব্যক্তিগোষ্ঠী নিজের ভাবাবেগের উপর নিয়ন্ত্রণ হারিয়ে ফেলে যেমন হাসি, কান্না, চিৎকার ইত্যাদি তারা কোনোটাই থামাতে পারে না; মূর্ছাবায়ু; হিস্টিরিয়া *mass hysteria*

hysterical / hɪˈsterɪkl হি'স্টেরিক্ল্ / *adj.* **1** very excited and unable to control your emotions অত্যন্ত উত্তেজিত এবং নিজের আবেগ নিয়ন্ত্রণে অসমর্থ; অদম্য আবেগে কাণ্ডজ্ঞানরহিত *hysterical laughter* ○ *She was hysterical with grief.* **2** (*informal*) very funny খুব মজার ▶ **hysterically** / -kli -ক্লি / *adv.* অদম্য আবেগে, কাণ্ডজ্ঞানরহিতভাবে; হিস্টিরিয়াগ্রস্তভাবে

hysterics / hɪˈsterɪks হি'স্টেরিক্স্ / *noun* [*pl.*] **1** an expression of extreme fear, excitement or anger that makes sb lose control of his/her emotions তীব্র বা উগ্র ভয়, উন্মাদনা অথবা ক্রোধের প্রকাশ যার ফলে কোনো ব্যক্তি তার ভাবাবেগের উপর নিয়ন্ত্রণ হারিয়ে ফেলে *She **went into hysterics** when they told her the news.* ○ (*informal*) *My father would have hysterics* (= be furious) *if he knew I was going out with you.* **2** (*informal*) laughter that you cannot control অদম্য হাসি যা নিয়ন্ত্রণ করা যায় না *The comedian had the audience **in hysterics**.*

Hz *abbr.* hertz; (used in radio) a measure of **frequency** বেতার তরঙ্গ কম্পাঙ্কের একক; হার্টজ

I i

I[1], **i** / aɪ আই / *noun* [C, U] (*pl.* **I's; i's** /aɪz আইজ্ /) the ninth letter of the English alphabet ইংরেজি বর্ণমালার নবম অক্ষর বা বর্ণ *'Island' begins with an 'I'.*

I[2] / aɪ আই / *pronoun* (*the subject of a verb*) the person who is speaking or writing বক্তা বা লেখক স্বয়ং, আমি, অহং *I phoned and said that I was busy.* ○ *I'm not going to fall, am I?*

iambic / aɪˈæmbɪk আইˈঅ্যাম্বিক্ / *adj.* (*technical*) (used about rhythm in poetry) having one short or weak syllable followed by one long or strong syllable (কবিতার ছন্দ সম্বন্ধে ব্যবহৃত) একটি লঘু বা দুর্বল শব্দাংশের পরে একটি লম্বা বা গুরু শব্দাংশ সমন্বিত পর্ববিশিষ্ট; আয়াম্বিক ছন্দ *a poem written in iambic pentameters* (= in lines of ten syllables, five short and five long)

ice[1] / aɪs আইস্ / *noun* [U] water that has frozen and become solid জল জমে কঠিন হয়ে গেছে এমন; বরফ, তুষার, হিমানী *Do you want ice in your orange juice?* ○ *black ice* (= ice on roads, that cannot be seen easily)

PHR V **break the ice** to say or do sth that makes people feel more relaxed, especially at the beginning of a party or meeting অতিথিদের প্রাথমিক দ্বিধাসংকোচ কাটানোর জন্য (বিশেষত কোনো পার্টি বা মিটিং-এর শুরুতে) কিছু বলা বা করা

cut no ice (with sb) to have no influence or effect on sb কারও উপর প্রভাব ফেলতে না পারা বা কার্যকরী না হওয়া

on ice 1 (used about wine, etc.) kept cold by being surrounded by ice (মদ বা সুরা ইত্যাদি সম্বন্ধে ব্যবহৃত) চারপাশে বরফ দিয়ে ঠান্ডা রাখা হয়েছে এমন 2 (used about a plan, etc.) waiting to be dealt with later; delayed (কোনো পরিকল্পনা ইত্যাদি সম্বন্ধে ব্যবহৃত) কিছু সময়ের জন্য স্থগিত; বিলম্বিত *We've had to put our plans to go to Australia on ice for the time being.*

ice[2] / aɪs আইস্ / (*AmE* **frost**) *verb* [T] to decorate a cake by covering it with a mixture of sugar, butter, chocolate, etc. চিনি, মাখন, চকোলেট ইত্যাদির মিশ্রণ দিয়ে কেক সাজানো ⇨ **icing** দেখো।

PHR V **ice (sth) over/up** to cover sth or become covered with ice (কোনো বস্তু) বরফে ঢেকে দেওয়া বা ঢেকে যাওয়া, বরফের বা তুষারের আস্তরণ পড়া *The windscreen of the car had iced over in the night.*

iceberg / ˈaɪsbɜːg ˈআইস্ব্যগ্ / *noun* [C] a very large block of ice that floats in the sea সমুদ্রে ভাসমান বিরাট বরফের চাঁই ; হিমশৈল, হিমবাহ

IDM **the tip of the iceberg** ⇨ **tip**[1] দেখো।

icebox / ˈaɪsbɒks আইস্বক্স্ / (*AmE*) = **fridge**

ice cap *noun* [C] (in geography) a layer of ice permanently covering parts of the earth, especially around the North and South Poles (ভূগোলে) পৃথিবীর কোনো অঞ্চল বিশেষ করে সুমেরু ও কুমেরুতে, স্থায়ী বরফের স্তর বা আস্তরণ; তুষারমুকুট *the polar ice caps*

ice-cold *adj.* very cold বরফশীতল *ice-cold beer/lemonade* ○ *Your hands are ice-cold.*

ice cream *noun* 1 [U] a frozen sweet food that is made from cream আইসক্রিম 2 [C] an amount of ice cream that is served to sb, often in a special container (**a cone**) চোঙাকৃতি বিশেষ মোড়কে পরিবেশিত পরিমাণমতো আইসক্রিম *a strawberry ice cream*

ice cube *noun* [C] a small block of ice that you put in a drink to make it cold চৌকো বরফের টুকরো যা ঠান্ডা করার জন্য পানীয়তে মেশানো হয়; বরফ ঘনক

iced / aɪst আইস্ট্ / *adj.* (used about drinks) very cold (পানীয় সম্বন্ধে ব্যবহৃত) বরফের মতো ঠান্ডা, অতি শীতল *iced tea*

ice floe *noun* [C] a large area of ice, floating in the sea ভাসমান বিরাট বরফের টুকরো

ice hockey (*AmE* **hockey**) *noun* [U] a game that is played on ice by two teams who try to hit a small flat rubber object (**a puck**) into a goal with long wooden sticks বরফের উপরে যে হকি খেলা হয়; আইসহকি

icelolly *noun* [C] (*pl.* **ice lollies**) (*AmE* **popsicle**) a piece of flavoured ice on a stick কাঠিতে আটকানো বরফের টুকরো ⇨ **lollipop** দেখো।

ice rink = **skating rink**

ice-skate = **skate**[2]

ice skating = **skating 1**

icicle / ˈaɪsɪkl ˈআইসিক্‌ল্ / *noun* [C] a pointed piece of ice that is formed by water freezing as it falls or runs down from sth তীক্ষ্ণ বরফের চাঁই যা চুয়োনো জল জমে তৈরি হয়; তুষার-শলাকা

icing / ˈaɪsɪŋ ˈআইসিং / (*AmE* **frosting**) *noun* [U] a sweet mixture of sugar and water, milk, butter, etc. that is used for decorating cakes জল, চিনি, দুধ ও মাখন দিয়ে তৈরি একধরনের সুমিষ্ট মিশ্রণ যা দিয়ে কেক সাজানো হয়

icon / ˈaɪkɒn আইকন্ / *noun* [C] 1 (*computing*) a small picture or symbol on a computer screen that represents a program কম্পিউটারের পর্দায় কোনো ছোটো ছবি বা চিহ্ন যা কোনো বিশেষ প্রোগ্রাম বা ফাইলের

প্রতীক *Click on the printer icon with the mouse.* **2** a person or thing that is considered to be a symbol of sth কোনো কিছুর প্রতীক বিবেচনা করা যেতে পারে এরকম কোনো ব্যক্তি বা বস্তু *Madonna and other pop icons of the 1980s* **3** (*also* **ikon**) a picture or figure of an important religious person, used by some types of Christians কোনো গুরুত্বপূর্ণ ধর্মীয় ব্যক্তি বা সাধুর ছবি বা মূর্তি যা বিশেষ গোষ্ঠীর খ্রিস্ট ধর্মাবলম্বীরা ব্যবহার করেন

icy / ˈaɪsi ˈআইসি / *adj.* **1** very cold ঠান্ডা কনকনে, খুব ঠান্ডা, হিমশীতল *icy winds/water/weather* **2** covered with ice বরফাবৃত, বরফে ঢাকা *icy roads*

ID / ˌaɪ ˈdiː ˌআই ˈডী / *abbr.* (*informal*) identification; identity পরিচয়-জ্ঞাপক চিহ্ন; ব্যক্তিগত পরিচয় *an ID card*

Id = **Eid**

I'd / aɪd আইড্ / ➪ **I had, I would**-এর সংক্ষিপ্ত রূপ

idea / aɪˈdɪə আইˈডিআ্যা / *noun* **1** [C] **an idea (for sth); an idea (of sth/of doing sth)** a plan, thought or suggestion, especially about what to do in a particular situation অভিপ্রায়, চিন্তাধারা, (বিশেষত কোনো নির্দিষ্ট পরিস্থিতিতে কি করার কথা সেই সম্বন্ধে) পরামর্শ, মত *He's* ***got an idea*** *for a new play.* ○ *I had the* ***bright idea*** *of getting Nisha to help me with my homework.* **2** [*sing.*] **an idea (of sth)** a picture or impression in your mind মনে মনে তৈরি ছবি বা ধারণা *You have no idea* (= you can't imagine) *how difficult it was to find a time that suited everybody.* ○ *The programme* ***gave a good idea*** *of what life was like before the war.* **3** [C] **an idea (about sth)** an opinion or belief কোনো মত বা বিশ্বাস *She has her own ideas about how to bring up children.* **4 the idea** [*sing.*] **the idea (of sth/of doing sth)** the aim or purpose of sth কোনো কিছুর উদ্দেশ্য বা লক্ষ্য; অভিপ্রায় *The idea of the course is to teach the basics of car maintenance.*

IDM **get the idea** to understand the aim or purpose of sth কোনো কিছুর উদ্দেশ্য বা অভিপ্রায় বুঝতে পারা *Right! I think I've got the idea now.*

get the idea that... to get the feeling or impression that... কোনো ধারণা, অনুভূতি অথবা বোধ হওয়া যে... *Where did you get the idea that I was paying for this meal?*

have an idea that... to have a feeling or think that.... কোনো অনুভূতি হওয়া অথবা এই ভাবা যে... *I'm not sure but I have an idea that they've gone on holiday.*

not have the faintest/foggiest (idea) ➪ **faint**[1] দেখো।

ideal[1] / aɪˈdiːəl আইˈডীঅ্যাল্ / *adj.* **ideal (for sb/sth)** the best possible; perfect সাধ্যানুযায়ী; যথার্থ, অনবদ্য ***In an ideal world*** *there would be no poverty.* ○ *It would be an* ***ideal opportunity*** *for you to practise your English.*

ideal[2] / aɪˈdiːəl আইˈডীঅ্যাল্ / *noun* [C] **1** an idea or principle that seems perfect to you and that you want to achieve কোনো ভাবধারা বা নীতি যা একেবারে যথাযথ বলে মনে হয় এবং সেটি অর্জন করার ইচ্ছা হয় *She finds it hard to live up to her parents' high ideals.* ○ *political/moral/social ideals* **2** [*usually sing.*] **an ideal (of sth)** a perfect example of a person or thing শ্রেষ্ঠতম নিদর্শন (ব্যক্তি বা বস্তুর) *It's my ideal of what a family home should be.*

idealism / aɪˈdiːəlɪzəm আইˈডীঅ্যালিজ্যাম্ / *noun* [U] the belief that a perfect life, situation, etc. can be achieved, even when this is not very likely এই বিশ্বাস যে আদর্শ জীবন, পরিস্থিতি ইত্যাদি অর্জন করা যতই কঠিন অথবা অসম্ভব হোক না কেন তা পাওয়া যেতে পারে; আদর্শবাদ *Young people are usually full of idealism.* ➪ **realism** দেখো। ▶ **idealist** *noun* [C] আদর্শবাদী, ভাববাদী ▶ **idealistic** / ˌaɪdiəˈlɪstɪk ˌআইডিআ্যাˈলিস্টিক্ / *adj.* আদর্শধর্মী, আদর্শগত

idealize (*also* **-ise**) / aɪˈdiːəlaɪz আইˈডীঅ্যালাইজ্ / *verb* [T] to imagine or show sb/sth as being better than he/she/it really is কেউ বা কোনো কিছু বা এটি প্রকৃতপক্ষে যা তার থেকে উন্নতরূপে কল্পনা করা বা দেখানো; আদর্শায়িত করা, আদর্শরূপে উপস্থাপনা করা *Old people often idealize the past.*

ideally / aɪˈdiːəli আইˈডীঅ্যালি / *adv.* **1** perfectly যথাযথভাবে, আদর্শগতভাবে *They are ideally suited to each other.* **2** in an ideal situation আদর্শ পরিস্থিতিতে *Ideally, no class should be larger than 25.*

identical / aɪˈdentɪkl আইˈডেন্টিক্ল্ / *adj.* **1 identical (to/with sb/sth)** exactly the same as; similar in every detail অভিন্ন; একই রকমের *I can't see any difference between these two pens—they look identical to me.* ○ *That watch is identical to the one I lost yesterday.* **2 the identical** (*only before a noun*) the same একরকম, একধরনের *This is the identical room we stayed in last year.* ▶ **identically** / -kli -ক্লি / *adv.* অভিন্নভাবে, একরকমভাবে

identical twin *noun* [C] one of two children born at the same time from the same mother, and who are of the same sex and look very similar একই মায়ের গর্ভে একই সময়ে জাত একই লিঙ্গভুক্ত অবিকল একই রকম দেখতে দুটি শিশুর একটি

identification / aɪˌdentɪfɪˈkeɪʃn আইˌডেন্টিফিˈকেইশ্ন্ / *noun* [U, C] **1** the process of showing, recognizing or giving proof of who or what sb/sth is কোনো ব্যক্তি বা বস্তুর পরিচয় প্রমাণিত করার পদ্ধতি; শনাক্তকরণ *The identification of the bodies of those killed in the explosion was very difficult.* **2** (*abbr.* **ID**) [U] an official paper, document, etc. that is proof of who you are যে সরকারি কাগজ বা নথি যা কোনো ব্যক্তির পরিচয়; সরকারি পরিচয়পত্রস্বরূপ *Do you have any identification?* **3 identification (with sb/sth)** a strong feeling of understanding or sharing the same feelings as sb/sth কারও বা কিছুর সঙ্গে বোঝাপড়া বা সমানুভবে প্রবল অনুভূতি; অনুভাবিতা *children's identification with TV heroes*

identify / aɪˈdentɪfaɪ আই'ডেন্টিফাই / *verb* [T] (*pres. part.* **identifying;** *3rd person sing. pres.* **identifies;** *pt, pp* **identified**) **identify sb/sth (as sb/sth)** to recognize or be able to say who or what sb/sth is কোনো ব্যক্তি বা বস্তুকে শনাক্ত করা, চিনতে পারা *The police need someone to identify the body.* ○ *We must identify the cause of the problem before we look for solutions.*

PHR V identify sth with sth to think or say that sth is the same as sth else কোনো বস্তু অন্য বস্তুর সঙ্গে একইরকম এরকম ভাবা বা বলা *You can't identify nationalism with fascism.*

identify with sb to feel that you understand and share what sb else is feeling অন্য কোনো ব্যক্তির অনুভূতি বুঝতে পারা এবং তার অনুভূতি ভাগ করে নেওয়া *I found it hard to identify with the woman in the film.*

identify (yourself) with sb/sth to support or be closely connected with sb/sth কোনো ব্যক্তি বা বস্তুকে সমর্থন করা বা তার সঙ্গে ঘনিষ্ঠভাবে যুক্ত হওয়া *She became identified with the new political party.*

identity / aɪˈdentəti আই'ডেন্ট্যাটি / *noun* [C, U] (*pl.* **identities**) who or what a person or a thing is কারও ব্যক্তিগত পরিচয়, কোনো কিছুর বৈশিষ্ট্য *The region has its own* ***cultural identity***. ○ *The arrest was a case of mistaken identity* (= the wrong person was arrested).

identity card (*also* **ID card**) *noun* [C] a card with your name, photograph, etc. that is proof of who you are কারও নাম, ছবি ইত্যাদি সম্বলিত কার্ড; ব্যক্তিগত পরিচয়জ্ঞাপক পত্র; পরিচয়-পত্র

ideology / ˌaɪdiˈɒlədʒi ˌআইডি'অল্যাজি / *noun* [C, U] (*pl.* **ideologies**) a set of ideas which form the basis for a political or economic system রাজনৈতিক বা অর্থনৈতিক ব্যবস্থার ভিত্তি তৈরি করে যে সকল ধারণাসমূহ *Marxist ideology* ▶ **ideological** / ˌaɪdiəˈlɒdʒɪkl ˌআইডিঅ্যা'লজিক্‌ল্ / *adj.* মতাদর্শভিত্তিক

idiom / ˈɪdiəm 'ইডিঅ্যাম্ / *noun* [C] an expression whose meaning is different from the meanings of the individual words in it যে অভিব্যক্তির অর্থ তার ভিতরকার শব্দগুলির (যেগুলি নিয়ে এটি গঠিত) থেকে পৃথক; বাগ্‌ধারা, বাক্‌রীতি *The idiom 'bring sth home to sb' means 'make sb understand sth'.*

idiomatic / ˌɪdiəˈmætɪk ˌইডিঅ্যা'ম্যাটিক্ / *adj.* **1** using language that contains expressions that are natural to sb who learned the language as a child স্বাভাবিক অভিব্যক্তি সমৃদ্ধ ভাষা (যা শিশুকাল থেকে শিখে আসা হয়েছে) ব্যবহার করা হচ্ছে এমন *He speaks good idiomatic English.* **2** containing an idiom বাগ্‌ধারা সম্বলিত *an idiomatic expression*

idiosyncrasy / ˌɪdiəˈsɪŋkrəsi ˌইডিঅ্যা'সিংক্র্যাসি / *noun* [C, U] (*pl.* **idiosyncrasies**) a person's particular way of behaving, thinking, etc., especially when it is unusual; an unusual characteristic কোনো ব্যক্তির আচরণ চিন্তাধারা ইত্যাদির নির্দিষ্ট পদ্ধতি, বিশেষত যখন সেটি অসাধারণ; কোনো অসাধারণ বৈশিষ্ট্য ✪ সম **eccentricity** *Eating garlic every morning is one of his idiosyncrasies.* ○ *The car has its little idiosyncrasies.* ▶ **idiosyncratic** / ˌɪdiəsɪŋˈkrætɪk ˌইডিঅ্যাসিং'ক্র্যাটিক্ / বৈশিষ্ট্যগত বা বৈশিষ্ট্যপূর্ণ *His teaching methods are idiosyncratic but successful.*

idiot / ˈɪdiət 'ইডিঅ্যাট্ / *noun* [C] (*informal*) a very stupid person বোকা, আহাম্মক, মহামূর্খ ব্যক্তি *I was an idiot to forget my passport.* ▶ **idiotic** /ˌɪdiˈɒtɪk ˌইডি'অটিক্ / *adj.* বোকার মতো, মুর্খের মতো ▶ **idiotically** / -kli -ক্লি / *adv.* বোকামি করে, আহাম্মকিবশত

idle / ˈaɪdl 'আইড্‌ল্ / *adj.* **1** not wanting to work hard; lazy কঠিন পরিশ্রম করতে চায় না এমন; অলস, কুঁড়ে *He has the ability to succeed but he is just* ***bone*** (=very) ***idle***. **2** not doing anything; not being used নিষ্কর্মা, বেকার, কর্মহীন; অব্যবহার্য, অকেজো (জিনিসপত্র) *She can't bear to be idle.* ○ *The factory* ***stood idle*** *while the machines were being repaired.* **3** (*only before a noun*) not to be taken seriously because it will not have any result বাজে, উদ্দেশ্যহীন, অকাজের *an idle promise/threat* ○ *idle chatter/curiosity* ▶ **idleness** *noun* [U] অলসতা, আলস্য, আলসেমি ▶ **idly** / ˈaɪdli 'আইড্‌লি / *adv.* অলসভাবে, উদ্দেশ্যহীনভাবে

idli *noun* [C] (*pl.* **idlis**) a south Indian steamed cake made from a batter of ground rice and lentils. It is usually served with **sambar** চাল ও ডালের গুঁড়ো সহযোগে ভাপানো দক্ষিণ ভারতীয় খাদ্যবিশেষ যা সম্বর সহযোগে খাওয়া হয়; ইডলি

idol / ˈaɪdl ˈআইড্‌ল্ / *noun* [C] **1** a person (such as a film star or pop musician) who is admired or loved যে ব্যক্তি (যেমন চিত্রতারকা বা পপসংগীত গায়ক) প্রশংসা বা তারিফের পাত্র; আইডল *a pop/football/teen/screen idol* **2** a statue that people treat as a god দেবতার মূর্তি, উপাস্য প্রতিমা

idolize (*also* **-ise**) / ˈaɪdəlaɪz ˈআইড্যালাইজ্ / *verb* [T] to love or admire sb very much or too much কোনো ব্যক্তিকে ভালোবাসা বা তারিফ করা (খুব বেশি বা বাড়াবাড়ি রকমের); মাথায় করে রাখা অথবা মাথায় তোলা *He is an only child and his parents idolize him.*

idyllic / ɪˈdɪlɪk ই'ডিলিক্ / *adj.* very pleasant and peaceful; perfect শান্ত, মনোরম; নিখুঁত, আদর্শ *an idyllic holiday*

i.e. / ˌaɪ ˈiː ˌআই ˈঈ / *abbr.* that is; in other words, that is-এর সংক্ষিপ্তরূপ; অন্যরূপে *deciduous trees, i.e. those which lose their leaves in autumn*

if / ɪf ইফ্ / *conj.* **1** used in sentences in which one thing only happens or is true when another thing happens or is true যদি একটি ঘটনা ঘটে বা সত্য হয় তবে অন্য কিছু ঘটবে বা সত্য হবে এই বোঝাতে ব্যবহৃত হয়; একটি কার্য-কারণ সম্পর্ককে ব্যক্ত করার জন্য ব্যবহৃত হয় *If you see him, give him this letter.* ○ *We won't go to the beach if it rains.* **2** when; every time যখন; প্রতিবারে *If I try to phone her she just hangs up.* ○ *If metal gets hot it expands.* **3** used after verbs such as 'ask', 'know', 'remember' ক্রিয়াপদসমূহ যেমন 'ask', 'know', 'remember' ইত্যাদির পরে ব্যবহৃত হয় *They asked if we would like to go too.* ○ *I can't remember if I posted the letter or not.* ➪ **whether** দেখো। **4** used when you are asking sb to do sth or suggesting sth politely কাউকে কোনো কিছু করতে বলার সময়ে বা নম্রভাবে কেনো পরামর্শ দেওয়ার সময়ে ব্যবহার হয় *If you could just come this way, sir.* ○ *If I might suggest something...*

IDM **as if** ➪ **as** দেখো।

even if ➪ **even**[2] দেখো।

if I were you used when you are giving sb advice কাউকে কোনো উপদেশ দেওয়ার সময়ে ব্যবহৃত হয় *If I were you, I'd leave now.*

if it wasn't/weren't for sb/sth if a particular person or situation did not exist or was not there; without sb/sth যদি কোনো নির্দিষ্ট ব্যক্তি বা পরিস্থিতির অস্তিত্ব না থাকত; কোনো ব্যক্তি বা বস্তুকে ছাড়া *If it wasn't for him, I wouldn't stay in this country.*

if only used for expressing a strong wish প্রবল ইচ্ছে বোঝাতে ব্যবহৃত হয় *If only I could drive.* ○ *If only he'd write.*

igloo / ˈɪgluː ˈইগ্‌লু / *noun* [C] (*pl.* **igloos**) a small house that is built from blocks of hard snow বরফের চাঙড় দিয়ে তৈরি ছোটো বাড়ি

igneous / ˈɪgniəs ˈইগ্‌নিঅ্যাস্ / *adj.* (*technical*) (used about rocks) formed when **magma** comes out of a **volcano** and becomes solid (পাথর সম্বন্ধে ব্যবহৃত) আগ্নেয়গিরি থেকে তরল পদার্থ যখন বেরিয়ে এসে জমে যায়; আগ্নেয় ➪ **metamorphic** এবং **sedimentary** দেখো এবং **rock**-এ ছবি দেখো।

ignite / ɪgˈnaɪt ইগ্'নাইট্ / *verb* [I, T] (*formal*) to start burning or to make sth start burning প্রজ্বলিত করা বা হওয়া, আগুন জ্বালানো বা লাগানো *A spark from the engine ignited the petrol.*

ignition / ɪgˈnɪʃn ইগ্'নিশন্ / *noun* **1** [C] the electrical system that starts the engine of a car গাড়ির ইঞ্জিন চালু করার বৈদ্যুতিক ব্যবস্থা *to turn the ignition on/off* ○ *First of all, put the key in the ignition.* ➪ **car**-এ ছবি দেখো। **2** [U] the action of starting to burn or making sth start to burn আগুন ধরানোর কাজ; অগ্নিসংযোগ, প্রজ্বলন, সন্দীপন

ignominious / ˌɪgnəˈmɪniəs ˌইগ্‌ন্যা'মিনিঅ্যাস্ / *adj.* (*formal*) making you feel embarrassed লজ্জাকর, অস্বস্তিজনক *The team suffered an ignominious defeat.* ► **ignominiously** *adv.* লজ্জাজনকভাবে

ignorance / ˈɪgnərəns ˈইগ্‌ন্যার‍্যান্স্ / *noun* [U] **ignorance (of/about sth)** a lack of information or knowledge অজ্ঞতা, তথ্য অথবা জ্ঞানের অভাব, অজ্ঞানতা *The workers were* ***in complete ignorance*** *of the management's plans.*

ignorant / ˈɪgnərənt ˈইগ্‌ন্যার‍্যান্ট্ / *adj.* **1 ignorant (of/about sth)** not knowing about sth কোনো বিষয়ে অজ্ঞ, অনবহিত *Many people are ignorant of their rights.* **2** (*informal*) having or showing bad manners আচার-আচরণ বিষয়ে অজ্ঞ, ভদ্রতাজ্ঞানের অভাব আছে যার *an ignorant person/remark*

ignore / ɪgˈnɔː(r) ইগ্'ন:(র্) / *verb* [T] to pay no attention to sb/sth কোনো ব্যক্তি বা বস্তুকে অবহেলা করা, মনোযোগ না দেওয়া *I said hello to Dolly but she totally ignored me* (=acted as though she hadn't seen me). ○ *Suman ignored her doctor's advice about doing regular exercise.*

ikon = **icon 3**

il- *prefix* ➪ **in** দেখো।

ileum / ˈɪliəm ˈইলিঅ্যাম্ / *noun* [C] (*pl.* **ilea** / ˈɪliə ˈইলিঅ্যা /) one part of the **intestine** অন্ত্রের একটি অংশ

I'll / aɪl আইল্ / ➪ **I will, I shall**-এর সংক্ষিপ্ত রূপ

ill[1] / ɪl ইল্ / *adj.* **1** (*AmE* **sick**) (*not before a noun*) not in good health; not well অসুস্থ; রুগ্ন, পীড়িত, ব্যাধিগ্রস্ত *I can't drink milk because it makes me* feel ill. o *My mother was **taken ill** suddenly last week.* o *My grandfather is **seriously ill** in hospital.* ⇨ sick-এ নোট দেখো। **2** (*only before a noun*) bad or harmful খারাপ, ক্ষতিকর, মন্দ *He resigned because of ill health.* o *I'm glad to say I suffered no ill effects from all that rich food.* ⇨ illness noun দেখো।

ill² / ɪl ইল্ / *adv.* **1** (*often in compounds*) badly or wrongly খারাপভাবে অথবা ভুলভাবে *You would be **ill-advised** to drive until you have fully recovered.* **2** only with difficulty; not easily প্রতিকূলতার সঙ্গে; সহজে নয় *They could ill afford the extra money for better heating.*

IDM **augur well/ill for sb/sth** ⇨ augur দেখো। **bode well/ill (for sb/sth)** ⇨ bode দেখো।

illegal / ɪˈliːgl ই'লীগ্ল্ / *adj.* not allowed by the law বেআইনি, অবৈধ *It is illegal to own a gun without a special licence.* o *illegal drugs/ immigrants/activities* ✪ বিপ legal ✪ সম unlawful ▶ illegally / -gəli -গ্যালি / *adv.* অবৈধভাবে

illegality / ˌɪliˈgæləti ইলি'গ্যাল্যাটি / *noun* (*pl.* illegalities) **1** [U] the state of being illegal আইনের বিরুদ্ধাচার *No illegality is suspected.* **2** [C] an illegal act বেআইনি বা অবৈধ কাজ ⇨ legality দেখো।

illegible / ɪˈledʒəbl ই'লেজ্যাব্ল্ / *adj.* difficult or impossible to read পাঠোদ্ধার করা কঠিন; অবোধ্য, অস্পষ্ট, দুষ্পাঠ্য *Your handwriting is quite illegible.* ✪ বিপ legible ▶ illegibly / -əbli -অ্যাব্লি / *adv.* অস্পষ্টভাবে

illegitimate / ˌɪləˈdʒɪtəmət ইল্যা'জিটাম্যাট্ / *adj.* **1** (*old-fashioned*) (used about a child) born to parents who are not married to each other (কোনো শিশু সম্বন্ধে ব্যবহৃত) অবৈধ, জারজ, কানীন **2** not allowed by law; against the rules অবৈধ; আইনবিরুদ্ধ *the illegitimate use of company money* ✪ বিপ legitimate ▶ illegitimacy / ˌɪləˈdʒɪtəməsi ইল্যা'জিটাম্যাসি / *noun* [U] জারজত্ব, অবৈধতা

ill-fated *adj.* not lucky দুর্ভাগা, ভাগ্যহীন, হতভাগ্য *the ill-fated ship, the Titanic*

illicit / ɪˈlɪsɪt ই'লিসিট্ / *adj.* (used about an activity or substance) not allowed by law or by the rules of society (কোনো কাজকর্ম বা পদার্থ সম্বন্ধে ব্যবহৃত) সামাজিকভাবে অবৈধ, নিষিদ্ধ *the illicit trade in ivory* o *They were having an illicit affair.*

illiterate / ɪˈlɪtərət ই'লিট্যার্যাট্ / *adj.* **1** not able to read or write নিরক্ষর, অশিক্ষিত ✪ বিপ literate **2** (used about a piece of writing) very badly written (কোনো রচনা সম্বন্ধে ব্যবহৃত) নিম্নমানের লেখা **3** not knowing much about a particular subject বিশেষ কোনো বিষয় সম্বন্ধে বিশদভাবে জানা নেই এমন *computer illiterate* ▶ illiteracy / ɪˈlɪtərəsi ই'লিট্যার্যাসি / *noun* [U] নিরক্ষরতা *adult illiteracy* ✪ বিপ literacy

illness / ˈɪlnəs ইল্ন্যাস্ / *noun* **1** [U] the state of being physically or mentally ill (শারীরিক বা মানসিক) পীড়া, অসুস্থতা, ব্যাধি, অসুখ, রোগ *He's missed a lot of school through illness.* o *There is a history of mental illness in the family.* **2** [C] a type or period of physical or mental ill health বিশেষ ধরনের কোনো অসুখ বা সেই রোগে ভোগার সময়কাল *minor/ serious/childhood illnesses* o *My dad is just getting over his illness.* ⇨ ill *adjective* দেখো এবং disease-এ নোট দেখো।

illogical / ɪˈlɒdʒɪkl ই'লজিক্ল্ / *adj.* not sensible or reasonable অসংগত, অযৌক্তিক *It seems illogical to me to pay somebody to do work that you could do yourself.* ✪ বিপ logical ▶ illogicality / ɪˌlɒdʒɪˈkæləti ই‚লজি'ক্যাল্যাটি / *noun* [C, U] (*pl.* illogicalities) অযৌক্তিকতা, অসংগতি ▶ illogically / -kli -ক্লি / *adv.* অযৌক্তিকভাবে

ill-treat *verb* [T] to treat sb/sth badly or in an unkind way কোনো ব্যক্তি বা বস্তুর প্রতি খারাপ ব্যবহার করা বা দুর্ব্যবহার করা ▶ ill-treatment *noun* [U] নিষ্ঠুর ব্যবহার; দুর্ব্যবহার

illuminate / ɪˈluːmɪneɪt ই'লূমিনেইট্ / *verb* [T] (*formal*) **1** to shine light on sth or to decorate sth with lights কোনো কিছু আলো দিয়ে সাজানো, আলোকখচিত বা আলোকসজ্জিত করা *The palace was illuminated by spotlights.* **2** to explain sth or make sth clear কোনো কিছু বিশদ করা বা ভালোভাবে বোঝানো

illuminating / ɪˈluːmɪneɪtɪŋ ই'লূমিনেইটিং / *adj.* helping to explain sth or make sth clear ব্যাখ্যা করতে সাহায্য করা হচ্ছে, পরিষ্কার করে বলা হচ্ছে এমন *an illuminating discussion*

illumination / ɪˌluːmɪˈneɪʃn ই‚লূমি'নেইশ্ন্ / *noun* **1** [U, C] light or the place where a light comes from আলোকসজ্জা, আলোর উদ্ভাসন **2** illuminations [*pl.*] (*BrE*) bright colourful lights that are used for decorating a street, town, etc. রাস্তা শহর প্রভৃতির আলোকসজ্জা

illusion / ɪˈluːʒn ই'লূজ্ন্ / *noun* **1** [C, U] a false idea, belief or impression ভ্রান্ত ধারণা, বিশ্বাস বা মতামত *I have no illusions about the situation— I know it's serious.* o *I think Puneet's **under the illusion** that he will be the new director.* **2** [C] something that your eyes tell you is there or is true but in fact is not মরীচিকা, চোখের বিভ্রম *That line looks longer, but in fact they're the same length. It's an **optical illusion**.*

illusory / ɪˈluːsəri ই'লুস্যারি / *adj.* (*formal*) not real, although seeming to be আপাত সত্য মনে হলেও যা সত্যি নয়; অলীক *The profits they had hoped for proved to be illusory.*

illustrate / ˈɪləstreɪt 'ইল্যাস্‌ট্রেইট্ / *verb* [T] **1** to explain or make sth clear by using examples, pictures or diagrams উদাহরণ, ছবি বা রেখাচিত্র সহযোগে ব্যাখ্যা করা *These statistics* ***illustrate the point*** *that I was making very well.* **2** to add pictures, diagrams, etc. to a book or magazine কোনো পত্রিকা বা বইয়ের মধ্যে ছবি, নকশা ইত্যাদি সংযোজন করা *Most cookery books are illustrated.*

illustration / ˌɪləˈstreɪʃn ˌইল্যা'স্‌ট্রেইশ্‌ন্ / *noun* **1** [C] a drawing, diagram or picture in a book or magazine (পুস্তক বা পত্রিকার মধ্যে) আঁকা ছবি, নকশা বা রেখাচিত্র ইত্যাদি *colour illustrations* **2** [U] the activity or art of illustrating ঐ জাতীয় ছবি আঁকার কাজ; সচিত্রকরণ **3** [C] an example that makes a point or an idea clear যে উদাহরণের সাহায্যে কোনো বক্তব্য বা চিন্তা পরিষ্কার হয় *Can you give me an illustration of what you mean?*

illustrator / ˈɪləstreɪtə(r) 'ইল্যাস্‌ট্রেইট্যা(র্) / *noun* [C] a person who draws or paints pictures for books, etc. বই ইত্যাদির চিত্রকর

illustrious / ɪˈlʌstriəs ই'লাস্‌ট্রিঅ্যাস্ / *adj.* (*formal*) famous and successful খ্যাত, সফল, স্বনামধন্য

I'm / aɪm আইম্ / ➪ **I am**-এর সংক্ষিপ্ত রূপ

im- *prefix* ➪ **in** দেখো।

image / ˈɪmɪdʒ 'ইমিজ্ / *noun* [C] **1** the general impression that a person or organization gives to the public মানুষের মধ্যে কোনো ব্যক্তি বা সংস্থা সম্পর্কে গড়ে ওঠা ধারণা; ভাবমূর্তি *When you meet him, he's very different from his public image.* **2** a mental picture or idea of sb/sth মানসপ্রতিমা, মানসচিত্র *I have an image of my childhood as always sunny and happy.* **3** a picture or description that appears in a book, film or painting বই, চলচ্চিত্র বা চিত্রকর্মের মধ্যে যে ছবি বা বর্ণনা দেখা যায় *horrific images of war* **4** a copy or picture of sb/sth seen in a mirror, through a camera, on television, computer, etc. আয়নার মধ্যে, ক্যামেরার মধ্যে দিয়ে বা টেলিভিশন, কম্পিউটার ইত্যাদিতে দেখা প্রতিমূর্তি বা প্রতিচ্ছবি *A perfect image of the building was reflected in the lake.* ○ *He's* ***the (spitting) image of*** *his father* (=he looks exactly like him).

imagery / ˈɪmɪdʒəri 'ইমিজ্যারি / *noun* [U] language that produces pictures in the minds of the people reading or listening পাঠরত বা শ্রবণরত মানুষের মনে যে ভাষা ছবি বা রূপ ফুটিয়ে তোলে; চিত্রকল্প *poetic imagery*

imaginable / ɪˈmædʒɪnəbl ই'ম্যাজিন্যাব্‌ল্ / *adj.* that you can imagine অনুমানযোগ্য *Shruti made all the excuses imaginable when she was caught stealing.* ○ *His house was equipped with every imaginable luxury.*

imaginary / ɪˈmædʒɪnəri ই'ম্যাজিন্যারি / *adj.* existing only in the mind; not real কল্পনাপ্রসূত, কাল্পনিক; বাস্তব নয় *Many children have imaginary friends.*

imagination / ɪˌmædʒɪˈneɪʃn ই,ম্যাজি'নেইশন্ / *noun* **1** [U, C] the ability to create mental pictures or new ideas কল্পনা, অলীক চিন্তা *He has a lively imagination.* ○ *She's very clever but she doesn't* ***have much imagination***. **2** [C] the part of the mind that uses this ability কল্পনাশক্তি, মনের উদ্ভাবনা শক্তি *If you* ***use your imagination****, you should be able to guess the answer.* ▶ **imaginatively** *adv.* কল্পনাপ্রবণভাবে

imaginative / ɪˈmædʒɪnətɪv ই'ম্যাজিন্যাটিভ্ / *adj.* having or showing imagination কল্পনাপ্রবণ, ভাবুক, কল্পনাপ্রিয় *She's always full of imaginative ideas.*

imagine / ɪˈmædʒɪn ই'ম্যাজিন্ / *verb* [T] **1 imagine that...; imagine sb/sth (doing/as sth)** to form a picture or idea in your mind of what sth/sb might be like মনের মধ্যে ছবি আঁকা, কল্পনা করা, কোনো কিছু সম্পর্কে মনে মনে ধারণা করা বা ভাবা *Imagine that you're lying on a beach.* ○ *I can't imagine myself cycling 20 kilometres a day.* **2** to see, hear or think sth that is not true or does not exist অলীক চিন্তা করা, আকাশকুসুম কল্পনা করা *She's always imagining that she's ill but she's fine really.* ○ *I thought I heard someone downstairs, but I must have been* ***imagining things***. **3** to think that sth is probably true; to suppose মনে মনে ভেবে নেওয়া; অনুমান করা *I imagine he'll be coming by car.*

imam *noun* [C] **1** the person who leads prayers in a **mosque** যিনি মসজিদে প্রার্থনা পরিচালনা করেন; ইমাম (মসজিদে) **2 Imam** a title adopted by various Muslim leaders ইমাম (উপাধি)

imbalance / ɪmˈbæləns ইম্'ব্যাল্যান্স্ / *noun* [C] **an imbalance (between A and B); an imbalance (in/of sth)** a difference; not being equal অসামঞ্জস্য; ভারসাম্যহীনতা *an imbalance in the numbers of men and women teachers*

imbecile / ˈɪmbəsiːl 'ইম্‌ব্যাসীল্ / *noun* [C] a stupid person মানসিক ভারসাম্যহীন; বোকা, নির্বোধ ✪ সম **idiot**

IMF / ˌaɪemˈef ˌআইএম্'এফ্ / *abbr.* the International Monetary Fund ইন্টারন্যাশনাল মনিটরি ফান্ড-এর সংক্ষিপ্ত রূপ; আন্তর্জাতিক আর্থিক নিধি বা তহবিল; আই এম এফ

imitate / ˈɪmɪteɪt ˈইমিটেইট্ / *verb* [T] **1** to copy the behaviour of sb/sth কারও বা কিছুর অনুকরণ করা, নকল করা *Small children learn by imitating their parents.* **2** to copy the speech or actions of sb/sth, often in order to make people laugh অন্যের কথা বা কাজ নকল করে লোক হাসানো *She could imitate her mother perfectly.*

imitation / ˌɪmɪˈteɪʃn ˌইমিˈটেইশ্ন্ / *noun* **1** [C] a copy of sth real কোনো বস্তুর প্রতিকৃতি, নকল, অনুকরণ *Some artificial flowers are good imitations of real ones.* ➪ **genuine** দেখো। **2** [U] the act of copying sb/sth কোনো ব্যক্তি অথবা বস্তুকে নকল করার ক্রিয়া *Good pronunciation of a language is best learnt **by imitation**.* **3** [C] the act of copying the way sb talks and behaves, especially in order to make people laugh বিশেষত লোক হাসানোর জন্য কারও কথা এবং আচরণ পদ্ধতি নকল করার ক্রিয়া; ভাঁড়ামি *Can you **do** any **imitations** of politicians?*

immaculate / ɪˈmækjələt ইˈম্যাকিঅ্যাল্যাট্ / *adj.* **1** perfectly clean and tidy নিখুঁত, পরিচ্ছন্ন *immaculate white shirts* **2** without any mistakes; perfect ত্রুটিশূন্য; নিখুঁত *His performance of 'Gandhi' was immaculate.* ▶ **immaculately** *adv.* নিখুঁতভাবে, ত্রুটিহীনভাবে

immaterial / ˌɪməˈtɪəriəl ˌইম্যাˈটিঅ্যারিঅ্যাল্ / *adj.* **immaterial (to sb/sth)** not important তুচ্ছ, গুরুত্বহীন, অনাবশ্যক *It's immaterial to me whether we go today or tomorrow.*

immature / ˌɪməˈtjʊə(r) ˌইম্যাˈটিউঅ্যা(র্) / *adj.* **1** not fully grown or developed অপরিপক্ক, অপরিণত *an immature body* **2** (used about a person) behaving in a way that is not sensible and is typical of people who are much younger (কোনো ব্যক্তি সম্বন্ধে ব্যবহৃত) অপরিণত, অর্বাচীন *I think he's too immature to take his work seriously.* ✪ বিপ **mature**

immeasurable / ɪˈmeʒərəbl ইˈমেজ্যার‌্যাব্ল্ / *adj.* (*formal*) too large, great, etc. to be measured বিরাটাকার, বিশাল, সীমাহীন, অপরিমেয়, অসীম *to cause immeasurable harm* ○ *Her contribution was of immeasurable importance.* ▶ **immeasurably** / -əbli -অ্যাব্লি / *adv.* অসীমরূপে, বিশালভাবে *Housing standards have improved immeasurably since the war.*

immediacy / ɪˈmiːdiəsi ইˈমীডিঅ্যাসি / *noun* [U] the quality of being available or seeming to happen close to you and without delay তাৎক্ষণিকতা, নৈকট্য *Letters do not have the same immediacy as email.*

immediate / ɪˈmiːdiət ইˈমীডিঅ্যাট্ / *adj.* **1** happening or done without delay অবিলম্বে, তৎক্ষণাৎ, এখনই *I'd like an immediate answer to my proposal.* ○ *The government responded with immediate action.* **2** (*only before a noun*) existing now and needing urgent attention অবিলম্বিত, ত্বরিত *Tell me what your immediate needs are.* **3** (*only before a noun*) nearest in time, position or relationship নিকটতম, অব্যবহিত *They won't make any changes in **the immediate future**.* ○ *He has left most of his money to his immediate family* (= parents, children, brothers and sisters).

immediately / ɪˈmiːdiətli ইˈমীডিঅ্যাট্লি / *adv.*, *conj.* **1** at once; without delay তৎক্ষণাৎ; অবিলম্বে, একটুও দেরি না করে *Can you come home immediately after work?* ○ *I couldn't immediately see what he meant.* **2** very closely; directly ঘনিষ্ঠভাবে; প্রত্যক্ষভাবে *He wasn't immediately involved in the crime.* **3** nearest in time or position অবস্থা ও সময়ের দিক থেকে সবথেকে কাছাকাছি *Who's the girl immediately in front of Shiva?* ○ *What did you do immediately after the war?* **4** (*BrE*) as soon as যত তাড়াতাড়ি সম্ভব *I opened the letter immediately I got home.*

immense / ɪˈmens ইˈমেন্স্ / *adj.* very big or great প্রভূত বা বিশাল *immense difficulties/importance/power* ○ *She gets immense pleasure from her garden.*

immensely / ɪˈmensli ইˈমেন্সলি / *adv.* extremely; very much খুব বেশি রকমের, চরমরূপে; অত্যন্ত, খুব *immensely enjoyable*

immensity / ɪˈmensəti ইˈমেন্স্যাটি / *noun* [U] an extremely large size বিশাল, বিরাট বড়ো আকার *the immensity of the universe*

immerse / ɪˈmɜːs ইˈম্যস্ / *verb* [T] **1 immerse sth (in sth)** to put sth into a liquid so that it is covered (কোনো তরলে কোনো কিছু) ডোবানো, চোবানো *Make sure the spaghetti is fully immersed in the boiling water.* **2 immerse yourself (in sth)** to involve yourself completely in sth so that you give it all your attention কোনো কিছুতে সম্পূর্ণ মনোযোগ সহকারে নিজেকে জড়িয়ে ফেলা; ডুবে থাকা, সম্পূর্ণ মনপ্রাণ দিয়ে কিছু করা, মগ্ন থাকা *Rakhi's usually immersed in a book.*

immersion / ɪˈmɜːʃn ইˈম্যশ্ন্ / *noun* [U] **1 immersion (in sth)** the act of putting sb/sth into a liquid so that he/she/it is completely covered; the state of being completely covered by a liquid জল বা অন্য কোনো তরলের মধ্যে কোনো কিছু বা কাউকে নিমজ্জিত করার ক্রিয়া; সম্পূর্ণভাবে নিমজ্জিত অবস্থা; নিমজ্জন *Immersion in cold water resulted in rapid loss of heat.* **2 immersion (in sth)** the state of being completely involved in sth নিমজ্জিত অবস্থা; নিমগ্ন *a two-week immersion course in French* (= in which the student hears and uses only French)

immigrant / ˈɪmɪɡrənt ˈইমিগ্র্যান্ট্ / *noun* [C] a person who has come into a foreign country to live there permanently যে ব্যক্তি পাকাপাকি থাকার জন্য বিদেশে এসেছে; অভিবাসী, প্রবাসী, প্রোষিত *The government plans to tighten controls to prevent **illegal immigrants**.* ○ *London has a high immigrant population.*

immigrate / ˌɪmɪˈɡreɪt ˌইমিˈগ্র্যাইট্ / *verb* [I] to come to live permanently in a country after leaving your own country নিজের দেশ ছেড়ে অন্য দেশে স্থায়ীভাবে চলে আসা; প্রবসিত হওয়া

NOTE 'Immigrate' শব্দটি ক্রিয়াপদরূপে (verb) ব্যবহার হয় না বললেই চলে। কোনো অভিবাসনকারী যে দেশ থেকে আগত তার সম্বন্ধে বলতে গেলে আমরা সাধারণত 'be an immigrant' অভিব্যক্তিটি অথবা 'emigrate' ক্রিয়াপদটি ব্যবহার করি—*My parents emigrated to this country from Jamaica.* ➪ **emigrate, emigrant** এবং **emigration** দেখো।

immigration / ˌɪmɪˈɡreɪʃn ˌইমিˈগ্রেইশ্ন্ / *noun* [U] **1** the process of coming to live permanently in a country that is not your own; the number of people who do this পাকাপাকিভাবে নিজের দেশ ছেড়ে বিদেশে এসে থাকার জন্য প্রয়োজনীয় ব্যবস্থা; অভিবাসন, প্রবসন; যারা এরকম করে সেই সকল লোকের সংখ্যা *There are greater controls on immigration than there used to be.* ○ *a fall in immigration* **2** (*also* **immigration control**) the control point at an airport, port, etc. where the official documents of people who want to come into a country are checked বিমানবন্দর, পোতবন্দর ইত্যাদি যেখানে পরদেশবাসী অথবা পরদেশবাসে বা অভিবাসনে ইচ্ছুক ব্যক্তির সরকারি নথিপত্র পরীক্ষা করা হয় *When you leave the plane you have to go through customs and immigration.*

imminent / ˈɪmɪnənt ˈইমিন্যান্ট্ / *adj.* (usually used about sth unpleasant) almost certain to happen very soon (সাধারণত কোনো অপ্রীতিকর ঘটনা সম্বন্ধে ব্যবহৃত) যা ঘটতে যাচ্ছে; আগতপ্রায়, অত্যাসন্ন, সন্নিকট *Heavy rainfall means that flooding is imminent.* ▶ **imminently** *adv.* অত্যাসন্নভাবে

immiscible / ɪˈmɪsəbl ইˈমিস্যাব্ল্ / *adj.* (*technical*) (used about liquids) that cannot be mixed together (তরল সম্বন্ধে ব্যবহৃত) যা একসঙ্গে মেশানো যায় না, মিশ্রণ অসাধ্য ✪ বিপ **miscible**

immobile / ɪˈməʊbaɪl ইˈম্যাউবাইল্ / *adj.* not moving or not able to move জড়, নিথর, নিশ্চল ✪ বিপ **mobile** ▶ **immobility** / ˌɪməˈbɪləti ˌইম্যাˈবিল্যাটি / *noun* [U] নিশ্চলতা, গতিহীনতা, জাড্যতা

immobilize (*also* **-ise**) / ɪˈməʊbəlaɪz ˌইম্যাউব্যালাইজ্ / *verb* [T] to prevent sb/sth from moving or working normally কোনো ব্যক্তি অথবা বস্তুকে নিশ্চল, স্থির অথবা নিষ্ক্রিয় করে দেওয়া *This device immobilizes the car to prevent it being stolen.* ✪ বিপ **mobilize**

immobilizer (*also* **-iser**) / ɪˈməʊbəlaɪzə(r) ইˈম্যাউব্যালাইজ্যা(র্) / *noun* [C] a device in a vehicle that prevents thieves from starting the engine when the vehicle is parked গাড়ির মধ্যে লাগানো চুরি নিরোধক যন্ত্রবিশেষ যেটির জন্য গাড়ি যখন পার্ক করা থাকে তখন গাড়ির ইঞ্জিন চালু করা যায় না

immoral / ɪˈmɒrəl ইˈমর্যাল্ / (used about people or their behaviour) considered wrong or not honest by most people (লোক এবং তাদের আচরণ সম্বন্ধে ব্যবহৃত) অসৎ, অন্যায়, নীতিবহির্গত *It's immoral to steal.* ✪ বিপ **moral** ➪ **amoral** দেখো। ▶ **immorality** / ˌɪməˈræləti ˌইম্যাˈর‍্যাল্যাটি / *noun* [U] নীতিবিরুদ্ধতা, ভ্রষ্টাচার ✪ বিপ **morality** ▶ **immorally** / -rəli -র‍্যালি / *adv.* নীতিবিরুদ্ধভাবে, অসভ্য, অন্যায়ভাবে

immortal / ɪˈmɔːtl ইˈম:ট্ল্ / *adj.* living or lasting for ever অমর, অবিনশ্বর, চিরস্থায়ী, অক্ষয়, চিরঞ্জীব *Nobody is immortal—we all have to die some time.* ✪ বিপ **mortal** ▶ **immortality** / ˌɪmɔːˈtæləti ˌইম:ˈট্যাল্যাটি / *noun* [U] অমরতা, চিরস্থায়িত্ব

immortalize (*also* **-ise**) / ɪˈmɔːtəlaɪz ইˈম:ট্যালাইজ্ / *verb* [T] to give lasting fame to sb/sth কাউকে অমর করে রাখা, অমরত্বে অভিষিক্ত করা *He immortalized their relationship in a poem.*

immune / ɪˈmjuːn ইˈমিউন্ / *adj.* **1 immune (to sth)** having natural protection against a certain disease or illness নির্দিষ্ট কতকগুলি রোগ বা অসুস্থতা প্রতিরোধের ক্ষমতাসম্পন্ন *You should be immune to measles if you've had it already.* **2 immune (to sth)** not affected by sth কোনো কিছুর দ্বারা প্রভাবিত হয় না এমন; অনাক্রম্য *You can say what you like—I'm immune to criticism!* **3 immune (from sth)** protected from a danger or punishment কোনো বিপদ অথবা শাস্তি থেকে সুরক্ষিত *Young children are immune from prosecution.*

immunity / ɪˈmjuːnəti ইˈমিউন্যাটি / *noun* [U] the ability to avoid or not be affected by disease, criticism, punishment by law, etc. রোগ থেকে সংক্রমণমুক্ত থাকার ক্ষমতা; শাস্তি, সমালোচনা ইত্যাদির হাত

থেকে বাঁচার আইনগত ক্ষমতা; প্রতিরোধশক্তি, অনাক্রম্যতা, অপ্রসক্তি, বিমুক্তি *In many countries people have no immunity to diseases like measles.* ○ *Ambassadors to other countries receive diplomatic immunity* (= protection from prosecution, etc.).

immunize (*also* **-ise**) / ˈɪmjʊnaɪz ˈইমিউনাইজ্ / *verb* [T] to make sb immune to a disease, usually by putting a substance (**vaccine**) into his/her body কাউকে টীকা দিয়ে রোগ প্রতিরোধ ক্ষমতা জন্মানো *Before visiting certain countries you will need to be immunized against cholera.* ✪ সম **inoculate** এবং **vaccinate** ▶ **immunization** (*also* **-isation**) / ˌɪmjʊnaɪˈzeɪʃn ˌইমিউনাইˈজেইশ্ন্ / *noun* [C, U] টীকাকরণ

imp / ɪmp ইম্প্ / *noun* [C] (in stories) a small creature like a little devil (কাহিনিতে) বামনভূত, ক্ষুদ্রাকার শয়তান সদৃশ প্রাণী, খুদে শয়তান

impact / ˈɪmpækt ˈইম্প্যাক্ট / *noun* **1** [C, *usually sing.*] **an impact (on/upon sb/sth)** an effect or impression প্রভাব, ছাপ, অভিঘাত *I hope this antismoking campaign will* ***make/have an impact*** *on young people.* **2** [U] the action or force of one object hitting another দুটি বস্তুর মধ্যে প্রবল ধাক্কা, সংঘর্ষ *The impact of the crash threw the passengers out of their seats.* ○ *The bomb exploded* ***on impact***.

impair / ɪmˈpeə(r) ইম্ˈপেঅ্যা(র্) / *verb* [T] to damage sth or make it weaker কোনো কিছুর ক্ষতি সাধন করা বা দুর্বল করে দেওয়া *Ear infections can result in impaired hearing.*

impairment / ɪmˈpeəmənt ইম্ˈপেঅ্যাম্যান্ট্ / *noun* [U, C] the state of having a physical or mental condition which means that part of your body or brain does not work properly; a particular condition of this sort শারীরিক বা মানসিক বৈকল্য, যখন শরীর বা মাথা কোনোটাই ঠিকমতো কাজ করে না; এইধরনের অবস্থা

impale / ɪmˈpeɪl ইম্ˈপেইল্ / *verb* [T] **impale sb/ sth (on sth)** to push a sharp pointed object through sb/sth (কোনো ব্যক্তি অথবা বস্তুকে) তীক্ষ্ণ কোনো বস্তু দিয়ে বিদ্ধ করা; শূল বিদ্ধ করা, গেঁথে দেওয়া *The boy fell out of the tree and impaled his leg on some railings.*

impalpable / ɪmˈpælpəbl ইম্ˈপ্যাল্প্যাবল্ / *adj.* **1** not easily grasped by the mind; difficult to understand ইন্দ্রিয়দ্বারা উপলব্ধির অতীত; বোধাতীত **2** unable to be felt by touch স্পর্শানুভূতি রহিত, স্পর্শ করলে বুঝতে অক্ষম ▶ **impalpability** *noun* দুর্বোধ্যতা

impart / ɪmˈpɑːt ইম্ˈপাːট্ / *verb* [T] (*formal*) **1 impart sth (to sb)** to pass information, knowledge, etc. to other people তথ্য, জ্ঞান ইত্যাদি অন্যকে জানানো, অন্যের মধ্যে সঞ্চারিত করা **2 impart sth (to sth)** to give a certain quality to sth (কোনো কিছুতে কোনো বিশেষ গুণ) আরোপ করা, দেওয়া *The low lighting imparted a romantic atmosphere to the room.*

impartial / ɪmˈpɑːʃl ইম্ˈপাːশ্ল্ / *adj.* not supporting one person or group more than another; fair পক্ষপাতশূন্য, নিরপেক্ষভাব; ন্যায্য ✪ সম **neutral** ▶ **impartiality** / ˌɪmˌpɑːʃiˈæləti ˌইম্ˌপাːশিˈঅ্যাল্যাটি / *noun* [U] পক্ষপাতশূন্যতা ▶ **impartially** / -ʃəli -শ্যালি / *adv.* নিরপেক্ষভাবে

impassable / ɪmˈpɑːsəbl ইম্ˈপাːস্যাবল্ / *adj.* (used about a road, etc.) impossible to travel on because it is blocked (রাস্তা ইত্যাদি সম্বন্ধে ব্যবহৃত) বন্ধ থাকার ফলে ভ্রমণ করা অসম্ভব; অনতিক্রম্য, দুর্গম ✪ বিপ **passable**

impasse / ˈæmpɑːs ˈঅ্যাম্পাːস্ / *noun* [C, *usually sing.*] a difficult situation in which no progress can be made because the people involved cannot agree what to do সকলে একমত না হওয়ায় কঠিন পরিস্থিতি যেখানে অগ্রগতি থেমে যায়; অচলাবস্থা *to break/end the impasse* ○ *Negotiations have reached an impasse.* ✪ সম **deadlock**

impassioned / ɪmˈpæʃnd ইম্ˈপ্যাশ্ড্ / *adj.* (*usually before a noun*) (usually used about speech) showing strong feelings about sth (সাধারণত কোনো বক্তৃতা সম্বন্ধে ব্যবহৃত) উত্তেজনাপূর্ণ, আবেগমথিত *an impassioned defence/plea/speech*

impassive / ɪmˈpæsɪv ইম্ˈপ্যাসিভ্ / *adj.* (used about a person) showing no emotion or reaction (কোনো ব্যক্তি সম্বন্ধে ব্যবহৃত) নিরাসক্ত, অবিচল, প্রশান্ত ▶ **impassively** *adv.* অবিচলভাবে, নিরাসক্তভাবে

impatient / ɪmˈpeɪʃnt ইম্ˈপেইশ্ন্ট্/ *adj.* **1 impatient (at sth/ with sb)** not able to stay calm and wait for sb/sth; easily annoyed by sb/sth that seems slow শান্ত এবং ধৈর্যশীল হতে অক্ষম; অধৈর্য, অসহিষ্ণু *The passengers are getting impatient at the delay.* ○ *It's no good being impatient with small children.* ✪ বিপ **patient** **2 impatient for/to do sth** wanting sth to happen soon অধৈর্যভাবে কোনো কিছু ঘটার জন্য উন্মুখ হয়ে আছে এমন *By the time they are sixteen many young people are impatient to leave school.* ▶ **impatience** *noun* [U] অসহিষ্ণুতা *He began to explain for the third time with growing impatience.* ▶ **impatiently** *adv.* অসহিষ্ণুভাবে, অধৈর্যভাবে

impeach / ɪmˈpiːtʃ ইম্ˈপীচ্ / *verb* [T] **impeach sb (for sth)** (used about a court of law, especially in the US and some other countries) to officially accuse a public official of committing a serious crime while he/she is still in office (আদালত সম্বন্ধে ব্যবহৃত, বিশেষত মার্কিন যুক্তরাষ্ট্রে এবং অন্যান্য কিছু রাষ্ট্রে) সরকারি পদাভিষিক্ত থাকার সময়ে কোনো গুরুতর অপরাধের জন্য কোনো ব্যক্তিকে সরকারিভাবে অভিযুক্ত করা; অভিশংসন করা ▶ **impeachment** *noun* [U, C] উচ্চপদাধিকারীর বিরুদ্ধে অভিযোগের বিচার; অভিশংসন **NOTE** ভারতবর্ষের সংবিধানের অবমাননা করলে অথবা রাষ্ট্রের আইনবিধি উলঙ্ঘন করলে দেশের রাষ্ট্রপতিকে তাঁর মেয়াদ অতিক্রান্ত হওয়ার আগেই সংসদ তাঁকে অভিযুক্ত করতে পারে।

impeccable / ɪmˈpekəbl ইম্‌'পেক্যাব্‌ল্ / *adj.* without any mistakes or faults; perfect নিখুঁত, নির্দোষ; যথাযথ ▶ **impeccably** / -bli -ব্‌লি / *adv.* নিখুঁতভাবে

impede / ɪmˈpiːd ইম্‌'পীড্‌ / *verb* [T] (*formal*) to make it difficult for sb/sth to move or go forward বাধা দেওয়া, কোনো ব্যক্তি বা বস্তুর এগিয়ে যাওয়ার পথে বাধা বা প্রতিবন্ধকতা সৃষ্টি করা

impediment / ɪmˈpedɪmənt ইম্‌'পেডিম্যান্ট্‌ / *noun* [C] (*formal*) **1 an impediment (to sth)** something that makes it difficult for a person or thing to move or progress প্রতিবন্ধক, বাধা, অন্তরায় **2** something that makes speaking difficult বাক্‌জড়তা, তোতলামো *a speech impediment*

impel / ɪmˈpel ইম্‌'পেল্‌ / *verb* [T] (**impelling; impelled**) **impel sb (to do sth)** if an idea or a feeling impels you to do sth, you feel as if you are forced to do it অনুপ্রাণিত করা, ভিতর থেকে প্রবল ইচ্ছে জাগা, প্ররোচিত হওয়া *He felt impelled to investigate further.* ○ *There are various reasons that impel me to that conclusion.*

impending / ɪmˈpendɪŋ ইম্‌'পেন্‌ডিং / *adj.* (*only before a noun*) (usually used about sth bad) that will happen soon (সাধারণত খারাপ কিছু সম্বন্ধে ব্যবহৃত) সমাগত, আসন্নপ্রায় *There was a feeling of impending disaster in the air.*

impenetrable / ɪmˈpenɪtrəbl ইম্‌'পেনিট্র্যাব্‌ল্ / *adj.* **1** impossible to enter or go through যাওয়া যায় না এমন; অনধিগম্য, দুর্গম *The jungle was impenetrable.* **2** impossible to understand দুর্বোধ্য, কঠিন, সহজবোধ্য নয় *an impenetrable mystery*

imperative¹ / ɪmˈperətɪv ইম্‌'পের‍্যাটিভ্‌ / *adj.* very important or urgent জরুরি, অতি প্রয়োজনীয়, গুরুত্বপূর্ণ, দরকারি, অত্যাবশ্যক *It's imperative that you see a doctor immediately.*

the imperative² / ɪmˈperətɪv ইম্‌'পের‍্যাটিভ্‌ / *noun* [C] (*grammar*) the form of the verb that is used for giving orders (ব্যাকরণ) আদেশব্যঞ্জক ক্রিয়াপদের রূপ *In 'Shut the door!' the verb is in the imperative.*

imperceptible / ˌɪmpəˈseptəbl ˌইম্‌প্যা'সেপ্‌ট্যাব্‌ল্ / *adj.* too small to be seen or noticed চোখে দেখা যায় না বা টের পাওয়া যায় না এমন; ইন্দ্রিয়অগোচর, বোধাতীত, অননুভবনীয় *The difference between the original painting and the copy was almost imperceptible.* ✪ বিপ **perceptible** ▶ **imperceptibly** / -əbli -অ্যাব্‌লি / *adv.* অবোধ্যভাবে, অননুভবনীয়ভাবে, অগোচরে *Almost imperceptibly winter was turning into spring.*

imperfect¹ / ɪmˈpɜːfɪkt ইম্‌'প্যফিক্ট্‌ / *adj.* with mistakes or faults ভুলভ্রান্তিসহ, অসম্পূর্ণ, ত্রুটিযুক্ত *This is a very imperfect system.* ✪ বিপ **perfect** ▶ **imperfection** / ˌɪmpəˈfekʃn ˌইম্‌প্যা'ফেক্‌শ্‌ন্ / *noun* [C, U] অসম্পূর্ণতা, অপূর্ণতা, ত্রুটি, খুঁত *They learned to live with each other's imperfections.* ▶ **imperfectly** *adv.* অপূর্ণতার সঙ্গে

the imperfect² / ɪmˈpɜːfɪkt ইম্‌'প্যফিক্ট্‌ / *noun* [U] (*grammar*) used for expressing action in the past that is not completed (ব্যাকরণ) অতীতের কোনো কাজ যা সম্পূর্ণ হয়নি তা বোঝাতে ব্যবহৃত; ঘটমান অতীতকাল *In 'I was having a bath', the verb is in the imperfect.* **NOTE** এই কালকে সাধারণত **past continuous** অথবা **past progressive** বলা হয়।

imperial / ɪmˈpɪəriəl ইম্‌'পিঅ্যারিঅ্যাল্ / *adj.* **1** connected with an empire or its ruler রাজকীয়, রাজসিক, রাজা বা সম্রাট সম্বন্ধীয় *the imperial palace* **2** belonging to a system of weighing and measuring that, in the past, was used for all goods in the UK and is still used for some অতীতে যুক্তরাজ্যে সমস্ত বস্তুর জন্য ব্যবহৃত ওজন এবং পরিমাপের পদ্ধতি ও এককের সঙ্গে যুক্ত এবং এখনও কোনো কোনো ক্ষেত্রে প্রচলিত ➪ **metric, inch, foot, yard, ounce, pound, pint** এবং **gallon** দেখো।

imperialism / ɪmˈpɪəriəlɪzəm ইম্‌'পিঅ্যারিঅ্যালিজ্‌ম্ / *noun* [U] a political system in which a rich and powerful country controls other countries (**colonies**) which are not as rich and powerful as itself ধনী এবং শক্তিশালী রাষ্ট্র কর্তৃক অপেক্ষাকৃত দুর্বল এবং দরিদ্র রাষ্ট্রগুলিকে নিয়ন্ত্রণের যে রাজনৈতিক ব্যবস্থা; সাম্রাজ্যবাদ ▶ **imperialist** *noun* [C] সাম্রাজ্যবাদী

impermeable / ɪmˈpɜːmiəbl ইম্‌'প্যমিঅ্যাব্‌ল্ / *adj.* **impermeable (to sth)** not allowing a liquid or gas to pass through যার ভিতর দিয়ে গ্যাস বা তরল পদার্থ যেতে পারে না; অভেদ্য *impermeable rock* ○ *The container is impermeable to water vapour.* ✪ বিপ **permeable**

impersonal / ɪmˈpɜːsənl ইম্‌'প্যস্যান্‌ল্ / *adj.* **1** not showing friendly human feelings; cold in feeling or atmosphere নৈর্ব্যক্তিক, ব্যক্তিগত সম্পর্কহীন; বন্ধুত্বপূর্ণ, ব্যক্তিগত ভাবের অভাব *The hotel room was* *very impersonal.* **2** not referring to any particular person কোনো নির্দিষ্ট ব্যক্তিকে উদ্দেশ্য না করে *Can we try to keep the discussion as impersonal as possible, please?*

impersonate / ɪmˈpɜːsəneɪt ইম্'প্যস্যানেইট্ / *verb* [T] to copy the behaviour and way of speaking of a person or to pretend to be a different person অন্য কোনো ব্যক্তির আচার-আচরণ এবং কথা বলার ধরন নকল করা বা পৃথক ব্যক্তি হওয়ার ভান করা *a comedian who impersonates politicians* ▶ **impersonation** / ɪmˌpɜːsəˈneɪʃn ইম্,প্যস্যা'নেইশ্ন্ / *noun* [C, U] (কারও) মূর্তরূপ, প্রকাশিত রূপ ▶ **impersonator** *noun* [C] জালিয়াত, ঠগ

impertinent / ɪmˈpɜːtɪnənt ইম্'প্যটিন্যান্ট্ / *adj.* (*formal*) not showing respect to sb who is older and more important; rude অসৌজন্যমূলক; উদ্ধত ✪ বিপ **polite, respectful** ▶ **impertinence** *noun* [U] ঔদ্ধত্য, অশিষ্টতা ▶ **impertinently** *adv.* উদ্ধতভাবে, অসভ্যের মতো, অশিষ্টভাবে

imperturbable / ˌɪmpəˈtɜːbəbl ˌইম্প্যা'ট্যব্যাব্ল্ / *adj.* (*formal*) not easily worried by a difficult situation কঠিন অবস্থার মধ্যেও অবিচল; নির্বিকার

impervious / ɪmˈpɜːviəs ইম্'প্যভিঅ্যাস্ / *adj.* **impervious (to sth) 1** not affected or influenced by sth কোনো কিছুতে প্রভাবিত হয়না এমন *She was impervious to criticism.* **2** not allowing water, etc. to pass through জল বা জলীয় পদার্থ যেতে পারে না এমন; অভেদ্য

impetuous / ɪmˈpetʃuəs ইম্'পেচুঅ্যাস্ / *adj.* acting or done quickly and without thinking না ভেবেচিন্তে দুম করে কোনো কাজ করে ফেলা হয় এমন *Her impetuous behaviour often got her into trouble.*

> **NOTE** এই অর্থে **impulsive** শব্দটি বেশি প্রচলিত।
> ▶ **impetuously** *adv.* উদ্দামভাবে

impetus / ˈɪmpɪtəs 'ইম্পিট্যাস্ / *noun* [U, *usually sing.*] **(an) impetus (for sth); (an) impetus (to do sth)** something that encourages sth else to happen চালিকা শক্তি, যে শক্তি অন্য কিছু ঘটায়; অভিঘাত, প্রেরণা *This scandal provided the main impetus for changes in the rules.* ○ *I need fresh impetus to start working on this essay again.*

impinge / ɪmˈpɪndʒ ইম্'পিন্জ্ / *verb* [I] (*formal*) **impinge on/ upon sth** to have a noticeable effect on sth, especially a bad one কোনো কিছুর উপর লক্ষণীয়ভাবে প্রভাব ফেলা, বিশেষত অপ্রিয়ভাবে বা অবাঞ্ছনীয়ভাবে *I'm not going to let my job impinge on my home life.*

implant / ˈɪmplɑːnt 'ইম্প্লা:ন্ট্ / *noun* [C] something that is put into a part of the body in a medical operation, often in order to make it bigger or a different shape চিকিৎসকের সাহায্যে দেহের মধ্যে কোনো কিছুর সংস্থাপন (প্রায়শ সেটিকে বৃহৎ ও ভিন্ন আকৃতি দেওয়ার জন্য)

implausible / ɪmˈplɔːzəbl ইম্'প্ল:জ্যাব্ল্ / *adj.* not easy to believe আপাতদৃষ্টিতে যা বিশ্বাসযোগ্য মনে হয় না; আপাতঅবিশ্বাস্য *an implausible excuse* ✪ বিপ **plausible**

implement¹ / ˈɪmplɪmənt 'ইম্প্লিম্যান্ট্ / *noun* [C] a tool or instrument (especially for work outdoors) (বিশেষত বাইরের কাজের জন্য) যন্ত্রপাতি, সরঞ্জাম বা উপকরণ *farm implements* ➪ **tool** দেখো।

implement² / ˈɪmplɪment 'ইম্প্লিমেন্ট্ / *verb* [T] to start using a plan, system, etc. কোনো পরিকল্পনাকে বাস্তবে কাজে লাগানো, কর্মে রূপায়িত করা *Some teachers are finding it difficult to implement the government's educational reforms.* ▶ **implementation** / ˌɪmplɪmenˈteɪʃn ˌইম্প্লিমেন্'টেইশ্ন্ / *noun* [U] রূপদান

implicate / ˈɪmplɪkeɪt 'ইম্প্লিকেইট্ / *verb* [T] **implicate sb (in sth)** to show that sb is involved in sth unpleasant, especially a crime কাউকে কোনো অপরাধ বা জঘন্য কাজে জড়িয়ে ফেলা বা সংশ্লিষ্ট করা *A well-known politician was implicated in the scandal.*

implication / ˌɪmplɪˈkeɪʃn ˌইম্প্লি'কেইশ্ন্ / *noun* **1** [C, *usually pl.*] **implications (for/of sth)** the effect that sth will have on sth else in the future ভবিষ্যতে কোনো কিছুর উপর অন্য কিছুর প্রভাব *The new law will **have** serious **implications** for our work.* **2** [C, U] something that is suggested or said indirectly তাৎপর্য, মর্মার্থ, নিহিতার্থ *The implication of what she said was that we had made a bad mistake.* ➪ **imply** verb দেখো। **3** [U] **implication (in sth)** the fact of being involved, or of involving sb, in sth unpleasant, especially a crime অপরাধ বা কোনো খারাপ কাজে নিজে জড়িয়ে যাওয়া বা কাউকে জড়িত করার ক্রিয়া বা সেই বিষয় ➪ **implicate** verb দেখো।

implicit / ɪmˈplɪsɪt ইম্'প্লিসিট্ / *adj.* **1** not expressed in a direct way but understood by the people involved অন্তর্নিহিত, আভাসিত, উহ্য *We had an implicit agreement that we would support each other.* ➪ **explicit** দেখো। **2** complete; total সম্পূর্ণ; পরিপূর্ণ *I have implicit faith in your ability to do the job.* ▶ **implicitly** *adv.* উহ্যত

implore / ɪmˈplɔː(r) ইম্'প্ল:(র্) / *verb* [T] (*formal*) to ask sb with great emotion to do sth, because you are in a very serious situation বিশেষভাবে (নিজের গুরুতর পরিস্থিতির কারণে) কাউকে সনির্বন্ধ অনুরোধ করা *She implored him not to leave her alone.* ✪ সম **beg**

imply / ɪmˈplaɪ ইম্ˈপ্লাই / *verb* [T] (*pres. part.* **implying;** *3rd person sing. pres.* **implies;** *pt, pp* **implied**) to suggest sth in an indirect way or without actually saying it কাউকে পরোক্ষভাবে বলা, ইঙ্গিতে বলা *He didn't say so—but he implied that I was lying.* ➪ **implication** noun দেখো।

impolite / ˌɪmpəˈlaɪt ˌইম্প্যাˈলাইট্ / *adj.* rude অভদ্র, রূঢ়; অবিনয়ী *I think it was impolite of him to ask you to leave.* ✪ বিপ **polite** ► **impolitely** *adv.* অভদ্রভাবে

import¹ / ˈɪmpɔːt ˈইম্প:ট্ / *noun* **1** [C, *usually pl.*] a product or service that is brought into one country from another বাইরের দেশ থেকে কোনো দেশে আমদানিকৃত পণ্যদ্রব্য বা পরিষেবা *What are your country's major imports?* ✪ বিপ **export** **2** [U] (*also* **importation**) the act of bringing goods or services into a country আমদানি (জিনিসপত্র বা পরিষেবা) *new controls on the import of certain goods from abroad*

import² / ɪmˈpɔːt ইম্ːˈপট্ / *verb* [I, T] **1 import sth (from)** to buy goods, etc. from a foreign country and bring them into your own country বিদেশ থেকে জিনিসপত্র কিনে নিজের দেশে আনা *Britain imports wine from Spain.* ○ (*figurative*) *We need to import some extra help from somewhere.* ✪ বিপ **export** **2** (*computing*) to move information onto a program from another program এক প্রোগ্রাম থেকে অন্য প্রোগ্রামে তথ্য সরবরাহ করা ► **importer** আমদানিকারী ✪ বিপ **exporter**

importance / ɪmˈpɔːtns ইম্ˈপ:ট্ন্স্ / *noun* [U] the quality of being important গুরুত্ব, প্রয়োজনীয়তা *The decision was* ***of*** *great* ***importance*** *to the future of the business.*

important / ɪmˈpɔːtnt ইম্ˈপ:ট্ন্ট্ / *adj.* **1 important (to sb); important (for sb/sth) (to do sth); important that...** having great value or influence; very necessary গুরুত্বপূর্ণ; অত্যন্ত প্রয়োজনীয় *an important meeting/decision/factor* ○ *It was important to me that you were there.* **2** (used about a person) having great influence or authority (কোনো ব্যক্তি সম্বন্ধে ব্যবহৃত) প্রভাবশালী, হোমরাচোমরা, উচ্চপদাধিকারী *He was one of the most important writers of his time.* ► **importantly** *adv.* গুরুত্বপূর্ণভাবে, জমকালোভাবে

importation / ˌɪmpɔːˈteɪʃn ˌইম্প:ˈটেইশ্ন্ / = **import¹ 2**

impose / ɪmˈpəʊz ইম্ˈপ্যাউজ্ / *verb* **1** [T] **impose sth (on/upon sb/sth)** to make a law, rule, opinion, etc. be accepted by using your power or authority ক্ষমতার বলে কোনো আইন প্রণয়ন করা, নিজের মত অন্যের উপর চাপানো; আরোপ করা **2** [I] **impose (on/upon sb/sth)** to ask or expect sb to do sth that may cause extra work or trouble কাউকে জোর করে খাটানো, অতিরিক্ত কাজ চাপানো *I hate to impose on you, but can you lend me some money?* ► **imposition** / ˌɪmpəˈzɪʃn ˌইম্প্যাˈজিশ্ন্ / *noun* [U, C] স্থাপন, আরোপ *the imposition of military rule*

imposing /ɪmˈpəʊzɪŋ ইম্ˈপ্যাউজ়িং / *adj.* big and important; impressive জবরদস্ত, জমকালো; দৃষ্টি আকর্ষণীয় *They lived in a large, imposing house near the park.*

impossible / ɪmˈpɒsəbl ইম্ˈপস্যাব্ল্ / *adj.* **1** not able to be done or to happen অসম্ভব, অসাধ্য *I find it almost impossible to get up in the morning!* ○ *That's impossible* (= I don't believe it)*!* **2** very difficult to deal with or control নিয়ন্ত্রণ করা দুঃসাধ্য বা কঠিন *This is an impossible situation!* ○ *He's always been an impossible child.* ✪ বিপ **possible** ► **the impossible** *noun* [*sing.*] অসাধ্যসাধন *Don't attempt the impossible!* ► **impossibility** / ɪmˌpɒsəˈbɪləti ইম্ˌপস্যাˈবিল্যাটি / *noun* [C, U] (*pl.* **impossibilities**) অসম্ভবতা, অসাধ্যতা *What you are suggesting is a complete impossibility!*

impossibly / ɪmˈpɒsəbli ইম্ˈপস্যাব্লি / *adv.* extremely খুব বেশি রকমের, ভীষণভাবে *impossibly complicated*

impostor / ɪmˈpɒstə(r) ইম্ˈপস্ট্যা(র্) / *noun* [C] a person who pretends to be sb else in order to trick other people প্রতারক, ঠগ, ভণ্ড

impotent / ˈɪmpətənt ˈইমপ্যাট্যান্ট / *adj.* **1** without enough power to influence a situation or to change things অক্ষম, অসহায় **2** (*medical*) (used about men) not capable of having sex (চিকিৎসাশাস্ত্র) (পুরুষ সম্বন্ধে ব্যবহৃত) নপুংসক, যৌনসঙ্গমে অক্ষম ► **impotence** *noun* [U] অক্ষমতা, ধ্বজভঙ্গ রোগ

impoverish / ɪmˈpɒvərɪʃ ইম্ˈপভ্যারিশ্ / *verb* [T] (*formal*) to make sb/sth poor or lower in quality কাউকে বা কিছুকে দরিদ্র বা দুর্বল করা, কোনো কিছুর মানের অবনমন ঘটানো ✪ বিপ **enrich**

impractical / ɪmˈpræktɪkl ইম্ˈপ্র্যাক্টিক্ল্ / *adj.* **1** not sensible or realistic অকার্যকর, অবাস্তব, অকাজের, অর্থহীন *It would be impractical to take our bikes on the train.* **2** (used about a person) not good at doing ordinary things that involve using your hands; not good at organizing or planning things (কোনো ব্যক্তি সম্বন্ধে ব্যবহৃত) হাতে-কলমে কাজ করতে অভ্যস্ত নয়; কোনো ব্যবস্থা বা পরিকল্পনা করতে অক্ষম ✪ বিপ **practical**

imprecise / ˌɪmprɪˈsaɪs ˌইম্‌প্রি'সাইস্ / *adj.* not clear or exact স্পষ্ট নয়, নিখুঁত বা সঠিক নয় *imprecise instructions* ✪ বিপ **precise**

impress / ɪmˈpres ইম্‌'প্রেস্ / *verb* [T] **1 impress sb (with sth); impress sb that...** to make sb feel admiration and respect কাউকে গভীরভাবে প্রভাবিত করা, লোকের দৃষ্টি আকর্ষণ করা *She's always trying to impress people with her new clothes.* ○ *It impressed me that he understood immediately what I meant.* **2** (*formal*) **impress sth on/upon sb** to make the importance of sth very clear to sb কাউকে কোনো কিছুর গুরুত্ব বোঝানো বা কতটা প্রয়োজনীয় তা জানানো *I wish you could impress on Jeevan that he must pass these exams.*

impression / ɪmˈpreʃn ইম্‌'প্রেশ্‌ন্ / *noun* [C] **1** an idea, a feeling or an opinion that you get about sb/sth কারও বা কিছুর সম্বন্ধে মনোভাব বা মতামত বা ধারণা *I'm not sure but **I have/get the impression** that Tina's rather unhappy.* ○ *I was **under the impression*** (=I believed, but I was wrong) *that you were married.* **2** the effect that a person or thing produces on sb else অন্যের উপর কোনো ব্যক্তি বা বস্তুর প্রভাব *She **gives the impression** of being older than she really is.* ○ *Do you think **I made a good impression on** your parents?* **3** an amusing copy of the way a person acts or speaks হুবহু অনুকরণ, কারও কাজ বা কথার অবিকল নকল *My brother can do a good impression of the Prime Minister.* ✪ সম **imitation** **4** a mark that is left when an object has been pressed hard into a surface দাগ, চিহ্ন, ছাপ, মুদ্রণ

impressionable / ɪmˌpreʃənəbl ইম্‌ˌপ্রেশ্যান্যাব্‌ল্ / *adj.* easy to influence সহজেই প্রভাবিত করা যায় এমন; সংবেদনশীল *Sixteen is a very impressionable age.*

impressive / ɪmˈpresɪv ইম্‌'প্রেসিভ্ / *adj.* causing a feeling of admiration and respect because of the importance, size, quality, etc. of sth চিত্তাকর্ষক, দৃষ্টি আকর্ষক, প্রশংসনীয়, মনে ছাপ ফেলে এমন *an impressive building/speech* ○ *The way he handled the situation was most impressive.*

imprint / ɪmˈprɪnt ইম্‌'প্রিন্ট্ / *noun* [C] a mark made by pressing an object on a surface কোনো বস্তুর চাপের ফলে অন্য কোনো কিছুর উপর যে চিহ্ন বা ছাপ পড়ে *the imprint of a foot in the sand*

imprison / ɪmˈprɪzn ইম্‌'প্রিজ়্‌ন্ / *verb* [T] (*usually passive*) to put or keep in prison জেলে বন্দি করে রাখা *He was imprisoned for armed robbery.* ✪ সম **incarcerate** **NOTE** এই অর্থে **incarcerate** শব্দটি বেশি আলংকারিক প্রয়োগ। ▶ **imprisonment** *noun* [U] কারাবাস, কয়েদ *She was sentenced to five years' imprisonment.*

improbable / ɪmˈprɒbəbl ইম্‌'প্রব্যাব্‌ল্ / *adj.* not likely to be true or to happen সত্যি হওয়ার মতো নয়, অসম্ভাব্য *an improbable explanation* ○ *It is **highly improbable** that she will arrive tonight.* ✪ সম **unlikely** ✪ বিপ **probable** ▶ **improbability** / ɪmˌprɒbəˈbɪləti ইম্‌ˌপ্রব্যা'বিল্যাটি / *noun* [U] অসম্ভাব্যতা ▶ **improbably** / -əbli -অ্যাব্‌লি / *adv.* অসম্ভবভাবে

impromptu / ɪmˈprɒmptju: ইম্‌'প্রম্প্‌টিউ / *adj.* (done) without being prepared or organized (কৃত) হঠাৎ, আকস্মিক, পূর্বপরিকল্পনা ছাড়াই *an impromptu party*

improper / ɪmˈprɒpə(r) ইম্‌'প্রপ্যা(র্) / *adj.* **1** illegal or dishonest অবৈধ, বেআইনি বা অসৎ *It seems that she had been involved in improper business deals.* **2** not suitable for the situation; rude in a sexual way অশোভন, অনুপযুক্ত, বেমানান; অশ্লীল *He lost his job for making improper suggestions to several of the women.* ✪ বিপ **proper** ▶ **improperly** *adv.* অশোভনভাবে, বেমানানভাবে ✪ বিপ **properly**

impropriety / ˌɪmprəˈpraɪəti ˌইম্‌প্র্যা'প্রাইঅ্যাটি / *noun* [U, C] (*pl.* **improprieties**) (*formal*) behaviour or actions that are morally wrong or not appropriate (আচরণ বা কাজ সম্বন্ধে ব্যবহৃত) অনৈতিক, অশোভন, অসৎ *She was unaware of the impropriety of her remark.*

improve / ɪmˈpru:v ইম্‌'প্রুভ্ / *verb* [I, T] to become or to make sth better ক্রমোন্নতি করা, আরও ভালো করা *I hope the weather will improve later on.* ○ *Your vocabulary is excellent but you could improve your pronunciation.*

PHR V **improve on/upon sth** to produce sth that is better than sth else মহত্তর কিছু সৃষ্টি বা উৎপন্ন করা *Nobody will be able to improve on that score* (= nobody will be able to make a higher score).

improvement / ɪmˈpru:vmənt ইম্‌'প্রুভ্‌ম্যান্ট্ / *noun* [C, U] **(an) improvement (on/in sth)** (a) change which makes the quality or condition of sb/sth better এমন পরিবর্তন যাতে উন্নতি সাধন হয় *Your written work is in need of some improvement.*

> **NOTE** কোনো কিছু আগের তুলনায় আরও উৎকৃষ্ট বা উন্নত হয়েছে তা বোঝানোর জন্য **improvement in** অভিব্যক্তিটি ব্যবহার করা হয়—*There's been a considerable improvement in your mother's condition.* **Improvement on** অভিব্যক্তিটি আমরা দুটি জিনিস তুলনা করার জন্য ব্যবহার করি যার মধ্যে একটি অন্যটির থেকে বেশি উত্তম—*These marks are an improvement on your previous ones.*

improvise / ˈɪmprəvaɪz ˈইম্‌প্র্যাভাইজ্‌ / *verb* [I, T]
1 to make, do, or manage sth without preparation, using what you have প্রস্তুতি ছাড়াই করা বা করতে পারা, যা আছে তা দিয়ে কাজ চালানো *If you're short of teachers today you'll just have to improvise* (= manage somehow with the people that you've got). **2** to play music, speak or act using your imagination instead of written or remembered material লিখিত অথবা স্মৃতিজাত বিষয়ের পরিবর্তে তাৎক্ষণিক কল্পনাশক্তির সাহায্যে অভিনয়, গান বা বক্তৃতা করা *It was obvious that the actor had forgotten his lines and was trying to improvise.*
▶ **improvisation** / ˌɪmprəvaɪˈzeɪʃn ˌইম্‌প্র্যাভাই‌ˈজেইশ্‌ন্‌ / *noun* [C, U] তাৎক্ষণিক উদ্ভাবন

impudent / ˈɪmpjədənt ইম্‌পিঅ্যাড্যান্ট্‌ / *adj.* (*formal*) very rude; lacking respect and not polite অভদ্র, অসভ্য; অশিষ্ট, বেহায়া **ᴑ** সম **cheeky** **NOTE** এই অর্থে **cheeky** শব্দটি কথ্য ভাষায় প্রয়োগ করা যায়। ▶ **impudently** *adv.* বেহায়াভাবে, অসভ্যভাবে ▶ **impudence** *noun* [U] বেহায়াপনা, নির্লজ্জতা, ঔদ্ধত্য

impulse / ˈɪmpʌls ইম্‌পাল্‌স্‌ / *noun* [C] **1** [*usually sing.*] **an impulse (to do sth)** a sudden desire to do sth without thinking about the results হঠাৎ কিছু করার প্রবল ইচ্ছা, আবেগের তাড়না *She felt a terrible impulse to rush out of the house and never come back.* **2** (*technical*) a force or movement of energy that causes a reaction প্রতিক্রিয়া সৃষ্টিকারী শক্তির অভিঘাত *nerve/electrical impulses*
IDM **on (an) impulse** without thinking or planning and not considering the results ঝোঁকের মাথায়, অগ্রপশ্চাৎ বিবেচনা না করে

impulsive / ɪmˈpʌlsɪv ইম্‌ˈপাল্‌সিভ্‌ / *adj.* likely to act suddenly and without thinking ; done without careful thought চিন্তাভাবনা না করে হঠাৎ করার সম্ভাবনা আছে এমন; চিন্তাভাবনা ছাড়াই কৃত *an impulsive character* ▶ **impulsively** *adv.* আবেগতাড়িতভাবে ▶ **impulsiveness** *noun* [U] ঝোঁকের বশে কাজ করার প্রবণতা; আবেগপ্রবণতা

impure / ɪmˈpjʊə(r) ইম্‌ˈপিউঅ্যা(র্‌) / *adj.* **1** not pure or clean; consisting of more than one substance mixed together (and therefore not of good quality) খাঁটি নয়, ভেজাল; নিম্নমানের একাধিক পদার্থ দ্বারা মিশ্রিত *impure metals* **2** (*old-fashioned*) (used about thoughts and actions connected with sex) not moral; bad (যৌন ক্রিয়াকলাপ এবং চিন্তাভাবনা সম্বন্ধে ব্যবহৃত) অনৈতিক, অশ্লীল; অসৎ, নোংরা **ᴑ** বিপ **pure**

impurity / ɪmˈpjʊərəti ইম্‌ˈপিউঅ্যার‌্যাটি / *noun* (*pl.* **impurities**) **1** [C, *usually pl.*] a substance that is present in small amounts in another substance, making it dirty or of poor quality খাদ, অশুদ্ধতা **2** [U] (*old-fashioned*) the state of being morally bad অসৎ অবস্থা, অশুদ্ধতা **ᴑ** **purity** দেখো।

in¹ / ɪn ইন্‌ / *adv., prep.*

NOTE বিভিন্ন বিশেষ্যপদের (noun) সঙ্গে বিশেষ ব্যবহারের জন্য সেই বিশেষ্যপদের শীর্ষশব্দগুলি দেখো এবং বিভিন্ন ক্রিয়াপদের (verb) সঙ্গে নানা ধরনের বিশেষ ব্যবহারের জন্য সেই ক্রিয়াপদের শীর্ষপদগুলি দেখো, দৃষ্টান্তস্বরূপ **give in** ।

1 (used to show place) inside or to a position inside a particular area or object (অবস্থান বোঝাতে ব্যবহৃত) নির্দিষ্ট কোনো বস্তু বা অঞ্চলের ভিতরে *He lay in bed.* o *She put the keys in her pocket.* o *His wife's in hospital.* o *When does the train get in* (= to the station)? **2** at home or at work বাড়িতে অথবা কাজের জায়গায় *She won't be in till late today.* **3** (showing time) during a period of time (সময় দেখাতে) কোনো সময়ে, নির্দিষ্ট সময়কালীন *My birthday is in August.* o *You could walk there in about an hour* (= it would take that long to walk there). **4** (showing time) after a period of time (সময় দেখাতে) নির্দিষ্ট সময়ের পরে *I'll be finished in ten minutes.* **5** wearing sth কোনো কিছু পরে আছে এমন *a woman in a yellow dress* **6** showing the condition or state of sb/sth কোনো ব্যক্তি বা বস্তুর অবস্থা বোঝাতে *My father is in poor health.* o *This room is in a mess!* **7** showing sb's job or the activity sb is involved in কারও পেশা অথবা যে ধরনের কাজে কেউ লিপ্ত তা বোঝাতে *He's got a good job in advertising.* o *All her family are in politics* (= they are politicians). o *He's in the army.* **8** contained in; forming the whole or part of sth কোনো কিছুর ভিতরে এমন; কোনো কিছুর সমগ্র অথবা অংশ *There are 31 days in January.* o *What's in this parcel?* **9** used for saying how things are arranged কোনো জিনিসের বিন্যাস বোঝাতে ব্যবহৃত *We sat in a circle.* o *She had her hair in plaits.* **10** used for saying how sth is written or expressed কেমনভাবে লেখা বা অভিব্যক্ত তা বোঝাতে ব্যবহৃত *Please write in pen.* o *They were talking in Italian/French/Polish.* **11** used with feelings মনোভাব বোঝাতে ব্যবহৃত *I watched in horror as the plane crashed to the ground.* o *He was in such a rage I didn't dare to speak to him.* **12** used for giving the rate of sth and for talking about numbers কোনো কিছুর হার এবং সংখ্যা বোঝাতে ব্যবহৃত *One family in ten owns a TV.* **13** used for sth received by sb official সরকারিভাবে গৃহীত কোনো কিছু বোঝাতে ব্যবহৃত *Entries should be in by*

20 March. ○ *All applications must be in by Friday.* **14** (used about the sea) at the highest point, when the water is closest to the land (সমুদ্র সম্বন্ধে ব্যবহৃত) জোয়ার আসা বোঝাতে ব্যবহৃত হয় *The tide's coming in.*

IDM **be in for it/sth** to be going to experience sth unpleasant কোনো অপ্রীতিকর অভিজ্ঞতা হতে যাচ্ছে এমন *He'll be in for a shock when he gets the bill.* ○ *You'll be in for it when Mum sees what you've done.*

be/get in on sth to be included or involved in sth কোনো কিছুতে সংযুক্ত হওয়া, জড়িত হওয়া, সংলগ্ন বা সংশ্লিষ্ট থাকা *I'd like to be in on the new project.*

have (got) it in for sb (*informal*) to cause trouble for sb because you dislike him/her অপছন্দের কারও সঙ্গে মন্দ ব্যবহার করা *The boss has had it in for me ever since I asked to be considered for the new post.*

in² / ɪn ইন্ / *noun*

IDM **the ins and outs (of sth)** the details and difficulties (involved in sth) কোনো কিছুর ভালোমন্দ মিশিয়ে বিস্তারিত তথ্যাবলী, খুঁটিনাটি *Will somebody explain the ins and outs of the situation to me?*

in³ / ɪn ইন্ / *adj.* (*informal*) fashionable at the moment চালু ফ্যাশন, কায়দা বা কেতা, বর্তমানে যা খুব চলছে *the in place to go* ○ *The colour red is very in this season.*

in. *abbr.* inch(es) ইঞ্চ-এর সংক্ষিপ্ত রূপ; ইঞ্চি

in- / ɪn ইন্ / *prefix* **1** (*also* **il-** / ɪl ইল্ /; **im-** / ɪm ইম্ /; **ir-** / ɪr ইর্ /) (*in adjectives, adverbs and nouns*) not; the opposite of (বিশেষ্য, বিশেষণ এবং ক্রিয়াবিশেষণে) না, নি, অ; বিপরীতার্থে *infinite* ○ *illogical* ○ *immorally* ○ *irrelevance* **2** (*also* **im-** / ɪm ইম্ /) (*in verbs*) to put into the condition mentioned (ক্রিয়াপদে) উল্লিখিত অবস্থার মধ্যে ফেলে দেওয়া *inflame* ○ *imperil*

inability / ˌɪnəˈbɪləti ˌইন্যাˈবিল্যাটি / *noun* [*sing.*] **inability (to do sth)** lack of ability, power or skill সামর্থ্য, ক্ষমতা বা দক্ষতার অভাব; অক্ষমতা, অসামর্থ্য *He has a complete inability to listen to other people's opinions.* ⇨ **unable** adjective দেখো।

inaccessible / ˌɪnækˈsesəbl ˌইন্অ্যাক্ˈসেস্যাব্ল্ / *adj.* very difficult or impossible to reach or contact অপ্রবেশ্য, অনধিগম্য *That beach is inaccessible by car.* ✪ বিপ **accessible** ▶ **inaccessibility** / ˌɪnækˌsesəˈbɪləti ˌইন্অ্যাক্ˌসেস্যাˈবিল্যাটি / *noun* [U] অনধিগম্যতা

inaccurate / ɪnˈækjərət ইন্ˈঅ্যাকিঅ্যার‍্যাট্ / *adj.* not correct or accurate; with mistakes বেঠিক, ভুল; ত্রুটিপূর্ণ, ভুলে ভরা *an inaccurate report/description/statement* ✪ বিপ **accurate** ▶ **inaccuracy** / ɪnˈækjərəsi ইন্ˈঅ্যাকিঅ্যার‍্যাসি / *noun* [C, U] (*pl.* **inaccuracies**) [C] ভ্রান্তি, অশুদ্ধি *There are always some inaccuracies in newspaper reports.* ✪ বিপ **accuracy** ▶ **inaccurately** *adv.* ভুলভাবে, অশুদ্ধভাবে

inaction / ɪnˈækʃn ইন্ˈঅ্যাক্শন্ / *noun* [U] doing nothing; lack of action নিশ্চেষ্টতা; কর্মহীনতা, জড়ত্ব *The crisis was blamed on the government's earlier inaction.* ✪ বিপ **action**

inactive / ɪnˈæktɪv ইন্ˈঅ্যাকটিভ্ / *adj.* doing nothing; not active কিছুই করা হচ্ছে না এমন; নিশ্চুপ বা নিষ্ক্রিয় *The virus remains inactive in the body.* ✪ বিপ **active** ▶ **inactivity** / ˌɪnækˈtɪvəti ˌইন্অ্যাক্ˈটিভ্যাটি / *noun* [U] নিষ্ক্রিয়তা, আলস্য ✪ বিপ **activity**

inadequate / ɪnˈædɪkwət ইন্ˈঅ্যাডিকুঅ্যাট্ / *adj.* **1 inadequate (for sth/to do sth)** not enough; not good enough যথেষ্ট নয়; অপর্যাপ্ত *the problem of inadequate housing* **2** (used about a person) not able to deal with a problem or situation; not confident (কোনো ব্যক্তি সম্বন্ধে ব্যবহৃত) সমস্যা সমাধানে বা পরিস্থিতি সামলাতে অপারগ; আত্মবিশ্বাসহীন *There was so much to learn in the new job that for a while I felt totally inadequate.* ✪ বিপ **adequate** ▶ **inadequately** *adv.* অপ্রতুলভাবে ▶ **inadequacy** / ɪnˈædɪkwəsi ইন্ˈঅ্যাডিকুঅ্যাসি / *noun* [C, U] (*pl.* **inadequacies**) অপ্রতুলতা, অক্ষমতা *his inadequacy as a parent*

inadmissible / ˌɪnədˈmɪsəbl ˌইন্যাড্ˈমিস্যাব্ল্ / *adj.* (*formal*) that cannot be allowed or accepted, especially in a court of law অগ্রহণীয়, অননুমোদনীয় (বিশেষ করে আদালতে) *inadmissible evidence*

inadvertent / ˌɪnədˈvɜːtənt ˌইন্যাড্ˈভ্যট্যান্ট্ / *adj.* (used about actions) done without thinking, not on purpose (কাজ সম্বন্ধে ব্যবহৃত) ভেবেচিন্তে বা উদ্দেশ্যমূলকভাবে করা নয় এমন ✪ বিপ **intentional** অথবা **deliberate** ▶ **inadvertently** *adv.* অন্যমনস্কভাবে *She had inadvertently left the letter where he could find it.*

inadvisable / ˌɪnədˈvaɪzəbl ˌইন্যাড্ˈভাইজ্যাব্ল্ / *adj.* not sensible; not showing good judgement অযৌক্তিক; বিচারবুদ্ধিহীন এমন *It is inadvisable to go swimming when you have a cold.* ✪ বিপ **advisable**

inalienable / ɪnˈeɪliənəbl ইন্ˈএইলিঅ্যান্যাব্ল্ / *adj.* (*formal*) that cannot be taken away from you অবিচ্ছেদ্য

inane / ɪˈneɪn ইˈনেইন্ / *adj.* without any meaning; silly নিরর্থক, অর্থহীন; অসার বা বোকার মতো *an inane remark* ▶ **inanely** *adv.* অসারভাবে, অর্থহীনভাবে

inanimate / ɪnˈænɪmət ইন্ˈঅ্যানিম্যাট্ / *adj.* not alive in the way that people, animals and plants are অচেতন, জড় *A rock is an inanimate object.* ✪ বিপ **animate**

inappropriate / ˌɪnəˈprəʊpriət ˌইন্যাˈপ্র্যাউপ্রিঅ্যাট্ / *adj.* not suitable অযোগ্য, অনুপযুক্ত *Isn't that dress rather inappropriate for the occasion?* ✪ বিপ **appropriate**

inarticulate / ˌɪnɑːˈtɪkjələt ˌইনা:ˈটিকিঅ্যাল্যাট্ / *adj.* **1** (used about a person) not able to express ideas and feelings clearly (কোনো ব্যক্তি সম্বন্ধে ব্যবহৃত) গুছিয়ে কথা বলতে বা নিজের মনোভাব ঠিকভাবে প্রকাশ করতে অক্ষম **2** (used about speech) not clear or well expressed (কোনো বক্তৃতা সম্বন্ধে ব্যবহৃত) অস্পষ্ট, অসংলগ্ন ✪ বিপ **articulate** ▶ **inarticulately** *adv.* অস্পষ্ট, অসংলগ্নভাবে

inasmuch as / ˌɪnəzˈmʌtʃ əz ˌইন্যাজ্ˈমাচ অ্যাজ্ / *conj.* (*formal*) because of the fact that যেহেতু *We felt sorry for the boys inasmuch as they had not realized that what they were doing was wrong.*

inattention / ˌɪnəˈtenʃn ˌইন্যাˈটেন্শ্ন্ / *noun* [U] lack of attention মনোযোগের অভাব, অমনোযোগ *a moment of inattention* ✪ বিপ **attention**

inattentive / ˌɪnəˈtentɪv ˌইন্যাˈটেনটিভ / *adj.* not paying attention অমনোযোগী *One inattentive student can disturb the whole class.* ✪ বিপ **attentive**

inaudible / ɪnˈɔːdəbl ইন্ˈঅ:ড্যাব্ল্ / *adj.* not loud enough to be heard শোনা যায় না এমন, শোনার মতো যথেষ্ট জোরে নয় ✪ বিপ **audible** ▶ **inaudibly** / -bli -ব্লি / *adv.* শোনা যায় না এমনভাবে

inaugurate / ɪˈnɔːgjəreɪt ইˈন:গিঅ্যারেইট্ / *verb* [T] **1** to introduce a new official, leader, etc. at a special formal ceremony কাউকে (নতুন কোনো সরকারি আধিকারিক, নেতা ইত্যাদি) বিশেষ অনুষ্ঠানের মাধ্যমে পদাধিষ্ঠিত করা *He will be inaugurated as President next month.* **2** to start, introduce or open sth new (often at a special formal ceremony) উদ্বোধন করা (প্রায়ই কোনো বিশেষ অনুষ্ঠানের মাধ্যমে) ▶ **inaugural** / ɪˈnɔːgjərəl ইˈন:গিঅ্যার্যাল্ / *adj.* (*only before a noun*) উদ্বোধনী *the President's inaugural speech* ▶ **inauguration** / ɪˌnɔːgjəˈreɪʃn ইˌন:গিঅ্যাˈরেইশ্ন্ / *noun* [C, U] উদ্বোধন

inauspicious / ˌɪnɔːˈspɪʃəs ˌইন:ˈস্পিশ্যাস / *adj.* (*formal*) showing signs that the future will not be good or successful; unlucky অশুভ, অকল্যাণকর, অমঙ্গলসূচক *an inauspicious start* ✪ বিপ **auspicious**

inborn / ˌɪnˈbɔːn ˌইন্ˈব:ন্ / *adj.* an inborn quality is one that you are born with (কোনো গুণ) সহজাত, জন্মগত, প্রকৃতিদত্ত ✪ সম **innate**

inbred / ˌɪnˈbred ˌইন্ˈব্রেড্ / *adj.* produced by breeding among closely related members of a group of animals, people or plants নিকট আত্মীয় মানুষের মধ্যে বা নিকটস্থ প্রজাতির জীবজন্তু বা গাছপালার মধ্যে মিলনজাত

inbreeding / ˈɪnbriːdɪŋ ˈইনব্রীডিং / *noun* [U] breeding between closely related people or animals ঘনিষ্ঠ আত্মীয় বা নিকটতম প্রজাতির প্রাণীদের মধ্যে প্রজনন

Inc. (*also* **inc**) / ɪŋk ইংক / *abbr.* (*AmE*) Incorporated সমিতিবধ্ব, সমসংস্থাভুক্ত *Mumbai Drugstores Inc.*

incalculable / ɪnˈkælkjələbl ইন্ˈক্যাল্কিঅ্যাল্যাব্ল্ / *adj.* very great; too great to calculate অসংখ্য; অগণ্য, অগণনীয় an incalculable risk

incapable / ɪnˈkeɪpəbl ইন্ˈকেইপ্যাব্ল্ / *adj.* **1 incapable of sth/doing sth** not able to do sth কোনো কিছু করতে অসমর্থ, অপারগ *She is incapable of hardwork/working hard.* ○ *He's quite incapable of unkindness* (= too nice to be unkind). **2** not able to do, manage or organize anything well কোনো কিছু করতে, পরিচালনা করতে বা সংগঠন করতে অসমর্থ, অযোগ্য, যে কোনো কিছুই ভালোভাবে করতে পারে না *As a doctor, she's totally incapable.* ✪ বিপ **capable**

incapacitate / ˌɪnkəˈpæsɪteɪt ˌইন্ক্যাˈপ্যাসিটেইট্ / *verb* [T] to make sb unable to do sth কাউকে কোনো কাজে অসমর্থ করে তোলা

incarcerate / ɪnˈkɑːsəreɪt ইন্ˈকা:স্যারেইট্ / *verb* [T] (*formal*) (*usually passive*) to put sb in prison or in another place from which he/she cannot escape কাউকে কারাবন্দি করা বা এমন কোনো স্থানে রাখা যাতে সেই ব্যক্তি সেখান থেকে পলায়ন করতে না পারে; নজরবন্দি করে রাখা ✪ সম **imprison** ▶ **incarceration** / ɪnˌkɑːsəˈreɪʃn ইন্ˌকা:স্যাˈরেইশ্ন্ / *noun* [U] বন্দিকরণ

incarnation / ˌɪnkɑːˈneɪʃn ˌইন্কা:ˈনেইশ্ন্ / *noun* [C] **1** a period of life on earth in a particular form দৈহিকভাবে বর্তমান অবস্থায় (পৃথিবীতে থাকাকালীন) মানুষের জীবনধারণের সময়কাল; জীবৎকাল, জীবদ্দশা *He believed he was a prince in a previous incarnation.* **2 the incarnation of sth** (a person that is) a perfect example of a particular quality (কোনো ব্যক্তির সম্বন্ধে ব্যবহৃত) বিশেষ কোনো গুণের মূর্ত প্রতীক *She is the incarnation of goodness.* ⇨ **reincarnation** দেখো।

incendiary / ɪnˈsendiəri ইন্ˈসেন্ডিঅ্যারি / *adj.* that causes a fire আগুনের কারণ, অগ্নিসংযোগকারী *an incendiary bomb/device*

incense¹ / ˈɪnsens ˈইন্সেন্স্ / *noun* [U] a substance that produces a sweet smell when burnt, used especially in religious ceremonies ধূপ জাতীয় কোনো সুগন্ধি যা পোড়ালে সুগন্ধ নির্গত হয় (সাধারণত ধর্মীয় অনুষ্ঠানে ব্যবহার করা হয়)

incense² / ɪnˈsens ˈইন্সেন্স্ / *verb* [T] (*usually passive*) to make sb very angry কোনো ব্যক্তিকে প্রচণ্ড ক্রোধান্বিত করা *The decision of the management not to give the bonus this year incensed the employees.*

incensed / ɪnˈsenst ইন্ˈসেন্স্ট্ / *adj.* **incensed (by/at sth)** very angry অত্যন্ত ক্রুদ্ধ ✪ সম **furious**

incentive / ɪnˈsentɪv ইন্ˈসেন্টিভ্ / *noun* [C, U] **(an) incentive (for/to sb/sth) (to do sth)** something that encourages you (to do sth) যা কোনো কাজ করার উৎসাহ বা প্রেরণা দেয়; উদ্দীপক *There's no incentive for young people to do well at school because there aren't any jobs when they leave.*

inception / ɪnˈsepʃn ইন্ˈসেপ্শন্ / *noun* [*sing.*] (*formal*) the establishment of an organization, institution, etc. কোনো সংগঠন, প্রতিষ্ঠান ইত্যাদির প্রতিষ্ঠা বা স্থাপন *The business has grown rapidly since its inception in 2000.*

incessant / ɪnˈsesnt ইন্ˈসেস্ন্ট্ / *adj.* never stopping (and usually annoying) অবিরত, অবিরাম, অবিশ্রান্ত, একটানা (এবং সাধারণত বিরক্তিকর) *incessant rain/ noise/chatter* ➪ **continual** দেখো। ▶ **incessantly** *adv.* অবিরাম বা একটানাভাবে

incest / ˈɪnsest ˈইন্সেস্ট্ / *noun* [U] illegal sex between members of the same family, for example brother and sister অতিনিকট আত্মীয়ের মধ্যে অবৈধভাবে যৌন সংগম; অজাচার

incestuous / ɪnˈsestjuəs ইন্ˈসেস্টিউঅ্যাস্ / *adj.* **1** involving illegal sex between members of the same family একই পরিবারভুক্ত সদস্যদের মধ্যে অবৈধ যৌনতা জড়িত কিছু *an incestuous relationship* **2** (used about a group of people and their relationships with each other) too close; not open to anyone outside the group (কোনো গোষ্ঠী এবং তাদের পারস্পরিক সম্পর্ক সম্বন্ধে ব্যবহৃত) ঘনিষ্ঠভাবে যুক্ত; গোষ্ঠীর বাইরের কারও কাছে কিছু প্রকাশ করে না এমন *Life in a small community can be very incestuous.*

inch¹ / ɪntʃ ইন্চ্ / *noun* [C] (*abbr.* **in.**) a measure of length; 2.54 centimetres. There are 12 inches in a foot দৈর্ঘ্যের পরিমাপ; ২.৫৪ সেন্টিমিটার। এক ফুটে ১২ ইঞ্চি হয় *He's 5 foot 10 inches tall.* ○ *Three inches of rain fell last night.*

inch² / ɪntʃ ইন্চ্ / *verb* [I, T] **inch forward, past, through, etc.** to move slowly and carefully in the direction mentioned আস্তে আস্তে, অতি সাবধানে লক্ষ্যের দিকে এগিয়ে যাওয়া *He inched (his way) forward along the cliff edge.*

incidence / ˈɪnsɪdəns ˈইন্সিড্যান্স্ / *noun* **1** [*sing.*] (*formal*) **an incidence of sth** the number of times sth (usually sth unpleasant) happens; the rate of sth (সাধারণত কোনো অপ্রীতিকর ঘটনা) কতবার ঘটেছে সেই সংখ্যা; কোনো কিছুর হার *a high incidence of crime /disease/unemployment* **2** [U] (*technical*) the way in which a ray of light meets a surface যে পথে আলোর রশ্মি সমতল কিছুতে এসে মেশে; আপতন *the angle of incidence* ▶ **incident** *adj.* আপতনিক *the incident ray* (=the one that meets a surface) ○ *the incident angle* (=at which a ray of light meets a surface) ➪ **reflection**-এ ছবি দেখো।

incident / ˈɪnsɪdənt ˈইন্সিড্যান্ট্ /*noun* [C] (*formal*) something that happens (especially sth unusual or unpleasant) বিশেষত অপ্রীতিকর, অস্বাভাবিক ঘটনাসমূহ *There were a number of incidents after the football match.* ○ *a diplomatic incident* (= a dangerous or unpleasant situation between countries)

incidental / ˌɪnsɪˈdentl ˌইন্সিˈডেন্ট্ল্ / *adj.* **incidental (to sth)** happening as part of sth more important আনুষঙ্গিক, প্রাসঙ্গিকভাবে যুক্ত *The book contains various themes that are incidental to the main plot.*

incidentally / ˌɪnsɪˈdentli ˌইন্সিˈডেন্টলি / *adv.* used to introduce extra news, information, etc. that the speaker has just thought of বক্তার তৎক্ষণাৎ মনে হয়েছে এমন অতিরিক্ত খবর, তথ্য ইত্যাদি বলার সময়ে ব্যবহৃত; প্রসঙ্গক্রমে *Incidentally, that new restaurant you told me about is excellent.*

> **NOTE** 'Incidentally' শব্দটির পরিবর্তে একই অর্থে **by the way** অভিব্যক্তিটি প্রয়োগ করা যেতে পারে।

incinerate / ɪnˈsɪnəreɪt ইন্ˈসিন্যারেইট্ / *verb* [T] (*formal*) to destroy sth completely by burning কোনো কিছু ভস্মীভূত করা; সম্পূর্ণ পুড়িয়ে ফেলা

incinerator / ɪnˈsɪnəreɪtə(r) ইন্ˈসিন্যারেইট্যা(র্) / *noun* [C] a container or machine for burning rubbish, etc. আবর্জনা ইত্যাদি পোড়ানোর পাত্র বা যন্ত্র; দহনযন্ত্র

incision / ɪnˈsɪʒn ইন্ˈসিজ্ন্ / *noun* [C] (*formal*) a cut carefully made into sth (especially into a person's body as part of a medical operation) (বিশেষত ডাক্তারি নিয়মে কোনো ব্যক্তির শরীরে অস্ত্রোপচারের জন্য) যত্নসহকারে কাটা ক্ষত বা ছেদন বা ফুটো

incisive / ɪnˈsaɪsɪv ইন্ˈসাইসিভ্ / *adj.* **1** showing clear thought and good understanding of what is important, and the ability to express this গুরুত্বপূর্ণ কোনো কিছু সম্বন্ধে স্বচ্ছ চিন্তা এবং সুন্দর বোধের প্রদর্শন করা এবং সেটি অভিব্যক্ত করার সামর্থ্য বা ক্ষমতাসম্পন্ন *incisive comments/criticism/analysis* ○ *an incisive mind* **2** showing sb's ability to take decisions and act firmly কোনো ব্যক্তির সিদ্ধান্ত নেওয়া এবং দৃঢ়ভাবে কাজ করার ক্ষমতা দেখানো হচ্ছে এমন *an incisive performance*

incisor / ɪnˈsaɪzə(r) ইন্ˈসাইজ্যা(র্) / *noun* [C] one of the eight sharp teeth at the front of the mouth that are used for biting উপর ও নীচের মাড়ির সামনের আটটি দাঁতের যে-কোনো একটি, যা দিয়ে কিছু কাটা বা কামড়ানো যায়; কৃন্তনদন্ত ➪ **canine** এবং **molar** দেখো এবং **teeth**-এ ছবি দেখো।

incite / ɪnˈsaɪt ইন্ˈসাইট্ / *verb* [T] **incite sb (to sth)** to encourage sb to do sth by making him/her very angry or excited কোনো কিছু করার জন্য কাউকে উত্তেজিত করা, প্ররোচিত করা, তাতানো *He was accused of inciting the crowd to violence.* ▸ **incitement** *noun* [C, U] প্ররোচনা, উস্কানি *He was guilty of incitement to violence.*

incl. *abbr.* including; inclusive সমস্ত মিলিয়ে, ধরে, সবটা নিয়ে *total Rs 59.00 incl. tax*

inclination / ˌɪnklɪˈneɪʃn ˌইন্‌ক্লিˈনেইশন্ / *noun* [C, U] **inclination (to do sth); inclination (towards/for sth)** a feeling that makes sb want to behave in a particular way ঝোঁক, আসক্তি, প্রবণতা *He did not show the* ***slightest inclination*** *to help.* ○ *She had no inclination for a career in teaching.*

incline[1] / ɪnˈklaɪn ইন্ˈক্লাইন্ / *verb* **1** [I] (*formal*) **incline to/towards sth** to want to behave in a particular way or make a particular choice বিশেষ প্রবৃত্তিমতো চলা, বিশেষ কিছু পছন্দ করা **2** [T] (*formal*) to bend (your head) forward সামনে মাথা ঝোঁকানো বা নত করা *They sat round the table, heads inclined, deep in discussion.* **3** [I] **incline towards sth** to be at an angle in a particular direction বিশেষ কোনো দিকে ঝুঁকে থাকা *The land inclines towards the shore.*

incline[2] / ˈɪnklaɪn ইন্‌ক্লাইন্ / *noun* [C] (*formal*) a slight hill উৎরাই, সামান্য ঢাল *a steep/slight incline* ✪ সম **slope**

inclined / ɪnˈklaɪnd ইন্ˈক্লাইন্ড্ / *adj.* **1 inclined (to do sth)** (*not before a noun*) wanting to behave in a particular way বিশেষভাবে কোনো কিছু করতে চাওয়া হয় এমন, বিশেষ প্রবণতাসম্পন্ন *I know Amir well so I'm* ***inclined to believe*** *what he says.* **2 inclined to do sth** likely to do sth কোনো কিছু করার সম্ভাবনা আছে এমন *She's inclined to change her mind very easily.* **3** having a natural ability in the subject mentioned উল্লিখিত কোনো বিষয়ে সহজাত প্রবৃত্তিসম্পন্ন *to be musically inclined*

include / ɪnˈkluːd ইন্ˈক্লুড্ / *verb* [T] (*not used in the continuous tenses*) **1** to have as one part; to contain (among other things) থাকা; অনেকের মধ্যে একজন হওয়া, সামিল করা বা হওয়া *The price of the holiday includes the flight, the hotel and car hire.* ○ *The crew included one woman.* ➪ **contain**-এ নোট দেখো। ✪ বিপ **exclude** **2 include sb/sth (as/in/on sth)** to make sb/sth part (of another group, etc.) কাউকে বা কিছুকে কোনো দল ইত্যাদির অন্তর্ভুক্ত করা বা সামিল করা *The children immediately included the new girl in their games.* ○ *Everyone was disappointed, myself included.* ▸ **inclusion** / ɪnˈkluːʒn ইন্ˈক্লুজ়ন্ / *noun* [U] অন্তর্ভুক্তি *The inclusion of all that violence in the film was unnecessary.*

including / ɪnˈkluːdɪŋ ইন্ˈক্লুডিং / *prep.* having as a part কোনো কিছুর অংশ হিসেবে আছে এমন *It costs Rs 990, including postage and packing.* ✪ বিপ **excluding**

inclusive / ɪnˈkluːsɪv ইন্ˈক্লুসিভ / *adj.* **1 inclusive (of sth)** (used about a price, etc.) including or containing everything; including the thing mentioned (দরদাম ইত্যাদি সম্বন্ধে ব্যবহৃত) সমস্ত কিছু নিয়ে বা সবসুদ্ধ; উল্লিখিত জিনিসপত্র সমেত *Is that an inclusive price or are there some extras?* ○ *The rent is inclusive of electricity.* **2** (*only after a noun*) including the dates, numbers, etc. mentioned উল্লিখিত তারিখ, সংখ্যা ইত্যাদি সব সমেত *You are booked at the hotel from Monday to Friday inclusive* (= including Monday and Friday).

> **NOTE** আমেরিকান ইংরেজিতে সময়কাল নির্দেশ করার সময় **inclusive** শব্দটির পরিবর্তে **through** শব্দটি ব্যবহার করা হয়—*We'll be away from Friday through Sunday.*

incognito / ˌɪnkɒɡˈniːtəʊ ˌইন্‌কগ্ˈনীট্যাউ / *adv.* hiding your real name and identity (especially if you are famous and do not want to be recognized) (বিশেষত বিখ্যাত মানুষেরা যখন আত্মপরিচয় গোপন রাখে) ছদ্মবেশে, ছদ্মনামে *to travel incognito*

incoherent / ˌɪnkəʊˈhɪərənt ˌইন্‌ক্যাউˈহিঅ্যার‍্যান্ট্ / *adj.* not clear or easy to understand; not saying sth clearly খাপছাড়া, এলোমেলো; অস্পষ্ট, অসংলগ্ন

✪ বিপ **coherent** ▶ **incoherence** *noun* [U] অসংলগ্নতা, অসংবদ্ধতা ▶ **incoherently** *adv.* অসংলগ্নভাবে, অসংবদ্ধভাবে

income / ˈɪnkʌm; -kəm ˈইন্‌কাম্; -ক্যাম্ / *noun* [C, U] the money you receive regularly as payment for your work or as interest on money you have saved, etc. আয়, রোজগার, উপার্জন *It's often difficult for a family to live on one income.*

> **NOTE** আমরা **monthly** (মাসিক) অথবা **annual** (বার্ষিক) আয়ের কথা বলি। উপার্জন বেশি অথবা কম বলার জন্য **high** অথবা **low** শব্দ দুটি ব্যবহার করা হয়। আয়কর দেওয়ার পূর্বে মোট উপার্জনকে **gross income** বলা হয়। আয়কর দেওয়ার পরে অবশিষ্ট উপার্জিত অর্থকে **net income** বলা হয়। ➪ **pay**[2]-তে নোট দেখো।

income tax *noun* [U] the amount of money you pay to the government according to how much you earn নিজের উপার্জন অনুযায়ী যে পরিমাণ অর্থ সরকারকে কর হিসেবে দেওয়া হয়; আয়কর

incoming / ˈɪnkʌmɪŋ ˈইন্‌কামিং / *adj.* (*only before a noun*) **1** arriving or being received প্রবেশমান, আসছে এমন, গ্রহণ করা হচ্ছে বা হতে চলেছে এমন *incoming flights/passengers* ○ *incoming telephone calls* **2** new ; recently elected নতুন; সবে নির্বাচিত হয়েছে এমন *the incoming government*

incomparable / ɪnˈkɒmprəbl ইন্‌ˈকম্‌প্র্যাব্‌ল্ / *adj.* so good or great that it does not have an equal অতুলনীয়, অনুপম *incomparable beauty* ➪ **compare** verb দেখো।

incompatible / ˌɪnkəmˈpætəbl ˌইন্‌ক্যাম্‌ˈপ্যাট্যাব্‌ল্ / *adj.* **incompatible with sb/sth** very different and therefore not able to live or work happily with sb or exist with sth সম্পূর্ণ পৃথক গুণসম্পন্ন, একটার সঙ্গে একটা যায় না এমন; সংগতিবিহীন, সামঞ্জস্যবিহীন *The working hours of the job are incompatible with family life.* ✪ বিপ **compatible** ▶ **incompatibility** / ˌɪnkəmˌpætəˈbɪləti ˌইন্‌ক্যাম্‌ˌপ্যাট্যাˈবিল্যাটি / *noun* [C, U] (*pl.* **incompatibilities**) অসংগতি, বিরুদ্ধতা

incompetent / ɪnˈkɒmpɪtənt ইন্‌ˈকম্‌পিট্যান্ট্ / *adj.* lacking the necessary skill to do sth well অসমর্থ, অযোগ্য, কাজের নয় *He is completely incompetent at his job.* ○ *an incompetent teacher/manager* ✪ বিপ **competent** ▶ **incompetent** *noun* [C] অযোগ্য ব্যক্তি *She's a total incompetent at basketball.* ▶ **incompetence** *noun* [U] অযোগ্যতা, অক্ষমতা ▶ **incompetently** *adv.* অক্ষমভাবে, অযোগ্যভাবে

incomplete / ˌɪnkəmˈpliːt ˌইন্‌ক্যাম্‌ˈপ্লীট্ / *adj.* having a part or parts missing পুরো নয় এমন; অসম্পূর্ণ ✪ বিপ **complete** ▶ **incompletely** *adv.* অসম্পূর্ণভাবে

incomprehensible / ɪnˌkɒmprɪˈhensəbl ইন্‌ˌকম্‌প্রিˈহেন্‌স্যাব্‌ল্ / *adj.* impossible to understand দুর্বোধ্য, বোঝা কঠিন, দুরূহ *an incomprehensible explanation* ○ *Her attitude is incomprehensible to the rest of the committee.* ✪ বিপ **comprehensible** অথবা **understandable** ▶ **incomprehension** / ɪnˌkɒmprɪˈhenʃn ইন্‌ˌকম্‌প্রিˈহেন্‌শ্‌ন্ / *noun* [U] দুরূহতা, দুর্বোধ্যতা

inconceivable / ˌɪnkənˈsiːvəbl ˌইন্‌ক্যান্‌ˈসীভ্যাব্‌ল্ / *adj.* impossible or very difficult to believe or imagine কল্পনাতীত, ধারণার বাইরে, অবিশ্বাস্য, আশ্চর্য *It's inconceivable that he would have stolen anything.* ✪ বিপ **conceivable**

inconclusive / ˌɪnkənˈkluːsɪv ˌইন্‌ক্যান্‌ˈক্লুসিভ্ / *adj.* not leading to a definite decision or result যে ব্যাপারে চূড়ান্ত সিদ্ধান্ত নেওয়া যায়নি বা হয়নি *an inconclusive discussion* ○ *inconclusive evidence* (= that doesn't prove anything) ✪ বিপ **conclusive** ▶ **inconclusively** *adv.* অমীমাংসিতভাবে

incongruous / ɪnˈkɒŋgruəs ইন্‌ˈকংগ্রুঅ্যাস্ / *adj.* strange and out of place; not suitable in a particular situation প্রসঙ্গচ্যুত, অসংগত; বেমানান *That huge table looks rather incongruous in such a small room.* ▶ **incongruously** *adv.* খাপছাড়াভাবে ▶ **incongruity** / ˌɪnkɒnˈgruːəti ˌইন্‌কন্‌ˈগ্রুঅ্যাটি / *noun* [U] অসংগতি, গরমিল

inconsiderate / ˌɪnkənˈsɪdərət ˌইন্‌ক্যান্‌ˈসিড্যার‍্যাট্ / *adj.* (used about a person) not thinking or caring about the feelings or needs of other people (কোনো ব্যক্তি সম্বন্ধে ব্যবহৃত) যে অন্যের কথা ভাবে না, অন্যের দিকটা দেখে না; অবিবেচক ✪ সম **thoughtless** ✪ বিপ **considerate** ▶ **inconsiderately** *adv.* অবিবেচকের মতো ▶ **inconsiderateness** *noun* [U] অবিবেচনা

inconsistent / ˌɪnkənˈsɪstənt ˌইন্‌ক্যান্‌ˈসিস্‌ট্যান্ট্ / *adj.* **1 inconsistent (with sth)** (used about statements, facts, etc.) not the same as sth else; not matching, so that one thing must be wrong or not true (কোনো বিবৃতি; তথ্য ইত্যাদি সম্বন্ধে ব্যবহৃত) অসংগতিপূর্ণ, পরস্পরবিরোধী *The witnesses' accounts of the event are inconsistent.* ○ *These new facts are inconsistent with the earlier information.* **2** (used about a person) likely to change (in attitude, behaviour, etc.) so that you cannot depend on him/her (কোনো ব্যক্তি সম্বন্ধে ব্যবহৃত) অস্থির, চপল স্বভাব, সহজেই মত বদলাতে পারে বলে

তার উপর নির্ভর করা যায় না ✪ বিপ **consistent** ▶ **inconsistency** / -ənsi -অ্যান্সি / *noun* [C, U] (*pl.* **inconsistencies**) অসংলগ্নতা, পরস্পরবিরোধিতা, অসংগতি *There were a few inconsistencies in her argument.* ✪ বিপ **consistency** ▶ **inconsistently** *adv.* অসংলগ্নভাবে

inconspicuous / ˌɪnkənˈspɪkjuəs ˌইন্ক্যান্ˈস্পিকিউঅ্যাস্ / *adv.* not easily noticed সহজে চোখে পড়ে না এমন; প্রচ্ছন্ন *I tried to **make** myself as **inconspicuous** as possible so that no one would ask me a question.* ✪ বিপ **conspicuous** ▶ **inconspicuously** *adv.* প্রচ্ছন্নভাবে

incontinent / ɪnˈkɒntɪnənt ইন্ˈকন্টিন্যান্ট্ / *adj.* unable to control the passing of waste (**urine** and **faeces**) from the body যে মলমূত্রের বেগ ধারণে অক্ষম ▶ **incontinence** *noun* [U] মলমূত্রের বেগধারণে অক্ষমতা, অসংযম

inconvenience / ˌɪnkənˈviːniəns ˌইন্ক্যান্ˈভীনিঅ্যান্স্ / *noun* [U, C] trouble or difficulty, especially when it affects sth that you need to do; a person or thing that causes this অসুবিধা, ঝামেলা; যে ব্যক্তি বা বস্তু এই অসুবিধা বা কষ্ট দান করে *We apologize for any inconvenience caused by the delays.* ▶ **inconvenience** *verb* [T] অসুবিধা হওয়া বা করা

inconvenient / ˌɪnkənˈviːniənt ˌইন্ক্যান্ˈভীনিঅ্যান্ট্ / *adj.* causing trouble or difficulty, especially when it affects sth that you need to do অসুবিধাজনক, বিরক্তিজনক *It's a bit inconvenient at the moment—could you phone again later?* ✪ বিপ **convenient** ▶ **inconveniently** *adv.* অসুবিধাজনকভাবে

incorporate / ɪnˈkɔːpəreɪt ইন্ˈক:প্যারেইট্ / *verb* [T] **incorporate sth (in/into/within sth)** to make sth a part of sth else; to have sth as a part কোনো কিছুকে অন্য কিছুর অন্তর্ভুক্ত করা বা ভিতরে ঢোকানো; অংশ হিসেবে কোনো কিছু থাকা *I'd like you to incorporate this information into your report.* ✪ সম **include** ▶ **incorporation** / ɪnˌkɔːpə ˈreɪʃn ইন্ˌক:প্যা ˈরেইশ্ন্ / *noun* [U] অন্তর্ভুক্তি

incorporated / ɪnˈkɔːpəreɪtɪd ইন্ˈক:প্যারেইটিড্ / *adj.* (*abbr.* **Inc.**) (following the name of a company) formed into a legal organization (**corporation**) (কোম্পানির নামের পাশে প্রযুক্ত) আইনানুগ বা আইনসিদ্ধভাবে গঠিত

incorrect / ˌɪnkəˈrekt ˌইন্ক্যাˈরেক্ট্ / *adj.* not right or true ভুল, ঠিক নয়, ত্রুটিপূর্ণ *Incorrect answers should be marked with a cross.* ✪ বিপ **correct** ▶ **incorrectly** *adv.* ভুলভাবে

incorrigible / ɪnˈkɒrɪdʒəbl ইন্ˈকরিজ্যাব্ল্ / *adj.* (used about a person or his/her behaviour) very bad; too bad to be corrected or improved (কোনো ব্যক্তি বা তার ব্যবহার সম্বন্ধে ব্যবহৃত) খুবই খারাপ; অসংশোধনীয় *an incorrigible liar*

increase[1] / ɪnˈkriːs ইন্ˈক্রীস্ / *verb* [I, T] **increase (sth) (from A) (to B); increase (sth) (by sth)** to become or to make sth larger in number or amount পরিমাণ বা সংখ্যায় কোনো কিছুকে বড়ো করা, বেড়ে যাওয়া, বড়ো হওয়া *The rate of inflation has increased by 1% to 7%.* ○ *She increased her speed to overtake the lorry.* ✪ বিপ **decrease** অথবা **reduce**

increase[2] / ˈɪŋkriːs ˈইংক্রীস্ / *noun* [C, U] **(an) increase (in sth)** a rise in the number, amount or level of sth কোনো বস্তুর সংখ্যা, পরিমাণ বা মাত্রায় বৃদ্ধি *There has been a **sharp increase** of nearly 50% on last year's figures.* ○ *Doctors expect some further increase in the spread of the disease.* ○ *They are demanding a large wage increase.* ✪ বিপ **decrease** অথবা **reduction**

IDM **on the increase** becoming larger or more frequent; increasing বৃদ্ধিমান; উপচীয়মান *Attacks by monkeys on children are on the increase.*

increasingly / ɪnˈkriːsɪŋli ইন্ˈক্রীসিংলি / *adv.* more and more আরও বেশি করে বা ক্রমশ বাড়তে থাকছে এমন *It's becoming increasingly difficult/important/dangerous to stay here.*

incredible / ɪnˈkredəbl ইন্ˈক্রেড্যাব্ল্ / *adj.* **1** impossible or very difficult to believe অবিশ্বাস্য, আশ্চর্যজনক *I found his account of the event incredible.* ✪ বিপ **credible** ⇨ **unbelievable** দেখো। **2** (*informal*) extremely good or big অত্যন্ত ভালো, অবিশ্বাস্যরকমভাবে বেশি *He earns an incredible salary.* ▶ **incredibly** / -əbli -অ্যাব্লি / *adv.* অবিশ্বাস্য রকমের *We have had some incredibly strong winds recently.*

incredulous / ɪnˈkrədjələs ইন্ˈক্রেডিঅ্যাল্যাস্ / *adj.* not willing or not able to believe sth; unbelieving, showing an inability to believe sth কোনো কিছু বিশ্বাস করতে ইচ্ছুক বা সমর্থ নয়; অবিশ্বাসী, সংশয়াতুর, সংশয়াপন্ন *an incredulous look* ✪ বিপ **credulous** ▶ **incredulity** / ˌɪŋkrəˈdjuːləti ˌইংক্র্যাˈডিউল্যাটি / *noun* [U] সংশয়াপন্নতা, সন্দেহশীলতা *He gave her a look of surprise and incredulity.*

increment / ˈɪŋkrəmənt ˈইংক্র্যাম্যান্ট্ / *noun* [C] **1** a regular increase in the amount of money that sb is paid for his/her job কারও বেতনের নিয়মিত বৃদ্ধি *a salary with annual increments* **2** (*formal*) an increase in a number or an amount সংখ্যা বা পরিমাণে বৃদ্ধি ▶ **incremental** / ˌɪŋkrəˈmentl ˌইংক্র্যাˈম্যান্ট্ল্ / *adj.* বৃদ্ধির সঙ্গে সংযুক্ত *incremental* *costs* ▶ **incrementally** / -təli -ট্যালি / *adv.* বেড়ে গিয়ে, বাড়তিভাবে, বৃদ্ধিপ্রাপ্ত হয়ে

incriminate / ɪnˈkrɪmɪneɪt ইন্‌ক্রিমিনেইট্ / *verb* [T] to provide evidence that sb is guilty of a crime কোনো অপরাধীর দোষের প্রমাণ বা সাক্ষ্য দেওয়া *The police searched the house but found nothing to incriminate the man.*

incubate / ˈɪŋkjubeɪt ˈইংকিউবেইট্ / *verb* **1** [T] to keep an egg at the right temperature so that it can develop and produce a bird (**hatch**) (কৃত্রিম পদ্ধতিতে) সঠিক তাপমাত্রায় রেখে ডিম থেকে পক্ষীশাবক উৎপন্ন করা বা জন্মানো **2** [I, T] (used about a disease) to develop without showing signs; (used about a person or an animal) to carry a disease without showing signs (কোনো ব্যাধি সম্বন্ধে ব্যবহৃত) কোনো ধরনের বহির্লক্ষণ ছাড়াই বেড়ে ওঠা; (কোনো ব্যক্তি অথবা পশু সম্বন্ধে ব্যবহৃত) কোনো রোগের বহির্লক্ষণ প্রকট না করে সেই রোগের বাহক হওয়া *Some viruses take weeks to incubate.*

incubation / ˌɪŋkjuˈbeɪʃn ˌইংকিউˈবেইশ্‌ন্ / *noun* **1** [U] the process of incubating eggs কৃত্রিম উপায়ে ডিম ফোটানোর পদ্ধতি **2** [C] (*also* **incubation period**) the period between catching a disease and the time when signs of it (**symptoms**) appear রোগ সংক্রামিত হওয়া এবং শরীরে তার লক্ষণগুলি ফুটে বেরোনোর মধ্যবর্তী সময়

incubator / ˈɪŋkjubeɪtə(r) ˈইংকিউবেইট্যা(র্) / *noun* [C] **1** a machine used in hospitals for keeping small or weak babies alive in controlled conditions দুর্বল বা রোগা শিশুদের বাঁচিয়ে রাখার যন্ত্র; ইনকিউবেটর **2** a machine for keeping eggs warm until they break open (**hatch**) ডিম ফোটানোর সঠিক তাপ-নিয়ন্ত্রক যন্ত্র

incumbent / ɪnˈkʌmbənt ইন্‌ˈকাম্‌ব্যান্ট্ / *noun* [C] (*formal*) a person who is currently in an official position (ব্যক্তি) বর্তমানে পদাধিকারী *the present incumbent of the Rashtrapati Bhavan* ▶ **incumbent** *adj.* পদস্থ *the incumbent governor*

incur / ɪnˈkɜː(r) ইন্‌ˈক্য(র্) / *verb* [T] (**incurred; incurring**) (*formal*) to suffer the unpleasant results of a situation that you have caused কৃতকর্মের অপ্রীতিকর ফল ভোগ করা *to incur debts/ sb's anger*

incurable / ɪnˈkjʊərəbl ইন্‌ˈকিউঅ্যার‍্যাব্‌ল্ / *adj.* that cannot be cured or made better যা সহজে ভালো হয় না; দুরারোগ্য *an incurable disease* ✪ বিপ **curable** ▶ **incurably** / -əbli -অ্যাব্‌লি / *adv.* দুরারোগ্য রোগাক্রান্ত হয়ে, কঠিনভাবে *incurably ill*

indebted / ɪnˈdetɪd ইন্‌ˈডেটিড্ / *adj.* **indebted (to sb) (for sth)** very grateful to sb কারও কাছে কৃতজ্ঞ, ঋণগ্রস্ত, অনুগৃহীত *I am deeply indebted to my family and friends for all their help.*

indecent / ɪnˈdiːsnt ইন্‌ˈডীস্‌ন্ট্ / *adj.* shocking to many people in society, especially because sth involves sex or the body সমাজে অনেকের কাছে যা অশালীন মনে হয়, বিশেষত যৌনতা বা দেহবিষয়ক কিছু; অশোভন, অশ্লীল, অশালীন, অসভ্য *indecent photos/ behaviour/language* ○ *You can't wear those tiny swimming trunks—they're indecent!* ✪ বিপ **decent** ▶ **indecency** / -nsi -ন্‌সি / *noun* [U, *sing.*] অশালীনতা, অশ্লীলতা ▶ **indecently** *adv.* অশালীনভাবে, অসভ্যের মতো

indecision / ˌɪndɪˈsɪʒn ˌইনডিˈসিজ্‌ন্ / (*also* **indecisiveness**) *noun* [U] the state of being unable to decide দোদুল্যমান মনোভাব, অনিশ্চয়তা *His indecision about the future is really worrying me.*

indecisive / ˌɪndɪˈsaɪsɪv ˌইন্‌ডিˈসাইসিভ্ / *adj.* not able to make decisions easily যে সহজে কোনো সিদ্ধান্তে পৌঁছাতে পারে না; অস্থিরমনস্ক ✪ বিপ **decisive** ▶ **indecisively** *adv.* অনিশ্চিতভাবে, অস্থিরমনস্কভাবে

indeed / ɪnˈdiːd ইন্‌ˈডীড্ / *adv.* **1** (used for emphasizing a positive statement or answer) really; certainly (কোনো হ্যাঁ বাচক মন্তব্য বা উত্তরে জোর দিতে ব্যবহৃত হয়) সত্যিই, নিশ্চয়; অবশ্যই *'Have you had a good holiday?' 'We have indeed.'* **2** used after 'very' with an adjective or adverb to emphasize the quality mentioned বিভিন্ন ধরনের বিশেষণ বা ক্রিয়া বিশেষণের সঙ্গে, উল্লিখিত গুণাবলীর উপর জোর দেওয়া বা গুরুত্ব আরোপ করার জন্য very শব্দটির পরে ব্যবহৃত হয় *Thank you very much indeed.* ○ *She's very happy indeed.* **3** (used for adding information to a statement) in fact সত্যি সত্যিই, বাস্তবিকই *It's important that you come at once. Indeed, it's essential.* **4** used for showing interest, surprise, anger, etc. উৎসাহ, বিস্ময়, ক্রোধ প্রকাশে ব্যবহৃত *'They were talking about you last night.' 'Were they indeed!'*

indefensible / ˌɪndɪˈfensəbl ˌইন্‌ডিˈফেন্‌স্যাব্‌ল্ / *adj.* (used about behaviour, etc.) completely wrong; that cannot be defended or excused (কারও আচরণ ইত্যাদি সম্বন্ধে ব্যবহৃত) একেবারেই ভুল; সমর্থনের অযোগ্য

indefinable / ˌɪndɪˈfaɪnəbl ˌইন্‌ডিˈফাইন্যাব্‌ল্ / *adj.* difficult or impossible to describe অবর্ণনীয়, বর্ণনার অতীত, অনির্বচনীয় *There was an indefinable atmosphere of hostility.* ▶ **indefinably** / -əbli -অ্যাব্‌লি / *adv.* অবর্ণনীয়ভাবে, অনির্বচনীয়ভাবে

indefinite / ɪnˈdefɪnət ইন্‌ˈডেফিন্যাট্ / *adj.* not fixed or clear অনির্দিষ্ট বা অস্পষ্ট *Our plans are still rather indefinite.* ✪ বিপ **definite**

the indefinite article *noun* [C] (*grammar*) the name used for the words 'a' and 'an' (ব্যাকরণ) 'a' এবং 'an'-এর জন্য ব্যবহৃত শব্দ ➪ **the definite article** দেখো।

> **NOTE** Indefinite Article সম্বন্ধে আরও বিশদভাবে জানার জন্য এই অভিধানের শেষাংশে **Quick Grammar Reference** দেখো।

indefinitely / ɪnˈdefɪnətli ইন্ˈডেফিন্যাট্লি / *adv.* for a period of time that has no fixed end অনির্দিষ্ট কালের জন্য *The meeting was postponed indefinitely.*

indelible / ɪnˈdeləbl ইন্ˈডেল্যাব্ল্ / *adj.* that cannot be removed or washed out মুছে ফেলা বা ধোয়া যায় না এমন *indelible ink* ○ (*figurative*) *The experience made an indelible impression on me.* ▶ **indelibly** / -əbli -অ্যাব্লি / *adv.* পাকাপাকিভাবে

indemnify / ɪnˈdemnɪfaɪ ইন্ˈডেম্নিফাই / *verb* [T] (*pres. part.* **indemnifying;** *3rd person sing. pres.* **indemnifies;** *pt* **indemnified;** *pt* **indemnified**) (*law*) **1 indemnify sb (against sth)** to promise to pay sb an amount of money if he/she suffers any damage or loss ক্ষতিপূরণের জন্য নির্দিষ্ট পরিমাণ অর্থ দিতে প্রতিজ্ঞাবদ্ধ থাকা **2 indemnify sb (for sth)** to pay sb an amount of money because of the damage or loss that he/she has suffered ক্ষতিপূরণের টাকা দেওয়া ▶ **indemnification** / ɪnˌdemnɪfɪˈkeɪʃn ইন্ˌডেম্নিফিˈকেইশ্ন্ / *noun* [U] ক্ষতিপূরণ

indemnity / ɪnˈdemnəti ইন্ˈডেম্ন্যাটি / *noun* (*formal*) **1** [U] protection against damage or loss, especially in the form of a promise to pay for any that happens ক্ষতি থেকে সুরক্ষা, বিশেষত অর্থ পাওয়ার প্রতিশ্রুতি **2** [C] (*pl.* **indemnities**) an amount of money that is given as payment for damage or loss ঐ জাতীয় ক্ষতিপূরণের জন্য যে পরিমাণ অর্থ দেওয়া হয়েছে

indent / ɪnˈdent ইন্ˈডেন্ট্ / *verb* [I, T] to start a line of writing further from the left-hand side of the page than the other lines অন্য লাইনগুলি থেকে আলাদা করে সরিয়ে লেখা

independence / ˌɪndɪˈpendəns ˌইন্ডিˈপেন্ড্যান্স্ / *noun* [U] **independence (from sb/sth)** (used about a person, country, etc.) the state of being free and not controlled by another person, country, etc. (কোনো ব্যক্তি, দেশ ইত্যাদি সম্বন্ধে ব্যবহৃত) স্বাধীন, মুক্ত *In 1947 India achieved independence from Britain.* ○ *financial independence*

> **NOTE** ভারতবর্ষে স্বাধীনতা দিবস ১৫ই অগাস্ট পালন করা হয়। এই বিশেষ দিনে ১৯৪৭ খ্রিস্টাব্দে ভারত ব্রিটেনের কাছ থেকে স্বাধীনতা লাভ করে।

independent / ˌɪndɪˈpendənt ˌইন্ডিˈপেন্ড্যান্ট্ / *adj.* **1 independent (of/from sb/sth)** free from and not controlled by another person, country, etc. স্বাধীন, সার্বভৌম *Many former colonies are now independent nations.* ○ *independent schools/television* (= not supported by government money) **2 independent (of/from sb/sth)** not needing or wanting help স্বনির্ভর, স্বয়ংসম্পূর্ণ *I got a part-time job because I wanted to be financially independent from my parents.* ✪ বিপ **dependent** **3** not influenced by or connected with sb/sth অন্যের প্রভাব মুক্ত; স্বাধীন *Complaints against the police should be investigated by an independent body.* ○ *Two independent opinion polls have obtained similar results.* ▶ **independently** *adv.* **independently (of sb/sth)** স্বাধীনভাবে *Scientists working independently of each other have had very similar results in their experiments.*

indescribable / ˌɪndɪˈskraɪbəbl ˌইন্ডিˈস্ক্রাইব্যাব্ল্ / *adj.* too good or bad to be described বর্ণনাতীতভাবে ভালো বা মন্দ *indescribable poverty/luxury/noise* ▶ **indescribably** / -əbli -অ্যাব্লি / *adv.* অবর্ণনীয়ভাবে

indestructible / ˌɪndɪˈstrʌktəbl ˌইন্ডিˈস্ট্রাক্ট্যাব্ল্ / *adj.* that cannot be easily damaged or destroyed অবিনশ্বর, অক্ষয়

index / ˈɪndeks ˈইনডেক্স / *noun* [C] (*pl.* **indexes**) **1** a list in order from A to Z, usually at the end of a book, of the names or subjects that are referred to in the book (গ্রন্থের মধ্যে যেসকল নাম বা বিষয় আছে সেইমতো) গ্রন্থের শেষে প্রদত্ত বর্ণানুক্রমিক সূচি; নির্ঘণ্ট *If you want to find all the references to Delhi, look it up in the index.* **2** (*BrE*) = **card index** **3** (*pl.* **indexes** or **indices**) a way of showing how the price, value, rate, etc. of sth has changed জিনিসপত্রের দাম, মূল্য, হার, মাত্রা ইত্যাদির পরিবর্তন প্রদর্শনের উপায় *the cost-of-living index* ▶ **index** *verb* [T] নির্ঘণ্ট তৈরি করা *The books in the library are indexed by subject and title.*

index card *noun* [C] a small card that you can write information on and keep with other cards in a box or file যে ছোটো কার্ডে তথ্যাদি লিখে কোনো বাক্সে বা ফাইলে সাজিয়ে রাখা হয়; ইনডেক্স কার্ড ➪ **stationery**-তে ছবি দেখো।

index finger *noun* [C] the finger next to your thumb that you use for pointing বুড়ো আঙুলের পাশের আঙুল যা দিয়ে কিছু দেখানো হয়; তর্জনী ✪ সম **forefinger**

Indian / ˈɪndiən ˈইন্ডিঅ্যান্ / *noun* [C], *adj.* **1** (a person) from the Republic of India ভারতীয়, ভারতবর্ষীয়, ভারতের বাসিন্দা, ভারতবাসী *Indian food* *is famous worldwide.* 2 = **Native American** *The Sioux were a famous Indian tribe.* ➪ **West Indian** দেখো।

indicate / ˈɪndɪkeɪt ˈইন্‌ডিকেইট্ / *verb* 1 [T] to show that sth is probably true or exists কোনো কিছু সম্ভবত সত্য বা তা আছে এরকম নির্দেশ করা, দেখানো *Recent research indicates that children are getting too little exercise.* 2 [T] to say sth in an indirect way সরাসরি না বলে ঘুরিয়ে বলা, ইঙ্গিত করা *The spokesman indicated that an agreement was likely soon.* 3 [T] to make sb notice sth, especially by pointing to it কাউকে কিছু আঙুল দিয়ে দেখানো, দেখিয়ে দেওয়া *The receptionist indicated where I should sign.* ○ *The boy seemed to be indicating that I should follow him.* 4 [I, T] to signal that your car, etc. is going to turn গাড়িতে সিগন্যাল দিয়ে জানানো, প্রদর্শন করা *The lorry indicated left but turned right.*

indication / ˌɪndɪˈkeɪʃn ˌইন্‌ডিˈকেইশ্‌ন্ / *noun* [C, U] **an indication (of sth/doing sth); an indication that...** something that shows sth; a sign ইঙ্গিত, ইশারা; চিহ্ন *There was no indication of a struggle.* ○ *There is every indication that he will make a full recovery.*

indicative / ɪnˈdɪkətɪv ইন্ˈডিক্যাটিভ্ / *adj.* (*formal*) being or giving a sign of sth চিহ্ন দেওয়া বা চিহ্নিত করা হচ্ছে এমন *Is the unusual weather indicative of climatic changes?*

indicator / ˈɪndɪkeɪtə(r) ˈইন্‌ডিকেইট্যা(র্) / *noun* [C] 1 something that gives information or shows sth; a sign এমন কিছু যা নির্দেশ দেয়, যে চিহ্ন দেখে তথ্যাদি জানা যায়; নির্দেশনামা বা নির্দেশচিত্র *The indicator showed that we had plenty of petrol.* ○ *The unemployment rate is a reliable indicator of economic health.* 2 (*AmE* **turn signal**) the flashing light on a car, etc. that shows that it is going to turn right or left গাড়ি ইত্যাদির যে আলো দেখে জানা যায় গাড়িটি বাঁ অথবা ডান দিকে ঘুরবে

indices / ˈɪndɪsiːz ˈইন্‌ডিসীজ্ / ➪ **index 3**-এর plural

indict / ɪnˈdaɪt ইন্ˈডাইট্ / *verb* [T] (*usually passive*) **indict sb (for sb)** (*usually AmE*) (*law*) to officially charge sb with a crime কাউকে অভিযুক্ত করা, আইনত অপরাধী বলা *The senator was indicted for murder.*

indictment / ɪnˈdaɪtmənt ইন্ˈডাইট্‌ম্যান্ট্ / *noun* [C] 1 a written paper that officially accuses sb of a crime কাউকে অপরাধী বলে অভিযুক্ত করার সরকারি কাগজপত্র; অভিযোগপত্র, আর্জি 2 **an indictment (of sth)** something that shows how bad sth is কোনো কিছুর খারাপ লক্ষণ বা খারাপ দিক *The fact that many children leave school with no qualifications is an indictment of our education system.*

indifference / ɪnˈdɪfrəns ইন্ˈডিফ্র্যান্স্ / *noun* [U] **indifference (to sb/sth)** a lack of interest or feeling towards sb/sth কোনো কিছু বা কারও সম্বন্ধে অনীহা, ঔদাসীন্য, উপেক্ষা *He has always shown indifference to the needs of others.*

indifferent / ɪnˈdɪfrənt ইন্ˈডিফ্র্যান্ট্ / *adj.* 1 **indifferent (to sb/sth)** not interested in or caring about sb/sth উদাসীন, নিস্পৃহ *The manager of the shop seemed indifferent to our complaints.* 2 not very good বেশ খারাপ, ভালো নয় *The standard of football in the World Cup was rather indifferent.* ▶ **indifferently** *adv.* উদাসীনভাবে

indigenous / ɪnˈdɪdʒənəs ইন্ˈডিজ্যান্যাস্ / *adj.* (used about people, animals or plants) living or growing in the place where they are from originally (প্রাণী, মানুষ, জীবজন্তু এবং গাছপালা সম্বন্ধে ব্যবহৃত) দেশি, স্থানিক

indigestible / ˌɪndɪˈdʒestəbl ˌইন্‌ডিˈজেস্‌ট্যাব্‌ল্ / *adj.* (used about food) difficult or impossible for the stomach to deal with (খাবার সম্বন্ধে ব্যবহৃত) যা হজম করা কঠিন; দুষ্পাচ্য ✪ বিপ **digestible**

indigestion / ˌɪndɪˈdʒestʃən ˌইন্‌ডিˈজেস্‌চ্যান্ / *noun* [U] pain in the stomach that is caused by difficulty in dealing with food বদহজম, বদহজমের কারণে পেটে ব্যথা

indignant / ɪnˈdɪɡnənt ইন্ˈডিগ্‌ন্যান্ট্ / *adj.* **indignant (with sb) (about/at sth); indignant that...** shocked or angry because sb has said or done sth that you do not like and do not agree with অন্যায় ইত্যাদি দেখে, অন্যের খারাপ ব্যবহারে ক্রুদ্ধ, অসন্তুষ্ট *They were indignant that they had to pay more for worse services.* ▶ **indignantly** *adv.* রাগতভাবে

indignation / ˌɪndɪɡˈneɪʃn ˌইন্‌ডিগ্ˈনেইশ্‌ন্ / *noun* [U] **indignation (at/about sth); indignation that...** shock and anger রাগ এবং বিস্ময়, হতাশা *commuters' indignation at the rise in fares*

indignity / ɪnˈdɪɡnəti ইন্ˈডিগ্‌ন্যাটি / *noun* [U, C] (*pl.* **indignities**) **indignity (of sth/of doing sth)** a situation that makes you feel embarrassed because you are not treated with respect; an act that causes these feelings কোনো পরিস্থিতি যাতে সম্মান না পাওয়ার ফলে বিব্রত হতে হয়; যে ক্রিয়া এই জাতীয় মনোভাব জাগায় ✪ সম **humiliation** *The chairman suffered the indignity of being refused admission to the meeting.* ○ *the daily indignities of imprisonment*

indigo / ˈɪndɪɡəʊ ˈইন্‌ডিগ্যাউ / *adj.* very dark blue in colour খুব গাঢ় নীল রঙের ▶ **indigo** *noun* [U] নীল গাছ, নীল (যা দিয়ে কাপড় ইত্যাদি রাঙানো হয়)

indirect / ˌɪndəˈrekt; -daɪˈr- ˌইন্‌ড্যাˈরেক্ট্; -ডাইˈর্- / *adj.* **1** not being the direct cause of sth; not having a direct connection with sth পরোক্ষ; সরাসরি নয় এমন *an indirect result* **2** that avoids saying sth in an obvious way আঁকাবাঁকা, ঘোরালো *She gave only an indirect answer to my question.* **3** not going in a straight line or using the shortest route আঁকাবাঁকা পথে (সোজা পথে নয়), সংক্ষিপ্ত দুরত্বের রাস্তা দিয়ে *We came the indirect route to avoid driving through Chandigarh.* ✪ বিপ **direct** ▶ **indirectly** *adv.* পরোক্ষভাবে ✪ বিপ **directly** ▶ **indirectness** *noun* [U] পরোক্ষতা

indirect object *noun* [C] (*grammar*) a person or thing that an action is done to or for (ব্যাকরণ) বাক্যের মধ্যে ক্রিয়াপদের গৌণ কর্ম অর্থাৎ যে ব্যক্তির প্রতি বা তার জন্য কোনো কাজ করা হয় *In the sentence, 'I wrote him a letter', 'him' is the indirect object.* ➪ **direct object** দেখো।

NOTE Indirect Object সম্বন্ধে আরও বিশদভাবে জানার জন্য এই অভিধানের শেষাংশে **Quick Grammar Reference** দেখো।

indirect speech (*also* **reported speech**) *noun* [U] (*grammar*) reporting what sb has said, not using the actual words (ব্যাকরণ) পরোক্ষভাবে অন্য কারও কথা জানানো (বক্তার কথা হুবহু না বলে) ➪ **direct speech** দেখো।

NOTE সৌরভের নিজের কথা হল—*'I'll phone again later.'* কিন্তু সৌরভের কথা যখন অন্য কোনো ব্যক্তি বলবে তখন সেটি বলতে গেলে এইভাবে বলা হবে—*Sourav said that he would phone again later.*
Indirect Speech সম্বন্ধে আরও বিশদভাবে জানার জন্য এই অভিধানের শেষাংশে **Quick Grammar Reference** দেখো।

indiscreet / ˌɪndɪˈskriːt ˌইন্‌ডিˈস্ক্রীট্ / *adj.* not careful or polite in what you say or do অসাবধানী, হঠকারী, যে ভেবেচিন্তে করে না এমন ✪ বিপ **discreet** ▶ **indiscreetly** *adv.* হঠকারীর মতো, বেফাঁসভাবে

indiscretion / ˌɪndɪˈskreʃn ˌইন্‌ডিˈস্ক্রেশ্‌ন্ / *noun* [C, U] behaviour that is not careful or polite, and that might cause embarrassment or offence অপরিণামদর্শী অথবা এমন অসংযত ব্যবহার যার থেকে অন্য কেউ আঘাত পেতে পারে; হঠকারী কাজ বা মন্তব্য

indiscriminate / ˌɪndɪˈskrɪmɪnət ˌইন্‌ডিˈস্ক্রিমিন্যাট্ / *adj.* done or acting without making sensible judgement or caring about the possible harmful effects এলোমেলো, বাছবিচারশূন্য, অপরিণামদর্শী *He's indiscriminate in his choice of friends.* ▶ **indiscriminately** *adv.* নির্বিচারে, বাছবিচার না করে

indispensable / ˌɪndɪˈspensəbl ˌইন্‌ডিˈস্পেন্‌স্যাব্‌ল্ / *adj.* very important, so that it is not possible to be without it অপরিহার্য, অত্যাবশ্যক *A car is indispensable nowadays if you live in the country.* ✪ সম **essential** ✪ বিপ **dispensable**

indisposed / ˌɪndɪˈspəʊzd ˌইন্‌ডিˈস্প্যাউজ্‌ড্ / *adj.* (*formal*) **1** (*not before a noun*) unable to do sth because you are ill (রোগজনিত কারণে) অক্ষম *Sheila is indisposed, so Ravi will perform at the concert tonight.* **2** not willing অনিচ্ছুক *indisposed to help*

indisputable / ˌɪndɪˈspjuːtəbl ˌইন্‌ডিˈস্পিউট্যাব্‌ল্ / *adj.* definitely true; that cannot be shown to be wrong তর্কাতীত; সন্দেহাতীতভাবে সত্য

indistinct / ˌɪndɪˈstɪŋkt ˌইন্‌ডিˈস্টিংক্ট্ / *adj.* not clear অস্বচ্ছ, অস্পষ্ট *indistinct figures/sounds/memories* ✪ বিপ **distinct** ▶ **indistinctly** *adv.* অস্পষ্টভাবে, আবছাভাবে

indistinguishable / ˌɪndɪˈstɪŋɡwɪʃəbl ˌইন্‌ডি-ˈস্টিংগুইশ্যাব্‌ল্ / *adj.* **indistinguishable (from sth)** appearing to be the same হুবহু একরকম, তফাৎ চোখে পড়ে না; প্রভেদশূন্য *From a distance the two colours are indistinguishable.* ✪ বিপ **distinguishable**

individual[1] / ˌɪndɪˈvɪdʒuəl ˌইন্‌ডিˈভিজুঅ্যাল্ / *adj.* **1** (*only before a noun*) considered separately rather than as part of a group কোনো একজন, স্বতন্ত্রভাবে (কোনো গোষ্ঠীর অন্তর্ভুক্ত নয়) *Each individual animal is weighed and measured before being set free.* **2** for or from one person একজনের জন্য, একজনের থেকে *Children need individual attention when they are learning to read.* **3** typical of one person in a way that is different from other people ব্যক্তিগত (বৈশিষ্ট্য), কারও নিজস্বতা *I like her individual style of dressing.*

individual[2] / ˌɪndɪˈvɪdʒuəl ˌইন্‌ডিˈভিজুঅ্যাল্ / *noun* [C] **1** one person, considered separately from others or a group যে-কোনো একজন, দলের থেকে আলাদা, গোষ্ঠীভুক্তভাবে নয় *Are the needs of society more important than the rights of the individual?* **2** (*informal*) a person of the type that is mentioned উল্লিখিত ধরনের ব্যক্তিত্বের অধিকারী *She's a strange individual.*

individualism / ˌɪndɪˈvɪdʒuəlɪzəm ˌইন্‌ডিˈভিজু-অ্যালিজ্‌ম্ / *noun* [U] **1** the quality of being different from other people and doing things in your own way নিজস্ব বৈশিষ্ট্য যা কাউকে অন্যদের থেকে

আলাদাভাবে চিহ্নিত করে; ব্যক্তিগত বৈশিষ্ট্য *She owes her success to her individualism and flair.* **2** the belief that individual people in society should have the right to make their own decisions, etc., rather than being controlled by the government সরকার কর্তৃক নিয়ন্ত্রিত না হয়ে (সমাজে বসবাসকারী) ব্যক্তি মানুষের নিজস্ব সিদ্ধান্ত বা মতপ্রকাশের অধিকার থাকা উচিত এই বিশ্বাস; ব্যক্তিত্ববাদ, ব্যক্তিস্বাতন্ত্র্যবোধ ▶ **individualist** / -əlɪst -অ্যালিস্ট্ / *noun* [C] ব্যক্তিত্ববাদের সমর্থনকারী, ব্যক্তিস্বাতন্ত্র্যবাদী *He's a complete individualist in the way he paints.* ▶ **individualistic** / ˌɪndɪˌvɪdʒuəˈlɪstɪk ˌইন্‌ডিˌভিজুঅ্যাˈলিস্‌টিক্ / (*also* **individualist**) *adj.* নিজস্ব বৈশিষ্ট্যমণ্ডিত, স্বতন্ত্র *an individualistic culture* ○ *Her music is highly individualistic and may not appeal to everyone.*

individuality / ˌɪndɪˌvɪdʒuˈæləti ˌইন্‌ডিˌভিজু-ˈঅ্যাল্যাটি / *noun* [U] the qualities that make sb/sth different from other people or things ব্যক্তিবৈশিষ্ট্য, নিজস্ব গুণাবলী, স্বাতন্ত্র্য *Young people often try to express their individuality by the way they dress.*

individually / ˌɪndɪˈvɪdʒuəli ˌইন্‌ডিˈভিজুঅ্যালি / *adv.* separately; one by one আলাদাভাবে; প্রত্যেককে, এক এক করে *The teacher talked to each member of the class individually.*

indivisible / ˌɪndɪˈvɪzəbl ˌইন্‌ডিˈভিজ্যাব্‌ল্ / *adj.* that cannot be divided or split into smaller pieces যা বিভাজন করা যায় না; অবিভাজ্য

indoctrinate / ɪnˈdɒktrɪneɪt ইন্ˈডক্‌ট্রিনেইট্ / *verb* [T] to force sb to accept particular beliefs without considering others কারও উপর জোর করে বিশেষ কোনো আদর্শ বা মতবাদ চাপানো (অন্য কিছুর কথা বিবেচনা না করেই); কাউকে কোনো বিশ্বাসে উদ্বুদ্ধ করা *For 20 years the people have been indoctrinated by the government.* ▶ **indoctrination** / ɪnˌdɒktrɪˈneɪʃn ইন্ˌডক্‌ট্রিˈনেইশ্‌ন্ / *noun* [U] নিজের মতে দীক্ষাদান

indomitable / ɪnˈdɒmɪtəbl ইন্ˈডমিট্যাব্‌ল্ / *adj.* (*formal, approving*) impossible to defeat or frighten, even in a difficult situation; very brave and determined কঠিন পরিস্থিতিতেও যে ব্যক্তি অজেয় এবং নির্ভীক; অদম্য, অপরাজেয় *Despite his illness he has an indomitable spirit.*

indoor / ˈɪndɔː(r) ˈইন্‌ডː(র্) / *adj.* (*only before a noun*) done or used inside a building ঘরের ভিতরে, বাড়ির ভিতরে, অন্দরে অবস্থিত *indoor games* ○ *an indoor swimming pool* ✪ বিপ **outdoor**

indoors / ˌɪnˈdɔːz ˌইন্ˈডːজ্ / *adv.* in or into a building ভিতরে (কোনো বাড়ির), গৃহাভ্যন্তরে *Let's go indoors.* ○ *Oh dear! I've left my sunglasses indoors.* ✪ বিপ **outdoors** অথবা **out of doors**

induce / ɪnˈdjuːs ইন্ˈডিউস্ / *verb* [T] (*formal*) **1** to make or persuade sb to do sth কাউকে কোনো কিছুতে প্ররোচিত করা, রাজি করানো *Nothing could induce him to change his mind.* **2** to cause or produce কারণ হওয়া বা ঘটানো *drugs that induce sleep* ○ *a drug-induced coma* **3** (*medical*) to make a woman start giving birth to her baby by giving her special drugs (চিকিৎসাশাস্ত্র) কৃত্রিম উপায়ে বা বিশেষ কোনো ওষুধের সাহায্যে মহিলার প্রসব বেদনা উদ্রেক করা

inducement / ɪnˈdjuːsmənt ইন্ˈডিউস্‌ম্যান্ট্ / *noun* [C, U] something that is offered to sb to make him/her do sth প্রলোভন, যা কাউকে কিছু করার জন্য প্ররোচিত করে *The player was offered a car as an inducement to join the club.*

induction / ɪnˈdʌkʃn ইন্ˈডাক্‌শ্‌ন্ / *noun* **1** [U, C] the process of introducing sb to a new job, skill, organization, etc.; an event at which this takes place কাউকে কোনো নতুন কাজ বা নতুন কোনো দক্ষতা অর্জন বা কোনো সংস্থা ইত্যাদিতে পরিচিত করানোর যে পদ্ধতি; যে অনুষ্ঠান বা ব্যবস্থায় এটি ঘটে *an induction day for new students* **2** [U] (*technical*) a method of discovering general rules and principles from particular facts and examples কোনো বিশেষ কতকগুলি তথ্যপ্রমাণ থেকে সাধারণ কোনো নিয়ম এবং নীতিতে উপনীত হওয়ার যে প্রক্রিয়া ➪ **deduction** দেখো। **3** [U] (*technical*) the process by which electricity or **magnetism** passes from one object to another without them touching যে পদ্ধতিতে (স্পর্শ না করে) একটি বস্তু থেকে অন্য একটি বস্তুর মধ্যে বিদ্যুৎ বা চৌম্বকত্ব প্রবাহিত হয়; উপপাদন, আবেশ

inductive / ɪnˈdʌktɪv ইন্ˈডাক্‌টিভ্ / *adj.* (*technical*) **1** using particular facts and examples to form general rules and principles নির্দিষ্ট তথ্য এবং উদাহরণের সাহায্যে *an inductive argument* ○ *inductive reasoning* ➪ **deductive** দেখো। **2** connected with the induction of electricity বৈদ্যুতিক আবেশ সংক্রান্ত

indulge / ɪnˈdʌldʒ ইন্ˈডাল্জ্ / *verb* **1** [I, T] **indulge (yourself) (in sth)** to allow yourself to have or do sth for pleasure নিজের খুশিমতো কিছু করা, ইচ্ছামতো আনন্দ লাভ করা *I'm going to indulge myself and go shopping for some new clothes.* ○ *Manisha never indulges in gossip.* **2** [T] to give sb/sth what he/she/it wants or needs কাউকে যা চাইছে তাই দেওয়া, প্রশ্রয় দেওয়া, মাথায় তোলা *You shouldn't indulge that child. It will make him very selfish.* ○ *At the weekends he indulges his passion for fishing.*

indulgence / ɪnˈdʌldʒəns ইন্‌'ডাল্‌জ্যান্স্ / *noun* **1** [U] the state of having or doing whatever you want প্রশ্রয়দান *to lead a life of indulgence* ○ *Over-indulgence in chocolate makes you fat.* **2** [C] something that you have or do because it gives you pleasure নিজের ইচ্ছাপূরণ *Ice cream after dinner is my only indulgence.*

indulgent / ɪnˈdʌldʒənt ইন্‌'ডাল্‌জ্যান্ট্ / *adj.* allowing sb to have or do whatever he/she wants কারও ইচ্ছাপূরণ করা হচ্ছে বা কাউকে প্রশ্রয় দেওয়া হচ্ছে এমন; প্রশ্রয়দানকারী *indulgent parents* ▶ **indulgently** *adv.* প্রশ্রয়পূর্ণভাবে

industrial / ɪnˈdʌstriəl ইন্‌'ডাস্‌ট্রিঅ্যাল্ / *adj.* **1** (*only before a noun*) connected with industry শিল্প সম্বন্ধীয়, শ্রম-সম্বন্ধীয় *industrial development* ○ *industrial workers* **2** having a lot of factories, etc. যেখানে অনেক কলকারখানা ইত্যাদি আছে *an industrial region/country/town*

industrial action *noun* [U] action that workers take, especially stopping work, in order to protest about sth to their employers; a strike কোনো সংস্থার কর্মীবৃন্দ তাদের মালিকের বিরুধে অসন্তোষ প্রকাশ করার জন্য যে ব্যবস্থা নেয়, বিশেষত কাজ বন্ধ করে দিয়ে; ধর্মঘট, হরতাল *to threaten (to take) industrial action*

industrialist / ɪnˈdʌstriəlɪst ইন্‌'ডাস্‌ট্রিঅ্যালিস্ট্ / *noun* [C] a person who owns or manages a large industrial company কলকারখানার মালিক, শিল্পোদ্যোগের মালিক বা পরিচালক; শিল্পপতি

industrialize (*also* **-ise**) / ɪnˈdʌstriəlaɪz ইন্‌'ডাস্‌ট্রিঅ্যালাইজ্ / *verb* [I, T] to develop industries in a country দেশের মধ্যে শিল্পোদ্যোগের ব্যবস্থা নেওয়া; শিল্পায়ন করা *Japan industrialized rapidly in the late 19th century.* ▶ **industrialization** (*also* **-isation**) / -eɪʃn -এইশ্‌ন্ / *noun* [U] শিল্পায়ন

industrious / ɪnˈdʌstriəs ইন্‌'ডাস্‌ট্রিঅ্যাস্ / *adj.* always working hard কঠোর পরিশ্রমী, কষ্টসহিষ্ণু

industry / ˈɪndəstri 'ইন্‌ড্যাস্‌ট্রি / *noun* (*pl.* **industries**) **1** [U] the production of goods in factories কারখানায় উৎপাদিত দ্রব্য বা মাল *Is British industry being threatened by foreign imports?* ○ *heavy/light industry* **2** [C] the people and activities involved in producing sth, providing a service, etc. শিল্পোদ্যোগ বা পরিষেবার সঙ্গে জড়িত কাজকর্ম ও সংশ্লিষ্ট ব্যক্তি, ঐ সংক্রান্ত পরিষেবা *the tourist/catering/entertainment industry*

inedible / ɪnˈedəbl ইন্‌'এড্যাব্‌ল্ / *adj.* (*formal*) not suitable to be eaten খাবার যোগ্য নয়; অখাদ্য, অভক্ষ্য ✪ বিপ **edible**

ineffective / ˌɪnɪˈfektɪv ˌইনি'ফেক্‌টিভ্ / *adj.* not producing the effect or result that you want অকেজো, যা আপাতত ফল দিচ্ছে না ✪ বিপ **effective**

inefficient / ˌɪnɪˈfɪʃnt ˌইনি'ফিশ্‌ন্ট্ / *adj.* not working or producing results in the best way, so that time or money is wasted অকর্মণ্য, আনাড়ি, অদক্ষ *Our heating system is very old and extremely inefficient.* ○ *an inefficient secretary* ✪ বিপ **efficient** ▶ **inefficiency** /-ənsi -অ্যান্সি / *noun* [U] অযোগ্যতা, অকর্মণ্যতা ▶ **inefficiently** *adv.* অপটুভাবে, আনাড়িভাবে

ineligible / ɪnˈelɪdʒəbl ইন্‌'এলিজ্যাব্‌ল্ / *adj.* **ineligible (for/to do sth)** without the necessary qualifications, etc. to do or get sth (কোনো কিছু করা বা পাওয়ার জন্য প্রয়োজনীয় যোগ্যতা ইত্যাদির অভাবে) অনুপযুক্ত *She was ineligible for the job because she wasn't a German citizen.* ✪ বিপ **eligible** ▶ **ineligibility** / ɪnˌelɪdʒəˈbɪləti ইন্‌ˌএলিজ্যা'বিল্যাটি / *noun* [U] অনুপযুক্ততা

inept / ɪˈnept ই'নেপ্ট্ / *adj.* **inept (at sth)** not able to do sth well যে কোনো কাজই ভালোভাবে করতে পারে না; অদক্ষ, অপটু, বাজে *She is totally inept at dealing with people.* ✪ বিপ **adept**

inequality / ˌɪnɪˈkwɒləti ˌইনি'কুঅল্যাটি / *noun* [C, U] (*pl.* **inequalities**) (a) difference between groups in society because one has more money, advantages, etc. than the other অপেক্ষাকৃত বেশি অর্থ, সুবিধা ইত্যাদি থাকার কারণে সামাজিক গোষ্ঠীভুক্ত মানুষের মধ্যে অসাম্য; বৈষম্য *There will be problems as long as inequality between the races exists.* ✪ বিপ **equality**

inert / ɪˈnɜːt ই'ন্যট্ / *adj.* **1** not able to move or act গতিহীন; নিষ্ক্রিয়, জড় **2** (used about chemical elements) that do not react with other chemicals (রাসায়নিক উপাদান সম্বন্ধে ব্যবহৃত) যার অন্য কোনো উপাদানের সঙ্গে প্রতিক্রিয়া ঘটানোর ক্ষমতা নেই

> **NOTE** রাসায়নিকভাবে নিষ্ক্রিয় বা **inert gases**-এর অন্য নাম হল **noble gases.** এই প্রকারের কিছু গ্যাসের নাম হল **helium, argon, krypton** এবং **neon**।

inertia / ɪˈnɜːʃə ই'ন্যশ্যা / *noun* [U] **1** a lack of energy; an inability to move or change শক্তির অভাব; নড়াচড়া বা পরিবর্তনের ক্ষমতাশূন্য; জড়ত্ব, জাড্যতা **2** the physical force that keeps things where they are or keeps them moving in the direction they are travelling পদার্থের সেই শক্তি যা হয় তাদের সেখানেই থাকতে দেয় অথবা একই গতিপথে চালিত করে

inescapable / ˌɪnɪˈskeɪpəbl ˌএইনি'স্কেইপ্যাব্‌ল্ / *adj.* (*formal*) that cannot be avoided অনিবার্য, অপরিহার্য *an inescapable conclusion*

inevitable / ɪnˈevɪtəbl ইন্ˈএভিট্যাব্‌ল্/ *adj.* that cannot be avoided or prevented from happening অনিবার্য, অবশ্যম্ভাবী *With more cars on the road, traffic jams are inevitable.* ▶ **the inevitable** *noun* [*sing.*] ভবিতব্য, নিয়তি *They fought to save the firm from closure, but eventually had to accept the inevitable.* ▶ **inevitability** /ɪnˌevɪtəˈbɪləti ইন্ˌএভিট্যাˈবিল্যাটি / *noun* [U] অনিবার্যতা, অবশ্যম্ভাবিতা ▶ **inevitably** / -əbli -অ্যাব্‌লি / *adv.* নিশ্চিতভাবে

inexcusable / ˌɪnɪkˈskjuːzəbl ˌইনিক্ˈস্কিউজ্যাব্‌ল্ / *adj.* that cannot be allowed or forgiven ক্ষমার অযোগ্য, যা করার অনুমতি দেওয়া যায় না; অননুমোদনীয় *Their behaviour was quite inexcusable.* ✪ সম **unforgivable** ✪ বিপ **excusable**

inexhaustible / ˌɪnɪgˈzɔːstəbl ˌইনিগ্ˈজ:স্ট্যাব্‌ল্ / *adj.* that cannot be finished or used up completely যা সম্পূর্ণ ব্যবহার করা বা ফুরিয়ে ফেলা যায় না *Our energy supplies are not inexhaustible.*

inexpensive / ˌɪnɪkˈspensɪv ˌইনিক্ˈস্পেন্‌সিভ / *adj.* low in price কম দামি, সস্তা ✪ সম **cheap** ✪ বিপ **expensive** ▶ **inexpensively** *adv.* কমদামে, সস্তায়

inexperience / ˌɪnɪkˈspɪəriəns ˌইনিক্ˈস্পিঅ্যারিঅ্যান্স্ / *noun* [U] not knowing how to do sth because you have not done it before অনভিজ্ঞতা *The mistakes were all due to inexperience.* ✪ বিপ **experience** ▶ **inexperienced** *adj.* অনভিজ্ঞ *He's too young and inexperienced to be given such responsibility.*

inexplicable / ˌɪnɪkˈsplɪkəbl ˌইনিক্ˈস্প্লিক্যাব্‌ল্ / *adj.* that cannot be explained যার কোনো ব্যাখ্যা পাওয়া যায় না; ব্যাখ্যাতীত *Her sudden disappearance is quite inexplicable.* ✪ বিপ **explicable** ▶ **inexplicably** / -əbli -অ্যাব্‌লি / *adv.* ব্যাখ্যাতীতভাবে

infallible / ɪnˈfæləbl ইন্ˈফ্যাল্যাব্‌ল্ / *adj.* **1** (used about a person) never making mistakes or being wrong (কোনো ব্যক্তি সম্বন্ধে ব্যবহৃত) ভ্রান্তির ঊর্ধ্বে, যে কোনোরকম ভুল করে না **2** always doing what you are supposed to do ; never failing যা করার কথা সর্বদাই সেটি করে এমন; কখনও ব্যর্থ হয় না *No computer is infallible.* ✪ বিপ **fallible** ▶ **infallibility** / ɪnˌfæləˈbɪləti ইন্ˌফ্যাল্যাˈবিল্যাটি / *noun* [U] অমোঘত্ব, প্রমাদশূন্যতা

infamous / ˈɪnfəməs ˈইন্‌ফ্যাম্যাস্ / *adj.* **infamous (for sth)** famous for being bad কুখ্যাত, খারাপ কাজের জন্য পরিচিত *The area is infamous for drugs and crime.* ✪ সম **notorious** ⇨ **famous** দেখো।

infamy / ˈɪnfəmi ˈইন্‌ফ্যামি / *noun* (*formal*) **1** [U] the state of being well known for sth bad or evil অখ্যাতি, কলঙ্ক *a day that will live in infamy* **2** [U, C] (*pl.* **infamies**) an infamous or evil act জঘন্য কাজ, অসৎ কাজ *images of horror and infamy*

infancy / ˈɪnfənsi ˈইন্‌ফ্যান্‌সি / *noun* [U] the time when you are a baby or young child শৈশব (*figurative*) *Research in this field is still in its infancy.*

infant / ˈɪnfənt ˈইন্‌ফ্যান্ট্ / *noun* [C] a baby or very young child শিশু, বাচ্চা *There is a high rate of infant mortality* (= many children die when they are still babies). ○ *Mrs Das teaches infants* (= children aged between four and seven).

> NOTE কথ্যভাষায় **infant** শব্দটির পরিবর্তে **baby, toddler** এবং **child** শব্দগুলি বেশি ব্যবহৃত হয়ে থাকে।

infanticide / ɪnˈfæntɪsaɪd ইন্ˈফ্যান্‌টিসাইড্ / *noun* (*formal*) [U, C] the crime of killing a baby, especially when a parent kills his/her own child শিশুহত্যা, বিশেষত মা বাবা যখন তাদের সন্তানকে হত্যা করে

infantile / ˈɪnfəntaɪl ˈইন্‌ফ্যান্‌টাইল্ / *adj.* (of behaviour) typical of, or connected with, a baby or very young child and therefore not appropriate for adults or older children (ব্যবহার সম্বন্ধে ব্যবহৃত) শিশুসুলভ, অপরিণত *infantile jokes*

infantry / ˈɪnfəntri ˈইন্‌ফ্যান্ট্রি / *noun* [U, *with sing. or pl. verb*] soldiers who fight on foot পদাতিক সৈন্য *The infantry was/were supported by heavy gunfire.*

infant school *noun* [C] a school for children between the ages of 4 and 7 ৪ থেকে ৭ বছর বয়সের বালক বালিকাদের স্কুল; শিশু-বিদ্যালয়

infatuated / ɪnˈfætʃueɪtɪd ইন্ˈফ্যাচুএইটিড্ / *adj.* **infatuated (with sb/sth)** having a very strong feeling of love or attraction for sb/sth that usually does not last long and makes you unable to think about anything else (কারও বা কিছুর প্রতি প্রেম বা আকর্ষণে, যা সাধারণত স্থায়ী হয় না, এমনভাবে আবিষ্ট যে অন্য কিছু সম্বন্ধে চিন্তা করতেও অক্ষম) মোহাবিষ্ট, মুগ্ধ, বিভোর, মোহান্ধ বা ডুবে-থাকা ▶ **infatuation** / ɪnˌfætʃˈeɪʃn ইন্ˌফ্যাচ্ˈএইশ্‌ন্ / *noun* [C, U] মোহান্ধতা, মোহাচ্ছন্নতা

infect / ɪnˈfekt ইন্‌ফেক্ট্ / *verb* [T] **1 infect sb/sth (with sth)** (*usually passive*) to cause sb/sth to have a disease or illness রোগ সংক্রামিত করা, অসুখের ছোঁয়াচ লাগা *We must clean the wound before it becomes infected.* ○ *Many thousands of people have been infected with the virus.* **2** to make people share a particular feeling or emotion একজনের মনোভাব, ভাবাবেগ অন্যের মধ্যে ছড়িয়ে দেওয়া *Milind's happiness infected the whole family.*

infection / ɪnˈfekʃn ইন্‌ˈফেক্‌শ্‌ন্ / *noun* **1** [U] the act of becoming or making sb ill রোগ-সংক্রমণ ঘটা বা ঘটানোর ক্রিয়া *A dirty water supply can be a source of infection.* **2** [C] a disease or illness that is caused by harmful bacteria, etc. and affects one part of your body এমন অসুখ যা ক্ষতিকারক জীবাণু ইত্যাদি দ্বারা সংক্রামিত হয়েছে এবং তার ফলে দেহের বিশেষ কোনো অংশ ক্ষতিগ্রস্ত হয়েছে *She is suffering from a chest infection.* ○ *an ear infection*

> **NOTE** সংক্রমণ **bacteria** অথবা **viruses**-এর কারণে হতে পারে। এদেরকে কথ্যভাষায় **germs** বলা হয়।

infectious / ɪnˈfekʃəs ইন্‌ˈফেক্‌শ্যাস্ / *adj.* (used about a disease, illness, etc.) that can be easily passed on to another person (কোনো রোগ, অসুস্থতা ইত্যাদি বিষয়ে ব্যবহৃত) সংক্রামক, ছোঁয়াচে *Flu is very infectious.* ○ (*figurative*) *infectious laughter*

> **NOTE** কোনো ব্যাধি বা রোগ যখন হাওয়ায় বাহিত জীবাণু অথবা নিঃশ্বাসপ্রশ্বাস দ্বারা সংক্রামিত হয় তখন তাকে **infectious** রোগ বলা হয়। যখন কোনো ব্যাধি শারীরিক সংস্পর্শের মাধ্যমে ছড়ায় তখন তাকে **contagious** বলা হয়।

infer / ɪnˈfɜː(r) ইন্‌ˈফ্য(র্) / *verb* [T] (**inferring; inferred**) **infer sth (from sth)** to form an opinion or decide that sth is true from the information you have প্রাপ্ত তথ্যাদি থেকে কোনো কিছু যে সত্য এই সিদ্ধান্তে উপনীত হওয়া, অনুমান করা, বুঝতে পারা *I inferred from our conversation that he was unhappy with his job.* ▶ **inference** / ˈɪnfərəns ˈইন্‌ফ্যার্যান্স্ / *noun* [C] অনুমান, সিদ্ধান্তগ্রহণ

inferior / ɪnˈfɪəriə(r) ইন্‌ˈফিঅ্যারিঅ্যা(র্) / *adj.* **inferior (to sb/sth)** low or lower in social position, importance, quality, etc. সামাজিক মর্যাদা, গুরুত্ব, গুণ ইত্যাদি সবদিক থেকেই নীচু, নিকৃষ্ট; নিম্নপদস্থ *This material is obviously inferior to that one.* ○ *Don't let people make you* ***feel inferior***. ✪ বিপ **superior** ▶ **inferior** *noun* [C] নিম্নপদস্থ, নিম্নমানের ব্যক্তি *She always treats me as her intellectual inferior.* ▶ **inferiority** / ɪnˌfɪəriˈɒrəti ইন্‌ˌফিঅ্যারিˈঅর্যাটি / *noun* [U] হীনভাব, হীনতা, হীনমন্যতা

inferiority complex *noun* [C] the state of feeling less important, clever, successful, etc. than other people নিজের সম্বন্ধে হীন মনোভাব পোষণ

infernal / ɪnˈfɜːnl ইন্‌ˈফ্যন্‌ল্ / *adj.* **1** (*only before a noun*) (*old-fashioned*) extremely annoying অত্যন্ত বিরক্তিকর *How I wish that the children would stop making that infernal noise!* **2** (*literary*) belonging to or connected with hell; evil; terrible নারকীয়, নরক সংক্রান্ত, নরক বিষয়ক; ঘৃণ্য *the infernal regions*

infertile / ɪnˈfɜːtaɪl ইন্‌ˈফ্যটাইল্ / *adj.* **1** (used about a person or animal) not able to have babies or produce young (কোনো ব্যক্তি বা পশু সম্বন্ধে ব্যবহৃত) যাদের সন্তানধারণের ক্ষমতা নেই; প্রজননে অক্ষম **2** (used about land) not able to grow strong healthy plants (জমি সম্বন্ধে ব্যবহৃত) অনুর্বর, নিষ্ফলা, বন্ধ্যা ✪ বিপ **fertile** ▶ **infertility** / ˌɪnfɜːˈtɪləti ˌইন্‌ফ্যˈটিল্যাটি / *noun* [U] বন্ধ্যাত্ব, অনপত্য *infertility treatment* ✪ বিপ **fertility**

infested / ɪnˈfestɪd ইন্‌ˈফেস্টিড্ / *adj.* **infested (with sth)** (used about a place) with large numbers of unpleasant animals or insects in it (কোনো জায়গা সম্বন্ধে ব্যবহৃত) প্রচণ্ড বেশিরকম পোকামাকড় বা জন্তু বা জানোয়ারে ভর্তি; অধ্যুষিত *The warehouse was infested with rats.* ▶ **infestation** / ˌɪnfeˈsteɪʃn ˌইন্‌ফেˈস্টেইশ্‌ন্ / *noun* [C, U] ঝাঁকে ঝাঁকে বাস করা বা থাকার ক্রিয়া *an infestation of lice*

infidel / ˈɪnfɪdəl ˈইন্‌ফিড্যাল্ / *noun* [C] (*old-fashioned*) **1** an offensive term used to refer to sb who does not believe in what the speaker considers to be the true religion কোনো ধর্মপ্রবক্তার প্রকৃত ধর্ম সম্বন্ধে মনোভাব বা উক্তির উপর অবিশ্বাসী কোনো ব্যক্তির সম্বন্ধে ব্যবহৃত অবমাননাকর বা বিরক্তিসূচক শব্দবিশেষ **2** sb who rejects a theory or doctrine যে ব্যক্তি ধর্মতত্ত্ব বা ধর্মীয় ঘোষণা প্রত্যাখ্যান করে; নাস্তিক

infidelity / ˌɪnfɪˈdeləti ˌইন্‌ফিˈডেল্যাটি / *noun* [U, C] (*pl.* **infidelities**) the act of not being faithful to your wife or husband by having a sexual relationship with sb else দাম্পত্য জীবনে অন্যের সঙ্গে যৌন সম্পর্কে জড়িয়ে স্বামী বা স্ত্রীর প্রতি বিশ্বাসভঙ্গ করার ক্রিয়া; অবিশ্বস্ততা

> **NOTE** এই অর্থে **unfaithfulness** শব্দটি বেশি প্রচলিত।

infiltrate / ˈɪnfɪltreɪt ˈইন্‌ফিল্‌ট্রেইট্ / *verb* [T] to enter an organization, etc. secretly so that you can find out what it is doing কোনো সংস্থা ইত্যাদিতে অনুপ্রবেশ করা, লুকিয়ে শত্রুপক্ষের শিবিরে বা দলে ঢুকে পড়া *The police managed to infiltrate the gang of terrorists.* ▶ **infiltration** / -eɪʃn -এইশ্‌ন্ / *noun* [C, U] অনু প্রবেশ ▶ **infiltrator** *noun* [C] অনুপ্রবেশকারী

infinite / ˈɪnfɪnət ˈইন্‌ফিন্যাট্ / *adj.* **1** very great সীমাহীন, অসংখ্য, সুবিশাল *You need infinite patience for this job.* **2** without limits; that never ends অসীম; সীমাহীন, অশেষ *Supplies of oil are not infinite.* ✪ বিপ **finite**

infinitely / ˈɪnfɪnətli ˈইন্‌ফিন্যাট্‌লি / *adv.* very much অসীমরূপে, খুব বেশি রকমের, খুব বেশি *Compact discs sound infinitely better than audio cassettes.*

infinitesimal / ˌɪnfɪnɪˈtesɪml ˌইন্‌ফিনিˈটেসিম্‌ল্ / *adj.* (*formal*) extremely small খুব ছোটো, নিতান্তই কম, ক্ষুদ্রাতিক্ষুদ্র *infinitesimal traces of poison* ○ *an infinitesimal risk* ► **infinitesimally** / -məli -ম্যালি / *adv.* খুবই কমভাবে

infinitive / ɪnˈfɪnətɪv ইন্‌ˈফিন্যাটিভ্ / *noun* [C] (*grammar*) the basic form of a verb (ব্যাকরণ) ক্রিয়াপদের মূল রূপ

NOTE ইংরেজি ভাষায় অসমাপিকার (infinitive) প্রয়োগ তার পূর্বে কোন শব্দটি ব্যবহৃত হচ্ছে সেই অনুযায়ী, সেটি 'to' শব্দটির সঙ্গে অথবা 'to' শব্দটি ছাড়া হতে পারে —*He can sing.* ○ *He wants to sing.*

infinity / ɪnˈfɪnəti ইন্‌ˈফিন্যাটি / *noun* **1** [U] space or time without end অসীম স্থান বা কাল *The ocean seemed to stretch over the horizon into infinity.* **2** [U, C] (*symbol* ◎) (in mathematics) the number that is larger than any other that you can think of (গণিতে) অসীম সংখ্যা

infirmary / ɪnˈfɜːməri ইন্‌ˈফ্যম্যারি / *noun* [C] (*pl.* **infirmaries**) (used mainly in names) a hospital (প্রধানত নামের ক্ষেত্রেই ব্যবহৃত) কোনো হাসপাতাল *The Manchester Royal Infirmary*

inflamed / ɪnˈfleɪmd ইন্‌ˈফ্লেইম্‌ড্ / *adj.* (used about a part of the body) red and swollen or painful because of an infection or injury (শরীরের কোনো বিশেষ অংশ সম্বন্ধে ব্যবহৃত) দেহে ক্ষত বা কোনো সংক্রমণের কারণে লাল হয়ে যন্ত্রণাদায়কভাবে ফুলে যাওয়া কোনো অংশ

inflammable / ɪnˈflæməbl ইন্‌ˈফ্ল্যাম্যাব্‌ল্ / *adj.* that burns easily সহজদাহ্য, সহজে, আগুন ধরে এমন *Petrol is highly inflammable.* ⇨ **flammable** দেখো। ✪ বিপ **non-flammable**

inflammation / ˌɪnfləˈmeɪʃn ˌইনফ্ল্যাˈমেইশ্‌ন্ / *noun* [C, U] a condition in which a part of the body becomes red, sore and swollen because of infection or injury (ক্ষত বা সংক্রমণের কারণে) দেহের কোনো অংশের প্রদাহ, সেটি ফুলে লাল হয়ে গেছে এমন অবস্থা

inflammatory / ɪnˈflæmətri ইন্‌ˈফ্ল্যাম্যাট্রি / *adj.* **1** (*disapproving*) likely to cause very strong feelings of anger উত্তেজক, জ্বালাময়ী *inflammatory remarks* **2** (*medical*) causing or involving inflammation of a part of the body (চিকিৎসাশাস্ত্র) প্রদাহজনক *inflammatory lung disease*

inflatable / ɪnˈfleɪtəbl ইন্‌ˈফ্লেইট্যাব্‌ল্ / *adj.* that can or must be filled with air যা কেবলমাত্র হাওয়া দিয়েই ফোলানো যায় *an inflatable pillow/mattress*

inflate / ɪnˈfleɪt ইন্‌ˈফ্লেইট্ / *verb* [I, T] (*formal*) to fill sth with air; to become filled with air হাওয়ার সাহায্যে ফোলানো; হাওয়ায় ফুলে যাওয়া

NOTE এই অর্থে **blow up** কথ্যভাষায় ব্যবহৃত হয়।

✪ বিপ **deflate**

inflation / ɪnˈfleɪʃn ইন্‌ˈফ্লেইশ্‌ন্ / *noun* [U] a general rise in prices; the rate at which prices rise মুদ্রাস্ফীতি; যে হারে জিনিসপত্রের দাম বাড়ে *the inflation rate/rate of inflation* ○ *Inflation now stands at 3%.*

inflect / ɪnˈflekt ইন্‌ˈফ্লেক্‌ট্ / *verb* [I] (*grammar*) if a word inflects, its ending or spelling changes according to its function in the grammar of the sentence; if a language inflects, it has words that do this (ব্যাকরণ) নিয়ম অনুযায়ী বাক্যে শব্দের যে কাজ সেই অনুসারে তার বানানের পরিবর্তন ঘটা; বিভক্তি ও প্রত্যয়যোগে প্রয়োজনানুসারে শব্দরূপ পরিবর্তন করা বা হওয়া; যদি কোনো ভাষায় এই পরিবর্তন ঘটে তাহলে তার মধ্যে সেগুলি করার মতো শব্দ থাকে ► **inflected** *adj.* বিভক্তি ও প্রত্যয়যোগ *an inflected language/form/verb*

inflection (*also* **inflexion**) / ɪnˈflekʃn ইন্‌ˈফ্লেক্‌শ্‌ন্ / *noun* [C, U] **1** (*grammar*) a change in the form of a word, especially its ending, that changes its function in the grammar of the language, for example '-ed', '-est' (ব্যাকরণ) শব্দের রূপে পরিবর্তন, বিশেষত শব্দের শেষে, যা ভাষার ব্যাকরণ অনুযায়ী তার কাজকে পরিবর্তিত করে যেমন বাংলা ভাষায়-কে, তাকে, তার ইত্যাদি এবং ইংরেজি ভাষায় -ed, -est প্রভৃতি যোগ করে শব্দটিতে পরিবর্তন আনা যায় **2** the rise and fall of your voice when you are talking কথা বলার সময়ে গলার স্বরের ওঠানামা ✪ সম **intonation**

inflexible / ɪnˈfleksəbl ইন্‌ˈফ্লেক্‌স্যাব্‌ল্ / *adj.* **1** that cannot be changed or made more suitable for a particular situation; rigid অনমনীয়; অটল *He has a very inflexible attitude to change.* **2** (used about a material) not able to bend or be bent easily (কোনো বস্তু সম্বন্ধে) যা সহজে বাঁকানো যায় না **flexible** ► **inflexibly** / -əbli -অ্যাব্‌লি / *adv.* অটলভাবে ► **inflexibility** / ɪnˌfleksəˈbɪləti ইন্‌ˌফ্লেক্‌স্যাˈবিল্যাটি / *noun* [U] অনমনীয়তা, অটলতা

inflict / ɪnˈflɪkt ইন্‌ˈফ্লিক্‌ট্ / *verb* [T] **inflict sth (on sb)** to force sb to have sth unpleasant or sth that he/she does not want জোর করে কারও উপর অপ্রীতিকর বা অবাঞ্ছনীয় কিছু চাপানো *Don't inflict your problems on me—I've got enough of my own.*

in-flight *adj.* (*only before a noun*) happening or provided during a journey in a plane বিমানে যাত্রা করার সময়ে যে ঘটনা ঘটে বা যা প্রদান করা হয়; বিমান যাত্রাকালীন *in-flight entertainment*

influence[1] / ˈɪnfluəns ইনফ্লুঅ্যান্স্ / *noun* **1** [U, C] **(an) influence (on/upon sb/sth)** the power to affect, change or control sb/sth কাউকে বা কিছুকে প্রভাবিত, পরিবর্তিত বা নিয়ন্ত্রিত করার ক্ষমতা; প্রভাব, কর্তৃত্ব *Television can have a strong influence on children.* ○ *Nobody should drive while they are* ***under the influence of*** *alcohol.* **2** [C] **an influence (on sb/sth)** a person or thing that affects or changes sb/sth কোনো ব্যক্তি বা বস্তু যা কাউকে বা কিছুকে প্রভাবিত করতে বা বদলে দিতে পারে *His new friend has been a good influence on him.* ○ *cultural/environmental influences*

influence[2] / ˈɪnfluəns ইনফ্লুঅ্যান্স্ / *verb* [T] to have an effect on or power over sb/sth so that he/she/it changes কারও বা কিছুর উপর প্রভাব ফেলা বা প্রতিপত্তি খাটানো যাতে সে বা সেটি বদলে যায় *You must decide for yourself. Don't let anyone else influence you.* ○ *Her style of painting has been influenced by Japanese art.*

> **NOTE** **Affect** এবং **influence** শব্দ দুটির প্রায় একই অর্থ হলেও এর ব্যবহারে খানিকটা পার্থক্য দেখা যায়। শারীরিক কোনো পরিবর্তনের ক্ষেত্রে আমরা **affect** শব্দটির প্রয়োগ করি। কিন্তু দৃষ্টিভঙ্গি বা আচরণের কোনো পরিবর্তন সম্বন্ধে বলার সময়ে প্রায়ই **influence** শব্দটি ব্যবহার করা হয়—*Drinking alcohol can affect your ability to drive.* ○ *TV advertisements have influenced my attitude towards the homeless.*

influential / ˌɪnfluˈenʃl ˌইনফ্লুˈএন্শ্ল্ / *adj.* **influential (in sth/in doing sth)** having power or influence প্রভাবশালী, প্রতিপত্তিশালী *an influential politician* ○ *He was influential in getting the hostages set free.*

influenza / ˌɪnfluˈenzə ˌইনফ্লুˈএন্জ়া / (*formal*) = **flu**

influx / ˈɪnflʌks ইনফ্লাক্স্ / *noun* [C, *usually sing.*] **an influx (of sb/sth) (into...)** large numbers of people or things arriving suddenly হঠাৎ অনেক লোক বা জিনিসের একসঙ্গে আগমন বা আমদানি *the summer influx of visitors from abroad*

info / ˈɪnfəʊ ইন্ফ্যাউ / *noun* **1** [U] (*informal*) information তথ্যাদি, খবর, সন্দেশ, সংবাদ, সমাচার *Have you had any more info about the job yet?* **2 info-** *prefix* (*used in nouns*) connected with information (বিশেষ্যের সঙ্গে ব্যবহৃত) তথ্যসংক্রান্ত *an infosheet* ○ *Phone now for a free infopack.*

inform / ɪnˈfɔːm ইন্ˈফ:ম্ / *verb* [T] **inform sb (of/about sth)** to give sb information (about sth), especially in an official way কাউকে (কোনো কিছু সম্বন্ধে) খবর দেওয়া, জানানো, বিশেষত সরকারিভাবে অবগত করানো *You should inform the police of the accident.* ○ *Do* ***keep*** *me* ***informed*** *of any changes.*

PHR V **inform on sb** to give information to the police, etc. about what sb has done wrong কারও অপরাধের ব্যাপারে পুলিশকে তথ্য ইত্যাদি দেওয়া *The wife of the killer informed on her husband.*

informal / ɪnˈfɔːml ইন্ˈফ:ম্ল্ / *adj.* relaxed and friendly or suitable for a relaxed occasion আটপৌরে, ঘরোয়া, লৌকিকতাবর্জিত*Don't get dressed up for the party—it'll be very informal.* ○ *The two leaders had informal discussions before the conference began.* ✪ বিপ **formal**

> **NOTE** এই অভিধানের শব্দতালিকায় কোনো কোনো শব্দ অথবা অভিব্যক্তি **(informal)** বলে চিহ্নিত করা হয়েছে। তার অর্থ হল এই যে ঘনিষ্ঠ কোনো ব্যক্তি অথবা বন্ধুবান্ধবের সঙ্গে বাক্যালাপ করার সময়ে এই শব্দ বা অভিব্যক্তিগুলি প্রয়োগ করা যায় কিন্তু লিখিত কোনো নথিপত্রে অথবা সরকারি চিঠিপত্রে এর প্রয়োগ বর্জনীয়।

▶ **informality** / ˌɪnfɔːˈmæləti ˌইনফ:ˈম্যাল্যাটি / *noun* [U] আড়ম্বরহীনতা, লৌকিকতাহীনতা *an atmosphere of informality* ▶ **informally** / -məli -ম্যালি / *adv.* ঘরোয়াভাবে, অনানুষ্ঠানিকভাবে *I was told informally* (= unofficially) *that our plans had been accepted.*

informant / ɪnˈfɔːmənt ইন্ˈফ:ম্যান্ট্ / *noun* [C] a person who gives secret knowledge or information about sb/sth to the police or a newspaper গোপন সংবাদদাতা (পুলিশে বা সংবাদপত্রে) ➪ **informer** দেখো।

information / ˌɪnfəˈmeɪʃn ˌইনফ্যাˈমেইশন্ / (*informal* **info**) *noun* [U] **information (on/about sb/sth)** knowledge or facts সংবাদ বা তথ্য *For further information please send for our fact sheet.* ○ *Can you give me some information about evening classes in Italian, please?*

> **NOTE** **Information** শব্দটি অগণনীয় এবং তার কারণে*'I need an information'* এই অভিব্যক্তিটির প্রয়োগ সঠিক নয়। এই অর্থে সঠিক প্রয়োগ হল **a bit** অথবা **a piece of information**।

information superhighway *noun* [C] (*computing*) a name for a large electronic system such as the Internet that is used for sending information to people ইন্টারনেটের মতো বৈদ্যুতিন ব্যবস্থা যার মাধ্যমে মানুষের কাছে তথ্য পাঠানো যায়; ইনফরমেশান সুপারহাইওয়ে

information technology *noun* [U] (*abbr.* **IT**) (*computing*) the study or use of electronic equipment, especially computers, for collecting, storing and sending out information তথ্যসংগ্রহ, সংরক্ষণ এবং প্রেরণের জন্য বৈদ্যুতিক উপকরণ, বিশেষত কম্পিউটারের চর্চা এবং ব্যবহার; তথ্যপ্রযুক্তি; ইনফরমেশন টেকনোলজি

informative / ɪnˈfɔːmətɪv ইন্ˈফ:ম্যাটিভ্ / *adj.* giving useful knowledge or information তথ্যবহুল, শিক্ষাসূচক

informed / ɪnˈfɔːmd ইন্ˈফ:মড্ / *adj.* having knowledge or information about sth (কোনো বিষয় সম্বন্ধে) ওয়াকিবহাল, তথ্য সম্বন্ধে অবহিত *Consumers cannot make informed choices unless they are told all the facts.*

informer / ɪnˈfɔːmə(r) ইন্ˈফ:ম্যা(র্) / *noun* [C] a criminal who gives the police information about other criminals যে অপরাধী অন্য অপরাধীদের খবর পুলিশকে দিয়ে দেয় ➪ **informant** দেখো।

infra- *prefix* (*in adjectives*) below a particular limit (বিশেষণের সঙ্গে ব্যবহৃত) একটি বিশেষ সীমার নীচে *infrared* ➪ **ultra**-দেখো।

infrared / ˌɪnfrəˈred ˌইন্ফ্র্যাˈরেড্ / *adj.* (used about light) that is produced by hot objects but cannot be seen (আলো সম্বন্ধে ব্যবহৃত) উত্তপ্ত বস্তু দ্বারা সৃষ্ট যা চোখে দেখা যায় না ➪ **ultraviolet** দেখো এবং **wavelength**-এ ছবি দেখো।

infrastructure / ˈɪnfrəstrʌktʃə(r) ˈইন্ফ্র্যাস্ট্রাক্চ্যা(র্) / *noun* [C, U] the basic systems and services that are necessary for a country or an organization, for example buildings, transport, and water and power supplies দেশ বা কোনো সংস্থার জন্য প্রয়োজনীয় বুনিয়াদি ব্যবস্থাদি এবং পরিষেবাসমূহ যেমন গৃহাদি, যাতায়াত সুবিধা, জল এবং বিদ্যুৎ সরবরাহ; পরিকাঠামো *economic/social/transport infrastructure* ▶ **infrastructural** / ˌɪnfrəˈstrʌktʃərəl ˌইন্ফ্র্যাˈস্ট্রাকচার‍্যাল্ / *adj.* পরিকাঠামোজনিত

infrequent / ɪnˈfriːkwənt ইন্ˈফ্রীকুঅ্যান্ট্ / *adj.* not happening often প্রায়ই যা ঘটে না এমন, মাঝে মধ্যে, বিরল ✪ বিপ **frequent** ▶ **infrequently** *adv.* মাঝে মধ্যে, অনিয়মিতভাবে, কখনও, কদাচিৎ

infringe / ɪnˈfrɪndʒ ইন্ˈফ্রিন্জ্ / *verb* (*formal*) **1** [T] to break a rule, law, agreement, etc. নিয়ম, আইন, চুক্তি ইত্যাদি ভাঙা *The material can be copied without infringing copyright.* **2** [I] **infringe on/upon sth** to reduce or limit sb's rights, freedom, etc. অন্যায়ভাবে অন্যের অধিকার, স্বাধীনতা বা অধিকারে হস্তক্ষেপ করা, তা খর্ব করা, সীমিত করা *She refused to answer questions that infringed on her private affairs.* ▶ **infringement** *noun* [C, U] চুক্তি লঙ্ঘন, আইনভঙ্গ, অন্যায়ভাবে অন্যের ক্ষমতায় হস্তক্ষেপ

infuriate / ɪnˈfjʊərieɪt ইন্ˈফিউঅ্যারিএইট্ / *verb* [T] to make sb very angry কাউকে খুব রাগিয়ে দেওয়া, ক্রোধান্বিত করা বা ক্ষুব্ধ করা ▶ **infuriating** *adj.* ক্রোধান্বিত, রেগে অগ্নিশর্মা *an infuriating habit* ▶ **infuriatingly** *adv.* মাথা গরম করে, রেগে গিয়ে

infuse / ɪnˈfjuːz ইন্ˈফিউজ্ / *verb* **1** [T] **infuse A into B; infuse B with A** (*formal*) to make sb/sth have a particular quality কোনো কিছু সঞ্চারিত করা, কারও মধ্যে কোনো গুণ বা বৈশিষ্ট্য প্রবেশ করানো *Her novels are infused with sadness.* **2** [T] (*formal*) to have an effect on all parts of sth কোনো কিছুর সব দিকে, সর্বতোভাবে প্রভাব পড়া *Politics infuses all aspects of our lives.* **3** [I, T] if you **infuse herbs** or they **infuse**, you put them in hot water until the flavour has passed into the water গাছ-গাছড়ার পাতা থেকে নির্যাস বার করার জন্য তা গরম জলের মধ্যে ডুবিয়ে রাখা

infusion / ɪnˈfjuːʒn ইন্ˈফিউজ্ন্ / *noun* **1** [C, U] **infusion of sth (into sth)** (*formal*) the act of adding sth to sth else in order to make it stronger or more successful কোনো জিনিস বেশি শক্তিশালী বা কার্যকরী করার জন্য তাতে অন্য জিনিস মেশানোর ক্রিয়া; দুটি জিনিসের মিশ্রণ *an infusion of new talent into teaching* ○ *The company needs an infusion of new blood* (= new employees with new ideas). **2** [C] a drink or medicine made by putting **herbs** in hot water গরম জলে মিশ্রিত উদ্ভিদের দ্বারা তৈরি পানীয় বা ওষুধ; পাঁচন **3** [C, U] (*medical*) the act of introducing a liquid substance into the body, especially into a **vein** (চিকিৎসা শাস্ত্র) রোগীর শিরার মধ্য দিয়ে শরীরের মধ্যে কোনো তরল কিছু প্রবেশ করানোর ক্রিয়া

ingenious / ɪnˈdʒiːniəs ইন্ˈজীনিঅ্যাস্ / *adj.* **1** (used about a thing or an idea) made or planned in a clever way (কোনো বস্তু বা চিন্তাধারা সম্বন্ধে ব্যবহৃত) সুপরিকল্পিতভাবে বুদ্ধিমানের মতো কিছু করা হয়েছে এমন *an ingenious plan for making lots of money* ○ *an ingenious device/experiment/invention* **2** (used about a person) full of new ideas and clever at finding solutions to problems or at inventing things (কোনো ব্যক্তি সম্বন্ধে ব্যবহৃত) সমস্যার সমাধান অথবা জিনিসপত্র উদ্ভাবনে দক্ষ; প্রতিভাশালী, বিদগ্ধ ▶ **ingeniously** *adv.* দক্ষভাবে ▶ **ingenuity** / ˌɪndʒəˈnjuːəti ˌইন্জ্যা ˈনিউঅ্যাটি / *noun* [U] উদ্ভাবনকুশলতা, নির্মাণকুশলতা

ingenuous / ɪnˈdʒenjuəs ইন্ˈজ্যানিউঅ্যাস্ / *adj.* (*formal*) honest, innocent and willing to trust people in a way that sometimes seems foolish এমন সরলভাবে, সৎভাবে মানুষকে বিশ্বাস করা হয় যে কখনো কখনো তা বোকার মতো বলে মনে হয় *It is ingenuous to suppose that money did not play a part in his decision.* ✪ বিপ **disingenuous**

▶ **ingenuously** / -li-লি / *adv.* (*formal*) অকপটভাবে, মনখোলাভাবে

ingest / ɪnˈdʒest ইন্ˈজেস্ট্ / *verb* [T] (*technical*) to take food, drugs, etc. into your body, usually by swallowing খাবার, ওষুধ ইত্যাদি গলাধঃকরণ করা ▶ **ingestion** *noun* [U] আহার

ingot / ˈɪŋɡət ˈইংগ্যাট্ / *noun* [C] a solid piece of metal, especially gold or silver, usually shaped like a brick ধাতুর টুকরো, বিশেষত সোনা বা রুপোর ইট, বাট

ingrained / ɪnˈɡreɪnd ইন্ˈগ্রেইন্ড্ / *adj.* **ingrained (in sb/sth)** (used about a habit, an attitude, etc.) that has existed for a long time and is therefore difficult to change (স্বভাব, অভ্যাস ইত্যাদি সম্বন্ধে ব্যবহৃত) মজ্জাগত, বদ্ধমূল *ingrained prejudices/beliefs*

ingratiate / ɪnˈɡreɪʃieɪt ইন্ˈগ্রেইশিএইট্ / *verb* [T] (*formal*) **ingratiate yourself (with sb)** to make yourself liked by doing or saying things that will please people, especially people who might be useful to you নিজেকে অন্যের প্রিয়, অনুগ্রহভাজন করে তোলা (বিশেষ করে যার সাহায্য কাজে লাগতে পারে তার কাছে) *He was always trying to ingratiate himself with his teachers.* ▶ **ingratiating** *adj.* তোষামুদে, কৃপাপ্রার্থীর মতন *an ingratiating smile* ▶ **ingratiatingly** *adv.* অনুগ্রহ প্রার্থীর মতো বা সেইভাবে

ingratitude / ɪnˈɡrætɪtjuːd ইন্ˈগ্র্যাটিটিউড্ / *noun* [U] (*formal*) the state of not showing or feeling thanks for sth that has been done for you; not being grateful অকৃতজ্ঞতা; কৃতঘ্নতা, নেমকহারামি

> **NOTE** **Ungratefulness** সমার্থবোধক শব্দটি বেশি প্রচলিত।

✪ বিপ **gratitude**

ingredient / ɪnˈɡriːdiənt ইন্ˈগ্রীডিঅ্যান্ট্ / *noun* [C] **1** one of the items of food you need to make sth to eat রান্নার উপাদান *Mix all the ingredients together in a bowl.* **2** one of the qualities necessary to make sth successful কোনো কিছু সফল করে তুলতে যে যে উপাদান লাগে তার যে-কোনো একটি *The film has all the ingredients of success.*

inhabit / ɪnˈhæbɪt ইন্ˈহ্যাবিট্ / *verb* [T] to live in a place কোনো স্থানে বাস করা, বসবাস করা *Are the Aran Islands still inhabited* (= do people live there)*?*

inhabitable / ɪnˈhæbɪtəbl ইন্ˈহ্যাবিট্যাব্‌ল্ / *adj.* that can be lived in বসবাসযোগ্য, থাকার যোগ্য *The house was no longer inhabitable after the earthquake.* ✪ বিপ **uninhabitable**

inhabitant / ɪnˈhæbɪtənt / ইন্ˈহ্যাবিট্যান্ট্ / *noun* [C, *usually pl.*] a person or animal that lives in a place কোনো স্থানের অধিবাসী, বসবাসকারী *The local inhabitants protested at the plans for a new highway.*

inhale / ɪnˈheɪl ইন্ˈহেইল্ / *verb* [I, T] to breathe in নিঃশ্বাস গ্রহণ করা, ফুসফুসের ভিতর শ্বাস নেওয়া *Be careful not to inhale the fumes from the paint.* ✪ বিপ **exhale** ▶ **inhalation** / ˌɪnhəˈleɪʃn ˌইন্‌হ্যাˈলেইশ্‌ন্ / *noun* [U] শ্বাসগ্রহণ, শ্বাসটানা *They were treated for the effects of smoke inhalation.*

inhaler / ɪnˈheɪlə(r) ইন্ˈহেইল্যা(র্) / *noun* [C] a small device containing medicine that you breathe in through your mouth, used by people who have problems with breathing মুখে শ্বাস টেনে ওষুধ নেওয়ার একরকম ছোটো যান্ত্রিক ব্যবস্থা যেটি শ্বাসকষ্ট বা হাঁপানির রোগীরা ব্যবহার করে; ইনহেলার

inherent / ɪnˈhɪərənt ইন্ˈহিঅ্যার‍্যান্ট্ / *adj.* **inherent (in sb/sth)** that is a basic or permanent part of sb/sth and that cannot be removed কারও বা কোনো কিছুর মূল বা স্থায়ী অংশ যা সরানো যায় না; অঙ্গাঙ্গিভাবে জড়িত, স্বাভাবিক বৈশিষ্ট্যরূপে বিদ্যমান *The risk of collapse is inherent in any business.* ▶ **inherently** *adv.* সহজাতরূপে *No matter how safe we make them, motorbikes are inherently dangerous.*

inherit / ɪnˈherɪt ইন্ˈহেরিট্ / *verb* [T] **inherit sth (from sb)** **1** to receive property, money, etc. from sb who has died উত্তরাধিকার সূত্রে মৃত ব্যক্তির সম্পত্তি, অর্থ ইত্যাদি লাভ করা *I inherited quite a lot of money from my mother. She left me Rs 1,20,000 when she died.* ➪ **heir** এবং **disinherit** দেখো। **2** to receive a quality, characteristic, etc. from your parents or family উত্তরাধিকার সূত্রে পাওয়া (বংশগত গুণ, চারিত্রিক বৈশিষ্ট্য ইত্যাদি) *She has inherited her father's gift for languages.*

inheritance / ɪnˈherɪtəns ইন্ˈহেরিট্যান্স্ / *noun* [C, U] the act of inheriting; the money, property, etc. that you inherit উত্তরাধিকার; উত্তরাধিকার সূত্রে পাওয়া ধন-সম্পত্তি *inheritance tax*

inhibit / ɪnˈhɪbɪt ইন্ˈহিবিট্ / *verb* [T] **1** to prevent sth or make sth happen more slowly কোনো কিছু আটকানো বা তার বৃদ্ধির গতি কমানো *a drug to inhibit the growth of tumours* **2 inhibit sb (from sth/ from doing sth)** to make sb nervous and embarrassed so that he/she is unable to do sth কাউকে ঘাবড়ে দেওয়া বা অস্বস্তির মধ্যে ফেলা যাতে সে সেই কাজ করতে অপারগ হয় *The fact that her boss was there inhibited her from saying what she really felt.* ▶ **inhibited** *adj.* আবেগদমিত, প্রশমিত *The young man felt shy and inhibited in the roomful of women.* ✪ বিপ **uninhibited**

inhibition / ˌɪnhɪˈbɪʃn; ˌɪnɪˈb- ˌইন্‌হি'বিশ্‌ন্; ˌইনি'বি- / *noun* [C, U] a shy or nervous feeling that stops you from saying or doing what you really want প্রবৃত্তি চরিতার্থতার পথে লজ্জিত বা উদ্বিগ্ন মনোভাব; মানসিক বাধা, সংকোচ, নিষেধ *After the first day of the course, people started to* ***lose*** *their* ***inhibitions****.*

inhospitable / ˌɪnhɒˈspɪtəbl ˌইন্‌হ'সপিট্যাব্‌ল্ / *adj.* **1** (used about a place) not pleasant to live in, especially because of the weather (কোনো জায়গা সম্বন্ধে ব্যবহৃত) বসবাস করার জন্য যে জায়গার আবহাওয়া অনুকূল নয় *the inhospitable Arctic regions* ✪ বিপ **hospitable**

inhuman / ɪnˈhjuːmən ইন্'হিউম্যান্ / *adj.* **1** very cruel and without pity নিষ্ঠুর, হৃদয়হীন, নির্দয়, নির্মম *inhuman treatment/conditions* **2** not seeming to be human and therefore frightening পাশবিক, ভয়াবহ, অমানবিক *an inhuman noise*

inhumane / ˌɪnhjuːˈmeɪn ˌইন্'হিউমেইন্ / *adj.* very cruel; not caring if people or animals suffer হৃদয়হীন, অমানবিক; মানুষ, পশু সকলের প্রতিই উদাসীন *the inhumane conditions in which animals are kept on some large farms* ✪ বিপ **humane**

inhumanity / ˌɪnhjuːˈmænəti ˌইন্‌হিউ'ম্যান্যাটি / *noun* [U] very cruel behaviour নিষ্ঠুর ব্যবহার; অমানবিকতা *The 20th century is full of examples of man's inhumanity to man.* ✪ বিপ **humanity**

inimitable / ɪˈnɪmɪtəbl ই'নিমিট্যাব্‌ল্ / *adj.* too good to be satisfactorily copied by anyone অননুকরণীয়, অতুলনীয় *She narrated the incident in her own inimitable style.*

initial[1] / ɪˈnɪʃl ই'নিশ্‌ল্ / *adj.* (*only before a noun*) happening at the beginning; first প্রারম্ভিক; প্রথম *My initial reaction was to refuse, but I later changed my mind.* ○ *the initial stages of our survey*

initial[2] / ɪˈnɪʃl ই'নিশ্‌ল্ / *noun* [C, *usually pl.*] the first letter of a name কোনো নামের আদ্যক্ষর *Om Prakash Chandrababu's initials are O.P.C.*

initial[3] / ɪˈnɪʃl ই'নিশ্‌ল্ / *verb* [T] (**initialling; initialled** *AmE* **initialing; initialed**) to mark or sign sth with your initials পুরো নাম বা কেবল আদ্য অক্ষরের সাহায্যে সই করা বা চিহ্নিত করা *Any changes made when writing a cheque should be initialled by you.*

initially / ɪˈnɪʃəli ই'নিশ্যালি / *adv.* at the beginning; at first প্রথম দিকে, গোড়ায়, শুরুতে; সূচনাপর্বে *I liked the job initially but it soon got quite boring.*

initiate / ɪˈnɪʃieɪt ই'নিশিএইট্ / *verb* [T] **1** (*formal*) to start sth কোনো কিছুর সূচনা করা, আরম্ভ করা, শুরু করা *to initiate peace talks* **2 initiate sb (into sth)** to explain sth to sb or make him/her experience sth for the first time কাউকে কোনো কিছুর প্রথম অভিজ্ঞতা দেওয়া বা দীক্ষিত করা, কোনো কাজ শিখিয়ে দেওয়া *I wasn't initiated into the joys of skiing until I was 30.* **3 initiate sb (into sth)** to bring sb into a group by means of a special ceremony বিশেষ অনুষ্ঠানের মাধ্যমে কোনো ব্যক্তিকে দলভুক্ত করা, দীক্ষা দেওয়া *to initiate sb into a secret society*
► **initiation** / -eɪʃn -এইশ্‌ন্ / *noun* [U] দীক্ষা, সূত্রপাত *All the new students had to go through a strange initiation* ***ceremony****.*

initiative / ɪˈnɪʃətɪv ই'নিশ্যাটিভ্ / *noun* **1** [C] official action that is taken to solve a problem or improve a situation (কোনো সমস্যার সমাধান বা পরিস্থিতির উন্নতিকল্পে আনুষ্ঠানিকভাবে নেওয়া) প্রাথমিক পদক্ষেপ, উদ্যোগ *a new government initiative to help people start small businesses* **2** [U] the ability to see and do what is necessary without waiting for sb to tell you অন্যের জন্য অপেক্ষা না করে নিজে দেখেশুনে প্রয়োজনীয় কিছু করার সামর্থ্য *Don't keep asking me how to do it. Use your initiative.* **3 the initiative** [*sing.*] the stronger position because you have done sth first; the advantage আগে শুরু করার ফলে সুবিধাজনক পরিস্থিতি; নির্দিষ্ট সুবিধা *The enemy forces have* ***lost the initiative****.*
IDM on your own initiative without being told by sb else what to do নিজস্ব প্রচেষ্টা বা বুদ্ধির দ্বারা
take the initiative to be first to act to influence a situation নিজেই প্রথম উদ্যোগ নিয়ে কিছু শুরু করা

inject / ɪnˈdʒekt ইন্'জেক্ট্ / *verb* [T] **1** to put a drug under the skin of a person's or an animal's body with a needle (**syringe**) কোনো মানুষ অথবা পশুর শরীরে ছুঁচ অথবা ইঞ্জেকশানের মাধ্যমে কোনো ওষুধ প্রবেশ করানো **2 inject sth (into sth)** to add sth কোনো কিছু যোগ করা, বেশি টাকা লগ্নি করা *They injected a lot of money into the business.*

injection / ɪnˈdʒekʃn ইন্'জেকশ্‌ন্ / *noun* **1** [C, U] **(an) injection (of sth) (into sb/sth)** the act of putting a drug or substance under the skin of a person's or an animal's body with a needle (**a syringe**) সিরিঞ্জের সাহায্যে মানুষ বা পশুর দেহের মধ্যে, চামড়ার নীচে, কোনো ওষুধ বা কোনো পদার্থ প্রবেশ করানো বা ইঞ্জেকশন দেওয়ার ক্রিয়া *to give sb an injection* ○ *a tetanus injection* ○ *An anaesthetic was administered* ***by injection****.* ✪ সম **jab** **2** [C] a large amount of sth that is added to sth to help it কোনো কিছুকে সাহায্য করার উদ্দেশ্যে তাতে লগ্নিকৃত কোনো বস্তুর বিরাট পরিমাণ *The theatre needs a huge* ***cash injection*** *if it is to stay open.* **3** [U, C] the act of forcing liquid into sth কিছুর মধ্যে জোর করে কোনো তরল ঢোকানোর ক্রিয়া *fuel injection*

injunction / ɪnˈdʒʌŋkʃn ইন্'জাংকশ্ন্ / *noun* [C] **an injunction (against sb)** an official order from a court of law to do/not do sth কর্তৃপক্ষের আদেশ বা নিষেধাজ্ঞা, আদালতের স্থগিতাদেশ *A court injunction prevented the programme from being shown on TV.*

injure / ˈɪndʒə(r) 'ইন্জ্যা(র্) / *verb* [T] to harm or hurt yourself or sb else physically, especially in an accident নিজে শারীরিকভাবে আঘাত পাওয়া বা অন্যকে দেওয়া, বিশেষত কোনো দুর্ঘটনায় *The goalkeeper seriously injured himself when he hit the goalpost.* ○ *She fell and injured her back.* ➪ **hurt**-এ নোট দেখো।

injured / ˈɪndʒəd 'ইন্জ্যাড্ / *adj.* **1** physically or mentally hurt (শারীরিক বা মানসিকভাবে) আহত, জখম, ব্যথিত, দুঃখিত *an injured arm/leg* ○ *injured pride* **2 the injured** *noun* [*pl.*] people who have been hurt আহত ব্যক্তিগণ *The injured were rushed to hospital.*

injurious / ɪnˈdʒʊəriəs ইন্'জুঅ্যারিঅ্যাস্ / *adj.* (*formal*) harmful or likely to cause damage ক্ষতিকর, হানিকর, অনিষ্টকর *Smoking is injurious to health.*

injury / ˈɪndʒəri 'ইন্জ্যারি / *noun* [C, U] (*pl.* **injuries**) **injury (to sb/sth)** harm done to a person's or an animal's body, especially in an accident দুর্ঘটনার ফলে মানুষ বা কোনো পশুর দেহে শারীরিক বা অন্য প্রকারের কোনো ক্ষতি ; আঘাত, ক্ষত *They escaped from the accident with only **minor** injuries.* ○ *Injury to the head can be extremely dangerous.*

injury time *noun* [U] (*BrE*) time that is added to the end of a **rugby**, football, etc. match when there has been time lost because of injuries to players রাগবি, ফুটবল ইত্যাদি খেলা চলাকালীন কোনো খেলোয়াড়ের আহত হওয়া বা চোট পাওয়ার ফলে যে সময় নষ্ট হয় তা পূরণের জন্য যে বাড়তি সময় দেওয়া হয়

injustice / ɪnˈdʒʌstɪs ইন্'জাস্টিস্ / *noun* [U, C] the fact of a situation being unfair; an unfair act সুবিচারের অভাব, অবিচার; অন্যায় কাজ *racial/social injustice* ○ *People are protesting about the injustice of the new tax.*

IDM do sb an injustice to judge sb unfairly কারও প্রতি অন্যায় করা *I'm afraid I've done you both an injustice.*

ink / ɪŋk ইংক্ / *noun* [U, C] coloured liquid that is used for writing, drawing, etc. কালি, মসী *Please write **in ink**, not pencil.*

inkling / ˈɪŋklɪŋ 'ইংক্লিং / *noun* [C, *usually sing.*] **an inkling (of sth/that...)** a slight feeling (about sth) (কোনো কিছু সম্বন্ধে) আবছা ধারণা, আভাস, ইঙ্গিত *I had an inkling that something was wrong.*

inky / ˈɪŋki 'ইংকি / *adj.* made black with ink; very dark কালি লেগে কালো হয়ে গেছে এমন; খুব কালো *inky fingers* ○ *an inky night sky*

inlaid / ˌɪnˈleɪd ˌইন্'লেইড্ / *adj.* **inlaid (with sth)** (used about furniture, floors, etc.) decorated with designs of wood, metal, etc. that are put into the surface (আসবাবপত্র, মেঝে ইত্যাদি সম্বন্ধে ব্যবহৃত) কাঠ, ধাতু ইত্যাদির নকশা দ্বারা খচিত; রত্নখচিত, স্বর্ণখচিত *a box inlaid with gold*

inland / ˈɪnlænd 'ইন্ল্যান্ড / *adj.* / ˌɪnˈlænd/ *adv.* away from the coast or borders of a country দেশের সীমারেখা বা সমুদ্রতীর থেকে দূরে, ভিতরের দিকে *The village lies 20 kilometres inland.* ○ *Goods are carried inland along narrow mountain roads.*

in-laws *noun* [*pl.*] (*informal*) your husband's or wife's mother and father or other relations শ্বশুরবাড়ির লোকজন, বিবাহসূত্রে যাদের সঙ্গে কুটুম্বিতা বা আত্মীয়তা জন্মায়

inlet / ˈɪnlet 'ইনলেট্ / *noun* [C] a narrow area of water that stretches into the land from the sea or a lake সাগর বা হ্রদের যে সংকীর্ণ অংশ ডাঙার বা স্থলভাগের মধ্যে ঢুকে যায়; খাঁড়ি

inmate / ˈɪnmeɪt 'ইন্মেইট্ / *noun* [C] one of the people living in an institution such as a prison বাসিন্দা, কোনো প্রতিষ্ঠানের ভিতরে, যেমন জেলখানায়

inn / ɪn ইন্ / *noun* [C] a small hotel or old pub, usually in the country ছোটো হোটেল, পুরোনো পানশালা (সাধারণত গ্রামাঞ্চলে)

innate / ɪˈneɪt ই'নেইট্ / *adj.* (used about an ability or quality) that you have when you are born (কোনো সামর্থ্য বা গুণ সম্বন্ধে ব্যবহৃত) প্রকৃতিদত্ত, সহজাত, জন্মগত *the innate ability to learn*

inner / ˈɪnə(r) 'ইন্যা(র্) / *adj.* (*only before a noun*) **1** (of the) inside; towards or close to the centre of a place ভিতরের; কোনো স্থানের কেন্দ্রের দিকে বা তার কাছে; মাঝের দিকে, মাঝবরাবর, অন্তর্বর্তী *The inner ear is very delicate.* ○ *an inner courtyard* ✪ বিপ **outer 2** (used about a feeling, etc.) that you do not express or show to other people; private (মনোভাব ইত্যাদি সম্বন্ধে ব্যবহৃত) অন্যান্যদের কাছে যা অভিব্যক্ত বা প্রকাশ করা হয় না; অন্তরজগতের, একান্তই ব্যক্তিগত *Everyone has inner doubts.*

inner city *noun* [C] the poor parts of a large city, near the centre, that often have a lot of social problems কোনো বড়ো শহরের দুঃস্থ অঞ্চল, সাধারণত

এসব জায়গাগুলো শহরের মাঝামাঝি থাকে এবং অনেক সময়েই এখানে অনেক সামাজিক সমস্যা চোখে পড়ে ▶ **inner city** *adj.* শহরের মধ্যবর্তী অঞ্চলের পুরোনো শহর (*only before a noun*) *Inner-city schools often have difficulty in attracting good teachers.*

inner ear *noun* [C] the part of your ear that is inside your head and that consists of the organs that control your balance and hearing মাথার মধ্যবর্তী কানের সেই অংশ যা আমাদের ভারসাম্য এবং শ্রবণ ক্ষমতা নিয়ন্ত্রণ করে; অন্তঃকর্ণ ⇨ **middle ear** এবং **ear** দেখো।

innermost / ˈɪnəməʊst ˈইন্যাম্যাউস্ট্ / *adj.* (*only before a noun*) **1** (used about a feeling or thought) most secret or private (কোনো অনুভূতি বা চিন্তা সম্বন্ধে ব্যবহৃত) একান্ত গোপনীয় বা ব্যক্তিগত *She never told anyone her innermost thoughts.* **2** nearest to the centre or inside of sth কোনো কিছুর কেন্দ্রের সবচেয়ে নিকটবর্তী বা তার ভিতরে *the innermost shrine of the temple*

inner tube *noun* [C] a rubber tube filled with air inside a tyre টায়ারের ভিতরে রবারের তৈরি হাওয়া-ভরা টিউব

innings / ˈɪnɪŋz ˈইনিংজ্ / *noun* [C] (*pl.* **innings**) a period of time in a game of cricket when it is the turn of one player or team to hit the ball (**to bat**) ক্রিকেট খেলায় কোনো ব্যক্তি বা দলের ব্যাট করার সময়টা; ইনিংস

innocence / ˈɪnəsns ˈইন্যাসন্স্ / *noun* [U] **1** the fact of not being guilty of a crime, etc. নির্দোষিতা *The accused man **protested** his **innocence** throughout his trial.* ✪ বিপ **guilt** **2** lack of knowledge and experience of the world, especially of bad things অনভিজ্ঞতা, নিষ্কলুষতা, সারল্য *the innocence of childhood*

innocent / ˈɪnəsnt ˈইন্যাস্ন্ট্ / *adj.* **1 innocent (of sth)** not having done wrong নিরপরাধী, নির্দোষ *An innocent man was arrested by mistake.* ○ *to be innocent of a crime* ✪ সম **blameless** ✪ বিপ **guilty** **2** (*only before a noun*) being hurt or killed in a crime, war, etc. although not involved in it in any way কোনো অপরাধ, যুদ্ধ ইত্যাদিতে বা কোনোভাবেই তার সঙ্গে যুক্ত না থেকেও যেসব নিরপরাধী আঘাত পায় বা মৃত্যুবরণ করে ***innocent victims*** *of a bomb blast* ○ *an innocent bystander* **3** not wanting to cause harm or upset sb, although it does অনিচ্ছাকৃতভাবে অন্যের ক্ষতি করা বা মনে কষ্ট দেওয়া হয় এমন *He got very aggressive when I asked **an innocent question** about his past life.* **4** not knowing the bad things in life; believing everything you are told অপাপবিদ্ধ; সরল, ভালোমানুষ *She was so innocent as to believe that politicians never lie.* ✪ সম **naive** ▶ **innocently** *adv.* সরলভাবে, ভালোমানুষের মতো *'What are you doing here?' she asked innocently* (= pretending she did not know the answer).

innocuous / ɪˈnɒkjuəs ইˈনকিউঅ্যাস্ / *adj.* (*formal*) not meant to cause harm or upset sb কারও ক্ষতি করে না বা কাউকে মানসিক আঘাত দেয় না এমন; নিরীহ *I made an **innocuous remark** about teachers and she got really angry.* ✪ সম **harmless** ▶ **innocuously** *adv.* নিরীহভাবে

innovate / ˈɪnəveɪt ˈইন্যাভেইট্ / *verb* [I] to create new things, ideas or ways of doing sth নতুন কিছু করা, নতুন উপায় বার করা বা নতুন কিছু চিন্তা করা ▶ **innovation** / ˌɪnəˈveɪʃn ˌইন্যাˈভেইশ্ন্ / *noun* [C, U] **(an) innovation (in sth)** [C] নতুন কিছুর উদ্ভাবন, নতুনত্ব *technological innovations in industry* ▶ **innovative** / ˈɪnəvətɪv; ˈɪnəveɪtɪv ˈইন্যাভ্যাটিভ্; ˈইন্যাভেইটিভ্ / *adj.* নবপ্রবর্তিত, নতুনভাবে উদ্ভাবিত *innovative methods/designs/products* ▶ **innovator** *noun* [C] প্রবর্তক, উদ্ভাবক

innuendo / ˌɪnjuˈendəʊ ˌইনিউˈএন্ড্যাউ / *noun* [C, U] (*pl.* **innuendoes** or **innuendos**) an indirect way of talking about sb/sth, usually suggesting sth bad or rude কারও বা কিছুর সম্বন্ধে বক্রোক্তি করা বা ঠারেঠোরে ঘুরিয়ে বলার উপায়, সাধারণত খারাপ অথবা রূঢ় কিছু *His speech was full of sexual innuendo.*

innumerable / ɪˈnju:mərəbl ইˈনিউম্যার্যাব্ল্ / *adj.* too many to be counted অগুণতি, সংখ্যাহীন, অসংখ্য

inoculate / ɪˈnɒkjuleɪt ইˈনকিউলেইট্ / *verb* [T] **inoculate sb (against sth)** to protect a person or animal from a disease by giving him/her/it a mild form of the disease with a needle which is put under the skin (**an injection**) ছুঁচের সাহায্যে কোনো রোগের অল্প একটু জীবাণু মানুষ বা পশুর শরীরে প্রবেশ করিয়ে তাকে সেই রোগ থেকে রক্ষা করা; টীকা দেওয়া *The children have been inoculated against measles.* ✪ সম **immunize** এবং **vaccinate** ▶ **inoculation** / -eɪʃn -এইশ্ন্ / *noun* [C, U] টীকাকরণ, টীকা

inoffensive / ˌɪnəˈfensɪv ˌইন্যাˈফেন্সিভ্ / *adj.* not likely to offend or upset sb; harmless কাউকে বিরক্ত বা বিপর্যস্ত করার সম্ভাবনা নেই এমন; ক্ষতিকর নয়, নির্দোষ ✪ বিপ **offensive**

inoperable / ɪnˈɒpərəbl ইন্ˈঅপ্যার্যাব্ল্ / *adj.* (used about a disease) that cannot be cured by a medical operation (কোনো রোগ সম্বন্ধে ব্যবহৃত) অস্ত্রোপচারের দ্বারা যা নিরাময় করা যায় না ✪ বিপ **operable**

inordinate / ɪnˈɔːdɪnət ইন্‌'অ:ডিন্যাট্ / *adj.* (*formal*) much greater than usual or expected প্রত্যাশার চেয়ে অনেক বেশি বা অস্বাভাবিক রকমের বেশি *They spent an* ***inordinate amount*** *of time and money on the production.* ▶ **inordinately** *adv.* অস্বাভাবিকভাবে, অসংযতভাবে

inorganic / ˌɪnɔːˈgænɪk ˌইন:'গ্যানিক্ / *adj.* not made of or coming from living things জীব থেকে যা সৃষ্ট নয়; অজৈব *Rocks and metals are inorganic substances.* ✪ বিপ **organic**

input¹ / ˈɪnpʊt 'ইনপুট্ / *noun* **1** [C, U] **input (of sth) (into/to sth)** what you put into sth to make it successful; the act of putting sth in কোনো কিছু সফল করার জন্য তাতে যা জোগান দেওয়া হয়েছে; কিছু জোগান দেওয়ার ক্রিয়া *Growing anything in this soil will require heavy inputs of nutrients.* ○ *We need some input from teachers into this book.* **2** [U] the act of putting information into a computer কম্পিউটারে তথ্য অন্তর্ভুক্ত করার ক্রিয়া *The computer breakdown means we have lost the whole day's input.* ➪ **output** দেখো।

input² / ˈɪnpʊt 'ইনপুট্ / *verb* [T] (*pres. part.* **inputting**; *pt, pp* **input** or **inputted**) to put information into a computer কম্পিউটারে তথ্য অন্তর্ভুক্ত করা

inquest / ˈɪŋkwest 'ইংকুএস্ট্ / *noun* [C] an official process that tries to find out how sb died মৃত্যু বিষয়ে কোনো সন্দেহ জাগলে সরকারিভাবে তার কারণ অনুসন্ধান *to hold an inquest*

inquire, inquirer, inquiring, inquiry = **enquire, enquirer, enquiring, enquiry**

inquisition / ˌɪnkwɪˈzɪʃn ˌইন্‌কুই'জিশন্ / *noun* **1 the Inquisition** [*sing.*] the organization formed by the Roman Catholic Church to find and punish people who did not agree with its beliefs, especially from the 15th to the 17th century ১৫শ থেকে ১৭শ শতাব্দীর মধ্যে রোমান ক্যাথলিক চার্চ দ্বারা ধর্মাদ্রোহীদের (প্রচলিত ধর্মবিশ্বাসে যাদের আস্থা নেই) শাসন করা ও শাস্তি দেওয়ার জন্য স্থাপিত এক বিশেষ সংস্থা **2** [C] (*formal*) a series of questions that sb asks you, especially when he/she asks them in an unpleasant way বিরক্তিকর বা অপ্রীতিকরভাবে করা প্রশ্নগুচ্ছ

inquisitive / ɪnˈkwɪzətɪv ইন্‌'কুইজ্যাটিভ্ / *adj.* **1** too interested in finding out about what other people are doing অধিক কৌতূহলী, লোকের ব্যাপারে যার অতি উৎসাহ, যে অন্যের হাঁড়ির খবর রাখে *Don't be so inquisitive. It's none of your business.* **2** interested in finding out about many different things অনুসন্ধিৎসু, কৌতূহলী, অনেক কিছু জানতে আগ্রহী *You need an inquisitive mind to be a scientist.* ▶ **inquisitively** *adv.* উৎসুকভাবে, অনুসন্ধানী মন নিয়ে ▶ **inquisitiveness** *noun* [U] অন্যের ব্যাপারে ঔৎসুক্য, কৌতূহল

insane / ɪnˈseɪn ইন্‌'সেইন্ / *adj.* **1** crazy or mentally ill মানসিক ভারসাম্যহীন; পাগল, উন্মাদ **2** not showing sensible judgement বিকৃত মস্তিষ্ক, সাধারণ বুদ্ধি লোপ পেয়েছে এমন *You must be insane to leave your job before you've found another one.* ➪ **mad**-এ নোট দেখো। ▶ **insanely** *adv.* পাগলের মতো, বোকার মতো *insanely jealous* ▶ **insanity** /ɪnˈsænəti ইন্‌'স্যান্যাটি / *noun* [U] পাগলামি, খ্যাপামি, বাতুলতা

insanitary / ɪnˈsænətri ইন্‌'স্যান্যাট্রি / *adj.* (*formal*) dirty and likely to cause disease অস্বাস্থ্যকর, নোংরা, স্বাস্থ্যের পক্ষে হানিকর বা ক্ষতিকারক *The restaurant was closed because of the insanitary conditions of the kitchen.* ➪ **sanitary** দেখো।

insatiable / ɪnˈseɪʃəbl ইন্‌'সেইশ্যাবল্ / *adj.* that cannot be satisfied; very great আশ মেটে না এমন, কিছুতেই তৃপ্ত করা যায় না এমন; খুবই বেশি (যা সহজে পূরণ হয় না) *an insatiable desire for knowledge* ○ *an insatiable appetite*

inscribe / ɪnˈskraɪb ইন্‌'স্ক্রাইব্ / *verb* [T] (*formal*) **inscribe A (on/in B); inscribe B (with A)** to write or cut (**carve**) words on sth কোনো কিছুর উপর খোদাই করে লেখা *The names of all the previous champions are inscribed on the cup.* ○ *The book was inscribed with the author's name.*

inscription / ɪnˈskrɪpʃn ইন্‌'স্ক্রিপ্‌শন্ / *noun* [C] words that are written or cut on sth কোনো কিছুর উপর খোদাই করা অক্ষর বা লিপি *There was an Urdu inscription on the tombstone.*

insect / ˈɪnsekt 'ইন্‌সেক্ট্ / *noun* [C] a small animal with six legs, two pairs of wings and a body which is divided into three parts কীট, পোকা, পতঙ্গ, এদের সাধারণত ছয়টি পা, দুটি ডানা এবং তিন ভাগে বিভক্ত শরীর থাকে *Ants, flies, beetles, butterflies and mosquitoes are all insects.* ○ *an insect bite/sting*

> **NOTE** অন্যান্য আরও কিছু ছোটো প্রাণীকেও, যেমন মাকড়সা, **insect** বলা হয় যদিও এ ক্ষেত্রে এই শব্দটির প্রয়োগ আক্ষরিক অর্থে সঠিক নয়।

insecticide / ɪnˈsektɪsaɪd ইন্‌'সেকটিসাইড় / *noun* [C, U] a substance that is used for killing insects কীটনাশক পদার্থ ➪ **pesticide** দেখো।

insectivore / ɪnˈsektɪvɔː(r) ইন্‌'সেক্‌টিভ:(র্) / *noun* [C] any animal that eats insects যে প্রাণী পোকামাকড় খায়; পতঙ্গভুক ➪ **carnivore, herbivore** এবং **omnivore** দেখো।

I

insecure / ˌɪnsɪˈkjʊə(r) ˌইন্‌সি'কিউঅ্যা(র্) / *adj.* **1 insecure (about sb/sth)** not confident about yourself or your relationships with other people নিজের সম্পর্কে বা অন্যের সম্পর্কে অনিশ্চয়তার বোধ বা সেরকম মনোভাব *Many teenagers are insecure about their appearance.* **2** not safe or protected অনিরাপদ বা অরক্ষিত *This ladder feels a bit insecure.* ○ *The future of the company looks very insecure.* ✪ বিপ **secure** ▶ **insecurely** *adv.* ভয় ভয় মনোভাব নিয়ে, নিরাপত্তাহীন বা অরক্ষিতভাবে ⇨ **insecurity** / -rəti -র‌্যাটি / *noun* [U, C] (*pl* **insecurities**) নিরাপত্তাহীনতা *Their aggressive behaviour is really a sign of insecurity.* ✪ বিপ **security**

insensible / ɪnˈsensəbl ইন্‌'সেনস্যাব্‌ল্ / *adj.* unble to feel a physical sensation সংজ্ঞাহীন, অচৈতন্য, মূৰ্ছিত; অসাড়, সাড়হীন

insensitive / ɪnˈsensətɪv ইন্‌'সেনস্যাটিভ্ / *adj.* **insensitive (to sth) 1** not knowing or caring how another person feels and therefore likely to hurt or upset him/her অন্যের ব্যাপারে উদাসীন; অসংবেদী *Some insensitive reporters tried to interview the families of the accident victims.* ○ *an insensitive remark* **2 insensitive (to sth)** not able to feel or react to sth অনুভূতিহীন, আবেগশূন্য *insensitive to pain/cold/criticism* ✪ বিপ **sensitive** ▶ **insensitively** *adv.* আবেগহীনভাবে ▶ **insensitivity** / ɪnˌsensəˈtɪvəti ইন্‌ˌসেন্‌স্যা'টিভ্যাটি / *noun* [U] অনুভূতিহীনতা, অন্যের ব্যাপারে চরম নির্লিপ্ততা

inseparable / ɪnˈseprəbl ইন্‌'সেপ্র্যাব্‌ল্ / *adj.* that cannot be separated from sb/sth একজনের থেকে অন্যজনকে আলাদা করা যায় না এমন; অবিচ্ছেদ্য *inseparable friends* ✪ বিপ **separable**

insert / ɪnˈsɜːt ইন্‌'স্যট্ / *verb* [T] (*formal*) to put sth into sth or between two things কোনো কিছুর মধ্যে বা দুটি বস্তুর মধ্যে কিছু প্রবেশ করানো; সন্নিবেশিত করা *I decided to insert an extra paragraph in the text.* ▶ **insertion** / ɪnˈsɜːʃn ইন্‌'স্যশ্‌ন্ / *noun* [C, U] সন্নিবেশ, অন্তর্নিবেশ

inshore / ˈɪnʃɔː(r) 'ইন্‌শ:(র্) / *adj.* / ˌɪnˈʃɔː(r) ˌইন্‌'শ:(র্) / *adv.* in or towards the part of the sea that is close to the land তীরস্থ, তীরের দিকে, উপকূলমুখী, উপকূলে *inshore fishermen* ○ *Sharks don't often come inshore.*

inside[1] / ˌɪnˈsaɪd ˌইন্‌'সাইড্ / *prep., adj., adv.* **1** in, on or to the inner part or surface of sth ভিতরে, ভিতরের দিকে *Is there anything inside the box?* ○ *It's safer to be inside the house in a thunderstorm.* **2** (*formal*) (used about time) in less than; within (সময় সম্বন্ধে ব্যবহৃত) তার থেকে

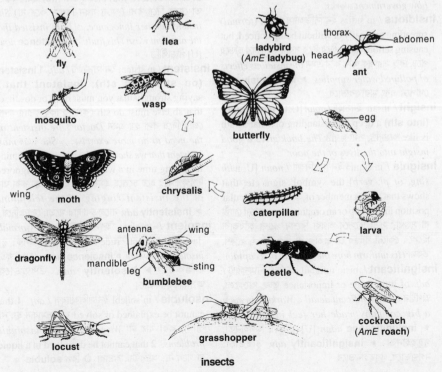

fly
flea
ladybird
(AmE ladybug)
thorax
abdomen
head
ant
mosquito
wasp
butterfly
egg
wing
moth
chrysalis
caterpillar
larva
antenna
wing
dragonfly
mandible
leg
sting
bumblebee
beetle
cockroach
(AmE roach)
locust
grasshopper

insects

কমে; এর ভিতরে *Your photos will be ready inside an hour.* **3** (used about information, etc.) told secretly by sb who belongs to a group, organization, etc. (তথ্যাদি ইত্যাদি সম্বন্ধে ব্যবহৃত) দল, সংগঠন ইত্যাদির কারও দ্বারা গোপনে তথ্যাদি সরবরাহ *The robbers seemed to have had some inside information about the bank's security system.* **4** (*slang*) in prison (অপপ্রয়োগ) বন্দিশালায়, জেলে

inside² / ˌɪnˈsaɪd ˌইন্‌ˈসাইড্ / *noun* **1** [C] the inner part or surface of sth কোনো কিছুর ভিতরের অংশ বা ভিতরদিক *The door was locked from the inside.* ○ *There's a label somewhere* ***on the inside***. **2 insides** [*pl.*] (*informal*) the organs inside the body শরীরের মধ্যস্থিত অঙ্গপ্রত্যঙ্গ *The coffee warmed his insides.*

IDM inside out 1 with the inner surface on the outside ভিতরের দিক বাইরে; উলটো *You've got your sweater on inside out.* **2** very well, in great detail খুব ভালোভাবে, পুঙ্খানুপুঙ্খভাবে *She knows these streets inside out.*

insider / ɪnˈsaɪdə(r) ইন্‌ˈসাইড্যা(র্) / *noun* [C] a person who knows a lot about a group or an organization because he/she is a part of it ভিতরে থাকার ফলে যে ব্যক্তি কোনো দল বা সংগঠনের অনেক খবর জানে *The book gives us an insider's view of how government works.*

insidious / ɪnˈsɪdiəs ইন্‌ˈসিডিঅ্যাস্ / *adj.* (*formal*) spreading gradually or without being noticed, but causing serious harm ধীরে ধীরে সবার অগোচরে ছড়িয়ে পড়ে, কিন্তু মারাত্মক ক্ষতি করে এমন *the insidious effects of polluted water supplies* ▶ **insidiously** *adv.* গোপনে এবং মারাত্মকভাবে

insight / ˈɪnsaɪt ˈইন্‌সাইট্ / *noun* [C, U] **(an) insight (into sth)** a deep understanding of what sb/sth is like অন্তর্দৃষ্টি, সম্যক দৃষ্টি *The book gives a good insight into the lives of the poor.*

insignia / ɪnˈsɪgniə ইন্‌ˈসিগ্‌নিঅ্যা / *noun* [U, *with sing. or pl. verb*] the symbol, sign, etc. that shows that sb is a member of, or has a particular position in, a group or an organization কোনো গোষ্ঠী বা সংস্থার সভ্য হিসেবে অথবা বিশেষ পদের অধিকারী হিসেবে কোনো ব্যক্তির যে প্রতীক বা চিহ্ন থাকে; লক্ষণ, তকমা *His uniform bore the insignia of a captain.*

insignificant / ˌɪnsɪgˈnɪfɪkənt ˌইন্‌সিগ্‌ˈনিফিক্যান্ট্ / *adj.* of little value or importance তুচ্ছ, অকেজো, অর্থহীন *an insignificant detail* ○ *Working in such a big company made her feel insignificant.* ▶ **insignificance** *noun* [U] তুচ্ছতা, অর্থহীনতা, গুরুত্বহীনতা ▶ **insignificantly** *adv.* তুচ্ছভাবে, নগণ্যভাবে, গুরুত্বহীনভাবে

insincere / ˌɪnsɪnˈsɪə(r) ˌইন্‌সিন্‌ˈসিঅ্যা(র্) / *adj.* saying or doing sth that you do not really believe কপট, মিথ্যা, আন্তরিকতাশূন্য *His apology sounded insincere.* ○ *an insincere smile* ✪ বিপ **sincere** ▶ **insincerely** *adv.* মিথ্যাচারের সঙ্গে, কপটভাবে ▶ **insincerity** / ˌɪnsɪnˈserəti ˌইন্‌সিন্‌ˈসের‍্যাটি / *noun* [U] মিথ্যাচার, আন্তরিকতার অভাব ✪ বিপ **sincerity**

insinuate / ɪnˈsɪnjueɪt ইন্‌ˈসিনিউএইট্ / *verb* [T] to suggest sth unpleasant in an indirect way ঘুরিয়ে অথবা আভাসে-ইঙ্গিতে অপ্রীতিকর কিছু বলা *She seemed to be insinuating that our work was below standard.* ▶ **insinuation** / ɪnˌsɪnjuˈeɪʃn ইন্‌ˌসিনিউˈএইশ্‌ন্ / *noun* [C, U] বক্রোক্তি, পরোক্ষ ইঙ্গিত ***to make insinuations*** *about sb's honesty*

insipid / ɪnˈsɪpɪd ইন্‌ˈসিপিড্ / *adj.* having too little taste, flavour or colour স্বাদহীন, পানসে, বিস্বাদ, নীরস

insist / ɪnˈsɪst ইন্‌ˈসিস্ট্ / *verb* [I] **1 insist (on sth/ doing sth); insist that...** to say strongly that you must have or do sth, or that sb else must do sth কোনো কিছু জোর দিয়ে বলা বা করতে চাওয়া বা অন্যকে তা করতে পীড়াপীড়ি করা *My parents insist that I come home by taxi.* ○ *'Have another drink.' 'Oh all right, if you insist.'* **2 insist (on sth); insist that...** to say firmly that sth is true (when sb does not believe you) নিজের কথা সত্যি প্রমাণ করতে তা জোর দিয়ে বলা (অন্যে যখন বিশ্বাস করে না) *She insisted on her innocence.* ○ *Jatin insisted that the accident wasn't his fault.* ▶ **insistence** *noun* [U] পীড়াপীড়ি

insistent / ɪnˈsɪstənt ইন্‌ˈসিস্ট্যান্ট্ / *adj.* **1 insistent (on sth/doing sth); insistent that...** saying strongly that you must have or do sth, or that sb else must do sth (কাউকে কিছু করার জন্য) জোর দিয়ে বলা হয় এমন *Doctors are insistent on the need to do more exercise.* ○ *She was most insistent that we should all be there.* **2** continuing for a long time in a way that cannot be ignored দীর্ঘক্ষণ ধরে হয়ে চলেছে এমনভাবে যা উপেক্ষা করা যায় না *the insistent ringing of the telephone* ▶ **insistently** *adv.* নাছোড়বান্দার মতো, জোর দিয়ে

insolent / ˈɪnsələnt ˈইন্‌স্যাল্যান্ট্ / *adj.* (*formal*) lacking respect; rude উদ্ধত, অসম্মানজনক; রূঢ় *insolent behaviour* ▶ **insolence** *noun* [U] ঔদ্ধত্য, দাম্ভিকতা ▶ **insolently** *adv.* উদ্ধতভাবে, অসম্মানজনকভাবে

insoluble / ɪnˈsɒljəbl ইন্‌ˈসলিঅ্যাব্‌ল্ / *adj.* **1** that cannot be explained or solved যার সমাধান হয় না, ব্যাখ্যা করা যায় না *We faced almost insoluble problems.* **2** that cannot be dissolved in a liquid যা গলে না; অদ্রবণীয়, অদ্রাব্য ✪ বিপ **soluble**

insolvent / ɪnˈsɒlvənt ইন্‌ˈসল্‌ভ্যান্ট্ / *adj.* (*formal*) not having enough money to pay what you owe ঋণ পরিশোধের ক্ষমতা নেই এমন ব্যক্তি; দেউলে, দেউলিয়া ✪ সম **bankrupt** *The company has been declared insolvent.* ▶ **insolvency** / -ənsi -অ্যান্সি / *noun* [U, C] (*pl.* **insolvencies**) দেউলিয়া দশা

insomnia / ɪnˈsɒmniə ইন্‌ˈসম্‌নিঅ্যা / *noun* [U] inability to sleep নিদ্রাহীনতার অসুখ; অনিদ্রা *Do you ever suffer from insomnia?* ➪ **sleepless** দেখো।

insomniac / ɪnˈsɒmniæk ইন্‌ˈসম্‌নিঅ্যাক্ / *noun* [C] a person who cannot sleep যে অনিদ্রা রোগে ভোগে, যার সহজে ঘুম হয় না

inspect / ɪnˈspekt ইন্‌ˈস্পেক্ট্ / *verb* [T] **1 inspect sb/sth (for sth)** to look at sth closely or in great detail কোনো কিছু খুঁটিয়ে পুঙ্খানুপুঙ্খভাবে দেখা *The detective inspected the room for fingerprints.* **2** to make an official visit to make sure that rules are being obeyed, work is being done properly, etc. নিয়মসমূহ ঠিকমতো মানা হচ্ছে কিনা, কাজ ঠিকমতো হচ্ছে কিনা ইত্যাদি সম্বন্ধে নিশ্চিত হওয়ার জন্য সরকারিভাবে কোনো কিছু পরিদর্শন করা *All food shops should be inspected regularly.* ▶ **inspection** *noun* [C, U] বীক্ষণ, পরিদর্শন *The fire prevention service will* ***carry out an inspection*** *of the building next week.* ○ ***On inspection****, the passport turned out to be false.*

inspector / ɪnˈspektə(r) ইন্‌ˈস্পেক্‌ট্যা(র্) / *noun* [C] **1** an official who visits schools, factories, etc. to make sure that rules are being obeyed, work is being done properly, etc. স্কুল, কারখানা ইত্যাদিতে নিয়মসমূহ ঠিকমতো মানা হচ্ছে কিনা, কাজ ঠিকমতো হচ্ছে কিনা ইত্যাদি সম্বন্ধে নিশ্চিত হওয়ার জন্য যে সরকারি আধিকারিক সেই সকল স্থান পরিদর্শন করেন; পরিদর্শক *a health and safety inspector* **2** a police officer with quite an important position পুলিশ বিভাগের পদস্থ আধিকারিক; দারোগা **3** a person whose job is to check passengers' tickets on buses or trains বাস বা ট্রেনে যে ব্যক্তি টিকিট পরীক্ষা করে

inspiration / ˌɪnspəˈreɪʃn ˌইন্‌স্প্যাˈরেইশ্‌ন্ / *noun* **1** [C, U] **an inspiration (to/for sb); inspiration (to do/for sth)** a feeling, person or thing that makes you want to do sth or gives you exciting new ideas নতুন বুদ্ধি বা প্রেরণা জোগায় এমন মনোভাব, ব্যক্তি বা বস্তু *The beauty of the mountains was a great* ***source of inspiration*** *to the writer.* ○ *What gave you the inspiration to become a dancer?* **2** [C] (*informal*) a sudden good idea হঠাৎ মাথায় আসা বুদ্ধি, ভাবনা *I've had an inspiration—why don't we go to that new club?*

inspire / ɪnˈspaɪə(r) ইন্‌ˈস্পাইঅ্যা(র্) / *verb* [T] **1 inspire sth; inspire sb (to do sth)** to make sb want to do or create sth কাউকে কিছু করতে বা কোনো কিছু সৃষ্টি করতে উদ্বুদ্ধ বা অনুপ্রাণিত করা *Mahatma Gandhi's autobiography inspired her to go into politics.* **2 inspire sb (with sth); inspire sth (in sb)** to make sb feel, think, etc. sth কাউকে বোধ করানো, চিন্তা করানো *to be inspired with enthusiasm* ○ *The guide's nervous manner did not* ***inspire*** *much* ***confidence*** *in us.* ▶ **inspiring** *adj.* অনুপ্রেরণাদায়ী, অনুপ্রেরণামূলক *an inspiring speech.*

inspired / ɪnˈspaɪəd ইন্‌ˈস্পাইঅ্যাড্ / *adj.* influenced or helped by a particular feeling, thing or person উদ্বুদ্ধ, অনুপ্রাণিত *The pianist gave an inspired performance.*

instability / ˌɪnstəˈbɪləti ˌইন্‌স্ট্যাˈবিল্যাটি / *noun* [U] the state of being likely to change স্থিরতার অভাব, অস্থৈর্য *There are growing signs of political instability.* ➪ **unstable** adjective দেখো। ✪ বিপ **stability**

install (*AmE* **instal**) / ɪnˈstɔːl ইন্‌ˈস্ট:ল্ / *verb* [T] **1** to put a piece of equipment, etc. in place so that it is ready to be used ঠিক জায়গায় কোনো উপকরণ ইত্যাদি স্থাপন করা যাতে তা ব্যবহার করা যায় *We are waiting to have our new computer system installed.* ✪ সম **put in 2 install sb (as sth)** to put sb/sth or yourself in a position or place কাউকে বা কিছুকে অথবা নিজেকে কোনো পদে বা আসনে বসানো, পদাভিষিক্ত করা *He was installed as President yesterday.* ▶ **installation** / ˌɪnstəˈleɪʃn ˌইন্‌স্ট্যাˈলেইশ্‌ন্ / *noun* [C, U] প্রতিষ্ঠা, স্থাপন *a military/nuclear installation* ○ *the installation of a new chairman*

instalment (*AmE* **installment**) / ɪnˈstɔːlmənt ইন্‌ˈস্ট:ল্‌ম্যান্ট্ / *noun* [C] **1** one of the regular payments that you make for sth until you have paid the full amount পুরোপুরি ধার শোধ না হওয়া পর্যন্ত নিয়মিত দেয় অর্থের পরিমাণ; কিস্তি *to pay for sth* ***in instalments*** **2** one part of a story that is shown or published as a series কোনো পত্রিকায় ধারাবাহিকভাবে প্রকাশিত কাহিনির একটি অংশ বা পর্ব *Don't miss next week's exciting instalment.*

instance / ˈɪnstəns ˈইন্‌স্ট্যান্স্ / *noun* [C] **an instance (of sth)** an example or case (of sth) কোনো কিছুর দৃষ্টান্ত, উদাহরণ *There have been several instances of racial attacks in the area.* ○ *In most instances the drug has no side effects.*

IDM **for instance** for example দৃষ্টান্তস্বরূপ, যেমন, যথা *There are several interesting places to visit around here—Red Fort, for instance.*

instant[1] / ˈɪnstənt ˈইন্‌স্ট্যান্ট্‌ / *adj.* **1** happening suddenly or immediately হঠাৎ, আকস্মিকভাবে তাৎক্ষণিকভাবে *The film was an instant success.* **2** (used about food) that can be prepared quickly and easily, usually by adding hot water (খাদ্য সম্বন্ধে ব্যবহৃত) চটজলদি বানানো খাবার, যা সাধারণত গরম জল মিশিয়ে নিলেই তৈরি করা যায়; চট করে তৈরি করে নেওয়া যায় এমন *instant coffee*

instant[2] / ˈɪnstənt ˈইন্‌স্ট্যান্ট্‌ / *noun* [*usually sing.*] **1** a very short period of time অল্প সময়কাল, নিমেষে *Ali thought **for an instant** and then agreed.* **2** a particular point in time একটা নির্দিষ্ট সময় ***At that instant** I realized I had been tricked.* ○ *Stop doing that this instant* (= now)*!*

instantaneous / ˌɪnstənˈteɪniəs ˌইন্‌স্ট্যান্‌ˈটেইনিঅ্যাস্ / *adj.* happening immediately or extremely quickly সঙ্গে সঙ্গে, খুব তাড়াতাড়ি, তৎক্ষণাৎ ▶ **instantaneously** *adv.* তাৎক্ষণিক

instantly / ˈɪnstəntli ˈইন্‌স্ট্যান্টলি / *adv.* without delay; immediately দেরি না করে; তৎক্ষণাৎ, সেই মুহূর্তেই *I asked him a question and he replied instantly.*

instead / ɪnˈsted ইন্‌ˈস্টেড / *adv., prep.* **instead (of sb/sth/ doing sth)** in the place of sb/sth কারও বা কোনো কিছুর বদলে, পরিবর্তে *I couldn't go so my husband went instead.* ○ *You should play football instead of just watching it on TV.*

instigate / ˈɪnstɪgeɪt ˈইন্‌স্টিগেইট্‌ / *verb* [T] (*formal*) to make sth start to happen কোনো কাজ শুরু করানো; প্ররোচনা দেওয়া ▶ **instigation** / ˌɪnstɪˈgeɪʃn ˌইন্‌স্টিˈগেইশ্‌ন্ / *noun* [U] প্ররোচনা

instil (*AmE* **instill**) / ɪnˈstɪl ইন্‌ˈস্টিল্ / *verb* [T] (**instilling; instilled**) **instil sth (in/into sb)** to make sb think or feel sth কাউকে কোনো কিছু ভাবতে শেখানো, মনের মধ্যে ধারণা জন্মানো *Parents should try to instil a sense of responsibility into their children.*

instinct / ˈɪnstɪŋkt ˈইন্‌স্টিংক্ট্ / *noun* [C, U] the natural force that causes a person or animal to behave in a particular way without thinking or learning about it যে স্বাভাবিক তাগিদ মানুষ বা পশুকে চিন্তাভাবনা বা শিক্ষা ছাড়াই নির্দিষ্টভাবে আচরণ করায়; সহজাত প্রবৃত্তি *Birds learn to fly **by instinct**.* ○ *In a situation like that you don't have time to think—you just **act on instinct**.* ▶ **instinctive** / ɪnˈstɪŋktɪv ইন্‌ˈস্টিংক্টিভ্ / *adj.* সহজাত *Your instinctive reaction is to run from danger.* ▶ **instinctively** *adv.* সহজাতভাবে

institute[1] / ˈɪnstɪtjuːt ˈইন্‌স্টিটিউট্‌ / *noun* [C] an organization that has a particular purpose; the building used by this organization (বিশেষ কোনো উদ্দেশ্যে গঠিত) প্রতিষ্ঠান, সংস্থা; ওই প্রতিষ্ঠানের ভবন *the Institute of Science and Technology* ○ *institutes of higher education*

institute[2] / ˈɪnstɪtjuːt ˈইন্‌স্টিটিউট্‌ / *verb* [T] (*formal*) to introduce a system, policy, etc., or start a process কোনো ব্যবস্থা, নিয়মনীতি ইত্যাদি চালু করা বা কোনো প্রক্রিয়া আরম্ভ করা *The government has instituted a new scheme for youth training.*

institution / ˌɪnstɪˈtjuːʃn ˌইন্‌স্টিˈটিউশন্ / *noun* **1** [C] a large, important organization that has a particular purpose, such as a bank, a university, etc. গুরুত্বপূর্ণ কোনো কর্মসাধনের উদ্দেশ্যে স্থাপিত কোনো প্রতিষ্ঠান যেমন বিশ্ববিদ্যালয়, ব্যাংক ইত্যাদি *the financial institutions in the city of Delhi.* **2** [C] a building where certain people with special needs live and are looked after যে ভবনে এমন ধরনের কিছু ব্যক্তি থাকেন যাঁদের দেখাশোনা করার প্রয়োজন আছে *a mental institution* (=a hospital for the mentally ill) ○ *She's been in institutions all her life.* **3** [C] a social custom or habit that has existed for a long time দীর্ঘপ্রচলিত কোনো সামাজিক রীতি বা অভ্যাস *the institution of marriage* **4** [U] the act of introducing a system, policy, etc., or of starting a process কোনো ব্যবস্থা, নীতি ইত্যাদির প্রবর্তন করা বা কোনো পদ্ধতি শুরু করার ক্রিয়া *the institution of new safety procedures*

institutional / ˌɪnstɪˈtjuːʃənl ˌইন্‌স্টিˈটিউশ্যান্‌ল্ / *adj.* connected with an institution প্রতিষ্ঠানগত, সেবাসমিতিসংক্রান্ত *The old lady is in need of institutional care.*

instruct / ɪnˈstrʌkt ইন্‌ˈস্ট্রাক্ট্ / *verb* [T] **1 instruct sb (to do sth)** to give an order to sb; to tell sb to do sth কাউকে কোনো নির্দেশ দেওয়া; কাউকে কোনো কাজ করতে বলা *The soldiers were instructed to shoot above the heads of the crowd.* **2** (*formal*) **instruct sb (in sth)** to teach sb sth কাউকে কোনো কিছু শিক্ষা দেওয়া *Children must be instructed in road safety before they are allowed to ride a bicycle on the road.*

instruction / ɪnˈstrʌkʃn ইন্‌ˈস্ট্রাক্‌শ্‌ন্ / *noun* **1 instructions** [*pl.*] detailed information on how you should use sth, do sth, etc. (কোনো কিছু ব্যবহার করা, কিছু করা ইত্যাদি সম্বন্ধে) বিস্তারিতভাবে দেওয়া নির্দেশাবলী *Read the instructions on the back of the packet carefully.* ○ *You should always **follow the instructions**.* **2** [C] **an instruction (to do sth)** an order that tells you what to do or how to do sth নির্দেশ, আদেশ, পরামর্শ *The guard was under strict instructions not to let anyone in or out.* **3** [U] **instruction (in sth)** the act of teaching sth to sb কাউকে শিক্ষাদান করার ক্রিয়া *The staff need instruction in the use of computers.*

instructive / ɪnˈstrʌktɪv ইন্ˈস্ট্রাক্টিভ্ / *adj.* giving useful information শিক্ষামূলক, জ্ঞানপ্রদ ▶ **instructively** *adv.* শিক্ষামূলকভাবে

instructor / ɪnˈstrʌktə(r) ইন্ˈস্ট্রাক্ট্যা(র্) / *noun* [C] a person whose job is to teach a practical skill or sport উপদেষ্টা, শিক্ষক, প্রশিক্ষক *a driving/fitness/golf instructor*

instrument / ˈɪnstrəmənt ˈইনস্ট্র্যাম্যান্ট / *noun* [C] **1** a tool that is used for doing a particular job or task বিশেষ কোনো কাজে ব্যবহারের জন্য সহায়ক বস্তু বা যন্ত্র *surgical/optical/precision instruments* ➪ **tool**-এ নোট দেখো। **2** something that is used for playing music যার মাধ্যমে সংগীত বাজানো যায়; বাদ্যযন্ত্র বা বাদ্যযন্ত্র সহায়ক *'What instrument do you play?' 'The violin.'* ➪ **music**-এ ছবি দেখো।

NOTE **Musical instruments** অনেক ধরনের হতে পারে। যেমন **stringed** বা তারের বাদ্যযন্ত্র (বেহালা, গিটার ইত্যাদি), **brass** বা পিতলের তৈরি বাদ্যযন্ত্র (শিঙা, শুষির, ট্রাম্পেট ইত্যাদি), **woodwind** বা কাঠের তৈরি ফুঁ দিয়ে বাজানোর বাদ্যযন্ত্র (বাঁশি, ক্ল্যারিওনেট ইত্যাদি) অথবা **keyboard** বা চাবি টিপে বাজানোর বাদ্যযন্ত্র (পিয়ানো, অর্গান, সিন্থেসাইজার ইত্যাদি)। ড্রাম, তবলা, ঢোল, ঢাক, পাখোয়াজ ইত্যাদি তালের বাদ্যযন্ত্রকে **percussion instruments** বলা হয়।

3 something that is used for measuring speed, distance, temperature, etc. in a car, plane or ship এমন কিছু যা গাড়ি, উড়োজাহাজ বা জাহাজের গতি, দূরত্ব, তাপমাত্রা ইত্যাদি মাপার জন্য ব্যবহৃত হয় *the instrument panel of a plane* **4** something that sb uses in order to achieve sth কোনো কিছু অর্জনের জন্য বা কোনো উদ্দেশ্য সাধনের জন্য ব্যবহৃত বস্তু *The press should be more than an instrument of the government.*

instrumental / ˌɪnstrəˈmentl ˌইন্স্ট্র্যাˈমেন্ট্ল্ / *adj.* **1 instrumental in doing sth** helping to make sth happen কোনো কিছু ঘটানোর জন্য নিমিত্ত বা কারণস্বরূপ *She was instrumental in getting him the job.* **2** for musical instruments without voices বাদ্যসংগীতের বা বাদ্যযন্ত্রের জন্য *instrumental music*

insubordinate / ˌɪnsəˈbɔːdɪnət ˌইন্স্যাˈব:ডিন্যাট্ / *adj.* (*formal*) (used about a person or behaviour) not obeying rules or orders (কোনো ব্যক্তি বা তার আচরণ সম্বন্ধে ব্যবহৃত) অবাধ্য, আদেশ বা নিয়ম মানে না এমন ▶ **insubordination** / ˌɪnsəˌbɔːdɪˈneɪʃn ˌইন্স্যাˌব:ডিˈনেইশ্ন্ / *noun* [C, U] অবাধ্যতা, বিদ্রোহ *He was dismissed from the army for insubordination.*

insubstantial / ˌɪnsəbˈstænʃl ˌইন্স্যাব্ˈস্ট্যান্শ্ল্ / *adj.* not large, solid or strong অবৃহৎ বা অশক্ত *a hut built of insubstantial materials* ✪ বিপ **substantial**

insufferable / ɪnˈsʌfrəbl ইন্ˈসাফ্র্যাব্ল্ / *adj.* (*formal*) (used about a person or behaviour) extremely unpleasant or annoying (কোনো ব্যক্তি বা তার আচরণ সম্বন্ধে ব্যবহৃত) অসহ্য, যাকে সহ্য করা যায় না এমন; বিরক্তিকর

insufficient / ˌɪnsəˈfɪʃnt ˌইন্স্যাˈফিশ্ন্ট্ / *adj.* **insufficient (for sth/to do sth)** not enough অপ্রতুল, যথেষ্ট নয় *The students complained that they were given insufficient time for the test.* ✪ বিপ **sufficient** ▶ **insufficiently** *adv.* প্রয়োজনের থেকে কম এমনভাবে; অপ্রতুলভাবে

insular / ˈɪnsjələ(r) ˈইন্সিঅ্যাল্যা(র্) / *adj.* not interested in or able to accept new people or different ideas নতুন মানুষ বা বিভিন্ন ভাবধারা গ্রহণে আগ্রহী নয় বা তাতে অসমর্থ; সংকীর্ণচিত্ত ✪ সম **narrowminded** ▶ **insularity** / ˌɪnsjuˈlærəti ˌইন্সিউˈল্যার্যাটি / *noun* [U] সংকীর্ণচিত্ততা

insulate / ˈɪnsjuleɪt ˈইন্সিউলেইট্ / *verb* [T] **insulate sth (against/ from sth)** to protect sth with a material that prevents electricity, heat or sound from passing through বিদ্যুৎ, তাপ বা শব্দ সঞ্চালন আটকানো যায় এমন কোনো বস্তুর দ্বারা কোনো কিছু রক্ষা করা; অন্তরিত করা *walls are insulated against noise.* ○ (*figurative*) *This industry has been insulated from the effects of competition.* ▶ **insulation** / ˌɪnsjuˈleɪʃn ˌইন্সিউˈলেইশ্ন্ / *noun* [U] অন্তরণ, তড়িৎরোধ ব্যবস্থা

insulating tape *noun* [U] a thin band of sticky material used for covering electrical wires to prevent the possibility of an electric shock চটচটে পাতলা ফিতের মতো উপকরণ যা দিয়ে বৈদ্যুতিক তারসমূহ ঢাকা হয় (বিদ্যুৎস্পৃষ্ট হওয়ার সম্ভাবনা রোধের জন্য)

insulator / ˈɪnsjuleɪtə(r) ˈইন্সিউলেইট্যা(র্) / *noun* [C] a material or device used to prevent heat, electricity or sound from escaping from sth যে উপকরণ বা যন্ত্র তাপ, বিদ্যুৎ এবং শব্দকে কোনো কিছু থেকে বাইরে বেরোতে দেয় না ➪ **bulb**-এ ছবি দেখো।

insulin / ˈɪnsjəlɪn ˈইন্সিঅ্যালিন্ / *noun* [U] a substance, normally produced by the body itself, which controls the amount of sugar in the blood শরীর থেকেই উদ্ভূত একজাতীয় গ্রন্থিরস যা রক্তস্থিত শর্করার মাত্রা নিয়ন্ত্রণের কাজে লাগে; ইনস্যুলিন *Some diabetics need to rely on insulin injections.*

insult[1] / ɪnˈsʌlt ইন্ˈসাল্ট্ / *verb* [T] to speak or act rudely to sb কাউকে অপমান করা, অবমাননা করা *I felt very insulted when I didn't even get an answer to my letter.* ○ *He was thrown out of the hotel for insulting the manager.*

insult² / ˈɪnsʌlt ˈইন্‌সাল্ট্/ *noun* [C] a rude comment or action অভদ্র, অপমানকর উক্তি বা কাজ *The drivers were standing on the road yelling insults at each other.*

insulting / ɪnˈsʌltɪŋ ইন্ˈসাল্‌টিং / *adj.* **insulting (to sb/sth)** making sb feel offended কাউকে বিরক্ত বোধ করানো হচ্ছে এমন, কারও পক্ষে অবমাননাকর *insulting behaviour/remarks* ○ *That poster is insulting to women.*

insuperable / ɪnˈsuːpərəbl ইন্ˈসুপ্যার্যাব্‌ল্ / *adj.* (*formal*) (used about a problem, etc.) impossible to solve (কোনো সমস্যা ইত্যাদি সম্বন্ধে ব্যবহৃত) সমাধান করা কঠিন বা অসম্ভব

insurance / ɪnˈʃɔːrəns ইন্ˈশ:র্যান্স্ / *noun* **1** [U] **insurance (against sth)** an arrangement with a company in which you pay them regular amounts of money and they agree to pay the costs if, for example, you die or are ill, or if you lose or damage sth এমন কোনো ব্যবস্থা যাতে কোনো সংস্থাকে নিয়মিত পরিমাণে টাকা দেওয়া হয় এবং তারা মৃত্যু, অসুস্থতা বা ক্ষয়ক্ষতি পূরণের জন্য অর্থ মূল্য দিতে রাজি থাকে; বিমা

> **NOTE** **Insurance policy** গ্রহণ করার জন্য **take out** অভিব্যক্তিটি ব্যবহার করা হয়। ইনশিওরেন্স কোম্পানিকে বা বিমাসংস্থাকে নিয়মিত যে অর্থপ্রদান করা হয় তাকে **insurance premium** বলা হয়। বিমা অনেক প্রকারের হয়। যেমন—**life, health, car, travel** এবং **household insurance**।

2 [U] the business of providing insurance বিমা সংস্থা, বিমাকরণের কাজ *He works in insurance.* **3** [U, *sing.*] **(an) insurance (against sth)** something you do to protect yourself (against sth unpleasant) যে-কোনো অপ্রীতিকর ব্যাপার থেকে নিজেকে রক্ষা করার বা বাঁচানোর জন্য নেওয়া ব্যবস্থা *Many people take vitamin pills as an insurance against illness.*

insure / ɪnˈʃɔː(r) ইন্ˈশ:(র্) / *verb* [T] **1 insure yourself/sth (against/for sth)** to buy or to provide insurance কোনো কিছুর জন্য বিমা করা *They insured the painting for Rs 10,000 against damage or theft.* **2** (*AmE*) = **ensure**

insurgent / ɪnˈsɜːdʒənt ইন্ˈস্যজ্যান্ট / *noun* [C] (*usually plural*) (*formal*) a person fighting against the government or armed forces of their own country দেশের সরকার বা সেনাদলের বিরুদ্ধে যুদ্ধ করে যে ব্যক্তি; বিদ্রোহী, রাষ্ট্রদ্রোহী *an attack by armed insurgents* ➪ **rebel** দেখো। ▶ **insurgent** *adj.* বিদ্রোহভাবাপন্ন *insurgent groups* ▶ **insurgency** / ɪnˈsɜːdʒənsi ইন্ˈস্যজ্যান্সি / *noun* [C, U] দ্রোহিতা, রাষ্ট্রদ্রোহিতা, রাজদ্রোহ *insurgency in Iraq*

insurmountable / ˌɪnsəˈmaʊntəbl ˌইন্স্যাˈমাউন্ট্যাব্‌ল্ / *adj.* (*formal*) (used about a problem, etc.) impossible to solve (কোনো সমস্যা ইত্যাদি সম্বন্ধে ব্যবহৃত) যার সমাধান প্রায় অসম্ভব, দুস্তর, দুরতিক্রম্য ➪ **surmountable** দেখো।

insurrection / ˌɪnsəˈrekʃn ˌইন্স্যাˈরেক্‌শ্‌ন্ / *noun* [C, U] (*formal*) violent action against the rulers of a country or the government দেশের সরকার বা শাসকের বিরুদ্ধে সহিংস ক্রিয়াকলাপ

intact / ɪnˈtækt ইন্ˈট্যাক্ট / *adj.* (*not before a noun*) complete; not damaged সম্পূর্ণ; ভাঙাচোরা নয়, অটুট, অক্ষত *Very few of the buildings* ***remain intact*** *following the earthquake.*

intake / ˈɪnteɪk ˈইনটেইক্ / *noun* [C, *usually sing.*] **1** the amount of food, drink, etc. that you take into your body শরীরের মধ্যে গ্রহণ করা খাদ্য পানীয় ইত্যাদি, যে খাদ্য-পানীয় রোজ খাওয়া হয় *The doctor told me to cut down my carbohydrate intake.* **2** the (number of) people who enter an organization or institution during a certain period সংগঠন বা প্রতিষ্ঠানে নির্দিষ্ট কোনো সময়কালের মধ্যে ভর্তি হওয়া ব্যক্তির সংখ্যা *This year's intake of students is down 10%.* **3** the act of taking sth into your body, especially breath শরীরের ভিতর শ্বাস গ্রহণের ক্রিয়া **4** a place where liquid, air, etc. enters a machine যে জায়গায় তরল পদার্থ, হাওয়া ইত্যাদি কোনো যন্ত্রের মধ্যে ঢোকানো হয়

intangible / ɪnˈtændʒəbl ইন্ˈট্যানজ্যাব্‌ল্ / *adj.* difficult to describe, understand or measure ধরা ছোঁয়া যায় না বা বলে বোঝানো যায় না এমন; অবর্ণনীয় *The benefits of good customer relations are intangible.* ✪ বিপ **tangible**

integer / ˈɪntɪdʒə(r) ˈইনটিজ্যা(র্) / *noun* [C] (*mathematics*) a whole number, such as 3 or 4 but not 3.5 সম্পূর্ণ সংখ্যা, ভগ্নাংশ নয়, যেমন ৩ বা ৪ কিন্তু ৩.৫ নয়; পূর্ণসংখ্যা ➪ **fraction** দেখো।

integral / ˈɪntɪɡrəl ˈইনটিগ্র্যাল্ / *adj.* **1 integral (to sth)** necessary in order to make sth complete কোনো কিছু সম্পূর্ণ করার জন্য প্রয়োজনীয় এমন *Spending a year in France is* ***an integral part of*** *the university course.* **2** including sth as a part অংশ হিসেবে গণ্য; অংশীভূত *The car has an integral CD player.*

integrate / ˈɪntɪɡreɪt ˈইনটিগ্রেইট্ / *verb* **1** [T] **integrate sth (into sth); integrate A and B/ integrate A with B** to join things so that they become one thing or work together একসঙ্গে এমন ভাবে জোড়া লাগানো যাতে সেটি মিলে গিয়ে এক হয়ে যায় বা একসঙ্গে কাজ করতে পারে; একীকরণ করা *The two small schools were integrated into one large one.*

o *These programs can be integrated with your existing software.* **2** [I, T] **integrate (sb) (into/with sth)** to join in and become part of a group or community, or to make sb do this কোনো দল বা সম্প্রদায়ের অন্তর্ভুক্ত হওয়া বা অন্যকে দলে আনা *It took Amit quite a while to integrate into his new school.* ⇨ **segregate** দেখো। ▶ **integration** / ˌɪntɪˈɡreɪʃn ইন্টিˈগ্রেইশ্‌ন্ / *noun* [U] একীকরণ *racial integration* ⇨ **segregation** দেখো।

integrity / ɪnˈteɡrəti ইন্‌ˈটেগ্র্যাটি / *noun* [U] **1** the quality of being honest and having strong moral principles ন্যায়নিষ্ঠা, সততা, কঠোর আদর্শবাদিতা *He's a person of great integrity who can be relied on to tell the truth.* **2** the state of being united or undivided সংহতি, ঐক্যবদ্ধতা *The integrity of a nation must be maintained.*

intellect / ˈɪntəlekt ইন্ট্যালেক্ট্‌ / *noun* **1** [U] the power of the mind to think and to learn মেধা, ধীশক্তি *a woman of considerable intellect* **2** [C] an extremely intelligent person বুদ্ধিমান, মেধাবী, ধীশক্তি সম্পন্ন ব্যক্তি *He was one of the most brilliant intellects of his time.*

intellectual¹ / ˌɪntəˈlektʃuəl ইন্ট্যাˈলেকচুঅ্যাল্‌ / *adj.* **1** (*only before a noun*) connected with a person's ability to think in a logical way and to understand things কোনো ব্যক্তির যুক্তিনিষ্ঠ চিন্তাশক্তি এবং বোধশক্তির সঙ্গে সম্বন্ধিত; বৌদ্ধিক, বুদ্ধিসত্তাপূর্ণ *The boy's intellectual development was very advanced for his age.* **2** (used about a person) enjoying activities in which you have to think deeply about sth (ব্যক্তি সম্বন্ধে ব্যবহৃত) বুদ্ধিজীবী, বুদ্ধিবিলাসী ▶ **intellectually** *adv.* মননশীলভাবে, বুদ্ধিজীবীর মতো

intellectual² / ˌɪntəˈlektʃuəl ইন্ট্যাˈলেকচুঅ্যাল্‌ / *noun* [C] a person who enjoys thinking deeply about things বুদ্ধিজীবী বা মননশীল ব্যক্তি

intelligence / ɪnˈtelɪdʒəns ইন্‌ˈটেলিজ্যান্স্‌ / *noun* [U] **1** the ability to understand, learn and think বোঝা বা জানার বিশেষ ক্ষমতা; বুদ্ধি, বুদ্ধিমত্তা, বিচারবুদ্ধি *a person of normal intelligence* o *an intelligence test* **2** important information about an enemy country প্রতিপক্ষ দেশ সম্পর্কে গুরুত্বপূর্ণ তথ্যাদি

intelligent / ɪnˈtelɪdʒənt ইন্‌ˈটেলিজ্যান্ট্‌ / *adj.* having or showing the ability to understand, learn and think; clever বুদ্ধিমান, চালাক; চতুর *All their children are very intelligent.* o *an intelligent question* ▶ **intelligently** *adv.* বুদ্ধিমানের মতো

intelligible / ɪnˈtelɪdʒəbl ইন্‌ˈটেলিজ্যাব্‌ল্‌ / *adj.* (used especially about speech or writing) possible or easy to understand (বিশেষত কোনো

বক্তৃতা অথবা লেখা সম্বন্ধে ব্যবহৃত) সহজপাঠ্য, সম্ভাব্য, স্পষ্ট ✪ বিপ **unintelligible** ▶ **intelligibility** / ɪnˌtelɪdʒəˈbɪləti ইন্‌ˌটেলিজ্যাˈবিল্যাটি / *noun* [U] বোধগম্যতা, স্পষ্টতা

intend / ɪnˈtend ইন্‌ˈটেন্ড্‌ / *verb* [T] **1 intend to do sth/doing sth** to plan or mean to do sth কোনো কিছু পরিকল্পনা করা, বোঝানো, স্থির করা *I'm afraid I spent more money than I had intended.* o *I certainly don't intend to wait here all day!* ⇨ **intention** *noun* দেখো। **2 intend sth for sb/sth; intend sb to do sth** to plan, mean or make sth for a particular person or purpose বিশেষ কোনো ব্যক্তির জন্য বা কোনো উদ্দেশ্যে পরিকল্পনা করা বা কিছু বোঝানো *You shouldn't have read that letter—it wasn't intended for you.* o *I didn't intend you to have all the work.*

intense / ɪnˈtens ইন্‌ˈটেন্স্‌ / *adj.* very great, strong or serious তীব্র, প্রচণ্ড, গুরুগম্ভীর *intense heat/cold/pressure* o *intense anger/interest/desire* ▶ **intensely** *adv.* তীব্রভাবে *They obviously dislike each other intensely.* ▶ **intensity** / -səti -স্যাটি / *noun* [U] তীব্রতা, প্রচণ্ডতা *I wasn't prepared for the intensity of his reaction to the news.*

intensifier / ɪnˈtensɪfaɪə(r) ইন্‌ˈটেন্সিফাইঅ্যা(র্‌) / *noun* [C] (*grammar*) a word, especially an adjective or an adverb, for example 'so' or 'very', that makes the meaning of another word stronger (ব্যাকরণ) অন্য কোনো শব্দের অর্থকে প্রবল করার জন্য ব্যবহৃত শব্দ, বিশেষত কোনো বিশেষণ বা ক্রিয়াবিশেষণ, যেমন 'so' অথবা 'very' ⇨ **modifier** দেখো।

intensify / ɪnˈtensɪfaɪ ইন্‌ˈটেন্সিফাই / *verb* [I, T] (*pres. part.* **intensifying**; *3rd person sing. pres.* **intensifies**; *pt, pp* **intensified**) to become or to make sth greater or stronger কোনো কিছু তীব্র বা জোরালো করে তোলা *Fighting in the region has intensified.* o *The government has intensified its anti-smoking campaign.* ▶ **intensification** / ɪnˌtensɪfɪˈkeɪʃn ইন্‌ˌটেন্সিফিˈকেইশ্‌ন্ / *noun* [U] তীব্র বা জোরদার করার কাজ

intensive / ɪnˈtensɪv ইন্‌ˈটেন্সিভ্‌ / *adj.* **1** involving a lot of work or care in a short period of time অপেক্ষাকৃত কম সময়ে বেশি কাজ হয় এমন *an intensive investigation/course* **2** (used about methods of farming) aimed at producing as much food as possible from the land or money available (কৃষি পদ্ধতি সম্বন্ধে ব্যবহৃত) প্রাপ্তিসাধ্য জমি বা অর্থ থেকে সাধ্যমতো যত বেশি খাদ্য উৎপন্ন করা যায় সেদিকে লক্ষ্য আছে বা সেই উদ্দেশ্যসম্পন্ন এমন *intensive agriculture* ⇨ **extensive** দেখো। ▶ **intensively** *adv.* তীব্রভাবে, একান্তভাবে

intensive care *noun* [U] special care in hospital for patients who are very seriously ill or injured; the department that gives this care অত্যন্ত গুরুতরভাবে অসুস্থ বা আহত রোগীদের জন্য হাসপাতালের যে বিশেষ চিকিৎসা বা যত্ন; হাসপাতালের যে বিভাগ এই চিকিৎসা করে *She was in intensive care for a week after the car crash.*

intent[1] / ɪnˈtent ইন্'টেন্ট্ / *adj.* **1 intent (on/upon sth)** showing great attention সম্পূর্ণ মনোযোগ সহকারে; নিবিষ্ট *She was so intent upon her work that she didn't hear me come in.* **2 intent on upon sth/doing sth** determined to do sth কোনো কিছু করতে দৃঢ়প্রতিজ্ঞ, স্থিরসংকল্প *He's always been intent on making a lot of money.* ▶ **intently** *adv.* নিবিষ্টভাবে, দৃঢ়প্রতিজ্ঞভাবে

intent[2] / ɪnˈtent ইন্'টেন্ট্ / *noun* [U] (*formal*) what sb intends to do; intention উদ্দেশ্যে, সেই ইচ্ছায়; অভিপ্রায়, মতলব *He was charged with possession of a gun **with intent to** commit a robbery.* ○ *to do sth with evil/ good intent*

IDM to/for all intents and purposes in effect, even if not completely true (পুরোপুরি না হলেও) কার্যত, একরকমের *When they scored their fourth goal the match was, to all intents and purposes, over.*

intention / ɪnˈtenʃn ইন্'টেন্‌শ্‌ন্ / *noun* [C, U] **(an) intention (of doing sth/to do sth)** what sb intends or means to do; a plan or purpose কোনো ব্যক্তির যা করার ইচ্ছা বা যে উদ্দেশ্য; পরিকল্পনা বা উদ্দেশ্য ***I have no intention of** staying indoors on a nice sunny day like this.* ○ *I borrowed the money **with the intention of** paying it back the next day.*

intentional / ɪnˈtenʃənl ইন্'টেন্‌শ্যান্‌ল্ / *adj.* done on purpose, not by chance ইচ্ছাকৃত, উদ্দেশ্যমূলক *I'm sorry I took your jacket–it wasn't intentional!* ✪ সম **deliberate** ✪ বিপ **unintentional** অথবা **inadvertent** ▶ **intentionally** / -ʃənəli -শ্যান্যালি / *adv.* ইচ্ছাকৃতভাবে, উদ্দেশ্যমূলকভাবে *I can't believe the boys broke the window intentionally.*

inter- / ˈɪntə(r) 'ইন্ট্যা(র্) / *prefix* (*in verbs, nouns, adjectives and adverbs*) between; from one to another (ক্রিয়াপদ, বিশেষ্য, বিশেষণ এবং ক্রিয়াবিশেষণের সঙ্গে ব্যবহৃত) মধ্যে, সঙ্গে; একটি থেকে অন্যটি পর্যন্ত, ভিতরে *interface* ○ *interaction* ○ *international* ➪ **intra-**দেখো।

interact / ˌɪntərˈækt ˌইন্ট্যার্'অ্যাক্ট্ / *verb* [I] **1 interact (with sb)** (used about people) to communicate or mix with sb, especially while you work, play or spend time together (ব্যক্তি সম্বন্ধে ব্যবহৃত) পরস্পরের সঙ্গে যোগাযোগ অথবা মেলামেশা করা, বিশেষত কর্মস্থলে অথবা যখন একসঙ্গে খেলাধূলা করা বা সময় কাটানো হয় *He is studying the way children interact with each other at different ages.* **2** (of two things) to have an effect on each other (দুটি জিনিসের মধ্যে) একটির প্রভাব অন্যটির উপর পড়া, পারস্পরিক প্রভাব পড়া ▶ **interaction** *noun* [U, C] **interaction (between/with sb/sth)** [U] পারস্পরিক ক্রিয়া, মেলামেশা *There is a need for greater interaction between the two departments.*

interactive / ˌɪntərˈæktɪv ˌইন্ট্যার্'অ্যাক্‌টিভ্ / *adj.* **1** that involves people working together and having an influence on each other যে সকল মানুষ মিলেমিশে কাজ করে এবং যাদের মধ্যে পারস্পরিক প্রভাবও পড়ে *interactive language-learning techniques* **2** (*computing*) involving direct communication both ways, between the computer and the person using it কম্পিউটার এবং তার ব্যবহারকারী দুদিকের মধ্যে পারস্পরিক প্রত্যক্ষ যোগাযোগ সম্পন্ন *interactive computer games*

intercept / ˌɪntəˈsept ˌইন্ট্যা'সেপ্ট্ / *verb* [T] to stop or catch sb/sth that is moving from one place to another কাউকে তার গন্তব্যপথে, এক জায়গা থেকে অন্য জায়গায় যাওয়ার সময়ে ধরা বা বাধা দেওয়া; পথরোধ করা *Detectives intercepted him at the airport.* ▶ **interception** *noun* [U, C] বাধাদান, আটক

interchangeable / ˌɪntəˈtʃeɪndʒəbl ˌইন্ট্যা'চেইন্‌জ্যাব্‌ল্ / *adj.* **interchangeable (with sth)** able to be used in place of each other without making any difference to the way sth works কোনো একটা জিনিসের পরিবর্তে অন্য জিনিস লাগালে যখন কোনো বদল চোখে পড়ে না এবং একইভাবে কাজ হয়; বিনিময়যোগ্য *Are these two words interchangeable* (= do they have the same meaning)*?* ▶ **interchangeably** / -əbli -অ্যাব্‌লি / *adv.* বদলের মধ্য দিয়ে, পালটাপালটি করে

intercom / ˈɪntəkɒm 'ইন্ট্যাকম্ / *noun* [C] a system of communication by radio or telephone inside an office, plane, etc.; the device you press or switch on to start using this system কোনো কার্যালয়, বিমান ইত্যাদির ভিতরে রেডিও অথবা টেলিফোন দ্বারা চালিত সংযোগব্যবস্থা; যে যন্ত্র বা সুইচ টিপে এই প্রক্রিয়া চালু করা যায়

interconnect / ˌɪntəkəˈnekt ˌইন্ট্যাক্যা'নেক্ট্ / *verb* [I, T] **interconnect (A) (with B); inter connect A and B** to connect similar things; to be connected to similar things একই জাতীয় কিছু যোগ করা, সংযুক্ত করা; একই জাতীয় কিছুর সঙ্গে যুক্ত হওয়া *electronic networks which interconnect thousands of computers around the world*

intercontinental / ˌɪntəˌkɒntɪˈnentl ˌইন্ট্যাˌকন্‌টি'নেনট্‌ল্ / *adj.* between continents একাধিক

মহাদেশের মধ্যে; আন্তঃমহাদেশীয় *intercontinental flights*

intercostal / ˌɪntəˈkɒstl ˌইন্ট্যা'কস্ট্‌ল্ / *adj.* (*technical*) between the **ribs** বুকের চারপাশের অস্থিপঞ্জরের মধ্যে বা তার মধ্যবর্তী *intercostal muscles*

intercourse / ˈɪntəkɔːs 'ইন্ট্যাক:স্ / = **sex 3**

interdependent / ˌɪntədɪˈpendənt ˌইন্ট্যাডি'পেন্‌ড্যান্ট্ / *adj.* depending on each other পরস্পর নির্ভরশীল *Exercise and good health are generally interdependent.* ○ *interdependent economies/organizations* ▶ **interdependence** *noun* [U] পারস্পরিক নির্ভরশীলতা

interest[1] / ˈɪntrəst 'ইন্ট্র্যাস্ট্ / *noun* **1** [U, *usually sing.*] **an interest (in sb/sth)** a desire to learn or hear more about sb/sth or to be involved with sb/sth (কারও বা কিছুর সম্বন্ধে) আগ্রহ, জানা ও শোনার ইচ্ছে, কৌতূহল, উৎসাহ *She's begun to **show** a great **interest** in politics.* ○ *I wish he'd **take** more **interest in** his children.* ○ *Don't **lose interest** now!* **2** [U] the quality that makes sth interesting যে গুণের জন্য কোনো কিছু আগ্রহজনক হয় *I thought this article might **be of interest to** you.* ○ *Computers **hold no interest for** me.* **3** [C, *usually pl.*] something that you enjoy doing or learning about যা করে বা শিখে আনন্দ পাওয়া যায় *What are your interests and hobbies?* **4** [U] **interest (on sth)** the money that you pay for borrowing money from a bank, etc. or the money that you earn when you keep money in a bank, etc. সুদ, কুসীদ *The **interest rate** has never been so high/low.* ○ *Some companies offer **interest-free** loans.*

IDM **have/with sb's interests at heart** to want sb to be happy and successful, even though your actions may not show it অন্যকে সুখী এবং সফল করতে চাওয়া (যদিও তা বাইরে প্রকাশ না-ও হতে পারে)

in sb's interest(s) to sb's advantage কারও স্বার্থে, সুবিধার জন্য *Using lead-free petrol is in the public interest.*

in the interest(s) of sth in order to achieve or protect sth কোনো কিছু পাওয়ার জন্য বা রক্ষা করার জন্য *In the interest(s) of safety, please fasten your seat belts.*

interest[2] / ˈɪntrəst 'ইন্ট্র্যাস্ট্ / *verb* [T] to make sb want to learn or hear more about sth or to become involved in sth কাউকে কোনো বিষয়ে জানানো অথবা সেই ব্যাপারে আগ্রহী করে তোলা বা কোনো কিছুতে জড়িত হওয়া *It might interest you to know that I didn't accept the job.* ○ *The subject of the talk was one that interests me greatly.*

PHR V **interest sb in sth** to persuade sb to buy, have, do sth কাউকে কোনো কিছু পেতে বা কিনতে প্ররোচিত করা, আগ্রহী করে তোলা *Can I interest you in our new brochure?*

interested / ˈɪntrəstɪd 'ইন্ট্র্যাস্টিড্ / *adj.* **1** (*not before a noun*) **interested (in sth/sb); interested in doing sth; interested to do sth** wanting to know or hear more about sth/sb; enjoying or liking sth/sb কৌতূহলী, আগ্রহী, উৎসাহী; অনুরাগী *They weren't interested in my news at all!* ○ *I'm really not interested in going to the concert.* ✪ বিপ **uninterested**

NOTE কোনো কিছু যদি ভালো লাগে এবং সেই সম্বন্ধে আরও জানা অথবা শোনার যদি আগ্রহ থাকে তাহলে সেই বস্তুটির প্রতি আমরা কৌতূহলী বা **interested** হই। যে ব্যক্তি অথবা বিষয় আমাদের মনে এই প্রকার কৌতূহল উদ্রেক করে তার সম্বন্ধে **interesting** শব্দটি ব্যবহার করা হয়।

2 (*only before a noun*) involved in or affected by sth; in a position to gain from sth কোনো কিছুর দ্বারা জড়িত বা প্রভাবান্বিত; কোনো কিছুর থেকে লাভবান হওয়ার সম্ভাবনাযুক্ত *As an interested party* (= a person directly involved), *I was not allowed to vote.* ✪ বিপ **disinterested**

interesting / ˈɪntrəstɪŋ; -trest- 'ইন্ট্র্যাস্টিং; -ট্রেস্ট্- / *adj.* **interesting (to do sth); interesting that...** enjoyable and entertaining; holding your attention কৌতূহলোদ্দীপক এবং মনোহারী; আগ্রহ জাগায় এমন *an interesting person/book/idea/job* ○ *It's always interesting to hear about the customs of other societies.* ▶ **interestingly** *adv.* চিত্তাকর্ষকভাবে, কৌতূহলোদ্দীপকভাবে, আগ্রহজনকভাবে

interface[1] / ˈɪntəfeɪs 'ইন্ট্যাফেইস্ / *noun* [C] **1** (*computing*) the way a computer program presents information to or receives information from the person who is using it, in particular the **lay out** of the screen and the **menus** কম্পিউটার যে ব্যবহার করছে তার সামনে যে প্রকারে কোনো কম্পিউটার প্রোগ্রাম তথ্য প্রদর্শন করে অথবা তথ্য আদানপ্রদান করে, বিশেষত কম্পিউটারের পর্দার লেআউট এবং মেনুতে; ইন্টারফেস *the user interface* **2** (*computing*) an electrical **circuit**, connection or program that joins one device or system to another বিদ্যুৎ বর্তনী, সংযোগ বা কোনো প্রোগ্রাম যা একটি যন্ত্র বা পদ্ধতির সঙ্গে অন্যটি সংযোজিত করে *the interface between computer and printer* **3 an interface (between A and B)** (*written*) the point where two subjects, systems, etc. meet and affect each other এমন একটি বিন্দু যেখানে দুটি বিষয়, দুটি পদ্ধতি ইত্যাদি এসে

সংযোজিত হয় এবং একের প্রভাব অন্যের উপর পড়ে *the interface between manufacturing and sales*

interface² / ˈɪntəfeɪs ˈইন্ট্যাফেইস্ / *verb* [I, T] **interface (sth) (with sth); interface A and B** (*computing*) to be connected with sth using an interface; to connect sth in this way ইন্টারফেস-এর মাধ্যমে কোনো কিছুর সঙ্গে সংযোজিত হওয়া; এইভাবে কোনো কিছুকে সংযোজিত করা *The new system interfaces with existing telephone equipment.*

interfere / ˌɪntəˈfɪə(r) ˌইন্ট্যাˈফিঅ্যা(র্) / *verb* [I] **1 interfere (in sth)** to get involved in a situation which does not involve you and where you are not wanted অবাঞ্ছিতভাবে হস্তক্ষেপ করা, (অন্যের ব্যাপারে) নাক গলানো *You shouldn't interfere in your children's lives—let them make their own decisions.* **2 interfere (with sb/sth)** to prevent sth from succeeding or to slow down the progress that sb/sth makes কারও কাজে বাধা দেওয়া বা কাজের গতি কমানো *Every time the telephone rings it interferes with my work.* ○ *She never lets her private life interfere with her career.* **3 interfere (with sth)** to touch or change sth without permission অন্যায়ভাবে কোনো কিছুতে হস্তক্ষেপ করা বা তা বদলানো; অনধিকার চর্চা করা *Many people feel that scientists shouldn't interfere with nature.* ▶ **interfering** *adj.* অবাঞ্ছিতভাবে হস্তক্ষেপকারী, বাধাদানকারী

interference / ˌɪntəˈfɪərəns ˌইন্ট্যাˈফিঅ্যার‍্যান্স্ / *noun* [U] **1 interference (in sth)** the act of getting involved in a situation that does not involve you and where you are not wanted অবাঞ্ছিত হস্তক্ষেপ, বাধাদান, প্রতিবন্ধকতা সৃষ্টি *I left home because I couldn't stand my parents' interference in my affairs.* **2** extra noise (because of other signals or bad weather) that prevents you from receiving radio, television or telephone signals clearly অতিরিক্ত আওয়াজ যা (অন্য সংকেত অথবা খারাপ আবহাওয়ার কারণে) রেডিও, টেলিভিশন বা টেলিফোনের সংকেত স্পষ্টভাবে পেতে বাধার সৃষ্টি করে **3** the combination of two or more wave movements to form a new wave, which may be bigger or smaller than the first কোনো নতুন তরঙ্গ সৃষ্টি করতে দুই বা ততোধিক তরঙ্গ প্রবাহের সংমিশ্রণ যা প্রথমটির থেকে বৃহত্তর বা ক্ষুদ্রতর হতে পারে

interim¹ / ˈɪntərɪm ˈইন্ট্যারিম্ / *adj.* (*only before a noun*) not final or lasting; temporary until sb/sth more permanent is found অস্থায়ী; সাময়িক, মধ্যবর্তীকালীন *an interim arrangement* ○ *The deputy head teacher took over* ***in the interim period*** *until a replacement could be found.*

interim² / ˈɪntərɪm ˈইন্ট্যারিম্ / *noun*

IDM in the interim in the time between two things happening; until a particular event happens ইতিমধ্যে, ইত্যবসরে; যতক্ষণ না নির্দিষ্ট কিছু ঘটে

interior / ɪnˈtɪəriə(r) ইন্ˈটিঅ্যারিঅ্যা(র্) / *noun* **1** [C, *usually sing.*] the inside part of sth কোনো কিছুর ভিতরের ভাগ বা অংশ *I'd love to see the interior of the castle.* ○ *interior walls* ✪ বিপ **exterior 2 the interior** [*sing.*] the central part of a country or continent that is a long way from the coast সমুদ্র উপকূল থেকে দূরে দেশ বা মহাদেশের মধ্যবর্তী অঞ্চল **3 the Interior** [*sing.*] a country's own news and affairs that do not involve other countries অন্তর্দেশীয় তথ্যাদি, দেশের অভ্যন্তরীণ বিষয়সমূহ যা অন্যান্য দেশগুলির সঙ্গে জড়িত নয় *the Department of the Interior*

interior design *noun* [U] the art or job of choosing colours, furniture, carpets, etc. to decorate the inside of a house বাড়ি সাজানোর জন্য বাড়ির ভিতরের রং, আসবাব, কার্পেট ইত্যাদি পছন্দ করার যে শিল্প বা শৈলী অথবা কাজ; গৃহের অভ্যন্তরীণ সজ্জা, অন্দরসজ্জা ▶ **interior designer** *noun* [C] অন্দর সজ্জাকার, গৃহসজ্জা-বিশেষজ্ঞ

interjection / ˌɪntəˈdʒekʃn ˌইন্ট্যাˈজেক্‌শন্ / *noun* [C] (*grammar*) a word or phrase that is used to express surprise, pain, pleasure, etc. (for example Oh!, Hurray! or Wow!) (ব্যাকরণ) বিস্ময়, ব্যথা, খুশি বা প্রসন্নতা ইত্যাদি ব্যক্ত করার জন্য ব্যবহৃত শব্দ বা শব্দাংশ (যেমন Oh!, Hurray! অথবা Wow!); বিস্ময়বোধক অব্যয়পদ ✪ সম **exclamation**

interlude / ˈɪntəluːd ˈইন্ট্যালুড্ / *noun* [C] a period of time between two events or activities দুটি কাজ বা ঘটনার অন্তর্বর্তী সময় ➪ **interval**-এ নোট দেখো।

intermarry / ˌɪntəˈmæri ˌইন্ট্যাˈম্যারি / *verb* (*pres. part.* **intermarrying;** *3rd person pres.* **intermarries;** *pt, pp* **intermarried**) [I] to marry sb from a different religion, culture, country, etc. ভিন্ন ধর্ম, সংস্কৃতির কেউ বা ভিন্ন দেশবাসী ইত্যাদি কাউকে বিবাহ করা ▶ **intermarriage** / ˌɪntəˈmærɪdʒ ˌইন্ট্যাˈম্যারিজ্ / *noun* [U] অসবর্ণ বিবাহ

intermediary / ˌɪntəˈmiːdiəri ˌইন্ট্যাˈমীডিঅ্যারি / *noun* [C] (*pl.* **intermediaries**) **an intermediary (between A and B)** a person or an organization that helps two people or groups to reach an agreement, by being a means of communication between them দুই ব্যক্তি বা দুই দলের মধ্যে মধ্যস্থতাকারী ব্যক্তি বা সংগঠন যা দুই পক্ষকে কোনো চুক্তিতে পৌঁছোতে সাহায্য করে

intermediate / ˌɪntəˈmiːdiət ˌইন্ট্যাˈমীডিঅ্যাট্ / *adj.* **1** situated between two things in position, level, etc. মধ্যবর্তী, মধ্যস্থস্বরূপ *an intermediate step/stage* *in a process* **2** having more than a basic knowledge of sth but not yet advanced; suitable for sb who is at this level কোনো কিছু সম্বন্ধে বুনিয়াদি শিক্ষার থেকে বেশি জ্ঞানসম্পন্ন কিন্তু উচ্চতর মানের নয়; এই স্তরের কারও পক্ষে উপযুক্ত *an intermediate student/book/level*

interminable / ɪnˈtɜːmɪnəbl ইন্‌ˈট্যমিন্যাব্‌ল্ / *adj.* lasting for a very long time and therefore boring or annoying ক্লান্তিকরভাবে লম্বা, একঘেয়ে বা বিরক্তিকর *an interminable delay/wait/speech* ✪ সম **endless** ▶ **interminably** / -əbli -অ্যাব্‌লি / *adv.* একটানাভাবে, একঘেয়েভাবে

intermission / ˌɪntəˈmɪʃn ˌইন্‌ট্যাˈমিশ্‌ন্ / *noun* [C] a short period of time separating the parts of a film, play, etc. নাটক, সিনেমা ইত্যাদির মধ্যবর্তী স্বল্প বিরতিকাল ➪ **interval**-এ নোট দেখো।

intermittent / ˌɪntəˈmɪtənt ˌইন্‌ট্যাˈমিট্যান্ট্ / *adj.* stopping for a short time and then starting again several times একবার থেমে আবার হচ্ছে এমন; বিরতিযুক্ত, সবিরাম *There will be intermittent showers.* ▶ **intermittently** *adv.* থেমে থেমে, বিরতিযুক্তভাবে

intern / ɪnˈtɜːn ইন্‌ˈটান্ / *verb* [T] (*formal*) **intern sb (in sth)** (*usually passive*) to keep sb in prison for political reasons, especially during a war রাজনৈতিক কারণে কাউকে বিশেষত যুদ্ধকালীন (সময়ে) অন্তরিন করে রাখা ▶ **internment** *noun* [U] অন্তরন, অবরোধন

internal / ɪnˈtɜːnl ইন্‌ˈট্যন্‌ল্ / *adj.* **1** (*only before a noun*) of or on the inside (of a place, person or object) (কোনো স্থান, ব্যক্তি বা বস্তুর) ভিতরের, অভ্যন্তরীণ *He was rushed to hospital with internal injuries.* **2** happening or existing inside a particular organization নির্দিষ্ট প্রতিষ্ঠানের ভিতরে ঘটছে বা রয়েছে এমন; নিজস্ব, ঘরোয়া *an internal exam* (= one arranged and marked inside a particular school or college) ○ *an internal police inquiry* **3** (used about political or economic affairs) inside a country; not abroad (রাজনৈতিক অথবা অর্থনৈতিক বিষয়ে ব্যবহৃত) দেশের মধ্যে, দেশের নিজস্ব, অভ্যন্তরীণ; বিদেশে নয় *a country's internal affairs/trade/markets* ○ *an internal flight* ✪ বিপ **external** ▶ **internally** / -nəli -ন্যালি / *adv.* ভিতরের দিকে, অভ্যন্তরীণভাবে *This medicine is not to be taken internally* (=not swallowed).

international / ˌɪntəˈnæʃnəl ˌইন্‌ট্যাˈন্যাশ্‌ন্যাল্ / *adj.* involving two or more countries দুই বা ততোধিক দেশ জড়িত আছে এমন; আন্তর্জাতিক *an international agreement/flight/football match* ○ *international trade/law/sport* ➪ **local, national** এবং **regional** দেখো। ▶ **internationally** / -nəli -ন্যালি / *adv.* আন্তর্জাতিকভাবে

the International Date Line (*also* **the date line**) *noun* [*sing.*] the imagined line that goes from north to south through the Pacific Ocean. The date on the east side is one day earlier than that on the west side প্রশান্ত মহাসাগরের মাঝামাঝি উত্তর থেকে দক্ষিণ সীমান্ত পর্যন্ত একটি কাল্পনিক রেখা। এই রেখার পূর্ববর্তী দেশগুলির তারিখ পশ্চিমের দেশগুলির থেকে একদিন আগে হয়; আন্তর্জাতিক তারিখ রেখা ➪ **earth**-এ ছবি দেখো।

the Internet / ˈɪntənet ˈইন্‌ট্যানেট্ / (*informal* **the Net**) *noun* [*sing.*] (*computing*) the international system of computers that makes it possible for you to see information from all around the world on your computer and to send information to other computers বিভিন্ন কম্পিউটারের মধ্যে আন্তর্জাতিক যোগসূত্র, যার সাহায্যে সারা বিশ্বে খবর পাঠানো ও সংগ্রহ করা যায়, আন্তর্জাল; ইন্টারনেট *I read about it* ***on the Internet.*** ➪ **Intranet** এবং **World Wide Web** দেখো।

Interpol / ˈɪntəpɒl ˈইন্‌ট্যাপল্ / *noun* [*sing., with sing or pl. verb*] an international organization that makes it possible for the police forces of different countries to help each other to solve crimes যে সংস্থার সাহায্যে বিভিন্ন দেশের পুলিশ অপরাধকার্যের সমাধান করার জন্য অন্য দেশের পুলিশের সহায়তা পায়; আন্তর্জাতিক অপরাধ নিবারণী পুলিশ সংস্থা; ইনটারপোল

interpret / ɪnˈtɜːprɪt ইন্‌ˈট্যপ্রিট্ / *verb* **1** [T] **interpret sth (as sth)** to explain or understand the meaning of sth কোনো কিছুর ব্যাখ্যা করা, মানে বোঝা *Your silence could be interpreted as arrogance.* ○ *How would you interpret this part of the poem?* ✪ বিপ **misinterpret** **2** [I] **interpret (for sb)** to translate what sb is saying into another language as you hear it সেটি অনুভাষিত করা, একজন যেটা বলছে তার অন্য ভাষায় তাৎক্ষণিক অনুবাদ করা, দোভাষীর কাজ করা *He can't speak much English so he'll need somebody to interpret for him.*

interpretation / ɪnˌtɜːprɪˈteɪʃn ইন্‌ˌট্যপ্রিˈটেইশ্‌ন্ / *noun* [C, U] **1** an explanation or understanding of sth কোনো কিছুর ব্যাখ্যা, ভাষ্য What's *your interpretation of these statistics?* ○ *What he meant by that remark is* ***open to interpretation*** (= it can be explained in different ways). **2** the way an actor or musician chooses to perform or understand a character or piece of music কোনো সংগীতজ্ঞ বা চরিত্রাভিনেতা যখন যেভাবে বা যে উপায়ে সংগীত শোনাতে চান বা নাটকের চরিত্র ফুটিয়ে তুলতে চান *a modern interpretation of 'Shakuntala'*

interpreter / ɪnˈtɜːprɪtə(r) ইন্'ট্যপ্রিট্যা(র্) / *noun* [C] a person whose job is to translate what sb is saying immediately into another language দোভাষী, ভাষান্তরিক *The president spoke through an interpreter.* ➪ **translator** দেখো।

interracial / ˌɪntəˈreɪʃl ˌইন্ট্যা'রেইশ্ল্ / *adj.* (*only before a noun*) involving people of different races নানা জাতি সম্পর্কিত *interracial marriage*

interrelate / ˌɪntərɪˈleɪt ˌইন্ট্যারি'লেইট্ / *verb* [I, T] (*usually passive*) (*formal*) (used about two or more things) to connect or be connected very closely so that each has an effect on the other (দুই বা ততোধিক বস্তু সম্বন্ধে ব্যবহৃত) পরস্পরের মধ্যে ঘনিষ্ঠ সম্পর্ক গড়ে ওঠা বা গড়ে তোলা যাতে একে অন্যের দ্বারা প্রভাবিত হয় ▶ **interrelated** *adj.* পারস্পরিক সম্পর্কযুক্ত

interrogate / ɪnˈterəgeɪt ইন্'টের‍্যাগেইট্ / *verb* [T] **interrogate sb (about sth)** to ask sb a lot of questions over a long period of time, especially in an aggressive way কাউকে অনেকক্ষণ ধরে জিজ্ঞাসাবাদ করা জেরা করা *The prisoner was interrogated for six hours.* ▶ **interrogator** *noun* [C] অনুসন্ধানকারী, জেরাকারী ▶ **interrogation** / ɪnˌterəˈgeɪʃn ইন্ˌটের‍্যা'গেইশ্ন্ / *noun* [C, U] জেরা, প্রশ্ন, প্রশ্নোত্তরের মাধ্যমে অনুসন্ধান *The prisoner broke down* ***under interrogation*** *and confessed.*

interrogative¹ / ˌɪntəˈrɒgətɪv ˌইন্ট্যা'রগ্যাটিভ্ / *adj.* **1** (*formal*) asking a question; having the form of a question প্রশ্নাত্মক, প্রশ্নবাচক; জিজ্ঞাসামূলক *an interrogative tone/gesture/remark* **2** (*grammar*) used in questions (ব্যাকরণ) প্রশ্নের মধ্যে ব্যবহৃত *an interrogative sentence/pronoun/determiner/adverb*

interrogative² / ˌɪntəˈrɒgətɪv ˌইন্ট্যা'রগ্যাটিভ্ / *noun* [C] (*grammar*) a question word (ব্যাকরণ) প্রশ্নাত্মক শব্দ, প্রশ্নবাচক বা জিজ্ঞাসামূলক শব্দ *'Who', 'what' and 'where' are interrogatives.*

interrupt / ˌɪntəˈrʌpt ˌইন্ট্যা'রাপ্ট্ / *verb* **1** [I, T] **interrupt (sb/ sth) (with sth)** to say or do sth that makes sb stop what he/she is saying or doing কোনো কাজ করা বা কথা বলার সময়ে কিছু বলে বা কোনো কিছু করে কাউকে থামানো বা বাধা দেওয়া *He kept interrupting me with silly questions.* **2** [T] to stop the progress of sth for a short time কোনো কিছুর অগ্রগতি স্বল্পসময়ের জন্য থামিয়ে রাখা বা ব্যাহত করা *The programme was interrupted by an important news flash.*

interruption / ˌɪntəˈrʌpʃn ˌইন্ট্যা'রাপ্শন্ / *noun* [U, C] the act of interrupting sb/sth; the person or thing that interrupts sb/sth কাউকে বা কিছুকে বাধাদান; বাধাদানকারী ব্যক্তি বা বস্তু *I need to work for a few hours without interruption.* ○ *I've had so many interruptions this morning that I've done nothing!*

intersect / ˌɪntəˈsekt ˌইন্ট্যা'সেক্ট্ / *verb* [I, T] (used about roads, lines, etc.) to meet or cross each other (রাস্তা, লাইন ইত্যাদি সম্বন্ধে ব্যবহৃত) একসঙ্গে মেশা বা একে অন্যটিকে ছেদ করে যাওয়া *The lines intersect at right angles.*

intersection / ˌɪntəˈsekʃn ˌইন্ট্যা'সেক্শন্ / *noun* [C] the place where two or more roads, lines, etc. meet or cross each other যে জায়গায় দুই বা তার বেশি রাস্তা বা সরলরেখা এসে মেশে বা একে অপরকে ছেদ করে

intersperse / ˌɪntəˈspɜːs ˌইন্ট্যা'স্প্যস্ / *verb* [T] (*usually passive*) to put things at various points in sth কোনো কিছুকে ইতস্তত বিক্ষিপ্ত করা *He interspersed his speech with jokes.*

intertwine / ˌɪntəˈtwaɪn ˌইন্ট্যা'টুআইন্ / *verb* [I, T] if two things intertwine or if you intertwine them, they become very closely connected and difficult to separate দুটো জিনিস যখন এমনভাবে জড়িয়ে যায় বা জড়িয়ে দেওয়া হয় যে তারা পরস্পরের সংলগ্ন হয়ে যায় এবং তাদের ছাড়ানো কঠিন হয়ে পড়ে; বিজড়িত করা

interval / ˈɪntəvl ইন্ট্যাভ্ল্ / *noun* [C] **1** a period of time between two events দুটি ঘটনার মধ্যবর্তী বিরতি *There was a long interval between sending the letter and getting a reply.* **2** a short break separating the different parts of a play, film, concert, etc. নাটক, সিনেমা, কনসার্ট ইত্যাদির মধ্যবর্তী বিরতি **3** [*usually pl.*] a short period during which sth different happens from what is happening for the rest of the time স্বল্প সময় যার মধ্যে যা ঘটে চলেছে তার থেকে পৃথক কিছু ঘটে *There'll be a few* ***sunny intervals*** *between the showers today.*

NOTE **Interval** শব্দটির আরও কয়েকটি সমার্থবোধক শব্দ হল **intermission, break, recess, interlude** এবং **pause**। ব্রিটিশ ইংরেজিতে কোনো অনুষ্ঠানের মধ্যবর্তী বিরতিকালকে **interval** বলা হয় এবং আমেরিকান ইংরেজিতে এই সময়কালকে **intermission** বলা হয়। **Break** শব্দটি সাধারণত কাজ অথবা পড়াশুনা করার সময়কালে বিরতি নেওয়া বোঝাতে ব্যবহার করা হয়। যেমন কোনো অফিস, স্কুল অথবা কারখানায় **a lunch/tea break** হয়—*The children play outside in the breaks at school.* ○ *You've worked so hard you've earned a break.* আমেরিকান ইংরেজিতে স্কুলের বিরতিকালকে **(a) recess** বলা হয়। ব্রিটিশ ইংরেজিতে **recess** শব্দটি একটু লম্বা কর্মবিরতির জন্য ব্যবহার করা হয়, বিশেষত

সংসদ বা আদালতে—*Parliament is in recess.* দুটি ঘটনা ঘটার মধ্যবর্তী সময়কালে যখন কোনো নতুন ঘটনা ঘটে সেটিকে **interlude** বলা হয়—*a peaceful interlude in the fighting* কোনো কর্মকাণ্ডকে বা বক্তৃতার সময়ে মধ্যবর্তী স্বল্পস্থায়ী বিরতিকালকে **pause** বলা হয়—*After a moment's pause, she answered.*

IDM at intervals with time or spaces between অন্তবর্তী স্থান অথবা সময়সহ *I write home* ***at regular intervals***. ○ *Plant the trees at two-metre intervals.*

intervene / ˌɪntəˈviːn ˌইন্ট্যা'ভীন্ / *verb* [I] **1 intervene (in sth)** to act in a way that prevents sth happening or influences the result of sth এমনভাবে কিছু করা যা ঘটমান কোনো কিছু আটকায় বা তার ফলাফল প্রভাবিত করে *She would have died if the neighbours hadn't intervened.* ○ *to intervene in a dispute* **2** to interrupt sb who is speaking in order to say sth কথার মাঝে কথা বলা বা থামানো, কথা কাটা **3** (used about events, etc.) to happen in a way that delays sth or stops it from happening (কোনো ঘটনা ইত্যাদি সম্বন্ধে ব্যবহৃত) মাঝখানে এমনভাবে ঘটা যাতে সেটির দেরি হয়ে যায় বা তা বন্ধ হয়ে বা থেমে যায় *If no further problems intervene we should be able to finish in time.* ▶ **intervention** / ˌɪntəˈvenʃn ˌইন্ট্যা'ভেন্শ্ন্ / *noun* [U, C] **intervention (in sth)** হস্তক্ষেপ, বাধা, মধ্যস্থতা *military intervention in the crisis*

intervening / ˌɪntəˈviːnɪŋ ˌইন্ট্যা'ভীনিং / *adj.* (*only before a noun*) coming or existing between two events, dates, objects, etc. মধ্যবর্তী (দুটি ঘটনা, দিন, বা বিষয় ইত্যাদির ক্ষেত্রে) *the intervening years/days/months*

interview[1] / ˈɪntəvjuː 'ইন্ট্যাভিউ / *noun* [C] **1 an interview (for sth)** a meeting at which sb is asked questions to find out if he/she is suitable for a job, course of study, etc. কোনো চাকুরি, পাঠক্রম ইত্যাদির জন্য উপযুক্ত কিনা তা দেখার জন্য কাউকে মুখোমুখি যখন প্রশ্ন করা হয়; মৌখিক প্রশ্নোত্তর পর্ব; ইন্টারভিউ *to attend an interview* **2 an interview (with sb)** a meeting at which a journalist asks sb questions in order to find out his/her opinion, etc. মুখোমুখি যে আলোচনায় সাংবাদিক কোনো ব্যক্তির মতামত ইত্যাদি জানার জন্য প্রশ্ন করেন; সাক্ষাৎকার *There was an interview with the Prime Minister on television last night.* ○ *The actress refused to* ***give an interview*** (= answer questions).

interview[2] / ˈɪntəvjuː 'ইন্ট্যাভিউ / *verb* [T] **1 interview sb (for sth)** to ask sb questions to find out if he/she is suitable for a job, course of study, etc. কোনো চাকুরি, পাঠক্রম ইত্যাদির জন্য উপযুক্ত কিনা তা দেখার জন্য মুখোমুখি কাউকে প্রশ্ন করা *How many applicants did you interview for the job?* **2 interview sb (about sth)** to ask sb questions about his/her opinions, private life, etc., especially on the radio or television or for a newspaper, magazine, etc. কোনো ব্যক্তিকে তার মতামত, ব্যক্তিগত জীবন ইত্যাদি সম্বন্ধে মুখোমুখি প্রশ্ন করা, বিশেষত রেডিও বা টেলিভিশনে বা খবরের কাগজ, পত্রিকা ইত্যাদির জন্য; সাক্ষাৎকার নেওয়া **3 interview sb (about sth)** to ask sb questions at a private meeting ব্যক্তিগতভাবে সাক্ষাৎ করার সময়ে কাউকে প্রশ্ন করা *The police are waiting to interview the injured girl.*

interviewee / ˌɪntəvjuːˈiː ˌইন্ট্যাভিউ'ঈ / *noun* [C] a person who is questioned in an interview যে ব্যক্তির সাক্ষাৎকার নেওয়া হয়

interviewer / ˈɪntəvjuːə(r) 'ইন্ট্যাভিউঅ্যা(র্) / *noun* [C] a person who asks the questions in an interview যে ব্যক্তি সাক্ষাৎকার নেয়

intestine / ɪnˈtestɪn ইন্'টেস্টিন্ / *noun* [C, *usually pl.*] the long tube in your body that carries food away from your stomach to the place where it leaves your body পাকস্থলী থেকে মলদ্বার পর্যন্ত প্রসারিত লম্বা নালি; অন্ত্র *the small/large intestine* ✪ সম **gut** শব্দটি কথ্য ভাষায় বেশি ব্যবহৃত। ➪ **body**-তে ছবি দেখো। ▶ **intestinal** / ɪnˈtestɪnl; ˌɪnteˈstaɪnl ইন্'টেস্টিনল্; ˌইনটে'স্টাইনল্ / *adj.* আন্ত্রিক, অন্ত্র সম্বন্ধীয়

intimacy / ˈɪntɪməsi 'ইন্টিম্যাসি / *noun* [U] the state of having a close personal relationship with sb ঘনিষ্ঠতা, অন্তরঙ্গতা *Their intimacy grew over the years.*

intimate / ˈɪntɪmət 'ইন্টিম্যাট্ / *adj.* **1** (used about people) having a very close relationship (মানুষের সম্বন্ধে ব্যবহৃত) খুবই ঘনিষ্ঠ, নিবিড়, পরমাত্মীয়ের মতো *They're intimate friends.* **2** very private and personal অত্যন্ত ব্যক্তিগত, আন্তরিক সম্পর্ক আছে এমন *They told each other their most intimate thoughts and secrets.* **3** (used about a place, atmosphere, etc.) quiet and friendly (স্থান, পরিবেশ ইত্যাদি সম্বন্ধে ব্যবহৃত) শান্ত এবং বন্ধুত্বপূর্ণ *I know an intimate little restaurant we could go to.* **4** very detailed বিস্তারিতভাবে,পুঙ্খানুপুঙ্খ *He's lived here all his life and has an* ***intimate knowledge*** *of the area.* ▶ **intimately** *adv.* নিবিড়ভাবে, ঘনিষ্ঠভাবে, অন্তরঙ্গভাবে

intimation / ˌɪntɪˈmeɪʃn ˌইন্টি'মেইশ্ন্ / *noun* [C, U] (*formal*) the act of stating sth or of making it known, especially in an indirect way আভাসে, ইঙ্গিতে, পরোক্ষভাবে জানানোর ক্রিয়া *There was no intimation from his doctor that his condition was serious.*

intimidate / ɪnˈtɪmɪdeɪt ইন্ˈটিমিডেইট্ / *verb* [T] **intimidate sb (into sth/doing sth)** to frighten or threaten sb, often in order to make him/her do sth কাউকে ভয় দেখানো, প্রায়ই তাকে বশে আনা বা কিছু করতে বাধ্য করার জন্য *She refused to be intimidated by their threats.* ▶ **intimidating** *adj.* ভীতিপ্রদর্শনকারক *The teacher had rather an intimidating manner.* ▶ **intimidation** / ɪnˌtɪmɪˈdeɪʃn ইন্ˌটিমিˈডেইশ্ন্ / *noun* [U] ভীতিপ্রদর্শন *The rebel troops controlled the area by intimidation.*

into / ˈɪntə ˈইন্ট্যা; *before vowels* ˈɪntə; ˈɪntu: ˈইন্ট্যা; ইন্টু / *prep.* **1** moving to a position inside or in sth কোনো কিছুর মধ্যে, ভিতরে, ভিতরের দিকে *Come into the house.* ○ *I'm going into town.* ✪ বিপ **out of 1** **2** in the direction of sth কোনো কিছুর দিকে *Please speak into the microphone.* ○ *At this point we were driving into the sun and had to shade our eyes.* **3** to a point at which you hit sth যেদিকে কিছু মারা হয় সেই দিকে *I backed the car into a wall.* ○ *She walked into a glass door.* **4** showing a change from one thing to another এক বস্তু থেকে অন্য বস্তুতে পরিবর্তন বোঝানোর জন্য *She changed into her jeans.* ○ *Translate the passage into Hindi.* **5** concerning or involving sth কোনো কিছুর সম্পর্কে বা তাকে জড়িত করে *an inquiry into safety procedures* **6** used when you are talking about dividing numbers সংখ্যার বিভাজন বোঝাতে ব্যবহৃত; গুণিত *7 into 28 goes 4 times.*

IDM **be into sth** (*spoken*) to be very interested in sth, for example as a hobby কোনো কিছুতে খুব বেশি আগ্রহী হওয়া, যেমন কোনো শখ হিসেবে *I'm really into canoeing.*

intolerable / ɪnˈtɒlərəbl ইন্ˈটল্যার্যাব্‌ল্ / *adj.* too bad, unpleasant or difficult to bear or accept অসহ্য, দুর্বিষহ, গ্রহণযোগ্য নয় এমন *The living conditions were intolerable.* ○ *intolerable pain* ✪ সম **unbearable** ✪ বিপ **tolerable** ⇨ **tolerate** verb দেখো। ▶ **intolerably** / -əbli -অ্যাব্লি / *adv.* অসহ্যভাবে, দুর্বিষহভাবে

intolerant / ɪnˈtɒlərənt ইন্ˈটল্যার্যান্ট্ / *adj.* **intolerant (of sb/sth)** not able to accept behaviour or opinions that are different from your own (অন্যের আচরণ বা মতামত সম্বন্ধে ব্যবহৃত) অসহিষ্ণু, গোঁড়া *She's very intolerant of young children.* ✪ বিপ **tolerant** ▶ **intolerance** *noun* [U] অসহিষ্ণুতা, গোঁড়ামি ✪ বিপ **tolerance** ▶ **intolerantly** *adv.* অসহিষ্ণুভাবে, গোঁড়ার মতো

intonation / ˌɪntəˈneɪʃn ˌইন্ট্যাˈনেইশ্ন্ / *noun* [C, U] the rise and fall of your voice while you are speaking গলার স্বরের ওঠানামা; স্বরভঙ্গি (কথা বলার সময়ে) ✪ সম **inflection**

intoxicated / ɪnˈtɒksɪkeɪtɪd ইন্ˈটক্সিকেইটিড্ / *adj.* (*formal*) **1** having had too much alcohol to drink; drunk নেশাগ্রস্ত, আচ্ছন্ন, বুঁদ; মাতাল, প্রমত্ত **2** very excited and happy উত্তেজিত, আনন্দে আত্মহারা *She was intoxicated by her success.* ▶ **intoxication** / ɪnˌtɒksɪˈkeɪʃn ইন্ˌটক্সিˈকেইশ্ন্ / *noun* [U] মত্ততা, নেশার ঘোর, উত্তেজনা

intra- *prefix* (*in adjectives and adverbs*) inside; within মধ্যস্থ, অন্তঃ; ভিতরের দিকে, ভিতরে *intravenous* ○ *intra-departmental* ⇨ **inter-** দেখো।

Intranet / ˈɪntrənet ˈইন্ট্র্যানেট্ / *noun* [C] (*computing*) a system of computers inside an organization that makes it possible for people who work there to look at the same information and to send information to each other কোনো প্রতিষ্ঠানের নিজেদের ভিতরের কম্পিউটার ব্যবস্থা যার মধ্য দিয়ে একই সংবাদ বা তথ্য অনেকে দেখতে এবং একে অপরকে পাঠাতে পারে; ইন্ট্রানেট ⇨ **Internet** দেখো।

intransitive / ɪnˈtrænsətɪv ইন্ˈট্র্যান্স্যাটিভ্ / *adj.* (*grammar*) (*used about a verb*) used without an object (ব্যাকরণ) (ক্রিয়াপদ সম্বন্ধে ব্যবহৃত) অকর্মক ✪ বিপ **transitive**

> **NOTE** এই অভিধানে অকর্মক ক্রিয়াগুলি (intransitive verbs) [I] চিহ্ন দিয়ে চিহ্নিত করা হয়েছে। Intransitive verbs সম্বন্ধে আরও বিশদভাবে জানতে হলে এই অভিধানের শেষাংশে **Quick Grammar Reference** দেখো।

▶ **intransitively** *adv.* অকর্মক ক্রিয়ার রূপে

intrauterine / ˌɪntrəˈju:təraɪn ˌইন্ট্র্যাˈইউট্যারাইন্ / *adj.* (*medical*) inside the **uterus** (চিকিৎসাশাস্ত্র) জরায়ুর ভিতরে ⇨ **IUD** দেখো।

intravenous / ˌɪntrəˈvi:nəs ˌইন্ট্র্যাˈভীন্যাস্ / *adj.* (*abbr.* IV) (used about drugs or food) going into a **vein** (কোনো ওষুধ বা খাদ্য সম্বন্ধে ব্যবহৃত) যা শিরার মধ্যে দেওয়া হয় *an intravenous injection* ▶ **intravenously** *adv.* শিরার মধ্য দিয়ে *The patient had to be fed intravenously.*

intrepid / ɪnˈtrepɪd ইন্ˈট্রেপিড্ / *adj.* without any fear of danger নির্ভীক, সাহসী *an intrepid climber*

intricacy / ˈɪntrɪkəsi ˈইন্ট্রিক্যাসি / *noun* **1 intricacies** [*pl.*] **the intricacies of sth** the complicated parts or details of sth কোনো কিছুর জটিল বা খুঁটিনাটি অংশ *It's difficult to understand all the intricacies of the situation.* **2** [U] the quality of having complicated parts, details or patterns জটিলতা, দুর্বোধ্যতা

intricate / ˈɪntrɪkət ˈইন্ট্রিক্যাট্ / *adj.* having many small parts or details put together in a complicated way জটিল, দুর্বোধ্য, প্যাঁচালো *an intricate pattern* ○ *The story has an intricate plot.* ▶ **intricately** *adv.* জটিলভাবে, দুর্বোধ্যভাবে

intrigue¹ / ɪnˈtriːg ইন্ˈট্রীগ্ / *verb* [T] to make sb very interested and wanting to know more কারও মনে কৌতূহল বা ঔৎসুক্য জাগানো *I was intrigued by the way he seemed to know all about us already.* ▶ **intriguing** *adj.* কৌতূহলোদ্দীপক *an intriguing story*

intrigue² / ˈɪntriːg ˈইন্ট্রীগ্ / *noun* [C, U] secret plans to do sth, especially sth bad গুপ্ত মন্ত্রণা, পরিকল্পনা, ষড়যন্ত্র *The film is about political intrigues against the government.* ○ *His new novel is full of intrigue and suspense.*

intrinsic / ɪnˈtrɪnsɪk; -zɪk ইন্ˈট্রিন্সিক্; -জ়িক্ / *adj.* (*only before a noun*) belonging to sth as part of its nature; basic সহজাত; বুনিয়াদি, প্রকৃত, মৌলিক *The object is of no intrinsic value* (= the material it is made of is not worth anything). ▶ **intrinsically** / -kli -ক্লি / *adv.* সহজাতভাবে, মৌলিকভাবে

introduce / ˌɪntrəˈdjuːs ˌইন্ট্র্যাˈডিউস্ / *verb* [T] **1 introduce sth (in/into sth)** to bring in sth new, use sth, or take sth to a place for the first time নতুন কিছু করা, কোনো কিছু ব্যবহার করা বা কাউকে প্রথম কোনো জায়গায় নিয়ে যাওয়া *The new law was introduced in 1999.* ○ *The company is introducing a new range of cars this summer.* **2 introduce sb (to sb)** to tell two or more people who have not met before what each others' names are অপরিচিত দুই বা ততোধিক ব্যক্তির মধ্যে নাম বলে পরিচয় করিয়ে দেওয়া *'Who's that girl over there?' 'Come with me and I'll introduce you to her.'* **3 introduce yourself (to sb)** to tell sb you have met for the first time what your name is নিজের নাম বলে কারও সঙ্গে প্রথম আলাপ করা *He just walked over and introduced himself to me.* **4 introduce sb to sth** to make sb begin to learn about sth or do sth for the first time কাউকে কোনো কিছু সম্বন্ধে প্রথম পরিচিত করানো বা প্রথম কিছু করানো *This pamphlet will introduce you to the basic aims of our society.* **5** to be the first or main speaker on a radio or television programme telling the audience who is going to speak, perform, etc. প্রথম বা প্রধান বক্তা হিসেবে বেতার বা দূরদর্শনের অনুষ্ঠানে বক্তা, অনুষ্ঠানকারী ইত্যাদিদের পরিচিত করানো *May I introduce my first guest on the show tonight—it is Rahul Dravid.*

NOTE ব্রিটেনে একজন ব্যক্তির সঙ্গে অন্য আরেকজন ব্যক্তির পরিচয় করিয়ে দেওয়ার বিভিন্ন উপায় আছে। তবে সবটাই নির্ভর করে পরিচয়ের উপলক্ষ্যের উপর। আনুষ্ঠানিকভাবে কোনো ব্যক্তির পরিচয় দেওয়ার সময়ে আমরা প্রথমে তাঁর উপাধি ও তারপর তাঁর পদবি ব্যবহার করি। ঘরোয়াভাবে বা ছোটোদের পরিচয় দেওয়ার সময়ে আমরা তাদের প্রথম নামটি ব্যবহার করি। আনুষ্ঠানিকভাবে অথবা ঘরোয়াভাবে উভয় ক্ষেত্রেই আমরা পরিচয় করিয়ে দেওয়ার সময়ে যাদের পরিচয় করিয়ে দিচ্ছি তাদের জন্য 'he is' অথবা 'she is' (এই ব্যবহারটি আনুষ্ঠানিক নয়) ব্যবহার না করে 'this is' ব্যবহার করি—*'Abhi, meet Ronia.' (informal) 'Mrs Mitra,* ***this is*** *my daughter, Bani.'* ○ (*formal*) *'May I introduce you. Dr Sen,* ***this is*** *Mr Ray. Mr Ray, Dr Sen.'* কোনো ঘরোয়া পরিচয়ের সময়ে আমরা প্রথম আলাপে অনেক সময়ই 'Hello' অথবা 'Nice to meet you.' বলে থাকি। কিন্তু আনুষ্ঠানিকভাবে যখন পরিচয় করানো হয় তখন 'How do you do?' বলা হয় এবং এর উত্তরে অপর ব্যক্তিটিও 'How do you do?' বলে। প্রথম আলাপে প্রায়ই করমর্দন করারও রীতি আছে।

introduction / ˌɪntrəˈdʌkʃn ˌইন্ট্র্যাˈডাক্শ্ন্ / *noun* **1** [U] **introduction of sth (into sth)** the action of bringing in sth new; using sth or taking sth to a place for the first time কোনো কিছুর প্রবর্তন; কোনো জায়গায় প্রথম কিছু ব্যবহার করা বা নিয়ে যাওয়া হয় এমন *the introduction of computers into the classroom* **2** [C, *usually pl.*] the act of telling two or more people each others' names for the first time দুই বা ততোধিক ব্যক্তির প্রথম পরস্পরের নাম বলে পরিচয় দেওয়ার ক্রিয়া *I think I'll get my husband to* ***make/do the introductions****—he's better at remembering names!* **3** [C] the first part of a book, a piece of written work or a talk which gives a general idea of what is going to follow কোনো বই, রচনাংশ বা বক্তৃতার প্রারম্ভিক অংশ যা মূল বক্তব্য বা পরবর্তী অংশের বিষয় সম্বন্ধে সাধারণ ধারণা দান করে; ভূমিকা, মুখবন্ধ, উপক্রমণিকা **4** [C] **an introduction (to sth)** a book for people who are beginning to study a subject কোনো বিষয়ের সম্বন্ধে গোড়ার কথা জানিয়ে কোনো বই *'An Introduction to English Grammar'* **5** [*sing.*] **an introduction to sth** first experience of sth কোনো কিছু সম্বন্ধে প্রথম অভিজ্ঞতা *My first job—in a factory—was not a pleasant introduction to work.*

introductory / ˌɪntrəˈdʌktəri ˌইন্ট্র্যাˈডাক্ট্যারি / *adj.* **1** happening or said at the beginning in order to give a general idea of what will follow পরিচয়বাহী, পরিচয়জ্ঞাপক, পরিচায়ক *an introductory speech/chapter/remark* **2** intended as an introduction to a subject or activity কোনো বিষয় বা কর্মকাণ্ডের ভূমিকাস্বরূপ *introductory courses*

introvert / ˈɪntrəvɜːt ˈইন্‌ট্র্যাভ্যট্ / *noun* [C] a quiet, shy person who prefers to be alone than with other people অন্তর্মুখী ব্যক্তি, চুপচাপ, নিজে নিজে থাকতে ভালোবাসে এমন কেউ; অন্তর্বৃত ✪ বিপ **extrovert** ► **introverted** *adj.* অন্তর্মুখী

intrude / ɪnˈtruːd ইন্ˈট্রুড্ / *verb* [I] **intrude on/ upon sb/sth** to enter a place or situation without permission or when you are not wanted অনুমোদন ছাড়া বা অবাঞ্ছিতভাবে প্রবেশ করা *I'm sorry to intrude on your Sunday lunch but the matter was rather urgent.*

intruder / ɪnˈtruːdə(r) ইন্ˈট্রুড্যা(র্) / *noun* [C] a person who enters a place without permission and often secretly অনুমোদন ছাড়া বা অবাঞ্ছিতভাবে প্রবেশকারী; অনুপ্রবেশকারী

intrusion / ɪnˈtruːʒn ইন্ˈট্রুজ়্ন্ / *noun* **1** [C, U] **(an) intrusion (on/upon/into sth)** something that disturbs you or your life when you want to be private যখন একান্ত নির্জনতা কাম্য তখন অনভিপ্রেতভাবে যা বিরক্ত করে বা বিব্রত করে *This was another example of press intrusion into the affairs of the royals.* **2** [C] (in geology) a mass of hot liquid rock that has been forced up from below the earth's surface and cooled in between other layers of rock (ভূতত্ত্বে) গরম তরল পাথরের চাঙড় যা ভূতল থেকে চাপের ফলে উপরে উঠে আসে এবং তারপর অন্য পাথরের স্তরে ঢুকে পড়ে ঠান্ডা হয়ে যায়; উদ্‌বেধ ► **intrusive** / ɪnˈtruːsɪv ইন্ˈট্রুসিভ্ / *adj.* জবরদখলকারী, অনধিকার প্রবেশকারী

intuition / ˌɪntjuˈɪʃn ˌইন্‌টিউˈইশ্‌ন্ / *noun* [C, U] the feeling or understanding that makes you believe or know that sth is true without being able to explain why কোনো কিছুর কারণ বিশ্লেষণ করা না গেলেও যে বোধ বা বোঝাপড়ার ফলে কোনো কিছু যে সত্য এই বিশ্বাস জন্মায়; স্বজ্ঞা, সহজাত জ্ঞান *She knew, by intuition, about his illness, although he never mentioned it.* ► **intuitive** / ɪnˈtjuːɪtɪv ইন্ˈটিউইটিভ্ / *adj.* স্বজ্ঞাত ► **intuitively** *adv.* স্বজ্ঞাতভাবে *Intuitively, she knew that he was lying.*

inundate / ˈɪnʌndeɪt ˈইনান্‌ডেইট্ / *verb* [T] (*usually passive*) **1 inundate sb (with sth)** to give or send sb so many things that he/she cannot deal with them all এত বেশি দেওয়া বা এসে পড়া যা সামলানো কঠিন *We were inundated with applications for the job.* ✪ সম **swamp** **2** (*formal*) to cover an area of land with water জলে কোনো এলাকার নিমজ্জিত হওয়া, জলে ডুবে থাকা *After the heavy rains the fields were inundated.* ✪ সম **flood**

invade / ɪnˈveɪd ইন্ˈভেইড্ / *verb* **1** [I, T] to enter a country with an army in order to attack and take control of it আক্রমণ এবং দখল করার জন্য সসৈন্যে কোনো দেশে ঢোকা *When did the Huns invade India?* **2** [T] to enter in large numbers, often where sb/sth is not wanted দলে দলে ঢোকা, প্রায়ই অবাঞ্ছিতভাবে *The whole area has been invaded by tourists.* ➪ **invasion** noun দেখো। ► **invader** *noun* [C] আক্রমণকারী

invalid¹ / ɪnˈvælɪd ইন্ˈভ্যালিড্ / *adj.* **1** not legally or officially acceptable আইনত বা আনুষ্ঠানিকভাবে গ্রহণযোগ্য নয় *I'm afraid your passport is invalid.* **2** not correct according to reason; not based on all the facts যুক্তিগ্রাহ্য নয়; তথ্যনির্ভর নয় *an invalid argument* **3** (*computing*) (used about an instruction, etc.) of a type that the computer cannot recognize (কোনো নির্দেশ ইত্যাদি সম্বন্ধে ব্যবহৃত) যা কোনো কম্পিউটারে গ্রহণযোগ্য নয় *an invalid command* ✪ বিপ **valid**

invalid² / ˈɪnvəlɪd ˈইন্‌ভ্যালিড্ / *noun* [C] a person who has been very ill for a long time and needs to be looked after দীর্ঘদিন রোগে ভোগার ফলে দেখাশোনা করা দরকার যে ব্যক্তির; পঙ্গু, খুব দুর্বল, অসুস্থ

invalidate / ɪnˈvælɪdeɪt ইন্ˈভ্যালিডেইট্ / *verb* [T] **1** to show that an idea, a story, an argument, etc. is wrong কোনো ভাবধারা, গল্প বা কাহিনি, বিতর্ক, ইত্যাদি বাতিল করা, ভুল বলে দেখিয়ে দেওয়া *This new piece of evidence invalidates his version of events.* **2** if you **invalidate** a document, contract, election, etc., you make it no longer legally or officially valid or acceptable কোনো দলিল, চুক্তিপত্র, নির্বাচন ইত্যাদি আইনত বা সরকারিভাবে বাতিল করা বা অগ্রহণযোগ্য করা ✪ বিপ **validate** ► **invalidation** / ɪnˌvælɪˈdeɪʃn ইন্ˌভ্যালিˈডেইশ্‌ন্ / *noun* [U] বাতিলকরণ

invaluable / ɪnˈvæljuəbl ইন্ˈভ্যালিউঅ্যাব্‌ল্ / *adj.* **invaluable (to/for sb/sth)** extremely useful অত্যন্ত প্রয়োজনীয়; অমূল্য *invaluable help/ information/support*

> **NOTE** খেয়াল রেখো যে 'valuable' শব্দটির বিপরীতার্থক শব্দ কিন্তু 'invaluable' নয়। **Valuable**-এর বিপরীত হল **valueless** অথবা **worthless**।

invariable / ɪnˈveəriəbl ইন্ˈভেঅ্যারিঅ্যাব্‌ল্ / *adj.* not changing অপরিবর্তনীয়

invariably / ɪnˈveəriəbli ইন্ˈভেঅ্যারিঅ্যাব্‌লি / *adv.* almost always অবশ্যই, প্রায় সব সময়ই *She invariably arrives late.*

invasion / ɪnˈveɪʒn ইন্ˈভেইজ়্ন্ / *noun* **1** [C, U] the action of entering another country with an army in order to take control of it দখল করার জন্য অন্য দেশে সসৈন্যে প্রবেশ *the threat of invasion* **2** [C] the action of entering a place where you are not wanted and disturbing sb অবাঞ্ছিতভাবে এবং কারও পক্ষে অসুবিধাজনকভাবে কোথাও ঢুকে পড়ার ক্রিয়া *Such questions are an **invasion of privacy**.* ➪ **invade** verb দেখো।

invent / ɪnˈvent ইন্ˈভেন্ট্ / *verb* [T] **1** to think of or make sth for the first time আবিষ্কার বা উদ্ভাবন করা *When was the camera invented?* **2** to say or describe sth that is not true কোনো কিছু বানিয়ে বলা *I realized that he had invented the whole story.* ▶ **inventor** *noun* [C] উদ্ভাবক, আবিষ্কারক

invention / ɪnˈvenʃn ইন্ˈভেন্শ্ন্ / *noun* **1** [C] a thing that has been made or designed by sb for the first time প্রথম উদ্ভাবন করা কোনো দ্রব্য *The microwave oven is a very useful invention.* **2** [U] the action or process of making or designing sth for the first time কোনো কিছুর উদ্ভাবনী পদ্ধতি বা ক্রিয়া *Books had to be written by hand before the invention of printing.* **3** [C, U] telling a story or giving an excuse that is not true গল্প বলে বা মিথ্যে বানিয়ে বলে কৈফিয়ৎ দেওয়া *It was obvious that his story about being robbed was (an) invention.*

inventive / ɪnˈventɪv ইন্ˈভেন্টিভ্ / *adj.* having clever and original ideas চতুর এবং উদ্ভাবনী শক্তিসম্পন্ন ▶ **inventiveness** *noun* [U] উদ্ভাবনী শক্তি বা বুদ্ধি

inventory / ˈɪnvəntri ˈইন্ভ্যান্ট্রি / *noun* [C] (*pl.* **inventories**) a detailed list, for example of all the furniture in a house বিস্তৃত তালিকা যেমন বাড়ির সমস্ত আসবাবপত্রের *The landlord is coming to **make an inventory** of the contents of the flat.*

inverse[1] / ˌɪnˈvɜːs ˌইন্ˈভ্যস্ / *adj.* (*only before a noun*) opposite in amount or position to sth else পরিমাণ বা পদমর্যাদায় কোনো কিছুর একেবারেই বিপরীত *A person's wealth is often **in inverse proportion to** their happiness* (= the more money a person has, the less happy he/she is). ▶ **inversely** *adv.* বিপরীতভাবে

inverse[2] / ˈɪnvɜːs ˈইন্ভ্যস্ / **the inverse** *noun* [*sing.*] (*technical*) the exact opposite of sth কোনো কিছুর সম্পূর্ণ বিপরীত, একেবারে উলটো

invert / ɪnˈvɜːt ইন্ˈভ্যট্ / *verb* [T] (*formal*) to put sth in the opposite order or position to the way it usually is কোনো কিছুকে যা স্বাভাবিক তার সম্পূর্ণ বিপরীতভাবে বা অবস্থায় রাখা

invertebrate / ɪnˈvɜːtɪbrət ইন্ˈভ্যটিব্র্যাট্ / *noun* [C] an animal without a solid line of bones (**backbone**) going along its body মেরুদণ্ডহীন প্রাণী, অমেরুদণ্ডী জীব *slugs, worms and other small invertebrates* ✪ বিপ **vertebrate**

inverted commas (*BrE*) = **quotation marks** *to put sth **in inverted commas***

invest / ɪnˈvest ইন্ˈভেস্ট্ / *verb* [I, T] **invest (sth) (in sth)** **1** to put money into a bank, business, property, etc. in the hope that you will make a profit (লাভ করার উদ্দেশ্যে) ব্যাংক, ব্যাবসা, সম্পত্তি ইত্যাদিতে অর্থ বিনিয়োগ করা, ব্যাংকে টাকা রাখা, টাকা খাটানো *Many firms have invested heavily in this project.* ○ *I've invested all my money in the company.* **2** to spend money, time or energy on sth that you think is good or useful ভালো বা কোনো দরকারি জিনিসে অর্থ, সময় বা শক্তি ব্যয় করা *I'm thinking of investing in a computer.* ○ *You have to invest a lot of time if you really want to learn a language well.* ▶ **investor** *noun* [C] বিনিয়োগকারী

investigate / ɪnˈvestɪgeɪt ইন্ˈভেস্টিগেইট্ / *verb* [I, T] to try to find out all the facts about sth কোনো কিছু সম্বন্ধে তথ্য অনুসন্ধানের চেষ্টা করা, তদন্ত করা, তথ্যানুসন্ধান করা *A murder was reported and the police were sent to investigate.* ○ *A group of experts are investigating the cause of the crash.* ▶ **investigator** *noun* [C] তদন্তকারী

investigation / ɪnˌvestɪˈgeɪʃn ইন্ˌভেস্টিˈগেইশ্ন্ / *noun* [C, U] **(an) investigation (into sth)** an official examination of the facts about a situation, crime, etc. কোনো পরিস্থিতি, অপরাধ ইত্যাদি সম্পর্কে সরকারিভাবে তথ্যানুসন্ধান; তদন্ত *The airlines are going to **carry out an investigation** into security procedures at airports.* ○ *The matter is still **under investigation**.*

investigative / ɪnˈvestɪgətɪv ইন্ˈভেস্টিগ্যাটিভ্ / *adj.* activities that involve trying to find out all the facts about sb/sth তদন্তমূলক, অনুসন্ধানমূলক *investigative journalism*

investment / ɪnˈvestmənt ইন্ˈভেস্ট্ম্যান্ট্ / *noun* **1** [U, C] **(an) investment (in sth)** the act of putting money in a bank, business, property, etc.; the amount of money that you put in (ব্যাংক, ব্যাবসা, সম্পত্তি ইত্যাদিতে অর্থ) বিনিয়োগ; বিনিয়োজিত অর্থ *investment in local industry* ○ *The company will have to **make an** enormous **investment** to computerize production.* **2** [C] (*informal*) a thing that you have bought টাকা দিয়ে যা কেনা হয়েছে, যার পিছনে টাকা ঢালা হয়েছে *This coat has been a good investment—I've worn it for three years.*

invigilate / ɪnˈvɪdʒɪleɪt ইন্ˈভিজিলেইট্ / *verb* [I, T] (*BrE*) to watch the people taking an exam to make sure that nobody is cheating পরীক্ষা চলাকালীন

পরীক্ষার্থীদের উপর নজর রাখা ▶ **invigilator** *noun* [C] পরীক্ষা-পরিদর্শক

invigorate / ɪnˈvɪgəreɪt ইন্ˈভিগ্যারেইট্ / *verb* [I, T] to make sb feel healthy, fresh and full of energy কাউকে চাঙ্গা করা, সঞ্জীবিত বা বলশালী করা *I felt invigorated after my run.* ▶ **invigorating** *adj.* বলকারক, সঞ্জীবক

invincible / ɪnˈvɪnsəbl ইন্ˈভিন্স্যাব্ল্ / *adj.* too strong or powerful to be defeated অপ্রতিরোধ্য, অজেয়

invisible / ɪnˈvɪzəbl ইন্ˈভিজ্যাব্ল্ / *adj.* **invisible (to sb/sth)** that cannot be seen চোখে দেখা যায় না এমন; অদৃশ্য *bacteria that are invisible to the naked eye* ✪ বিপ **visible** ▶ **invisibility** / ɪnˌvɪzəˈbɪləti ইন্ˌভিজ্যাˈবিল্যাটি / *noun* [U] অদৃশ্যতা, দর্শনাতীত অবস্থা ▶ **invisibly** / -bli -ব্লি / *adv.* অদৃশ্যভাবে

invitation / ˌɪnvɪˈteɪʃn ˌইনভিˈটেইশ্ন্ / *noun* **1** [U] the act of inviting sb or being invited নিমন্ত্রণ, আমন্ত্রণ *Entry is by invitation only.* ○ *a letter of invitation* **2** [C] **an invitation to sb/sth (to sth/ to do sth)** a written or spoken request to go somewhere or do sth লিখিত বা মৌখিকভাবে কোনো অনুষ্ঠানে যাওয়ার বা কিছু করার নিমন্ত্রণ *Did you get an invitation to the conference?* ○ *a wedding invitation*

> **NOTE** কোনো নিমন্ত্রণ অথবা আমন্ত্রণ গ্রহণ করার জন্য **accept** এবং অস্বীকার করার জন্য **turn it down** বা **decline** অভিব্যক্তিগুলি ব্যবহার করা যায়।

invite / ɪnˈvaɪt ইন্ˈভাইট্ / *verb* [T] **1 invite sb (to/ for sth)** to ask sb to come somewhere or to do sth কোনো কিছুতে যোগদানের জন্য কাউকে নিমন্ত্রণ করা বা আমন্ত্রণ জানানো *We invited all the family to the wedding.* ○ *Successful applicants will be invited for interview next week.* **2** to make sth unpleasant likely to happen অপ্রীতিকর কোনো ঘটনা ডেকে আনা *You're inviting trouble if you carry so much money around.*

PHR V **invite sb back 1** to ask sb to return with you to your home কাউকে নিজের সঙ্গে বাড়ি নিয়ে যাওয়ার নিমন্ত্রণ জানানো **2** to ask sb to come to your home a second time, or after you have been a guest at his/her home কেউ কিছুদিন বাড়িতে থেকে যাওয়ার পরে বা তার বাড়িতে আতিথ্য গ্রহণ করার পরে তাকে আবার আসার জন্য বা আতিথ্য গ্রহণের জন্য আমন্ত্রণ জানানো

invite sb in to ask sb to come into your home কাউকে নিজের বাড়িতে আসতে বলা

invite sb out to ask sb to go out somewhere with you কাউকে সঙ্গে যাওয়ার জন্য আমন্ত্রণ জানানো *We've been invited out to lunch by the neighbours.*

invite sb over/round (*informal*) to ask sb to come to your home কাউকে বাড়িতে আসার জন্য অনুরোধ করা

> **NOTE** 'Invite' শব্দটির উল্লিখিত প্রতিটি অর্থে সমার্থক শব্দ হিসাবে **ask** শব্দটি ব্যবহার করা যেতে পারে।

inviting / ɪnˈvaɪtɪŋ ইন্ˈভাইটিং / *adj.* attractive and pleasant আকর্ষণীয় এবং প্রীতিকর *The smell of cooking was very inviting.*

in vitro / ˌɪnˈviːtrəʊ ˌইন্ˈভীট্র্যাউ / *adj., adv.* (*technical*) (used about a process or a reaction) taking place in a glass tube or dish, not inside a living body (কোনো পদ্ধতি বা প্রতিক্রিয়া বিষয়ে ব্যবহৃত) প্রাণীদেহের পরিবর্তে কোনো কাচের টিউব বা ডিশের মধ্যে গড়ে ওঠা *in vitro experiments* ○ *the development of* ***in vitro fertilization*** ○ *an egg fertilized in vitro*

invoice / ˈɪnvɔɪs ˈইন্ভইস্ / *noun* [C] an official paper that lists goods or services that you have received and says how much you have to pay for them নির্ধারিত দেয় অর্থের উল্লেখসহ প্রাপ্ত পণ্য বা পরিষেবার আনুষ্ঠানিক তালিকা; চালান; ইনভয়েস

involuntary /ɪnˈvɒləntri ইন্ˈভল্যান্ট্রি / *adj.* done without wanting or meaning to অজ্ঞাতসারে হয়েছে বা ঘটেছে এমন; অনিচ্ছাকৃত *She gave an involuntary gasp of pain as the doctor inserted the needle.* ✪ বিপ **voluntary** অথবা **deliberate** ▶ **involuntarily** / ɪnˈvɒləntrəli ইন্ˈভল্যান্ট্র্যালি / *adv.* অনিচ্ছাকৃতভাবে, অজ্ঞাতসারে

involve / ɪnˈvɒlv ইন্ˈভল্ভ্ / *verb* [T] **1** (*not used in the continuous tenses*) to make sth necessary কোনো কিছুকে অপরিহার্য বা জরুরি করে তোলা *The job involves a lot of travelling.* **2** (*not used in the continuous tenses*) if a situation, an event or an activity involves sb/sth, he/she/it takes part in it কোনো পরিস্থিতি, উপলক্ষ্য বা অনুষ্ঠান বা কোনো কাজ যা কোনো ব্যক্তি বা বস্তুকে অন্তর্ভুক্ত করে, সে বা সেটি তাতে অংশগ্রহণ করে *The story involves a woman who went on holiday with her child.* ○ *More than 100 people were involved in the project.*

> **NOTE** এই ক্রিয়াপদটি (verb) ঘটমান কালে (continuous tenses) ব্যবহার করা হয় না কিন্তু-ing সহযোগে এর বর্তমান কৃদন্ত (present participle) রূপটি সাধারণভাবে অত্যন্ত প্রচলিত—*There was serious accident involving a stolen car.*

3 involve sb/sth in (doing) sth to cause sb/sth to take part in or be concerned with sth কাউকে

কোনো কিছুর সঙ্গে জড়ানো বা তার অন্তর্ভুক্ত করা *Please don't involve me in your family arguments.* ▶ **involvement** *noun* [C, U] অন্তর্ভুক্তি *The men denied any involvement in the robbery.*

involved / ɪnˈvɒlvd ইন্ˈভল্ভ্ড্ / *adj.* **1** difficult to understand; complicated কষ্টবোধ্য; জটিল, দুর্বোধ্য *The book has a very involved plot.* **2** (*not before a noun*) **involved (in sth)** closely connected with sth; taking an active part in sth কোনো কিছুর সঙ্গে জড়িত; কোনো কিছুতে সক্রিয় অংশ গ্রহণ *I'm very involved in local politics.* **3** (*not before a noun*) **involved (with sb)** having a sexual relationship with sb কারও সঙ্গে যৌন সম্পর্ক আছে এমন *He is involved with his new neighbour.*

inward / ˈɪnwəd ˈইন্উঅ্যাড্ / *adv., adj.* **1** (*also* **inwards**) towards the inside or centre মধ্যে, অন্তরস্থ, কেন্দ্রস্থ, ভিতরের দিকে *Stand in a circle facing inwards.* **2** inside your mind, not shown to other people ব্যক্তিগত, একান্তই গোপনীয়, নিজস্ব *my inward feelings* ✪ বিপ **outward**

inwardly / ˈɪnwədli ˈইনউঅ্যাড্লি / *adv.* in your mind; secretly মনের মধ্যে; গোপনে *He was inwardly relieved that they could not come.*

iodide / ˈaɪədaɪd ˈআইঅ্যাডাইড্ / *noun* [C] a chemical compound consisting of iodine and another chemical element আয়োডিন এবং অন্য আর একটি রাসায়নিক পদার্থের যৌগ

iodine / ˈaɪədiːnˈআইঅ্যাডীন / *noun* [U] (*symbol*) **1** a dark-coloured substance that is found in sea water. A purple liquid containing iodine is sometimes used to clean cuts in your skin গাঢ় রঙের একটি পদার্থ যা সমুদ্রের জলে পাওয়া যায়। আয়োডিন মিশ্রিত বেগুনি রঙের তরল পদার্থ কখনো কখনো ক্ষত পরিষ্কার করার কাজে ব্যবহৃত হয়; আয়োডিন

ion / ˈaɪən ˈআইঅ্যান্ / *noun* [C] (in chemistry) an atom or a **molecule** that has gained or lost one or more of its parts (**electrons**) and so has a positive or negative electric charge (রসায়ন শাস্ত্রে) ইলেকট্রন হারানোর ফলে বা বাড়তি ইলেকট্রন পাওয়ার কারণে যখন কোনো অণু বা পরমাণু ধনাত্মক অথবা ঋণাত্মক তড়িৎ আধানবিশিষ্ট হয়; তড়িৎপূর্ণ পরমাণু, স্থূলাণু; আয়ন

ionic / aɪˈɒnɪk আইˈঅনিক্ / *adj.* **1** of or related to ions আয়ন সম্পর্কিত **2** (used about the way chemicals join together) using the electrical pull between positive and negative ions (রাসায়নিক পদার্থ যেভাবে একত্রে সংযুক্ত হয় তার সম্বন্ধে ব্যবহৃত) ধনাত্মক এবং ঋণাত্মক আয়নের মধ্যে বৈদ্যুতিক আকর্ষণ ব্যবহার করা হচ্ছে এমন *ionic bonds/compounds*

ionize (*also* **-ise**) / ˈaɪənaɪz ˈআইঅ্যানাইজ় / *verb* [I, T] (used about atoms and molecules) to gain a positive or negative electric charge by losing or gaining one part (**an electron**) (অণু বা পরমাণু সমষ্টি সম্বন্ধে ব্যবহৃত) একটি ইলেকট্রন হারিয়ে বা লাভ করে ধনাত্মক বা ঋণাত্মক আধানবিশিষ্ট হওয়া

ionosphere / aɪˈɒnəsfɪə(r) আইˈঅন্যাস্ফিঅ্যা(র্) / *noun* [*sing.*] **the ionosphere** the layer of the earth's atmosphere between about 80 and 1000 kilometres above the surface of the earth, that sends radio waves back around the earth ভূপৃষ্ঠের উপরে প্রায় ৮০ থেকে ১০০০ কিলোমিটার পর্যন্ত বিস্তৃত স্তর যা রেডিও তরঙ্গকে পৃথিবীর চারদিকে ফেরত পাঠায়; আয়নমণ্ডল ➪ **stratosphere** এবং **troposphere** দেখো।

IOU / ˌaɪ əʊˈjuː ˌআই অ্যাউˈইউ / *abbr.* I owe you; a piece of paper that you sign showing that you owe sb some money কোনো ঋণপত্র যেখানে I owe you—এই কথাটি লেখা এবং সই করা থাকে; কত টাকা ঋণ নেওয়া হয়েছে তা লেখা ও সই করা কাগজের টুকরো

IPA / ˌaɪ piː ˈeɪ ˌআই পী ˈএই / *abbr.* the International Phonetic Alphabet ইন্টারন্যাশনাল ফোনেটিক অ্যালফাবেট-এর সংক্ষিপ্ত রূপ; আন্তর্জাতিক উচ্চারণের বর্ণমালা; আইপিএ

IQ / ˌaɪ ˈkjuː ˌআই ˈকিউ / *abbr.* intelligence quotient; a measure of how intelligent sb is বুদ্ধির পরিমাপ, বুদ্ধ্যঙ্ক; আই-কিউ *have a high/low IQ* ○ *an IQ of 120*

irate / aɪˈreɪt আইˈরেইট্ / *adj.* (*formal*) very angry অত্যন্ত রাগান্বিত, ক্রুদ্ধ, রুষ্ট

iridescent / ˌɪrɪˈdesnt ˌইরিˈডেস্ন্ট্ / *adj.* (*formal*) showing many bright colours that seem to change in different lights উজ্জ্বল নানা বর্ণবিশিষ্ট যার উপর আলো পড়লে বিচিত্র ছটা বেরোচ্ছে বলে মনে হয় ▶ **iridescence** *noun* [U] ইন্দ্রধনুচ্ছটা

iridium / ɪˈrɪdiəm ইˈরিডিঅ্যাম্ / *noun* [U] (*symbol* **Ir**) a very hard yellow-white metal, used especially to mix with other metals to form another metal (**an alloy**) বিশেষত মিশ্র বা সংকর ধাতু তৈরিতে ব্যবহৃত একধরনের হলদেটে-সাদা ধাতুবিশেষ ; ইরিডিয়াম

iris / ˈaɪrɪs ˈআইরিস্ / *noun* [C] the coloured part of your eye চোখের তারা বা মণি; কনীনিকা ➪ **eye**-এ ছবি দেখো।

irk / ɜːk অ্যক্ / *verb* [T] (*formal* or *literary*) to irritate or annoy sb কোনো ব্যক্তিকে বিরক্ত অথবা ক্রোধান্বিত করা *Jaya's flippant tone irked him*

irksome / ˈɜːksəm ˈঅ্যক্স্যাম্ / *adj.* annoying and irritating বিরক্তিকর, একঘেয়ে, অসন্তোষকর *She found the restrictions irksome.*

iron[1] / ˈaɪən ˈআইঅ্যান্ / *noun* **1** [U] (*symbol* **Fe**) a hard strong metal that is used for making steel and is found in small quantities in food and in blood (ইস্পাত তৈরিতে ব্যবহৃত এবং খাদ্য ও রক্তের মধ্যে প্রাপ্ত) লোহা, লৌহ ○ *an iron bar* ○ *iron ore* ○ *The doctor gave me iron tablets.* ○ *(figurative) The general has an iron* (= very strong) *will.* ➪ **pig iron** দেখো। **2** [C] an electrical instrument with a flat bottom that is heated and used to smooth clothes after you have washed and dried them (ধোয়া এবং শুকোনো জামাকাপড় মসৃণ করার বৈদ্যুতিক উপকরণ) ইস্ত্রি *a steam iron*

iron² / ˈaɪən ˈআইঅ্যান্ / *verb* [I, T] to use an iron to make clothes, etc. smooth জামাকাপড় ইত্যাদি মসৃণ করার জন্য) ইস্ত্রি করা *Could you iron this dress for me?*

> NOTE Iron শব্দটির তুলনায় **do the ironing** অভিব্যক্তিটির প্রয়োগ বেশি প্রচলিত—*I usually do the ironing on Sunday.*

PHR V **iron sth out** to get rid of any problems or difficulties that are affecting sth সমস্যা, জটিলতা ইত্যাদি যা কোনো কিছু প্রভাবিত করছে তার থেকে মুক্তি পাওয়া

the Iron Age *noun* [*sing.*] the period in human history after the Bronze Age, about 3000 years ago when people first used iron tools and weapons মানব ইতিহাসে ব্রোঞ্জ যুগের পরে, প্রায় ৩০০০ হাজার বছর আগে মানুষ যখন প্রথম লোহার তৈরি যন্ত্রপাতি, অস্ত্রশস্ত্র ইত্যাদি ব্যবহার করত; লৌহ যুগ

ironic / aɪˈrɒnɪk আই'রনিক্ / (*also* **ironical** / aɪˈrɒnɪkl আই'রনিক্‌ল্ /) *adj.* **1** meaning the opposite of what you say যা বলা হচ্ছে তার উলটোটি বোঝায়; ব্যঙ্গাত্মক *Amit sometimes offends people with his ironic sense of humour.* ➪ **sarcastic** দেখো। **2** (used about a situation) strange or amusing because it is unusual or unexpected (পরিস্থিতি সম্বন্ধে ব্যবহৃত) অদ্ভুত বা মজার এই কারণে যে ব্যাপারটা অস্বাভাবিক বা অপ্রত্যাশিত *It is ironic that the busiest people are often the most willing to help.* ▶ **ironically** / -kli -কলি / *adv.* ব্যঙ্গাত্মকভাবে

ironing / ˈaɪənɪŋ ˈআইঅ্যানিং / *noun* [U] clothes, etc. that need ironing or that have just been ironed যেসব জামাকাপড় ইত্যাদি ইস্ত্রি করতে হবে অথবা সদ্য ইস্ত্রি-করা জামা কাপড় *a large pile of ironing* ➪ **iron**-এ নোট দেখো।

ironing board *noun* [C] a special table that is used for putting clothes on when we are making them smooth with an iron ইস্ত্রি করার টেবিল

irony / ˈaɪrəni ˈআইর‍্যানি / *noun* (*pl.* **ironies**) **1** [C, U] an unusual or unexpected part of a situation, etc. that seems strange or amusing অস্বাভাবিক, অপ্রত্যাশিত কোনো একটা দিক যা অদ্ভুত বা মজার বলে মনে হয় *The irony was that he was killed in a car accident soon after the end of the war.* **2** [U] a way of speaking that shows you are joking or that you mean the opposite of what you say বলার এমন ধরন বা ভাব যাতে ঠাট্টা বা ব্যঙ্গের ভাব প্রকাশ পায় বা বক্তব্যের বিপরীত অর্থ বোঝায় *'The English are such good cooks,' he said with heavy irony.*

irradiate / ɪˈreɪdieɪt ই'রেইডিএইট্ / *verb* [T] to treat food with powerful (**radioactive**) rays in order to be able to keep it for a long time শক্তিশালী তেজস্ক্রিয় রশ্মির দ্বারা দীর্ঘদিন ধরে খাদ্যদ্রব্য সংরক্ষণ করা *Irradiated food lasts longer, but some people think it is not safe.*

irrational / ɪˈræʃənl ই'র‍্যাশ্যান্‌ল্ / *adj.* not based on reason or clear thought অযৌক্তিক, কাণ্ডজ্ঞানহীন *an irrational fear of spiders* ▶ **irrationality** / ɪˌræʃəˈnæləti ই,র‍্যাশ্যা'ন্যাল্যাটি / *noun* [U] কাণ্ডজ্ঞানহীনতা, অযৌক্তিকতা ▶ **irrationally** /-nəli -ন্যালি / *adv.* কাণ্ডজ্ঞানহীনভাবে, অযৌক্তিকভাবে

irreconcilable / ɪˌrekənˈsaɪləbl ই,রেক্যান্'সাইল্যাব্‌ল্ / *adj.* (*formal*) (used about people or their ideas and beliefs) so different that they cannot be made to agree (জনসাধারণ বা তাদের ধ্যানধারণা এবং বিশ্বাস সম্বন্ধে ব্যবহৃত) এতই আলাদা যে পরস্পর পরস্পরকে মানতে পারবে না ▶ **irreconcilably** / -əbli -অ্যাব্‌লি / *adv.* বিরুদ্ধভাবাপন্নভাবে

irregular / ɪˈregjələ(r) ই'রেগিঅ্যাল্যা(র্) / *adj.* **1** not having a shape or pattern that we recognize or can predict অনিয়মিত, অসমান, অপরিচিত *an irregular shape* **2** happening at times that you cannot predict নিয়মের বাইরে, অপরিচিত *His visits became more and more irregular.* **3** not allowed according to the rules or social customs নিয়মবিরুধ, সামাজিক রীতি-নীতির বিরুধ *It is highly irregular for a doctor to give information about patients without their permission.* **4** (*grammar*) not following the usual rules of grammar (ব্যাকরণ) ব্যাকরণের নিয়মের বাইরে *irregular verbs* ○ *'Caught' is an irregular past tense form.* ✪ বিপ **regular** অর্থ সংখ্যা **1**, **2** এবং **4**-এর জন্য ▶ **irregularity** / ɪˌregjəˈlærəti ই,রেগিঅ্যা'ল্যার‍্যাটি / *noun* [C, U] বিশৃঙ্খলা, অনিয়ম (*pl.* **irregularities**) ▶ **irregularly** *adv.* অনিয়মিতভাবে

irrelevancy / ɪˈreləvənsi ই'রেল্যাভ্যান্সি / *noun* [C] (*pl.* **irrelevancies**) something that is not important because it is not connected with sth else অপ্রাসঙ্গিকতা, অসম্বন্ধতা

irrelevant / ɪˈreləvənt ই'রেল্যাভ্যান্ট্ / *adj.* not connected with sth or important to it অপ্রাসঙ্গিক, অবান্তর, অসম্বন্ধ *That's completely irrelevant to the* *subject under discussion.* ✪ বিপ **relevant** ▶ **irrelevance** *noun* [U, C] অপ্রাসঙ্গিকতা ▶ **irrelevantly** *adv.* অবান্তরভাবে, অপ্রাসঙ্গিকভাবে

irreparable / ɪˈrepərəbl ই'রেপ্যার‍্যাব্‌ল্ / *adj.* that cannot be repaired যা সারানো যাবে না, অসংশোধনীয় *Irreparable damage has been done to the forests of Eastern Europe.* ▶ **irreparably** / -əbli -অ্যাব্‌লি / *adv.* অসংশোধনীয়ভাবে

irreplaceable / ˌɪrɪˈpleɪsəbl ˌইরি'প্লেইস্যাব্‌ল্ / *adj.* (used about sth very valuable or special) that cannot be replaced (খুব মূল্যবান অথবা বিশেষ কোনো কিছু সম্বন্ধে ব্যবহৃত) যার বিকল্প নেই; অপূরণীয় ✪ বিপ **replaceable**

irrepressible / ˌɪrɪˈpresəbl ˌইরি'প্রেস্যাব্‌ল্ / *adj.* full of life and energy প্রাণচাঞ্চল্যে ভরপুর; অদম্য *young people full of irrepressible good humour* ▶ **irrepressibly** / -əbli -অ্যাব্‌লি / *adv.* অদম্যভাবে

irresistible / ˌɪrɪˈzɪstəbl ˌইরি'জিস্‌ট্যাব্‌ল্ / *adj.* **1** so strong that it cannot be stopped or prevented দুর্বার, অপ্রতিরোধ্য *an irresistible urge to laugh* **2 irresistible (to sb)** very attractive অত্যন্ত আকর্ষণীয় *He seems to think he's irresistible to women.* ➪ **resist** verb দেখো। ▶ **irresistibly** / -əbli -অ্যাব্‌লি / *adv.* দুর্বার আকর্ষণীয়ভাবে

irrespective of / ɪrɪˈspektɪv əv ইরি'স্পেকটিভ্‌-অ্যাভ্ / *prep.* not affected by কোনো কিছুর দ্বারা প্রভাবিত নয়; নির্বিশেষে *Anybody can take part in the competition, irrespective of age.*

irresponsible / ˌɪrɪˈspɒnsəbl ˌইরি'স্পন্‌স্যাব্‌ল্ / *adj.* not thinking about the effect your actions will have; not sensible দায়িত্বজ্ঞানহীন, অগ্রপশ্চাৎ বিবেচনাবিহীন; কাণ্ডজ্ঞানহীন *It is irresponsible to let small children go out alone.* ✪ বিপ **responsible** ▶ **irresponsibility** ˌɪrɪˌspɒnsəˈbɪləti ˌইরিˌস্পন্‌স্যা-'বিল্যাটি / *noun* [U] দায়িত্বজ্ঞানহীনতা, কাণ্ডজ্ঞানহীনতা ▶ **irresponsibly** / -əbli -অ্যাব্‌লি / *adv.* দায়িত্বজ্ঞানহীনভাবে, কাণ্ডজ্ঞানহীনভাবে

irreverent / ɪˈrevərənt ই'রেভ্যার‍্যান্ট্ / *adj.* not feeling or showing respect ভক্তিশ্রদ্ধা ছাড়াই; শ্রদ্ধাহীন *This comedy takes an irreverent look at the world of politics.* ▶ **irreverence** *noun* [U] অভক্তি, অনাদর ▶ **irreverently** *adv.* শ্রদ্ধাহীনভাবে, অনাদরের সঙ্গে

irreversible / ˌɪrɪˈvɜːsəbl ˌইরি'ভ্যস্যাব্‌ল্ / *adj.* that cannot be stopped or changed যা থামানো বা বদলানো যায় না; অপ্রতিরোধ্য, অপরিবর্তনীয় *The disease can do irreversible damage to the body.* ▶ **irreversibly** / -əbli -অ্যাব্‌লি / *adv.* অপরিবর্তনীয়ভাবে

irrigate / ˈɪrɪɡeɪt 'ইরিগেইট্ / *verb* [T] to supply water to land and crops using pipes, small canals, etc. পাইপ ইত্যাদির সাহায্যে বা ছোটো খাল ইত্যাদির মধ্য দিয়ে জমিতে জল সেচন করা, চাষের জন্য জমিতে জল দেওয়া ▶ **irrigation** / ˌɪrɪˈɡeɪʃn ˌইরি'গেইশ্‌ন্ / *noun* [U] জলসেচন

irritable / ˈɪrɪtəbl 'ইরিট্যাব্‌ল্ / *adj.* becoming angry easily খিটখিটে, রুক্ষ, সহজে রেগে যায় এমন *to be/feel/get irritable* ▶ **irritability** / ˌɪrɪtəˈbɪləti ˌইরিট্যা'বিল্যাটি / *noun* [U] খিটখিটে স্বভাব ▶ **irritably** / -əbli -অ্যাব্‌লি / *adv.* রগচটাভাবে, বিরক্তিজনকভাবে

irritant / ˈɪrɪtənt 'ইরিট্যান্ট্ / *noun* [C] a substance that makes part of your body painful or sore এমন পদার্থ যার ফলে শরীরে জ্বালা-যন্ত্রণা বা ক্ষত হতে পারে ▶ **irritant** *adj.* উত্তেজক, জ্বালা ধরানো

irritate / ˈɪrɪteɪt 'ইরিটেইট্ / *verb* [T] **1** to make sb angry; to annoy কাউকে রাগিয়ে দেওয়া; বিরক্ত করা *It really irritates me the way he keeps repeating himself.* **2** to cause a part of the body to be painful or sore শরীরে যন্ত্রণা বা ক্ষত সৃষ্টি করা *I don't use soap because it irritates my skin.* ▶ **irritation** / ˌɪrɪˈteɪʃn ˌইরি'টেইশ্‌ন্ / *noun* [C, U] রাগ, বিরক্তি, জ্বালা

is ➪ **be** দেখো।

Islam / ɪzˈlɑːm ইজ্‌'লা:ম্ / *noun* [U] the religion of Muslim people. Islam teaches that there is only one God and that Muhammad is His Prophet মুসলমানদের ধর্ম। এই ধর্ম মূলত একেশ্বরবাদী এবং এই ধর্মে মহম্মদকে ঈশ্বরের দূত বলে মনে করা হয়; ইসলাম ▶ **Islamic** *adj.* ইসলাম্ সম্পর্কিত *Islamic law*

island / ˈaɪlənd 'আইল্যান্ড্ / *noun* [C] **1** a piece of land that is surrounded by water চারিদিকে জলবেষ্টিত ভূখণ্ড; দ্বীপ *the Andaman and Nicobar islands* **2** = **traffic island**

islander / ˈaɪləndə(r) 'আইল্যান্ড্যা(র্) / *noun* [C] a person who lives on a small island ছোটো দ্বীপের অধিবাসী

isle / aɪl আইল্ / *noun* [C] a small island একটি ছোটো দ্বীপ *the Isle of Wight* ○ *the British Isles*

> **NOTE** **Isle** শব্দটি সাধারণত কোনো দ্বীপের নামের সঙ্গে ব্যবহৃত হয়।

isn't ➪ **is not**-এর সংক্ষিপ্ত রূপ

isobar / ˈaɪsəbɑː(r) 'আইস্যাবা:(র্) / *noun* [C] (*technical*) a line on a weather map that joins places that have the same air pressure at a particular time আবহাওয়ার মানচিত্রের মধ্যে যে রেখা নির্দিষ্ট কোনো সময়ে সমান বায়ুচাপযুক্ত স্থানসমূহকে যুক্ত করে; সমচাপরেখা

isolate / ˈaɪsəleɪt 'আইস্যালেইট্ / *verb* [T] **isolate sb/sth (from sb/sth)** to put or keep sb/sth separate from other people or things কোনো কিছু

বা কাউকে অন্যান্য মানুষজন বা দ্রব্যসমূহ থেকে বিচ্ছিন্ন করে রাখা *Some farms were isolated by the heavy snowfalls.* ○ *We need to isolate all the animals with the disease so that the others don't catch it.*

isolated / ˈaɪsəleɪtɪd ˈআইস্যালেইটিড্ / *adj.* **1 isolated (from sb/sth)** alone or apart from other people or things বিচ্ছিন্ন, নিঃসঙ্গ, একাকী *an isolated village deep in the countryside* ○ *I was kept isolated from the other patients.* **2** not connected with others; happening once অন্যের সঙ্গে যোগাযোগবিহীন; একবারই ঘটেছে এমন *Is this an isolated case or part of a general pattern?*

isolation / ˌaɪsəˈleɪʃn ˌআইস্যাˈলেইশ্ন্ / *noun* [U] **isolation (from sb/sth)** the state of being separate and alone; the act of separating sb/sth নিঃসঙ্গতা, বিচ্ছিন্নতা; বিচ্ছিন্নকরণ *He lived* ***in*** *complete* ***isolation*** *from the outside world.* ○ ***In isolation*** *each problem does not seem bad, but together they are quite daunting.* ⇨ **loneliness** এবং **solitude** দেখো।

isosceles / aɪˈsɒsəliːz আইˈসস্যালীজ্ / *adj.* (*mathematics*) (used about a triangle) having two of its three sides the same length (গণিত)(কোনো ত্রিভুজ সম্বন্ধে ব্যবহৃত) যার তিনটির মধ্যে দুটি বাহু সমান; সমদ্বিবাহু ত্রিভুজ ⇨ **triangle**-এ ছবি দেখো।

isotherm / ˈaɪsəθɜːm ˈআইস্যাথ্যম্ / *noun* [C] (*technical*) a line on a weather map that joins places that have the same temperature at a particular time আবহাওয়ার মানচিত্রে সেই রেখা যা নির্দিষ্ট একটি সময়ে এক তাপমাত্রায় থাকা জায়গাগুলিকে যুক্ত করে; সমতাপরেখা

isotope / ˈaɪsətəʊp ˈআইস্যাট্যাউপ্ / *noun* [C] (in chemistry) one of two or more forms of a chemical element that have different physical characteristics but the same chemical characteristics (রসায়নশাস্ত্রে) কোনো রাসায়নিক মৌলের দুই বা ততোধিক রূপের একটি যার বিভিন্ন ভৌতিক গুণসমূহ আছে কিন্তু রাসায়নিক গুণগুলি একই; তেজস্ক্রিয় পরমাণু; আইসোটোপ

> **NOTE** একই প্রকারের উপাদানের **isotopes**-এর কেন্দ্রক অথবা **nucleus**-এর মধ্যে সমসংখ্যক **protons** থাকে, কিন্তু **neutrons**-এর সংখ্যা সেক্ষেত্রে আলাদা হয়।

ISP / ˌaɪ es ˈpiː ˌআই এস্ ˈপী / *abbr.* Internet Service Provider; a company that provides you with an Internet connection and services such as email, etc. ইন্টারনেট পরিষেবা দান করে যে সংস্থা; ইন্টারনেট যোগাযোগ ব্যবস্থা এবং ই-মেল ইত্যাদি বিভিন্ন ধরনের পরিষেবা দান করে যে কোম্পানি; আই এসপি

issue¹ / ˈɪʃuː; ˈɪsjuː ˈইশ্যু; ˈইসিউ / *noun* **1** [C] a problem or subject for discussion আলোচনার বিষয় *I want to* ***raise the issue*** *of overtime pay at the meeting.* ○ *The government cannot avoid the issue of homelessness any longer.* **2** [C] one in a series of things that are published or produced ধারাবাহিকভাবে প্রকাশিত বা উৎপন্ন বস্তুর যে-কোনো একটি *Do you have last week's issue of this magazine?* **3** [U] the act of publishing or giving sth to people বইপত্রের প্রকাশ বা সাধারণ মানুষকে কোনো কিছু প্রদান বা বিতরণের ক্রিয়া *the issue of blankets to the refugees*

IDM make an issue (out) of sth to give too much importance to a small problem ছোটো ব্যাপারকে বড়ো করে তোলা বা দেখা; তিলকে তাল করা, চায়ের পেয়ালায় তুফান তোলা

issue² / ˈɪʃuː; ˈɪsjuː ˈইশ্যু; ˈইসিউ / *verb* **1** [T] to print and supply sth কোনো কিছু ছাপা এবং তা বিলির ব্যবস্থা করা *to issue a magazine/newsletter* **2** [T] to give or say sth to sb officially কাউকে কিছু দেওয়া বা আনুষ্ঠানিকভাবে কিছু বলা *The new employees were issued with uniforms.* ○ *to issue a visa* **3** [I] (*formal*) to come or go out আসা অথবা যাওয়া *An angry voice issued from the loudspeaker.*

isthmus / ˈɪsməs ˈইস্ম্যাস্ / *noun* [C] (in geography) a narrow piece of land, with water on each side, that joins two larger pieces of land (ভূগোলে) দুটি বড়ো ভূখণ্ডকে (প্রত্যেক দিকে জল আছে এমন) সরু যে ভূখণ্ড যুক্ত করে; যোজক

IT / ˌaɪ ˈtiː ˌআই ˈটী / *abbr.* (*computing*) Information Technology ইনফরমেশন টেকনোলজির সংক্ষিপ্ত রূপ; তথ্যপ্রযুক্তি; আইটি

it / ɪt ইট্ / *pronoun* **1** (*used as the subject or object of a verb, or after a preposition*) the animal or thing mentioned earlier (ক্রিয়াপদের কর্তা বা কর্ম হিসেবে বা পদান্বয়ী অব্যয়ের পরে ব্যবহৃত) পূর্বোল্লিখিত পশু বা কোনো বস্তু; এটি বা ইহা *Look at that car. It's going much too fast.* ○ *The children went up to the dog and patted it.*

> **NOTE** যখন আমরা জানি না যে কোনো বাচ্চা ছেলে না মেয়ে তখন আমরা তাকে উল্লেখ করার সময় **it** ব্যবহার করি—*Is it a boy or a girl?*

2 used for identifying a person কোনো ব্যক্তিকে চিহ্নিত করার জন্য, শনাক্তকরণের জন্য ব্যবহৃত *It's your Mum on the phone.* ○ *'Who's that?' 'It's the postman.'* **3** used in the position of the subject or object of a verb when the real subject or object is at the end of the sentence কোনো ক্রিয়াপদের কর্তা বা কর্ম হিসেবে বাক্যের সেই স্থানেই ব্যবহৃত হয়ে থাকে এবং তখন প্রকৃত কর্তা বা কর্ম বাক্যের শেষে থাকে *It's hard for* *them to talk about their problems.* ○ *I think it doesn't really matter what time we arrive.* **4** used in the position of the subject of a verb when you are talking about time, the date, distance, the weather, etc. সময়, তারিখ, দূরত্ব, আবহাওয়া ইত্যাদি বলার সময়ে ক্রিয়াপদের কর্তা হিসেবে ব্যবহৃত *It's nearly half past eight.* ○ *It's about 100 kilometres from Jaipur.* **5** used when you are talking about a situation কোনো পরিস্থিতি বা অবস্থার কথা জানাতে ব্যবহৃত *It gets very crowded here in the summer.* ○ *I'll come at 7 o'clock if it's convenient.* **6** used for emphasizing a part of a sentence কোনো বাক্যাংশের উপর জোর দেওয়ার জন্য ব্যবহৃত *It was Atul who said it, not me.* ○ *It's your health I'm worried about, not the cost.*

IDM **that/this is it 1** that/this is the answer হ্যাঁ, তাই, এটিই উত্তর *That's it! You've solved the puzzle!* **2** that/this is the end এটাই শেষ *That's it, I've had enough! I'm going home!*

italics / ɪˈtælɪks ই'ট্যালিক্স্ / *noun* [*pl.*] a type of writing or printing in which the letters do not stand straight up ডানদিকে হেলানো বাঁকা অক্ষরে লিখিত বা মুদ্রিত *All the example sentences in the dictionary are printed* ***in italics.*** ▶ **italic** *adj.* বাঁকানো বা হেলানো

itch / ɪtʃ ইচ্ / *noun* [C] the feeling on your skin that makes you want to rub or scratch it চুলকানি ▶ **itch** *verb* [I] চুলকোনো, চুলকোনোর ইচ্ছে *My nose is itching.*

itchy / ˈɪtʃi 'ইচি / *adj.* having or producing an **itch** চুলকানিযুক্ত *This shirt is itchy.* ○ *I feel itchy all over.* ▶ **itchiness** *noun* [U] চুলকানির ভাব

it'd / ˈɪtəd 'ইট্যাড্ / ➪ **it had** এবং **it would**-এর সংক্ষিপ্ত রূপ

item / ˈaɪtəm 'আইট্যাম্ / *noun* [C] **1** one single thing on a list or in a collection সংগ্রহ বা তালিকার কোনো নির্দিষ্ট একটি বস্তু *Some items arrived too late to be included in the catalogue.* ○ *What is the first item on the agenda?* **2** one single article or object একটি জিনিস বা বস্তু *Can I pay for each item separately?* ○ *an item of clothing* **3** a single piece of news খবরের একটি অংশ *There was an interesting item about Goa in yesterday's news.*

itemize (*also* **-ise**) / ˈaɪtəmaɪz 'আইট্যামাইজ্ / *verb* [T] to make a list of all the separate items in sth আলাদা আলাদা সবকিছুকে তালিকাভুক্ত করা *an itemized telephone bill*

itinerant / aɪˈtɪnərənt আই'টিন্যার‍্যান্ট্ / *adj.* (*only before a noun*) travelling from place to place এক জায়গা থেকে অন্য জায়গায় ভ্রমণ *an itinerant circus family*

itinerary / aɪˈtɪnərəri আই'টিন্যার‍্যারি / *noun* [C] (*pl.* **itineraries**) a plan of a journey, including the route and the places that you will visit পথনির্দেশিকা এবং দ্রষ্টব্য স্থানসকলসহ ভ্রমণসূচি বা ভ্রমণ পরিকল্পনা

it'll / ˈɪtl 'ইটল্ / ➪ **it will**-এর সংক্ষিপ্ত রূপ

its / ɪts ইট্স্ / *det.* of or belonging to a thing তার, ইহার, এর *The club held its Annual General Meeting last night.* ➪ **it's** নোট দেখো।

it's / ɪts ইট্স্ / ➪ **it is; it has**-এর সংক্ষিপ্ত রূপ

> NOTE লক্ষ রেখো 'it is' অথবা 'it has'-এর সংক্ষিপ্ত রূপ হল **it's** । **Its**-এর মানে তার, সেটির (belonging to it)—*The bird has broken its wings.*

itself / ɪtˈself ইট্'সেল্ফ্ / *pronoun* **1** used when the animal or thing that does an action is also affected by it যখন কোনো পশু বা বস্তু যে বা যা কাজটি করে সেটিও তার দ্বারা প্রভাবিত হয়, সেক্ষেত্রে ব্যবহৃত *The cat was washing itself.* ○ *The company has got itself into financial difficulties.* **2** used to emphasize sth কোনো কিছুর উপর জোর দিতে ব্যবহৃত হয় *The building itself is beautiful, but it's in a very ugly part of town.*

IDM **(all) by itself 1** without being controlled by a person; automatically কোনো ব্যক্তির নিয়ন্ত্রণ বা সাহায্য ছাড়াই; স্বয়ংক্রিয়ভাবে *The central heating comes on by itself before we get up.* **2** alone একা, একাকী *The house stood all by itself on the hillside.* ➪ **alone**-এ নোট দেখো।

IUD / ˌaɪ juː ˈdiː ˌআই ইউ 'ডী / *noun* [C] intrauterine device; a small metal or plastic object that is placed inside the **uterus** to stop a woman from becoming pregnant যাতে গর্ভধারণ না হয় সেজন্য যে ছোটো ধাতু বা প্লাস্টিকের বস্তু (কোনো মহিলার) জরায়ুর মুখে পরিয়ে দেওয়া হয়

IV[1] / ˌaɪ ˈviː ˌআই 'ভী / *abbr.* intravenous শিরা ও ধমনির মধ্য দিয়ে

IV[2] / ˌaɪ ˈviː ˌআই 'ভী / (*AmE*) = **drip**[2] **3**

I've / aɪv আইভ্ / ➪ **I have**-এর সংক্ষিপ্ত রূপ

ivory / ˈaɪvəri 'আইভ্যারি / *noun* [U] the hard white substance that the **tusks** of an elephant are made of হাতির দাঁত যে সাদা শক্ত বস্তু দিয়ে তৈরি হয়

ivy / ˈaɪvi 'আইভি / *noun* [U] a climbing plant that has dark leaves with three or five points গাঢ় সবুজ রঙের তিন বা পাঁচমুখী পাতা বিশিষ্ট লতানো গাছ; আইভি লতা ➪ **plant**-এ ছবি দেখো।

J j

J, j / dʒeɪ জেই / *noun* [C, U] (*pl.* **J's; j's** / dʒeɪz জেইজ্ /) the tenth letter of the English alphabet ইংরেজি বর্ণমালার দশম অক্ষর বা বর্ণ *'Jam' begins with a 'J'.*

jab[1] / dʒæb জ্যাব্ / *verb* [I, T] **jab sb/sth (with sth); jab sth into sb/sth** to push at sb/sth with a sudden, rough movement, usually with sth sharp (সাধারণত শক্ত কোনো বস্তু দিয়ে) কোনো ব্যক্তি বা বস্তুকে খোঁচা মারা, হঠাৎ জোরে খোঁচা মারা *She jabbed me in the ribs with her elbow.* ○ *The robber jabbed a gun into my back and ordered me to move.*

jab[2] / dʒæb জ্যাব্ / *noun* [C] **1** a sudden rough push with sth sharp কোনো শক্ত বস্তু দিয়ে হঠাৎ খোঁচা *He **gave** me **a jab** in the ribs with the stick.* **2** (*informal*) the action of putting a drug, etc. under sb's skin with a needle ইনজেকশন দিয়ে কোনো ওষুধ ইত্যাদি শরীরে প্রবেশ করানোর ক্রিয়া; টিকা *I'm going to the doctor's to **have a** typhoid **jab** today.* ✪ সম **injection**

jacaranda / ˌdʒækəˈrændə ˌজ্যাক্যা'র‍্যান্ড্যা / *noun* [C] a tropical tree which commonly has blue trumpet-shaped flowers and compound leaves সাধারণত পুঞ্জ পত্র এবং নীল শিঙার মতো আকারের ফুল বিশিষ্ট ক্রান্তীয় বৃক্ষ; জ্যাকরান্দা

jack[1] / dʒæk জ্যাক্ / *noun* [C] **1** a piece of equipment for lifting a car, etc. off the ground, for example in order to change its wheel একধরনের উপকরণ যার দ্বারা গাড়ি ইত্যাদি উঁচু করে তুলে ধরা হয় চাকা ইত্যাদি পালটানোর জন্য ➪ **hydraulic**-এ ছবি দেখো। **2** the card between the ten and the queen in a pack of cards এক প্যাকেট তাসের মধ্যে দশ এবং বেগমের মধ্যবর্তী যে তাসটি; গোলাম ➪ **card**-এ নোট দেখো।

IDM **a jack of all trades** a person who can do many different types of work, but who perhaps does not do them very well যে ব্যক্তি নানাবিধ কাজ করতে পারে কিন্তু কোনো কাজে সম্ভবত যার কোনো দক্ষতা থাকে না

jack[2] / dʒæk জ্যাক্ / *verb*

PHR V **jack sth in** (*slang*) to stop doing sth (অপপ্রয়োগ) কোনো কাজ বন্ধ করা *Hitesh got fed up with his job and jacked it in.*

jack sth up to lift a car, etc. using a jack জ্যাকের সাহায্যে গাড়ি ইত্যাদি উঁচু করা *We jacked the car up to change the wheel.*

jackal / ˈdʒækl ˈজ্যাক্‌ল্ / *noun* [C] a wild animal like a dog that lives in Africa and Asia. Jackals eat the meat of animals that are already dead (আফ্রিকা এবং এশিয়ায় পাওয়া যায়) কুকুরের মতো দেখতে একধরনের বন্য প্রাণী, যারা মৃতপ্রাণীর মাংস খায়; শৃগাল, শেয়াল

jacket / ˈdʒækɪt ˈজ্যাকিট্ / *noun* [C] **1** a short coat with sleeves হাতাসমেত একধরনের ছোটো জামা; কোট; জ্যাকেট *Do you have to wear a jacket and tie to work?* ➪ **life jacket** দেখো। **2** a cover for a hot-water **tank** etc. that stops heat from being lost উষ্ণ জলাধার ইত্যাদির ঢাকনা যার দ্বারা সেটি উষ্ণ বা গরম থাকে **3** a paper cover for a book that has a hard rigid cover বইয়ের শক্ত মজবুত মলাটের উপর আরেকটি কাগজের যে মলাট থাকে

jacket potato *noun* [C] a potato that is cooked in the oven in its skin ওভেনে রান্না-করা খোসাসমেত আলু

jackfruit / ˈdʒækfruːt ˈজ্যাক্‌ফ্রুট্ / *noun* **1** [C] an Indian evergreen tree cultivated for its large fruit and seeds কাঁঠাল গাছ **2** [U, C] a very large edible fruit of this tree কাঁঠাল, পনস

jackhammer / ˈdʒækhæmə(r) ˈজ্যাক্‌হ্যাম্যা(র্) / (*AmE*) = **pneumatic drill**

jackknife[1] / ˈdʒæknaɪf ˈজ্যাক্‌নাইফ্ / *noun* [C] a large knife with a folding blade লম্বা বড়ো ছুরি যার ধারালো দিকটি ভাঁজ করা যায়

jackknife[2] / ˈdʒæknaɪf ˈজ্যাক্‌নাইফ্ / *verb* [I] (used about a lorry that is in two parts) to go out of control and bend suddenly in a dangerous way (দুভাগে বিভক্ত লরি সম্বন্ধে ব্যবহৃত) নিয়ন্ত্রণ হারিয়ে হঠাৎ বিপজ্জনকভাবে বাঁক নেওয়া

the jackpot / ˈdʒækpɒt ˈজ্যাক্‌পট্ / *noun* [C] the largest money prize that you can win in a game জুয়ো খেলায় প্রাপ্য সর্বোচ্চ টাকা; জ্যাকপট

IDM **hit the jackpot** ➪ **hit[1]** দেখো।

Jacuzzi™ / dʒəˈkuːzi জ্যা'কুজ়ি / *noun* [C] a special bath in which powerful movements of air make bubbles in the water যে বিশেষ স্নানের ব্যবস্থায় বাতাসের প্রবল আলোড়নে জলের মধ্যে বুদ্‌বুদের সৃষ্টি হয়

jade / dʒeɪd জেইড্ / *noun* [U] **1** a hard stone that is usually green and is used in making jewellery সাধারণতঃ সবুজ রঙের শক্ত পাথর যা দিয়ে গয়না তৈরি হয় **2** a bright green colour উজ্জ্বল সবুজ রং ▶ **jade** *adj.* জেড রঙের বা নীলচে সবুজ রঙের

jaded / ˈdʒeɪdɪd ˈজেইডিড্ / *adj.* tired and bored after doing the same thing for a long time without a break একনাগাড়ে অনেকক্ষণ ধরে একই কাজ করার পরে ক্লান্ত এবং বিরক্ত; শ্রমক্লান্ত, বীতস্পৃহ

jagged / ˈdʒæɡɪd ˈজ্যাগিড্ / *adj.* rough with sharp points খাঁজ, খোঁচ, খাঁজকাটা, এবড়োখেবড়ো *jagged rocks*

jaggery / ˈdʒæɡəri ˈজ্যাগ্যারি / *noun* [U] unrefined coarse brown sugar made from sugar cane juice or palm sap আখের বা তালের রস থেকে প্রস্তুত মিছরি; তালমিছরি

jaguar / ˈdʒæɡjuə(r) ˈজ্যাগিউঅ্যা(র্) / *noun* [C] a large wild cat with black spots that comes from Central and South America মধ্য ও দক্ষিণ আমেরিকায় প্রাপ্ত কালো দাগওয়ালা বড়ো বন্য বিড়াল; জাগুয়ার ➪ **lion**-এ নোট দেখো।

jail[1] / dʒeɪl জেইল্ / *noun* [C, U] (a) prison কারা, কয়েদখানা, কারাগার; জেল *He was* ***sent to jail*** *for ten years.* ➪ **prison**-এ নোট দেখো।

jail[2] / dʒeɪl জেইল্ / *verb* [T] to put sb in prison কাউকে জেলে বন্দি করা, কয়েদে পোরা *She was jailed for ten years.*

jailer / ˈdʒeɪlə(r) ˈজেইল্যা(র্) / *noun* [C] (*old-fashioned*) a person whose job is to guard prisoners জেলরক্ষী, কারাধ্যক্ষ

Jain *noun* [C] a person whose religion is **Jainism** জৈন ধর্মের অনুগামী ব্যক্তি; জৈন *Many Jains go to the Dilwara Temples on pilgrimage.* ▶ **Jain** *adj.* জৈন ধর্ম সম্বন্ধীয়; জৈন *Jain rituals/Jain temples*

Jainism *noun* [U] an Indian religion established in about 6 BC by Mahavira. It is based on the principle of non-violence and a belief in **reincarnation** প্রায় খ্রিস্টপূর্ব ষষ্ঠ শতকে ভারতে মহাবীর দ্বারা প্রবর্তিত ধর্ম যা পুনর্জন্ম এবং অহিংসার মূল নীতিতে বিশ্বাসী; জৈনধর্ম

Jaiphal *noun* [C,U] (*IndE*) nutmeg জায়ফল

jalebi *noun* [C] an Indian sweet made of a **coil** of deep-fried **batter** that is soaked briefly in sugar syrup (একধরনের ভারতীয় মিষ্টি) জিলিপি

jam[1] / dʒæm জ্যাম্ / *noun* 1 [U] (*AmE* **jelly**) a sweet substance that you spread on bread, made by boiling fruit and sugar together ফল এবং চিনি একত্রে রান্না করে বানানো মিষ্টি পদার্থ যা রুটিতে বা পাউরুটিতে লাগানো হয়; জ্যাম *a jar of raspberry jam*

> **NOTE** পাতিলেবু অথবা কমলালেবু দিয়ে তৈরি জ্যামকে **marmalade** বলা হয়।

2 [C] a situation in which you cannot move because there are too many people or vehicles যানবাহন বা লোকজনের ভিড়ে গতিরোধ হয় এমন পরিস্থিতি *a traffic jam* 3 [C] (*informal*) a difficult situation কঠিন, জটিল পরিস্থিতি *We're in a bit of a jam without our passports or travel documents.* 4 [C] (*informal*) the act of playing music together with other musicians in a way which has not been planned or prepared first পূর্ব প্রস্তুতি বা পরিকল্পনা ছাড়াই অন্যান্য শিল্পীদের সঙ্গে একত্রে বাজনা বাজানোর ক্রিয়া *a jam session*

jam[2] / dʒæm জ্যাম্ / *verb* (**ja<u>mm</u>ing; ja<u>mm</u>ed**) 1 [T] **jam sb/sth in, under, between, etc. sth** to push or force sb/sth into a place where there is not much room কাউকে বা কোনো কিছুকে কোনোরকমে অপর্যাপ্ত স্থানে ভরে দেওয়া বা ঠেসে দেওয়া *She managed to jam everything into her suitcase.* 2 [I, T] **jam (sth) (up)** to become or to make sth unable to move or work কোনো জিনিস এমনভাবে আটকে যাওয়া বা আটকে রাখা যার ফলে সেটি অচল বা অকেজো হয়ে পড়ে *Something is jamming (up) the machine.* ○ *I can't open the door. The lock has jammed.* 3 [T] **jam sth (up) (with sb/sth)** (*usually passive*) to fill sth with too many people or things অনেক জিনিস বা মানুষে জায়গা ভরে ফেলা *The cupboard was* ***jammed full*** *of old newspapers and magazines.* ○ *The bus was* ***jam-packed with*** (=completely full of) *passengers.* 4 [T] to send out signals in order to stop radio programmes, etc. from being received or heard clearly কোনো বেতার অনুষ্ঠান যাতে ভালোভাবে শোনা না যায় বা একেবারেই ধরা না যায় তার জন্য সংকেত পাঠানো, জ্যাম করা, ইচ্ছে করে বাধা সৃষ্টি করা 5 [I] (*informal*) to play music with other musicians in an informal way without preparing or practising first পূর্বপ্রস্তুতি বা অনুশীলন ছাড়াই ঘরোয়াভাবে অন্য শিল্পীদের সঙ্গে বাজানো *They continued to jam together and write music and eventually they made their first record.*

PHR V **jam on the brakes/jam the brakes on** to stop a car suddenly by pushing hard on the controls (**brakes**) with your feet পা দিয়ে জোরে ব্রেক কষে কোনো গাড়িকে হঠাৎ থামানো

Jan. *abbr.* January জানুয়ারি মাস *1 Jan. 1993*

jangle / ˈdʒæŋɡl ˈজ্যাংগ্‌ল্ / *verb* [I, T] to make a noise like metal hitting against metal; to move sth so that it makes this noise ধাতুতে ধাতুতে ঠোকাঠুকি করে ধাতব আওয়াজ করা; কোনো কিছু নাড়িয়ে আওয়াজ করা *The baby smiles if you jangle your keys.* ▶ **jangle** *noun* [U] ঝনঝন শব্দ

janitor / ˈdʒænɪtə(r) ˈজ্যানিট্যা(র্) / (*AmE*) = **caretaker**

January / ˈdʒænjuəri ˈজ্যানিউঅ্যারি / *noun* [U, C] (*abbr.* **Jan**) the first month of the year, coming after December বছরের প্রথম মাস; ডিসেম্বরের পরের মাস জানুয়ারি *We're going skiing* ***in January.*** ○ *last/next January* ○ *We first met* ***on January*** *31st, 1989.*

NOTE সাধারণত আমরা 'on January the seventeenth' অথবা 'on the seventeenth of January' অভিব্যক্তি দুটি ব্যবহার করি। আমেরিকান ইংরেজিতে 'January seventeenth' বলা হয়। ব্রিটিশ এবং আমেরিকান ইংরেজিতে মাসের নামের প্রথম অক্ষরটি বড়ো হরফে অর্থাৎ capital letters-এ লেখা হয়।

jar[1] / dʒɑː(r) জা:(র্) / *noun* [C] **1** a container with a lid, usually made of glass and used for keeping food, etc. in বড়ো মুখওয়ালা কাচের গোল পাত্র যা সাধারণত খাদ্য ইত্যাদি রাখতে ব্যবহৃত হয়; কৌটো অথবা জার *a jam jar* ○ *a large storage jar for flour* **2** the food that a jar contains জারের মধ্যে রাখা খাবার বা খাবার সমেত জারটি *a jar of honey/jam/coffee*

jar[2] / dʒɑː(r) জা:(র্) / *verb* (**jarring; jarred**) **1** [T] to hurt or damage sth as a result of a sharp knock কোনো কিছুতে প্রবল ধাক্কা লাগায় আঘাত পাওয়া বা কিছুর ক্ষতি হওয়া *He fell and jarred his back.* **2** [I] **jar (on sb/sth)** to have an unpleasant or annoying effect বিরক্তি সৃষ্টি করা, অপ্রীতিকর মনোভাব জাগানো *The dripping tap jarred on my nerves.*

jargon / ˈdʒɑːɡən 'জা:গ্যান্ / *noun* [U] special or technical words that are used by a particular group of people in a particular profession and that other people do not understand কোনো বিশেষ পেশাগত গোষ্ঠীর দ্বারা ব্যবহৃত পরিভাষা বা অন্যরকম শব্দসমষ্টি সম্বলিত ভাষা যা বাকি মানুষের পক্ষে দুর্বোধ্য *medical/scientific/legal/computer jargon*

jaundice / ˈdʒɔːndɪs 'জ:নডিস্ / *noun* [U] a medical condition in which the skin and the white parts of the eyes become yellow যে রোগে ত্বক ও চোখের সাদা ভাগ হলুদ হয়ে যায়; পাণ্ডুরোগ; জনডিস ▶ **jaundiced** *adj.* পাণ্ডুরোগগ্রস্ত, জনডিস রোগগ্রস্ত

java plum *noun* [C] an Indonesian soft round fruit with dark blue skin and a stone in the middle ইন্দোনেশিয়ায় পাওয়া যায় একধরনের নরম গোল ফল যার খোসা ঘন নীল রঙের এবং ভিতরে বীজ থাকে; জাভা প্লাম

javelin / ˈdʒævlɪn 'জ্যাভ্‌লিন্ / *noun* **1** [C] a long stick with a pointed end that is thrown in sports competitions খেলার প্রতিযোগিতায় ব্যবহৃত হালকা, লম্বা বর্শা, বল্লম; জ্যাভেলিন **2 the javelin** [*sing.*] the event or sport of throwing the javelin as far as possible জ্যাভেলিন ছোড়ার খেলা

jaw / dʒɔː জ: / *noun* **1** [C] either of the two bones in your face that contain your teeth চোয়াল, হনু *the lower/upper jaw* ➪ **body**-তে ছবি দেখো। **2 jaws** [*pl.*] the mouth (especially of a wild animal) (বিশেষ করে কোনো বন্য প্রাণীর) মুখ, মুখের বড়ো হাঁ *The lion came towards him with its jaws open.* **3 jaws** [*pl.*] the parts of a tool or machine that are used to hold things tightly কোনো যন্ত্রের যে অংশ দ্বারা শক্ত করে কিছু ধরা যায় *the jaws of a vice* ➪ **vice**-এ ছবি দেখো।

jawan *noun* [C] (*in India*) a male police constable or soldier (ভারতবর্ষে) পুলিশের পাহারাওয়ালা; আরক্ষিক, সৈনিক, জওয়ান *The notice asked all the jawans to assemble at 5 p.m.*

jawbone / ˈdʒɔːbəʊn 'জ:ব্যাউন্ / *noun* [C] the bone that forms the lower jaw চোয়ালের নীচের হাড় ✪ সম **mandible** ➪ **body**-তে ছবি দেখো।

jazz[1] / dʒæz জ্যাজ্ / *noun* [U] a style of music with a strong rhythm, originally of African American origin আফ্রিকান-আমেরিকান মূলোদ্ভূত তালপ্রধান গান-বাজনাবিশেষ; জ্যাজ *modern/traditional jazz* ➪ **classical, pop** এবং **rock** দেখো।

jazz[2] / dʒæz জ্যাজ্ / *verb*

PHR V **jazz sth up** (*informal*) to make sth brighter, more interesting or exciting কোনো কিছু আরও আনন্দোচ্ছল, চিত্তাকর্ষক বা প্রাণবন্ত করে তোলা

jealous / ˈdʒeləs 'জেল্যাস্ / *adj.* **1** feeling upset or angry because you think that sb you like or love is showing interest in sb else নিজের ভালোবাসার বা পছন্দের মানুষ অন্য কাউকে পছন্দ করছে বা ভালোবাসছে এরকম চিন্তা করে রাগত বা বিপর্যস্ত মনোভাব সম্পন্ন; ঈর্ষান্বিত, সন্দিগ্ধ *Tarun seems to get jealous whenever Sarita speaks to another boy!* **2 jealous (of sb/sth)** feeling angry or sad because you want to be like sb else or because you want what sb else has অন্যের সাফল্যে মন খারাপের অনুভূতি বা রাগ; হিংসুটে, হিংসুক, পরশ্রীকাতর, ঈর্ষাপরায়ণ *He's always been jealous of his older brother.* ○ *I'm very jealous of your new car—how much did it cost?* ✪ সম **envious** ▶ **jealously** *adv.* ঈর্ষান্বিতভাবে ▶ **jealousy** *noun* [C, U] (*pl.* **jealousies**) ঈর্ষা

jeans / dʒiːnz জীন্‌জ্ / *noun* [*pl.*] trousers made of strong, usually blue, cotton cloth (**denim**) সাধারণত মোটা নীল সুতির কাপড়ের তৈরি ট্রাউজার *These jeans are a bit too tight.* ○ *a pair of jeans*

Jeep™ / dʒiːp জীপ্ / *noun* [C] a strong vehicle suitable for travelling over rough ground (রুক্ষ জমির উপর দিয়ে চলতে পারে এমন) জিপ গাড়ি

jeer / dʒɪə(r) জিঅ্যা(র্) / *verb* [I, T] **jeer (at) sb/sth** to laugh or shout rude comments at sb/sth to show your lack of respect for him/her/it ঠাট্টা বা উপহাস করা, ব্যঙ্গ করে হাসা, বিদ্রুপ করা, ব্যঙ্গ করা *The spectators booed and jeered at the losing team.* ▶ **jeer** *noun* [C] ঠাট্টা, বিদ্রুপাত্মক মন্তব্য, বিদ্রুপ,

ব্যঙ্গ *The Prime Minister was greeted with jeers in the Parliament House today.*

jeera *noun* [C] (*IndE*) cumin জিরে

jelly / ˈdʒeli ˈজেলি / *noun* (*pl.* **jellies**) (*AmE* **Jell-O™**) **1** [C, U] a soft, solid brightly coloured food that shakes when it is moved. Jelly is made from sugar and fruit juice and is eaten cold at the end of a meal ফলের রস ও চিনি দিয়ে বানানো একধরনের নরম তলতলে উজ্জ্বল রঙের মিষ্টি খাবার। এটি ঠান্ডা অবস্থায় খাবারের শেষে খাওয়া হয়; জেলি **2** [U] (*AmE*) a type of jam that does not contain any solid pieces of fruit এক বিশেষ ধরনের জ্যাম যার মধ্যে ফলের কোনো কুচি থাকে না

IDM be/feel like jelly (used especially about the legs or knees) to feel weak because you are nervous, afraid, etc. (বিশেষত পা বা হাঁটু সম্বন্ধে ব্যবহৃত) স্নায়বিক দুর্বলতা, ভীতি ইত্যাদি কারণে দুর্বল বোধ করা

turn to jelly (used about the legs and knees) to suddenly become weak because of fear (পা এবং হাঁটু সম্বন্ধে ব্যবহৃত) ভয় পেয়ে হঠাৎ করে শক্তি হারিয়ে ফেলা, হাঁটু বেঁকে যাওয়া, বসে যাওয়া

jellyfish / ˈdʒelifɪʃ ˈজেলিফিশ্ / *noun* [C] (*pl.* **jellyfish**) a sea animal with a soft colourless body and long thin parts called **tentacles** that can sting you একধরনের বর্ণহীন, নরম দেহবিশিষ্ট সামুদ্রিক প্রাণী যা কর্ষিকার সাহায্যে হুল ফোটায়; জেলিফিশ

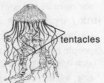

tentacles

jeopardize (*also* **-ise**) / ˈdʒepədaɪz ˈজেপ্যাডাইজ্ / *verb* [T] to do sth that may damage sth or put it at risk ক্ষতি করা বা বিপদে ফেলা *He would never do anything to jeopardize his career.*

jeopardy / ˈdʒepədi ˈজেপ্যাডি / *noun*

IDM in jeopardy in a dangerous position and likely to be lost or harmed বিপদের মধ্যে এবং হারানোর বা ক্ষতিগ্রস্ত হওয়ার সম্ভাবনা আছে এমন *The future of the factory and 15,000 jobs are in jeopardy.*

jerk¹ / dʒɜːk জ্যক্ / *verb* [I, T] to move or make sb/sth move with a sudden sharp movement কাউকে বা কিছুকে হঠাৎ জোরে ধাক্কা বা ঝাঁকুনি দিয়ে সরিয়ে দেওয়া বা সরে যাওয়া *She jerked the door open.* ○ *His head jerked back as the car suddenly set off.* ▶ **jerky** *adj.* ঝাঁকুনিযুক্ত ▶ **jerkily** *adv.* ঝাঁকুনি খেতে খেতে, ঝাঁকুনির সঙ্গে

jerk² / dʒɜːk জ্যক্ / *noun* [C] **1** a sudden sharp movement আচমকা ধাক্কা, ঝাঁকুনি **2** (*AmE slang*) a stupid or annoying person বোকা ও বিরক্তি উদ্রেককারী লোক

jersey / ˈdʒɜːzi ˈজ্যজ়ি / *noun* **1** [C] a piece of clothing made of wool that you wear over a shirt শার্টের উপর পরার উলের তৈরি বিশেষ জামা; জার্সি

NOTE Jersey ছাড়াও এই পোশাকটিকে **jumper, pullover** অথবা **sweater** বলা যেতে পারে।

2 [U] a soft thin material made of cotton or wool that is used for making clothes পশম বা সুতোর তৈরি পাতলা উপাদানবিশেষ যা দিয়ে ভিন্ন ধরনের জামা তৈরি হয়

jest¹ / dʒest জেস্ট্ / *noun* [C] a joke or prank; sth said or done to amuse people ঠাট্টা বা তামাশা; বিদ্রুপ, পরিহাস

IDM in jest not said seriously and intended as a joke কৌতুকের ছলে অথবা ঠাট্টা করে বলা কথা

jest² / dʒest জেস্ট্ / *verb* [I] to say or do sth to amuse people তামাশা করা, ঠাট্টা করা, বিদ্রুপ করা *How can someone jest about something so important!*

jester / ˈdʒestə(r) ˈজেস্ট্যা(র্) / *noun* [C] (usually in the past at the court of kings and queens) a man employed to amuse people by telling jokes, funny stories, etc. (সাধারণত পূর্বকালে রাজা বা রাণীর রাজসভায়) বিদূষক, কৌতুককারী, ভাঁড়

Jesus / ˈdʒiːzəs ˈজীজ়্যাস্ / = **Christ**

jet / dʒet জেট্ / *noun* [C] **1** a fast modern plane দ্রুতগামী আধুনিক বিমানবিশেষ *a jet plane/aircraft* **2** a fast, thin current of water, gas, etc. coming out of a small hole ছোটো ছিদ্রমুখ দিয়ে তোড়ে বেরিয়ে আসা জলরাশি, গ্যাস ইত্যাদি

jet-black *adj.* very dark black in colour গাঢ় কালো রঙের

jet engine *noun* [C] a powerful engine that makes planes fly by pushing out a current of hot air and gases at the back যে শক্তিশালী ইঞ্জিন গরম হাওয়া এবং গ্যাসের স্রোত পিছনদিক দিয়ে উদ্‌গিরণ করে বিমানকে উড়তে সাহায্য করে; জেট ইঞ্জিন ➪ **plane**-এ ছবি দেখো।

jet lag *noun* [U] the tired feeling that people often have after a long journey in a plane to a place where the local time is different বিমানে অনেক লম্বা সময় কাটানোর ফলে এবং এক দেশ থেকে অন্য দেশের ভিন্ন সময়ের সঙ্গে খাপ খাওয়াতে না পারার ফলে যে ক্লান্তি বোধ হয়; দীর্ঘ বিমানযাত্রাজনিত অবসাদ; জেট-ল্যাগ ▶ **jet-lagged** *adj.* বিমান যাত্রায় ক্লান্ত

the jet set *noun* [*sing.*] the group of rich, successful and fashionable people (especially those who travel around the world a lot) ধনী, সফল, কেতাদুরস্ত মানুষ (বিশেষত যারা পৃথিবীর বিভিন্ন প্রান্তে ঘুরে বেড়ান)

jetty / ˈdʒeti ˈজেটি / *noun* [C] (*pl.* **jetties**) (*AmE* **dock**) a stone wall or wooden platform built out into the sea or a river where boats are tied and where people can get on and off them সমুদ্র বা নদীতে নির্মিত পাথরের দেয়াল বা কাঠের পাটাতন যেখানে নৌকো বাঁধা হয় এবং লোকে তার থেকে ওঠা-নামা করে; জাহাজঘাটা; জেটি ✪ সম **landing stage**

Jew / dʒu: জু / *noun* [C] a person whose family was originally from the ancient land of Israel or whose religion is Judaism ইজরায়েল-এর প্রাচীন ভূখণ্ড থেকে আগত ইহুদি ধর্ম বিশিষ্ট পরিবারের কোনো ব্যক্তি; ইহুদি ▶ **Jewish** *adj.* ইহুদি সংক্রান্ত, ইহুদি ধর্মাবলম্বী

jewel / ˈdʒu:əl ˈজুঅ্যাল্ / *noun* **1** [C] a valuable stone (for example a diamond) দামি পাথর, রত্ন (যেমন হীরে) **2** [*pl.*] a piece of jewellery or an object that contains precious stones মণিরত্ন বা মণিমাণিক্যখচিত অলংকার

jeweller (*AmE* **jeweler**) / ˈdʒu:ələ(r) ˈজুঅ্যাল্যা(র্) / *noun* **1** [C] a person whose job is to buy, sell, make or repair jewellery and watches রত্নবণিক, রত্নব্যবসায়ী, জহুরি **2 the jeweller's** [*sing.*] a shop where jewellery and watches are made, sold and repaired রত্নবণিকের দোকান, জহুরির দোকান (যেখানে অলংকার বা ঘড়ি তৈরি হয়, সারানো হয় ও বিক্রি হয়)

jewellery (*AmE* **jewelry**) / ˈdʒu:əlri ˈজুঅ্যাল্রি / *noun* [U] objects such as rings, etc. that are worn as personal decoration ব্যক্তিগত মণিরত্ন, গহনাদি, অলংকার *a piece of jewellery*

jib¹ / dʒɪb জিব্ / *noun* [C] **1** a small sail in front of the large sail on a boat জাহাজের বড়ো পালের সামনে টাঙানো ছোটো পাল **2** the arm of a **crane¹** ভারোত্তোলক কোনো (ক্রেন) যন্ত্রের হাতল

jib² / dʒɪb জিব্ / *verb* [I] (**jibbing; jibbed**) **jib (at sth/at doing sth)** (*old-fashioned*) to refuse to do or accept sth কিছু করতে বা গ্রহণ করতে না চাওয়া *She agreed to attend but jibbed at making a speech.*

jig¹ / dʒɪg জিগ্ / *noun* [C] a type of quick dance with jumping movements; the music for this dance লাফিয়ে লাফিয়ে একধরনের দ্রুত তালের নৃত্যশৈলী; ঐ নাচের বাদ্যসংগীত

jig² / dʒɪg জিগ্ / *verb* [I] (**jigging; jigged**) **jig about/around** to move about in an excited or impatient way উত্তেজনার সঙ্গে বা অধৈর্যের সঙ্গে ঘুরে বেড়ানো

jiggle / ˈdʒɪgl ˈজিগ্‌ল্ / *verb* [T] (*informal*) to move sth quickly from side to side (দ্রুত) কোনো কিছু দোলানো, এদিক থেকে ওদিকে নাড়ানো *She jiggled her car keys to try to distract the baby.*

jigsaw / ˈdʒɪgsɔ: ˈজিগ্‌স: / (*also* **jigsaw puzzle**) *noun* [C] a picture on cardboard or wood that is cut into small pieces and has to be fitted together again কার্ডবোর্ড বা কাঠের উপর লাগানো কোনো ছবি কেটে কয়েক টুকরো করা হয় এবং তারপর টুকরোগুলি জোড়া দিয়ে ছবিটি আবার সম্পূর্ণ করে সাজাতে হয়; ধাঁধার খেলা

jilt / dʒɪlt জিল্‌ট্ / *verb* [T] to suddenly end a romantic relationship with sb in an unkind way রূঢ়ভাবে কোনো প্রণয় সম্পর্ক অকস্মাৎ শেষ করে দেওয়া *a jilted lover*

jingle¹ / ˈdʒɪŋgl ˈজিংগ্‌ল্ / *noun* **1** [*sing.*] a ringing sound like small bells, made by metal objects gently hitting each other ঝুমঝুমি ইত্যাদির ধাতব, মধুর আওয়াজ *the jingle of coins* **2** [C] a short simple tune or song that is easy to remember and is used in advertising on television or radio রেডিও বা টেলিভিশনের বিজ্ঞাপনে ব্যবহৃত সংক্ষিপ্ত সুর বা গান যা সহজে মনে রাখা যায়

jingle² / ˈdʒɪŋgl ˈজিংগ্‌ল্ / *verb* [I, T] to make or cause sth to make a pleasant gentle sound like small bells ringing মিষ্টি ঘণ্টাধ্বনির মতো আওয়াজ করা বা করানো; ঝুমঝুম করে বেজে ওঠা বা বাজানো *She jingled the coins in her pocket.*

jinx / dʒɪŋks জিংক্স্ / *noun* [C, *usually sing.*] (*informal*) bad luck; a person or thing that people believe brings bad luck to sb/sth দুর্ভাগ্য; এমন ব্যক্তি বা বস্তু যাকে মানুষ দুর্ভাগ্য বহনকারী বলে মনে করে; দুর্ভাগা, (ব্যক্তি বা বস্তু) অপয়া ▶ **jinx** *verb* [T] দুর্ভাগ্য ডেকে আনা ▶ **jinxed** *adj.* দুর্ভাগ্যগ্রস্ত *After my third accident in a month, I began to think I was jinxed.*

the jitters / ˈdʒɪtəz ˈজিট্যাজ্ / *noun* [*pl.*] (*informal*) feelings of fear or worry, especially before an important event or before having to do sth difficult ভয় বা চিন্তায় আচ্ছন্ন হয়ে থাকার অনুভূতি, বিশেষত কঠিন বা গুরুত্বপূর্ণ কাজের আগে স্নায়বিক দুর্বলতা বোধ *Just thinking about the exam* ***gives me the jitters!***

jittery / ˈdʒɪtəri ˈজিট্যারি / *adj.* (*informal*) nervous or worried সন্ত্রস্ত, চিন্তিত

Jnr (*also* **Jr.**) *abbr.* (*AmE*) Junior বয়ঃকনিষ্ঠ, নিম্নপদস্থ *Samuel P Carson, Jnr*

job / dʒɒb জব্ / *noun* [C] **1** the work that you do regularly to earn money বেতনের বিনিময়ে কাজ, টাকা রোজগারের উদ্দেশ্যে নিয়মিত করা কোনো কাজ; চাকুরি *She* ***took/got a job*** *as a waitress.* ○ *A lot of people will* ***lose*** *their* ***jobs*** *if the factory closes.*

NOTE চাকুরি খোঁজার জন্য **look for** অথবা **find a job** এবং চাকুরিতে দরখাস্ত দেওয়ার জন্য **apply for**

অভিব্যক্তিগুলি ব্যবহার করা হয়। কোনো চাকুরি **well paid/highly paid** অথবা **badly paid** বা **low paid** হতে পারে। চাকুরি **full-time** বা **part-time** অথবা **permanent** বা **temporary** হতে পারে। যারা **part-time** কাজ করে তাদের জন্য **job-sharing** খুবই জনপ্রিয় হয়ে উঠছে। ➪ **work**-এ নোট দেখো।

2 a task or a piece of work কোনো একটা কাজ, অনেক কাজের মধ্যে একটি *I always have a lot of jobs to do in the house at weekends.* ○ *The garage has* ***done a good/bad job on*** *our car.* **3** [*usually sing.*] a duty or responsibility কর্তব্য বা দায়িত্ব *It's not his job to tell us what we can and can't do.*

IDM **do the job/trick** (*informal*) to get the result that is wanted ঈপ্সিত ফল পাওয়া

have a hard job to do sth/doing sth ➪ **hard[1]** দেখো।

it's a good job (*spoken*) it is a good or lucky thing (কথ্য) ভালো যে, ভালো কথা, ভাগ্যের কথা *It's a good job you reminded me—I had completely forgotten!*

just the job/ticket (*informal*) exactly what is needed in a particular situation বিশেষ পরিস্থিতিতে যা প্রয়োজন অথবা ঠিক যা চাওয়া হচ্ছিল তাই

make a bad, good, etc. job of sth to do sth badly, well, etc. কোনো কিছু খারাপভাবে বা ভালোভাবে করা

make the best of a bad job ➪ **best[3]** দেখো।

out of a job without paid work কর্মহীন, বেকার ✪ সম **unemployed**

jobless / ˈdʒɒbləs ˈজব্‌ল্যাস্ / *adj.* **1** (usually used about large numbers of people) without paid work (সাধারণত বেশি সংখ্যক ব্যক্তি সম্বন্ধে ব্যবহৃত) চাকুরি নেই এমন ✪ সম **unemployed** **2 the jobless** *noun* [*pl.*] people without paid work বাঁধা মাইনের চাকুরি নেই এমন; বেকার, কর্মহীন ▶ **joblessness** *noun* [U] বেকারত্ব ✪ সম **unemployment**

jockey / ˈdʒɒki ˈজকি / *noun* [C] a person who rides horses in races, especially as a profession ঘোড়দৌড়ের জন্য পেশাদার ঘোড়সওয়ার; জকি ➪ **DJ** দেখো।

jocular / ˈdʒɒkjələ(r) ˈজকিঅ্যাল্যা(র্) / *adj.* (*formal*) **1** humorous or amusing আমুদে বা মজাদার *a jocular comment* **2** (about or of a person) enjoying making people laugh (ব্যক্তি) স্ফূর্তিবাজ, রসিক *jocular in nature* ▶ **jocularity** / ˌdʒɒkjəˈlærəti ˌজকিঅ্যাˈল্যার‍্যাটি / *noun* [U] আমোদ, রসিকতা **jocularly** / li লি / *adv.* আমোদিতভাবে *He laughed jocularly.*

jodhpurs *noun* [*pl.*] special trousers that you wear for riding a horse ঘোড়ায় চাপার জন্য বিশেষ ধরনের পাজামা বা ট্রাউজার

joey / ˈdʒəʊi ˈজ্যাউই / *noun* [C] a young **kangaroo** or **wallaby** ক্যাঙারু বা ওয়ালাবির শাবক ➪ **marsupial**-এ ছবি দেখো।

jog[1] / dʒɒg জগ্ / *verb* (**jogging; jogged**) **1** [I] to run slowly, especially as a form of exercise ব্যায়ামের জন্য আস্তে আস্তে দৌড়োনো

NOTE ব্যায়াম অথবা মনোরঞ্জনের জন্য আমরা যখন **jogging**-এ যাওয়ার কথা বলি তখন আমরা সাধারণত **go jogging** অভিব্যক্তিটি ব্যবহার করি—*I go jogging most evenings.*

2 [T] to push or knock sb/sth slightly কাউকে বা কিছুকে আস্তে ঠেলা দেওয়া বা ধাক্কা দেওয়া *He jogged my arm and I spilled the milk.*

IDM **jog sb's memory** to say or do sth that makes sb remember sth কাউকে কিছু মনে পড়ানো অথবা স্মৃতিতে আনার জন্য কিছু বলা বা করা

jog[2] / dʒɒg জগ্ / *noun* [*sing.*] **1** a slow run as a form of exercise ধীরে ধীরে ব্যায়ামের জন্য দৌড় *She* ***goes for a jog*** *before breakfast.* **2** a slight push or knock হালকাভাবে ধাক্কা, ঠেলা

jogger / ˈdʒɒgə(r) ˈজগ্যা(র্) / *noun* [C] a person who goes jogging for exercise যে ব্যক্তি শরীরচর্চার জন্য নিয়মিত আস্তে আস্তে দৌড়োয়

join[1] / dʒɔɪn জইন্ / *verb* **1** [T] **join A to B; join A and B (together)** to fasten or connect one thing to another একটা কিছুর সঙ্গে অন্য একটা কিছু যোগ করা, লাগানো, জোড়া দেওয়া *The Channel Tunnel joins Britain to Europe.* ○ *The two pieces of wood had been carefully joined together.* **2** [I, T] **join (up) (with sb/sth)** to meet or unite (with sb/sth) to form one thing or group দলগঠনের জন্য বা কিছু তৈরি করার জন্য কারও বা কিছুর সঙ্গে একত্র মিলিত হওয়া *Do the two rivers join (up) at any point?* **3** [T] to become a member of a club or organization কোনো ক্লাব বা সংস্থার সভ্য হওয়া *I've joined an aerobics class.* ○ *He joined the company three months ago.* **4** [T] to take your place in sth or to take part in sth কোনো কিছুতে অংশগ্রহণ করা বা জায়গা নেওয়া, জায়গামতো দাঁড়ানো *We'd better go and join the queue if we want to see the film.* ○ *Come downstairs and join the party.* **5** [I, T] **join (with) sb in sth/in doing sth/to do sth; join together in doing sth/to do sth** to take part with sb (often in doing sth for sb else) সংঘবদ্ধ হওয়া, কারও সঙ্গে একত্রিত হওয়া (প্রায়ই অন্য কারও জন্য কিছু করার সময়ে) *Everybody here joins me in wishing you the best of luck in your new job.*

IDM **join forces (with sb)** ➪ **force[1]** দেখো।

PHR V **join in (sth/doing sth)** to take part in an activity কোনো সংঘবদ্ধ কাজে যোগ দেওয়া, সকলে মিলে যা করছে তাতে অংশ নেওয়া *Everyone started singing but Firoz refused to join in.*

join up to become a member of the army, navy or air force সৈন্য, নৌ বা বিমানবাহিনীতে যোগ দেওয়া

join[2] / dʒɔɪn জইন্ / *noun* [C] a place where two things are fixed or connected দুটি জিনিসের সংযোগস্থল *He glued the handle back on so cleverly that you couldn't see the join.*

joiner / ˈdʒɔɪnə(r) ˈজইন্যা(র্) / *noun* [C] a person who makes the wooden parts of a building বাড়ির কাঠের কাজ করে যে মিস্ত্রি ➪ **carpenter** দেখো।

joinery / ˈdʒɔɪnəri ˈজইন্যারি / *noun* [U] the work of a person who makes all the wooden parts of a building (**a joiner**) or the things made by him/her যে ব্যক্তি বাড়ির সব কাঠের কাজ করে তার কাজ বা তার তৈরি জিনিসপত্র

joint[1] / dʒɔɪnt জইন্ট্ / *noun* [C] **1** a part of the body where two bones fit together and are able to bend শরীরের যেখানে দুটি হাড় এসে মেশে এবং তার ফলে ঐ অংশ বাঁকানো বা নোয়ানো যায়; অস্থি-সন্ধি, গাঁট **2** the place where two or more things are fastened or connected together, especially to form a corner দুটি বা ততোধিক বস্তুর সংযোগস্থল, বিশেষত কোণ সৃষ্টি করার জন্য **3** a large piece of meat that you cook whole in the oven মাংসের বড়ো টুকরো যার সবটাই একসঙ্গে রান্না করা হয়; রাং, অস্থিগ্রন্থি *a joint of lamb*

joint[2] / dʒɔɪnt জইন্ট্ / *adj.* (*only before a noun*) shared or owned by two or more people দুজন বা তার বেশি লোক দ্বারা অধিকৃত; যৌথ *Have you and your husband got a **joint account*** (=a shared bank account)*? ○ a joint decision* ▶ **jointly** *adv.* যুক্তভাবে, যৌথভাবে

joist / dʒɔɪst জইস্ট্ / *noun* [C] a long thick piece of wood or metal that is used to support a floor or ceiling in a building কাঠ বা ধাতুর লম্বা, মোটা টুকরো যা ঘরের ছাদ বা মেঝেকে যথাস্থানে ধরে রাখে; কড়িকাঠ

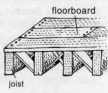

floorboard
joist

joke[1] / dʒəʊk জ্যাউক্ / *noun* **1** [C] something said or done to make you laugh, especially a funny story রসিকতা, ঠাট্টা, যার দ্বারা লোককে হাসানো যায়; কৌতুক, উপহাস *to tell/crack jokes ○ I'm sorry, I didn't get the joke* (=understand it). ➪ **practical joke** দেখো। **2** [*sing.*] a ridiculous person, thing or situation হাস্যকর ব্যক্তি, বস্তু বা পরিস্থিতি *The salary he was offered was a joke!*

IDM **play a joke/trick on sb** to trick sb in order to amuse yourself or other people কাউকে ছলনা করে বা ঠকিয়ে নিজে মজা পাওয়া বা অন্য লোককে মজা দেওয়া

see the joke to understand what is funny about a joke or trick কৌতুক বা উপহাসে মজা পাওয়া, ঠাট্টা বুঝতে পারা

take a joke to be able to laugh at a joke against yourself নিজের প্রতি কোনো ঠাট্টাতে হাসতে পারা *The trouble with Prateek is he can't take a joke.*

joke[2] / dʒəʊk জ্যাউক্ / *verb* [I] **1 joke (with sb) (about sth)** to say sth to make people laugh; to tell a funny story কাউকে হাসানো; মজার গল্প বলা *She spent the evening laughing and joking with her old friends.* **2** to say sth that is not true because you think it is funny কোনো বক্তব্য অসত্য বুঝতে পেরে মজা পাওয়া; কৌতুক বোধ করা *I never joke about religion. ○ Don't get upset. I was **only** joking!*

IDM **you must be joking; you're joking** (*spoken*) (used to express great surprise) you cannot be serious কারও কথায় প্রবল বিস্ময় অভিব্যক্ত করার সময়ে ব্যবহৃত

joker / ˈdʒəʊkə(r) ˈজ্যাউক্যা(র্) / *noun* [C] **1** a person who likes to tell jokes or play tricks যে ব্যক্তি মজার গল্প করতে এবং অঙ্গভঙ্গি করে খেলা দেখাতে পছন্দ করে; সং, ভাঁড়; জোকার **2** an extra card which can be used instead of any other one in some card games কোনো কোনো তাসখেলায় যে অতিরিক্ত তাস অন্য তাসের পরিবর্তে ব্যবহৃত হয়

jolly / ˈdʒɒli ˈজলি / *adj.* happy হাসিখুশি, প্রফুল্ল, প্রাণবন্ত

jolt[1] / dʒəʊlt জ্যাউল্ট্ / *verb* [I, T] to move or make sb/sth move in a sudden rough way হঠাৎ কাউকে ধাক্কা মারা, নড়িয়ে দেওয়া, ঝাঁকিয়ে দেওয়া *The lorry jolted along the bumpy track. ○ The crash jolted all the passengers forward.*

jolt[2] / dʒəʊlt জ্যাউল্ট্ / *noun* [C, *usually sing.*] **1** a sudden movement ঝাঁকুনি, ধাক্কা *The train stopped with a jolt.* **2** a sudden surprise or shock মানসিক ধাক্কা, মানসিক ঝাঁকুনি *His sudden anger gave her quite a jolt.*

jostle / ˈdʒɒsl ˈজস্ল্ / *verb* [I, T] to push hard against sb in a crowd ভিড়ের মধ্যে সজোরে কাউকে ধাক্কা মারা, গুঁতো মারা

jot / dʒɒt জট্ / *verb* (**jotting; jotted**)

PHR V **jot sth down** to make a quick short note of sth খুব সংক্ষেপে কোনো কিছু লিখে নেওয়া *Let me jot down your address.*

joule / dʒu:l জুল্ / *noun* [C] (in physics) a measurement of energy or **work**[2] **7** (পদার্থবিদ্যায়) কাজ বা শক্তির মাপের একক; জুল ➪ **kilojoule** দেখো।

journal / ˈdʒɜ:nl ˈজ্যন্‌ল্ / *noun* [C] **1** a newspaper or a magazine, especially one in which all the articles are about a particular subject or profession কোনো পত্রিকা বা সংবাদপত্র, বিশেষত যার মধ্যে প্রায় সব লেখাই ঐ নির্দিষ্ট বিষয়বস্তু বা পেশা সম্পর্কে লেখা; জার্নাল *a medical/scientific journal* **2** a written account of what you have done each day দৈনন্দিন জীবনযাত্রার লিখিত বিবরণ; দিনপঞ্জি *Have you read his journal of the years he spent in India?* ➪ **diary** দেখো।

journalism / ˈdʒɜ:nəlɪzəm ˈজ্যন্যালিজ্‌ম্ / *noun* [U] the profession of collecting and writing about news in newspapers and magazines or talking about it on the television or radio যে পেশায় সংবাদ সংগ্রহ করতে হয় এবং সংবাদপত্র বা সাময়িক পত্রিকায় সে সম্পর্কে লিখতে হয় অথবা টেলিভিশন বা রেডিওতে সে সম্পর্কে বলতে হয়; সাংবাদিকতা

journalist / ˈdʒɜ:nəlɪst ˈজ্যন্যালিস্ট্ / *noun* [C] a person whose job is to collect and write about news in newspapers and magazines or to talk about it on the television or radio সাংবাদিকতা যে ব্যক্তির পেশা; সাংবাদিক ➪ **reporter** দেখো।

journey / ˈdʒɜ:ni ˈজ্যনি / *noun* [C] the act of travelling from one place to another, usually on land যাত্রা, পথ চলা, ভ্রমণ (সাধারণত স্থলপথে) *a two-hour journey* ○ *We'll have to break the journey* (=stop for a rest). ➪ **travel**-এ নোট দেখো।

jovial / ˈdʒəʊviəl ˈজ্যাউভিআল্ / *adj.* (used about a person) happy and friendly (কোনো ব্যক্তি সম্বন্ধে ব্যবহৃত) হাসিখুশি, মিশুকে

joy / dʒɔɪ জই / *noun* **1** [U] a feeling of great happiness গভীর আনন্দ, পরমানন্দ, উল্লাস *We'd like to wish you joy and success in your life together.* **2** [C] a person or thing that gives you great pleasure যে মানুষ বা জিনিসের সান্নিধ্য আনন্দ দেয় *the joys of fatherhood* ○ *That class is a joy to teach.* **3** [U] (*BrE informal*) (*used in questions and negative sentences*) success or satisfaction (প্রশ্নবাচক ও নঞর্থক বাক্যে ব্যবহৃত) সাফল্য বা সন্তোষ *'I asked again if we could have seats with more leg room but* ***got no joy*** *from the check-in clerk.'*
IDM **jump for joy** ➪ **jump[1]** দেখো।
IDM **sb's pride and joy** ➪ **pride[1]** দেখো।

joyful / ˈdʒɔɪfl ˈজইফল্ / *adj.* very happy খুব আনন্দিত, পরমানন্দিত, উল্লসিত *a joyful occasion*
▶ **joyfully** /-fəli -ফ্যালি / *adv.* আনন্দের সঙ্গে
▶ **joyfulness** *noun* [U] আনন্দ, মহানন্দ, আনন্দোচ্ছ্বাস

joyless / ˈdʒɔɪləs ˈজইল্যাস্ / *adj.* unhappy নিরানন্দ, ম্লান, বিমর্ষ *a joyless marriage*

joyriding /ˈdʒɔɪraɪdɪŋ ˈজইরাইডিং / *noun* [U] the crime of stealing a car and driving it for pleasure, usually in a fast and dangerous way যে অপরাধে (সাধারণত বেপরোয়াভাবে এবং দ্রুত গতিতে) গাড়ি চুরি করে আনন্দের জন্য তাতে চড়ে ঘুরে বেড়ানো হয়
▶ **joyrider** *noun* [C] গাড়ির আরোহী ▶ **joyride** *noun* [C] ঐ জাতীয় গাড়ি নিয়ে প্রমোদ ভ্রমণ

joystick / ˈdʒɔɪstɪk ˈজইস্টিক্ / *noun* [C] a handle used for controlling movement on a computer, aircraft, etc. বিমান, কম্পিউটার ইত্যাদির গতিনিয়ন্ত্রক হাতল

Jr. *abbr.* = **Jnr**

jubilant / ˈdʒu:bɪlənt ˈজুবিল্যান্ট্ / *adj.* (*formal*) extremely happy, especially because of a success উল্লসিত, বিশেষত সাফল্য বা জয়ের কারণে আনন্দিত *The football fans were jubilant at their team's victory in the cup.*

jubilation / ˌdʒu:bɪˈleɪʃn ˌজুবিˈলেইশ্‌ন্ / *noun* [U] (*formal*) great happiness because of a success সাফল্যের জন্য আনন্দোৎসব, আনন্দোচ্ছ্বাস

jubilee / ˈdʒu:bɪli: ˈজুবিলী / *noun* [C] a special anniversary of an event that took place a certain number of years ago, and the celebrations that go with it কোনো ঘটনার বিশেষ বার্ষিকী উৎসব যেটি নির্দিষ্ট সংখ্যক বর্ষপূরণের পরে ঘটে এবং যেটি পালন করা হয়; বার্ষিকী উৎসব, জয়ন্তী *It's the company's* ***golden jubilee*** *this year* (=it is fifty years since it was started).

> NOTE **Golden jubilee** (স্বর্ণ জয়ন্তী – 50 বছর) ছাড়াও **silver jubilee** (রজত জয়ন্তী – 25 বছর) এবং **diamond jubilee** (হীরক জয়ন্তী – 60 বছর) উদ্‌যাপন করা হয়।

Judaism / ˈdʒu:deɪɪzəm ˈজুডেইইজ্‌ম্ / *noun* [U] the religion of the Jewish people ইহুদি ধর্ম

judge[1] / dʒʌdʒ জাজ্ / *noun* [C] **1** a person in a court of law whose job is to decide how criminals should be punished and to make legal decisions বিচারপতি, ন্যায়াধীশ, বিচারক *The judge sentenced the man to three years in prison.* **2** a person who decides who has won a competition কোনো প্রতিযোগিতার বিচারক *a panel of judges* **3** [*usually sing.*] **a judge of sth** a person who has the ability or knowledge to give an opinion about sth বিচার করার ক্ষমতা আছে এমন ব্যক্তি; সমঝদার *You're a good judge of character—what do you think of him?*

judge[2] / dʒʌdʒ জাজ্ / *verb* **1** [I, T] to form or give an opinion about sb/sth based on the information you have ভালোমন্দ, ন্যায়অন্যায় বিচার

করা ***Judging by/from*** *what he said, his work is going well.* ○ *It's difficult to judge how long the project will take.* **2** [T] to decide the result or winner of a competition কোনো প্রতিযোগিতার ফল ঠিক করা বা কে জয়ী হবে তার সিদ্ধান্ত নেওয়া *The head teacher will judge the competition.* **3** [T] to form an opinion about sb/sth, especially when you disapprove of him/her/it কারও বা কিছুর সম্বন্ধে একটা ধারণা করে নেওয়া, বিশেষত তাকে অপছন্দ করার সময়ে *Don't judge him too harshly–he's had a difficult time.* **4** [T] to decide if sb is guilty or innocent in a court of law আদালতে কাউকে দোষী বা নির্দোষ সাব্যস্ত করা, বিচার করা

judgement (*also* **judgment**) / ˈdʒʌdʒmənt ˈজাজ্‌ম্যান্ট্ / *noun* **1** [U] the ability to form opinions or to make sensible decisions সুবিবেচনা, বিচারের ক্ষমতা *to have good/poor/sound judgement* **2** [C, U] an opinion formed after carefully considering the information you have সমস্ত তথ্যাদি বিচার বিশ্লেষণের পরে নেওয়া সিদ্ধান্ত *What,* ***in your judgement,*** *would be the best course of action?* **3 judgment** [C] an official decision made by a judge or a court of law আদালতের বিচার, জজ বা বিচারকের রায় *The man collapsed when the judgment was read out in court.*

Judgement Day (*also* **the Day of Judgement** and **the Last Judgement**) *noun* [*sing.*] the day at the end of the world when, according to some religions, God will judge everyone who has ever lived কোনো কোনো ধর্ম বিশ্বাস অনুযায়ী শেষ বিচারের দিন, যার বিচারক স্বয়ং ঈশ্বর হবেন

judicial / dʒuˈdɪʃl জুˈডিশ্‌ল্ / *adj.* connected with a court of law, a judge or a legal judgment আদালত, বিচারক বা আইনি বিচারের সঙ্গে সম্বন্ধযুক্ত *the judicial system*

judiciary / dʒuˈdɪʃəri জুˈডিশ্যারি / *noun* [C, *with sing. or pl. verb*] (*pl.* **judiciaries**) the judges of a country or a state, when they are considered as a group কোনো দেশের বা রাষ্ট্রের বিচার ব্যবস্থা, বিচার বিভাগ, বিচারক মণ্ডলী *an independent judiciary*

judicious / dʒuˈdɪʃəs জুˈডিশ্যাস্ / *adj.* (used about a decision or an action) sensible and carefully considered; showing good judgement (কোনো সিদ্ধান্ত বা কাজ সম্বন্ধে ব্যবহৃত) যুক্তিসম্মত, সুচিন্তিত; উত্তম বিচারবুদ্ধি সম্পন্ন ► **judiciously** *adv.* ন্যায়সংগতভাবে

judo / ˈdʒuːdəʊ ˈজুড্যাউ / *noun* [U] a sport from Asia in which two people fight and try to throw each other to the ground এশিয়ার একধরনের কুস্তি খেলা যেখানে দুই প্রতিদ্বন্দ্বী একে অপরকে ভূশায়িত করার চেষ্টা করে; জুজুৎসু; জুডো ⇨ **martial arts** দেখো।

jug / dʒʌg জাগ্ / (*also AmE* **pitcher**) *noun* [C] a container with a handle used for holding or pouring liquids তরল বা জল রাখা বা ঢালার জন্য ব্যবহৃত হাতলওয়ালা পাত্র; জাগ *a milk jug* ○ *a jug of water*

juggle / ˈdʒʌgl ˈজাগ্‌ল্ / *verb* [I, T] **1 juggle (with sth)** to keep three or more objects such as balls in the air at the same time by throwing them one at a time and catching them quickly তিনটি বা তার বেশি বস্তু যেমন বল একের পর এক বাতাসে ছোড়া ও তাদের দ্রুত লুফে নেওয়া; ভোজবাজি দেখানো; ভেলকি দেখানো **2 juggle sth (with sth)** to try to deal with two or more important jobs or activities at the same time দুই বা তার বেশি আরও গুরুত্বপূর্ণ কাজ একসঙ্গে করার চেষ্টা করা

juggler / ˈdʒʌglə(r) ˈজাগ্‌ল্যা(র্) / *noun* [C] a person who juggles to entertain people যে লোকজনের বিনোদনের জন্য ভোজবাজি দেখায়; বাজিকর, ভোজ-বাজিকর; ঐন্দ্রজালিক

jugular / ˈdʒʌgjələ(r) ˈজাগিঅ্যাল্যা(র্) / (*also* **jugular vein**) *noun* [C] any of the three large tubes (**veins**) in your neck that carry blood away from your head to your heart মাথা থেকে হৃৎপিণ্ডে রক্ত বহনকারী ঘাড়ের দিকে তিনটি বড়ো শিরার যে-কোনো একটি

juice / dʒuːs জুস্ / *noun* [C,U] **1** the liquid that comes from fruit and vegetables ফল বা কাঁচা তরিতরকারির রস; নির্যাস *carrot/grape fruit/lemon juice* ○ *I'll have an orange juice, please.* **2** the liquid that comes from a piece of meat when it is cooked রান্না মাংসের ঝোল *You can use the juices of the meat to make gravy.* **3** the liquid in your stomach or another part of your body that deals with the food you eat জীবশরীরের পাকস্থলীস্থিত বা অন্য জায়গার জলীয় অংশ যা খাদ্যদ্রব্য হজমে সাহায্য করে; জারক রস *gastric/digestive juices*

juicy / ˈdʒuːsi ˈজুসি / *adj.* (**juicier; juiciest**) **1** containing a lot of juice রসালো, রসে ভরা *juicy oranges* **2** (*informal*) (used about information) interesting because it is shocking (কোনো তথ্য সম্বন্ধে ব্যবহৃত) আগ্রহজনক কেননা তা যেমন আকর্ষক তেমনিই বিস্ময়কর *juicy gossip*

jujube / ˈdʒuːdʒuːb ˈজুজুব্ / *noun* **1** the edible berry-like fruit of a Eurasian plant ইউরোপ ও রাশিয়ায় জাত উদ্ভিদ হতে যে বেরিজাতীয় ফল পাওয়া যায় এবং যা খাদ্য হিসাবেও ব্যবহৃত হয় **2** a gelatinous lozenge or sweet with a fruit flavour ফলের স্বাদগন্ধ বিশিষ্ট জিলেটিনযুক্ত লজেঞ্জ বা মিষ্টি খাদ্য

jukebox / ˈdʒuːkbɒks ˈজুক্‌বক্স্ / *noun* [C] a machine in a cafe or bar, that plays music when money is put in কাফে বা বারে রাখা একজাতীয় যন্ত্র যার মধ্যে পয়সা ফেললেই গানবাজনা বাজে

Jul. *abbr.* July জুলাই মাস *4 Jul. 2001*

July / dʒuˈlaɪ জু'লাই / *noun* [U, C] (*abbr.* **Jul.**) the seventh month of the year, coming after June বছরের সপ্তম মাস; জুন মাসের পরের মাস জুলাই মাস

> **NOTE** বাক্যের মধ্যে মাসের নামের ব্যবহার দেখার জন্য **January**-তে দেওয়া উদাহরণ এবং নোট দেখো।

jumble[1] / ˈdʒʌmbl 'জামব্‌ল্ / *verb* [T] (*usually passive*) **jumble sth (up/together)** to mix things together in a confused and untidy way তালগোল পাকিয়ে একত্রে মেশানো, জিনিসপত্র অগোছালোভাবে রাখা

jumble[2] / ˈdʒʌmbl 'জামব্‌ল্ / *noun* **1** [*sing.*] an untidy group of things অগোছালো জিনিসের তালগোল পাকানো অবস্থা *a jumble of papers/ideas* **2** [U] (*BrE*) a collection of old things for a jumble sale বিক্রির জন্য রাখা পুরোনো নানারকম দ্রব্যের সমাহার

jumbo[1] / ˈdʒʌmbəʊ 'জাম্‌ব্যাউ / *adj.* (*informal*) (*only before a noun*) very large খুব বড়ো, বিশাল

jumbo[2] / ˈdʒʌmbəʊ 'জামব্যাউ / *noun* [C] (*pl.* **jumbos**) (*also* **jumbo jet**) a very large aircraft that can carry several hundred passengers বৃহদাকার বিমান যার মধ্যে কয়েকশো যাত্রী একসঙ্গে যেতে পারে

jump[1] / dʒʌmp জাম্প্ / *verb* **1** [I] to move quickly into the air by pushing yourself up with your legs and feet, or by stepping off a high place লাফানো, লাফ মারা *to jump into the air/off a bridge/onto a chair* ○ *How high can you jump?* **2** [I] to move quickly and suddenly হঠাৎ এবং দ্রুত লাফিয়ে ওঠা *The telephone rang and she jumped up to answer it.* ○ *A taxi stopped and we jumped in.* **3** [T] to get over sth by jumping কোনো কিছুর উপর দিয়ে ঝাঁপানো *The dog jumped the fence and ran off down the road.* **4** [I] to make a sudden movement because of surprise or fear ভয় পেয়ে, বা অবাক হয়ে হঠাৎ চমকে ওঠা, লাফিয়ে ওঠা *'Oh, it's only you—you made me jump,' he said.* **5** [I] **jump (from sth) to sth; jump (by) (sth)** to increase suddenly by a very large amount হঠাৎ খুব বেশি বেড়ে যাওয়া, লাফিয়ে লাফিয়ে বাড়া, হঠাৎ দাম চড়া *His salary jumped from Rs 20,000 to Rs 28,000 last year.* ○ *Prices jumped (by) 50% in the summer.* **6** [I] **jump (from sth) to sth** to go suddenly from one point in a series, a story, etc. to another কোনো গল্প, কাহিনির ইত্যাদির মধ্যে হঠাৎ এক বিষয় থেকে বিষয়ান্তরে যাওয়া, প্রসঙ্গ থেকে প্রসঙ্গান্তরে যাওয়া *The book kept jumping from the present to the past.*

IDM climb/jump on the bandwagon ➪ **bandwagon** দেখো।

jump for joy to be extremely happy about sth কোনো কিছু সম্বন্ধে ভীষণ খুশি হওয়া, আনন্দে লাফানো

jump the gun to do sth too soon, before the proper time নির্দিষ্ট সময়ের আগেই কিছু করে ফেলা

jump the queue to go to the front of a line of people **(queue)** without waiting for your turn পঙ্‌ক্তি ভেঙে এগিয়ে যাওয়া, পালা আসার জন্য অপেক্ষা না করে এগিয়ে যাওয়া

jump to conclusions to decide that sth is true without thinking about it carefully enough ভালোভাবে চিন্তাভাবনা না করেই কোনো সিদ্ধান্তে আসা

PHR V jump at sth to accept an opportunity, offer, etc. with enthusiasm সাগ্রহে প্রস্তাব গ্রহণ করা, সুযোগের সদ্ব্যবহার করা *Of course I jumped at the chance to work in New York for a year.*

jump[2] / dʒʌmp জাম্প্ / *noun* [C] **1** an act of jumping লম্ফ, লাফ *With a huge jump the horse cleared the hedge.* ○ *to do a parachute jump* ➪ **high jump** দেখো এবং **long jump** দেখো। **2 a jump (in sth)** a sudden increase in amount, price or value মূল্য, দাম ইত্যাদির হঠাৎ বৃদ্ধি **3** a thing to be jumped over লাফিয়ে টপকাতে হয় যে বস্তু *The horse fell at the first jump.*

jumper / ˈdʒʌmpə(r) 'জাম্প্যা(র্) / *noun* [C] **1** (*BrE*) a piece of clothing with sleeves, usually made of wool, that you wear on the top part of your body শরীরের উপরিভাগে পরার জন্য উলের তৈরি হাতাওয়ালা জামা; জাম্পার ➪ **sweater**-এ নোট দেখো। **2** a person or animal that jumps ব্যক্তি বা প্রাণী যে লাফায়

jumpy / ˈdʒʌmpi 'জাম্পি / *adj.* (*informal*) nervous or worried চিন্তিত, স্নায়বিক দুর্বলতাগ্রস্ত

Jun. *abbr.* June জুন মাস *10 Jun. 2001*

junction / ˈdʒʌŋkʃn 'জাংক্‌শন্ / *noun* [C] a place where roads, railway lines, etc. meet যেখানে চারদিক থেকে রাস্তা, রেললাইন ইত্যাদি এসে মেশে, সংযোগস্থল; জংশন

juncture / ˈdʒʌŋktʃə(r) 'জাংক্‌চ্যা(র্) / *noun* [U] a particular point in time সময়ের কোনো বিশেষ ক্ষণ, সন্ধিক্ষণ *The cricket match had reached a crucial juncture.*

June / dʒu:n জুন্ / *noun* [U, C] (*abbr.* **Jun.**) the sixth month of the year, coming after May বছরের ষষ্ঠ মাস; মে মাসের পরের মাস জুন মাস

> **NOTE** বাক্যে মাসের নামের ব্যবহার দেখার জন্য **January**-তে দেওয়া উদাহরণ এবং নোট দেখো।

jungle / ˈdʒʌŋgl 'জাংগ্‌ল্ / *noun* [C,U] a thick forest in a hot tropical country গরমের দেশের

গভীর বন; জঙ্গল *the jungles of Africa and South America* ➪ **forest**-এ নোট দেখো।

junior[1] / ˈdʒuːniə(r) ˈজুনিঅ্যা(র্) / *adj.* **1 junior (to sb)** having a low or lower position (than sb) in an organization, etc. কোনো প্রতিষ্ঠানের (অন্য কোনো ব্যক্তির তুলনায়) নিম্নপদস্থ কর্মচারী *a junior officer/doctor/employee* ○ *A lieutenant is junior to a captain in the army.* **2 Junior** (*abbr.* **Jnr, Jr.**) (*AmE*) used after the name of a son who has the same first name as his father যে ছেলের নাম বাবার নামেই রাখা হয়েছে সেক্ষেত্রে তার নামের পর লেখা হয় *Sammy Davis, Junior* **3** (*BrE*) of or for children below a particular age নির্দিষ্ট বয়ঃসীমার বা তার নীচের ছোটো ছেলেমেয়েদের জন্য *the junior athletics championships* ➪ **senior[1]** দেখো।

junior[2] / ˈdʒuːniə(r) ˈজুনিঅ্যা(র্) / *noun* **1** [C] a person who has a low position in an organization, etc. কোনো প্রতিষ্ঠান ইত্যাদির মধ্যে যে ব্যক্তির পদমর্যাদা কম; অবর **2** [*sing.*] (with his, her, your etc.) a person who is younger than sb else by the number of years mentioned কোনো ব্যক্তি যে উল্লিখিত বছরের সংখ্যা অনুযায়ী কারও থেকে ছোটো; কনিষ্ঠ, অনুজ *She's two years his junior/his junior by two years.* **3** [C] (*BrE*) a child who goes to junior school যে বাচ্চা জুনিয়র স্কুলে যায় *The juniors are having an outing to a museum today.* ➪ **senior[2]** দেখো।

junk / dʒʌŋk জাংক্ / *noun* [U] (*informal*) things that are old or useless or do not have much value আবর্জনা, পুরোনো, অকেজো, মূল্যহীন জিনিসপত্র *There's an awful lot of junk up in the attic.*

junk food *noun* [U] (*informal*) food that is not very good for you but that is ready to eat or quick to prepare যে খাবার তাড়াতাড়ি তৈরি করা যায় বা প্রস্তুত অবস্থাতেই থাকে, কিন্তু স্বাস্থ্যের পক্ষে তত ভালো নয়; জাঙ্ক ফুড

junta / ˈdʒʌntə ˈজান্ট্যা / *noun* [C, *with sing. or pl. verb*] a group, especially of military officers, who rule a country by force কোনো দেশের একটি বিশেষ দল, বিশেষত সামরিক আধিকারিকগণ, যারা ক্ষমতার দ্বারা জোর করে দেশের শাসনভার নিজেদের হাতে নেয়

Jupiter / ˈdʒuːpɪtə(r) ˈজুপিট্যা(র্) / *noun* [*sing.*] the planet that is fifth in order from the sun সৌরজগতের পঞ্চম গ্রহ; বৃহস্পতি; জুপিটার ➪ **the solar system**-এ ছবি দেখো।

jurisdiction / ˌdʒʊərɪsˈdɪkʃn ˌজুঅ্যারিস্ˈডিক্শন্ / *noun* [U] legal power or authority; the area in which this power can be used কর্তৃপক্ষের আইনগত অধিকার; আইনের অধিক্ষেত্র, আইনের আওতায় *That question is outside the jurisdiction of this council.*

jurist / ˈdʒʊərɪst ˈজুঅ্যারিস্ট্ / *noun* [C] a person who is an expert in law যে ব্যক্তি আইনসংক্রান্ত ব্যাপারে বিশেষজ্ঞ; আইনজ্ঞ

juror / ˈdʒʊərə(r) ˈজুঅ্যার‍্যা(র্) / *noun* [C] a member of a jury জুরি দলের সদস্য

jury / ˈdʒʊəri ˈজুঅ্যারি / *noun* [C, *with sing. or pl. verb*] (*pl.* **juries**) **1** a group of members of the public in a court of law who listen to the facts about a crime and decide if sb is guilty or not guilty জনসাধারণের মধ্যে থেকে মনোনীত সদস্যগোষ্ঠী যারা আদালতে কোনো অপরাধের তথ্যাদি শুনে নিয়ে বা সেইসমস্ত বিচার করে সিদ্ধান্ত নেয় যে কোনো ব্যক্তি অপরাধী কিনা; জুরিদল *Has/have the jury reached a verdict?* **2** a group of people who decide who is the winner in a competition প্রতিযোগিতার বিচারকমণ্ডলী *The jury is/are about to announce the winners.*

just[1] / dʒʌst জাস্ট্ / *adv* **1** a very short time before অল্প কিছুক্ষণ আগেই *She's just been to the shops.* ○ *They came here just before Diwali.* **2** at exactly this/that moment, or immediately after ঠিক এই মুহূর্তে, এখনই অথবা ঠিক তার পরেই *I was* ***just going to*** *phone my mother when she arrived.* ○ ***Just as*** *I was beginning to enjoy myself, Mohit said it was time to go.* ○ ***Just then*** *the door opened.* **3** exactly একদম ঠিক, একেবারে *You're* ***just as*** *clever as he is.* ○ *The room was too hot before, but now it's* ***just right.*** ○ *He looks* ***just like*** *his father.* ○ *My arm hurts just here.* **4** only কেবল *She's just a child.* ○ *Just a minute! I'm nearly ready.* **5** almost not; hardly প্রায় নয়ই বা নেই বলতে গেলে; নামমাত্র *I could* ***only just*** *hear what she was saying.* ○ *We got to the station* ***just in*** *time.* **6** (*often with the imperative*) used for getting attention or to emphasize what you are saying মনোযোগ আকর্ষণের জন্য বা বক্তব্যে জোর দেওয়ার জন্য ব্যবহৃত অভিব্যক্তিবিশেষ *Just let me speak for a moment, will you?* ○ *I just don't want to go to the party.* **7** used with 'might', 'may' or 'could' to express a slight possibility সামান্য সম্ভাবনা বোঝাতে 'might', 'may' অথবা 'could'-এর সঙ্গে ব্যবহৃত অভিব্যক্তিবিশেষ *This might just/just might be the most important decision of your life.* **8** really; absolutely সত্যি সত্যি; একেবারে *The whole day was just fantastic!*

IDM all/just the same ➪ **same** দেখো।

it is just as well (that...) it is a good thing সত্যি খুব ভালো কথা; ভালো যে *It's just as well you remembered to bring your umbrella!* ➪ **well**-এ **(just) as well (to do sth)** দেখো।

just about almost or approximately প্রায় বা মোটামুটি *I've just about finished.* ○ *Karan's plane should be taking off just about now.*

just in case in order to be completely prepared or safe সম্পূর্ণভাবে প্রস্তুত থাকা বা নিরাপদে থাকার জন্য *It might be hot in Jaipur—take your shorts just in case.*

just now 1 at this exact moment or during this exact period ঠিক এই মুহূর্তে বা ঠিক এই সময়কালে *I can't come with you just now—can you wait 20 minutes?* 2 a very short time ago একটু আগেই; এই খানিকক্ষণ আগে *I saw Tony just now.*

just so exactly right একদম ঠিক, যথার্থ, ন্যায্য

not just yet not now, but probably quite soon যদিও এখন নয়, তবে সম্ভবত শীঘ্রই

just² / dʒʌst জাস্ট্ / *adj.* fair and right; reasonable ন্যায্য, সঠিক; বুদ্ধিসম্মত, যুক্তিসম্মত, সমীচীন *I don't think that was a very just decision.* ► **justly** *adv.* ন্যায্যভাবে, সঠিকভাবে

justice / ˈdʒʌstɪs ˈজাস্‌টিস্ / *noun* 1 [U] the fair treatment of people মানুষের প্রতি ন্যায় বিচার *a struggle for justice* 2 [U] the quality of being fair or reasonable সুবিচার বা ন্যায়বিচারের ক্ষমতা *Everybody realized the justice of what he was saying.* 3 [U] the law and the way it is used আইন এবং তার ব্যবহারপদ্ধতি *the criminal justice system* 4 [C] (*AmE*) a judge in a court of law আদালতের বিচারক

IDM **do justice to sb/sth; do sb/sth justice** to treat sb/sth fairly or to show the real quality of sb/sth কারও প্রতি বা কোনো কিছুর সঙ্গে ন্যায়সম্মত ব্যবহার করা অথবা কাউকে বা কিছুকে যথোচিত মূল্য দেওয়া *I don't like him, but to do him justice, he's a very clever man.* ○ *The photograph doesn't do her justice—she's actually very pretty.*

a miscarriage of justice ⇨ **miscarriage** দেখো।

justifiable / ˈdʒʌstɪfaɪəbl ˈজাস্‌টিফাইঅ্যাব্‌ল্ / *adj.* that you can accept because there is a good reason for it ন্যায়সংগত, সমর্থনযোগ্য *His action was entirely justifiable.* ► **justifiably** / ˈdʒʌstɪfaɪəbli; ˈdʒʌstɪfaɪəbli ˈজাস্‌টিফাইঅ্যাব্‌লি; ˈজাস্‌টিফাইঅ্যাব্‌লি / *adv.* ন্যায়সংগতভাবে

justification / ˌdʒʌstɪfɪˈkeɪʃn ˌজাস্টিফিˈকেইশন্ / *noun* [C,U] **(a) justification (for sth/doing sth)** (a) good reason যুক্তিসংগত কারণ *I can't see any justification for cutting his salary.*

justify / ˈdʒʌstɪfaɪ ˈজাস্‌টিফাই / *verb* [T] (*pres. part.* **justifying;** *3rd person sing. pres.* **justifies;** *pt, pp* **justified**) to give or be a good reason for sth কোনো কিছু যুক্তিসম্মত বলে প্রতিপাদন করা *Can you justify your decision?*

jut / dʒʌt জাট্ / *verb* [I] (**jutting; jutted**) **jut (out) (from/into/over sth)** to stick out further than the surrounding surface, objects, etc. চারিপাশের পৃষ্ঠতল, বস্তুসমূহ ইত্যাদি থেকে বাইরে বেরিয়ে থাকা *rocks that jut out into the sea*

jute / dʒuːt জুট / *noun* [U] thin threads from a plant that are used for making rope and rough cloth (**sackcloth**) যে উদ্ভিদের তন্তুসকল দড়ি এবং চটের কাপড় তৈরিতে ব্যবহৃত হয়; পাট; জুট

juvenile / ˈdʒuːvənaɪl ˈজুভ্যানাইল্ / *adj.* 1 (*formal*) of, for or involving young people who are not yet adults কিশোর বা নাবালক সম্পর্কিত বা তাদের দ্বারা অথবা তাদের জন্য সংঘটিত *juvenile crime* 2 behaving like sb of a younger age; childish বালকোচিত ব্যবহার; শিশুসুলভ *He's twenty but he is still quite juvenile.* ► **juvenile** *noun* [C] কিশোর, নাবালক

juvenile delinquent *noun* [C] a young person who is guilty of committing a crime কিশোর অপরাধী

juxtapose / ˌdʒʌkstəˈpəʊz ˌজাক্সট্যাˈপ্যাউজ় / *verb* [T] (*formal*) to put two people, things, etc. very close together, especially in order to show how they are different দুজন ব্যক্তি, দুটি বস্তু ইত্যাদির মধ্যে পার্থক্য প্রকট করার জন্য তাদেরকে পাশাপাশি বা কাছাকাছি করে রাখা *The artist achieves a special effect by juxtaposing light and dark.* ► **juxtaposition** / ˌdʒʌkstəpəˈzɪʃn ˌজাক্সট্যাপ্যাˈজ়িশন্ / *noun* [U] পাশাপাশি স্থাপন বা অবস্থান; সন্নিধি, সন্নিকর্ষ

K k

K¹, k / keɪ কেই / *noun* [C, U] (*pl.* **K's; k's** / keɪz কেইজ্ /) the eleventh letter of the English alphabet ইংরেজি বর্ণমালার একাদশতম অক্ষর বা বর্ণ *'Kajal' begins with a 'K'.*

K² / keɪ কেই / *abbr.* **1** (*informal*) one thousand এক হাজার *She earns 22K (= Rs 22,000) a month.* **2** (*technical*) kelvin কেলভিন; তাপমাত্রা মাপার একক

kabab *noun* [C] small pieces of meat, vegetables, etc. that are cooked on a stick (**a skewer**) মাংস, সবজি ইত্যাদির টুকরো যা একটি কাঠির উপর গেঁথে রান্না করা হয়; কাবাব

kabaddi *noun* [U] a game of Indian origin played by two teams of twelve players each, of which seven are on court at a time. A player, from each team while uttering the word 'kabaddi' has to cross the dividing line to the other team; try to touch one or more player(s) of the rival team and then return to his/her side without being caught ভারতে উদ্ভুত একধরনের খেলা যেটিতে দুই দলের প্রত্যেকটিতে বারোজন করে খেলোয়াড় থাকে এবং এক একটি দলে সাতজন করে খেলোয়াড় খেলতে পারে। কাবাডি কথাটি উচ্চারণ করে প্রতি দল থেকে একজন খেলোয়াড় অন্যদলের কোর্টে গিয়ে একজন বা তার বেশি খেলোয়াড়কে ছুঁয়ে দেওয়ার এবং তারপর ধরা না পড়ে নিজের দলের কোর্টে ফিরে আসার চেষ্টা করে; কাবাডি (খেলা)

kaivalya *noun* [U] (*IndE*) the state of absolute **bliss** or inner freedom; final **emancipation** পরমানন্দ এবং মোক্ষলাভ; কৈবল্য, নিষ্কৃতি, মুক্তি

kaju = **cashew**

kaleidoscope / kəˈlaɪdəskəʊp ক্যা'লাইড্যাস্ক্যউপ্ / *noun* [C] **1** a large number of different things রকমারি জিনিসের সমাবেশ **2** a toy that consists of a tube containing mirrors and small pieces of coloured glass. When you look into one end of the tube and turn it, you see changing patterns of colours একধরনের খেলনা যেটির টিউবের ভিতরে আয়না এবং রংবেরঙের কাচ বসানো। টিউবটির একটি প্রান্তে চোখ রেখে সেটি নড়ালে বা ঘোরালে নানারঙে পরিবর্তনশীল নকশা দেখা যায়; জাদু-নল; ক্যালাইডোস্কোপ

kameez *noun* [C] a piece of clothing like a long shirt worn by many people from south Asia and the Middle East (দক্ষিণ এশিয়া এবং মধ্যপ্রাচ্যের দেশগুলিতে প্রচলিত) লম্বা কুর্তা বা শার্ট; কামিজ

kangaroo / ˌkæŋɡəˈruː ˌক্যাংগ্যা'রূ / *noun* [C] (*pl.* **kangaroos**) an Australian animal that moves by jumping on its strong back legs and that carries its young in a pocket of skin (**a pouch**) on its stomach অস্ট্রেলিয়ার প্রাণী, যাদের পিছনের পা দুটি খুব জোরালো এবং তাদের উপর ভর দিয়ে এরা লাফিয়ে লাফিয়ে চলে এবং পেটের কাছে থলিতে বাচ্চাদের রাখে; ক্যাঙারু ➪ **marsupial**-এ ছবি দেখো।

kaolin / ˈkeɪəlɪn 'কেইঅ্যালিন্ / (*also* **china clay**) *noun* [U] a type of fine white clay that is used in some medicines and in making cups, plates, etc. একধরনের মিহি সাদা মাটি যা কোনো কোনো ওষুধ তৈরি করতে এবং কাপ, প্লেট ইত্যাদি বানাতে ব্যবহার করা হয়

karaoke / ˌkæriˈəʊki ˌক্যারি'অ্যাউকি / *noun* [U] a type of entertainment in which a machine plays only the music of popular songs so that people can sing the words themselves একধরনের প্রমোদব্যবস্থা যেখানে কোনো যন্ত্রে জনপ্রিয় গানের বাজনা বাজানো হয় যাতে শ্রোতারা নিজে নিজে কথাগুলি বলে গানটি গাইতে পারে

karat (*AmE*) = **carat**

karate / kəˈrɑːti ক্যা'রা:টি / *noun* [U] a style of fighting originally from Japan in which the hands and feet are used as weapons মূলত জাপান থেকে আগত একধরনের যুদ্ধ ও আত্মরক্ষার কৌশল যাতে হাত এবং পা-কেই অস্ত্র হিসেবে ব্যবহার করা হয়; ক্যারাটে ➪ **martial arts** দেখো।

karma *noun* [U] **1** (in Hinduism and Buddhism) the sum of a person's good and bad actions in this and previous states of existence, viewed as affecting their future (বৌদ্ধ এবং হিন্দু ধর্মানুযায়ী) কোনো ব্যক্তির এই জন্মে এবং পূর্ব জন্মে করা ভালোমন্দ সকল কর্মফলের প্রভাব তার ভবিষ্যতে বা পরজন্মে পড়বে বলে বিশ্বাস করা হয়; কর্ম **2** (*informal*) the good or bad effect of doing something ভালো কর্মের ফল এবং মন্দ কর্মের ফল *good karma*

kart / kɑːt কা:ট্ / = **go-kart**

Kathakali *noun* [U] a traditional dramatic dance form from Kerala, marked by elaborate facial make-up and **minute** facial gestures কেরালার ঐতিহ্যপূর্ণ নাটকীয় নৃত্যকলা যার বৈশিষ্ট্য হল মুখমণ্ডলের বিশেষ সজ্জা এবং বিশদ ও ব্যঞ্জনাময় মুখভঙ্গিমা; কথাকলি

kayak / ˈkaɪæk 'কাইঅ্যাক্ / *noun* [C] a light narrow boat (**a canoe**) for one person, that you move using a stick with a flat part at each end (**a paddle**) ➪ **boat** একজনের উপযোগী লম্বা, সরু নৌকা যা একটি চ্যাপটা প্রান্তওয়ালা লম্বা লাঠির মতো প্যাডল দিয়ে চালানো যায়; কায়াক

kebab = **kabab**

keel¹ / kiːl কীল্ / *noun* [C] a long piece of wood or metal on the bottom of a boat that stops it falling over sideways in the water জাহাজ বা নৌকোর তলদেশের কাঠ বা ধাতুর কাঠামো যেটি তার পাশের দিকে টলে যাওয়া বা উলটে যাওয়া থেকে আটকায়; তরীতল

keel² / ki:l কীল্ / *verb*

PHR V **keel over** to fall over উলটে যাওয়া

keen / ki:n কীন্ / *adj.* **1 keen (to do sth/ that...)** very interested in sth; wanting to do sth আগ্রহী; কিছু করতে খুব উৎসাহী *They are both keen gardeners.* o *I failed the first time but I'm keen to try again.* **2** (used about one of the senses, a feeling, etc.) good or strong (কোনো ইন্দ্রিয়, অনুভূতি ইত্যাদি সম্বন্ধে ব্যবহৃত) ভালো অথবা জোরালো *Foxes have a keen sense of smell.*

IDM **keen on sb/sth** very interested in or having a strong desire for sb/sth উৎসাহী, অতি আগ্রহী *He's very keen on jazz.* ▶ **keenly** *adv.* গভীরভাবে, উৎসাহের সঙ্গে ▶ **keenness** *noun* [U] খুব আগ্রহ, উৎসাহ

keep¹ / ki:p কীপ্ / *verb* (*pt, pp* **kept/** kept কেপ্ট্ /) **1** [I] to continue to be in a particular state or position একরকমভাবে একই কাজ করে যাওয়া বা একভাবে থাকা *You must keep warm.* o *I still keep in touch with my old school friends.* **2** [T] to make sb/sth stay in a particular state, place or condition কোনো কিছু বা কাউকে নির্দিষ্ট একটি অবস্থা, জায়গা বা পরিস্থিতিতে রাখা *Please keep this door closed.* o *I'm sorry to keep you waiting.* **3** [T] to continue to have sth; to save sth for sb নিজের কাছে কিছু রেখে দেওয়া; কারও জন্য কিছু বাঁচিয়ে রাখা বা রেখে দেওয়া *You can keep that book—I don't need it any more.* o *Can you keep my seat for me till I get back?* **4** [T] to have sth in a particular place কোনো কিছু বিশেষ একটি জায়গায় রাখা *Where do you keep the matches?* o *Keep your passport in a safe place.* **5** [T] **keep doing sth** to continue doing sth or to repeat an action many times কোনো কাজ করতেই থাকা বা একই কাজ বারবার করা *Keep going until you get to the church and then turn left.* o *She keeps asking me silly questions.* **6** [T] to do what you promised or arranged প্রতিজ্ঞা রক্ষা করা, কথা দিয়ে কথা রাখা *Can you keep a promise?* o *to keep a secret* (=not tell it to anyone) **7** [T] to write down sth that you want to remember মনে রাখার জন্য লিখে রাখা *Keep a record of how much you spend.* o *to keep a diary* **8** [I] (used about food) to stay fresh (খাদ্যদ্রব্য সম্বন্ধে ব্যবহৃত) তাজা থাকা *Drink up all the milk—it won't keep in this weather.* **9** [T] to support sb with your money (অর্থ দিয়ে) কাউকে প্রতিপালন করা; কারও ব্যয় বহন করা *You can't keep a family on the money I*

earn. **10** [T] to have and look after animals জীবজন্তুর রক্ষণাবেক্ষণ করা *They keep ducks on their farm.* **11** [T] to delay sb/sth; to prevent sb from leaving কাউকে বা কোনো কিছু আটকে রাখা; কাউকে চলে যাওয়া থেকে আটকানো *Where's the doctor? What's keeping him?*

IDM **keep it up** to continue doing sth as well as you are doing it now যেমন চলছে তেমনভাবে কাজটা চালিয়ে যাওয়ায় একই কাজ করতে থাকা

NOTE Keep শব্দটি ব্যবহার করা হয়েছে এমন আরও অভিব্যক্তির অর্থ জানার জন্য সেই অভিব্যক্তিটিতে ব্যবহৃত বিশেষ্য (noun) এবং বিশেষণের (adjective) শীর্ষশব্দগুলি দেখো। উদাহরণস্বরূপ **keep count** অভিব্যক্তিটির জন্য **count** শীর্ষশব্দটি দেখো।

PHR V **keep at it/sth** to continue to work on/at sth কোনো কিছুতে লেগে থাকা, চালিয়ে যাওয়া *Keep at it—we should be finished soon.*

keep away from sb/sth to not go near sb/sth দূরে থাকা, কারও বা কিছুর কাছে না যাওয়া *Keep away from the town centre this weekend.*

keep sb/sth back to prevent sb/sth from moving forwards কাউকে বা কোনো কিছুকে সামনে এগোনো থেকে আটকানো *The police tried to keep the crowd back.*

keep sth back (from sb) to refuse to tell sb sth কারও কাছে কিছু গোপন করা; না বলা *I know he's keeping something back; he knows much more than he says.*

keep sth down to make sth stay at a low level, to stop sth increasing কোনো কিছুকে বাড়তে না দিয়ে নীচু স্তরে রাখা *Keep your voice down.*

keep sb from sth/from doing sth to prevent sb from doing sth কাউকে কোনো কাজ থেকে বিরত করা; কাজটা করতে না দেওয়া

keep sth from sb to refuse to tell sb sth কাউকে কিছু বলতে না দেওয়া

keep your mouth shut ⇨ **mouth¹** দেখো।

keep off sth to not go near or on sth কোনো কিছুর কাছে বা তার উপরে না যাওয়া *Keep off the grass!*

keep sth off (sb/sth) to stop sth touching or going on sb/sth কোনো ব্যক্তি বা বস্তুকে কিছু ছুঁতে বা তার উপরে বা কাছাকাছি যেতে না দেওয়া *I'm trying to keep the flies off the food.*

keep on (doing sth) to continue doing sth or to repeat an action many times, especially in an annoying way বারবার একই কাজ করে যাওয়া, বিশেষত বিরক্তিকরভাবে *He keeps on interrupting me.*

keep on (at sb) (about sb/sth) to continue talking to sb in an annoying or complaining way বারবার অনুযোগপূর্ণভাবে কারও সঙ্গে বিরক্তিকরভাবে কথা বলে যাওয়া *She kept on at me about my homework until I did it.*

keep (sb/sth) out (of sth) to not enter sth; to stop sb/sth entering sth কোনো কিছুর ভিতরে ঢোকার মুখে বাধা দেওয়া; কোনো ব্যক্তি বা বস্তুকে ভিতরে ঢুকতে না দেওয়া *They put up a fence to keep people out of their garden.*

keep to sth to not leave sth; to do sth in the usual, agreed or expected way কোনো কিছু ত্যাগ না করা; কোনো কিছু স্বাভাবিকভাবে চুক্তিমতো বা প্রত্যাশিতভাবে করা *Keep to the path!* ○ *He didn't keep to our agreement.*

keep sth to/at sth to not allow sth to rise above a particular level কোনো কিছুকে একটা বিশেষ স্তরের উপরে উঠতে না দেওয়া *We're trying to keep costs to a minimum.*

keep sth up **1** to prevent sth from falling down কোনো কিছুকে পড়ে যাওয়া থেকে আটকানো **2** to make sth stay at a high level কোনো কিছু উচ্চস্তরে রাখা *We want to keep up standards of education.* **3** to continue doing sth একনাগাড়ে কিছু করতে থাকা

keep up (with sb) to move at the same speed as sb কারও সঙ্গে সমান তালে চলা *Can't you walk a bit slower? I can't keep up.*

keep up (with sth) to know about what is happening ঘটনার সম্বন্ধে অবহিত থাকা *You have to read the latest magazines if you want to keep up.*

keep² / ki:p কীপ্ / *noun* [U] food, clothes and the other things that you need to live; the cost of these things ভরণপোষণের জন্য খাদ্য, বস্ত্র এবং অন্যান্য নানাবিধ প্রয়োজনীয় সামগ্রী; সেই বস্তুগুলির মূল্য বা দাম

IDM **for keeps** (*informal*) for always বরাবরের জন্য *Take it. It's yours for keeps.*

keeper / ˈki:pə(r) ˈকীপ্যা(র্) / *noun* [C] **1** a person who guards or looks after sth কোনো কিছু দেখাশোনা করার ভার যে ব্যক্তির উপর; পরিচারক, রক্ষক *a zookeeper* **2** (*informal*) = **goalkeeper**

keeping / ˈki:pɪŋ ˈকীপিং / *noun*

IDM **in/out of keeping (with sth)** **1** that does/does not look good with sth যা কোনো কিছুর সঙ্গে মানানসই বা মানানসই নয় *That modern table is out of keeping with the style of the room.* **2** in/not in agreement with a rule, belief, etc. যা কোনো নীতি, বিশ্বাস ইত্যাদির সমর্থনে আছে বা নেই *The Council's decision is in keeping with government policy.*

keg / keg কেগ্ / *noun* [C] a round metal or wooden container, used especially for storing beer ধাতু বা কাঠের তৈরি গোল পাত্র, বিশেষত যা বিয়ার রাখার জন্য ব্যবহৃত হয়

kelvin / ˈkelvɪn ˈকেল্‌ভিন্ / *noun* [C, U] (*abbr.* **K**) (*technical*) a unit for measuring temperature তাপমাত্রা মাপার একক; কেলভিন

> **NOTE** এক ডিগ্রি কেলভিন এবং এক ডিগ্রি সেলসিয়াস সমান। কিন্তু কেলভিনের মাপক্রমে শূন্য ডিগ্রিকে **absolute zero** বলা হয়।

kendra *noun* [C] (*IndE*) a centre for some activity (research, study, business, art, etc.) (গবেষণা, বিদ্যাচর্চা, ব্যাবসা, কোনো শিল্প ইত্যাদির জন্য) জায়গা বা কোনো বাড়ি; কেন্দ্র *Doordarshan Kendra* ○ *Sunder Kala Kendra*

kennel / ˈkenl ˈকেন্‌ল্ / *noun* [C] a small house for a dog কুকুরের ঘর

kept ➪ **keep¹**-এর past tense এবং past participle

kerb (*AmE* **curb**) / kɜ:b ক্যব্ / *noun* [C] the edge of the path (**the pavement**) along the sides of a road ফুটপাথের এবং রাস্তার মধ্যের সীমারেখা, ফুটপাথের কিনারা *They stood on the kerb waiting to cross the road.*

kernel / ˈkɜ:nl ˈক্যন্‌ল্ / *noun* [C] the inner part of a nut or seed বীজ বা কোনো বাদামের ভিতরের অংশ

kerosene / ˈkerəsi:n ˈকেরাসীন্/ (*AmE*) = **paraffin**

ketchup / ˈketʃəp ˈকেচ্যাপ্ / *noun* [U] a cold sauce made from soft red fruit (**tomatoes**) that is eaten with hot or cold food নরম লাল টমেটো থেকে তৈরি যে ঠান্ডা সস ঠান্ডা বা গরম খাবারের সঙ্গে খাওয়া হয়; টমেটো কেচাপ

kettle / ˈketl ˈকেট্‌ল্ / *noun* [C] a container with a lid, used for boiling water জল গরম করার জন্য ব্যবহৃত ঢাকনাওয়ালা পাত্র; কেটলি *an electric kettle*

key¹ / ki: কী / *noun* [C] **1** a metal object that is used for locking a door, starting a car, etc. (দরজা বন্ধ করা, গাড়ি স্টার্ট করা ইত্যাদির জন্য ব্যবহৃত) চাবি *Have you seen my car keys anywhere?* ○ *We need a spare key to the front door.* ○ *a bunch of keys* **2** [*usually sing.*] **the key (to sth)** something that helps you achieve or understand sth কোনো কিছু অর্জন করতে বা বুঝতে সাহায্য করে যে বস্তু; উদ্দেশ্য সাধনের উপায় বা সাহায্যকারী বস্তু; চাবিকাঠি *A good education is the key to success.* **3** one of the parts of a piano, computer, etc. that you press with your fingers to make it work পিয়ানো, কম্পিউটার ইত্যাদি চালানোর জন্য আঙুল দিয়ে যেখানে চাপ দিতে হয়; চাবি **4** a set of musical notes that is based on one particular note একগুচ্ছ স্বর যার ভিত্তি নির্দিষ্ট কোনো

ধ্বনি বা স্বরগ্রাম *The concerto is in the key of A minor.* **5** a set of answers to exercises or problems প্রশ্ন অথবা অনুশীলনী বা সমস্যার সমাধান সমূহের উত্তরমালা *an answer key* **6** a list of the symbols and signs used in a map or book, showing what they mean কোনো মানচিত্র বা বই-এর মধ্যেকার সংকেত চিহ্ন ইত্যাদি অর্থবোধক তালিকা

IDM under lock and key ⇨ **lock**[2] দেখো।

key[2] / ki: কী / *verb* [T] **key sth (in)** to put information into a computer or give it an instruction by typing টাইপ করে কম্পিউটারে তথ্য বা কোনো নির্দেশ দেওয়া *Have you keyed that report yet?* ○ *First, key in your password.*

key[3] / ki: কী / *adj.* (*only before a noun*) very important খুবই গুরুত্বপূর্ণ *Tourism is a key industry in Rajasthan..*

keyboard / ˈki:bɔ:d ˈকীবঃড্ / *noun* [C] **1** the set of keys on a piano, computer, etc. পিয়ানো, কম্পিউটার ইত্যাদির চাবির সারি, যে ফলকের উপর চাবিগুলি থাকে; যোজকপট্ট; কীবোর্ড **2** an electrical musical instrument like a small piano ছোটো পিয়ানোর মতো বাজানোর বৈদ্যুতিক যন্ত্র ⇨ **music**-এ ছবি দেখো।

keyhole / ˈki:həʊl ˈকীহ্যাউল্ / *noun* [C] the hole in a lock where you put the key তালার মধ্যে চাবি ঢোকানোর গর্ত

keynote / ˈki:nəʊt ˈকীন্যাউট্ / *noun* [C] **1** (*usually sing.*) the central idea of a book, a speech, etc. কোনো বই, বক্তৃতা ইত্যাদির কেন্দ্রীয় বিষয় *This particular issue is the keynote of the election campaign this year.* ○ *a keynote speech/speaker* (=a very important one, introducing a meeting or its subject) **2** the note on which a **key** is based যে ধ্বনি বা সুরের উপর কোনো স্বরলিপি গড়ে তোলা হয়

key ring *noun* [C] a ring on which you keep keys চাবি রাখার রিং

keyword / ˈki:wɜ:d ˈকীউঅ্যড্ / *noun* [C] **1** a word that tells you about the main idea or subject of sth প্রধান শব্দ যার সাহায্যে কোনো কিছুর প্রধান ভাব ও বিষয় সম্বন্ধে জানা যায় *When you're studying a language, the keyword is patience.* **2** a word or phrase that is used to give an instruction to a computer যে শব্দ বা বাক্যাংশ কম্পিউটারে নির্দেশ দেওয়ার জন্য ব্যবহার করা হয়

kg *abbr.* kilogram(s) কিলোগ্রামের সংক্ষিপ্ত রূপ; কেজি *weight 10 kg*

khadi (*also* **khaddar**) *noun* [U] (in India) a cloth that is hand-woven and is made from a kind of cotton or silk thread made on a spinning wheel (ভারতবর্ষে) চরকায় বোনা সুতি বা সিল্ক সুতো থেকে হাতে-বোনা যে বস্ত্র তৈরি করা হয়। খাদিবস্ত্র *curtains made of khadi* ▶ **khadi** *adj.* খদ্দরের তৈরি *khadi shirt*

khaki[1] *adj.* of a pale brownish-yellow colour ফিকে বাদামি-হলুদ রঙের; খাকি রঙের *a khaki uniform*

khaki[2] *noun* [U] **1** a pale brownish-yellow colour (রং) খাকি *His uniform is khaki in colour.* **2** a strong brownish-yellow cloth, especially used for making military uniforms ফিকে বাদামি-হলুদ রঙের শক্ত কাপড় যা বিশেষত সামরিক বাহিনীর পোশাক বানানোর জন্য ব্যবহৃত হয়

kharif *noun* [U] (in India) a crop sown in early summer to be harvested in autumn or at the beginning of winter (ভারতবর্ষে) যে শস্যের বীজ গ্রীষ্মের প্রথমে রোপণ করা হয় এবং শরতে বা শীতের শুরুতে যার ফসল কাটা হয়; খারিফ শস্য *Crops like rice, maize, bajra, etc. are kharif.* ▶ **kharif** *adj.* (ভারতবর্ষে) খারিফ শস্য *kharif crops/season*

kHz *abbr.* kilohertz; (used in radio) a measure of **frequency** (রেডিওতে ব্যবহৃত) তরঙ্গ বা কম্পন মাপার একক

kick[1] / kɪk কিক্ / *verb* **1** [T] to hit or move sb/sth with your foot কাউকে বা কিছুতে লাথি মারা, পদাঘাত করা, পা দিয়ে মারা *He kicked the ball wide of the net.* ○ *The police kicked the door down.* **2** [I, T] to move your foot or feet পা নাড়ানো, পা ছোড়া *You must kick harder if you want to swim faster.*

IDM kick the habit to stop doing sth harmful that you have done for a long time দীর্ঘদিনের কু-অভ্যাস বন্ধ করা

kick yourself to be annoyed with yourself because you have done sth stupid, missed an opportunity, etc. বোকার মতো কাজ করে বা কোনো সুযোগ হারিয়ে নিজের উপর রেগে যাওয়া, সুযোগ হারিয়ে হা হুতাশ করা

make, kick up, etc. a fuss ⇨ **fuss**[1] দেখো।

PHR V kick off to start a game of football ফুটবল খেলা শুরু করা

kick sb out (of sth) (*informal*) to force sb to leave a place কাউকে জোর করে বার করে দেওয়া, তাড়িয়ে দেওয়া *to be kicked out of university*

kick[2] / kɪk কিক্ / *noun* [C] **1** an act of kicking পদাঘাত, লাথি *She gave the door a kick and it closed.* **2** (*informal*) a feeling of great pleasure, excitement, etc. উত্তেজনা, আনন্দ ইত্যাদির অনুভূতি*He seems to **get a** real **kick out of** driving fast.*

kick-off *noun* [C] the start of a game of football ফুটবল খেলার সূচনা; কিক-অফ্ *The kick-off is at 2.30 p.m.*

kick-start[1] *verb* [T] **1** to start a motorbike by pushing down on one of the controls with your foot নিয়ন্ত্রক যন্ত্রাংশগুলির মধ্যে একটিতে পা দিয়ে চাপ দিয়ে মোটর সাইকেল চালু করা **2** to do sth to help a process or project start more quickly এমন কিছু করা যাতে কোনো পদ্ধতি বা প্রকল্পের কাজ আরও তাড়াতাড়ি শুরু হয়

kick-start² *noun* [C] **1** (*also* **kick-starter**) the part of a motorbike that you push down with your foot in order to start it মোটর সাইকেলে যে অংশে পা দিয়ে চাপ দেওয়া হয় চালু করারর জন্য তার **2** a quick start that you give to sth by taking some action কোনো কাজের দ্বারা কোনো কিছু দ্রুত চালনা

kid¹ / kɪd কিড্ / *noun* **1** [C] (*informal*) a child or young person শিশু, বাচ্চা, বালক *How are your kids?* **2** [C] **kid brother/sister** (*AmE informal*) younger brother/sister ছোটো ভাই বা বোন **3** [C] a young **goat** ছাগলছানা ⇨ **goat**-এ ছবি দেখো। **4** [U] soft leather made from the skin of a young **goat** ছাগলছানার ছাল দিয়ে তৈরি নরম চামড়া

kid² / kɪd কিড্ / *verb* [I,T] (**kidding; kidded**) (*informal*) to trick sb/yourself by saying sth that is not true; to make a joke about sth (যা সত্যি নয় সেরকম কিছু বলে) কাউকে বা নিজেকে নিয়ে ঠাট্টা করা, মজা করা; পিছনে লাগা *I didn't mean it. I was only kidding.*

kiddy (*also* **kiddie**) / ˈkɪdi ˈকিডি / *noun* [C] (*pl.* **kiddies**) (*informal*) a child শিশু

kidnap / ˈkɪdnæp ˈকিড্ন্যাপ্ / *verb* [T] (**kidnapping; kidnapped**) to take sb away by force and demand money for his/her safe return অপহরণ করা এবং তাকে ছাড়ার জন্য মুক্তিপণ চাওয়া *The child was kidnapped and a ransom of Rs 50,000 was demanded for her release.* ⇨ **hijack** দেখো। ▶ **kidnapper** *noun* [C] অপহরণকারী *The kidnappers demanded Rs 50,000.* ▶ **kidnapping** *noun* [C, U] অপহরণ

kidney / ˈkɪdni ˈকিড্নি / *noun* **1** [C] one of the two organs in the abdomen that separate waste liquid from your blood তলপেটের দুটি অঙ্গের মধ্যে একটি যা রক্ত থেকে তরল বর্জ্য পদার্থসমূহ পৃথক করে দেয়; মূত্রাশয়, বৃক্ক; কিডনি ⇨ **body**-তে ছবি দেখো। **2** [U, C] the kidneys of an animal when they are cooked and eaten as food খাবার হিসেবে ব্যবহৃত কোনো কোনো পশুর কিডনি যখন রান্না করে খাওয়া হয় *steak and kidney pie* ⇨ **renal** adjective দেখো।

kidney bean *noun* [C] a type of reddish-brown bean, shaped like a **kidney** লালচে বাদামি রঙের কিডনির মতো আকারের একপ্রকারের বিন বা শুঁটি

kill¹ / kɪl কিল্ / *verb* **1** [I, T] to make sb/sth die হত্যা করা, মেরে ফেলা, খতম করা *Smoking kills.* ○ *She was killed instantly in the crash.*

> **NOTE** কোনো ব্যক্তিকে উদ্দেশ্যমূলকভাবে হত্যা করা হলে তাকে **murder** বলা হয়—*This was no accident. The old lady was murdered.* রাজনৈতিক কারণে (সাধারণত কোনো বিখ্যাত ব্যক্তিকে হত্যা করলে) **assassinate** শব্দটি ব্যবহৃত হয়—*Mahatma Gandhi was assassinated.* গণহত্যার জন্য **slaughter** অথবা **massacre** শব্দ দুটি ব্যবহার করা হয়—*Hundreds of people were massacred when the army opened fire on the crowd.* তবে **slaughter** শব্দটি খাদ্য হিসেবে ব্যবহারের জন্য যে পশুহত্যা করা হয় সেক্ষেত্রেও ব্যবহার করা হয়।

2 [T] (*informal*) to cause sb pain; to hurt কাউকে ব্যথা দেওয়া; কাউকে কষ্ট দেওয়া *My feet are killing me.* **3** [T] to cause sth to end or fail কোনো কিছু শেষ করা, ব্যর্থ করা, খতম বা নষ্ট করা *The minister's opposition killed the idea stone dead.* **4** [T] (*spoken*) to be very angry with sb কারও উপর খুব রেগে যাওয়া বা রেগে গিয়ে বলা *My mum will kill me when she sees this mess.* **5** [T] (*informal*) **kill yourself/sb** to make yourself/sb laugh a lot প্রবলভাবে হাসতে থাকা বা কাউকে হাসানো *We were killing ourselves laughing.*

IDM kill time, an hour, etc. to spend time doing sth that is not interesting or important while you are waiting for sth else to happen যখন অন্য কোনো ঘটনা ঘটার জন্য অপেক্ষা করা হচ্ছে তখন আগ্রহজনক অথবা গুরুত্বপূর্ণ নয় এমন কোনো কাজ করে সময় কাটানো

kill two birds with one stone to do one thing which will achieve two results এক ঢিলে দুই পাখি মারা, রথ দেখা এবং কলা বেচা, এক কাজ করে দুটি ফল লাভ করা

PHR V kill sth off to cause sth to die or to not exist any more কারও মৃত্যুর বা ধ্বংসের, বিনাশের কারণ হওয়া

kill² / kɪl কিল্ / *noun* [*sing.*] **1** the act of killing হত্যা, খুন, বধ *Lions often make a kill in the evening.* **2** an animal or animals that have been killed মৃত জীবজন্তু বা মৃত শিকার *The eagle took the kill back to its young.*

killer / ˈkɪlə(r) ˈকিল্যা(র্) / *noun* [C] a person, animal or thing that kills হত্যাকারী, খুনী, ঘাতক *a killer disease* ○ *He's a dangerous killer who may strike again.*

killing / ˈkɪlɪŋ কিলিং / *noun* [C] act of killing a person on purpose; a murder উদ্দেশ্যমূলকভাবে হত্যা; খুন *There have been a number of brutal killings in the area recently.*

IDM make a killing to make a large profit quickly খুব অল্প সময়ের মধ্যে অনেক লাভ করা

kiln / kɪln কিল্ন্ / *noun* [C] a large oven for baking clay and bricks, drying wood and grain etc. মাটি,

ইট ইত্যাদি পোড়ানোর এবং কাঠ, শস্য ইত্যাদি শুকোনোর বড়ো উনুন; চুল্লি, ভাটি

kilo / ˈkiːləʊ ˈকীল্যাউ/ (*also* **kilogram; kilogramme**) / ˈkɪləɡræm ˈকিল্যাগ্র্যাম্ /)*noun* [C] (*pl.* **kilos**) (*abbr.* **kg**) a measure of weight; 1000 grams ওজন বা ভরের একক; ১০০০ গ্রাম, এক কেজি

kilo- / ˈkɪləʊ ˈকিল্যাউ / (*used in nouns, often in units of measurement*) one thousand (বিশেষ্যপদের সঙ্গে ব্যবহৃত, প্রায়ই ওজনের এককের সঙ্গে) এক হাজার; কিলো *kilometre* ○ *kilogram*

kilohertz / ˈkɪləhɜːts ˈকিল্যাহ্যট্‌স্ / *noun* [C] (*pl.* **kilohertz**) (*abbr.* **kHz**) (used in radio) a measure of **frequency** (রেডিওতে ব্যবহৃত) তরঙ্গ বা কম্পন মাপার একক

kilojoule / ˈkɪlədʒuːl ˈকিল্যাজুল্ / *noun* [C] (*abbr.* **kJ**) a measurement of the energy that you get from food; 1000 **joules** খাদ্যবস্তু থেকে আহৃত শক্তির পরিমাপ; ১০০০ জুল

kilometre (*AmE* **kilometer**) / ˈkɪləmiːtə(r); kɪˈlɒmɪtə(r) ˈকিল্যামীট্যা(র্); কি'লমিট্যা(র্) / *noun* [C] (*abbr.* **km**) a measure of length; 1000 metres দৈর্ঘ্যের পরিমাপ ; ১০০০ মিটার

kilowatt / ˈkɪləwɒt ˈকিল্যাউঅট্ / *noun* [C] (*abbr.* **kW**) a unit for measuring electrical power; 1000 **watts** বৈদ্যুতিক শক্তি মাপার একক ; ১০০০ ওয়াট

kilt / kɪlt কিল্ট্ / *noun* [C] a skirt with many folds (**pleats**) that is worn by men as part of the national dress of Scotland স্কটল্যান্ডের জাতীয় পোশাকের অঙ্গ হিসেবে পুরুষরা যে অনেক কুঁচি দেওয়া ঘাগরা বা স্কার্ট পরিধান করে

kimono / kɪˈməʊnəʊ কি'ম্যাউন্যাউ / *noun* [C] (*pl.* **kimonos**) a traditional Japanese piece of clothing like a long dress with wide sleeves, worn on formal occasions বিশেষ অনুষ্ঠানে পরার জন্য চওড়া হাতাওয়ালা লম্বা ঝুলের জাপানি পোশাক ; কিমোনো

kin / kɪn কিন্ / ⇨ **next of kin** দেখো।

kind[1] / kaɪnd কাইন্ড্ / *noun* [C] a group whose members all have the same qualities সগোত্র, একজাতীয় people ***of all kinds*** ○ *The concert attracted* ***all kinds of*** *people.* ○ ***What kind of*** *car have you got?* ✪ সম **sort** অথবা **type**

> **NOTE** মনে রাখতে হবে যে **kind** শব্দটি **countable** অথবা গণনীয় এবং এই কারণে—*Those kind of dogs are really dangerous.* অথবা *I like all kind of music.* বলাটা সঠিক নয়। এই অর্থে সঠিক প্রয়োগ হবে—*That kind of dog is really dangerous. / Those kinds of dogs are really dangerous.* এবং *I like all kinds of music.* **Kinds of** অভিব্যক্তিটি বিশেষ্যপদের (noun) একবচন (singular) অথবা বহুবচনেও (plural) ব্যবহার করা যেতে পারে—*There are so many kinds of camera/cameras on the market that it's hard to know which is best.*

IDM **a kind of** (*informal*) used for describing sth in a way that is not very clear কোনো কিছু বর্ণনার সময়ে পরিষ্কারভাবে বলতে না পারলে ব্যবহৃত *I had a kind of feeling that something would go wrong.* ○ *There's a funny kind of smell in here.*

kind of (*informal*) slightly; a little bit অল্প; কিছুটা; একটু *I'm kind of worried about the interview.*

of a kind **1** the same একজাতীয়, সমান *The friends were two of a kind—very similar in so many ways.* **2** not as good as it could be যতটা ভালো হতে পারত ততটা নয়; মোটামুটি *You're making progress of a kind.*

kind[2] / kaɪnd কাইন্ড্ / *adj.* **kind (to sb); kind (of sb) (to do sth)** caring about others; friendly and generous পরোপকারী; মিশুকে উদার, *Everyone's been so kind to us since we came here!* ○ *It was kind of you to offer, but I don't need any help.* ✪ বিপ **unkind**

kindergarten / ˈkɪndəɡɑːtn ˈকিন্ড্যাগা:ট্‌ন্ / *noun* [C] a school for very young children, aged from about 3 to 5 ৩ থেকে ৫ বছরের শিশুদের জন্য স্কুল; কিন্ডারগার্টেন, শিশু বিদ্যালয় ⇨ **nursery school** দেখো।

kind-hearted *adj.* kind and generous সহৃদয়, দয়ালু, উদার

kindle / ˈkɪndl ˈকিন্‌ড্‌ল্ / *verb* [I, T] (*formal*) **1** to start a fire or to make something start to burn আগুন ধরানো বা কোনো বস্তুকে পোড়ানো শুরু করা *to kindle a fire* **2** to make sth, such as an interest, emotion, feeling, start to grow in sb or to get sth started আগ্রহ, আবেগ, অনুভব, উৎসাহ ইত্যাদি জাগিয়ে তোলা বা কিছু শুরু হওয়া *It was her friends who kindled her interest in reading.*

kindling / ˈkɪndlɪŋ ˈকিন্‌ড্‌লিং / *noun* [U] thin small pieces of wood used for starting a fire পাতলা, ছোটো কাঠের টুকরো যা আগুন ধরানোতে ব্যবহৃত হয়

kindly / ˈkaɪndli ˈকাইন্ড্‌লি / *adv, adj.* **1** in a kind way অনুগ্রহপূর্বক, দয়া করে *The nurse smiled kindly.* **2** (used for asking sb to do sth) please (কাউকে কিছু করতে অনুরোধ করার জন্য ব্যবহৃত) দয়া করে, প্লিজ *Would you kindly wait a moment?* **3** kind and friendly সদয়ভাবে, বন্ধুত্বপূর্ণভাবে

kindness / ˈkaɪndnəs ˈকাইন্ড্‌ন্যাস্ / *noun* [C, U] the quality of being kind; a kind act দয়ালু হওয়ার গুণ;

য়া, সহৃদয়তা *Thank you very much for all your kindness.*

kinetic / kɪˈnetɪk কি'নেটিক্ / *adj.* of or produced by movement গতির দ্বারা উৎপন্ন, গতি সঞ্চারিত শক্তি; গতীয় *kinetic energy*

king / kɪŋ কিং / *noun* [C] **1** (the title of) a man who rules a country. A king is usually the son or close relative of the former ruler (উপাধি) যে ব্যক্তি রাজ্যশাসন করে, সাধারণত পূর্বতন রাজার পুত্র বা নিকটাত্মীয়; রাজা *The new king was crowned yesterday.* ○ *King Ashoka* ○ (*figurative*) *The lion is the king of the jungle.* ➪ **queen, prince** এবং **princess** দেখো। **2** one of the four playing cards in a pack with a picture of a king তাসের সাহেব *the king of spades* ➪ **card**-এ নোট দেখো। **3** the most important piece in the game of **chess** that can move one square in any direction দাবাখেলার প্রধান ঘুঁটি; রাজা

kingdom / ˈkɪŋdəm 'কিংড্যাম্ / *noun* [C] **1** a country that is ruled by a king or queen রাজত্ব, রাজ্য *the United Kingdom* **2** (*technical*) one of the three traditional divisions of the natural world, larger than a **class** or a **phylum** প্রকৃতির রাজ্যের তিনটি চিরাচরিত বিভাগের যে-কোনো একটি (ক্লাস বা ফাইলামের থেকে অপেক্ষাকৃত বড়ো) *the animal kingdom*

kingfisher / ˈkɪŋfɪʃə(r) 'কিংফিশ্যা(র্) / *noun* [C] a small bright blue bird with a long beak, that catches fish in rivers লম্বা ঠোঁটওয়ালা উজ্জ্বল নীলরঙের ছোটো পাখি যেগুলি নদীতে মাছ ধরে; মাছরাঙা পাখি, কিংফিশার পাখি

king prawn *noun* [C] a small shellfish that we eat and that becomes pink when cooked খোসাযুক্ত ছোটো মাছ যা খাওয়া যায় এবং যেটি রান্না করলে গোলাপি রঙের হয়ে যায়; গলদা চিংড়ি (যা সাধারণ চিংড়ির থেকে অনেক বড়ো)

NOTE সাধারণ চিংড়ি মাছের তুলনায় গলদা চিংড়ি বড়ো হয়।

king-size (*also* **king-sized**) *adj.* bigger than usual স্বাভাবিকের থেকে বড়ো *a king-size bed*

kink / kɪŋk কিংক্ / *noun* [C] a turn or bend in sth that should be straight যা সোজা হওয়া উচিত এমন কোনো কিছুর মধ্যে বাঁক বা জট

kinship / ˈkɪnʃɪp 'কিন্‌শিপ্ / *noun* (*literary*) **1** [U] the relationship between the members of the same family একই পরিবারের সদস্যদের মধ্যেকার আত্মীয়তার সম্পর্ক *the ties of kinship* **2** [U, *sing.*] a feeling of being close to sb because you have similar attitudes or characteristics কারও চারিত্রিক বৈশিষ্ট্য বা ভঙ্গির সঙ্গে নিজের মিল খুঁজে পেয়ে তার সঙ্গে একাত্মতাবোধ করার অনুভূতি *They felt a kinship with the local peasants.*

kiosk / ˈkiːɒsk 'কীঅস্ক্ / *noun* [C] a very small shop or stall in the street where newspapers, sweets, cigarettes, etc. are sold সংবাদপত্র, মিষ্টি, সিগারেট ইত্যাদি বিক্রির জন্য রাস্তার ধারের ছোটো দোকান; গুমটি দোকান; কিয়স্ক

kipper / ˈkɪpə(r) 'কিপ্যা(র্) / *noun* [C] a type of fish that has been kept for a long time in salt, and then smoked বহুক্ষণ ধরে নুন দিয়ে জারানো মাছ, পরে যা ধোঁয়া দিয়ে সেঁকা হয়

kiss / kɪs কিস্ / *verb* [I, T] to touch sb with your lips to show love or friendship (ভালোবাসা বা বন্ধুত্ববশত) চুমু খাওয়া, চুম্বন করা *He kissed her on the cheek.* ○ *They kissed each other goodbye.*
▶ **kiss** *noun* [C] চুম্বন, চুমু *a kiss on the lips/cheek*

kit[1] / kɪt কিট্ / *noun* **1** [C, U] a set of tools, equipment or clothes that you need for a particular purpose, sport or activity কোনো জিনিস তৈরির ছোটোখাটো যন্ত্রপাতি, পোশাক বা সরঞ্জাম যা বিশেষ কোনো উদ্দেশ্য, খেলা বা কাজকর্মের জন্য দরকার হয় *a tool kit* ○ *a drum kit* ○ *football/gym kit* **2** [C] a set of parts that you buy and put together in order to make sth কোনো কিছু বানানোর জন্য টুকরো টুকরো ছোটোখাটো অংশ যা পরে জোড়া দেওয়া যায় *a kit for a model aeroplane*

kit[2] / kɪt কিট্ / *verb* (**kitting; kitted**)
PHR V **kit sb/yourself out/up (in/with sth)** to give sb all the necessary clothes, equipment, tools, etc. for sth কাউকে কোনো কারণে প্রয়োজনীয় সমস্ত পোশাক, সাজসরঞ্জাম, যন্ত্রপাতি ইত্যাদি দেওয়া

kitchen / ˈkɪtʃɪn 'কিচিন্ / *noun* [C] a room where food is prepared and cooked রান্নাঘর, রন্ধনশালা, পাকশালা *We usually eat in the kitchen.*

kite[1] / kaɪt কাইট্ / *noun* [C] a toy which consists of a light frame covered with paper or cloth. Kites are flown in the wind on the end of a long piece of string কাগজ বা কাপড়ের তৈরি সুতোয় বেঁধে বাতাসে ওড়ানোর খেলনা; পতঙ্গ, ঘুড়ি *to fly a kite*

kite[2] / kaɪt কাইট্ / *noun* [C] a large powerful bird (of the hawk family) with strong wings that kills other birds and small animals for food শক্ত ডানাওয়ালা একধরনের বড়ো শিকারি পাখি যারা অন্য পাখি বা ছোটো প্রাণী মেরে সেগুলি খায়; চিল

kith / kɪθ কিথ্ / *noun*
IDM **kith and kin** (*old-fashioned*) people with whom you are connected like friends and relatives আত্মীয়স্বজন, বন্ধু-বান্ধব

kitten / ˈkɪtn 'কিট্ন্ / *noun* [C] a young cat বিড়ালছানা

kitty / ˈkɪti 'কিটি / noun [C] (pl. **kitties**) **1** a sum of money that is collected from a group of people and used for a particular purpose যৌথভাবে কোনো বিশেষ উদ্দেশ্যে ব্যয়ের জন্য সংগৃহীত অর্থ *All the students in the flat put Rs 50 a week into the kitty.* **2** (*spoken*) a way of calling or referring to a cat বিড়ালকে বলা হয়

kiwi / ˈkiːwiː 'কীউঈ / noun [C] (pl. **kiwis**) **1** a New Zealand bird with a long beak and short wings that cannot fly নিউজিল্যান্ডের লম্বা ঠোঁটের ছোটো ডানার পাখি যারা উড়তে পারে না **2 kiwi fruit** a fruit with brown skin that is green inside with black seeds বাদামি রঙের খোসাযুক্ত একধরনের ফল যার ভিতরটা সবুজ ও যাতে কালো বীজ থাকে; কিউই ফল

kJ *abbr.* kilojoule(s) কিলোজুল-এর সংক্ষিপ্ত রূপ

km *abbr.* kilometre(s) কিলোমিটার

knack / næk ন্যাক্ / noun [sing.] (*informal*) **knack (of/for doing sth)** skill or ability to do sth (difficult) that you have naturally or you can learn সহজাত দক্ষতা, কর্মনৈপুণ্য অথবা অর্জিত দক্ষতা *Knitting isn't difficult once you've got the knack of it.*

knapsack / ˈnæpsæk 'ন্যাপ্স্যাক্ / noun [C] a small **rucksack**-like bag with straps that is usually carried on the back or on the shoulders জিনিসপত্র বয়ে নিয়ে যাওয়ার জন্য ব্যবহৃত মজবুত ছোটো ব্যাগ যা স্ট্র্যাপের সাহায্যে পিঠে বা কাঁধে নেওয়া যায়

knead / niːd নীড় / verb [T] to press and squeeze a mixture of flour and water (**dough**) with your hands in order to make bread, etc. (হাত দিয়ে) রুটি ইত্যাদি বানানোর জন্য ময়দা ও জল মিশিয়ে মাখা ও ঠাসা

knee / niː নী / noun [C] **1** the place where your leg bends in the middle হাঁটু, জানু *Anjali fell and grazed her knee.* ○ *She was on her hands and knees on the floor looking for her earrings.* ⇨ **body**-তে ছবি দেখো। **2** the part of a pair of trousers, etc. that covers the knee ট্রাউজার ইত্যাদির যে অংশে হাঁটু ঢাকা পড়ে *There's a hole in the knee of those jeans.*

IDM bring sth to its knees to badly affect an organization, etc. so that it can no longer function কোনো প্রতিষ্ঠান ইত্যাদির গুরুতর ক্ষতি করা যাতে তা আর কাজ করতে না পারে *The strikes brought the industry to its knees.*

kitchen utensils

food processor

blender

colander

blender
(*BrE* liquidizer)

sieve

spoons

tongs

mixer

rolling pin

whisk

spatula

peeler

ladle

knives

funnel

grater

tin-opener
(*AmE* can-opener)

corkscrew

chopping board

kneecap / ˈni:kæp ˈনীক্যাপ্ / *noun* [C] the bone that covers the front of the knee হাঁটুর মালাইচাকি; চক্রিকা ✪ সম **patella** ⇨ **body**-তে ছবি দেখো।

knee-deep *adj., adv.* up to your knees হাঁটু পর্যন্ত গভীর *The water was knee-deep in places.*

kneel / ni:l নীল্ / *verb* [I] (*pt, pp* **knelt** / nelt নেল্ট্ / or **kneeled**) **kneel (down)** to rest on one or both knees হাঁটু গেড়ে বসা, নতজানু হওয়া *She knelt down to talk to the child.*

knew ⇨ **know**[1]-এর past tense

knickers / ˈnɪkəz ˈনিক্যাজ্ / (*AmE* **panties**) *noun* [*pl.*] a piece of underwear for women that covers the area between the waist and the top of the legs (মহিলাদের জন্য) কোমর থেকে পায়ের উপর দিক পর্যন্ত পরার অন্তর্বাস; প্যান্টিস, জাঙিয়া *a pair of knickers*

knife[1] / naɪf নাইফ্ / *noun* [C] (*pl.* **knives** /naɪvz নাইভ্জ্ /) a sharp flat piece of metal (**a blade**) with a handle. A knife is used for cutting things or as a weapon ছুরি (সাধারণত জিনিসপত্র কাটার জন্য বা অস্ত্র হিসেবে ব্যবহৃত হয়) *The carving knife is very blunt/sharp.* ○ *a knife and fork*

knife[2] / naɪf নাইফ্ / *verb* [T] to deliberately injure sb with a knife কোনো ব্যক্তিকে ছুরিকাঘাত করা, ছুরির দ্বারা আঘাত করা ✪ সম **stab**

knight / naɪt নাইট্ / *noun* [C] **1** (*especially in Britain*) a person who has been given a title of honour by a king or queen for good work he/she has done and who can use *Sir/Dame* in front of his/her name (বিশেষত ব্রিটেনে) সম্মানজনক এই উপাধি রাজা বা রানী কর্তৃক অভিজাত বংশের কাউকে তাদের কাজের জন্য দেওয়া হত। এই উপাধিধারীরা নামের আগে *Sir* বা *Dame* ব্যবহার করতে পারেন; নাইট *Don Bradman was knighted for his excellence in cricket.* **2** a soldier of a high level who fought on a horse in the Middle Ages মধ্যযুগীয় উচ্চশ্রেণির ঘোড়সওয়ার যোদ্ধা **3** a piece used in the game of **chess** that is shaped like a horse's head দাবাখেলায় ব্যবহৃত (ঘোড়ার মাথার মতো দেখতে) ঘুটি; ঘোড়া ▶ **knighthood** / ˈnaɪthʊd ˈনাইট্হুড্ / *noun* [C, U] নাইটের পদ, সম্মান বা মর্যাদা; নাইটহুড

knit / nɪt নিট্ / *verb* [I, T] (**kni<u>tt</u>ing; kni<u>tt</u>ed** or *AmE pt, pp* **knit**) **1** to make sth (for example an article of clothing) with wool using two long needles or a special machine উল বুনে কিছু বানানো (যেমন কোনো বস্ত্র) *I'm knitting a sweater for my nephew.* ⇨ **crochet** দেখো। **2 knit** (only used in this form) joined closely together (কেবলমাত্র এই রূপেই ব্যবহার করা যায়) জোরালোভাবে আটকানো, শক্ত ভাবে জোড়া *a closely/tightly knit village community* ▶ **knitting** *noun* [U] উল বোনার কাজ *I usually do some knitting while I'm watching TV.*

knitting needle = **needle**[2]

knitwear / ˈnɪtweə(r) ˈনিট্উএঅ্যা(র্) / *noun* [U] articles of clothing that have been knitted উল দিয়ে বোনা জামাকাপড় *the knitwear department*

knob / nɒb নব্ / *noun* [C] **1** a round switch on a machine (for example a television) that you press or turn কোনো যন্ত্রের গোল সুইচ (যেমন টেলিভিশন) যা টিপে বা ঘুরিয়ে যন্ত্রটি চালু বা বন্ধ করা যায়; নব *the volume control knob* **2** a round handle on a door, drawer, etc. দরজা, দেরাজ ইত্যাদির গোল হাতল

knock[1] / nɒk নক্ / *verb* **1** [I] **knock (at/on sth)** to make a noise by hitting sth firmly with your hand হাত দিয়ে খটখট আওয়াজ করা *Someone is knocking at the door.* **2** [T] **knock sth (on/against sth)** to hit sb/sth hard, often by accident কাউকে বা কোনো কিছুতে জোরে ধাক্কা মারা (প্রায়শ দুর্ঘটনাবশত) *He knocked the vase onto the floor.* ○ *to knock sb unconscious* **3** [T] (*informal*) to say bad things about sb/sth; to criticize sb/sth কারও বা কিছুর সম্বন্ধে খারাপ কথা বলা; কারও বা কিছুর সমালোচনা করা

IDM **knock on wood** ⇨ **wood** দেখো।

knock about/around (*informal*) to be in a place; to travel and live in various places কোনো স্থানে থাকা; বিভিন্ন স্থানে ঘুরে বেড়ানো বা বাস করা *Is last week's newspaper still knocking about?*

knock sb down to hit sb causing him/her to fall to the ground কাউকে ধাক্কা মেরে মাটিতে ফেলে দেওয়া *The old lady was knocked down by a cyclist.*

knock sth down to destroy a building, etc. কোনো অট্টালিকা ইত্যাদি ধ্বংস করা, গুঁড়িয়ে ফেলা *They knocked down the old factory because it was unsafe.*

knock off (sth) (*spoken*) to stop working কাজ বন্ধ করা, কাজ শেষ করা *What time do you knock off?*

knock sth off **1** (*informal*) to reduce a price by a certain amount নির্ধারিত মূল্য থেকে নির্দিষ্ট পরিমাণ দাম বাদ দেওয়া *He agreed to knock Rs 10 off the price.* **2** (*slang*) to steal sth (অপপ্রয়োগ) কোনো কিছু চুরি করা

knock sb out **1** to hit sb so that he/she becomes unconscious or cannot get up again for a while কাউকে আঘাত করে কিছুক্ষণের জন্য অজ্ঞান করে দেওয়া বা শুইয়ে দেওয়া **2** (used about a drug, alcohol, etc.) to cause sb to sleep (কোনো ড্রাগ, অ্যালকোহল ইত্যাদি সম্বন্ধে ব্যবহৃত) কাউকে ঘুম পাড়িয়ে ফেলা

knock sb out (of sth) to beat a person or team in a competition so that they do not play any more games in it নক আউট প্রতিযোগিতায় কোনো ব্যক্তি বা দলকে হারিয়ে দেওয়া যাতে সে বা তারা বেরিয়ে যায় অর্থাৎ আর খেলতে পারে না *Sri Lanka was knocked out of the Champions Trophy by Pakistan.*

knock sb/sth over to cause sb/sth to fall over ধাক্কা বা ঠোক্কর মেরে কাউকে বা কিছু ফেলে দেওয়া, ধাক্কা লেগে কিছু পড়ে যাওয়া *Be careful not to knock over the drinks.*

knock² / nɒk নক্ / *noun* [C] a sharp hit from sth hard or the sound it makes শক্ত কোনো কিছুতে ধাক্কা বা তার ফলে যে আওয়াজ হয় *a nasty knock on the head* ○ *I thought I heard a knock at the door.* ○ *(figurative) She has suffered some hard knocks* (=bad experiences) *in her life.*

knocker / ˈnɒkə(r) ˈনক্যা(র্) / *noun* [C] a piece of metal fixed to the outside of a door that you hit against the door to attract attention দরজার বাইরের দিকে লাগানো ধাতুখণ্ড যা নাড়িয়ে মনোযোগ আকর্ষণ করা হয়; দরজার কড়া

knock-on *adj.* (*BrE*) causing other events to happen one after the other একটার পরে একটা ঘটনা ঘটার নিমিত্তস্বরূপ *An increase in the price of oil has **a knock-on effect** on other fuels.*

knockout / ˈnɒkaʊt ˈনক্আউট্ / *noun* [C] **1** a hard hit that causes sb to become unconscious or to be unable to get up again for a while যে আঘাতের ফলে কেউ জ্ঞান হারিয়ে ফেলে কিছুক্ষণের জন্য অজ্ঞান হয়ে থাকে বা উঠে দাঁড়াতে পারে না **2** (*BrE*) a competition in which the winner of each game goes on to the next part but the person who loses plays no more games যে প্রতিযোগিতায় জয়ী হয়ে পরবর্তী ধাপে খেলা যায় কিন্তু পরাজিত ব্যক্তি পরবর্তী খেলা খেলতে পারে না; নক-আউট প্রতিযোগিতা

knot¹ / nɒt নট্ / *noun* [C] **1** a place where two ends or pieces of rope, string, etc. have been tied together দড়ি, তার ইত্যাদির গ্রন্থি; গিঁট, ফাঁস *to tie/untie a knot* **2** a measure of the speed of a ship; approximately 1.85 kilometres per hour জাহাজের গতি মাপার একক; মোটামুটিভাবে প্রতি ঘন্টায় ১.৮৫ কিলোমিটার

knot² / nɒt নট্ / *verb* [T] (**knotting; knotted**) to fasten sth together with a knot একত্রে কোনো কিছু বাঁধা; গিঁট দেওয়া

know¹ / nəʊ ন্যাউ / *verb* (*pt* **knew** / nju: নিউ /; *pp* **known** / nəʊn ন্যাউন্ /) (*not used in the continuous tenses*) **1** [I, T] **know (about sth); know that** to have knowledge or information in your mind জানা, জ্ঞান বা তথ্য অবগত হওয়া *I don't know much about sport.* ○ *Do you **know the way** to the restaurant?* **2** [T] to be familiar with a person or a place; to have met sb or been somewhere before কোনো ব্যক্তি বা বস্তুর সঙ্গে পরিচিত হওয়া; কারও সঙ্গে বা কোনো স্থানের সঙ্গে আগে থেকে পরিচয় থাকা, চেনাজানা থাকা *We've known each other for years.* ○ *I don't know this part of Guwahati.*

> **NOTE** প্রথমবার যখন কোনো ব্যক্তির সঙ্গে অন্য কোনো ব্যক্তি পরিচয় করিয়ে দেয় অথবা কোনো ব্যক্তির সঙ্গে প্রথমবার সাক্ষাৎ হয় তখন আমরা **meet** শব্দটি ব্যবহার করি—*Peter and I met at university in 1997.* প্রথম সাক্ষাতের পরে যখন ধীরে ধীরে বন্ধুত্ব গড়ে ওঠে তখন আমরা **get to know sb** ব্যবহার করি *Kevin's wife seems very interesting. I'd like to get to know her better.* প্রথমবার কোনো জায়গায় গেলে আমরা **see** অথবা **visit** শব্দ দুটি ব্যবহার করি—*I'd love to go to the States and see/visit San Francisco and New York.*

3 [T, I] to feel certain; to be sure of sth নিশ্চয়তা অনুভব করা; কোনো কিছু সম্পর্কে নিশ্চিত হওয়া *I just know you'll pass the exam!* ○ ***As far as I know*** (=I think it is true but I am not absolutely sure), *the meeting is next Monday afternoon.* **4** [T] (*only in the past and perfect tenses*) to have seen, heard, or experienced sth আগে থেকে দেখা, শোনা বা অভিজ্ঞতা থাকা *I've known him go a whole day without eating.* ○ *It's been known to snow in June.* **5** [T] (*usually passive*) **know sb/sth as sth** to give sth a particular name; to recognize sb/sth as sth কাউকে বা কোনো কিছুকে বিশেষ নাম দেওয়া, কাউকে বা কোনো কিছুকে একটি অন্য নামে অভিহিত করা *Chennai was previously known as Madras.* **6** [T] **know how to do sth** to have learned sth and be able to do কোনো কিছু শেখা এবং তা করতে সক্ষম হওয়া *Do you know how to use a computer?*

> **NOTE** খেয়াল রাখতে হবে যে কোনো ক্রিয়াপদের (verb) পূর্বে **how to** ব্যবহার করতে হবে। *I know use a computer*—সঠিক প্রয়োগ নয়। —*I know how to use a computer.* বলতে হবে।

7 [T] to have personal experience of sth কোনো ব্যাপারে জ্ঞাত থাকা, পরিচিত থাকা, ব্যক্তিগত অভিজ্ঞতা থাকা *Many people in western countries don't know what it's like to be hungry.*

> **NOTE** এই ক্রিয়াপদটির (verb) ব্যবহার ঘটমান কালে (continuous tenses) হয় না কিন্তু '-ing' সহযোগে এর বর্তমান কৃদন্ত (present participle) রূপটি

সাধারণভাবে অত্যন্ত প্রচলিত।—*Knowing how he'd react if he found out about it, she kept quiet.*

IDM God/goodness/Heaven knows 1 I do not know আমি জানি না, আমার জ্ঞানের বাইরে, ঈশ্বর জানেন, ভগবান জানেন *They've ordered a new car but goodness knows how they're going to pay for it.* **2** used for emphasizing sth কোনো কিছুতে জোর দেওয়ার জন্য বলা হয় *I hope I get an answer soon. Goodness knows, I've waited long enough.*

know better (than that/than to do sth) to have enough sense to realize that you should not do sth কোনো ভুল না করা বা বোকার মতো কাজ না করে ফেলার মতো বুদ্ধিশুদ্ধি থাকা

know sth inside out/like the back of your hand (*informal*) to be very familiar with sth কোনো কিছুর সঙ্গে খুব পরিচিত হওয়া, খুব ভালোভাবে চেনা বা জানা

know what you are talking about (*informal*) to have knowledge of sth from your own experience নিজের অভিজ্ঞতা থেকে কোনো বিষয় সম্বন্ধে যথেষ্ট জ্ঞান বা অভিজ্ঞতা থাকা

know what's what (*informal*) to have all the important information about sth; to fully understand sth কোনো বস্তু সম্পর্কে গুরুত্বপূর্ণ তথ্যাদি জ্ঞাত থাকা; বিষয়টি সম্বন্ধে ভালোভাবে জ্ঞান থাকা

let sb know to tell sb; to inform sb about sth কাউকে বলা; কোনো কিছু সম্পর্কে কাউকে বা অন্যকে জানানো *Could you let me know what time you're arriving?*

you know used when the speaker is thinking of what to say next, or to remind sb of sth বক্তা পরবর্তী বক্তব্য সম্বন্ধে চিন্তা করার সময়ে অথবা কাউকে কিছু মনে করানোর সময়ে ব্যবহার করে *Well, you know, it's rather difficult to explain.* ○ *I've just met Mamta. You know—Varun's sister.*

you never know (*spoken*) you cannot be certain তুমি ভালোভাবে জানতে পার না, নিশ্চিত হতে পার না *Keep those empty boxes. You never know, they might come in handy one day.*

PHR V know of sb/sth to have information about or experience of sb/sth কারও বা কিছুর সম্বন্ধে খোঁজখবর রাখা, সে সম্বন্ধে জানা *Do you know of any pubs around here that serve food?*

know² / nəʊ ন্যাউ / *noun*

IDM in the know (*informal*) having information that other people do not অন্যের জানা নেই এরকম খবর জানা আছে এমন

know-all (*AmE* **know-it-all**) *noun* [C] an annoying person who behaves as if he/she knows everything সবজান্তা ভাব দেখিয়ে অন্যের বিরক্তি জাগায় যে; সবজান্তা

know-how *noun* [U] (*informal*) practical knowledge of or skill in sth কোনো বিষয়ে কারিগরি জ্ঞান, প্রযুক্তিসংক্রান্ত বিদ্যা, বিশেষ পটুতা

knowing / ˈnəʊɪŋ ˈন্যাউইং / *adj.* showing that you know about sth that is thought to be secret গোপন কথা জানা গেছে এরকম ভাবের প্রদর্শন; ধূর্ত, চালাক *a knowing look*

knowingly / ˈnəʊɪŋli ˈন্যাউইংলি / *adv.* **1** on purpose ; deliberately জ্ঞানত বা জেনেশুনে; উদ্দেশ্যমূলকভাবে *I've never knowingly lied to you.* **2** in a way that shows that you know about sth that is thought to be secret এমনভাবে যাতে বোঝা যায় বা দেখা যায় যে গোপন কথা জানা হয়ে গেছে; জেনেবুঝে বা জেনেশুনে *He smiled knowingly at her.*

knowledge / ˈnɒlɪdʒ ˈনলিজ্ / *noun* **1** [U, *usually sing.*] ***knowledge (of/about sth)*** information, understanding and skills that you have gained through learning or experience জ্ঞান, ধারণা, অভিজ্ঞতা, উপলব্ধি *I have **a working knowledge** of French* (=enough to be able to make myself understood). **2** [U] the state of knowing about a particular fact or situation কোনো বিশেষ পরিস্থিতি বা তথ্য সম্বন্ধে জ্ঞান ***To my knowledge*** (=from the information I have, although I may not know everything) *they are still living there.* ○ *She did it **without my knowledge*** (=I did not know about it).

IDM be common/public knowledge to be sth that everyone knows অতি সাধারণ কিছু হওয়া যা সকলেই জানে

knowledgeable / ˈnɒlɪdʒəbl ˈনলিজ্যাব্‌ল্ / *adj.* having a lot of knowledge যথেষ্ট জ্ঞান আছে এমন; প্রাজ্ঞ, প্রজ্ঞাবান, বিদ্বান *She's very knowledgeable about history.* ▶ **knowledgeably** / -əbli -অ্যাব্‌লি / *adv.* ওয়াকিবহালভাবে, জ্ঞানসম্পন্নভাবে

knuckle / ˈnʌkl ˈনাকল্ / *noun* [C] the bones where your fingers join the rest of your hand আঙুলের গাঁট ⇨ **body**-তে ছবি দেখো।

koala / kəʊˈɑːlə ক্যাউˈআ:ল্যা / *noun* [C] an Australian animal with thick grey fur that lives in trees and looks like a small bear অস্ট্রেলিয়ায় পাওয়া যায় এমন একধরনের ছোটো ভালুকের মতো ঘন লোমশ প্রাণী, যারা গাছে থাকে; কোয়ালা ⇨ **marsupial**-এ ছবি দেখো।

koel *noun* [C] any of the several species of **cuckoos** found in India and Australasia ভারতবর্ষ এবং অস্ট্রেলিয়াতে পাওয়া যায় যে-কোনো প্রজাতির কোকিল

kolam *noun* [U, C] decorative designs drawn on the floor, traditionally with rice flour, etc. in southern India দক্ষিণ ভারতে চালের গুঁড়ো ইত্যাদি দিয়ে আঁকা ঐতিহ্যপূর্ণ আলপনা; কোলম ➪ **rangoli** দেখো।

the Koran (*also* **Quran, Qur'an**) *noun* [*sing.*] the **sacred** book of the Muslims মুসলমান সম্প্রদায়ের ধর্মগ্রন্থ; কোরান

kosher / ˈkəʊʃə(r) ˈক্যাউশ্যা(র্) / *adj.* (used about food) prepared according to the rules of Jewish law (খাদ্য সম্বন্ধে ব্যবহৃত) ইহুদিদের ধর্মীয় অনুশাসন মেনে প্রস্তুত

kph / ˌkeɪ piːˈeɪtʃ ˌকেই পী ˈএইচ্ / *abbr.* kilometres per hour কিলোমিটার প্রতি ঘন্টা

krill / krɪl ক্রিল্ / *noun* [*pl.*] very small shell fish that live in the sea around the Antarctic and are eaten by large sea animals (**whales**) আন্টার্কটিকার চারপাশের সমুদ্রে পাওয়া যায় একধরনের খোলাযুক্ত ছোটো মাছ যা তিমি মাছের খাদ্য; ক্রিল

krypton / ˈkrɪptɒn ˈক্রিপ্টন্ / *noun* [U] (*symbol* **Kr**) a colourless gas that does not react with chemicals, used in **fluorescent** lights ফ্লুরেসেন্ট আলোর মধ্যে ব্যবহৃত একধরনের বর্ণহীন গ্যাস যা কোনো রাসায়নিক পদার্থের সঙ্গে বিক্রিয়া করে না; ক্রিপটন

NOTE **Krypton** একধরনের **noble gas**

Kuchipudi *noun* [U] a classical dance form from Andhra Pradesh (অন্ধ্রপ্রদেশের) ধ্রুপদী নৃত্যশৈলী; কুচিপুড়ি

kudos / ˈkjuːdɒs ˈকিউডস্ / *noun* [U] (originally from Greek) a word that is used as an expression of approval and praise for a particular achievement (গ্রিক ভাষা থেকে আগত) কোনো বিশেষ কৃতিত্বের জন্য অনুমোদন এবং প্রশংসা ব্যক্ত করার সময়ে ব্যবহৃত শব্দ; কুডোস

kulfi *noun* [C] a cone-shaped Indian ice cream usually made with boiled milk. It comes in various flavours like **pistachio, saffron**, etc. একধরনের ভারতীয় আইস-ক্রিম সাধারণত যা ফোটানো দুধ থেকে তৈরি হয় এবং পেস্তা, কেশর ইত্যাদি স্বাদে পাওয়া যায়; কুলফি

kumkum *noun* [U] a dark red powder used by married Hindu women to make a mark on the forehead (বিবাহিত হিন্দু রমণীগণের দ্বারা ব্যবহৃত) কুমকুম

kung fu / ˌkʌŋˈfuː ˌকাংˈফু / *noun* [U] a Chinese style of fighting using the feet and hands as weapons হাত এবং পা ব্যবহার করে একধরনের চিনদেশীয় লড়াই; কুংফু ➪ **martial arts** দেখো।

kurta *noun* [C] a long, loose shirt worn by men and women in south Asia দক্ষিণ এশিয়ায় স্ত্রী এবং পুরুষ উভয়েই যে লম্বা ঢিলা জামা ব্যবহার করে; কুর্তা

kW (*also* **kw**) *abbr.* kilowatt(s) কিলোওয়াট-এর সংক্ষিপ্ত রূপ *a 2kw electric heater.*

L l

L, l[1] / el এল্ / *noun* [C, U] (*pl.* **L's; l's** /elz এল্জ্ /) the twelfth letter of the English alphabet ইংরেজি বর্ণমালার দ্বাদশ অক্ষর বা বর্ণ *'Lake' begins with an 'L'.*

l[2] *abbr.* **1** litre (s) লিটার **2** (*BrE*) **L** (a sign on a car) learner driver (গাড়িতে লাগানো চিহ্ন) শিক্ষার্থী চালক **3 L** large (size) বড়ো (আকার)

label[1] / ˈleɪbl ˈলেইব্‌ল্ / *noun* [C] **1** a piece of paper, etc. that is fixed to sth and which gives information about it কোনো বস্তুর গায়ে আটকানো যে কাগজের টুকরোয় সেটির সম্বন্ধে তথ্যাদি দেওয়া থাকে; লেবেল *There is a list of all the ingredients on the label.* **2 record label** a company that produces and sells records, CDs, etc. যে কোম্পানি রেকর্ড, সিডি ইত্যাদি তৈরি এবং বিক্রয় করে

label[2] / ˈleɪbl ˈলেইব্‌ল্ / *verb* [T] (**labelling; labelled** *AmE* **labeling; labeled**) **1** (*usually passive*) to fix a label or write information on sth কোনো বস্তুর উপর লেবেল আটকানো বা তথ্যাদি লেখা **2 label sb/sth (as) sth** to describe sb/sth in a particular way, especially unfairly কাউকে বা কিছুকে বিশেষভাবে বর্ণনা করা, বিশেষত অনুচিতভাবে

labial / ˈleɪbiəl ˈল্যাইবিঅ্যাল্ / *noun* [C] (*technical*) a speech sound made with the lips, for example m, p, v ঠোঁট দিয়ে যে শব্দ করা হয়, যেমন m, p, v এবং বাংলায় প, ফ, ভ; ওষ্ঠ্যধ্বনি ▶ **labial** *adj.* ওষ্ঠ্য, ওষ্ঠ সম্বন্ধীয়

laboratory / ləˈbɒrətri ল্যাˈবর্যাট্রি / *noun* [C] (*pl.* **laboratories**) (*informal* **lab**) a room or building that is used for scientific research, testing, experiments, etc. or for teaching about science বৈজ্ঞানিক গবেষণা, পরীক্ষা-নিরীক্ষা ইত্যাদি অথবা বিজ্ঞানশিক্ষা দেওয়ার জন্য যে ঘর বা ভবন ব্যবহার করা হয়; বৈজ্ঞানিক পরীক্ষাগার; ল্যাবরেটরি *The blood samples were sent to the laboratory for analysis.* ○ *a physics laboratory* ➪ **language laboratory** দেখো।

laborious / ləˈbɔːriəs ল্যাˈব:রিঅ্যাস্ / *adj.* needing a lot of time and effort কষ্টসাধ্য, সময় সাপেক্ষ *a laborious task/process/job* ▶ **laboriously** *adv.* কঠোর পরিশ্রম সহকারে

labour[1] (*AmE* **labor**) / ˈleɪbə(r) ˈলেইব্যা(র্) / *noun* **1** [U] work, usually of a hard, physical kind শারীরিক কষ্টসাধ্য কোনো কাজ; শ্রম *manual labour*

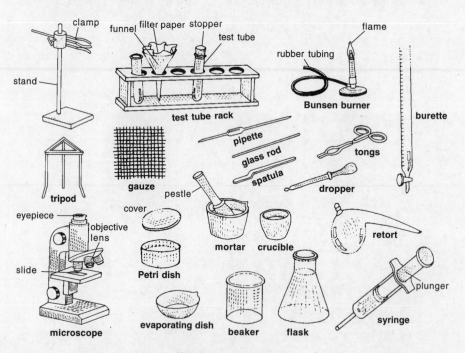

laboratory apparatus

(= work using your hands) 2 [U] workers, when thought of as a group শ্রমিকশ্রেণি, মজুরদল *There is a shortage of skilled labour.* 3 [U, C, *usually sing.*] the process of giving birth to a baby শিশুকে জন্ম দানের প্রক্রিয়া; প্রসবপদ্ধতি, গর্ভবেদনা *She **went into labour** in the early hours of this morning.* ○ *She was **in labour** for less hours*

labour[2] (*AmE* **labor**) / ˈleɪbə(r) ˈলেইব্যা(র্) / *verb* [I] 1 **labour (away)** to work hard at sth কোনো বিষয়ে কঠিন পরিশ্রম করা, মাথার ঘাম পায়ে ফেলা *She laboured on her book for two years.* 2 to move or do sth with difficulty and effort কষ্ট এবং প্রচেষ্টা সহ স্থানান্তরিত হওয়া বা কোনো কিছু করা

laboured (*AmE* **labored**) / ˈleɪbəd ˈলেইব্যাড্ / *adj.* done slowly or with difficulty ধীরে ধীরে অথবা কষ্ট করে কৃত *laboured breathing*

labourer (*AmE* **laborer**) / ˈleɪbərə(r) ˈলেইব্যার‍্যা(র্) / *noun* [C] a person whose job involves hard physical work এমন কোনো ব্যক্তি যে কঠিন পরিশ্রম করে; শ্রমিক, জনমজুর *unskilled/farm labourers*

labour-saving *adj.* reducing the amount of work needed to do sth কোনো কিছু করার জন্য প্রয়োজনীয় শ্রমের পরিমাণ কমায় এমন কিছু *labour-saving devices such as washing machines and dishwashers*

labyrinth / ˈlæbərɪnθ ˈল্যাব্যারিন্থ্ / *noun* [C] 1 a complicated set of paths and passages, through which it is difficult to find your way যে পথে গন্তব্যে পৌঁছোনো কঠিন; আঁকাবাকা সর্পিল পথ, ভুলভুলাইয়া, গোলকধাঁধা 2 an arrangement of membranes and bones in the internal ear which assist in hearing অন্তঃকর্ণ ⇨ **ear**-এ ছবি দেখো। *a labyrinth of corridors* ✪ সম **maze**

lac *noun* [U] a sticky substance produced by certain insects, and used in making varnishes, dyes and sealing wax নির্দিষ্ট কিছু কীটপতঙ্গ থেকে নিঃসৃত চটচটে বস্তু যা বার্নিশ, রং এবং সীলিং ওয়াক্স তৈরিতে ব্যবহৃত হয়; লাক্ষা, গালা

lace[1] / leɪs লেইস্ / *noun* 1 [U] cloth that is made of very thin threads sewn in patterns with small holes in between সুতো দিয়ে সূক্ষ্ম জালের মতো কাজ করা কাপড়; লেস *lace curtains* ○ *a collar made of lace* ⇨ **lacy** adjective দেখো। 2 [C] a string that is used for tying a shoe জুতোর ফিতে *Your shoelace is undone.* ○ *Do up your laces or you'll trip over them.*

lace[2] / leɪs লেইস্ / *verb* [I, T] **lace (sth) (up)** to tie or fasten sth with a **lace**[1] 2 ফিতে দিয়ে বাঁধা, ফিতে বা লেস বাঁধা *She was sitting on the end of the bed lacing up her boots.* ▶ **lace-up** *adj.*, *noun* [C] ফিতে-বাঁধা *lace-up boots/shoes*

lack[1] / læk ল্যাক্ / *noun* [U, *sing.*] **(a) lack (of sth)** the state of not having sth or not having enough of sth কোনো কিছু নেই বা যথেষ্ট পরিমাণে নেই এমন; অভাব, অপ্রতুলতা *A lack of food forced many people to leave their homes.*

lack[2] / læk ল্যাক্ / *verb* [T] to have none or not enough of sth কোনো কিছু পর্যাপ্ত পরিমাণে বা একেবারে না থাকা *She seems to lack the will to succeed.*

lacking / ˈlækɪŋ ˈল্যাকিং / *adj.* (*not before a noun*) 1 **lacking in sth** not having enough of sth যথেষ্ট পরিমাণে কোনো কিছু না থাকার অবস্থা *He's certainly not lacking in intelligence.* 2 not present or available দুর্লভ, অনুপস্থিত *I feel there is something lacking in my life.*

lacklustre / ˈlæklʌstə(r) ˈল্যাকলাস্ট্যা(র্) / *adj.* not interesting or exciting; dull একঘেয়ে, নীরস; আকর্ষণহীন *a lacklustre performance*

laconic / ləˈkɒnɪk ল্যাˈকনিক্ / *adj.* (*formal*) using only a few words to say sth সুসংহত বা সংক্ষিপ্তভাবে, কম শব্দ ব্যবহার করে বলা হচ্ছে এমন ▶ **laconically** / -kli -কলি / *adv.* সংহতভাবে

lacquer / ˈlækə(r) ˈল্যাক্যা(র্) / *noun* [U] 1 a type of transparent paint that is put on wood, metal, etc. to give it a hard, shiny surface কাঠ, ধাতু ইত্যাদির উপরের ভাগ আরও চকচকে ও শক্ত করে তোলার জন্য ব্যবহৃত হয় এমন একধরনের স্বচ্ছ রং; গালা-বার্নিশ 2 (*old-fashioned*) a liquid that you put on your hair to keep it in place চুল সুবিন্যস্ত রাখার জন্য তরল পদার্থ ✪ সম **hair spray**

lactate / lækˈteɪt ল্যাকˈটেইট্ / *verb* [I] (of a woman or female animal) to produce milk from the body to feed a baby or young animal (মহিলা বা স্ত্রী পশু সম্বন্ধে ব্যবহৃত) শিশুকে বা পশু শাবককে পান করানোর জন্য শরীর থেকে দুগ্ধক্ষরণ হওয়া ▶ **lactation** / lækˈteɪʃn ল্যাকˈটেইশন্ / *noun* [U] স্তন্যদান, দুগ্ধক্ষরণ *the period of lactation*

lactic acid / ˌlæktɪk ˈæsɪd ˌল্যাকটিক ˈঅ্যাসিড্ / *noun* [U] a substance that forms in old milk and is also produced in your muscles when you do hard physical exercise বাসি দুধে উৎপন্ন হয় একধরনের পদার্থ। কঠিন পরিশ্রমের ফলে এটি পেশিতে উৎপন্ন হয়; ল্যাকটিক অ্যাসিড

lactose / ˈlæktəʊs ˈল্যাক্ট্যাউস্ / *noun* [U] a type of sugar found in milk and used in some baby foods দুগ্ধজাত শর্করা এবং কোনো কোনো বেবি ফুডে ব্যবহৃত হয় ⇨ **dextrose, fructose, glucose** এবং **sucrose** দেখো।

lacy / ˈleɪsi ˈলেইসি / *adj.* made of or looking like **lace** লেসের তৈরি বা লেসের মতো দেখতে

lad / læd ল্যাড্ / *noun* [C] (*informal*) a boy or young man কিশোর, বালক বা তরুণ *School has changed since I was a lad.*

ladder / ˈlædə(r) ˈল্যাড্যা(র্) / *noun* [C] **1** a piece of equipment that is used for climbing up sth. A ladder consists of two long pieces of metal, wood or rope with steps fixed between them কোনো কিছুর উপরে ওঠার জন্য এক ধরনের সরঞ্জাম। দুটি লম্বা ধাতু বা কাঠ বা দড়ির টুকরোর মাঝে ধাপ যুক্ত করে এটি তৈরি করা হয়; মই, সিঁড়ি (*figurative*) *to climb the ladder of success* ➪ **stepladder** দেখো। **2** (*AmE* **run**) a long hole in the thin pieces of clothing that women wear to cover their legs (**tights** or **stockings**), where the threads have broken পা ঢাকার জন্য মহিলারা যে পাতলা কাপড়ের মতো বস্ত্রখণ্ড (টাইট্স বা স্টকিংস) পরে, তার মধ্যে সুতো সরে গিয়ে তৈরি হওয়া ছিদ্র *Oh no! I've got a ladder in my tights.* ▶ **ladder** *verb* [I, T] মই বানানো বা লাগানো

laddu *noun* [C] a popular Indian sweet made from a mixture of various kinds of flour, sugar and **ghee** which is shaped into a ball জনপ্রিয় গোলাকৃতি ভারতীয় মিষ্টি যা ময়দা, চিনি, ঘি ইত্যাদি দিয়ে তৈরি হয়; লাড্ডু, নাড়ু

laden / ˈleɪdn ˈলেইড্ন্ / *adj.* **laden (with sth)** (*not before a noun*) having or carrying a lot of sth কোনো কিছু দ্বারা বোঝাই অথবা অনেক কিছু বহন করা হচ্ছে এমন *The travellers were laden down with luggage.* ○ *The orange trees were laden with fruit.*

ladle¹ / ˈleɪdl ˈলেইড্ল্ / *noun* [C] a large deep spoon with a long handle, used especially for serving soup লম্বা হাতলওয়ালা বড়ো ডাবু হাতা, বিশেষত স্যুপ পরিবেশনের জন্য ব্যবহৃত হয় ➪ **kitchen**-এ ছবি দেখো।

ladle² / ˈleɪdl ˈলেইড্ল্ / *verb* [T] to serve food with a ladle বড়ো হাতা বা ল্যাডল দিয়ে খাবার পরিবেশন করা

lady / ˈleɪdi ˈলেইডি / *noun* [C] (*pl.* **ladies**) **1** a polite way of saying 'woman', especially when you are referring to an older woman বিশেষত কোনো সম্ভ্রান্ত মহিলা সম্বন্ধে বলার সময়ে এই ভদ্রতাসূচক শব্দটি ব্যবহৃত হয় *The old lady next door lives alone.* **2** (*formal*) used when speaking to or about a woman or women in a polite way মহিলাদের সঙ্গে বা তাদের সম্বন্ধে ভদ্রভাবে কথা বলার সময়ে ব্যবহৃত অভিব্যক্তিবিশেষ ***Ladies and gentlemen!*** (=at the beginning of a speech) ○ *Mrs Sharma, there's a lady here to see you.*

ladybird / ˈleɪdibɜːd ˈলেইডিব্যড্ / (*AmE* **ladybug** / ˈleɪdibʌg ˈলেইডিবাগ্ /) *noun* [C] a small insect that is red or yellow with black spots লাল বা হলুদ রঙের কালো বুটিওয়ালা এক প্রকারের ছোটো ছোটো পোকা; লেডিবার্ড ➪ **insect**-এ ছবি দেখো।

lady's finger *noun* [C] = **okra**

lag¹ / læg ল্যাগ্ / *verb* [I] (**lagging; lagged**) **lag (behind) (sb/sth)** to move or develop more slowly than sb/sth অন্যের থেকে বেশি সময় লাগা, পিছিয়ে পড়া

lag² / læg ল্যাগ্ / (*also* **time lag**) *noun* [C] a period of time between two events; a delay দুটি ঘটনার মধ্যবর্তী সময়; বিলম্ব ➪ **jet lag** দেখো।

lager / ˈlɑːgə(r) ˈলা:গ্যা(র্) / *noun* [C, U] (*BrE*) a type of light beer that is a gold colour সোনালি রঙের হালকা বিয়ার *Three pints of lager, please.*

lagoon / ləˈguːn ল্যাˈগুন্ / *noun* [C] a lake of salt water that is separated from the sea by sand or rock নোনা জলের হ্রদ, বালি বা পাথর দ্বারা সমুদ্র থেকে বিচ্ছিন্ন; উপহ্রদ; লেগুন

laid ➪ **lay**-এর past tense এবং past participle

laid-back / ˌleɪd ˈbæk ˌলেইড্ˈব্যাক্ / *adj.* (*informal*) calm and relaxed; seeming not to worry about anything শান্ত এবং নিশ্চিন্ত; কোনো বিষয়েই যার কোনো রকম দুশ্চিন্তা আছে বলে মনে হয় না

lain ➪ **lie²**-এর past participle

laissez-faire / ˌleseɪ ˈfeə(r) ˌলেসেই ˈফেঅ্যা(র্) / *noun* [U] the policy of allowing private businesses to develop without government control সরকারি নিয়ন্ত্রণ ছাড়া ব্যক্তিগত মালিকানার ব্যাবসায় অনুমোদন দেওয়ার যে নীতি বা পলিসি; অবাধ-বাণিজ্যনীতি ▶ **laissez-faire** *adj.* অবাধ বাণিজ্যনীতির সঙ্গে সম্বন্ধিত *a laissez-faire economy* ○ *They have a laissez-faire approach to bringing up their children* (=they give them a lot of freedom).

lake / leɪk লেইক্ / *noun* [C] a large area of water that is surrounded by land চারিদিকে স্থলবেষ্টিত বিশাল জলরাশি; হ্রদ *They've gone sailing* ***on the lake.*** ○ *We all swam* ***in the lake.*** ○ *Chilika Lake*

> **NOTE** **Lake** (হ্রদ) থেকে **pond** (পুকুর) আকারে ছোটো হয়। ➪ **oxbow**-তে ছবি দেখো।

lakh *noun* [C] (in the Indian system of measurement) one hundred thousand; 1,00,000 (ভারতীয় গণনা পদ্ধতিতে) এক লাখ; ১,০০,০০০

lamb / læm ল্যাম্ / *noun* **1** [C] a young sheep ভেড়ার ছানা; মেষশাবক ➪ **sheep**-এ নোট এবং ছবি দেখো। **2** [U] the meat of a young sheep ভেড়ার ছানার মাংস *lamb chops*

lame / leɪm লেইম্ / *adj.* **1** (used mainly about animals) not able to walk properly because of an injury to the leg or foot (জীবজন্তু সম্বন্ধে প্রধানত ব্যবহৃত) পায়ে চোট পাওয়ার জন্য ঠিকভাবে চলতে অসমর্থ; খোঁড়া, পঙ্গু *The horse is lame and cannot work.*

NOTE **Lame** শব্দটি বর্তমানে কোনো ব্যক্তির ক্ষেত্রে সাধারণত ব্যবহার করা হয় না। এই অর্থে ক্রিয়াপদ (verb) এবং বিশেষ্যপদ (noun) রূপে **limp** শব্দটি ব্যবহার করা হয়—*He's got a limp.* ○ *You're limping. Have you hurt your leg?*

2 (used about an excuse, argument, etc.) not easily believed; weak (ওজর, আপত্তি, যুক্তি, তর্ক ইত্যাদির সম্বন্ধে ব্যবহৃত) সহজে বিশ্বাসযোগ্য নয়; বাজে, দুর্বল *a lame excuse*

lament / ləˈment ল্যা'মেন্ট্ / *noun* [C] (*formal*) a song, poem or other expression of sadness for sb who has died or for sth that has ended মৃত ব্যক্তি অথবা শেষ হয়ে যাওয়া কোনো কিছুর জন্য দুঃখ প্রকাশক সংগীত, কবিতা অথবা অন্যান্য অভিব্যক্তি; শোকগাথা, শোকাবহ আখ্যানকাব্য ► **lament** *verb* [T] অনুতাপ বা অনুশোচনা ভোগ করা

laminated / ˈlæmɪneɪtɪd ˈল্যামিনেইটিড্ / *adj.* **1** (used about wood, plastic, etc.) made by sticking several thin layers together (কাঠ, প্লাস্টিক ইত্যাদি সম্বন্ধে ব্যবহৃত) অনেকগুলি পাতলা স্তর পরপর লাগিয়ে তৈরি করা *laminated glass* **2** covered with thin transparent plastic for protection সুরক্ষার জন্য পাতলা স্বচ্ছ প্লাস্টিক দ্বারা আবৃত

lamp / læmp ল্যাম্প্ / *noun* [C] a device that uses electricity, gas or oil to produce light (গ্যাস, তেল বা বিদ্যুতের সাহায্যে জ্বলে) আলো, প্রদীপ, বাতি; ল্যাম্প *a street lamp* ○ *a table/desk/bicycle lamp* ○ *a sunlamp* ➪ **bicycle**-এ ছবি দেখো।

lamp post *noun* [C] a tall pole at the side of the road with a light on the top রাস্তার ধারের বাতির থাম; আলোকস্তম্ভ; ল্যাম্পপোস্ট

lampshade / ˈlæmpʃeɪd ˈল্যাম্পশেইড্ / *noun* [C] a cover for a lamp that makes it look more attractive and makes the light softer একটি ল্যাম্পকে আরও সুদৃশ্য দেখানোর জন্য এবং তার আলো স্তিমিত করার জন্য ব্যবহৃত ঢাকা; ল্যাম্পশেড

LAN / læn ল্যান্ / *abbr.* (*computing*) local area network (a system for communicating by computer within a large building) কম্পিউটারের সাহায্যে কোনো বড়ো বাড়ির মধ্যে যোগাযোগ ব্যবস্থা; ল্যান ➪ **WAN** দেখো।

land[1] / lænd ল্যান্ড্ / *noun* **1** [U] the solid part of the surface of the earth (= not sea) স্থলভূমি, সমুদ্র নয়, পৃথিবীর স্থলভাগ, ডাঙা *Penguins can't move very fast on land.* ➪ **ground**-এ নোট দেখো। ✪ বিপ **sea** **2** [U] an area of ground স্থলভূমি *The land rose to the east.* ○ *She owns 500 acres of land in her native village.* **3** [U] ground, soil or earth of a particular kind জমি, বিশেষ ধরনের জমি বা মাটি *The land is rich and fertile.* ○ *arid/barren land* ○ *arable/agricultural/industrial land* **4** [C] (*written*) a country or region কোনো দেশ বা অঞ্চল *She died far from her native land.* ○ *to travel to distant lands* ➪ **country**-তে নোট দেখো।

land[2] / lænd ল্যান্ড্ / *verb* **1** [I, T] to come down from the air or to bring sth down to the ground আকাশ থেকে ভূমিতে নামা বা অবতরণ করা বা কোনো কিছু মাটিতে অবতরণ করানো *He fell off the ladder and landed on his back.* ○ *The pilot landed the aeroplane safely.* **2** [I, T] to go onto land or put sth onto land from a ship ডাঙায় আসা, জাহাজ থেকে কোনো কিছু ডাঙায় নামানো **3** [T] to succeed in getting sth, especially sth that a lot of people want বিশেষত বহু লোকের আকাঙ্ক্ষিত কোনো কিছু সাফল্যের সঙ্গে লাভ করা *The company has just landed a million-dollar contract.*

IDM **fall/land on your feet** ➪ **foot**[1] দেখো।

PHR V **land up (in...)** (*BrE informal*) to finish in a certain position or situation নির্দিষ্ট কোনো অবস্থা বা পরিস্থিতির মধ্যে দিয়ে শেষ করা *He landed up in a prison cell for the night.*

land sb with sb/sth (*informal*) to give sb sth unpleasant to do, especially because no one else wants to do it অন্য কেউ করতে চাইছে না এমন কোনো অপ্রীতিকর কাজ কাউকে করতে দেওয়া

landfill / ˈlændfɪl ˈল্যান্ড্ফিল্ / *noun* **1** [C, U] an area of land where large amounts of waste material are buried ময়লা আবর্জনা দিয়ে ভরানো জমি **2** [U] waste material that will be buried; the burying of waste material কোনো জমির মধ্যে পুঁতে ফেলার জন্য জড়ো করা আবর্জনা; বর্জ্য পদার্থ পুঁতে ফেলার ক্রিয়া

landing / ˈlændɪŋ ˈল্যান্ডিং / *noun* [C] **1** the action of coming down onto the ground (in an aircraft) বিমান অবতরণ *The plane made an **emergency landing** in a field.* ○ *a crash landing* ○ *a safe landing* ✪ বিপ **take-off** **2** the area at the top of a staircase in a house, or between one staircase and another in a large building কোনো বড়ো বাড়িতে, সিঁড়ির উপরে বা মাঝপথে বড়ো চাতালের মতো অনেকটা জায়গা

landing card *noun* [C] a form on which you have to write details about yourself when flying to a foreign country বিদেশে যাওয়ার সময়ে যে কাগজে নিজের সম্বন্ধে বিভিন্ন তথ্য লিখতে হয়

landing gear *noun* [U] = **undercarriage**

landing stage (*AmE* **dock**) *noun* [C] a wooden platform built out into the sea or a river where boats are tied and where people can get on or off them সমুদ্র অথবা নদীর মধ্যে তৈরি করা কাঠের পাটাতন যাতে নৌকো, স্টিমার ইত্যাদি ভিড়তে পারে এবং যার সাহায্যে লোক ওঠা-নামা করতে পারে ✪ সম **jetty**

landing strip = **airstrip**

landlady / ˈlændleɪdi ˈল্যান্ড্লেইডি / *noun* [C] (*pl.* **landladies**) **1** a woman who rents a house or room to people for money অর্থের বিনিময়ে বাড়ি বা ঘর ভাড়া দেয় যে মহিলা; বাড়িওয়ালি **2** a woman who owns or manages a pub, small hotel, etc. কোনো হোটেল, শুঁড়িখানা ইত্যাদির পরিচালিকা এবং অধিকারিণী

landlocked / ˈlændlɒkt ˈল্যান্ড্লক্ট্ / *adj.* completely surrounded by land চতুর্দিক থেকে সম্পূর্ণভাবে স্থলবেষ্টিত

landlord / ˈlændlɔːd ˈল্যান্ড্ল:ড্ / *noun* [C] **1** a person who rents a house or room to people for money যে ব্যক্তি অর্থের বিনিময়ে বাড়ি বা ঘর ভাড়া দেয়; বাড়িওয়ালা **2** a person who owns or manages a pub, small hotel, etc. কোনো ছোটো হোটেল, শুঁড়িখানা ইত্যাদির মালিক বা ম্যানেজার

landmark / ˈlændmɑːk ˈল্যান্ড্মা:ক্ / *noun* [C] **1** an object (often a building) that can be seen easily from a distance and will help you to recognize where you are কোনো বস্তু (সাধারণত কোনো বাড়ি) যা সহজেই দূর থেকে দেখা যায় এবং যেটি দেখে এলাকাটি চিনতে সুবিধে হয় *The Gateway of India is one of the historical landmarks of Mumbai.* **2 a landmark (in sth)** an important stage or change in the development of sth কোনো জিনিসের উন্নতির পথে গুরুত্বপূর্ণ পরিবর্তন বা পর্ব; দিকচিহ্ন

landmine / ˈlændmaɪn ˈল্যান্ডমাইন্ / *noun* [C] a bomb placed on or under the ground, which explodes when vehicles or people move over it মাটিতে রাখা বা তার নীচে পুঁতে রাখা বোমা যার উপর দিয়ে গাড়ি বা মানুষ গেলে ফেটে যায়; ল্যান্ডমাইন

landowner / ˈlændəʊnə(r) ˈল্যান্ডঅ্যাউন্যা(র্) / *noun* [C] a person who owns land, especially a large area of land জমিদার, জমির মালিক, ভূস্বামী

landscape[1] / ˈlændskeɪp ˈল্যান্ড্স্কেইপ্ / *noun* **1** [C, *usually sing.*] everything you can see when you look across a large area of land প্রাকৃতিক দৃশ্য; ল্যান্ডস্কেপ *an urban/industrial landscape* ➪ **scenery**-তে নোট দেখো। **2** [C, U] a picture or a painting that shows a view of the countryside; this style of painting গ্রাম্য দৃশ্য দেখা যায় এমন কোনো ছবি; নিসর্গচিত্র; অঙ্কনশিল্পের একটি বিশেষ ধরনের শৈলী

landscape[2] / ˈlændskeɪp ˈল্যান্ড্স্কেইপ্ / *verb* [T] to improve the appearance of an area of land by changing its design and planting trees, flowers, etc. বৃক্ষ, ফুলগাছ ইত্যাদি লাগিয়ে কোনো স্থানের নকশা পরিবর্তন করা এবং সৌন্দর্য বৃদ্ধি করা

landslide / ˈlændslaɪd ˈল্যান্ড্স্লাইড্ / *noun* [C] **1** the sudden fall of a mass of earth, rocks, etc. down the side of a mountain পাহাড়ের গা বেয়ে হঠাৎ মাটি, পাথর ইত্যাদি যখন নেমে আসে; ভূপাত, ধস **2** a great victory for one person or one political party in an election কোনো রাজনৈতিক দল বা ব্যক্তির নির্বাচনে বিপুল ভোটে জয়লাভ

lane / leɪn লেইন্ / *noun* [C] **1** a narrow road in the country সরু রাস্তা (গ্রামে) *We found a route through country lanes to avoid the traffic jam on the main road.* **2** used in the names of roads রাস্তার নামে ব্যবহৃত *Janpath Lane* **3** a section of a wide road that is marked by painted white lines to keep lines of traffic separate চওড়া রাস্তার অংশ যেটি সাদা রং দিয়ে চিহ্নিত করে আলাদা করা থাকে যাতে বাহন সমূহের বা ট্র্যাফিকের সারি পৃথক থাকে *a four-lane highway* ○ *the inside/middle/fast/outside lane* **4** a section of a sports track, swimming pool, etc. for one person to go along দৌড়, সাঁতার ইত্যাদি প্রতিযোগিতায় প্রত্যেক প্রতিযোগীর জন্য নির্দিষ্ট আলাদা পথ **5** a route or path that is regularly used by ships or aircraft জাহাজ বা বিমানের নির্দিষ্ট গতিপথ

language / ˈlæŋgwɪdʒ ˈল্যাংগুইজ্ / *noun* **1** [C] the system of communication in speech and writing that is used by people of a particular country (নির্দিষ্ট কোনো দেশের) ভাষা, কথ্য এবং লিখিত ভাষা *How many languages can you speak?* ○ *What is your first language* (=your mother tongue)? **2** [U] the system of sounds and writing that human beings use to express their thoughts, ideas and feelings লিখে বা বলে মনোভাব, চিন্তাধারা ইত্যাদি প্রকাশ করার জন্য মনুষ্য প্রজাতি যে পদ্ধতি ব্যবহার করে *written/spoken language* **3** [U] words of a particular type or words that are used by a particular person or group কোনো ব্যক্তি বা গোষ্ঠীর নিজস্ব ভাষা; পরিভাষা *bad* (= rude) *language* ○ *legal language* ○ *the language of Shakespeare* **4** [U] any system of signs, symbols, movements, etc. that is used to express sth কোনো কিছু ব্যক্ত করার জন্য যে-কোনো ধরনের পদ্ধতি, চিহ্ন, প্রতীক বা অঙ্গভঙ্গি *sign language* (= using your hands, not speaking) ➪ **body language** দেখো। **5** [C, U] (*computing*) a system of symbols and rules that is used to operate a computer কম্পিউটার পরিচালনার সাংকেতিক চিহ্ন এবং নিয়মাবলী

language laboratory *noun* [C] a room in a school or college that contains special equipment to help students to learn foreign languages by listening to tapes, watching videos, recording themselves, etc. টেপ শোনা, ভিডিও দেখা, নিজেদের

কথা রেকর্ড করা ইত্যাদির দ্বারা ছাত্রছাত্রীরা যাতে বিদেশি ভাষা শিখতে পারে তার জন্য স্কুল বা কলেজের বিশেষ সরঞ্জাম সম্বলিত ঘর; ভাষা গবেষণাগার

langur *noun* [C] a long-tailed large monkey usually with a grey or cream-coloured body and a black face, native to S and SE Asia দক্ষিণ এবং দক্ষিণ পূর্ব এশিয়ার দেশগুলিতে পাওয়া যায় এমন একধরনের ধূসর অথবা ক্রিম রঙের, লম্বা ল্যাজ এবং কালো মুখওয়ালা বড়ো বাঁদর; লঙ্গুর

lanky / ˈlæŋki ˈল্যাংকি / *adj.* (used about a person) very tall and thin (কোনো ব্যক্তি সম্বন্ধে ব্যবহৃত) রোগা ও লম্বা; ল্যাকপেকে, লিকলিকে

lantern / ˈlæntən ˈল্যান্ট্যান্ / *noun* [C] a type of light with a metal frame, glass sides and a light or candle inside that can be carried (ধাতব ফ্রেমের চারিপাশে কাচ লাগানো একধরনের আলো) লণ্ঠন

lap[1] / læp ল্যাপ্ / *noun* [C] **1** the flat area that is formed by the upper part of your legs when you are sitting down কোল, ক্রোড় *The child sat quietly on his mother's lap.* **2** one journey around a running track, etc. দৌড়পথ ইত্যাদির বা মাঠের এক পাক *There are three more laps to go in the race.* **3** one part of a long journey কোনো দীর্ঘ যাত্রাপথের অংশ

lap[2] / læp ল্যাপ্ / *verb* (**lapping; lapped**) **1** [I] (used about water) to make gentle sounds as it moves against sth (জল সম্বন্ধে ব্যবহৃত) ছল ছল করে আওয়াজ করা, কোনো কিছুতে হালকা ধাক্কা লেগে বয়ে যাওয়ার সময়ে ছলাৎ করে আওয়াজ হওয়া *The waves lapped against the side of the boat.* **2** [T] **lap sth (up)** (usually used about an animal) to drink sth using the tongue (সাধারণত কোনো পশু সম্বন্ধে ব্যবহৃত) জিভ দিয়ে চেটে কিছু পান করা বা খাওয়া, চকচক করে খাওয়া *The cat lapped up the cream.* **3** [T] to pass another competitor in a race who has been round the track fewer times than you দৌড়ের সময়ে অন্য প্রতিযোগীকে একাধিক বার পিছনে ফেলে এগিয়ে যাওয়া

PHR V **lap sth up** (*informal*) to accept sth with great enjoyment without stopping to think if it is good, true, etc. ভালোমন্দ বা সত্যতা বিচার না করে অত্যন্ত আনন্দের সঙ্গে গ্রহণ করা

lapel / ləˈpel ল্যাˈপেল্ / *noun* [C] one of the two parts of the front of a coat or jacket that are folded back কোটের বা জ্যাকেটের সামনের দিকের দুটি অংশের একটি যেটি ভিতরদিকে ভাঁজ করা থাকে; ল্যাপেল

lapse[1] / læps ল্যাপ্স্ / *noun* [C] **1** a short time when you cannot remember sth or you are not thinking about what you are doing সংক্ষিপ্ত সময়সীমা, যখন কোনো বিষয় মনে পড়ছে না বা না ভেবেচিন্তেই কোনো কিছু করা হচ্ছে এমন; বিস্মরণ, স্মৃতিভ্রম *a lapse of memory* ○ *The crash was the result of a temporary lapse in concentration.* **2** a period of time between two things that happen দুটি ঘটনার মধ্যবর্তী সময় *She returned to work after a lapse of ten years.* ➪ **elapse** দেখো। **3** a piece of bad behaviour from sb who usually behaves well সাধারণত যে ভালো ব্যবহার করে তার সাময়িক দুর্ব্যবহার

lapse[2] / læps ল্যাপ্স্ / *verb* [I] **1** (used about a contract, an agreement, etc.) to finish or stop, often by accident (কোনো বন্দোবস্ত, চুক্তি ইত্যাদি সম্বন্ধে ব্যবহৃত) দুর্ঘটনা বা অন্য কারণে বন্ধ হয়ে যাওয়া, শেষ হয়ে যাওয়া *My membership has lapsed because I forgot to renew it.* **2** to become weaker or stop for a short time সাময়িকভাবে দুর্বলতর হয়ে পড়া বা থেমে যাওয়া *My concentration lapsed during the last part of the exam.*

PHR V **lapse into sth** to gradually pass into a worse or less active state or condition; to start speaking or behaving in a less acceptable way ক্রমে ক্রমে আরও খারাপ বা নিষ্ক্রিয় অবস্থায় চলে যাওয়া; অশোভনভাবে কথা বলা বা ব্যবহার করতে শুরু করা *to lapse into silence/a coma*

laptop / ˈlæptɒp ˈল্যাপ্টপ্ / *noun* [C] a small computer that is easy to carry and that can use batteries for power ছোটো মাপের কম্পিউটার যা সহজে বহন করা যায় এবং যা ব্যাটারিতেও চলে; ল্যাপটপ ➪ **desktop** এবং **palmtop** দেখো।

lard / lɑːd লা:ড্ / *noun* [U] a firm white substance made from melted fat that is used in cooking গলিত চর্বি থেকে তৈরি একধরনের শক্ত সাদা পদার্থ যা রান্নায় ব্যবহৃত হয়

larder / ˈlɑːdə(r) ˈলা:ড্যা(র্) / *noun* [C] a large cupboard or small room that is used for storing food খাবার রাখার ছোটো ঘর বা বড়ো আলমারি ✪ সম **pantry**

large / lɑːdʒ লা:জ্ / *adj.* greater in size, amount, etc. than usual; big আকার, পরিমাণ ইত্যাদিতে সাধারণের থেকে অপেক্ষাকৃত বড়ো; বিশাল *a large area/house/family/appetite* ○ *We have this shirt in small, medium or large.* ➪ **big**-এ নোট দেখো।

IDM **at large 1** as a whole; in general সমগ্রভাবে, সার্বিকভাবে; সাধারণভাবে *He is well known to scientists but not to the public at large.* **2** (used about a criminal, animal, etc.) not caught; free (অপরাধী, পশু ইত্যাদি সম্বন্ধে ব্যবহৃত) যাকে ধরা যায়নি; মুক্ত, স্বাধীন

by and large mostly; in general বেশির ভাগ; সাধারণ ভাবে, মোটের উপর *By and large the school is very efficient.*

largely / ˈlɑːdʒli ˈলা:জ্লি / *adv.* mostly প্রধানত, বেশির ভাগ ক্ষেত্রে *His success was largely due to hard work.*

large-scale *adj.* happening over a large area or affecting a lot of people অনেকটা জায়গা জুড়ে ঘটছে বা অনেক লোককে প্রভাবিত করছে এমন; বৃহদাকার, বড়ো মাপের *large-scale production/unemployment*

lark / lɑːk লা:ক্ / *noun* [C] a small brown bird that makes a pleasant sound ছোটো বাদামি রঙের পাখি যার স্বর খুব মধুর

larva / ˈlɑːvə ˈলা:ভ্যা / *noun* [C] (*pl.* **larvae** / ˈlɑːviː ˈলা:ভী) an insect at the stage when it has just come out of an egg and has a short fat soft body with no legs ছোটো স্থূল দেহবিশিষ্ট নরম কীট যার এখনও পা হয়নি (ডিম থেকে সবে বেরিয়েছে এমন); শূক; লার্ভা ➪ **pupa** দেখো এবং **insect**-এ ছবি দেখো।

laryngitis / ˌlærɪnˈdʒaɪtɪs ˌল্যারিন্ˈজাইটিস্ / *noun* [U] a mild illness of the throat that makes it difficult to speak গলার অসুখ যাতে কথা বলতে কষ্ট হয়; ল্যারিংজাইটিস

larynx / ˈlærɪŋks ˈল্যারিংক্স্ / *noun* [C] the area at the top of your throat that contains the muscles that move to produce the voice (**vocal cords**) গলার ভিতরে উপরিভাগের অংশ যার অন্তর্গত পেশিগুলি নড়াচড়া করলে কণ্ঠস্বর উৎপন্ন হয়; স্বরযন্ত্র, বাগ্‌যন্ত্র ✪ সম **voice box** ➪ **body** এবং **epiglottis**-এ ছবি দেখো।

laser / ˈleɪzə(r) ˈলেইজ্যা(র্) / *noun* [C] a device that produces a controlled ray of very powerful light that can be used as a tool নিয়ন্ত্রিত উচ্চক্ষমতাসম্পন্ন আলোকরশ্মি সৃষ্টি করার সরঞ্জাম যা যন্ত্র হিসেবেও ব্যবহৃত হয়; লেজর

laser printer *noun* [C] (*computing*) a machine that produces very good quality printed material from a computer by using a controlled ray of very powerful light (**a laser**) নিয়ন্ত্রিত উচ্চক্ষমতাসম্পন্ন আলোর (লেজার) সাহায্যে যে যন্ত্র দিয়ে কম্পিউটার থেকে উচ্চমানের ছাপা জিনিস বার করা যায়; লেজার প্রিন্টার

lash¹ / læʃ ল্যাশ্ / *verb* 1 [I, T] (used especially about wind, rain and storms) to hit sth with great force (বিশেষত ঝড়, বৃষ্টি এবং বাতাস সম্বন্ধে ব্যবহৃত) খুব জোরে আঘাত করা, ঝাপটে পড়া, আছড়ে পড়া *The rain lashed against the windows.* 2 [T] to hit sb with a piece of rope, leather, etc.; to move sth like a piece of rope, leather, etc. violently চামড়া, দড়ি ইত্যাদি দিয়ে কাউকে আঘাত করা; কশাঘাত করা; চামড়া, দড়ি ইত্যাদির টুকরোর মতো কোনো কিছু জোরে উগ্রভাবে ঘোরানো 3 [T] **lash A to B; lash A and B together** to tie two things together firmly with rope, etc. দড়ি ইত্যাদি দিয়ে শক্ত করে যে-কোনো দুটি জিনিস বাঁধা *The two boats were lashed together.*

PHR V **lash out (at/against sb/sth)** to suddenly attack sb/sth (with words or by hitting him/her/it) আচমকা কাউকে বা কোনো বস্তুকে আক্রমণ করা (খারাপ কিছু বলে বা আঘাত করে) *The actor lashed out at a photographer outside his house.*

lash² / læʃ ল্যাশ্ / *noun* [C] 1 =**eyelash** 2 a hit with a long piece of rope, leather, etc. (**a whip**) চাবুক ইত্যাদির আঘাত; কশাঘাত

lass / læs ল্যাস্ / (*also* **lassie** / ˈlæsi ˈল্যাসি /) *noun* [C] (*informal*) a girl or young woman মেয়ে, তরুণী, বালিকা

> **NOTE** **Lass** শব্দটির ব্যবহার স্কটল্যান্ড এবং উত্তর ইংল্যান্ডে বেশি প্রচলিত।

lassi *noun* [U, C] a traditional Indian drink, sweet or salty, made by blending yogurt with water, sugar or salt, and spices like **cardamom, cumin**, etc. প্রচলিত ভারতীয় পানীয় যা দই, জল, নুন অথবা চিনি এবং ছোটো এলাচ, জিরা ইত্যাদি মশলা দিয়ে তৈরি হয়; লস্যি

lasso / læˈsuː ল্যাˈসূ / *noun* [C] (*pl.* **lassos** or **lassoes**) a long rope tied in a circle at one end that is used for catching cows and horses একপ্রান্ত পাকিয়ে গোল করা লম্বা দড়ি যা গরু বা ঘোড়া ধরার জন্য ব্যবহৃত হয়; ফাঁসদড়ি; ল্যাসো ▶ **lasso** *verb* [T] ফাঁসদড়ি; ল্যাসো

last¹ / lɑːst লা:স্ট্ / *det., adj., adv.* 1 at the end; after all the others শেষে; সকলের পরে, সকলের শেষে *December is the last month of the year.* ○ *Our house is the last one on the left.* ○ *She lived alone for the last years of her life.* 2 used about a time, period, event, etc. in the past that is nearest to the present সবেমাত্র ঘটেছে এরকম সময়, পর্ব, ঘটনা ইত্যাদি সম্বন্ধে ব্যবহৃত *last night/week/Saturday/summer* ○ ***The last time** I saw her was in London.* ○ *We'll win this time, because they beat us **last time**.* ○ *When did you last have your eyes checked?* 3 final চরম, চূড়ান্ত 4 (*only before a noun*) not expected or not suitable অপ্রত্যাশিত, অবাঞ্ছিত, অনুপযুক্ত *He's the last person I thought would get the job.* ▶ **lastly** *adv.* সবশেষে *Lastly, I would like to thank the band who played this evening.* ✪ সম **finally**

IDM **the last/next but one, two, etc.** one, two, etc. away from the last/next শেষেরটি বা পরবর্তী থেকে একটি, দুটি ইত্যাদি আগে বা দূরে *I live in the next house but one on the right.* ○ *X is the last letter but two of the alphabet* (=the third letter from the end).

first/last thing ➪ **thing** দেখো।

have the last laugh to be the person, team, etc. who is successful in the end শেষ পর্যন্ত সফল এমন কোনো ব্যক্তি বা দল হওয়া

have, etc. the last word to be the person who makes the final decision or the final comment চূড়ান্ত সিধান্ত বা শেষ মন্তব্য করে এমন ব্যক্তি হওয়া

in the last resort; (as) a last resort when everything else has failed; the person or thing that helps when everything else has failed যখন সব কিছু বিফল হয়েছে; সব কিছু ব্যর্থ হওয়ার পরে যে ব্যক্তি বা বস্তুর থেকে সাহায্য পাওয়া যায়

last but not least (used before the final item in a list) just as important as all the other items (তালিকার শেষ নামের ক্ষেত্রে ব্যবহৃত) অন্যান্য সকলের মতোই সমান গুরুত্বপূর্ণ, একটুকুও কম নয়

a last-ditch attempt a final effort to avoid sth unpleasant or dangerous বিপদ বা অপ্রিয় পরিস্থিতি এড়ানোর শেষ উপায়

the last/final straw ➪ **straw** দেখো।

the last minute/moment the final minute/ moment before sth happens শেষ মুহূর্ত, চরম মুহূর্ত, কোনো বিশেষ ঘটনা ঘটার আগের মুহূর্ত *We arrived at the last minute to catch the train.* ○ *a last-minute change of plan*

last² / lɑ:st লা:স্ট্ / *noun, pronoun* **1 the last** (*pl.* **the last**) the person or thing that comes or happens after all other similar people or things (ব্যক্তি বা বস্তু) সর্বশেষ, শেষতম *Arvind was the last to arrive.*

> **NOTE** **The latest**-এর অর্থ হল সবচেয়ে সম্প্রতি **(most recent)** অথবা নতুন **(new)**। **The last**-এর অর্থ হল বর্তমানের ঠিক আগেরটা অথবা গত—*His last novel was a huge success, but the latest one is much less popular.*

2 the last of sth [*sing.*] the only remaining part or items of sth কোনো কিছুর শেষে যেটুকু পড়ে আছে বা বাকি আছে; অবশিষ্ট *We finished the last of the bread at breakfast so we'd better get some more.*

IDM **at (long) last** in the end; finally সর্বশেষে, সবশেষে, অবশেষে; চূড়ান্তভাবে, শেষপর্যন্ত *After months of separation they were together at last.*

last³ / lɑ:st লা:স্ট্ / *verb* (*not used in the continuous tenses*) **1** *linking verb* to continue for a period of time কিছুদিন বা কিছু সময় ধরে চলা *The exam lasts three hours.* ○ *How long does a cricket match last?* **2** [I, T] to continue to be good or to function টিকে থাকা, চলতে থাকা, চালু থাকা *Do you think this weather will last till the weekend?* ○ *It's only a cheap radio but it'll probably last a year or so.* **3** [I, T] to be enough for what sb needs কারও যতটা দরকার বা প্রয়োজন তার পক্ষে যথেষ্ট হওয়া *This money won't last me till the end of the month.*

> **NOTE** এই ক্রিয়াপদটির (verb) ব্যবহার ঘটমান কালে (continuous tenses) হয় না কিন্তু '-ing' সহযোগে এর বর্তমান কৃদন্ত (present participle) রূপটি সাধারণভাবে অত্যন্ত প্রচলিত—*An earthquake lasting approximately 20 seconds struck the city last night.*

lasting / ˈlɑ:stɪŋ ˈলা:স্টিং / *adj.* continuing for a long time স্থায়ী, অনেকক্ষণ ধরে চলছে এমন, দীর্ঘস্থায়ী *The museum left a lasting impression on me.*

last name = **surname** ➪ **name**-এ নোট দেখো।

latch¹ / lætʃ ল্যাচ্ / *noun* [C] **1** a small metal bar that is used for fastening a door or a gate. You have to lift the latch in order to open the door ধাতুর তৈরি ছোটো বস্তু যা দরজা বা ফটক বন্ধ করতে ব্যবহার করা হয়; দরজার খিল, হুড়কো **2** a type of lock for a door that you open with a key from the outside দরজা বন্ধ করার তালা যা চাবির সাহায্যে বাইরে থেকে খোলা হয়

latch² / lætʃ ল্যাচ্ / *verb*

PHR V **latch on (to sth)** (*informal*) to understand sth কিছু বোঝা, অনুধাবন করা *It took them a while to latch on to what she was talking about.*

late / leɪt লেইট্ / *adj., adv.* **1** near the end of a period of time কোনো সময়কালের শেষের দিকে *in the late afternoon/summer/twentieth century* ○ *His mother's in her late fifties* (=between 55 and 60). **2** after the usual or expected time সাধারণ বা প্রত্যাশিত সময়ের পরে; বিলম্বে, দেরিতে *She was ten minutes late for school.* ○ *The ambulance arrived too late to save him.* ○ *to stay up late* **3** near the end of the day দিনের শেষে, কাজের শেষে, পড়ন্ত বেলায় *It's getting late—let's go home.* **4** (*only before a noun*) no longer alive; dead এখন আর বেঁচে নেই; মৃত, গত *his late wife*

IDM **an early/a late night** ➪ **night** দেখো।

later on at a later time পরের দিকে, পরে *Later on you'll probably wish that you'd worked harder at school.* ○ *Bye—I'll see you a bit later on.*

sooner or later ➪ **soon** দেখো।

latecomer / ˈleɪtkʌmə(r) ˈলেইট্কাম্যা(র্) / *noun* [C] a person who arrives or starts sth late যে ব্যক্তি দেরিতে পৌঁছোয় বা দেরি করে আরম্ভ করে

lately / ˈleɪtli ˈলেইট্লি / *adv.* in the period of time up until now; recently এতদিন পর্যন্ত; সম্প্রতি *What have you been doing lately?* ○ *Hasn't the weather been dreadful lately?*

latent / ˈleɪtnt ˈলেইটন্ট্ / *adj.* (*usually before a noun*) existing, but not yet very noticeable, active or well developed প্রচ্ছন্ন, লুকোনো, অপ্রকট *latent defects/disease* ০ *latent talent* ▶ **latency** *noun* [U] অপ্রকটতা, প্রচ্ছন্নতা, অন্তর্নিহিত অবস্থা

lateral / ˈlætərəl ˈল্যাট্যার্যাল্ / *adj.* (*usually before a noun*) connected with the side of sth or with movement to the side কোনো কিছুর পাশের দিক বা তার পাশের দিকে চলা বা সরার সঙ্গে সম্পর্কিত *the lateral branches of a tree* ০ *lateral eye movements* ▶ **laterally** *adv.* পাশের দিকে

latest / ˈleɪtɪst ˈলেইটিস্ট্ / *adj.* very recent or new সর্বশেষ, সাম্প্রতিকতম, নতুন *the latest fashions/news* ০ *the terrorists' latest attack on the town* ⇨ **last**-এ নোট দেখো।

the latest *noun* [*sing.*] (*informal*) the most recent or the newest thing or piece of news একেবারে আধুনিক, সাম্প্রতিকতম *This is the very latest in computer technology.* ০ *This is the latest in a series of attacks by this terrorist group.*

IDM **at the latest** no later than the time or the date mentioned যে সময় বা দিন বলা হয়েছে তার পরে কখনও নয় *You need to hand your projects in by Friday at the latest.*

latex / ˈleɪteks ˈলেইটেক্স্ / *noun* [U] **1** a thick white liquid that is produced by some plants and trees especially rubber trees কোনো গাছ, বিশেষত রবার গাছ থেকে নিঃসৃত ঘন সাদা তরল পদার্থ; তরুক্ষীর **2** an artificial substance that is used to make paints, **glues** and materials একধরনের কৃত্রিম পদার্থ যা রং, আঠা এবং উপকরণসমূহ তৈরিতে ব্যবহৃত হয়

lathe / leɪð লেইদ্ / *noun* [C] a machine that shapes pieces of wood or metal by holding and turning them against a fixed cutting tool যে যন্ত্রের সাহায্যে কাঠ বা ধাতুর টুকরোকে ধরে রেখে ধারালো যন্ত্রের মুখে ঘুরিয়ে বিভিন্ন আকার দেওয়া হয়; কুঁদকল; লেদমেশিন

lather / ˈlɑːðə(r) ˈলা:দ্যা(র্) / *noun* [U] a white mass of bubbles that are produced when you mix soap with water সাবানের ফেনা, বুদ্বুদ

lathi *noun* [C] (*IndE*) **1** a long stick made of bamboo বাঁশ থেকে তৈরি লাঠি **2** (in the Indian subcontinent) a heavy bamboo stick with a metal rim, used as a weapon especially by the police; a baton (ভারতীয় উপমহাদেশে) ধাতব প্রান্তযুক্ত মোটা এবং ভারী বাঁশের তৈরি লাঠি যা বিশেষত পুলিশেরা অস্ত্র হিসাবে ব্যবহার করে; দণ্ড, যষ্টি, বেটন

Latin / ˈlætɪn ˈল্যাটিন্ / *noun* [U] the language that was used in ancient Rome প্রাচীন রোমের ভাষা, ল্যাটিন ভাষা, লাতিন ভাষা ▶ **Latin** *adj.* ল্যাটিন ভাষার, ল্যাটিন ভাষা সম্পর্কিত *Latin poetry* ০ *Spanish, Italian and other Latin languages* (= that developed from Latin)

Latin American *noun* [C], *adj.* (a person who comes) from Latin America (Mexico or the parts of Central and South America where Spanish or Portuguese is spoken) ল্যাটিন আমেরিকার (অর্থাৎ মেক্সিকো অথবা দক্ষিণ ও মধ্য আমেরিকার সেই সব অঞ্চল যেখানে স্প্যানিশ বা পর্তুগীজ প্রধান ভাষা হিসেবে ব্যবহৃত হয়) বাসিন্দা *Latin American music*

latitude / ˈlætɪtjuːd ˈল্যাটিটিউড্ / *noun* [U] the distance of a place north or south of the line that we imagine around the middle of the earth (**the equator**) পৃথিবীর মধ্যভাগ দিয়ে যে কল্পিত রেখা গিয়েছে (বিষুবরেখা) তার থেকে উত্তর বা দক্ষিণের দূরত্ব; অক্ষাংশ

> **NOTE** Latitude বা অক্ষাংশ **degrees**-এ মাপা হয়। ⇨ **longitude** দেখো এবং **earth**-এ ছবি দেখো।

latrine / ləˈtriːn ল্যা ট্রিন্ / *noun* [C] a type of toilet made by digging a hole in the ground মাটিতে গর্ত করে তৈরি-করা শৌচাগার

latter / ˈlætə(r) ˈল্যাট্যা(র্) / *adj.* (*formal*) (*only before a noun*) nearer to the end of a period of time; later শেষ সময়ের কাছাকাছি; পরবর্তী *Interest rates should fall in the latter half of the year.* ▶ **latterly** *adv.* শেষের দিকে, আজকাল, অধুনা

the latter *noun* [*sing.*], *pronoun* the second (of two people or things that are mentioned) উল্লিখিত দুটি ব্যক্তি বা বিষয়ের মধ্যে শেষেরটি *The options were History and Geography. I chose the latter.*

> **NOTE** উল্লিখিত দুটি ব্যক্তি অথবা বস্তুর মধ্যে প্রথম ব্যক্তি অথবা বস্তুটিকে **the former** বলা হয়।

lattice / ˈlætɪs ˈল্যাটিস্ / *noun* [C, U] **1** (*also* **lattice work**) a structure that is made of long thin pieces of wood or metal that cross over each other with spaces shaped like a diamond between them, used as a fence or a support for climbing plants; any structure or pattern like this সরু, লম্বা কাঠ বা ধাতুর টুকরো একটি আর একটির উপর দিয়ে মাঝে বরফির আকারে ফাঁক রেখে তৈরি কাঠামো যা বেড়া বা বেষ্টনী বা লতানো উদ্ভিদের অবলম্বন হিসেবে ব্যবহৃত হয়; এই ধরনের কাঠামো বা নকশা *a lattice of branches* **2** an arrangement of points or objects in a regular pattern over an area or in space, for example atoms in **crystal** কোনো জায়গায় বা কিছুর মধ্যে (যেমন ক্রিস্টালের অণুতে) নিয়মিত নকশা অনুযায়ী বিন্দু বা বস্তুর বিন্যাস; পিঞ্জর

laugh[1] / lɑːf লা:ফ্ / *verb* [I] to make the sounds that show you are happy or amused সশব্দে হাসা *His jokes always make me laugh.* ০ *to laugh out loud*

IDM die laughing ➪ **die** দেখো।

PHR V laugh at sb/sth **1** to show, by laughing, that you think sb/sth is funny মজার জিনিস উপভোগ করে হাসা; কোনো মজার জিনিস দেখে হাসা *The children laughed at the clown.* **2** to show that you think sb is ridiculous কোনো ব্যক্তিকে ঠাট্টা করে হাসা, উপহাস করা *Don't laugh at him. He can't help the way he speaks.*

laugh² / lɑːf লা:ফ্ / *noun* [C] **1** the sound or act of laughing হাসির শব্দ, হাসি, হাস্য *Her jokes got a lot of laughs.* ○ *We all had a good laugh at what he'd written.* **2** (*informal*) a person or thing that is amusing হাসির বস্তু বা হাস্যকর মানুষ

IDM for a laugh as a joke রসিকতা করে

have the last laugh ➪ **last¹** দেখো।

laughable / ˈlɑːfəbl ˈলা:ফ্যাব্‌ল্ / *adj.* deserving to be laughed at; of very poor quality; ridiculous হাসির বস্তু; নিম্নমানের; হাস্যজনক

laughing stock *noun* [C] a person or thing that other people laugh at or make fun of (in an unpleasant way) অন্যের হাসি বা উপহাসের পাত্র যে ব্যক্তি বা বস্তু

laughter / ˈlɑːftə(r) ˈলা:ফ্‌ট্যা(র্) / *noun* [U] the sound or act of laughing অট্টহাসি *Everyone roared with laughter.*

launch¹ / lɔːntʃ ল: ন্চ্ / *verb* [T] **1** to send a ship into the water or a spacecraft into the sky জাহাজ জলে ভাসানো বা মহাকাশযান আকাশে পাঠানো **2** to start sth new or to show sth for the first time কোনো নতুন কিছুর সূচনা করা বা নতুন কিছু সর্বপ্রথম জনসমক্ষে দেখানো *to launch a new product onto the market*

launch² / lɔːntʃ ল:ন্চ্ / *noun* [C] **1** [*usually sing.*] the act of launching a ship, spacecraft, new product, etc. জাহাজ, মহাকাশযান বা নতুন কোনো পণ্য ইত্যাদি প্রথম চালু করার ক্রিয়া **2** a large motor boat যন্ত্রচালিত বড়ো নৌকো

launder / ˈlɔːndə(r) ˈল:ন্ড্যা(র্) / *verb* [T] **1** (*formal*) to wash and dry clothes, etc. কাপড়জামা ইত্যাদি কেচে শুকোনো *freshly laundered sheets* **2** to move money that sb has got illegally into foreign bank accounts or legal businesses so that it is difficult for people to know where the money came from অনৈতিকভাবে পাওয়া অর্থ বিদেশি ব্যাংকে রাখা বা বৈধ ব্যাবসায় খাটানো যাতে মানুষের পক্ষে সেই অর্থ আসার সূত্র জানতে পারা কঠিন হয় *Most of the money was laundered through Swiss bank accounts.*

launderette / lɔːnˈdret ল:ন্ˈড্রেট্ / (*AmE* **Laundromat**) / ˈlɔːndrəmæt ˈল:নড্র্যাম্যাট্/) *noun* [C] a type of shop where you pay to wash and dry your clothes in machines যে দোকানে যন্ত্রের সাহায্যে জামা কাপড় কাচানো যায় বা যেখানে পয়সা দিয়ে সেই যন্ত্র ব্যবহার করে নিজেই কেচে নেওয়া যায়

laundry / ˈlɔːndri ˈল:ন্ড্রি /*noun* (*pl.* **laundries**) **1** [U] clothes, etc. that need washing or that are being washed কাচার জন্য রাখা জামাকাপড় *dirty laundry* **2** [C] a business where you send sheets, clothes, etc. to be washed and dried যারা অন্যের জামাকাপড় কাচার ও শুকিয়ে দেওয়ার ব্যাবসা করে

lava / ˈlɑːvə ˈলা:ভ্যা / *noun* [U] hot liquid rock that comes out of a mountain with an opening in the top (**volcano**) আগ্নেয়গিরির মুখ থেকে যে গরম তরল পদার্থ বা পাথর নিঃসৃত হয়; লাভা ➪ **volcano**-তে ছবি দেখো।

lavatory / ˈlævətri ˈল্যাভ্যাট্রি / *noun* [C] (*pl.* **lavatories**) (*formal*) **1** a toilet হাত মুখ ধোয়ার জায়গা; শৌচাগার **2** a room that contains a toilet, a place to wash your hands, etc. হাত মুখ ধোয়ার ঘর; শৌচাগার *Where's the ladies' lavatory, please?* ➪ **toilet**-এ নোট দেখো।

lavender / ˈlævəndə(r) ˈল্যাভ্যান্ড্যা(র্) / *noun* [U] **1** a garden plant with purple flowers that smells very pleasant হালকা বেগুনি রংয়ের সুগন্ধি ফুলের গাছ যা সাধারণত বাগানে হয়; ল্যাভেন্ডার গাছ **2** a light purple colour হালকা বেগুনি রং

lavish¹ / ˈlævɪʃ ˈল্যাভিশ্ / *adj.* **1** giving or spending a large amount of money দরাজ, খোলা হাত, মুক্ত হস্তে প্রচুর খরচ করা বা দান করা হয় এমন *She was always very lavish with her presents.* **2** large in amount or number অঢেল, অপরিমিত *a lavish meal*

lavish² / ˈlævɪʃ ˈল্যাভিশ্ / *verb*

PHR V lavish sth on sb/sth to give sth generously or in large quantities to sb মুক্ত মনে খরচা করা, উদারভাবে দান করা

law / lɔː ল: / *noun* **1** [C] an official rule of a country or state that says what people may or may not do কোনো দেশ বা রাজ্যের সরকারি নিয়মাবলী, রীতিনীতি, আইন *There's a new law about wearing seat belts in the back of cars.* **2 the law** [U] all the laws in a country or state কোনো দেশ বা রাজ্যের আইনকানুন *Stealing is **against the law.*** ○ *to break the law* ○ *to obey the law* ➪ **legal** দেখো। **3** [U] the law as a subject of study or as a profession (পাঠ্য বা পেশা হিসেবে) আইনশাস্ত্র বা আইনব্যাবসা *She is studying law.* ○ *My brother works for **a law firm** in Delhi.* ➪ **legal** দেখো। **4** [C] (in science) a statement of what always happens in certain situations or conditions (বিজ্ঞানে) নির্দিষ্ট পরিস্থিতিতে বা অবস্থায় যা সর্বদাই ঘটে; সূত্র *the laws of mathematics/gravity*

IDM **law and order** a situation in which the law is obeyed যে পরিস্থিতিতে আইনশৃঙ্খলা মানা হয়

law-abiding *adj.* (used about a person) obeying the law (কোনো ব্যক্তি সম্বন্ধে ব্যবহৃত) আইনানুসারী, যে আইন মেনে চলে *law-abiding citizens*

lawbreaker / ˈlɔ:breɪkə(r) ˈল:ব্রেইক্যা(র্) / *noun* [C] a person who does not obey the law; a criminal আইনভঙ্গকারী; অপরাধী

law court (*also* **court of law**) *noun* [C] a place where legal cases are decided by a judge and often by twelve members of the public (**a jury**) যে স্থানে বিচারক প্রায়ই বারোজন জুরির সাহায্যে কোনো মামলার বিচার করেন; আদালত, কাছারি

> **NOTE** আদালতে মামলা (**case**) বিচার (**tried**) করা হয়। ➩ **defence, prosecution** এবং **witness** দেখো।

lawful / ˈlɔ:fl ˈল:ফ্‌ল্ / *adj.* allowed or recognized by law আইনি, আইনসম্মত, আইনসংগত *We shall use all lawful means to obtain our demands.* ➩ **legal** এবং **legitimate** দেখো।

lawless / ˈlɔ:ləs ˈল:ল্যাস্ / *adj.* (used about a person or his/her actions) breaking the law (কোনো ব্যক্তি বা তার কোনো কাজ সম্বন্ধে ব্যবহৃত) বেআইনি, আইনসম্মত নয়, আইনবিরোধী ▶ **lawlessness** *noun* [U] অরাজকতা, স্বেচ্ছাচারিতা

lawn / lɔ:n ল:ন্ / *noun* [C, U] an area of grass in a garden or park that is regularly cut নিয়মিত সমানভাবে কাটা ঘাসের বাগান বা পার্ক; বাগানের তৃণাবৃত জমি

lawnmower / ˈlɔ:nməʊə(r) ˈল:নম্যাউঅ্যা(র্) / *noun* [C] a machine that is used for cutting the grass in a garden বাগানের ঘাস কাটার যন্ত্র

lawn tennis = **tennis**

lawsuit / ˈlɔ:su:t ˈল:সূট্ / *noun* [C] a legal argument in a court of law that is between two people or groups and not between the police and a criminal পুলিশ ও অপরাধীর মধ্যে নয়, দুই দলের বা দুই ব্যক্তির মধ্যে আইনি বিতর্ক; মামলা

lawyer / ˈlɔ:jə(r) ˈল:ইঅ্যা(র্) / *noun* [C] a person who has a certificate in law and gives legal advice/help আইনজীবী, উকিল *to consult a lawyer*

> **NOTE** যে উকিল আইনি পরামর্শ দান করে, দলিলপত্র বা অন্য আইনসংগত তথ্য তৈরি করে অথবা জমি, বাড়ি ইত্যাদি বেচাকেনার ব্যবস্থা করে তাকে **solicitor** বলা হয়। আদালতে মক্কেলের প্রতিনিধিত্ব করে বা তার পক্ষে সওয়াল জবাব করে যে উকিল তাকে **barrister** বলা হয়। মার্কিন যুক্তরাষ্ট্রে এদের **attorney** বলা হয়।

lax / læks ল্যাক্স্ / *adj.* not having high standards; not strict উন্নতমানের নয়; ঢিলেঢালা, শিথিল, আলগা *Their security checks are rather lax.*

laxative / ˈlæksətɪv ˈল্যাক্স্যাটিভ্ / *noun* [C] a medicine, food or drink that sb can take to make him/her get rid of solid waste from his/her body more easily ওষুধ, খাদ্যবস্তু বা পানীয় যা খেলে মলত্যাগ করতে সুবিধা হয়; জোলাপ ▶ **laxative** *adj.* জোলাপের কাজ করে এমন, জোলাপের সঙ্গে সম্বন্ধিত

lay[1] / leɪ লেই / *verb* [T] (*pt, pp* **laid** / leɪd লেইড্ /) **1** to put sb/sth carefully in a particular position or on a surface কোনো ব্যক্তি বা বস্তুকে নির্দিষ্ট অবস্থায় বা কোনো কিছুর উপর সাবধানে রাখা, বিছোনো *He laid the child gently down on her bed.* ○ *'Don't worry,' she said, laying her hand on my shoulder.* **2** to put sth in the correct position for a particular purpose বিশেষ উদ্দেশ্যে কোনো কিছু ঠিক করে, ঠিকভাবে রাখা *They're laying new electricity cables in our street.* **3** to prepare sth for use ব্যবহারের জন্য কোনো কিছু তৈরি করা, প্রস্তুতি নেওয়া *The police have laid a trap for him and I think they'll catch him this time.* ○ *Can you lay the table please* (=put the knives, forks, plates, etc. on it)*?* **4** to produce eggs ডিম পাড়া *Hens lay eggs.* **5** (*used with some nouns to give a similar meaning to a verb*) to put (কোনো কোনো বিশেষ্যপদের সঙ্গে এমনভাবে ব্যবহৃত হয় যাতে ক্রিয়াপদটিরও মানে এক হয়ে যায়) রাখা, দেওয়া *They laid all the blame on him* (=they blamed him). ○ *to lay emphasis on sth* (= emphasize it)

PHR V **lay sth down** to give sth as a rule নিয়ম হিসেবে বলা বা লেখা *It's all laid down in the rules of the club.*

lay off (sb) (*informal*) to stop annoying sb কাউকে বিরক্ত করা বন্ধ করা *Can't you lay off me for a bit?*

lay sb off to stop giving work to sb কাউকে কাজ না দেওয়া, ছাঁটাই করা *They've laid off 500 workers at the car factory.*

lay sth on (*informal*) to provide sth কোনো কিছুর ব্যবস্থা করে দেওয়া *They're laying on a trip to Mumbai for everybody.*

lay sth out **1** to spread out a number of things so that you can see them easily or so that they look nice ছড়িয়ে দেওয়া যাতে সহজে চোখে পড়ে বা দেখতে সুন্দর লাগে *All the food was laid out on a table in the garden.* **2** to arrange sth in a planned way পরিকল্পিতভাবে সাজিয়ে দেওয়া, বিন্যস্ত করা

lay[2] / leɪ লেই / *adj.* (*only before a noun*) **1** (used about a religious teacher) who has not been officially trained as a priest (কোনো ধর্মগুরু সম্বন্ধে ব্যবহৃত) যার ধর্মপ্রচারের কোনো স্বীকৃত প্রশিক্ষণ নেই *a* *lay preacher* **2** without special training in or knowledge of a particular subject বিশেষ বিষয়ের জ্ঞান বা প্রশিক্ষণ ছাড়া

lay[3] ➪ **lie[2]**-এর past tense

layabout / ˈleɪəbaʊt ˈলেইঅ্যাবাউট্ / *noun* [C] (*BrE informal*) a person who is lazy and does not do much work কর্মবিমুখ, অলস ব্যক্তি যে বেশি কাজ করে না

lay-by (*AmE* **rest stop**) *noun* [C] (*pl.* **lay-bys**) an area at the side of a road where vehicles can stop for a short time রাস্তার ধারে খালি জায়গা যেখানে প্রয়োজনে স্বল্প সময়ের জন্য গাড়ি দাঁড় করানো যায়

layer / ˈleɪə(r) ˈলেইঅ্যা(র্) / *noun* [C] a thickness or quantity of sth that is on sth else or between other things কোনো কিছুর উপর বা অন্যান্য বস্তুর মাঝে পড়ে থাকা পর্দা, স্তর, প্রলেপ *A thin layer of dust covered everything in the room.* ○ *the top/bottom layer* ○ *the inner/outer layer*

layman / ˈleɪmən ˈলেইম্যান্ / *noun* [C] (*pl.* **-men** / -mən -ম্যান্ /) a person who does not have special training in or knowledge of a particular subject সাধারণ মানুষ যার কোনো একটি বিষয় সম্বন্ধে কোনো বিশেষ জ্ঞান বা প্রশিক্ষণ নেই; অ-বিশেষজ্ঞ *a medical reference book for the layman*

layout / ˈleɪaʊt ˈলেইঅ্যাউট্ / *noun* [C] the way in which parts of sth such as a garden, building, piece of writing etc. are arranged যে পদ্ধতিতে কোনো বাগান বা বাড়ির বিভিন্ন অংশ বা কোনো রচনাংশের বিন্যাস বা পরিকল্পনা করা হয়; নকশা, অঙ্গসজ্জা *the general layout of the school building*

laze / leɪz লেইজ্ / *verb* [I] **laze (about/around)** to do very little; to rest or relax খুব কম কাজ করা; বিশ্রাম বা আরাম করা

lazy / ˈleɪzi ˈলেইজ়ি / *adj.* (**lazier; laziest**) **1** (used about a person) not wanting to work (কোনো ব্যক্তি সম্বন্ধে ব্যবহৃত) কাজ করতে চায় না এমন; অলস *Don't be lazy. Come and give me a hand.* **2** moving slowly or without much energy ধীরেসুস্থে, অলসভাবে *a lazy smile* **3** making you feel that you do not want to do very much কাজ করতে ইচ্ছে হচ্ছে না এমন *a lazy summer's afternoon* ▶ **lazily** *adv.* অলসভাবে, কর্মবিমুখভাবে ▶ **laziness** *noun* [U] কর্মবিমুখতা, আলস্য, কুঁড়েমি

lb *abbr.* pound(s); a measurement of weight equal to about 454 grams পাউন্ড-এর সংক্ষিপ্ত রূপ; ওজন মাপার একক, ৪৫৪ গ্রামে এক পাউন্ড

LCD ˌel siː ˈdiː ˌএল্ সী ˈডী / *abbr.* **1** liquid crystal display; a way of showing information in electronic equipment. An elecric current is passed through a special liquid and numbers and letters can be seen on a small screen লিকুইড ক্রিস্টাল ডিসপ্লে-এর সংক্ষিপ্ত রূপ; বৈদ্যুতিন যন্ত্রে তথ্য প্রদর্শনের পদ্ধতি, এক বিশেষ ধরনের তরল পদার্থের মধ্যে বিদ্যুৎ চালিত করে সংখ্যা এবং অক্ষর ছোটো পর্দায় ফুটিয়ে তোলা হয়; এল সি ডি *a pocket calculator with LCD* **2** (*mathematics*) =**lowest common denominator**

leach / liːtʃ লীচ্ / *verb* (*technical*) **1** [I] (used about chemicals, etc.) to be removed from soil by liquids passing through it (রাসায়নিক পদার্থ ইত্যাদি সম্বন্ধে ব্যবহৃত) তরল পদার্থ দ্বারা মাটি থেকে আলাদা হওয়া **2** [T] (used about liquids) to remove chemicals, etc. from soil by passing through it (তরল সম্বন্ধে ব্যবহৃত) রাসায়নিক পদার্থ ইত্যাদি মাটি থেকে আলাদা করা

lead[1] / liːd লীড্ / *verb* (*pt, pp* **led** /led লেড্ /) **1** [T] to go with or in front of a person or animal to show the way or to make him/her/it go in the right direction পথ দেখিয়ে বা ঠিক পথে নিয়ে যাওয়া, নিজে অন্যদের আগে গিয়ে পথ দেখানো *The teacher led the children out of the hall and back to the classroom.* ○ *The receptionist* ***led the way*** *to the boardroom.* ○ *to lead sb by the hand*

> **NOTE** কোনো ভ্রমণকারী বা পর্যটক অথবা কোনো ব্যক্তি যার বিশেষ সাহায্য দরকার হয় তাকে **guide** করা হয়—*to guide visitors around Udaipur* ○ *He guided the blind woman to her seat.* কোনো ব্যক্তিকে কোনো নির্দিষ্ট স্থানে যাওয়ার পথনির্দেশ দেওয়ার সময়ে **direct** কথাটি ব্যবহার করা হয়—*Could you direct me to the nearest Post Office, please?*

2 [I] (used about a road or path) to go to a place (রাস্তা বা পথ সম্বন্ধে ব্যবহৃত) কোনো বিশেষ জায়গায় পৌঁছোনো *I don't think this path leads anywhere.* **3** [I] **lead to sth** to have sth as a result ফলস্বরূপ কিছু থাকা *Eating too much sugar can lead to all sorts of health problems.* **4** [T] **lead sb to do sth** to influence what sb does or thinks কোনো ব্যক্তিকে কিছু ভাবতে বা করতে প্রভাবিত করা *He led me to believe he really meant what he said.* **5** [T] to have a particular type of life বিশেষ ধরনের জীবনযাপন করা; কাটানো বা অতিবাহিত করা *They lead a very busy life.* ○ *to lead a life of crime* **6** [I, T] to be winning or in first place in front of sb জিততে থাকা, জেতার পথে এগিয়ে যাওয়া, কারও সামনে এগিয়ে প্রথমে থাকা *Leander Paes is leading Mahesh Bhupathi by two games to love.* **7** [I, T] to be in control or the leader of sth পরিচালনা করা, নেতৃত্ব দেওয়া *Who is going to lead the discussion?*

IDM **lead sb astray** to make sb start behaving or thinking in the wrong way কাউকে বিপথে চালিত করা, ভ্রান্ত আচরণ বা ভুল ভাবতে সাহায্য করা

PHR V **lead up to sth** to be an introduction to or cause of sth কোনো কিছুর প্রস্তুতি, কারণ বা ভূমিকা স্বরূপ হওয়া

lead² / li:d লীড্ / *noun* **1 the lead** [*sing.*] the first place or position in front of other people or organizations প্রথম স্থান, শীর্ষস্থান, নেতৃত্ব *The French athlete has gone* ***into the lead.*** ○ *India has* ***taken the lead*** *in developing computer software for the market.* **2** [*sing.*] the distance or amount by which sb/sth is in front of another person or thing সময় বা সংখ্যার ব্যবধান, দূরত্বের ব্যবধান, একজন অন্যের থেকে যতটা এগিয়ে *The company has a lead of several years in the development of the new technology.* **3** [C] the main part in a play, show or other situation নাটক, সিনেমা, কোনো প্রদর্শনী বা অন্যান্য ক্ষেত্রে প্রধান ভূমিকা *Who's playing the lead in the new film?* ○ *Neha played* ***a lead role*** *in getting the company back into profit.* **4** [C] a piece of information that may help to give the answer to a problem সমস্যার সমাধান সূত্র, সমস্যা সমাধানে প্রধান তথ্য *The police are* ***following*** *all possible* ***leads*** *to track down the killer.* **5** [C] a long chain or piece of leather that is connected to the collar around a dog's neck and used for keeping the dog under control কুকুরের গলার লম্বা শিকল বা চামড়ার টুকরো যেটি তাকে নিয়ন্ত্রণে রাখার জন্য ব্যবহৃত হয় *All dogs must be* ***kept on a lead.*** **6** [C] a piece of wire that carries electricity to a piece of equipment তারের টুকরো যার মধ্য দিয়ে কোনো যন্ত্রে বা যন্ত্রপাতিতে বিদ্যুৎ সরবরাহ করা হয়

IDM **follow sb's example/lead** ➪ **follow** দেখো।

lead³ / led লেড্ / *noun* **1** [U] (*symbol* **Pb**) a soft heavy grey metal. Lead is used in pipes, roofs, etc. ধূসর বর্ণের ভারী, নরম ধাতু। এই ধাতু পাইপ, ছাদ ইত্যাদিতে ব্যবহৃত হয়; সীসা **2** [C, U] the black substance inside a pencil that makes a mark when you write পেনসিলের ভিতরের শিস যা দিয়ে লিখলে দাগ পড়ে ➪ **stationery**-তে ছবি দেখো।

leader / ˈli:də(r) ˈলীড্যা(র্) / *noun* [C] **1** a person who is a manager or in charge of sth ম্যানেজার, কোনো কিছুর দায়িত্বপ্রাপ্ত ব্যক্তি, পরিচালক, নেতা *a weak/strong leader* ○ *She is a natural leader* (= she knows how to tell other people what to do). **2** the person or thing that is best or in first place প্রথম স্থানাধিকারী; সর্বশ্রেষ্ঠ *The leader has just finished the third lap.* ○ *The new shampoo soon became a market leader.*

leadership / ˈli:dəʃɪp ˈলীড্যাশিপ্ / *noun* **1** [U] the state or position of being a manager or the person incharge নেতৃত্ব, পরিচালনা করার ক্ষমতা *Who will take over the leadership of the party?* **2** [U] the qualities that a leader should have নেতা ও পরিচালকের যা যা গুণ ও বৈশিষ্ট্য থাকা উচিত *She's got good leadership skills.* **3** [C, *with sing. or pl. verb*] the people who are incharge of a country, organization, etc. যাদের উপর দেশ, কোনো সংগঠন ইত্যাদির দায়িত্ব থাকে

leading / ˈli:dɪŋ ˈলীডিং / *adj.* **1** best or most important খ্যাতনামা, প্রখ্যাত, সর্বোত্তম, অগ্রণী *He's one of the leading experts in this field.* ○ *She played a leading role in getting the business started.* **2** that tries to make sb give a particular answer যার দ্বারা কাউকে বিশেষ একটি উত্তর দেওয়ানোর চেষ্টা করা হয় *The lawyer was warned not to ask the witness* ***leading questions.***

lead story *noun* [C] the most important piece of news in a newspaper or on a news programme খবরের কাগজ বা কোনো সংবাদের অনুষ্ঠানের প্রধান খবর

leaf¹ / li:f লীফ্ / *noun* [C] (*pl.* **leaves** / li:vz লীভ্জ্ /) one of the thin, flat, usually green parts of a plant or tree গাছের পাতা, পর্ণ, পত্র *The trees lose their leaves in autumn.* ➪ **tree**-তে ছবি দেখো।

leaf² / li:f লীফ্ / *verb*

PHR V **leaf through sth** to turn the pages of a book, etc. quickly and without looking at them carefully অন্যমনস্কভাবে, তাড়াতাড়ি, না তাকিয়ে বই বা ঐ জাতীয় কিছুর পাতা উলটানো

leaflet / ˈli:flət ˈলীফ্লেট্ / *noun* [C] a printed piece of paper that gives information about sth. Leaflets are usually given free of charge কাগজের টুকরো যাতে কোনো কিছু সম্বন্ধে তথ্য দেওয়া থাকে; পুস্তিকা, প্রচারপত্র, ইস্তাহার; লিফলেট (সাধারণত লিফলেট বিনামূল্যে বিতরণ করা হয়) *I picked up a leaflet advertising a new club.*

leafy / ˈli:fi ˈলীফি / *adj.* **1** having many leaves পত্রবহুল, পত্রাচ্ছাদিত, পাতায় ঢাকা *a leafy bush* **2** (used about a place) with many trees (কোনো জায়গা সম্বন্ধে ব্যবহৃত) গাছে ভরা; বৃক্ষবহুল

league / li:g লীগ্ / *noun* [C] **1** a group of sports clubs that compete with each other for a prize এমন কয়েকটি খেলার ক্লাব বা ক্রীড়াসংঘ যারা কোনো বিশেষ পুরস্কারের জন্য নিজেদের মধ্যে প্রতিযোগিতা করে *the football league* ○ *Which team is top of the league at the moment?* **2** a group of people, countries, etc. that join together for a particular purpose বিশেষ উদ্দেশ্যে চুক্তিবদ্ধ বা একত্রিত ব্যক্তিবর্গ, দেশসমূহ ইত্যাদি *the League of Nations* **3** a level of quality, ability, etc. গুণমান, ক্ষমতা, সামর্থ্য ইত্যাদির মাত্রা *He is so much better than the others. They're just not in the same league.*

IDM in league (with sb) having a secret agreement (with sb) কারও সঙ্গে গোপনে চুক্তিবদ্ধ হওয়া বা গোপন চুক্তি করা

leak[1] / li:k লীক্ / *verb* **1** [I, T] to allow liquid or gas to get through a hole or crack কোনো ফুটো বা ফাটল দিয়ে গ্যাস বা তরল পদার্থ বেরোতে দেওয়া *The boat was leaking badly.* **2** [I] (used about liquid or gas) to get out through a hole or crack কোনো ফুটো বা ফাটল দিয়ে তরল পদার্থ বা গ্যাস বেরিয়ে আসা *Water is leaking in through the roof.* **3** [T] **leak sth (to sb)** to give secret information to sb কারও কাছে গোপন তথ্য ফাঁস করে দেওয়া *The committee's findings were leaked to the press before the report was published.*

PHR V leak out (used about secret information) to become known (গোপন তথ্য সম্বন্ধে ব্যবহৃত) জানাজানি হওয়া, ফাঁস হওয়া

leak[2] / li:k লীক্ / *noun* [C] **1** a small hole or crack which liquid or gas can get through ছ্যাঁদা, ফুটো, ফাটল, ফাটা জায়গা (যেখান দিয়ে গ্যাস বা তরল পদার্থ নির্গত হয়) *There's a leak in the pipe.* ○ *The roof has sprung a leak.* **2** the liquid or gas that gets through a hole ফুটো দিয়ে বেরোনো তরল বা গ্যাস *a gas leak* **3** the act of giving away information that should be kept secret যে তথ্য গোপন রাখা উচিত তা ফাঁস করে ফেলার ক্রিয়া ► **leaky** *adj.* ছিদ্রযুক্ত

leakage / ˈli:kɪdʒ ˈলীকিজ্ / *noun* [C, U] the action of coming out of a hole or crack; the liquid or gas that comes out ছিদ্রপথে বা ফাটল দিয়ে নির্গত হওয়ার ক্রিয়া; ছিদ্রপথে নির্গত গ্যাস বা তরল পদার্থ *a leakage of dangerous chemicals*

lean[1] / li:n লীন্ / *verb* (*pt, pp* **leant** /lent লেন্ট্ / or **leaned** / li:nd লীন্ড্ /) **1** [I] to move the top part of your body and head forwards, backwards or to the side শরীরের উপরের ভাগ এবং মাথা নাড়াচাড়া করা, সামনে-পিছনে করা, উপর-নীচে করা, হেলানো *He leaned across the table to pick up the phone.* ○ *She leaned out of the window and waved.* ○ *Just lean back and relax.* **2** [I] to be in a position that is not straight or upright সোজা অবস্থায় না থাকা, হেলান দিয়ে থাকা, হেলানো অবস্থায় থাকা *That wardrobe leans to the right.* **3** [I, T] **lean (sth) against/on sth** to rest against sth so that it gives support; to put sth in this position কোনো কিছুর উপর হেলান দিয়ে থাকা; কোনো কিছু ঠেসান বা হেলান দিয়ে রাখা *She had to stop and lean on the gate.* ○ *Please don't lean bicycles against this window.*

lean[2] / li:n লীন্ / *adj.* **1** (used about a person or animal) thin and in good health (কোনো ব্যক্তি বা প্রাণী সম্বন্ধে ব্যবহৃত) সুস্বাস্থ্যের অধিকারী; কৃশ **2** (used about meat) having little or no fat (খাবার মাংস সম্বন্ধে ব্যবহৃত) প্রায় চর্বিহীন, চর্বি নেই এমন **3** not producing much কম উৎপাদন *a lean harvest*

leap[1] / li:p লীপ্ / *verb* [I] (*pt, pp* **leapt** / lept লেপ্ট্ / or **leaped** / li:pt লীপ্ট্ /) **1** to jump high or a long way উঁচুতে বা কিছুটা দূরে লাফানো, লাফ মারা *The horse leapt over the wall.* ○ *A fish suddenly leapt out of the water.* ○ *(figurative) Share prices leapt to a record high yesterday.* **2** to move quickly তাড়াতাড়ি নড়া *I looked at the clock and leapt out of bed.* ○ *She leapt back when the pan caught fire.*

PHR V leap at sth to accept a chance or offer with enthusiasm অতি উৎসাহে কোনো সুযোগ বা প্রস্তাব গ্রহণ করা *She leapt at the chance to work in television.*

leap[2] / li:p লীপ্ / *noun* [C] **1** a big jump বড়ো ধরনের লাফ *He took a flying leap at the wall but didn't get over it.* ○ *(figurative) My heart gave a leap when I heard the news.* **2** a sudden large change or increase in sth আকস্মিক বিরাট পরিবর্তন, দ্রুতগতিতে বৃদ্ধিপ্রাপ্তি *The development of penicillin was a great leap forward in the field of medicine.*

leapfrog / ˈli:pfrɒg ˈলীপ্‌ফ্রগ্ / *noun* [U] a children's game in which one person bends over and another person jumps over his/her back শিশুদের এক প্রকার খেলা যেখানে একটি শিশু সামনের দিকে ঝুঁকে পড়ে ও অন্য শিশুটি প্রথম জনের পিঠের উপর দিয়ে লাফ মারে; ব্যাং-লাফ খেলা

leap year *noun* [C] one year in every four, in which February has 29 days instead of 28 ইংরেজি ক্যালেন্ডারে প্রতি চতুর্থ বছরে একটি বছর যখন ফেব্রুয়ারি মাস ২৮ দিনের পরিবর্তে ২৯ দিনের হয়; লীপ ইয়ার

learn / lɜ:n ল্যন্ / *verb* (*pt, pp* **learnt** / lɜ:nt ল্যন্ট্ / or **learned** / lɜ:nd ল্যন্ড্ /) **1** [I, T] **learn (sth) (from sb/sth)** to get knowledge, a skill, etc. (from sb/sth) কারও কাছ থেকে শিক্ষা বা প্রশিক্ষণ লাভ করা, শেখা, জ্ঞানার্জন করা *Deepa is learning to play the piano.* ○ *to learn a foreign language/a musical instrument* **2** [I] **learn (of/about) sth** to get some information about sth; to find out কোনো বিষয়ে জানতে পারা বা তথ্য সংগ্রহ করা; খুঁজে পাওয়া *I was sorry to learn about your father's death.* **3** [T] to study sth so that you can repeat it from memory মুখস্থ করা, স্মৃতিতে ধরে রাখা, কিছু পড়া যাতে তা স্মৃতিতে থেকে যায় **4** [I] to understand or realize অনুধাবন করা, বোঝা, জানা *We should have learned by now that we can't rely on her.* ○ *It's important to learn from your mistakes.*

IDM learn your lesson to understand what you must do/not do in the future because you have had an unpleasant experience ভবিষ্যতে কি করা উচিত বা অনুচিত সে সম্বন্ধে তিক্ত অভিজ্ঞতার মধ্যে দিয়ে শিক্ষা লাভ করা

learned / ˈlɜːnɪd ˈল্যনিড্ / *adj.* having a lot of knowledge from studying; for people who have a lot of knowledge শিক্ষিত, জ্ঞানী, বিদগ্ধ, পণ্ডিত; শিক্ষার মাধ্যমে প্রচুর জ্ঞান আহরণ করেছে এমন ব্যক্তি সম্বন্ধে ব্যবহৃত

learner / ˈlɜːnə(r) ˈল্যন্যা(র্) / *noun* [C] a person who is learning শিক্ষার্থী, ছাত্রছাত্রী *a learner driver* ○ *books for young learners*

learning / ˈlɜːnɪŋ ˈল্যনিং / *noun* [U] **1** the process of learning sth কোনো কিছু শেখার পদ্ধতি *new methods of language learning* **2** knowledge that you get from studying লেখাপড়ার মাধ্যমে যে জ্ঞান লাভ হয়

lease / liːs লীস্ / *noun* [C] a legal agreement that allows you to use a building or land for a fixed period of time in return for rent ভাড়ার বিনিময়ে নির্দিষ্ট সময়ের জন্য কোনো জমি বা বাড়ি ব্যবহারের আইনসম্মত অধিকার প্রাপ্তির চুক্তিনামা বা শর্তযুক্ত দলিল; ঠিকা, ইজারা; লিজ *The lease on the flat runs out/ expires next year.* ▶ **lease** *verb* [T] ইজারা বা ঠিকা দেওয়া, লিজ দেওয়া *They lease the land from a local farmer.* ○ *Part of the building is leased out to tenants.*

leasehold / ˈliːshəʊld ˈলীস্‌হ্যাউল্ড্ / *adj.* (used about property or land) that you can pay to use for a limited period of time (জমি বা সম্পত্তি এসবের ক্ষেত্রে ব্যবহৃত) অর্থের বিনিময়ে নির্ধারিত সময়ের জন্য ব্যবহার করার অনুমতি পাওয়া যায় এমন *a leasehold property* ▶ **leasehold** *noun* [U] লিজ-নেওয়া (সম্পত্তি) ⇨ **freehold** দেখো।

least / liːst লীস্ট্ / *det., pronoun, adv.* **1** (used as the superlative of **little**) smallest in size, amount, degree, etc. ('little'-এর superlative রূপে ব্যবহৃত) ক্ষুদ্রতম, কনিষ্ঠতম; সবচেয়ে কম *He's got the least experience of all of us.* ○ *You've done the most work, and I'm afraid Anurag has done the least.* **2** less than anyone/anything else; less than at any other time সকলের থেকে বা সব কিছুর থেকে কম; অন্য সময়ের থেকে কম, সবচেয়ে কম *He's the person who needs help least.* ○ *I bought the least expensive tickets.* ✪ বিপ **most**

IDM **at least 1** not less than, and probably more কমপক্ষে, অন্তত, কম করেও (সম্ভবত আরও বেশি) *It'll take us at least two hours to get there.* ○ *You could at least say you're sorry!* **2** even if other things are wrong অন্য সব কিছু ভুল হলেও *It may not be beautiful but at least it's cheap.* **3** used for correcting sth that you have just said আগে বলা কথাটা ঠিক করার জন্য ব্যবহৃত অভিব্যক্তিবিশেষ *I saw him—at least I think I saw him.*

at the (very) least not less and probably much more মোটেও কম নয় বরং বেশ বেশি *It'll take six months to build at the very least.*

least of all especially not একেবারেই নয়, মোটেই নয় *Nobody should be worried, least of all you.*

not in the least (bit) not at all একেবারেই নয়, বিন্দুমাত্র নয় *It doesn't matter in the least.* ○ *I'm not in the least bit worried.*

last but not least ⇨ **last[1]** দেখো।

to say the least used to say that sth is in fact much worse, more serious, etc. than you are saying কোনো কিছু সম্পর্কে যেভাবে বলা হচ্ছে প্রকৃতপক্ষে তা আরও জটিল বা গুরুতর এই ভাব প্রকাশ করার জন্য ব্যবহৃত অভিব্যক্তিবিশেষ *Ajay's going to be annoyed, to say the least, when he sees his car.*

leather / ˈleðə(r) ˈলেদ্যা(র্) / *noun* [U] the skin of animals which has been specially treated. Leather is used to make shoes, bags, coats, etc. পশুর ছাল থেকে বিশেষ প্রক্রিয়ার মাধ্যমে প্রস্তুত চামড়া যা দিয়ে জুতো, ব্যাগ, কোট ইত্যাদি তৈরি হয় *a leather jacket*

leave[1] / liːv লীভ্ / *verb* (*pt, pp* **left** / left লেফ্ট্ /) **1** [I, T] to go away from sb/sth কারও বা কিছুর থেকে চলে যাওয়া, ছেড়ে যাওয়া *We should leave now if we're going to get there by eight o'clock.* ○ *I felt sick in class so I left the room.*

> NOTE স্থায়ীভাবে অথবা কিছুক্ষণের জন্য যখন আমরা কোনো ব্যক্তি বা বস্তুকে ছেড়ে চলে যাই তখন **leave sb/sth** অভিব্যক্তিটি ব্যবহার করা যেতে পারে—*He leaves the house at 8.00 every morning.* ○ *He left New York and went to live in Canada.* **Depart** শব্দটি সাধারণভাবে কথ্য ভাষায় ব্যবহার করা হয় না। নৌকা, জাহাজ, রেলগাড়ি, বিমান ইত্যাদির প্রস্থান অথবা যাত্রার সময় ব্যক্ত করার জন্য এই শব্দটি অধিক প্রচলিত।— *The 6.40 train for Chandigarh leaves from platform.*

2 [T] to cause or allow sb/sth to stay in a particular place or condition; to not deal with sth কোনো ব্যক্তি বা বস্তুকে যে অবস্থায় আছে সে ভাবেই রাখা; কোনো পরিবর্তন বা নাড়াচাড়া না করা; কোনো কিছু সম্বন্ধে মাথা না ঘামানো *Leave the door open, please.* ○ *Don't leave the iron on when you are not using it.* **3** [T] **leave sth (behind)** to forget to bring sth with you সঙ্গে আনতে ভুলে যাওয়া, ফেলে আসা *I'm afraid I've left my homework at home. Can I give it to you tomorrow?* ○ *I can't find my glasses. Maybe I left them behind at work.* **4** [T] to make sth happen or stay as a result কোনো কিছু ঘটানো বা ফলস্বরূপ কোনো কিছু হওয়া *Don't put that cup on the table. It'll leave a mark.* **5** [T] to not use sth

কোনো কিছু রেখে দেওয়া, ব্যবহার না করা *Leave some milk for me, please.* **6** [T] to put sth somewhere কোথাও কোনো কিছু রাখা *Veena left a message on her answer phone.* ○ *I left him a note.* **7** [T] to give sth to sb when you die মৃত্যুর পরে কাউকে কিছু দিয়ে যাওয়া *In his will he left everything to his three sons.* **8** [T] to give the care of or responsibility for sb/sth to another person কোনো কিছুর বা কোনো ব্যক্তির দায়িত্ব অন্যের উপর ছেড়ে দেওয়া *I'll leave it to you to organize all the food.*

IDM **leave sb/sth alone** to not touch, annoy or speak to sb/sth কাউকে বিরক্ত না করা, কথা না বলে বা স্পর্শ না করে তাকে নিজের মতো থাকতে দেওয়া

leave go (of sth) to stop touching or holding sth কোনো ধরে-থাকা বা স্পর্শ করে-থাকা বস্তু ছেড়ে দেওয়া *Will you please leave go of my arm.*

be left high and dry ➪ **high**[1] দেখো।

leave sb in the lurch to leave sb without help in a difficult situation কঠিন পরিস্থিতিতে বিনা সাহায্যে কাউকে ফেলে রাখা

leave sth on one side ➪ **side**[1] দেখো।

PHR V **leave sb/sth out (of sth)** to not include sb/sth কাউকে বা কিছুকে তালিকাভুক্ত না করা; বাদ দেওয়া *This doesn't make sense. I think the typist has left out a line.*

leave² / liːv লীভ্ / *noun* [U] a period of time when you do not go to work ছুটি, অবকাশ (একটা সময়কাল যখন কাজ করতে যেতে হচ্ছে না) *Diplomats working abroad usually get a month's home leave each year.* ○ *annual leave* ○ *sick leave* ➪ **holiday**-তে নোট দেখো।

leaves ➪ **leaf**[1]-এর plural

lecture / ˈlektʃə(r) ˈলেক্চ্যা(র্) / *noun* [C] **1 a lecture (on/about sth)** a talk that is given to a group of people to teach them about a particular subject, especially as part of a university course বিশেষত বিশ্ববিদ্যালয়ের পাঠ্যসূচি অথবা পাঠ্যক্রমের অন্তর্গত কোনো বিষয়ের উপর এক দল লোকের সামনে দেওয়া বক্তৃতা; লেকচার *The college has asked a journalist to come and give a lecture on the media.* **2** a serious talk to sb that explains what he/she has done wrong or how he/she should behave কোনো কিছু ভুল হয়েছে বোঝাতে দেওয়া উপদেশ, বকুনি, ভর্ৎসনা *We got a lecture from a policeman about playing near the railway track.* ▶ **lecture** *verb* [I, T] ভাষণ অথবা বক্তৃতা দেওয়া *Ashish lectures in Gandhian Studies at the university.* ○ *The policeman lectured the boys about playing on the road.*

lecturer / ˈlektʃərə(r) ˈলেক্চ্যার্যা(র্) / *noun* [C] a person who gives talks to teach people about a subject, especially as a job in a university বিশ্ববিদ্যালয়ের শিক্ষক, অধ্যাপক; লেকচারার

LED / ˌel iː ˈdiː ˌএল্ ঈ ˈডী / *abbr* light emitting diode (a device that produces a light on electrical and electronic equipment) এল ই ডি (বৈদ্যুতিক অথবা বৈদ্যুতিন উপকরণের উপর যে যন্ত্র আলো উৎপাদন করে)

led ➪ **lead**[1]-এর past tense এবং past participle

ledge / ledʒ লেজ্ / *noun* [C] a narrow shelf underneath a window, or a narrow piece of rock that sticks out on the side of a cliff or mountain জানালার নীচে সরু তাক বা পাহাড়ের গা থেকে বেরিয়ে আসা সংকীর্ণ পাথর

ledger / ˈledʒə(r) ˈলেজ্যা(র্) / *noun* [C] a book in which a company or an organization writes down the amount of money it receives or it spends যে খাতায় কোনো কোম্পানি বা সংস্থা বা কোনো সংগঠন তাদের আয়ব্যয়ের হিসাব লিপিবধ্ব করে; জমাখরচের খাতা, খতিয়ান-বই; লেজার, লেজারবুক

lee / liː লী / *noun* [*sing.*] the side or part of a hill, building, etc. that provides protection from the wind পাহাড়ের অংশ বা বাড়ি ইত্যাদির পাশের অংশ যা বাতাসের ঝাপটা থেকে বাঁচায় *We built the house* ***in the lee of*** *the hill.* ➪ **leeward** এবং **windward** দেখো।

leech / liːtʃ লীচ্ / *noun* [C] a small creature with a soft body and no legs that usually lives in water. Leeches fasten themselves to other creatures and drink their blood নরম দেহ বিশিষ্ট ও পা-হীন এক প্রকার কীট যা সাধারণত জলে থাকে এবং অন্য প্রাণীর গায়ে সেঁটে থেকে তার রক্ত পান করে; জলৌকা, জোঁক

leek / liːk লীক্ / *noun* [C] a long thin vegetable that is white at one end with thin green leaves সবুজ পাতলা পাতাসমেত একধরনের সবজি

leeward / ˈliːwəd ˈলীউঅ্যাড্ / *adj.* on the side of a hill, building, etc. that is protected from the wind পাহাড়, বাড়ি ইত্যাদি বাতাসের প্রকোপ থেকে বাঁচায় বা সুরক্ষিত করে এরকম, পার্শ্বের দিকে ➪ **lee** এবং **windward** দেখো।

left¹ ➪ **leave**[1]-এর past tense এবং past participle

left² / left লেফ্ট্ / *adj.* **1** on the side where your heart is in the body দেহের যে দিকে হৃৎপিণ্ড থাকে সেই দিক; বাঁ দিক, বামদিকে *I've broken my left arm.* ✪ বিপ **right** **2** still available after everything else has been taken or used ব্যবহারের পরেও কিছুটা বাকি আছে এমন *Is there any bread* ***left****?* ○ *How much time do we* ***left over****?*

left³ / left লেফ্ট্ / *adv.* to or towards the left বাঁ দিকে, বাম দিকে, বাঁ পাশে *Turn left just past the Post Office.* ✪ বিপ **right**

left⁴ / left লেফ্ট্ / *noun* **1** [U] the left side বাঁ পাশ, বাঁ দিকে *Our house is just* ***to/on the left of*** *that tall* *building.* ✪ বিপ **right** **2 the Left** [*with sing. or pl. verb*] political groups who support the ideas and beliefs of **socialism** যে রাজনৈতিক দল সমাজবাদের (Socialism) সমর্থক ; বামপন্থী

left-hand *adj.*(only before a noun) of or on the left বাঁ দিকে, বাঁ দিকের, বাঁ ধারে *the left-hand side of the road* ○ a left-hand drive car

left-handed *adj., adv.* **1** using the left hand rather than the right hand যারা ডান হাতের পরিবর্তে বাঁ হাত বেশি ব্যবহার করে; বাঁ-হাতি, ন্যাটা *Are you left-handed?* ○ *I write left-handed.* **2** made for left-handed people to use বাঁ-হাতি লোকের ব্যবহারের উপযুক্ত; তাদের কথা ভেবে বানানো হয়েছে এমন *left-handed scissors*

leftovers / ˈleftəʊvəz ˈলেফ্ট্অ্যাউভ্যাজ় / *noun* [*pl.*] food that has not been eaten when a meal has finished খাওয়ার পরে পড়ে থাকা অবশিষ্ট খাদ্য

left wing *noun* [*sing.*] **1** [*with sing. or pl. verb*] the members of a political party, group, etc. that want more social change than the others in their party কোনো রাজনৈতিক দল বা গোষ্ঠী ইত্যাদির সেইসব সদস্য যারা অন্যদের থেকে বেশি বৈপ্লবিক বা দলের অন্যান্যদের থেকে বেশি সামাজিক পরিবর্তন কামনা করে *the left wing of the Labour Party* **2** the left side of the field in some team sports খেলার মাঠের বাঁ দিকে খেলছে যে দল *He plays on the left wing for Mohun Bagan.* ► **left-wing** *adj.* চরমপন্থী, বামপন্থী ✪ বিপ **right-wing**

leg / leg লেগ্ / *noun* [C] **1** one of the parts of the body on which a person or animal stands or walks পা, পদ *A spider has eight legs.* ○ *She sat down and crossed her legs.* ⇨ **body**-তে ছবি দেখো। **2** one of the parts of a chair, table, etc. on which it stands টেবিল বা চেয়ারের পা *the leg of a chair/table* ○ *a chair/table leg* **3** the part of a pair of trousers, shorts, etc. that covers the leg ট্রাউজার বা শর্টসের সেই অংশ যা পা আবৃত রাখে *There's a hole in the leg of my trousers/my trouser leg.* **4** one part or section of a journey, competition, etc. কোনো ভ্রমণ, প্রতিযোগিতা ইত্যাদির একটা অংশ *The band are in Germany on the first leg of their world tour.*

IDM **pull sb's leg** ⇨ **pull**[1] দেখো।

stretch your legs ⇨ **stretch**[1] দেখো।

legacy / ˈlegəsi ˈলেগ্যাসি / *noun* [C] (*pl.* **legacies**) money or property that is given to you after sb dies, because he/she wanted you to have it উত্তরাধিকার, উইলের জোরে পাওয়া টাকাকড়ি, সম্পত্তি

legal / ˈliːgl ˈলীগ্‌ল্ / *adj.* **1** (*only before a noun*) using or connected with the law আইনসংগত বা আইনসম্মত *legal advice* ○ *to take legal action against sb* ○ *the legal profession* **2** allowed by law আইনসম্মত, আইনানুগ *It is not legal to own a gun without a licence.* ✪ বিপ **illegal** ⇨ **lawful** এবং **legitimate** দেখো। ► **legally** / ˈliːgəli ˈলীগ্যালি / *adv.* আইনসম্মতভাবে, আইনের দৃষ্টিতে *Schools are legally responsible for the safety of their pupils.*

legality / liːˈgæləti লীˈগ্যাল্যাটি / *noun* [U] the state of being legal বৈধতা ⇨ **illegality** দেখো।

legalize (*also* **-ise**) / ˈliːgəlaɪz ˈলীগ্যালাইজ় / *verb* [T] to make sth legal কোনো কিছুকে আইনসিদ্ধ বা বৈধ করা ► **legalization** (*also* **-isation**) ˌliːgəlaɪˈzeɪʃn ˌলীগ্যালাইˈজ়েইশ্‌ন্ / *noun* [U] বৈধকরণ, আইনসিদ্ধকরণ

legend / ˈledʒənd ˈলেজ্যান্ড্ / *noun* **1** [C] an old story that may or may not be true প্রাচীন কাহিনি যা সত্যি হতেও পারে আবার না-ও হতে পারে; উপকাহিনি, রূপকথা, উপকথা, লোককথা *the legend of Hanuman* **2** [U] such stories when they are grouped together ঐ জাতীয় অনেক কাহিনির সমষ্টি *According to legend, Hanuman is the son of Pavan, the God of Wind.* **3** [C] a famous person or event খ্যাতনামা ব্যক্তি বা ঘটনা *a movie/jazz/cricket legend* ► **legendary** / ˈledʒəndri ˈলেজ্যান্ড্রি / *adj.* পৌরাণিক, প্রবাদপ্রতিম *the legendary heroes of Greek myths* ○ *Madonna, the legendary pop star*

leggings / ˈlegɪŋz ˈলেগিংজ় / *noun* [*pl.*] a piece of women's clothing that fits tightly over both legs from the waist to the feet, like a very thin pair of trousers মেয়েদের কোমর থেকে পা পর্যন্ত পরা আঁটসাঁট পোশাক; লেগিংস

legible / ˈledʒəbl ˈলেজ্যাব্‌ল্ / *adj.* that is clear enough to be read easily যে লেখা বা ছাপা সহজে পড়া যায়; স্পষ্ট, পাঠযোগ্য *His writing is so small that it's barely legible.* ✪ বিপ **illegible** ⇨ **readable** দেখো। ► **legibility** / ˌledʒəˈbɪləti ˌলেজ্যাˈবিল্যাটি / *noun* স্পষ্ট, ঝরঝরে ভাব (হাতের লেখা) ► **legibly** / -zəbli -জ্যাব্‌লি / *adv.* ঝরঝরেভাবে, স্পষ্টভাবে

legislate / ˈledʒɪsleɪt ˈলেজিস্‌লেইট্ / *verb* [I] **legislate (for/against sth)** to make a law or laws আইনকানুন তৈরি করা

legislation / ˌledʒɪsˈleɪʃn ˌলেজিস্ˈলেইশ্‌ন্ / *noun* [U] **1** a group of laws আইনাবলী, আইনসমূহ *The government is introducing new legislation to help small businesses.* **2** the process of making laws আইন প্রণয়ন পদ্ধতি

legislative / ˈledʒɪslətɪv ˈলেজিসল্যাটিভ্ / *adj.* (*formal*) (*only before a noun*) connected with the act of making laws আইন প্রণয়ন সংক্রান্ত; বিধানিক *a legislative assembly/body/council*

legislature / ˈledʒɪsleɪtʃə(r) ˈলেজিস্‌লেইচ্যা(র্) / *noun* [C] (*formal*) a group of people who have the power to make and change laws আইন তৈরি করা বা পরিবর্তন করার ক্ষমতা আছে এমন এক দল মানুষ; আইনপ্রণেতাগণ

legitimate / lɪˈdʒɪtɪmət লি'জিটিম্যাট্ / *adj.* **1** reasonable or acceptable যুক্তিগ্রাহ্য বা গ্রহণযোগ্য *a legitimate excuse/question/concern* **2** allowed by law আইনানুমোদিত *Could he earn so much from legitimate business activities?* ➪ **lawful** এবং **legal** দেখো। **3** (*old-fashioned*) (used about a child) having parents who are married to each other (কোনো শিশু সম্বন্ধে ব্যবহৃত) পরস্পরের সঙ্গে বিবাহিত এমন পিতামাতার সন্তান, বৈধ, বৈধভাবে জাত ✪ বিপ **illegitimate** ▶ **legitimacy** / lɪˈdʒɪtɪməsi লি'জিটিম্যাসি / *noun* [U] বৈধতা *I intend to challenge the legitimacy of his claim.* ▶ **legitimately** *adv.* বৈধভাবে, ন্যায়সংগতভাবে

legume / ˈlegjuːm; lɪˈgjuːm ˈলেগিউম্; লি'গিউম্ / *noun* [C] (*technical*) any plant that has seeds in long **pods.** Peas and beans are legumes যে গাছের বীজ লম্বা শুঁটির মধ্যে থাকে। কড়াইশুঁটি ও বিন এইধরনের গাছ

leisure / ˈleʒə(r) ˈলেজ়্যা(র্) / *noun* [U] the time when you do not have to work; free time অবকাশ; অবসর সময় *Shorter working hours mean that people have more leisure.* ○ *leisure activities*

IDM **at your leisure** (*formal*) when you have free time যখন হাতে কোনো কাজ নেই, অবসর সময় আছে *Look through the catalogue at your leisure and then order by telephone.*

leisure centre *noun* [C] a public building where you can do sports and other activities in your free time যে বাড়িতে সকলে মিলে অবসর সময় কাটানোর জন্য খেলাধুলো বা অন্য কিছু করে

leisurely / ˈleʒəli ˈলেজ়্যালি / *adj.* without hurry তাড়াহুড়ো না করে ধীরেসুস্থে, মন্থর গতিতে *a leisurely Sunday breakfast* ○ *I always cycle at a leisurely pace.*

lemon / ˈlemən ˈলেম্যান্ / *noun* [C, U] a yellow fruit with sour juice that is used for giving flavour to food and drink পাতিলেবু, কাগজি লেবু, লেবু *a slice of lemon* ○ *Add the juice of two lemons.* ➪ **fruit**-এ ছবি দেখো।

lemonade / ˌleməˈneɪd ˌলেম্যা'নেইড্ / *noun* [C, U] **1** (*BrE*) a colourless sweet drink with a lot of bubbles in it অনেক বুদ্‌বুদ সমেত রংহীন মিষ্টি পানীয়; লেমনেড **2** a drink that is made from fresh lemon juice, sugar and water চিনি, জল এবং টাটকা লেবুর রসে তৈরি পানীয়; লেমনেড

lemur / ˈliːmə(r) ˈলীম্যা(র্) / *noun* [C] an animal like a monkey, with thick fur and a long tail, that lives in trees in Madagascar. There are many different types of lemur মাদাগাস্কার দ্বীপে প্রাপ্ত একধরনের ঘন লোম এবং লম্বা লেজওয়ালা বাঁদরের মতো প্রাণী যারা গাছে থাকে। এরা অনেক প্রকারের হয়; লেমুর

lend / lend লেন্ড্ / *verb* [T] (*pt, pp* **lent** /lent লেন্ট্ /) **1 lend sb sth; lend sth to sb** to allow sb to use sth for a short time or to give sb money that must be paid back after a certain period of time কোনো ব্যক্তিকে কোনো বস্তু স্বল্প সময়ের জন্য ব্যবহার করতে দেওয়া বা নির্দিষ্ট সময়ের মধ্যে ফেরত দিতে হবে এই শর্তে কাউকে টাকা দেওয়া; ধার দেওয়া *Could you lend me Rs 100 until Friday?* ○ *He lent me his bicycle.* ✪ বিপ **borrow**

> **NOTE** ব্যাংক থেকে টাকা ধার নিলে তা সুদ (**interest**) সমেত একটি নির্দিষ্ট সময়ের মধ্যে ফেরত (**pay it back/repay**) দিতে হয়।

2 (*formal*) **lend sth (to sth)** to give or add sth দেওয়া বা কোনো কিছু যোগ করা *to lend advice/support* ○ *This evidence lends weight to our theory.*

IDM **lend (sb) a hand/lend a hand (to sb)** to help sb কোনো ব্যক্তিকে সাহায্য করা, সাহায্যের হাত বাড়ানো

PHR V **lend itself to sth** to be suitable for sth কোনো কিছুর উপযুক্ত হওয়া

lender / ˈlendə(r) ˈলেন্ড্যা(র্) / *noun* [C] a person or organization that lends sth, especially money যে প্রতিষ্ঠান বা ব্যক্তি কোনো কিছু, বিশেষত টাকা ধার দেয়

length / leŋθ লেংথ্ / *noun* **1** [U, C] the size of sth from one end to the other; how long sth is এক ধার থেকে আর এক ধারের লম্বা মাপ; দৈর্ঘ্য *to measure the length of a room* ○ *The tiny insect is only one millimetre **in length**.* ➪ **width** এবং **breadth** দেখো। **2** [U] the amount of time that sth lasts সময়ের মাপ, যতক্ষণ ধরে চলে *Many people complained about the **length of time** they had to wait.* ○ *the length of a class/speech/film* **3** [U] the number of pages in a book, a letter, etc. বই বা চিঠি ইত্যাদির পাতার সংখ্যা **4** [C] the distance from one end of a swimming pool to the other সুইমিং পুলের এক প্রান্ত থেকে আরেক প্রান্তের দৈর্ঘ্য *I can swim a length in thirty seconds.* **5** [C] a piece of sth long and thin দীর্ঘ এবং সরু আকারের কোনো বস্তু *a length of material/rope/string*

IDM **at length** for a long time or in great detail অনেকক্ষণ ধরে বা পুঙ্খানুপুঙ্খভাবে *We discussed the matter at great length.*

lengthen

go to great lengths to make more effort than usual in order to achieve sth কোনো কিছু পাওয়ার জন্য সাধারণের থেকে বেশি রকমের চেষ্টা করা
the length and breadth of sth to or in all parts of sth চতুর্দিকে, সবদিকে, সব প্রান্তে *They travelled the length and breadth of India.*

lengthen / ˈleŋθən ˈলেংথ্যান্ / *verb* [I, T] to become longer or to make sth longer লম্বা হওয়া বা কোনো কিছু লম্বা করা

lengthways / ˈleŋθweɪz ˈলেংথউএইজ্ / (*also* **lengthwise** / ˈleŋθwaɪz ˈলেংথউআইজ্ /) *adv.* in a direction from one end to the other of sth কোনো কিছুর দৈর্ঘ্য অনুযায়ী *Fold the paper lengthwise.*

lengthy / ˈleŋθi ˈলেংথি / *adj.* very long খুব লম্বা, দীর্ঘ

lenient / ˈliːniənt ˈলীনিঅ্যান্ট্ / *adj.* (used about a punishment or person who punishes) not as strict as expected (শাস্তি বা শাস্তিদাতা সম্বন্ধে ব্যবহৃত) যতটা প্রত্যাশিত ছিল ততটা কড়া নয়, নরম ▶ **lenience** (*also* **leniency** / -ənsi -অ্যান্সি /) *noun* [U] নরম প্রকৃতি, ক্ষমাশীলতা ▶ **leniently** *adv.* নরমভাবে, শক্ত বা কড়াভাবে নয়

lens / lenz লেন্জ় / *noun* [C] (*pl.* **lenses**) **1** a curved piece of glass that makes things look bigger, clearer, etc. when you look through it একধরনের গোলাকৃতি কাচ (যার ভিতর দিয়ে দেখলে কোনো বস্তু অপেক্ষাকৃত বড়ো, স্পষ্ট ইত্যাদি লাগে); লেন্স্

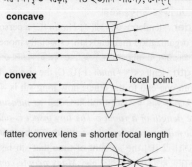

concave
convex
focal point
fatter convex lens = shorter focal length
focal point
main parts of a lens
focal length
focal length
optical axis
focal point
focal point
optical centre
of lens

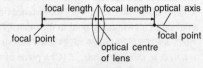

lenses

> **NOTE** ভালোভাবে দেখার জন্য কিছু ব্যক্তি চশমার পরিবর্তে **contact lenses** ব্যবহার করেন। ক্যামেরাতে **zoom** অথবা **telephoto lens** ব্যবহার করা হয়।

2 =**contact lens** **3** the transparent part of the eye, behind the round hole in the middle of the eye (**pupil**), that changes shape in order to direct light so that you can see clearly চোখের তারার মাঝখানে গোল গর্তের পিছনের স্বচ্ছ অংশ, আলোর নিশানার জন্য যার আকৃতির পরিবর্তন হয় এবং যার সাহায্যে স্পষ্টভাবে দেখা যায় ⇨ **eye**-এ ছবি দেখো।

Lent / lent লেন্ট্ / *noun* [U] a period of 40 days starting in February or March, when some Christians stop doing or eating certain things for religious reasons ফেব্রুয়ারি অথবা মার্চ থেকে ৪০ দিনের যে সময় শুরু হয়, যখন কোনো কোনো খ্রিস্টান নির্দিষ্ট কিছু জিনিস ধর্মীয় কারণে করা বা খাওয়া বন্ধ করে; ৪০ দিনের খ্রিস্টান পর্ব *I'm giving up smoking for Lent.*

lent ⇨ **lend**-এর past tense এবং past participle

lentil / ˈlentl ˈলেন্ট্‌ল্ / *noun* [C] a small brown, orange or green seed that can be dried and used in cooking বাদামি, কমলা বা সবুজ রংয়ের বীজ যা শুকিয়ে রান্নায় ব্যবহার করা হয়, যে-কোনো ধরনের ডাল *lentil soup/stew*

Leo / ˈliːəʊ ˈলীঅ্যাউ / *noun* [U] the fifth sign of the **zodiac**, the Lion সিংহরাশি, রাশিচক্রের পঞ্চম রাশি; লিও রাশি

leopard / ˈlepəd ˈলেপ্যাড্ / *noun* [C] a large wild animal of the cat family that has yellow fur with dark spots. Leopards live in Africa and Southern Asia কালো ছোপওয়ালা হলুদ লোমের বিড়ালগোত্রীয় বিশাল পশু চিতাবাঘ। আফ্রিকা এবং দক্ষিণ এশিয়ায় এদের বাস

> **NOTE** স্ত্রী চিতাবাঘকে **leopardess** বলা হয় এবং চিতাবাঘের শাবককে **cub** বলা হয়। ⇨ **lion**-এ ছবি দেখো।

leotard / ˈliːətɑːd ˈলীঅ্যাটাːড্ / *noun* [C] a piece of clothing that fits the body tightly from the neck down to the top of the legs. Leotards are worn by dancers or women doing certain sports বিশেষ ধরনের নাচ বা কোনো কোনো খেলায় মেয়েদের গলা থেকে পা-য়ের উপর পর্যন্ত পরার আঁটসাঁট বিশেষ পোশাক

leper / ˈlepə(r) ˈলেপ্যা(র্) / *noun* [C] a person who has leprosy কুষ্ঠ রোগাক্রান্ত, কুষ্ঠরোগী

leprosy / ˈleprəsi ˈলেপ্র্যাসি / *noun* [U] a serious infectious disease that affects the skin, nerves, etc. and can cause parts of the body to fall off এক ধরনের গুরুতর সংক্রামক ব্যাধি যা চামড়া, স্নায়ু ইত্যাদি আক্রান্ত করে এবং যার ফলে শরীরের অঙ্গপ্রত্যঙ্গ গলে পড়ে যায়; কুষ্ঠরোগ, কুষ্ঠ

lesbian / ˈlezbiən ˈলেজ়্বিঅ্যান্ / *noun* [C] a woman who is sexually attracted to other women সমকামী মহিলা ▶ **lesbian** *adj.* সমকামী মহিলা সম্বন্ধিত বা সেই সম্পর্কিত *a lesbian relationship* ▶ **lesbianism** *noun* [U] স্ত্রী-সমকামিতা ⇨ **gay** এবং **homosexual** দেখো।

less[1] / les লেস্ / *det., pronoun, adv.* **1** (*used with uncountable nouns*) a smaller amount (of) অপেক্ষাকৃত অল্প পরিমাণ *It took less time than I thought.* ○ *I'm too fat—I must try to eat less.*

NOTE বহুবচনে (plural) বিশেষ্যের (noun) সঙ্গে কোনো কোনো সময়ে **less** ব্যবহার করা হয় যেমন—*less cars*। কিন্তু এই অর্থে **fewer** শব্দটির ব্যবহার সঠিক বলে বিবেচিত—*fewer cars.*

2 not so much (as) অতটা নয়, একটু কম *He's less intelligent than his brother.* ○ *People work less well when they're tired.* ✪ বিপ **more**

IDM less and less becoming smaller and smaller in amount or degree ক্রমশ কমতে থাকা, কমে যাওয়া

more or less ➪ **more**[2] দেখো।

less[2] / les লেস্ / *prep.* taking a certain number or amount away; minus নির্দিষ্ট সংখ্যা বা পরিমাণ বাদে; রহিত, বাদ *You'll earn Rs 100 an hour, less tax.*

lessee / le'si: লে'সী / *noun* [C] (in law) a person who has a legal agreement (**a lease**) allowing him/her use of a building, an area of land, etc. (আইনে) যে ব্যক্তি আইনি চুক্তির মাধ্যমে কোনো বাড়ি বা জমি ব্যবহার করার অনুমতি পেয়েছে; ইজারাদার

lessen / 'lesn 'লেস্‌ন্ / *verb* [I, T] to become less; to make sth less কমে যাওয়া; কমানো, হ্রাস করা *The medicine will lessen your pain.*

lesser / 'lesə(r) 'লেস্যা(র্) / *adj., adv.* (*only before a noun*) not as great/much as অতটা বেশি নয়, বাকি জিনিসের মতো অতটা নয় *He is guilty and so, to a lesser extent, is his wife.* ○ *a lesser-known artist*

IDM the lesser of two evils the better of two bad things খারাপ জিনিসের মধ্যে যেটি অপেক্ষাকৃত ভালো

lesson / 'lesn 'লেস্‌ন্ / *noun* [C] **1** a period of time when you learn or teach sth কোনো কিছু শেখার সময়, শেখানোর সময়, পঠন-পাঠনের কাল *I want to take extra lessons in English conversation.* ○ *a driving lesson* **2** something that is intended to be or should be learnt যা শিখতে চাওয়া হয় অথবা যা অবশ্য শেখা উচিত *I hope we can learn some lessons from this disaster.*

IDM learn your lesson ➪ **learn** দেখো।

teach sb a lesson ➪ **teach** দেখো।

lessor / le'sɔ:(r) লে'স:(র্) / *noun* [C] (in law) a person who gives sb the use of a building, an area of land, etc., having made a legal agreement (**a lease**) (আইনে) আইনি চুক্তি করে যে ব্যক্তি অন্য কোনো ব্যক্তিকে বাড়ি বা জমি ব্যবহার করতে দিয়েছে, যে ব্যক্তি লিজ বা ইজারা দেয়

let / let লেট্ / *verb* [T] (*pres. part.* **letting**; *pt, pp* **let**) **1 let sb/sth do sth** to allow sb/sth to do sth; to make sb/sth able to do sth কোনো ব্যক্তি বা বস্তুকে কোনো কিছু করার অনুমতি দেওয়া; অধিকার দেওয়া *My parents let me stay out till 11 o'clock.* ○ *I wanted to borrow Bharat's bike but he wouldn't let me.* ○ *This ticket lets you travel anywhere in the city for a day.*

NOTE এখানে **let** শব্দটি কর্মবাচ্যসূচকভাবে (passive) ব্যবহার করা যায় না। এই অর্থে **to**-এর সঙ্গে **allow** অথবা **permit** শব্দগুলি ব্যবহার করা যেতে পারে—*They let him take the exam again.* ○ *He was allowed to take the exam again.* ➪ **allow**-এ নোট দেখো।

2 to allow sth to happen কোনো কিছু ঘটতে দেওয়া, ঘটানো *He's let the dinner burn again!* ○ *Don't let the fire go out.* **3** used for offering help to sb কাউকে সাহায্য করতে বলার জন্য ব্যবহৃত *Let me help you carry your bags.* **4** to allow sb/sth to go somewhere কাউকে বা কোনো কিছুকে যেতে দেওয়া *Open the windows and let some fresh air in.* ○ *She was let out of prison yesterday.* **5** used for making suggestions about what you and other people can do নিজে কিছু করা বা অন্যকে করতে বলার জন্য ব্যবহৃত অভিব্যক্তিবিশেষ *'Let's go to the cinema tonight.' 'Yes, let's.'*

NOTE এই অর্থে নেতিবাচক অভিব্যক্তি হবে **let's not** অথবা (কেবলই ব্রিটিশ ইংরেজিতে) **don't let's**—*Let's not/Don't let's go to that awful restaurant again.*

6 let sth (out) (to sb) to allow sb to use a building, room, etc. in return for rent ভাড়ার বিনিময়ে কাউকে কোনো বাড়ি, ঘর ইত্যাদি ব্যবহার করতে দেওয়া, ভাড়া দেওয়া *They let out two rooms to students.* ○ *There's a flat to let in our block.* ➪ **hire**-এ নোট দেখো।

IDM let alone and certainly not কথাই ওঠে না, একেবারেই নয় *We haven't decided where we're going yet, let alone booked the tickets.*

let sb/sth go; let go of sb/sth to stop holding sb/sth কোনো ব্যক্তি বা বস্তুকে ধরে না রেখে ছেড়ে দেওয়া *Let me go. You're hurting me!* ○ *Hold the rope and don't let go of it.*

let sb know ➪ **know**[1] দেখো।

let me see; let's see used when you are thinking or trying to remember sth কোনো কিছু মনে করার চেষ্টা বা ভেবে দেখার জন্য ব্যবহৃত অভিব্যক্তিবিশেষ *Where did I put the car keys? Let's see. I think I left them by the telephone.*

let sth slip to accidentally say sth that you should keep secret মুখ ফসকে গোপন কিছু বলে ফেলা

let's say for example ধরা যাক, যেমন, উদাহরণস্বরূপ, দৃষ্টান্তস্বরূপ *You could work two mornings a week, let's say Tuesday and Friday.*

let yourself go 1 to relax without worrying what other people think অন্যের কথা না ভেবে বা অন্যে কি মনে করবে সে বিষয়ে চিন্তা না করে নিজের মনে আরাম করা 2 to allow yourself to become untidy, dirty, etc. নিজেকে অগোছালো, অপরিচ্ছন্ন থাকতে দেওয়া

PHR V **let sb down** to not do sth that you promised to do for sb; to disappoint sb প্রতিশ্রুতি দিয়ে সেটি না রাখা; কাউকে হতাশ করা

let on (about sth) (to sb) to tell sb a secret কাউকে গোপন কথা বলা *He didn't let on how much he'd paid for the vase.*

let sb off to not punish sb, or to give sb a less serious punishment than expected (কোনো ব্যক্তিকে) শাস্তি না দেওয়া বা যতটা দেওয়ার কথা তার থেকে কম শাস্তি দেওয়া *He expected to go to prison but they let him off with a fine.*

let sth out to make a sound with your voice গলা দিয়ে আওয়াজ বার করা *to let out a scream/sigh/groan/yell*

lethal / ˈli:θl ˈলীথ্‌ল্ / *adj.* that can cause death or great damage মৃত্যু ঘটাতে পারে বা ভীষণ ক্ষতি করতে পারে এমন; প্রাণঘাতী *a lethal weapon/drug* ▶ **lethally** / ˈli:θəli ˈলীথ্যালি / *adv.* মারাত্মকভাবে

lethargy / ˈleθədʒi ˈলেথ্যাজি/ *noun* [U] the feeling of being very tired and not having any energy গা ম্যাজম্যাজ ভাব; আলস্য, কুঁড়েমি ▶ **lethargic** / ləˈθɑ:dʒɪk ল্যাˈথা:জিক্ / *adj.* উদ্যমহীন, কুঁড়ের মতো

letter / ˈletə(r) ˈলেট্যা(র্) / *noun* [C] 1 a written or printed message that you send to sb চিঠি, পত্র *I got a letter from Mohit this morning.* ○ *I'm writing **a thank-you letter** to my uncle for the gift he sent.*

> **NOTE** কোনো চিঠি লেখার পরে সেটিকে খামে (**envelope**) ঢুকিয়ে, তার উপর ঠিকানা লিখে (**address it**), ডাকটিকিট লাগিয়ে (**put/stick a stamp**) ডাকযোগে তার বাসস্থানে পাঠানো (**post** বা *AmE* **mail**) হয়। কোনো ব্যক্তি যদি অন্যত্র চলে যায় তাহলে তার নতুন ঠিকানায় চিঠিপত্র **forward** করা হয়।

2 a written or printed sign that represents a sound in a language (যে-কোনো ভাষার) অক্ষর, বর্ণ *'Z' is the last letter of the English alphabet.*

> **NOTE** ইংরেজি ভাষার বর্ণমালা **(letters)** বড়ো হাতের **(capital letter)** অথবা ছোটো হাতের **(small letter)** অক্ষরে লেখা যায়—*Is 'east' written with a capital or a small 'e'?*

letter box *noun* [C] 1 a hole in a door or wall for putting letters, etc. through চিঠি ইত্যাদি ফেলার জন্য দরজা অথবা দেয়ালে ফাঁক 2 (*AmE* **mailbox**) a small box near the main door of a building or by the road in which letters are left for the owner to collect (বাড়ির প্রধান দরজা বা রাস্তার ধারে লাগানো) চিঠি ফেলার ডাকবাক্স 3 = **post box**

lettuce / ˈletɪs ˈলেটিস্ / *noun* [C, U] a plant with large green leaves which are eaten cold in salads লেটুস পাতা যা স্যালাডের মধ্যে কাঁচা খাওয়া হয় *a lettuce leaf*

leucocyte / ˈlu:kəsaɪt ˈলূক্যাসাইট্ / *noun* [C] (*technical*) a white blood cell শ্বেতকণিকা (রক্তের)

leukaemia (*AmE* **leukemia**) / lu:ˈki:mɪə লূˈকীমিঅ্যা / *noun* [U] a serious disease of the blood which often results in death রক্তের কঠিন অসুখ যাতে মৃত্যুও ঘটে ; লিউকেমিয়া

levee / ˈlevi ˈলেভি / *noun* [C] (in geography) a low wall built at the side of a river to prevent it from flooding (ভূগোলে) বন্যা থেকে জমি বাঁচানোর জন্য নদীর ধারে গাঁথা নীচু পাঁচিল ➪ **flood plain**-এ ছবি দেখো।

level[1] / ˈlevl ˈলেভ্‌ল্ / *noun* [C] 1 the amount, size or number of sth (compared to sth else) কোনো কিছুর মাত্রা, স্তর (অন্য কিছুর তুলনায়) *a low level of unemployment* ○ *high stress/pollution levels* 2 the height, position, standard, etc. of sth কোনো কিছুর উচ্চতা, অবস্থান, মান ইত্যাদি *He used to play tennis at a high level.* ○ *an intermediate-level student* ○ *top-level discussions* 3 a way of considering sth বিবেচনা করার উপায় বা পদ্ধতি *on a spiritual/personal/professional level* 4 a flat surface or layer চ্যাপটা সমতল বা স্তর *a multi-level shopping centre*

level[2] / ˈlevl ˈলেভ্‌ল্ / *adj.* 1 with no part higher than any other; flat সমানভাবে অবস্থিত; সমতল *Make sure the shelves are level before you fix them in position.* ○ *level ground* ○ *a level teaspoon of sugar* 2 **level (with sb/sth)** at the same height, standard or position সমান উচ্চতা মান, পদমর্যাদায় *The boy's head was level with his father's shoulder.* ○ *The teams are level on 34 points.*

IDM **a level playing field** a situation in which everyone has an equal chance of success যে পরিস্থিতিতে সকলের সমান সুযোগ

level[3] / ˈlevl ˈলেভ্‌ল্ / *verb* [T] (**levelling; levelled** *AmE* **leveling; leveled**) to make sth flat, equal or level কোনো কিছু সমান করে দেওয়া, পার্থক্য না রাখা *Mohun Bagan levelled the score with a late goal.* ○ *Many buildings were levelled* (=destroyed) *in the earthquake.*

PHR V **level sth at sb/sth** to aim sth at sb/sth কোনো কিছুকে উদ্দেশ্য করা, লক্ষ্য করা *They levelled serious criticisms at the standard of teaching.*

level off/out to become flat, equal or level সমতল, সমান বা এক স্তরে করা

level crossing (*AmE* **railroad crossing**) *noun* [C] a place where a railway crosses the surface of a road যে রাস্তার উপর দিয়ে বা তাকে ক্রস করে রেললাইন বেরিয়ে যায়; লেভেলক্রসিং

level-headed *adj.* calm and sensible; able to make good decisions in a difficult situation শান্ত, স্থির মস্তিষ্ক; কঠিন অবস্থার মধ্যেও সহজে সিদ্ধান্ত গ্রহণে সক্ষম

lever / ˈliːvə(r) ˈলীভ্যা(র্) / *noun* [C] **1** a handle that you pull or push in order to make a machine, etc. work যন্ত্র ইত্যাদি চালু করতে বা নিয়ন্ত্রণে আনতে যে হাতল ধরে টানা অথবা ঠেলা হয়; লীভার *Pull the lever towards you.* ○ *the gear lever in a car* **2** a bar or tool that is used to lift or open sth when you put pressure or force on one end কিছু তোলা বা খোলার জন্য চাপ দেওয়ার কোনো পাটাতন বা যন্ত্র *You need to get the tyre off with a lever.* ▶ **lever** *verb* [T] লীভারের সাহায্যে কোনো কাজ করা *The police had to lever the door open.*

leverage / ˈliːvərɪdʒ ˈলীভ্যারিজ্ / *noun* [U] the act of using a lever to lift or open sth; the force needed to do this লীভার ব্যবহার করে কোনো কিছু খোলা অথবা তোলার ক্রিয়া; লীভার ব্যবহার করার জন্য প্রয়োজনীয় জোর বা শক্তি

levy / ˈlevi ˈলেভি / verb [T] (*pres. part.* **levying;** *3rd person. sing. pres.* **levies;** *pt,pp* **leved**) (*written*) **levy sth (on sb)** to officially demand and collect money, etc. ট্যাক্স, জরিমানা ইত্যাদি চাওয়া এবং সংগ্রহ করা

lexicon / ˈleksɪkən ˈলেক্সিক্যান্ / *noun* **1** (*also* **the lexicon**) [*sing.*] all the words and phrases used in a particular language or subject; all the words and phrases used and known by a particular person or group of people কোনো ভাষা বা বিষয়ের শব্দভাণ্ডার এবং বাক্যাংশসমূহ; কোনো বিশেষ গোষ্ঠী বা দলের ব্যবহৃত নিজস্ব শব্দভাণ্ডার এবং বাক্যাংশসমূহ **2** [C] a list of words from A to Z on a particular subject or in a language A থেকে Z পর্যন্ত অর্থাৎ বর্ণমালার প্রথম অক্ষর থেকে শেষ অক্ষর পর্যন্ত যে-কোনো ভাষা বা কোনো বিষয়ের সমস্ত শব্দগুচ্ছ *a lexicon of technical scientific terms*

liability / ˌlaɪəˈbɪləti ˌলাইঅ্যাˈবিল্যাটি / *noun* (*pl.* **liabilities**) **1** [U] **liability (for sth)** the state of being responsible for sth কোনো কিছুর জন্য দায়বদ্ধতা *The company cannot accept liability for damage to cars in this car park.* **2** [C] (*informal*) a person or thing that can cause a lot of problems, cost a lot of money, etc. যে ব্যক্তি বা জিনিস বোঝা বা দায় হতে পারে, ব্যয়বহুল হতে পারে **3** [C, *usually pl.*] = **debt**

liable / ˈlaɪəbl ˈলাইঅ্যাব্ল্ / *adj.* (*not before a noun*) **1 liable to do sth** likely to do sth সম্ভাবনা আছে এমন *We're all liable to fall asleep while driving when we are very tired.* **2 liable to sth** likely to have or suffer from sth কোনো কিছু হওয়া বা দুর্যোগ ইত্যাদির মুখোমুখি হওয়ার সম্ভাবনা আছে এমন *The area is liable to floods.* **3 liable (for sth)** (in law) responsible for sth আইনের চোখে দায়ী

liaise / liˈeɪz লিˈএইজ্ / *verb* [I] **liaise (with sb/sth)** to work closely with a person, group, etc. and give him/her/it regular information about what you are doing কোনো ব্যক্তি, দল ইত্যাদির সঙ্গে যুক্ত থেকে নিয়মিতভাবে তথ্য সরবরাহ করা; সংযোগ রাখা

liaison / liˈeɪzn লিˈএইজ্ন্ / *noun* **1** [U, *sing.*] **liaison (between A and B)** communication between two or more people or groups that work together দুই বা তার অধিক ব্যক্তি বা দলের মধ্যে সংযোগ রক্ষা **2** [C] a secret sexual relationship গোপন অবৈধ যৌন সম্পর্ক

liar / ˈlaɪə(r) ˈলাইঅ্যা(র্) / *noun* [C] a person who does not tell the truth মিথ্যাবাদী, মিথ্যুক *She called me a liar.* ➪ **lie** verb এবং **lie** noun দেখো।

libel / ˈlaɪbl লাইব্ল্ / *noun* [C, U] the act of printing a statement about sb that is not true and would give people a bad opinion of him/her কারও সম্বন্ধে অসত্য কথা ছাপার অক্ষরে প্রকাশ করার ক্রিয়া যার দ্বারা জনসমাজে খারাপ প্রতিক্রিয়া হতে পারে *The singer is suing the newspaper for libel.* ▶ **libel** *verb* [T] (**libelling; libelled** *AmE* **libeling; libeled**) মানহানি করা *The actor claims he was libelled in the magazine article.*

liberal / ˈlɪbərəl ˈলিব্যার‍্যাল্ / *adj.* **1** accepting different opinions or kinds of behaviour; tolerant উদার, সহৃদয়, বদান্য; সহিষ্ণু *He has very liberal parents.* **2** (in politics) believing in or based on principles of commercial freedom, freedom of choice, and avoiding extreme social and political change (রাজনীতিতে) বাণিজ্যিক স্বাধীনতা এবং উদারনীতিতে বিশ্বাসী এবং সামাজিক ও রাজনৈতিক চরমপন্থা পরিহার করে চলে এমন; উদারপন্থী *liberal policies/politicians* **3** not strictly limited in amount or variety উদারপন্থী ▶ **liberal** *noun* [C] উদারনীতিতে বিশ্বাসী, উদারপন্থী ব্যক্তি *He's always considered himself a liberal.* ▶ **liberalism** / -ɪzəm -ইজ়্যাম্ / *noun* [U] উদারনীতি

liberally / ˈlɪbərəli ˈলিব্যার‍্যালি / *adv.* freely or in large amounts মুক্তভাবে, অকৃপণভাবে, যথেষ্ট পরিমাণে

liberate / ˈlɪbəreɪt ˈলিব্যারেইট্ / *verb* [T] **liberate sb/sth (from sth)** to allow sb/sth to be free কাউকে বা কিছুকে মুক্তি দেওয়া, স্বাধীন করা *India was liberated in 1947.* ▶ **liberation** / ˌlɪbəˈreɪʃn ˌলিব্যাˈরেইশ্ন্ / *noun* [U] মুক্তি, স্বাধীনতা

liberated / ˈlɪbəreɪtɪd ˈলিব্যারেইটিড্ / *adj.* free from traditional opinions or ways of behaving that might limit you in what you think or do পুরোনো ও প্রচলিত সংস্কার এবং ব্যবহার পদ্ধতি যা কাউকে সীমিত করে রাখে তার থেকে মুক্ত বা স্বাধীন

liberty / ˈlɪbəti ˈলিব্যাটি / *noun* [C, U] (*pl.* **liberties**) the freedom to go where you want, do what you want, etc. নিজের খুশিমতো চলাফেরা, ইচ্ছেমতো কাজ করা ইত্যাদির স্বাধীনতা *We must defend our civil liberties at all costs.* ➪ **freedom** দেখো।

IDM **at liberty (to do sth)** free or allowed to do sth কোনো কিছু করার জন্য স্বাধীন বা অনুমতিপ্রাপ্ত *You are at liberty to leave when you wish.*

Libra / ˈliːbrə ˈলীব্র্যা / *noun* [U] the seventh sign of the **zodiac,** the Scales তুলারাশি; রাশিচক্রের সপ্তম রাশি; লিব্রা

librarian / laɪˈbreəriən লাইˈব্রেঅ্যারিঅ্যান্ / *noun* [C] a person who works in or is in charge of a library যে ব্যক্তি গ্রন্থাগারে কাজ করে বা তার দায়িত্বে থাকে; গ্রন্থাগারিক; লাইব্রেরিয়ান

library / ˈlaɪbrəri; ˈlaɪbri ˈলাইব্র্যারি; ˈলাইব্রি / *noun* [C] (*pl.* **libraries**) **1** a room or building that contains a collection of books, etc. that can be looked at or borrowed গ্রন্থাগার, পাঠাগার, পুস্তকালয়; লাইব্রেরি *My library books are due back tomorrow.* ➪ **bookshop** দেখো। **2** a private collection of books, etc. বই ইত্যাদির ব্যক্তিগত সংগ্রহ

lice ➪ **louse**-এর plural

licence (*AmE* **license**) / ˈlaɪsns ˈলাইস্ন্স্ / *noun* **1** [C] **a licence (for sth/to do sth)** an official paper that shows you are allowed to do or have sth সরকারি অনুমতিপত্র (যা কাউকে কিছু করার বা রাখার ক্ষমতা দিয়েছে) *Do you have a licence for this gun?* ○ *The shop has applied for a licence to sell alcoholic drinks.* ➪ **driving licence** দেখো। **2** [U] (*formal*) **licence (to do sth)** permission or freedom to do sth কোনো কিছু করার অনুমতি বা স্বাধীনতা *The soldiers were given licence to shoot if they were attacked.*

licence plate (*AmE* **license plate**) = **number plate**

license[1] / ˈlaɪsns ˈলাইস্ন্স্ / *verb* [T] to give official permission for sth কোনো কিছুর জন্য লাইসেন্স বা সরকারি অনুমতি দেওয়া *Is that gun licensed?*

license[2] (*AmE*) = **licence**

lichen / ˈlaɪkən; ˈlɪtʃən ˈলাইক্যান্; ˈলিচ্যান্ / *noun* [U, C] a very small grey or yellow plant that spreads over the surface of rocks, walls and trees and does not have any flowers অতি ক্ষুদ্র ধূসর বা হলুদ উদ্ভিদ যা পাথরের গায়ে, দেয়ালে হয় এবং যার কোনো ফুল হয় না

lick / lɪk লিক্ / *verb* [T] to move your tongue across sth কোনো কিছুর উপর দিয়ে জিভ বোলানো; লেহন করা, চাটা *The child licked the spoon clean.* ○ *I licked the envelope and stuck it down.* ▶ **lick** *noun* [C] লেহন

licorice = **liquorice**

lid / lɪd লিড্ / *noun* [C] **1** the top part of a box, pot, etc. that can be lifted up or taken off কোনো বাক্স, পাত্র ইত্যাদির ঢাকা যা উপরে তোলা যায় বা সরিয়ে নেওয়া যায়; ঢাকনা **2** = **eyelid**

lie[1] / laɪ লাই / *verb* [I] (*pres. part.* **lying;** *pt, pp* **lied**) **lie (to sb) (about sth)** to say or write sth that you know is not true মিথ্যা কথা বলা বা লেখা *He lied about his age in order to join the army.* ○ *How could you lie to me!* ▶ **lie** *noun* [C] মিথ্যা, মিথ্যাকথা *to tell a lie* ○ *That story about his mother being ill was just* ***a pack of lies***.

> **NOTE** অপ্রিয় সত্য গোপন করে যে মিথ্যা কথা বলা হয় তাকে **white lie** বলা হয়। ➪ **liar** এবং **fib** দেখো।

lie[2] / laɪ লাই / *verb* [I] (*pres. part* **lying;** *pt* **lay** /leɪ লেই / ; *pp pt* **lain** / leɪn লেইন্ /) **1** to be in or move into a flat or horizontal position (so that you are not standing or sitting) শায়িত থাকা, শোয়ার অবস্থায় থাকা (বসে বা দাঁড়িয়ে নয়) *He lay on the sofa and went to sleep.* ○ *to lie on your back/side/front* ○ *The book lay open in front of her.*

> **NOTE** মনে রেখো যে **lie** শব্দটি কোনো বস্তুর সঙ্গে ব্যবহার করা যায় না। কোনো বস্তুকে সমান জায়গায় শুইয়ে রাখার কথা বলতে হলে **lay** (it down) অভিব্যক্তিটি ব্যবহার করতে হবে—*to lay a book on a desk.*

2 to be or stay in a certain state or position কোনো বিশেষ অবস্থাবিশিষ্ট হওয়া বা বিশেষ অবস্থায় থাকা *Snow lay thick on the ground.* ○ *They are young and their whole lives* ***lie ahead*** *of them.* **3 lie (in sth)** to exist or to be found somewhere থাকা,

কোথাও পাওয়া *The problem lies in deciding when to stop.*

IDM lie in wait (for sb) to hide somewhere waiting to attack, surprise or catch sb কাউকে আক্রমণ করার জন্য, অবাক করা বা ধরার জন্য লুকিয়ে থাকা; ওৎ পেতে থাকা

lie low to try not to attract attention to yourself বেশি মনোযোগ আকর্ষণ না করার চেষ্টা করা

PHR V lie about/around to relax and do nothing গা এলিয়ে পড়ে থাকা, আরাম করা

lie back to relax and do nothing while sb else works, etc. অন্যে যখন কাজ করছে তখন কিছু না করে শুয়ে বসে থাকা

lie behind sth to be the real hidden reason for sth কোনো কিছুর প্রকৃত কারণ হওয়া যা আপাতদৃষ্ট নয় *We may never know what lay behind his decision to resign.*

lie down (used about a person) to be in or move into a flat or horizontal position so that you can rest (কোনো ব্যক্তি সম্বন্ধে ব্যবহৃত) শুয়ে পড়া

NOTE এই ধরনের আরও একটি অভিব্যক্তি হল **have a lie-down**।

lie in (*informal*) to stay in bed later than usual because you do not have to get up স্বাভাবিকের থেকে বেশি সময় শুয়ে থাকা

NOTE এই ধরনের আরও একটি অভিব্যক্তি **have a lie-in**। ➪ **oversleep** দেখো।

lie with sb (to do sth) (*informal*) to be sb's responsibility to do sth কোনো কাজের দায়িত্ব অন্যের উপর থাকা

lie detector *noun* [C] a piece of equipment that can show if a person is telling the truth or not যে সরঞ্জামের সাহায্যে বোঝা যায় কেউ মিথ্যা বলছে কিনা

Lieut. (*also* **Lt**) *abbr.* Lieutenant-এর সংক্ষিপ্ত রূপ

lieutenant / lefˈtenənt লেফ্ˈটেন্যান্ট্ / *noun* [C] an officer at a middle level in the army, navy or air force সৈন্যবাহিনী, নৌবাহিনী এবং বিমানবাহিনীর মধ্যস্তন কর্মচারী

life / laɪf লাইফ্ / *noun* (*pl.* **lives** /laɪvz লাইভ্‌জ্ /) **1** [U] the quality that people, animals or plants have when they are not dead প্রাণ, জীবন, বেঁচে থাকার অবস্থা *Do you believe in life after death?* ○ *to bring sb/come back to life* **2** [U] living things জীবিত প্রাণী *Life on earth began in a very simple form.* ○ *plant life* **3** [C, U] the state of being alive as a human being মনুষ্যজীবন *Would you **risk** your **life** to protect your property?* ○ *Doctors fought all night to **save** her **life**.* **4** [C, U] the period during which sb/sth is alive or exists কোনো ব্যক্তি বা বস্তুর জীবনকাল, ইহজীবন, জীবদ্দশার আয়ু *I've lived in this town **all** my **life**.* ○ *I spent my early life in Mussorie.* ○ *to have a short/long/exciting life* **5** [U] the things that you may experience while you are alive জীবনের অভিজ্ঞতা *Life can be hard for a single parent.* ○ *I'm not happy with the situation, but I suppose **that's life**.* **6** [C, U] a way of living জীবনধারণের পথ, জীবনযাপনের ধরন *They went to America to **start a new life**.* **7** [U] energy; activity জীবনীশক্তি; প্রাণচাঞ্চল্য, কর্মচাঞ্চল্য *Young children are **full of life**.* ○ *These streets **come to life** in the evenings.* **8** [U] something that really exists and is not just a story, a picture, etc. সত্যি, বাস্তব, গল্পকথা বা কাহিনি নয় *I wonder what that actor's like **in real life**.* ○ *Do you draw people **from life** or from photographs?*

IDM a fact of life ➪ **fact** দেখো।

the facts of life ➪ **fact** দেখো।

full of beans/life ➪ **full**[1] দেখো।

get a life (*spoken*) used to tell sb to stop being boring and do sth more interesting কারও একঘেয়েমিতা কাটানোর জন্য এবং আগ্রহজনক কোনো কিছু করতে বলার জন্য ব্যবহৃত অভিব্যক্তিবিশেষ

lose your life ➪ **lose** দেখো।

a matter of life and/or death ➪ **matter**[1] দেখো।

take your (own) life to kill yourself আত্মহত্যা করা

a walk of life ➪ **walk**[2] দেখো।

a/sb's way of life ➪ **way**[1] দেখো।

have the time of your life ➪ **time**[1] দেখো।

life-and-death (*also* **life-or-death**) *adj.* (*only before a noun*) very serious or dangerous অত্যন্ত গুরুতর বা বিপজ্জনক *a life-and-death struggle/matter/decision*

lifebelt / ˈlaɪfbelt ˈলাইফ্‌বেল্ট্ / (*also* **lifebuoy** / ˈlaɪfbɔɪ ˈলাইফ্‌বই /) *noun* [C] (*BrE*) a ring that is made from light material which will float. A lifebelt is thrown to a person who has fallen into water to stop him/her from sinking জলের মধ্যে কেউ পড়ে গেলে তাকে ভাসিয়ে রাখার জন্য গোলাকার ফাঁপা হালকা চাকার মতো যে জিনিস ছুড়ে দেওয়া হয়; লাইফবেল্ট

lifeboat / ˈlaɪfbəʊt ˈলাইফ্‌ব্যাউট্ / *noun* [C] **1** a small boat that is carried on a large ship and that is used to escape from the ship if it is in danger of sinking সমুদ্রের মধ্যে বিপদে পড়লে তার থেকে ত্রাণ বা উদ্ধার পাওয়ার জন্য ব্যবহৃত নৌকো যা বড়ো জাহাজে বহন করা হয় বা রাখা হয়; লাইফবোট **2** a special boat that is used for rescuing people who are in danger at sea সমুদ্রে বিপদে পড়লে এই বিশেষ ধরনের নৌকো উদ্ধারের জন্য ব্যবহার করা হয়

life cycle *noun* [C] the series of forms into which a living thing changes as it develops জীবনের বিভিন্ন অধ্যায়; জীবনচক্র *the life cycle of a frog*

life expectancy *noun* [C, U] (*pl.* **life expectancies**) the number of years that a person is likely to live একজন মানুষ কত বছর বাঁচতে পারে তার প্রত্যাশা বা গড়পড়তা হিসেব

lifeguard / ˈlaɪfɡɑːd ˈলাইফ্‌গা:ড্ / *noun* [C] a person at a beach or swimming pool whose job is to rescue people who are in difficulty in the water সমুদ্রের ধারে বা সাঁতার কাটার জায়গায় যে ব্যক্তি জলের মধ্যে বিপন্ন মানুষকে উদ্ধার করে; জল-জীবন-প্রহরী; লাইফগার্ড

life jacket *noun* [C] a plastic or rubber jacket without sleeves that can be filled with air. A life jacket is used to make sb float if he/she falls into water হাতা নেই এমন রবার অথবা প্লাস্টিকের জামা যাতে হাওয়া ভরা যায়। জলে যদি কেউ পড়ে যায় তাহলে এই জামা তাকে জলে ভেসে থাকতে সাহায্য করে; লাইফ-জ্যাকেট

lifeless / ˈlaɪfləs ˈলাইফ্‌ল্যাস্ / *adj.* **1** dead or appearing to be dead মৃত, মৃতপ্রায় **2** without energy or interest; dull নিরুৎসাহ, নির্জীব; ম্রিয়মাণ, আকর্ষণহীন

lifelike / ˈlaɪflaɪk ˈলাইফ্‌লাইক্ / *adj.* looking like a real person or thing যা দেখে সত্যি মনে হয়, প্রায় বাস্তব *The flowers are made of silk but they are very lifelike.*

lifeline / ˈlaɪflaɪn ˈলাইফ্‌লাইন্ / *noun* [C] something that is very important for sb and that he/she depends on কারও জীবনের একমাত্র নির্ভরযোগ্য ও পরম গুরুত্বপূর্ণ বস্তু *For many old people their telephone is a lifeline.*

lifelong / ˈlaɪflɒŋ ˈলাইফ্‌লং / *adj.* (*only before a noun*) for all of your life আজীবন, সমস্ত জীবনের জন্য *a lifelong friend*

life-size(d) *adj.* of the same size as the real person or thing প্রমাণ আকারের, জীবন্ত লোকের মাপে বা কোনো বস্তুর সমান সমান *a life-sized statue*

lifespan / ˈlaɪfspæn ˈলাইফ্‌স্প্যান্ / *noun* [C] the length of time that sth is likely to live, work, last, etc. আয়ু, জীবদ্দশা, বেঁচে থাকার সময় *A mosquito has a lifespan of only a few days.*

life story *noun* [C] (*pl.* **life stories**) the story of sb's life কারও জীবনের কাহিনি

lifestyle / ˈlaɪfstaɪl ˈলাইফ্‌স্টাইল্ / *noun* [C] the way that you live জীবনযাপনের ধরন; জীবনচর্যা

life support *noun* [U] the fact of being kept alive by a special machine বিশেষ যন্ত্রের সাহায্যে বাঁচিয়ে রাখার ক্রিয়া *After the accident he was* ***on life support*** *for a week.*

life-support machine *noun* [C] a piece of equipment in a hospital that keeps sb alive when he/she cannot breathe without help যে বিশেষ যন্ত্রের সাহায্য নিয়ে হাসপাতালে রোগীকে বাঁচিয়ে রাখা হয় কেননা রোগীর তখন নিজে নিজে শ্বাসপ্রশ্বাস নেওয়ার ক্ষমতা থাকে না

lifetime / ˈlaɪftaɪm ˈলাইফটাইম্ / *noun* [C] the period of time that sb is alive জীবনসীমা, আয়ুষ্কাল

lift[1] / lɪft লিফ্‌ট্ / verb **1** [T] **lift sb/sth (up)** to move sb/sth to a higher level or position কোনো ব্যক্তি বা বস্তুকে অপেক্ষাকৃত উচ্চপদে বা উচ্চস্তরে তোলা *He lifted the child up onto his shoulders.* ○ *Lift your arm very gently and see if it hurts.* **2** [T] to move sb/sth from one place or position to another কাউকে বা কোনো জিনিস এক জায়গা থেকে অন্য জায়গায় নিয়ে যাওয়া *She lifted the suitcase down from the rack.* **3** [T] to end or remove a rule, law, etc. নিয়ম, আইন ইত্যাদি তুলে নেওয়া *The ban on public meetings has been lifted.* **4** [I, T] to become or make sb happier আনন্দিত হওয়া, কাউকে সুখী করা *The news lifted our spirits.* **5** [I] (used about clouds, fog, etc.) to rise up and disappear (মেঘ, কুয়াশা ইত্যাদি সম্বন্ধে ব্যবহৃত) সরে যাওয়া, চলে যাওয়া, উঠে যাওয়া *The mist lifted towards the end of the morning.* **6** [T] (*informal*) **lift sth (from sb/sth)** to steal or copy sth চুরি করা বা না জানিয়ে অনুকরণ বা নকল করা *Most of his essay was lifted straight from the textbook.* ➪ **shoplifting** দেখো।

PHR V **lift off** (used about a spacecraft) to rise straight up from the ground (মহাকাশযান সম্বন্ধে ব্যবহৃত) আকাশে উৎক্ষেপণ করা

lift[2] / lɪft লিফ্‌ট্ / *noun* **1** (*AmE* **elevator**) [C] a machine in a large building that is used for carrying people or goods from one floor to another কোনো বড়ো বাড়িতে একটি তলা থেকে অন্য তলায় মানুষ বা জিনিসপত্র বহন করার যন্ত্রবিশেষ *It's on the third floor so we'd better* ***take the lift****.* **2** [C] a free ride in a car, etc. কোনো গাড়ি ইত্যাদিতে নিঃশুল্ক ভ্রমণ *Can you* ***give me a lift*** *to the station, please?* ○ *I got a lift from a passing car.* **3** [*sing.*] (*informal*) a feeling of being happier or more confident than before আগের থেকে বেশি সুখী বা আত্মবিশ্বাসী বোধ করার অনুভূতি *Her words of encouragement* ***gave*** *the whole team* ***a lift****.* **4** [*sing.*] the action of moving or being moved to a higher position উচ্চতর পদে উত্থানের বা উত্থিত হওয়ার কাজ বা প্রক্রিয়া

IDM **thumb a lift** ➪ **thumb**[2] দেখো।

lift-off *noun* [C] the start of the flight of a spacecraft when it leaves the ground মাটি ছেড়ে মহাকাশযানের আকাশের পথে যাত্রারম্ভ

ligament / ˈlɪgəmənt ˈলিগ্যাম্যান্ট্ / *noun* [C] a strong band of tissue in a person's or animal's body that holds the bones, etc. together যে নরম কিন্তু শক্ত টিস্যু মানুষ বা অন্য প্রাণীর শরীরের ভিতরে হাড় ইত্যাদিকে একত্রিত করে রাখে; সন্ধিবন্ধনী; লিগামেন্ট

light¹ / laɪt লাইট্ / *noun* **1** [U, C] the energy from the sun, a lamp, etc. that allows you to see things আলো, আলোক, দীপ্তি *a beam/ray of light* o *The light was too dim for us to read by.*

> **NOTE** কোনো বস্তু সূর্যের আলোতে (**sunlight**), চাঁদের আলোতে (**moonlight**), আগুনের প্রভায় (**firelight**), মোমবাতির আলোতে (**candlelight**) বা প্রদীপের আলোতে (**lamplight**) দেখা যায়।

2 [C] something that produces light, for example an electric lamp যার থেকে আলো পাওয়া যায়, যেমন বৈদ্যুতিক বাতি *Suddenly all the lights went out/came on.* o *the lights of the city in the distance*

> **NOTE** কোনো আলো বা বৈদ্যুতিক বাতি জ্বালানোর জন্য নির্দেশ দিতে হলে **put on, switch on** অথবা . **turn on, put off /out, switch off/out, turn off/ out** ব্যবহার করা হয়—*shall I put the light on? It's getting dark in here.* o *Please turn the light out before you leave.*

3 [C] something, for example a match, that can be used to light a cigarette, start a fire, etc. দেশলাই ইত্যাদি যার সাহায্যে আগুন জ্বালানো, সিগারেট ধরানো ইত্যাদি করা যায় *Have you got a light?*

IDM bring sth/come to light to make sth known or to become known কোনো কিছু জানানো, দৃষ্টিগোচর হওয়া

cast light on sth ⇨ **cast¹** দেখো।

give sb/get the green light ⇨ **green¹** দেখো।

in a good, bad, etc. light (used about the way that sth is seen or described by other people) well, badly, etc. অন্য লোকের চোখে ভালো, মন্দ ইত্যাদি *The newspapers often portray his behaviour in a bad light.*

in the light of because of; considering এই কারণে; বিবেচনার মাধ্যমে

set light to sth to cause sth to start burning কোনো কিছুতে আগুন লাগানো, আগুন ধরানো

shed light on sth ⇨ **shed²** দেখো।

light² / laɪt লাইট্ / *adj.* **1** not of great weight হালকা, কম ওজনের, লঘু *Carry this bag—it's the lightest.* o *I've lost weight—I'm five kilos lighter than I used to be.* o *light clothes* (=for summer) ✪ বিপ **heavy 2** having a lot of light অনেক আলো আছে এমন; আলোকিত *In summer it's still light at*

7 o'clock. o *a light room* ✪ বিপ **dark 3** (used about a colour) pale (রং সম্বন্ধে ব্যবহৃত) হালকা, ফিকে *a light-blue sweater* ✪ বিপ **dark 4** not great in amount, degree, etc. (পরিমাণ, মাত্রা ইত্যাদিতে) বেশি নয়, কম *Traffic in Chandigarh is light on Sundays.* o *a light prison sentence* o *a light wind* o *a light breakfast* **5** not using much force; gentle হালকা ভাবে, নরমভাবে, কম জোর দিয়ে; আলতো করে *a light touch on the shoulder* **6** not hard or tiring কঠিন বা ক্লান্তিকর নয় এমন *light exercise* o *light entertainment/reading* **7** (used about sleep) not deep (নিদ্রা সম্বন্ধে ব্যবহৃত) গাঢ় নয় হালকা, পাতলা *I'm a light sleeper, so the slightest noise wakes me.*

▶ **lightness** *noun* [U] লঘুতা, মৃদুতা

light³ / laɪt লাইট্ / *verb* (*pt, pp* **lit** or **lighted**) **1** [I, T] to begin or to make sth begin to burn জ্বালা, জ্বালানো *The gas oven won't light.* o *to light a fire*

> **NOTE** Lighted শব্দটি বিশেষণ (adjective) রূপে বিশেষ্যপদের (noun) পূর্বে ব্যবহার করা হয়। Lit শব্দটি ক্রিয়াপদের (verb) অতীত কৃদন্ত (past participle) রূপে ব্যবহার করা হয়—*Candles were lit in memory of the dead.* o *The church was full of lighted candles.*

2 [T] to give light to sth আলো দেখানো, আলো থাকা *The street is well/badly lit at night.* o *We only had a small torch to light our way.*

PHRV light (sth) up 1 to make sth bright with light কোনো কিছু আলো দিয়ে সাজানো, আলোয় আলোকিত করা, আলোকোজ্জ্বল করা *The fire works lit up the whole sky.* **2** (used about sb's face, eyes, etc.) to become bright with happiness or excitement (কারও মুখমণ্ডল, চোখের দৃষ্টি ইত্যাদি সম্বন্ধে ব্যবহৃত) আনন্দে, উত্তেজনায় উজ্জ্বল হয়ে ওঠা, জ্বলজ্বল করা **3** to start smoking a cigarette সিগারেট জ্বালানো বা ধরানো

light⁴ / laɪt লাইট্ / *adv.* without much luggage খুব বেশি মালপত্র ছাড়াই *I always travel light.*

light bulb = **bulb 1**

lighten / ˈlaɪtn ˈলাইট্ন্ / *verb* [I, T] **1** to become lighter in weight or to make sth lighter ওজন কমিয়ে হালকা হওয়া বা কোনো জিনিস হালকা করা **2** to become or to make sth brighter উজ্জ্বল, চকচকে হয়ে ওঠা বা কোনো কিছুকে চকচকে করা

lighter / ˈlaɪtə(r) ˈলাইট্যা(র্) / = **cigarette lighter**

light-headed *adj.* feeling slightly ill and not in control of your thoughts and movements স্বল্প অসুস্থতাবোধ এবং চিন্তাধারা বা গতিবিধি পুরো নিয়ন্ত্রণে নেই এমন অনুভূতি, মাথা ঝিমঝিম করছে এমন

light-hearted *adj.* **1** intended to be funny and enjoyable প্রফুল্ল, চিন্তাভাবনাশূন্য, খুশির মেজাজে, খোশমেজাজে **2** happy and without problems সুখী, সমস্যাহীন বা সমস্যামুক্ত

lighthouse / ˈlaɪthaʊs ˈলাইট্‌হাউস্ / *noun* [C] a tall building with a light at the top to warn and guide ships near the coast জাহাজ ইত্যাদিকে সঠিক পথ দেখানো বা সতর্ক করার জন্য সমুদ্রকূলে স্থাপিত মাথায় আলো লাগানো লম্বা বাতিঘর; আলোকস্তম্ভ; লাইটহাউস

lighting / ˈlaɪtɪŋ ˈলাইটিং / *noun* [U] the quality or type of lights used in a room, building, etc. কোনো কক্ষ, অট্টালিকা ইত্যাদিতে আলোর ব্যবস্থা

lightly / ˈlaɪtli ˈলাইট্‌লি / *adv.* **1** gently; with very little force মৃদুভাবে; আলতোভাবে *He touched her lightly on the arm.* **2** only a little; not much একটুখানি; বেশি নয় *lightly cooked/spiced/whisked* **3** not seriously; without serious thought গুরু গম্ভীরভাবে নয়; হালকাভাবে *We do not take our customers' complaints lightly.*

IDM **get off/be let off lightly** to avoid serious punishment or trouble গুরুতর শাস্তি বা ঝামেলা এড়িয়ে যাওয়া

lightning[1] / ˈlaɪtnɪŋ ˈলাইট্‌নিং / *noun* [U] a bright flash of light that appears in the sky during a storm, and is usually followed by **thunder** ঝড়ের সময় আকাশে বিদ্যুতের ঝলকানি (সাধারণত এর পরেই বজ্রপাত হয়) *The tree was* ***struck by lightning*** *and burst into flames.* ○ *a flash of lightning*

lightning[2] / ˈlaɪtnɪŋ ˈলাইট্‌নিং / *adj.* (*only before a noun*) very quick or sudden আকস্মিক, হঠাৎ, খুব তাড়াতাড়ি, বিদ্যুৎ গতিতে *a lightning attack*

lightweight / ˈlaɪtweɪt ˈলাইট্‌উএইট্ / *noun* [C], *adj.* **1** a person who is in one of the lightest weight groups in certain fighting sports কোনো কোনো মারপিটের খেলায় সব থেকে কম ওজন বিশিষ্ট খেলোয়াড়দের দলের একজন *a lightweight boxing champion* **2** (a thing) weighing less than usual (কোনো বস্তু) গড়পড়তা স্বাভাবিক ওজনের চেয়ে কম *a lightweight suit for the summer*

light year *noun* [C] (*technical*) the distance that light travels in one year, about 9.4607×10^{12} kilometres আলোর গতি হিসাবে আলো এক বছরে যতখানি দূরত্ব অতিক্রম করে, ৯.৪৬০৭×১০^১২ কিলোমিটারের মতো; আলোকবর্ষ

lignite / ˈlɪgnaɪt ˈলিগ্‌নাইট্ / *noun* [U] a soft brown type of coal একধরনের হালকা রঙের কয়লা

likable = **likeable**

like[1] / laɪk লাইক্ / *verb* [T] **1 like sb/sth; like doing sth; like to do sth; like sth about sb/sth** to find sb/sth pleasant; to enjoy sth কাউকে বা কিছুকে পছন্দ করা; কোনো কিছু ভালো লাগা *I like playing tennis.* ○ *She didn't like it when I shouted at her.* ○ *The job seems strange at first, but you'll* ***get to like it.*** ✪ বিপ **dislike**

> **NOTE** **Like** শব্দটি যখন 'এই অভ্যাস আছে...'(*'have the habit of ...'*) অথবা 'মনে হয় এটা ভালো হবে...' (*'think its a good thing to ...'*) অর্থে ব্যবহার করা হয় তখন এর পরে ক্রিয়াপদের (verb) অসমাপিকা রূপ (infinitive) ব্যবহার করা হয়—*I like to get up early so that I can go for a run before breakfast.*

2 to want চাওয়া *We can go whenever you like.* ○ *I didn't like to disturb you while you were eating.*

> **NOTE** **Want** শব্দটির তুলনায় **would like** অভিব্যক্তিটি বেশি সৌজন্যমূলক—*Would you like something to eat?* ○ *I'd like to speak to the manager.* **Would like**-এর পরে সর্বদা ক্রিয়াপদের (verb) অসমাপিকা রূপ (infinitive) ব্যবহার করা হয়; -ing যুক্ত ক্রিয়াপদের ব্যবহার কখনও সঠিক নয়।

IDM **if you like** used for agreeing with sb or suggesting sth in a polite way কারও মত মেনে নেওয়ার সময়ে বা নম্রভাবে কোনো প্রস্তাব দেওয়ার সময়ে ব্যবহৃত হয় *'Shall we stop for a rest?' 'Yes, if you like.'*

like the look/sound of sb/sth to have a good impression of sb/sth after seeing or hearing about him/ her/it কাউকে বা কোনো কিছু দেখা অথবা শোনার পর তার সম্বন্ধে ভালো মত পোষণ করা

like[2] / laɪk লাইক্ / *prep., conj.* **1** similar to sb/sth কারও বা কোনো কিছুর মতন; সমান, হুবহু *You look very/just/exactly* ***like*** *your father.* ○ *Your house is* ***nothing like*** *how I imagined it.*

> **NOTE** কোনো ব্যক্তিকে কোনো কিছুর বর্ণনা দিতে বললে **'What's he/she/it like?'** অভিব্যক্তিটি ব্যবহার করা হয়—*Tell me about your town. What's it like?* ○ *What was it like being interviewed on TV ?*

2 (*in compounds*) in the manner of; similar to একই জাতীয়, এক রকমের; সদৃশ *childlike innocence/simplicity* ○ *a very lifelike statue* **3** in the same way as sb/sth কারও বা কিছুর মতো একই ভাবে, একই রকমে *Stop behaving like children.* ○ *She can't* *draw like her sister can.* **4** for example; such as দৃষ্টান্তস্বরূপ; যেমন, যথা *They enjoy most team games, like football and rugby.* **5** typical of a particular person বিশেষ ব্যক্তির বৈশিষ্ট্যসূচক *It was just like Meera to be late.* **6** (*informal*) as if যেন, এমনভাবে *She behaves like she owns the place.* **7** (*slang*) (used before saying what sb said, how sb felt, etc.) (অপপ্রয়োগ) কারও ব্যবহার, হাবভাব, মনোভাব বোঝাতে ব্যবহৃত *When I saw the colour of my hair I was like 'Wow, I can't believe it!'*

IDM like anything (*spoken*) very much, fast, hard, etc. খুব বেশি, খুব তাড়াতাড়ি, কঠিন ইত্যাদি *We had to pedal like anything to get up the hill.*

nothing like ⇨ **nothing** দেখো।

something like about; approximately প্রায়, মোটামুটি; কাছাকাছি *The temple took something like 20 years to build.*

that's more like it (used to say that sth is better than before) আগের থেকে ভালো এরকম বোঝাতে ব্যবহৃত *The sun's coming out now—that's more like it!*

like³ / laɪk লাইক্ / *noun* **1** [*sing.*] a person or thing that is similar to sb/sth else অন্য কোনো ব্যক্তি বা বস্তুর মতো একই ধরনের ব্যক্তি বা বস্তু *I enjoy going round castles, old churches **and the like.*** ○ *She was a great singer, and we may never see her like/ the like of her again.* **2 likes** [*pl.*] things that you like পছন্দের জিনিস *Tell me about some of your **likes and dislikes*** ▶ **like** *adj.* (*formal*) সমান, তুল্য, সদৃশ

likeable (*also* **likable**) / ˈlaɪkəbl ˈলাইক্যাব্‌ল্ / *adj.* (used about a person) easy to like; pleasant (কোনো ব্যক্তি সম্বন্ধে ব্যবহৃত) সহজে যাকে পছন্দ হয়, ভালো লাগে; মনোরম, বেশ

likelihood / ˈlaɪklihʊd ˈলাইক্‌লিহুড্ / *noun* [U] the chance of sth happening; how likely sth is to happen কোনো কিছু ঘটার সম্ভাবনা; সম্ভাব্যতা *There seems very little likelihood of success.*

likely / ˈlaɪkli ˈলাইক্‌লি *adj., adv.* (**likelier; likeliest**) **1 likely (to do sth)** probable or expected সম্ভাব্য বা প্রত্যাশিত *Do you think it's likely to rain?* ○ *It's not likely that the boss will agree.* **2** probably suitable সম্ভবত উপযুক্ত *a likely candidate for the job* ✪ বিপ **unlikely**

IDM not likely! (*informal*) certainly not কখনও নয়, কিছুতেই নয়, নিশ্চয়ই নয়

liken / ˈlaɪkən ˈলাইক্যান্ / *verb* [T] (*formal*) **liken sb/sth to sb/sth** to compare one person or thing with another একজনের সঙ্গে আর একজনের তুলনা করা; মিল খুঁজে পাওয়া *This young artist has been likened to M.F. Hussain.*

likeness / ˈlaɪknəs ˈলাইক্‌ন্যাস্ / *noun* [C, U] the fact of being similar in appearance ; an example of this চেহারায় সাদৃশ্য, মিল; এরকম উদাহরণ বা নজির *The witness's drawing turned out to be **a good likeness** of the attacker.*

likewise / ˈlaɪkwaɪz ˈলাইক্‌উআইজ্ / *adv.* (*formal*) the same; in a similar way এক রকম; একইরকমভাবে *I intend to send a letter of apology and suggest that you do likewise.*

liking / ˈlaɪkɪŋ ˈলাইকিং / *noun* [*sing.*] **a liking (for sb/sth)** the feeling that you like sb/sth কোনো ব্যক্তি বা বস্তুকে ভালোবাসা বা পছন্দের মনোভাব *I have a liking for spicy food.*

IDM too... for your liking that you do not like because he/she/it has too much of a particular quality কোনো বিশেষ ধর্ম বা গুণ ইত্যাদি অতিরিক্ত হওয়ার ফলে পছন্দ নয় এমন *The music was a bit too loud for my liking.*

lilac / ˈlaɪlək ˈলাইল্যাক / *noun* [C, U], *adj.* **1** a tree or large bush that has large purple or white flowers in spring বেগুনি বা সাদা রঙের ফুল গাছ বা বড়ো ঝোপ, যার ফুল বসন্তে ফোটে **2** (of) a pale purple colour হালকা বা ফিকে বেগুনি রঙের

lily / ˈlɪli ˈলিলি / *noun* [C] (*pl.* **lilies**) a type of plant that has large white or coloured flowers in the shape of a bell ঘন্টার আকারের সাদা বা রঙিন ফুল; লিলি ⇨ **water lily** দেখো।

limb / lɪm লিম্ / *noun* [C] **1** a leg or an arm of a person কোনো ব্যক্তির হাত বা পা; অঙ্গপ্রত্যঙ্গ **2** one of the main branches of a tree গাছের প্রধান শাখাগুলির একটি

IDM out on a limb without the support of other people অন্যের সহায়তা ছাড়া; সহায়সম্বলহীন

lime / laɪm লাইম্ / *noun* **1** [C] a fruit that looks like a small green lemon লেবু, কাগজি লেবু ⇨ **fruit**-এ ছবি দেখো **2** [U] (*also* **lime green**) a yellowish-green colour হলদেটে সবুজ রং, পীতাভ সবুজ **3** [U] a white substance that is used for making cement and also for adding to soil to improve its quality সিমেন্ট তৈরিতে এবং মাটির গুণ বর্ধিত করার জন্য বা মাটি উন্নত করার জন্য ব্যবহৃত হয় যে সাদা রঙের পদার্থ; চুন

the limelight / ˈlaɪmlaɪt ˈলাইম্‌লাইট্ / *noun* [U] the centre of public attention খ্যাতির আলোক, জনতার মনোযোগের কেন্দ্রবিন্দু, নামডাক *to be in/out of the limelight*

limestone / ˈlaɪmstəʊn ˈলাইমস্ট্যাউন্ / *noun* [U] a type of hard white **sedimentary** rock that is used for building or for making cement একধরনের শক্ত সাদা পাললিক পাথর যা বাড়ির জন্য বা সিমেন্ট তৈরিতে ব্যবহৃত হয়; চুনাপাথর ⇨ পৃষ্ঠা 764-এ ছবি দেখো।

limit¹ / 'lɪmɪt 'লিমিট্ / *noun* [C] **1** the greatest or smallest amount of sth that is allowed or possible সীমারেখা, সীমা, নির্দিষ্ট সীমার মধ্যে *a speed/ age/time limit* ○ *He was fined for exceeding the speed limit.* **2** the boundary edge of a place or area কোনো স্থান বা এলাকার বাইরের সীমানা *the city limits* ○ *Trucks are not allowed within a two-kilometre limit of the town centre.*

IDM off limits (*AmE*) =**out of bounds**

within limits only up to a reasonable point or amount সীমার মধ্যে, সীমিত গণ্ডির মধ্যে

limit² / 'lɪmɪt 'লিমিট্ / *verb* [T] **limit sb/sth (to sth)** to keep sb/sth within or below a certain amount, size, degree or area কাউকে বা কোনো কিছু সীমিত রাখা, কোনো নির্দিষ্ট পরিমাণ, আকার, মাত্রা অথবা এলাকার মধ্যে ধরে রাখা *In China families are limited to just one child.*

limitation / ˌlɪmɪ'teɪʃn ˌলিমি'টেইশন্ / *noun* **1** [C,U] **(a) limitation (on sth)** the act of limiting or controlling sth; a condition that puts a limit on sth কোনো কিছু সীমিত বা নিয়ন্ত্রিত করার ক্রিয়া; সীমিতকরণ; যে শর্ত কোনো কিছুকে সীমিত করে *There are no limitations on what we can do.* **2** [*pl.*] **limitations** things that you cannot do যে সকল জিনিস করা যায় না; সীমাবদ্ধতা *It is important to know your own limitations.*

limited / 'lɪmɪtɪd 'লিমিটিড্ / *adj.* small or controlled in number, amount, etc. স্বল্প বা নিয়ন্ত্রিত সংখ্যায় বা পরিমাণে *Book early because there are only a limited number of seats available.* ✪ বিপ **unlimited**

limited company *noun* [C] (*abbr.* **Ltd**) a company whose owners only have to pay a limited amount of its debts if it fails যে কোম্পানি বন্ধ হয়ে গেলে তার মালিককে গৃহীত ঋণের সীমিত পরিমাণ (পুরোটা নয়) দিতে হয়; সীমিত দায়যুক্ত ও নিয়ন্ত্রিত কোম্পানি বা সংস্থা

limousine / 'lɪməzi:n; ˌlɪmə'zi:n 'লিম্যাজ়ীন্; ˌলিম্যা'জ়ীন্ / (*informal* **limo** / 'lɪməʊ 'লিম্যাউ /) *noun* [C] a large expensive car that usually has a sheet of glass between the driver and the passengers in the back মহার্ঘ যাত্রীযান যাতে সাধারণত চালক ও পিছনের যাত্রীদের আসন কাচের পার্টিশান দিয়ে বিভক্ত করা থাকে; লিমো গাড়ি

limp¹ / lɪmp লিম্প্ / *verb* [I] to walk with difficulty because you have hurt your leg or foot খুঁড়িয়ে খুঁড়িয়ে চলা ▶ **limp** *noun* [*sing.*] (চলন বা চলনভঙ্গি) খোঁড়ানো *to walk with a limp*

limp² / lɪmp লিম্প্ / *adj.* not firm or strong দৃঢ় বা শক্তিশালী নয়; নিস্তেজ, শিথিল *You should put those flowers in water before they go limp.*

line¹ / laɪn লাইন্ / *noun* [C] **1** a long thin mark on the surface of sth or on the ground কোনো কিছুর পৃষ্ঠতলে বা জমির উপরে টানা রেখা *to draw a line* ○ *a straight/wiggly/dotted line* ○ *The old lady had lines on her forehead.* **2** a row of people, things, words on a page, etc. জনসাধারণের পঙ্ক্তি বা সারি, কোনো এক পৃষ্ঠার এক পঙ্ক্তি বা লাইন *There was a long line of people waiting at the Post Office.* ○ *a five-line poem* **3** a border or limit between one place or thing and another দুটি জায়গা বা জিনিসের মধ্যবর্তী রেখা বা সীমা; সীমান্তরেখা

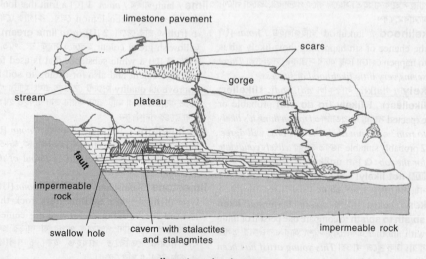

limestone pavement

scars

gorge

stream

plateau

fault

impermeable rock

swallow hole

cavern with stalactites and stalagmites

impermeable rock

limestone landscape

to cross state lines ○ *There's a thin line between showing interest and being nosy.* **4** a direction or course of movement, thought or action গতিশীলতা, চিন্তা অথবা কাজের গতিপথ, যাত্রাপথ *The two countries' economies are developing* ***along similar lines***. **5** a piece of rope or string দড়ি, তার *a fishing line* **6** a telephone or electricity wire or connection টেলিফোন বা বিদ্যুতের তার অথবা সংযোগ *I'm sorry—the line is engaged. Can you try again later?* ○ *I'll just check for you. Can you* ***hold the line*** (= wait)*?* **7** a section of railway track রেল রাস্তার একটি অংশ **8 lines** [*pl.*] the words that are spoken by an actor in a play, etc. নাটক ইত্যাদিতে অভিনেতার সংলাপ **9** a company that provides transport by air, ship, etc. জাহাজ, বিমান ইত্যাদি বাহন প্রদান করে যে কোম্পানি *an airline* **10** [*sing.*] one type of goods in a shop, etc. দোকান ইত্যাদিতে বিশেষ ধরনের সামগ্রী **11** the place where an army is fighting যেখানে সৈন্যরা লড়াই করছে, যুদ্ধক্ষেত্রের সম্মুখভাগ *There's renewed fighting on* ***the frontline***. **12** a series of people in a family, things or events that follow one another in time বংশপরম্পরাগতভাবে মানুষজন, বস্তুবর্গ বা ঘটনাসমূহ যা পরপর আসে বা ঘটে যায় *He comes from* ***a long line of*** *musicians.* **13** something that you do as a job, do well, or enjoy doing কোনো কাজ, যে কাজে তার দক্ষতা আছে এবং যা করতে তার ভালো লাগে *What* ***line of business/work*** *are you in?* **IDM draw the line at sth/doing sth** ⇨ **draw**[1] দেখো।

drop sb a line ⇨ **drop**[1] দেখো।

in line for sth likely to get sth কোনো কিছু পাওয়ার সম্ভাবনা আছে এমন *You could be in line for promotion if you keep working like this.*

in line with sth similar to sth; in agreement with sth কোনো কিছুর মতো; কোনো কিছুর সঙ্গে চুক্তি অনুযায়ী *These changes will bring the industry in line with the new laws.*

somewhere along/down the line at some time; sooner or later কোনো এক সময়; আগে বা পরে যখনই হোক না কেন

take a hard line (on sth) ⇨ **hard**[1] দেখো।

toe the (party) line ⇨ **toe**[2] দেখো।

line[2] / laɪn লাইন্ / *verb* [T] **1** (*often passive*) to cover the inside surface of sth with a different material কোনো কিছুর ভিতরদিকে অন্য কিছু দিয়ে আস্তরণ লাগানো **2** to form lines or rows along sth কোনো কিছু বরাবর লাইনবেঁধে দাঁড়ানো, সারিবদ্ধ হওয়া *Crowds lined the streets to watch the race.*

PHR V line up (for sth) (*AmE*) to form a line of people; to queue লোকজনের লাইন তৈরি করা; সারি বাঁধা

line sth up (*informal*) to arrange or organize sth কোনো কিছু গুছিয়ে রাখা বা সুবিন্যস্ত করা *She lined the bottles up on the shelf.*

lined / laɪnd লাইন্ড্ / *adj.* **1** covered in lines রেখাঙ্কিত, রেখায় ভরা *a face lined with age* ○ *lined paper* **2 -lined** (*used in compounds*) having the object mentioned all along the side(s); having the inside surface covered with the material mentioned চারপাশে নির্দিষ্ট বস্তু আছে এমন; উল্লিখিত উপকরণ দিয়ে কোনো কিছুর ভিতরের দিকে আস্তরণ দেওয়া আছে এমন *a tree-lined avenue* ○ *fur-lined boots*

linen / ˈlɪnɪn ˈলিনিন্ / *noun* [U] **1** a type of strong cloth that is made from a natural substance (**flax**) (ফ্ল্যাক্স) প্রাকৃতিক বস্তু থেকে তৈরি একজাতীয় শক্ত কাপড়; লিনেন **2** sheets and other cloth coverings used in the house on a bed, table, etc. বাড়িতে বিছানা, টেবিল ইত্যাদিতে পাতা বা ঢাকার জন্য ব্যবহৃত চাদর এবং কাপড়ের তৈরি অন্যান্য ঢাকনা *bedlinen*

liner / ˈlaɪnə(r) ˈলাইন্যা(র্) / *noun* [C] **1** a large ship that carries people, etc. long distances যাত্রীবাহী বড়ো দূরপাল্লার জাহাজ ⇨ **boat**-এ ছবি দেখো। **2** something that is put inside sth else to keep it clean or protect it. A liner is thrown away after it has been used কোনো কিছুর ভিতরের আবরণ যা ব্যবহারের পরে ফেলে দেওয়া হয় ফলে মূল জিনিসটি পরিষ্কার থাকে *a dustbin liner*

linger / ˈlɪŋɡə(r) ˈলিংগ্যা(র্) / *verb* [I] **linger (on)** to stay somewhere or do sth for longer than usual সাধারণের থেকে বেশি কোথাও থাকা বা কিছু করা; গড়িমসি করা, বেশি সময় নিয়ে করা *His eyes lingered on the money in her bag.*

lingerie / ˈlænʒəri ˈল্যানজ্যারি / *noun* [U] (used in shops, etc.) women's underwear (দোকান ইত্যাদিতে ব্যবহৃত) মেয়েদের অন্তর্বাস

lingua franca / ˌlɪŋɡwə ˈfræŋkə ˌলিংগুঅ্যা ˈফ্র্যাংক্যা / *noun* [*usually sing.*] (*technical*) a shared language of communication used by people who are speakers of different languages বিভিন্ন ভাষাভাষী ব্যক্তিদের মধ্যে যোগাযোগের জন্য ব্যবহৃত ভাষা *English has become a lingua franca in many parts of the world.*

linguist / ˈlɪŋɡwɪst ˈলিংগুইস্ট্ / *noun* [C] **1** a person who knows several foreign languages well যে ব্যক্তি অনেকগুলি বিদেশি ভাষা জানে, অনেক ভাষায় পারদর্শী; ভাষাতত্ত্ববিদ, ভাষাতত্ত্ববিশারদ **2** a person who studies languages or **linguistics** ভাষা অথবা ভাষাতত্ত্বের ছাত্র

linguistic / lɪŋˈɡwɪstɪk লিংˈগুইস্টিক্ / *adj.* connected with language or the study of language ভাষা সংক্রান্ত বা ভাষাচর্চার সঙ্গে সংযুক্ত

linguistics / lɪŋˈɡwɪstɪks লিং'গুইস্‌টিক্‌স্ / *noun* [U] the scientific study of language ভাষার বিজ্ঞানসম্মত অধ্যয়ন; ভাষাতত্ত্ব

lining / ˈlaɪnɪŋ 'লাইনিং / *noun* [C, U] material that covers the inside surface of sth যে উপকরণ দিয়ে কোনো কিছুর ভিতরের আস্তরণ দেওয়া হয়; লাইনিং *I've torn the lining of my coat.*

IDM every cloud has a silver lining ➪ **cloud**[1] দেখো।

link[1] / lɪŋk লিংক্ / *noun* [C] **1 a link (between A and B); a link (with sb/sth)** a connection or relationship between two or more people or things দুই বা তার বেশি মানুষ বা জিনিসের মধ্যে যোগাযোগসূত্র বা সম্পর্ক *There is a strong link between smoking and heart disease.* **2** one ring of a chain কোনো শিকলের একটি গোল কড়া **3** a means of travelling or communicating between two places দুটি স্থানে যাওয়ার বা যোগাযোগ করার উপায় *To visit similar websites to this one, click on the links at the bottom of the page.*

link[2] / lɪŋk লিংক্ / *verb* [T] **link A to/with B; link A and B (together)** to make a connection between two or more people or things দুই বা তার বেশি মানুষ বা জিনিসকে যুক্ত করা, যোগাযোগের ব্যবস্থা করা *The new bridge will link the island to the mainland.* ○ *The computers are linked together in a network.*

PHR V link up (with sb/sth) to join together (with sb/sth) কারও বা কিছুর সঙ্গে জোড়া, সংযুক্ত করা *All our branches are linked up by computer.*

linking verb *noun* [C] (*grammar*) a verb such as (be) or (become) that connects a subject with the adjective or noun that describes it (ব্যাকরণ) 'be' অথবা 'become'-এর মতো ক্রিয়াপদ যা কর্তার সঙ্গে বর্ণনাত্মক বিশেষণ বা বিশেষ্যপদকে একসঙ্গে জোড়ে; সংযোগকারী ক্রিয়া *In 'She became angry', the verb 'became' is a linking verb.*

link-up *noun* [C] the joining together or connection of two or more things দুই অথবা ততোধিক বস্তুর মধ্যে যোগ সাধন

linoleum / lɪˈnəʊliəm লি'ন্যাউলিঅ্যাম্ / (*informal* **lino** / ˈlaɪnəʊ 'লাইন্যাউ /) *noun* [U] strong, shiny material used for covering floors মেঝে ঢাকা দেওয়ার শক্ত চকচকে উপকরণ; লিনোলিয়ম

lint / lɪnt লিন্ট্ / *noun* [U] **1** soft cotton cloth used for covering and protecting injuries ক্ষত ঢাকার জন্য একজাতীয় নরম কাপড়ের আবরণী বা ব্যান্ডেজ **2** small soft pieces of wool, cotton, etc. that stick on the surface of clothes, etc. পোশাক ইত্যাদির উপরে আটকানো হয় যেসকল উল, তুলো ইত্যাদির ছোটো টুকরো

lintel / ˈlɪntl 'লিন্ট্‌ল্ / *noun* [C] a piece of wood or stone over a door or window জানলা বা দরজার উপরে কাঠের বা পাথরের পাটা; সরদল

lion / ˈlaɪən 'লাইঅ্যান্ / *noun* [C] a large animal of the cat family that lives in Africa and parts of southern Asia. Male lions have a large amount of hair around their head and neck (**a mane**) (অফ্রিকা এবং দক্ষিণ এশিয়ার কোনো কোনো অঞ্চলে বাস করে) সিংহ, কেশরী, পশুরাজ

> **NOTE** স্ত্রী সিংহকে **lioness** এবং সিংহ শাবককে **cub** বলা হয়। সিংহের গর্জনকে **roar** বলা হয়।

IDM the lion's share (of sth) (*BrE*) the largest or best part of sth when it is divided কোনো কিছুকে যখন ভাগ করা হয় তখন তার প্রধান ভাগ, সব থেকে বড়ো অংশ; সিংহভাগ

lioness / ˈlaɪənes 'লাইঅ্যানেস্ / *noun* [C] a female lion স্ত্রী সিংহ; সিংহী ➪ **lion**-এ ছবি দেখো।

lip / lɪp লিপ্ / *noun* [C] **1** either of the two soft edges at the opening of your mouth ওষ্ঠ, অধর, ঠোঁট (নীচের বা উপরের) *top/upper lip* ○ *bottom/lower lip* ➪ **body**-তে ছবি দেখো। **2 -lipped** (*used to form compound adjectives*) having the type of lips mentioned উল্লিখিত ঠোঁট বোঝাতে ব্যবহৃত *thin-lipped* **3** the edge of a cup or sth that is shaped like a cup কাপ বা পেয়ালার কানা, কাপের আকারের কোনো কিছুর কানা

IDM purse your lips ➪ **purse**[2] দেখো।

lipase / ˈlaɪpeɪz 'লাইপেইজ্ / *noun* [U] an enzyme that makes fats change into acids and alcohol শরীরের ভিতরের একধরনের উৎসেচক যা চর্বিকে অ্যাসিড এবং অ্যালকোহলে পরিণত করে

lip-read *verb* [I, T] (*pt, pp* **lip-read** /-red -রেড্) to understand what sb is saying by looking at the movements of his/her lips কারও ঠোঁটের নড়াচড়া দেখে তার কথা বোঝা

lipstick / ˈlɪpstɪk 'লিপ্‌স্টিক্ / *noun* [C, U] a substance that is used for giving colour to your lips ঠোঁট রাঙানোতে ব্যবহৃত হয় যে পদার্থ; লিপস্টিক *to put on some lipstick* ○ *a new lipstick*

liquefy / ˈlɪkwɪfaɪ 'লিক্‌উইফাই / *verb* [I, T] (*pres. part.* **liquefying;** *3rd person sing. pres.* **liquefies;** *pt, pp* **liquefied**) (*formal*) to become liquid; to make sth liquid তরল হওয়া; কোনো কিছুকে তরলে পরিণত করা

liqueur / lɪˈkjʊə(r) লি'কিউঅ্যা(র্) / *noun* [U, C] a strong sweet alcoholic drink that is sometimes drunk in small quantities after a meal এক জাতীয় মিষ্ট সুরা যা প্রধান খাবারের পরে অল্প পরিমাণে পান করা হয়; লিকার

L

mane

lioness

cub

lion

tiger

claw

paw

jaguar

whiskers

leopard

panther

liquid / ˈlɪkwɪd ˈলিক্‌উইড্ / *noun* [C, U] a substance, for example water, that is not solid or a gas and that can flow or be poured তরল পদার্থ, যেমন জল (যা বয়ে যেতে পারে বা ঢালা যায়) ▶ **liquid** *adj.* তরল, জলীয়

liquidate / ˈlɪkwɪdeɪt ˈলিক্‌উইডেইট্ / *verb* [T] **1** to close a business because it has no money left অর্থের অভাবে ব্যাবসা বন্ধ করে দেওয়া **2** to destroy or remove sb/sth that causes problems সমস্যার সৃষ্টি করছিল এমন কাউকে বা কিছু ধ্বংস করা বা সরিয়ে দেওয়া ▶ **liquidation** / ˌlɪkwɪˈdeɪʃn ˌলিক্‌উইˈডেইশ্‌ন্ / *noun* [U] ব্যাবসা বন্ধ করে দেওয়ার ক্রিয়া; দেউলিয়া অবস্থা *If the company doesn't receive a big order soon, it will have to **go into liquidation**.*

liquid crystal display *noun* [C] = **LCD**

liquidity / lɪˈkwɪdəti লিˈকুইড্যাটি / *noun* [U] (*technical*) the state of owning things of value that can be exchanged for cash মূল্যবান বস্তু এবং নগদ অর্থের বিনিময়-যোগ্যতা; সম্পত্তি ইত্যাদির নগদ টাকায় রূপান্তরযোগ্যতা

liquidize (*also* **-ise**) / ˈlɪkwɪdaɪz ˈলিক্‌উইডাইজ্ / *verb* [T] to cause sth to become liquid কোনো জিনিস তরল করার কারণ হওয়া; কোনো বস্তুকে তরলীকৃত করতে পারা ▶ **liquidizer** (*also* **-iser**) = **blender**

liquor / ˈlɪkə(r) ˈলিক্যা(র্) / *noun* [U] (*AmE*) strong alcoholic drinks; spirits কড়া মদ; স্পিরিট; লিকার

liquorice (*AmE* **licorice**) /ˈlɪkərɪʃ ˈলিক্যারিশ্ / *noun* [U] a black substance, made from a plant, that is used in some sweets উদ্ভিদজাত একজাতীয় কৃষ্ণবর্ণের পদার্থ যা কোনো কোনো মিষ্টির মধ্যে ব্যবহার করা হয়

lisp / lɪsp লিস্প্ / *noun* [C] a speech fault in which 's' is pronounced as 'th' কথা বলার ত্রুটি, যখন উচ্চারণ করার সময়ে 's' ধ্বনিকে 'th' বলা হয় *He speaks with a slight lisp.* ▶ **lisp** *verb* [I, T] আধো আধো ভাবে কথা বলা, ত্রুটিপূর্ণভাবে কথা বলা

list / lɪst লিস্ট্ / *noun* [C] a series of names, figures, items, etc. that are written, printed or said one after another (নাম, সংখ্যা, পর্ব বা পদ ইত্যাদির) তালিকা, ফর্দ; লিস্ট *a checklist of everything that needs to be done* ○ *a waiting list* ○ *Your name is third **on the list**.* ▶ **list** *verb* [T] তালিকা বানানো, তালিকায় ঠিকঠাকভাবে নাম লেখা, তালিকাবদ্ধ করা *to list items in alphabetical order*

listen / ˈlɪsn ˈলিস্‌ন্ / *verb* [I] **1 listen (to sb/sth)** to pay attention to sb/sth in order to hear him/her/it মনোযোগ দিয়ে শোনা *Now please listen carefully to what I have to say.* ○ *to listen to music/the radio* ➪ **hear**-এ নোট দেখো। **2 listen to sb/sth** to take notice of or believe what sb says কারও কথা শোনা বা যার কথা শোনা হচ্ছে তা মেনে নেওয়া, বিশ্বাস করা *You should listen to your parents' advice.* ▶ **listen** *noun* [sing.] (*informal*) শ্রবণ *Have a listen and see if you can hear anything.*

PHR V **listen (out) for sth** to wait to hear sth কোনো কিছু শোনার জন্য কান পাতা বা অপেক্ষা করা *to listen (out) for a knock on the door*

listen in (on/to sth) to listen to sb else's private conversation অন্যের কথা আড়ি পেতে বা লুকিয়ে শোনা *Have you been listening in on my phone calls?*

listener / ˈlɪsənə(r) ˈলিস্যান্যা(র্) / *noun* [C] a person who listens যে শোনে; শ্রোতা *When I'm unhappy I always phone Chandan—he's such a good listener.* ○ *The new radio show has attracted a record number of listeners.*

listless / ˈlɪstləs ˈলিস্ট্‌ল্যাস্ / *adj.* tired and without energy উদ্যমহীন, ক্লান্ত, পরিশ্রান্ত ▶ **listlessly** *adv.* অবসন্নভাবে

lit ➪ **light**[3]-এর past tense এবং past participle

liter (*AmE*) = **litre**

literacy / ˈlɪtərəsi ˈলিট্যার্যাসি / *noun* [U] the ability to read and write লিখতে এবং পড়তে পারার ক্ষমতা; সাক্ষরতা ✪ বিপ **illiteracy**

literal / ˈlɪtərəl ˈলিট্যার্যাল্ / *adj.* **1** (used about the meaning of a word or phrase) original or basic (কোনো শব্দ বা বাক্যাংশের অর্থ সম্বন্ধে ব্যবহৃত) আক্ষরিক, হুবহু, মূলানুগ *The adjective 'big-headed' is hardly ever used in its literal sense.* ➪ **figurative** এবং **metaphor** দেখো। **2** (used when translating, etc.) dealing with each word separately without looking at the general meaning (অনুবাদ ইত্যাদি প্রসঙ্গে ব্যবহৃত) সাধারণ অর্থের দিকে না তাকিয়ে প্রতিটি শব্দ পৃথকভাবে দেখা হচ্ছে এমন

literally / ˈlɪtərəli ˈলিট্যার্যালি / *adv.* **1** according to the basic or original meaning of the word, etc. শব্দ ইত্যাদির আক্ষরিক অর্থ বজায় রেখে, মূল অর্থ অনুযায়ী *You can't translate these idioms literally.* **2** (*informal*) used for emphasizing sth কোনো কিছুর উপর জোর দেওয়ার জন্য ব্যবহৃত *We were literally frozen to death* (=we were very cold).

literary / ˈlɪtərəri ˈলিট্যার্যারি / *adj.* of or concerned with literature সাহিত্যবিষয়ক *literary criticism* ○ *a literary journal*

literate / ˈlɪtərət ˈলিট্যার্যাট্ / *adj.* **1** able to read and write যে পড়তে লিখতে পারে, যার অক্ষর জ্ঞান আছে; সাক্ষর **illiterate** ➪ **literacy** noun এবং **numerate** দেখো। **2** well educated সুশিক্ষিত, উচ্চশিক্ষিত

literature / ˈlɪtrətʃə(r) ˈলিট্র্যাচ্যা(র্) / *noun* [U] **1** writing that is considered to be a work of art. Literature includes novels, plays and poetry রচিত সাহিত্য (কবিতা, নাটক, উপন্যাস ইত্যাদি); সাহিত্যশিল্প

Sanskrit literature **2 literature (on sth)** printed material about a particular subject কোনো বিষয়ের উপর মুদ্রিত উপাদান

lithium / ˈlɪθiəm ˈলিথিঅ্যাম্ / *noun* [U] (*symbol* **Li**) a soft, very light, silver-white metal that is used in batteries নরম, হালকা, রজত-শুভ্র ধাতু যা ব্যাটারিতে ব্যবহৃত হয়; লিথিয়াম

litigant / ˈlɪtɪgənt ˈলিটিগ্যান্ট্ / *noun* [C] (*technical*) a person who is taking legal action in a court of law আদালতে মামলাকারী ব্যক্তি

litigate / ˈlɪtɪgeɪt ˈলিটিগেইট্ / *verb* [I, T] (*technical*) to take legal action in a court of law আইনের বিচার চেয়ে কোর্টে মামলা দায়ের করা ▶ **litigator** *noun* [C] মামলা দায়েরকারী

litigation / ˌlɪtɪˈgeɪʃn ˌলিটিˈগেইশ্ন্ / *noun* [U] (*technical*) the process of taking legal action in a court of law আদালতে আইনসংগত ব্যবস্থা গ্রহণের পদ্ধতি; মামলা-মোকদ্দমা

litmus / ˈlɪtməs ˈলিট্ম্যাস্ / *noun* [U] a substance that turns red when it touches an acid and blue when it touches an **alkali** একজাতীয় পদার্থ যা অ্যাসিড বা অম্লের সংস্পর্শে লাল এবং অ্যালকালি বা ক্ষারের সংস্পর্শে নীল হয়ে যায়; লিটমাস ⇨ **pH**-এ ছবি দেখো।

litre (*AmE* **liter**) / ˈliːtə(r) ˈলীট্যা(র্) / *noun* [C] (*abbr.* **l**) a measure of liquid তরলের মাপ; লিটার *ten litres of petrol* ○ *a litre bottle of wine*

litter / ˈlɪtə(r) ˈলিট্যা(র্) / *noun* **1** [U] pieces of paper, rubbish, etc. that are left in a public place প্রকাশ্যে এধার-ওধার পড়ে থাকা ছেঁড়া কাগজের টুকরো, জঞ্জাল ইত্যাদি; নোংরাভাবে ফেলে দেওয়া জিনিসপত্র **2** [C] all the young animals that are born to one mother at the same time কোনো পশু যেসব বাচ্চা একই সঙ্গে জন্ম দিয়েছে; কোনো পশুমায়ের একবারে জন্মানো ছানাসকল *a litter of six puppies* ▶ **litter** *verb* [T] অগোছালোভাবে ছড়িয়ে প্রকাশ্যে নোংরা করা *The streets were littered with rubbish.*

litter bin *noun* [C] a container to put rubbish in, in the street or a public building রাস্তায় বা কোনো সর্বজনীন বাড়িতে রাখা ময়লা ফেলার পাত্র; লিটার বিন

little¹ / ˈlɪtl ˈলিট্ল্ / *adj.* **1** not big; small বড়ো নয়; ছোটো, কম *Do you want the big one or the little one?* ○ *a little mistake/problem*

> **NOTE** **Little** শব্দটি প্রায়ই অন্য একটি বিশেষণের (adjective) সঙ্গে ব্যবহার করা হয়—*a little old lady* ○ *a cute little kitten* ○ *What a funny little shop!* ⇨ **small**-এ নোট দেখো।

2 (used about distance or time) short (সময় অথবা দূরত্ব সম্বন্ধে ব্যবহৃত) স্বল্প, কম *Do you mind waiting **a little while**?* ○ *We only live **a little way** from here.* **3** young ছোটো, তরুণ, কমবয়স *a little girl/boy*

little² / ˈlɪtl ˈলিট্ল্ / *adv., pronoun, det.* (**less; least**) **1** (also as a noun after **the**) not much or not enough ('the'-এর পরে বিশেষ্যপদ হিসেবেও ব্যবহৃত) বেশি নয়, যথেষ্ট নয় *a little-known author* ○ *There is little hope that she will recover.* **2 a little** a small amount of sth (কোনো কিছুর) স্বল্প পরিমাণ, কম মাত্রা *I like a little sugar in my tea.* ○ *Could I have a little help, please?* **3** rather; to a small degree বরঞ্চ, বরং; স্বল্প মাত্রায় *This skirt is a little too tight.*

> **NOTE** অনেক সময়ই 'a little'-এর পরিবর্তে **'a little bit'** অথবা **a bit** ব্যবহার করা হয়—*I was feeling a little bit tired so I decided not to go out.*

IDM **little by little** slowly আস্তে আস্তে, ধীরে ধীরে *After the accident her strength returned little by little.*

littoral / ˈlɪtərəl ˈলিট্যার‍্যাল্ / *noun* [C] (*technical*) the part of a country that is near the coast উপকূলবর্তী, তীরস্থিত, তীরবর্তী *the littoral state of Goa* ▶ **littoral** *adj.* তটে অবস্থিত

live¹ / lɪv লিভ্ / *verb* **1** [I] to have your home reside in a particular place নির্দিষ্ট স্থানে নিজের বাড়িতে বাস করা *Where do you live?* ○ *He still lives with his parents.* **2** [I] to be or stay alive বেঁচে থাকা, জীবনধারণ করা *She hasn't got long to live.* ○ *to live to a great age* **3** [I, T] to pass or spend your life in a certain way বিশেষ ধরনের জীবন যাপন করা, নির্দিষ্টভাবে জীবন কাটানো *to live a quiet life* ○ *to live in comfort/poverty* **4** [I] to enjoy all the opportunities of life fully জীবনকে সম্পূর্ণভাবে উপভোগ করা *I want to live a bit before settling down and getting married.*

IDM **live/sleep rough** ⇨ **rough³** দেখো।

PHR V **live by sth** to follow a particular belief or set of principles নির্দিষ্ট বিশ্বাস বা বিশেষ নীতিগুচ্ছ মেনে চলা

live by doing sth to get the money, food, etc. you need by doing a particular activity বিশেষ কোনো কাজ করে জীবিকা নির্বাহ করা, জীবন যাপনের রসদ (অর্থ, খাদ্য ইত্যাদি) পাওয়া *They live by fishing.*

live for sb/sth to consider sb/sth to be the most important thing in your life কাউকে বা কিছুকে জীবনের সর্বাপেক্ষা গুরুত্বপূর্ণ বস্তু বলে ভাবা *He felt he had nothing to live for after his wife died.*

not live sth down to be unable to make people forget sth bad or embarrassing that you have done লোকের মন থেকে নিজের মন্দ বা অস্বস্তিকর কাজের স্মৃতি মুছতে সক্ষম না হওয়া

live it up to enjoy yourself in an exciting way, spending a lot of money উত্তেজনাপূর্ণভাবে বা আকর্ষণীয়ভাবে বাঁচা, বাঁচার মতো করে বাঁচা (অনেক সময় তার জন্য যথেষ্ট অর্থ ব্যয় করে)

live off sb/sth to depend on sb/sth in order to live বাঁচার জন্য কারও বা কোনো বিশেষ জিনিসের উপর নির্ভর করা *Ganesh lives off tinned food.* ○ *She could easily get a job but she still lives off her parents.*

live on to continue to live or exist (লোকের মনের মধ্যে) বেঁচে থাকা, টিকে থাকা *R.D. Burman is dead but his music lives on.*

live on sth 1 to have sth as your only food কেবলমাত্র একজাতীয় খাবার খেয়ে বেঁচে থাকা *to live on bread and water* 2 to manage to buy what you need to live জীবনযাপনের জন্য প্রয়োজনীয় জিনিস কিনতে পারা *I don't know how they live on so little money!*

live out sth 1 to actually do sth that you only imagined doing before আগে যা করার কথা কল্পনা করা হয়েছিল বাস্তবে তা রূপায়িত করা *to live out your dreams/fantasies* 2 to spend the rest of your life in a particular way বাকি জীবনটা একভাবে (নির্দিষ্ট ভাবে) কাটিয়ে দেওয়া

live through sth to survive an unpleasant experience অপ্রীতিকর অভিজ্ঞতার মধ্যে দিয়ে বেঁচে থাকা *She lived through two wars.*

live together to live in the same house, etc. as sb and have a sexual relationship with him/her একই গৃহ ইত্যাদিতে কারও সঙ্গে যৌন সম্বন্ধ রেখে বাস করা; লিভ টুগেদার করা

live up to sth to be as good as expected প্রত্যাশা মতোই ভালো হওয়া *Children sometimes find it hard to live up to their parents' expectations.*

live with sb = live together

live with sth to accept sth unpleasant that you cannot change বদলানো যায় না এরকম অপ্রীতিকর কোনো কিছু মেনে নেওয়া *It can be hard to live with the fact that you are getting older.*

live² / laɪv লাইভ্ / *adj., adv.* 1 having life; not dead জীবিত; মৃত নয় *Have you ever touched a **real** live snake?* 2 (used about a radio or television programme) seen or heard as it is happening (রেডিও বা টেলিভিশনের কোনো অনুষ্ঠান সম্বন্ধে ব্যবহৃত) ঘটা মাত্র যা দেখানো হচ্ছে; তাৎক্ষণিক *live coverage of the Olympic Games* ○ *to go out live on TV* 3 performed or performing for an audience জনসাধারণের সামনে অনুষ্ঠিত হয়েছে বা হচ্ছে *That pub has live music on Saturdays.* 4 (used about a bomb, bullet, etc.) that has not yet exploded (কোনো বোমা, বুলেট ইত্যাদির সম্বন্ধে ব্যবহৃত) যা এখনও ফাটেনি 5 (used about a wire, etc.) carrying electricity (কোনো তার ইত্যাদি সম্বন্ধে ব্যবহৃত) বিদ্যুৎবাহী

livelihood / ˈlaɪvlihʊd ˈলাইভ্‌লিহুড্ / *noun* [C, *usually sing.*] the way that you earn money জীবনধারণের বা অর্থ উপার্জনের উপায় বা বৃত্তি; জীবিকা *to lose your livelihood*

lively / ˈlaɪvli ˈলাইভ্‌লি / *adj.* (**livelier; liveliest**) full of energy, interest, excitement, etc. শক্তি, আগ্রহ, উত্তেজনা ইত্যাদিতে ভরপুর; প্রাণবন্ত *lively children* ○ *The town is quite lively at night.*

liven / ˈlaɪvn ˈলাইভ্‌ন্ / *verb*

PHR V liven (sb/sth) up to become or make sb/sth become more interesting and exciting (কোনো ব্যক্তি বা বস্তুকে) প্রাণবন্ত করে তোলা, প্রাণসঞ্চার করা *Once the band began to play the party livened up.*

liver / ˈlɪvə(r) ˈলিভ্যা(র্) / *noun* 1 [C] the part of your body that cleans your blood (দেহের যে অংশ রক্ত পরিষ্কার রাখে) যকৃৎ; লিভার ➪ **body**-তে ছবি দেখো। 2 [U] the liver of an animal when it is cooked and eaten as food কোনো পশুর যকৃৎ বা লিভার যা রান্না করে খাওয়া হয়; মেটে *fried liver and onions*

lives ➪ **life**-এর plural

livestock / ˈlaɪvstɒk ˈলাইভ্‌স্টক্ / *noun* [U] animals that are kept on a farm, such as cows, pigs, sheep, etc. গরু, শুয়োর, ভেড়া ইত্যাদি পশু যা খামারে পালন করা হয়; পশু সম্পত্তি

living¹ / ˈlɪvɪŋ ˈলিভিং / *adj.* 1 alive now (বর্তমানে) জীবন্ত, সজীব *He has no living relatives.* ➪ **alive**-এ নোট দেখো। 2 still used or practised now এখনও যা প্রচলিত বা চালু আছে *living languages/traditions* ✪ বিপ **dead**

living² / ˈlɪvɪŋ ˈলিভিং / *noun* 1 [C, *usually sing.*] money to buy things that you need in life জীবনধারণের জন্য প্রয়োজনীয় উপকরণ কেনার অর্থ *What do you do for a living?* 2 [U] your way or quality of life জীবনযাত্রার ধরন বা জীবনধারণের মান *The cost of living has risen in recent years.* ○ *The standard of living is very high in that country.*

living room (*BrE* **sitting room**) *noun* [C] the room in a house where people sit, relax, watch television, etc. together বাড়িতে যে ঘরে সবাই মিলে বসে আরাম করে, টেলিভিশন দেখে ইত্যাদি; বৈঠকখানা; লিভিংরুম

lizard / ˈlɪzəd ˈলিজ্যাড় / *noun* [C] a small reptile with four legs, dry skin and a long tail টিকটিকি

load¹ / ləʊd ল্যাউড্ / *noun* [C] 1 something (heavy) that is being or is waiting to be carried (ভারী) বোঝা, মাল *a truck carrying a load of sand* 2 (*often in compounds*) the quantity of sth that can be carried কোনো কিছুর যতটা পরিমাণ বহন করে নিয়ে যাওয়া যায় *bus loads of tourists* **3 loads (of sth)** [*pl.*] (*informal*) a lot (of sth) (কোনো কিছুর) অনেকটা, খুব বেশি পরিমাণে *There are loads of things to do in Mumbai in the evenings.*

IDM a load of rubbish, etc. (*informal*) nonsense একেবারে বাজে, মোটেও কাজের নয়

load² / ləʊd ল্যাউড্ / *verb* **1** [I, T] **load (sth/sb) (up) (with sth); load (sth/sb) (into/onto sth)** to put a large quantity of sth into or onto sb/sth বিশাল পরিমাণ জিনিস দিয়ে কোনো কিছু বোঝাই করা *They loaded the plane (up) with supplies.* **2** [I] to receive a load মাল নেওয়া, মাল তোলা *The ship is still loading.* **3** [I, T] to put a program or disk into a computer কম্পিউটারে ডিস্ক বা কোনো প্রোগ্রাম ঢোকানো *First, switch on the machine and load the disk.* ○ *The program is now loading.* **4** [T] to put sth into a machine, a weapon, etc. so that it can be used কোনো অস্ত্রশস্ত্র বা যন্ত্রপাতির মধ্যে কিছু ঢোকানো যাতে তা ব্যবহার করা যায় *to load film into a camera* ○ *to load a gun* ✪ বিপ **unload**

loaded / ˈləʊdɪd ˈল্যাউডিড্ / *adj.* **1 loaded (with sth)** carrying a load; full and heavy মালবোঝাই; ভর্তি এবং ভারী **2** (used especially about a gun or a camera) containing a bullet, a film, etc. (বিশেষত বন্দুক বা ক্যামেরা সম্বন্ধে ব্যবহৃত) বুলেটভর্তি, ফিল্মভর্তি **3** giving an advantage বিশেষ সুবিধা দেওয়া হচ্ছে এমন *The system is loaded in their favour.* **4** (*informal*) (*not before a noun*) having a lot of money; rich যার অনেক টাকাপয়সা আছে; ধনী, অর্থবান

loaf / ləʊf ল্যাউফ্ / *noun* [C] (*pl.* **loaves** / ləʊvz ল্যাউভ্জ্ /) bread that is baked in one piece and can be cut into pieces গোটা বেক করা পাউরুটি যা পরে টুকরো করে কেটে খাওয়া যায় *a loaf of bread*

loam / ləʊm ল্যাউম্ / *noun* [U] (*technical*) good quality soil containing sand, clay and dead plants পচা ঘাস-পাতা, বালি এবং কাদায় ভরা উর্বর ভালো মাটি

loan / ləʊn ল্যাউন্ / *noun* **1** [C] money, etc. that sb/sth lends you ধার, ঋণ, কর্জ *to take out a bank loan* ○ *to pay off a loan* **2** [U] the act of lending sth or the state of being lent ধার দেওয়ার ক্রিয়া বা যা ধার দেওয়া হয়েছে, ধার দেওয়া জিনিস *The books are* ***on loan*** *from the library.* ▶ **loan** *verb* [T] (*formal*) **loan sth (to sb)** ধার দেওয়া, ঋণ দেওয়া

loath / ləʊθ ল্যাউথ্ / *adj.* **loath to do sth** (*formal*) not willing to do sth (কোনো কিছু করতে) অনিচ্ছুক, নারাজ

loathe / ləʊð ল্যাউদ্ / *verb* [T] (*not used in the continuous tenses*) to hate sb/sth কাউকে বা কিছুকে ঘৃণা করা, অপছন্দ করা

> **NOTE** এই ক্রিয়াপদটির (verb) ব্যবহার ঘটমান কালে (continuous tenses) হয় না কিন্তু **-ing** সহযোগে এর বর্তমান কৃদন্ত (present participle) রূপটি সাধারণভাবে অত্যন্ত প্রচলিত।—*Loathing the thought of having to apologize, she knocked on his door.*

loathsome / ˈləʊðsəm ˈল্যাউদ্স্যাম্ / *adj.* ঘৃণ্য, জঘন্য ▶ **loathing** *noun* [U] ঘৃণা, বিতৃষ্ণা, বিরাগ

loaves = **loaf**-এর plural

lob / lɒb লব্ / *verb* [I, T] (**lo<u>bb</u>ing; lo<u>bb</u>ed**) (*sport*) to hit, kick or throw a ball high into the air, so that it lands behind your opponent উঁচু দিয়ে বলে আঘাত করা, লাথি মারা বা বল ছোড়া যাতে তা প্রতিপক্ষের পিছনে গিয়ে পড়ে ▶ **lob** *noun* [C] উঁচু করে মারা বল

lobby¹ / ˈlɒbi ˈলবি / *noun* [C] (*pl.* **lobbies**) **1** the area that is just inside a large building, where people can meet and wait কোনো বড়ো বাড়ির বা অট্টালিকায় ঢোকার পরেই সামনে অনেকে মিলে বসার যে জায়গা; দালান, বৈঠকখানাবিশেষ; লবি *a hotel lobby* **2** [*with sing. or pl. verb*] a group of people who try to influence politicians to do or not do sth একদল ব্যক্তি যারা কোনো কাজের পক্ষে অথবা বিপক্ষের রাজনীতিবিদদের প্রভাবিত করার চেষ্টা করে *the anti-smoking lobby*

lobby² / ˈlɒbi ˈলবি / *verb* [I, T] (*pres. part.* **lobbying;** *3rd person sing. pres.* **lobbies;** *pt, pp* **lobbied**) to try to influence a politician or the government to do or not do sth রাজনীতিবিদ বা সরকারকে কোনো বিষয়ের পক্ষে বা বিপক্ষে প্রভাবিত করার চেষ্টা করা

lobe / ləʊb ল্যাউব্ / *noun* [C] **1** = **ear lobe** **2** one part of an organ of the body, especially the brain or lungs (শরীরে) বিশেষত মস্তিষ্ক বা ফুসফুসের বাইরের দিকের একাংশ

lobster / ˈlɒbstə(r) ˈলব্স্ট্যা(র্) / *noun* **1** [C] a large shellfish that has eight legs. A lobster is bluish-black but it turns red when it is cooked অষ্টপদবিশিষ্ট খোলাসমেত বড়ো সামুদ্রিক মাছ যার রং নীলচে কালো কিন্তু রান্না করলে সেটি লাল হয়ে যায়; গলদা চিংড়ি ⇨ **shellfish**-এ ছবি দেখো। **2** [U] a cooked lobster eaten as food রান্না করা গলদা চিংড়ি যা খাওয়া হয়

local¹ / ˈləʊkl ˈল্যাউক্ল্ / *adj.* of a particular place (near you) স্থানীয়, কোনো নির্দিষ্ট স্থান বা এলাকা সম্বন্ধীয় *local newspapers/radio* ○ *the local doctor/policeman/butcher* ⇨ **international, national** এবং **regional** দেখো। ▶ **locally** *adv.* স্থানীয়ভাবে *I do most of my shopping locally.*

local² / ˈləʊkl ˈল্যাউকল্ / *noun* [C] **1** [*usually pl.*] a person who lives in a particular place স্থানীয় লোক *The locals seem very friendly.* **2** (*BrE informal*) a pub that is near your home where you often go to drink বাড়ির কাছের পানশালা যেখানে প্রায়ই পান করতে যাওয়া হয়

local government *noun* [U, *BrE*] the system of government of a town or an area by elected representatives of the people who live there শহর বা কোনো এলাকার স্থানীয় মানুষদের দ্বারা নির্বাচিত প্রতিনিধিগণের দ্বারা চালিত সরকার; স্থানীয় শাসনব্যবস্থা

localize (*also* **-ise**) / ˈləʊkəlaɪz ˈল্যাউক্যালাইজ় / *verb* [T] to limit sth to a particular place or area কোনো নির্দিষ্ট স্থান বা এলাকায় কোনো কিছু সীমিত বা সীমাবদ্ধ করা

local time *noun* [U] the time at a particular place in the world পৃথিবীতে কোনো নির্দিষ্ট স্থানের সময়; স্থানীয় সময় *We arrive in Singapore at 2 o'clock in the afternoon, local time.*

locate / ləʊˈkeɪt ল্যাউˈকেইট্ / *verb* [T] **1** to find the exact position of sb/sth কোনো ব্যক্তি অথবা বস্তুর সঠিক অবস্থান খুঁজে বার করা *The damaged ship has been located two kilometres off the coast.* **2** to put or build sth in a particular place কোনো বস্তুকে কোনো নির্দিষ্ট স্থানে স্থাপিত করা বা নির্মাণ করা ▶ **located** *adj.* অবস্থিত *Where exactly is your office located?*

location / ləʊˈkeɪʃn ল্যাউˈকেইশ্ন্ / *noun* **1** [C] a place or position কোনো স্থান বা অবস্থান *Several locations have been suggested for the new office block.* **2** [U] the action of finding where sb/sth is কোনো ব্যক্তি বা বস্তুর সঠিক অবস্থান খোঁজার যে কাজ; অনুসন্ধান কার্য

IDM **on location** (used about a film, television programme, etc.) made in a suitable place outside a **studio** (চলচ্চিত্র, দূরদর্শনের অনুষ্ঠান ইত্যাদি সম্বন্ধে ব্যবহৃত) স্টুডিওর বাইরে যে জায়গায় কোনো চলচ্চিত্রের অংশ, দূরদর্শনের অনুষ্ঠান ইত্যাদি ক্যামেরায় তোলা হয় *The series was filmed on location in Thailand.*

loch / lɒk লক্ / *noun* [C] the Scottish word for a lake (স্কটিশ ভাষায়) হ্রদ, ঝিল *the Loch Ness Monster*

lock¹ / lɒk লক্ / *verb* **1** [I, T] to close or fasten (sth) so that it can only be opened with a key তালা লাগানো, তালা বন্ধ করা (যা কেবল চাবি দিয়ে খোলা যায়) *Have you locked the car?* ○ *The door won't lock.* ✪ বিপ **unlock** **2** [T] to put sb/sth in a safe place and lock it কোনো বস্তু অথবা ব্যক্তিকে নিরাপদ জায়গায় তালা দিয়ে রাখা *Lock your passport in a safe place.* **3** [T] **be locked in sth** to be involved in an angry argument, etc. with sth, or to be holding sb very tightly কোনো সরোষ তর্ক ইত্যাদিতে জড়িয়ে পড়া, কোনো ব্যক্তিকে দৃঢ় আলিঙ্গন করা *The two sides were locked in a bitter dispute.* ○ *They were locked in a passionate embrace.*

PHR V **lock sth away** to keep sth in a safe or secret place that is locked নিরাপদ বা গোপন জায়গায় কোনো বস্তুকে তালা দিয়ে রেখে দেওয়া

lock sb in/out to lock a door so that a person cannot get in/out দরজায় তালা দিয়ে ফেলা যাতে কেউ বাড়িতে ঢুকতে বা বেরোতে না পারে *I locked myself out of the house and had to climb in through the window.*

lock (sth) up to lock all the doors, windows, etc. of a building কোনো বাড়ির সমস্ত জানলা, দরজা ইত্যাদি তালা বন্ধ করা *Make sure that you lock up before you leave.*

lock sb up to put sb in prison কোনো ব্যক্তিকে কারাগারে আবদ্ধ করা

lock² / lɒk লক্ / *noun* [C] **1** something that is used for fastening a door, lid, etc. so that you need a key to open it again তালা, কুলুপ; লক *to turn the key in the lock* ➪ **padlock** দেখো। **2** a part of a river or a canal where the level of water changes. Locks have gates at each end and are used to allow boats to move to a higher or lower part of the canal or river নদী অথবা খালের অংশ যেখানে জলের স্তর কমবেশি হয়। লেকের দুই প্রান্তে গেট থাকে এবং নৌকো ইত্যাদিকে তার উচ্চতর বা নিম্নতর অংশে চলাফেরা করতে দেওয়ার জন্য সেটিকে ব্যবহার করা হয়; লকগেট

IDM **pick a lock** ➪ **pick¹** দেখো।

under lock and key in a locked place তালাবন্ধ স্থানে

locker / ˈlɒkə(r) ˈলক্যা(র্) / *noun* [C] a small cupboard that can be locked in a bank, school or sports centre, where you can leave your clothes, books, etc. ব্যাংক, স্কুল অথবা কোনো ক্রীড়াকেন্দ্রে নিজস্ব পোশাক, বই ইত্যাদি রাখার জন্য ছোটো আলমারি; লকার

locket / ˈlɒkɪt ˈলকিট্ / *noun* [C] a piece of jewellery that you wear on a chain around your neck and which opens so that you can put a picture, etc. inside চেনের সঙ্গে গলায় ঝোলানোর ছোটো আকারের অলংকারবিশেষ যার মধ্যে কোনো ছবি ইত্যাদি রাখা যায়; দোলক; লকেট

locksmith / ˈlɒksmɪθ ˈলক্স্মিথ্ / *noun* [C] a person who makes and repairs locks যে ব্যক্তি তালা তৈরি করে এবং সারায়; তালার মিস্ত্রি

locomotion / ˌləʊkəˈməʊʃn ˌল্যাউক্যাˈম্যাউশ্ন্ / *noun* [U] (*formal*) movement or the ability to move চলন, গমন, গতিশক্তি, চলৎশক্তি

locomotive/ ˌləʊkəˈməʊtɪv ˌল্যাউক্যাˈম্যাউটিভ্ / = **engine 2**

locust / ˈləʊkəst ˈল্যাউক্যাস্ট্ / *noun* [C] a flying insect from Africa and Asia that moves in very large groups, eating and destroying large quantities of plants (আফ্রিকা এবং এশিয়া থেকে আগত) পঙ্গপাল ⇨ **insect**-এ ছবি দেখো।

lodge[1] / lɒdʒ লজ্ / *verb* **1** [I] to pay to live in sb's house with him/her টাকার বিনিময়ে কোনো ব্যক্তির বাড়িতে তার সঙ্গে থাকা *He lodged with a family for his first term at university.* **2** [I, T] to become firmly fixed or to make sth do this গেঁথে যাওয়া বা গেঁথে দেওয়া **3** [T] (*formal*) to make an official statement complaining about sth সংশ্লিষ্ট কর্তৃপক্ষের কাছে আনুষ্ঠানিকভাবে অভিযোগ জানানো

lodge[2] / lɒdʒ লজ্ / *noun* [C] **1** a room at the entrance to a large building such as a college or factory বড়ো বাড়ি যেমন কলেজ অথবা ফ্যাক্টরির প্রবেশদ্বারে অবস্থিত ঘর **2** a small house in the country গ্রাম্য এলাকায় ছোটো বাড়ি **3** =**lodging 2**

lodger / ˈlɒdʒə(r) ˈলজ্যা(র্) / *noun* [C] a person who pays rent to live in a house as a member of the family অর্থের বিনিময়ে কোনো বাড়িতে সেই পরিবারের একজন সদস্য হিসাবে বসবাসকারী ব্যক্তি ⇨ **boarder** দেখো।

lodging / ˈlɒdʒɪŋ ˈলজিং / *noun* **1** [C, U] a place where you can stay বাসস্থান, বাসাবাড়ি *The family offered full board and lodging* (=a room and all meals) *in exchange for English lessons.* **2** (*old-fashioned*) **lodgings** [*pl.*] a room or rooms in sb's house where you can pay to stay কারও বাড়িতে যেসব ঘরে থাকার জন্য ভাড়া দেওয়া হয়

loft / lɒft লফ্ট / *noun* [C] the room or space under the roof of a house or other building বাড়ি বা অন্যান্য অট্টালিকার ছাদের নীচে ঘর বা জায়গা; চিলেগুদাম ⇨ **attic** দেখো।

lofty / ˈlɒfti ˈলফ্‌টি / *adj.* (**loftier; loftiest**) (*formal*) **1** (of buildings, mountains, etc.) very tall and impressive (বাড়ি, পাহাড় ইত্যাদি) উঁচু, বিরাট, উত্তুঙ্গ *lofty mountains/towers* **2** (*usually before a noun*) (*approving*) (of a thought, aim, etc.) of high moral quality, or noble character (চিন্তাধারা, লক্ষ্য ইত্যাদি) উচ্চমানের নৈতিক গুণের, মহৎ চরিত্রের *lofty principles/ambitions/ideals* **3** (*disapproving*) proud and arrogant গর্বিত এবং উদ্ধত, নাকউঁচু, হামবড়া *lofty tone* ► **loftily** / ˈlɑftɪli ˈলফ্‌টিলি / *adv.* গর্বিতভাবে, সাড়ম্বরে

log[1] / lɒg লগ্ / *noun* [C] **1** a thick piece of wood that has fallen or been cut from a tree গাছের গুঁড়ি (যা পড়ে গেছে বা কাটা হয়েছে) **2** (*also* **logbook**) the official written record of a ship's or an aircraft's journey জলপথে বা আকাশপথে যাত্রাকালে জাহাজ অথবা বিমানের যাত্রা সম্বন্ধে আনুষ্ঠানিকভাবে লিখিত দলিল বা রেকর্ড; নৌবিবরণী, বৈমানিকবিবরণী *to keep a log*

log[2] / lɒg লগ্ / *verb* [T] (**logging; logged**) to keep an official written record of sth কোনো কিছুর আনুষ্ঠানিকভাবে লিখিত বিবরণী রাখা

PHR V **log in/on** to perform the actions that allow you to start using a computer system কম্পিউটার সিস্টেম ব্যবহার শুরু করার জন্য আবশ্যক কাজ করা *You need to key in your password to log on.*

log off/out to perform the actions that allow you to finish using a computer system কম্পিউটার সিস্টেম ব্যবহার শেষ করার জন্য আবশ্যক কাজ করা

logarithm / ˈlɒgərɪðəm ˈলগ্যারিদ্যাম্ / (*informal* **log**) *noun* [C] one of a series of numbers arranged in lists (**tables**) that allow you to solve problems in mathematics by adding or subtracting numbers instead of multiplying or dividing তালিকায় পর্যায়ক্রমিকভাবে বিন্যস্ত সংখ্যাসমূহের একটি ক্রম যাতে গুণ বা ভাগের পরিবর্তে যোগ অথবা বিয়োগের দ্বারা গণিতের সমস্যার সমাধান করা যায়; সংবর্গমান; লগারিদ্‌ম

loggerheads / ˈlɒgəhedz ˈলগ্যাহেড্জ্ / *noun*

IDM **at loggerheads (with sb)** strongly disagreeing (with sb) কোনো ব্যক্তির সঙ্গে প্রবলভাবে মতের অমিল হচ্ছে এমন

logic / ˈlɒdʒɪk ˈলজিক্ / *noun* [U] **1** a sensible reason or way of thinking যুক্তিগ্রাহ্য কারণ বা চিন্তাপদ্ধতি *There is no logic in your argument.* **2** the science of using reason তর্কবিদ্যা, তর্কশাস্ত্র, যুক্তিবিজ্ঞান

logical / ˈlɒdʒɪkl ˈলজিক্‌ল্ / *adj.* **1** seeming natural, reasonable or sensible যুক্তিসংগত, যুক্তিসিদ্ধ, স্বাভাবিক, বুদ্ধিগ্রাহ্য *As I see it, there is only one logical conclusion.* ✪ বিপ **illogical** **2** thinking in a sensible way যুক্তিনিষ্ঠভাবে চিন্তা করা হচ্ছে এমন *a logical mind* ► **logically** / ˈlɒdʒɪkli ˈলজিক্‌লি / *adv.* যুক্তিসম্মতভাবে

logjam / ˈlɒgdʒæm ˈলগ্‌জ্যাম্ / *noun* [C] **1** a mass of **logs** that are floating on a river and blocking it ভাসমান কাঠের গুঁড়ি যা কোনো নদীকে আটকে ফেলে **2** a difficult situation in which you cannot make progress easily because there are too many things to do বাধাবিঘ্ন ভরা কঠিন পরিস্থিতি, যখন সহজে এগোনো যায় না; লগ্‌জ্যাম

logo / ˈləʊgəʊ ˈল্যাউগ্যাউ / *noun* [C] (*pl.* **logos**) a printed symbol or design that a company or an organization uses as its special sign মুদ্রিত প্রতীক বা নকশা যা কোনো সংগঠন তার বিশেষ চিহ্ন হিসেবে ব্যবহার করে; বিজ্ঞাপনব্যাজ

loiter / ˈlɔɪtə(r) ˈলইট্যা(র্) / *verb* [I] to stand or walk around somewhere for no obvious reason কোনো কারণ ছাড়াই ইতস্তত ঘুরে বেড়ানো বা দাঁড়িয়ে থাকা

Lok Sabha *noun* [U] the lower house of the Indian Parliament ভারতীয় সদস্যদের নিম্নকক্ষ; লোকসভা

lollipop / ˈlɒlipɒp ˈললিপপ্ / (*also* **lolly**) *noun* [C] a sweet on a stick কাঠির মাথায় লাগানো মিষ্টি জাতীয় খাবার; ললিপপ ➪ **ice lolly** দেখো।

lone / ləʊn ল্যাউন্ / *adj.* (*only before a noun*) **1** without any other people; alone অন্য কোনো ব্যক্তি ছাড়া একলা, একাকী; সঙ্গীহীন *a lone swimmer* ✪ সম **solitary** **2** (used about a parent) single; without a partner (অভিভাবক সম্বন্ধে ব্যবহৃত) একা; সঙ্গীহীন *a support group for lone parents*

lonely / ˈləʊnli ˈল্যাউন্‌লি / *adj.* (**lonelier; loneliest**) **1** unhappy because you are not with other people একলা অথবা নিঃসঙ্গ তাই বিষণ্ণ বা মনমরা *to feel sad and lonely* **2** (used about a situation or a period of time) sad and spent alone (পরিস্থিতি বা সময়কাল সম্বন্ধে ব্যবহৃত) নিরানন্দ এবং বিষণ্ণভাবে কাটানো হচ্ছে এমন **3** (*only before a noun*) far from other people and places where people live নির্জন, বিচ্ছিন্ন, দূরবর্তী, নিভৃত ➪ **alone**-এ নোট দেখো।

▶ **loneliness** *noun* [U] নিসঙ্গতা, একাকীত্ব ➪ **solitude** এবং **isolation** দেখো।

loner / ˈləʊnə(r) ˈল্যাউন্যা(র্) / *noun* [C] (*informal*) a person who prefers being alone to being with other people একা থাকতে পছন্দ করে যে ব্যক্তি

lonesome / ˈləʊnsəm ˈল্যাউন্‌স্যাম্ / *adj.* (*AmE*) lonely or making you feel lonely একা অথবা একাকীত্বের অনুভব করায় এমন ➪ **alone**-এ নোট দেখো।

long¹ / lɒŋ লং / *adj.* (**longer** / ˈlɒŋgə(r) ˈলংগ্যা(র্) / **longest** / ˈlɒŋgɪst ˈলংগিস্ট্ /) **1** measuring or covering a large amount in distance or time দীর্ঘ সময় অথবা দূরত্ব মাপা অথবা পেরিয়ে যাওয়া হচ্ছে এমন *She has lovely long hair.* ○ *We had to wait a long time.* ○ *a very long journey/book/corridor* **2** used for asking or talking about how much something measures in length, distance or time দৈর্ঘ্য, দূরত্ব অথবা সময়ের পরিমাপ বা দীর্ঘতা জিজ্ঞাসা করা অথবা বলার জন্য ব্যবহৃত *How long is the film?* ○ *The insect was only two millimetres long* ➪ **length** noun দেখো। ✪ বিপ **short**

IDM **a long shot** a person or thing that probably will not succeed, win, etc. যে বস্তু অথবা ব্যক্তির সাফল্য লাভ অথবা জয়ী হওয়ার সম্ভাবনা নেই

at (long) last ➪ **last²** দেখো।

at the longest not longer than the stated time উল্লিখিত সময়ের থেকে দেরি হবে না; সবচেয়ে দেরি হলে *It will take a week at the longest.*

go a long way (used about money, food, etc.) to be used for buying a lot of things, feeding a lot of people, etc. (পয়সা, খাবার ইত্যাদি সম্বন্ধে ব্যবহৃত) অনেক কিছু কেনা অথবা অনেক লোককে খাওয়ানো ইত্যাদির জন্য ব্যবহৃত হওয়া

have a long way to go to need to make a lot more progress before sth can be achieved কোনো কিছু অর্জন করার আগে অনেক উন্নতি অথবা প্রগতির দরকার হওয়া

in the long run after a long time; in the end অবশেষে, পরিশেষে; শেষ পর্যন্ত, আখেরে

in the long/short term ➪ **term¹** দেখো।

long² / lɒŋ লং / *adv.* (**longer** / ˈ-ɒŋgə(r) ˈলংগ্যা(র্) /**longest** / -ˈɒŋgɪst -ˈলংগিস্ট্ /) **1** for a long time দীর্ঘ সময় ধরে, বহুকাল ধরে, অনেকক্ষণ ধরে *You shouldn't have to wait long.* ○ *I hope we don't have to wait much longer.* ○ *They won't be gone for long.*

> **NOTE** **Long** এবং **a long time** অভিব্যক্তিদুটি সময়কাল বোঝানোর জন্য ব্যবহার করা হয়। ইতিবাচক বাক্যে সাধারণত **a long time** ব্যবহার করা হয়—*They stood there for a long time.* **Long** শব্দটি ইতিবাচক বাক্যে অন্য কোনো ক্রিয়াবিশেষণের (adverb) সঙ্গে (যেমন too,enough, age ইত্যাদি) ব্যবহৃত হয়—*We lived here long ago.* ○ *I've put up with this noise long enough. I'm going to make a complaint.* **Long** এবং **a long time** প্রশ্নবাচক বাক্যে ব্যবহার করা যেতে পারে—*Were you away long/a long time?* নেতিবাচক বাক্যে অবশ্য **long** এবং **a long time** এই দুটি অভিব্যক্তির অর্থ কখনো কখনো পৃথক হয়—*I haven't been here long* (= I arrived only a short time ago). ○ *I haven't been here for a long time* (= it is a long time since I was last here).

2 a long time before or after a particular time or event কোনো নির্দিষ্ট সময় অথবা ঘটনার অনেক পূর্বে বা পরে *We got married **long before** we moved here.* ○ *Don't worry–they'll be here **before long**.* **3** for the whole of the time that is mentioned উল্লিখিত সময়ের পুরো সময়কাল ধরে *The baby cried **all night long**.*

IDM **as/so long as** on condition that; provided (that) এই শর্তে যে; যতক্ষণ....ততক্ষণ *As long as no problems arise we should get the job finished by Friday.*

no/not any longer not any more এখন আর নয় *They no longer live here.* ○ *They don't live here any longer.*

long³ / lɒŋ লং / *verb* [I] **long for sth; long (for sb) to do sth** to want sth very much, especially sth that is not likely কোনো কিছু আকাঙ্ক্ষা করা, কামনা করা (বিশেষত যা হওয়ার নয়) *She longed to return to India.* ▶ **longing** *noun* [C, U] তীব্র এবং আন্তরিক বাসনা *a longing for peace* ▶ **longingly** *adv.* তীব্র কামনাপূর্ণভাবে

long-distance *adj., adv.* (used about travel or communication) between places that are far from each other (ভ্রমণ অথবা যোগাযোগব্যবস্থা সম্বন্ধে ব্যবহৃত) পরস্পরের থেকে দূরস্থিত দুটি স্থানের মধ্যে *to phone long-distance*

longevity / lɒnˈdʒevəti লন্ˈজেভ্যাটি / *noun* [U] (*formal*) long life; the fact of lasting a long time দীর্ঘ আয়ু; আয়ুষ্কাল *Elephants are known for their longevity.* ○ *He prides himself on the longevity of the company.*

longhand / ˈlɒŋhænd ˈলংহ্যান্ড্ / *noun* [U] ordinary writing that is not typed and does not use any special signs or short forms সাধারণ হাতের লেখা (টাইপ করা নয় এবং যাতে কোনো বিশেষ চিহ্ন বা সংক্ষিপ্ত রূপ ব্যবহৃত হয়নি) ➪ **shorthand** দেখো।

long-haul *adj.* (*only before a noun*) connected with the transport of people or goods over long distances যাত্রী অথবা মালপত্র অনেক দূরবর্তী স্থানে পরিবহণ করা সম্বন্ধীয় *a long-haul flight*

longitude / ˈlɒndʒɪtju:d; ˈlɒŋgɪ- ˈলন্জিটিউড্; ˈলংগি- / *noun* [U] the distance of a place east or west of a line from the North Pole to the South Pole that passes through Greenwich in London. Longitude is measured in degrees পৃথিবীতে উত্তর মেরু থেকে দক্ষিণ মেরু পর্যন্ত কাল্পনিক রেখা যা লন্ডনের গ্রীনউইচের উপর দিয়ে গেছে তার পূর্ব বা পশ্চিমের কোনো স্থান থেকে যে দূরত্ব। এটিকে ডিগ্রিতে পরিমাপ্ করা হয়; দ্রাঘিমা রেখা, দেশান্তর রেখা ➪ **latitude** দেখো এবং **earth**-এ ছবি দেখো।

longitudinal wave *noun* [C] (*technical*) a wave that **vibrates** in the direction that it is moving দেশান্তর তরঙ্গ (যে তরঙ্গ নিজের গতির দিকে কম্পমান হয় বা কম্পন করে) ➪ **transverse wave** দেখো।

long jump *noun* [*sing.*] the sport in which people try to jump as far as possible যে খেলায় খেলোয়াড়েরা যতদূর সম্ভব লাফানোর প্রয়াস করে; লংজাম্প ➪ **high jump** দেখো।

long-life *adj.* made to last for a long time দীর্ঘস্থায়ী, টেকসই *a long-life battery* ○ *long-life milk*

long-lived *adj.* that has lived or lasted for a long time বহুকাল ধরে টিকে আছে এমন; দীর্ঘজীবী *a long-lived dispute*

long-range *adj.* **1** of or for a long period of time starting from the present বর্তমান থেকে শুরু করে দীর্ঘ সময়কালের বা তার জন্য; দূর ভবিষ্যৎ সম্পর্কিত *the long-range weather forecast* **2** that can go or be sent over long distances দূরগামী, দূরপ্রসারী *long-range nuclear missiles*

longshore drift / ˌlɒŋʃɔ: ˈdrɪft ˌলংশ: ˈড্রিফ্ট্ / *noun* [U] (in geography) the movement of sand, etc. along a beach caused by waves hitting the beach at an angle and going back in a straight line (ভূগোলে) সমুদ্রতটে আছড়ে পড়া ঢেউ এবং তার সরলরৈখিকভাবে ফিরে যাওয়ার কারণে তটের বালি ইত্যাদির যে চলন বা সরে যাওয়ার ক্রিয়া

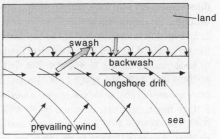

longshore drift

long-sighted (*AmE* **far-sighted**) *adj.* able to see things clearly only when they are quite far away কেবল দূরের জিনিস দেখতে পায় এমন; দীর্ঘদৃষ্টিসম্পন্ন ✪ বিপ **short-sighted** (*AmE* **near-sighted**) ➪ **short-sighted**-এ ছবি দেখো।

long-standing *adj.* that has lasted for a long time দীর্ঘমেয়াদী *a long-standing arrangement*

long-suffering *adj.* (used about a person) having a lot of troubles but not complaining নীরবে দুঃখকষ্ট এবং কঠিন পরিস্থিতি সহ্য করছে এমন ব্যক্তি

long-term *adj.* of or for a long period of time দীর্ঘ সময়কালের বা তার জন্য *long-term planning*

long wave *noun* [U] (*abbr.* **LW**) the system of sending radio signals using sound waves of 1000 metres or more ১০০০ মিটার বা তার বেশি শব্দতরঙ্গ ব্যবহার করে এমন বেতার-সংকেত প্রেরণ পদ্ধতি ➪ **short wave** এবং **medium wave** দেখো।

long-winded *adj.* (used about sth that is written or spoken) boring because it is too long (লেখা অথবা কথাবার্তা সম্বন্ধে ব্যবহৃত) লম্বা এবং একঘেয়ে; বিরক্তিকর

loo / lu: লু / *noun* [C] (*pl.* **loos**) (*BrE informal*) toilet শৌচালয় ➪ **toilet** -এ নোট দেখো।

look[1] / lʊk লুক্ / *verb* **1** [I, T] **look (at sth)** to turn your eyes in a particular direction (in order to pay attention to sb/sth) কোনো ব্যক্তি অথবা বস্তুর উপর মনোযোগ দেওয়ার জন্য দৃষ্টিপাত করা বা তাকানো *Sorry, I wasn't looking. Can you show me again?* ○ *Look carefully at this picture.*

NOTE কোনো কিছুর প্রতি মনোযোগ না দিয়েও যখন সেটি দেখা যায় তখন **see** শব্দটি ব্যবহার করা হয় —*I saw a girl riding past on a horse.* কোনো কিছুতে মনোনিবেশ করলে **look** শব্দটি ব্যবহার করা হয়— *Look carefully. Can you see anything strange?*

2 [I] **look (for sb/sth)** to try to find (sb/sth) কোনো ব্যক্তি অথবা বস্তুকে খুঁজতে চেষ্টা করা *We've been looking for you everywhere. Where have you been?* ○ *to look for work* **3** linking verb **look (like sb/sth) (to sb)**; **look (to sb) as if... /as though...** to seem or appear লাগা অথবা মনে হওয়া *to look tired/ill/sad/well/happy* ○ *The boy looks like his father.* **4** [I] used for asking sb to listen to what you are saying যা বলা হচ্ছে তার উপর মনোযোগ দিতে বলার জন্য ব্যবহৃত *Look, Wasim, I know you are busy but could you give me a hand?* **5** [I] to face a particular direction কোনো একটা নির্দিষ্ট দিকের মুখোমুখি হওয়া *This room looks south so it gets the sun.* **6** [I] **look to do sth** to aim to do sth কোনো কিছু করার লক্ষ্য নেওয়া *We are looking to double our profits over the next five years.*

IDM **look bad; not look good** to be considered bad manners খারাপ স্বভাব বলে বিবেচিত হওয়া *It'll look bad if we get there an hour late.*

look good to seem to be encouraging উৎসাহজনক বলে মনে হওয়া *This year's sales figures are looking good.*

look sb in the eye to look straight at sb without feeling embarrassed or afraid লজ্জা না পেয়ে অসংকুচিতভাবে, অকুণ্ঠিতভাবে কোনো ব্যক্তির দিকে তাকানো

(not) look yourself to (not) look as well or healthy as usual সবসময়ের মতো ভালো অথবা ঠিকঠাক না দেখানো

look on the bright side (of sth) to think only about the good side of a bad situation and be happy and hopeful কোনো খারাপ পরিস্থিতির ভালো দিকটা সম্বন্ধে চিন্তা করা এবং খুশি ও আশান্বিত থাকা

never/not look back to become and continue being successful সফল হওয়া এবং সাফল্য লাভ করতে থাকা

PHR V **look after sb/sth/yourself** to be responsible for or take care of sb/sth/yourself কোনো ব্যক্তি, বস্তু অথবা নিজের দেখাশোনা করা বা দায়িত্ব নেওয়া *The old lady's son looked after all her financial affairs.*

look ahead to think about or plan for the future ভবিষ্যতের জন্য চিন্তা বা পরিকল্পনা করা

look at sth 1 to examine or study sth কোনো কিছু পরীক্ষা বা অধ্যয়ন করা *The government is looking at ways of reducing unemployment.* **2** to read sth কোনো কিছু পড়া *Could I look at the newspaper when you've finished with it?* **3** to consider sth কোনো কিছু বিবেচনা করা *Different races and nationalities look at life differently.*

look back (on sth) to think about sth in your past অতীতের কোনো কিছু সম্বন্ধে ভাবা

look down on sb/sth to think that you are better than sb/sth কোনো ব্যক্তি অথবা বস্তুর তুলনায় নিজেকে উৎকৃষ্ট ভাবা

look forward to sth/doing sth to wait with pleasure for sth to happen কোনো কিছুর জন্য অধীর আগ্রহে অপেক্ষা করা *I'm really looking forward to the weekend.*

look into sth to study or try to find out sth কোনো কিছু অধ্যয়ন করা অথবা কিছু খুঁজে বার করার চেষ্টা করা *A committee was set up to look into the causes of the accident.*

look on to watch sth happening without taking any action কোনো ঘটনার নিষ্ক্রিয় দর্শক হওয়া *All they could do was look on as the house burned.*

look on sb/sth as sth; look on sb with sth to think of sb/sth in a particular way কোনো ব্যক্তি অথবা বস্তুর সম্পর্কে বিশেষভাবে ভাবা *They seem to look on me as someone who can advise them.*

look out to be careful or to pay attention to sth dangerous বিপজ্জনক কোনো কিছুর জন্য হুঁশিয়ার বা সাবধান থাকা *She must look out for her health.*

look out (for sb/sth) to pay attention in order to see, find or avoid sb/sth কোনো ব্যক্তি অথবা বস্তুকে দেখা, খোঁজা অথবা এড়ানোর জন্য সজাগ থাকা *Look out for thieves!*

look round 1 to turn your head in order to see sb/sth কোনো ব্যক্তি অথবা বস্তুকে দেখার জন্য মাথা ঘোরানো **2** to look at many things (before buying sth) কোনো কিছু কেনার আগে অনেক কিছু দেখা *She looked round but couldn't find anything she liked.*

look round sth to walk around a place looking at things কোনো জায়গায় জিনিসপত্র দেখতে দেখতে হেঁটে বেড়ানো *to look round a town/shop/museum*

look through sth to read sth quickly কোনো কিছু খুব দ্রুত পড়া

look to sb for sth; look to sb to do sth to expect sb to do or to provide sth কোনো ব্যক্তির কাছ থেকে কিছু করা বা কিছু দেওয়ার আশা করা *He always looked to his father for advice.*

look up 1 to move your eyes upwards to look at sb/sth উপর দিকে তাকিয়ে কোনো কিছু দেখা *She looked up and smiled.* **2** (*informal*) to improve উন্নতি করা *Business is looking up.*

look sth up to search for information in a book বইয়ে কোনো তথ্য খোঁজা *to look up a word in a dictionary*

look up to sb to respect and admire sb কোনো ব্যক্তিকে শ্রদ্ধা এবং প্রশংসা করা

look[2] / lʊk লুক্ / *noun* **1** [C] the act of looking দর্শন, দৃষ্টিপাত *Have a look at this article.* ○ *Take a close look at the contract before you sign it.* **2** [C, *usually sing.*] **a look (for sb/sth)** a search ভালো করে দেখা, খোঁজা বা খোঁজ করার ক্রিয়া *I'll have a good look for that book later.* **3** [C] the expression on sb's face কোনো ব্যক্তির মুখের বিশেষ অভিব্যক্তি *He had a worried look on his face.* **4 looks** [*pl.*] a person's appearance কোনো ব্যক্তির চেহারা, বাহ্যরূপ *He's lucky—he's got good looks and intelligence.* **5** [C] a fashion or style কায়দা বা শৈলী *The shop has a new look to appeal to younger customers.*

IDM by/from the look of sb/sth judging by the appearance of sb/sth বাহ্যিক রূপ দ্বারা কোনো ব্যক্তি অথবা বস্তুকে বিচার করা হয় এমন *It's going to be a fine day by the look of it.*

like the look/sound of sb/sth ➪ **like**[1] দেখো।

look-in *noun*

IDM (not) give sb a look-in; (not) get/have a look-in (*informal*) to (not) give sb, or to (not) have a chance to do sth কোনো ব্যক্তিকে কিছু না দেওয়া অথবা কোনো কিছু করার সুযোগ না পাওয়া

-looking / ˈlʊkɪŋ ˈলুকিং / *suffix* (*used to form compound adjectives*) having the appearance mentioned উল্লিখিত চেহারাসম্পন্ন *an odd-looking building* ○ *He's very good-looking.*

lookout / ˈlʊkaʊt ˈলুক্আউট্ / *noun* [C] (a person who has) the responsibility of watching to see if danger is coming; the place this person watches from এমন ব্যক্তি যে কোনো সম্ভাব্য বিপদের উপর নজর রাখে; যে স্থান থেকে এই ব্যক্তি নজর রাখে *One of the gangs acted as lookout.*

IDM be on the lookout for sb/sth; keep a lookout for sb/sth to pay attention in order to see, find or avoid sb/sth কাউকে বা কোনো কিছু দেখা, খোঁজা অথবা এড়ানোর জন্য মনোনিবেশ করা

loom[1] / lu:m লূম্ / *noun* [C] a machine that is used for making cloth (**weaving**) by passing pieces of thread across and under other pieces (সুতো দিয়ে পোশাক বোনার জন্য ব্যবহৃত) বয়নযন্ত্র, তাঁতকল, তাঁত

loom[2] / lu:m লূম্ / verb [I] **loom (up)** to appear as a shape that is not clear and in a way that seems frightening অস্পষ্টভাবে এবং ভীতিজনকভাবে দৃশ্যমান হওয়া *The mountain loomed (up) in the distance.*

loony / ˈlu:ni ˈলূনি / *noun* [C] (*pl.* **loonies**) (*slang*) a person who is crazy (অপপ্রয়োগ) পাগল ব্যক্তি **loony** *adj.* খ্যাপা, উন্মাদ

loop / lu:p লূপ্ / *noun* [C] a curved or round shape made by a line curving round and joining or crossing itself ফাঁস *a loop in a rope* ○ *The road goes around the lake in a loop.* ▶ **loop** *verb* [I, T] ফাঁস দেওয়া *He was trying to loop a rope over the horse's head.*

loophole / ˈlu:phəʊl ˈলূপ্‌হ্যাউল্ / *noun* [C] a way of avoiding sth because the words of a rule or law are badly chosen নিয়ম বা আইনের শব্দাবলী খারাপভাবে পছন্দ করার ফলে কোনো কিছু এড়িয়ে যাওয়ার যে উপায়; নিয়ম, আইন ইত্যাদির ফাঁক

loose[1] / lu:s লূস্ / *adj.* **1** not tied up or shut in sth; free আলগা, খোলা; বাঁধা নয় *The horse managed to* ***get loose*** *and escape.* ○ *I take the dog to the woods and* ***let him loose****.* **2** not firmly fixed আলগা, ঢিলে, শিথিল, নড়বড়ে *a loose tooth* **3** not contained in sth or joined together খুচরো, আলগা, খোলা *loose change* (= coins) ○ *some loose sheets of paper* **4** not fitting closely; not tight ঢিলেঢালা; দৃঢ় নয় *These trousers don't fit. They're much too loose round the waist.* ✪ বিপ **tight** **5** not completely accurate or the same as sth কোনো কিছুর মতো সম্পূর্ণভাবে সঠিক বা তার সদৃশ নয়; ত্রুটিপূর্ণ *a loose translation* ▶ **loosely** *adv.* শিথিলভাবে *The film is loosely based on the life of Dhirubhai Ambani.*

IDM all hell broke loose ➪ **hell** দেখো।

at a loose end having nothing to do and feeling bored কিছু করার নেই বলে একঘেয়ে লাগছে এমন

loose[2] / lu:s লূস্ / *noun*

IDM on the loose escaped and dangerous বিপজ্জনক এবং ছাড়া পেয়ে গেছে এমন *a lion on the loose from a zoo*

loose-leaf *adj.* (used about a book, file, etc.) with pages that can be removed or added separately (বই, ফাইল ইত্যাদির সম্বন্ধে ব্যবহৃত) যার থেকে পাতা বা পৃষ্ঠা আলাদাভাবে বার করে নেওয়া যায় বা জোড়া যায়

loosen / ˈlu:sn ˈলূস্‌ন্ / *verb* [I, T] to become or make sth less tight কোনো কিছু শিথিল হওয়া বা ঢিলে করা, আলগা বা শিথিল করা *to loosen your tie/belt* ○ *Don't loosen your grip on the rope or you'll fall.*

PHR V loosen (sb/sth) up to relax or move more easily উদ্বেগমুক্ত হওয়া এবং হালকা বোধ করা, সহজে চলাফেরা করতে পারা *These exercises will help you to loosen up.*

loot[1] / luːt লুট্ / *verb* [I, T] to steal things from shops or buildings during a war, a **riot**, a fire, etc. যুদ্ধ, দাঙ্গা, অগ্নিকাণ্ড ইত্যাদির সময়ে দোকান অথবা বাড়ি থেকে মালপত্র চুরি করা; লুণ্ঠন করা, লুট করা ▶ **looting** *noun* [U] লুণ্ঠন, লুট

loot[2] / luːt লুট্ / *noun* [U] **1** money and valuable objects taken by soldiers from the enemy after winning a battle যুদ্ধে জয়ী হওয়ার পর শত্রুপক্ষের থেকে সৈন্যদল যে টাকাপয়সা এবং মূল্যবান সামগ্রী নিয়ে নেয় **2** (*informal*) money and valuable objects that have been stolen by thieves চুরি করা টাকাপয়সা বা মূল্যবান সামগ্রী; লুটের মাল, বমাল

lop / lɒp লপ্ / *verb* [T] (**lopping; lopped**) to cut branches off a tree গাছের ডাল কাটা বা ছাঁটা

PHR V **lop sth off/away** to cut sth off/away কোনো কিছু কেটে বাদ দেওয়া

lopsided / ˌlɒpˈsaɪdɪd ˌলপ্ˈসাইডিড্ / *adj.* with one side lower or smaller than the other একপাশে হেলে-থাকা; সামঞ্জস্যহীন, একপেশে *a lopsided smile*

lorry / ˈlɒri ˈলরি / (*BrE*) *noun* [C] (*pl.* **lorries**) (*AmE* **truck**) a large strong motor vehicle that is used for carrying goods by road মাল বহনের জন্য ব্যবহৃত বড়ো মজবুত যান (মোটর চালিত); লরি

lose / luːz লূজ্ / *verb* (*pt, pp* **lost** /lɒst লস্ট্ /) **1** [T] to become unable to find sth কোনো কিছু খুঁজে পেতে অসমর্থ হওয়া, হারিয়ে ফেলা *I've lost my purse. I can't find it anywhere.* **2** [T] to no longer have sb/sth কেউ বা কোনো কিছু আর না থাকা; হারিয়ে ফেলা; খোয়ানো *She lost a leg in the accident.* ○ *He lost his wife last year* (=she died). ○ *to lose your job* **3** [T] to have less of sth কোনো কিছু কম থাকা বা পর্যাপ্ত পরিমাণে না থাকা *to lose weight/interest/patience* ○ *The company is losing money all the time.* ✪ বিপ **gain** **4** [I, T] to not win; to be defeated জিততে না পারা; পরাজিত হওয়া, হেরে যাওয়া; জয়ী না হওয়া *We played well but we lost 2–1.* ○ *to lose a court case/an argument* **5** [T] to waste time, a chance, etc.সময়, সুযোগ ইত্যাদি নষ্ট করা *Hurry up! There's* ***no time to lose.*** **6** [I, T] to become poorer (as a result of sth) কোনো কিছুর ফলে লোকসান বা ক্ষতি হওয়া *The company lost on the deal.* **7** [T] (*informal*) to cause sb not to understand sth কোনো ব্যক্তিকে কোনো কথা বুঝতে না দেওয়া *You've totally lost me! Please explain again.*

IDM **give/lose ground (to sb/sth)** ⇨ **ground**[1] দেখো।

keep/lose your cool ⇨ **cool**[3] দেখো।

keep/lose count (of sth) ⇨ **count**[2] দেখো।

keep/lose your temper ⇨ **temper** দেখো।

keep/lose track of sb/sth ⇨ **track**[1] দেখো।

lose your bearings to become confused about where you are দিশেহারা হয়ে পড়া

lose face to lose the respect of other people অন্য লোকের কাছে সম্মান হারানো

lose your head to become confused or very excited উত্তেজিত এবং বিভ্রান্ত হয়ে যাওয়া

lose heart to stop believing that you will be successful in sth you are trying to do যা চেষ্টা করা হচ্ছে তাতে সাফল্য লাভ হবে এরকম বিশ্বাস না করা

lose it (*spoken*) to go crazy or suddenly become unable to control your emotions হঠাৎ পাগল হয়ে যাওয়া এবং নিজের ভাবাবেগ নিয়ন্ত্রণ করতে না পারা

lose your life to be killed মরে যাওয়া, নিহত হওয়া

lose sight of sb/sth to no longer be able to see sb/sth কোনো ব্যক্তি অথবা বস্তুকে আর দেখতে না পাওয়া *We eventually lost sight of the animal in some trees.* ○ *(figurative) We mustn't lose sight of our original aim.*

lose your touch to lose a special skill or ability কোনো বিশেষ দক্ষতা বা ক্ষমতা হারিয়ে ফেলা

lose touch (with sb/sth) to no longer have contact (with sb/sth) কোনো ব্যক্তি অথবা বস্তুর সঙ্গে আর সম্পর্ক না থাকা *I've lost touch with a lot of my old school friends.*

a losing battle a competition, fight, etc. in which it seems that you will not be successful প্রতিযোগিতা, লড়াই ইত্যাদি যেটাতে সাফল্য লাভ করা যাবে বলে মনে হয় না

win/lose the toss ⇨ **toss** দেখো।

PHR V **lose out (on sth/to sb)** (*informal*) to be at a disadvantage প্রতিকূল অবস্থায় থাকা *If a teacher pays too much attention to the bright students, the others lose out.*

loser / ˈluːzə(r) ˈলূজ়া(র্) / *noun* [C] **1** a person who is defeated পরাজিত ব্যক্তি *He is a bad loser. He always gets angry if I beat him.* **2** a person who is never successful যে ব্যক্তি কখনও সাফল্য লাভ করেনি **3** a person who suffers because of a particular situation, decision, etc. কোনো বিশেষ পরিস্থিতি, সিদ্ধান্ত ইত্যাদির জন্য যে ব্যক্তি কষ্ট ভোগ করে

loss / lɒs লস্ / *noun* **1** [C, U] **(a) loss (of sth)** the state of no longer having sth or not having as much as before; the act of losing sth কোনো কিছু আর না থাকা বা আগের মতো যথেষ্ট পরিমাণে না থাকার অবস্থা; হ্রাস, হানি, নাশ; কোনো কিছু হারানোর ক্রিয়া *loss of blood/sleep* ○ *The plane crashed causing great loss of life.* **2** [C] **a loss (of sth)** the amount of money which is lost by a business ব্যবসাতে যে পরিমাণ অর্থের লোকসান হয়েছে *The firm made a loss of five million rupees.* ➪ **profit** দেখো। **3** [C] **a loss (to sb)** the disadvantage that is caused when sb/sth leaves or is taken away; the person or thing that causes this disadvantage কোনো ব্যক্তি অথবা বস্তু চলে যাওয়া বা তা নিয়ে নেওয়ার ফলে যে অসুবিধা; যে ব্যক্তি অথবা বস্তু এই অসুবিধার কারণ *If she leaves, it/she will be a big loss to the school.*

IDM at a loss not knowing what to do or say কিংকর্তব্যবিমূঢ় হয়ে পড়েছে এমন; হতভম্ব

cut your losses to stop wasting time or money on sth that is not successful যা সাফল্য লাভ করবে না তার উপর অর্থ অথবা সময় ব্যয় না করা

lost[1] ➪ **lose**-এর past tense এবং past participle

lost[2] / lɒst লস্ট্ / *adj.* **1** unable to find your way; not knowing where you are পথ খুঁজে পেতে অক্ষম; হারিয়ে গেছে এমন *This isn't the right road—we're completely lost!* ○ *If you* ***get lost****, stop and ask someone the way.* **2** that cannot be found or that no longer exists যা আর খুঁজে পাওয়া যাবে না বা যার অস্তিত্ব এখন নেই, বরাবরের মতো হারিয়ে গেছে *The letter must have* ***got lost*** *in the post.* **3** unable to deal with a situation or to understand sth পরিস্থিতির মোকাবিলা করতে বা কোনো কিছু বুঝতে অক্ষম *Sorry, I'm lost. Could you explain the last part again?* **4 lost on sb** not noticed or understood by sb কোনো ব্যক্তির দ্বারা লক্ষিত বা বোধগম্য হয়নি এমন *The humour of the situation was completely lost on Nisha.*

IDM get lost (*slang*) used to rudely tell sb to go away অভদ্রভাবে কাউকে চলে যেতে বলার জন্য ব্যবহৃত অভিব্যক্তিবিশেষ

a lost cause a goal or an aim that cannot be achieved যে লক্ষ্যে পৌঁছোনো প্রায় অসম্ভব অথবা যা অর্জন করা সম্ভব নয়

lost for words not knowing what to say কি বলা উচিত তা জানা নেই এমন

lost property *noun* [U] things that people have lost or left in a public place and that are kept in a special office for the owners to collect লোকজনের হারিয়ে যাওয়া বা প্রকাশ্যে ফেলে রাখা জিনিসপত্র যা কোনো বিশেষ অফিসে রাখা হয় যাতে মালিক তা নিয়ে যেতে পারে

lot[1] / lɒt লট্ / *noun* **1** [C] **a lot (of sth); lots (of sth)** a large amount or number of things or people (বস্তু অথবা লোকজন) খুব বেশি, অনেক, বিপুল, একরাশ *There seem to be* ***quite a lot*** *of new shops opening.* ○ ***An awful lot*** *of* (=very many) *people will be disappointed if the match is cancelled.*

> **NOTE** প্রশ্নাত্মক এবং নেতিবাচক বাক্যে **much** এবং **many** শব্দ দুটির ব্যবহার বেশি প্রচলিত—*A lot of girls go to dancing classes, but not many boys.* ○ *'How much would a car like that cost?' 'A lot!'*

2 [*sing., with sing. or pl. verb*] all of sth; the whole of a group of things or people কোনো কিছুর পুরোটা; দলের সকলে, গুচ্ছের সব কটি *When we opened the bag of potatoes* ***the whole lot*** *was/were bad.* ○ *You count those kids and I'll count* ***this lot****.* **3** [C] an object or group of objects that are being sold at a public sale (**an auction**) নিলামে বিক্রির কোনো বস্তু বা জিনিসপত্র *Lot 27 is six chairs.* **4** [*sing.*] the quality or state of your life;your fate ভাগ্য; নিয়তি, কপাল; অদৃষ্ট *I'm quite happy with my lot in life.* **5** [C] (*AmE*) an area of land used for a particular purpose বিশেষ কাজের জন্য ব্যবহৃত এলাকা *a parking lot*

IDM draw lots ➪ **draw[1]** দেখো।

lot[2] / lɒt লট্ / *adv.* (*informal*) **1 a lot; lots** (*before adjectives and adverbs*) very much খুব বেশি; অনেকটা *a lot bigger/better/faster* ○ *They see lots more of each other than before.* **2 a lot** very much or often খুব বেশি, প্রায়ই, অনেক সময় ***Thanks a lot****—that's very kind.* ○ *It generally rains a lot at this time of year.*

a lot of / əˈlɒt əv অ্যা'লট্ অ্যাভ্ / (*informal* **lots of** / ˈlɒts əv 'লট্‌স্ অ্যাভ্ /) *det.* a large amount or number of (sb/sth) (কারও বা কিছুর) বেশি পরিমাণে, বেশি সংখ্যায় *There's been a lot of rain this year.* ○ *Lots of love, Bhanu* (=an informal ending for a letter).

lotion / ˈləʊʃn 'ল্যাউশ্‌ন্ / *noun* [C, U] liquid that you use on your hair or skin চুলে বা ত্বকে ব্যবহারের তরল প্রসাধনী; লোশন *suntan lotion*

lottery / ˈlɒtəri 'লট্যারি / *noun* [C] (*pl.* **lotteries**) a way of making money for the government, for charity, etc. by selling tickets with numbers on them and giving prizes to the people who have bought certain numbers which are chosen by chance সংখ্যাচিহ্নিত টিকিট বিক্রির মাধ্যমে এবং যারা হঠাৎ বেছে নেওয়া নির্দিষ্ট সংখ্যা চিহ্নিত টিকিটের ক্রেতা, তাদের পুরস্কৃত করে সরকারিভাবে বা দাতব্যের জন্য অর্থ সংগ্রহের উপায়; লটারি

loud / laʊd লাউড্ / *adj., adv.* **1** making a lot of noise; not quiet গোলমাল করা হচ্ছে এমন; চুপচাপ নয় *Can you turn the television down, it's too loud.* ○ *Could you speak a bit louder—the people at the back can't hear.* ✪ বিপ **quiet** অথবা **soft**

NOTE **Loud** শব্দটি সাধারণত আওয়াজ অথবা যে বস্তুটি আওয়াজ করছে তাকে বর্ণনা করার জন্য ব্যবহার করা হয়—*a loud noise/bang* o *loud music.* কোনো ব্যক্তি, পশু, স্থান, ঘটনা ইত্যাদি যখন খুব কোলাহলমুখর অথবা হৈ-হট্টগোলে ভরা থাকে তখন এদের জন্য **noisy** শব্দটি ব্যবহার করা হয়—*a noisy road/party/engine/ child*

2 (used about clothes or colours) too bright (পোশাক বা রং সম্বন্ধে ব্যবহৃত) কটকটে, চড়া *a loud shirt* ▶ **loudly** *adv.* জোরে, চেঁচিয়ে, সরবে ▶ **loudness** *noun* [U] প্রবল সরবতা, প্রখরতা

IDM **out loud** so that people can hear it যাতে লোকে শুনতে পায় *Shall I read this bit out loud to you?*

loudspeaker / ˌlaʊdˈspiːkə(r) ˌলাউড্'স্পীক্যা(র্) / *noun* [C] **1** (*also* **speaker**) the part of a radio, CD player, etc. which the sound comes out of যে যন্ত্রের সাহায্যে রেডিও, সিডি প্লেয়ার ইত্যাদির আওয়াজ জোরে শোনা যায় **2** a piece of electrical equipment for speaking, playing music, etc. to a lot of people অনেক লোকের সামনে জোরে কথা বলা, গান বাজানো ইত্যাদির জন্য ব্যবহৃত বৈদ্যুতিক সরঞ্জাম

lounge¹ / laʊndʒ লাউন্জ্ / *noun* [C] **1** a comfortable room in a house or hotel where you can sit and relax বাড়ির মধ্যে বা হোটেলে আরাম করে বসে থাকার ঘর বা স্থান **2** the part of an airport where passengers wait এয়ারপোর্ট ইত্যাদিতে যাত্রীদের অপেক্ষা করার স্থান *the departure lounge*

lounge² / laʊndʒ লাউন্জ্ / *verb* [I] **lounge (about/ around)** to sit, stand or lie in a lazy way আরাম করে, আলসেমি করে শুয়ে বসে বা দাঁড়িয়ে থাকা *People were lounging on the beach*

louse / laʊs লাউস্ / *noun* [C] (*pl.* **lice** /laɪs লাইস্ /) a small insect that lives on the bodies of animals and people উকুন

lousy / ˈlaʊzi ˈলাউজি / *adj.* (*informal*) very bad খুব বাজে, বিশ্রী, জঘন্য *We had lousy weather on holiday.*

lout / laʊt লাউট্ / *noun* [C] a young man who behaves in a rude, rough or stupid way রূঢ়, কর্কশ বা বোকার মতো ব্যবহার করে এমন যুবক ⇨ **hooligan** এবং **yob** দেখো।

lovable (*also* **loveable**) / ˈlʌvəbl ˈলাভ্যাব্ল্ / *adj.* having a personality or appearance that is easy to love এমন ব্যক্তিত্ব বা চেহারার অধিকারী যে তাকে সহজেই ভালোবাসা যায় *a lovable little boy*

love¹ / lʌv লাভ্ / *noun* **1** [U] a strong feeling that you have when you like sb/sth very much প্রেম, ভালোবাসা *a mother's love for her children* o to *fall in love* with sb o *a love song/story* **2** [U, sing.] a strong feeling of interest in or enjoyment of sth কোনো কিছুতে প্রচণ্ড আকর্ষণ; কোনো কিছু খুব ভালো লাগার অনুভূতি *a love of adventure/nature/ sport* **3** [C] a person, a thing or an activity that you like very much ভালোবাসার বা খুব ভালোলাগার পাত্র বা জিনিস *His great love was always music.* **4** [U] (used in tennis) a score of zero (টেনিস খেলায় ব্যবহৃত) পয়েন্টহীন অবস্থা, এখনও কোনো পয়েন্ট হয়নি এমন *The score is forty-love.*

IDM **give/send sb your love** to give/send sb a friendly message কাউকে ভালোবাসার বা বন্ধুত্বের বার্তা পাঠানো *Give Mona my love when you next see her.*

(lots of) love (from) used at the end of a letter to a friend or a member of your family বন্ধু বা পরিবারের কাউকে চিঠি লিখলে চিঠির শেষে ব্যবহৃত অভিব্যক্তিবিশেষ *See you soon. Love, Rajan*

love² / lʌv লাভ্ / *verb* [T] **1** to like sb/sth in the strongest possible way কাউকে বা কিছুকে গভীরভাবে ভালোবাসা, প্রেমে পড়া *She loves her children.* **2** to like or enjoy sth very much কোনো কিছু খুব ভালো লাগা বা উপভোগ করা *I love the summer!* o *I really love swimming in the sea.* o **3** **would love sth/ to do sth** used to say that you would very much like sth/to do sth খুবই ভালো লাগবে, খুবই পছন্দ হবে এরকম বোঝাতে ব্যবহৃত অভিব্যক্তিবিশেষ *'Would you like to come?' 'I'd love to'.* o *'What about a drink?' 'I'd love one.'* o *We'd love you to come and stay with us.*

love affair *noun* [C] **1** a romantic and/or sexual relationship between two people who love each other but are not married অবিবাহিত দুই ব্যক্তির মধ্যে পারস্পরিক অনুরাগ এবং/অথবা যৌন আকর্ষণ *She had a love affair with her tennis coach.* **2** a great enthusiasm for sth কোনো কিছুর জন্য গভীর উৎসাহ, আগ্রহ *His love affair with bikes started when he was still a teenager.*

lovely / ˈlʌvli ˈলাভ্লি / *adj.* (**lovelier; loveliest**) **1** beautiful or attractive সুন্দর, খুব ভালো, আকর্ষণীয় *a lovely room/voice/expression* o *You look lovely with your hair short.* **2** enjoyable or pleasant; very nice উপভোগ্য বা প্রীতিকর; ভালো, সুন্দর *We had a lovely holiday.* ▶ **loveliness** *noun* [U] সৌন্দর্য

IDM **lovely and warm, peaceful, fresh, etc.** used for emphasizing how good sth is because of the quality mentioned উল্লিখিত গুণ অনুযায়ী কোনো কিছু কত ভালো তাতে জোর দেওয়ার জন্য ব্যবহৃত; গুণের দিক থেকে অত্যন্ত উচ্চমানের তা বোঝানোর জন্য ব্যবহৃত হয় *These blankets are lovely and soft.*

lover / ˈlʌvə(r) ˈলাভ্যা(র্) / *noun* [C] **1** a partner in a sexual relationship with sb who he/she is not married to প্রণয়ী, প্রেমাস্পদ, প্রেমিক বা প্রেমিকা *The park was full of young lovers holding hands.* **2** a person who likes or enjoys the thing mentioned অনুরাগী, ভক্ত *a music lover ○ an animal lover*

loving / ˈlʌvɪŋ ˈলাভিং / *adj.* **1** feeling or showing love or care স্নেহশীল, প্রেমপূর্ণ *She's very loving towards her brother.* **2 -loving** (*used to form compound adjectives*) loving the thing or activity mentioned উল্লিখিত বস্তু বা কাজকে ভালোবাসা হয় এমন *a fun-loving girl* ▶ **lovingly** *adv.* স্নেহশীলভাবে, ভালোবেসে

low^1 / ləʊ ল্যাউ / *adj., adv.* **1** close to the ground or to the bottom of sth নীচু, মাটির কাছাকাছি, উঁচু নয় *Hang that picture a bit higher, it's much too low! ○ That plane is flying very low.* **2** below the usual or normal level or amount স্বাভাবিকের থেকে কম (স্তর বা পরিমাণ) *Temperatures were very low last winter. ○ low wages ○ low-fat yoghurt* **3** below what is normal or acceptable in quality, importance or development স্বাভাবিক বা গ্রহণযোগ্য মাত্রা বা মানের থেকে কম (গুণ, গুরুত্ব বা উন্নতির ক্ষেত্রে) *a low standard of living ○ low status* **4** (used about a sound or voice) deep or quiet (কোনো শব্দ বা স্বর সম্বন্ধে ব্যবহৃত) গভীর বা শান্ত *His voice is already lower than his father's. ○ A group of people in the library were speaking in low voices.* **5** not happy and lacking energy উদ্যমহীন, অখুশি, নিরানন্দ *He's been **feeling** a bit **low** since his illness.* **6** (used about a light, an oven, etc.) made to produce only a little light or heat (আলো, ওভেন ইত্যাদি সম্বন্ধে ব্যবহৃত) কেবলমাত্র স্বল্প আলো বা স্বল্প তাপ উৎপন্ন করার জন্য তৈরি *Cook the rice on a low heat for 20 minutes. ○ The low lighting adds to the restaurant's atmosphere.* **7** (used about a gear in a car) that allows a slower speed (গাড়ির গিয়ার সম্বন্ধে ব্যবহৃত) যা গাড়ির গতি কম করতে সাহায্য করে ✪ বিপ **high** (সব অর্থের জন্য)

IDM **high and low** ⇨ **high^2** দেখো।

lie low ⇨ **lie^2** দেখো।

run low (on sth) to start to have less of sth than you need; to be less than is needed ফুরিয়ে আসা; দরকারের থেকে কম থাকা, প্রয়োজন মতো নেই *We're running low on coffee—shall I go and buy some?*

low^2 / ləʊ ল্যাউ / *noun* [C] a low point, level, figure, etc. নীচু মাত্রা, স্তর, সংখ্যা ইত্যাদি *Unemployment has fallen to a new low.* ✪ বিপ **high**

low-down *noun* [*sing.*] (*informal*)

IDM **give sb/get the low-down (on sb/sth)** to tell sb/be told the true facts or secret information (about sb/sth) কাউকে (কারও বা কিছুর সম্বন্ধে) সত্য ঘটনা জানানো বা গোপন খবর দেওয়া

lower^1 / ˈləʊə(r) ˈল্যাউঅ্যা(র্) / *adj.* (*only before a noun*) below sth or at the bottom of sth কোনো কিছুর নীচে অথবা একেবারে নীচের দিকে *She bit her lower lip. ○ the lower deck of a ship* ✪ বিপ **upper**

lower^2 / ˈləʊə(r) ˈল্যাউঅ্যা(র্) / *verb* [T] **1** to make or let sb/sth go down কাউকে বা কোনো কিছু নীচে নামানো *They lowered the boat into the water. ○ to lower your head/eyes* **2** to make sth less in amount, quality, etc. (পরিমাণ, গুণ ইত্যাদি ক্ষেত্রে) কোনো কিছু কম করা, নীচু করা, কমানো *The virus lowers resistance to other diseases. ○ Could you **lower your voice** slightly? I'm trying to sleep.* ✪ বিপ **raise**

lower case *noun* [U] letters that are written or printed in their small form; not in capital letters ছোটো অক্ষরে ছাপা বা লেখা; বড়ো অক্ষরে নয় *The text is all in lower case. ○ lower–case letters* ✪ বিপ **upper case**

lowest common denominator *noun* [C] (*abbr.* **LCD**) (*mathematics*) the smallest number that the bottom numbers of a group of **fractions** can be divided into exactly (গণিত) একগুচ্ছ ভগ্নাংশের নীচের সংখ্যাগুলিকে ক্ষুদ্রতম যে সংখ্যা দিয়ে সম্পূর্ণরূপে বিভাজিত করা যায় বা ভাগ করা যায়; লঘিষ্ঠ সাধারণ গুণিতক; ল.সা.গু

low-key *adj.* quiet and not wanting to attract a lot of attention শান্ত এবং চুপচাপ *The wedding will be very low-key. We're only inviting ten people.*

lowland / ˈləʊlənd ˈল্যাউল্যান্ড্ / *noun* [C, *usually pl.*] a flat area of land at about sea level সমুদ্র পৃষ্ঠের কাছাকাছি সমতলভূমি *the lowlands near the coast ○ lowland areas*

low-level *adj.* (*computing*) (used about a computer language) not like an existing language, but using a system of numbers that a computer can understand and act on; similar to **machine code** (কম্পিউটারের ভাষা সম্বন্ধে ব্যবহৃত) পরিচিত ভাষার মতো নয়, কিন্তু সংখ্যাবাচক এমন পদ্ধতি ব্যবহার করা হয় যা কম্পিউটার ঠিক বুঝতে পারে এবং সেইমতো কাজ করে; মেশিন কোডের সদৃশ ✪ বিপ **high-level**

low-lying *adj.* (used about land) near to sea level; not high (জমি সম্বন্ধে ব্যবহৃত) সমুদ্রতলের কাছাকাছি; উঁচু নয়

low-pitched *adj.* (used about sounds) deep; low (শব্দ সম্বন্ধে ব্যবহৃত) গভীর; নীচু *a low-pitched voice* ✪ বিপ **high-pitched**

low season *noun* [C] (*BrE*) the time of year when a hotel or tourist area receives fewest visitors বছরের যে সময়ে কোনো হোটেল বা পর্যটনযোগ্য এলাকায় কম দর্শক বা পর্যটক আসে ➪ **high season** দেখো।

low tide *noun* [U] the time when the sea is at its lowest level ভাটার সময় *At low tide you can walk out to the island.* ✪ বিপ **high tide**

loyal / ˈlɔɪəl ˈলইঅ্যাল্ / *adj.* (used about a person) not changing in your friendship or beliefs (ব্যক্তি সম্বন্ধে ব্যবহৃত) বিশ্বস্ত, অনুগত *a loyal friend/supporter* ✪ সম **faithful** ✪ বিপ **disloyal** ▶ **loyally** *adv.* অনুগতভাবে, আনুগত্যের সঙ্গে ▶ **loyalty** / ˈlɔɪəlti ˈলইঅ্যাল্টি / *noun* [C, U] (*pl.* **loyalties**) আনুগত্য, বিশ্বস্ততা

lozenge / ˈlɒzɪndʒ ˈলজ়িন্জ্ / *noun* [C] **1** (*mathematics*) a figure with four sides in the shape of a diamond that has two opposite angles more than 90° and the other two less than 90° (গণিত) রুইতনের আকৃতি যার দুই বিপরীত কোণ ৯০°-এর বেশি এবং বাকি দুটি ৯০°-এর কম ➪ **shape**-এ ছবি দেখো। **2** a sweet that you suck if you have a cough or a sore throat কাশি বা গলা ব্যথা হলে খাবার লজেন্স

LPG / ˌel piː ˈdʒiː ˌএল্ পী ˈজী / *abbr.* Liquefied Petroleum Gas, commonly known as cooking gas লিকুইডিফাইড পেট্রোলিয়াম গ্যাস যা সাধারণত কুকিং গ্যাস নামে পরিচিত; রান্না করার গ্যাস; এল পি জি

L-plate *noun* [C] a sign with a large red letter L (for 'learner') on it, that you fix to a car to show that the driver is learning to drive বড়ো লাল রঙের 'L' চিহ্ন যা কোনো গাড়িতে লাগানো হয় এই দেখানোর জন্য যে ড্রাইভার এখনও গাড়ি চালাতে শিখছে; এল-প্লেট

Lt *abbr.* (*written*) Lieutenant লেফ্‌টেন্যান্ট

Ltd *abbr.* (*BrE*) (used about private companies) Limited (ব্যক্তিগত কোম্পানি বা ব্যাবসায়িক প্রতিষ্ঠান সম্বন্ধে ব্যবহৃত) লিমিটেড *Pierce and Co. Ltd*

lubricant / ˈluːbrɪkənt ˈলুব্রিক্যান্ট্ / *noun* [C, U] a substance, for example oil, that makes the parts of a machine work easily and smoothly যে পদার্থ (যেমন তেল) কোনো যন্ত্রাংশের কাজ করা সহজ এবং মসৃণ করে

lubricate / ˈluːbrɪkeɪt ˈলুব্রিকেইট্ / *verb* [T] to put oil, etc. onto or into sth so that it works smoothly কোনো কিছুতে তেল, গ্রিজ ইত্যাদি দিয়ে মসৃণ করা যাতে তা ভালোভাবে কাজ করতে পারে ▶ **lubrication** / ˌluːbrɪˈkeɪʃn ˌলুব্রিˈকেইশ্ন্ / *noun* [U] তৈলাক্তকরণ

lucid / ˈluːsɪd ˈলুসিড্ / *adj.* (*formal*) **1** (used about sth that is said or written) clear and easy to understand (কোনো কিছু যা বলা হয় বা লেখা হয় সেই সম্বন্ধে ব্যবহৃত) প্রাঞ্জল এবং সহজবোধ্য *a lucid style/description* **2** (used about a person's mind) not confused; clear and normal (কারও চিন্তাশক্তি সম্বন্ধে ব্যবহৃত) প্রকৃতিস্থ, বিভ্রান্ত নয়; স্বচ্ছ, স্বাভাবিক ▶ **lucidly** *adv.* স্বচ্ছভাবে, প্রাঞ্জলভাবে ▶ **lucidity** /luːˈsɪdəti লুˈসিড্যাটি / *noun* [U] প্রাঞ্জলতা, স্বচ্ছতা

luck / lʌk লাক্ / *noun* [U] **1** success or good things that happen by chance সৌভাগ্য, কপাল *We'd like to* ***wish*** *you lots of* ***luck*** *in your new career.* ○ ***With*** *a bit of* ***luck****, we'll finish this job today.* **2** chance; the force that people believe makes things happen সুযোগ; নিয়তি, ভাগ্য, দৈব *There's no skill in this game—it's all luck.* ○ *to have good/bad luck*

IDM **bad luck!; hard luck!** used to show pity for sb কাউকে দয়া দেখানোর জন্য ব্যবহৃত অভিব্যক্তিবিশেষ *'Bad luck. Maybe you'll win next time.'*

be in/out of luck to be lucky/to not be lucky সৌভাগ্য থাকা বা না থাকা *I was in luck—they had only one ticket left!*

good luck (to sb) used to wish that sb is successful কারও সাফল্য, জয় ইত্যাদি কামনা করে ব্যবহৃত অভিব্যক্তিবিশেষ *Good luck! I'm sure you'll get the job.*

worse luck ➪ **worse** দেখো।

lucky / ˈlʌki ˈলাকি / *adj.* (**luckier; luckiest**) **1** (used about a person) having good luck (কোনো ব্যক্তি সম্বন্ধে ব্যবহৃত) সৌভাগ্যবান, ভাগ্যবান, ভাগ্যশালী *He's lucky to be alive after an accident like that.* ○ *With so much unemployment, I* ***count myself lucky*** *that I've got a job.* **2** (used about a situation, event, etc.) having a good result (কোনো পরিস্থিতি, ঘটনা ইত্যাদি সম্বন্ধে ব্যবহৃত) ভালো *It's lucky I got here before the rain started.* ○ *a lucky escape* **3** (used about a thing) bringing success or good luck (কোনো জিনিস সম্বন্ধে ব্যবহৃত) সৌভাগ্য বয়ে আনে যা; সৌভাগ্যসূচক *a lucky number* ○ *It was not my lucky day.* ✪ বিপ**unlucky** ▶ **luckily** *adv.* ভাগ্যক্রমে, কপালের জোরে *Luckily, I remembered to bring some money.*

IDM **you'll be lucky** used to tell sb that sth that he/she is expecting will probably not happen কোনো ব্যক্তিকে এই বলার জন্য ব্যবহৃত যে সে যা প্রত্যাশা করছে তা নাও ঘটতে পারে *You're looking for a good English restaurant? You'll be lucky!*

lucrative / ˈluːkrətɪv ˈলুক্র্যাটিভ্ / *adj.* (*formal*) allowing sb to earn a lot of money যা থেকে প্রচুর রোজগার হয়; লাভজনক *a lucrative contract/business*

ludicrous / ˈluːdɪkrəs ˈলুডিক্র্যাস্ / *adj.* very silly; ridiculous বোকার মতো; হাস্যকর *What a ludicrous idea!* ▶**ludicrously** *adv.* বোকার মতো

lug / lʌg লাগ্ / *verb* [T] (**lugging; lugged**) (*informal*) to carry or pull sth very heavy with great difficulty কষ্ট করে ভারী জিনিস টানা বা বয়ে নিয়ে যাওয়া

luggage / ˈlʌgɪdʒ ˈলাগিজ্ / *noun* [U] bags, suitcases, etc. used for carrying a person's clothes and things on a journey ভ্রমণকারীর পোশাক এবং জিনিসপত্র বহনের জন্য ব্যাগ, স্যুটকেস ইত্যাদি; মালপত্র, বাক্সপ্যাঁটরা, তল্পিতল্পা *'How much luggage are you taking with you?' 'Only one suitcase.'* ○ *You're only allowed one piece of* ***hand luggage*** (= a bag that you carry with you on the plane). ✪ সম **baggage**

luggage rack *noun* [C] a shelf above the seats in a train or bus for putting your bags, etc. on ট্রেন বা বাসে সিটের উপরে মালপত্র রাখার জায়গা বা তাক

lukewarm / ˌluːkˈwɔːm ˌলুক্ˈউঅ:ম্ / *adj.* **1** (used about liquids) only slightly warm (তরল সম্বন্ধে ব্যবহৃত) কুসুম কুসুম গরম, অল্প গরম; ঈষদুষ্ণ **2 lukewarm (about sb/sth)** not showing much interest; not keen নিরাসক্ত; আগ্রহহীন

lull¹ / lʌl লাল্ / *noun* [C, *usually sing.*] **a lull (in sth)** a short period of quiet between times of activity কাজের মধ্যে সাময়িক বিরতি বা শান্তি

lull² / lʌl লাল্ / *verb* [T] **1** to make sb relaxed and calm কাউকে শান্ত করা, ঘুম পাড়ানো *She sang a song to* ***lull*** *the children* ***to sleep.*** **2 lull sb into sth** to make sb feel safe, and not expecting anything bad to happen কোনো বিপদের সম্ভাবনা কমে গেছে মনে করে কাউকে নিরাপদ বোধ করানো *Our first success* ***lulled us into a false sense of security.***

lullaby / ˈlʌləbaɪ ˈলাল্যাবাই / *noun* [C] (*pl.* **lullabies**) a gentle song that you sing to help a child to go to sleep ঘুমপাড়ানি গান

lumber¹ / ˈlʌmbə(r) ˈলাম্ব্যা(র্) / (*AmE*) = **timber1**

lumber² / ˈlʌmbə(r) ˈলাম্ব্যা(র্) / *verb* **1** [I] to move in a slow, heavy way থপথপিয়ে চলা, মোটা পা ফেলে ধীরে ধীরে চলা *A family of elephants lumbered past.* **2** [T] (*informal*) **lumber sb (with sb/sth)** (*usually passive*) to give sb a responsibility or job that he/she does not want কারও উপর যেটা সে করতে চায়না এমন দায়িত্ব বা কাজ চাপানো

luminous / ˈluːmɪnəs ˈলুমিন্যাস্ / *adj.* that shines in the dark অন্ধকারে যা জ্বলজ্বল করে *a luminous watch*

lump¹ / lʌmp লাম্প্ / *noun* [C] **1** a piece of sth solid of any size or shape পিণ্ড, দলা, টুকরো *a lump of coal/cheese/wood* ○ *The sauce was full of lumps.* **2** a swelling under the skin চামড়ার নীচে ফুলে ওঠা; স্ফীতি *You'll have a bit of a lump on your head where you banged it.*

IDM **have/feel a lump in your throat** to feel pressure in your throat because you are about to cry আবেগের কারণে বা কান্না আসায় কণ্ঠরুদ্ধ হওয়া

lump² / lʌmp লাম্প্ / *verb* [T] **lump A and B together; lump A (in) with B** to put or consider different people or things together in the same group দুধরনের মানুষ বা জিনিস এক দলে রাখা বা রাখার কথা ভাবা

IDM **lump it** (*informal*) to accept sth unpleasant because you have no choice অন্য রাস্তা না থাকায় অপ্রিয় কিছু মানতে বাধ্য হওয়া *That's the deal—like it or lump it.*

lump sum *noun* [C] an amount of money paid all at once rather than in several smaller amounts থোক টাকা, খুচরো নয়, একসঙ্গে অনেক

lumpy / ˈlʌmpi ˈলাম্পি/ *adj.* full of or covered with lumps ডেলা পাকানো, মসৃণ নয় *This bed is very lumpy.* ✪ বিপ **smooth**

lunacy / ˈluːnəsi ˈলূন্যাসি / *noun* [U] very stupid behaviour পাগলের মতো, বোকার মতো ব্যবহার *It was lunacy to drive so fast in that terrible weather.* ✪ সম **madness**

lunar / ˈluːnə(r) ˈলূন্যা(র্) / *adj.* (*usually before a noun*) connected with the moon চাঁদের সঙ্গে জড়িত, চন্দ্র সম্পর্কিত; চান্দ্র *a lunar spacecraft/eclipse/landscape*

lunatic¹ / ˈluːnətɪk ˈলূন্যাটিক / *noun* [C] (*informal*) a person who behaves in a stupid way doing crazy and often dangerous things যে বোকার মতো কাজ করে বিপদ ডেকে আনে; উন্মাদ ব্যক্তি, নির্বোধ লোক ✪ সম **madman**

lunatic² / ˈluːnətɪk ˈলূন্যাটিক্ / *adj.* stupid; crazy নির্বোধ; পাগলের মতো *a lunatic idea*

lunch / lʌntʃ লান্চ্ / *noun* [C, U] a meal that you have in the middle of the day দুপুরের প্রধান খাবার; মধ্যাহ্নভোজ; লাঞ্চ *Hot and cold lunches are served between 12 and 2.* ○ *What would you like for lunch?* ▶**lunch** *verb* [I] (*formal*) দুপুরের খাবার খাওয়া, মধ্যাহ্নভোজন করা

luncheon / ˈlʌntʃən ˈলান্চ্যান্ / *noun* [C, U] (*formal*) lunch মধ্যাহ্নভোজ; লাঞ্চ

lunch hour *noun* [C, *usually sing.*] the time around the middle of the day when you stop work or school to have lunch লাঞ্চ অর্থাৎ দুপুরের খাওয়ার সময় (কাজের ফাঁকে); মধ্যাহ্নভোজনের বিরতি *I went to the shops in my lunch hour.*

lunchtime / ˈlʌntʃtaɪm ˈলান্চটাইম্ / *noun* [C,U] the time around the middle of the day when lunch is eaten দুপুরের যে সময়ে সাধারণত খাওয়া হয় *I'll meet you at lunchtime.*

lung / lʌŋ লাং / *noun* [C] one of the two organs of your body that are inside your chest and are used for breathing ফুসফুস ➪ **body**-তে ছবি দেখো।

lunge / lʌndʒ লান্জ্ / *noun* [C, *usually sing.*] **a lunge (at sb); a lunge (for sb/sth)** a sudden powerful forward movement of the body, especially when trying to attack sb/sth হঠাৎ সামনের দিকে ঝোঁকা, বিশেষ করে কাউকে আক্রমণ করার সময়ে তড়াক করে সামনে লাফানো *She made a lunge for the ball.* ▶ **lunge** *verb* [I] সামনে ঝোঁকা *He lunged towards me with a knife.*

lungi *noun* [C] (*IndE*) a kind of cloth, white or coloured, usually wrapped around the waist the two ends of which are knotted together. It is worn in various ways in different parts of India, Bangladesh and Myanmar লুঙ্গি, যা ভারতবর্ষে, বাংলাদেশে এবং মায়ানমারের বিভিন্ন অঞ্চলে পরা হয় ➪ **dhoti** দেখো।

lurch / lɜːtʃ ল্যচ্ / *noun* [C, *usually sing.*] a sudden movement forward or to one side হঠাৎ সামনে বা একদিকে ঝোঁকার ক্রিয়া ▶ **lurch** *verb* [I] সামনে বা একদিকে ঝুঁকে পড়া

IDM **leave sb in the lurch** ➪ **leave**[1] দেখো।

lure[1] / lʊə(r) লুআ্যা(র্) / *verb* [T] to persuade or trick sb to go somewhere or do sth, usually by offering him/her sth nice সাধারণত ভালো কোনো কিছুর লোভ দেখিয়ে কাউকে কোথাও যাওয়া বা কিছু করার জন্য প্ররোচিত করা বা ঠকানো *Young people are lured to the city by the prospect of a job and money.*

lure[2] / lʊə(r) লুআ্যা(র্) / *noun* [C] the attractive qualities of sth কোনো কিছুর আকর্ষণীয় গুণাবলী *the lure of money/fame/adventure*

lurid / ˈlʊərɪd; ˈljʊə- ˈলুঅ্যারিড্; ˈলিউঅ্যা- / *adj.* **1** having colours that are too bright, in a way that is not attractive কটকটে উজ্জ্বল, চোখ ধাঁধানো রং আছে এমন *a lurid purple and orange dress* **2** (used about a story or a piece of writing) deliberately shocking, especially because of violent or unpleasant detail (কোনো রচনা বা কাহিনি সম্বন্ধে ব্যবহৃত) চাঞ্চল্যকর, বীভৎস, নৃশংস ▶ **luridly** *adv.* বীভৎসভাবে

lurk / lɜːk ল্যক্ / *verb* [I] to wait somewhere secretly especially in order to do sth bad or illegal বিশেষত খারাপ বা বেআইনি কিছু করার জন্য গোপনে চলাফেরা করা, ওত পেতে থাকা *I thought I saw somebody lurking among the trees.*

luscious / ˈlʌʃəs ˈলাশ্যাস্ / *adj.* (used about food) tasting very good (খাদ্য সম্বন্ধে ব্যবহৃত) অতি সুস্বাদু, রসালো, খুব ভালো *luscious fruit*

lush / lʌʃ লাশ্ / *adj.* (used about plants or gardens) growing very thickly and well (গাছপালা বা বাগান সম্বন্ধে ব্যবহৃত) পরিপূর্ণ, ঘন, ভালোভাবে বৃদ্ধিপ্রাপ্ত

lust[1] / lʌst লাস্ট্ / *noun* **1** [U] **lust (for sb)** strong sexual desire তীব্র কাম, ইন্দ্রিয় লালসা, প্রবল যৌন বাসনা **2** [C, U] **(a) lust (for sth)** (a) very strong desire to have or get sth কোনো কিছু থাকা বা পাওয়ার জন্য উগ্র বাসনা, তীব্র লালসা, প্রবল আকাঙ্ক্ষা *a lust for power* ○ *(a) lust for life* (= enjoyment of life)

lust[2] / lʌst লাস্ট্ / *verb* [I] **lust (after sb); lust (after/for sth)** to feel a very strong desire for sb/sth কারও বা কিছুর জন্য প্রবল বাসনা বা প্রবল কামনা বোধ করা *to lust for power/success/fame*

lustful / ˈlʌstfl ˈলাস্ট্ফ্ল্ / *adj.* full of sexual desire যার ইন্দ্রিয় লালসা খুব বেশি, দৈহিক আনন্দের জন্য যার প্রবল আকাঙ্ক্ষা; কামুক *lustful thoughts* ▶ **lustfully** / -fəli -ফ্যালি / *adv.* লালসাপূর্ণভাবে

luxurious / lʌgˈʒʊəriəs লাগ্ˈজুঅ্যারিঅ্যাস্ / *adj.* very comfortable; full of expensive and beautiful things বিলাসবহুল, আরামদায়ক; মহার্ঘ এবং সুন্দর জিনিসে ভরা *a luxurious hotel* ▶ **luxuriously** *adv.* বিলাসবহুলভাবে

luxury / ˈlʌkʃəri ˈলাক্শ্যারি / *noun* (*pl.* **luxuries**) **1** [U] the enjoyment of expensive and beautiful things; a very comfortable and enjoyable situation মহার্ঘ বিলাসব্যসনের বিনোদন বা উপভোগ্যতা; আরামদায়ক স্ফূর্তিজনক পরিস্থিতি *to lead **a life of luxury*** ○ *a luxury hotel/car/yacht* **2** [C] something that is enjoyable and expensive that you do not really need যা স্ফূর্তিদায়ক ও আমোদজনক কিন্তু জীবনধারণের জন্য অপরিহার্য নয় *luxury goods, such as wine and chocolates* **3** [U, *sing.*] a pleasure which you do not often have বিলাস; বাবুয়ানি *It was (an) absolute luxury to do nothing all weekend.*

LW *abbr.* = **long wave** ➪ **wavelength**-এ ছবি দেখো।

lychee *noun* [C] a small fruit with thick rough red skin, that is white inside and has a large stone (লাল অমসৃণ খোসাসহ ফল) লিচু

lymph / lɪmf লিম্ফ্ / *noun* [U] a colourless liquid containing white blood cells that cleans the inside of your body and helps to prevent infections from spreading বর্ণহীন তরল যার মধ্যে শ্বেতকণিকা থাকে এবং যা শরীরের ভিতর পরিশোধন কার্য চালায় এবং জীবাণু সংক্রমণের বিস্তার বন্ধ করে; লসিকা রস ▶ **lymphatic** / lɪmˈfætɪk লিম্ˈফ্যাটিক / *adj.* (*only before a noun*) লসিকারস সংক্রান্ত *the lymphatic system*

lymph node (*also* **lymph gland**) *noun* [C] a small hard mass in your body through which **lymph** passes যে সকল শক্ত মাংসপিন্ডের মধ্যে দিয়ে লসিকা রস প্রবাহিত হয়

lymphocyte / ˈlɪmfəsaɪt ˈলিম্‌ফ্যাসাইট্ / *noun* [C] (*technical*) a type of **leucocyte** একধরনের শ্বেতকণিকা

lynch / lɪntʃ লিন্‌চ্ / *verb* [T] (used about a crowd of people) to kill sb who is thought to be guilty of a crime, usually by hanging him/her, without a legal trial in a court of law (কোনো জনতার ভিড় সম্বন্ধে ব্যবহৃত) আইন আদালতের অপেক্ষা না করে জনতার চোখে দোষী সাব্যস্ত ব্যক্তিকে বিচার ছাড়াই মৃত্যুদন্ড দেওয়া বা মেরে ফেলা

lyric / ˈlɪrɪk ˈলিরিক্ / *adj.* (used about poetry) expressing personal feelings and thoughts (কবিতা সম্বন্ধে ব্যবহৃত) ব্যক্তিগত আবেগ এবং অনুভূতিমণ্ডিত; গীতিকবিতা

lyrical / ˈlɪrɪkl ˈলিরিক্‌ল্ / *adj.* like a song or a poem, expressing strong personal feelings ব্যক্তি মানসের ভাবাবেগ যার মধ্যে গভীর ও প্রবলভাবে প্রকাশিত; গীতিধর্মী

lyrics / ˈlɪrɪks ˈলিরিক্স্ / *noun* [*pl.*] the words of a song গীতিকবিতা বা গানের শব্দ এবং বাক্য

M m

M[1], m / em এম্ / *noun* [C, U] (*pl.* **M's; m's** / emz এম্জ্ /) the thirteenth letter of the English alphabet ইংরেজি বর্ণমালার ত্রয়োদশতম অক্ষর বা বর্ণ *'Mitali' begins with an 'M'.*

M[2] *abbr.* **1** (*also* **med**) medium (size) মধ্যম আকার **2 M** (*BrE*) used with a number to show the name of a **motorway** (কোনো সংখ্যার সঙ্গে) মোটর গাড়ি চলার রাস্তা বোঝাতে ব্যবহৃত *heavy traffic on the M25* **3 m** metre(s) মিটার *a 500 m race* **4 m** million(s) মিলিয়নস, দশ লাখ *population 10 m*

MA / ˌemˈeɪ ˌএম্ˈএই / *abbr.* Master of Arts; a second degree that you receive when you complete a more advanced course or piece of research in an arts subject at university or college মাস্টার অফ আর্টস্-এর সংক্ষিপ্ত রূপ; বিশ্ববিদ্যালয় অথবা মহাবিদ্যালয়ে কলাবিভাগের কোনো বিষয়ে উচ্চতর পাঠক্রম বা গবেষণা সম্পন্ন করার ফলে যে স্নাতকোত্তর উপাধি বা ডিগ্রি লাভ করা যায়; এম.এ. ➪ **BA** এবং **MSc** দেখো।

ma'am / mæm; mɑːm ম্যাম্; মা:ম্ / *noun* [*sing.*] (*AmE*) used as a polite way of addressing a woman কোনো ভদ্রমহিলার নাম না ধরে ভদ্রভাবে সম্বোধনের রীতি ; ম্যাম ➪ **sir** দেখো।

mac / mæk ম্যাক্ / (*also* **mackintosh** / ˈmækɪntɒʃ ˈম্যাকিন্টশ্ /) *noun* [C] (*BrE*) a coat that is made to keep out the rain জলনিরোধক লম্বা জামা; বর্ষাতি

macabre / məˈkɑːbrə ম্যাˈকা:ব্র্যা / *adj.* unpleasant and frightening because it is connected with death মৃত্যুবিষয়ক, মরণসূচক বলে অপ্রিয়, ভয়াবহ, রোমহর্ষক *a macabre tale/joke/ritual*

macaroni / ˌmækəˈrəʊni ˌম্যাক্যাˈর‍্যাউনি / *noun* [U] a type of dried Italian food made from flour and water (**pasta**) in the shape of short tubes ময়দা ও জল দিয়ে ছোটো ছোটো নলের আকারে তৈরি এক প্রকারের শুকিয়ে নেওয়া ইতালীয় খাবার (পাস্তা); ম্যাকারনি

mace / meɪs মেইস্ / *noun* **1** [C] a special stick, carried as a sign of authority by an official such as a **mayor** ক্ষমতা বা কর্তৃত্বের প্রতীক রূপে ব্যবহৃত দণ্ড যা অনেক সময় পৌরপ্রধানের হাতে দেখা যায় **2** [C] a large heavy stick that has a head with metal points on it, used in the past as a weapon উপর দিকে কাঁটা লাগানো মুগুর বা গদা, প্রাচীনকালের যুদ্ধাস্ত্র **3** [U] the dried outer covering of **nutmegs** used in cooking as a spice জায়ফলের বাইরের শুকনো আবরণ যা রান্নায় মশলা রূপে ব্যবহৃত হয়; জয়িত্রী

Mach / mɑːk; mæk মা:ক্; ম্যাক্ / *noun* [U] (often followed by a number) a measurement of speed, used especially for aircraft. Mach 1 is the speed of sound (প্রায়ই কোনো সংখ্যার পূর্বে ব্যবহৃত) গতির পরিমাপন, বিশেষত বিমানের জন্য ব্যবহৃত (শব্দের গতি ম্যাক 1)

machete / məˈʃeti ম্যাˈশেটি / *noun* [C] a broad heavy knife used as a cutting tool and as a weapon চওড়া ভারী ছুরি যা কাটার যন্ত্র অথবা অস্ত্র রূপে ব্যবহৃত

machine / məˈʃiːn ম্যাˈশীন্ / *noun* [C] (*often in compounds*) a piece of equipment with moving parts that is designed to do a particular job. A machine usually needs electricity, gas, steam, etc. in order to work (বিদ্যুৎ, গ্যাস, বাষ্প ইত্যাদির সাহায্যে চলে) কল, যন্ত্র; মেশিন *a washing/sewing/knitting machine* ○ *a machine for making pasta* ➪ **tool**-এ **note** দেখো।

machine code *noun* [U] (*computing*) a language used for computer programmes in which instructions are written in the form of numbers so that a computer can understand and act on them কম্পিউটারে ব্যবহার করার জন্য একরকম ভাষা যাতে সংখ্যার মাধ্যমে এমনভাবে নির্দেশ দেওয়া হয় যা বোঝা এবং সেই মতো কাজ করা কম্পিউটারের পক্ষে সম্ভব হয়; মেশিন কোড

machine-gun *noun* [C] a gun that fires bullets very quickly and continuously এমন বন্দুক যাতে খুব তাড়াতাড়ি এবং একনাগাড়ে গুলি করা যায়; মেশিন-গান

machine-readable *adj.* (*computing*) (of data) in a form that a computer can understand (তথ্য সম্বন্ধে ব্যবহৃত) এমন আকারে যা কম্পিউটার বুঝতে পারে

machinery / məˈʃiːnəri ম্যাˈশীন্যারি / *noun* [U] machines in general, especially large ones; the moving parts of a machine যন্ত্রপাতি, বিশেষ করে বড়ো যন্ত্র; কলকবজা *farm/agricultural/industrial machinery*

machine tool *noun* [C] a tool for cutting or shaping metal, wood, etc., driven by a machine কাঠ, ধাতু ইত্যাদিকে ইচ্ছেমতো কাটা অথবা আকার দেওয়ার এমন সরঞ্জাম যা কোনো মেশিনের দ্বারা চালানো হয়

machinist / məˈʃiːnɪst ম্যাˈশীনিস্ট্ / *noun* [C] **1** a person whose job is operating a machine, especially machines used in industry for cutting and shaping things, or a sewing machine এমন কোনো ব্যক্তি যার কাজ হল যন্ত্র চালনা করা, বিশেষ করে বড়ো শিল্পে ব্যবহৃত কোনো কিছুকে কাটা বা আকার দেওয়ার যন্ত্র অথবা সেলাই এর কল **2** a person whose job is to make or repair machines এমন কেউ যার কাজ যন্ত্র বানানো অথবা তা মেরামত করা; যন্ত্রবিৎ

macho / ˈmætʃəʊ ˈম্যাচ্যাউ / *adj.* (*informal*) (used about a man or his behaviour) having typically male qualities like strength and courage, but using them in an aggressive way (পুরুষ মানুষ বা তার আচরণ সম্বন্ধে ব্যবহৃত) পুরুষোচিত গুণাবলি যেমন শক্তি এবং সাহস সম্পন্ন, কিন্তু সেগুলিকে আক্রমণাত্মক রূপে ব্যবহার করে এমন *He's too macho to ever admit he was wrong and apologize.*

mackerel / ˈmækrəl ˈম্যাক্র্যাল্ / *noun* [C, U] (*pl.* **mackerel**) a sea fish with greenish-blue bands on its body that you can eat সবুজ-নীল রঙের ডোরাসহ একরকম সামুদ্রিক মাছ যা খাওয়া যায়; ম্যাকরেল

mackintosh = **mac**

macro / ˈmækrəʊ ˈম্যাক্র্যাউ / *noun* [C] (*pl.* **macros**) (*computing*) a single instruction that a computer automatically reads as a set of instructions necessary to do a particular task যে নির্দেশ কোনো কম্পিউটার স্বতই একগুচ্ছ নির্দেশ হিসেবে পড়ে, যেটি বিশেষ কোনো কাজ করার জন্য দরকার

macro- / ˈmækrəʊ ˈম্যাক্র্যাউ / prefix (*used in nouns, adjectives and adverbs*) large; on a large scale বৃহৎ; বড়ো আকারে, বৃহৎ ক্ষেত্রে *macroeconomics* ✪ বিপ **micro-**

macrobiotic / ˌmækrəʊbaɪˈɒtɪk ˌম্যাক্র্যাউবাই-ˈঅটিক্ / *adj.* (used about food) that is grown without using chemicals and is thought to make us live longer (খাদ্য সম্বন্ধে ব্যবহৃত) যা কোনো রাসায়নিক পদার্থের সাহায্য ছাড়াই উৎপন্ন করা হয় এবং সাধারণ বিশ্বাস অনুযায়ী যা খেলে আমরা দীর্ঘজীবন লাভ করতে পারি; আয়ুবর্ধক

macrocosm / ˈmækrəʊkɒzəm ˈম্যাক্র্যাউকজ্যাম্ / *noun* [C] (*technical*) any large complete structure that contains smaller structures, for example the universe যে-কোনো বড়ো আকারের সম্পূর্ণ কাঠামো যার মধ্যে অনেকগুলি ছোটো কাঠামো আছে, যেমন মহাবিশ্ব বা ব্রহ্মান্ড ➪ **microcosm** দেখো।

mad / mæd ˈম্যাড্ / *adj.* **1** having a mind that does not work normally; mentally ill পাগল, উন্মাদ, খ্যাপা, বিকৃতমস্তিষ্ক

> NOTE বিকৃত মস্তিষ্কের ব্যক্তিদের জন্য **mad** অথবা **insane** শব্দগুলি আজকাল আর ব্যবহার করা হয় না। এই অর্থে ব্যবহৃত অভিব্যক্তি হল **mentally ill**।

2 (*BrE*) not at all sensible; crazy একেবারেই বুদ্ধিমানের কাজ নয়; পাগলামি *You must be mad to drive in this weather.* **3** (*not before a noun*) **mad (at/with sb) (about sth)** very angry খুব রেগে গেছে এমন, অতি ক্রুদ্ধ *His laziness **drives me mad**!* ○ (*AmE*) *Don't **get/go mad** at him. He didn't mean to do it.* **4** (*informal*) **mad about/on sb/sth** liking sb/sth very much কোনো ব্যক্তি অথবা বস্তুকে খুব পছন্দ এমন *He's mad on computer games at the moment.* **5** not controlled; wild or very excited নিয়ন্ত্রণবিহীন; অসংযত বা অতি উত্তেজিত *When Abhishek Bachchan appeared on the hotel balcony his fans **went mad**.*

madam / ˈmædəm ˈম্যাড্যাম্ / *noun* [*sing.*] **1** (*formal*) used as a polite way of speaking to a woman, especially to a customer in a shop or restaurant বিশেষত দোকানে অথবা রেস্তোরাঁয়, মহিলাদের সঙ্গে সম্মান দিয়ে কথা বলার সময়ে ব্যবহার করা হয় *Can I help you, madam?* ➪ **sir** দেখো। **2 Madam** used for beginning a formal letter to a woman when you do not know her name কোনো অপরিচিত মহিলাকে আনুষ্ঠানিকভাবে চিঠি লেখার সময়ে সম্বোধনে ব্যবহৃত হয় *Dear Madam, I am writing in reply to the advertisement.*

madame / məˈðaːm ম্যা'ডা:ম্ / *noun* (*pl.* **Mesdames** / meɪˈðæzm মেই'ড্যাজ্‌ম্ /) a title used especially to address or refer to a French or a French-speaking woman, usually a married one (সাধারণত বিবাহিত) কোনো ফরাসী অথবা ফরাসীভাষী মহিলাকে সম্বোধন করার সময়ে ব্যবহৃত উপাধি

mad cow disease = **BSE**

maddening / ˈmædnɪŋ ˈম্যাড্‌নিং / *adj.* that makes you very angry or annoyed যাতে খুব রাগ অথবা বিরক্তি হয় *She has some really maddening habits.*

▶ **maddeningly** *adv.* অতি বিরক্তিকরভাবে

made ➪ **make**[1]-এর past tense এবং pastparticiple

IDM **made to measure** ➪ **measure**[2] দেখো।

madly / ˈmædli ˈম্যাড্‌লি / *adv.* **1** in a wild or crazy way পাগলের মতো *They were rushing about madly.* **2** (*informal*) very; extremely খুব, অতি; খুব বেশি *They're madly in love.*

madman / ˈmædmən ˈম্যাড্‌ম্যান / *noun* [C] (*pl.* **madmen** / -mən -ম্যান্ /) a person who behaves in a wild or crazy way যে ব্যক্তি অসংযতভাবে ব্যবহার করে ✪ সম **lunatic**

madness / ˈmædnəs ˈম্যাড্‌ন্যাস্ / *noun* [U] crazy or stupid behaviour that could be dangerous পাগল বা অতি বোকার মতো আচরণ যা বিপজ্জনক হতে পারে *It would be madness to take a boat out in such rough weather.*

maestro / ˈmaɪstrəʊ ˈমাইস্ট্র্যাউ / *noun* [C] (*pl.* **maestros** / ˈmaɪstrəʊs ˈমাইস্ট্র্যাউস্ / or **maestri** / ˈmaɪstri ˈমাইস্ট্রি /) a title used to refer to someone who is very skilled or gifted in a specified art especially a musician, **conductor**, performer, etc. 'Maestro' is an Italian word that literally means 'master' একটি উপাধি যা কোনো শিল্পে,

বিশেষত সংগীতে, প্রতিভাশালী ব্যক্তি, পরিচালক, ওস্তাদ ইত্যাদি সম্বন্ধে ব্যবহৃত হয়; এই শব্দটি ইতালীয় ভাষা থেকে এসেছে যার মূল অর্থ হল পারদর্শী *Maestro Zubin Mehta*

mafia / ˈmæfiə ˈম্যাফিআ্যা / *noun* **1 the Mafia** [*sing.*] a secret international organization of criminals active especially in Italy and the US বিশেষত মার্কিন যুক্তরাষ্ট্র এবং ইতালিতে সক্রিয় অপরাধীদের সুসংগঠিত গুপ্ত আন্তর্জাতিক সংগঠন; মাফিয়া **2** [C] a closely knit group of trusted **associates** who use ruthless and criminal methods to get advantages for themselves অপরাধমূলক নিষ্ঠুর কাজকর্মের সঙ্গে যুক্ত বিশ্বাসী সহযোগী দ্বারা গঠিত সুসংগঠিত গোষ্ঠী; মাফিয়া

magazine / ˌmægəˈziːn ˌম্যাগ্যাˈজীন্ / (*informal* **mag** / mæg ম্যাগ্ /) *noun* [C] a type of large thin book with a paper cover that you can buy every week or month containing articles, photographs, etc. often on a particular topic কাগজের পাতলা বড়ো মলাটযুক্ত সাপ্তাহিক বা মাসিক পত্রিকা যার মধ্যে কোনো বিশেষ বিষয়ের উপর নিবন্ধ ছবি, ইত্যাদি থাকে; সাময়িক পত্রিকা; ম্যাগাজিন *a woman's/computer/ gardening magazine*

magenta / məˈdʒentə ম্যাˈজেন্ট্যা / *adj.* reddish-purple in colour লালচে-বেগুনি রং ▶ **magenta** *noun* [U] উজ্জ্বল লাল রং, গাঢ় বেগুনি মেশানো লাল রং

maggot / ˈmægət ˈম্যাগ্যাট্ / *noun* [C] a young insect before it grows wings and legs and becomes a fly কীটপতঙ্গের শূক; শূককীট

magic[1] / ˈmædʒɪk ˈম্যাজিক্ / *noun* [U] **1** the secret power that some people believe can make strange or impossible things happen if you say special words or do special things কোনো গোপন ক্ষমতা যার দ্বারা (কারও কারও বিশ্বাসমতো) বিশেষ কোনো কথা বা প্রক্রিয়ার সাহায্যে কোনো অসম্ভব ঘটনা ঘটানো সম্ভব; জাদুবিদ্যা, ইন্দ্রজাল; ম্যাজিক ➪ **black magic** দেখো। **2** the art of doing tricks that seem impossible in order to entertain people দর্শকদের আনন্দ দেওয়ার জন্য এমন সব কসরত দেখানো যা ঘটা বা হওয়া অসম্ভব বলে মনে হয় **3** a special quality that makes sth seem wonderful এমন বিশেষ গুণ যার ফলে কোনো বস্তু অতি সুন্দর মনে হয় *I'll never forget the magic of that moment.*

magic[2] / ˈmædʒɪk ˈম্যাজিক্ / *adj.* **1** used in or using magic ম্যাজিকে বা জাদুতে যা ব্যবহৃত হয় অথবা ম্যাজিকের সাহায্যে করা হয় এমন *a magic spell/potion/ charm/trick* ○ *There is no magic formula for passing exams—just hard work.* **2** having a special quality that makes sth seem wonderful এমন বিশেষ গুণসম্পন্ন যার ফলে কোনো কিছুকে অতি সুন্দর এবং আকর্ষণীয় মনে হয় *Respect is the magic ingredient in our relationship.* ▶ **magically** / -kli -ক্লি / *adv.* অতি সুন্দর বা আকর্ষণীয়ভাবে

magical / ˈmædʒɪkl ˈম্যাজিক্ল্ / *adj.* **1** that seems to use magic জাদুবিদ্যার ব্যবহার হয়েছে এমন; ঐন্দ্রজালিক *a herb with magical powers to heal* **2** wonderful and exciting আশ্চর্য, মোহিনী, মনোমুগ্ধকর এবং উত্তেজক *Our holiday was absolutely magical.*

magician / məˈdʒɪʃn ম্যাˈজিশ্ন্ / *noun* [C] **1** a person who performs magic tricks to entertain people যে ব্যক্তি ম্যাজিক বা জাদুর খেলা দেখায়; জাদুকর ➪ **conjuror** দেখো। **2** (in stories) a man who has magic powers (কাহিনিতে) এমন কেউ যার জাদুবিদ্যা জানা আছে ➪ **wizard** দেখো।

magisterial / ˌmædʒɪˈstɪəriəl ˌম্যাজিˈস্টিআ্যারিআ্যাল্ / *adj.* **1** (especially of a person or their behaviour) having or seeming to have power or authority (বিশেষত কোনো ব্যক্তি অথবা তার ব্যবহার সম্বন্ধে ব্যবহৃত) কর্তৃত্বপূর্ণ; ক্ষমতাদর্পিত, প্রতাপান্বিত *her magisterial presence* **2** (of a book or piece of writing) having great knowledge or understanding (বই অথবা কোনো লেখা সম্বন্ধে ব্যবহৃত) প্রামাণ্য, প্রামাণিক *his magisterial account of the history of India* **3** (*only before a noun*) connected with or related to a magistrate প্রশাসক সংক্রান্ত ▶ **magisterially** / ˌmædʒɪˈstɪəriəli ˌম্যাজিˈস্টিআ্যারিআ্যালি / *adv.* কর্তৃত্বপূর্ণভাবে, প্রতাপান্বিতভাবে

magistrate / ˈmædʒɪstreɪt ˈম্যাজিস্ট্রেইট্ / *noun* [C] an official who acts as a judge in cases involving less serious crimes এমন আধিকারিক যে অপেক্ষাকৃত কম গুরুত্বপূর্ণ অপরাধের বিচার করে; ম্যাজিস্ট্রেট

magma / ˈmægmə ˈম্যাগ্ম্যা / *noun* [U] (*technical*) very hot liquid rock found below the earth's surface ভূপৃষ্ঠের নীচে অতি গরম তরল পাথর; ম্যাগমা ➪ **volcano**-তে ছবি দেখো।

magnanimous / mægˈnænɪməs ম্যাগ্ˈন্যানিম্যাস্ / *adj.* kind, generous and forgiving (especially towards an enemy or a competitor that you have beaten) সদাশয়, উদার, দয়ালু (বিশেষত পরাজিত শত্রু বা প্রতিদ্বন্দ্বীর প্রতি)

magnate / ˈmægneɪt ˈম্যাগ্নেইট্ / *noun* [C] a person who is rich, powerful and successful, especially in business ধনী, বলশালী এবং সফল, বিশেষত ব্যাবসার জগতে *a media/property/shipping magnate*

magnesium / mægˈniːziəm ম্যাগ্ˈনীজ়িআ্যাম্ / *noun* [U] (*symbol* **Mg**) a light, silver-white metal that burns with a bright white flame হালকা, রূপোলি-সাদা রঙের ধাতু যেটি জ্বালালে খুব উজ্জ্বল আলো পাওয়া যায়; ম্যাগনেশিয়াম

magnet / ˈmægnət ˈম্যাগ্ন্যাট্ / *noun* [C] a piece of iron, steel, etc. that can attract and pick up other

M

metal objects লোহা, ইস্পাত ইত্যাদির টুকরো যা আকর্ষণ করতে পারে এবং অন্যান্য ধাতব বস্তুকে তুলে নিতে পারে; চুম্বক, চুম্বক পাথর; ম্যাগনেট

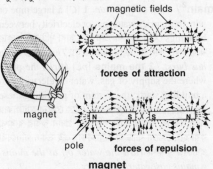

magnetic fields
S
N
S
N
forces of attraction
magnet
N
S
S
N
pole
forces of repulsion

magnet

magnetic / mæg'netɪk ম্যাগ্'নেটিক্ / *adj.* **1** having the ability to attract metal objects চুম্বকশক্তি আছে এমন; চৌম্বক, চুম্বকীয় *a magnetic tape/disk* (=containing electronic information which can be read by a computer or other machine) **2** having a quality that strongly attracts people সম্মোহক, আকর্ষক চরিত্র *a magnetic personality*

magnetic field *noun* [C] an area around a magnet or materials that behave like a magnet, where there is a force that will attract some metals towards it চৌম্বক ক্ষেত্র

magnetic north *noun* [U] (*technical*) the direction that is approximately north as it is shown on a **compass** যে দিক মোটামুটি উত্তর দিকে যেমন কম্পাস যন্ত্রে দেখায় ➪ **true north** দেখো।

magnetism / 'mægnətɪzəm 'ম্যাগ্ন্যাটিজ়াম্ / *noun* [U] **1** a characteristic of magnets that causes attraction or repulsion ম্যাগনেটের বৈশিষ্ট্য যা আকর্ষণ ও বিকর্ষণ ঘটায়; চুম্বকতত্ত্ব **2** qualities that strongly attract people এমন সব গুণ যা লোককে খুব আকর্ষণ করে *Nobody could resist his magnetism.*

magnetize (*also* **-ise**) / 'mægnətaɪz 'ম্যাগ্ন্যাটাইজ়্ / *verb* [T] **1** to make sth behave like a **magnet** কোনো বস্তুকে ম্যাগনেটের মতো আচরণ করানো; চুম্বকিত করা **2** (*written*) to strongly attract sb কাউকে প্রবলভাবে আকর্ষণ করা

magnificent / mæg'nɪfɪsnt ম্যাগ্'নিফিস্ন্ট্ / *adj.* extremely impressive and attractive অপূর্ব, চমৎকার, যা খুব আকর্ষণীয় ▶ **magnificence** / -sns -সন্স্ / *noun* [U] জাঁকজমক, চমৎকারিত্ব ▶ **magnificently** *adv.* অতি সুন্দরভাবে, চমৎকারভাবে

magnify / 'mægnɪfaɪ 'ম্যাগ্নিফাই / *verb* [T] (*pres. part.* **magnifying**; *3rd person sing. pres.* **magnifies**; *pt, pp* **magnified**) **1** to make sth look bigger than it is, usually using a special piece of equipment কোনো বস্তুকে বড়ো করে দেখানো, বিশেষত কোনো সরঞ্জামের সাহায্যে *to magnify sth under a microscope* **2** to make sth seem more important than it really is কোনো কিছু অতিরঞ্জিত করা; গুরুত্ব বাড়িয়ে তোলা *to magnify a problem* ▶ **magnification** / ˌmægnɪfɪ'keɪʃn ˌম্যাগ্নি-ফি'কেইশ্ন্ / *noun* [U] অতিরঞ্জন

magnifying glass *noun* [C] a round piece of glass, usually with a handle, that is used for making things look bigger than they are একটি গোলাকার, হাতলযুক্ত কাচ, যার সাহায্যে কোনো কিছুকে বড়ো করে দেখানো যায়; আতস কাচ

magnitude / 'mægnɪtju:d 'ম্যাগ্নিটিউড্ / *noun* [U] the great size or importance of sth কোনো বস্তুর বিশালতা, বৃহত্ত্ব অথবা গুরুত্ব

magnum opus / ˌmægnəm 'əʊpəs ˌম্যাগ্ন্যাম্ 'অ্যাউপ্যাস্ / *noun* [*sing.*] an artist's or writer's most important or best work. It is a Latin phrase that literally means 'great work' কোনো সাহিত্যিক বা শিল্পীর শ্রেষ্ঠ রচনা অথবা শিল্পকর্ম। এটি একটি ল্যাটিন বাক্যাংশ যার আক্ষরিক অর্থ 'মহৎ সৃষ্টি' *'Mona Lisa' is Leonardo Da Vinci's magnum opus.*

maha *adj.* (*IndE*) very large or great খুব বড়ো অথবা বৃহৎ বা বিশিষ্ট *Mahasabha* ○ *Maharaja/Maharani*

mahal *noun* (*IndE*) a palace; a large mansion রাজপ্রাসাদ, মহল; বিশাল বাড়ি

Maharaja (*also* **maharaja**) *noun* [C] (*IndE*) (in the past) a great Indian king; an Indian ruler of a big state usually ranking above a raja (অতীতে) প্রখ্যাত রাজা; ভারতে কোনো বড়ো রাজ্যের মুখ্য শাসক যিনি রাজার উপরে অবস্থিত; মহারাজা *Maharaja of Jaipur*

Maharani (*also* **maharani**) *noun* [C] (*IndE*) the title of a queen; the wife or widow of a **maharaja** মহারানি; মহারাজার স্ত্রী অথবা বিধবা

Mahatma (*also* **mahatma**) *noun* [C] (*IndE*) a term of respect for a person who is regarded with **reverence**; a great spiritual being, a great soul শ্রদ্ধেয় কোনো ব্যক্তি সম্বধে ব্যবহৃত; মহাত্মা; আধ্যাত্মিক ব্যক্তি, মহৎ আত্মা *Mahatma Gandhi*

mahogany / mə'hɒgəni ম্যা'হগ্যানি / *noun* [U] hard dark reddish-brown wood (from a tropical tree) that is used for making furniture লালচে-বাদামি রঙের কাঠ (গ্রীষ্মপ্রধান দেশের গাছ থেকে পাওয়া) যা দিয়ে আসবাবপত্র তৈরি করা হয়; মেহগনি

mahout (*also* **mahavat**) *noun* [C] (*IndE*) a person who drives, trains and looks after elephants হাতির দেখাশোনা বা রক্ষণাবেক্ষণের ভার যার উপর; মাহুত

maid / meɪd মেইড্ / *noun* [C] a woman whose job is to clean in a hotel or large house এমন স্ত্রীলোক যার কাজ হোটেল, বড়ো বাড়ি, ঘরদোর ইত্যাদি পরিষ্কার-পরিচ্ছন্ন রাখা ➪ **chambermaid** দেখো।

maidan *noun* (*IndE*) a large open ground or playfield in a town or village ছোটো শহর বা গ্রামে খোলা মাঠ বা খেলার মাঠ; ময়দান *Pragati Maidan in Delhi*

maiden name / ˈmeɪdn neɪm ˈমেইড্‌ন্ নেইম্ / *noun* [C] a woman's family name before marriage মেয়েদের বিয়ের আগের পদবি ➪ **née** দেখো।

maiden voyage / ˈmeɪdn ˈvɔɪɪdʒ ˈমেইড্‌ন্ ˈভইইজ্ / *noun* [C] the first journey of a new ship কোনো নতুন জাহাজের প্রথম সমুদ্রযাত্রা

mail / meɪl মেইল্ / (*also BrE* **post**) *noun* [U] **1** the system for collecting and sending letters and packages চিঠিপত্র আদানপ্রদানের ব্যবস্থা *to send a parcel by air mail/surface mail* **2** the letters, etc. that you receive যেসব চিঠিপত্র ইত্যাদি আসে বা পাওয়া যায় *junk mail* (=letters, usually advertising sth, that are sent to people although they have not asked for them) ➪ **post** দেখো। **3** = **email**

▶ **mail** *verb* [T] (*AmE*) চিঠিপত্র ডাকে পাঠানো

mailbox / ˈmeɪlbɒks ˈমেইল্‌বক্স্ / *noun* [C] **1** (*AmE*) =**letter box 2** **2** (*AmE*) =**postbox** **3** a computer program that receives and stores electronic messages (**email**) যে কম্পিউটার প্রোগ্রামের দ্বারা বৈদ্যুতিন বার্তা (ইমেল) ধরে রাখা যায়

mailing list *noun* [C] a list of the names and addresses of people to whom advertising material or information is regularly sent by a business or an organization কোনো ব্যাবসায়িক প্রতিষ্ঠান অথবা সংগঠনের বিজ্ঞাপনের খবরাখবর অথবা তথ্য নিয়মিতভাবে যে ব্যক্তিগণের কাছে পাঠানো হয় তাদের নাম-ঠিকানার তালিকা; মেইলিং লিস্ট

mail order *noun* [U] a method of shopping. You choose what you want from a special book (**a catalogue**) and the goods are then sent to you by post কেনাকাটা করার একটি পদ্ধতি। একটি বিশেষ বই (ক্যাটালগ) থেকে কিছু পছন্দ করে বিক্রেতার কাছে অনুরোধ পাঠানো হয় এবং ডাকযোগে সেই দ্রব্য ক্রেতার কাছে পাঠানো হয়

maim / meɪm মেইম্ / *verb* [T] to hurt sb so badly that part of his/her body can no longer be used কোনো ব্যক্তিকে এমনভাবে আঘাত করা যে সে সেই আঘাতে পঙ্গু হয়ে যায়

main¹ / meɪn মেইন্ / *adj.* (*only before a noun*) most important খুব গুরুত্বপূর্ণ; অত্যাবশ্যক *My main reason for wanting to learn English is to get a better job.* ○ *a busy main road* ✪ সম **chief**

IDM **in the main** (*formal*) generally; mostly সাধারণত; প্রায়ই *We found Bengali people very friendly in the main.*

main² / meɪn মেইন্ / *noun* **1** [C] a large pipe or wire that carries water, gas or electricity between buildings মোটা নল বা তার যার দ্বারা দুটি অট্টালিকার মধ্যে জল, গ্যাস বা বিদ্যুৎ পাঠানো হয়. *The water main has burst.* **2 the mains** [*pl.*] (*BrE*) the place where the supply of gas, water or electricity to a building starts; the system of providing these services to a building যে স্থান থেকে কোনো অট্টালিকায় গ্যাস, বিদ্যুৎ, জল ইত্যাদি পরিষেবা প্রদান করার ব্যবস্থা করা হয়; কোনো বাড়ি বা অট্টালিকায় এই সকল পরিষেবা প্রদানের ব্যবস্থা *Turn the water off at the mains.* ○ *mains gas/water/electricity*

mainframe / ˈmeɪnfreɪm ˈমেইনফ্রেইম / (*also* **mainframe computer**) *noun* [C] (*computing*) a large powerful computer, usually the centre of a system (**network**) that is shared by many people (**users**) শক্তিশালী বড়ো কম্পিউটার, যা সাধারণত কোনো নেটওয়ার্কের কেন্দ্রে থাকে এবং যা বহু লোকে ব্যবহার করে; মেইনফ্রেম কম্পিউটার

mainland / ˈmeɪnlænd ˈমেইন্‌ল্যান্ড্ / *noun* [*sing.*] the main part of a country or continent, not including the islands around it চারিদিকের দ্বীপ ছাড়া কোনো দেশ বা মহাদেশের প্রধান স্থলভূমি *mainland China*

mainline / ˈmeɪnlaɪn ˈমেইন্‌লাইন্ / *adj.* (*AmE*) belonging to the system, or connected with the ideas that most people accept or believe in কোনো পদ্ধতির অন্তর্গত অথবা যেসব চিন্তাধারা অধিকাংশ লোকে বিশ্বাস করে বা মেনে চলে তার সঙ্গে জড়িত ✪ সম **mainstream**

mainly / ˈmeɪnli ˈমেইন্‌লি / *adv.* mostly প্রধানত, বেশির ভাগ *The students here are mainly from Japan.*

mainsail / ˈmeɪnseɪl; ˈmeɪnsl ˈমেইন্‌সেইল্; ˈমেইন্‌স্‌ল্ / *noun* [C] the largest and most important sail on a boat or ship কোনো নৌকো বা জাহাজের যেটি প্রধান এবং সব থেকে বড়ো পাল ➪ **boat**-এ ছবি দেখো।

mainstay / ˈmeɪnsteɪ ˈমেইন্‌স্টেই / *noun* [C] a person or thing that is the most important part of sth, which makes it possible for it to exist or to be successful কোনো ব্যক্তি বা বস্তু যা কোনো কিছুর সবচেয়ে গুরুত্বপূর্ণ অংশ, যার বা যেটির উপর তার অস্তিত্ব বা সাফল্য নির্ভর করে; প্রধান অবলম্বন *Agriculture is the mainstay of the country's economy.*

mainstream / ˈmeɪnstriːm ˈমেইন্‌স্ট্রীম্ / *noun* [*sing.*] **the mainstream** the ideas and opinions that are considered normal because they are shared by most people; the people who hold these opinions and beliefs যে সকল চিন্তাধারা এবং মতামত স্বাভাবিক বলে মনে করা হয় কারণ অধিকাংশ মানুষই সে বিষয়ে সহমত; প্রধান যে ব্যক্তিগণ এই ধরনের চিন্তাভাবনায় বিশ্বাসী *The Green Party is not* ***in the mainstream*** *of British politics.* ▶ **mainstream** *adj.* প্রধান, মূলের সঙ্গে যুক্ত

maintain / meɪnˈteɪn মেইন্‌ˈটেইন্ / *verb* [T] **1** to make sth continue at the same level, standard, etc. কোনো বস্তুর মাত্রা, মান ইত্যাদি বজায় রাখা; ঠিক অবস্থায় রক্ষা করা, ধরে রাখা *We need to maintain the quality of our goods but not increase the price.* ○ *to maintain law and order* **2** to keep sth in good condition by checking and repairing it regularly কোনো কিছু নিয়মিতভাবে দেখাশোনা, সারাই ইত্যাদি করে রক্ষণাবেক্ষণ করা *to maintain a road/building/machine* **3** to keep saying that sth is true even when others disagree or do not believe it অন্যরা বিশ্বাস না করলেও নিজের মতে স্থির থাকা *She has always maintained her innocence.* **4** to support sb with your own money নিজের টাকায় কাউকে ভরণপোষণ বা প্রতিপালন করা *He has to maintain two children from his previous marriage.*

maintenance / ˈmeɪntənəns ˈমেইন্‌ট্যান্যান্স্ / *noun* [U] **1** keeping sth in good condition কোনো কিছু ভালোভাবে রাখা অথবা ভালো অবস্থায় রাখার প্রক্রিয়া *This house needs a lot of maintenance.* ○ *car maintenance* **2** (*BrE*) money that sb must pay regularly to a former wife, husband or partner especially when they have had children together ভরণ-পোষণের জন্য পূর্বের স্বামী, স্ত্রী বা সঙ্গীকে যে অর্থ দিতে হয়, বিশেষত যদি তাদের দুজনের সন্তান থাকে *He has to pay maintenance to his ex-wife.*

maisonette / ˌmeɪzəˈnet ˌমেইজ্যা'নেট্ / *noun* [C] (*BrE*) a flat on two floors that is part of a larger building কোনো বড়ো বাড়ির মধ্যে দুটি তলা নিয়ে যে ফ্ল্যাট

maize / meɪz মেইজ্ / (*AmE* **corn**) *noun* [U] a tall plant that produces yellow grains in a large mass (**a cob**) ভুট্টা, মকাই বা জনার গাছ

NOTE ভুট্টার যে হলদে দানা আমরা সবজি হিসাবে খাই তাকে **sweetcorn** বলে। ➪ **cereal**-এ ছবি দেখো।

Maj. *abbr.* (*written*) Major; an officer of a middle level in the army or the US air force মেজর-এর সংক্ষিপ্ত রূপ; মাঝামাঝি স্তরের সামরিক অফিসার অথবা মার্কিন যুক্তরাষ্ট্রে ঐ শ্রেণির বিমান বাহিনীর অফিসার

majestic / məˈdʒestɪk ম্যা'জেস্‌টিক্ / *adj.* impressive because of its size or beauty বৃহৎ আকার অথবা সৌন্দর্যের জন্য চিত্তাকর্ষক; জাঁকজমকপূর্ণ *a majestic mountain landscape* ▶ **majestically** / -kli -কলি / *adv.* জাঁকজমকসহ

majesty / ˈmædʒəsti ˈম্যাজ্যাস্‌টি / *noun* (*pl.* **majesties**) **1** [U] the impressive and attractive quality that sth has কোনো বস্তুর চিত্তাকর্ষক বা মহিমাময় গুণ *the splendour and majesty of the palace and its gardens* **2 His/Her/Your Majesty** [C] (*formal*) used when speaking to or about a royal person রাজা বা রানি সম্বন্ধে উল্লেখ করতে হলে বা তাদের সম্বোধন করার সময়ে ব্যবহৃত *Her Majesty the Queen*

major¹ / ˈmeɪdʒə(r) ˈমেইজ্যা(র্) / *adj.* **1** (*only before a noun*) very large, important or serious খুব বড়ো, গুরুত্বপূর্ণ অথবা গুরুতর *The patient needs major heart surgery.* ○ *There haven't been any major problems.* ✪ বিপ **minor** **2** of one of the two types of **key¹ 4** in which music is usually written সাধারণত যে দু ধরনের সুরে বা ধ্বনিতে সংগীত রচিত হয় তার একটি *the key of D major* ➪ **minor** দেখো।

major² / ˈmeɪdʒə(r) ˈমেইজ্যা(র্) / *noun* **1** (*abbr.* **Maj.**) [C] an officer of a middle level in the army or the US air force মাঝামাঝি স্তরের সামরিক অফিসার অথবা মার্কিন যুক্তরাষ্ট্রের বিমানবাহিনীর ঐ শ্রেণির অফিসার; মেজর **2** [C] (*AmE*) the main subject or course of a student at college or university; the student who studies it প্রধান যে বিষয় বা পাঠক্রম নিয়ে কোনো ছাত্র বা ছাত্রী কলেজ বা বিশ্ববিদ্যালয়ে পড়ে; যে ছাত্র বা ছাত্রী ঐ বিষয় নিয়ে পড়ছে *Her major is French.*

major³ / ˈmeɪdʒə(r) ˈমেইজ্যা(র্) / *verb*

PHR V **major in sth** (*AmE*) to study sth as your main subject at college or university প্রধান কোনো বিষয় নিয়ে কলেজে অথবা বিশ্ববিদ্যালয়ে পড়াশুনো করা

major general *noun* [C] an officer of a high level in the army সৈন্যবাহিনীতে উচ্চস্তরের অফিসার

majority / məˈdʒɒrəti ম্যা'জর‍্যাটি / *noun* (*pl.* **majorities**) **1** [*sing., with sing. or pl. verb*] **majority (of sb/sth)** the largest number or part of a group of people or things বেশির ভাগ, অধিকাংশ, সংখ্যাগরিষ্ঠ *The majority of students in the class come/comes from Japan.* ○ *This treatment is not available in* ***the vast majority*** *of hospitals.* ✪ বিপ **minority** **2** [C, *usually sing.*] **majority (over sb)** (in an election) the difference in the number of votes for the person/party who came first and the person/party who came second (নির্বাচনে) ভোট গণনায় যে প্রার্থী অথবা দল প্রথম হয়েছে এবং যে প্রার্থী অথবা দল দ্বিতীয় হয়েছে তার মধ্যে যে সংখ্যার ফারাক বা পার্থক্য *He was elected by/with a majority of almost 5000 votes.*

NOTE অন্য কোনো ব্যক্তি অথবা দলের সব ভোটের যোগফলের থেকে বেশি ভোট লাভ করলে তাকে **overall majority** বলে। ➪ **absolute majority** দেখো।

IDM **be in the/a majority** to form the largest number or part of sth বৃহত্তম সংখ্যাগরিষ্ঠতা পাওয়া বা তার অন্তর্ভুক্ত হওয়া *Women are in the majority in the teaching profession.*

make¹ / meɪk মেইক্ / *verb* (*pt, pp* **made** /meɪd মেইড্ /) **1** [T] to produce or create sth কোনো কিছু উৎপন্ন বা সৃষ্টি করা *to make bread* ○ *Cheese is* ***made from*** *milk.* ○ *Those cars are* ***made in*** *Pune.* **2** [T] (*used with nouns*) to perform a certain action কোনো নির্দিষ্ট কাজ করা *to make a mistake* ○ *to make a guess/comment/statement/suggestion* ○ *I've made an appointment to see the doctor.*

NOTE অনেক সময় একই রূপে ক্রিয়াপদও (verb) দেখা যায়, উদাহরণস্বরূপ **decide = make a decision**. যদি 'make' শব্দটির সঙ্গে বিশেষ্যপদ (noun) ব্যবহার করা হয় ('Make'+ noun) তবে তার সঙ্গে একটি বিশেষণও (adjective) প্রয়োগ করা যেতে পারে—*He made the right decision.* ○ *They made a generous offer.*

3 [T] to cause a particular effect, feeling, situation, etc. বিশেষ কোনো ফলাফল বা পরিণতি, অনুভূতি, পরিস্থিতি ইত্যাদি ঘটানো *The film made me cry.* ○ *You don't need to know much of a language to* ***make yourself understood.*** ○ *to make trouble/a mess/a noise* **4** [T] to force sb/sth to do sth (কোনো ব্যক্তি বা বস্তুকে) কোনো কিছু করতে বাধ্য করা *You can't make her come with us if she doesn't want to.* ○ *They made him wait at the police station all day.*

NOTE **Passive** রূপে **to** শব্দটির প্রয়োগ করতেই হবে—*He was made to wait at the police station.*

5 [T] (used with money, numbers and time) অর্থ, সংখ্যা এবং সময়ের বিষয়ে ব্যবহৃত অভিব্যক্তিবিশেষ *How much do you think he makes* (=earns) *a month?* ○ *5 and 7 make 12.* **6** (*linking verb*) to make sb/sth become sth; to have the right qualities to become sth কোনো ব্যক্তি অথবা বস্তুকে কোনো লক্ষ্যে পৌঁছে দেওয়া; কোনো কিছু হওয়ার যথার্থ গুণাবলি থাকা *She was made* (=given the job of) *President.* ○ *You can borrow some money this time, but don't* ***make a habit of*** *it.* **7** (*linking verb*) to become sth; to achieve sth কিছু হওয়া বা হয়ে ওঠা; কিছু করতে সক্ষম হওয়া *I'm hoping to make head of department by the time I'm thirty.* **8** to manage to reach a place or go somewhere কোনো স্থানে পৌঁছোতে পারা অথবা কোথাও যেতে পারা *We should make it to Jaipur by about 10 p.m.* ○ *I can't make it to the meeting next week.*

IDM **make do with sth** to use sth that is not good enough because nothing better is available যথেষ্ট ভালো না হলেও আরও ভালো কিছুর অভাবে যা পাওয়া যাচ্ছে তাই দিয়ে কাজ চালিয়ে নেওয়া *If we can't get limes, we'll have to make do with lemons.*

make it to manage to do sth; to succeed কোনো কিছু করতে সক্ষম হওয়া; সফল হওয়া *She'll never make it as an actress.* ○ *He's badly injured—it looks like he might not make it* (=survive).

make the most of sth to get as much pleasure, profit, etc. as possible from sth যতটা সম্ভব কোনো কিছু কাজে লাগিয়ে নিজের সুখ, সুবিধা ইত্যাদি পূরণ করে নেওয়া *You won't get another chance—make the most of it!*

NOTE **Make** শব্দটি ব্যবহার করা হয়েছে এমন আরও অভিব্যক্তির অর্থ জানার জন্য সেই অভিব্যক্তিটিতে ব্যবহৃত বিশেষ্য (noun) এবং বিশেষণের (adjective) শীর্ষশব্দগুলি দেখো। উদাহরণস্বরূপ **make amends** অভিব্যক্তিটির জন্য **amends** শীর্ষশব্দটি দেখো।

IDM **make for sb/sth** to move towards sb/sth কোনো ব্যক্তি অথবা বস্তুর দিকে এগিয়ে যাওয়া

make for sth to help or allow sth to happen কোনো কিছু ঘটতে সাহায্য করা বা হতে দেওয়া *Arguing all the time doesn't make for a happy marriage.*

be made for sb/each other to be well suited to sb/each other কারও জন্য অথবা পরস্পরের জন্য মানানসই হওয়া *Javed and Alisha seem made for each other.*

make sb/sth into sb/sth to change sb/sth into sb/sth কোনো ব্যক্তি অথবা বস্তুকে অন্য কোনো ব্যক্তি অথবা বস্তুতে পরিবর্তন করা *She made her spare room into an office.*

make sth of sb/sth to understand the meaning or nature of sb/sth কোনো ব্যক্তি অথবা বস্তুর অর্থ অথবা চরিত্র বা প্রকৃতি বোঝা *What do you make of Kabir's letter?*

make off (with sth) (*informal*) to leave or escape in a hurry, for example after stealing sth কিছু নিয়ে, যেমন চুরি করে তাড়াতাড়ি চলে যাওয়া অথবা পালিয়ে যাওয়া *Someone's made off with my wallet!*

make sb/sth out 1 to understand sb/sth কোনো ব্যক্তি অথবা বস্তুকে বুঝতে পারা *I just can't make him out.* **2** to be able to see or hear sb/sth; to manage to read sth কাউকে বা কোনো কিছু দেখতে বা শুনতে

পাওয়া; কোনো কিছু পড়তে সক্ষম হওয়া *I could just make out her signature.*

make out that... ; make yourself out to be sth to say that sth is true and try to make people believe it কোনো কিছু সত্য বলে তা লোকদের বিশ্বাস করানো *He made out that he was a millionaire.* ○ *She's not as clever as she makes herself out to be.*

make (yourself/sb) up to put powder, colour, etc. on your/sb's face to make it look attractive নিজের অথবা অন্য কারও মুখে পাউডার, রং ইত্যাদি লাগিয়ে আকর্ষণীয় করে তোলা

make sth up 1 to form sth কিছু তৈরি করা *the different groups that make up our society* 2 to invent sth, often sth that is not true কিছু বানানো যা (প্রায়শই) সত্য নয় *to make up an excuse* 3 to make a number or an amount complete; to replace sth that has been lost কোনো সংখ্যা অথবা পরিমাণ পূর্ণ করা; যা হারিয়ে গেছে তার স্থান পূর্ণ করা *We need one more person to make up our team.*

make up for sth to do sth that corrects a bad situation খারাপ পরিস্থিতিকে সংশোধন করতে কিছু করা *Her enthusiasm makes up for her lack of experience.*

make it up to sb (*informal*) to do sth that shows that you are sorry for what you have done to sb or that you are grateful for what he/she has done for you অনুশোচনা অথবা কৃতজ্ঞতা দেখানোর জন্য কিছু করা *You've done me a big favour. How can I make it up to you?*

make (it) up (with sb) to become friends again after an argument তর্কবিতর্কের পরে আবার বন্ধুত্ব হয়ে যাওয়া *Has she made it up with him yet?*

make² / meɪk মেইক্ / *noun* [C] the name of the company that produces sth কোনো বস্তুর প্রস্তুতকারকের নাম বা সেই কোম্পানির নাম *'What make is your television?' 'It's a Sony.'*

IDM on the make always trying to make money for yourself, especially in a dishonest way সব সময় নিজের জন্য টাকা রোজগারের চেষ্টা, বিশেষত অসৎ উপায়ে *The country is being ruined by politicians on the make.*

make-believe *noun* [U] things that sb imagines or invents that are not real যেসব জিনিস কোনো ব্যক্তি কল্পনা করে অথবা উদ্ভাবন করে (আসলে কিন্তু সেসব সত্য নয়)

maker / ˈmeɪkə(r) ˈমেইক্যা(র্) / *noun* [C] a person, company or machine that makes sth কোনো ব্যক্তি, কোনো কোম্পানি অথবা যন্ত্র যার দ্বারা কোনো বস্তু প্রস্তুত করা হয় *a film-maker* ○ *If it doesn't work, send it back to the maker.* ○ *an ice cream maker*

makeshift / ˈmeɪkʃɪft ˈমেইক্‌শিফ্‌ট্ / *adj.* made to be used for only a short time until there is sth better আরও ভালো কিছু না আসা পর্যন্ত অল্প দিনের জন্য কিছু ব্যবহার করার উদ্দেশ্যে তৈরি *makeshift shelters of old cardboard boxes*

make-up *noun* 1 [U] powder, cream, etc. that you put on your face to make yourself more attractive. Actors use make-up to change their appearance when they are acting পাউডার, ক্রিম ইত্যাদি প্রসাধন সামগ্রী, সাজসজ্জার জিনিসপত্র যা ব্যবহার করে নিজেকে আরও আকর্ষণীয় করে তোলা হয়। অভিনেতারা এইগুলি অভিনয়ের সময়ে ব্যবহার করে নিজের চেহারায় পরিবর্তন আনে; মেক-আপ *to put on/take off make-up* ⇨ **cosmetic¹** এবং **make (yourself/sb) up** দেখো। 2 [*sing.*] a person's character একজনের চরিত্র *He can't help his temper. It's part of his make-up.*

making / ˈmeɪkɪŋ ˈমেইকিং / *noun* [*sing.*] the act of doing or producing sth; the process of being made কোনো কিছু করার বা প্রস্তুত করার ক্রিয়া; তৈরি করার পদ্ধতি *breadmaking* ○ *This movie has been three years in the making.*

IDM be the making of sb to be the reason that sb is successful কোনো ব্যক্তির সাফল্যের কারণ হওয়া *University was the making of Priyanka.*

have the makings of sth to have the necessary qualities for sth কোনো কিছুর জন্য প্রয়োজনীয় গুণ থাকা *The book has the makings of a good film.*

mal- / mæl ম্যাল্ / *prefix* (*used in nouns, verbs and adjectives*) bad or badly; not correct or correctly খারাপ অথবা খারাপভাবে; ঠিক নয় অথবা ঠিকভাবে নয় *malnutrition* ○ *maltreat*

Malabar *noun* [U] the region lying between the Western Ghats and the Arabian Sea in southern India. Also known as the Malabar Coast, it is famous for its tropical forests দক্ষিণ ভারতে পশ্চিমঘাট পর্বতমালা এবং আরব সাগরের মধ্যবর্তী উপকূল অংশ, মালাবার তট নামেও পরিচিত এই অঞ্চলটি তার গভীর বনাঞ্চলের জন্য প্রসিদ্ধ

maladjusted / ˈmæləˈdʒʌstɪd ˈম্যাল্যাˈজাস্‌টিড্ / *adj.* (used about a person) not able to behave well with other people (কোনো ব্যক্তি সম্বন্ধে ব্যবহৃত) যে অন্য লোকের সঙ্গে মানিয়ে চলতে পারে না

malady / ˈmælədi ˈম্যাল্যাডি / *noun* [C] (*pl.* **maladies**) 1 (*formal*) a serious problem কোনো গুরুতর সমস্যা 2 (*old-fashioned*) a disease or an **ailment** গুরুতর ব্যাধি, রোগ, অসুখ, পীড়া

mala fide / ˈmæləˈfdɪdi ˈম্যাল্যা ˈফাইডি / *adj., adv* (*low*) in bad faith, not genuine সৎ বা খাঁটি নয়; অবিশ্বাসী

malaria / məˈleəriə ম্যা'লেআ্যারিআ্যা / *noun* [U] a serious disease in hot countries that you get from the bite of a small flying insect (**a mosquito**) মশার কামড়ের দ্বারা সংক্রামিত গ্রীষ্মপ্রধান দেশের একটি গুরুতর ব্যাধি; ম্যালেরিয়া রোগ ▶ **malarial** *adj.* ম্যালেরিয়া রোগের জীবাণুবাহী *a malarial mosquito*

male / meɪl মেইল্ / *adj.* belonging to the sex that does not give birth to babies or produce eggs পুরুষ, পুং জাতীয়, পুরুষমানুষ বা পুরুষপ্রাণী (যারা সন্তানের জন্ম দেয় না অথবা ডিম্ব উৎপাদন করে না) *a male goat* ○ *a male model/nurse* ➪ **masculine** এবং **female**-এ নোট দেখো। ▶ **male** *noun* [C] পুরুষ *The male of the species has a white tail.*

malformation / ˌmælfɔːˈmeɪʃn ˌম্যাল্‌ফ:'মেইশ্‌ন্ / *noun* **1** [C] a part of the body that is not formed correctly শরীরের এমন অঙ্গ যা ঠিকভাবে গড়ে ওঠেনি *foetal malformations* **2** [U] the state of not being correctly formed ঠিকভাবে না গড়ে-ওঠা অবস্থা

malice / ˈmælɪs 'ম্যালিস্ / *noun* [U] a wish to hurt other people অপরকে দুঃখকষ্ট দেওয়ার ইচ্ছা, অন্যের অনিষ্টকামনা; বিদ্বেষ ▶ **malicious** / məˈlɪʃəs ম্যা'লিশ্যাস্ / *adj.* বিদ্বেষপরায়ণ, ঈর্ষাপরায়ণ ▶ **maliciously** *adv.* বিদ্বেষপরায়ণভাবে

IDM **with malice aforethought** (*technical*) with the deliberate intention of committing a crime or harming sb কোনো অপরাধ বা কারও ক্ষতি করার পরিকল্পনা বা মতলবসহ

malign[1] / məˈlaɪn ম্যা'লাইন্ / *verb* [T] (*formal*) to say or write bad things about sb/sth publicly especially in a unfair manner কোনো বস্তু অথবা ব্যক্তি সম্বন্ধে প্রকাশ্যে নিন্দা অথবা কুৎসা করা (বিশেষত অন্যায্যভাবে); অপবাদ দেওয়া

malign[2] / məˈlaɪn ম্যা'লাইন্ / *adj.* (*formal*) (*usually before a noun*) causing harm or harmful ক্ষতিকর, অনিষ্টকর *a malign effect*

malignant / məˈlɪgnənt ম্যা'লিগ্‌ন্যান্ট্ / *adj.* (used about a disease (**cancer**) that spreads in the body, or a growing mass (**a tumour**) caused by disease) likely to cause death if not controlled (এমন কোনো রোগ সম্বন্ধে ব্যবহৃত, যেমন ক্যানসার যা শরীরের মধ্যে ছড়িয়ে পড়ে অথবা এই রোগের কারণে তৈরি ক্রমবর্ধমান মাংসপিণ্ড বা টিউমার সম্বন্ধে ব্যবহৃত) যা ঠেকাতে না পারলে মৃত্যুও হতে পারে *He has a malignant brain tumour.* ✪ বিপ **benign**

mall / mæl; mɔːl ম্যাল্; ম:ল্ / =**shopping centre**

malleable / ˈmæliəbl 'ম্যালিঅ্যাব্‌ল্ / *adj.* **1** (*technical*) (used about metals, etc.) that can be hit or pressed into shape easily without breaking or cracking (ধাতু ইত্যাদি সম্বন্ধে ব্যবহৃত) এমন যাকে আঘাত করে অথবা চাপ দিয়ে (না ভেঙে বা ফাটিয়ে) সহজেই কোনো আকার দেওয়া যায়; নমনীয় **2** (used about people, ideas, etc.) easily influenced or changed (লোক, ভাবধারা ইত্যাদি সম্বন্ধে ব্যবহৃত) যাদের বা যাকে সহজেই প্রভাবিত বা পরিবর্তন করা যায়; নমনশীল ▶ **malleability** / ˌmæliəˈbɪləti ˌম্যালিঅ্যা'বিল্যাটি / *noun* [U] নমনীয়তা, ঘাতসহতা

mallet / ˈmælɪt 'ম্যালিট্ / *noun* [C] a heavy wooden hammer কাঠের ভারী হাতুড়ি ➪ **tool**-এ ছবি দেখো।

malnutrition / ˌmælnjuːˈtrɪʃn ˌম্যাল্‌নিউ'ট্রিশ্‌ন্ / *noun* [U] bad health that is the result of not having enough food or enough of the right kind of food যথেষ্ট পরিমাণ খাদ্য না পেয়ে বা সঠিক খাদ্য যথেষ্ট না পেয়ে অপুষ্টি; অপুষ্ট স্বাস্থ্য ▶ **malnourished** / ˌmælˈnʌrɪʃt ˌম্যাল্'নারিশ্‌ট্ / *adj.* অপুষ্টি সংক্রান্ত, অপুষ্টিতে ভুগছে এমন; অপূর্ণপুষ্ট *The children were badly malnourished.*

malpractice / ˌmælˈpræktɪs ˌম্যাল্'প্র্যাক্‌টিস্ / *noun* [U, C] (*law*) careless, wrong or illegal behaviour while in a professional job বেপরোয়া, অন্যায় বা বেআইনিভাবে পেশায় অসদুপায় অবলম্বন *medical malpractice* ○ *He is standing trial for alleged malpractices.*

malt / mɔːlt ম:ল্ট্ / *noun* [U] grain that is used for making beer and **whisky** হুইস্কি অথবা বিয়ার তৈরি করার জন্য ব্যবহৃত শস্যদানা; মল্ট

maltose / ˈmɔːltəʊz 'ম:ল্‌ট্যাউজ্ / *noun* [U] a sugar that chemicals in the body make from **starch** একধরনের চিনি যা শরীরের রাসায়নিক পদার্থ শ্বেতসার থেকে উৎপন্ন হয়

maltreat / ˌmælˈtriːt ˌম্যাল্'ট্রীট / *verb* [T] (*formal*) to treat a person or animal in a cruel or unkind way কোনো মানুষ বা জন্তুর প্রতি নিষ্ঠুর ব্যবহার করা ▶ **maltreatment** *noun* [U] দুর্ব্যবহার, নিষ্ঠুর ব্যবহার

mammal / ˈmæml 'ম্যাম্‌ল্ / *noun* [C] an animal of the type that gives birth to live babies, not eggs, and feeds its young on milk from its own body এমন প্রাণী যে জীবন্ত সন্তানের জন্ম দেয়, ডিম পাড়ে না, এবং সন্তানকে নিজের শরীরের থেকে দুধ খাওয়ায়; স্তন্যপায়ী প্রাণী *Whales, dogs and humans are mammals.*

mammary / ˈmæməri 'ম্যাম্যারি / *adj.* (*only before a noun*) (*medical*) connected with the breasts (চিকিৎসাশাস্ত্র) স্তন সম্বন্ধীয় *mammary glands* (= parts of the breast that produce milk)

mammoth / ˈmæməθ 'ম্যাম্যাথ্ / *adj.* very big বিরাট, প্রকাণ্ড, বিশাল, অতিকায়

man[1] / mæn ম্যান্ / *noun* (*pl.* **men** / men মেন্ /) **1** [C] an adult male person প্রাপ্তবয়স্ক পুরুষমানুষ **2** [C] a person of either sex, male or female নারী বা পুরুষ *All men are equal.* ○ *No man could survive long in such conditions.* **3** [U] the human race;

human beings মনুষ্য জাতি; মানুষ *Early man lived by hunting.* ○ *the damage man has caused to the environment* **4** [C] (*often in compounds*) a man who comes from a particular place; a man who has a particular job or interest কোনো এক বিশেষ জায়গার মানুষ; এমন কেউ যে বিশেষ কোনো কাজ করে অথবা বিশেষ কোনো কিছুতে উৎসাহ আছে *a Frenchman* ○ *a businessman* ○ *sportsmen and women*

IDM the man in the street (*BrE*) an ordinary man or woman একজন সাধারণ পুরুষ বা নারী

the odd man/one out ⇨ **odd** দেখো।

man[2] / mæn ম্যান্ / *verb* [T] (**ma<u>n</u>ning; ma<u>n</u>ned**) to operate sth or to provide people to operate sth কোনো কিছু চালনা করা অথবা কারও দ্বারা কিছু চালনা করানো *The telephones are manned 24 hours a day.*

manage / ˈmænɪdʒ ˈম্যানিজ্ / *verb* **1** [I, T] (*often with* **can** *or* **could**) to succeed in doing or dealing with sth difficult; to be able to do sth কঠিন কোনো কিছু করতে বা চালাতে সক্ষম হওয়া; কিছু করতে পারা *However did you manage to find us here?* ○ *I can't manage this suitcase. It's too heavy.* **2** [T] to be in charge or control of sth কোনো কিছু নিজের অধীনে রাখতে পারা বা চালাতে পারা *She manages a small advertising business.* ○ *You need to manage your time more efficiently.* **3** [I] **manage (without/with sb/sth); manage (on sth)** to deal with a difficult situation; to continue in spite of difficulties কঠিন কোনো পরিস্থিতি সামলানো; অনেক অসুবিধা সত্ত্বেও চালিয়ে যাওয়া *My grandmother couldn't manage without her neighbours.*

manageable / ˈmænɪdʒəbl ˈম্যানিজ্যাব্ল্ / *adj.* not too big or too difficult to deal with নিয়ন্ত্রণসাধ্য, শাসনসাধ্য

management / ˈmænɪdʒmənt ˈম্যানিজম্যান্ট্ / *noun* **1** [U] the control or organization of sth কোনো কিছু পরিচালনা করা, নিয়ন্ত্রণ করা, শাসন করা *Good classroom management is vital with large groups of children.* **2** [C, U] the people who control a business or company যারা কোনো ব্যাবসা অথবা কোম্পানি পরিচালনা করে; কর্তৃপক্ষ, কর্তৃবর্গ *The hotel is now* ***under new management***.

> **NOTE Management** শব্দটি একবচনে (singular) ব্যবহার করা হলে তার সঙ্গে একবচন অথবা বহুবচন (plural) ক্রিয়াপদ (verb) ব্যবহার করা যেতে পারে—*The management is/are considering making some workers redundant.*

manager / ˈmænɪdʒə(r) ˈম্যানিজ্যা(র্) / *noun* [C] **1** a man or woman who controls an organization or part of an organization এমন কোনো পুরুষ বা মহিলা, যে কোনো প্রতিষ্ঠান বা তার কোনো অংশের দেখাশোনা বা নিয়ন্ত্রণ করে; পরিচালক, শাসনকর্তা; ম্যানেজার *a bank manager* **2** a person who looks after the business affairs of a singer, actor, etc. গায়ক, অভিনেতা প্রমুখের ব্যাবসায়িক দিকটি যে তত্ত্বাবধান করে **3** a person who is in charge of a sports team কোনো খেলার দলের দায়িত্ব যে ব্যক্তির উপর থাকে *the England manager*

manageress / ˌmænɪdʒəˈres ˌম্যানিজ্যাˈরেস্ / *noun* [C] the woman who is in charge of a shop or restaurant কোনো দোকান অথবা রেস্তোরাঁ চালনার ভার যে মহিলার উপর থাকে

managerial / ˌmænəˈdʒɪəriəl ˌম্যান্যাˈজিঅ্যারিঅ্যাল্ / *adj.* connected with the work of a manager ম্যানেজার বা ব্যবস্থাপকের কাজের সঙ্গে জড়িত *Do you have any managerial experience?*

managing director *noun* [C] a person who controls a business or company ব্যাবসা বা কোম্পানির পরিচালক; শাসনকর্তা; ম্যানেজিং ডাইরেক্টর

mandarin / ˈmændərɪn ˈম্যান্ড্যারিন্ / *noun* [C] **1** a type of small orange ছোটো কমলালেবুর মতো এক রকম ফল **2** (*also* **Mandarin**) the official language of China চিনদেশের সরকারি ভাষা

mandate / ˈmændeɪt ˈম্যান্‌ডেইট্ / *noun* [C, *usually sing.*] the power that is officially given to a group of people to do sth, especially after they have won an election সরকারিভাবে কোনো দলকে কিছু করার যে ক্ষমতা দেওয়া হয়, বিশেষত তারা যখন নির্বাচনে জয়লাভ করে *The union leaders had a clear mandate from their members to call a strike.*

mandatory / ˈmændətəri; mænˈdeɪtəri ˈম্যান্-ড্যাট্যারি; ম্যান্ˈডেইট্যারি / *adj.* (*formal*) that you must do, have, obey, etc. আইনত যা করতেই হবে, মানতেই হবে; বাধ্যতামূলক *The crime carries a mandatory life sentence.* ✪ সম **obligatory** ✪ বিপ **optional**

mandible / ˈmændɪbl ˈম্যান্‌ডিব্ল্ / *noun* [C] (*technical*) **1** the lower of the two bones in your face that contain your teeth নীচের চোয়ালের হাড় যাতে দাঁত লাগানো থাকে ✪ সম **jawbone** ⇨ **body**-তে ছবি দেখো। **2** either of the two parts that are at the front and on either side of an insect's mouth, used especially for biting and crushing food পতঙ্গের চোয়াল-জোড়ার যে-কোনো একটা অংশ যা তারা কামড়ানো এবং খাবার গুঁড়োর করার জন্য ব্যবহার করে ⇨ **insect**-এ ছবি দেখো।

mane / meɪn মেইন্ / *noun* [C] the long hair on the neck of a horse or male lion ঘোড়া অথবা পুরুষ সিংহের গলার উপর লম্বা লোম; কেশর ⇨ **lion**-এ ছবি দেখো।

man-eater / ˈmæniːtə(r) ˈম্যান্‌ঈটা্য(র্) / *noun* [C] a wild animal like a tiger that can kill and eat a human being বাঘ জাতীয় বন্য প্রাণী যা মানুষ মারে এবং খায়; মানুষখেকো জন্তু *Sometimes tigers become man-eaters.* ▶ **man-eating** *adj.* (*only before a noun*) নরমাংসভোজনকারী পশু, নরভুক *a man-eating tiger*

maneuver (*AmE*) = **manoeuvre**

mangalsutra *noun* [C] (in India) a gold ornament strung from a string of black beads, a gold chain or a yellow thread that is put around the bride's neck by the bridegroom during the wedding ceremony (ভারতে প্রচলিত) বিবাহের সময়ে কালো পুঁতি দেওয়া সোনার হার বা হলুদরঙা সূত্র যা নববধূর গলায় বর পরিয়ে দেয়; মঙ্গলসূত্র

manganese / ˈmæŋgəniːz ˈম্যাংগ্যানীজ্ / *noun* [U] (*symbol* **Mn**) a type of hard grey metal একধরনের শক্ত, ধূসর রঙের ধাতু; ম্যাঙ্গানীজ

mangle / ˈmæŋgl ˈম্যাংগল্ / *verb* [T] (*usually passive*) to damage sth so badly that it is difficult to see what it looked like originally কোনো বস্তুকে এমন বিশ্রীভাবে ক্ষতিগ্রস্ত বা জখম করা যে আগে সেটি কেমন ছিল বোঝা কঠিন হয় *The highway was covered with the mangled wreckage of cars.*

mango / ˈmæŋgəʊ ˈম্যাংগ্যাউ / *noun* [C] (*pl.* **mangoes**) a tropical fruit that has a yellow and red skin and is yellow inside আম ➪ **fruit**-এ ছবি দেখো।

mangrove / ˈmæŋgrəʊv ˈম্যাংগ্র্যাউভ্ / *noun* [C] a tropical tree that grows in wet ground at the edge of rivers and has some roots that are above ground গ্রীষ্মপ্রধান দেশে নদীর ধারে ভিজে মাটিতে হওয়া এক ধরনের গাছ যার শিকড় জমির উপরেও দেখা যায়; গরান গাছ

manhole / ˈmænhəʊl ˈম্যান্‌হ্যাউল্ / *noun* [C] a hole in the street with a lid over it through which sb can go to look at the pipes, wires, etc. that are underground রাস্তার উপর ঢাকা দেওয়া বড়ো গর্ত যার মধ্যে ঢুকে দরকারমতো পাইপ, তার ইত্যাদি পরিষ্কার করা যায় ; ম্যানহোল

manhood / ˈmænhʊd ˈম্যান্‌হুড্ / *noun* [U] the state of being a man rather than a boy সাবালকত্ব, পূর্ণবয়স

mania / ˈmeɪniə ˈমেইনিঅ্যা / *noun* **1** [C] (*informal*) a great enthusiasm for sth বাতিক, উন্মত্ততা *World Cup mania is sweeping the country.* **2** [U] a serious mental illness that may cause sb to be very excited or violent একধরনের মানসিক অসুস্থতা যার ফলে রোগী উত্তেজিত বা হিংস্র হয়ে পড়ে

maniac / ˈmeɪniæk ˈমেইনিঅ্যাক্ / *noun* [C] **1** a person who behaves in a wild and stupid way বাতিকগ্রস্ত, ক্ষিপ্ত ব্যক্তি, বায়ুরোগগ্রস্ত *to drive like a maniac* **2** a person who has a stronger love of sth than is normal এমন কেউ যার কোনো বস্তুর প্রতি স্বাভাবিকের চেয়ে বেশি উৎসাহ *a football maniac*

manic / ˈmænɪk ˈম্যানিক্ / *adj.* **1** full of nervous energy or excited activity বাতিকগ্রস্ত, স্নায়বিক উত্তেজনায় ভরপুর *His behaviour became more manic as he began to feel stressed.* **2** (*medical*) connected with **mania 2** (চিকিৎসাশাস্ত্র) স্নায়বিক রোগ সংক্রান্ত

manicure / ˈmænɪkjʊə(r) ˈম্যানিকিউঅ্যা(র্) / *noun* [C, U] treatment to make your hands and fingernails look attractive হাতের বা হাতের আঙুলের সৌন্দর্যবৃদ্ধির জন্য পরিচর্যা ও প্রসাধন

manifest / ˈmænɪfest ˈম্যানিফেস্ট্ / *verb* [I, T] (*formal*) **manifest (sth/itself) (in/as sth)** to show sth or to be shown clearly কোনো কিছু দেখানো বা স্পষ্টভাবে প্রকাশ করা *Mental illness can manifest itself in many forms.* ▶ **manifest** *adj.* প্রদর্শিত *manifest failure/anger* ▶ **manifestly** *adv.* প্রদর্শিতভাবে

manifestation / ˌmænɪfeˈsteɪʃn ˌম্যানিফেˈস্টেইশন্ / *noun* [C, U] (*formal*) a sign that sth is happening কোনো কিছু হচ্ছে বা ঘটছে তার চিহ্ন; প্রদর্শন, অভিব্যক্তি

manifesto / ˌmænɪˈfestəʊ ˌম্যানিˈফেস্ট্যাউ / *noun* [C] (*pl.* **manifestos**) a written statement by a political party that explains what it hopes to do if it becomes the government in the future কোনো রাজনৈতিক দল সরকার প্রতিষ্ঠা করতে পারলে কী কী করার চেষ্টা করবে তার লিখিত কর্মসূচি বা প্রচারপত্র; ইস্তাহার

manifold[1] / ˈmænɪfəʊld ˈম্যানিফ্যাউল্ড / *adj.* (*formal*) many; of many different types অনেক; নানা ধরনের, বহুমুখী

manifold[2] / ˈmænɪfəʊld ˈম্যানিফ্যাউল্ড / *noun* [C] (*technical*) a pipe or an enclosed space with several openings for taking gases in and out of a car engine কোনো নল বা বন্ধ জায়গা যাতে এমন কতকগুলি ছিদ্র থাকে যার মধ্য দিয়ে মোটর গাড়ির ইঞ্জিনের গ্যাস ঢোকানো বা বার করা যায়

manipulate / məˈnɪpjuleɪt ম্যাˈনিপিউলেইট্ / *verb* [T] **1** to influence sb so that he/she does or thinks what you want কাউকে প্রভাবিত করে ইচ্ছামতো চালনা করা *Clever politicians know how to manipulate public opinion.* **2** to use, move or control sth with skill দক্ষভাবে কোনো কিছু ব্যবহার বা চালনা করা *The doctor manipulated the bone back into place.* ▶ **manipulation** / məˌnɪpjuˈleɪʃn ম্যাˌনিপিউˈলেইশন্ / *noun* [C, U] সুকৌশলে কার্যসিদ্ধি

manipulative / məˈnɪpjələtɪv ম্যাˈনিপিঅ্যালাটিভ্ / *adj.* **1** skilful at influencing sb or forcing sb to do what you want, often in an unfair way কোনো

ব্যক্তিকে, প্রায় অন্যায্যভাবে প্রভাবিত করে অথবা বলপূর্বক নিজের ইচ্ছেমতো কিছু করানোতে পটু **2** (*formal*) connected with the ability to move things with your hands skilfully হাতে-কলমে কাজের দক্ষতার সঙ্গে জড়িত *manipulative skills such as typing and knitting*

mankind / mænˈkaɪnd ম্যান্ˈকাইন্ড্ / *noun* [U] all the people in the world মানবজাতি, মনুষ্যপ্রজাতি, নরকুল *A nuclear war would be a threat to all mankind.* ➪ **man**-এ নোট দেখো।

manly / ˈmænli ˈম্যান্লি / *adj.* typical of or suitable for a man পুরুষোচিত *a deep manly voice* ▶ **manliness** *noun* [U] পৌরুষ

man-made *adj.* made by people, not formed in a natural way; artificial মানুষের তৈরি, যা প্রাকৃতিক নিয়মে হয় না; কৃত্রিম *man-made fabrics such as nylon and polyester*

manner / ˈmænə(r) ˈম্যান্যা(র্) / *noun* **1** [*sing.*] the way that you do sth or that sth happens যে পদ্ধতিতে বা আচরণ প্রক্রিয়ার দ্বারা কিছু করা হয় বা কিছু ঘটে *He acted in a civilized* ***manner***. **2** [*sing.*] the way that sb behaves towards other people অপরের প্রতি কোনো ব্যক্তির ব্যবহার বা আচরণ পদ্ধতি *to have an aggressive/a relaxed/a professional manner* **3 manners** [*pl.*] a way of behaving that is considered acceptable in your country or culture কোনো দেশ অথবা সমাজের স্বীকৃত চালচলন; আদবকায়দা, সহবত বা শিষ্টাচার *In some countries it is bad manners to show the soles of your feet.*

IDM all manner of... every kind of... সব ধরনের... *You meet all manner of people in my job.*

mannerism / ˈmænərɪzəm ˈম্যান্যারিজ্ম্ / *noun* [C] sb's particular way of speaking or a particular movement he/she often does কারও কথা বলার বিশেষ ধরন বা প্রায়ই ব্যবহৃত অঙ্গভঙ্গি

manoeuvre[1] (*AmE* **maneuver**) / məˈnuːvə(r) ম্যাˈনূভ্যা(র্) / *noun* **1** [C] a movement that needs care or skill এমন নড়াচড়া যা সুকৌশলে অনেক যত্ন নিয়ে করতে হয় *Parking the car in such a small space would be a tricky manoeuvre.* **2** [C, U] something clever that you do in order to win sth, trick sb, etc. জেতার জন্য যে চালাকির আশ্রয় নেওয়া হয় *political manoeuvre(s)* **3 manoeuvres** [*pl.*] a way of training soldiers when large numbers of them practise fighting in battles সৈন্যদের শিক্ষা দেওয়ার একরকম ব্যবস্থা যাতে একসঙ্গে অনেক সৈনিক যুদ্ধ করার মহড়া দেয়

manoeuvre[2] (*AmE* **maneuver**) / məˈnuːvə(r) ম্যাˈনূভ্যা(র্) / *verb* [I, T] to move (sth) to a different position using skill দক্ষতার সঙ্গে এক জায়গা থেকে অন্য জায়গায় কিছু সরানো *The driver was manoeuvring his lorry into a narrow gateway.*

manor / ˈmænə(r) ˈম্যান্যা(র্) / (*also* **manor house**) *noun* [C] a large house in the country that has land around it গ্রামে বড়ো আকারের বাড়ি যার চারিদিকে জমি থাকে

manpower / ˈmænpaʊə(r) ˈম্যান্পাউঅ্যা(র্) / *noun* [U] the people that you need to do a particular job কোনো কাজ করার জন্য প্রয়োজনীয় লোকবল, জনবল *There is a shortage of skilled manpower in the computer industry.*

mansion / ˈmænʃn ˈম্যান্শ্ন্ / *noun* [C] a very large house প্রাসাদ, বৃহৎ বাসভবন

manslaughter / ˈmænslɔːtə(r) ˈম্যান্স্ল:ট্যা(র্) / *noun* [U] the crime of killing sb without intending to do so অনিচ্ছাকৃত হত্যাপরাধ ➪ **murder** দেখো।

mantelpiece / ˈmæntlpiːs ˈম্যান্ট্ল্পীস্ / *noun* [C] a narrow shelf above the space in a room where a fire goes ঘর গরম রাখার জন্য যে চুল্লি তার উপরের সরু তাক; ম্যান্টেলপীস

mantle / ˈmæntl ˈম্যান্ট্ল্ / *noun* [*sing.*] (in geology) the part of the earth between the surface (**crust**) and the centre (**core**) (ভূতত্ত্ববিদ্যায়) পৃথিবীর উপরের স্তর এবং মধ্যভাগ বা কেন্দ্রর মধ্যে যে অংশ ➪ **seismic**-এ ছবি দেখো।

mantra *noun* [C] (*IndE*) **1** a word or a prayer that is chanted or sung কোনো বিশেষ শব্দ অথবা প্রার্থনা যা জপ করা হয় অথবা গাওয়া হয়; মন্ত্র *Gayatri mantra* **2** a commonly repeated word or phrase সাধারণভাবে পুনরাবৃত্ত শব্দ বা বাক্যাংশ *Today's self-help books usually carry the magic mantra 'easy-to-follow'.*

manual[1] / ˈmænjuəl ˈম্যানিউঅ্যাল্ / *adj.* using your hands; operated by hand হাতের দ্বারা, হাতের সাহায্যে; হাত লাগিয়ে *Office work can sometimes be more tiring than* ***manual work***. ○ *a skilled* ***manual worker*** ○ *Does your car have a manual or an automatic gear box?* ▶ **manually** *adv.* হাত দিয়ে করা বা চালানো

manual[2] / ˈmænjuəl ˈম্যানিউঅ্যাল্ / *noun* [C] a book that explains how to do or operate sth যে বই এ ব্যাখ্যা করে লেখা থাকে কোনো কিছু কেমনভাবে করতে বা চালাতে হয়; ম্যানুয়াল *a training manual* ○ *a car manual*

manufacture / ˌmænjuˈfæktʃə(r) ˌম্যানিউˈফ্যাক্চ্যা(র্) / *verb* [T] to make sth in large quantities using machines যন্ত্রের সাহায্যে কোনো কিছু বহুল পরিমাণে উৎপাদন করা *a local factory that manufactures furniture* ○ *manufacturing industries* ✪ সম **produce** ▶ **manufacture** *noun*

[U] উৎপাদন *The manufacture of chemical weapons should be illegal.*

manufacturer / ˌmænjuˈfæktʃərə(r) ˌম্যানিউ-ˈফ্যাক্‌চ্যার্যা(র্) / *noun* [C] a person or company that makes sth যে ব্যক্তি বা কোম্পানি কিছু তৈরি করে; উৎপাদনকারী *a car manufacturer*

manure / məˈnjʊə(r) ম্যাˈনিউঅ্যা(র্) / *noun* [U] the waste matter from animals that is put on the ground in order to make plants grow better পশুমলের সার ➪ **fertilizer** দেখো।

manuscript / ˈmænjuskrɪpt ˈম্যানিউস্‌ক্রিপ্ট্ / *noun* [C] **1** a copy of a book, piece of music, etc. before it has been printed মুদ্রণের আগে বই বা সংগীতের অনুলিপি **2** a very old book or document that was written by hand হাতে-লেখা খুব পুরোনো বই বা তথ্য; পাণ্ডুলিপি

many / ˈmeni ˈমেনি / *det., pronoun* (*used with plural nouns or verbs*) **1** a large number of people or things অনেক লোক বা জিনিস *Have you made many friends at school yet?* ○ *There are **too many** mistakes in this essay.*

> **NOTE** ইতিবাচক বাক্যে **many** শব্দটি প্রয়োগ করলে বাক্যটি পোশাকি বলে মনে হয়—*Many schools teach computing nowadays.* কথ্যভাষায় বলতে গেলে আমরা এই অর্থে **a lot of** অভিব্যক্তিটি ব্যবহার করি—*A lot of schools teach computing nowadays.* অবশ্য নেতিবাচক বাক্যে এবং প্রশ্নবোধক বাক্যে **many** সবক্ষেত্রে ব্যবহার করা যায় এবং এর ব্যবহার পোশাকি নয়—*I don't know many cheap places to eat.* ○ *Are there many hotels in this town?*

2 used to ask about the number of people or things, or to refer to a known number জনসংখ্যা বা বস্তুসংখ্যা জানার জন্য অথবা জ্ঞাত কোনো সংখ্যার উল্লেখের জন্য ব্যবহৃত *I don't work **as many** hours **as** you.* ○ *There are **half/twice as many** boys as girls in the class.* **3** (*used to form compound adjectives*) having a lot of the thing mentioned উল্লিখিত বস্তুর অধিকাংশই আছে এমন *a many-sided shape* **4 many a** (*formal*) (*used with a singular noun and verb*) a large number of বেশি সংখ্যক, অনেকবার *I've heard him say that many a time.*

IDM a good/great many very many অনেক

Maori / ˈmaʊri ˈমাউরি / *noun* [C] (*pl.* **Maori** or **Maoris**) a member of the race of people who were the original inhabitants of New Zealand নিউজিল্যান্ডের আদিবাসী সম্প্রদায়ের ব্যক্তি ▶ **Maori** *adj.* মাউরি জাতের বৈশিষ্ট্য বা তার সঙ্গে জড়িত

map / mæp ম্যাপ্ / *noun* [C] a drawing or plan of (part of) the surface of the earth that shows countries, rivers, mountains, roads, etc. পৃথিবীর উপরিভাগের চিত্র বা চিত্রাংশ যাতে দেশ, নদী, পাহাড়, পর্বত, রাস্তা ইত্যাদি চিহ্নিত থাকে; মানচিত্র *a road/street map* ○ *I can't find Chattisgarh **on the map**.*

> **NOTE** মানচিত্রের বইকে **atlas** বলা হয়।

▶ **map** *verb* [T] (**mapping; mapped**) মানচিত্র তৈরি করা *The region is so remote it has not yet been mapped.*

maple / ˈmeɪpl ˈমেইপ্‌ল্ / *noun* [C] a tree that has leaves with five points and that produces a very sweet liquid that is **edible** পাঁচটি প্রান্তওয়ালা পাতা আছে এমন গাছ যার থেকে খাওয়ার জন্য মিষ্টি রস পাওয়া যায় *maple syrup*

Mar. *abbr.* March মার্চ *17 Mar. 1956*

marathon / ˈmærəθən ˈম্যার্যাথ্যান্ / *noun* [C] **1** a long-distance running race, in which people run about 42 kilometres or 26 miles প্রায় ২৬ মাইল অথবা ৪২ কিলোমিটার লম্বা দৌড়প্রতিযোগিতা; ম্যারাথন **2** an activity that lasts much longer than expected প্রত্যাশিত সময়ের চেয়ে বেশি সময় ধরে চলা কোনো কর্মকাণ্ড *The interview was a real marathon.*

marble / ˈmɑːbl ˈমা:ব্‌ল্ / *noun* **1** [U] a hard attractive stone that is used to make statues and parts of buildings একটি সুন্দর কঠিন পাথর যা মূর্তি অথবা বাড়ির বিভিন্ন অংশ তৈরির কাজে লাগে; মার্বেল পাথর; মর্মপ্রস্তর *a marble statue* **2** [C] a small ball of coloured glass that children play with রঙিন কাচের বল যা নিয়ে বাচ্চারা খেলা করে **3 marbles** [U] the children's game that you play by rolling marbles along the ground trying to hit other marbles মাটির উপর দিয়ে মার্বেল গড়িয়ে, ঠোকাঠুকি করে বাচ্চাদের খেলা

March / mɑːtʃ মা:চ্ / *noun* [U, C] (*abbr.* **Mar.**) the third month of the year, coming after February বছরের তৃতীয় মাস, ফেব্রুয়ারি মাসের পরের মাস মার্চ মাস

> **NOTE** বাক্যের মাসের নামের ব্যবহার দেখার জন্য **January**-তে দেওয়া উদাহরণ এবং নোট দেখো।

march¹ / mɑːtʃ মা:চ্ / *verb* **1** [I] to walk with regular steps (like a soldier) সুশৃঙ্খল পদক্ষেপে সৈন্যদের মতো হাঁটা; কুচকাওয়াজ করা *The President saluted as the troops marched past.* **2** [I] to walk in a determined way দৃঢ়তার সঙ্গে চলা *She marched up to the manager and demanded an apology.* **3** [T] to make sb walk or march somewhere কাউকে কোনো জায়গায় হাঁটানো বা কুচকাওয়াজ করানো *The prisoner was marched away.* **4** [I] to walk in a large group to protest about sth একসঙ্গে পদযাত্রা

করে কোনো কিছুর প্রতিবাদ জানানো *The demonstrators marched through the centre of town.*

march² / mɑːtʃ মা:চ্ / *noun* [C] **1** an organized walk by a large group of people who are protesting about sth প্রতিবাদের উদ্দেশ্যে অনেকে মিলে একত্রে পদযাত্রা *a peace march* ⇨ **demonstration** দেখো। **2** a journey made by marching মার্চ করে যাওয়া *The soldiers were tired after their long march.*

mare / meə(r) মেঅ্যা(র্) / *noun* [C] a female horse স্ত্রী ঘোড়া, অশ্বা, ঘোটকী ⇨ **horse**-এ নোট দেখো।

marg *noun* (*IndE*) a path, way or road রাস্তা, পথ, সড়ক *Mahatma Gandhi Marg*

margarine / ˌmɑːdʒəˈriːn ˌমা:জ্যা'রীন্ / *noun* [U] a food that is similar to butter, made of animal or vegetable fats (পশু বা উদ্ভিদ থেকে প্রাপ্ত) চর্বি বা তেল মিশিয়ে তৈরি কিছুটা মাখনের মতো একরকম খাদ্য; মার্জারিন

margin / ˈmɑːdʒɪn 'মা:জিন্ / *noun* [C] **1** the empty space at the side of a page in a book, etc. বই ইত্যাদির পাতায় ছাপা অংশের চারিদিকের ফাঁকা জায়গা; ধার, কিনারা **2** [*sing.*] the amount of space, time, votes, etc. by which you win sth স্থান, কাল, ভোটসংখ্যা ইত্যাদির পরিমাণ যার দ্বারা কোনো কিছু জয় করা যায় *He won by a wide/narrow/comfortable margin.* **3** the amount of profit that a company makes on sth কোনো কোম্পানির লাভের পরিমাণ **4** the area around the edge of sth কোনো স্থানের চারিদিকের অঞ্চল *the margins of the Pacific Ocean* **5** (*usually sing.*) an amount of space, time, etc. that is more than you need প্রয়োজনের অতিরিক্ত স্থান, সময় ইত্যাদির পরিমাণ *It is a complex operation with little **margin for error**.*

marginal / ˈmɑːdʒɪnl 'মা:জিন্‌ল্ / *adj.* small in size or importance আকারে অথবা গুরুত্বে অল্প *The differences are marginal.* ▶ **marginally** *adv.* একটুখানি, খুবই কম *In most cases costs will increase only marginally.*

marigold / ˈmærigəʊld 'ম্যারিগ্যাউল্ড্ / *noun* [C] a plant of the daisy family, also known as calendula, with bright yellow or orange flowers ডেইজি পরিবারভুক্ত গাছ, ক্যালেনডুলা নামেও পরিচিত, যার উজ্জ্বল হলুদ বা কমলা রঙের ফুল হয়; গাঁদা ফুল

marijuana / ˌmærəˈwɑːnə ˌম্যার্যা'উআ:ন্যা / *noun* [U] a drug that is smoked and is illegal in many countries অনেক দেশে আইনত নিষিদ্ধএকপ্রকার মাদকদ্রব্য যা ধূমপানের মাধ্যমে শরীরে প্রবেশ করে; মারিজুয়ানা

marina / məˈriːnə ম্যা'রীন্যা / *noun* [C] a small area of water (**a harbour**) designed for pleasure boats ছোটো আকারের জলভাগ (পোতাশ্রয় বা জাহাজঘাটা) যা নৌকাবিহারের আনন্দের জন্য বানানো হয়েছে

marinade / ˌmærɪˈneɪd ˌম্যারি'নেইড্ / *noun* [C, U] a mixture of oil, spices, etc. which you leave meat or fish in for a long time before it is cooked in order to make it softer or give it a particular flavour তেল, মশলা ইত্যাদির মিশ্রণ যা মাখিয়ে কাঁচা মাছ বা মাংসে রান্নার আগে বেশ কিছুক্ষণ রেখে দেওয়ার পর নরম হয়ে আসে এবং বিশেষ স্বাদযুক্ত হয়

marinate / ˈmærɪneɪt 'ম্যারিনেইট্ / (*also* **marinade**) *verb* [I, T] if you marinate food or it marinates, you leave it in a mixture of oil, spices, etc. (**a marinade**) for a long time before it is cooked in order to make it softer or give it a particular flavour রান্নার পূর্বে তেল, মশলা ইত্যাদির মিশ্রণে খাদ্যবস্তু বেশ কিছুক্ষণ রেখে দেওয়া যাতে তা নরম ও স্বাদু হয়

marine¹ / məˈriːn ম্যা'রীন্ / *adj.* **1** connected with the sea সমুদ্র বিষয়ক, সামুদ্রিক *the study of marine life* **2** connected with ships or sailing জাহাজ বা নৌযাত্রা সম্পর্কিত *marine insurance*

marine² / məˈriːn ম্যা'রীন্ / *noun* [C] a soldier who has been trained to fight on land or at sea যে সৈন্য স্থলে এবং জলে যুদ্ধ করার প্রশিক্ষণপ্রাপ্ত

marital / ˈmærɪtl 'ম্যারিট্‌ল্ / *adj.* (*only before a noun*) connected with marriage বৈবাহিক, বিবাহিত জীবন সম্বন্ধীয় *marital problems*

marital status *noun* [U] (*written*) (used on official documents) if you are married, single, divorced, etc. (সরকারি ফর্ম ইত্যাদিতে ব্যবহৃত) বিবাহিত না অবিবাহিত অথবা বিবাহবিচ্ছিন্ন তা জানানো

maritime / ˈmærɪtaɪm 'ম্যারিটাইম্ / *adj.* connected with the sea or ships সমুদ্র অথবা জাহাজ সম্পর্কিত; সামুদ্রিক

mark¹ / mɑːk মা:ক্ / *noun* [C] **1** a spot or line that spoils the appearance of sth কোনো দাগ যার ফলে কোনো বস্তুর চেহারা নষ্ট হয়ে যায় *There's a dirty mark on the front of your shirt.* ○ *If you put a hot cup down on the table it will **leave a mark**.* ⇨ **birth mark** দেখো। **2** something that shows who or what sb/sth is, especially by making him/her/it different from others যে বিশেষ চিহ্ন দ্বারা কোনো ব্যক্তি বা বস্তুকে চিহ্নিত করা যায় অথবা অপরের থেকে কাউকে আলাদা করা যায় *My horse is the one with the white mark on its face.* **3** a written or printed symbol that is a sign of sth এমন কোনো লিখিত বা মুদ্রিত চিহ্ন যা কোনো কিছুর সংকেত দেয় অথবা কোনো কিছু বোঝায় *a question/punctuation/exclamation mark* **4** a sign of a quality or feeling কোনো গুণ বা অনুভূতির সংকেত *They stood in silence for two minutes as **a mark of respect**.* **5** a number or letter you get for school work that tells you how good your work was স্কুলে কাজের জন্য প্রাপ্ত নম্বর বা গ্রেড যা সেই কাজের

মান বোঝায় *She got very good marks in the exam.* ○ *The* ***pass mark*** *is 60 out of 100.* **6** the level or point that sth/sb has reached যে উচ্চতায় বা যতটা পর্যন্ত কোনো ব্যক্তি বা বস্তু পৌঁছোতে পেরেছে *The race is almost at the half-way mark.* **7** an effect that people notice and will remember যে প্রভাব বা কার্যফল লোকে লক্ষ করে এবং মনে রাখে *The time he spent in prison* ***left its mark on*** *him.* ○ *He was only eighteen when he first* ***made his mark*** *in politics.* **8** a particular model or type of sth কোনো বস্তুর মডেল বা টাইপ *the new SL 53 Mark III*

> **NOTE** লক্ষ রেখো যে কোনো পণ্যদ্রব্য সম্বন্ধে উল্লেখ করতে হলে অথবা সেই পণ্যের নির্মাতা বা কোম্পানির সম্বন্ধে বলতে হলে **mark** শব্দটির প্রয়োগ সঠিক নয়। এই অর্থে **brand** অথবা **make** শব্দ দুটির প্রয়োগ করতে হবে—*What make is your car?* ○ *What brand of coffee do you buy?*

9 (*formal*) a person or an object towards which sth is directed; a target কোনো ব্যক্তি অথবা বস্তু যাকে লক্ষ্য করে কিছু পাঠানো হচ্ছে ; লক্ষ্য, লক্ষ্যবস্তু *the arrow hit/missed its mark* ○ *His judgement of the situation is* ***wide of the mark*** (=wrong). **10** the unit of money in Germany জার্মানির মুদ্রা

IDM on your marks, get set, go! used at the start of a sports race কোনো দৌড়ের প্রতিযোগিতার আরম্ভে বলা হয়

quick, slow, etc. off the mark quick, slow, etc. in reacting to a situation কোনো পরিস্থিতিতে দ্রুত, ধীর ইত্যাদি প্রতিক্রিয়া

mark² / ˈmɑːk ˈমা:ক্ / *verb* [T] **1** to put a sign on sth কোনো কিছুর উপর দাগ দেওয়া *We marked the price on all items in the sale.* ○ *I'll mark all the boxes I want you to move.* **2** to spoil the appearance of sth by making a mark on it কোনো বস্তুর আকৃতি বা চেহারায় দাগ লাগিয়ে নষ্ট করা *The white walls were dirty and marked.* **3** to show where sth is or where sth happened কোনো বস্তু অথবা ঘটনার স্থান নির্দেশ করা *The route is marked in red.* **4** to celebrate or officially remember an important event কোনো বিশেষ ঘটনা নিয়ে আনন্দ-উৎসব করা অথবা সরকারিভাবে স্মরণ করা *The ceremony marked the fiftieth anniversary of the opening of the school.* **5** to be a sign that sth new is going to happen নতুন কোনো কিছু যে ঘটতে চলেছে তার চিহ্নস্বরূপ হওয়া *This decision marks a change in government policy.* **6** to look at sb's school, etc. work, show where there are mistakes and give it a number or letter to show how good it is কারও স্কুল ইত্যাদির কাজ দেখা, কোথাও ভুল থাকলে তা দেখানো এবং নম্বর বা গ্রেডের মাধ্যমে তার মান নির্দিষ্ট করা *Why did you mark that answer wrong?* ○ *He has fifty exam papers to mark.* **7** (in sport) to stay close to a player of the opposite team so that he/she cannot play easily (খেলাধূলায়) বিপরীত পক্ষের দলের কোনো খেলোয়াড়ের গায়ে গায়ে লেগে থাকা যাতে সে সহজে খেলতে না পারে

IDM mark sb/sth down as/for sth to decide that sb/sth is of a particular type or suitable for a particular use কোনো ব্যক্তি বা বস্তুর বিশেষ ধরন লক্ষ করা বা বিশেষ কাজে তার উপযোগিতা নজরে আসা *From the first day of school, the teachers marked Varun down as a troublemaker.*

mark sth out to draw lines to show the position of sth দাগ দিয়ে কোনো কিছুর অবস্থান বোঝানো *Spaces for each car were marked out in the car park.*

mark sth up/down to increase/decrease the price of sth that you are selling যা বিক্রি করা হচ্ছে তার দাম বাড়ানো বা কমানো *All goods have been marked down by 15 per cent.*

marked / mɑːkt মা:ক্ট্ / *adj.* clear; noticeable পরিষ্কার; দেখা যায় এমন; লক্ষণীয় *There has been a marked increase in vandalism in recent years.* ▶ **markedly** / ˈmɑːkɪdli ˈমা:কিড্‌লি / *adv.* লক্ষণীয়ভাবে, স্পষ্টতঃ *This year's sales have risen markedly.*

marker / ˈmɑːkə(r) ˈমা:ক্যা(র্) / *noun* [C] something that shows the position of sth যার দ্বারা কোনো বস্তুর অবস্থান বোঝানো হয় *I've highlighted the important sentences with a marker pen.* ➪ **stationery**-তে ছবি দেখো।

market¹ / ˈmɑːkɪt ˈমা:কিট্ / *noun* **1** [C] a place where people go to buy and sell things কেনাবেচার স্থান; বাজার, হাট *a market stall/trader/town* ○ *a cattle/fish/meat market* ➪ **flea market, hypermarket** এবং **supermarket** দেখো। **2** [C] business or commercial activity; the amount of buying or selling of a particular type of goods ব্যাবসাবাণিজ্য অথবা বাণিজ্যিক কাজকর্ম; কোনো বিশেষ একধরনের জিনিসের কেনাবেচার পরিমাণ *The company currently has a 10 per cent share of the market.* ○ *the property/job market* **3** [C, U] a country, an area or a group of people that buys sth; the number of people who buy sth কোনো দেশ, অঞ্চল অথবা গোষ্ঠী যারা কোনো জিনিস কেনে; ক্রেতাদের সংখ্যা *The company is hoping to expand into the European Market.* ○ *There's no market for very large cars when petrol is so expensive.* ➪ **black market** এবং **stock market** দেখো।

IDM **on the market** available to buy কিনতে পাওয়া যায় *This is one of the best cameras on the market.*

market² / ˈmɑːkɪt ˈমা:কিট্ / *verb* [T] to sell sth with the help of advertising বিজ্ঞাপনের সাহায্যে কোনো কিছু বিক্রি করা *The car company is trying to market a petrol car.*

marketable / ˈmɑːkɪtəbl ˈমা:কিট্যাব্ল্ / *adj.* that can be sold easily because people want it চাহিদা আছে বলে সহজে বিক্রি করা যায় এমন

market day *noun* [C, U] the day of the week when a town usually has a market সাধারণত সপ্তাহের যে দিন কোনো শহরে হাট বসে *All the farmers come to town* ***on market day.***

market garden *noun* [C] a type of farm where vegetables and fruit are grown for sale একধরনের খামার যেখানে তরিতরকারি এবং ফলমূল বিক্রি করার জন্য চাষ করা হয়

marketing / ˈmɑːkɪtɪŋ ˈমা:কিটিং / *noun* [U] the activity of showing and advertising a company's products in the best possible way বিপণন *Effective marketing will lead to increased sales.* ○ *the marketing department*

marketing mix *noun* [C] (*technical*) the combination of things that a company decides to try in order to persuade people to buy a product কোনো কোম্পানি যখন তার তৈরি বিশেষ একটা জিনিস জনগণকে কেনানোর জন্য আরও কয়েকটি জিনিস তার সঙ্গে বিক্রি করার সিদ্ধান্ত নেয়

market place *noun* **1 the market place** [*sing.*] the activity of competing with other companies to buy and sell goods, services, etc. জিনিসপত্র, পরিষেবা ইত্যাদি বেচাকেনার ব্যাপারে অন্যান্য কোম্পানির সঙ্গে প্রতিযোগিতামূলক যে ক্রিয়াকলাপ **2** [C] the place in a town where a market is held শহরের যে জায়গায় বাজার বসে

market price *noun* [C] the price that people in general will pay for sth at a particular time বিশেষ একটা সময়ে সাধারণ লোকে কোনো কিছুর জন্য যে দাম দিতে চায়; বাজারদর

market research *noun* [U] the study of what people want to buy and why বাজারে জিনিসের চাহিদা ও তার কারণ নিয়ে অনুসন্ধান বা গবেষণা *to carry out/do market research*

market town *noun* [C] a town that has a regular market, or that had one in the past এমন শহর যেখানে নিয়মিত বাজার বসে অথবা এককালে বসত

marking / ˈmɑːkɪŋ ˈমা:কিং / *noun* [C, *usually pl.*] shapes, lines and patterns of colour on an animal or a bird, or painted on a road, vehicle, etc. জীবজন্তু বা পাখির গায়ের রঙিন দাগ অথবা রাস্তাঘাট, গাড়ি ইত্যাদিতে আঁকা আকার, দাগ এবং নকশা

marksman / ˈmɑːksmən ˈমা:ক্স্‌ম্যান্ / *noun* [C] (*pl.* **-men** / -mən -ম্যান্ /) a person who can shoot very well with a gun গুলি চালাতে দক্ষ এমন কেউ

mark-up *noun* [C, *usually sing.*] the difference between the cost of producing sth and the price it is sold at কোনো বস্তুর উৎপাদনের খরচ এবং বিক্রির দামের মধ্যে যে পার্থক্য

marmalade / ˈmɑːməleɪd ˈমা:ম্যালেইড্ / *noun* [U] a type of jam that is made from oranges or lemons কমলালেবু অথবা পাতিলেবু দিয়ে তৈরি একধরনের জ্যাম; মার্মালেড

maroon / məˈruːn ম্যা'রূন্ / *adj., noun* [U] (of) a dark brownish-red colour গাঢ় বাদামি-লাল রং; মেরুন রং

marooned / məˈruːnd ম্যা'রূন্ড্ / *adj.* in a place that you cannot leave কোনো জায়গায় আটকে পড়েছে এমন *The sailors were marooned on a desert island.*

marquee / mɑːˈkiː মা:'কী / *noun* [C] a very large tent that is used for parties, shows, etc. খুব বড়ো তাঁবু যার মধ্যে পার্টি, প্রদর্শনী ইত্যাদি করা হয়

marriage / ˈmærɪdʒ ˈম্যারিজ্ / *noun* **1** [C, U] the state of being husband and wife বিবাহ, বিয়ে *a happy marriage* **2** [C] a wedding ceremony বিবাহোৎসব, বিয়ের অনুষ্ঠান *The marriage took place at a registry office in Delhi.* ➪ **wedding**-এ নোট দেখো।

married / ˈmærid ˈম্যারিড্ / *adj.* **1 married (to sb)** having a husband or wife বিবাহিত *a married man/woman/couple* ○ *They're planning to get* ***married*** *in the summer.* ✪ বিপ **unmarried** অথবা **single** **2** (*only before a noun*) connected with marriage বিয়ে সংক্রান্ত *How do you like married life?*

marrow / ˈmærəʊ ˈম্যার্যাউ / *noun* **1** [C, U] a large vegetable with green skin that is white inside বড়ো আকারের সবজি যার ভিতরের শাঁস সাদা আর বাইরের খোসা সবুজ **2** = **bone marrow**

marry / ˈmæri ˈম্যারি / *verb* (*pres. part.* **marrying;** *3rd person sing. pres.* **marries;** *pt, pp* **married**) **1** [I, T] to take sb as your husband or wife কাউকে স্বামী বা স্ত্রী হিসেবে গ্রহণ করা; বিয়ে করা *They married when they were very young.*

> **NOTE** সাধারণভাবে **marry** শব্দটি প্রয়োগ না করে **get married (to sb)** অভিব্যক্তিটি ব্যবহার করা হয়—*When are Shikha and Shekhar getting married?* ○ *They got married in 2004.*

2 [T] to join two people together as husband and wife বিয়ে দেওয়া *We asked the local priest to marry us.* ➪ **marriage** noun দেখো।

Mars / mɑːz মাːজ় / *noun* [*sing.*] the red planet, that is fourth in order from the sun মঙ্গল গ্রহ; সৌরমণ্ডলে যার স্থান চতুর্থ ⇨ **Martian** দেখো এবং **the solar system**-এ ছবি দেখো।

marsh / mɑːʃ মাːশ্ / *noun* [C, U] an area of soft wet land নরম জোলো জায়গা, জলাভূমি; অনুপ ▶ **marshy** *adj.* জলা, জোলো

marshal / ˈmɑːʃl ˈমাːশ্‌ল্ / *noun* [C] **1** a person who helps to organize or control a large public event এমন কেউ যে বড়ো আকারের জন-উৎসব, মেলা ইত্যাদির আয়োজন করা বা সেটি চালানোর ব্যবস্থা করে *Marshals are directing traffic in the car park.* **2** (*AmE*) an officer of a high level in the police or fire department or in a court of law থানা, দমকল বাহিনী, আইন-আদালতের উচ্চস্তরের আধিকারিক

marsupial / mɑːˈsuːpiəl মাːˈসুপিঅ্যাল্ / *noun* [C] any Australian animal that carries its baby in a pocket of skin (**pouch**) on the mother's stomach অস্ট্রেলিয়ার কোনো পশু যারা পেটের চামড়ায় লাগানো থলের মতো পকেটে বাচ্চা নিয়ে ঘোরাফেরা করে *Kangaroos are marsupials.* ▶ **marsupial** *adj.* দ্বিগর্ভ, উপজঠরী

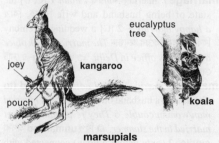

eucalyptus tree
joey
kangaroo
pouch
koala

marsupials

martial / ˈmɑːʃl ˈমাːশ্‌ল্ / *adj.* (*formal*) connected with war যুদ্ধ সংক্রান্ত

martial arts *noun* [*pl.*] fighting sports such as **karate** or **judo** in which you use your hands and feet as weapons লড়াই করার খেলা যেমন ক্যারাটে বা জুডো যাতে হাত এবং পা অস্ত্রের মতো ব্যবহার করা হয়; রণক্রীড়া

martial law *noun* [U] a situation in which the army of a country instead of the police controls an area during a time of trouble যে সমস্যাসংকুল পরিস্থিতিতে কোনো দেশের পুলিশবাহিনীর বদলে সামরিক বাহিনী কোনো অঞ্চল নিয়ন্ত্রণ করে; সামরিক দণ্ডবিধি *The city remains **under martial law.***

Martian / ˈmɑːʃn ˈমাːশ্‌ন্ / *noun* [C] (in stories) a creature that comes from the planet Mars (গল্পে) মঙ্গল গ্রহের অধিবাসী

martyr / ˈmɑːtə(r) ˈমাːট্যা(র্) / *noun* [C] **1** a person who is killed because of what he/she believes শহিদ **2** a person who tries to make people feel sorry for him/her যে ব্যক্তি অন্যের সমবেদনা পাওয়ার চেষ্টা করে *Don't be such a martyr! You don't have to do all the housework.* ▶ **martyrdom** / ˈmɑːtədəm ˈমাːট্যাড্যাম্ / *noun* [U] শহিদত্ব, আত্মবলিদান

marvel / ˈmɑːvl ˈমাːভ্‌ল্ / *noun* [C] a person or thing that is wonderful or that surprises you চমৎকৃত করে এমন ব্যক্তি বা বস্তু; অতি উত্তম, আশ্চর্যজনক *the marvels of modern technology* ▶ **marvel** *verb* [I] (**marvelling; marvelled** *AmE* **marveling; marveled**) (*formal*) **marvel (at sth)** চমৎকৃত করা, অবাক করে দেওয়া *We marvelled at how much they had managed to do.*

marvellous (*AmE* **marvelous**) / ˈmɑːvələs ˈমাːভ্যাল্যাস্ / *adj.* very good; wonderful অতি ভালো; চমৎকার *a marvellous opportunity* ▶ **marvellously** (*AmE* **marvelously**) *adv.* চমৎকারভাবে; সুন্দরভাবে

Marxism / ˈmɑːksɪzəm ˈমাːক্‌সিজ্‌ম্ / *noun* [U] the political and economic thought of Karl Marx কার্ল মার্কসের অর্থনৈতিক এবং রাজনৈতিক মতবাদ; মার্কসবাদ ⇨ **communism, socialism** এবং **capitalism** দেখো। ▶ **Marxist** *noun* [C], *adj.* মার্কসবাদী *Marxist ideology*

marzipan / ˈmɑːzɪpæn ˈমাːজ়িপ্যান্ / *noun* [U] a food that is made of sugar, egg and **almonds**. Marzipan is used to make sweets or to put on cakes চিনি, ডিম এবং কাঠবাদাম মিশিয়ে করা একরকম খাবার মারজিপন যা মিষ্টি তৈরি করা এবং কেকের উপরে দেওয়ার জন্য ব্যবহৃত হয়

masc *abbr.* masculine ম্যাসকুলিন-এর সংক্ষিপ্ত রূপ; পুংলিঙ্গ

mascara / mæˈskɑːrə ম্যাˈস্কাːর্যা / *noun* [U] a beauty product that is used to make the hairs around your eyes (**eyelashes**) dark and attractive একরকম প্রসাধনী যা চোখের পলক আরও কালো এবং আকর্ষণীয় করার জন্য ব্যবহার করা হয়; মাসকারা

mascot / ˈmæskət; -skɒt ˈম্যাস্‌ক্যাট্;-স্কট্ / *noun* [C] a person, animal or thing that is thought to bring good luck সৌভাগ্যদায়ী মনে করা হয় এমন ব্যক্তি, বস্তু অথবা প্রাণী

masculine / ˈmæskjəlɪn ˈম্যাস্‌কিঅ্যালিন্ / *adj.* **1** typical of or looking like a man; connected with men পুরুষোচিত; পুরুষ সম্পর্কীয় *a deep, masculine voice* ○ *Her short hair makes her look quite masculine.* ⇨ **feminine** এবং **female**-এ নোট দেখো। **2** (*abbr.* **masc**) (*grammar*) belonging to a class of words that refer to male people or animals and often have a special form (ব্যাকরণ) পুংলিঙ্গ সম্বন্ধীয়, পুংবাচক শব্দাবলী *'He' is a masculine pronoun.* **3** (*abbr.* **masc**) (*grammar*) (in the grammar of some languages) belonging to a certain class of nouns, pronouns or adjectives (কোনো কোনো ভাষার ব্যাকরণে) বিশেষ ধরনের বিশেষ্য, সর্বনাম বা বিশেষণের ক্ষেত্রে *The French word for 'sun' is masculine.* ➪ **feminine** এবং **neuter** দেখো। ▶ **masculinity** / ˌmæskjuˈlɪnəti ˌম্যাস্‌কিউˈলিন্যাটি / *noun* [U] পৌরুষ, পুরুষালি ভাব

mash / mæʃ ম্যাশ্ / *verb* [T] to mix or crush sth until it is soft কোনো বস্তু মাখা, মেখে নরম করা, চটকানো *mashed potatoes*

masjid *noun* [C] = **mosque**

mask¹ / mɑːsk মা:স্ক্ / *noun* [C] something that you wear that covers your face or part of your face. People wear masks in order to hide or protect their faces or to make themselves look different. লোকে মুখ ঢাকার জন্য, রক্ষা করার জন্য অথবা ছদ্মবেশ ধারণের জন্য মুখোশ পরে; মুখোশ, মুখাবরণ, মুখচ্ছদ, ছদ্মমুখ ➪ **gas mask** এবং **goggles** দেখো।

mask² / mɑːsk মা:স্ক্ / *verb* [T] **1** to cover or hide your face with a mask মুখোশে মুখ ঢাকা *a masked gunman* **2** to hide a feeling, smell, fact, etc. মনোভাব, গন্ধ, কোনো ঘটনা ইত্যাদি লুকোনো; চেপে রাখা *He masked his anger with a smile.*

masochism / ˈmæsəkɪzəm ˈম্যাস্যাকিজ়্যাম্ / *noun* [U] the enjoyment of pain, or of what most people would find unpleasant ব্যথা-বেদনা অথবা যা কিছু বেশির ভাগ লোকের কাছে বেদনাদায়ক তা ভালো লাগা, তাতে আনন্দ পাওয়া; মর্ষকাম *He swims in the sea even in winter—that's sheer masochism!* ➪ **sadism** দেখো। ▶ **masochist** / -kɪst -কিস্ট্ / *noun* [C] বিকৃতকামী, মর্ষকামী ▶ **masochistic** / ˌmæsəˈkɪstɪk ˌম্যাস্যাˈকিস্টিক্ / *adj.* মর্ষকামমূলক, বিকৃতকামমূলক

mason / ˈmeɪsn ˈমেইস্‌ন্ / *noun* [C] **1** a person who makes things from stone স্থপতি, রাজমিস্ত্রি **2** = **freemason**

masonry / ˈmeɪsənri ˈমেইস্যান্‌রি / *noun* [U] the parts of a building that are made of stone বাড়ির যে অংশ পাথর দিয়ে তৈরি; গাঁথনি

masquerade / ˌmæskəˈreɪd; ˌmɑːsk- ˌম্যাস্‌ক্যাˈরেইড্; ˌমা:স্ক্- / *noun* [C] a way of behaving that hides the truth or sb's true feelings এমন ধরনের আচরণ যা সত্যকে বা কোনো ব্যক্তির মনের সত্য অনুভূতিকে গোপন রাখে ▶ **masquerade** *verb* [I] **masquerade as sth** ছদ্মবেশ ধারণ করা, ভেক নেওয়া *Two people, masquerading as doctors, knocked at the door and asked to see the child.*

mass¹ / mæs ম্যাস্ / *noun* **1** [C] **a mass (of sth)** a large amount or number of sth কোনো কিছুর অনেকটা বা সংখ্যায় অনেকগুলি *a dense mass of smoke* ○ *(informal) There were masses of people at the market today.* **2 the masses** [*pl.*] ordinary people when considered as a political group জনসাধারণকে যখন রাজনৈতিক দল হিসেবে ভাবা হয় **3** [U] (in physics) the quantity of material that sth contains (পদার্থ বিদ্যায়) কোনো বস্তুতে পদার্থের পরিমাণ; ভর **4 Mass** [C, U] the ceremony in some Christian churches when people eat bread and drink wine in order to remember the last meal that Christ had before he died মৃত্যুর আগে খ্রিস্টের শেষ খাবারের কথা মনে করে চার্চে যে অনুষ্ঠানে লোকে রুটি খায় এবং মদ্যপান করে *to go to Mass*

mass² / mæs ম্যাস্ / *adj.* (*only before a noun*) involving a large number of people or things অনেক লোক বা জিনিস যার সঙ্গে জড়িত *a mass murderer*

mass³ / mæs ম্যাস্ / *verb* [I, T] to come together or bring people or things together in large numbers একত্রিত হওয়া বা বহু লোক এবং জিনিসপত্র এক জায়গায় আনা বা জড়ো করা *The students massed in the square.*

massacre / ˈmæsəkə(r) ˈম্যাস্যাক্যা(র্) / *noun* [C] the killing of a large number of people or animals বহু লোক অথবা পশুর হত্যাকাণ্ড ▶ **massacre** *verb* [T] হত্যাকাণ্ড ➪ **kill**-এ নোট দেখো।

massage / ˈmæsɑːʒ ˈম্যাসা:জ়্ / *noun* [C, U] the act of rubbing and pressing sb's body in order to reduce pain or to help him/her relax আরামের জন্য বা ব্যথা কমানোর জন্য কারও দেহ মালিশ করার বা টিপে দেওয়ার ক্রিয়া; সংবহন *to give sb a massage* ▶ **massage** *verb* [T] অঙ্গপ্রত্যঙ্গ দলাইমালাই করা

massive / ˈmæsɪv ˈম্যাসিভ্ / *adj.* very big খুব বড়ো, বিশাল, বিরাট *a massive increase in prices* ✪ সম **huge** ▶ **massively** *adv.* বিশালভাবে, বিরাটাকারে

mass media *noun* [*pl.*] newspapers, television and radio that reach a large number of people খবরের কাগজ, রেডিও ও টেলিভিশন যা বহু লোকের কাছে পৌঁছোয়; গণমাধ্যম, জনমাধ্যম

mass number *noun* [C] (*technical*) the total number of **protons** and **neutrons** in an atom একটি অ্যাটমে মোট যে সংখ্যক প্রোটন এবং নিউট্রন থাকে

mass-produce *verb* [T] to make large numbers of similar things by machine in a factory কারখানায় যন্ত্রের সাহায্যে একই জিনিস বহু সংখ্যায় প্রস্তুত করা *mass-produced goods* ▶ **mass production** *noun* [U] বিপুলমাত্রায় যান্ত্রিক উৎপাদন

mast / mɑːst মা:স্ট্ / *noun* [C] **1** a tall wooden or metal pole for a flag, a ship's sails, etc. পতাকা তোলার জন্য বা জাহাজের পাল তোলার জন্য ব্যবহৃত কাঠ বা ধাতুর তৈরি দীর্ঘ দণ্ড; মাস্তুল ➪ **boat**-এ ছবি দেখো। **2** a tall pole that is used for sending out radio or television signals যে উঁচু খুঁটি রেডিও অথবা টেলিভিশনের বার্তা পাঠানোর জন্য ব্যবহার করা হয়

master[1] / ˈmɑːstə(r) ˈমা:স্ট্যা(র্) / *noun* [C] **1** a person who has great skill at doing sth যে ব্যক্তি কোনো কিছু খুব কৌশলের সঙ্গে এবং দক্ষতার সঙ্গে করতে পারে; ওস্তাদ *a master builder* ○ *an exhibition of work by French masters* (=painters) **2** (*old-fashioned*) a male teacher (usually in a private school) স্কুলের শিক্ষক (সাধারণত বেসরকারি স্কুলে) *the chemistry master* **3** a film or tape from which copies can be made মূল যে ছবি বা টেপ থেকে আরও অনেক প্রতিলিপি করা যায়

master[2] / ˈmɑːstə(r) ˈমা:স্ট্যা(র্) / *verb* [T] **1** to learn how to do sth well কোনো বিষয়ে দক্ষতা অর্জন করা, আয়ত্ত করা, ভালোভাবে শিক্ষালাভ করা *It takes a long time to master a foreign language.* **2** to control sth কোনো কিছু নিয়ন্ত্রণ করা *to master a situation*

mastermind / ˈmɑːstəmaɪnd ˈমা:স্ট্যামাইন্ড্ / *noun* [C] a very clever person who has planned or organized sth যে বুদ্ধিমান ব্যক্তি কোনো কিছু পরিকল্পনা বা তা রূপায়িত করেছে *The mastermind behind the robbery was never caught.* ▶ **mastermind** *verb* [T] কোনো পরিকল্পনাকে কাজে পরিণত করা *The police failed to catch the man who masterminded the robbery.*

masterpiece / ˈmɑːstəpiːs ˈমা:স্ট্যাপীস্ / *noun* [C] a work of art, music, literature, etc. that is of the highest quality অতি উচ্চমানের শিল্পকর্ম, সংগীত, সাহিত্য ইত্যাদি

Master's degree (*also* **Master's**) *noun* [C] a second or higher university degree. You usually get a Master's degree by studying for one or two years after your first degree বিশ্ববিদ্যালয়ের স্নাতকোত্তর ডিগ্রি; সাধারণত স্নাতক হওয়ার পর এক বা দুই বছর পড়লে এই ডিগ্রি পাওয়া যায় *Master of Arts (MA)* ○ *Master of Science (MSc)* ➪ **Bachelor's degree** দেখো।

mastery / ˈmɑːstəri ˈমা:স্ট্যারি / *noun* [U] **1 mastery (of sth)** great skill at doing sth কোনো কিছুতে দক্ষতা, নিপুণতা, ব্যুৎপত্তি *His mastery of the violin was quite exceptional for a child.* **2 mastery (of/over sb/sth)** control over sb/sth কারও বা কিছুর উপর আধিপত্য, প্রভুত্ব, নিয়ন্ত্রণক্ষমতা *The battle was fought for mastery of the seas.*

masturbate / ˈmæstəbeɪt ˈম্যাস্ট্যাবেইট্ / *verb* [I, T] to make yourself or sb else sexually excited by touching and rubbing the sex organs নিজেকে বা অন্য কোনো ব্যক্তিকে জননাঙ্গে স্পর্শ বা ঘর্ষণের দ্বারা যৌন উত্তেজনা দান করা বা যৌনভাবে উত্তেজিত করা; হস্তমৈথুন করা, পাণিমেহন করা ▶ **masturbation** / ˌmæstəˈbeɪʃn ˌম্যাস্ট্যাˈবেইশ্ন্ / *noun* [U] জননাঙ্গে ঘর্ষণজনিত উত্তেজনা; হস্তমৈথুন, পাণিমেহন

mat / mæt ম্যাট্ / *noun* [C] **1** a piece of carpet or other thick material that you put on the floor পাপোশ, মাদুর, ছোটো কার্পেট জাতীয় জিনিস (যা মেঝেতে বিছানো হয়) *a doormat* ➪ **rug** দেখো। **2** a small piece of material that you put under sth on a table টেবিলের উপরে জিনিসপত্রের নীচে রাখার ছোটো কাপড় ইত্যাদি; টেবিল-মাদুর *a table mat* ○ *a mouse mat*

match[1] / mætʃ ম্যাচ্ / *noun* **1** [C] a small stick of wood, cardboard, etc. that you use for starting a fire, lighting a cigarette, etc. দেশলাই *to light/strike a match* ○ *a box of matches* **2** [C] an organized game or sports event পরিকল্পিত প্রতিযোগিতা, খেলা; ম্যাচ *a tennis/football match* **3** [*sing.*] **a match for sb; sb's match** a person or thing that is as good as or better than sb/sth else একজন ব্যক্তি অথবা বস্তু আর একজন ব্যক্তি অথবা বস্তুর মতো ভালো বা তার থেকেও ভালো *Charu is no match for her mother when it comes to cooking* (=she doesn't cook as well as her mother). **4** [*sing.*] a person or thing that combines well with sb/sth else যে দুটি ব্যক্তি অথবা বস্তু একসঙ্গে ভালোভাবে খাপ খায়; মানানসই, উপযুক্ত *Raghav and Reena are a* ***perfect match*** *for each other.*

match[2] / mætʃ ম্যাচ্ / *verb* **1** [I, T] to have the same colour or pattern as sth else; to look good with sth else অন্য কোনো বস্তুর মতো একই রং অথবা নকশাযুক্ত হওয়া; মানিয়ে যাওয়া, ম্যাচ করা *That shirt doesn't match your jacket.* **2** [T] to find sb/sth that is like or suitable for sb/sth else অন্য কোনো ব্যক্তি অথবা বস্তুর উপযুক্ত, যোগ্য এবং মানানসই কোনো ব্যক্তি অথবা বস্তু খুঁজে বার করা *The agency tries to match single people with suitable partners.* **3** [T] to be as good as or better than sb/sth else একে অপরের সমকক্ষ বা আরও ভালো হওয়া *The two teams are very evenly matched.*

PHR V **match up** to be the same হুবহু বা একরকম হওয়া *The statements of the two witnesses don't match up.*

match sth up (with sth) to fit or put sth together (with sth else) একের সঙ্গে অন্যটি খাপ খাওয়ানো বা ঠিকভাবে মিলে মিশে থাকতে দেওয়া *What you have to do is match up each star with his or her pet.*

match up to sb/sth to be as good as sb/sth অন্যের মতো ভালো বা অন্য কিছুর মতো ভালো হওয়া *The film didn't match up to my expectations.*

matchbox / ˈmætʃbɒks ˈম্যাচ্‌বক্স্ / *noun* [C] a small box for matches দেশলাই বাক্স

matchstick / ˈmætʃstɪk ˈম্যাচ্‌স্টিক্ / *noun* [C] the thin wooden part of a match দেশলাই কাঠি

mate¹ / meɪt মেইট্/ *noun* [C] **1** (*informal*) a friend or sb you live, work or do an activity with বন্ধু বা অন্য কেউ যে কোনো রকম কাজের সঙ্গী, সাথী, সহকর্মী, সহপাঠী *He's an old mate of mine.* ○ *a flatmate/classmate/teammate/playmate* **2** (*BrE slang*) used when speaking to a man কোনো পুরুষ ব্যক্তির সঙ্গে কথা বলার সময়ে ব্যবহৃত হয় *Can you give me a hand, mate?* **3** one of a male and female pair of animals, birds, etc. পশু, পাখি ইত্যাদি জোড়ার একটি (স্ত্রী অথবা পুরুষ) *The female sits on the eggs while her mate hunts for food.* **4** an officer on a ship জাহাজের উচ্চপদস্থ আধিকারিক

mate² / meɪt মেইট্ / *verb* **1** [I] (used about animals and birds) to have sex and produce young (পশু এবং পাখি সম্বন্ধে ব্যবহৃত) যৌনমিলন ঘটা এবং তার ফলে শাবকের জন্ম দেওয়া *Pandas rarely mate in zoos.* **2** [T] to bring two animals together so that they can mate দুটি পশুর মধ্যে মিলন ঘটানোর জন্য তাদের কাছাকাছি আনা ✪ সম **breed**

material¹ / məˈtɪəriəl ম্যা'টিঅ্যারিঅ্যাল্ / *noun* **1** [C, U] a substance that can be used for making or doing sth কোনো কিছু তৈরি করার উপাদান, উপকরণ, সরঞ্জাম *raw materials* ○ *writing/teaching/building materials* **2** [C, U] cloth (for making clothes, etc.) যে কাপড় দিয়ে জামা ইত্যাদি তৈরি হয় *Is there enough material for a dress?* **3** [U] facts or information that you collect before you write a book, article, etc. বই, কোনো প্রবন্ধ ইত্যাদি লেখার আগে সংগৃহীত তথ্যাদি

material² / məˈtɪəriəl ম্যা'টিঅ্যারিঅ্যাল্ / *adj.* **1** connected with real or physical things rather than the spirit or emotions জাগতিক, পার্থিব, জড়, স্থূল, যা আধ্যাত্মিক বা আবেগপূর্ণ নয় *We should not value material comforts too highly.* ➪ **spiritual** দেখো। **2** important and needing to be considered মনোযোগ দেওয়া বা খতিয়ে দেখা দরকার এমন; প্রধান, গুরুত্বপূর্ণ *material evidence* **NOTE** এই শব্দটির ব্যবহার ততটা প্রচলিত নয় তাহলেও **immaterial** দেখো।
▸ **materially** *adv.* রীতিমতো, আদতে, আসলে

materialism / məˈtɪəriəlɪzəm ম্যা'টিঅ্যারিঅ্যালিজ্‌ম্ / *noun* [U] the belief that money and possessions are the most important things in life জড়বাদ; বস্তুবাদ ▸ **materialist** / -lɪst -লিস্ট্ / *noun* [C] অর্থ এবং স্থাবর সম্পত্তি জীবনে সর্বাপেক্ষা গুরুত্বপূর্ণ বস্তু এই বিশ্বাস; জড়বাদী, বস্তুবাদী ▸ **materialistic** / məˌtɪəriəˈlɪstɪk ম্যা,টিঅ্যারিঅ্যা'লিস্টিক্ / *adj.* বস্তুবাদ সংক্রান্ত

materialize (*also* **-ise**) / məˈtɪəriəlaɪz ম্যা'টিঅ্যারিঅ্যালাইজ্ / *verb* [I] to become real; to happen বাস্তবে ঘটা; হওয়া, রূপ পাওয়া *The pay rise that they had promised never materialized.*

maternal / məˈtɜːnl ম্যা'টান্‌ল্ / *adj.* **1** behaving as a mother would behave; connected with being a mother মায়ের মতো, মাতৃসদৃশ; মাতৃত্বসম্বন্ধিত *maternal love/instincts* **2** (*only before a noun*) related through your mother's side of the family মায়ের পরিবারের দিক থেকে সম্পর্কিত; মামাতো, মাসতুতো *your maternal grandfather* ➪ **paternal** দেখো।

maternity / məˈtɜːnəti ম্যা'টান্যাটি / *adj.* connected with women who are going to have or have just had a baby আসন্নপ্রসবা বা সদ্য সন্তানের জন্ম দিয়েছে এমন মহিলাদের সম্বন্ধে ব্যবহৃত, মাতৃত্ব, প্রসূতি সম্বন্ধিত *maternity clothes* ○ *the hospital's maternity ward* ➪ **paternity** দেখো।

mathematician / ˌmæθəməˈtɪʃn ˌম্যাথ্যাম্যা'টিশ্‌ন্ / *noun* [C] a person who studies or is an expert in mathematics গণিতের ছাত্র; অঙ্কশাস্ত্রবিশেষজ্ঞ, গণিতবিদ

mathematics / ˌmæθəˈmætɪks ˌম্যাথ্যা'ম্যাটিক্স্ / *noun* [U] the science or study of numbers, quantities or shapes অঙ্ক, অঙ্কশাস্ত্র, গণিতবিদ্যা **NOTE** ব্রিটিশ ইংরেজিতে **mathematics**-এর সংক্ষিপ্ত রূপ হল **maths** কিন্তু আমেরিকান ইংরেজিতে এই অর্থে **math** শব্দটি ব্যবহার করা হয়—*Maths/math is my favourite subject.* ➪ **Arithmetic, algebra** এবং **geometry** দেখো। ▸ **mathematical** / ˌmæθəˈmætɪkl ˌম্যাথ্যা'ম্যাটিকল্ / *adj.* গাণিতিক, আঙ্কিক *mathematical calculations* ▸ **mathematically** / ˌmæθəˈmætɪkli ˌম্যাথ্যা'ম্যাটিকলি / *adv.* অঙ্কের হিসেবমতো, গাণিতিকভাবে

matinée / ˈmætɪneɪ ˈম্যাটিনেই / *noun* [C] an afternoon performance of a play, film, etc. সিনেমা, থিয়েটার ইত্যাদির বিকেলের প্রদর্শন

matriarch / ˈmeɪtriɑːk ˈমেইট্রিআ:ক্ / *noun* [C] a woman who is the head of a family or social group যে মহিলা কোনো পরিবার বা গোষ্ঠীর প্রধান ➪ **patriarch** দেখো।

matriarchal / ˌmeɪtriˈɑːkl ˌমেইট্রি'আ:কল্ / *adj.* (used about a society or system) controlled by women rather than men; passing power, property, etc. from mother to daughter rather than from father to son (বিশেষ সামাজিক ব্যবস্থা সম্বন্ধে ব্যবহৃত) পুরুষের পরিবর্তে মহিলা দ্বারা নিয়ন্ত্রিত; মাতৃকুলভিত্তিক সমাজ যেখানে মায়ের কাছ থেকে মেয়ের

কাছে ক্ষমতা, সম্পত্তি-র অধিকার বাহিত হয়, পিতার কাছ থেকে পুত্রের কাছে নয় ➪ **patriarchal** দেখো।

matriarchy / ˈmeɪtriɑːki ˈমেইট্রিআ:কি / *noun* [C, U] (*pl.* **matriarchies**) a social system that gives power and control to women rather than men মাতৃতান্ত্রিক সমাজ, যে সমাজে বা গোষ্ঠীতে পুরুষের পরিবর্তে মহিলাদের প্রাধান্য এবং নিয়ন্ত্রণ থাকে ➪ **patriarchy** দেখো।

matricide / ˈmætrɪsaɪd ˈম্যাট্রিসাইড্ / *noun* [U] (*formal*) the crime of killing your mother মাতৃহত্যার অপরাধ; মাতৃহত্যা ➪ **patricide** দেখো।

matrimony / ˈmætrɪməni ˈম্যাট্রিম্যানি / *noun* [U] (*formal*) the state of being married বিবাহিত অবস্থা ▶ **matrimonial** / ˌmætrɪˈməʊniəl ˌম্যাট্রিˈম্যাউনিঅ্যাল্ / *adj.* বৈবাহিক

matrix / ˈmeɪtrɪks ˈমেইট্রিক্স্ / *noun* [C] (*pl.* **matrices** / ˈmeɪtrɪsiːz ˈমেইট্রিসীজ্ /) **1** (in mathematics) an arrangement of numbers, symbols, etc. in rows and columns, treated as a single quantity (গণিতে) সংখ্যা, প্রতীক বা চিহ্ন ইত্যাদির পাশাপাশি এবং উপর নীচে বিন্যাস যা একটি একক সংখ্যারূপে গৃহীত; মেট্রিক্স **2** (*formal*) the social, political, etc. situation from which a society or person grows and develops রাজনৈতিক, সামাজিক পরিবেশ ইত্যাদি যার মধ্যে কোনো ব্যক্তি বা সমাজ বিবর্তিত হয় বা বেড়ে ওঠে *the European cultural matrix* **3** (*formal*) a system of lines, roads, etc. that cross each other, forming a series of squares or shapes in between রাস্তা, রেখা ইত্যাদির এমন বিন্যাস যাতে একাধিক চৌখুপি বা ঐ ধরনের নানা আকার তৈরি হয় *a matrix of paths* ✪ সম **network** **4** (*technical*) a **mould** in which sth is shaped ছাঁচ, যার মধ্যে কোনো তরল পদার্থ ঢেলে ইচ্ছেমতো আকার দেওয়া যায় **5** (*technical*) a mass of rock in which minerals, precious stones, etc. are found in the ground মাটির নীচে অবস্থিত শিলাপিণ্ড যার মধ্যে খনিজ পদার্থ, আকরিক পদার্থ, মূল্যবান পাথর ইত্যাদি পাওয়া যায়

matron / ˈmeɪtrən ˈমেইট্র্যান্ / *noun* [C] **1** (*old-fashioned*) a nurse who is in charge of the other nurses in a hospital হাসপাতালে নার্সদের মধ্যে প্রধান তত্ত্বাবধায়িকা; মেট্রন **2** a woman who works as a nurse in a school যে মহিলা কোনো বিদ্যালয়ে নার্স হিসেবে কাজ করে

matt (*AmE* **matte**) / mæt ম্যাট্ / *adj.* not shiny চকচকে নয়; অনুজ্জ্বল *This paint gives a matt finish.* ➪ **gloss** দেখো।

matted / ˈmætɪd ˈম্যাটিড্ / *adj.* (used especially about hair) forming a thick mass, especially because it is wet and/or dirty (চুল সম্বন্ধে ব্যবহৃত) ভিজে এবং নোংরা থাকার ফলে ঘন এবং ভারী, জট-পাকানো

matter[1] / ˈmætə(r) ˈম্যাট্যা(র্) / *noun* **1** [C] a subject or situation that you must think about and give your attention to গুরুত্বপূর্ণ ও মনোযোগের বিষয়বস্তু বা পরিস্থিতি *Finding a job will be* ***no easy matter****.* ○ *to simplify/complicate matters* **2** [*sing.*] **the matter (with sb/sth)** the reason sb/sth has a problem or is not good কোনো ব্যক্তি অথবা বস্তুর সমস্যার কারণ, মন্দ পরিস্থিতির পিছনের কারণ ***What's the matter*** *with her?* ○ *There seems to be* ***something the matter*** *with the car.* **3** [U] all physical substances; a substance of a particular kind সমস্ত পার্থিব জড় পদার্থ; বিশেষ কোনো ধরনের পদার্থ, উপাদান *Matter is of three kinds—solids, liquid and gas.* **4** [U] the contents of a book, film, etc. কোনো বই, সিনেমা ইত্যাদির বিষয়বস্তু *I don't think the* ***subject matter*** *of this programme is suitable for children.*

IDM a matter of hours, miles, etc. used to say that sth is not very long, far, expensive, etc. কোনো বস্তু খুব লম্বা, খুব দূর বা খুব দামি নয় বোঝাতে ব্যবহৃত অভিব্যক্তিবিশেষ *The fight lasted a matter of seconds.*

a matter of life and/or death extremely urgent and important খুবই দরকারি এবং গুরুত্বপূর্ণ

another/a different matter something much more serious, difficult, etc. যা আরও বেশি গুরুতর, কঠিন ইত্যাদি *I can speak a little Japanese, but reading it is quite another matter.*

as a matter of fact to tell the truth; in reality সত্যি কথা বলতে কি; বাস্তবে, আসলে *I like him very much, as a matter of fact.*

for that matter as far as sth is concerned ঐ বিষয়ে, ভাবতে গেলে মনে হয় *Manav is really fed up with his course. I am too, for that matter.*

to make matters/things worse ➪ **worse** দেখো।

a matter of course something that you always do; the usual thing to do যা স্বাভাবিকভাবেই করা হয়; যা স্বাভাবিকভাবে ঘটবেই, অবশ্যম্ভাবী, আশা করা যায় এমন *Goods leaving the factory are checked as a matter of course.*

a matter of opinion a subject on which people do not agree এমন কোনো বিষয় যাতে সব লোক একমত হয় না *'I think the government is doing a good job.' 'That's a matter of opinion.'*

(be) a matter of sth/doing sth a situation in which sth is needed যাতে অন্য কিছুরও দরকার আছে *Learning a language is largely a matter of practice.*

no matter who, what, where, etc. whoever, whatever, wherever, etc. যেই হোক না কেন, যা হোক

না কেন, যেখানেই হোক না কেন ইত্যাদি *They never listen no matter what you say.*

matter² / ˈmætə(r) ˈম্যাট্যা(র্) / *verb* [I] **matter (to sb)** (*not used in the continuous tenses*) to be important গুরুত্বপূর্ণ হওয়া ***It doesn't** really **matter** how much it costs.*

matter-of-fact *adj.* said or done without showing any emotion, especially when it would seem more normal to express your feelings কোনো রকম ভাব প্রকাশ না করে সাদামাটাভাবে ব্যক্ত বা কৃত, বিশেষত যখন আবেগ প্রকাশ করাটাই স্বাভাবিক; অনাড়ম্বর *He was very matter-of-fact about his illness.*

mattress / ˈmætrəs ˈম্যাট্র্যাস্ / *noun* [C] a large soft thing that you lie on to sleep, usually put on a bed একটি বড়ো নরম বস্তু যার উপর শুয়ে ঘুমোনো হয়, সাধারণত খাটে পেতে; গদি, তোষক, খাটের গদি

mature / məˈtʃʊə(r) ম্যা'চুঅ্যা(র্) / *adj.* **1** fully grown or fully developed পরিণত, পূর্ণতা প্রাপ্ত, প্রাপ্তবয়স্ক *a mature tree/bird/animal* **2** behaving in a sensible adult way পরিণত প্রাপ্তবয়স্কের মতো ব্যবহার; সুবিহিত, সুচিন্তিত, পরিণতভাবে *Is she mature enough for such responsibility?* ✪ বিপ **immature**
▶ **mature** *verb* [I] পরিণত হয়ে ওঠা *He matured a lot during his two years at college.* ▶ **maturity** / məˈtʃʊərəti ম্যা'চুঅ্যার‍্যাটি / *noun* [U] পূর্ণতা, পরিণতি

maul / mɔːl ম:ল্ / *verb* [T] (usually used about a wild animal) to attack and injure sb (বন্য পশু সম্বন্ধে ব্যবহৃত) আক্রমণ করে কাউকে ক্ষতবিক্ষত করা

mauve / məʊv ম্যাউভ্ / *adj., noun* [U] (of) a pale purple colour ফিকে, হালকা বেগুনি রং

maverick / ˈmævərɪk ˈম্যাভ্যারিক্ / *noun* [C] a person who does not behave or think like everyone else, but who has independent, unusual opinions এমন ব্যক্তি যার ভাবনাচিন্তা বা কাজ আর সকলের মতো নয়, কিন্তু স্বাধীন এবং অন্যরকম মতামত আছে; সংস্কারমুক্ত, স্বাধীনচেতা ব্যক্তি ▶ **maverick** *adj.* সংস্কারমুক্ত, স্বাধীনচেতা, বাউণ্ডুলে

max / mæks ম্যাক্স্ / *abbr.* maximum সর্বোচ্চ, সর্বাধিক *max temp 21°C*

maxim / ˈmæksɪm ˈম্যাক্সিম্ / *noun* [C] a few words that express a rule for good or sensible behaviour নীতিবাক্য, সূত্র, সুবচন *Our maxim is: 'If a job's worth doing, it's worth doing well.'*

maximize (*also* **-ise**) / ˈmæksɪmaɪz ˈম্যাক্সিমাইজ় / *verb* [T] to increase sth as much as possible কোনো বস্তুকে যতদূর সম্ভব বাড়ানো *to maximize profits* ✪ বিপ **minimize**

maximum / ˈmæksɪməm ˈম্যাক্সিম্যাম্ / *noun* [*sing.*] (*abbr.* **max**) the greatest amount or level of sth that is possible, allowed, etc. কোনো বস্তুর সর্বোচ্চ পরিমাণ বা মাত্রা (যতটা সম্ভব বা অনুমোদিত) *The bus can carry a maximum of 40 people.* ○ *That is the maximum we can afford.* ✪ বিপ **minimum**
▶ **maximum** *adj.* (*only before a noun*) সর্বোচ্চ, সর্বাধিক *a maximum speed of 120 kilometres per hour*

May / meɪ মেই / *noun* [U, C] the fifth month of the year, coming after April ইংরেজি বছরের পঞ্চম মাস যা এপ্রিলের পরে আসে; মে মাস

> **NOTE** বাক্যে মাসের নামের ব্যবহার দেখার জন্য **January**-তে দেওয়া উদাহরণ এবং নোট দেখো।

may / meɪ মেই / *modal verb* (*negative* **may not**) **1** used for saying that sth is possible কোনো কিছুর সম্ভাব্যতা বোঝাতে ব্যবহৃত *You may be right.* ○ *They may have forgotten the meeting.* **2** used as a polite way of asking for and giving permission ভদ্রভাবে অনুমতি চাওয়া বা দেওয়ার ক্ষেত্রে ব্যবহৃত *May I use your phone?* ○ *You may not take photographs in the museum.* **3** used for contrasting two facts দুটি তথ্যের মধ্যে পার্থক্য দেখানোর জন্য ব্যবহৃত *He may be very clever but he can't do anything practical.* **4** (*formal*) used for expressing wishes and hopes ইচ্ছে এবং আশা প্রকাশের ক্ষেত্রে ব্যবহৃত *May you both be very happy.*

> **NOTE** **Modal verbs** সম্বন্ধে আরও বিশদভাবে জানার জন্য এই অভিধানের শেষাংশে **Quick Grammar Reference** দেখো।

IDM may/might as well (do sth) ➪ **well¹** দেখো।

maybe / ˈmeɪbi ˈমেইবি / *adv.* perhaps; possibly হয়তো; সম্ভবত *There were three, maybe four armed men.* ○ *Maybe I'll accept the invitation and maybe I won't.* ➪ **perhaps**-এ নোট দেখো।

May Day *noun* [C] 1st May মে ডে, পয়লা মে

> **NOTE** **May Day** দিনটি ঐতিহ্যসম্মতরূপে বসন্ত উৎসব হিসেবে উদ্‌যাপিত হত কিন্তু বর্তমানে অনেক দেশে এটি শ্রমিক দিবস হিসেবে পালিত হয় এবং সেদিন কর্মবিরতি থাকে।

mayonnaise / ˌmeɪəˈneɪz ˌমেইঅ্যা'নেইজ় / *noun* [U] a cold thick pale yellow sauce made with eggs and oil ডিম এবং তেল দিয়ে বানানো ঠান্ডা এবং হালকা হলুদ রঙের এক জাতীয় ঘন সস; মেয়োনিজ

mayor / meə(r) মেঅ্যা(র্) / *noun* [C] a person who is elected to be the leader of the group of people (**a council**) who manage the affairs of a town or city যে ব্যক্তি একটি শহরের পরিচালন সমিতির প্রধানরূপে নির্বাচিত হয়েছেন; মহানাগরিক, পৌরপ্রধান

mayoress / meəˈres মেঅ্যা'রেস্ / *noun* [C] a woman mayor, or a woman who is married to or helps a mayor মহিলা পৌরপ্রধান, পৌরপালিকা, মেয়রের স্ত্রী অথবা তাঁর সাহায্যকারী মহিলা

maze / meɪz মেইজ্ / *noun* [C] a system of paths which is designed to confuse you so that it is difficult to find your way out ঘুরপাকের রাস্তা; ভুলভুলাইয়া, গোলকধাঁধা, (*figurative*) *a maze of winding streets* ✪ সম **labyrinth**

MBA / ˌem biːˈeɪ ˌএম্ বী ˈএই / *abbr.* Master of Business Administration; an advanced university degree in business এম.বি.এ; বাণিজ্যশিক্ষায় বিশ্ববিদ্যালয়ের স্নাতকোত্তর ডিগ্রি

MBE / ˌem biːˈiː ˌএম্ বী ˈঈ / *noun* [C] the abbreviation for 'Member of the Order of the British Empire'; an honour given to some people in Britain because they have achieved something special এম.বি.ই; ব্রিটেনে বিশেষ কোনো কাজের জন্য প্রদত্ত সম্মানীয় খেতাব *She was made an MBE in 2001.*

MD / ˌemˈdiː ˌএম্ ˈডী / *abbr.* Doctor of Medicine ডক্টর অফ মেডিসিন-এর সংক্ষিপ্ত রূপ; এম. ডি

me / miː মী / *pronoun* used by the speaker to refer to himself/herself (কর্তার কর্ম হিসেবে ব্যবহৃত) কথক, বক্তা, যে বলছে বা লিখছে, আমি, আমাকে *He telephoned me yesterday.* ○ *She wrote to me last week.*

meadow / ˈmedəʊ ˈমেড্যাউ / *noun* [C] a field of grass ঘাসে ঢাকা মাঠ, ঘাসভর্তি জমি, তৃণাচ্ছাদিত মাঠ

meagre (*AmE* **meager**) / ˈmiːgə(r) ˈমীগ্যা(র্) / *adj.* too small in amount খুবই কম পরিমাণে, অত্যন্ত কম, স্বল্প *a meagre salary*

meal / miːl মীল্ / *noun* [C] the time when you eat or the food that is eaten at that time খাবার সময় বা সেই সময়ে খাওয়ার খাদ্যসামগ্রী *Shall we* ***go out for a meal*** *on Friday?* ○ *a heavy/light meal*

> **NOTE** দিনের প্রধান আহারগুলি যথাক্রমে **breakfast, lunch** এবং **dinner**। **Tea** এবং **supper**-এ সাধারণত অল্প আহার খাওয়া হয়। ➪ **dinner**-এ নোট দেখো। প্রধান ভোজনগুলির মাঝখানে যে আহার করা হয় তাকে **snack** বলা হয়।

IDM a square meal ➪ **square**[2] দেখো।

mealtime / ˈmiːltaɪm ˈমীল্টাইম্ / *noun* [C] the time at which a meal is usually eaten সাধারণভাবে যে সময়ে খাওয়া হয়

mean[1] / miːn মীন্ / *verb* [T] (*pt, pp* **meant** / ment মেন্ট্ /) **1** (*not used in the continuous tenses*) to express, show or have as a meaning এমন কোনো ভাব প্রকাশ বা প্রদর্শন করা বা সেই ভাব থাকা যার মধ্যে কিছু অর্থ প্রকাশ পায় ***What does this word mean?*** ○ *The bell means that the lesson has ended.*

> **NOTE** এই ক্রিয়াপদটির (verb) ব্যবহার ঘটমান কালে (continuous tenses) হয় না কিন্তু 'ing' সহযোগে এর বর্তমান কৃদন্ত (present participle) রূপটি সাধারণভাবে অত্যন্ত প্রচলিত—*The weather during filming was terrible, meaning that several scenes had to be reshot later.*

2 to want or intend to say sth; to refer to sb/sth কিছু করা বা বলার ইচ্ছে; কোনো ব্যক্তি বা বস্তুকে উল্লেখ করা *I only meant that I couldn't come tomorrow—any other day would be fine.* ○ ***I see what you mean****, but I'm afraid it's not possible*.

> **NOTE** **Mean** শব্দটির প্রয়োগ 'to have the opinion that'-এর অর্থে প্রয়োগ করা যায় না। এই অর্থে ব্যবহার করতে হলে বলতে হবে—'I think that...' অথবা 'in my opinion...'—*I think that she'd be silly to buy that car.*
>
> **I mean** প্রায়ই কথোপকথনে প্রয়োগ করা হয় আমরা সেই মুহূর্তে যা বলেছি তা ব্যাখ্যা করার জন্য অথবা আরও তথ্য প্রদান করার জন্য—*What a terrible summer—I mean it's rained almost all the time.*
>
> কোনো বলা কথা সংশোধন করার জন্যও **I mean** অভিব্যক্তিটি প্রয়োগ করা হয়—*We went there on Tuesday, I mean Thursday.*

3 (*usually passive*) **mean (sb) to do sth; mean sth (as/for sth/sb); mean sb/sth to be sth** to intend sth; to be supposed to be/do sth কিছু করার ইচ্ছা হওয়া; কোনো কিছু হওয়া বা করা উচিত বলে মনে হওয়া *I'm sure she didn't mean to upset you.* ○ *She meant the present to be for both of us.* ○ *It was only meant as a joke.* **4** to make sth likely; to cause কোনো কিছু সম্ভাব্য করা; কারণ হওয়া, ঘটানো *The shortage of teachers means that classes are larger.* **5 mean sth (to sb)** to be important to sb কোনো ব্যক্তির কাছে জরুরি বা গুরুত্বপূর্ণ হওয়া, প্রাধান্য পাওয়া, প্রয়োজনীয় হওয়া *This job means a lot to me.* ○ *Money means nothing to her.* **6** to be serious or sincere about sth কোনো বিষয়ে, আন্তরিক বা অকপট হওয়া, গুরুত্ব দেওয়া *He said he loved me but I don't think he meant it!*

IDM be meant to be sth to be considered or said to be sth কোনো বস্তু সম্বন্ধে কিছু মনে করা বা বলা *That restaurant is meant to be excellent.*

mean well to want to be kind and helpful but usually without success দয়ালু বা সাহায্যকারী মনোভাব নিয়ে কাজ করতে চাইলেও ফল না হওয়া বা না পাওয়া *My mother means well but I wish she'd stop treating me like a child.*

mean² / miːn মীন্ / *adj.* **1 mean (with sth)** wanting to keep money, etc. for yourself rather than let other people have it টাকাকড়ির ভাগ অন্য কাউকে না দিয়ে পুরোটাই নিজের কাছে রাখতে চায় এমন; ছোটো মনের মানুষ *It's no good asking him for any money—he's much too mean.* ○ *They're mean with the food in the canteen.* **2 mean (to sb)** (used about people or their behaviour) unkind (কোনো ব্যক্তি বা তার আচরণ সম্বন্ধে ব্যবহৃত) নির্দয়, সহানুভূতিশীল নয় এমন, হীন *It was mean of him not to invite you too.* **3** (only before a noun) average গড়পড়তা, গড় *What is the mean annual temperature in Delhi?* ▶ **meanness** *noun* [U] নীচতা, হীনতা

meander / miˈændə(r) মিˈআন্ড্যা(র্) / *verb* [I] **1** (used about a river, road, etc.) to have a lot of curves and bends (কোনো নদী, রাস্তা ইত্যাদি সম্বন্ধে ব্যবহৃত) এঁকে বেঁকে চলা, অনেক ঘুরপাক থাকা **2** (used about a person or animal) to walk or travel slowly or without any definite direction (কোনো মানুষ বা পশু সম্বন্ধে ব্যবহৃত) ধীরে বা উদ্দেশ্যহীনভাবে হাঁটা বা ঘোরা; এলোমেলোভাবে ঘুরে বেড়ানো ▶ **meander** *noun* [C] বাঁক, আঁকাবাঁকা পথ *the meanders of a river* ⇨ **oxbow**-তে ছবি দেখো।

meaning / ˈmiːnɪŋ ˈমীনিং / *noun* **1** [C, U] the thing or idea that sth represents; what sb is trying to communicate মানে, অর্থ, তাৎপর্য; কোনো ব্যক্তি যা বোঝাতে চায় *This word has two different meanings in English.* ○ *What's the meaning of the last line of the poem?* **2** [U] the purpose or importance of an experience (কোনো অভিজ্ঞতার) উদ্দেশ্য বা গুরুত্ব *With his child dead there seemed to be no meaning in life.*

meaningful / ˈmiːnɪŋfl ˈমীনিংফ্ল্ / *adj.* **1** useful, important or interesting সার্থক, ব্যবহারযোগ্য, গুরুত্বপূর্ণ, আকর্ষণীয় *Most people need a meaningful relationship with another person.* **2** (used about a look, expression, etc.) trying to express a certain feeling or idea (চাহনি, ভাব ইত্যাদি সম্বন্ধে ব্যবহৃত) বিশেষ মনোভাব বা ভাবনা প্রকাশ করে এমন *They kept giving each other meaningful glances across the table.* ▶ **meaningfully** / -fəli -ফ্যালি / *adv.* তাৎপর্যপূর্ণভাবে, সার্থকভাবে

meaningless / ˈmiːnɪŋləs ˈমীনিংল্যাস্ / *adj.* without meaning, reason or sense তাৎপর্যহীন, অকারণ, অর্থহীন *The figures are meaningless if we have nothing to compare them with.*

means / miːnz মীন্জ্ / *noun* (*pl.* **means**) **1** [C] **a means (of doing sth)** a method of doing sth কিছু করার ধারা বা প্রণালী *Do you have any means of transport (=a car, bicycle, etc.)?* ○ *Is there any means of contacting your husband?* **2** [*pl.*] (*formal*) all the money that sb has যে পরিমাণ অর্থ কারও আছে *This car is beyond the means of most people.*

IDM **by all means** used to say that you are happy for sb to have or do sth কারও কোনো কাজে বা প্রাপ্তিতে খুশির মনোভাব দেখানোর জন্য ব্যবহৃত অভিব্যক্তিবিশেষ; অবশ্যই বা নিশ্চয়ই *'Can I borrow your newspaper?' 'By all means.'*

by means of by using ব্যবহারের দ্বারা *We got out of the hotel by means of the fire escape.*

by no means; not by any means (used to emphasize sth) not at all (কোনো কিছুর উপর জোর দিয়ে বলতে ব্যবহৃত অভিব্যক্তিবিশেষ) কখনই না, কিছুতেই না *I'm by no means sure that this is the right thing to do.*

a means to an end an action or thing that is not important in itself but is a way of achieving sth else কোনো কাজ বা কোনো কিছু যা খুব গুরুত্বপূর্ণ বা প্রয়োজনীয় না হলেও অন্য কিছু পাওয়ার বা করার জন্য জরুরি *I don't enjoy my job, but it's a means to an end.*

meant ⇨ **mean¹**-এর past tense এবং past participle

meantime / ˈmiːntaɪm ˈমীন্টাইম্ / *noun*

IDM **in the meantime** in the time between two things happening দুটি ঘটনার মধ্যবর্তী সময়ে; ইতিমধ্যে *Our house isn't finished so in the meantime we're living with my mother.*

meanwhile / ˈmiːnwaɪl ˈমীন্‌উআইল্ / *adv.* during the same time or during the time between two things happening সেই সময়ে বা দুটি ঘটনার মধ্যবর্তী সময়ে; ইত্যবসরে *Prayag was at home studying. Omar, meanwhile, was out with his friends.*

measles / ˈmiːzlz ˈমীজ়্‌ল্জ় / *noun* [U] a common infectious disease, especially among children, in which your body feels hot and your skin is covered in small red spots একটি সাধারণ সংক্রামক রোগ, যা প্রধানত শিশুদের হয়, যখন সারা শরীরে গরম বোধ হয় এবং চামড়ার উপর ছোটো ছোটো লাল দাগে ভরে যায়; হাম

NOTE **Measles** শব্দটি যদিও বহুবচনের (plural) মতো দেখতে কিন্তু এটি একবচনেই (singular) প্রয়োগ হয়—*In many countries measles is a very dangerous disease.*

measly / ˈmiːzli ˈমীজ়্‌লি / *adj.* (*informal*) much too small in size, amount or value আকারে, পরিমাণে অথবা মূল্যে অতি ছোটো *All that work for this measly amount of money!*

measurable / ˈmeʒərəbl ˈমেজ্যার‍্যাব্‌ল্ / *adj.* **1** that can be measured যা মাপা যায়, মাপনীয় **2** (*usually before a noun*) large enough to be noticed or to have a clear and noticeable effect নজরে পড়ার মতো বড়ো অথবা যার প্রভাব পরিষ্কার এবং সহজে দেখা যায় এমন; লক্ষণীয় *measurable improvements* ▶ **measurably** / -əbli -অ্যাব্‌লি / *adv.* লক্ষণীয়ভাবে *Working conditions have changed measurably in the last ten years.*

measure[1] / ˈmeʒə(r) ˈমেজ্যা(র্) / *verb* **1** [I, T] to find the size, weight, quantity, etc. of sb/sth in standard units by using an instrument কোনো যন্ত্রের সাহায্যে পরিমাপের সঠিক একক দিয়ে কোনো ব্যক্তি বা বস্তুর আয়তন, ওজন, পরিমাণ ইত্যাদি মাপা *to measure the height/width/length/depth of sth ○ Could you measure the table to see if it will fit into our room?* **2** (*linking verb*) to be a certain height, width, length, etc. নির্দিষ্ট মাপে উঁচু, চওড়া, লম্বা ইত্যাদি হওয়া *The room measures five metres across.* **3** [T] **measure sth (against sth)** to judge the value or effect of sth কোনো কিছুর মূল্য অথবা ফলাফল নির্ধারণ করা *Our sales do not look good when measured against those of our competitors.*

PHR V **measure up (to sth)** to be as good as you need to be or as sb expects you to be যতটা আশা করা গিয়েছিল ততটাই হওয়া; আশানুযায়ী হওয়া *Did the holiday measure up to your expectations?*

measure[2] / ˈmeʒə(r) ˈমেজ্যা(র্) / *noun* **1** [C, *usually pl.*] an action that is done for a special reason বিশেষ কারণের জন্য যে কাজ করা হয় *The government is to **take** new **measures** to reduce inflation. ○ As a temporary measure, the road will have to be closed.* **2** [*sing.*] (*formal*) **a/some measure of sth** a certain amount of sth; some কিছুটা; কতকটা *The play achieved a measure of success.* **3** [*sing.*] a way of understanding or judging sth কোনো কিছু বোঝার অথবা বিচার করার উপায় *The school's popularity is a measure of the teachers' success.* **4** [C] a way of describing the size, amount, etc. of sth কোনো কিছুর আকার, পরিমাণ ইত্যাদি বর্ণনা করার উপায় *A metre is a measure of length.* ➪ **tape measure** দেখো।

IDM **for good measure** in addition to sth, especially to make sure that there is enough অতিরিক্ত কিছু (বিশেষত পরিমাণে যথেষ্ট করার জন্য কোনো কিছুর সঙ্গে যুক্ত); পর্যাপ্ত *He made a few extra sandwiches for good measure.*

made to measure specially made or perfectly suitable for a particular person, use, etc. নির্দিষ্ট কোনো ব্যক্তির মাপমতো তৈরি, বিশেষ উদ্দেশ্যে তৈরি *I'm getting a suit made to measure for the wedding.*

measurement / ˈmeʒəmənt ˈমেজ্যাম্যান্ট্ / *noun* **1** [C] a size, amount, etc. that is found by measuring মাপ নিয়ে যে আকার, পরিমাণ ইত্যাদি পাওয়া যায় *What are the exact measurements of the room?* (=how wide, long, etc. is it?) **2** [U] the act or process of measuring sth কোনো কিছু মাপার ক্রিয়া অথবা তার পদ্ধতি

meat / miːt মীট্ / *noun* [U] the parts of animals or birds that people eat পশু বা পাখির শরীরের যে অংশটি মানুষ খায়; মাংস *She doesn't eat meat—she's a vegetarian. ○ meat-eating animals*

meatball / ˈmiːtbɔːl ˈমীট্‌বঃল্ / *noun* [C] a small round ball of meat, usually eaten hot with a sauce মাংসের ছোটো গোল টুকরো যা সাধারণত গরম অবস্থায় সসের সঙ্গে খাওয়া হয়

meaty / ˈmiːti ˈমীটি / *adj.* **1** like meat, or containing a lot of meat মাংসের মতো অথবা যাতে অনেক মাংস আছে *meaty sausages* **2** large and fat বড়ো এবং মোটা *meaty tomatoes* **3** containing a lot of important or good ideas যাতে অনেক গুরুত্বপূর্ণ অথবা ভালো ভালো চিন্তাভাবনার কথা আছে *a meaty topic for discussion*

Mecca / ˈmekə ˈমেক্যা / *noun* **1** [*sing.*] the city in Saudi Arabia where Muhammad was born, which is the centre of Islam সৌদি আরবের যে শহরে মহম্মদ জন্মগ্রহণ করেছিলেন এবং যে শহরটি ইসলাম ধর্মের কেন্দ্র; মক্কা **2 mecca** [C, *usually sing.*] a place that many people wish to visit because of a particular interest এমন জায়গা যেখানে বিশেষ কোনো আকর্ষণের জন্য অনেকেই যেতে চান *Italy is a mecca for art lovers.*

mechanic / məˈkænɪk ম্যাˈক্যানিক্ / *noun* **1** [C] a person whose job is to repair and work with machines এমন কেউ যে যন্ত্রপাতি মেরামত এবং সেসব নিয়ে কাজ করে; কারিগর *a car mechanic* **2 mechanics** [U] the science of how machines work যন্ত্রপাতি যেভাবে কাজ করে অথবা চলে সেই সম্পর্কিত বিজ্ঞান; বলবিজ্ঞান **3 the mechanics** [*pl.*] the way in which sth works or is done যে উপায়ে কোনো কিছু চলে বা করা হয় *Don't ask me—I don't understand the mechanics of the legal system.*

mechanical / məˈkænɪkl ম্যাˈক্যানিক্‌ল্ / *adj.* **1** connected with or produced by machines যন্ত্রপাতির সঙ্গে জড়িত অথবা তার দ্বারা তৈরি; যান্ত্রিক *a mechanical pump ○ mechanical engineering ○ mechanical problems* **2** (used about a person's behaviour) done like a machine, as if you are not thinking about what you are doing (কারও আচার-ব্যবহার সম্বন্ধে ব্যবহৃত) কি করা হচ্ছে তা নিয়ে ভাবনাচিন্তা না করে যান্ত্রিকভাবে কৃত *He played the piano in a* *dull and mechanical way.* ▶ **mechanically** / məˈkænɪkli ম্যা'ক্যানিক্‌লি / *adv.* যান্ত্রিকভাবে, অভ্যাসমতো

mechanism / ˈmekənɪzəm 'মেক্যানিজ্‌ম্ / *noun* [C] **1** a set of moving parts in a machine that does a certain task কোনো যন্ত্রের চলমান অংশ যার দ্বারা নির্দিষ্ট কাজ হয় *Our car has an automatic locking mechanism.* **2** the way in which sth works or is done যেভাবে কোনো কিছু চলে বা করা হয় *I'm afraid there is no mechanism for dealing with your complaint.*

mechanize (*also* **-ise**) / ˈmekənaɪz 'মেক্যানাইজ্ / *verb* [T] to use machines instead of people to do work মানুষের পরিবর্তে যন্ত্রের সাহায্যে কিছু কাজ করা *We have mechanized the entire production process.* ▶ **mechanization** (*also* **-isation**) / ˌmekənaɪˈzeɪʃn ˌমেক্যানাই'জ়েইশ্‌ন্ / *noun* [U] যান্ত্রিকীকরণ

the Med (*informal*) = the Mediterranean

medal / ˈmedl 'মেড্‌ল্ / *noun* [C] a small flat piece of metal, usually with a design and words on it, which is given to sb who has shown courage or as a prize in a sporting event (নকশা বা শব্দাবলী খচিত চ্যাপটা ধাতু যা কাউকে সাহসিকতা অথবা খেলাধূলার পুরস্কার হিসেবে দেওয়া হয়) পদক; মেডেল *to win a gold/silver/bronze medal in the Olympics*

medallion / məˈdæliən ম্যা'ড্যালিঅ্যান্ / *noun* [C] a small round piece of metal on a chain which is worn as jewellery around the neck মালায় লাগানো ছোটো গোলাকার ধাতব পদক যা গলায় গয়নার মতো পরা হয়

medallist (*AmE* **medalist**) / ˈmedəlɪst 'মেড্যালিস্ট্ / *noun* [C] a person who has won a medal, especially in sport যে ব্যক্তি বিশেষত কোনো খেলার প্রতিযোগিতায় পদক পেয়েছে; পদকপ্রাপ্ত ব্যক্তি *an Olympic gold medallist*

meddle / ˈmedl 'মেড্‌ল্ / *verb* [I] **meddle (in/with sth)** to take too much interest in sb's private affairs or to touch sth that does not belong to you অপরের ব্যক্তিগত ব্যাপারে বড্ড বেশি মাথা গলানো বা নিজের নয় এমন জিনিসে হাত দেওয়া, অনধিকারচর্চা করা, অযাচিত হস্তক্ষেপ করা *She criticized her mother for meddling in her private life.*

media / ˈmiːdiə 'মীডিঅ্যা / *noun* [*pl.*] television, radio and newspapers used as a means of communication টেলিভিশন, রেডিও এবং খবরের কাগজ যা সংবাদ আদানপ্রদানের মাধ্যম হিসেবে কাজ করে *The reports **in the media** have been greatly exaggerated.* ➪ **mass media** এবং **the press** দেখো।

NOTE কখনো কখনো **media** শব্দটি একবচনের (singular) ক্রিয়াপদের (verb) সঙ্গে ব্যবহার করা যেতে পারে যদিও এটি একটি বহুবচনের (plural) বিশেষ্যপদ (noun) *The media always take/takes a great interest in the lives of cricketers.*

mediaeval = **medieval**

median[1] / ˈmiːdiən 'মীডিঅ্যান্ / *adj.* (*only before a noun*) (*technical*) **1** having a value in the middle of a series of values অনেকগুলি মূল্যের মাঝামাঝি মূল্য; মাধ্যিক মান *the median age/price* **2** situated in or passing through the middle মাঝামাঝি জায়গায় অবস্থিত অথবা মাঝখান দিয়ে যাচ্ছে এমন; মধ্যগ *a median point/line* **3 median strip** (*AmE*) = **central reservation**

median[2] / ˈmiːdiən 'মীডিঅ্যান্ / *noun* [C] **1** the middle value of a series of numbers arranged in order of size আকার অনুযায়ী সারি দিয়ে সাজানো অনেকগুলি সংখ্যার মধ্যখানের সংখ্যা; মধ্যক **2** a straight line passing from a point of a triangle to the centre of the opposite side এমন সরলরেখা যা ত্রিভুজের কোনো শীর্ষবিন্দু থেকে তার বিপরীত বাহুর মধ্যবিন্দু অবধি অঙ্কিত; মধ্যমা

media studies *noun* [U, *pl.*] the study of newspapers, television, radio, etc., especially as an academic subject খবরের কাগজ, টেলিভিশন, রেডিও ইত্যাদি নিয়ে পড়াশুনা, বিশেষত বিশ্ববিদ্যালয়ের বিষয় হিসেবে

mediate / ˈmiːdieɪt 'মীডিএইট্ / *verb* [I, T] **mediate (in sth) (between A and B)** to try to end a disagreement between two or more people or groups দুই বা ততোধিক ব্যক্তি অথবা দলের মধ্যে মতবিরোধ মেটানোর চেষ্টা করা *As a supervisor she had to mediate between her colleagues and the management.* ▶ **mediation** / ˌmiːdiˈeɪʃn ˌমীডি'এইশ্‌ন্ / *noun* [U] মধ্যস্থতা ▶ **mediator** *noun* [C] মধ্যস্থতাকারী

medical[1] / ˈmedɪkl 'মেডিক্‌ল্ / *adj.* connected with medicine and the treatment of illness ওষুধপত্র এবং চিকিৎসাশাস্ত্র সংক্রান্ত *medical treatment/care* ○ *the medical profession* ▶ **medically** / -kli -ক্‌লি / *adv.* চিকিৎসাশাস্ত্র অনুযায়ী

medical[2] / ˈmedɪkl 'মেডিক্‌ল্ / *noun* [C] an examination of your body by a doctor to check your state of health শরীরের অবস্থা জানার জন্য ডাক্তারের দ্বারা স্বাস্থ্য-পরীক্ষা *to have a medical checkup*

medication / ˌmedɪˈkeɪʃn ˌমেডি'কেইশ্‌ন্ / *noun* [C, U] (*AmE*) medicine that a doctor has given to you ডাক্তারের দেওয়া ওষুধপত্র *Are you on any medication?*

medicinal / mə'dɪsɪnl ম্যা'ডিসিন্‌ল্ / *adj.* useful for curing illness or infection রোগ বা সংক্রমণ সারাতে কাজে লাগে এমন কিছু *medicinal plants*

medicine / 'medsn 'মেড্‌স্‌ন্ / *noun* **1** [U] the science of preventing and treating illness রোগ প্রতিরোধ এবং রোগের চিকিৎসা সংক্রান্ত যে বিজ্ঞান *to study medicine* **2** [C, U] a substance, especially a liquid, that you take in order to cure an illness অসুখ হলে তা সারানোর জন্য যে ওষুধ, বিশেষত যে তরল ওষুধ খাওয়া হয় ***Take this medicine three times a day.*** ○ *cough medicine*

medieval (*also* **mediaeval**) / ˌmedi'i:vl ˌমেডি'ঈভ্‌ল্ / *adj.* connected with the period in history between about 1100 and 1500 AD (**the Middle Ages**) ইতিহাসের প্রায় ১১০০ থেকে ১৫০০ খ্রিস্টাব্দব্যাপী যে মধ্যযুগ তার সঙ্গে জড়িত *medieval architecture*

mediocre / ˌmi:di'əʊkə(r) ˌমীডি'অ্যাউক্যা(র্) / *adj.* of not very high quality খুব উঁচু মানের নয় *a mediocre performance* ▶ **mediocrity** / ˌmi:di'ɒkrəti ˌমীডি'অক্র্যাটি / *noun* [U] মাঝারি অবস্থা, মধ্যমান, সাধারণত্ব

meditate / 'medɪteɪt 'মেডিটেইট্ / *verb* [I] **meditate (on/upon sth)** to think carefully and deeply, especially for religious reasons or to make your mind calm খুব সযত্নে এবং গভীরভাবে চিন্তা করা, বিশেষত ধর্মীয় কারণে বা মনকে শান্ত করার উদ্দেশ্যে ধ্যান করা *I've been meditating on what you said last week.* ▶ **meditation** / ˌmedɪ'teɪʃn ˌমেডি'টেইশ্‌ন্ / *noun* [U] ধ্যান

the Mediterranean / ˌmedɪtə'reɪniən ˌমেডিট্যা'রেইনিঅ্যান্ / (*informal* **the Med**) *noun* [*sing.*], *adj.* (of) the Mediterranean Sea or the countries around it ভূমধ্যসাগর অথবা তাকে বেষ্টন করে অবস্থিত দেশগুলি *Mediterranean cookery/ climate*

medium[1] / 'mi:diəm 'মীডিঅ্যাম্ / *adj.* **1** in the middle between two sizes, lengths, temperatures, etc.; average দুটি আকার, দৈর্ঘ্য, তাপমান ইত্যাদির মাঝামাঝি বা মধ্যমাবস্থা; গড় *She was of medium height.* ○ *a medium-sized car/town/ dog* **2** (used about meat) cooked until it is brown all the way through (মাংস সম্বন্ধে ব্যবহৃত) ততক্ষণ অবধি রান্না করা যতক্ষণ না সমস্তটাই একেবারে বাদামি রঙের হয় ➪ **rare** এবং **well done** দেখো।

medium[2] / 'mi:diəm 'মীডিঅ্যাম্ / *noun* **1** [C] (*pl.* **media** or **mediums**) a means you can use to express or communicate sth কোনো কিছু প্রকাশের বা সংযোগের মাধ্যম বা পদ্ধতি *English is the medium of instruction in the school.* ➪ **media** এবং **mass media** দেখো। **2** [C, U] medium size মাঝারি আকার *Have you got this shirt in (a) medium?* **3** [C] (*pl.* **mediums**) a person who says that he/she can speak to the spirits of dead people এমন কেউ যে বলে যে সে মৃত ব্যক্তির আত্মার সঙ্গে কথা বলতে পারে **4** (in biology) a substance that sth exists or grows in or that it travels through (জীববিদ্যায়) এমন পদার্থ যাতে কোনো কিছু অবস্থান করে অথবা বাড়ে অথবা যার মাধ্যমে যাওয়া আসা করে *Good clean garden soil is the best sowing medium.*

medium wave *noun* [U] (*abbr.* **MW**) the system of sending out radio signals using sound waves between 100 and 1000 metres ১০০ থেকে ১০০০ মিটার পর্যন্ত শব্দতরঙ্গ ব্যবহার করে বেতার সংকেত পাঠানোর পদ্ধতি ➪ **long wave** এবং **short wave** দেখো।

medley / 'medli 'মেড্‌লি / *noun* [C] **1** a piece of music consisting of several tunes or songs played one after the other without a break অনেকগুলি সুর বা গান একটানা বাজিয়ে সৃষ্ট নতুন কোনো সুর বা গান **2** a mixture of different things নানা জিনিসের সংমিশ্রণ *a medley of styles/flavours*

meek / mi:k মীক্ / *adj.* (used about people) quiet, and doing what other people say without asking questions (কোনো ব্যক্তি সম্বন্ধে ব্যবহৃত) শান্ত, কোনো প্রশ্ন না করে যে সবাইকে মেনে চলে; নির্বিবাদী, শান্তিপ্রিয় ▶ **meekly** *adv.* মুখ বুজে, নির্বিবাদে ▶ **meekness** *noun* [U] সহিষ্ণুতা, শান্তিপ্রিয়তা

meet / mi:t মীট্ / *verb* (*pt, pp* **met** / met মেট্ /) **1** [I, T] to come together by chance or because you have arranged it হঠাৎ দেখা হওয়া, ব্যবস্থামত দেখা হওয়া, সাক্ষাৎ করা *I just met Kareem on the train.* ○ *What time shall we meet for lunch?* **2** [I, T] to see and know sb for the first time কারও সঙ্গে প্রথম দেখা এবং পরিচয় হওয়া *Where did you first meet your husband?* ○ *Have you two met before?* **3** [T] to go to a place and wait for sb/sth to arrive কোনো জায়গায় গিয়ে কোনো ব্যক্তি বা বস্তুর আসার জন্য অপেক্ষা করা *I'll come and meet you at the station.* **4** [I, T] to play, fight, etc. together as opponents in a sports competition ক্রীড়া প্রতিযোগিতায় প্রতিপক্ষের মোকাবিলা করা; প্রতিযোগিতায় নামা *These two teams met in last year's final.* ○ *Yamaha will meet Suzuki in the second round.* **5** [T] to experience sth, often sth unpleasant কোনো অভিজ্ঞতা হওয়া, অনেকক্ষেত্রেই তা অপ্রীতিকর *We will never know how he met his death.* **6** [I, T] to touch, join or make contact with পরস্পরের সঙ্গে সংযোগ তৈরি করা, সম্পর্ক স্থাপন করা *The two roads meet not far from here.* ○ *His eyes met hers.*

7 [T] to be enough for sth; to be able to deal with sth কোনো প্রয়োজন মেটানোর পক্ষে যথেষ্ট হওয়া; কোনো কিছু মোকাবিলা করতে সমর্থ হওয়া *The money that I earn is enough to meet our basic needs.* ○ *to meet a challenge*

IDM **make ends meet** ➪ **end[1]** দেখো।

there is more to sb/sth than meets the eye sb/sth is more interesting or complicated than he/she/it seems (কোনো ব্যক্তি অথবা বস্তু) চোখে যতটা দেখা যায় তার থেকেও বেশি আগ্রহজনক বা জটিল, আপাতদৃষ্টিতে যা মনে হয় তার বাইরে আরও কিছু *Do you think there's more to their relationship than meets the eye?*

PHR V **meet up (with sb)** to meet sb, especially after a period of being apart বিশেষত অনেকদিন আলাদা থাকার পরে কারও সঙ্গে দেখা করা *I have a few things I need to do now, but let's meet up later.*

meet with sb (*AmE*) to meet sb, especially for discussion বিশেষত আলোচনা করার জন্য কারও সঙ্গে মিলিত হওয়া *The President met with his advisers early this morning.*

meet with sth to get a particular answer, reaction or result বিশেষ উত্তর, প্রতিক্রিয়া বা ফল লাভ করা *to meet with success/failure/opposition*

meeting / ˈmiːtɪŋ ˈমীটিং / *noun* **1** [C] an organized occasion when a number of people come together in order to discuss or decide sth কোনো বিষয়ে আলোচনা এবং কোনো কিছু স্থির করার জন্য সংগঠিত জনসমাবেশ; সভা; মিটিং *The group **holds** regular **meetings** all year.* ○ *We need to **have a meeting** to discuss these matters.*

> NOTE কোনো **meeting** অথবা সভা **call, arrange** অথবা **organize** করা যায়। জনসভা **cancel** অথবা **postpone**-ও করা যেতে পারে।

2 [*sing.*] the people at a meeting সমাবেশে উপস্থিত জনতা *The meeting was in favour of the new proposals.* **3** [C] the coming together of two or more people দুই বা ততোধিক ব্যক্তির একত্র হওয়া *Durga Puja is a time of family meetings and reunions.*

mega- / ˈmegə ˈমেগ্যা / *prefix* (*used in nouns*) **1** (*informal*) very large or great খুব বড়ো বা বেশি *a megastore* **2** (used in units of measurement) one million (পরিমাপনের মাত্রা হিসেবে ব্যবহৃত) দশ লক্ষ *a megawatt* **3** (*computing*) 1048576 (= 2^{20}) ১০৪৮৫৭৬ (=$২^{২০}$)

megaphone / ˈmegəfəʊn ˈমেগ্যাফ্যাউন্ / *noun* [C] a piece of equipment that you speak through to make your voice sound louder when speaking to a crowd বড়ো জনসমাবেশে কথা বলার সময়ে আওয়াজ জোরালো করার জন্য ব্যবহৃত এক ধরনের যন্ত্রবিশেষ

meiosis / maɪˈəʊsɪs মাইˈঅ্যাউসিস্ / *noun* [U] (*technical*) the division of a cell in two stages that results in four cells, each with half the **chromosomes** of the original cell কোষের দ্বিস্তরীয় বিভাজন যার ফলে একটি কোষ থেকে চারটি কোষ জন্মায় যার প্রত্যেকটিতে পূর্বতন কোষের অর্ধেক ক্রোমোজোম থাকে; কোষবিভাজন রীতি, ন্যূনবিভাজন ➪ **mitosis** দেখো।

melancholy / ˈmelənkəli; -kɒli ˈমেল্যান্‌ক্যালি; -কলি / *noun* [U] (*formal*) a feeling of sadness which lasts for a long time বিষণ্ণতা, দীর্ঘস্থায়ী মনমরা ভাব ▶ **melancholy** *adj.* মন খারাপ করে এমন; বিষণ্ণতার সঙ্গে সম্পর্কিত

melanin / ˈmelənɪn ˈমেল্যানিন্ / *noun* [U] a dark substance in the skin and hair that causes the skin to change colour in the sun's light চুল বা ত্বকের গাঢ় পদার্থ যা সূর্যালোকে ত্বকের রং বদলের কারণ; রঞ্জক পদার্থ

melee / ˈmeleɪ ˈমেলেই / *noun* [C, *sing.*] a situation in which a crowd of people are in a hurry or pushing each other in a confused way বিশৃঙ্খল জনতা যখন পরস্পরের মধ্যে ঠেলাঠেলি, উদ্দেশ্যহীনভাবে ধাক্কাধাক্কি করে সেরকম অবস্থা

mellow / ˈmeləʊ ˈমেল্যাউ / *adj.* **1** (used about colours or sounds) soft and pleasant (রং এবং ধ্বনি সম্বন্ধে ব্যবহৃত) নরম এবং প্রীতিকর **2** (used about people) calm and relaxed (ব্যক্তি সম্বন্ধে ব্যবহৃত) শান্ত এবং সুসংহত *My dad's grown mellower as he's got older.* ▶ **mellow** *verb* [I, T] পরিপক্ব হওয়া, পরিণত হওয়া, নরম হওয়া *Experience had mellowed her views about many things.*

melodic / məˈlɒdɪk ম্যাˈলডিক্ / *adj.* **1** (*only before a noun*) connected with the main tune in a piece of music সংগীতের ক্ষেত্রে প্রধান সুরের সঙ্গে সংযুক্ত *The melodic line is carried by the flute.* **2** = **melodious**

melodious / məˈləʊdiəs ম্যাˈল্যাউডিঅ্যাস্ / (*also* **melodic**) *adj.* pleasant to listen to, like music গানের মতো শ্রুতিমধুর; সুরেলা *a rich melodious voice*

melodrama / ˈmelədrɑːmə ˈমেল্যাড্রাːম্যা / *noun* [C, U] a story, play or film in which a lot of exciting things happen and in which people's emotions are stronger than in real life কোনো কাহিনি, নাটক বা চলচ্চিত্র যেখানে অনেক অতিনাটকীয় ঘটনা ঘটে এবং যেখানে মানুষের ভাবাবেগ বাস্তব জীবনের চেয়ে বেশি; মেলোড্রামা

melodramatic / ˌmelədrəˈmætɪk ˌমেল্যাড্র্যাˈম্যাটিক্ / *adj.* (used about a person's behaviour) making things seem more exciting or serious than they really are (কোনো ব্যক্তির আচরণ সম্বন্ধে ব্যবহৃত)

ঘটনাকে বাস্তবের চেয়ে বেশি উত্তেজক বা গম্ভীর করা হচ্ছে এমন; অতিনাটকীয়, ভাবালুতায় পূর্ণ *Don't be so melodramatic, Shubham—of course you're not going to die!*

melody / ˈmelədi ˈমেল্যাডি / *noun* [C] (*pl.* **melodies**) a song or tune; the main tune of a piece of music সংগীত বা সুর; সংগীতের প্রধান সুর

melon / ˈmelən ˈমেল্যান্ / *noun* [C, U] a large roundish fruit with a thick yellow or green skin and a lot of seeds মোটা হলুদ বা সবুজ রঙের খোসাযুক্ত এবং অনেক বীজযুক্ত ফলবিশেষ; ফুটি, তরমুজ, খরমুজ

melt / melt মেল্ট্ / *verb* **1** [I, T] to change or make sth change from a solid to a liquid by means of heat গরম তাপ দিয়ে কোনো জমাট পদার্থ গলানো অথবা গলে যাওয়া *When we got up in the morning the snow had melted.* ○ *First melt the butter in a saucepan.* ➪ **thaw** দেখো। **2** [I] (used about sb's feelings, etc.) to become softer or less strong (কারও অনুভূতি ইত্যাদি সম্বন্ধে ব্যবহৃত) কোমল হওয়া, নরম হওয়া *My heart melted when I saw the baby.*

PHR V melt away to disappear অদৃশ্য হওয়া, মিলিয়ে যাওয়া, কমে যাওয়া *The crowd slowly melted away when the speaker had finished.*

melt sth down to heat a metal or glass object until it becomes liquid কোনো ধাতু বা কাচের জিনিসকে গরম করা যতক্ষণ না সেটি তরল হয়ে যায়

melting point *noun* [U, C] the temperature at which a substance will melt যে তাপমাত্রায় কোনো পদার্থ গলে; গলনাঙ্ক

melting pot *noun* [C] a place where a lot of different cultures, ideas, etc. come together যে জায়গায় বহু জাতি ও বহু সংস্কৃতির লোক একত্রে বসবাস করে

member / ˈmembə(r) ˈমেম্ব্যা(র্) / *noun* [C] a person, an animal or a thing that belongs to a group, club, organization, etc. সভ্য, সদস্য *All the members of the family were there.* ○ *to become a member of a club* ○ *a member of staff*

Member of Parliament *noun* [C] (*abbr.* **MP**) a person who has been elected to represent people from a particular area in Parliament সংসদের সদস্য, যিনি বিশেষ কোনো অঞ্চল থেকে জনগণের প্রতিনিধি হিসেবে সেখানে নির্বাচিত হয়েছেন; সাংসদ *the MP for Kanpur*

membership / ˈmembəʃɪp ˈমেম্ব্যাশিপ্ / *noun* **1** [U] the state of being a member of a group, organization, etc. কোনো দল, প্রতিষ্ঠান ইত্যাদির সদস্যপদ *To **apply for membership**, please fill in the enclosed form.* ○ *a membership card/fee* **2** [C, U] the people who belong to a group, organization, etc. একই সংগঠন, গোষ্ঠী ইত্যাদির সদস্যগণ *Membership has fallen in the past year* (=the number of members).

membrane / ˈmembreɪn ˈমেম্ব্রেইন্ / *noun* [C] a thin skin which covers certain parts of a person's or an animal's body মানুষ বা পশুর শরীরের কোনো অংশের আবরণী ঝিল্লি, একধরনের পাতলা চামড়া

memento / məˈmentəʊ ম্যাˈমেন্ট্যাউ / *noun* [C] (*pl.* **mementoes; mementos**) something that you keep to remind you of sb/sth স্মৃতিচিহ্ন, স্মারকচিহ্ন, অভিজ্ঞান চিহ্ন

memo / ˈmeməʊ ˈমেম্যাউ / *noun* [C] (*pl.* **memos**) (*formal* **memorandum**) a note sent from one person or office to another within an organization প্রতিষ্ঠানের মধ্যে কোনো কর্মচারী বা বিভাগের অন্য কোনো কর্মচারী বা বিভাগের কাছে পাঠানো সংক্ষিপ্ত নোট; স্মার; মেমো

memoirs / ˈmemwɑːz ˈমেম্উআ:জ্ / *noun* [*pl.*] a person's written account of his/her own life and experiences কোনো ব্যক্তির জীবন এবং অভিজ্ঞতার লিখিত বিবরণ; আত্মস্মৃতিকথা সংকলন ✪ সম **autobiography**

memorabilia / ˌmemərəˈbɪliə ˌমেম্যার্যাˈবিলিঅ্যা / *noun* [U] things that people buy because they are connected with a famous person, event, etc. কোনো ব্যক্তি বা ঘটনার স্মৃতি-বিজড়িত জিনিসপত্র যা কেউ কিনে রাখে *Beatles/Titanic/war memorabilia*

memorable / ˈmemərəbl ˈমেম্যার্যাব্ল্ / *adj.* worth remembering or easy to remember স্মরণীয় বা সহজে মনে থাকে এমন ► **memorably** *adv.* স্মরণীয়ভাবে

memorandum / ˌmeməˈrændəm ˌমেম্যাˈর্যান্ড্যাম্ / (*pl.* **memoranda** / -də -ড্যা /) (*formal*) = **memo**

memorial / məˈmɔːriəl ম্যাˈম:রিঅ্যাল্ / *noun* [C] **a memorial (to sb/sth)** something that is built or done to remind people of an event or a person (কোনো ঘটনা বা ব্যক্তির স্মরণে) স্মৃতিসৌধ *a memorial to the victims of the bombing* ○ *a war memorial* ○ *a memorial service*

memorize (*also*-**ise**) / ˈmeməraɪz ˈমেম্যারাইজ্ / *verb* [T] to learn sth so that you can remember it exactly এমনভাবে পড়া যাতে হুবহু মনে থাকে; মুখস্থ করা, মনে রাখা *Actors have to memorize their lines.*

memory / ˈmeməri ˈমেম্যারি / *noun* (*pl.* **memories**) **1** [C] a person's ability to remember things মনে করে রাখার ক্ষমতা, স্মৃতিশক্তি *to have a good/bad memory* ○ *The drug can affect your short-term memory.* **2** [C, U] the part of your mind in which you store things that you remember মনের যে অংশ স্মৃতি ধরে রাখে *That day* *remained firmly* **in** *my* **memory** *for the rest of my life.* ○ *Are you going to do your speech* **from memory**, *or are you going to use notes?* **3** [C] something that you remember (যা মনে থেকে যায়) স্মৃতি *That is one of my happiest memories.* ○ *childhood memories* **4** [C, U] the part of a computer where information is stored কম্পিউটারের যে অংশে তথ্য সংগৃহীত থাকে *This computer has a 640k memory/640k of memory.*

IDM **in memory of sb** in order to remind people of sb who has died কোনো মৃত ব্যক্তিকে স্মরণ করানোর জন্য *A service was held in memory of the dead.*

jog sb's memory ⇨ **jog[1]** দেখো।

refresh your memory ⇨ **refresh** দেখো।

men ⇨ **man[1]**-এর plural

menace / ˈmenəs ˈমেন্যাস্ / *noun* **1** [C] **a menace (to sb/sth)** a danger or threat ভয়ের ব্যাপার, বিপদ, অসুবিধা *The new road is a menace to everyone's safety.* **2** [U] a quality, feeling, etc. that is threatening or frightening ভীতিপ্রদ বা ভয়জনক ইত্যাদি গুণ *He spoke with menace in his voice.* **3** [C] a person or thing that causes trouble বিপজ্জনক ব্যক্তি অথবা বস্তু যে বা যা অসুবিধা বা ক্ষতি করতে পারে
▶ **menace** *verb* [T] ভয় দেখানো, আতঙ্কিত করে তোলা
▶ **menacing** *adj.* ভয়ানক, বিপজ্জনক, ভীতিপ্রদ

mend[1] / mend মেন্ড্ / *verb* [T] to repair sth that is damaged or broken ভাঙা, ছেঁড়া বা ক্ষতিগ্রস্ত কোনো কিছু সারানো, মেরামত করা *Can you mend the hole in this sweater for me?* ✪ সম **repair**

mend[2] / mend মেন্ড্ / *noun*

IDM **be on the mend** (*informal*) to be getting better after an illness or injury অসুস্থতা বা আঘাতের পরে সেরে ওঠা

menial / ˈmiːniəl ˈমীনিঅ্যাল্ / *adj.* (used about work) not skilled or important (কাজ সম্বন্ধে ব্যবহৃত) অদক্ষ বা অপটু, গুরুত্বপূর্ণ কিছু নয়, বড়ো ধরনের নয় *a menial job*

meningitis / ˌmenɪnˈdʒaɪtɪs ˌমেনিন্ˈজাইটিস্ / *noun* [U] a dangerous illness which affects the brain and the inside of the bones in your back (**the spinal cord**) বিপজ্জনক রোগ যাতে মস্তিষ্ক এবং সুষুম্নাকাণ্ডের ক্ষতি হয়; মস্তিষ্কঝিল্লি প্রদাহ; মেনিনজাইটিস

the menopause / ˈmenəpɔːz ˈমেন্যাপ:জ্ / *noun* [*sing.*] the time when a woman gradually stops losing blood once a month (**menstruating**) and can no longer have children. This usually happens around the age of 50 যে সময়ে কোনো নারীর মাসিক ঋতুস্রাব ধীরে ধীরে বন্ধ হয়ে যায় এবং সে আর সন্তানধারণ করতে পারে না, এটি সাধারণত ৫০ বছর বয়সের আশেপাশে হয়; ঋতুবন্ধকাল, রজোনিবৃত্তি

menstrual / ˈmenstruəl ˈমেন্স্ট্রুঅ্যাল্ / *adj.* connected with the time when a woman loses blood once a month (**menstruates**) ঋতুস্রাব সংক্রান্ত, মাসিক সংক্রান্ত *The average length of a woman's* **menstrual cycle** *is 28 days.*

menstruate / ˈmenstrueɪt ˈমেন্স্ট্রুএইট্ / *verb* [I] (*formal*) (used about women) to lose blood once a month from the part of the body where a baby would develop (**the womb**) (মহিলাদের সম্বন্ধে ব্যবহৃত) জরায়ু থেকে নিয়মিত মাসিক রক্তক্ষরণ হওয়া NOTE কথ্যভাষায় **to have a period** বাক্যাংশটি ব্যবহার করা হয়। ▶ **menstruation** / ˌmenstruˈeɪʃn ˌমেন্স্ট্রুˈএইশ্ন্ / *noun* [U] মাসিক ঋতুস্রাব

mental / ˈmentl ˈমেন্ট্‌ল্ / *adj.* (*only before a noun*) **1** connected with or happening in the mind; involving the process of thinking মানসিক; চিন্তাপ্রক্রিয়া সংক্রান্ত, মনোগত *It's fascinating to watch a child's mental development.* **2** connected with illness of the mind মনের অসুস্থতা বিষয়ক *a mental disorder/illness* ▶ **mentally** / ˈmentəli ˈমেন্ট্যালি / *adv.* মানসিকভাবে *She's mentally ill.*

mental arithmetic *noun* [U] adding, multiplying, etc. numbers in your mind without writing anything down or using a **calculator** খাতা কলম বা ক্যালকুলেটারের সাহায্য ছাড়া মুখে মুখে যোগ, বিয়োগ, গুণ, ভাগ; মানসিক অঙ্ক

mentality / menˈtæləti মেন্ˈট্যাল্যাটি / *noun* [C] (*pl.* **mentalities**) a type of mind or way of thinking মনের প্রকৃতি বা চিন্তার ধারা, মানসিকতা, স্বভাব, প্রকৃতি *I just can't understand his mentality!* ○ *the criminal mentality*

mention / ˈmenʃn ˈমেন্শ্ন্ / *verb* [T] to say or write sth about sb/sth without giving much information কোনো ব্যক্তি অথবা বস্তু সম্বন্ধে বিস্তারিত কিছু না জানিয়ে বলা বা লেখা; উল্লেখ করা *He mentioned (to me) that he might be late.* ○ *Did she mention what time the film starts?*

IDM **don't mention it** used as a polite reply when sb thanks you for sth কেউ ধন্যবাদ জানালে তার বিনিময়ে সৌজন্যসূচক উক্তি *'Thank you for all your help.' 'Don't mention it.'*

not to mention (used to emphasize sth) and also; as well as (কোনো কিছুর উপর অতিরিক্ত জোর দেওয়ার জন্য ব্যবহৃত) এবং আরও; এছাড়াও *This is a great habitat for birds, not to mention other wildlife.* ▶ **mention** *noun* [C, U] উল্লেখ *It was odd that there wasn't even a mention of the riots in the newspaper.*

mentor / ˈmentɔː(r) ˈমেন্ট:(র্) / *noun* [C] an experienced person who advises and helps sb with less experience over a period of time কোনো অভিজ্ঞ ব্যক্তি যিনি অপেক্ষাকৃত কম অভিজ্ঞ কোনো ব্যক্তিকে অনেকদিন ধরে উপদেশ দিয়ে সাহায্য করেন; অভিজ্ঞ পরামর্শদাতা; উপদেষ্টা ▶ **mentoring** *noun* [U] উপদেশ দেওয়ার ক্রিয়া *a mentoring programme*

menu / ˈmenju: ˈমেন্‌ইউ / *noun* [C] **1** a list of the food that you can choose at a restaurant রেস্তোরাঁয় খাবারের তালিকা যা দেখে খরিদ্দারেরা কি খাবেন তা ঠিক করেন *I hope there's soup on the menu.* ○ *They do a special lunchtime menu here.* **2** a list of choices in a computer programme which is shown on the screen কম্পিউটারে যা যা করা যায় স্ক্রিনে তার তালিকা *a pull-down menu*

mercenary[1] / ˈmɜ:sənəri ˈম্যস্যান্যারি / *adj.* interested only in making money যে কেবল টাকার জন্যই কিছু করে, অর্থলোভী *His motives are entirely mercenary.*

mercenary[2] / ˈmɜ:sənəri ˈম্যস্যান্যারি / *noun* [C] (*pl.* **mercenaries**) a soldier who fights for any group or country that will pay him/her যে সৈনিক অর্থের বিনিময়ে যে-কোনো দেশ বা দলের হয়ে লড়ে

merchandise / ˈmɜ:tʃəndaɪs; -daɪz ˈম্যচ্যান্‌ডাইস্; -ডাইজ্ / *noun* [U] (*formal*) goods that are for sale বিক্রির জিনিসপত্র; পণ্যদ্রব্য

merchandising / ˈmɜ:tʃəndaɪzɪŋ ˈম্যচ্যান্‌ডাইজিং / *noun* [U] **1** (*AmE*) (*technical*) the activity of selling goods, or of trying to sell them, by advertising or showing them বিজ্ঞাপন বা প্রদর্শনী দ্বারা পণ্যদ্রব্য যাতে ভালোভাবে বিক্রি হয় তার ব্যবস্থা বা কর্মকাণ্ড **2** products connected with a popular film, person or event; the process of selling these goods কোনো জনপ্রিয় সিনেমা, খ্যাতনামা ব্যক্তি বা ঘটনার সঙ্গে জড়িত জিনিসপত্র; সেগুলি বিক্রির প্রক্রিয়া *millions of rupees, worth of Batman merchandising*

merchant / ˈmɜ:tʃənt ˈম্যচ্যান্ট্ / *noun* [C] a person whose job is to buy and sell goods, usually of one particular type, in large amounts যে ব্যক্তির কাজ হল সাধারণত একটি বিশেষ ধরনের জিনিস বেশি পরিমাণে কেনাবেচা করা; ব্যবসায়ী, বণিক

the merchant navy *noun* [C, *with sing. or pl. verb*] a country's commercial ships and the people who work on them কোনো দেশের বাণিজ্যপোত এবং তাতে কর্মরত ব্যক্তিবর্গ

merciful / ˈmɜ:sɪfl ˈম্যসিফ্‌ল্ / *adj.* feeling or showing mercy দয়ালু, সদয় *His death was a merciful release from pain.* ▶ **mercifully** / -fəli -ফ্যালি / *adv.* সদয়ভাবে

merciless / ˈmɜ:sɪləs ˈম্যসিল্যাস্ / *adj.* showing no mercy দয়াহীন, নির্দয় ▶ **mercilessly** *adv.* নির্দয়ভাবে

Mercury[1] / ˈmɜ:kjəri ˈম্যকিঅ্যারি / *noun* [*sing.*] the planet that is nearest to the sun যে গ্রহ সূর্যের সব থেকে নিকটে; বুধ গ্রহ ➪ **the solar system**-এ ছবি দেখো।

mercury[2] / ˈmɜ:kjəri ˈম্যকিঅ্যারি / *noun* [U] (*symbol* **Hg**) a heavy silver-coloured metal that is usually in liquid form. Mercury is used in instruments that measure temperature (**thermometers**) রুপালি রঙের ভারী ধাতু যা সাধারণত তরল অবস্থায় পাওয়া যায়; পারা বা পারদ, সাধারণত (থার্মোমিটার) তাপমাপক যন্ত্রে ব্যবহৃত হয়

mercy / ˈmɜ:si ˈম্যসি / *noun* [U] kindness shown by sb/sth who has the power to make sb suffer দয়া, ক্ষমা, কৃপা, অনুগ্রহ *The rebels were shown no mercy. They were taken out and shot.*

IDM at the mercy of sb/sth having no power against sb/sth that is strong প্রবল শক্তির বিরুদ্ধে কিছু করার ক্ষমতা নেই এমন, প্রবলের কাছে অসহায়তা *The climbers spent the night on the mountain at the mercy of the wind and rain.*

mere / mɪə(r) মিঅ্যা(র্) /*adj.* (*only before a noun*) **1** (used for emphasizing how small or unimportant sth is) nothing more than (কোনো কিছু কত তুচ্ছ বা গুরুত্বহীন তা বোঝাতে ব্যবহৃত) এর থেকে বেশি নয় *Ninety per cent of the country's land is owned by a mere two per cent of the population.* **2** used to say that the fact that sb/sth is present in a situation is enough to have an influence কোনো ব্যক্তি বা বস্তুর সামান্য উপস্থিতিই যথেষ্ট এই বোঝাতে ব্যবহৃত; মাত্র, নিছক *The mere thought of giving a speech in public makes me feel sick.*

IDM the merest even a very small amount of sth খুব কম পরিমাণে *The merest smell of the fish market made her feel ill.*

merely / ˈmɪəli ˈমিঅ্যালি / *adv.* (*formal*) only; just কেবলমাত্র; শুধু, খালি *I don't want to place an order. I am merely making an enquiry.*

merge / mɜ:dʒ ম্যজ্ / *verb* **1** [I] **merge (with/into sth); merge (together)** to become part of sth larger অপেক্ষাকৃত বড়ো কিছুর অংশ হওয়া *Three small companies merged into one large one.* ○ *This stream merges with the river a few miles downstream.* **2** [T] to join things together so that they become one বিভিন্ন বস্তু একসঙ্গে মিলিয়ে এক করে দেওয়া *We have merged the two classes into one.*

merger / ˈmɜ:dʒə(r) ˈম্যজ্যা(র্) / *noun* [C, U] **a merger (with sb/sth); a merger (between/of A and B)** the act of joining two or more companies together দুই বা ততোধিক কোম্পানির একত্রীকরণ

meridian / məˈrɪdiən ম্যা'রিডিঅ্যান্ / *noun* [C] a line that we imagine on the surface of the earth that joins the North Pole to the South Pole and passes through a particular place ভূপৃষ্ঠে উত্তরমেরু থেকে দক্ষিণমেরু পর্যন্ত একটি কাল্পনিক রেখা যা একটি বিশেষ জায়গার উপর দিয়ে যায়; মধ্যরেখা, দ্রাঘিমা *the Greenwich Meridian* ⇨ **longitude** দেখো এবং **earth**-এ ছবি দেখো।

meringue / məˈræŋ ম্যা'র‍্যাং / *noun* [C, U] a mixture of sugar and egg whites that is cooked in the oven; a cake made from this ডিমের সাদা অংশ এবং চিনি মিশিয়ে ওভেনে রান্না করা খাদ্যবস্তু; ওই জিনিস দিয়ে বানানো কেক

merit¹ / ˈmerɪt ˈমেরিট্ / *noun* **1** [U] the quality of being good গুণ, যোগ্যতা *There is a lot of merit in her ideas.* ○ *He got the job* ***on merit****, not because he's the manager's son.* **2** [C, *usually pl.*] an advantage or a good quality of sb/sth কোনো ব্যক্তি বা বস্তুর নিজস্ব গুণ বা বৈশিষ্ট্য *Each case must be judged separately on its own merits* (=not according to general principles).

merit² / ˈmerɪt ˈমেরিট্ / *verb* [T] (*formal*) to be good enough for sth; to deserve কোনো কিছুর জন্য যথেষ্ট ভালো হওয়া; যোগ্য হওয়া *This suggestion merits further discussion.*

meritocracy / ˌmerɪˈtɒkrəsi ˌমেরি'টক্র্যাসি / *noun* [C] (*pl.* **meritocracies**) **1** [C, U] a country or social system where people get power or money on the basis of their ability যে দেশে বা যে সামাজিক ব্যবস্থায় যোগ্যতার মাপকাঠিতে নির্বাচিত ব্যক্তিগণ অর্থ বা প্রতিপত্তি প্রাপ্ত হয় **2 the meritocracy** [*sing.*] the group of people with power in this kind of social system এই জাতীয় ব্যবস্থায় ক্ষমতাসীন ব্যক্তিগণ

meritorious / ˌmerɪˈtɔːriəs ˌমেরি'ট:রিঅ্যাস্ / *adj.* (*formal*) deserving great praise or reward; having merit পুরস্কার অথবা প্রশংসা পাওয়ার যোগ্য; প্রশংসনীয়, শ্লাঘ্য

mermaid / ˈmɜːmeɪd ˈম্যমেইড্ / *noun* [C] (in stories) a woman who has the tail of a fish instead of legs and who lives in the sea (রূপকথায় উল্লিখিত) এমন নারী যার পায়ের বদলে মাছের লেজ আছে এবং যে সমুদ্রে বাস করে; মৎস্যকন্যা

merriment / ˈmerimənt ˈমেরিম্যান্ট্ / *noun* [U] laughter and enjoyment আমোদ আহ্লাদ, হাসিঠাট্টা

merry / ˈmeri ˈমেরি / *adj.* (**merrier; merriest**) **1** happy আনন্দিত, সুখী *merry laughter* ○ ***Merry Christmas*** (=used to say you hope sb has a happy holiday) **2** (*informal*) slightly drunk ঈষৎ মাতাল ▶ **merrily** *adv.* সানন্দে, প্রফুল্লভাবে

merry-go-round (*BrE* **roundabout** *AmE* **carousel**) *noun* [C] a big round platform that turns round and round and has model animals, etc. on it for children to ride on এমন একটি বড়ো, গোলাকার মঞ্চ যা ঘুরছে এবং যার উপর শিশুদের চড়ার জন্য জন্তুজানোয়ারের প্রতিকৃতি ইত্যাদি বানানো আছে; নাগরদোলা

mesh / meʃ মেশ্ / *noun* [C, U] material that is like a **net** প্লাস্টিক, তার বা দড়ি দিয়ে তৈরি করা জালের মতো বেড়া *a fence made of wire mesh*

mesmerize (*also* **-ise**) / ˈmezməraɪz ˈমেজ্ম্যা-রাইজ্ / *verb* [T] to hold sb's attention completely সম্পূর্ণভাবে কারও মনোযোগ আকৃষ্ট করা, বিমুগ্ধ করা *The audience seemed to be mesmerized by the speaker's voice.*

mesophyll / ˈmesəʊfɪl ˈমেস্যাউফিল্ / *noun* [U] (*technical*) the material that the inside of a leaf is made of যে পদার্থ দ্বারা পাতার ভিতরের দিক তৈরি হয়

mesosphere / ˈmesəsfɪə(r); ˈmez- ˈমেস্যাস্-ফিঅ্যা(র্); ˈমেজ়- / *noun* [*sing.*] **the mesosphere** the region of the earth's atmosphere between about 50 and 80 kilometres above the surface of the earth, above the **stratosphere** and below the **thermosphere** স্ট্র্যাটোস্ফিয়ার এবং থার্মোস্ফিয়ারের মধ্যস্থ ভূমণ্ডলের উপরে ৫০ থেকে ৮০ কিলোমিটার পর্যন্ত পরিমণ্ডল; মেজোস্ফিয়ার

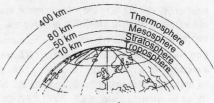

mesosphere

mess¹ / mes মেস্ / *noun* **1** [C, *usually sing.*] the state of being dirty or untidy; a person or thing that is dirty or untidy অগোছালো, নোংরা; নোংরা বা অগোছালো ব্যক্তি অথবা বস্তু *The kitchen's* ***in a*** *terrible mess!* ○ *You can paint the door, but don't* ***make a mess!*** **2** [*sing.*] the state of having problems or troubles সমস্যাসংকুল অবস্থা, জটিল পরিস্থিতি *The company is* ***in a*** *financial* ***mess.*** ○ *to* ***make a mess*** *of your life*

mess² / mes মেস্ / *verb* [T] (*AmE informal*) to make sth dirty or untidy কোনো কিছু নোংরা, অগোছালো বা বিশৃঙ্খল করা *Don't mess your hands.*

PHR V **mess about/around** **1** to behave in a silly and annoying way বোকার মতো, অন্যের বিরক্তি জাগানোর মতো আচরণ করা **2** to spend your time in a relaxed way without any real purpose উদ্দেশ্যহীন ভাবে নিরুদ্বেগে সময় কাটানো *We spent Sunday just messing around at home.*

mess sb about/around to treat sb in a way that is not fair or reasonable, for example by changing your plans without telling him/her অন্যায়, অযৌক্তিক আচরণ করা, যেমন সংশ্লিষ্ট ব্যক্তিকে না জানিয়েই নিজের কর্মসূচি পরিবর্তন করা

mess about/around with sth to touch or use sth in a careless way অবহেলায়, অযত্নে জিনিসপত্র ব্যবহার করা *It is dangerous to mess about with fireworks.*

mess sth up 1 to make sth dirty or untidy নোংরা করা, বিশৃঙ্খল করা **2** to do sth badly or spoil sth খারাপভাবে কোনো কাজ করা বা কিছু নষ্ট করে দেওয়া *I really messed up the last question in the exam.*

mess with sb/sth to deal or behave with sb/sth in a way that you should not কোনো ব্যক্তি অথবা বস্তুর সঙ্গে অনুচিতভাবে ব্যবহার করা *You shouldn't mess with people's feelings.*

mess³ / mes মেস্ / *noun* [C] a building or room in which members of the armed forces, students etc. have their meals together যে স্থানে বা যে ঘরে সেনাবাহিনীর সকল সদস্য, ছাত্র-ছাত্রী ইত্যাদি সকলে একত্রে ভোজন করে; মেস

message / ˈmesɪdʒ ˈমেসিজ্ / *noun* **1** [C] a written or spoken piece of information that you send to or leave for a person when you cannot speak to him/her কোনো ব্যক্তির সঙ্গে কথা বলতে না পারলে তার প্রতি পাঠানো বা তার জন্য রাখা লিখিত বা মৌখিক তথ্য; বার্তা, সন্দেশ *Mr Khanna is not here at the moment. Can I **take a message**? ○ If he's not in I'll **leave a message** on his answering machine.* **2** [*sing.*] an important idea that a book, speech, etc. is trying to communicate পুস্তক, বক্তৃতা ইত্যাদিতে প্রকাশিত কোনো ভাবনা বা গুরুত্বপূর্ণ আদর্শের কথা *The advertising campaign is trying to **get the message across** that smoking kills.*

IDM get the message (*informal*) to understand what sb means even if it is not clearly stated স্পষ্টভাবে না বললেও কি বলা হচ্ছে তা বুঝতে পারা *He finally got the message and went home.*

messenger / ˈmesɪndʒə(r) ˈমেসিন্‌জ্যা(র্) / *noun* [C] a person who carries a message সংবাদবাহক, বার্তাবাহক

Messiah (*also* **messiah**) / məˈsaɪə ম্যা'সাইঅ্যা / *noun* [C] a person, for example Jesus Christ, who is expected to come and save the world এমন এক ব্যক্তি যিনি পৃথিবীকে রক্ষার উদ্দেশ্যে আবির্ভূত হন, যেমন জিশুখ্রিস্ট

Messrs *abbr.* (used as the plural of Mr before a list of men's names and before names of business firms) (Mr-এর বহুবচন হিসেবে ব্যবহৃত) নামের তালিকার প্রথমে অথবা ব্যাবসায়িক সংগঠনের নামের প্রথমে থাকে *Messrs Sinha, Singh and Shah ○ Messrs T Bhatt and Co.*

messy / ˈmesi ˈমেসি / *adj.* (**messier; messiest**) **1** dirty or untidy নোংরা, অগোছালো *a messy room* **2** that makes sb/sth dirty এমন কাজ যা কোনো ব্যক্তি বা বস্তুকে নোংরা করে দেয় *Painting the ceiling is a messy job.* **3** having or causing problems or trouble সমস্যাপূর্ণ; সমস্যাকারী *a messy divorce*

met ➪ **meet**-এর past tense

meta- / ˈmetə ˈমেট্যা / *prefix* (*used in nouns, adjectives and verbs*) **1** connected with a change of position or state কোনো পরিস্থিতি বা অবস্থানের পরিবর্তনের সঙ্গে সংযুক্ত *metamorphosis ○ metabolism* **2** higher ; beyond উচ্চ, উচ্চতর; এ সবের বাইরে *metaphysics*

metabolism / məˈtæbəlɪzəm ম্যা'ট্যাব্যালিজ্যাম্ / *noun* [U, *sing.*] the chemical processes in plants or animals that change food into energy and help them grow উদ্ভিদ এবং জীবদেহের অভ্যন্তরে যে রাসায়নিক প্রক্রিয়ায় খাদ্য থেকে শক্তি উৎপন্ন হয়ে বাড়বৃদ্ধি ঘটে; বিপাক *An athlete has a faster metabolism than most ordinary people.* ▶ **metabolic** / ˌmetəˈbɒlɪk ˌমেট্যা'বলিক্ / *adj.* বিপাকীয় *a high/low metabolic rate*

metal / ˈmetl ˈমেট্‌ল্ / *noun* [C, U] a type of solid substance that is usually hard and shiny and that heat and electricity can travel through চকচকে শক্ত পদার্থ, যার মধ্যে দিয়ে তাপ এবং বিদ্যুৎ দুই-ই প্রবাহিত হতে পারে; ধাতু *metals such as tin, iron, gold and steel ○ to recycle scrap metal ○ a metal bar/pipe*

metallic / məˈtælɪk ম্যা'ট্যালিক্ / *adj.* **1** connected with metal or metals ধাতব বা ধাতুকেন্দ্রিক *metallic alloys* **2** looking like metal or making a noise like one piece of metal hitting another ধাতুর মতো দেখতে অথবা যার থেকে ধাতুর ঘর্ষণের মতো আওয়াজ বার হয় *a metallic blue car ○ harsh metallic sounds*

metallurgist / məˈtælədʒɪst ম্যা'ট্যাল্যাজিস্ট / *noun* [C] a scientist who studies metals and their uses ধাতুবিদ, ধাতুবিশেষজ্ঞ

metallurgy / məˈtælədʒi ম্যা'ট্যাল্যাজি / *noun* [U] the scientific study of metals and their uses যে বিজ্ঞানী ধাতু এবং তার ব্যবহার নিয়ে পড়াশুনা করে; ধাতুবিদ্যা

metamorphic / ˌmetəˈmɔːfɪk ˌমেট্যা'ম:ফিক্ / *adj.* (*technical*) (used about rocks) that have been changed by heat or pressure (পাথরের ক্ষেত্রে ব্যবহৃত) যা তাপ এবং চাপের ফলে পরিবর্তিত হয় ➪ **igneous** এবং **sedimentary** দেখো এবং **rock**-এ ছবি দেখো।

M

metamorphosis / ˌmetəˈmɔːfəsɪs ˌমেটা৷ˈম:ফ্যাসিস্ / *noun* [C] (*pl.* **metamorphoses** / -siːz -সীজ় /) (*formal*) a complete change of form (as part of natural development) প্রাকৃতিক পরিবর্তনের কারণে কোনো কিছুর আকারে সম্পূর্ণ পরিবর্তন *the metamorphosis of a tadpole into a frog*

metaphor / ˈmetəfə(r) ˈমেট্যাফ্যা(র্) / *noun* [C, U] a word or phrase that is used in an imaginative way to show that sb/sth has the same qualities as another thing. 'Her words were a knife in his heart' is a metaphor (কোনো কিছুর সঙ্গে তুলনা করার সময়ে ব্যবহৃত) রূপক অলংকার (যেমন 'Her words were a knife in his heart' বাক্যটিতে 'knife' হল রূপক) ➪ **figurative**, **literal** এবং **simile** দেখো। ▶ **metaphorical** / ˌmetəˈfɒrɪkl ˌমেট্যাˈফরিকল্ / *adj.* রূপকাত্মক ▶ **metaphorically** / -kli -কলি / *adv.* রূপকাত্মকভাবে

metaphysics / ˌmetəˈfɪzɪks ˌমেট্যাˈফিজ়িক্স / *noun* [U] the area of **philosophy** that deals with the nature of existence, truth and knowledge দর্শনের যে বিশেষ শাখায় অস্তিত্ব, সত্য এবং জ্ঞান বিষয়ে চর্চা করা হয়; অধিবিদ্যা

mete / miːt মীট্ / *verb*

PHR V **mete sth out (to sb)** (*formal*) to give sb a punishment or harsh treatment কাউকে শাস্তি দেওয়া বা কঠোর ব্যবস্থা অবলম্বন করা

meteor / ˈmiːtiə(r); -ɔː(r) ˈমীটিঅ্যা(র্); -অ:(র্) / *noun* [C] a small piece of rock, etc. in space. When a meteor enters the earth's atmosphere it makes a bright line in the night sky মহাকাশে অবস্থিত ছোটো প্রস্তর খণ্ড, উল্কা; উল্কা পৃথিবীতে প্রবেশ করলে রাতের আকাশে উজ্জ্বল আলোর রেখা দেখা যায়

meteoric / ˌmiːtiˈɒrɪk ˌমীটিˈঅরিক্ / *adj.* very fast or successful উল্কার গতির মতো দ্রুত উন্নতি *a meteoric rise to fame*

meteorologist / ˌmiːtiəˈrɒlədʒɪst ˌমীটিঅ্যাˈরল্যাজিস্ট্ / *noun* [C] a person who studies the weather এমন ব্যক্তি যে আবহাওয়া বিষয়ে পড়াশুনা করে; আবহবিদ; আবহাওয়া বিশেষজ্ঞ

meteorology / ˌmiːtiəˈrɒlədʒi ˌমীটিঅ্যাˈরল্যাজি / *noun* [U] the study of the weather and climate আবহাওয়া ও জলবায়ুর পর্যবেক্ষণ বিদ্যা; আবহবিদ্যা ▶ **meteorological** / ˌmiːtiərəˈlɒdʒɪkl ˌমীটিঅ্যার‍্যাˈলজিকল্ / *adj.* আবহাওয়া সংক্রান্ত

meter / ˈmiːtə(r) ˈমীট্যা(র্) / *noun* [C] **1** a piece of equipment that measures the amount of gas, water, electricity, voltage, etc. you have used গ্যাস, জল, বিদ্যুৎ ইত্যাদির ব্যবহৃত পরিমাণ মাপার যন্ত্র *a voltmeter* **2** (*AmE*) = **metre** ▶ **meter** *verb* [T] মিটারের সাহায্যে মাপ জানা, মিটার বসানো *Is your water metered?*

methane / ˈmiːθeɪn ˈমীথেইন্ / *noun* [U] (*symbol* **CH_4**) a gas without colour or smell, that burns easily and that we can use to produce heat এক ধরনের গন্ধ ও বর্ণহীন গ্যাস, যা সহজে জ্বলে এবং তাপ উৎপাদনের জন্য ব্যবহৃত হয়; মিথেন

methanol / ˈmeθənɒl ˈমেথ্যানল্ / *noun* [U] (*symbol* **CH_3OH**) a poisonous form of alcohol that is colourless, has no smell and changes easily into a gas অ্যালকোহলের এক বিষাক্ত রূপ যা বর্ণহীন, গন্ধহীন এবং সহজে গ্যাসে রূপান্তরিত হয়; মেথানল

method / ˈmeθəd ˈমেথ্যাড / *noun* [C] a way of doing sth উপায়, নিয়ম, কাজ করার পদ্ধতি; নিয়মবিষয়ক বিজ্ঞান *What method of payment do you prefer? Cash, cheque or credit card?* ○ *modern teaching methods*

methodical /məˈθɒdɪkl ম্যাˈথডিকল্ / *adj.* having or using a well-organized and careful way of doing sth নিয়মনিষ্ঠ, সুশৃঙ্খল *Payal is a very methodical worker.* ▶ **methodically** / -kli -ক্লি / *adv.* নিয়মনিষ্ঠভাবে, সুসংগঠিতভাবে

methodist / ˈmeθədɪst ˈমেথ্যাডিস্ট্ / *noun* [C] (a member) of a Protestant Church that was started by John Wesley in the 18th century যে প্রোটেস্টান্ট চার্চ জন উইসলি ১৮শ শতাব্দীতে প্রতিষ্ঠা করেছিলেন তার কোনো সভ্য

methodology / ˌmeθəˈdɒlədʒi ˌমেথ্যাˈডল্যাজি / (*pl.* **methodologies**) *noun* [C, U] a way of doing sth based on particular principles and methods বিশেষ নীতি ও নিয়ম মেনে কাজ করার পদ্ধতি; নিয়মবিষয়ক

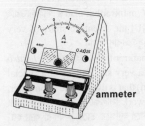

ammeter
altimeter
anemometer

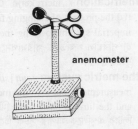

meters

বিজ্ঞান *language teaching methodologies* ▶ **methodological** / ˌmeθədəˈlɒdʒɪkl ˌমেথ্যাড্যা'লজিক্‌ল্ / *adj.* নিয়ম পালন সংক্রান্ত

methylated spirits / ˌmeθəleɪtɪd ˈspɪrɪts ˌমেথ্যালেইটিড্ 'স্পিরিট্‌স্ / (*informal* **meths** / meθs মেথ্‌স্ /) *noun* [U] a type of alcohol that you cannot drink, used as a fuel for lighting and heating and for cleaning off dirty marks পানযোগ্য নয় এমন একধরনের অ্যালকোহল, যা আলো জ্বালা, উত্তাপ সৃষ্টি এবং নোংরা দাগ ওঠানোর কাজে লাগে; মেথিলেটেড স্পিরিট

meticulous / məˈtɪkjələs ম্যা'টিকিঅ্যাল্যাস্ / *adj.* giving or showing great attention to detail; very careful খুঁটিনাটি সব বিষয়ে ভালোভাবে মন দেয় এমন; অত্যন্ত যত্নশীল ▶ **meticulously** *adv.* সতর্কভাবে, নিখুঁতভাবে

metonymy / məˈtɒnəmi ম্যা'টন্যামি / *noun* [U] (*technical*) the act of referring to sth by the name of sth else that is closely connected with it, for example using the White House for the US President কোনো কিছুর সঙ্গে অঙ্গাঙ্গিভাবে জড়িত বলে একটা নাম করলে অন্যটি বোঝানোর পদ্ধতি, যেমন U S President এবং White House; লক্ষণা অলংকার

metre (*AmE* **meter**) / ˈmiːtə(r) 'মীট্যা(র্) / *noun* **1** [C] (*abbr.* **m**) a measure of length; 100 centimetres approx or 39.37 inches দৈর্ঘ্যের মাপ; ১ মিটার ১০০ সেন্টিমিটারের বা ৩৯.৩৭ ইঞ্চির সমান *a two-metre high wall* ○ *Who won the 100 metres?* **2 metres** used in the name of races দৌড় প্রতিযোগিতায় ব্যবহৃত *She came second in the 100 metres.* **3** [U, C] the arrangement of strong and weak **stresses** in lines of poetry that produces the rhythm; a particular example of this ইংরেজি ভাষায় ছন্দযুক্ত কবিতার পঙ্‌ক্তিতে স্বরাঘাতপ্রধান এবং স্বরাঘাতবিহীন শব্দসমষ্টির বিন্যাস; পদ্যে ব্যবহৃত ছন্দ

metric / ˈmetrɪk 'মেট্রিক্ / *adj.* using the system of measurement that is based on metres, grams, litres, etc. (**the metric system**) মিটার, গ্রাম, লিটার ইত্যাদি মাপার সূচক ব্যবহার করা হয় এমন ➪ **imperial** দেখো।

metrication / ˌmetrɪˈkeɪʃn ˌমেট্রি'কেইশ্‌ন্ / *noun* [U] the process of changing from measuring in imperial system to using the **metric system** ইম্পিরিয়াল পদ্ধতিতে পরিমাপনকে মেট্রিক পদ্ধতিতে রূপান্তরীকরণ

the metric system *noun* [*sing.*] the system of measurement that uses the metre, the kilogram and the litre as basic units মিটার, কিলোগ্রাম এবং লিটার এগুলিকে মাপার সূচক হিসেবে মেনে নিয়ে যে পরিমাপপদ্ধতি; মেট্রিক পদ্ধতি

metric ton (*also* **tonne**) *noun* [C] a unit for measuring weight, equal to 1000 kilograms পরিমাপনের একক, ১০০০ কিলোগ্রামের সমান

metro / metrəʊ মেট্র্যাউ / *noun* [*sing.*] **1** an underground train system in a large city বড়ো শহরে মাটির নীচে দিয়ে ট্রেন চলাচল পদ্ধতি *She travels to work by metro.* **2** (*IndE*) a large and important city কোনো বড়ো ও গুরুত্বপূর্ণ শহর *Fashion is ever changing in the metros like Delhi, Mumbai and Kolkata.*

metropolis / məˈtrɒpəlɪs ম্যা'ট্রপ্যালিস্ / *noun* [C] a very large city মহানগর, বিরাট শহর ▶ **metropolitan** / ˌmetrəˈpɒlɪtən ˌমেট্র্যা'পলিট্যান্ / *adj.* মহানগরের বৈশিষ্ট্য সংক্রান্ত

mezzanine / ˈmezəniːn 'মেজ্যানীন্ / *noun* [C] a floor that is built between two floors of a building and is smaller than the other floors দুটি তলার মধ্যবর্তী, সাধারণত একতলা ও দোতলার মধ্যবর্তী, এ তলাটি অন্যগুলির থেকে একটু ছোটো হয়; মেজানিন

mg *abbr.* milligram(s) মিলিগ্রাম এর সংক্ষিপ্ত রূপ; মি.গ্রা.

MHz *abbr.* megahertz; (used in radio) a measure of **frequency** বেতারতরঙ্গ স্পন্দনের মাপ; মেগাহার্টস্

miaow /miˈaʊ মি'আউ / *noun* [C] the sound that a cat makes বিড়ালের মিয়াও ডাক ▶ **miaow** *verb* [I] মিউ মিউ করে ডাকা ➪ **purr** দেখো।

mice = **mouse**-এর plural

micro- / ˈmaɪkrəʊ 'মাইক্র্যাউ / *prefix* (*used in nouns, adjectives and adverbs*) small; on a small scale অতি ছোটো; খুবই কম মাত্রায় *microchip* ○ *micro-organism* ✪ বিপ **macro-**

microbe / ˈmaɪkrəʊb 'মাইক্র্যাউব্ / *noun* [C] an extremely small living thing that you can only see with a special piece of equipment (**a microscope**) and that can cause disease রোগসৃষ্টিকারী অতি সূক্ষ্ম জীবাণু যা কেবলমাত্র অণুবীক্ষণ যন্ত্রের সাহায্যেই দেখতে পাওয়া যায়

microbiologist / ˌmaɪkrəʊbaɪˈɒlədʒɪst ˌমাইক্র্যাউবাই'অল্যাজিস্ট্ / *noun* [C] a scientist who studies very small living things যে বিজ্ঞানী অতি ক্ষুদ্র জীবাণু নিয়ে পড়াশুনা করেন; জীবাণুবিজ্ঞানবিদ

microbiology / ˌmaɪkrəʊbaɪˈɒlədʒi ˌমাইক্র্যাউবাই 'অল্যাজি / *noun* [U] the scientific study of very small living things জীবাণুবিজ্ঞান

microchip / ˌmaɪkrəʊtʃɪp ˌমাইক্র্যাউচিপ্ / (*also* **chip**) *noun* [C] a very small piece of a special material (**silicon**) that is used inside a computer, etc. to make it work সিলিকনের অতি সূক্ষ্ম পাতলা টুকরো যা কম্পিউটারে লাগিয়ে তাকে কার্যকরী করা হয়; মাইক্রোচিপ

microcomputer / ˈmaɪkrəʊkəmpjuːtə(r) ˈমাইক্র্যাউকাম্‌পিউট্যা(র্) / *noun* [C] (*computing*) a small computer that contains a **microprocessor** মাইক্রোপ্রসেসর সমেত অতি ছোটো আকারের কম্পিউটার; মাইক্রোকম্পিউটার

microcosm / ˈmaɪkrəʊkɒzəm ˈমাইক্র্যাউকজ্যাম্ / *noun* [C] **a microcosm (of sth)** something that is a small example of sth larger অপেক্ষাকৃত বড়ো জিনিসের ছোটো রূপ বা উদাহরণ, কোনো জিনিসের সংক্ষিপ্ত রূপায়ণ *Our little village is a microcosm of society as a whole.* ➪ **macrocosm** দেখো।

microfiche / ˈmaɪkrəʊfiːʃ ˈমাইক্র্যাউফীশ্ / *noun* [C, U] a piece of film on which information is stored in very small print অতি ক্ষুদ্র অক্ষরে ছাপা তথ্য-সম্বলিত ফিল্মের টুকরো

microgram / ˈmaɪkrəʊgræm ˈমাইক্র্যাউগ্র্যাম্ / *noun* [C] (*symbol* **µg**) (*technical*) a unit for measuring weight. There are one million micrograms in one gram ওজন মাপার একক মাইক্রোগ্রাম। এক গ্রামের মধ্যে দশ লক্ষ মাইক্রোগ্রাম থাকে

micrometre / ˈmaɪkrəʊmiːtə(r) ˈমাইক্র্যাউমীট্যা(র্) / *noun* [C] (*symbol* **µm**) (*technical*) a unit for measuring length. There are one million micrometres in one metre দৈর্ঘ্য মাপার একক। দশ লক্ষ মাইক্রোমিটারে এক মিটার

micron / ˈmaɪkrɒn ˈমাইক্রন্ / *noun* [C] = **micrometre**

microorganism *noun* [C] a very small living thing that you can only see with a special piece of equipment (**a microscope**) অতি সূক্ষ্ম জীব যা কেবল অণুবীক্ষণ যন্ত্রের সাহায্যেই দেখা যায়; অণুজীব

microphone / ˈmaɪkrəfəʊn ˈমাইক্র্যাফ্যাউন্ / (*also* **mike**) *noun* [C] a piece of electrical equipment that is used for making sounds louder or for recording them যে বৈদ্যুতিক যন্ত্রের সাহায্যে শব্দ জোরে শোনা যায় এবং তা রেকর্ড করাও যায়; মাইক; মাইক্রোফোন

microprocessor / ˌmaɪkrəʊˈprəʊsesə(r) ˌমাইক্র্যাউˈপ্র্যাউসেস্যা(র্) / *noun* [C] (*computing*) a small unit of a computer that contains all the functions of the **central processing unit** কম্পিউটারের একটি ছোটো অংশ যার মধ্যে সেন্ট্রাল প্রসেসিং ইউনিট-এর যাবতীয় কার্যপ্রণালী ধরা আছে; মাইক্রোপ্রসেসর

microscope / ˈmaɪkrəskəʊp ˈমাইক্র্যাস্ক্যাউপ্ / *noun* [C] a piece of equipment that makes very small objects look big enough for you to be able to see them এমন একটি যন্ত্র যার সাহায্যে খুব ছোটো পদার্থকে এমন বড়ো করে দেখায় যা চোখে দেখা যায়; অণুবীক্ষণ যন্ত্র *to examine sth* ***under a microscope*** ➪ **laboratory**-তে ছবি দেখো।

microscopic / ˌmaɪkrəˈskɒpɪk ˌমাইক্র্যাˈস্কপিক্ / *adj.* too small to be seen without a microscope যা অণুবীক্ষণ যন্ত্রের মধ্য দিয়েই দেখা যায়, তার সাহায্য ছাড়া দেখা যায় না; আণুবীক্ষণিক, সূক্ষ্মাতিসূক্ষ্ম

microwave / ˈmaɪkrəweɪv ˈমাইক্র্যাউএইভ্ / *noun* [C] **1** a short electric wave that is used for sending radio messages and for cooking food ক্ষুদ্র বিদ্যুৎ তরঙ্গ যা বেতার সংকেত পাঠানো এবং রান্নার জন্য ব্যবহৃত হয় **2** (*also* **microwave oven**) a type of oven that cooks or heats food very quickly using microwaves যে উনুনে ক্ষুদ্র বিদ্যুৎতরঙ্গ ব্যবহার করে খুব তাড়াতাড়ি রাঁধা বা খাদ্যদ্রব্য গরম করা যায়

mid / mɪd মিড্ / *adj.* (*only before a noun*) the middle of মাঝে, মাঝখানে *I'm away from midJune.* ○ *the mid 1990s*

mid- / mɪd মিড্ / *prefix* (*used in nouns and adjectives*) in the middle of মাঝ, মাঝখানে, মধ্যিখানে, মধ্য-, মধ্যস্থিত *mid-afternoon* ○ *a mid-air collision*

midday / ˌmɪdˈdeɪ ˌমিড্ˈডেই / *noun* [U] at or around twelve o'clock in the middle of the day মধ্যাহ্ন, দুপুর, দ্বিপ্রহর (দুপুর বারোটার আশেপাশে) *We arranged to meet* ***at midday***. ○ *the heat of the midday sun* ✪ সম **noon** ➪ **midnight** দেখো।

middle¹ / ˈmɪdl ˈমিড্‌ল্ / *noun* **1** [*sing.*] **the middle (of sth)** the part, point or position that is at about the same distance from the two ends or sides of sth কোনো অংশ, বিন্দু বা অবস্থান যা কোনো কিছুর দুই প্রান্ত থেকে সমান দূরত্বে অবস্থিত; ঠিক মধ্যবর্তী স্থান *the white line* ***in the middle of*** *the road* ○ *Here's a photo of me with my two brothers. I'm the one* ***in the middle***.

> **NOTE** **Centre** এবং **middle** অনেক সময় সমার্থক শব্দ হিসাবে ব্যবহার করা হয় কিন্তু **centre** শব্দটি তখনই ব্যবহার করা সঠিক যখন কোনো বস্তুর ঠিক কেন্দ্রস্থলটি বোঝানো হয়—*How do you find the centre of a circle?* ○ *The bee stung me* ***right in the middle*** *of my back.* কোনো সময়কাল সম্বন্ধে উল্লেখ করার ক্ষেত্রে কেবল **middle** শব্দটির ব্যবহার সঠিক হবে—*in the middle of the night* ○ *the middle of July*।

2 [C] (*informal*) your waist কোমর, কটিদেশ *I want to lose weight around my middle.*

IDM **be in the middle of sth/doing sth** to be busy doing sth কাজের জন্য ব্যস্ত থাকা *Can you call back in five minutes—I'm in the middle of a meeting.*

in the middle of nowhere a long way from any town কোনো শহর ইত্যাদি থেকে অনেক দূরে

middle² / ˈmɪdl ˈমিড্‌ল্ / *adj.* (*only before a noun*) in the middle মধ্য অংশে, মাঝখানে, মাঝে *I wear my ring on my middle finger.*

middle age *noun* [U] the time when you are about 40 to 60 years old ৪০ থেকে ৬০ এর মধ্যে যার বয়স; মধ্যবয়সি *a woman in early middle age* ► **middle-aged** *adj.* মধ্যবয়স্ক *a middle-aged man*

the Middle Ages *noun* [*pl.*] the period of European history from about 1100 to 1500 AD ইউরোপের ইতিহাসে ১১০০ থেকে ১৫০০ খ্রিস্টাব্দ এই সময়কাল; মধ্যযুগ

the middle class *noun* [*sing.*] (*also* **the middle classes**) [*pl.*] the group of people in a society who are neither very rich nor very poor and that includes professional and business people সমাজের সেই সব মানুষ যারা না অতি ধনী বা না অতি দরিদ্র এবং যাদের মধ্যে বেশির ভাগ মানুষ কোনো পেশা বা ব্যাবসার মাধ্যমে জীবিকা নির্বাহ করে; মধ্যবিত্ত শ্রেণি ► **middle class** *adj.* মধ্যবিত্ত *They're middle class.* o *a middle-class background* ⇨ **the upper class** এবং **the working class** দেখো।

middle ear *noun* [*sing.*] the central part of your ear behind your **eardrum** কানের পর্দার পিছনের কেন্দ্রস্থিত অংশ; মধ্যকর্ণ ⇨ **inner ear** এবং **ear**-এ ছবি দেখো।

the Middle East *noun* [*sing.*] an area that covers SW Asia and NE Africa দক্ষিণ পশ্চিম এশিয়া এবং উত্তর পূর্ব আফ্রিকার মধ্যে অবস্থিত; মধ্যপ্রাচ্য ⇨ **Far East** দেখো।

middleman / ˈmɪdlmæn ˈমিড্‌ল্ম্যান্ / *noun* [C] (*pl.* **-men** / -men -মেন্ /) **1** a person or company who buys goods from the company that makes them and then sells them to sb else যে ব্যক্তি বা কোম্পানি নির্মাণকারী কোম্পানির কাছে জিনিস কিনে অন্যের কাছে তা বিক্রি করে; দালাল **2** a person who helps to arrange things between two people who do not want to meet each other (যারা মুখোমুখি হতে চায় না) দুই ব্যক্তির মধ্যে কোনো ব্যবস্থাপনায় মধ্যস্থতা করে যে ব্যক্তি

middle-of-the-road *adj.* (used about people, policies, etc.) not extreme; acceptable to most people (ব্যক্তি, নীতি ইত্যাদি সম্বন্ধে ব্যবহৃত) চরমপন্থী নয় এমন; সর্বজনগ্রাহ্য

middle school *noun* [C] (*BrE*) a school for children aged between 9 and 13 ৯ থেকে ১৩ বছর বয়সের ছেলেমেয়েদের পড়ার স্কুল

midge / mɪdʒ মিজ্ / *noun* [C] a very small flying insect that can bite people ছোটো পতঙ্গ, যা কামড়ায় ☼ সম **gnat**

midget / ˈmɪdʒɪt ˈমিজিট্ / *noun* [C] a very small person খুব ছোটোখাটো চেহারার লোক

NOTE এই শব্দটি ব্যবহার করার সময় মনে রাখতে হবে যে কিছু লোক এটি অবমাননাকর বলে মনে করে।

midnight / ˈmɪdnaɪt ˈমিড্নাইট্ / *noun* [U] twelve o'clock at night মধ্যরাত্রি, রাত্রি বারোটা, মাঝরাত *They left the party at midnight.* o *The clock struck midnight.* ⇨ **midday** দেখো।

midriff / ˈmɪdrɪf ˈমিড্রিফ্ / *noun* [C] the part of your body between your chest and your waist পেট এবং বুকের মাঝের জায়গা; মধ্যচ্ছদা

midst / mɪdst মিড্স্ট্ / *noun* [U] the middle of sth; among a group of people or things কোনো কিছুর মধ্যে; অনেক লোক বা জিনিসের মাঝখানে *The country is in the midst of a recession.* o *They realized with a shock that there was an enemy in their midst.*

midsummer / ˌmɪdˈsʌmə(r) ˌমিড্ˈসাম্যা(র্) / *noun* [U] the time around the middle of summer মধ্যগ্রীষ্ম *a beautiful midsummer's evening*

midway / ˌmɪdˈweɪ ˌমিড্ˈউএই / *adj., adv.* in the middle of a period of time or between two places মাঝপথে, মধ্যিখানে, আরম্ভ ও শেষ হওয়ার মধ্যের সময়ে *The village lies midway between two large towns.* ☼ সম **halfway**

midweek / ˌmɪdˈwiːk ˌমিড্ˈউঈক্ / *noun* [U] the middle of the week (=Tuesday, Wednesday and Thursday) সপ্তাহের মাঝে অর্থাৎ মঙ্গল, বুধ এবং বৃহস্পতিবার ► **midweek** *adv.* মধ্যসপ্তাহে, সপ্তাহের মাঝে *If you travel midweek it will be less crowded.*

midwife / ˈmɪdwaɪf ˈমিড্উআইফ্ / *noun* [C] (*pl.* **midwives** / -waɪvz -উআইভ্জ্ /) a person who has been trained to help women give birth to babies সন্তান প্রসবে প্রশিক্ষিত সাহায্যকারী মহিলা; ধাত্রী

midwifery / ˌmɪdˈwɪfəri ˌমিড্ˈউইফ্যারি / *noun* [U] the work of a midwife প্রসব করানোর কাজ; ধাত্রীবিদ্যা

midwinter / ˌmɪdˈwɪntə(r) ˌমিড্ˈউইন্ট্যা(র্) / *noun* [U] the time around the middle of winter শীতকালের মাঝামাঝি

might[1] / maɪt মাইট্ / *modal verb* (*negative* **might not**; *short form* **mightn't** / ˈmaɪtnt ˈমাইট্ন্ট্ /) **1** used for saying that sth is possible কোনো কিছু হতে পারে বোঝাতে ব্যবহৃত অভিব্যক্তিবিশেষ *'Where's Vinay?' 'He might be upstairs.'* *I think I might have forgotten the tickets.* **2** (*BrE formal*) used to ask for sth or suggest sth very politely কোনো কিছু চাওয়ার জন্য বা কোনো কিছুর সম্ভাবনা আছে তা অতি ভদ্রভাবে বলার জন্য ব্যবহৃত অভিব্যক্তিবিশেষ *I wonder if I might go home half an hour early today?* **3** used as the form of 'may' when you report what sb has said কারও উক্তি উল্লেখ করার সময়ে 'may' শব্দটির রূপ হিসেবে ব্যবহৃত অভিব্যক্তিবিশেষ *He said he might be late (=his words were, 'I may be late').*

> **NOTE** **Modal verbs**-এর সম্বন্ধে আরও বিশদভাবে জানার জন্য এই অভিধানের শেষাংশে **Quick Grammar Reference** দেখো।

IDM **may/might as well (do sth)** ➪ **well**[1] দেখো।

you, etc. might do sth used when you are angry to say what sb could or should have done রেগে গিয়ে কারও কি করা উচিত ছিল বা কি করতে পারত তা বলার জন্য ব্যবহৃত অভিব্যক্তিবিশেষ *They might at least have phoned if they're not coming.*

I might have known used for saying that you are not surprised that sth has happened কোনো ঘটনায় অবাক না হওয়া বোঝাতে ব্যবহৃত অভিব্যক্তিবিশেষ *I might have known he wouldn't help.*

might[2] / maɪt মাইট্ / *noun* [U] (*formal*) great strength or power প্রবল শক্তি, প্রচণ্ডশক্তি, ক্ষমতা, গায়ের জোর *I pushed* ***with all*** *my* ***might****, but the rock did not move.*

mighty[1] / ˈmaɪti ˈমাইটি / *adj.* (**mightier; mightiest**) very strong or powerful শক্তিমান, বলবান, ক্ষমতাশালী

mighty[2] / ˈmaɪti ˈমাইটি / *adv.* (*AmE informal*) very যথেষ্ট, বেশি *That's mighty kind of you.*

migraine / ˈmaɪgreɪn ˈমাইগ্রেইন্ / *noun* [C, U] very bad pain in your head that makes you feel sick; a severe headache মাথায় খুব বেশি যন্ত্রণা যার ফলে মানুষ অসুস্থ বোধ করে; মাইগ্রেন

migrant / ˈmaɪgrənt ˈমাইগ্র্যান্ট্ / *noun* [C] **1** a person who moves from place to place looking for work কাজের খোঁজে স্থানান্তরে যায় যে; পরিযায়ী ব্যক্তি *migrant workers* **2** a bird or an animal that moves from one place to another according to the season ঋতু অনুযায়ী বিশেষ ধরনের যে পশুপাখি এক জায়গা থেকে আর এক জায়গায় যায়; পরিযায়ী পশুপাখি

migrate / maɪˈgreɪt মাইˈগ্রেইট্ / *verb* [I] **1** (used about animals and birds) to travel from one part of the world to another at the same time every year (পশুপাখি সম্বন্ধে ব্যবহৃত) প্রতি বছরে একটা নির্দিষ্ট সময়ে এক দেশ থেকে আর এক দেশে ভ্রমণ করা **2** (used about a large number of people) to go and live and work in another place (বেশি সংখ্যক মানুষ সম্বন্ধে ব্যবহৃত) স্থানান্তরে গিয়ে বসবাস করা এবং কাজ করা *Many country people were forced to migrate to the cities to look for work.* ➪ **emigrate** দেখো।

▶ **migration** / maɪˈgreɪʃn মাইˈগ্রেইশন্ / *noun* [C, U] পরিযান, দেশান্তর

migratory / ˈmaɪgrətri; maɪˈgreɪtəri ˈমাইগ্র্যাট্রি; মাইˈগ্রেইট্যারি / *adj.* (used about animals and birds) travelling from one part of the world to another at the same time every year (পশুপাখি সম্বন্ধে ব্যবহৃত) প্রতি বছর একটি নির্দিষ্ট সময় পৃথিবীর এক প্রান্ত থেকে অন্য প্রান্তে যায় এমন

mike / maɪk মাইক্ / (*informal*) = **microphone**

milage = **mileage**

mild / maɪld মাইল্ড্ / *adj.* **1** not strong; not very bad কঠিন নয়; খুব খারাপ নয়; কোমল, নরম, লঘু *a mild soap* ○ *a mild winter* ○ *a mild punishment* **2** (used about food) not having a strong taste (খাদ্য সম্বন্ধে ব্যবহৃত) নরম স্বাদের, হালকা *mild cheese* **3** kind and gentle শান্ত, ভদ্র, কোমল *He's a very mild man—you never see him get angry.*

▶ **mildness** *noun* [U] কোমলতা, ভদ্রতা, মৃদুতা

mildew / ˈmɪldju: ˈমিল্ডিউ / *noun* [U] a living white substance (**fungus**) that grows on walls, plants, food, etc. in warm wet conditions ভিজে এবং গরম আবহাওয়ার ফলে গাছপালা, খাবার দাবার বা দেয়াল ইত্যাদির গায়ে জন্মানো একজাতীয় ছত্রাক

mildly / ˈmaɪldli ˈমাইল্ডলি / *adv.* **1** not very; slightly হালকা ধরনের; উগ্র বা বেশি নয় *mildly surprised* **2** in a gentle way নরমভাবে, শান্তভাবে, হালকাভাবে

mile / maɪl মাইল্ / *noun* **1** [C] a measure of length; 1.6 kilometres. There are 1760 yards in a mile দৈর্ঘ্যের মাপ; ১.৬ কিলোমিটার; এক মাইলে ১৭৬০ গজ *The nearest beach is seven miles away.* ○ *It's a seven-mile drive to the beach.* **2** [C] a lot অনেকটা, অনেক*He missed the target by a mile.* ○ *I'm feeling miles better this morning.* **3 miles** [*pl.*] a long way অনেকটা পথ, দীর্ঘ রাস্তা *How much further is it? We've walked miles already.* ○ *From the top of the hill you can see* ***for miles****.*

IDM **see, hear, tell, spot, etc. sb/sth a mile off** (*informal*) used to say that sb/sth is very obvious শোনা, দেখা, বলা, চিহ্নিত করা এসব বিষয়ে যখন কোনো কিছু স্পষ্ট হয়ে ওঠে তখন বলা হয় *He's lying—you can tell that a mile off.*

mileage (*also* **milage**) / ˈmaɪlɪdʒ ˈমাইলিজ্ / *noun* **1** [C, U] the distance that has been travelled, measured in miles যে রাস্তা আসা হয়েছে মাইলে তার দূরত্ব, অতিক্রান্ত পথের হিসেব যখন মাইলে মাপা হয় *The car is five years old but it has a low mileage.* **2** [U] (*informal*) the amount of use that you get from sth কোনো বস্তু কতটা ব্যবহার করা যায় তার পরিমাণ *The newspapers got a lot of mileage out of the scandal.*

mileometer *noun* [C] =**milometer**

milestone / ˈmaɪlstəʊn ˈমাইল্স্ট্যাউন্ / *noun* [C] a very important event স্মরণীয় ঘটনা *The concert was a milestone in the band's history.*

milieu / ˈmiːljɜː ˈমীলিঅ্য / *noun* [C] the social environment that you live or work in যে সামাজিক পরিবেশে বাস করা বা কাজ করা হয়

militant / ˈmɪlɪtənt ˈমিলিট্যান্ট্ / *adj.* willing to use force to get what you want বলপ্রয়োগে নিজের কাজ আদায়ের জন্য প্রস্তুত; উগ্রপন্থী *The workers were in a very militant mood.* ▶ **militant** *noun* [C] জঙ্গি, উগ্রপন্থী ▶ **militancy** / -ənsi -অ্যান্সি / *noun* [U] জঙ্গি মনোভাব

military / ˈmɪlətri ˈমিল্যাট্রি / *adj.* (*only before a noun*) connected with soldiers or the army, navy, etc. সৈন্য সমূহ বা সামরিক অথবা নৌ বাহিনী ইত্যাদির সঙ্গে জড়িত *All men in that country have to do two years' **military service**.* ○ *to take military action*

militia / məˈlɪʃə ম্যাˈলিশ্যা / *noun* [C, *with sing. or pl.verb*] a group of people who are not professional soldiers but who have had military training সামরিক বাহিনীর অন্তর্ভুক্ত নয় কিন্তু প্রয়োজনে তাদের মতো কাজ করতে পারে এভাবে প্রশিক্ষণপ্রাপ্ত অসামরিক বাহিনী

milk[1] / mɪlk মিল্ক / *noun* [U] **1** a white liquid that is produced by women and female animals to feed their babies. People drink the milk of some animals and use it to make butter and cheese (স্ত্রীদেহ থেকে প্রাপ্ত) দুধ, দুগ্ধ (মাখন, চিজ ইত্যাদি তৈরিতে ব্যবহৃত হয়) *skimmed/low-fat milk* ○ *a bottle/carton of milk* **2** the juice of some plants or trees that looks like milk দুধের মতো দেখতে গাছের রস বা ফলের রস *coconut milk*

milk[2] / mɪlk মিল্ক / *verb* [T] **1** to draw milk from a cow, **goat**, etc. দুধ দোওয়া, দোহন করা (গরু, ছাগল ইত্যাদির) **2** to get as much money, advantage, etc. for yourself from sb/sth as you can, without caring about others অন্যদের কথা না ভেবে টাকা পয়সা, সুযোগ সুবিধা কৌশলে বাগিয়ে নেওয়া; আত্মসাৎ করা

milk chocolate *noun* [U] chocolate that is made with milk দুধ দিয়ে যে চকোলেট বানানো হয়

milkman / ˈmɪlkmən ˈমিল্কম্যান্ / *noun* [C] (*pl.* **-men** / -mən; -men -ম্যান্; -মেন্ /) a person who takes milk to people's houses every day যে বাড়িতে দুধ দিয়ে যায়; গোয়ালা

milkshake / ˈmɪlkʃeɪk ˈমিল্কশেইক্ / *noun* [C, U] a drink made of milk with an added flavour of fruit or chocolate চকোলেট বা কোনো ফলের গন্ধ এবং দুধ দিয়ে মিশ্রিত পানীয়; মিল্কশেক

milk tooth *noun* [C] any of the first set of teeth in young children that fall out and are replaced by others শিশুদের প্রথম যে দাঁত বেরোয় এবং যেগুলি পড়ে গেলে তার জায়গায় স্থায়ী দাঁত গজায়; দুধ-দাঁত

milky / ˈmɪlki ˈমিল্কি / *adj.* like milk, or made with milk দুধের মতো অথবা দুগ্ধ জাত *milky white skin* ○ *milky coffee*

the Milky Way *noun* [*sing.*] = **the Galaxy**

mill[1] / mɪl মিল্ / *noun* [C] **1** a factory that is used for making certain kinds of material কারখানা, যেখানে কোনো বিশেষ ধরনের জিনিস তৈরি হয় *a cotton/paper/steel mill* **2** a building that contains a large machine that was used in the past for grinding grain into flour একটি বাড়ি যার মধ্যে আগেকার দিনে ব্যবহৃত বড়ো গম পেষাই-এর কল থাকে *a windmill* **3** a kitchen tool that is used for making sth into powder রান্নাঘরে যে যন্ত্রের সাহায্যে কোনো কিছু গুঁড়ো করা যায় *a pepper mill*

mill[2] / mɪl মিল্ / *verb* [T] to produce sth in a mill কারখানায় কোনো জিনিস উৎপন্ন করা

PHR V **mill about/around** (*informal*) (used about a large number of people or animals) to move around in a place with no real purpose (অনেক লোক বা পশু সম্বন্ধে ব্যবহৃত) বিভ্রান্তভাবে, উদ্দেশ্যবিহীনভাবে এদিক ওদিক ঘুরে বেড়ানো

millennium / mɪˈleniəm মিˈলেনিঅ্যাম্ / *noun* [C] (*pl.* **millennia** / -niə -নিঅ্যা / or **millenniums**) a period of 1000 years ১০০০ বছর সময়, সহস্র বৎসর *We are at the start of the new millennium.*

millet / ˈmɪlɪt ˈমিলিট্ / *noun* [U] a plant with a lot of small seeds that are used as food for people and birds মানুষ এবং পাখির খাদ্য হিসাবে ব্যবহৃত ছোটো ছোটো দানা গজায় এমন যে গাছ; ভুট্টা বা জোয়ারের গাছ ➪ **cereal**-এ ছবি দেখো।

milli- / ˈmɪli ˈমিলি / *prefix* (used in nouns, often in units of measurement) one **thousandth** সহস্রাংশ, হাজার ভাগের এক ভাগ *millisecond* ○ *millimetre*

millibar / ˈmɪlibɑː(r) ˈমিলিবা:(র্) / (*also* **bar**) *noun* [C] a unit for measuring the pressure of the atmosphere বায়ুমণ্ডলের চাপ পরিমাপের একক

milligram (*also* **milligramme**) / ˈmɪligræm ˈমিলিগ্র্যাম্ / *noun* [C] (*abbr.* **mg**) a measure of weight. There are 1000 milligrams in a gram ওজন মাপার মাত্রা, ১০০০ মিলিগ্রামে এক গ্রাম হয়

millilitre (*AmE* **milliliter**) / ˈmɪliliːtə(r) ˈমিলিলীট্যা(র্) / *noun* [C] (*abbr.* **ml**) a measure of liquid. There are 1000 millilitres in a litre তরল মাপার মাত্রা, ১০০০ মিলিলিটারে এক লিটার হয়

millimetre (*AmE* **millimeter**) / ˈmɪlimiːtə(r) ˈমিলিমীট্যা(র্) / *noun* [C] (*abbr.* **mm**) a measure of length. There are 1000 millimetres in a metre দৈর্ঘ্যের মাপক ১০০০ মিলিমিটার অর্থাৎ ১ মিটার

millinery / ˈmɪlɪnəri ˈমিলিন্যারি / *noun* [U] the business of making or selling women's hats and other articles মেয়েদের টুপি এবং অন্যান্য সামগ্রী তৈরি করা ও তা বিক্রি করার ব্যাবসা

million / ˈmɪljən ˈমিলিঅ্যান্ / *number* **1** 1,000,000 দশ লক্ষ *Nearly 60 million people live in Britain.* ○ *Millions of people are at risk from the disease.*

> **NOTE** খেয়াল রেখো যে একের অধিক মিলিয়নের কথা বললেও **'million'** -এর সঙ্গে **'s'** যোগ করা হয় না— *six million people.* বাক্যে সংখ্যার প্রয়োগবিধির এবং তার উদাহরণ দেখার জন্য **six** দেখো।

2 a million; millions (of) (*informal*) a very large amount প্রচুর পরিমাণে, অনেক *I still have a million things to do.* ○ *There are millions of reasons why you shouldn't go.*

> **NOTE** সংখ্যা সম্বন্ধে আরও বিশদভাবে জানার জন্য এই অভিধানের শেষাংশে সংখ্যার উপর সংকলিত বিশেষ অংশটি দেখো।

millionaire / ˌmɪljəˈneə(r) ˌমিলিঅ্যাˈনেঅ্যা(র্) / *noun* [C] a person who has a million pounds, dollars, etc.; a very rich person কোটিপতি; অতি ধনবান, অত্যন্ত ধনী

millionth[1] / ˈmɪljənθ ˈমিলিঅ্যান্থ্ / *pronoun, det.* 1,000,000th দশ লক্ষ ভাগের এক ভাগ

millionth[2] / ˈmɪljənθ ˈমিলিঅ্যান্থ্ / *noun* [C] one of a million equal parts of sth কোনো কিছুর ১০ লক্ষ সমান ভাগের এক ভাগ *a millionth of a second*

millipede / ˈmɪlɪpiːd ˈমিলিপীড্ / *noun* [C] a small animal like an insect with a long thin body divided into many sections, each with two pairs of legs লম্বা কীটের মতো বহুপদবিশিষ্ট ছোটো প্রাণী; কর্ণকীট, কেন্নো, কিন্নাই

milometer (*also* **mileometer**) / maɪˈlɒmɪtə(r) মাইˈলমিট্যা(র্) / (*AmE* **odometer**) *noun* [C] a piece of equipment in a vehicle that measures the number of miles you have travelled কতটা রাস্তা গাড়ি চলেছে যে যন্ত্রাংশ দ্বারা সেটা বোঝা যায়. ⇨ **car**-এ ছবি দেখো।

mime / maɪm মাইম্ / (*AmE* **pantomime**) *noun* [U, C] the use of movements of your hands and body and the expression on your face to tell a story or to act sth without speaking; a performance using this method of acting হাত এবং দেহের সঞ্চালন এবং মুখভঙ্গিমার দ্বারা ভাব প্রকাশের মাধ্যমে নীরব অভিনয়; মূকাভিনয় *The performance consisted of dance, music and mime.* ▶ **mime** *verb* [I, T] মূকাভিনয় করা

mimic[1] / ˈmɪmɪk ˈমিমিক্ / *verb* [T] (*pres. part.* **mimicking;** *pt, pp* **mimicked**) to copy sb's behaviour, movements, voice, etc. in an amusing way মজা করে কারও হাবভাব, চালচলন, গলার স্বর ইত্যাদি অনুকরণ করা, ব্যঙ্গ করে অন্যের হাবভাব নকল করা এবং তার মাধ্যমে লোকদের হাসানো

mimic[2] / ˈmɪmɪk ˈমিমিক্ / *noun* [C] a person who can copy sb's behaviour, movements, voice, etc. in an amusing way যে ব্যক্তি অন্যের হাবভাব, চালচলন, গলার স্বর ইত্যাদি অনুকরণ করতে পারে এবং অনেক সময় ওভাবে লোক হাসায় ▶ **mimicry** / ˈmɪmɪkri ˈমিমিক্রি / *noun* [U] অনুকরণ, ভাঁড়ামি

min. *abbr.* **1** minimum সর্বনিম্ন, নিম্নতম *min. temp tomorrow 2°C* **2** minute(s) মিনিট *fastest time: 6 min*

minaret *noun* [C] a tall thin tower, usually forming part of a building where Muslims meet and pray (**a mosque**) মুসলমানদের প্রার্থনা গৃহ বা মসজিদের লম্বা সরু মিনার

mince / mɪns মিন্স্ / (*BrE*) *noun* [U] meat that has been cut into very small pieces with a special machine বিশেষ যন্ত্রের সাহায্যে অত্যন্ত ছোটো টুকরো করে কাটা মাংস; কিমা ▶ **mince** *verb* [T] কুচি কুচি করে কাটা, কিমা করা

mincemeat / ˈmɪnsmiːt ˈমিন্স্মীট্ / *noun* [U] a mixture of dried fruit, nuts, sugar, etc. (but no meat) that is used as a filling for sweet dishes, especially mincepies শুকনো ফল, বাদাম, চিনি (কিন্তু মাংস নয়) ইত্যাদির মিশ্রণ যা দিয়ে mincepie বা অন্যান্য মিষ্টির পুর দেওয়া হয়

mince pie *noun* [C] a small round cake with a mixture of dried fruit, sugar, etc. (**mincemeat**) inside, traditionally eaten at Christmas time ভিতরে নানাধরনের শুকনো ফলের টুকরো ও চিনির মিশ্রণের পুর দিয়ে তৈরি একধরনের গোল কেক বড়দিনের সময়ে রীতি এবং ঐতিহ্য অনুযায়ী খাওয়া হয়

mind[1] / maɪnd মাইন্ড্ / *noun* [C, U] the part of your brain that thinks and remembers; your thoughts, feelings and intelligence মগজের সেই অংশটি যা ভাবনা চিন্তা করে এবং মনে রাখে; মন, বুদ্ধি, মগজ, চিন্তা, অনুভূতি *He has a brilliant mind.* ○ *Not everybody has the right sort of mind for this work.*

at/in the back of your mind ⇨ **back[1]** দেখো।

IDM be in two minds (about sth/doing sth) to not feel sure of sth কোনো কিছু সম্বন্ধে মনস্থির করতে না পারা; দ্বিধাগ্রস্ত হওয়া *I'm in two minds about leaving Ria alone in the house while we're away.*

be/go out of your mind (*informal*) to be or become crazy or very worried বেশি রকমের চিন্তিত হওয়া, উদ্বেগে প্রায় পাগলের মতো হয়ে যাওয়া *I was going out of my mind when Tina didn't come home on time.*

bear in mind (that); bear/keep sb/sth in mind to remember or consider (that); to remember sb/sth মনে রাখা বা ভেবে দেখা; কোনো ব্যক্তি বা বস্তুকে মনে রাখা *We'll bear/keep your suggestion in mind for the future.*

bring/call sb/sth to mind to be reminded of sb/sth; to remember sb/sth কোনো ব্যক্তি বা বস্তুর কথা মনে করিয়ে দেওয়া; স্মৃতি জাগানো, স্মৃতিতে আনা

cast your mind back ➪ **cast¹** দেখো।

change your mind ➪ **change¹** দেখো।

come/spring to mind if sth comes/springs to mind, you suddenly remember or think of it হঠাৎ মনে পড়ে যাওয়া

cross your mind ➪ **cross²** দেখো।

ease sb's mind ➪ **ease²** দেখো।

frame of mind ➪ **frame¹** দেখো।

give sb a piece of your mind ➪ **piece¹** দেখো।

go clean out of your mind ➪ **clean³** দেখো।

have/keep an open mind ➪ **open¹** দেখো।

have sb/sth in mind (for sth) to be considering sb/sth as suitable for sth; to have a plan কোনো ব্যক্তি বা বস্তুকে কোনো কিছুর জন্য উপযুক্ত বলে মনে ভাবা; পরিকল্পনা করা *Who do you have in mind for the job?*

keep your mind on sth to continue to pay attention to sth কোনো একটা বিষয়ে ভাবনাচিন্তা করতেই থাকা *Keep your mind on the road while you're driving!*

make up your mind to decide মনস্থির করা *I can't make up my mind which sweater to buy.*

on your mind worrying you (কোনো বিষয়ে) চিন্তার মধ্যে থাকা *Don't bother her with that. She's got enough on her mind already.*

prey on sb's mind ➪ **prey²** দেখো।

put/set sb's mind at rest to make sb stop worrying কারও চিন্তার অবসান ঘটানো *The results of the blood test set his mind at rest.*

slip your mind ➪ **slip¹** দেখো।

speak your mind ➪ **speak** দেখো।

state of mind ➪ **state¹** দেখো।

take sb's mind off sth to help sb not to think or worry about sth কোনো কিছু সম্বন্ধে কারও চিন্তা কমাতে সাহায্য করা, মানসিক চিন্তা থেকে কিছুটা মুক্তি পেতে সাহায্য করা

to my mind in my opinion আমার মতে *To my mind, this is a complete waste of time!*

mind² / maɪnd মাইন্ড্ / *verb* **1** [I, T] (*especially in questions, answers and negative sentences*) to feel annoyed, upset or uncomfortable about sth/sb কোনো বস্তু বা ব্যক্তির ব্যাপারে বিরক্ত হওয়া, মনে মনে দুঃখ পাওয়া বা অস্বস্তিবোধ করা *Do you mind having to travel so far to work every day?* ○ *'Would you like tea or coffee?' 'I don't mind.'* (=I'm happy to have either) ○ *I wouldn't mind a break right now* (=I would like one). **2** [T] (used in a question as a polite way of asking sb to do sth or for permission to do sth) could you...?; may I...? কোনো কিছু করার জন্য অনুমতি চওয়ার ভদ্রতাসূচক রীতি হিসেবে ব্যবহৃত অভিব্যক্তিবিশেষ যেমন, আমি কি কাজটা করতে পারি? ....ইত্যাদি *Would you mind closing the window for me?* ○ *Do you mind driving? I'm feeling rather tired.* **3** [T] used to tell sb to be careful of sth or to pay attention to sb/sth কাউকে কোনো ব্যাপারে খেয়াল করতে বলা, খেয়াল করা, খেয়াল রাখা, মনোযোগ দেওয়া, সাবধান হওয়া *It's a very low doorway so mind your head.* ○ *Don't mind me! I won't disturb you.* **4** [T] (*BrE*) to look after or watch sb/sth for a short time অল্প সময়ের জন্য কোনো ব্যক্তি বা বস্তুর বা কারও খেয়াল রাখা, তাকে দেখা *Could you mind my bag while I go and get us some drinks?*

IDM **mind you** used for attracting attention to a point you are making or for giving more information নিজের বক্তব্যের বিশেষ অংশের উপর জোর দিতে বলার জন্য ব্যবহৃত অভিব্যক্তিবিশেষ যেমন, খেয়াল করবেন, মনে রাখবেন কিন্তু... *Pratik seems very tired. Mind you, he has been working very hard recently.*

mind your own business used to tell sb to pay attention to his/her affairs, not other people's কাউকে তার নিজের ব্যাপারে মনোযোগ দিতে বলা, অন্যের ব্যাপারে নয়; নিজের চরকায় তেল দেওয়া, অন্যের ব্যাপারে নাক না গলানো *Stop asking me personal questions and mind your own business!*

never mind used to tell sb not to worry as it doesn't matter চিন্তা কোরো না, এ নিয়ে মাথা ঘামিও না, এটা কোনো ব্যাপারই নয় কাউকে এই কথা বলার জন্য ব্যবহৃত অভিব্যক্তিবিশেষ *'I forgot to post your letter.' 'Never mind, I'll do it later.'*

mind out (*informal*) used to tell sb to get out of the way সরে যাও, রাস্তা ছাড়ো বলার জন্য ব্যবহৃত অভিব্যক্তিবিশেষ *Mind out! There's a car coming.*

mind-boggling *adj.* (*informal*) difficult to imagine, understand or believe কল্পনা করা, বোঝা বা বিশ্বাস করা কঠিন এমন কিছু; অকল্পনীয়, দুর্বোধ্য, অবিশ্বাস্য *Mind-boggling amounts of money were being discussed.*

-minded / ˈmaɪndɪd ˈমাইন্‌ডিড্ / *adj.* (*compound adjectives*) **1** having the type of mind mentioned যে ধরনের মানসিকতার লোকের কথা বলা হয়েছে *a strong-minded/open-minded/narrow-minded person* **2** interested in the thing mentioned উল্লিখিত বিষয়ে উৎসাহী, আগ্রহী *money-minded*

minder / ˈmaɪndə(r) ˈমাইন্ড্যা(র্) / *noun* [C] a person whose job is to look after and protect sb/sth যার কাজ কোনো ব্যক্তি বা বস্তুর দেখভাল করা; তত্ত্বাবধান করা *My son goes to a childminder so that I can work part-time.*

mindful / ˈmaɪndfl ˈমাইন্ড্ফ্ল্ / *adj.* **mindful of sb/sth; mindful that...** (*formal*) remembering sb/sth and considering him/her/it when you do sth মনোযোগী, সচেতন *mindful of our responsibilities* ○ *Mindful of the danger of tropical storms, I decided not to go out.* ✪ সম **conscious**

mindless / ˈmaɪndləs ˈমাইন্ড্ল্যাস্ / *adj.* **1** done or acting without thought and for no particular reason বিনা কারণে বা যুক্তিহীনভাবে কৃত *mindless violence* **2** not needing thought or intelligence চিন্তা বা বুদ্ধির প্রয়োজন নেই এমন *a mindless and repetitive task*

mine[1] / maɪn মাইন্ / *pronoun* of or belonging to me আমার *Don't take your car you can come in mine.* ○ *May I introduce a friend of mine* (=one of my friends)? ➪ **my** দেখো।

mine[2] / maɪn মাইন্ / *noun* [C] **1** a deep hole, or a system of passages under the ground where minerals such as coal, tin, gold, etc. are dug মাটির নীচে সুগভীর সুড়ঙ্গ খুঁড়ে যেখান থেকে তুলে আনা হয় কয়লা, টিন, সোনা ইত্যাদি; খনি *a coal/salt/gold mine* ➪ **quarry** দেখো। **2** a bomb that is hidden under the ground or under water and explodes when sb/sth touches it মাটির নীচে বা জলে লুকিয়ে রাখা হয় এমন কোনো বোমা যা কোনো ব্যক্তি বা বস্তু স্পর্শ করলে ফেটে যায় *The car went over a mine and blew up.*

mine[3] / maɪn মাইন্ / *verb* **1** [I, T] to dig in the ground for minerals such as coal, tin, gold, etc. খনিজ পদার্থ যেমন কয়লা, টিন, সোনা ইত্যাদি তোলার জন্য খনির মধ্যে খনন কার্য চালানো *Diamonds are mined in South Africa.* ➪ **mining** দেখো। **2** [T] to put **mines**[2] **2** in an area of land or sea জমিতে বা সমুদ্রে 'মাইন' পুঁতে রাখা

minefield / ˈmaɪnfiːld ˈমাইন্ফীল্ড্ / *noun* [C] **1** an area of land or sea where **mines**[2] **2** have been hidden সমুদ্রে বা মাটিতে মাইন পাতা অঞ্চল **2** a situation that is full of hidden dangers or difficulties লুকোনো বিপদ আছে যেখানে, গোপন বিপদসংকুল বা সমস্যাজর্জরিত অবস্থা *a political minefield*

miner / ˈmaɪnə(r) ˈমাইন্যা(র্) / *noun* [C] a person whose job is to work in a **mine**[2] **1** to get coal, salt, tin, etc. যে ব্যক্তি খনির ভিতরে কয়লা, লবণ, টিন ইত্যাদি তোলার কাজ করে; খনিশ্রমিক

mineral / ˈmɪnərəl ˈমিন্যারাল্ / *noun* [C] a natural substance such as coal, salt, oil, etc. especially one that is found in the ground. Some minerals are also present in food and drink and are very important for good health প্রাকৃতিক পদার্থ যেমন কয়লা, লবণ, তেল ইত্যাদি বিশেষত যা ভূমিগর্ভে পাওয়া যায়। খাদ্য ও পানীয়ের মধ্যেও কিছু কিছু খনিজ পদার্থ থাকে যা স্বাস্থ্যের জন্য খুবই গুরুত্বপূর্ণ; খনিজ বা আকরিক পদার্থ *a country rich in minerals* ○ *the recommended daily intake of vitamins and minerals*

mineral water *noun* [U] water that comes straight from a place in the ground (**a spring**), which contains minerals or gases and is thought to be good for your health মাটির নীচে ঝরণা থেকে সরাসরি যে জল পাওয়া যায় এবং যার মধ্যে কিছু কিছু বায়বীয় বা খনিজ পদার্থ থাকে, এই প্রাকৃতিক জল শরীরের পক্ষে উপকারী বলে মনে করা হয়

mingle / ˈmɪŋgl ˈমিংগল্ / *verb* [I, T] **mingle A and B (together); mingle (A) (with B)** to mix with other things or people অনেক কিছু বা অনেক মানুষের মধ্যে মিশে যাওয়া, কারও সঙ্গে মেশা *His excitement was mingled with fear.* ○ *to mingle with the rich and famous*

mini- / ˈmɪni ˈমিনি / (*used to form compound nouns*) very small খুবই ছোটো *a miniskirt* ○ *minigolf*

miniature / ˈmɪnətʃə(r) ˈমিন্যাচ্যা(র্) / *noun* [C] a small copy of sth which is much larger বড়ো কোনো কিছুর খুব ছোটো প্রতিকৃতি *a miniature camera*

IDM in miniature exactly the same as sb/sth else but in a very small form কোনো ব্যক্তি বা বস্তুর সঙ্গে হুবহু একরকম কিন্তু আকারে ছোটো

minibus / ˈmɪnibʌs ˈমিনিবাস্ / *noun* [C] (*BrE*) a small bus, usually for no more than 12 people ছোটো বাস, সাধারণত যাতে ১২ জন যাত্রী যেতে পারে ➪ **bus**-এ ছবি দেখো।

minidisc / ˈmɪnɪdɪsk ˈমিনিডিস্ক্ / *noun* [C] a disc like a small **CD** that can record and play sound or data ছোটো সিডির মতো ডিস্ক যাতে শব্দ বা তথ্য রেকর্ড করা বা বাজানো যায়

minimal / ˈmɪnɪməl ˈমিনিম্যাল্ / *adj.* very small in amount, size or level; as little as possible যৎসামান্য, লঘিষ্ঠ; সাধ্যমতো কম করে *The project must be carried out at minimal cost.*

minimize (*also* **-ise**) / ˈmɪnɪmaɪz ˈমিনিমাইজ্ / *verb* [T] **1** to make sth as small as possible (in amount or level) পরিমাণ বা মাত্রায় যতটা সম্ভব ততটাই কমানো *We shall try to minimize the risks to the public.* **2** to try to make sth seem less important than it really is প্রকৃত গুরুত্ব থেকে কমিয়ে দেখানোর চেষ্টা করা

3 (*computing*) to make sth small on a computer screen কম্পিউটারের পর্দায় কোনো কিছু ছোটো করে দেখানো ✪ বিপ **maximize**

minimum¹ / ˈmɪnɪməm ˈমিনিম্যাম্ / *noun* [*sing.*] the smallest amount or level that is possible or allowed সবচাইতে কম পরিমাণ বা মাত্রা; ন্যূনতম, ক্ষুদ্রতম, যতদূর সম্ভব ছোটো *I need a minimum of seven hours' sleep.* ○ *We will try and* ***keep** the cost of the tickets* ***to a minimum.*** ✪ বিপ **maximum**

minimum² / ˈmɪnɪməm ˈমিনিম্যাম্ / *adj.* (*only before a noun*) the smallest possible or allowed; extremely small যতটা সম্ভব কম, সবচেয়ে ছোটো; অতি কম *to introduce a national* ***minimum wage*** (=the lowest wage that an employer is legally allowed to pay) ✪ বিপ **maximum** ▶ **minimum** *adv.* কম করেও, অন্তত্পক্ষে *We'll need Rs 200 minimum for expenses.*

mining / ˈmaɪnɪŋ ˈমাইনিং / *noun* [U] (*often used to form compound nouns*) the process or industry of getting minerals, metals, etc. out of the ground by digging খনি থেকে খনিজ পদার্থ, ধাতু ইত্যাদি তোলার কাজ; খনিজশিল্প *coal/tin/gold mining*

minister / ˈmɪnɪstə(r) ˈমিনিসট্যা(র্) / *noun* [C] **1 Minister** (*AmE* **Secretary**) a member of the government, often the head of a government department সরকারি ব্যক্তি, বেশির ভাগ সময়েই কোনো সরকারি বিভাগের প্রধান; মন্ত্রী *the Minister for Trade and Industry* ➪ **Prime Minister** এবং **Cabinet Minister** দেখো। **2** a priest in some Protestant churches কোনো কোনো প্রোটেস্টান্ট চার্চের ধর্মযাজক ➪ **vicar** দেখো।

ministerial / ˌmɪnɪˈstɪəriəl ˌমিনিˈস্টিআরিআল্ / *adj.* connected with a government minister or department মন্ত্রীর পদ, কাজ বা তার বিভাগের সঙ্গে সংযুক্ত; মন্ত্রীসভা সংক্রান্ত

ministry / ˈmɪnɪstri ˈমিনিস্ট্রি / *noun* [C] (*pl.* **ministries**) (*also* **department**) a government department that has a particular area of responsibility বিশেষ কাজের দায়িত্বে থাকা সরকারি দপ্তর; মন্ত্রীসভা, মন্ত্রীমণ্ডল, মন্ত্রক *the Ministry of Defence* **NOTE** আমেরিকান ইংরেজিতে কেবলমাত্র Department শব্দটি ব্যবহৃত হয়

minivan / ˈmɪnivæn ˈমিনিভ্যান্ / (*AmE*) = **people carrier**

mink / mɪŋk মিংক্ / *noun* [C] a small wild animal that is kept for its thick brown fur which is used to make expensive coats ছোট্টো বন্য প্রাণী, এর পায়ের বাদামি লোমের জন্য এটি পোষা হয় যা খুব দামি কোট তৈরিতে ব্যবহৃত হয়

minor¹ / ˈmaɪnə(r) ˈমাইন্যা(র্) / *adj.* **1** not very big, serious or important (when compared with others) খুব বড়ো, গুরুতর বা গুরুত্বপূর্ণ নয় (অন্যান্যদের তুলনায়) *It's only a minor problem. Don't worry.* ○ *She's gone into hospital for a minor operation.* ✪ বিপ **major** **2** of one of the two types of **key¹** **4** in which music is usually written সাধারণত যে দুধরনের সুরে সংগীত রচিত হয় তার একটি *a symphony in F minor* ➪ **major** দেখো।

minor² / ˈmaɪnə(r) ˈমাইন্যা(র্) / *noun* [C] (used in law) a person who is not legally an adult (আইনে ব্যবহৃত) যে আইনের দৃষ্টিতে সাবালক নয়

minority / maɪˈnɒrəti মাইˈনর‍্যাটি / *noun* [C] (*pl.* **minorities**) **1** [*usually sing., with sing. or pl. verb*] the smaller number or part of a group; less than half একটি দলের মধ্যে অপেক্ষাকৃত ছোটো অংশ বা সংখ্যা; অর্ধেকের কম; সংখ্যালঘিষ্ঠতা *Only a minority of teenagers become/becomes involved in crime.* ✪ বিপ **majority** **2** a small group of people who are of a different race or religion to most of the people in the community or country where they live ভিন্ন জাতি বা ধর্মাবলম্বী কোনো ছোটো গোষ্ঠী যারা যে দেশে বা সমাজে বাস করে সেখানকার জনগণের তুলনায় সংখ্যায় অনেক কম; সংখ্যালঘু সম্প্রদায় *Schools in Britain need to do more to help children of* ***ethnic/racial minorities***.

IDM **be in a/the minority** to be the smaller of two groups দুই দলের মধ্যে অপেক্ষাকৃত ছোটো দলটি হওয়া *Men are in the minority in the teaching profession.* ➪ **in a/the majority** দেখো।

mint / mɪnt মিন্ট্ / *noun* **1** [U] a type of plant (**a herb**) whose leaves are used to give flavour to food, drinks, toothpaste, etc. একধরনের উদ্ভিদ যার পাতা খাদ্য, পানীয়, দাঁতের মাজন ইত্যাদিতে স্বাদ আনার জন্য ব্যবহার করা হয়; পুদিনা *kababs with mint sauce* **2** [C] a type of sweet with a strong fresh flavour এক ধরনের জোরালো তাজা স্বাদের মিষ্টি **3** [*sing.*] the place where money in the form of coins and notes is made by the government টাঁকশাল মুদ্রা তৈরি ও নোট ছাপার সরকারি কারখানা ▶ **mint** *verb* [T] মুদ্রা তৈরি এবং নোট ছাপানো *freshly minted coins*

minus¹ / ˈmaɪnəs ˈমাইন্যাস্ / *prep.* **1** (used in sums) less; subtract; take away (অঙ্কে ব্যবহৃত) বিয়োগ; বিয়োগ করা; নিয়ে নেওয়া *Six minus two is four (6 – 2 = 4).* ✪ বিপ **plus** **2** (used about a number) below zero (কোনো সংখ্যা সম্বন্ধে ব্যবহৃত) শূন্যের নীচে *The temperature will fall to minus 10°C.* **3** (*informal*) without sth that was there before আগে ছিল কিন্তু বর্তমানে সেটি ছাড়াই *We're going to be minus a car for a while.*

minus² / ˈmaɪnəs ˈমাইন্যাস্ / *noun* [C] **1** (*also* **minus sign**) (*symbol* –) the symbol which is used in mathematics to show that a number is below zero or that you should subtract the second number from the first অঙ্কে যে চিহ্ন দ্বারা বোঝানো হয় যে সংখ্যাটি শূন্যের নীচে অথবা দ্বিতীয় সংখ্যাটি প্রথম সংখ্যা থেকে বাদ দিতে হবে; বিয়োগ চিহ্ন **2** (*also* **minus point**) (*informal*) a negative quality; a disadvantage খারাপ গুণ; কোনো অসুবিধা *Let's consider the pluses and minuses of moving out of the city.* ✪ বিপ **plus**

minus³ / ˈmaɪnəs ˈমাইন্যাস্ / *adj.* **1** (used in mathematics) lower than zero (গণিতে ব্যবহৃত) শূন্যের নীচে *a minus figure* **2** (*not before a noun*) (used in a system of grades given for school work) slightly lower than (বিদ্যালয়ে ছাত্রছাত্রীর পারদর্শিতা যাচাই করে জানানোর বিশেষ প্রথায় ব্যবহৃত) নির্দিষ্ট বিন্দু থেকে একটু কম *I got A minus (A–) for my essay.* ✪ বিপ **plus**

minuscule / ˈmɪnəskjuːl ˈমিন্যাসকিউল্ / *adj.* extremely small অণুমাত্র, খুবই ছোটো

minute¹ / ˈmɪnɪt ˈমিনিট্ / *noun* **1** [C] (*abbr.* **min.**) one of the 60 parts that make up one hour ; 60 seconds এক ঘন্টার ৬০ ভাগের এক ভাগ; ৬০ সেকেন্ড *It's twelve minutes to nine.* ○ *The programme lasts for about fifty minutes.* **2** [*sing.*] (*spoken*) a very short time; a moment খুব স্বল্প সময়, একটুক্ষণ মাত্র; মুহূর্ত ***Just/Wait a minute*** (=wait)! *You've forgotten your notes.* ○ *Have you got a minute?—I'd like to talk to you.* **3 the minutes** [*pl.*] a written record of what is said and decided at a meeting কোনো সভা বা সমিতির মিটিং-এর কার্যকলাপ ও সিদ্ধান্ত ইত্যাদির লিখিত বিবরণী **4** each of the 60 equal parts of a degree, used in measuring angles কোনো কৌণিক ডিগ্রির (যা কোণ পরিমাপনের জন্য ব্যবহৃত হয়) ৬০টি সমান ভাগের প্রতি ভাগ *37 degrees 30 minutes (37° 30')*

IDM **(at) any minute/moment (now)** (*informal*) very soon খুব তাড়াতাড়ি, যে-কোনো মুহূর্তে *The plane should be landing any minute now.*

in a minute very soon এখনই, এক মিনিটের মধ্যে, দেখতে না দেখতে *I'll be with you in a minute.*

the last minute/moment ⇨ **last¹ 1** দেখো।

the minute/moment (that) as soon as সেই মুহূর্তে, তখনই, সেই মাত্র *I'll tell him you rang the minute (that) he gets here.*

this minute immediately; now এই মুহূর্তে, একটুও দেরি না করে; এই মাত্র, এখনই *I don't know what I'm going to do yet—I've just found out this minute.*

up to the minute (*informal*) having the most recent information শেষ মুহূর্ত পর্যন্ত বিদিত আছে এমন, একদম শেষের খবর জানা আছে এমন *For up-to-the-minute information on flight times, phone this number.*

minute² / maɪˈnjuːt মাইˈনিউট্ / *adj.* (*superlative* **minutest**) (*no comparative*) **1** very small খুব ছোটো *I couldn't read his writing. It was minute!* **2** very exact or accurate একদম ঠিক, প্রতিটি খুঁটিনাটি বিবরণসমেত, ঠিক যেমন ঘটেছে তেমনই *She was able to describe the man **in minute detail/the minutest detail**.*

miracle / ˈmɪrəkl ˈমির্যাকল্ / *noun* **1** [C] a wonderful event that seems impossible and that is believed to be caused by God or a god যা ঈশ্বর বা কোনো দেবতার দ্বারা ঘটিত হয়েছে বলে মনে করা হয়, বিস্ময়কর, অবিশ্বাস্য ব্যাপার; অলৌকিক ঘটনা **2** [*sing.*] a lucky thing that happens that you did not expect or think was possible অপ্রত্যাশিতভাবে ঘটা শুভ বা সৌভাগ্যজনক কিছু *It's a miracle (that) nobody was killed in the crash.*

IDM **work/perform miracles** to achieve very good results খুব ভালো ফল পাওয়া *The new diet and exercise programme have worked miracles for her.*

miraculous / mɪˈrækjələs মিˈর্যাকিঅ্যাল্যাস্ / *adj.* completely unexpected and very lucky সম্পূর্ণ আশাতীত এবং সৌভাগ্যশালী *She's made a miraculous recovery.* ▶ **miraculously** *adv.* আশ্চর্যভাবে, বিস্ময়করভাবে

mirage / ˈmɪrɑːʒ; mɪˈrɑːʒ ˈমিরাːজ়্; মিˈরাːজ়্ / *noun* [C] an image you think you see in very hot weather, for example water in a desert, but which does not really exist খুব গরমের দিনে রোদের মধ্যে দেখা দৃশ্য, যেমন মরুভূমিতে জল, কিন্তু আসলে যার কোনো অস্তিত্বই নেই; মৃগতৃষ্ণিকা, মরীচিকা **2** a hope or wish that cannot be achieved অবাস্তব কল্পনা বা আশা *His victory in the election is just a mirage.*

mirror / ˈmɪrə(r) ˈমির্যা(র্) / *noun* [C] a piece of special flat glass that you can look into in order to see yourself or what is behind you যে বিশেষ ধরনের চ্যাপটা কাচের মধ্য দিয়ে নিজের অবিকল প্রতিবিম্ব বা নিজের পিছনে কি আছে তা দেখা যায়; মুকুর, আয়না, দর্পণ *to look **in the mirror*** ○ *a **rear-view mirror*** (=in a car, so that the driver can see what is behind) ○ *a **mirror image***

NOTE আয়না ছবি **reflect** করে। আয়নার মধ্যে যে প্রতিবিম্ব আমরা দেখতে পাই তাকে বলে **reflection**।

▶ **mirror** *verb* [T] প্রতিফলিত হওয়া *The trees were mirrored in the lake.*

mirth / mɜ:θ ম্যথ্ / *noun* [U] (*written*) amusement or laughter আনন্দ, আহ্লাদ, হাসি, তামাশা

mis- / mɪs মিস্ / *prefix* (*used in verbs and nouns*) bad or wrong; badly or wrongly খারাপ, ভুল, মন্দ; খারাপভাবে, মন্দভাবে *misbehaviour* ○ *misunderstand*

misapprehension / ˌmɪsæprɪˈhenʃn ˌমিস্অ্যাপ্রি-ˈহেন্শ্ন্ / *noun* [U, C] (*formal*) to have the wrong idea about sth or to believe sth is true when it is not ভুল অর্থ বোঝা, ভুল ধারণার বশবর্তী হওয়া *I was **under the misapprehension** that this course was for beginners.*

misbehave / ˌmɪsbɪˈheɪv ˌমিস্বিˈহেইভ্ / *verb* [I] to behave badly খারাপ ব্যবহার করা, দুর্ব্যবহার করা ✪ বিপ **behave** ▸ **misbehaviour** (*AmE* **misbehavior**) /ˌmɪsbɪˈheɪvjə(r) ˌমিস্বিˈহেই-ভিঅ্যা(র্) / *noun* [U] অভদ্র আচরণ, অসদাচরণ

misc. *abbr.* miscellaneous-এর সংক্ষিপ্ত রূপ

miscalculate / ˌmɪsˈkælkjuleɪt ˌমিস্ˈক্যাল্কিউ-লেইট্ / *verb* [I, T] to make a mistake in calculating or judging a situation, an amount, etc. পরিস্থিতি ঠিকমতো না বোঝা; হিসেবে ভুল করা ▸ **miscalculation** / ˌmɪskælkjuˈleɪʃn ˌমিস্ক্যাল্-কিউˈলেইশ্ন্ / *noun* [C, U] ভুল হিসেব

miscarriage / ˈmɪskærɪdʒ ˈমিস্ক্যারিজ্ / *noun* [C, U] (*medical*) giving birth to a baby before it is fully developed, causing its death (চিকিৎসাশাস্ত্র) সময়ের আগে শিশুর জন্ম, যার ফলে তার মৃত্যু ঘটে; গর্ভপাত ➪ **abortion** দেখো।

IDM a miscarriage of justice an occasion when sb is punished for a crime that he/she did not do যে ক্ষেত্রে কোনো ব্যক্তি না-করা অপরাধের জন্য শাস্তি পায়, ন্যায়বিচারে ব্যর্থতা

miscarry / ˌmɪsˈkæri ˌমিস্ˈক্যারি / *verb* [I] (*pres. part.* **miscarrying**; *3rd person sing. pres.* **miscarries**; *pt, pp* **miscarried**) to give birth to a baby before it is ready to be born, with the result that it cannot live সময়ের পূর্বেই শিশুটির জন্ম হওয়া যার ফলে তার মৃত্যু ঘটে; গর্ভপাত হওয়া

miscellaneous / ˌmɪsəˈleɪniəs ˌমিস্যাˈলেইনিঅ্যাস্ / *adj.* (*abbr.* **misc.**) consisting of many different types or things বিবিধ, পাঁচমেশালি, রকমারি *a box of miscellaneous items for sale*

mischief / ˈmɪstʃɪf ˈমিস্চিফ্ / *noun* [U] bad behaviour (usually of children) that is not very serious খারাপ ব্যবহার (সাধারণত শিশুদের) যা তেমন গুরুতর কিছু নয়; দুষ্টুমি *The children in Class 9 are always **getting into mischief**.*

mischievous / ˈmɪstʃɪvəs ˈমিস্চিভ্যাস্ / *adj.* (usually used about children) liking to behave badly and embarrassing or annoying people (সাধারণত শিশুদের সম্বন্ধে ব্যবহৃত) ইচ্ছে করে দুষ্টুমি করে বড়োদের বিব্রত করে বা তাদের বিরক্তি উৎপাদন করে এমন ▸ **mischievously** *adv.* দুষ্টুমি করে

miscible / ˈmɪsəbl ˈমিস্যাব্ল্ / *adj.* (*technical*) (used about liquids) that can be mixed together যেসব তরল একসঙ্গে মেশানো যায়; মিশ্রণযোগ্য ✪ বিপ **immiscible**

misconception / ˌmɪskənˈsepʃn ˌমিস্ক্যান্-ˈসেপ্শ্ন্ / *noun* [C] a wrong idea or understanding of sth ভুল ধারণা *It is a popular misconception* (=many people wrongly believe) *that people need meat to be healthy.*

misconduct / ˌmɪsˈkɒndʌkt ˌমিস্ˈকন্ডাক্ট্ / *noun* [U] (*formal*) unacceptable behaviour, especially by a professional person অশোভন, অভদ্র আচরণ (বিশেষভাবে পেশাদারি কোনো ব্যক্তির) *The doctor was dismissed for **gross*** (=very serious) ***misconduct**.*

misconstrue / ˌmɪskənˈstru: ˌমিস্ক্যান্ˈস্ট্রু / *verb* [T] (*formal*) **misconstrue sth (as sth)** to understand sb's words or actions wrongly কারও কথা বা কাজ সম্বন্ধে ভুল বোঝা ➪ **construe** দেখো।

miscreant / ˈmɪskrɪənt ˈমিস্ক্রিঅ্যান্ট / *noun* [C] a person who has done something wrong or unlawful যে ব্যক্তি কোনো অন্যায় বা অবৈধ কাজ করেছে; দুষ্কৃতকারী, দুষ্কৃতী, দুর্বৃত্ত

misdemeanour (*AmE* **misdemeanor**) / ˌmɪsdɪˈmi:nə(r) ˌমিস্ডিˈমীন্যা(র্) / *noun* [C] something slightly bad or wrong that a person does; a crime that is not very serious অল্পসল্প খারাপ বা ভুল কোনো কাজ যা কেউ করে ফেলেছে; খুব একটা গুরুতর নয় এমন অপরাধ ➪ **felony** দেখো।

misdirect / ˌmɪsdəˈrekt ˌমিস্ড্যাˈরেক্ট্ / *verb* [T] **1** to send sb/sth in the wrong direction or to a wrong place (কোনো ব্যক্তি বা বস্তুকে) ভুল পথে বা ভুলভাবে চালনা করা **2** (*formal*) to use sth like funds, etc. for unsuitable purposes or in a way that is inappropriate to a particular situation ধন সম্পদ ইত্যাদি কোনো অসংগত উদ্দেশ্যে বা কোনো নির্দিষ্ট পরিস্থিতির পক্ষে অনুপযুক্ত এমনভাবে ব্যবহার করা **2** (*legal*) to provide incorrect legal information ভুল আইনি তথ্য প্রদান করা

miser / ˈmaɪzə(r) ˈমাইজ্যা(র্) / *noun* [C] a person who loves to have a lot of money but hates to spend it যে ব্যক্তি অনেক টাকা পয়সা সংগ্রহ করতে ভালোবাসে, কিন্তু খরচা করতে পছন্দ করে না; কৃপণ, কঞ্জুস ▸ **miserly** *adj.* কৃপণ বা কিপটের মতো

miserable / ˈmɪzrəbl ˈমিজ্র্যাব্ল্ / *adj.* **1** very unhappy খুব দুঃখিত, দুর্দশাগ্রস্ত, অসুখী *Oh dear, you look miserable. What's wrong?* **2** unpleasant; making you feel unhappy অপ্রীতিকর; এমন কিছু যা

মন খারাপ করে দেয় *What miserable weather* (=grey, cold and wet)! ✪ সম **dismal** **3** too small or of bad quality খুব কম বা নিম্ন মানের *I was offered a miserable salary so I didn't take the job.* ▶ **miserably** / ˈmɪzrəbli ˈমিজ়্র্যাব্লি / *adv.* খুবই খারাপভাবে *I stared miserably out of the window.* ○ *He **failed miserably** as an actor.*

misery / ˈmɪzəri ˈমিজ়্যারি / *noun* [U, C] (*pl.* **miseries**) great unhappiness or suffering খুব দুঃখ, বিপত্তি, দুর্দশা *I couldn't bear to see him in such misery.* ○ *the miseries of war*

IDM **put sb out of his/her misery** (*informal*) to stop sb worrying about sth by telling the person what he/she wants to know যে খবরের জন্য কেউ খুব উদ্বেগের মধ্যে আছে সেই খবর দিয়ে তাকে চিন্তামুক্ত করা *Put me out of my misery—did I pass or not?*

put sth out of its misery to kill an animal because it has an illness or injury that cannot be treated হত্যা করে কোনো পশুকে তার অসুস্থতা বা শারীরিক যন্ত্রণা (যা চিকিৎসার অতীত) থেকে মুক্তি দেওয়া

misfire / ˌmɪsˈfaɪə(r) ˌমিস্ˈফাইআ্যা(র্) / *verb* [I] to fail to have the intended result or effect বিফলে যাওয়া; ঠিক ফল না পাওয়া, মাটি হওয়া *The plan misfired.*

misfit / ˈmɪsfɪt ˈমিস্ফিট্ / *noun* [C] a person who is not accepted by other people, especially because his/her behaviour or ideas are very different যে ব্যক্তি (ব্যবহার বা ভাবনাচিন্তা অন্যদের চেয়ে আলাদা বলে) সকলের কাছে গ্রহণযোগ্য নয়; অনুপযুক্ত, বেমানান

misfortune / ˌmɪsˈfɔːtʃuːn ˌমিস্ˈফ:চুন্ / *noun* [C, U] (*formal*) (an event, accident, etc. that brings) bad luck or disaster দুর্ভাগ্য বা বিপর্যয় (বহনকারী কোনো ঘটনা বা দুর্ঘটনা), মন্দভাগ্য *I hope I don't ever **have the misfortune to** meet him again.*

misgiving / ˌmɪsˈɡɪvɪŋ ˌমিস্ˈগিভিং / *noun* [C, U] a feeling of doubt, worry or suspicion সন্দেহ, উদ্বেগ বা দুশ্চিন্তার মনোভাব *I had serious **misgivings** about leaving him on his own.*

misguided / ˌmɪsˈɡaɪdɪd ˌমিস্ˈগাইডিড্ / *adj.* wrong because you have understood or judged a situation badly ভুলভাবে বা ভুলপথে চালিত; বিপথগামী

mishap / ˈmɪshæp ˈমিস্হ্যাপ্ / *noun* [C, U] a small accident or piece of bad luck that does not have serious results ছোটোখাটো দুর্ঘটনা, মন্দভাগ্য, দুর্দৈব যার ফল খুব গুরুত্বপূর্ণ নয় *to have a slight mishap*

misinform / ˌmɪsɪnˈfɔːm ˌমিস্ইন্ˈফ:ম্ / *verb* [T] (*formal*) to give sb the wrong information কাউকে ভুল খবর দেওয়া *I think you've been misinformed—no one is going to lose their job.*

misinterpret / ˌmɪsɪnˈtɜːprɪt ˌমিস্ইন্ˈট্যপ্রিট্ / *verb* [T] **misinterpret sth (as sth)** to understand sth wrongly কোনো কিছু ভুলভাবে বোঝা; অন্যরকমভাবে বোঝা *His comments were misinterpreted as a criticism of the project.* ✪ বিপ **interpret** ▶ **misinterpretation** / ˌmɪsɪntɜːprɪˈteɪʃn ˌমিস্ইন্ট্যপ্রিˈটেইশ্ন্ / *noun* [C, U] ভুলব্যাখ্যা, অপব্যাখ্যা *Parts of the speech were open to misinterpretation* (=easy to understand wrongly).

misjudge / ˌmɪsˈdʒʌdʒ ˌমিস্ˈজাজ্ / *verb* [T] **1** to form a wrong opinion of sb/sth, usually in a way which is unfair to him/her/it কোনো ব্যক্তি বা বস্তু সম্বন্ধে সাধারণত অন্যায়ভাবে ভুল মনোভাব গড়ে তোলা **2** to guess time, distance, etc. wrongly সময়, দূরত্ব ইত্যাদি সঠিকভাবে অনুমান না করা *He completely misjudged the speed of the other car and almost crashed.* ▶ **misjudgement** (*also* **misjudgment**) *noun* [C, U] ভ্রান্ত সিদ্ধান্তগ্রহণ, ভুল বিচার

mislay / ˌmɪsˈleɪ ˌমিস্ˈলেই / *verb* [T] (*pres. part.* **mislaying;** *3rd person sing. pres.* **mislays;** *pt, pp* **mislaid** / -leɪd -লেইড্ /) to lose sth, usually for a short time, because you cannot remember where you put it মনে করতে না পারায় অল্প সময়ের জন্য কোনো জিনিস খুঁজে না পাওয়া

mislead / ˌmɪsˈliːd ˌমিস্ˈলীড্ / *verb* [T] (*pt, pp* **misled** / ˈled ˈলেড্ /) to make sb have the wrong idea or opinion about sb/sth কোনো ব্যক্তি বা বস্তু সম্বন্ধে ভুল ধারণা তৈরি করানো ▶ **misleading** *adj.* বিভ্রান্তিকর *a misleading advertisement*

mismanage / ˌmɪsˈmænɪdʒ ˌমিস্ˈম্যানিজ্ / *verb* [T] to manage or organize sth badly কোনো কিছু ঠিকভাবে, ভালোভাবে পরিচালনা করতে না পারা, ব্যবস্থা ঠিকমতো না করা ▶ **mismanagement** *noun* [U] অব্যবস্থা

misogynist / mɪˈsɒdʒɪnɪst মিˈসজিনিস্ট্ / *noun* [C] (*formal*) a man who hates women যে পুরুষ মহিলাদের ঘৃণা করে; নারীবিদ্বেষী পুরুষ ▶ **misogynistic** / mɪˌsɒdʒɪˈnɪstɪk মিˌসজিˈনিস্টিক্ / (*also* **misogynist**) *adj.* নারীবিদ্বেষ, মহিলা বিতৃষ্ণা আছে এমন ▶ **misogyny** / mɪˈsɒdʒɪni মিˈসজিনি / *noun* [U] নারী বিতৃষ্ণা, নারীবিদ্বেষ

misplaced / ˌmɪsˈpleɪst ˌমিস্ˈপ্লেইস্ট্ / *adj.* given to sb/sth that is not suitable or good enough to have it অপাত্রে দান *misplaced loyalty*

misprint / ˈmɪsprɪnt ˈমিস্প্রিন্ট্ / *noun* [C] a mistake in printing or typing ছাপার ভুল

mispronounce / ˌmɪsprəˈnaʊns ˌমিস্প্র্যাˈনাউন্স্ / *verb* [T] to say a word or letter wrongly কোনো শব্দ বা বর্ণ ভুলভাবে, অশুদ্ধভাবে উচ্চারণ করা *People* *always mispronounce my surname.* ▶ **mispronunciation** / ˌmɪsprənʌnsiˈeɪʃn ˌমিস্‌প্র্যানান্‌সি'এইশ্‌ন্ / *noun* [C, U] অশুদ্ধ উচ্চারণ

misread / ˌmɪsˈriːd ˌমিস্'রীড্ / *verb* [T] (*pt, pp* **misread** / -ˈred -'রেড্ /) **misread sth (as sth)** to read or understand sth wrongly ভুলভাবে পড়া ভুল বোঝা বা ভুল ব্যাখ্যা করা *He misread my silence as a refusal.*

misrepresent / ˌmɪsˌreprɪˈzent ˌমিস্‌ˌরেপ্রি'জ়েন্ট্ / *verb* [T] (*usually passive*) to give a wrong description of sb/sth কোনো ব্যক্তি বা বস্তুকে ভুলভাবে উপস্থাপনা করা, ঠিকভাবে না দেখানো *In the newspaper article they were misrepresented as uncaring parents.* ▶ **misrepresentation** / ˌmɪsreprɪzenˈteɪʃn ˌমিস্‌রেপ্রিজ়েন্'টেইশ্‌ন্ / *noun* [C, U] ভুল উপস্থাপন, মিথ্যে বর্ণনা

Miss / mɪs মিস্ / used as a title before the family name of a young woman or a woman who is not married সাধারণত অবিবাহিত মেয়েদের নামের পদবির আগে বলা বা লেখা হয়; কুমারী

> **NOTE** **Miss, Mrs, Ms** এবং **Mr** উপাধিগুলো পারিবারিক নাম অথবা পদবির পূর্বে ব্যবহার করা হয়। নামের পূর্বে কখনই ব্যবহার করা যায় না যদি না নামের সঙ্গে পদবিও উল্লেখ করা হয়—*Is there a Miss (Sheela) Basu here?* এই প্রয়োগটি সঠিক কিন্তু কেবলই *Miss Sheela* বললে ভুল হবে। আরও একটি উদাহরণ দেখো— *'Dear Miss Chatterjee,' the letter began.*

miss¹ / mɪs মিস্ / *verb* **1** [I, T] to fail to hit, catch, etc. sth কোনো কিছু মারতে বা ধরতে গিয়ে ব্যর্থ হওয়া *She tried to catch the ball but she missed.* ○ *The bullet narrowly missed his heart.* **2** [T] to not see, hear, understand, etc. sb/sth কোনো ব্যক্তি বা বস্তুকে দেখতে না পাওয়া, শুনতে না পাওয়া বা বুঝতে না পারা *The house is on the corner so* ***you can't miss it***. ○ *They completely* ***missed the point*** *of what I was saying.* **3** [T] to arrive too late for sth or to fail to go to or do sth কোনো কিছুর জন্য দেরি করে পৌঁছোনো অথবা যেতে না পারা বা করতে না পারা *Hurry up or you'll miss the plane!* ○ *Of course I'm coming to your wedding.* ***I wouldn't miss it for the world*** (= used to emphasize that you really want to do sth). **4** [T] to feel sad because sb is not with you any more, or because you have not got or cannot do sth that you once had or did আগে ছিল এমন কোনো কিছু বা কারও অনুপস্থিতি বা অভাববোধ থেকে দুঃখ পাওয়া *What did you miss most when you lived abroad?* **5** [T] to notice that sb/sth is not where he/she/it should be যেখানে থাকা উচিত সেখানে কোনো ব্যক্তি বা বস্তুকে দেখতে না পাওয়া *When did you first miss your handbag?* **6** [T] to avoid sth unpleasant অপ্রীতিকর কোনো কিছু এড়িয়ে যাওয়া *If we leave now, we'll miss the rush-hour traffic.*

PHR V **miss sb/sth out** to not include sb/sth কোনো ব্যক্তি বা বস্তুকে তালিকার মধ্যে না ধরা, বাদ দেওয়া *You've missed out several important points in your report.*

miss out (on sth) to not have a chance to have or do sth কিছু পাওয়ার বা করার সুযোগ না পাওয়া; বাদ পড়ে যাওয়া *You'll miss out on all the fun if you stay at home.*

miss² / mɪs মিস্ / *noun* [C] a failure to hit, catch or reach sth কোনো কিছু ছুড়ে মারতে ধরতে বা পৌঁছোতে ব্যর্থ হওয়া; লক্ষ্যভ্রষ্টতা *After several misses he finally managed to hit the target.*

IDM **give sth a miss** (*BrE informal*) to decide not to do or have sth নিজের থেকে কোনো কিছু না করার সিদ্ধান্ত নেওয়া *I think I'll give aerobics a miss tonight.*

a near miss ⇨ **near¹** দেখো।

missile / ˈmɪsaɪl 'মিসাইল্ / *noun* [C] **1** a powerful exploding weapon that can be sent long distances through the air জোরালো বিস্ফোরক অস্ত্র যা দূরে ছোড়া যায়; ক্ষেপণাস্ত্র; মিসাইল *nuclear missiles* **2** an object or weapon that is fired from a gun or thrown in order to hurt sb or damage sth এমন কোনো বস্তু বা অস্ত্র যা নিক্ষেপ করলে আঘাত লাগে *The rioters threw missiles such as bottles and stones.*

missing / ˈmɪsɪŋ 'মিসিং / *adj.* **1** lost, or not in the right or usual place হারানো, নিরুদ্দিষ্ট বা যেখানে থাকার কথা সেখানে নেই এমন *a missing person* ○ *Two files have* ***gone missing*** *from my office.* **2** (used about a person) not present after a battle, an accident, etc. but not known to have been killed (কোনো ব্যক্তি সম্বন্ধে ব্যবহৃত) কোনো দুর্ঘটনা বা যুদ্ধক্ষেত্রে হারিয়ে যাওয়া ব্যক্তি অথচ সে মারা গেছে বলেও কোনো খবর পাওয়া যায়নি; নিরুদ্দিষ্ট *Many soldiers were listed as* ***missing in action***. **3** not included, often when it should have been যে জায়গায় থাকা উচিত সেখানে অন্তর্ভুক্ত করা নেই এমন *Fill in the missing words in the text.*

mission / ˈmɪʃn 'মিশ্‌ন্ / *noun* [C] **1** an important official job that sb is sent somewhere to do, especially to another country গুরুত্বপূর্ণ সরকারি যে কাজের ভার দিয়ে কোনো ব্যক্তিকে কোথাও পাঠানো হয়, বিশেষত বিদেশে *Your mission is to send back information about the enemy's movements.* **2** a group of people who are sent to a foreign country to perform a special task বিশেষ কাজের জন্য বিদেশে প্রেরিত ভারপ্রাপ্ত কর্মীদল *an Indian trade mission to China* **3** a special journey made by a spacecraft or military aircraft মহাকাশযান বা যুদ্ধযান কর্তৃক বিশেষ মহাকাশযাত্রা বা যাত্রা *a mission to the moon* **4** a place where people are taught about the Christian religion, given medical help, etc. by people who are sent from another country to do this (**missionaries**) অন্য দেশ কর্তৃক প্রেরিত কর্মীদের (মিশনারিজ) দ্বারা যেখানে জনগণের মধ্যে খ্রিস্টান ধর্মশিক্ষা দেওয়া হয়, চিকিৎসা বিষয়ে সাহায্য ইত্যাদি করা হয় **5** a particular task which you feel it is your duty to do জীবনের লক্ষ্য যে কাজ; ব্রত *Her work with the poor was more than just a job—it was her* ***mission in life***.

missionary / ˈmɪʃənri ˈমিশ্যান্রি / *noun* [C] (*pl.* **missionaries**) a person who is sent to a foreign country to teach about the Christian religion বিদেশে খ্রিস্টান ধর্ম প্রচারের উদ্দেশ্যে যাকে পাঠানো হয়েছে; বিদেশে খ্রিস্টান ধর্ম-প্রচারক; মিশনারি

mission statement *noun* [C] an official statement of the aims of a company or an organization কোনো প্রতিষ্ঠানের উদ্দেশ্য ও লক্ষ্য বিষয়ক সরকারি বিবৃতি

misspell / ˌmɪsˈspel ˌমিস্ˈস্পেল্ / *verb* [T] (*pt, pp* **misspelled** or **misspelt** / ˌmɪsˈspelt ˌমিস্-ˈস্পেল্ট্/) to spell sth wrongly কোনো কিছুর ভুল বানান করা

misspent / ˌmɪsˈspent ˌমিস্ˈস্পেন্ট্ / *adj.* (of time or money) used in a foolish way; wasted (সময় অথবা অর্থ সম্বন্ধে ব্যবহৃত) অকারণে ব্যয়িত; বাজে খরচ

mist[1] / mɪst মিস্ট্ / *noun* [C, U] a cloud made of very small drops of water in the air just above the ground, that makes it difficult to see মাটির ঠিক উপরে ছোটো ছোটো জলকণার দ্বারা তৈরি মেঘ, যার ফলে দেখতে অসুবিধা হয়; হালকা কুয়াশা, কুহেলি *The fields were covered in mist.* ⇨ **fog** দেখো এবং **weather**-এ নোট দেখো। ▶ **misty** *adj.* কুয়াশাচ্ছন্ন, ঝাপসা *a misty morning* ⇨ **foggy** দেখো।

mist[2] / mɪst মিস্ট্ / *verb*

PHR V **mist (sth) up/over** to cover or be covered with very small drops of water that make it difficult to see ক্ষুদ্রাতিক্ষুদ্র জলকণা জমে ঝাপসা বা অস্পষ্ট হয়ে যাওয়া *My glasses keep misting up.*

mistake[1] / mɪˈsteɪk মিˈস্টেইক্ / *noun* [C] something that you think or do that is wrong ভুল, ত্রুটি, প্রমাদ *Try not to* ***make*** *any* ***mistakes*** *in your essays.* ○ *a spelling mistake*

IDM **by mistake** as a result of being careless অনবধানবশত, ভুলক্রমে, খেয়াল না করার জন্য *The terrorists shot the wrong man by mistake.*

> **NOTE** **Mistake** শব্দটির তুলনায় **error** শব্দটি অনেক বেশি পোশাকি—*a computing error.* কোনো খারাপ কিছু অথবা দোষের জন্য দায়ী ব্যক্তিকে বোঝানোর জন্য **fault** শব্দটি ব্যবহার করা হয়—*The accident wasn't my fault. The other driver pulled out in front of me.* কোনো সমস্যা বর্ণনা করার জন্য অথবা কোনো ব্যক্তি অথবা বস্তুর দোষত্রুটি নির্দেশ করার জন্যেও **fault** শব্দটি ব্যবহার করা যেতে পারে—*a technical fault*।

mistake[2] / mɪˈsteɪk মিˈস্টেইক্ / *verb* [T] (*pt* **mistook** / mɪˈstʊk মিˈস্টুক্ /; *pp* **mistaken** / mɪˈsteɪkən মিˈস্টেইক্যান্ /) **1 mistake A for B** to think wrongly that sb/sth is sb/sth else ভুল করা, একজনকে আর একজন বা একটি জিনিসকে অন্য কিছু ভাবা *I'm sorry, I mistook you for a friend of mine.* **2** to be wrong about sth ভুল বোঝা *I think you've mistaken my meaning.*

mistaken / mɪˈsteɪkən মিˈস্টেইক্যান্ / *adj.* wrong; not correct ভুল, ভ্রান্ত; অসত্য *a case of mistaken identity* ○ *a mistaken belief/idea* ▶ **mistakenly** *adv.* ভুলভাবে

mister ⇨ **Mr** দেখো।

mistletoe / ˈmɪsltəʊ ˈমিসল্ট্যাউ / *noun* [U] a plant with white berries and green leaves. Mistletoe grows on trees সবুজ পাতা এবং ছোটো ছোটো সাদা ফলের একধরনের গুল্ম যা বড়ো গাছের উপর বৃদ্ধি পায়; মিসিলটো

> **NOTE** ক্রিসমাসের উৎসবে এই গাছ দিয়ে ব্রিটেনে গৃহের অভ্যন্তরে সাজানো হয় এবং এই গাছের নীচে পরস্পর পরস্পরকে চুম্বনের রীতি আছে।

mistook ⇨ **mistake**[2]-এর past tense

mistreat / ˌmɪsˈtriːt ˌমিস্ˈট্রীট্ / *verb* [T] to be cruel to a person or animal মানুষ বা পশুর প্রতি নিষ্ঠুর আচরণ করা বা দুর্ব্যবহার করা *The owner of the zoo was accused of mistreating the animals.* ▶ **mistreatment** *noun* [U] দুর্ব্যবহার

mistress / ˈmɪstrəs ˈমিস্ট্র্যাস্ / *noun* [C] a man's (usually a married man's) mistress is a woman that he is having a regular sexual relationship with and who is not his wife বিবাহিত পুরুষের যে নারীর (যে তার স্ত্রী নয়) সঙ্গে বিবাহ বহির্ভূত যৌন সম্পর্ক থাকে; রক্ষিতা, উপপত্নী

mistrust / ˌmɪsˈtrʌst ˌমিস্ˈট্রাস্ট্ / *verb* [T] to have no confidence in sb/sth because you think he/she/it may be harmful কোনো ব্যক্তি বা বস্তুর প্রতি আস্থা না থাকা কারণ সে বা সেটি ক্ষতিকারক হতে পারে; অবিশ্বাস করা, সন্দেহ করা *I always mistrust politicians who smile too much.* ▶ **mistrust** *noun* [U, *sing.*] অবিশ্বাস, সন্দেহ *She has a deep mistrust of strangers.* ⇨ **distrust** দেখো।

misty / ˈmɪsti ˈমিস্‌টি / ➪ **mist¹** দেখো।

misunderstand / ˌmɪsʌndəˈstænd ˌমিস্‌আন্‌ড্যা-ˈস্ট্যান্‌ড্ / *verb* [I, T] (*pt, pp* **misunderstood** / -ˈstʊd -ˈস্টুড্ /) to understand sb/sth wrongly কোনো ব্যক্তি বা বস্তুকে ভুল বোঝা, ঠিকভাবে বুঝতে না পারা *I misunderstood the instructions and answered too many questions.*

misunderstanding / ˌmɪsʌndəˈstændɪŋ ˌমিস্‌আন্‌ড্যাˈস্ট্যান্‌ডিং / *noun* **1** [C, U] a situation in which sb/sth is not understood correctly ভুল বোঝাবুঝির ফলে যে পরিস্থিতি; মতানৈক্যঘটিত অবস্থা *The contract is written in both languages to avoid any misunderstanding.* **2** [C] a disagreement or an argument পারস্পরিক মতবিরোধ, ভুল বোঝাবুঝি

misuse / ˌmɪsˈjuːz ˌমিস্‌ˈইউজ্ / *verb* [T] to use sth in the wrong way or for the wrong purpose কোনো বস্তু সঠিকভাবে বা সঠিক কাজের জন্য ব্যবহার না করা; অপব্যবহার করা *These chemicals can be dangerous if misused.* ▶ **misuse** / ˌmɪsˈjuːs ˌমিস্‌ˈইউস্ / *noun* [C, U] অপব্যবহার, ভুল প্রয়োগ

mite / maɪt মাইট্ / *noun* [C] a very small creature like a spider that lives on plants and animals and in carpets, etc. গাছপালা, জীবজন্তু এবং কার্পেট ইত্যাদিতে থাকে মাকড়সার মতো একধরনের ছোটো পোকা

mitigate / ˈmɪtɪgeɪt ˈমিটিগেইট্ / *verb* [T] (*formal*) to make sth less serious, painful, unpleasant, etc. লাঘব করা, কমানো; কষ্ট ইত্যাদি প্রশমিত করা; সহনীয় করা

mitigating / ˈmɪtɪgeɪtɪŋ ˈমিটিগেইটিং / *adj.* (*formal*) (*only before a noun*) providing a reason that explains sb's actions or why he/she committed a crime, which makes it easier to understand so that the punishment may be less harsh কোনো ব্যক্তির আচরণ বা তার অপরাধের কারণ দেখানো এমনভাবে যাতে শাস্তির পরিমাণ কিছুটা কমানো যায় *mitigating circumstances/factors*

mitosis / maɪˈtəʊsɪs মাইˈট্যাউসিস্ / *noun* [U] (*technical*) the division of a cell of the body that results in two cells, each with the same number of **chromosomes** as the original cell কোষের দ্বিভাজন, শরীরের প্রতি ভাগে একই সংখ্যক ক্রোমোজোম থাকে যা পূর্বতন কোষে ছিল ➪ **meiosis** দেখো।

mitten / ˈmɪtn ˈমিট্‌ন্ / *noun* [C] a type of glove that has one part for the thumb and another part for all four fingers এক বিশেষ ধরনের দস্তানা যাতে বুড়ো আঙুলের জন্য একটি খাপ আর অন্য সব আঙুলের জন্য আর একটি আলাদা খাপ থাকে ➪ **glove** দেখো।

gloves **mittens**

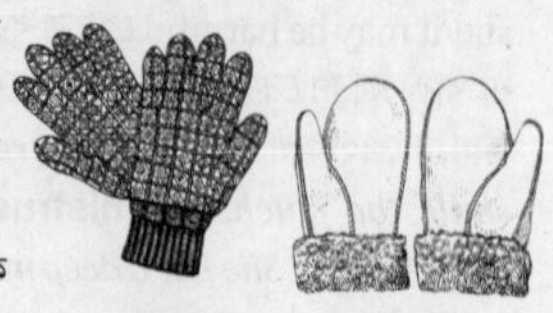

mix¹ / mɪks মিক্স্ / *verb* **1** [I, T] **mix (A) (with B); mix (A and B) (together)** if two or more substances mix or if you mix them, they combine to form a new substance দুটি জিনিস একসঙ্গে মিশে গেলে বা মিশিয়ে নিয়ে অন্য একটি নতুন জিনিস করা; মেশানো *Oil and water don't mix.* ○ *to mix cement* (=to make cement by mixing other substances) **2** [I] **mix (with sb)** to be with and talk to other people লোকজনের সঙ্গে মেলামেশা এবং কথাবার্তা বলা *He mixes with all types of people at work.*

IDM **be/get mixed up in sth** (*informal*) to be/ become involved in sth bad or unpleasant খারাপ কোনো কাজের সঙ্গে

PHR V **mix sth up** to put something in the wrong order গুলিয়ে ফেলা *He was so nervous that he dropped his speech and got the pages all mixed up.*

mix sb/sth up (with sb/sth) to confuse sb/sth with sb/sth else কোনো ব্যক্তি বা বস্তুকে অন্য কোনো ব্যক্তি বা বস্তুর সঙ্গে গুলিয়ে ফেলা *I always get him mixed up with his brother.*

mix² / mɪks মিক্স্ / *noun* **1** [C, *usually sing.*] a group of different types of people or things বিভিন্ন ধরনের লোকের দল, বিভিন্ন জিনিসপত্র, পাঁচমেশালি জিনিস, রকমারি মানুষ *We need a good racial mix in the police force.* **2** [C, U] a special powder that contains all the substances needed to make sth. You add water or another liquid to this powder বিভিন্ন উপাদানের শুকনো মিশ্রণ, যা জলের সঙ্গে বা অন্য কোনো তরল পদার্থের সঙ্গে মিশিয়ে ঈপ্সিত জিনিসটি বানানো যায় *cake mix* ○ *idli mix*

mixed / mɪkst মিকস্ট্ / *adj.* **1** being both good and bad ভালো মন্দ মিশিয়ে; মিশ্রিত *I have mixed feelings about leaving my job.* **2** made or consisting of different types of person or thing একসঙ্গে নানা শ্রেণির, নানা জাতের লোকজন বা জিনিসপত্র দিয়ে বানানো *mixed school* ○ *a mixed salad*

mixed doubles *noun* [U] a game of tennis, etc. in which there is a man and woman on each side টেনিস ইত্যাদি খেলায় যেখানে দুইপক্ষেরই দলে একজন মহিলা ও একজন পুরুষ থাকে

mixed-up *adj.* (*informal*) confused because of emotional problems আবেগের তাড়নায় বিভ্রান্ত *He has been very mixed-up since his parents' divorce.*

mixer / ˈmɪksə(r) ˈমিক্স্যা(র্) / *noun* [C] a machine that is used for mixing sth মিশ্রণযন্ত্র *a food/cement mixer* ➪ **kitchen**-এ ছবি দেখো।

mixture / ˈmɪkstʃə(r) ˈমিক্সচ্যা(র্) / *noun* **1** [*sing.*] a combination of different things বিভিন্ন জিনিসের সংযুক্তি *Monkeys eat a mixture of leaves and fruit.*

2 [C, U] a substance that is made by mixing other substances together অন্যান্য পদার্থ মিশ্রিত করে তৈরি কোনো পদার্থ *cake mixture* ○ *a mixture of eggs, flour and milk*

mix-up *noun* [C] (*informal*) a mistake in the planning or organization of sth পরিকল্পনা বা সংগঠনের ক্ষেত্রে ভ্রান্ত কাজ *There was a mix-up and we were given the wrong ticket.*

ml *abbr.* millilitre(s) মিলিলিটার-এর সংক্ষিপ্ত রূপ *contents 75 ml*

mm *abbr.* millimetre(s) মিলিমিটার-এর সংক্ষিপ্ত রূপ *a 35 mm camera*

moan / məʊn ম্যাউন্ / *verb* [I] **1** to make a low sound because you are in pain, very sad, etc. মানসিক বা শারীরিক দুঃখকষ্টে মুখে মৃদু কাতর ধ্বনি করা; যন্ত্রণায় কাতরানো বা গোঙানো *to moan with pain* **2** (*informal*) to keep complaining about sth একনাগাড়ে কোনো কিছু সম্বন্ধে অভিযোগ করা *The English are always moaning about the weather.*
▶ **moan** *noun* [C] গোঙানি, কাতর-ধ্বনি, অভিযোগ

moat / məʊt ম্যাউট্ / *noun* [C] a long wide channel that is dug around a castle and filled with water to make it difficult for enemies to attack দুর্গকে বেষ্টন করে কাটা বিস্তৃত চওড়া খাল যা শত্রুপক্ষের আক্রমণ প্রতিহত করে; পরিখা

mob¹ / mɒb মব্ / *noun* [C, *with sing. or pl. verb*] a large crowd of people that may become violent or cause trouble উচ্ছৃঙ্খল, হুজুগে জনসাধারণ, দাঙ্গা-হাঙ্গামাকারী জনতা যা কখনও হিংস্র হয়ে উঠতে পারে

mob² / mɒb মব্ / *verb* [T] (**mobbing; mobbed**) to form a large crowd around sb, for example in order to see or touch him/her কাউকে ঘিরে ভিড় করা (তাকে একটু ছোঁয়া বা কাছ থেকে দেখার জন্য) *The band was mobbed by fans as they left the hotel.*

mobile¹ / ˈməʊbaɪl ˈম্যাউবাইল্ / *adj.* able to move or be moved easily সচল, গতিশীল *My daughter is much more mobile now she has her own car.* ✪ বিপ **immobile** ▶ **mobility** / məʊˈbɪləti ম্যাউˈবিল্যাটি / *noun* [U] গতিশীলতা, সচলতা

mobile² / ˈməʊbaɪl ˈম্যাউবাইল্ / *noun* [C] **1** a decoration that you hang from the ceiling and that moves when the air around it moves ছাদের সিলিং থেকে ঝোলানো কোনো সজ্জাদ্রব্য যা হাওয়াতে আন্দোলিত হয়ে সৌন্দর্যবৃদ্ধি করে **2** = **mobile phone**

mobile home *noun* [C] (*AmE*) a building that can be moved on wheels, and is used for living in গাড়ির উপরে বসবাসের ঘর; গাড়ি-গৃহ

mobile phone (*also* **mobile; cellphone**) *noun* [C] a telephone that you can carry around with you যে ফোন কেউ নিজের সঙ্গে নিয়ে ঘুরতে পারে; মোবাইল ফোন

mobilize (*also* **-ise**) / ˈməʊbɪlaɪz ˈম্যাউবিলাইজ্ / *verb* **1** [T] to organize people or things to do sth কোনো কাজের জন্য লোককে সংঘবন্ধ করা বা জিনিসপত্র জোগাড় করা *They mobilized the local residents to oppose the new development.* **2** [I, T] (used about the army, navy, etc.) to get ready for war (সৈন্যসামন্ত, নৌবাহিনী ইত্যাদি সম্বন্ধে ব্যবহৃত) যুদ্ধের জন্য সৈন্য সমাবেশিত করা ✪ বিপ **immobilize**

mock¹ / mɒk মক্ / *verb* [I, T] (*formal*) to laugh at sb/sth in an unkind way or to make other people laugh at him/her/it কোনো ব্যক্তি বা বস্তুকে উপহাস করা, ঠাট্টা বা বিদ্রূপ করা

> **NOTE** এই অর্থে কথ্যভাষায় **laugh at** এবং **make fun of** অভিব্যক্তি দুটি বেশি প্রচলিত।

mock² / mɒk মক্ / *adj.* (*only before a noun*) not real or genuine নকল, সাজানো, কৃত্রিম *He held up his hands in mock surprise.* ○ *a mock* (=practice) *exam*

mock³ / mɒk মক্ / *noun* [C, *usually pl.*] a practice exam that you do before the official one প্রকৃত পরীক্ষার আগে অভ্যাসের জন্য যে পরীক্ষা হয়

mockery / ˈmɒkəri ˈমক্যারি / *noun* **1** [U] comments or actions that are intended to make sb/sth seem ridiculous অন্যকে ঠাট্টা বা উপহাস করার উদ্দেশ্যে বলা কথা বা আচরণ; ঠাট্টা, উপহাস *She couldn't face any more of their mockery.* **2** [*sing.*] an action, a decision, etc. that is a failure and that is not as it should be ব্যর্থ এবং অনুচিত কোনো কাজ, সিদ্ধান্ত ইত্যাদি *It was a mockery of a trial.*
IDM make a mockery of sth to make sth seem ridiculous or useless হাস্যাস্পদ করা, তামাশায় দাঁড় করানো

mock-up *noun* [C] a model of sth that shows what it will look like or how it will work কোনো কিছু কেমন দেখতে হবে বা কেমন করে কাজ করবে তার নমুনা; যন্ত্রাদির মডেল বা নমুনা

modal / ˈməʊdl ˈম্যাউড্ল্ / (*also* **modal verb**) *noun* [C] (*grammar*) a verb, for example 'might', 'can' or 'must' that is used with another verb for expressing possibility, permission, intention, etc. (ব্যাকরণ) কোনো ক্রিয়াপদ যেমন **might, can** বা **must** যা সম্ভাব্যতা, অনুমতি, অভিপ্রায় এসব বোঝাতে অন্য আর একটি ক্রিয়াপদের সঙ্গে ব্যবহৃত হয়

> **NOTE Modal verbs** সম্বন্ধে আরও বিশদভাবে জানার জন্য এই অভিধানের শেষাংশে **Quick Grammar Reference** দেখো।

mode / məʊd ম্যাউড্ / *noun* [C] **1** a type of sth or way of doing sth কোনো বস্তুর ধরন, কার্যপ্রণালী, কাজের

ধরন *a mode of transport/life* **2** one of the ways in which a machine can work অনেকগুলি পদ্ধতির মধ্যে একটি যার দ্বারা কোনো যন্ত্র কাজ করতে পারে *Switch the camera to automatic mode.* **3** (*technical*) a particular arrangement of notes in music for example the musical **scale** system সংগীতের নির্দিষ্ট ধ্বনিবিন্যাস যেমন স্বরগ্রামের বিষয়টি *major/minor mode* **4** the most frequent number or value in a group of numbers অনেক সংখ্যার মধ্যে যার ব্যবহার সব থেকে বেশি বা যার মূল্য সব থেকে বেশি

model[1] / ˈmɒdl ˈমড্‌ল্ / *noun* [C] **1** a copy of sth that is usually smaller than the real thing আসল জিনিসের ক্ষুদ্র প্রতিলিপি বা অনুকরণ; নমুনা, ছাঁচ *a model aeroplane* **2** one of the machines, vehicles, etc. that is made by a particular company কোনো বিশেষ কোম্পানির তৈরি গাড়ি, যন্ত্রপাতি ইত্যাদির একটি *The latest models are on display at the show.* **3** a person or thing that is a good example to copy অনুকরণযোগ্য, আদর্শ *a model student* ○ *Children often use older brothers or sisters as* ***role models*** (= copy the way they behave). **4** a person who is employed to wear clothes at a fashion show or for magazine photographs কোনো পত্রপত্রিকার ছবির জন্য বা পোশাক প্রদর্শনীতে বিশেষ ধরনের জামাকাপড় বা পোশাক পরিধানের জন্য নিযুক্ত ব্যক্তি; মডেল **5** a person who is painted, drawn or photographed by an artist শিল্পী, ভাস্কর, চিত্রগ্রাহক প্রমুখের মডেল হিসেবে যে ব্যক্তি কাজ করে

model[2] / ˈmɒdl ˈমড্‌ল্ / *verb* (**modelling; modelled** *AmE* **modeling; modeled**) **1** [T] **model sth/yourself on sb/sth** to make sth/ yourself similar to sth/sb else অন্য কেউ বা কিছুর অনুকরণে নিজেকে বা কাউকে তৈরি করা *The house is modelled on a Roman villa.* **2** [I, T] to wear and show clothes at a fashion show or for photographs বিশেষ ধরনের পোশাক পরা এবং তা দেখানো (ফ্যাশন শোতে বা ছবি তোলার জন্য) *to model swimsuits* **3** [I, T] to make a model of sth কোনো কিছুর প্রতিরূপ বানানো *This clay is difficult to model.*

modelling (*AmE* **modeling**) / ˈmɒdəlɪŋ ˈমড্যালিং / *noun* [U] the work of a fashion model মডেলের কাজ

modem / ˈməʊdem ˈম্যাউডেম্ / *noun* [C] a piece of equipment that connects two or more computers together by means of a telephone line so that information can go from one to the other যে যন্ত্রাংশ তথ্য আদান প্রদানের জন্য টেলিফোন তারের মাধ্যমে দুই বা তার অধিক কম্পিউটারের মধ্যে যোগাযোগ স্থাপন করে; মোডেম

moderate[1] / ˈmɒdərət ˈমড্যার‍্যাট্ / *adj.* **1** being, having, using, etc. neither too much nor too little of sth বেশিও নয়, কমও নয়, মাঝামাঝি *a moderate speed* ○ *We've had a moderate amount of success.* **2** having or showing opinions, especially about politics, that are not extreme মধ্যপন্থী (রাজনীতিক ক্ষেত্রে) *moderate policies/views* ➪ **extreme** এবং **radical** দেখো। ▶ **moderately** *adv.* পরিমিতভাবে *His career has been moderately successful.*

moderate[2] / ˈmɒdəreɪt ˈমড্যারেইট্ / *verb* [I, T] to become or to make sth less strong or extreme কোনো কিছুর তীব্রতা কমানো; কিছুটা সংযত হওয়া *The union moderated its original demands.*

moderate[3] / ˈmɒdərət ˈমড্যার‍্যাট্ / *noun* [C] a person whose opinions, especially about politics, are not extreme যে ব্যক্তির মতামত, বিশেষত রাজনীতিক মতামত, চরমপন্থী নয় ➪ **extremist** দেখো।

moderation / ˌmɒdəˈreɪʃn ˌমড্যাˈরেইশ্‌ন্ / *noun* [U] **1** the quality of being reasonable and not being extreme চরমপন্থী না হয়ে যুক্তিসংগত পথে চলার মানসিকতা *Alcohol can harm unborn babies even if it's taken* ***in moderation***. **2** (in education) the process of making sure that the same standards are used by different people in marking exams, etc. (শিক্ষার ক্ষেত্রে) বিভিন্ন ব্যক্তির দ্বারা পরীক্ষার খাতায় নম্বর দেওয়া ইত্যাদির সময়ে সমমান রক্ষা করা হয়েছে কিনা সেই সম্পর্কে নিশ্চিত হওয়ার যে প্রক্রিয়া

modern / ˈmɒdn ˈমড্‌ন্ / *adj.* **1** of the present or recent times সাম্প্রতিক, আধুনিক, বর্তমান কালের, হাল আমলের, আজকালকার *Pollution is one of the major problems in the modern world.* ○ *modern history* **2** (used about styles of art, music, etc.) new and different from traditional styles (শিল্প, সংগীত শৈলী ইত্যাদি সম্বন্ধে ব্যবহৃত) নতুন এবং পুরোনো, প্রচলিত ঘরানার থেকে আলাদা; আধুনিক *modern jazz/ architecture* **3** with all the newest methods, equipment, designs, etc.; up to date আধুনিকতম যন্ত্রকৌশল, যন্ত্রপাতি, নকশা ইত্যাদি সহ *It is one of the most modern hospitals in the country.* ➪ **old-fashioned** দেখো।

modernity / məˈdɜːnəti ম্যাˈড্যন্যাটি / *noun* [U] (*written*) the condition of being new and modern আধুনিকতা, নবীনত্ব

modernize (*also* **-ise**) / ˈmɒdənaɪz ˈমড্যানাইজ় / *verb* [T] to make sth suitable for use today using new methods, styles, etc. নতুন পদ্ধতি, রীতি ইত্যাদির ব্যবহারের দ্বারা আধুনিকীকরণ করা ▶ **modernization** (*also* **-isation**) / ˌmɒdənaɪˈzeɪʃn ˌমড্যানাইˈজ়েইশ্‌ন্ / *noun* [U] আধুনিকীকরণ *The house is large but is in need of modernization.*

modern languages *noun* [*pl.*] languages that are spoken now বর্তমান যুগের কথ্য ভাষা

modest / ˈmɒdɪst ˈমডিস্ট্ / *adj.* **1** not talking too much about your own abilities, good qualities, etc. যে নিজের ক্ষমতা, গুণাবলীর কথা অন্যকে বলতে লজ্জা পায়; বিনয়ী, লজ্জাশীল *She got the best results in the exam but she was too modest to tell anyone.* ➪ **humble** এবং **proud** দেখো। **2** not very large বেশি বড়ো নয়, মাঝারি মাপের *a modest pay increase* **3** (used about a woman's clothes) not showing much of the body (মেয়েদের পোশাক সম্বন্ধে ব্যবহৃত) যা শরীরের বেশি অংশ প্রদর্শন করে না; শালীন ▶ **modesty** *noun* [U] বিনয়, নম্রতা, লজ্জাশীলতা ▶ **modestly** *adv.* সবিনয়ে, শিষ্টাচারের সঙ্গে

modifier / ˈmɒdɪfaɪə(r) ˈমডিফাইঅ্যা(র্) / *noun* [C] (*grammar*) a word, such as an adjective or adverb, that describes another word, or changes its meaning in some way (ব্যাকরণ) কোনো শব্দ যেমন কোনো বিশেষণ বা ক্রিয়া-বিশেষণ যেটি অন্য কোনো শব্দব্যঞ্জক বা অর্থব্যঞ্জক হয় ➪ **intensifier** দেখো।

modify / ˈmɒdɪfaɪ ˈমডিফাই / *verb* [T] (*pres. part* **modifying;** *3rd person sing. pres.* **modifies;** *pt, pp* **modified**) to change sth slightly কোনো কিছু সামান্য বা আংশিক পরিবর্তন করা, বদলে দেওয়া ▶ **modification** / ˌmɒdɪfɪˈkeɪʃn ˌমডিফিˈকেইশ্ন্ / *noun* [C, U] রূপান্তর, বদল

modular / ˈmɒdjələ(r) ˈমডিঅ্যাল্যা(র্) / *adj.* (*technical*) (used about machines, buildings, etc.) consisting of separate parts or units that can be joined together (যন্ত্রপাতি, ঘরবাড়ি ইত্যাদি সম্বন্ধে ব্যবহৃত) একত্রে সন্নিবিষ্ট করা যায় এমন ভিন্ন ভিন্ন অংশ অথবা এককবিশিষ্ট

module / ˈmɒdjuːl ˈমডিউল্ / *noun* [C] a unit that forms part of sth bigger অপেক্ষাকৃত বড়ো কোনো কিছুর অংশ তৈরি করে এরকম একটি একক *You must complete three modules* (= courses that you study) *in your first year.*

mohair / ˈməʊheə(r) ˈম্যাউহেঅ্যা(র্) / *noun* [U] very soft wool that comes from a **goat** একধরনের ছাগলের নরম রেশমি লোমের উল

Mohammed = **Muhammad**

Mohiniattam *noun* [U] a traditional dance form from Kerala. It is a graceful dance and is usually performed as a solo **recital** by women সাধারণত মহিলা নৃত্যশিল্পী দ্বারা উপস্থাপিত কেরল প্রদেশের ঐতিহ্যপূর্ণ মাধুর্যমণ্ডিত একক নৃত্যবিশেষ; মোহিনীআট্টম

moist / mɔɪst মইস্ট্ / *adj.* slightly wet; damp ভিজে ভিজে; স্যাঁতসেঁতে *Her eyes were moist with tears.* ○ *Keep the soil moist or the plant will die.* ➪ **wet**-এ নোট দেখো। ▶ **moisten** / ˈmɔɪsn ˈমইস্ন্ / *verb* [I, T] আর্দ্র করা, ভিজে ভিজে করে নেওয়া, ভিজিয়ে নেওয়া

moisture / ˈmɔɪstʃə(r) ˈমইস্চ্যা(র্) / *noun* [U] water in small drops on a surface, in the air, etc. কোনো কিছুর গায়ে, বাতাসে জলের ছোটো ফোঁটা জমে ভিজে ভিজে ভাব; আর্দ্রতা

moisturize (*also* **-ise**) / ˈmɔɪstʃəraɪz ˈমইস্চ্যারাইজ্ / *verb* [I, T] to put special cream on your skin to make it less dry বিশেষ প্রসাধনী লাগিয়ে ত্বক নরম করা

moisturizer (*also* **-iser**) / ˈmɔɪstʃəraɪzə(r) ˈমইস্চ্যারাইজ্যা(র্) / *noun* [C, U] a special cream that you put on your skin to make it less dry ত্বক নরম করার বিশেষ প্রসাধনী

molar / ˈməʊlə(r) ˈম্যাউল্যা(র্) / *noun* [C] one of the large teeth at the back of your mouth মুখের পিছনের দিকের বড়ো দাঁত; পেষক (দন্ত) ➪ **canine** এবং **incisor** দেখো এবং **teeth**-এ ছবি দেখো।

molasses / məˈlæsɪz ম্যাˈল্যাসিজ্ / (*AmE*) = **treacle**

mold (*AmE*) = **mould**

moldy (*AmE*) = **mouldy**

mole / məʊl ম্যাউল্ / *noun* [C] **1** a small dark spot on a person's skin that never goes away মানুষের চামড়ার উপর ছোটো কালো দাগ যা কখনও মিলিয়ে যায় না; আঁচিল, তিল, জড়ুল ➪ **freckle** দেখো। **2** a small animal with dark fur that lives underground and is almost blind (প্রায় অন্ধ, কালো লোমযুক্ত মাটির নীচে বসবাসকারী) ছুঁচো **3** (*informal*) a person who works in one organization and gives secret information to another organization এমন ব্যক্তি যে একটি প্রতিষ্ঠানে কাজ করে এবং অন্য একটি প্রতিষ্ঠানে গুপ্ত সংবাদ পাচার করে ✪ সম **spy** **4** (in chemistry) a unit for measuring the amount of a substance (রসায়ন শাস্ত্রে) কোনো পদার্থের পরিমাণ মাপার একক

molecule / ˈmɒlɪkjuːl ˈমলিকিউল্ / *noun* [C] the smallest unit into which a substance can be divided without changing its chemical nature কোনো পদার্থের রাসায়নিক বৈশিষ্ট্য অক্ষুণ্ণ রেখে তাকে ক্ষুদ্রতম যে অংশে ভাগ করা যায়; অণু ➪ **atom** দেখো। ▶ **molecular** / məˈlekjələ(r) ম্যাˈলেকিঅ্যাল্যা(র্) / *adj.* আণবিক

molest / məˈlest ম্যাˈলেস্ট্ / *verb* [T] to attack sb, especially a child, in a sexual way কাউকে বিশেষত একটি শিশুকে যৌন নিপীড়ন করা

mollify / ˈmɒlɪfaɪ ˈমলিফাই / *verb* [T] (*pres. part.* **mollifying;** *3rd person sing. pres.* **mollifies;** *pt, pp* **mollified**) (*formal*) to make sb feel less angry or upset কারও রাগ কমানো, কাউকে শান্ত করা *His explanation failed to mollify her.*

mollusc (*AmE* **moll-usk**) / ˈmɒləsk ˈমল্যাস্ক্ / *noun* [C] any creature with a soft body that is not divided into different sections, and usually has a hard outer shell. Molluscs can live either on land or in water শক্ত খোলের আবরণের মধ্যে কোমল শরীরের (যা বিভিন্ন ভাগে বিভক্ত নয়) প্রাণীবিশেষ, এরা জল এবং ডাঙা দু জায়গাতেই থাকতে পারে *Snails and mussels are molluscs.*

slug
shell
snail

molt (*AmE*) = **moult**

molten / ˈməʊltən ˈম্যাউলট্যান্ / *adj.* (used about metal or rock) made liquid by very great heat (ধাতু বা প্রস্তর সম্বন্ধে ব্যবহৃত) প্রচণ্ড গরমে গলে গেছে এমন, গলিত

mom (*AmE*) = **mum**

moment / ˈməʊmənt ˈম্যাউম্যান্ট্ / *noun* **1** [C] a very short period of time মুহূর্ত, ক্ষণ *One moment, please* (= please wait). ○ *Arun left just a few moments ago.* **2** [*sing.*] a particular point in time ঠিক সেই মুহূর্তে, বিশেষ মুহূর্তে *Just at that moment my mother arrived.* ○ *the moment of birth/death*

IDM (at) any minute/moment (now) ➪ **minute**[1] দেখো।

at the moment now এখনই, এই মুহূর্তে *I'm afraid she's busy at the moment. Can I take a message?*

for the moment/present for a short time; for now অল্প সময়ের জন্য; এখনকার জন্য *I'm not very happy at work but I'll stay there for the moment.*

in a moment very soon খুব তাড়াতাড়ি, এখনই, একদম দেরি না করে *Just wait here. I'll be back in a moment.*

the last minute/moment ➪ **last**[1] দেখো।

the minute/moment (that) ➪ **minute**[1] দেখো।

on the spur of the moment ➪ **spur**[1] দেখো।

momentary / ˈməʊməntri ˈম্যাউম্যান্ট্রি / *adj.* lasting for a very short time মুহূর্তকালিক, ক্ষণস্থায়ী, ক্ষণিক ▶ **momentarily** / ˈməʊməntrəli ˈম্যাউ-ম্যান্ট্র্যালি / *adv.* ক্ষণস্থায়ীভাবে, সাময়িকভাবে

momentous / məˈmentəs ম্যাˈমেন্ট্যাস্ / *adj.* very important খুবই গুরুত্বপূর্ণ *a momentous decision/event/change*

momentum / məˈmentəm ম্যাˈমেন্ট্যাম্ / *noun* [U] the ability to keep increasing or developing; the force that makes sth move faster and faster চলার গতি, কোনো কিছু আরও জোরে চালানোর পিছনে যে চালিকাশক্তি; ভরবেগ *The environmental movement is* ***gathering momentum.***

mommy (*AmE*) = **mummy 1**

Mon. *abbr.* Monday-এর সংক্ষেপিত রূপ; সোমবার *Mon. 6 June*

monarch / ˈmɒnək ˈমন্যাক্ / *noun* [C] a king or queen রাজা বা রানি

monarchy / ˈmɒnəki ˈমন্যাকি / *noun* (*pl.* **monarchies**) **1** [*sing.*, U] the system of government or rule by a king or queen রাজা বা রানির শাসন; রাজতন্ত্র **2** [C] a country that is governed by a king or queen রাজা, রানি বা সম্রাট শাসনাধীন কোনো দেশ; সাম্রাজ্য ➪ **republic** দেখো।

monastery / ˈmɒnəstri ˈমন্যাস্ট্রি / *noun* [C] (*pl.* **monasteries**) a place where **monks** live together পুরুষ সন্ন্যাসী বা ভিক্ষুরা যেখানে বসবাস করেন; মঠ ➪ **convent** দেখো।

Monday / ˈmʌndeɪ; -di ˈমান্ডেই; -ডি / *noun* [C, U] (*abbr.* **Mon.**) the day of the week after Sunday রবিবারের পরের দিন সোমবার *I finish work a bit later on Mondays/on a Monday.*

> **NOTE** সপ্তাহের দিনের নামগুলি লেখার সময়ে বড়ো হাতের অক্ষর ব্যবহার করা হয়।

monetary / ˈmʌnɪtri ˈমানিট্রি / *adj.* connected with money অর্থসম্বন্ধীয়, টাকাকড়ি সংক্রান্ত *the government's monetary policy*

money / ˈmʌni ˈমানি / *noun* [U] the means of paying for sth or buying sth (=coins or notes) বিনিময় মুদ্রা, বিনিময়ে দেয় অর্থ *Will you* ***earn*** *more* ***money*** *in your new job?* ○ *The new road will* ***cost*** *a lot of* ***money***. ➪ **pocket money** দেখো।

IDM be rolling in money/in it ➪ **roll**[2] দেখো।

get your money's worth to get full value for the money you have spent খরচ করা টাকার পুরো দাম উঠে আসা; পয়সা উশুল হওয়া

mongoose / ˈmɒŋɡuːs ˈমংগুস্ / *noun* [C] (*pl.* **mongooses**) a small animal with fur that lives in hot countries and kills snakes, rats, etc. গ্রীষ্মপ্রধান দেশের লোমযুক্ত, ছোটো প্রাণী যা সাপ, ইঁদুর ইত্যাদি মারে; নকুল, নেউল, বেজি

mongrel / ˈmʌŋɡrəl ˈমাংগ্র্যাল্ / *noun* [C] a dog that has parents of different types (**breeds**) সংকর জাতির কুকুর, মিশ্র জাতের কুকুর ➪ **pedigree** দেখো।

monitor[1] / ˈmɒnɪtə(r) ˈমনিট্যা(র্) / *noun* [C] **1** a machine that shows information or pictures on a screen like a television; a screen that shows information from a computer এমন একটি যন্ত্র যাতে দূরদর্শনের পর্দার মতো তথ্য বা ছবি দেখা যায়; কম্পিউটারের পর্দা যাতে তথ্যসকল ফুটে ওঠে **2** a machine that records or checks sth যে যন্ত্রে কোনো কিছু নথিবদ্ধ করা বা পরীক্ষা এবং লিপিবদ্ধ করা হয় *A monitor checks the baby's heartbeat.*

monitor[2] / ˈmɒnɪtə(r) ˈমনিট্যা(র্) / *verb* [T] to check, record or test sth regularly for a period of time কিছু সময় ধরে নিয়মিত নজর রাখা, লিপিবদ্ধ করা বা পরীক্ষা করা *Pollution levels in the lake are closely monitored.*

monk / mʌŋk মাংক্ / *noun* [C] a member of a religious group of men who live in a special building (**monastery**) and do not get married or have possessions সন্ন্যাসী, ধর্মীয় ব্রতচারী, মঠ বা আশ্রমে থাকা ভিক্ষু, ব্রহ্মচারী-সন্ন্যাসী ➪ **nun** দেখো।

monkey / ˈmʌŋki ˈমাংকি / *noun* [C] an animal with a long tail that lives in hot countries and can climb trees বাঁদর, বানর ➪ **ape** দেখো।

> NOTE **Chimpanzees** এবং **gorillas**-দের কখনো কখনো monkeys বলে উল্লেখ করা হলেও এরা কিন্তু আসলে *apes* ➪ **primate** দেখো।

IDM **monkey business** (*informal*) silly or dishonest behaviour বোকার মতো অথবা অসাধু আচরণ

monkey wrench = **adjustable spanner**

mono / ˈmɒnəʊ ˈমন্যাউ / *adj.* (used about recorded music or a system for playing it) having the sound coming from one direction only (কোনো রেকর্ড-করা সংগীত বা সেটি বাজানোর যন্ত্র সম্বন্ধে ব্যবহৃত) একদিক থেকে আওয়াজ আসছে এমন; একত্ববোধক ➪ **stereo** দেখো।

mono- / ˈmɒnəʊ ˈমন্যাউ / *prefix* (*used in nouns and adjectives*) one; single এক; একক *monorail* ○ *monolingual*

monochrome / ˈmɒnəkrəʊm ˈমন্যাক্র্যাউম্ / *adj.* (used about a photograph or picture) using only black, white and shades of grey (কোনো ফোটোগ্রাফ বা ছবি সম্বন্ধে ব্যবহৃত) একরঙের ছবি যার মধ্যে সাদা কালো আর কেবলমাত্র ধূসর রঙের আভা থাকে

monoculture / ˈmɒnəʊkʌltʃə(r) ˈমন্যাউকাল্চ্যা(র্) / *noun* [U] (*technical*) the growing of a single crop in a particular area একফসলি চাষ

monogamy / məˈnɒgəmi ম্যা'নগ্যামি / *noun* [U] the fact or custom of being married to only one person at a particular time একটি সময়ে কেবলমাত্র একজনের সঙ্গে বিবাহিত থাকার যে প্রথা ➪ **bigamy** এবং **polygamy** দেখো ▶ **monogamous** / məˈnɒgəməs ম্যা'নগ্যাম্যাস্ / *adj.* একগামী, একবিবাহে বিশ্বাসী *a monogamous society*

monolingual / ˌmɒnəˈlɪŋgwəl ˌমন্যা'লিংগুঅ্যাল্ / *adj.* using only one language এক ভাষার, যেখানে একটি মাত্র ভাষা ব্যবহার করা হয়েছে *That is a monolingual dictionary.* ➪ **bilingual** দেখো।

monolith / ˈmɒnəlɪθ ˈমন্যালিথ্ / *noun* [C] a large single standing block of stone, especially one that was put there by people living in ancient times প্রকাণ্ড একখণ্ড পাথর, বিশেষত অতীতে আদিম যুগের মানুষ দ্বারা স্থিত; একশিলাস্তম্ভ ▶ **monolithic** / ˌmɒnəˈlɪθɪk ˌমন্যা'লিথিক্ / *adj.* প্রকাণ্ড একখণ্ড পাথরের মতো, একশিলা সংক্রান্ত

monologue (*also AmE* **monolog**) / ˈmɒnəlɒg ˈমন্যালগ্ / *noun* [C] a long speech by one person, for example in a play স্বগত ভাষণ, একই ব্যক্তির লম্বা একক ভাষণ, যেমন নাটকে ➪ **soliloquy** দেখো।

monopolize (*also* **-ise**) / məˈnɒpəlaɪz ম্যা'নপ্যালাইজ্ / *verb* [T] to control sth so that other people cannot share it এমনভাবে কোনো কিছু নিয়ন্ত্রণ করা যাতে তার সুবিধা অন্য কেউ ভোগ করতে না পারে; একচেটিয়া সুবিধা বা অধিকার ভোগ করা *She completely monopolized the conversation. I couldn't get a word in.*

monopoly / məˈnɒpəli ম্যা'নপ্যালি / *noun* [C] (*pl.* **monopolies**) **a monopoly (on/in sth)** **1** the control of an industry or service by only one company; a type of goods or a service that is controlled in this way কোনো শিল্প বা পরিষেবার উপর কোনো কোম্পানির একচেটিয়া অধিকার বা নিয়ন্ত্রণ; কোনো বিশেষ ধরনের জিনিস বা পরিষেবা যা এইভাবে নিয়ন্ত্রিত হয় *The company has a monopoly on broadcasting international football.* **2** the complete control, possession or use of sth; something that belongs to only one person or group and is not shared কোনো কিছু নিয়ন্ত্রণ ও তা ভোগ করার একক অধিকার; কোনো ব্যক্তি বা দলের একচ্ছত্র অধিকার যাতে অন্য কেউ ভাগ বসাতে পারে না

monorail / ˈmɒnəʊreɪl ˈমন্যাউরেইল্ / *noun* [C] a railway in which the train runs on a single track, usually high above the ground একটি মাত্র লাইনে চলা রেলপথ, সাধারণত এগুলি মাটি থেকে উঁচুতে; মোনোরেল

monosodium glutamate / ˌmɒnəˌsəʊdiəm ˈgluːtəmeɪt ˌমন্যা,স্যাউডিঅ্যাম্ 'গ্লুট্যামেইট্ / *noun* [U] (*abbr.* **MSG**) a chemical mixture (**compound**) that is sometimes added to food to improve its flavour একজাতীয় রাসায়নিক মিশ্রণ, যা খাবারের স্বাদ বাড়ানোর জন্য ব্যবহার করা হয়; মোনোসোডিয়াম গ্লুটামেট

monosyllabic / ˌmɒnəsɪˈlæbɪk ˌমন্যাসি'ল্যাবিক্ / *adj.* **1** having only one syllable একমাত্রিক শব্দ **2** (used about a person or his/her way of speaking) saying very little, in a way that appears rude to other people (কোনো ব্যক্তি বা তার বাচনভঙ্গি সম্বন্ধে ব্যবহৃত) খুব কম কথা বলার ফলে অন্যের কাছে অভদ্র মনে হয় *He gave monosyllabic replies to everything I asked him.*

monosyllable / ˈmɒnəsɪləbl ˈমন্যাসিল্যাব্‌ল্ / *noun* [C] a short word, such as 'leg', that has only one syllable একস্বরবিশিষ্ট কোনো ছোটো শব্দ, যেমন leg

monotonous / məˈnɒtənəs ম্যাˈনট্যান্যাস্ / *adj.* never changing and therefore boring পরিবর্তন না থাকার ফলে একঘেয়ে, বৈচিত্র্যহীন *monotonous work* ○ *a monotonous voice* ▶ **monotonously** *adv.* একঘেয়েভাবে, পরিবর্তনহীনভাবে

monotony / məˈnɒtəni ম্যাˈনট্যানি / *noun* [U] the state of being always the same and therefore boring ক্লান্তিকরভাব, একঘেয়েমি *the monotony of working on a production line*

monozygotic / ˌmɒnəʊzaɪˈgɒtɪk ˌমন্যাউজ়াইˈগটিক্ / *adj.* (*technical*) (used about **twins**) from the same egg and therefore **identical** (যমজ সম্বন্ধে ব্যবহৃত) একই ডিম্বাণু থেকে উৎপন্ন হওয়ার ফলে একই রকমের দেখতে

monsoon / ˌmɒnˈsuːn ˌমন্ˈসূন্ / *noun* [C] the season when it rains a lot in Southern Asia; the rain that falls during this period দক্ষিণ এশিয়ার দেশগুলিতে বর্ষাকাল; বর্ষাকালের বৃষ্টি

monster / ˈmɒnstə(r) ˈমনস্ট্যা(র্) / *noun* [C] (in stories) a creature that is large, ugly and frightening (কাহিনিতে) বিকটাকার কদাকার ভয়ংকর প্রাণী; দৈত্য, দানব, রাক্ষস (*figurative*) *The murderer was described as a dangerous monster.*

monstrosity / mɒnˈstrɒsəti মন্ˈস্ট্রস্যাটি / *noun* [C] (*pl.* **monstrosities**) something that is very large and ugly, especially a building যা ভীষণ বড়ো এবং অসুন্দর বিশেষত কোনো অট্টালিকা

monstrous / ˈmɒnstrəs ˈমনস্ট্র্যাস্ / *adj.* **1** that people think is shocking and unacceptable because it is morally wrong or unfair অনৈতিক এবং অন্যায্য কারণে মানুষের কাছে যা অত্যন্ত বেদনাদায়ক এবং অগ্রহণীয়; জঘন্য, ঘৃণ্য, অন্যায় *It's monstrous that she earns less than he does for the same job!* **2** very large (and often ugly or frightening) অত্যন্ত বড়ো, বিকটাকার (অনেক সময়েই কদাকার বা ভীতিজনক) *a monstrous spider/wave*

month / mʌnθ মান্থ্ / *noun* [C] **1** one of the twelve periods of time into which the year is divided বছরের বারো ভাগের এক ভাগ; মাস *They are starting work next month.* ○ *Have you seen this month's Sportstar?* **2** the period of about four weeks from a certain date in one month to the same date in the next, for example 13 May to 13 June; a calendar month কোনো মাসের এক নির্দিষ্ট তারিখ থেকে পরের মাসের সেই তারিখ পর্যন্ত (যেমন ১৩ মে থেকে ১৩ জুন) এই চার সপ্তাহ সময়কে ক্যালেন্ডারের এক মাস ধরা হয় *'How long will you be away?' 'For about a month.'* ○ *a six-month course*

monthly[1] / ˈmʌnθli ˈমান্থ্‌লি / *adj., adv.* (happening or produced) once every month (ঘটে বা তৈরি হয়) মাসের মধ্যে একবার; মাসিক *a monthly meeting/magazine/visit* ○ *Are you paid weekly or monthly?*

monthly[2] / ˈmʌnθli ˈমান্থ্‌লি / *noun* [C] (*pl.* **monthlies**) a magazine that is published once a month মাসিক পত্রিকা

monument / ˈmɒnjumənt ˈমনিউম্যান্ট্ / *noun* [C] **a monument (to sb/sth) 1** a building or statue that is built to remind people of a famous person or event কোনো ব্যক্তি বা ঘটনার স্মৃতি রক্ষার জন্য যে বাড়ি বা স্থাপত্য নির্মাণ করা হয়; স্মৃতিস্তম্ভ, স্মৃতিসৌধ **2** an old building or other place that is of historical importance ঐতিহাসিক গুরুত্বপূর্ণ কোনো স্থান বা অট্টালিকা

monumental / ˌmɒnjuˈmentl ˌমনিউˈমেন্ট্‌ল্ / *adj.* (*only before a noun*) very great, large or important বিশাল, গুরুত্বপূর্ণ, মহত্ত্বপূর্ণ *a monumental success/task/achievement*

moo / muː মূ / *noun* [C] the sound that a cow makes গরুর হাম্বা রব ▶ **moo** *verb* [I] গরুর হাম্বা হাম্বা করা

mood / muːd মূড্ / *noun* **1** [C, U] the way that you are feeling at a particular time মেজাজ, সাময়িক মানসিক অবস্থা *to be in a bad/good mood* (= to feel angry/happy) ○ *Turn that music down a bit—I'm not* ***in the mood for*** *it.* **2** [C] a time when you are angry or bad-tempered রাগত ভাব বা খুব মন খারাপ এমন; মনমরা ভাব *Dolly's in one of her moods again.* ✪ সম **temper 3** [*sing.*] the way that a group of people feel about sth কোনো কিছু সম্বন্ধে জনতার মনোভাব *The mood of the crowd suddenly changed and violence broke out.*

moody / ˈmuːdi ˈমূডি / *adj.* **1** often changing moods in a way that people cannot predict কোনো পূর্বাভাস ছাড়াই ক্ষণে ক্ষণে যার মনমেজাজ বদলায়; খামখেয়ালি *You never know where you are with Anurag because he's so moody.* **2** bad-tempered or unhappy, often for no particular reason বদমেজাজি, অসুখী (বেশির ভাগ সময় কারণ ছাড়াই) ▶ **moodily** *adv.* খেয়ালখুশিমতো ▶ **moodiness** *noun* [U] মনমেজাজ

moon / muːn মুন্ / *noun* **1 the moon** [*sing.*] the object that shines in the sky at night and that moves around the earth once every 28 days রাতের আকাশে জ্বলজ্বল করে যে বস্তুটি এবং যা ২৮ দিনে পৃথিবী প্রদক্ষিণ করে; পৃথিবীর উপগ্রহ; চন্দ্র, চন্দ্রমা, চাঁদ

NOTE চাঁদের বিভিন্ন দশার জন্য আলাদা আলাদা নাম ব্যবহার করা হয় যেমন **new moon, full moon, half-moon** অথবা **crescent moon** ➪ **lunar** adjective দেখো।

2 [C] an object like the moon that moves around another planet চাঁদের মতো কোনো বস্তু যা অন্য গ্রহের চার দিকে ঘোরে; অন্য গ্রহের উপগ্রহ *How many moons does Neptune have?*

IDM once in a blue moon ➪ **once** দেখো।

over the moon (*BrE informal*) extremely happy and excited about sth কোনো কিছু সম্পর্কে খুব খুশি এবং উত্তেজিত

moonlight / ˈmuːnlaɪt ˈমূন্‌লাইট্ / *noun* [U] light that comes from the moon চাঁদের আলো, চন্দ্রকিরণ; জ্যোৎস্না *The lake looked beautiful in the moonlight.*

moonlit / ˈmuːnlɪt ˈমূন্‌লিট্ / *adj.* lit by the moon চন্দ্রালোকিত, চাঁদের আলোয় ভরা

moor[1] / mɔː(r) ম:(র্) / (*also* **moorland** / ˈmɔːlənd ˈম:ল্যান্ড্ /) *noun* [C, U] a wild open area of high land that is covered with grass and **heather** ঘাস ও গুল্মে ভরা, অকর্ষিত, বিস্তীর্ণ জমি যা কিছুটা উঁচু জায়গায় অবস্থিত *We walked across **the moors**.* ➪ **heath** দেখো।

moor[2] / mɔː(r) ম:(র্) / *verb* [I, T] **moor (sth to sth)** to fasten a boat to the land or to an object in the water with a rope or chain নোঙর বাঁধা, কাছি বা দড়াদড়ি দিয়ে জমিতে বা জলে অবস্থিত কোনো বস্তুতে নৌকো বাঁধা

mooring / ˈmɔːrɪŋ ˈম:রিং / *noun* [C, *usually pl.*] a place where a boat is tied; the ropes, chains, etc. used to fasten a boat নোঙর করার জায়গা, যেখানে নৌকো ইত্যাদি বেঁধে রাখা হয়; দড়ি, শিকল ইত্যাদি যা নৌকো বেঁধে রাখার জন্য ব্যবহৃত হয়

moose / muːs মূস্ / (*AmE*) = **elk**

mop[1] / mɒp মপ্ / *noun* [C] a tool for washing floors that consists of a long stick with thick strings, pieces of cloth or a **sponge** on the end লাঠির মাথায় দড়ির গোছা, কাপড়ের টুকরো বা স্পঞ্জ বেঁধে তৈরি ঘর মোছার ঝাড়ন

mop[2] / mɒp মপ্ / *verb* [T] (**mopping; mopped**) 1 to clean a floor with water and a mop ঐ ঝাড়ন দিয়ে জলের সাহায্যে ঘর মোছা, পরিষ্কার করা 2 to remove liquid from sth using a dry cloth শুকনো কাপড় দিয়ে ভিজে বা তরল কোনো পদার্থ মোছা *to mop your forehead with a handkerchief*

PHR V mop sth up to get rid of liquid from a surface with a mop or dry cloth শুকনো কাপড়ের সাহায্যে তরল পদার্থ উঠিয়ে বা মুছে ফেলা

mope / məʊp ম্যাউপ্ / *verb* [I] **mope (about/around)** to spend your time doing nothing and feeling sorry for yourself because you are unhappy দুঃখে থাকার কারণে কিছু না করে সময় কাটানো এবং আত্মগ্লানিতে ভোগা; মনমরা হওয়া, বিষণ্ণবোধ করা, মুষড়ে থাকা

moped / ˈməʊped ˈম্যাউপেড্ / *noun* [C] a type of small, not very powerful motorbike একধরনের কম শক্তিশালী ইঞ্জিনের মোটর সাইকেল; মোপেড

moraine / məˈreɪn ম্যা'রেইন্ / *noun* [U] (in geography) earth, stones, etc., that have been carried along by a mass of ice (**a glacier**) and left when it melted (ভূগোলে) গ্লেসিয়ারের সঙ্গে আসা মাটি, পাথর ইত্যাদি যা হিমবাহ গলে গেলে তার প্রান্তে এসে জমে থাকে; গ্রাবরেখা, হিমভার ➪ **glacial**-এ ছবি দেখো।

moral[1] / ˈmɒrəl ˈমর‍্যাল্ / *adj.* 1 (*only before a noun*) concerned with what is right and wrong ভালোমন্দের সঙ্গে জড়িত; নৈতিক *Some people refuse to eat meat **on moral grounds*** (=because they believe it to be wrong). ○ *a moral dilemma/issue/question* 2 having a high standard of behaviour that is considered good and right by most people যে ব্যক্তির ব্যবহার অত্যন্ত উচ্চমানের এবং যা বেশির ভাগ মানুষ ভালো এবং সঠিক বলে মনে করে *She has always led a very moral life.* ✪ বিপ **immoral** ➪ **amoral** দেখো।

IDM moral support help or encouragement that you give to sb who is nervous or worried ভীত বা উদ্বিগ্ন কোনো ব্যক্তির প্রতি প্রদত্ত সাহায্য বা উৎসাহ *I went to the dentist's with him just to give him some moral support.*

moral[2] / ˈmɒrəl ˈমর‍্যাল্ / *noun* 1 **morals** [*pl.*] standards of good behaviour উন্নত আচরণের মান *These people appear to have no morals.* 2 [C] a lesson in the right way to behave that can be learnt from a story or an experience গল্প বা কোনো অভিজ্ঞতা থেকে শিক্ষণীয় সঠিক আচরণ পদ্ধতি; উপদেশ বা নীতিবাক্য *The moral of the play is that friendship is more important than money.*

morale / məˈrɑːl ম্যা'রা:ল্ / *noun* [U] how happy, sad, confident, etc. a group of people feel at a particular time নির্দিষ্ট একটি সময়ে কোনো একদল মানুষের মনোভাব, আনন্দ, দুঃখ, আত্মবিশ্বাস ইত্যাদি *The team's morale was low/high before the match* (= they felt worried/confident). ○ *to boost/raise/improve morale*

moralistic / ˌmɒrəˈlɪstɪk ˌমর‍্যা'লিস্টিক্ / *adj.* (*formal*) having or showing very fixed ideas about what is right and wrong, especially when this causes you to judge other people's behaviour অন্যকে বিচার করার সময়ে যে ব্যক্তি কোনটা ঠিক এবং কোনটা ভুল এ সম্বন্ধে অটল মত পোষণ করে; নীতিবাগীশ

morality / məˈræləti ম্যা'র‍্যাল্যাটি / *noun* [U] principles concerning what is good and bad or right and wrong behaviour ভালোমন্দ, ন্যায়অন্যায় সম্পর্কীয় নীতিশাস্ত্র; নৈতিকতা *a debate about the morality of abortion* ✪ বিপ **immorality**

moralize (*also* **-ise**) / ˈmɒrəlaɪz 'মর্‌্যালাইজ্ / *verb* [I] **moralize (about/on sth)** to tell other people what the right or wrong way to behave is অন্যের কি করা উচিত বা কি করা উচিত নয় এসব নিয়ে অন্যদের শেখানো; নীতি শিক্ষা দেওয়া

morally / ˈmɒrəli 'মর‌্যালি / *adv.* connected with standards of what is right or wrong নীতিগতভাবে

morass / məˈræs ম্যা'র‍্যাস্ / *noun* **1** [*sing.*] a complicated and dangerous situation that is especially difficult to escape from জটিল এবং সংকটপূর্ণ পরিস্থিতি যার থেকে পালানো কঠিন; জাল, ফাঁদ *a morass of lies and deceit* **2** [C] an area of low soft wet marshy land নিম্নভূমি; জলাভূমি

moratorium / ˌmɒrəˈtɔːriəm ˌমর‌্যা'টঃরিঅ্যাম্ / *noun* [C] **a moratorium (on sth)** a temporary stopping of an activity, especially by official agreement সরকারি চুক্তির মাধ্যমে কোনো কর্মকাণ্ড সাময়িকভাবে স্থগিত রাখা হয়েছে এমন *The convention called for a two-year moratorium on commercial whaling.*

morbid / ˈmɔːbɪd 'মঃবিড্ / *adj.* showing interest in unpleasant things, for example disease and death মৃত্যু, অসুস্থতা এই সমস্ত অপ্রীতিকর বিষয়ে যে বেশি আগ্রহী, এই সব বিষয়ে ভাবতে বা আলোচনা করতে ভালোবাসে এমন

more¹ / mɔː(r) মঃ(র্) / *det., pronoun* a larger number or amount of people or things; sth extra as well as what you have জনগণ বা বস্তুসমূহের অধিকতর পরিমাণ বা সংখ্যা; যা আছে তার চেয়ে আরও কিছু বেশি *There were* ***more*** *people* ***than*** *I expected.* ○ *We had more time than we thought.* ✪ বিপ **less** অথবা **fewer**

IDM more and more an increasing amount or number একের পর এক, আরও বেশি, উত্তরোত্তর *There are more and more cars on the road.*

what's more (used for adding another fact) also; in addition (আরও একটা তথ্য যোগ করতে ব্যবহৃত) তাছাড়াও, তদুপরি; এর উপরেও *The hotel was awful and what's more it was miles from the beach.*

more² / mɔː(r) মঃ(র্) / *adv.* **1** used to form the comparative of many adjectives and adverbs বিভিন্ন ধরনের বিশেষণ এবং ক্রিয়াবিশেষণের তুলনামূলক আকার গঠনে ব্যবহৃত হয় *She was* ***far/much more*** *intelligent* ***than*** *her sister.* ○ *a course for more advanced students* ○ *Please write more carefully.* ✪ বিপ **less 2** to a greater degree than usual or than sth else স্বাভাবিক বা অন্য কিছুর থেকে অনেকটাই বেশি *I like him* ***far/much more*** *than his wife.* ✪ বিপ **less**

IDM not any more not any longer আজকাল নয়, এখন আর নয় *She doesn't live here any more.*

more or less approximately; almost মোটামুটি; প্রায় *We are more or less the same age.*

moreover / mɔːrˈəʊvə(r) মঃর্'অ্যাউভ্যা(র্) / *adv.* (*written*) (used for adding another fact) also; in addition (অন্য তথ্য যোগ করতে ব্যবহৃত) এছাড়াও; এর সঙ্গে, তদুপরি *This firm did the work very well. Moreover, the cost was not too high.*

morgue / mɔːg মঃগ্ / *noun* [C] a building where dead bodies are kept until they are buried or burned কবর বা সৎকারের আগে যে ভবনে মৃতদেহ রাখা হয়; শবাগার; মর্গ ➪ **mortuary** দেখো।

morning / ˈmɔːnɪŋ 'মঃনিং / *noun* [C, U] **1** the early part of the day between the time when the sun rises and midday দিনের প্রথম ভাগ, সূর্যোদয় থেকে মধ্যাহ্নের মধ্যবর্তী সময়; সকাল, সকালবেলা, প্রভাত, প্রাতঃকাল *Bye, see you* ***in the morning*** (= tomorrow morning). ○ *I've been studying hard* ***all morning***. **2** the part of the night that is after midnight মধ্যরাত্রি অর্থাৎ রাত্রি বারোটার পরবর্তী সময় *I was woken by a strange noise in* ***the early hours of the morning***. ○ *He didn't come home until three* ***in the morning***.

> **NOTE** 'Morning', 'afternoon' এবং 'evening' শব্দগুলি ব্যবহার করার পূর্বে 'early' অথবা 'late' এই দুটি বিশেষণ (adjective) ব্যবহার করা হলে তার সঙ্গে **in** এই পদান্বয়ী অব্যয়টি (preposition) অবশ্যই ব্যবহার করতে হবে—*The accident happened in the early morning.* ○ *We arrived in the late afternoon.* অন্য কোনো বিশেষণের (adjective) সঙ্গে **on** শব্দটি ব্যবহার করা হয়—*School starts on Monday morning.* ○ *They set out on a cold, windy afternoon.* 'This', 'tomorrow', 'yesterday'-র পূর্বে কোনো পদান্বয়ী অব্যয় প্রয়োগ করা হয় না—*Let's go swimming this morning.* ○ *I'll phone Leena tomorrow evening.*
>
> প্রাতঃকালে কোনো ব্যক্তির সঙ্গে প্রথমবার দেখা হলে তাকে *good morning* বলা হয় কিন্তু সাক্ষাৎ যদি আনুষ্ঠানিক না হয় তাহলে কেবল morning বললেই চলে—*Morning Bela, how are you today?*

moron / ˈmɔːrɒn ˈম:রন্ / *noun* [C] (*informal*) a rude way of referring to sb who you think is very stupid কারও মূর্খামি বোঝাতে বৃঢ়ভাবে এর ব্যবহার করা হয় *Stop treating me like a moron!* ▶ **moronic** / məˈrɒnɪk ম্যা'রনিক্ / *adj.* মূর্খের মতো, বোকার মতো

morose / məˈrəʊs ম্যা'র‍্যাউস্ / *adj.* bad-tempered, and not saying much to other people বদমেজাজি এবং অন্যদের সঙ্গে কম কথা বলে এমন মানুষ; বিষণ্ণ, মনমরা ▶ **morosely** *adv.* মনমরাভাবে

morphine / ˈmɔːfiːn ˈম:ফীন্ / *noun* [U] a powerful drug that is used for reducing pain বেদনানাশক শক্তিশালী ওষুধ; মরফিন

morphology / mɔːˈfɒlədʒi ম:ˈফল্যাজি / *noun* [U] (*technical*) **1** the form and structure of animals and plants, studied as a science যে বিজ্ঞানে প্রাণী ও উদ্ভিদের আকার ও গঠন সম্বন্ধে জানা যায় **2** the form of words, studied as a branch of **linguistics** ভাষাতত্ত্বের যে শাখায় শব্দগঠন আলোচিত হয় ➪ **grammar** দেখো। ▶ **morphological** / ˌmɔːfəˈlɒdʒɪkl ˌম:ফ্যা'লজিক্‌ল্ / *adj.* রূপগত, গঠন সংক্রান্ত

Morse code / ˌmɔːsˈkəʊd ˌম:স্ˈক্যাউড্ / *noun* [U] **1** a system of communication developed by Samuel Morse in which the letters of the alphabet are coded as a combination of dots and dashes so that messages can either be sent using light, sound or wireless স্যামুয়েল মর্স কর্তৃক উদ্ভাবিত যোগাযোগ ব্যবস্থাবিশেষ যার দ্বারা ইংরেজি বর্ণমালার অক্ষরগুলি ডট এবং ড্যাশের সংকেতলিপিতে পরিবর্তিত হয়ে যায় এবং এই প্রকারে রূপান্তরিত বার্তা আলোক, ধ্বনি অথবা বেতার মাধ্যমে প্রচার করা যায়; মর্স কোড **2** a method of sending messages using these signals এই প্রণালীর মাধ্যমে সংবাদ পাঠানোর পদ্ধতি

morsel / ˈmɔːsl ˈম:স্‌ল্ / *noun* [C] a very small piece of sth, usually food কোনো কিছুর, সাধারণত খাদ্যদ্রব্যের খুব ছোটো টুকরো

mortal[1] / ˈmɔːtl ˈম:ট্‌ল্ / *adj.* **1** that cannot live forever and must die যা চিরদিন বাঁচে না; মরণশীল, নশ্বর *We are all mortal.* ✪ বিপ **immortal** **2** (*written*) that will result in death মৃত্যুদায়ী, প্রাণঘাতী *a mortal wound/blow* ○ *to be in mortal danger* ➪ **fatal** দেখো। **3** very great or extreme নিদারুণ, চরম *They were in mortal fear of the enemy.* ▶ **mortally** / -təli -ট্যালি / *adv.* মারাত্মকভাবে, সাংঘাতিকভাবে

mortal[2] / ˈmɔːtl ˈম:ট্‌ল্ / *noun* [C] (*formal*) a human being মানুষ, ব্যক্তি

mortality / mɔːˈtæləti ম:ˈট্যাল্যাটি / *noun* [U] **1** the number of deaths in one period of time or in one place একটি বিশেষ সময়কালে বা স্থানে মৃত্যুর সংখ্যা; মৃত্যুহার *Infant mortality is high in the region.* **2** the fact that nobody can live for ever মরণশীলতা, নশ্বরতা *He didn't like to think about his own mortality.*

mortar / ˈmɔːtə(r) ˈম:ট্যা(র্) / *noun* **1** [U] a mixture of cement, sand and water used in building for holding bricks and stones together বাড়ি তৈরির কাজে ইঁট, পাথর গাঁথার জন্য সিমেন্ট, বালি ও জলের মিশ্রণ **2** [C] a type of heavy gun that fires a type of bomb high into the air উঁচু দিয়ে গোলা ছোড়ার ভারী কামানবিশেষ **3** [C] a small heavy bowl used when crushing food, etc. into powder with a special object (**a pestle**) হামানদিস্তার গোলবাটি ➪ **laboratory**-তে ছবি দেখো।

mortgage / ˈmɔːɡɪdʒ ˈম:গিজ্ / *noun* [C] money that you borrow in order to buy a house or flat বাড়ি ইত্যাদি কেনার জন্য বাড়ি বন্ধক রেখে যে অর্থ ঋণ হিসেবে পাওয়া যায় *We took out a Rs 40,000 mortgage.*

NOTE সাধারণত কোনো **bank** অথবা **building society**-র কাছে টাকা ধার নেওয়া যায়। টাকা ধার দেওয়ার সময়ে loan-এর উপরে **rate of interest** (সুদের হার) ঠিক করে দেওয়া হয়।

mortician / mɔːˈtɪʃn ম:ˈটিশ্‌ন্ / (*AmE*) =**undertaker**

mortify / ˈmɔːtɪfaɪ ˈম:টিফাই / *verb* [T] (*usually passive*) (*pres. part.* **mortifying;** *3rd person sing. pres.* **mortifies;** *pt, pp* **mortified**) (*formal*) to make sb feel very embarrassed কাউকে অত্যন্ত অস্বস্তির মধ্যে ফেলা *She* ***was mortified to*** *realize he had heard every word she said.* ▶ **mortification** / ˌmɔːtɪfɪˈkeɪʃn ˌম:টিফি'কেইশ্‌ন্ / *noun* [U] মানহানিকর কাজ, অবমাননাকর কাজ ▶ **mortifying** *adj.* অস্বস্তিজনক, অপমানকর *How mortifying to have to apologize to him!*

mortise (*also* **mortice**) / ˈmɔːtɪs ˈম:টিস্ / *noun* [C] (*technical*) a hole cut in a piece of wood, etc. to receive the end of another piece of wood, so that the two are held together কাঠ ইত্যাদির মধ্যে এমনভাবে করা গর্ত যার মধ্যে মাপমতো অন্য আর একটি কাঠ ঢুকিয়ে দুটি অংশ একসঙ্গে জোড়া যায়

mortuary / ˈmɔːtʃəri ˈম:চ্যারি / *noun* [C] (*pl.* **mortuaries**) a room, usually in a hospital, where dead bodies are kept before they are buried or burned হাসপাতালের কোনো ঘর, সাধারণত অন্ত্যেষ্টিক্রিয়ার আগে যে ঘরে মৃতদেহ রাখা হয়; শবাগার ➪ **morgue** দেখো।

mosaic / məʊˈzeɪɪk ম্যাউ'জেইইক্ / *noun* [C, U] a picture or pattern that is made by placing together small coloured stones, pieces of glass, etc. ছোটো ছোটো রঙিন পাথর, কাচের টুকরো ইত্যাদি পাশাপাশি বসিয়ে বানানো ছবি বা নকশা; মোজেক

Moslem = **Muslim**

mosque / mɒsk মস্ক্ / *noun* [C] a building where Muslims meet and pray মুসলমানদের উপাসনাগৃহ; মসজিদ

mosquito / məˈskiːtəʊ; mɒs- ম্যা'স্কীট্যাউ; মস্- / *noun* [C] (*pl.* **mosquitoes**) a small flying insect that lives in hot countries and bites people or animals to drink their blood. Some types of mosquito spread a very serious disease (**malaria**) গ্রীষ্মপ্রধান দেশের মানুষ এবং অন্যান্য প্রাণীর রক্তচোষক পতঙ্গ। কোনো কোনো জাতের মশা ম্যালেরিয়া ছড়ায়; মশক; মশা ➪ **insect**-এ ছবি দেখো।

moss / mɒs মস্ / *noun* [C, U] a small soft green plant, with no flowers, that grows in wet places, especially on rocks or trees পাথরে বা গাছে জন্মানো ছোটো নরম গুল্ম যার কোনো ফুল হয় না; শ্যাওলা, শৈবাল, পানা ▶ **mossy** *adj.* শৈবালাচ্ছাদিত, শ্যাওলা-পড়া, পানাযুক্ত

most[1] / məʊst ম্যাউস্ট্ / *det., pronoun* **1** (used as the superlative of 'many' and 'much') greatest in number or amount ('many' এবং 'much'-এর সর্বোচ্চ বাচক রূপ হিসেবে ব্যবহৃত) সংখ্যা বা পরিমাণে সব থেকে বেশি; সর্বাধিক *Who got the most points?* ○ *We all worked hard but I did the most.* ✪ বিপ **least** অথবা **fewest** **2** nearly all of a group of people or things কোনো দল বা গোষ্ঠীর মধ্যে প্রায় সকলেই *Most people in this country have a television.* ○ *I like most Italian food.*

> **NOTE** **Most** শব্দটির পরে যদি কোনো বিশেষ্যপদ (noun) ব্যবহার করা হয় যার মধ্যে **the, this, my** শব্দগুলি আছে তাহলে **most of** ব্যবহার করতে হবে—*Most of my friends were able to come to the wedding.* ○ *It rained most of the time we were at Mumbai.*

IDM **at (the) most** not more than a certain number, and probably less একটা নির্দিষ্ট সংখ্যার বেশি তো নয়ই বরং তার কম *There were 20 people there, at the most.*

make the most of sth ➪ **make**[1] দেখো।

most[2] / məʊst ম্যাউস্ট্ / *adv.* **1** used to form the superlative of many adjectives and adverbs একাধিক বিশেষণ এবং ক্রিয়াবিশেষণের সর্বোচ্চ মাত্রা (superlative) বোঝাতে ব্যবহৃত *It's the most beautiful house I've ever seen.* ○ *I work most efficiently in the morning.* ✪ বিপ **least** **2** more than anyone/anything else অন্য যে-কোনো লোক বা যে-কোনো বস্তুর থেকে বেশি *What do you miss most when you're abroad?* ✪ বিপ **least** **3** (*formal*) very খুব, সবচেয়ে *We heard a most interesting talk about Japan.*

mostly / ˈməʊstli 'ম্যাউস্ট্লি / *adv.* in almost every case; almost all the time প্রায় সব ক্ষেত্রেই; প্রায় সব সময়েই *Our students come mostly from Japan.*

motel / məʊˈtel ম্যাউ'টেল্ / *noun* [C] a hotel near a main road for people who are travelling by car প্রধান রাস্তার ধারের হোটেল, যেখানে মোটরগাড়ির যাত্রীরা গাড়িসমেত রাত্রিবাস করতে পারে

moth / mɒθ মথ্ / *noun* [C] an insect with a hairy body and large wings that usually flies at night. Some moths eat cloth and leave small holes in your clothes ডানাওয়ালা বড়ো পতঙ্গ, মথ যারা রাতে বেরোয়, কোনো কোনো মথ কাপড় কেটে ছোটো গর্ত বানিয়ে দেয় ➪ **insect**-এ ছবি দেখো।

mothball / ˈmɒθbɔːl 'মথ্বːল্ / *noun* [C] a small ball made of a chemical substance that protects clothes in cupboards from moths পোকার হাত থেকে কাপড় বাঁচানোর জন্য বিশেষ রাসায়নিক পদার্থের ছোটো ছোটো গুলি

mother[1] / ˈmʌðə(r) 'মাদ্যা(র্) / *noun* [C] the female parent of a person or an animal মা, জননী, জন্মদাত্রী ➪ **mum, mummy** এবং **stepmother** দেখো।

mother[2] / ˈmʌðə(r) 'মাদ্যা(র্) / *verb* [T] to look after sb as a mother does মায়ের মতো যত্ন নিয়ে দেখাশোনা করা *Stop mothering me—I can look after myself!*

motherhood / ˈmʌðəhʊd 'মাদ্যাহুড্ / *noun* [U] the state of being a mother মাতৃত্ব

mother-in-law *noun* [C] (*pl.* **mothers-in-law**) the mother of your husband or wife শ্বশ্রূমাতা, শাশুড়ি

motherland / ˈmʌðəlænd 'মাদ্যাল্যান্ড্ / *noun* [C] (*formal*) the country where you or your family were born and which you feel a strong emotional connection with যে দেশে কোনো ব্যক্তি বা তার পরিবার জন্মগ্রহণ করেছে এবং যে দেশের প্রতি তার খুব আবেগপূর্ণ যোগ রয়েছে; মাতৃভূমি, স্বদেশভূমি, জন্মভূমি

motherly / ˈmʌðəli 'মাদ্যালি / *adj.* having the qualities of a good mother মাতৃভাবাপন্ন *motherly love*

mother tongue *noun* [C] the first language that you learned to speak as a child শৈশবে শেখা প্রথম ভাষা; মাতৃভাষা

motif / məʊˈtiːf ম্যাউ'টীফ্ / *noun* [C] a picture or pattern on sth কোনো জিনিসের উপর লাগানো নকশা বা ছবি; মোটিফ

motion[1] / ˈməʊʃn 'ম্যাউশ্ন্ / *noun* **1** [U] movement or a way of moving গতি, চলা, চলার ধরন, গতির প্রকৃতি *The motion of the ship made us all feel* *sick.* ○ *Pull the lever to* **set** *the machine* **in motion** (=make it start moving). ➪ **slow motion** দেখো। **2** [C] a formal suggestion at a meeting that you discuss and vote on কোনো সভাসমিতিতে আনুষ্ঠানিকভাবে আলোচনা এবং ভোটাভুটির জন্য উত্থাপিত প্রস্তাব *The motion was carried/rejected by a majority of eight votes.*

motion² / ˈməʊʃn ˈম্যাউশ্ন্ / *verb* [I, T] **motion to sb (to do sth); motion (for) sb (to do sth)** to make a movement, usually with your hand, that tells sb what to do হাতের দ্বারা ইঙ্গিত করে কি করণীয় বোঝানো *I motioned to the waiter.* ○ *The manager motioned for me to sit down.*

motionless / ˈməʊʃnləs ˈম্যাউশ্ন্ল্যাস্ / *adj.* not moving অচল, স্থানু, স্থির, গতিহীন

motivate / ˈməʊtɪveɪt ˈম্যাউটিভেইট্ / *verb* [T] **1** (*usually passive*) to cause sb to act in a particular way কাউকে উদ্দীপিত করা, অনুপ্রাণিত করা *Her reaction was motivated by fear.* **2** to make sb want to do sth, especially sth that involves hardwork and effort কোনো শক্ত বা কঠিন কাজে কাউকে উদ্বুদ্ধ করা *Our new teacher certainly knows how to motivate his classes.* ▶ **motivated** *adj.* অনুপ্রাণিত, উদ্দীপ্ত *highly motivated students* ▶ **motivation** / ˌməʊtɪˈveɪʃn ˌম্যাউটিˈভেইশ্ন্ / *noun* [C, U] অনুপ্রেরণা, প্রেরণা, শক্তিসঞ্চার *He's clever enough, but he lacks motivation.*

motive / ˈməʊtɪv ˈম্যাউটিভ্ / *noun* [C, U] **(a) motive (for sth/doing sth)** a reason for doing sth,often sth bad কোনো কিছু, অনেক সময়েই অন্যায় কিছু করার কারণ বা উদ্দেশ্য *The police couldn't discover a motive for the murder.*

motor¹ / ˈməʊtə(r) ˈম্যাউট্যা(র্) / *noun* [C] a device that uses petrol, gas, electricity, etc. to produce movement and makes a machine, etc. work যে যন্ত্রাংশ পেট্রল, গ্যাস, বিদ্যুৎ ইত্যাদি ব্যবহার করে গতি বা বেগ সঞ্চার করে এবং যন্ত্রটিকে চালু রাখে *The washing machine doesn't work. I think something is wrong with the motor.*

> **NOTE** গাড়ি অথবা মোটরসাইকেলের ক্ষেত্রে **motor** শব্দটির পরিবর্তে **engine** ব্যবহার করা হয়। গাড়িকে অনেক সময়ে আনুষ্ঠানিকভাবে **motor cars** বলা হয়।

motor² / ˈməʊtə(r) ˈম্যাউট্যা(র্) / *adj.* (*only before a noun*) **1** having or using the power of an engine or a motor যাতে মোটরের শক্তি কাজে লাগানো হয় *a motor vehicle* **2** (*BrE*) connected with vehicles that have engines, especially cars ইঞ্জিন আছে এমন কোনো গাড়ি, বিশেষ করে মোটরগাড়ি সংক্রান্ত *the motor industry* ○ *motor racing*

motorbike / ˈməʊtəbaɪk ˈম্যাউট্যাবাইক্ / (*formal* **motorcycle**) *noun* [C] a vehicle that has two wheels and an engine দুটি চাকা ও ইঞ্জিন যুক্ত গাড়ি; মোটরবাইক

motor boat *noun* [C] a small fast boat that has a motor ইঞ্জিন বা মোটর লাগানো দ্রুতগামী ছোটো নৌকো

motor car (*BrE formal*) = **car 1**

motorcycle / ˈməʊtəsaɪkl ˈম্যাউট্যাসাইক্‌ল্ / (*formal*) = **motorbike**

motorcyclist / ˈməʊtəsaɪklɪst ˈম্যাউট্যাসাইক্লিস্ট্ / *noun* [C] a person who rides a motorbike মোটরসাইকেলে চাপে এমন ব্যক্তি; মোটর সাইকেলে আরোহী

motoring / ˈməʊtərɪŋ ˈম্যাউট্যারিং / *noun* [U] driving in a car মোটরগাড়ি চালিয়ে বেড়ানো *a motoring holiday*

motorist / ˈməʊtərɪst ˈম্যাউট্যারিস্ট্ / *noun* [C] a person who drives a car এমন কেউ যে মোটরগাড়ি চালায় ➪ **pedestrian** দেখো।

motorized (*also* **-ised**) / ˈməʊtəraɪzd ˈম্যাউট্যারাইজ়্ড্ / *adj.* (*only before a noun*) that has an engine কোনো কিছু যাতে ইঞ্জিন লাগানো আছে *a motorized wheelchair*

motorway / ˈməʊtəweɪ ˈম্যাউট্যাউএই / (*AmE* **expressway; freeway**) *noun* [C] a wide road connecting cities that is specially built for fast traffic জোরে যানবাহন চলাচলের জন্য চওড়া রাস্তা যা বড়ো বড়ো শহর সংযুক্ত করে

mottled / ˈmɒtld ˈমট্‌ল্ড্ / *adj.* marked with shapes of different colours without a regular pattern বিভিন্ন রঙের দাগ-ছোপ দেওয়া কিন্তু যার বিশেষ কোনো নকশা নেই *the mottled skin of a snake*

motto / ˈmɒtəʊ ˈমট্যাউ / *noun* [C] (*pl.* **mottoes** or **mottos**) a short sentence or phrase that expresses the aims and beliefs of a person, a group, an organization, etc. বাক্য বা বাক্যাংশ যা কোনো ব্যক্তি, দল, সংগঠন ইত্যাদির উদ্দেশ্য এবং আদর্শ প্রকাশ করে *'Live and let live'—that's my motto.*

mould¹ (*AmE* **mold**) / məʊld ম্যাউল্ড্ / *noun* **1** [C] a container that you pour a liquid or substance into. The liquid then becomes solid (**sets**) in the same shape as the container, for example after it has cooled or cooked কোনো পাত্র যার মধ্যে তরল পদার্থ ঢেলে দেওয়া হয়। তারপর (ঠান্ডা বা রান্না হয়ে গেলে) সেটি জমে গিয়ে পাত্রের আকার ধারণ করে; ছাঁচ **2** [C, *usually sing.*] a particular type বিশেষ ধাঁচ, বিশেষ ধরন *She doesn't fit into the usual mould of sales directors.* **3** [U] a soft green or black substance like fur (**fungus**) that grows in wet places or on old food স্যাঁতসেঁতে জায়গায় অথবা বাসি খাবারে যে নরম, সবুজ বা কালো রঙের পদার্থ তৈরি হয়; ছাতা ▶ **mouldy** (*AmE* **moldy**) *adj.* ছাতা পড়া *The cheese had gone mouldy.*

mould² (*AmE* **mold**) / məʊld ম্যাউল্ড্ / *verb* [T] **mould A (into B); mould B (from/out of A)** to make sth into a particular shape or form by pressing it or by putting it into a **mould¹ 1** কোনো কিছু চেপেচুপে অথবা ছাঁচে ঢেলে বিশেষ আকার দেওয়া *First mould the dough into a ball.* ○ *a bowl moulded from clay*

moult (*AmE* **molt**) / məʊlt ম্যাউল্ট্/ *verb* [I] (used about an animal or a bird) to lose hairs or feathers before growing new ones (জন্তু বা পাখি সম্বন্ধে ব্যবহৃত) চুল অথবা পালক পড়ে নতুন চুল এবং পালক গজানো বা ওঠা

mound / maʊnd মাউন্ড্ / *noun* [C] **1** a large pile of earth or stones; a small hill মাটি বা পাথরের বড়ো স্তূপ; ছোটোপাহাড় **2** (*spoken*) **a mound (of sth)** a pile or a large amount of sth রাশিকৃত বা প্রচুর পরিমাণে কোনো কিছুর বড়ো গোছের স্তূপ *I've got a mound of work to do.*

mount¹ / maʊnt মাউন্ট্ / *verb* **1** [T] to organize sth কোনো কিছু সংগঠিত করা, সংঘবদ্ধ করা, বন্দোবস্ত করা *to mount a protest/a campaign/an exhibition/an attack* **2** [I] to increase gradually in level or amount স্তর বা পরিমাণে আস্তে আস্তে বেড়ে ওঠা *The tension mounted as the end of the match approached.* **3** [T] (*written*) to go up sth or up on to sth কোনো কিছুতে ওঠা, উঠে পড়া *He mounted the platform and began to speak.* **4** [I, T] to get on a horse or bicycle ঘোড়া বা সাইকেলে ওঠা বা চড়া ✪ বিপ **dismount 5** [T] **mount sth (on/onto/in sth)** to fix sth firmly on sth else কোনো কিছুতে দৃঢ়ভাবে কিছু লাগানো *The gas boiler was mounted on the wall.*

PHR V **mount up** to increase (often more than you want) বেড়ে যাওয়া (প্রায়শই যা চাওয়া হয় তার চেয়ে বেশি) *When you're buying food for six people the cost soon mounts up.*

mount² / maʊnt মাউন্ট্ / *noun* [C] (*abbr.* **Mt**) (used in names) a mountain পাহাড়ের নামের আগে ব্যবহার করা হয় *Mt Everest*

mountain / ˈmaʊntən ˈমাউন্ট্যান্ / *noun* [C] **1** a very high hill খুব উঁচু পাহাড় *Which is the highest mountain in the world?* ○ *mountain roads/scenery/villages* **2 a mountain (of sth)** a large amount of sth অনেকটা, বেশি পরিমাণে *I've got a mountain of work to do.* ○ *the problem of Europe's butter mountain* (=the large amount of butter that has to be stored because it is not needed)

mountain bike *noun* [C] a bicycle with a strong frame, wide tyres and many different **gears**, designed for riding on rough ground এবড়ো খেবড়ো বা পাহাড়ের রাস্তায় চালানোর জন্য শক্তপোক্ত বাইক, এতে চওড়া টায়ার এবং অনেকগুলি গিয়ার থাকে

> **NOTE** **Mountain biking** বাক্যাংশটি সাধারণত খুশি বা আমোদের কারণে পাহাড়ে বাইকে চড়ে ভ্রমণ করার বিষয়ে ব্যবহার করা হয়।

mountaineering / ˌmaʊntəˈnɪərɪŋ ˌমাউন্ট্যা-ˈনিঅ্যারিং / *noun* [U] the sport of climbing mountains পর্বতারোহণ ▶ **mountaineer** / -ˈnɪə(r) -ˈনিঅ্যা(র্) / *noun* [C] পর্বতারোহী

mountain lion (*AmE*) = **puma**

mountainous / ˈmaʊntənəs ˈমাউন্ট্যান্যাস্ / *adj.* **1** having many mountains পাহাড়ী জায়গা, যেখানে অনেক পাহাড় আছে *a mountainous region* **2** very large in size or amount আকারে অনেক বড়ো, পরিমাণে অনেক বেশি *The mountainous waves made sailing impossible.*

mountainside / ˈmaʊntənsaɪd ˈমাউন্ট্যান্সাইড্ / *noun* [C] the land on the side of a mountain পাহাড়ের পাশের জায়গা

mounted / ˈmaʊntɪd ˈমাউন্টিড্ / *adj.* riding a horse ঘোড়ায় চড়া অবস্থায়; অশ্বারূঢ় *mounted police*

mounting / ˈmaʊntɪŋ ˈমাউন্টিং / *adj.* (*only before a noun*) increasing যা বেড়ে চলেছে; ক্রমবর্ধমান *mounting unemployment/tension*

mourn / mɔːn ম:ন্ / *verb* [I, T] **mourn (for/over) sb/sth** to feel and show great sadness, especially because sb has died কারও মৃত্যুতে গভীর শোক অনুভব করা এবং প্রকাশ করা *She is still mourning (for) her child.* ▶ **mourning** *noun* [U] শোকার্ত *He wore a black armband to show he was* ***in mourning***.

mourner / ˈmɔːnə(r) ˈম:ন্যা(র্) / *noun* [C] a person who goes to a funeral as a friend or relative of the person who has died কারও অন্ত্যেষ্টিক্রিয়ায় মৃতের বন্ধু অথবা আত্মীয় কুটুম্ব হিসেবে যোগদানকারী ব্যক্তি

mournful / ˈmɔːnfl ˈম:নফ্ল্ / *adj.* (*written*) very sad শোককাতর, খুব দুঃখিত *a mournful song* ▶ **mournfully** / -fəli -ফ্যালি / *adv.* দুঃখিতভাবে, শোকাহতভাবে, শোকাতুরভাবে

mouse / maʊs মাউস্ / *noun* [C] (*pl.* **mice** / maɪs মাইস্ /) **1** a very small animal with fur and a long thin tail লোম ও লম্বা লেজযুক্ত একটি খুব ছোটো প্রাণী; নেংটি ইঁদুর

> **NOTE** **Mice, rats** এবং **hamsters**-এরা **rodent** গোষ্ঠীর অন্তর্গত।

2 a piece of equipment, connected to a computer, for moving around the screen and entering commands without touching the keys কম্পিউটারে লাগানো একরকম যন্ত্র যার বোতাম ক্লিক করে সহজেই

স্ক্রিনের উপর দেওয়া বিভিন্ন কম্যান্ডে যাওয়া যায়; মাউস *Use the mouse to drag the icon to a new position.*

mousse / mu:s মূস্ / *noun* [C, U] **1** a type of light food that is made by mixing together cream and egg whites and adding another food for flavour একধরনের হালকা খাদ্য যা ক্রিম এবং ডিমের সাদা অংশ মিশিয়ে এবং স্বাদ বৃদ্ধির জন্য তার সঙ্গে অন্য খাবার যোগ করে তৈরি করা হয়; মূস *(a) chocolate/salmon mousse* **2** a light substance containing a lot of bubbles that you use to make your hair stay in a particular style বুদ্‌বুদওয়ালা একরকম হালকা পদার্থ যা বিশেষ কায়দায় চুল ঠিক রাখার জন্য ব্যবহার করা হয়; মূস

moustache / məˈstɑːʃ ম্যা'স্টা:শ্ / (*AmE* **mustache**) *noun* [C] hair that grows on a man's top lip, between the mouth and nose গোঁফ, গুম্ফ

mouth¹ / maʊθ মাউথ্ / *noun* [C] (*pl.* **mouths** / maʊðz মাউদ্‌জ্ /) **1** the part of your face that you use for eating and speaking মুখগহ্বর, মুখবিবর, মুখ *to open/close your mouth* ➪ **body**-তে ছবি দেখো। **2 -mouthed** / maʊðd মাউদ্‌ড্ / (*used to form compound adjectives*) having a particular type of mouth or a particular way of speaking বিশেষ একধরনের মুখ সম্পন্ন, বিশেষভাবে কথা বলার ধরন *We stared open-mouthed in surprise.* ○ *He's a loud-mouthed bully.* **3** the place where a river enters the sea নদী যেখানে সমুদ্রে মেশে; মোহনা

IDM keep your mouth shut (*informal*) to not say sth to sb because it is a secret or because it will upset or annoy him/her গোপন কিছু বা অন্যের বিরক্তি উদ্রেককর কিছু বলতে কাউকে বারণ করা, মুখ না খোলা; কিছু না বলা

mouth² / maʊð মাউদ্ / *verb* [I, T] to move your mouth as if you were speaking but without making any sound কোনো আওয়াজ বার না করে কিছু বলার মতো মুখ নাড়া *Vinay was outside the window, mouthing something to us.*

mouthful / ˈmaʊθfʊl 'মাউথ্‌ফুল্ / *noun* **1** [C] the amount of food or drink that you can put in your mouth at one time একবারে যতটা খাদ্য বা পানীয় মুখে পোরা বা নেওয়া যায়; একগ্রাস **2** [*sing.*] a word or phrase that is long or difficult to say লম্বা কোনো শব্দ বা বাক্যাংশ যা বলা সহজ নয় *Her name is a bit of a mouthful.*

mouth organ = **harmonica**

mouthpiece / ˈmaʊθpiːs 'মাউথ্‌পীস্ / *noun* [C] **1** the part of a telephone, musical instrument, etc. that you put in or near your mouth টেলিফোন, বাদ্যযন্ত্র ইত্যাদির যে অংশটি মুখের কাছে ধরা হয় **2** a person, newspaper, etc. that a particular group uses to express its opinions খবরের কাগজ ইত্যাদি যার মাধ্যমে বিশেষ কোনো দল তাদের মতামত প্রকাশ করে; নিজস্ব মুখপাত্র

mouth-watering *adj.* (used about food) that looks or smells very good (খাদ্য সম্বন্ধে ব্যবহৃত) যার গন্ধ পেলে অথবা যা দেখলে মুখে জল আসে; লোভনীয়, স্বাদু

movable / ˈmuːvəbl 'মূভ্যাব্‌ল্ / *adj.* that can be moved যা সরানো বা নাড়ানো যায়, অস্থাবর (সম্পত্তি) ✪ বিপ **fixed** ➪ **portable** এবং **mobile** দেখো।

move¹ / muːv মূভ্ / *verb* **1** [I, T] to change position or to put sth in a different position জায়গা বদল করা বা কোনো কিছু এক জায়গা থেকে অন্য জায়গায় রাখা *The station is so crowded you* ***can hardly move****.* ○ *The meeting has been moved to Thursday.* **2** [I, T] **move along, down, over, up, etc.** to move (sth) further in a particular direction in order to make space for sb/sth else কোনো কিছু সরানো যাতে অন্য কোনো ব্যক্তি বা বস্তুর জন্য জায়গা হয় *If we move up a bit, Raj can sit here too.* ○ *Move your head down—I can't see the screen.* **3** [I, T] to change the place where you live, work, study, etc. যে জায়গায় কেউ থাকে, কাজ, পড়াশোনা ইত্যাদি করে তা পরিবর্তন করা *Our neighbours are moving to Mumbai next week.* ○ *to* ***move house*** **4** [I] **move (on/ahead)** to make progress উন্নতি করা; উন্নতির পথে অগ্রসর হওয়া *When the new team of builders arrived things started moving very quickly.* **5** [I] to take action (কোনো ব্যাপারে) পদক্ষেপ নেওয়া *Unless we move quickly lives will be lost.* **6** [T] to cause sb to have strong feelings, especially of sadness কাউকে দুঃখ দেওয়া, মনোবেদনার উদ্রেক করা *Many people were* ***moved to tears*** *by reports of the massacre.*

IDM get moving to go, leave or do sth quickly কোনো কিছু তাড়াতাড়ি, চটপট করা

get sth moving to cause sth to make progress কোনো কিছু তাড়াতাড়ি করানো, কাজটা করতে সাহায্য করা

PHR V move in (with sb) to start living in a house (with sb) (কারও সঙ্গে) নতুন জায়গায় (বাড়িতে) বাস করতে আরম্ভ করা

move on (to sth) to start doing or discussing sth new নতুন কিছু করতে অথবা নতুন বিষয় আলোচনা করতে আরম্ভ করা

move off (used about a vehicle) to start a journey; to leave (কোনো গাড়ি সম্বন্ধে ব্যবহৃত) যাত্রা আরম্ভ করা, **move out** to leave your old home বাসস্থল ছেড়ে অন্যত্র যাওয়া

move² / muːv মূভ্ / *noun* [C] **1** a change of place or position স্থান বা পরিস্থিতির পরিবর্তন, জায়গা বদল *She was watching every move I made.* **2** a change in the place where you live or work বাসস্থান অথবা কাজ করার জায়গা বদল *a move to a bigger house* 3 action that you take because you want to achieve a particular result বিশেষ কোনো ফলের প্রত্যাশায় যা করা হয় *Both sides want to negotiate but neither is prepared to* ***make the first move***. ○ *Asking him to help me was* ***a good move***. 4 (in chess and other games) a change in the position of a piece (দাবা এবং অন্য খেলায়) ঘুঁটির স্থান পরিবর্তন *It's your move.*

IDM **be on the move** to be going somewhere কোথাও যাওয়া

get a move on (*informal*) to hurry তাড়াতাড়ি করা *I'm late. I'll have to get a move on.*

make a move to start to go somewhere কোথাও যাত্রা করা *It's time to go home. Let's make a move.*

movement / ˈmu:vmənt ˈমূভ্‌ম্যান্ট্ / *noun* 1 [C, U] an act of moving চলন; গতি *The dancer's movements were smooth and controlled.* ○ *The seat belt doesn't allow much freedom of movement.* 2 [C, U] an act of moving or being moved from one place to another এক জায়গা থেকে অন্য জায়গায় সরা বা সরানোর ক্রিয়া *the slow movement of the clouds across the sky* 3 [C, *usually sing.*] **a movement (away from/towards sth)** a general change in the way people think or behave লোকের ভাবনাচিন্তা, ব্যবহারে ব্যাপক পরিবর্তন; আন্দোলন *There's been a movement away from the materialism of the 1980s.* 4 **movements** [*pl.*] a person's actions or plans during a period of time একটা নির্দিষ্ট সময়ের মধ্যে কারও কাজকর্ম, গতিবিধি অথবা পরিকল্পনা *Detectives have been watching the man's movements for several weeks.* 5 [C] a group of people who have the same aims or ideas একদল লোক যাদের উদ্দেশ্য অথবা চিন্তাভাবনা একরকম *I support the Animal Rights movement.*

movie / ˈmu:vi ˈমুভি / *noun* (*AmE*) 1 =**film**[1] 1 *Shall we go and* ***see a movie***? ○ *a movie theater* (=cinema) 2 **the movies** [*pl.*] =**cinema** *Let's* ***go to the movies***.

moving / ˈmu:vɪŋ ˈমূভিং / *adj.* 1 causing strong feelings, especially of sadness প্রবল অনুভূতি, বিশেষ করে দুঃখ সৃষ্টি করে এমন; মর্মস্পর্শী *a deeply moving speech/story* 2 that moves যা নড়ে; যা সরানো যায় *It's a computerized machine with few moving parts.*

mow / məʊ ম্যাউ / *verb* [I, T] (*pt* **mowed**; *pp* **mown** / məʊn ম্যাউন্ / or **mowed**) to cut grass using a machine (**a mower**) যন্ত্র ব্যবহার করে ঘাস ছাঁটা *to mow the lawn*

IDM **mow sb down** to kill sb with a gun or a car কাউকে গুলি করে অথবা গাড়ি চাপা দিয়ে মেরে ফেলা

mower / ˈməʊə(r) ˈম্যাউঅ্যা(র্) / *noun* [C] a machine for cutting grass ঘাস ছাঁটার যন্ত্র *a lawnmower* ○ *an electric mower*

MP / ˌem ˈpi: ˌএম্ˈপী / *abbr.* Member of Parliament মেম্বার অফ পার্লামেন্টের সংক্ষেপিত রূপ; পার্লামেন্টের সদস্য; সাংসদ; এমপি

mph / ˌem pi: ˈeɪtʃ ˌএম্ পী ˈএইচ্ / *abbr.* miles per hour ঘন্টা প্রতি মাইল *a 70 mph speed limit*

MPV / ˌem pi: ˈvi: ˌএম্ পী ˈভী / *noun* [C] the abbreviation for 'multi-purpose vehicle', a large car like a van ভ্যানের মতো বড়ো গাড়ি ✪ সম **people carrier**

Mr / ˈmɪstə(r) ˈমিস্ট্যা(র্) / used as a title before the name of a man পুরুষ মানুষের নামের আগে ব্যবহার করা হয় শ্রীযুক্ত, শ্রী *Mr (Anil) Kumar* ➪ **Miss**-এ note দেখো।

mridangam *noun* [C] a barrel-shaped drum from South India, especially used in **Carnatic music** কর্ণাটকী সংগীতে ব্যবহৃত পিপাকৃতি দক্ষিণ ভারতীয় বাদ্যযন্ত্র বিশেষ; মৃদঙ্গ ➪ music-এ ছবি দেখো।

Mrs / ˈmɪsɪz ˈমিসিজ্ / used as a title before the name of a married woman বিবাহিতা মহিলার নামের আগে ব্যবহার করা হয় শ্রীমতী, শ্রীযুক্তা *Mrs (Sunita) Ray* ➪ **Miss** দেখো।

MS / ˌem ˈes ˌএম্ ˈএস্ / *abbr.* multiple sclerosis (সংক্ষেপিত রূপ) এম এস

Ms / mɪz; məz মিজ্; ম্যাজ্ / used as a title before the family name of a woman who may or may not be married বিবাহিত অথবা অবিবাহিত মহিলার পারিবারিক নামের আগে ব্যবহার করা হয় *Ms (Dolly) Rawat*

NOTE কিছু মহিলারা **Mrs** এবং **Miss**-এর পরিবর্তে **Ms** সম্বন্ধটি বেশি পছন্দ করেন। কোনো মহিলা বিবাহিতা না অবিবাহিত তা না জানা থাকলে তার নামের আগে **Ms** ব্যবহার করা যেতে পারে। **Miss**-এ নোট দেখো।

MSc / ˌem es ˈsi: ˌএম্ এস্ ˈসী / *abbr.* Master of Science: a second degree that you receive when you complete a more advanced course or piece of research in a science subject at university or college মাস্টার অফ সাইন্স-এর সংক্ষিপ্ত রূপ; বিশ্ববিদ্যালয়ের দ্বিতীয় ধাপের বিজ্ঞান শাখায় উচ্চতর পাঠক্রম বা গবেষণা সফলভাবে সম্পূর্ণ করার স্বীকৃতিসূচক প্রাপ্ত যে স্নাতকোত্তর ডিগ্রি; এমএসসি ➪ **BSc** এবং **MA** দেখো।

MSG / ˌem es ˈdʒi: ˌএম্ এস্ ˈজী/ *abbr.* monosodium glutamate মোনোসোডিয়াম গ্লুটামেট-এর সংক্ষেপিত রূপ; এমএসজি

Mt *abbr.* Mount-এর সংক্ষিপ্তরূপ *Mt Everest*

mth (*AmE* **mo**) (*pl.* **mths;** *AmE* **mos**) *abbr.* month মাস *6 mths old*

much / mʌtʃ মাচ্ / *det., pronoun, adv.* **1** (used with uncountable nouns, mainly in negative sentences and questions, or after ***as, how, so, too***) a large amount of sth as, how, so, too (অগণনযোগ্য বিশেষ্যের সঙ্গে বিশেষত নঞর্থক বাক্য বা প্রশ্নে অথবা as, how, so, too এগুলির পরে ব্যবহৃত) কোনো জিনিসের অনেকটা *You've given me **too much** food.* ○ ***How much*** *time have you got?*

> **NOTE** কোনো বিবৃতির মধ্যে সাধারণত **a lot of** ব্যবহার করা হয় **much** নয়—*I've got a lot of experience.*

2 to a great degree খুব বেশি পরিমাণ *I don't like her very much.* ○ *much taller/prettier/harder* ○ *much more interesting/unusual* **3** (*with past participles used as adjectives*) very (বিশেষণরূপে ব্যবহৃত অতীত কৃদন্ত পদের সঙ্গে) খুব *She was much loved by all her friends.*

IDM much the same very similar একই রকম বা ধরনের *Softball is much the same as baseball.*

nothing much ⇨ **nothing** দেখো।

not much good (at sth) not skilled (at sth) (কোনো বিষয় বা ব্যাপারে) পটু বা দক্ষ নয় *I'm not much good at singing.*

not much of a... not a good... ভালো বলা যায় না *She's not much of a cook.*

not up to much ⇨ **up** দেখো।

muck[1] / mʌk মাক্ / *noun* [U] **1** the waste from farm animals, used to make plants grow better জন্তু-জানোয়ারের বর্জ্য পদার্থ যা থেকে সার হয় ✪ সম **manure** **2** (*informal*) dirt or mud ধুলোবালি, কাদামাটি

muck[2] / mʌk মাক্ / *verb* (*informal*)

PHR V muck about/around to behave in a silly way or to waste time বোকার মতো আচরণ করা অথবা সময় নষ্ট করা *Stop mucking around and come and help me!*

muck sth up to do sth badly; to spoil sth কোনো কিছু খারাপভাবে করা; নষ্ট করা *I was so nervous that I completely mucked up my interview.*

mucous membrane *noun* [C] a thin layer of skin that covers the inside of the nose and mouth and the outside of other organs in the body, producing a sticky substance (**mucus**) to stop these parts from becoming dry নাক ও মুখের ভিতরের বা অন্যান্য প্রত্যঙ্গের উপরের পাতলা আস্তরণ বা ঝিল্লি যেটি এইসকল অঙ্গের শুকনো হয়ে যাওয়া আটকানোর জন্য চটচটে একরকম পদার্থ তৈরি করে; শ্লৈষ্মিক ঝিল্লি

mucus / ˈmjuːkəs ˈমিউক্যাস্ / *noun* [U] (*formal*) a sticky substance that is produced in some parts of the body, especially the nose চটচটে একরকম পদার্থ যা আমাদের শরীরের কোনো কোনো অংশে, বিশেষত নাকের মধ্যে উৎপন্ন হয়; শ্লেষ্মা ▶ **mucous** / ˈmjuːkəs ˈমিউক্যাস্ / *adj.* শ্লৈষ্মিক *mucous glands*

mud / mʌd মাড্ / *noun* [U] soft, wet earth কাদা, কাদামাটি *He came home from the football match **covered in mud**.*

muddle / ˈmʌdl ˈমাড্ল্ / *verb* [T] **1 muddle sth (up)** to put things in the wrong place or order or to make them untidy জিনিসপত্র অগোছালো করা, ঠিক ভাবে না রাখা *Try not to **get** those papers **muddled up**.* **2 muddle sb (up)** to confuse sb কাউকে গুলিয়ে দেওয়া বা বিহ্বল করে দেওয়া *I do my homework and schoolwork in separate books so that I don't **get muddled up**.* ▶ **muddle** *noun* [C, U] তালগোল পাকানো অবস্থা *If you **get in a muddle,** I'll help you.* ▶ **muddled** *adj.* তালগোল পাকিয়ে গেছে এমন

muddy / ˈmʌdi ˈমাডি / *adj.* full of or covered in mud কর্দমাক্ত, কাদামাখা *muddy boots* ○ *It's very muddy down by the river.*

mudflat / ˈmʌdflæt ˈমাড্‌ফ্ল্যাট্ / *noun* [C] (*pl.* **mudflats**) an area of flat wet land that is covered by the sea when it is at its highest level (**high tide**) এমন সমতল জলাভূমি যা জোয়ারের সময়ে সমুদ্রের জলে ঢাকা পড়ে

mudguard / ˈmʌdgɑːd ˈমাড্‌গা:ড্ / *noun* [C] a curved cover over the wheel of a bicycle or motorbike কাদার ছিটে আটকানোর জন্য বাইসাইকেল বা মোটরবাইক ইত্যাদির চাকার উপর যে বাঁকা ঢাকনা লাগানো থাকে

muesli / ˈmjuːzli ˈমিউজ়্লি / *noun* [U] food made of grains, nuts, dried fruit, etc. that you eat with milk for breakfast শস্যদানা, বাদাম, শুকনো ফল ইত্যাদি মিশিয়ে একরকম খাবার জিনিস যা দুধের সঙ্গে সকালের প্রাতরাশ হিসেবে খাওয়া হয়; মিউসলি

muezzin / muːˈezɪn মু্ˈএজ়িন্ / *noun* [C] a man who calls Muslims to come to a special building (**a mosque**) to pray যে ব্যক্তি আজান দিয়ে মুসলমানদের মসজিদে নামাজ পড়ার জন্য ডাকে

muffin / ˈmʌfɪn ˈমাফিন্ / *noun* [C] **1** (*AmE* **English muffin**) a type of bread roll often eaten hot with butter একধরনের গোলাকার পাউরুটি যা গরম থাকাকালীন মাখন লাগিয়ে খাওয়া হয় **2** a type of small cake একধরনের ছোটো কেক

muffle / ˈmʌfl ˈমাফ্‌ল্ / *verb* [T] to make a sound quieter and more difficult to hear আওয়াজ বা স্বর চেপে নীচু করা *He put his hand over his mouth to muffle his laughter.* ▶ **muffled** *adj.* চাপা, বদ্ধ *I heard muffled voices outside.*

muffler¹ / ˈmʌflə(r) ˈমাফ্‌ল্যা(র্‌) / *noun* [C] (*old-fashioned*) a thick scarf worn around the neck for warmth গলায় জড়ানোর মোটা স্কার্ফ; মাফলার

muffler² / ˈmʌflə(r) ˈমাফ্‌ল্যা(র্‌) / (*AmE*)= **silencer**

mug¹ / mʌg মাগ্‌ / *noun* [C] **1** a large cup with straight sides and a handle মগ *a coffee mug* ○ *a mug of tea* **2** (*informal*) a person who seems stupid এমন কেউ যাকে দেখলে বোকা মনে হয়

mug² / mʌg মাগ্‌ / *verb* [T] (**mugging;mugged**) to attack and rob sb in the street রাস্তায় কাউকে আক্রমণ করে জিনিসপত্র, পয়সা ইত্যাদি কেড়ে বা ছিনিয়ে নেওয়া *Keep your wallet out of sight or you'll* ***get mugged***. ▶ **mugger** *noun* [C] ছিনতাইকারী ➪ **thief**-এ নোট দেখো। ▶ **mugging** *noun* [C, U] লুট, ছিনতাই *The mugging took place around midnight.*

muggy / ˈmʌgi ˈমাগি / *adj.* (used about the weather) warm and slightly wet in an unpleasant way (**humid**) (আবহাওয়া সম্বন্ধে ব্যবহৃত) ভ্যাপসা গরম

Muhammad (*also* **Mohammed**) *noun* [*sing.*] the **prophet** who started the religion of Islam ঈশ্বরপ্রেরিত পয়গম্বর যিনি ঈশ্বরের বাণীর প্রচারক এবং ইসলাম ধর্মের প্রবর্তক; মহম্মদ

mulch / mʌltʃ মাল্‌চ্‌ / *noun* [C, U] (*technical*) material, for example dead leaves, that you put around a plant to protect its base and its roots, to improve the quality of the soil or to stop **weeds** from growing এমন পদার্থ যেমন শুকনো পাতা যা চারাগাছের গোড়ায় ছড়িয়ে দেওয়া হয় তার শিকড় বাঁচানোর জন্য, মাটির গুণ বাড়ানোর জন্য অথবা বুনো গাছের বৃদ্ধি বন্ধ করার জন্য ▶ **mulch** *verb* [T] পাতা দিয়ে ঢাকা

mule / mju:l মিউল্‌ / *noun* [C] an animal that is used for carrying heavy loads and whose parents are a horse and a **donkey** ঘোড়া ও গাধার সংকর যে প্রাণীটি ভারী জিনিসপত্র বহন করার কাজে ব্যবহৃত হয়; খচ্চর

mull / mʌl মাল্‌ / *verb*

PHR V **mull sth over** to think about sth carefully and for a long time কোনো কিছু খুব ভালোভাবে, অনেকক্ষণ সময় নিয়ে ভাবা; চিন্তা করে দেখা *Don't ask me for a decision right now. I'll have to mull it over.*

mulligatawny *noun* [C] a kind of spicy soup, originally from India (ভারতে প্রচলিত) মশলাদার স্যুপ; শোরবা ➪ **rasam** দেখো।

multi- / ˈmʌlti ˈমাল্‌টি / (*used in nouns and adjectives*) more than one; many একাধিক; কয়েকটি *multicoloured* ○ *a multimillionaire*

multicultural / ˌmʌltiˈkʌltʃərəl ˌমাল্‌টিˈকাল্‌চ্যার‍্যাল্‌ / *adj.* for or including people of many different races, languages, religions and traditions অনেক রকম জাতি-প্রজাতি, ভাষা, ধর্ম, এবং ঐতিহ্যের মানুষের জন্য বা তাদেরকে অন্তর্ভুক্ত করা হয়েছে এমন; বহুসাংস্কৃতিক *a multicultural society*

multilateral / ˌmʌltiˈlætərəl ˌমাল্‌টিˈল্যাট্যার‍্যাল্‌ / *adj.* involving more than two groups of people, countries, etc. দুই এর বেশি দল, দেশ ইত্যাদি নিয়ে তৈরি; বহুজাতিক ➪ **unilateral** দেখো।

multimedia / ˌmʌltiˈmi:diə ˌমাল্‌টিˈমীডিঅ্যা / *adj.* (*only before a noun*) (*computing*) using sound, pictures and film in addition to text on a screen স্ক্রিনের উপর লেখা ছাড়াও আওয়াজ, ছবি এবং ফিল্মের ব্যবহার করা হয় এমন; মাল্টিমিডিয়া *multimedia systems/products*

multinational / ˌmʌltiˈnæʃnəl ˌমাল্‌টিˈন্যাশ্‌ন্যাল্‌ / *adj.* existing in or involving many countries অনেক দেশ নিয়ে বা বহু দেশে আছে এমন *multinational companies* ▶ **multinational** *noun* [C] বহুজাতিক *The company is owned by Ford, the US multinational.*

multiple¹ / ˈmʌltɪpl ˈমাল্‌টিপ্‌ল্‌ / *adj.* involving many people or things or having many parts বহু মানুষ অথবা জিনিস অথবা বহুভাগ সম্বলিত *multiple choice question* ○ *multiple fractures*

multiple² / ˈmʌltɪpl ˈমাল্‌টিপ্‌ল্‌ / *noun* [C] a number that can be divided by another number without any remainder এমন একটি সংখ্যা যাকে অন্য আর একটি সংখ্যা দিয়ে ভাগ করলে কোনো ভাগশেষ থাকে না; গুণিতক সংখ্যা *12, 18 and 24 are multiples of 6.*

multiple-choice *adj.* (used about exam questions) showing several different answers from which you have to choose the right one (পরীক্ষার প্রশ্নপত্রে ব্যবহৃত) সঠিকটি বেছে নেওয়ার জন্য বেশ কয়েকটি উত্তর দেখানো হয় এমন

multiple sclerosis / ˌmʌltɪpl skləˈrəʊsɪs ˌমাল্‌টিপ্‌ল্‌ স্ক্ল্যাˈর‍্যাউসিস্‌ / *noun* [U] (*abbr.* **MS**) a serious disease which causes you to slowly lose control of your body and become less able to move একধরনের গুরুতর অসুখ যার ফলে শরীরের উপর রোগীর নিয়ন্ত্রণ ধীরে ধীরে কমতে থাকে এবং নড়াচড়া করার ক্ষমতাও কমে যায়

multiply / ˈmʌltɪplaɪ ˈমাল্‌টিপ্লাই / *verb* (*pres. part.* **multiplying;** *3rd person sing. pres.* **multiplies;** *pt, pp* **multiplied**) **1** [I, T] **multiply A by B** to increase a number by the number of times mentioned গুণ করা *2 multiplied by 4 makes 8* (2×4 = 8) ✪ বিপ **divide** **2** [I, T] to increase or make sth increase by a very large amount কোনো কিছু খুব বেশি পরিমাণে বাড়ানো বা বাড়িয়ে তোলা *We've multiplied our profits over the last two years.*

► **multiplication** / ˌmʌltɪplɪˈkeɪʃn ˌমাল্‌টিপ্লি-ˈকেইশ্‌ন্ / *noun* [U] গুণ, গুণন ➪ **division, addition** এবং **subtraction** দেখো।

multi-purpose *adj.* that can be used for several different purposes যা বিভিন্ন উদ্দেশ্যে বা কাজে ব্যবহার করা চলে *a multi-purpose tool/machine*

multitasking / ˌmʌltiˈtɑːskɪŋ ˌমাল্‌টিˈটাːস্‌কিং / *noun* [U] **1** (*computing*) the ability of a computer to operate several programmes at the same time কম্পিউটারের একই সঙ্গে অনেকগুলি প্রোগ্রাম চালানোর সামর্থ্য **2** the ability of a person to do more than one thing at the same time কোনো মানুষের একই সময়ে একের বেশি কাজ করার ক্ষমতা

multitude / ˈmʌltɪtjuːd ˈমাল্‌টিটিউড্ / *noun* [C] (*formal*) a very large number of people or things অনেক লোকজন অথবা প্রচুর জিনিসপত্র

mum / mʌm মাম্ / (*AmE* **mom** / mɒm মম্ /) *noun* [C] (*informal*) mother মা, মাতা, জননী *Is that your mum?* ○ *Can I have a lemonade, Mum?* ➪ **mummy** দেখো।

mumble / ˈmʌmbl ˈমাম্‌ব্‌ল্ / *verb* [I, T] to speak quietly without opening your mouth properly, so that people cannot hear the words খুব আস্তে আস্তে, ঠিকমতো মুখ না-খুলে কথা বলা যাতে লোক সব কথা ধরতে না পারে; বিড়বিড় করা *I can't hear if you mumble.* ➪ **mutter** দেখো।

mummy / ˈmʌmi ˈমামি / *noun* [C] (*pl.* **mummies**) **1** (*AmE* **mommy** / ˈmɒmi ˈমমি /) (*informal*) (used by or to children) mother (শিশুরা ব্যবহার করে অথবা তাদের সঙ্গে কথা বলার সময়ে ব্যবহার করা হয়) মা; মাম্মি *Here comes your mummy now.* **2** the dead body of a person or animal which has been kept by rubbing it with special oils and covering it in cloth মানুষ বা জন্তুর মৃতদেহ যা বিশেষ রকমের তেল মাখিয়ে এবং তারপর তা কাপড়ে জড়িয়ে রক্ষা করা হয়; মমি *an Egyptian mummy*

mumps / mʌmps মাম্‌প্‌স্ / *noun* [U] an infectious disease, especially of children, that causes the neck to swell একধরনের ছোঁয়াচে অসুখ, সাধারণত ছোটোদের হয়, যাতে গলা ফুলে ওঠে *to have/catch (the) mumps*

munch / mʌntʃ মান্‌চ্ / *verb* [I, T] **munch (on sth)** to bite and eat sth noisily আওয়াজ করে চিবিয়ে খাওয়া *He sat there munching (on) an apple.*

mundane / mʌnˈdeɪn মান্‌ˈডেইন্ / *adj.* ordinary; not interesting or exciting সাধারণ; আগ্রহব্যঞ্জক বা উত্তেজনাপূর্ণ নয় *a mundane job*

municipal / mjuːˈnɪsɪpl মিউˈনিসিপ্‌ল্ / *adj.* connected with a town or city that has its own local government কোনো শহর বা মহানগরের সঙ্গে যুক্ত যার স্বায়ত্তশাসনের অধিকার আছে; পৌর *municipal buildings* (=the town hall, public library, etc.)

munitions / mjuːˈnɪʃnz মিউˈনিশ্‌ন্‌জ্ / *noun* [*pl.*] military supplies, especially bombs and guns যুদ্ধ লড়ার সরঞ্জাম, বিশেষত বোমা এবং বন্দুক

mural / ˈmjʊərəl ˈমিউঅ্যার‍্যাল্ / *noun* [C] a large picture painted on a wall বৃহদাকার দেয়ালচিত্র

murder / ˈmɜːdə(r) ˈম্যড্যা(র্) / *noun* **1** [C, U] the crime of killing a person illegally and on purpose কোনো ব্যক্তিকে বেআইনিভাবে এবং উদ্দেশ্যপ্রণোদিতভাবে মেরে ফেলার অপরাধ; খুন, হত্যা *to **commit murder*** ○ *the murder victim/ weapon* ➪ **manslaughter** দেখো। **2** [U] (*informal*) a very difficult or unpleasant experience অতি কঠোর অথবা অপ্রীতিকর অভিজ্ঞতা *It's murder trying to work when it's as hot as this.*

IDM **get away with murder** to do whatever you want without being stopped or punished কোনো বাধা অথবা শাস্তি না-পেয়ে যা-ইচ্ছা তাই করা *He lets his students get away with murder.* ► **murder** *verb* [I, T] হত্যা করা বা খুন করা ➪ **kill** দেখো। ► **murderer** *noun* [C] খুনী, হত্যাকারী

murderous / ˈmɜːdərəs ˈম্যড্যার‍্যাস্ / *adj.* intending or likely to murder খুন করার ইচ্ছা পোষণ করে অথবা খুন করতে পারে এমন

murky / ˈmɜːki ˈম্যকি / *adj.* dark and unpleasant or dirty অন্ধকারাচ্ছন্ন, অপ্রীতিকর বা নোংরা; অপরিষ্কার, অনুজ্জ্বল *The water in the river looked very murky.* ○ (*figurative*) *According to rumours, the new boss had a murky past.*

murmur / ˈmɜːmə(r) ˈম্যম্যা(র্) / *verb* [I, T] to say sth in a low quiet voice বিড়বিড় করে বলা *He murmured a name in his sleep.* ► **murmur** *noun* [C] মর্মরধ্বনি, অস্পষ্ট আওয়াজ

muscle / ˈmʌsl ˈমাস্‌ল্ / *noun* [C, U] one of the parts inside your body that you can make tight or relax in order to produce movement শরীরের অভ্যন্তরীণ অংশ যার সংকোচন এবং প্রসারণের দ্বারা চলাফেরা বা নড়াচড়া করা যায়; দেহের পেশি *Riding a bicycle is good for developing the leg muscles.* ○ *Lifting weights builds muscle.*

muscular / ˈmʌskjələ(r) ˈমাস্‌কিঅ্যাল্যা(র্) / *adj.* **1** connected with the muscles পেশির সঙ্গে জড়িত, পেশি সংক্রান্ত *muscular pain/tissue* **2** having large strong muscles জোরালো, বড়ো বড়ো পেশি আছে এমন; পেশল, পেশিবহুল *a muscular body*

muse[1] / mjuːz মিউজ্ / *verb* [I] **1 muse (about/on/over/upon sth)** to think carefully about sth for a time, without noticing what is happening around you অন্য কিছু খেয়াল না করে একমনে কোনো

sitar

violin

bow

mridangam

veena

fret

tabla

acoustic guitar

triangle

drum

harp

banjo

saxophone

trumpet

tambourine

cymbals

harmonica

flute

electric guitar

keyboard key

xylophone

accordian

piano

musical instruments

কিছু নিয়ে কিছুক্ষণ ভাবা *She looked out to sea, musing on what he had said.* **2** to say sth, usually to yourself, in a way that shows you are thinking carefully about it নিজের মনে মনে কি করণীয় তা ভেবে দেখা; অনুধাবন করা *'I wonder if I should tell him?' she mused.*

muse[2] / mju:z মিউজ্ / *noun* [C] a person or spirit that gives a writer, painter, musician, etc. ideas and the desire to create things লেখক, চিত্রশিল্পী, সংগীতশিল্পী প্রমুখের প্রতি অনুপ্রেরণা এবং সৃজনেচ্ছা দান করেন যে ব্যক্তি বা কোনো দৈব শক্তি; মিউজ *He felt that his muse had deserted him* (=that he could no longer write, paint, etc).

museum / mju'zi:əm মিউ'জ়ীঅ্যাম্ / *noun* [C] a building where collections of valuable and interesting objects are kept and shown to the public জাদুঘর, সংগ্রহশালা; মিউজিয়াম *Have you been to the National Museum in Delhi?*

mushroom / 'mʌʃrʊm; -ru:m 'মাশ্‌রুম্; -রূম্ / *noun* [C] a type of plant which grows very quickly, has a flat or rounded top and can be eaten as a vegetable চ্যাপটা মাথাওয়ালা একরকমের উদ্ভিদ যা খুব দ্রুত বৃদ্ধি করা যায় এবং সবজি হিসেবে খাওয়া যায়; মাশরুম

> **NOTE** ভুঁইফোড় অথবা ব্যাঙের ছাতা এক ধরনের **fungus**। কোনো কোনো বিশেষ প্রকারের **fungi** (ছত্রাক) খাওয়া যায়। **Toadstool** একধরনের বিষাক্ত ছত্রাকের নাম।

music / 'mju:zɪk 'মিউজ়িক্ / *noun* [U] **1** an arrangement of sounds in patterns to be sung or played on instruments সংগীত, সুর *classical/pop/rock music* ○ *to write/compose music* ○ *a music lesson/teacher* **2** the written signs that represent the sound of music গাওয়ার অথবা (যন্ত্র দ্বারা) বাজানোর জন্য বিশেষ ধরনের ধ্বনিবিন্যাস; সংগীত বা সুরধ্বনিবোধক লিখিত চিহ্ন বা প্রতীকসমূহ *can you read music?* ➪ পৃ. ৮৫২-তে ছবি দেখো।

musical[1] / 'mju:zɪkl 'মিউজ়িক্‌ল্ / *adj.* **1** connected with music সংগীত-সংক্রান্ত, সংগীত বিষয়ক *Can you play a musical instrument* (=the piano, the violin, the trumpet, etc.)? **2** interested in or good at music সংগীতে আগ্রহী বা নিপুণ *He's very musical.* **3** having a pleasant sound like music সুরেলা, মধুর *a musical voice* ▶ **musically** / -kli -কলি / *adv.* সুরেলাভাবে, সংগীতমুখরভাবে

musical[2] / 'mju:zɪkl 'মিউজ়িক্‌ল্ / *noun* [C] a play or film which has singing and dancing in it যে নাটক অথবা চলচ্চিত্রে গান এবং নাচ আছে

musician / mju'zɪʃn মিউ'জ়িশ্‌ন্ / *noun* [C] a person who plays a musical instrument or writes music, especially as a job যে ব্যক্তি পেশাগতভাবে কোনো বাদ্যযন্ত্র বাজান বা গান লেখেন; সংগীতবিদ, গায়ক অথবা সংগীতজ্ঞ

musket / 'mʌskɪt 'মাস্‌কিট্ / *noun* [C] an early type of long gun that was used by soldiers in the past পুরোনো দিনের লম্বা একরকম বন্দুক যা আগে সৈন্যরা ব্যবহার করত

musk melon / ˌmʌsk'melən ˌমাস্ক্'মেল্যান্ / *noun* [C, U] a large roundish fruit with a thick yellow skin and a lot of seeds পুরু খোসা এবং প্রচুর বীজওয়ালা বড়ো গোলাকৃতি ফল

Muslim / 'mʊzlɪm 'মুজ়্‌লিম্ / (*also* **Moslem** / 'mɒzləm 'মজ়্‌ল্যাম্ /) *noun* [C] a person whose religion is Islam ইসলাম ধর্মাবলম্বী মানুষ; মুসলমান ▶ **Muslim** (*also* **Moslem**) *adj.* মুসলমান সংক্রান্ত মুসলমানদের *Muslim traditions/beliefs*

muslin / 'mʌzlɪn 'মাজ়্‌লিন্ / *noun* [U] thin cotton cloth that is almost transparent, used, especially in the past, for making clothes and curtains পাতলা সুতির কাপড় যা প্রায় স্বচ্ছ এবং যা দিয়ে আগে জামা এবং পর্দা করা হত; মসলিন

mussel / 'mʌsl 'মাস্‌ল্ / *noun* [C] a type of small sea animal (**a shellfish**) that can be eaten, with a black shell in two parts দুই ভাগে বিভক্ত কালো রঙের খোসাওয়ালা একরকম ছোটো সামুদ্রিক জীব যা খাওয়া যায় ➪ **shellfish**-এ ছবি দেখো।

must[1] / məst; *strong form* mʌst ম্যাস্ট্; *প্রবলরূপ* মাস্ট্ / *modal verb* (*negative* **must not;** *short form* **mustn't** / 'mʌsnt 'মাস্‌ন্ট্ /) **1** used for saying that it is necessary that sth happens কোনো কিছু করা বা হওয়া দরকার বলার সময়ে ব্যবহৃত অভিব্যক্তিবিশেষ *I must remember to go to the bank today.* ○ *You mustn't take photographs in here. It's forbidden.* **2** used for saying that you feel sure that sth is true নিশ্চিতভাবে সত্য এরকম বলার সময়ে ব্যবহৃত অভিব্যক্তিবিশেষ *Have something to eat. You must be hungry.* ○ *I can't find my cheque book. I must have left it at home.* **3** used for giving sb advice কাউকে উপদেশ বা পরামর্শ দিতে ব্যবহৃত অভিব্যক্তিবিশেষ *You really must see that film. It's wonderful.*

> **NOTE** **Modal verbs** সম্বন্ধে আরও বিশদভাবে জানার জন্য এই অভিধানের শেষাংশে **Quick Grammar Reference** দেখো।

must[2] / mʌst মাস্ট্ / *noun* [C] a thing that you strongly recommend খুব জোর দিয়ে সুপারিশ করা হয় এমন কোনো বস্তু *This book is a must for all science fiction fans.*

mustache / 'mʌstæʃ 'মাস্‌ট্যাশ্ / (*AmE*) = **moustache**

mustard / ˈmʌstəd ˈমাস্ট্যাড্ / *noun* [U] **1** a small plant with yellow flowers and long seed pods. The brown seeds are used as condiment হলুদ ফুল এবং লম্বা শুঁটিযুক্ত ছোটো গাছ। এর বাদামি রঙের দানা মশলা হিসাবে ব্যবহৃত হয়; সরষে **2** a cold yellow or brown sauce that tastes hot and is eaten in small amounts with meat সরষে বাটা দিয়ে তৈরি হলুদ বা বাদামি ঝাল কাসুন্দি যা মাংসের সঙ্গে একটু একটু করে খাওয়া হয়

muster / ˈmʌstə(r) ˈমাস্ট্যা(র্) / *verb* **1** [T] to find as much support, courage, etc. as you can যতটা পারা যায় সমর্থন, সাহস ইত্যাদি জোগাড় করা *We mustered all the support we could for the project.* ✪ সম **summon** **2** [I, T] (*technical*) to come together, or bring people, especially soldiers, together, for example for military action একত্রিত হওয়া বা একত্রিত করা, বিশেষত সৈন্যদের (কোনো সামরিক আক্রমণের জন্য) *The troops mustered.* ○ *to muster an army*

musty / ˈmʌsti ˈমাস্টি / *adj.* having an unpleasant old or wet smell because of a lack of fresh air আবন্ধ ঘরের পুরোনো বা সোঁদা সোঁদা গন্ধ *The rooms in the old house were dark and musty.*

mutant / ˈmju:tənt ˈমিউট্যান্ট্ / *noun* [C] a living thing that is different from other living things of the same type because of a change in its basic (**genetic**) structure কোনো জীব যা সমগোত্রীয় অন্য সব জীব থেকে আলাদা এই কারণে যে তার জিন সংক্রান্ত বংশধারার মূল পরিকাঠামোতে কোনো পরিবর্তন হয়েছে

mutate / mju:ˈteɪt মিউˈটেইট্ / *verb* **mutate (into sth)** **1** [I, T] (*technical*) to develop or make sth develop a new form or structure, because of a **genetic** change জিনের কোনো পরিবর্তনের কারণে নতুন অবয়ব বা গঠনের সৃষ্টি করা *the ability of the virus to mutate into new forms* ○ *mutated genes* **2** [I] (*formal*) to change into a new form কোনো নতুন আকারে পরিবর্তিত হওয়া *Rhythm and blues mutated into rock and roll.*

mutation / mju:ˈteɪʃn মিউˈটেইশন্ / *noun* [C, U] a change in the basic (**genetic**) structure of a living or developing thing; an example of such a change সজীব অথবা বিকাশশীল বস্তুর কাঠামোতে বংশানুগতি সম্বন্ধীয় মূলগত পরিবর্তন; পরিবৃত্তি; এই ধরনের পরিবর্তনের নমুনা *mutations caused by radiation*

mute / ˈmju:t ˈমিউট্ / *adj.* (*old-fashioned*) not speaking; not able to speak নির্বাক; মূক, বোবা

muted / ˈmju:tɪd ˈমিউটিড্ / *adj.* **1** (used about colours or sounds) not bright or loud; soft (রং বা ধ্বনি সম্বন্ধে ব্যবহৃত) কড়া বা জোরালো নয়; চাপা **2** (used about a feeling or reaction) not strongly expressed (অনুভূতি অথবা প্রতিক্রিয়া সম্বন্ধে ব্যবহৃত) খুব জোরের সঙ্গে স্পষ্টভাবে প্রকাশিত নয় *muted criticism* ○ *a muted response*

mutilate / ˈmju:tɪleɪt ˈমিউটিলেইট্ / *verb* [T] (*usually passive*) to damage sb's body very badly, often by cutting off parts কারও শরীর খুব খারাপভাবে ভেঙে কেটে, ক্ষতবিক্ষত করা ▶ **mutilation** / ˌmju:tɪˈleɪʃn ˌমিউটিˈলেইশন্ / *noun* [C, U] অঙ্গচ্ছেদ

mutiny / ˈmju:təni ˈমিউট্যানি / *noun* [C, U] (*pl.* **mutinies**) an act of a group of people, especially sailors or soldiers, refusing to obey the person who is in command একদল লোকের, বিশেষত সৈন্য অথবা নাবিকদের বিদ্রোহ ▶ **mutiny** *verb* [I] নাবিক বা সৈন্যদের বিদ্রোহ

mutter / ˈmʌtə(r) ˈমাট্যা(র্) / *verb* [I, T] to speak in a low, quiet and often angry voice that is difficult to hear বিড় বিড় করে, নীচু স্বরে (রাগতভাবে) কথা বলা *He muttered something about being late and left the room.* ➪ **mumble** দেখো।

mutton / ˈmʌtn ˈমাট্ন্ / *noun* [U] the meat from an adult sheep or goat বড়ো ভেড়া বা ছাগলের মাংস

mutual / ˈmju:tʃuəl ˈমিউচুঅ্যাল্ / *adj.* **1** (used about a feeling or an action) felt or done equally by both people involved (কোনো অনুভূতি বা কাজ সম্বন্ধে ব্যবহৃত) জড়িত দুই ব্যক্তির দ্বারা সমানভাবে অনুভূত বা কৃত; পারস্পরিক *We have **a mutual agreement*** (=we both agree) *to help each other out when necessary.* ○ *I just can't stand her and I'm sure **the feeling is mutual*** (= she doesn't like me either). **2** shared by two or more people যাতে দুই বা ততোধিক লোক অংশগ্রহণ করে *mutual interests* ○ *It seems that Tina is **a mutual friend** of ours.* ▶ **mutually** / -əli -অ্যালি / *adv.* পারস্পরিকভাবে

muzzle / ˈmʌzl ˈমাজ্ল্ / *noun* [C] **1** the nose and mouth of an animal (for example a dog or fox) কোনো পশুর (যেমন কুকুর বা শেয়ালের) নাক ও মুখের অংশ **2** a cover made of leather or wire that is put over an animal's nose and mouth so that it cannot bite কোনো পশুর নাক-মুখের উপর দিয়ে চামড়া বা তারের তৈরি এমন ঢাকনা যাতে কামড়াতে না পারে; জালতি **3** the open end of a gun where the bullets come out বন্দুকের নলের খোলা দিকটি যার মধ্য দিয়ে গুলি বেরোয় ▶ **muzzle** *verb* [T] (*usually passive*) মুখ বন্ধ করা *Dogs must be kept muzzled.*

MW *abbr.* =**medium wave** ➪ **wavelength**-এ ছবি দেখো।

my / maɪ মাই / *det.* of or belonging to me আমার *This is my husband, Kunal.* ○ *My favourite colour is blue.* ➪ **mine**[1] দেখো।

myelin / ˈmaɪəlɪn ˈমাইঅ্যালিন্ / *noun* [U] (*technical*) a substance that forms a covering over many of the **nerves** in the body, increasing the speed at which messages travel একরকম পদার্থ যা দিয়ে দেহের বহু স্নায়ু ঢাকা বা ঘেরা থাকে যার ফলে যেসব বার্তা স্নায়ুর মধ্য দিয়ে ছুটে যায় তারা আরও দ্রুত বেগে যেতে পারে

myopia / maɪˈəʊpiə মাই'অ্যাউপিঅ্যা / *noun* [U] (*technical*) the inability to see things clearly when they are far away দূরের জিনিস পরিষ্কারভাবে দেখতে পায় না এমন ▶ **myopic** / maɪˈɒpɪk মাই'অপিক্ / *adj.* ক্ষীণদৃষ্টিসম্পন্ন, মায়োপিয়া রোগাক্রান্ত ✪ সম **short-sightedness** এবং short sighted এই দুটি আরও বেশি প্রচলিত অভিব্যক্তিবিশেষ

myself / maɪˈself মাই'সেল্ফ্ / *pronoun* **1** used when the person who does an action is also affected by it যে ব্যক্তি কোনো কাজ করছে সে যদি নিজেও তার (সেই কাজটির) দ্বারা প্রভাবিত হয় বা তার সঙ্গে জড়িয়ে পড়ে তখন myself ব্যবহার করা হয় *I saw myself in the mirror.* ○ *I felt rather pleased with myself.* **2** used to emphasize the person who does the action যে কাজটি করছে তার উপর জোর দিতে বা তার দিকে দৃষ্টি আকর্ষণ করতে ব্যবহার করা হয় *I'll speak to her myself.* ○ *I'll do it myself* (=if you don't want to do it for me).

IDM **(all) by myself 1** alone নিজে নিজেই; একা একাই *I live by myself.* ➪ **alone**-এ নোট দেখো। **2** without help অপরের সাহায্য ছাড়াই *I painted the house all by myself.*

mysterious / mɪˈstɪəriəs মি'স্টিঅ্যারিঅ্যাস্ / *adj.* **1** that you do not understand or cannot explain; strange যার কারণ বোঝা শক্ত ; রহস্যময় *Several people reported seeing mysterious lights in the sky.* **2** (used about a person) keeping sth secret or refusing to explain sth (কোনো ব্যক্তি সম্বন্ধে ব্যবহৃত) যে কোনো ঘটনা বা বিষয় গোপন রাখে বা সে সম্বন্ধে কিছু প্রকাশ করতে চায় না *They're being very mysterious about where they're going this evening.* ▶ **mysteriously** *adv.* রহস্যজনকভাবে

mystery / ˈmɪstri 'মিস্ট্রি / *noun* (*pl.* **mysteries**) **1** [C] a thing that you cannot understand or explain এমন কিছু যা বোঝা যায় না, যার ব্যাখ্যা করা যায় না *The cause of the accident is a complete mystery.* **2** [U] the quality of being strange and secret and full of things that are difficult to explain বিচিত্র এবং ব্যাখ্যাতীত বস্তুসমূহের দ্বারা পূর্ণ হওয়ার গুণ; রহস্যময়তা *There's a lot of mystery surrounding this case.* **3** [C] a story, film or play in which crimes or strange events are only explained at the end কোনো কাহিনি, চলচ্চিত্র অথবা নাটক যাতে একেবারে কাহিনির শেষভাগে দুষ্কর্ম বা অপরাধ বা অদ্ভুত সব ঘটনার ব্যাখ্যা দেওয়া হয়

mystic / ˈmɪstɪk 'মিস্‌টিক্ / *noun* [C] a person who spends his/her life developing his/her spirit and communicating with God or a god অতীন্দ্রিয় যোগসাধনা ও ঈশ্বরে বিশ্বাসী সাধক

mystical / ˈmɪstɪkl 'মিস্‌টিক্‌ল্ / (*also* **mystic** / ˈmɪstɪk 'মিস্‌টিক্ /) *adj.* connected with the spirit; strange and wonderful যা অধ্যাত্মজগতের সঙ্গে জড়িত; অদ্ভুত এবং বিস্ময়কর; ঐশ্বরিক *Watching the sun set over the island was an almost mystical experience.*

mysticism / ˈmɪstɪsɪzəm 'মিস্‌টিসিজ্‌ম্ / *noun* [U] the belief that you can reach complete truth and knowledge of God or gods by prayer, thought and development of the spirit প্রার্থনা ও ঈশ্বরচিন্তার মাধ্যমে আত্মার বিকাশের দ্বারা ঈশ্বরের সম্বন্ধে সম্পূর্ণ সত্য জ্ঞান লাভ হয় এই বিশ্বাস; অতীন্দ্রিয়বাদ

mystify / ˈmɪstɪfaɪ 'মিস্‌টিফাই / *verb* [T] (*pres. part.* **mystifying;** *3rd person sing. pres.* **mystifies;** *pt, pp* **mystified**) to make sb confused because he/she cannot understand sth কাউকে হতবুদ্ধি করে দেওয়া; সব কিছু গুলিয়ে গিয়ে ঠিকভাবে না বোঝা *I was mystified by the strange note he'd left behind.*

mystique / mɪˈstiːk মি'স্টীক্ / *noun* [U, *sing.*] the quality of having hidden or secret characteristics that makes sb/sth seem interesting or attractive কোনো ব্যক্তি অথবা বস্তুকে কেন্দ্র করে রহস্যময় বাতাবরণ যা তাকে অন্যের কাছে অসাধারণ ও আকর্ষণীয় করে তোলে

myth / mɪθ মিথ্ / *noun* [C] **1** a story from past times, especially one about gods and men of courage. Myths often explain natural or historical events পৌরাণিক গল্প, বিশেষত দেবদেবী এবং অতি সাহসী মানুষকে কেন্দ্র করে যেগুলি রচিত। অনেক সময় এইসব গল্পে প্রাকৃতিক অথবা ঐতিহাসিক ঘটনার বর্ণনা থাকে **2** an idea or story which many people believe but that does not exist or is false এমন ধারণা অথবা গল্প যা অনেকেই সত্যি বলে মনে করে কিন্তু আসলে তা নয় *The idea that money makes you happy is a myth.*

mythical / ˈmɪθɪkl 'মিথিক্‌ল্ / *adj.* **1** existing only in **myths 1** যা কেবল পুরাণে বা গল্পেই আছে *mythical beasts/heroes* **2** not real or true; existing only in the imagination বাস্তব বা সত্য নয়; কেবলমাত্র কল্পনার মধ্যেই যার অস্তিত্ব

mythology / mɪˈθɒlədʒi মি'থল্যাজি / *noun* [U] very old stories and the beliefs contained in them পৌরাণিক গল্প, পৌরাণিক কাহিনিমালা, পুরাণ এবং তার মধ্যে অন্তর্নিহিত বিশ্বাস *Greek and Roman mythology* ▶ **mythological** / ˌmɪθəˈlɒdʒɪkl ˌমিথ্যা'লজিক্‌ল্ / *adj.* পুরাণ সংক্রান্ত; পৌরাণিক *mythological beasts/figures/stories*

N n

N[1], **n** / en এন্ / *noun* [C, U] (*pl.* **N' s; n' s** / enz এনজ়্/) the fourteenth letter of the English alphabet ইংরেজি বর্ণমালার চতুর্দশতম অক্ষর বা বর্ণ *'Naresh' begins with (an) 'N'.*

N[2] *abbr.* **1** (*AmE* **No**) north(ern) উত্তর দিক *N Delhi* **2** the abbreviation for 'newton'; a unit of force 'newton' নিউটনের সংক্ষিপ্তরূপ; বলের একক; নিউটন

nab / næb ন্যাব্ / *verb* [T] (**nabbing, nabbed**) (*informal*) **1** to catch or arrest sb who is doing sth wrong কোনো দুষ্কৃতকারীকে ধরা বা পাকড়ানো অথবা গ্রেফতার করা *The police nabbed the criminal yesterday.* **2** to take or get sth before anyone else can get to it অন্য কোনো ব্যক্তি কোনো কিছু নেওয়ার আগেই সেটি কেড়ে নেওয়া বা ছিনিয়ে নেওয়া *Someone nabbed my sandwich while I was away.*

nadeswaram *noun* [C] a long conical Indian **reed 2** instrument, similar to the 'shehnai'. Considered **auspicious,** it is played at temples, weddings and as an accompaniment to **Carnatic music** একধরনের লম্বা শঙ্কু আকৃতির সানাই সদৃশ ভারতীয় বাদ্যযন্ত্র। এটি শুভ বা কল্যাণস্বরূপ বলে বিবেচিত এবং মন্দিরে, বিবাহানুষ্ঠানে ও কর্ণাটকী সংগীতের সঙ্গে সংগত করার জন্য এটি বাজানো হয়; নাদেস্বরম

nadir / ˈneɪdɪə(r) ˈনেইডিআ্যা(র্) / *noun* [*sing.*] (*written*) the worst moment of a particular situation কোনো বিশেষ পরিস্থিতির সব থেকে খারাপ মুহূর্ত *She is at the nadir of her career.* ✪ বিপ **zenith**

nag / næg ন্যাগ্ / *verb* (**nagging; nagged**) **1** [I, T] **nag (at) sb** to continuously complain to sb about his/her behaviour or to ask him/her to do sth many times কোনো ব্যক্তির (পুরুষ বা মহিলা) আচরণ অথবা আদবকায়দা সম্বন্ধে ক্রমাগত অসন্তোষ প্রকাশ করা অথবা বারবার তাকে কোনো কাজ করতে বলা; খিটখিট বা ঘ্যানঘ্যান করা *My parents are always nagging (at) me to work harder.* **2** [T] to worry or irritate sb continuously কোনো ব্যক্তিকে একনাগাড়ে ঘ্যানঘ্যান বা খিটখিট করে উদ্বিগ্ন বা বিরক্ত করা *a nagging doubt/headache*

nail / neɪl নেইল্ / *noun* [C] **1** the thin hard layer that covers the ends of your fingers and toes (হাতের অথবা পায়ের) নখ *fingernails/toenails* **2** a small thin piece of metal that is used for holding pieces of wood together, hanging pictures on, etc. (কাঠের টুকরোসমূহ একত্রে ধরে রাখা, ছবি ঝোলানো ইত্যাদির জন্য ব্যবহৃত) পেরেক, গজাল, কীলক *to hammer in a nail* ➪ **bolt**-এ ছবি দেখো। ▶ **nail** *verb* [T]

IDM **hit the nail on the head** ➪ **hit**[1] দেখো।

PHR V **nail sb down (to sth)** to make a person say clearly what he/she wants or intends to do কোনো ব্যক্তিকে তার ইচ্ছা অথবা অভিপ্রায় সুস্পষ্ট করে ব্যক্ত করতে বাধ্য করা *She says she'll visit us in the summer but I can't nail her down to a definite date.*

nail brush *noun* [C] a small brush for cleaning your fingernails হাতের নখ পরিষ্কার করার জন্য ছোটো ব্রাশ

nail file *noun* [C] a small metal tool with a rough surface that you use for shaping your nails নখগুলিকে আকার দেওয়ার জন্য ব্যবহৃত একরকম ছোটো ধাতব যন্ত্র; নেল ফাইল

nail polish (*BrE* **nail varnish**) *noun* [U] a liquid that people paint on their nails to give them colour নখে লাগানো রং, নেলপালিশ, নখপালিশ, নখরঞ্জনী

naive (*also* **naïve**) / naɪˈi:v নাইˈঈভ্ / *adj.* without enough experience of life and too ready to believe or trust other people সরল, সাদাসিধে, অনভিজ্ঞ, অতিসরল *I was too naive to realize what was happening.* ○ *a naive remark/question/view* ✪ সম **innocent** ▶ **naively** (*also* **naïvely**) *adv.* সরলভাবে, সহজভাবে *She naively accepted the first price he offered.* ▶ **naivety** (*also* **naïvety** / naɪˈi:vəti নাইˈঈভ্যাটি /) *noun* [U] শিশুসুলভ সারল্য

naked / ˈneɪkɪd ˈনেইকিড্ / *adj.* **1** not wearing any clothes উলঙ্গ, নগ্ন, বিবস্ত্র *He came to the door naked except for a towel.* ○ *naked shoulders/arms* ➪ **bare** এবং **nude** দেখো। **2** (*only before a noun*) (used about sth that is usually covered) not covered (সাধারণত যে বস্তু ঢাকা থাকে তার জন্য ব্যবহৃত) অনাবৃত, নিরাবরণ, অরক্ষিত *a naked flame/bulb/light* **3** (*only before a noun*) clearly shown or expressed in a way that is often shocking আপত্তিকর অথবা অত্যন্ত অশোভনরূপে প্রকটিত অথবা অভিব্যক্ত *naked aggression/ambition/fear*

IDM **the naked eye** the normal power of your eyes without the help of glasses, a machine, etc. (চশমা, কোনো যন্ত্র ইত্যাদির সাহায্য ছাড়াই) চোখের সাধারণ দৃষ্টিশক্তি *Bacteria are too small to be seen with the naked eye.*

name[1] / neɪm নেইম্ / *noun* **1** [C] a word or words by which sb/sth is known (ব্যক্তি অথবা বস্তুর) নাম *What's your name, please?* ○ *Do you know the name of this flower?* **2** [*sing.*] an opinion that people have of a person or thing (কোনো ব্যক্তি বা

বস্তু সম্বন্ধে) লোকজনের মত, ধারণা অথবা বিবেচনা *That area of Delhi has rather a bad name.* ✪ সম **reputation** 3 [C] a famous person বিখ্যাত অথবা খ্যাতনামা ব্যক্তি, নামী মানুষ *All the big names in show business were invited to the party.*

IDM **by name** using the name of sb/sth কোনো ব্যক্তি অথবা বস্তুর নাম অনুসারে *It's a big school but the head teacher knows all the children by name.*

call sb names ➪ **call**[1] দেখো।

in the name of sb; in sb's name for sb/sth; officially belonging to sb কোনো ব্যক্তি অথবা বস্তুর জন্য; আনুষ্ঠানিকভাবে কোনো ব্যক্তির অধিকারভুক্ত *The contract is in my name.*

in the name of sth used to give a reason or excuse for an action, even when what you are doing might be wrong (এমনকি সেটি ভুল হলেও) কোনো কাজ করার কারণ বা অজুহাত দেওয়ার জন্য ব্যবহৃত *They acted in the name of democracy.*

make a name for yourself; make your name to become well known and respected নাম কামানো; বিখ্যাত হয়ে ওঠা, খ্যাতি এবং সম্মান অর্জন করা *She made a name for herself as a journalist.*

NOTE কোনো নবজাত শিশুকে তার অভিভাবকের দেওয়া নামকে **first name** (*AmE* প্রায়ই **given name**) বলা হয়। খ্রিস্টান ধর্মাবলম্বী দেশগুলিতে বাবা-মায়ের প্রদত্ত নামকে **Christian name**-ও বলা হয়ে থাকে। অভিভাবকগণ কখনো কখনো **first name**-এর পরে বসে এমন আর একটি নাম দিতে পারে যাকে **middle name** বলা হয়। এই নামটি আনুষ্ঠানিক নথিপত্রে সাধারণত ব্যবহার করা হয় যেখানে **first name** এবং **middle name**-কে **forename** বলে ইঙ্গিত করা থাকে।

name[2] / neɪm নেইম্ / *verb* [T] **1 name sb/sth (after sb)** to give sb/sth a name কোনো ব্যক্তি অথবা বস্তুকে নাম দেওয়া *Columbia was named after Christopher Columbus.*

NOTE কোনো নির্দিষ্ট নামের দ্বারা পরিচিত হলে **be called** বাক্যাংশটি ব্যবহার করা হয়ে থাকে—*Their youngest son is called Mohit.*

2 to say what the name of sb/sth is কোনো ব্যক্তি অথবা বস্তুর নাম উল্লেখ করা *The journalist refused to name the person who had given her the information.* ○ *Can you name all the planets?* **3** to state sth exactly কোনো কিছু যথাযথভাবে বলা *Name your price we'll pay it!*

nameless / ˈneɪmləs ˈনেইম্ল্যাস্ / *adj* **1** without a name or with a name that you do not know নামহীন, অনামা, অজ্ঞাতনামা **2** whose name is kept a secret যে ব্যক্তির নাম গোপন রাখা হয়েছে *a well-known public figure who shall **remain nameless***

namely / ˈneɪmli ˈনেইম্লি / *adv.* (used for giving more detail about what you are saying) that is to say (যা নিয়ে কথা হচ্ছে সে সম্বন্ধে আরও খুঁটিনাটি বলার জন্য ব্যবহৃত) যেমন, যথা *There is only one person who can overrule the death sentence, namely the President.*

namesake / ˈneɪmseɪk ˈনেইম্সেইক্ / *noun* [C] a person who has the same name as another একই নামবিশিষ্ট ব্যক্তি; মিতা

nan (*also* **naan**) / nɑːn নাːন্ / *noun* [C, U] a type of flat South Asian bread এক প্রকারের চ্যাপটা দক্ষিণ এশিয় রুটি; নান

nanny / ˈnæni ˈন্যানি / *noun* [C] (*pl.* **nannies**) a woman whose job is to look after a family's children and who usually lives in the family home কোনো পরিবারের ছেলেমেয়েদের দেখাশোনা করা যার কাজ এবং যে সাধারণত পরিবারের সঙ্গেই বসবাস করে

nanny goat *noun* [C] a female **goat** স্ত্রী ছাগল, ছাগলী, ছাগী ➪ **billy goat** দেখো।

nano- / ˈnænəʊ ˈন্যান্যাউ / *prefix* (*technical*) (*used in nouns and adjectives, especially in units of measurement*) one **billionth** একশ কোটি ভাগের বা এক বিলিয়নের এক ভাগ বোঝানোর জন্য ব্যবহৃত ; ১০[৯] অংশ *nanosecond*

nap / næp ন্যাপ্ / *noun* [C] a short sleep that you have during the day দিনের বেলায় অল্প সময়ের নিদ্রা; দিবানিদ্রা ➪ **snooze** দেখো। ▶ **nap** *verb* [I] (**napping; napped**) দিবানিদ্রা নেওয়া

nape / neɪp নেইপ্ / *noun* [*sing.*] the back part of your neck গলার বা গ্রীবার পিছনের দিক; ঘাড়

naphthalene / ˈnæfθəliːn ˈন্যাফ্থ্যালীন্ / *noun* [U] a white **crystalline** aromatic substance produced by the **distillation** of **coal tar** or petroleum that is used in the manufacture of dyes, mothballs, etc. আলকাতরা অথবা পেট্রোলিয়ামের পাতন দ্বারা প্রস্তুত শুভ্র স্ফটিকতুল্য এবং সুগন্ধযুক্ত পদার্থ যা রঞ্জক , কীটনাশক পদার্থ ইত্যাদি তৈরি করতে ব্যবহার করা হয়; ন্যাপথালিন

napkin / ˈnæpkɪn ˈন্যাপ্কিন্ / *noun* [C] a piece of cloth or paper that you use when you are eating to protect your clothes or for cleaning your hands and mouth খাবার সময়ে জামা-কাপড় বাঁচাতে অথবা হাত-মুখ মুছতে যে কাপড় বা কাগজের টুকরো ব্যবহার করা হয়; ছোটো তোয়ালে বা রুমালের মতো বস্ত্রখণ্ড; ন্যাপকিন *a paper napkin* ✪ সম **serviette**

nappy / ˈnæpi ˈন্যাপি / *noun* [C] (*pl.* **nappies**) (*AmE* **diaper**) a piece of soft thick cloth or paper that a baby or very young child wears around its bottom and between its legs এক খণ্ড মোটা নরম কাপড় বা কাগজ যা খুব ছোটো বাচ্চাদের নিম্নাঙ্গে পরিয়ে রাখতে হয়; ন্যাপি *Does his nappy need changing?* ○ *disposable nappies* (=that you throw away when they have been used)

narcotic / nɑˈkɒtɪk না:ˈকটিক্ / *noun* [C] **1** a powerful illegal drug that affects your mind in a harmful way তীব্র বা জোরালো অবৈধ মাদকদ্রব্য যা মনকে ক্ষতিকরভাবে প্রভাবিত করে **2** a substance or drug that relaxes you, stops pain, or makes you sleep ওষুধ অথবা মাদকদ্রব্য যা সেবন করলে নিরুদ্বেগ হওয়া যায়, যন্ত্রণার অবসান ঘটে অথবা নিদ্রাচ্ছন্ন হতে সাহায্য করে ▶ **narcotic** *adj.* চেতনানাশক, আচ্ছন্নকারী (মাদকদ্রব্য)

narrate / nəˈreɪt ন্যাˈরেইট্ / *verb* [T] (*formal*) to tell a story গল্প বলা, বিবরণ দেওয়া, বর্ণনা করা ▶ **narration** /nəˈreɪʃn ন্যাˈরেইশ্ন্ / *noun* [C, U] বর্ণনা, বিবরণ

narrative / ˈnærətɪv ˈন্যার‍্যাটিভ্ / *noun* (*formal*) **1** [C] the description of events in a story গল্পের মধ্যে ঘটনার বিবরণ **2** [U] the process or skill of telling a story গল্প বলার পদ্ধতি অথবা কুশলতা বা নিপুণতা

narrator / nəˈreɪtə(r) ন্যাˈরেইট্যা(র্) / *noun* [C] the person who tells a story or explains what is happening in a play, film, etc. (কোনো নাটক, চলচ্চিত্র ইত্যাদিতে) আখ্যায়ক, বর্ণনাদাতা, কথক

narrow / ˈnærəʊ ˈন্যার‍্যাউ / *adj.* **1** having only a short distance from side to side সরু, সংকীর্ণ, অপ্রশস্ত *The bridge is too narrow for two cars to pass.* ✪ বিপ **wide** এবং **broad** **2** not large বিস্তীর্ণ নয়, সীমিত, ছোটো *a narrow circle of friends* **3** by a small amount অল্প পরিমাণে, অল্পের জন্য *That was a very narrow escape. You were lucky.* ○ *a narrow defeat/victory* ▶ **narrow** *verb* [I, T] কমিয়ে দেওয়া, সংকীর্ণ করে তোলা বা হওয়া *The road narrows to 50 metres.* ▶ **narrowness** *noun* [U] সংকীর্ণতা

PHR V **narrow sth down** to make a list of things smaller কোনো কিছুর তালিকা সংক্ষিপ্ত করা *The police have narrowed down their list of suspects to three.*

narrowly / ˈnærəʊli ˈন্যার‍্যাউলি / *adv.* only by a small amount কেবল অল্প একটুর জন্য

narrow-minded *adj.* not wanting to accept new ideas or the opinions of other people if they are not the same as your own নিজের মতের সঙ্গে একইরকম না হলে কোনো নতুন ভাবধারা বা অন্যের মতামত যে গ্রহণ করতে চায় না; সংকীর্ণমনা ✪ সম **insular** ✪ বিপ **broad-minded**

NASA / ˈnæsə ˈন্যাস্যা / *abbr.* National Aeronautics and Space Administration; a US government organization that does research into space and organizes space travel ন্যাশানাল এয়ারোনটিক্স্ অ্যান্ড স্পেস অ্যাডমিনিস্ট্রেশন-এর সংক্ষিপ্ত রূপ; মার্কিন যুক্তরাষ্ট্রের একটি সরকারি প্রতিষ্ঠান যা মহাকাশ গবেষণা ও মহাকাশ অভিযান পরিচালনা করে; নাসা

nasal / ˈneɪzl ˈনেইজ্ল্ / *adj.* **1** of or for the nose নাক সংক্রান্ত, নাকের **2** produced partly through the nose নাকিসুরে বলা *a nasal voice*

nasty / ˈnɑːsti ˈনা:স্টি / *adj.* (**nastier; nastiest**) very bad or unpleasant খুব খারাপ; জঘন্য, কদর্য *When she was asked to leave she **got/turned nasty**.* ○ *a nasty bend in the road* ▶ **nastily** *adv.* জঘন্যভাবে ▶ **nastiness** *noun* [U] ঘৃণ্যতা, কদর্যতা

nation / ˈneɪʃn ˈনেইশ্ন্ / *noun* [C] a country or all the people in a country কোনো দেশ অথবা তার অন্তর্গত সকল জনসাধারণ; জাতি *a summit of the leaders of seven nations*

national[1] / ˈnæʃnəl ˈন্যাশ্ন্যাল্ / *adj.* connected with all of a country; typical of a particular country জাতীয় ; কোনো নির্দিষ্ট রাষ্ট্রের বৈশিষ্ট্যসূচক *Here is today's national and international news.* ○ *a national newspaper* ➪ **international, regional** এবং **local** দেখো। ▶ **nationally** *adv.* জাতীয়রূপে, জাতিগতভাবে

national[2] / ˈnæʃnəl ˈন্যাশ্ন্যাল্ / *noun* [C, *usually pl.*] (*formal*) a citizen of a particular country কোনো নির্দিষ্ট রাষ্ট্রের নাগরিক

national anthem *noun* [C] the official song of a country that is played at public events কোনো রাষ্ট্রের আনুষ্ঠানিক সংগীত যা প্রকাশ্য সমারোহে গাওয়া হয় বা বাজানো হয়; জাতীয় সংগীত

nationalism / ˈnæʃnəlɪzəm ˈন্যাশ্ন্যালিজ়্যাম্ / *noun* [U] **1** the desire of a group of people who share the same race, culture, language, etc. to form an independent country একটি স্বাধীন রাষ্ট্র গড়ে তোলার জন্য একই জাতি, সংস্কৃতি, ভাষা ইত্যাদি অবলম্বনকারী জনগোষ্ঠীর আকাঙ্ক্ষা বা বোধ; জাতীয়তাবাদ, জাতীয়তাবোধ **2** a feeling of love or pride for your own country; a feeling that your country is better than any other নিজের দেশের প্রতি যে ভালবাসার অনুভূতি; স্বদেশের জন্য গর্ব বা অহংকারের বোধ ; দেশপ্রেম

nationalist / ˈnæʃnəlɪst ˈন্যাশ্ন্যালিস্ট্ / *noun* [C] a person who wants his/her country or region to become independent এমন ব্যক্তি যিনি চান তাঁর দেশ অথবা অঞ্চল স্বাধীন হোক; জাতীয়তাবাদী a walsh nationalist

nationalistic / ˌnæʃnəˈlɪstɪk ˌন্যাশ্ন্যাˈলিস্টিক্ / *adj.* having strong feelings of love for or pride in your own country so that you think it is better than any other নিজের দেশের প্রতি প্রবল ভালোবাসা বা গর্বের বোধ যাতে মনে করা হয় অন্য কোনো দেশের থেকে নিজের দেশ ভালো; স্বাজাত্যাভিমানী, উগ্র স্বাদেশিক

NOTE কোনো ব্যক্তির স্বদেশের প্রতি অতিরিক্ত এবং প্রবল গর্ববোধের অনুভূতি ব্যক্ত করার জন্য সমালোচনার সুরে **nationalistic** শব্দটি ব্যবহার করা হয়ে থাকে।

nationality / ˌnæʃəˈnæləti ˌন্যাশ্যা'ন্যাল্যাটি / *noun* [C, U] (*pl.* **nationalities**) the state of being legally a citizen of a particular nation or country কোনো রাষ্ট্রের আইনসম্মত নাগরিকত্ব; জাতীয়তা, জাতিগত পরিচয়, জাতিসত্তা *to have French nationality* ○ *students of many nationalities* ○ *to have* ***dual nationality*** (=of two countries)

nationalize (*also* **-ise**) / ˈnæʃnəlaɪz 'ন্যাশ্ন্যালাইজ্ / *verb* [T] to put a company or organization under the control of the government কোনো একটি কোম্পানি অথবা প্রতিষ্ঠানকে সরকারের অধীনস্থ করা; রাষ্ট্রায়ত্ত করা, জাতীয়করণ করা ✪ বিপ **privatize** ▶ **nationalization** (*also* **-isation**) ˌnæʃnəlaɪˈzeɪʃn ˌন্যাশ্ন্যালাই'জেইশ্ন্ / *noun* [U] রাষ্ট্রায়ত্তকরণ, জাতীয়করণ, সরকারি অধিগ্রহণ

national park *noun* [C] a large area of beautiful land that is protected by the government so that the public can enjoy it অনেকটা এলাকা নিয়ে সুন্দর কোনো ভূখণ্ড যা দেশের সরকার জনসাধারণের উপভোগের জন্য রক্ষণাবেক্ষণ করে; জাতীয় উদ্যান

nationwide / ˌneɪʃnˈwaɪd ˌনেইশ্ন্'উআইড্ / *adj., adv.* over the whole of a country সমস্ত দেশ জুড়ে, দেশব্যাপী, রাষ্ট্রব্যাপী *The police launched a nationwide hunt for the killer.*

native[1] / ˈneɪtɪv 'নেইটিভ্ / *adj.* **1** (*only before a noun*) connected with the place where you were born or where you have always lived জন্মস্থান অথবা নিবাসস্থান সংক্রান্ত *your native language/ country/city* ○ *native Londoners* **2** (*only before a noun*) connected with the people who originally lived in a country before other people, especially white people, came to live there কোনো স্থানের মূল বা স্থানীয় অধিবাসী সংক্রান্ত *native art/dance*

NOTE খেয়াল রেখো **native** শব্দটির ব্যবহার অনেক সময় অপমানজনক বলে মনে করা হয়ে থাকে।

3 native (to...) (used about an animal or plant) living or growing naturally in a particular place (পশু বা উদ্ভিদ সম্বন্ধে ব্যবহৃত) নির্দিষ্ট স্থানে স্বাভাবিকভাবে জাত বা বৃদ্ধিপ্রাপ্ত; দেশজ *This plant is native to South America.* ○ *a native species/habitat*

native[2] / ˈneɪtɪv 'নেইটিভ্ / *noun* [C] **1** a person who was born in a particular place বিশেষ কোনো স্থানে জাত ব্যক্তি *a native of New York* **2** [*usually pl.*] (*old-fashioned*) the people who were living in Africa, America, etc. originally, before the Europeans arrived there ইউরোপের মানুষেরা পৌঁছোনোর আগে আফ্রিকা, আমেরিকা ইত্যাদি স্থানে যে সকল লোক বাস করত

NOTE খেয়াল রেখো যে **native** শব্দটির এই অর্থটি অবমাননাকর হতে পারে।

Native American (*also* **American Indian**) *adj., noun* [C] (of) a member of the race of people who were the original inhabitants of America আমেরিকার আদিম অধিবাসীগণের একজন সদস্য

native speaker *noun* [C] a person who speaks a language as his/her first language and has not learned it as a foreign language প্রধান এবং প্রথম ভাষা হিসেবে (বিদেশি ভাষা হিসেবে নয়) যে ভাষা শেখা হয় *All their Spanish teachers are native speakers.*

NATO (*also* **Nato**) / ˈneɪtəʊ 'নেইট্যাউ / *abbr.* North Atlantic Treaty Organization; a group of European countries, Canada and the US, who agree to give each other military help if necessary নর্থ আটলান্টিক ট্রিটি অরগানাইজেশন-এর সংক্ষিপ্ত রূপ; ইউরোপীয় কয়েকটি দেশ, কানাডা ও আমেরিকা মিলে গঠিত দেশগোষ্ঠী যারা প্রয়োজনে পরস্পরকে সামরিক সাহায্য দানের জন্য অঙ্গীকারবদ্ধ; ন্যাটো

natural / ˈnætʃrəl 'ন্যাচ্র্যাল্ / *adj.* **1** (*only before a noun*) existing in nature; not made or caused by human beings প্রাকৃতিক; মানুষের দ্বারা তৈরি বা মানবঘটিত কোনো কারণে নয় *I prefer to see animals in their* ***natural habitat*** *rather than in zoos.* ○ *She died of* ***natural causes*** (=of old age or illness). **2** usual or normal সাধারণত অথবা স্বাভাবিক *It's natural to feel nervous before an interview.* ✪ বিপ **unnatural** **3** that you had from birth or that was easy for you to learn জন্মগত বা সহজাত *a natural gift for languages* **4** (*only before a noun*) (used about parents or their children) related by blood (পিতামাতা অথবা তাঁদের পুত্রকন্যা সম্বন্ধে ব্যবহৃত) রক্তের সম্বন্ধ; নিজের *She's his stepmother, not his natural mother.*

natural gas *noun* [U] gas that is found under the ground or the sea, and that we burn for light and heat যে গ্যাস মাটি অথবা সমুদ্রের নীচে পাওয়া যায় এবং যে গ্যাস আলো এবং তাপ উৎপাদন করার জন্য ব্যবহার করা হয়; প্রাকৃতিক গ্যাস

natural history *noun* [U] the study of plants and animals গাছ-গাছড়া এবং জীবজন্তু নিয়ে গবেষণা এবং অধ্যয়ন; প্রাকৃতিক ইতিহাস

naturalist / ˈnætʃrəlɪst 'ন্যাচ্র্যালিস্ট্ / *noun* [C] a person who studies plants and animals যে ব্যক্তি উদ্ভিদ ও প্রাণীবিদ্যা চর্চা করে; প্রকৃতিবিজ্ঞানী

naturalize (*also* **-ise**) / ˈnætʃrəlaɪz ˈন্যাচ্‌র্যালাইজ্ / *verb* [T] (*usually passive*) to make sb a citizen of a country where he/she was not born কোনো ব্যক্তি যে দেশে জন্মগ্রহণ করেনি তাকে সেই দেশের নাগরিকত্ব দান করা ▶ **naturalization** (*also* **-isation**) /ˌnætʃrəlaɪˈzeɪʃn ˌন্যাচ্‌র্যালাইˈজ়েইশ্‌ন্ / *noun* [U] স্বাভাবিকীকরণ, নাগরিকত্ব অর্পণ

naturally / ˈnætʃrəli ˈন্যাচ্‌র্যালি / *adv.* **1** of course; as you would expect অবশ্যই; যেমন আশা করা হয় *The team was naturally upset about its defeat.* **2** in a natural way; not forced or made artificially স্বাভাবিকভাবে; জোর করে অথবা কৃত্রিম উপায়ে করা নয় *naturally wavy hair* ○ *naturally cheerful person* **3** in a way that is relaxed and normal জোর না-খাটিয়ে এবং স্বাভাবিকভাবে *Don't try and impress people. Just* ***act naturally****.*

natural science *noun* [C] a science concerned with studying the physical world. Chemistry, biology and physics are all natural sciences যে বিজ্ঞান প্রাকৃতিক জগতের বিষয়ে চর্চা বা গবেষণার সঙ্গে সম্পৃক্ত। রসায়নশাস্ত্র, জীববিদ্যা, পদার্থবিদ্যা এসকল প্রাকৃতিক বিজ্ঞান

natural selection *noun* [U] the process by which those animals and plants which are best suited to the conditions in which they live have more young ones and live longer যে সকল প্রাণী বা উদ্ভিদ যে পদ্ধতিতে বেঁচে থাকার পক্ষে উপযোগী সর্বোত্তম পরিস্থিতিতে আরও বেশি সংখ্যায় বংশবৃদ্ধি করে এবং দীর্ঘ দিন বেঁচে থাকে; সহজাত নির্বাচন

nature / ˈneɪtʃə(r) ˈনেইচ্যা(র্) / *noun* **1** [U] all the plants, animals, etc. in the universe and all the things that happen in it that are not made or caused by people বিশ্বের অন্তর্ভুক্ত সকল উদ্ভিদ, প্রাণী ইত্যাদি এবং স্বাভাবিকভাবে বা প্রাকৃতিক নিয়মে সংঘটিত (মানুষের দ্বারা নয়) সকল কিছু; প্রকৃতি, নিসর্গ *the forces of nature* (e.g. volcanoes, hurricanes, etc.) ○ *the wonders/beauties of nature* **2** [C, U] the qualities or character of a person or thing কোনো লোক বা জিনিসের বিশেষ গুণসকল বা চরিত্র *He's basically honest* ***by nature****.* ○ *It's* ***human nature*** *never to be completely satisfied.* **3** [*sing.*] a type or sort of sth কোনো কিছুর বৈশিষ্ট্য *I'm not very interested in things of that nature.* ○ *books of a scientific nature* **4** **-natured** (*used to form compound adjectives*) having a particular quality or type of character নির্দিষ্ট গুণ বা নির্দিষ্ট ধরনের চরিত্র সম্পন্ন *a kind-natured man*

IDM **second nature** ➪ **second**[1] দেখো।

naughty / ˈnɔːti ˈন:টি / *adj.* (*BrE*) (used when you are talking to or about a child) badly behaved; not obeying (বাচ্চার সঙ্গে কথা বলার সময়ে বা তার সম্বন্ধে বলার সময়ে ব্যবহৃত) দুষ্টু; অবাধ্য, অসভ্য *It was very naughty of you to wander off on your own.* ▶ **naughtily** *adv.* দুষ্টুমির সঙ্গে ▶ **naughtiness** *noun* [U] দুষ্টুমি

nausea / ˈnɔːziə ˈন:জ়িঅ্যা / *noun* [U] the feeling that you are going to **vomit** বমি-বমি ভাব, বমনেচ্ছা, বিবমিষা ➪ **sick 3** দেখো।

nauseate / ˈnɔːzieɪt ˈন:জ়িএইট্ / *verb* [T] to cause sb to feel sick or disgusted গা গুলিয়ে দেওয়া; বিরক্তি জাগানো ▶ **nauseating** *adj.* জঘন্য, বমনউদ্রেককারী, বিশ্রী

nautical / ˈnɔːtɪkl ˈন:টিক্‌ল্ / *adj.* connected with ships, sailors or sailing নৌ, নাবিক বা নৌচালনা সংক্রান্ত

nautical mile (*also* **sea mile**) *noun* [C] a unit for measuring distance at sea; 1852 metres সমুদ্রযাত্রায় দূরত্ব মাপার একক; ১৮৫২ মিটার

naval / ˈneɪvl ˈনেইভ্‌ল্ / *adj.* connected with the navy নৌবাহিনী সম্পর্কিত *a naval base/officer/battle*

navel / ˈneɪvl ˈনেইভ্‌ল্ / (*informal* **belly button**) *noun* [C] the small hole or lump in the middle of your stomach নাভি, নাভিকুণ্ড

navigable / ˈnævɪgəbl ˈন্যাভিগ্যাব্‌ল্ / *adj.* (used about a river or narrow area of sea) that boats can sail along (নদী অথবা খাঁড়ি সম্বন্ধে ব্যবহৃত) নাব্য; যার মধ্যে দিয়ে জাহাজ, নৌকো যেতে পারে

navigate / ˈnævɪgeɪt ˈন্যাভিগেইট্ / *verb* **1** [I] to use a map, etc. to find your way to somewhere কোথাও যাওয়ার পথ খোঁজার জন্য মানচিত্র ইত্যাদি ব্যবহার করা *If you drive, I'll navigate.* **2** [T] (*written*) to sail a boat along a river or across a sea নদী অথবা সমুদ্রের মধ্যে দিয়ে নৌকো বা জাহাজে যাওয়া ▶ **navigator** *noun* [C] সাগর অভিযাত্রী, নাবিক ▶ **navigation** / ˌnævɪˈgeɪʃn ˌন্যাভিˈগেইশ্‌ন্ / *noun* [U] নৌচালনবিদ্যা, নৌযাত্রা, বিমানযাত্রা

navy / ˈneɪvi ˈনেইভি / *noun* [C] (*pl.* **navies**) the part of a country's armed forces that fights at sea in times of war নৌবাহিনী *to join the navy* ○ *Their son is* ***in the Navy****.* **NOTE** **navy** শব্দটি যখন একবচনরূপে (singular) ব্যবহার করা হয় তখন তার সঙ্গে যে ক্রিয়াপদটি (verb) প্রয়োগ করা হয় সেটি একবচন অথবা বহুবচনে (plural) ব্যবহার করা যেতে পারে—*The Navy is/are introducing a new warship this year.* ➪ **army, air force** এবং **merchant navy** দেখো **naval** adjective দেখো।

navy blue (*also* **navy**) *adj., noun* [U] (of) a very dark blue colour গাঢ় নীল রং

Nazi / ˈnɑːtsi ˈনা:ট্‌সি / *noun* [C] **1** a member of the National Socialist party which controlled Germany from 1933 to 1945 ১৯৩৩ থেকে ১৯৪৫

পর্যন্ত যে ন্যাশানাল সোস্যালিস্ট পার্টি জার্মানি শাসন করেছিল সেই পার্টির একজন সভ্য **2** a person who uses their power in a cruel way; a person with extreme and unreasonable views about race এমন কেউ যে নিষ্ঠুরভাবে তার ক্ষমতা ব্যবহার করে; যে অন্য জাতি সম্বন্ধে চরম এবং অযৌক্তিক মনোভাব পোষণ করে ▶ **Nazi** *adj.* নাৎসি-পন্থী, ফ্যাসিবাদী ▶ **Nazism** ˈnɑːtsɪzəm ˈনা:ট্‌সিজ়্যাম্ / *noun* [U] নাৎসিবাদ, ফ্যাসিবাদ

NB (*also* **nb**) / ˌen ˈbiː ˌএন্ ˈবী / *abbr.* (used before a written note) take special notice of (কোনো লিখিত বক্তব্যের আগে ব্যবহৃত) বক্তব্যটিতে যেন বিশেষ মনোযোগ দেওয়া হয় এরকম বলার জন্য ব্যবহৃত *NB There is an extra charge for reservations.*

NE *abbr.* north-east উত্তর-পূর্ব *NE India*

near¹ / nɪə(r) নিঅ্যা(র্) / *adj., adv., prep.* **1** not far away in time or distance; close কাছাকাছি, কাছে, খুব দূরে নয় এমন; নিকট *We're hoping to move to Wales **in the near future*** (=very soon). ○ *Where's the nearest Post Office?*

> **NOTE** **Close** এবং **near** শব্দ দুটি প্রায় সমার্থক রূপে ব্যবহার করা যেতে পারে কিন্তু কোনো কোনো বাক্যাংশে তাদের মধ্যে একটি শব্দের ব্যবহারই সঠিক বলে মনে করা হয়—*a close friend/relative* ○ *the near future* ○ *a close contest.* ➪ **next**-এ নোট দেখো।

2 near- (*used to form compound adjectives*) almost প্রায়, খুব কাছাকাছি *a near-perfect performance*

IDM close/dear/near to sb's heart ➪ **heart** দেখো।

a near miss a situation where sth nearly hits you or where sth bad nearly happens আঘাত করার কাছাকাছি বা খারাপ কিছু ঘটার কাছাকাছি পরিস্থিতি; অল্পের জন্য রক্ষা পাওয়ার পরিস্থিতি

nowhere near far from একেবারেই কাছাকাছি নয় *We've sold nowhere near enough tickets to make a profit.*

near² / nɪə(r) নিঅ্যা(র্) / *verb* [T, I] to get closer to sth in time or distance (সময় বা দূরত্বের দিক থেকে) আরও কাছাকাছি হওয়া *At last we were nearing the end of the project.*

nearby / ˌnɪəˈbaɪ ˌনিঅ্যা'বাই / *adj., adv.* not far away in distance নিকটেই, দূরে নয় *A new restaurant has opened nearby.* ○ *We went out to a nearby restaurant.*

> **NOTE** লক্ষ করো যে **nearby** শব্দটি বিশেষণরূপে (adjective) কেবলই বিশেষ্যপদের (noun) পূর্বে ব্যবহৃত হয়ে থাকে। **Near** শব্দটি কিন্তু এই একইভাবে বিশেষ্যপদের পূর্বে ব্যবহার করা যায় না—*We went out to a nearby restaurant.* ○ *The restaurant we went to is quite near.*

nearly / ˈnɪəli ˈনিঅ্যালি / *adv.* almost; not completely or exactly প্রায়; সম্পূর্ণরূপে নয়, পুরোপুরি নয় *It's nearly five years since I've seen him.* ○ *It's not far now. We're nearly there.*

IDM not nearly much less than; not at all বেশ কম; একেবারেই নয় *It's not nearly as warm as it was yesterday.*

near-sighted (*AmE*) = **short-sighted 1**

neat / niːt নীট্ / *adj.* **1** arranged or done carefully; tidy and in order যত্নসহকারে বিন্যস্ত বা কৃত; পরিচ্ছন্ন এবং সুশৃঙ্খল *Please keep your room **neat and tidy**.* ○ *neat rows of figures* **2** (used about a person) liking to keep things tidy and in order (কোনো ব্যক্তি সম্বন্ধে ব্যবহৃত) জিনিসপত্র পরিচ্ছন্ন ও সুশৃঙ্খলভাবে রাখতে পছন্দ করে এমন *The new secretary was very neat and efficient.* **3** simple but clever সহজ অথচ দক্ষ, সরল কিন্তু চালাক *a neat solution/explanation/idea/trick* **4** (*AmE spoken*) good; nice ভালো; সুন্দর *That's a really neat car!* **5** (*AmE* **straight**) (used about an alcoholic drink) on its own, without ice, water or any other liquid (মদ্যজাতীয় পানীয় বিষয়ে ব্যবহৃত) জল, বরফ অথবা অন্য কোনো তরল পদার্থ ছাড়াই; শুধু *a neat whisky* ▶ **neatly** *adv.* ফিটফাট, পরিপাটিভাবে *neatly folded clothes* ▶ **neatness** *noun* [U] পরিষ্কার-পরিচ্ছন্নতা

nebula / ˈnebjələ ˈনেবিঅ্যাল্যা / *noun* [C] (*pl.* **nebulae** / -liː -লী/) a bright area in the night sky that is caused by a mass of dust or gas or by a large cloud of stars that are far away (ধুলিকণা বা গ্যাস থেকে জাত) রাত্রির আকাশে বহুদূরবর্তী উজ্জ্বল আলোক ক্ষেত্র বা নক্ষত্রপুঞ্জ; নীহারিকা

necessarily / ˈnesəsərəli; ˌnesəˈserəli ˌনেস্যাস্যার‍্যালি ˌনেস্যা'সেরালি/ *adv.* used to say that sth cannot be avoided or has to happen অবশ্যই, অবধারিতভাবে *The number of tickets available is necessarily limited.*

IDM not necessarily used to say that sth might be true but is not definitely or always true এই অর্থে ব্যবহৃত যে কোনো কিছু সত্য বা ঠিক হতে পারে কিন্তু সব সময়ই যে তা হবে তা নয়

necessary / ˈnesəsəri ˈনেস্যাস্যারি / *adj.* **necessary (for sb/sth) (to do sth)** that is needed for a purpose or a reason আবশ্যক, দরকারি *A good diet is necessary for a healthy life.* ○ *If necessary I can take you to work that day.* ✪ বিপ **unnecessary**

necessitate / nəˈsesɪteɪt ন্যা'সেসিটেইট্ / *verb* [T] (*formal*) to make sth necessary কোনো কিছুকে প্রয়োজনীয় ও অপরিহার্য করে তোলা

necessity / nəˈsesəti ন্যা'সেস্যাটি / *noun* (*pl.* **necessities**) **1** [U] **necessity (for sth/to do sth)** the need for sth; the fact that sth must be done or must happen কোনো কিছুর প্রয়োজন; আবশ্যকতা, বাধ্যবাধকতা *Is there any necessity for change?* ○ *They sold the car* ***out of necessity*** (=because they had to). **2** [C] something that you must have যা পাওয়া অবশ্যই দরকার; অপরিহার্যতা *Clean water is an absolute necessity.*

neck / nek নেক্ / *noun* **1** [C] the part of your body that joins your head to your shoulders গলা, কণ্ঠ *She wrapped a scarf around her neck.* ○ *Giraffes have long necks.* ⇨ **body**-তে ছবি দেখো। **2** [C] the part of a piece of clothing that goes round your neck জামার যে-অংশ গলা ঘিরে থাকে *a polo-neck/V-neck sweater* ○ *The neck on this shirt is too tight.* **3** [C] the long narrow part of sth কোনো কিছুর লম্বা সরু ভাগ *the neck of a bottle* **4 -necked** (*used to form compound adjectives*) having the type of neck mentioned উল্লিখিত গলাবিশিষ্ট *a round-necked sweater*

IDM by the scruff (of the/your neck) ⇨ **scruff** দেখো।

neck and neck (with sb/sth) equal or level with sb in a race or competition দৌড় বা কোনো প্রতিযোগিতায় কারও সঙ্গে সমান-সমান বা সমপর্যায়ভুক্ত

up to your neck in sth having a lot of sth to deal with কোনো কিছু আয়ত্ত করতে বা বাগে আনতে হিমসিম খাওয়া *We're up to our necks in work at the moment.*

necklace / ˈnekləs 'নেক্ল্যাস্ / *noun* [C] a piece of jewellery that you wear around your neck কণ্ঠহার, গলার হার; নেকলেস

neckline / ˈneklaɪn 'নেক্লাইন্ / *noun* [C] the edge of a piece of clothing, especially a woman's, which fits around or below the neck বিশেষত মেয়েদের, গলার চারিধারে বা নীচে জামার যে অংশ *a dress with a low/round neckline*

necktie / ˈnektaɪ 'নেক্টাই / (*AmE*) = **tie[1] 1**

nectar / ˈnektə(r) 'নেক্ট্যা(র্) / *noun* [U] **1** the sweet liquid that bees collect from flowers to make **honey** মৌমাছিরা ফুল থেকে মধু তৈরি করার জন্য যে মিষ্টি তরল পদার্থ সংগ্রহ করে; সুধা **2** the thick juice of some fruit, used as a drink কোনো কোনো ফলের ঘন রস যা খাওয়া হয়; মকরন্দ *apricot nectar*

nectarine / ˈnektəri:n 'নেক্ট্যারীন্ / *noun* [C] a soft round red and yellow fruit that looks like a **peach** with smooth skin গোল, হলদে-লাল মসৃণ একরকম নরম ফল, যা পিচফলের মতো দেখতে

née / neɪ নেই / *adj.* used in front of the family name that a woman had before she got married বিয়ের আগে মেয়েদের যে পদবি থাকে তার পূর্বে ব্যবহৃত হয় *Mili Mitra, née Sen* ⇨ **maiden name** দেখো।

need[1] / ni:d নীড্ / *verb* [T] (*not usually used in the continuous tenses*) **1 need sb/sth (for sth/to do sth)** if you need sth, you want it or must have it প্রয়োজন পড়া, দরকার হওয়া *All living things need water.* ○ *I need a new film for my camera.* ○ *Does Roshni need any help?* **2** to have to; to be obliged to কিছু করার আবশ্যকতা হওয়া; দায় নেওয়া; বাধিত হওয়া *Do we need to buy the tickets in advance?* ○ *You didn't need to bring any food but it was very kind of you.*

> **NOTE Need** মূল ক্রিয়াপদটির (verb) প্রশ্নবাচক রূপ হল **do I need?** এর অতীতকাল (past tense) হল **needed** (প্রশ্নবাচক রূপ **did you need?**) এবং নেতিবাচক রূপ হল **didn't need**।

3 need (sth) doing if sth needs doing, it is necessary or must be done কোনো ব্যক্তি বা বস্তুর জন্য অবশ্যকরণীয় বা প্রয়োজনীয় হওয়া *This jumper needs washing.*

> **NOTE** এই ক্রিয়াপদটির (verb) ব্যবহার ঘটমানকালে (continuous tenses) হয় না কিন্তু 'ing' সহযোগে এর বর্তমান কৃদন্ত (present participle) রূপটি সাধারণভাবে অত্যন্ত প্রচলিত—*Patients needing emergency treatment will go to the top of the waiting list.*

need[2] / ni:d নীড্ / *modal verb*
(*not used in the continuous tenses; used mainly in questions or negative sentences after* if *and* whether *or with words like* hardly, only, never) to have to; to be obliged to কিছু করার আবশ্যকতা হওয়া; দায় নেওয়া, বাধিত হওয়া *Need we pay the whole amount now?* ○ *You needn't come to the meeting if you're too busy.* ○ *I* ***hardly need*** *remind you* (=you already know) *that this is very serious.*

> **NOTE Need** শব্দটি বর্তমান কালে (present tense) যে-কোনো পুরুষে (person) ব্যবহার করা যেতে পারে। এই শব্দটির নেতিবাচক রূপ হল **need not (needn't)** এবং প্রশ্নবাচক রূপ হল **need I?** ইত্যাদি।
> অতীতের কথা বলতে গেলে **needn't have** শব্দাংশের সঙ্গে অতীত কৃদন্ত (past participle) ব্যবহার করা হলে এই অর্থ ব্যক্ত হয় যে কোনো কাজ সম্পন্ন করার পরে উপলব্ধি হওয়া যে সেই কাজটি করার কোনো

প্রয়োজন ছিল না—*I needn't have gone to the hospital* (= I went but it wasn't necessary). **Didn't need to** বাক্যাংশটি কোনো অসমাপিকা ক্রিয়ার (infinitive verb) সঙ্গে ব্যবহার করলে এই বোঝানো হয় যে কোনো কাজ এই জন্য করা হয়নি কারণ আগে থেকেই জানা ছিল সেটা করার প্রয়োজন ছিল না—*I didn't need to go to the hospital* (=I didn't go because it wasn't necessary). **Modal Verbs** সম্বন্ধে আরও বিশদভাবে জানার জন্য এই অভিধানের শেষাংশে **Quick Grammar Reference** দেখো।

need^3 / ni:d নীড্ / *noun* **1** [U, *sing.*] **need (for sth); need (for sb/sth) to do sth** a situation in which you must have or do sth এমন একটা পরিস্থিতি যেখানে কারও দরকার আছে বা নিশ্চয় কিছু করতেই হবে *There's **no need for** you to come if you don't want to.* ○ *Do phone me if you **feel the need** to talk to someone.* **2** [C, *usually pl.*] the things that you must have দরকারি বা আবশ্যকীয় জিনিস *He doesn't earn enough to pay for his basic needs.* ○ *Parents must consider their children's emotional as well as their physical needs.* **3** [U] the state of not having enough food, money or support অভাবী, দরিদ্র, গরিব, নিঃস্ব *a campaign to help families **in need***

needle / ˈni:dl ˈনীড্ল্ / *noun* [C] **1** a small thin piece of metal with a point at one end and a hole (**an eye**) at the other that is used for sewing (সেলাই করার জন্য ব্যবহৃত হয়) ছুঁচ, সূঁচ *to thread a needle with cotton* ➪ **pins** এবং **needles** দেখো। **2** (*also* **knitting needle**) one of two long thin pieces of metal or plastic with a point at one end that are used for knitting উল বোনার কাঁটা **3** the sharp metal part of a **syringe** সিরিঞ্জের সূঁচ যেটার মাধ্যমে শরীরে ওষুধ দেওয়া হয় বা শরীর থেকে রক্ত টেনে বার করা হয় **4** a thin metal part on a scientific instrument that moves to point to the correct measurement or direction বৈজ্ঞানিক সরঞ্জামের যে পাতলা ধাতব অংশটি এদিক-ওদিক ঘুরে সঠিক মাপ অথবা দিকের নির্দেশ দেয় **5** the thin, hard pointed leaf of certain trees that stay green all year সারা বছর সবুজ থাকে এমন কোনো গাছের পাতলা, শক্ত এবং সরু পাতা; চিরহরিৎ গাছের পাতা *pine needles*

needless / ˈni:dləs ˈনীড্ল্যাস্ / *adj.* that is not necessary and that you can easily avoid অপ্রয়োজনীয়, বাহুল্য ➪ **unnecessary** দেখো। ► **needlessly** *adv.* অপ্রয়োজনীয়ভাবে

needlework / ˈni:dlwɜ:k ˈনীড্ল্উঅ্যক্ / *noun* [U] sth that you sew by hand, especially for decoration কোনো কিছু যা হাতে বোনা, বিশেষত সাজানোর উদ্দেশ্যে; হাতের কাজ

needy / ˈni:di ˈনীডি / *adj.* **1** not having enough money, food, clothes, etc. যথেষ্ট অর্থ, খাদ্য, বস্ত্র ইত্যাদি নেই এমন; অভাবী, দরিদ্র **2 the needy** *noun* [*pl.*] people who do not have enough money, food, clothes, etc. যেসব লোকের অর্থ, খাদ্য, বস্ত্র ইত্যাদির অভাব আছে; দুর্দশাগ্রস্ত

neg. *abbr.* negative নেতিবাচক, না-সূচক

neem *noun* [C] a large, usually evergreen tree commonly found in India that has small pointed leaves. Different parts of the tree are used in the preparation of medicines as well as in insecticides (ভারতবর্ষে পাওয়া যায় এবং তার বিভিন্ন অংশ থেকে ওষুধ এবং কীটনাশক তৈরি হয়) নিম গাছ

negative^1 / ˈnegətɪv ˈনেগ্যাটিভ্ / *adj.* **1** bad or harmful খারাপ অথবা ক্ষতিকারক *The effects of the new rule have been rather negative.* **2** only thinking about the bad qualities of sb/sth কোনো ব্যক্তি অথবা বস্তুর মন্দ দিকটাই কেবল দেখা বা ভাবা হচ্ছে এমন *I'm feeling very negative about my job—in fact I'm thinking about leaving.* ○ *If you go into the match with a negative attitude, you'll never win.* **3** (used about a word, phrase or sentence) meaning 'no' or 'not' (কোনো শব্দ, বাক্যাংশ অথবা বাক্যের সম্বন্ধে ব্যবহৃত) নেতিবাচক, না-বাচক *a negative sentence* ○ *His reply was negative/He gave a negative reply* (=he said 'no'). ✪ বিপ **affirmative** **4** (used about a medical or scientific test) showing that sth has not happened or has not been found (ডাক্তারি অথবা বৈজ্ঞানিক পরীক্ষা সম্বন্ধে ব্যবহৃত) যাতে দেখা যাচ্ছে কিছু ঘটেনি বা পাওয়া যায়নি *The results of the tuberculosis test were negative.* **5** (used about a number) less than zero (সংখ্যার সম্বন্ধে ব্যবহৃত) শূন্যের কম, ঋণাত্মক ✪ বিপ **positive** (সব অর্থের জন্য) ► **negatively** *adv.* নেতিবাচকভাবে

negative^2 / ˈnegətɪv ˈনেগ্যাটিভ্ / *noun* [C] **1** a word, phrase or sentence that says or means 'no' or 'not' এমন একটা শব্দ, বাক্যাংশ অথবা বাক্য যার অর্থ 'না' বা 'নয়' *Aisha answered **in the negative*** (=she said no). ○ *'Never', 'neither' and 'nobody' are all negatives.* ✪ বিপ **affirmative** **2** a piece of film from which we can make a photograph. The light areas of a negative are dark on the final photograph and the dark areas are light এক ফালি ফিল্ম যা থেকে ফোটো তৈরি করা যায়। ফোটো তৈরি হলে আগের হালকা অংশ গাঢ় হয়ে যায়, আর গাঢ় অংশ হালকা হয়ে যায়; নেগেটিভ

neglect / nɪˈglekt নিˈগ্লেক্ট্ / *verb* [T] **1** to give too little or no attention or care to sb/sth (কোনো ব্যক্তি বা বস্তুকে) অবহেলা বা অবজ্ঞা করা *Don't neglect your health.* ○ *The old house had stood neglected for* *years.* **2 neglect to do sth** to fail or forget to do sth কোনো কিছু না করা বা করতে ভুলে যাওয়া *He neglected to mention that he had spent time in prison.* ▶ **neglect** *noun* [U] অবজ্ঞা, অবহেলা *The garden was like a jungle after years of neglect.* ▶ **neglected** *adj.* অবহেলিত *neglected children*

negligence / ˈneglɪdʒəns ˈনেগ্‌লিজ্যান্স্ / *noun* [U] not being careful enough; lack of care যথেষ্ট যত্নশীল নয় এমন; যত্নের অভাব *The accident was a result of negligence.* ▶ **negligent** / ˈneglɪdʒənt ˈনেগ্‌লিজ্যান্ট্ / *adj.* অমনোযোগী, অসতর্ক ▶ **negligently** *adv.* অবহেলার সঙ্গে, অবহেলাভরে

negligible / ˈneglɪdʒəbl ˈনেগ্‌লিজ্যাব্‌ল্ / *adj.* very small and therefore not important ক্ষুদ্রাতিক্ষুদ্র এবং তাই গুরুত্বপূর্ণ নয়; নগণ্য, তুচ্ছ

negotiable / nɪˈgəʊʃiəbl নিˈগ্যাউশিঅ্যাব্‌ল্ / *adj.* that can be decided or changed by discussion আলোচনা করে স্থির করা যায় বা পরিবর্তন করা যায় এমন; আপসমূলক *The price is not negotiable/non-negotiable.*

negotiate / nɪˈgəʊʃieɪt নিˈগ্যাউশিএইট্ / *verb* **1** [I] **negotiate (with sb) (for/about sth)** to talk to sb in order to decide or agree about sth কোনো কিছু সম্পর্কে সিদ্ধান্ত বা সম্মতির জন্য কোনো ব্যক্তির সঙ্গে কথা বলা *The unions are still negotiating with management about this year's pay claim.* **2** [T] to decide or agree sth by talking about it কি করা হবে তা আলোচনার মাধ্যমে কোনো কিছুর মীমাংসা করা বা বন্দোবস্ত করা *to negotiate an agreement/a deal/a settlement* **3** [T] to get over, past or through sth difficult কঠিন কিছু অতিক্রম করা বা তার মধ্যে দিয়ে যাওয়া *To escape, prisoners would have to negotiate a five-metre wall.* ▶ **negotiator** *noun* [C] এমন কেউ যে আলোচনায় অংশগ্রহণ করে, আপস আলোচনায় অংশগ্রহণকারী ব্যক্তি

negotiation / nɪˌgəʊʃiˈeɪʃn নি,গ্যাউশিˈএইশ্‌ন্ / *noun* [*pl.*, U] discussions at which people try to decide or agree sth আলাপ-আলোচনা, আপস-আলোচনা *to enter into/break off negotiations* ○ *The pay rise is still* ***under negotiation***.

Negro / ˈni:grəʊ ˈনীগ্র্যাউ / *noun* [C] (*pl.* **Negroes**) (*old-fashioned*) a black person কৃষ্ণ বর্ণের মানুষ

> **NOTE** খেয়াল রেখো যে এই শব্দটির ব্যবহার আপত্তিজনক এবং অসৌজন্যমূলক ভাবা হয়।

neigh / neɪ নেই / *noun* [C] the long high sound that a horse makes ঘোড়ার ডাক; হ্রেষাধ্বনি ▶ **neigh** *verb* [I] ঘোড়ার হ্রেষাধ্বনি করা

neighbour (*AmE* **neighbor**) / ˈneɪbə(r) ˈনেইব্যা(র্) / *noun* [C] **1** a person who lives near you প্রতিবেশী *our **next-door neighbours*** **2** a person or thing that is near or next to another এমন কেউ যে খুব কাছে থাকে; এমন কিছু যা খুব কাছেই *Britain's nearest neighbour is France.* ○ *Try not to look at what your neighbour is writing.*

neighbourhood (*AmE* **neighborhood**) / ˈneɪbəhʊd ˈনেইব্যাহুড্ / *noun* [C] a particular part of a town and the people who live there পল্লি, মহল্লা, পাড়া

neighbouring (*AmE* **neighboring**) / ˈneɪbərɪŋ ˈনেইব্যারিং / *adj.* (*only before a noun*) near or next to কাছে বা নিকটে অথবা ঠিক পরেই *Farmers from neighbouring villages come into town each week for the market.*

neighbourly (*AmE* **neighborly**) / ˈneɪbəli ˈনেইব্যালি / *adj.* friendly and helpful বন্ধুভাবাপন্ন এবং উপকারী

neither / ˈnaɪðə(r); ˈni:ðə(r) ˈনাইদ্যা(র্); ˈনীদ্যা(র্) / *det., pronoun, adv.* **1** (used about two people or things) not one and not the other (দুজন মানুষ অথবা দুটি জিনিস সম্বন্ধে বলা হয়) কেউ বা কোনোটিই নয় *Neither of the teams played very well.* ○ *'Would you like tea or juice?' 'Neither, thank you. I'm not thirsty.'*

> **NOTE** লক্ষ করো যে **neither** শব্দটি একবচন (singular) বিশেষ্য (noun) এবং ক্রিয়াপদের (verb) সঙ্গে ব্যবহার করা হয়—*Neither day was suitable. Neither of* -এর পরে ব্যবহৃত বিশেষ্য অথবা সর্বনামপদের (pronoun) বহুবচন (plural) রূপ ব্যবহার করা হয় কিন্তু ক্রিয়াপদটির একবচন অথবা বহুবচন যে-কোনো রূপই ব্যবহার করা যেতে পারে—*Neither of the days is/are suitable.*

2 also not; not either কোনোটি নয়; একটিও নয় *I don't eat meat and neither does Vijay.* ○ *'I don't like fish.' 'Neither do I.'* ○ (*informal*) *'I don't like fish.' 'Me neither.'*

> **NOTE** এই অর্থে **nor** শব্দটি একইভাবে ব্যবহার করা যেতে পারে—*'I don't like fish.' 'Nor do I.'* তবে লক্ষ করো যে যখন কোনো বাক্যে **not...either** ব্যবহার করা হয় তখন শব্দগুলি বাক্যে অন্যভাবে বসানো হয়—*I haven't seen that film.' 'I haven't either.'*

3 neither ... nor not ... and not সে-ও না, এ-ও না, *Neither Vijay nor I eat meat.*

> **NOTE** **Neither ... nor** একবচন (singular) অথবা বহুবচন (plural) ক্রিয়াপদের (verb) সঙ্গে ব্যবহার করা যেতে পারে—*Neither Sheena nor Meena was/were at the meeting.*

nemesis / ˈneməsɪs ˈনেম্যাসিস্ / *noun* [U, *sing.*] (*formal*) a punishment or defeat that sb deserves and cannot avoid অন্যায়ের জন্য নিয়তি নির্ধারিত শাস্তি বা পরাজয় যা এড়ানো যায় না; ন্যায়ের দন্ড

neo- / ˈniːəʊ ˈনীঅ্যাউ / *prefix* (*used in adjectives and nouns*) new; in a later form নব্য; (কোনো কিছুর) পরবর্তী রূপ, আধুনিক সংস্করণ; নতুন, নবীন *neo-Georgian* ○ *neo-fascist*

Neolithic / ˌniːə ˈlɪθɪk ˌনীঅ্যা ˈলিথিক্ / *adj.* referring to the later part of the **Stone Age** নব্য-প্রস্তরযুগীয়; নবোপলীয়

neon / ˈniːɒn ˈনীঅন্ / *noun* [U] (*symbol* **Ne**) a type of gas that does not react with anything and is used for making bright lights and signs যে ধরনের গ্যাস অন্য কিছুর সঙ্গে মিলিত হয় না এবং উজ্জ্বল আলো ও সংকেত ব্যবহার করতে ব্যবহৃত হয়; নিওন গ্যাস

NOTE **Neon** এক ধরনের **noble gas**।

nephew / ˈnefjuː; ˈnevjuː ˈনেফিউ; ˈনেভিউ / *noun* [C] the son of your brother or sister, or the son of your husband's or wife's brother or sister নিজের অথবা স্বামীর বা স্ত্রীর ভাই বা বোনের ছেলে, ভাগিনেয়, ভাগ্নে ➪ **niece** দেখো।

nepotism / ˈnepətɪzəm ˈনেপ্যাটিজ্যাম্ / *noun* [U] using your power or influence to give unfair advantage to your family, especially by giving them jobs পরিবারের লোকজনের অন্যায়ভাবে সুবিধা দান বিশেষত চাকুরি দানের মাধ্যমে নিজের ক্ষমতা অথবা প্রভাবের ব্যবহার; স্বজন-পোষণ

Neptune / ˈneptjuːn ˈনেপ্টিউন্ / *noun* [*sing.*] the planet that is eighth in order from the sun যে গ্রহটি সৌরমন্ডলে অষ্টম স্থানে অবস্থিত; নেপচুন গ্রহ ➪ **the solar system**-এ ছবি দেখো।

nerd / nɜːd ন্যড় / *noun* [C] a person who is not fashionable and has a boring hobby যে ব্যক্তির চাল-চলন কায়দাদুরস্ত নয় এবং যার কোনো একটা একঘেয়ে শখ আছে ▶ **nerdy** *adj.* বৈচিত্র্যহীন, বিরক্তিকর, একঘেয়ে ও ক্লান্তিকর

nerve / nɜːv ন্যভ্ / *noun* **1** [C] one of the long thin threads in your body that carry feelings or other messages to and from your brain সমস্ত শরীরে ছড়িয়ে থাকা লম্বা সূক্ষ্ম নাড়ির একটি যা মস্তিষ্ক থেকে এবং মস্তিষ্কে অনুভূতিসমূহ বা অন্যান্য নির্দেশসমূহ বহন করে; স্নায়ু **2 nerves** [*pl.*] worried, nervous feelings উদ্বিগ্ন, বিচলিত অনুভূতি; অস্থির মনোভাব *Breathing deeply should help to* ***calm/steady your nerves****.* ○ *I was* ***a bag of nerves*** *before my interview.* **3** [U] the courage that you need to do sth difficult or dangerous বিপজ্জনক বা কঠিন কিছু করার জন্য যে সাহসের প্রয়োজন *Rajiv didn't* ***have the nerve*** *to ask his father for more money.* ○ *Some pilots* ***lose their nerve*** *and can't fly any more.* **4** [*sing.*] a way of behaving that people think is not acceptable এমন ধরনের ব্যবহার যা লোকে গ্রহণযোগ্য বলে মনে করে না *You've got a nerve, calling me lazy!*

IDM **get on sb's nerves** (*informal*) to annoy sb or make sb angry কাউকে বিরক্ত করা বা রাগিয়ে দেওয়া

nerve cell *noun* [C] a cell that carries information between the brain and the other parts of the body যে জীবকোষ দেহের বিভিন্ন অংশ এবং মস্তিষ্কের মধ্যে তথ্য বহন করে ✪ সম **neuron**

nerve-racking *adj.* making you very nervous or worried অতি চিন্তার ব্যাপার, যাতে ঘাবড়ে যেতে হয়; স্নায়ুপীড়াদায়ক

nervous / ˈnɜːvəs ˈন্যভ্যাস্ / *adj.* **1 nervous (about/of sth/doing sth)** worried or afraid স্নায়ুর চাপে ভোগে এমন, যে অল্পে ঘাবড়ে যায়; চিন্তিত *I always* ***get nervous*** *just before a match.* ○ *a nervous laugh/smile/voice* **2** connected with the nerves of the body শরীরের স্নায়ুসমূহের সঙ্গে সম্বন্ধযুক্ত; স্নায়বিক *a nervous disorder* ▶ **nervously** *adv.* ভয়ে-ভয়ে, বিচলিতভাবে ▶**nervousness** *noun* [U] ভয় ভয় ভাব; স্নায়ুচাপ

nervous breakdown (*also* **breakdown**) *noun* [C] a time when sb suddenly becomes so unhappy that he/she cannot continue living and working normally হঠাৎ কোনো ব্যক্তি যখন এমনভাবে অসুখী বা বিষণ্ণ বোধ করে যে যেন স্বাভাবিকভাবে বেঁচে থাকতে বা কাজ করতে প্রবল অনীহা বোধ হয়; স্নায়ুবৈকল্য *to have a nervous breakdown*

the nervous system *noun* [C] your brain and all the nerves in your body মস্তিষ্ক এবং শরীরের সকল স্নায়ু; স্নায়ুতন্ত্র

nest / nest নেস্ট্ / *noun* [C] **1** a structure that a bird builds to keep its eggs and babies in পাখির বাসা, নীড় **2** the home of certain animals or insects কোনো কোনো জীবজন্তু বা কীটপতঙ্গের বাসা *a wasps' nest* ▶ **nest** *verb* [I] বাসা তৈরি করা, বাসা বাঁধা

nestle / ˈnesl ˈনেস্ল্ / *verb* [I, T] to be or go into a position where you are comfortable, protected or hidden এমন অবস্থায় থাকা অথবা যাওয়া যাতে আরামে, নিরাপদে অথবা লুকিয়ে থাকা যায় *The baby nestled her head on her mother's shoulder.*

net[1] / net নেট্ / *noun* **1** [U] material that has large, often square, spaces between the threads (সুতো দিয়ে বোনা ফাঁকযুক্ত) জাল **2** [C] a piece of net that is used for a particular purpose জালের অংশ

যা বিশেষ কোনো উদ্দেশ্যে ব্যবহৃত হয় *a tennis/fishing/mosquito net* ➪ **safety net** দেখো। **3** the net [*sing.*] = **the Internet**

IDM surf the net ➪ **surf²** দেখো।

net² / net নেট্ / *verb* [T] (**netting; netted**) **1** to catch sth with a net; to kick a ball into a net জাল দিয়ে কিছু ধরা; জালের মধ্যে লাথি মেরে বল ঢোকানো **2** to gain sth as a profit লাভ হিসেবে কিছু পাওয়া

net³ (*also* **nett**) / net নেট্ / *adj.* **net (of sth)** (used about a number or amount) from which nothing more needs to be taken away (কোনো সংখ্যা বা পরিমাণ সম্বন্ধে ব্যবহৃত) খাঁটি, অন্তিম, চূড়ান্ত *I earn about Rs 15,000 net* (=after tax, etc. has been paid). ○ *The net weight of the jam is 350 g* (=not including the jar).○ *a net profit* ✪ বিপ **gross**

netball / ˈnetbɔ:l ˈনেট্‌ব:ল্ / *noun* [U] a game that is played by two teams of seven players, usually women. Players score by throwing the ball through a high net hanging from a ring একরকমের খেলা যাতে প্রতি দলে সাতজন থাকে (সাধারণত মহিলা)। খেলোয়াড়গণ রিংয়ে ঝোলানো একটা জালের মধ্যে দিয়ে বল ছুড়ে পয়েন্ট পায়; নেটবল

net foreign income *noun* [C, U] money received from foreign countries without any deductions (কোনো কাটছাঁট ছাড়াই) বিদেশি রাষ্ট্রসমূহ থেকে প্রাপ্ত অর্থ

netizen / ˈnetɪzn ˈনেটিজ়্ন্ / *noun* [C](*informal*) a person who uses the Internet regularly যে ব্যক্তি নিয়মিত ইন্টারনেট ব্যবহার করে

netting / ˈnetɪŋ ˈনেটিং / *noun* [U] material that is made of long pieces of string, thread, wire, etc. that are tied together with spaces between them সুতো, দড়ি, তার ইত্যাদির লম্বা টুকরো একত্রে বেঁধে বেঁধে তৈরি ফাঁকযুক্ত জাল

nettle / ˈnetl ˈনেট্‌ল্ / *noun* [C] a wild plant with hairy leaves. Some nettles make your skin red and painful if you touch them চুলের মতো পাতাওয়ালা বুনো গাছ। এই ধরনের কোনো কোনো গাছের পাতায় ঘষা লাগলে গায়ের চামড়া লাল হয়ে যায় এবং যন্ত্রণা হয়

network / ˈnetwɜ:k ˈনেট্‌উঅ্যক্ / *noun* [C] **1** a system of roads, railway lines, nerves, etc. that are connected to each other একটি আর একটির সঙ্গে যুক্ত এরকম রাস্তা, রেল লাইন, স্নায়ু ইত্যাদির সমন্বয় *an underground railway network* **2** a group of people or companies that work closely together ব্যক্তিবর্গ অথবা ব্যাবসায়িক সংস্থাসমূহ যারা একসঙ্গে কাজ করে *We have a network of agents who sell our goods all over the country.* **3** a number of computers that are connected together so that information can be shared একত্র সংযুক্ত কয়েকটি কম্পিউটার যেগুলির মধ্যে তথ্য আদানপ্রদানে সহযোগিতা থাকে **4** a group of television or radio companies that are connected and that send out the same programmes at the same time in different parts of a country পারস্পরিকভাবে সংযুক্ত বেতার অথবা দূরদর্শন সংস্থাসমূহ যারা দেশের বিভিন্ন অংশে একই সময়ে একই অনুষ্ঠান সম্প্রচার করে

neuro- / ˈnjʊərəʊ ˈনিউঅ্যার‍্যাউ / *prefix* (*used in nouns, adjectives and adverbs*) connected with the nerves স্নায়ুসমূহের সঙ্গে জড়িত *neuroscience* ○ *a neurosurgeon*

neurologist / njʊəˈrɒlədʒɪst নিউঅ্যা'রল্যাজিস্ট্ / *noun* [C] a scientist who studies nerves and treats their diseases যে বিজ্ঞানী স্নায়ু সম্বন্ধে অধ্যয়ন এবং সেই সংক্রান্ত রোগের চিকিৎসা করেন; স্নায়ু-বিশেষজ্ঞ

neurology / njʊəˈrɒlədʒi নিউঅ্যা'রল্যাজি / *noun* [U] the scientific study of nerves and their diseases স্নায়ু, স্নায়বিক পীড়ার গবেষণা; স্নায়ুবিজ্ঞান ▶ **neurological** / ˌnjʊərəˈlɒdʒɪkl ˌনিউঅ্যার‍্যা-'লজিক্‌ল্ / *adj.* স্নায়ুবিজ্ঞান বিষয়ক, স্নায়ুতাত্ত্বিক *neurological damage/diseases*

neuron / ˈnjʊərɒn ˈনিউঅ্যারন্ / (*also* **neurone** / ˈnjʊərəʊn ˈনিউঅ্যার‍্যাউন্ /) *noun* [C] (*technical*) a cell that carries information between the brain and the other parts of the body যে জীবকোষ মস্তিষ্ক এবং দেহের বিভিন্ন অংশের মধ্যে বার্তা বহন করে যোগাযোগ রাখে; স্নায়ুকোষ ✪ সম **nerve cell**

neurosis / njʊəˈrəʊsɪs নিউঅ্যা'র‍্যাউসিস্ / *noun* [C] (*pl.* **neuroses** / -əʊsi:z -অ্যাউসীজ় /) (*medical*) a mental illness that causes strong feelings of fear and worry (চিকিৎসাশাস্ত্র) একরকম মানসিক অসুস্থতা যার ফলে রোগীর মনে প্রচণ্ড ভয় ও দুশ্চিন্তা হতে থাকে; উদ্‌বায়ু

neurotic / njʊəˈrɒtɪk নিউঅ্যা'রটিক্ / *adj.* **1** worried about things in a way that is not normal অস্বাভাবিক রকম উদ্বিগ্ন; বায়ুগ্রস্ত, বাতিকগ্রস্ত **2** (*medical*) suffering from a neurosis (চিকিৎসাশাস্ত্র) মানসিক রোগে ভুগছে এমন

neuter¹ / ˈnju:tə(r) ˈনিউট্যা(র্) / *adj.* (used about a word in some languages) not **masculine** or **feminine** according to the rules of grammar কোনো কোনো ভাষায় এমন শব্দ ব্যবহৃত হয় যা ব্যাকরণের নিয়ম অনুযায়ী পুংলিঙ্গ বা স্ত্রীলিঙ্গও নয়; ক্লীব লিঙ্গ

neuter² / ˈnju:tə(r) ˈনিউট্যা(র্) / *verb* [T] to remove the sexual parts of an animal কোনো পশুর যৌনাঙ্গ কেটে বাদ দেওয়া ➪ **castrate** দেখো।

neutral¹ / ˈnju:trəl ˈনিউট্র্যাল্ / *adj.* **1** not supporting or belonging to either side in an argument, war, etc. কোনো তর্ক-বিতর্ক, যুদ্ধ ইত্যাদিতে কোনো বিশেষ

পক্ষকে সমর্থন করা হচ্ছে না বা সেই পক্ষ নেওয়া হচ্ছে না এমন; নিরপেক্ষ, পক্ষপাতশূন্য *I don't take sides when my brothers argue—I* ***remain neutral****.* ○ *The two sides agreed to meet on neutral ground.* **2** having or showing no strong qualities, emotions or colour নিরপেক্ষ; বিশেষ কোনো গুণ, আবেগ অথবা রঙের প্রকাশ নেই এমন; নির্বিকার *neutral colours* ○ *a neutral tone of voice* **3** (in chemistry) neither acid nor **alkaline** (রসায়ন শাস্ত্রে) অম্লধর্মী নয় বা ক্ষারীয় নয়; প্রশমিত ⇨ **pH**-এ ছবি দেখো। **4** (in physics) having neither a positive nor a negative charge (পদার্থবিদ্যায়) ধনাত্মকও নয় বা ঋণাত্মকও নয়; নির্বিদ্যুৎ, আধানবিহীন

neutral² / ˈnjuːtrəl ˈনিউট্র্যাল্ / *noun* [U] the position of the **gears** in a vehicle when no power is sent from the engine to the wheels গাড়ির গিয়ার যে অবস্থায় রাখলে ইঞ্জিনের শক্তি চাকায় যায় না

neutrality / njuːˈtræləti নিউˈট্র্যাল্যাটি / *noun* [U] the state of not supporting either side in an argument, war, etc. নিরপেক্ষতা, পক্ষপাতশূন্যতা, সমদর্শিতা

neutralize (*also* **-ise**) / ˈnjuːtrəlaɪz ˈনিউট্র্যালাইজ্ / *verb* [T] **1** to take away the effect of sth কোনো কিছুর প্রভাব পড়তে না-দেওয়া; ব্যর্থ করা *to neutralize a threat* **2** to have an effect on a substance so that it becomes neither an acid nor an **alkali** কোনো পদার্থকে এমনভাবে প্রভাবিত করা যে সেটি অম্ল অথবা ক্ষার কোনোটিই হয় না; প্রশমন করা, নিষ্ক্রিয়করণ করা **3** to make a country or area **neutral** কোনো অঞ্চল অথবা দেশকে যুদ্ধের আওতার বাইরে রাখা

neutron / ˈnjuːtrɒn ˈনিউট্রন্ / *noun* [C] one of the three types of **particles** that form all atoms. Neutrons have no electric charge যে তিন ধরনের কণা পরমাণু প্রস্তুত করে তার একটি। নিউট্রনের কোনো বৈদ্যুতিক আধান থাকে না; নিষ্ক্রিয় কণা, তড়িৎবিহীন কণিকা ⇨ **electron** এবং **proton** দেখো।

never / ˈnevə(r) ˈনেভ্যা(র্) / *adv.* **1** at no time; not ever কখনও নয়; না, কোনো সময়েই না *I've never been to Paris.* ○ (*formal*) *Never before has such a high standard been achieved.* **2** used for emphasizing a negative statement কোনো নেতিবাচক বিবৃতিতে জোর দিতে ব্যবহৃত হয় *Rohit never so much as looked at us* (=he didn't even look at us). ○ *'I got the job!' 'Never!'* (=expressing surprise)

IDM never mind ⇨ **mind²** দেখো।

you never know ⇨ **know¹** দেখো।

nevertheless / ˌnevəðəˈles ˌনেভ্যাদ্যাˈলেস্/ *adv.*, *conj.* (*formal*) in spite of that তা সত্ত্বেও; তা হলেও *It was a cold, rainy day. Nevertheless, more people came than we had expected.* ✪ সম **nonetheless**

new / njuː নিউ / *adj.* **1** that has recently been built, made, discovered, etc. সম্প্রতি যা নির্মিত, প্রস্তুত, আবিষ্কৃত ইত্যাদি; নতুন, আনকোরা *a new design/film/hospital* ○ *new evidence* ✪ বিপ **old** **2** different or changed from what was before পূর্বের থেকে পৃথক বা পরিবর্তিত *I've just started reading a new book.* ○ *to make new friends* ✪ বিপ **old** **3 new (to sb)** that you have not seen, learnt, etc. before যা আগে দেখা হয়নি, শেখা হয়নি *This type of machine is new to me.* ○ *to learn a new language* **4 new (to sth)** having just started being or doing sth যা সবেমাত্র আরম্ভ হয়েছে বা আরম্ভ করা হয়েছে *a new parent* ○ *She's new to the job and needs a lot of help.* ▶ **newness** *noun* [U] নতুনত্ব

IDM break fresh/new ground ⇨ **ground¹** দেখো।

news reporter = **reporter**

New Age *adj.* connected with a way of life that rejects modern Western values and is based on spiritual ideas and beliefs যে জীবনদর্শন আধুনিক পাশ্চাত্য মূল্যবোধ অগ্রাহ্য করে আধ্যাত্মিক চিন্তাধারা এবং বিশ্বাসের উপর নির্ভরশীল তার সঙ্গে সংযুক্ত *a New Age festival*

newborn / ˈnjuːbɔːn ˈনিউবঃন্ / *adj.* (*only before a noun*) (used about a baby) that has been born very recently (শিশু সম্বন্ধে ব্যবহৃত) সদ্যোজাত; নবজাত

newcomer / ˈnjuːkʌmə(r) ˈনিউকাম্যা(র্) / *noun* [C] a person who has just arrived in a place নবাগত ব্যক্তি

newfangled / ˌnjuːˈfæŋgld ˌনিউˈফ্যাংগল্ড্ / *adj.* new or modern in a way that the speaker does not like এমনভাবে নতুন বা আধুনিক যা অপছন্দ করার মতো বা অরুচিকর; অপ্রয়োজনীয় নতুনত্ব বা আধুনিকতা

newly / ˈnjuːli ˈনিউলি / *adv.* (*usually before a past participle*) recently হালে, সাম্প্রতিক কালে *the newly appointed Minister of Health*

newly-wed *noun* [C, *usually pl.*] a person who has recently got married নববিবাহিত; সম্প্রতি বিবাহিত

new moon *noun* [*sing.*] the moon when it appears as a thin curved line ক্ষীণকায় চাঁদ, নবচন্দ্র ⇨ **full moon** দেখো।

news / njuːz নিউজ্ / *noun* **1** [U] information about sth that has happened recently সাম্প্রতিক ঘটনা সম্বন্ধে তথ্য, খবর, সংবাদ *Have you had any news from Naina recently?* ○ *That's news to me* (=I didn't know that).

NOTE **News** শব্দটি অগণনীয় বিশেষ্য (noun)। কোনো একটা বিশেষ খবরের কথা উল্লেখ করতে হলে

'a piece of news' শব্দাংশটি ব্যবহার করতে হবে—*We had two pieces of good news yesterday.*

2 the news [*sing.*] a regular programme giving the latest news on the radio or television বেতার বা দূরদর্শনের নিয়মিত অনুষ্ঠান যাতে সাম্প্রতিকতম খবর দেওয়া হয় *We always watch the nine o'clock news on television.* ○ *I heard about the accident* ***on the news***.

IDM break the news (to sb) to be the first to tell sb about sth important that has happened কাউকে কোনো গুরুত্বপূর্ণ ঘটনা সম্বন্ধে জানানোর ক্ষেত্রে প্রথম হওয়া

newsagent / ˈnju:zeɪdʒənt ˈনিউজ্‌এইজ্যান্ট্ / (*AmE* **newsdealer**) *noun* **1** [C] a person who owns or works in a shop that sells newspapers and magazines, etc. সংবাদপত্র, পত্রিকা বা ম্যাগাজিন ইত্যাদি বিক্রি হয় এমন দোকানে যে ব্যক্তি কাজ করে বা তার মালিক **2 the newsagent's** [*sing.*] a shop that sells newspapers, magazines, etc. যে দোকানে সংবাদপত্র, পত্রিকা ইত্যাদি বিক্রি করা হয়

newsflash / ˈnju:zflæʃ ˈনিউজ্‌ফ্ল্যাশ্ / *noun* [C] a short report on television or radio, which often interrupts the normal programme to give information about an important event that has just happened তখনই সংঘটিত হয়েছে এমন কোনো গুরুত্বপূর্ণ ঘটনা সম্বন্ধে তথ্য প্রদানের জন্য বেতার বা দূরদর্শনের ছোটো প্রতিবেদন যা প্রায়ই তার সাধারণ অনুষ্ঠান ব্যাহত করে

newsletter / ˈnju:zletə(r) ˈনিউজ্‌লেট্যা(র্) / *noun* [C] a printed report about a club or an organization that is sent regularly to members and other people who may be interested কোনো ক্লাব অথবা সংগঠন সম্বন্ধে মুদ্রিত প্রতিবেদন যা তাদের সদস্যদের অথবা আগ্রহী ব্যক্তিদের পাঠানো হয়

newspaper / ˈnju:zpeɪpə(r) ˈনিউজ্‌পেইপ্যা(র্) / *noun* **1** (*also* **paper**) [C] large folded pieces of paper printed with news, advertisements and articles on various subjects. Newspapers are printed and sold either every day or every week (দৈনিক বা সাপ্তাহিকভাবে মুদ্রিত এবং বিক্রিত) সংবাদপত্র, খবরের কাগজ *a daily/weekly/Sunday newspaper* ○ *a newspaper article* ○ *I read about it* ***in the newspaper***. **2** (*also* **paper**) [C] an organization that produces a newspaper খবরের কাগজ বার করে এমন প্রতিষ্ঠান *Which newspaper does he work for?* **3** [U] the paper on which newspapers are printed যে কাগজে সংবাদপত্র ছাপা হয় *We wrapped the plates in newspaper so they would not get damaged.*

NOTE Journalists এবং **reporters** সংবাদপত্রের জন্য খবর সংগ্রহ করেন এবং কী ছাপা হবে তা **editor**-রা দেখেন। উচ্চমানের সংবাদপত্রে গুরুত্বপূর্ণ সংবাদ ছাপা হয়। ছোটো আকারের সংবাদপত্রকে **tabloid** বলা হয়। এই প্রকারের সংবাদপত্র অত্যন্ত জনপ্রিয় হয় এবং তাতে বিখ্যাত ব্যক্তিগণের সম্বন্ধে নানান কাহিনি ও ছবি ছাপা হয়।

newsreader / ˈnju:zri:də(r) ˈনিউজ্‌রীড্যা(র্) / (*also* **newscaster** / ˈnju:zkɑ:stə(r) ˈনিউজ্‌কা:স্ট্যা(র্) / *noun* [C] a person who reads the news on the radio or television যে ব্যক্তি বেতার বা দূরদর্শনে সংবাদ পাঠ করে; সংবাদপাঠক বা সংবাদপাঠিকা

news reporter *noun* [C] = **reporter**

news-stand (*AmE*) = **bookstall**

the New Testament *noun* [*sing.*] the second part of the Bible, that describes the life and teachings of Jesus Christ বাইবেলের দ্বিতীয় অংশ যার মধ্যে জিশুখ্রিস্টের জীবন এবং তাঁর দেওয়া নির্দেশ বা শিক্ষার বিবরণ আছে ➪ **the Old Testament** দেখো।

newton / ˈnju:tən ˈনিউট্যান্ / *noun* [C] (*abbr.* **N**) a unit of force. One newton is equal to the force that would give a mass of one kilogram an **acceleration** per second of one metre per second; per second (পদার্থবিদ্যানুসারে) বলের একক। এক নিউটন সেই পরিমাণ বলের সমান যা এক কিলোগ্রাম ভরকে প্রতি বর্গ সেকেন্ডে এক মিটার ত্বরণ দেয়

new year (*also* **New Year**) *noun* [*sing.*] the first few days of January জানুয়ারি মাসের প্রথম কয়েকটি দিন *New Year's Eve* (=31 December) ○ *New Year's Day* (=1 January)

next / nekst নেক্স্ট্ / *adj., adv.* **1** (*usually with 'the'*) coming immediately after sth in order, space or time; closest স্থান অথবা কালের দিক থেকে যা ঠিক পরেই; পরেই, পরবর্তী *The next bus leaves in 20 minutes.* ○ *The next name on the list is Parvati.*

NOTE Nearest এবং **next** তুলনা করো। কোনো ঘটনা অথবা স্থানের ধারাবাহিকতায় **the next** শব্দাংশটি 'the following' অর্থে ব্যবহৃত হয়—*When is your next appointment?* ○ *Turn left at the next traffic lights.* স্থান এবং কালের দিক থেকে 'the closest' অর্থে **the nearest** শব্দাংশটি ব্যবহার করা হয়ে থাকে—*Where's the nearest supermarket?*

2 (used without the before days of the week, months, seasons, years, etc.) the one immediately following the present one, (সপ্তাহ, মাস, ঋতু, বছর ইত্যাদির ক্ষেত্রে পূর্বের দিনগুলি ছাড়া ব্যবহৃত হয়) বর্তমানের পরেরটি *See you again next Monday.*

○ *Let's go camping next weekend.* **3** after this or after that; then এটির বা ওটির পরে; তখন *I wonder what will happen next.* ○ *I know Jai arrived first, but who came next?* ○ *It was 10 years until I next saw her.* **4 the next** *noun* [*sing.*] the person or thing that is next পরবর্তী ব্যক্তি বা বস্তু *If we miss this train we'll have to wait two hours for the next.*

IDM **last/next but one, two etc.** ➪ **last**[1] দেখো।

next door *adj., adv.* in or into the next house or building পাশের বাড়ি *our* ***next-door neighbours*** ○ *The school is* ***next door to*** *an old people's home.*

next of kin *noun* [C] (*pl.* **next of kin**) your closest living relative or relatives আত্মীয়স্বজনের মধ্যে যে সবচেয়ে কাছের *My husband is my next of kin.*

next to *prep.* **1** at the side of sb/sth; beside কোনো ব্যক্তি বা বস্তুর পাশের দিকে; পাশে *He sat down next to Gita.* ○ *There's a public telephone next to the bus stop.* **2** in a position after sth কোনো কিছুর পরের স্থান বা জায়গা *Next to English my favourite subject is Maths.*

IDM **next to nothing** almost nothing প্রায় কিছুই না, না বললেই চলে *We took plenty of money but we've got next to nothing left.*

nexus / ˈneksəs ˈনেক্স্যাস্ / *noun* [C, *usually sing.*] (*formal*) a complicated series of connections between different people or things বিভিন্ন ব্যক্তি অথবা বস্তুর মধ্যে এক ধারাবাহিক জটিল যোগসূত্র

nib / nɪb নিব্ / *noun* [C] the metal point of a pen কোনো কলমের ধাতব বিন্দুটি; নিব ➪ **stationery**-তে ছবি দেখো।

nibble / ˈnɪbl ˈনিব্‌ল্ / *verb* [I, T] to eat sth by taking small bites খুঁটে খুঁটে খাওয়া *The bread had been nibbled by mice.* ► **nibble** *noun* [C] কামড়, ঠোকরানো

nice / naɪs নাইস্ / *adj.* **1** pleasant, enjoyable or attractive সুন্দর, আনন্দদায়ক, মনোহর, মধুর *It would be nice to spend more time at home.* ○ *'Hi, I'm Tony.' 'I'm Ray—****nice to meet you****.'* **2 nice (to sb); nice (of sb) (to do sth); nice (about sth)** kind; friendly সদাশয়, স্নেহশীল; বন্ধুত্বপূর্ণ *Everyone was very nice to me when I fell ill.* ○ *It was really nice of Deepa to help us.* **3** (*informal*) used before adjectives and adverbs to emphasize how pleasant or suitable sth is বিশেষণ এবং ক্রিয়াবিশেষণপদের পূর্বে ব্যবহার করে বোঝানো হয় যে কোনো কিছু কত মনোহর অথবা উপযুক্ত *It's nice and warm by the fire.* ○ *a nice long chat* ► **nicely** *adv.* সুন্দরভাবে, মানানসইরূপে, ভদ্রভাবে, ভালোভাবে ► **niceness** *noun* [U] ভদ্রতা, সৌন্দর্য

niche / nɪtʃ; niːʃ নিচ্; নীশ্ / *noun* [C] **1** a job, position, etc. that is suitable for you কোনো কাজ, অবস্থান ইত্যাদি যা উপযুক্ত বা মানানসই *to find your niche in life* **2** (in business) an opportunity to sell a particular product to a particular group of people (ব্যাবসায়) বিশেষ কোনো একটা জিনিস বিশেষ কোনো গোষ্ঠীর মধ্যে বিক্রি করার সুযোগ **3** a place in a wall that is further back, where a statue, etc. can be put দেয়ালের গায়ে ঢোকানো খোপের মতো জায়গা যেখানে কোনো মূর্তি ইত্যাদি রাখা যায়; কুলুঙ্গি

nick[1] / nɪk নিক্ / *noun* [C] a small cut in sth কোনো কিছুর মধ্যে ছোট্টো মতন কাটা

IDM **in good/bad nick** (*BrE slang*) in a good/bad state or condition ভালো বা মন্দ অবস্থায় বা পরিস্থিতিতে

in the nick of time only just in time একেবারে ঠিক সময়ে

nick[2] / nɪk নিক্ / *verb* [T] **1** to make a very small cut in sb/sth কারও গায়ে অথবা কিছুর মধ্যে ছোট্টো করে একটু কাটা **2** (*BrE slang*) to arrest sb (অপপ্রয়োগ) কোনো ব্যক্তিকে গ্রেপ্তার করা **3** (*BrE slang*) to steal sth (অপপ্রয়োগ) কোনো কিছু চুরি করা

nickel / ˈnɪkl ˈনিক্‌ল্ / *noun* **1** [U] (*symbol* **Ni**) a hard silver-white metal that is often mixed with other metals শক্ত, রুপোলি সাদা রঙের ধাতু যা প্রায়শ অন্য ধাতুর সঙ্গে মেশানো হয়; নিকেল

nickname / ˈnɪkneɪm ˈনিক্‌নেইম্ / *noun* [C] an informal name that is used instead of your real name, usually by your family or friends (সাধারণত পরিবার বা বন্ধু-বান্ধব দ্বারা ব্যবহৃত) ডাকনাম ► **nickname** *verb* [T] ডাকনামে ডাকা

nicotine / ˈnɪkətiːn ˈনিক্যাটীন্ / *noun* [U] the poisonous chemical substance in tobacco তামাকের মধ্যেকার বিষাক্ত পদার্থ ; নিকোটিন

niece / niːs নীস্ / *noun* [C] the daughter of your brother or sister; the daughter of your husband's or wife's brother or sister নিজের ভাই বা বোনের মেয়ে; স্বামী অথবা স্ত্রীর ভাই অথবা বোনের মেয়ে; ভাইঝি বা বোনঝি ➪ **nephew** দেখো।

niggle / ˈnɪgl ˈনিগ্‌ল্ / *verb* **1** [I, T] **niggle (at) sb** to annoy or worry sb কাউকে বিরক্ত বা উদ্বিগ্ন করা *His untidy habits really niggled her.* **2** [I] **niggle (about/over sth)** to complain or argue about things that are not important ছোটোখাটো ব্যাপার নিয়ে আপত্তি, নালিশ বা তর্কাতর্কি করা

niggling / ˈnɪglɪŋ ˈনিগলিং / *adj.* not very serious (but that does not go away) এমন কিছু যা খুব গুরুত্বপূর্ণ নয় (তবে সহজে সারে না বা ছাড়ে না) *niggling doubts* ○ *a niggling injury*

night / naɪt নাইট্ / *noun* [C, U] **1** the part of the day when it is dark and when most people sleep রাত, রাত্রি, নিশা, নক্ত *The baby cried **all night**. ○ It's a long way home. Why don't you **stay the night**?* **2** the time between late afternoon and when you go to bed সন্ধ্যার পর থেকে ঘুমোতে যাওয়া অবধি যে সময় *He doesn't get home until 8 o'clock **at night**. ○ I went out with Katrina **the other night*** (=a few nights ago).

> NOTE **Night** শব্দটির সঙ্গে বিভিন্ন ধরনের পদান্বয়ী অব্যয় (prepositions) ব্যবহার করা যেতে পারে। **At** সবচেয়ে বেশি ব্যবহার করা হয়ে থাকে—*I'm not allowed out after 11 o'clock at night.* সাধারণত রাতে করা হয় এমন জিনিসের সম্বন্ধে কিছু বলতে হলে **by** ব্যবহার করা হয়ে থাকে—*These animals sleep by day and hunt by night.* যে রাত গত হয়েছে তার জন্য **in/during** ব্যবহার করা যেতে পারে—*I woke up twice in the night.* কোনো বিশেষ রাতের কথা বলতে হলে **on** ব্যবহার করা হয়ে থাকে—*On the night of Saturday 30 June.* আজকের সন্ধ্যা অথবা রাতের কথা বলতে হলে **tonight** ব্যবহার করা হয়—*Where are you staying tonight?*

IDM **an early/a late night** an evening when you go to bed earlier/later than usual যে রাত্রে রোজকার থেকে তাড়াতাড়ি অথবা দেরিতে ঘুমোতে যাওয়া হয়

a night out an evening that you spend out of the house enjoying yourself যে রাতে আনন্দ স্ফূর্তি করে বাড়ির বাইরে কাটানো হয়

in the/at dead of night ➪ **dead**[2] দেখো।

good night said late in the evening, before you go home or before you go to sleep সন্ধ্যার পরে, বাড়ি যাওয়ার সময়ে অথবা শুতে যাওয়ার আগে বিদায় নিতে বলা হয়

nightclub / ˈnaɪtklʌb ˈনাইট্‌ক্লাব্ / *noun* [C] = **club**[1] **2**

nightdress / ˈnaɪtdres ˈনাইট্‌ড্রেস্ / (*informal* **nightie**) / ˈnaɪti ˈনাইটি / *noun* [C] a loose dress that a girl or woman wears in bed মেয়েরা যে ঢিলেঢালা পোশাক পরে শোয়; রাত পোশাক

nightingale / ˈnaɪtɪŋgeɪl ˈনাইটিংগেইল্ / *noun* [C] a small brown bird that has a beautiful song ছোটো আকারের বাদামি রঙের একরকম সুন্দর পাখি যারা মিষ্টি স্বরে ডাকে; নাইটিঙ্গেল

nightlife / ˈnaɪtlaɪf ˈনাইট্‌লাইফ্ / *noun* [U] the entertainment that is available in the evenings in a particular place রাত্রে নির্দিষ্ট স্থানে আমোদ-প্রমোদের ব্যবস্থা; নিশিজীবন *It's a small town with very little nightlife.*

nightly / ˈnaɪtli ˈনাইট্‌লি / *adj., adv.* happening every night প্রতি রাত্রেই ঘটে এমন *a nightly news bulletin*

nightmare / ˈnaɪtmeə(r) ˈনাইট্‌মেঅ্যা(র্) / *noun* [C] **1** a frightening or unpleasant dream বিকট বা অপ্রীতিকর, দুঃস্বপ্ন *I had a terrible nightmare about being stuck in a lift last night.* **2** (*informal*) an experience that is very unpleasant or frightening অতি বিশ্রী, ভয়াবহ অভিজ্ঞতা *Travelling in the rush hour can be a real nightmare.*

night-time *noun* [U] the time when it is dark রাতের বেলায়

nightwatchman / naɪt ˈwɒtʃmən নাইট্ˈউঅচ্‌ম্যান্ / *noun* [C] **1** (*pl.* **nightwatchmen** / -mən -ম্যান্ /) a person who guards a building at night রাত্রি বেলায় যে বাড়ি পাহারা দেয় **2** (in cricket) a player, usually a bowler, who is sent to bat at the end of the day in a test match with the intention of saving a regular batsman's wicket (ক্রিকেটে) টেস্ট ম্যাচের ক্ষেত্রে দিনের শেষে নতুন ব্যাটসম্যান পাঠানোর দরকার হলে কোনো বোলারকে পাঠানো হয় যাতে নিয়মিত ব্যাটসম্যানের উইকেট রক্ষা করা যায়

nil / nɪl নিল্ / *noun* [U] the number 0 (especially as the score in some games) শূন্য সংখ্যা (০) (বিশেষত কোনো কোনো খেলায় পয়েন্ট হিসেবে বলা হয়) *We won two-nil/by two goals to nil.* ➪ **zero**-তে নোট দেখো।

nimble / ˈnɪmbl ˈনিম্‌বল্ / *adj.* able to move quickly and lightly যে খুব সহজ এবং হালকাভাবে নড়াচড়া করতে পারে; চটপটে ▶ **nimbly** / ˈnɪmbli ˈনিম্‌বলি / *adv.* চটপট করে, হালকাভাবে

nimbostratus / ˌnɪmbəʊ ˈstrɑːtəs; -ˈstreɪtəs ˌনিম্‌ব্যাউˈস্ট্রা:ট্যাস্; -ˈস্ট্রেইট্যাস্ / *noun* [U] (*technical*) a type of cloud that forms a thick grey layer at a low level, from which rain or snow often falls একধরনের মেঘ যা নীচের দিকে ধূসর আস্তরণ তৈরি করে যা থেকে প্রায়ই বৃষ্টি বা তুষারপাত হয়; নিম্বোস্ট্রেটাস

nimbus / ˈnɪmbəs ˈনিম্‌ব্যাস্ / *noun* [C, usually *sing.*] (*technical*) a large grey rain cloud বিশাল আকারের ধূসর রঙের বৃষ্টিবাহক মেঘ

nine / naɪn নাইন্ / *number* 9, নয়, ৯, নবম

> NOTE বাক্যে সংখ্যার ব্যবহার এবং তার উদাহরণ দেখার জন্য **six** দেখো।

IDM **nine to five** the hours that you work in most offices অফিসে কাজের সময় *a nine-to-five job*

nineteen / ˌnaɪnˈtiːn ˌনাইন্ˈটীন্ / *number* 19 উনবিংশ, উনিশ, ১৯

> NOTE বাক্যে সংখ্যার ব্যবহার এবং তার উদাহরণ দেখার জন্য **six** দেখো।

nineteenth ˌnaɪn ˈtiːnθ ˌনাইন্ˈটীন্থ্ / *noun, det., adv.* 19th ১৯তম, উনিশতম ➪ **sixth**-এ উদাহরণ দেখো।

ninetieth / ˈnaɪntiəθ ˈনাইন্টিঅ্যাথ্ / **1** *noun, det., adv.* 90th ৯০তম, নব্বইতম, নবতিতম ➪ **sixth** উদাহরণ দেখো। **2** *noun* [C] one of 90 equal parts of sth কোনো কিছুর সমান ৯০ ভাগের এক ভাগ

ninety / ˈnaɪnti ˈনাইন্টি / *number* 90 নব্বই ৯০

> **NOTE** বাক্যে সংখ্যার ব্যবহার এবং তার উদাহরণ দেখার জন্য **sixty** দেখো।

ninth¹ / naɪnθ নাইন্থ্ / *noun* [C] the fraction $^1/_9$; one of nine equal parts of sth ভগ্নাংশ $^১/_৯$; কোনো কিছুর সমান নয় ভাগের এক ভাগ ➪ **sixth**-এ উদাহরণ দেখো।

ninth² / naɪnθ নাইন্থ্ / pronoun *det., adv.* 9th নবম, ৯ম ➪ **sixth**-এ উদাহরণ দেখো।

nip / nɪp নিপ্ / *verb* (**nipping; nipped**) **1** [I, T] to give sb/sth a quick bite or to quickly squeeze a piece of sb's skin between your thumb and finger কাউকে বা কোনো কিছুকে একটা ছোট্টো কামড় দেওয়া বা চিমটি কাটা *She nipped him on the arm.* **2** [I] (*BrE spoken*) to go somewhere quickly and/or for a short time কোনো জায়গায় তাড়াতাড়ি অথবা অল্প সময়ের জন্য যাওয়া ► **nip** *noun* [C] কামড় বা চিমটি

IDM **nip sth in the bud** to stop sth bad before it develops or gets worse বেড়ে ওঠার আগেই বা আরও খারাপ হওয়ার আগেই খারাপ কিছু বিনষ্ট করা

nipple / ˈnɪpl ˈনিপ্‌ল্ / *noun* [C] either of the two small dark circles on either side of your chest. A baby can suck milk from his/her mother's breast through the nipples স্তনের বোঁটা, স্তনবৃন্ত, শিশু মাতৃস্তনবৃন্ত থেকে দুধ পান করে

nit / nɪt নিট্ / *noun* [C] the egg of a small insect that lives in the hair of people or animals ছোটো ছোটো এক ধরনের পোকার ডিম, যেসব পোকা মানুষ অথবা জীবজন্তুর চুল এবং লোমের মধ্যে থাকে; উকুনের ডিম

nit-picking *adj., noun* [U] the habit of finding small mistakes in sb's work or paying too much attention to small, unimportant details অপরের কাজের মধ্যে ভুল খুঁজে বেড়ানো অথবা ছোটোখাটো খুঁটিনাটি ব্যাপার নিয়ে বড্ড বেশি মাথা ঘামানোর অভ্যাস

nitrate / ˈnaɪtreɪt ˈনাইট্রেইট্ / *noun* [U, C] a compound containing **nitrogen**. Nitrates are often used to improve the quality of soil এমন যৌগিক পদার্থ যাতে নাইট্রোজেন আছে। অনেক সময় জমির উৎপাদন শক্তি বাড়ানোর জন্য নাইট্রেট ব্যবহার করা হয়

nitric acid / ˌnaɪtrɪk ˈæsɪd ˌনাইট্রিক্ˈঅ্যাসিড্ / *noun* [U] (*symbol* HNO_3) a powerful acid that can destroy most substances and is used to make explosive substances and other chemical products একরকম খুব শক্তিশালী অম্ল যা প্রায় সব পদার্থই ধ্বংস করতে পারে এবং যা বিস্ফোরক পদার্থ ও অন্যান্য রাসায়নিক দ্রব্য তৈরি করতে ব্যবহার করা হয়; নাইট্রিক অ্যাসিড

nitrify / ˈnaɪtrɪfaɪ ˈনাইট্রিফাই / *verb* [T] (*pres. part.* **nitrifying;** *3rd person sing. pres.* **nitrifies;** *pt, pp* **nitrified**) to change a substance into a compound that contains **nitrogen** কোনো পদার্থকে এমন যৌগিকে পরিবর্তন করা যার মধ্যে নাইট্রোজেন আছে ➪ **nitrates** দেখো।

nitrogen / ˈnaɪtrədʒən ˈনাইট্র্যাজ্যান্ / *noun* [U] (*symbol* **N**) a gas that has no colour, taste or smell. Nitrogen forms about 80% of the air around the earth একরকম গ্যাস যার কোনো রং, স্বাদ বা গন্ধ নেই। পৃথিবীর চারিদিকের বাতাসের প্রায় আশি শতাংশই নাইট্রোজেন

nitrogen dioxide *noun* [U] a reddish-brown poisonous gas. Nitrogen dioxide is formed when some metals dissolve in **nitric acid** লাল-বাদামি রঙের একরকম বিষাক্ত গ্যাস। কোনো কোনো ধাতু নাইট্রিক অ্যাসিডে দ্রবীভূত হলে তা থেকে নাইট্রোজেন ডাইঅক্সাইড তৈরি হয়

the nitty-gritty / ˌnɪti ˈɡrɪti ˌনিটি ˈগ্রিটি / *noun* [*sing.*] (*spoken*) the most important facts, not the small or unimportant details সবচেয়ে গুরুত্বপূর্ণ তথ্যগুলি

No. (*also* **no.**) (*pl.* **Nos; nos**) *abbr.* number সংখ্যা *No. 10 Mahabat Khan Road* ○ *telephone no. 51236409*

no¹ / nəʊ ন্যাউ / *det., adv.* **1** not any; not a কোনোটি নয়; একটিও নয় *I have no time to talk now.* ○ *Alice is feeling no better this morning.* **2** used for saying that sth is not allowed কোনো কিছু করার অনুমতি নেই এরকম বোঝানোর জন্য ব্যবহৃত হয় *No smoking.* ○ *No parking.*

no² / nəʊ ন্যাউ / *exclamation* **1** used for giving a negative reply নেতিবাচক উত্তর দেওয়ার জন্য ব্যবহৃত হয় *'Would you like something to eat?'* , *'No thank you.'* ✪ বিপ **Yes, please** ○ *'Can I borrow the car?' 'No, you can't.'*

> **NOTE** কোনো নঞর্থক বিবৃতির সঙ্গে একমত হতে চাইলেও **no** ব্যবহার করা হয়ে থাকে—*'This programme's not very good.' 'No, you're right. It isn't.'* ✪ বিপ **yes**

2 used for expressing surprise or shock বিস্ময় অথবা মানসিক আঘাত ব্যক্ত করতে ব্যবহৃত অভিব্যক্তিবিশেষ *'Mohit's had an accident.' 'Oh, no!'*

nobility / nəʊˈbɪləti ন্যাউˈবিল্যাটি / *noun* **1 the nobility** [*sing., with sing. or pl. verb*] the group of people who belong to the highest social class and have special titles such as **Duke** or **Duchess** সমাজের উচ্চ শ্রেণির মানুষ (যেমন ডিউক অথবা ডাচেস উপাধিপ্রাপ্ত) ✪ সম **aristocracy** **2** [U] (*formal*) the quality of having courage and honour আভিজাত্য, বীরত্ব, সাহস প্রভৃতি গুণাবলী

noble[1] / ˈnəʊbl ˈন্যাউব্‌ল্ / *adj.* **1** honest; full of courage and care for others সৎ; যার মধ্যে সাহস আছে এবং যে অন্যের প্রতি সহানুভূতিতে পূর্ণ *a noble leader* ○ *noble ideas/actions* **2** belonging to the highest social class উচ্চতম সামাজিক শ্রেণির অন্তর্গত *a man of noble birth* ▶ **nobly** / ˈnəʊbli ˈন্যাউব্‌লি / *adv.* মহত্ত্বপূর্ণভাবে, সততার সঙ্গে

noble[2] / ˈnəʊbl ˈন্যাউব্‌ল্ / *noun* [C] (in past times) a person who belonged to the highest social class and had a special title (অতীতে) উচ্চতম সামাজিক শ্রেণির অন্তর্ভুক্ত কোনো ব্যক্তি এবং যার কোনো বিশেষ উপাধি ছিল

> **NOTE** এই অর্থে **peer** শব্দটি অধিক প্রচলিত।

nobleman / ˈnəʊblmən ˈন্যাউব্‌ল্‌ম্যান্ / or **noblewoman** / ˈnəʊblwʊmən ˈন্যাউব্‌ল্‌উউম্যান্ / *noun* (*pl.* **noblemen** or **noblewomen**) a person who belongs by rank, title or birth to the highest social class; a member of the nobility যে পুরুষ বা নারী জন্মসূত্রে অথবা কোনো উপাধি বা পদমর্যাদার কারণে উচ্চতম সামাজিক মর্যাদার অধিকারী হন; সমাজের উচ্চশ্রেণির মানুষের একজন সদস্য ➪ **aristocrat** দেখো।

noble gas *noun* [C] (in chemistry) any of a group of gases that do not react with other chemicals (রসায়নশাস্ত্রে) সেই শ্রেণির গ্যাসের একটি যা অন্য কোনো রাসায়নিক পদার্থের সঙ্গে প্রতিক্রিয়া করে না

> **NOTE** **Noble gases** কে **inert gases** ও বলা হয়ে থাকে উদাহরণস্বরূপ **argon, helium, krypton** এবং **neon**।

nobody[1] / ˈnəʊbədi ˈন্যাউব্যাডি / (*also* **no one** / ˈnəʊ wʌn ˈন্যাউ উআন্ / *pronoun* no person; not anyone কেউ নয়; কোনো মানুষ নয় *He screamed but nobody came to help him.* ○ *No one else was around.*

> **NOTE** **None of** শব্দাংশটি the, his, her, those ইত্যাদি শব্দের সঙ্গে অথবা কোনো সর্বনামের (pronoun) পূর্বে ব্যবহার করা যেতে পারে—*None of my friends remembered my birthday.* ○ *I've asked all my classmates but none of them are free.*

nobody[2] / ˈnəʊbədi ˈন্যাউব্যাডি / *noun* [C] (*pl.* **nobodies**) a person who is not important or famous এমন কেউ যার গুরুত্ব কম, বিখ্যাত নয়; নগণ্য *She rose from being a nobody to a superstar.*

nocturnal / nɒkˈtɜːnl নক্ˈট্যনল্ / *adj.* **1** (used about animals and birds) awake and active at night and asleep during the day (পশু এবং পাখিদের সম্বন্ধে ব্যবহৃত) রাতে জেগে থাকে এবং সক্রিয় থাকে, আর দিনের বেলায় ঘুমোয় এমন; নিশাচর, নক্তচর *Owls are nocturnal birds.* ✪ বিপ **diurnal** **2** (*written*) happening in the night রাতে ঘটে, রাত্রিকালীন *a nocturnal adventure*

nod / nɒd নড় / *verb* [I, T] (**nodding; nodded**) to move your head up and down as a way of saying 'yes' or as a sign to sb to do sth মাথা নেড়ে হ্যাঁ বলা অথবা অনুমোদন করা *Everybody at the meeting nodded in agreement.* ○ *Nod your head if you understand what I'm saying and shake it if you don't.* ▶ **nod** *noun* [C] অনুমোদন

PHR V **nod off** (*informal*) to fall asleep for a short time ঝিমুনি আসা, অল্পক্ষণের জন্য ঘুমিয়ে পড়া

node / nəʊd ন্যাউড্ / *noun* [C] (*technical*) **1** (in botany) a place on the long thin part (**stem**) of a plant from which a branch or leaf grows (উদ্ভিদবিদ্যায়) গাছের সরু, লম্বা ডালের যে স্থান থেকে শাখা অথবা পাতা গজায়; পর্ব, পর্বসন্ধি **2** (in maths) a point at which two lines or systems meet or cross (গণিতে) এমন বিন্দু যাতে দুটি রেখা অথবা দুটি ব্যবস্থা মিলিত হয় অথবা ছেদ করে **3** (in zoology) a small hard mass, especially near a place where two bones meet (**joint**) in the human body (জীববিদ্যায়) মানুষের দেহে ছোটো শক্ত মাংসপিণ্ড যেখানে দুটি অস্থি সংযুক্ত হয়; গ্রন্থি ➪ **lymph node** দেখো।

nodule / ˈnɒdjuːl ˈনডিউল্ / *noun* [C] a small round lump, especially on a plant ছোটো গোলাকৃতি পিণ্ড বা ডেলা, বিশেষত গাছের উপর; অর্বুদ

noise / nɔɪz নইজ্ / *noun* [C, U] a sound, especially one that is loud or unpleasant (জোরালো বা অপ্রীতিকর) আওয়াজ, গোলমাল, কোলাহল *Try not to **make a noise** if you come home late.* ○ *What an awful noise!*

noiseless / ˈnɔɪzləs ˈনইজ্‌ল্যাস্ / *adj.* making no sound শব্দহীন; নিঃশব্দ ▶ **noiselessly** *adv.* নিঃশব্দে

noisy / ˈnɔɪzi ˈনইজি / *adj.* (**noisier; noisiest**) making a lot of or too much noise; full of noise অত্যন্ত শব্দ অথবা আওয়াজ করে এমন; কোলাহলপূর্ণ *The clock was so noisy that it kept me awake.* ○ *noisy children/traffic/crowds* ➪ **loud**-এ নোট দেখো। ▶ **noisily** *adv.* জোরে জোরে আওয়াজ করে, সশব্দে

nomad / ˈnəʊmæd ন্যাঁউম্যাড্ / *noun* [C] a member of a **tribe** that moves with its animals from place to place যাযাবর, ভবঘুরে জাতীয় একধরনের আদিবাসী সম্প্রদায়ের সদস্য যারা তাদের পশুগুলিকে সঙ্গে নিয়ে স্থান থেকে স্থানান্তরে ভ্রমণ করে ▶ **nomadic** / nəʊ ˈmædɪk / *adj.* যাযাবর, ভবঘুরে

no-man's-land *noun* [U, *sing.*] an area of land between the borders of two countries or between two armies during a war and which is not controlled by either দুই দেশের সীমান্তের মধ্যবর্তী ভূখণ্ড অথবা যুদ্ধের সময় দুই সৈন্যবাহিনীর মধ্যেকার অঞ্চল যা কোনো পক্ষেরই অধীনে নয়

nomenclature / nəˈmenklətʃə(r) ন্যাˈমেনক্ল্যাচ্যা(র্) / *noun* [U, C] (*formal*) a system of naming things, especially in science নামকরণের পদ্ধতি, বিশেষত বিজ্ঞানের ক্ষেত্রে *zoological nomenclature*

nominal / ˈnɒmɪnl ˈনমিন্ল্ / *adj.* **1** being sth in name only but not in reality কেবল নামেই, বাস্তবে নয় *the nominal leader of the country* (=sb else is really in control) **2** (used about a price, sum of money, etc.) very small; much less than normal (কোনো কিছুর মূল্য, অর্থের অঙ্ক ইত্যাদি সম্বন্ধে ব্যবহৃত) খুব অল্প; সাধারণত যা হওয়া উচিত তার চেয়ে অনেক কম; নামমাত্র *Because we are friends he only charges me **a nominal rent**.* ▶ **nominally** / -nəli -ন্যালি / *adv.* খুব কমে, নামমাত্রভাবে

nominate / ˈnɒmɪneɪt ˈনমিনেইট্ / *verb* [T] **nominate sb/sth (for/as sth)** to formally suggest that sb/sth should be given a job, role, prize, etc. কোনো চাকুরি, নির্দিষ্ট কাজ, পুরস্কার ইত্যাদির জন্য আনুষ্ঠানিকভাবে কারও বা কিছুর নাম প্রস্তাব করে মনোনীত করা *I would like to nominate Ram Prakash as chairman.* ○ *The novel has been nominated for the Booker Prize.* ▶ **nomination** / ˌnɒmɪˈneɪʃn ˌনমিˈনেইশ্ন্ / *noun* [C, U] মনোনয়ন

nominative / ˈnɒmɪnətɪv ˈনমিন্যাটিভ্ / *noun* [C] (*grammar*) (in some languages) the form of noun, a pronoun or an adjective when it is the subject of a verb (কোনো কোনো ভাষার ব্যাকরণে) ক্রিয়াপদের কর্তা হিসেবে বিশেষ্য, সর্বনাম বা বিশেষণের রূপ; কর্তৃকারক, কর্তৃপদ, কর্তা ▶ **nominative** *adj.* কর্তারূপে প্রযুক্ত *nominative pronouns* ⇨ **accusative, dative, genitive** এবং **vocative** দেখো।

nominee / ˌnɒmɪˈniː ˌনমিˈনী / *noun* [C] a person who is suggested for an important job, prize, etc. যে ব্যক্তি কোনো গুরুত্বপূর্ণ কাজ, পুরস্কার ইত্যাদির জন্য মনোনীত হয়েছে

non- / nɒn নন্ / (*used to form compounds*) not হয় না, নয় *non-biodegradable* ○ *non-flammable*

nona- / ˈnɒnə; ˈnəʊnə ˈনন্যা; ˈন্যাউন্যা / (*used in nouns and adjectives*) nine; having nine নয়; নয় সংখ্যাবিশিষ্ট বা তার সঙ্গে জড়িত *nonagenarian* (=a person who is between 90, and 99 years old)

non-academic *adj.* connected with technical or practical subjects rather than subjects of interest to the mind প্রযুক্তিগত অথবা ব্যাবহারিক বিষয়ের সঙ্গে সম্বন্ধযুক্ত, মানসিকভাবে আগ্রহজনক বিষয়সমূহের সঙ্গে তেমনভাবে জড়িত নয়

non-alcoholic *adj.* (used about drinks) not containing any alcohol (পানীয় সম্বন্ধে ব্যবহৃত) অ্যালকোহল নেই এমন *non alcoholic drinks*

non-aligned *adj.* (used about a country) not providing support for or receiving support from any of the powerful countries in the world (রাষ্ট্র বা দেশ সম্বন্ধে ব্যবহৃত) বিশ্বের কোনো ক্ষমতাশালী রাষ্ট্রকে সমর্থন দান করে না বা তার কাছ থেকে সমর্থন প্রাপ্ত হয় না এমন; জোটনিরপেক্ষ রাষ্ট্র ✪ বিপ **aligned**

nonchalant / ˈnɒnʃələnt ˈনন্শ্যাল্যান্ট্ / *adj.* not feeling or showing interest or excitement about sth নির্বিকার, অবিচলিত ▶ **nonchalance** / -ləns -ল্যান্স্ / *noun* [U] নিস্পৃহতা, প্রসন্নভাব ▶ **nonchalantly** *adv.* নির্বিকারভাবে, প্রসন্নভাবে

non-committal *adj.* not saying or showing exactly what your opinion is or which side of an argument you agree with নিজের মতামত বা কোনো বিতর্কে কোন পক্ষের প্রতি সম্মতি আছে তা সঠিকভাবে ব্যক্ত বা প্রকাশিত করা হচ্ছে না এমন; অনাবদ্ধ

nonconformist / ˌnɒnkənˈfɔːmɪst ˌননক্যান্ˈফ:মিস্ট্ / *noun* [C] a person who behaves or thinks differently from most other people in society সমাজের বেশিরভাগ মানুষের থেকে পৃথকভাবে ব্যবহার বা ভাবনাচিন্তা করে যে ব্যক্তি ✪ বিপ **conformist** ▶ **nonconformist** *adj.* প্রচলনবিরোধী ব্যক্তি

nondescript / ˈnɒndɪskrɪpt ˈননডিস্ক্রিপ্ট্ / *adj.* not having any interesting or unusual qualities বৈশিষ্ট্যহীন

none¹ / nʌn নান্ / *pronoun* **none (of sb/sth)** not any, not one (of a group of three or more) কেউ না (তিন বা ততোধিকের মধ্যে কোনোটিই নয়) *They gave me a lot of information but none of it was very helpful.* ○ *'Have you brought any books to read?' 'No, none.'*

> **NOTE** **None of** যখন কোনো বহুবচন বিশেষ্যপদের (plural noun) সঙ্গে ব্যবহার করা হয়ে থাকে তখন তার সঙ্গে ব্যবহৃত ক্রিয়াপদটি (verb) বাক্যের অর্থ অনুযায়ী বহুবচনে অথবা একবচনে (singular) ব্যবহার করা যেতে পারে। 'Not any one of sth' অর্থে ব্যবহার করতে গেলে একবচনে ক্রিয়াপদটি ব্যবহৃত হয়—*None of these*

trains goes to Mysore 'Not any of something'. অর্থে ব্যবহার করতে হলে ক্রিয়াপদটি বহুবচনে ব্যবহার করা হয়—*None of the children like spinach.* দুজন ব্যক্তি অথবা বস্তুর সম্বন্ধে বলতে গেলে আমরা **neither** শব্দটি ব্যবহার করি **none** নয়—*Neither of my brothers lives nearby.*

None এবং **no**-র মধ্যে পার্থক্য লক্ষ করো। **No** বিশেষ্যপদের পূর্বে ব্যবহার করতে হবে, কিন্তু **none** শব্দটি বিশেষ্যপদের পরিবর্তে ব্যবহার করতে হবে—*I told him that I had* ***no money*** *left.* ○ *When he asked me how much money I had left, I told him that I had* ***none.***

none² / nʌn নান্ / *adv.*

IDM **none the wiser/worse** knowing no more than before; no worse than before আগের থেকে কিছুই বেশি জানা হচ্ছে না এমন; আগের মতনই *We talked for a long time but I'm still* ***none the wiser.***

none too happy, clean, pleased, etc. (*informal*) not very happy, clean, pleased, etc. খুব সুখী, পরিষ্কার, খুশি ইত্যাদি নয় এমন

nonentity / nɒnˈentəti: নন্ˈএনট্যাটী / *noun* [C] (*pl.* **nonentities**) a person without any significant quality or character or someone who has not achieved anything important কোনোরকম তাৎপর্যময় গুণ বা চরিত্রবিহীন ব্যক্তি, যে গুরুত্বপূর্ণ কোনো কিছুই অর্জন করেনি

nonetheless / ˌnʌnðəˈles ˌনান্দ্যাˈলেস্ / *adv.* in spite of this fact তাহলেও, তৎসত্ত্বেও *It won't be easy but they're going to try nonetheless.* ✪ সম **nevertheless**

non-existent *adj.* not existing or not available যা নেই অথবা যা পাওয়া যায় না; অস্তিত্বহীন

non-fiction *noun* [U] writing that is about real people, events and facts বাস্তব মানুষ, ঘটনা এবং তথ্যাদি সম্পর্কে লেখা বা রচনা *You'll find biographies in the non-fiction section of the library.* ✪ বিপ **fiction**

nonplussed / ˌnɒnˈplʌst ˌনন্ˈপ্লাস্ট্ / *adj.* confused; not able to understand হতবুদ্ধি অবস্থা; বোধশক্তির বাইরে এমন; কিংকর্তব্যবিমূঢ়

non-renewable *adj.* (used about natural sources of energy such as gas or oil) that cannot be replaced after use (প্রাকৃতিক তেজ বা শক্তি যেমন গ্যাস বা তেল ইত্যাদির উৎস সম্বন্ধে বলা হয়) যা ব্যবহারের ফলে শেষ হয়ে গেলে পরিবর্তে কিছু পাওয়া যায় না

nonsense / ˈnɒnsns ˈনন্স্ন্স্ / *noun* [U] **1** ideas, statements or beliefs that you think are ridiculous or not true এমন ভাবধারা, বিবৃতি বা বিশ্বাস যাকে হাস্যকর বা অসত্য বলে মনে করা হয় *Don't* ***talk nonsense!*** **2** silly or unacceptable behaviour বোকার মতো বা অগ্রহণযোগ্য আচরণ *The head teacher won't stand for any nonsense.*

nonsensical / nɒnˈsensɪkl নন্ˈসেন্সিক্ল্ / *adj.* ridiculous; without meaning হাস্যকর; অর্থহীন

non-smoker *noun* [C] a person who does not smoke cigarettes or **cigars** যে সিগারেট বা চুরুট খায় না; অ-ধূমপায়ী ✪ বিপ **smoker** ► **non smoking** *adj.*ধূমপান না করার অবস্থা *Would you like a table in the smoking or the non-smoking section?*

non-starter *noun* [C] a person, plan or idea that has no chance of success এমন ব্যক্তি, পরিকল্পনা অথবা চিন্তাধারা যার সফল হওয়ার কোনো সম্ভাবনা নেই

non-stick *adj.* (used about a pan, etc.) covered with a substance that prevents food from sticking to it (প্যান, কড়াই ইত্যাদি সম্বন্ধে ব্যবহৃত) বিশেষ পদার্থের প্রলেপযুক্ত যা তাতে খাবার আটকে যেতে দেয় না

non-stop *adj., adv.* without a stop or a rest অবিরাম, ছেদহীন, অবিরত *a non-stop flight to Delhi from London* ○ *He talked non-stop for two hours about his holiday.*

non-violence *noun* [U] fighting for political or social change without using force, for example by not obeying laws বলপ্রয়োগ না-করে রাজনীতিক এবং সামাজিক পরিবর্তন আনার লড়াই বা চেষ্টা, যেমন আইন অমান্য করার মাধ্যমে; অহিংসা ► **non-violent** *adj.* অহিংসক

noodle / ˈnu:dl ˈনুড্ল্ / *noun* [C, *usually pl.*] long thin strips of food made of flour, egg and water that are cooked in boiling water or used in soups ময়দা, ডিম এবং জল মিশিয়ে তৈরি এক রকম খাবারের সরু লম্বা টুকরো যা গরম জলে ফুটিয়ে রান্না করা হয় বা স্যুপের মধ্যে ব্যবহৃত হয়; নুড্ল্

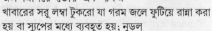

nook / nʊk নুক্ / *noun* [C] a small quiet place or corner (in a house, garden, etc.) বাড়ি, বাগান ইত্যাদির মধ্যে বেশ শান্ত কোনো একটু স্থান বা কোন

IDM **every nook and cranny** (*informal*) every part of a place কোনো স্থানের প্রতিটি অংশ

noon / nu:n নূন্ / *noun* [U] 12 o'clock in the middle of the day; midday দুপুর বারোটা, দ্বিপ্রহর; দুপুর ***At noon*** *the sun is at its highest point in the sky.* ➪ **midnight** দেখো।

no one = **nobody¹**

noose / nu:s নূস্ / *noun* [C] a circle that is tied in the end of a rope and that gets smaller as one end of the rope is pulled দড়ির ফাঁস যা দড়িটির অন্য প্রান্ত ধরে টানলে ছোটো হয়ে আসে

nor / nɔ:(r) ন:(র্) / *conj., adv.* **1 neither ... nor ...** and not দুটোর মধ্যে কোনোটাই নয় *I have neither the time nor the inclination to listen to his complaints again.* **2** (*used before a positive verb to agree with sth negative that has just been said*) also not; neither তৎক্ষণাৎ বলা হয়েছে এমন কোনো নেতিবাচক শব্দের সঙ্গে ইতিবাচক ক্রিয়াপদের পূর্বে ব্যবহৃত হয় যেমন এটাও নয়; কোনোটাই নয় *'I don't like football.' 'Nor do I.'* ○ *'We haven't been to America.' 'Nor have we.'* ✪ এই অর্থে **neither** শব্দটিও একইভাবে ব্যবহার করা যেতে পারে—*'I won't be here tomorrow.' 'Nor/Neither will I.'* **3** (*used after a negative statement to add some more information*) also not (নেতিবাচক বিবৃতির পরে আরও কোনো তথ্য যোগ করার জন্য ব্যবহৃত) তাও নয় *Mrinal never forgot her birthday. Nor their wedding anniversary for that matter.*

Nordic / ˈnɔ:dɪk ˈন:ডিক্ / *adj.* **1** connected with Scandinavia, Finland and Iceland স্ক্যানডিনেভিয়া, ফিনল্যান্ড এবং আইসল্যান্ড সংক্রান্ত **2** typical of a member of a European race of people who are tall and have blue eyes and fair hair ইউরোপীয় জাতির লোকদের মতো যারা লম্বা এবং নীল চোখ বিশিষ্ট এবং যাদের চুল হালকা রঙের হয়; নর্ডিক *Nordic features*

norm / nɔ:m ন:ম্ / *noun* [C] (*often with 'the'*) a situation or way of behaving that is usual or expected পরিস্থিতি বা আচরণগত পদ্ধতি যা স্বাভাবিক বা প্রত্যাশিত; প্রামাণিক

normal[1] / ˈnɔ:ml ˈন:মল্ / *adj.* typical, usual or ordinary; what you expect স্বাভাবিক, সাধারণ; যেমন প্রত্যাশা করা হয় তেমন *I'll meet you at the normal time.* ○ *It's quite normal to feel angry in a situation like this.* ✪ বিপ **abnormal**

normal[2] / ˈnɔ:ml ˈন:মল্ / *noun* [U] the usual or average state, level or standard স্বাভাবিক বা গড়পড়তা অবস্থা, স্তর বা মান *temperatures above/below normal* ○ *Things are* ***back to normal*** *at work now.*

normality / nɔ:ˈmæləti ন:ˈম্যাল্যাটি / (*AmE* **normalcy** / ˈnɔ:mlsi ˈন:মল্সি /) *noun* [U] the state of being normal স্বাভাবিক অবস্থা

normalize (*also* **-ise**) / ˈnɔ:məlaɪz ˈন:ম্যালাইজ্ / *verb* [I, T] (*written*) to become or make sth become normal again or return to how it was before স্বাভাবিক হওয়া বা কোনো কিছুকে আবার স্বাভাবিক অথবা পূর্বের অবস্থায় ফিরিয়ে আনা *The two countries agreed to normalize relations* (=return to a normal, friendly relationship, for example after a disagreement or a war).

normally / ˈnɔ:məli ˈন:ম্যালি / *adv.* **1** usually সাধারণত *I normally leave the house at 8 o'clock.* ○ *Normally he takes the bus.* **2** in the usual or ordinary way স্বাভাবিক অথবা সাধারণভাবে *His heart is beating normally.*

north[1] / nɔ:θ ন:থ্ / *noun* [*sing.*] (*abbr.* **N**) (*also* **the North**) **1** the direction that is on your left when you watch the sun rise; one of the four main directions that we give names to **(the points of the compass)** সূর্যোদয় দেখার সময়ে বাঁদিক; উত্তর দিক ; উদীচী *I live* ***to the north of*** (=further north than) *the Qutub Minar.* ➪ **compass**-এ ছবি দেখো। **2** (*also* **the North**) the northern part of any country, city, region or the world কোনো দেশ, শহর, অঞ্চল অথবা পৃথিবীর উত্তর ভাগ *I live in the north of Delhi.* ➪ **south, east, west, magnetic north** এবং **true north** দেখো।

north[2] / nɔ:θ ন:থ্ / *adj., adv.* **1** (*also* **North**) (*only before a noun*) in the north উত্তরে, উত্তর দিকে *The new offices will be in North Bangalore.* ○ *The north wing of the hospital was destroyed in a fire.* **2** to or towards the north উত্তর দিকে, *The house faces north.* ○ *Is Kashmir north of Rajasthan?* **3** (used about a wind) coming from the north (হাওয়া অথবা বায়ু সম্বন্ধে ব্যবহৃত) উত্তর দিক থেকে আসছে এমন

North Atlantic Drift *noun* [*sing.*] a current of warm water in the Atlantic Ocean, that has the effect of making the climate of NW Europe warmer আটলান্টিক সাগরের মাঝে যে উষ্ণপ্রবাহ এবং যার ফলে উত্তর-পশ্চিম ইউরোপের আবহাওয়া উষ্ণতর থাকে; নর্থ আটলান্টিক ড্রিফ্ট

northbound / ˈnɔ:θbaʊnd ˈন:থ্বাউন্ড্ / *adj.* travelling or leading towards the north উত্তর দিকে যাচ্ছে এমন *northbound traffic*

north-east[1] *noun* [*sing.*] (*abbr.* **NE**) (*also* **the North-East**) the direction or a region halfway between north and east উত্তর এবং পূর্বের মাঝামাঝি দিক বা অঞ্চল

north-east[2] *adj., adv.* in, from or to the north-east of a place or country কোনো স্থান অথবা দেশের উত্তর-পূর্বে, সেদিকে অথবা সেদিক থেকে *the north-east coast of Australia* ○ *If you look north-east you can see the sea.* ➪ **compass**-এ ছবি দেখো।

north-easterly *adj.* **1** towards the north-east উত্তর-পূর্ব দিকে *in a north-easterly direction* **2** (used about a wind) coming from the north- east (বাতাস সম্বন্ধে ব্যবহৃত) যা উত্তর-পূর্ব দিক থেকে আসছে

north-eastern *adj.* (*only before a noun*) connected with the north-east of a place or country কোনো স্থান অথবা দেশের উত্তর-পূর্ব দিক সংক্রান্ত

north-eastward(s) *adv.* towards the north-east উত্তর-পূর্ব দিকে *Follow the highway north-eastward.*

northerly / ˈnɔːðəli ˈন:দ্যালি / *adj.* **1** to, towards or in the north উত্তরে, উত্তর দিকে *Keep going in a northerly direction.* **2** (used about a wind) coming from the north (বাতাস সম্বন্ধে ব্যবহৃত) উত্তর দিক থেকে আসছে এমন; উত্তুরে

northern (*also* **Northern**) / ˈnɔːðən ˈন:দ্যান্ / *adj.* of, in or from the north of a place কোনো স্থানের উত্তরের, উত্তরে বা উত্তর দিক থেকে *She has a northern accent.* ○ *in northern Australia*

northerner (*also* **Northerner**) / ˈnɔːðənə(r) ˈন:দ্যান্যা(র্) / *noun* [C] a person who was born in or who lives in the northern part of a country এমন কেউ যে কোনো দেশের উত্তর অংশে জন্মেছিল অথবা সেখানে থাকে ✪ বিপ **southerner**

northernmost / ˈnɔːðənməʊst ˈন:দ্যান্ম্যাউস্ট্ / *adj.* furthest north উত্তর দিকের সব চেয়ে শেষে; সুদূর উত্তরে *the northernmost island of Japan*

the North Pole *noun* [*sing.*] the point on the Earth's surface which is furthest north উত্তর মেরু; সুমেরু ➪ **earth**-এ দেখো।

northward / ˈnɔːθwəd ˈন:থ্উঅ্যাড্ / (*also* **northwards**) *adv., adj.* towards the north উত্তরের দিকে *Continue northwards out of the city for about five kilometres.* ○ *in a northward direction*

north-west[1] *adj., adv.* in, from or to the north-west of a place or country কোনো স্থানে বা দেশের উত্তর-পশ্চিমে, সে দিক থেকে বা সেদিকে *the north-west coast of Gujarat.* ○ *Our house faces north-west.* ➪ **compass**-এ ছবি দেখো।

north-west[2] *noun* [*sing.*] (*abbr.* **NW**) (*also* **the North-West**) the direction or region halfway between north and west সেই দিক অথবা অঞ্চল যা উত্তর এবং পশ্চিমের মাঝামাঝি

north-westerly *adj.* **1** towards the north-west উত্তর-পশ্চিম দিকে *in a north-westerly direction* **2** (used about a wind) coming from the north-west (বাতাস সম্বন্ধে ব্যবহৃত) উত্তর-পশ্চিম দিক থেকে আসছে এমন

north-western *adj.* (*only before a noun*) connected with the north-west of a place or country কোনো স্থান বা দেশের উত্তর-পশ্চিম দিক সংক্রান্ত

north-westward(s) *adv.* towards the north-west উত্তর-পশ্চিম দিকে *Follow the highway north-westward for ten kilometres.*

nose[1] / nəʊz ন্যাউজ্ / *noun* [C] **1** the part of your face, above your mouth, that is used for breathing and smelling নাক, নাসিকা, নাসা ➪ **body**-তে ছবি দেখো। **2 -nosed** (*used to form compound adjectives*) having the type of nose mentioned যে ধরনের নাক উল্লেখ করা হয়েছে সেই রকম নাকবিশিষ্ট *red-nosed* ○ *big-nosed* **3** the front part of a plane, spacecraft, etc. এরোপ্লেন বা উড়োজাহাজ, মহাকাশযান ইত্যাদির সম্মুখ ভাগ ➪ **plane**-এ ছবি দেখো।

IDM **blow your nose** ➪ **blow**[1] দেখো।

follow your nose ➪ **follow** দেখো।

look down your nose at sb/sth (*BrE informal*) to think that you are better than sb else; to think that sth is not good enough for you অন্য কারও থেকে নিজে বেশি ভালো এমন ভাবা; নিজের জন্য কোনো কিছু যথেষ্ট ভালো নয় এমন ভাবা

poke/stick your nose into sth (*spoken*) to be interested in or try to become involved in sth which does not concern you কোনো কিছুতে কৌতূহলী হওয়া অথবা কোনো কিছুতে জড়িত হওয়ার চেষ্টা করা যার সঙ্গে কোনো সম্পর্ক নেই

turn your nose up at sth (*informal*) to refuse sth because you do not think it is good enough for you কোনো কিছু প্রত্যাখ্যান করা এই ভেবে যে সেটি কারও নিজের পক্ষে যথেষ্ট ভালো নয়

nose[2] / nəʊz ন্যাউজ্ / *verb* [I] (used about a vehicle) to move forward slowly and carefully (কোনো যানবাহন সম্বন্ধে ব্যবহৃত) সাবধানে আস্তে আস্তে এগোনো

PHR V **nose about/around** (*informal*) to look for sth, especially private information about sb কিছুর সন্ধান করা, বিশেষত কারও ব্যক্তিগত খবরাখবর

nosebleed / ˈnəʊzbliːd ˈন্যাউজ্ব্লীড্ / *noun* [C] a sudden flow of blood that comes from your nose নাক থেকে সহসা রক্তপাত

nosedive / ˈnəʊzdaɪv ˈন্যাউজ্ডাইভ্ / *noun* [C] a sudden sharp fall or drop হঠাৎ জোরে নীচের দিকে পতন *Oil prices* ***took a nosedive*** *in the crisis.* ▶ **nosedive** *verb* [I] (সাধারণত উড়োজাহাজ সম্বন্ধে ব্যবহৃত) গোঁত খেয়ে নেমে আসা

nostalgia / nɒˈstældʒə নˈস্ট্যাল্জ্যা / *noun* [U] a feeling of pleasure, mixed with sadness, when you think of happy times in the past পুরোনো আনন্দপূর্ণ দিনের কথা ভেবে যে বিষাদমিশ্রিত সুখস্মৃতির অনুভূতি *She was suddenly filled with* ***nostalgia for*** *her childhood days.* ▶ **nostalgic** /-dʒɪk -জিক্ / *adj.* স্মৃতিবিধুর, স্মৃতিবেদনাতুর ▶ **nostalgically** /-dʒɪkli -জিক্লি / *adv.* স্মৃতিবিধুরভাবে

nostril / ˈnɒstrəl ˈনস্ট্র্যাল্ / *noun* [C] one of the two openings at the end of your nose that you breathe through নাসারন্ধ্র ➪ **body**-তে ছবি দেখো।

nosy (*also* **nosey**) / ˈnəʊzi ˈন্যাউজি / *adj.* too interested in other people's personal affairs অপরের ব্যক্তিগত ব্যাপারে নাক গলাতে চায় এমন; অন্যের ব্যক্তিগত ব্যাপারে অত্যধিক কৌতূহল *a nosy neighbour*

not / nɒt নট্ / *adv.* **1** used to form the negative with the verbs **be**, **do** and **have** (**auxiliary verbs**) and with verbs such as **can**, **must**, **will**, etc. (**modal verbs**). *Not* is often pronounced or written *n't* in informal situations না-সূচক অর্থ বোঝানোর জন্য 'be', 'do' 'have' (সহায়িকা ক্রিয়াপদ) এবং 'can', 'must', 'will' ইত্যাদি (মোডাল ক্রিয়া)-র সঙ্গে ব্যবহার করা হয়। চলিত রীতিতে not শব্দটি এই সব ক্রিয়াপদগুলির সঙ্গে *'n't'* রূপে সংক্ষিপ্ত করা হয়ে থাকে। *I cannot/can't see from here.* ○ *You're German, aren't you?* **2** used to give the following word or phrase a negative meaning শব্দ বা বাক্যাংশের সঙ্গে না-সূচক অর্থে ব্যবহৃত হয় *He told me not to telephone.* ○ *She accused me of not telling the truth.* **3** used to give a short negative reply সংক্ষিপ্ত নেতিবাচক উত্তর হিসাবে ব্যবহৃত *'Do you think they'll get caught in the storm?' 'I hope not.'* (=I hope that they will not.) ○ *'Can I borrow Rs 20?' '**Certainly not!**'* **4** used with or to give a negative possibility নেতিবাচক সম্ভাবনা বোঝানোর জন্য 'or' -এর সঙ্গে ব্যবহার করা হয় *Shall we tell her **or not**?*

IDM **not at all** **1** used as a way of replying when sb has thanked you কেউ ধন্যবাদ দিলে তার উত্তরে বলা হয় *'Thanks for the present.' 'Not at all, don't mention it.'* **2** used as a way of saying 'no' or 'definitely not' 'না' বা 'একেবারেই না' অর্থে ব্যবহার করা হয় *'Do you mind if I come too?' 'Not at all.'*

not only... (but) also used for emphasizing the fact that there is something more to add আরও কিছু যে বলার আছে তার উপর জোর দিতে ব্যবহার করা হয় *They not only have two houses in Mumbai, they also have one in Kolkata.*

notable / ˈnəʊtəbl ˈন্যাউট্যাব্ল্ / *adj.* **notable (for sth)** interesting or important enough to receive attention লক্ষ করার মতো চিত্তাকর্ষক অথবা গুরুত্বপূর্ণ *The area is notable for its wildlife.*

notably / ˈnəʊtəbli ˈন্যাউট্যাব্লি / *adv.* used for giving an especially important example of what you are talking about কথা বলার সময়ে সেই সম্বন্ধে বিশেষ গুরুত্বপূর্ণ কোনো উদাহরণ দেওয়ার জন্য ব্যবহৃত হয় *Several politicians, most notably the Prime Minister and the Home Secretary, have given the proposal their full support.*

notation / nəʊ ˈteɪʃn ন্যাউ ˈটেইশ্ন্ / *noun* [U, C] a system of symbols that represent information, especially in mathematics, science and music একধরনের সংকেত পদ্ধতি যার দ্বারা বিশেষত বিজ্ঞান, অঙ্কশাস্ত্র এবং সংগীতের তথ্য প্রকাশিত হয়

notch¹ / nɒtʃ নচ্ / *noun* [C] **1** a level on a scale of quality গুণগত মানদণ্ডের মাত্রা বা স্তর *This meal is certainly **a notch above** the last one we had here.* **2** a cut in an edge or surface in the shape of a V or a circle, sometimes used to help you count sth কোনো কিছুর ধারে বা পাশে অথবা তার উপরে V অথবা গোল আকারের কাটা দাগ যার সাহায্যে কিছু গুণতে হয়

notch² / nɒtʃ নচ্ / *verb*

PHR V **notch sth up** to score or achieve sth পয়েন্ট পাওয়া বা কিছু অর্জন করা *Lewis notched up his best ever time in the 100 metres.*

note¹ / nəʊt ন্যাউট্ / *noun* **1** [C] some words that you write down quickly to help you remember sth মনে রাখার সুবিধার জন্য যে সকল শব্দ খুব দ্রুত লিখে রাখা হয় *I'd better **make a note of** your name and address.* ○ ***Keep a note of** who has paid and who hasn't.* **2** [C] a short letter ছোটো চিঠি *If Raj's not at home we'll leave a note for him.* **3** [C] a short explanation or extra piece of information that is given at the back of a book, etc. or at the bottom or side of a page বইএর মূল পাঠ্যাংশের শেষে অথবা পৃষ্ঠার পাঠ্যাংশের নীচে বা অন্য কোথাও যেসব ছোটো ছোটো ভাষ্য বা টীকা ইত্যাদি দেওয়া হয়; পাদটীকা, টীকাভাষ্য ➪ **footnote** দেখো। **4** [C] (*also* **banknote**) (*AmE* **bill**) a piece of paper money কাগজের মুদ্রা *I'd like the money in ten-rupee notes, please.* **5** [C] a single musical sound made by a voice or an instrument; a written sign that represents a musical sound মানুষের কণ্ঠে অথবা কোনো যন্ত্রে (যে-কোনো) সংগীতের সুর; সংগীতের লিখিত চিহ্ন *I can only remember the first few notes of the song.* **6** [*sing.*] something that shows a certain quality or feeling যা বিশেষ কোনো গুণ বা অনুভূতি প্রদর্শন করে *The meeting ended on a rather unpleasant note.*

IDM **compare notes (with sb)** ➪ **compare** দেখো।

take note (of sth) to pay attention to sth and be sure to remember it কোনো কিছুতে মন দেওয়া যাতে পরে তা মনে থাকে

note² / nəʊt ন্যাউট্ / *verb* [T] **1** to notice or pay careful attention to sth লক্ষ করা বা কোনো কিছুতে মন দেওয়া *He noted a slight change in her attitude towards him.* ○ *Please note that this office is closed on Tuesdays.* **2** to mention sth কোনো কিছু উল্লেখ করা *I'd like to note that the project has so far been extremely successful.*

PHR V **note sth down** to write sth down so that you remember it কোনো কিছু মনে রাখার জন্য লিখে রাখা

notebook / ˈnəʊtbʊk 'ন্যাউট্‌বুক্ / *noun* [C] a small book in which you write things that you want to remember ছোটো খাতা যার মধ্যে মনে রাখার জন্য অনেক কিছু লিখে রাখা হয়; নোটবুক

noted / ˈnəʊtɪd 'ন্যাউটিড্ / *adj.* (*formal*) **noted (for/as sth)** well known; famous সুপরিচিত; বিখ্যাত *The hotel is noted for its food.*

notepad / ˈnəʊtpæd 'ন্যাউট্‌প্যাড্ / *noun* [C] some sheets of paper in a block that are used for writing things on নোটখাতা; নোটপ্যাড্

notepaper / ˈnəʊtpeɪpə(r) 'ন্যাউট্‌পেইপ্যা(র্) / *noun* [U] paper that you write letters on চিঠি লেখার কাগজ

noteworthy / ˈnəʊtwɜːði 'ন্যাউট্‌উঅ্যদি / *adj.* interesting or important; that is worth noticing চিত্তাকর্ষক অথবা গুরুত্বপূর্ণ; লক্ষ করার মতো

nothing / ˈnʌθɪŋ 'নাথিং / *pronoun* not anything; nothing কিছু নয়; কিছু না *I'm bored—there's* ***nothing to do*** *here.* ○ *There was* ***nothing else*** *to say.* ○ *'Thank you so much for all your help'. 'It was nothing.'* ➪ **zero**-তে নোট দেখো।

IDM be/have nothing to do with sb/sth to have no connection with sb/sth কারও বা কিছুর সঙ্গে কোনো সম্বন্ধ বা যোগাযোগ নেই এমন *That question has nothing to do with what we're discussing.* ○ *Put my diary down—it's nothing to do with you.*

come to nothing ➪ **come** দেখো।

for nothing **1** for no good reason or with no good result বৃথাই; বিনা কারণে *His hardwork was all for nothing.* **2** for no payment; free বিনা পয়সায়; বিনামূল্যে *Children under four are allowed in for nothing.*

nothing but only কেবলমাত্র, শুধু *He does nothing but sit around watching TV all day.*

nothing like **1** not at all like একেবারেই সেরকম নয় *She looks nothing like either of her parents.* **2** not at all; not nearly একেবারেই নয়; কাছাকাছিও নয় *There's nothing like enough food for all of us.*

nothing much not a lot of sth; nothing of importance পর্যাপ্ত বা যথেষ্ট নয়; গুরুত্বপূর্ণ নয় এমন *It's a nice town but there's nothing much to do in the evenings.*

(there's) nothing to it (it's) very easy খুবই সহজ *You'll soon learn—there's nothing to it really.*

there is/was nothing (else) for it (but to do sth) there is/was no other action possible এ ছাড়া অন্য কিছু করার নেই বা ছিল না *There was nothing for it but to resign.*

notice¹ / ˈnəʊtɪs 'ন্যাউটিস্ / *noun* **1** [U] the act of paying attention to sth or knowing about sth কোনো কিছুর প্রতি মনোযোগ দেওয়া বা কোনো কিছুর সম্বন্ধে জানার ক্রিয়া *The protests are finally making the government* ***take notice***. ○ ***Take no notice of*** *what he said— he was just being silly.* ○ *Some people don't take any notice of* (=choose to ignore) *speed limits.* **2** [C] a piece of paper or a sign giving information, a warning, etc. that is put where everyone can read it কোনো বিজ্ঞপ্তি, সাবধানবাণী ইত্যাদি দেওয়া আছে এরকম কাগজের টুকরো বা কোনো চিহ্ন যা এমন কোথাও লাগানো হয় যাতে সবাই তা পড়তে পারে; নোটিস *There's a notice on the board saying that the meeting has been cancelled.* ○ *The notice said 'No dogs allowed'.* **3** [U] a warning that sth is going to happen কিছু ঘটতে চলেছে এরকম হুঁশিয়ারি *I can't produce a meal* ***at such short notice!*** ○ *The swimming pool is closed* ***until further notice*** (=until we are told that it will open again).

notice² / ˈnəʊtɪs 'ন্যাউটিস্ / *verb* [I, T] (*not usually used in the continuous tenses*) to see and become conscious of sth কিছু দেখা এবং সেই বিষয়ে সচেতন হওয়া *'What kind of car was the man driving?' 'I'm afraid I didn't notice.'* ○ *I noticed (that) he was carrying a black briefcase.*

noticeable / ˈnəʊtɪsəbl 'ন্যাউটিস্যাব্‌ল্ / *adj.* easy to see or notice সহজে চোখে পড়ে; লক্ষণীয় *The scar from the accident was hardly noticeable.* ▶ **noticeably** / -əbli -অ্যাব্‌লি / *adv.* চোখে পড়ার মতো, লক্ষণীয়ভাবে

noticeboard / ˈnəʊtɪsbɔːd 'ন্যাউটিস্‌ব:ড্ / (*AmE* **bulletin board**) *noun* [C] a board on a wall for putting written information where everyone can read it বিজ্ঞপ্তি লাগানোর জন্য দেয়ালে আটকানো বোর্ড যেখানে প্রত্যেকে সেটি পড়তে পারে; নোটিস বোর্ড

notify / ˈnəʊtɪfaɪ 'ন্যাউটিফাই / *verb* [T] (*pres. part.* **notifying;** *3rd person sing. pres.* **notifies;** *pt, pp* **notified**) **notify sb (of sth)** to inform sb about sth officially কাউকে কোনো ব্যাপারে আনুষ্ঠানিকভাবে জানানো ▶ **notification** / ˌnəʊtɪfɪˈkeɪʃn ˌন্যাউটিফি'কেইশ্‌ন্ / *noun* [C, U] বিজ্ঞপ্তি, লিখিত ঘোষণা, প্রজ্ঞাপন

notion / ˈnəʊʃn 'ন্যাউশ্‌ন্ / *noun* [C] **a notion (that.../of sth)** something that you have in your mind; an idea মনের ধারণা; মত, বিশ্বাস *I had a vague notion that I had seen her before.*

notional / ˈnəʊʃənl 'ন্যাউশ্যান্‌ল্ / *adj.* existing only in the mind; not based on facts or reality কেবল মনের মধ্যে আছে এমন; প্রকৃত ঘটনা অথবা বাস্তবের উপর ভিত্তি নেই এমন

notoriety / ˌnəʊtəˈraɪəti ˌন্যাউট্যা'রাইঅ্যাটি / *noun* [U] the state of being well known for sth bad দুর্নাম, কুখ্যাতি, বদনাম

notorious / nəʊˈtɔːriəs ন্যাউ'ট:রিঅ্যাস্ / *adj.* **notorious (for/as sth)** well known for sth bad কুখ্যাত, দুর্নামগ্রস্ত *a notorious drug dealer* ○ *This road is notorious for the number of accidents on it.* ✪ সম **infamous** ▶ **notoriously** *adv.* খারাপভাবে, কুখ্যাতির সঙ্গে

notwithstanding / ˌnɒtwɪθˈstændɪŋ ˌনট্‌উইথ্-'স্ট্যান্ডিং / *prep., adv.* (*written*) in spite of sth তবুও, তা সত্ত্বেও

nougat / ˈnuːgɑː 'নুগা: / *noun* [U] a hard sweet containing nuts that is pink or white in colour বাদামযুক্ত গোলাপি অথবা সাদা রঙের একধরনের শক্ত মিষ্টি; নুগা

nought / nɔːt ন:ট্ / (*AmE* **zero**) *noun* [C] the figure 0 শূন্য ○, *A million is written with six noughts.* ○ *We say 0.1 'nought point one'.*

IDM **noughts and crosses** a game for two players in which each person tries to win by writing three 0s or three Xs in a line একধরনের খেলা যা দুজনে মিলে খেলতে হয়, যাতে জেতার জন্য দুজনেই একটি রেখায় তিনটে ○ বা তিনটে × লেখার চেষ্টা করে; কাটাকুটি খেলা

noun / naʊn নাউন্ / *noun* [C] (*grammar*) a word that is the name of a thing, an idea, a place or a person (ব্যাকরণ) কোনো বস্তু, কোনো ভাবধারা, কোনো স্থান বা কোনো ব্যক্তির নাম; নামপদ, বিশেষ্যপদ *'Water', 'happiness', 'James' and 'India' are all nouns.* ⇨ **countable** এবং **uncountable** দেখো।

nourish / ˈnʌrɪʃ 'নারিশ্ / *verb* [T] **1** to give sb/sth the right kind of food so that he/she/it can grow and be healthy কোনো ব্যক্তি বা বস্তুকে স্বাস্থ্যসম্মতভাবে বেড়ে ওঠার জন্য যথোপযুক্ত খাদ্যাদি দেওয়া **2** (*formal*) to allow a feeling, an idea, etc. to grow stronger কোনো বিশেষ মনোভাব বা চিন্তাধারাকে বিকশিত হতে দেওয়া ▶ **nourishment** *noun* [U] পুষ্টি

Nov. *abbr.* November নভেম্বর *17 Nov. 2001*

nova / ˈnəʊvə 'ন্যাউভ্যা / *noun* [C] (*pl.* **novae** / -viː -ভী / or **novas**) (*technical*) a star that suddenly becomes much brighter for a short period একটি তারা যখন অল্পকালের জন্য হঠাৎ খুব উজ্জ্বল হয়ে ওঠে ⇨ **supernova** দেখো।

novel[1] / ˈnɒvl 'নভ্‌ল্ / *noun* [C] a book that tells a story about people and events that are not real উপন্যাস, নভেল *a romantic/historical/detective novel*

novel[2] / ˈnɒvl 'নভ্‌ল্ / *adj.* new and different নতুন এবং অন্যের থেকে আলাদা; অভিনব *That's a novel idea! Let's try it.*

novelist / ˈnɒvəlɪst 'নভ্যালিস্ট্ / *noun* [C] a person who writes novels ঔপন্যাসিক, উপন্যাসকার

novelty / ˈnɒvlti 'নভ্‌ল্‌টি / *noun* (*pl.* **novelties**) **1** [U] the quality of being new and different অভিনবত্ব, নতুনত্ব, অদ্ভুতত্ব *The novelty of her new job soon wore off.* **2** [C] something new and unusual অভিনব, অসাধারণ *It was quite a novelty not to have to get up early.* **3** [C] a small, cheap object that is sold as a toy or decoration ছোটো, সস্তা জিনিস যা খেলনা অথবা সাজানোর জন্য বিক্রি করা হয়

November / nəʊˈvembə(r) ন্যাউ'ভেম্‌ব্যা(র্) / *noun* [U, C] (*abbr.* **Nov.**) the eleventh month of the year, coming after October নভেম্বর; বছরের একাদশতম মাস, যা অক্টোবরের পরে আসে

NOTE বাক্যে মাসের নামের ব্যবহার দেখার জন্য **January**-তে দেওয়া উদাহরণ এবং নোট দেখো।

novice / ˈnɒvɪs 'নভিস্ / *noun* [C] a person who is new and without experience in a certain job, situation, etc. এমন ব্যক্তি যে কোনো কাজ, পরিস্থিতি ইত্যাদিতে নতুন এবং অনভিজ্ঞ; শিক্ষানবিশ ✪ সম **beginner**

now / naʊ নাউ / *adv., conj.* **1** (at) the present time বর্তমানে, এখন, এই সময় ***From now on*** *I'm going to work harder.* ○ ***Up till now*** *we haven't been able to afford a house of our own.* ○ *He will be on his way home* ***by now***. ○ *I can manage* ***for now*** *but I might need some help later.* **2** immediately এখনই, এই মুহূর্তে, অবিলম্বে *You must go to the doctor* ***right now***. **3** used to introduce or to emphasize what you are saying, or while pausing to think নতুন কিছু বলতে অথবা বক্তব্য বিষয়ে জোর দিতে অথবা কথার মধ্যে একটু থেমে তারপরে আবার বলার সময়ে ব্যবহৃত *Now listen to what he's saying.* ○ *What does he want now?* ○ *Now, let me think.*

NOTE এই অর্থে **now then**-ও ব্যবহার করা যায়।— *Now then, what was I saying?*

4 now (that)... because of the fact that এই ঘটনার কারণে *Now (that) the children have left home we can move to a smaller house.*

IDM **any moment/second/minute/day (now)** ⇨ **any** দেখো।

(every) now and again/then from time to time; occasionally মাঝে মধ্যে; কখনো কখনো *We see each other now and then, but not very often.*

just now ⇨ **just[1]** দেখো।

right now ➪ **right**[2] দেখো।

nowadays / ˈnaʊədeɪz ˈনাউঅ্যাডেইজ্ / *adv.* at the present time (when compared with the past) আজকাল (যখন অতীতের সঙ্গে তুলনা করা হয়) অধুনা, বর্তমানে *I don't go to London much nowadays* (=but I did in the past). ✪ সম **today**

nowhere / ˈnəʊweə(r) ˈন্যাউউএঅ্যা(র্) / *adv.* not in or to any place; not anywhere কোনো জায়গাতেই নয়; কোথাও না *I'm afraid there's nowhere to stay in this village.* ○ *I don't like it here, but there's nowhere else for us to sit.*

IDM **get nowhere (with sth)** to not make any progress with sth কোনো কিছুতে উন্নতি করতে না পারা

in the middle of nowhere ➪ **middle**[1] দেখো।

nowhere near ➪ **near**[1] দেখো।

noxious / ˈnɒkʃəs ˈনক্শ্যাস্ / *adj.* (*formal*) harmful or poisonous ক্ষতিকর বা বিষাক্ত *noxious gases*

nozzle / ˈnɒzl ˈনজ়্ল্ / *noun* [C] a narrow tube that is put on the end of a pipe to control the liquid or gas coming out পাইপের বা নলের সরু মুখ, যাতে গ্যাস বা তরল বার করার সময়ে তা নিয়ন্ত্রণে রাখা যায় ➪ **gardening**-এ ছবি দেখো।

nr *abbr.* (used in addresses) near (ঠিকানা লেখায় ব্যবহার করা হয়) কাছে *YMCA, nr Parliament Street*

nuance / ˈnjuːɑːns ˈনিউআঃন্স্ / *noun* [C] a very small difference in meaning, feeling, sound, etc. অর্থ, অনুভূতি, শব্দ ইত্যাদির মধ্যে সামান্য পার্থক্য

nuclear / ˈnjuːkliə(r) ˈনিউক্লিঅ্যা(র্) / *adj.* **1** using, producing or resulting from the energy that is produced when the central part (**nucleus**) of an atom is split পরমাণুর কেন্দ্রে ভাঙনের ফলে যে শক্তি উৎপন্ন হয় তার ব্যবহারজনিত বা ফলাফলজনিত; কেন্দ্রকীয়, কেন্দ্রিক *nuclear energy* ○ *a nuclear power station* ➪ **atomic** দেখো। **2** connected with the nucleus of an atom পরমাণুর কেন্দ্র বা নিউক্লিয়াসের সঙ্গে জড়িত *nuclear physics*

nuclear disarmament *noun* [U] stopping the use and development of nuclear weapons পারমাণবিক নিরস্ত্রীকরণ

nuclear fission = **fission**

nuclear-free *adj.* not having or allowing nuclear weapons or nuclear energy পারমাণবিক অস্ত্র অথবা শক্তি নেই অথবা তার অনুমোদন নেই এমন *This town has been declared a nuclear-free zone.*

nuclear fusion = **fusion**

nuclear physics *noun* [U] the scientific study of the centres (**nuclei**) of atoms, especially of how energy can be produced from them পরমাণুর কেন্দ্র বা নিউক্লিয়াস নিয়ে গবেষণা, বিশেষত কি উপায়ে সেখান থেকে শক্তি উৎপন্ন করা যায় সে বিষয়ে বিজ্ঞানসম্মত অধ্যয়ন; পারমাণবিক পদার্থবিজ্ঞান; নিউক্লিয়ার ফিজিকস্

nuclear reaction *noun* [C] a change in the nucleus of an atom পরমাণুর কেন্দ্রকে যে পরিবর্তন অথবা তার ফলে যে প্রতিক্রিয়া ঘটে; পারমাণবিক প্রতিক্রিয়া

nuclear reactor (*also* **reactor**) *noun* [C] a very large machine that produces nuclear energy খুব বড়ো আকারের যন্ত্র যা পারমাণবিক শক্তি উৎপন্ন করে; পরমাণুচুল্লি

nucleic acid / njuːˌkliːɪk ˈæsɪd নিউˌক্লীইক্ˈঅ্যাসিড্ / *noun* [U] either of two acids (**DNA** and **RNA**), that are present in all living cells DNA এবং RNA-এর যে-কোনো একটি অম্ল যা সব জীবকোষে বর্তমান থাকে; নিউক্লিক অ্যাসিড

nucleus / ˈnjuːkliəs ˈনিউক্লিঅ্যাস্ / *noun* [C] (*pl.* **nuclei** /-kliaɪ -ক্লিআই /) **1** the central part of an atom or of certain cells পরমাণু অথবা কোনো কোনো জীবকোষের মধ্যেকার অংশ **2** the central or most important part of sth কোনো কিছুর মধ্যের অংশ অথবা সবচেয়ে গুরুত্বপূর্ণ অংশ

nude[1] / njuːd নিউড্ / *adj.* not wearing any clothes নগ্ন, বিবস্ত্র, উলঙ্গ ➪ **bare** এবং **naked** দেখো।

▶ **nudity** / ˈnjuːdəti ˈনিউড্যাটি / *noun* [U] নগ্নতা

nude[2] / njuːd নিউড্ / *noun* [C] a picture or photograph of a person who is not wearing any clothes কারও নগ্ন ছবি

IDM **in the nude** not wearing any clothes বিবস্ত্র অবস্থায়

nudge / nʌdʒ নাজ্ / *verb* [T] to touch or push sb/sth with your elbow কোনো ব্যক্তি বা বস্তুকে কনুই দিয়ে খোঁচা মারা বা ঠেলা ▶ **nudge** *noun* [C] কনুইয়ের ঠেলা বা খোঁচা *to give sb a nudge*

nuisance / ˈnjuːsns ˈনিউস্ন্স্ / *noun* [C] a person, thing or situation that annoys you or causes you trouble বিরক্তি অথবা অসুবিধা ঘটায় এমন ব্যক্তি, বস্তু অথবা পরিস্থিতি *It's a nuisance having to queue for everything.*

null / nʌl নাল্ / *adj.*

IDM **null and void** (*written*) not valid in law আইনত গ্রাহ্য নয়

numb / nʌm নাম্ / *adj.* not able to feel anything; not able to move অনুভূতিশূন্য, অবশ; অসাড় *I'll give you an injection and the tooth will* ***go numb***. ○ *My fingers were numb with cold.* ▶ **numb** *verb* [T] অবশ, অসাড় করে দেওয়া বা অবশ হয়ে যাওয়া *We were numbed by the dreadful news.* ▶ **numbness** *noun* [U] অবশতা, গতিশক্তিহীনতা

number[1] / ˈnʌmbə(r) ˈনাম্ব্যা(র্) / *noun* **1** [C] a word or symbol that indicates a quantity পরিমাণ নির্দেশক শব্দ অথবা সংকেত; সংখ্যা *The numbers 2, 4,*

6, etc. are ***even numbers*** *and 1, 3, 5, etc. are* ***odd numbers****.* ○ *a three-figure number* (=from 100 to 999) **2** [C] a group of numbers that is used to identify sb/sth কোনো ব্যক্তি বা বস্তুকে চিহ্নিত করার জন্য ব্যবহৃত কয়েকটি সংখ্যা *a telephone number* ○ *a code number* **3** [C, U] **a number (of sth)** a quantity of people or things কয়েকজন অথবা কয়েকটি জিনিস *Pupils in the school have doubled* ***in number*** *in recent years.* ○ *There are* ***a number of*** (=several) *things I don't understand.* **4** [C] (*abbr.* **No.**) (*symbol* #) used before a number to show the position of sth in a series কোনো ধারা বা সিরিজের মধ্যে অবস্থান বোঝানোর জন্য কোনো সংখ্যার আগে ব্যবহৃত হয় *Room No. 347* **5** [C] a copy of a magazine, newspaper, etc. কোনো সংবাদপত্র, পত্রিকা ইত্যাদির যে-কোনো একটি সংখ্যা *Back numbers of 'New Scientist' are available from the publishers.* **6** [C] (*informal*) a song or dance একটি গান বা নাচ

IDM any number of very many অনেক; বেশ কয়েকটি *There could be any number of reasons why she hasn't arrived yet.*

in round figures/numbers ➪ **round**[1] দেখো।

opposite number ➪ **opposite** দেখো।

number[2] / ˈnʌmbə(r) ˈনাম্‌ব্যা(র্) / *verb* [T] **1** to give a number to sth সংখ্যা বসানো, কোনো জিনিসকে সংখ্যার দ্বারা চিহ্নিত করা *The houses are numbered from 1 to 52.* **2** used for saying how many people or things there are কতজন মানুষ বা কতগুলি জিনিস আছে তা বোঝানোর জন্য ব্যবহৃত *Our forces number 40,000.*

number plate (*AmE* **license plate**) *noun* [C] the sign on the front and back of a vehicle that shows a particular combination of numbers and letters (**the registration number**) গাড়ির সামনে বা পিছনে নির্দিষ্ট সংখ্যা এবং বর্ণের সমন্বয় (রেজিস্ট্রেশন নম্বর) নির্দেশক পাত; সংখ্যা-ফলক, নম্বর-ফলক

numeracy / ˈnjuːmərəsi ˈনিউম্যার‍্যাসি / *noun* [U] a good basic knowledge of mathematics; the ability to work with and understand numbers গণিতশাস্ত্র বিষয়ে সম্যক বুনিয়াদি জ্ঞান, সংখ্যা বিষয়ে কাজ করার এবং তা বোঝার ক্ষমতা *standards of literacy and numeracy*

numeral / ˈnjuːmərəl ˈনিউম্যার‍্যাল্ / *noun* [C] a sign or symbol that represents a quantity পরিমাণ নির্দেশক চিহ্ন বা প্রতীক *Roman numerals* (=I, II, III, IV, etc.)

numerate / ˈnjuːmərət ˈনিউম্যার‍্যাট্ / *adj.* having a good basic knowledge of mathematics গণিতে সম্যক বুনিয়াদি জ্ঞানসম্পন্ন ➪ **literate** দেখো।

numerator / ˈnjuːməreɪtə(r) ˈনিউম্যারেইট্যা(র্) / *noun* [C] (*mathematics*) the number above the line in a **fraction,** for example the 3 in ¾ (গণিত) ভগ্নাংশের লব বা মাঝের রেখার উপরে লেখা সংখ্যা, যেমন ৩/৪-এ ৩ ➪ **denominator** দেখো।

numerical / njuː ˈmerɪkl নিউˈমেরিক্‌ল্ / *adj.* of or shown by numbers সংখ্যাবিষয়ক বা সংখ্যা দ্বারা প্রদর্শিত *to put sth* ***in numerical order***

numerous / ˈnjuːmərəs ˈনিউম্যার‍্যাস্ / *adj.* (*formal*) existing in large numbers; many বহুসংখ্যক ; অনেকগুলি

nun / nʌn নান্ / *noun* [C] a member of a religious group of women who live together in a special building (**a convent**) away from other people অন্যান্য মানুষজনের থেকে দূরে বিশেষ গৃহে (কনভেন্ট) একত্রে বসবাসকারী ধর্মীয় সম্প্রদায়ভুক্ত মহিলাগোষ্ঠীর একজন সদস্য; সন্ন্যাসিনী ➪ **monk** দেখো।

nurse[1] / nɜːs ন্যস্ / *noun* [C] a person who is trained to look after sick or injured people যে অসুস্থ বা আহত ব্যক্তিদের দেখাশোনা করার জন্য প্রশিক্ষণপ্রাপ্ত ; সেবিকা *a male nurse* ○ *a psychiatric nurse*

nurse[2] / nɜːs ন্যস্ / *verb* **1** [T] to take care of sb who is sick or injured; to take care of an injury অসুস্থ বা আহত ব্যক্তির সেবা, পরিচর্যা বা শুশ্রূষা করা; ক্ষতের শুশ্রূষা করা *She nursed her mother back to health.* ○ *Ahmed is still nursing a back injury.* **2** [T] to hold sb/sth in a loving way আদর করে জড়িয়ে ধরা *He nursed the child in his arms.* **3** [T] (*formal*) to have a strong feeling or idea in your mind for a long time দীর্ঘদিন ধরে কোনো ধারণা বা অনুভূতি মনের মধ্যে পোষণ করা *Rahul had long nursed the hope that Raima would marry him.* **4** [I, T] to feed a baby or young animal with milk from the breast; to drink milk from the mother's breast মানুষ বা কোনো প্রাণীর বাচ্চাকে বুকের দুধ খাওয়ানো; মায়ের দুধ খাওয়া

nursery / ˈnɜːsəri ˈন্যস্যারি / *noun* [C] (*pl.* **nurseries**) **1** a place where small children and babies are looked after so that their parents can go to work যে স্থানে ছোটো বাচ্চা এবং শিশুদের দেখাশোনা করা হয় যাতে তাদের পিতামাতা কর্মস্থানে যেতে পারে ➪ **crèche** দেখো। **2** a place where young plants are grown and sold যেখানে গাছের চারা লালন করে তা বিক্রি করা হয়; উদ্ভিদ লালন-কেন্দ্র

nursery rhyme *noun* [C] a traditional poem or song for young children বাচ্চাদের জন্য ঐতিহ্যবাহী ছড়া বা গান; ছেলেভুলানো ছড়া

nursery school (*also* **playgroup; playschool**) *noun* [C] a school for children aged from three to five তিন থেকে পাঁচবছর বয়সি

N

শিশুদের বিদ্যালয়; শিশুবিদ্যালয়, পাঠশালা; নার্সারি স্কুল ➪ **kindergarten** দেখো।

nursing / ˈnɜːsɪŋ ˈন্যসিং / *noun* [U] the job of being a nurse রোগীর, শুশ্রূষা করার কাজ; পরিচর্যা, সেবা

nursing home *noun* [C] a small private hospital, often for old people ছোটো আকারের বেসরকারি হাসপাতাল, অনেক সময় যেখানে বয়স্করা থাকেন; নার্সিংহোম

nurture¹ / ˈnɜːtʃə(r) ˈন্যচ্যা(র্) / *verb* [T] **1** to look after and protect sb/sth while he/she/it are growing and developing বুদ্ধি এবং বিকাশের সময়ে কাউকে বা কিছুকে প্রতিপালন ও রক্ষা করা, যত্ন সহকারে বড়ো করে তোলা, মানুষ করা **2** to encourage sth to develop and to help it succeed কোনো কিছুকে বেড়ে উঠতে সাহায্য করা এবং তার সাফল্যের পথে উদ্দীপনা উৎসাহ দেওয়া *This is a talent which should be nurtured.*

nurture² / ˈnɜːtʃə(r) ˈন্যচ্যা(র্) / *noun* [U] care, encouragement and support for sb/sth while he/she/it is growing and developing বিকাশ ও বৃদ্ধির জন্য প্রদত্ত যত্ন , উৎসাহ, এবং সমর্থন

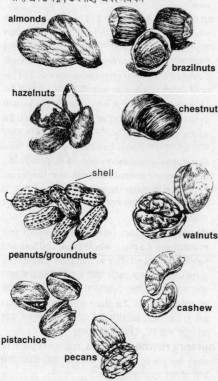

almonds
brazilnuts
hazelnuts
chestnut
shell
walnuts
peanuts/groundnuts
cashew
pistachios
pecans

nuts

nut / nʌt নাট্ / *noun* [C] **1** a dry fruit that consists of a hard shell with a seed inside. Many types of nuts can be eaten (শক্ত খোসা ও ভিতরে বীজযুক্ত) যে-কোনো ধরনের বাদাম **2** a small piece of metal with a round hole in the middle through which you screw a long round piece of metal (**a bolt**) to fasten things together মাঝখানে গোল ফুটোওয়ালা ছোটো ধাতুর খণ্ড যেটির মধ্যে দিয়ে লম্বা গোল ধাতুর টুকরো (বোল্টু) ঢুকিয়ে জিনিসপত্র আটকানো হয় ➪ **bolt**-এ ছবি দেখো।

nutcrackers / ˈnʌtkrækəz ˈনাট্ক্র্যাক্যাজ় / *noun* [*pl.*] a tool that you use for breaking open the shell of a nut বাদামের খোসা ছাড়ানোর হাত-যন্ত্র; জাঁতি

nutmeg / ˈnʌtmeg ˈনাট্মেগ্ / *noun* [C, U] a type of hard seed that is often made into powder and used as a spice in cooking (গুঁড়ো করে রান্নায় মশলা হিসেবে ব্যবহৃত) জায়ফল

nutrient / ˈnjuːtriənt ˈনিউট্রিঅ্যান্ট / *noun* [C] (*technical*) a substance that is needed to keep a living thing alive and to help it grow (বেঁচে থাকা ও বিকাশের জন্য প্রয়োজনীয়) পুষ্টিকর বস্তু *Plants get minerals and other nutrients from the soil.*

nutrition / nju ˈtrɪʃn নিউˈট্রিশ্ন্ / *noun* [U] the food that you eat and the way that it affects your health যা খাওয়া হয় এবং যেভাবে তা স্বাস্থ্যের উপর প্রভাব বিস্তার করে; পুষ্টি ▶ **nutritional** / -ʃənl -শ্যান্ল্ / *adj.* পুষ্টিসম্বন্ধে, পুষ্টি সম্পর্কিত

nutritious / nju ˈtrɪʃəs নিউˈট্রিশ্যাস্ / *adj.* (used about food) very good for you (খাদ্যপদার্থ সম্বন্ধে ব্যবহৃত) পুষ্টিকর

nuts / nʌts নাট্স্ / *adj.* (*informal*) (*not before a noun*) crazy পাগল, মাথা খারাপ *She's driving me nuts with her stupid questions.*

nutshell / ˈnʌtʃel ˈনাট্শেল / *noun*
IDM in a nutshell using few words অতি সংক্ষেপে, স্বল্প কথায়

nutty / ˈnʌti ˈনাটি / *adj.* containing or tasting of nuts বাদামে ভরা, বাদাম দিয়ে তৈরি, বাদামের মতো স্বাদওয়ালা

nuzzle / ˈnʌzl ˈনাজ়্ল্ / *verb* [I, T] to press or rub sb/sth gently with the nose আস্তে নাক ঘষা, আদর করে নাক ঘষা, নাকের চাপ দেওয়া

NW *abbr.* north-west(ern) উত্তর-পশ্চিম *NW Australia*

nylon / ˈnaɪlɒn ˈনাইলন্ / *noun* [U] a very strong man-made material that is used for making clothes, rope, brushes, etc. অত্যন্ত মজবুত কৃত্রিম উপাদান যা কাপড়, দড়ি, বুরুশ ইত্যাদি তৈরিতে ব্যবহৃত হয়; নাইলন

nymph / nɪmf নিম্ফ / *noun* [C] (in Greek and Roman stories) a spirit in the form of a young woman that lives in rivers, woods, etc. (গ্রীক ও রোমান কাহিনির মধ্যে) নদী, জঙ্গল ইত্যাদিতে থাকে এক জাতীয় ছদ্মবেশী তরুণী; পরি

O o

O, o / əʊ অ্যাউ / *noun* [C, U] (*pl.* **O's; o's** /əʊz অ্যাউজ্ /) **1** the fifteenth letter of the English alphabet ইংরেজি বর্ণমালার পঞ্চদশতম অক্ষর বা বর্ণ *'Orange' begins with (an) 'O'.* **2** (used when you are speaking) zero (কথা বলার সময়ে ব্যবহৃত) জিরো, শূন্য *My number is five 0 nine double four* (=50944). ➪ **zero**-তে নোট দেখো।

oak / əʊk অ্যাউক্ / *noun* **1** (*also* **oak tree**) [C] a type of large tree with hard wood that is common in many northern parts of the world পৃথিবীর উত্তরাংশের বহু দেশে প্রাপ্ত বৃহৎ বৃক্ষ যার থেকে শক্ত কাঠ পাওয়া যায়; ওক গাছ

> **NOTE** ওক গাছের ফলকে **acorn** বলা হয়।

2 [U] the wood from the oak tree ওক কাঠ *a solid oak table*

oar / ɔ:(r) অ:(র্) / *noun* [C] a long pole that is flat and wide at one end and that you use for moving a small boat through water (**rowing**) লম্বা কোনো দণ্ড যার একপ্রান্ত চ্যাপটা এবং চওড়া এবং যেটি জলের মধ্যে দিয়ে ছোটো নৌকা চালানোর জন্য ব্যবহৃত হয়; দাঁড় বা বৈঠা ➪ **paddle** দেখো এবং **boat**-এ ছবি দেখো।

oasis / əʊˈeɪsɪs অ্যাউˈএইসিস্ / *noun* [C] (*pl.* **oases** / -si:z -সীজ্ /) a place in the desert where there is water and where plants grow মরূদ্যান

oath / əʊθ অ্যাউথ্ / *noun* [C] **1** a formal promise আনুষ্ঠানিক শপথ *They have to* ***swear/take an oath*** *of loyalty.* **2** (*old-fashioned*) =**swear word**

IDM **be on/under oath** to have made a formal promise to tell the truth in a court of law বিচারালয়ে বা আদালতে সত্য বলতে অঙ্গীকারবন্ধ হওয়া বা শপথ গ্রহণ করা

oatmeal / ˈəʊtmi:l ˈঅ্যাউট্মীল্ / *noun* [U] **1** flour made from a particular type of grain (**oats**) that is used to make biscuits, cakes, etc. জইয়ের ময়দা, যা দিয়ে বিস্কুট, কেক ইত্যাদি তৈরি হয় **2** a pale brown colour হালকা বাদামি রং

oats / əʊts অ্যাউট্স্ / *noun* [*pl.*] a type of grain that is used as food for people and animals এক ধরনের শস্য, যা মানুষ এবং পশু উভয়েরই খাদ্য; জই, ওট ➪ **cereal**-এ ছবি দেখো।

obedient / əˈbi:diənt অ্যাˈবীডিঅ্যান্ট / *adj.* **obedient (to sb/sth)** doing what you are told to do বাধ্য, বশংবদ, অনুগত *As a child he was always obedient to his parents.* ✪ বিপ **disobedient**
▶ **obedience** *noun* [U] আনুগত্য, বাধ্যতা
▶ **obediently** *adv.* অনুগতভাবে, আনুগত্যের সঙ্গে

obese / əʊˈbi:s অ্যাউˈবীস্ / *adj.* (used about people) very fat, in a way that is not healthy (ব্যক্তি সম্বন্ধে ব্যবহৃত) অত্যন্ত স্থূল, মোটা (অস্বাস্থ্যকরভাবে) ▶ **obesity** / əʊˈbi:səti অ্যাউˈবীস্যাটি / *noun* [U] মেদবাহুল্য

obey / əˈbeɪ অ্যাˈবেই / *verb* [I, T] to do what you are told to do কথা শুনে চলা, আজ্ঞা পালন করা *Soldiers are trained to obey orders* ✪ বিপ **disobey**

obituary / əˈbɪtʃuəri অ্যাˈবিচুঅ্যারি / *noun* [C] (*pl.* **obituaries**) a piece of writing about a person's life that is printed in a newspaper soon after he/she has died মৃত্যুর অব্যবহিত পরেই সেই মৃত ব্যক্তির সংক্ষিপ্ত জীবনীসহ সংবাদপত্রে প্রকাশিত শোকসংবাদ; শোকবার্তা

object[1] / ˈɒbdʒɪkt ˈঅব্‌জিক্ট / *noun* [C] **1** a thing that can be seen and touched, but is not alive (ইন্দ্রিয়গ্রাহ্য কিন্তু সজীব নয়) বস্তু, জিনিস *The shelves were filled with objects of all shapes and sizes.* ○ *everyday/household objects* **2** an aim or purpose লক্ষ্য বা উদ্দেশ্য *Making money is his sole object in life.* **3 the object of sth** (*written*) a person or thing that causes a feeling, interest, thought, etc. কোনো চিন্তা, কৌতূহল, অনুভূতি ইত্যাদি উদ্রেককারী ব্যক্তি বা বস্তু *the object of his desire/affections/ interest* **4** (*grammar*) the noun or phrase describing the person or thing that is affected by the action of a verb (ব্যাকরণ) ক্রিয়ার কাজের দ্বারা প্রভাবিত ব্যক্তি অথবা বস্তুকে বর্ণনা করে যে বিশেষ্যপদ বা বাক্যাংশ; কর্মকারক

> **NOTE** নিম্নলিখিত বাক্যগুলিতে—*I sent a letter to Meera.* ○ *I sent Meera a letter.* ক্রিয়াপদটির (verb) মুখ্যকর্ম (direct object) হল 'a letter' এবং 'Meera' হল তার গৌণকর্ম (indirect object)। ➪ **subject** দেখো।

IDM **money, etc. is no object** money, etc. is not important or is not a problem টাকা ইত্যাদি গুরুত্বপূর্ণ নয় বা অর্থ কোনো সমস্যা নয় *They always want the best. Expense is no object.*

object[2] / əbˈdʒekt অ্যাব্ˈজেক্ট / *verb* **1** [I] **object (to sb/sth); object (to doing sth/to sb doing sth)** to not like or to be against sb/sth কোনো ব্যক্তি অথবা বস্তুকে ভালো না লাগা অথবা তাদের বিরুদ্ধাচরণ করা *Many people object to the new tax.* ○ *I object to companies trying to sell me things over the phone.* **2** [T] give a reason why you think sth is wrong কোনো কিছু কেন ভুল বা সঠিক নয় তার কারণ দেখানো *'I think that's unfair,' he objected.*
▶ **objector** *noun* [C] আপত্তিকারী

objection / əbˈdʒekʃn অ্যাব্ˈজেক্শন্ / *noun* [C] an **objection (to sb/sth); an objection (to doing sth/to sb doing sth)** a reason why you do not like or are against sb/sth কোনো ব্যক্তি অথবা বস্তুকে ভালো না লাগার, অপছন্দ করার অথবা বিরুধে থাকার কোনো কারণ; আপত্তি *We listed our objections to the proposed new road.* ○ *I **have no objection** to you using my desk while I'm away.*

objectionable / əbˈdʒekʃənəbl অ্যাব্ˈজেক্শ্যান্যাব্ল্ / *adj.* very unpleasant আপত্তিজনক, আপত্তিকর

objective¹ / əbˈdʒektɪv অ্যাব্ˈজেক্টিভ্ / *noun* [C] **1** something that you are trying to achieve; an aim লক্ষ্যবস্তু; উদ্দেশ্য *Our objective is to finish by the end of the year.* ○ *to achieve your objective* **2** (*also* **objective lens**) (*technical*) the **lens** that is nearest to the object being looked at in a **microscope** অণুবীক্ষণ যন্ত্র দ্বারা কোনো বস্তু দেখার সময়ে তার নিকটতম যে লেন্স ➪ **laboratory**-তে ছবি দেখো।

objective² / əbˈdʒektɪv অ্যাব্ˈজেক্টিভ্ / *adj.* not influenced by your own personal feelings; considering only facts ব্যক্তিগত অনুভূতি বা চিন্তাধারা দ্বারা প্রভাবিত নয় এমন; নৈর্ব্যক্তিক, কেবল তথ্যের উপর ভিত্তি করা হচ্ছে এমন; বিষয়ভিত্তিক, বস্তুনিষ্ঠ *Please try and give an objective report of what happened.* ○ *It's hard to be objective about your own family.* ✪ বিপ **subjective** ▶ **objectively** *adv.* ব্যক্তি নিরপেক্ষভাবে, বস্তুনিষ্ঠভাবে ▶ **objectivity** / ˌɒbdʒekˈtɪvəti ˌঅব্জেক্ˈটিভ্যাটি / *noun* [U] ব্যক্তিনিরপেক্ষতা, বস্তুনিষ্ঠতা

obligation / ˌɒblɪˈgeɪʃn ˌঅব্লিˈগেইশন্ / *noun* [C, U] **(an) obligation (to sb) (to do sth)** the state of having to do sth because it is a law or duty, or because you have promised আইন বা কর্তব্যের খাতিরে বাধ্যবাধকতা বা পূর্বপ্রতিশ্রুতির জন্য দায়বন্ধতা *The shop **is under** no **obligation** to give you your money back.* ○ *We **have an obligation** to help people who are in need.*

obligatory / əˈblɪgətri অ্যাˈব্লিগ্যাট্রি / *adj.* (*formal*) that you must do অবশ্যকরণীয়, অবশ্যপালনীয় *It is obligatory to get insurance before you drive a car.* ✪ বিপ **optional**

oblige / əˈblaɪdʒ অ্যাˈব্লাইজ্ / *verb* **1** [T] (*usually passive*) to force sb to do sth কাউকে কোনো কিছু করতে জোর করা, বাধ্য করা *Rima was obliged to find a job after her father died.* **2** [I, T] (*formal*) to do what sb asks; to be helpful কেউ কিছু করতে বললে তা করা; সাহায্য চাইলে সাহায্য করা *If you ever need any help, I'd be happy to oblige.* ▶ **obliged** *adj.* কৃতজ্ঞতাপাশে আবন্ধ; ঋণী *Thanks for your help. I'm **much obliged** to you.* ▶ **obliging** *adj.* পরোপকারী, সহৃদয়, ভদ্র *I asked my neighbour for advice and he was very obliging.*

oblique¹ / əˈbliːk অ্যাˈব্লীক্ / *adj.* **1** not expressed or done in a direct way তির্যকভাবে, বাঁকাভাবে ✪ সম **indirect** **2** (used about a line) at an angle; sloping (কোনো রেখা সম্বন্ধে ব্যবহৃত) কোণাকোণি; তির্যক, ত্যারছা, বক্র, বাঁকা ঢালু **3** used to describe an angle that is not an angle of 90° ৯০°-র ডিগ্রির কোণ নয়, এমন কোণ বর্ণনা করতে ব্যবহৃত; অসমকোণ *The extension was built at an oblique angle to the house.* ▶ **obliquely** *adv.* কোণাকোণিভাবে, পরোক্ষভাবে, বাঁকাভাবে

oblique² / əˈbliːk অ্যাˈব্লীক্ / *noun* [C] (*BrE*) = **slash² 3**

obliterate / əˈblɪtəreɪt অ্যাˈব্লিট্যারেইট্ / *verb* [T] (*formal*) (*usually passive*) to remove all signs of sth by destroying or covering it completely চিহ্নমাত্র না রেখে কোনো কিছুর সব ছাপ সম্পূর্ণভাবে মুছে বা ঢেকে ফেলা; লোপাট বা নিশ্চিহ্ন করে দেওয়া

oblivion / əˈblɪviən অ্যাˈব্লিভিঅ্যান্ / *noun* [U] **1** a state in which you do not realize what is happening around you, usually because you are unconscious or asleep অচেতন বা ঘুমে আচ্ছন্ন থাকার ফলে পারিপার্শ্বিক সম্বন্ধে কিছু বুঝতে বা জানতে না পারার মতো অবস্থা *I was in a state of complete oblivion.* **2** the state in which sb/sth has been forgotten and is no longer famous or important কোনো ব্যক্তি বা বস্তুকে লোকে যখন ভুলে গেছে এবং সে বা সেটি আর বিখ্যাত বা গুরুত্বপূর্ণ নয়; বিস্মরণ *His work **faded into oblivion** after his death.*

oblivious / əˈblɪviəs অ্যাˈব্লিভিঅ্যাস্ / *adj.* **oblivious (to/of sb/sth)** not noticing or realizing what is happening around you অনবহিত, বিস্মৃত *She was completely oblivious of all the trouble she had caused.*

oblong / ˈɒblɒŋ ˈঅব্লং / *adj., noun* [C] (of) a shape with two long sides and two short sides and four angles of 90° (**right angles**) আয়তক্ষেত্রের আকার যার দুটি বড়ো বাহু, দুটি ছোটো বাহু এবং ৯০°-র (সমকোণ) চারটি কোণ আছে ➪ **rectangle** দেখো।

obnoxious / əbˈnɒkʃəs অ্যাব্ˈনক্শ্যাস্ / *adj.* extremely unpleasant, especially in a way that offends people আপত্তিকর, জঘন্য, যাচ্ছেতাই

oboe / ˈəʊbəʊ ˈঅ্যাউব্যাউ / *noun* [C] a musical instrument made of wood that you play by blowing through it কাঠের তৈরি ফুঁ দিয়ে বাজানোর বাদ্যযন্ত্র

obscene / əbˈsiːn অ্যাব্ˈসীন্ / *adj.* **1** connected with sex in a way that most people find disgusting and which causes offence (যৌন বিষয়ের সঙ্গে

জড়িত) অশ্লীল, অশালীন, আপত্তিজনক *obscene books/gestures/language* **2** very large in size or amount in a way that some people find unacceptable আকার বা পরিমাণে এতই বড়ো বা এতই বেশি যা কোনো কোনো মানুষ ভালোভাবে মেনে নেয় না *He earns an obscene amount of money.*

obscenity / əbˈsenəti অ্যাব্ˈসেন্যাটি / *noun* (*pl.* **obscenities**) **1** [C] sexual words or acts that shock people and cause offence অশ্লীল যৌন ভাষা বা ক্রিয়া যা আপত্তিজনক; অশ্লীলতা *He shouted a string of obscenities out of the car window.* **2** [U] sexual language or behaviour, especially in books, plays, etc. which shocks people and causes offence পুস্তক, নাটক ইত্যাদির মধ্যে যৌনভাষা বা যৌন আচরণ যা সাধারণ মানুষের কাছে অশালীন, অশোভন, আপত্তিজনক মনে হয়

obscure[1] / əbˈskjʊə(r) অ্যাব্ˈস্কিউঅ্যা(র্) / *adj.* **1** not well known অখ্যাত, অপ্রসিদ্ধ *an obscure Spanish poet* **2** not easy to see or understand অস্পষ্ট, দুর্বোধ্য ***For some obscure reason**, he decided to give up his well-paid job, to become a writer.* ► **obscurity** / əbˈskjʊərəti অ্যাব্ˈস্কিউ-অ্যার‍্যাটি / *noun* [U] অস্পষ্টতা, দুর্বোধ্যতা

obscure[2] / əbˈskjʊə(r) অ্যাব্ˈস্কিউঅ্যা(র্) / *verb* [T] to make sth difficult to see or understand কোনো কিছু অস্পষ্ট বা দুর্বোধ্য করে তোলা

observance / əbˈzɜːvəns অ্যাব্ˈজ়্যভ্যান্স্ / *noun* [U, *sing.*] **observance (of sth)** the practice of obeying or following a law, custom, etc. আইনকানুন, রীতিনীতি ইত্যাদি মেনে চলার অভ্যাস

observant / əbˈzɜːvənt অ্যাব্ˈজ়্যভ্যান্ট্ / *adj.* good at noticing things around you যে চারপাশের জিনিস মনোযোগ দিয়ে লক্ষ করে; পর্যবেক্ষণশীল, সজাগ *An observant passerby gave the police a full description of the men.*

observation / ˌɒbzəˈveɪʃn ˌঅবজ়্যাˈভেইশ্ন্ / *noun* **1** [U] the act of watching sb/sth carefully, especially to learn sth কোনো কিছু জানা বা শেখার জন্য সেটি অনেকদিন বা অনেকক্ষণ ধরে ভালোভাবে মনোযোগ সহকারে দেখার ক্রিয়া *My research involves the observation of animals in their natural surroundings.* ○ *The patient is being kept **under observation**.* **2** [U] the ability to notice things পর্যবেক্ষণ শক্তি *Scientists need good **powers of observation**.* **3** [C] **an observation (about/on sth)** something that you say or write about sth মন্তব্য, উক্তি, বিবৃতি *He began by making a few general observations about the sales figures.* ➪ **remark** এবং **comment** দেখো।

observatory / əbˈzɜːvətri অ্যাব্ˈজ়্যভ্যাট্রি / *noun* [C] (*pl.* **observatories**) a building from which scientists can watch the stars, the weather, etc. যে স্থান থেকে বিভিন্ন যন্ত্রপাতির সাহায্যে বিজ্ঞানীগণ গ্রহনক্ষত্র, আবহাওয়া ইত্যাদি পর্যবেক্ষণ করেন

observe / əbˈzɜːv অ্যাব্ˈজ়্যভ্ / *verb* [T] **1 to watch sb/sth** carefully, especially to learn more about him/her/it ভালোভাবে জানার উদ্দেশ্যে মনোযোগ দিয়ে কোনো জিনিস লক্ষ করা বা কাউকে পর্যবেক্ষণ করা *We observed the birds throughout the breeding season.* **2** (*formal*) to see or notice sb/sth কাউকে বা কিছুকে দেখা বা লক্ষ করা, দেখতে পাওয়া *A man and a woman were observed leaving by the back door.* **3** (*formal*) to make a comment মন্তব্য করা *'We're late,' she observed.* **4** (*formal*) to obey a law, rule, etc. আইন, নিয়মকানুন ইত্যাদি মানা *to observe the speed limit*

observer / əbˈzɜːvə(r) অ্যাব্ˈজ়্যভ্যা(র্) / *noun* [C] **1** a person who watches sb/sth পর্যবেক্ষক, পরিদর্শক *According to observers, the plane exploded shortly after take off.* **2** a person who attends a meeting, lesson, etc. to watch and listen but who does not take part যিনি কোনো সভা, কোনো পাঠকক্ষ ইত্যাদিতে উপস্থিত থেকে সবকিছু পর্যবেক্ষণ করেন কিন্তু নিজে সক্রিয় অংশ নেন না

obsess / əbˈses অ্যাব্ˈসেস্ / *verb* [T] (*usually passive*) **be obsessed (about/with sb/sth)** to completely fill your mind so that you cannot think of anything else কোনো কিছু দ্বারা মনকে এমনভাবে আচ্ছন্ন করে দেওয়া যে অন্য কোনো কিছু ভাবার ক্ষমতা থাকে না *He became obsessed with getting his revenge.*

obsession / əbˈseʃn অ্যাব্ˈসেশ্ন্ / *noun* **obsession (with sb/sth) 1** [U] the state in which you can only think about one person or thing so that you cannot think of anything else একটি ব্যক্তি অথবা বস্তু ছাড়া অন্য কিছু ভাবা যায় না এমন মনের অবস্থা *the tabloid press's obsession with the sordid details of the affair* **2** [C] a person or thing that you think about too much যে ব্যক্তি অথবা বস্তুর সম্বন্ধে খুব বেশি ভাবা হয়

obsessive / əbˈsesɪv অ্যাব্ˈসেসিভ্ / *adj.* thinking too much about one particular person or thing; behaving in a way that shows this কোনো বিশেষ ব্যক্তি অথবা বস্তু সম্বন্ধে খুবই ভাবা হচ্ছে এমন; ব্যবহারে এই আচ্ছন্নতার প্রকাশ ঘটছে এমন *He's obsessive about not being late.* ○ *obsessive cleanliness*

obsolete / ˈɒbsəliːt ˈঅব্স্যালীট্ / *adj.* no longer useful because sth better has been invented আর প্রয়োজনীয় নয় কারণ তার জায়গায় অন্য ভালো জিনিস এসে গেছে; অধুনালুপ্ত

obstacle / ˈɒbstəkl ˈঅব্স্ট্যাক্ল্ / *noun* [C] **an obstacle (to sth/doing sth)** something that makes it difficult for you to do sth or go somewhere এগিয়ে যাওয়া বা কোনো কিছু করার সময়ে যা অসুবিধা সৃষ্টি করে; প্রতিবন্ধক, বাধা *Not speaking a foreign language was a major obstacle to her career.*

obstacle course *noun* [C] **1** a series of objects that competitors in a race have to climb over, under, through, etc. কোনো দৌড় প্রতিযোগিতায় প্রতিযোগীদের যে একগুচ্ছ বাধা ডিঙিয়ে, তার নীচে দিয়ে বা তার মধ্যে দিয়ে ইত্যাদি ভাবে পেরোতে হয় **2** a series of difficulties that people have to deal with in order to achieve a particular aim বিশেষ লক্ষ্যে পৌঁছোনোর জন্য সাধারণ মানুষদের ক্রমপর্যায়ে যেসব বাধার সম্মুখীন হতে হয় **3** (*AmE*) =**assault course**

obstetrician / ˌɒbstəˈtrɪʃn ˌঅব্স্ট্যাˈট্রিশ্ন্ / *noun* [C] a hospital doctor who looks after women who are pregnant যে চিকিৎসক গর্ভবতী মহিলাদের দেখেন; ধাত্রীবিদ্যাবিশারদ

obstetrics / əbˈstetrɪks অ্যাব্ˈস্টেট্রিক্স্ / *noun* [U] the area of medicine connected with the birth of children শিশুজন্ম সম্পর্কীয় বিদ্যা; ধাত্রীবিদ্যা

obstinate / ˈɒbstɪnət ˈঅব্স্টিন্যাট্ / *adj.* refusing to change your opinions, way of behaving, etc. when other people try to persuade you to একগুঁয়ে, জেদি, অবাধ্য *an obstinate refusal to apologize* ✪ সম **stubborn** ▶ **obstinacy** / ˈɒbstɪnəsi ˈঅব্স্টিন্যাসি / *noun* [U] একগুঁয়েমি, অবাধ্যপনা ▶ **obstinately** *adv.* অবাধ্যভাবে, একগুঁয়েমি মনোভাব নিয়ে

obstruct / əbˈstrʌkt অ্যাব্ˈস্ট্রাক্ট্ / *verb* [T] to stop sth from happening or sb/sth from moving either by accident or deliberately স্বেচ্ছায় বা অজান্তে কোনো ঘটনায় বাধা দেওয়া, কারও বা কিছুর চলার পথে বাধা সৃষ্টি করা, পথরোধ করা *Could you move on, please? You're obstructing the traffic if you park there.*

obstruction / əbˈstrʌkʃn অ্যাব্ˈস্ট্রাক্শ্ন্ / *noun* **1** [U] the act of stopping sth from happening or moving পথরোধ, বাধাদান **2** [C] a thing that stops sb/sth from moving or doing sth বাধা, প্রতিবন্ধক, অন্তরায় *This car is* ***causing an obstruction***.

obstructive / əbˈstrʌktɪv অ্যাব্ˈস্ট্রাক্টিভ্ / *adj.* trying to stop sb/sth from moving or doing sth কারও বা কিছুর এগিয়ে যাওয়া বা কোনো কিছু করায় বাধা দেয় এমন

obtain / əbˈteɪn অ্যাব্ˈটেইন্ / *verb* [T] (*formal*) to get sth কোনো কিছু অর্জন করা, পাওয়া *to obtain advice/information/permission*

obtainable / əbˈteɪnəbl অ্যাব্ˈটেইন্যাব্ল্ / *adj.* that you can get যা পাওয়া বা জোগাড় করা সম্ভব, যা পাওয়া যাবে; লভ্য *That make of vacuum cleaner is no longer obtainable.*

obtuse / əbˈtjuːs অ্যাব্ˈটিউস্ / *adj.* (*formal*) slow to or not wanting to understand sth কোনো কিছু বুঝতে দেরি হয় যার বা বুঝতে চায় না যে; স্থূলবুদ্ধিসম্পন্ন ▶ **obtuseness** *noun* [U] স্থূলবুদ্ধিতা

obtuse angle *noun* [C] (*mathematics*) an angle between 90° and 180° (গণিত) ৯০° এবং ১৮০°-র ডিগ্রির মধ্যবর্তী কোণ; স্থূলকোণ ➪ **acute angle, reflex angle** এবং **right angle** দেখো এবং **angle**-এ ছবি দেখো।

obvious / ˈɒbviəs ˈঅব্ভিঅ্যাস্ / *adj.* **obvious (to sb)** easily seen or understood; clear সহজেই চোখে পড়ে বা সহজে বোঝা যায় এমন; স্পষ্ট ***For obvious reasons***, *I'd prefer not to give my name.* ○ *His disappointment was obvious to everyone.* ▶ **obviously** *adv.* স্পষ্টতই, নিঃসন্দেহে *There has obviously been a mistake.*

occasion / əˈkeɪʒn অ্যাˈকেইজ্ন্ / *noun* **1** [C] a particular time when sth happens কোনো ঘটনা ঘটার সময়; ঘটনাকাল *I have met Jai on two occasions.* **2** [C] a special event, ceremony, etc. বিশেষ ঘটনা, অনুষ্ঠান ইত্যাদি *Their wedding was a memorable occasion.* **3** [*sing.*] the suitable or right time (for sth) কোনো কিছুর জন্য উপযুক্ত পরিবেশ বা সঠিক সময় *I shall tell her what I think if the occasion arises* (=if I get the chance).

> **NOTE** কোনো কিছুর জন্য উপযুক্ত অথবা সঠিক সময় এই বলার জন্য **occasion** শব্দটি ব্যবহার করা হয়ে থাকে—*I saw them at the funeral, but it was not a suitable occasion for discussing holiday plans.* কোনো কিছু করা সম্ভব এই অর্থ ব্যক্ত করার জন্য **opportunity** অথবা **chance** এই শব্দদুটি ব্যবহৃত হয়—*I was only in Delhi for one day and I didn't get the opportunity/chance to visit the Qutub Minar.*

IDM on occasion(s) sometimes but not often কখনো কখনো কিন্তু প্রায়ই নয়

occasional / əˈkeɪʒənl অ্যাˈকেইজ্যান্ল্ / *adj.* done or happening from time to time but not very often অনিয়মিতভাবে, সময় সুবিধা মতো; কদাচিৎ *We have the occasional argument but most of the time we get on.* ▶ **occasionally** / -nəli -ন্যালি / *adv.* মাঝেমধ্যে, কখনোসখনো *We see each other occasionally.*

occlusion / əˈkluːʒn অ্যাˈক্লুজ্ন্ / *noun* (*technical*) **1** [U] the closing or blocking of a **blood vessel**

or an organ of the body রক্তবাহী সূক্ষ্ম নালি বা ধমনি অথবা শরীরের কোনো অঙ্গ বন্ধ হয়ে গেছে বা অবরুদ্ধ হয়ে গেছে এমন **2** [C] a process by which, when a band of cold air meets and passes a band of warm air in the atmosphere, the warm air is pushed upwards off the earth's surface যে পদ্ধতিতে একঝলক ঠান্ডা হাওয়া এসে পড়ে এবং বায়ুমণ্ডলে গরম হাওয়া নিঃসৃত হয়, গরম হাওয়া ভূপৃষ্ঠ থেকে উপরের দিকে উঠে যায়

occult / ˈɒkʌlt ˈঅকাল্ট্ / *adj.* **1** (*only before a noun*) connected with magic powers and things that cannot be explained by reason or science জাদুবিদ্যা সংক্রান্ত, যা বিজ্ঞান বা ব্যাখ্যার অতীত; অলৌকিক **2 the occult** / əˈkʌlt অ্যাˈকাল্ট্ / *noun* [*sing.*] magic powers, ceremonies, etc. জাদুবিদ্যা, অলৌকিক ঘটনাবলি ইত্যাদি

occupant / ˈɒkjəpənt ˈঅকিঅ্যাপ্যান্ট্ / *noun* [C] a person who is in a building, car, etc. at a particular time নির্দিষ্ট সময়ে গাড়ি, বাড়ি ইত্যাদির মধ্যে বসবাসকারী; বাসিন্দা, অধিকারী

occupation / ˌɒkjuˈpeɪʃn ˌঅকিউˈপেইশ্ন্ / *noun* **1** [C] (*written*) a job or profession; the way in which you spend your time পেশা বা জীবিকা; যেভাবে সময় কাটানো হয় *Please state your occupation on the form.* ➪ **work²** 1-এ নোট দেখো। **2** [U] the act of the army of one country taking control of another country; the period of time that this situation lasts সামরিক শক্তিবলে কোনো দেশ কর্তৃক অপর কোনো দেশ বা রাজ্য অধিকার করার ক্রিয়া; যতদিন এই পরিস্থিতি চলে *the Roman occupation of Britain* **3** [U] the act of living in or using a room, building, etc. কোনো ঘর, বাড়ি ইত্যাদিতে বসবাস বা তা ব্যবহার করার ক্রিয়া

occupational / ˌɒkjuˈpeɪʃənl ˌঅকিউˈপেইশ্যান্ল্ / *adj.* (*only before a noun*) connected with your work পেশা বা জীবিকার সঙ্গে জড়িত *Accidents are an **occupational hazard*** (=a risk connected with a particular job) *on building sites.*

occupied / ˈɒkjupaɪd ˈঅকিউপাইড্ / *adj.* **1** (*not before a noun*) being used by sb কারও দ্বারা অধিকৃত; ইতিমধ্যে কেউ যা ভোগ করছে *Is this seat occupied?* **2** busy doing sth কোনো কিছুতে ব্যস্ত এমন *Looking after the children keeps me fully occupied.* ➪ **preoccupied** দেখো। **3** (used about a country or a piece of land) under the control of another country (কোনো দেশ বা অঞ্চল সম্বন্ধে ব্যবহৃত) অন্য দেশের দ্বারা অধিকৃত

occupier / ˈɒkjupaɪə(r) ˈঅকিউপাইঅ্যা(র্) / *noun* [C] (*written*) a person who owns, lives in or uses a house, piece of land, etc. (বাড়ি, জমি ইত্যাদির) অধিকারী, ভোগদখলকারী

occupy / ˈɒkjupaɪ ˈঅকিউপাই / *verb* [T] (*pres. part.* **occupying;** *3rd person sing. pres.* **occupies;** *pt, pp* **occupied**) **1** to fill a space or period of time কোনো স্থান অথবা সময়কাল অধিকার করা বা পূর্ণ করে ফেলা *The large table occupied most of the room.* ✪ সম **take up** **2** (*formal*) to live in or use a house, piece of land, etc. কোনো বাড়ি, নির্দিষ্ট জমি ইত্যাদিতে বাস করা অথবা ব্যবহার করা **3** to take control of a building, country, etc. by force বলপূর্বক অন্যের বাড়িঘর, অন্যদেশ ইত্যাদি দখল করা অথবা হাতিয়ে নেওয়া **4 occupy sb/yourself** to keep sb/yourself busy নিজেকে বা অন্য কাউকে ব্যস্ত রাখা

occur / əˈkɜː(r) অ্যাˈক্য(র্) / *verb* [I] (**occurring; occurred**) **1** (*formal*) to happen, especially in a way that has not been planned পূর্বপরিকল্পনা ছাড়াই ঘটনা ঘটা *The accident occurred late last night.* ➪ **happen**-এ নোট দেখো। **2** to exist or be found somewhere থাকা অথবা কোনো স্থানে খুঁজে পাওয়া; প্রতীয়মান হওয়া *The virus occurs more frequently in children.* **3 occur to sb** (used about an idea or a thought) to come into your mind (কোনো চিন্তাধারা বা ভাবাদর্শ সম্বন্ধে ব্যবহৃত) হঠাৎ মনে আসা, উদয় হওয়া *It never occurred to Sunil that his wife might be unhappy.*

occurrence / əˈkʌrəns অ্যাˈকার‍্যান্স্ / *noun* [C] something that happens or exists সংঘটন, ঘটনা

ocean / ˈəʊʃn ˈঅ্যাউশ্ন্ / *noun* **1** [U] (*AmE*) the mass of salt water that covers most of the surface of the earth মহাসাগর, সিন্ধু, বারিধি *Two thirds of the earth's surface is covered by ocean.* **2** [C] (*also* **Ocean**) one of the five main areas into which the water is divided (পাঁচটি) মহাসাগরের একটি *the Atlantic/Indian/Pacific Ocean* ➪ **sea** দেখো।

IDM a drop in the ocean ➪ **drop²** দেখো।

oceanic / ˌəʊʃiˈænɪk ˌঅ্যাউশিˈঅ্যানিক্ / *adj.* connected with the oceans মহাসাগর সম্বন্ধীয়; সামুদ্রিক

oceanography / ˌəʊʃəˈnɒɡrəfi ˌঅ্যাউশ্যাˈনগ্র্যাফি / *noun* [U] the scientific study of the ocean সমুদ্রবিদ্যা, সমুদ্রবিজ্ঞান

ochre (*AmE* **ocher**) / ˈəʊkə(r) ˈঅ্যাউক্যা(র্) / *noun* **1** [U] a pale brownish-yellow colour গিরিমাটির রং, ফ্যাকাশে বাদামি হলুদ রং **2** [U] fine brownish yellow clay ▶ **ochre** *adj.* গেরুয়া (রং)

o'clock / əˈklɒk অ্যাˈক্লক্ / *adv.* used after the numbers one to twelve for saying what the time is ১ থেকে ১২ পর্যন্ত সংখ্যা বলার সময়ে পূর্ণ সংখ্যার পর ব্যবহৃত হয় *Lunch is at twelve o'clock.*

NOTE খেয়াল রেখো যে **o'clock** অভিব্যক্তিটি কেবলমাত্র সম্পূর্ণ ঘণ্টার সঙ্গেই ব্যবহার করা যেতে

O

পারে—*We arranged to meet at 5 o'clock.* ○ *It's 5 o' clock already and he's still not here.*

Oct. *abbr.* October অক্টোবর *13 Oct. 2001*

octa- / ˈɒktə ˈঅক্ট্যা / *prefix* (*used in nouns, adjectives and adverbs*) eight; having eight আট; আটটি আছে এমন *octagon* ○ *octagonal*

octagon / ˈɒktəgən ˈঅক্ট্যাগ্যান্ / *noun* [C] a shape that has eight straight sides আটটি সোজা বাহু আছে এমন আকার; অষ্টভুজ ► **octagonal** / ɒkˈtægənl অক্ˈট্যাগ্যান্ল্ / *adj.* অষ্টভুজ সম্পর্কিত

octane / ˈɒkteɪn ˈঅক্টেইন্ / *noun* [U] a chemical substance in petrol that is used for measuring its quality পেট্রোলের গুণ পরিমাপ করা যায় এমন একটি রাসায়নিক পদার্থ যা পেট্রোলের মধ্যেই থাকে; অকটেন *high-octane fuel*

octo- / ˈɒktəʊ ˈঅক্ট্যাউ / *prefix* (*used in nouns, adjectives and adverbs*) eight; having eight আট; আটটি আছে এমন *octogenarian*

October / ɒkˈtəʊbə(r) অক্ˈট্যাউব্যা(র্) / *noun* [U, C] (*abbr.* **Oct.**) the tenth month of the year, coming after September বছরের দশম মাস; সেপ্টেম্বরের পরের মাস অক্টোবর

NOTE বাক্যে মাসের নামের ব্যবহার দেখার জন্য **January**-তে দেওয়া উদাহরণ এবং নোট দেখো।

octopus / ˈɒktəpəs ˈঅক্ট্যাপ্যাস্ / *noun* [C] (*pl.* **octopuses**) a sea animal with a soft body and eight long arms (**tentacles**) নরম দেহ এবং আটটি পা-বিশিষ্ট; এক ধরনের সামুদ্রিক জীব; অক্টোপাস

odd / ɒd অড্ / *adj.* **1** strange; unusual অদ্ভুত; অস্বাভাবিক *There's something odd about him.* ○ *It's a bit odd that she didn't phone to say she couldn't come.* ✪ সম **peculiar** **2 odd-** (*used to form compound adjectives*) strange or unusual in the way mentioned উল্লিখিতভাবে অদ্ভুত বা অস্বাভাবিক *an odd-sounding name* **3** (*only before a noun*) not regular or fixed; happening sometimes নিয়মিত বা নির্ধারিত নয়; কখনো কখনো ঘটে *He makes the odd mistake, but nothing very serious.* **4** (*only before a noun*) that is left after other similar things have been used টুকিটাকি, পড়ে থাকা জিনিস *He made the bookshelves out of a few odd bits of wood.* **5** not with the pair or set it belongs to; not matching বেজোড়; বেখাপ্পা *You're wearing odd socks.* **6** (used about a number) that cannot be divided by two (কোনো সংখ্যা সম্বন্ধে ব্যবহৃত) যা দুই দিয়ে বিভাজ্য নয় *One, three, five and seven are all odd numbers.* ✪ বিপ **even** **7** (usually used after a number) a little more than (সাধারণত সংখ্যার পরে ব্যবহৃত) কোনো কিছুর থেকে একটু বেশি *'How old do you think he is?' 'Well, he must be thirty-odd, I suppose.'* ► **oddly** *adv.* অদ্ভুতভাবে, অদ্ভুতরকমের *Oddly enough, the most expensive tickets sold fastest.* ► **oddness** *noun* [U] অদ্ভুতত্ব, অস্বাভাবিকত্ব

IDM the odd man/one out one that is different from all the others in a group দলের আর সকলের থেকে যে আলাদা *Her brothers and sisters were much older than she was. She was always the odd one out.*

oddity / ˈɒdəti ˈঅড্যাটি / *noun* (*pl.* **oddities**) [C] a person or thing that is unusual খাপছাড়া, অদ্ভুত, অস্বাভাবিক ব্যক্তি বা বস্তু

odd jobs *noun* [*pl.*] small jobs or tasks of various types বিভিন্ন ধরনের ছোটোখাটো কাজ, ছুটকো কাজ

oddment / ˈɒdmənt ˈঅড্ম্যান্ট্ / *noun* [C, *usually pl.*] (*BrE*) a small piece of material, wood, etc. that is left after the rest has been used বেশির ভাগটাই ব্যবহার করে ফেলার পরে পড়ে থাকা উপকরণ, কাঠ ইত্যাদি অবশিষ্টাংশ

odds / ɒdz অড্জ্ / *noun* [*pl.*] **the odds (on/against sth/sb)** the degree to which sth is likely to happen; the probability of sth happening কোনো কিছু ঘটার সম্ভাবনা বা তার মাত্রা; অনুকূল বা প্রতিকূল সম্ভাবনাগুলি *The odds on him surviving are very slim* (=he will probably die). ○ *The odds are against you* (=you are not likely to succeed). ○ *The odds are in your favour* (=you are likely to succeed).

IDM against (all) the odds happening although it seemed impossible প্রায় অসম্ভব ঘটনা ঘটেছে এমন

be at odds (with sb) (over sth) to disagree with sb about sth কোনো বিষয়ে কারও সঙ্গে মতের অমিল হওয়া

be at odds (with sth) to be different from sth, when the two things should be the same যখন দুটি জিনিস একরকম হওয়ারই কথা তখন তা আলাদা হয়ে যাওয়া

odds and ends (*BrE informal*) small things of little value or importance এটা-সেটা, ছোটোখাটো, কম মানের, ঝড়তিপড়তি

ode / əʊd অ্যাউড্ / *noun* [C] a poem that is written for a special occasion or that speaks to a particular person or thing কোনো বিশেষ উপলক্ষ্যে বা কোনো বিশেষ ব্যক্তি বা বিষয়-ভিত্তিক গীতি-কবিতা *Keats's 'Ode to a Nightingale'*

odious / ˈəʊdiəs ˈঅ্যাউডিঅ্যাস্ / *adj.* (*formal*) extremely unpleasant জঘন্য, ঘৃণ্য, খুব বাজে, খুব খারাপ লাগে এমন

Odissi *noun* [U] (*IndE*) a traditional dance form from the state of Odisha which originated in the temples ওড়িশার ঐতিহ্যপূর্ণ নৃত্য যার উদ্ভব মন্দিরে হয়েছিল; ওড়িশি নৃত্য

odometer / əʊˈdɒmɪtə(r) অ্যাউ'ডমিট্যা(র্) / (*AmE*) = **milometer**

odour (*AmE* **odor**) / ˈəʊdə(r) ' অ্যাউড্যা(র্) / *noun* [C] (*formal*) a smell (often an unpleasant one) গন্ধ (প্রায়ই) অপ্রীতিকর কিছু

odourless (*AmE* **odorless**) / ˈəʊdələs 'অ্যাউড্যাল্যাস্ / *adj.* without a smell গন্ধহীন, গন্ধ নেই এমন

odyssey / ˈɒdəsi 'অড্যাসি / *noun* (*pl.* **odysseys**) **1** (*literary*) a long eventful and adventurous journey or experience দীর্ঘ ঘটনাবহুল এবং দুঃসাহসিক অভিযান অথবা অভিজ্ঞতা **2 Odyssey** an epic poem written by the Greek poet, Homer, describing an adventurous journey দুঃসাহসিক অভিযানের কথা বর্ণনা করে গ্রিক কবি হোমারের রচিত মহাকাব্য; ওডিসি

oesophagus (*AmE* **esophagus**) / iˈsɒfəgəs ই'সফ্যাগ্যাস্ / *noun* [C, *usually sing.*] (*formal*) the tube through which food passes from your mouth to your stomach যে নালির মধ্য দিয়ে খাদ্যদ্রব্য পাকস্থলীতে যায়; খাদ্যনালি ✪ সম **gullet** ⇨ **body** এবং **epiglottis**-এ ছবি দেখো।

oestrogen (*AmE* **estrogen**) / ˈiːstrədʒən 'ঈস্ট্র্যাজ্যান্ / *noun* [U] a substance (**hormone**) produced in a woman's body that makes her develop female physical and sexual characteristics and that causes the body to prepare to become pregnant যে হর্মোন (এক ধরনের গ্রন্থি রস) মেয়েদের শরীরের নারী সুলভ যৌন বৈশিষ্ট্যগুলি ফুটিয়ে তুলে তা গড়ে তোলে এবং নারীদেহ সন্তান ধারণের উপযোগী করে; ইস্ট্রোজেন ⇨ **progesterone** এবং **testosterone** দেখো।

of / əv; *strong form* ɒv অ্যাভ্; *প্রবলরূপ* অভ্ / *prep.* **1** belonging to, connected with, or part of sth/sb কোনো কিছুর বা কারও অংশবিশেষ, সম্বন্ধযুক্ত, জড়িত *the back of the book* ○ *the leader of the party* ○ *a friend of mine* (=one of my friends) **2** made, done or produced by sb কারও দ্বারা নির্মিত, সৃষ্ট, কৃত বা উৎপাদিত *the poems of Rabindranath Tagore* **3** used for saying what sb/sth is or what a thing contains or is made of কোনো ব্যক্তি অথবা বস্তু কি ধরনের অথবা কিসের দ্বারা নির্মিত বা কি উপাদানে তৈরি তা বোঝাতে ব্যবহৃত *a woman of intelligence* ○ *It's made of silver.* **4** showing sb/sth কোনো ব্যক্তি অথবা বস্তু দেখানো হচ্ছে এমন *a map of Jaipur* ○ *a photograph of my parents* **5** showing that sb/sth is part of a larger group কোনো বড়ো দলের অংশ হিসেবে কোনো ব্যক্তি অথবা বস্তুকে দেখানো হচ্ছে এমন *some of the people* ○ *three of the houses* **6** with measurements, directions and expressions of time and age সময় এবং বয়সের মাপ, দিক এবং প্রকাশসহ *a girl of 12* ○ *an increase of 2.5%* **7** indicating the reason for or cause of sth কোনো ঘটনার উদ্দেশ্য অথবা কারণ নির্দেশ করা হচ্ছে এমন *He died of pneumonia.* **8** with some adjectives কোনো কোনো বিশেষণের সঙ্গে ব্যবহৃত *I'm proud of you.* ○ *She's jealous of her.* **9** with some verbs কোনো কোনো ক্রিয়াপদের সঙ্গে ব্যবহৃত *This perfume smells of roses.* ○ *It reminds me of you.* **10** used after a noun describing an action to show either who did the action or who it happened to কে কাজটা করেছে বা বিশেষ ঘটনাটি কার সঙ্গে জড়িত, তা বোঝানোর জন্য ঘটনার বর্ণনাসূচক কোনো বিশেষ্যপদের পরে ব্যবহৃত *the arrival of the president* (=he arrives) ○ *the murder of the president* (=he is murdered)

off[1] / ɒf অফ্ / *adv., prep.*

> **NOTE** বিভিন্ন ধরনের ক্রিয়াপদের (verb) সঙ্গে বিশেষ ব্যবহারের জন্য সেই অভিব্যক্তিটিতে ব্যবহৃত ক্রিয়াপদটির শীর্ষশব্দ দেখো, দৃষ্টান্ত স্বরূপ **go off**-এর জন্য **off** ক্রিয়াপদটি দেখো।

1 down or away from a place or a position on sth কোনো স্থান বা পরিস্থিতি থেকে নীচে বা দূরে *to fall off a ladder/motorbike/wall* ○ *I **must be off*** (=I must leave here). *It's getting late.* ○ (*figurative*) *We've got off the subject.* **2** used with verbs that mean 'remove' or 'separate' যে সকল ক্রিয়াপদ 'remove' বা 'seperate' বোঝায় তার সঙ্গে ব্যবহৃত *She took her coat off.* ○ *He shook the rain off his umbrella.* **3** joined to and leading away from কোনো কিছুর সঙ্গে যুক্ত হচ্ছে বা সেখান থেকে বেরোচ্ছে এমন (সাধারণত রাস্তা) *My road is off the Ring Road.* **4** at some distance from sth কোনো কিছু থেকে দূরে, দূরত্বে, তফাতে *Sri Lanka is just off the south coast of India.* ○ *Holi is still a long way off* (=it is a long time till then). **5** (used about a machine, a light, etc.) not connected, working or being used (কোনো যন্ত্র আলো ইত্যাদি সম্বন্ধে ব্যবহৃত) যোগাযোগ ছিন্ন হয়ে গেছে, কাজ করছে না বা ব্যবহৃত হচ্ছে না এমন *Please make sure the TV/light/heating is off.* ✪ বিপ **on** **6** not present at work, school, etc. কর্মক্ষেত্র, স্কুল ইত্যাদিতে অনুপস্থিত *She's **off work/off sick** with a cold.* ○ *I'm having **a day off*** (=a day's holiday) *next week.* **7** (used about a plan or arrangement) not going to happen; cancelled (কোনো পূর্বপরিকল্পনা বা ব্যবস্থা ইত্যাদি সম্বন্ধে ব্যবহৃত) যা ঘটবে না; বাতিল *The meeting/wedding/trip is off.* ✪ বিপ **on**

8 cheaper; less by a certain amount সস্তা; দামে কিছুটা কম *cars with Rs 4000 off* ○ *Rs 4000 off the price of a car* **9** not eating or using sth কোনো কিছু খাওয়া বা ব্যবহৃত হচ্ছে না এমন *The baby's off his food.*

IDM off and on; on and off sometimes; starting and stopping মাঝে মধ্যে; শুরু হচ্ছে এবং বন্ধ হচ্ছে এমন *It rained on and off all day.*

off limits (*AmE*) forbidden; not to be entered by sb নিষিদ্ধ; কোনো ব্যক্তির দ্বারা প্রবেশ্য নয় এমন

off the top of your head ⇨ **top** দেখো।

well/badly off having/not having a lot of money অনেক অর্থ আছে বা নেই এমন

off² / ɒf অফ্ / *adj.* (*not before a noun*) **1** (used about food or drink) no longer fresh enough to eat or drink (খাদ্য বা পানীয় সম্বন্ধে ব্যবহৃত) তাজা নয়, বাসি, খাওয়ার অনুপযুক্ত, নষ্ট হয়ে গেছে এমন *The milk's off.* **2** (*spoken*) unfriendly অবন্ধুত্বসুলভ *My boss was rather off with me today.*

off- / ɒf অফ্ / *prefix* (*used in nouns, adjectives, verbs and adverbs*) not on; away from চালু নয় এমন; তফাতে, দূরে *offstage* ○ *off load*

offal / ˈɒfl ˈঅফ্‌ল্ / *noun* [U] the heart and other organs of an animal, used as food জীবজন্তুর হৃৎপিণ্ড এবং অন্যান্য অঙ্গপ্রত্যঙ্গ যা মাংস হিসেবে খাওয়া হয়

off chance *noun* [*sing.*] a slight possibility কিঞ্চিৎ সম্ভাবনা, সামান্য সম্ভাবনা *She popped round **on the off chance** of finding him at home.*

off day *noun* [C] (*informal*) a day when things go badly or you do not work well এমন দিন যেদিন কোনো কাজকর্ম মনোমত হয় না অথবা ভালোভাবে কাজ করা হয় না *Even the best players have off days occasionally.*

offence (*AmE* **offense**) / əˈfens অ্যা'ফেন্স্ / *noun* **1** [C] (*formal*) **an offence (against sth)** a crime; an illegal action অপরাধ; বেআইনি কাজ *to commit an offence* ○ *a criminal/minor/serious/sexual offence* **2** [U] **offence (to sb/sth)** the act of upsetting or insulting sb কোনো ব্যক্তিকে বিরক্ত করা বা অপমানিত করার ক্রিয়া *I didn't mean to **cause** you any **offence**.*

IDM take offence (at sth) to feel upset or hurt by sb/sth কোনো ব্যক্তি অথবা বস্তুর দ্বারা আঘাত বা দুঃখ পাওয়া

offend / əˈfend অ্যা'ফেন্ড্ / *verb* **1** [T] (*usually passive*) to hurt sb's feelings; to upset sb কারও মনে আঘাত দেওয়া; কাউকে দুঃখ দেওয়া, ক্ষুব্ধ করা *I hope they won't be offended if I don't come.* ○ *He felt offended that she hadn't written for so long.* **2** [I] (*formal*) to do sth illegal; to commit a crime কোনো বেআইনি কাজ করা; কোনো অপরাধ বা অন্যায় করা

offender / əˈfendə(r) অ্যা'ফেন্ড্যা(র্) / *noun* [C] **1** (*formal*) a person who breaks the law or commits a crime যে ব্যক্তি আইন লঙ্ঘন করে কোনো অন্যায় কাজ করেছে; অপরাধী, আইনলঙ্ঘনকারী ***Young offenders** should not be sent to adult prisons.* ○ *a first offender* (=sb who has committed a crime for the first time) **2** a person or thing that does sth wrong যে বা যা কোনো ভুল কাজ করে

offensive¹ / əˈfensɪv অ্যা'ফেন্‌সিভ্ / *adj.* **1 offensive (to sb)** unpleasant; insulting অপ্রীতিকর, বিরক্তিকর; আপত্তিজনক, অপমানজনক *offensive behaviour/language/remarks* ✪ বিপ **inoffensive** **2** (*formal*) (*only before a noun*) used for or connected with attacking আক্রমণের জন্য ব্যবহৃত অথবা ঐ কাজের সঙ্গে জড়িত *offensive weapons* ✪ বিপ **defensive** ▶ **offensively** *adv.* আক্রমণাত্মক বা অপমানজনকভাবে

offensive² / əˈfensɪv অ্যা'ফেনসিভ / *noun* [C] a military attack সামরিক আক্রমণ, হানা

IDM be on the offensive to be the first to attack, rather than waiting for others to attack you অন্য কোনো ব্যক্তি আক্রমণ করার পূর্বেই নিজে আক্রমণ করা

offer¹ / ˈɒfə(r) ˈঅফ্যা(র্) / *verb* **1** [T] **offer sth (to sb) (for sth); offer (sb) sth** to ask if sb would like sth or to give sb the chance to have sth কারও কোনো কিছুর প্রয়োজন আছে কি না তা জানতে চাওয়া, কারও কাউকে কিছু পাওয়ার সুযোগ দেওয়া *He offered his seat on the bus to an old lady.* ○ *I've been offered a job in London.* **2** [I] **offer (to do sth)** to say or show that you will do sth for sb if he/she wants কাউকে কিছু দিতে চাওয়া, দেওয়ার প্রস্তাব করা অথবা প্রয়োজনে সাহায্য করার কথা জানানো *I don't want to do it but I suppose I'll have to offer.* ○ *My brother's offered to help me paint the fence.* **3** [T] to make sth available or to provide the opportunity for sth কোনো কিছুর সুযোগ করে দেওয়া, কোনো কিছু সহজলভ্য করা বা পাইয়ে দেওয়া *The job offers plenty of opportunity for travel.*

offer² / ˈɒfə(r) ˈঅফ্যা(র্) / *noun* [C] **1 an offer (of sth); an offer (to do sth)** a statement offering to do sth or give sth to sb কোনো কিছু দেওয়ার প্রতিশ্রুতি জানিয়ে বিবৃতি অথবা কোনো সাহায্যের স্বীকৃতি *She accepted my offer of help.* ○ *Thank you for your kind offer to help.*

NOTE আমরা কোনো offer অথবা প্রস্তাবকে **make, accept, refuse, turn down** অথবা **withdraw** করতে পারি।

2 an offer (of sth) (for sth) an amount of money that you say you will give for sth কোনো কিছুর বিনিময়ে যে পরিমাণ অর্থ প্রদান করতে রাজি হওয়া যায় *They've made an offer for the house.* o *We've turned down* (=refused) *an offer of Rs 90,000.* **3** a low price for sth in a shop, usually for a short time সাধারণত অল্প সময়ের জন্য কোনো দোকানে কোনো জিনিসের প্রস্তাবিত কম দাম *See below for details of our special holiday offer.*

IDM on offer 1 for sale or available বিক্রয়যোগ্য বা লভ্য *The college has a wide range of courses on offer.* **2** (*BrE*) for sale at a lower price than usual for a certain time নির্দিষ্ট সময়ের জন্য সাধারণ দামের তুলনায় কম দামে বিক্রি *Leather jackets are on offer until next week.*

or nearest offer; ono ⇨ **near¹** দেখো।

offering / ˈɒfərɪŋ অফ্যারিং / *noun* [C] something that is given or produced for other people to watch, enjoy, etc. উপহার, অর্ঘ্য

offhand¹ / ˌɒfˈhænd ˌঅফ্ˈহ্যান্ড / *adj.* (used about behaviour) not showing any interest in sb/sth in a way that seems rude (ব্যবহার সম্বন্ধে ব্যবহৃত) কোনো ব্যক্তি বা বস্তুর প্রতি কোনোরকম আগ্রহ বা উৎসাহের অভাবে অনেক সময়ই যা কঠোর বা অভদ্র মনে হয় *an offhand manner/voice*

offhand² / ˌɒfˈhænd ˌঅফ্ˈহ্যান্ড / *adv.* without having time to think; immediately ভাবনাচিন্তা ছাড়া; হঠাৎ, অবিলম্বে, তৎক্ষণাৎ *I can't tell you what it's worth offhand.*

office / ˈɒfɪs ˈঅফিস্ / *noun* **1** [C] a room, set of rooms or a building where people work, usually sitting at desks কার্যালয়, কাজ করার জায়গা, কর্মক্ষেত্র; অফিস *I usually get to the office at about 9 o'clock.* o *The firm's head office* (=the main branch of the company) *is in Bangalore.* o *Please phone again during office hours.* **2** [C] (*often used to form compound nouns*) a room or building that is used for a particular purpose, especially for providing a service বিশেষ কোনো উদ্দেশ্য বা বিশেষ কোনো পরিষেবার কাজের জন্য ব্যবহৃত কোনো একটি ঘর বা অট্টালিকা বা বাড়ি *the tax/ticket/tourist office* ⇨ **booking office, box office** এবং **post office** দেখো। **3 Office** [*sing.*] a government department, including the people who work there and the work they do সংশ্লিষ্ট কর্মীবৃন্দ এবং তাদের করণীয় কর্ম সবকিছু নিয়ে সরকারি কোনো বিভাগ *the Foreign/Home Office* **4** [U] an official position, often as part of a government or other organization দায়িত্বপূর্ণ কোনো পদ, প্রায়ই সরকারি বা বেসরকারি প্রতিষ্ঠানে *The Congress Party has been in office since May 2004.*

office block *noun* [C] a large building that contains offices, usually belonging to more than one company যে বড়ো বাড়ি বা অট্টালিকায় একাধিক কোম্পানির একাধিক অফিস থাকে; অফিস বাড়ি

officer / ˈɒfɪsə(r) ˈঅফিস্যা(র্) / *noun* [C] **1** a person who is in a position of authority in the armed forces উচ্চপদস্থ সামরিক আধিকারিক *an army/airforce officer* **2** a person who is in a position of authority in the government or a large organization সরকারি কার্যালয় বা বড়ো কোনো প্রতিষ্ঠানে কর্মরত উচ্চপদস্থ আধিকারিক *a prison/customs/welfare officer* **3** = **police officer** ⇨ **official²**-তে নোট দেখো।

official¹ / əˈfɪʃl অ্যাˈফিশ্ল্ / *adj.* **1** (*only before a noun*) connected with the position of sb in authority কোনো ব্যক্তির দায়িত্বপূর্ণ পদ সংক্রান্ত বা তার সঙ্গে জড়িত *official duties/responsibilities* **2** accepted and approved by the government or some other authority সরকারি বা অন্য কোনো দায়িত্বশীল ব্যক্তি বা প্রতিষ্ঠানের স্বীকৃতি এবং অনুমোদন প্রাপ্ত *The scheme has not yet received official approval.* o *The country's official language is English.* **3** that is told to the public, but which may or may not be true জনসাধারণকে যা জানানো হয়েছে, কিন্তু তা সত্যি হতেও পারে আবার না-ও হতে পারে *The official reason for his resignation was that he wanted to spend more time with his family.* ✪ বিপ **unofficial**

official² / əˈfɪʃl অ্যাˈফিশ্ল্ / *noun* [C] a person who has a position of authority যে ব্যক্তির উপরে দায়িত্বভার আছে অথবা যে দায়িত্বপূর্ণ পদে আসীন *The reception was attended by MPs and high-ranking officials.*

NOTE কোনো অফিসে নির্দিষ্ট জায়গায় বা **desk**-এ বসে যে ব্যক্তি কাজ করে তাকে **office worker** বলা হয়। কোনো সংগঠনে, প্রায়ই যে ব্যক্তি কোনো গুরুত্বপূর্ণ দায়িত্বের পদ অধিকার করেন তাকে **official** বলা হয়ে থাকে— *senior government officials.* সামরিক অথবা পুলিশ বাহিনীকে যে ব্যক্তি আদেশ প্রদান করেন তাঁকে **officer** বলা হয়। তবে কখনো-কখনো এই শব্দটি **official** শব্দের সমার্থে ব্যবহার করা হয়ে থাকে— *She's a tax officer in the Civil Service.*

officialdom / əˈfɪʃldəm অ্যাˈফিশ্ল্ড্যাম্ / *noun* [U] groups of people in positions of authority in large organizations who seem more interested in following the rules than in being helpful বড়ো প্রতিষ্ঠানের সেই সব উচ্চপদস্থ কর্মচারী যাঁরা সহায়তা করার থেকে আইন মেনে চলার ব্যাপারেই বেশি মনোযোগ দেন, জনসাধারণকে সাহায্যের কাজে সেভাবে এগিয়ে আসেন না; আমলাবর্গ

officially / əˈfɪʃəli অ্যা'ফিশ্যালি / *adv.* **1** that is done publicly and by sb in a position of authority উচ্চপদস্থ কোনো ব্যক্তির দ্বারা প্রকাশ্যে কৃত *The new school was officially opened last week.* **2** according to a particular set of laws, rules, etc. নির্দিষ্ট আইনসমূহ, নীতিসমূহ ইত্যাদি অনুসারে *Officially we don't accept children under six, but we'll make an exception in this case.*

officious / əˈfɪʃəs অ্যা'ফিশ্যাস্ / *adj.* too ready to tell other people what to do and use the power you have to give orders যে অন্যকে উপদেশ দিতে সব সময় প্রস্তুত, অতি আগ্রহী, অন্যের উপর অধিকার ফলাতে উৎসাহী; অযাচিত, উপর-পড়া

offing / ˈɒfɪŋ 'অফিং / *noun*

IDM in the offing (*informal*) likely to appear or happen soon শীঘ্র ঘটতে চলেছে এমন, সম্ভাবনা আছে এমন

off-licence (*AmE* **liquor store**) *noun* [C] a shop which sells alcoholic drinks in bottles and cans যেখানে বোতল বা ক্যানে মদ্যজাতীয় জিনিস কেনা যায়; মদের দোকান

off-line *adj., adv.* (*computing*) not directly controlled by or connected to a computer or to the Internet যা কম্পিউটার বা ইন্টারনেটের আওতায় সরাসরি নেই

offload / ˌɒfˈləʊd ˌঅফ্'ল্যাউড্ / *verb* [T] (*informal*) **offload sth (on/onto sb)** to give away sth that you do not want to sb else নিজের অপছন্দের জিনিস অন্যের উপর চাপানো *It's nice to have someone you can offload your problems onto.*

off-peak *adj., adv.* (*only before a noun*) available, used or done at a less popular or busy time যে সময়টা তত কর্মচঞ্চল, ব্যস্ত বা জনপ্রিয় নয় তখন প্রাপ্তিসাধ্য বা লভ্য এমন *an off-peak train ticket/bus pass/phone call* ○ *It's cheaper to travel off-peak.* ➪ **peak** দেখো।

off-putting *adj.* (*BrE*) unpleasant in a way that stops you from liking sb/sth অপ্রীতিকর হওয়ার ফলে কাউকে বা কিছু ভালো লাগছে না এমন

offset / ˈɒfset 'অফ্‌সেট্ / *verb* [T] (**offsetting;** *pt, pp* **offset**) to make the effect of sth less strong or noticeable কোনো কিছুর ছাপ অথবা প্রভাব কিছুটা কম জোরালো বা অস্পষ্ট করে তোলা *The disadvantages of the scheme are more than offset by the advantages.*

offshoot / ˈɒfʃuːt 'অফ্‌শুট্ / *noun* [C] a thing that develops from sth else, especially a small organization that develops from a larger one বড়ো কিছুর থেকে গড়ে ওঠা ছোটো কিছু, বিশেষ করে বড়ো কোনো প্রতিষ্ঠানের আগে কোনো ছোটো প্রতিষ্ঠান; প্রশাখা

offshore / ˌɒf ˈʃɔː(r) ˌঅফ্ 'শ:(র্) / *adj.* in the sea but not very far from the land সমুদ্রের মধ্যে কিন্তু তীর থেকে বেশি দূরে নয় *an offshore oil rig*

offside *adj.* **1** / ˌɒf ˈsaɪd ˌঅফ্ 'সাইড্ / (used about a player in football) in a position that is not allowed by the rules of the game (ফুটবল খেলোয়াড় সম্বন্ধে ব্যবহৃত) নিয়মবহির্ভূত জায়গায় অবস্থান **2** / ˈɒfsaid 'অফ্‌সাইড্ / (*BrE*) (used about a part of a vehicle) on the side that is furthest away from the edge of the road (গাড়ির কোনো অংশ সম্বন্ধে ব্যবহৃত) রাস্তার ধার থেকে সব চাইতে দূরে

offspring / ˈɒfsprɪŋ 'অফ্‌স্প্রিং / *noun* [C] (*pl.* **offspring**) (*formal*) a child or children; the young of an animal শিশু, বাচ্চা; (কোনো পশুর) শাবক *to produce/raise offspring*

off-white *adj.* not pure white ঘিয়ে-সাদা, দুগ্ধশুভ্র নয়, কোরা

often / ˈɒfn; ˈɒftən 'অফ্‌ন্; 'অফ্‌ট্যান্ / *adv.* **1** many times; frequently প্রায়ই, বারবার, অনেকবার; ঘনঘন *We often go swimming at the weekend.* ○ ***How often** should you go to the dentist?* **2** in many cases; commonly অনেকক্ষেত্রেই, বেশিরভাগ সময়; সাধারণত *Old houses are often damp.*

IDM every so often sometimes; from time to time কখনোসখনো; মাঝে মধ্যে

more often than not usually সাধারণত

ogre / ˈəʊɡə(r) 'অ্যাউগ্যা(র্) / *noun* [C] **1** (in children's stories) a very large, cruel and frightening creature that eats people (শিশু কাহিনিতে) বিরাটাকায় ভয়ংকর নরখাদক প্রাণী, মানুষখেকো রাক্ষস **2** a person who is unpleasant and frightening যে ব্যক্তি খুব অপ্রীতিকর এবং ভয়ংকর

Oh (*also* **O**) / əʊ অ্যাউ / *exclamation* used for reacting to sth that sb has said, for emphasizing what you are saying, or when you are thinking of what to say next কারও কথার প্রতিক্রিয়ায় ব্যবহৃত, সে যা বলেছে তার উপর জোর দেওয়ার জন্য, অথবা পরে কি বলা যেতে পারে এই চিন্তা করার সময়ে ব্যবহৃত অভিব্যক্তিবিশেষ *'I'm a teacher.' 'Oh? Where?'* ○ *'Oh no!' she cried as she began to read the letter.*

ohm / əʊm অ্যাউম্ / *noun* [C] (*technical*) (*symbol* ত্র) a unit for measuring electrical **resistance** তড়িৎশক্তি পরিবহণে পদার্থের প্রতিরোধের মাত্রা বা একক ➪ **resistor**-এ ছবি দেখো।

oil / ɔɪl অইল্ / *noun* [U] **1** a thick dark liquid that comes from under the ground and is used as a fuel or to make machines work smoothly (জ্বালানি হিসেবে বা যন্ত্রে ব্যবহৃত) তেল, তৈল (খনিজ) **2** a thick liquid that comes from animals or plants and is used in cooking প্রাণীজ বা উদ্ভিদ তৈল যা

সাধারণত রান্নার কাজে ব্যবহৃত হয়; ভোজ্য তেল *cooking/vegetable/sunflower/olive oil* ▶ **oil** *verb* [T] তেল দেওয়া, তেল দিয়ে নরম অথবা পিচ্ছিল করা

oilfield / ˈɔɪlfiːld ˈঅইল্‌ফিল্ড্ / *noun* [C] an area where there is oil under the ground or under the sea সমুদ্রের নীচে বা মাটির তলায় যেখানে তেল পাওয়া যায়; তেলের খনি, তৈলখনি

oil painting *noun* [C] a picture that has been painted using paint made with oil তেল রঙে আঁকা ছবি; তৈলচিত্র

oil rig (*also* **rig**) *noun* [C] a large platform in the sea with equipment for getting oil out from under the sea তেল বার করার নানারকম সরঞ্জামে সজ্জিত এক ধরনের মঞ্চ যা সমুদ্রবক্ষে নির্মাণ করা হয়

oilseed rape / ˌɔɪlsiːd ˈreɪp ˌঅইল্‌সীড্ ˈরেইপ্ / = **rape**[3]

oil slick (*also* **slick**) *noun* [C] an area of oil that floats on the sea, usually after a ship carrying oil has crashed সমুদ্রে ভাসমান তেল, সাধারণত কোনো তৈলবাহী জাহাজ থেকে দুর্ঘটনার ফলে বাইরে বেরিয়ে আসা তেল যা সমুদ্রে ভাসতে থাকে

oil well (*also* **well**) *noun* [C] a hole that is made deep in the ground or under the sea in order to obtain oil তেল বার করার জন্য মাটি বা সমুদ্রের নীচে খোঁড়া কুয়ো; তৈলকূপ

oily / ˈɔɪli ˈঅইলি / *adj.* covered with oil or like oil তৈলাক্ত, তৈলসিক্ত, তেলা *oily food* ○ *Mechanics always have oily hands.*

ointment / ˈɔɪntmənt ˈঅইন্ট্‌ম্যান্ট্ / *noun* [C, U] a smooth substance that you put on sore skin or on an injury to help it get better (ক্ষত বা আঘাত সারিয়ে তোলার জন্য ব্যবহৃত) মলম

OK[1] (*also* **okay**) / əʊˈkeɪ অ্যাউˈকেই / *adj., adv., exclamation* (*informal*) **1** all right; good or well enough আচ্ছা; খুব ভালো, বেশ *'Did you have a nice day?' 'Well, it was OK, I suppose.'* ○ *Is it okay if I come at about 7 p.m.?* **2** yes; all right হ্যাঁ; ঠিক আছে, আচ্ছা *'Do you want to come with us?' 'OK.'*

OK[2] (*also* **okay**) / ˌəʊˈkeɪ ˌঅ্যাউˈকেই / *noun* [*sing.*] agreement or permission অঙ্গীকার বা অনুমোদন, অনুমতি *As soon as my parents* ***give me the OK,*** *I'll come and stay with you.*

OK[3] (*also* **okay**) / ˌəʊˈkeɪ ˌঅ্যাউˈকেই / (*3rd person sing. pres.* **OK's;** *pres. part.* **OK'ing;** *pt, pp* **OK'd**) *verb* [T] (*informal*) **OK sth (with sb)** to officially agree to something or allow it to happen আনুষ্ঠানিকভাবে কোনো কিছুতে সম্মতি দেওয়া অথবা কোনো কিছু ঘটতে দেওয়া *If you need time off, you have to OK it with your boss.*

okra (*IndE* **lady's finger**) / ˈəʊkrə; ˈɒkrə ˈঅ্যাউক্‌র্যা; ˈঅক্‌র্যা / *noun* [U] the green seed cases of the **okra** plant, eaten as a vegetable ওকরা (এক ধরনের সবুজ সবজি)

old / əʊld অ্যাউল্ড্ / *adj.* **1** that has existed for a long time; connected with past times পুরোনো, প্রাচীন; অনেকদিনের, আগেকার দিনে *This house is quite old.* ○ *old ideas/traditions* ✪ বিপ **new** এবং **modern** **2** (used about people and animals) having lived a long time (মানুষ এবং প্রাণী সম্বন্ধে ব্যবহৃত) বৃদ্ধ, বুড়ো, বর্ষীয়ান, দীর্ঘায়ু *He's only 50 but he looks older.* ○ *to* ***get/grow old*** ✪ বিপ **young** **3** (used with a period of time or with *how*) of a particular age (কোনো নির্দিষ্ট সময়ের সঙ্গে বা 'how'-এর সঙ্গে ব্যবহৃত) বিশেষ বয়সের, নির্দিষ্ট বছরের *The book is aimed at eight-to ten-year-olds.* ○ *How old are you?* ➪ **age**-এ নোট দেখো।

> **NOTE** **Older** এবং **oldest** শব্দ দুটি **old** শব্দটির **comperative** এবং **superlative** রূপ—*My father's older than my mother.* ○ *I'm the oldest in the class.* বিভিন্ন ব্যক্তি, বিশেষত কোনো পরিবারের সদস্যদের মধ্যে বয়সের তুলনা করার জন্য **elder** এবং **eldest** শব্দটির প্রয়োগ করা যেতে পারে। কিন্তু এই শব্দ দুটির সঙ্গে 'than' শব্দটির ব্যবহার হবে না।

4 the old *noun* [*pl.*] old people বয়স্ক, বৃদ্ধ মানুষ ➪ **the elderly** এবং **the aged** দেখো। **5** having been used a lot বহুব্যবহৃত, জীর্ণ, পুরোনো *I got rid of all my old clothes.* ✪ বিপ **new** ➪ **second-hand** দেখো। **6** (*only before a noun*) former; previous পূর্বতন; আগের, পূর্ববর্তী *I earn more now than I did in my old job.* **7** (*only before a noun*) known for a long time বহুদিনের পরিচিত, অনেকদিন ধরে চেনা *She's a very old friend of mine. We knew each other at school.* **8** (*only before a noun*) (*informal*) used for emphasizing that sth has little importance or value বিশেষ কোনো গুরুত্ব বা মূল্য নেই এমন বোঝাতে *I write any old rubbish in my diary.*

IDM **be an old hand (at sth)** to be good at sth because you have done it often before দক্ষ বা অভিজ্ঞ হওয়া

old age *noun* [U] the part of your life when you are old বৃদ্ধ বয়স, বার্ধক্য; শেষ বয়স, জীবনের শেষ ভাগ *He's enjoying life* ***in his old age.*** ➪ **youth** দেখো।

old-age pension *noun* [U] money paid by the state to people above a certain age বৃদ্ধবয়সের পেনশন, সরকার থেকে বৃদ্ধবয়সে যে অর্থকরী সাহায্য পাওয়া যায়; অবসর ভাতা

old-fashioned *adj.* **1** usual in the past but not now পুরোনো, সেকেলে, বর্তমানে অচল *old-fashioned* *clothes/ideas* **2** (used about people) believing in old ideas, customs, etc. (ব্যক্তি সম্বন্ধে ব্যবহৃত) প্রাচীনপন্থী, পুরোনো মতে বিশ্বাসী, সেকেলে *My parents are quite old-fashioned about some things.* ➪ **modern** এবং **unfashionable** দেখো

the Old Testament *noun* [*sing.*] the first part of the Bible that tells the history of the Jewish people বাইবেলের প্রথমাংশ যেখানে ইহুদিদের ইতিহাস বলা হয়েছে; ওল্ড টেস্টামেন্ট ➪ **the New Testament** দেখো।

olive / ˈɒlɪv ˈঅলিভ্ / *noun* **1** [C] a small green or black fruit with a bitter taste, used for food and oil (খাদ্য এবং তেলের জন্য ব্যবহৃত) জলপাই *Fry the onions in a little olive oil.* ➪ **virgin olive oil** দেখো। **2** (*also* **olive green**) [U], *adj.* (of) a colour between yellow and green হলুদ ও সবুজের মাঝামাঝি একটা রং

the Olympic Games (*also* **the Olympics** / əˈlɪmpɪks অ্যাˈলিম্পিক্স্ /) *noun* [*pl.*] an international sports competition which is organized every four years in a different country আন্তর্জাতিক ক্রীড়া প্রতিযোগিতা, যা প্রতি চার বছর অন্তর আলাদা আলাদা দেশে আয়োজিত হয়; অলিম্পিক গেমস *to win a medal at/in the Olympics* ▶ **Olympic** *adj.* (*only before a noun*) অলিম্পিক সংক্রান্ত, অলিম্পিকের *Who holds the Olympic record for the 1500 metres?*

ombudsman / ˈɒmbʊdzmən; -mæn ˈঅম্বুড্জ্ম্যান্; -ম্যান্ / *noun* [C] (*pl.* **-men** / -mən -ম্যান্ /) a government official who deals with complaints made by ordinary people against public organizations সরকার বা সরকারি কর্তৃপক্ষের বিরুদ্ধে জনসাধারণকৃত অভিযোগের মোকাবিলা করে যে সরকারি আধিকারিক

omega / ˈəʊmɪɡə ˈঅ্যাউমিগ্যা / *noun* [C] the last letter of the Greek alphabet (Ω, ω) গ্রিক বর্ণমালার সর্বশেষ অক্ষর (Ω, ω)

omelette (*also* **omelet**) / ˈɒmlət ˈঅম্ল্যাট্ / *noun* [C] a dish made of eggs that have been mixed together very fast (**beaten**) and fried ভালোভাবে ডিম ফেটিয়ে ভাজা; ওমলেট

omen / ˈəʊmən ˈঅ্যাউম্যান্ / *noun* [C] a sign of sth that will happen in the future ভবিষ্যতে ঘটবে এমন কোনো চিহ্ন, পূর্বলক্ষণ *a good/bad omen for the future*

ominous / ˈɒmɪnəs ˈঅমিন্যাস্ / *adj.* suggesting that sth bad is going to happen অশুভ লক্ষণ *Those black clouds look ominous.*

omission / əˈmɪʃn অ্যাˈমিশ্ন্ / *noun* [C, U] something that has not been included; the act of not including sb/sth অন্তর্ভুক্ত হয়নি এমন কিছু; বর্জন; কাউকে বা কোনো কিছু তালিকাভুক্ত না করার ক্রিয়া *There were several omissions on the list of names.*

omit / əˈmɪt অ্যাˈমিট্ / *verb* [T] (**omitting; omitted**) **1** to not include sth; to leave sth out কোনো কিছু বাদ দেওয়া; যুক্ত না করা *Several verses of the song can be omitted.* **2** (*formal*) **omit to do sth** to forget or choose not to do sth কোনো কিছু করতে ভুলে যাওয়া বা ইচ্ছে করে না করা

omni- / ˈɒmni ˈঅম্নি / (*used in nouns, adjective and adverbs*) of all things; in all ways or places সব জিনিসের, সর্ব; সর্বত্র, সবদিকে *omnivore*

omniscient / ɒmˈnɪsiənt অম্ˈনিসিঅ্যান্ট্ / *adj.*(*formal*) knowing everything সর্বজ্ঞ, সবজান্তা *The novel has an omniscient narrator.* ▶ **omniscience** / -siəns -সিঅ্যান্স্ / *noun* [U] সর্বজ্ঞতা, অপার জ্ঞান

omnivore / ˈɒmnɪvɔː(r) ˈঅম্নিভ:(র্) / *noun* [C] an animal that eats both plants and meat যে প্রাণী মাংস এবং উদ্ভিদ দুই খায়; সর্বভুক প্রাণী ➪ **carnivore, herbivore** এবং **insectivore** দেখো। ▶ **omnivorous** / ɒmˈnɪvərəs অম্ˈনিভ্যার্যাস্ / *adj.* সর্বভুক, সর্বভোজী *an omnivorous diet*

on / ɒn অন্ / *adv., prep.*

> **NOTE** বিভিন্ন ক্রিয়াপদ (verb) এবং বিশেষ্যপদের (noun) সঙ্গে বিশেষ ব্যবহারের জন্য সেই অভিব্যক্তিটিতে ব্যবহৃত ক্রিয়াপদ এবং বিশেষ্যপদের শীর্ষশব্দগুলি দেখো। উদাহরণস্বরূপ **get on, on holiday** অভিব্যক্তিগুলির জন্য, ক্রিয়াপদ এবং বিশেষ্যপদের শীর্ষশব্দ দেখো।

1 (*formal* **upon**) supported by, fixed to or touching sth, especially a surface যুক্ত, ছুঁয়ে আছে, লেগে আছে এমন, বিশেষত কোনো পৃষ্ঠতল *on the table/ceiling/wall* ○ *We sat on the beach/grass/floor.* ○ *Write it down on a piece of paper.* **2** in a place or position কোনো স্থান বা অবস্থানে *on a farm/housing estate/campsite* ○ *a house on the river/seafront/border* ○ *I live on the other side of town.* **3** showing direction দিকে, পাশে *on the right/left* ○ *on the way to school* **4** used with ways of travelling and types of travel ভ্রমণের উপায় বা বাহনের ধরন বোঝাতে ব্যবহৃত *on the bus/train/plane* ○ *We came* ***on foot*** (=we walked). ○ *Raju went past on his bike.* **NOTE** খেয়াল রেখো গাড়িতে গেলে কিন্তু **in the car** বাক্যাংশটি প্রয়োগ করি। **5** with expressions of time সময় বোঝাতে, দিন বা বার জানাতে *on Monday* ○ *on Christmas Day* ○ *on your birthday* **6** working; being used চালু, কাজ করছে এমন; ব্যবহার করা হচ্ছে এমন *All the lights were on.* ○ ***Switch** the television **on**.* ✪ বিপ **off** **7** wearing sth; carrying sth in your pocket or bag কোনো কিছু পরিধান করা হচ্ছে এমন; ব্যবহার করা হচ্ছে এমন;

পকেটে বা ব্যাগে বহন করা হচ্ছে এমন *What did she have on?* ○ *to put* your shoes/coat/hat/make-up *on* **8** about sth কোনো কিছুর বিষয়ে *We've got a test on irregular verbs tomorrow.* ○ *a talk/a book/ an article on Japan* **9** happening or arranged to happen যা ঘটছে বা ঘটতে যাচ্ছে *What's on at the cinema?* ○ *Is the meeting still on, or has it been cancelled?* **10** using sth; by means of sth কোনো কিছু ব্যবহার করে; কোনো কিছুর সাহায্যে *I was (talking) on the phone to Lata.* ○ *Dinesh spends most evenings on the Internet.* **11** showing the thing or person that is affected by an action or is the object of an action কোনো ঘটনা বা কাজের দ্বারা প্রভাবিত এমন ব্যক্তি বা বস্তু *Divorce can have a bad effect on children.* ○ *He spends a lot on clothes.* **12** using drugs or medicine; using a particular kind of food or fuel ওষুধ নেওয়া হচ্ছে এমন; বিশেষ ধরনের খাদ্য বা জ্বালানি ব্যবহার করা হচ্ছে এমন *to be on medication antibiotics/heroin* ○ *Gorillas live on leaves and fruit.* ○ *Does this car run on petrol or diesel?* **13** receiving a certain amount of money একটা বিশেষ পরিমাণ অর্থ পাওয়া যাচ্ছে এমন *What will you be on (=how much will you earn) in your new job?* ○ *He's been (living) on unemployment benefit since he lost his job.* **14** showing that sth continues কোনো কিছু অবিরাম, অবিচ্ছিন্নভাবে চলছে এমন *The man shouted at us but we walked on.* ○ *The speeches went on and on until everyone was bored.* **15** showing the reason for or basis for sth কোনো কিছুর কারণ বা মূল বুনিয়াদ বোঝানো হচ্ছে এমন *She doesn't eat meat on principle.* ○ *The film is based on a true story.* **16** compared to তুলনা করে, তুলনীয় *Sales are up 10% on last year.* **17** immediately; soon after তৎক্ষণাৎ, সঙ্গে সঙ্গে; পরেই *He telephoned her on his return from New Delhi.* **18** paid for by sb অন্য কেউ দাম দিয়েছে এমন *The drinks are on me!*

IDM from now/then on starting from this/that time and continuing সেই সময় থেকে আরম্ভ করে এখনও চলছে এমন *From then on she never smoked another cigarette.*

not on (*informal*) not acceptable গ্রহণীয় নয়, যা মেনে নেওয়া যায় না *No, you can't stay out that late. It's just not on.*

off and on; on and off ⇨ **off¹** দেখো।

be/go on at sb ⇨ **go¹** দেখো।

once / wʌns উআন্স্ / *adv., conj.* **1** one time only; on one occasion মাত্র একবার; একটি ক্ষেত্রে *I've only been to France once.* ○ *once a week/month/year* **2** at some time in the past; formerly অতীতে কোনো

এক সময়ে; আগে, একদা *This house was once the village school.* **3** as soon as; when যত শীঘ্র সম্ভব; যে মুহূর্তে; যখন *Once you've practised a bit you'll find that it's quite easy.*

IDM all at once all at the same time or suddenly সকলে একসঙ্গে বা হঠাৎই *People began talking all at once.* ○ *All at once she got up and left the room.*

at once 1 immediately; now অবিলম্বে; এখনই, এইমাত্র *Come here at once!* **2** at the same time একই সময়ে, একসঙ্গে *I can't hear if you all speak at once.*

just this once; (just) for once on this occasion only কেবলমাত্র এই উপলক্ষ্যে, একবার মাত্র *Just this once, I'll help you with your homework.*

once again; once more one more time; another time আর একবার; অন্য সময় *Once again the train was late.* ○ *Let's listen to that track once more.*

once and for all now and for the last time এই শেষবারের মতো *You've got to make a decision once and for all.*

once in a blue moon (*informal*) very rarely; almost never কদাচিৎ, ন'মাসে ছ'মাসে

once in a while sometimes but not often মাঝে মধ্যে, কখনোসখনো কিন্তু প্রায়ই নয়

once upon a time (used at the beginning of a children's story) a long time ago; in the past (সাধারণত ছোটোদের গল্প এভাবে শুরু করা হয়) অনেক দিন আগে; অতীতে *Once upon a time there was a beautiful princess in China.*

oncoming / ˈɒnkʌmɪŋ ˈঅন্কামিং / *adj.* (*only before a noun*) coming towards you এদিকে এগিয়ে আসছে এমন; আগুয়ান, আগতপ্রায়, আসন্ন *oncoming traffic*

one¹ / wʌn উআন্ / *pronoun, det., noun* [C] **1** (the number) 1 এক (সংখ্যা) ১ *The journey takes one hour.* ○ *If you take (=subtract) one from ten it leaves nine.* ⇨ **first** দেখো।

NOTE বাক্যে সংখ্যার ব্যবহার এবং তার উদাহরণ দেখার জন্য **six** দেখো।

2 (used when you are talking about a time in the past or future without actually saying when) a certain (নির্দিষ্ট সময়কাল না উল্লেখ করে অতীত বা ভবিষ্যতের কোনো এক সময়ের কথা বলতে ব্যবহৃত) কোনো একদিন, কোনো এক সন্ধ্যায় *He came to see me one evening last week.* ○ *We must go and visit them one day.* **3** used with the other, another or other(s) to make a contrast বৈষম্য দেখানোর জন্য 'the other', 'another' অথবা 'others'-এর সঙ্গে

ব্যবহৃত *The twins are so alike that it's hard to tell one from the other.* **4 the one** used for emphasizing that there is only one of sth অনেকের মধ্যে যে একটি তা জোর দিয়ে বোঝানোর জন্য ব্যবহৃত *She's the one person I trust.* ○ *We can't all get in the one car.*

IDM (all) in one all together or combined সবগুলি একত্রে অথবা মিলে মিশে *It's a phone and fax machine all in one.*

one after another/the other first one, then the next, etc. প্রথমে একটি, তারপরে পরেরটি ইত্যাদি *One after another the winners went up to get their prizes.*

one at a time separately; individually পৃথকভাবে; আলাদা আলাদা ভাবে *I'll deal with the problems one at a time.*

one by one separately; individually পৃথকভাবে; আলাদা আলাদা ভাবে *One by one, people began to arrive at the meeting.*

one or two a few একটা-দুটো, কয়েকটা *I've borrowed one or two new books from the library.*

one² / wʌn উআন্ / *pronoun, noun* [C] **1** used instead of repeating a noun বারবার কোনো বিশেষ্য পদ ব্যবহারের পরিবর্তে এটি ব্যবহৃত *I think I'll have an apple. Would you like one?* **2 one of** a member (of a certain group) কোনো দলের যে-কোনো একজন *He's staying with one of his friends.* ○ *One of the children is crying.*

> **NOTE One of**-এর পরে সবসময় বিশেষ্যপদের (noun) বহুবচন রূপ (plural) ব্যবহার করা হয়। কিন্তু ক্রিয়াপদটি (verb) একবচন (singular) রূপেই ব্যবহার করা হয় কারণ বাক্যের কর্তাটি হল **one**—*One of our assistants is ill.*○ *One of the buses was late.*

3 used after this, that, which or after an adjective instead of a noun 'this', 'that', 'which' কোনো কোনো বিশেষণের পরে বিশেষ্য পদের পরিবর্তে বা 'this', 'that' 'which'-এর পরে বসে *'Which dress do you like?' 'This one.'* ○ *That idea is a very good one.* **4 the one/the ones** used before a group of words that show which person or thing you are talking about যে শব্দগুচ্ছের দ্বারা ব্যক্তি অথবা জিনিস বোঝানো হয় তাদের আগে এই শব্দটি বসে *My house is the one after the post office.* ○ *If you find some questions difficult, leave out the ones you don't understand.* **5** (*formal*) used for referring to people in general, including the speaker or writer বক্তা বা লেখক সমেত সাধারণভাবে সব মানুষকেই বোঝানোর জন্য ব্যবহৃত *One must be sure of one's facts before criticizing other people.*

> **NOTE** সাধারণভাবে **one** শব্দটির ব্যবহার আলংকারিক বলে গণ্য করা হয়। সাধারণত এই অর্থে **you** শব্দটি প্রয়োগ করা হয়।

one another *pronoun* each other পারস্পরিক, পরস্পরের মধ্যে *We exchanged news with one another.*

one-off *noun* [C], *adj.* (*informal*) something that is made or that happens only once যা একবারই ঘটে, যা একবারই আসে *a one-off payment opportunity*

onerous / ˈəʊnərəs ˈঅ্যাউন্যার‍্যাস্ / *adj.* (*formal*) difficult and needing a lot of effort দুঃসাধ্য, কষ্টসাধ্য, কঠিন

oneself / wʌnˈself উআন্ˈসেল্ফ্ / *pronoun* (*formal*) **1** used when the person who does an action is also affected by it নিজেকেই, নিজে নিজে *One can teach oneself to play the piano but it is easier to have lessons.* **2** used to emphasize sth কোনো কিছুতে জোর দেওয়ার সময়ে বলা হয় *One could easily arrange it all oneself.*

IDM (all) by oneself 1 alone একাই, নিজেই ➪ **alone**-এ নোটি দেখো। **2** without help অন্যের সাহায্য ছাড়া, বিনা সাহায্যে

one-sided *adj.* **1** (used about an opinion, an argument, etc.) showing only one point of view; not balanced (কোনো মতামত, বিতর্ক ইত্যাদি সম্বন্ধে ব্যবহৃত) নিরপেক্ষ নয়, একপেশে, পক্ষপাতদুষ্ট; সামঞ্জস্যবিহীন *Some newspapers give a very one-sided view of politics.* **2** (used about a relationship or a competition) not equal (কোনো প্রতিযোগিতা বা সম্পর্ক সম্বন্ধে ব্যবহৃত) অসমান, একপেশে *The match was very one-sided—we lost 12–1.*

one-to-one (*also* **one-on-one**) *adj., adv.* between only two people কেবলমাত্র দুজনের মধ্যে, যাতে দুজনই আছে *one-to-one English lessons* (=one teacher to one student)

one-way *adj.* (*usually before a noun*) **1** (used about roads) that you can only drive along in one direction (রাস্তা সম্বন্ধে ব্যবহৃত) একমুখী, যাতে কেবল একমুখেই বা এক দিকেই গাড়ি চলে *a one-way street* **2** (*BrE*) (used about a ticket) that you can use to travel somewhere but not back again (কোনো টিকিট সম্বন্ধে ব্যবহৃত) কেবলমাত্র যাওয়ার টিকিট, ফেরার নয় *a one-way ticket* ✪ সম **single** ✪ বিপ **return**

ongoing / ˈɒŋɡəʊɪŋ ˈঅন্‌গ্যাউইং / *adj.* (*only before a noun*) continuing to exist now যা বিদ্যমান, এখনও সমানভাবে আছে *It's an ongoing problem.*

onion / ˈʌnjən ˈআন্ইঅ্যান্ / *noun* [C, U] a white or red vegetable with many layers. Onions are often used in cooking and have a strong smell that makes some people cry (সাদা বা লাল রঙের তীব্র গন্ধযুক্ত সবজি) পেঁয়াজ *a kilo of onions* ○ *onion soup* ⇨ **vegetable**-এ ছবি দেখো।

online / ˌɒnˈlaɪn ˌঅন্ˈলাইন্ / *adj., adv.* (*computing*) controlled by or connected to a computer or to the Internet কম্পিউটার অথবা ইন্টারনেট দ্বারা নিয়ন্ত্রিত বা তার সঙ্গে সংযুক্ত *an online ticket booking system* ○ *I'm studying French online.*

onlooker / ˈɒnlʊkə(r) ˈঅন্লুক্যা(র্) / *noun* [C] a person who watches sth happening without taking part in it নীরব দর্শক, যে কেবল দেখে, অংশগ্রহণ করে না

only / ˈəʊnli ˈঅ্যাউন্লি / *adj., adv., conj.* (*only before a noun*) **1** with no others existing or present শুধুই একা *I was the only woman in the room.* ○ *This is the only dress we have in your size.* **2** and no one or nothing else; no more than অন্য কিছু নয় বা অন্য কেউ নয়; এছাড়াও কিছু নয় *She only likes pop music.* ○ *I've only asked a few friends to the party.* **3** the most suitable or the best সর্বাপেক্ষা উপযুক্ত; সর্বোত্তম *It's so cold that the only thing to do is to sit by the fire.*

NOTE ইংরেজি লেখার সময়ে যে শব্দটিকে লক্ষ করে **only** শব্দটি ব্যবহার করা হয় সেটি **only** শব্দটির ঠিক পরে ব্যবহৃত হয়ে থাকে। কথা বলার সময়ে অবশ্য আমরা বাক্যে **only**-র স্থান পরিবর্তন না করে কোনো শব্দের উপর জোর দিতে পারি—*I only spoke to Raj* (=I spoke to Raj and no one else). ○ *I only spoke to Raj* (=I spoke to Raj but I didn't do anything else).

4 (*informal*) except that; but এ ছাড়া যে; কিন্তু *The film was very good, only it was a bit too long.*

IDM **if only** ⇨ **if** দেখো।

not only...but also both...and কেবল এটা নয় ওটাও *He not only did the shopping but he also cooked the meal.*

only just **1** not long ago বেশিদিন আগে নয়; অল্পদিন আগেই *I've only just started this job.* **2** almost not; hardly প্রায় নেই, কোনো রকমে; নেই বললেই চলে *We only just had enough money to pay for the meal.*

only child *noun* [C] a child who has no brothers or sisters বাবা-মায়ের একমাত্র সন্তান

onomatopoeia / ˌɒnəˌmætəˈpiːə ˌঅন্যা‚ম্যাট্যা-ˈপীঅ্যা / *noun* [U] (*technical*) the fact of words containing sounds similar to the noises they describe, for example 'hiss' or 'thud'; the use of words like this in a piece of writing কানে শোনা কোনো শব্দ বা আওয়াজের অনুকরণে শব্দ গঠন, যেমন ইংরেজিতে 'hiss' বা 'thud'; বাংলায় যেমন 'ঝিরঝিরে' বা 'ঝমঝমে'; ধন্যাত্মক শব্দ, অনুকার শব্দ; কোনো রচনার মধ্যে এ জাতীয় শব্দের ব্যবহার ▶**onomatopoeic** / -ˈpiːɪk -ˈপীইক্ / *adj.* ধন্যাত্মক, অনুকারাত্মক

onset / ˈɒnset ˈঅন্সেট্ / *noun* [*sing.*] **the onset (of sth)** the beginning (often of sth unpleasant) সূত্রপাত, আরম্ভ (প্রায়ই অপ্রীতিকর কিছুর) *the onset of winter/a headache*

onslaught / ˈɒnslɔːt ˈঅন্স্লঃট্ / *noun* [C] **an onslaught (on/against sb/sth)** a violent or strong attack প্রবল আক্রমণ, হিংস্র আক্রমণ *an onslaught on government policy*

onto (*also* **on to**) / ˈɒntə; *before vowels* ˈɒntu ˈঅন্ট্যা; *স্বরবর্ণের পূর্বে* অনটু / *prep.* to a position on sth কোনো কিছুর উপর *The cat jumped onto the sofa.* ○ *The crowd ran onto the pitch.*

IDM **be onto sb** (*informal*) to have found out about sth illegal that sb is doing কারও কোনো অনৈতিক বা বেআইনি কার্যকলাপ জানতে পেরে যাওয়া *The police were onto the car thieves.*

be onto sth to have some information, etc. that could lead to an important discovery এমন কিছু তথ্য ইত্যাদি জানা যা গুরুত্বপূর্ণ কোনো কিছু আবিষ্কারে পথ দেখাতে পারে

onwards / ˈɒnwədz ˈঅন্উঅ্যাড্জ্ / (*also* **onward**) / ˈɒnwəd অন্উঅ্যাড্ /) *adv.* **1 from... onwards** continuing from a particular time কোনো বিশেষ সময় থেকে ঘটছে এমন *From September onwards it usually begins to get colder.* **2** (*formal*) forward সম্মুখগামী, সামনের দিকে *The road stretched onwards into the distance.*

ooze / uːz উজ্ / *verb* [I, T] **ooze from/out of sth; ooze (with) sth** to flow slowly out or to allow sth to flow slowly out চুঁইয়ে চুঁইয়ে পড়া অথবা ধীরে ধীরে ফোঁটায় ফোঁটায় পড়তে দেওয়া *Blood oozed from the cut on his head.* ○ *The fruit was oozing with juice.*

op / ɒp অপ্ / (*spoken*) = **operation¹**

opaque / əʊˈpeɪk অ্যাউˈপেইক্ / *adj.* **1** that you cannot see through যার মধ্য দিয়ে দেখা যায় না; ঘোলাটে, অস্বচ্ছ, অনচ্ছ *opaque glass in the door* **2** (*formal*) difficult to understand; not clear অস্পষ্ট; অপরিষ্কার, দুর্বোধ্য ✪ বিপ **transparent**

OPEC / ˈəʊpek ˈঅ্যাউপেক্ / *abbr.* Organization of Petroleum Exporting Countries পেট্রোলিয়াম রপ্তানি করে এমন রাষ্ট্রের সংগঠন; ওপেক

open¹ / ˈəʊpən ˈঅ্যাউপ্যান্ / *adj.* **1** not closed or covered খোলা, উন্মুক্ত, অনাচ্ছাদিত *She stared at me with her eyes wide open.* ○ *The curtains were* *open so that we could see into the room.* **2 open (to sb/sth); open (for sth)** available for people to enter, visit, use, etc.; not closed to the public সর্বসাধারণের জন্য উন্মুক্ত, যে কেউ প্রবেশ করতে পারে; অবারিত *The hotel damaged by the bomb is now* ***open for business*** *again.* ○ *The gardens are* ***open to the public*** *in the summer.* ✪ বিপ **closed** অথবা **shut** **3** not keeping feelings and thoughts hidden যে খোলাখুলিভাবে সব বলে, মনোভাব গোপন করে না *He looked at him with open dislike.* **4** (*only before a noun*) (used about an area of land) away from towns and buildings; (used about an area of sea) at a distance from the land (কোনো বিশেষ অঞ্চল সম্বন্ধে ব্যবহৃত) শহর এবং অট্টালিকা থেকে দূরে; (সমুদ্রের মধ্যবর্তী কোনো অঞ্চল সম্বন্ধে ব্যবহৃত) স্থল থেকে দূরে *open country* **5** (*not before a noun*) not finally decided; still being considered এখনও সিদ্ধান্ত নেওয়া হয়নি; আলোচনা ও ভেবে দেখার অবকাশ আছে *Let's leave the details open.*

IDM have/keep an open mind (about/on sth) to be ready to listen to or consider new ideas and suggestions খোলা মনে নতুন ভাবধারা এবং প্রস্তাব সম্বন্ধে শুনতে বা বিবেচনা করতে প্রস্তুত থাকা; মনকে উন্মুক্ত রাখা

in the open air outside বাইরে, মুক্ত আলো হাওয়ার মধ্যে, খোলা জায়গায় *Somehow, food eaten in the open air tastes much better.*

keep an eye open/out (for sb/sth) ➪ **eye**¹ দেখো।

open to sth willing to receive sth কোনো কিছু গ্রহণ করতে বা মেনে নিতে ইচ্ছুক *I'm always open to suggestions.*

with your eyes open ➪ **eye**¹ দেখো।

with open arms in a friendly way that shows that you are pleased to see sb or have sth বন্ধুত্বপূর্ণভাবে যাতে বোঝা যায় কাউকে দেখে বা কোনো কিছু পেতে খুশি; দু হাত বাড়িয়ে অর্থাৎ সাদরে *The unions welcomed the government's decision with open arms.*

open² / ˈəʊpən 'অ্যাউপ্যান্ / *verb* **1** [I, T] to move sth or part of sth so that it is no longer closed; to move so as to be no longer closed বন্ধ জিনিস খুলে দেওয়া; উন্মুক্ত করা, অবারিত করা *This window won't open—it's stuck.* ○ *The book opened at the very page I needed.* ✪ বিপ **close** অথবা **shut** **2** [I, T] to make it possible for people to enter a place সাধারণের প্রবেশের জন্য কোনো স্থান খোলা থাকা *The museum opens at 10 a.m.* ○ *Police finally opened the road six hours after the accident.* ✪ বিপ **close** অথবা **shut** **3** [I, T] to start আরম্ভ করা *The chairman opened the meeting by welcoming everybody.* ○ *I'd like to open a bank account.* ✪ বিপ **close** **4** [T] (*computing*) to start a program or file so that you can use it on the screen কম্পিউটারে কোনো প্রোগ্রাম বা ফাইল খোলা যাতে সেটা কম্পিউটারের পর্দায় ব্যবহার করা যায় ✪ বিপ **close**

IDM open fire (at/on sb/sth) to start shooting গুলি করতে শুরু করা *He ordered his men to open fire.*

PHR V open into/onto sth to lead to another room, area or place অন্য একটি ঘর, অঞ্চল বা স্থানের মধ্যে খুলে যাওয়া *This door opens onto the garden.*

open out to become wider বিস্তৃততর হওয়া *The lane opens out into the highway.*

open up 1 to talk about what you feel and think মুখ ফুটে নিজের অনুভূতি এবং ভাবনার কথা বলা **2** to open a door দরজা খোলা

open (sth) up 1 to become available or to make sth available প্রাপ্তিসাধ্য হওয়া বা কোনো কিছু প্রাপ্তিসাধ্য করা *When I left school all sorts of opportunities opened up for me.* **2** to start business ব্যাবসা শুরু করা *The restaurant opened up last year.*

the open³ / ˈəʊpən 'অ্যাউপ্যান্ / *noun* [*sing.*] outside or in the countryside বাইরে খোলা জায়গায় অথবা শহর থেকে দূরে গ্রামাঞ্চলে *After working in an office I like to be* ***out in the open*** *at weekends.*

IDM bring sth out into the open; come out into the open to make sth known publicly; to be known publicly কোনো কিছু প্রকাশ্যে জানানো; জনসাধারণের গোচরে আনা *I'm glad our secret has come out into the open at last.*

open-air *adj.* not inside a building বাড়ির ভিতরে নয়, বাইরে খোলা জায়গায় *an open-air swimming pool*

opencast / ˈəʊpənkɑːst 'অ্যাউপ্যান্কা:স্ট্ / *adj.* in open cast mines, coal is taken out of the ground near the surface এই জাতীয় কয়লাখনিতে মাটির কাছাকাছি কয়লা তোলা হয়

open day *noun* [C] a day when the public can visit a place that they cannot usually go into সাধারণত যেখানে জনসাধারণের প্রবেশ নিষিদ্ধ সেখানে এই বিশেষ দিনটিতে তারা অবাধে ঐ স্থানটি গিয়ে দেখে আসতে পারে *Ria's school is having an open day next month.*

opener / ˈəʊpnə(r) 'অ্যাউপ্ন্যা(র্) / *noun* [C] (*in compound nouns*) a thing that takes the lid, etc. off sth যা দিয়ে কোনো কিছুর ঢাকনা ইত্যাদি খোলা যায় *a tinopener* ○ *a bottle-opener*

opening / ˈəʊpnɪŋ 'অ্যাউপ্নিং / *noun* [C] **1** a space or hole that sb/sth can go through ঢোকার বা বেরোনোর মতো ছোটো ফাঁক বা গর্ত, খোলা জায়গা;

প্রবেশমুখ *We were able to get through an opening in the hedge.* **2** the beginning or first part of sth কোনো কিছুর সূচনা, প্রারম্ভ, প্রথম ভাগ *The film is famous for its dramatic opening.* **3** a ceremony to celebrate the first time a public building, road, etc. is used কোনো সরকারি প্রতিষ্ঠান, রাস্তা ইত্যাদির উদ্বোধনী অনুষ্ঠান *the opening of the new hospital* **4** a job which is available কর্মখালি *We have an opening for a sales manager at the moment.* **5** a good opportunity সুন্দর সুযোগ, চাকরির সুযোগ *I'm sure she'll be a great journalist—all she needs is an opening.* ▶ **opening** *adj.* (*only before a noun*) প্রারম্ভিক, উদ্বোধনী *the opening chapter of a book* ○ *the opening ceremony of the Olympic Games*

openly / ˈəʊpənli ˈঅ্যাউপ্যান্‌লি / *adv.* honestly; not keeping anything secret সৎভাবে, সাধুতার সঙ্গে; খোলাখুলিভাবে, প্রকাশ্যে *I think you should discuss your feelings openly with each other.*

open-minded *adj.* ready to consider new ideas and opinions সংস্কারমুক্ত, সংস্কারহীন, উদারমনা

openness / ˈəʊpənnəs ˈঅ্যাউপ্যান্‌ন্যাস্ / *noun* [U] the quality of being honest and ready to talk about your feelings সৎভাবে নিজের অনুভূতি সম্বন্ধে কথা বলতে প্রস্তুত থাকার গুণ

open-plan *adj.* (used about a large area indoors) not divided into separate rooms (কোনো বাড়ির ভিতরের অনেকখানি জায়গা সম্বন্ধে ব্যবহৃত) আলাদা আলাদা ঘরে বিভক্ত নয় এমন *an open-plan office*

the Open University *noun* [*sing.*] a university that offers distance education to students who study mainly at home. Their work is sent to them by post and there are special television and radio programmes for them যে বিশ্ববিদ্যালয়ের ছাত্রছাত্রী প্রধানত বাড়িতে থেকে পড়াশুনো চালায়। তারা তাদের পাঠ্যক্রম ডাক মারফত পায় আর তাদের জন্য বেতার বা দূরদর্শনে বিশেষ অনুষ্ঠানও হয়; মুক্ত বিশ্ববিদ্যালয়; ওপেন ইউনিভারসিটি *Indira Gandhi Open University*

opera / ˈɒprə ˈঅপ্র্যা / *noun* [C, U] a play in which the actors (**opera singers**) sing the words to music; works of this kind performed as entertainment যে নাটকে অভিনেতা-অভিনেত্রীরা গানের সুরে কথা বলে; এই জাতীয় বিনোদন; গীতিনাট্য; অপেরা *Do you like opera?* ○ *a comic opera* ➪ **soap opera** দেখো।

operable / ˈɒpərəbl ˈঅপ্যার্যাব্‌ল্ / *adj.* (used about a disease) that can be cured by a medical operation (কোনো রোগ সম্বন্ধে ব্যবহৃত) যা শল্যচিকিৎসা বা অস্ত্রোপচারের সাহায্যে সারে ✪ বিপ **inoperable**

opera house *noun* [C] a theatre where operas are performed যে নাট্যালয়ে গীতিনাট্যের অনুষ্ঠান হয়; অপেরা হাউস

operate / ˈɒpəreɪt ˈঅপ্যারেইট্ / *verb* **1** [I, T] to work, or to make sth work কাজ করা বা কাউকে দিয়ে কাজ করানো, কার্যকরী হওয়া *I don't understand how this machine operates.* ○ *These switches here operate the central heating.* **2** [I, T] to do business; to manage sth ব্যাবসা করা; কোনো কিছু পরিচালনা করা *The firm operates from its central office in New Delhi.* **3** [I] to act or to have an effect কাজ করা বা প্রভাব ফেলা *Several factors were operating to our advantage.* **4** [I] **operate (on sb/sth) (for sth)** to cut open a person's body in hospital in order to deal with a part that is damaged, infected, etc. (হাসপাতালে কোনো ব্যক্তির শরীরে) অপারেশন করা, অস্ত্রোপচার করা *The surgeon is going to operate on her in the morning.* ○ *He was operated on for appendicitis.*

operatic / ˌɒpəˈrætɪk ˌঅপ্যাˈর্যাটিক্ / *adj.* connected with opera অপেরা সংক্রান্ত *operatic music*

operating system *noun* [C] a computer program that organizes a number of other programs at the same time কম্পিউটারের যে প্রোগ্রাম একই সময়ে আরও অনেকগুলি প্রোগ্রাম চালানোর ব্যবস্থা করতে পারে

operating theatre (*also* **theatre**) *noun* [C] a room in a hospital where operations are performed হাসপাতালের যে ঘরে রোগীর অপারেশন করা হয়; শল্যায়ন কক্ষ

operation / ˌɒpəˈreɪʃn ˌঅপ্যাˈরেইশ্‌ন্ / *noun* **1** [C] (*spoken* **op**) the process of cutting open a patient's body in order to deal with a part inside অস্ত্রোপচার, শল্যচিকিৎসা; অপারেশন *He **had an operation** to remove his appendix.* **2** [C] an organized activity that involves many people doing different things অনেকে মিলে সংঘবদ্ধভাবে করা কোনো বিশেষ কাজ যার মধ্যে বিভিন্ন জনে তাদের উপর দেওয়া বিভিন্ন ধরনের কাজ করে *A rescue operation was mounted to find the missing children.* **3** [C] a business or company involving many parts কোনো ব্যাবসা বা কোম্পানি যার মধ্যে অনেকগুলি অংশ আছে **4** [C] an act performed by a machine, especially a computer যন্ত্র দ্বারা করা হয় এমন কাজ, বিশেষত কম্পিউটার দ্বারা **5** [U] the way in which you make sth work যে পদ্ধতিতে কোনো কিছু চালানো হয় *The operation of these machines is extremely simple.*

IDM **be in operation; come into operation** to be/start working or having an effect কাজ শুরু হওয়া

বা তার ফল দেখতে পাওয়া *The new tax system will come into operation in the spring.*

operational / ˌɒpəˈreɪʃənl ˌঅপ্যা'রেইশ্যান্‌ল্ / *adj.* **1** (*usually before a noun*) connected with the way a business, machine, system, etc. works যে প্রক্রিয়া বা পদ্ধতিতে কোনো ব্যাবসা, যন্ত্র, ব্যবস্থা ইত্যাদি চলে তার সঙ্গে জড়িত **2** (*not before a noun*) ready for use ব্যবহারের উপযোগী, পুরোপুরি কার্যকরী *The new factory is now fully operational.* **3** (*only before a noun*) connected with military operations সামরিক অভিযানের সঙ্গে সংযুক্ত

operative / ˈɒpərətɪv ˈঅপ্যার‍্যাটিভ্ / *adj.* (*formal*) **1** working, able to be used; in use ক্রিয়াশীল, ব্যবহারযোগ্য; চালু *The new law will be operative from 1 May.* **2** connected with a medical operation কোনো চিকিৎসা সংক্রান্ত; অস্ত্রোপচার সংক্রান্ত, শল্যচিকিৎসার সঙ্গে জড়িত

operator / ˈɒpəreɪtə(r) ˈঅপ্যারেইট্যা(র্) / *noun* [C] **1** a person whose job is to connect telephone calls, for the public or in a particular building এমন কোনো ব্যক্তি যাঁর কাজ দূরভাষ সংযোগ রক্ষা করা (জনসাধারণের জন্য অথবা কোনো নির্দিষ্ট বাড়ির মধ্যে); টেলিফোন অপারেটর *Dial 9 for the operator.* ○ *a switchboard operator* **2** a person whose job is to work a particular machine or piece of equipment যন্ত্রচালক (সম্পূর্ণ যন্ত্র অথবা যন্ত্রাংশের) *a computer operator* **3** a person or company that does certain types of business বিশেষ বিশেষ ধরনের ব্যাবসাবাণিজ্যের ব্যাপারে দক্ষ যে ব্যক্তি বা প্রতিষ্ঠান *a tour operator*

opinion / əˈpɪnjən অ্যা'পিনিঅ্যান্ / *noun* **1** [C] **an opinion (of sb/sth); an opinion (on/about sth)** what you think about sb/sth কারও বা কিছুর সম্বন্ধে ধারণা; অভিমত, মনোভাব *She asked me for my opinion of her new hairstyle and I told her.* ○ ***In my opinion****, you're making a terrible mistake.* **2** [U] what people in general think about sth কোনো কিছু সম্বন্ধে মানুষের যে ধারণা; জনমত *Public opinion is in favour of a change in the law.*

IDM be of the opinion that.... (*formal*) to think or believe that... ভাবা বা বিশ্বাস করা যে...

have a good/high opinion of sb/sth; have a bad/low/poor opinion of sb/sth to think that sb/sth is good/bad কারও বা কোনো কিছুর সম্পর্কে ভালো বা মন্দ ধারণা পোষণ করা

a matter of opinion ⇨ **matter**[1] দেখো।

opinion poll = **poll**[1] **1**

opium / ˈəʊpiəm ˈঅ্যাউপিঅ্যাম্ / *noun* [U] a powerful drug that is made from the seeds of a **poppy** (=a type of flower) যা পপি ফুলের বীজ (পোস্ত) থেকে হয়; আফিম

opp. *abbr.* opposite বিপরীত

opponent / əˈpəʊnənt অ্যা'প্যাউন্যান্ট্ / *noun* [C] **1** (in sport or competitions) a person who plays against sb (খেলাধুলো বা কোনো প্রতিযোগিতায়) বিরুধপক্ষ, প্রতিদ্বন্দ্বী *They are the toughest opponents we've played against.* **2 an opponent (of sth)** a person who disagrees with sb's actions, plans or beliefs and tries to stop or change them যে ব্যক্তি কারও কাজ, পরিকল্পনা বা বিশ্বাস সমর্থন করে না বলে তার কাজে বাধা দেওয়া বা সেগুলিকে বদলে দেওয়ার চেষ্টা করে *the President's political opponents*

opportune / ˈɒpətjuːn ˈঅপ্যাটিউন্ / *adj.* (*formal*) **1** (used about a time) suitable for doing sth or for sth to happen (সময় সম্বন্ধে ব্যবহৃত) কোনো কাজ করার পক্ষে উপযুক্ত, কোনো ঘটনা ঘটার পক্ষে উপযুক্ত *I waited for an opportune moment to ask him.* **2** done or happening at the right time to be successful সময়োচিত, সুবিধাজনক, সুযোগমতো *the opportune visit of the managing director* ✪ বিপ **inopportune**

opportunism / ˌɒpəˈtjuːnɪzəm ˌঅপ্যা'টিউনিজ়্যাম্ / *noun* [U] the practice of using situations unfairly to get an advantage for yourself without thinking about how your actions will affect other people অন্যের কথা না ভেবে পরিস্থিতির সম্পূর্ণ সুযোগ গ্রহণ, যা সব সময় ন্যায়সংগতও হয় না; সুবিধাবাদ *political opportunism*

opportunist / ˌɒpəˈtjuːnɪst ˌঅপ্যা'টিউনিস্ট্ / (*also* **opportunistic**) *adj.* (*usually before a noun*) making use of an opportunity, especially to get an advantage for yourself; not done in a planned way সুযোগের সম্পূর্ণ সদ্ব্যবহার, বিশেষত নিজের সুবিধার্থে; সুযোগ-সন্ধানী; পূর্বপরিকল্পনা অনুযায়ী করা নয় *an opportunist crime* ► **opportunist** *noun* [C] সুযোগসন্ধানী ব্যক্তি *Eighty per cent of burglaries are committed by casual opportunists.*

opportunistic / ˌɒpətjuːˈnɪstɪk ˌঅপ্যাটিউ'নিস্‌টিক্ / *adj.* **1** = **opportunist** **2** (*only before a noun*) (*medical*) harmful to people whose **immune system** has been made weak by disease or drugs (চিকিৎসাশাস্ত্র) সেই সব লোকের পক্ষে ক্ষতিকর যাঁদের কোনো রোগ হওয়ার ফলে বা অত্যধিক ওষুধ গ্রহণে শরীরের রোগ প্রতিরোধ ক্ষমতা কমে গেছে *an opportunistic infection*

opportunity / ˌɒpəˈtjuːnəti ˌঅপ্যা'টিউন্যাটি / *noun* [C, U] (*pl.* **opportunities**) **an opportunity (for sth/to do sth)** a chance to do sth that you would like to do; a situation or a time in which it is possible to do sth that you would like to do পছন্দের কোনো কাজ করার সুযোগ; সুবিধাজনক পরিস্থিতি, অনুকূল সময় *I have a* ***golden opportunity*** *to go to America* *now that my sister lives there.* ○ *When we're finally alone, I'll* ***take the opportunity*** *to ask him a few personal questions.* ○ *I'll give Satish your message if* ***I get the opportunity****.* ⇨ **occasion**-এ নোট দেখো।

oppose / ə'pəʊz অ্যা'প্যাউজ্ / *verb* [T] to disagree with sb's beliefs, actions or plans and to try to change or stop them কোনো ব্যক্তির বিশ্বাস, কাজ বা পরিকল্পনার বিরোধিতা করা এবং তাতে বাধা দেওয়া বা তার বিরুধে দাঁড়ানো *They opposed the plan to build a new road.*

opposed / ə'pəʊzd অ্যা'প্যাউজ্ড্ / *adj.* **opposed to sth** disagreeing with a plan, action, etc.; believing that sth is wrong ঠিক মনে না হওয়ায় কোনো কাজ বা পরিকল্পনা ইত্যাদির সঙ্গে রাজি নয় এমন; বিরুদ্ধাচারী *She has always been strongly opposed to experiments on animals.*

IDM **as opposed to** (used to emphasize the difference between two things) rather than; and not (দুটি জিনিসের পার্থক্যের মধ্যে জোর দিতে ব্যবহৃত) বরং, অপরপক্ষে; এবং তা নয় *Your work will be judged by quality, as opposed to quantity.*

opposite / 'ɒpəzɪt 'অপ্যাজ়িট্ / *adj., adv., prep.* **1** in a position on the other side of sb/sth; facing কোনো ব্যক্তি বা বস্তুর অন্য দিকে; সামনাসামনি *The old town and the new town are on opposite sides of the river.* ○ *You sit there and I'll sit opposite.*

> **NOTE** কখনো কখনো **opposite** শব্দটির ব্যবহার বিশেষ্যপদের (noun) পরে হয়—*Write your answer in the space opposite.*

2 completely different সম্পূর্ণ আলাদা, একেবারেই অন্যরকম *I can't walk with you because I'm going in the opposite direction.* ○ *the opposite sex* (=the other sex) ▶ **opposite** *noun* [C] সম্পূর্ণ আলাদা ধরনের লোক বা বস্তু; বিরোধী *'Hot' is* ***the opposite of*** *'cold'.*

IDM **your opposite number** a person who does the same job or has the same position as you in a different company, organization, team, etc. কোনো এক ব্যক্তি যখন আর এক ব্যক্তির মতোই একই পদমর্যাদায়, একই জাতীয় কাজ অন্য কোথাও অর্থাৎ অন্য কোনো প্রতিষ্ঠান, দল, কোম্পানি ইত্যাদিতে করেন তখন তাকে বলা হয়; সমশ্রেণিভুক্ত, সমবস্থ *The Prime Minister met his Italian opposite number.*
✪ সম **counterpart**

opposition / ˌɒpə'zɪʃn ˌঅপ্যা'জ়িশ্ন্ / *noun* [U] **1 opposition (to sb/sth)** the feeling of disagreeing with sth and the action of trying to change it বিরোধিতা, বিরুদ্ধ মনোভাব *He expressed strong opposition to the plan.* **2 the opposition** [*sing.*] the person or team who you compete against in sport, business, etc. (খেলা, ব্যাবসা ইত্যাদিতে) প্রতিদ্বন্দ্বী বা প্রতিদ্বন্দ্বী দল, বিরোধী পক্ষ *We need to find out what the opposition is doing.* **3 the Opposition** [*sing.*] the politicians or the political parties that are in Parliament but not in the government পার্লামেন্টে বিরোধী পক্ষ, যারা সরকার গঠন করে না *the leader of the opposition* ○ *opposition MPs* **NOTE** অর্থ সংখ্যা **2** এবং **3**-এ **opposition** শব্দটির সঙ্গে একবচন (singular) অথবা বহুবচন (plural) ক্রিয়া (verb) পদ ব্যবহার করা যেতে পারে।

oppress / ə'pres অ্যা'প্রেস্ / *verb* [T] (*usually passive*) to treat a group of people in a cruel and unfair way by not allowing them the same freedom and rights as others (একদল মানুষকে) অত্যাচার করা, শোষণ করা, অন্যায়ভাবে দাবিয়ে রাখা ▶ **oppressed** *adj.* উৎপীড়িত, অত্যাচারিত, শোষিত *an oppressed minority* ▶ **oppression** *noun* [U] অত্যাচার, উৎপীড়ন, নিপীড়ন *a struggle against oppression*

oppressive / ə'presɪv অ্যা'প্রেসিভ্ / *adj.* **1** allowing no freedom; controlling by force স্বাধীনতা প্রাপ্ত হয়নি এমন; শক্তি দ্বারা নিয়ন্ত্রিত, শোষিত **2** (used especially about heat or the atmosphere) causing you to feel very uncomfortable (তাপ বা আবহাওয়া সম্বন্ধে ব্যবহৃত) দুঃসহ, অস্বস্তিদায়ক

opt / ɒpt অপ্ট / *verb* [I] **opt to do sth/for sth** to choose or decide to do or have sth after thinking about it কোনো কিছুর পক্ষে সিদ্ধান্ত নেওয়া অথবা ভেবেচিন্তে বেছে নেওয়া

PHR V **opt out (of sth)** to choose not to take part in sth; to decide to stop being involved in sth জেনেশুনে কোনো কিছুতে অংশ না নেওয়া; কোনো কিছুর সঙ্গে জড়িত হওয়া বন্ধ করা

optic / 'ɒptɪk 'অপ্টিক্ / *adj.* connected with the eye or the sense of sight চোখ সম্বন্ধীয়, দৃষ্টিশক্তি সংক্রান্ত *the* ***optic nerve*** (=from the eye to the brain) ⇨ **eye**-এ ছবি দেখো।

optical / 'ɒptɪkl 'অপ্টিক্ল্ / *adj.* connected with the sense of sight দৃষ্টি সম্পর্কীয় *optical instruments*

optical fibre (*AmE* **optical fiber**) a thin glass thread through which light can be ***transmitted*** সরু কাচের তন্তু যার ভিতর দিয়ে আলো সঞ্চারিত হতে পারে

optical illusion *noun* [C] an image that tricks the eye and makes you think you can see sth that you cannot যা চোখে ভুল করে দেখা যায়; দৃষ্টিভ্রম

optician / ɒp'tɪʃn অপ্'টিশ্ন্ / *noun* [C] a person whose job is to test eyes, sell glasses, etc.

চক্ষুপরীক্ষক, চশমা ইত্যাদির বিক্রেতা *I have to go to the optician's* (= the shop) *for an eye test.*

optics / ˈɒptɪks ˈঅপ্‌টিক্স্ / *noun* [U] the scientific study of sight and light আলোকবিজ্ঞান, দৃষ্টিবিজ্ঞান

optimal / ˈɒptɪməl ˈঅপ্‌টিম্যাল্ / = **optimum**[1]

optimism / ˈɒptɪmɪzəm ˈঅপ্‌টিমিজ়্যাম্ / *noun* [U] the feeling that the future will be good or successful ভবিষ্যতে ভালোই হবে এই মনোভাব; আশাবাদ *There is considerable optimism that the economy will improve.* ✪ বিপ **pessimism** ► **optimist** *noun* [C] আশাবাদী ✪ বিপ **pessimist**

optimistic / ˌɒptɪˈmɪstɪk ˌঅপ্‌টিˈমিস্‌টিক্ / *adj.* **optimistic (about sth/that...)** expecting good things to happen or sth to be successful; showing this feeling (ভালো কোনো কিছু ঘটার জন্য বা কোনো কিছুর সাফল্য লাভের জন্য) আশাবাদী; এইরকম অনুভূতি প্রকাশ করা হচ্ছে এমন *I've applied for the job but I'm not very optimistic that I'll get it.* ✪ বিপ **pessimistic** ► **optimistically** / -kli -ক্‌লি / *adv.* আশার সঙ্গে, ভালো হবে এই মনোভাবে, অনেক আশা নিয়ে ✪ বিপ **pessimistically**

optimum / ˈɒptɪməm ˈঅপ্‌টিম্যাম্ / *adj.* (*only before a noun*) **1** (*also* **optimal**) the best possible, giving the best possible results সর্বাপেক্ষা কাম্য বা সম্ভাব্য ভালো ফল দিচ্ছে এমন **2 the optimum** *noun* [*sing.*] the best possible result or the best set of conditions to get good results সবচেয়ে সম্ভাব্য সাফল্য, সবচেয়ে অনুকূল পরিস্থিতি

option / ˈɒpʃn ˈঅপ্‌শ্‌ন্ / *noun* [U, C] something that you can choose to do; the freedom to choose পছন্দ, চয়ন; পছন্দমতো বেছে নেওয়ার স্বাধীনতা *Students* ***have the option*** *of studying part-time or full-time.* ○ *If you're late again, you will give us* ***no option but to*** *dismiss you.* ✪ সম **choice**

optional / ˈɒpʃənl ˈঅপ্‌শ্যান্‌ল্ / *adj.* that you can choose or not choose যা গ্রহণ করা যায় অথবা নাও করা যায়; ঐচ্ছিক *an optional subject at school* ✪ বিপ **compulsory** অথবা **obligatory**

or / ɔ:(r) অ:(র্) / *conj.* **1** used in a list of possibilities or choices সম্ভাবনা বা বাছাই এর তালিকা তৈরির সময়ে ব্যবহৃত *Would you like to sit here or next to the window?* ○ *Are you interested or not?* ○ *For the main course, you can have peas, eggs or fish.* ➪ **either... or** দেখো। **2** if not; otherwise যদি না হয়; অন্যথায় *Don't drive so fast or you'll have an accident!* ✪ সম **or else** এবং **otherwise** দেখো। **3** (*after a negative*) and neither; and not (নেতিবাচকের পরে ব্যবহৃত) এও না ওও না, এটাও নয়, সেটাও নয় *She hasn't phoned or written to me for weeks.* ○ *I've never been either to Mumbai or Pune.* ➪ **neither... nor** দেখো। **4** used between two numbers to show approximately how many দুই সংখ্যার মধ্যে ব্যবহার করে বোঝানো হয় মোটামুটি কতবার *I've been there five or six times.* **5** used before a word or phrase that explains or comments on what has been said before এমন কোনো শব্দ বা বাক্যাংশের আগে বসে যে যেটি পূর্বোক্ত কথাগুলি বিশ্লেষণ করে বা তার সম্বন্ধে মন্তব্য করে *twenty per cent of the population, or one in five*

IDM or else ➪ **else** দেখো।

or so about মোটামুটি, কাছাকাছি *You should feel better in three days or so.*

or something/somewhere (*spoken*) used for showing that you are not sure, cannot remember or do not know which thing or place সঠিক জানা নেই, মনে পড়ছে না অথবা কোন বস্তু বা ব্যক্তি সম্বন্ধে জানা নেই এই বোঝাতে ব্যবহৃত হয় *She's a computer programmer or something.*

oracle / ˈɒrəkl ˈঅর্যাক্‌ল্ / *noun* [C] **1** (in ancient Greece) a place where people could go to ask the gods for advice and information about the future; the priest through whom the gods were thought to give their message প্রাচীন গ্রিসে যে দেবস্থানে গিয়ে গ্রিকরা ভবিষ্যতের জন্য দৈববাণীর অপেক্ষা করত; যে পুরোহিতের মধ্যে দিয়ে ঈশ্বর দৈববাণী প্রেরণ করেন বলে মনে করা হত *They consulted the oracle at Delphi.* **2** (in ancient Greece) the advice or information that the gods gave, which often had a hidden meaning (প্রাচীন গ্রিসে) ঈশ্বরপ্রদত্ত দৈববাণী; অনেক সময়ই তার গোপন অর্থ থাকত **3** [*usually sing.*] a person or book that gives valuable advice or information যে ব্যক্তি অথবা বই মূল্যবান উপদেশ বা নির্ভরযোগ্য তথ্য সরবরাহ করে *My sister's the oracle on financial matters.*

oral[1] / ˈɔ:rəl ˈঅ:র‍্যাল্ / *adj.* **1** spoken, not written মৌখিক, কথ্য, অলিখিত *an oral test* **2** concerning or using the mouth মুখ ও মুখগহ্বর সম্বন্ধীয় *oral hygiene* ➪ **aural** দেখো। ► **orally** *adv.* মুখে মুখে, মৌখিকভাবে *You can ask the questions orally or in writing.* ○ *This medicine is taken orally* (=is swallowed).

oral[2] / ˈɔ:rəl ˈঅ:র‍্যাল্ / *noun* [C] a spoken exam মৌখিক পরীক্ষা *I've got my geography oral next week.*

orange[1] / ˈɒrɪndʒ ˈঅরিন্‌জ্ / *noun* **1** [C, U] a round fruit with a thick skin that is divided into sections (**segments**) inside and is a colour between red and yellow (পুরু খোসাযুক্ত কোয়ায় কোয়ায় বিভক্ত ফল) কমলালেবু *orange juice/peel* ○ *an orange tree* ➪ **fruit**-এ ছবি দেখো। **2** [U, C] a drink made

O

from oranges or with the taste of oranges; a glass of this drink কমলালেবু থেকে তৈরি বা তার স্বাদযুক্ত পানীয়; এক গ্লাস এই পানীয় **3** [U, C] the colour of this fruit, between red and yellow এই ফলের কমলা রং

orange[2] / ˈɒrɪndʒ ˈঅরিন্জ্ / *adj.* of the colour orange কমলা রঙের, কমলা রং *orange paint*

orange squash *noun* [C, U] a drink made by adding water to an orange-flavoured liquid কমলাগন্ধি পানীয়; অরেঞ্জ স্কোয়াশ

orang-utan / ɔːˌræŋuːˈtæn অ:ˌর‍্যাংউˈট্যান্ / *noun* [C] a large **ape** with long arms and reddish hair, that lives in Borneo and Sumatra লম্বা হাত এবং লালচে চুলের বনমানুষ যারা বোর্নিও এবং সুমাত্রায় থাকে; ওরাং ওটাং

orator / ˈɒrətə(r) ˈঅর‍্যাট্যা(র্) / *noun* [C] (*formal*) a person who is good at making public speeches সুবক্তা, বাগ্মী

orbit / ˈɔːbɪt ˈঅ:বিট্ / *noun* [C, U] a curved path taken by a planet or another object as it moves around another planet, star, moon, etc. অন্য গ্রহ, নক্ষত্র, উপগ্রহ ইত্যাদিকে যে ঘোরানো পথ দিয়ে প্রদক্ষিণ করে কোনো গ্রহ বা অন্য কোনো বস্তু; কক্ষপথ ⇨ **season** -এ ছবি দেখো। ▶ **orbit** *verb* [I, T] কক্ষপথে ভ্রমণ করা, কক্ষপথে স্থাপন করা, গ্রহনক্ষত্রের চারপাশে ঘোরা

orbital / ˈɔːbɪtl ˈঅ:বিট্ল্ / *adj.* **1** (used about a road) built around the outside of a city or town to reduce the amount of traffic travelling through the centre (কোনো রাস্তা সম্বন্ধে ব্যবহৃত) রাস্তায় যানজট সমস্যা কমানোর জন্য শহরের বাইরে তৈরি রাস্তা **2** connected with the orbit of a planet or another object in space কোনো গ্রহ বা মহাকাশের অন্য কোনো বস্তু ইত্যাদির কক্ষপথ-সংক্রান্ত ▶ **orbital** *noun* [C, *usually sing.*] কাক্ষিক

orchard / ˈɔːtʃəd ˈঅ:চ্যাড্ / *noun* [C] a piece of land on which fruit trees are grown ফলের বাগান *an apple orchard*

orchestra / ˈɔːkɪstrə ˈঅ:কিস্ট্র্যা / *noun* [C] a large group of musicians who play different musical instruments together, led by one person (**a conductor**) কোনো একজন পরিচালকের অধীনে বৃহৎ কোনো বাদকগোষ্ঠী একসঙ্গে যখন বিভিন্ন বাদ্যযন্ত্র বাজায়; অর্কেস্ট্রা; ঐকতান বাদকদল, *a symphony orchestra*

> **NOTE** সাধারণত অর্কেস্ট্রা উচ্চাঙ্গ সংগীত প্রস্তুত করে থাকে। পপ সঙ্গীত, জ্যাজ ইত্যাদি **group** অথবা **band** দ্বারা প্রস্তুত করা হয়।

▶ **orchestral** / ɔːˈkestrəl অ:ˈকেস্ট্র্যাল্ / *adj.* বৃন্দগান এবং ঐকবাদন সংক্রান্ত

orchestration / ˌɔːkɪˈstreɪʃn ˌঅ:কিˈস্ট্রেইশ্ন্ / *noun* [U] **1** the way that a piece of music is written so that an orchestra can play it অর্কেস্ট্রার স্বরলিপি **2** (*written*) the careful organization of a complicated plan or event, done secretly গোপনে কৃত কোনো জটিল পরিকল্পনা বা ঘটনার যত্নশীল সংঘটন

orchid / ˈɔːkɪd ˈঅ:কিড্ / *noun* [C] a beautiful and sometimes rare type of plant that has flowers of unusual shapes and bright colours একধরনের সুন্দর বিরল গাছ যাতে নানা বর্ণের এবং নানা আকারের বিচিত্র ফুল ফোটে; অর্কিড

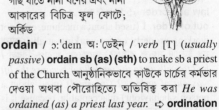

ordain / ɔːˈdeɪn অ:ˈডেইন্ / *verb* [T] (*usually passive*) **ordain sb (as) (sth)** to make sb a priest of the Church আনুষ্ঠানিকভাবে কাউকে চার্চের কর্মভার দেওয়া অথবা পৌরোহিত্যে অভিষিক্ত করা *He was ordained (as) a priest last year.* ⇨ **ordination** noun দেখো।

ordeal / ɔːˈdiːl; ˈɔːdiːl অ:ˈডীল্; ˈঅ:ডীল্ / *noun* [C, *usually sing.*] a very unpleasant or difficult experience কঠোর, কঠিন, অপ্রিয় অভিজ্ঞতা

order[1] / ˈɔːdə(r) ˈঅ:ড্যা(র্) / *noun* **1** [U, C] the way in which people or things are arranged in relation to each other লোকজন বা বস্তুসমূহের পারস্পরিক সম্পর্ক অনুযায়ী যেভাবে তারা বিন্যস্ত বা শৃঙ্খলিত *a list of names in* ***alphabetical order*** ○ *Try to put the things you have to do* ***in order of importance***. **2** [U] an organized state, where everything is in its right place যে রাজ্যে সব কিছুই সুবিন্যস্ত *I really must* ***put*** *my notes* ***in order***, *because I can never find what I'm looking for.* ✪ বিপ **disorder** **3** [C] **an order (for sb) (to do sth)** sth that you are told to do by sb in a position of authority কর্তৃপক্ষের আদেশ, নির্দেশ *In the army, you have to* ***obey orders*** *at all times.* ○ *She* ***gave the order*** *for the work to be started.* **4** [U] the situation in which laws, rules, authority, etc. are obeyed যে অবস্থায় আইন, নিয়ম ইত্যাদি সবই ঠিকঠাকভাবে মানা হয় *Following last week's riots, order has now been restored.* ⇨ **disorder** দেখো। **5** [C, U] **an order (for sth)** a request asking for sth to be made, supplied or sent মালপত্র সম্বন্ধে ফরমাশ, অর্ডার অথবা পাঠানোর জন্য অনুরোধ *The company has just received a major export order.* ○ *The book I need is* ***on order*** (=they are waiting for it to arrive). **6** [C] a request for food or drinks in a hotel, restaurant, etc.; the food or

O

drinks you asked for রেস্তোরাঁয় বা হোটেলে দেওয়া খাবারের অর্ডার; অর্ডার-দেওয়া খাদ্যপানীয় *Can I take **your order** now, sir?*

IDM in order to do sth with the purpose or intention of doing sth; so that sth can be done কোনো কিছু করার উদ্দেশ্য বা ইচ্ছাসহ; যাতে কিছু করা যেতে পারে *We left early in order to avoid the traffic.*

in/into reverse order ⇨ **reverse³** দেখো।

in working order (used about machines, etc.) working properly, not broken (যন্ত্রপাতি ইত্যাদি সম্বন্ধে ব্যবহৃত) ঠিকমতো কাজ করছে, চালু, ভাঙা বা অকেজো নয়

law and order ⇨ **law** দেখো।

out of order 1 (used about a machine, etc.) not working properly or not working at all (কোনো যন্ত্র ইত্যাদি সম্বন্ধে ব্যবহৃত) অকেজো, খারাপ, বিকল *I had to walk up to the tenth floor because the lift was out of order.* **2** (*informal*) (used about a person's behaviour) unacceptable, because it is rude, etc. (কারও ব্যবহার সম্বন্ধে ব্যবহৃত) গ্রহণযোগ্য নয়, যা মেনে নেওয়া যায় না; কঠোর, অভদ্র *That comment was completely out of order!*

order² / ˈɔ:də(r) ˈঅ:ড্যা(র্) / *verb* **1** [T] **order sb (to do sth)** to use your position of authority to tell sb to do sth or to say that sth must happen নিজের ক্ষমতার কথা মাথায় রেখে কাউকে কোনো কাজ করতে বলা অথবা কিছু ঘটবেই এমন বলা *I'm not asking you to do your homework, I'm ordering you!* ○ *The company was ordered to pay compensation to its former employees.* **2** [T] to ask for sth to be made, supplied or sent somewhere কাউকে কোনো জিনিস তৈরি করে, ব্যবস্থা ও যোগাযোগ করে আনিয়ে দেওয়ার জন্য নির্দেশ দেওয়া *The shop didn't have the book I wanted so I ordered it.* **3** [I, T] **order (sb) (sth); order (sth) (for sb)** to ask for food or drinks in a restaurant, hotel, etc. হোটেল, রেস্তোরাঁ ইত্যাদিতে খাবারের অর্ডার দেওয়া *Are you ready to order yet, madam?* ○ *Can you order me a sandwich while I make a phone call?*

PHR V order sb about/around to keep telling sb what to do and how to do it কাউকে কিছু করার জন্য বারবার বলা, আদেশ বা নির্দেশ দেওয়ার ছলে কর্তৃত্ব ফলানোর চেষ্টা করা *Stop ordering me about! You're not my father.*

order form *noun* [C] a form that is filled in by sb ordering goods from a factory, shop, etc. কোনো কারখানা, দোকান ইত্যাদিতে জিনিসপত্রের অর্ডার দেওয়ার জন্য যে ফর্ম ভর্তি করতে হয়; অর্ডার ফর্ম

orderly¹ / ˈɔ:dəli ˈঅ:ড্যালি / *adj.* **1** arranged or organized in a tidy way সুবিন্যস্ত বা গোছানো *an orderly office/desk* **2** well behaved; peaceful সংযত; শান্তিপ্রিয়, শৃঙ্খলাবদ্ধ ✪ বিপ **disorderly**

orderly² / ˈɔ:dəli ˈঅ:ড্যালি / *noun* [C] (*pl.* **orderlies**) an untrained worker (in a hospital or army etc.) who attends to a superior officer (হাসপাতাল বা সামরিক বাহিনী ইত্যাদিতে) প্রশিক্ষণপ্রাপ্ত নয় এমন কর্মচারী যে উচ্চতর আধিকারিকের অধীনস্থ; আর্দালি

ordinal / ˈɔ:dɪnl ˈঅ:ডিন্ল্ / (*also* **ordinal number**) *noun* [C] a number that shows the order or position of sth in a series ক্রম নির্দেশক সংখ্যা *'First', 'second', and 'third' are ordinals.* ⇨ **cardinal** দেখো।

ordinance / ˈɔ:dɪnəns ˈঅ:ডিন্যান্স্ / *noun* [C] (*formal*) an order or rule made by a government or sb in a position of authority কোনো রাষ্ট্রের সরকার অথবা বিশিষ্ট পদাধিকারী কোনো ব্যক্তি দ্বারা প্রদত্ত নির্দেশ অথবা বিধি; অর্ডিন্যান্স

ordinarily / ˈɔ:dnrəli ˈঅ:ড্নর্যালি / *adv.* usually; generally সাধারণত, সাধারণ নিয়মে; এমনিতে, সাধারণভাবে *Ordinarily, I don't work as late as this.*

ordinary / ˈɔ:dnri ˈঅ:ড্নরি / *adj.* normal; not unusual or different from others সাধারণ; অন্যের থেকে আলাদা নয়, আর সকলের মতোই *It's interesting to see how ordinary people live in other countries.*

IDM out of the ordinary unusual; different from normal অসাধারণ; অস্বাভাবিক, সচরাচর দেখা যায় না এমন

ordination / ˌɔ:dɪˈneɪʃn ˌঅ:ডিˈনেইশ্ন্ / *adj* the act or ceremony of making sb a priest of the Church চার্চে ধর্মযাজকের পদে অভিষিক্ত করার অনুষ্ঠান ⇨ **ordain** verb দেখো।

ordnance / ˈɔ:dnəns অ:ড্ন্যান্স্ / *noun* [C] military supplies consisting of ammunition, equipment, etc. কামান-বন্দুক গোলাগুলিসহ সামরিক সরঞ্জামের সরবরাহ

ore / ɔ:(r) ˈঅ:(র্) / *noun* [C, U] rock or earth from which metal can be taken আকরিক পাথর, যার থেকে ধাতু পাওয়া যায়; আকর, খনিজ *iron ore*

organ / ˈɔ:gən ˈঅ:গ্যান্ / *noun* [C] **1** one of the parts inside your body that have a particular function শরীরের যে-কোনো অঙ্গ ***vital organs*** (=those such as the heart and liver which help to keep you alive) ○ *sexual/reproductive organs* **2** a large musical instrument like a piano with pipes through which air is forced. Organs are often found in churches পিয়ানোর মতো বৃহদাকার বাদ্যযন্ত্র যাতে একাধিক পাইপের মধ্যে দিয়ে হাওয়া যাওয়ার ফলে আওয়াজ বার হয়। সাধারণত চার্চে অর্গ্যান চোখে পড়ে *organ music* ▶ **organist** *noun* [C] অর্গ্যানবাদক

O

organic / ɔːˈɡænɪk অ:ˈগ্যানিক্ / *adj.* **1** (used about food or farming methods) produced by or using natural materials, without artificial chemicals (খাদ্য বা কৃষি প্রণালী সম্বন্ধে ব্যবহৃত) কোনোরকম কৃত্রিম রাসায়নিক পদার্থের ব্যবহার ছাড়া কেবলমাত্র প্রাকৃতিক সারের সাহায্যে স্বাভাবিকভাবে উৎপন্ন *organic vegetables* ○ *organic farming* **2** produced by or existing in living things দেহযন্ত্র সংক্রান্ত; জৈবিক *organic compounds/molecules* ✪ বিপ **inorganic** ▶ **organically** / -kli -ক্লি / *adv.* জৈবিক সারের সাহায্যে *organically grown/produced*

organism / ˈɔːɡənɪzəm ˈঅ:গ্যানিজ়্যাম্ / *noun* [C] a living thing, especially one that is so small that you can only see it with a special instrument (**a microscope**) সূক্ষ্মদেহী প্রাণী, বিশেষত যা এতই ছোটো যে অণুবীক্ষণ যন্ত্র ছাড়া খালি চোখে দেখা যায় না

organization (*also* **-isation**) / ˌɔːɡənaɪˈzeɪʃn ˌঅ:গ্যানাইˈজ়েইশ্ন্ / *noun* **1** [C] a group of people who form a business, club, etc. together in order to achieve a particular aim প্রতিষ্ঠান, সংগঠন *She works for a voluntary organization helping homeless people.* **2** [U] the activity of making preparations or arrangements for sth কোনো কিছু গড়ে তোলা বা সংগঠনের জন্য কাজের প্রস্তুতি বা ব্যবস্থা *An enormous amount of organization went into the festival.* 3 [U] the way in which sth is organized, arranged or prepared যে পদ্ধতিতে কোনো কিছু সংগঠিত করা হয়, সংগঠনের ধরন ✪ বিপ **disorganization** ▶ **organizational** (*also* **-isational**) / -ʃənl -শ্যান্ল্ / *adj.* সাংগঠনিক, প্রাতিষ্ঠানিক *The job requires a high level of organizational ability.*

organize (*also* **-ise**) / ˈɔːɡənaɪz ˈঅ:গ্যানাইজ্ / *verb* **1** [T] to plan or arrange an event, activity, etc. কোনো অনুষ্ঠান, ক্রিয়াকলাপ ইত্যাদির ব্যবস্থা করা, সংগঠন করা ইত্যাদি *The school organizes trips to various places of interest.* **2** [I, T] to put or arrange things into a system or logical order কোনো কিছুকে সুসংহত রূপ দেওয়া, ভালোভাবে শৃঙ্খলাবদ্ধ করে গুছিয়ে তোলা *Can you decide what needs doing? I'm hopeless at organizing.* ○ *You need to organize your work more carefully.* ▶ **organizer** (*also* **-iser**) *noun* [C] সংগঠক, সংগঠনকারী *The organizers of the concert said that it had been a great success.*

organized (*also* **-ised**) / ˈɔːɡənaɪzd ˈঅ:গ্যানাইজ়্ড্ / *adj.* **1** arranged or planned in the way mentioned সুবিন্যস্ত, সংগঠিত *a carefully/badly/well-organized trip* **2** (used about a person) able to plan your work, life, etc. well (কোনো ব্যক্তি সম্বন্ধে ব্যবহৃত) সুসংগঠিত, শৃঙ্খলাবদ্ধ *I wish I were as organized as you!* ✪ বিপ **disorganized** (অর্থ সংখ্যা **1** এবং **2**-এর জন্য) **3** (*only before a noun*) involving a large number of people working together to do sth in a way that has been carefully planned সুনির্দিষ্ট পরিকল্পনা অনুযায়ী কোনো কাজ করার জন্য বহু সংখ্যক মানুষকে সংঘবদ্ধ করা হচ্ছে এমন *an organized campaign against cruelty to animals* ○ *organized crime* (=done by a large group of professional criminals)

orgasm / ˈɔːɡæzəm ˈঅ:গ্যাজ়্যাম্ / *noun* [U, C] the point of greatest sexual pleasure সংগমকালে যৌন উত্তেজনার চরম মুহূর্ত; রাগমোচন, রাগশিখর *to have an orgasm*

orgy / ˈɔːdʒi ˈঅ:জি / *noun* [C] (*pl.* **orgies**) **1** a party, involving a lot of eating, drinking and sexual activity খুব বেশি রকমের খাওয়া-দাওয়া, মদ্যপান এবং সঙ্গে যৌনক্রিয়াকলাপ সবকিছু মিলিয়ে প্রবল হই-হট্টগোল বা উত্তেজনা **2 an orgy (of sth)** a period of doing sth in a wild way, without control নিয়ন্ত্রণের বাইরে বন্য উন্মাদনা *an orgy of destruction*

the Orient / ˈɔːriənt ˈঅ:রিঅ্যান্ট্ / *noun* [*sing.*] (*formal*) the eastern part of the world, especially East Asian countries পৃথিবীর পূর্ব প্রান্তের দেশ; প্রাচ্য

orient / ˈɔːrient ˈঅ:রিএন্ট্ / (*also* **orientate** / ˈɔːriənteɪt ˈঅ:রিঅ্যান্টেইট্ /) *verb* [T] **orient yourself** to find out where you are; become familiar with a place নিজের অবস্থান সম্বন্ধে জানা; নিজের পরিস্থিতি এবং জায়গাটি ভালোভাবে জানা ➪ **disorientate** দেখো।

oriental (*also* **Oriental**) / ˌɔːriˈentl ˌঅ:রিˈএন্ট্‌ল্ / *adj.* (*old-fashioned*) coming from or belonging to the East or Far East প্রাচ্যদেশীয়, পূর্বদেশীয় **NOTE** খেয়াল রেখো এই শব্দটির ব্যবহার আজকাল অপমানজনক বলে মনে করা হয়। এই অর্থে **Asian** শব্দটি ব্যবহার করা যেতে পারে

oriented / ˈɔːrientɪd ˈঅ:রিএন্টিড্ / (*also* **orientated** / ˈɔːriənteɪtɪd ˈঅ:রিঅ্যান্টেইটিড্ /) *adj.* for or interested in a particular type of person or thing বিশেষ ধরনের ব্যক্তি বা জিনিসের জন্য বা তাতে আগ্রহী *The shop sells male-oriented products.* ○ *She's very career orientated.*

orienteering / ˌɔːriənˈtɪərɪŋ ˌঅ:রিঅ্যান্ˈটিঅ্যারিং / *noun* [U] a sport in which you find your way across an area on foot, using a map and an instrument that shows direction (**a compass**) একধরনের খেলা, যাতে দেশের এক প্রান্ত থেকে আর এক প্রান্ত পায়ে হেঁটে, একটি কম্পাস ও মানচিত্রের সাহায্যে পথ খুঁজে খুঁজে বেড়ানো হয়

orifice / ˈɒrɪfɪs ˈঅরিফিস্ / *noun* [C] (*formal*) a hole or opening, especially in the body ফুটো, ছিদ্র, ক্ষুদ্র রন্ধ্র (বিশেষভাবে শরীরের কোনো অংশে)

origin / ˈɒrɪdʒɪn ˈঅরিজিন্ / *noun* [C, U] **1** (*often used in the plural*) the point from which sth starts; the cause of sth আদি, মূল, উৎপত্তিস্থল *This particular tradition* ***has its origins in*** *Punjab.* ○ *Many English words are* ***of*** *French* ***origin***. **2** (*often used in the plural*) the country, race, culture, etc. that a person comes from (দেশ, জাতি, সংস্কৃতি সম্বন্ধে) কোনো ব্যক্তির মূল যেখানে, যেখান থেকে উদ্ভূত *people of African origin*

original[1] / əˈrɪdʒənl অ্যাˈরিজ্যান্‌ল্ / *adj.* **1** (*only before a noun*) first; earliest (before any changes or developments) প্রথম; সর্বাপেক্ষা প্রথমে, গোড়াকার (কোনো রকম পরিবর্তনের আগে) *The original meaning of this word is different from the meaning it has nowadays.* **2** new and interesting; different from others of its type মৌলিক ধ্যান ধারণা; যে চিন্তাধারা অন্য কারও মতো নয় *There are no original ideas in his work.* **3** made or created first, before copies আদি, আসল *'Is that the original painting?' 'No, it's a copy.'*

original[2] / əˈrɪdʒənl অ্যাˈরিজ্যান্‌ল্ / *noun* [C] the first document, painting, etc. that was made; not a copy (তথ্য, চিত্র ইত্যাদির) আসল; নকল বা প্রতিলিপি নয় *Could you make a photocopy of my birth certificate and give the original back to me?*

originality / əˌrɪdʒəˈnæləti অ্যাˌরিজ্যাˈন্যাল্যাটি / *noun* [U] the quality of being new and interesting মৌলিকতা, অভিনবত্ব, নতুনত্ব

originally / əˈrɪdʒənəli অ্যাˈরিজ্যান্যালি / *adv.* **1** in the beginning, before any changes or developments (কোনো পরিবর্তন বা বিবর্তনের আগে) আদিতে, একেবারে গোড়ায়, আরম্ভের সময় *I'm from Maharashtra originally, but I left there when I was very young.* **2** in a way or style that is new and different from any others মৌলিকভাবে, অভিনবভাবে *She has a talent for expressing simple ideas originally.*

originate / əˈrɪdʒɪneɪt অ্যাˈরিজিনেইট্ / *verb* [I] (*formal*) to happen or appear for the first time in a particular place or situation কোনো কিছু কোনো জায়গায় প্রথম হওয়া, কোনো পরিস্থিতিতে প্রথম কোনো ঘটনা ঘটা

ornament / ˈɔːnəmənt ˈঅ:ন্যাম্যান্ট্ / *noun* [C] **1** an object that you have because it is attractive, not because it is useful. Ornaments are used to decorate rooms, etc. প্রয়োজনীয় নয় কিন্তু সৌন্দর্যের কারণে অথবা শোভাবর্ধনের কাজে লাগে এমন; সজ্জা, ভূষণ **2** (**formal**) an object that is worn as jewellery অলংকার হিসেবে যে বস্তু পরিধান করা হয়; অলংকার, গহনা

ornamental / ˌɔːnəˈmentl ˌঅ:ন্যাˈমেন্ট্‌ল্ / *adj.* made or put somewhere in order to look attractive, not for any practical use সৌন্দর্যবর্ধক, আলংকারিক

ornate / ɔːˈneɪt অ:ˈনেইট্ / *adj.* covered with a lot of small complicated designs as decoration অতিঅলংকৃত, অলংকারবহুল, অলংকারযুক্ত

ornithology / ˌɔːnɪˈθɒlədʒi ˌঅ:নিˈথল্যাজি / *noun* [U] the study of birds পাখি সম্বন্ধীয় বিদ্যা; পক্ষীবিজ্ঞান ▶ **ornithologist** / -dʒɪst -ইস্ট্ / *noun* [C] পক্ষীবিজ্ঞানী

orographic / ɒrəˈgræfɪk অর্যাˈগ্র্যাফিক্ / *adj.* (*technical*) connected with mountains, especially with their position and shape পর্বতবিজ্ঞান

orphan / ˈɔːfn ˈঅ:ফ্‌ন্ / *noun* [C] a child whose parents are dead অনাথ; পিতৃমাতৃহীন ▶ **orphan** *verb* [T] (*usually passive*) অনাথ করা বা হওয়া *She was orphaned when she was three and went to live with her grandparents.*

orphanage / ˈɔːfənɪdʒ ˈঅ:ফ্যানিজ্ / *noun* [C] a home for children whose parents are dead অনাথাশ্রম **NOTE** এই অর্থে **children's home** অধিক প্রচলিত ব্যবহার

ortho- / ˈɔːθəʊ ˈঅ:থ্যাউ / *prefix* (*used in nouns, adjectives and adverbs*) correct; standard সঠিক; সঠিকমানের *orthography*

orthodox / ˈɔːθədɒks ˈঅ:থ্যাডক্স্ / *adj.* **1** that most people believe, do or accept; usual সর্বজনগৃহীত; সনাতন, স্বাভাবিক, প্রচলিত *orthodox opinions/ methods* ✪ বিপ **unorthodox** **2** (in certain religions) closely following the old, traditional beliefs, ceremonies, etc. (কোনো কোনো ধর্মে) প্রাচীন চিরাচরিত মতে বিশ্বাসী; গোঁড়া, সনাতনপন্থী *an orthodox Jew* ○ *the Greek Orthodox Church*

orthography / ɔːˈθɒgrəfi অ:ˈথগ্র্যাফি / *noun* [U] (*formal*) the system of spelling in a language সঠিক বানানের রীতি; বানানতত্ত্ব ▶ **orthographic** / ˌɔːθəˈgræfɪk ˌঅ:থ্যাˈগ্র্যাফিক্ / *adj.* বানানতত্ত্ব সম্পর্কিত

orthopaedics (*AmE* **orthopedics**) / ˌɔːθəˈpiːdɪks ˌঅ:থ্যাˈপীডিক্স্ / *noun* [U] the area of medicine connected with injuries and diseases of the bones or muscles অস্থি বা পেশির ক্ষত বা রোগের সঙ্গে সংযুক্ত চিকিৎসা পদ্ধতি ▶ **orthopaedic** (*AmE* **orthopedic**) *adj.* অস্থি ও পেশির চিকিৎসা বিষয়ক

oscillate / ˈɒsɪleɪt ˈঅসিলেইট্ / *verb* [I] (*formal*) **(between A and B)** **1** to keep changing from one extreme of feeling or behaviour to another, and back again দুরকম চরম ব্যবহার, মনোভাব বা অনুভূতির মধ্যে দোদুল্যমান হওয়া; সন্দেহ অবিশ্বাস ইত্যাদির

মধ্যে দুলতে থাকা *Her moods oscillated between joy and depression.* **2** (*technical*) to keep moving from one position to another and back again একদিক থেকে অন্যদিকে বা এক অবস্থা থেকে অন্য অবস্থায় দুলতে থাকা *Watch how the needle oscillates as the current changes.* **3** (*technical*) (used about electric current, radio waves, etc.) to change in strength or direction at regular times (বৈদ্যুতিক প্রবাহ, বেতার তরঙ্গ ইত্যাদি সম্বন্ধে ব্যবহৃত) নিয়মিত সময়ের ব্যবধানে শক্তি বা গতি বদল করা ▶ **oscillation** *noun* [C, U] দোলন, কম্পন

oscilloscope / əˈsɪləskəʊp অ্যা'সিল্যাস্‌ক্যাউপ্ / *noun* [C] (*technical*) a piece of equipment that shows changes in electrical current as waves in a line on a screen যে বিদ্যুৎ চালিত সরঞ্জামের সাহায্যে বিদ্যুৎ প্রবাহের তারতম্য কোনো পর্দার উপর ঢেউ খেলানো লাইনের মাধ্যমে দেখানো যায়

osmosis / ɒzˈməʊsɪs অজ়্'ম্যাউসিস্ / *noun* [U](*technical*) the gradual passing of a liquid through a thin layer of material **(a membrane)** পাতলা ঝিল্লির মধ্যে দিয়ে তরল পদার্থের ধীরে ধীরে প্রবাহ; আস্রবণ, অভিস্রবণ *Water passes into the roots of a plant* ***by osmosis****.*

ostensible / ɒˈstensəbl অ'স্টেন্‌স্যাব্‌ল্ /*adj.* (*only before a noun*) seeming or stated to be real or true, but not necessarily real or true বাস্তব বা সত্য বলে মনে হয় বা বলা হয় এরকম, কিন্তু তা প্রকৃতপক্ষে নাও হতে পারে *The ostensible reason she gave for her absence was illness.*

ostentatious / ˌɒstenˈteɪʃəs ˌঅস্টেন্'টেইশ্যাস্ / *adj.* **1** expensive or noticeable in a way that is intended to impress other people অন্যকে দেখাতে ভালোবাসে এমন; জাঁকজমকপ্রিয়, সাড়ম্বরে *ostentatious gold jewellery* **2** behaving in a way that is intended to impress people with how rich or important you are নিজের বৈভব প্রদর্শনে বা নিজেকে গুরুত্বপূর্ণ দেখাতে আগ্রহী; চালবাজ, দাম্ভিক ▶ **ostentatiously** *adv.* আড়ম্বরপূর্ণভাবে

osteo- / ˈɒstiəʊ 'অস্টিঅ্যাউ / *prefix* (*used in nouns and adjectives*) connected with bones হাড়ের সঙ্গে জড়িত, অস্থি সম্পর্কিত *osteopath*

osteopath / ˈɒstiəpæθ 'অস্‌টিঅ্যাপ্যাথ্ / *noun* [C] a person whose job involves treating some diseases and physical problems by pressing and moving the bones and muscles অস্থি ও পেশির নাড়াচাড়ার মাধ্যমে রোগের চিকিৎসা করে যে; অস্থিরোগবিশেষজ্ঞ ➪ **chiro-practor** দেখো।

osteoporosis / ˌɒstiəʊpəˈrəʊsɪs ˌঅস্‌টিঅ্যাউ-প্যা'র‍্যাউসিস্ / *noun* [U] a medical condition in which the bones become weak and are easily broken হাড় দুর্বল ও ভঙ্গুর হয়ে যাওয়ার অসুখ; অসটিওপোরোসিস

ostracize (*also* **-ise**) / ˈɒstrəsaɪz 'অস্ট্র্যাসাইজ় / *verb* [T] (*formal*) to refuse to allow sb to be a member of a social group; to refuse to meet or talk to sb কোনো ব্যক্তিকে কোনো সামাজিক গোষ্ঠীর সদস্য হতে না দেওয়া; একঘরে করা, সমাজ থেকে নির্বাসিত করা

ostrich / ˈɒstrɪtʃ 'অস্‌ট্রিচ্ / *noun* [C] a very large African bird with a long neck and long legs, which can run very fast but which cannot fly আফ্রিকার এক ধরনের পাখি যারা লম্বা লম্বা পা ফেলে খুব জোরে দৌড়োতে পারে, কিন্তু উড়তে পারে না; উটপাখি

other / ˈʌðə(r) 'আদ্যা(র্) / *det., pronoun* **1** in addition to or different from the one or ones that have already been mentioned যার কথা এইমাত্র বলা হয়েছে, সেটি ছাড়া অন্যটি *I hadn't got any other plans that evening so I accepted their invitation.* ○ *She doesn't care what other people think.*

> **NOTE** **Other** শব্দটি যখন **an**-এর পরে ব্যবহার করা হয় তখন **another** শব্দটি ব্যবহার করা হয়।

2 (*after 'the', 'my', 'your', 'his', 'her', etc. with a singular noun*) the second of two people or things, when the first has already been mentioned একজনের কথা আগে বলা হয়ে গেলে, দ্বিতীয়টি বোঝায় *I can only find one sock. Have you seen the other one?* **3** (*after 'the', 'my', 'your', 'his', 'her', etc. with a plural noun*) the rest of a group or number of people or things দলের অন্য সকলে, বাকি সবাই বা সব কিছু *Their youngest son still lives with them but their other children have left home.* ○ *I'll have to wear this shirt because all my others are dirty.*

IDM **every other** ➪ **every** দেখো।

in other words used for saying sth in a different way অন্যভাবে, অন্য কথায় *My boss said she would have to let me go. In other words, she sacked me.*

one after another/the other ➪ **one**[1] দেখো।

other than (*usually after a negative*) apart from; except (for) এছাড়া, এটা ছাড়া, তা ছাড়া; ব্যতীত *The plane was a little late, but other than that the journey was fine.*

the other day/morning/week recently, not long ago সাম্প্রতিককালে, হালে, বেশিদিন আগে নয় *An old friend rang me the other day.*

the other way round ➪ **round**[2] দেখো।

sb/sth/somewhere or other ➪ **or** দেখো।

otherwise / ˈʌðəwaɪz 'অদ্যাউআইজ় / *adv., conj.* **1** (used for stating what would happen if you do not do sth or if sth does not happen) if not (যদি কিছু না করা হয় বা যদি কিছু ঘটে তাহলে কি হবে সেটি বোঝানোর জন্য ব্যবহৃত) অন্যথায়, তা না হলে *You have to press the red button, otherwise it won't work.* **2** apart from that এছাড়া, এটা বাদ দিলে *I'm a bit tired but otherwise I feel fine.* **3** in a different way to the way mentioned; differently যেভাবে বলা হয়েছে সেভাবে নয়; পৃথকভাবে

otter / ˈɒtə(r) ˈঅট্যা(র্) / *noun* [C] a river animal with brown fur that eats fish বাদামি লোমযুক্ত জলে থাকে এমন প্রাণী যারা মাছ খায়; উদ্বিড়াল, ভোঁদড়

ouch / aʊtʃ আউচ্ / *exclamation* used when reacting to a sudden feeling of pain হঠাৎ ব্যথা পেলে মুখ থেকে এই ধরনের শব্দ বেরিয়ে আসে

ought to / ˈɔːt tə; ˈঅ:ট্ ট্যা; *before vowels and in final position* ˈɔːt tuː / ˈঅ:ট্ টু /) *modal verb* (*negative* **ought not to;** *short form* **oughtn't to** / ˈɔːtnt tə ˈঅ:ট্ন্ট্ট্যা / *before vowels and in final position* / ˈɔːtnt tuː ˈঅ:ট্ন্ট্টু /) **1** used to say what sb should do কোনো ব্যক্তির কি করা উচিত তা বোঝানোর জন্য ব্যবহৃত *You ought to visit your parents more often.* ○ *He oughtn't to have been driving so fast.* **2** used to say what should happen or what you expect যা ঘটা উচিত, অথবা কি প্রত্যাশা করা হচ্ছে তা জানাতে ব্যবহৃত *She ought to pass her test.* ○ *There ought to be more buses in the rush hour.* **3** used for asking for and giving advice about what to do কি করা উচিত সে সম্বন্ধে উপদেশ চাওয়া বা দেওয়ার জন্য ব্যবহৃত *You ought to read this book. It's really interesting.*

> **NOTE** **Modal Verbs** সম্বন্ধে আরও বিশদভাবে জানার জন্য এই অভিধানের শেষে **Quick Grammar Reference** দেখো।

ounce /aʊns আউন্স্ / *noun* **1** [C] (*abbr.* **oz**) a measure of weight; 28.35 grams. There are 16 ounces in a pound ওজনের মাপের মাত্রা; ২৮.৩৫ গ্রাম। এক পাউন্ডে ১৬ আউন্স *For this recipe you need 4 ounces of flour.* **2** [*sing.*] **an ounce of sth** (*usually in negative statements*) a very small amount of sth কোনো কিছুর খুবই কম পরিমাণ *He hasn't got an ounce of imagination.*

our / ɑː(r); ˈaʊə(r) আ:(র্); ˈআউঅ্যা(র্) / *det.* of or belonging to us আমাদের *Our house is at the bottom of the road.* ○ *This is our first visit to Shimla.*

ours / ɑːz; ˈaʊəz আ:জ়্; ˈআউঅ্যাজ় / *pronoun* the one or ones belonging to us আমাদের যেটা অথবা যেগুলো *Their garden is quite nice but I prefer ours.*

ourselves / ɑːˈselvz; ˌaʊəˈselvz আ:ˈসেল্ভ্জ়্; ˌআউঅ্যাস্- / *pronoun* **1** used when the people who do an action are also affected by it কথক বা কর্তা যখন কোনো কাজ করে এবং তার ফল ভোগ করে তখন ব্যবহৃত *Let's forget all about work and just enjoy ourselves.* ○ *They asked us to wait so we sat down and made ourselves comfortable.* **2** used to emphasize sth কোনো কিছুর উপর জোর দিতে ব্যবহৃত *Do you think we should paint the flat ourselves* (=or should we ask sb else to do it for us)?

IDM **(all) by ourselves 1** alone নিজেরা, নিজেরাই, আমরা একলাই, অন্য কেউ নয় *Now that we're by ourselves, could I ask you a personal question?* ➪ **alone** দেখো। **2** without help কারও সাহায্য ছাড়াই, সাহায্য ব্যতিরেকে *We managed to move all our furniture into the new flat by ourselves.*

oust / aʊst আউস্ট্ / *verb* [T] (*written*) **oust sb (from/as sth)** to force sb out of a job or position of power, especially in order to take his/her place কাউকে কোনো চাকুরি বা ক্ষমতা থেকে হটিয়ে দেওয়া, ক্ষমতাচ্যুত করা, বিশেষত তার স্থান নেওয়ার জন্য *He was ousted as chairman.*

out / aʊt আউট্ / *adv., prep.*

> **NOTE** বিভিন্ন ক্রিয়াপদের (verb) সঙ্গে বিশেষ ব্যবহারের জন্য (উদাহরণস্বরূপ **look out**) অন্যান্য ক্রিয়াপদগুলির শীর্ষশব্দগুলি দেখো।

1 away from the inside of a place কোনো স্থানের ভিতর থেকে দূরে, বাইরে *He opened the drawer and took a fork out.* ○ *Can you show me the way out?* ➪ **out of** দেখো। **2** not at home or in your place of work বাড়িতে বা কাজের জায়গায় নয় *My manager was out when she called.* ○ *I'd love a night out—I'm bored with staying at home.* **3** a long distance away from a place, for example from land or your country কোনো স্থান থেকে অনেক দূরে, অতি দূরে (যেমন কোনো ভূখণ্ড বা নিজের দেশ থেকে) *The current is quite strong so don't swim too far out.* **4** (used about the sea) when the water is furthest away from the coast or beach (সমুদ্র সম্বন্ধে ব্যবহৃত) ভাটায় যখন সমুদ্রের জল দূরে সরে যায় *Don't swim when the tide is on the way out.* **5** used for showing that sth is no longer hidden প্রস্ফুটিত, প্রকাশিত বোঝাতে ব্যবহৃত *I love the spring when all the flowers are out.* ○ *The secret's out now. There's no point pretending any more.* **6** made available to the public; published জনতার কাছে প্রাপ্তিসাধ্য এমন; প্রকাশিত *There'll be a lot of controversy when her book comes out next year.* **7** in a loud voice;

clearly খুব জোরে; স্পষ্টভাবে *She cried out in pain.* **8** not in fashion বাতিল, বর্তমানে চালু নয় *Short skirts are out this season.* **9** (*spoken*) not possible or acceptable গ্রহণযোগ্য নয়, অসম্ভব, যা মেনে নেওয়া যায় না *I'm afraid Friday is out. I've got a meeting that day.* **10** (used about a player in a game or sport) not allowed to continue playing (কোনো খেলা বা খেলার প্রতিযোগিতার কোনো খেলোয়াড় সম্বন্ধে ব্যবহৃত) খেলার অনুমতিপ্রাপ্ত নয় *If you get three answers wrong, you're out.* **11** (used about a ball, etc. in a game or sport) not inside the playing area and therefore not allowed (খেলার বল ইত্যাদি সম্বন্ধে ব্যবহৃত) খেলার নির্দিষ্ট জায়গায় না থাকার ফলে গ্রাহ্য নয় **12** (used when you are calculating sth) making or containing a mistake; wrong (হিসাব করার সময়ে ব্যবহৃত) ঠিক নয়; ভুল *My guess was only out by a few centimetres.* **13** (used about a light or a fire) not on; not burning (কোনো আলো বা আগুন সম্বন্ধে ব্যবহৃত) জ্বলছে না; নেভানো, নিভন্ত *The lights are out. They must be in bed.* ○ *Once the fire was completely out, experts were sent in to inspect the damage.*

IDM **be out for sth; be out to do sth** to try hard to get or do sth আপ্রাণ চেষ্টা করা, সাধ্যাতীত চেষ্টা করা *I'm not out for revenge.*

out-and-out complete সম্পূর্ণ, পুরোপুরি *It was out-and-out war between us.*

out loud = aloud

out- / aʊt আউট্ / *prefix* **1** (*used in verbs*) greater, better, further, longer, etc. আরও ভালো, আরও মহৎ, আরও দূরে, আরও লম্বা ইত্যাদি *outdo* ○ *outrun* **2** (*used in nouns and adjectives*) outside; away from বাইরের দিকে; (কিছু থেকে) তফাতে *outbuildings* ○ *outpatient*

the outback / ˈaʊtbæk ˈআউট্‌ব্যাক্ / *noun* [*sing.*] the part of a country (especially Australia) which is a long way from the coast and towns, where few people live দেশের এমন কোনো অংশ (বিশেষত অস্ট্রেলিয়া মহাদেশে) যা সমুদ্রতীর এবং শহরাঞ্চল থেকে বেশ দূরে এবং যেখানে বসবাসকারীর সংখ্যা কম

outboard motor / ˌaʊtbɔːd ˈməʊtə(r) ˌআউট্‌ব:ড্ ˈম্যাউট্যা(র্) / *noun* [C] an engine that can be fixed to a boat নৌকোয় লাগানো যেতে পারে এমন ইঞ্জিন ⇨ **boat**-এ ছবি দেখো।

outbreak / ˈaʊtbreɪk ˈআউট্‌ব্রেইক্ / *noun* [C] the sudden start of sth unpleasant (especially a disease or violence) কোনো অপ্রিয় বস্তুর অকস্মাৎ আরম্ভ (সাধারণত কোনো মহামারি অথবা দাঙ্গা) *an outbreak of cholera/fighting*

outburst / ˈaʊtbɜːst ˈআউট্‌ব্যাস্ট্ / *noun* [C] a sudden expression of a strong feeling, especially anger প্রবল অনুভূতির অকস্মাৎ অভিব্যক্তি, বিশেষত রাগ *Afterwards, she apologized for her outburst.*

outcast / ˈaʊtkɑːst ˈআউট্‌কা:স্ট্ / *noun* [C] a person who is no longer accepted by society or by a group of people সমাজচ্যুত বা একঘরে ব্যক্তি *a social outcast*

outclass / ˌaʊtˈklɑːs ˌআউট্ˈক্লা:স্ / *verb* [T] (*usually passive*) to be much better than sb/sth, especially in a game or competition কারও বা কোনো কিছুর চেয়ে অনেক ভালো হওয়া, বিশেষত কোনো খেলা বা প্রতিযোগিতায়

outcome / ˈaʊtkʌm ˈআউট্‌কাম্ / *noun* [C] the result or effect of an action or an event কোনো ঘটনা বা কাজের ফল; পরিণতি

outcrop / ˈaʊtkrɒp ˈআউট্‌ক্রপ্ / *noun* [C] (in geography) a large mass of rock that stands above the surface of the ground (ভূগোলে) পাথর বেরিয়ে থাকা এলাকা

outcry / ˈaʊtkraɪ ˈআউট্‌ক্রাই / *noun* [C, *usually sing.*] (*pl.* **outcries**) a strong protest by a large number of people because they disagree with sth প্রচণ্ড বা দেশজোড়া প্রতিবাদ *The public outcry forced the government to change its mind about the new tax.*

outdated / ˌaʊtˈdeɪtɪd ˌআউট্ˈডেইটিড্ / *adj.* not useful or common any more; old-fashioned অপ্রচলিত, অকেজো, মান্ধাতা আমলের; পুরোনো দিনের *A lot of the computer equipment is getting outdated.*

outdo / ˌaʊtˈduː ˌআউট্ˈডু / *verb* [T] (*pres. part.* **outdoing**; *3rd person sing. pres.* **outdoes** / -ˈdʌz -ˈডাজ্ /; *pt,* **outdid** / -ˈdɪd -ˈডিড্ /; *pp* **outdone** /-ˈdʌn -ˈডান্ /) to do sth better than another person; to be more successful than sb else কোনো কাজে অন্যের একের থেকে ভালো করা; কারও থেকে বেশি সফল হওয়া; টেক্কা দেওয়া ***Not to be outdone*** (=not wanting anyone else to do better), *she tried again.*

outdoor / ˈaʊtdɔː(r) ˈআউট্‌ড:(র্) / *adj.* (*only before a noun*) happening, done, or used outside, not in a building বাড়ির ভিতরে নয় বাইরে, খোলা জায়গায় অনুষ্ঠিত, কৃত বা ব্যবহৃত *an outdoor swimming pool* ○ *outdoor clothing/activities* ✪ বিপ **indoor**

outdoors / ˌaʊtˈdɔːz ˌআউট্ˈড:জ্ / *adv.* outside a building বাড়ির বাইরে খোলা জায়গায়, খোলা মাঠে *It's a very warm evening so why don't we eat outdoors?* ✪ সম **out of doors** ✪ বিপ **indoors** ⇨ **outside** দেখো।

outer / ˈaʊtə(r) ˈআউট্যা(র্) / *adj.* (*only before a noun*) **1** on the outside of sth কোনো কিছুর বাইরেটা বা বাইরের দিকটা *the outer layer of skin on an onion* **2** far from the inside or the centre of sth কোনো কিছুর কেন্দ্রস্থল বা ভিতরদিক থেকে দূরবর্তী *the outer suburbs of a city* ✪ বিপ **inner**

outermost / ˈaʊtəməʊst ˈআউট্যাম্যাউস্ট্ / *adj.* (*only before a noun*) furthest from the inside or centre; most distant কেন্দ্র হতে দূরতম; সবথেকে দূরবর্তী ✪ বিপ **innermost**

outer space = **space**[1] **2**

outfit / ˈaʊtfɪt ˈআউট্ফিট্ / *noun* [C] a set of clothes that are worn together for a particular occasion or purpose বিশেষ উপলক্ষ্যে পরার একপ্রস্থ পোশাক *I'm going to buy a whole new outfit for the party.*

outgoing / ˈaʊtgəʊɪŋ ˈআউট্গ্যাউইং / *adj.* **1** friendly and interested in other people and new experiences মিশুকে, অন্যদের ব্যাপারে আগ্রহী, বহির্মুখী **2** (*only before a noun*) leaving a job or a place বিদায়ী, যারা চলে যাবে *the outgoing president/government* ○ *Put all the outgoing mail in a pile on that table.* ✪ বিপ **incoming**

outgoings / ˈaʊtgəʊɪŋz ˈআউট্গ্যাউইংজ্ / *noun* [*pl.*] (*BrE*) an amount of money that you spend regularly for example every week or month নিয়মিত বাঁধা খরচ ✪ বিপ **income**

outgrow / ˌaʊtˈgrəʊ ˌআউট্ˈগ্র্যাউ / *verb* [T] (*pt.* **outgrew** / -ˈgruː- -ˈগ্রু / *pp* **outgrown** / -ˈgrəʊn -ˈগ্র্যাউন্ /) to become too old or too big for sth কোনো কিছুর জন্য খুব বয়স্ক অথবা বৃহৎ হয়ে যাওয়া

outing / ˈaʊtɪŋ ˈআউটিং / *noun* [C] a short trip for pleasure প্রমোদভ্রমণ *to* **go on an outing** *to the zoo*

outlandish / aʊtˈlændɪʃ আউট্ˈল্যান্ডিশ্ / *adj.* very strange or unusual উদ্ভট, অদ্ভুত, অস্বাভাবিক *outlandish clothes*

outlast / ˌaʊtˈlɑːst ˌআউট্ˈলা:স্ট্ / *verb* [T] to continue to exist or to do sth for a longer time than sb/sth দীর্ঘস্থায়ী, দীর্ঘমেয়াদিভাবে কিছু করতে থাকা

outlaw[1] / ˈaʊtlɔː ˈআউট্ল: / *verb* [T] to make sth illegal অপরাধ করা, বেআইনি কাজ করা

outlaw[2] / ˈaʊtlɔː ˈআউট্ল: / *noun* [C] (*old-fashioned*) (used in past times) a person who has done sth illegal and is hiding to avoid being caught (অতীতকালে ব্যবহৃত) যে অপরাধী ধরা না পড়ার জন্য লুকিয়ে থাকে

outlay / ˈaʊtleɪ ˈআউট্লেই / *noun* [C, *usually sing.*] **outlay (on sth)** money that is spent, especially in order to start a business or project কোনো ব্যাবসা বা প্রকল্প ইত্যাদি শুরু করায় ব্যয়িত অর্থ

outlet / ˈaʊtlet ˈআউট্লেট্ / *noun* [C] **an outlet (for sth) 1** a way of expressing and making good use of strong feelings, ideas or energy আবেগ, প্রাণচাঞ্চল্য বা শক্তির বহির্প্রকাশের উপায় *Gautam found an outlet for his aggression in boxing.* **2** a shop, business, etc. that sells goods made by a particular company or of a particular type বিশেষ কোম্পানির তৈরি অথবা বিশেষ ধরনের উৎপন্ন দ্রব্য বিক্রয়ের জায়গা অথবা বাজার *fast food/retail outlets* **3** a pipe through which a gas or liquid can escape কোনো গ্যাস বা তরলের নিকাশি ব্যবস্থা আছে এমন নল

outline[1] / ˈaʊtlaɪn ˈআউট্লাইন্ / *noun* [C] **1** a description of the most important facts or ideas about sth কোনো কিছু সম্বন্ধে সবথেকে গুরুত্বপূর্ণ তথ্য বা ভাবধারার বিবরণ; রূপরেখা, মূলকথা *a brief outline of Indian history* **2** a line that shows the shape or outside edge of sb/sth বাহ্যিক সীমারেখা, রূপরেখা *She could see the outline of a person through the mist.*

outline[2] / ˈaʊtlaɪn ˈআউট্লাইন্ / *verb* [T] **outline sth (to sb)** to tell sb or give the most important facts or ideas about sth রূপরেখা অঙ্কন করা, খসড়া তৈরি করা, কোনো বিষয়ে মোটামুটিভাবে মূল কথা বলা

outlive / ˌaʊtˈlɪv ˌআউট্ˈলিভ্ / *verb* [T] to live or exist longer than sb/sth কারও বা কোনো কিছুর থেকে বেশিদিন বাঁচা, টিকে থাকা

outlook / ˈaʊtlʊk ˈআউট্লুক্ / *noun* [C] **1 an outlook (on sth)** your attitude to or feeling about life and the world দৃষ্টিভঙ্গি, মনোভাব *an optimistic outlook on life* **2 outlook (for sth)** what will probably happen সম্ভাবনা, সম্ভাব্য কিছু *The outlook for the economy is not good.*

outlying / ˈaʊtlaɪɪŋ ˈআউট্লাইইং / *adj.* (*only before a noun*) far from the centre of a town or city শহরের কেন্দ্রস্থল থেকে অনেক দূরে *The bus service to the outlying villages is very poor.*

outmoded / ˌaʊtˈməʊdɪd ˌআউট্ˈম্যাউডিড্ / *adj.* (*only before a noun*) no longer common or fashionable যার চল উঠে গেছে, সেকেলে, এখন আর চলে না, ফ্যাশন নেই যার

outnumber / ˌaʊtˈnʌmbə(r) ˌআউট্ˈনাম্ব্যা(র্) / *verb* [T] (*usually passive*) to be greater in number than an enemy, another team, etc. (শত্রু, অন্য দল ইত্যাদির থেকে) সংখ্যায় বেশি হওয়া *The demonstrators were heavily outnumbered by the police.* ○ *The enemy troops outnumbered us by three to one.*

out of *prep.* **1** (*used with verbs expressing movement*) away from the inside of sth (গতিসূচক ক্রিয়াপদের সঙ্গে ব্যবহৃত) কোনো কিছুর ভিতর থেকে বার করা বা বেরোনো *She took her purse out of her bag.*

O

○ *to get out of bed* ✪ বিপ **into** **2** away from or no longer in a place or situation পরিস্থিতি বা স্থান থেকে দূরে *He's out of the country on business.* ○ *The doctors say she's **out of danger**.* **3** at a distance from a place কোনো নির্দিষ্ট জায়গা থেকে দূরে *We live a long way out of London.* **4** used for saying which feeling causes you to do sth সাধারণত কি কারণে, কোন মনোভাববশত তা বলার জন্য ব্যবহৃত *I was only asking out of curiosity.* **5** used for saying what you use to make sth else কি দ্রব্য ব্যবহার করে অন্য কোনো জিনিস তৈরি করা যায় তা বলার জন্য ব্যবহৃত *What is this knife **made out of**?* ○ *to be made out of wood/metal/plastic/gold* **6** from among a number or set কোনো নির্দিষ্ট সংখ্যা বা গোষ্ঠী বা দলের মধ্যে থেকে *Nine out of ten people prefer this model.* **7** from; having sth as its source থেকে; মূল থেকে *I copied the recipe out of a book.* ○ *I paid for it out of the money I won on the lottery.* **8** used for saying that you no longer have sth জিনিসটা ফুরিয়ে গেছে বলার জন্য ব্যবহৃত *to be out of milk/sugar/tea* ○ *He's been **out of work** for months.* **9** used for saying that sth is not as it should be যে রকম হওয়া বা থাকা উচিত সে রকম নেই একথা বলার জন্য ব্যবহৃত *My notes are all **out of order** and I can't find the right page.*

IDM **be/feel out of it** to be/feel lonely and unhappy because you are not included in sth বাদ পড়ে যাওয়ায় দুঃখ হওয়া, দলভুক্ত হতে না পারায় মন খারাপ হওয়া *I don't speak French so I felt rather out of it at the meeting.*

IDM **out of bounds** ➪ **bounds** দেখো।

out of order ➪ **order¹** দেখো।

out-of-work *adj.* unable to find a job; unemployed কাজ খুঁজতে অসমর্থ; বেকার *an out-of-work actor*

outpatient / ˈaʊtpeɪʃnt ˈআউট্‌পেইশ্‌ন্ট্ / *noun* [C] a person who goes to a hospital for treatment but who does not stay there during the night হাসপাতালের বহির্বিভাগের রোগী

outpost / ˈaʊtpəʊst ˈআউট্‌প্যাউস্ট্ / *noun* [C] **1** a small military camp away from the main army, used for watching an enemy's movements, etc. শত্রুপক্ষের গতিবিধির উপর নজর রাখার জন্য মূলকেন্দ্র থেকে দূরে অবস্থিত ছোটো সামরিক ঘাঁটি **2** a small town or group of buildings in a lonely part of a country দেশের নির্জন অঞ্চলে ছোটো শহর বা কয়েকটি বাড়ি

output / ˈaʊtpʊt ˈআউট্‌পুট্ / *noun* [U, C] **1** the amount that a person or machine produces (মানুষ বা যন্ত্রের দ্বারা) উৎপাদিত দ্রব্যের পরিমাণ **2** the information that a computer produces কম্পিউটার থেকে পাওয়া তথ্য ➪ **input** দেখো। **3** the power, energy, etc. produced by a piece of equipment কোনো যন্ত্র দ্বারা উৎপন্ন শক্তি ইত্যাদি *an output of 100 watts* **4** the place where power, energy, etc. leaves a system যেখান থেকে বৈদ্যুতিক প্রবাহ বা শক্তি নিঃসৃত হয়

outrage / ˈaʊtreɪdʒ ˈআউট্‌রেইজ্ / *noun* **1** [C] something that is very bad or wrong and that causes you to feel great anger অকথ্য নিষ্ঠুরতা, জঘন্য অপরাধ যা দেখে গভীর ক্রোধের সৃষ্টি হয় *It's an outrage that such poverty should exist in the 21st century.* **2** [U] great anger খুব বেশি রাগ, প্রবল ক্রোধ *a feeling of outrage* ► **outrage** *verb* [T] অত্যাচার করা, অবমাননা করা, মনে ঘেন্না ধরানো

outrageous / aʊtˈreɪdʒəs আউট্‌ˈরেইজ্যাস্ / *adj.* that makes you very angry or shocked স্তম্ভিত করে দেয়, রাগিয়ে দেয় এমন *outrageous behaviour/prices* ► **outrageously** *adv.* আপত্তিকরভাবে, কুৎসিতভাবে, জঘন্যভাবে

outright / ˈaʊtraɪt ˈআউট্‌রাইট্ / *adj., adv.* **1** open and direct; in an open and direct way উন্মুক্ত এবং প্রত্যক্ষ; সোজাসুজিভাবে *She told them outright what she thought about it.* **2** complete and clear; completely and clearly সম্পূর্ণ এবং স্পষ্ট; সম্পূর্ণভাবে, স্পষ্টভাবে *an outright victory* ○ *to win outright* **3** not gradually; immediately ক্রমে ক্রমে বা ধীরে ধীরে নয়; তৎক্ষণাৎ, অবিলম্বে *They were able to buy the house outright.*

outrun / ˌaʊtˈrʌn ˌআউট্‌ˈরান্ / *verb* [T] (*pres. part.* **outrunning**; *pt* **outran** /-ˈræn ˈ-র‍্যান্ /; *pp* **outrun**) to run faster or further than sb/sth কোনো ব্যক্তি বা বস্তুকে ছাড়িয়ে দৌড়ে যাওয়া, খুব জোরে ছোটা *He couldn't outrun his pursuers.*

outset / ˈaʊtset ˈআউট্‌সেট্ / *noun*

IDM **at/from the outset (of sth)** at/from the beginning (of sth) (কোনো কিছুর) সূচনা পর্ব থেকে

outside¹ / ˌaʊtˈsaɪd ˌআউট্‌ˈসাইড্ / *adv., prep.* **1** in, at or to a place that is not in a room or not in a building বাইরে, বাইরের দিকে *Please wait outside for a few minutes.* ○ *Leave your muddy boots outside the door.* ➪ **outdoors** এবং **out of doors** (**door** শব্দটিতে) দেখো। **2** (*AmE* **outside of**) not in বাইরে, ভিতরে নেই *You may do as you wish outside office hours.* ○ *a small village just outside Jaipur*

outside² / ˈaʊtsaɪd ˈআউট্‌সাইড্ / *adj.* (*only before a noun*) **1** of or on the outer side or surface of sth বাইরের দিকে, বাইরের দিকের, বাইরের আবরণ *the outside walls of a building* **2** not part of the main building মূল বাড়ির অংশ নয় এমন *an outside* *toilet* **3** not connected with or belonging to a particular group or organization কোনো গোষ্ঠী বা সংগঠনের বাইরের লোক *We can't do all the work by ourselves. We'll need outside help.* **4** (used about a chance or possibility) very small (সুযোগ বা সম্ভাবনা সম্বন্ধে ব্যবহৃত) খুবই কম

IDM the outside world people, places, activities, etc. that are away from the area where you live and your own experience of life পরিচিত পরিবেশ অথবা পরিমণ্ডলের বাইরের জগৎ

outside³ / ˌaʊtˈsaɪd ˌআউট্‌'সাইড্ / *noun* **1** [C, *usually sing.*] the outer side or surface of sth কোনো কিছুর বাইরের দিকে, বাইরের গায়ে *There is a list of all the ingredients on the outside of the packet.* **2** the area that is near or round a building, etc. কোনো বাড়ি ইত্যাদির কাছাকাছি বা আশেপাশের অঞ্চল *We've only seen the church from the outside.* **3** [*sing.*] the part of a road, a track, etc. that is away from the side that you usually drive on, run on, etc. প্রধানত রাস্তার যে অংশে গাড়ি চলে বা মাঠের কাছাকাছি যে পথ তার বাইরে, তার থেকে দূরে *The other runners all overtook him on the outside.* ✪ বিপ **inside** (সব অর্থের জন্য)

IDM at the outside at the most খুব বেশি হলে *It will take us three days at the outside.*

outsider / ˌaʊtˈsaɪdə(r) ˌআউট্‌'সাইড্যা(র্) / *noun* [C] **1** a person who is not accepted as a member of a particular group যে ব্যক্তি কোনো বিশেষ গোষ্ঠীর মধ্যে মান্য হয় না **2** a person or animal in a race or competition that is not expected to win যে ব্যক্তি বা প্রাণীর দৌড় অথবা অন্য কোনো প্রতিযোগিতার খেলায় জেতার সম্ভাবনা নেই বললেই চলে ✪ বিপ **favourite**

outsize / ˈaʊtsaɪz 'আউট্‌সাইজ্ / *adj.* (often used about clothes) larger than usual (প্রায়ই পোশাক পরিচ্ছদ সম্বন্ধে ব্যবহৃত) স্বাভাবিকের থেকে বড়ো

outskirts / ˈaʊtskɜːts 'আউট্‌স্ক্যাট্‌স্ / *noun* [*pl.*] the parts of a town or city that are furthest from the centre শহরের প্রান্তবর্তী স্থান বা এলাকা (কেন্দ্র থেকে সবচেয়ে দূরবর্তী) *They live **on the outskirts** of Patna.*

outspoken / aʊtˈspəʊkən আউট্‌'স্প্যাউক্যান্ / *adj.* saying exactly what you think or feel although you may shock or upset other people মনের কথা খুলে বলে যে (অন্যের অনুভূতির কথা না ভেবে) স্পষ্টবাদী *Lalita is very outspoken in her criticism.*

outstanding / aʊtˈstændɪŋ আউট্‌'স্ট্যান্ডিং / *adj.* **1** extremely good; excellent অসামান্য; অত্যন্ত ভালো *The results in the exams were outstanding.* **2** not yet paid, done or dealt with বাকি, বকেয়া *Some of the work is still outstanding.* ○ *outstanding debts/issues*

outstandingly / aʊtˈstændɪŋli আউট্‌'স্ট্যান্ডিংলি / *adv.* extremely; very well খুব ভালোভাবে; খুব ভালো *outstandingly good*

outstretched / ˌaʊtˈstretʃt ˌআউট্‌'স্ট্রেচ্‌ট্ / *adj.* reaching as far as possible প্রসারিত, বিস্তৃত, যতটা পারে ছড়িয়ে *He came towards her with his arms outstretched.*

outstrip / ˌaʊtˈstrɪp ˌআউট্‌'স্ট্রিপ্ / *verb.* (**outstripping; outstripped**) **1** to become larger or greater in quantity than something else অন্য কিছুর থেকে পরিমাণে বৃহত্তর বা অধিকতর হওয়া *Demand is outstripping supply.* **2** to be better than sb or be more successful কারও থেকে উন্নততর বা সফলতার হওয়া *We are hoping to outstrip our competitors.* **3** to be faster than sb or sth (কোনো ব্যক্তি বা বস্তুর থেকে) দ্রুততর হওয়া *She ran so fast that soon she had outstripped other runners.*

outward / ˈaʊtwəd 'আউট্‌উঅ্যাড্ / *adj.* (*only before a noun*) **1** on the outside বাহ্যিক *Despite her cheerful outward appearance, she was in fact very unhappy.* **2** (used about a journey) going away from the place that you will return to later (যাত্রা সম্বন্ধে ব্যবহৃত) বহির্মুখী; বাইরের দিকে ✪ বিপ **return** **3** away from the centre or from a particular point কেন্দ্র অথবা বিশেষ একটা জায়গা থেকে দূরে *outward movement/pressure* ✪ বিপ **inward**

▶ **outwardly** *adv.* আপাতদৃষ্টিতে, বাহ্যত, উপর উপর *He remained outwardly calm so as not to frighten the children.*

outwards / ˈaʊtwədz 'আউট্‌উঅ্যাড্‌জ্ / (*AmE* **outward**) *adv.* towards the outside or away from the place where you are বাইরের দিকে বা দূরের দিকে *This door opens outwards.*

outweigh / ˌaʊtˈweɪ ˌআউট্‌'উএই / *verb* [T] to be more in amount or importance than sth পরিমাণ বা গুরুত্বে কোনো কিছুকে ছাপিয়ে যাওয়া *The advantages outweigh the disadvantages.*

outwit / ˌaʊtˈwɪt ˌআউট্‌'উইট্ / *verb* [T] (**outwitting; outwitted**) to gain an advantage over sb by doing sth clever কাউকে টেক্কা দেওয়া, চালাকি করে সুবিধা পাওয়া, কারও থেকে এগিয়ে যাওয়া

oval / ˈəʊvl 'অ্যাউভ্‌ল্ / *adj., noun* [C] shaped like an egg; a shape like that of an egg ডিম্বাকৃতি; ডিমের মতো আকার ⇨ **shape**-এ ছবি দেখো।

ovary / ˈəʊvəri 'অ্যাউভ্যারি / *noun* [C] (*pl.* **ovaries**) **1** one of the two parts of the female body that produce eggs স্ত্রী দেহে যে অঙ্গ ডিম্বাণু উৎপন্ন করে; ডিম্বাশয় **2** (*technical*) the part of a plant that produces seeds উদ্ভিদের বীজকোষ ⇨ **flower**-এ ছবি দেখো।

ovation / əʊˈveɪʃn অ্যাউˈভেইশ্‌ন্ / *noun* [C] an enthusiastic reaction given by an audience when it likes sb/sth very much. The people in the audience make a noise with their hands (**clap**) and shout (**cheer**) and often stand up দর্শকসাধারণের উঠে দাঁড়িয়ে, হাততালি দিয়ে তুমুল হর্ষধ্বনির মাধ্যমে যাকে বা যা কিছুকে অত্যন্ত পছন্দ তাকে বা তার প্রতি উৎসাহব্যঞ্জক প্রতিক্রিয়া *The dancers got* ***a standing ovation*** *at the end of the performance.*

oven / ˈʌvn ˈআভ্‌ন্ / *noun* [C] a box-like **equipment** with a door. You put things inside an oven to cook them চুল্লি, উনুন *Cook in a hot oven for 50 minutes.* ○ *a microwave oven*

over[1] / ˈəʊvə(r) ˈঅ্যাউভ্যা(র্) / *adv., prep.*

> **NOTE** অন্যান্য ক্রিয়াপদের (verb) সঙ্গে বিশেষ ব্যবহারের জন্য (যেমন **get over sth**) ক্রিয়াপদগুলির শীর্ষশব্দগুলি দেখো।

1 straight above sth, but not touching it উপরে, উঁচুতে *There's a painting over the bookcase.* ○ *We watched the plane fly over.* ⇨ **above** দেখো। **2** covering sth কোনো কিছু ঢাকে অথবা আবৃত করে এমন *He was holding a towel over the cut.* ○ *She hung her coat over the back of the chair.* **3** across to the other side of sth কোনো কিছুর উপর দিয়ে, পার হয়ে *The horse jumped over the fence.* ○ *a bridge over the river* **4** on or to the other side একেবারে অন্যদিকে *The student turned the paper over and read the third question.* **5** down or sideways from an upright position ঋজুভাব থেকে ঝুঁকে *He leaned over to speak to the woman next to him.* ○ *I fell over in the street this morning.* **6** above or more than a number, price, etc. অতিরিক্ত (সংখ্যা, মূল্য ইত্যাদি ক্ষেত্রে) *She lived in Canada for over 10 years.* ○ *suitable for children aged 10 and over* **7** used for expressing distance দূরত্ব বোঝাতে ব্যবহৃত *He's over in America at the moment.* ○ *Sit down* ***over there****.* **8** not used; still remaining ব্যবহৃত হয়নি; ব্যবহারের পরে যা থেকে গেছে *There are a lot of cakes* ***left over*** *from the party.* **9** (used with all) everywhere (all-এর সঙ্গে ব্যবহৃত) সর্বত্র, যেখানে সেখানে *There was blood* ***all over the place****.* ○ *I can't find my glasses. I've looked all over for them.* **10** used for saying that sth is repeated পুনরুক্তি বা বারবার ঘটছে তা বোঝাতে ব্যবহৃত *You'll have to start* ***all over again*** (=from the beginning). ○ *She kept saying the same thing* ***over and over again****.* **11** about; on the subject of সম্বন্ধে; যে বিষয়ের উপর *We quarrelled over money.* **12** during চলাকালীন, সেই সময় *We met several times over the Christmas holiday.*

over[2] / ˈəʊvə(r) ˈঅ্যাউভ্যা(র্) / *adj.* finished শেষ হয়ে গেছে যা; সমাপ্ত *The exams are all over now.*

over- / ˈəʊvə(r) ˈঅ্যাউভ্যা(র্) / *prefix* (*used in nouns, verbs, adjectives and adverbs*) **1** more than usual; too much স্বাভাবিকের থেকে বেশি; খুবই বেশি *oversleep/overeat* ○ *overcrowded/overexcited* **2** completely সম্পূর্ণভাবে, পুরোপুরি *overjoyed* **3** upper; outer; extra বেশির দিকে; বাইরের দিকে; বাড়তি *overcoat* ○ *overtime* **4** over; above উপরে; মাথার উপরে *overcast* ○ *overhang*

overall[1] / ˌəʊvərˈɔːl ˌঅ্যাউভ্যার্ˈঅল্ / *adv., adj.* **1** including everything; total সব জড়িয়ে, সব নিয়ে; সমষ্টি *What will the overall cost of the work be?* **2** generally; when you consider everything সাধারণভাবে, সবদিক বিবেচনা করে *Overall, I can say that we are pleased with the year's work.*

overall[2] / ˈəʊvərɔːl ˈঅ্যাউভ্যার্অ:ল্ / *noun* **1** [C] a piece of clothing like a coat that you wear over your clothes to keep them clean when you are working কাজের সময়ে পরে থাকা পোশাক পরিষ্কার রাখার জন্য তার উপরে কোটের মতো যা পরা হয় **2 overalls** (*AmE* **Coveralls**) [*pl.*] a piece of clothing that covers your legs and body (and sometimes your arms) that you wear over your clothes to keep them clean when you are working আলখাল্লার মতো ঢিলে পোশাক (যা পা এবং শরীর ঢেকে রাখে, কখনো কখনো হাতও) যা কাজের সময়ে পরিহিত পোশাক ঢেকে রাখার জন্য তার উপরে পরা হয়

overawe / ˌəʊvərˈɔː ˌঅ্যাউভ্যার্ˈঅ: / *verb* [T] (*usually passive*) to impress sb so much that he/she feels nervous or frightened কাউকে শ্রধ্বা বা ভয়-ভক্তিতে বিহুল করে দেওয়া

overbalance / ˌəʊvəˈbæləns ˌঅ্যাউভ্যাˈব্যাল্যান্স্ / *verb* [I] to lose your balance and fall ভারসাম্য হারিয়ে উলটে পড়া

overbearing / ˌəʊvəˈbeərɪŋ ˌঅ্যাউভ্যাˈবেঅ্যারিং / *adj.* having an unpleasant way of telling other people what to do জোর করে অপ্রিয়ভাবে অন্যকে কিছু করতে বলা হচ্ছে এমন

overboard / ˈəʊvəbɔːd ˈঅ্যাউভ্যাব:ড্ / *adv.* over the side of a boat or ship into the water নৌকা বা জাহাজের উপর থেকে জলে

IDM go overboard (on/about/for sb/sth) to be too excited or enthusiastic about sb/sth কোনো কিছু বা কারও সম্বন্ধে অতি উত্তেজিত বা উৎসাহিত হওয়া

overcast / ˌəʊvəˈkɑːst ˌঅ্যাউভ্যাˈকা:স্ট্ / *adj.* (used about the sky) covered with cloud (আকাশ সম্বন্ধে ব্যবহৃত) মেঘাচ্ছন্ন, মেঘে ঢাকা

overcharge / ˌəʊvəˈtʃɑːdʒ ˌঅ্যাউভ্যাˈচা:জ্ / *verb* [I, T] to ask sb to pay too much money for sth

কারও কাছে কোনো কিছুর জন্য বেশি দাম চাওয়া, ন্যায্য দামের অতিরিক্ত চাওয়া *The taxi driver overcharged me.* ➪ **charge** দেখো।

overcoat / ˈəʊvəkəʊt ˈঅ্যাউভ্যাক্যাউট্ / *noun* [C] a long thick coat that you wear in cold weather শীতের দিনে পরার বড়ো, ঢিলেঢালা কোট; ওভারকোট

overcome / ˌəʊvəˈkʌm ˌঅ্যাউভ্যা'কাম্ / *verb* [T] (*pt* **overcame** / -ˈkeɪm -ˈকেইম্ /; *pp* **overcome**) **1** to manage to control or defeat sb/sth সামলে নেওয়া, পরাস্ত করা *She tried hard to overcome her fear of flying.* **2** (*usually passive*) to be strongly affected by sth বেশি রকমের প্রভাবিত হওয়া, খুব বেশি প্রভাব অথবা ছাপ পড়া

overcook / ˌəʊvəˈkʊk ˌঅ্যাউভ্যা'কুক্ / *verb* [T] to cook food for too long রান্নাটা বেশিক্ষণ হওয়ার ফলে সিদ্ধ বেশি হওয়া ✪ বিপ **undercook**

overcrowded / ˌəʊvəˈkraʊdɪd ˌঅ্যাউভ্যা'ক্রাউডিড্ / *adj.* (used about a place) with too many people inside (কোনো জায়গা সম্বন্ধে ব্যবহৃত) জনাকীর্ণ, ভিড়ে ঠাসা

overdo / ˌəʊvəˈduː ˌঅ্যাউভ্যা'ডু / *verb* [T] (*pt* **overdid** /-ˈdɪd -ˈডিড্ /; *pp* **overdone** /-ˈdʌn -ˈডান্ /) **1** to use or do too much of sth (বেশি পরিমাণে) কিছু করা বা ব্যবহার করা **2** to cook sth too long অনেকক্ষণ ধরে রান্না করা, বেশি সিদ্ধ হওয়া *The meat was overdone.*

IDM **overdo it/things** to work, etc. too hard খুব বেশি কাজ ইত্যাদি করা *Exercise is fine but don't overdo it.*

overdose / ˈəʊvədəʊs ˈঅ্যাউভ্যাড্যাউস্ / *noun* [C] an amount of a drug or medicine that is too large and so is not safe ওষুধের অতিরিক্ত মাত্রা (যা নিরাপদ নয়) *to take an overdose of sleeping pills* ➪ **dose** দেখো।

overdraft / ˈəʊvədrɑːft ˈঅ্যাউভ্যাড্রা:ফ্ট্ / *noun* [C] an amount of money that you have spent that is greater than the amount you have in your bank account; an arrangement with your bank that allows you to spend more money than you have ব্যাংকের অ্যাকাউন্টে যে টাকা আছে তার থেকে যত টাকা তোলা হয়েছে তার পরিমাণ বেশি এমন; ব্যাংকের সঙ্গে এমন ব্যবস্থা আছে যে জমা টাকার থেকে বেশি খরচের অনুমোদন ব্যাংক দিয়েছে

overdrawn / ˌəʊvəˈdrɔːn ˌঅ্যাউভ্যা'ড্র:ন্ / *adj.* having spent more money than you have in your bank account ব্যাংকে যে টাকা জমা আছে তার থেকে বেশি টাকা খরচ করা হয়েছে এমন *I checked my balance and discovered I was overdrawn.*

overdue / ˌəʊvəˈdjuː ˌঅ্যাউভ্যা'ডিউ / *adj.* late in arriving, happening, being paid, returned, etc. যেটা করার সময় পার হয়ে গেছে; বিলম্বিত *an overdue library book* ○ *Her assignment is a week overdue.*

overeat / ˌəʊvərˈiːt ˌঅ্যাউভ্যার্'ঈট্ / *verb* [I] to eat more than is necessary or healthy দরকারের চেয়ে বেশি খাওয়া যা শরীরের পক্ষে ক্ষতিকর; অতিভোজন করা

overestimate / ˌəʊvərˈestɪmeɪt অ্যাউভ্যার্-ˈএস্টিমেইট্ / *verb* [T] to guess that sb/sth is bigger, better, more important, etc. than he/she/it really is কাউকে বা কিছুকে প্রকৃত যা তার থেকে বৃহত্তর, উন্নততর, আরও গুরুত্বপূর্ণ ইত্যাদি ভাবা *I overestimated how much we could paint in a day.* ✪ বিপ **underestimate**

overfishing / ˌəʊvəˈfɪʃɪŋ ˌঅ্যাউভ্যা'ফিশিং / *noun* [U] the process of taking so many fish from the sea, a river, etc. that the number of fish in it becomes very low নদী, সমুদ্র ইত্যাদি থেকে এত বেশি মাছ ধরার যে পদ্ধতির কারণে তাতে মাছের পরিমাণ খুব কমে যায়

overflow / ˌəʊvəˈfləʊ ˌঅ্যাউভ্যা'ফ্ল্যাউ / *verb* **1** [I, T] **overflow (with sth)** to be so full that there is no more space ছাপিয়ে যাওয়া, উপচে পড়া *The tap was left on and the bucket overflowed.* ○ *The roads are overflowing with cars.* **2** [I] **overflow (into sth)** to be forced out of a place or a container that is too full স্থান বা পাত্র ছাপিয়ে বাইরে চলে যাওয়া বা উপচে যাওয়া *The crowd overflowed into the street.*

overgrazing / ˌəʊvəˈgreɪzɪŋ ˌঅ্যাউভ্যা'গ্রেইজিং / *noun* [U] allowing animals such as cows to eat the grass on an area of land for too long so that the grass disappears completely and the land can no longer be used কোনো বিশেষ জায়গায় দীর্ঘ সময় ধরে গোচারণের ফলে জায়গাটি সম্পূর্ণভাবে ঘাসশূন্য হয়ে পড়েছে এবং তা আর ব্যবহার করা যায় না এমন

overgrown / ˌəʊvəˈgrəʊn ˌঅ্যাউভ্যা'গ্র্যাউন্ / *adj.* covered with plants that have grown too big and untidy বড়ো বড়ো গাছপালা এবং জঙ্গলে ভর্তি

overhang / ˌəʊvəˈhæŋ ˌঅ্যাউভ্যা'হ্যাং / *verb* [I, T] (*pt, pp* **overhung**) to stick out above sth else কোনো কিছুর উপর ঝুলে থাকা *The overhanging trees kept the sun off us.*

overhaul / ˌəʊvəˈhɔːl ˌঅ্যাউভ্যা'হ:ল্ / *verb* [T] to look at sth carefully and change or repair it if necessary কোনো কিছু যত্ন করে দেখা এবং প্রয়োজনমতো সারানো *to overhaul an engine* ▶ **overhaul** / ˈəʊvəhɔːl ˈঅ্যাউভ্যাহ:ল্ / *noun* [C] যত্ন করে বা তন্নতন্ন করে পরীক্ষা

overhead / ˈəʊvəhed ˈঅ্যাউভ্যাহেড্ / *adj., adv.* above your head মাথার উপরে *overhead electricity cables* ○ *A helicopter flew overhead.*

overheads / ˈəʊvəhedz ˈঅ্যাউভ্যাহেড্‌জ্ / *noun* [*pl.*] money that a company must spend on things like heat, light, rent, etc. (যেমন তাপ, আলো, ভাড়া ইত্যাদি) নির্দিষ্ট কতকগুলি জিনিসের জন্য কোনো কোম্পানির বাঁধা ব্যয়; নির্দিষ্ট খরচা, কোনো জিনিস চালানোর বাঁধা ব্যয়

overhear / ˌəʊvəˈhɪə(r) ˌঅ্যাউভ্যাˈহিঅ্যা(র্) / *verb* [T] (*pt, pp* **overheard** /-ˈhɜːd -ˈহ্যড্ /) to hear what sb is saying by accident, when he/she is speaking to sb else and not to you বক্তার অগোচরে হঠাৎ তার কথা শোনা; কানে আসা

overjoyed / ˌəʊvəˈdʒɔɪd ˌঅ্যাউভ্যাˈজইড্ / *adj.* (*not before a noun*) **overjoyed (at sth/to do sth)** very happy খুব খুশি, অতি আনন্দিত

overland / ˈəʊvəlænd ˈঅ্যাউভ্যাল্যান্ড্ / *adj., adv.* not by sea or by air স্থলপথে, স্থলগত *an overland journey* ○ *We travelled overland to India.*

overlap / ˌəʊvəˈlæp ˌঅ্যাউভ্যাˈল্যাপ্ / *verb* [I, T] (**overlapping; overlapped**) **1** when two things overlap, part of one covers part of the other একটা জিনিসের কিছু অংশের দ্বারা অন্যের কিছুটা ঢেকে ফেলা, ঢেকে ফেলা *Make sure that the two pieces of material overlap.* **2** to be partly the same as sth কোনো কিছুর সঙ্গে আংশিকভাবে মিলে যাওয়া, এক হওয়া *Our jobs overlap to some extent.* ▶ **overlap** / ˈəʊvəlæp ˈঅ্যাউভ্যাল্যাপ্ / *noun* [C, U] একটার উপর আর একটা উঠে আছে এমন; প্রাবরণ

overleaf / ˌəʊvəˈliːf ˌঅ্যাউভ্যাˈলীফ্ / *adv.* on the other side of the page পৃষ্ঠার (বই, খাতা ইত্যাদির) অন্য দিকে, অপর পৃষ্ঠায়, অন্যদিকে, ওদিকে *Full details are given overleaf.*

overload / ˌəʊvəˈləʊd ˌঅ্যাউভ্যাˈল্যাউড্ / *verb* [T] **1** (*usually passive*) to put too many people or things into or onto sth অতিমাত্রায় বোঝাই করা *an overloaded vehicle* **2 overload sb (with sth)** to give sb too much of sth কাউকে অতিরিক্ত মাত্রায় কিছু দেওয়া, ভারাক্রান্ত করা *to be overloaded with work/information* **3** to put too much electricity through sth কোনো কিছুর ভিতর দিয়ে যতটা উচিত তার থেকে বেশি বিদ্যুৎ খরচা করা *If you use too many electrical appliances at one time you may overload the system.*

overlook / ˌəʊvəˈlʊk ˌঅ্যাউভ্যাˈলুক্ / *verb* [T] **1** to fail to see or notice sth কোনো কিছু নজর এড়িয়ে যাওয়া, দেখেও না দেখা, চোখে না পড়া *to overlook a spelling mistake* ○ *She felt that her opinion had been completely overlooked.* **2** to see sth wrong but decide to forget it মনোযোগ না দেওয়া, দোষ দেখেও মনে না রাখা *I will overlook your behaviour this time but don't let it happen again.* **3** to have a view over sth কোনো কিছুর দৃশ্য চোখে পড়া, উপর থেকে দেখা *My room overlooks the sea.*

overnight / ˌəʊvəˈnaɪt ˌঅ্যাউভ্যাˈনাইট্ / *adj., adv.* **1** for one night এক রাত্রির জন্য, সারা রাত ধরে *an overnight bag* ○ *We stayed overnight in Jaipur.* **2** (happening) very suddenly রাতারাতি, হঠাৎই *She became a star overnight.*

overpass / ˈəʊvəpɑːs ˈঅ্যাউভ্যাপাːস্ / (*AmE*) = **flyover**

overpay / ˌəʊvəˈpeɪ ˌঅ্যাউভ্যাˈপেই / *verb* [T] (*pt, pp* **overpaid**) (*usually passive*) to pay sb too much; to pay sb more than his/her job is worth কাউকে প্রাপ্যের থেকে বেশি দেওয়া; ন্যায্য মূল্যের অতিরিক্ত দেওয়া *He is grossly overpaid for what he does.* ✪ বিপ **underpay**

overpopulated / ˌəʊvəˈpɒpjuleɪtɪd ˌঅ্যাউভ্যাˈপপিউলেইটিড্ / *adj.* (used about a country or city) with too many people living in it (কোনো দেশ বা শহর সম্বন্ধে ব্যবহৃত) জনাকীর্ণ, ঘনবসতি পূর্ণ ▶ **overpopulation** / ˌəʊvəˌpɒpjuˈleɪʃn ˌঅ্যাউভ্যাˌপপিউˈলেইশ্‌ন্ / *noun* [U] বেশিমাত্রায় বৃদ্ধিপ্রাপ্ত জনসংখ্যা

overpower / ˌəʊvəˈpaʊə(r) ˌঅ্যাউভ্যাˈপাউঅ্যা(র্) / *verb* [T] to be too strong for sb কাউকে কাবু করা, পরাভূত করা *The fireman was overpowered by the heat and smoke.* ▶ **overpowering** *adj.* তীব্র, প্রবাস *an overpowering smell*

overrate / ˌəʊvəˈreɪt ˌঅ্যাউভ্যাˈরেইট্ / *verb* [T] (*usually passive*) to think that sth/sb is better than he/she/it really is কোনো কিছু বা কেউ প্রকৃত যা তার থেকে বাড়িয়ে ভাবা ✪ বিপ **underrate**

overreach / ˌəʊvəˈriːtʃ ˌঅ্যাউভ্যাˈরীচ্ / *verb* [I] **overreach yourself** to fail by trying to do or achieve more than is possible যা সম্ভব তার থেকে অতিরিক্ত কোনো কিছু করতে চেয়ে করতে না পারা *In making these promises, the organization had clearly overreached itself.*

overreact / ˌəʊvəriˈækt ˌঅ্যাউভ্যারিˈঅ্যাক্ট্ / *verb* [I] **overreact (to sth)** to react too strongly, especially to sth unpleasant কোনো কিছুর (বিশেষত অপ্রীতিকর কিছু) প্রতি প্রবলভাবে প্রতিক্রিয়া দেখানো ▶ **overreaction** / -ˈækʃn -ˈঅ্যাকশ্‌ন্ / *noun* [*sing.*, U] তীব্র প্রতিক্রিয়া

override / ˌəʊvəˈraɪd ˌঅ্যাউভ্যাˈরাইড্ / *verb* [T] (*pt* **overrode** /-ˈrəʊd -ˈর্যাউড্ /; *pp* **overridden** / -ˈrɪdn -ˈরিড্‌ন্ /) **1** to use your authority to reject sb's decision, order, etc. কারও সিদ্ধান্ত, আদেশ ইত্যাদি বাতিল করানোর জন্য নিজের কর্তৃত্ব ফলানো *They overrode my protest and continued with the meeting.* **2** to be more important than sth অন্যের থেকে বেশি গুরুত্ব পাওয়া **3** to stop sth being done automatically in order to control it yourself নিজের

O

নিয়ন্ত্রণে আনার জন্য এতদিন পর্যন্ত যা চালু ছিল তা বন্ধ করা *You need a special password to override the safety lock.*

overriding / ˌəʊvəˈraɪdɪŋ ˌঅ্যাউভ্যা'রাইডিং / *adj.* (*only before a noun*) more important than anything else অন্য কিছুর চেয়ে বেশি গুরুত্বপূর্ণ *Our overriding concern is safety.*

overrule / ˌəʊvəˈruːl ˌঅ্যাউভ্যা'রূল্ / *verb* [T] to use your authority to change what sb else has already decided or done অন্য কারও সিদ্ধান্ত বা কাজ যা ইতিমধ্যে হয়ে গেছে তা বদলাতে নিজের কর্তৃত্ব বা ক্ষমতা ব্যবহার করা *The Supreme Court overruled the High Court judge's decision.*

overrun / ˌəʊvəˈrʌn ˌঅ্যাউভ্যা'রান্ / *verb* (*pt* **overran**/ -ˈræn -'র্যান্ /; *pp* **overrun**) **1** [T] (*usually passive*) to spread all over an area in great numbers চারপাশে ছড়িয়ে পড়া, থিকথিক করা *The city was overrun by rats.* **2** [I, T] to use more time or money than expected নির্দিষ্ট, প্রত্যাশিত সময়ের বেশি চলা বা বেশি খরচা হওয়া *The meeting overran by 30 minutes.*

overseas / ˌəʊvəˈsiːz ˌঅ্যাউভ্যা'সীজ্ / *adj.* (*only before a noun*) *adv.* in, to or from another country that you have to cross the sea to get to বিদেশের, বিদেশে, সাগরপারে বা সাগরপারের *overseas students studying in Britain* ○ *Priya has gone to live overseas.*

oversee / ˌəʊvəˈsiː ˌঅ্যাউভ্যা'সী / *verb* [T] (*pt* **oversaw** / -ˈsɔː -'সঃ /; *pp* **overseen** / -ˈsiːn -'সীন্ /) to watch sth to make sure that it is done properly তত্ত্বাবধান করা, তদারক করা

overseer / ˈəʊvəsɪə(r) 'অ্যাউভ্যাসিঅ্যা(র্) / a person whose job is to make sure that other workers do their work যে ব্যক্তি অন্য ব্যক্তিদের কাজ দেখাশোনা করে

overshadow / ˌəʊvəˈʃædəʊ *noun* [C] 'অ্যাউভ্যা'শ্যাড্যাউ / *verb* [T] **1** to cause sb/sth to seem less important or successful কারও বা কিছুর গুরুত্ব কমিয়ে দেওয়া, নিষ্প্রভ বা ম্লান করা *Swati always seemed to be overshadowed by her sister.* **2** to cause sth to be less enjoyable আনন্দের পরিমাণ কমিয়ে দেওয়া

oversight / ˈəʊvəsaɪt 'অ্যাউভ্যাসাইট্ / *noun* [C, U] something that you do not notice or do (that you should have noticed or done) কোনো কিছু না দেখা, না করা (যা দেখা বা করা উচিত ছিল); অনিচ্ছাকৃত ভুল বা ত্রুটি

oversimplify / ˌəʊvəˈsɪmplɪfaɪ ˌঅ্যাউভ্যা'সিমপ্লিফাই / *verb* [I, T] (*pres. part.* **oversimplifying;** *3rd person sing. pres.* **oversimplifies;** *pt, pp* **oversimplified**) to explain sth in such a simple way that its real meaning is lost কোনো কিছুকে অতি সরল করে তুলতে গিয়ে তাকে বিকৃত করা বা তার প্রকৃত অর্থ গুলিয়ে ফেলা

oversleep / ˌəʊvəˈsliːp ˌঅ্যাউভ্যা'স্লীপ্ / *verb* [I] (*pt, pp* **overslept** / -ˈslept -'স্লেপ্ট্ /) to sleep longer than you should have done বেশি ঘুমোনোর ফলে ঠিক সময়ে উঠতে না পারা *I overslept and was late for school.* ➩ **lie in** এবং **sleep in**

overstate / ˌəʊvəˈsteɪt ˌঅ্যাউভ্যা'স্টেইট্ / *verb* [T] to say sth in a way that makes it seem more important than it really is অতিরিক্ত জোরের সঙ্গে বা অতিরঞ্জন করে বলা, বাড়িয়ে বাড়িয়ে বলা ✪ বিপ **understate**

overstep / ˌəʊvəˈstep ˌঅ্যাউভ্যা'স্টেপ্ / *verb* [T] (*pres. part.* **overstepping;** *pt, pp* **overstepped**) to go further than an acceptable limit সীমা ছাড়িয়ে যাওয়া, গণ্ডি অতিক্রম করা

overt / ˈəʊvɜːt 'অ্যাউভ্যট্ / *adj.* (*only before a noun*) (*formal*) done in an open way and not secretly খোলামেলাভাবে কৃত, গোপনে নয় ✪ বিপ **covert** ▶ **overtly** *adv.* প্রকাশ্যে, সগোচরে, খোলাখুলিভাবে

overtake / ˌəʊvəˈteɪk ˌঅ্যাউভ্যা'টেইক্ / *verb* [I, T] (*pt* **overtook** / -ˈtʊk -'টুক্ /; *pp* **overtaken** / -ˈteɪkən -'টেইক্যান্ /) to go past another person, car, etc. because you are moving faster যে ব্যক্তি, গাড়ি ইত্যাদি পাশে যাচ্ছে, তাকে জোরে পাশ কাটিয়ে এগিয়ে যাওয়া *The lorry overtook me on the bend.*

overthrow / ˌəʊvəˈθrəʊ ˌঅ্যাউভ্যা'থ্র্যাউ / *verb* [T] (*pt* **overthrew** / -ˈθruː -'থ্রূ /; *pp* **overthrown** / -ˈθrəʊn -'থ্র্যাউন্ /) to remove a leader or government from power, by using force বলপূর্বক কোনো নেতাকে সরানো বা সরকারের পতন ঘটানো ▶ **overthrow** / ˈəʊvəθrəʊ 'অ্যাউভ্যাথ্র্যাউ / *noun* [*sing.*] পতন, উৎসাদন, উচ্ছেদ

overtime / ˈəʊvətaɪm 'অ্যাউভ্যাটাইম্ / *noun* [U] time that you spend at work after your usual working hours; the money that you are paid for this নির্দিষ্ট সময়ের বাইরে অতিরিক্ত যে সময় কাজ করা হয়; তার জন্য পাওনা যে টাকা *Beena did 10 hours' overtime last week.* ▶ **overtime** *adv.* অতিরিক্ত সময় ধরে *I have been working overtime for weeks.*

overtone / ˈəʊvətəʊn 'অ্যাউভ্যাট্যাউন্ / *noun* [C, *usually pl.*] something that is suggested but not expressed in an obvious way আভাসে ইঙ্গিতে, কিন্তু নিশ্চিত নয় এমন কিছু বোঝানো *Some people claimed there were racist overtones in the advertisement.*

overture / ˈəʊvətʃʊə(r); -tjʊə(r) 'অ্যাউভ্যাচুঅ্যা(র্); -টিউঅ্যা(র্) / *noun* [C, *usually pl.*] (*formal*) an act of being friendly towards sb, especially because you want to be friends, to start a business relationship, etc. কারও প্রতি বন্ধুত্ব পাতানোর ক্রিয়া, বিশেষত বন্ধু হতে চাওয়া, ব্যাবসায়িক সম্পর্ক শুরু করা ইত্যাদি কারণে

overturn / ˌəʊvəˈtɜːn ˌঅ্যাউভ্যা'ট্যন্ / *verb* **1** [I, T] to turn over so that the top is at the bottom উলটে ফেলা বা দেওয়া *The car overturned but the driver escaped unhurt.* **2** [T] to officially decide that a decision is wrong and change it কোনো সিদ্ধান্ত ভুল এবং তা বদলে ফেলার জন্য আনুষ্ঠানিকভাবে সিদ্ধান্ত নেওয়া

overview / ˈəʊvəvjuː 'অ্যাউভ্যাভিউ / *noun* [C] a general description of sth without any details খুঁটিনাটি ছাড়াই সাধারণ বর্ণনা

overweight / ˌəʊvəˈweɪt ˌঅ্যাউভ্যা'উএইট্ / *adj.* too heavy or fat অতিরিক্ত ওজনের বা মোটা *I'm a bit overweight—I think I might go on a diet.* ➪ **fat**-এ নোট দেখো। ✪ বিপ **underweight**

overwhelm / ˌəʊvəˈwelm অ্যাউভ্যা'উএল্ম্ / *verb* [T] (*usually passive*) **1** to cause sb to feel such a strong emotion that he/she does not know how to react কাউকে ভীষণভাবে অভিভূত করা, কিংকর্তব্যবিমূঢ় করে দেওয়া *The new world champion was overwhelmed by all the publicity.* **2** to be so powerful, big, etc., that sb cannot deal with it অন্যকে পরাস্ত করার মতো শক্তিশালী, বৃহৎ ইত্যাদি হওয়া *He overwhelmed his opponent with his superb technique.* ○ *The television company were overwhelmed by complaints.*

overwhelming / ˌəʊvəˈwelmɪŋ ˌঅ্যাউভ্যা'উ-এল্মিং / *adj.* extremely great or strong অপ্রতিরোধ্য, দুর্বার, প্রচণ্ড *Anu had an overwhelming desire to return home.* ▶ **overwhelmingly** *adv.* প্রচণ্ডভাবে

overwork / ˌəʊvəˈwɜːk ˌঅ্যাউভ্যা'উঅ্যক্ / *verb* [T] to make sb work too hard কাউকে অতিরিক্ত খাটানো অথবা পরিশ্রম করানো *The staff are overworked and underpaid.* ▶ **overwork** *noun* [U] কাজের অতিরিক্ত চাপ

oviparous /əʊˈvɪpərəs অ্যাউ'ভিপ্যার‍্যাস্ / *adj.* (*technical*) (used about animals) producing eggs rather than live babies (প্রাণী সম্বন্ধে ব্যবহৃত) অণ্ডপ্রসূ, যেসব প্রাণী ডিম দেয় (বাচ্চা প্রসব করে না) ➪ **viviparous** দেখো।

ovulate / ˈɒvjuleɪt 'অভিউলেইট্ / *verb* [I] (used about a woman or female animal) to produce an egg (**ovum**) (কোনো মহিলা বা স্ত্রী প্রাণী সম্বন্ধে ব্যবহৃত) ডিম্বাণু উৎপাদন করা ▶ **ovulation** / ˌɒvjuˈleɪʃn ˌঅভিউ'লেইশ্ন্ / *noun* [U] ডিম্বোস্ফোটন, ডিম্ব নিঃসরণ

ovule / ˈɒvjuːl 'অভিউল্ / *noun* [C] (*technical*) (in plants that produce seeds) the part of the **ovary** that contains the female cell that becomes the seed (যে সকল গাছে বীজ হয়) ডিম্বাশয়ের সেই অংশ যেখানে স্ত্রীকোষ থাকে এবং যা বীজ উৎপন্ন করে ➪ **flower**-এ ছবি দেখো।

ovum / ˈəʊvəm 'অ্যাউভ্যাম্ / *noun* [C] (*pl.* **ova** / ˈəʊvə 'অ্যাউভ্যা /) an egg produced by a woman or female animal (স্ত্রীলোক বা স্ত্রী পশু দ্বারা উৎপন্ন) ডিম্বাণু, ডিম্বক

ow / aʊ আউ / *exclamation* used when reacting to a sudden feeling of pain হঠাৎ ব্যথাবেদনা পেলে মুখে এইরকম আওয়াজ বেরিয়ে আসে

owe / əʊ অ্যাউ / *verb* [T] **1 owe sth (to sb); owe sb for sth** to have to pay money to sb for sth that he/she has done or given (কারও কাজ বা সে যা দিয়েছে তার জন্য) ঋণী থাকা *I owe Katrina a lot of money.* ○ *I still owe you for that bread you bought yesterday.* **2** to feel that you should do sth for sb or give sth to sb, especially because he/she has done sth for you বাধিত থাকা, কৃতজ্ঞতাপাশে আবদ্ধ থাকা *Kamini owes me an explanation.* ○ *I owe you an apology.* **3 owe sth (to sb/sth)** to have sth (for the reason given) কোনো কিছুর দৌলতে কিছু পাওয়া *She said she owes her success to hardwork and determination.*

owing / ˈəʊɪŋ 'অ্যাউইং / *adj.* (*only before a noun*) **owing (to sb)** not yet paid পাওনা, প্রাপ্য, দেয়

owing to *prep.* because of কারণে, বশত *The match was cancelled owing to bad weather.*

owl / aʊl আউল্ / *noun* [C] a bird with large eyes that hunts small animals at night প্যাঁচা, পেচক

own[1] / əʊn অ্যাউন্ / *det., pronoun* **1** used to emphasize that sth belongs to a particular person কোনো কিছু নির্দিষ্ট ব্যক্তির একথা জোর দিয়ে বোঝানোর জন্য ব্যবহৃত; নিজের, আপন, নিজস্ব *I saw him do it with **my own** eyes.* ○ *Rani would like her own room/a room **of her own**.* **2** used to show that sth is done or made without help from another person নিজে নিজেই, অন্যের সাহায্য ছাড়া কৃত বা তৈরি এরকম বোঝানোর জন্য ব্যবহৃত *The children are old enough to get their own breakfast.*

IDM **come into your own** to have the opportunity to show your special qualities নিজের সুনাম পাওয়া, গুণাবলি দেখানোর সুযোগ পাওয়া

hold your own (against sb/sth) to be as strong, good, etc. as sb/sth else ভেঙে না পড়া, অন্যের সঙ্গে সমান হওয়া, শক্তি না হারানো

(all) on your, etc. own **1** alone একাই, নিজেই, একাকী *Poonam lives all on her own.* ➪ **alone**-এ নোট দেখো। **2** without help সাহায্য ব্যতিরেকে, বিনা সহায়তায় *I managed to repair the car all on my own.*

get/have your own back (on sb) (*informal*) to hurt sb who has hurt you প্রতিশোধ নেওয়া, শোধ তোলা

own² / əʊn অ্যাউন্ / *verb* [T] to have sth belonging to you; to possess কোনো কিছু অধিকারে আসা; মালিকানায় পাওয়া *We don't own the house. We just rent it.* ○ *a privately owned company*

PHR V **own up (to sth)** (*informal*) to tell sb that you have done sth wrong দোষ স্বীকার করা, অপরাধ কবুল করা *None of the children owned up to breaking the window.* ⇨ **confess** দেখো।

owner / ˈəʊnə(r) ˈঅ্যাউন্যা(র্) / *noun* [C] a person who owns sth মালিক, অধিকারী *a house/dog owner*

ownership / ˈəʊnəʃɪp ˈঅ্যাউন্যাশিপ্ / *noun* [U] the state of owning sth মালিকানা, স্বত্বাধিকার *in private/public* ***ownership***

ox / ɒks অক্স্ / *noun* [C] (*pl.* **oxen** / ˈɒksn ˈঅকস্ন্ /) a male cow that has been **castrated**. Oxen are used in some places for pulling or carrying heavy loads (ছিন্নমুষ্ক) যাঁড়, বৃষ ⇨ **bull** দেখো।

oxbow / ˈɒksbəʊ ˈঅক্স্ব্যাউ / *noun* [C] (in geography) a bend in a river that almost forms a full circle; a lake that forms when this bend is separated from the river due to erosion (ভূগোলে) নদীর বাঁকে যে গোল বৃত্ত তৈরি হয়; ভূমিক্ষয়ের কারণে যখন সেই বাঁক নদী থেকে আলাদা হয়ে গিয়ে হ্রদ সৃষ্টি করে

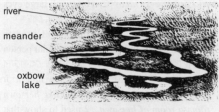

oxbow lake

oxide / ˈɒksaɪd ˈঅক্সাইড্ / *noun* [C, U] a combination of **oxygen** and another chemical element অক্সিজেন ও আরও একটি রাসায়নিক মৌলের সংমিশ্রণ *iron oxide*

oxidize (*also* **-ise**) / ˈɒksɪdaɪz ˈঅক্সিডাইজ্ / *verb* [I,T] to combine or to make sth combine with **oxygen** অক্সিজেনের সঙ্গে যুক্ত হওয়া বা কোনো কিছু যুক্ত করা ▶ **oxidization** (*also* **-isation**) / ˌɒksɪdaɪˈzeɪʃn ˌঅক্সিডাইˈজেইশ্ন্ / (*also* **oxidation** / ˌɒksɪˈdeɪʃn ˌঅক্সিˈডেইশ্ন্ /) *noun* [U] জারণ

oxygen / ˈɒksɪdʒən ˈঅক্সিজ্যান্ / *noun* [U] (*symbol* **O**) a gas that you cannot see, taste or smell. Plants and animals cannot live without oxygen স্বাদ, বর্ণ, গন্ধহীন একপ্রকার গ্যাস। গাছপালা প্রাণী কোনো কিছুই অক্সিজেন ছাড়া বাঁচতে পারে না; অম্লজান; অক্সিজেন

oxygenate / ˈɒksɪdʒəneɪt ˈঅক্সিজ্যানেইট্ / *verb* [T] to add **oxygen** to sth কোনো কিছুর মধ্যে অক্সিজেন সরবরাহ করা, অক্সিজেন দেওয়া

oxymoron / ˌɒksɪˈmɔːrɒn ˌঅক্সিˈম:রন্ / *noun* [C] a phrase that combines two words that seem to be the opposite of each other, such as a *deafening silence* যে বাক্যাংশে পরস্পরবিরোধী দুটি কাজ থাকে; বিরোধালংকার, বিরোধাভাস অলংকার *cruel kindness*

oyster / ˈɔɪstə(r) ˈঅ:ইস্ট্যা(র্) / *noun* [C] a shellfish that we eat. Some oysters produce precious jewels (**pearls**) এক ধরনের শামুক/ঝিনুক, যা খাদ্য হিসেবেও ব্যবহৃত হয় আবার যার মধ্যে মূল্যবান মোতি, মুক্তোর জন্ম হয়; অয়েস্টার ⇨ **shellfish**-এ ছবি দেখো।

oz *abbr.* ounce(s) এর সংক্ষিপ্ত রূপ *Add 4 oz flour.*

ozone / ˈəʊzəʊn ˈঅ্যাউজ্যাউন্ / *noun* [U] a poisonous gas which is a form of **oxygen** এক ধরনের বিষাক্ত গ্যাস যা অক্সিজেনেরই প্রকারভেদ; ওজোন

ozone-friendly *adj.* (used about cleaning products, etc.) not containing chemicals that could harm **the ozone layer** (শোধন দ্রব্য ইত্যাদি সম্বন্ধে ব্যবহৃত) এর মধ্যে এমন কোনো রাসায়নিক পদার্থ থাকে না যা ওজোন স্তরের কোনো ক্ষতি করতে পারে

the ozone layer *noun* [*sing.*] the layer of the gas (**ozone**) high up in the atmosphere that helps to protect the earth from the dangerous rays of the sun বায়ুমণ্ডলের উপরিভাগে ওজোন গ্যাসের স্তর যা সূর্যের ক্ষতিকারক রশ্মি থেকে পৃথিবীকে রক্ষা করে; ওজোন স্তর *a hole in the ozone layer* ⇨ **CFC** দেখো।

P p

P, p[1] / piː পী / *noun* [C, U] (*pl.* **P's; p's** / piːz পীজ় /) the sixteenth letter of the English alphabet ইংরেজি বর্ণমালার ষোড়শতম অক্ষর বা বর্ণ *'Pencil' begins with a 'P'.*

p[2] *abbr.* **1** (*pl.* **pp**) page পৃষ্ঠা, বইয়ের পাতা *See p 94.* ○ *pp 63–96* **2 P** (on a road sign) parking (রাস্তার উপরকার পথচিহ্ন) কোনো বাহন বা গাড়ি দাঁড় করিয়ে রাখার জায়গা; পার্কিং

PA / ˌpiː ˈeɪ ˌপী ˈএই / *abbr., noun* [C] (*BrE*) personal assistant; a **secretary** for just one manager একান্ত সহকারী; কেবলমাত্র একজন ম্যানেজারেরই সচিব

p.a. *abbr.* per annum; in or for a year প্রতি বছর, বার্ষিক, বছরে বা একবছরের জন্য *salary Rs 200,000 p.a.*

paan (*also* **pan**) *noun* [C, U] (*IndE*) **1 betel** leaf পানের পাতা **2** betel leaf that is stuffed with a mixture of **areca nut**, lime, etc. for eating পানের পাতা যেটি খাওয়ার জন্য তাতে চুন, সুপারি ইত্যাদি দেওয়া হয়

pace[1] / peɪs পেইস্ /*noun* **1** [U, *sing.*] **pace (of sth)** the speed at which you walk, run, etc. or at which sth happens যে গতিতে হাঁটা, দৌড়োনো ইত্যাদি করা হয় অথবা কোনো ঘটনা ঘটে *to run at a steady/gentle pace* ○ *Students are encouraged to work at their own pace* (=as fast or as slowly as they like). **2** [C] the distance that you move when you take one step এক পদক্ষেপে যতটা যাওয়া যায়; কদম *Take two paces forward and then stop.*

IDM keep pace (with sb/sth) to move or do sth at the same speed as sb/sth else; to change as quickly as sth else is changing অন্য কোনো ব্যক্তি বা বস্তুর মতো একই গতিতে চলা বা কিছু করা; অন্য কিছু যত তাড়াতাড়ি বদলাচ্ছে তেমনভাবে বদলানো; তাল রাখা বা তালে তাল মিলিয়ে চলা *Wages are not keeping pace with inflation.*

set the pace to move or do sth at the speed that others must follow চলা বা কোনো কিছু করার গতি নির্ধারণ করে দেওয়া *Pinto set the pace for the first three kilometres.*

pace[2] / peɪs পেইস্ / *verb* [I, T] to walk up and down in the same area many times, especially because you are nervous or angry একই জায়গায় বারবার এদিক থেকে ওদিক হাঁটাচলা করা অথবা পায়চারি করা, বিশেষ করে স্নায়ুচাপের জন্য বা রেগে গিয়ে

pacemaker / ˈpeɪsmeɪkə(r) ˈপেইস্‌মেইক্যা(র্) / *noun* [C] **1** a machine that helps to make a person's heart beat regularly or more strongly যে যন্ত্র কোনো ব্যক্তির হৃৎস্পন্দনকে নিয়মিত বা আরও বলিষ্ঠ করে তোলে; ছন্দনিয়ামক; পেসমেকার **2** a person in a race who sets the speed that the others must follow যে দৌড়বাজ কোনো দৌড়ে অন্য প্রতিযোগীদের দৌড়ের গতি নির্ধারণ করে দেয়

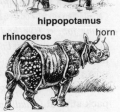

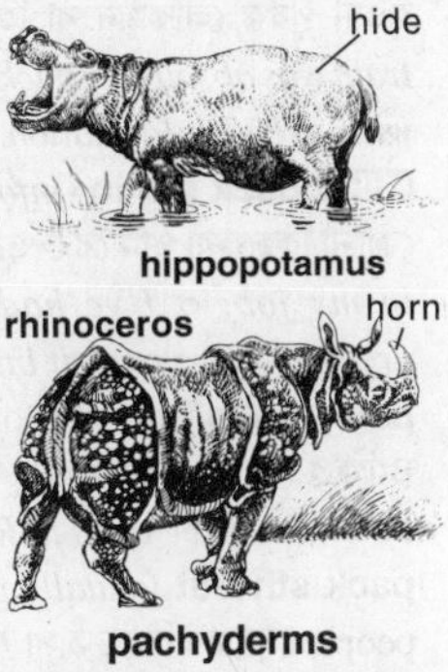

hide
hippopotamus
rhinoceros
horn
pachyderms

pachyderm / ˈpæki-dɜːm ˈপ্যাকিড্যম্ / *noun* [C] (*technical*) a type of animal with a very thick skin, for example an elephant হাতির মতো মোটা চামড়াওয়ালা কোনো পশু

pacifier / ˈpæsɪfaɪə(r) ˈপ্যাসিফাইঅ্যা(র্) / = **dummy 3**

pacifism / ˈpæsɪfɪzəm ˈপ্যাসিফিজ়্যাম্ / *noun* [U] the belief that all wars are wrong and that you should not fight in them যুদ্ধবিরোধী মনোভাব ► **pacifist** / -fɪst -ফিস্ট্ / *noun* [C] যুদ্ধবিরোধী, শান্তিবাদী

pacify / ˈpæsɪfaɪ ˈপ্যাসিফাই / *verb* [T] (*pres. part.* **pacifying;** *3rd person sing. pres.* **pacifies;** *pt, pp* **pacified**) to make sb who is angry or upset be calm or quiet ক্রুদ্ধ বা মানসিকভাবে বিপর্যস্ত কাউকে শান্ত বা ঠান্ডা করা

pack[1] / pæk প্যাক্ / *noun* [C] **1** a set of things that are supplied together for a particular purpose বিশেষ উদ্দেশ্যে সরবরাহ করা একগুচ্ছ জিনিস *These batteries are sold in packs of four.* ○ (*figurative*) *Everything she told me was **a pack of lies**.* ➪ **package, packet** এবং **parcel** দেখো। **2** (*AmE*) = **packet**[1] **3** a bag that you carry on your back পিঠে নেওয়ার ব্যাগ ✪ সম **rucksack** অথবা **backpack** **4** [*with sing. or pl. verb*] a group of wild animals that hunt together বন্য শিকারী পশুর দল *a pack of dogs/wolves* **5** a large group of similar people or things, especially one that you do not like or approve of একই জাতীয় লোক অথবা বস্তুর দল বা গোষ্ঠী যাদের পছন্দ বা অনুমোদন করা হয় না *We avoided a pack of journalists waiting outside.* **6** (*AmE* **deck**) a compelete set of playing cards তাসের পুরো গোছা ➪ **card**-এ নোট দেখো।

pack[2] /pæk প্যাক্ / *verb* **1**[I, T] to put your things into a suitcase, etc. before you go away or go on holiday ছুটিতে বাইরে যাওয়ার আগে জিনিসপত্র গোছানো, স্যুটকেশ ইত্যাদি ভরে রাখা *I'll have to pack my suitcase in the morning.* ○ *Have you packed* *your toothbrush?* ✪ বিপ **unpack** **2** [I, T] to put things into containers so they can be stored, transported or sold কোনো বস্তুকে সংরক্ষণ, বহন অথবা বিক্রির জন্য বাক্সে গুছিয়ে রাখা *I packed all my books into boxes.* ✪ বিপ **unpack** **3** [T] (*usually passive*) (*informal*) to fill with people or things until crowded or full ভিড় হয়ে যাওয়া বা ভর্তি না হওয়া পর্যন্ত লোকজন বা জিনিসপত্র ভরতে থাকা *The train was absolutely packed.* ○ *The book is* ***packed with*** *useful information.*

PHR V **pack sth in** (*informal*) to stop doing sth কোনো কিছু করা থামিয়ে দেওয়া বা বন্ধ করা *I've packed in my job.* ○ *I've had enough of you boys arguing—just pack it in, will you!*

pack sth in/into sth to do a lot in a short time সংক্ষিপ্ত সময়ে অনেক কিছু করা *They packed a lot into their three days in Rome.*

pack sth out (*usually passive*) to fill sth with people লোকের ভিড়ে ঠাসা *The bars* ***are packed out*** *every night.*

pack up (*informal*) **1** to finish working or doing sth কাজ বন্ধ করা; হাত গুটিয়ে নিয়ে, জিনিসপত্র গুছিয়ে ফেলা *There was nothing else to do so we packed up and went home.* **2** (used about a machine, engine, etc.) to stop working (কোনো যন্ত্র, ইঞ্জিন ইত্যাদি সম্বন্ধে ব্যবহৃত) বিকল হয়ে পড়া, কাজ না করা *My old car packed up last week so now I cycle to work.*

package / ˈpækɪdʒ ˈপ্যাকিজ্ / *noun* [C] **1** (*BrE*) something, or a number of things, covered in paper or in a box কোনো কাগজের মধ্যে বা বাক্সে ভরা কোনো কিছু অথবা অনেক জিনিসপত্র; বোঁচকা *There's a large package on the table for you.* ➪ **pack, packet** এবং **parcel** দেখো। **2** a number of things that must be bought or accepted together একগুচ্ছ প্রস্তাব বা জিনিসপত্র যা একই সঙ্গে কিনতে হবে বা মেনে নিতে হবে *a word-processing package* ○ *a financial aid package* **3** (*AmE*) = **packet**[1] এবং **parcel**

▶ **package** *verb* [T] বোঁচকা বাঁধা বা বান্ডিল বাঁধা, বাক্স ইত্যাদিতে ভরা *Goods that are attractively packaged sell more quickly.*

package holiday (*AmE* **package tour**) *noun* [C] a holiday that is organized by a company for a fixed price that includes the cost of travel, hotels, etc. কোনো কোম্পানি অথবা সংস্থা দ্বারা আয়োজিত নির্দিষ্ট মূল্যের বিনিময়ে বেড়ানোর ব্যবস্থা যাতে ভ্রমণ, হোটেল ইত্যাদি সবকিছুর মূল্যই অন্তর্ভুক্ত

packaging /ˈpækɪdʒɪŋ ˈপ্যাকিজিং / *noun* [U] all the materials (boxes, bags, paper, etc.) that are used to cover or protect goods before they are sold সমস্ত উপকরণ (বাক্স, ব্যাগ, কাগজ ইত্যাদি) যেগুলি দিয়ে বিক্রির আগে পণদ্রব্য বাঁধা হয় বা সংরক্ষিত করা হয়; প্যাকেজিং

packed lunch *noun* [C] food that you prepare at home and take with you to eat at work or school বাইরে কাজের জায়গায় বা স্কুল ইত্যাদিতে খাওয়ার জন্য বাড়ি থেকে নিয়ে যাওয়া খাবার

packer / ˈpækə(r)ˈপ্যাক্যা(র্) / *noun* [C] a person, company or machine that puts goods, especially food, into boxes, plastic, paper, etc. to be sold যে ব্যক্তি, সংস্থা অথবা যন্ত্রের দ্বারা জিনিসপত্র, বিশেষত খাদ্যদ্রব্য, বাক্সে বা প্লাস্টিক বা কাগজ ইত্যাদিতে বিক্রির জন্য প্যাক করা হয়

packet /ˈpækɪt ˈপ্যাকিট্ / *noun* **1** (*AmE* **pack; package**) [C] a small box, bag, etc. in which things are packed to be sold in a shop দোকানে বিক্রির জন্য যে ছোটো বাক্স, ব্যাগ ইত্যাদিতে জিনিস গুছিয়ে রাখা থাকে; প্যাকেট ***a packet of*** *sweets/biscuits/crisps* ○ *a cigarette packet* ➪ **pack, package** এবং **parcel** দেখো। **2** [*sing.*] (*spoken*) a large amount of money অনেক পরিমাণ টাকা *That new kitchen must have cost them a packet.* **3** [C] (*computing*) an amount of data that is sent through a computer **network** কম্পিউটারের নেটওয়ার্কের মাধ্যমে যে পরিমাণ তথ্য বা ডাটা পাঠানো হয়

packing / ˈpækɪŋˈপ্যাকিং / *noun* [U] **1** the act of putting your clothes, possessions, etc. into boxes or cases in order to take or send them somewhere অন্য কোনো স্থানে নিয়ে যাওয়ার জন্য অথবা পাঠানোর জন্য মালপত্র বাঁধা এবং বাক্সবন্দি করার কাজ *We're going on holiday tomorrow so I'll* ***do my packing*** *tonight.* **2** (*BrE*) soft material that you use to stop things from being damaged or broken when you are sending them somewhere কোথাও পাঠানোর সময়ে জিনিসপত্রের যাতে ক্ষতি না হয় বা সেগুলি যাতে ভেঙে না যায় তার জন্য ব্যবহৃত নরম বস্তু *The price of the book includes* ***postage and packing***.

packing case *noun* [C] a wooden box that you put things in before they are sent somewhere or stored কাঠের বাক্স যার মধ্যে জিনিসপত্র ভরে পাঠানো হয় বা রাখা হয়; প্যাকিং বাক্স

pact / pækt প্যাক্ট্ / *noun* [C] a formal agreement between two or more people, groups or countries চুক্তি, বন্দোবস্ত

pad[1] / pæd প্যাড্ / *noun* [C] **1** a thick piece of soft material, used for cleaning or protecting sth or to make sth a different shape নরম কোনো উপকরণের পুরু টুকরো যা দিয়ে কিছু পরিষ্কার করা যায়, রক্ষা করা যায় বা অন্য আকারের কিছু বানানোও যায়; প্যাড *Remove eye make-up with cleanser and a cotton-wool* *pad.* ○ *a jacket with shoulder pads* **2** a number of pieces of paper that are fastened together at one end লেখার জন্য ব্যবহৃত প্যাড *a notepad* **3** the place where a spacecraft takes off যেখান থেকে মহাকাশযান আকাশে ওঠে বা যেটি উৎক্ষেপণ করা হয় *a launch pad* **4** the soft part on the bottom of the feet of some animals, for example dogs and cats কোনো কোনো পশুর, যেমন কুকুর এবং বিড়াল, পায়ের তলার নরম অংশ

pad² / pæd প্যাড্ / *verb* (**padding; padded**) **1** [T] **pad sth (with sth)** (*usually passive*) to fill or cover sth with soft material in order to protect it, make it larger or more comfortable, etc. কোনো বস্তুকে সুরক্ষিত করার জন্য, সেটিকে অপেক্ষাকৃত বড়ো বা আরামদায়ক ইত্যাদি করার জন্য কোনো নরম বা মোলায়েম উপকরণ দ্বারা সেটি ভরে দেওয়া অথবা আবৃত করা *I sent the photograph frame in a padded envelope.* **2** [I] **pad about, along, around, etc.** to walk quietly, especially because you are not wearing shoes খালি পায়ে চুপচাপ আস্তে আস্তে হাঁটা *He got up and padded into the bathroom.*

PHR V **pad sth out** to make a book, speech, etc. longer by adding things that are not necessary কোনো বই, বক্তৃতা ইত্যাদি অপ্রয়োজনীয় জিনিস দিয়ে অযথা ভারাক্রান্ত করা

padding / ˈpædɪŋ ˈপ্যাডিং / *noun* [U] soft material that is put inside sth to protect it or to make it larger, more comfortable, etc. নরম বা মোলায়েম কোনো উপকরণ যা কোনো বস্তুকে অপেক্ষাকৃত বড়ো, আরামদায়ক ইত্যাদি করার জন্য তার ভিতরে ভরে দেওয়া হয়

paddle¹ / ˈpædl ˈপ্যাড্‌ল্ / *noun* [C] a short pole that is flat and wide at one or both ends and that you use for moving a small boat through water জলের মধ্যে দিয়ে নৌকো চালানোর জন্য ব্যবহৃত একদিকে বা দুদিকে চওড়া ছোটো দাঁড় ➪ **boat**-এ ছবি দেখো।

paddle² / ˈpædl ˈপ্যাড্‌ল্ / *verb* **1** [I, T] to move a small boat through water using a short pole that is flat and wide at one or both ends একদিকে বা দুদিকে চওড়া ছোটো দাঁড় দিয়ে জলের মধ্যে দিয়ে নৌকো চালানো বা বাওয়া; নৌকার দাঁড় বাওয়া *We paddled down the river.* ➪ **row** দেখো। **2** [I] to walk in water that is not very deep অগভীর জলে ছপ ছপ করে হাঁটা, কম জলে খালি পায়ে হাঁটা *The children paddled in the stream.*

paddock / ˈpædək ˈপ্যাড্যাক্ / *noun* [C] a small field where horses are kept ঘোড়া রাখার ছোটো মাঠ

paddy / ˈpædi ˈপ্যাডি / (*also* **paddy field**) *noun* [C] (*pl.* **paddies**) a field with rice being grown in water জল ভরা ধানের খেত **2** rice that has not been processed in any way and is still in its husk or rice as a growing crop ধান, ধান্য, ব্রীহি

padlock / ˈpædlɒk ˈপ্যাড্‌লক্ / *noun* [C] a type of lock that you can use for fastening gates, bicycles, etc. গেট, সাইকেল ইত্যাদি আটকানোর জন্য যে বিশেষ ধরনের তালা ব্যবহার করা হয় ▶ **padlock** *verb* [T] **padlock sth (to sth)** তালা দেওয়া *I padlocked my bicycle to a post.*

Padma Bhushan *noun* [C, U] an Indian civilian decoration that is awarded by the Government of India for distinguished service to the nation, in any field ভারত সরকার দ্বারা প্রদত্ত অসামরিক সম্মান বা উপাধি; পদ্মভূষণ

NOTE ভারত সরকার দ্বারা প্রদত্ত বিভিন্ন অসামরিক উপাধির প্রদানক্রম হল ভারতরত্ন **(Bharat Ratna)**, পদ্মবিভূষণ **(Padma Vibhushan)**, পদ্মভূষণ **(Padma Bhushan)** এবং পদ্মশ্রী **(Padma Shri)**।

Padma Shri *noun* [C, U] a civilian decoration conferred on a distinguished Indian by the Government of India ভারত সরকার দ্বারা কোনো বিশিষ্ট ভারতীয় নাগরিককে প্রদত্ত অসামরিক উপাধি অথবা সম্মান; পদ্মশ্রী ➪ **Padma Bhushan**-এ নোট দেখো।

Padma Vibhushan *noun* [C, U] India's second highest civilian decoration conferred on a distinguished Indian by the Government of India ভারত সরকার দ্বারা কোনো বিশিষ্ট ভারতীয় নাগরিককে প্রদত্ত দ্বিতীয় উচ্চতম অসামরিক উপাধি বা সম্মান; পদ্মবিভূষণ ➪ **Padma Bhushan**-এ নোট দেখো।

padyatra *noun* [C, U] (*IndE*) a long walk undertaken as a (social, political or religious) demonstration in order to highlight an issue of public importance জনস্বার্থ সম্বলিত কোনো বিষয়ে (সামাজিক, রাজনৈতিক বা ধর্মীয়) বিশেষ মত তুলে ধরার জন্য যে লম্বা পথ পায়ে হাঁটা হয়; পদযাত্রা

paed- (*AmE* **ped-**) / pi:d পীড্ / *prefix* (*used in nouns and adjectives*) connected with children শিশু সম্পর্কীয়, শিশু সংক্রান্ত *paediatrics*

paediatrician (*AmE* **pediatrician**) / ˌpi:diəˈtrɪʃn ˈপীডিঅ্যা ˈট্রিশ্‌ন্ / *noun* [C] a doctor who deals with the diseases of children শিশুরোগ বিশেষজ্ঞ

paediatrics (*AmE* **pediatrics**) / ˌpi:diˈætrɪks ˌপীডিˈঅ্যাট্রিক্স্ / *noun* [U] the area of medicine connected with the diseases of children চিকিৎসাশাস্ত্রের শিশুরোগ সম্পর্কিত ক্ষেত্র ▶ **paediatric** (*AmE* **pediatric**) *adj.* শিশুরোগসংক্রান্ত

paedophile (*AmE* **pedo-**) / ˈpi:dəʊfaɪl ˈপীড্যাউ-ফাইল্ / *noun* [C] a person who is sexually attracted to children যে ব্যক্তি ছোটো ছেলেমেয়ের প্রতি যৌন আকর্ষণ বোধ করে

paedophilia (*AmE* **pedo-**) / ˌpiːdəˈfɪliə ˌপীড্যাˈফিলিঅ্যা / *noun* [U] the condition of being sexually attracted to children; sexual activity with children শিশুদের প্রতি যৌন আকর্ষণ বোধ ; শিশুদের সঙ্গে যৌন সম্পর্ক স্থাপন

paella / paɪˈelə পাইˈএল্যা / *noun* [U, C] a Spanish dish made with rice, meat, fish and vegetables চাল, মাংস, মাছ, তরকারি এইসব কিছু মিশিয়ে রান্না-করা একটি স্পেনদেশীয় খাবার

pagan / ˈpeɪgən ˈপেইগ্যান্ / *adj.* having religious beliefs that do not belong to any of the main world religions এমন এক ধর্মবিশ্বাস সম্পন্ন যা প্রচলিত ধর্মগুলিকে স্বীকার করে না ▶ **pagan** *noun* [C] প্রচলিত ধর্মবিশ্বাসের বহির্ভূত

page¹ / peɪdʒ পেইজ্ / *noun* [C] **1** (*abbr.* **p**) one or both sides of a piece of paper in a book, magazine, etc. বই, পত্রিকা ইত্যাদির পাতা বা পৃষ্ঠা *The letter was three pages long.* ○ ***the front page*** *of a newspaper* **2** (*computing*) a section of data or information that can be shown on a computer screen at any one time কম্পিউটার স্ক্রীনে একসঙ্গে বা একটি বারে যেসকল তথ্য বা ডাটাসমূহ দেখা যায় ➪ **home page** দেখো।

page² / peɪdʒ পেইজ্ / *verb* [T] to call sb by sending a message to a small machine (**a pager**) that sb carries, or by calling sb's name publicly through a device fixed to the wall (**a loudspeaker**) ছোটো বিশেষ ধরনের মেশিনের (পেজার) মাধ্যমে কোনো ব্যক্তিকে বার্তা পাঠানো, দেয়ালে লাগানো লাউডস্পিকারের দ্বারা কোনো ব্যক্তির নাম ধরে ডাকা

pageant / ˈpædʒənt ˈপ্যাজ্যান্ট্ / *noun* [C] **1** a type of public entertainment at which people dress in performances of scenes from history একধরনের জনবিনোদন যাতে লোকে ঐতিহাসিক চরিত্রের বেশে ঐতিহাসিক ঘটনাগুলি মুক্তাঙ্গনে অভিনয় করে **2** (*AmE*) = **beauty contest**

pageantry / ˈpædʒəntri ˈপ্যাজ্যান্ট্রি / *noun* [U] the feeling and appearance of a big, colourful ceremony চমকপ্রদ, জমকালো, উজ্জ্বল অনুষ্ঠানের প্রদর্শন এবং তার অনুভূতি *Millions of people enjoyed the pageantry of the Olympic opening ceremony on television.*

pager / ˈpeɪdʒə(r) ˈপেইজ্যা(র্) / *noun* [C] a small machine that you carry, that makes a sound when sb sends you a message বহনযোগ্য ছোটো যন্ত্র যাতে কেউ বার্তা পাঠালে একধরনের শব্দ করে; পেজার যন্ত্র ✪ সম **bleeper**

pagoda / pəˈgəʊdə প্যাˈগ্যাউড্যা / *noun* [C] a Buddhist temple in India or South-East Asia which usually is in the form of a tall tower with several levels, each of which has its own roof ভারত বা দক্ষিণ-পূর্ব এশিয়ায় প্রাপ্ত এক ধরনের বহুতল বিশিষ্ট, আলাদা আলাদা ছাদওয়ালা বৌদ্ধ মন্দির; প্যাগোডা

paid ➪ **pay²**-এর past tense এবং past participle

paid-up *adj.* (*only before a noun*) having paid all become a member of a club দেয় অর্থ সমস্ত চুকিয়ে দেওয়া হয়েছে এমন, যেমন কোনো ক্লাবের সভ্য চাঁদা *He's a fully paid-up member of Friends of the Earth.*

pail / peil পেইল্ / (*old-fashioned*) = **bucket** *a pail of water*

pain¹ / peɪn পেইন্ / *noun* **1** [C, U] the unpleasant feeling that you have when a part of your body has been hurt or when you are ill বেদনা, ব্যথা, কষ্ট, যন্ত্রণা *to* ***be in pain*** ○ *He screamed with pain.*

> **NOTE** দীর্ঘস্থায়ী এবং অবিরাম কোনো ব্যথা বোঝানোর জন্য আমরা **ache** শব্দটি ব্যবহার করে থাকি এবং আচমকা, ক্ষণস্থায়ী এবং তীক্ষ্ণ কোনো যন্ত্রণার জন্য **pain** শব্দটি ব্যবহার করে থাকি। আমরা সাধারণত বলি—*I've got earache/backache/toothache/a headache* কিন্তু *pain* শব্দটি এইভাবে প্রয়োগ করা হয়—*He was admitted to hospital with pains in his chest.* **Ache** শব্দটি সঙ্গে '*a*' এবং '*an*' -এর ব্যবহার দেখার জন্য **ache**-এ নোট দেখো।

2 [U] sadness that you feel because sth bad has happened মানসিক যন্ত্রণা, দুঃখ, কষ্ট, ব্যথা, অশান্তি *the pain of losing a parent*

IDM be a pain (in the neck) (*spoken*) a person, thing or situation that makes you angry or annoyed যে ব্যক্তি, বস্তু বা পরিস্থিতি বিরক্তি বা ক্রোধের কারণ হয়

pain² / peɪn পেইন্ / *verb* [T] (*formal*) to make sb feel sad or upset কাউকে দুঃখ দেওয়া, যন্ত্রণা দেওয়া ***It pains me*** *to think how much money we've wasted.*

pained / peɪnd পেইন্ড্ / *adj.* showing that you are sad or upset দুঃখিত, যন্ত্রণাদায়ক অভিব্যক্তি *a pained expression*

painful / ˈpeɪnfl ˈপেইন্ফ্ল্ / *adj.* **painful (for sb) (to do sth) 1** that causes pain or hurts যন্ত্রণার কারণ *A wasp sting can be very painful.* **2** making you feel upset or embarrassed যা মানসিক বিপর্যয় বা দুঃখের মধ্যে ফেলে; দুঃখজনক *The break-up of their marriage was very painful for the children.* ▶ **painfully** / -fəli -ফ্যালি / *adv.* দুঃখজনকভাবে

painkiller / ˈpeɪnkɪlə(r) ˈপেইন্কিল্যা(র্) / *noun* [C] a drug that is used for reducing pain ব্যথা কমানোর ওষুধ; পেনকিলার

painless / ˈpeɪnləs ˈপেইন্ল্যাস্ / *adj.* that does not cause pain যন্ত্রণাহীন, বেদনাহীন *The animals' death is quick and painless.* ▶ **painlessly** *adv.* যন্ত্রণাহীনভাবে, বেদনাহীনভাবে, বিনাকষ্টে

pains / peɪnz পেইন্‌জ্ / *noun*

IDM **be at/take (great) pains to do sth; take (great) pains (with/over sth)** to make a special effort to do sth well কোনো কিছু ভালোভাবে করার জন্য বিশেষ চেষ্টা করা *He was at pains to hide his true feelings.*

painstaking / ˈpeɪnzteɪkɪŋ ˈপেইন্‌জ়্টেইকিং / *adj.* very careful and taking a long time and effort সযত্নে, দীর্ঘসময় এবং প্রচেষ্টাসহ *The painstaking search of the wreckage gave us clues as to the cause of the crash.* ▶ **painstakingly** *adv.* সযত্নে, শ্রমসাধ্যভাবে

paint[1] / peɪnt পেইন্ট্ / *noun* **1** [U] coloured liquid that you put onto a surface to decorate or protect it কোনো পৃষ্ঠতল (দেয়াল ইত্যাদি) সাজানো বা রক্ষা করার জন্য যে রঙিন তরল লাগানো হয়; রং *green/orange/yellow paint* ○ *The door will need another* ***coat of paint***. **2** [U] coloured liquid that you can use to make a picture তরল রং, যা দিয়ে ছবি আঁকা যায় *oil paint* ○ *watercolour paint* **3 paints** [*pl.*] a collection of tubes or blocks of paint that an artist uses for painting pictures অনেক ধরনের রঙের টিউব বা ব্লক যা কোনো শিল্পী ছবিতে রং লাগানোর জন্য ব্যবহার করে; শিল্পীর আঁকার বিচিত্র রঙের সম্ভার

paint[2] / peɪnt পেইন্ট্ / *verb* [I, T] **1** to put paint onto a surface or an object কোনো পৃষ্ঠতল বা বস্তুর উপর রং করা অথবা রং লাগানো *We painted the fence.* ○ *The walls were painted pink.* **2** to make a picture of sb/sth using paints রঙের সাহায্যে ছবি আঁকা, রং দিয়ে কোনো ব্যক্তি বা বস্তুর ছবি আঁকা *We painted some animals on the wall.*

paintbox / ˈpeɪntbɒks ˈপেইন্ট্‌বক্স্ / *noun* [C] a box that contains blocks or tubes of paint of many colours রঙের বাক্স

paintbrush /ˈpeɪntbrʌʃ ˈপেইন্ট্‌ব্রাশ্ / *noun* [C] a brush that you use for painting with রঙের ব্রাশ অথবা তুলি

painter /ˈpeɪntə(r) ˈপেইন্ট্যা(র্) / *noun* [C] **1** a person whose job is to paint buildings, walls, etc. যে ব্যক্তি বাড়ি, ঘরদোর ইত্যাদি রং করে **2** a person who paints pictures যে ছবি আঁকে, চিত্রশিল্পী

painting / ˈpeɪntɪŋ পেইন্টিং / *noun* **1** [C] a picture that sb has painted কারও আঁকা কোনো ছবি *a famous painting by MF Hussain* **2** [U] the act of painting pictures or buildings ছবি বা বাড়ি রং করার কাজ *She studies Indian painting.*

paintwork / ˈpeɪntwɜːk ˈপেইন্ট্‌উঅ্যাক্ / *noun* [U] a painted surface, especially on a vehicle বিশেষত কোনো বাহনের রং-করা বাইরের অংশ

pair[1] / peə(r) পেঅ্যা(র্) / *noun* [C] **1** two things of the same type that are used or worn together একরকমের দুটো জিনিস যা একত্র ব্যবহার করা বা পরা হয়; এক জোড়া *a pair of shoes/gloves/earrings* **2** a thing that consists of two parts that are joined together কোনো বস্তু যার দুটো অংশ জোড়া লাগানো থাকে *a pair of scissors/glasses/trousers* **3** [*with pl. verb*] two people or animals that are doing sth together দুজন মানুষ বা দুটি পশু যারা একত্রে কোনো কাজ সম্পন্ন করে *These boxers have fought several times, and tonight the pair meet again.*

NOTE বৈবাহিক সম্পর্কে আবদ্ধ কোনো দুজন ব্যক্তির সম্বন্ধে কিছু উল্লেখ করার জন্য **couple** শব্দটি ব্যবহার করা হয়।

IDM **in pairs** two at a time এক জোড়া, দুজনে মিলে, জোড়ায় *These earrings are only sold in pairs.* ○ *The students were working in pairs.*

pair[2] /peə(r) পেঅ্যা(র্) / *verb*

PHR V **pair (sb/sth) off (with sb)** to come together, especially to form a romantic relationship; to bring two people together for this purpose জুটি বাঁধা, জোড় বাঁধা, বিশেষত প্রেমের সম্পর্ক তৈরি করার জন্য; জুটি বাঁধানো, জোড় বাঁধানো *She's always trying to pair me off with her brother.*

pair up (with sb) to join together with another person or group to work, play a game, etc. অন্য কোনো ব্যক্তির সঙ্গে জোড় বেঁধে একসঙ্গে কোনো কাজ করা বা খেলায় যোগ দেওয়া *I paired up with another student and we did the project together.*

paisa *noun* [C] (*pl.* **paise**) a unit of money that is used in India, Pakistan and Nepal. There are 100 paise in one rupee ভারত, পাকিস্তান এবং নেপালে প্রচলিত মুদ্রার একক পয়সা। এক টাকায় একশো পয়সা হয়

pajamas (*AmE*) = **pyjamas**

pakhawaj *noun* [C] a barrel-shaped Indian **percussion** instrument similar to the **mridangam**. It is usually used as an **accompaniment** for **Odissi** dancers and occasionally for **Kathak** মৃদঙ্গের মতো ঢোলের আকারের ভারতীয় যন্ত্র। ওড়িশি নৃত্যের সংগতে এবং কখনো কখনো কথক নাচের সঙ্গে এই বাদ্যযন্ত্রটি বাজানো হয়ে থাকে; পাখোয়াজ

palace / ˈpæləs ˈপ্যাল্যাস্ / *noun* [C] a large house that is or was the home of a king or queen প্রাসাদ, রাজপ্রাসাদ

palaeontologist (*AmE* **paleo-**) / ˌpæliɒnˈtɒlədʒɪst; ˈpeɪli- ˌপ্যালিঅন্ˈটল্যাজিস্ট্; ˌপেইলি- / *noun* [C] a person who studies very old dead animals or plants in **fossils** যে ব্যক্তি প্রত্নপ্রাণী বা প্রত্নউদ্ভিদ (জীবাশ্ম) নিয়ে কাজ করে; জীবাশ্ম বিশারদ

palaeontology (*AmE* **paleo-**) / ˌpæliɒnˈtɒlədʒi; ˌˈpeɪli- ˌপ্যালিঅন্ˈটল্যাজি; পেলি / *noun* [U] the scientific study of **fossils** প্রত্নপ্রাণীবিদ্যা, ফসিল-চর্চা, জীবাশ্মবিদ্যা

palanquin / ˌpælənˈkiːn ˌপ্যাল্যান্ˈকীন্ / *noun* [C] a big covered box-like vehicle usually with a seat for one person. It is attached to poles and is carried on shoulders by four or six men বড়ো ঢাকা-দেওয়া বাক্সের মতো দেখতে একধরনের যান যাতে সাধারণত একজন বসতে পারে। এটি লাঠি বা দণ্ডের সঙ্গে আটকানো থাকে এবং চারজন বা ছয়জন এটি কাঁধে করে বয়ে নিয়ে যায়; পালকি, শিবিকা, চতুর্দোলা

palate / ˈpælət ˈপ্যাল্যাট্ / *noun* [C] the top part of the inside of your mouth মুখগহ্বরের উপরের দিকের অংশ; টাকরা, তালু

palatial / pəˈleɪʃəl প্যাˈলেইশ্যাল্ / *adj.* (used about a room or building) like a palace; extremely large and spacious (ঘর বা বাড়ি সম্বন্ধে ব্যবহৃত) প্রাসাদোপম; অতি বৃহৎ *a palatial house*

pale / peɪl পেইল্ / *adj.* Î1 (used about a person or his/her face) having skin that is light in colour, often because of fear or illness (কোনো ব্যক্তি বা তার মুখমণ্ডল সম্বন্ধে ব্যবহৃত) ভয় বা কোনো অসুখের কারণে ফ্যাকাশে, বিবর্ণ, রক্তশূন্য *She has a pale complexion.* ○ *I felt myself* ***go/turn pale*** *with fear.* **pallor** noun এবং **pallid** adjective দেখো। **2** not bright or strong in colour অনুজ্জ্বল, ম্যাড়মেড়ে, ফ্যাকাশে *a pale yellow dress* ✪ বিপ **dark** ▶ **pale** *verb* [I] ফ্যাকাশে বা পাণ্ডুর হয়ে যাওয়া

palette / ˈpælət ˈপ্যাল্যাট্ / *noun* [C] **1** a small thin board with a curved edge on which an artist mixes colours when painting, with a hole for the thumb to hold it by চিত্রশিল্পীর অঙ্কনকার্যের সময়ে রং মেশানোর পাত্র; প্যালেট **2** (*usually sing.*) (*technical*) the colours used by a particular artist or the colours in a particular painting বিশেষ কোনো শিল্পী যে রংগুলি ব্যবহার করেন বা কোনো বিশেষ চিত্রের রংসমূহ *Browns, greens and blues are typical of Leonardo da Vinci's palette.* **3** the range of colours that are available in a computer program কোনো কম্পিউটার প্রোগ্রামে যে ধরনের রংসমূহ পাওয়া যায়

pall / pɔːl প:ল্ / *verb* [I] to become less interesting or important কম আগ্রহজনক হয়ে যাওয়া, গুরুত্ব কমে যাওয়া *After a few months, the excitement of his new job began to pall.*

pallid / ˈpælɪd ˈপ্যালিড্ / *adj.* (used about a person or his/her face) light in colour, especially because of illness (কোনো ব্যক্তি বা তার মুখমণ্ডল সম্বন্ধে ব্যবহৃত) বিশেষত অসুস্থতার কারণে বিবর্ণ, ফ্যাকাশে *His pallid complexion made him look unhealthy.* ➪ **pale** দেখো।

pallor / ˈpælə(r) ˈপ্যাল্যা(র্) / *noun* [U] pale colouring of the face, especially because of illness or fear বিশেষত অসুস্থতার কারণে বিবর্ণতা, পাণ্ডুরতা

palm¹ / pɑːm পা:ম্ / *noun* [C] **1** the flat, inner surface of your hand হাতের তালু *She held the coins tightly in the palm of her hand* ➪ **body**-তে ছবি দেখো। **2** (*also* **palm tree**) a tall straight type of tree that grows in hot countries. Palms have a lot of large leaves at the top but no branches গ্রীষ্মপ্রধান অঞ্চলের দীর্ঘ ঋজু এক ধরনের গাছ যাতে কোনো ডালপালা না থাকলেও উপরের দিকে অনেক বড়ো বড়ো পাতা থাকে; তালগাছ ➪ **plant**-এ ছবি দেখো।

palm² / pɑːm পা:ম্ / *verb*

PHR V **palm sb off (with sth)** (*informal*) to persuade sb to believe sth that is not true in order to stop him/her asking questions or complaining যাতে কোনো প্রশ্ন বা অভিযোগ না করতে পারে তার জন্য কোনো ব্যক্তিকে কোনো বিষয় অসত্য বলে বোঝানোর চেষ্টা; শাক দিয়ে মাছ ঢাকা

palm sth off (on sb) to persuade sb to accept sth that he/she does not want কোনো ব্যক্তির কাছে বাঞ্ছনীয় নয় এমন কোনো বস্তু তাকে গছানোর চেষ্টা করা *She's always palming off the worst jobs on her assistant.*

palmistry / ˈpɑːmɪstri ˈপা:মিস্ট্রি / *noun* [U] the art or practice of supposedly predicting the future and describing the character of a person by looking at the lines and other features of the hand, especially the palms and fingers কারও হাতের রেখা ও অন্যান্য লক্ষণসমূহ, বিশেষত তালু এবং আঙুল দেখে তার চরিত্র বর্ণনা এবং ভবিষ্যদ্‌বাণী করার যে শিল্প অথবা চর্চা; হস্তরেখাশাস্ত্র ▶ **palmist** / ˈpɑːmɪst ˈপা:মিস্ট্ / *noun* [C] হস্তরেখাবিদ

palm oil *noun* [U] oil that we get from the fruit of a **palm tree** that is used in cooking and in making soap, candles, etc. তাল বা ঐ জাতীয় গাছের ফল থেকে প্রাপ্ত তেল যা রান্না করা এবং সাবান ও মোমবাতি তৈরিতে ব্যবহৃত হয়

palmtop / ˈpɑːmtɒp ˈপা:ম্টপ্ / *noun* [C] (*computing*) a very small computer that can be held on the **palm** of one hand এক হাতের তালুর মধ্যে চলে আসে এমন ছোটো আকারের কম্পিউটার ➪ **desktop** দেখো। **laptop** দেখো।

palpitate / ˈpælpɪteɪt ˈপ্যাল্পিটেইট্ / *verb* [I] (of the heart) to beat rapidly or irregularly, especially because of fear or excitement (হৃৎপিণ্ডের) জোরে জোরে অথবা অস্বাভাবিকভাবে ধকধক করা, বিশেষত ভয়ে

P

অথবা উত্তেজনায়, ▶ **palpitation** / ˌpælpɪˈteɪʃn ˌপ্যাল্‌পি'টেইশ্‌ন্ / *noun* [C, *usually pl.*] দ্রুত হৃৎস্পন্দন

palsy / ˈpɔːlzi ˈপ:ল্‌জি / = **cerebral palsy**

paltry / ˈpɔːltri ˈপ:ল্‌ট্রি / *adj.* too small to be considered important or useful তুচ্ছ, নগণ্য, যৎসামান্য *a paltry sum of money*

the pampas / ˈpæmpəs ˈপ্যাম্‌প্যাস্ / *noun* [*sing.*] the large area of land in South America that has no trees and is covered in grass দক্ষিণ আমেরিকার বিস্তৃত বৃক্ষহীন তৃণভূমি; প্যামপাস

pamper / ˈpæmpə(r) ˈপ্যাম্‌প্যা(র্) / *verb* [T] to take care of sb very well and make him/her feel as comfortable as possible কারও অত্যন্ত যত্ন নেওয়া এবং যতদূর সম্ভব তাকে স্বাচ্ছন্দ্য বোধ করানো; প্রশ্রয় দেওয়া, বেশি রকমের আদরযত্ন দেওয়া

pamphlet / ˈpæmflət ˈপ্যামফ্ল্যাট্ / *noun* [C] a very thin book with a paper cover containing information about a particular subject নির্দিষ্ট বিষয়ের তথ্যসম্বলিত কাগজের মলাট দেওয়া অত্যন্ত পাতলা বই; পুস্তিকা

pan[1] / pæn প্যান্ / *noun* [C] a metal container with a handle or handles that is used for cooking food in; the contents of a pan রান্নার জন্য ব্যবহৃত হাতলওয়ালা ধাতব পাত্র; প্যান; তার ভিতরে যা আছে *Cook the spaghetti in a large pan of boiling water.*

pan[2] = **paan**

handle
saucepan
casserole
lid
frying pan
(AmE skillet)
chopsticks
pressure cooker
wok

pans

pan- / pæn প্যান্ / *prefix* (*used in adjectives and nouns*) including all of sth; connected with the whole of sth কোনো কিছুর সমস্তটা নিয়ে; কোনো কিছুর সবটা সংক্রান্ত *pan-African*

panacea / ˌpænəˈsiːə ˌপ্যান্যা'সীঅ্যা / *noun* [C] something that will cure all diseases or solve all problems and difficulties; a universal remedy কোনো কিছু যা সকল রোগ সারিয়ে তোলে বা সকল সমস্যা এবং অসুবিধার সমাধান করে; সর্বজনীন প্রতিকার, সর্বরোগহর ওষুধ *Education is panacea for all social evils.*

pancake / ˈpænkeɪk ˈপ্যান্‌কেইক্ / *noun* [C] a type of very thin round cake that is made by frying a mixture of flour, milk and eggs (**batter**) ময়দা, ডিম, দুধ ইত্যাদি মিশিয়ে গোলা তৈরি করে এবং ভেজে ভেজে বানানো পাতলা গোল কেক; প্যানকেক

panchayat *noun* [C] (*in India*) the local governing body of a village; a village council ভারতে কোনো গ্রামের স্থানীয় শাসকবর্গ বা পরিষৎ; গ্রাম পরিষৎ, গ্রাম পঞ্চায়েত

pancreas / ˈpæŋkriəs ˈপ্যাংক্রিঅ্যাস্ / *noun* [C] an organ near the stomach that produces the substance that controls the amount of sugar in the blood (**insulin**) and which helps your body to deal with (**digest**) the food you eat পাকস্থলীর নিকটবর্তী এই গ্রন্থি থেকে নির্গত পদার্থের দ্বারা রক্তে শর্করার মাত্রা নিয়ন্ত্রিত (ইনসুলিন) হয় এবং যেটি শরীরকে খাদ্য (যা খাওয়া হয়) হজম করতে সাহায্য করে; অগ্ন্যাশয় ▶ **pancreatic** / ˌpæŋkriˈætɪk ˌপ্যাংক্রি'অ্যাটিক্ / *adj.* অগ্ন্যাশয়ঘটিত, অগ্ন্যাশয়ের সঙ্গে জড়িত

panda / ˈpændə ˈপ্যান্ড্যা / *noun* [C] a large black and white bear that comes from China চিনদেশ থেকে আসা একধরনের বড়ো কালো এবং সাদা ভালুক; পান্ডা

pandemic / pænˈdemɪk প্যান্'ডেমিক্ / *noun* [C] a disease that spreads over a whole country or the whole world দেশব্যাপী অথবা বিশ্বব্যাপী যে অসুখ ছড়িয়ে পড়ে; মহামারী ▶ **pandemic** *adj.* মহামারী বিষয়ক ⇨ **endemic** এবং **epidemic** দেখো।

pandemonium / ˌpændəˈməʊniəm ˌপ্যান্ড্যা-'ম্যাউনিঅ্যাম্ / *noun* [U] a state of great noise and confusion চরম বিশৃঙ্খলা, হৈ হট্টগোল, চ্যাঁচামেচি

pander / ˈpændə(r) ˈপ্যান্ড্যা(র্) / *verb*

PHR V **pander to sb/sth** to do or say exactly what sb wants especially when this is not reasonable অযৌক্তিক বা অন্যায় কাজে প্রশ্রয় দেওয়া; সাতখুন মাপ করা *He refuses to pander to his boss's demands.*

pane / peɪn পেইন্ / *noun* [C] a piece of glass in a window, etc. জানলা ইত্যাদির কাচ; শার্সি ⇨ *a windowpane*

panel / ˈpænl ˈপ্যান্‌ল্ / *noun* [C] **1** a square or rectangular piece of wood, metal or glass that forms part of a door or wall দরজা বা জানালা বা দেয়ালের অংশে লাগানো কাঠ, ধাতু বা কাচের চৌকো অথবা আয়তাকার টুকরো; প্যানেল **2** [*with sing. or pl. verb*] a group of people who give their advice or opinions about sth; a group of people who discuss topics of interest on television or radio

কোনো জনগোষ্ঠী যারা কোনো বিষয়ে উপদেশ ও মতামত প্রদান করে; কোনো জনগোষ্ঠী যারা টেলিভিশন বা রেডিওতে বিভিন্ন বিষয়ে আলোচনা করে *a panel of judges* (=in a competition) ○ *a panel game* (=a TV game show with two teams) **3** a flat surface that contains the equipment for controlling a vehicle, machine, etc. কোনো বাহন, যন্ত্র ইত্যাদি নিয়ন্ত্রণ করে এরকম সরঞ্জাম লাগানোর চ্যাপটা পৃষ্ঠতল; বোর্ড; প্যানেল *a control/display panel*

panelling (*AmE* **paneling**) / ˈpænəlɪŋ ˈপ্যান্যালিং / *noun* [U] square or rectangular pieces of wood used to cover and decorate walls, ceilings, etc. চৌকো বা আয়তাকার কাঠের টুকরো যা দেয়াল বা ছাদ ঢাকতে এবং সাজাতে ব্যবহার করা হয়

panellist (*AmE* **panelist**) / ˈpænəlɪst ˈপ্যান্যালিস্ট্ / *noun* [C] a member of a **panel 2** কোনো প্যানেলের সভ্য, আলোচনাচক্রের একজন সদস্য

pang / pæŋ প্যাং / *noun* [C, *usually pl.*] a sudden strong feeling of emotional or physical pain আকস্মিক তীব্র মানসিক শারীরিক যন্ত্রণা বা অনুভূতি *hunger pangs* ○ *a pang of jealousy*

panic / ˈpænɪk প্যানিক্ / *noun* [C, U] a sudden feeling of fear that cannot be controlled and stops you from thinking clearly অনিয়ন্ত্রিত এবং সুনির্দিষ্ট চিন্তাভাবনা রহিত ভয়ের অনুভূতি *People fled in panic as the fire spread.* ○ *There was a mad panic when the fire alarm went off.* ▶ **panic** *verb* [I] (**panicking; panicked**) আতঙ্কে দিগ্‌বিদিক জ্ঞানশূন্য হয়ে পড়া *Stay calm and don't panic.*

panic-stricken / ˈpænɪk strɪkn ˈপ্যানিক্ স্ট্রিকন্ / *adj.* very frightened in a way that stops you from thinking clearly আতঙ্কে দিশাহারা, ভীত

panorama / ˌpænəˈrɑːmə ˌপ্যান্যাˈরা:ম্যা / *noun* [C] a view over a wide area of land কোনো সুদূর প্রসারিত দৃশ্যাবলী ▶ **panoramic** / ˌpænəˈræmɪk ˌপ্যান্যাˈর‍্যামিক্ / *adj.* দিগন্তপ্রসারী

pant / pænt প্যান্ট্ / *verb* [I] to breathe quickly, for example after running or because it is very hot দৌড়ে এসে অথবা গরমের কারণে হাঁসফাঁস করা, দম ফুরিয়ে হাঁপানো ▶ **pant** *noun* [C] হাঁপ, ধড়ফড়ানি

panther / ˈpænθə(r) ˈপ্যান্থ্যা(র্) /*noun* [C] a large wild animal of the cat family with black fur (বিড়াল বর্গভুক্ত) বিরাটাকায় কালো রোমশ বন্য প্রাণী ⇨ **lion**-এ ছবি দেখো।

panties / ˈpæntiz ˈপ্যান্টিজ্ / (*AmE*) = **knickers**

pantry / ˈpæntri ˈপ্যান্ট্রি / *noun* [C] (*pl.* **pantries**) a small room where food is kept খাবার রাখার জায়গা বা ঘর ✪ সম **larder**

pants /pænts প্যান্ট্স্ / *noun* [*pl.*] **1** (*BrE*) = **underpants** **2** (*AmE*) = **trousers**

pantyhose / ˈpæntihəʊz ˈপ্যান্টিহ্যাউজ্ / (*AmE*) = **tights**

papad *noun* [C, U] a thin, crisp south Asian food item that is made from ground lentils. It is roasted or deep fried in oil before eating দক্ষিণ এশিয়ার পাতলা মুচমুচে খাবার যা গুঁড়োনো ডাল থেকে তৈরি। খাওয়ার আগে এটি সেঁকে অথবা তেলে ভেজে নেওয়া হয়; পাপড়

paparazzi / ˌpæpəˈrætsi ˌপ্যাপ্যাˈর‍্যাট্সি / *noun* [*pl.*] photographers who follow famous people around in order to get pictures of them to sell to a newspaper or magazine সংবাদপত্র বা ম্যাগাজিনে বিক্রি করার জন্য যেসকল ফোটোগ্রাফার বিখ্যাত মানুষদের ছবি তোলার জন্য তাদের পিছনে পিছনে ঘোরে

papaya / pəˈpaɪə প্যাˈপাইআ্যা / (*also* **pawpaw** / ˈpɔːpɔː ˈপ:প: /) *noun* [C] a large tropical fruit which is sweet and orange inside and has small black seeds গ্রীষ্মপ্রধান দেশের ফল; পেঁপে

paper / ˈpeɪpə(r) ˈপেইপ্যা(র্) / *noun* **1** [U] a material made in thin sheets that you use for writing or drawing on, covering things, etc. লেখা বা আঁকা, জিনিসপত্র মোড়া ইত্যাদির জন্য ব্যবহৃত কাগজ *a piece/sheet of paper* ○ *a paper handkerchief*

> **NOTE** কাগজ বিভিন্ন ধরনের হয় যেমন **filter paper, tissue paper, toilet paper** এবং **writing paper**।

2 [C] = **newspaper**[1] *Where's today's paper?* **3 papers** [*pl.*] important letters or pieces of paper that have information written on them গুরুত্বপূর্ণ চিঠিপত্র বা বিভিন্ন তথ্যাদি সম্বলিত কাগজপত্র *The document you want is somewhere in the pile of papers on her desk.* **4** [C] the written questions or the written answers in an exam পরীক্ষায় লিখিত প্রশ্নাবলী বা উত্তরাবলী *The history exam is divided into three papers.* **5** [C] a piece of writing on a particular subject that is written for specialists নির্দিষ্ট বিষয়ের উপরে লেখা (বিশেষজ্ঞদের জন্য) গবেষণাপত্র *At the conference, the Professor presented a paper on Sri Lankan poetry.*

IDM on paper **1** in writing লিখিতভাবে *I've had nothing on paper to say that I've been accepted.* **2** as an idea, but not in a real situation; in theory কাগজে-কলমে, বাস্তবে নয়; তাত্ত্বিক বিচারে, তত্ত্বগতভাবে *The scheme seems fine on paper, but would it work in practice?*

paperback / ˈpeɪpəbæk ˈপেইপ্যাব্যাক্ / *noun* [C, U] a book that has a paper cover নরম মলাটের বই *The novel is available* ***in paperback***. ⇨ **hardback** দেখো।

paper boy *noun* [C] a boy who takes newspapers to people's houses ঘরে ঘরে সংবাদপত্র বিলি করে যে ছেলে

paper clip *noun* [C] a small piece of bent wire that is used for holding pieces of paper together কাগজপত্র একসঙ্গে আটকানোর ক্লিপ ➪ **stationery**-তে ছবি দেখো।

paper girl *noun* [C] a girl who takes newspaper to people's houses ঘরে ঘরে সংবাদপত্র বিলি করে যে মেয়ে

paperweight / ˈpeɪpəweɪt ˈপেইপ্যাউএইট্ / *noun* [C] a small heavy object that you put on top of loose papers to keep them in place কাগজ-চাপা; পেপার ওয়েট

paper tiger *noun* [C] a person or thing that seems dangerous or powerful, but in fact is not যে ব্যক্তি বা জিনিস আপাতদৃষ্টিতে বিপজ্জনক বা শক্তিশালী মনে হয় কিন্তু বাস্তবে একেবারেই তা নয়; কাগুজেবাঘ

paperwork / ˈpeɪpəwɜːk ˈপেইপ্যাউঅ্যক্ / *noun* [U] **1** the written work that is part of a job, such as writing letters and reports and filling in forms, etc. কাজের অঙ্গ হিসেবে লেখালেখির যেসব কাজ, যেমন চিঠি এবং রিপোর্ট লেখা, ফর্ম ভর্তি করা ইত্যাদি *I hate doing paperwork.* **2** documents that need to be prepared, collected, etc. in order for a piece of business to be completed কোনো কাজের জন্য যেসব নথিপত্র বা তথ্যাদি তৈরি রাখতে হয় বা সংগ্রহ করতে হয় *Some of the paperwork is missing from this file.*

paprika / ˈpæprɪkə ˈপ্যাপ্রিক্যা / *noun* [U] a red powder made from a sweet red pepper that you can use in cooking রান্নার জন্য ব্যবহৃত মিষ্ট লঙ্কাগুঁড়ো; প্যাপরিকা

papyrus / pəˈpaɪrəs প্যা'পাইর্যাস্ / *noun* (*pl.* **papyri** / pəˈpaɪriː প্যা'পাইরী /) **1** [U] a tall plant with a thick **stem** that grows in water মোটা কাণ্ডওয়ালা একধরনের লম্বা জলজ গাছ; প্যাপিরাস **2** [U] paper made from the **stems** of the papyrus plant, used in ancient Egypt for writing and drawing on প্রাচীন মিশরে লেখা এবং আঁকার জন্য ব্যবহৃত হত প্যাপিরাস গাছের কাণ্ড থেকে তৈরি যে কাগজ **3** [C] a document or piece of paper made of papyrus প্যাপিরাস থেকে তৈরি একখণ্ড কাগজ বা কোনো নথি অথবা দলিল

par / pɑː(r) পা:(র্) / *noun* [U] (in golf) the standard number of times a player should hit the ball in order to complete a particular hole or series of holes (গল্ফ খেলায়) একটি নির্দিষ্ট হোল বা পর্যায়ক্রমিকভাবে কতকগুলি হোল সম্পূর্ণ করার জন্য একজন খেলোয়াড়ের মোটামুটি যতবার বলটি মারা উচিত

IDM **below par** (*informal*) not as good or as well as usual সাধারণের থেকে নিম্ন মানের

on a par with sb/sth of an equal level, standard, etc. to sb/sth else অন্য কোনো ব্যক্তি বা বস্তুর সমান স্তর, মান ইত্যাদির

par. (*also* **para.**) *abbr.* paragraph প্যারাগ্রাফের সংক্ষিপ্ত রূপ; অনুচ্ছেদ

para- / ˈpærə ˈপ্যার্যা / *prefix* (*used in nouns and adjectives*) **1** beyond ছাড়িয়ে, উর্ধ্বে *paranormal* **2** similar to but not official or not fully qualified সদৃশ হলেও আনুষ্ঠানিক নয় অথবা পুরোপুরি যোগ্য নয়; উপ-, সহ-*a paramedic* ○ *paramilitary*

parable / ˈpærəbl ˈপ্যার্যাবল্ / *noun* [C] a short story that teaches a lesson, especially one told by Jesus in the Bible সংক্ষিপ্ত কাহিনি যাতে কোনো শিক্ষার কথা থাকে, বিশেষত বাইবেলে জিশু যেসব কাহিনি শুনিয়েছেন; নীতিকথা

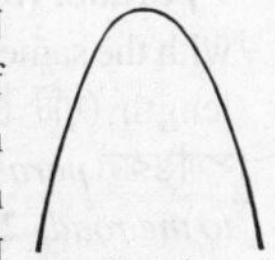

parabola / pəˈræbələ প্যা'র্যাব্যাল্যা / *noun* [C] a curve like the path of an object that is thrown through the air and falls back to earth কোনো বস্তু যখন উপরে ছুড়ে দেওয়া হয় তারপর সেটি যেভাবে নীচে এসে পড়ে; অধিবৃত্ত ▶ **parabolic** / ˌpærəˈbɒlɪk ˌপ্যার্যা'বলিক্ / *adj.* অধিবৃত্তাকার *parabolic curves*

parachute / ˈpærəʃuːt ˈপ্যার্যাশূট্ / *noun* [C] a piece of equipment that opens and lets the person fall to the ground slowly when he/she jumps from a plane বিমান থেকে যখন কেউ লাফিয়ে পড়ে তখন যে সরঞ্জামটি খুলে গিয়ে তাকে ধীরে ধীরে মাটিতে পড়তে সাহায্য করে; প্যারাশ্যুট ▶ **parachute** *verb* [I] প্যারাশুট খুলে নামা বা প্যারাশুটের সাহায্যে নামা

parade / pəˈreɪd প্যা'রেইড্ / *noun* [C] an occasion when a group of people stand or walk in a line so that people can look at them কুচকাওয়াজ; প্যারেড *a military parade* ○ *a fashion parade*

paradise / ˈpærədaɪs ˈপ্যার্যাডাইস্ / *noun* **1** (*usually* **Paradise**) [U] the perfect place where some people think that good people go after they die স্বর্গ পূণ্যলোক, দেবস্থান, দেবভূমি ✪ সম **heaven** **2** [C] a perfect place সবদিক থেকে আদর্শ জায়গা *This beach is a paradise for windsurfers.*

paradox / ˈpærədɒks ˈপ্যার্যাডক্স্ / *noun* [C] a situation or statement with two or more parts that seem strange or impossible together স্ববিরোধী পরিস্থিতি বা বক্তব্য *It's a paradox that some countries produce too much food while in other countries people are starving.* ▶ **paradoxical** / ˌpærəˈdɒksɪkl ˌপ্যার্যা'ডকসিকল্ / *adj.* দুর্বোধ্য,

স্ববিরোধী, প্রহেলিকার মতো ► **paradoxically** / ˌpærəˈdɒksɪkli ˌপ্যারাˈডক্‌সিক্‌লি / *adv.* স্ববিরোধীভাবে, দুর্বোধ্যভাবে

paraffin / ˈpærəfɪn ˈপ্যার্যাফিন্‌ / (*also* **kerosene**) *noun* [U] a type of oil that is burned to produce heat or light এক ধরনের তেল যাতে আলো জ্বলে এবং তাপ সৃষ্টি হয়; প্যারাফিন

paragraph / ˈpærəgrɑːf ˈপ্যার্যাগ্রাːফ্‌ / *noun* [C] a part of a piece of writing that consists of one or more sentences. A paragraph always starts on a new line একটি বা দুটি বাক্যযুক্ত কোনো রচনাংশের একটি ভাগ বা অনুচ্ছেদ যা সর্বদা নতুন একটি লাইন দিয়ে শুরু হয়

parakeet / ˈpærəkiːt ˈপ্যার্যাকীট্‌ / *noun* [C] a small bird usually with green feathers and a long tail that lives in hot countries উষ্ম দেশে প্রাপ্ত ছোটো পাখি সাধারণত যেগুলির সবুজ পালক এবং লম্বা লেজ থাকে; টিয়াপাখি, তোতাপাখি

parallel[1] / ˈpærəlel ˈপ্যার্যালেল্‌ / *adj., adv.* **1 parallel (to sth)** (used about two lines, etc.) with the same distance between them for all their length (দুটি রেখা ইত্যাদি সম্বন্ধে ব্যবহৃত) সমান্তর, সমান্তরাল *parallel lines* ○ *The railway runs parallel to the road.* **2** similar and happening at the same time হুবহু, একেবারে একরকম এবং একই সময়ে ঘটছে এমন *The two brothers followed parallel careers in different companies.*

parallel[2] / ˈpærəlel ˈপ্যার্যালেল্‌ / *noun* [C, U] a person, thing or situation that is similar to another one in a different situation, place or time কোনো ব্যক্তি, বস্তু বা অবস্থার সম্পূর্ণ অনুরূপ আর একটি ব্যক্তি, বস্তু বা অবস্থা (ভিন্ন পরিস্থিতি, স্থান বা সময়ে) *Tagore's literary genius is* ***without parallel****.*

parallelogram / ˌpærəˈleləgræm ˈপ্যার্যা-ˈলেল্যাগ্র্যাম্‌ / *noun* [C] (*technical*) a flat shape with four straight sides. The opposite sides are parallel and equal to each other সামান্তরিক

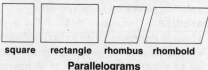

square **rectangle** **rhombus** **rhombold**

Parallelograms

paralyse (*AmE* **paralyze**) / ˈpærəlaɪz ˈপ্যার্যালাইজ্‌ / *verb* [T] **1** to make a person unable to move his/ her body or a part of it কোনো ব্যক্তির শরীর বা শরীরের কোনো অংশ অবশ বা অসাড় করে দেওয়া *Mihir is paralysed from the waist down.* **2** to make sb/ sth unable to work in a normal way কাউকে অথবা কোনো কিছুকে স্বাভাবিক কাজকর্মে অক্ষম করে দেওয়া ► **paralysis** / pəˈræləsɪs প্যাˈর‍্যাল্যাসিস্‌ / *noun* [U] পক্ষাঘাত *The disease can cause paralysis or even death.* ○ *There has been complete paralysis of the railway system.*

paramedic / ˌpærəˈmedɪk ˌপ্যার্যাˈমেডিক্‌ / *noun* [C] a person who has had special training in treating people who are hurt or ill, but who is not a doctor or nurse ডাক্তার বা নার্স না হলেও যে ব্যক্তির আহত বা অসুস্থ মানুষকে চিকিৎসা করার প্রশিক্ষণ আছে; প্রাথমিক চিকিৎসা জ্ঞানসম্পন্ন বা প্রশিক্ষণপ্রাপ্ত ব্যক্তি

parameter / pəˈræmɪtə(r) প্যাˈর‍্যামিট্যা(র্‌) / *noun* [C, *usually pl.*] (*formal*) something that decides or limits the way in which sth can be done কোনো কিছু করার পদ্ধতিকে যা নিয়ন্ত্রিত বা নির্ধারিত করে; কোনো কিছু বিচারের মাপকাঠি, পরিমাত্রা *to set/define the parameters* ○ *We had to work within the parameters that had already been established.*

paramilitary / ˌpærəˈmɪlətri ˌপ্যার্যাˈমিল্যাট্রি / *adj.* organized in the same way as, but not belonging to, an official army অর্ধসামরিক; প্যারামিলিটারি *a paramilitary group*

paramount / ˈpærəmaʊnt ˈপ্যার্যামাউন্ট্‌ / *adj.* (*formal*) most important সবচেয়ে গুরুত্বপূর্ণ, সর্বপ্রধান *Safety is paramount in car design.*

Paramvir Chakra *noun* [C, U] India's highest military honour, it is awarded by the Government of India for great courage and bravery in war (ভারত সরকার দ্বারা প্রদত্ত) উচ্চতম সামরিক সম্মান যা যুধে অনবদ্য সাহস দেখানোর জন্য দেওয়া হয়; পরমবীর চক্র

Paranoia / ˌpærəˈnɔɪə ˌপ্যার্যাˈনইঅ্যা / *noun* [U] **1** a type of mental illness in which you wrongly believe that other people want to harm you এমন এক মানসিক অসুখ যাতে রোগীর মনে ভ্রান্ত ধারণা জন্মায় যে সকলেই তার ক্ষতি করতে চায় **2** (*informal*) a feeling of fear and suspicion of other people অন্যের সম্বন্ধে সন্দেহজনিত ভয় অথবা আতঙ্ক

paranoid / ˈpærənɔɪd ˈপ্যার্যানইড্‌ / *adj.* wrongly believing that other people are trying to harm you or are saying bad things about you অন্যে তার ক্ষতি করার চেষ্টা করছে বা তার সম্বন্ধে খারাপ কথা বলছে এরকম ভ্রান্ত বিশ্বাস আছে যার

paraphernalia / ˌpærəfəˈneɪliə ˌপ্যার্যাফ্যা-ˈনেইলিঅ্যা / *noun* [U] a large number of different objects that you need for a particular purpose কোনো বিশেষ কাজে লাগতে পারে এরকম টুকিটাকি দ্রব্যাদির সাজসরঞ্জাম

paraphrase / ˈpærəfreɪz ˈপ্যার্যাফ্রেইজ্‌ / *verb* [T] to express sth again using different words so that it is easier to understand আলাদাভাষায় কোনো কিছু পুনর্বার প্রকাশ করা যাতে সেটি বোঝা সহজ হয় ► **paraphrase** *noun* [C] শব্দান্তর, ভাবানুবাদ

parasite / ˈpærəsaɪt ˈপ্যার‍্যাসাইট্ / *noun* [C] a plant or an animal that lives in or on another plant or animal and gets its food from it. Parasites sometimes cause disease অন্য উদ্ভিদ বা প্রাণীতে বসবাসকারী এবং সেখান থেকেই খাবার সংগ্রহকারী প্রাণী বা উদ্ভিদ। কখনো কখনো এরা রোগের কারণও হয়; পরগাছা, পরভোজী প্রাণী বা উদ্ভিদ ▶ **parasitic** / ˌpærəˈsɪtɪk ˌপ্যার‍্যা'সিটিক্ / *adj.* পরাশ্রিত

parasol / ˈpærəsɒl ˈপ্যার‍্যাসল্ / *noun* [C] an umbrella that you use to protect yourself from the sun রোদ-ছাতা

paratha (*also* **parantha**) *noun* [C, U] a flat thick piece of Indian bread, usually made with wheat flour but without yeast. It is often stuffed with vegetables like boiled potatoes, radish or cauliflower, etc. and is fried on a **griddle** (ভারতে) আটা দিয়ে বানানো মোটা রুটি যেটিতে আলু, মুলো বা ফুলকপি ইত্যাদির পুর ভরে তাওয়ার উপর তেল দিয়ে ভেজে বানানো হয়; পরোটা

paratrooper / ˈpærətruːpə(r) ˈপ্যার‍্যাট্রুপ্যা(র্) / *noun* [C] a soldier in the **paratroops** প্যারাশুটবাহিনীর একজন সৈনিক

paratroops / ˈpærətruːps ˈপ্যার‍্যাট্রুপ্স্ / *noun* [*pl.*] soldiers who are trained to jump from planes using a **parachute** প্যারাশ্যুট বাহিনী

parboil / ˈpɑːbɔɪl ˈপা:বইল্ / *verb* [T] to partly cook food, especially vegetables, by boiling খাবার, অংশত রান্না করা, বিশেষত সবজি সিদ্ধ করে

parcel / ˈpɑːsl ˈপা:স্‌ল্ / (*AmE* **package**) *noun* [C] something that is covered in or put in a special envelope, paper and sent to sb, especially by mail যা খাম বা মোড়কে বাঁধা হয় এবং কাউকে পাঠানো হয়, বিশেষত ডাকে; পার্সেল ➪ **pack, package** এবং **packet** দেখো।

parch / pɑːtʃ পা:চ্ / *verb* [T] to make sb/sth hot, dry or thirsty কোনো ব্যক্তি অথবা বস্তুকে খুব উষ্ম, শুষ্ক বা তৃষ্ণার্ত করে তোলা *Can I have a drink? I'm parched!*

parched / pɑːtʃt পা:চট্ / *adj.* very hot and dry, or very thirsty অত্যন্ত উত্তপ্ত এবং শুষ্ক বা খুবই তৃষ্ণার্ত, গরমে কাতর *Can I have a drink? I'm parched!* ○ *parched landscape*

parchment / ˈpɑːtʃmənt ˈপা:চ্‌ম্যান্ট্ / *noun* **1** [U] a material made from the skin of animals such as sheep, goat, etc. This was used in the past for writing on ভেড়া, ছাগল ইত্যাদির চামড়া দিয়ে তৈরি একধরনের জিনিস যার উপরে আগেকার দিনে লেখা হত; চর্মপত্র **2** [C] a piece of writing on such material চর্মপত্রে লেখন *ancient parchment scrolls* **3** [U] a thick and stiff yellowish white paper resembling the parchment made from animal skin চর্মপত্র সদৃশ মোটা এবং শক্ত হলদেটে সাদা কাগজ

pardon¹ / ˈpɑːdn ˈপা:ড্‌ন্ / (*also* **pardon me**) *exclamation* **1** used for asking sb to repeat what he/she has just said because you did not hear or understand it প্রথমবার শুনতে না পাওয়ায় ক্ষমা চেয়ে আর একবার বলার জন্য অনুরোধ করা **2** used by some people to mean 'sorry' or 'excuse me' কোনো কোনো ব্যক্তি 'sorry' অথবা 'excuse me'-র সমার্থে ব্যবহার করে থাকেন

pardon² / ˈpɑːdn ˈপা:ড্‌ন্ / *noun* [C, U] an official decision not to punish sb for a crime ক্ষমা অথবা মার্জনা করার সরকারি সিদ্ধান্ত

> **NOTE** আনুষ্ঠানিকভাবে ক্ষমা চাওয়ার জন্য—**I beg your pardon** ব্যবহার করা হয়ে থাকে—*Oh, I do beg your pardon. I had no idea this was your seat.* তাছাড়াও প্রথমবার কোনো ব্যক্তির কথা ঠিকমতো শুনতে না পেলে আরও একবার বলার অনুরোধ করার জন্য এই উক্তিটি ব্যবহার করা যেতে পারে।

▶ **pardon** *verb* [T] **pardon sb (for sth/doing sth)** ক্ষমা করা বা মার্জনা করা

pare / peə(r) পেঅ্যা(র্) / *verb* [T] **1 pare sth (off/away)** to remove the thin outer layer of sth কোনো কিছুর খোসা ছাড়ানো *First, pare the rind from the lemon.* ○ *She pared the apple.* **2 pare sth (back/down)** to gradually reduce the size or amount of sth আস্তে আস্তে কোনো কিছুর পরিমাণ বা আকার কমানো *The training budget has been pared back to a minimum.* ○ *The workforce has been* ***pared to the bone*** (=reduced to the lowest possible level). **3** (*BrE*) to cut away the edges of sth, especially your nails, in order to make them smooth মসৃণ করার উদ্দেশ্যে ধারের অংশ কেটে ফেলা (বিশেষত নিজের নখ)

parent / ˈpeərənt ˈপেঅ্যার‍্যান্ট্ / *noun* [C] **1** a person's mother or father পিতা বা মাতা, মা বাবা দুজনের একজন কেউ

> **NOTE** মা অথবা বাবা যে-কোনো একজন অভিভাবক যখন তার সন্তানকে একাই (তার স্বামী অথবা স্ত্রীর সাহায্য ছাড়াই) মানুষ করেন তখন তাকে **single parent** বলা হয়। যে অভিভাবক এমন কোনো শিশুকে বড়ো করে তোলেন যে আইনগতভাবে তার নয় এই ধরনের অভিভাবককে **foster-parent** বলা হয়।

2 a company that owns smaller companies of the same type মূল বা আদি সংগঠন, যার ছোটো ছোটো অন্যান্য শাখা আছে *a parent company*

parentage / ˈpeərəntɪdʒ ˈপেঅ্যার‍্যাণ্টিজ্ / *noun* [U] (*formal*) the origin of a person's parents and who they are কুল পরিচয়, বংশ পরিচয় *a young American of Indian parentage* ○ *Nothing is known of her parentage and background.*

parental / pəˈrentl প্যা'রেন্ট্‌ল্ / *adj.* (*only before a noun*) of a parent or parents মাতা অথবা পিতার কিংবা মাতা-পিতা দুজনেরই *parental support/advice*

parentheses / pəˈrenθəsi:z প্যা'রেন্‌থ্যাসীজ্ / (*AmE*) = **bracket¹ 1**

parenthesis / pəˈrenθəsɪs প্যা'রেন্‌থ্যাসিস্ / *noun*
IDM in parenthesis as an extra comment or piece of information বাড়তি মন্তব্য অথবা অতিরিক্ত কোনো তথ্য

parenthood / ˈpeərənthʊd 'পেঅ্যারান্ট্‌হুড্ / *noun* [U] the state of being a parent মাতৃত্ব, পিতৃত্ব

parent- teacher association = PTA

parish/ˈpærɪʃ ˈপ্যারিশ্/ *noun* [C] an area or a district which has its own church; the people who live in this area নিজস্ব গির্জা আছে এমন অঞ্চল বা জেলা; সেখানের বাসিন্দারা *the parish church*
▶ **parishioner** / pəˈrɪʃənə(r) প্যা'রিশ্যান্যা(র্) / *noun* [C] সেখানকার অধিবাসী

parity/ˈpærəti 'প্যার্যাটি/ *noun* [U] **1** (*formal*) **parity (with sb/sth); parity (between A and B)** the state of being equal, especially the state of having equal pay or position বিশেষত অর্থ বা পদের দিক দিয়ে সমতা, সমহার *Prison officers are demanding pay parity with the police force.* **2** (*technical*) (in finance) the fact of the units of money of two different countries being equal (আর্থিক ব্যাপারে) অন্য দেশের মুদ্রার সঙ্গে সমান সমতা *to achieve parity with the dollar*

park¹/ pɑ:k পা:ক্ / *noun* [C] **1** an open area in a town, often with grass or trees, where people can go to walk, play, etc. খেলা, বেড়ানো ইত্যাদির জন্য খোলা মাঠ, পার্ক *Let's go for a walk in the park.* **2** (*in compounds*) a large area of land that is used for a special purpose বিশেষ উদ্দেশ্যে ব্যবহারের জন্য রাখা বিস্তৃত খোলা উন্মুক্ত অঞ্চল *a national park* ○ *a theme park*

park² / pɑ:k পা:ক্ / *verb* [I, T] to leave the vehicle that you are driving somewhere for a period of time কিছুক্ষণের জন্য কোথাও কোনো গাড়ি রাখা *You can't park in the centre of town.* ○ *Somebody's parked their car in front of the exit.*

parka/ ˈpɑ:kəˈপা:ক্যা / *noun* [C] a warm jacket or coat with a part for covering your head (**a hood**) মাথা ঢাকা বিশেষ ধরনের কোট; পার্কা

parking / ˈpɑ:kɪŋ 'পা:কিং / *noun* [U] the action of leaving a car, lorry, etc. somewhere for a time সাময়িকভাবে কোনো স্থানে গাড়ি, লরি ইত্যাদি রাখার কাজ; পার্কিং *The sign said 'No Parking'.*

NOTE যে স্থানে অনেক গাড়ি দাঁড় করানো যেতে পারে তাকে **car park** বলা হয়। যে জায়গায় কেবল একটি গাড়ি দাঁড় করানো যেতে পারে তাকে **parking space** বলা হয়।

parking lot (*AmE*) = **car park**

parking meter *noun* [C] a metal post that you put coins into to pay for parking a car in the space beside it for a period of time কিছুক্ষণের জন্য গাড়ি পার্ক করতে গেলে তার পাশের যে ধাতব পোস্টের মধ্যে পয়সা ফেলতে হয়

parking ticket *noun* [C] a piece of paper that orders you to pay money (**a fine**) for parking your car where it is not allowed বিনা অনুমতিতে কোথাও গাড়ি পার্ক করার জন্য দেয় জরিমানার নির্দেশ থাকে যে কাগজে; পার্কিং টিকিট

Parkinson's disease / ˈpɑ:kɪnsnz dɪzi:z 'পা:কিন্‌স্‌ন্‌জ্ ডিজীজ্ / *noun* [U] a disease that gets worse over a period of time and causes the muscles to become weak and the arms and legs to shake একধরনের স্নায়ুজনিত অসুখ যাতে পেশিসমূহ দুর্বল হয়ে পড়ে এবং হাত পায়ে কাঁপুনি দেখা যায় এবং ক্রমশ এই রোগটির কারণে রোগীর শারীরিক অবনতি ঘটতে থাকে; পারকিনসন্‌স্ ডিজিজ

parliament/ˈpɑ:ləmənt 'পা:ল্যাম্যান্ট্/ *noun* [C] **1** the group of people who are elected to make and change the laws of a country কোনো দেশের আইন ইত্যাদি প্রণয়ন বা পরিবর্তন করার জন্য নির্বাচিত ব্যক্তিবর্গ; সংসদ; পার্লামেন্ট

NOTE Parliament শব্দটি একবচন (singular) কিন্তু এটি একবচন এবং বহুবচন (plural) দুটি অর্থেই ব্যবহার করা যেতে পারে।

2 Parliament [*sing.*] the parliament of India ভারতবর্ষের পার্লামেন্ট, সংসদ *a Member of Parliament (MP)*

NOTE ভারতবর্ষের সংসদে দুটি কক্ষ আছে লোকসভা **(Lok Sabha)** এবং রাজ্যসভা **(Rajya Sabha)**। লোকসভার সদস্যরা নির্বাচিত হয় তাদের নির্বাচন ক্ষেত্রের সাধারণ মানুষের দ্বারা, কিন্তু রাজ্যসভার সদস্যদের মনোনীত করা হয়। এদের সকলকে **Members of Parliament** বলা হয়ে থাকে। নির্বাচনের জন্য কোনো রাষ্ট্রকে যে বিভিন্ন নির্বাচন ক্ষেত্রে বিভক্ত করা হয় তাকে **Constituencies** বলা হয়।

parliamentary ˌpɑ:ləˈmentri ˌপা:ল্যা'মেন্ট্রি / *adj.* (*only before a noun*) connected with parliament সংসদ-সম্বন্ধীয়

parlour (*AmE* **parlor**) /ˈpɑ:lə(r) 'পা:ল্যা(র্) / *noun* [C] **1** (*old-fashioned*) a sitting-room in a private house for entertaining visitors, etc. অতিথিদের জন্য

বৈঠকখানা *She led him to the parlour and asked him to be seated.* **2** (*in compounds*) a shop or store that provides specified goods or services বিশেষ বস্তু অথবা পরিষেবার জন্য নির্ধারিত দোকান বা স্থান *an ice cream parlour* ○ *a beauty parlour*

parody/ˈpærədi ˈপ্যারাড়ি/*noun* [C, U] (*pl.* **parodies**) a piece of writing, speech or music that copies the style of sb/sth in a funny way কাউকে বা কিছুকে নকল করে ব্যঙ্গাত্মক রচনা, বক্তৃতা বা গান; ব্যঙ্গানুকরণ *a parody of a spy novel* ▶ **parody** *verb* [T] (*pres. part.* **parodying;** *3rd person sing. pres.* **parodies;** *pt, pp* **parodied**) প্যারডি রচনা করা অথবা গাওয়া; ব্যঙ্গাত্মক নকল করা

parole / pəˈrəʊl প্যাˈর‍্যাউল্ / *noun* [U] permission that is given to a prisoner to leave prison early on the condition that he/she behaves well ভালো আচরণের শর্তে মেয়াদের আগেই বন্দিকে কারাগার ত্যাগ করার যে অনুমতি দেওয়া হয় *He's going to be released* ***on parole***.

parrot / ˈpærət ˈপ্যার‍্যাট্ / *noun* [C] a type of tropical bird with a curved beak and usually with very bright feathers. Parrots that are kept as pets can be trained to copy what people say উজ্জ্বল রঙের পালকওয়ালা গ্রীষ্মপ্রধান দেশের পাখি যাদের পোষা যায় এবং দু-চারটে কথা বলতে শেখানো যায়; টিয়া, তোতা

parrot-fashion *adv.* without understanding the meaning of sth কোনো কিছুর অর্থ না বুঝে *to learn sth parrot-fashion*

Parsee (*also* **parsi**) *noun* [C] a follower of **Zoroastrianism** whose ancestors originally came to India from Persia in the 7th and the 8th centuries AD জরথুস্ত্রের ধর্মমতের অনুসারী, যার পূর্বপুরুষেরা পারস্য থেকে ভারতবর্ষে সপ্তম এবং অষ্টম খ্রিস্টাব্দে এসেছিলেন; পার্শি

parsley / ˈpɑːsli ˈপা:স্লি / *noun* [U] a plant (**herb**) with very small leaves that are used for adding taste to or decorating food রান্নায় স্বাদ এবং বাহার আনার জন্য ব্যবহৃত ছোটো ছোটো পাতাবিশিষ্ট উদ্ভিদ; পার্সলে

parsnip /ˈpɑːsnɪp ˈপা:স্নিপ্ / *noun* [C] a long thin white vegetable that grows under the ground এক ধরনের লম্বা সরু সাদা সবজি যা মাটির তলায় হয়

part¹/ pɑːt পা:ট্ / *noun* **1** [C, U] **(a) part (of sth)** one of the pieces, areas, periods, things, etc. that together with others forms the whole of sth; some, but not all of sth অংশ, খানিকটা, খণ্ড, অধ্যায়, পর্ব; কিছুটা, কিন্তু কোনো কিছুর সবটা নয় *Which part of Gujarat do you come from?* ○ *The film is good* ***in parts***. ○ ***spare parts*** *for a car* **2** [C] a role or character in a play, film, etc. নাটক, সিনেমা, ইত্যাদির চরিত্র; ভূমিকা *He played the part of Akbar.* ○ *I had a small part in the school play.* **3 parts** [*pl.*] a region or area অঞ্চল বা এলাকা *Are you from these parts?* **4** [C] a section of a book, television series, etc. বই, টেলিভিশনের ধারাবাহিক অনুষ্ঠান ইত্যাদির কোনো অংশ, পর্ব বা অধ্যায় *You can see part two of this programme at the same time next week.* **5** [C] an amount or quantity (of a liquid or substance) কোনো তরল বা পদার্থের কিছুটা পরিমাণ *Use one part cleaning fluid to ten parts water.*

IDM **the best/better part of sth** most of sth; more than half of sth, especially a period of time কোনো কিছুর বেশির ভাগ; কোনো কিছুর অর্ধেকের বেশি, বিশেষত সময়কাল *They've lived here for the best part of 40 years.*

for the most part usually or mostly সাধারণত, প্রধানত, অধিকাংশ ক্ষেত্রে, সচরাচর

for my, his, their, etc. part speaking for myself, etc.; personally আমার দিক থেকে, আমার পক্ষে, আমার তরফে; ব্যক্তিগতভাবে

have/play a part (in sth) to be involved in sth কোনো কিছুতে অংশ গ্রহণ করা

in part not completely সম্পূর্ণরূপে নয়, অংশ বিশেষে, কোনো কোনো দিক দিয়ে *The accident was, in part, the fault of the driver.*

on the part of sb/on sb's part made, done or felt by sb কারও কোনো পক্ষ থেকে অথবা তরফ থেকে তৈরি কৃত বা অনুভূত *There is concern on the part of the teachers that class sizes will increase.* ○ *I'm sorry. It was a mistake on my part.*

take part (in sth) to join with other people in an activity অন্যদের দলে যোগ দেওয়া, সকলের সঙ্গে কোনো কাজে অংশ গ্রহণ করা, অন্যদের সঙ্গে হাতে হাত মেলানো *Everybody took part in the discussion.*

part² / pɑːt পা:ট্ / *verb* **1** [I, T] (*formal*) **part (sb) (from sb)** to leave or go away from sb; to separate people or things কাউকে ত্যাগ করা বা তার কাছ থেকে দূরে সরে যাওয়া; লোকজন বা কিছুর থেকে আলাদা হয়ে যাওয়া *We exchanged telephone numbers when we parted.* ○ *He hates being parted from his children for long.* **2** [I, T] to move apart; to make things or people move apart ফাঁক করা; জিনিসপত্র বা লোকজনকে দূরে সরানো *Her lips were slightly parted.* **3** [T] to separate the hair on the head with a comb so as to make a clear line চিরুনি দিয়ে সিঁথি কাটা *She parts her hair in the middle.* **parting** দেখো।

IDM **part company (with sb/sth)** to go different ways or to separate after being together আলাদা হয়ে যে যার মতো চলে যাওয়া; পরস্পরের সঙ্গ ত্যাগ করা

PHR V **part with sth** to give or sell sth to sb কোনো জিনিস কাউকে দিয়ে দেওয়া বা বিক্রি করা *When we went to live in Mumbai, we had to part with our dogs.*

part³/ pɑ:t পা:ট্ / *adv.* not completely one thing and not completely another একটি বস্তু বা অন্য বস্তু কোনোটিরই পুরোটা নয়; অংশত, আংশিকভাবে *She's part Sindhi and part Marathi.*

partake / pɑ:ˈteɪk পা:ˈটেইক্ / *verb* [I] (*pt* **partook** / ˈtʊk ˈটুক্ /; *pp* **partaken** / ˈteɪkən টেইক্যান্) (*old-fashioned*) **1**(**partake of sth**) to eat or drink something (কোনো) কিছু খাওয়া বা পান করা *Would you care to partake of some tea and a piece of cake?* **2** (**partake in sth**) to join in some activity কোনো কর্মকাণ্ডে অংশ নেওয়া *They preferred not to partake in the merrymaking.* **3 partake of sth** (*literary*) to have a particular quality, etc. to a certain degree বিশেষ মাত্রায় কারও কোনো গুণ ইত্যাদি থাকা *She has a self-confident manner that partakes of arrogance.*

part exchange *noun* [U] a way of buying sth, such as a car, in which you give your old one as some of the payment for a more expensive one কোনো কিছু কেনার একধরনের উপায় যেমন গাড়ির ক্ষেত্রে আরও দামি কিছু কিনতে গেলে দেয় অর্থের কিছুটার জন্য পুরোনো গাড়িটি দিয়ে দেওয়া হয়; আংশিক বিনিময়

partial/ˈpɑ:ʃl ˈপা:শ্ল্ / *adj.* **1** not complete আংশিক, কিছুটা *The project was only a partial success.* **2** (*old-fashioned*) **partial to sb/sth** liking sth very much কাউকে খুব বেশি পছন্দ করা হচ্ছে এমন; একপেশেভাবে আসক্ত; পক্ষপাতদুষ্ট *He's very partial to ice cream.* ▶ **partially** *adv.* একপেশেভাবে

partiality / ˌpɑ:ʃiˈæləti ˌপা:শিˈঅ্যাল্যাটি / *noun* [U] (*formal*) the unfair support of one person, team, etc. above another পক্ষপাতিত্ব, অনিরপেক্ষতা, একদেশদর্শিতা *The referee was accused of partiality towards the home team.* ✪ বিপ **impartiality** **impartial** দেখো।

participant / pɑ:ˈtɪsɪpənt পা: ˈটিসিপ্যান্ট্ / *noun* [C] a person who takes part in sth কোনো কিছুতে অংশগ্রহণকারী

participate / pɑ:ˈtɪsɪpeɪt পা: ˈটিসিপেইট্ / *verb* [I] **participate (in sth)** to take part or become involved in sth কোনো কিছুতে অংশগ্রহণ করা বা কিছুতে জড়িয়ে যাওয়া *Students are encouraged to participate in sporting* ▶ **participation** / pɑ:ˌtɪsɪˈpeɪʃn পা:ˌটিসিˈপেইশ্ন্ / *noun* [U] যোগদান, অংশগ্রহণ

participle / ˈpɑ:tɪsɪpl; ˌpɑ:ˈtɪsipl ˈপা:টিসিপ্ল্; ˌপা: ˈটিসিপ্ল্ / *noun* [C] (*grammar*) a word that is formed from a verb and that ends in **-ing** (present participle) or **-ed, -en,** etc. (past participle). Participles are used to form tenses of the verb, or as adjectives (ব্যাকরণ) ক্রিয়াপদ থেকে তৈরি শব্দ যাতে 'ing' (present participle) অথবা '-ed,' '-en' ইত্যাদি (past participle) যোগ করা হয়। এই participle-গুলি ক্রিয়ার কাল নির্ধারণে বা বিশেষণ হিসেবে ব্যবহৃত হয়; কালবোধক কৃদন্ত; পার্টিসিপল *'Hurrying' and 'hurried' are the present and past participles of 'hurry'.*

particle /ˈpɑ:tɪkl ˈপা:টিক্ল্ / *noun* [C] **1** a very small piece; a bit খুব ছোটো টুকরো অণু, কণিকা; একটু *dust particles* **alpha particle** দেখো **2** (*grammar*) a small word that is not as important as a noun, verb or adjective (ব্যাকরণ) বিশেষ্য, বিশেষণ বা ক্রিয়াপদের মতো গুরুত্বপূর্ণ নয় এমন কোনো ছোটো শব্দ *In the phrasal verb 'break down', 'down' is an adverbial particle.*

particular / pəˈtɪkjələ(r) প্যাˈটিকিঅ্যাল্যা(র্) / *adj.* **1** (*only before a noun*) used to emphasize that you are talking about one person, thing, time, etc. and not about others বিশেষ কোনো এক ব্যক্তি, কোনো একটি জিনিস বা কোনো নির্দিষ্ট সময় ইত্যাদি বোঝাতে ব্যবহৃত *Is there any particular dish you enjoy making?* **2** (*only before a noun*) greater than usual; special সাধারণের থেকে বেশি; বিশেষ *This article is of particular interest to me.* **3** connected with one person or thing and not with others একজন ব্যক্তি বা একটি বস্তুর সঙ্গেই জড়িত অন্যদের সঙ্গে নয় *Everybody has their own particular problems.* **4 particular (about/over sth)** (*not before a noun*) careful about choosing what you want; difficult to please নিজের পছন্দের বিষয়ে যত্নশীল; খুঁতখুঁতে *Some people are extremely particular about what they eat.* ➪ **fussy** দেখো।

IDM **in particular** especially বিশেষত, বিশেষভাবে, নির্দিষ্ট *Is there **anything in particular** you'd like to do this weekend?*

particularly / pəˈtɪkjələli প্যাˈটিকিঅ্যাল্যালি / *adv.* especially; more than usual or more than others বিশেষত; সাধারণের থেকে বেশি বা অন্যদের থেকে বেশি *I'm particularly interested in Indian history.* ○ *The match was excellent, particularly the second half.*

particulars / pəˈtɪkjələz প্যাˈটিকিঅ্যাল্যাজ় / *noun* [*pl.*] (*formal*) facts or details about sb/sth (কোনো ব্যক্তি অথবা বস্তুর) সম্বন্ধে তথ্যাদি বা খুঁটিনাটি *The police took down all the particulars about the missing child.*

parting / ˈpɑːtɪŋ ˈপাːটিং / *noun* **1** [C, U] saying goodbye to, or being separated from, another person (usually for quite a long time) (সাধারণত লম্বা সময়কালের জন্য) বিদায়গ্রহণ বা অন্য ব্যক্তির কাছ থেকে আলাদা হয়ে যাচ্ছে এমন **2** [C] the line in a person's hair where it is divided in two with a comb সিঁথি, টেরি *a side/centre parting* ➪ **part** দেখো।

partisan[1] / ˌpɑːtɪˈzæn; ˈpɑːtɪzæn ˌপাːটিˈজ্যান্; ˈপাːটিজ্যান্ / *adj.* showing too much support for one person, group or idea, especially without considering it carefully ভালো করে বিবেচনা না করেই কোনো ব্যক্তি, দল বা আদর্শের প্রতি অতিরিক্ত সমর্থন দেখানো হচ্ছে এমন; অন্ধ অনুরক্ত; গোঁড়া সমর্থক *Most newspapers are politically partisan.* ▶ **partisanship** *noun* [U] অন্ধ সমর্থন

partisan[2] / ˌpɑːtɪˈzæn; ˈpɑːtɪzæn ˌপাːটিˈজ্যান্; ˈপাːটিজ্যান্ / *noun* [C] **1** a person who strongly supports a particular leader, group or idea যে ব্যক্তি কোনো নির্দিষ্ট নেতা, দল বা আদর্শকে প্রবলভাবে সমর্থন করে; গোঁড়া অনুগামী **2** a member of an armed group that is fighting secretly against enemy soldiers who have taken control of its country যে শত্রুসৈন্য দেশ অধিকার করেছে তার বিরুধ্বে গোপনভাবে লড়াই চালাচ্ছে এরকম কোনো সশস্ত্র বাহিনীর সদস্য

partition / pɑːˈtɪʃn পাːˈটিশ্ন্ / *noun* **1** [C] something that divides a room, office, etc. into two or more parts, especially a thin or temporary wall যা কোনো ঘর, অফিস-ঘর ইত্যাদিকে দুই বা ততোধিক ভাগে বিভক্ত করে, বিশেষত পাতলা বা অস্থায়ী দেয়াল; বিভাজক; পার্টিশান **2** [U] the division of a country into two or more countries দুই বা ততোধিক ভাগে কোনো দেশের বিভাজন; দেশভাগ ▶ **partition** *verb* [T] বিভাজন করা *to partition a country/room*

partly/ˈpɑːtli ˈপাːট্লি/ *adv.* not completely পুরোটা নয়;আংশিকভাবে, কিছুটা *She was only partly responsible for the mistake.*

partner/ ˈpɑːtnə(r) ˈপাːট্ন্যা(র্) / *noun* [C] **1** the person that you are married to or live with as if you are married বিবাহিত জীবনের সঙ্গী বা যার সঙ্গে বিবাহিতের মতোই বাস করা হয়; জীবনসঙ্গী, স্বামী বা স্ত্রী, **2** one of the people who owns a business ব্যাবসার অংশীদার *business partners* **3** a person that you are doing an activity with as a team, for example dancing or playing a game নৃত্যসঙ্গী বা সঙ্গিনী, খেলার সঙ্গী বা সঙ্গিনী **4** a country or an organization that has an agreement with another দেশ বা সংস্থা যার অন্য আর একটি দেশ বা সংস্থার সঙ্গে চুক্তি আছে ▶ **partner** *verb* [T] সঙ্গী হওয়া *Jaspal partnered his brother in the doubles, and they won the gold medal.*

partnership/ˈpɑːtnəʃɪp ˈপাːট্ন্যাশিপ্ / *noun* **1** [U] the state of being a partner in business ব্যাবসার ক্ষেত্রে অংশীদারিত্ব *Radha went into partnership with her sister and opened a shop in Sarojini Nagar.* **2** [C] a relationship between two people, organizations, etc. দুজনের মধ্যে বা দুটি সংস্থা ইত্যাদির মধ্যে সম্পর্ক; অংশীদারী *Marriage is a partnership for life.* **3** [C] a business owned by two or more people দুই বা ততোধিক ব্যক্তি দ্বারা অধিকৃত কোনো ব্যাবসা

part of speech *noun* [C] (*grammar*) one of the group that words are divided into, for example noun, verb, adjective, etc. (ব্যাকরণ) শব্দসমূহ যে সকল বর্গে বিভক্ত, যেমন বিশেষ্য, বিশেষণ, ক্রিয়াপদ ইত্যাদি

partridge / ˈpɑːtrɪdʒ ˈপাːট্রিজ্ / *noun* [C] a brown bird with a round body and a short tail, that people hunt for sport or food ছোটো লেজওয়ালা গোল শরীরের বাদামি পাখি যেগুলিকে লোকে খাদ্য বা বিনোদনের জন্য শিকার করে; তিতিরজাতীয় পাখি

part-time *adj., adv.* for only a part of the working day or week (কর্মব্যস্ত দিন অথবা সপ্তাহের) কেবলমাত্র আংশিক সময়ের জন্য; পার্ট-টাইম *She's got a part-time job.* ➪ **full-time** দেখো।

party / ˈpɑːti ˈপাːটি / *noun* [C] (*pl.* **parties**) **1** a social occasion to which people are invited in order to eat, drink and enjoy themselves সামাজিক অনুষ্ঠান যাতে বন্ধুবান্ধবদের নেমন্তন্ন করে এনে পানভোজন ও আনন্দ-উৎসব করা হয়; সমাগম; পার্টি *When we've moved into our new house we're going to **have a party**.* ○ *a birthday/dinner party* **2** (*also* **Party**) a group of people who have the same political aims and ideas and who are trying to win elections to parliament, etc. একদল মানুষ যাদের রাজনৈতিক আদর্শ একরকম এবং যাদের লক্ষ্য সংসদ নির্বাচন ইত্যাদিতে সাফল্য লাভ করা; রাজনৈতিক দল **3** (*often in compounds*) a group of people who are working, travelling, etc. together কয়েকজন মানুষ নিয়ে একটি দল যাঁরা একসঙ্গে কাজ করে, বেড়িয়ে বেড়ায় ইত্যাদি *a party of tourists* **4** (*formal*) one of the people or groups of people involved in a legal case কোনো আইনি দ্বন্দ্বে জড়িত একটি দলের যে-কোনো একজন সদস্য *the guilty/innocent party* ➪ **third party** দেখো।

pass[1] / pɑːs; pæs পাːস্; প্যাস্ / *verb* **1** [I, T] to move past or to the other side of sb/sth কাউকে বা কোনো কিছুকে ছাড়িয়ে যাওয়া *The street was crowded and the two buses couldn't pass.* ○ *I passed him in the street but he didn't say hello.*

NOTE **Pass** শব্দটির অতীত কাল (past tense) হল **passed, past** নয়। **Past** শব্দটি বিশেষ্য (noun)

অথবা পদান্বয়ী অব্যয় (preposition) রূপে ব্যবহৃত হয় —*The summer months passed slowly.* ○ *The past week was very hot.* ○ *Our house is just past the church.*

2 [I, T] **pass (sth) along, down, through, etc. (sth)** to go or move, or make sth move, in the direction mentioned উল্লিখিত দিকে যাওয়া অথবা কোনো কিছু সে দিকে পাঠানো *A plane passed overhead.* ○ *We'll have to pass the wire through the window.* 3 [T] **pass sth (to sb)** to give sth to sb কাউকে কিছু দেওয়া অথবা এগিয়ে বা বাড়িয়ে দেওয়া *Could you pass (me) the salt, please?* 4 [I, T] **pass (sth) (to sb)** (in some sports) to kick, hit or throw the ball to sb on your own team (কোনো কোনো খেলায়) নিজের দলের কারও দিকে বল পাঠানো বা ছুড়ে দেওয়া 5 [I] (used about time) to go by (সময় সম্বন্ধে ব্যবহৃত) অতিবাহিত হওয়া *At least a year has passed since I last saw them.* ○ *It was a long journey but the time passed very quickly.* 6 [T] to spend time, especially when you are bored or waiting for sth বিশেষত একঘেয়েমিতে অথবা কোনো ব্যক্তির অপেক্ষায় সময় কাটানো *I'll have to think of something to do to **pass the time** in hospital.* 7 [I, T] to achieve the necessary standard in an exam, test, etc. কোনো পরীক্ষা, প্রতিযোগিতা ইত্যাদিতে প্রয়োজনীয় মান অথবা ফল লাভ করা *Good luck in the exam! I'm sure you'll pass.* ✪ বিপ **fail** 8 [T] to test sb/sth and say that sb/sth is good enough কাউকে বা কোনো কিছু পরীক্ষা করে বলা যে সে যথেষ্ট ভাল *The examiner passed most of the students.* 9 [T] to officially approve a law, etc. by voting ভোটের মাধ্যমে আইন ইত্যাদি আনুষ্ঠানিকভাবে মেনে নেওয়া *One of the functions of Parliament is to **pass** new **laws**.* 10 [T] **pass sth (on sb/sth)** to give an opinion, a judgement, etc. মত, রায় ইত্যাদি দেওয়া *The judge passed sentence on the young man* (=said what his punishment would be). 11 [I] to be allowed or accepted অনুমতি অথবা সম্মতি দেওয়া *I didn't like what they were saying but I **let it pass**.*

IDM **pass the buck (to sb)** to make sb else responsible for a difficult situation কোনো কঠিন অবস্থার জন্য আর কাউকে দায়ী করা

pass water (*formal*) to get rid of waste liquid from your body মূত্র ত্যাগ করা

PHR V **pass away** used as a polite way of saying 'die'. মৃত্যু হয়েছে এই কথা বলার জন্য শোভন অভিব্যক্তিবিশেষ

pass by (sb/sth) পাশ দিয়ে যাওয়া *I pass by your house on the way to work.*

pass sth down to give or teach sth to people who will live after you have died পরবর্তী প্রজন্মকে কিছু দেওয়া বা শেখানো

pass for sb/sth to be accepted as sb/sth that he/she/it is not কেউ বা কোনো কিছু আসলে যা নয় তাই বলে ধরে নেওয়া অথবা মেনে নেওয়া *His mother looks so young she'd pass for his sister.*

pass sb/sth off (as sb/sth) to say that a person or a thing is sth that sb it is not কেউ বা কোনো কিছু আসলে যা নয় তাই বলে চালানো *He tried to pass the work off as his own.*

pass sth on (to sb) to give sth to sb else, especially after you have been given it or used it yourself কারও দেওয়া বা নিজের ব্যবহার করা কোনো বস্তু কাউকে দিয়ে দেওয়া *Could you pass the message on to Mr Roberts?*

pass out to become unconscious অজ্ঞান হয়ে যাওয়া ✪ সম **faint** ✪ বিপ **come round/to**

pass² / pɑːs; pɑːæs পা:স্; প্যাস্ / *noun* [C] 1 a successful result in an exam পরীক্ষায় সাফল্য লাভ *The pass mark is 50%.* ○ *Grades A, B and C are passes.* ✪ বিপ **fail** 2 an official piece of paper that gives you permission to enter or leave a building, travel on a bus or train, etc. আনুষ্ঠানিক অনুমতিপত্র যা থাকলে কোনো বাড়িতে ঢোকা এবং বেরোনো যায়, বাস, ট্রেন ইত্যাদিতে সফর করা যায়; পাস *Show your student pass when you buy a ticket.* 3 the act of kicking, hitting or throwing the ball to sb on your own team in some sports কোনো কোনো খেলায় বল নিজের দলের কারও কাছে লাথি মেরে, ধাক্কা দিয়ে অথবা ছুড়ে পাঠানোর ক্রিয়া 4 a road or way over or through mountains পাহাড়ের মধ্যে দিয়ে কোনো রাস্তা বা পথ; গিরিপথ, গিরিসংকট *a mountain pass*

passable / ˈpɑːsəbl ˈপা:স্যাবল্ / *adj.* 1 good enough but not very good বেশ ভালো কিন্তু খুব ভালো নয় *My Urdu is not brilliant but it's passable.* 2 (*not before a noun*) (used about roads, rivers, etc.) possible to use or cross; not blocked (রাস্তা, নদী ইত্যাদি সম্বন্ধে ব্যবহৃত) যা ব্যবহার করা অথবা পেরিয়ে যাওয়া যায়; বন্ধ নয় এমন ✪ বিপ **impassable**

passage / ˈpæsɪdʒ ˈপ্যাসিজ্ / *noun* 1 [C] (*also* **passageway**) a long, narrow way with walls on either side that connects one place with another যাতায়াতের জন্য লম্বা, সরু পথ যার দুদিকেই দেয়াল এবং যা একটি স্থানের সঙ্গে অন্যটি সংযুক্ত করে *a secret underground passage* 2 [C] a tube in your body which air, liquid, etc. can pass through শরীরের মধ্যে এমন নল যার ভিতর দিয়ে হাওয়া, তরল পদার্থ ইত্যাদি বয়ে যেতে পারে *the nasal passages* 3 [C] a short part of a book, a speech or a piece of music বই, বক্তৃতা অথবা গানের ছোটো অংশ *The students were given a passage from the novel to study*. **4** [*sing.*] the process of passing বয়ে চলার প্রক্রিয়া *His painful memories faded with* ***the passage of time****.*

passbook / ˈpɑːsbʊk ˈপা:স্বুক্ / *noun* [C] a small book containing a record of the money you put into and take out of your savings account at a bank or post office একটি ছোটো বই যাতে ব্যাংক বা পোস্ট-অফিসে সেভিংস অ্যাকাউন্টে টাকা জমা দেওয়া বা তুলে নেওয়ার রেকর্ড থাকে; পাসবই

passenger /ˈpæsɪndʒə(r) ˈপ্যাসিন্‌জ্যা(র্) / *noun* [C] a person who is travelling in a car, bus, train, plane, etc. but who is not driving it or working on it যাত্রী

passer-by *noun* [C] (*pl.* **passers-by**) a person who is walking past sb/sth পথ চলতি ব্যক্তি

passing¹ / ˈpɑːsɪŋ ˈপা:সিং / *adj.* (*only before a noun*) **1** lasting for only a short time; brief ক্ষণস্থায়ী; অল্পস্থায়ী *a passing phase/thought/ interest* **2** going past পেরিয়ে যাচ্ছে এমন *I stopped a passing car and asked for help.*

passing² / ˈpɑːsɪŋ ˈপা:সিং / *noun* [U] the process of going by পেরিয়ে যাওয়ার প্রক্রিয়া *the passing of time*

IDM in passing done or said quickly, while you are thinking or talking about sth else কোনো কিছু বলা বা ভাবার সময়ে খুব তাড়াতাড়ি অন্য কোনো বিষয় ছুঁয়ে যাওয়া বা কিছু সেরে ফেলা *He mentioned the house in passing but he didn't give any details.*

passion / ˈpæʃn ˈপ্যাশ্‌ন্ / *noun* **1** [C, U] (a) very strong feeling, especially of love, hate or anger তীব্র আবেগ, বিশেষত প্রেমের, ঘৃণার অথবা রাগের *He was a violent man, controlled by his passions.* **2** [*sing.*] **a passion (for sb)** very strong sexual love or attraction তীব্র যৌন আবেদন বা আকর্ষণ *He longed to tell Sakshi of his passion for her.* **3** [*sing.*] **a passion for sth** a very strong liking for or interest in sth কোনো কিছুর প্রতি তীব্র আকর্ষণ বা আগ্রহ বা কৌতূহল *He has a passion for history.*

passionate/ˈpæʃənət ˈপ্যাশ্যান্যাট্ / *adj.* **1** showing or caused by very strong feelings আবেগপূর্ণ *The President gave a passionate speech about patriotism.* **2** showing or feeling very strong love or sexual attraction তীব্র প্রেম অথবা যৌন আকর্ষণ প্রদর্শন অথবা অনুভব করা হচ্ছে এমন *a passionate kiss* ▶ **passionately** *adv.* প্রবল আবেগের বশবর্তী হয়ে, মনেপ্রাণে *He believes passionately in democracy.*

passive / ˈpæsɪv ˈপ্যাসিভ্ / *adj.* **1** showing no reaction, feeling or interest; not active কোনো প্রতিক্রিয়া, অনুভূতি অথবা আগ্রহ দেখানো হচ্ছে না এমন; নিষ্ক্রিয়, নিরুদ্যম *Some people prefer to play a passive role in meetings.* **2** used about the form of a verb or a sentence when the subject of the sentence is affected by the action of the verb ক্রিয়াপদের রূপ অথবা যে বাক্যে ক্রিয়াপদের দ্বারা কর্তা প্রভাবিত হয় সেই সম্বন্ধে ব্যবহৃত; কর্মবাচ্য *In the sentence 'He was bitten by a dog', the verb is passive.*

> **NOTE** আমরা 'The verb is in the passive'. এইভাবেও বলতে পারি। ➪ **active** দেখো।
> ▶ **passively** *adv.* নিষ্ক্রিয়ভাবে

Passover / ˈpɑːsəʊvə(r) ˈপা:স্‌অ্যাউভ্যা(র্) / *noun* [*sing*] the most important Jewish festival, which is celebrated in spring and lasts seven or eight days ইহুদিদের সবচেয়ে বেশি গুরুত্বপূর্ণ ধার্মিক অনুষ্ঠান যা বসন্তকালে সাত-আট দিন ধরে উদ্‌যাপিত হয়

passport / ˈpɑːspɔːt ˈপা:স্‌প:ট্ / *noun* [C] **1** an official document that identifies you as a citizen of a particular country and that you have to show when you enter or leave a country সরকারি পরিচিতি পত্র, যাতে কোনো নির্দিষ্ট দেশের নাগরিক হিসেবে স্বীকৃতি দেওয়া থাকে এবং দেশ ছেড়ে যাওয়ার বা দেশে ঢোকার আগে যেটি দেখাতে হয়; পাসপোর্ট; **NOTE** Passport office-এ আমরা নতুন পাসপোর্টের জন্য আর্জি **(apply for)** জানাতে পারি বা পাসপোর্ট **renew** করতে পারি। এই দপ্তর নতুন পাসপোর্ট **issue** করে। **2 a passport to sth** a thing that makes it possible to achieve sth এমন জিনিস যা থাকলে কিছু করা সম্ভব *a passport to success*

password / ˈpɑːswɜːd ˈপা:স্‌উঅ্যড্ / *noun* [C] **1** a secret word or phrase that you need to know in order to be allowed into a place কোনো গোপন শব্দ বা বাক্যাংশ যা জানলে কোনো জায়গায় ঢুকতে বা যেতে পারা যায় **2** a series of letters or numbers that you must type into a computer or computer system in order to be able to use it এমন কতকগুলি অক্ষর অথবা সংখ্যা যা কম্পিউটার বা কম্পিউটার সিস্টেমে টাইপ করলে তবেই সেটি ব্যবহার করতে পারা যায়; পাসওয়ার্ড *Please enter your password.*

past¹ / pɑːst পা:স্ট্/ *adj.* **1** already gone; belonging to a time before the present যা ঘটে গেছে বা হয়ে গেছে; বর্তমানের পূর্বেকার, অতীত *in past centuries/ times* ○ *I'd rather forget some of my past mistakes.* **2** (*only before a noun*) just finished; last সবেমাত্র শেষ হয়েছে; গত *He's had to work very hard during the past year.*

past² / pɑːst পা:স্ট্ / *prep., adv.* **1** (used when telling the time) after; later than (সময় বলার ক্ষেত্রে

ব্যবহৃত) পরে; কোনো সময়ের পরে *It's ten (minutes) past three.* ○ *It was past midnight when we got home.* **2** from one side to the other of sb/sth; further than or on the other side of sb/sth কারও বা কোনো কিছুর এক দিক থেকে অন্য দিকে; কাউকে বা কিছুকে পেরিয়ে অথবা অন্য দিকে *He walked straight past me.* ○ *She looked right past me without realizing who I was.* **3** above or further than a certain point, limit or age কোনো একটা বিশেষ বিন্দু, সীমা থেকে দূরে অথবা কোনো নির্দিষ্ট বয়স সীমার উপরে *Unemployment is now past the two million mark.* ○ *I'm so tired that I'm **past caring*** (=I don't care any more) *what we eat.*

IDM not put it past sb (to do sth) (used with would) to think sb is capable of doing sth bad ('would'-এর সঙ্গে ব্যবহৃত) এটা ভাবা যে কোনো ব্যক্তি খারাপ কোনো কাজ করতে পারে *I wouldn't put it past him to do a thing like that.*

past it (*informal*) too old অনেক পুরোনো

past[3] / pɑ:st পা:স্ট্ / *noun* **1 the past** [*sing.*] the time that has gone by; the things that happened before now যে সময় চলে গেছে; যা কিছু বর্তমানের আগে ঘটে গেছে; অতীতকাল *in the recent/distant past* ○ *The art of writing letters seems to be **a thing of the past**.* **2** [C] a person's life and career before now কোনো ব্যক্তির আগের জীবন এবং পেশা *We know nothing about his past.* **3 the past** [*sing.*] = **the past tense**

pasta / ˈpæstə ˈপ্যাস্ট্যা / *noun* [U] an Italian food made from flour, eggs and water, formed into different shapes, cooked, and usually served with a sauce ময়দা, ডিম এবং জল মিশিয়ে বিভিন্ন আকারে তৈরি এক রকম ইতালিয় খাদ্য যা রান্না করে সাধারণত কোনো সসের সঙ্গে খেতে দেওয়া হয়; পাস্তা

paste[1] / peɪst পেইস্ট্ / *noun* **1** [C, U] a soft, wet mixture, usually made of a powder and a liquid and sometimes used for sticking things একরকম নরম, ভিজে-ভিজে মিশ্রণ যা পাউডার এবং তরল পদার্থ দিয়ে তৈরি করা হয় এবং যা জিনিস জোড়ার কাজে ব্যবহার করা হয়; লেই, কাই, মণ্ড, আঠা *wallpaper paste* ○ *Mix the flour and milk into a paste.* **2** [U] (*usually used in compound nouns*) a soft mixture of food that you can spread onto bread, etc. একরকম নরম মিশ্র খাদ্য যা পাউরুটি ইত্যাদির উপর লাগিয়ে খাওয়া হয় *fish/chicken paste*

paste[2] / peɪst পেইস্ট্ / *verb* [T] **1** to stick sth to sth else using paste or a similar substance (**glue**) কোনো কিছু অন্য কিছুর সঙ্গে আটকানো (পেস্ট অথবা আঠা ব্যবহার করে) *He pasted the picture into his book.* **2** (*computing*) to copy or move text into a document from somewhere else কোনো ডকুমেন্টে অন্য কোথাও থেকে টেক্সট কপি করা বা সরানো, কোনো লেখনের প্রতিলিপি নিয়ে অন্য কোনো নথিতে ব্যবহার করা *This function allows you to **cut and paste** text.*

pastel / ˈpæstl ˈপ্যাস্ট্ল্ / *adj.* (used about colours) pale; not strong (রং সম্বন্ধে ব্যবহৃত) হালকা; গাঢ় নয়

pasteurized (*also* **-ised**) / ˈpɑ:stʃəraɪzd ˈপা:স্চ্যারাইজড্ / *adj.* (used about milk or cream) free from bacteria because it has been heated and then cooled using a special process (দুধ বা ক্রিম সম্বন্ধে ব্যবহৃত) জীবাণুমুক্ত, কারণ এটি গরম করা হয়েছে এবং তারপর বিশেষ পদ্ধতিতে ঠান্ডা করা হয়েছে; নির্বীজিতকরণ, নির্বীজন; পাসচারাইজড

pastiche / pæˈsti:ʃ প্যাˈস্টীশ্ /*noun* (*written*) **1** [C] a work of art, piece of writing, etc. that is created by deliberately copying the style of sb/sth else এমন শিল্প, লেখা ইত্যাদি যা ইচ্ছাকৃতভাবে অন্য কারও বা কিছুর শৈলী নকল করে সৃষ্টি করা হয়েছে *a pastiche of the classic detective story* **2** [C] a work of art, etc. that consists of a variety of different styles শিল্পকর্ম ইত্যাদি যার মধ্যে কয়েকটি আলাদা রচনাশৈলী রয়েছে; মিশ্রিত শিল্প **3** [U] the art of creating a pastiche প্যাসটীস সৃষ্টি করার শিল্প

pastime / ˈpɑ:staɪm ˈপা:স্টাইম্/ *noun* [C] something that you enjoy doing when you are not working অবসর বিনোদন ✪ সম **hobby**

pastoral / ˈpɑ:stərəl ˈপা:স্ট্যার‍্যাল্ / *adj.* **1** (connected with the work of a priest or a teacher) giving help and advice on personal matters rather than on matters of religion or education (ধর্মযাজক অথবা শিক্ষকের কাজের সঙ্গে জড়িত) ধর্ম অথবা শিক্ষা ছাড়া কারও ব্যক্তিগত ব্যাপারে সাহায্য করা এবং উপদেশ দেওয়া **2** connected with pleasant country life মধুর গ্রাম্য জীবনের সঙ্গে জড়িত

past participle = **participle**

the past perfect (*also* **the pluperfect**) *noun* [*sing.*] (*grammar*) the tense of a verb that describes an action that was finished before another event happened (ব্যাকরণ) ক্রিয়াপদের যে কালটি অন্য কোনো ঘটনা ঘটে যাওয়ার আগে যে ঘটনা ঘটেছিল তার বর্ণনা দেয়; পুরাঘটিত অতীত

> **NOTE** Past perfect (পুরাঘটিত অতীত) সম্বন্ধে আরও বিশদভাবে জানার জন্য এই অভিধানের শেষে **Quick Grammar Reference** দেখো।

pastry / ˈpeɪstri ˈপেইস্ট্রি / *noun* (*pl.* **pastries**) **1** [U] a mixture of flour, fat and water that is rolled out flat and cooked as a base or covering for pies, etc. ময়দা, চর্বি এবং জলের যে মিশ্রণটি চ্যাপটা করে বেলে নিয়ে পাই ইত্যাদির বাইরের অথবা তলার আস্তরণ

হিসাবে ব্যবহার করা হয় **2** [C] a small cake made with pastry প্যাসট্রি দিয়ে তৈরি ছোটো কেক

the past tense (*also* **the past**) *noun* [*sing.*] (*grammar*) the form of a verb used to describe actions in the past (ব্যাকরণ) ক্রিয়াপদের যে রূপটির দ্বারা আগে ঘটে গেছে এমন সব ঘটনার বর্ণনা দেওয়া হয়; অতীত কাল *The past (tense) of the verb 'come' is 'came'.*

> **NOTE** Past tense (অতীত কাল) সম্বন্ধে আরও বিশদভাবে জানার জন্য এই অভিধানের শেষে **Quick Grammar Reference** দেখো।

pasture /ˈpɑːstʃə(r) ˈপাːস্‌চ্যা(র্) / *noun* [C, U] a field or land covered with grass, where cows, etc. can feed ঘাসে ঢাকা মাঠ বা জায়গা যেখান গরু-বাছুর চরে বা ঘাস খেয়ে বেড়াতে পারে; তৃণভূমি

pasty / ˈpæsti ˈপ্যাস্‌টি / *noun* [C] (*pl.* **pasties**) (*BrE*) a small pie containing meat and/or vegetables ছোটো পাই যার মধ্যে মাংস এবং/অথবা বিভিন্ন ধরনের তরকারি ভরা থাকে

pat¹ / pæt প্যাট্ / *verb* [T] (**patting; patted**) to touch sb/sth gently with a flat hand, especially as a sign of friendship, care, etc. বন্ধুত্ব দেখাতে বা আদর করে হাতের তালু দিয়ে আলতো করে কোনো ব্যক্তি অথবা বস্তুকে ছোঁয়া

pat² / pæt প্যাট্ / *noun* [C] a gentle friendly touch with a flat hand হাতের তালু দিয়ে বন্ধুত্বপূর্ণ স্পর্শ বা ছোঁয়া *He gave her knee an affectionate pat.*

IDM a pat on the back (for sth/doing sth) approval for sth good that a person has done কারও দ্বারা কৃত ভালো কোনো কিছুর অনুমোদন বা তার প্রতি সমর্থন *She deserves a pat on the back for all her hard work.*

pat³ / pæt প্যাট্ / *adj., adv. (only before a noun)* (used about an answer, comment, etc.) said in a quick or simple way that does not sound natural or realistic (কোনো উত্তর, মন্তব্য ইত্যাদির সম্বন্ধে ব্যবহৃত) খুব দ্রুত অথবা সরলভাবে বলা হয় যা স্বাভাবিক বা বাস্তবানুগ মনে হয় না

patch¹ / pætʃ প্যাচ্ / *noun* [C] **1 a patch (of sth)** a part of a surface that is different in some way from the area around it কোনো কিছুর উপরের এক অংশ যা কোনোভাবে বাকি চারদিক থেকে আলাদা *Drive carefully. There are patches of ice on the roads.* ○ *a bald patch* **2** a piece of material that you use to cover a hole in clothes, etc. জামা কাপড়ের ছেঁড়া স্থান ঢাকতে তার উপর যে টুকরো কাপড় সেলাই করা হয় *I sewed patches on the knees of my jeans.* **3** a small piece of material that you wear over one eye, usually because the eye is damaged ক্ষতিগ্রস্ত চোখকে সুরক্ষিত রাখার জন্য যে ছোটো কাপড় ব্যবহার করা হয় **4** a small piece of land, especially for growing vegetables or fruit অল্প কিছুটা জমি বিশেষত যেখানে শাকসবজি উৎপন্ন করা হয় *a vegetable patch*

IDM go through a bad patch (*BrE informal*) to experience a difficult or unhappy period of time কষ্টকর অথবা অসুখী সময়ের ভিতর দিয়ে যাওয়া

not a patch on sb/sth (*BrE informal*) not nearly as good as sb/sth কোনো ব্যক্তি অথবা বস্তুর মতো উচ্চমানের নয় এমন *Her new book isn't a patch on her others.*

patch² / pætʃ প্যাচ্ / *verb* [T] to cover a hole in clothes, etc. with a piece of material in order to repair it কোনো কাপড় ইত্যাদির ছিদ্র বা ফুটো কোনো কিছুর টুকরো দিয়ে বন্ধ করা; তাপ্পি বা তালি মারা *patched jeans*

PHR V patch sth up 1 to repair sth, especially in a temporary way by adding a new piece of material ক্ষতিগ্রস্ত জায়গায় নতুন কিছুর টুকরো দিয়ে ঢেকে কোনো কিছু মেরামত করা, বিশেষত অস্থায়ীভাবে **2** to stop arguing with sb and to be friends again কারও সঙ্গে বাদানুবাদ মিটিয়ে নিয়ে বন্ধুত্ব স্থাপন করা *Have you tried to* ***patch things up*** *with her?*

patchwork / ˈpætʃwɜːk ˈপ্যাচ্‌উঅ্যাক্ / *noun* [U] a type of sewing in which small pieces of cloth of different colours and patterns are sewn together বিভিন্ন রঙের এবং বিভিন্ন প্যাটার্নের টুকরো টুকরো কাপড় দিয়ে একসঙ্গে সেলাই করার যে পদ্ধতি

patchy / ˈpætʃi ˈপ্যাচি / *adj.* **1** existing or happening in some places but not others কিছু কিছু জায়গায় প্রকট, সর্বত্র নয় *patchy fog/clouds/rain* **2** not complete; good in some parts but not in others সম্পূর্ণ নয়; কোনো কোনো জায়গায় ভালো কিন্তু সব জায়গায় নয় *My knowledge of Tamil is rather patchy.*

pâté / ˈpæteɪ ˈপ্যাটেই / *noun* [U] food that is made by making meat, fish or vegetables into a smooth, thick mixture that is served cold and spread on bread, etc. মাংস, মাছ অথবা শাকসবজি একসঙ্গে মিশিয়ে মসৃণ ঘন মিশ্রণ তৈরি করে ঠান্ডা অবস্থায় বা পাউরুটি ইত্যাদির উপর মাখিয়ে খেতে দেওয়া হয় এমন খাদ্যদ্রব্য *liver pâté*

patella / pəˈtelə প্যাˈটেল্যা / (*technical*) = **kneecap**

patent¹ / ˈpeɪtnt ˈপেইট্‌ন্‌ট্ / *adj.* (*formal*) clear; obvious পরিষ্কার; স্পষ্ট *a patent lie* ▶ **patently** *adv.* স্পষ্টভাবে

patent² / ˈpætnt ˈpeɪtnt ˈপ্যাট্‌ন্‌ট্ ˈপেইট্‌ন্‌ট্ / *noun* [C, U] the official right to be the only person to make, use or sell a product or an invention; the document that shows this is your right আবিষ্কৃত

কোনো বস্তু বা কোনো উৎপাদিত বস্তু তৈরি, ব্যবহার অথবা বিক্রি করার উপর কেবলমাত্র একজন ব্যক্তির আনুষ্ঠানিক অধিকার; এই অধিকারের নথিপত্র ► **patent** *verb* [T] পেটেন্ট করা বা পাওয়া

patent leather *noun* [U] a type of leather with a hard, shiny surface, used especially for making shoes and bags একধরনের চামড়া যার উপরের দিক হয় শক্ত এবং চকচকে যেটি বিশেষত জুতো এবং ব্যাগ তৈরিতে ব্যবহৃত হয়

paternal / pəˈtɜ:nl প্যা'ট্যন্‌ল্ / *adj.* (*only before a noun*) **1**behaving as a father would behave; connected with being a father পিতৃসুলভ আচরণ; পিতৃস্থানীয় **2** related through the father's side of the family পিতার পরিবারের সঙ্গে সম্বন্ধযুক্ত; পৈতৃক *my paternal grandparents* ➪ **maternal** দেখো।

paternalism / pəˈtɜ:nəlɪzəm প্যা'ট্যন্যালিজ্‌ম্ / *noun* [U] (*technical*) the system in which a government or an employer protects the people who are governed or employed by providing them with what they need, but does not give them any responsibility or freedom of choice এমন ব্যবস্থা যাতে কোনো সরকার অথবা নিয়োগকর্তা লোকজনদের প্রয়োজনমতো সবকিছু দিয়ে তাদের শাসিত বা নিয়োজিত করে কিন্তু তাদের কোনো দায়িত্ব দেয় না বা ইচ্ছা-অনিচ্ছার স্বাধীনতা দেয় না ►**paternalistic** / pəˌtɜ:nəˈlɪstɪk প্যা,ট্যন্যা'লিস্‌টিক্ / (*also* **paternalist**) *adj.* পিতৃতুল্য ব্যবহারসুলভ *a paternalistic employer/state*

paternity / pəˈtɜ:nəti প্যা'ট্যন্যাটি / *noun* [U] the fact of being the father of a child পিতৃত্ব *paternity leave* (= time that the father of a new baby is allowed to have away from work) ➪ **maternity** দেখো।

path / pɑ:θ পা:থ্ / *noun* [C] **1** a way across a piece of land that is made by or used by people walking হাঁটা পথ, পায়ে চলার পথ *the garden path*

> **NOTE** **Pathway** শব্দটিরও একই অর্থ—*There was a narrow pathway leading down the cliff.* ➪ **footpath** দেখো।

2 the line along which sb/sth moves; the space in front of sb/sth as he/she/it moves যে রেখা ধরে কেউ বা কোনো কিছু এগোয়; গতিপথ *He threw himself* ***into the path of*** *an oncoming vehicle.* ➪ **flight path** দেখো এবং **diffract**-এ ছবি দেখো।

pathetic / pəˈθetɪk প্যা'থেটিক্ / *adj.* **1** causing you to feel pity or sadness শোচনীয়, বেদনাদায়ক *the pathetic cries of the hungry children* **2** (*informal*) very bad, weak or useless খুব খারাপ, দুর্বল অথবা অপ্রয়োজনীয় *What a pathetic performance! The team deserved to lose.* ► **pathetically** / -kli -ক্লি / *adv.* শোচনীয়ভাবে

pathetic fallacy *noun* [U, *sing.*] (*technical*) (used in art and literature) the act of describing animals and things as having human feelings (শিল্প এবং সাহিত্যে ব্যবহৃত) জড় বস্তুতে বা পশুদের মধ্যে মানবিক ভাবাবেগ আরোপ করার ক্রিয়া

patho- / ˈpæθəʊ 'প্যাথ্যাউ / *prefix* (*used in nouns, adjectives and adverbs*) connected with disease অসুখ সংক্রান্ত *pathology*

pathological/ˌpæθəˈlɒdʒɪkl ˌপ্যাথ্যা'লজিক্‌ল্ / *adj.* **1** caused by feelings that you cannot control; not reasonable or sensible ভাবাবেগের দ্বারা চালিত যা দমন বা নিয়ন্ত্রিত করা সম্ভব নয়; যুক্তিসংগত বা বিবেচনাসম্মত নয় *He's a pathological liar* (= he cannot stop lying). ○ *pathological fear/hatred/violence* **2** caused by or connected with disease or illness রোগ বা অসুস্থতার কারণে বা সেই সংক্রান্ত *pathological depression* **3** (*medical*) connected with pathology (চিকিৎসাশাস্ত্র) রোগ বা অসুখ সংক্রান্ত ► **pathologically** / -kli -ক্লি / *adv.* রোগতত্ত্বীয়

pathologist / pəˈθɒlədʒɪst প্যা'থল্যাজিস্‌ট্ / *noun* [C] a doctor who is an expert in pathology, and examines dead bodies to find out why a person has died রোগ নির্ণয় বিশারদ এবং যে ব্যক্তি মৃত্যুর কারণ বার করার জন্য মৃতদেহ পরীক্ষা করে

pathology / pəˈθɒlədʒi প্যা'থল্যাজি / *noun* [U] (*medical*) the scientific study of diseases of the body রোগনির্ণয়বিদ্যা, রোগতত্ত্ব

pathos / ˈpeɪθɒs 'পেইথস্ / *noun* [U] (in literature) the power of a performance, description, etc. to produce feelings of sadness or pity (সাহিত্যে) দুঃখের অনুভূতি বা করুণরস সৃষ্টিতে কোনো কিছুর প্রদর্শন, বর্ণনা ইত্যাদির যে শক্তি

patience / ˈpeɪʃns 'পেইশ্‌ন্স্ / *noun* [U] **1 patience (with sb/sth)** the quality of being able to stay calm and not get angry, especially when there is a difficulty or you have to wait a long time ধৈর্য, সহিষ্ণুতা, সহনশীলতা *I've got no patience with people who don't even try.* ○ *to* ***lose patience*** *with sb* ✪ বিপ **impatience** **2** (*AmE* **solitaire**) a card game for only one player একধরনের তাস খেলা যা একজনেই খেলে

patient[1] / ˈpeɪʃnt 'পেইশ্‌ন্ট্ / *adj.* **patient (with sb/sth)** able to stay calm and not get angry, especially when there is a difficulty or you have to wait a long time ধৈর্যশীল, সহিষ্ণু, সহনশীল *She's very patient with young children.* ✪ বিপ **impatient** ► **patiently** *adv.* শান্তভাবে *to wait patiently*

patient[2] / ˈpeɪʃnt 'পেইশ্‌ন্ট্ / *noun* [C] a person who is receiving medical treatment রোগী *a hospital patient* ○ *He's one of Dr Batra's patients.*

patio / ˈpætiəʊ ˈপ্যাটিঅ্যাউ / *noun* [C] (*pl.* **patios** / -əʊz -অ্যাউজ় /) a flat, hard area, usually behind a house, where people can sit, eat, etc. outside শক্ত, সমতল জায়গা, সাধারণত বাড়ির পিছন দিকে, যেখানে লোক বাইরে আকাশের নীচে বসতে পারে, খাওয়াদাওয়া করতে পারে ইত্যাদি; উঠান, আঙিনা, চত্বর ⇨ **balcony**, **verandah** এবং **terrace** দেখো।

patriarch / ˈpeɪtriɑːk ˈপেইট্রিআঃক্ / *noun* [C] a man who is the head of a family or social group পরিবার বা গোষ্ঠীর প্রধান কুলপতি; ⇨ **matriarch** দেখো।

patriarchal / ˌpeɪtriˈɑːkl ˌপেইট্রিˈআঃক্ল্ / *adj.* (used about a society or system) controlled by property, etc. from father to son rather than from mother to daughter (কোনো সমাজ অথবা পদ্ধতি সম্বন্ধে ব্যবহৃত) পুরুষের দ্বারা চালিত; যেখানে পারিবারিক ক্ষমতা, অর্থ, শক্তি ইত্যাদি পিতা থেকে পুত্র হাতে যায়, মা থেকে মেয়ের হাতে নয়; পিতৃতান্ত্রিক ⇨ **matriarchal** দেখো।

patriarchy / ˈpeɪtriɑːki ˈপেইট্রিআঃকি / *noun* [C, U] (*pl.* **patriarchies**) a social system that gives power and control to men rather than women এমন সামাজিক ব্যবস্থা যাতে ক্ষমতা এবং নিয়ন্ত্রণ ক্ষমতা পুরুষদের কাছে থাকে, মেয়েদের কাছে নয়; পিতৃতন্ত্র ⇨ **matriarchy** দেখো।

patricide / ˈpætrɪsaɪd ˈপ্যাট্রিসাইড্ / *noun* [U] (*formal*) the crime of killing your father পিতৃহত্যা ⇨ **matricide** দেখো।

patriot / ˈpeɪtriət ˈপেইট্রিঅ্যাট্ / *noun* [C] a person who loves his/her country and is ready to defend it against an enemy দেশপ্রেমিক, দেশহিতৈষী, দেশভক্ত ▶ **patriotism** / ˈpeɪtriətɪzəm; ˈpæt- ˈপেইট্রিঅ্যাটিজ়্ম্; ˈপ্যাট- / *noun* [U] দেশপ্রেম, দেশহিতৈষণা, দেশভক্তি

patriotic / ˌpeɪtriˈɒtɪk; ˌpæt- ˌপেইট্রিˈঅটিক্; ˌপ্যাট- / *adj.* having or showing great love for your country নিজের দেশের প্রতি গভীর প্রেম আছে বা তা প্রকাশ করা হচ্ছে এমন ▶ **patriotically** / -kli -কলি / *adv.* দেশপ্রেমে পূর্ণ এমনভাবে

patrol¹ / pəˈtrəʊl প্যাˈট্রাউল্ / *verb* [I,T] (**patrolling**; **patrolled**) to go round an area, a building, etc. at regular times to make sure that it is safe and that nothing is wrong কোনো অঞ্চল, বাড়ি ইত্যাদি নিয়মিতভাবে পাহারা দেওয়া বা টহলদারি করা তার নিরাপত্তা নিশ্চিত করার জন্য

patrol² / pəˈtrəʊl প্যাˈট্রাউল্ / *noun* **1** [C, U] the act of going round an area, building, etc. at regular times to make sure that it is safe and that nothing is wrong কোনো অঞ্চল, বাড়ি ইত্যাদির নিয়মিতভাবে পাহারা দেওয়া বা টহলদারির করার কাজ (তার নিরাপত্তা নিশ্চিত করার জন্য) *a police car* **on patrol** *in the area* **2** [C] a group of soldiers, vehicles, etc. that patrol sth এক দল সৈন্য, বাহন ইত্যাদি যারা টহলদারি করে *a naval/police patrol* ০ *a patrol car/boat*

patron / ˈpeɪtrən ˈপেইট্রান্ / *noun* [C] **1** a person who gives money and support to artists, writers and musicians এমন কোনো ব্যক্তি যে অর্থ ও অন্যান্য সহায়তার দ্বারা শিল্পী, লেখক এবং গায়কদের সাহায্য করে; পৃষ্ঠপোষক *a patron of the arts* **2** a famous person who supports an organization such as a charity and whose name is used in advertising it এমন বিখ্যাত ব্যক্তি যিনি কোনো সংস্থা, যেমন কোনো দাতব্য প্রতিষ্ঠানকে সাহায্য করেন এবং যাঁর নাম বিজ্ঞাপনেও ব্যবহার করা হয় ⇨ **sponsor** দেখো। **3** (*formal*) a person who uses a particular shop, theatre, restaurant, etc. যে ব্যক্তি বিশেষ কোনো দোকান, থিয়েটার, রেস্তোরাঁ ইত্যাদিতে যায় *This car park is for patrons only.*

patronage / ˈpætrənɪdʒ; ˈpeɪt- ˈপ্যাট্রানিজ়; ˈপেইট্- / *noun* [U] (*formal*) **1** the support, especially financial, that is given to a person or an organization by a patron যে সাহায্য, বিশেষত আর্থিক সাহায্য, কোনো ব্যক্তি বা সংস্থাকে পৃষ্ঠপোষক দেন *Patronage of the arts comes mainly from businesses and private individuals.* **2** the system by which an important person gives help or a job to sb in return for his/her support যে পদ্ধতিতে কোনো গণ্যমান্য ব্যক্তি বিনিময়ে সমর্থন পাওয়ার জন্য কাউকে সাহায্য করেন অথবা কাজ দেন **3** (*AmE*) the support that a person gives a shop, restaurant, etc. by spending money there কোনো দোকান, রেস্তোরাঁ ইত্যাদিতে কোনো ব্যক্তি অর্থ ব্যয় করে তাদের যে সাহায্য করে

patronize (*also* **-ise**) / ˈpætrənaɪz ˈপ্যাট্রানাইজ় / *verb* [T] **1** to treat sb in a way that shows that you think you are better, more intelligent, experienced, etc. than he/she is নিজের তুলনায় কোনো ব্যক্তির বুদ্ধি, অভিজ্ঞতা ইত্যাদির নিকৃষ্টতা তার প্রতি ব্যবহারের মধ্যে দিয়ে বুঝিয়ে দেওয়া **2** (*formal*) to be a regular customer of a shop, restaurant, etc. কোনো দোকান, রেস্তোরাঁ ইত্যাদির নিয়মিত খরিদ্দার হওয়া ▶ **patronizing** (*also* **-ising**) *adj.* পৃষ্ঠপোষকের মনোভাবাপন্ন *I really hate that patronizing smile of hers.* ▶ **patronizingly** (*also* **-isingly**) *adv.* পৃষ্ঠপোষকের মনোভাব নিয়ে

patter / ˈpætə(r) ˈপ্যাট্যা(র্) / *noun* **1** [*sing.*] the sound of many quick light steps or knocks on a surface কোনো জায়গার উপর পায়ের ঘনঘন চটপট অথবা টোকা মারার আওয়াজ *the patter of the children's feet on the stairs* **2** [U, *sing.*] fast continuous talk by sb who is trying to sell you sth or entertain you কোনো কিছু বিক্রি করার অথবা কারও চিত্ত বিনোদন করার জন্য দ্রুত গতিতে বলা কথা *sales patter* ▶ **patter** *verb* [I] অনর্গল কথা বলা

pattern / ˈpætn ˈপ্যাট্ন্ / *noun* [C] **1** the way in which sth happens, develops, or is done যেভাবে কিছু ঘটে, বেড়ে ওঠে অথবা করা হয় *Her days all seemed to follow the same pattern.* ○ *changing patterns of behaviour/work/weather* **2** an arrangement of lines, shapes, colours, etc. as a design রেখা, আকার, রং ইত্যাদির বিন্যাস *a shirt with a floral pattern on it* ✪ সম **design 3** a design, a set of instructions or a shape to cut around that you use in order to make sth কোনো কিছু বানানোর জন্য ব্যবহার করা যায় এরকম একটি নকশা, এক গুচ্ছ নির্দেশ অথবা একটি আকার

patterned / ˈpætənd ˈপ্যাটান্ড্ / *adj.* decorated with a **pattern 2** নকশার দ্বারা শোভিত

pauper / ˈpɔːpə(r) ˈপ:প্যা(র্) / *noun* [C] (*old-fashioned*) a very poor person দরিদ্র, কাঙাল *He died a pauper.*

pause¹ / pɔːz প:জ্ / *noun* **1** [C] **a pause (in sth)** a short period of time during which sb stops talking or stops what he/she is doing কথা বলতে বলতে অথবা কাজ করার মাঝে যে অল্প সময়ের জন্য থামা হয় *He continued playing for 20 minutes without a pause.* ➪ **interval**-এ নোট দেখো। **2** (*also* **pause button**) [U] a control on a video, CD, DVD player, etc. that allows you to stop playing or recording for a short time ভিডিও, সিডি, ডিভিডি প্লেয়ার ইত্যাদির উপরকার নিয়ন্ত্রক বা বোতাম বা সুইচ যার দ্বারা বাজনা বা রেকর্ডিং অল্প সময়ের জন্য থামানো যায়

pause² / pɔːz প:জ্ / *verb* [I] **pause (for sth)** to stop talking or doing sth for a short time before continuing কথা বলা অথবা যে কাজ করা হচ্ছে তা চালিয়ে যাওয়ার আগে অল্প সময়ের জন্য থামানো

pave / peɪv পেইভ্ / *verb* [T] **pave sth (with sth)** (*usually passive*) to cover an area of ground with flat stones (**paving stones**) or bricks কোনো একটা জায়গা পাথর বা ইঁট দিয়ে ঢাকা

pavement / ˈpeɪvmənt ˈপেইভ্ম্যান্ট / (*AmE* **sidewalk**) *noun* [C] a hard flat area at the side of a road for people to walk on রাস্তার পাশে লোক চলাচলের জন্য শক্ত, শান বাঁধানো পথ; ফুটপাথ

pavilion / pəˈvɪliən প্যাˈভিলিঅ্যান্ / *noun* [C] a building at a sports ground where players can change their clothes and take rest খেলার মাঠের ধারে যে বাড়ির মধ্যে খেলোয়াড়েরা পোশাক পরিবর্তন করতে এবং বিশ্রাম নিতে পারে

paving stone *noun* [C] a flat piece of stone that is used for covering the ground চ্যাপটা পাথর যা দিয়ে জমি ঢাকা হয়

paw¹ / pɔː প: / *noun* [C] the foot of animals such as dogs, cats, bears, etc. কুকুর, বেড়াল, ভালুক, ইত্যাদির থাবা ➪ **lion**-এ ছবি দেখো।

paw² / pɔː প: / *verb* [I, T] **paw (at) sth** (used about an animal) to touch or scratch sb/sth several times with a paw (পশুর সম্বন্ধে ব্যবহৃত) থাবা দিয়ে কাউকে বা কোনো কিছুকে অনেকবার ছোঁয়া বা আঁচড়ানো *The dog pawed at my sleeve.*

pawn¹ / pɔːn প:ন্ / *noun* [C] **1** (in the game of chess) one of the eight pieces that are of least value and importance (দাবা খেলায়) যে আটটি সব চেয়ে কম মূল্যবান অথচ গুরুত্বপূর্ণ ঘুঁটি তার একটি **2** a person who is used or controlled by other more powerful people যে ব্যক্তিকে অন্যান্য আরও শক্তিশালী ব্যক্তিগণ পরিচালনা করে

pawn² / pɔːn প:ন্ / *verb* [T] to leave a valuable object with a **pawnbroker** in return for money. If you cannot pay back the money after a certain period, the object can be sold or kept মূল্যবান কোনো বস্তু মহাজনের কাছে বা বন্ধকি কারবারির কাছে অর্থের বিনিময়ে গচ্ছিত রাখা। নির্দিষ্ট সময়ের পরে সেই অর্থ ফেরত দিতে না পারলে বস্তুটি তার কাছে বিক্রিত হয়ে যায় বা সে-ই সেটি অধিকার করে; বন্ধক দেওয়া

pawnbroker / ˈpɔːnbrəʊkə(r) প:ন্‌ব্র্যাউক্যা(র্) / *noun* [C] a person who lends money to people when they leave sth of value with him/her, তেজারতি কারবারি, বন্ধকি কারবারি

pay¹ / peɪ পেই / *verb* (*pt, pp* **paid**) **1** [I, T] **pay (sb) (for sth); pay (sb) sth (for sth)** to give sb money for work, goods, services, etc. (কোনো কাজ, দ্রব্য, পরিষেবা ইত্যাদির জন্য) কাউকে অর্থ প্রদান করা *She is very* ***well paid****.* ○ *We paid the dealer Rs 30,000 for the car.* **2** [T] **pay sth (to sb)** to give the money that you owe for sth ধার শোধ করা *Have you paid her the rent yet?* **3** [I, T] to make a profit; to be worth doing লাভ করা; করার যোগ্য *It would pay you to get professional advice before making a decision.* **4** [I] **pay (for sth)** to suffer or be punished because of your beliefs or actions বিশ্বাস বা কাজের জন্য কষ্ট ভোগ করা অথবা শাস্তি পাওয়া *You'll pay for that remark!*

IDM **be paid in arrears** ➪ **arrears** দেখো।

pay attention (to sb/sth) to listen carefully to or to take notice of sb/sth কাউকে মনোযোগ দিয়ে শোনা অথবা লক্ষ করা, কোনো কিছু ভালোভাবে দেখা

pay sb a compliment; pay a compliment to sb to say that you like sth about sb কারও কোনো কিছু ভালো লাগার জন্য তাকে প্রশংসা করা

pay your respects (to sb) (*formal*) to visit sb as a sign of respect শ্রদ্ধা জানাতে কারও সঙ্গে দেখা করা *Hundreds came to pay their last respects to her* (= to go to her funeral).

pay tribute to sb/sth to say good things about sb/sth and show your respect for sb/sth কোনো ব্যক্তি অথবা বস্তু সম্বন্ধে ভালো কথা বলা এবং নিজের শ্রদ্ধা জ্ঞাপন করা

put paid to sth to destroy or finish sth কোনো কিছু ধ্বংস বা শেষ করে দেওয়া *The bad weather put paid to our picnic.*

PHR V pay sth back (to sb) to give money back to sb that you borrowed from him/her ধারের টাকা শোধ দেওয়া *Can you lend me Rs 500? I'll pay you back/I'll pay it back to you on Friday.*

pay sb back (for sth) to punish sb for making you or sb else suffer যে কাউকে কষ্ট দিয়েছে বা দুর্ভোগে ফেলেছে তাকে শাস্তি দেওয়া *What a mean trick! I'll pay you back one day.*

pay off (*informal*) to be successful সফল হওয়া *All her hard work has paid off! She passed her exam.*

pay sth off to pay all the money that you owe for sth সব ধার মিটিয়ে দেওয়া বা শোধ করা *to pay off a debt/mortgage*

pay up (*informal*) to pay the money that you owe যে ধার ছিল তা শোধ করা *If you don't pay up, we'll take you to court.*

pay² / peɪ পেই / *noun* [U] money that you get regularly for work that you have done মাইনে

> **NOTE** নিয়মিত কোনো কাজ করার বিনিময়ে যে নগদ টাকা পাওয়া যায় তাকে **pay** বলা হয়। সামগ্রিক অথবা দৈনিক কোনো কাজের জন্য নগদ টাকা পেলে তাকে **wage** বলা হয়। **Salary** প্রতি মাসে দেওয়া হয় এবং এটা অনেক সময়েই ব্যাংকের অ্যাকাউন্টে জমা করা হয়ে থাকে। পেশাগত পরিষেবা নেওয়ার জন্য আমরা চিকিৎসক, আইনজীবী ইত্যাদি পেশার ব্যক্তিদের যে টাকা প্রদান করি তাকে **fee** বলা হয়। একইবার (নিয়মিত নয়) কোনো কাজ করার জন্য দেয় অর্থকে **payment** বলা হয়। নিয়মিত কোনো কাজ করার জন্য অর্থ প্রাপ্তি অথবা জমানো টাকার উপর যে টাকা সুদ বাবদ পাওয়া যায় তাকে **income** বলা হয়।

payable / ˈpeɪəbl ˈপেইঅ্যাব্‌ল্ / *adj.* that should or must be paid যে টাকা দেওয়া উচিত অথবা দিতে হবে *A 10% deposit is payable in advance; **Make the cheque payable to** the State Bank of India.*

payee / ˌpeɪˈiː ˌপেইˈঈ / *noun* [C] (*written*) a person that money, especially a cheque, is paid to যাকে টাকা, বিশেষ করে চেক দেওয়া হয়

payment / ˈpeɪmənth ˈপেইম্যান্ট্ / *noun* **payment (for sth)** **1** [U] the act of paying sb or of being paid কাউকে টাকা দেওয়া অথবা টাকা পাওয়ার ক্রিয়া *I did the work last month but I haven't had any payment for it yet.* ➪ **pay²**-তে নোট দেখো। **2** [C] an amount of money that you must pay যে অর্থ অথবা টাকা দিতে হবে *They asked for a payment of Rs 1000 as a deposit.*

payroll / ˈpeɪrəʊl ˈপেইর‍্যাউল্ / *noun* **1** [C] a list of people employed by a company showing the amount of money to be paid to each of them কোনো কোম্পানিতে কর্মরত ব্যক্তিগণের বেতনের তালিকা *There are 70 people **on the payroll**.* **2** (*usually sing.*) the total amount paid by a company to its employees মোট যে টাকা কোনো কোম্পানি তার কর্মচারিদের দেয়

PC / ˌpiː ˈsiː ˌপী ˈসী / *abbr.* **1** (*computing*) personal computer; a computer that is designed for one person to use at work or at home ব্যক্তিগত কম্পিউটার, যা কাজের জায়গায় বা বাড়িতে একজনের ব্যবহারের উপযোগী **2** (in UK) police constable; an officer of the lowest position (যুক্তরাজ্যে) পুলিশ কনস্টেবল; সর্বনিম্ন পদের পুলিশ কর্মচারী

PE / ˌpiː ˈiː ˌপী ˈঈ / *abbr.* physical education স্বাস্থ্যবিধিসম্মত খেলাধুলো; শরীরচর্চা *a PE lesson*

pea / piː পী / *noun* [C] a small round green seed that is eaten as a vegetable. A number of peas grow together in a long thin case (**a pod**) বীজকোশের মধ্যে থাকে মটরশুঁটি ➪ **vegetable**-এ ছবি দেখো।

peace / piːs-পীস্ / *noun* [U] **1** a situation or a period of time in which there is no war or violence in a country or area শান্তির সময়; যুদ্ধবিহীন অবস্থা *The two communities now manage to live **in peace** together.* ○ *A United Nations force has been sent in to **keep the peace**.* **2** the state of being calm or quiet শান্ত এবং স্থির পরিবেশ *He longed to escape from the city to the **peace and quiet** of the countryside.*

peaceful / ˈpiːsfl ˈপীস্‌ফ্‌ল্ / *adj.* **1** not wanting or involving war, violence or argument শান্তিপূর্ণ *a peaceful protest/demonstration/solution* **2** calm and quiet শান্ত, নিশ্চুপ *a peaceful village* ► **peacefully** / -fəli -ফ্যালি / *adv.* যুদ্ধ, হিংসা বা তর্কবিহীনভাবে, শান্তিপূর্ণভাবে *The siege ended peacefully.* ► **peacefulness** *noun* [U] শান্তিপূর্ণতা

peacekeeping / ˈpiːskiːpɪŋ ˈপীস্‌কীপিং / *adj.* (*only before a noun*) intended to help keep the peace and prevent war or violence in a place where this is likely কোনো স্থানে সম্ভাব্য যুদ্ধ বা হিংসা আটকানো এবং শান্তি রক্ষার্থে সহায়তা করার উদ্দেশ্য আছে এমন *a United Nations peacekeeping force*

peacetime / ˈpiːstaɪm ˈপীস্‌টাইম্ / *noun* [U] a period when a country is not at war শান্তিকালীন অবস্থা

peach / pi:tʃ পীচ্ / *noun* **1** [C] a soft round fruit with orange-red skin. A peach is soft inside and has a large stone in its centre গোল নরম কমলা-লাল খোসাওয়ালা ফল, এর মধ্যে বড়ো বীজ থাকে; পীচফল **2** [U] a pinkish-orange colour গোলাপি এবং কমলা মিশ্রিত রং

peacock / ˈpi:kɒk ˈপীকক্ / *noun* [C] a large bird with beautiful long blue and green tail feathers that it can lift up and spread out নীল এবং সবুজ পালকে ভরা পেখমযুক্ত বড়ো পাখি; ময়ূর

peak[1] /pi:k পীক্ / *noun* [C] **1** the point at which sth is the highest, best, strongest, etc. সর্বোচ্চ বিন্দু, উচ্চতম, সর্বোত্তম, সবলতম ইত্যাদি *a man* ***at the peak*** *of his career* **2** the pointed top of a mountain পর্বতশিখর *snow-covered peaks* ➪ **glacial**-এ ছবি দেখো। **3** the rigid front part of a cap that sticks out above your eyes টুপির যে অংশটি চোখের উপর সামনের দিকে বেরিয়ে থাকে

peak[2] / pi:k পীক্ / *adj.* (*only before a noun*) used to describe the highest level of sth, or a time when the greatest number of people are doing or using sth কোনো কিছুর চূড়ান্ত পর্যায় বোঝাতে ব্যবহৃত অথবা সেই সময় যখন কোনো কিছু সবচেয়ে বেশি লোকজনের দ্বারা ব্যবহৃত হয় অথবা সর্বোচ্চ সংখ্যক মানুষ সেটি করে *Summer is the peak period for most hotels.* ○ *The athletes are all in peak condition.* ➪ **off-peak** দেখো।

peak[3] / pi:k পীক্ / *verb* [I] to reach the highest point or value উচ্চতম বিন্দু বা মূল্যে পৌঁছোনো *Sales peak just before Diwali.*

peal / pi:l পীল্ / *noun* [C] the loud ringing of a bell or bells সজোরে ঘণ্টার আওয়াজ (*figurative*) *peals of laughter* ▶ **peal** *verb* [I] প্রচণ্ড জোরে ঘণ্টা বাজানো অথবা বেজে ওঠা

peanut / ˈpi:nʌt ˈপীনাট্ / *noun* **1** (*also* **groundnut**) [C] a nut that grows under the ground that we eat চিনে বাদাম ➪ **nut**-এ ছবি দেখো। **2 peanuts** [*pl.*] (*informal*) a very small amount of money অতি সামান্য অর্থ *We get paid peanuts for doing this job.*

pear / peə(r) পেঅ্যা(র্) / *noun* [C] a fruit that has a yellow or green skin and is white inside. Pears are thinner at the top than at the bottom হলুদ বা সবুজ খোসাযুক্ত ফল যার ভিতরটা সাদা। এর নীচের দিক অপেক্ষা উপরের দিক পাতলা; নাশপাতি; পিয়র

pearl / pɜ:l প্যল্ / *noun* [C] a small, hard, round, white object that grows inside the shell of a type of shellfish (**an oyster**). Pearls are used to make jewellery একধরনের ঝিনুকের মধ্যে পাওয়া যায় ছোটো, শক্ত, গোল ও সাদা যে বস্তুটি অলংকার নির্মাণে ব্যবহৃত হয়; মোতি, মুক্তো, *pearl earrings*

peasant / ˈpeznt ˈপেজ়ন্ট্ / *noun* [C] (used especially in past times) a person who owns or rents a small piece of land on which he/she grows food and keeps animals in order to feed his/her family (বিশেষত অতীতে ব্যবহৃত হত) যে ব্যক্তি নিজস্ব বা ভাড়া নেওয়া জমিতে তার পরিবার প্রতিপালনের উদ্দেশ্যে শস্য উৎপাদন ও পশুপালন করত

peat / pi:t পীট্ / *noun* [U] a soft black or brown natural substance that is formed from dead plants just under the surface of the ground in cool, wet places. It can be burned as a fuel or put on the garden to make plants grow better একধরনের কালো বা বাদামি রঙের নরম প্রাকৃতিক পদার্থ যা ভূপৃষ্ঠের ঠিক নীচে ঠান্ডা ভেজা স্থানের পুরোনো মৃত গাছপালা থেকে রূপান্তরিত হয়েছে। এটি জ্বালানি অথবা সার হিসাবে ব্যবহৃত হয়; পিট-কয়লা

pebble / ˈpebl ˈপেব্‌ল্ / *noun* [C] a smooth round stone that is found in or near water মসৃণ পাথরের টুকরো যা জলাশয়ের মধ্যে বা ধারে পাওয়া যায়; নুড়ি, উপল

pecan / ˈpi:kən ˈপীক্যান্ / *noun* [C] a type of nut that we eat এক রকমের বাদাম যা খাওয়া হয় ➪ **nut** -এ ছবি দেখো।

peck / pek পেক্ / *verb* [I, T] **1 peck (at) sth** (used about a bird) to eat or bite sth with its beak (পাখি সম্বন্ধে ব্যবহৃত) ঠোকরানো; ঠুকরে খাওয়া **2** (*informal*) to kiss sb quickly and lightly কাউকে তাড়াতাড়ি এবং হালকাভাবে চুমু খাওয়া *She pecked him on the cheek and then left.* ▶ **peck** *noun* [C] ঠোকর

peckish / ˈpekɪʃ ˈপেকিশ্ / *adj.* (*informal*) hungry ক্ষুধার্ত

pectoral / ˈpektərəl ˈপেক্ট্যার‍্যাল / *adj.* on or connected with the chest or breast of a fish or animal মাছ অথবা কোনো জন্তুর বুক অথবা সেই অংশ সংক্রান্ত *pectoral fins* ➪ **dorsal** এবং **ventral** দেখো।

pectorals / ˈpektərəlz ˈপেক্ট্যার‍্যালজ় / (*informal* **pecs** / peks পেক্স্ /) *noun* [*pl.*] the muscles of the chest বুকের পেশি

peculiar / pɪˈkju:liə(r) পিˈকিউলিঅ্যা(র্) / *adj.* **1** unusual or strange অস্বাভাবিক, অসাধারণ *There's a very peculiar smell in here.* ✪ সম **odd** **2 peculiar to sb/sth** only belonging to one person or found in one place বৈশিষ্ট্যসূচক *a species of bird peculiar to South East Asia*

peculiarity / pɪˌkju:liˈærəti পি,কিউলিˈঅ্যার‍্যাটি / *noun* (*pl.* **peculiarities**) **1** [C] a strange or unusual characteristic, quality or habit অদ্ভুত অথবা অসাধারণ বৈশিষ্ট্য, গুণ অথবা স্বভাব *There are some peculiarities in her behaviour.* **2** [C] a characteristic or a quality that only belongs to one particular person, thing or place কোনো বৈশিষ্ট্য

বা গুণ যা কেবলমাত্র বিশেষ এক ব্যক্তি, বস্তু বা স্থানের সঙ্গে সংশ্লিষ্ট *the cultural peculiarities of the English* **3** [U] the quality of being strange or unusual অদ্ভুত, বিচিত্র অথবা অস্বাভাবিক হওয়ার গুণ

peculiarly / pɪˈkjuːliəli পি'কিউলিঅ্যালি / *adv.* **1** in a strange and unusual way অদ্ভুত এবং অস্বাভাবিকভাবে *Leela is behaving very peculiarly.* **2** especially; very বিশেষ রকম; অত্যন্ত *Laila's laugh can be peculiarly annoying.* **3** in a way that is especially typical of one person, thing or place কোনো ব্যক্তি, বস্তু অথবা জায়গার বিশেষ বৈশিষ্ট্যমূলক *a peculiarly French custom*

ped- (*AmE*) = **paed-**

pedagogical / ˌpedəˈgɒdʒɪkl ˌপেড্যা'গজিক্ল্ / *adj.* connected with ways of teaching বিভিন্ন ধরনের শিক্ষাদানের সঙ্গে জড়িত

pedal / ˈpedl 'পেড্ল্ / *noun* [C] the part of a bicycle or other machine that you push with your foot in order to make it move or work যন্ত্রের যে অংশ পা দিয়ে চেপে চালাতে হয়; প্যাডেল ➪ **bicycle**-এ ছবি দেখো। ▶ **pedal** *verb* [I, T] (**pedalling; pedalled** *AmE* **pedaling; pedaled**) প্যাডেল করা *She had to pedal hard to get up the hill.*

pedantic / pɪˈdæntɪk পি'ড্যান্টিক্ / *adj.* too worried about rules or details ছোটোখাটো নিয়মকানুন অথবা খুঁটিনাটি ব্যাপার নিয়ে অত্যধিক উদ্বিগ্ন ▶ **pedantically** / -kli -ক্লি / *adv.* অত্যধিক আচার-নিয়ম সংক্রান্ত

peddle / ˈpedl 'পেড্ল্ / *verb* [I] **1** to go from place to place selling something ঘুরে ঘুরে ফেরি করা *The farmer came to the city to peddle his surplus mangoes.* **2** to illegally sell stolen goods or drugs চুরি করা দ্রব্য বা মাদক দ্রব্য বেআইনিভাবে বিক্রি করা **3** (*disapproving*) to spread an idea in order to get people to accept it কোনো মত লোকেদের মধ্যে এমনভাবে সঞ্চার করা যাতে তারা তা গ্রহণ করে

pedestal / ˈpedɪstl 'পেডিস্ট্ল্ / *noun* [C] the base on which a column, statue, etc. stands যে ভিত্তির উপর কোনো একটা স্তম্ভ, মূর্তি ইত্যাদি স্থাপিত অথবা দাঁড় করানো থাকে; স্তম্ভমূল, পাদপীঠ

IDM **put on a pedestal** to admire or idolize someone কোনো ব্যক্তিকে শ্রদ্ধা করা অথবা তার প্রতি বিমুগ্ধ হওয়া *Children put their parents on a pedestal.*

pedestrian / pəˈdestriən প্যা'ডেস্ট্রিঅ্যান্ / *noun* [C] a person who is walking in the street (not travelling in a vehicle) পথচারী ➪ **motorist** দেখো।

pedestrian crossing (*AmE* **crosswalk**) *noun* [C] a place for pedestrians to cross the road রাস্তা পায়ে হেঁটে পারাপার করার জন্য বিশেষভাবে চিহ্নিত অংশ ➪ **zebra crossing** দেখো।

pediatrician (*AmE*) = **paediatrician**

pediatrics (*AmE*) = **paediatrics**

pedigree[1] / ˈpedɪgriː 'পেডিগ্রী / *noun* [C] **1** an official record of the parents, grandfather, grandmother, etc. from which an animal has been bred কোনো প্রাণী বা পশুর আনুষ্ঠানিক বংশ তালিকা (যাতে পিতামহ, মাতামহ, পিতা, মাতা ইত্যাদি সকলের কথা থাকে); কুলজি, বংশপঞ্জি, বংশতালিকা ➪ **mongrel** দেখো। **2** a person's family history, especially when this is impressive কারও পারিবারিক ইতিহাস, বিশেষত তা যদি গর্ব করে বলার মতো হয়

pedigree[2] / ˈpedɪgriː 'পেডিগ্রী / *adj.* (*only before a noun*) (used about an animal) of high quality because the parents, grandfather, grandmother, etc. are all of the same breed and specially chosen (পশু সম্বন্ধে ব্যবহৃত) পিতামাতা, প্রপিতামহ, প্রপিতামহী ইত্যাদি সকলে একই বংশজাত এবং বিশেষভাবে নির্বাচিত; বিশুদ্ধ উচ্চ কুলোদ্ভব

pedlar (*AmE* **peddler**) / ˈpedlə(r) 'পেড্ল্যা(র্) / *noun* [C] **1** (*old-fashioned*) a person who travels from place to place trying to sell something, usually small objects যে ব্যক্তি এক জায়গা থেকে অন্য জায়গায় ঘুরে ঘুরে সাধারণত ছোটোখাটো সামগ্রী বিক্রি করে; ফেরিওয়ালা **2** a person who sells stolen goods or illegal drugs চুরি করা সামগ্রী অথবা মাদক দ্রব্য যে ব্যক্তি বিক্রি করে *a drug pedlar* **3** someone who spreads an idea or a view widely কোনো ব্যক্তি যে কোনো ভাবধারা অথবা দৃষ্টিভঙ্গি প্রচার করে

pedophile (*AmE*) = **paedophile**

pee / piː পী / *verb* [I] (*informal*) to get rid of waste water from your body; to urinate প্রস্রাব করা ▶ **pee** *noun* [U, *sing.*] প্রস্রাব, মূত্রত্যাগ

peek / piːk পীক্ / *verb* [I] (*informal*) **peek (at sth)** to look at sth quickly and secretly because you should not be looking at it কোনো কিছু যা দেখা উচিত নয় তাড়াতাড়ি লুকিয়ে দেখে নেওয়া; উঁকি দিয়ে চট করে দেখে নেওয়া *No peeking at your presents before your birthday!* ▶ **peek** *noun* [*sing.*] দৃষ্টিনিক্ষেপ, উঁকি *to have a quick peek*

peel[1] / piːl পীল্ / *verb* **1** [T] to take the skin off a fruit or vegetable কোনো ফল অথবা আনাজের খোসা ছাড়ানো *Could you peel the potatoes, please?* **2** [I, T] **peel (sth) (off/away/back)** to come off or to take sth off a surface in one piece or in small pieces কোনো কিছুর উপরিভাগ থেকে উঠে আসা অথবা (পুরোটা একইবারে বা ছোটো ছোটো টুকরোয়) তুলে নেওয়া *I peeled off the price label before handing her the present.*

IDM **keep your eyes peeled/skinned (for sb/ sth)** ➪ **eye[1]**

peel² / pi:l পীল্ / *noun* [U] the skin of a fruit or vegetable ফল অথবা আনাজের খোসা *apple/potato peel* ➪ **rind** এবং **skin** দেখো।

peeler / ˈpi:lə(r) ˈপীল্যা(র্) / *noun* [C] a special knife for taking the skin off fruit and vegetables ফল এবং তরকারির খোসা ছাড়ানো জন্য বিশেষ ধরনের ছুরি *a potato peeler* ➪ **kitchen**-এ ছবি দেখো।

peep¹ / pi:p পীপ্ / *verb* [I] **1 peep (at sth)** to look at sth quickly and secretly, especially through a small opening কোনো কিছু লুকিয়ে লুকিয়ে তাড়াতাড়ি দেখে নেওয়া, বিশেষত ক্ষুদ্র কোনো ফাঁকের মধ্য দিয়ে **2** to be in a position where a small part of sb/sth can be seen এমনভাবে থাকা যাতে কোনো ব্যক্তি অথবা বস্তুর ছোটো অংশ দেখা যায় *The moon is peeping out from behind the clouds.*

peep² / pi:p পীপ্ / *noun* [*sing.*] (*informal*) **1** a quick look এক ঝলক দেখা ***Have a peep*** *in the bedroom and see if the baby is asleep.* **2** a sound কোনো আওয়াজ *There hasn't been a peep out of the children for hours.*

peepul = **pipal**

peer¹ / pɪə(r) পিঅ্যা(র্) / *noun* [C] a person who is of the same age or position in society as you সমবয়সি অথবা সমকক্ষ ব্যক্তি *Children hate to look stupid in front of their peers.*

peer² / pɪə(r) পিঅ্যা(র্) / *verb* [I] **peer (at sb/sth)** to look closely or carefully at sb/sth, for example because you cannot see very well খুব কাছে গিয়ে মনোযোগ দিয়ে দেখা (ভালোভাবে দেখতে না পাওয়ার কারণে) *He peered at the photo, but it was blurred.*

peer group *noun* [C] a group of people who are all of the same age and social position এক দল লোক যাদের সবাই একবয়সি এবং সামাজিক অবস্থান একই

peeved / pi:vd পীভড্ / *adj.* (*informal*) quite angry or annoyed বেশ রাগী বা বিরক্ত

peevish / ˈpi:vɪʃ ˈপীভিশ্ / *adj.* easily annoyed by things that are not important গুরুত্বহীন বস্তুসমূহের দ্বারা সহজেই বিরক্ত ▸ **peevishly** *adv.* বিরক্ত হয়ে

peg¹ / peg পেগ্ / *noun* [C] **1** a piece of wood, metal, etc. on a wall or door that you hang your coat on দেয়াল বা দরজায় লাগানো কাঠ, ধাতু ইত্যাদির টুকরো যাতে কোট ইত্যাদি ঝোলানো যায় **2** (*also* **tent peg**) a piece of metal that you push into the ground to keep one of the ropes of a tent in place মাটিতে গোঁজা ধাতুর টুকরো যাতে তাঁবুর একটা দড়ি আটকে রাখা যায়; খুঁটি, গোঁজ **3** (*also* **clothes peg**, *AmE* **clothes pin**) a type of small wooden or plastic object used for fastening wet clothes to a clothes line একরকম ছোটো কাঠের বা প্লাস্টিকের জিনিস যা দিয়ে ভেজা জামা-কাপড় শুকোনোর জন্য দড়িতে আটকে রাখা হয়; কাপড় শুকোনোর ক্লিপ

peg² / peg পেগ্ / *verb* [T] (**pegging; pegged**) **1 peg sth (out)** to fix sth with a peg পেগের সাহায্যে আটকে রাখা, খুঁটিতে আটকানো **2 peg sth (at/to sth)** to fix or keep sth at a certain level কোনো কিছু বিশেষ একটা স্তরে ধরে বা আটকে রাখা *Wage increases were pegged at 5%.*

pelican / ˈpelɪkən ˈপেলিক্যান্ / *noun* [C] a large bird that lives near water in warm countries. A pelican has a large beak that it uses for catching and holding fish বড়ো আকারের পাখি, গরম দেশে জলাশয়ের ধারে থাকে। এদের ঠোঁট খুব বড়ো যা দিয়ে এরা মাছ ধরে; পেলিক্যান

pellet / ˈpelɪt ˈপেলিট্ / *noun* [C] **1** a small hard ball of any substance, often of soft material that has become hard যে-কোনো পদার্থের ছোটো শক্ত পিণ্ড, প্রায়ই নরম পদার্থের যা শুকিয়ে শক্ত হয়ে যায় **2** a very small metal ball that is fired from a gun বন্দুকের ছোটো গুলি *shotgun pellets*

pelt / pelt পেল্ট্ / *verb* **1** [T] to attack sb/sth by throwing things জিনিস-পত্র ছুড়ে কাউকে বা কিছুকে আক্রমণ করা **2** [I] **pelt (down)** (used about rain) to fall very heavily (বৃষ্টি সম্বন্ধে ব্যবহৃত) খুব জোরে পড়া, মুষলধারে পড়া *It's absolutely pelting down.* **3** [I] (*informal*) to run very fast খুব জোরে দৌড়োনো *Some kids pelted past us.*

pelvis / ˈpelvɪs ˈপেল্ভিস্ / *noun* [C] (*pl.* **pelvises**) the set of wide bones at the bottom of your back, to which your leg bones are joined পিঠের নীচের চওড়া হাড়, যার সঙ্গে পায়ের হাড় জোড়া থাকে; শ্রোণিদেশ, বস্তিদেশ ➪ **body**-তে ছবি দেখো। ▸ **pelvic** / ˈpelvɪk ˈপেলভিক্ / *adj.* শ্রোণি সংক্রান্ত

pen / pen পেন্ / *noun* [C] **1** an object that you use for writing in ink কলম, লেখনী *a ballpoint/felt-tip/marker/fountain pen* **2** a small piece of ground with a fence around it that is used for keeping animals in ছোটো ঘেরা বা বেড়া দেওয়া জায়গা যার মধ্যে পশুদের আটকে রাখা হয়; খোঁয়াড়

penal / ˈpi:nl ˈপীন্‌ল্ / *adj.* (*only before a noun*) connected with punishment by law আইনত শাস্তি হওয়ার সঙ্গে জড়িত; শাস্তিমূলক *the penal system*

penalize (*also* **-ise**) / ˈpi:nəlaɪzˈ পীন্যালাইজ্ / *verb* [T] **1** to punish sb for breaking a law or rule আইন বা নিয়ম ভাঙার জন্য কোনো ব্যক্তিকে শাস্তি দেওয়া **2** to cause sb to have a disadvantage কোনো ব্যক্তিকে অসুবিধায় ফেলা *Children should not be penalized because their parents cannot afford to pay.*

penalty / ˈpenəlti ˈপেন্যাল্‌টি / *noun* [C] (*pl.* **penalties**) **1** a punishment for breaking a law, rule or contract আইন, নিয়ম অথবা চুক্তি ভাঙার জন্য

শাস্তি *the death penalty* ○ *What's the maximum penalty for rash driving?* **2** a disadvantage or sth unpleasant that happens as the result of sth কোনো কিছুর ফলস্বরূপ যে অসুবিধা অথবা অপ্রীতিকর কিছু ঘটে *I didn't work hard enough and I* ***paid the penalty****. I failed all my exams.* **3** (in sport) a punishment for one team and an advantage for the other team because a rule has been broken (খেলায়) নিয়ম ভাঙার ফলে এক দলকে যে শাস্তি এবং অন্য দলকে যে সুবিধা দেওয়া হয় *The referee awarded a penalty to the home team.*

the penalty area *noun* [C] the marked area in front of the goal in football ফুটবলের মাঠে গোলের সামনে চিহ্নিত এলাকা

penance / ˈpenəns পেন্যান্স্ / *noun* [C, U] a punishment that you give yourself to show you are sorry for doing sth wrong কিছু অন্যায় করার জন্য নিজেই নিজেকে যে শাস্তি দেওয়া হয়; অনুশোচনা, প্রায়শ্চিত্ত

pence ➪ **penny**-র plural

pencil[1] / ˈpensl ˈপেন্‌স্‌ল্ / *noun* [C, U] an object that you use for writing or drawing. Pencils are usually made of wood and contain a thin stick of a black or coloured substance লেখা বা আঁকার জন্য ব্যবহৃত পেনসিল; উড পেনসিল *Write* ***in pencil****, not ink.* ➪ **stationery**-তে ছবি দেখো।

pencil[2] / ˈpensl ˈপেন্‌স্‌ল্ / *verb* [T] (**pencilling; pencilled** *AmE* **penciling; penciled**) to write or draw sth with a pencil পেনসিল দিয়ে লেখা বা আঁকা

PHR V **pencil sth/sb in** to write down the details of an arrangement that might have to be changed later কোনো বিন্যাস বা ব্যবস্থার খুঁটিনাটি লিখে নেওয়া যা পরে বদলাতে পারে *Shall we pencil the next meeting in for the 14th of September?*

pencil case *noun* [C] a small bag or box that you keep pens, pencils, etc. in ছোট্টো ব্যাগ অথবা বাক্স যাতে কলম, পেনসিল ইত্যাদি রাখা হয়

pencil sharpener *noun* [C] an instrument that you use for making pencils sharp পেনসিল ছুঁচোলো করার জন্য ছোটো যন্ত্র; পেনসিলছোলা ➪ **stationery** -তে ছবি দেখো।

pendant / ˈpendənt ˈপেন্‌ড্যান্ট্ / *noun* [C] a small attractive object that you wear on a chain around your neck ছোট্টো আকর্ষণীয় বস্তু বা লকেট যা গলার হারে ঝোলানো হয়

pending / ˈpendɪŋ ˈপেন্‌ডিং / *adj., prep.* (*formal*) **1** waiting to be done or decided করতে হবে বা সিদ্ধান্ত নিতে হবে এমন *The judge's decision is still pending.* **2** until sth happens কিছু ঘটা অবধি *He took over the leadership pending the elections.*

pendulum ˈpendjələm ˈপেন্‌ডিঅ্যাল্যাম্ / *noun* [C] **1** a chain or stick with a heavy weight at the bottom that moves regularly from side to side to work a clock নীচে ভারী ওজন সমেত চেন বা ছড়ি যেটি নিয়মিতভাবে এদিক থেকে ওদিক দুলে দুলে ঘড়ি সচল রাখে; দোলকদণ্ড, দোলক; পেন্ডুলাম **2** a way of describing a situation that changes from one thing to its opposite যে পরিস্থিতি একদিক থেকে তার বিপরীত দিকে পরিবর্তিত হয় তাকে বর্ণনা করার উপায় *Since last year's election, the pendulum of public opinion has swung against the government.*

penetrate / ˈpenətreɪt ˈপেন্যাট্রেইট্ / *verb* [I, T] **1** to go through or into sth, especially when this is difficult কোনো কিছুর মধ্যে ঢোকা বা ফুঁড়ে অন্য দিকে বেরিয়ে যাওয়া, বিশেষত যখন সেটি করা কঠিন; ভেদ করা *The knife penetrated ten centimetres into his chest.* **2** to manage to understand sth difficult কঠিন কোনো কিছু বুঝে ফেলা *Scientists have still not penetrated the workings of the brain.* **3** to be understood or realized বুঝতে হবে অথবা অনুভব করতে হবে এমন *I was back at home when the meaning of her words finally penetrated.*

▶ **penetration** ˌpenɪˈtreɪʃn ˌপেনিˈট্রেইশ্‌ন্ / *noun* [U] ভেদ, ভেদশক্তির গভীরতা, ভেদন

penetrating / ˈpenɪtreɪtɪŋ ˈপেনিট্রেইটিং / *adj.* **1** (used about sb's eyes or of a way of looking) making you feel uncomfortable because it seems sb knows what you are thinking (কারও চোখ বা দেখার কায়দা সম্বন্ধে ব্যবহৃত) মর্মভেদী, অন্তর্দৃষ্টিসম্পন্ন *a penetrating look/stare/gaze* ○ *penetrating blue eyes* **2** showing that you have understood sth completely and quickly কোনো বিষয় সম্পূর্ণ ও দ্রুত বুঝে যাওয়ার ভাব দেখানো হচ্ছে এমন *a penetrating question/comment* **3** that can be heard, felt, smelled, etc. a long way away অনেক দূর থেকে যা শোনা, অনুভব করা যায় এবং যার গন্ধ পাওয়া যায় ইত্যাদি

penfriend / ˈpenfrend ˈপেন্‌ফ্রেন্ড্ / (*AmE* **pen pal**) *noun* [C] a person that you become friendly with by exchanging letters, often a person that you have never met পত্রবন্ধু, পত্রমিতা

penguin / ˈpeŋgwɪn ˈপেংগুইন্ / *noun* [C] a black and white sea bird that cannot fly and that lives in the Antarctic আন্টার্কটিকাবাসী কালো-সাদা মেশানো সামুদ্রিক পাখি যারা উড়তে পারে না; পেঙ্গুইন

penicillin / ˌpenɪˈsɪlɪn ˌপেনিˈসিলিন্ / *noun* [U] a substance that is used as a medicine (**an antibiotic**) for preventing and treating diseases and infections caused by bacteria ব্যাকটিরিয়া জনিত রোগ বা সংক্রমণ প্রতিরোধ করতে এবং তার চিকিৎসা করার জন্য ব্যবহৃত যে পদার্থ অ্যান্টিবায়োটিক ওষুধ হিসেবে ব্যবহার করা হয়; পেনিসিলিন

peninsula / pəˈnɪnsjələ প্যা'নিন্‌সিঅ্যাল্যা / *noun* [C] an area of land that is almost surrounded by water উপদ্বীপ

penis / ˈpiːnɪs 'পীনিস্ / *noun* [C] the male sex organ that is used for getting rid of waste liquid and having sex পুরুষাঙ্গ, পুংজননেন্দ্রিয়, শিশ্ন

penitent / ˈpenɪtənt 'পেনিট্যান্ট্ / *adj.* (*formal*) sorry for having done sth wrong অনুতপ্ত

penitentiary / ˌpenɪˈtenʃəri ˌপেনি'টেন্‌শ্যারি / *noun* [C] (*pl.* **penitentiaries**) (*AmE*) a prison কারাগার

penknife / ˈpennaɪf 'পেন্‌নাইফ্ / *noun* [C] (*pl.* **penknives**) a small knife with parts used for cutting (**blades**), opening bottles, etc. that fold safely away when not being used ছোটো ছুরি যার কয়েকটা ভাগ থাকে এবং যা ভাঁজ করে তুলে রাখা যায়

penniless / ˈpeniləs 'পেনিল্যাস্ / *adj.* having no money; poor যার কোনো টাকাপয়সা নেই; দরিদ্র

penny / ˈpeni 'পেনি / *noun* [C] (*pl.* **pence** /pens পেন্স্ or **pennies**) **1** (*abbr.* **p**) a small brown British coin. There are a hundred pence in a pound ব্রিটেনের গোলাকার বাদামি মুদ্রা। একশো পেনসে এক পাউন্ড হয় *a fifty-pence piece/coin* **2** (*AmE*) a cent এক ডলারের একশো ভাগের এক ভাগ বা ঐ পরিমাণ মুদ্রা (মার্কিন দেশে প্রচলিত)

pension / ˈpenʃn 'পেন্‌শ্‌ন্ / *noun* [C] money that is paid regularly by a government or company to sb who has stopped working (**retired**) because of old age or who cannot work because he/she is ill বার্ধক্য বা অসুস্থতার কারণে অবসর নেওয়ার পর যে নিয়মিত সরকারি অনুদান পাওয়া যায়; অবসর-ভাতা; পেনশন
▶ **pensioner** *noun* [C] পেনশনভোগী

penta- / ˈpentə 'পেন্ট্যা / *prefix* (*used in nouns, adjectives and adverbs*) five; having five পাঁচ; পাঁচওয়ালা; পঞ্চ *pentathlon*

pentagon / ˈpentəgən 'পেন্ট্যাগ্যান্ / *noun* **1** [C] a shape that has five straight sides পঞ্চভুজ **2 the Pentagon** [*sing.*] a large government building near Washington DC in the US that contains the main offices of the US military forces; the military officials who work there আমেরিকা যুক্তরাষ্ট্রে ওয়াশিংটন ডিসির কাছে বড়ো একটা সরকারি বাড়ি যার মধ্যে রয়েছে ও দেশের প্রধান সামরিক দপ্তর; ওখানে কর্মরত সামরিক আধিকারিকগণ

pentathlon / penˈtæθlən পেন্'ট্যাথ্‌ল্যান্ / *noun* [C] a sports competition in which you have to take part in five different events একরকম ক্রীড়া প্রতিযোগিতা যাতে পাঁচ ধরনের আলাদা খেলায় অংশ নিতে হয়; পেনটাথলন

penthouse / ˈpenthaʊs 'পেন্টহাউস্ / *noun* [C] an expensive flat at the top of a tall building বহুতল অট্টালিকার সর্বোচ্চ তলায় বিলাসবহুল ফ্ল্যাট

pent-up / ˌpentˈʌp ˌপেন্ট্'আপ্ / *adj.* (*only before a noun*) (used about feelings) that you hold inside and do not express বহুকাল পুষে রাখা অথবা চেপে রাখা আবেগ *pent-up anger*

penultimate / penˈʌltɪmət পেন্'আল্‌টিম্যাট্ / *adj.* (in a series) the one before the last one পর্যায়ক্রমে একেবারে শেষেরটার আগেরটা *'Y' is the penultimate letter of the alphabet.*

penumbra / pəˈnʌmbrə প্যা'নাম্‌ব্র্যা / *noun* [C] (*technical*) **1** the outer part of a **shadow**, that is less dark than the central part ছায়ার বহিরাংশ যেটি মধ্যবর্তী অংশ থেকে কম গাঢ়; উপচ্ছায়া, আংশিক ছায়া **2** a dark area on the earth caused by the moon, or a dark area on the moon caused by the earth, during a **partial eclipse** আংশিক চন্দ্রগ্রহণের সময়ে যে আলোআঁধারি ভাব হয়; আংশিক ছায়া ➪ **umbra** দেখো এবং **shadow**-তে ছবি দেখো।

peon / ˈpiːən 'পীঅ্যান্ / *noun* [C] (in India and some other South East Asian countries) an office messenger; an attendant (ভারত এবং দক্ষিণ পূর্ব এশিয়ার অন্য কোনো কোনো দেশে) চাপরাশি, পত্রবাহক, পরিচারক

people / ˈpiːpl 'পীপ্‌ল্ / *noun* **1** [*pl.*] more than one person একের অধিক মানুষ *How many people are coming to the party?*

> **NOTE** খেয়াল রেখো। বহুবচন (plural) রূপে **people** শব্দটি ব্যবহার করা হয় **persons** নয়। **Persons** শব্দটি খুবই আনুষ্ঠানিক ব্যবহার এবং আইন-সংক্রান্ত ভাষাতেই আবদ্ধ—*Persons under the age of 18 are not permitted to buy cigarettes.*

2 [C] (*pl.* **peoples**) (*formal*) all the men, women and children who belong to a particular place or race সব পুরুষ, মহিলা, ছোটো ছেলে-মেয়ে যারা কোনো বিশেষ জায়গা অথবা বিশেষ জাতি বা কুলের অন্তর্গত *The President addressed the American people.* ○ *the French-speaking peoples of the world* **3** [*pl.*] men and women who work in a particular activity পুরুষ এবং মহিলা যারা বিশেষ কোনো কাজ করে *business/sports people* **4 the people** [*pl.*] the ordinary citizens of a country দেশের সাধারণ নাগরিক *The President is popular because he listens to the people.*

people carrier (*AmE* **minivan**) *noun* [C] a large car, like a van, designed to carry up to eight people বড়ো মোটরগাড়ি যা আটজন লোক বহন করতে পারে ✪ সম **MPV**

pepper[1] / ˈpepə(r) ˈপেপ্যা(র্) / *noun* **1** [U] a black or white powder with a hot taste that is used for flavouring food (সাদা অথবা কালো) গোলমরিচ, রান্নায় স্বাদ আনতে যা ব্যবহৃত হয় *salt and pepper shaker* **2** [C] a green, red or yellow vegetable that is almost empty inside সবুজ, লাল অথবা হলুদ রঙের একধরনের সবজি যার ভিতরটা ফাঁকা থাকে; সিমলা মরিচ; ক্যাপসিকাম

pepper[2] / ˈpepə(r) ˈপেপ্যা(র্) / *verb* [T] **pepper sb/sth with sth** (*usually passive*) to hit sb/sth with a series of small objects, especially bullets কোনো ব্যক্তি অথবা বস্তুকে পরপর ছোটো ছোটো বস্তু ছুড়ে মারা, বিশেষত বুলেট *The wall had been peppered with bullets.*

peppercorn / ˈpepəkɔːn ˈপেপ্যাক:ন্ / *noun* [C] a dried berry from a tropical plant, that is pressed into small pieces or powder to make pepper গোলমরিচের শুকিয়ে নেওয়া দানা (যা ছোটো ছোটো টুকরোয় ভাঙা হয় বা গুঁড়োনো হয়)

peppermint / ˈpepəmɪnt ˈপেপ্যামিন্ট্ / *noun* **1** [U] a natural substance with a strong fresh flavour that is used in sweets and medicines জোরালো টাটকা গন্ধযুক্ত প্রাকৃতিক পদার্থ যা মিষ্টি এবং ওষুধ তৈরি করতে ব্যবহার করা হয় **2** (*also* **mint**) [C] a sweet with a peppermint flavour পেপারমিন্ট সুগন্ধিযুক্ত লজেন্স ➩ **spearmint** দেখো।

pepsin /ˈpepsɪn ˈপেপ্‌সিন্ / *noun* [U] (*technical*) the main **enzyme** in the stomach that breaks down **protein** পাকস্থলীর প্রোটিন পরিপাক করতে সাহায্য করে; পেপসিন

pep talk / ˈpep tɔːk পেপ্ ট:ক্ / *noun* [C] (*informal*) a speech that is given to encourage people or to make them work harder লোকদের উৎসাহিত করা বা আরও বেশি কাজ করানোর উদ্দেশ্যে দেওয়া বক্তৃতা

per /pə(r) *strong form* pɜː(r) প্যা(র্); *প্রবল রূপ* প্য(র্) / *prep.* for each প্রতিটির, প্রত্যেকটির *The speed limit is 110 kilometres per hour.* ○ *Rooms cost Rs 600 per person per night.*

per capita / pə ˈkæpɪtə প্যা'ক্যাপিট্যা / *adj.* for each person প্রতিটি লোকের জন্য *Per capita income rose sharply last year.* ▶ **per capita** *adv.* মাথা পিছু *average earnings per capita*

perceive / pəˈsiːv প্যা'সীভ্ / *verb* [T] (*formal*) **1** to notice or realize sth কোনো কিছু লক্ষ করা অথবা সম্যকভাবে উপলব্ধি করা *Scientists failed to perceive how dangerous the level of pollution had become.* **2** to understand or think of sth in a particular way কোনো কিছুর সম্বন্ধে বিশেষভাবে বোঝা অথবা ভাবা *I perceived his comments as a criticism.* ➩ **perception** দেখো।

per cent (*AmE* **percent**) *adj., adv., noun* [C, *with sing. or pl. verb*] (*pl.* **per cent**) (*symbol %*) in or of each hundred; one part in every hundred প্রতি একশো ভাগে অথবা প্রতি একশো ভাগের; প্রতি একশো ভাগের এক ভাগ *You get 10% off if you pay cash.* ○ *The price of bread has gone up* ***by 20 per cent*** *in two years.*

percentage / pəˈsentɪdʒ প্যা'সেন্টিজ্ / *noun* [C, *with sing. or pl. verb*] the number, amount, rate, etc. of sth, expressed as if it is part of a total which is a hundred; a part or share of a whole কোনো কিছুর সংখ্যা, পরিমাণ, হার ইত্যাদির শতকরা হিসাব; সমগ্রটির অংশ বা ভাগ *What percentage of people voted in the last election?*

perceptible / pəˈseptəbl প্যা'সেপ্ট্যাব্‌ল্ / *adj.* (*formal*) that can be seen or felt যা দেখা বা বোঝা যায় এমন; ইন্দ্রিয়গ্রাহ্য *a barely perceptible change in colour* ✪ বিপ **imperceptible** ▶ **perceptibly** / -əbli -অ্যাব্‌লি / *adv.* ইন্দ্রিয়গ্রাহ্যভাবে, প্রত্যক্ষগোচরভাবে

perception / pəˈsepʃn প্যা'সেপ্‌শ্‌ন্ / *noun* **1** [U] the ability to notice or understand sth লক্ষ করা এবং বোঝার ক্ষমতা **2** [C] a particular way of looking at or understanding sth; an opinion বিশেষ দিক থেকে কোনো কিছু দেখা এবং বোঝা; কোনো মতামত *What is your perception of the situation?* ➩ **perceive** verb দেখো।

perceptive / pəˈseptɪv প্যা'সেপ্টিভ / *adj.* (*formal*) quick to notice or understand things কোনো কিছু লক্ষ করা এবং বোঝায় ক্ষিপ্র; প্রত্যক্ষকরণের ক্ষমতা সম্পন্ন; সংবেদনশীল ▶ **perceptively** *adv.* সংবেদনশীলভাবে

perch[1] / pɜːtʃ প্যচ্ / *verb* **1** [I] (used about a bird) to sit on a branch, etc. (পাখি সম্বন্ধে ব্যবহৃত) গাছের ডাল ইত্যাদিতে বসা **2** [I, T] to sit or be put on the edge of sth কোনো কিছুর ধারে বসা বা রাখা *The house was perched on the edge of a cliff.*

perch[2] / pɜːtʃ প্যচ্ / *noun* [C] a branch (or a bar in a cage) where a bird sits গাছের ডাল (অথবা খাঁচার মধ্যে পাখি বসার জন্য যে দাঁড় থাকে) যেখানে পাখি বসে

percolate / ˈpɜːkəleɪt ˈপ্যক্যালেইট্ / *verb* **1** [I] (*technical*) (used about a liquid, gas, etc.) to move gradually through a surface that has very small holes or spaces in it (তরল পদার্থ, গ্যাস ইত্যাদি সম্বন্ধে ব্যবহৃত) ছোটো ছোটো ছিদ্রর ভিতর দিয়ে চুঁইয়ে যাওয়া; স্রবণ করা *Water had percolated down through the rocks.* **2** [I, T] to make coffee in a special pot (**a percolator**); to be made in this way বিশেষ একরকম পাত্রে (পারকোলেটার) কফি বানানো; এভাবে বানানো বা তৈরি হওয়া ▶ **percolation** / pɜːkəˈleɪʃn প্যক্যা'লেইশ্‌ন্ / *noun* [U] স্রবণ

percolator / ˈpɜːkəleɪtə(r) ˈপ্যক্যালেইট্যা(র্) / *noun* [C] a pot for making coffee, in which boiling water is forced up a central tube and then comes down again through the coffee কফি বানানোর বিশেষ পাত্র যাতে ফুটন্ত জল একটি মধ্যস্থিত নলের ভিতর দিয়ে উঠে এসে কফির ভিতর দিয়ে নেমে আসে; স্রাবক ➪ **cafetière** দেখো।

percussion / pəˈkʌʃn প্যাˈকাশ্‌ন্ / *noun* [U] drums and other instruments that you play by hitting them ডুগি-তবলা, ঢাক, ঢোল জাতীয় বাদ্যযন্ত্র যা পিটিয়ে অথবা টোকা মেরে মেরে বাজাতে হয়; তালের বাদ্যযন্ত্র

perennial / pəˈreniəl প্যাˈরেনিঅ্যাল্ / *adj.* **1** that happens often or that lasts for a long time যা প্রায়ই বারে বারে ঘটে বা বহুকাল ধরে ঘটতে থাকে; অনন্তকালব্যাপী, বহুকালব্যাপী *a perennial problem* **2** (used about plants) living for two years or more (গাছপালা সম্বন্ধে ব্যবহৃত) যা দুই বা তার বেশি বছর বাঁচে; দীর্ঘজীবী, সাংবাৎসরিক

perfect[1] / ˈpɜːfɪkt ˈপ্যফিক্ট্ / *adj.* **1** completely good; without faults or weaknesses নিখুঁত, যথাযথ; দোষী বা দুর্বলতাবিহীন *The car is two years old but it is still in perfect condition.* ✪ বিপ **imperfect** **2 perfect (for sb/sth)** exactly suitable or right যথাযথ বা একেবারে ঠিক *Kiran would be perfect for the job.* **3** (*only before a noun*) complete; total সম্পূর্ণ; সমগ্র *What he was saying made perfect sense to me.* ○ *a perfect stranger* **4** used to describe the tense of a verb that is formed with 'has/have/had' and the past participle ইংরেজি ব্যাকরণে 'has/have/had' এবং past participle সহযোগে ক্রিয়াপদের কাল বোঝাতে ব্যবহৃত ▶ **perfectly** *adv.* নিখুঁতভাবে *He played the piece of music perfectly.*

perfect[2] / pəˈfekt প্যাˈফেক্ট্ / *verb* [T] to make sth perfect কোনো কিছুকে যতটা সম্ভব ঠিক করা অথবা ত্রুটিহীন করা; নিখুঁত করা *Vinay is spending a year in England to perfect his English.*

perfection / pəˈfekʃn প্যাˈফেক্‌শ্‌ন্ / *noun* [U] the state of being perfect or without fault উৎকর্ষ, ত্রুটিহীনতা *The vegetable dish was cooked **to perfection**.*

perfectionist / pəˈfekʃənɪst প্যাˈফেক্‌শ্যানিস্ট্ / *noun* [C] a person who always does things as well as he/she possibly can and who expects others to do the same যে ব্যক্তি নিজের কাজ সবসময় যথাসম্ভব নিখুঁতভাবে করে এবং অন্যরাও তা করবে এই প্রত্যাশা করে

the perfect tense (*also* **the perfect**) *noun* [*sing.*] (*grammar*) the tense of a verb that is formed with 'has/have/had' and the past participle (ব্যাকরণ) 'has/have/had' সহযোগে এবং past participle সহযোগে ক্রিয়াপদের যে কাল; পুরাঘটিত কাল *'I've finished' is in the present perfect tense.*

NOTE **Perfect tense** (পুরাঘটিত কাল) সম্বন্ধে আরও বিশদভাবে জানার জন্য এই অভিধানের শেষে **Quick Grammar Reference** দেখো।

perforate / ˈpɜːfəreɪt ˈপ্যফ্যারেইট্ / *verb* [T] to make a hole or holes in sth কোনো বস্তুতে ছিদ্র করা বা ফুটো করা

perforation / ˌpɜːfəˈreɪʃn ˌপ্যফ্যাˈরেইশ্‌ন্ / *noun* **1** [C] a series of small holes in paper, etc. that make it easy for you to tear কাগজে পরপর অনেকগুলি ছোটো ছোটো ফুটো যার ফলে কাগজটি সহজে ছিঁড়ে নেওয়া যায় **2** [U] the action of making a hole or holes in sth ফুটো করা বা ছিদ্র করার কাজ

perform / pəˈfɔːm প্যাˈফ:ম্ / *verb* **1** [T] (*formal*) to do a piece of work or sth that you have been ordered to do কর্তব্য সম্পাদন করা, কোনো কাজ করা, নিষ্পন্ন করা *to perform an operation/an experiment/a task* **2** [I, T] to take part in a play or to sing, dance, etc. in front of an audience দর্শকের সম্মুখে কোনো নাটক, গান বা নৃত্যের অনুষ্ঠানে অংশগ্রহণ করা *She is currently performing at the National Theatre.* **3** [I] **perform (well/badly/poorly)** to work or function well or badly কোনো কাজ ভালো বা মন্দভাবে সম্পন্ন করা *The company has not been performing well recently.*

IDM **work/perform miracles** ➪ **miracle** দেখো।

performance / pəˈfɔːməns প্যাˈফ:ম্যান্স্ / *noun* **1** [C] the act of performing sth in front of an audience; something that you perform দর্শকের সম্মুখে অনুষ্ঠান প্রদর্শন করার ক্রিয়া; কোনো কাজ যা প্রদর্শন করা হয় *What time does the performance start?* **2** [C] the way a person performs in a play, concert, etc. যেভাবে নাটক, কনসার্ট ইত্যাদিতে কোনো ব্যক্তি দক্ষতা প্রদর্শন করে *His moving performance in the film won him an Oscar.* **3** [C] the way in which you do sth, especially how successful you are যেভাবে কোনো কিছু করা হয়, বিশেষত কতখানি সফলভাবে *The company's performance was disappointing last year.* **4** [U] (used about a machine, etc.) the ability to work well (কোনো যন্ত্র ইত্যাদি সম্বন্ধে ব্যবহৃত) ভালোভাবে কাজ করতে পারার ক্ষমতা *This car has a high-performance engine.* **5** [U, *sing.*] (*formal*) the act or process of doing a task, an action, etc. কোনো কাজ বা কর্তব্য সম্পাদন করার ক্রিয়া বা পদ্ধতি *the performance of your duties*

performer / pəˈfɔːmə(r) প্যাˈফ:ম্যা(র্) / *noun* [C] **1** a person who performs for an audience যে দর্শকের সামনে কোনো কিছু করে দেখায় বা শোনায় (গাইয়ে, বাজিয়ে, নর্তক প্রভৃতি) *a stage performer* **2** a person or thing that behaves or works in the way

P

mentioned যেভাবে উল্লেখ করা হয়েছে সেভাবেই কাজটা করা *Divya is an excellent performer in exams.*

perfume / ˈpɜːfjuːm ˈপ্যাফিউম্ / *noun* [C, U] **1** (*BrE* **scent**) a liquid with a sweet smell that you put on your body to make yourself smell nice আরক, আতর, সুগন্ধি দ্রব্য *Are you wearing perfume?* **2** a pleasant, often sweet, smell সুন্দর মনোরম মিষ্টি গন্ধ; সুগন্ধ

perhaps / pəˈhæps; præps প্যা'হ্যাপ্স্; প্র্যাপ্স্ / *adv.* (used when you are not sure about sth) possibly; maybe (যখন কোনো কিছু সম্বন্ধে নিশ্চিত নয় তখন ব্যবহৃত) সম্ভবত; হয়তো, মনে হয় *Perhaps he's forgotten.* ○ *She was, perhaps, one of the most famous writers of the time.*

> NOTE **Perhaps** এবং **maybe** দুটো শব্দের অর্থই এক। ভদ্রভাবে কোনো কথা বলার জন্য এই শব্দ দুটি ব্যবহার করা হয়ে থাকে—*Perhaps I could borrow your book, if you're not using it?* ○ *Maybe I'd better explain the meaning to you.*

peril / ˈperəl ˈপেরাল্ / *noun* (*written*) **1** [U] great danger ভীষণ বিপদ, ঝুঁকি, সংকট *A lack of trained nurses is putting patients lives* ***in peril*** **2** [C] sth that is very dangerous বিপদসংকুল, ঝুঁকিবহুল, সংকটপূর্ণ *the perils of drug abuse* ▶ **perilous** / ˈperələs ˈপেরাল্যাস্ /*adj.* ঝুঁকিবহুল, বিপজ্জনক

> NOTE এই অর্থে **danger** এবং **dangerous** শব্দ দুটি বেশি প্রচলিত।

perimeter / pəˈrɪmɪtə(r) প্যা'রিমিট্যা(র্) / *noun* [C] **1** the outside edge or limit of an area of land কোনো ভূখণ্ডের বহিঃপ্রান্ত বা প্রান্তসীমা **2** (in geometry) the **circumference** of any plane area (জ্যামিতিতে) কোনো সমতল ক্ষেত্রের পরিধি; পরিসীমা *the perimeter fence of the army camp*

period / ˈpɪəriəd ˈপিআ্যারিআ্যাড্ / *noun* [C] **1** a length of time সময়কাল, সময়, পর্ব, যুগ *The scheme will be introduced for a six-month trial period.* ○ *Her son is going through a difficult period at the moment.* **2** a lesson in school বিদ্যালয়ে একটি বিষয় শেখার সময়কাল; পিরিয়ড *We have five periods of English a week.* **3** the time every month when a woman loses blood from her body (মহিলাদের) মাসিক, ঋতুকাল **4** (*AmE*) = **full stop**

periodic / ˌpɪəriˈɒdɪk ˌপিআ্যারি'অডিক্ / (*also* **periodical** / -kl -ক্ল্ /) *adj.* happening fairly regularly মোটামুটি নিয়মিতভাবে যা ঘটে *We have periodic meetings to check on progress.* ▶ **periodically** / -kli -ক্লি / *adv.* নিয়মিত ব্যবধানে *All machines need to be checked periodically.*

periodical / ˌpɪəriˈɒdɪkl ˌপিআ্যারি'অডিক্ল্ / *noun* [C] (*formal*) a magazine that is produced regularly সাময়িক পত্রিকা

the periodic table *noun* [*sing.*] a table of all the chemical elements, arranged according to the number of parts with a positive electric charge (**protons**) that they each have in their centre (**nucleus**) (বৈজ্ঞানিক ক্ষেত্রে) সকল রাসায়নিক পদার্থের কেন্দ্র বা নিউক্লিয়াসের মধ্যে ধনাত্মক বৈদ্যুতিক শক্তিযুক্ত প্রোটন সংখ্যা বা আণবিক সংখ্যা অনুযায়ী রাসায়নিক মৌল পদার্থসমূহের তালিকা; পর্যায়-সারণী

peripheral[1] / pəˈrɪfərəl প্যা'রিফ্যার‍্যাল্ / *adj.* **1** (*formal*) **peripheral (to sth)** not as important as the main aim, part, etc. of sth অপ্রধান, গৌণ **2** (*technical*) connected with the outer edge of a particular area প্রান্তিক, প্রান্তদেশীয় *the peripheral nervous system* ○ *peripheral vision* **3** (*computing*) (used about equipment) connected to a computer কম্পিউটারের যন্ত্রপাতির সঙ্গে যুক্ত *a peripheral device* ▶ **peripherally** / pəˈrɪfərəli প্যা'রিফ্যার‍্যালি / *adv.* আংশিকভাবে, গৌণভাবে

peripheral[2] / pəˈrɪfərəl প্যা'রিফ্যার‍্যাল্ / *noun* [C] (*computing*) a piece of equipment that is connected to a computer, for example a **printer** কম্পিউটারের সঙ্গে যুক্ত কোনো সরঞ্জাম, যেমন প্রিন্টার

periphery / pəˈrɪfəri প্যা'রিফ্যারি / *noun* [C, *usually sing.*] (*pl.* **peripheries**) (*formal*) **1** the outer edge of a particular area নির্দিষ্ট অঞ্চলের বাইরের সীমানা; পরিধি *industrial development* ***on the periphery of*** *the town* **2** the less important part of sth, for example of a particular activity or of a social or political group কোনো কিছুর কম গুরুত্বপূর্ণ অংশ, যেমন নির্দিষ্ট কাজকর্ম বা সামাজিক গোষ্ঠী অথবা রাজনৈতিক দল *minor parties* ***on the periphery of*** *Indian politics*

periscope / ˈperɪskəʊp ˈপেরিস্ক্যাউপ্ / *noun* [C] a device like a long tube containing mirrors which allow you to see over the top of sth, used especially in a **submarine** to see above the surface of the sea এক ধরনের আয়না লাগানো লম্বা টিউব যার মধ্যে দিয়ে কোনো কিছুর উপর দিয়ে দেখা যায়, বিশেষত সমুদ্রপৃষ্ঠের উপরিভাগ দেখার জন্য সাবমেরিন বা ডুবোজাহাজে ব্যবহৃত হয়; পেরিস্কোপ

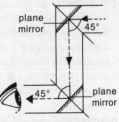

plane mirror
45°
45°
plane mirror

perish / ˈperɪʃ ˈপেরিশ্ / *verb* [I] (*written*) to die or be destroyed মারা যাওয়া, ক্ষয় হওয়া, বিনষ্ট হওয়া *Thousands perished in the war.*

perishable / ˈperɪʃəbl ˈপেরিশ্যাব্‌ল্ / *adj.* (used about food) that will go bad quickly (খাদ্যদ্রব্য সম্বন্ধে ব্যবহৃত) যা সহজে খারাপ হয়; পচনশীল, নশ্বর ✪ বিপ **non-perishable**

peristalsis / ˌperɪˈstælsɪs ˌপেরিˈস্ট্যাল্‌সিস্ / *noun* [U] (*technical*) the movements that the large tubes inside the body make automatically to push sth out or along শরীরের মধ্যেকার বড়ো নলগুলি স্বতশ্চালিত হয়ে যে সংকোচন প্রক্রিয়া ঘটায় যাতে কোনো বস্তু সেগুলির মাধ্যমে বা সেগুলির দ্বারা বাইরে যেতে পারে; ক্রমসংকোচন প্রক্রিয়া

perjury / ˈpɜːdʒəri প্যজ্যারি / *noun* [U] (*formal*) the act of telling a lie in a court of law আদালতে মিথ্যা সাক্ষী দেওয়ার কাজ ▶ **perjure** / ˈpɜːdʒə(r) প্যজ্যা(র্) / *verb* [T] **perjure yourself** মিথ্যে সাক্ষী দেওয়া *She admitted that she had perjured herself while giving evidence.*

perk[1] / pɜːk প্যক্ / *verb*

PHR V **perk (sb/sth) up** to become or make sb become happier and have more energy খুব খুশি হওয়া অথবা অন্যকে করা; মনোবল ফিরে পাওয়া অথবা অন্যকে ফিরিয়ে দেওয়া; চাঙ্গা করা অথবা নিজে চাঙ্গা হওয়া

perk[2] / pɜːk প্যক্ / *noun* [C] (*informal*) something extra that you get from your employer in addition to money চাকরিতে মাইনে ছাড়া আনুষঙ্গিক সুযোগ-সুবিধা *Travelling abroad is one of the perks of the job.*

perm / pɜːm প্যম্ / *noun* [C] the treatment of hair with special chemicals in order to make it curly বিশেষ রাসায়নিক পদার্থ ব্যবহার করে চুলে ঢেউ খেলানো ভাব আনা; কুঞ্চন **wave** দেখো। ▶ **perm** *verb* [T] চুল কোঁকড়ানো করা *She has had her hair permed.*

permafrost / ˈpɜːməfrɒst ˈপ্যম্যাফ্রস্ট্ / *noun* [U] (*technical*) a layer of soil that is permanently frozen, in very cold regions of the world মাটির যে স্তর চিরকালই জমে থাকে (অত্যন্ত ঠান্ডা দেশগুলিতে); চির-হিমায়িত অর্ন্তমৃত্তিকা

permanent / ˈpɜːmənənt ˈপ্যম্যান্যান্ট্ / *adj.* lasting for a long time or forever; that will not change চিরস্থায়ী; অপরিবর্তনীয় *The accident left him with a permanent scar.* ○ *Are you looking for a permanent or a temporary job?* ▶ **permanence** *noun* [U] স্থায়িত্ব ▶ **permanently** *adv.* পাকাপাকিভাবে, স্থায়িভাবে *Has she left Delhi permanently?*

permeable / ˈpɜːmiəbl ˈপ্যমিঅ্যাব্‌ল্ / *adj.* allowing a liquid or gas to pass through যার মধ্যে দিয়ে গ্যাস বা তরল ভেদ করে যেতে পারে; ভেদ্য *A frog's skin is permeable to water.* ✪ বিপ **impermeable** ▶ **permeability** / ˌpɜːmiəˈbɪləti ˌপ্যমিঅ্যাˈবিল্যাটি / *noun* [U] প্রবেশ্যতা, পারগম্যতা

permeate / ˈpɜːmieɪt ˈপ্যমিএইট্ / *verb* [I, T] (*formal*) **1** (of a liquid or gas) to pass through a **porous** material (তরল অথবা গ্যাস) কোনো ছিদ্রযুক্ত বস্তুর মধ্যে দিয়ে যাওয়া *Rain water permeates through the ground.* **2** (of a smell or gas) to spread through a room or fill every part of something (গন্ধ বা গ্যাস সম্বন্ধে ব্যবহৃত) কোনো ঘরের কোনায় কোনায় ছড়িয়ে পড়া বা কোনো কিছুর সর্বাংশ ভরে দেওয়া *The smell of flowers permeated the house.* **3** (of an idea, etc.) to affect every part of something (কোনো ভাবধারা ইত্যাদি) কোনো কিছুর প্রতিটা অংশ প্রভাবিত করা *a belief that permeates all levels of society*

permissible / pəˈmɪsəbl প্যাˈমিস্যাব্‌ল্ / *adj.* (*formal*) **permissible (for sb) (to so sth)** that is allowed by law or by a set of rules আইন বা একগুচ্ছ নিয়মের দ্বারা অনুমোদিত, স্বীকৃত *They have been exposed to radiation above the permissible level.*

permission / pəˈmɪʃn প্যাˈমিশ্‌ন্ / *noun* [U] **permission (for sth); permission (for sb) (to do sth)** the act of allowing sb to do sth, especially when this is done by sb in a position of authority অনুমতি, মঞ্জুরি, সম্মতি *I'm afraid you can't leave **without permission**.* ○ *to **ask/give permission** for sth*

NOTE **Permission** শব্দটি অগণনীয়। সরকারি অনুমতিপত্র বা দলিলকে **permit** বলা হয়।

permissive / pəˈmɪsɪv প্যাˈমিসিভ্ / *adj.* having, allowing or showing a lot of freedom that many people do not approve of, especially in sexual matters যথেষ্ট স্বাধীনতা আছে, দেওয়া হচ্ছে বা দেখানো হচ্ছে এমন (যা অনেক লোকে অনুমোদন করে না, বিশেষত যৌন ব্যাপারে)

permit[1] / pəˈmɪt প্যাˈমিট্ / *verb* (**permitting; permitted**) **1** [T] (*formal*) to allow sb to do sth or to allow sth to happen কাউকে কিছু করার অনুমতি দেওয়া, কোনো কিছু ঘটতে দেওয়া *You are not permitted to smoke in the hospital.* ○ *His visa does not permit him to work in the UK.* ⇨ **allow**-এ নোট দেখো। **2** [I, T] to make sth possible কোনো কিছু সম্ভব করে তোলা *There will be a bonfire on Saturday, **weather permitting**.*

permit[2] / ˈpɜːmɪt ˈপ্যমিট্ / *noun* [C] an official document that says you are allowed to do sth, especially for a limited period of time কোনো আনুষ্ঠানিক নথি যাতে নির্দিষ্ট সময়ের জন্য কিছু করার অনুমতি দানের কথা লেখা থাকে; অনুমতি পত্র *Next month I'll have to apply for a new **work permit**.*

peroxide / pə'rɒksaɪd প্যা'রক্সাইড্ / (*also* **hydrogen peroxide**) *noun* [U] a colourless liquid that is used to kill bacteria and to make hair a lighter colour বর্ণহীন তরল যার সাহায্যে জীবাণু মারা যায় এবং যার সাহায্যে চুলের রং হালকা করা যায়; প্যারক্সাইড

perpendicular / ˌpɜːpən'dɪkjələ(r) ˌপ্যপ্যান্'ডিকিঅ্যাল্যা(র্) / *adj.* **1** at an angle of 90° to sth কোনো কিছুর ৯০° কোণে বা সমকোণে অবস্থিত; লম্ব *Are the lines perpendicular to each other?* ➪ **horizontal** এবং **vertical** দেখো। **2** pointing straight up; upright খাড়া, ঋজু; উপরের দিকে সোজা *The path was almost perpendicular* (= it was very steep).

perpetrate / 'pɜːpətreɪt 'প্যপ্যাট্রেইট্ / *verb* [T] (*formal*) **perpetrate sth (against/upon/on sb)** to commit a crime or do sth wrong or evil কোনো অপরাধ অথবা ভুল বা মন্দ কিছু করা *to perpetrate a crime/fraud/massacre* ○ *violence perpetrated against women and children* ► **perpetration** / ˌpɜːpə'treɪʃn ˌপ্যপ্যা'ট্রেইশ্ন্ / *noun* [U] অপরাধমূলক কাজকর্ম

perpetual / pə'petʃuəl প্যা'পেচুঅ্যাল্ / *adj.* **1** continuing for a long period of time without stopping একটানা, চিরস্থায়ী, বরাবরের মতো *They lived in perpetualo fear of losing their jobs* **2** frequently repeated in a way which is annoying বিরক্তিকরভাবে বারবার ঘটা; ক্রমাগত *How can I work with these perpetual interruptions?* ► **perpetually** / -tʃuəli -চুঅ্যালি / *adv.* একটানা ক্রমাগতভাবে

perpetuate / pə'petʃueɪt প্যা'পেচুএইট্ / *verb* [T] (*formal*) to cause sth to continue for a long time কোনো কিছু অনেকক্ষণ ধরে চলতে দেওয়া, দীর্ঘস্থায়ী করা *to perpetuate an argument*

perplexed / pə'plekst প্যা'প্লেক্স্ট্/ *adj.* not understanding sth; confused কোনো কিছু বুঝতে পারা যাচ্ছে না এমন; কিংকর্তব্যবিমূঢ়, বিভ্রান্ত

perquisite / 'pɜːkwɪzɪt 'প্যকুইজ়িট্ / *noun* (*formal*) **1** [*usually pl.*] = **perk**[2] **2 perquisite (of sb)** something special like a privilege to which a person has a special right because of his social position সামাজিক প্রতিষ্ঠার কারণে কোনো বিশেষ সুবিধা বা অধিকার *Higher education used to be the perquisite of the rich in pre-independent India.*

per se / ˌpɜː 'seɪ ˌপ্য 'সেই / *adv.* a word used to say that something is considered alone, by or in itself and not in connection with something or someone কোনো ব্যক্তি অথবা বস্তুর সঙ্গে সম্বন্ধ নেই এমন; স্বয়ং নিজেই, এককভাবে *The actors were good per se but the movie was very badly made.*

persecute / 'pɜːsɪkjuːt 'প্যসিকিউট্ / *verb* [T] **1 persecute sb (for sth)** (*often passive*) to treat sb in a cruel and unfair way, especially because of race, religion or political beliefs কোনো ব্যক্তির সঙ্গে নিষ্ঠুর এবং অন্যায়ভাবে ব্যবহার করা, বিশেষত সম্প্রদায় বা জাত, ধর্ম বা রাজনীতিগত বিশ্বাসের কারণে **2** to deliberately annoy sb and make his/her life unpleasant ইচ্ছাকৃতভাবে কোনো ব্যক্তিকে বিরক্ত করা এবং তার জীবন অতিষ্ঠ করে তোলা ► **persecution** / ˌpɜːsɪ'kjuːʃn ˌপ্যসি'কিউশ্ন্ / *noun* [C, U] নির্যাতন, নিগ্রহ *the persecution of minorities* ► **persecutor** / 'pɜːsɪkjuːtə(r) 'প্যসিকিউট্যা(র্) / *noun* [C] নির্যাতনকারী

persevere / ˌpɜːsɪ'vɪə(r) ˌপ্যসি'ভিঅ্যা(র্) / *verb* [I] **persevere (at/in/with sth)** to continue trying to do or achieve sth that is difficult কঠিন কোনো কাজে সাফল্য পাওয়ার জন্য চেষ্টা চালিয়ে যাওয়া *The treatment is painful but I'm going to persevere with it.* ► **perseverance** *noun* [U] অধ্যবসায়

persist / pə'sɪst প্যা'সিস্ট্ / *verb* [I] **1 persist (in sth/doing sth)** to continue doing sth even though other people say that you are wrong or that you cannot do it গোঁ ধরে বা নাছোড়বান্দাভাবে কোনো কাজ করতে থাকা *If you persist in making so much noise, I shall call the police.* **2** to continue to exist ক্রমাগত চলতে থাকা *If your symptoms persist you should consult your doctor.* ► **persistence** *noun* [U] জেদ, অধ্যবসায়, গোঁ *Finally her persistence was rewarded and she got what she wanted.*

persistent / pə'sɪstənt প্যা'সিস্ট্যান্ট্ / *adj.* **1** determined to continue doing sth even though people say that you are wrong or that you cannot do it অধ্যবসায়ী, নাছোড়বান্দা *Some salesmen can be very persistent.* **2** lasting for a long time or happening often দীর্ঘস্থায়ী, একনাগাড়ে বা প্রায়ই ঘটছে এমন *a persistent cough* ► **persistently** *adv.* বিরামহীনভাবে, একনাগাড়ে

person / 'pɜːsn 'প্যস্ন্ / *noun* [C] (*pl.* **people**) **1** a man or woman; a human being নর অথবা নারী; স্ত্রী বা পুরুষ; ব্যক্তি, মানুষ *I would like to speak to the person in charge.*

NOTE কখনো কখনো আলংকারিক ভাষায় **person**-এর বহুবচন (plural) **persons** হতে পারে। **people**-এ নোট দেখো।

2 -person (*used to form compound nouns*) a person doing the job mentioned উল্লিখিত কাজ করছে যে ব্যক্তি *a salesperson/spokesperson* **3** (*grammar*) one of the three types of pronouns in grammar. 'I/ we' are the first person, 'you' is the second person and 'he/she/it/they' are the third person (ব্যাকরণ) তিন প্রকার সর্বনামপদের যে-কোনো এক প্রকার, 'I/we' উত্তম পুরুষ, 'you' মধ্যম পুরুষ এবং 'he/she/it/they' প্রথম পুরুষ

IDM **in person** seeing or speaking to sb face to face (not speaking on the telephone or writing a letter) মুখোমুখি সামনাসামনি, সাক্ষাতে (টেলিফোনে কথা হচ্ছে না বা চিঠিতে লেখা হচ্ছে না)

personal / ˈpɜːsənl ˈপ্যস্যান্‌ল্ / *adj.* **1** (*only before a noun*) of or belonging to one particular person নিজস্ব, নিজের, ব্যক্তিগত *personal belongings* ○ *Judges should not let their* ***personal feelings*** *influence their decisions.* **2** concerning your feelings, health or relationships with other people ব্যক্তিগত অনুভূতি, স্বাস্থ্য অথবা অন্য কোনো ব্যক্তির সঙ্গে সম্পর্ক সংক্রান্ত *I should like to speak to you in private. I have something personal to discuss.* ○ *Do you mind if I ask you a* ***personal question?*** **3** not connected with a person's job or official position পেশাগত বা চাকুরি সংক্রান্ত নয় এমন *Please keep personal phone calls to a minimum.* ○ *I try not to let work interfere with my* ***personal life***. **4** (*only before a noun*) done by a particular person rather than by sb who is acting for him/her স্বয়ংকৃত, অন্য কারও দ্বারা নয় *The Prime Minister made a personal visit to the flood victims in hospital.* **5** (*only before a noun*) made or done for one particular person rather than for a large group of people or people in general খাস, প্রাতিস্বিক, প্রাতিজনিক *We offer a personal service to all our customers.* **6** speaking about sb's appearance or character in an unpleasant or unfriendly way কোনো ব্যক্তির চেহারা বা চরিত্র সম্বন্ধে অপ্রীতিকর বা অসৌহার্দ্যমূলকভাবে বলা হয় এমন *It started as a general discussion but then people started to* ***get personal*** *and an argument began.* **7** (*only before a noun*) connected with the body দেহ সংক্রান্ত, শারীরিক *personal hygiene* ○ *She's always worrying about her personal appearance.*

personal assistant = **PA**

personal computer = **PC 1**

personality / ˌpɜːsəˈnæləti ˌপ্যস্যাˈন্যাল্যাটি / *noun* (*pl.* **personalities**) **1** [C, U] the different qualities of a person's character that make him/her different from other people ব্যক্তিত্ব, স্বকীয়তা, নিজস্বতা *Mohini has a kind personality.* **2** [U] the quality of having a strong, interesting and attractive character জোরালো, আগ্রহজনক এবং আকর্ষণীয় চরিত্রের অধিকারী হওয়ার গুণ; সুনির্দিষ্ট ব্যক্তিগত বৈশিষ্ট্য; প্রাতিস্বিকতা, স্বকীয়তা *A good entertainer needs a lot of personality.* **3** [C] a famous person (especially in sport, on television, etc.) বিখ্যাত ব্যক্তি (বিশেষত খেলাধুলো, দূরদর্শন ইত্যাদিতে) *a television personality*

personalize (*also* **-ise**) / ˈpɜːsənəlaɪz ˈপ্যস্যান্যালাইজ্ / *verb* [T] (*usually passive*) to mark sth with your name, etc. to show that it belongs to you নাম ইত্যাদি দ্বারা কোনো কিছু নিজের বলে চিহ্নিত করা *a car with a personalized number plate*

personally / ˈpɜːsənəli ˈপ্যস্যান্যালি / *adv.* **1** used to show that you are expressing your own opinion ব্যক্তিগতভাবে, কোনো ব্যাপারে নিজের মতামত প্রকাশ করার জন্য ব্যবহৃত *Personally, I think that nurses deserve more money.* **2** done by you yourself, not by sb else acting for you স্বকীয়ভাবে, ব্যক্তিগতভাবে, স্বয়ং *I will deal with this matter personally.* **3** in a way that is connected with one particular person rather than a group of people এমনভাবে যা একজন নির্দিষ্ট ব্যক্তির সঙ্গেই যুক্ত, ব্যক্তিবর্গের সঙ্গে নয় *I wasn't talking about you personally—I meant all teachers.* **4** in a way that is intended to offend এমনভাবে যাতে কোনো ব্যক্তিকে বিরক্ত বোধ করানো যায় *Please don't* ***take it personally****, but I would just rather be alone this evening.* **5** in a way that is connected with sb's private life, rather than his/her job এমনভাবে যা কোনো ব্যক্তির ব্যক্তিগত জীবনের সঙ্গে জড়িত, তার কাজের বা পেশার সঙ্গে নয়

personal pronoun *noun* [C] (*grammar*) any of the pronouns 'I, me, she, her, he, him, we, us, you, they, them' (ব্যাকরণ) ব্যক্তি বাচক সর্বনাম 'I, me, she, her, he, him, we, us, you, they, them'

personal stereo *noun* [C] a small machine that plays CDs or cassettes that you can carry round with you and listen to through a wire which goes in each ear (**headphones**) বহনযোগ্য নিজস্ব স্টিরিও যাতে সিডি বা ক্যাসেট বাজানো যায় এবং দুই কানে হেডফোন লাগিয়ে তা শোনা যায়

personify / pəˈsɒnɪfaɪ প্যাˈসনিফাই / *verb* [T] (*pres. part.* **personifying;** *3rd person sing.* **personifies;** *pt, pp* **personified**) **1** to be an example in human form of a particular quality বিশেষ গুণের মূর্ত প্রতীক হওয়া *She is kindness personified.* **2** to describe an object or a feeling as if it were a person, for example in a poem কোনো বস্তু বা অনুভূতিতে ব্যক্তিত্ব আরোপ করা, যেমন কবিতার মধ্যে ► **personification** / pəˌsɒnɪfɪˈkeɪʃn প্যাˌসনিফিˈকেইশ্‌ন্ / *noun* [C, U] ব্যক্তিরূপ আরোপ

personnel / ˌpɜːsəˈnel ˌপ্যস্যাˈনেল্ / *noun* **1** [*pl.*] the people who work for a large organization or one of the armed forces বৃহৎ

কোনো সংস্থা অথবা কোনো সশস্ত্র বাহিনীর কর্মচারীবৃন্দ *sales/medical/technical personnel* **2** (*also* **personnel department**) [U, *with sing. or pl. verb*] the department of a large company or organization that deals with employing and training people কোনো কোম্পানি বা সংস্থার যে বিভাগের উপর কর্মচারী নিয়োগ এবং তাদের প্রশিক্ষণ দেওয়ার ভার থাকে *Personnel is/are currently reviewing pay scales.*

perspective / pəˈspektɪv প্যা'স্পেক্‌টিভ্ / *noun* **1** [U] the ability to think about problems and decisions in a reasonable way without exaggerating them সমস্যা এবং সিদ্ধান্তসমূহ সম্বন্ধে আতিশয্য ছাড়াই যুক্তিসংগতভাবে চিন্তা করার বা ভেবে দেখার ক্ষমতা *Hearing about others' experiences often helps to* ***put*** *your own problems* ***into perspective*** (= makes them seem less important than you thought). ○ *Try to* ***keep*** *these issues* ***in perspective*** (= do not exaggerate them). **2** [C] your opinion or attitude towards sth কোনো বস্তুর প্রতি দৃষ্টিভঙ্গি বা মনোভাব *Try and look at this from my perspective.* **3** [U] the art of drawing on a flat surface so that some objects appear to be farther away than others সমভূমিতে বা সমতলে ছবি আঁকার এরকম রীতি যাতে মনে হয় কিছু কিছু বস্তু অন্যগুলি থেকে দূরবর্তী

Perspex™ / ˈpɜːspeks ˈপ্যাস্‌পেক্স্ / *noun* [U] a strong transparent plastic material that is often used instead of glass কাচের পরিবর্তে ব্যবহৃত স্বচ্ছ প্লাস্টিক

perspire / pəˈspaɪə(r) প্যা'স্পাইঅ্যা(র্) / *verb* [I] (*formal*) to lose liquid through your skin when you are hot; to sweat শরীর গরম বোধ হলে বা শরীর গরম হয়ে গেলে দেহত্বকের মধ্যে দিয়ে তরল নিঃসৃত হওয়া; ঘামা, ঘাম বেরোনো ► **perspiration** / ˌpɜːspəˈreɪʃn ˌপ্যাস্‌প্যা'রেইশ্‌ন্ / *noun* [U] ঘাম, ঘর্ম

NOTE এই অর্থে **sweat** শব্দটি বেশি প্রচলিত।

persuade / pəˈsweɪd প্যা'সুএইড্ / *verb* [T] **1 persuade sb (to do sth); persuade sb (into sth/doing sth)** to make sb do sth by giving him/her good reasons সঠিক যুক্তি দেখিয়ে কোনো ব্যক্তিকে দিয়ে কোনো কাজ করানো *It was difficult to persuade Leela to change her mind.* ○ *We eventually persuaded Sanjay into coming with us.* ✪ বিপ **dissuade 2** (*formal*) **persuade sb that...; persuade sb (of sth)** to make sb believe sth কোনো ব্যক্তিকে কোনো কিছু বিশ্বাস করানো *She had persuaded herself that she was going to fail.* ○ *The jury was not persuaded of her innocence.* **convince** দেখো।

persuasion / pəˈsweɪʒn প্যা'সুএইজ়্‌ন্ / *noun* **1** [U] the act of persuading sb to do sth or to believe sth কাউকে দিয়ে কিছু করানো বা কারও মধ্যে বিশ্বাস বা প্রত্যয় উৎপাদনের ক্রিয়া *It took a lot of persuasion to get Anjali to agree.* **2** [C] (*formal*) a religious or political belief ধর্মীয় বা রাজনৈতিক বিশ্বাস *politicians of all persuasions*

persuasive / pəˈsweɪsɪv প্যা'সুএইসিভ্ / *adj.* able to persuade sb to do or believe sth কাউকে দিয়ে কিছু করানো বা কারও মধ্যে প্রত্যয় উৎপাদনে সক্ষম; প্রেরণা বা প্রত্যয় উৎপাদনক্ষম *the persuasive power of advertising* ► **persuasively** *adv.* প্রত্যয় উৎপাদন করে এমনভাবে ► **persuasiveness** *noun* [U] প্রত্যয় উৎপাদন ক্ষমতা

pertinent / ˈpɜːtɪnənt ˈপ্যাটিন্যান্ট্ / *adj.* (*formal*) closely connected with the subject being discussed প্রাসঙ্গিক, আলোচ্য বিষয়ের সঙ্গে জড়িত *to ask a pertinent question*

perturb / pəˈtɜːb প্যা'ট্যব্ / *verb* [T] (*formal*) to make sb worried or upset কাউকে ভাবিয়ে তোলা, চিন্তায় ফেলা, উদ্বিগ্ন করা ► **perturbed** *adj.* উদ্বিগ্ন, চিন্তাগ্রস্ত

peruse / pəˈruːz প্যা'রূজ্ / *verb* [T] (*formal* or *humorous*) to read sth, especially in a careful way কোনো কিছু পড়া, বিশেষত খুব মনোযোগ দিয়ে *A copy of the minutes of the meeting is available for you to peruse at your leisure.* ► **perusal** / pəˈruːzl প্যা'রূজ়াল্ / *noun* [U] খুঁটিয়ে পড়া *The report was published after careful perusal.*

pervade / pəˈveɪd প্যা'ভেইড্ / *verb* [T] (*formal*) to spread through and be noticeable in every part of sth কোনো কিছুর প্রতিটি অংশে ছড়িয়ে পড়া এবং দৃশ্যমান হওয়া; ছেয়ে ফেলা, ছড়িয়ে পড়া *A sadness pervades most of her novels.*

pervasive / pəˈveɪsɪv প্যা'ভেইসিভ্ / *adj.* that is present in all parts of sth কোনো কিছুর সর্ব অংশে বর্তমান এমন; পরিব্যাপ্ত *a pervasive mood of pessimism*

perverse / pəˈvɜːs প্যা'ভ্যস্ / *adj.* (*formal*) liking to behave in a way that is not acceptable or reasonable or that most people think is wrong উচ্ছৃঙ্খল, পথভ্রষ্ট, ন্যায়ভ্রষ্ট *Dinesh gets perverse pleasure from shocking his parents.* ► **perversely** *adv.* উচ্ছৃঙ্খলভাবে ► **perversity** *noun* [U] বিকৃতি, ভ্রষ্টতা

perversion / pəˈvɜːʃn প্যা'ভ্যশ্‌ন্ / *noun* [U, C] **1** sexual behaviour that is not considered normal or acceptable by most people বিকৃত যৌন আচরণ; যৌনবিকৃতি, কামবিকৃতি **2** the action of changing sth from right to wrong or from good to bad কোনো

জিনিস ঠিক থেকে ভুল অথবা ভালো থেকে খারাপে পরিণত করার কাজ *That statement is a perversion of the truth.*

pervert[1] / pəˈvɜːt প্যাˈভ্যট্ / *verb* [T] **1** to change a system, process, etc. in a bad way কোনো ব্যবস্থা, প্রক্রিয়া ইত্যাদি খারাপভাবে বদলে দেওয়া *to pervert the course of justice* (= to deliberately prevent the police from finding out the truth about a crime) **2** to cause sb to think or behave in a way that is not moral or acceptable কোনো ব্যক্তিকে অনৈতিক বা অগ্রহণীয় পথে চালনা করা

pervert[2] / ˈpɜːvɜːt ˈপ্যভ্যট্ / *noun* [C] a person whose sexual behaviour is not thought to be natural or normal by most people যৌনবিকারগ্রস্ত মানুষ, বিকৃতকামে যার অভিরুচি

pessimism / ˈpesɪmɪzəm ˈপেসিমিজ্‌ম্ / *noun* [U] **pessimism (about/over sth)** the state of expecting or believing that bad things will happen and that sth will not be successful যে অবস্থায় খারাপ কিছু আশা করা হয় এবং বিশ্বাস করা হয় যে সেরকম ঘটবে এবং সাফল্য আসবে না; নৈরাশ্যবাদ ✪ বিপ **optimism** ► **pessimistic** /ˌpesɪˈmɪstɪk ˌপেসিˈমিস্‌টিক্ / *adj.* নৈরাশ্যবাদী ✪ বিপ **optimistic** ► **pessimistically** / -kli -ক্‌লি / *adv.* নিরাশমনে, হতাশভাবে ✪ বিপ **optimistically**

pessimist / ˈpesɪmɪst ˈপেসিমিস্ট্ / *noun* [C] a person who always thinks that bad things will happen or that sth will not be successful যে ব্যক্তি বিশ্বাস করে যে খারাপ কিছু ঘটবে এবং সাফল্য আসবে না; নৈরাশ্যবাদী ব্যক্তি ✪ বিপ **optimist**

pest / pest পেস্ট্ / *noun* [C] **1** an insect or animal that destroys plants, food, etc. যে পতঙ্গ বা প্রাণী গাছপালা, শস্য ইত্যাদি নষ্ট করে **2** (*informal*) a person or thing that annoys you বিরক্তিকর ব্যক্তি বা বস্তু *That child is such a pest!*

pester / ˈpestə(r) ˈপেস্‌ট্যা(র্) / *verb* [T] **pester sb (for sth); pester sb (to do sth)** to annoy sb, for example by asking him/her sth many times ঘ্যানঘ্যান করে বা জ্বালাতন করে কাউকে বিরক্ত করা *to pester sb for money* ○ *The kids kept pestering me to take them to the park.*

pesticide / ˈpestɪsaɪd ˈপেস্‌টিসাইড্ / *noun* [C, U] a chemical substance that is used for killing animals, especially insects, that eat food crops একধরনের রাসায়নিক পদার্থ যা দিয়ে শস্যের ক্ষতিকারক কীটপতঙ্গাদি নষ্ট করা হয়; কীটনাশক ওযুধ ➪ **insecticide** দেখো।

pestilence / ˈpestɪləns ˈপেস্‌টিল্যান্স্ / *noun* [U, *sing.*] (*old-fashioned* or *literary*) any fatal disease that spreads quickly and kills a large number of people অত্যন্ত সংক্রামক কোনো মহামারী রোগ; প্লেগ

pestle / ˈpesl ˈপেস্‌ল্ / *noun* [C] a small heavy tool with a round end used for crushing food, etc. into powder in a special bowl (**a mortar**) হামানদিস্তা, খলনুড়ি মুষল ➪ **laboratory**-তে ছবি দেখো।

pet / pet পেট্ / *noun* [C] **1** an animal or bird that you keep in your home for pleasure rather than for food or work শখ করে পোষা পশুপাখি; পোষ্য *Dogs make very good pets.* ○ *a pet dog/cat/bird* ○ *a pet shop* (= where pets are sold) **2** a person who is treated as a favourite সবচেয়ে প্রিয় ব্যক্তি, যাকে সব থেকে বেশি পছন্দ করা হয় *the teacher's pet*

petal / ˈpetl ˈপেট্‌ল্ / *noun* [C] one of the thin soft coloured parts of a flower ফুলের পাপড়ি ➪ **flower**-এ ছবি দেখো।

peter / ˈpiːtə(r) ˈপীট্যা(র্) / *verb*

PHR V **peter out** to slowly become smaller, quieter, etc. and then stop আস্তে আস্তে ফুরিয়ে শেষ হয়ে যাওয়া, চুপ হয়ে যাওয়া এবং থেমে যাওয়া

pet hate *noun* [C] sth that you particularly do not like যে কাজটা পছন্দের নয় বা বিশেষভাবে অপছন্দের *Filling in forms is one of my pet hates.*

petition / pəˈtɪʃn প্যাˈটিশন্ / *noun* [C] a written document, signed by many people, that asks a government, etc. to do or change sth (সরকার প্রমুখের কাছে) কোনো কিছু করা বা পরিবর্তন করার জন্য অনেকের স্বাক্ষর সম্বলিত লিখিত দলিল বা নথি অথবা আবেদনপত্র *More than 50,000 people signed the petition protesting about the new law.* ► **petition** *verb* [I, T] সম্মিলিতভাবে আবেদন করা

Petri dish / ˈpetri dɪʃ; ˈpiːtri ˈপেট্রি ডিশ্; ˈপীট্রি / *noun* [C] (*technical*) a covered dish that is not very deep, used for growing bacteria, etc. in ঢাকা-দেওয়া একরকম অগভীর পাত্র (থালার মতো) যা সাধারণত জীবাণু পরীক্ষা নিরীক্ষার কাজে ব্যবহার হয়; পেট্রি ডিশ ➪ **laboratory**-তে ছবি দেখো।

petrified / ˈpetrɪfaɪd ˈপেট্রিফাইড্ / *adj.* very frightened অত্যন্ত ভীত

petro- / ˈpetrəʊ ˈপেট্র্যাউ / *prefix* (*used in nouns, adjectives and adverbs*) **1** connected with rocks শিলাসংক্রান্ত *petrology* **2** connected with petrol পেট্রোল সংক্রান্ত *petrochemical*

petrochemical / ˌpetrəʊˈkemɪkl ˌপেট্র্যাউ-ˈকেমিক্‌ল্ / *noun* [C] any chemical substance obtained from petrol or natural gas পেট্রোল থেকে বা প্রাকৃতিক গ্যাস থেকে উদ্ভূত যে-কোনো রাসায়নিক পদার্থ

petrol / ˈpetrəl ˈপেট্র্যাল্ / (*AmE* **gas; gasoline**) *noun* [U] the liquid that is used as fuel for vehicles such as cars and motorbikes যে তরল জ্বালানি বা ইন্ধন হিসেবে ব্যবহৃত হয়; পেট্রোল ➪ **diesel** দেখো।

P

petroleum / pəˈtrəʊliəm প্যা'ট্র্যাউলিঅ্যাম্ / *noun* [U] mineral oil that is found under the ground or sea and is used to make petrol, plastic and other types of chemical substances ভূগর্ভস্থ অথবা সমুদ্রস্থ খনিজ তেল, যা পেট্রোল, প্লাস্টিক এবং নানা ধরনের রাসায়নিক পদার্থ তৈরিতে ব্যবহৃত হয়; পেট্রোলিয়াম

petrol station (*AmE* **gas station**) (*IndE* Petrol Pump) *noun* [C] a place where you can buy petrol and other things for your car যেখানে পেট্রোল এবং গাড়ির অন্যান্য সরঞ্জাম কিনতে পাওয়া যায়; পেট্রোল স্টেশন ➪ **garage** দেখো।

pet subject *noun* [C] a subject that you are very interested in or that you feel very strongly about সবচেয়ে প্রিয় বিষয়, যাতে আগ্রহ আছে অথবা যাতে দখল ভালো

petticoat / ˈpetɪkəʊt ˈপেটিক্যাউট্ / *noun* [C] (*BrE old-fashioned*) a skirt-like article of clothing for women to be worn under a skirt, dress or sari. It often has pleats or a lace edge (মহিলাদের) স্কার্ট, অন্য কোনো পোশাক বা শাড়ির নীচে পরার জন্য স্কার্টের মতো একধরনের পোশাক যাতে প্রায়ই প্লিট থাকে বা প্রান্তে লেস থাকে; সায়া; পেটিকোট

petty / ˈpeti ˈপেটি / *adj.* **1** small and unimportant ছোটো, ক্ষুদ্র, তুচ্ছ *He didn't want to get involved with the petty details.* ○ *petty crime/theft* (= that is not very serious) **2** unkind or unpleasant to other people (for a reason that does not seem very important) অন্যদের প্রতি সদয় বা প্রীতিকর নয় (এমন কোনো কারণে যা খুব গুরুত্বপূর্ণ বলে মনে হয় না) *petty jealousy/revenge*

petty cash *noun* [U] a small amount of money kept in an office for small payments টুকিটাকি খরচ মেটানোর জন্য কোনো দপ্তরে রাখা নগদ টাকা

pew / pju: পিউ / *noun* [C] one of the long wooden seats in a church চার্চের লম্বা কাঠের বেঞ্চিগুলির একটি

pewter / ˈpju:tə(r) ˈপিউট্যা(র্) / *noun* [U] a grey metal that is made from two other metals (**tin** and **lead**), used especially in the past for making cups, dishes, etc.; objects made from this metal টিন ও দস্তা মিশিয়ে তৈরি এক ধরনের সংকর ধাতু, বিশেষত আগে কাপ, ডিশ ইত্যাদি তৈরিতে ব্যবহৃত হত; রাং-সংকর; এই ধাতু থেকে তৈরি বস্তুগুলি

PG / ˌpi:ˈdʒi: ˌপী ˈজী / *abbr.* (in Britain, USA, etc.) (used about films in which there are scenes that are not suitable for children) parental guidance (ব্রিটেন, আমেরিকা ইত্যাদি দেশগুলিতে) বাচ্চাদের জন্য অনুপযুক্ত দৃশ্য আছে এমন চলচ্চিত্রের জন্য ব্যবহৃত অভিভাবকোচিত নির্দেশ

pH / ˌpi:ˈeɪtʃ ˌপী ˈএইচ্ / *noun* [*sing.*] a measurement of the level of acid or **alkali** in a substance অ্যাসিড বা অ্যালক্যালির মাত্রার মাপক বা স্কেল

> **NOTE** অম্লের pH 7-এর নীচে এবং অ্যালক্যালির pH 7-এর উপরে হয়।

phagocyte / ˈfæɡəsaɪt ˈফ্যাগ্যাসাইট্ / *noun* [C] (*technical*) a type of cell in the body that can surround smaller cells or small pieces of material and take them into itself শরীরের যে কোষ ক্ষুদ্রতর কোনো কোষকে বা ছোটো অংশকে গ্রাস করে; অণুজীবনাশক

phantom / ˈfæntəm ˈফ্যান্ট্যাম্ / *noun* [C] **1** (*written*) the spirit of a dead person that is seen or heard by sb who is still living জীবিত কোনো ব্যক্তি মৃত কারও আত্মা দেখেছে বা সে সম্পর্কে শুনেছে এমন; ভূত **NOTE** এই অর্থে **ghost** শব্দটি বেশি প্রচলিত। **2** something that you think exists, but that is not real অলীক, মায়া, মনের ভুল *phantom fears/illnesses*

pharmaceutical / ˌfɑ:məˈsju:tɪkl; -ˈsu:- ˌফা:ম্যা'সিউটিক্‌ল্; ˈ-সু / *adj.* connected with the production of medicines and drugs ওষুধ এবং ভেষজ সংক্রান্ত *pharmaceutical companies*

pharmacist / ˈfɑ:məsɪst ˈফা:ম্যাসিস্ট্ / = **chemist**[1]

pharmacology / ˌfɑ:məˈkɒlədʒi ˌফা:ম্যা'কল্যাজি / *noun* [U] (*technical*) the scientific study of drugs and their use in medicine ভেষজের বিজ্ঞানসম্মত ব্যবহার এবং ওষুধে সেগুলির ব্যবহার; ভেষজশাস্ত্র, ভেষজবিদ্যা ► **pharmacological** / ˌfɑ:məkəˈlɒdʒɪkl ˌফা:ম্যাক্যা'লজিক্‌ল্ / *adj.* ভেষজশাস্ত্রীয় *pharmacological research*

pharmacy / ˈfɑ:məsi ˈফা:ম্যাসি / *noun* (*pl.* **pharmacies**) **1** [C] a shop or part of a shop where medicines and drugs are prepared and sold ওষুধ এবং ভেষজ তৈরি এবং বিক্রি করা হয় যে দোকানে

pH

ACIDIC
pH 0 1 2 3 4 5 6 7 8 9 10 11 12 13 14
strong acids
weak acids
neutral solutions
weak bases
strong bases
e.g.
HCl
H2CO3
NaCl
NH3
NaOH
colour of universal indicator
red
yellow
green
blue
violet

pH scale

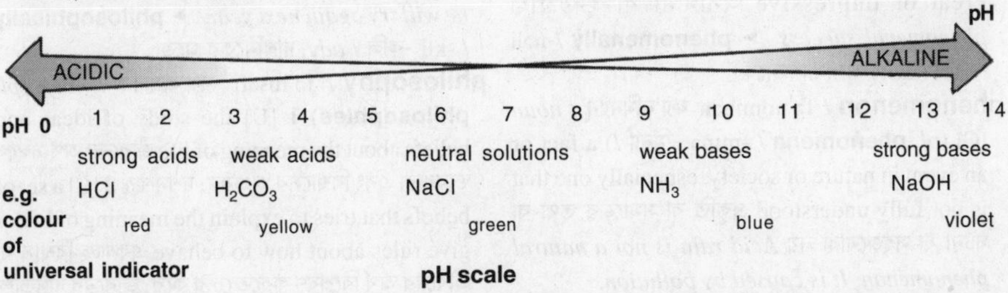

NOTE যে দোকানে ওষুধ পাওয়া যায় তাকে ব্রিটিশ ইংরেজিতে **a chemist's (shop)** এবং আমেরিকান ইংরেজিতে **drug store** বলা হয়।

2 [U] the preparation of medicines and drugs ওষুধ এবং ভেষজের প্রস্তুতি

pharynx / 'færɪŋks 'ফ্যারিংক্স্ / *noun* [C] the soft area at the top of the throat where the passages to the nose and mouth connect with the throat গলার উপরস্থ নরম যে অংশ থেকে নাসাপথ ও মুখপথ গলার সঙ্গে যুক্ত হয়; গলবিল ➪ **epiglottis** দেখো।

phase¹ / feɪz ফেইজ় / *noun* [C] a stage in the development of sth কোনো কিছুর বিবর্তনের দশা, পর্যায়, পর্ব, ভাগ *Jaya went through a difficult phase when she started school.*

phase² / feɪz ফেইজ় / *verb*

PHR V **phase sth in** to introduce or start using sth gradually in stages over a period of time নির্দিষ্ট সময় ধরে ক্রমশ কোনো কিছু ধাপে ধাপে চালু হওয়া বা শুরু করা *The metric system was phased in over several years.*

phase sth out to stop using sth gradually in stages over a period of time নির্দিষ্ট সময়ের মধ্যে ধীরে ধীরে ব্যবহার বন্ধ হয়ে যাওয়া *The older machines are gradually being phased out and replaced by new ones.*

PhD / ˌpi: eɪtʃ 'di: ˌপী এইচ্ 'ডী / *abbr.* Doctor of Philosophy; an advanced university degree that you receive when you complete a piece of research on a special subject বিশেষ বিষয়ে গবেষণা সম্পূর্ণ করার জন্য বিশ্ববিদ্যালয় থেকে যে উচ্চ-পর্যায়ের উপাধি লাভ করা যায়; ডক্টর অফ ফিলোসফি; পি এইচ ডি *She has a PhD in History.* ✪ সম **DPhil**

pheasant / 'feznt 'ফেজ়ন্ট / *noun* [C] (*pl.* **pheasants** or **pheasant**) a type of bird with a long tail. The males have brightly coloured feathers এক ধরনের লম্বা লেজের পাখি, এদের মধ্যে পুরুষদের ডানা খুব রংচঙে *Pheasants are often shot for sport and eaten.*

phenomenal / fə'nɒmɪnl ফ্যা'নমিনল্ / *adj.* very great or impressive অসামান্য বা হৃদয়গ্রাহী *phenomenal success* ▶ **phenomenally** /-nəli -ন্যালি / *adv.* অসামান্যভাবে

phenomenon / fə'nɒmɪnən ফ্যা'নমিন্যান্ / *noun* [C] (*pl.* **phenomena** / -mɪnə -মিন্যা /) a fact or an event in nature or society, especially one that is not fully understood প্রকৃতি বা সমাজের তথ্য বা ঘটনা যা সহজবোধ্য নয় *Acid rain is not a natural phenomenon. It is caused by pollution.*

phew / fju: ফিউ / *exclamation* a sound which you make to show that you are hot, tired or happy that sth bad did not happen or has finished অশুভ কোনো কিছু না ঘটা বা কেটে যাওয়ার জন্য উষ্মতা, ক্লান্তি অথবা স্বস্তি ব্যক্ত করার জন্য ব্যবহৃত অভিব্যক্তিবিশেষ *Phew, it's hot!* ○ *Phew, I'm glad that the interview's over!*

philanthropist fɪ'lænθrəpɪst ফি'ল্যান্থ্র্যাপিস্ট্ / *noun* [C] a rich person who helps the poor and those in need, especially by giving money পরোপকারী, মানবদরদী, ধনী ব্যক্তি যে দরিদ্র এবং অভাবী মানুষদের সাহায্য করে, বিশেষত অর্থ দিয়ে

philanthropy / fɪ'lænθrəpi ফি'ল্যান্থ্র্যাপি / *noun* [U] (*formal*) the practice of helping the poor and those in need, especially by giving money দরিদ্র এবং অভাবী মানুষদের সাহায্য করার অভ্যাস, বিশেষত অর্থ দানের দ্বারা; মানবপ্রেম, পরোপকার ▶ **philanthropic** / ˌfɪlən'θrɒpɪk ˌফিল্যান্'থ্রপিক্ / *adj.* লোকহিতৈষণাপূর্ণ, মানবদরদী *philanthropic work* ▶ **philanthropically** / ˌfɪlən'θrɒpɪkli ˌফিল্যান্'থ্রপিক্লি / *adv.* লোকহিতকরভাবে, বদান্যভাবে

philately / fɪ'lætəli ফি'ল্যাট্যালি / *noun* [U] (*technical*) the collection and study of postage stamps ডাক টিকিট সংগ্রহ অথবা তার অধ্যয়ন ▶ **philatelic** / ˌfɪlə'telɪk ˌফিল্যা'টেলিক্ / *adj.* ডাক টিকিট সম্পর্কিত

philo- (*also* **phil-**) / 'fɪləʊ 'ফিল্যাউ / *prefix* (*used in nouns, adjectives, verbs and adverbs*) liking পছন্দ *philoprogenitive/philanthropist*

philosopher / fə'lɒsəfə(r) ফ্যা'লস্যাফ্যা(র্) / *noun* [C] a person who has developed a set of ideas and beliefs about the meaning of life জীবনের অর্থ সম্বন্ধে একগুচ্ছ ভাবধারা এবং বিশ্বাসের বিবর্তন ঘটিয়েছেন যে ব্যক্তি; দার্শনিক, তাত্ত্বিক

philosophical / ˌfɪlə'sɒfɪkl ˌফিল্যা'সফিক্ল্ / (*also* **philosophic**) *adj.* **1** of or concerning philosophy দর্শনশাস্ত্র সম্বন্ধীয় *a philosophical debate* **2 philosophical (about sth)** staying calm and not getting upset or worried about sth bad that happens শোকে দুঃখে অচঞ্চল *He is quite philosophical about failing the exam and says he will try again next year.* ▶ **philosophically** / -kli -ক্লি / *adv.* দার্শনিকের মতো

philosophy / fə'lɒsəfi ফ্যা'লস্যাফি / *noun* (*pl.* **philosophies**) **1** [U] the study of ideas and beliefs about the meaning of life জীবনের অর্থ সম্বন্ধে ভাবধারা এবং বিশ্বাসের অধ্যয়ন; দর্শনশাস্ত্র **2** [C] a set of beliefs that tries to explain the meaning of life or give rules about how to behave একগুচ্ছ বিশ্বাস যা জীবনের অর্থ বিশ্লেষণ করতে চেষ্টা করে; জীবনের দৃষ্টিভঙ্গি

অথবা চিন্তাধারা, তত্ত্বজ্ঞান *Her philosophy is 'If a job's worth doing, it's worth doing well.'*

phlegm / flem ফ্লেম্ / *noun* [U] the thick substance that is produced in your nose and throat when you have a cold শ্লেষ্মা, কফ

phlegmatic fleg'mætɪk ফ্লেগ্'ম্যাটিক্ / *adj.* (*formal*) not easily made angry or upset; calm শীতল, নিস্পৃহ; ঠান্ডা

phloem / 'fləʊem 'ফ্ল্যাউএম্ / *noun* [U] (*technical*) the material in a plant containing very small tubes that carry sugars and other substances down from the leaves অত্যন্ত ছোটো ছোটো নালিযুক্ত যে উপকরণ উদ্ভিদের মধ্যে থাকে যা শর্করা ও অন্যান্য পদার্থ পাতা থেকে নীচে নিয়ে থেকে নীচে নিয়ে যায় **flower**-এ ছবি দেখো।

phobia / 'fəʊbiə 'ফ্যাউবিআ্য / *noun* [C] (*often used in compounds*) a very strong fear or hatred that you cannot explain (ব্যাখ্যা করা যায় না এমন) ভীতি, আতঙ্ক, ঘৃণা *arachnophobia* (= fear of spiders)

phone / fəʊn ফ্যাউন্ / *noun* (*informal*) **1** [U] =**telephone 1** *a phone conversation* ○ *You can book the tickets* ***over the/by phone***. **2** [C] = **telephone 2** *The phone is ringing—could you answer it?* ▶ **phone** *verb* [I, T] ফোন করা বা ফোন আসা *Did anybody phone while I was out?* ○ *Could you phone the restaurant and book a table?*
✪ সম **ring** অথবা **call**

IDM **on the phone/telephone 1** using the telephone টেলিফোন ব্যবহার করা হচ্ছে এমন **2** having a telephone in your home বাড়িতে টেলিফোন আছে এমন *I'll have to write to her because she's not on the phone.*

phone book = **telephone directory**

phone box = **telephone box**

phonecard / 'fəʊnkɑːd 'ফ্যাউন্কা:ড্ / *noun* [C] a small plastic card that you can use to pay for calls in a public telephone box পাবলিক বুথ থেকে যে ছোটো প্লাস্টিক কার্ডের সাহায্যে ফোন করা যায়

phone-in *noun* [C] a radio or television programme during which you can ask a question or give your opinion by telephone রেডিও বা দূরদর্শনে যে অনুষ্ঠান চলাকালীন শ্রোতা ফোনের মাধ্যমে প্রশ্ন করতে পারে বা নিজের মন্তব্য দিতে পারে

phonetic / fə'netɪk ফ্যা'নেটিক্ / *adj.* **1** connected with the sounds of human speech; using special symbols to represent these sounds ভাষার ধ্বনির সঙ্গে যুক্ত; এই ধ্বনিগুলির প্রতিনিধিত্ব করে এরকম বিশেষ প্রতীকসমূহ ব্যবহার করা হচ্ছে এমন *the phonetic alphabet* **transcribe** দেখো। **2** (used about spelling) having a close relationship with the sounds represented (বানান সম্বন্ধে ব্যবহৃত) উচ্চারণ অনুসারে *Spanish spelling is phonetic, unlike English spelling.* ▶ **phonetically** / -kli -ক্লি / *adv.* ধ্বনিগত দৃষ্টিতে

phonetics / fə'netɪks ফ্যা'নেটিক্স্ / *noun* [U] the study of the sounds of human speech ভাষার ধ্বনিতত্ত্ব

phoney (*AmE* **phony**) / 'fəʊni 'ফ্যাউনি/ *adj.* not real; false অলীক; অবাস্তব *She spoke with a phoney Russian accent.* ▶ **phoney** (*AmE* **phony**) *noun* [C] অবাস্তব বা মেকি বস্তু ইত্যাদি

phono- /'fəʊnəʊ 'ফ্যাউন্যাউ / *prefix* (*used in nouns, adjectives and adverbs*) connected with sound or sounds শব্দ বা শব্দসমষ্টির সঙ্গে জড়িত *phonetic* ○ *phonics*

phosphate / 'fɒsfeɪt 'ফস্ফেইট্ / *noun* [C, U] (in chemistry) any salt or compound containing phosphorus, used in industry or for helping plants to grow (রসায়ন শাস্ত্রে) ফসফরাস যুক্ত রাসায়নিক যৌগ পদার্থ বা লবণ যা বিভিন্ন শিল্পে এবং গাছপালার বাড়বৃদ্ধিতে ব্যবহৃত হয়; ফসফেট

phosphorescent / ˌfɒsfə'resnt ˌফস্ফ্যা'রেস্ন্ট / *adj.* (*technical*) **1** producing a faint light in the dark অন্ধকারে হালকা আলোর দীপ্তি বিকীর্ণ করে এমন **2** producing light without heat or with so little heat that it cannot be felt তাপ ছাড়া অথবা এত কম তাপের দ্বারা (যা সহজে অনুভূত হয় না) আলো উৎপন্ন করে এমন ▶ **phosphorescence** / -sns -স্ন্স্ / *noun* [U] অনুপ্রভা

phosphorus / 'fɒsfərəs 'ফস্ফ্যার্যাস্ / *noun* [U] (*symbol* **P**) a chemical element found in several different forms, including as a poisonous, pale yellow substance that shines in the dark and starts to burn as soon as it is placed in air (যে রাসায়নিক মৌলটি নানান আকারে পাওয়া যায়, এমন কি বিষাক্তভাবেও) হালকা হলুদ রঙের পদার্থ যা অন্ধকারে জ্বলজ্বল করে এবং বাতাসের সংস্পর্শে আসা মাত্র পুড়ে যায়; ফসফরাস

photo / 'fəʊtəʊ 'ফ্যাউট্যাউ / *noun* [C] (*pl.* **photos** /-təʊz -ট্যাউজ্ /) (*informal*) = **photograph**

photo- / 'fəʊtəʊ 'ফ্যাউট্যাউ / *prefix* (*used in nouns, adjectives and adverbs*) **1** connected with light আলোর সঙ্গে সম্পর্কিত *photosynthesis* **2** connected with photography ফোটোগ্রাফির সঙ্গে সম্পর্কিত *photocopier*

photocopier / 'fəʊtəʊkɒpiə(r) 'ফ্যাউট্যাউকপিঅ্যা(র্) / *noun* [C] a machine that makes copies of documents by photographing them যে যন্ত্রে প্রতিলিপি করা যায়; অবিকল নকল করার যন্ত্র

photocopy / 'fəʊtəʊkɒpi 'ফ্যাউট্যাউকপি / *noun* [C] (*pl.* **photocopies**) a copy of a document, a page

in a book, etc. that is made by a photocopier কোনো দলিল, বই এর পাতা ইত্যাদির নকল বা প্রতিলিপি যা নকল করার যন্ত্রে বানানো হয়েছে ✪ সম **Xerox™**
▶ **photocopy** *verb* [I, T] (*pres. part.* **photocopying;** *3rd person sing. pres.* **photocopies;** *pt, pp* **photocopied**) প্রতিলিপি করা বা ফোটোকপি করা

photograph / ˈfəʊtəgrɑːf ˈফ্যাউট্যাগ্রা:ফ্ / (*also* **photo**) *noun* [C] a picture that is taken with a camera ক্যামেরায় তোলা আলোকচিত্র; ফোটো *to take a photograph* ○ *She looks younger in real life than she does **in the photograph**.* ➪ **negative** এবং **slide** দেখো। ▶ **photograph** *verb* [T] ছবি তোলা

photographer / fəˈtɒgrəfə(r) ফ্যা'টগ্র্যাফ্যা(র্) / *noun* [C] a person who takes photographs আলোকচিত্রশিল্পী; ফোটোগ্রাফার ➪ **cameraman** দেখো।

photographic / ˌfəʊtəˈgræfɪk ˌফ্যাউট্যা'গ্র্যাফিক্ / *adj.* connected with photographs or photography আলোকচিত্র সংক্রান্ত, আলোকচিত্র গ্রহণ সংক্রান্ত

photography / fəˈtɒgrəfi ফ্যা'টগ্র্যাফি / *noun* [U] the skill or process of taking photographs ছবি তোলার পদ্ধতি বা দক্ষতা

photon / ˈfəʊtɒn 'ফ্যাউটন্ / *noun* [C] a unit of a certain type of energy (**electromagnetic energy**), for example light নির্দিষ্ট ধরনের শক্তির একক, যেমন আলো; ফোটন

photosynthesis / ˌfəʊtəʊˈsɪnθəsɪs ˌফ্যাউট্যাউ'সিন্থ্যাসিস্ / *noun* [U] the process by which green plants turn **carbon dioxide** and water into food using energy from sunlight যে পদ্ধতির দ্বারা সূর্যের আলো ব্যবহার করে কার্বন ডাইঅক্সাইড এবং জল থেকে সবুজ (ক্লোরোফিল সমৃদ্ধ) উদ্ভিদ খাদ্য উৎপাদন করে; সালোকসংশ্লেষ

phototropism / ˌfəʊtəʊˈtrəʊpɪzəm ˌফ্যাউট্যাউ'ট্র্যাউপিজ্যাম্ / *noun* [U] (*technical*) the action of a plant turning towards or away from light আলোক উৎসের অভিমুখে অথবা তার বিপরীতে গাছপালার ঘুরে যাওয়ার কাজ ▶ **phototropic** *adj.* আলোকমুখী হওয়ার কাজ সংক্রান্ত

phrasal verb / ˌfreɪzl ˈvɜːb ˌফ্রেইজ্'ল্ভ্যব্ / *noun* [C] (*grammar*) a verb that is combined with an adverb or a preposition, or sometimes both, to give a new meaning, such as 'look after' or 'put sb off' (ব্যাকরণ) ক্রিয়াবিশেষণ অথবা পদান্বয়ী অব্যয় যে কোনো একটি অথবা দুটিই কোনো ক্রিয়াপদের সঙ্গে যুক্ত হয়ে যে নতুন অর্থ উৎপন্ন করে, যেমন 'look after' অথবা 'put sb off'; পদবন্ধ ক্রিয়া

phrase[1] / freɪz ফ্রেইজ্ / *noun* [C] (*grammar*) a group of words that are used together. A phrase does not contain a full verb (ব্যাকরণ) ভাবপ্রকাশক শব্দগুচ্ছ বা শব্দবন্ধ যাতে পূর্ণ ক্রিয়াপদ থাকে না *'First of all' and 'a bar of chocolate' are phrases.* ➪ **sentence** দেখো।

phrase[2] / freɪz ফ্রেইজ্ / *verb* [T] to express sth in a particular way বিশেষভাবে কোনো কিছু ব্যক্ত করা *The statement was phrased so that it would offend no one.*

phylum / ˈfaɪləm 'ফাইল্যাম্ / *noun* [C] (*pl.* **phyla** / -lə -ল্যা /) a group into which animals, plants, etc. are divided, smaller than a **kingdom**[2] and larger than a **class**[1] **4** বর্গ বা গোষ্ঠী যাতে উদ্ভিদ, প্রাণীসমূহ ইত্যাদি বিভক্ত করা হয়। এই বর্গ বা গোষ্ঠী, 'কিংডম'-এর থেকে ছোটো এবং 'ক্লাস' এর থেকে বড়ো; ফাইলাম

physical / ˈfɪzɪkl 'ফিজ়িক্ল্ / *adj.* **1** connected with your body rather than your mind শারীরিক, দৈহিক *physical fitness/strength/disabilities* **2** (*only before a noun*) connected with real things that you can touch, or with the laws of nature বাস্তব বস্তু অথবা প্রাকৃতিক নিয়ম সংক্রান্ত *physical geography* (= the natural features on the face of the earth) **3** (*only before a noun*) connected with the study of natural forces (**physics**) and things that are not alive প্রাকৃতিক শক্তি (পদার্থ বিদ্যা) এবং ভৌতিক বস্তুসমূহের অধ্যয়নের সঙ্গে সংযুক্ত ▶ **physically** / -kli -ক্লি / *adv.* শারীরিক কারণে, বাস্তব কারণে *to be physically fit* ○ *It will be physically impossible to get to Noida before 10 p.m.*

physical education *noun* [U] (*abbr.* **PE**) sport and exercise that is taught in schools শরীরচর্চা (বিদ্যালয়ে)

physician / fɪˈzɪʃn ফি'জ়িশ্ন্ / (*AmE formal*) = **doctor**[1] **1**

physicist / ˈfɪzɪsɪst 'ফিজ়িসিস্ট্ / *noun* [C] a person who studies or is an expert in physics পদার্থবিদ্যাবিশেষজ্ঞ, পদার্থবিদ, পদার্থ বিজ্ঞানী

physics / ˈfɪzɪks 'ফিজ়িক্স্ / *noun* [U] the scientific study of natural forces such as light, sound, heat, electricity, pressure, etc. প্রাকৃতিক শক্তিসমূহ (যেমন আলো, কাজ, তাপ, বিদ্যুৎ, চাপ ইত্যাদির) বিজ্ঞানসম্মত অধ্যয়ন; পদার্থবিদ্যা, জড়বিজ্ঞান, ভৌতবিজ্ঞান

physio- / ˈfɪziəʊ 'ফিজ়িঅ্যাউ / *prefix* (*used in nouns, adjectives and adverbs*) **1** connected with nature প্রাকৃতিক, প্রকৃতি বিষয়ক বা সংক্রান্ত **2** connected with **physiology** শারীরবিজ্ঞান সংক্রান্ত

physiologist / ˌfɪziˈɒlədʒɪst ˌফিজ়ি'অল্যাজিস্ট্ / *noun* [C] a scientist who studies how living things function শারীরবিজ্ঞান-বিশারদ

physiology / ˌfɪziˈɒlədʒi ˌফিজ়িˈঅল্যাজি / *noun* [U] the scientific study of how living things function শারীরবিজ্ঞান

physiotherapist / ˌfɪziəʊˈθerəpɪst ˌফিজ়িঅ্যাউ-ˈথের‍্যাপিস্ট্ / *noun* [C] a person who is trained to use physiotherapy ফিজিওথেরাপি ব্যবহারে প্রশিক্ষণপ্রাপ্ত ব্যক্তি; অঙ্গ সঞ্চালন-চিকিৎসক; ফিজিওথেরাপিস্ট

physiotherapy / ˌfɪziəʊˈθerəpi ˌফিজ়িঅ্যাউˈথের‍্যাপি / (*AmE* **physical therapy**) *noun* [U] the treatment of disease or injury by exercise, light, heat, rubbing the muscles (**massage**), etc. ব্যায়াম, আলো, তাপ বা অঙ্গ সংবাহন ইত্যাদির দ্বারা রোগ বা আঘাতের চিকিৎসা ; অঙ্গ সঞ্চালন চিকিৎসা

physique / fɪˈziːk ফিˈজ়ীক্ / *noun* [C] the size and shape of a person's body কোনো ব্যক্তির দৈহিক গঠন *a strong muscular physique*

pi / paɪ পাই / *noun* [*sing.*] the symbol ◻ used to show the relation between the **circumference** of a circle and its **diameter** that is about 3.14159 বৃত্তের পরিধি এবং ব্যাসের সম্বন্ধ (যেটি প্রায় ৩.১৪১৫৯) দেখানোর জন্য ব্যবহৃত চিহ্ন ◻; পাই

pianist / ˈpɪənɪst ˈপিঅ্যানিস্ট্ / *noun* [C] a person who plays the piano পিয়ানোবাদক

piano / piˈænəʊ পিˈঅ্যান্যাউ / *noun* [C] (*pl.* **pianos** /-nəʊz -ন্যাউজ়্ /) a large musical instrument that you play by pressing down black and white keys পিয়ানো, একধরনের বৃহদাকার বাদ্যযন্ত্র *an upright piano* ○ *a grand piano* ➪ **music**-এ-ছবি দেখো।

> **NOTE** **Piano, violin,** অথবা **guitar** বাজানোর সম্বন্ধে বলতে গেলে আমরা বলি 'Play **the** piano, **the** violin, **the** guitar, etc.'—*I've been learning the piano for four years.* আধুনিক সংগীত সম্বন্ধে বলতে গেলে যেমন **jazz, rock** ইত্যাদিতে আমরা ব্যবহার করি play drums, guitar, etc. —*He plays bass in a band.* ○ *This recording features Miles Davis on trumpet.*

piccolo / ˈpɪkələʊ ˈপিক্যাল্যাউ/ *noun* [C] (*pl.* **piccolos**) a musical instrument like a small **flute** ছোটো বাঁশির মতো বাদ্যযন্ত্র

pick[1] / pɪk পিক্ / *verb* [T] **1** to choose sb/sth from a group of people or things দলের মধ্যে কোনো ব্যক্তি অথবা বস্তুকে বেছে নেওয়া *I was upset not to be picked for the team.* ○ *Have I picked a bad time to visit?* **2** to take a flower, fruit or vegetable from the place where it is growing ফুল, ফল, সবজি ইত্যাদি গাছ থেকে তুলে নেওয়া *to pick flowers grapes/ cotton* **3** to remove a small piece or pieces of sth with your fingers আঙুল দিয়ে ছোটো কোনো টুকরো বা টুকরোগুলি সরিয়ে ফেলা *Don't pick your nose!* ○ *She picked a hair off her jacket.* **4 pick your way across, over, through, etc. sth** to walk carefully, choosing the best places to put your feet পা বাঁচিয়ে চলা, ঠিক জায়গায় বেছে পা ফেলা

IDM **have a bone to pick with sb** ➪ **bone[1]** দেখো।

pick a fight (with sb) to start a fight with sb deliberately কারও সঙ্গে ইচ্ছে করে ঝগড়া বাধানো

pick a lock to open a lock without using a key চাবি ছাড়াই তালা খোলা

pick and choose to choose only the things that you like or want very much পছন্দের জিনিসগুলি বেছে তুলে নেওয়া

pick sb's pocket to steal money, etc. from sb's pocket or bag কারও পকেট বা ব্যাগ থেকে টাকা ইত্যাদি চুরি করা; পকেট মারা

PHR V **pick at sth 1** to eat only small amounts of food because you are not hungry খিদে না থাকায় কম পরিমাণে খাওয়া; খুঁটে খুঁটে খাওয়া **2** to touch sth many times with your fingers আঙুল দিয়ে বারবার কোনো কিছুকে ছোঁয়া

pick on sb to behave unfairly or in a cruel way towards sb কারও সঙ্গে অনুচিত অথবা নিষ্ঠুর ব্যবহার করা

pick sb/sth out to choose or recognize sb/sth from a number of people or things; identify অনেক লোক বা অনেক জিনিসের মধ্যে কাউকে বা কিছুকে আলাদা করে বেছে নেওয়া বা চিনতে পারা; শনাক্ত বা নিশানদিহি করা *I immediately picked Yamini out in the photo.*

pick up to become better; to improve আরও ভালো করা; উন্নতি করা

pick sb up to collect sb, in a car, etc. কাউকে গাড়ি ইত্যাদিতে তুলে সঙ্গে নিয়ে যাওয়া; পিক-আপ করা *We've ordered a taxi to pick us up at 4 a.m.*

pick sb/sth up 1 to take hold of and lift sb/sth কাউকে বা কোনো কিছু কোলে তুলে নেওয়া *Lalita picked up the child and gave him a cuddle.* **2** to receive an electronic signal, sound or picture বৈদ্যুতিন সংকেত, শব্দ বা ছবি ধরতে পারা, দেখতে বা শুনতে পাওয়া *In the north of France you can pick up English television programmes.*

pick sth up 1 to learn sth without formal lessons আনুষ্ঠানিক শিক্ষা ছাড়াই কোনো কিছু রপ্ত করা, শিখে নেওয়া, আয়ত্ত করা *Jaya picked up a few words of Tamil on holiday.* **2** to get or find sth কোনো কিছু হঠাৎ পাওয়া বা খুঁজে পাওয়া *I picked up this book at the market.* **3** to go and get sth; to collect sth কোনো জায়গায় গিয়ে নিয়ে আসা; নির্বাচন বা পছন্দ করা *I have to pick up my jacket from the cleaner's.*

pick² / pɪk পিক্ / *noun* **1** [*sing.*] the one that you choose; your choice বাছাই, চয়ন *You can have whichever cake you like.* ○ ***Take your pick.*** **2** [*sing.*] the best of a group কোনো দলের সেরা *You can see **the pick of** the new films at this year's festival.* **3** (*also* **pickaxe** *AmE* **pickax** / ˈpɪkæks পিক্অ্যাক্স্ /) [C] a tool that consists of a curved iron bar with sharp points at both ends, fixed onto a wooden handle. Picks are used for breaking stones or hard ground কাঠের হাতলে লাগানো দুইদিকে ধারালো ফলাওয়ালা বাঁকানো লৌহদণ্ড যা পাথর ভাঙতে বা শক্ত মাটি কোপাতে ব্যবহৃত হয়; বিশেষ ধরনের কুড়ুল ➪ **gardening**-এ ছবি দেখো।

picket / ˈpɪkɪt ˈপিকিট্ / *noun* [C] a worker or group of workers who stand outside the entrance to a building to protest about sth, especially in order to stop people entering a factory, etc. during a strike একজন কর্মী অথবা কর্মী গোষ্ঠী যারা কোনো কিছুর বিরুদ্ধে প্রতিবাদ জানানোর জন্য কোনো কারখানা ইত্যাদির গেটে দাঁড়িয়ে থাকে, বিশেষত ধর্মঘট চলাকালীন অন্যান্যদের ভিতরে প্রবেশ আটকানোর জন্য; পিকেট ▶ **picket** *verb* [I, T] ধর্না দেওয়া

pickle / ˈpɪkl ˈপিক্‌ল্ / *noun* **1** [C, *usually pl.*] (*BrE*) food such as fruit or vegetables that is put in salt water or **vinegar** so that it can be kept for a long time before being eaten নুন জল বা ভিনিগারে জারিত খাদ্যদ্রব্য, যেমন ফল বা সবজি **2** [U] a thick sauce-like food with a strong flavour made from fruit and vegetables that have been preserved in oil তেলে সংরক্ষিত ফল এবং সবজি দিয়ে বানানো তীব্র স্বাদযুক্ত সসের মতন খাদ্যদ্রব্য; আচার **3** [C] (*AmE*) = **gherkin** ▶ **pickle** *verb* [T] আচার তৈরি করা; জারানো *pickled onions*

pickpocket / ˈpɪkpɒkɪt ˈপিক্‌পকিট্ / *noun* [C] a person who steals things from other people's pockets or bags in public places পকেটমার, গাঁট-কাটা

pickup / ˈpɪkʌp ˈপিক্‌আপ্ / (*also* **pickup truck**) *noun* [C] a type of vehicle that has an open part with low sides at the back মালপত্র বহন করার জন্য ব্যবহৃত খোলা গাড়ি

picky / ˈpɪki ˈপিকি / *adj.* (*informal*) (used about a person) liking only certain things and difficult to please (কোনো ব্যক্তি সম্বন্ধে ব্যবহৃত) খুঁতখুঁতে, সহজে সন্তুষ্ট হয় না এমন ব্যক্তি ➪ **fussy** দেখো।

picnic / ˈpɪknɪk ˈপিক্‌নিক্ / *noun* [C] a meal that you take with you to eat outdoors বনভোজন; পিকনিক *We had a picnic on the beach* ▶ **picnic** *verb* [I] (*pres. part.* **picnicking;** *pt, pp* **picnicked**) বনভোজন করা, বাইরে একসঙ্গে মিলে খাওয়া দাওয়া করা

pictogram / ˈpɪktəgræm ˈপিক্‌ট্যাগ্র্যাম্ / *noun* [C] (*technical*) **1** a picture representing a word or phrase চিত্রপ্রতীক, চিত্রলিপি **2** a diagram that uses pictures to represent amounts or numbers of a particular thing নির্দিষ্ট কোনো বস্তুর পরিমাণ বা সংখ্যা উপস্থাপিত করার জন্য চিত্রসমূহের ব্যবহার করে যে নকশা বা ডায়াগ্রাম

pictorial / pɪkˈtɔːriəl পিক্ˈটːরিঅ্যাল্ / *adj.* expressed in pictures চিত্রে ব্যক্ত বা প্রকাশিত *pictorial representations of objects*

picture¹ / ˈpɪktʃə(r) ˈপিক্‌চ্যা(র্) / *noun* [C] **1** a painting, drawing or photograph ছবি, চিত্র, রেখাচিত্র বা আলোকচিত্র *Who painted the picture in the hall?* ○ *The teacher asked us to **draw a picture** of our houses.* **2** an image on a television screen দূরদর্শনের পর্দায় ফুটে ওঠা ছবি *They showed pictures of the crash on the news.* **3** a description of sth that gives you a good idea of what it is like যে বর্ণনা থেকে কোনো কিছু সম্বন্ধে সম্যক ধারণা জন্মায় *The police are trying to build up a picture of exactly what happened.*

picture² / ˈpɪktʃə(r) ˈপিক্‌চ্যা(র্) / *verb* [T] **1 picture sb/sth (as sth)** to imagine sth in your mind মনে মনে কোনো কিছু কল্পনা করা *I can't picture Inder as a father.* **2** to make a picture of sb/sth কারও বা কোনো কিছুর ছবি তোলা *She is pictured here with her parents.*

picturesque / ˌpɪktʃəˈresk ˌপিক্‌চ্যাˈরেস্ক্ / *adj.* (usually used about an old building or place) attractive (সাধারণত প্রাচীন স্থান বা পুরোনো অট্টালিকা সম্বন্ধে ব্যবহৃত) চিত্তাকর্ষক, ছবির মতো সুন্দর *a picturesque fishing village*

pie / paɪ পাই / *noun* [C, U] a type of food consisting of fruit, meat or vegetables inside a pastry case ফল, সবজি, মাংস ইত্যাদির পুর দিয়ে তৈরি খাবার; পাই *apple pie* ○ *meat pie*

piece¹ / piːs পীস্ / *noun* [C] **1** an amount or example of sth কোনো কিছুর এক টুকরো, একটি অংশ, উদাহরণস্বরূপ *a piece of paper* ○ *a piece of advice/information/news* **2** one of the parts that sth is made of কোনো বস্তুর একটা অংশ *We'll have to **take** the engine **to pieces** to find the problem.* **3** one of the parts into which sth breaks কোনো বস্তুর ভগ্নাংশ *The plate fell to the floor and smashed **to pieces**.* ○ *The vase lay **in pieces** on the floor.* **4 a piece (on/about sb/sth)** an article in a newspaper or magazine খবরের কাগজ বা পত্রিকার কোনো একটি রচনা *There's a good piece on Sri Lanka in today's paper.* **5** a single work of art, music, etc. শিল্পকর্ম, গান ইত্যাদির কোনো নিদর্শন *He* *played a piece by Ravi Shankar.* **6** one of the small objects that you use when you are playing games such as **chess** কোনো কিছু খেলার ঘুঁটি, যেমন দাবা **7** a coin of the value mentioned উল্লিখিত মূল্যের কোনো মুদ্রা *a fifty-paise piece*

IDM **bits and pieces** ⇨ **bit**[1] দেখো।

give sb a piece of your mind to speak to sb angrily because of sth he/she has done কারও কাজের জন্য তার উপর রেগে গিয়ে বকাঝকা করা

go to pieces to be no longer able to work or behave normally because of a difficult situation কঠিন পরিস্থিতির সম্মুখীন হয়ে ভেঙে পড়া

in one piece not broken or injured অক্ষত, অটুট *I've only been on a motorbike once, and I was just glad to get home in one piece.*

a piece of cake (*informal*) something that is very easy খুব সহজ কিছু

piece[2] / piːs পীস্ / *verb*

PHR V **piece sth together 1** to discover the truth about sth from different pieces of information নানা জায়গা থেকে তথ্য সংগ্রহ করে কোনো কিছু সম্বন্ধে আসল ব্যাপারটা জানা *Detectives are trying to piece together the last few days of the man's life.* **2** to put sth together from several pieces নানা টুকরো অংশ জুড়ে কিছু তৈরি করা

piecemeal / ˈpiːsmiːl ˈপীস্‌মীল্ / *adj., adv.* done or happening a little at a time একটু একটু করে ঘটা বা করা

piece rate *noun* [C] an amount of money paid for each thing or amount of sth that a worker produces প্রত্যেক বস্তু বা কোনো কর্মীর দ্বারা উৎপাদিত পরিমাণের জন্য দেয় অর্থ; মজুরি

pie chart *noun* [C] a diagram consisting of a circle divided into parts to show the size of particular parts in relation to the whole সমগ্রের সঙ্গে তার নির্দিষ্ট অংশগুলির আকারগত সম্বন্ধ দেখানোর জন্য বিভিন্ন অংশে বিভক্ত বৃত্ত সম্বলিত রেখাচিত্র; পাই চার্ট ⇨ **chart**[1]-এ ছবি দেখো।

pier / pɪə(r) পিঅ্যা(র্) / *noun* [C] a large wooden or metal structure that is built out into the sea from the land. Boats can stop at piers so that people or goods can be taken on or off ভূখণ্ড থেকে সমুদ্র পর্যন্ত নির্মিত কাঠের বা ধাতুর বড়ো কাঠামো। মানুষজনের যাতায়াত বা মালপত্র ওঠানো বা নামানোর জন্য নৌকোসমূহ এখানে থামতে পারে; জেটি

pierce / pɪəs পিঅ্যাস্ / *verb* **1** [T] to make a hole in sth with a sharp point বেঁধানো, ফুটিয়ে দেওয়া, বিঁধ করা, কোনো ধারালো জিনিস দিয়ে ফুটো করা *I'm going to have my ears pierced.* **2** [I, T] **pierce (through/into) sth** to manage to go through or into sth কোনো কিছু বিদারণ করা, ভেদ করে আসা, বিদীর্ণ করা *A scream pierced the air.*

piercing / ˈpɪəsɪŋ ˈপিঅ্যাসিং / *adj.* **1** (used about the wind, pain, a loud noise, etc.) strong and unpleasant (বাতাস, ব্যথা, জোরালো আওয়াজ ইত্যাদি সম্বন্ধে ব্যবহৃত) তীব্র, প্রচণ্ড, অপ্রীতিকর **2** (used about sb's eyes or a look) seeming to know what you are thinking (কারও চোখ বা চেহারা সম্বন্ধে ব্যবহৃত) হৃদয়বিদারী, মর্মভেদী

piety / ˈpaɪəti ˈপাইঅ্যাটি / *noun* [U] a way of behaving that shows a deep respect for God and religion ধর্মানুরাগ, ভক্তি, ঈশ্বরপ্রীতি ⇨ **pious** adjective দেখো।

pig[1] / pɪg পিগ্ / *noun* [C] **1** a fat pinkish animal with short legs and a short tail শুয়োর, শুকর, বরাহ

> NOTE পুরুষ শুয়োরকে **boar**, স্ত্রী শুয়োরকে **sow** এবং শুয়োরের শাবককে **piglet** বলা হয়। শুয়োরের ডাককে **grunt** এবং শুয়োরের শাবকের ডাককে **squeal** বলা হয়।

2 (*informal*) an unpleasant person or a person who eats too much অপ্রিয় লোভী ব্যক্তি যে খুব বেশি পরিমাণে খায়

pig[2]/pɪg পিগ্ /*verb* [T] (**pigging; pigged**) (*slang*) **pig yourself** to eat too much (অপপ্রয়োগ) খুব বেশি খাওয়া, ঘোঁত ঘোঁত করে খাওয়া

PHR V **pig out (on sth)** (*slang*) to eat too much of sth (অপপ্রয়োগ) কোনো কিছু বেশি পরিমাণে খেয়ে ফেলা

pigeon / ˈpɪdʒɪn ˈপিজিন্ / *noun* [C] a fat grey bird that often lives in towns পায়রা, কপোত, পারাবত

pigeon-hole *noun* [C] one of a set of small open boxes that are used for putting papers or letters in ছোটো ছোটো বেশ কয়েকটি খোলা বাক্সের সারির মধ্যে যে-কোনো একটি যা চিঠিপত্র অথবা কাগজপত্র রাখতে ব্যবহার করা হয়

piggyback / ˈpɪgibæk ˈপিগিব্যাক্ / *noun* [C] the way of carrying sb, especially a child, on your back পিঠে করে কোনো জিনিস, বিশেষত বাচ্চা, নিয়ে যাওয়ার ব্যবস্থা *to give sb a piggyback*

piggy bank *noun* [C] a small box, often shaped like a pig, that children save money in টাকা জমানোর জন্য শুয়োরের মতো আকারের ছোটো পাত্র, সাধারণত বাচ্চারাই এর মধ্যে টাকা জমায়

pig-headed *adj.* (*informal*) not prepared to change your mind or say that you are wrong যে সহজে মত বদলাতে চায় না বা নিজের ভুল মানতে চায় না গোঁয়ার, একগুঁয়ে ⇨ **stubborn** এবং **obstinate** দেখো।

pig iron *noun* [U] a form of iron that is not pure যে লোহা খাঁটি নয়

piglet / ˈpɪglət ˈপিগ্‌ল্যাট্ / *noun* [C] a young pig শুয়োর ছানা, শূকর শাবক

pigment / ˈpɪgmənt ˈপিগ্‌ম্যান্ট্ / *noun* [C, U] a substance that gives colour to things রঞ্জক পদার্থ *The colour of your skin depends on the amount of pigment in it.*

pigsty / ˈpɪgstaɪ ˈপিগ্‌স্টাই / (*also* **sty** *AmE* **pigpen**) *noun* [C] (*pl.* **pigsties**) a small building where pigs are kept শুয়োরের খোঁয়াড়

pigtail / ˈpɪgteɪl ˈপিগ্‌টেইল্ / (*AmE* **braid**) *noun* [C] hair that is tied together in one or two thick pieces made by crossing three pieces of hair over each other (**plaiting**) চুলের বেণি, বিনুনি

pilchard / ˈpɪltʃəd ˈপিল্‌চ্যাড্ / *noun* [C] a small sea fish that you can eat এক ধরনের ছোটো সামুদ্রিক মাছ, যা খাওয়া যায়

pile¹ / paɪl পাইল্ / *noun* [C] 1 a number of things lying on top of one another, or an amount of sth lying in a mass একটার উপর একটা জিনিস গাদা করে রাখা আছে এমন; স্তূপ, গাদা *a pile of books/sand* ○ *He put the coins* ***in*** *neat* ***piles****.* ○ *She threw the clothes* ***in a pile*** *on the floor.*

> **NOTE** **Pile** গোছানোও হতে পারে বা অগোছালোও হতে পারে কিন্তু **heap** শব্দটি সবসময় অগোছালো স্তূপাকৃত বস্তুর জন্য ব্যবহার করা হয়।

2 (*usually pl.*) (*informal*) **piles of sth** a lot of sth স্তূপাকার, রাশি রাশি *I've got piles of work to do this evening.* **3 piles** [*pl.*] = **haemorrhoids**

pile² / paɪl পাইল্ / *verb* [T] **1 pile sth (up)** to put things one on top of the other to form a pile একটার উপর আর একটা রেখে স্তূপাকৃতি করা *We piled the boxes in the corner.* **2 pile A on(to) B; pile B with A** to put a lot of sth on top of sth কোনো কিছুর উপরে অনেক জিনিস একত্রিত করা বা জমা করা *She piled the papers on the desk.* ○ *The desk was piled with papers.*

PHR V **pile into, out of, off, etc. sth** (*informal*) to go into, out of, off, etc. sth quickly and all at the same time হড়বড় করে, একসঙ্গে, হুড়মুড় করে চড়া বা নামা, ঢোকা বা বেরোনো *The children piled onto the bus.*

pile up (used about sth bad) to increase in quantity (খারাপ কিছু সম্বন্ধে ব্যবহৃত) পরিমাণে বাড়তে থাকা, জমা হওয়া *Our problems are really piling up.*

pile-up *noun* [C] a crash that involves several cars, etc. কয়েকটি গাড়ির মধ্যে সংঘর্ষ, ধাক্কা *a multiple pile-up on the highway*

pilfer / ˈpɪlfə(r) পিল্‌ফ্যা(র্) / *verb* to steal something in small quantity or of little value, especially from the place where you work সাধারণত নিজের কর্মস্থল থেকে, খুবই অল্প পরিমাণে বা অল্প মূল্যের কিছু চুরি করা *She was caught pilfering stationery from the office.*

pilgrim / ˈpɪlgrɪm ˈপিল্‌গ্রিম্ / *noun* [C] a person who travels a long way to visit a religious place তীর্থযাত্রী

pilgrimage / ˈpɪlgrɪmɪdʒ ˈপিল্‌গ্রিমিজ্ / *noun* [C, U] a long journey that a person makes to visit a religious place তীর্থযাত্রা

pill / pɪl পিল্ / *noun* **1** [C] a small round piece of medicine that you swallow ওষুধের গুলি, বটিকা বা বড়ি *Take one pill, three times a day after meals.* ○ *a sleeping pill* ➪ **tablet** দেখো। **2 the pill** [*sing.*] a pill that some women take regularly so that they do not become pregnant গর্ভনিরোধক বড়ি; পিল *She is* ***on the pill****.*

pillar / ˈpɪlə(r) ˈপিল্যা(র্) / *noun* [C] **1** a column of stone, wood or metal that is used for supporting part of a building কোনো অট্টালিকা বা বাড়ির ভার রক্ষার উদ্দেশ্যে ব্যবহৃত কাঠ, পাথর বা ধাতুর স্তম্ভ বা কোনো অট্টালিকা বা বাড়ির থাম **2** a person who has a strong character and is important to sb/sth কেউ বা কারও কাছে অত্যন্ত গুরুত্বপূর্ণ দৃঢ় চরিত্রের ব্যক্তি; স্তম্ভস্বরূপ কোনো ব্যক্তি *Neeraj was a* ***pillar of strength*** *to his sister when she was ill.*

pillion / ˈpɪliən ˈপিলিঅ্যান্ / *noun* [C] a seat for a passenger behind the driver on a motorbike মোটর সাইকেলের চালকের পিছনের আরোহী ▶ **pillion** *adv.* পশ্চাদারোহীর মতো বা সেইভাবে *to ride pillion on a motorbike*

pillow / ˈpɪləʊ ˈপিল্যাউ / *noun* [C] a large cushion that you put under your head when you are in bed বালিশ, তাকিয়া

pillowcase / ˈpɪləʊkeɪs ˈপিল্যাউকেইস্ / *noun* [C] a thin soft cloth cover for a pillow বালিশের ওয়াড়

pilot¹ / ˈpaɪlət ˈপাইল্যাট্ / *noun* [C] a person who flies an aircraft বিমান চালক ; পাইলট *an airline pilot*

pilot² / ˈpaɪlət ˈপাইল্যাট্ / *verb* [T] **1** to operate the controls of a vehicle, especially an aircraft or a boat যে-কোনো গাড়ি চালানো, বিশেষত কোনো বিমান বা কোনো নৌকো জলযান *to pilot a ship* **2** to lead sb/sth through a difficult situation কাউকে বা কিছুকে কঠিন পরিস্থিতিতে পথ দেখানো *The booklet pilots you through the process of starting your own business.* **3** to be the first to test sth that will be used by everyone পরীক্ষামূলকভাবে প্রথমবার ব্যবহার

করা যা পরে সকলে ব্যবহার করবে *The new exam is being piloted in schools in Delhi.*

pilot³ / ˈpaɪlət ˈপাইল্যাট্ / *adj.* (*only before a noun*) done as an experiment or to test sth that will be used by everyone পরীক্ষামূলকভাবে যা সর্বপ্রথম করা হয়েছে, যা পরে অন্যদের কাজে লাগবে *The pilot scheme will run for six months.*

pimple / ˈpɪmpl ˈপিম্প্ল্ / *noun* [C] a small raised spot on your skin ব্রণ; ফুসকুড়ি

PIN / pɪn পিন্ / (*also* **PIN number**) *noun* [C, *usually sing.*] personal identification number; a number given to you by your bank so that you can use a plastic card to take out money from a cash machine ব্যক্তিকে চিহ্নিত করার সংখ্যা; ব্যাংক থেকে এই সংখ্যা দেওয়া হয় যার দ্বারা ব্যাংক প্রদত্ত এক বিশেষ প্লাস্টিক কার্ড ব্যবহার করে ক্যাশ যন্ত্র থেকে টাকা বার করা যায়; পিন নাম্বার

pin¹ / pɪn পিন্ / *noun* [C] **1** a short thin piece of metal with a round head at one end and a sharp point at the other. Pins are used for fastening together pieces of cloth, paper, etc. কাপড়, কাগজ ইত্যাদির টুকরো একত্র করে গেঁথে রাখার জন্য ব্যবহৃত আলপিন, কাঁটা, পিন **2** a thin piece of wood or metal that is used for a particular purpose পাতলা কাঠ বা ধাতুর টুকরো যা বিশেষ কোনো কাজে লাগে *a hairpin* ○ *a two-pin plug* ➪ **stationery**-তে ছবি দেখো।

pin² / pɪn পিন্ / *verb* [T] (**pinning; pinned**) **1 pin sth to/on sth; pin sth together** to fasten sth with a pin or pins পিন দিয়ে আটকানো *Could you pin this notice on the board, please?* **2 pin sb/sth against, to, under, etc. sth** to make sb/sth unable to move by holding or pressing down on sb/it কাউকে বা কিছুকে জোরে চেপে ধরে নড়তে না দেওয়া *He caught his brother and pinned him to the floor.* ○ *He was pinned under the fallen tree.*

IDM **pin (all) your hopes on sb/sth** to believe completely that sb/sth will help you or will succeed কোনো ব্যক্তি অথবা বস্তুর উপর কোনো সাহায্য বা সাফল্যের জন্য পুরোপুরি নির্ভর করা, ভরসা করা

PHR V **pin sb down 1** to hold sb so he/she cannot move কোনো ব্যক্তিকে এমনভাবে চেপে ধরা যাতে সে নড়তে না পারে **2** to force sb to decide sth or to say exactly what he/she is going to do কাউকে কোনো সিদ্ধান্ত নিতে অথবা সে আসলে যা কিছু করতে যাচ্ছে সেই সম্বন্ধে বলতে বাধ্য করা

pin sth down to describe or explain exactly what sth is কোনো কিছুর প্রকৃত অবস্থা বর্ণনা বা বিশ্লেষণ করা

pinafore / ˈpɪnəfɔː(r) ˈপিন্যাফ:(র্) / *noun* [C] (*old-fashioned*) a piece of clothing or a dress that a woman can wear over her normal clothes to keep them clean when she is cooking or doing dirty jobs রান্না করা বা ময়লা ঘাঁটার মতো কোনো কাজ করার সময়ে পরে-থাকা জামাকাপড় পরিষ্কার রাখার জন্য মেয়েরা অন্য পরিচ্ছদের উপরে যে ঢিলে আচ্ছাদনী বা পোশাক পরে ➪ **apron** দেখো।

pincer / ˈpɪnsə(r) ˈপিন্স্যা(র্) / *noun* **1 pincers** [*pl.*] a tool made of two crossed pieces of metal that is used for holding things, pulling nails out of wood, etc. দুটি আড়াআড়িভাবে রাখা ধাতুর টুকরো দিয়ে তৈরি যন্ত্র যা কোনো কিছু ধরা, কাঠের থেকে পেরেক বার করা ইত্যাদির জন্য ব্যবহার করা হয়; সাঁড়াশি **2** [C] one of the two sharp, curved front legs of some shellfish that are used for holding things কাঁকড়া ইত্যাদির দাঁড়া ➪ **shellfish**-এ ছবি দেখো।

pinch¹ / pɪntʃ পিন্চ / *verb* **1** [T] to hold a piece of sb's skin tightly between your thumb and first finger, especially in order to hurt sb চিমটি কাটা *Puneet pinched his brother and made him cry.* **2** [I, T] to hold sth too tight, often causing pain কাউকে জোরে চেপে ধরে ব্যথা দেওয়া *I've got a pinched nerve in my neck.* **3** [T] (*informal*) to steal চুরি করা, লুকিয়ে নিয়ে নেওয়া, হাতানো *Who's pinched my pen?*

pinch² / pɪntʃ পিন্চ / *noun* [C] **1** the holding of sb's skin tightly between your finger and thumb চিমটি *She gave him a little pinch on the arm.* **2** the amount of sth that you can pick up with your thumb and first finger এক চিমটির পরিমাণ, খুব কম *a pinch of salt*

IDM **at a pinch** used to say that sth can be done if it is really necessary সত্যিকারের দরকার হলে এতেই কাজ চালানো যাবে এই বলার জন্য ব্যবহৃত *We really need three cars but we could manage with two at a pinch.*

take sth with a pinch of salt to think that sth is probably not true or accurate এই ভাবা যে কোনো কিছু সম্ভবত সত্যি অথবা ঠিক নয়

pinched / pɪntʃt পিন্চ্ট্ / *adj.* (used about sb's face) thin and pale because of illness or cold (কোনো ব্যক্তির মুখমণ্ডল সম্বন্ধে ব্যবহৃত) ঠান্ডায় বা অসুস্থতায় শীর্ণ এবং ফ্যাকাশে

pine¹ / paɪn পাইন্ / *noun* **1** [C] (*also* **pine tree**) a tall **evergreen** tree that has thin sharp leaves (**needles**) চিরহরিৎ বৃক্ষ যার পাতা পাতলা এবং ধারালো; পাইন গাছ **2** [U] the wood from pine trees (which is often used for making furniture) পাইন গাছের কাঠ যা আসবাবপত্র তৈরির কাজে লাগে *a pine table*

pine² / paɪn পাইন্ / *verb* [I] **pine (for sb/sth)** to be very unhappy because sb has died or gone away কারও মৃত্যু বা বিচ্ছেদের শোকে কাতর হওয়া *The dog sat outside, pining for its owner.*

pineapple / ˈpaɪnæpl ˈপাইন্‌অ্যাপ্‌ল্ / *noun* [C, U] a large sweet fruit that is yellow inside and has a thick brown skin with sharp points. Pineapples grow in hot countries ছোটো ছোটো ধারালো ফলাযুক্ত পুরু বাদামি ত্বকের ফল, আনারস ⇨ **fruit**-এ ছবি দেখো।

pine nut (*BrE* **pine kernel**) *noun* [C] the white seed of some **pine** trees, used in cooking কোনো কোনো পাইন গাছের সাদা বীজ, যা অনেক সময় রান্নায় লাগে

ping / pɪŋ পিং / *noun* [C] a short high noise that is made by a small bell or by a metal object hitting against sth তীক্ষ্ণ ধাতব আওয়াজ *The lift went ping and the doors opened.* ▶ **ping** *verb* [I] ঐ রকম শব্দ করা

ping-pong (*informal*) = **table tennis**

pink / pɪŋk পিংক্ / *adj., noun* [U] (of) a pale red colour গোলাপি রঙের

pinnacle / ˈpɪnəkl ˈপিন্যাক্‌ল্ / *noun* [C] **1** the most important or successful part of sth সর্বাপেক্ষা গুরুত্বপূর্ণ, সাফল্যমণ্ডিত অংশ *She is at the pinnacle of her career.* **2** a high pointed rock on a mountain পাহাড়ের চূড়া, শৃঙ্গ, শিখর

pinpoint / ˈpɪnpɔɪnt ˈপিন্‌পইন্ট্ / *verb* [T] **1** to find the exact position of sth কোনো কিছুর সঠিক অবস্থান খুঁজে পাওয়া *to pinpoint a place on the map* **2** to describe or explain exactly what sth is কোনো জিনিস সঠিকভাবে বর্ণনা বা বিশ্লেষণ করা *First we have to pinpoint the cause of the failure.*

pins and needles *noun* [*pl.*] a strange, sometimes painful feeling that you get in a part of your body after it has been in one position for too long and when the blood is returning to it অনেকক্ষণ একভাবে বসে থাকার ফলে হাতে পায়ে যে ঝিঁঝিঁ ধরে

pint / paɪnt পাইন্ট্ / *noun* [C] **1** (*abbr.* **pt**) a measure of liquid; 0.57 of a litre. There are 8 pints in a gallon তরল পদার্থের ওজনের মাপক; এক লিটারের ০.৫৭; ৮ পাইন্টে হল এক গ্যালন *a pint of milk*

> **NOTE** এক আমেরিকার পাইন্ট মানে 0.47 লিটার।

2 (*BrE informal*) a pint of beer এক পাইন্ট বিয়ার

pin-up *noun* [C] (*informal*) a picture of an attractive person, made to be put on a wall; a person who appears in these pictures দেয়ালে লাগানোর জন্য ব্যবহৃত কোনো আকর্ষণীয় ব্যক্তির চিত্র; যে ব্যক্তির ছবি এইরূপে ব্যবহৃত হয়

pioneer / ˌpaɪəˈnɪə(r) ˌপাইঅ্যাˈনিঅ্যা(র্) / *noun* [C] **1 a pioneer (in/of sth)** a person who is one of the first to develop an area of human knowledge, culture, etc. মনুষ্যজ্ঞান, সংস্কৃতি ইত্যাদির কোনো ক্ষেত্রের পথ প্রবর্তক, সূচনাকারী *Yuri Gagarin was one of the pioneers of space exploration.* **2** a person who is one of the first to go and live in a particular area যে ব্যক্তি নির্দিষ্ট কোনো স্থানে সর্বপ্রথম বসবাস শুরু করে *the pioneers of the American West* ▶ **pioneer** *verb* [T] পথ খুলে দেওয়া, সূচনা করা *a technique pioneered in India*

pious / ˈpaɪəs ˈপাইঅ্যাস্ / *adj.* having or showing a deep belief in religion ধার্মিক, ধর্মভীরু ▶ **piously** *adv.* ধার্মিকভাবে, ধর্মসংগতভাবে ⇨ **piety** noun দেখো।

pip / pɪp পিপ্ / *noun* [C] (*BrE*) the small seed of an apple, a lemon, an orange, etc. আপেল, পাতিলেবু বা কমলালেবু ইত্যাদি ফলের ছোটো বীজ

pipal *noun* [C] a fig tree native to India and SE Asia with broad pointed leaves. It is regarded as sacred by Buddhists (Buddha having attained **enlightenment** under the tree) and also by **Hindus** and **Jains** ভারত এবং দক্ষিণ-পূর্ব এশিয়ায় জন্মায় বড়ো ছুঁচোলো পাতা সমেত এক ধরনের গাছ যা বৌদ্ধ (বুদ্ধদেব এর নীচে তপস্যা করে বুদ্ধত্ব প্রাপ্ত হয়েছিলেন), হিন্দু এবং জৈনদের কাছে পবিত্র; অশ্বত্থ গাছ

pipe[1] / paɪp পাইপ্ / *noun* [C] **1** a tube that carries gas or liquid গ্যাস বা তরল বহনকারী নল *Waste water is carried away down the drainpipe.* **2** a tube with a small bowl at one end that is used for smoking tobacco তামাক খাওয়ার পাইপ; হুঁকা, হুঁকো *to smoke a pipe* **3** a simple musical instrument that consists of a tube with holes in it. You blow into it to play it ছিদ্রযুক্ত নলের আকারে বাদ্যযন্ত্র, যা ফুঁ দিয়ে বা বাজাতে হয়; পাইপ

pipe[2] / paɪp পাইপ্ / *verb* [T] to carry liquid or gas in pipes নলের মধ্যে তরল পদার্থ বা গ্যাস বহন করা *Water is piped to all the houses in the village.*

PHR V **pipe up** (*informal*) to suddenly say sth হঠাৎ কিছু বলে ওঠা *Suddenly Shirin piped up with a question.*

pipeline / ˈpaɪplaɪn ˈপাইপ্‌লাইন্ / *noun* [C] a line of pipes that are used for carrying liquid or gas over a long distance তেল, গ্যাস ইত্যাদি অনেক দূর পর্যন্ত বহন করার লম্বা পাইপ লাইন

IDM **in the pipeline** being planned or prepared পরিকল্পিত অথবা সুনিয়ন্ত্রিত হচ্ছে এমন

piper / ˈpaɪpə(r) ˈপাইপ্যা(র্) / *noun* [C] a person who plays music on a pipe, or who plays a musical instrument that is typical in Scotland (**the bagpipes**) বাঁশিওয়ালা বা স্কটল্যান্ডের বিশেষ বাজনার ব্যাগপাইপ বাদক; বংশীবাদক

pipette / pɪˈpet পিˈপেট্ / *noun* [C] (*technical*) a narrow tube used in a **laboratory** for measuring or moving small amounts of liquids গবেষণাগারে

অল্প পরিমাণে তরল পদার্থ মাপা এবং চালার জন্য যে সরু নল ব্যবহৃত হয় ➪ **laboratory**-তে ছবি দেখো।

piping¹ / ˈpaɪpɪŋ ˈপাইপিং / *noun* [U] **1** pipes of the type or length mentioned উল্লিখিত ধরন অথবা দৈর্ঘ্যের পাইপ *The extent of lead piping is 20 metres.* **2** a narrow strip of folded cloth that is used to decorate the edge of a piece of clothing, cushion, etc. ভাঁজ করা কাপড়ের সরু পটি যা কুশন বা অন্য কাপড়ের প্রান্তে বাহার আনার জন্য ব্যবহৃত হয়; পাইপিং *a red dress with gold piping* **3** the sound of a pipe or pipes being played বাঁশি বাজানোর আওয়াজ; বংশীধ্বনি

piping² / ˈpaɪpɪŋ ˈপাইপিং / *adj.* (of a person's voice) high তীব্র কণ্ঠস্বর

piping hot *adj.* (of liquids or food) very hot খুব গরম তরল পদার্থ বা খাদ্যবস্তু

piracy / ˈpaɪrəsi ˈপাইর‍্যাসি / *noun* [U] **1** the crime of attacking ships in order to steal from them জলদস্যুগিরি **2** the illegal copying of books, video, tapes, etc. বেআইনিভাবে বই, টেপ ইত্যাদি নকল করার কাজ

pirate¹ / ˈpaɪrət ˈপাইর‍্যাট্ / *noun* [C] **1** (usually in the past or in stories) a criminal who attacks ships in order to steal from them (সাধারণত অতীতে বা কাহিনিতে) জলদস্যু **2** a person who copies books, video tapes, computer programs, etc. in order to sell them illegally বেআইনিভাবে বাজারে বিক্রির উদ্দেশ্যে ভিডিও, কম্পিউটার, প্রোগ্রাম, বই ইত্যাদির নকল করে যে ব্যক্তি

pirate² / ˈpaɪrət ˈপাইর‍্যাট্ / *verb* [T] to make an illegal copy of a book, video tape, etc. in order to sell it বিক্রি করার জন্য বই ভিডিও টেপ ইত্যাদির নকল করা

Pisces / ˈpaɪsiːz ˈপাইসীজ় / *noun* [U] the twelfth sign of the **zodiac**, the Fishes রাশিচক্রের দ্বাদশ রাশি, মীন রাশি

pistachio / pɪ ˈstæʃiəʊ; ˈstɑːʃiəʊ পিˈস্ট্যাশিঅ্যাউ; ˈস্টা:শিঅ্যাউ / (*also* **pistachio nut**) *noun* [C] (*pl.* **pistachios**) the small green nut of an Asian tree এশিয়ায় জাত পেস্তা বাদাম ➪ **nut**-এ ছবি দেখো।

pistil / ˈpɪstɪl ˈপিস্‌টিল্ / *noun* (*technical*) the female organs of a flower, which receive the **pollen** and produce seeds ফুলের স্ত্রী অঙ্গ, যেখানে পরাগ মিশে বীজ জন্মায়; গর্ভকেশর

pistol / ˈpɪstl ˈপিস্‌ট্‌ল্ / *noun* [C] a small gun that you hold in one hand ছোটো বন্দুক; পিস্তল ➪ **gun** দেখো।

piston / ˈpɪstən ˈপিস্‌ট্যান্ / *noun* [C] a piece of metal in an engine, etc. that fits tightly inside a tube (**cylinder**). The piston is moved up and down inside the tube and causes other parts of the engine to move ইঞ্জিন ইত্যাদিতে টিউব বা বেলনের ভিতরে চেপে বসে এরকম ধাতুখণ্ড, টিউবের ভিতরে এটিকে উপর-নীচে করা যায় এবং ইঞ্জিনের অন্যান্য অংশগুলিকেও তা গতিশীল করে; ইঞ্জিনের চাপদণ্ড; পিস্টল ➪ **hydraulic**-এ ছবি দেখো।

pit¹ / pɪt পিট্ / *noun* **1** [C] a large hole that is made in the ground গর্ত, খানা, মৃত্তিকা, গহ্বর *They dug a large pit to bury the treasure.* **2** [C] = **coal mine** **3 the pits** [*pl.*] the place on a motor racing track where cars stop for fuel, new tyres, etc. during a race মোটর গাড়ির দৌড়পথের উপর এমন কোনো স্থান সময় যেখানে জ্বালানি, নতুন টায়ার ইত্যাদির জন্য রেস চলাকালীন গাড়িগুলি থামে

IDM **be the pits** (*slang*) to be very bad (অপপ্রয়োগ) খুব খারাপ বা জঘন্য হওয়া *The food in that restaurant is the pits!*

pit² / pɪt পিট্ / *verb* [T] (**pitting; pitted**) to make small holes in the surface of sth ছোটো ছোটো গর্ত করা (কোনো কিছুর গায়ে) *The front of the building was pitted with bullet marks.*

PHR V **pit A against B** to test one person or thing against another in a fight or competition যুদ্ধ বা প্রতিযোগিতায় একে অপরের বিরুদ্ধে কোনো ব্যক্তি বা বস্তুকে পরীক্ষা করা *The two strongest teams were pitted against each other in the final.*

pitch¹ / pɪtʃ পিচ্ / *noun* **1** [C] a special area of ground where you play certain sports কোনো বিশেষ ধরনের খেলার জন্য মাঠের নির্দিষ্ট স্থান *a football/hockey/cricket pitch* ➪ **court** এবং **field** দেখো। **2** [*sing.*] the strength or level of feelings, activity, etc. কোনো অনুভব, কাজ ইত্যাদির প্রাবল্য বা মাত্রা *The children's excitement almost reached fever pitch.* **3** [U] how high or low a sound is, especially a musical note সংগীতের সুরের উচ্চতার মাত্রা বা তীব্রতা **4** [C] talk or arguments used by sb who is trying to sell sth or persuade sb to do sth এমন কোনো ব্যক্তি যে কোনো কিছু বিক্রি করা বা কিছু করার জন্য কাউকে প্ররোচিত করছে তার দ্বারা ব্যবহৃত তর্ক অথবা কথা *a sales pitch* ○ *to make a pitch for sth*

pitch² / pɪtʃ পিচ্ / *verb* **1** [T] to set sth at a particular level কোনো কিছু বিশেষ সুরে অথবা মাত্রায় বাঁধা *The talk was pitched at people with far more experience than me.* **2** [I, T] to throw sth/sb; to be thrown কোনো কিছু বা কাউকে ছুড়ে ফেলা বা ছুড়ে দেওয়া; নিক্ষিপ্ত হওয়া *Dilshad pitched his can into the bushes.* **3** [T] to put up a tent or tents তাঁবু খাটানো *They pitched their tents in the valley.* **4** [T] **pitch sth (at sb)** to try to sell a product to a particular group of people or in a particular way বিশেষ এক শ্রেণির লোকের কাছে অথবা বিশেষ কোনো

উপায়ে কোনো পণ্য বিক্রি করার চেষ্টা করা *This new breakfast cereal is being pitched at kids.*

PHR V **pitch in** (*informal*) to join in and work together with other people একত্র হয়ে অন্য ব্যক্তিদের সঙ্গে কোনো কাজ করা *Everybody pitched in to clear up the flood damage.*

pitch-black *adj.* completely dark; with no light at all নিকষ অন্ধকার; ঘুটঘুটে অন্ধকার

pitcher / ˈpɪtʃə(r) ˈপিচ্যা(র্) / *noun* [C] **1** a large container for holding and pouring liquids কলশ, কলশি, ঘড়া **2** (in baseball) the player who throws (**pitches**) the ball to a player from the other team, who tries to hit it বেসবল খেলায় যে খেলোয়াড় প্রতিপক্ষের খেলোয়াড়ের মারার জন্য তার দিকে বলটি ছোড়ে

pitchfork / ˈpɪtʃfɔːk ˈপিচ্‌ফ:ক্ / *noun* [C] a farm tool like a fork with a long handle and two or three sharp metal points. It is used for lifting and moving dried cut grass (**hay**) লম্বা হাতল এবং দুটি বা তিনটি ধাতব ফলাওয়ালা কাঁটার মতো কোনো কৃষি-সরঞ্জাম যা দিয়ে খড়ের আঁটি বা শুকনো ঘাস তোলা যায় এবং সরিয়ে ফেলা যায় ➪ **gardening**-এ ছবি দেখো।

piteous / ˈpɪtiəs ˈপিটিঅ্যাস্ / *adj.* (*formal*) that makes you feel pity or sadness যা করুণা বা দুঃখ জাগায়; দুঃখজনক ▶ **piteously** *adv.* দুঃখজনকভাবে, শোচনীয়ভাবে

pitfall / ˈpɪtfɔːl ˈপিট্‌ফ:ল্ / *noun* [C] a danger or difficulty, especially one that is hidden or not obvious বিপদ বা অসুবিধা, বিশেষত যা সহজে চোখে পড়ে না

pith / pɪθ পিথ্ / *noun* [U] the white substance inside the skin of an orange, lemon, etc. কমলা লেবু, পাতিলেবু ইত্যাদির খোসার নীচের সাদা অংশ; শাঁস

pithy / ˈpɪθi ˈপিথি / *adj.* expressed in a clear, direct way বাহুল্যবর্জিত, স্পষ্টভাষায় অভিব্যক্ত *a pithy comment*

pitiful / ˈpɪtɪfl ˈপিটিফ্‌ল্ / *adj.* causing you to feel pity or sadness করুণা বা দুঃখ উদ্রেককারী, করুণা জাগায় এমন *the pitiful groans of the wounded soldiers* ▶ **pitifully** / ˈpɪtɪfəli ˈপিটিফ্যালি / *adv.* করুণাপূর্ণভাবে

pitiless / ˈpɪtiləs ˈপিটিল্যাস্ / *adj.* having or showing no pity for other people's suffering নির্দয়, নির্মম, দয়ামায়াহীন ▶ **pitilessly** *adv.* করুণাশূন্যভাবে

pittance / ˈpɪtns ˈপিট্‌ন্স্ / *noun* [*usually sing.*] a very small amount of money that is less than what sb needs or deserves, received for example as a wage or allowance প্রয়োজন অথবা যোগ্যতার তুলনায় অত্যন্ত কম পরিমাণ অর্থ, যেমন মজুরি বা অনুদান হিসেবে প্রাপ্ত *He works for a pittance.*

pituitary / pɪˈtjuːɪtəri পিˈটিউইট্যারি / (*also* **pituitary gland**) *noun* [C] (*pl.* **pituitaries**) a small organ at the base of the brain that produces substances that affect growth and sexual development (**hormones**) মস্তিষ্কের ভিত্তি স্থলের ছোটো অঙ্গ যার দ্বারা উৎপন্ন পদার্থের দ্বারা বৃদ্ধি এবং যৌন বিকাশ (হরমোন) প্রভাবিত হয়; পিটুইটারি গ্রন্থি

pity[1] / ˈpɪti ˈপিটি / *noun* **1** [U] a feeling of sadness that you have for sb/sth that is suffering or in trouble সহমর্মিতা, দয়ামায়া *The situation is his fault so I don't feel any pity for him.* **2** [*sing.*] something that makes you feel a little sad or disappointed যে বস্তু আশাহত করে অথবা উদ্রেক করে *'You're too late. Tina left five minutes ago.' 'Oh, what a pity!'* ○ *It's a pity that Bina couldn't come to the party.*

IDM **take pity on sb** to help sb who is suffering or in trouble because you feel sorry for him/her অসুবিধায় পড়েছে এমন বা বিপদগ্রস্ত কোনো ব্যক্তির প্রতি করুণাপরবশ হওয়া তার জন্য কিছু করা

pity[2] / ˈpɪti ˈপিটি / *verb* [T] (*pres. part.* **pitying;** *3rd person sing. pres.* **pities;** *pt, pp* **pitied**) to feel pity or sadness for sb who is suffering or in trouble যে দুঃখ পাচ্ছে বা কষ্টে আছে তার জন্য করুণা বা দুঃখ বোধ করা

pivot[1] / ˈpɪvət ˈপিভ্যাট্ / *noun* [C] **1** the central point on which sth turns or balances কেন্দ্রবিন্দু, যাতে ভর দিয়ে কোনো কিছু ঘোরে বা ভারসাম্য বজায় রাখে; আবর্তন শলাকা; পিভট **2** the central or most important person or thing কোনো কিছুর সর্বাপেক্ষা কেন্দ্রীয় ব্যক্তি বা গুরুত্বপূর্ণ জিনিস *West Africa was the pivot of the cocoa trade.*

pivot[2] / ˈpɪvət পিভ্যাট্ / *verb* [I] to turn or balance on a central point কেন্দ্রবিন্দুতে ভর দিয়ে ঘোরা বা ভারসাম্য রাখা ▶ **pivotal** *adj.* পিভট-সংক্রান্ত

pixel / ˈpɪksl ˈপিক্‌স্‌ল্ / *noun* [C] (*computing*) any of the very small individual areas on a computer screen, which together form the whole image কম্পিউটারের স্ক্রীনের খুব ছোটো স্বতন্ত্র এলাকাগুলির একটি যা বা যেগুলি একত্রে মিলে সমগ্র ইমেজ তৈরি করে; পিক্সেল

pixie / ˈpɪksi ˈপিক্‌সি / *noun* [C] (in children's stories) a creature like a small person with pointed ears that has magic powers (শিশু কাহিনিতে) ছোটোখাটো ছুঁচোলো কানওয়ালা ব্যক্তির মতো জীব যার জাদুক্ষমতা থাকে

pizza / ˈpiːtsə ˈপীট্‌স্যা / *noun* [C, U] an Italian dish consisting of a flat round bread base with vegetables, cheese, meat, etc. on top, which is cooked in an oven মোটা রুটির উপর সবজি, চীজ, মাংস, ইত্যাদি রেখে বৈদ্যুতিক উনুনে রান্না-করা একধরনের ইটালি দেশীয় খাদ্যদ্রব্য; পিৎসা

pkt *abbr.* ➪ **packet**. দেখো।

pl. *abbr.* (*grammar*) ➪ **plural** দেখো।

placard / ˈplækɑːd ˈপ্ল্যাকা:ড্ / *noun* [C] a large written or printed notice that is put in a public place or carried on a stick in a protest march প্রতিবাদমিছিলে বহন করা যায় বা প্রকাশ্যে ঝোলানো যায় এরকম প্রাচীর পত্র

placate / pləˈkeɪt প্ল্যাˈকেইট্ / *verb* [T] to make sb feel less angry about sth কোনো কিছু সম্বন্ধে কাউকে শান্ত করা

place[1] / pleɪs প্লেইস্ / *noun* [C] **1** a particular position or area কোনো বিশেষ অবস্থান বা এলাকা *Show me the exact place where it happened.* ○ *This would be a good place to sit down and have a rest.* **2** a particular village, town, country, etc. কোনো বিশেষ গ্রাম, শহর, দেশ ইত্যাদি *Which places did you go to in Sri Lanka?* ○ *Manali is a very beautiful place.* **3** a building or an area that is used for a particular purpose কোনো বিশেষ উদ্দেশ্যে ব্যবহৃত কোনো বাড়ি বা এলাকা *The nearby cafe is a popular* ***meeting place*** *for young people.* ○ *The town is full of inexpensive eating places.* **4** a seat or position that can be used by sb/sth কোনো আসন বা অবস্থান যা কোনো ব্যক্তি বা বস্তু ব্যবহার করতে পারে *They went into the classroom and sat down in their places.* ○ *Go on ahead and* ***save*** *me* ***a place*** *in the queue.*

> **NOTE** কোনো বস্তুর অবস্থান অথবা জায়গাকে **place** বলা হয়। যে খালি স্থানে গাড়ি দাঁড় করানো যায় তাকে বলে **space**। খালি স্থানের জন্য আমরা **space** অথবা **room** শব্দগুলির প্রয়োগ করি—*This piano* ***takes up*** *too much* ***space***. ○ *There is enough* ***room for*** *three people in the back of the car.*

5 [*sing.*] your position in society; your role সমাজে কারও স্থান; ভূমিকা *I feel* ***it is not my place*** *to criticize my boss.* **6** an opportunity to study at a college, play for a team, etc. কোনো কলেজে পড়ার সুযোগ পাওয়া, কোনো দলে খেলার জায়গা পাওয়া ইত্যাদি *Sheila has got a place to study law at Delhi.* ○ *Laila is now sure of a place on the team.* **7** the usual or correct position or occasion for sth কোনো কিছুর স্বাভাবিক বা সঠিক অবস্থান বা সঠিক উপলক্ষ্য *The room was tidy. Everything had been put away* ***in its place***. ○ *A funeral is not the place to discuss business.* **8** the position of a number after the decimal point দশমিকের পরে সংখ্যার অবস্থান *Your answer should be correct to three decimal places.* **9** [*sing.*] (*spoken*) a person's home কারও বাড়ি বা থাকার জায়গা *Her parents have got a place in Darjeeling.* **10** [*usually sing.*] the position that you have at the end of a race, competition, etc. কোনো খেলা বা প্রতিযোগিতায় বা ঘটনার শেষে পাওয়া স্থান *Manish finished* ***in second place***.

IDM **all over the place** everywhere সর্বত্র, চারপাশে, যত্রতত্র

change/swap places (with sb) to take sb's seat, position, etc. and let him/her have yours কারও সঙ্গে জায়গা বদল করা

fall/slot into place (used about sth that is complicated or difficult to understand) to become organized or clear in your mind (জটিল বা দুর্বোধ্য কোনো কিছু সম্বন্ধে ব্যবহৃত) বোধগম্য এবং পরিষ্কার হয়ে ওঠা *After two weeks in my new job, everything suddenly started to fall into place.*

in my, your, etc. place/shoes in my, your, etc. situation or position তোমার বা আমার পরিস্থিতিতে; একে অন্যের জায়গায় হলে *If I were in your place I would wait a year before getting married.*

in place **1** in the correct or usual position ঠিক জায়গায়, যথাস্থানে, যথাযথ *Use tape to hold the picture in place.* **2** (used about plans or preparations) finished and ready to be used (কোনো পরিকল্পনা বা প্রস্তুতি সম্বন্ধে ব্যবহৃত) শেষ হয়ে গেছে এবং ব্যবহারের জন্য তৈরি

in place of sb/sth; in sb/sth's place instead of sb/sth কারও পরিবর্তে, কারও বা কোনো কিছুর জায়গায়

in the first, second, etc. place (*informal*) used when you are giving a list of reasons for sth or explaining sth; firstly, secondly, etc. কোনো কিছুর জন্য যুক্তি-তালিকা দেওয়ার সময়ে অথবা কোনো কিছু বিশ্লেষণের সময়ে; প্রথমত, দ্বিতীয়ত ইত্যাদি

out of place **1** not suitable for a particular situation নির্দিষ্ট পরিস্থিতির জন্য উপযুক্ত নয় *I felt very out of place among all those teenagers.* **2** not in the correct or usual place সঠিক বা স্বাভাবিক স্থানে নেই

put sb in his/her place to show that sb is not as clever, important, etc. as he/she believes কোনো ব্যক্তি কাউকে যতটা চালাক, গুরুত্বপূর্ণ ইত্যাদি মনে করে সে আসলে তা নয় এরকম বুঝিয়ে দেওয়া *It really put her in her place when she failed to qualify for the race.*

put yourself in sb's place to imagine that you are in the same situation as sb else কারও জায়গায় নিজেকে ভাবা; কল্পনায় অন্য কোনো ব্যক্তির জায়গায় নিজেকে বসানো

take place (used about a meeting, an event, etc.) to happen (কোনো সভাসমিতি, ঘটনা ইত্যাদি সম্বন্ধে ব্যবহৃত) ঘটা *The ceremony took place in an ancient church.*

place² / pleɪs প্লেইস্ / *verb* [T] **1** (*formal*) to put sth carefully or deliberately in a particular position কোনো কিছু যত্ন সহকারে বা ইচ্ছাকৃতভাবে কোনো নির্দিষ্ট স্থানে রাখা *The chairs had all been placed in neat rows.* ○ *The poster was placed where everyone could see it.* **2** to put sb in a particular position or situation কোনো ব্যক্তিকে বিশেষ কোনো স্থান অথবা পরিস্থিতির মধ্যে ফেলা *His behaviour placed me in a difficult situation.* ○ *to place sb in charge* **3** used to express the attitude that sb has to sb/sth কারও বা কিছুর প্রতি মনোভাব ব্যক্ত করার জন্য ব্যবহৃত *We placed our trust in you and you failed us.* ○ *The blame for the disaster was placed firmly on the company.* **4** (*usually in negative statements*) to recognize sb/sth and be able to identify sb/it (সাধারণত নেতিবাচক বাক্যে বা বিবৃতিতে ব্যবহৃত) কাউকে চেনা, ঠিকমতো শনাক্ত করতে পারা *Her face is familiar but I just can't place her.* **5** to give instructions about sth or to ask for sth to happen কোনো কিছুর সম্বন্ধে অথবা কোনো কিছু ঘটার নির্দেশ দেওয়া *to place a bet on sth* ○ *to place an order for sth*

place name *noun* [C] the name of a city, town, etc. শহর, গ্রাম ইত্যাদির নাম

placenta / pləˈsentə প্ল্যা'সেন্ট্যা / *noun* [C] the material inside the part of a woman's body where a baby grows (**womb**) which protects the baby and supplies the food through a tube (**umbilical cord**) মেয়েদের গর্ভে যখন বাচ্চা বড়ো হয় তখন এই প্ল্যাসেন্টা তাকে নিরাপত্তা দেয় এবং মা ও গর্ভস্থ শিশুর সঙ্গে যুক্ত নাড়ীর মাধ্যমে খাদ্য সরবরাহ করে; গর্ভফুল; প্ল্যাসেন্টা

placid / ˈplæsɪd ˈপ্ল্যাসিড্ / *adj.* (used about a person or an animal) calm and not easily excited (কোনো ব্যক্তি বা পশু সম্বন্ধে ব্যবহৃত) নির্বিকার, অবিচলিত, শান্ত ► **placidly** *adv.* নির্বিকারভাবে

plagiarism / ˈpleɪdʒərɪzəm ˈপ্লেইজ্যারিজ্যাম্ / *noun* [U, C] the act of copying another person's ideas, words or work and pretending they are your own; sth that has been copied in this way অন্য ব্যক্তির ভাবধারা, শব্দগুচ্ছ বা কাজ নকল করা এবং সেটি নিজের এরকম ভাব দেখানোর ক্রিয়া;কুম্ভিলকবৃত্তি; কোনো কিছু যা এইভাবে নকল করা হয়েছে ► **plagiarize** (*also* **-ise**) / ˈpleɪdʒəraɪz ˈপ্লেইজ্যারাইজ্ / *verb* [T, I] অপরের রচনা নিজের বলে চালানো

plague¹ / pleɪg প্লেইগ্ / *noun* **1** [C, U] any infectious disease that spreads quickly and kills many people যে-কোনো ধরনের সংক্রামক ব্যাধি যা সহজেই ছড়িয়ে পড়ে এবং যাতে অনেক লোক মারা যায় **2 the plague** [U] an infectious disease spread by rats that causes swellings on the body, a very high temperature and often results in death ইঁদুর দ্বারা ছড়ায় এমন একটি ছোঁয়াচে রোগ প্লেগ যাতে শরীর ফুলে যায়, শরীরের তাপমাত্রা খুব বেড়ে যায় এবং প্রায়ই রোগীর মৃত্যু হয়; প্লেগ **3** [C] **a plague of sth** a large number of unpleasant animals or insects that come into an area at one time কখনও কোনো স্থানে উপদ্রব সৃষ্টিকারী যে পশুসমূহ বা পোকা-মাকড় চলে আসে *a plague of ants/locusts*

plague² / pleɪg প্লেইগ্ / *verb* [T] to cause sb/sth a lot of trouble আপদ, ঝামেলা, অশান্তির সৃষ্টি করা *The project was plagued by a series of disasters.*

plaice / pleɪs প্লেইস্ / *noun* [C, U] (*pl.* **plaice**) a type of flat sea fish that we eat একধরনের চ্যাপটা সামুদ্রিক মাছ, যা আমরা খাই

plain¹ / pleɪn প্লেইন্ / *adj.* **1** easy to see, hear or understand; clear সহজ, সরল, সাদাসিধে; স্পষ্ট *She* ***made it plain that*** *she didn't want to see me again.* **2** (used about people, thoughts, actions, etc.) saying what you think; direct and honest (ব্যক্তি, চিন্তাধারা, কাজকর্ম ইত্যাদি সম্বন্ধে ব্যবহৃত) সরাসরি স্পষ্টভাবে বলা হচ্ছে এমন *I'll be plain with you. I don't like the idea.* **3** simple in style; not decorated or complicated রীতিতে সাধারণ; বাহুল্য বা অলংকার বর্জিত, সাদাসিধে, জটিল নয় *My father likes plain Indian cooking.* **4** (*only before a noun*) all one colour; without a pattern on it একরঙা; কোনোরকম নকশা ছাড়া *a plain blue jumper* **5** (used especially about a woman or girl) not beautiful or attractive (বিশেষত কোনো মহিলা বা বালিকা সম্বন্ধে ব্যবহৃত) সুন্দরী বা আকর্ষণীয় নয় এমন; সাদামাটা, অতি সাধারণ *She's a rather plain child.*

plain² / pleɪn প্লেইন্ / *noun* [C] a large area of flat land with few trees বৃহৎ সমতলভূমি যেখানে গাছপালার সংখ্যা কম

plain³ / pleɪn প্লেইন্ / *adv.* (*spoken*) completely সম্পূর্ণভাবে, পুরোপুরি *That's plain silly.*

plain clothes *adj.* (used about a police officer) in ordinary clothes; not uniform (পুলিশ কর্মচারী সম্বন্ধে ব্যবহৃত) সাদা পোশাকে; উর্দি পরিহিত নয় *a plain clothes detective* ► **plain clothes** *noun* [*pl.*] সাদা পোশাক *officers* ***in plain clothes***

plain flour *noun* [U] flour that does not contain a powder (**baking powder**) which makes cakes, etc. rise বেকিং পাউডার (যা কেক ইত্যাদিকে ফোলায়) নেই এমন আটা; আটা ➪ **self-raising flour** দেখো।

plainly / ˈpleɪnli ˈপ্লেইন্‌লি / *adv.* **1** clearly স্পষ্টতই, পরিষ্কারভাবে *He was plainly very upset.* **2** using simple words to say sth in a direct and honest way সোজা কথায়, প্রাঞ্জল ভাষায়, খোলাখুলিভাবে *She*

planet

told him plainly that he was not doing his job properly. **3** in a simple way, without decoration নিরাভরণভাবে, বেশি সাজসজ্জা ছাড়াই *She was plainly dressed and wore no make-up.*

plaintiff / ˈpleɪntɪf ˈপ্লেইন্‌টিফ্ / *noun* [C] a person who starts a legal action against sb in a court of law আদালতে বাদী, অভিযোগকারী ➪ **defendant** দেখো।

plaintive / ˈpleɪntɪv ˈপ্লেইন্‌টিভ্ / *adj.* sounding sad, especially in a weak complaining way দুঃখকাতর, বিশেষত দুর্বল অভিযোগপূর্ণভাবে ▶ **plaintively** *adv.* করুণভাবে, শোকাতুরভাবে

plait / plæt প্ল্যাট্ / (*AmE* **braid**) *verb* [T] to cross three or more long pieces of hair, rope, etc. over and under each other to make one thick piece বেনি বাঁধা, বিনুনি করা ▶ **plait** *noun* [C] বিনুনি, বেনি

plan¹ / plæn প্ল্যান্ / *noun* **1** [C] **a plan (for sth/to do sth)** an idea or arrangement for doing or achieving sth in the future ভবিষ্যতে কোনো কিছু করা বা অর্জন করার পরিকল্পনা বা ব্যবস্থা; প্ল্যান *There has been **a change of plan**—we're meeting at the restaurant.* ○ *If everything **goes according to plan*** (= happens as we planned) *we should be home by midnight.* **2** [C] a detailed map of a building, town, etc. বাড়ি, শহর ইত্যাদির বিস্তৃত মানচিত্র ***a street plan** of Delhi.* **3 plans** [*pl.*] detailed drawings of a building, machine, road, etc. that show its size, shape and measurements কোনো বাড়ি, রাস্তা বা যন্ত্রপাতি ইত্যাদির আকার, গঠন এবং আয়তন ইত্যাদি সম্বলিত বিস্তারিত নকশা *We're getting an architect to **draw up** some **plans** for a new kitchen.* **4** [C] a diagram that shows how sth is to be organized or arranged কেমন করে কোনো কিছু সংগঠিত বা বিন্যস্ত করা হবে তার নকশা *Before you start writing an essay, it's a good idea to make a brief plan.*

plan² / plæn প্ল্যান্ / *verb* (**pla<u>nn</u>ing; pla<u>nn</u>ed**) **1** [I, T] **plan (sth) (for sth)** to decide, organize or prepare for sth you want to do in the future ভবিষ্যতে যা করতে চাওয়া হচ্ছে তার জন্য মনস্থির করা, পরিকল্পনা বা প্রস্তুতি করা *to plan for the future* ○ *You need to plan your work more carefully.* **2** [I, T] **plan (on sth/doing sth); plan (to do sth)** to intend or expect to do sth কিছু করতে চাওয়া বা কিছু করার আশা করা *I'm planning on having a holiday in July.* ○ *We plan to arrive at about 4 o'clock.* **3** [T] to make a diagram or a design of sth কোনো কিছুর পরিকল্পনা করা, নকশা করা অথবা ছক কাটা *The new shopping centre is very badly planned.* ▶ **planning** *noun* [U] পরিকল্পনা *The project requires careful planning.*

plane¹ / pleɪn প্লেইন্ / *noun* [C] **1** a vehicle that can fly through the air, with wings and one or more engines বিমান, উড়োজাহাজ *Has her plane landed yet?* ➪ **2** a tool used for making the surface of wood smooth by taking very thin pieces off it অত্যন্ত পাতলা স্তরটি উঠিয়ে দিয়ে কাঠ মসৃণ করার যন্ত্রবিশেষ; র‍্যাঁদা ➪ **tool**-এ ছবি দেখো। **3** (*technical*) a flat surface সমতল

plane² /pleɪn প্লেইন্ / *verb* [T] to make the surface of a piece of wood flat and smooth using a **plane¹** **2** র‍্যাঁদা ব্যবহার করে কাঠের উপর মসৃণ ও সমান করা

plane³ / pleɪn প্লেইন্ / *adj.* (*only before a noun*) (*technical*) completely flat; level সম্পূর্ণভাবে সমান; সমতল *a plane mirror*

planet / ˈplænɪt ˈপ্ল্যানিট্ / *noun* **1** [C] a very large round object in space that moves around the sun or another star সূর্য বা অন্য নক্ষত্র প্রদক্ষিণকারী জ্যোতিষ্ক;

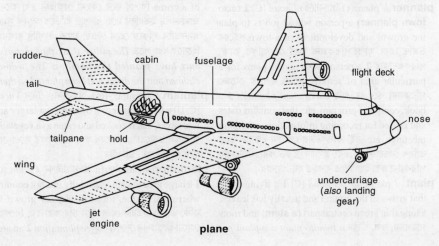

rudder
cabin
fuselage
flight deck
tail
nose
tailpane
hold
wing
undercarriage
(*also* landing
gear)
jet
engine

plane

গ্রহ *the planets of our solar system* **2 the planet** [*sing.*] the world we live in; the Earth, especially when talking about the environment যে জগতে আমরা বাস করি (বিশেষত পরিবেশ সম্বন্ধে বলার সময়ে ব্যবহৃত); পৃথিবী

planetarium / ˌplænɪˈteəriəm ˌপ্ল্যানি'টেঅ্যারিঅ্যাম্ / *noun* [C] a building with a curved ceiling that represents the sky at night. It is used for showing the positions and movements of the planets and stars for education and entertainment রাত্রির আকাশের মতো দেখতে লাগে এরকম বক্রছাদবিশিষ্ট অট্টালিকা বা বাড়ি। এটি শিক্ষা এবং বিনোদনের জন্য গ্রহ নক্ষত্রের অবস্থান এবং গতিবিধি দেখাতে ব্যবহৃত হয়; তারামণ্ডল; প্ল্যানেটেরিয়াম

plank / plæŋk প্ল্যাংক্ / *noun* [C] a long flat thin piece of wood that is used for building or making things (বাড়িতে বা জিনিসপত্র তৈরিতে ব্যবহৃত) কাঠের তক্তা; পাটাতন ➪ **vice**-এ ছবি দেখো।

plankton / ˈplæŋktən ˈপ্ল্যাংক্ট্যান্ / *noun* [U, *pl.*] the very small forms of plant and animal life that live in seas, rivers, lakes, etc. সমুদ্র, নদী, হ্রদ ইত্যাদিতে ভাসমান অতি ক্ষুদ্র প্রাণী বা উদ্ভিদ

planned economy (*also* **command economy**) *noun* [C] an economy in which levels of pay, prices, production, etc. are decided by the government যে অর্থনৈতিক ব্যবস্থায় বেতন, মূল্য, উৎপাদন ইত্যাদি অনেক কিছুই সরকার ঠিক করে

planner / ˈplænə(r) ˈপ্ল্যান্যা(র্) / *noun* [C] **1** (*also* **town planner**) a person whose job is to plan the growth and development of a town শহরের উন্নতি এবং বৃদ্ধির পরিকল্পনা করা যে ব্যক্তির কাজ; পরিকল্পনাকার **2** a person who makes plans for a particular area of activity নির্দিষ্ট ধরনের কাজের পরিকল্পনা করে যে ব্যক্তি *curriculum planners* **3** a book, computer program, etc. that contains dates and is used for recording information, arranging meetings, etc. বই, কম্পিউটার প্রোগ্রাম ইত্যাদি যাতে তারিখ দেওয়া থাকে এবং তথ্যাদি রেকর্ড করা, মীটিং-এর পরিকল্পনা করা ইত্যাদিতে ব্যবহৃত হয়; প্ল্যানার

plant¹ / plɑːnt প্লা:ন্ট্ / *noun* [C] **1** a living thing that grows in the ground and usually has leaves, a long thin green central part (**a stem**) and roots গাছপালা, বৃক্ষ, উদ্ভিদ *a tomato plant* ○ *a plant pot*

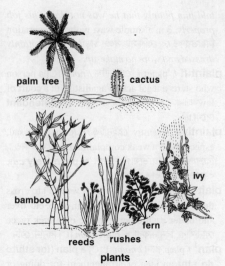

palm tree
cactus
bamboo
ivy
fern
reeds
rushes

plants

(= a container for plants) ➪ **flower**-এ ছবি দেখো। **2** a very large factory খুব বড়ো কারখানা *a car plant* ○ *a nuclear reprocessing plant*

plant² / plɑːnt প্লা:ন্ট্ / *verb* [T] **1** to put plants, seeds, etc. in the ground to grow বীজ, চারাগাছ ইত্যাদি মাটিতে লাগানো; রোপণ করা, আবাদ করা **2 plant sth (with sth)** to cover or supply a garden, area of land, etc. with plants কোনো বাগান, জমি ইত্যাদি গাছ দিয়ে ঢেকে ফেলা, গাছে ভরে যাওয়া *The field's been planted with wheat this year.* **3** to put yourself/sth firmly in a particular place or position নিজেকে বা কোনো কিছুকে কোনো জায়গা বা অবস্থায় ভালোভাবে বসানো *He planted himself in the best seat.* **4 plant sth (on sb)** to hide sth, especially sth illegal, in sb's clothing, property, etc., often in order to make him/her seem guilty of a crime বিশেষ করে কোনো বেআইনি দ্রব্য অন্যের জামাকাপড় ইত্যাদির মধ্যে বা তার বাড়িতে অনেক সময়ে এমনভাবে লুকিয়ে রেখে দেওয়া যাতে ঐ ব্যক্তি অপরাধী হিসেবে ধরা পড়ে *The police think that terrorists may have* ***planted the bomb***. ○ *The women claimed that the drugs had been planted on them.*

plantain / ˈplæntɪn; -teɪn ˈপ্ল্যানটিন্; -টেইন্ / *noun* [C, U] a fruit similar to a **banana** but larger and less sweet, that is cooked and eaten as a vegetable পাকাকলার মতো একধরনের ফল যা সবজির মতো রান্না করে খাওয়া যায়; প্ল্যানটেন

plantation / plɑːnˈteɪʃn প্লা:ন্'টেইশ্ন্ / *noun* [C] **1** a large area of land, especially in a hot country, where tea, cotton, tobacco, etc. are grown চা, কফি, তামাক ইত্যাদি যে বাগানে চাষ করা হয়, বিশেষত কোনো গ্রীষ্মপ্রধান দেশে *a coffee plantation* **2** an area

of land where trees are grown to produce wood যে অঞ্চলে কাঠ উৎপন্ন করার জন্য গাছ লাগানো হয়

plaque / plɑːk প্লাːক্ / *noun* **1** [C] a flat piece of stone or metal, usually with names and dates on it, that is fixed on a wall in memory of a famous person or event বিখ্যাত মানুষ বা ঘটনার স্মৃতিতে উপরে নাম এবং তারিখ সম্বলিত পাথর বা ধাতুর চ্যাপটা টুকরো যা দেয়ালে লাগানো হয়; ফলক, তকমা, সম্মান-পদক **2** [U] a harmful substance that forms on your teeth দাঁতের পক্ষে ক্ষতিকারক জমা ময়লা

plasma / ˈplæzmə ˈপ্ল্যাজ্‌ম্যা / (*also* **plasm** / ˈplæzəm ˈপ্ল্যাজ্যাম্ /) *noun* [U] the colourless liquid part of blood, in which the blood cells, etc. float রক্তের বর্ণহীন তরল অংশ যার মধ্যে রক্তকণিকা ইত্যাদি ভাসমান অবস্থায় থাকে; রক্তরস, রক্তলসিকা; প্লাজমা

plaster¹ / ˈplɑːstə(r) ˈপ্লাːস্ট্যা(র্) / *noun* **1** [U] a mixture of a special powder and water that becomes hard when it is dry. Plaster is put on walls and ceilings to form a smooth surface বিশেষ ধরনের গুঁড়ো যা জলে গুললে কিছুক্ষণ পরে জমে যায় এবং এই মিশ্রণটি দেয়াল এবং ছাদ মসৃণ করার জন্য ব্যবহার করা হয়; প্লাস্টার **2** (*also* **sticking plaster**) [C] a small piece of sticky material that is used to cover a cut, etc. on the body ছোটোখাটো ক্ষত, কাটা এ সবের উপর লাগানোর প্লাস্টার **3** (*also* **plaster of Paris**) [U] a white powder that is mixed with water and becomes hard when dry. It is used for putting round broken bones, etc. until they get better সাদা পাউডার যা জলের সঙ্গে মেশানো হয় এবং শুকোলে শক্ত হয়ে যায়। এটি ভাঙা হাড় ইত্যাদির চারিপাশে গোল করে লাগানো হয় যতক্ষণ না সেটি ঠিক হয়ে যায়; প্লাস্টার অফ প্যারিস *When Dev broke his leg it was* ***in plaster*** *for six weeks.*

plaster² / ˈplɑːstə(r) ˈপ্লাːস্ট্যা(র্) / *verb* [T] **1** to cover a wall, etc. with **plaster¹ 1** to make the surface smooth পৃষ্ঠতল মসৃণ করা **2 plaster sb/sth (in/with sth)** to cover sb/sth with a large amount of sth কোনো ব্যক্তি অথবা বস্তুকে কোনো কিছু দিয়ে ঢেকে ফেলা *He plastered his walls with posters.*

plaster cast *noun* [C] **1** a case made of **plaster of Paris** that covers a broken bone and protects it ভাঙা হাড় জোড়া লাগানোর প্লাস্টার-ছাঁচ **2** a copy of sth, made using **plaster of Paris** প্লাস্টার অফ প্যারিস ব্যবহার করে তৈরি ছাঁচ বা নকল *They took a plaster cast of the teeth for identification purposes.*

plastic¹ / ˈplæstɪk ˈপ্ল্যাস্টিক্ / *noun* [C, U] a light, strong material that is made with chemicals and is used for making many different sorts of objects রাসায়নিক পদার্থ দিয়ে তৈরি এবং অনেক রকম বস্তু বানানোর জন্য ব্যবহৃত হয়ে থাকে এরকম হালকা, টেকসই কোনো উপকরণ; প্লাস্টিক

plastic² / ˈplæstɪk ˈপ্ল্যাস্টিক্ / *adj.* made of plastic প্লাস্টিক দিয়ে তৈরি *plastic cups ○ a plastic bag*

plastic surgery *noun* [U] a medical operation to repair or replace damaged skin or to improve the appearance of a person's face or body যে শল্যচিকিৎসায় কোনো ব্যক্তির মুখ বা শরীরের ত্বকের খারাপ হয়ে-যাওয়া অংশ ঠিক করা, বদলানো বা পুনঃস্থাপন করা হয় (অনেক সময়ে সৌন্দর্যের কারণেও প্লাস্টিক সার্জারি করা হয়); প্লাস্টিক সার্জারি ⇨ **facelift** এবং **surgery** দেখো।

plate¹ / pleɪt প্লেইট্ / *noun* [C] **1** a flat, usually round, dish for eating or serving food from খাবার থালা; প্লেট *a plastic/paper/china plate ○ a plate of food*

> **NOTE** খাবার সময়ে মূল খাবার আমরা **dinner plate**-এ খাই। **side plate**-এ আমরা রুটি, পাউরুটি ইত্যাদি রাখি। তরল জিনিস যেমন পুডিং, পায়েস ইত্যাদি আমরা **bowl**-এ খাই।

2 [C] a thin flat piece of metal or glass ধাতু বা কাচের চ্যাপটা পাত বা টুকরো *a steel/metal plate* **3** a flat piece of metal with sth written on it ধাতুফলক যার উপর কিছু লেখা থাকে *The brass plate beside the door said 'Dr Walia'.* **4** metal that has a thin covering of gold or silver যে ধাতুর উপর সোনা বা রুপোর পাতলা পাত দেওয়া আছে *gold/silver plate* **5** [C] (in geology) one of the sheets of rock that cover the earth's surface (ভূতত্ত্বে) ভূতলের উপর পাথরের আচ্ছাদন (পৃথিবীর উপরের পাথরের চাদর); পট্ট, পট্টিকা ⇨ **plate tectonics** দেখো।

plate² / pleɪt প্লেইট্ / *verb* [T] (*usually passive*) (*technical*) **1** to cover a metal with a thin layer of another metal, especially gold or silver কোনো ধাতুকে সোনার বা রুপোর পাত দিয়ে ঢাকা, গিলটি করা, সোনা বা রুপোর জল দেওয়া *a silver ring plated with gold* **2** to cover sth with sheets of metal or another hard substance কোনো বস্তু ধাতব প্লেট অথবা আরও কোনো কঠিন বস্তু দিয়ে ঢাকা *The walls of the vault were plated with steel.*

plateau / ˈplætəʊ ˈপ্ল্যাট্যাউ / *noun* [C] (*pl.* **plateaus** /-təʊz -টৌ / **1** a large high area of flat land মালভূমি, ⇨ **limestone**-এ ছবি দেখো। **2** a state where there is little development or change যে পরিস্থিতির বিশেষ কোনো পরিবর্তন অথবা উন্নতি হয়নি *House prices seem to have* ***reached a plateau****.*

plateful / ˈpleɪtfʊl ˈপ্লেইট্‌ফুল্ / *noun* [C] the amount of food that a **plate 1** can hold প্লেটভর্তি খাবার

platelet / ˈpleɪtlət ˈপ্লেইট্‌ল্যাট্ / *noun* [C] a very small blood cell, shaped like a disc. Platelets make your blood become thicker so that it **clots** when you cut yourself চাকতির আকারের খুব ক্ষুদ্র রক্তকণিকা যা শরীরে কোথাও কেটে গেলে রক্তের ঘনত্ব বাড়িয়ে তোলে যাতে তা জমে যেতে পারে বা রক্ত তঞ্চন ঘটতে পারে; অণুচক্রিকা

plate tectonics *noun* [U] (in geology) the movements of the large sheets of rock (**plates**) that form the earth's surface; the scientific study of these movements (ভূতত্ত্বে) ভূপৃষ্ঠের পাথরের স্তরের চলন; তার বিজ্ঞানসম্মত অধ্যয়ন ➪ **continental drift** দেখো।

platform / ˈplætfɔːm ˈপ্ল্যাট্‌ফ:ম্ / *noun* [C] **1** the place where you get on or off trains at a railway station রেলস্টেশনের যেখান থেকে যাত্রীরা ট্রেনে ওঠে অথবা ট্রেন থেকে নামে; প্লাটফর্ম *Which platform does the train to Jaipur leave from?* **2** a flat surface, higher than the level of the floor or ground, on which public speakers or performers stand so that the audience can see them মেঝে বা ভূমির থেকে উপরিস্থিত পৃষ্ঠতল যার উপরে বক্তা বা অনুষ্ঠান প্রদর্শনকারীরা দাঁড়ায় যাতে দর্শক তাদের দেখতে পায় **3** [*usually sing.*] the ideas and aims of a political party who want to be elected ভোটে দাঁড়াতে চায় যে রাজনৈতিক দল তার লক্ষ্য ও আদর্শ *They fought the election on a platform of low taxes.*

platinum / ˈplætɪnəm ˈপ্ল্যাটিন্যাম্ / *noun* [U] (*symbol* **Pt**) a silver-grey metal that is often used for making expensive jewellery রুপোলি ধূসর ধাতু যা প্রায়ই দামি অলংকার তৈরিতে ব্যবহৃত হয়; প্ল্যাটিনাম *a platinum wedding ring*

platonic / pləˈtɒnɪk প্ল্যাˈটনিক্ / *adj.* (used about a relationship between two people) friendly but not sexual (দুটি মানুষের মধ্যে সম্পর্ক সম্বন্ধে ব্যবহৃত) বন্ধুত্বপূর্ণ, শারীরিক বা যৌন সম্পর্কশূন্য

platoon / pləˈtuːn প্ল্যাˈটুন্ / *noun* [C] a small group of soldiers সৈন্যবাহিনীর ছোটো একটি দল

plausible / ˈplɔːzəbl ˈপ্ল:জ্যাব্‌ল্ / *adj.* that you can believe; reasonable বিশ্বাসযোগ্য; যুক্তিসংগত *a plausible* ✪ বিপ **implausible**

play[1] / pleɪ প্লেই / *verb* **1** [I] **play (with sb/sth)** to do sth to enjoy yourself; to have fun যা করতে ভালো লাগে তেমন কিছু করা; মজা করা *The children have been playing on the beach all day.* ○ *Ria's found a new friend to play with.* **2** [I, T] to take part in a game or sport খেলাধুলোয় অংশ নেওয়া *She played him at table tennis and won.* ○ *Who's Brazil playing next in the World Cup?* **3** [I, T] **play (sth) (on sth)** to make music with a musical instrument বাদ্যযন্ত্র বাজানো *to play the piano/guitar/trumpet* ○ *She played a few notes on the violin.* **4** [T] to turn on a CD, video, tape, etc. so that it produces sound ভিডিও, টেপ ইত্যাদি বাজানো *Shall I play the CD for you again?* **5** [I, T] to act in a play, film, television programme, etc.; to act the role of sb কোনো নাটক, চলচ্চিত্র বা দূরদর্শনের অনুষ্ঠান ইত্যাদিতে অভিনয় করা; কোনো ব্যক্তির চরিত্রে অভিনয় করা *Riya is going to play Shakuntala.*

> **NOTE** **Play a part, role** আলংকারিকভাবে ব্যবহার করা হয়—*India has played an active part in the recent discussions.* ○ *Jatin played a key role in organizing the protest.*

6 [I] (*formal*) to move quickly and lightly খুব তাড়াতাড়ি, হালকাভাবে এদিক থেকে ওদিকে যাওয়া *Sunlight played on the surface of the sea.*

> **NOTE** **Play** শব্দটি প্রয়োগ করা হয়েছে যেসব প্রবাদ বা বাগ্‌ধারায় তার জন্য সেই প্রবাদ বা বাগ্‌ধারায় তার বিশেষ্য (noun) বিশেষণ (adjective) ইত্যাদি শব্দের শীর্ষশব্দগুলি দেখো। উদাহরণস্বরূপ *play it by ear*-এর জন্য **ear** দেখো।

PHR V **play at sth/being sth** to do sth with little interest or effort মন দিয়ে বা আগ্রহের সঙ্গে কিছু না করা; খেলাচ্ছলে নেওয়া *He's only playing at studying. He'd prefer to get a job now.* ○ *What is that driver playing at (= doing)?*

play sth back (to sb) to turn on and watch or listen to a film, tape, etc. that you have recorded রেকর্ড করা কোনো চলচ্চিত্র, সংগীত ইত্যাদি চালিয়ে দেখা বা শোনা *Play that last scene back to me again.*

play sth down to make sth seem less important than it really is গুরুত্ব যথাসাধ্য কমিয়ে দেওয়া বা সেইরকম দেখানো *to play down a crisis*

play A off against B to make people compete or argue with each other, especially for your own advantage নিজের সুবিধার জন্য অন্যদের তর্ক করতে দেওয়া বা প্রতিযোগিতায় নামানো *I think she enjoys playing one friend off against another.*

play on sth to use and take advantage of sb's fears or weaknesses কারও ভয় বা দুর্বলতার সুযোগ নেওয়া *This advertising campaign plays on people's fears of illness.*

play (sb) up (*informal*) to cause sb trouble or pain কোনো ব্যক্তিকে সমস্যায় ফেলা অথবা ব্যথা দেওয়া *The car always plays up in wet weather.*

play[2] / pleɪ প্লেই / *noun* **1** [C] a piece of writing performed by actors in the theatre, or on television or radio প্রেক্ষাগৃহ বা টেলিভিশন বা রেডিওতে অভিনীত হওয়ার মতো রচনা; দৃশ্যকাব্য, নাটক *Would you like to see a play while you're in Mumbai?* ○ *a radio/television play*

NOTE অভিনেতা এবং অভিনেত্রীরা যখন কোনো নাটকের মহড়া দেয় তখন আমরা তার জন্য **rehearse** শব্দটি ব্যবহার করি। কোনো নাটকের গোষ্ঠী, কোম্পানি ইত্যাদি নাটক **produce** করে এবং নাটক মঞ্চস্থ হওয়াকে **stage** হওয়া বলা হয়।

2 [U] the playing of a game or sport খেলাধুলো, ক্রীড়া-প্রতিযোগিতা *Bad weather stopped play yesterday.*

NOTE **Play** শব্দটি টেনিস, ফুটবল ইত্যাদি খেলা হয় এই অর্থ ব্যক্ত করার জন্য ব্যবহার করা হয়। কিন্তু **a play** of tennis বলাটা সঠিক নয়, সঠিক অভিব্যক্তি হল **a game** of tennis.

3 [U] activity done for enjoyment only, especially by children আনন্দ পাওয়ার জন্য যে খেলা, বিশেষত বাচ্চারা যা খেলে *Young children learn through play.* ○ *the happy sound of children* ***at play*** **4** [U] a control on a video or cassette player, etc. that you press to start the tape running ভিডিও বা ক্যাসেট বাজানোর যন্ত্র ইত্যাদি চালানোর জন্য যে বোতামে চাপ দেওয়া হয় *Put the video into the machine then* ***press play***.

IDM **fair play** ⇨ **fair[1]** দেখো।

playback singer *noun* [C] (*IndE*) a singer who records songs for use in films and the actor's mouth (= move their lips as if they were singing) the words of the songs for the camera নেপথ্য গায়ক বা গায়িকা; প্লেব্যাক গায়ক বা গায়িকা *Lata Mangeshkar is a well-known playback singer of India.*

playboy / ˈpleɪbɔɪ ˈপ্লেইবই / *noun* [C] a rich man who spends his time enjoying himself যে ধনী ব্যক্তির জীবনের প্রধান লক্ষ্য আমোদপ্রমোদ করে সময় কাটানো; নটবর, নাগর, স্ফূর্তিবাজ

player / ˈpleɪə(r) ˈপ্লেইঅ্যা(র্) / *noun* [C] **1** a person who plays a game or sport খেলোয়াড় *a game for four players* ○ *She's an excellent tennis player.* **2** (*used to form compound nouns*) a machine on which you can listen to sound that has been recorded on CD, tape, etc. সিডি, টেপ ইত্যাদি বাজিয়ে শোনার যন্ত্র *a CD/cassette player* **3** a person who plays a musical instrument বাদক *a piano player*

playful / ˈpleɪfl ˈপ্লেইফ্‌ল্ / *adj.* **1** done or said in fun; not serious মজাদার, মজার, আমুদে, রগুড়ে; গুরুগম্ভীর নয় *a playful remark* **2** full of fun; wanting to play কৌতুকপূর্ণ; খেলুড়ে *a playful puppy*

playground / ˈpleɪgraʊnd ˈপ্লেইগ্রাউন্ড্ / *noun* [C] an area of land where children can play খেলার মাঠ, খেলাধুলোর জায়গা *the school playground*

playgroup / ˈpleɪgruːp ˈপ্লেইগ্রুপ্ / (*also* **playschool** / ˈpleɪskuːl ˈপ্লেইস্কুল্ /) (*BrE*) = **nursery school**

playhouse / ˈpleɪhaʊs ˈপ্লেইহাউস্ / *noun* **1** [*sing.*] used in the name of some theatres কোনো রঙ্গমঞ্চ বা থিয়েটার হলের সঙ্গে ব্যবহৃত *the Liverpool Playhouse* **2** [C] a model of a house for children to play in ছোটোদের খেলাধুলোর জন্যই বিশেষ করে যে বাড়ি বা ঘর বানানো হয়

playing card = **card 4**

playing field *noun* [C] a large field used for sports such as cricket and football ক্রিকেট, ফুটবল ইত্যাদি খেলার মাঠ

IDM **a level playing field** ⇨ **level[2]** দেখো।

play-off *noun* [C] a match between two teams or players who have equal scores to decide the winner দুটি দল বা খেলোয়াড়ের মধ্যে যদি সমান পয়েন্ট হয়ে থাকে তাহলে মীমাংসার জন্য বা বিজেতা ঠিক করার জন্য আবার যে খেলা হয়

plaything / ˈpleɪθɪŋ ˈপ্লেইথিং / *noun* [C] (*formal*) a toy খেলার জিনিস; খেলনা

playtime / ˈpleɪtaɪm ˈপ্লেইটাইম / *noun* [C, U] a period of time between lessons when children at school can go outside to play স্কুলে পড়ার ফাঁকে খেলাধুলো করার জন্য নির্দিষ্ট সময়

playwright / ˈpleɪraɪt ˈপ্লেইরাইট্ / *noun* [C] a person who writes plays for the theatre, television or radio প্রেক্ষাগৃহ, টেলিভিশন বা রেডিওতে অভিনয়ের জন্য নাটক রচনা করে যে ব্যক্তি; নাট্যকার, নাটক-রচয়িতা

plea / pliː প্লী / *noun* [C] **1** (*formal*) **a plea (for sth)** an important and emotional request অনুরোধ, আবেদন, নিবেদন *a plea for help* **2 a plea of sth** a statement made by or for sb in a court of law আত্মপক্ষ সমর্থনে আদালতে প্রদত্ত বিবৃতি *a plea of guilty/not guilty*

plead / pliːd প্লীড্ / *verb* **1** [I] **plead (with sb) (to do/for sth)** to ask sb for sth in a very strong and serious way কাউকে কোনো কিছুর জন্য সনির্বন্ধ অনুরোধ করা *She pleaded with him not to leave her.* ○ *He pleaded for mercy.* **2** [I, T] to state in a court of law that you did or did not do a crime আদালতে অপরাধ স্বীকার অথবা অস্বীকার করা *The defendant* ***pleaded not guilty*** *to the charge of theft.* **3** [I, T] **plead (sth) (for sb/sth)** (used especially about a lawyer in a court of law) to support sb's case (বিশেষ করে কোনো আদালতের আইনজীবী সম্বন্ধে ব্যবহৃত) কোনো ব্যক্তির পক্ষ সমর্থন করা *He needs the very best lawyer to plead (his case) for him.* **4** [T] to give sth as an excuse or explanation for sth কোনো কিছুর জন্য কোনো যুক্তি বা

কারণ দেখানো, ব্যাখ্যা করে বোঝানো *He pleaded family problems as the reason for his lack of concentration.*

pleasant / ˈpleznt ˈপ্লেজ়ন্ট্ / *adj.* nice, enjoyable or friendly সুন্দর, উপভোগ্য, বন্ধুত্বপূর্ণ, আরামদায়ক, মধুর *a pleasant evening/climate/place/view* ○ *a pleasant smile/voice/manner* ✪ বিপ **unpleasant** ▶ **pleasantly** *adv.* মনোরমভাবে, আরামদায়কভাবে, মধুরভাবে

please¹ / pli:z প্লীজ় / *exclamation* **1** used as a polite way of asking for sth or telling sb to do sth কোনো কিছু ভদ্রভাবে চাওয়া বা কাউকে ভদ্রভাবে কিছু করতে বলার জন্য ব্যবহৃত অভিব্যক্তিবিশেষ *Come in, please.* ○ *Please don't spend too much money.* **2** used when you are accepting an offer of sth politely নম্রভাবে বা ভদ্রভাবে কোনো কিছুর প্রস্তাব গ্রহণ করার সময়ে ব্যবহৃত অভিব্যক্তিবিশেষ *'Sugar?' 'Yes, please.'* ✪ বিপ **no, thank you**

please² / pli:z প্লীজ় / *verb* **1** [I, T] to make sb happy; to satisfy কাউকে খুশি করা; সন্তুষ্ট করা *There's just no pleasing some people* (= some people are impossible to please). **2** [I] (not used as the main verb in a sentence; used after words like 'as', 'what', 'whatever', 'anything', etc.) to want; to choose (বাক্যের মধ্যে প্রধান বা মুখ্য ক্রিয়াপদ হিসেবে ব্যবহৃত হয় না; 'as', 'what', 'whatever', 'anything' শব্দের পরে ব্যবহৃত হয়) কিছু চাওয়া; পছন্দমতো বেছে নেওয়া *You can't always* ***do as you please.*** ○ *She has so much money she can buy anything she pleases.*

IDM **please yourself** to be able to do whatever you want যা খুশি তাই করতে পারা, ইচ্ছেমতো কাজ করার ক্ষমতা থাকা, ইচ্ছেমতো চলা *Without anyone else to cook for, I can please myself what I eat.*

pleased / pli:zd প্লীজ়ড / *adj.* (*not before a nogun*) **pleased (with sb/sth); pleased to do sth; pleased that...** happy or satisfied about sth সন্তুষ্ট, খুশি (কোনো ব্যাপারে বা বিষয়ে) *Jai seems very pleased with his new car.* ○ *We're* ***only too pleased*** (= very happy) *to help.* ➪ **glad**-এ নোট দেখো। ✪ বিপ **displeased**

pleasing / ˈpli:zɪŋ ˈপ্লীজ়িং / *adj.* giving you pleasure and satisfaction মনোরম, আনন্দদায়ক, সন্তোষজনক *The exam results are very pleasing this year.* ✪ বিপ **displeasing**

pleasurable / ˈpleʒərəbl ˈপ্লেজ্যার্যাব্‌ল্/ *adj.* (*formal*) enjoyable উপভোগ্য, মনোরম, তৃপ্তিকর *a pleasurable experience*

pleasure / ˈpleʒə(r) ˈপ্লেজ্যা(র্) / *noun* **1** [U] the feeling of being happy or satisfied আনন্দ, তৃপ্তি, সুখানুভূতি *Parents* ***get*** *a lot of* ***pleasure out of*** *watching their children grow up.* ○ ***It gives me great pleasure*** *to introduce our next speaker.* **2** [U] enjoyment (rather than work) মজা, খুশি, আমোদ-প্রমোদ (কাজের চেয়ে বেশি) *What brings you to Paris—business or pleasure?* **3** [C] an event or activity, that you enjoy or that makes you happy যে কাজ বা ঘটনায় আনন্দ বা সুখ পাওয়া যায় *It's been a pleasure to work with you.* ○ *'Thanks for your help.'* ***'It's a pleasure.'***

IDM **take (no) pleasure in sth/doing sth** to (not) enjoy (doing) sth কোনো কিছু করে (বা না করে) কোনো কিছু থেকে আনন্দ পাওয়া (না পাওয়া)

with pleasure used as a polite way of saying that you are happy to do sth খুশির সঙ্গে কোনো কাজ করতে ইচ্ছুক তা জানানোর জন্য ব্যবহৃত অভিব্যক্তি বিশেষ *'Could you give me a lift into town?' 'Yes, with pleasure.'*

pleat / pli:t প্লীট্ / *noun* [C] a permanent **fold** that is sewn or pressed into a piece of cloth কাপড়ের স্থায়ী ভাঁজ; প্লিট *a skirt with pleats at the front*

plebiscite / ˈplebɪsɪt; -saɪt ˈপ্লেবিসিট্; -সাইট্ / *noun* [C] (*technical*) **a plebiscite (on sth)** a vote by the people of a country or a region on a question that is very important কোনো গুরুত্বপূর্ণ প্রশ্ন বা সমস্যার মীমাংসার্থে দেশের বা কোনো অঞ্চলের জনগণের রায়; গণভোট *to hold a plebiscite on the country's future system of government*

plectrum / ˈplektrəm ˈপ্লেক্ট্র্যাম্ / *noun* [C] a small piece of plastic, metal, etc., that you use to play the strings of a guitar or similar musical instrument instead of using your fingers (প্লাস্টিক, ধাতু ইত্যাদির) মিজরাব, ছড়, ছড়ি

pledge / pledʒ প্লেজ্ / *noun* [C] **a pledge (to do sth)** a formal promise or agreement শপথ, অঙ্গীকার বা চুক্তি ▶ **pledge** *verb* [T] **pledge (sth) (to sb/sth)** শপথ গ্রহণ করা *The Government has pledged Rs 250,000 to help the victims of the crash.*

plenary / ˈpli:nəri ˈপ্লীন্যারি / *adj.* (used about meetings, etc.) that should be attended by everyone who has the right to attend (কোনো সভা ইত্যাদি প্রসঙ্গে ব্যবহৃত) যাদের যোগদানের অধিকার আছে তাদের সকলের উপস্থিতি কাম্য *The new committee holds its first* ***plenary session*** *this week.* ▶ **plenary** *noun* [C] (*pl.* **plenaries**) পূর্ণ অধিবেশন *the opening/final plenary of the conference*

plentiful / ˈplentɪfl ˈপ্লেন্টিফ্‌ল্ / *adj.* available in large amounts or numbers প্রচুর, অজস্র *Fruit is plentiful at this time of year.* ✪ বিপ **scarce**

plenty / ˈplenti ˈপ্লেন্টি / *pronoun, adv.* **1 plenty (of sb/sth)** as much or as many of sth as you need অনেক, প্রচুর, পর্যাপ্ত, যত দরকার তত *'Shall I get some more coffee?' 'No, we've still got plenty.'* ○ *There's still plenty of time to get there.* ○ **2** (before 'more') a lot ('more'-এর পূর্বে) অনেক পরিমাণ, প্রচুর *There's plenty more ice cream.* **3** (*informal*) (with 'big', 'long', 'tall', etc. followed by enough) easily সহজেই ('big', 'long', 'tall' ইত্যাদির পরে 'enough'- ব্যবহৃত) *'This shirt's too small.' 'Well, it looks plenty big enough to me.'*

pliable / ˈplaɪəbl ˈপ্লাইঅ্যাব্‌ল্ / (*also* **pliant** / ˈplaɪənt ˈপ্লাইঅ্যান্ট্ /) *adj.* **1** easy to bend or shape যা সহজে মোড়া যায়, অন্য আকার দেওয়া যায় **2** (used about a person) easy to influence (ব্যক্তি সম্বন্ধে ব্যবহৃত) প্রভাবিত করা সহজ; নমনীয়

pliers / ˈplaɪəz ˈপ্লাইঅ্যাজ় / *noun* [*pl.*] a tool made of two crossed pieces of metal with handles, that is used for holding things firmly and for cutting wire জিনিসপত্র শক্তভাবে ধরতে পারা এবং তার কাটা ইত্যাদির জন্য ব্যবহৃত দুদিকে হাতলওয়ালা সাঁড়াশির মতো যন্ত্র; প্লায়ার্স *a pair of pliers* ⇨ **tool**-এ ছবি দেখো।

plight / plaɪt প্লাইট্ / *noun* [*sing.*] (*formal*) a bad or difficult state or situation দুরবস্থা, কঠিন পরিস্থিতি

plinth / plɪnθ প্লিন্থ্ / *noun* [C] a block of stone on which a column or statue stands পাথরের যে বেদির উপর মূর্তি বা স্তম্ভ দাঁড়িয়ে থাকে; স্তম্ভপাদপীঠ, মূর্তিপাদপীঠ

plod / plɒd প্লড্ / *verb* [I] (**plodding; plodded**) **plod (along/on) 1** to walk slowly and in a heavy or tired way কষ্ট করে, পা টেনে টেনে ক্লান্তভাবে চলা *We plodded on through the rain for nearly an hour.* **2** to make slow progress, especially with difficult or boring work বিশেষত কঠিন বা ক্লান্তিকর কাজের জন্য ধীর গতিতে এগোনো বা কাজের অগ্রগতি কমে আসা

plonk / plɒŋk প্লংক্ / *verb* [T] (*spoken*) **1 plonk sth (down)** to put sth down on sth, especially noisily or carelessly যেমনতেমনভাবে বা আওয়াজ করে কিছু নামানো *Just plonk your bag down anywhere.* **2 plonk (yourself) (down)** to sit down heavily and carelessly যেমনতেমনভাবে ধপ করে বসে পড়া *He just plonked himself down in front of the TV.*

plop¹ / plɒp প্লপ্ / *noun* [C, *usually sing.*] a sound like that of a small object dropping into water টুপ করে জলে কোনো ছোটো জিনিস পড়ার আওয়াজ

plop² / plɒp প্লপ্ / *verb* [I] (**plopping; plopped**) to fall making a plopping noise টুপ করে আওয়াজ করে পড়া *The frog plopped back into the water.*

plot¹ / plɒt প্লট্ / *noun* [C] **1** the series of events which form the story of a novel, film, etc. ঘটনাসমূহের বিন্যাস, যা উপন্যাস, চলচ্চিত্র ইত্যাদির মূল কাহিনি তৈরি করে *The play had a very weak plot.* ○ *I can't follow the plot of this novel.* **2 a plot (to do sth)** a secret plan made by several people to do sth wrong or illegal ষড়যন্ত্র, চক্রান্ত *a plot to kill the president* **3** a small piece of land, used for a special purpose ভূমিখন্ড, জমির অংশ (বিশেষ উদ্দেশ্যে ব্যবহৃত) *a plot of land*

plot² / plɒt প্লট্ / *verb* (**plotting; plotted**) **1** [I, T] **plot (with sb) (against sb)** to make a secret plan to do sth wrong or illegal ষড়যন্ত্র করা, চক্রান্ত করা *They were accused of plotting against the government.* ○ *The terrorists had been plotting this campaign for years.* **2** [T] to mark sth on a map, diagram, etc. মানচিত্র, রেখাচিত্র ইত্যাদিতে বিশেষ কিছু চিহ্নিত করা *to plot the figures on a graph*

plough (*AmE* **plow**) / plaʊ প্লাউ / *noun* [C] a large farm tool which is pulled by a **tractor** or by an animal. A plough turns the soil over ready for seeds to be planted ট্র্যাকটর বা কোনো পশু টেনে নিয়ে চলে এরকম কোনো কৃষিযন্ত্র যার দ্বারা মাটি কুপিয়ে বীজ রোপণের জন্য প্রস্তুত করা হয়; হল, লাঙল ▶ **plough** *verb* [I, T] জমি চষা, কষ্ট করে কেটে এগিয়ে যাওয়া (*figurative*) *The book was long and boring but I managed to plough through it* (=read it with difficulty).

ploy / plɔɪ প্লই / *noun* [C] **a ploy (to do sth)** something that you say or do in order to get what you want or to persuade sb to do sth উদ্যোগ, ফন্দি, কৌশল

pluck¹ / plʌk প্লাক্ / *verb* [T] **1 pluck sth/sb (from sth/out)** to remove or take sth/sb from a place কোনো কিছু টেনে তুলে ফেলা, কাউকে সরিয়ে দেওয়া বা নিয়ে নেওয়া *He plucked the letter from my hands.* **2** to pull the feathers out of a dead bird in order to prepare it for cooking রান্নার আগে মৃত পাখির গায়ের পালক টেনে তুলে ফেলা **3** to make the strings of a musical instrument play notes by moving your fingers across them বাদ্যযন্ত্রের তারে আঙুল দিয়ে আঘাত করা বা বাজানো

IDM pluck up courage to try to get enough courage to do sth কোনো কিছু করার জন্য মনে যথেষ্ট সাহস আনার চেষ্টা করা

PHR V pluck at sth to pull sth gently several times আস্তে আস্তে অনেকক্ষণ ধরে খুঁটে তোলা

pluck² / plʌk প্লাক্ / *noun* [U] (*informal*) courage and determination সাহস, উদ্যম, একনিষ্ঠতা ▶ **plucky** *adj.* সাহসে ভরপুর, তেজি

plug[1] / plʌg প্লাগ্ / *noun* [C] **1** a plastic or rubber object with two or three metal pins, which connects a piece of electrical equipment to the electricity supply প্লাস্টিক বা রাবার দিয়ে তৈরি দুটো বা তিনটে ধাতব পিনযুক্ত বস্তু যা কোনো বৈদ্যুতিক যন্ত্রে বিদ্যুৎ সরবরাহ করতে ব্যবহার করা হয়; প্লাগ (বিদ্যুতের) **2** a round piece of rubber or plastic that you use to block the hole in a bath, etc. স্নানের গামলার গর্ত বন্ধ করা ইত্যাদির জন্য ব্যবহৃত রবার বা প্লাস্টিকের গোল টুকরো; গোঁজ বা ছিপি **3** a mention that sb makes of a new book, film, etc. in order to encourage people to buy or see it কোনো নতুন বই, চলচ্চিত্র ইত্যাদি সম্বন্ধে জনগণকে উৎসাহিত করার জন্য তার উল্লেখ

plug[2] / plʌg প্লাগ্ / *verb* [T] (**plugging; plugged**) **1** to fill or block a hole with sth that fits tightly into it ছিপি ইত্যাদি দিয়ে কোনো কিছুর মুখ বা গর্ত বন্ধ করা *He managed to plug the leak in the pipe.* **2** (*informal*) to say good things about a new book, film, etc. in order to make people buy or see it নতুন বই, সিনেমা ইত্যাদি সম্বন্ধে ভালো কথা বলা যাতে জনসাধারণ তা দেখে বা কেনে *They're really plugging that song on the radio at the moment.*

PHR V **plug sth in** to connect a piece of electrical equipment to the electricity supply or to another piece of equipment প্লাগ গুঁজে একটি বৈদ্যুতিক সরঞ্জামের সঙ্গে অন্য আর একটি বৈদ্যুতিক সরঞ্জাম বা কোনো বৈদ্যুতিক সরবরাহের সঙ্গে সংযুক্ত করা *Is the microphone plugged in?* ✪ বিপ **unplug**

plughole / ˈplʌghəʊl ˈপ্লাগ্‌হ্যাউল্ / *noun* [C] (*BrE*) a hole in a bath, etc. where the water flows away স্নানঘর ইত্যাদির জল বেরোনোর গর্ত

plum / plʌm প্লাম্ / *noun* [C] a soft, round fruit with red or yellow skin and a stone in the middle লাল বা সবুজ খোসা এবং ভিতরে শক্ত বীজযুক্ত নরম গোল ফল; প্লাম

plumage / ˈplu:mɪdʒ ˈপ্লুমিজ্ / *noun* [U] the feathers covering a bird's body কোনো পাখির গা-ঢাকা পালকসমূহ

plumb[1] / plʌm প্লাম্ / *verb* [T] **1** to measure the depth of water or check whether things like a wall, etc. are vertical by using a lead weight suspended from a line দড়ির আগায় বাঁধা ভারী বস্তু ব্যবহার করে জলের গভীরতা মাপা অথবা দেয়াল সোজা আছে নাকি তা দেখা **2** to successfully and completely understand something mysterious by carefully examining it সফলভাবে এবং সম্পূর্ণভাবে রহস্যময় কোনো কিছু অনেক পরীক্ষা নিরীক্ষার পর বুঝতে পারা *plumbing the mysteries of the human psyche* ✪ সম **fathom**

IDM **plumb the depths of sth** to experience the worst of sth unpleasant অপ্রীতিকর কোনো বস্তুর সবচেয়ে খারাপ দিকটি অনুভব করা *His latest novel plumbs the depths of horror and violence.*

PHR V **plumb sth... in** (*BrE*) to connect something like toilets, washing machines, etc. to the water supply in a building শৌচালয়, কাপড় কাচা মেশিন ইত্যাদিতে জল সরবরাহের সংযোগ ঘটানো

plumb[2] / plʌm প্লাম্ / *adv.* **1** (*used before prepositions*) exactly একদম ঠিক *He was running plumb in the middle of the road.* **2** (*old-fashioned*) (*AmE informal*) completely পরিপূর্ণভাবে *He's plumb crazy.*

plumber / ˈplʌmə(r) ˈপ্লাম্যা(র্) / *noun* [C] a person whose job is to put in or repair water pipes, baths, toilets, etc. জলের পাইপ, স্নানঘর, শৌচালয় ইত্যাদি লাগানো বা সারানো যার কাজ; কলের মিস্ত্রি

plumbing / ˈplʌmɪŋ ˈপ্লামিং / *noun* [U] **1** all the pipes, taps, etc. in a building কোনো বাড়ির জল বহনকারী বা নিকাশী পাইপসমূহ **2** the work of a person who puts in and repairs water pipes, taps, etc. জলের পাইপ, কল ইত্যাদি যে ব্যক্তি লাগায় বা সারায় তার কাজ

plum line *noun* [C] a lead weight suspended from a line, that is used for measuring the depth of water or for checking whether things like a wall, etc. are vertical দড়ির আগায় বাঁধা ভারী বস্তু যা জলের গভীরতা মাপার কাজে বা দেয়াল ইত্যাদি সোজা আছে কিনা তা দেখার জন্য ব্যবহৃত হয়; ওলনদড়ি

plume / plu:m প্লুম্ / *noun* [C] **1** a quantity of smoke that rises in the air ধোঁয়ার কুন্ডলী (যা উপরে ওঠে) **2** a large feather or group of feathers, often worn as a decoration বড়ো একটি পালক বা পালকগুচ্ছ প্রায়ই যেগুলি সাজসজ্জার জন্য পরিধান করা হয়

plummet / ˈplʌmɪt ˈপ্লামিট্ / *verb* [I] (*formal*) to fall suddenly and quickly from a high level or position খুব উঁচু থেকে হঠাৎ এবং দ্রুত নেমে আসা বা পড়ে যাওয়া *Share prices plummeted to an all-time low.* ○ *The jet plummeted into a row of houses.* ✪ সম **plunge**

plump[1] / plʌmp প্লাম্প্ / *adj.* (used about a person or an animal) pleasantly fat (কোনো ব্যক্তি বা পশু সম্বন্ধে ব্যবহৃত) মোটাসোটা, গোলগাল, নাদুসনুদুস *the baby's plump cheeks*

plump[2] / plʌmp প্লাম্প্ / *verb*

PHR V **plump (yourself/sb/sth) down** to sit down or to put sb/sth down heavily ধুপ করে বসা, ধপাস করে কিছু রাখা *She plumped herself down by the fire.*

plump for sb/sth (*BrE informal*) to choose or decide to have sb/sth কাউকে বা কিছুকে বেছে নেওয়া, মনস্থির করা *I think I'll plump for the roast chicken, after all.*

plunder / ˈplʌndə(r) ˈপ্লান্ড্যা(র্) / *noun* [U] the action of stealing from people or places, especially during war or fighting; the goods that are stolen কারও কাছ থেকে বা কোনো স্থান থেকে লুঠ বা চুরি করার কাজ, বিশেষত যুদ্ধ বা লড়াইয়ের সময়ে; লুঠের মাল ▶ **plunder** *verb* [I, T] লুঠ করা, লুঠপাট করা

plunge[1] / plʌndʒ প্লানজ্ / *verb* **1** [I] **plunge (into sth/in)** to jump, drop or fall suddenly and with force হঠাৎ এবং সজোরে ঝাঁপ দেওয়া, ফেলে দেওয়া বা পড়ে যাওয়া *He ran to the river and plunged in.* ○ (*figurative*) *Share prices plunged overnight.* **2** [T] **plunge sth in/into sth** to push sth suddenly and with force into sth কোনো কিছুর মধ্যে কোনো কিছু হঠাৎ এবং সজোরে ঢোকানো *He plunged the knife into the table in anger.* **3** [T] to cause sb/sth to suddenly be in the state mentioned কোনো ব্যক্তি অথবা কোনো বিশেষ বস্তুকে হঠাৎ উল্লিখিত অবস্থার মধ্যে ফেলা *The country has been plunged into chaos by the floods.* **4** [I] **plunge into (doing) sth** to start doing sth with energy and enthusiasm বিশেষ উৎসাহ ও উদ্যমের সঙ্গে কোনো কাজ শুরু করা *Think carefully before you plunge into buying a house.*

plunge[2] / plʌndʒ প্লানজ্ / *noun* [C] a sudden jump, drop or fall আচমকা লাফ, ঝাঁপ বা পতন *I slipped and took a plunge in the river.* ○ *the plunge in house prices*

IDM **take the plunge** to decide to do sth difficult after thinking about it for quite a long time অনেক ভেবেচিন্তে কঠিন কোনো কিছু করার সিদ্ধান্ত গ্রহণ করা *After going out together for five years, they took the plunge and got married.*

plunge pool *noun* [C] (in geography) an area of deep water that is formed by water falling from above (**a waterfall**) (ভূগোলে) উপর থেকে জলপ্রপাতের জল পড়ে তৈরি গভীর জলাশয়

plunger / ˈplʌndʒə(r) ˈপ্লান্জ্যা(র্) / *noun* [C] a part of a piece of equipment that can be pushed down, for example in a **syringe** কোনো যন্ত্রের যে অংশটি ঠেলে ঢোকানো এবং বার করা যায়। উদাহরণস্বরূপ সিরিঞ্জের কথা বলা যায় ⇨ **laboratory**-তে ছবি দেখো।

pluperfect / ˌpluːˈpɜːfɪkt ˌপ্লু ˈপ্যফিক্ট্ / = **the past perfect**

plural / ˈplʊərəl ˈপ্লুঅ্যার‍্যাল্ / *noun* [C] (*grammar*) the form of a noun, verb, etc. which refers to more than one person or thing (ব্যাকরণ) বিশেষ্য, ক্রিয়াপদ ইত্যাদির যে রূপ একাধিক ব্যক্তি বা বস্তু বোঝায়; বহুবচন *The plural of 'boat' is 'boats'.* ○ *The verb should be* ***in the plural***. ▶ **plural** *adj.* একাধিক, বহু ⇨ **singular** দেখো।

plus[1] / plʌs প্লাস্ / *prep.* **1** and; added to এবং; যুক্ত, যোগ করার পর *Two plus two is four (2 + 2 = 4).* ✪ বিপ **minus** **2** in addition to; and also, এর সঙ্গে, যোগ করে এরাও *You have to work five days a week plus every other weekend.*

plus[2] / plʌs প্লাস্ / *noun* [C] **1** the sign (+) যোগচিহ্ন ✪ বিপ **minus** **2** an advantage of a situation সুবিধাজনক অবস্থা *Her experience in advertising was a plus in her job.*

plus[3] / plʌs প্লাস্ / *adj.* (*only before a noun*) **1** or more আর একটু বেশি *I'd say there were 30,000 plus at the match.* **2** (used for marking work done by students) slightly above (ছাত্রদের কাজের মান নির্ধারণের জন্য ব্যবহৃত চিহ্ন) একটু উপরে *I got a B plus (=B+) for my homework.* ✪ বিপ **minus**

plush / plʌʃ প্লাশ্ / *adj.* comfortable and expensive আরামদায়ক এবং বিলাসবহুল *a plush hotel*

Pluto / ˈpluːtəʊ ˈপ্লূট্যাউ / *noun* [*sing.*] a **dwarf planet** that moves round the sun and comes after the eighth planet Neptune ক্ষুদ্র গ্রহ বা বামন গ্রহ যা সূর্যকে প্রদক্ষিণ করে এবং অষ্টম গ্রহ নেপচুনের পরে আসে; প্লুটো ⇨ **the solar system**-এ ছবি দেখো।

plutonium / pluːˈtəʊniəm প্লূˈট্যাউনিঅ্যাম্ / *noun* [U] a dangerous (**radioactive**) substance used especially as a fuel in nuclear power stations তেজস্ক্রিয় বিপজ্জনক মৌল যা পারমাণবিক বিদ্যুৎকেন্দ্রে জ্বালানি হিসেবে ব্যবহৃত হয় ; প্লুটোনিয়ম

ply / plaɪ প্লাই / *verb* (*pres. part.* **plying;** *3rd person sing. pres.* **plies;** *pt, pp* **plied**) [I, T] to try to sell services or goods to people, especially on the street বিশেষত রাস্তায় মালপত্র বিক্রি করা বা পরিষেবা সরবরাহ করা *Boat owners were* ***plying their trade*** *to passing tourists.* ○ *to ply for business*

PHR V **ply sb with sth** to keep giving sb food and drink, or asking sb questions কাউকে খাদ্যপানীয় সরবরাহ করতে থাকা অথবা প্রশ্ন করে যাওয়া *They plied us with food from the moment we arrived.*

plywood / ˈplaɪwʊd ˈপ্লাইউউড্ / *noun* [U] board made by sticking several thin layers of wood together কাঠের পাতলা স্তর জুড়ে বানানো বোর্ড

p.m. (*AmE* **P.M.**) / ˌpiːˈem ˌপী ˈএম্ / *abbr.* post meridiem; after midday পোস্ট মেরিডিয়েন-এর সংক্ষিপ্ত রূপ; দুপুরের পরে; অপরাহ্ণে *2 p.m.* (=2 o'clock in the afternoon) ○ *11.30 p.m.* (=11.30 in the evening)

pneumatic / njuːˈmætɪk নিউˈম্যাটিক্ / *adj.* **1** filled with air হাওয়ায় ভরা *a pneumatic tyre* **2** worked by air under pressure হাওয়ার চাপে কাজ করে এমন *pneumatic tools*

pneumatic drill (*AmE* **jackhammer**) *noun* [C] a large powerful tool, worked by air pressure, used especially for breaking up road surfaces বড়ো আকারের শক্তিশালী যন্ত্রবিশেষ যা হাওয়ার চাপে কাজ করে এবং যা দিয়ে সাধারণত রাস্তার উপরিতল ভাঙা হয় ➪ **tools**-এ ছবি দেখো।

pneumonia / nju:ˈməʊniə নিউˈম্যাউনিআ্যা / *noun* [U] a serious illness of the lungs which makes breathing difficult ফুসফুসের কঠিন ব্যাধি যার জন্য নিঃশ্বাস নেওয়া কষ্টকর হয়ে যায়; নিউমোনিয়া রোগ

PO / ˌpi:ˈəʊ ˈপীˈঅ্যাউ / *abbr.* (*used in compound nouns*) Post Office, পোস্ট অফিস-এর সংক্ষিপ্ত রূপ; ডাকঘর

poach / pəʊtʃ প্যাউচ্ / *verb* [T] **1** to cook food (especially fish or eggs) gently in a small amount of liquid বিশেষত ডিম অথবা মাছ অল্প তেল, ঘি বা মাখনে অল্প-স্বল্প ভেজে রান্না করা **2** to hunt animals illegally অন্যের জমিতে বেআইনিভাবে জন্তু-জানোয়ার শিকার করা **3** to take an idea from sb else and use it as though it is your own অন্য কারও ভাব বা মত নিজের বলে চালানো **4** to take members of staff from another company in an unfair way অন্য কোম্পানির বা প্রতিষ্ঠানের কর্মচারী অন্যায়ভাবে ভাগিয়ে নেওয়া

poacher / ˈpəʊtʃə(r) ˈপ্যাউচ্যা(র্) / *noun* [C] a person who hunts animals illegally এমন কেউ যে বেআইনিভাবে অন্যের জায়গায় জীব-জন্তু শিকার করে

PO box *noun* [C] a place in a post office where letters, packages, etc. are kept until they are collected by the person they were sent to ডাকঘরের মধ্যে যেখানে চিঠিপত্র, প্যাকেট ইত্যাদি রাখা হয় যতক্ষণ না কারও দ্বারা সেটি সংগৃহীত হয়; ডাকবাক্স *The address is PO Box 4287, Chandigarh, India.*

pocket[1] / ˈpɒkɪt ˈপকিট্ / *noun* [C] **1** a piece of material like a small bag that is sewn inside or on a piece of clothing and is used for carrying things in ছোটো ব্যাগের মতো উপকরণ যা ভিতরে সেলাই করা থাকে এবং জিনিসপত্র বহনের জন্য ব্যবহৃত হয়; পকেট *He always walks with his hands in his trouser pockets.* ○ *a pocket dictionary/calculator* (= one small enough to fit in your pocket) **2** a small bag or container that is fixed to the inside of a car door, suitcase, etc. and used for putting things in গাড়ির দরজা, সুটকেস ইত্যাদির ভিতরে কোনো জায়গায় ছোটো যে ব্যাগ বা থলি লাগানো থাকে *There are safety instructions in the pocket of the seat in front of you.* **3** used to talk about the amount of money that you have to spend যে টাকা-পয়সা খরচ করতে হবে সে সম্বন্ধে বলার জন্য ব্যবহৃত *They sell cars to suit every pocket.* ○ *The school couldn't afford a CD player, so the teacher bought one* ***out of*** *his* ***own pocket***. **4** a small area or group that is different from its surroundings যে ছোটো এলাকা অথবা দল তার পারিপার্শ্বিক এলাকা বা দল থেকে আলাদা *pockets of warm water* ➪ **air pocket** দেখো।

IDM pick sb's pocket ➪ **pick**[1] দেখো।

pocket[2] / ˈpɒkɪt ˈপকিট্ / *verb* [T] **1** to put sth in your pocket নিজের পকেটে কিছু রাখা; পকেটস্থ করা *He took the letter and pocketed it quickly.* **2** to steal or win money পয়সা বা অর্থ চুরি করা অথবা জেতা

pocketbook / ˈpɒkɪtbʊk ˈপকিট্বুক্ / *noun* [C] **1** a small book or notebook ছোটো বই বা খাতা **2** (*AmE*) = **wallet**

pocket money *noun* [U] (*AmE* **allowance**) an amount of money that parents give a child to spend, usually every week ছোটো ছেলেমেয়েদের বাবা-মায়েরা সাধারণত প্রতি সপ্তাহে তাদের যে হাত-খরচ দেন

pod / pɒd পড্ / *noun* [C] the long, green part of some plants, such as peas and beans, that contains the seeds মটরশুঁটি শিম ইত্যাদির লম্বা অংশ বা বীজধারক, যে খোলাটির মধ্যে দানাগুলি থাকে; শিম্ব, বীজকোশ

podiatrist / pəˈdaɪətrɪst প্যাˈডাইঅ্যাট্রিস্ট / (*AmE*) = **chiropodist**

podiatry / pəˈdaɪətri প্যাˈডাইঅ্যাট্রি / (*AmE*) = **chiropody**

podium / ˈpəʊdiəm ˈপ্যাউডিঅ্যাম্ / *noun* [C] a small platform for a speaker, a performer, etc. to stand on বক্তৃতা, কিছু করে দেখানো ইত্যাদির জন্য ব্যবহৃত ছোটো আকারের মঞ্চ

poem / ˈpəʊɪm ˈপ্যাউইম্ / *noun* [C] a piece of writing arranged in short lines. Poems try to express thoughts and feelings with the help of sound and rhythm কবিতা, পদ্য, ছড়া

poet / ˈpəʊɪt ˈপ্যাউইট্ / *noun* [C] a person who writes poems কবি, পদ্যকার

poetic / pəʊˈetɪk প্যাউˈএটিক্ / (*also* **poetical** /-tɪkl -টিক্‌ল্ /) *adj.* connected with poets or like a poem কাব্যিক বা যা কবিতার সঙ্গে জড়িত বা কবিতার মতো ▶ **poetically** /-kli -ক্লি / *adv.* কবিতা সংক্রান্ত, কাব্যিকভাবে

poetry / ˈpəʊətri ˈপ্যাউঅ্যাট্রি / *noun* [U] a collection of poems; poems in general কবিতার সমষ্টি; সাধারণ কবিতাসমূহ *Kalidasa's poetry and plays* ○ *Do you like poetry?* ➪ **prose** দেখো।

poignant / ˈpɔɪnjənt ˈপইন্‌ইঅ্যান্ট্ / *adj.* causing sadness or pity তীব্র দুঃখ বা বেদনাময় *a poignant memory* ▶ **poignancy** / -jənsi / -ইঅ্যান্সি / *noun*

[U] বিষাদময়তা ▶ **poignantly** *adv.* দুঃখজনকভাবে, বিষাদের সঙ্গে

point[1] / pɔɪnt পইন্ট্ / *noun* **1** [C] a particular fact, idea or opinion that sb expresses নির্দিষ্ট বিষয়, ভাব, ঘটনা অথবা তথ্য *You* ***make*** *some interesting* ***points*** *in your essay.* ○ *I see your point but I don't agree with you.* **2 the point** [*sing.*] the most important part of what is being said; the main piece of information যা বলা বা আলোচিত হচ্ছে তার প্রধান বক্তব্য; প্রধান যে তথ্য *It makes no difference how much it costs—****the point is*** *we don't have any money!* ○ *She always talks and talks and takes ages to* ***get to the point***. **3** [C] an important idea or thought that needs to be considered একটা গুরুত্বপূর্ণ ধারণা বা ভাবনা যা ভেবে বা বিচার করে দেখা দরকার *'Have you checked what time the last bus back is?' 'That's a point—no I haven't.'* **4** [C] a detail, characteristic or quality of sb/sth কারও বা কোনো কিছুর খুঁটিনাটি, বিশেষ কোনো বৈশিষ্ট্য বা গুণ *Make a list of your* ***strong points*** *and your* ***weak points*** (= good and bad qualities). **5** [*sing.*] **the point (of/in sth/doing sth)** the meaning, reason or purpose of sth কোনো কিছুর মানে, কারণ অথবা উদ্দেশ্য *She's said no, so* ***what's the point*** *of telephoning her again?* ○ ***There's no point*** *in talking to my parents—they never listen.* **6** [C] (*often in compounds*) a particular place, position or moment বিশেষ কোনো জায়গা, অবস্থা অথবা মুহূর্ত *The library is a good* ***starting point*** *for that sort of information.* ○ *He has reached the* ***high point*** *of his career.* ○ *He waved to the crowd and it was* ***at that point*** *that the shot was fired.* **7** [C] the thin sharp end of sth কোনো কিছুর তীক্ষ্ণ শেষাংশ বা প্রান্তভাগ, ধার *the point of a pin/needle/pencil* **8** [C] a small round mark used when writing parts of numbers ছোট্টো গোলাকার চিহ্ন, যা সংখ্যার অংশ দেখাতে বা বোঝাতে ব্যবহার করা হয়; বিন্দু চিহ্ন; দশমিক চিহ্ন *She ran the race in 11.2 (eleven point two) seconds.* **9** [C] a single mark in some games, sports, etc. that you add to others to get the score কোনো কোনো খেলা বা প্রতিযোগিতার ইত্যাদির মান যা যোগ করে ফলাফলে পৌঁছোনো হয়; খেলার পয়েন্ট *to score a point* ○ *Paes needs two more points to win the match.* **10** [C] a unit of measurement for certain things কোনো জিনিস মাপার একক *The value of the dollar has fallen by a few points.*

IDM be on the point of doing sth just going to do sth ঠিক যখন কিছু করতে যাওয়া হচ্ছে *I was on the point of going out when the phone rang.*

beside the point ➪ **beside** দেখো।

have your, etc. (good) points to have some good qualities বিশেষ কোনো গুণ থাকা *Jai has his good points, but he's very unreliable.*

make a point of doing sth to make sure you do sth because it is important or necessary কোনো কাজ নিশ্চিত করা যা গুরুত্বপূর্ণ অথবা আবশ্যিক *I made a point of locking all the doors and windows before leaving the house.*

point of view a way of looking at a situation; an opinion দৃষ্টিকোণ; বিশেষ একটি মত *From my point of view it would be better to wait a little longer.*
✪ সম **viewpoint** অথবা **standpoint**

prove your/the case/point ➪ **prove** দেখো।

a sore point ➪ **sore**[1] দেখো।

sb's strong point ➪ **strong** দেখো।

take sb's point to understand and accept what sb is saying কারও কথা শুনে তা মেনে নেওয়া

to the point connected with what is being discussed; relevant যা আলোচিত হচ্ছে তার সঙ্গে যুক্ত; প্রাসঙ্গিক *His speech was short and to the point.*

up to a point partly কিছুটা *I agree with you up to a point.*

point[2] / pɔɪnt পইন্ট্ / *verb* **1** [I] **point (at/to sb/sth)** to show where sth is or to draw attention to sth using your finger, a stick, etc. আঙুল, ছড়ি ইত্যাদি দিয়ে কোনো কিছুর অবস্থান দেখানো অথবা দৃষ্টি আকর্ষণ করা *'I'll have that one,' she said, pointing to a chocolate cake.* **2** [I, T] **point (sth) (at/towards sb/sth)** to aim (sth) in the direction of sb/sth কারও বা কোনো কিছুর দিকে নিশানা বা তাক করা *She pointed the gun at the target and fired.* **3** [I] to face in a particular direction or to show that sth is in a particular direction কোনো বিশেষ দিকে মুখ করে দাঁড়ানো অথবা কোনো কিছু যে দিকে সে দিকে দেখানো *The sign pointed towards the highway.* ○ *Turn round until you're pointing north.* **4** [I] **point to sth** to show that sth is likely to exist, happen or be true কোনো কিছু যা থাকতে পারে, ঘটতে পারে অথবা সত্য হতে পারে তা দেখানো *Research points to a connection between diet and cancer.*

PHR V point sth out (to sb) to make sb look at sth; to make sth clear to sb কোনো কিছুর প্রতি কারও দৃষ্টি আকর্ষণ করা; কারও কাছে কোনো কিছু সহজবোধ্য বা পরিষ্কার করে দেওয়া *The guide pointed out all the places of interest to us on the way.* ○ *I'd like to point out that we haven't got much time left.*

point-blank *adj., adv.* **1** (used about a shot) from a very close position (গুলির নিশানা সম্বন্ধে ব্যবহৃত) খুব কাছের থেকে *He was shot in the head* ***at point-blank range***. **2** (used about sth that is said) very direct and not polite; not allowing any discussion (যা বলা হচ্ছে তার সম্বন্ধে ব্যবহৃত) সোজাসাপটা, নম্রভাবে নয়; কোনো আলোচনার অনুমতি না দিয়ে *She told him point-blank to get out of the house and never come back.*

pointed / ˈpɔɪntɪd ˈপইন্‌টিড্ / *adj.* **1** having a sharp end সূচ্যগ্র; তীক্ষ্ণ *a pointed stick/nose* **2** (used about sth that is said) critical of sb in an indirect way (যা বলা হচ্ছে তার সম্বন্ধে ব্যবহৃত) বিদ্রূপপূর্ণ; বক্রোক্তি *She made a pointed comment about people who are always late.* ▶ **pointedly** *adv.* জোরালোভাবে

pointer / ˈpɔɪntə(r) ˈপইন্‌ট্যা(র্) / *noun* [C] **1** a piece of helpful advice or information উপযোগী উপদেশ বা তথ্য *Could you* ***give*** *me some* ***pointers*** *on how best to tackle the problem?* **2** a small arrow on a computer screen that you move by moving the mouse কম্পিউটারের পর্দা বা স্ক্রিনের উপর যে ছোটো তীরাকৃতি চিহ্নটি মাউস নাড়িয়ে এদিক-ওদিক করা হয় **3** a stick that is used to point to things on a map, etc. মানচিত্রের উপর কোনো কিছুর প্রতি দৃষ্টি আকর্ষণ করার জন্য যে ছড়িটি ব্যবহার করা হয়

pointless / ˈpɔɪntləs ˈপইন্‌ট্‌ল্যাস্ / *adj.* without any use or purpose প্রয়োজনহীন বা অর্থহীন অথবা উদ্দেশ্যহীন *It's pointless to try and make him agree.* ▶ **pointlessly** *adv.* অনর্থকভাবে ▶ **pointlessness** *noun* [U] অনর্থকতা

poise / pɔɪz পইজ্ / *noun* [U] a calm, confident way of behaving সংযত আচরণ; ধীরস্থির

poised / pɔɪzd পইজ্‌ড্ / *adj.* **1** not moving but ready to move চলছে না বা সরছে না কিন্তু চলার জন্য বা সরার জন্য প্রস্তুত *'Shall I call the doctor or not?' he asked, his hand poised above the telephone.* **2 poised (to do sth)** ready to act; about to do sth কিছু করতে প্রস্তুত; এখনই কিছু করতে হবে এমন *The government is poised to take action if the crisis continues.* **3** calm and confident শান্ত এবং নিশ্চিন্ত

poison[1] / ˈpɔɪzn, পইজ্‌ন্ / *noun* [C, U] a substance that kills or harms you if you eat or drink it বিষ, গরল *rat poison ○ poison gas*

poison[2] / ˈpɔɪzn ˈপইজ্‌ন্ / *verb* [T] **1** to kill, harm or damage sb/sth with poison বিষ দিয়ে বা মিশিয়ে কোনো ব্যক্তিকে হত্যা করা, তার ক্ষতি করা বা সেটি কোনো বস্তু নষ্ট করা **2** to put poison in sth কোনো কিছুর মধ্যে বিষ মেশানো *The cup of coffee had been poisoned.* **3** to spoil or ruin sth কোনো কিছু নষ্ট বা ধ্বংস করা *The quarrel had poisoned their relationship.* ▶ **poisoned** *adj.* বিষিয়ে দেওয়া, বিষ মিশিয়ে খারাপ করা *a poisoned drink*

poisoning / ˈpɔɪzənɪŋ ˈপইজ্‌নিং / *noun* [U] the giving or taking of poison or a dangerous substance বিষ বা কোনো বিপজ্জনক পদার্থ দেওয়া অথবা নেওয়া হচ্ছে এমন *He got* ***food poisoning*** *from eating fish that wasn't fresh.*

poisonous / ˈpɔɪzənəs ˈপইজ্যান্যাস্ / *adj.* **1** causing death or illness if you eat or drink it বিষাক্ত **2** (used about animals, etc.) producing and using poison to attack its enemies (পশু ইত্যাদি সম্বন্ধে ব্যবহৃত) শত্রুকে আক্রমণ করার জন্য তৈরি এবং ব্যবহার করা হয় এমন *He was bitten by a poisonous snake.* **3** very unpleasant and intended to upset sb যা অন্যের মন বিষিয়ে দেয়; তিক্ত, কূট *She wrote him a poisonous letter criticizing his behaviour.*

poke / pəʊk প্যাউক্ / *verb* **1** [T] to push sb/sth with a finger, stick or other long, thin object (আঙুল বা লাঠি বা অন্য কোনো লম্বা পাতলা বস্তু দিয়ে) খোঁচা দেওয়া *Be careful you don't poke yourself in the eye with that stick!* **2** [I, T] **poke (sth) into, through, out of, down, etc. sth** to move or to push sth quickly into sth or in a certain direction কোনো কিছুর মধ্যে বা কোনো বিশেষ দিকে চলা বা দ্রুত কোনো কিছু ঠেলে দেওয়া *He poked the stick down the hole to see how deep it was. ○ A child's head poked up from behind the wall.* ▶ **poke** *noun* [C] খোঁচা

IDM poke fun at sb/sth to make jokes about sb/sth, often in an unkind way কাউকে বা কোনো কিছু নিয়ে নির্দয়ভাবে ঠাট্টা করা

poke/stick your nose into sth ➪ **nose[1]** দেখো।

poker / ˈpəʊkə(r) ˈপ্যাউক্যা(র্) / *noun* **1** [U] a type of card game usually played to win money এক রকমের তাস খেলা যা টাকা জেতার উদ্দেশ্যে খেলা হয় **2** [C] a metal stick for moving the coal or wood in a fire অগ্নিকুণ্ডে কয়লা বা কাঠের টুকরো নাড়া-চড়ার জন্য যে ধাতুর ছড়ি ব্যবহার করা হয়

polar / ˈpəʊlə(r) ˈপ্যাউল্যা(র্) / *adj.* (*only before a noun*) of or near the North or South Pole উত্তর অথবা দক্ষিণ মেরু সম্বন্ধে বা তাদের নিকটস্থ *the polar regions*

polar bear *noun* [C] a large white bear that lives in the area near the North Pole উত্তর মেরুর কাছে থাকে একরকম বড়ো আকারের সাদা ভালুক; পোলার বেয়ার

polarize (*also* **-ise**) / ˈpəʊləraɪz ˈপ্যাউল্যারাইজ্ / *verb* **1** [I, T] (*formal*) to separate or make people separate into two groups with completely opposite opinions লোকদের এমন দুই দলে ভাগ করা যাদের সব মত সম্পূর্ণভাবে বিপরীত *Public opinion has polarized on this issue.* **2** [T] (*technical*) to make waves of light, etc. **vibrate** in a single direction (আলোকতরঙ্গ ইত্যাদিকে) সমবর্তিত করা **3** [T] (*technical*) to make sth have two **poles 3**

with opposite qualities মেরুভবন ঘটানো *to polarize a magnet* ▶ **polarization** (*also* **-isation**) / ˌpəʊlərаɪˈzeɪʃn ˌপ্যাউল্যারাইˈজ়েইশ্ন্ / *noun* [U] সমবর্তন, মেরুভবন

pole / pəʊl প্যাউল্ / *noun* [C] **1** a long, thin piece of wood or metal, used especially to hold sth up খুঁটি *a flagpole* ○ *a tent pole* **2** either of the two points at the exact top and bottom of the earth উত্তরমেরু এবং দক্ষিণমেরুর যে-কোনো একটি; সুমেরু অথবা কুমেরু the North / South pole ➪ **earth 3** either of the two ends of a **magnet**, or the positive or negative points of an electric battery চুম্বক অথবা বৈদ্যুতিক ব্যাটারির মেরুদ্বয় বা মেরুপ্রান্ত ➪ **magnet**-এ ছবি দেখো।

the pole vault *noun* [C] the sport of jumping over a high bar with the help of a long pole লম্বা বাঁশের খুঁটির সাহায্যে লাফিয়ে উঠে একটি বিশেষ উঁচু বাধা পেরিয়ে যাওয়ার ক্রীড়া

police[1] / pəˈliːs প্যাˈলীস্ / *noun* [*pl.*] the official organization whose job is to make sure that people obey the law, and to prevent and solve crime আরক্ষী বাহিনী, পুলিশ বিভাগ, পুলিশ বাহিনী *Dial 100 if you need to* ***call the police****.* ○ *Kamal wants to join* ***the police force*** *when he finishes school.* ○ *the local* ***police station***

NOTE **Police** একটি বহুবচন (plural) বিশেষ্য (noun) এবং কেবলই বহুবচন ক্রিয়াপদের (verb) সঙ্গে ব্যবহার করা হয়। একজন মহিলা অথবা পুরুষ পুলিশকে বোঝানোর জন্য **'a police'** অভিব্যক্তিটি ব্যবহার করা সঠিক হয় না। যখন আমরা পুলিশ সংগঠনের কথা বলি তখন আমরা **the** ব্যবহার করি—*There were over 100 police on duty.* ○ *The police are investigating the murder.*

police[2] / pəˈliːs প্যাˈলীস্ / *verb* [T] to keep control in a place by using the police or a similar official group কোনো স্থান নিয়ন্ত্রণে রাখতে পুলিশ বা ঐ জাতীয় কোনো সরকারি গোষ্ঠীর সাহায্য নেওয়া বা তার ব্যবহার করা *The cost of policing football games is extremely high.*

police constable (*also* **constable**) *noun* [C] (*BrE*) (*abbr.* **PC**) a police officer of the lowest position (**rank**) পুলিশের মধ্যে সর্বনিম্ন পদ; কনস্টেবল

police officer (*also* **officer**) (*also* **policeman, policewoman**) *noun* [C] a member of the police পুলিশদের একজন সভ্য; পুলিশের লোক

police state *noun* [C] a country where people's freedom, especially to travel and to express political opinions, is controlled by the government, with the help of the police যে দেশে মানুষের স্বাধীনতা, বিশেষত ভ্রমণ এবং রাজনৈতিক মতপ্রকাশের স্বাধীনতা পুলিশ-বাহিনীর সাহায্যে সরকার কর্তৃক নিয়ন্ত্রিত হয়; পুলিশী রাজ

policy / ˈpɒləsi ˈপল্যাসি / *noun* (*pl.* **policies**) **1** [C, U] **policy (on sth)** a plan of action agreed or chosen by a government, a company, etc. কোনো দেশের সরকার, বাণিজ্যিক সংস্থা ইত্যাদির দ্বারা গৃহীত কাজের খসড়া *It is company policy not to allow smoking in meetings.* **2** [C, U] a way of behaving that you think is best in a particular situation বিশেষ কোনো পরিস্থিতিতে যে ধরনের ব্যবহার সবচেয়ে ভালো বলে মনে করা হয় *It's my policy only to do business with people I like.* **3** [C] a document that shows an agreement that you have made with an insurance company এমন দলিল যাতে কোনো বীমা সংস্থার সঙ্গে কি চুক্তি হয়েছে তা লেখা থাকে; বীমাচুক্তিপত্র, বীমাপলিসি *and insurance policy*

polio / ˈpəʊliəʊ ˈপ্যাউলিঅ্যাউ / *noun* [U] a serious disease which can cause you to lose the power in certain muscles কঠিন ব্যাধি যার কারণে বিশেষ পেশি অকেজো হয়ে পড়ে; পোলিও রোগ

polish[1] / ˈpɒlɪʃ ˈপলিশ্ / *verb* [T] to make sth shine by rubbing it and often by putting a special cream or liquid on it কোনো ক্রিম বা তরলের সাহায্যে ঘষে ঘষে কোনো কিছু চকচকে করা, ঘষামাজা করা; পালিশ করা *to polish your shoes/a table*

PHR V **polish sth off** (*informal*) to finish sth, especially food, quickly কোনো কিছু, বিশেষত কোনো খাবার তাড়াতাড়ি শেষ করা *The two of them polished off a whole chicken for dinner!*

polish[2] / ˈpɒlɪʃ ˈপলিশ্ / *noun* **1** [U] a cream, liquid, etc. that you put on sth to clean it and make it shine ক্রিম, তরল পদার্থ ইত্যাদি যেগুলি কিছুর উপর লাগানো হয় সেটাকে পরিষ্কার বা চকচকে করে তোলার জন্য *a tin of shoe polish* **2** [*sing.*] the action of polishing sth পালিশ করার কাজ *I'll* ***give*** *the glasses* ***a polish*** *before the guests arrive.*

polished / ˈpɒlɪʃt ˈপলিশ্ট্ / *adj.* **1** shiny because of polishing পালিশ করার ফলে চকচকে *polished wood floors* **2** (used about a performance, etc.) of a high standard (অনুষ্ঠান ইত্যাদি সম্বন্ধে ব্যবহৃত) উচ্চস্তরের *Most of the actors gave* ***a polished performance****.*

politburo / ˌpɒlɪtˈbjʊərəʊ ˌপলিট্ˈবিউঅ্যার্যাউ / *noun* [C] (*pl.* **politburos**) the most important committee of a communist party with the power to decide on policy, especially in the former USSR কোনো কম্যুনিস্ট পার্টির (বিশেষত পূর্বতন সোভিয়েত ইউনিয়নের) সবথেকে গুরুত্বপূর্ণ কমিটি যারা সব কর্মপন্থা বা কর্মপথ ঠিক করে; পলিটব্যুরো

polite / pəˈlaɪt প্যা'লাইট্ / *adj.* having good manners and showing respect for others ভদ্র, মার্জিত, শিষ্ট, নম্র *The assistants in that shop are always very helpful and polite.* ○ *He gave me a polite smile.* ✪ বিপ **impolite** অথবা **impertinent** ▶ **politely** *adv.* নম্রভাবে বা ভদ্রভাবে ▶ **politeness** *noun* [U] ভদ্রতা বা নম্রতা

political / pəˈlɪtɪkl প্যা'লিটিক্‌ল্ / *adj.* **1** connected with politics and government যা রাজনীতি এবং সরকারের সঙ্গে জড়িত *a political leader/debate/party* ○ *She has very strong political opinions.* **2** (used about people) interested in politics (লোকজন সম্বন্ধে ব্যবহৃত) রাজনীতিতে যারা উৎসাহী **3** concerned with the competition for power inside an organization কোনো প্রতিষ্ঠানের মধ্যে ক্ষমতা দখলের প্রতিযোগিতা সংক্রান্ত *I suspect he was dismissed for political reasons.* ▶ **politically** *adv.* রাজনৈতিকভাবে *Politically he's fairly right wing.*

political asylum *noun* [U] protection given by a state to a person who has left his/her own country for political reasons রাজনৈতিক কারণে যে ব্যক্তি দেশ ত্যাগ করেছে তাকে কোনো রাষ্ট্র দ্বারা প্রদত্ত সুরক্ষা; রাজনৈতিক আশ্রয়

politically correct *adj.* (*abbr.* **PC**) used to describe language or behaviour that carefully avoids offending particular groups of people এমন ভাষা অথবা আচারব্যবহার সম্বন্ধে বলা হয় যা বিশেষ কোনো মতাবলম্বী দলের লোকদের বিরক্ত করার সম্ভাবনা সতর্কভাবে এড়িয়ে চলে ▶ **political correctness** *noun* [U] ঐ রকম ভাষা বা আচরণ

politician / ˌpɒləˈtɪʃn ˌপল্যা'টিশ্‌ন্ / *noun* [C] a person whose job is in politics, especially one who is a member of parliament or of the government রাজনীতির সঙ্গে যুক্ত ব্যক্তি, বিশেষত যে সংসদ বা সরকারের সদস্য; রাজনীতিবিদ, রাজনৈতিক নেতা *Politicians of all parties supported the war.*

politics / ˈpɒlətɪks 'পল্যাটিক্স্ / *noun* **1** [U, *with sing. or pl. verb*] the work and ideas that are connected with governing a country, a town, etc. কোনো দেশ, শহর ইত্যাদির শাসন এবং পরিচালনার ব্যাপারে কাজ এবং চিন্তাভাবনা; রাজনীতি; পলিটিক্স্ *to go into politics* ○ *Politics has/have never been of great interest to me.* **2** [*pl.*] a person's political opinions and beliefs কারও রাজনৈতিক মত এবং বিশ্বাস *His politics are extreme.* **3** [U, *with sing. or pl. verb*] matters concerned with competition for power between people in an organization প্রতিষ্ঠানের ব্যক্তিগণের মধ্যে ক্ষমতা সংক্রান্ত প্রতিযোগিতার বিষয়সমূহ *I never get involved in office politics.* **4** (*AmE* **Political Science**) [U] the scientific study of government রাষ্ট্রশাসনবিদ্যা, রাষ্ট্রবিজ্ঞান *a degree in Politics*

poll¹ / pəʊl প্যাউল্ / *noun* [C] **1** (*also* **opinion poll**) a way of finding out public opinion by asking a number of people their views on sth কোনো কিছু সম্বন্ধে কিছু মানুষের দৃষ্টিভঙ্গি জানতে চেয়ে জনমত যাচাই করার পদ্ধতি *This was voted best drama series in a viewers' poll.* **2** the process of voting in a political election; the number of votes given রাজনৈতিক নির্বাচনে ভোট দান পদ্ধতি *The country will **go to the polls** (= vote) in June.*

poll² / pəʊl প্যাউল্ / *verb* [T] **1** to receive a certain number of votes in an election নির্বাচনে নির্দিষ্ট কিছু সংখ্যক ভোট পাওয়া *The Congress Party candidate polled over 3000 votes.* **2** to ask members of the public their opinion on a subject বিশেষ কোনো বিষয়ের উপর জনসাধারণের মত জানতে চাওয়া *Of those polled, only 20 per cent were in favour of changing the law.*

pollen / ˈpɒlən 'পল্যান্ / *noun* [U] a fine, usually yellow, powder which is formed in flowers. It makes other flowers of the same type produce seeds when it is carried to them by the wind, insects, etc. মিহি, সাধারণত হলুদ রঙের গুঁড়ো যা ফুলে রূপায়িত হয়। এটি বাতাস, পোকা-মাকড় ইত্যাদির দ্বারা যখন সমগোত্রীয় ফুলগুলিতে বাহিত হয় তখনই বীজ উৎপন্ন হয়; ফুলের রেণু, পরাগ ⇨ **flower**-এ ছবি দেখো।

pollen count *noun* [C, *usually sing*.] a number that shows how much pollen is in the air বাতাসে কি পরিমাণ ফুলের রেণু আছে তার হিসাব বা সংখ্যা

pollen tube *noun* [C] a tube which grows when pollen lands on the top of the female part in the middle of a flower (**stigma**) to carry the male cell to the part that contains the female cell (**ovule**) ফুলের মধ্যেকার গর্ভমুণ্ডের (stigma) উপরে পরাগ স্থিত হলে সেটি পুংকোষ থেকে স্ত্রীকোষে (ডিম্বক) নিয়ে যাওয়ার জন্য যে নালি বৃদ্ধিপ্রাপ্ত হয়; পরাগ-নালিকা, পরাগনালি ⇨ **flower**-এ ছবি দেখো।

pollinate / ˈpɒləneɪt 'পল্যানেইট্ / *verb* [T] to put a fine powder (**pollen**) into a flower or plant so that it produces seeds ফুল বা চারাগাছের মধ্যে রেণু ছড়িয়ে বীজ উৎপাদন করানো; পরাগিত করা ▶ **pollination** / ˌpɒləˈneɪʃn ˌপল্যা'নেইশ্‌ন্ / *noun* [U] পরাগমিলন, পরাগযোগ, পরাগায়ন

polling / ˈpəʊlɪŋ 'প্যাউলিং / *noun* [U] **1** the activity of voting in an election নির্বাচনের সময় ভোটদানের কাজ *Polling has been heavy since 8 a.m.* **2** the act of asking questions in order to find out public opinion জনমত জানার জন্য প্রশ্ন করার ক্রিয়া

polling booth (*AmE* **voting booth**) *noun* [C] a small, partly enclosed place where you stand to mark your card in order to vote in an election নির্বাচনের সময়ে যে আংশিকভাবে ঘেরা ছোটো জায়গায় ভোট দেওয়ার জন্য দাঁড়াতে হয়; পোলিং বুথ

polling day *noun* [U, C] (*BrE*) a day on which people vote in an election নির্বাচনের সময়ে যে দিনটিতে ভোট দেওয়া হয়

polling station *noun* [C] (*usually BrE*) a building where you go to vote in an election নির্বাচনের সময়ে যে বাড়িটিতে গিয়ে ভোট দেওয়া হয়

poll tax *noun* [*sing.*] a fixed amount of money to be paid for local services by all adults in a particular area কোনো নির্দিষ্ট অঞ্চলের সকল প্রাপ্তবয়স্ক নাগরিককে স্থানীয় পরিষেবা পাওয়ার জন্য যে নির্দিষ্ট পরিমাণ অর্থ দিতে হয়; স্থানীয় কর

pollutant / pəˈluːtənt প্যা'লূট্যান্ট্ / *noun* [C] a substance that pollutes air, rivers, etc. এমন পদার্থ যা বাতাস নদী ইত্যাদি দূষিত করে; দূষক পদার্থ

pollute / pəˈluːt প্যা'লূট্ / *verb* [T] to make air, rivers, etc. dirty and dangerous আকাশ, বাতাস, নদী, ইত্যাদি নোংরা এবং বিপজ্জনক করে তোলা *Traffic fumes are polluting our cities.* ○ *The beach has been polluted with oil.*

pollution / pəˈluːʃn প্যা'লূশ্ন্ / *noun* [U] **1** the action of making the air, water, etc. dirty and dangerous বাতাস, নদী ইত্যাদি অপরিষ্কার এবং দূষিত করার কাজ *Major steps are being taken to control the pollution of beaches.* **2** substances that pollute যেসব পদার্থ দূষিত করে; দূষক *The rivers are full of pollution.*

polo / ˈpəʊləʊ 'প্যাউল্যাউ / *noun* [U] a game for two teams of horses and riders. The players try to score goals by hitting a ball with long wooden hammers দুই দল ঘোড়সওয়ারের মধ্যে খেলা। খেলোয়াড়েরা লম্বা কাঠের হাতুড়ির মতো ডান্ডা দিয়ে একটা বলে ঘা মেরে মেরে গোল করার চেষ্টা করে; পোলো

polo neck *noun* [C] a high collar on a piece of clothing that is rolled over and that covers most of your neck; a piece of clothing with this type of collar কোনো পোশাকের উঁচু কলার যা গোল করে গোটানো থাকে এবং গলার বেশির ভাগ অংশ ঢেকে রাখে; এই ধরনের কলারযুক্ত পোশাক

poly / ˈpɒli 'পলি / (*pl.* **polys**) (*informal*) = **polytechnic**

poly- / ˈpɒli 'পলি / *prefix* (*used in nouns, adjectives and adverbs*) many অনেক, বহু *polygamy*

polyester / ˌpɒliˈestə(r) ˌপলি'এস্ট্যা(র্) / *noun* [U] an artificial material that is used for making clothes, etc. একরকম কৃত্রিম উপকরণ যা জামা ইত্যাদি তৈরিতে ব্যবহার করা হয়; পলিয়েস্টর

polyethylene (*AmE*) = **polythene**

polygamy / pəˈlɪɡəmi প্যা'লিগ্যামি / *noun* [U] the custom of having more than one wife at the same time একই সময় একাধিক পত্নী থাকার রীতি; বহুবিবাহপ্রথা ➪ **bigamy** এবং **monogamy** দেখো ▶ **polygamous** / pəˈlɪɡəməs প্যা'লিগ্যাম্যাস্ / *adj.* বহুগামী, বহুবিবাহিত বা বিবাহিতা, বহুবিবাহ সংক্রান্ত *a polygamous society*

polygon / ˈpɒlɪɡən 'পলিগ্যান্ / *noun* [C] a flat shape with at least three, and usually five or more, angles and straight sides অন্তত তিনটি এবং সাধারণত পাঁচটি বা তার বেশি কোণ এবং বাহুযুক্ত চ্যাপটা আকার; বহুভুজ ▶ **polygonal** / pəˈlɪɡənl প্যা'লিগ্যান্ল্ / *adj.* বহুভুজী

polymer / ˈpɒlɪmə(r) 'পলিম্যা(র্) / *noun* [C] (*technical*) a natural or artificial chemical compound consisting of large **molecules** বড়ো অণুসমূহ দ্বারা গঠিত প্রাকৃতিক অথবা কৃত্রিম রাসায়নিক যৌগ; পলিমার

polyp / ˈpɒlɪp 'পলিপ্ / *noun* [C] **1** (*medical*) a small lump that grows inside the body, especially in the nose. It is caused by disease but is usually harmless শরীরের মধ্যে তৈরি হওয়া ছোটো মাংসপিণ্ড, বিশেষত নাকের মধ্যে কোনো অসুখের ফলে এরকম হয় কিন্তু সাধারণত এটি বিশেষভাবে ক্ষতিকারক নয় **2** a small and very simple sea creature with a body shaped like a tube ছোটো লম্বা আকারের সরল সামুদ্রিক জীব

polystyrene / ˌpɒliˈstaɪriːn ˌপলি'স্টাইরীন্ / *noun* [U] a light firm plastic substance that is used for packing things so that they do not get broken হালকা, শক্ত প্লাস্টিকের বস্তু যা দিয়ে মোড়ক বাঁধা হয়, যাতে ভিতরের কোনো জিনিস ভেঙে না যায়

polytechnic / ˌpɒliˈteknɪk ˌপলি'টেক্নিক্ / (*informal* **poly**) *noun* [C] a college for students who are 18 or over, offering more practical courses than those at traditional universities. In Britain since 1992 polytechnics have been recognized as universities ১৮ বছর বা তার বেশি ছাত্রছাত্রীদের জন্য কলেজ যেখানে চিরাচরিত ইউনিভার্সিটিগুলির থেকে আরও বেশি ব্যাবহারিক শিক্ষাক্রমসমূহ আছে। ১৯৯২ সাল থেকে ব্রিটেনে এরকম অনেক শিক্ষা প্রতিষ্ঠানকে বিশ্ববিদ্যালয়ের মর্যাদা দেওয়া হচ্ছে; কারিগরি শিক্ষা প্রতিষ্ঠান; পলিটেকনিক

polythene / ˈpɒlɪθiːn 'পলিথীন্/ (*AmE* **polyethylene** / ˌpɒliˈeθəliːn ˌপলি'এথ্যালীন্ /) *noun* [U] a type of very thin plastic material, often used to make bags for food, etc. or to keep things dry একধরনের পাতলা প্লাস্টিকের উপকরণ যা দিয়ে খাবার ইত্যাদির জন্য থলে বানানো হয় অথবা জিনিসপত্র শুকনো রাখার জন্য ব্যবহৃত হয়

polyunsaturated / ˌpɒliʌnˈsætʃəreɪtɪd ˌপলিআন্'স্যাচ্যারেইটিড্ / *adj.* (used about fats and oils) having the type of chemical structure that is thought to be good for your health (চর্বি এবং তেল সম্বন্ধে ব্যবহৃত) এইধরনের রাসায়নিক গঠন সম্পন্ন যা স্বাস্থ্যের পক্ষে ভালো বলে মনে করা হয় *polyunsaturated margarine* ➪ **saturated** এবং **unsaturated** দেখো।

pomegranate / ˈpɒmɪɡrænɪt ˈপমিগ্র্যানিট্ / *noun* [C] a round fruit with thick smooth skin that is red inside and full of seeds দাড়িম্ব, ডালিম ➪ **fruit**-এ ছবি দেখো।

pomp / pɒmp পম্প্ / *noun* [U] the impressive nature of a large official occasion or ceremony জাঁকজমক, সমারোহ

pompous / ˈpɒmpəs ˈপম্প্যাস্ / *adj.* showing that you think you are more important than other people, for example by using long words that sound impressive অন্যদের থেকে বেশি গুরুত্বপূর্ণ এরকম ভাব দেখানো হচ্ছে এমন (যেমন আলংকারিক শব্দগুচ্ছ ব্যবহারের দ্বারা); হামবড়া ভাব, আড়ম্বরপূর্ণ

> **NOTE** শব্দটি সমালোচনামূলকভাবে ব্যবহার করা হয়ে থাকে।

pond / pɒnd পন্ড্ / *noun* [C] an area of water that is smaller than a lake পুকুর অথবা ডোবা

> **NOTE** নৌকা চালানো যায় এমন বড়ো কোনো জলাশয়কে **lake** বলা হয়—*Lake Chilka*। কোনো বড়ো জলাশয় যেখানে পশুরা জল খেতে পারে অথবা বাগানে কোনো ছোটো জলাশয়কে **pond** বলা হয়—*We have a fish pond in our garden.* আরও ছোটো কোনো জলাশয়কে **pool** বলা হয়—*When the tide went out, pools of water were left among the rocks.* কৃত্রিম কোনো **pool** বড়োও হতে পারে *a swimming pool.* বৃষ্টির জল কোনো জায়গায় জমা হয়ে গেলে তাকে **puddle** বলা হয়।

ponder / ˈpɒndə(r) ˈপন্ড্যা(র্) / *verb* [I, T] **ponder (on/over sth)** to think about sth carefully or for a long time কোনো কিছু সম্বন্ধে যত্ন নিয়ে অথবা অনেকক্ষণ ধরে ভাবা

Pongal *noun* **1** [C, U] the harvest festival that is celebrated in January in Tamil Nadu when newly harvested rice is cooked তামিলনাড়ুতে জানুয়ারী মাসের নবান্ন উৎসব যখন নতুন কাটা ধানের চাল রান্না করে খাওয়া হয়; পোঙ্গল **2** [U] a dish made of rice, lentils, pepper and cumin or rice, seasoned milk, sugar, jaggery, etc. This is popular in South India চাল, ডাল, গোলমরিচ এবং জিরে অথবা চাল, ঘন দুধ, চিনি, গুড় বা মিছরি ইত্যাদি সহযোগে বানানো একধরনের খাবার। দক্ষিণ ভারতে এটি অত্যন্ত জনপ্রিয়

Pontiff / ˈpɒntɪf ˈপন্টিফ্ / *noun* [C] (*formal*) **pope** পোপ

pony / ˈpəʊni ˈপ্যাউনি / *noun* [C] (*pl.* **ponies**) a small horse টাট্টু ঘোড়া

ponytail / ˈpəʊniteɪl ˈপ্যাউনিটেইল্ / *noun* [C] long hair that is tied at the back of the head and that hangs down in one piece মাথার পিছনে বেঁধে ঝুলিয়ে রাখা লম্বা চুল

pony-trekking (*AmE* **trail riding**) *noun* [U] the activity of riding horses for pleasure in the country গ্রামাঞ্চলে, মাঠেঘাটে আনন্দ করে ঘোড়ায় চেপে প্রমোদভ্রমণ

poodle / ˈpuːdl ˈপূড্‌ল্ / *noun* [C] a type of dog with thick curly fur that is sometimes cut into a special pattern ঘন কোঁকড়ানো রোমশ লোমওয়ালা একরকম কুকুর যার লোম অনেক সময় নকশা করে ছাঁটা থাকে; পুডল

pool[1] / puːl পূল্ / *noun* **1** [C] **a pool (of sth)** a small amount of liquid lying on a surface কিছুর উপর পড়ে থাকা তরল কিছু *There's a huge pool of water on the kitchen floor.* ➪ **pond**-এ নোট দেখো। **2** [C] a small area of light আলোকিত ছোটো স্থান *a pool of light* **3** [C] = **swimming pool** *He swam ten lengths of the pool.* **4** [C] a quantity of money, goods, etc. that is shared between a group of people অর্থ, পণ্য ইত্যাদির পরিমাণ যা কোনো জনগোষ্ঠীর মধ্যে ভাগাভাগি হয়ে যায় *There is a pool of cars that anyone in the company can use.* **5** [U] a game that is played on a table with 16 coloured and numbered balls. Two players try to hit these balls into holes in the table (**pockets**) with long thin sticks (**cues**) একধরনের খেলা যা টেবিলের উপরে ১৬টি রঙিন এবং সংখ্যাচিহ্নিত বল নিয়ে খেলা হয়। দুজন খেলোয়াড় বলগুলি লম্বা লাঠির সাহায্যে মেরে টেবিলের চারধারের পকেটে ফেলে; স্নুকার ➪ **billiards** এবং **snooker** দেখো।

pool[2] / puːl পূল্ / *verb* [T] to collect money, ideas, etc. together from a number of people অনেকের থেকে টাকা-পয়সা, ভাবধারা ইত্যাদি সংগ্রহ করা *If we pool our ideas we should come up with a good plan.*

poor / pɔː(r) প:(র্) / *adj.* **1** not having enough money to have a comfortable life দরিদ্র, গরিব *The family was too poor to buy new clothes.* ○ *Richer countries could do more to help poorer countries.* ✪ বিপ **rich** **2 the poor** *noun* [*pl.*] people who do not have enough money to have a comfortable life গরিবেরা, দরিদ্রব্যক্তিরা **3** of low quality or in a bad condition নিম্নস্তরের অথবা খারাপ অবস্থায় *Mona is in very poor health.* ○ *The industry has a poor safety record.* **4** used when you are showing that you feel sorry for sb কারও জন্য কষ্ট হলে অথবা কারও ব্যাপারে দুঃখ বোধ করলে ব্যবহৃত অভিব্যক্তিবিশেষ *Poor Dev! He's very upset!*

poorly[1] / ˈpɔːli ˈপ:লি / *adv.* not well; badly ভালোভাবে নয়; খারাপভাবে *a poorly paid job*

poorly² / ˈpɔːli ˈপ:লি / *adj.* (*BrE informal*) not well; ill অসুস্থ; পীড়িত *I'm feeling a bit poorly.*

pop¹ / pɒp পপ্ / *verb* (**popping; popped**) **1** [I, T] to make a short sudden sound like a small explosion; to cause sth to do this হঠাৎ পটকা ফাটার মতো আওয়াজ করা; কাউকে দিয়ে এটা করানো *He popped the balloon.* **2** [I] **pop across, down, out, etc.** to come or go somewhere quickly or suddenly দ্রুত বা হঠাৎ আসা বা চলে যাওয়া *I'm just popping out to the shops.* **3** [T] **pop sth in, into, etc. sth** to put or take sth somewhere quickly or suddenly কোনো কিছু হঠাৎ বা চট করে কোথাও রাখা বা নেওয়া *She popped the note into her bag.*

PHR V **pop in** to make a quick visit হঠাৎ আসা বা দেখা করা *Why don't you pop in for a cup of tea?*

pop out to come out (of sth) suddenly or quickly কোথাও থেকে হঠাৎ বা তাড়াতাড়ি বেরিয়ে আসা *Her eyes nearly popped out of her head in surprise.*

pop up (*informal*) to appear or happen when you are not expecting it অপ্রত্যাশিতভাবে আসা বা ঘটা

pop² / pɒp পপ্ / *noun* **1** [U] (*also* **pop music**) modern music that is most popular among young people যে আধুনিক সংগীত অল্পবয়সিদের মধ্যে খুব জনপ্রিয়; পপ *a pop group* ➪ **jazz, rock** এবং **classical** দেখো। **2** [C] a short sudden sound like a small explosion ছোট্টো বিস্ফোরণের মতো আওয়াজ *There was a loud pop as the champagne cork came out of the bottle.*

pop. *abbr.* population জনসংখ্যা *pop. 12 m*

popcorn / ˈpɒpkɔːn ˈপপ্‌ক:ন্ / *noun* [U] a type of corn that is heated until it bursts and forms light whitish balls that are eaten with salt or sugar sprinkled on them হালকা সাদাটে গোল ভুট্টাদানা যা নুন বা চিনি দিয়ে খাওয়া হয়; পপকর্ন

pope / pəʊp প্যাউপ্ / *noun* [C] the head of the Roman Catholic Church রোমান ক্যাথলিক চার্চের সর্বোচ্চ যাজক; পোপ

poplar / ˈpɒplə(r) ˈপপ্‌ল্যা(র্) / *noun* [C] a tall straight tree with soft wood এক রকম সোজা বড়ো গাছ যার কাঠ নরম হয়

poppadum = **papad**

popper / ˈpɒpə(r) ˈপপ্যা(র্) / (*also* **press stud** *AmE* **snap**) *noun* [C] two round pieces of metal or plastic that you press together in order to fasten a piece of clothing টিপ বোতাম ➪ **button**-এ ছবি দেখো।

poppy / ˈpɒpi ˈপপি / *noun* [C] (*pl.* **poppies**) a bright red wild flower that has small black seeds উজ্জ্বল লাল রঙের বন্য ফুল

Popsicle™ / ˈpɒpsɪkl ˈপপ্‌সিক্‌ল্ / *noun* [C] (*AmE*) = **ice lolly**

popular / ˈpɒpjələ(r) ˈপপিঅ্যাল্যা(র্) / *adj.* **1 popular (with sb)** liked by many people or by most people in a group জনপ্রিয় *a popular holiday resort* ○ *He's always been very popular with his pupils.* ✪ বিপ **unpopular** **2** made for the tastes and knowledge of ordinary people যা সাধারণ লোকের রুচি এবং জ্ঞানবুদ্ধির জন্য তৈরি *The popular newspapers seem more interested in scandal than news.* **3** (*only before a noun*) of or for a lot of people সাধারণ মানুষের বা তাদের জন্য *The programme is being repeated **by popular demand**.*

popularity / ˌpɒpjuˈlærəti ˌপপিউˈল্যারাটি / *noun* [U] the quality or state of being liked by many people জনপ্রিয়তা *The band's popularity is growing.*

popularize (*also* **-ise**) / ˈpɒpjʊləraɪz ˈপপিউ-ল্যারাইজ্ / *verb* [T] to make a lot of or make most people like sth কোনো কিছুকে জনপ্রিয় করে তোলা *The film did a lot to popularize her novels.*

popularly / ˈpɒpjələli ˈপপিঅ্যাল্যালি / *adv.* by many people; generally অনেকের দ্বারা; সাধারণভাবে, জনপ্রিয়ভাবে *Sachin Tendulkar is popularly known as the Master Blaster.*

populate / ˈpɒpjuleɪt ˈপপিউলেইট্ / *verb* [T] (*usually passive*) to fill a particular area with people বিশেষ কোনো স্থানকে জনাকীর্ণ করে ফেলা *Parts of the country are very thinly populated.*

population / ˌpɒpjuˈleɪʃn ˈপপিউˈলেইশ্‌ন্ / *noun* **1** [C, U] the number of people who live in a particular area, city or country জনসংখ্যা (বিশেষ অঞ্চল, শহর বা দেশের) *What is the population of your country?* ○ *an increase/a fall in population* **2** [C] all the people who live in a particular place or all the people or animals of a particular type that live somewhere বিশেষ কোনো স্থানের জনসংখ্যা; বিশেষ ধরনের মানুষ বা পশুপ্রাণীর সংখ্যা যারা কোথাও বাস করে *the local population* ○ *the male/female population*

porcelain / ˈpɔːsəlɪn ˈপ:স্যালিন্ / *noun* [U] a hard white substance that is used for making expensive cups, plates, etc. সাদা শক্ত বস্তু যা মূল্যবান কাপ প্লেট ইত্যাদি বানাতে ব্যবহৃত হয়; চীনামাটি; পোর্সিলিন

porch / pɔːtʃ প:চ্ / *noun* [C] **1** (*BrE*) a small covered area at the entrance to a house or church বাড়িতে বা চার্চে ঢোকার মুখে ছোটো আচ্ছাদিত যে এলাকা; গাড়িবারান্দা **2** (*AmE*) = **veranda**

porcupine / ˈpɔːkjupaɪn ˈপ:কিউপাইন্ / *noun* [C] an animal covered with long thin sharp parts (**quills**) which it can lift up to protect itself when it is attacked শজারু

pore¹ / pɔː(r) পː(র্) / *noun* [C] one of the small holes in your skin through which sweat can pass ঘাম বেরোনোর জন্য ত্বকের ছিদ্র; রোমকূপ, ঘর্মরন্ধ্র

pore² / pɔː(r) পː(র্) / *verb*

PHR V **pore over sth** to study or read sth very carefully কোনো কিছু খুব মনোযোগ দিয়ে অধ্যয়ন করা বা পড়া

pork / pɔːk পːক্ / *noun* [U] meat from a pig শুয়োরের মাংস ➪ **bacon** দেখো।

pornography / pɔːˈnɒɡrəfi পːˈনগ্র্যাফি / (*informal* **porn** / pɔːn পːন্ /) *noun* [U] books, magazines, films, etc. that describe or show sexual acts in order to cause sexual excitement বই, পত্রিকা, ফিল্ম ইত্যাদি যাতে যৌন কার্যকলাপ এমনভাবে বর্ণনা করা অথবা দেখানো হয় যাতে যৌন উত্তেজনার উদ্রেক করে ▶ **pornographic** / ˌpɔːnəˈɡræfɪk ˌপːন্যাˈগ্র্যাফিক্ / *adj.* অশ্লীল, যৌন বিষয়ক

porous / ˈpɔːrəs পːর‍্যাস্ / *adj.* allowing liquid or air to pass through slowly যার মধ্য দিয়ে আস্তে আস্তে তরল পদার্থ অথবা হাওয়া যেতে পারে এমন; রন্ধ্রময়, ছিদ্রময়, ছিদ্রল *porous rock* ✪ বিপ **non-porous**

porpoise / ˈpɔːpəs ˈপːপ্যাস্ / *noun* [C] a sea animal with a pointed nose that lives in groups. Porpoises are similar to **dolphins** but smaller ছুঁচোলো নাকওয়ালা সামুদ্রিক প্রাণী যারা দলবদ্ধভাবে বাস করে। এরা অপেক্ষকৃত ক্ষুদ্র শুশুক জাতীয় সামুদ্রিক প্রাণী

porridge / ˈpɒrɪdʒ ˈপরিজ্ / *noun* [U] a soft, thick white food that is made from a type of grain (**oats**) boiled with milk or water and eaten hot জলে অথবা দুধে জই অথবা ওটস সিদ্ধ করে বানানো ঘন খাদ্য; পরিজ

port / pɔːt পːট্ / *noun:* **1** [C, U] an area where ships stop to let goods and passengers on and off যে স্থানে পণ্য এবং যাত্রীগণের ওঠানামার জন্য জাহাজ এসে থামে; বন্দর *a fishing port* ○ *The damaged ship reached port safely.* **2** [C] a town or city that has a large area of water where ships load cargo, etc. সমুদ্র অথবা নদীর ধারে এমন ছোটো বা বড়ো শহর যেখানে জাহাজে পণ্যসম্ভার ওঠানো হয়; বন্দরনগরী *Mumbai is a major port.* **3** [U] a strong sweet red wine একরকম মিষ্টি লাল মদ; পোর্ট ওয়াইন **4** [U] the side of a ship that is on your left when you are facing towards the front of the ship জাহাজের সামনের দিকে মুখ করে দাঁড়ালে বাঁদিকে জাহাজের যে দিক ✪ বিপ **starboard**

portable / ˈpɔːtəbl ˈপːট্যাব্ল্ / *adj.* that can be moved or carried easily যা সহজে বহনযোগ্য *a portable television* ➪ **movable** এবং **mobile** দেখো।

portal / ˈpɔːtl ˈপːট্ল্ / *noun* [C] a **website** that is used as a point of entry to the Internet, where information has been collected that will be useful to a person interested in particular kinds of things ইন্টারনেটের প্রবেশপথ হিসাবে ব্যবহৃত ওয়েবসাইট যেখানে কোনো নির্দিষ্ট বিষয়সমূহে উৎসুক ব্যক্তির পক্ষে দরকারি বিভিন্ন তথ্য সংগ্রহ করা থাকে; পোর্টাল *a business/health/children's portal*

portal vein (*also* **hepatic portal vein**) *noun* [C] (*medical*) a vein that takes blood from the stomach and other organs near the stomach to the **liver** এমন শিরা যার ভিতর দিয়ে পাকস্থলী এবং তার কাছাকাছি অন্যান্য অঙ্গ থেকে রক্ত যকৃতে যায়; যকৃৎ শিরা

porter / ˈpɔːtə(r) ˈপːট্যা(র্) / *noun* [C] **1** a person whose job is to carry suitcases, etc. at a railway station, airport, etc. রেল স্টেশন, বিমানবন্দর ইত্যাদিতে যে ব্যক্তি সুটকেস ইত্যাদি বয়ে নিয়ে যায়; কুলি **2** a person whose job is to be in charge of the entrance of a hotel or other large building হোটেল অথবা বড়ো বাড়ির প্রবেশদ্বারে যে ব্যক্তি দেখাশোনার কাজ করে; দ্বারী

portfolio / ˌpɔːtˈfəʊliəʊ ˌপːট্ˈফ্যাউলিঅ্যাউ / *noun* (*pl.* **portfolios**) **1** a thin flat case used for carrying papers, drawings, etc. কাগজ, নকশা ইত্যাদি বহন করার জন্য ব্যবহৃত পাতলা এবং চ্যাপটা ব্যাগ; পেটিকা **2** a collection of photographs, drawings, documents, etc. that you carry as an example of your work, especially when applying for a job বিশেষত কোনো চাকরির দরখাস্ত করার সময়ে যে ছবি, নকশা, কাগজপত্র ইত্যাদি কাজের নিদর্শন হিসাবে সঙ্গে নিয়ে যাওয়া হয়; পোর্টফোলিও **3** (*finance*) a list of shares owned by a particular person or organization কোনো বিশেষ ব্যক্তির কোনো সংস্থায় শেয়ারের সূচি **4** (*BrE formal*) the specific area of responsibility of a Minister কোনো মন্ত্রীর বিশেষ দপ্তর *the Information and Broadcasting portfolio*

porthole / ˈpɔːthəʊl ˈপːটহ্যাউল্ / *noun* [C] a small round window in a ship জাহাজের গায়ে ছোটো ছোটো গোল জানলা; ঘুলঘুলি

portion / ˈpɔːʃn ˈপːশ্ন্ / *noun* [C] **a portion (of sth)** **1** a part or share of sth এক খণ্ড বা অংশ *What portion of your salary goes on tax?* ○ *We must both accept a portion of the blame.* **2** an amount of food for one person (especially in a restaurant) একজনের জন্য খাদ্যের পরিমাণ (বিশেষত রেস্তোরাঁতে) *Could we have two extra portions of chips, please?* ➪ **helping** দেখো।

portrait / ˈpɔːtreɪt ˈপːট্রেইট্ / *noun* [C] **1** a picture, painting or photograph of a person কারও ছবি, প্রতিকৃতি; পোর্ট্রেট *to paint sb's portrait* **2** a description of sb/sth in words কারও বা কোনো কিছুর (কথার) বিবরণ

portray / pɔːˈtreɪ প:ˈট্রেই/ *verb* [T] **1** to show sb/sth in a picture; to describe sb/sth in a piece of writing ছবির মাধ্যমে কাউকে বা কোনো কিছু দেখানো; লেখার মাধ্যমে কাউকে বা কিছু বর্ণনা করা *Tanya portrayed life in 19th century India in her book.* **2 portray sb/sth as sth** to describe sb/sth in a particular way কাউকে বা কোনো বিষয়ে বিশেষভাবে বর্ণনা করা *In many of his novels life is portrayed as being hard.* **3** to act the part of sb in a play or film নাটকে অথবা সিনেমায় কোনো চরিত্রকে অভিনয়ের মাধ্যমে ফুটিয়ে তোলা, রূপায়িত করা *In this film she portrays a very old woman.* ▶ **portrayal** / pɔːˈtreɪəl প:ˈট্রেইঅ্যাল্ / *noun* [C] রূপদান, প্রতিকৃতি রচনা, চিত্রায়ন

pose[1] / pəʊz প্যাউজ্ / *verb* **1** [T] to create or give sb sth that he/she has to deal with কারও সামনে কোনো সমস্যা বা অন্য কিছু এমনভাবে (তুলে) ধরা যে তার সম্মুখীন তাকেই হতে হবে *to pose a problem/threat/challenge/risk* ○ *to pose* (= ask) *a question* **2** [I] to sit or stand in a particular position for a painting, photograph, etc. ছবি আঁকা বা ফোটো তোলার জন্য বিশেষ ভঙ্গিতে বসা বা দাঁড়ানো; পোজ দেওয়া *After the wedding we all posed for photographs.* **3** [I] **pose as sb/sth** to pretend to be sb/sth কেউ বা কিছু হওয়ার ভান করা; ছদ্মপরিচয় দেওয়া *The robbers got into the house by posing as telephone engineers.* **4** [I] to behave in a way that is intended to impress people who see you যাতে লোকের মনে ভালো ধারণা তৈরি হয় সেরকমভাবে আচরণ করা *They hardly swam at all. They just sat posing at the side of the pool.*

pose[2] / pəʊz প্যাউজ্ / *noun* [C] **1** a position in which sb stands, sits, etc. especially in order to be painted or photographed ছবি আঁকানো বা তোলানোর জন্য কারও দাঁড়ানো বা বসা অবস্থার বিশেষ ভঙ্গি; পোজ **2** a way of behaving that is intended to impress people who see you অন্যকে উচ্চধারণা দেওয়ার জন্য বা প্রভাবিত করার জন্য যে আচরণ বা ব্যবহার

posh / pɒʃ পশ্ / *adj.* (*informal*) **1** fashionable and expensive কেতাদুরস্ত এবং দামি *We went for a meal in a really posh hotel.* **2** (*BrE*) (used about people) belonging to or typical of a high social class (ব্যক্তি সম্বন্ধে ব্যবহৃত) উচ্চ সামাজিক স্তরের বা সেইরকম

position[1] / pəˈzɪʃn প্যাˈজ়িশ্ন্ / *noun* **1** [C, U] the place where sb/sth is or should be (কোনো ব্যক্তি অথবা বস্তুর) অবস্থান *Are you happy with the position of the chairs?* ○ *All the dancers were* ***in position*** *waiting for the music to begin.* **2** [C, U] the way in which sb/sth sits or stands, or the direction that sth is pointing in কোনো ব্যক্তি বা বস্তু যেভাবে বসে বা দাঁড়িয়ে আছে অথবা যে দিকে কিছু নির্দেশ করছে *My leg hurts when I* ***change position.*** ○ *Turn the switch to the off position.* **3** [C, *usually sing.*] the state or situation that sb/sth is in যে অবস্থায় বা পরিস্থিতিতে কেউ বা কোনো কিছু রয়েছে *I'm in a very* ***difficult position.*** ○ *I'm not* ***in a position*** *to help you financially.* **4** [C] **a position (on sth)** what you think about sth; your opinion কোনো কিছুর সম্বন্ধে মনোভাব; ধারণা বা মতামত *What is your position on smoking?* **5** [C, U] the place or level of a person, company, team, etc. compared to others কোনো ব্যক্তি, কোম্পানি, দল ইত্যাদির অপরের তুলনায় যে অবস্থান বা স্তর *the position of women in society* ○ *Wealth and position are very important to some people.* **6** [C] a job চাকরি, কাজ *There have been over a hundred applications for the position of Sales Manager.* ✪ সম **post 7** [C] the part you play in a team game কোনো দলগত খেলার পদ বা স্থান *Dev can play any position except goalkeeper.*

position[2] / pəˈzɪʃn প্যাˈজ়িশ্ন্ / *verb* [T] to put sb/sth in a particular place or position কাউকে বা কোনো কিছু বিশেষ কোনো স্থান বা অবস্থানে রাখা *Mandira positioned herself near the door so she could get out quickly.*

positive / ˈpɒzətɪv ˈপজ়্যাটিভ্ / *adj.* **1** thinking or talking mainly about the good things in a situation, in a way that makes you or sb else feel hopeful and confident কোনো পরিস্থিতির ভালো দিক নিয়ে বলা বা ভাবা এমনভাবে যাতে আশা এবং নির্ভরতার উদ্রেক হয়; ইতিবাচক ○ ***I feel very Positive thinking*** *will help you to succeed.* ✪ বিপ **negative** **2 positive (about sth/that...)** certain; sure নিশ্চিত; সন্দেহাতীত *Are you positive that this is the woman you saw?* **3** clear; definite পরিষ্কার; স্পষ্ট, দ্বিধাহীন, নির্দিষ্ট *There is no positive evidence that he is guilty.*○ *to take positive action* **4** (used about a medical or scientific test) showing that sth has happened or is present (ডাক্তারি বা কোনো বৈজ্ঞানিক পরীক্ষা সম্বন্ধে ব্যবহৃত) যাতে বোঝা যায় যে কিছু ঘটেছে বা উপস্থিত আছে *Two athletes tested positive for steroids.* ✪ বিপ **negative 5** (used about a number) more than zero (কোনো সংখ্যা সম্বন্ধে বলা হয়) শূন্যের চেয়ে বেশি ✪ বিপ **negative**

positively / ˈpɒzətɪvli ˈপজ়্যাটিভ্লি / *adv.* **1** with no doubt; firmly নিঃসন্দেহে, সুনিশ্চিতভাবে; দৃঢ়ভাবে *I was positively convinced that I was doing the right thing.* **2** in a way that shows you are thinking about the good things in a situation, not the bad এমনভাবে যাতে বোঝা যায় যে কোনো ব্যক্তি কোনো পরিস্থিতির ভালো দিকের কথা ভাবছে, মন্দ দিকের নয় *Thinking positively helps many people deal with stress.* **3** (used about a person's way of speaking or acting) in a confident and hopeful way (কোনো ব্যক্তির কথা বলার ধরন বা আচরণ সম্বন্ধে ব্যবহৃত) দৃঢ়ভাবে, আশ্বাসের সঙ্গে *The team played cautiously for the first 10 minutes, then continued more positively.* **4** (*informal*) (used for emphasizing sth) really; extremely (কোনো কিছুতে গুরুত্ব বা জোর দিতে ব্যবহৃত) সত্যই; অত্যধিক *He wasn't just annoyed—he was positively furious!*

possess / pəˈzes প্যা'জ়েস্ / *verb* [T] (*not used in the continuous tenses*) **1** (*formal*) to have or own sth স্বত্বাধিকারে থাকা বা অধিকারে থাকা *They lost everything they possessed in the fire.* ○ *Parul possesses a natural ability to make people laugh.* **2** to influence sb or to make sb do sth কাউকে কিছু করানো বা কিছু করতে প্রভাবিত করা *What possessed you to say a thing like that!*

> **NOTE** এই ক্রিয়াপদটির (verb) ব্যবহার ঘটমান কালে (continuous tenses) হয় না কিন্তু -'ing' সহযোগে এর বর্তমান কৃদন্ত রূপটি (present participle) সাধারণভাবে অত্যন্ত প্রচলিত—*Any student possessing the necessary qualifications will be considered for the course.*

possession / pəˈzeʃn প্যা'জ়েশ্ন্ / *noun* **1** [U] the state of having or owning sth স্বত্বাধিকার, মালিকানা, স্থায়িত্ব *The gang were caught **in possession of** stolen goods.* ○ *Enemy forces managed to **take possession of** the town.* **2** [C, *usually pl.*] something that you have or own ভোগদখল, সম্পত্তি *Vikas packed all his possessions and left.*

possessive / pəˈzesɪv প্যা'জ়েসিভ্ / *adj.* **1 possessive (of/about sb/sth)** not wanting to share sb/sth অধিকারসূচক, দখলদারি সূচক *Sonu is so possessive with his toys—he won't let his friends play with them.* **2** (*grammar*) used to describe words that show who or what a person or thing belongs to (ব্যাকরণ) সম্বন্ধসূচক শব্দ বোঝাতে ব্যবহৃত *'My', 'your' and 'his' are possessive adjectives.* ○ *'Mine', 'yours' and 'his' are possessive pronouns.*

possessor / pəˈzesə(r) প্যা'জ়েস্যা(র্) / *noun* [C] a person who has or owns sth (কোনো কিছুর) মালিক, অধিকারী, স্বত্বভোগী

possibility / ˌpɒsəˈbɪləti ˌপস্যা'বিল্যাটি / *noun* (*pl.* **possibilities**) **1** [U, C] **(a) possibility (of sth/doing sth); (a) possibility that...** the fact that sth might exist or happen, but is not likely to সম্ভবপরতা, সম্ভাব্যতা বা অসম্ভাব্যতা *There's not much possibility of rain tonight.* ○ *There is **a strong possibility** that the fire was started deliberately.* **2** [C] one of the different things that you can do in a particular situation or in order to achieve sth (অভীষ্ট) সিদ্ধির জন্য করণীয় কাজের মধ্যে একটি *There is a wide range of possibilities open to us.*

possible / ˈpɒsəbl ˈপস্যাব্‌ল্ / *adj.* **1** that can happen or be done সম্ভব, সম্ভাবিত *I'll phone you as soon **as possible**.* ○ *The doctors did **everything possible** to save his life.* ✪ বিপ **impossible** **2** that may be suitable or acceptable যা উপযুক্ত অথবা গ্রহণযোগ্য হতে পারে *There are four possible candidates for the job.* ➪ **probable** দেখো। **3** used after adjectives to emphasize that sth is the best, worst, etc. of its type কোনো কিছু সর্বাপেক্ষা উৎকৃষ্ট অথবা নিকৃষ্ট জোর দিয়ে বোঝাতে বিশেষণের পরে ব্যবহৃত হয় *Alone and with no job or money, I was in the worst possible situation.*

possibly / ˈpɒsəbli ˈপস্যাব্‌লি / *adv.* **1** perhaps; maybe সম্ভবত; হতে পারে *'Will you be free on Sunday?' 'Possibly.'* **2** (used for emphasizing sth) according to what is possible (কোনো কিছু জোর দিয়ে বলার জন্য ব্যবহৃত) সম্ভব হলেই *I will leave as soon as I possibly can.*

post¹ / pəʊst প্যাউস্ট্ / *noun* **1** (*AmE* **mail**) [U] the system or organization for collecting and dealing with letters, packages, etc. ডাকব্যবস্থা *The document is too valuable to send **by post**.* ○ *If you hurry you might **catch the post*** (= post it before everything is collected). **2** (*AmE* **mail**) [U] letters, packages, etc. that are collected or brought to your house ডাকের মাধ্যমে যেসব চিঠিপত্র ইত্যাদি বাড়িতে আসে অথবা পাঠানো হয় *Has the post come yet this morning?* ○ *There wasn't any post for you.* **3** [C] a job চাকরি, চাকরির পদ *The post was advertised in the local newspaper.* ✪ সম **position** **4** [C] a place where sb is on duty or is guarding sth কারও চাকরি করার জায়গা অথবা যে জায়গায় কোনো কিছু পাহারা দেওয়া হয় *The soldiers had to remain at their posts all night.* **5** [C] an upright piece of metal or wood that is put in the ground to mark a position or to support sth কোনো জায়গার নিশানা দিতে অথবা কিছু ধরে রাখার জন্য মাটিতে পোঁতা ধাতব অথবা কাঠের খুঁটি *a goal post* ○ *Can you see a signpost anywhere?*

IDM by return (of post) ➪ **return²** দেখো।

post² / pəʊst প্যাউস্ট্ / *verb* [T] **1** (*AmE* **mail**) to send a letter, package, etc. by post চিঠি, প্যাকেট

ইত্যাদি ডাকে পাঠানো *This letter was posted in New Delhi yesterday.*

> **NOTE** **Post** শব্দটির বিশেষ্য (noun) এবং ক্রিয়া (verb) রূপদুটি সাধারণ ব্রিটিশ ইংরেজিতে ব্যবহার করা হয়ে থাকে। আমেরিকান ইংরেজিতে এই অর্থে **mail** শব্দটি ব্যবহার করা হয়। তবে ব্রিটিশ ইংরেজিতে **mail** শব্দটির বিশেষ্য রূপটি প্রায়ই ব্যবহার করা হয়। **Airmail** এবং **surface mail** এই দুটি শব্দও লক্ষণীয়।

2 to send sb to go and work somewhere কাউকে কোনো জায়গায় কাজ করতে পাঠানো *After two years in Delhi, Rosa was posted to the Bangalore office.* **3** to put sb on guard or on duty in a particular place কাউকে কোনো বিশেষ জায়গায় গিয়ে সেখানে পাহারা দিতে অথবা কাজ করতে পাঠানো *Policemen were posted outside the building.* **4** (*formal*) (*often passive*) to put a notice where everyone can see it সবাই দেখতে পায় এমন জায়গায় নোটিস বা বিজ্ঞপ্তি দেওয়া বা টাঙানো *The exam results will be posted on the main noticeboard.*

post- / pəʊst প্যাউস্ট্ / *prefix* (*used in nouns, verbs and adjectives*) after পরে, পরবর্তী, উত্তর *postgraduate* ○ *post-war* ➪ **ante-** এবং **pre-** দেখো।

postage / ˈpəʊstɪdʒ ˈপ্যাউস্টিজ্ / *noun* [U] the amount that you must pay to send a letter, package etc. ডাকে চিঠি, প্যাকেজ ইত্যাদি পাঠানোর খরচা; ডাকমাশুল

postage stamp = **stamp**[1] **1**

postal / ˈpəʊstl ˈপ্যাউস্ট্ল্ / *adj.* connected with the sending and collecting of letters, packages, etc. ডাক-সংক্রান্ত বা সম্বন্ধীয়

postal order (*also* **money order**) *noun* [C] a piece of paper that you can buy at a post office that represents a certain amount of money. A postal order is a safe way of sending money by post পোস্ট অফিসে কিনতে পাওয়া যায় এক ধরনের কাগজ যেটি নির্দিষ্ট পরিমাণ অর্থের সূচক। পোস্টাল অর্ডার হল ডাকবিভাগের দ্বারা নিরাপদে অর্থ পাঠানোর উপায়

postbox / ˈpəʊstbɒks ˈপ্যাউস্ট্বক্স্ / (*also* **letter box,** *AmE* **mailbox**) *noun* [C] a box in a public place where you put letters, etc. that you want to send ডাকবাক্স; পোস্টবক্স ➪ **pillar box** দেখো।

postcard / ˈpəʊstkɑːd ˈপ্যাউস্ট্কা:ড্ / *noun* [C] a card that you write a message on and send to sb. Postcards may have a picture on one side and are usually sent without an envelope কাউকে বার্তা লিখে পাঠানো হয় এরকম কার্ড যার একদিকে ছবি থাকতে পারে এবং সাধারণত খাম ছাড়া সেটি পাঠানো হয়; পোস্টকার্ড

postcode / ˈpəʊstkəʊd ˈপ্যাউস্ট্ক্যাউড্ / (*IndE* **pin code;** *AmE* **ZIP code**) *noun* [C] a group of letters and/or numbers that you put at the end of an address ঠিকানার শেষে লেখা অক্ষর এবং সংখ্যার সমষ্টি

poster / ˈpəʊstə(r) ˈপ্যাউস্ট্যা(র্) / *noun* [C] **1** a large printed picture or a notice in a public place, often used to advertise sth প্রাচীরপত্র, প্রকাশ্য বিজ্ঞপ্তি; পোস্টার **2** a large picture printed on paper that is put on a wall for decoration অলংকরণের উদ্দেশ্যে কাগজের উপর মুদ্রিত যে বড়ো ছবি টাঙানো হয়

posterity / pɒˈsterəti পˈস্টের‍্যাটি / *noun* [U] the future and the people who will be alive then উত্তরপুরুষ, পরবর্তী প্রজন্ম *We should look after our environment for the sake of posterity.*

postgraduate / ˌpəʊstˈɡrædʒuət ˌপ্যাউস্ট্ˈগ্র্যাজুঅ্যাট্ / *noun* [C] a person who is doing further studies at a university after taking his/her first degree স্নাতকোত্তর ছাত্র বা ছাত্রী ➪ **graduate** এবং **undergraduate** দেখো।

posthumous / ˈpɒstjʊməs ˈপস্টিউম্যাস্ / *adj.* given or happening after sb has died মৃত্যুর পরবর্তী; মরণোত্তর *a posthumous medal for bravery* ► **posthumously** *adv.* মৃত্যুর পরে

posting / ˈpəʊstɪŋ ˈপ্যাউস্টিং / *noun* [C] a job in another country that you are sent to do by your employer অন্য দেশে যে কাজ করার জন্য নিয়োগকর্তার দ্বারা কাউকে পাঠানো হয়

Post-it™ (*also* **Post-it note**) *noun* [C] a small piece of coloured, sticky paper that you use for writing a note on, and that can be easily removed ছোটো রঙিন আঠা লাগানো কাগজ যা নোট লেখার জন্য ব্যবহার করা যায় এবং যা সহজে সরিয়ে নেওয়া যায় ➪ **stationery**-তে ছবি দেখো।

postman / ˈpəʊstmən ˈপ্যাউস্ট্ম্যান্ / (*AmE* **mailman**) *noun* [C] (*pl.* **-men** / -mən -ম্যান্ /) a person whose job is to collect letters, packages, etc. and take them to people's houses পিওন; ডাকহরকরা, ডাক-বিলিকারক

postmark / ˈpəʊstmɑːk ˈপ্যাউস্ট্মা:ক্ / *noun* [C] an official mark over a stamp on a letter, package, etc. that says when and where it was posted চিঠি, প্যাকেট ইত্যাদির ডাক টিকিটের উপর যে সরকারি ছাপ দেওয়া হয় এবং যাতে কখন কোথা থেকে পাঠানো হচ্ছে লেখা থাকে

post-mortem / ˌpəʊstˈmɔːtəm ˌপ্যাউস্ট্ ˈম:ট্যাম্ / *noun* [C] a medical examination of a dead body to find out how the person died ময়না তদন্ত; পোস্ট-মর্টেম

post-natal / ˌpəʊstˈneɪtl ˌপ্যাউস্ট্ˈনেইট্ল্ / *adj.* (*only before a noun*) connected with the period after the birth of a baby প্রসবোত্তর; প্রসব-পরবর্তী ➪ **antenatal** দেখো।

post office *noun* [C] **1** a place where you can buy stamps, post packages, etc. ডাকঘর; পোস্ট অফিস **2 the Post Office** the national organization that is responsible for collecting and dealing with letters, packages, etc. জাতীয় সংস্থা যারা দেশের চিঠিপত্র, প্যাকেজ ইত্যাদি সংগ্রহ এবং বিলি ব্যবস্থা করে; ডাক ব্যবস্থা

postpone / pəˈspəʊn প্যাˈস্প্যাউন্ / *verb* [T] to arrange that sth will happen at a later time than the time you had planned; to delay স্থগিত করা বা মুলতুবি করা; দেরি করা *The match was postponed because of rain.* ➪ **cancel** দেখো। ▶ **postponement** *noun* [C, U] মুলতুবি বা স্থগিতকরণ

postscript / ˈpəʊstskrɪpt ˈপ্যাউস্ট্স্ক্রিপ্ট্ / *noun* [C] an extra message or extra information that is added at the end of a letter, note, etc. কোনো চিঠি ইত্যাদির শেষে যা কিছু অতিরিক্ত খবর বা মন্তব্য জুড়ে দেওয়া হয়; পুনশ্চ ➪ **PS** দেখো।

posture / ˈpɒstʃə(r) ˈপস্চ্যা(র্) / *noun* [C, U] the way that a person sits, stands, walks, etc. যে ভঙ্গিতে কেউ বসে, দাঁড়ায়, চলে ইত্যাদি *Poor posture can lead to backache.*

post-war *adj.* existing or happening in the period after the end of a war, especially the Second World War যুদ্ধ, বিশেষত দ্বিতীয় বিশ্বযুদ্ধের পর ঘটেছে বা হয়েছে এমন; যুদ্ধ পরবর্তী

pot[1] / pɒt পট্ / *noun* [C] **1** a round container that is used for cooking food in গোল পাত্র যাতে রান্না করা হয়; হাঁড়ি **2** a container that you use for a particular purpose বিশেষ কোনো উদ্দেশ্যে যে পাত্র ব্যবহার করা হয় *a flowerpot ○ a pot of paint* **3** the amount that a pot contains একটি পাত্রে যতটা ধরে *We drank two pots of tea.*

pot[2] / pɒt পট্ / *verb* [T] (**po<u>tt</u>ing; po<u>tt</u>ed**) **1** to put a plant into a pot filled with soil কোনো মাটি ভর্তি পাত্রে গাছ লাগানো **2** to hit a ball into one of the pockets in the table in the game of **pool, billiards** or **snooker** পুল, বিলিয়ার্ডস অথবা স্নুকার খেলায় টেবিলের গর্তে বা পকেটে মেরে বল ঢোকানো *He potted the black ball into the corner pocket.*

potable / ˈpəʊtəbl ˈপ্যাউট্যাবল্ / *adj.* (*formal*) (used about water) safe to drink (জল সম্বন্ধে ব্যবহৃত) নিরাপদে পানযোগ্য

potassium / pəˈtæsiəm প্যাˈট্যাসিঅ্যাম্ / *noun* [U] (*symbol* **K**) a soft silver-white metal that exists mainly in mixtures (**compounds**) which are used in industry and farming একরকম নরম রুপালি-সাদা ধাতু যা সাধারণত যৌগ পদার্থে পাওয়া যায় এবং যা শিল্প ও চাষবাসের কাজে ব্যবহৃত হয়; পটাশিয়াম ধাতু

potato / pəˈteɪtəʊ প্যাˈটেইট্যাউ / *noun* [C, U] (*pl.* **potatoes**) a round vegetable that grows under the ground with a brown, yellow or red skin. Potatoes are white or yellow inside মাটির নীচে জন্মায় আলু *mashed potato ○ to peel potatoes* ➪ **vegetable**-এ ছবি দেখো।

potato crisp (*AmE* **potato chip**) = **crisp**[2]

potent / ˈpəʊtnt ˈপ্যাউট্‌ন্ট্ / *adj.* strong or powerful জোরালো বা শক্তিশালী *a potent drug/drink* ▶ **potency** / ˈpəʊtnsi ˈপ্যাউট্‌ন্সি / *noun* [U] কর্মক্ষমতা, যৌন সক্ষমতা

potential[1] / pəˈtenʃl প্যাˈটেন্‌শ্‌ল্ / *adj.* (*only before a noun*) that may possibly become sth, happen, be used, etc. সম্ভাবনাময়, ভবিষ্যসম্ভাব্য, সম্ভাব্য *Wind power is a potential source of energy. ○ potential customers* ▶ **potentially** / pəˈtenʃəli প্যাˈটেনশ্যালি / *adv.* সম্ভাবনাপূর্ণ বা সম্ভাব্যভাবে

potential[2] / pəˈtenʃl প্যা,টেন্‌শ্‌ল্ / *noun* [U] the qualities or abilities that sb/sth has but that may not be fully developed yet সুপ্ত গুণ বা সামর্থ্য; সম্ভাবনা, সম্ভাব্যতা *That boy **has great potential** as an athlete.*

potential energy *noun* [U] (*technical*) the form of energy that an object gains as it is lifted স্থৈতিক শক্তি; স্থৈতিক বল

pothole / ˈpɒthəʊl ˈপট্‌হ্যাউল্ / *noun* [C] **1** a hole in the surface of a road that is formed by traffic and bad weather রাস্তার উপর যানবাহন চলাচল ও বৃষ্টির ফলে যে গর্ত হয় **2** a deep hole in rock that is formed by water over thousands of years and often leads to underground rooms (**caves**) হাজার হাজার বছর ধরে জল পড়ে পাথরের মধ্যে যে গভীর গর্ত হয় এবং তার ফলে কখনো কখনো মাটির নীচে গুহার সৃষ্টি করে; মন্থকূপ, ভ্রমিচ্ছিদ্র

potholing / ˈpɒthəʊlɪŋ ˈপট্‌হ্যাউলিং / *noun* [U] the sport of climbing down inside **potholes 2**, walking through underground tunnels, etc. মাটির নীচে গুহা বেয়ে নেমে যাওয়ার খেলাবিশেষ; মাটির নীচের সুড়ঙ্গের মধ্য দিয়ে চলার খেলা *to go potholing*

pot plant *noun* [C] (*BrE*) a plant that you keep indoors ঘরের মধ্যে রাখার চারাগাছ বা গাছ

potter[1] / ˈpɒtə(r) ˈপট্যা(র্) / (*AmE* **putter**) *verb* [I] **potter (about/around)** to spend your time doing small jobs or things that you enjoy without hurrying টুকটাক, এটা-ওটা কাজ করে আনন্দে সময় কাটানো

potter[2] / ˈpɒtə(r) ˈপট্যা(র্) / *noun* [C] a person who makes pots, dishes, etc. (**pottery**) from baked clay মাটি পুড়িয়ে থালা বাসন ইত্যাদি তৈরি করে যে ব্যক্তি; মৃৎশিল্পী, কুম্ভকার, কুমোর

pottery / ˈpɒtəri ˈপট্যারি / *noun* (*pl.* **potteries**) **1** [U] pots, dishes, etc. that are made from baked clay মৃৎপাত্র **2** [U] the activity or skill of making dishes, etc. from clay মৃৎশিল্প *a pottery class* **3** [C] a place where clay pots and dishes are made মৃৎশিল্পালয়, কুমোরবাড়ি

potty / ˈpɒti ˈপটি / *noun* [C] (*pl.* **potties**) a plastic bowl that young children use when they are too small to use a toilet অতি ছোটো বাচ্চাদের জন্য তোলা পায়খানা; পটি

pouch / paʊtʃ পাউচ্ / *noun* [C] **1** a small leather bag ছোটো চামড়ার ব্যাগ **2** a pocket of skin on the stomach of some female animals, for example **kangaroos**, in which they carry their babies কোনো কোনো স্ত্রী প্রাণীর পেটে চামড়ার থলি যাতে তাদের বাচ্চা থাকে, যেমন ক্যাঙারু; শিশুথলিকা ⇨ **marsupial** -এ ছবি দেখো।

poultice / ˈpəʊltɪs ˈপ্যাউল্‌টিস্ / *noun* [C] a soft substance that you spread on a cloth and put on the skin to reduce pain or swelling ব্যথা বা ফোলা কমানোর জন্য চামড়ায় যে ওষুধ দিয়ে পটি দেওয়া হয়; পুলটিশ

poultry / ˈpəʊltri ˈপ্যাউল্‌ট্রি / *noun* **1** [*pl.*] birds, for example chickens, ducks, etc. that are kept for their eggs or their meat পোষা মুরগি, হাঁস জাতীয় পাখি যাদের ডিম বা মাংসের জন্য তাদের পোষা হয় **2** [U] the meat from these birds এইসব পাখির মাংস

pounce / paʊns পাউন্স্ / *verb* [I] **pounce (on sb/ sth)** to attack sb/sth by jumping suddenly on him/her/it কোনো ব্যক্তি অথবা বস্তুর উপর হঠাৎ লাফিয়ে পড়ে আক্রমণ করা (*figurative*) *He was quick to pounce on any mistakes I made.*

pound[1] / paʊnd পাউন্ড্ / *noun* **1** [C] (*also* **pound sterling**) (*symbol* **£**) the unit of money in Britain; one hundred pence (100 p) ব্রিটেনের মুদ্রা; ১০০ পেন্সে ১ পাউন্ড বা স্টারলিং *Madhuri earns £16,000 a year.* ○ *Can you change a ten-pound note?* **2** [*sing.*] **the pound** the value of the British pound on international money markets আন্তর্জাতিক অর্থের বাজারে ব্রিটেনের পাউন্ডের মূল্য *The pound has fallen against the dollar.* ○ *How many yen are there* ***to the pound****?* **3** [C] (*abbr.* **lb**) a measurement of weight, equal to 0.454 of a kilogram বিশেষ ওজনের মাপ, ০.৪৫৪ কিলোগ্রামের সমান *The carrots cost 30p a pound.* ○ *Half a pound of mushrooms, please.*

pound[2] / paʊnd পাউন্ড্ / *verb* **1** [I] **pound (at/against/on sth)** to hit sth hard many times making a lot of noise আওয়াজ করে শক্ত কোনো কিছুতে বারে বারে আঘাত করা *She pounded on the door with her fists.* **2** [I] **pound along, down, up, etc.** to walk with heavy, noisy steps in a particular direction কোনো বিশেষ দিকে জোরে জোরে, আওয়াজ করে হাঁটা *Ravi went pounding up the stairs three at a time.* **3** [I] (used about your heart, blood, etc.) to beat quickly and loudly ঘন ঘন, জোরে জোরে স্পন্দিত হওয়া বা বাহিত হওয়া (হৃৎপিণ্ড, রক্ত ইত্যাদি সম্বন্ধে ব্যবহৃত) *Her heart was pounding with fear.* **4** [T] to hit sth many times to break it into smaller pieces কোনো কিছু ছোটো ছোটো টুকরোয় ভাঙার জন্য বহুবার আঘাত করা

pour / pɔː(r) প:(র্)/ *verb* **1** [T] to make a liquid or other substance flow steadily out of or into a container কোনো কিছু থেকে অন্য পাত্রে তরল বা অন্য পদার্থ ঢালা *Pour the sugar into a bowl.* **2** [I] (used about a liquid, smoke, light, etc.) to flow out of or into sth quickly and steadily, and in large quantities (তরল পদার্থ, ধোঁয়া, আলো ইত্যাদি সম্বন্ধে ব্যবহৃত) একটানা দ্রুত বেগে কোনো কিছু থেকে অন্য কিছুতে অনেকটা পরিমাণে বয়ে যাওয়া *Tears were pouring down her cheeks.* ○ *She opened the curtains and sunlight poured into the room.* **3** [T] **pour sth (out)** to serve a drink to sb by letting it flow from a container into a cup or glass কাউকে কাপে বা গ্লাসে কোনো পানীয় ঢেলে পরিবেশন করা *Have you poured out the tea?* **4** [I] **pour (down) (with rain)** to rain heavily খুব জোরে বৃষ্টি পড়া *The rain poured down all day long.* ○ *I'm not going out. It's pouring with rain.* **5** [I] to come or go somewhere continuously in large numbers কোনো জায়গায় বহু সংখ্যায় অনবরত যাওয়া বা আসা *People were pouring out of the station.*

IDM **pour your heart out (to sb)** to tell sb all your personal problems, feelings, etc. কাউকে নিজের ব্যক্তিগত সুখদুঃখের কথা বলা

PHR V **pour sth out** to speak freely about what you think or feel about sth that has happened to you যা সব ঘটে গেছে সে সম্বন্ধে যা মনে হয় সব খোলাখুলি বলা *to pour out all your troubles*

pout / paʊt পাউট্ / *verb* [I] to push your lips, or your bottom lip, forward to show that you are annoyed about sth or to look sexually attractive ঠোঁট ফোলানো, মুখ ভার করা (কোনো কিছুর সম্বন্ধে অপ্রসন্নতা অথবা যৌন আবেদন আনার জন্য) ▶ **pout** *noun* [C] ঠোঁটফোলানি

poverty / ˈpɒvəti ˈপভ্যাটি / *noun* [U] the state of being poor দারিদ্র্য, অভাব, নির্ধনতা, দৈন্য *There are millions of people in this country who are living in poverty.*

poverty-stricken / *adj.* very poor দারিদ্র্য পীড়িত, দুঃস্থ, অভাবগ্রস্ত

POW / ˌpiː əʊ ˈdʌbljuː ˌপী অ্যাউ ˈডাব্‌লিউ / *abbr.* prisoner of war যুদ্ধ-বন্দি

powder / ˈpaʊdə(r) ˈপাউড্যা(র্) / *noun* [U, C] a dry substance that is in the form of very small grains গুঁড়ো, চূর্ণ; পাউডার *washing powder* ○ *Grind the spices into a fine powder.* ▶ **powder** *verb* [T] গুঁড়ো করা

powdered / ˈpaʊdəd ˈপাউড্যাড্ / *adj.* (used about a substance that is usually liquid) dried and made into powder (সাধারণত কোনো তরল পদার্থ সম্বন্ধে ব্যবহৃত) শুকিয়ে নিয়ে গুঁড়ো-করা *powdered milk/soup*

power[1] / ˈpaʊə(r) ˈপাউঅ্যা(র্) / *noun* **1** [U] **power (over sb/sth); power (to do sth)** the ability to control people or things or to do sth কোনো ব্যক্তিকে নিয়ন্ত্রণ অথবা কোনো কাজ করার ক্ষমতা *The aim is to give people more power over their own lives.* ○ *to have sb* ***in your power*** ○ ***It's not in my power*** (=I am unable) *to help you.* **2** [U] political control of a country or area কোনো দেশ বা অঞ্চলের উপর রাজনৈতিক নিয়ন্ত্রণ *When did this government* ***come to power?*** ○ *to take/seize power* **3** [C] **the power (to do sth)** the right or authority to do sth কিছু করার বা চালানোর অধিকার অথবা কর্তৃত্ব *Do the police have the power to stop cars without good reason?* **4** [C] a country with a lot of influence in world affairs or that has great military strength এমন দেশ যার বিশ্বব্যাপী অনেক ব্যাপারে খুব প্রভাব অথবা যে দেশের সামরিক শক্তি প্রবল *a military/economic power* ➪ **superpower** এবং **world power** দেখো। **5 powers** [*pl.*] a particular ability of the body or mind শরীর অথবা মনের বিশেষ কোনো ক্ষমতা *He has great powers of observation.* ○ *She had to use all her powers of persuasion on him.* **6** [U] the energy or strength that sb/sth has কারও বা কিছুর তেজ বা শক্তি *The ship was helpless against the power of the storm.* ○ *I've lost all power in my right arm.* **7** [U] energy that can be collected and used for operating machines, making electricity, etc. যে তেজ বা শক্তি আহরণ করে যন্ত্র চালানো এবং বিদ্যুৎ উৎপাদন এবং অন্যান্য কাজে ব্যবহার করা যায় *nuclear/wind/solar power* ○ *This car has power steering.*

power[2] / ˈpaʊə(r) ˈপাউঅ্যা(র্) / *verb* [T] to supply energy to sth to make it work কোনো কিছুতে বা যন্ত্রে শক্তি (এনার্জি) সঞ্চালন করে সেটিকে চালানো *What powers the motor in this machine?* ▶ **powered** *adj.* শক্তি দ্বারা চালিত *a solar-powered calculator* ○ *a high-powered engine*

power cut *noun* [C] a time when the supply of electricity stops, for example during a storm যে সময়ে বিদ্যুৎ সরবরাহ বন্ধ থাকে, যেমন ঝড়বৃষ্টির সময়; লোডশেডিং

powerful / ˈpaʊəfl ˈপাউঅ্যাফ্‌ল্ / *adj.* **1** having a lot of control or influence over other people অন্যের উপর অনেক নিয়ন্ত্রণ বা প্রভাব-প্রতিপত্তি আছে এমন *a powerful nation* ○ *He's one of the most powerful directors in Hollywood.* **2** having great strength or force যথেষ্ট শক্তি বা জোর আছে এমন *a powerful car/engine/telescope* ○ *a powerful swimmer* **3** having a strong effect on your mind or body মন বা শরীরের উপর প্রবল প্রভাব আছে এমন *The Prime Minister made a powerful speech.* ○ *a powerful drug* ▶ **powerfully** / -fəli -ফ্যালি / *adv.* তীব্রভাবে

powerless / ˈpaʊələs ˈপাউঅ্যাল্যাস্ / *adj.* **1** without strength, influence or control শক্তি, প্রভাব, বা নিয়ন্ত্রণ বিহীন **2 powerless to do sth** completely unable to do sth কোনো কিছু করতে সম্পূর্ণরূপে অসমর্থ *I stood and watched him struggle, powerless to help.*

power point (*BrE*) = **socket 1**

power station (*AmE* **power plant**) *noun* [C] a place where electricity is made (**generated**) এমন স্থান যেখানে বিদ্যুৎ প্রস্তুত করা হয়; বিদ্যুৎ কেন্দ্র; পাওয়ার স্টেশন

pp *abbr.* **1 pp.** pages একাধিক পৃষ্ঠা *See pp. 100–178.* **2** (*also* **p.p.**) (before a signature) used to mean 'on behalf of' কারও বদলে সই করা বোঝাতে স্বাক্ষরের আগে এই শব্দ ব্যবহার করা হয় *p.p. Mohit Arora* (= from Mohit Arora but signed by sb else because he is away)

PR / ˌpiː ˈɑː(r) ˌপী ˈআঃ(র্) / *abbr.* **1** public relations জন সম্পর্ক **2** proportional representation সমানুপাতিক প্রতিনিধিত্ব

practicable / ˈpræktɪkəbl ˈপ্র্যাক্‌টিক্যাব্‌ল্ / *adj.* (used about an idea, a plan or a suggestion) able to be done successfully (যেমন কোনো ভাবধারা, পরিকল্পনা অথবা প্রস্তাব সম্বন্ধে ব্যবহৃত) কার্যকর *The scheme is just not practicable.* ✪ বিপ **impracticable**

practical[1] / ˈpræktɪkl ˈপ্র্যাক্‌টিক্‌ল্ / *adj.* **1** concerned with actually doing sth rather than with ideas or thought ব্যাবহারিক, ফলিত, ক্রিয়াসিদ্ধ *Have you got any* ***practical experience*** *of working on a farm?* ➪ **theoretical** দেখো। **2** that is likely to succeed; right or sensible সফল হতে পারে এমন; সঠিক বা কাণ্ডজ্ঞানসম্পন্ন *We need to find a practical solution to the problem.* **3** very suitable for a particular purpose; useful বিশেষ কিছুর জন্য খুবই উপযোগী; দরকারি *a practical little car, ideal for the city* **4** (used about people) making sensible decisions and good at dealing with problems (ব্যক্তি সম্বন্ধে ব্যবহৃত) বিচক্ষণ সিদ্ধান্ত গ্রহণ করতে পারে এবং সমস্যার মোকাবিলা করতে পারে এমন *We must be practical. It's no good buying a house we cannot afford.* ✪ বিপ **impractical** (অর্থ সংখ্যা **2**, **3** এবং **4**-এর জন্য) **5** (used about a person) good at making and repairing things (ব্যক্তি সম্বন্ধে ব্যবহৃত) যারা জিনিসপত্র তৈরি করতে বা সারাতে পটু

practical² / ˈpræktɪkl ˈপ্র্যাক্‌টিক্‌ল্ / *noun* [C] (*informal*) a lesson or an exam where you do or make sth rather than just writing ফলিত বা প্রায়োগিক অথবা ব্যাবহারিক পাঠ বা পরীক্ষা *He passed the theory paper but failed the practical.*

practicality / ˌpræktɪˈkæləti ˌপ্র্যাক্‌টিˈক্যাল্যাটি / (*pl.* **practicalities**) *noun* **1** [U] the quality of being suitable and realistic, or likely to succeed উপযুক্ত এবং বাস্তবানুগ হওয়ার যে গুণ অথবা যা সফল হওয়ার সম্ভাবনাপূর্ণ *I am not convinced of the practicality of the scheme.* **2 practicalities** [*pl.*] the real facts rather than ideas or thoughts বাস্তব তথ্য, খালি কাল্পনিক চিন্তা-ভাবনা নয় *Let's look at the practicalities of the situation.*

practical joke *noun* [C] a trick that you play on sb that makes him/her look silly and makes other people laugh কাউকে নিয়ে এমন ঠাট্টা অথবা বিদ্রূপ করা যার ফলে তাকে বোকা বানিয়ে অপরে মজা পায়

practically / ˈpræktɪkli ˌপ্র্যাক্‌টিক্‌লি / *adv.* **1** (*spoken*) almost; very nearly প্রায়; অতি কাছাকাছি *My essay is practically finished now.* **2** in a realistic or sensible way বাস্তবসম্মতভাবে, বোধগম্যভাবে

practice / ˈpræktɪs ˈপ্র্যাক্‌টিস্ / *noun* **1** [U] action rather than ideas or thought অনুশীলন, চর্চা, অভ্যাস *the **theory and practice** of language teaching* ○ *I can't wait to **put** what I've learnt **into practice**.* **2** [C, U] (*formal*) the usual or expected way of doing sth in a particular organization or situation; a habit or custom বিশেষ কোনো প্রতিষ্ঠানে অথবা পরিস্থিতিতে সাধারণত যা করা হয় অথবা করা হবে বলে আশা করা যায়; রীতি *It is standard practice not to pay bills until the end of the month.* **3** [C, U] (a period of) doing an activity many times or training regularly so that you become good at it অনুশীলন, অভ্যাস, প্রয়োগ *piano/football practice* ○ *His accent should improve **with practice**.* **4** [U] the work of a doctor or lawyer ডাক্তার বা আইনজীবীর যে কাজ; ডাক্তারি বা ওকালতি *Dr Khanna doesn't work in a hospital. He's in **general practice*** (= he's a family doctor). **5** [C] the business of a doctor, dentist or lawyer একজন ডাক্তার, দন্তচিকিৎসক অথবা আইনজীবীর ব্যাবসা *a successful medical/dental practice*

IDM **be/get out of practice** to find it difficult to do sth because you have not done it for a long time কোনো কিছু বহুকাল না করার ফলে তা করতে গেলে অসুবিধা বোধ করা *I'm not playing very well at the moment. I'm really out of practice.*

in practice in reality প্রকৃত ক্ষেত্রে, বাস্তবে *Prisoners have legal rights, but in practice these rights are not always respected.*

practise (*AmE* **practice**) / ˈpræktɪs ˈপ্র্যাক্‌টিস্ / *verb* [I, T] **1** to do an activity or train regularly so that you become very good at sth কোনো কাজ বা বিষয় অনুশীলন করা, অভ্যাস করা, রপ্ত করা *If you want to play a musical instrument well, you must practise every day.* ○ *He always wants to **practise** his English **on** me.* **2** to be involved in religious activities regularly or publicly নিয়মিতভাবে বা প্রকাশ্যে ধর্মীয় কাজে জড়িত হওয়া *a practising Catholic/Jew/Muslim* **3 practise (sth/as sth)** to work as a doctor or lawyer ডাক্তার অথবা আইনজীবী হিসেবে কাজ করা *She's practising as a lawyer in Lucknow.* ○ *He was banned from practising medicine.*

practised (*AmE* **practiced**) / ˈpræktɪst ˌপ্র্যাক্‌টিস্ট্ / *adj.* **practised (in sth)** very good at sth, because you have done it a lot or often বহুবার করার ফলে কোনো কিছুতে দক্ষ *He was practised in the art of inventing excuses.*

practitioner / prækˈtɪʃənə(r) প্র্যাক্ˈটিশ্যান্যা(র্) / *noun* [C] (*formal*) a person who works as a doctor, dentist or lawyer এমন কেউ যে ডাক্তার, দন্তচিকিৎসক অথবা আইনজীবী হিসেবে কাজ করে ➪ **GP** দেখো।

pragmatic / prægˈmætɪk প্র্যাগ্ˈম্যাটিক্ / *adj.* dealing with problems in a practical way rather than by following ideas or principles বাস্তবধর্মী, প্রয়োগমুখী, বাস্তবমুখী

pragmatism / ˈprægmətɪzəm ˈপ্র্যাগ্‌ম্যাটিজ্‌ম্ / *noun* [U] (*formal*) thinking about solving problems in a practical and sensible way rather than by having fixed ideas প্রয়োগবাদ বা বাস্তববাদ, ব্যাবহারিক দৃষ্টিভঙ্গি ▶ **pragmatist** / -tɪst -টিস্ট্ / *noun* [C] বাস্তববাদী *Most successful teachers are pragmatists and realists.*

prairie / ˈpreəri ˈপ্রেঅ্যারি / *noun* [C] a very large area of flat land covered in grass with few trees (especially in North America) বিশেষত উত্তর আমেরিকায় বৃক্ষহীন সুবিস্তীর্ণ তৃণভূমি

praise[1] / preɪz প্রেইজ্ / *verb* [T] **praise sb/sth (for sth)** to say that sb/sth is good and should be admired কারও বা কিছুর প্রশংসা করা *The fireman was praised for his courage.*

praise[2] / preɪz প্রেইজ্ / *noun* [U] what you say when you are expressing admiration for sb/sth কারও বা কিছুর জন্য স্তুতি, প্রশংসাবাক্য *The survivors were full of praise for the paramedics.*

praiseworthy / ˈpreɪzwɜːði ˈপ্রেইজ্‌উঅ্যাদি / *adj.* that should be admired and recognized as good যা প্রশংসার যোগ্য; প্রশংসনীয়

pram / præm প্র্যাম্ / (*AmE* **baby carriage**) *noun* [C] a small vehicle on four wheels for a young baby, pushed by a person on foot ছোটো বাচ্চাকে নিয়ে যাওয়ার ঠেলাগাড়ি; প্যারামবুলেটার; প্র্যাম

prance / prɑːns প্রা:ন্স্ / *verb* [I] to move about with quick, high steps, often because you feel proud or pleased with yourself দ্রুত ও উদ্ধত পদবিক্ষেপে চলা, প্রায়ই গর্ববোধ করা বা নিজের সম্বন্ধে খুশি হওয়ার কারণে গর্বিত ভঙ্গিতে চলা

prawn / prɔːn প্র:ন্ / (*AmE* **shrimp**) *noun* [C] a small shellfish that we eat and that becomes pink when cooked খোসাযুক্ত মাছ যা রান্না করলে গোলাপি হয়ে যায়; চিংড়ি মাছ ➪ **shrimp** দেখো এবং **shellfish**-এ ছবি দেখো।

pray / preɪ প্রেই / *verb* [I, T] **pray (to sb) (for sb/sth)** to speak to God or a god in order to give thanks or to ask for help ভগবানের কাছে প্রার্থনা করা, উপাসনা করা *They knelt down and prayed for peace.*

prayer / preə(r) প্রেঅ্যা(র্) / *noun* **1** [C] **a prayer (for sb/sth)** the words that you use when you speak to God or a god যেসকল শব্দ উচ্চারণ করে উপাসনা করা হয়; প্রার্থনা *Let's **say a prayer** for all the people who are ill.* **2** [U] the act of speaking to God or a god ভগবানের কাছে প্রার্থনা *to kneel **in prayer***

pre- / priː প্রী / *prefix* (*used in verbs, nouns and adjectives*) before পূর্বে, আগে, প্রাক্ *prepay* ○ *preview* ○ *pre-war* ➪ **ante-** এবং **post-** দেখো।

preach / priːtʃ প্রী:চ্ / *verb* **1** [I, T] to give a talk (**a sermon**) on a religious subject,especially in a church ধর্মোপদেশ দেওয়া (বিশেষত কোনো গির্জায়) **2** [T] to say that sth is good and persuade other people to accept it কোনো কিছুকে ভালো বলে তা অন্যদের গ্রহণ করতে অথবা সেইমতো চলতে প্ররোচিত করা *I always preach caution in situations like this.* **3** [I] to give sb advice on how to behave, on what is considered morally acceptable, etc., in a way that people find boring or annoying কিভাবে আচরণ করতে হয়, নীতিগতভাবে কি করা উচিত ইত্যাদি সম্বন্ধে কাউকে এমনভাবে উপদেশ দেওয়া যা তার কাছে বড়োই বিরক্তিকর বা একঘেয়ে মনে হয় *I'm sorry, I didn't mean to preach.*

preacher / ˈpriːtʃə(r) ˈপ্রীচ্যা(র্) / *noun* [C] a person who gives religious speech (**sermons**),for example in a church এমন কেউ যিনি গির্জায় ধর্ম সম্বন্ধে উপদেশ দেন; ধর্ম-প্রচারক

preamble / priˈæmbl প্রি'অ্যাম্‌ব্‌ল্ / *noun* [C, U] (*formal*) an introduction or a preface, for example to a book, a written document, speech, etc. that explains its purpose কোনো বই, লিখিত তথ্য, বক্তৃতা ইত্যাদির ভূমিকা বা মুখবন্ধ যার মধ্যে সেইসবের উদ্দেশ্য বোঝানো থাকে; প্রস্তাবনা *The Preamble highlights the salient features of the Constitution of India.*

precarious / prɪˈkeəriəs প্রি'কেঅ্যারিঅ্যাস্ / *adj.* not safe or certain; dangerous নিরাপদ বা নিশ্চিত নয়; সংকটজনক ▶ **precariously** *adv.* সংকটপূর্ণভাবে, বিপজ্জনকভাবে

precaution / prɪˈkɔːʃn প্রি'ক:শ্‌ন্ / *noun* [C] **a precaution (against sth)** something that you do now in order to avoid danger or problems in the future সতর্কতামূলক ব্যবস্থা; সাবধানতা *You should always **take the precaution of** locking your valuables in the hotel safe.* ○ *precautions against fire/theft* ▶ **precautionary** /prɪˈkɔːʃənəri প্রি'ক:শ্যান্যারি / *adj.* সতর্কতামূলক

precede / prɪˈsiːd প্রি'সীড্ / *verb* [I, T] (*written*) to happen, come or go before sb/sth কারও আগে আসা বা কোনো কিছুর আগে ঘটা বা হওয়া *the table on the preceding page*

precedence / ˈpresɪdəns ˈপ্রেসিড্যান্স্ / *noun* [U] **precedence (over sb/sth)** the right that sb/sth has to come before sb/sth else because he/she/it is more important গুরুত্ব বা মর্যাদায় অন্যকে ছাড়িয়ে যায় এমন; অগ্রাধিকার *In business, making a profit seems to **take precedence** over everything else.*

precedent / ˈpresɪdənt ˈপ্রেসিড্যান্ট্ / *noun* [C, U] an official action or decision that has happened in the past and that is considered as an example or rule to follow in the same situation later অতীতে ঘটা কোনো আনুষ্ঠানিক কাজ বা সিদ্ধান্ত যেটি পরবর্তীকালে সেরকম কোনো পরিস্থিতিতে অনুসরণীয় উদাহরণ বা নিয়ম হিসেবে বিবেচিত হয়; নজির, পূর্বদৃষ্টান্ত ***set a precedent*** ○ *Such protests are **without precedent** in recent history.* ➪ **unprecedented** দেখো।

precinct / ˈpriːsɪŋkt ˈপ্রীসিংক্ট্ / *noun* **1** [C] (*BrE*) a special area of shops in a town where cars are not allowed শহরে যানবাহন চলাচল নিষিদ্ধ এমন জায়গা

যেখানে অনেক দোকান থাকে *a shopping precinct* **2** [C] (*AmE*) a part of a town that has its own police station শহরের এমন এলাকা যেখানে আলাদা পুলিশ স্টেশন থাকে **3 precincts** [*pl.*] (*formal*) the area near or around a building কোনো বাড়ির কাছে অথবা তার চারিদিকের খোলা জায়গা *the hospital and its precincts*

precious / ˈpreʃəs ˈপ্রেশ্যাস্ / *adj.* **1** of great value (usually because it is rare or difficult to find) দুষ্প্রাপ্য, দুর্লভ *In overcrowded Mumbai, every small piece of land is precious.* **2** loved very much খুব প্রিয় *The painting was very precious to her.*

precious metal *noun* [C] a metal which is very rare and valuable and often used in jewellery এমন ধাতু যা সহজে পাওয়া যায় না এবং দামি, যা গয়নায় ব্যবহার করা হয় *Gold and platinum are precious metals.*

precious stone (*also* **stone**) *noun* [C] a stone which is very rare and valuable and often used in jewellery মূল্যবান রত্ন বা পাথর, প্রায়ই অলংকার ইত্যাদিতে ব্যবহৃত হয় *diamonds and other precious stones*

precipice / ˈpresəpɪs ˈপ্রেস্যাপিস্ / *noun* [C] a very steep side of a high mountain or cliff পাহাড়ের খাড়া এবং উঁচু গাত্র অথবা খাড়া চূড়া

precipitate¹ / prɪˈsɪpɪteɪt প্রি'সিপিটেইট্ / *verb* [T] (*formal*) **1** to make sth, especially sth bad, happen suddenly or sooner than it should মন্দ কিছু ত্বরান্বিত করা, তাড়াতাড়ি ঘটাতে সাহায্য করা **2 precipitate sb/ sth into sth** to suddenly force sb/sth into a particular state or condition কাউকে বা কোনো কিছুকে হঠাৎ বিশেষ কোনো অবস্থা বা পরিস্থিতিতে নিয়ে যাওয়া *The president's assassination precipitated the country into war.*

precipitate² / prɪˈsɪpɪtət প্রি'সিপিট্যাট্ / *adj.* (*formal*) (used about an action or a decision) happening very quickly or suddenly and usually without enough care and thought (কোনো কাজ অথবা সিদ্ধান্ত সম্বন্ধে ব্যবহৃত) হঠাৎ বা তাড়াতাড়ি এবং সাধারণত যথেষ্ট যত্ন এবং চিন্তাভাবনা ছাড়াই ঘটছে এমন ► **precipitately** *adv.* খুব তাড়াতাড়ি, হঠকারিতাপূর্ণভাবে, ত্বরান্বিতভাবে

precipitate³ / prɪˈsɪpɪteɪt প্রি'সিপিটেইট্ / *noun* [C] (*technical*) a solid substance that has been separated from a liquid in a chemical process কোনো তরল পদার্থ থেকে রাসায়নিক প্রক্রিয়ায় যে কঠিন পদার্থ আলাদা করে বার করা হয়েছে; অধঃক্ষেপ, তলানি

precipitation / prɪˌsɪpɪˈteɪʃn প্রি,সিপি'টেইশ্ন্ / *noun* **1** [U] (*technical*) rain, snow, etc. that falls; the amount of this that falls বৃষ্টি, তুষার ইত্যাদি যা আকাশ থেকে পড়ে; বৃষ্টি, তুষার ইত্যাদির পরিমাণ **2** [U, C] a chemical process in which solid material is separated from a liquid যে রাসায়নিক প্রক্রিয়ায় তরল পদার্থ থেকে কঠিন পদার্থ আলাদা করা হয়; অধঃক্ষেপণ

precipitous / prɪˈsɪpɪtəs প্রি'সিপিট্যাস্ / *adj.* (*formal*) **1** very steep and often dangerous অত্যন্ত খাড়া এবং বিপজ্জনক *the precipitous slopes of the mountains* **2** fast and great দ্রুত এবং বিরাট *a precipitous decline in scooter sales* **3** done very quickly without enough thought or care; rash যথেষ্ট চিন্তাভাবনা বা যত্ন ছাড়াই দ্রুতভাবে কৃত; অবিবেচকের মতো *a precipitous action* ► **precipitously** *adv.* হঠকারীর মতো; অবিমৃশ্যকারির মতো, অবিবেচকের মতো

precis / ˈpreɪsiː ˈপ্রেইসী / *noun* [C, U] (*pl.* **precis** /-siːz -সীজ় /) a short version of a speech or written text that contains only the most important points কোনো বক্তৃতা অথবা লেখার সারাংশ যাতে বক্তব্যের সর্বাপেক্ষা গুরুত্বপূর্ণ অংশ থাকে; সারমর্ম ✪ সম **summary**

precise / prɪˈsaɪs প্রি'সাইস্ / *adj.* **1** clear and accurate স্পষ্ট এবং নির্ভুল *precise details instructions/measurements* ○ *He's in his forties—well, forty-four, **to be precise**.* ✪ বিপ **imprecise** **2** (*only before a noun*) exact; particular যথাযথ; সুনির্দিষ্ট *I'm sorry. I can't come just **at this precise moment**.* **3** (used about a person) taking care to get small details right (কোনো ব্যক্তি সম্বন্ধে ব্যবহৃত) খুঁটিনাটির দিকে দৃষ্টি রাখে এমন *He's very precise about his work.*

precisely /prɪˈsaɪsli প্রি'সাইস্‌লি / *adv.* **1** exactly হুবহু, একদম ঠিক *The time is 10.03 a.m. precisely.* ✪ সম **exactly** **2** used to emphasize that sth is very true or obvious কোনো কিছু যে নিশ্চিত সত্য তা জোর দিয়ে বোঝাতে ব্যবহৃত *It's precisely because I care about you that I got so angry when you stayed out late.* **3** (*spoken*) (used for agreeing with a statement) yes, that is right হ্যাঁ, ঠিক তাই (যা বলা হয়েছে তার সঙ্গে একমত বোঝাতে ব্যবহৃত) *'So, if we don't book now, we probably won't get a flight?' 'Precisely.'*

precision / prɪˈsɪʒn প্রি'সিজ্‌ন্ / *noun* [U] the quality of being clear or exact স্পষ্ট এবং যথার্থ হওয়ার গুণ *The plans were drawn with great precision.*

preclude / prɪˈkluːd প্রি'ক্লুড্ / *verb* [T] (*formal*) **preclude sth; preclude sb from doing sth** to prevent sth from happening or sb from doing sth; to make sth impossible কোনো কিছু না হতে দেওয়া অথবা কাউকে কিছু না করতে দেওয়া; কোনো কিছু অসম্ভব করে দেওয়া *Lack of time precludes any further discussion.* ○ *His religious beliefs precluded him/his serving in the army.*

precocious / prɪˈkəʊʃəs প্রি'ক্যাউশ্যাস্ / *adj.* (used about children) having developed certain abilities and ways of behaving at a much younger age than usual (ছোটো ছেলেমেয়েদের সম্বন্ধে ব্যবহৃত) যারা অনেক কম বয়সেই এমন কিছু গুণাবলি এবং হাবভাব আয়ত্ত করেছে যা সাধারণত বেশ পরে হয়; অকালপক্ক, এঁচোড়ে পাকা; বালপ্রৌঢ় *a precocious child who started her acting career at the age of 5*

NOTE এই শব্দটি অনেক সময়ই সমালোচনার সুরে ব্যবহার করা হয়।

preconceived / ˌpriːkənˈsiːvd ˌপ্রীক্যান্'সীভ্ড্ / *adj.* (*only before a noun*) (used about an idea or opinion) formed before you have enough information or experience (কোনো ভাবধারা বা মত সম্বন্ধে ব্যবহৃত) যথেষ্ট খোঁজখবর পাওয়ার অথবা অভিজ্ঞতা হওয়ার আগেই তৈরি

preconception / ˌpriːkənˈsepʃn ˌপ্রীক্যান্'সেপ্শন্ / *noun* [C] an idea or opinion that you have formed about sb/sth before you have enough information or experience কোনো ভাবধারা বা মতামত যা যথেষ্ট খোঁজখবর পাওয়া বা অভিজ্ঞতা হওয়ার আগেই তৈরি করে নেওয়া হয়েছে

precondition / ˌpriːkənˈdɪʃn ˌপ্রীক্যান্'ডিশন্ / *noun* [C] (*written*) **a precondition (for/of sth)** something that must happen or exist before sth else can exist or be done ঘটনার পূর্বেই যে শর্তপূরণ করতে হয় ✪ সম **prerequisite**

predator / ˈpredətə(r) 'প্রেড্যাট্যা(র্) / *noun* [C] an animal that kills and eats other animals এমন জীব যে অন্য জীব হত্যা করে এবং অন্য প্রাণীর মাংসে জীবন ধারণ করে; শিকারী জীব

predatory / ˈpredətri 'প্রেড্যাট্রি / *adj.* **1** (*technical*) (used about an animal) living by killing and eating other animals (কোনো পশু সম্বন্ধে ব্যবহৃত) অন্য জীব মেরে তার মাংস খেয়ে বাঁচে এমন **2** (*written*) (used about a person) using weaker people for his/her own financial or sexual advantage (কোনো ব্যক্তি সম্বন্ধে ব্যবহৃত) নিজের আর্থিক অথবা যৌন সুবিধার জন্য যে দুর্বলদের ব্যবহার করে বা কাজে লাগায়

predecessor / ˈpriːdɪsesə(r) 'প্রীডিসেস্যা(র্) / *noun* [C] **1** the person who was in the job or position before the person who is in it now পূর্বতন পদাধিকারী **2** a thing such as a machine, that has been followed or replaced by sth else যে যন্ত্র বা ঐ জাতীয় কিছু যা অন্য কিছুর দ্বারা বদলে ফেলা হয়েছে ➪ **successor** দেখো।

predicament / prɪˈdɪkəmənt প্রি'ডিক্যাম্যান্ট্ / *noun* [C] an unpleasant and difficult situation that is hard to get out of অপ্রীতিকর এবং কঠিন পরিস্থিতি যার থেকে বার হওয়া শক্ত

predicate / ˈpredɪkeit 'প্রেডিকেইট্ / *noun* [C] (*grammar*) the part of a sentence which has the verb, and which tells us what the subject is or does. In the sentence—*'He went cycling after returning from' school* the predicate is *'went cycling after returning from school'* (ব্যাকরণ) বাক্যের ক্রিয়াপদ সম্বলিত অংশ যাতে কর্তা বা কর্তৃপদের কাজ সম্বন্ধে বলা থাকে। 'He went cycling after returning from school' এই বাক্যে সেই অংশ হল 'went cycling after returning from school'; বিধেয় ➪ **object**[1] দেখো।

predicative / prɪˈdɪkətɪv প্রি'ডিক্যাটিভ্ / *adj.* (*grammar*) (used about an adjective) not used before a noun (ব্যাকরণ) (বিশেষণ সম্বন্ধে ব্যবহৃত) বিশেষ্যের পূর্বে ব্যবহৃত হয় না *You cannot say 'an asleep child' because 'asleep' is a predicative adjective.*

NOTE যে বিশেষণপদ (adjective) বিশেষ্যপদের (noun) পূর্বে ব্যবহার করা হয় তাকে attributive বলা হয়। অনেক বিশেষণ যেমন 'big', predicative অথবা attributive দুই ভাবেই ব্যবহার করা যেতে পারে—*The house is big.* ○ *It's a big house.*

▶ **predicatively** *adv.* বিধেয়রূপে *'Asleep' can only be used predicatively.*

predict / prɪˈdɪkt প্রি'ডিক্ট্ / *verb* [T] to say that sth will happen in the future ভবিষ্যদ্বাণী করা *Scientists still cannot predict exactly when earthquakes will happen.*

predictable / prɪˈdɪktəbl প্রি'ডিক্ট্যাব্ল্ / *adj.* **1** that was or could be expected to happen পূর্বনির্ধারণযোগ্য *The match had a predictable result.* **2** (used about a person) always behaving in a way that you would expect and therefore rather boring (কোনো ব্যক্তি সম্বন্ধে ব্যবহৃত) যার আচরণের বিষয়ে আগে থেকেই বলা যায় (তাই একঘেয়ে) *I knew you were going to say that—you're so predictable* ▶ **predictably** *adv.* যেমন আশা করা গিয়েছিল তেমনভাবে

prediction / prɪˈdɪkʃn প্রি'ডিক্শন্ / *noun* [C, U] saying what will happen; what sb thinks will happen ভবিষ্যদ্বাণী, ভাবীকথন *The exam results confirmed my predictions.*

predominance / prɪˈdɒmɪnəns প্রি'ডমিন্যান্স্ / *noun* [*sing.*] the state of being more important or greater in number than other people or things আধিপত্য, প্রাধান্য *There is a predominance of Japanese tourists in Hawaii.*

predominant / prɪˈdɒmɪnənt প্রি'ডমিন্যান্ট্ / *adj.* most noticeable, powerful or important সবচেয়ে

বেশি চোখে পড়ে; বেশি শক্তিশালী, বেশি গুরুত্ব যার *The predominant colour was blue.*

predominantly / prɪˈdɒmɪnəntli প্রি'ডমিন্যান্ট্লি / *adv.* mostly; mainly প্রধানত; বেশির ভাগ *The population of the island is predominantly Spanish.*

predominate / prɪˈdɒmɪnet প্রি'ডমিনেইট্ / *verb* [I] (*formal*) **predominate (over sb/sth)** to be most important or greatest in number সংখ্যায় গুরুত্বপূর্ণ বা অধিকতম হওয়া *Private interest was not allowed to predominate over public good.*

pre-empt / prɪˈempt প্রি'এম্প্ট্ / *verb* [T] (*formal*) **1** to prevent sth from happening by taking action to stop it কোনো কিছু ঘটার আগেই এমন কিছু করা যাতে তা না ঘটে *Her departure pre-empted any further questions.* ○ *A good training course will pre-empt many problems.* **2** to do or say sth before sb else does কেউ কিছু করা বা বলার আগেই তা করা বা বলে ফেলা *She was just about to apologize when he pre-empted her.*

preen / priːn প্রীন্ / *verb* **1** [I, T] (of a bird) to clean and tidy its feathers with its beak (পাখি সম্বন্ধে ব্যবহৃত) ঠোঁট দিয়ে নিজের পালক পরিষ্কার অথবা পরিপাটি করা **2** [T] **preen yourself** (*usually disapproving*) to spend too much time making yourself look attractive and then admiring your appearance নিজেকে আকর্ষণীয় করে তোলার জন্য অনেক সময় কাটানো এবং নিজেকে আয়নায় দেখা *Will you stop preening yourself in front of the mirror?* **3** [T] **preen yourself** (*on sth*) (*usually disapproving*) to feel very pleased with yourself about sth and show other people how pleased you are নিজেকে নিয়ে অত্যন্ত খুশি বোধ করা এবং লোকজনকে সেই খুশি দেখানো

preface / ˈprefəs ˈপ্রেফ্যাস্ / *noun* [C] a written introduction to a book that explains what it is about or why it was written ভূমিকা, মুখবন্ধ, কথামুখ, পূর্বভাষণ

prefect / ˈpriːfekt ˈপ্রীফেক্ট্ / *noun* [C] an older girl or boy in a school who has special duties and responsibilities. Prefects often help to make sure that the younger school children behave properly স্কুলের বড়ো ছেলে বা মেয়ে যাকে বিশেষ কিছু কাজ এবং দায়িত্ব দেওয়া হয়। স্কুলের ছোটো ছেলেমেয়েদের আচরণ যাতে ঠিকঠাক থাকে সে দিকেও প্রিফেক্টদের দেখতে হয়; সর্দার পড়ুয়া

prefer / prɪˈfɜː(r) প্রি'ফ্য(র্) / *verb* [T] (**preferring; preferred**) **prefer sth (to sth); prefer to do sth; prefer doing sth** (*not used in the continuous tenses*) to choose sth rather than sth else; to like sth better অন্য কোনো বস্তুর তুলনায় বেশি পছন্দ করা; কোনো বস্তু বেশি পছন্দ করা *Would you prefer tea or coffee?* ○ *My parents would prefer me to study law at university.*

> **NOTE** **Prefer** শব্দটি ব্যবহার করার বিভিন্ন উপায় দেখো—*Helen prefers going by train to flying* (= generally or usually). ○ *Helen* ***would prefer to go*** *by train rather than (to) fly* (= on this occasion). **Prefer** শব্দটি খুবই আনুষ্ঠানিক। *Would you prefer tea or coffee?* না বলে আমরা এটাও বলতে পারি—*Would you rather have tea or coffee?* আমরা—*I prefer skating to skiing.* না বলে—*I like skating better than skiing.*—ও বলতে পারি। এই ক্রিয়াপদটি (verb) ঘটমান কালে (continuous tenses) ব্যবহৃত না হলেও এর বর্তমান কৃদন্ত (present participle) রূপটি খুবই প্রচলিত—*Their elder son had gone to work in London, preferring not to join the family firm.*

preferable / ˈprefrəbl ˈপ্রেফ্র্যাব্ল্ / *adj.* **preferable (to sth/doing sth)** better or more suitable তুলনামূলকভাবে বেশি পছন্দসই *Going anywhere is preferable to staying at home for the weekend.*

preferably / ˈprefrəbli ˈপ্রেফ্র্যাব্লি / *adv.* used to show which person or thing would be better or preferred, if you are given a choice অধিক পছন্দের বা অধিকতর পছন্দযোগ্য এরকম বোঝাতে ব্যবহৃত *Give me a ring tonight—preferably after 7 o'clock.*

preference / ˈprefrəns ˈপ্রেফ্র্যান্স্ / *noun* **1** [C, U] **(a) preference (for sth)** an interest in or desire for one thing more than another একটির থেকে অন্যটি বেশি পছন্দ, ঝোঁক *What you wear is entirely a matter of* ***personal preference.*** ○ *Please list your choices* ***in order of preference*** (= put the things you want most first on the list). **2** [U] special treatment that you give to one person or group rather than to others কোনো ব্যক্তি বা কোনো গোষ্ঠীকে যে বিশেষ খাতির করা হয় বা সুবিধা দেওয়া হয় *When allocating accommodation, we will* ***give preference to*** *families with young children.*

preferential / ˌprefəˈrenʃl ˌপ্রেফ্যা'রেন্শ্ল্ / *adj.* (*only before a noun*) giving or showing special treatment to one person or group rather than to others কোনো ব্যক্তি অথবা গোষ্ঠীকে অধিকতর গুরুত্ব আরোপ করা হচ্ছে বা দেখানো হচ্ছে এমন *He gets* ***preferential treatment*** *at office.*

prefix / ˈpriːfɪks ˈপ্রীফিক্স্ /*noun* [C] (*grammar*) a letter or group of letters that you put at the beginning of a word to change its meaning (ব্যাকরণে) উপসর্গ বা প্রত্যয় ➪ **affix²** এবং **suffix** দেখো।

pregnancy / ˈpregnənsi ˈপ্রেগ্ন্যান্সি / *noun* (*pl.* **pregnancies**) [U, C] the state of being pregnant গর্ভাবস্থা, পোয়াতি কাল

pregnant / ˈpregnənt ˈপ্রেগ্ন্যান্ট্ / *adj.* (used about a woman or female animal) having a baby developing in her body (মহিলা বা স্ত্রী পশু সম্বন্ধে ব্যবহৃত) গর্ভবতী, অন্তঃসত্ত্বা, পোয়াতি *Latika is five-months pregnant.* ○ *to get pregnant*

> NOTE আমরা এইভাবেও বলতে পারি—*Latika is expecting a baby.* অথবা *Latika is going to have a baby.*

prehensile / prɪˈhensaɪl প্রি'হেন্সাইল্ / *adj.* (*technical*) (used about part of an animal's body) able to hold things (কোনো জন্তুর কোনো অঙ্গ সম্বন্ধে ব্যবহৃত) ধরার উপযোগী, গ্রাহী *the monkey's prehensile tail* ⇨ **primate**-এ ছবি দেখো।

prehistoric / ˌpriːhɪˈstɒrɪk ˌপ্রীহি'স্টরিক্ / *adj.* from the time in history before events were written down প্রাগৈতিহাসিক

prejudice[1] / ˈpredʒudɪs ˈপ্রেজুডিস্ / *noun* [C, U] **prejudice (against sb/sth)** a strong unreasonable feeling of not liking or trusting sb/sth, especially when it is based on his/her/its race, religion or sex বিশেষত জাতি, ধর্ম বা লিঙ্গের ভিত্তিতে কারও বা কিছুর প্রতি জোরালো অপছন্দ বা অবিশ্বাসের মনোভাব; পূর্ব-সংস্কার *a victim of **racial prejudice***

prejudice[2] / ˈpredʒudɪs ˈপ্রেজুডিস্ / *verb* [T] **1 prejudice sb (against sb/sth)** to influence sb so that he/she has an unreasonable or unfair opinion about sb/sth কাউকে এমনভাবে প্রভাবিত করা যাতে তার মনে অন্য কোনো বস্তু বা ব্যক্তি সম্বন্ধে অলৌকিক বা অন্যায় মনোভাব গড়ে ওঠে *The newspaper stories had prejudiced the jury against him.* **2** to have a harmful effect on sb/sth কারও বা কোনো কিছুর উপর ক্ষতিকর প্রভাব ফেলা *Continuing to live with her violent father may prejudice the child's welfare.*

prejudiced / ˈpredʒədɪst ˈপ্রেজ্যাডিস্ট্ / *adj.* not liking or trusting sb/sth for no other reason than his/her/its race, religion or sex কাউকে বা কোনো কিছুকে জাতি, ধর্ম অথবা লিঙ্গের কারণে ভাল লাগছে না অথবা বিশ্বাস করা হচ্ছে না এমন; পক্ষপাতদুষ্ট

preliminary[1] / prɪˈlɪmɪnəri প্রি'লিমিন্যারি / *adj.* coming or happening before sth else that is more important প্রাথমিক, প্রারম্ভিক, প্রস্তুতিসূচক, ভূমিকাস্বরূপ

preliminary[2] / prɪˈlɪmɪnəri প্রি'লিমিন্যারি / *noun* [C, *usually pl.*] (*pl.* **preliminaries**) an action or event that is done before and in preparation for another event কোনো কাজ বা ঘটনা যা আগেই করা হয়েছে এবং সেটি অন্য ঘটনার প্রস্তুতিমূলক

prelude / ˈpreljuːd ˈপ্রেলিউড্ / *noun* [C] **1** a short piece of music, especially an introduction to a longer piece মূল সংগীতাংশের পূর্ববর্তী বা প্রারম্ভিক অংশ; আলাপ **2** (*written*) **prelude (to sth)** an action or event that happens before sth else or that forms an introduction to sth প্রস্তাবনা, গৌরচন্দ্রিকা

premature / ˈpremətʃə(r); ˌpreməˈtʃʊə(r) ˈপ্রেম্যাচ্যা(র্); ˌপ্রেম্যা'চুঅ্যা(র্) / *adj.* **1** happening before the normal or expected time অকালপরিণত, অকালপক্ক *Her baby was premature* (= born before the expected time). **2** acting or happening too soon কালপূর্ব, অকালিক, অকালজ *I think our decision was premature. We should have thought about it for longer.* ▶ **prematurely** *adv.* অপরিণতভাবে, অকালে

premeditated / ˌpriːˈmedɪteɪtɪd ˌপ্রী'মেডিটেইটিড্ / *adj.* (used about a crime) planned in advance (অপরাধ সম্বন্ধে ব্যবহৃত) আগে থেকে, পূর্ব পরিকল্পনা অনুযায়ী

premier[1] / ˈpremiə(r) ˈপ্রেমিঅ্যা(র্) / *adj.* (*only before a noun*) most important; best সর্বাপেক্ষা গুরুত্বপূর্ণ; সর্বোত্তম *a premier chef* ○ *the Premier Division* (= in football)

premier[2] / ˈpremiə(r) ˈপ্রেমিঅ্যা(র্) / *noun* [C] (used especially in newspapers) the leader of the government of a country (**prime minister**) প্রধানমন্ত্রী (বিশেষত সংবাদপত্রে ব্যবহৃত)

premiere / ˈpremieə(r) ˈপ্রেমিএঅ্যা(র্) / *noun* [C] the first public performance of a play, film, etc. জনসাধারণের জন্য কোনো নাটক, চলচ্চিত্র ইত্যাদির প্রথম প্রদর্শন

premise / ˈpremɪs ˈপ্রেমিস্ / *noun* [C] (*formal*) an idea or theory that forms the basis for a reasonable line of argument কোনো ভাবধারা বা তত্ত্ব যেটি কোনো বিতর্কে যুক্তি তৈরি করে *His research is based on the premise stated earlier.* ▶ **premise** *verb* to base sth like an argument, etc. on an idea or theory তর্কের ক্ষেত্রে কোনো তত্ত্ব বা চিন্তাকে ভিত্তি করা *He premised his reasoning on the theory that all people are equally capable of good and evil.*

premises / ˈpremɪsɪz ˈপ্রেমিসিজ্ / *noun* [*pl.*] the building and the land around it that a business owns or uses কোনো ব্যাবসায়িক প্রতিষ্ঠানে ব্যবহৃত বাড়ি ও তার সংলগ্ন এলাকা *Smoking is not allowed **on the premises**.*

premium / ˈpriːmiəm ˈপ্রীমিঅ্যাম্ / *noun* [C] **1** an amount of money that you pay regularly to a company for insurance against accidents, damage, etc. বিমা কোম্পানিকে নিয়মিতভাবে যে

পরিমাণে অর্থ দিয়ে গেলে দুর্ঘটনা, আকস্মিক ক্ষতি ইত্যাদির জন্য বিমা পাওয়া যায়; প্রিমিয়াম *a monthly premium of Rs 250* **2** an extra payment কোনো অতিরিক্ত অর্থপ্রাপ্তি *You must pay a premium for express delivery.*

premonition / ˌpriːməˈnɪʃn; ˌpreməˌ প্রীম্যা-ˈনিশ্‌ন্; ˌপ্রেম্যা- / *noun* [C] **a premonition (of sth)** a feeling that sth unpleasant is going to happen in the future পূর্বসতর্কীকরণ, পূর্বজ্ঞাপন, পূর্বাভাস, পূর্বচেতনা, পূর্বাভাসসূচক *a premonition of disaster*

prenatal / ˌpriːˈneɪtl ˌপ্রীˈনেইট্‌ল্ / *adj.* (especially *AmE*) = **antenatal** ➪ **post-natal** দেখো।

preoccupation / priˌɒkjuˈpeɪʃn প্রিˌঅকিউˈপেইশ্‌ন্ / *noun* [U, C] **preoccupation (with sth)** the state of thinking and/or worrying continuously about sth কোনো কিছু নিয়ে সব সময় দুশ্চিন্তায় এবং / অথবা উদ্বেগে থাকার অবস্থা; তন্ময়তা, নিবিষ্টতা *She was irritated by his preoccupation with money.*

preoccupied / priˈɒkjupaɪd প্রিˈঅকিউপাইড্ / *adj.* **preoccupied (with sth)** not paying attention to sb/sth because you are thinking or worrying about sb/sth else আচ্ছন্ন, বিভোর, আনমনা ➪ **occupied** দেখো।

preoccupy / priˈɒkjupaɪ প্রিˈঅকিউপাই / *verb* [T] (*pres. part.* **preoccupying;** *3rd person sing. pres.* **preoccupies;** *pt, pp* **preoccupied**) to fill sb's mind so that he/she does not think about anything else; to worry এমনভাবে কারও মন আচ্ছন্ন করা যাতে সে অন্য কোনো দিকে ভাবতে না পারে; উদ্বিগ্ন হওয়া

preparation / ˌprepəˈreɪʃn ˌপ্রেপ্যাˈরেইশ্‌ন্ / *noun* **1** [U] getting sb/sth ready প্রস্তুতি *The team has been training hard **in preparation for** the big game.* ○ *exam preparation* **2** [C, *usually pl.*] **preparation (for sth/to do sth)** something that you do to get ready for sth কোনো কিছু করার জন্য যে আয়োজন বা উদ্যোগ *We started to **make preparations** for the wedding six months ago.*

preparatory / prɪˈpærətri প্রিˈপ্যার‍্যাট্রি / *adj.* done in order to get ready for sth প্রস্তুতি পর্বের কাজ, প্রস্তুতিমূলক, উদ্যোগাত্মক

preparatory school (*also* **prep school**) *noun* [C] **1** (*BrE*) a private school for children aged between 7 and 13 ৭ থেকে ১৩ বছরের ছেলেমেয়েদের জন্য বেসরকারি স্কুল **2** (*AmE*) a private school that prepares students for college or university যে বেসরকারি স্কুল ছাত্রছাত্রীদের কলেজ অথবা বিশ্ববিদ্যালয়ে পড়ার জন্য প্রস্তুত করে

prepare / prɪˈpeə(r) প্রিˈপেঅ্যা(র্) / *verb* [I, T] **prepare (sb/sth) (for sb/sth)** to get ready or to make sb/sth ready প্রস্তুত হওয়া অথবা কাউকে কোনো কিছুর জন্য প্রস্তুত করানো *Bina helped me prepare for the exam.* ○ *to prepare a meal*

IDM **be prepared for sth** to be ready for sth difficult or unpleasant কঠিন অথবা বিরক্তিকর কিছু করার জন্য প্রস্তুত হওয়া

be prepared to do sth to be ready and happy to do sth কোনো কিছু করার জন্য প্রস্তুত হওয়া, আগ্রহী হওয়া *I am not prepared to stay here and be insulted.*

preponderance / prɪˈpɒndərəns প্রিˈপন্‌ড্যার‍্যান্স্ / *noun* [*sing.*] if there is a **preponderance** of one type of people or things in a group, there are more of them than others সংখ্যায় আধিক্য; ভারাধিক্য ✪ সম **predominance**

preponderant / prɪˈpɒndərənt প্রিˈপন্‌ড্যার‍্যান্ট্ / *adj.* (*formal*) (*usually used before a noun*) larger in number or more important than other people or things in a group সংখ্যা, ক্ষমতা বা প্রভাবে তুলনামূলকভাবে অধিক গুরুত্বপূর্ণ ব্যক্তি বা দল

prepone / prɪːˈpəʊn প্রীˈপ্যাউন্ / *verb* [T] (*IndE*) to change the time or date of an event so that it takes place earlier; to advance something সময় বা তারিখ পরিবর্তন করে কোনো ঘটনা নির্ধারিত সময়ের আগেই ঘটানো; কোনো কিছু এগিয়ে আনা *The reception was preponed from 18th December to 15th December.*

preposition / ˌprepəˈzɪʃn ˌপ্রেপ্যাˈজিশ্‌ন্ / *noun* [C] (*grammar*) a word or phrase that is used before a noun or pronoun to show place, time, direction, etc. (ব্যাকরণ) কোনো শব্দ বা বাক্যাংশ যা বিশেষ্য বা সর্বনামের পূর্বে স্থান, কাল, দিক ইত্যাদি বোঝানোর জন্য ব্যবহৃত হয়; পদান্বয়ী বা সম্বন্ধবাচক অব্যয় *'In', 'for', 'to' and 'out of' are all prepositions.*

preposterous / prɪˈpɒstərəs প্রিˈপস্‌ট্যার‍্যাস্ / *adj.* silly; ridiculous; not to be taken seriously অদ্ভুত; হাস্যকর; যাকে গুরুগম্ভীরভাবে নেওয়া সম্ভব নয় এমন

prerequisite / ˌpriːˈrekwəzɪt ˌপ্রীˈরেকুঅ্যাজ়িট্ / *noun* [C] **a prerequisite (for/of sth)** something that is necessary for sth else to happen or exist এমন কিছু যা অন্য কিছু ঘটার বা হওয়ার জন্য দরকার

prerogative / prɪˈrɒgətɪv প্রিˈরগ্যাটিভ্ / *noun* [C] a special right that sb/sth has কারও বা কোনো কিছুর যে বিশেষ অধিকার বা ক্ষমতা *It is the Prime Minister's prerogative to fix the date of the election.*

Pres. *abbr.* President প্রেসিডেন্ট-এর সংক্ষিপ্ত রূপ; রাষ্ট্রপতি

prescribe / prɪˈskraɪb প্রিˈস্ক্রাইব্ / *verb* [T] **1** to say what medicine or treatment sb should have ওষুধপত্র গ্রহণের বিধান দেওয়া *Can you prescribe something for my cough please, doctor?* **2** (*formal*) (used about a person or an organization with authority) to say that sth must be done (কর্তৃত্ব আছে এমন ব্যক্তি অথবা প্রতিষ্ঠান সম্বন্ধে ব্যবহৃত) কোনো কিছু করতেই হবে এরকম বলা *The law prescribes that the document must be signed in the presence of two witnesses.*

prescription / prɪˈskrɪpʃn প্রি'স্ক্রিপ্‌শন্ / *noun* [C, U] a paper on which a doctor has written the name of the medicine that you need. You take your prescription to the **chemist's** and get the medicine there প্রয়োজনীয় ওষুধের নাম লেখা কাগজ; ওষুধবিধি; প্রেসক্রিপশন *Some medicines are only available* ***on prescription*** (= with a prescription from a doctor).

presence / ˈprezns ˈপ্রেজ্‌ন্স্ / *noun* **1** [U] the fact of being in a particular place উপস্থিতি *He apologized to her* ***in the presence of*** *the whole family.* ○ *an experiment to test for the presence of oxygen* ✪ বিপ **absence 2** [*sing.*] a number of soldiers or police officers who are in a place for a special reason কোনো স্থানে বিশেষ কারণে উপস্থিত কিছু সংখ্যক পুলিশ বা সৈন্য *There was a huge police presence at the demonstration.*

present[1] / ˈpreznt ˈপ্রেজ্‌ন্ট্/ *adj.* **1** (*only before a noun*) existing or happening now বর্তমানে যা রয়েছে বা ঘটছে *We hope to overcome our present difficulties very soon.* **2** (*not before a noun*) being in a particular place বিশেষ কোনো জায়গায় উপস্থিত এমন *There were 200 people present at the meeting.* ✪ বিপ **absent**

IDM the present day modern times আধুনিক যুগ; আজকাল *In some countries traditional methods of farming have survived to the present day.*

present[2] / ˈpreznt ˈপ্রেজ্‌ন্ট্ / *noun* **1** [C] something that you give to sb or receive from sb উপহার *a birthday/wedding/Christmas present*

> **NOTE Gift** শব্দটি পোশাকি শব্দ এবং প্রায়ই দোকানে, জিনিসের তালিকা ইত্যাদিতে ব্যবহার করা হয়।

2 (*usually* **the present**) [*sing.*] the time now বর্তমানে *We live* ***in the present*** *but we must learn from the past.* ○ *I'm rather busy* ***at present****.* **3 the present** [*sing.*] = **the present tense**

IDM for the moment/present ➪ **moment** দেখো।

present[3] /prɪˈzent প্রি'জ়েন্ট্ / *verb* [T] **1 present sb with sth; present sth (to sb)** to give sth to sb, especially at a formal ceremony কাউকে কিছু দেওয়া, বিশেষত কোনো প্রথাগত অনুষ্ঠানে *All the dancers were presented with flowers.* ○ *Flowers were presented to all the dancers.* **2 present sth (to sb)** to show sth that you have prepared to people কোনো কিছু যা করা হয়েছে লোকের সামনে সেগুলি তুলে ধরা বা দেখানো *Good teachers try to present their material in an interesting way.* **3 present sb with sth; present sth (to sb)** to give sb sth that has to be dealt with কাউকে এমন কিছু দেওয়া যার মোকাবিলা করতে হবে *Learning English presented no problem to him.* ○ *The manager presented us with a bill for the broken chair.* **4** to introduce a television or radio programme কোনো টেলিভিশন অথবা রেডিও অনুষ্ঠান চালু করা **5** to show a play, etc. to the public প্রকাশ্যে কোনো নাটক ইত্যাদি প্রদর্শন করা *The Theatre Royal is presenting a new production of 'Julius Caesar'.* **6 present sb (to sb)** to introduce sb to a person in a formal ceremony কাউকে কোনো ব্যক্তির সঙ্গে আনুষ্ঠানিক রীতিতে পরিচিত করানো *The teams were presented to the President before the game.*

presentable / prɪˈzentəbl প্রি'জ়েন্ট্যাব্‌ল্ / *adj.* good enough to be seen by people you do not know well প্রায় অপরিচিত লোকজনের সামনে দেখানোর মতো; প্রদর্শনোপযোগী

presentation / ˌpreznˈteɪʃn ˌপ্রেজ়্‌ন্'টেইশ্‌ন্ / *noun* **1** [C, U] the act of giving or showing sth to sb কাউকে কোনো কিছু দেওয়া বা দেখানোর ক্রিয়া; উপস্থাপনা *The head will now* ***make a presentation*** *to the winners of the competition.* **2** [U] the way in which sth is shown, explained, offered, etc. to people কোনো কিছু জনসাধারণের কাছে যেভাবে বা রীতিতে প্রদর্শন, বিশ্লেষণ, উপস্থাপন ইত্যাদি করা হয় *Untidy presentation of your work may lose you marks.* **3** [C] a meeting at which sth, especially a new product or idea, or piece of work, is shown or explained to a group of people এমন সমাবেশ যেখানে কোনো কিছু, বিশেষত নতুন কোনো দ্রব্য, কোনো ভাবনা বা কোনো সৃষ্টি ইত্যাদি সমবেত লোকদের দেখানো বা ব্যাখ্যা করা হয় *Each student has to* ***give a short presentation*** *on a subject of his/her choice.* **4** [C] a formal ceremony at which a prize, etc. is given to sb কোনো প্রথাগত অনুষ্ঠান যাতে কাউকে কোনো পুরস্কার ইত্যাদি দেওয়া হয়

presenter / prɪˈzentə(r) প্রি'জ়েন্ট্যা(র্) / *noun* [C] a person who introduces a television or radio programme এমন কেউ যে কোনো টেলিভিশন অথবা রেডিও অনুষ্ঠান উপস্থাপন করে; উপস্থাপক

presently / ˈprezntli ˈপ্রেজ্‌ন্ট্‌লি / *adv.* **1** soon; shortly শীঘ্র; এখুনি, একটু পরেই *I'll be finished presently.* **2** (*written*) after a short time একটু পরে, কিছুক্ষণ বাদে *Presently I heard the car door shut.* **3** (*AmE*) now; currently এখন; এইমাত্র, সম্প্রতি

The management are presently discussing the matter.

present participle *noun* [C] (*grammar*) the form of the verb that ends in *-ing* (ব্যাকরণ) কোনো ক্রিয়াপদের '-ing'-তে শেষ হওয়া রূপ; বর্তমান কৃদন্ত

the present perfect *noun* [*sing.*] (*grammar*) the form of a verb that expresses an action done in a time period from the past to the present, formed with the present tense of **have** and the past participle of the verb (ব্যাকরণ) ক্রিয়াপদের যে রূপ অতীত থেকে বর্তমান এই সময়কাল ধরে ঘটা কোনো কাজ বোঝায়, যেটি have-এর বর্তমান কাল এবং ক্রিয়াপদের অতীত কৃদন্ত রূপ নিয়ে গঠিত হয়; পুরাঘটিত বর্তমান *'I've finished', 'She hasn't arrived' and 'I've been studying' are all* ***in the present perfect***.

> **NOTE** **Tense** (ক্রিয়ার কাল) সম্বন্ধে আরও বিশদভাবে জানার জন্য এই অভিধানের শেষাংশে **Quick Grammar Reference** দেখো।

the present tense *noun* [C] (*also* **the present**) [*sing.*] (*grammar*) the tense of the verb that you use when you are talking about what is happening or what exists now (ব্যাকরণ) এখন বা বর্তমান সময়ে কি ঘটছে বা কি আছে সেই সম্বন্ধে বলার জন্য ক্রিয়াপদের যে কাল ব্যবহৃত হয়; সাধারণ বর্তমান কাল

preservative / prɪˈzɜːvətɪv প্রি'জ়্যভ্যাটিভ্ / *noun* [C, U] a substance that is used for keeping food, etc. in good condition খাদ্য ইত্যাদি ভালো অবস্থায় রাখার জন্য ব্যবহৃত পদার্থ; সংরক্ষক

preserve / prɪˈzɜːv প্রি'জ়্যভ্ / *verb* [T] to keep sth safe or in good condition কোনো কিছু ভালোভাবে বা নিরাপদে রাখা *They've managed to preserve most of the wall paintings in the caves.* ▶ **preservation** / ˌprezəˈveɪʃn ˌপ্রেজ়্যা'ভেইশ্‌ন্ / *noun* [U] সংরক্ষণ *water preservation*

preside / prɪˈzaɪd প্রি'জ়াইড্ / *verb* [I] to be in charge of a discussion, meeting, etc. কোনো আলোচনা সভা, অধিবেশন ইত্যাদিতে সভাপতিত্ব করা **PHR V** **preside over sth** to be in control of or responsible for sth কোনো কিছুর উপর কর্তৃত্ব করা বা ভার নেওয়া

presidency / ˈprezɪdənsi 'প্রেজ়িড্যান্সি / *noun* (*pl.* **presidencies**) **1 the presidency** [*sing.*] the position of being president রাষ্ট্রপতি বা সভাপতির পদমর্যাদা; সভাপতিত্ব **2** [C] the period of time that sb is president রাষ্ট্রপতি বা সভাপতির কার্যকাল

president / ˈprezɪdənt 'প্রেজ়িড্যান্ট্ / *noun* [C] **1** (*also* **President**) the leader of a republic রাষ্ট্রপতি *the President of India* ○ *the US President* **2** the person with the highest position in some organizations কোনো সংগঠনের সর্বাপেক্ষা উচ্চপদের অধিকারী; অধ্যক্ষ, সভাপতি ▶ **presidential** / ˌprezɪˈdenʃl ˌপ্রেজ়ি'ডেন্‌শ্‌ল্ / *adj.* রাষ্ট্রপতি-সংক্রান্ত, সভাপতি ও তাঁর কর্মসংক্রান্ত *presidential elections*

press¹ / pres প্রেস্ / *noun* **1** (*usually* **the press**) [*sing., with sing. or pl. verb*] newspapers and the journalists who work for them সংবাদপত্রসকল এবং সেগুলির জন্য কাজ করে যেসব সাংবাদিক; সংবাদপত্র জগৎ, সাংবাদিক মহল *The story has been reported on TV and* ***in the press***. ○ *the local/national press* **2** [*sing.*, U] what or the amount that is written about sb/sth in newspapers কারও বা কিছুর সম্বন্ধে সংবাদপত্রে যা লেখা হয় *This company has had* ***a bad press*** *recently.* ○ *The strike got very little press.* **3** [C, U] a machine for printing books, newspapers, etc.; the process of printing them বই, সংবাদপত্র ইত্যাদির ছাপাখানা; মুদ্রণ যন্ত্র; মুদ্রণ প্রথা, *All details were correct at the time of* ***going to press***. **4** [C] a business that prints books, etc. পুস্তক ইত্যাদি ছাপা বা প্রকাশের কাজ, প্রকাশনার ব্যাবসা *Oxford University Press* **5** [C] an act of pushing sth firmly কোনো কিছু জোরে চাপ দেওয়ার ক্রিয়া *Give that button* ***a press*** *and see what happens.*

press² / pres প্রেস্ / *verb* **1** [I, T] to push sth firmly কোনো কিছু জোরে টেপা বা চাপা *Just press that button and the door will open.* ○ *He pressed the lid firmly shut.* **2** [T] to put weight onto sth, for example in order to get juice out of it কোনো কিছু থেকে রস বার করার জন্য তার উপর ভারী কিছু চাপানো; নিঙড়ানো *to press grapes* **3** [T] to make a piece of clothing smooth by using an iron ইস্ত্রি করা *This shirt needs pressing.* **4** [T] to hold sb/sth firmly in a loving way কাউকে বা কোনো কিছু আদর করে (জড়িয়ে) ধরা *She pressed the photo to her chest.* **5** [I] **press across, against, around, etc. (sth)** (used about people) to move in a particular direction by pushing (জনসাধারণ সম্বন্ধে ব্যবহৃত) ঠেলা দেওয়া বা ধাক্কা দেওয়ার ফলে বিশেষ দিকে সরে যাওয়া *The crowd pressed against the wall of policemen.* **6** [I, T] **press (sb) (for sth/to do sth)** to try to persuade or force sb to do sth বুঝিয়ে-সুজিয়ে বা জোর করে কাউকে কিছু করানোর চেষ্টা করা *I pressed them to stay for dinner.* ○ *to press sb for an answer* **7** [T] to express or repeat sth in an urgent way জরুরি ভাব দেখিয়ে কিছু প্রকাশ করা বা বারে বারে বলা *I don't want to press the point, but you still owe me money.*

IDM **be hard pressed/pushed/put to do sth** ➪ **hard²** দেখো।

be pressed for sth to not have enough of sth কোনো কিছুর অভাব হওয়া, যথেষ্ট না, থাকা *I must hurry. I'm really pressed for time.*

bring/press charges (against sb) ➪ **charge**[1] দেখো।

PHR V **press ahead/forward/on (with sth)** to continue doing sth even though it is difficult or hard work কোনো কিছু করে চলা যদিও তা করা সহজ নয় *They pressed on with the building work in spite of the bad weather.*

press conference *noun* [C] a meeting when a famous or important person answers questions from newspaper and television journalists সাংবাদিক সম্মেলন, সাংবাদিক বৈঠক; প্রেস কনফারেন্স *to hold a press conference*

pressing / ˈpresɪŋ ˈপ্রেসিং / *adj.* that must be dealt with immediately; urgent যা দেরি না করে তখনই করা উচিত; জরুরি

press stud *noun* [C] = **popper**

press-up (*AmE* **push-up**) *noun* [C] a type of exercise in which you lie on your front on the floor and push your body up with your arms ডনবৈঠক *I do 50 press-ups every morning.*

pressure / ˈpreʃə(r) ˈপ্রেশ্যা(র্) / *noun* **1** [U] the force that is produced when you press on or against sth প্রেষ, চাপ *Apply pressure to the cut and it will stop bleeding.* ○ *The pressure of the water caused the dam to crack.* **2** [C, U] the force that a gas or liquid has when it is contained inside sth কোনো কিছুর মধ্যে গ্যাস বা তরল্ পদার্থ রাখলে তাতে যে চাপের সৃষ্টি হয় *high/low blood pressure* ○ *You should check your tyre pressures regularly.* **3** [C, U] worries or difficulties that you have because you have too much to deal with; stress অনেক কাজ করতে হলে যেসব উদ্বেগ এবং অসুবিধা বা জটিলতা আসে; পীড়ন, কঠিন চাপ *financial pressures* ○ *I find it difficult to cope with pressure at work.*

IDM **put pressure on sb (to do sth)** to force sb to do sth কাউকে কিছু করার জন্য চাপ দেওয়া *The press is putting pressure on him to resign.*

under pressure 1 being forced to do sth কোনো কিছু করার জন্য চাপের মধ্যে পড়া বা চাপ আসা *Ananya was under pressure from her parents to leave school and get a job.* **2** worried or in difficulty because you have too much to deal with অনেক কিছু করতে, দেখতে হয় বলে যে উদ্বেগ বা অসুবিধায় পড়তে হয় *I perform poorly under pressure, so I hate exams.* **3** (used about liquid or gas) contained inside sth or sent somewhere using force (তরল পদার্থ অথবা গ্যাস সম্বন্ধে ব্যবহৃত) চাপ দিয়ে বা বল প্রয়োগ করে কোনো কিছুর মধ্যে রাখা হয়েছে বা অন্য স্থানে পাঠানো হয়েছে এমন *Water is forced out through the hose under-pressure.* ▶ **pressure** *verb* [T] = **pressurize**

pressure cook *verb* [T] (*IndE*) to cook in a **pressure cooker** প্রেশার কুকারে রান্না করা

pressure cooker *noun* [C] a strong metal pot with a tight lid, that cooks food quickly using steam under high pressure শক্ত ঢাকনাওয়ালা মজবুত ধাতব পাত্র যাতে উচ্চ বাষ্পচাপ ব্যবহারের দ্বারা তাড়াতাড়ি রান্না করা যায়; প্রেশার কুকার ➪ **pan**

pressure group *noun* [C, *with sing. or pl. verb*] a group of people who are trying to influence what a government or other organization does এক দল লোক যারা সরকার অথবা কোনো প্রতিষ্ঠান যা করে বা করছে তার উপর প্রভাব বিস্তার করার চেষ্টা করে

pressurize (*also* **-ise**) / ˈpreʃəraɪz ˈপ্রেশ্যারাইজ্ / (*also* **pressure**) *verb* [T] **pressurize sb (into sth/doing sth)** to use force or influence to make sb do sth কাউকে দিয়ে কিছু করানোর জন্য বল প্রয়োগ করা বা প্রভাব বিস্তার করা *Some workers were pressurized into taking early retirement.*

pressurized (*also* **-ised**) / ˈpreʃəraɪzd ˈপ্রেশ্যারাইজ্‌ড্ / *adj.* (used about air in an aircraft) kept at the pressure at which people can breathe (বিমানের মধ্যে হাওয়ার চাপ সম্বন্ধে ব্যবহৃত) এমন চাপে রাখা হয়েছে যাতে যাত্রীরা শ্বাসপ্রশ্বাস নিতে পারে

prestige / preˈstiːʒ প্রেˈস্টীজ্ / *noun* [U] the respect and admiration that people feel for a person because he/she has a high social position or has been very successful উচ্চ সামাজিক মর্যাদাসম্পন্ন বা অত্যন্ত সফল ব্যক্তির প্রতি জনগণের যে সম্মান এবং মর্যাদার মনোভাব; মর্যাদা, মানসম্মান ▶ **prestigious** / preˈstɪdʒəs প্রেˈস্টিজ্যাস্ / *adj.* প্রাধান্য বা মান্যতাসূচক, খ্যাতিসম্পন্ন, সম্মানিত *a prestigious prize/ school/job*

presumably / prɪˈzjuːməbli প্রিˈজ়িউম্যাব্লি / *adv.* used to say sth is possibly true কোনো কিছু সম্ভবত সত্য এরকম বোঝানোর জন্য ব্যবহৃত অভিব্যক্তিবিশেষ *Presumably this rain means the match will be cancelled?*

presume / prɪˈzjuːm প্রিˈজ়িউম্ / *verb* [T] to think that sth is true even if you do not know for sure; to suppose নিশ্চিতভাবে না জানলেও কোনো কিছু সত্যি বলে মনে করা; ধরে নেওয়া *The house looks empty so I presume they are away on holiday.* ▶ **presumption** / prɪˈzʌmpʃn প্রিˈজ়াম্প্‌শ্ন্ / *noun* [C] প্রাক্‌প্রত্যয়, প্রাক্‌প্রমাণ

presumptuous / prɪˈzʌmptʃuəs প্রিˈজ়াম্প্‌চুঅ্যাস্ / *adj.* confident that sth will happen or that sb will do sth without making sure first, in a way that annoys people কোনো কিছু ঘটবে বা কেউ কোনো কিছু করবে এই ব্যাপারে কোনো নিশ্চয়তা ছাড়াই এমনভাবে আত্মপ্রত্যয়ী যে তাতে অন্য ব্যক্তির বিরক্তি উদ্রেক হতে পারে

presuppose / ˌpri:səˈpəʊz ˌপ্রীস্যা'প্যাউজ্ / *verb* [T] (*formal*) **1** to accept sth as true or existing and act on that basis, before it has been shown to be true পূর্ব ধারণা বা পূর্বকল্পনা করা *Teachers sometimes presuppose a fairly high level of knowledge by the students.* ✪ সম **presume** **2** to depend on sth in order to exist or be true ধরে বা মেনে নেওয়া *His argument presupposes that it does not matter who is in power.*

pretence (*AmE* **pretense**) / prɪˈtens প্রি'টেন্স্ / *noun* [U, *sing.*] an action that makes people believe sth that is not true ছল, ভান *She was unable to keep up the pretence that she loved him.*

IDM **on/under false pretences** ➪ **false** দেখো।

pretend / prɪˈtend প্রি'টেন্ড্ / *verb* [I, T] **1** to behave in a particular way in order to make other people believe sth that is not true ভান করা, ছল করা *You can't just pretend that the problem doesn't exist.* ○ *Parul is not really asleep. She's just pretending.* **2** (used especially about children) to imagine that sth is true as part of a game (বিশেষত ছোটোদের সম্বন্ধে ব্যবহৃত) খেলার অঙ্গ হিসেবে কোনো কিছু সত্য বলে কল্পনা করে নেওয়া *The kids were under the bed pretending to be snakes.*

pretentious / prɪˈtenʃəs প্রি'টেন্শ্যাস্ / *adj.* trying to appear more serious or important than you really are ভণ্ডামিপূর্ণ, চালবাজ, দাম্ভিক

pretext / ˈpri:tekst 'প্রীটেক্স্ট্ / *noun* [C] a reason that you give for doing sth that is not the real reason অজুহাত, ওজর, ছুতো *Tariq left* ***on the pretext of*** *having an appointment at the dentist's.*

pretty[1] / ˈprɪti 'প্রিটি / *adj.* (**prettier; prettiest**) attractive and pleasant to look at or hear সুশ্রী, শ্রীময়ী, সুচারু, মনোহর *a pretty girl/smile/ dress/ garden/name*

> **NOTE** **Pretty** শব্দটি সাধারণত ছেলেদের জন্য ব্যবহার করা হয় না। **Good-looking** ছেলে এবং মেয়ে উভয়ের জন্যই ব্যবহার করা যেতে পারে। **Handsome** শব্দটি সাধারণত ছেলেদের জন্য ব্যবহার করা হয়। ➪ **beautiful**-এ নোট দেখো।

▶ **prettily** *adv.* সুন্দরভাবে, সুচারুভাবে *The room is prettily decorated.* ▶ **prettiness** *noun* [U] সৌন্দর্য, মনোহারিত্ব

pretty[2] / ˈprɪti 'প্রিটি / *adv.* (*informal*) quite; fairly বেশ, যথেষ্ট; প্রায়, মোটামুটিভাবে *The film was pretty good but not fantastic.* ○ *I'm pretty certain that Amit will agree.* ➪ **rather**-এ নোট দেখো।

IDM **pretty much/nearly/well** almost; very nearly প্রায়; কাছাকাছি *I won't be long. I've pretty well finished.*

prevail / prɪˈveɪl প্রি'ভেইল্ / *verb* [I] **1** to exist or be common in a particular place or at a particular time নির্দিষ্ট স্থান বা নির্দিষ্ট সময়ে বলবৎ থাকা, চালু থাকা **2** (*formal*) **prevail (against/over sb/sth)** to win or be accepted, especially after a fight or discussion জয়লাভ করা বা গৃহীত হওয়া, বিশেষত কোনো ঝগড়া বা আলোচনার পরে *In the end justice prevailed and the men were set free.*

prevailing / prɪˈveɪlɪŋ প্রি'ভেইলিং / *adj.* (*only before a noun*) **1** existing or most common at a particular time নির্দিষ্ট সময়ে অতি প্রচলিত, চালু *the prevailing mood of optimism* **2** (used about the wind) most common in a particular area (হাওয়া সম্বন্ধে ব্যবহৃত) বিশেষ কোনো এলাকায় যা বিদ্যমান *The prevailing wind is from the south-west.*

prevalent / ˈprevələnt 'প্রেভ্যাল্যান্ট্ / *adj.* (*formal*) most common in a particular place at a particular time বিশেষ সময়ে বিশেষ এলাকায় যা খুবই প্রচলিত বা সাধারণ *The prevalent atmosphere was one of fear.*

▶ **prevalence** / -ləns -ল্যান্স্ / *noun* [U] বিদ্যমানতা, ব্যাপকতা

prevent / prɪˈvent প্রি'ভেন্ট্ / *verb* [T] **prevent sb/ sth (from) (doing sth)** to stop sth happening or to stop sb doing sth কাউকে কিছু করা থেকে বিরত রাখা বা কিছু করতে বাধা দেওয়া *This accident could have been prevented.* ○ *Her parents tried to prevent her from going abroad.* **NOTE** **Stop**-এর তুলনায় **prevent** বেশি আলংকারিক ব্যবহার

▶ **prevention** *noun* [U] বাধা, নিবারণ, নিরোধ *accident/crime prevention*

preventable / prɪˈventəbl প্রি'ভেন্ট্যাব্ল্ / *adj.* that can be prevented রোধনযোগ্য, নিবারণীয়, নিবার্য *Many accidents are preventable.*

preventive / prɪˈventɪv প্রি'ভেন্টিভ্ / (*also* **preventative** / prɪˈventətɪv প্রি'ভেন্ট্যাটিভ্ /) *adj.* intended to stop or prevent sth from happening নিবারক, নিরোধক, প্রতিষেধক *preventative medicine*

preview / ˈpri:vju: 'প্রীভিউ / *noun* [C] a chance to see a play, film, etc. before it is shown to the general public জনসাধারণকে দেখানোর আগে কোনো নাটক, চলচ্চিত্র ইত্যাদি দেখতে পাওয়ার সুযোগ

previous / ˈpri:viəs 'প্রীভিঅ্যাস্ / *adj.* coming or happening before or earlier পূর্বকালীন, পূর্ববর্তী, আগেকার *Do you have previous experience of this type of work?* ▶ **previously** *adv.* আগে, পূর্বকালে

Before I moved to Mumbai I had previously worked in Delhi.

prey[1] / preɪ প্রেই / *noun* [U] an animal or bird that is killed and eaten by another animal or bird শিকার *The eagle is a bird of prey* (=it kills and eats other birds or small animals).

prey[2] / preɪ প্রেই / *verb*

IDM prey on sb's mind to cause sb to worry or think about sth কাউকে কোনো ব্যাপারে উদ্বেগের মধ্যে বা চিন্তায় রাখা *The thought that he was responsible for the accident preyed on the train driver's mind.*

PHR V prey on sth (used about an animal or bird) to kill and eat other animals or birds (পশু বা পাখি সম্বন্ধে ব্যবহৃত) শিকার করে সেটি খাওয়া *Owls prey on mice and other small animals.*

price[1] / praɪs প্রাইস্ / *noun* **1** [C] the amount of money that you must pay in order to buy sth কিছু কেনার জন্য যে অর্থ দিতে হয়; দাম *We can't afford to buy the car at that price.* ○ *There's no price on* (= written on) *this jar of coffee.*

> **NOTE** কোনো কিছু ব্যবহার করার জন্য যে অর্থ প্রদান করতে হয় তাকে **charge** বলা হয়—*Is there a charge for parking here?* ○ *admission charges.* কোনো পরিষেবা ব্যবহার করার জন্য দেয় অর্থ অথবা দামের কথা বলতে গেলে **cost** শব্দটি ব্যবহার করা হয়—*The cost of electricity is going up.* ○ *the cost of living.* কোনো বস্তু কিনতে গেলে যে দেয় অর্থ তাকে **price** বলা হয়। কোনো দোকান তার জিনিসপত্রের দাম **raise/increase**, **reduce/bring down**, অথবা **freeze** করতে পারে। দাম **rise/go up** অথবা **fall/go down** হতে পারে।

2 [*sing.*] unpleasant things that you have to experience in order to achieve sth or as a result of sth কোনো কিছু পেতে যে অপ্রীতিকর মূল্য দিতে হয় *She won the elections but at a heavy price.*

IDM at a price costing a lot of money or involving sth unpleasant যার জন্য বেশ দাম দিতে হয় অথবা যার জন্য কিছু কষ্ট মেনে নিতে হয় *Fame and success never come without a price.*

at any price even if the cost is very high or if it will have unpleasant results উচ্চমূল্য বা অপ্রীতিকর ফলাফল যেভাবেই হোক না কেন, যে-কোনো মূল্যের বিনিময়ে *Ravi was determined to succeed at any price.*

not at any price never; under no circumstances কিছুতেই না, কখনও নয়; কোনো অবস্থাতেই নয়

price[2] / praɪs প্রাইস্ / *verb* [T] to fix the price of sth or to write the price on sth কোনো কিছুর দাম ধার্য করা অথবা কোনো কিছুর উপর দাম লেখা *The books were all priced at between Rs 100 and Rs 250.*

priceless / ˈpraɪsləs ˈপ্রাইস্ল্যাস্ / *adj.* of very great value খুব বেশি মূল্যের; অমূল্য *priceless jewels and antiques* ➪ **worthless, valuable** এবং **invaluable** দেখো।

price list *noun* [C] a list of the prices of the goods that are on sale দামের তালিকা, মূল্য তালিকা

pricey / ˈpraɪsi ˈপ্রাইসি / *adj.* (*informal*) expensive দামি, মূল্যবান *a pricey restaurant*

prick[1] / prɪk প্রিক্ / *verb* [T] to make a small hole in sth or to cause sb pain with a sharp point কোনো খোঁচা মেরে ফুটো করা বা কাউকে খোঁচা মেরে ব্যথা দেওয়া *He pricked the balloon with a pin.*

IDM prick up your ears (used about an animal) to hold up the ears in order to listen carefully to sth (পশু সম্বন্ধে ব্যবহৃত) ভালোভাবে শোনার জন্য কান খাড়া করা (*figurative*) *Madhav pricked up his ears when he heard his name mentioned.*

prick[2] / prɪk প্রিক্ / *noun* [C] the sudden pain that you feel when sth sharp goes into your skin চামড়ার মধ্যে হঠাৎ কিছু ঢুকলে যে ব্যথা বোধ হয়

prickle[1] / ˈprɪkl ˈপ্রিক্ল্ / *noun* [C] one of the sharp points on some plants and animals কাঁটা (কোনো কোনো প্রাণী এবং উদ্ভিদে প্রাপ্ত) *Hedgehogs are covered in prickles.* ➪ **spine** দেখো।

prickle[2] / ˈprɪkl ˈপ্রিক্ল্ / *verb* [I] to have or make sb/sth have an uncomfortable feeling on the skin কারও বা কোনো কিছুর গায়ে বা চামড়ায় অস্বস্তিকর অনুভূতি জাগানো; গায়ে কাঁটা দেওয়া *His skin prickled with fear.*

prickly / ˈprɪkli ˈপ্রিক্লি / *adj.* **1** covered with sharp points কাঁটাভর্তি, কণ্টকাকীর্ণ *a prickly bush* **2** causing an uncomfortable feeling on the skin চামড়ার উপর অস্বস্তিকর অনুভূতি জাগায় এমন; গাত্রকণ্টক, চুলকানি **3** (*informal*) (used about a person) easily made angry (কোনো ব্যক্তি সম্বন্ধে ব্যবহৃত) যে সহজেই রেগে ওঠে

pride[1] / praɪd প্রাইড্ / *noun* **1** [U, *sing.*] **pride (in sth/doing sth)** the feeling of pleasure that you have when you or people who are close to you do sth good or own sth good নিজের কাছে বা কাছের মানুষদের কাছে ভালো কিছু থাকা অথবা নিজের বা তাদের ভালো কোনো কাজের জন্য খুশির যে অনুভূতি; গর্ব *I take a great **pride** in my work.* ○ *You should **feel pride** in your achievement.* **2** [U] the respect that you have for yourself আত্মাভিমান, আত্মমর্যাদা *You'll hurt his pride if you refuse to accept the present.* **3** [U] the feeling that you are better than other people অহংকার, আত্মসন্তোষ **4** [*sing.*] **the pride of sth/sb** a person or thing that is very important or of great value to sth/sb কারও বা কোনো কিছুর

P

জন্য যে ব্যক্তি বা বস্তু অত্যন্ত গুরুত্বপূর্ণ বা গর্বের বস্তু বা ব্যক্তি *The new stadium was the pride of the whole town.* ➪ **proud** adjective দেখো।

IDM **sb's pride and joy** a thing or person that gives sb great pleasure or satisfaction যা অথবা যে থাকায় খুব আনন্দ বা সন্তোষ বোধ হয়

pride² / praɪd প্রাইড্ / *verb*

PHR V **pride yourself on sth/doing sth** to feel pleased about sth good or clever that you can do ভালো বা বুদ্ধিমানের মতো কিছু করতে পারার জন্য সুখ বোধ করা *Armaan prides himself on his ability to cook.*

priest / pri:st প্রীস্ট্ / *noun* [C] a person who performs religious ceremonies in some religions যাজক, পুরোহিত, পূজারী

NOTE কোনো কোনো ধর্মে মহিলা **priest**কে **priestess** বলে।

prim /prɪm প্রিম্ / *adj.* (used about a person) always behaving in a careful or formal way and easily shocked by anything that is rude (কোনো ব্যক্তি সম্বন্ধে ব্যবহৃত) সর্বদা পরিশীলিত বা কেতাবি ব্যবহার সম্পন্ন এবং সহজেই রূঢ় কোনো কিছুতে আঘাতপ্রাপ্ত হয় এমন ▶ **primly** *adv.* (কোনো ব্যক্তি সম্বন্ধে ব্যবহৃত) পরিপাটিভাবে; নিয়মনিষ্ঠভাবে

primarily / 'praɪmərəli; praɪ'merəli 'প্রাইম্যার‍্যালি; প্রাই'মের‍্যালি / *adv.* more than anything else; mainly অন্য কিছুর থেকে বেশি; প্রধানত *The course is aimed primarily at beginners.*

primary¹ / 'praɪməri 'প্রাইম্যারি / *adj.* **1** most important; main সর্বাপেক্ষা গুরুত্বপূর্ণ; প্রধান *Smoking is one of the primary causes of lung cancer.* **2** connected with the education of children between about 5 and 11 years old ৫ থেকে ১১ বছর বয়েসের ছেলেমেয়েদের শিক্ষা সংক্রান্ত; প্রাথমিক শিক্ষা সংক্রান্ত *Their children are at primary school.*

primary² / 'praɪməri 'প্রাইম্যারি / (*also* **primary election**) *noun* [C] (*pl.* **primaries**) (*AmE*) an election in which people from a particular area vote to choose a **candidate** for a future important election ভবিষ্যতের গুরুত্বপূর্ণ নির্বাচনের জন্য কোনো প্রার্থীকে নির্দিষ্ট কোনো এলাকার মানুষেরা যে নির্বাচনের মাধ্যমে ভোট দিয়ে পছন্দ বা নির্বাচিত করে

primary colour *noun* [C] any of the colours red, yellow or blue. You can make any other colour by mixing primary colours in different ways লাল, হলদে অথবা নীল এই তিনটি রঙের যে-কোনো একটি। এই তিনটি প্রধান রং মিশিয়ে যে-কোনো অন্য রং করা যায়

primate / 'praɪmeɪt 'প্রাইমেইট্ / *noun* [C] any animal that belongs to the group that includes humans, monkeys and animals like monkeys without a tail (**apes**) বনমানুষ, মানুষ, বাঁদর প্রভৃতি বর্গের প্রাণী

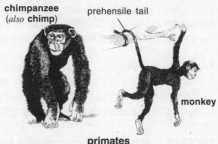

chimpanzee
(*also* chimp)
prehensile tail
monkey

primates

prime¹ / praɪm প্রাইম্ / *adj.* (*only before a noun*) **1** main; the first example of sth that sb would think of or choose প্রধান; কোনো কিছুর প্রথম যে দৃষ্টান্ত মনে পড়ে *Seema is a prime candidate as the next team captain.* **2** of very good quality; best খুব ভালো মানের; উৎকৃষ্ট *prime pieces of meat* **3** having all the typical qualities প্রধান সব বৈশিষ্ট্যমূলক গুণ আছে এমন *That's **a prime example** of what I was talking about.*

prime² / praɪm প্রাইম্ / *noun* [*sing.*] the time when sb is strongest, most beautiful, most successful, etc. যে সময়ে শারীরিক বল, সৌন্দর্য, সফলতা ইত্যাদি ক্ষেত্রে কেউ তুঙ্গে থাকে *Several of the team are **past their prime**.* ○ *to be **in the prime of life***

prime³ / praɪm প্রাইম্ / *verb* [T] **prime sb (for/with sth)** to give sb information in order to prepare him/her for sth কাউকে খবরাখবর দিয়ে রাখা কোনো বিশেষ কাজের জন্য *The politician had been well primed with all the facts before the interview.*

prime minister *noun* [C] (*abbr.* **PM**) the leader of the government in some countries, for example India, Britain, etc. কোনো কোনো দেশে সরকারের প্রধান নেতা, যেমন ভারতবর্ষ, ব্রিটেন ইত্যাদি; প্রধানমন্ত্রী ➪ **minister** দেখো।

prime number *noun* [C] (*mathematics*) a number that can be divided exactly only by itself and 1, for example 7, 17 and 41 (গণিত) যে সংখ্যা কেবলমাত্র সেটি এবং ১ দিয়ে বিভাজিত হতে পারে, যেমন ৭, ১৭ এবং ৪১; মৌলিক সংখ্যা

primeval (*also* **primaeval**) / praɪ'mi:vl প্রাই'মীভ্‌ল্ / *adj.* from the earliest period of the history of the world, very ancient বিশ্বের আদিযুগীয়, অতি প্রাচীন

primitive / 'prɪmətɪv 'প্রিম্যাটিভ্ / *adj.* **1** very simple and not developed প্রাথমিক এবং অনুন্নত মানের *The washing facilities in the camp were very primitive.* **2** (*only before a noun*) connected with a very early stage in the development of humans or animals মানব জাতি অথবা জীবজন্তুর বিকাশ কালের প্রথম ধাপের সঙ্গে জড়িত *Primitive man lived in caves and hunted wild animals.*

primrose / ˈprɪmrəʊz ˈপ্রিম্‌র‍্যাউজ্ / *noun* [C] a yellow spring flower বসন্ত কালের হলুদ-রঙা একরকম ফুল

prince / prɪns প্রিন্স্ / *noun* [C] **1** a son or other close male relative of a king or queen রাজা বা রাণীর পুত্র অথবা নিকট আত্মীয় কোনো পুরুষ **2** the male ruler of a small country কোনো ছোটো দেশের পুরুষ শাসক

princess / ˌprɪnˈses ˌপ্রিন্ˈসেস্ / *noun* [C] **1** a daughter or other close female relative of a king or queen রাজা বা রাণীর কন্যা অথবা নিকট আত্মীয়া **2** the wife of a prince রাজপুত্র বা রাজপুরুষের স্ত্রী

principal[1] / ˈprɪnsəpl ˈপ্রিন্‌স্যাপ্‌ল্ / *adj.* (*only before a noun*) most important; main খুব গুরুত্বপূর্ণ; প্রধান *the principal characters in a play* ▶ **principally** / -pli -প্‌লি / *adv.* প্রধানত *Our products are designed principally for the European market.*

principal[2] / ˈprɪnsəpl ˈপ্রিন্‌স্যাপ্‌ল্ / *noun* [C] the head of some schools, colleges, etc. কোনো স্কুল, কলেজ ইত্যাদির প্রধান; অধ্যক্ষ

principle / ˈprɪnsəpl ˈপ্রিন্‌স্যাপ্‌ল্ / *noun* **1** [C, U] a rule for good behaviour, based on what a person believes is right (কোনো ব্যক্তির বিশ্বাসের ভিত্তিতে) ভালো আচরণের যে নিয়ম *He doesn't eat meat* ***on principle****.* ○ *She refuses to wear fur. It's* ***a matter of principle*** *with her.* **2** [C] a basic general law, rule or idea সাধারণ বা মূল আইন, মূলনীতি, মূলতত্ত্ব *The system works* ***on the principle that*** *hot air rises.* ○ *The course teaches the basic principles of car maintenance.*

IDM **in principle** in general, but possibly not in detail মূলত, মূলগতভাবে *His proposal sounds fine in principle, but there are a few points I'm not happy about.*

print[1] / prɪnt প্রিন্ট্ / *verb* **1** [I, T] to put words, pictures, etc. onto paper by using a special machine (শব্দ ছবি ইত্যাদি) বিশেষ যন্ত্রের দ্বারা ছাপা বা মুদ্রিত করা *How much did it cost to print the posters?* **2** [T] to produce books, newspapers, etc. in this way (বই, খবরের কাগজ ইত্যাদি) এইভাবে ছাপা *Fifty thousand copies of the textbook were printed.* **3** [T] to include sth in a book, newspaper, etc. বই, খবরের কাগজ ইত্যাদির মধ্যে কোনো কিছু অন্তর্ভুক্ত করা *The newspaper should not have printed the photographs of the crash.* **4** [T] to make a photograph from a piece of negative film নেগেটিভ ফিল্ম থেকে ফোটো তৈরি করা **5** [I,T] to write with letters that are not joined together আলাদা আলাদা অক্ষরে লেখা *Please print your name clearly at the top of the paper.* **6** [T] to put a pattern onto cloth, paper, etc. কাপড় কাগজ ইত্যাদির উপর কোনো নকশা করা ▶ **printing** *noun* [U] ছাপা, মুদ্রণ

PHR V **print (sth) out** to print information from a computer onto paper কম্পিউটার থেকে কাগজের উপর তথ্য মুদ্রিত করা *I'll just print out this file.*

print[2] / prɪnt প্রিন্ট্ / *noun* **1** [U] the letters, words, etc. in a book, newspaper, etc. বই, খবরের কাগজ, ইত্যাদিতে ছাপা অক্ষর, শব্দ ইত্যাদি *The print is too small for me to read without my glasses.* **2** [U] used to refer to the business of producing newspapers, books, etc. খবরের কাগজ, বই ইত্যাদি ছাপিয়ে প্রকাশ করার যে ব্যাবসা *the print unions/workers* **3** [C] a mark that is made by sth pressing onto sth else কোনো কিছুর উপর অন্য কিছু দিয়ে চাপ দেওয়ায় যে ছাপ বা চিহ্ন পড়ে *The police are searching the room for fingerprints.* ○ *footprints in the snow* **4** [C] a picture that was made by printing মুদ্রিত হওয়া ছবি বা মুদ্রণ দ্বারা তৈরি ছবি **5** [C] a photograph (when it has been printed from a negative) (নেগেটিভ থেকে তৈরি) ফোটো *I ordered an extra set of prints for my friends.*

IDM **in print 1** (used about a book) still available from the company that published it (বই সম্বন্ধে ব্যবহৃত) যে কোম্পানি প্রকাশ করেছে সেখান থেকে এখনও প্রাপ্তিসাধ্য **2** (used about a person's work) published in a book, newspaper, etc. (কারও লেখালেখি সম্বন্ধে ব্যবহৃত) বই, খবরের কাগজ ইত্যাদিতে প্রকাশিত

out of print (used about a book) no longer available from the company that published it; not being printed any more (বই সম্বন্ধে ব্যবহৃত) যে কোম্পানি প্রকাশ করেছে সেখান থেকে এখন আর যা প্রাপ্তিসাধ্য নয়; যা আর মুদ্রিত বা ছাপা হচ্ছে না

printer / ˈprɪntə(r) ˈপ্রিন্ট্যা(র্) / *noun* [C] **1** a person or company that prints books, newspapers, etc. যে ব্যক্তি বা কোম্পানি বই, খবরেরর কাগজ ইত্যাদি ছাপে; মুদ্রক **2** a machine that prints out information from a computer onto paper কম্পিউটার থেকে যে-যন্ত্রটি কাগজের উপর তথ্য ছেপে বার করে; প্রিন্টার *a laser printer*

printing press (*also* **press**) *noun* [C] a machine that is used for printing books, newspapers, etc. বই, খবরের কাগজ ইত্যাদি ছাপার যন্ত্র; ছাপাখানা

printout / ˈprɪntaʊt ˈপ্রিন্ট্আউট্ / *noun* [C, U] information from a computer that is printed onto paper কম্পিউটার থেকে কাগজে ছাপা তথ্য

P

prior / ˈpraɪə(r) ˈপ্রাইআ্যা(র্) / *adj.* (*only before a noun*) coming before or earlier পূর্বতন, পূর্ববর্তী, পূর্বকালীন

prioritize (*also* **-ise**) / praɪˈɒrətaɪz প্রাইˈঅর‍্যাটাইজ্/ *verb* **1** [I, T] to put tasks, problems, etc. in order of importance, so that you can deal with the most important first কাজকর্ম, সমস্যা ইত্যাদি গুরুত্ব অনুযায়ী পরপর সাজানো যাতে সবচেয়ে গুরুত্বপূর্ণটির মোকাবিলা প্রথমে করা যায় *You should make a list of all the jobs you have to do and prioritize them.* **2** [T] (*formal*) to treat sth as being more important than other things কোনো কিছুকে অন্য অনেক কিছুর থেকে বেশি গুরুত্বপূর্ণ বলে গণ্য করা; অগ্রাধিকার দেওয়া *The organization was formed to prioritize the needs of older people.*

priority / praɪˈɒrəti প্রাইˈঅর‍্যাটি / *noun* (*pl.* **priorities**) **1** [U] **priority (over sb/sth)** the state of being more important than sb/sth or of coming before sb/sth else কারও বা কোনো কিছুর থেকে বেশি গুরুত্বপূর্ণ হওয়া বা অন্য কারও বা কিছুর থেকে আগে আসার যে অবস্থা; অগ্রাধিকার *We* ***give priority*** *to families with small children.* ○ *Emergency cases* ***take priority*** *over other patients in hospital.* **2** [C] something that is most important or that you must do before anything else কোনো কিছু যা সব চেয়ে বেশি গুরুত্বপূর্ণ অথবা এমন যা অন্য কিছুর থেকে আগেই করতে হবে *Our* ***top priority*** *is to get food and water to the refugee camps.* ○ *I'll* ***make it*** *my* ***priority*** *to sort out your problem.*

prior to *prep.* (*formal*) before আগে *Passengers are asked to report to the check-in desk prior to departure.*

prise / praɪz প্রাইজ্ / (*AmE* **prize, pry**) *verb* [T] **prise sth off, apart, open, etc.** to use force to open sth, remove a lid, etc. জোর দিয়ে কোনো কিছু খোলা, ঢাকনা ইত্যাদি জোর দিয়ে খোলা *He prised the door open with an iron bar.*

prism / ˈprɪzəm ˈপ্রিজ্যাম্ / *noun* [C] **1** a solid object with ends that are parallel and of the same size and shape, and with sides whose opposite edges are equal and parallel কঠিন বস্তুবিশেষ যার প্রান্তগুলি সমান্তরাল এবং সম আয়তন ও আকার বিশিষ্ট আর যার পার্শ্বগুলির বিপরীত প্রান্তগুলি সমান এবং সমান্তরাল; ত্রিপার্শ্ব, ত্রিশিরা; প্রিজম ➪ **solid** দেখো। **2** a transparent glass or plastic object which separates light that passes through it into the seven different colours স্বচ্ছ কাচ অথবা প্লাস্টিকের বস্তু যার ভিতর দিয়ে আলো গেলে তা সাত রঙে বিভক্ত হয়ে যায়

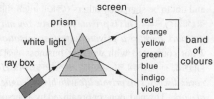

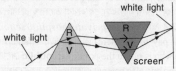

prism
white light
red
violet
band of colours
white light can be split into its components using a prism
white light
white light
R
V
R
V
splitting and recombining the colours in white light
R = red V = violet

prisms

prison / ˈprɪzn ˈপ্রিজ্‌ন্ / (*also* **jail**) *noun* [C, U] a building where criminals are kept as a punishment জেলখানা, কয়েদখানা *The terrorists were* ***sent to prison*** *for 25 years.* ○ *He will be* ***released from prison*** *next month.* ➪ **imprison** এবং **jail** দেখো।

> **NOTE** কোনো ব্যক্তির জন্য আমরা যখন **goes to prison** অথবা **is in prison** অভিব্যক্তি দুটি ব্যবহার করি (**the** ছাড়া) তখন আমরা এটা বোঝাতে চাই যে সেই ব্যক্তিটিকে সেখানে বন্দি হয়ে থাকতে হবে—*He was sent to prison for two years.* **Prison** শব্দটির পূর্বে যখন **the** ব্যবহার করা হয় তখন আমরা কোনো বিশেষ কারাগারের কথা বলি অথবা কোনো ব্যক্তি সেখানে কেবল দেখা করতে গেছে এই অর্থে ব্যবহার করা হয়ে থাকে—*The politician visited the prison and said that conditions were poor.*

prisoner / ˈprɪznə(r) ˈপ্রিজ্‌ন্যা(র্) / *noun* [C] a person who is being kept in prison এমন কেউ যাকে জেলে আটকে রাখা হয়েছে; কয়েদি *a political prisoner*

prisoner of war *noun* [C] (*pl.* **prisoners of war**) (*abbr.* **POW**) a soldier, etc. who is caught by the enemy during a war and who is kept in prison until the end of the war যুদ্ধ চলাকালীন শত্রুর দ্বারা ধৃত কোনো সৈন্য ইত্যাদি যাকে যুদ্ধ শেষ না হওয়া পর্যন্ত জেলে আটক রাখা হয়; যুদ্ধবন্দি

privacy / ˈprɪvəsi ˈপ্রিভ্যাসি / *noun* [U] **1** the state of being alone and not watched or disturbed by other people নির্জনতা, নিভৃতি *There is not much privacy in large hospital wards.* **2** the state of being free from the attention of the public সাধারণের দেখা-শোনা বা নাগালের বাইরে *The actress claimed that the photographs were an* ***invasion of privacy***.

private¹ / ˈpraɪvət ˈপ্রাইভ্যাট্ / *adj.* **1** belonging to or intended for one particular person or group

and not to be shared by others (কোনো নির্দিষ্ট ব্যক্তি বা গোষ্ঠীর) নিজস্ব *This is private property. You may not park here.* ○ *a private letter/conversation* **2** not connected with work or business একান্ত ব্যক্তিগত, যা কাজকর্ম বা ব্যাবসার সঙ্গে জড়িত নয় *He never discusses his* ***private life*** *with his colleagues at work.* **3** owned, done or organized by a person or company, and not by the government যা কোনো ব্যক্তি বা কোম্পানির মালিকানাভুক্ত অথবা তাদের দ্বারা চালিত, সরকারের দ্বারা নয় *a private hospital/school* (= you pay to go there) ○ *a private detective* (= one who is not in the police) ➪ **public** দেখো। **4** with no one else present আলাদাভাবে, যখন সেখানে আর কেউ নেই *I would like a private interview with the personnel manager.* **5** not wanting to share thoughts and feelings with other people নিজের চিন্তাভাবনা আর কাউকে জানাতে চায় না এমন; একাকিত্ব প্রিয় *He's a very private person.* **6** (used about classes, lessons, etc.) given by a teacher to one student or a small group for payment (ক্লাস, পাঠক্রম ইত্যাদি সম্বন্ধে ব্যবহৃত) অর্থের বিনিময়ে একজন শিক্ষক যখন একজন বা একদল ছাত্রকে শিক্ষা দেন *Anu gives private English lessons at her house.*
▶ **privately** *adv.* একান্তে, গোপনে

private² / ˈpraɪvət ˈপ্রাইভ্যাট্ / *noun* [C] a soldier of the lowest level সর্বনিম্ন পর্যায়ের সৈন্য

IDM in private with no one else present যখন কেউ নেই তখন, অন্যের অনুপস্থিতিতে *May I speak to you in private?*

privatize (*also* **-ise**) / ˈpraɪvɪtaɪz ˈপ্রাইভিটাইজ্ / *verb* [T] to sell a business or an industry that was owned by the government to a private company (কোনো ব্যাবসা বা শিল্পের) বেসরকারিকরণ করা *The distribution of electricity in the city has been privatized.* ✪ বিপ **nationalize** ▶ **privatization** (*also* **-isation**) / ˌpraɪvɪtaɪˈzeɪʃn ˌপ্রাইভিটাই ˈজ়েইশ্ন্ / *noun* [U] বেসরকারিকরণ

privilege / ˈprɪvəlɪdʒ ˈপ্রিভ্যালিজ্ / *noun* **1** [C, U] a special right or advantage that only one person or group has বিশেষ অধিকার বা সুবিধা যা কেবলমাত্র একজনের বা একটি দলেরই আছে *Prisoners who behave well* ***enjoy*** *special* ***privileges***. **2** [*sing.*] a special advantage or opportunity that gives you great pleasure বিশেষ কোনো সুবিধা বা সুযোগ যা পেয়ে খুব আনন্দ হয় *It was a great privilege to hear her sing.*

privileged ˈprɪvəlɪdʒd ˈপ্রিভ্যালিজ্ড্ / *adj.* having an advantage or opportunity that most people do not have এমন কোনো সুযোগ-সুবিধা আছে যা খুব অল্প লোকেই পায়; বিশেষ অধিকারভোগী *Only a privileged few are allowed to enter this room.* ○ *I feel very privileged to be playing for the national team.* ✪ বিপ **underprivileged**

prize¹ / praɪz প্রাইজ্ / *noun* [C] something of value that is given to sb who is successful in a race, competition, game, etc. (দৌড় বা অন্য প্রতিযোগিতা, খেলা ইত্যাদিতে সাফল্য লাভের জন্য) পুরস্কার, পারিতোষিক; প্রাইজ *She won* ***first prize*** *in the competition.* ○ *a prizewinning novel*

prize² / praɪz প্রাইজ্ / *adj.* (*only before a noun*) winning, or good enough to win, a prize বিজয়ী অথবা পুরস্কার পাওয়ার যোগ্য *a prize flower display*

prize³ / praɪz প্রাইজ্ / *verb* [T] to consider sth to be very valuable কোনো কিছু অতি মূল্যবান মনে করা *This picture is one of my most prized possessions.*

prize⁴ / praɪz প্রাইজ্ / (*AmE*) = **prise**

PRO / ˌpi: a:r ˈəʊ ˈপী আর্ ˈঅ্যাউ / *abbr.* Public Relations officer পাবলিক রিলেশন অফিসার-এর সংক্ষিপ্ত রূপ; জনগণের সঙ্গে সম্পর্ক স্থাপন করে যে কর্মী

pro / prəʊ প্র্যাউ / *noun* [C] (*pl.* **pros**) (*informal*) **1** a person who plays or teaches a sport for money এমন কেউ যে অর্থের বিনিময়ে কোনো খেলা খেলে অথবা কোনো খেলা শেখায় *a golf pro* **2** a person who has a lot of skill and experience এমন কেউ যার অনেক কৌশল জানা আছে এবং অনেক অভিজ্ঞতা আছে ✪ সম **professional**

IDM the pros and cons the reasons for and against doing sth কোনো কিছু করার সপক্ষে এবং বিপক্ষে যেসব যুক্তি *We should consider all the pros and cons before reaching a decision.*

pro- / prəʊ প্র্যাউ / *prefix* (*used in adjectives*) in favour of; supporting স্বপক্ষে; সমর্থনে *pro-democracy* ○ *pro-European*

proactive / ˌprəʊˈæktɪv ˌপ্র্যাউˈঅ্যাক্টিভ্ / *adj.* controlling a situation by making things happen rather than waiting for things to happen and then reacting to them ঘটনা ঘটার আশায় অপেক্ষা করে না থেকে এবং তারপর প্রতিক্রিয়া না দেখিয়ে কোনো কিছু ঘটিয়ে অবস্থা আয়ত্তে আনা হয় এমন ➪ **reactive** দেখো।
▶ **proactively** *adv.* সক্রিয়ভাবে

probability / ˌprɒbəˈbɪləti ˌপ্রব্যাˈবিল্যাটি / *noun* (*pl.* **probabilities**) **1** [U, *sing.*] how likely sth is to happen কিছু ঘটার কতটা আশা অথবা সম্ভাবনা *At that time there seemed little probability of success.* **2** [C] something that is likely to happen যা ঘটার সম্ভাবনা আছে *Closure of the factory now seems a probability.*

probable / ˈprɒbəbl ˈপ্রব্যাব্ল্ / *adj.* that you expect to happen or to be true; likely যা ঘটবে বা সত্য হবে বলে আশা করা হয়; সম্ভবত ✪ বিপ **improbable** ➪ **possible** দেখো।

NOTE লক্ষ রেখো যে **probable** এবং **likely** এই দুটি শব্দের একই অর্থ কিন্তু এদের ব্যবহার আলাদা—*It's* ***probable that*** *he will be late.* ○ *He is* ***likely to*** *be late.*

probably / ˈprɒbəbli ˈপ্রব্যাব্লি / *adv.* almost certainly খুবই সম্ভব; এক রকম নিশ্চিতভাবে *I will phone next week, probably on Wednesday.*

probation / prəˈbeɪʃn প্র্যা'বেইশ্ন্ / *noun* [U] **1** a system that allows sb who has committed a crime not to go to prison if he/she goes to see to an official (**a probation officer**) regularly for a fixed period of time এক রকমের সাজা যাতে অপরাধী যদি নিয়মিতভাবে নির্দিষ্ট সময়ের জন্য একজন ভারপ্রাপ্ত কর্মচারীর সঙ্গে দেখা করে আসে তাহলে আর জেলে থাকতে হয় না *Jatin is* ***on probation*** *for two years.* **2** a period of time at the start of a new job when you are tested to see if you are suitable চাকরির শুরুতে নির্দিষ্ট একটি সময়ে যখন কোনো কর্মীকে পরীক্ষা করে দেখা হয় যে সেই কর্মী কতটা উপযুক্ত *a three-month probation period*

probe[1] / prəʊb প্র্যাউব্ / *verb* [I, T] **1 probe (into sth)** to ask questions in order to find out secret or hidden information গোপন বা লুকোনো তথ্য বার করার জন্য প্রশ্ন করা *The newspapers are now probing into the President's past.* **2** to examine or look for sth, especially with a long thin instrument কোনো কিছু পরীক্ষা করা বা খোঁজা বা দেখা, বিশেষত সরু, পাতলা কোনো যন্ত্র ব্যবহার করে *The doctor probed the cut for pieces of broken glass.* ▶ **probing** *adj.* জানার জন্য প্রশ্ন করা হচ্ছে এমন *to ask probing questions*

probe[2] / prəʊb প্র্যাউব্ / *noun* [C] **1** the process of asking questions, collecting facts, etc. in order to find out hidden information about sth কোনো কিছু সম্বন্ধে গুপ্ত তথ্য বা খবর বার করার জন্য প্রশ্ন করা, তথ্য সংগ্রহ করা ইত্যাদির যে পদ্ধতি *a police probe into illegal financial dealing* **2** a long thin tool that you use for examining sth that is difficult to reach, especially a part of the body শরীরের মধ্যে যেখানে সহজে পৌঁছোনো যায় না সেরকম স্থান পরীক্ষা করে দেখার জন্য লম্বা, সরু এক রকম যন্ত্র যা ডাক্তারিতে ব্যবহৃত হয়; শলাকা, এষনিক

problem / ˈprɒbləm ˈপ্রব্ল্যাম্ / *noun* [C] **1** a thing that is difficult to deal with or to understand সমস্যা ***solve the problem*** ○ *The company will* ***face problems*** *from unions if it sacks workers.* ○ *I can't play because I've got* ***a problem with*** *my knee.*○ *Can you fix this for me? '****No problem****'* **2** a question that you have to solve by thinking about it এমন প্রশ্ন যার সমাধান ভেবেচিন্তে বার করতে হয় *a maths/logic problem*

problematic ˌprɒbləˈmætɪk ˌপ্রব্ল্যা'ম্যাটিক্ / *noun* [C] (**also problematical** / -kl -ক্ল্ /) *adj.* difficult to deal with or to understand; full of problems; not certain to be successful যা বোঝা অথবা সমাধান করা সহজ নয়; সমস্যাপূর্ণ; যার সাফল্য নিশ্চিত নয় *Finding replacement parts for such an old car could be problematic.* ✪ বিপ **unproblematic**

procedure / prəˈsiːdʒə(r) প্র্যা'সীজ্যা(র্) / *noun* [C, U] the usual or correct way for doing sth কোনো কিছু করার সাধারণ বা সঠিক কার্যপ্রণালী, কার্যপদ্ধতি *What's the procedure for making a complaint?*

proceed / prəˈsiːd প্র্যা'সীড্ / *verb* [I] **1** (*formal*) to continue doing sth; to continue being done কোনো কিছু করতে থাকা; চলতে থাকা *The building work was proceeding according to schedule.* **2** (*formal*) **proceed (with sth/to do sth)** to start doing the next thing after finishing the last one একটা শেষ করে পরেরটা আরম্ভ করা *Once he had calmed down he proceeded to tell us what had happened.*

proceedings / prəˈsiːdɪŋz প্র্যা'সীডিংজ্ / *noun* [*pl.*] **1 proceedings (against sb/for sth)** legal action আইনগত কার্যকলাপ *to start divorce proceedings* **2** events that happen, especially at a formal meeting, ceremony, etc. কোনো আনুষ্ঠানিক সভা, সমারোহ ইত্যাদিতে যে ঘটনা ঘটে *The proceedings were interrupted by demonstrations.*

proceeds / ˈprəʊsiːdz ˈপ্র্যাউসীড্জ্ / *noun* [*pl.*] **proceeds (of/ from sth)** money that you get when you sell sth বিক্রি করে যে টাকা পাওয়া যায়; বিক্রয়লব্ধ অর্থ *The proceeds from the sale will go to charity.*

process[1] / ˈprəʊses ˈপ্র্যাউসেস্ / *noun* [C] **1** a series of actions that you do for a particular purpose বিশেষ কোনো উদ্দেশ্যে একের পর এক যা করা হয় *We've just begun the complicated process of selling the house.* **2** a series of changes that happen naturally স্বাভাবিকভাবে একটার পর আরেকটা যে পরিবর্তন হয় *Mistakes are part of the learning process.*

IDM in the process while you are doing sth else যখন কোনো কাজ করা হচ্ছে *We bathed the dog yesterday—and we all got very wet in the process.*

in the process of sth/doing sth in the middle of doing sth কোনো কাজ চলাকালীন *They are in the process of moving house.*

process[2] / ˈprəʊses ˈপ্র্যাউসেস্ / *verb* [T] **1** to treat sth, for example with chemicals, in order to keep it, change it, etc. কোনো কিছু রাখা বা তার বদল ঘটানোর জন্য কিছু প্রয়োগ করা, যেমন রাসায়নিক দ্রব্য *Cheese is processed so that it lasts longer.* ○ *I sent two rolls of film away to be processed.* **2** to deal with information, for example on a computer তথ্যাদি নেড়ে চেড়ে বিচার করে দেখা, যেমন কম্পিউটারের তথ্য *It will take about 10 days to process your application.* ○ *data processing*

procession / prəˈseʃn প্র্যা'সেশ্‌ন্ / *noun* [C, U] a number of people, vehicles, etc. that move slowly in a line, especially as part of a ceremony শোভাযাত্রা, মিছিল *to walk **in procession*** ○ *a funeral procession*

processor / ˈprəʊsesə(r) 'প্র্যাউসেস্যা(র্) / *noun* [C] **1** a machine or a person that processes things যে যন্ত্র অথবা যে ব্যক্তি বস্তুসমূহ সংরক্ষণ করে ➪ **food processor** এবং **word processor** দেখো। **2** (*computing*) a part of a computer that controls all the other parts of the system কম্পিউটারের একটি অংশ যা যন্ত্রটির সব অংশ নিয়ন্ত্রণ করে

proclaim / prəˈkleɪm প্র্যা'ক্লেইম্ / *verb* [T] (*written*) to make sth known officially or publicly প্রকাশ্যে অথবা সরকারিভাবে জানানো *The day was proclaimed a national holiday.* ▶ **proclamation** / ˌprɒkləˈmeɪʃn ˌপ্রক্ল্যা'মেইশ্‌ন্ / *noun* [C, U] ঘোষণা, বিজ্ঞপ্তি *to make a proclamation of war*

procrastinate / preʊˈkræstɪneɪt প্র্যাউ'ক্র্যাস্টিনেইট্ / *verb* [I] (*formal*) to put off till another day or time, doing sth that you should do because you do not want to do it কোনো কিছু না করে (যা করা প্রয়োজন) পরের দিন বা পরবর্তী সময়ের জন্য জন্য তুলে রাখা *Stop procrastinating—just go and finish your assignment.* ▶ **procrastination** / preʊˌkræstɪˈneɪʃn প্র্যাউˌক্র্যাস্‌টি'নেইশ্‌ন্ / *noun* [U] কোনো কিছু পরে করার জন্য তুলে রাখার ক্রিয়া; দীর্ঘসূত্রতা *Procrastination may cause one to lose a good opportunity.*

procure / prəˈkjʊə(r) প্র্যা'কিউঅ্যা(র্) / *verb* [T] (*written*) **procure sth (for sb)** to obtain sth, especially with difficulty চেষ্টা করে জোগাড় করা অথবা সংগ্রহ করা *I managed to procure two tickets for the match.*

prod / prɒd প্রড্ / *verb* [I, T] (**prodding; prodded**) to push or press sb/sth with your finger or a pointed object আঙুল বা ছুঁচোলো কিছু দিয়ে খোঁচানো (*figurative*) *Rita works quite hard but she does need prodding occasionally.* ▶ **prod** *noun* [C] খোঁচা *to give the fire a prod with a stick* ▶ **prodding** *noun* [U] খোঁচানো বা ঠেলা মারার কাজ

prodigal / ˈprɒdɪgəl 'প্রডিগ্যাল্ / *adj.* (*formal*) **1** spending money freely and rather wastefully অপচয়ী ✪ সম **extravagant** **2** (*old-fashioned*) very generous খুব উদার ▶ **prodigality** *noun* অপচয়কারী

> **NOTE** **Prodigal son/daughter** a person who leaves home without the approval of the family to lead a **prodigal** life but who is sorry later and returns home যে সন্তান পারিবারিক অনুমোদন ছাড়াই বাড়ি ছেড়ে চলে যায় এবং অনুতপ্ত হওয়ার পরে ফিরে আসে।

prodigious / prəˈdɪdʒəs প্র্যা'ডিজ্যাস্ / *adj.* very large or powerful and surprising অতিকায়, খুব বড়ো, প্রকাণ্ড, অবাক করে দেওয়ার মতো *He seemed to have a prodigious amount of energy.*

prodigy / ˈprɒdədʒi 'প্রড্যাজি/ *noun* [C] (*pl.* **prodigies**) a child who is unusually good at sth বিস্ময়কর ক্ষমতাসম্পন্ন শিশু *Shankar Mahadevan was a **child prodigy**.* ➪ **genius** দেখো।

produce[1] / prəˈdju:s প্র্যা'ডিউস্ / *verb* [T] **1** to make sth to be sold, especially in large quantities কোনো কিছু বিক্রি করার জন্য বেশি পরিমাণ তৈরি করা বা উৎপন্ন করা *The factory produces 20,000 cars a year.* ✪ সম **manufacture** **2** to grow or make sth by a natural process কোনো কিছু প্রাকৃতিক নিয়মে উৎপন্ন করা *This region produces most of the country's wheat.* ○ (*figurative*) *He's the greatest athlete this country has produced.* **3** to create sth using skill নিপুণতার সঙ্গে কিছু বানানো, তৈরি করা *The children have produced some beautiful pictures for the exhibition.* **4** to cause a particular effect or result বিশেষ কোনো ফল অথবা পরিণতি ঘটানো *Her remarks produced roars of laughter.* **5** to show sth so that sb else can look at or examine it এমন কিছু দেখানো যা অন্য কেউ দেখতে বা পরীক্ষা করতে পারে *to produce evidence in court* **6** to be in charge of preparing a film, play, etc. so that it can be shown to the public কোনো চলচ্চিত্র, নাটক ইত্যাদি প্রস্তুত করে জনসাধারণকে দেখানোর দায়িত্বে থাকা *She is producing 'Shakuntala' at the local theatre.*

produce[2] / ˈprɒdju:s 'প্রডিউস্ / *noun* [U] food, etc. that is grown on a farm and sold ফসল, উৎপন্ন দ্রব্য *fresh farm produce*

producer / prəˈdju:sə(r) প্র্যা'ডিউস্যা(র্) / *noun* [C] **1** a person, company or country that makes or grows sth কোনো ব্যক্তি, কোম্পানি অথবা দেশ যে বা যারা কোনো কিছু তৈরি করে বা উৎপন্ন করে *India is a major producer of tea.* **2** a person who deals with the business side of organizing a play, film, etc. যে ব্যক্তি কোনো নাটক, চলচ্চিত্র ইত্যাদির ব্যাবসায়িক দিকটা দেখাশোনা করে **3** a person who arranges for sb to make a programme for television or radio, or a record কারও জন্য টেলিভিশনে, রেডিওতে বা রেকর্ড করার অনুষ্ঠান করার জন্য ব্যবস্থা করে দেয় যে ব্যক্তি

product / ˈprɒdʌkt ˈপ্রডাক্ট্ / *noun* [C] **1** something that is made in a factory or that is formed naturally এমন কিছু যা কোনো কারখানায় তৈরি করা হয়েছে অথবা যা স্বাভাবিকভাবে হয়েছে *dairy/meat/pharmaceutical/software products* ○ *Carbon dioxide is one of the waste products of this process.* **2 product of sth** the result of sth কোনো কিছুর ফল *The industry's problems are the product of government policy.* **3** the amount that you get if you multiply one number by another গুণফল *The product of three and five is fifteen.*

production / prəˈdʌkʃn প্র্যাˈডাক্শ্ন্ / *noun* **1** [U] the making or growing of sth, especially in large quantities কোনো কিছু তৈরি করা, বানানো অথবা ফলানো, বিশেষত প্রচুর পরিমাণে *The latest model will be **in production** from April.* ○ *mass production* **2** [U] the amount of sth that is made or grown যা বানানো বা ফলানো হয়েছে তার পরিমাণ *a rise/fall in production* ○ *a high level of production* **3** [C] a play, film or programme that has been made for the public যে নাটক, চলচ্চিত্র অথবা অনুষ্ঠান জনসাধারণের জন্য প্রস্তুত করা হয়েছে

IDM on production of sth when you show sth যখন কিছু দেখানো হয় *You can get a ten per cent discount on production of your membership card.*

productive / prəˈdʌktɪv প্র্যাˈডাক্টিভ্ / *adj.* **1** that makes or grows sth, especially in large quantities যা কোনো কিছু অনেক পরিমাণে প্রস্তুত করে বা বানায়; উৎপাদনকারী *The company wants to sell off its less productive factories.* **2** useful (because results come from it) দরকারি (যেহেতু এর থে ▶ **productivity** / ˌprɒdʌkˈtɪvəti ˌপ্রডাক্ˈটিভ্যাটি / *noun* [U] উৎপাদন ক্ষমতা, উর্বরতা

Prof. *abbr.* (*written*) Professor প্রফেসার-এর সংক্ষিপ্ত রূপ; অধ্যাপক

profane / prəˈfeɪn প্র্যাˈফেইন্ / *adj.* **1** showing a lack of respect for sacred or holy things ধর্মনিন্দুক, অধার্মিক *profane language/behaviour* **2** (*technical*) not connected with religion or holy things; secular ধর্ম বা ধর্মীয় ব্যাপারের সঙ্গে অসংশ্লিষ্ট; ধর্ম-নিরপেক্ষ *A discussion was organized on topics both sacred and profane.* ▶ **profanity** / prəˈfænəti প্র্যাˈফ্যান্যাটি / *noun* [C, U] অধর্মীয়, অপবিত্র

profess / prəˈfes প্র্যাˈফেস্ / *verb* [T] (*formal*) **1** to say that sth is true or correct, even when it is not কোনো কিছুকে সত্য অথবা ঠিক বলা, এমনকি যখন তা নয় *Meera professed to know nothing at all about it, but I did not believe her.* **2** to state honestly that you have a particular belief, feeling, etc. কোনো বিশেষ বিশ্বাস, অনুভূতি ইত্যাদি আছে এটি অকপটে বলা *He professed his hatred of war.*

profession / prəˈfeʃn প্র্যাˈফেশ্ন্ / *noun* [C] **1** a job that needs a high level of training and/or education এমন কাজ যার জন্য উঁচু পর্যায়ের প্রশিক্ষণ এবং / অথবা শিক্ষার প্রয়োজন; পেশা *the medical/legal/teaching profession* ○ *She's thinking of entering the nursing profession.* ➪ **work**[1]-এ নোট দেখো। **2 the... profession** [*with sing. or pl. verb*] all the people who work in a particular profession বিশেষ ধরনের পেশায় যেসব লোক কাজ করে *The legal profession is/are trying to resist the reforms.*

IDM by profession as your job পেশাগতভাবে *Gautam is an accountant by profession.*

professional[1] / prəˈfeʃənl প্র্যাˈফেশ্যান্ল্ / *adj.* **1** (*only before a noun*) connected with a job that needs a high level of training and/or education যে কাজের জন্য উঁচু পর্যায়ের প্রশিক্ষণ এবং/অথবা শিক্ষার প্রয়োজন সেই সংক্রান্ত *Get professional advice from your lawyer before you take any action.* **2** doing sth in a way that shows skill, training or care কোনো কিছু এমনভাবে করা হচ্ছে যে তার মাধ্যমে দক্ষতা, প্রশিক্ষণ বা যত্ন প্রকাশ পায় *The police are trained to deal with every situation in a calm and professional manner.* ○ *Her application was neatly typed and looked very professional.* ✪ বিপ **unprofessional** **3** doing a sport, etc. as a job or for money; (used about a sport, etc.) done by people who are paid কাজ হিসেবে অথবা পয়সা রোজগারের জন্য খেলে এমন; পেশাদার খেলোয়াড় *He's planning to **turn professional** after the Olympics.* ○ *professional football* ✪ বিপ **amateur**

professional[2] / prəˈfeʃənl প্র্যাˈফেশ্যান্ল্ / *noun* [C] **1** a person who works in a job that needs a high level of training and/or education যে ব্যক্তি এমন কাজ করে যার জন্য উঁচু পর্যায়ের প্রশিক্ষণ এবং / অথবা শিক্ষার প্রয়োজন; পেশাদার **2** (*informal* **pro**) a person who plays or teaches a sport, etc. for money এমন ব্যক্তি যে অর্থ উপার্জনের জন্য কোনো খেলা খেলে, শেখায় ইত্যাদি **3** (*informal* **pro**) a person who has a lot of skill and experience এমন কেউ যার অনেক দক্ষতা এবং অভিজ্ঞতা আছে

professionalism / prəˈfeʃənəlɪzəm প্র্যাˈফেশ্যান্যালিজ়্যাম্ / *noun* [U] a way of doing a job that shows great skill and experience কোনো কাজ করার পদ্ধতি যাতে প্রভূত দক্ষতা এবং অভিজ্ঞতা প্রকাশ পায় *We* *were impressed by the professionalism of the staff.*

professionally / prəˈfeʃənəli প্র্যা'ফেশ্যান্যালি / *adv.* **1** in a way that shows great skill and experience এমনভাবে যাতে প্রভূত দক্ষতা এবং অভিজ্ঞতা প্রকাশ পায় **2** for money; by a professional person অর্থের জন্য; পেশাদারি ব্যক্তির দ্বারা *Rahul plays the guitar professionally.*

professor / prəˈfesə(r) প্র্যা'ফেস্যা(র্) / *noun* [C] (*abbr.* **Prof.**) **1** a university teacher of the highest level বিশ্ববিদ্যালয়ের সর্বোচ্চ স্তরের শিক্ষক; অধ্যাপক; প্রফেসর *She's professor of English at Allahabad University.* **2** (*AmE*) a teacher at a college or university কলেজ অথবা বিশ্ববিদ্যালয়ের শিক্ষক

proficient / prəˈfɪʃnt প্র্যা'ফিশ্‌ন্ট্ / *adj.* **proficient (in/at sth/doing sth)** able to do a particular thing well; skilled পারদর্শী, নিপুণ; দক্ষ *We are looking for someone who is proficient in Hindi.* ▶ **proficiency** *noun* [U] **proficiency (in sth/ doing sth)** দক্ষতা, কুশলতা, পারদর্শিতা *a certificate of proficiency in English*

profile / ˈprəʊfaɪl 'প্র্যাউফাইল্ / *noun* [C] **1** a person's face or head seen from the side, not the front পার্শ্বচিত্র *I did a sketch of him **in profile**.* **2** a short description of sb/sth that gives useful information কোনো ব্যক্তি বা বস্তুর সংক্ষিপ্ত পরিচয় লিপি বা পরিচয়-জ্ঞাপক বর্ণনা (যাতে দরকারি তথ্য জানা যায়) *We're building up a profile of our average customer.*

IDM **a high/low profile** a way of behaving that does/does not attract other people's attention একধরনের আচরণ যা লোকের মনোযোগ আকর্ষণ করে / করে না *I don't know much about the subject—I'm going to keep a low profile at the meeting tomorrow.*

profit¹ / ˈprɒfɪt 'প্রফিট্ / *noun* [C, U] the money that you make when you sell sth for more than it cost you লভ্যাংশ, মুনাফা *Did you **make a profit on** your house when you sold it?* ○ *I'm hoping to sell my shares **at a profit**.* ➪ **loss** দেখো।

profit² / ˈprɒfɪt 'প্রফিট্ / *verb* [I, T] (*formal*) **profit (from/by sth)** to get an advantage from sth; to give sb an advantage কোনো কিছুর থেকে সুবিধা পাওয়া; কাউকে সুবিধা দেওয়া *Common people will profit most from the tax reforms.*

profitable / ˈprɒfɪtəbl 'প্রফিট্যাব্‌ল্ / *adj.* **1** that makes money লাভজনক *a profitable business* **2** helpful or useful উপকারী অথবা দরকারি *We had a very profitable discussion yesterday.* ▶ **profitably** *adv.* লাভজনকভাবে *to spend your time profitably* ▶ **profitability** / ˌprɒfɪtəˈbɪləti ˌপ্রফিট্যা'বিল্যাটি / *noun* [U] লাভযোগ্যতা

profit and loss account *noun* [C] (*technical*) a written record of the amounts of money that a business or organization earns and spends in a particular period কোনো ব্যাবসাতে অথবা প্রতিষ্ঠানে নির্দিষ্ট সময়ের মধ্যে যে অর্থ আয় এবং ব্যয় হয়েছে তার লিখিত হিসাব

pro forma / ˌprəʊˈfɔːmə ˌপ্র্যাউ'ফ:ম্যা / *adj.* (*usually before a noun*) (*technical*) **1** (used especially about a document) prepared in order to show the usual way of doing sth or to provide a standard method (বিশেষত কোনো দলিল সম্বন্ধে ব্যবহৃত) কোনো কাজের সাধারণ যে উপায় বা রীতি সেটি দেখানোর জন্য বা প্রামাণ্য কোনো পদ্ধতি নির্ধারণের জন্য প্রস্তুত *a pro-forma letter* ○ *pro-forma instructions* **2** (used about a document) sent in advance (দলিল সম্বন্ধে ব্যবহৃত) যা আগে পাঠানো হয় *a proforma invoice* (= a document that gives details of the goods being sent to a customer) ▶ **pro forma** *noun* [C] নিদর্শন পত্র *I enclose a pro forma for you to complete, sign and return.*

profound / prəˈfaʊnd প্র্যা'ফাউন্ড্ / *adj.* **1** very great; that you feel very strongly বেশি রকম, গভীর, প্রগাঢ়; প্রবলভাবে অনুভূত হয় এমন *The experience had a profound influence on her.* **2** needing or showing a lot of knowledge or thought চিন্তা বা জ্ঞানের প্রয়োজন আছে বা তার প্রকাশ ঘটছে এমন *He's always making profound statements about the meaning of life.* ▶ **profoundly** *adv.* গভীরভাবে *I was profoundly relieved to hear the news.*

profuse / prəˈfjuːs প্র্যা'ফিউস্ / *adj.* (*formal*) given or produced in great quantity প্রচুর পরিমাণে দেওয়া বা উৎপন্ন করা হয়েছে *profuse apologies* ▶ **profusely** *adv.* প্রচুর পরিমাণে *She apologized profusely for being late.*

profusion / prəˈfjuːʒn প্র্যা'ফিউজ্‌ন্ / *noun* (*with sing. or pl. verb*) [U] a very large quantity of sth কোনো কিছুর প্রচুর পরিমাণ; যথেষ্ট, অনেক *a profusion of colours/flowers* ○ *Roses grew **in profusion** against the old wall.*

progeny / ˈprɒdʒəni 'প্রজ্যানি / *noun* [C] [*pl.*] (*formal* or *humorous*) someone's children; the young or offspring of animals or plants সন্তান, আত্মজ; (পশু বা উদ্ভিদের) শাবক বা চারাগাছ

progesterone / prəˈdʒestərəʊn প্র্যা'জেস্ট্যার্যাউন্ / *noun* [U] a substance (**hormone**) produced in the bodies of women and female animals which prepares the body to become pregnant একরকম পদার্থ (হরমোন) যা মেয়েদের এবং স্ত্রী-প্রাণিদের দেহে উৎপন্ন

হয় এবং যা (তাদের) শরীর গর্ভবতী হওয়ার জন্য প্রস্তুত করে ⇨ **oestrogen** এবং **testosterone** দেখো।

prognosis / prɒgˈnəʊsɪs প্রগ্ˈন্যাউসিস্ / *noun* [C] (*pl.* **prognoses** / -si:z -সীজ্ /) **1** (*medical*) an opinion, based on medical experience, of the likely development of a disease or an illness (চিকিৎসাশাস্ত্র) ডাক্তারি অভিজ্ঞতার ভিত্তিতে রোগ বা অসুস্থতার সম্ভাব্য বৃদ্ধি সম্বন্ধে যে মতামত **2** (*formal*) a judgement about how sth is likely to develop in the future ভবিষ্যতে কোনো কিছুর কি ভাবে বেড়ে ওঠার সম্ভাবনা আছে তার বিচার *The prognosis is for more people to work part-time in the future.*

program[1] / ˈprəʊgræm ˈপ্র্যাউগ্র্যাম্ / *noun* [C] **1** a set of instructions that you give to a computer so that it will do a particular task কম্পিউটারে যে এক গুচ্ছ নির্দেশ দেওয়া হলে তা বিশেষ কোনো একটা কাজ করতে পারে; প্রোগ্রাম *to write a program*

> **NOTE** আমরা যখন কম্পিউটারের সম্বন্ধে কথা বলি তখন আমেরিকান এবং ব্রিটিশ ইংরেজিতে বানান হবে **program**। অন্য অর্থের জন্য ব্রিটিশ বানান **programme** এবং আমেরিকান বানান **program** লেখা হয়।

2 (*AmE*) = **programme**[1]

program[2] / ˈprəʊgræm ˈপ্র্যাউগ্র্যাম্ / *verb* [I, T] (**programming; programmed**) to give a set of instructions to a computer, etc. to make it perform a particular task কম্পিউটার ইত্যাদিতে এক গুচ্ছ নির্দেশ দেওয়া যাতে যন্ত্রটি বিশেষ কোনো কাজ করতে পারে

programme[1] (*AmE* **program**) / ˈprəʊgræm ˈপ্র্যাউগ্র্যাম্ / *noun* [C] **1** a show or other item that is sent out on the radio or television কোনো প্রদর্শন বা অন্য কোনো অনুষ্ঠান যা রেডিও অথবা টেলিভিশনের মাধ্যমে সম্প্রচার করা হয় *a TV/radio programme* ○ *We've just missed an interesting programme on elephants.* **2** a plan of things to do; a scheme কোনো কাজ করার জন্য পরিকল্পনা বা নকশা; ক্রমবিন্যাস *What's (on) your programme today* (= what are you going to do today)*?* ○ *The leaflet outlines the government's programme of educational reforms.* **3** a little book or piece of paper which you get at a concert, a sports event, etc. that gives you information about what you are going to see ছোট্টো বই বা কাগজের টুকরো যা অনেক অনুষ্ঠানে, খেলাধুলার আগে মাঠে ইত্যাদি বিভিন্ন জায়গায় দর্শকদের দেওয়া হয় যাতে কি অনুষ্ঠান হবে সেই সম্বন্ধে তথ্যাদি দেওয়া থাকে; অনুষ্ঠান সূচি

programme[2] / ˈprəʊgræm ˈপ্র্যাউগ্র্যাম্ / (*AmE* **program**) *verb* [T] (**programming; programmed**; *AmE* **programing; programed**) **1** to plan for sth to happen at a particular time বিশেষ কোনো কাজের পরিকল্পনা করা *The road is programmed for completion next May.* **2** to make sb/sth work or act automatically in a particular way কোনো ব্যক্তি অথবা বস্তুকে স্বয়ংক্রিয়ভাবে একটি বিশেষভাবে কাজ করানো *The lights are programmed to come on as soon as it gets dark.*

programmer / ˈprəʊgræmə(r) ˈপ্র্যাউগ্র্যাম্যা(র্) / *noun* [C] a person whose job is to write programs for a computer যে ব্যক্তি কম্পিউটারের জন্য প্রোগ্রাম বা নির্দেশ লেখে; প্রোগ্রামার

progress[1] / ˈprəʊgres ˈপ্র্যাউগ্রেস্ / *noun* [U] **1** movement forwards or towards achieving sth সামনে বা উন্নতির দিকে অগ্রসরণ *Amit's **making progress** at school.* ○ *to make slow/steady/rapid/good progress* **2** change or improvement in society সমাজের পরিবর্তন অথবা উন্নতি; প্রগতি *scientific progress*

IDM **in progress** happening now যা বর্তমানে, এখন হচ্ছে বা ঘটছে *Silence! Examination in progress.*

progress[2] / prəˈgres প্র্যাˈগ্রেস্ / *verb* [I] **1** to become better; to develop (well) উন্নতি হওয়া; বিকাশ লাভ করা *Medical knowledge has progressed rapidly in the last 20 years.* **2** to move forward; to continue এগিয়ে যাওয়া; চলতে থাকা, সামনের দিকে যাওয়া *I got more and more tired as the evening progressed.*

progression / prəˈgreʃn প্র্যাˈগ্রেশ্ন্ / *noun* [C, U] **(a) progression (from sth) (to sth)** movement forward or a development from one stage to another অগ্রসরণ বা ক্রমোন্নতি *You've made the progression from beginner to intermediate level.*

progressive / prəˈgresɪv প্র্যাˈগ্রেসিভ্ / *adj.* **1** using modern methods and ideas প্রগতিপন্থী *a progressive school* **2** happening or developing steadily ক্রমাগত ঘটছে বা এগিয়ে যাচ্ছে বা উন্নত হচ্ছে এমন *a progressive reduction in the number of staff*

progressively prəˈgresɪvli প্র্যাˈগ্রেসিভ্লি / *adv.* steadily; a little at a time ক্রমাগতভাবে; একটু একটু করে *The situation became progressively worse.*

the progressive tense *noun* [*sing.*] (*grammar*) = **the continuous tense**

prohibit / prəˈhɪbɪt প্র্যাˈহিবিট্ / *verb* [T] (*formal*) **prohibit sb/sth (from doing sth)** to say that sth is not allowed by law; to forbid আইনত নিষিদ্ধ করা; নিষেধ করা *The law prohibits children under 18 from buying cigarettes.*

prohibition / ˌprəʊɪˈbɪʃn ˌপ্র্যাউইˈবিশ্ন্ / *noun* **1** [C] (*formal*) **a prohibition (on/against sth)**

a law or rule that forbids sth (কোনো কিছুর উপর) আইনের নিষেধ *There is a prohibition on the carrying of knives.* **2** [U] the action of stopping sth being done or used, especially by law কোনো কিছু করা বা তার ব্যবহার বন্ধ করার যে কাজ, বিশেষত আইনের দ্বারা; আইনত নিষেধাজ্ঞা *the prohibition of alcohol in the 1920s*

prohibitive / prəˈhɪbətɪv প্র্যা'হিব্যাটিভ্ / *adj.* (used about a price or cost) so high that it prevents people from buying sth or doing sth (দাম বা খরচ সম্বন্ধে ব্যবহৃত) এত বেশি যে লোকে কিনতে বা করতে পারে না *The price of houses in South Delhi is prohibitive.* ► **prohibitively** *adv.* অত্যন্ত বেশি, চড়াভাবে, বাধাদায়কভাবে

project[1] / ˈprɒdʒekt 'প্রজেক্ট্ / *noun* [C] **1** a piece of work, often involving many people, that is planned and organized carefully প্রায়ই অনেক লোককে জড়িত করে সযত্নে পরিকল্পিত এবং সংগঠিত যে কাজ; প্রকল্প *a major project to reduce pollution in our rivers* **2** a piece of school work in which the student has to collect information about a certain subject and then write about it স্কুলের কাজ যার জন্য ছাত্রছাত্রীকে কোনো বিষয়ে তথ্য জোগাড় করে গুছিয়ে লিখতে হয় *Our group chose to do a project on rainforests.*

project[2] / prəˈdʒekt প্র্যা'জেক্ট্ / *verb* **1** [T] (*usually passive*) to plan sth that will happen in the future কোনো কিছু পরিকল্পনা করা যা ভবিষ্যতে ঘটবে *the band's projected world tour* **2** [T] (*usually passive*) to guess or calculate the size, cost or amount of sth কোনো কিছুর আয়তন, দাম বা পরিমাণ অনুমান করা বা হিসেব করা *a projected increase of 10%* **3** [T] **project sth (on/onto sth)** to make light, a picture from a film, etc. appear on a flat surface or screen আলো, কোনো ফিল্মের ছবি ইত্যাদি সমতল জায়গা অথবা পর্দার উপর ফেলা বা প্রক্ষিপ্ত করা **4** [T] to show or represent sb/sth/ yourself in a certain way নিজে অথবা কাউকে বা কোনো কিছুকে বিশেষভাবে দেখানো বা উপস্থিত করা *The government is trying to project a more caring image.* **5** [I] (*formal*) to stick out বেরিয়ে থাকা *The balcony projects one metre out from the wall.* **6** [T] to send or throw sth upwards or away from you কোনো কিছু উপরে অথবা দূরে পাঠানো বা ছোড়া *The projected missiles did not hit their target.*

projectile / prəˈdʒektaɪl প্র্যা'জেক্টাইল্ / *noun* [C] (*formal* or *technical*) **1** an object, such as a bullet, that is fired from a gun or other weapon কোনো বস্তু, যেমন বুলেট, যা বন্দুক বা অন্য কোনো অস্ত্র থেকে ছোড়া হয়েছে **2** any object that is thrown as a weapon কোনো বস্তু যা অস্ত্র হিসেবে ছোড়া হয়েছে

projection / prəˈdʒekʃn প্র্যা'জেক্শন্ / *noun* **1** [C] a guess about a future amount, situation, etc. based on the present situation বর্তমান পরিস্থিতির ভিত্তিতে ভবিষ্যৎ পরিমাণ, পরিস্থিতি ইত্যাদি সম্বন্ধে অনুমান *sales projections for the next five years* **2** [U] the act of making light, a picture from a film, etc. appear on a surface আলোর রশ্মি, ফিল্মের ছবি ইত্যাদি কোনো সমতলের উপর ফেলার ক্রিয়া; অভিক্ষেপ, প্রক্ষেপ

projector / prəˈdʒektə(r) প্র্যা'জেক্ট্যা(র্) / *noun* [C] a piece of equipment that projects pictures or films onto a screen or wall যে সরঞ্জামের সাহায্যে ছবি অথবা ফিল্ম পর্দা বা দেয়ালের উপর ফেলা হয়; প্রক্ষেপক *a film/slide/overhead projector*

proletariat ˌprəʊləˈteəriət ˌপ্র্যাউল্যা'টেঅ্যারিঅ্যাট্ / *noun* [*sing.*] **1** (often used with reference to Marxism) working class people especially those who do not own any property (প্রায়ই মার্ক্সবাদের সঙ্গে সম্পর্কিত) শ্রমিক শ্রেণির মানুষ বিশেষত যাদের কোনো নিজস্ব সম্পত্তি নেই; শ্রমজীবী মানুষ; সর্বহারা; প্রোলেতারিয়েত ➪ **bourgeoisie** দেখো। **2** the lowest class of people in ancient Rome প্রাচীন রোমের নিম্নশ্রেণি

proliferate / prəˈlɪfəreɪt প্র্যা'লিফ্যারেইট্ / *verb* [I] (*formal*) to increase quickly in number সংখ্যায় তাড়াতাড়ি বৃদ্ধি পাওয়া ► **proliferation** / prəˌlɪfəˈreɪʃn প্র্যাˌলিফ্যা'রেইশন্ / *noun* [U] শীঘ্র সংখ্যা বৃদ্ধি

prolific / prəˈlɪfɪk প্র্যা'লিফিক্ / *adj.* (used especially about a writer, artist, etc.) producing a lot (বিশেষত লেখক চিত্রকর ইত্যাদি সম্বন্ধে ব্যবহৃত) যাঁরা প্রচুর লেখেন বা আঁকেন *a prolific goal scorer*

prologue / ˈprəʊlɒg 'প্র্যাউলগ্ / *noun* [C] a piece of writing or a speech that introduces a play, poem, etc. কোনো রচনাংশ বা বক্তৃতা যাতে কোনো নাটক, কবিতা ইত্যাদির পূর্বাভাস দেওয়া হয়; গৌরচন্দ্রিকা ➪ **epilogue** দেখো।

prolong / prəˈlɒŋ প্র্যা'লং / *verb* [T] to make sth last longer কোনো কিছু অপেক্ষাকৃত দীর্ঘক্ষণ ধরে চালানো

prolonged / prəˈlɒŋd প্র্যা'লংড্ / *adj.* continuing for a long time দীর্ঘক্ষণ ধরে চলছে এমন *There was a prolonged silence before anybody spoke.*

prom / prɒm প্রম্ / *noun* [C] **1= promenade** **2** (*AmE*) a formal dance that is held by a high school class at the end of a school year একরকম আনুষ্ঠানিক নৃত্য যা স্কুলের বছর শেষে উঁচু ক্লাসের (ছাত্রছাত্রীগণের) দ্বারা অনুষ্ঠিত হয়

promenade / ˌprɒməˈnɑːd ˌপ্রম্যা'নাːড্ / (*also* **prom**) *noun* [C] a wide path where people walk beside the sea in a town on the coast উপকূলবর্তী শহরের সমুদ্র পাড়ে চওড়া রাস্তা যেখানে লোকেরা বেড়িয়ে বেড়ায়

prominent / ˈprɒmɪnənt ˈপ্রমিন্যান্ট্ / *adj.* 1 important or famous গুরুত্বপূর্ণ অথবা বিখ্যাত *a prominent political figure* 2 noticeable; easy to see দেখতে পাওয়া যায় এমন; লক্ষণীয়; সহজে যা চোখে পড়ে *The church is the most prominent feature of the village.* ▶ **prominence** *noun* [U] প্রসিদ্ধি, গুরুত্ব লক্ষণীয়তা *The newspaper gave the affair great prominence.* ▶ **prominently** *adv.* প্রকাশিতভাবে, লক্ষণীয়রূপে

promiscuous / prəˈmɪskjuəs প্র্যা'মিস্‌কিউঅ্যাস্ / *adj.* having sexual relations with many people অনেকের সঙ্গে যৌন সম্পর্ক আছে এমন ▶ **promiscuity** / ˌprɒmɪsˈkjuːəti ˌপ্রমিস্'কিউঅ্যাটি / *noun* [U] ব্যাভিচারিতা

promise[1] / ˈprɒmɪs ˈপ্রমিস্ / *verb* **1** [I, T] **promise (to do sth); promise (sb) that...** to say definitely that you will do or not do sth or that sth will happen কোনো কিছু প্রতিজ্ঞা করা, প্রতিশ্রুতি বা অঙ্গীকার করা *She promised to write every week* ○ *She promised not to forget to write.* **2** [T] **promise sth (to sb); promise sb sth** to say definitely that you will give sth to sb কাউকে কিছু দেওয়ার প্রতিশ্রুতি দেওয়া *Can you promise your support?* ○ *My dad has promised me a bicycle.* **3** [T] to show signs of sth, so that you expect it to happen কোনো ইঙ্গিত দেখানো যাতে আশা করা যায় যে কিছু ঘটবে *It promises to be an exciting occasion.*

promise[2] / ˈprɒmɪs ˈপ্রমিস্ / *noun* **1** [C] **a promise (to do sth/that...)** a written or spoken statement or agreement that you will or will not do sth (লিখিত বা ব্যক্ত) অঙ্গীকার, প্রতিশ্রুতি, প্রতিজ্ঞা ***make a promise*** ○ ***Keep*** *your* ***promise*** *to always do your homework.* ○ *You should never* ***break a promise***. ○ ***I give*** *you my* ***promise*** *that I won't tell anyone.* **2** [U] signs that you will be able to do sth well or be successful ভালোভাবে কিছু করতে অথবা সফল হতে পারা যাবে এরকম ইঙ্গিত বা সংকেত *He showed great promise as a musician.*

promising / ˈprɒmɪsɪŋ ˈপ্রমিসিং / *adj.* showing signs of being very good or successful খুব ভালো অথবা সফল হওয়ার ইঙ্গিত দেখা যাচ্ছে এমন; সম্ভাবনাময় *a promising young writer*

promontory / ˈprɒməntri ˈপ্রম্যান্ট্রি / *noun* [C] (*pl.* **-ies**) a long narrow area of highland that goes out into the sea উঁচু ভুখণ্ডের লম্বা সরু অংশ যা সমুদ্রের মধ্যে চলে গেছে *a rocky promontory overlooking the bay*

promote / prəˈməʊt প্র্যা'ম্যাউট্ / *verb* [T] **1** to encourage sth; to help sth to happen or develop কোনো কিছুকে মদত দেওয়া, উৎসাহিত করা; কোনো কিছু ঘটতে বা তার বিকাশে সাহায্য করা *to promote good relations between countries* **2 promote sth (as sth)** to advertise sth in order to increase its sales or make it popular কোনো কিছুর বিক্রি এবং জনপ্রিয়তা বাড়ানোর জন্য তার বিজ্ঞাপন দেওয়া *The new face cream is being promoted as a miracle cure for wrinkles.* **3 promote sb (from sth) (to sth)** (*often passive*) to give sb a higher position or more important job কাউকে আরও উঁচু পদ অথবা গুরুত্বপূর্ণ পদ দেওয়া *He's been promoted from assistant manager to manager.* ✪ বিপ **demote**

promoter / prəˈməʊtə(r) প্র্যা'ম্যাউট্যা(র্) / *noun* [C] a person who organizes or provides the money for an event যে ব্যক্তি অনুষ্ঠান করার ব্যবস্থা করে এবং তার জন্য অর্থের জোগান দেয়

promotion / prəˈməʊʃn প্র্যা'ম্যাউশ্‌ন্ / *noun* **1** [C, U] **promotion (to sth)** a move to a higher position or more important job আরও উঁচু পদ বা আরও গুরুত্বপূর্ণ কাজের দিকে অগ্রগতি *The new job is a promotion for her.* ✪ বিপ **demotion** **2** [U, C] things that you do in order to advertise a product and increase its sales বিজ্ঞাপনের দ্বারা কোনো দ্রব্যের বিক্রি বাড়ানোর জন্য যা যা করা হয় *It's all part of a special promotion of the new book.* **3** [U] (*formal*) **promotion (of sth)** the activity of trying to make sth develop or become accepted by people কোনো কিছু উন্নত করা বা তার গ্রহণযোগ্যতা বাড়ানোর চেষ্টায় যে সকল কাজকর্ম করা হয় *We need to work on the promotion of health, not the treatment of disease.*

prompt[1] / prɒmpt প্রম্প্‌ট্ / *adj.* **1** immediate; done without delay এখনই; কোনো দেরি না করে করা হয়েছে এমন *We need a prompt decision on this matter.* **2 prompt (in doing sth/to do sth)** (*not before a noun*) (used about a person) quick; acting without delay (কোনো ব্যক্তি সম্বন্ধে ব্যবহৃত) চটপটে; বিলম্ব না করে কাজ করা হচ্ছে এমন *We are always prompt in paying our bills.* ○ *She was prompt to point out my mistake.*

prompt[2] / prɒmpt প্রম্প্‌ট্ / *verb* **1** [T] to cause sth to happen; to make sb decide to do sth কোনো কিছু ঘটানো; কোনো ব্যক্তিকে কোনো কিছু করার সিদ্ধান্ত নেওয়ানো *What prompted you to give up your job?* **2** [I, T] to encourage sb to speak by asking questions or to remind an actor of his/her words in a play কাউকে প্রশ্ন করে করে কথা বুঝতে উৎসাহিত করা, নাটকে অভিনেতা-অভিনেত্রীকে নেপথ্য থেকে সংলাপ মনে করিয়ে দেওয়া *The speaker had to be prompted several times.* ▶ **prompting** *noun* [U] মনে করানোর কাজ; সংলাপ ধরিয়ে দেওয়ার কাজ *He apologized without any prompting.*

prompt[3] / prɒmpt প্রম্প্ট্ / *noun* [C] **1** a word or words said to an actor to remind him/her of what to say next অভিনেতা-অভিনেত্রীকে তাঁর পরবর্তী সংলাপ মনে করানোর জন্য যে দু-একটি শব্দ বলে দেওয়া হয় (নেপথ্য থেকে) *When she forgot her lines I had to give her a prompt.* **2** (*computing*) a sign on a computer screen that shows that the computer has finished what it was doing and is ready for more instructions কম্পিউটারের পর্দায় এক রকম চিহ্ন যার মানে এই যে কম্পিউটার যা করছিল তা শেষ করেছে এবং আরও নির্দেশের জন্য প্রস্তুত *Wait for the prompt to come up then type in your password.*

promptly / ˈprɒmptli ˈপ্রম্‌প্‌ট্‌লি / *adv.* **1** immediately; without delay তৎক্ষণাৎ; দেরি না-করে; তাড়াতাড়ি *I invited her to dinner and she promptly accepted.* **2** (*also* **prompt**) at exactly the time that you have arranged; punctually ঠিক যে-সময় ধার্য করা হয়েছিল; সময়মতো *We arrived promptly at 12 o'clock.* ○ *I'll pick you up at 7 o'clock prompt.*

promulgate / ˈprɒməlgeɪt ˈপ্রম্যাল্‌গেইট্ / *verb* [T] **1** (*formal*)(*usually passive*) to promote an idea, a belief, a cause, etc. among many people কোনো বিশ্বাস, চিন্তাধারা ইত্যাদি মানুষের মধ্যে ছড়িয়ে দেওয়া, প্রচার করা **2** to officially announce a new law or system কোনো নতুন আইন অথবা ব্যবস্থা আনুষ্ঠানিকভাবে ঘোষণা করা ▶ **promulgation** / ˌprɒmlˈgeɪʃn প্রম্‌ল্‌ˈগেইশ্‌ন্ /*noun* [U] প্রথা প্রচলন; জারি

prone / prəʊn প্র্যাউন্ / *adj.* **prone to sth/to do sth** likely to suffer from sth or to do sth bad কোনো কিছু থেকে ভোগার বা কষ্ট পাওয়ার অথবা খারাপ কিছু হওয়ার সম্ভাবনা আছে এমন *prone to infection/ injury/heart attacks/errors* ○ *to be* ***accident-prone*** (= to have a lot of accidents)

prong / prɒŋ প্রং / *noun* [C] **1** each of the two or more long pointed parts of a fork কাঁটা বা সাঁড়াশি জাতীয় কোনো বস্তুর লম্বা সরু অংশের একটি **2** each of the separate parts of an attack, argument, etc. that sb uses to achieve sth আক্রমণ, যুক্তি ইত্যাদি যা কোনো ব্যক্তি কিছু পাওয়ার জন্য ব্যবহার করে **3 -pronged** (*used to form compound adjectives*) having the number or type of prongs mentioned যাতে উল্লিখিত ধরনের বা সংখ্যার কাঁটা আছে *a three-pronged attack*

pronoun / ˈprəʊnaʊn ˈপ্র্যাউনাউন্ / *noun* [C] (*grammar*) a word that is used in place of a noun or a phrase that contains a noun (ব্যাকরণ) যে শব্দ বিশেষ্য বা বিশেষ্য সম্বলিত বাক্যাংশের পরিবর্তে সেই স্থানে ব্যবহৃত হয়; সর্বনাম *'He', 'it', 'hers', 'me', 'them', etc. are all pronouns.* ➪ **personal pronoun** দেখো।

pronounce / prəˈnaʊns প্র্যাˈনাউন্স্ / *verb* **1** [T] to make the sound of a word or letter in a particular way নির্দিষ্ট পদ্ধতিতে উচ্চারণ করা *You don't pronounce the 'b' at the end of 'comb'.* ○ *How do you pronounce your surname?* ➪ **pronunciation** noun দেখো। **2** [T] (*formal*) to say or give sth formally, officially or publicly পোশাকিভাবে বা সরকারিভাবে বা প্রকাশ্যে বলা বা দেওয়া *The judge will pronounce the sentence today.* **3** [I, T] (*formal*) **pronounce (on sth)** to give your opinion on sth, especially formally কোনো কিছুর ব্যাপারে, বিশেষত আনুষ্ঠানিকভাবে মত জানানো *The play was pronounced 'brilliant' by all the critics.*

pronounced / prəˈnaʊnst প্র্যাˈনাউন্স্ট্ / *adj.* very noticeable; obvious সহজেই চোখে পড়ে এমন; অতি স্পষ্ট *His English is excellent although he speaks with a pronounced French accent.*

pronunciation / prəˌnʌnsiˈeɪʃn প্র্যা,নান্‌সিˈএইশ্‌ন্ / *noun* **1** [U, C] the way in which a particular letter word or sound is said নির্দিষ্ট উচ্চারণ পদ্ধতি *American pronunciation* ➪ **pronounce** verb দেখো। **2** [U] a person's way of speaking a word or a letter কোনো ব্যক্তির কোনো শব্দ বা বর্ণ ব্যবহার করার ধরন *His grammar is good but his pronunciation is awful!*

proof / pru:f প্রুফ্ / *noun* **1** [U] **proof (of sth); proof that...** information, documents, etc. which show that sth is true তথ্য, দলিল ইত্যাদি যা কোনো কিছু সত্য বলে প্রমাণিত করে *'We need some* ***proof of identity****,' the shop assistant said.* ○ *You've got no proof that Jai took the money.* ➪ **prove** verb দেখো। **2** [C, *usually pl.*] (*technical*) a first copy of printed material that is produced so that mistakes can be corrected ভুল সংশোধন করার জন্য কোনো মুদ্রিত বস্তুর যে প্রথম কপি বা নকল তৈরি করা হয়; প্রুফ

-proof / pru:f প্রুফ্ / *suffix* (*used to form compound adjectives*) able to protect against the thing mentioned উল্লিখিত বস্তু থেকে আটকাতে বা বাঁচাতে পারে এমন *a soundproof room* ○ *bulletproof glass* ○ *a waterproof/windproof jacket*

prop[1] / prɒp প্রপ্ / *verb* [T] (**propping; propped**) to support sb/sth or keep sb/sth in position by putting him/her/it against or on sth কোনো কিছুর গায়ে ঠেসান দিয়ে রাখা *I'll use this book to prop the window open.* ○ *He propped his bicycle against the wall.*

PHR V **prop sth up** to support sth that would otherwise fall কোনো কিছু ঠেকিয়ে রাখা যা অন্যথায় পড়ে যাবে

prop[2] / prɒp প্রপ্ / *noun* [C] **1** a stick or other object that you use to support sth or to keep sth in position লাঠি বা এমন কিছু যা কোনো কিছুকে হেলান দিয়ে রাখতে অথবা ঠিক অবস্থায় রাখতে ব্যবহার করা হয় *Rescuers used props to stop the roof of the tunnel collapsing.* **2** [*usually pl.*] an object that is used in a play, film, etc. এমন বস্তু যা নাটক, চলচ্চিত্র ইত্যাদিতে কাজে লাগানো হয় *He's responsible for all the stage props, machinery and lighting.*

propaganda / ˌprɒpəˈgændə ˌপ্রপ্যা'গ্যান্ড্যা / *noun* [U] information and ideas that may be false or exaggerated, which are used to gain support for a political leader, party, etc. মিথ্যা বা অতিকথন দোষে দুষ্ট হতে পারে এরকম যেসকল তথ্য এবং ভাবধারা রাজনৈতিক নেতা, দল ইত্যাদির দ্বারা সমর্থন লাভের জন্য ব্যবহৃত হয়

propagate / ˈprɒpəgeɪt 'প্রপ্যাগেইট্ / *verb* [I, T] to produce new plants from a parent plant মূল গাছ থেকে নতুন গাছ জন্মানো ▶ **propagation** / ˌprɒpəˈgeɪʃn ˌপ্রপ্যা'গেইশ্‌ন্ / *noun* [U] বংশবৃদ্ধি, বিস্তার

propane / ˈprəʊpeɪn 'প্র্যাউপেইন্ / *noun* [U] a colourless gas that is found in natural gas and petrol and that we use as a fuel for cooking and heating প্রাকৃতিক গ্যাস এবং পেট্রলের মধ্যে এক রকম বর্ণহীন গ্যাস পাওয়া যায় যা রান্না এবং ঘর গরম করার জন্য ব্যবহার করা হয়; প্রোপেন

propel / prəˈpel প্র্যা'পেল্ / *verb* [T] (**propelling; propelled**) to move, drive or push sb/sth forward or in a particular direction ঠেলে, ধাক্কা দিয়ে কাউকে বা কোনো কিছু সামনে বা নির্দিষ্ট দিকে সরানো

propeller / prəˈpelə(r) প্র্যা'পেল্যা(র্) / *noun* [C] a device with several flat metal parts (**blades**) which turn round very fast in order to make a ship or a plane move চ্যাপটা ধাতব ব্লেডযুক্ত যন্ত্র যেটিকে কোনো জাহাজ বা বিমান চালানোর জন্য খুব জোরে ঘোরানো হয়; চালক-পাখা

propensity / prəˈpensəti প্র্যা'পেন্স্যাটি / *noun* [C] (*pl.* **propensities**) (*formal*) **a propensity (for sth); a propensity (for doing sth); a propensity (to do sth)** a habit of behaving in a particular way বিশেষ আচরণের দিকে এক রকম ঝোঁক বা প্রবণতা *He showed a propensity for violence.* ○ *She has a propensity to exaggerate.*

proper / ˈprɒpə(r) 'প্রপ্যা(র্) / *adj.* **1** (*especially BrE*) (*only before a noun*) right, suitable or correct উপযুক্ত, মানানসই, ঠিক *If you're going skiing you must have the proper clothes.* ○ *I've got to get these pieces of paper in the proper order.* **2** (*only before a noun*) that you consider to be real or good enough যা মনে হয় ঠিক বা যথেষ্ট *I didn't see much of the flat yesterday. I'm going to go today and have a proper look.* **3** (*formal*) socially and morally acceptable যা সামাজিক এবং নীতিগতভাবে ঠিক বা করা উচিত *I think it would be only proper for you to apologize.* ✪ বিপ **improper** **4** (*only after a noun*) real or main আসল বা প্রধান *We travelled through miles of suburbs before we got to the city proper.*

properly / ˈprɒpəli 'প্রপ্যালি / *adv.* **1** (*BrE*) correctly; in an acceptable way ঠিকভাবে; গ্রহণযোগ্যভাবে *The teacher said I hadn't done my homework properly.* ○ *These shoes don't fit properly.* **2** in a way that is socially and morally acceptable; politely সামাজিক এবং নৈতিকভাবে গ্রহণযোগ্য; অমায়িকভাবে *If you two children can't behave properly then we'll have to go home.* ✪ বিপ **improperly**

proper name (*also* **proper noun**) *noun* [C] (*grammar*) a word which is the name of a particular person or place and begins with a **capital letter** (ব্যাকরণ) নামবাচক বিশেষ্য *'Arun' and 'Agra' are proper names.*

property / ˈprɒpəti 'প্রপ্যাটি / *noun* (*pl.* **properties**) **1** [U] a thing or things that belong to sb সম্পত্তি *The sack contained **stolen property**.* ○ *This file is government property.* ➪ **lost property** দেখো। **2** [U] land and buildings জায়গা জমি এবং বাড়িঘর *Property prices vary enormously from area to area.* **3** [C] one building and the land around it একটা বাড়ি এবং তার চারিদিকের জমি *There are a lot of empty properties in the area.* **4** [C, *usually pl.*] (*formal*) a special quality or characteristic that a substance, etc. has বিশেষ গুণ বা বৈশিষ্ট্য যা কোনো পদার্থ ইত্যাদির আছে *Some plants have healing properties.*

prophecy / ˈprɒfəsi 'প্রফ্যাসি / *noun* [C] (*pl.* **prophecies**) a statement about what is going to happen in the future দৈববাণী, দিব্যবাণী *to fulfil a prophecy* (= to make it come true)

prophesy / ˈprɒfəsaɪ 'প্রফ্যাসাই / *verb* [T] (*pres. part.* **prophesying;** *3rd person sing. pres.* **prophesies;** *pt, pp* **prophesied**) to say what you think will happen in the future ভবিষ্যদ্‌বাণী করা *to prophesy disaster/war*

prophet ˈprɒfɪt 'প্রফিট্ / *noun* [C] **1** (*also* **Prophet**) (in the Christian, Jewish and Muslim religions) a person who is sent by God to teach the people and give them messages from God (খ্রিস্টান, ইহুদি এবং ইসলাম ধর্মে) সকল মানুষকে শিক্ষা দেওয়া এবং

ঈশ্বরের বার্তা তাদের কাছে পৌঁছে দেওয়ার জন্য যে ব্যক্তি ঈশ্বর কর্তৃক পৃথিবীতে প্রেরিত হয়েছেন; প্রবক্তা, দৈবানুগৃহীত প্রচারক **2** a person who says what will happen in the future ভবিষ্যদ্‌বক্তা, ভাবীকথক ▶ **prophetic** / prəˈfetɪk প্র্যা'ফেটিক্ / *adj.* ভবিষ্যদ্‌বক্তা ও ভবিষ্যদ্‌বাণী সংক্রান্ত

prophylactic[1] / ˌprɒfɪˈlæktɪk ˌপ্রফি'ল্যাক্‌টিক্ / *adj.* (*medical*) done or used in order to prevent a disease (চিকিৎসাশাস্ত্র) রোগপ্রতিষেধক *prophylactic treatment*

prophylactic[2] / ˌprɒfɪˈlæktɪk ˌপ্রফি'ল্যাক্‌টিক্ / *noun* [C] (*formal* or *technical*) a medicine, device or course of action that prevents disease রোগপ্রতিরোধ করে এমন ওষুধ, সরঞ্জাম অথবা কৌশল

propitiate / prəˈpɪʃieɪt প্র্যা'পিশিএইট্ / *verb* [T] (*formal*) to make peace with somebody who is angry by trying to please them কোনো ব্যক্তি যে রেগে আছে তাকে খুশি করার চেষ্টা করে তার সঙ্গে আপস করা ▶ **propitiation** *noun* [U] আপস

propitious / prəˈpɪʃəs প্র্যা'পিশ্যাস্ / *adj.* favourable; likely to produce a successful result অনুকূল; সাফল্য পাওয়া যেতে পারে এমন *It was a propitious time to start a new business.*

proportion / prəˈpɔːʃn প্র্যা'প:শ্‌ন্ / *noun* **1** [C] a part or share of a whole সমগ্রের অংশ বা ভাগ *A large proportion of the earth's surface is covered by sea.* **2** [U] **proportion (of sth to sth)** the relationship between the size or amount of two things দুটো জিনিসের আয়তন অথবা পরিমাণের সম্পর্ক *The proportion of men to women in the college has changed dramatically over the years.* **3 proportions** [*pl.*] the size or shape of sth কোনো কিছুর আয়তন অথবা আকার *a room of odd proportions* ○ *Political unrest is reaching alarming proportions.*

IDM in proportion the right size in relation to other things অন্যগুলির তুলনায় সঠিক মাপের *to draw sth in proportion* ○ *She's so upset that it's hard for her to keep the problem in proportion* (= to her it seems more important or serious than it really is).

in proportion to sth 1 by the same amount or number as sth else; relative to অন্য কিছুর মতো সমান পরিমাণ বা সংখ্যার দ্বারা *Salaries have not risen in proportion to inflation.* **2** compared with তুলনায় *In proportion to the number of students as a whole, there are very few women.*

out of proportion (to sth) 1 too big, small, etc. in relation to other things অন্য জিনিসের তুলনায় বেশি বড়ো, ছোটো ইত্যাদি **2** too great, serious, important, etc. in relation to sth অন্য কিছুর সঙ্গে তুলনায় খুবই বড়ো, বেশি, গুরুগম্ভীর, গুরুত্বপূর্ণ ইত্যাদি *His reaction was completely out of proportion to the situation.*

proportional / prəˈpɔːʃənl প্র্যা'প:শ্যান্‌ল্ / *adj.* **proportional (to sth)** of the right size, amount or degree compared with sth else কোনো কিছুর তুলনায় ঠিক আকারের, পরিমাণের অথবা মাত্রার মানানসই *Salary is proportional to years of experience.* ▶ **proportionally** *adv.* উচিত হারে, সমানানুপাতে

proportional representation *noun* [U] (*abbr.* **PR**) a system that gives each political party in an election a number of representatives in parliament in direct relation to the number of votes its **candidates** receive একধরনের ব্যবস্থা যাতে কোনো নির্বাচনে কোনো রাজনৈতিক দলের প্রার্থীগণ যতগুলি ভোট পেয়েছে সেই অনুপাতে সংসদে তাদের প্রতিনিধিদের সংখ্যা নির্ধারিত হবে ➪ **representation** দেখো।

proportionate / prəˈpɔːʃənət প্র্যা'প:শ্যান্যাট্ / *adj.* in due proportion সমানুপাতবিশিষ্ট, সুসমঞ্জস ▶ **proportionately** / -tli -ট্‌লি / *adv.* সমানুপাতিকরূপে *He divided the cake proportionately into six pieces.*

proposal / prəˈpəʊzl প্র্যা'প্যাউজ্‌ল্ / *noun* [C] **1 a proposal (for/to do sth); a proposal that...** a plan that is formally suggested প্রস্তাব, পরিকল্পনা *a new proposal for raising money* ○ *May I **make a proposal** that we all give an equal amount?* **2** an act of formally asking sb to marry you আনুষ্ঠানিকভাবে কাউকে বিবাহের প্রস্তাব দেওয়ার ক্রিয়া

propose / prəˈpəʊz প্র্যা'প্যাউজ্ / *verb* **1** [T] to formally suggest sth as a possible plan or action আনুষ্ঠানিকভাবে কোনো সম্ভাব্য পরিকল্পনা বা কার্যক্রম প্রস্তাব করা *At the meeting a new advertising campaign was proposed.* **2** [T] to intend to do sth; to have sth as a plan কোনো কিছু করার ইচ্ছা; কোনো কিছু পরিকল্পনা হিসেবে থাকা *What do you propose to do now?* **3** [I, T] **propose (to sb)** to ask sb to marry you বিবাহের প্রস্তাব দেওয়া *to propose marriage* **4** [T] **propose sb for/as sth** to suggest sb for an official position কাউকে আনুষ্ঠানিক কোনো পদের জন্য প্রস্তাব দেওয়া *I'd like to propose Anirudh Sharma as Chairperson.*

proposition / ˌprɒpəˈzɪʃn ˌপ্রপ্যা'জিশ্‌ন্ / *noun* [C] **1** an idea, a plan or an offer, especially in business; a suggestion ভাবনা, পরিকল্পনা অথবা প্রস্তাব, বিশেষত ব্যাবসার পরামর্শ *A month's holiday in Sri Lanka is an **attractive proposition**.* **2** an idea or opinion that sb expresses about sth কোনো বিষয়ে কোনো ব্যক্তি যে ভাব বা মত প্রকাশ করে *That's a very interesting proposition. Are you sure you can prove it?*

proprietor / prəˈpraɪətə(r) প্র্যা ˈপ্রাইঅ্যাট্যা(র্) / *noun* [C] (*feminine* **proprietress** / prəˈpraɪətres প্র্যা ˈপ্রাইঅ্যাট্রেস্ /) the owner of a business, a hotel, etc. কোনো ব্যাবসা, হোটেল ইত্যাদির মালিক বা স্বত্বাধিকারী

prose / prəʊz প্র্যাউজ্ / *noun* [U] written or spoken language that is not poetry গদ্য, গদ্য ভাষা, গদ্যরচনা *to write **in prose*** ➪ **poetry** দেখো।

prosecute / ˈprɒsɪkju:t ˈপ্রসিকিউট্ / *verb* [I, T] **prosecute sb (for sth)** to officially charge sb with a crime and try to show that he/she is guilty, in a court of law আদালতে কোনো অপরাধের জন্য কোনো ব্যক্তিকে আনুষ্ঠানিকভাবে অভিযুক্ত করা এবং দেখানোর চেষ্টা করা যে সে-ই দোষী *the prosecuting counsel/lawyer/attorney* ○ *He was prosecuted for theft.* ➪ **defend** দেখো।

prosecution / ˌprɒsɪˈkju:ʃn ˌপ্রসিˈকিউশ্ন্ / *noun* **1** [U, C] the process of officially charging sb with a crime and of trying to show that he/she is guilty, in a court of law কোনো ব্যক্তিকে আদালতে আনুষ্ঠানিকভাবে অপরাধী হিসেবে অভিযুক্ত করা এবং তাকেই দোষীরূপে দেখানোর চেষ্টা করা হয় যে পদ্ধতিতে *to bring a prosecution against sb* ○ *Failure to pay your parking fine will result in prosecution.* **2 the prosecution** [*with sing. or pl. verb*] a person or group of people who try to show that sb is guilty of a crime in a court of law কোনো ব্যক্তি বা দল যে বা যারা কাউকে আদালতে অপরাধী সাব্যস্ত বা প্রমাণ করার চেষ্টা করে *The prosecution claim/claims that Rohit was driving at 100 kilometres per hour.* ➪ **defence** দেখো।

prosecutor / ˈprɒsɪkju:tə(r) ˈপ্রসিকিউট্যা(র্) / *noun* [C] **1** a public official who charges sb with a crime and tries to show that he/she is guilty in a court of law সরকারি আধিকারিক যে কাউকে অপরাধী হিসেবে অভিযুক্ত করে এবং তাকে আদালতে দোষীরূপে দেখানোর চেষ্টা করে *the public/state prosecutor* **2** a lawyer who leads the case against the accused person (**the defendant**) in a court of law যে উকিল অভিযুক্ত ব্যক্তির বিরুদ্ধে মামলা পরিচালনা করেন; অভিশংসক

prosody / ˈprɒsədi ˈপ্রস্যাডি / *noun* [U] (*technical*) the patterns of sounds and rhythms in poetry and speech; the study of this কবিতা এবং বক্তৃতায় শব্দ এবং ছন্দের ধরন; ছন্দশাস্ত্র, ছন্দবিদ্যা

prospect / ˈprɒspekt ˈপ্রস্পেক্ট্ / *noun* **1** [U, *sing.*] **prospect (of sth/of doing sth)** the possibility that sth will happen কিছু ঘটা বা হওয়ার সম্ভাবনা *There's little prospect of better weather before next week.* **2** [*sing.*] **prospect (of sth/of doing sth)** a thought about what may or will happen in the future ভবিষ্যতে হতে পারে বা ঘটবে এরকম ভাবনা *The prospect of becoming a father filled Jatin with happiness.* **3 prospects** [*pl.*] chances of being successful in the future ভবিষ্যতে সফল হওয়ার সম্ভাবনা *good job/career/promotion prospects*

prospective / prəˈspektɪv প্র্যাˈস্পেক্টিভ্ / *adj.* likely to be or to happen; possible সম্ভাব্য, প্রত্যাশিত, সম্ভাবিত, সম্ভাবনীয় *prospective changes in the law*

prospectus / prəˈspektəs প্র্যাˈস্পেক্ট্যাস্ / *noun* [C] a small book which gives information about a school or college in order to advertise it যে পুস্তিকায় কোনো স্কুল অথবা কলেজ সম্বন্ধে প্রচারের উদ্দেশ্যে অনেক রকম তথ্য দেওয়া থাকে; প্রসপেকটাস

prosper / ˈprɒspə(r) ˈপ্রস্প্যা(র্) / *verb* [I] to develop in a successful way; to be successful, especially with money ঋদ্ধিমান হওয়া; উন্নতি লাভ করা, বিশেষত অর্থ লাভের ব্যাপারে

prosperity / prɒˈsperəti প্রˈস্পেরাটি / *noun* [U] the state of being successful, especially with money সাফল্য, সিদ্ধি, বৈভব, ঋদ্ধিমত্তা *Tourism has brought prosperity to many parts of Kerala.*

prosperous / ˈprɒspərəs ˈপ্রস্প্যার‍্যাস্ / *adj.* rich and successful সফল এবং অবস্থাপন্ন; ঋদ্ধিমান

prostate / ˈprɒsteɪt ˈপ্রস্টেইট্ / (*also* **prostate gland**) *noun* [C] a small organ in a man's body near the **bladder** that produces a liquid in which **sperm** is carried পুরুষদের মূত্রস্থলীর সংলগ্ন গ্রন্থিবিশেষ যার মধ্যে শুক্রবহনকারী একরকম তরল পদার্থ উৎপন্ন হয়

prostitute / ˈprɒstɪtju:t ˈপ্রস্টিটিউট্ / *noun* [C] a person, especially a woman, who earns money by having sex with people বেশ্যা, গণিকা, যৌনকর্মী

prostitution / ˌprɒstɪˈtju:ʃn ˌপ্রস্টিˈটিউশ্ন্ / *noun* [U] working as a prostitute বেশ্যাবৃত্তি

prostrate / prɒˈstreɪt ˈপ্রস্ট্রেইট্ / *adj.* lying flat on the ground, facing downwards সাষ্টাঙ্গে মাটির উপর শুয়ে আছে এমন,; ভূমিশায়িত

protagonist / prəˈtægənɪst প্র্যাˈট্যাগ্যানিস্ট্ / *noun* [C] (*formal*) (in literature) the main character in a play, film or book (সাহিত্যে) নাটক, নভেল, ফিল্ম, ইত্যাদিতে প্রধান চরিত্র

protease / ˈprəʊtieɪz ˈপ্র্যাউটিএইজ্ / *noun* [U] (*technical*) an **enzyme** that breaks down **protein** এক ধরনের এনজাইমবিশেষ যা প্রোটিনকে ভাঙতে সাহায্য করে

protect / prəˈtekt প্র্যাˈটেক্ট্ / *verb* [T] **protect sb/sth (against/from sth)** to keep sb/sth safe; to defend sb/sth রক্ষা করা, বাঁচানো, আগলানো, রক্ষণাবেক্ষণ করা *Parents try to protect their children from danger as far as possible.* ○ *Bats are a **protected species*** (= they must not be killed).

protection / prəˈtekʃn প্র্যা'টেক্শ্‌ন্ / *noun* [U] **protection (against/from sth)** the act of keeping sb/sth safe so that he/she/it is not harmed or damaged রক্ষা, সুরক্ষা *Vaccination gives protection against diseases.* ○ *After the attack he was put* ***under*** *police* ***protection****.*

protectionism / prəˈtekʃənɪzəm প্র্যা'টেক্শ্যানিজ়্যাম্ / *noun* [U] (*technical*) the principle or practice of protecting a country's own industry by taxing foreign goods দেশের শিল্প রক্ষার জন্য বিদেশি পণ্যদ্রব্যের উপর কর ধার্য করার যে নীতি; সংরক্ষণ নীতি; ► **protectionist** / -ʃənɪst -শ্যানিস্ট্ / *adj.* সংরক্ষণ নীতির সমর্থক; অবাধ বাণিজ্যনীতির বিরোধী *protectionist measures/policies*

protective / prəˈtektɪv প্র্যা'টেক্টিভ্ / *adj.* **1** (*only before a noun*) that prevents sb/sth from being damaged or harmed রক্ষাকারী, ক্ষতিনিবারক *In certain jobs workers need to wear protective clothing.* **2 protective (of/towards sb/sth)** wanting to keep sb/sth safe কোনো ব্যক্তি অথবা বস্তুকে নিরাপদে রাখতে চাওয়া হচ্ছে এমন *Female animals are very protective of their young.*

protector / prəˈtektə(r) প্র্যা'টেক্ট্যা(র্) / *noun* [C] a person who protects sb/sth (কোনো ব্যক্তি বা বস্তুর) রক্ষাকর্তা, রক্ষক, পরিত্রাতা

protein / ˈprəʊtiːn 'প্র্যাউটীন্ / *noun* [C, U] a substance found in food such as meat, fish, eggs and beans. It is important for helping people and animals to grow and be healthy একরকম পদার্থ যা খাদ্যে, যেমন মাংস, মাছ, ডিম, বীন ইত্যাদিতে থাকে। এটি মানুষ এবং জীবজন্তুর শরীরের বৃদ্ধি এবং সুস্থতার জন্য প্রয়োজনীয়; প্রোটিন

protest[1] / ˈprəʊtest 'প্র্যাউটেস্ট্ / *noun* [U, C] **protest (against sth)** a statement or action that shows that you do not like or approve of sth আপত্তি, প্রতিবাদ *He resigned* ***in protest*** *against the decision.* ○ *The union organized a protest against the redundancies.*

IDM under protest not happily and after expressing disagreement অসম্মতি ও প্রতিবাদের সঙ্গে *Farida agreed to pay in the end but only under protest.*

protest[2] / prəˈtest প্র্যা'টেস্ট্ / *verb* **1** [I, T] **protest (about/ against/at sth)** to say or show that you do not approve of or agree with sth, especially publicly আপত্তি জানানো, প্রতিবাদ করা, বিশেষত প্রকাশ্যে *Students have been protesting against the government's decision.*

NOTE আমেরিকান ইংরেজিতে **protest** শব্দটি পদান্বয়ী অব্যয় (preposition) ছাড়াই ব্যবহার করা হয়ে থাকে—*They protested the government's handling of the situation.*

2 [T] to say sth firmly, especially when others do not believe you দৃঢ়তার সঙ্গে বলা, বিশেষত যখন অন্যে বিশ্বাস করছে না *She has always* ***protested*** *her* ***innocence****.*

NOTE Protest শব্দটি **complain** শব্দটির থেকে অনেক প্রবল এবং খুব গুরুত্বপূর্ণ বিষয়ের জন্য ব্যবহার করা হয়। কোনো কিছু ঠিক অথবা ন্যায় না হলে **protest** ব্যবহার করা হয় এবং **complain** শব্দটি ব্যবহার করা হয় কোনো বস্তুর গুণাগুণ সম্বন্ধে বা কোনো কম গুরুত্বপূর্ণ কাজের ক্ষেত্রে—*to protest about a new tax* ○ *to complain about the poor weather.*

► **protester** *noun* [C] প্রতিবাদী *Protesters blocked the road outside the factory.*

Protestant / ˈprɒtɪstənt 'প্রটিস্ট্যান্ট্ / *noun* [C] a member of the Christian church that separated from the Catholic church in the 16th century ষোড়শ শতাব্দীতে ক্যাথলিক চার্চ থেকে বিচ্ছিন্ন হয়ে আসা খ্রিস্টান সম্প্রদায় অথবা চার্চের সদস্য; প্রোটেস্টান্ট ► **Protestant** *adj.* প্রোটেস্টান্ট ধর্মাবলম্বী বা ধর্মসম্প্রদায়ভুক্ত *a Protestant church* ➪ **Roman Catholic** দেখো।

proto- / ˈprəʊtəʊ 'প্র্যাউট্যাউ / *prefix* (*used in nouns and adjectives*) original; from which others develop মূল, উৎস; যেখান থেকে অন্যগুলির সৃষ্টি *prototype*

protocol / ˈprəʊtəkɒl 'প্র্যাউট্যাকল্ / *noun* **1** [U] (*formal*) a system of fixed rules and formal behaviour used at official meetings, usually between governments সাধারণত বিভিন্ন সরকারের মধ্যে আনুষ্ঠানিক আলাপ-আলোচনায় যে নির্দিষ্ট নিয়ম এবং আচরণবিধি ব্যবহৃত হয়; প্রোটোকল *a breach of protocol* ○ *the protocol of diplomatic visits* **2** [C] (*technical*) the first or original version of a written agreement, especially one between countries; an extra part added to a written agreement বিভিন্ন রাষ্ট্রের মধ্যে লিখিত চুক্তিপত্রের আদি খসড়া; লিখিত চুক্তির সঙ্গে সংযুক্ত বাড়তি বা অতিরিক্ত অংশ *the first Geneva Protocol* ○ *It is set out in a legally binding protocol which forms part of the treaty.* **3** [C] (*computing*) a set of rules that control the way information is sent between computers বিভিন্ন কম্পিউটারের মধ্যে যেভাবে তথ্য পাঠানো হয় সেটি নিয়ন্ত্রিত হয় যে একগুচ্ছ নিয়মের দ্বারা **4** [C] (*technical*) a plan for carrying out a scientific experiment or medical treatment বৈজ্ঞানিক পরীক্ষা বা চিকিৎসা সংক্রান্ত কার্যাবলী কিভাবে চালাতে হবে তার পরিকল্পনা

proton / ˈprəʊtɒn ˈপ্র্যাউটন্/ *noun* [C] one of the three types of **particles** that form all atoms. Protons have a positive electric charge অণু গঠনকারী তিনরকম কণার মধ্যে ধনাত্মক বিদ্যুৎ আধানযুক্ত মৌলকণা; প্রোটন ➪ **electron** এবং **neutron** দেখো।

prototype / ˈprəʊtətaɪp ˈপ্র্যাউট্যাটাইপ্ / *noun* [C] the first model or design of sth from which other forms will be developed কোনো কিছুর প্রথম রূপ বা নকশা যা পরবর্তী বিকাশের মূল; আদিধাঁচ

protozoan / ˌprəʊtəˈzəʊən ˌপ্র্যাউট্যা'জ্যাউঅ্যান্ / *noun* [C] (*pl.* **protozoans** or **protozoa** /- ˈzəʊə -'জ্যাউঅ্যা /) a very small living thing, usually with only one cell, that can only be seen using a special piece of equipment that makes it look bigger (**a microscope**) সাধারণত একটি কোষ সম্পন্ন অতীব ক্ষুদ্র প্রাণী যা একমাত্র অণুবীক্ষণ যন্ত্রের সাহায্যেই দেখা যায়; প্রোটোজোয়া

protrude / prəˈtru:d প্র্যা'টুড্ / *verb* [I] **protrude (from sth)** to stick out from a place or surface কোনো স্থান বা সমতল জায়গা থেকে উঠে বা উঁচু হয়ে থাকা *protruding eyes/teeth*

protrusion / prəˈtru:ʒn প্র্যা'ট্রুজ্ ন্ / *noun* [C, U] (*formal*) a thing that sticks out from a place or surface; the fact of doing this যে বস্তু কোনো স্থান বা সমতল থেকে বেরিয়ে বা উঠে থাকে; প্রলম্বন, প্রসারণ *a protrusion on the rock face*

protuberance / prəˈtju:bərəns প্র্যা'টিউব্যার্যান্স্ / *noun* [C] (*formal*) a round part that sticks out from a surface উপবৃদ্ধি, স্ফীতি, উদ্‌গতি *The diseased trees have protuberances on their trunks.*

proud / praʊd প্রাউড্ / *adj.* **1 proud (of sb/sth); proud to do sth/that...** feeling pleased and satisfied about sth that you own or have done গর্বিত, শ্লাঘান্বিত, গৌরবান্বিত *They are very proud of their new house.* ○ *I feel very proud to be part of such a successful organization.* **2** feeling that you are better and more important than other people অন্যের থেকে বেশি ভালো বা গুরুত্বপূর্ণ এরকম অনুভব করা; দেমাকি, দাম্ভিক *Now she's at university she'll be much too proud to talk to us!* **3** having respect for yourself and not wanting to lose the respect of others আত্মাভিমানী, আত্ম-অহংকারী *He was too proud to ask for help.* ➪ **pride** noun দেখো।
▶ **proudly** *adv.* গর্বিতভাবে *'I did all the work myself,' he said proudly.*

prove / pru:v প্রুভ্ / *verb* (*pp* **proved;** *AmE* **proven**) **1** [T] **prove sth (to sb)** to use facts and evidence to show that sth is true কোনো কিছু যে সত্য সেটি দেখানোর জন্য তথ্য এবং প্রমাণ ব্যবহার করা *She tried to prove her innocence to the court.* ○ *He felt he needed **to prove a point*** (= show other people that he was right). ➪ **proof** noun দেখো। **2** *linking verb* to show a particular quality over a period of time কোনো নির্দিষ্ট সময়কাল ধরে কোনো বিশেষ গুণ দেখানো *The job proved more difficult than we'd expected.* **3** [T] **prove yourself (to sb)** to show other people how good you are at doing sth and/or that you are capable of doing sth লোকের কাছে নিজের যোগ্যতা প্রমাণ করা *He constantly feels that he has to prove himself to others.*

proven / ˈprəʊvn; ˈpru:vn ˈপ্র্যাউভ্‌ন্; ˈপ্রুভ্‌ন্ / *adj.* that has been shown to be true সত্যি বলে প্রমাণ করা হয়েছে যা; প্রমাণিত *a proven fact*

proverb / ˈprɒvɜ:b ˈপ্রভ্যব্ / *noun* [C] a short well-known sentence or phrase that gives advice or says that sth is generally true in life প্রবচন, প্রবাদ বাক্য *'Too many cooks spoil the broth,' is a proverb.* ➪ **saying** দেখো।

proverbial / prəˈvɜ:biəl প্র্যা'ভ্যবিঅ্যাল্ / *adj.* **1** (*only before a noun*) used to show you are referring to a well-known phrase (**a proverb**) লোক-প্রসিদ্ধ, প্রবাদ সংক্রান্ত, প্রবাদবিষয়ক *Let's not count our proverbial chickens.* **2** well known and talked about by a lot of people অতি পরিচিত এবং আলোচ্য

provide / prəˈvaɪd প্র্যা'ভাইড্ / *verb* [T] **provide sb (with sth); provide sth (for sb)** to give sth to sb or make sth available for sb to use; to supply sth কাউকে কিছু প্রদান করা বা কারও ব্যবহারের জন্য কিছু প্রাপ্তিসাধ্য করা; সরবরাহ করা *This book will provide you with all the information you need.* ○ *We provide accommodation for students.* ➪ **provision** noun দেখো।

PHR V **provide for sb** to give sb all that he/she needs to live, for example food and clothing বেঁচে থাকার জন্য যা যা দরকার, যেমন খাদ্য ও বস্ত্র, কাউকে প্রদান করা

provide for sth to make preparations to deal with sth that might happen in the future ভবিষ্যতে যা ঘটতে বা হতে পারে তার মোকাবিলা করার জন্য প্রস্তুতি নেওয়া *We did not provide for such a large increase in prices.*

provided / prəˈvaɪdɪd প্র্যা'ভাইডিড্ / (*also* **providing**) *conj.* **provided/providing (that)** only if; on condition that যদি; এই শর্তে *She agreed to go and work abroad provided (that) her family could go with her.*

province / ˈprɒvɪns প্রভিন্স্ / *noun* **1** [C] one of the areas that some countries are divided into with its own local government নিজস্ব স্থানীয় সরকার

সম্বলিত যেসব অঞ্চল বা এলাকায় কোনো কোনো দেশ বিভক্ত হয়ে থাকে তার একটি; প্রদেশ, সুবা, রাজ্য *Canada has ten provinces.* ➪ **county** এবং **state** দেখো। **2 the provinces** [*pl.*] (*BrE*) the part of a country that is outside the most important city (**the capital**) কোনো দেশের সবথেকে গুরুত্বপূর্ণ শহরের বাইরের অংশ

provincial / prəˈvɪnʃl প্র্যা'ভিন্‌শ্‌ল্ / *adj.* **1** (*only before a noun*) connected with one of the large areas that some countries are divided into প্রদেশসংক্রান্ত, প্রাদেশিক *provincial governments/elections* **2** connected with the parts of a country that do not include its most important city মফস্বল সংক্রান্ত, আঞ্চলিক *a provincial town/newspaper* **3** (used about a person or his/her ideas) not wanting to consider new or different ideas or fashions (কোনো ব্যক্তি অথবা তার চিন্তাভাবনা সম্বন্ধে ব্যবহৃত) সংকীর্ণচিত্ত, সংকীর্ণ দৃষ্টিভঙ্গিযুক্ত *provincial attitudes*

provision / prəˈvɪʒn প্র্যা'ভিজ্‌ন্ / *noun* **1** [U] the giving or supplying of sth to sb or making sth available for sb to use কারও জন্য বন্দোবস্ত বা কিছুর সংস্থান করা হচ্ছে এমন *The council is responsible for the provision of education and social services.* **2** [U] **provision for sb/sth** preparations that you make to deal with sth that might happen in the future ভবিষ্যতে ঘটতে পারে এমন কোনো কিছু মোকাবিলা করার প্রস্তুতি *She **made provision for*** (= planned for the financial future of) *the children in the event of her death.* **3 provisions** [*pl.*] (*formal*) supplies of food and drink, especially for a long journey খাদ্য এবং পানীয় সরবরাহ, বিশেষত লম্বা সফরের অথবা যাত্রার জন্য ➪ **provide** verb দেখো।

provisional / prəˈvɪʒənl প্র্যা'ভিজ্যানল্ / *adj.* only for the present time, that is likely to be changed in the future সাময়িক, অস্থায়ী *The provisional date for the next meeting is 18 November.* ○ *a **provisional driving licence*** (= that you use when you are learning to drive) ▶ **provisionally** / -nəli -ন্যালি / *adv.* সাময়িকভাবে, আপাতত *I've only repaired the bike provisionally—we'll have to do it properly later.*

proviso / prəˈvaɪzəʊ প্র্যা'ভাইজ়াউ / *noun* [C] (*pl.* **provisos**) a condition that must be accepted before an agreement can be made কোনো চুক্তির জন্য পালনীয় পূর্বশর্ত; অনুবিধি *He agreed to the visit **with the proviso that** they should stay no longer than a week.*

provocation / ˌprɒvəˈkeɪʃn ˌপ্রভ্যা'কেইশ্‌ন্ / *noun* [U, C] doing or saying sth deliberately to try to make sb angry or upset; sth that is said or done to cause this কাউকে রাগিয়ে দেওয়া বা মানসিকভাবে আঘাত দেওয়ার জন্য ইচ্ছে করে কিছু করা বা বলা হচ্ছে এমন; প্ররোচনা, উসকানি, উৎক্ষোভন *You should never hit children, even **under** extreme **provocation**.* ➪ **provoke** verb দেখো।

provocative / prəˈvɒkətɪv প্র্যা'ভক্যাটিভ্ / *adj.* **1** intended to make sb angry or upset or to cause an argument প্ররোচক, উত্তেজক, প্ররোচনাদায়ক *He made a provocative remark about a woman's place being in the home.* **2** intended to cause sexual excitement যৌনউত্তেজক, কামউত্তেজক ▶ **provocatively** *adv.* উত্তেজকভাবে, প্ররোচনাদায়কভাবে

provoke / prəˈvəʊk প্র্যা'ভ্যাউক্ / *verb* [T] **1** to cause a particular feeling or reaction বিশেষ কোনো অনুভূতি অথবা প্রতিক্রিয়া সঞ্চার করা বা জাগিয়ে তোলা *an article intended to provoke discussion* **2 provoke sb (into sth/into doing sth)** to say or do sth that you know will make a person angry or upset কোনো কিছু বলে অথবা করে জেনে বুঝে কাউকে রোষান্বিত করা, কুপিত করা *The lawyer claimed his client was provoked into acts of violence.* ➪ **provocation** noun দেখো।

prow / praʊ প্রাউ / *noun* [C] the front part of a ship or boat জাহাজের বা নৌকোর সামনের অংশ **NOTE** জাহাজের পিছনের অংশকে **stern** বলা হয়।

prowess / ˈpraʊəs ˈপ্রাউঅ্যাস্ / *noun* [U] (*formal*) great skill at doing sth কোনো কিছু করায় যথেষ্ট নৈপুণ্য, দক্ষতা *academic/sporting prowess*

prowl / praʊl প্রাউল্ / *verb* [I, T] **prowl (about/around)** (used about an animal that is hunting or a person who is waiting for a chance to steal sth or do sth bad) to move around an area quietly so that you are not seen or heard (কোনো শিকার সন্ধানী পশু অথবা কোনো ব্যক্তি যে কিছু চুরি করা বা খারাপ কিছু করার অপেক্ষায় আছে তাদের সম্বন্ধে ব্যবহৃত) কোনো জায়গায় নিঃশব্দে ঘুরঘুর করা যাতে কেউ দেখতে বা কিছু শুনতে না পায় *I could hear someone prowling around outside so I called the police.*

> **NOTE** কোনো শিকারসন্ধানী পশু যখন শিকারের আশায় অথবা কোনো ব্যক্তি যখন কুমতলবে ঘুরঘুর করে তখন তার জন্য **on the prowl** অভিব্যক্তিটি ব্যবহার করা হয়।

▶ **prowler** *noun* [C] ছিঁচকে চোর, শিকারসন্ধানী জন্তু *The police arrested a prowler outside the hospital.*

proximity / prɒkˈsɪməti প্রক্'সিম্যাটি / *noun* [U] (*formal*) **proximity (of sb/sth) (to sb/sth)** the state of being near to sb/sth in distance or time

দূরত্ব বা সময়ের দিক থেকে কোনো ব্যক্তি বা বস্তুর নিকটবর্তিতা বা সমীপবর্তিতা *An advantage is the proximity of the new offices to the airport.*

proxy / ˈprɒksi ˈপ্রক্‌সি / *noun* [U] the authority that you give to sb to act for you if you cannot do sth yourself নিজে কোনো কাজ করতে না পারলে অন্যকে সেটি করার জন্য (নিজের হয়ে) যে অধিকার দেওয়া হয়; প্রতিনিধি, পরিবর্ত *to vote **by proxy***

prude / pru:d প্রুড্ / *noun* [C] a person who is easily shocked by anything connected with sex যে ব্যক্তি যৌনতা সংক্রান্ত কোনো কিছুতে সহজেই আপত্তি করে, যা তার কাছে অত্যন্ত কুরুচিকর মনে হয়; রুচিবাগীশ ▶ **prudish** *adj.* রুচিবাগীশ ব্যক্তির মতো বা সেই সংক্রান্ত

prudent / ˈpru:dnt ˈপ্রুড্‌ন্ট্ / *adj.* (*formal*) sensible and careful when making judgements and decisions; avoiding unnecessary risks বিচক্ষণ; বিবেচক *It would be prudent to get some more advice before you invest your money.* ✪ বিপ **imprudent** ▶ **prudence** *noun* [U] বিচক্ষণতা ▶ **prudently** *adv.* বিচক্ষণতার সঙ্গে

prune¹ / pru:n প্রুন্ / *noun* [C] a dried fruit (**plum**) শুকোনো প্লাম

prune² / pru:n প্রুন্ / *verb* [T] to cut branches or parts of branches off a tree or bush in order to make it a better shape কোনো গাছ অথবা ঝোপঝাড়কে আরও সুন্দর আকার দেওয়ার জন্য তার ডালপালা অথবা ডালপালার অংশ ছেঁটে ফেলা

pry / praɪ প্রাই / *verb* (*pres. part.* **prying;** *3rd person sing. pres.* **pries;** *pt, pp* **pried**) **1** [I] **pry (into sth)** to try to find out about other people's private affairs অপরের ব্যক্তিগত খবর জানার চেষ্টা করা *I'm sick of you prying into my personal life.* **2** [T] (*AmE*) = **prise**

PS (*also* **ps**) / ˌpi:ˈes ˌপীˈএস্ / *abbr.* (used for adding sth to the end of a letter) postscript চিঠির শেষে আরও কিছু বলার আগে ব্যবহার করা হয়, যেমন বাংলা পুনশ্চ-তে পু: *Love Raman. PS I'll bring the car.*

psalm / sɑ:m সাঃম্ / *noun* [C] a sacred song, poem or prayer that praises God, especially one in the Bible ভক্তিগীত বা আধ্যাত্মিক কবিতা অথবা প্রার্থনা (বিশেষত বাইবেলে) *Book of Psalms*

pseudo- / ˈsu:dəʊ; ˈsju:- ˈসূড্যাউ; ˈসিউ / *prefix-* (*used in nouns, adjectives and adverbs*) not genuine; false or pretended খাঁটি নয়; মিথ্যা অথবা ভান অথবা ভণ্ডামিতে ভরা *pseudonym* ○ *pseudoscience*

pseudocode / ˈsu:dəʊkəʊd; ˈsju:- ˈসূড্যাউক্যাউড্; ˈসিউ-/ *noun* [C] (*computing*) a very simple form of computer language used in program design অতি সরল ধরনের কম্পিউটার ভাষা যা প্রোগ্রাম ডিজাইনে ব্যবহার করা হয়; স্যুডোকোড

pseudonym / ˈsu:dənɪm; ˈsju:- ˈসূড্যানিম্; ˈসিউ / *noun* [C] a name used by sb, especially a writer, instead of his/her real name (বিশেষত কোনো লেখকের আসল নামের পরিবর্তে) ছদ্মনাম; কল্পিত নাম

psych / saɪk সাইক্ / *verb*

PHR V **psych yourself up** (*informal*) to prepare yourself in your mind for sth difficult কঠিন কিছুর জন্য মনে মনে প্রস্তুত হওয়া *I've got to psych myself up for this interview.*

psyche / ˈsaɪki ˈসাইকি / *noun* [C] (*formal*) the mind; your deepest feelings and attitudes চিত্ত, মন; মনের গভীরে অনুভূতি *the human/female/ national psyche*

psychedelic / ˌsaɪkəˈdelɪk ˌসাইক্যাˈডেলিক্ / *adj.* (used about art, music, clothes, etc.) having bright colours or patterns or strange sounds (শিল্প, সংগীত, পোশাক ইত্যাদি সম্বন্ধে ব্যবহৃত) খুব উজ্জ্বল বর্ণ বা নকশা অথবা অদ্ভুত রকম আওয়াজসম্পন্ন

psychiatrist / saɪˈkaɪətrɪst সাইˈকাইঅ্যাট্রিস্ট্ / *noun* [C] a doctor who is trained to treat people with mental illness মনোরোগ বিশেষজ্ঞ

psychiatry / saɪˈkaɪətri সাইˈকাইঅ্যাট্রি / *noun* [U] the study and treatment of mental illness মানসিক রোগের অধ্যয়ন এবং চিকিৎসা; মনোরোগচিকিৎসাবিদ্যা ➪ **psychology** দেখো। ▶ **psychiatric** / ˌsaɪkiˈætrɪk ˌসাইকিˈঅ্যাট্রিক্ / *adj.* মনোরোগ সংক্রান্ত *a psychiatric hospital/unit/nurse*

psychic / ˈsaɪkɪk ˌসাইকিক্ / *adj.* (used about a person or his/her mind) having unusual powers that cannot be explained, for example knowing what sb else is thinking or being able to see into the future (ব্যক্তি বা তার মন সংক্রান্ত) পরাদৃষ্টি সম্পন্ন, অতীন্দ্রিয় ক্ষমতাযুক্ত, অলৌকিক শক্তিসম্পন্ন

psycho / ˈsaɪkəʊ ˈসাইক্যাউ / = **psychopath**

psycho- / ˈsaɪkəʊ ˈসাইক্যাউ / (*also* **psych-**) *prefix* (*used in nouns, adjectives and adverbs*) connected with the mind মন সম্পর্কিত *psychology* ○ *psychiatrist*

psychoanalysis / ˌsaɪkəʊəˈnæləsɪs ˌসাইক্যাউঅ্যাˈন্যাল্যাসিস্ / (*also* **analysis**) *noun* [U] a method of treating sb with a mental illness by asking about his/her past experiences, feelings, dreams, etc. in order to find out what is making him/her ill মানসিক রোগীর রোগের কারণ নির্ণয় ও চিকিৎসা পদ্ধতি যাতে তার অতীত অভিজ্ঞতা, অনুভূতি, স্বপ্ন ইত্যাদি জিজ্ঞাসা করা হয়; মনঃসমীক্ষণ পদ্ধতি, মনোবিকলন পদ্ধতি ▶ **psychoanalyse** (*AmE* **-yze**) / ˌsaɪkəʊˈænəlaɪz

ˌসাইক্যাউ-'অ্যান্যালাইজ় / *verb* [T] মনঃসমীক্ষণ পদ্ধতির দ্বারা কোনো মানসিক রোগীর চিকিৎসা করা

psychoanalyst / ˌsaɪkəʊˈænəlɪst ˌসাইক্যাউ-'অ্যান্যালিস্ট্ / *noun* [C] a person who treats sb with a mental illness by using psychoanalysis মনঃসমীক্ষক

psychological / ˌsaɪkəˈlɒdʒɪkl ˌসাইক্যা'লজিক্ল্ / *adj.* **1** connected with the mind or the way that it works মনস্তত্ত্ব-সম্বন্ধীয়, মানসিক *Her ordeal caused her long-term psychological damage.* **2** connected with the study of the mind and the way people behave (**psychology**) মনস্তত্ত্বসম্বন্ধীয়; মনোবিদ্যাসংক্রান্ত ▶ **psychologically** / -kli -ক্লি / *adv.* মানসিকভাবে *Psychologically, it was a bad time to be starting a new job.*

psychologist / saɪˈkɒlədʒɪst সাই'কল্যাজিস্ট্ / *noun* [C] a scientist who studies the mind and the way that people behave মনোবিদ্যাবিশারদ, মনোবিজ্ঞানী

psychology / saɪˈkɒlədʒi সাই'কল্যাজি / *noun* **1** [U] the scientific study of the mind and the way that people behave মনস্তত্ত্ব, মনোবিদ্যা, মনস্তত্ত্ববিদ্যা *child psychology* ➪ **psychiatry** দেখো। **2** [*sing.*] the type of mind that a person or group of people has কোনো গোষ্ঠী বা একটি লোকের মানসিক বৈশিষ্ট্য *If we understood the psychology of the killer we would have a better chance of catching him.*

psychopath / ˈsaɪkəpæθ 'সাইক্যাপ্যাথ্ / (*spoken* **psycho**) *noun* [C] a person who has a serious mental illness that may cause him/her to hurt or kill other people মানসিক ভারসাম্যহীন ব্যক্তি, যে মানসিক অসুস্থতার কারণে অন্যকে হত্যা করার মতো জঘন্য অপরাধ করতে পারে

psychosis / saɪˈkəʊsɪs সাই'ক্যাউসিস্ / *noun* [C, U] (*pl.* **psychoses** / -si:z -সীজ় /) a very serious mental illness that affects your whole personality কঠিন মনোবিকার, উন্মাদ অবস্থা, বাতুলতা ▶ **psychotic** / saɪˈkɒtɪk সাই'কটিক্ / *adj., noun* [C] গভীর মানসিক অসুস্থতা সংক্রান্ত *a psychotic patient/individual*

psychosomatic / ˌsaɪkəʊsəˈmætɪk ˌসাইক্যাউ-স্যা'ম্যাটিক্ / *adj.* (of an illness) caused by mental problems rather than physical problems (অসুস্থতা বা রোগ) মানসিক সমস্যা সংক্রান্ত

psychotherapy / ˌsaɪkəʊˈθerəpi ˌসাইক্যাউ'থের‍্যাপি / *noun* [U] the treatment of mental illness by discussing sb's problems rather than by giving him/her drugs ওষুধের দ্বারা নয়, রোগীর সমস্যার কথা আলোচনার মাধ্যমে মানসিক পীড়ার চিকিৎসা

PT / ˌpi:ˈti: ˌপী'টী / *abbr.* physical training শারীরিক প্রশিক্ষণ

pt (*pl.* **pts**) *abbr.* **1** pint (মাপ) পিন্ট *2 pints milk* **2** (in a game or competition) point কোনো খেলা বা প্রতিযোগিতার নম্বর বা পয়েন্ট *Anand 5pts, Anuj 3pts*

PTO (*also* **pto**) / ˌpi: ti:ˈəʊ ˌপীটী' অ্যাউ / *abbr.* (at the bottom of a page) please turn over পৃষ্ঠার নীচে লেখা থাকে, please turn over-এর সংক্ষিপ্ত রূপ; এটি লেখা থাকলে বোঝায় যে পৃষ্ঠা উলটে দেখতে হবে

pub / pʌb পাব্ / (*formal* **public house**) *noun* [C] a place where people go to buy and drink alcohol and that also often serves food যে স্থানে মদ এবং প্রায়শ অন্য খাদ্যদ্রব্য পাওয়া যায়; সরাইখানা; পাব

puberty / ˈpju:bəti 'পিউব্যাটি / *noun* [U] the time when a child's body is changing and becoming physically like that of an adult বয়ঃসন্ধিকাল, বয়ঃসন্ধিত্ব

pubic / ˈpju:bɪk 'পিউবিক্ / *adj.* of the area around the sexual organs যৌন লিঙ্গের চারিদিকের অংশ *pubic hair*

public¹ / ˈpʌblɪk 'পাব্লিক্ / *adj.* **1** (*only before a noun*) connected with ordinary people in general, not those who have an important position in society জনসাধারণ-সংক্রান্ত, সাধারণ মানুষের বিষয়ে (সমাজের গুরুত্বপূর্ণ মানুষদের সম্বন্ধে নয়) ***Public opinion** was not in favour of the war.* ○ *How much public support is there for the government's policy?* **2** provided for the use of people in general; not private জনসাধারণের ব্যবহারের জন্য প্রদত্ত; ব্যক্তিগত নয় *a public library/telephone* **3** known by many people যা বহু লোকেই জানে *We're going to **make** the news **public** soon.* ➪ **private** দেখো। ▶ **publicly** / -kli -ক্লি / *adv.* সর্বসমক্ষে, খোলাখুলিভাবে, প্রকাশ্যে *The company refused to admit publicly that it had acted wrongly.*

IDM be common/public knowledge ➪ **knowledge** দেখো।

go public 1 to tell people about sth that is a secret গোপন কিছু সম্বন্ধে সবাইকে জানিয়ে দেওয়া *The sacked employee went public with his stories of corruption inside the company.* **2** (used about a company) to start selling shares to the public (কোনো কোম্পানি সম্বন্ধে ব্যবহৃত) জনসাধারণের কাছে শেয়ার বিক্রি করতে আরম্ভ করা

in the public eye often appearing on television, in magazines, etc. যার প্রায়ই টেলিভিশন, পত্রিকা ইত্যাদিতে প্রকাশ ঘটে

public² / ˈpʌblɪk 'পাব্লিক্ / *noun* [*with sing. or pl. verb*] **1 the public** people in general সাধারণ লোক; জনসাধারণ *The museum is **open to the public**.* ○ *The police have asked for help from **members***

of the public. **2** a group of people who are all interested in sth or who have sth in common একই বিষয়ে আগ্রহী এমন জনগোষ্ঠী *the travelling public*

IDM in public when other people are present সকলের সামনে, সর্বসমক্ষে *This is the first time that Ms Sharma has spoken about her experience in public.*

publican / ˈpʌblɪkən ˈপাব্লিক্যান্ / *noun* [C] a person who owns or manages a pub এমন কেউ যে একটা সরাইখানা চালায় বা তার মালিক

publication / ˌpʌblɪˈkeɪʃn পাব্লিˈকেইশ্ন্ / *noun* **1** [U] the act of printing a book, magazine, etc. and making it available to the public বই, ম্যাগাজিন ইত্যাদির মুদ্রণ এবং জনগণের কাছে সেটি প্রাপ্তিসাধ্য করার যে ক্রিয়া *His latest book has just been accepted for publication.* **2** [C] a book, magazine, etc. that has been published প্রকাশিত কোনো বই, পত্রিকা ইত্যাদি **3** [U] the action of making sth known to the public জনসাধারণকে জানানোর কাজ *the publication of exam results*

public company (*also* **public limited company**) *noun* [C] (*BrE*) a large company that sells shares in itself to the public বড়ো কোম্পানি যার শেয়ার জনসাধারণের কাছে বিক্রি করা হয়

public convenience *noun* [C] a toilet in a public place that anyone can use জনসাধারণের ব্যবহারের জন্য শৌচাগার; জনসুবিধার্থে

public house (*formal*) = **pub**

publicity / pʌbˈlɪsəti পাব্ˈলিস্যাটি / *noun* [U] **1** notice or attention given by the newspapers, television, etc. to sth/sb খবরের কাগজ, টেলিভিশন ইত্যাদির মাধ্যমে কোনো ব্যক্তি অথবা বস্তুর প্রতি (মানুষের) যে লক্ষ বা মনোযোগ আকর্ষণ করানো হয় *to seek/avoid publicity* **2** the business of attracting people's attention to sth/sb; advertising কারও বা কিছুর প্রতি মানুষের মনোযোগ আকর্ষণের ব্যাবসা; বিজ্ঞাপন *There has been a lot of publicity for this film.*

publicize (*also* **-ise**) / ˈpʌblɪsaɪz ˈপাব্লিসাইজ্ / *verb* [T] to attract people's attention to sth কোনো কিছুতে জনসাধারণের মনোযোগ আকর্ষণ করানো *The event has been well publicized and should attract a lot of people.*

public relations *noun* (*abbr.* **PR**) **1** [*pl.*] the state of the relationship between an organization and the public সাধারণ মানুষ এবং কোনো প্রতিষ্ঠানের মধ্যে যোগাযোগ বা সম্পর্ক *Giving money to local charities is good for public relations.* **2** [U] the job of making a company, organization, etc. popular with the public কোনো ব্যাবসায়িক সংগঠন, প্রতিষ্ঠান ইত্যাদি সাধারণের মধ্যে জনপ্রিয় করার কাজ *a Public Relations Officer*

public school *noun* [C] **1** (in Britain, especially in England) a private school for children aged between 13 and 18. Parents have to pay to send their children to one of these schools. Many of the children at public schools live (**board**) there while they are studying (ব্রিটেনে বিশেষ করে ইংল্যান্ডে) ১৩ থেকে ১৮ বছর বয়সি ছেলেমেয়েদের জন্য যেসব স্কুলে বেতন দিয়ে পড়তে হয় এবং বেশির ভাগ ক্ষেত্রেই ছাত্ররা আবাসিক হিসেবে থাকে **2** (in the US, Australia, Scotland and other countries) a local school that provides free education (আমেরিকা, অস্ট্রেলিয়া, স্কটল্যান্ড এবং অন্য দেশে) নিঃশুল্ক স্কুল

public-spirited *adj.* always ready to help other people and the public in general অন্য লোক এবং সাধারণ মানুষের সাহায্যের জন্য যে সর্বদা প্রস্তুত

public transport *noun* [U] (the system of) buses, trains, etc. that run according to a series of planned times and that anyone can use জনসাধারণের জন্য যানবাহন *to travel by/on public transport*

publish / ˈpʌblɪʃ ˈপাব্লিশ্ / *verb* **1** [I, T] to prepare and print a book, magazine, etc. and make it available to the public বই, পত্রিকা ইত্যাদি তৈরি করে মুদ্রিত করা এবং জনগণের কাছে সেটি প্রাপ্তিসাধ্য করা *This dictionary has been published by Oxford University Press.* **2** [T] (used about a writer, etc.) to have your work put in a book, magazine, etc. (লেখক ইত্যাদি সম্বন্ধে ব্যবহৃত) বই, পত্রিকা ইত্যাদিতে লেখা প্রকাশ করা *Dr Verma has published several articles on the subject.* **3** [T] to make sth known to the public জনসাধারণের কাছে প্রকাশ করা *Large companies must publish their accounts every year.*

publisher / ˈpʌblɪʃə(r) ˈপাব্লিশ্যা(র্) / *noun* [C] a person or company that publishes books, magazines, etc.প্রকাশক; পাবলিশার

publishing / ˈpʌblɪʃɪŋ ˈপাব্লিশিং / *noun* [U] the business of preparing books, magazines, etc. to be printed and sold প্রকাশনা-ব্যাবসা *She's aiming for a career in publishing.*

pudding / ˈpʊdɪŋ ˈপুডিং / *noun* [C, U] (*BrE*) **1** any sweet food that is eaten at the end of a meal প্রধান খাবারের শেষে যে মিষ্টান্ন খাওয়া হয় *What's for pudding today?* **NOTE** এই অর্থে **dessert** শব্দটি বেশি পোশাকি। ➪ **sweet** দেখো। **2** a type of sweet food that is made from bread, flour or rice with eggs, milk, etc. রুটি, আটা বা চাল, ডিম, দুধ ইত্যাদি দিয়ে তৈরি করা একরকম মিষ্টি খাবার; পুডিং *rice pudding*

puddle / ˈpʌdl ˈপাড্‌ল্ / *noun* [C] a small pool of water or other liquid, especially rain, that has formed on the ground মাটিতে খানাখন্দে জমা বৃষ্টির জল বা অন্য তরল পদার্থ ➪ **pond**-এ নোট দেখো।

puff[1] / pʌf পাফ্ / *verb* **1** [I, T] (used about air, smoke, wind, etc.) to blow or come out in clouds (হাওয়া, ধোঁয়া, বাতাস ইত্যাদি সম্বন্ধে ব্যবহৃত) দমকাভাবে বা কুণ্ডলী পাকিয়ে বেরিয়ে আসা *Smoke was puffing out of the chimney.* **2** [I, T] to smoke a cigarette, pipe etc. সিগারেট, পাইপ ইত্যাদিতে ধূম্রপান করা *to puff on a cigarette* **3** [I] to breathe loudly or quickly, for example when you are running হাঁপানো, জোরে জোরে শ্বাস ফেলা (যেমন ছোটার সময়ে) *He was puffing hard as he ran up the hill.* **4** [I] **puff along, in, out, up, etc.** to move in a particular direction with loud breaths or small clouds of smoke বিশেষ কোনো দিকে সশব্দে ধোঁয়া ছাড়তে ছাড়তে যাওয়া *The train puffed into the station.*

PHR V **puff sth out/up** to cause sth to become larger by filling it with air কোনো কিছুর ভিতরে বাতাস ভরে ফোলানো *The trumpet player was puffing out his cheeks.*

puff up (used about part of the body) to become swollen (শরীরের অংশ সম্বন্ধে ব্যবহৃত) ফুলে ওঠা, স্ফীত হওয়া *Her arm puffed up when she was stung by a wasp.*

puff[2] / pʌf পাফ্ / *noun* [C] **1** a small amount of air, smoke, wind, etc. that is blown or sent out যে অল্প পরিমাণ ধোঁয়া, হাওয়া বা বাতাস ইত্যাদি একবারে বার করা হয় বা বেরিয়ে আসে *a puff of smoke* **2** one breath that you take when you are smoking a cigarette or pipe সিগারেট বা পাইপ ইত্যাদি একবারে টেনে যে পরিমাণ ধোঁয়া নেওয়া হয় *to take/have a puff on a cigarette*

puffed / pʌft পাফ্‌ট্ / (*also* **puffed out**) *adj.* finding it difficult to breathe, for example because you have been running শ্বাস নিতে কষ্ট হচ্ছে এমন, যেমন যখন দৌড়োনো হয়

puffin / ˈpʌfin ˈপাফিন্ / *noun* [C] a North Atlantic sea bird with a large brightly coloured beak উত্তর আটলান্টিক অঞ্চলের একধরনের সামুদ্রিক পাখি যাদের উজ্জ্বল রঙের বড়ো ঠোঁট হয়; পাফিন ➪ **seabird**-এ ছবি দেখো।

puffy / ˈpʌfi ˈপাফি / *adj.* (used about a part of a person's body) looking soft and swollen (শরীরের কোনো অংশ সম্বন্ধে ব্যবহৃত) নরম এবং স্ফীত দেখানো *Your eyes look a bit puffy. Have you been crying?*

pug mark / ˌpʌgˈmaː ˌপগ্ˈমা:ক্ / *noun* [C] the trail or footprint of an animal পশুর পদচিহ্ন

puja (*IndE*) noun (also **pooja**) (in India) ceremonial worship of a Hindu deity including rituals and offerings (ভারতে) শাস্ত্রাচার এবং অঞ্জলি, নৈবেদ্য ইত্যাদি সহ আনুষ্ঠানিকভাবে হিন্দু দেবদেবী বা ভগবানের উদ্দেশে নিবেদিত পূজা; অর্চনা, আরাধনা, পুজো

puke / pju:k পিউক্ / *verb* [I, T] ( ) to vomit বমি করা

► **puke** *noun* [U] বমি

pulao *noun* [U] a rice dish cooked with meat or vegetables. The rice can be **seasoned** with various spices মশলা-মাখানো ভাত মাংস, সবজি ইত্যাদি দিয়ে তৈরি খাবার; পলান্ন, পোলাও

pull[1] / pʊl পুল্ / *verb* **1** [I, T] to use force to move sb/sth towards yourself কোনো ব্যক্তি অথবা বস্তুকে নিজের দিকে বলপূর্বক টানা *I pulled on the rope to make sure that it was secure.* ○ *They managed to pull the child out of the water.* **2** [T] **pull sth on, out, up, down, etc.** to move sth in the direction that is described উল্লিখিত দিকে কোনো কিছু সরানো *She pulled her sweater on.* ○ *She pulled on her sweater.* ○ *I switched off the TV and pulled out the plug.* **3** [T] to hold or be fastened to sth and move it along behind you in the direction that you are going কোনো কিছু ধরে অথবা পিছনদিকে বেঁধে নির্দিষ্ট দিকে টেনে নিয়ে যাওয়া *That cart is too heavy for one horse to pull.* **4** [I, T] to move your body or a part of your body away with force শরীর অথবা শরীরের কোনো অংশ জোর দিয়ে সরানো *I pulled back my fingers just as the door slammed.* **5** [T] to damage a muscle, etc. by using too much force খুব জোর দেওয়ার ফলে শরীরের কোনো পেশি ইত্যাদি জখম করা *I've **pulled a muscle** in my thigh.*

IDM **make/pull faces/a face (at sb)** ➪ **face**[1] দেখো।

pull sb's leg (*informal*) to play a joke on sb by trying to make him/her believe sth that is not true কোনো ব্যক্তির সঙ্গে মজা করা

pull out all the stops (*informal*) to make the greatest possible effort to achieve sth কোনো কিছু পাওয়ার জন্য যথাসাধ্য চেষ্টা করা; মাথার ঘাম পায়ে ফেলা

pull your punches (*informal*) (*usually used in negative sentences*) to be careful what you say or do in order not to shock or upset anyone (সাধারণত নেতিবাচক বাক্যে ব্যবহৃত) কাউকে অবাক করতে বা ভড়কে দিতে কি বলা হবে বা করা হবে সে ব্যাপারে সাবধান হওয়া *The film pulls no punches in its portrayal of urban violence.*

pull strings to use your influence to gain an advantage কোনো সুবিধা পাওয়ার জন্য নিজের প্রভাব কাজে লাগানো

P

pull your weight to do your fair share of the work কোনো কাজের ব্যাপারে যা করণীয় তা করা

PHR V **pull away (from sb/sth)** to start moving forward, leaving sb/sth behind কাউকে বা কিছু পিছনে ফেলে এগিয়ে যাওয়া *We waved as the bus pulled away.*

pull sth down to destroy a building কোনো কিছু, যেমন একটা বাড়ি, ভেঙে ফেলা

pull in (to sth); pull into sth 1 (used about a train) to enter a station (ট্রেন সম্বন্ধে ব্যবহৃত) স্টেশনে ঢোকা **2** (used about a car, etc.) to move to the side of the road and stop (মোটর গাড়ি ইত্যাদি সম্বন্ধে ব্যবহৃত) রাস্তার পাশে দাঁড় করানো

pull sth off (*informal*) to succeed in sth কোনো কিছুতে সফল হওয়া *to pull off a business deal*

pull out (used about a car, etc.) to move away from the side of the road (মোটর গাড়ি ইত্যাদি সম্বন্ধে ব্যবহৃত) রাস্তার পাশ থেকে সরিয়ে নেওয়া *I braked as a car suddenly pulled out in front of me.*

pull out (of sth) (used about a train) to leave a station (ট্রেন সম্বন্ধে ব্যবহৃত) স্টেশন থেকে ছেড়ে যাওয়া

pull (sb/sth) out (of sth) (to cause sb/sth) to leave sth কোনো ব্যক্তি অথবা বস্তুকে কোনো কিছু ছেড়ে যেতে বাধ্য করা *The Americans have pulled their forces out of the area.* ○ *We've pulled out of the deal.*

pull sth out to take sth out of a place suddenly or with force কোনো কিছু হঠাৎ করে বা জোর দিয়ে কোনো জায়গা থেকে বার করা *She walked into the bank and pulled out a gun.*

pull over (used about a vehicle or its driver) to slow down and move to the side of the road (গাড়ি অথবা তার ড্রাইভার সম্বন্ধে ব্যবহৃত) আস্তে করে রাস্তার পাশে সরে যাওয়া *I pulled over to let the ambulance pass.*

pull through (sth) to survive a dangerous illness or a difficult time কঠিন অসুখ অথবা সময়ের মধ্য দিয়ে গিয়ে টিকে থাকা

pull together to do sth or work together with other people in an organized way and without fighting অন্য অনেকের সঙ্গে সংগঠিতভাবে, ঝগড়াঝাটি না করে কাজ করা; ঐক্যবদ্ধ হয়ে কাজ করা

pull yourself together to control your feelings and behave in a calm way (নিজের আবেগ সামলে) শান্ত আচরণ করা, ঠান্ডা মাথায় কাজ করা *Pull yourself together and stop crying.*

pull up (to cause a car, etc.) to stop মোটর গাড়ি ইত্যাদি থামানো

pull² / pʊl পুল্ / *noun* **1** [C] **a pull (at/on sth)** the action of moving sb/sth towards you using force কাউকে বা কোনো কিছু জোর দিয়ে নিজের দিকে টানার কাজ *I gave a pull on the rope to check it was secure.* **2** [*sing.*] a physical force or an attraction that makes sb/sth move in a particular direction বল বা শারীরিক শক্তি, টান, আকর্ষণ *the earth's gravitational pull* ○ *He couldn't resist the pull of the city.* **3** [*sing.*] the act of taking a breath of smoke from a cigarette সিগারেট থেকে এক গাল ধোঁয়ার টান

pulley / ˈpʊli ˈপুলি / *noun* [C] a piece of equipment, consisting of a wheel and a rope, that is used for lifting heavy things কপিকলের চাকা; পুলি

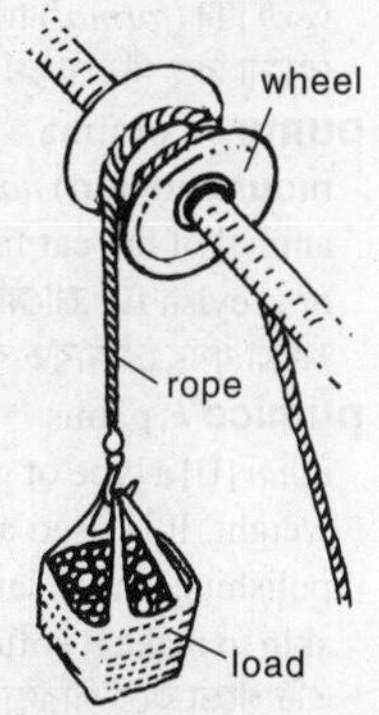

wheel
rope
load

pullover / ˈpʊləʊvə(r) ˈপুল্যাউভ্যা(র্) / *noun* [C] a knitted woollen piece of clothing for the upper part of the body, with long sleeves and no buttons মাথার উপর দিয়ে গলিয়ে পরতে হয় এমন বোতামবিহীন পুরো হাতের সোয়েটার; পুলওভার ➪ **sweater**-এ নোট দেখো।

pulmonary / ˈpʌlmənəri ˈপাল্ম্যান্যারি / *adj.* (*technical*) connected with the lungs ফুসফুস সংক্রান্ত *the pulmonary artery* ➪ **heart**-এ ছবি দেখো।

pulp / pʌlp পাল্প্ / *noun* **1** [*sing.*, U] a soft substance that is made especially by pressing sth কোনো নরম দ্রব্য যা সাধারণত চটকে চটকে বানানো হয় *Mash the beans to a pulp.* ➪ **wood pulp** দেখো। **2** [U] the soft inner part of some fruits or vegetables কোনো কোনো ফল বা তরিতরকারির ভিতরের নরম অংশ, শাঁস

pulpit / ˈpʊlpɪt ˈপুলপিট্ / *noun* [C] a raised platform in a church where the priest stands when he/she is speaking গির্জার মঞ্চ যেখানে কিছু বলার সময়ে পুরোহিত দাঁড়ান; প্রচারবেদি

pulsar / ˈpʌlsɑː(r), পাল্সা:(র্) / *noun* [C] (*technical*) a star that cannot be seen but that sends out fast regular radio signals এমন তারা যা দেখা যায় না কিন্তু যা থেকে নিয়মিত রেডিও সংকেত আসে ➪ **quasar** দেখো।

pulsate / pʌlˈseɪt পাল্ˈসেইট্ / *verb* [I] to move or shake with strong regular movements জোরালো ও নিয়মিতভাবে স্পন্দিত হওয়া *a pulsating rhythm*

pulse¹ / pʌls পালস্ / *noun* **1** [C, *usually sing.*] the regular beating in your body as blood is pushed around it by your heart. You can feel your pulse at your wrist, neck, etc. নাড়ির স্পন্দন, ধমনি-ঘাত (যা কবজি, ঘাড় ইত্যাদিতে অনুভূত হয়) *Your* *pulse rate increases after exercise.* ○ *to feel/take sb's pulse* (= to count how many times it beats in one minute) **2 pulses** [*pl.*] the seeds of some plants such as beans and peas that are cooked and eaten as food বিভিন্ন ধরনের ডাল

pulse[2] / pʌls পালস্ / *verb* [I] to move with strong regular movements নিয়মিতভাবে স্পন্দিত হওয়া

pulverize (*also* **-ise**) / ˈpʌlvəraɪz ˈপাল্‌ভ্যারাইজ্ / *verb* [T] (*formal*) to crush sth into a fine powder কোনো কিছু গুঁড়িয়ে চূর্ণ করা *pulverized bones*

puma / ˈpju:mə ˈপিউম্যা / (*AmE* **cougar** or **mountain lion**) *noun* [C] a large American wild animal of the cat family, with yellowish-brown or greyish fur আমেরিকার বেড়াল জাতীয় হলুদ-বাদামি অথবা ধূসর রোমাবৃত বৃহৎ বন্যপশু; পুমা

pumice / ˈpʌmɪs ˈপামিস্ / (*also* **pumice stone**) *noun* [U] a type of grey stone that is very light in weight. It is used as a powder for cleaning and polishing, and in larger pieces for rubbing on the skin to make it softer একধরনের হালকা ধূসর পাথর। এটি গুঁড়ো করে পরিষ্কার করা বা পালিশ করার জন্য এবং অপেক্ষাকৃত বড়ো টুকরো করে ত্বক ঘষে নরম করার জন্য ব্যবহৃত হয়; ঝামা

pump[1] / pʌmp পাম্প্ / *verb* **1** [T] to force a gas or liquid to go in a particular direction কোনো গ্যাস, অথবা তরল পদার্থ কোনো নির্দিষ্ট দিকে বলপূর্বক পাঠানো *Your heart pumps blood around your body.* **2** [I] (used about a liquid) to flow in a particular direction as if forced by a pump (তরল পদার্থ সম্বন্ধে ব্যবহৃত) যেন পাম্প করা হচ্ছে এমনভাবে কোনো নির্দিষ্ট দিকে প্রবাহিত হওয়া *Blood was pumping out of the wound.* **3** [I, T] to be moved or to move sth very quickly up and down or in and out খুব ঘন ঘন উপরে এবং নীচে অথবা ভিতরে এবং বাইরে কোনো কিছু নাড়ানো বা নড়া *He pumped his arms up and down to keep warm.*

PHR V **pump sth into sth/sb** to put a lot of sth into sth/sb কোনো কিছুর অনেকটা অন্য কিছুর মধ্যে ঢালা অথবা অন্য কাউকে দেওয়া *He pumped all his savings into the business.*

pump sth up to fill sth with air, for example by using a pump কোনো কিছুতে হাওয়া ঢুকিয়ে ফোলানো, (যেমন পাম্প ব্যবহার করে) *to pump up a car tyre*

pump[2] / pʌmp পাম্প্ / *noun* [C] **1** a machine that is used for forcing a gas or liquid in a particular direction গ্যাস বা তরল পদার্থকে বিশেষ কোনো দিকে জোর দিয়ে পাঠানোর জন্য যে যন্ত্র ব্যবহার করা হয় *Have you got a bicycle pump?* ○ *a petrol pump* ⇨ **bicycle**-এ ছবি দেখো। **2** [*usually pl.*] a flat woman's shoe with no fastening মেয়েদের একধরনের হিলছাড়া, ফিতেছাড়া জুতো *ballet pumps*

pump-action *adj.* (used about a machine or device) that you operate using a pumping action of your hand or arm (কোনো যন্ত্র অথবা উপকরণ সম্বন্ধে ব্যবহৃত) যা পাম্প করার কায়দায় হাত দিয়ে চালানো হয় *a pump-action spray/shotgun*

pumpkin / ˈpʌmpkɪn ˈপাম্প্‌কিন্ / *noun* [C, U] a very large round fruit with thick orange-coloured skin that is cooked and eaten as a vegetable সবজি হিসেবে রান্না করে খাওয়া হয়) কুমড়ো ⇨ **vegetable**-এ ছবি দেখো।

pun / pʌn পান্ / *noun* [C] an amusing use of a word that can have two meanings or of different words that sound the same শ্লেষালংকার, শব্দকৌতুক, দ্ব্যর্থক শব্দপ্রয়োগ

punch[1] / pʌntʃ পান্চ্ / *verb* [T] **1 punch sb (in/on sth)** to hit sb/sth hard with your closed hand (**fist**) কাউকে বা কোনো কিছুর উপর প্রবল জোরে ঘুষি মারা *to punch sb on the nose* ○ *He punched the air when he heard the good news.* **2** to make a hole in sth with a special tool (**a punch**) কোনো কিছুতে বিশেষ যন্ত্রের সাহায্যে ফুটো করা *He punched a hole in the ticket.*

punch[2] / pʌntʃ পান্চ্ / *noun* **1** [C] a hard hit with your closed hand (**fist**) ঘুষি **2** [C] a machine or tool that you use for making holes in sth কোনো কিছুতে ফুটো করতে যে যন্ত্র ব্যবহার করা হয় *a ticket punch* ○ *a hole punch* **3** [U] a drink made from wine, fruit juice and sugar মদ, ফলের রস এবং চিনি মিশিয়ে বানানো পানীয়

IDM **pull your punches** ⇨ **pull[1]** দেখো।

punchline / ˈpʌntʃlaɪn ˈপান্চ্‌লাইন্ / *noun* [C] the last and most important words of a joke or story কোনো ঠাট্টা-রসিকতা অথবা গল্পের সবচেয়ে মজার শেষ যে কয়েকটি কথা

punch-up *noun* [C] (*BrE informal*) a fight in which people hit each other যে লড়াইয়ে লোকে পরস্পরকে মারধোর করে

punctual / ˈpʌŋktʃuəl ˈপাংক্‌চুঅ্যাল্ / *adj.* doing sth or happening at the right time; not late সময়ানুবর্তী; দীর্ঘসূত্রী নয় *It is important to be punctual for your classes.*

> **NOTE** ট্রেন, বাস ইত্যাদি যখন ঠিক সময়ে আসে তখন **punctual** শব্দটি ব্যবহার না করে **on time** অভিব্যক্তিটি ব্যবহার করা হয়।

► **punctuality** /ˌpʌŋktʃuˈæləti ˌপাংক্‌চুˈঅ্যাল্যাটি / *noun* [U] সময়ানুবর্তিতা *Japanese trains are famous for their punctuality.* ► **punctually** *adv.* সময়ানুবর্তীভাবে, যথাসময়ে

punctuate / ˈpʌŋktʃueɪt ˌপাংক্চুএইট্ / *verb* **1** [T] **punctuate sth (with sth)** to interrupt sth many times কোনো কিছুতে মাঝে মাঝে বাধা পড়া, একটানা হতে না পারা *Her speech was punctuated with bursts of applause.* **2** [I, T] to divide writing into sentences and phrases by adding full stops, question marks, etc. লেখার মধ্যে বাক্য বা বাক্যাংশে পূর্ণচ্ছেদ, প্রশ্নচিহ্ন ইত্যাদি বিরামচিহ্ন ব্যবহার করে সেটি বিভাজিত করা

punctuation / ˌpʌŋktʃuˈeɪʃn ˌপাংক্চুˈএইশ্ন্ / *noun* [U] the marks used for dividing writing into sentences and phrases বিরামচিহ্ন, যতিচিহ্ন ***Punctuation marks** include full stops, commas and question marks.*

puncture / ˈpʌŋktʃə(r) ˈপাংক্চ্যা(র্) / *noun* [C] a small hole made by a sharp point, especially in a bicycle or car tyre ছুঁচোলো কিছু দিয়ে বিদ্ধ করা গর্ত, বিশেষত সাইকেল বা মোটর গাড়ির চাকায় ► **puncture** *verb* [I, T] খোঁচা লেগে গর্ত করা বা হওয়া

pungent / ˈpʌndʒənt ˈপান্জ্যান্ট্ / *adj.* (used about a smell) very strong (গন্ধ সম্বন্ধে ব্যবহৃত) ঝাঁজালো, তীব্র, কটু

punish / ˈpʌnɪʃ ˈপানিশ্ / *verb* [T] **punish sb (for sth/for doing sth)** to make sb suffer because he/she has done sth bad or wrong কাউকে শাস্তি বা সাজা দেওয়া *The children were severely punished for telling lies.*

punishable / ˈpʌnɪʃəbl ˈপানিশ্যাব্ল্ / *adj.* **punishable (by sth)** (used about a crime, etc.) that you can be punished for doing (অপরাধ ইত্যাদি সম্বন্ধে ব্যবহৃত) দণ্ডনীয়, শাস্তিযোগ্য *a punishable offence* ○ *In some countries drug smuggling is punishable by death.*

punishing / ˈpʌnɪʃɪŋ ˈপানিশিং / *adj.* that makes you very tired or weak যার ফলে পরিশ্রান্ত বা দুর্বল হয়ে পড়তে হয়; কষ্টকর *The Prime Minister had a punishing schedule, visiting five countries in five days.*

punishment / ˈpʌnɪʃmənt ˈপানিশ্ম্যান্ট্ / *noun* [C, U] the action or way of punishing sb শাস্তি, সাজা, দণ্ড দেওয়ার ক্রিয়া *He was excluded from school for a week as a punishment.* ○ ***capital punishment*** (=*punishment by death*)

punitive / ˈpjuːnətɪv ˈপিউন্যাটিভ্ / *adj.* (*formal*) **1** intended as a punishment শাস্তি দেওয়ার উদ্দেশে *to take punitive measures against sb* **2** very harsh and that people find difficult to pay খুব ভারী বা বেশি এবং যে কর মেটানো সাধারণ মানুষের পক্ষে কঠিন *punitive taxation*

punk / pʌŋk পাংক্ / *noun* **1** [U] a type of loud music that was popular in Britain in the late 1970s and early 1980s. Punk deliberately tried to offend people with traditional views and behaviour এক ধরনের চড়া সুরের সংগীত যা ব্রিটেনে ১৯৭০-এর দশকে এবং ১৯৮০-র দশকের প্রথম দিকে জনপ্রিয় হয়েছিল। এরা ইচ্ছে করে চিরাচরিত দৃষ্টিভঙ্গি ও আচরণে বিশ্বাসী মানুষকে বিরক্ত করার চেষ্টা করত; পাংক সংগীত **2** [C] a person who likes punk music and often has brightly coloured hair and unusual clothes এমন কেউ যে পাংক সংগীত পছন্দ করে এবং প্রায়ই যাদের উজ্জ্বল রঙিন চুল থাকে এবং অন্যের থেকে আলাদা ধরনের পোশাক পরে

punt / pʌnt পান্ট্ / *noun* [C] a long narrow boat with a flat bottom and square ends which is moved by pushing a long pole against the bottom of a river একধরনের নৌকো যার নীচের অংশ চ্যাপটা এবং প্রান্তগুলি চৌকো, যেটিকে লম্বা লগি দিয়ে ঠেলে ঠেলে চালানো হয়; ডিঙি নৌকো ► **punt** *verb* [I, T] লগি-ঠেলা নৌকোয় যাওয়া বা চালানো *to go punting*

puny / ˈpjuːni ˈপিউনি / *adj.* very small and weak খুব ছোট্টো এবং দুর্বল

pup / pʌp পাপ্ / *noun* [C] **1** = **puppy** **2** the young of some animals, for example **seals** সীল মাছ ইত্যাদির বাচ্চা

pupa / ˈpjuːpə ˈপিউপ্যা / *noun* [C] (*pl.* **pupae** /-piː -পী /) an insect in the stage of development before it becomes an adult insect পোকা বড়ো হয়ে ওঠার আগের অবস্থা; শূককীট ⇨ **larva** দেখো।

> **NOTE** প্রজাপতি অথবা পতঙ্গর বড়ো হয়ে ওঠার আগে যে অবস্থা তাকে **chrysalis** বলা হয়।

pupil / ˈpjuːpl ˈপিউপ্ল্ / *noun* [C] **1** a child in school বিদ্যালয়ের ছাত্র বা ছাত্রী *There are 28 pupils in my class.* **2** a person who is taught artistic, musical, etc. skills by an expert এমন কেউ যাকে কোনো বিশেষজ্ঞ গান, ছবি আঁকা ইত্যাদি শেখান; শিষ্য *He was a pupil of Ravi Shankar.* ⇨ **student** দেখো। **3** the round black hole in the middle of your eye চোখের মণি বা তারা ⇨ **eye**-এ ছবি দেখো।

puppet / ˈpʌpɪt ˈপাপিট্ / *noun* [C] **1** a model of a person or an animal that you can move by pulling the strings which are tied to it or by putting your hand inside it and moving your fingers কোনো মানুষ বা কোনো প্রাণীর মডেল যেটিকে বাঁধা সুতোতে টান দিয়ে অথবা যার মধ্যে হাত ঢুকিয়ে আঙুল নাড়িয়ে সেটিকে নড়ানো বা সরানো যায়; পুতুলনাচের পুতুল **2** a person or an organization that is controlled by sb else যে ব্যক্তি অথবা প্রতিষ্ঠান অন্য কারও দ্বারা চালিত হয়; অন্যের হাতের পুতুল *The occupying forces set up a puppet government.*

puppy / ˈpʌpi ˈপাপি / *noun* [C] (*pl.* **puppies**) (*also* **pup**) a young dog বাচ্চা কুকুর; কুকুরছানা

purchase / ˈpɜːtʃəs ˈপ্যচ্যাস্ / *noun* (*formal*) **1** [U] the action of buying sth কেনা বা ক্রয় করার কাজ *to take out a loan for the purchase of a car* **2** [C] something that you buy যা কেনা হয় *These shoes were a poor purchase—they're falling apart already.* ○ *to make a purchase* ▶ **purchase** *verb* [T] কেনা, খরিদ করা বা ক্রয় করা *Many employees have the opportunity to purchase shares in the company they work for.*

purchaser / ˈpɜːtʃəsə(r) ˈপ্যচ্যাস্যা(র্) / *noun* [C] (*formal*) a person who buys sth ক্রেতা, খরিদ্দার, খদ্দের *The purchaser of the house agrees to pay a deposit of 10 per cent.* ➪ **vendor** দেখো।

pure / pjʊə(r) পিউঅ্যা(র্) / *adj.* **1** not mixed with anything else খাঁটি, অবিমিশ্র *pure orange juice/silk/alcohol* **2** clean and not containing any harmful substances পরিষ্কার এবং যাতে ক্ষতিকারক কিছু মেশানো নেই; ভেজালহীন *pure air/water* ✪ বিপ **impure** **3** (*only before a noun*) complete and total সম্পূর্ণ এবং পূর্ণমাত্রায় *We met by pure chance.* **4** (used about a sound, colour or light) very clear; perfect (আওয়াজ, রং, আলো সম্বন্ধে ব্যবহৃত) অতি পরিষ্কার; নিখুঁত *She was dressed in pure white.* **5** (*only before a noun*) (used about an area of learning) concerned only with increasing your knowledge rather than having practical uses (শিক্ষার ক্ষেত্র সম্বন্ধে ব্যবহৃত) বিশুদ্ধ, তাত্ত্বিক, ফলিত নয় *pure mathematics* ✪ বিপ **applied** **6** not doing or knowing anything evil or anything that is connected with sex মন্দ বা খারাপ কিছু জানা বা করা হচ্ছে না বা যৌনতার সঙ্গে সংযুক্ত নয় এমন; পবিত্র, অপাপবিদ্ধ, নিষ্পাপ *a young girl still pure in mind and body* ✪ বিপ **impure**

purée / ˈpjʊəreɪ ˈপিউঅ্যারেই/ *noun* [C, U] a food that you make by cooking a fruit or vegetable and then pressing and mixing it until it is smooth and liquid আনাজপাতি বা ফল সিদ্ধ করে মিশিয়ে, মেখে মসৃণ ঝোলের মতো করা খাদ্য; পিউরি *apple/tomato purée*

purely / ˈpjʊəli ˈপিউঅ্যালি / *adv.* only or completely কেবলমাত্র অথবা সম্পূর্ণরূপে *It's not purely a question of money.*

purge / pɜːdʒ প্যজ্ / *verb* [T] **purge sth (of sb); purge sb (from sth)** to remove people that you do not want from a political party or other organization রাজনৈতিক দল বা কোনো প্রতিষ্ঠান থেকে অবাঞ্ছিত লোকদের সরিয়ে দেওয়া ▶ **purge** *noun* [C] বহিষ্করণ *The General carried out a purge of his political enemies.*

puri (*also* **poori**) *noun* [C] (in India) a small round unleavened wheat bread that is deep fried until it puffs up and turns brown. It is usually served with vegetables or chickpeas (ভারতে) আটা দিয়ে তৈরি লুচির মতো খাদ্য। সাধারণত এটি সবজি বা ছোলা-মটর সহযোগে খাওয়া হয়

purify / ˈpjʊərɪfaɪ ˈপিউঅ্যারিফাই / *verb* [T] (*pres. part.* **purifying;** *3rd person sing. pres.* **purifies;** *pt, pp* **purified**) to remove dirty or harmful substances from sth শোধন করা, নির্মল করা, আবর্জনামুক্ত করা *purified water*

puritan / ˈpjʊərɪtən ˈপিউঅ্যারিট্যান্ / *noun* [C] a person who has high moral standards and who thinks that it is wrong to enjoy yourself উচ্চ নৈতিক মানসম্পন্ন ব্যক্তি যে কোনো কিছু আনন্দের সঙ্গে উপভোগ করা অন্যায় মনে করে; আমোদ-আহ্লাদবিরোধী ▶ **puritan** (*also* **puritanical** / ˌpjʊərɪˈtænɪkl ˌপিউঅ্যারিˈট্যানিক্ল্ /) *adj.* অত্যন্ত নিষ্ঠাবান, গোঁড়া মনোভাবাপন্ন ব্যক্তি *a puritan attitude to life*

purity / ˈpjʊərəti ˈপিউঅ্যার্যাটি / *noun* [U] the state of being pure বিশুদ্ধতা, পবিত্রতা, অবিমিশ্রতা *to test the purity of the air* ➪ **impurity** দেখো।

purl / pɜːl প্যল্ / *noun* [U] a simple stitch used in knitting বোনায় ব্যবহৃত অত্যন্ত সাধারণ সেলাই

purple / ˈpɜːpl ˈপ্যপ্ল্ / *adj., noun* [U] (of) a reddish-blue colour নীল আভাস মিশ্রিত লাল রং *His face was purple with rage.*

purport / pəˈpɔːt প্যাˈপ:ট্ / *verb* [I] (*formal*) to give the impression of being sth or of having done sth, when this may not be true কোনো কিছু হওয়া বা করা হয়েছে এমন একটা ধারণা দেওয়া যা ঠিক না-ও হতে পারে *The book does not purport to be a true history of the period.*

purpose / ˈpɜːpəs ˈপ্যপ্যাস্ / *noun* **1** [C] the aim or intention of sth (কোনো কিছুর) অভিপ্রায়; উদ্দেশ্য *The main purpose of this meeting is to decide what we should do next.* ○ *You may only use the telephone for business purposes.* **2 purposes** [*pl.*] what is needed in a particular situation বিশেষ পরিস্থিতিতে যা দরকার ***For the purposes of*** *this demonstration, I will use model cars.* **3** [U] a meaning or reason that is important to you এমন অর্থ বা কারণ যা কারও কাছে গুরুত্বপূর্ণ *A good leader inspires people with a* ***sense of purpose***. **4** [U] the ability to plan sth and work hard to achieve it কোনো কিছুর পরিকল্পনা করা এবং তা সফল করতে কঠোর পরিশ্রম করার ক্ষমতা *I was impressed by his* ***strength of purpose***.

IDM to/for all intents and purposes ➪ **intent**[2] দেখো।

on purpose not by accident; with a particular intention আকস্মিক নয়; বিশেষ একটা উদ্দেশ্যসহ *'You've torn a page out of my book!' 'I'm sorry, I didn't do it on purpose.'* ✪ সম **deliberately**

purposeful / ˈpɜːpəsfl ˈপ্যপ্যাস্‌ফ্‌ল্/ *adj.* having a definite aim or plan উদ্দেশ্যপূর্ণ, উদ্দেশ্যবাহিত *Gautam strode off down the street looking purposeful.* ▶ **purposefully** / ˈpɜːpəsfəli -ˈপ্যপ্যাস্‌ফ্যালি / *adv.* উদ্দেশ্যপূর্ণভাবে

purposely / ˈpɜːpəsli ˈপ্যপ্যাস্‌লি / *adv.* with a particular intention ইচ্ছাকৃতভাবে *I purposely waited till everyone had gone so that I could speak to you in private.* ✪ সম **deliberately**

purr / pɜː(r) প্য(র্) / *verb* [I] (used about a cat) to make a continuous low sound that shows pleasure (বেড়াল সম্বন্ধে ব্যবহৃত) আরামে মৃদু গর-গর করা ➪ **miaow** দেখো।

purse[1] / pɜːs প্যস্ / *noun* [C] **1** a small bag made of leather, etc., for carrying coins and often also paper money, used especially by women ছোটো চামড়া ইত্যাদির ব্যাগ যাতে সাধারণত মেয়েরা টাকা-পয়সা রাখে ➪ **wallet** দেখো। **2** (*AmE*) = **handbag**

purse[2] / pɜːs প্যস্ / *verb*

IDM **purse your lips** to press your lips together to show that you do not like sth নিজের অপছন্দ ঠোঁট চেপে দেখানো বা বোঝানো

purser / ˈpɜːsə(r) ˈপ্যস্যা(র্) / *noun* [C] the person on a ship who looks after the accounts and deals with passengers' problems জাহাজে যে ব্যক্তি খরচ-খরচার হিসাব রাখে এবং যাত্রীদের কোনো অসুবিধা হলে তাও দেখাশোনা করে; জাহাজের খাজাঞ্চি

pursue / pəˈsjuː প্যাˈসিউ / *verb* [T] (*formal*) **1** to follow sb/sth in order to catch him/her/it পশ্চাদ্ধাবন করা, পিছন পিছন তাড়া করা *The robber ran off pursued by two policemen.*

> NOTE **Pursue** শব্দটির ব্যবহার **chase** শব্দটির থেকে বেশি পোশাকি।

2 to try to achieve sth or to continue to do sth over a period of time কোনো কিছু করার চেষ্টা করা অথবা কোনো কিছু দীর্ঘ সময়কাল ধরে করা *to pursue a career in banking* ○ *She didn't seem to want to pursue the discussion so I changed the subject.*

pursuer / pəˈsjuːə(r) প্যাˈসিউঅ্যা(র্) / *noun* [C] a person who is following and trying to catch sb/sth পশ্চাদ্ধাবনকারী ব্যক্তি, অনুসরণকারী

pursuit / pəˈsjuːt প্যাˈসিউট্ / *noun* **1** [U] the action of trying to achieve or get sth কিছু পাওয়ার বা অর্জন করার চেষ্টা *the pursuit of pleasure* **2** [C] an activity that you do either for work or for pleasure কাজ হিসেবে অথবা আনন্দ পাওয়ার জন্য যা করা হয় *outdoor/leisure pursuits*

IDM **in hot pursuit** ➪ **hot[1]** দেখো।

in pursuit (of sb/sth) trying to catch or get sb/sth কাউকে বা কিছু ধরার বা পাওয়ার চেষ্টা করা হচ্ছে এমন *He neglected his family in pursuit of his own personal ambitions.*

pus / pʌs পাস্ / *noun* [U] a thick yellowish liquid that may form in a part of your body that has been hurt পূষ বা পুঁজ

push[1] / pʊʃ পুশ্ / *verb* **1** [I, T] to use force to move sb/sth forward or away from you কাউকে বা কিছুকে সামনের দিকে বা নিজের থেকে দূরে সরানোর জন্য ঠেলা মারা *She pushed him into the water.* ○ *to push a pram* **2** [I, T] to move forward by pushing sb/sth কাউকে বা কোনো কিছু ঠেলে এগোনো *Jatin pushed his way through the crowd.* ○ *People were* ***pushing and shoving*** *to try to get to the front* **3** [I, T] to press a switch, button, etc., for example in order to start a machine সুইচ, বোতাম, ইত্যাদি টেপা, যেমন কোনো যন্ত্র চালানোর জন্য *Push the red button if you want the bus to stop.* **4** [T] **push sb (to do sth /into doing sth); push sb (for sth)** to try to make sb do sth that he/she does not want to do কাউকে এমন কিছু করানোর চেষ্টা করা যা সে করতে চায় না *My friend pushed me into entering the competition.* ○ *She will not work hard unless you push her.* **5** [T] (*informal*) to try to make sth seem attractive, for example so that people will buy it কোনো কিছু আকর্ষণীয় করতে বা ভাল লাগাতে চেষ্টা করা যাতে লোকে তা কিনতে চায় *They are launching a major publicity campaign to push their new product.*

IDM **be hard pressed/pushed/put to do sth** ➪ **hard[2]** দেখো।

be pushed for sth (*informal*) to not have enough of sth কোনো কিছু যথেষ্ট না থাকা *Hurry up. We're really* ***pushed for time***.

PHR V **push sb about/around** to give orders to sb in a rude and unpleasant way কাউকে রূঢ় এবং অপ্রীতিকরভাবে আদেশ দেওয়া, তম্বি করা *Don't let your boss push you around.*

push ahead/forward (with sth) to continue with sth কোনো কিছু করতে থাকা

push for sth to try hard to get sth কিছু পাওয়ার জন্য খুব চেষ্টা করা *Jai is pushing for a pay rise.*

push in to join a line of people waiting for sth by standing in front of others who were there before you এক সারি লোকের মধ্যে ঠেলে ঢোকা

push on to continue a journey চলতে থাকা, যাত্রা চালিয়ে যাওয়া *Although it was getting dark, we decided to push on.*

push sb/sth over to make sb/sth fall down by pushing him/her/it কাউকে বা কিছু ঠেলে বা ধাক্কা দিয়ে ফেলে দেওয়া

push² / pʊʃ পুশ্ / *noun* [C] an act of pushing ঠেলা বা ধাক্কা দেওয়ার ক্রিয়া *Can you help me **give** the car **a push** to get it started?* ○ *The car windows opened at the push of a button.*

IDM at a push (*informal*) if it is really necessary (but only with difficulty) প্রয়োজনবশে, দরকার হলে, অবস্থার গতিকে, কষ্টসাধ্যভাবে *We can get ten people round the table at a push.*

give sb the push to tell sb you no longer want him/her in a relationship, or in a job কাউকে কাজ থেকে বরখাস্ত বা ছাঁটাই করা, তার সঙ্গে সম্পর্কচ্ছেদ করা

push- button *adj.* (*only before a noun*) (used about a machine, etc.) that you work by pressing a button (যন্ত্র ইত্যাদির সম্বন্ধে ব্যবহৃত) যা বোতাম টিপে চালানো যায় *a radio with push-button controls*

pushchair / ˈpʊʃtʃeə(r) ˈপুশ্চেঅ্যা(র্) / (*BrE* **buggy**) *noun* [C] a chair on wheels that you use for pushing a young child in চাকা লাগানো চেয়ার যার মধ্যে বাচ্চাদের বসিয়ে ঠেলে নিয়ে যাওয়া যায়

pusher / ˈpʊʃə(r) ˈপুশ্যা(র্) / *noun* [C] a person who sells illegal drugs এমন কেউ যে বেআইনি ড্রাগ বিক্রি করে

pushover / ˈpʊʃəʊvə(r) ˈপুশ্অ্যাউভ্যা(র্) / *noun* [C] (*informal*) **1** something that is easy to do or win এমন কিছু যা সহজে করা বা জেতা যায় **2** a person who is easy to persuade to do sth এমন কেউ যাকে সহজে বুঝিয়ে-সুজিয়ে কিছু করতে রাজি করানো যায়

push-up (*AmE*) = **press-up**

pushy / ˈpʊʃi ˈপুশি / *adj.* (*informal*) (used about a person) trying hard to get what you want, in a way that seems rude (এমন ব্যক্তি সম্বন্ধে ব্যবহৃত) বিরক্তিকরভাবে কোনো কিছু পাওয়ার বা করার জন্য লেগে থাকে যা অশোভন বলে মনে হতে পারে

puss / pʊs পুস্ / *noun* [C] used when you are speaking to or calling a cat বেড়ালের সঙ্গে কথা বলার সময় বা তাকে ডাকতে ব্যবহৃত

pussy / ˈpʊsi ˈপুসি / *noun* [C] (*informal*) a cat বেড়াল

put / pʊt পুট্ / *verb* [T] (*pres. part.* **putting;** *pt, pp* **put**) **1** to move sb/sth into a particular place or position (বিশেষ জায়গায় বা অবস্থায়) কাউকে বা কিছুকে রাখা *She put the book on the table.* ○ *When do you put the children to bed?* **2** to fix sth to or in sth else কোনো কিছুতে কিছু লাগিয়ে বা আটকে দেওয়া *Can you put* (= sew) *a button on this shirt?* ○ *We're going to put a picture on this wall.* **3** to write sth কিছু লিখে রাখা *Lunch 12.30 p.m. on Friday? I'll put it in my diary.* ○ *What did you put for question number 2?* **4 put sb/sth in/into sth** to bring sb/sth into the state or condition mentioned কোনো ব্যক্তি অথবা বস্তুকে উল্লিখিত অবস্থায় বা পরিস্থিতিতে নিয়ে যাওয়া *This sort of weather always puts me in a bad mood.* ○ *I was **put in charge** of the project.* ○ *It was time to **put** our **ideas into practice**.* **5** to make sb/sth feel sth or be affected by sth কাউকে কিছু অনুভব করানো অথবা কিছুর দ্বারা প্রভাবিত করানো ***put pressure on*** ○ ***put the blame on*** ○ *to **put a stop to** cheating in tests.* **6** to give or fix a particular value or importance to sb/sth কোনো ব্যক্তি অথবা বস্তুকে বিশেষ কোনো মূল্য বা গুরুত্ব দেওয়া বা তার বা সেটির নির্দিষ্ট মূল্য ঠিক করা *We'll have to **put a limit on** how much we spend.* **7** to say or express sth কিছু বলা বা প্রকাশ করা *To **put it another way**, you're sacked.* ○ ***Put simply**, he just wasn't good enough.*

IDM put it to sb that (*formal*) to suggest to sb that sth is true কাউকে এমনভাবে বলা যে যা বলা হচ্ছে তা সত্য *I put it to you that this man is innocent.*

put together (*used after a noun or nouns*) (referring to a group of people or things) combined; in total (এক দল মানুষ অথবা একগুচ্ছ বস্তুকে নির্দেশ করে) মিলিতভাবে; সমষ্টিগতভাবে *You got more presents than the rest of the family put together.*

> **NOTE Put** শব্দটি প্রয়োগ করা হয়েছে যেসব প্রবাদ বা বাগ্ধারায় তার জন্য সেই প্রবাদ বা বাগ্ধারায় ব্যবহৃত বিশেষ্য (noun) বিশেষণ (adjective) ইত্যাদি শব্দের শীর্ষশব্দগুলি দেখো। উদাহরণস্বরূপ **put an end to** বাগ্ধারাটি পাবে **end** শীর্ষশব্দে।

PHR V put sth/yourself across/over to say what you want to say clearly, so that people can understand it বক্তব্য বিষয় পরিষ্কার করে বলা যাতে লোকে বুঝতে পারে *He didn't put his ideas across very well at the meeting.*

put sth aside 1 to save sth, especially money, to use later পরে ব্যবহার করার উদ্দেশ্যে কিছুটা বাঁচিয়ে রাখা, বিশেষত অর্থ **2** to ignore or forget sth কোনো কিছু গ্রাহ্য না করা বা ভুলে যাওয়া *We agreed to put aside our differences and work together.*

put sb away (*informal*) to send sb to prison কাউকে জেলে পাঠানো

put sth away 1 to put sth where you usually keep it because you have finished using it কোনো

কাজ হয়ে গেলে সেটি যথাস্থানে সরিয়ে রাখা *Put the tools away if you've finished with them.* **2** to save money to spend later পরে খরচ করার জন্য টাকা বাঁচানো

put sth back 1 to return sth to its place সঠিক স্থানে রাখা *to put books back on the shelf* **2** to move sth to a later time কোনো কিছু পরবর্তী কালের জন্য সরিয়ে রাখা *The meeting's been put back until next week.* ✪ বিপ **bring sth forward 3** to change the time shown on a clock to an earlier time ঘড়ির কাঁটা পিছিয়ে দেওয়া *We have to put the clocks back tonight.* ✪ বিপ **put sth forward**

put sb/sth before/above sb/sth to treat sb/sth as more important than sb/sth else কোনো ব্যক্তি বা বস্তুকে অন্য কোনো ব্যক্তি বা বস্তুর তুলনায় বেশি গুরুত্ব দেওয়া *He puts his children before anything else.*

put sth by to save money to use later ভবিষ্যতে খরচের জন্য টাকা জমানো *Her grandparents had put some money by for her wedding.*

put sb down 1 (*informal*) to say things to make sb seem stupid or foolish কাউকে বোকা বানানোর জন্য কোনো কথা বলা **2** to put a baby to bed বাচ্চাকে বিছানায় শোয়ানো

put sth down 1 to stop holding sth and put it on the floor, a table, etc. কোনো কিছু মেঝেয় বা টেবিল ইত্যাদিতেনামিয়ে রাখা *The policeman persuaded him to put the gun down.* **2** to write sth কিছু লেখা *I'll put that down in my diary.* **3** to pay part of the cost of sth কোনো কিছুর দামের কিছু অংশ জমা দেওয়া *We put down a 10% deposit on a car.* **4** (used about a government, an army or the police) to stop sth by force (কোনো সরকার, সৈন্যবাহিনী বা পুলিশ সম্বন্ধে ব্যবহৃত) জোর করে দমন করা, থামিয়ে দেওয়া *to put down a rebellion* **5** to kill an animal because it is old, sick or dangerous কোনো পশু বৃধ, অসুস্থ অথবা বিপজ্জনক হয়ে গেলে তাকে মেরে ফেলা *The dog was put down after it attacked a child.*

put sth down to sth to believe that sth is caused by sth বিশ্বাস করা যে কোনো কিছুর কারণে কিছু ঘটেছে *I put his bad exam results down to laziness rather than a lack of ability.*

put yourself/sb forward to suggest that you or another person should be considered for a job, etc. নিজেকে বা অন্য কাউকে কোনো কাজ ইত্যাদি জন্য বিবেচনা করার জন্য পরামর্শ দেওয়া *His name was put forward for the position of chairman.*

put sth forward 1 to change the time shown on a clock to a later time ঘড়ির সময় নির্দেশ করার কাঁটা এগিয়ে দেওয়া *They put the clocks forward in spring.* ✪ বিপ **put sth back 2** to suggest sth কিছুর পরামর্শ দেওয়া *She put forward a plan to help the homeless.*

put sth in 1 to fix equipment or furniture in position so that it can be used সাজসরঞ্জাম অথবা আসবাবপত্র এমনভাবে বিন্যাস করা যেন তা ব্যবহারের উপযুক্ত হয় *We're having a shower put in.* ✪ সম **install 2** to include a piece of information, etc. in sth that you write যা লেখা হচ্ছে তার মধ্যে কোনো তথ্য ইত্যাদি অন্তর্ভুক্ত করা **3** to ask for sth officially আনুষ্ঠানিকভাবে কিছু চাওয়া *to put in an invoice/request*

put sth in; put sth into sth/into doing sth to spend time, etc. on sth কোনো কিছুর জন্য সময় ইত্যাদি দেওয়া *She puts all her time and energy into her business.*

put sb off (sb/sth/doing sth) 1 to make sb not like sb/sth or not want to do sth কাউকে অন্য কোনো ব্যক্তি অথবা বস্তুকে পছন্দ করতে না দেওয়া বা কোনো কিছু করা থেকে বিরত রাখা *The accident put me off driving for a long time.* **2** to say to a person that you can no longer do what you had agreed কোনো ব্যক্তিকে জানানো যে যে কাজ করতে সম্মতি জানানো হয়েছিল তা আর করতে পারা যাবে না *They were coming to stay last weekend but I had to put them off at the last moment.* **3** to make sb unable to give his/her attention to sth কোনো ব্যক্তিকে কোনো কিছুর প্রতি মনোযোগ দেওয়া থেকে বিরত করা *Don't stare at me—you're putting me off!*

put sth off to turn or switch a light off আলো নেভানো *She put off the light and went to sleep.*

put sth off; put off doing sth to move sth to a later time; to delay doing sth কোনো কিছু করতে দেরি করা; পরে করা *She put off writing her essay until the last minute.*

put sth on 1 to dress yourself in sth কোনো পোশাক পরা *Put on your coat!* ○ *I'll have to put my glasses on.* **2** to cover an area of your skin with sth শরীরের ত্বকে কিছুটা অংশ কিছু দিয়ে ঢাকা *You'd better put some sunscreen on.* **3** to switch on a piece of electrical equipment সুইচ টিপে কোনো বৈদ্যুতিক সরঞ্জাম চালানো *It's too early to put the lights on yet.* **4** to make a tape, a CD, etc. begin to play কোনো টেপ, সিডি ইত্যাদি বাজানো *Let's put some music on.* **5** to become heavier, especially by the amount mentioned ওজন বাড়া, বিশেষত উল্লিখিত পরিমাণে *I **put on weight** very easily.* ✪ বিপ **lose 6** to organize or prepare sth for people to see or use লোকের দেখা বা ব্যবহার করার জন্য কিছু তৈরি করা বা কিছুর ব্যবস্থা করা *The school is putting on 'Hamlet'.* ○ *They put on extra trains in the summer.* **7** to pretend to be feeling sth; to pretend to have sth কোনো অনুভূতির ভান করা; কিছু থাকার ভান করা *He's not angry with you really—he's just putting it on.*

put sth on sth 1 to add an amount of money, etc. to the cost or value of sth কোনো কিছুর খরচা বা দামের উপর আরও বাড়তি কিছু যোগ করা *The government want to put more tax on the price of a packet of cigarettes.* **2** to bet money on sth কোনো কিছুর উপর বাজি ধরা *He put all his money on a horse.* ✪ সম **bet**

put sb out 1 to give sb trouble or extra work কাউকে অসুবিধায় ফেলা অথবা অতিরিক্ত কাজ দেওয়া *He put his hosts out by arriving very late.* **2** to make sb upset or angry কাউকে বিচলিত করা বা রাগিয়ে দেওয়া *I was quite put out by their selfish behaviour.*

put sth out 1 to make sth stop burning আগুন নিবিয়ে দেওয়া *to put out a fire* ✪ সম **extinguish 2** to switch off a piece of electrical equipment কোনো বৈদ্যুতিক সরঞ্জাম নিবিয়ে দেওয়া *They put out the lights and locked the door.* **3** to take sth out of your house and leave it কোনো কিছু বাড়ি থেকে বার করে নিয়ে বাইরে রেখে আসা *to put the rubbish out* **4** to give or tell the public sth, often on the television or radio or in newspapers টেলিভিশন, রেডিও অথবা খবরের কাগজের মাধ্যমে কোনো কিছু জনসাধারণকে জানানো *The police put out a warning about the escaped prisoner.*

put yourself out (*informal*) to do sth for sb, even though it brings you trouble or extra work কারও জন্য অসুবিধা হলেও কিছু করা *'I'll give you a lift home.' 'I don't want you to put yourself out. I'll take a taxi.'*

put sth/yourself over ➪ **put sth/yourself across/ over**

put sb through sth to make sb experience sth unpleasant কাউকে কোনো অপ্রীতিকর অভিজ্ঞতার মধ্যে ফেলা

put sb/sth through to make a telephone connection that allows sb to speak to sb টেলিফোনে কারও সঙ্গে কারও যোগাযোগ করিয়ে দেওয়া *Could you put me through to Rekha, please?*

put sth to sb to suggest sth to sb; to ask sb sth কাউকে কোনো প্রস্তাব দেওয়া; কোনো ব্যক্তিকে কিছু করতে বলা বা জিজ্ঞাসা করা *I put the question to her.*

put sth together to build or repair sth by joining its parts together কোনো কিছুর বিভিন্ন অংশ একত্র লাগিয়ে বানানো বা মেরামত করা *The furniture comes with instructions on how to put it together.*

put sth fowards sth to give money to pay part of the cost of sth কোনো কিছুর আংশিক মূল্য দেওয়ার জন্য অর্থ প্রদান করা

put sb up to give sb food and a place to stay কারও খাদ্য এবং বাসস্থানের সংস্থান করা *She had missed the last train home, so I offered to put her up for the night.*

put sth up 1 to lift or hold sth up কিছু উঁচু করে তুলে ধরা *Put your hand up if you know the answer.* **2** to build sth কোনো কিছু তৈরি করা; গাঁথা *to put up a fence/tent* **3** to fix sth to a wall, etc. so that everyone can see it কোনো কিছু দেয়াল ইত্যাদিতে আটকানো বা লাগানো যাতে সবার নজরে পড়ে *to put up a notice* **4** to increase sth কোনো কিছু বাড়ানো *Some shops put up their prices just before Diwali.*

put up sth to try to stop sb attacking you কারও আক্রমণ আটকানোর বা প্রতিরোধ করার চেষ্টা করা *The old lady put up a struggle against her attacker.*

put up with sb/sth to suffer sb/sth unpleasant and not complain about it বিনা আপত্তিতে অপ্রীতিকর কাউকে বা কিছু সহ্য করা *I don't know how they put up with this noise.*

putrid / ˈpju:trɪd ˈপিউট্রিড্ / *adj.* **1** (used about dead animals and plants) smelling bad after being dead for some time জীবজন্তু, গাছপালা মরে যাওয়ার পরে যে পচা গন্ধ বেরোয় **2** (*informal*) very unpleasant খুব অপ্রীতিকর, বিশ্রী, গলিত, পূতি *The food there was putrid.*

putt / pʌt পাট্ / *verb* [I, T] (used in golf) to hit the ball gently when it is near the hole (গল্ফ খেলায়) গর্তের কাছে যখন বল থাকে তখন খুব আস্তে মারা

putter / ˈpʌtə(r) ˈপাট্যা(র্) / (*AmE*) = **potter**[1]

putty / ˈpʌti ˈপাটি / *noun* [U] a soft substance that is used for fixing glass into windows that becomes hard when dry জানলায় কাচ লাগাতে যে নরমমতো পদার্থ ব্যবহার করা হয় এবং যা পরে শুকিয়ে শক্ত হয়ে যায়

puzzle[1] / ˈpʌzl ˈপাজ়ল্ / *noun* [C] **1** [*usually sing.*] something that is difficult to understand or explain; a mystery কোনো কিছু যা বোঝা বা বিশ্লেষণ করা কঠিন; ধাঁধা, হেঁয়ালি *The reasons for his actions have remained a puzzle to historians.* **2** a game or toy that makes you think a lot এমন খেলা বা খেলার জিনিস যা খেলতে অনেক বুদ্ধি লাগে *a crossword/ jigsaw puzzle* ○ *I like to **do** puzzles.*

puzzle[2] / ˈpʌzl ˈপাজ়ল্ / *verb* **1** [T] to make sb feel confused because he/she does not understand sth (কোনো কিছু না বোঝার কারণে) কাউকে বিভ্রান্তিতে ফেলা; ঘাবড়ে দেওয়া *Her strange illness puzzled all the experts.* **2** [I] **puzzle over sth** to think hard about sth in order to understand or explain it কোনো কিছু বুঝতে বা ব্যাখ্যা করতে খুব ভাবনাচিন্তা করা *to puzzle over a mathematical problem*

PHRV **puzzle sth out** to find the answer to sth by thinking hard খুব ভেবেচিন্তে কোনো কিছুর উত্তর বার করা

puzzled / ˈpʌzld ˈপাজ়্ল্ড্ / *adj.* not able to understand or explain sth (কোনো কিছু বুঝতে বা বিশ্লেষণ করতে না পারায়) বিমূঢ়, বিভ্রান্ত, হতভম্ব *a puzzled expression*

PVC / ˌpiː viː ˈsiː ˌপী ভী ˈসী/ *noun* [U] a strong plastic material used to make clothing, pipes, floor coverings, etc. একধরনের শক্ত প্লাস্টিকের উপকরণ যা পোশাকাদি, নল, ঘরের মেঝের ঢাকা ইত্যাদি বানানোর কাজে ব্যবহার করা হয়

pygmy[1] (*also* **pigmy**) / ˈpɪgmi ˈপিগ্‌মি / *noun* [C] (*pl.* **pygmies; pigmies**) **1 Pygmy** a member of a race of very small people living in parts of Africa and SE Asia আফ্রিকা এবং দক্ষিণ পূর্ব এশিয়ার কোনো কোনো অংশে বাস করে একধরনের খর্বকৃতি মানব প্রজাতির সদস্য; পিগমি **2** a very small person or thing or one that is weak in some way খুব ছোটো আকারের কোনো মানুষ বা জিনিস অথবা কোনোভাবে দুর্বল এমন কেউ

pygmy[2] (*also* **pigmy**) / ˈpɪgmi ˈপিগ্‌মি / *adj.* (*only before a noun*) used to describe a plant or **species** of animal that is much smaller than other

similar kinds বিশেষ রকমের চারাগাছ অথবা প্রাণী যারা স্বজাতীয়দের মধ্যে আকারে অনেক ছোটো; পিগমি *a pygmy shrew*

pyjamas (*AmE* **pajamas**) / pəˈdʒɑːməz প্যাˈজাːম্যাজ়্ / *noun* [*pl.*] loose trousers and a loose jacket or **T-shirt** that you wear in bed রাত্রে পরার জন্য ঢিলেঢালা কোট পাতলুন

NOTE অন্য আরেকটি বিশেষ্যপদের (noun) আগে ব্যবহার করতে হলে **pyjama** শব্দটি **'s'** ছাড়া ব্যবহার করতে হবে *pyjama trousers।*

pylon / ˈpaɪlən ˈপাইল্যান্ / *noun* [C] a tall metal tower that supports heavy electrical wires বিদ্যুৎ প্রবাহের জন্য ভারী তার ধরে রাখতে ব্যবহৃত লম্বা ধাতব থাম

pyramid / ˈpɪrəmɪd ˈপির্যামিড় / *noun* [C] a shape with a flat base and three or four sides in the shape of triangles ত্রিভুজাকৃতি গড়নের যার তিনটি বা চারটি দিক আছে; পিরামিড ⇨ **solid**-এ ছবি দেখো। ▶ **pyramidal** / ˈpɪrəmɪdl ˈপির্যামিড়্ল্ / *adj.* শিখরাকার, পিরামিডের আকারের

pyre / ˈpaɪə(r) ˈপাইআ(র্) / *noun* [C] a large pile of wood on which a dead body is placed and burned as a part of a funeral ceremony চিতা, চিরশয্যা

python / ˈpaɪθən ˈপাইথ্যান্ / *noun* [C] a large snake that kills animals by squeezing them very hard অজগর সাপ; পাইথন

Q q

Q, q[1] / kju: কিউ / *noun* [C, U] (*pl.* **Q's; q's** / kju:z কিউজ্ /) the seventeenth letter of the English alphabet ইংরেজি বর্ণমালার সপ্তদশতম অক্ষর বা বর্ণ *'Queen' begins with a 'Q'.*

Q[2] *abbr.* question কোয়েশ্চেন-এর সংক্ষিপ্ত রূপ; প্রশ্ন *Qs 1-5 are compulsory.*

qt *abbr.* quart(s) কোয়ার্টজ্-এর সংক্ষিপ্ত রূপ

quack[1] / kwæk কুঅ্যাক্ / *noun* [C] the sound that a duck makes হাঁস যে রকম শব্দ করে ▶ **quack** *verb* [I] হাঁসের মতো প্যাঁক প্যাঁক করা

quack[2] / kwæk কুঅ্যাক্ / *noun* [C] (*informal, disapproving*) a person who pretends to have medical knowledge or skill and practices medicine without any formal training in the subject যে ব্যক্তি চিকিৎসাশাস্ত্রে ডিগ্রীধারী না হয়েও সেই বিষয়ে জ্ঞান বা দক্ষতা থাকার ভান করে এবং চিকিৎসাকার্য চালায়; হাতুড়ে ডাক্তার, হাতুড়ে বৈদ্য

quad / kwɒd কুঅড্ / **1** = **quadrangle** **2** (*informal*) = **quadruplet**

quad- / kwɒd কুঅড্ / *prefix* (*used in nouns, adjectives, verbs and adverbs*) four; having four চার; চারবিশিষ্ট *quadruple* ▶ **quadrangular** চতুর্ভুজ আকৃতিবিশিষ্ট; চতুর্ভুজাকার

quadrangle / ˈkwɒdræŋgl ˈকুঅড্র্যাংগল্ / (*also* **quad**) *noun* [C] a square open area with buildings round it in a school, college, etc. স্কুল, কলেজ ইত্যাদির সঙ্গে যে খোলা চৌকোনা জায়গা

quadrant / ˈkwɒdrənt ˈকুঅড্র্যান্ট্ / *noun* [C] **1** a quarter of a circle or of its **circumference** বৃত্তের বা তার পরিধির এক-চতুর্থাংশ ➪ **circle**-এ ছবি দেখো। **2** an instrument for measuring angles, especially to check your position at sea or to look at stars কোণ মাপার যন্ত্র (বিশেষত নৌচালন অথবা তারা বা নক্ষত্র দেখার জন্যে

quadri- / ˈkwɒdri ˈকুঅড্রি / *prefix* (*used in nouns, adjectives, verbs and adverbs*) four; having four চার; চারবিশিষ্ট; চৌ *quadrilateral*

quadrilateral / ˌkwɒdrɪˈlætərəl ˌকুড্রি'ল্যাট্যা-র‍্যাল্ / *noun* [C] a flat shape with four straight sides চতুর্ভুজ সমতলক্ষেত্র ▶ **quadrilateral** *adj.* চতুর্ভুজাকার

quadruped / ˈkwɒdrʊped ˈকুঅড্রুপেড্ / *noun* [C] any creature with four feet চতুষ্পদী বা চারপেয়ে জন্তু ➪ **biped** দেখো।

quadruple / kwɒˈdru:pl কুঅ'ড্রুপ্ল্ / *verb* [I, T] to multiply or be multiplied by four চারগুণ, চতুর্গুণ

quadruplet / ˈkwɒdrʊplət ˈকুঅড্রুপ্ল্যাট্ / (*also informal* **quad**) *noun* [C] one of four children or animals that are born to one mother at the same time একই কালে একই গর্ভজাত চারটি জাতকের একজন

quail / kweɪl কুএইল্ / *noun* **1** [C] a small brown bird whose meat and eggs we eat একরকম ছোটো বাদামি রঙের পাখি যার মাংস ও ডিম খাওয়া যায় **2** [U] the meat of this bird এই পাখির মাংস

quaint / kweɪnt কুএইন্ট্ / *adj.* attractive or unusual because it seems to belong to the past সাবেকি বলে আকর্ষণীয় এবং অসাধারণ

quake[1] / kweɪk কুএইক্ / *verb* [I] (used about a person) to shake (মানুষ সম্বন্ধে ব্যবহৃত) কাঁপা *to quake with fear*

quake[2] / kweɪk কুএইক্ / (*informal*) = **earthquake**

qualification / ˌkwɒlɪfɪˈkeɪʃn ˌকুঅলিফি'কেইশন্ / *noun* **1** [C] an exam that you have passed or a course of study that you have completed যে পরীক্ষায় কেউ উত্তীর্ণ হয়েছে অথবা কোনো বিশেষ শিক্ষাক্রম যা শেষ করা হয়েছে *to have a **teaching/nursing qualification*** ○ *She left school at 16 with no formal qualifications.* **2** [C] a skill or quality that you need to do a particular job বিশেষ কোনো কাজ করার জন্য যে দক্ষতা বা গুণের প্রয়োজন *Is there a height qualification for the police force?* **3** [C, U] something that limits the meaning of a general statement or makes it weaker এমন কিছু যা কোনো সাধারণ বিবৃতির অর্থ সীমিত করে দেয় অথবা কিছুটা দুর্বল বা নরম করে দেয় *I can recommend him for the job **without qualification.*** ○ *She accepted the proposal with only a few qualifications.* **4** the fact of doing what is necessary in order to be able to do a job, play in a competition, etc. কোনো কাজ করা বা প্রতিযোগিতায় অংশগ্রহণের জন্যে প্রয়োজনীয় যা কিছু তা করা হয়েছে এমন

qualified / ˈkwɒlɪfaɪd ˈকুঅলিফাইড্ / *adj.* **1 qualified (for sth/to do sth)** having passed an exam or having the knowledge, experience, etc. in order to be able to do sth কোনো কিছু করতে পারার জন্য কোনো পরীক্ষায় পাশ করা হয়েছে বা সেই জ্ঞান, অভিজ্ঞতা আছে এমন *a fully qualified doctor* **2** not complete; limited অসম্পূর্ণ; সীমিত *My boss gave only qualified approval to the plan.* ✪ বিপ **unqualified**

qualify / ˈkwɒlɪfaɪ ˈকুঅলিফাই / *verb* (*pres. part.* **qualifying;** *3rd person sing. pres.* **qualifies;** *pt,* *pp* **qualified**) **1** [I] **qualify (as sth)** to pass the examination that is necessary to do a particular job; to have the qualities that are necessary for sth কোনো নির্দিষ্ট কাজ করার জন্য যে পরীক্ষা পাস করার প্রয়োজন তা পাস করা; কোনো কিছুর জন্য প্রয়োজনীয় যেসব যোগ্যতা থাকা দরকার তা থাকা *It takes five years to qualify as a doctor.* ○ *A cup of coffee and a sandwich doesn't really qualify as a meal.* **2** [I, T] **qualify (sb) (for sth/to do sth)** to have or give sb the right to have or do sth কোনো কিছু পাওয়ার অথবা করার অধিকার থাকা অথবা দেওয়া *How many years must you work to qualify for a pension?* ○ *This exam will qualify me to teach music.* **3** [I] **qualify (for sth)** to win the right to enter a competition or continue to the next part কোনো প্রতিযোগিতায় অংশ গ্রহণ করার অথবা তার পরের ভাগের প্রতিযোগিতায় অংশ গ্রহণের অধিকার পাওয়া *Our team has qualified for the final.* **4** [T] to limit the meaning of a general statement or make it weaker কোনো সাধারণ বিবৃতির অর্থ সীমিত করা অথবা সেটি কিছুটা দুর্বল বা নরম করা *To qualify what I said earlier, I did not mean that she can't do the work but that she will need help.*

qualitative / ˈkwɒlɪtətɪv ˈকুঅলিট্যাটিভ্ / *adj.* (*formal*) connected with how good sth is, rather than with how much of it there is কোনো বস্তুর পরিমাণ নয়, গুণগত মান সম্বন্ধীয়; গুণগত, গুণাত্মক, গুণবাচক *qualitative analysis/research*

quality / ˈkwɒləti ˈকুঅল্যাটি / *noun* (*pl.* **qualities**) **1** [U, *sing.*] how good or bad sth is কোনো কিছুর গুণ, ধর্ম, মান *to be of good/poor/top quality* ○ ***quality of life*** **2** [U] a high standard or level উচ্চ মান বা উচ্চ স্তর *Aim for quality rather than quantity in your writing.* **3** [C] something that is typical of a person or thing এমন কিছু যা কোনো ব্যক্তি অথবা জিনিসের বৈশিষ্ট্যসূচক *Vicky has all the qualities of a good manager.*

qualm / kwɑːm কুআ:ম্ / *noun* [C, *usually pl.*] a feeling of doubt or worry that what you are doing may not be morally right যা করা হচ্ছে সেটি নীতিগতভাবে সঠিক কিনা তা নিয়ে মনে সংশয়; বিবেকের দংশন *I don't **have** any **qualms about** asking them to lend us some money.*

quandary / ˈkwɒndəri ˈকুঅনড্যারি / *noun* (*pl.* **quandaries**) [C, *usually sing.*] a state of not being able to decide what to do; a difficult situation কিংকর্তব্যবিমূঢ়তা; হতবুদ্ধি মনোভাব; গম্ভীর পরিস্থিতি *I'm **in a quandary** —should I ask her or not?*

quantify / ˈkwɒntɪfaɪ ˈকুঅন্‌টিফাই / *verb* [T] (*pres. part.* **quantifying;** *3rd person sing. pres.* **quantifies;** *pt, pp* **quantified**) to describe or express sth as an amount or a number পরিমাণ হিসাবে বা সংখ্যায় কিছু প্রকাশ করা ▶ **quantifiable** / ˈkwɒntɪfaɪəbl ˈকুঅন্‌টিফাইঅ্যাব্‌ল্ / *adj.* পরিমাণে বা সংখ্যায় ব্যক্ত করার যোগ্য ▶ **quantification** / ˌkwɒntɪfɪˈkeɪʃn ˌকুঅন্‌টিফিˈকেইশ্‌ন্ / *noun* [U] পরিমাণগত প্রকাশ

quantitative / ˈkwɒntɪtətɪv ˈকুঅন্‌টিট্যাটিভ্ / *adj.* (*formal*) connected with the amount or number of sth rather than with how good it is কোনো কিছুর গুণগত মান নয়, পরিমাণ-সংক্রান্ত; সংখ্যাসূচক *quantitative analysis/research*

quantity / ˈkwɒntəti ˈকুঅন্‌ট্যাটি / *noun* (*pl.* **quantities**) [C, U] **1** a number or an amount of sth কোনো কিছুর সংখ্যা বা পরিমাণ *Add a small quantity of salt.* ○ *It's cheaper to buy goods **in large quantities.*** **2** a large number or amount of sth কোনো কিছুর বড়ো সংখ্যা অথবা অনেক পরিমাণ *It's cheaper to buy goods **in quantity.***

IDM **an unknown quantity** ➪ **unknown¹** দেখো।

quantity surveyor *noun* [C] (*BrE*) a person whose job is to calculate the quantity of materials needed for building sth, how much it will cost and how long it will take কোনো কিছু তৈরি করতে জিনিসপত্রের পরিমাণ, তার মূল্য, সময় ইত্যাদির হিসাব করা যার কাজ

quantum / ˈkwɒntəm ˈকুঅন্‌ট্যাম্ / *noun* [C] (*pl.* **quanta** / -tə -ট্যা /) (*technical*) a very small quantity of **electromagnetic** energy সামান্য পরিমাণে তড়িচ্চুম্বকীয় বা ইলেকট্রোম্যাগনেটিক শক্তি

quarantine / ˈkwɒrəntiːn ˈকুঅর‍্যান্‌টীন্ / *noun* [U] a period of time when a person or animal that has or may have an infectious disease must be kept away from other people or animals যে সময়কালের জন্য কোনো মানুষ অথবা পশু যার কোনো ছোঁয়াচে অসুখ হয়েছে বা হতে পারে তাকে অন্য সব মানুষ অথবা পশু থেকে আলাদা করে রাখা হয়; সঙ্গরোধ

quarrel¹ / ˈkwɒrəl ˈকুঅর‍্যাল্ / *noun* [C] **1 a quarrel (about/ over sth)** an angry argument or disagreement তর্কাতর্কি ঝগড়া, কলহ, বিবাদ *We sometimes **have a quarrel** about who should do the washing-up.* ➪ **argument** এবং **fight² 3** দেখো। **2 a quarrel with sb/sth** a reason for complaining about or disagreeing with sb/sth কোনো ব্যক্তি অথবা বস্তুর সম্পর্কে নালিশ করা বা অমত প্রকাশ করার কারণ *I have no quarrel with what has just been said.*

quarrel² / ˈkwɒrəl ˈকুঅর‍্যাল্ / *verb* [I] (**quarrelling; quarrelled** *AmE* **quarreling; quarreled**) **1 quarrel (with sb) (about/over sth)** to have an angry argument or disagreement রাগারাগি হওয়া, ঝগড়াঝাটি করা *The children are always quarrelling!* ➪ **argue** এবং **fight**[1] **4** দেখো। **2 quarrel with sth** to disagree with sth কিছুর সঙ্গে মতের মিল না হওয়া

quarrelsome / ˈkwɒrəlsəm ˈকুঅর্যাল্স্যাম্ / *adj.* (used about a person) liking to argue with other people (কোনো ব্যক্তি সম্বন্ধে ব্যবহৃত) ঝগড়াটে, কুঁদুলে

quarry[1] / ˈkwɒri ˈকুঅরি / *noun* (*pl.* **quarries**) **1** [C] a place where sand, stone, etc. is dug out of the ground এমন স্থান যেখান থেকে মাটি, পাথর ইত্যাদি খুঁড়ে বার করা হয়; পাথরখনি, খাত, পাষাণস্থলী ➪ **mine** দেখো। **2** [*sing.*] a person or animal that is being hunted এমন ব্যক্তি অথবা পশু যাকে শিকার করা হচ্ছে

quarry[2] / ˈkwɒri ˈকুঅরি / *verb* [I, T] (*pres. part.* **quarrying;** *3rd person sing. pres.* **quarries;** *pt, pp* **quarried**) to dig stone, sand, etc. out of the ground জমি থেকে পাথর, কয়লা, বালি ইত্যাদি খুঁড়ে বার করা *to quarry for marble*

quart / kwɔːt কুঅ:ট্ / *noun* [C] (*abbr.* **qt**) a measure of liquid; 1.14 litres. There are 2 pints in a quart তরল পদার্থের বিশেষ পরিমাপ; ১.১৪ লিটার। এক কোয়ার্টে ২ পাইন্ট হয়

> **NOTE** আমেরিকান কোয়ার্ট 0.94 লিটার হয়।

quarter / ˈkwɔːtə(r) ˈকুঅ:ট্যা(র্)/ *noun* **1** [C] one of four equal parts of sth কোনো কিছুর চার ভাগের একভাগ, এক চতুর্থাংশ, সিকিভাগ, পোয়া *The programme lasts for three quarters of an hour.* ○ *a kilometre and a quarter* **2** [*sing.*] 15 minutes before or after every hour প্রতি ঘণ্টার ১৫ মিনিট আগে বা পরে; পৌনে বা সোয়া ***(a) quarter past** six.* ○ ***(a) quarter to** three.*

> **NOTE** আমেরিকান ইংরেজিতে '(a) quarter **after**' এবং '(a) quarter **of**' ব্যবহার করা হয়—*I'll meet you at (a) quarter after six.* ○ *It's a quarter of three.*

3 [C] a period of three months তিন মাসের সময়কাল, ত্রৈমাসিক *You get a gas bill every quarter.* **4** [C] a part of a town, especially a part where a particular group of people live শহরের কোনো একটি অংশ, বিশেষত যেখানে বিশেষ কোনো গোষ্ঠীর লোকেরা বসবাস করে *the Chinese quarter of the city* **5** [C] a person or group of people who may give help or information or who have certain opinions যে ব্যক্তি অথবা ব্যক্তিবর্গ যারা সাহায্য করতে পারে অথবা খবর দিতে পারে অথবা বিশেষ কোনো মত পোষণ করে **6** [C] (in the US or Canada) a coin that is worth 25 cents (¼ dollar) (মার্কিন যুক্তরাষ্ট্র অথবা কানাডায়) এমন মুদ্রা যার মূল্য এক ডলারের চার ভাগের এক ভাগ বা ২৫ সেন্ট **7 quarters** [*pl.*] a place that is provided for people, especially soldiers, to live in এমন স্থান যেখানে লোকদের, বিশেষত সৈন্যদের থাকার জন্য দেওয়া হয় **8** [C] four ounces of sth; ¼ of a pound কোনো কিছুর চার আউনস; এক পাউন্ডের এক চতুর্থাংশ *a quarter of mushrooms*

IDM at close quarters ➪ **close**[3] দেখো।

quarter-final *noun* [C] one of the four matches between the eight players or teams left in a competition সেমিফাইনালের আগের পর্বের খেলা যখন আটটি দল বা আট খেলোয়াড়ের খেলা বাকি থাকে; কোয়ার্টার ফাইনাল ➪ **semi-final** দেখো।

quarterly / ˈkwɔːtəli ˈকুঅ:ট্যালি / *adj., adv.* (produced or happening) once every three months ত্রৈমাসিক, তিন মাসের *a quarterly magazine*

quartet / kwɔːˈtet কুঅ:ˈটেট্/ *noun* [C] **1** four people who sing or play a piece of music together চারজন গায়ক বা বাদকের দল; চৌবন্দী **2** a piece of music for four people to sing or play together চারজন গায়ক বা বাদকের উপযোগী সুরের বন্দিশ; চৌতাল **3** any group of four persons or things চার ব্যক্তির দল বা চার বস্তু একসঙ্গে

quartz / kwɔːts কুঅ:ট্স্ / *noun* [U] a type of hard rock that is used in making very accurate clocks or watches একরকম শক্ত পাথর যা খুব উচ্চস্তরের ঘড়ি তৈরি করতে ব্যবহার করা হয়; বালুকা-প্রস্তর; স্ফটিক; কোয়ার্টজ্

quasar / ˈkweɪzɑː(r) ˈকুএইজা:(র্)/ *noun* [C] (*technical*) a large object like a star, that is far away and that shines very brightly and sometimes sends out strong radio signals নক্ষত্রের মতো প্রকাণ্ড বস্তু যা বহুদূরে আকাশে জ্বলজ্বল করে এবং যার থেকে মাঝে মাঝে জোরালো রেডিও সংকেত পাওয়া যায়; কোয়েসার ➪ **pulsar** দেখো।

quash / kwɒʃ কুঅশ্ / *verb* [T] (*formal*) **1** to say that an official decision is no longer true or legal এই বলা যে কোনো একটি সরকারি রায় বা সিদ্ধান্ত আর সত্য বা আইনত ঠিক নয় **2** to stop or defeat sth by force কোনো কিছু জোর করে থামিয়ে বা হারিয়ে দেওয়া *to quash a rebellion*

quasi- / ˈkweɪzaɪ; -saɪ ˈকুএইজাই; -সাই / *prefix* (*used in adjectives and nouns*) **1** that appears to be sth but is not really so যাকে কোনো কিছু বলে মনে হয় কিন্তু আসলে তা নয়; আধা-, আপাত-, তথাকথিত, প্রায় *a quasi-scientific explanation* **2** partly; almost অংশত, কিছু পরিমাণে; প্রায় *a quasi-official body*

quay / ki: কী / *noun* [C] a platform where goods and passengers are loaded on and off boats জেটি বা জাহাজঘাটা যেখানে জাহাজ, নৌকো ইত্যাদি থেকে যাত্রী এবং মালপত্র নামানো-ওঠানো হয়

quayside / ˈki:saɪd ˈকীসাইড্ / *noun* [*sing.*] the area of land that is near a quay জেটি বা জাহাজ ঘাটার কাছের জায়গা

queasy / ˈkwi:zi ˈকুঈজ়ি/ *adj.* feeling sick; wanting to vomit বমি-বমি ভাব; বমি করতে চাওয়া হচ্ছে এমন

queen / kwi:n কুঈন্ / *noun* [C] **1** (*also* **Queen**) the female ruler of a country রাণী, রাজ্ঞী, বেগম, শাসনকর্ত্রী *Queen Elizabeth* ➪ **king, prince** এবং **princess** দেখো। **2** (*also* **Queen**) the wife of a king রাজার পত্নী, রাজমহিষী, রাজরাণী, বেগম **3** the largest and most important female in a group of insects একদল পোকার মধ্যে সবচেয়ে বড়ো এবং গুরুত্বপূর্ণ স্ত্রী পোকাটি *the queen bee* **4** one of the four playing cards in a pack with a picture of a queen এক প্যাকেট তাসের মধ্যে যে চারটি তাসে রাণীর ছবি দেওয়া থাকে তার একটি *the queen of hearts* ➪ **card**-এ নোট দেখো। **5** (in chess) the most powerful piece, that can move any distance and in all directions (দাবা খেলায়) সবচেয়ে গুরুত্বপূর্ণ ঘুঁটি যা যে-কোনো দিকে এবং যে-কোনো দূরত্বে যেতে পারে; মন্ত্রী

queer / kwɪə(r) কুইঅ্যা(র্) / *adj.* (*old-fashioned*) strange or unusual অস্বাভাবিক অথবা অদ্ভুত *His face was a queer pink colour.*

quell / kwel কুএল্ / *verb* [T] (*formal*) to end sth কোনো কিছু থামানো বা শেষ করা

quench / kwentʃ কুএন্চ্ / *verb* [T] to satisfy your feeling of thirst by drinking a liquid কিছু পান করে তেষ্টা মেটানো বা তৃষ্ণা নিবারণ করা *He drank some juice to quench his thirst.*

query / ˈkwɪəri ˈকুইঅ্যারি / *noun* [C] (*pl.* **queries**) a question, especially one asking for information or expressing a doubt about sth জিজ্ঞাসা, বিশেষত তথ্য সংগ্রহ করতে বা সন্দেহ ঘোচাতে করা প্রশ্ন *Does anyone have any queries?* ▶ **query** *verb* [T] (*pres. part.* **querying;** *3rd person sing. pres.* **queries;** *pt, pp* **queried**) জিজ্ঞাসা করা *We queried the bill but were told it was correct.*

quest / kwest কুএস্ট্ / *noun* [C] (*formal*) a long search for sth that is difficult to find দীর্ঘ এবং আয়াসসাধ্য অনুসন্ধান, খোঁজ বা অন্বেষণ *the quest for happiness/knowledge/truth*

question¹ / ˈkwestʃən ˈকুএস্চ্যান্ / *noun* **1** [C] **a question (about/on sth)** a sentence or phrase that asks for an answer প্রশ্ন, জিজ্ঞাসা ***to ask a question*** ○ *In the examination, you must* ***answer*** *five* ***questions*** *in one hour.* **2** [C] a problem or difficulty that needs to be discussed or dealt with সমস্যা অথবা অসুবিধা যা আলোচনা করা অথবা মেটানো প্রয়োজন *to* ***raise the question*** ○ ***The question is,*** *how are we going to raise the money?* **3** [U] doubt or uncertainty সন্দেহ অথবা অনিশ্চয়তা *His honesty is* ***beyond question****.* ○ *The results of the report were accepted* ***without question****.*

IDM **(be) a question of sth/of doing sth** a situation in which sth is needed এমন অবস্থা যাতে কিছুর প্রয়োজন *It's not difficult—it's just a question of finding the time to do it.*

in question that is being considered or talked about বিচার্য, বিবেচ্য, আলোচ্য *The lawyer asked where she was on the night in question.*

no question of no possibility of সম্ভাবনা নেই এমন *There is no question of him leaving the hospital yet.*

out of the question impossible অসম্ভব *A new car is out of the question. It's just too expensive.*

question² / ˈkwestʃən ˈকুএস্চ্যান্ / *verb* [T] **1 question sb (about/on sth)** to ask sb a question or questions কোনো ব্যক্তিকে একটি বা অনেকগুলো প্রশ্ন করা *The police questioned him for several hours.* **2** to express or feel doubt about sth কোনো বিষয়ে সন্দেহ প্রকাশ করা বা অনুভব করা *to question sb's sincerity/honesty*

questionable / ˈkwestʃənəbl ˈকুএস্চ্যান্যাব্ল্/ *adj.* **1** that you have doubts about; not certain সন্দেহজনক, বিতর্কমূলক; অনিশ্চিত *It's questionable whether we'll be able to finish in time.* **2** likely to be dishonest or morally wrong অসৎ বা অনৈতিক হওয়ার সম্ভাবনা *questionable motives* ✪ বিপ **unquestionable**

question mark *noun* [C] the sign (?) that you use when you write a question প্রশ্ন চিহ্ন (?), জিজ্ঞাসা-চিহ্ন

questionnaire / ˌkwestʃəˈneə(r) ˌকুএস্চ্যাˈনেঅ্যা(র্) / *noun* [C] a list of questions that are answered by many people. A questionnaire is used to collect information about a particular subject লিখিত প্রশ্নাবলী যা অনেকের উত্তর দেওয়ার জন্য বানানো হয় এবং যেটি বিশেষ কোনো বিষয়ে তথ্যাদি সংগ্রহ করার জন্য ব্যবহৃত হয় *to complete/fill in a questionnaire*

question tag (*also* **tag**) *noun* [C] a short phrase such as 'isn't it?' or 'did you?' at the end of a sentence that changes it into a question and is often used to ask sb to agree with you ইংরেজি বাক্যের শেষে 'isn't it?' অথবা 'did you?' অথবা 'can you?' এই ধরনের ছোটো কোনো বাক্যাংশ যোগ করে বাক্যটিকে প্রশ্নের আকার দেওয়া হয় এবং এর মধ্যে প্রায়ই

বক্তার সঙ্গে একমত হতে আহ্বান করা হয় *You told the truth, didn't you?*

queue / kju: কিউ / (*AmE* **line**) *noun* [C] a line of people, cars, etc. that are waiting for sth or to do sth পরপর সুশৃঙ্খলভাবে অপেক্ষা করছে এমন লোকের বা গাড়ির লাইন সারি; পঙ্‌ক্তি ***wait in a queue*** ○ ***join a queue*** ○ ***form a queue*** ► **queue** *verb* [I] **queue (up) (for sth)** নিজের পালা আসার জন্য লাইন দিয়ে অপেক্ষা করা, কিছুর জন্য লাইন লাগানো *to queue for a bus*

IDM **jump the queue** ⇨ **jump**[1] দেখো।

quiche / ki:ʃ কীশ্ / *noun* [C, U] a type of food made of pastry filled with a mixture of eggs and milk with cheese, onion, etc. and cooked in the oven. You can eat quiche hot or cold যে পেস্ট্রি জাতীয় খাবারের মধ্যে ডিম, দুধ, চীজ, পেঁয়াজ ইত্যাদির পুর ভরা থাকে এবং ওভেনে রান্না করা হয়। এই খাবারটি গরম বা ঠান্ডা খাওয়া যেতে পারে

quick[1] / kwɪk কুইক্ / *adj.* **1** done with speed; taking or lasting a short time দ্রুত করা হয়েছে এমন; কম সময়ে করা বা কম সময় ধরে স্থিত এমন *May I make a quick telephone call?* ○ *We need to make a quick decision.* **2 quick (to do sth)** doing sth at speed or in a short time কোনো কিছু তাড়াতাড়ি বা অল্প সময়ে করা হয়েছে এমন *It's quicker to travel by train.* ○ *She was quick to point out all my mistakes I had made.*

> **NOTE** **Fast** শব্দটি এমন কোনো বস্তু বা ব্যক্তিকে বর্ণনা করার জন্য ব্যবহার করা হয় যা দ্রুত গতিতে চলতে পারে বা চালানো যায়—*a fast horse/car/runner.* কোনো কিছু যা খুব তাড়াতাড়ি করা যায় তার জন্য **quick** শব্দটি ব্যবহার করা যায়—*a quick decision/visit.*

3 used to form compound adjectives যৌগিক বিশেষণ গঠন করতে ব্যবহৃত *quick-thinking* ○ *quick-drying paint*

IDM **(as) quick as a flash** very quickly অতি দ্রুত, খুব তাড়াতাড়ি

IDM **quick/slow on the uptake** ⇨ **uptake** দেখো।

quick[2] / kwɪk কুইক্ / *adv.* (*informal*) quickly তাড়াতাড়ি, শীঘ্র *Come over here quick!*

quicken / ˈkwɪkən ˈকুইক্যান্ / *verb* [I, T] (*written*) **1** to become quicker or make sth quicker আরও তাড়াতাড়ি করা বা করানো *She felt her heartbeat quicken as he approached.* ○ *He quickened his pace to catch up with them.* **2** (*written*) to become more active; to make sth more active আরও কর্মতৎপর হওয়া; কোনো কিছুকে আরও ত্বরান্বিত করা *His interest quickened as he heard more about the plan.*

quickly / ˈkwɪkli ˈকুইক্‌লি / *adv.* fast; in a short time তাড়াতাড়ি; অল্প সময়ে *I'd like you to get here as quickly as possible.*

quicksand / ˈkwɪksænd ˈকুইক্‌স্যান্ড্ / *noun* [U] (*also* **quicksands**) [*pl.*] deep wet sand that you sink into if you walk on it গভীর এবং ভিজে বালি, যার উপর দিয়ে হাঁটলে লোকে ডুবে যায়; চোরাবালি

quid / kwɪd কুইড্/ *noun* [C] (*pl.* **quid**) (*BrE informal*) a pound (in money); £ 1 এক পাউন্ড (ইংলন্ডের টাকা) *Can you lend me a couple of quid until tomorrow?*

quiet[1] / ˈkwaɪət ˈকুআইঅ্যাট্ / *adj.* **1** with very little or no noise নিস্তব্ধ, নীরব *Be quiet!* ○ *His voice was quiet but firm.* ✪ বিপ **loud** **2** without much activity or many people শান্ত, নিশ্চল, হট্টগোলহীন, কম লোকজনবিশিষ্ট *The streets are very quiet on Sundays.* ○ *Business is quiet at this time of year.* **3** (used about a person) not talking very much (কোনো ব্যক্তি সম্বন্ধে ব্যবহৃত) শান্ত, চুপচাপ *He's very quiet and shy.* ► **quietly** *adv.* নীরবে, শান্তভাবে *Try and shut the door quietly!* ► **quietness** *noun* [U] নীরবতা

IDM **keep quiet about sth; keep sth quiet** to say nothing about sth কোনো কিছু সম্বন্ধে কিছু না বলা

quiet[2] / ˈkwaɪət ˈকুআইঅ্যাট্ / *noun* [U] the state of being calm and without much noise or activity শান্ত বা নিস্তব্ধ অবস্থা *the **peace and quiet** of the countryside*

IDM **on the quiet** secretly লুকিয়ে-লুকিয়ে, গোপনে *He's given up smoking but he still has an occasional cigarette on the quiet.*

quieten / ˈkwaɪətn ˈকুআইঅ্যাট্‌ন্ / *verb* [T] to make sb/sth quiet কোনো ব্যক্তি অথবা বস্তুকে চুপ করিয়ে দেওয়া

PHR V **quieten (sb/sth) down** to become quiet or to make sb/sth quiet নীরব হয়ে যাওয়া অথবা কোনো ব্যক্তি অথবা বস্তুকে চুপ করিয়ে দেওয়া *When you've quietened down, I'll tell you what happened.*

quill / kwɪl কুইল্ / *noun* [C] **1** (*also* **quill feather**) a large feather from the wing or tail of a bird পাখির ডানা অথবা লেজ থেকে নেওয়া বড়ো পালক **2** (*also* **quill pen**) a pen made from a quill feather পালকের কলম **3** one of the long, thin, sharp points on the body of a **porcupine** শজারুর গায়ের কাঁটা

quilt / kwɪlt কুইল্ট্ / *noun* [C] a cover for a bed that has a thick warm material, for example feathers, inside it পালক বা গরম কোনো বস্তু দিয়ে তৈরি বিছানার ঢাকা; লেপ, বালাপোশ ⇨ **duvet** দেখো।

quinine / kwɪˈni:n কুইˈনীন্ / *noun* [U] a drug made from the **bark** of a South American tree, used in the past to treat a tropical disease (**malaria**) দক্ষিণ আমেরিকার একটি বিশেষ গাছের ছাল থেকে প্রস্তুত ম্যালেরিয়ার ওষুধ; কুইনিন

quintessential / ˌkwɪntɪˈsenʃl ˌকুইন্‌টি'সেন্‌শ্‌ল্ / *adj.* being the perfect example of sth শ্রেষ্ঠনিদর্শনের উদাহরণ হয়েছে এমন; কোনো কিছুর মূর্ত রূপ *He was the quintessential tough guy.* ▶ **quintessence** / kwɪnˈtesns কুইন্'টেস্‌ন্‌স্ / *noun* [*sing.*] চরমোৎকর্ষ, শ্রেষ্ঠ নিদর্শনের পরাকাষ্ঠা *It was the quintessence of an Indian palace.* ▶ **quintessentially** / -ʃəli -শ্যালি / *adv.* সর্বোৎকৃষ্টভাবে *a sense of humour that is quintessentially British*

quintet / kwɪnˈtet কুইন্'টেট্ / *noun* [C] **1** a group of five people who sing or play music together পাঁচজন গায়ক বা বাদকের গোষ্ঠী; পঞ্চক, পঞ্চন্দি **2** a piece of music for five people to sing or play together পাঁচজন গায়কের বা বাদকের উপযোগী সঙ্গী বা সুর, পঞ্চবন্দী **3** any group of five persons or things পাঁচজন মানুষের দল বা একত্রিত পাঁচ বস্তু

quintuplet / ˈkwɪntʊplət 'কুইনটুপ্‌ল্যাট্ / *noun* [C] one of five children or animals that are born to one mother at the same time মানুষের পাঁচটি ছেলেমেয়ে বা কোনো প্রাণীর পাঁচটি বাচ্চার একটি যারা একসঙ্গে এক মা-এর গর্ভে জন্মগ্রহণ করেছে

quirk / kwɜːk কুঅ্যাক্ / *noun* [C] **1** an aspect of sb's character or behaviour that is strange কারও চরিত্রের বা হাবভাবের একটা অস্বাভাবিক দিক *You'll soon get used to the boss's little quirks.* **2** a strange thing that happens by chance এমন অস্বাভাবিক কিছু যা দৈবাৎ বা আচমকা ঘটে যায়; খামখেয়াল *By a strange quirk of fate they met again several years later.* ▶ **quirky** *adj.* বিদঘুটে, খামখেয়ালি *Some people don't like his quirky sense of humour.*

quit / kwɪt কুইট্ / *verb* (*pres. part.* **quitting;** *pt, pp* **quit**) **1** [I, T] **quit (as sth)** to leave a job, etc. or to go away from a place কোনো চাকরি ইত্যাদি ছেড়ে দেওয়া অথবা কোনো জায়গা থেকে চলে যাওয়া *She quit as manager of the volleyball team.* **2** [T] (*AmE informal*) to stop doing sth কোনো কিছু করা বন্ধ করে দেওয়া *to quit smoking* **3** [I, T] (*computing*) to close a computer program কম্পিউটারের কোনো প্রোগ্রাম বন্ধ করা

quite / kwaɪt কুআইট্ / *adv.* **1** not very; to a certain degree; rather খুব বেশি নয়; কিছুটা, বেশ কিছুটা, অনেকটা *The film's quite good.* ○ *They had to wait quite a long time.* ➪ **rather**-এ নোট দেখো। **2** (used for emphasizing sth) completely; very (কোনো কিছুতে জোর দিতে ব্যবহৃত) সম্পূর্ণরূপে; যথেষ্ট পরিমাণে *Are you quite sure you don't mind?* **3** used for showing that you agree with or understand sth কিছুতে রাজি হওয়া বা কিছু বোধগম্য হওয়া বোঝাতে ব্যবহৃত *'He'll find it difficult.' 'Well, quite* (= I agree).'

IDM not quite used for showing that there is almost enough of sth, or that it is almost suitable কোনো কিছু যতটা দরকার প্রায় ততটা বোঝাতে অথবা প্রায় উপযুক্ত বা মানানসই বোঝাতে ব্যবহৃত *There's not quite enough bread for breakfast.* ○ *These shoes don't quite fit.*

quite a used for showing that sth is unusual কোনো কিছু যে অসাধারণ তা বোঝাতে ব্যবহৃত *It's quite a climb to the top of the hill.*

quite a few; quite a lot (of) a fairly large amount or number পরিমাণে বা সংখ্যায় বেশ বেশি বোঝাতে ব্যবহৃত *We've received quite a few enquiries.*

quite enough used for emphasizing that no more of sth is wanted or needed যা আছে তাই যে যথেষ্ট, আর বেশি দরকার নেই তা জোর দিয়ে বোঝাতে ব্যবহৃত *I've had quite enough of listening to you two arguing!* ○ *That's quite enough juice, thanks.*

quits / kwɪts কুইট্‌স্ / *adj.*

IDM be quits (with sb) (*informal*) if two people are quits, it means that neither of them owes the other anything হিসাব চুকিয়ে দেওয়া হয়েছে এমন *You buy me a drink and then we're quits.*

quiver¹ / ˈkwɪvə(r) 'কুইভ্যা(র্) / *verb* [I] to shake slightly অল্প অল্প কম্পিত হওয়া *to quiver with rage/excitement/fear* ✪ সম **tremble** ▶ **quiver** *noun* [C] স্বল্প কম্পন

arrows
quiver

quiver² / ˈkwɪvə(r) 'কুইভ্যা(র্) / *noun* [C] a long narrow case for carrying arrows তির বা বাণ বহন করার উপযোগী খাপ বা বাক্স; তূণীর

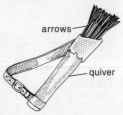

quiz¹ / kwɪz কুইজ্ / *noun* [C] (*pl.* **quizzes**) a game or competition in which you have to answer questions এক ধরনের খেলা বা প্রতিযোগিতা যাতে প্রশ্নের উত্তর দিতে হয়; প্রশ্নোত্তর প্রতিযোগিতা *a quiz programme on TV* ○ *a general knowledge quiz*

quiz² / kwɪz কুইজ্ / (*3rd person sing. pres.* **quizzes;** *pres. part.* **quizzing;** *pt* **quizzed**) *verb* [T] to ask sb a lot of questions in order to get information কাউকে বহু প্রশ্ন করে তথ্য বা খবর বার করা

quizzical / ˈkwɪzɪkl 'কুইজ়িক্‌ল্ / *adj.* (used about a look, smile, etc.) seeming to ask a question (বিশেষভাবে তাকানো, হাসা ইত্যাদি সম্বন্ধে ব্যবহৃত) উৎসুক, জিজ্ঞাসু ▶ **quizzically** / -kli -ক্‌লি / *adv.* উৎসুকভাবে

quorum / ˈkwɔːrəm ˈকুঅ: র‍্যাম্ / *noun* [*sing.*] the smallest number of people that must be at a meeting before it can make official decisions কোনো সভায় আনুষ্ঠানিকভাবে সিদ্ধান্ত নিতে হলে নিয়মানুযায়ী ন্যূনতম যে কজন সভ্যের উপস্থিতির প্রয়োজন; কোরাম

quota / ˈkwəʊtə ˈকুঅ্যাউট্যা / *noun* [C] the number or amount of sth that is allowed or that you must do কোনো কিছুর জন্য যে সংখ্যা বা পরিমাণ বরাদ্দ; কোটা *We have a fixed quota of work to get through each day.*

quotation / kwəʊˈteɪʃn কুঅ্যাউˈটেইশ্ন্ / (*informal* **quote**) *noun* [C] **1** a phrase from a book, speech, play, etc., that sb repeats because it is interesting or useful কোনো বই, কারও বক্তৃতা, নাটক ইত্যাদি থেকে কিছুটা তুলে দেওয়া হয়েছে এমন; উদ্ধৃত অংশ, উদ্ধৃতি *a quotation from Rabindranath* **2** a statement that says how much a piece of work will probably cost একটা কাজ করাতে মোটামুটি কতো খরচ লাগবে সে সম্বন্ধে লিখিত বিবৃতি বা আনুমানিক খরচের হিসেব *You should get quotations from three different builders.* ➪ **estimate** দেখো।

quotation marks (*also* **speech marks**) (*informal*) (*also* **quotes,** *BrE* **inverted commas**) *noun* [*pl.*] the signs '...' or "..." that you put around a word, a sentence, etc. to show that it is what sb said or wrote, that it is a title, or that you are using it in a special way উদ্ধৃতি চিহ্ন; কোটেশন মার্ক

quote / kwəʊt কুঅ্যাউট্ / *verb* **1** [I, T] **quote (sth) (from sb/sth)** to repeat exactly sth that sb else has said or written before কারও কথার বা লেখার হুবহু পুনরাবৃত্তি করা *The minister asked the newspaper not to quote him.* **2** [T] to give sth as an example to support what you are saying নিজের কথার সমর্থনে কোনো কিছু উদাহরণ হিসেবে দেওয়া **3** [I, T] to say what the cost of a piece of work, etc. will probably be কোনো কাজ ইত্যাদির আনুমানিক খরচের হিসেব জানানো

quotient / ˈkwəʊʃnt ˈকুঅ্যাউশন্ট্ / *noun* [C] (*technical*) a number which is the result when one number is divided by another (গণিতে) ভাগফল ➪ **IQ** দেখো।

R r

R¹, r / ɑː(r) আ:(র্) /*noun* [C, U] (*pl.* **R's; r's** / ɑːz আ:জ় /) the eighteenth letter of the English alphabet ইংরেজি বর্ণমালার অষ্টাদশতম অক্ষর বা বর্ণ *'Rabbit' begins with an 'R'.*

R² *abbr.* river নদী, নদ *R Ganga* ○ *R Kaveri*

rabbi / ˈræbaɪ ˈর‍্যাবাই / *noun* [C] (*pl.* **rabbis**) a Jewish religious leader and teacher of Jewish law ইহুদিদের ধর্মীয় নেতা এবং ইহুদি আইনের শিক্ষক

rabbit / ˈræbɪt ˈর‍্যাবিট্ / *noun* [C] a small animal with long ears খরগোশ *a wild rabbit* ○ *a rabbit hutch* (= a cage for rabbits)

NOTE ছোটো ছেলেমেয়েরা **rabbit**-কে **bunny** বলে।

rabbit warren *noun* [C] a system of holes and underground tunnels where wild rabbits live মাটির তলায় গর্ত এবং সুড়ঙ্গপথ যেখানে বুনো খরগোশ বসবাস করে

rabble / ˈræbl ˈর‍্যাব্‌ল্ / *noun* [C] a noisy crowd of people who are or may become violent চিৎকার বা চেঁচামেচি করছে এমন একদল লোক যারা আক্রমণাত্মক অথবা সহজেই আক্রমণাত্মক হতে পারে

rabi *noun* [U] (in Indian subcontinent) a crop sown in autumn or early winter and harvested in spring or at the beginning of summer (ভারতীয় উপমহাদেশে) যে শস্য হেমন্তকালে অথবা শীতকালের প্রারম্ভে বোনা হয় এবং বসন্তকালে বা গ্রীষ্মকালের শুরুতে কাটা হয়; রবি শস্য *Wheat is the major rabi crop of India.* ➪ **kharif** দেখো।

rabies / ˈreɪbiːz ˈরেইবীজ় / *noun* [U] a very dangerous disease that a person can get if he/she is bitten by an animal that has the disease একটি ভয়াবহ রোগ যা সেই রোগে আক্রান্ত প্রাণীর কামড় থেকে মানুষেরও হতে পারে; জলাতঙ্ক রোগ

race¹ / reɪs রেইস্ / *noun* **1** [C] **a race against/with sb/sth); a race for sth/to do sth** a competition between people, animals, cars, etc. to see which is the fastest or to see which can achieve sth first লোকজন, প্রাণীসমূহ, গাড়িসকল ইত্যাদির মধ্যে দ্রুততা অথবা কোনো কিছু প্রথমে অর্জন করার প্রতিযোগিতা *to run/win/lose a race* ○ *to come first/second/last* ***in a race*** ○ *the race to find a cure for AIDS* ○ *Rescuing victims of the earthquake is now* ***a race against time***. **2 the races** [*pl.*] (*BrE*) an occasion when a number of horse races are held in one place ঘোড়দৌড় প্রতিযোগিতা; রেসখেলা **3** [C, U] one of the groups into which people can be divided according to the colour of their skin, their hair type, the shape of their face, etc. মানুষকে তার চামড়ার রং, চুলের বৈশিষ্ট্য, তার মুখের গড়ন ইত্যাদি অনুযায়ী যেসকল ভাগে ভাগ করা যায় তার মধ্যে একটি; জাতি, প্রজাতি, উপজাতি ➪ **human race** দেখো। **4** [C] a group of people who have the same language, customs, history, etc. একদল মানুষ যাদের ভাষা, দেশাচার, ইতিহাস ইত্যাদি একই; নরগোষ্ঠী, মানবগোষ্ঠী

IDM the rat race ➪ **rat** দেখো।

race² / reɪs রেইস্ / *verb* **1** [I, T] **race (against/with sb/sth); race sb/sth** to have a competition with sb/sth to find out who is the fastest or to see who can do sth first কোনো ব্যক্তি অথবা বস্তুর সঙ্গে প্রতিযোগিতা করে দেখা যে কে সবচেয়ে দ্রুত এবং কোনো কাজ সবচেয়ে আগে করতে পারে *I'll race you home.* **2** [I, T] to go very fast or to move sb/sth very fast খুব দ্রুত যাওয়া অথবা কাউকে বা কোনো কিছু খুব দ্রুত নিয়ে যাওয়া *We raced up the stairs.* ○ *The child had to be raced to hospital.* **3** [T] to make an animal or a vehicle take part in a race কোনো পশু অথবা যানকে দৌড় প্রতিযোগিতায় অংশগ্রহণ করানো

racecourse / ˈreɪskɔːs ˈরেইস্‌ক:স্ / (*AmE* **racetrack**) *noun* [C] a place where horse races take place যে জায়গায় ঘোড়দৌড় হয়; ঘোড়দৌড়ের মাঠ, রেসের মাঠ

racehorse / ˈreɪshɔːs ˈরেইস্‌হ:স্ / *noun* [C] a horse that is trained to run in races ঘোড়দৌড়ের ঘোড়া, রেসের ঘোড়া

race relations *noun* [*pl.*] the relations between people of different races who live in the same town, area, etc. একই শহর, অঞ্চল ইত্যাদিতে যেসব বিভিন্ন জাতির বাস তাদের মধ্যে সম্বন্ধ

race track / ˈreɪstræk ˈরেইস্ট্র্যাক্ / *noun* [C] **1** a track for races between runners, cars, bicycles, etc. মানুষ, মোটর গাড়ি, সাইকেল ইত্যাদির দৌড় প্রতিযোগিতার জন্য বানানো রেসের সড়ক **2** (*AmE*) = **racecourse**

racial / ˈreɪʃl ˈরেইশ্‌ল্ / *adj.* connected with people's race; happening between people of different races জাতিগত, জাতিসংক্রান্ত; বিভিন্ন প্রজাতির মানুষের মধ্যে ঘটছে এমন *racial tension/discrimination* ► **racially** / -ʃəli -শ্যালি / *adv.* জাতিগতভাবে *a racially mixed school*

racing / ˈreɪsɪŋ ˈরেইসিং / *noun* [U] **1** = **horse racing** **2** the sport of taking part in races যে-কোনো ধরনের দৌড় প্রতিযোগিতায় অংশগ্রহণ *motor racing* ○ *a racing driver/car*

racism / 'reɪsɪzəm 'রেইসিজ্‌াম্ / *noun* [U] the belief that some races of people are better than others; unfair ways of treating people of different races কোনো কোনো জাতি অন্যান্য জাতির তুলনায় শ্রেষ্ঠ এই বিশ্বাস; অন্য জাতির লোকের প্রতি দুরাচার করার অন্যায় উপায়গুলি; জাতিগত বৈষম্যবাদ, জাতিবৈষম্যবাদ *to take measures to combat racism* ▶ **racist** / 'reɪsɪst 'রেইসিস্ট্ / *noun* [C], *adj.* জাতিবৈষম্যবাদী *He's a racist.* ○ *racist beliefs/views/remarks*

rack¹ / ræk র‍্যাক্ / *noun* [C] (*often in compounds*) a piece of equipment, usually made of bars, that you can put things in or on তাক, যা জিনিসপত্র রাখার জন্য ব্যবহার করা হয় *luggage rack* ⇨ **laboratory**-তে ছবি দেখো।

IDM **go to rack and ruin** to be in or get into a bad state because of a lack of care অযত্নে, দুরবস্থায় পড়া বা থাকা

rack² / ræk র‍্যাক্ / *verb*

IDM **rack your brains** to try hard to think of sth or remember sth কোনো কিছু নিয়ে খুব মাথা ঘামানো বা কিছু মনে করার জন্য খুব চেষ্টা করা

racket / 'rækɪt 'র‍্যাকিট্ / *noun* **1** [*sing.*] (*informal*) a loud noise কোলাহল, হট্টগোল *Stop making that terrible racket!* **2** [C] an illegal way of making money অর্থ উপার্জনের অবৈধ উপায় *a drugs racket* **3** (*also* **racquet**) [C] a piece of sports equipment that you use to hit the ball with in sports such as tennis and **badminton** (টেনিস, ব্যাডমিন্টন ইত্যাদি খেলার) র‍্যাকেট যা দিয়ে বল মারা হয়

NOTE র‍্যাকেট **bat**-এর থেকে আলাদা হয়, কারণ র‍্যাকেটে **string** থাকে।

racy / 'reɪsi 'রেইসি / *adj.* (used especially about speech and writing) having a style that is exciting and amusing, often in a way that is connected with sex (বিশেষত বক্তৃতা এবং রচনা সম্বন্ধে ব্যবহৃত) এমন বাচনভঙ্গি বা রচনাভঙ্গি যা উত্তেজিত করে, মাতিয়ে তোলে, অনেক সময় যাতে যৌনতা জড়িত থাকে *a racy novel*

radar / 'reɪdɑː(r) 'রেইডা:(র্) / *noun* [U] a system that uses radio waves for finding the position of moving objects, for example ships and planes একরকম যন্ত্রব্যবস্থা যা চলমান বস্তুর অবস্থান (যেমন জাহাজ এবং বিমান) জানার জন্য বেতার তরঙ্গ ব্যবহার করে; রাডার *This plane is hard to detect by radar.* ⇨ **sonar** দেখো।

radiant / 'reɪdiənt 'রেইডিঅ্যান্ট্ / *adj.* **1** showing great happiness আনন্দোচ্ছল, আনন্দে উদ্ভাসিত, আনন্দোজ্জ্বল *a radiant smile* **2** sending out light or heat আলো বা তাপ বিকিরণকারী *the radiant heat/energy of the sun*

radiate / 'reɪdieɪt 'রেইডিএইট্ / *verb* **1** [T] (used about people) to clearly show a particular quality or emotion in your appearance or behaviour (মানুষ সম্বন্ধে ব্যবহৃত) চেহারার মধ্যে স্পষ্টভাবে মনোভাব প্রকাশ পাওয়া, চোখেমুখে মনের ভাব ছড়িয়ে পড়া *She radiated self-confidence in the interview.* **2** [T] to send out light or heat আলো বা তাপ বিকিরণ করা বা ছড়ানো **3** [I] to go out in all directions from a central point কেন্দ্রবিন্দু থেকে চারিদিকে ছড়িয়ে পড়া *Narrow streets radiate from the village square.*

radiation / ˌreɪdiˈeɪʃn ˌরেইডি 'এইশ্‌ন্ / *noun* [U] **1** powerful and very dangerous rays that are sent out from certain substances. You cannot see or feel radiation but it can cause serious illness or death উচ্চশক্তিসম্পন্ন এবং অত্যন্ত ক্ষতিকারক বিচ্ছুরিত রশ্মি যা চোখে দেখা বা অনুভব করা যায় না অথচ আমাদের শরীরের উপর যার প্রভাব খুবই ক্ষতিকারক হতে পারে, এমনকি মৃত্যু হওয়াও অসম্ভব নয়; তেজস্ক্রিয় রশ্মিপাত ⇨ **radioactive** দেখো। **2** heat, light or energy that is sent out from sth তেজস্ক্রিয় তাপ, আলো বা শক্তি যা কোনো কিছুর থেকে নির্গত হয় *ultraviolet radiation*

radiator / 'reɪdieɪtə(r) 'রেইডিএইট্যা(র্) / *noun* [C] **1** a piece of equipment that is usually fixed to the wall and is used for heating a room. Radiators are made of metal and filled with hot water দেয়ালের গায়ে লাগানো একজাতীয় যন্ত্রাংশ যা ঘর গরম করার জন্য ব্যবহৃত হয়। এগুলি ধাতুনির্মিত এবং এর মধ্যে গরম জল ভরা থাকে **2** a piece of equipment that is used for keeping a car engine cool গাড়ির ইঞ্জিন ঠান্ডা করার যন্ত্রাংশ; রেডিয়েটর

radical¹ / 'rædɪkl 'র‍্যাডিক্‌ল্ / *adj.* **1** (used about changes in sth) very great; complete (কোনো কিছুর পরিবর্তন বোঝাতে ব্যবহৃত) চরম, আমূল; সম্পূর্ণ *The tax system needs radical reform.* ○ *radical change* **2** wanting great social or political change চরমপন্থী যারা সামাজিক ও রাজনৈতিক পরিবর্তন সমর্থন করে; সামাজিক ও রাজনৈতিক ক্ষেত্রে চরমপন্থী পরিবর্তনের পক্ষপাতী *to have radical views* ⇨ **moderate¹** 2 এবং **extreme²** দেখো। ▶ **radically** / 'rædɪkli 'র‍্যাডিক্‌লি / *adv.* আমূলভাবে *The First World War radically altered the political map of Europe.*

radical² / 'rædɪkl 'র‍্যাডিক্‌ল্ / *noun* [C] a person who wants great social or political change চরমপন্থী ব্যক্তি; প্রগতিবাদী ⇨ **moderate³** এবং **extremist** দেখো।

radii ⇨ **radius**-এর plural

radio / 'reɪdiəʊ 'রেইডিঅ্যাউ / *noun* (*pl.* **radios**) **1** (*often* **the radio**) [U, *sing.*] the activity of sending out programmes for people to listen to;

the programmes that are sent out অনুষ্ঠানগুলি মানুষের শোনার জন্য পাঠানোর কাজ; যে অনুষ্ঠানগুলি বেতারের সাহায্যে পাঠানো হয় *to* ***listen to the radio*** ○ *I heard an interesting report* ***on the radio*** *this morning.* **2** [C] a piece of equipment that is used for receiving and/or sending radio messages or programmes (on a ship, plane, etc. or in your house) বেতারবার্তা বা অনুষ্ঠান গ্রহণ এবং/অথবা প্রেরণের জন্য ব্যবহৃত হয় এমন যন্ত্রাংশ (জাহাজ, উড়োজাহাজ ইত্যাদিতে বা বাড়িতে এগুলি ব্যবহার করা হয়); বেতারযন্ত্র; রেডিও

> **NOTE** রেডিও চালানোর জন্য আমরা **put, switch** অথবা **turn on** এবং বন্ধ করার জন্য **turn off** ব্যবহার করি। রেডিওর শব্দ বাড়ানোর জন্য **turn up** এবং শব্দ কমানোর জন্য **turn down** অভিব্যক্তিগুলি ব্যবহার করা হয়।

3 [U] the sending or receiving of messages through the air by electrical signals বৈদ্যুতিক সংকেতের সাহায্যে আকাশপথে বার্তা প্রেরণ বা গ্রহণ *to keep in radio contact* ○ *radio signals/waves*
▶ **radio** *verb* [I, T] (*pt, pp* **radioed**) বেতারের সাহায্যে সংবাদ বা বার্তা আদানপ্রদান করা

radio- / ˈreɪdiəʊ ˈরেইডিঅ্যাউ / *prefix* (*used in nouns, adjectives and adverbs*) **1** connected with radio waves or the activity of sending out radio or television programmes (**broadcasting**) বেতার তরঙ্গ সম্পর্কিত অথবা বেতারের সাহায্যে রেডিও বা টেলিভিশনের অনুষ্ঠান সম্প্রচার করার সঙ্গে যুক্ত *a radio controlled car* **2** connected with **radioactivity** তেজস্ক্রিয়তা বা তেজস্ক্রিয় রশ্মির সঙ্গে সম্পর্কযুক্ত *radiographer*

radioactive / ˌreɪdiəʊˈæktɪv ˌরেইডিঅ্যাউˈঅ্যাক্টিভ্ / *adj.* sending out powerful and very dangerous rays that are produced when atoms are broken up. These rays cannot be seen or felt but can cause serious illness or death পরমাণুর বিভাজনের ফলে শক্তিশালী এবং বিপজ্জনক তেজস্ক্রিয় রশ্মির বিকিরণ বা প্রেরণ। এই রশ্মি চোখে দেখা যায় না বা অনুভব করা যায় না কিন্তু গুরুতর অসুস্থতা বা মৃত্যুর কারণ হতে পারে *the problem of the disposal of* **radioactive waste** *from power stations* ➪ **radiation** দেখো।
▶ **radioactivity** / ˌreɪdiəʊækˈtɪvəti ˌরেইডিঅ্যাউঅ্যাক্ˈটিভ্যাটি / *noun* [U] তেজস্ক্রিয়তা

radiographer / ˌreɪdiˈɒɡrəfə(r) ˌরেইডিˈঅগ্র্যাফ্যা(র্) / *noun* [C] a person who is trained to take pictures of your bones, etc. (**X-rays**) in a hospital or to use them for the treatment of certain illnesses হাসপাতালে হাড় ইত্যাদির ছবি তোলা (এক্স-রে) বা সেগুলি নির্দিষ্ট রোগসমূহের চিকিৎসা করার ক্ষেত্রে ব্যবহার করার প্রশিক্ষণপ্রাপ্ত ব্যক্তি; রেডিওগ্রাফার

radish / ˈrædɪʃ ˈর‍্যাডিশ্ / *noun* [C] a small red vegetable that is white inside or a long white vegetable with a strong taste. You eat radishes in salads (ছোটো, লাল রঙের বা লম্বা সাদা রঙের সবজিবিশেষ) মুলা, মুলো ➪ **vegetable**-এ ছবি দেখো।

radium / ˈreɪdiəm ˈরেইডিঅ্যাম্ / *noun* [U] (*symbol* **Ra**) a chemical element. Radium is a white **radioactive** metal used in the treatment of some serious diseases রাসায়নিক মৌল। সাদা রঙের তেজস্ক্রিয় ধাতু রেডিয়াম কোনো কোনো কঠিন রোগের চিকিৎসায় ব্যবহৃত হয়; রেডিয়াম

radius / ˈreɪdiəs ˈরেইডিঅ্যাস্ / *noun* [C] (*pl.* **radii**) / -diaɪ -ডিআই / **1** the distance from the centre of a circle to the outside edge কোনো বৃত্তের কেন্দ্রবিন্দু থেকে পরিসীমা পর্যন্ত দূরত্ব; ব্যাসার্ধ ➪ **diameter** এবং **circumference** দেখো এবং **circle**-এ ছবি দেখো। **2** a circular area that is measured from a point in its centre কেন্দ্রবিন্দু থেকে মাপা বৃত্তাকার অঞ্চল *The wreckage of the plane was scattered over a radius of several kilometres.* **3** (*medical*) the shorter bone of the two bones in the lower part of your arm between your wrist and your elbow (চিকিৎসাশাস্ত্র) হাতের কনুই থেকে কবজি পর্যন্ত যে দুটি হাড় আছে তার মধ্যে ছোটো হাড়টি; বহিঃপ্রকোষ্ঠাস্থি ➪ **ulna** দেখো এবং **arm**-এ ছবি দেখো।

radon / ˈreɪdɒn ˈরেইডন্ / *noun* [U] (*symbol* **Rn**) a chemical element. Radon is a colourless **radioactive** gas used in the treatment of some serious diseases একটি রাসায়নিক মৌল। রেডন একটি বর্ণহীন তেজস্ক্রিয় গ্যাস যা কোনো কোনো কঠিন অসুখের চিকিৎসায় ব্যবহৃত হয়

raffle / ˈræfl ˈর‍্যাফ্‌ল্ / *noun* [C] a way of making money for a charity or a project by selling tickets with numbers on them. Later some numbers are chosen and the tickets with these numbers on them win prizes জনকল্যাণ বা কোনো প্রকল্পের জন্য উপরে সংখ্যা লেখা টিকিট বিক্রি করে অর্থ সংগ্রহের উপায়। পরে কিছু সংখ্যা পছন্দ করা হয় এবং ওই সকল সংখ্যাবিশিষ্ট টিকিটগুলি পুরস্কার প্রাপ্ত হয়; এক ধরনের লটারি খেলা; র‍্যাফল্

raft / rɑːft রাːফ্ট্ / *noun* [C] a flat structure made of pieces of wood tied together and used as a boat or a floating platform ছোটো ছোটো কাঠের টুকরো একসঙ্গে জুড়ে বানানো চ্যাপটা একরকমের পাটাতন, যেটি নৌকো অথবা ভাসমান পাটাতনের মতো ব্যবহার করা হয়; ভেলা, নৌকা ➪ **boat**-এ ছবি দেখো।

rafter / ˈrɑːftə(r) ˈরাːফ্ট্যা(র্) / *noun* [C] one of the long pieces of wood that support a roof ছাদের ভারবহনকারী লম্বা কাঠ বা বরগা

rag / ræg র‍্যাগ্ / *noun* **1** [C, U] a small piece of old cloth that you use for cleaning ছেঁড়া; পুরোনো কাপড়ের টুকরো, যা কিছু পরিষ্কার করার জন্য ব্যবহার করা হয়; ন্যাকড়া, কানি **2 rags** [*pl.*] clothes that are very old and torn পুরোনো ছেঁড়া কাপড়

raga *noun* [C] (in Indian classical music) a series of musical notes on which a melody is based and which expresses different moods for different times of the day (ভারতীয় শাস্ত্রীয় সংগীতে) বিভিন্ন তানের সমষ্টি যা দিনের বিভিন্ন সময়ে মনের বিভিন্ন ভাব অভিব্যক্ত করে; রাগ

rage[1] / reɪdʒ রেইজ্ / *noun* [C, U] a feeling of violent anger that is difficult to control ভীষণ রাগ, দুর্বার প্রচণ্ড ক্রোধ *He was trembling with rage.* ○ *to fly into a rage*

rage[2] / reɪdʒ রেইজ্ / *verb* [I] **1 rage (at/against / about sb/ sth)** to show great anger about sth, especially by shouting বিশেষত চিৎকার করে কোনো ব্যাপারে রাগ দেখানো, রাগে ফেটে পড়া *He raged against the injustice of it all.* **2** (used about a battle, disease, storm, etc.) to continue with great force (যুদ্ধ, রোগ, ঝড় ইত্যাদি সম্বন্ধে ব্যবহৃত) দুর্দমনীয়ভাবে চালানো; তাণ্ডব চালানো *The battle raged for several days.* ► **raging** *adj.* (*only before a noun*) তীব্র, প্রচণ্ড *a raging headache*

ragged / ˈrægɪd ˈর‍্যাগিড্ / *adj.* **1** (used about clothes) old and torn (বস্ত্র সম্বন্ধে ব্যবহৃত) পুরোনো এবং ছেঁড়া **2** not straight; untidy সমান নয় যা; অগোছালো, অপরিচ্ছন্ন *a ragged edge/coastline*

ragi *noun* [U] a kind of millet that is widely grown as a cereal in the **arid** areas of Africa and Asia; finger millet আফ্রিকা এবং এশিয়ার শুষ্ক অঞ্চলে বোনা হয় এমন এক ধরনের শস্য; রাগী

raid / reɪd রেইড্ / *noun* [C] **a raid (on sth) 1** a short surprise attack on an enemy by soldiers, ships or aircraft সৈন্য, জাহাজ, যুদ্ধবিমান দ্বারা শত্রুর উপর অতর্কিত হানা বা আক্রমণ *an air raid* **2** a surprise visit by the police looking for criminals or illegal goods অপরাধীর খোঁজ করতে অথবা কোনো বেআইনি জিনিস উদ্ধার করতে পুলিশের অতর্কিত হানা **3** a surprise attack on a building in order to steal sth ডাকাতির উদ্দেশ্যে কোনো বাড়িতে অতর্কিত হামলা *a bank raid* ► **raid** *verb* [T] হানা দেওয়া, চড়াও হওয়া, আক্রমণ করা *Police raided the club at dawn this morning.*

rail / reɪl রেইল্ / *noun* **1** [C] a wooden or metal bar fixed to a wall, which you can hang things on দেয়ালে আটকানো কাঠ বা ধাতুর দণ্ড যাতে জিনিস ঝোলানো বা রাখা যেতে পারে *a towel/curtain/picture rail* **2** [C] a bar which you can hold to stop you from falling (on stairs, from a building, etc.) সিঁড়ির উপর থেকে বা কোনো বাড়ি ইত্যাদি থেকে যাতে পড়ে না যেতে হয় তা ঠেকাতে যে দণ্ড বা রেলিং থাকে **3** [C, *usually pl.*] each of the two metal bars that form the track that trains run on ট্রেন চলার পাত বা লাইন; রেল **4** [U] the railway system; trains as a means of transport রেল ব্যবস্থা, রেল কোম্পানি; যানবাহন হিসাবে ব্যবহৃত রেলগাড়ি *rail travel/services / fares*

railing / ˈreɪlɪŋ ˈরেইলিং / *noun* [C, *usually pl.*] a fence (around a park, garden, etc.) that is made of metal bars (পার্ক বা বাগান ঘেরা) ধাতব বেড়া, বেষ্টনী

railway / ˈreɪlweɪ ˈরেইল্উএই / (*AmE* **railroad**) *noun* [C] **1** (*BrE* **railway line**) the metal lines on which trains travel between one place and another যে ধাতুর লাইনের উপর দিয়ে ট্রেন চলে; রেল লাইন **2** the whole system of tracks, the trains and the organization and people needed to operate them রেল লাইন, রেলগাড়ি এবং সেই প্রতিষ্ঠান এবং তার সব কর্মচারি সহ সমগ্র রেলব্যবস্থা; রেলপ্রশাসন; রেলওয়ে *He works in the railways.* ○ *a railway engine/ company*

railway station = **station[1] 1**

rain[1] / reɪn রেইন্ / *noun* **1** [U] the drops of water that fall from the sky বৃষ্টি, বর্ষণ, বর্ষা *Take your umbrella, **it looks like rain*** (= as if it is going to rain). ○ *It's **pouring with rain*** (=the rain is very heavy). ⇨ **shower[1] 3** এবং **acid rain** দেখো এবং **weather**-এ নোট দেখো। **2 rains** [*pl.*] (in tropical countries) the time of the year when there is a lot of rain (গ্রীষ্মপ্রধান দেশে) বর্ষাকাল

IDM (as) right as rain ⇨ **right[1]** দেখো।

rain[2] / reɪn রেইন্ / *verb* **1** [I] (used with *it*) to fall as rain বৃষ্টির মতো পড়া *Is it **raining hard**?* **2** [I, T] **rain (sth) (down) (on sb/sth)** to fall or make sth fall on sb/sth in large quantities বৃষ্টির ধারার মতো ব্যাপক পরিমাণে কোনো কিছুর বর্ষণ হওয়া *Bombs rained down on the city.*

PHR V be rained off to be cancelled or to have to stop because it is raining বৃষ্টির কারণে বাধা পড়া বা বন্ধ হয়ে যাওয়া

rainbow / ˈreɪnbəʊ ˈরেইন্ব্যাউ / *noun* [C] an arch of many colours that sometimes appears in the sky when the sun shines through rain বৃষ্টির মধ্যে দিয়ে যখন রৌদ্রঝলক দেখা যায় তখন কখনো কখনো আকাশে ধনুকের আকারে রঙের বিচ্ছুরণ দেখা যায়; রামধনু, রামধনুক, ইন্দ্রধনু

rain check *noun* (*AmE*)

IDM take a rain check on sth (*spoken*) to refuse an invitation or offer but say that you might accept it later (কথ্যভাষায় ব্যবহৃত) কোনো নিমন্ত্রণ

বা প্রস্তাব প্রত্যাখ্যান করা কিন্তু বলা যে পরবর্তীকালে তা গ্রহণ করাও হতে পারে

raincoat / ˈreɪnkəʊt ˈরেইন্‌ক্যাউট্ / *noun* [C] a long light waterproof coat which keeps you dry in the rain বর্ষাতি; রেনকোট

raindrop / ˈreɪndrɒp ˈরেইন্‌ড্রপ্ / *noun* [C] a single drop of rain বৃষ্টির ফোঁটা, বৃষ্টিবিন্দু, বারিবিন্দু

rainfall / ˈreɪnfɔːl ˈরেইন্‌ফ:ল্ / *noun* [U, *sing.*] the total amount of rain that falls in a particular place during a month, year, etc. সমগ্র মাস, বছর ইত্যাদিতে কোনো নির্দিষ্ট স্থানে সমগ্র বৃষ্টিপাতের পরিমাণ; বৃষ্টিপাত, বর্ষণ

rainforest / ˈreɪnfɒrɪst ˈরেইন্‌ফরিস্ট্ / *noun* [C] a thick forest in tropical parts of the world that have a lot of rain বিশ্বে গ্রীষ্মপ্রধান অংশগুলির যেখানে বৃষ্টিপাতের পরিমাণ খুব বেশি, সেখানকার ঘন বনাঞ্চল *the Amazon rainforest*

rainwater / ˈreɪnwɔːtə(r) ˈরেইন্‌উঅ: ট্যা(র্) / *noun* [U] water that has fallen as rain বৃষ্টির জল, বারিধারা

rainy / ˈreɪni ˈরেইনি / *adj.* having or bringing a lot of rain বাদুলে, বর্ষণমুখর, বর্ষণসিক্ত *a rainy day* ○ *the rainy season*

IDM **keep/save sth for a rainy day** to save sth, especially money, for a time when you really need it ভবিষ্যতে দুর্দিনের জন্য অর্থ ইত্যাদি সঞ্চয় করে রাখা

raise / reɪz রেইজ্ / *verb* [T] **1** to lift sth up কোনো কিছু ওঠানো, উপরে তোলা *If you want to leave the room raise your hand.* ○ *He raised himself up on one elbow.* **2 raise sth (to sth)** to increase the level of sth or to make sth better or stronger কোনো বস্তুকে উঁচু, বড়ো, শক্তিশালী বা আরও ভালো করে তোলা *to raise taxes/salaries/prices* ○ ***raise the standards*** ○ *to **raise your voice*** (= speak loudly or angrily) ✪ বিপ **lower** (অর্থ সংখ্যা **1** এবং **2**-এর জন্য) **3** to get money from people for a particular purpose বিশেষ উদ্দেশ্যে জনসাধারণের কাছ থেকে অর্থ সংগ্রহ করা *We are doing a sponsored walk to **raise money** for charity.* ○ *a **fund-raising** event* **4** to introduce a subject that needs to be talked about or dealt with (কোনো বিষয়) উত্থাপন করা, অবতারণা করা, বক্তব্য বিষয়টির সঙ্গে পরিচিত করানো *I would like to **raise the subject** of money.* ○ *This **raises the question** of why nothing was done before.* **5** to cause a particular reaction or emotion বিশেষ প্রতিক্রিয়া বা মনোভাব জাগানো *The neighbours **raised the alarm*** (=told everybody there was a fire/an emergency) *when they saw smoke coming out of the window.* ○ *to **raise hopes/fears/suspicions** in people's minds* **6** to look after a child or an animal until he/she is an adult প্রাপ্তবয়স্ক না হওয়া পর্যন্ত রক্ষণাবেক্ষণ করা; বড়ো করে তোলা বা মানুষ করা *You can't **raise a family** on what I earn.* ➪ **bring sb up** দেখো। **7** to breed animals or grow a particular plant for a special purpose বিশেষ উদ্দেশ্যে পশুদের বংশবৃদ্ধি করানো বা নির্দিষ্ট উদ্ভিদের চাষ করা

IDM **raise your eyebrows** to show that you are surprised or that you do not approve of sth বিস্ময় প্রকাশ করে ভ্রু কোঁচকানো বা নিজের অসম্মতি প্রকাশ করা

raisin / ˈreɪzn ˈরেইজ্‌ন্ / *noun* [C] a dried grape, used in cakes, etc. কিশমিশ ➪ **sultana** দেখো।

Rajya Sabha *noun* [U] the upper house of the Indian Parliament ভারতীয় সংসদের ঊর্ধ্বকক্ষ; রাজ্যসভা ➪ **Lok Sabha** দেখো।

rake / reɪk রেইক্ / *noun* [C] a garden tool with a long handle and a row of metal teeth, used for collecting leaves or making the earth smooth বাগানে পাতা, ঘাস ইত্যাদি জড়ো করার অথবা জমি মসৃণ করার জন্য ব্যবহৃত লম্বা হাতলওয়ালা ও একসারি ধাতব দাঁতওয়ালা যন্ত্র ➪ **gardening**-এ ছবি দেখো। ▶ **rake** *verb* [T] যন্ত্রের সাহায্যে এক জায়গায় জড়ো করা *to rake up the leaves*

PHR V **rake sth in** (*informal*) to earn a lot of money, especially when it is done easily প্রচুর টাকা রোজগার করা, বিশেষত সহজেই যা উপার্জন করা হয়েছে *She's been **raking it in** since she got promoted.*

rake sth up to start talking about sth that it would be better to forget অপ্রীতিকর পুরোনো কথা বা স্মৃতি যা ভুলে যাওয়াই বাঞ্ছনীয় তা আবার নতুন করে আলোচনা করা *Don't rake up all those old stories again.*

rally[1] / ˈræli ˈর‍্যালি / *noun* [C] (*pl.* **rallies**) **1** a large public meeting, especially one held to support a political idea বড়ো কোনো জনসমাবেশ (বিশেষত রাজনৈতিক মতবাদের সমর্থনে); র‍্যালি **2** (*BrE*) a race for cars or motorbikes on public roads গাড়ি বা মোটরবাইকের প্রকাশ্য রাস্তায় দৌড় প্রতিযোগিতা **3** (used in tennis and similar sports) a series of hits of the ball before a point is won (টেনিস বা ঐ জাতীয় কোনো খেলায় ব্যবহৃত) পয়েন্ট পাওয়ার আগে বলটিকে বেশ কয়েকবার মারার ক্রিয়া

rally[2] / ˈræli ˈর‍্যালি / *verb* (*pres. part.* **rallying;** *3rd person sing. pres.* **rallies;** *pt, pp* **rallied**) **1** [I, T] **rally (sb/sth) (around/behind/to sb)** to come together or to bring people together in order to help or support sb/sth কাউকে বা কিছুকে সমর্থনের উদ্দেশ্যে একত্রিত হওয়া বা করা *The cabinet rallied behind the Prime Minister.* **2** [I] to get stronger, healthier, etc. after an illness or a period of weakness দীর্ঘসময় দুর্বল অথবা অসুস্থ থাকার পরে শক্তি সঞ্চয় করা

PHR V **rally round** to come together to help sb কাউকে সাহায্যের উদ্দেশ্যে একত্রিত, সংঘবদ্ধ হয়ে এগিয়ে আসা *When I was in trouble my family all rallied round.*

RAM / ræm র‍্যাম্ / *abbr.* (*computing*) **random-access memory** (computer memory in which data can be changed or removed and can be looked at in any order) র‍্যান্ডম এক্সেস মেমরি (কম্পিউটারে যার মধ্য দিয়ে তথ্যাবলী পরিবর্তন করা বা সরানো বা ইচ্ছেমতো সাজানো যায়); র‍্যাম *32 megabytes of RAM*

ram[1] / ræm র‍্যাম্ / *noun* [C] a male sheep পুরুষ ভেড়া ➩ **sheep**-এ নোট এবং ছবি দেখো।

ram[2] / ræm র‍্যাম্ / *verb* [T] (**ramming; rammed**) to crash into sth or push sth with great force কাউকে খুব জোরে ধাক্কা মারা বা ধাক্কা খাওয়া

ramble[1] / ˈræmbl ˈর‍্যাম্‌বল্ / *verb* [I] **1** to walk in the countryside for pleasure বিনোদনার্থে গ্রামের পথে হেঁটে বেড়ানো বা উদ্দেশ্যহীনভাবে আনন্দের জন্য হেঁটে বেড়ানো *to go rambling* **2 ramble (on) (about sth)** to talk for a long time in a confused way এলোমেলোভাবে অনেকক্ষণ ধরে কথা বলা

ramble[2] / ˈræmbl ˈর‍্যাম্‌বল্ / *noun* [C] a long, organized walk in the country for pleasure মনের আনন্দে সুপরিকল্পিতভাবে গ্রামের দীর্ঘপথ হাঁটা

rambler / ˈræmblə(r) ˈর‍্যাম্‌ব্ল্যা(র্) / *noun* [C] **1** (*BrE*) a person who walks in the countryside for pleasure, especially as part of an organized group বিশেষত সংগঠিত কোনো দলের একজন যে আনন্দের জন্য কোনো গ্রাম্য পথে হাঁটে **2** a plant that grows up walls, fences, etc. দেয়ালে বা বেড়ার গায়ে যে গাছ জন্মায়; লতা, ব্রততী

rambling / ˈræmblɪŋ ˈর‍্যাম্‌ব্লিং / *adj.* **1** (used about speech or writing) very long and confused (বক্তৃতা বা রচনা সম্বন্ধে ব্যবহৃত) অতিদীর্ঘ এবং এলোমেলো, অসংবদ্ধ **2** (used about a building) spreading in many directions (কোনো বড়ো বাড়ি সম্বন্ধে ব্যবহৃত) চারিদিকে ছড়ানো আছে এমন *a rambling old house*

ramp / ræmp র‍্যাম্প্ / *noun* [C] **1** a path going up or down which you can use instead of steps or stairs to get from one place to a higher or lower place অপেক্ষাকৃত উপরে ওঠা বা নীচে নামার জন্য সিঁড়ির পরিবর্তে ব্যবহার করা যায় এরকম ঢালু রাস্তা *There are ramps at both entrances for wheelchair access.* **2** an artificial slope made of wood etc. for models to walk while displaying clothes, jewellery etc. during a fashion show ফ্যাশন-শো-এর সময়ে মডেলরা যে কাঠের তৈরি ঢালু পাটাতনের উপর বিশেষ ভঙ্গিমায় হেঁটে পোশাক, অলংকার ইত্যাদি প্রদর্শন করে

rampage[1] / ræmˈpeɪdʒ র‍্যাম্ˈপেইজ্ / *verb* [I] to move through a place in a violent group, usually breaking things and attacking people জিনিসপত্র ভেঙেচুরে উন্মত্ত আচরণ করা, লোককে আঘাত করা, উত্তেজিতভাবে চারদিকে ছোটাছুটি করা *The football fans rampaged through the town.*

rampage[2] / ˈræmpeɪdʒ ˈর‍্যাম্‌পেইজ্ / *noun*

IDM **be/go on the rampage** to move through a place in a violent group, usually breaking things and attacking people উত্তেজনাবশত দলে পড়ে উন্মত্ত আচরণ করা, জিনিসপত্র ভাঙা, অন্যকে আক্রমণ করা

rampant / ˈræmpənt ˈর‍্যাম্‌প্যান্ট্ / *adj.* (used about sth bad) existing or spreading everywhere in a way that is very difficult to control (খারাপ কিছু সম্বন্ধে ব্যবহৃত) অবাধ, ব্যাপক, নিয়ন্ত্রণহীনভাবে ছড়িয়ে আছে এমন *Car theft is rampant in this town.*

ramshackle / ˈræmʃækl ˈর‍্যাম্‌শ্যাক্‌ল্ / *adj.* (usually used about a building) old and needing repair (সাধারণত কোনো বড়ো বাড়ি সম্বন্ধে ব্যবহৃত) নড়বড়ে, ঝড়ঝড়ে, অবিলম্বে যার সংস্কার প্রয়োজন

Ramzan (*also* **Ramadan**) / ˈrəmzɑːn ˈর‍্যামজ়াːন্ / *noun* [C, U] a period of a month when, for religious reasons, Muslims do not eat anything from early morning until the sun goes down in the evening ধর্মীয় কারণে মুসলমান সম্প্রদায় যে মাসে সূর্যোদয় থেকে সূর্যাস্ত পর্যন্ত কোনো খাদ্য গ্রহণ করে না; রমজান মাস ➩ **Eid** দেখো।

ran ➩ **run**[1]-এর Past tense

ranch / rɑːntʃ রাːন্চ্ / *noun* [C] a large farm, especially in the US or Australia, where cows, horses, sheep, etc. are kept আমেরিকা এবং অস্ট্রেলিয়ার বড়ো খামার যেখানে গবাদি পশু, অশ্ব, ভেড়া ইত্যাদি রাখা হয়

rancid / ˈrænsɪd ˈর‍্যান্‌সিড্ / *adj.* if food containing fat is **rancid**, it tastes or smells unpleasant because it is no longer fresh চর্বিযুক্ত খাবারের বাসি হওয়া পচা দুর্গন্ধ *rancid butter*

random / ˈrændəm ˈর‍্যান্‌ড্যাম্ / *adj.* chosen by chance লক্ষ্যহীন, যদৃচ্ছ, এলোমেলো *For the opinion poll they interviewed* ***a random selection*** *of people in the street.* ▶ **randomly** *adv.* এলোমেলোভাবে, ইচ্ছেমতো, যদৃচ্ছভাবে

IDM **at random** without thinking or deciding in advance what is going to happen আগে থেকে কিছু চিন্তা না করে বা সিদ্ধান্ত না নিয়ে; যদৃচ্ছভাবে *The competitors were chosen at random from the audience.*

random-access memory *noun* [U] (*computing*) = **RAM**

rang ➩ **ring**[2]-এর past tense

range[1] / reɪndʒ রেইন্জ্ / *noun* **1** [C, *usually sing.*] **a range (of sth)** a variety of things that belong to the same group নানা ধরনের জিনিস যা একই গোষ্ঠীর অন্তর্ভুক্ত বা একইধরনের *The course will cover a* ***whole range*** *of topics.* ○ *a* ***wide range*** *of clothes* **2** [C] the limits between which sth can vary উর্ধ্বসীমা এবং নিম্নসীমার মধ্যবর্তী পরিসর; ব্যাপ্তিসীমা *That car is outside my* ***price range****.* ○ *I don't think this game is suitable for all* ***age ranges****.* **3** [C, U] the distance that it is possible for sb/sth to travel, see, hear, etc. যে দূরত্ব পর্যন্ত কোনো ব্যক্তি বা বস্তুর যাতায়াত করা, দেখা, শোনা ইত্যাদি সম্ভব *Keep* ***out of range of*** *the guns.* ○ *The gunman shot the policeman* ***at close range****.* ○ *They can pick up signals* ***at a range of*** *400 metres.* **4** [C] a line of mountains or hills পাহাড়ের সারি, পর্বতমালা, পর্বতশ্রেণি

range[2] / reɪndʒ রেইন্জ্ / *verb* [I] **1 range between A and B; range from A to B** to vary between two amounts, sizes, etc., including all those between them দুটি পরিমাণ, আকার ইত্যাদির মধ্যে বাড়া-কমা করা *The ages of the students range from 15 to 50.* **2 range (from A to B)** to include a variety of things in addition to those mentioned উল্লিখিত জিনিস ছাড়াও আরও বিচিত্র ধরনের জিনিস অন্তর্ভুক্ত করা

rangoli *noun* [U, C] a popular Indian art form in which a pattern is made on the floor, commonly outside homes, usually with finely ground rice powder and colours. Sometimes flower petals are also used to make these decorative patterns জনপ্রিয় ভারতীয় শিল্প যেটি সাধারণত গৃহের বাইরে মাটিতে আঁকা হয়, যা চালের গুঁড়ো এবং রং দিয়ে বানানো হয়। কখনো কখনো এই নকশাগুলি বানানোর জন্য ফুলের পাপড়িও ব্যবহার করা হয়; রঙ্গোলি, আলপনা

rank[1] / ræŋk র্যাংক্ / *noun* **1** [C, U] the position, especially a high position, that sb has in an organization such as the army, or in society সমাজে বা সামরিক প্রতিষ্ঠানে কোনো ব্যক্তি যে পদে, বিশেষত উচ্চ যে পদে আসীন *General is one of the highest ranks in the army.* ○ *She's much higher in rank than I am.* **2** [C] a group or line of things or people বস্তুসমূহ বা মানুষের দল, গুচ্ছ বা সারি *a taxi rank* **3 the ranks** [*pl.*] the ordinary soldiers in the army; the members of any large group সৈন্যদলের সাধারণ সেনা; কোনো বড়ো দলের সদস্য *At the age of 43, he was forced to* ***join the ranks of*** *the unemployed.*

IDM the rank and file the ordinary soldiers in the army; the ordinary members of an organization সাধারণ সৈন্য, জওয়ান; কোনো সংগঠনের সাধারণ সদস্য

rank[2] / ræŋk র্যাংক্ / *verb* [I, T] **rank (sb/sth) (as sth)** (*not used in the continuous tenses*) to give sb/sth a particular position on a scale according to importance, quality, success, etc.; to have a position of this kind বিশেষ মানদণ্ডে গুরুত্ব, গুণ, সাফল্য ইত্যাদি অনুযায়ী কোনো ব্যক্তি বা বস্তুকে নির্দিষ্ট কোনো পদ দেওয়া; এই ধরনের পদে থাকা *She's ranked as one of the world's top players.* ○ *a high-ranking police officer*

rankle / ˈræŋkl ˈর্যাংক্‌ল্ / *verb* [I, T] **rankle (with sb)** if an event or a remark rankles, you still remember it angrily because it upset or annoyed you a lot কোনো ঘটনা বা মন্তব্যের মাধ্যমে সম্পর্ক তিক্ত হয়ে যাওয়া বা করা *Her immature comments still rankled with him.*

ransack / ˈrænsæk ˈর্যান্স্যাক্ / *verb* [T] **ransack sth (for sth)** to search a place, making it untidy and causing damage, usually because you are looking for sth তন্নতন্ন করে খোঁজা যার ফলে খোঁজার জায়গা লণ্ডভণ্ড হয়ে যায়; গরুখোঁজা করা *The house had been ransacked by burglars.*

ransom / ˈrænsəm ˈর্যান্স্যাম্ / *noun* [C, U] the money that you must pay to free sb who has been captured illegally and who is being kept as a prisoner যে অর্থের বিনিময়ে যাকে অবৈধভাবে আটকে রাখা হয়েছে এবং যাকে বন্দি হিসেবে রাখা হচ্ছে তাকে মুক্তি দেওয়া হয়; মুক্তিপণ *The kidnappers demanded a ransom of Rs 500,000 for the boy's release.*

IDM hold sb to ransom to keep sb as a prisoner and say that you will not free him/her until you have received a certain amount of money মুক্তিপণের দাবিতে কাউকে বন্দি করে রাখা ⇨ **hostage** দেখো।

rant / rænt র্যান্ট্ / *verb* [I] **rant (on) (about sth)/ rant (at sb)** (*disapproving*) to speak or complain about sth in a loud, angry and rather confused way উচ্চৈঃস্বরে, ক্রোধান্বিতভাবে এবং বিশৃঙ্খলভাবে কথা বলা বা নালিশ করা ▶ **rant** *noun* [C] বাগাড়ম্বর, অতিভাষণ

IDM rant and rave to show that you are angry by shouting or complaining loudly for a long time অনেকক্ষণ ধরে চেঁচামেচি করে এবং নালিশ করে নিজের রাগ প্রকাশ করা; চেঁচামেচি করে বাড়ি মাথায় করা

rap[1] / ræp র্যাপ্ / *noun* **1** [C] a quick, sharp hit or knock on a door, window, etc. দরজা, জানালা ইত্যাদিতে করা তীক্ষ্ণ, ত্বরিত আওয়াজ বা ঠোকা *There was a sharp rap on the door.* **2** [C, U] a style or a piece of music with a fast strong rhythm, in which the words are spoken fast, not sung একধরনের জোরালো, দ্রুত তালের সংগীত বী তীর শৈলী যাতে গানের কথাগুলি তাড়াতাড়ি বলা হয়; র্যাপ

rap² / ræp র‍্যাপ্ / *verb* (**rapping; rapped**) **1** [I, T] to hit a hard object or surface several times quickly and lightly, making a noise কোনো কঠিন জিনিসের গায়ে বারংবার ধাক্কা দিয়ে আওয়াজ করা *She rapped angrily on/at the door.* **2** [T] (*informal*) (used mainly in newspaper headlines) to criticize sb strongly (প্রধানত খবরের কাগজের শিরোনামে ব্যবহৃত) কোনো ব্যক্তির তীব্র সমালোচনা করা *Minister raps police over rise in crime.* **3** [I] to speak the words of a song (**a rap**) that has music with a very fast strong rhythm কোনো দ্রুত তালের সংগীতের শব্দগুলি দ্রুত এবং জোরালো ছন্দে কথার মতো বলা; র‍্যাপ সংগীত গাওয়া

rape¹ / reɪp রেইপ্ / *verb* [T] to force a person to have sex when he/she does not want to, using threats or violence ইচ্ছের বিরুধ্বে জোর করে যৌন সম্পর্ক স্থাপন করা; ধর্ষণ করা

rape² / reɪp রেইপ্ / *noun* **1** [U, C] the crime of forcing sb to have sex when he/she does not want to ধর্ষণের অপরাধ, বলাৎকার করার অপরাধ *to commit rape* **2** [*sing.*] (*written*) **the rape (of sth)** the destruction of sth beautiful সুন্দর কোনো কিছুর ধ্বংসসাধন **3** (*also* **oilseed rape**) [U] a plant with bright yellow flowers, that farmers grow as food for farm animals and for its seeds, which are used to make oil চাষ করা হয় এমন হলুদ ফুলওয়ালা গাছ যা পশুখাদ্য হিসেবে ব্যবহৃত হয় এবং যার বীজ থেকে তেলও তৈরি করা হয়; রেপসিড *a field of rape* ○ *rape oil/seed*

rapid / ˈræpɪd ˈর‍্যাপিড্ / *adj.* happening very quickly or moving with great speed দ্রুত, ক্ষিপ্র, তীব্র গতিযুক্ত *She made rapid progress and was soon the best in the class.* ▶ **rapidity** / rəˈpɪdəti র‍্যাˈপিড্যাটি / *noun* [U] (*formal*) দ্রুততা, ক্ষিপ্রতা *The rapidity of change has astonished most people.* ▶ **rapidly** *adv.* দ্রুত গতিতে, তীব্র গতিতে, তাড়াতাড়ি

rapids / ˈræpɪdz ˈর‍্যাপিড্জ্ / *noun* [*pl.*] a part of a river where the water flows very fast over rocks নদীর সেই অংশ যেখানে নদী পাথরের উপর দিয়ে উত্তাল স্রোতে বয়ে যায়; নদীপ্রপাত

rapist / ˈreɪpɪst ˈরেইপিস্ট্ / *noun* [C] a person who forces sb to have sex when he/she does not want to ধর্ষণকারী, বলাৎকারী

rappel / ræˈpel র‍্যাˈপেল্ / (*AmE*) = **abseil**

rapport / ræˈpɔː(r) র‍্যাˈপ:(র্) / *noun* [*sing.*, U] **(a) rapport (with sb); (a) rapport (between A and B)** a friendly relationship in which people understand each other very well বন্ধুত্বপূর্ণ সম্পর্ক, যেখানে সুন্দর বোঝাপড়া থাকে *She understood the importance of establishing a close rapport with clients.* ○ *Honesty is essential if there is to be good rapport between patient and therapist.*

rapt / ræpt র‍্যাপ্ট্ / *adj.* (*written*) so interested in one particular thing that you do not notice anything else কোনো এক বিষয়ে এমনই আবিষ্ট যে অন্য কোনো দিকে খেয়াল থাকে না; আত্মহারা *a rapt audience* ○ *She listened to the speaker with rapt attention.*

rapture / ˈræptʃə(r) ˈর‍্যাপ্চ্যা(র্) / *noun* [U] a feeling of extreme happiness পরমানন্দ, অপরিসীম আনন্দের অনুভূতি

IDM **go into raptures (about/over sb/sth)** to feel and show that you think that sb/sth is very good কাউকে অথবা কোনো বিষয় সম্বন্ধে খুব ভালো ভাবা এবং তা প্রকাশ করা *I didn't like the film much but my sister went into raptures about it.*

rapturous / ˈræptʃərəs ˈর‍্যাপ্চ্যার‍্যাস্ / *adj.* (*usually before a noun*) expressing extreme pleasure or enthusiasm for sb/sth পরমানন্দময়, খুবই আনন্দের *rapturous applause*

rare / reə(r) রেঅ্যা(র্) / *adj.* **1 rare (for sb/sth to do sth); rare (to do sth)** not done, seen, happening, etc. very often যা সচরাচর ঘটে না বা চোখে পড়ে না; বিরল, দুর্লভ *a rare bird/flower/plant* **2** (used about meat) not cooked for very long so that the inside is still red (মাংস সম্বন্ধে ব্যবহৃত) বেশিক্ষণ রান্না না করার ফলে মাংসের ভিতরে যখন লাল ভাব থেকে যায় *a rare steak* ➪ **medium** এবং **well done** দেখো। ▶ **rarely** *adv.* কদাচিৎ, কখনো কখনো *People rarely live to be 100 years old.*

raring / ˈreərɪŋ ˈরেঅ্যারিং / *adj.* **raring to do sth** wanting to start doing sth very much কোনো কিছু শুরু করার ব্যাপারে আগ্রহী, অতি উৎসাহী *They were raring to try out the new computer.*

rarity / ˈreərəti ˈরেঅ্যার‍্যাটি / *noun* (*pl.* **rarities**) **1** [C] a thing or a person that is unusual and is therefore often valuable or interesting সচরাচর দেখা যায় না এমন দুর্লভ বস্তু বা ব্যক্তি যা খুব মূল্যবান বা আকর্ষণীয়; দুষ্প্রাপ্যতা *Women lorry drivers are still quite a rarity.* **2** [U] the quality of being rare দুর্লভতা, অসাধারণতা, বিরলতা *The rarity of this stamp increases its value a lot.*

rasam *noun* [U] a kind of thin soup prepared especially in South India by adding lentils and certain spices like pepper and **cumin** to a diluted mix of tomatoes and tamarind water প্রধানত দক্ষিণ ভারতে প্রচলিত টম্যাটো এবং তেঁতুলের পাতলা স্যুপ যা গোলমরিচ, জিরে ইত্যাদি মশলা মিশিয়ে তৈরি করা হয়; রসম ➪ **mulligatawny** দেখো।

rascal / ˈrɑːskl ˈরা:স্ক্ল্ / *noun* [C] a person, especially a child, who shows a lack of respect for other people and enjoys playing tricks on them কোনো ব্যক্তি বিশেষত ছোটো কেউ যে বড়োদের সম্মান করে না, দুষ্টুমি করে মজা পায়

NOTE অবশ্য কেউ যখন আর একজনকে **rascal** বলে, তখন সে তার উপর যে সত্যি সত্যি রাগ করেছে এমন নয়।

rash[1] / ræʃ র‍্যাশ্ / *noun* **1** [C, *usually sing.*] an area of small red spots that appear on your skin when you are ill or have a reaction to sth চামড়ায় ছোপ ছোপ দাগ, ছোটো ছোটো লাল ফুসকুড়ি, যা শরীর খারাপ হলে বা কোনো কিছুর প্রতিক্রিয়া থেকে হয়; র‍্যাশ *He* ***came out in a rash*** *where the plant had touched him.* **2** [*sing.*] **a rash (of sth)** a series of unpleasant events of the same kind happening close together আকস্মিকভাবে ঘটা একই ধরনের অনেকগুলি অপ্রীতিকর ঘটনার সমাবেশ

rash[2] / ræʃ র‍্যাশ্ / *adj.* (used about people) doing things that might be dangerous or bad without thinking about the possible results first; (used about actions) done in this way (মানুষ সম্বন্ধে ব্যবহৃত) প্রথমে সম্ভাব্য ফলাফলের কথা না ভেবে বিপজ্জনক বা খারাপ হতে পারে এরকম কাজ করছে এমন; হঠকারী; (কার্যকলাপ সম্বন্ধে ব্যবহৃত) এইভাবে কৃত কোনো কাজ *a rash decision/promise* ► **rashly** *adv.* বেপরোয়াভাবে; আগে পিছে না ভেবে; হঠকারীভাবে

raspberry / ˈrɑːzbəri ˈরা:জ্ব্যারি / *noun* [C] (*pl.* **raspberries**) a small, soft, red fruit which grows on bushes নরম, ছোটো ছোটো ফল যা ছোটো ছোটো ঝোপে জন্মায়; র‍্যাস্পবেরি *raspberry jam* ⇨ **fruit**-এ ছবি দেখো।

rat / ræt র‍্যাট্ / *noun* [C] an animal like a large mouse বড়ো ইঁদুর, ধেড়ে ইঁদুর

NOTE ইঁদুর **rodents**-এর মধ্যে গণ্য করা হয়।

IDM rat race the way of life in which everyone is only interested in being better or more successful than everyone else এমন জীবনধারা যেখানে প্রত্যেকে অপরের চাইতে বেশি ভালো বা বেশি সার্থক হওয়ার জন্য চেষ্টা করে; ইঁদুরদৌড়

rate[1] / reɪt রেইট্ / *noun* [C] **1** a measurement of the speed at which sth happens or the number of times sth happens or exists during a particular period একটি নির্দিষ্ট সময়ের মধ্যে কোনো কিছু কি বেগে বা কতবার ঘটছে তার মাপ; হার, মাত্রা, বেগ *The* ***birth rate*** *is falling.* ○ *The population is increasing* ***at the rate of*** *less than 0.5% a year.* **2** a fixed amount of money that sth costs or that sb is paid নির্ধারিত মূল্য, দাম *We offer special reduced rates for students* ⇨ **first-rate** এবং **second-rate** দেখো।

IDM at any rate (*spoken*) **1** used when you are giving more exact information about sth কোনো কিছু সম্বন্ধে আরও সঠিক তথ্য প্রদান করার জন্য ব্যবহৃত *He said that they would be here by ten. At any rate, I think that's what he said.* **2** whatever else might happen যাই ঘটুক না কেন *Well, that's one good piece of news at any rate.*

the going rate (for sth) ⇨ **going[2]** দেখো।

rate[2] / reɪt রেইট্ / *verb* (*not used in continuous tenses*) **1** [I, T] to say how good you think sb/sth is কোনো ব্যক্তি বা বস্তু কত ভালো বলে মনে করা হয় তা বলা *She's rated among the best tennis players of all time.* ○ *The match rated as one of their worst defeats.* **2** [T] to be good, important, etc. enough to be treated in a particular way বিশেষভাবে খাতির পাওয়ার মতো বা গণ্য হওয়ার মতো যথেষ্ট ভালো, গুরুত্বপূর্ণ ইত্যাদি হওয়া *The accident wasn't very serious—it didn't rate a mention in the local newspaper.*

rather / ˈrɑːðə(r) ˈরা:দ্যা(র্) / *adv.* quite; to some extent বেশ একটু, অনেকটাই; কিছুটা পরিমাণ *It was a rather nice day.* ○ *I was rather hoping that you'd be free on Friday.*

NOTE **Fairly, quite, rather** এবং **pretty** এই শব্দগুলির সবগুলিরই অর্থ খুব বেশি নয়। **Fairly** শব্দটি দুর্বলতম। **Rather** এবং **pretty** দুটি শব্দই জোরালো। **Fairly** এবং **quite** প্রধানত ইতিবাচক শব্দের সঙ্গে ব্যবহৃত হয়: *The room was fairly tidy.* কোনো কিছুর সমালোচনা করার সময়ে **rather** শব্দটি ব্যবহৃত হয়: *This room's rather untidy.* ইতিবাচক শব্দের সঙ্গে **rather** ব্যবহার করলে বিস্ময় অথবা খুশির মনোভাব বোঝায় —*The new teacher is actually rather nice, though he doesn't look very friendly.*

IDM or rather used as a way of correcting sth you have said, or making it more exact নিজের বক্তব্য শোধরাতে অথবা আরও নির্দিষ্টভাবে বলতে ব্যবহৃত হয় *She lives in Delhi, or rather she lives in a suburb of Delhi.*

rather than instead of; in place of এর বদলে; পরিবর্তে; এর জায়গায় *I think I'll just have a sandwich rather than a full meal.*

would rather... (than) would prefer to বরং, বরঞ্চ *I'd rather go to the cinema than watch television.*

ratify / ˈrætɪfaɪ ˈর‍্যাটিফাই / *verb* [T] (*pres. part.* **ratifying;** *3rd person sing. pres.* **ratifies;** *pt, pp* **ratified**) to make an agreement officially acceptable by voting for or signing it কোনো প্রস্তাব ভোট দিয়ে বা স্বাক্ষর করে আনুষ্ঠানিকভাবে গ্রহণ করা বা স্বীকৃতি দেওয়া ► **ratification** / ˌrætɪfɪˈkeɪʃn ˌর‍্যাটিফিˈকেইশ্‌ন্ / *noun* [U] স্বীকৃতি, অনুমোদন,

অনুসমর্থন, গ্রহণ *The agreement is subject to ratification by the Parliament.*

rating / ˈreɪtɪŋ ˈরেইটিং / *noun* [C] **1** a measurement of how popular, important, good, etc. sth is কোনো কিছু কত জনপ্রিয়, কতটা গুরুত্বপূর্ণ, কত ভালো তার পরিমাপ **2** (*usually* **the ratings**) a set of figures showing the number of people who watch a particular television programme, etc., used to show how popular the programme is কোনো নির্দিষ্ট টেলিভিশন প্রোগ্রাম ইত্যাদি কতজন দেখেছে বা দেখে সেই নির্দেশক একগুচ্ছ সংখ্যা যা সেই প্রোগ্রাম বা অনুষ্ঠানটির জনপ্রিয়তা যাচাই করতে ব্যবহৃত হয়; জনপ্রিয়তার সূচক

ratio / ˈreɪʃiəʊ ˈরেইশিঅ্যাউ / *noun* [C] **ratio (of A to B)** the relation between two numbers which shows how much bigger one quantity is than another দুটি সংখ্যার মধ্যে সম্বন্ধ যাতে বোঝা যায় দুটি সংখ্যার মধ্যে একটি আর একটির থেকে কতখানি বড়ো; অনুপাত *The ratio of boys to girls in this class is three to one* (= there are three times as many boys as girls).

ration / ˈræʃn ˈর‍্যাশ্ন্ / *noun* [C] a limited amount of food, petrol, etc. that you are allowed to have when there is not enough for everyone to have as much as he/she wants যথেষ্ট পরিমাণে না থাকলে খাদ্যাদি, পেট্রল ইত্যাদির যে নির্দিষ্ট পরিমাণ মাথাপিছু বরাদ্দ করা হয়ে থাকে; র‍্যাশন ▶ **ration** *verb* [T] পরিমাণ সীমিত করা *In the desert water is strictly rationed.* ▶ **rationing** *noun* [U] মাথাপিছু বরাদ্দর ব্যবস্থা

rational / ˈræʃnəl ˈর‍্যাশ্ন্যাল্ / *adj.* **1** (used about a person) able to use logical thought rather than emotions to make decisions (কোনো ব্যক্তি সম্বন্ধে ব্যবহৃত) আবেগ নয়, বিচারবুদ্ধি দিয়ে নির্ধারণ করে এমন, বোধশক্তি ও বিচারবুদ্ধি সম্পন্ন; যুক্তিবাদী, বিচক্ষণ ✪ বিপ **irrational** **2** based on reason; sensible or logical যুক্তিসম্মত, যুক্তিসংগত; বিচক্ষণ, যুক্তিগ্রাহ্য, যৌক্তিক *There must be a rational explanation for why he's behaving like this.* ▶ **rationally** *adv.* যুক্তিসঙ্গতভাবে

rationale / ˌræʃəˈnɑːl ˌর‍্যাশ্যাˈনা:ল্ / *noun* [C] (*formal*) **the rationale (behind/for/of sth)** the principles or reasons which explain a particular decision, course of action, belief, etc. নির্দিষ্ট সিম্ধান্ত, ক্রিয়াকলাপ, বিশ্বাস ইত্যাদি বিশ্লেষণ বা ব্যাখ্যা করে যেসকল নীতি বা যুক্তিসমূহ; যুক্তিগত ভিত্তি, যুক্তিবিন্যস্ত বিবরণ *What is the rationale behind these new exams?*

rationalize (*also* **-ise**) / ˈræʃnəlaɪz ˈর‍্যাশ্ন্যালাইজ্ / *verb* **1** [I, T] to find reasons that explain why you have done sth (perhaps because you do not like the real reason) কোনো কাজ যুক্তিগ্রাহ্য করার চেষ্টা করা, কোনো কাজের পিছনের যুক্তি দেখানো (হয়ত আসল কারণটা পছন্দসই নয় বলে) **2** [T] make a business or a system better organized কোনো ব্যাবসা বা ব্যবস্থাকে সুবিন্যস্ত করা ▶ **rationalization** (*also* **-isation**) / ˌræʃnəlaɪˈzeɪʃn ˌর‍্যাশ্ন্যালাইˈজ়েইশ্ন্ / *noun* [C,U] যুক্তিসংগতি, যুক্তিগ্রাহ্যতা

rattle[1] / ˈrætl ˈর‍্যাট্‌ল্ / *verb* 1 [I, T] to make a noise like hard things hitting each other or to shake sth so that it makes this noise ঝুমঝুম করে বাজা, ঠকঠক, খটখট আওয়াজ করা বা হওয়া *The windows were rattling all night in the wind.* ○ *He rattled the money in the tin.* **2** [T] (*informal*) to make sb suddenly become worried কোনো ব্যক্তিকে হঠাৎ চিন্তায় ফেলা, ঘাবড়ে দেওয়া *The news of his arrival really rattled her.*

PHR V **rattle sth off** to say a list of things you have learned very quickly কোনো তালিকাভুক্ত জিনিসের নাম যা শেখা হয়েছে তা খুব তাড়াতাড়ি, গড়গড় করে বলা *She rattled off the names of every player in the team.*

rattle[2] / ˈrætl ˈর‍্যাট্‌ল / *noun* [C] **1** a toy that a baby can shake to make a noise বাচ্চার খেলনা, যা নাড়ালে আওয়াজ হয়; ঝুনঝুনি, ঝুমঝুমি **2** a noise made by hard things hitting each other শক্ত জিনিস পরস্পর ঠোকা লাগলে যে আওয়াজ হয়

rattlesnake / ˈrætlsneɪk ˈর‍্যাট্‌ল্‌স্নেইক্ / *noun* [C] a poisonous American snake that makes a noise by moving the end of its tail quickly when it is angry or afraid আমেরিকার একধরনের বিষাক্ত সাপ যারা রেগে গেলে বা ভয় পেলে লেজ নেড়ে ঝুমঝুম করে আওয়াজ করে; ঠকঠকি সাপ, ঝুমঝুমি সাপ; র‍্যাট্‌ল সাপ

raucous / ˈrɔːkəs ˈর: ক্যাস্ / *adj.* (used about people's voices) loud and unpleasant (মানুষের স্বর সম্বন্ধে ব্যবহৃত) তীব্র, কর্কশ, ঘ্যানঘ্যানে; শ্রুতিকটু

rava *noun* [U] coarsely ground wheat; semolina (used in Indian cooking) (ভারতীয় রান্নায় ব্যবহৃত) গম ভেঙে তৈরি সুজি; রাওয়া

ravage / ˈrævɪdʒ ˈর‍্যাভিজ্ / *verb* [T] to damage sth very badly; to destroy sth ভয়ংকরভাবে কোনো কিছুর ক্ষতি করা, বিনষ্ট করা; কোনো কিছু নষ্ট বা ধ্বংস করা

rave[1] / reɪv রেইভ্ / *verb* [I] **1** (*informal*) **rave (about sb/sth)** to say very good things about sb/sth উচ্ছ্বসিতভাবে কোনো ব্যক্তি বা বস্তুর প্রশংসা করা *Everyone's raving about her latest record!* **2** to speak angrily or wildly রেগে অথবা বেপরোয়াভাবে কথা বলা

rave[2] / reɪv রেইভ্ / *noun* [C] (*BrE*) a large party held outside or in an empty building, at which people dance to electronic music খোলা মাঠে, ময়দানে বা কোনো খালি বাড়িতে যন্ত্রবাদ্যসহ নাচগানের বড়ো আসর

raven / ˈreɪvn ˈরেইভ্ন্ / *noun* [C] a large black bird that has an unpleasant voice কর্কশকণ্ঠী কালো রঙের বড়ো পাখি; দাঁড়কাক

ravenous / ˈrævənəs ˈর‍্যাভ্যান্যাস্ / *adj.* very hungry অত্যন্ত ক্ষুধার্ত, বুভুক্ষু ▶ **ravenously** *adv.* বুভুক্ষুর মতো

rave review *noun* [C] an article in a newspaper, etc. that says very good things about a new book, film, play, etc. সংবাদপত্রে খুব ভালো সমালোচনা (কোনো নতুন বই, নাটক, সিনেমা ইত্যাদি সম্বন্ধে)

ravine / rəˈviːn র‍্যা'ভীন্ / *noun* [C] a narrow deep valley with steep sides খাড়া পার্শ্বদেশযুক্ত সরু ও গভীর উপত্যকা; দরি, গিরিখাত

raving / ˈreɪvɪŋ ˈরেইভিং / *adj., adv.* (*informal*) used to emphasize a particular state or quality কোনো একটি বিশেষ গুণ বা অবস্থার উপর জোর দিতে ব্যবহৃত *He went raving mad.*

raw / rɔː রː / *adj.* **1** not cooked কাঁচা, অসিদ্ধ, অপক্ক *Raw vegetables are good for your health.* **2** in the natural state; not yet made into anything প্রাকৃতিক অবস্থায় আছে এমন; যার দ্বারা এখনও কিছু তৈরি হয়নি; কাঁচামাল *raw materials* (= that are used to make things in factories, etc.) **3** used about an injury where the skin has come off from being rubbed ক্ষতস্থানে ঘষা লেগে চামড়া উঠে গেছে এমন

ray / reɪ রেই / *noun* [C] a line of light, heat or energy আলোকরেখা, রশ্মি, কিরণ *the sun's rays* ○ *ultraviolet rays* ➪ **X-ray** দেখো।

IDM **a ray of hope** a small chance that things will get better আশার আলো

raze / reɪz রেইজ্ / *verb* [T] (*usually passive*) to completely destroy a building, town, etc. so that nothing is left (বাড়ি, শহর ইত্যাদি সম্বন্ধে ব্যবহৃত) ধূলিসাৎ করা, নিশ্চিহ্ন হওয়া *The building was razed to the ground.*

razor / ˈreɪzə(r) ˈরেইজ্যা(র্) / *noun* [C] a sharp instrument which people use to cut off the hair from their skin (**shave**) দাড়ি কামানোর ধারালো যন্ত্র; ক্ষুর *an electric razor* ○ *a disposable razor*

razor blade *noun* [C] the thin sharp piece of metal that you put in a razor ক্ষুরে লাগানো পাতলা ব্লেড

Rd *abbr.* road রোড-এর সংক্ষিপ্ত রূপ; রাস্তা, সড়ক *Jai Singh Rd*

re / riː রী / *prep.* (*written*) used at the beginning of a business letter, etc. to introduce the subject that it is about আলোচ্য বিষয় সম্বন্ধে পরিচিতি দেওয়ার জন্য ব্যাবসায়িক চিঠিপত্র ইত্যাদির প্রথমে ব্যবহৃত হয় *Re: travel expenses*

re- / riː রী / *prefix* (*used in verbs and related nouns, adjectives and adverbs*) again পুনঃ; পুনরায়, আবার, নতুন করে *rebuild* ○ *reappearance*

reach[1] / riːtʃ রীচ্ / *verb* **1** [T] to arrive at a place or condition that you have been going towards পৌঁছোনো, উপনীত হওয়া *to* ***reach an agreement*** ○ *The team reached the semi-final last year.* ○ *to reach a decision/conclusion/compromise* **2** [I, T] **reach (out) (for sb/sth); reach (sth) (down)** to stretch out your arm to try and touch or get sth কোনো কিছু ধরার বা নাগাল পাওয়ার জন্য হাত বাড়ানো *The child reached out for her mother.* ○ *She reached into her bag for her purse.* **3** [I, T] to be able to touch sth কোনো কিছু ছুঁতে পারা, হাত বাড়িয়ে স্পর্শ করতে পারা, নাগাল পাওয়া *I can't reach the top shelf.* ○ *I need a longer ladder. This one won't reach.* **4** [T] to communicate with sb, especially by telephone; contact বিশেষত টেলিফোন ইত্যাদির মাধ্যমে কারও সঙ্গে সংযোগ স্থাপন করা; যোগাযোগ করা *You can reach me at this number.*

reach[2] / riːtʃ রীচ্ / *noun* [U] the distance that you can stretch your arm যতদূর হাত বাড়ানো যায়; নাগাল

IDM **beyond/out of (sb's) reach 1** outside the distance that you can stretch your arm হাতের নাগালের বাইরে *Keep this medicine out of the reach of children.* **2** not able to be got or done by sb ক্ষমতার বাইরে, কারও দ্বারা প্রাপ্ত বা কৃত হতে অসমর্থ এমন *A job like that is beyond his reach.*

within (sb's) reach 1 inside the distance that you can stretch your arm হাতের মধ্যে, হাত বাড়ালে পাওয়া যায় এমন দূরত্বে, নাগালের মধ্যে **2** able to be achieved by sb নাগালের মধ্যে, চেষ্টা করলে পাওয়া যেতে পারে এমন, ক্ষমতার মধ্যে, সাধ্যের মধ্যে We *could sense that victory was within our reach.*

within (easy) reach of sth not far from sth কোনো কিছু থেকে খুব বেশি দূরে নয়, নাগালের মধ্যেই

react / riˈækt রি'অ্যাক্ট্ / *verb* [I] **1 react (to sth) (by doing sth)** to do or say sth because of sth that has happened or been said কোনো কিছু ঘটেছে বা বলা হয়েছে সেই কারণে কিছু করা বা বলা; প্রতিক্রিয়া দেখানো *He reacted to the news by shouting.* ○ *The players reacted angrily to the decision.* **2 react (to sth)** to become ill after eating, breathing, etc. a particular substance খাবার, নিঃশ্বাস ইত্যাদির সঙ্গে কোনো নির্দিষ্ট বস্তু শরীরে প্রবেশ করার ফলে অসুস্থ হয়ে পড়া **3 react (with sth/together)** (used about a chemical substance) to change after coming into contact with another substance (কোনো রাসায়নিক পদার্থ সম্বন্ধে ব্যবহৃত) অন্য পদার্থের সংস্পর্শে এসে পরিবর্তিত হওয়া

PHR V **react against sb/sth** to behave or talk in a way that shows that you do not like the influence of sb/sth (for example authority, your family, etc.) কারও বা কিছুর (যেমন কর্তৃপক্ষ, পরিবার ইত্যাদি) প্রভাব বা কথাবার্তা পছন্দ না হলে নিজের আচরণের বা কথার মধ্যে তা জানানো বা প্রতিক্রিয়া দেখানো

reaction / riˈækʃn রিˈঅ্যাক্শ্ন্ / *noun* **1** [C, U] **(a) reaction (to sb/sth)** something that you do or say because of sth that has happened কোনো কাজ বা কথার ফলে যা বলা বা যা করা হয়; প্রতিক্রিয়া *Could we have your reaction to the latest news, Prime Minister?* ○ *I shook him to try and wake him up but there was no reaction.* **2** [C, U] **(a) reaction (against sb/sth)** behaviour that shows that you do not like the influence of sb/sth (for example authority, your family, etc.) কোনো ব্যক্তি বা বস্তুর প্রভাব পছন্দ হয়নি (যেমন কর্তৃপক্ষ, পরিবার ইত্যাদি) সেরকম ভাব বোঝায় যে আচরণ; প্রতিক্রিয়াশীল আচরণ **3** [C] **a reaction (to sth)** a bad effect that your body experiences because of sth that you have eaten, touched or breathed কোনো খাদ্য, পানীয় বা স্পর্শ অথবা নিঃশ্বাসের মধ্য দিয়ে আপত্তিকর কিছুর সংস্পর্শে আসার ফলে যে অনিষ্টকর শারীরিক প্রতিক্রিয়া ঘটে *She had an **allergic reaction** to something in the food.* **4** [C, *usually pl.*] the physical ability to act quickly when sth happens ঘটনা অনুসারে তাড়াতাড়ি সেই মতো কাজ করার শারীরিক ক্ষমতা; তাৎক্ষণিক প্রতিক্রিয়া *If the other driver's reactions hadn't been so good, there would have been an accident.* **5** [C, U] (*technical*) a chemical change produced by two or more substances coming into contact with each other দুই বা ততোধিক পদার্থের পারস্পরিক সংস্পর্শে আসার ফলে ঘটা রাসায়নিক পরিবর্তন

reactionary / riˈækʃənri রিˈঅ্যাক্শ্যান্রি / *noun* [C] (*pl.* **reactionaries**) a person who tries to prevent political or social change রাজনৈতিক বা সামাজিক পরিবর্তন আটকাতে চেষ্টা করে যে ব্যক্তি; সংস্কারবিরোধী, প্রগতিবিরোধী ব্যক্তি ▶ **reactionary** *adj.* প্রগতিবিমুখ, প্রতিক্রিয়াশীল *reactionary views/politics/groups*

reactive / riˈæktɪv রিˈঅ্যাক্টিভ্ / *adj.* **1** (*formal*) showing a reaction or response প্রতিক্রিয়া দেখাচ্ছে বা সাড়া দিচ্ছে এমন ➪ **proactive** দেখো। **2** (used about chemicals) whose chemical characteristics will change when mixed with another substance (রাসায়নিক পদার্থ সম্বন্ধে ব্যবহৃত) অন্য পদার্থের সঙ্গে মিশ্রণের ফলে যার রাসায়নিক দ্রব্যগুণ পরিবর্তিত হয়ে যায়; সক্রিয়

reactivity / ˌriːækˈtɪvəti ˌরীঅ্যাক্ˈটিভ্যাটি / *noun* [U] (*technical*) the degree to which a substance shows chemical change when mixed with another substance যে মাত্রায় বা যে বিন্দুতে একটি পদার্থ অন্য একটি পদার্থের সঙ্গে মেশালে রাসায়নিক পরিবর্তন দেখা যায়; বিক্রিয়তা

reactor / riˈæktə(r) রিˈঅ্যাক্ট্যা(র্) / = **nuclear reactor**

read[1] / riːd রীড্ / *verb* (*pt, pp* **read** / red রেড্ /) **1** [I, T] to look at words or symbols and understand them পড়া, পাঠ করা *He never learnt to read and write.* ○ *Have you read any good books lately?* **2** [I, T] **read (sb) (sth); read sth (to sb)** to say written words to sb জোরে জোরে পড়া, আওয়াজ করে পড়া ; কাউকে পড়ে শোনানো *My father used to read me stories when I was a child.* ○ *I hate reading out loud.* **3** [T] to be able to understand sth from what you can see চোখে দেখে কোনো জিনিস বুঝতে পারা *Profoundly deaf people train to **read lips**.* ○ *I've no idea what he'll say—I can't **read** his **mind**!* **4** [T] to show words or a sign of sth কোনো চিহ্নের দ্বারা বা লিখিত শব্দের দ্বারা কিছু দেখানো *The sign read 'Keep Left'.* **5** [T] (*formal*) to study a subject at university কোনো বিশ্ববিদ্যালয়ে কোনো বিষয় নিয়ে পড়া *She read Modern Languages at Cambridge.*

PHR V **read sth into sth** to think that there is a meaning in sth that may not really be there অন্য অর্থ ভেবে নেওয়া যা না-ও থাকতে পারে

read on to continue reading; to read the next part of sth পড়া চালিয়ে যাওয়া; পরবর্তী অংশ পড়া

read sth out to read sth to other people কাউকে কোনো কিছু পড়ে শোনানো

read sth through to read sth to check details or to look for mistakes খুঁটিনাটি যাচাই করার জন্য কোনো কিছু পড়া বা ভুলত্রুটি নজর করা *I read my essay through a few times before handing it in.*

read up on sth to find out everything you can about a subject কোনো বিষয়ে যতদূর জানা সম্ভব ততটা জানা, সেভাবে পড়া

read[2] / riːd রীড্ / *noun* [*sing.*] (*informal*) a period or the action of reading পাঠ করার সময়কাল, পড়ার কাজ *Her detective novels are usually **a good read**.*

readable / ˈriːdəbl ˈরীড্যাব্ল্ / *adj.* **1** able to be read পঠনীয়, পাঠ্য, যা পড়ার যোগ্য বা পড়া যায়, পাঠযোগ্য *machine-readable data* ➪ **legible** দেখো। **2** easy or interesting to read সুপাঠ্য, সহজপাঠ্য, সুখপাঠ্য

reader / ˈriːdə(r) ˈরীড্যা(র্) / *noun* [C] **1** a person who reads sth (a particular newspaper, magazine, type of book, etc.) পাঠক (কোনো একটি বিশেষ সংবাদপত্র, ম্যাগাজিন, বই ইত্যাদির) *She's an avid reader of science fiction.* **2** (*with an adjective*) a person who reads in a particular way কোনো ব্যক্তি যে নিজস্ব ভঙ্গিতে পড়ে *a fast/slow reader* **3** a book for practising reading পড়া বা পাঠ অভ্যাসের বই

readership / ˈriːdəʃɪp ˈরীড্যাশিপ্ / *noun* [*sing.*] the number of people who regularly read a particular newspaper, magazine, etc. কোনো পত্র-পত্রিকা, সংবাদপত্র ইত্যাদির নিয়মিত পাঠক সংখ্যা *The newspaper has a readership of 200,000.*

readily / ˈredɪli ˈরেডিলি / *adv.* **1** easily, without difficulty সহজে, কোনোরকম বাধা বা প্রতিবন্ধকতা ছাড়া *Most vegetables are* ***readily available*** *at this time of year.* **2** without pausing; without being forced সঙ্গে সঙ্গে, না থেমে; কারও দ্বারা প্রভাবিত না হয়েই *He readily admitted that he was wrong.*

readiness / ˈredinəs ˈরেডিন্যাস্ / *noun* [U] **1 readiness (for sth)** the state of being ready or prepared তৈরি, প্রস্তুত **2 readiness (to do sth)** the state of being prepared to do sth without arguing or complaining প্রশ্ন বা অভিযোগ ছাড়াই বিনা দ্বিধায় কোনো কাজ করতে প্রস্তুত *The bank have indicated their readiness to lend him the money.*

reading / ˈriːdɪŋ ˈরীডিং / *noun* **1** [U] what you do when you read পড়া, পাঠ *Her hobbies include painting and reading.* **2** [U] books, articles, etc. that are intended to be read বই, প্রবন্ধ ইত্যাদি যা পড়া হয়, যা পড়ার জন্য লেখা বা ছাপা হয় *The information office gave me a pile of reading matter to take away.* **3** [C] the particular way in which sb understands sth কোনো বস্তু সম্বন্ধে কোনো ব্যক্তির নির্দিষ্ট ধারণা বা ব্যাখ্যা *What's your reading of the situation?* **4** [C] the number or measurement that is shown on an instrument কোনো যন্ত্রে দেখানো সংখ্যা বা মাপ *a reading of 20°C*

readjust / ˌriːəˈdʒʌst ˌরীঅ্যাˈজাস্ট্ / *verb* **1** [I] **readjust (to sth)** to get used to a different or new situation আলাদারকম বা নতুন অবস্থায় নিজেকে খাপ খাওয়ানো, মানিয়ে নেওয়া *After her divorce, it took her a long time to readjust to being single again.* **2** [T] to change or move sth slightly একটু এদিক ওদিক করে বা নড়িয়ে চড়িয়ে ঠিকমতো করে নেওয়া ▶ **readjustment** *noun* [C, U] পুনর্বিন্যাস

read-only memory *noun* [U] (*computing*) = **ROM**

ready / ˈredi ˈরেডি / *adj.* **1 ready (for sb/sth); ready (to do sth)** prepared and able to do sth or to be used কোনো কিছু করা বা ব্যবহৃত হওয়ার জন্য প্রস্তুত এবং তৈরি *He isn't ready to take his driving test.* ○ *I'll go and* ***get*** *the dinner* ***ready***. ○ ***Have*** *your money* ***ready*** *before you get on the bus.* **2 ready to do sth; ready (with /for sth)** prepared and happy to do sth সদাই খুশিমনে কোনো কিছু করার জন্য প্রস্তুত *I know it's early, but I'm* ***ready for bed***. **3** *adv.* (*used to form compound adjectives*) that has already been made or done; not done especially for you যা আগেই তৈরি করা হয়েছে; যা বিশেষভাবে কারও জন্য তৈরি করা হয়নি *ready-cooked food* ○ *There are no* ***ready-made*** *answers to this problem—we'll have to find our own solution.*

reagent / riˈeɪdʒənt রিˈএইজ্যান্ট্ / *noun* [C] (*technical*) a substance used to cause a chemical reaction, especially in order to find out if another substance is present বিক্রিয়াশীল এমন পদার্থ যার সাহায্যে মিশ্রণটিতে অন্য পদার্থ আছে কিনা তা জানা যায়; বিকারক, প্রতিক্রিয়াসাধক পদার্থ

real[1] / ˈriːəl; rɪəl ˈরীঅ্যাল্; রিঅ্যাল্ / *adj.* **1** actually existing, not imagined বাস্তব, কাল্পনিক নয়, সত্যিকারের *The film is based on real life.* ○ *We have a real chance of winning.* **2** actually true; not only what people think is true খাঁটি, সত্যি; যার অস্তিত্ব আছে, অকৃত্রিম *The name he gave to the police wasn't his real name.* **3** (*only before a noun*) having all, not just some, of the qualities necessary to really be sth পুরোপুরি, প্রকৃত, আসল *She was my first real girlfriend.* **4** natural, not false or artificial অকৃত্রিম, প্রকৃত, অলীক নয় *This shirt is real silk.* **5** (*only before a noun*) (used to emphasize a state, feeling or quality) strong or big (অবস্থা, মনোভাব বা গুণ ইত্যাদির উপরে জোর দেওয়ার জন্য ব্যবহৃত) জোরালো, শক্তিশালী, প্রকৃত, খাঁটি *Money is a real problem for us at the moment.* ○ *He made a real effort to be polite.*

IDM **for real** genuine or serious মৌলিক, খাঁটি, প্রকৃতই, সত্যি সত্যি, আন্তরিকভাবে *Her tears weren't for real.* ○ *Was he for real when he offered you the job?*

the real thing something genuine, not a copy মৌলিক, খাঁটি, নকল নয়, মেকি নয় *This painting is just a copy. The real thing is in a gallery.*

real[2] / ˈriːəl; rɪəl ˈরীঅ্যাল্; রিঅ্যাল্ / *adv.* (*AmE informal*) very; really খুবই; সত্যি সত্যি

real estate *noun* [U] property in the form of land and buildings ভূসম্পত্তি, স্থাবর সম্পত্তি

real estate agent (*AmE*) = **estate agent**

realism / ˈriːəlɪzəm ˈরীঅ্যালিজ্যাম্ (*also BrE*) ˈrɪə- ˈরিঅ্যা- / *noun* [U] **1** behaviour that shows that you accept the facts of a situation and are not influenced by your feelings পরিস্থিতির বাস্তবতা মেনে নিয়ে এবং আবেগতাড়িত না হয়ে যে আচরণ; বাস্তবতা, বাস্তববাদ ➪ **idealism** দেখো। **2** (in art, literature, etc.) showing things as they really are (সাহিত্য, শিল্প ইত্যাদির ক্ষেত্রে) বাস্তবানুগ, বস্তুনিষ্ঠ, বাস্তবধর্মী

realist / ˈriːəlɪst ˈরীঅ্যালিস্ট্ (*also BrE*) ˈrɪə- ˈরিঅ্যা- / *noun* [C] **1** a person who accepts the facts of a situation, and does not try to pretend that it is different বাস্তবধর্মী, বাস্তববাদী *I'm a realist—I don't* *expect the impossible.* **2** an artist or writer who shows things as they really are যে শিল্পী বা সাহিত্যিক বাস্তবকে যথার্থভাবে তুলে ধরেন

realistic / ˌriːəˈlɪstɪk ˌরীঅ্যা'লিস্‌টিক্ (*also BrE*) ˈrɪə- 'রিঅ্যা- / *adj.* **1** sensible and understanding what it is possible to achieve in a particular situation বিচারবুদ্ধি সম্পন্ন এবং বিশেষ পরিস্থিতিতে কিভাবে কিছু করা সম্ভব তা বোঝে এমন ব্যক্তি; বস্তুনিষ্ঠ, বাস্তবধর্মী *We have to be realistic about our chances of winning.* **2** showing things as they really are বাস্তবানুগ *a realistic drawing/description* **3** not real but appearing to be real সত্যি না হলেও সত্যির মতো দেখায়; বাস্তবের মতো চিত্রিত *The monsters in the film were very realistic.* ▶ **realistically** / ˌriəˈlɪstikli ˌরিঅ্যা'লিস্‌টিক্‌লি / *adv.* বাস্তবানুগতভাবে

reality / riˈæləti রি'অ্যাল্যাটি / *noun* (*pl.* **realities**) **1** [U] the way life really is, not the way it may appear to be or how you would like it to be বাস্তবতা, বাস্তবিকতা *I enjoyed my holiday, but now it's back to reality.* ○ *We have to* ***face reality*** *and accept that we've failed.* **2** [C] a thing that is actually experienced, not just imagined প্রকৃত সত্য, কল্পনাপ্রসূত নয় *Films portray war as heroic and exciting, but the reality is very different.*

IDM **in reality** in fact, really (not the way sth appears or has been described) বাস্তবে, প্রকৃতক্ষেত্রে (যেভাবে বর্ণনা করা হয়েছে বা যা আপাতদৃষ্টিতে মনে হয় তা নয়) *People say this is an exciting city but in reality it's rather boring.*

realize (*also* **-ise**) / ˈrɪəlaɪz 'রিঅ্যালাইজ্ / *verb* [T] **1** to know and understand that sth is true or that sth has happened কোনো কিছু সত্য বলে জানা অথবা কিছু ঘটেছে বলে বুঝতে পারা বা উপলব্ধি করা *I'm sorry I mentioned it, I didn't realize how much it upset you.* ○ *Didn't you realize (that) you needed to bring money?* **2** to become conscious of sth or that sth has happened, usually sometime later কোনো কিছুর সম্বন্ধে জানতে পারা, ঘটনাটি ঘটার কিছুদিন পরে সে সম্বন্ধে সচেতন হওয়া *When I got home, I realized that I had left my keys at the office.* **3** to make sth that you imagined become reality কল্পনায় যা মনে হচ্ছিল তাই ঘটা, বাস্তবে পরিণত হওয়া *His worst fears were realized when he saw the damage caused by the fire.* ▶ **realization** (*also* **-isation**) / ˌrɪəlaɪˈzeɪʃn ˌরিঅ্যালাই'জ়েইশ্‌ন্ / *noun* [U] উপলব্ধি

really / ˈrɪəli 'রিঅ্যালি / *adv.* **1** actually; in fact প্রকৃতই; বাস্তবে *I couldn't believe it was really happening.* ○ *She wasn't really angry, she was only pretending.* **2** very; very much সত্যি সত্যি, খুবই; খুব বেশি *I'm really tired.* ○ *I really hope you enjoy yourself.* **3** used as a question for expressing surprise, interest, doubt, etc. বিস্ময়, আগ্রহ, সন্দেহ ইত্যাদি বোঝাতে প্রশ্ন হিসেবে ব্যবহৃত অভিব্যক্তিবিশেষ *'She's left the job.' 'Really? When did that happen?'* **4** (*used in negative sentences*) used to make what you are saying less strong বক্তব্য কম জোরালো করতে নেতিবাচক বাক্যে ব্যবহৃত *I don't really agree with that.* **5** used in questions when you are expecting sb to answer 'No' নেতিবাচক (অর্থাৎ স্পষ্টই না) উত্তর আশা করে প্রশ্নের মধ্যে ব্যবহৃত অভিব্যক্তিবিশেষ *You don't really expect me to believe that, do you?*

real time *noun* [U] (*computing*) the fact that there is only a very short time between a computer system receiving information and dealing with it কম্পিউটার ব্যবস্থায় তথ্য আসা এবং তা কাজে লাগানোর মধ্যে যে খুব কম সময় আছে সেই বিষয়টি *To make the training realistic the simulation operates* ***in real time****.* ○ *realtime missile guidance systems*

reap / riːp রীপ্ / *verb* [T] to cut and collect a crop (corn, wheat, etc.) শস্য (ভুট্টা, গম ইত্যাদি) কাটা এবং তা সংগ্রহ করা (*figurative*) *Work hard now and you'll* ***reap the benefits*** *later on.*

reappear / ˌriːəˈpɪə(r) ˌরীঅ্যা'পিঅ্যা(র্) / *verb* [I] to appear again or be seen again পুনরায় উপস্থিত হওয়া, পুনরাবির্ভাব ঘটা ▶ **reappearance** / -rəns -র‍্যান্‌স্ / *noun* [C, U] পুনরাবির্ভাব

reappraisal / ˌriːəˈpreɪzl ˌরীঅ্যা'প্রেইজ়্‌ল্ / *noun* [C, U] the new examination of a situation, way of doing sth, etc. in order to decide if any changes are necessary অবস্থার নবমূল্যায়ন বা পুনরায় মূল্যায়ন (নতুন করে পরিবর্তনের প্রয়োজন আছে কিনা তা যাচাই করে দেখার জন্য)

rear¹ / rɪə(r) রিঅ্যা(র্) / *noun* [*sing.*] **1 the rear** the back part পিছনের দিক, পশ্চাদ্‌ভাগ *Smoking is only permitted at the rear of the bus.* **2** the part of your body that you sit on; bottom পাছা; নিতম্বদেশ ▶ **rear** *adj.* পিছনের *the rear window/lights of a car*

IDM **bring up the rear** to be the last one in a race, a line of people, etc. কোনো দৌড় প্রতিযোগিতায়, কোনো পঙ্‌ক্তি ইত্যাদিতে সর্বশেষ হওয়া

rear² / rɪə(r) রিঅ্যা(র্) / *verb* **1** [T] to look after and educate children বাচ্চাদের লালনপালন করা এবং লেখাপড়া শেখানো *This generation of children will be reared without fear of war.* **2** [T] to breed and look after animals on a farm, etc. খামার ইত্যাদিতে জীবজন্তুর বংশবৃদ্ধি করানো এবং তাদের দেখাশোনা করা *to rear cattle/poultry* **3** [I] **rear (up)** (used about horses) to stand only on the back legs (ঘোড়া সম্বন্ধে ব্যবহৃত) পিছনের পায়ে দাঁড়ানো

rearrange / ˌri:əˈreɪndʒ ˌরীঅ্যা'রেইন্‌জ্ / *verb* [T] **1** to change the position or order of things নতুন করে, অন্যভাবে সাজানো; পুনর্বিন্যাস করা **2** to change a plan, meeting, etc. that has been fixed পূর্বনির্ধারিত কোনো পরিকল্পনা, সভা সমিতি ইত্যাদি বদলানো *The match has been rearranged for next Wednesday.*

rear-view mirror *noun* [C] a mirror in which a driver can see the traffic behind গাড়ির যে আয়না দিয়ে চালক পিছনের গাড়ির গতিবিধি দেখে ⇨ **car**-এ ছবি দেখো।

reason¹ / ˈri:zn ˈরীজ়্ন্ / *noun* **1** [C] **a reason (for sth/for doing sth); a reason why.../that...** a cause or an explanation for sth that has happened or for sth that sb has done (কোনো ঘটনা বা কারও দ্বারা কৃত কোনো কাজের) কারণ বা ব্যাখ্যা *He said he couldn't come but he didn't* ***give a reason****.* ○ ***For some reason*** *they can't give us an answer until next week.* **2** [C, U] **(a) reason (to do sth); (a) reason (for sth/for doing sth)** something that shows that it is right or fair to do sth কোনো কিছু করার পিছনে যুক্তিসংগত কারণ, হেতু *I* ***have reason*** *to believe that you've been lying.* ○ *You* ***have every reason*** (= you are completely right) *to be angry.* **3** [U] the ability to think and to make sensible decisions চিন্তাশক্তি, বিচারবুদ্ধি, বুদ্ধিবৃত্তি *Only human beings are capable of reason.* **4** [U] what is right or acceptable যুক্তিসম্মত, গ্রহণযোগ্য *I tried to persuade him not to drive but he just wouldn't* ***listen to reason****.* ○ *I'll pay anything* ***within reason*** *for a ticket.*

IDM it stands to reason (*informal*) it is obvious if you think about it বিবেচনা করলে বোঝা যাবে যে সেটা ঠিক

reason² / ˈri:zn ˈরীজ়্ন্ / *verb* [I, T] to form a judgement or an opinion, after thinking about sth in a logical way বিচারবুদ্ধি প্রয়োগ করে কোনো সিদ্ধান্তে আসা বা বিচার করা, মতামত তৈরি করা

PHR V reason with sb to talk to sb in order to persuade him/her to behave or think in a more reasonable way কোনো ব্যক্তিকে আরও যুক্তিসংগতভাবে ভাবতে বা আচরণ করতে প্রণোদিত করার জন্য তার সঙ্গে কথা বলা

reasonable / ˈri:znəbl ˈরীজ়ন্যাব্‌ল্ / *adj.* **1** fair, practical and sensible ন্যায্য, বাস্তববোধ এবং কাণ্ডজ্ঞানসম্পন্ন *I think it's reasonable to expect people to keep their promises.* ○ *I tried to be reasonable even though I was very angry.* **2** acceptable and appropriate in a particular situation কোনো একটি নির্দিষ্ট পরিস্থিতির জন্য গ্রহণযোগ্য এবং উপযুক্ত *He made us a reasonable offer for the car.* ✪ বিপ **unreasonable** **3** (used about prices) not too expensive (মূল্য, দরদাম সম্বন্ধে ব্যবহৃত) খুব বেশি দামি নয় *We sell good quality food at reasonable prices.* **4** quite good, high, big, etc. but not very যথেষ্ট ভালো, বেশ উচুঁ, বড়ো ইত্যাদি কিন্তু খুব উৎকৃষ্ট নয় *His work is of a reasonable standard.*

reasonably / ˈri:znəbli ˈরীজ়্ন্যাব্‌লি / *adv.* **1** fairly or quite (but not very) মোটামুটি, মোটের উপর (কিন্তু যথেষ্ট নয়) *The weather was reasonably good but not brilliant.* **2** in a sensible and fair way যুক্তিসংগত এবং ন্যায্যভাবে

reasoning / ˈri:zənɪŋ ˈরীজ়্যানিং / *noun* [U] the process of thinking about sth and making a judgement or decision কোনো বিষয়ে চিন্তাভাবনা করে বা যুক্তির সাহায্যে সিদ্ধান্ত বা রায় গ্রহণের পদ্ধতি *What's the reasoning behind his sudden decision to leave?*

reassurance / ˌri:əˈʃɔ:rəns ˌরীঅ্যা'শ:র‍্যান্স্ / *noun* [U, C] advice or help that you give to sb to stop him/her worrying or being afraid চিন্তিত বা ভীত ব্যক্তিকে দেওয়া উপদেশ বা ভরসা *I need some reassurance that I'm doing things the right way.*

reassure / ˌri:əˈʃɔ:(r) ˌরীঅ্যা'শ:(র্) / *verb* [T] to say or do sth in order to stop sb worrying or being afraid কোনো কিছু সম্বন্ধে চিন্তা না করতে বলা, আশ্বস্ত করা, আশ্বাস দেওয়া, ভরসা দেওয়া *The mechanic reassured her that the engine was fine.*
▶ **reassuring** *adj.* ভরসাজনক, আস্থা জন্মায় এমন
▶ **reassuringly** *adv.* ভরসাজনকভাবে

rebate / ˈri:beɪt ˈরীবেইট্ / *noun* [C] a sum of money that is given back to you because you have paid too much বেশি দেওয়ার কারণে যে টাকা পরে ফেরত পাওয়া যায়; ছাড় *to get a tax rebate*

rebel¹ / ˈrebl ˈরেব্‌ল্ / *noun* [C] **1** a person who fights against his/her country's government because he/she wants things to change যে ব্যক্তি পরিবর্তন চেয়ে নিজের দেশের সরকারের বিরুধে বিদ্রোহ করে; রাষ্ট্রদ্রোহী, বিদ্রোহী, বিপ্লবী **2** a person who refuses to obey people in authority or to accept rules কর্তৃপক্ষের বিরুধে যে অনাস্থা জানায় বা তার নিয়মাবলী মানে না *At school he had a reputation as a rebel.*

rebel² / rɪˈbel রি'বেল্ / *verb* [I] **rebelling; rebelled**) **rebel (against sb/sth)** to fight against authority, society, a law, etc. কর্তৃপক্ষ, সমাজ, অনুশাসন ইত্যাদির বিরুধে যে লড়াই করে *She rebelled against her parents by marrying a man she knew they didn't approve of.*

rebellion / rɪˈbeljən রি'বেলিঅ্যান্ / *noun* [C, U] **1** an occasion when some of the people in a country try to change the government, using violence সরকারের বিরুদ্ধে কিছু সংখ্যক দেশবাসীর সশস্ত্র বিদ্রোহ ঘোষণা **2** the action of fighting against authority or refusing to accept rules খোলাখুলিভাবে সরকারের বিরুদ্ধাচরণ; কর্তৃপক্ষের শাসনকে প্রত্যাখান করা হচ্ছে এমন *Voting against the leader of the party was an act of open rebellion.*

rebellious / rɪˈbeljəs রি'বেলিঅ্যাস্ / *adj.* not doing what authority, society, etc. wants you to do কর্তৃপক্ষ, সমাজ ইত্যাদির বিরুদ্ধাচারণ করে এমন; বিদ্রোহকারী, বিদ্রোহী, অবাধ্য *rebellious teenagers*

reboot / ˌriːˈbuːt ˌরী'বূট্ / *verb* [T, I] (*computing*) if you reboot a computer or if it reboots, you turn it off and then turn it on again immediately কম্পিউটারটি বন্ধ করেই সঙ্গে সঙ্গে চালানো

rebound / rɪˈbaʊnd রি'বাউন্ড্ / *verb* [I] **rebound (from/off sth)** to hit sth/sb and then go in a different direction কোনো কিছুতে বা কারও গায়ে লেগে ফেরত আসা বা অন্যদিকে যাওয়া *The ball rebounded off a defender and went into the goal.* ▶ **rebound** / ˈriːbaʊnd 'রীবাউন্ড্ / *noun* [C] ধাক্কা খেয়ে ফেরত আসার অবস্থা; প্রতিক্ষেপ

rebuff / rɪˈbʌf রি'বাফ্ / *noun* [C] an unkind refusal of an offer or suggestion কারও অনুরোধ বা কোনো উপহার ইত্যাদি রূঢ়ভাবে বা অভদ্রভাবে প্রত্যাখ্যান ▶ **rebuff** *verb* [T] খারাপভাবে প্রত্যাখ্যান করা

rebuild / ˌriːˈbɪld ˌরী'বিল্ড্ / *verb* [T] (*pt, pp* **rebuilt** / ˌriːˈbɪlt ˌরী'বিল্ট্ /) to build sth again কোনো কিছু পুনরায় তৈরি করা, পুনর্নির্মাণ করা *Following the storm, a great many houses will have to be rebuilt.*

rebuke / rɪˈbjuːk রি'বিউক্ / *verb* [T] (*formal*) to speak angrily to sb because he/she has done sth wrong কেউ অন্যায় করেছে বলে তার প্রতি বিরক্ত হয়ে তিরস্কার করা, বকুনি দেওয়া, ভর্ৎসনা করা ▶ **rebuke** *noun* [C] ভর্ৎসনা, বকুনি, তিরস্কার

recall / rɪˈkɔːl রি'ক: ল্ / *verb* [T] **1** to remember sth (a fact, event, action, etc.) from the past (অতীতের কোনো বিষয়, ঘটনা, কাজ ইত্যাদি) স্মরণে আনা, পুরোনো কথা মনে পড়া, মনে করা *She couldn't recall meeting him before.* **2** to order sb to return; to ask for sth to be returned কাউকে ফিরে আসার আদেশ দেওয়া; কোনো জিনিস ফিরিয়ে দেওয়ার জন্য বলা *The company has recalled all the fridges that have this fault.*

recap / ˈriːkæp 'রীক্যাপ্ / (**recapping; recapped**) (*spoken*) (*written* **recapitulate** / ˌriːkəˈpɪtʃuleɪt ˌরীক্যা'পিচুলেইট্ /) *verb* [I, T] to repeat or look again at the main points of sth to make sure that they have been understood কোনো কিছুর মূল অংশগুলি বোধগম্য হয়েছে কিনা সেবিষয়ে নিশ্চিত হওয়ার জন্য সেগুলি উল্টার করা বা দেখে নেওয়া; ঝালিয়ে নেওয়া *Let's quickly recap what we've done in today's lesson.*

recapture / ˌriːˈkæptʃə(r) ˌরী'ক্যাপ্চ্যা(র্) / *verb* [T] **1** to win back sth that was taken from you by an enemy or a competitor হারিয়ে যাওয়া বা হাতছাড়া হয়ে যাওয়া জিনিস কোনো শত্রু বা প্রতিদ্বন্দ্বীর কাছ থেকে উদ্ধার করা বা ফেরত পাওয়া *Government troops have recaptured the city.* **2** to catch a person or animal that has escaped পালিয়ে যাওয়া ব্যক্তি বা পশুকে আবার ধরে ফেলা **3** to create or experience again sth from the past অতীতের কোনো জিনিস বা অভিজ্ঞতা আবার অনুভব করা অথবা যথাযথভাবে তুলে ধরা *The film brilliantly recaptures life in the 1930s.*

recede / rɪˈsiːd রি'সীড্ / *verb* [I] **1** to move away and begin to disappear সরে যাওয়া, কমে যাওয়া, আস্তে আস্তে হারিয়ে যাওয়া *The coast began to recede into the distance.* **2** (used about a hope, fear, chance, etc.) to become smaller or less strong (আশা, ভয়, সম্ভাবনা ইত্যাদি সম্বন্ধে ব্যবহৃত) ক্রমশ ক্ষীণ হয়ে কমে আসা **3** (used about a man's hair) to fall out and stop growing at the front of the head (লোকের চুল সম্বন্ধে ব্যবহৃত) মাথার সামনের দিকে চুল কমে যাওয়া, টাক পড়া শুরু হওয়া *He's got a* ***receding hairline****.*

receipt / rɪˈsiːt রি'সীট্ / *noun* **1** [C] **a receipt (for sth)** a piece of paper that is given to show that you have paid for sth টাকা দেওয়া হয়েছে তার প্রমাণস্বরূপ একটি কাগজ; খত, তমসুক, রসিদ *Keep the receipt in case you want to exchange the shirt.* **2** [U] (*formal*) **receipt (of sth)** the act of receiving sth গ্রহণ করার ক্রিয়া; প্রাপ্তি

receive / rɪˈsiːv রি'সীভ্ / *verb* [T] **1 receive sth (from sb/sth)** to get or accept sth that sb sends or gives to you পাঠানো বা দেওয়া জিনিস নেওয়া বা গ্রহণ করা *to receive a phone call/a prize/a letter* **2** to experience a particular kind of treatment or injury বিশেষ ধরনের আচরণের অভিজ্ঞতা হওয়া, আঘাত পাওয়া *We received a warm welcome from our hosts.* ○ *He received several cuts and bruises in the accident.* **3** (*often passive*) to react to sth new in a particular way বিশেষভাবে কোনো নতুন কিছুর প্রতি প্রতিক্রিয়া দেখানো *The film has been well received by the critics.*

received pronunciation = **RP**

receiver / rɪˈsiːvə(r) রি'সীভ্যা(র্) / *noun* [C] **1** (*also* **handset**) the part of a telephone that is used for listening and speaking টেলিফোন যন্ত্রের যে অংশ কানে দিয়ে কথা শুনতে এবং মুখ লাগিয়ে কথা বলতে হয়; গ্রাহক যন্ত্রাংশ; রিসিভার **2** a piece of television or radio equipment that changes electronic signals into sounds or pictures বেতার বা দূরদর্শনের সেই যন্ত্রাংশ যা বৈদ্যুতিন সংকেতকে শব্দ বা ছবিতে পরিবর্তিত করে

recent / ˈriːsnt ˈরীস্‌ন্ট্ / *adj.* that happened or began only a short time ago বর্তমানের, সাম্প্রতিক, আজকালকার ***In recent years** there have been many changes.* ○ *This is a recent photograph of my daughter.*

recently / ˈriːsntli ˈরী:সন্ট্‌লি / *adv.* not long ago সম্প্রতি, হালফিল, আজকাল, অধুনা, ইদানীং *She worked here until quite recently.* ○ *Have you seen Parul recently?*

> **NOTE** কোনো সময়ের বিশেষ মুহূর্ত অথবা কোনো সময়কাল বোঝাতে **recently** শব্দটি ব্যবহার করা যেতে পারে। যখন কোনো সময়ের বিশেষ সময় অথবা মুহূর্তের সম্বন্ধে বলা হয় তখন সাধারণ অতীত (past tense) ব্যবহার করা হয়ে থাকে—*He got married recently.* সময়কাল বোঝাতে হলে পুরাঘটিত বর্তমান (present perfect) অথবা পুরাঘটিত ঘটমান বর্তমানকাল (present perfect continuous tense) ব্যবহার করা হয়ে থাকে—*I haven't done anything interesting recently.* ○ *She's been working hard recently.* **Lately** শব্দটি কেবলই সময়কাল বোঝায় এবং তা পুরাঘটিত বর্তমান বা পুরাঘটিত ঘটমান বর্তমান-এর সঙ্গে ব্যবহার করতে হয়—*I've seen a lot of films lately.* ○ *I've been spending too much money lately.*

receptacle / rɪˈseptəkl রিˈসেপ্‌ট্যাক্‌ল্ / *noun* [C] **1 a receptacle (for sth)** (*formal*) a container for putting sth in পাত্র, আধার, জায়গা **2** *(technical)* the rounded area at the top of a **stem** that supports the head of a flower ফুলের বৃন্তের উপর গোলাকার স্থান যার উপর ফুলটি থাকে; পুষ্পবৃন্ত ➪ **flower**-এ ছবি দেখো।

reception / rɪˈsepʃn রিˈসেপ্‌শ্‌ন্ / *noun* **1** [U] the place inside the entrance of a hotel or office building where guests or visitors go when they first arrive হোটেল বা অফিসে ঢোকার মুখে অতিথি অভ্যাগতদের এসে বসার স্থান; অভ্যর্থনা কক্ষ *Leave your key **at/in reception**.* ○ *the reception desk* **2** [C] a formal party to celebrate sth or to welcome an important person কোনো বিখ্যাত ব্যক্তিকে অভ্যর্থনা জানানোর জন্য আয়োজিত আনুষ্ঠানিক ভোজসভা বা অভ্যর্থনা সভা ***a wedding reception*** ○ *There will be an official reception at the embassy for the visiting ambassador.* **3** [*sing.*] the way people react to sth কোনো কিছুর প্রতি জনসাধারণের প্রতিক্রিয়া বা নির্দিষ্ট মনোভাবের অভিব্যক্তিবিশেষ *The play got a mixed reception* (= some people liked it, some people didn't). **4** [U] the quality of radio or television signals রেডিও বা টেলিভিশনের সংকেতের গুণমাণ; বেতার সংকেত গ্রহণের ক্ষমতা *TV reception is very poor where we live.*

receptionist / rɪˈsepʃənɪst রিˈসেপ্‌শ্যানিস্ট্ / *noun* [C] a person who works in a hotel, office, etc. answering the telephone and dealing with visitors and guests when they arrive হোটেল, আপিস ইত্যাদি জায়গায় যে ব্যক্তি প্রথমে আগন্তুকদের সঙ্গে কথা বলে যোগাযোগ স্থাপন করে এবং টেলিফোনেও প্রশ্নের উত্তর দেয়; অভ্যর্থনাকারী *a hotel receptionist*

receptive / rɪˈseptɪv রিˈসেপ্‌টিভ্ / *adj.* **receptive (to sth)** ready to listen to new ideas, suggestions, etc. নতুন মত, পরামর্শ ইত্যাদি যে খোলামনে শুনতে প্রস্তুত; সুগ্রাহী

recess / rɪˈses রিˈসেস্ / *noun* **1** [C, U] a period of time when Parliament, committees, etc. do not meet বিরতির সময়ে, যখন বিভিন্ন কর্মীমণ্ডলী বা সংসদ ইত্যাদি চালু থাকে না; অবকাশের কাল **2** [U] a short break during a trial in a court of law বিচারালয়ে কোনো একটি বিচার চলাকালীন সংক্ষিপ্ত যে বিরতিকাল **3** (*AmE*) = **break**[2] **3** ➪ **interval**-এ নোট দেখো। **4** [C] part of a wall that is further back than the rest, forming a space দেয়ালের যে অংশ পিছন দিকে সরিয়ে তৈরি করার ফলে সামনে বাড়তি জায়গার সৃষ্টি হয় **5** [C] a part of a room that receives very little light ঘরের যে অংশে খুব কম আলো যায়

recession / rɪˈseʃn রিˈসেশ্‌ন্ / *noun* [C, U] a period when the business and industry of a country is not successful যে সময়ে কোনো দেশের ব্যাবসা বাণিজ্যের অবনতি ঘটে; মন্দা বাজার, মন্দা অবস্থা *The country is now **in recession**.*

recessive / rɪˈsesɪv রিˈসেসিভ্ / *adj.* (*technical*) a **recessive** physical characteristic only appears in a child if he/she has two **genes** for this characteristic, one from each parent (বংশগতি সংক্রান্ত বৈশিষ্ট্য সম্বন্ধে ব্যবহৃত) পিতা এবং মাতার কাছ থেকে পাওয়া একটি করে জিন যা অব্যক্ত, প্রচ্ছন্ন ➪ **dominant** দেখো।

recharge / ˌriːˈtʃɑːdʒ ˌরীˈচা:জ্ / *verb* [T, I] to fill a battery with electrical power; to fill up with electrical power ব্যাটারি চার্জ করা; বৈদ্যুতিক শক্তি দিয়ে ব্যাটারি সক্রিয় করা *He plugged the drill in to recharge it.* ➪ **charge** দেখো। ▶ **rechargeable** *adj.* বৈদ্যুতিক ক্ষমতার দ্বারা পুনরায় যা সক্রিয় করা যায় *rechargeable batteries*

recipe / ˈresəpi ˈরেস্যাপি / *noun* [C] **1 a recipe (for sth)** the instructions for cooking or preparing sth to eat. A recipe tells you what to use **(the ingredients)** and what to do উপকরণসহ রান্না দেখানোর নির্দেশ; রন্ধনপ্রণালী *a recipe for chocolate cake* **2 a recipe for sth** the way to get or produce sth কোনো কিছুর উৎপাদন পন্ধতি *Putting Dinesh in charge of the project is **a recipe for disaster**.*

recipient / rɪˈsɪpiənt রি'সিপিঅ্যান্ট্ / *noun* [C] (*formal*) a person who receives sth প্রাপক, গ্রহীতা

reciprocal / rɪˈsɪprəkl রি'সিপ্র্যাক্ল্ / *adj.* involving two or more people or groups who agree to help each other or to behave in the same way towards one another পারস্পরিক, উভয়পক্ষের, দুতরফের *The arrangement is reciprocal. They help us and we help them.*

reciprocate / rɪˈsɪprəkeɪt রি'সিপ্র্যাকেইট্ / *verb* **1** [T, I] (*formal*) **reciprocate (sth) (with sth)** to behave or feel towards sb in the same way as he/she behaves or feels towards you কারও ব্যবহার বা মনোভাবের উত্তরে সেরকম ব্যবহার বা সেরকম মনোভাব দেখানো *They wanted to reciprocate the kindness that had been shown to them.* ○ *He smiled but his smile was not reciprocated.* **2** [I] (*technical*) to move backwards and forwards in a straight line সমান রেখায় একবার এগোনো একবার পিছোনো *a reciprocating action/movement* ▶ **reciprocation** / rɪˌsɪprəˈkeɪʃn রি,সিপ্র্যা'কেইশ্ন্ / *noun* [U] পারস্পরিক বিনিময়; অনুরূপ প্রতিদান

recital / rɪˈsaɪtl রি'সাইট্ল্ / *noun* [C] a formal public performance of music or poetry আবৃত্তি, কবিতা পাঠ, সংগীত বা যন্ত্রসংগীত অনুষ্ঠান *a piano recital* ⇨ **concert** দেখো।

recitation / ˌresɪˈteɪʃn ,রেসি'টেইশ্ন্ / *noun* [U, C] an act of saying aloud a piece of poetry or prose that you have learned, for people to listen to কবিতা বা গদ্যাংশ, যা শেখা হয়েছে, সমবেত শ্রোতাদের সামনে জোরে জোরে বলার ক্রিয়া; আবৃত্তি

recite / rɪˈsaɪt রি'সাইট্ / *verb* [I, T] to say aloud a piece of writing, especially a poem or a list, from memory আবৃত্তি করা, বিশেষত কবিতা বা কোনো তালিকা মুখস্থ বলা

reckless / ˈrekləs 'রেক্ল্যাস্ / *adj.* not thinking about possible bad or dangerous results that could come from your actions অগ্রপশ্চাৎ বিবেচনা না করে যে কাজ করে; অবিবেচক, অপরিণামদর্শী *reckless driving* ▶ **recklessly** *adv.* অবিবেচকের মতো

reckon / ˈrekən 'রেক্যান্ / *verb* [T] (*informal*) **1** to think; to have an opinion about sth চিন্তা করা; কোনো বিষয়ে নির্দিষ্ট মত প্রকাশ করা *She's very late now. I reckon (that) she isn't coming.* ○ *I think she's forgotten. What do you reckon?* **2** to calculate sth approximately মোটামুটিভাবে কোনো কিছু হিসেব করা *I reckon the journey will take about half an hour.* **3** to expect to do sth কিছু করার আশা করা *I wasn't reckoning to pay so much.*

PHR V **reckon on sth** to expect sth to happen and therefore to base a plan or action on it কোনো কিছু ঘটবে এমন আশা করে পরবর্তী কাজের পরিকল্পনা করা *I didn't book in advance because I wasn't reckoning on tickets being so scarce.*

reckon (sth) up to calculate the total amount or number of sth কোনো কিছুর সমস্ত পরিমাণ বা মোট সংখ্যা হিসেব করে বার করা

reckon with sb/sth to think about sb/sth as a possible problem কোনো ব্যক্তি অথবা বস্তুকে সম্ভাব্য সমস্যা বলে ভাবা

reckoning / ˈrekənɪŋ 'রেক্যানিং / *noun* **1** [U, C] the act of calculating sth, especially in a way that is not very exact গণনাকার্য, যা খুব নির্ভুলভাবে বা ঠিক পন্ধতিতে নয় **2** [C, *usually sing.*, U] (*formal*) a time when sb's actions will be judged to be right or wrong and they may be punished যে সময়ে কারও কাজের মূল্যায়ন করা হবে যে সেটি ঠিক না ভুল এবং তখন শাস্তিও হতে পারে *In the **final reckoning** truth is rewarded.* ○ *Officials concerned with environmental policy predict that **a day of reckoning** will come.*

IDM **in/into/out of the reckoning** (*BrE*) (especially in sport) among/not among those who are likely to win or be successful (বিশেষত খেলাধুলোয়) যাদের জয়ের বা সাফল্য লাভের সম্ভাবনা আছে তাদের মধ্যে বা তাদের মধ্যে নয় *Ganguly is fit again and should come into the reckoning.*

reclaim / rɪˈkleɪm রি'ক্লেইম্ / *verb* [T] **1 reclaim sth (from sb/sth)** to get back sth that has been lost or taken away ফিরে পাওয়া; হারানো জিনিস বা কেড়ে নেওয়া জিনিস পুনরুদ্ধার করা *Reclaim your luggage after you have been through passport control.* **2** to get back useful materials from waste products ফেলে দেওয়া জিনিস থেকে পুনর্ব্যবহার যোগ্য বস্তু সংগ্রহ করা **3** to make wet land suitable for use জলা জমি ব্যবহারের যোগ্য করা ▶ **reclamation** / ˌrekləˈmeɪʃn ,রেক্ল্যা'মেইশ্ন্ / *noun* [U] পুনরুদ্ধার

recline / rɪˈklaɪn রি'ক্লাইন্ / *verb* [I] to sit or lie back in a relaxed and comfortable way আরাম করে শরীর এলিয়ে শোয়া বা বসা; বিশ্রামের জন্য শরীর এলিয়ে দেওয়া; হেলে শোয়া বা বসা ▶ **reclining** *adj.* হেলানো *The car has **reclining seats**.*

recluse / rɪˈkluːs রি'ক্লুস্ / *noun* [C] **1** a person who lives alone and who maintains very little contact with other people or society যে ব্যক্তি একাকী বাস করে এবং অন্য ব্যক্তি বা সমাজের সঙ্গে নামমাত্র সম্পর্ক রাখে; নির্জনবাসী, অন্তেবাসী *to lead the life of a recluse* **2** a religious person who lives a life away from other people and society যে ধার্মিক ব্যক্তি অন্য মানুষজন বা সমাজ থেকে দূরে নির্জনে উপাসনা করেন ▶ **reclusive** *adv.* নির্জনতাসম্পন্ন *a reclusive lifestyle*

recognition / ˌrekəgˈnɪʃn ˌরেক্যাগ্ˈনিশ্ন্ / *noun* **1** [U] the fact that you can identify sb/sth that you see স্বীকৃতি *When I arrived no sign of recognition showed on her face at all.* **2** [U, *sing.*] the act of accepting that sth exists, is true or is official অস্তিত্ব, সত্যতা বা সরকারিভাবে সঠিক সেই স্বীকৃতি **3** [U] a public show of respect for sb's work or actions কোনো ব্যক্তির কাজ অথবা আচরণের জন্য জনতার স্বীকৃতি *She has **received public recognition** for her services to charity.* ○ *Please accept this gift **in recognition of** the work you have done.*

recognizable (*also* **-isable**) / ˈrekəgnaɪzəbl; ˌrekəgˈnaɪzəbl ˈরেক্যাগ্নাইজ্যাব্ল্; ˌরেক্যাগ্-ˈনাইজ্যাব্ল্ / *adj.* **recognizable (as sb/sth)** that can be identified as sb/sth কোনো ব্যক্তি অথবা বস্তু হিসাবে চেনা যায় এমন, চেনার মতো *He was barely recognizable with his new short haircut.* ▶ **recognizably (*also* -isably)** / -əbli -অ্যাব্লি / *adv.* চেনার মতো করে; পরিচয়যোগ্যভাবে

recognize (*also* **-ise**) / ˈrekəgnaɪz ˈরেক্যাগ্নাইজ্ / *verb* [T] **1** to know again sb/sth that you have seen or heard before আগে দেখাশোনা হয়েছে এমন কাউকে চিনতে পারা *I recognized him but I couldn't remember his name.* **2** to accept that sth is true কোনো কিছু সত্য বলে মানা বা স্বীকার করা **3** to accept sth officially আনুষ্ঠানিকভাবে কোনো কিছু গ্রহণ করা বা মেনে নেওয়া *My qualifications are not recognized in other countries.* **4** to show officially that you think sth that sb has done is good কারও গুণের বা ভালো কাজের জন্য সরকারিভাবে স্বীকৃতি দেওয়া

recoil / rɪˈkɔɪl রিˈকইল্ / *verb* [I] to quickly move away from sb/sth unpleasant কোনো অপ্রিয় ব্যক্তি বা বস্তুর কাছ থেকে বিতৃষ্ণায় দ্রুত পিছিয়ে আসা *She recoiled in horror at the sight of the snake.*

recollect / ˌrekəˈlekt ˌরেক্যাˈলেক্ট্ / *verb* [I, T] to remember sth, especially by making an effort চেষ্টা করে কোনো কিছু মনে করা *I don't recollect exactly when it happened.*

recollection / ˌrekəˈlekʃn ˌরেক্যাˈলেক্শ্ন্ / *noun* **1** [U] **recollection (of sth/doing sth)** the ability to remember স্মৃতিশক্তি, মনে রাখার ক্ষমতা, স্মরণশক্তি *I **have no recollection** of promising to lend you money.* **2** [C, *usually pl.*] something that you remember কোনো কিছু যা মনে রাখা হয় *I have only vague recollections of the movie*

recommend / ˌrekəˈmend ˌরেক্যাˈমেন্ড্ / *verb* [T] **1 recommend sb/sth (to sb) (for/as sth)** to say that sb/sth is good and that sb should try or use him/her/it কোনো ব্যক্তি বা বস্তু ভালো বলে সুপারিশ করা; অনুমোদন করা *Which film would you recommend?* ○ *Doctors don't always recommend drugs as the best treatment for every illness.* **2** to tell sb what you strongly believe he/she should do তার উপকার হবে এমন দৃঢ় বিশ্বাস নিয়ে কাউকে কিছু করতে বলা *I recommend that you get some legal advice.* ○ *I wouldn't recommend (your) travelling on your own. It could be dangerous.* ➪ **suggest** দেখো।

recommendation / ˌrekəmenˈdeɪʃn ˌরেক্যামেন্-ˈডেইশ্ন্ / *noun* **1** [C U] saying that sth is good and should be tried or used সুপারিশ *I visited Goa **on a friend's recommendation** and I really enjoyed it.* **2** [C] a statement about what should be done in a particular situation কোনো বিশেষ অবস্থায় কি করণীয় তার সুপারিশ জানিয়ে, পরামর্শ দিয়ে বিবৃতি *In their report on the crash, the committee **made** several **recommendations** on how safety could be improved.*

recompense / ˈrekəmpens ˈরেক্যাম্পেন্স্ / *verb* [T] (*formal*) **recompense sb (for sth)** to give money, etc. to sb for special efforts or work or because you are responsible for a loss he/she has suffered কারও বিশেষ প্রয়াস বা কাজের জন্য বা তার কোনো ক্ষতির জন্য দায়ী হওয়ার কারণে তাকে অর্থ ইত্যাদি দেওয়া; ক্ষতিপূরণ দেওয়া *The airline has agreed to recompense us for the damage to our luggage.* ▶ **recompense** *noun* [*sing.*, U] ক্ষতিপূরণ *Please accept this cheque **in recompense** for our poor service.*

reconcile / ˈrekənsaɪl ˈরেক্যান্সাইল্ / *verb* [T] **1 reconcile sth (with sth)** to find a way of dealing with two ideas, situations, statements, etc. that seem to be opposite to each other আপাতবিরোধী দুটি ধারণা, পরিস্থিতি, বক্তব্য ইত্যাদির মধ্যে সামঞ্জস্য বিধান করা বা সংগতি আনা *She finds it difficult to reconcile her career ambitions with her responsibilities to her children.* **2** (*often passive*) **reconcile sb (with sb)** to make people become friends again after an argument বিবাদের পরে আবার নতুন করে বন্ধু হওয়া; মনোমালিন্য দূর হওয়া *After years of not speaking to each other, she and her parents were eventually reconciled.*

3 reconcile yourself to sth to accept an unpleasant situation because there is nothing you can do to change it যখন আর কিছু করার নেই তখন আপত্তিজনক পরিস্থিতির সঙ্গে নিজেকে খাপ খাইয়ে নেওয়া ► **reconciliation** / ˌrekənsɪliˈeɪʃn ˌরেক্যান্‌সিলিˈএইশ্‌ন্ / *noun* [*sing*., U] মিটমাট, পুনর্মিলন, পুনঃসংগতি স্থাপন *The negotiators are hoping to bring about a reconciliation between the two sides.*

reconnaissance / rɪˈkɒnɪsns রিˈকনিস্‌ন্স্ / *noun* [C, U] the study of a place or area for military reasons সামরিক কারণে কোনো বিশেষ স্থান বা এলাকা পরিদর্শন বা গবেষণা *The plane was shot down while on a reconnaissance mission over enemy territory.*

reconnoitre / ˌrekəˈnɔɪtə(r) ˌরেক্যাˈনইট্যা(র্) / *verb* [I, T] to obtain information about an area, especially for military purposes সামরিক কোনো অভিযান বা উদ্দেশ্যে কোনো অঞ্চল সম্পর্কে তথ্য সংগ্রহ করা *A naval patrol was sent to reconnoitre the approaches to the bay.*

reconsider / ˌriːkənˈsɪdə(r) ˌরীক্যান্ˈসিড্যা(র্) / *verb* [I, T] to think again about sth, especially because you may want to change your mind কোনো ব্যাপারে পুনরায় ভেবে দেখা, বিশেষ করে যখন মন পালটানোর ইচ্ছা থাকে; নতুন করে ভাবা

reconstruct / ˌriːkənˈstrʌkt ˌরীক্যান্ˈস্ট্রাক্ট্ / *verb* [T] **1** to build again sth that has been destroyed or damaged পুনর্নির্মাণ করা; ভেঙে যাওয়া কিছু আবার গড়ে তোলা **2** to get a full description or picture of sth using the facts that are known জানা তথ্যগুলি ব্যবহার করে কোনো বিষয়ে পুরো বিবরণ গঠন করা; পুনর্গঠন করা *The police are trying to reconstruct the victim's movements on the day of the murder.* ► **reconstruction** / -ˈstrʌkʃn -ˈস্ট্রাক্‌শ্‌ন্ / *noun* [C, U] পুনর্নির্মিতি *a reconstruction of the crime using actors*

record[1] / ˈrekɔːd ˈরেক:ড্ / *noun* **1** [C] **a record (of sth)** a written account of what has happened, been done, etc. নথিভুক্ত বিবৃতি, লিপিবধ্ব; রেকর্ড *The teachers **keep records** of the children's progress.* ○ *medical records* **2** [*sing.*] the facts, events, etc. that are known (and sometimes written down) about sb/sth কোনো ব্যক্তি বা বস্তু সম্বন্ধে জানা তথ্য, ঘটনা ইত্যাদি (অনেক সময় লিখিত বিবৃতি) *The police said that the man had **a criminal record*** (= he had been found guilty of crimes in the past). ○ *This airline has a bad safety record.* **3** [C] (*also* **album**) a thin, round piece of plastic which can store music so that you can play it when you want গানের রেকর্ড **4** [C] the best performance or the highest or lowest level, etc. ever reached in sth, especially in sport সর্বোচ্চ মান বা সর্বনিম্ন মানের প্রদর্শন, বিশেষ করে খেলাধুলায় *She's hoping to **break the record** for the 100 metres.* ○ *He did it **in record time*** (=very fast).

IDM be/go on (the) record (as saying) to say sth publicly or officially so that it may be written down and repeated প্রকাশ্যে বা আনুষ্ঠানিকভাবে এমন কিছু বলা যা ভবিষ্যতের প্রয়োজনে লিপিবধ্ব করা যেতে পারে *He didn't want to go on the record as either praising or criticizing the proposal.*

off the record if you tell sb sth off the record, it is not yet official and you do not want it to be repeated publicly এমন কথা যা প্রকাশ্যে বললেও সরকারি বিবৃতি বলে মানা হবে না, আনুষ্ঠানিকভাবে রেকর্ড করে রাখার মতো নয় *She told me off the record that she was going to resign.*

put/set the record straight to correct a mistake by telling sb the true facts ভুল শুধরে দেওয়া, সংশোধন করা, সত্য প্রকাশ করা

record[2] / rɪˈkɔːd রিˈক:ড্ / *verb* **1** [T] to write down or film facts or events so that they can be referred to later and will not be forgotten ভবিষ্যতে কাজে লাগানোর উদ্দেশ্যে, মনে রাখার জন্য তথ্য বা ঘটনাবলী লিখে রাখা বা ছবি তুলে রাখা *He recorded everything in his diary.* ○ *At the inquest the coroner **recorded a verdict** of accidental death.* **2** [I, T] to put music, a film, a programme, etc. onto a CD or cassette so that it can be listened to or watched again later সিডি বা ক্যাসেটে কোনো সংগীত, চলচ্চিত্র, অনুষ্ঠান ইত্যাদি তুলে রাখা যাতে পরে আবার তা শোনা বা দেখা যায় *The band has recently recorded a new album.*

record-breaking *adj.* (*only before a noun*) the best, fastest, highest, etc. ever সর্বোৎকৃষ্ট, দ্রুততম, উচ্চতম ইত্যাদি *We did the journey in record-breaking time.*

recorder / rɪˈkɔːdə(r) রিˈক:ড্যা(র্) / *noun* [C] **1** a machine for recording sound and/or pictures শব্দ অথবা চলচ্চিত্র রেকর্ড করার যন্ত্র; রেকর্ডার *a tape/cassette/video recorder* **2** a type of musical instrument that is often played by children. You play it by blowing through it and covering the holes in it with your fingers বাচ্চাদের বাজানোর বাদ্যযন্ত্র, এতে ফুঁ-দিয়ে এবং ফুটোগুলিতে হাতের আঙুল চাপা দিয়ে বাজানো হয়

recording / rɪˈkɔːdɪŋ রিˈক:ডিং / *noun* **1** [C] sound or pictures that have been put onto a cassette, CD, film, etc. ক্যাসেট, সিডি, ফিল্ম ইত্যাদিতে তুলে রাখা শব্দ অথবা ছবি *the recording of Sonu Nigam's songs*

2 [U] the process of making a cassette, record, film, etc. ক্যাসেট, রেকর্ড, ছবি ইত্যাদি তৈরি করার পদ্ধতি; রেকর্ডিং *a recording session/studio*

record player *noun* [C] a machine that you use for playing records রেকর্ড বাজানোর যন্ত্র

recount / rɪˈkaʊnt রি'কাউন্ট্ / *verb* [T] (*formal*) to tell a story or describe an event কোনো কাহিনি বলা, ঘটনার বর্ণনা দেওয়া

recourse / rɪˈkɔːs রি'কঃস্ / *noun* [C] (*formal*) having to use sth or ask sb for help in a difficult situation কঠিন পরিস্থিতিতে কোনো কিছুর সাহায্য চাওয়া বা শরণ নেওয়া হয় এমন *She made a complete recovery* ***without recourse to*** *surgery.*

recover / rɪˈkʌvə(r) রি'কাভ্যা(র্) / *verb* **1** [I] **recover (from sth)** to become well again after you have been ill অসুখের পরে সুস্থ হয়ে ওঠা; স্বাস্থ্য পুনরুদ্ধার হওয়া *It took him two months to recover from the operation.* **2** [I] **recover (from sth)** to get back to normal again after a bad experience, etc. তিক্ত অভিজ্ঞতা কাটিয়ে স্বাভাবিক হওয়া; ধীরে ধীরে স্বাভাবিক অবস্থায় ফিরে আসা *The old lady never really recovered from the shock of being robbed.* **3** [T] **recover sth (from sb/sth)** to find or get back sth that was lost or stolen হারানো বা চুরি যাওয়া জিনিস ফিরে পাওয়া; পুনরুদ্ধার করা *Police recovered the stolen goods from a warehouse in Khandala.* **4** [T] to get back the use of your senses, control of your emotions, etc. নিজের ইন্দ্রিয় এবং নিজের অনুভূতি ইত্যাদির উপর নিয়ন্ত্রণ ফিরে পাওয়া

recovery / rɪˈkʌvəri রি'কাভ্যারি / *noun* **1** [*usually sing*., U] **recovery (from sth)** a return to good health after an illness or to a normal state after a difficult period of time কঠিন অসুখের পরে সুস্থতা লাভ অথবা কঠিন সময়ের পরে স্বাভাবিক অবস্থায় প্রত্যাবর্তন *to* ***make a*** *good/quick/speedy/slow* ***recovery*** ○ *She's* ***on the road to recovery*** (= getting better all the time) *now.* ○ *the prospects of* ***economic recovery*** **2** [U] **recovery (of sth/sb)** getting back sth that was lost, stolen or missing হারিয়ে যাওয়া বা চুরি হয়ে যাওয়া জিনিস ফিরে পাওয়া গেছে এমন

recreation / ˌrekriˈeɪʃn ˌরেক্রি'এইশ্ন্ / *noun* [U, *sing.*] enjoying yourself and relaxing when you are not working; a way of doing this কাজের বাইরে অবসর গ্রহণ ও চিত্ত বিনোদন; চিত্ত বিনোদনের উপায় *the need to improve facilities for leisure and recreation* ▶ **recreational** / ˌrekriˈeɪʃənl ˌরেক্রি'এইশ্যান্‌ল্ / *adj.* চিত্তবিনোদনমূলক, অবসরকালীন *recreational activities*

recrimination / rɪˌkrɪmɪˈneɪʃn রি,ক্রিমি'নেইশ্ন্ / *noun* [C, *usually pl*., U] an angry statement accusing sb of sth, especially in answer to a similar statement from him/her অভিযোগকারীর অভিযোগের জবাবে পালটা অভিযোগ করে ক্রোধব্যঞ্জক বিবৃতি *bitter recriminations*

recruit[1] / rɪˈkruːt রি'ক্রুট্ / *noun* [C] a person who has just joined the army or another organization সেনাবাহিনীতে নতুন যোগ দিয়েছে এমন সৈনিক অথবা কোনো প্রতিষ্ঠানের নবনিযুক্ত কর্মী

recruit[2] / rɪˈkruːt রি'ক্রুট্ / *verb* [I, T] to find new people to join a company, an organization, the armed forces, etc. কোনো সংস্থা, প্রতিষ্ঠান, সেনাবাহিনী ইত্যাদির জন্য নতুন লোক খোঁজা বা নতুন লোক নেওয়া ▶ **recruitment** *noun* [U] ভর্তি, নিয়োগ

rectal / ˈrektəl ˈরেক্ট্যাল্ / ➪ **rectum** দেখো।

rectangle / ˈrektæŋgl ˈরেক্ট্যাংগল্ / *noun* [C] a shape with four straight sides and four angles of 90 degrees (**right angles**). Two of the sides are longer than the other two সমকোণী চতুর্ভুজ; আয়তক্ষেত্র ✪ সম **oblong** ➪ **shape**-এ ছবি দেখো। ▶ **rectangular** / rekˈtæŋgjələ(r) রেক্'ট্যাংগি-অ্যাল্যা(র্) / *adj.* সমকোণী চতুর্ভুজাকার, আয়তাকার

rectify / ˈrektɪfaɪ ˈরেক্টিফাই / *verb* [T] (*pres. part.* **rectifying;** *3rd person sing. pres.* **rectifies;** *pt, pp* **rectified**) (*formal*) to correct sth that is wrong কোনো ভুল সংশোধন করা

rector / ˈrektə(r) ˈরেক্ট্যা(র্) / *noun* [C] (in the Church of England) a priest in charge of a certain area (**a parish**) (চার্চ অফ্ ইংল্যান্ডে) কোনো কোনো এলাকার ভারপ্রাপ্ত ধর্মযাজক; রেকটর

rectum / ˈrektəm ˈরেক্ট্যাম্ / *noun* [C] the end section of the tube through which solid waste leaves the body মলদ্বার, পায়ু ▶ **rectal** *adj.* মলদ্বার সম্বন্ধীয়

recuperate / rɪˈkuːpəreɪt রি'কুপ্যারেইট্ / *verb* [I] (*formal*) **recuperate (from sth)** to get well again after an illness or injury আঘাত পাওয়া বা অসুস্থতার পরে ভালো হয়ে ওঠা; আরোগ্য লাভ করা ▶ **recuperation** / rɪˌkuːpəˈreɪʃn রি,কুপ্যা'রেইশ্ন্ / *noun* [U] পুনরুদ্ধার, আরোগ্যলাভ

recur / rɪˈkɜː(r) রি'ক্য(র্) / *verb* [I] (**recurring; recurred**) to happen again or many times বারবার বা অনেকবার ঘটা; ক্রমাগত, একের পর এক ঘটা *a recurring problem/illness/nightmare* ▶ **recurrence** / rɪˈkʌrəns রি'কার‍্যান্স্ / *noun* [C, U] পুনরাবৃত্তি, বারংবার ঘটা ▶ **recurrent** / rɪˈkʌrənt রি'কার‍্যান্ট্ / *adj.* বারবার ঘটে থাকে এমন

recycle / ˌriːˈsaɪkl ˌরী'সাইক্‌ল্ / *verb* [T] **1** to put used objects and materials through a process so that they can be used again ফেলে দেওয়া জিনিস বা বর্জ্য পদার্থ আবার ব্যবহারের জন্যে কোনো বিশেষ পদ্ধতির সাহায্য নেওয়া *recycled paper* ○ *Aluminium cans* *can be recycled.* **2** to keep used objects and materials and use them again ব্যবহার করা জিনিস ফেলে না দিয়ে পুনরায় ব্যবহার করার জন্য রেখে দেওয়া *Don't throw away your plastic carrier bags—recycle them!* ▶ **recyclable** *adj.* পুনর্ব্যবহারযোগ্য *Most plastics are recyclable.*

red / red রেড্ / *noun* [C, U], *adj.* (**redder; reddest**) **1** (of) the colour of blood লাল, রক্তের রং, লোহিত বর্ণ *red wine* ○ *She was dressed in red.*

> **NOTE** বিভিন্ন ধরনের অথবা আভার লাল বোঝাতে আমরা **crimson, maroon** এবং **scarlet** শব্দগুলি ব্যবহার করি।

2 a colour that some people's faces become when they are embarrassed, angry, shy, etc. বিব্রত হয়ে, রাগে বা লজ্জায় মুখ লাল হয়ে ওঠা; রক্তিমাভা *He went bright red when she spoke to him.* ○ *to turn/be/go red in the face* **3** (used about a person's hair or an animal's fur) (of) a colour between red, orange and brown (কারও চুল বা পশুর গায়ের পুরু লোম সম্বন্ধে ব্যবহৃত) লাল, কমলা এবং বাদামির মধ্যবর্তী একটা রং *She's got red hair and freckles.*

IDM be in the red to have spent more money than you have in the bank, etc. ব্যাংক ইত্যাদিতে জমা টাকার থেকে বেশি খরচ করে ফেলা *I'm Rs 500 in the red at the moment.* ✪ বিপ **be in the black**

catch sb red-handed ⇨ **catch**[1] দেখো।

a red herring an idea or a subject which takes people's attention away from what is really important গুরুত্বপূর্ণ কোনো জিনিসের থেকে যে ধারণা অথবা বিষয় মানুষের মনোযোগ কেড়ে নেয়

see red (*informal*) to become very angry খুব রেগে যাওয়া; অতিমাত্রায় ক্রুদ্ধ হওয়া

red card *noun* [C] (in football) a card that is shown to a player who is being sent off the field for doing sth wrong (ফুটবল খেলায়) কোনো খেলোয়াড়কে যে কার্ড দেখিয়ে তাকে মাঠের বাইরে চলে যেতে বলা হয় (অবশ্যই খেলার সময়ে কোনো অন্যায় করার জন্য); লাল কার্ড ⇨ **yellow card** দেখো।

the red carpet *noun* [*sing.*] a piece of red carpet that is put outside to receive an important visitor; a special welcome for an important visitor সাধারণত ঢোকার মুখে লাল কার্পেট বিছিয়ে দিয়ে এরকম সংবর্ধনার ব্যবস্থা করা হয়; বিখ্যাত ব্যক্তির জন্য বিশেষ সংবর্ধনার ব্যবস্থা *I didn't expect to be given the red carpet treatment!*

the Red Cross *noun* [*sing.*] an international organization that takes care of people who are suffering because of war or natural disasters. Its full name is 'the International Movement of the Red Cross and the Red Crescent' আন্তর্জাতিক সংস্থা, যারা প্রাকৃতিক বিপর্যয়ে পীড়িত বা যুদ্ধে আহত ব্যক্তিদের সেবার কাজ করে; এর পুরো নাম ইন্টারন্যাশানাল মুভমেন্ট্ অফ্ দ্ রেড ক্রস অ্যান্ড দ্ রেড ক্রেসেন্ট

redcurrant / ˌred'kʌrənt ˌরেড্'কার‍্যান্ট্ / *noun* [C] a small red berry that you can eat লাল রঙের কুলের মতো ছোটো ফল যা খাওয়ার উপযোগী *redcurrant jelly*

redden / 'redn 'রেড্ন্ / *verb* [I, T] to become red or to make sth red লাল আভাযুক্ত হওয়া, লাল রঙের হয়ে যাওয়া, লাল করে রাঙিয়ে দেওয়া

> **NOTE** এই অর্থে **go red** অথবা **blush** এই শব্দ দুটিই বেশি ব্যবহার করা হয়।

reddish / 'redɪʃ 'রেডিশ্ / *adj.* fairly red in colour লালচে অল্প লাল আভাযুক্ত

redeem / rɪ'di:m রি'ডীম্ / *verb* [T] **1 to prevent sth** from being completely bad খুব বেশি খারাপ হওয়ার থেকে রক্ষা করা *The* ***redeeming feature*** *of the job is the good salary.* **2 redeem yourself** to do sth to improve people's opinion of you, especially after you have done sth bad চেষ্টা করে জনমত নিজের পক্ষে আনা, বিশেষ করে খারাপ কিছু করার পর; চেষ্টার মাধ্যমে হৃত সম্মান ফিরে পাওয়া

redemption / rɪ'dempʃn রি'ডেম্প্শ্ন্ / *noun* [U] (according to the Christian religion) the action of being saved from evil (খ্রিস্ট ধর্মানুসারে) শয়তানের হাত থেকে মুক্তি; পরিত্রাণ

IDM beyond redemption too bad to be saved or improved যার উদ্ধার সম্ভব নয় এমন, পরিত্রাণ পাওয়ার বাইরে চলে গেছে এমন

redevelop / ˌri:dɪ'veləp ˌরীডি'ভেল্যাপ্ / *verb* [T] to build or arrange an area, a town, a building, etc. in a different and more modern way কোনো স্থান, শহর, বড়ো বাড়ি ইত্যাদি নতুন করে এবং আরও আধুনিকভাবে গড়ে তোলা *They're redeveloping the town centre.* ▶ **redevelopment** *noun* [U] আধুনিকীকরণ, নবগঠন, পুনর্বিকাশ

redhead / 'redhed 'রেড্হেড্ / *noun* [C] a person, usually a woman, who has red hair কোনো ব্যক্তি, বিশেষ করে এমন মহিলা যার চুলের রং লাল

red-hot *adj.* (used about a metal) so hot that it turns red (ধাতু সম্বন্ধে ব্যবহৃত) এত গরম যে লাল হয়ে গেছে

redial / ˌri:'daɪəl ˌরী'ডাইঅ্যাল্ / *verb* [I, T] (on a telephone) to call the same number that you have just called (টেলিফোনে) একটু আগে ডায়াল করা নম্বরটি আবার ডায়াল করা

redistribute / ˌri:dɪ'strɪbju:t; ˌri:'dɪs- ˌরীডি-'স্ট্রিবিউট্; ˌরী'ডিস্- / *verb* [T] to share sth out among people in a different way from before

আবার নতুন করে ভাগ করে দেওয়া; পুনরায় নতুনভাবে বণ্টন করা ► **redistribution** / ˌriːdɪstrɪˈbjuːʃn ˌরীডিস্‌ট্রি'বিউশ্‌ন্ / *noun* [U] পুনর্বণ্টন

redo / ˌriːˈduː ˌরী'ডূ / *verb* [T] (*3rd person sing. pres.* **redoes** / -ˈdʌz -'ডাজ্ /; *pt* **redid** / -ˈdɪd -'ডিড্ /; *pp* **redone** / -ˈdʌn -'ডান্ /) to do sth again or differently নতুন করে আবার করা বা অন্যভাবে করা *A whole day's work had to be redone.* ○ *We've just redone the bathroom* (= decorated it differently).

red pepper *noun* [C] = **pepper**[1] **2**

red tape *noun* [U] official rules that must be followed and papers that must be filled in, which seem unnecessary and often cause delay and difficulty in achieving sth আপাতদৃষ্টিতে অপ্রয়োজনীয় অথচ আবশ্যিক সরকারি নিয়মকানুন যা প্রায়ই কাজ সম্পন্ন হওয়াতে দেরি করে দেয় এবং অনেক সমস্যার সম্মুখীন করে; সরকারি লাল ফিতের ফাঁস

reduce / rɪˈdjuːs রি'ডিউস্ / *verb* [T] **1 reduce sth (from sth) (to sth); reduce sth (by sth)** to make sth less or smaller in quantity, price, size, etc. কোনো কিছুর পরিমাণ, দাম, আকার ইত্যাদি কমানো, হ্রাস করা *The sign said 'Reduce speed now'.* ✪ বিপ **increase 2 reduce sb/sth (from sth) to sth** (*often passive*) to force sb/sth into a particular state or condition, usually a bad one কোনো ব্যক্তি অথবা বস্তুকে কোনো নির্দিষ্ট পরিস্থিতি অথবা অবস্থার মধ্যে ঠেলে দেওয়া, সাধারণত মন্দ কিছু *One of the older boys **reduced** the small child **to tears**.*

reduction / rɪˈdʌkʃn রি'ডাক্‌শ্‌ন্ / *noun* **1** [C, U] **reduction (in sth)** the action of becoming or making sth less or smaller কোনো কিছু কম করা বা ক্ষুদ্রতর করার কাজ; হ্রাস *a sharp reduction in the number of students* **2** [C] the amount by which sth is made smaller, especially in price মূল্য হ্রাসের পরিমাণ *There were massive reductions in the June sales.*

redundant / rɪˈdʌndənt রি'ডান্‌ড্যান্ট্ / *adj.* **1** (used about employees) no longer needed for a job and therefore out of work (কর্মচারীগণ সম্বন্ধে ব্যবহৃত) কোনো কাজের জন্য যাদের আর দরকার নেই, ফলে বেকার; প্রয়োজনাতিরিক্ত *When the factory closed, 800 people were **made redundant**.* **2** not necessary or wanted অপ্রয়োজনীয়, চাহিদা নেই যার ► **redundancy** / -dənsi -ড্যান্‌সি / *noun* [C, U] (*pl.* **redundancies**) আধিক্য, বেকারত্ব *redundancy pay*

reed / riːd রীড্ / *noun* [C] **1** a tall plant, like grass, that grows in or near water লম্বা ঘাসের মতো যা জলে বা জলের ধারে জন্মায়; জলজ উদ্ভিদ, নলখাগড়া বা ঐ জাতীয় অন্যান্য গুল্ম ➪ **plant**-এ ছবি দেখো। **2** a thin piece of wood at the end of some musical instruments which produces a sound when you blow through it কোনো কোনো বাদ্যযন্ত্রের শেষের পাতলা কাঠের টুকরো যার মধ্যে ফুঁ দিয়ে বাজানো হয়; রিড

reef / riːf রীফ্ / *noun* [C] a long line of rocks, plants, etc. just below or above the surface of the sea সমুদ্রের উপরেই বা অল্প নীচে থাকা লম্বা শৈলশ্রেণি ও গাছপালা; প্রাচীর; রিফ *a coral reef*

reek / riːk রীক্ / *verb* [I] **reek (of sth)** to smell strongly of sth unpleasant দুর্গন্ধ বার হওয়া *His breath reeked of tobacco.* ► **reek** *noun* [*sing.*] বিশ্রী গন্ধ

reel[1] / riːl রীল্ / *noun* [C] a round object that thread, wire, film for cameras, etc. is put around সুতো, তার, ফিল্ম ইত্যাদি গুটিয়ে রাখার ছোটো লাটাই বা কাঠিম *a cotton reel* ○ *a reel of film* ➪ **spool** দেখো এবং **gardening**-এ ছবি দেখো।

reel[2] / riːl রীল্ / *verb* **1** [I] to walk without being able to control your legs, for example because you are drunk or you have been hit (সুরাপানের ফলে অথবা ধাক্কা লাগার ফলে) টলমল করে হাঁটা **2** [I] to feel very shocked or upset about sth মানসিকভাবে বড়ো রকমের ধাক্কা খাওয়ার ফলে বিপর্যস্ত হয়ে পড়া *His mind was still reeling from the shock of seeing her again.* **3** [T] **reel sth in/out** to put sth on or take sth off a reel রিলে গুটিয়ে রাখা বা রিল থেকে বার করে নেওয়া *to reel in a fish*

PHR V **reel sth off** to say or repeat sth from memory quickly and without having to think about it গড়গড় করে, একবারও না ভেবে, মুখস্থ বলে যাওয়া *She reeled off a long list of names.*

re-entry *noun* [U] **re-entry (into sth) 1** the act of returning to a place or an area of activity that you used to be in নিজের কাজের জায়গায় পুনরায় প্রত্যাগমনের ক্রিয়া; পুনঃপ্রবেশ *She feared she would not be granted re-entry into Britain.* **2** (*technical*) the return of a spacecraft into the earth's atmosphere মহাকাশযানের পৃথিবীর বায়ুমণ্ডলে পুনঃপ্রবেশ করা *The capsule gets very hot on re-entry.*

ref. *abbr.* reference রেফারেন্স-এর সংক্ষিপ্ত রূপ; প্রসঙ্গ *ref. no. 3456*

refectory / rɪˈfektri রি'ফেক্‌ট্রি / *noun* [C] (*pl.* **refectories**) (*BrE old-fashioned*) a large room in a college, school, etc. where meals are served স্কুল, কলেজ ইত্যাদিতে যে বড়ো ঘরে বসে সকলে খায়; খাবার ঘর, ভোজনকক্ষ

refer / rɪˈfɜː(r) রি'ফ্য(র্) / *verb* (**referring; referred**) **1** [I] **refer to sb/sth (as sth)** to mention or talk about sb/sth কোনো ব্যক্তি বা প্রসঙ্গের উল্লেখ করা বা সেই বিষয়ে কথা বলা *When he said 'some students',* *do you think he was referring to us?* ○ *She always referred to Mohan as 'that nice man'.* **2** [I] **refer to sb/sth** to describe or be connected with sb/sth কোনো ব্যক্তি অথবা বস্তুকে বর্ণনা করা বা তার সঙ্গে সংযুক্ত হওয়া *The term 'adolescent' refers to young people between the ages of 12 and 17.* **3** [I] **refer to sb/sth** to find out information by asking sb or by looking in a book, etc. কোনো বই ইত্যাদির মধ্যে দেখে বা কাউকে জিজ্ঞেস করে তথ্য সংগ্রহ করা *If you don't understand a word you may refer to your dictionaries.* **4** [T] **refer sb/sth to sb/sth** to send sb/sth to sb/sth else for help or to be dealt with কাউকে বা কোনো বস্তুকে পরবর্তী সাহায্যের জন্য অন্য কোনো ব্যক্তি বা বস্তুর কাছে পাঠানো *The doctor has referred me to a specialist.*

referee / ˌrefəˈriː ˌরে'ফ্যারী / *noun* [C] **1** (*informal* **ref**) the official person in sports such as football who controls the match and prevents players from breaking the rules ফুটবল ইত্যাদি খেলা যে ব্যক্তি আনুষ্ঠানিকভাবে নিয়ন্ত্রণ করে এবং মাঠের মধ্যে শৃঙ্খলা রক্ষা করে (যাতে খেলোয়াড়েরা নিয়ম না ভাঙে); রেফারি

> **NOTE** টেনিস খেলায় এই ধরনের নিয়ন্ত্রণকারীকে **umpire** বলা হয়।

2 (*BrE*) a person who gives information about your character and ability, usually in a letter, for example when you are hoping to be chosen for a job চাকুরি প্রার্থীর চরিত্র এবং যোগ্যতা সম্পর্কে, সাধারণত লিখিতভাবে যিনি অনুকূল মন্তব্য দেন *Her teacher agreed to* ***act as*** *her* ***referee****.* ▶ **referee** *verb* [I, T] রেফারির কাজ করা, বিচার করে দেখা

reference / ˈrefrəns 'রেফ্র্যান্স্ / *noun* **1** [C, U] **(a) reference (to sb/sth)** a written or spoken comment that mentions sb/sth লিখিতভাবে কারও বা কোনো বিষয়ে উল্লেখ বা মৌখিক বর্ণনা; পরিচয়পত্র *The article* ***made a*** *direct* ***reference*** *to a certain member of the royal family.* **2** [U] looking at sth for information কোনো তথ্য জানতে কিছু দেখা হয় এমন *The guidebook might be useful* ***for future reference****.* **3** [C] a note, especially in a book, that tells you where certain information came from or can be found কোনো বইয়ের মধ্যে যেখানে নির্দিষ্ট তথ্যের উৎস বা সেটি কোথায় পাওয়া যেতে পারে তার নির্দেশিকা থাকে; উল্লেখপঞ্জী **4** [C] (*abbr.* **ref.**) (used on business letters, etc.) a special number that identifies a letter, etc. (বৈষয়িক বা ব্যাবসায়িক চিঠিপত্র ইত্যাদিতে ব্যবহৃত) যে সংখ্যা দ্বারা চিঠি ইত্যাদি চিহ্নিত করা হয় *Please quote our reference when replying.* **5** [C] a statement or letter describing a person's character and ability that is given to a possible future employer সম্ভাব্য নিয়োগকর্তার কাছে পাঠানো প্রশংসাসূচক পরিচয়পত্র, প্রার্থীর চরিত্র এবং দক্ষতাসূচক বিবৃতি বা পত্র *My boss gave me a good reference.*

IDM with reference to sb/sth (*formal*) about or concerning sb/sth কোনো বিষয়ে অথবা কারও বিষয়ে উল্লেখ করে *I am writing with reference to the advertisment dated 10 April.*

reference book *noun* [C] a book that you use to find a piece of information কোনো বিশেষ তথ্য জানার জন্য ব্যবহৃত পুস্তক; তথ্যপুস্তক *dictionaries, encyclopedias and other reference books*

referendum / ˌrefəˈrendəm ˌরেফ্যা'রেন্ড্যাম্ / *noun* [C, U] (*pl.* **referendums** or **referenda** / -də -ড্যা /) an occasion when all the people of a country can vote on a particular political question নির্দিষ্ট কোনো রাজনৈতিক সিদ্ধান্ত নেওয়ার জন্য দেশের সর্বসাধারণের ভোটগ্রহণ; গণভোট *to hold a referendum*

refill / ˌriːˈfɪl ˌরী'ফিল্ / *verb* [T] to fill sth again কোনো কিছু পুনরায় ভরে নেওয়া *Can I refill your glass?* ▶ **refill** / ˈriːfɪl 'রীফিল্ / *noun* [C] যা আবার ভরে নেওয়া যায় *a refill for a pen*

refine / rɪˈfaɪn রি'ফাইন্ / *verb* [T] **1** to make a substance pure and free from other substances শোধন করা, অপদ্রব্য বার করে দেওয়া *to refine sugar/oil* **2** to improve sth by changing little details অল্পবিস্তর পরিবর্তন করে জিনিসটি আরও ভালো করে তোলা *to refine a theory*

refined / rɪˈfaɪnd রি'ফাইন্ড্ / *adj.* **1** (used about a substance) that has been made pure by having other substances taken out of it (কোনো পদার্থ সম্বন্ধে ব্যবহৃত) পরিমার্জিত, সংশোধিত *refined sugar/oil/flour* **2** (used about a person) polite; having very good manners (ব্যক্তি সম্বন্ধে ব্যবহৃত) নম্র, ভদ্র, মার্জিত; শিষ্টাচারসম্পন্ন ✪ বিপ **unrefined** (অর্থ **1** এবং **2**-এর জন্য) **3** improved and therefore producing a better result উন্নত এবং ফলপ্রসূ

refinement / rɪˈfaɪnmənt রি'ফাইন্‌ম্যান্ট্ / *noun* **1** [C] a small change that improves sth কোনো কিছু উন্নত করার জন্য ছোটোখাটো পরিবর্তন *The new model has electric windows and other refinements.* **2** [U] good manners and polite behaviour ভদ্র আচরণ এবং শিষ্টাচার

refinery / rɪˈfaɪnəri রি'ফাইন্যারি / *noun* [C] (*pl.* **refineries**) a factory where a substance is made pure by having other substances taken out of it পরিশোধনাগার, শোধনাগার, অন্যান্য জিনিস বার করার কারখানা বা কর্মশালা *an oil/sugar refinery*

reflect / rɪˈflekt রি'ফ্লেক্ট্ / *verb* **1** [T] to send back light, heat or sound from a surface আলোকরশ্মি, তাপ বা শব্দ প্রতিফলিত হওয়া *The windows reflected the bright morning sunlight.* **2** [T] **reflect sb/sth (in sth)** (*usually passive*) to show an image of sb/sth on the surface of sth such as a mirror, water or glass আয়না, জল বা কাচের উপর কোনো ব্যক্তি বা বস্তুর প্রতিফলন ঘটা *She caught sight of herself reflected in the shop window.* **3** [T] to show or express sth প্রকাশ পাওয়া, দেখানো *His music reflects his interest in African culture.* **4** [I] **reflect (on/upon sth)** to think, especially deeply and carefully, about sth কোনো বিষয় সম্বন্ধে চিন্তাভাবনা করা, বিশেষত গভীরভাবে এবং সূক্ষ্মভাবে

PHR V **reflect (well, badly, etc.) on sb/sth** to give a particular impression of sb/sth কোনো ব্যক্তি বা বস্তু সম্বন্ধে বিশেষ একটা ধারণা সৃষ্টি করা *It reflects badly on the whole school if some of its pupils misbehave in public.*

reflection (*BrE* **reflexion**) / rɪˈflekʃn রি'ফ্লেক্-শ্ন্ / *noun* **1** [C] an image that you see in a mirror, in water or on a shiny surface আয়না, জল অথবা কোনো চকচকে পৃষ্ঠতলে যে ছায়া পড়ে; প্রতিবিম্ব, প্রতিফলন, ছায়া *He admired his reflection in the mirror.* **2** [U] the sending back of light, heat or sound from a surface কোনো পৃষ্ঠতল থেকে আলোকরশ্মি, তাপ বা শব্দের প্রতিফলন **3** [C] a thing that shows what sb/sth is like কারও বা কিছুর বৈশিষ্ট্যসূচক, ভাব প্রকাশক *Your clothes are a reflection of your personality.*

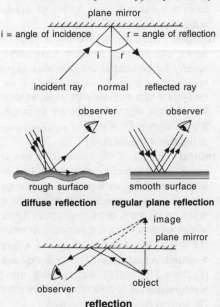

plane mirror
i = angle of incidence   r = angle of reflection

incident ray   normal   reflected ray

observer   observer

rough surface   smooth surface
diffuse reflection   **regular plane reflection**

image
plane mirror

observer   object
reflection

4 [*sing.*] **a reflection on/upon sb/sth** something that causes people to form a good or bad opinion about sb/sth যে ব্যক্তি বা বস্তু মানুষের মনে কোনো ভালো অথবা মন্দ ধারণা উৎপন্ন করে *Parents often feel that their children's behaviour is a reflection on themselves.* **5** [U, C] careful thought about sth কোনো বিষয়ে সুচিন্তিত ভাবনা *a book of his reflections on fatherhood*

IDM **on reflection** after thinking again পুনরায় বিবেচনা করে দেখার পর *I think, on reflection, that we were wrong.*

reflective / rɪˈflektɪv রি'ফ্লেক্টিভ্ / *adj.* **1** (*written*) (used about a person, mood, etc.) thinking deeply about things (কোনো ব্যক্তি, তার মনোভাব ইত্যাদি সম্বন্ধে ব্যবহৃত) চিন্তামূলক, চিন্তাশীল, ভাবময় *a reflective expression* **2** (used about a surface) sending back light or heat (কোনো কিছুর পৃষ্ঠতল সম্বন্ধে ব্যবহৃত) আলো বা তাপ প্রতিফলিত হয় এমন *Wear reflective strips when you're cycling at night.* **3** **reflective (of sth)** showing what sth is like কোনো কিছু কিরকম তা দেখানো হচ্ছে বা আসল ছবি তুলে ধরা হচ্ছে এমন

reflector / rɪˈflektə(r) রি'ফ্লেক্ট্যা(র্) / *noun* [C] **1** a surface that sends back (**reflects**) light, heat or sound that hits it যে পৃষ্ঠতল আলো, উত্তাপ বা শব্দ প্রতিফলিত করে; প্রতিফলক **2** a small piece of glass or plastic on a bicycle or on clothing that can be seen at night when light shines on it সাইকেলের উপরে অথবা কোনো পোশাকে লাগানো ছোটো কাচের বা প্লাস্টিকের টুকরো যাতে আলো পড়লে চকচক করে

reflex / ˈriːfleks 'রীফ্লেক্স্ / *noun* **1** [C] (*also* **reflex action**) a sudden movement or action that you make without thinking যে কাজ না ভেবেচিন্তে করা হয়; স্বতঃস্ফূর্ত প্রতিক্রিয়া *She put her hands out as a reflex to stop her fall.* **2** **reflexes** [*pl.*] the ability to act quickly when necessary প্রয়োজনে খুব তাড়াতাড়ি কাজ করার ক্ষমতা *A good tennis player needs to have excellent reflexes.*

reflex angle *noun* [C] (*mathematics*) an angle of more than 180 degree (গণিত) ১৮০ ডিগ্রির থেকে বড়ো কোণ; প্রবৃদ্ধ কোণ. ⇨ **acute angle, obtuse angle** এবং **right angle** দেখো এবং **angle**-এ ছবি দেখো।

reflexion (*BrE*) = **reflection**

reflexive / rɪˈfleksɪv রি'ফ্লেক্সিভ্ / *adj., noun* [C] (*grammar*) (a word or verb form) showing that the person who performs an action is also affected by it (ব্যাকরণ) (শব্দ বা ক্রিয়াপদের রূপ) আত্মবাচক *In 'He cut himself', 'himself' is a reflexive pronoun.*

R

reform / rɪˈfɔːm রি'ফ:ম্ / *verb* **1** [T] to change a system, the law, etc. in order to make it better কোনো প্রথা, ব্যবস্থা, আইন ইত্যাদি আরও ভালো করার জন্য তার পরিবর্তন করা ; সংশোধন বা সংস্কার করা **2** [I, T] to improve your behaviour; to make sb do this নিজের আচরণ সংশোধিত করা; অন্যকে সেরকম করানো *Our prisons aim to reform criminals, not simply to punish them.* ▶ **reform** *noun* [C, U] সংশোধন, সংস্কার সাধন

reformation / ˌrefəˈmeɪʃn ˌরেফ্যা'মেইশ্ন্ / *noun* **1** [U] (*formal*) the act of improving or changing sb/sth কোনো ব্যক্তি বা বস্তুকে উন্নত বা পরিবর্তন করার ক্রিয়া; সংশোধনের কাজ **2 the Reformation** [*sing.*] new ideas in religion in 16th century Europe that led to changes in the Roman Catholic Church and the forming of the Protestant Churches; the period in history when these changes were taking place খ্রিস্টিয় ষোড়শ শতাব্দীতে ইউরোপের রোমান ক্যাথলিক চার্চগুলিতে এক সংস্কার আন্দোলন দেখা যায় এবং তার ফলেই প্রোটেস্টান্ট চার্চের সৃষ্টি হয়; ইতিহাসের সেই সময় যখন এইসব পরিবর্তন ঘটেছিল

reformer / rɪˈfɔːmə(r) রি'ফ:ম্যা(র্) / *noun* [C] a person who tries to change society and make it better সমাজ সংস্কারক

refract / rɪˈfrækt রি'ফ্র্যাক্ট্ / *verb* [T] (in physics) (used about water, glass, etc.) to make a ray of light change direction when it goes through at an angle (পদার্থ বিজ্ঞানে) (জল, কাচ ইত্যাদি সম্বন্ধে ব্যবহৃত) আলোকরশ্মি প্রতিসৃত করা, এক মাধ্যম থেকে অন্য মাধ্যমের মধ্যে দিয়ে আলোকরশ্মি গেলে তার অভিমুখ বদলায় এবং কোণাকুণিভাবে যায়; প্রতিসরণ ঘটানো ▶ **refraction** *noun* [U] প্রতিসরণ

stick
glass
water

refrain¹ / rɪˈfreɪn রি'ফ্রেইন্ / *verb* [I] (*formal*) **refrain (from sth/from doing sth)** to stop yourself doing sth; to not do sth নিজেকে বিরত করা, বাধা দেওয়া; কোনো কিছু না করা; বিরত থাকা *Please refrain from smoking in the hospital.*

refrain² / rɪˈfreɪn রি'ফ্রেইন্ / *noun* [C] (*formal*) a part of a song which is repeated, usually at the end of each verse প্রতি স্তবকের শেষে কোনো গানের পুনরাবৃত্ত পঙ্ক্তি বা সুর; গানের ধুয়ো ✪ সম **chorus**

refresh / rɪˈfreʃ রি'ফ্রেশ্ / *verb* [T] to make sb/sth feel less tired or less hot and full of energy again কাউকে বা কিছুকে চনমনে বা তাজা করা; সঞ্জীবিত করা *He looked refreshed after a good night's sleep.*

IDM **refresh your memory (about sb/sth)** to remind yourself about sb/sth কারও কথা বা কোনো কিছু মনে করিয়ে দেওয়া *Could you refresh my memory about what we said on this point last week?*

refreshing / rɪˈfreʃɪŋ রি'ফ্রেশিং / *adj.* **1** pleasantly new or different মনোরম এবং অন্যরকমভাবে নতুন *It makes **a refreshing change** to meet somebody who is so enthusiastic.* **2** making you feel less tired or hot ক্লান্তি দূর করে যা, শীতল করে এমন *a refreshing swim/shower/drink*

refreshment / rɪˈfreʃmənt রি'ফ্রেশ্ম্যান্ট্ / *noun* **1 refreshments** [*pl.*] light food and drinks that are available at a cinema, theatre or other public places চলচ্চিত্র, নাটক ইত্যাদির প্রেক্ষাগৃহে বা অন্যান্য সর্বজনীন স্থানে পাওয়া যায় যে জলখাবার, জলযোগ **2** [U] (*formal*) the fact of making sb feel stronger and less tired or hot; food or drink that helps to do this কারও শরীর বা মনের ক্লান্তি হরণ; (খাদ্য বা পানীয় দ্বারা) পুনরুজ্জীবন বা সঞ্জীবন

refrigerate / rɪˈfrɪdʒəreɪt রি'ফ্রিজ্যারেইট্ / *verb* [T] to make food, etc. cold in order to keep it fresh খাদ্যসামগ্রী সংরক্ষণ করার জন্য হিমায়িত করা ▶ **refrigeration** / rɪˌfrɪdʒəˈreɪʃn রি,ফ্রিজ্যা'রেইশ্ন্ / *noun* [U] হিমায়ন, শীতলীকরণ ▶ **refrigerator** (*formal*) = **fridge**

refuge / ˈrefjuːdʒ 'রেফিউজ্ / *noun* [C, U] **refuge (from sb/sth)** protection from danger, trouble, etc.; a place that is safe বিপদ, নানা ধরনের সংকট ইত্যাদি থেকে রক্ষা পাওয়ার স্থান; সুরক্ষিত স্থান *to **take refuge** ○ a refuge for the homeless*

refugee / ˌrefjuˈdʒiː ˌরেফিউ'জী / *noun* [C] a person who has been forced to leave his/her country for political or religious reasons, or because there is a war, not enough food, etc. রাজনৈতিক বা ধর্মীয় কারণে অথবা যুদ্ধ বা দুর্ভিক্ষের কারণে নিজের বাসস্থান, নিজের দেশ ছাড়তে বাধ্য হয় যে ব্যক্তি; উদ্বাস্তু, আশ্রয় প্রার্থী, শরণার্থী *a refugee camp* ➪ **fugitive** এবং **exile** দেখো।

refund / ˈriːfʌnd 'রীফান্ড্ / *noun* [C] a sum of money that is paid back to you, especially because you have paid too much or you are not happy with sth you have bought নির্দিষ্ট পরিমাণ অর্থ যা কাউকে প্রত্যর্পণ করা বা ফেরত দেওয়া হয়েছে (বিশেষত অতিরিক্ত অর্থ দেওয়া হয়েছে বা যা কেনা হয়েছে তা অপছন্দ সেই কারণে) *to claim/demand/get a refund* ▶ **refund** / rɪˈfʌnd; ˈriːfʌnd রি'ফান্ড্; 'রীফান্ড্ / *verb* [T] ফেরত টাকা প্রত্যর্পণ করা বা ফেরত পাওয়া ▶ **refundable** *adj.* যা ফেরত পাওয়া যাবে; ফেরতযোগ্য *The security deposit is not refundable.*

refusal / rɪˈfjuːzl রিˈফিউজ্‌ল্ / *noun* [U, C] **(a) refusal (of sth); (a) refusal (to do sth)** saying or showing that you will not do, give or accept sth (কিছু করতে, দিতে বা গ্রহণ করতে) অস্বীকার, প্রত্যাখ্যান *I can't understand her refusal to see me.*

refuse¹ / rɪˈfjuːz রিˈফিউজ্ / *verb* [I, T] to say or show that you do not want to do, give, or accept sth কিছু করতে, দিতে বা গ্রহণ করতে অস্বীকার করা; প্রত্যাখ্যান করা *He refused to listen to what I was saying.* ○ *My application for a grant has been refused.* ✪ বিপ **agree**

refuse² / ˈrefjuːs ˈরেফিউস্ / *noun* [U] (*formal*) things that you throw away; rubbish অপ্রয়োজনীয় ফেলে দেওয়া জিনিস; বর্জ্য পদার্থ *the refuse collection* (= when dustbins are emptied)

regain / rɪˈgeɪn রিˈগেইন্ / *verb* [T] to get sth back that you had lost হারিয়ে যাওয়া কিছু ফিরে পাওয়া, পুনর্বার অর্জন করা *to regain consciousness*

regal / ˈriːgl ˈরীগ্‌ল্ / *adj.* very impressive; typical of or suitable for a king or queen আড়ম্বর ও সমারোহপূর্ণ; রাজকীয়

regard¹ / rɪˈgɑːd রিˈগাːড্ / *verb* [T] **1 regard sb/sth as sth; regard sb/sth (with sth)** to think of sb/sth (in the way mentioned) (উল্লিখিতভাবে) কাউকে বা কিছুকে গণ্য করা, গ্রাহ্য করা *Her work is highly regarded* (= people have a high opinion of it). ○ *In some villages newcomers are regarded with suspicion.* **2** (*formal*) to look at sb/sth for a while কোনো ব্যক্তি বা বস্তুকে ঠাহর করে দেখা, অবলোকন করা

IDM **as regards sb/sth** (*formal*) in connection with sb/sth কারও বা কিছুর সম্পর্কে, ঐ বিষয়ে *What are your views as regards this proposal?*

regard² / rɪˈgɑːd রিˈগাːড্ / *noun* **1** [U] **regard to/for sb/sth** attention to or care for sb/sth কারও বা কিছুর প্রতি বা জন্য বিশেষ যত্ন বা মনোযোগ *He shows little regard for other people's feelings.* **2** [U, *sing.*] **(a) regard (for sb/sth)** a feeling of admiration for sb/sth; respect কোনো ব্যক্তি বা বস্তুর প্রতি শ্রদ্ধাপূর্ণ মনোভাব; শ্রদ্ধা *She obviously **has great regard** for your ability.* **3 regards** [*pl.*] (used especially to end a letter politely) kind thoughts; best wishes (বিশেষত সৌজন্যসহকারে কোনো চিঠির শেষাংশে ব্যবহৃত) সশ্রদ্ধ নিবেদন; ভালোবাসা ও শুভেচ্ছার সঙ্গে, সশ্রদ্ধ শুভকামনা *Please **give my regards to** your parents.*

IDM **in/with regard to sb/sth; in this/that/one regard** (*formal*) about sb/sth; connected with sb/sth কোনো ব্যক্তি বা বস্তুর সম্বন্ধে; কারও বা কিছুর সঙ্গে সংযুক্ত *With regard to the details—these will be finalized later.*

regarding / rɪˈgɑːdɪŋ রিˈগাːডিং / *prep.* (*formal*) about or in connection with সম্পর্কে, প্রসঙ্গে, ব্যাপারে *Please write if you require further information regarding this matter.*

regardless / rɪˈgɑːdləs রিˈগাːড্‌ল্যাস্ / *adv., prep.* **regardless (of sb/sth)** paying no attention to sb/sth; treating problems and difficulties as unimportant কারও বা কোনো কিছুর প্রতি কোনো মনোযোগ দেওয়া হচ্ছে না এমন; সমস্যা এবং জটিলতাকে গুরুতর বলে মনে করা হচ্ছে না এমন *I suggested she should stop but she **carried on regardless**.* ○ *Everybody will receive the same amount, regardless of how long they've worked here.*

regatta / rɪˈgætə রিˈগ্যাট্টা / *noun* [C] an event at which there are boat races এমন অনুষ্ঠান যাতে নৌকা চালানোর প্রতিযোগিতা থাকে

reggae / ˈregeɪ ˈরেগেই / *noun* [U] a type of West Indian music with a strong rhythm ওয়েস্ট ইন্ডিজের জোরালো তালের সংগীত

regime / reɪˈʒiːm রেইˈজ়ীম্ / *noun* [C] a method or system of government, especially one that has not been elected in a fair way সরকারের শাসনব্যবস্থা, বিশেষত ন্যায্যভাবে যে সরকার নির্বাচিত হয় নি *a military/fascist regime*

regiment / ˈredʒɪmənt ˈরেজিম্যান্ট্ / [C, *with sing. or pl. verb*] a group of soldiers in the army who are commanded by a particular officer (**a colonel**) বিশেষ কোনো একজন উচ্চপদস্থ আধিকারিকের অধীনস্থ সৈন্যদল; রেজিমেন্ট ▶ **regimental** / ˌredʒɪˈmentl ˌরেজিˈমেন্‌ট্‌ল্ / *adj.* সেনাদল সম্পর্কীয়

regimented / ˈredʒɪmentɪd ˈরেজিমেন্‌টিড্ / *adj.* (*formal*) (too) strictly controlled (অত্যন্ত) কঠোরভাবে নিয়ন্ত্রিত

region / ˈriːdʒən ˈরীজ্যান্ / *noun* [C] **1** a part of the country or the world; a large area of land দেশ বা বিশ্বের অঞ্চলবিশেষ; বিশাল ভূখণ্ড *desert/tropical/polar regions* ○ *This region of India is very mountainous.* ⇨ **district**-এ নোট দেখো। **2** an area of your body শরীরের কোনো অংশবিশেষ

IDM **in the region of sth** about or approximately সম্বন্ধে, মোটামুটি, কাছাকাছি, আনুমানিক *There were somewhere in the region of 30,000 people at the rally.*

regional / ˈriːdʒənl ˈরীজ্যান্‌ল্ / *adj.* connected with a particular region নির্দিষ্ট অঞ্চলের সঙ্গে যুক্ত; আঞ্চলিক *regional accents* ⇨ **local, international** এবং **national** দেখো।

register¹ / ˈredʒɪstə(r) ˈরেজিস্ট্যা(র্) / *verb* **1** [I, T] to put a name on an official list সরকারি তালিকায় নাম ঢোকানো বা নথিভুক্ত করা; তালিকায় নাম লেখানো

You should register with a doctor nearby. ○ *All births, deaths and marriages must be registered.* **2** [I, T] to show sth or to be shown on a measuring instrument মাপকযন্ত্রে কোনো কিছু দেখানো বা দেখতে পাওয়া *The thermometer registered 32°C.* ○ *The earthquake registered 6.4 on the Richter scale.* **3** [T] to show feelings, opinions, etc. মনোভাব, ধারণা ইত্যাদি দেখানো, প্রকাশ পাওয়া *Her face registered intense dislike.* **4** [I, T] (*often used in negative sentences*) to notice sth and remember it; to be noticed and remembered কোনো কিছু দেখামাত্র মনে পড়া; লক্ষিত বা স্মৃত হওয়া *He told me his name but it didn't register.* **5** [T] to send a letter or package by special (**registered**) post কোনো চিঠি বা প্যাকেট বিশেষ ডাকে বা রেজিস্ট্রি করে পাঠানো

register² / ˈredʒɪstə(r) ˈরেজিস্ট্যা(র্) / *noun* **1** [C] an official list of names, etc. or a book that contains this kind of list নাম ইত্যাদির আনুষ্ঠানিক তালিকা অথবা ঐ তালিকাভুক্ত খাতা *the electoral register* (= of people who are able to vote in an election) **2** [C, U] the type of language (formal or informal) that is used in a piece of writing কোনো লেখায় ব্যবহৃত বিশেষ ধরনের ভাষা (কথ্য অথবা সাধু)

registered post *noun* [U] (*BrE*) a way of sending things by post that you pay extra for. If your letter or package is lost the post office will make a payment to you ডাকে অতিরিক্ত অর্থ প্রদান করে কিছু পাঠানোর একটি উপায় বা পদ্ধতি। যদি কারও চিঠি বা প্যাকেট হারিয়ে যায় তাহলে পোস্টঅফিস তাকে ক্ষতিপূরণ দেয়; রেজিস্টার্ড পোস্ট

registered trademark *noun* [C] (*symbol* ®) the sign or name of a product, etc. that is officially recorded and protected so that nobody else can use it কোনো বিশেষ কোম্পানির বিশেষ পণ্যের ব্যাবসায়িক চিহ্ন। সরকারিভাবে এটি রেজিস্ট্রি করা হলে অন্য কেউ আর ঐ চিহ্নটি ব্যবহার করতে পারে না; রেজিস্টার্ড ট্রেডমার্ক

register office = **registry office**

registrar / ˌredʒɪˈstrɑː(r); ˈredʒɪstrɑː(r) ˌরেজিˈস্ট্রা:(র্); ˈরেজিস্ট্রা:(র্) / *noun* [C] **1** a person whose job is to keep official lists, especially of births, marriages and deaths সরকারি দপ্তরে যে ব্যক্তি বিশেষত জন্ম, মৃত্যু, বিবাহ নথিভুক্ত করার দায়িত্বে থাকেন **2** a person who is responsible for keeping information about the students at a college or university বিশ্ববিদ্যালয় বা কলেজগুলোতে যিনি ছাত্রদের সম্বন্ধে খোঁজ খবর রাখার দায়িত্বে থাকেন; রেজিস্ট্রার

registration / ˌredʒɪˈstreɪʃn ˌরেজিˈস্ট্রেইশ্‌ন্ / *noun* [U] putting sb/sth's name on an official list আনুষ্ঠানিকভাবে প্রস্তুত কোনো তালিকায় কারও বা কিছুর নাম লেখানো *Registration for evening classes will take place on 8 September.*

registration number *noun* [C] the numbers and letters on the front and back of a vehicle that are used to identify it কোনো গাড়িকে চিহ্নিত করার জন্য যে সংখ্যা দেওয়া হয় তা গাড়ির সামনে ও পিছনে লাগানো থাকে; রেজিস্ট্রেশন সংখ্যা

registry / ˈredʒɪstri ˈরেজিস্‌ট্রি / *noun* [C] (*pl.* **registries**) a place where official lists are kept নথিপত্র, তালিকা লেখা খাতা ইত্যাদি রাখার জায়গা

registry office (*also* **register office**) *noun* [C] an office where a marriage can take place and where births, marriages and deaths are officially written down যেখানে ধর্মীয় অনুষ্ঠান ছাড়াই বিবাহ সম্পন্ন হয় এবং যে দফতরে জন্ম, বিবাহ ও মৃত্যু নথিভুক্ত করা হয়; রেজিস্ট্রি অফিস ⇨ **wedding**-এ নোট দেখো।

regressive / rɪˈgresɪv রিˈগ্রেসিভ্ / *adj.* becoming or making sth less advanced পশ্চাদ্‌মুখী, প্রত্যাবর্তনশীল *The policy has been condemned as a regressive step.*

regret¹ / rɪˈgret রিˈগ্রেট্ / *verb* [T] (**regretting; regretted**) **1** to feel sorry that you did sth or that you did not do sth (কোনো কৃত কাজের জন্য অথবা যা করা সম্ভব হয়নি তার জন্য) অনুশোচনা করা, দুঃখ প্রকাশ করা *I hope you won't regret your decision later.* ○ *Do you regret not taking the job?* **2** (*formal*) used as a way of saying that you are sorry for sth কোনো কিছুতে অনুতপ্তবোধ করে তা জানানো অথবা কোনো খারাপ বা দুঃখের খবর জানাতে ব্যবহৃত *I regret to inform you that your application has been unsuccessful.*

regret² / rɪˈgret রিˈগ্রেট্ / *noun* [C, U] a feeling of sadness about sth that cannot now be changed (যে ঘটনা বা বিষয় নিয়ে আর কিছু করা যাবে না তাই নিয়ে) অনুতাপ, আক্ষেপ, দুঃখপ্রকাশ *He has regrets about his illiteracy.* ► **regretful** / -fl -ফ্‌ল্ / *adj.* দুঃখিত, অনুতপ্ত *a regretful look/smile* ► **regretfully** / -fəli -ফ্যালি / *adv.* অনুতপ্তভাবে, দুঃখের সঙ্গে

regrettable / rɪˈgretəbl রিˈগ্রেট্যাব্‌ল্ / *adj.* that you should feel sorry or sad about দুঃখজনক, আক্ষেপজনক *It is regrettable that the police were not informed sooner.* ► **regrettably** / -əbli -অ্যাব্‌লি / *adv.* দুঃখের সঙ্গে, অনুতপ্তভাবে

regular¹ / ˈregjələ(r) ˈরেগিঅ্যাল্যা(র্) / *adj.* **1** having the same amount of space or time between each thing or part নিয়মিত, নির্দিষ্ট সময়ের ব্যবধানে *Nurses checked her blood pressure **at regular intervals**.* ○ *The fire alarms are tested **on a regular basis**.* ✪ বিপ **irregular** **2** done or happening often প্রায়ই করা হয় বা ঘটে এমন; প্রায়শই,

সচরাচর *The doctor advised me to take regular exercise.* ○ *Accidents are **a regular occurrence** on this road.* **3** going somewhere or doing sth often কোনো জায়গায় প্রায়ই যাওয়া বা কোনো কাজ প্রায়ই করা হয় এমন; নিয়মিত, বাঁধা *a regular customer* ○ *We're regular visitors to Goa.* **4** normal or usual স্বাভাবিক, প্রধানত *Who is your regular dentist?* **5** not having any individual part that is different from the rest সুষম, সুগঠিত, নিয়মিতভাবে সাজানো *regular teeth/features* ○ *a regular pattern* ✪ বিপ **irregular** **6** fixed or permanent স্থায়ী, নিয়মিত, বরাবরের জন্যে *a regular income/job* ○ *a regular soldier/army* **7** (*AmE*) standard, average or normal সাধারণত যে মাপটা চলে, স্বাভাবিক মাপ; গড় *Regular or large fries?* **8** (*grammar*) (*used about a noun, verb, etc.*) having the usual or expected plural, verb form, etc. (ব্যাকরণ) (ক্রিয়াপদ, বিশেষ্য ইত্যাদি সম্বন্ধে ব্যবহৃত) সাধারণ বা প্রত্যাশিত বা নিয়মিত বহুবচন, ক্রিয়ারূপ ইত্যাদি সম্পন্ন *'Walk' is a regular verb.* ✪ বিপ **irregular** ▶ **regularly** *adv.* নিয়মিতভাবে, ঠিক সময়মতো, নির্দিষ্ট সময়ের ব্যবধানে *to have a car serviced regularly* ▶ **regularity** / ˌregjuˈlærəti ˌরেগিউ'ল্যার‍্যাটি / *noun* [U, C] নিয়মানুবর্তিতা *Aircraft passed overhead with monotonous regularity.*

regular² / ˈregjələ(r) ˈরেগিঅ্যাল্যা(র্) / *noun* [C] **1** (*informal*) a person who goes to a particular shop, bar, restaurant, etc. very often (দোকান, রেস্তোরাঁ, পানশালা ইত্যাদিতে) বাঁধা খদ্দের **2** a person who usually does a particular activity or sport যে খেলোয়াড় সাধারণত এক ধরনের খেলাই খেলে **3** a permanent member of the army, navy, etc. সৈন্যবাহিনী, নৌবাহিনী ইত্যাদির স্থায়ী সদস্য

regulate / ˈregjuleɪt ˈরেগিউলেইট্ / *verb* [T] **1** to control sth by using laws or rules আইনসম্মতভাবে, আইনের দ্বারা কোনো কিছু নিয়ন্ত্রণ করা **2** to control a machine, piece of equipment, etc. যন্ত্রপাতি কোনো সরঞ্জাম ইত্যাদি নিয়ন্ত্রণ করা বা আয়ত্তে রাখা *You can regulate the temperature in the car with this dial.*

regulation / ˌregjuˈleɪʃn ˌরেগিউ'লেইশ্ন্ / *noun* **1** [C, *usually pl.*] an official rule that controls how sth is done বিধি, কর্তৃপক্ষের নির্দেশ, নিয়মকানুন *to observe/obey the safety regulations* ○ *The plans must comply with EU regulations.* **2** [U] the control of sth by using rules আইনকর্তৃক কোনো কিছু নিয়ন্ত্রণ *state regulation of imports and exports*

regur (*also* **blackcotton soil**) *noun* [U] (in India) a rich black soil in which cotton is grown (ভারতবর্ষে) উর্বর কালো মাটি যেখানে তুলো উৎপন্ন হয়

regurgitate / rɪˈgɜːdʒɪteɪt রি'গ্যজিটেইট্ / *verb* [T] **1** (*formal*) to bring food that has been swallowed back up into the mouth again গিলে ফেলা খাদ্য আবার মুখের মধ্যে নিয়ে আসা; ওগরানো, জাবর কাটা *The bird regurgitates half-digested fish to feed its young.* **2** to repeat sth you have heard or read without really thinking about it or understanding it অন্যের কাছে শোনা কথা বা নিজের পড়া কথা ঠিকভাবে না বুঝে আউড়ে যাওয়া *He's just regurgitating what his father says.*

rehabilitate / ˌriːəˈbɪlɪteɪt ˌরীঅ্যা'বিলিটেইট্ / *verb* [T] to help sb to live a normal life again after an illness, being in prison, etc. অসুস্থতা, বন্দিজীবন ইত্যাদির পরে কারও স্বাভাবিক জীবনযাত্রায় ফিরে আসার ব্যবস্থা করা; পুনর্বাসন দেওয়া ▶ **rehabilitation** / ˌriːəˌbɪlɪˈteɪʃn ˌরীঅ্যা,বিলি'টেইশ্ন্ / *noun* [U] পুনর্বাসন, পুনঃপ্রতিষ্ঠা *a rehabilitation centre for drug addicts*

rehearsal / rɪˈhɜːsl রি'হ্যস্‌ল্ / *noun* [C, U] the time when you practise a play, dance, piece of music, etc. before you perform it for other people নাটক, নৃত্য, সংগীত ইত্যাদি পরিবেশন করার আগে অভ্যাস করা; মহড়া দেওয়া *a dress rehearsal* (= when all the actors wear their stage clothes) ▶ **rehearse** / rɪˈhɜːs রি'হ্যস্ / *verb* [I, T] মহড়া দেওয়া, নাটক ইত্যাদি অভ্যাস করা

reign / reɪn রেইন্ / *verb* [I] **1 reign (over sb/sth)** (used about a king or queen) to rule a country (কোনো রাজা বা রাণীর সম্বন্ধে ব্যবহৃত) রাজত্ব করা, রাজ্যশাসন করা (*figurative*) *the reigning world champion* **2 reign (over sb/sth)** to be in charge of a business or an organization কোনো ব্যাবসায়িক প্রতিষ্ঠান বা সংস্থার দায়িত্বে থাকা **3** to be present as the most important quality of a particular situation কোনো নির্দিষ্ট পরিস্থিতিতে সব থেকে বেশি প্রাধান্য পাওয়া *Chaos reigned after the first snow of the winter.* ▶ **reign** *noun* [C] রাজত্ব, রাজত্বকাল

reimburse / ˌriːɪmˈbɜːs ˌরীইম্'ব্যস্ / *verb* [T] (*formal*) to pay money back to sb কাউকে তার খরচ করা টাকা বা খরচ হয়ে যাওয়া টাকা ফেরত দেওয়া *The company will reimburse you in full for your travelling expenses.*

rein / reɪn রেইন্ / *noun* [C, *usually pl.*] a long thin piece of leather that is held by the rider and used to control a horse's movements ঘোড়ার নড়াচড়া নিয়ন্ত্রণ করার জন্য ব্যবহৃত লম্বা সরু চামড়ার টুকরো; বলগা, লাগাম, রাশ ➪ **horse**-এ ছবি দেখো।

reincarnation / ˌriːɪnkɑːˈneɪʃn ˌরীইন্‌কা:'নেইশ্ন্ / *noun* **1** [U] the belief that people who have died can live again in a different body মৃত্যুর পর নতুন দেহ প্রাপ্ত হয়, এই বিশ্বাস; পুনর্জন্মলাভ *Do you believe in reincarnation?* **2** [C] a person or animal whose body is believed to contain the soul of a dead person কোনো ব্যক্তি বা প্রাণী যার দেহে কোনো মৃত ব্যক্তির আত্মা বাস করে এরকম বিশ্বাস করা হয় *He believes he is the reincarnation of an Egyptian princess.* ⇨ **incarnation** দেখো।

reindeer / ˈreɪndɪə(r) ˈরেইন্‌ডিঅ্যা(র্) / *noun* [C] (*pl.* **reindeer**) a type of large brownish wild animal that eats grass and lives in Arctic regions আর্কটিক অঞ্চলের তৃণভোজী একধরনের বৃহৎ বাদামি রঙের বন্য পশু; বলগা হরিণ

reinforce / ˌriːɪnˈfɔːs ˌরীইন্‌ˈফ:স্ / *verb* [T] to make sth stronger কোনো কিছু আরও মজবুত করে তোলা *Concrete can be reinforced with steel bars.*

reinforcement / ˌriːɪnˈfɔːsmənt ˌরীইন্‌ˈফ:স্ম্যান্ট্ / *noun* 1 [U] making sth stronger শক্তিবৃদ্ধি, আরও মজবুত *The sea wall is weak in places and needs reinforcement.* 2 **reinforcements** [*pl.*] extra people who are sent to make an army, navy, etc. stronger শক্তিবৃদ্ধির জন্য সৈন্যবাহিনী, নৌবাহিনী ইত্যাদিতে পাঠানো অতিরিক্ত লোকজন

reinstate / ˌriːɪnˈsteɪt ˌরীইন্‌ˈস্টেইট্ / *verb* [T] **1 reinstate sb (in/as sth)** to give back a job or position that was taken from sb কোনো চাকরি অথবা পদে কাউকে পুনর্বহাল করা *He was cleared of the charge of theft and reinstated as Head of Security.* 2 to return sth to its former position or role পূর্বের জায়গায় বা অবস্থানে কোনো কিছু ফিরিয়ে দেওয়া ▶ **reinstatement** *noun* [U] পুনর্বহাল

reject[1] / rɪˈdʒekt রিˈজেক্ট্ / *verb* [T] to refuse to accept sb/sth কোনো ব্যক্তি অথবা বস্তুকে বাতিল করা, প্রত্যাখ্যান করা *The plan was rejected as being impractical.* ▶ **rejection** *noun* [C, U] বাতিল, প্রত্যাখ্যান, অমনোনয়ন *Gargi got a rejection from Delhi University.* ○ *There has been total rejection of the new policy.*

reject[2] / ˈriːdʒekt ˈরীজেক্ট্ / *noun* [C] a person or thing that is not accepted because he/she/it is not good enough কোনো ব্যক্তি অথবা বস্তু যথেষ্ট ভালো নয় বলে অগ্রহণীয়; নাকচ, বাতিল *Rejects are sold at half price.*

rejoice / rɪˈdʒɔɪs রিˈজইস্ / *verb* [I] (*formal*) **rejoice (at/over sth)** to feel or show great happiness আনন্দিত হওয়া, খুব খুশি হওয়া, হরষিত হওয়া ▶ **rejoicing** *noun* [U] আনন্দোৎসব *There were scenes of rejoicing when the war ended.*

rejoin / ˌriːˈdʒɔɪn ˌরীˈজইন্ / *verb* [T, I] to join sb/sth again after leaving him/her/it কারও বা কিছুর সঙ্গে পুনর্মিলিত হওয়া

rejuvenate / rɪˈdʒuːvəneɪt রিˈজুভ্যানেইট্ / *verb* [T] (*usually passive*) to make sb/sth feel or look younger কোনো ব্যক্তি অথবা বস্তুকে আরও তরুণ দেখানো বা বোধ করানো ▶ **rejuvenation** / rɪˌdʒuːvəˈneɪʃn রি,জুভ্যাˈনেইশ্‌ন্ / *noun* [U] পুনর্যৌবন লাভ

relapse / rɪˈlæps রিˈল্যাপ্স্ / *verb* [I] to become worse again after an improvement উন্নতির পর আবার অবনতি ঘটা *He relapsed into his old bad habits after he lost his job.* ▶ **relapse** / ˈriːlæps ˈরীল্যাপ্স্ / *noun* [C] পুনরাবনতি, পুনরাক্রমণ (সাধারণত রোগে) *The patient had a relapse and then died.*

relate / rɪˈleɪt রিˈলেইট্ / *verb* [T] **1 relate A to/with B** to show or make a connection between two or more things দুটি বা তার অধিক বিষয়ে যোগসূত্র স্থাপন করা; সম্বন্ধ স্থাপন করা *The report relates heart disease to high levels of stress.* 2 (*formal*) **relate sth (to sb)** to tell a story to sb কোনো ব্যক্তিকে গল্প বলা *He related his side of the story to a journalist.*

PHR V **relate to sb/sth** 1 to be concerned or involved with sth কোনো কিছুর সঙ্গে সম্পর্ক থাকা অথবা সংশ্লিষ্ট হওয়া 2 to be able to understand how sb feels কোনো ব্যক্তির মনের কথা বুঝতে সমর্থ হওয়া *Some teenagers find it hard to relate to their parents.*

related / rɪˈleɪtɪd রিˈলেইটিড্ / *adj.* **related (to sb/sth)** 1 connected with sb/sth কোনো ব্যক্তি অথবা বস্তুর সঙ্গে সম্পর্কিত, সম্বন্ধযুক্ত *The rise in the cost of living is directly related to the price of oil.* 2 of the same family একই পরিবারভুক্ত, আত্মীয় *We are related by marriage.*

relation / rɪˈleɪʃn রিˈলেইশ্‌ন্ / *noun* **1 relations** [*pl.*] **relations (with sb); relations (between A and B)** the way that people, groups, countries, etc. feel about or behave towards each other মানুষ, গোষ্ঠী, দেশ ইত্যাদির পরস্পরের সঙ্গে সম্পর্ক; আত্মীয়তা, পারস্পরিক যোগসূত্র *The police officer stressed that good relations with the community were essential.* 2 [U] **relation (between sth and sth); relation (to sth)** the connection between two or more things দুই বা ততোধিক বস্তুর মধ্যে সম্পর্ক *There seems to be little relation between the cost of the houses and their size.* ○ *Their salaries* ***bear no relation*** *to the number of hours they work.* 3 [C] a member of your family পরিবারের একজন সদস্য; আত্মীয় *a close/distant relation* ✪ সম **relative**

NOTE *'What relation are you to each other?'* এবং *'Are you any relation to each other?'* এই অভিব্যক্তিগুলি ব্যবহার করা যেতে পারে।

IDM **in/with relation to sb/sth** 1 concerning sb/sth কোনো ব্যক্তি বা বস্তু সম্পর্কে *Many questions were asked, particularly in relation to the cost of the new buildings.* 2 compared with

তুলনামূলকভাবে; অন্যের তুলনায় *Prices are low in relation to those in other parts of Asia.*

relationship / rɪˈleɪʃnʃɪp রি'লেইশ্ন্শিপ্ / *noun* [C] **1 a relationship (with sb/sth); a relationship (between A and B)** the way that people, groups, countries, etc. feel about or behave towards each other মানুষ, গোষ্ঠী, দেশ ইত্যাদি পরস্পর পরস্পরের সঙ্গে যেভাবে ব্যবহার করে; সম্পর্ক, অন্তরঙ্গতা *The relationship between the parents and the school has improved greatly.* **2 a relationship (with sb); a relationship (between A and B)** a friendly or loving connection between people মানুষজনের মধ্যে আত্মিক বন্ধন, ভালোবাসার সম্পর্ক *to **have a relationship** with sb* ○ *He has a close relationship with his brother?* **3 a relationship (to sth); a relationship (between A and B)** the way in which two or more things are connected যেভাবে দুই বা ততোধিক জিনিসের মধ্যে সম্পর্ক গড়ে ওঠে *Is there a relationship between violence on TV and the increase in crime?* **4 a relationship (to sb); a relationship (between A and B)** a family connection পারিবারিক সম্পর্ক, কুটুম্বিতার সম্পর্ক *'What is your relationship to Ramit?' 'He's married to my cousin.'*

relative[1] / ˈrelətɪv ˈরেল্যাটিভ্ / *adj.* **1 relative (to sth)** when compared to sb/sth else অন্য কারও বা কিছুর সঙ্গে তুলনা করে *the position of the earth relative to the sun* ○ *They live in relative luxury.* **2** (*grammar*) referring to an earlier noun, sentence or part of a sentence (ব্যাকরণ) পূর্বের বিশেষ্য, বাক্য বা বাক্যাংশ সম্বন্ধে বা সেই বিষয়ে সম্বন্ধবাচক পদ বিষয়ে *In the phrase 'the lady who lives next door' 'who' is a **relative pronoun** and 'who lives next door' is a **relative clause.***

> NOTE **Relative pronouns** (সম্বন্ধবাচক সর্বনাম) এবং **clauses** (উদ্দেশ্য ও বিধেয় সম্বলিত বাক্যাংশ) সম্বন্ধে আরও বিশদভাবে জানার জন্য এই অভিধানের শেষাংশে **Quick Grammar Reference** দেখো।

relative[2] / ˈrelətɪv ˈরেল্যাটিভ্ / *noun* [C] a member of your family পরিবারের যে-কোনো একজন কেউ; জ্ঞাতি *a close/distant relative* ✪ সম **relation**

relatively / ˈrelətɪvli ˈরেল্যাটিভ্লি / *adv.* to quite a large degree, especially when compared to others অপেক্ষাকৃতভাবে, বিশেষত অন্যদের সঙ্গে তুলনা করে দেখলে *Spanish is a relatively easy language to learn.*

relativity / ˌreləˈtɪvəti ˌরেল্যা'টিভ্যাটি / *noun* [U] (in physics) Einstein's belief that all movement is affected by space, light, time and **gravity** (পদার্থবিদ্যায়) আইনস্টাইনের সূত্র অনুযায়ী আপেক্ষিকতাবাদ যাতে বলা হয়েছে সকল গতিবেগই স্থান, কাল, আলো এবং অভিকর্ষের দ্বারা প্রভাবিত

relax / rɪˈlæks রি'ল্যাক্স্ / *verb* **1** [I] to rest while you are doing sth enjoyable, especially after work or effort বিশ্রাম নেওয়ার সঙ্গে সঙ্গে আনন্দদায়ক কিছু করা, বিশেষত কাজের পরে; জিরোনো *This holiday will give you a chance to relax.* ○ *They spent the evening relaxing in front of the television.* **2** [I] to become calmer and less worried অপেক্ষাকৃত শান্ত হওয়া, চিন্তা না করা, উদ্বেগমুক্ত হওয়া *Relax—everything's going to be OK!* **3** [I, T] to become or make sb/sth become less hard or tight হালকা হয়ে যাওয়া বা কোনো ব্যক্তি অথবা বস্তুকে শিথিল করে দেওয়া, হালকা বোধ করা অথবা হালকা করা *Don't relax your grip on the rope!* ○ *A hot bath will relax you after a hard day's work.* **4** [T] to make rules or laws less strict নিয়ম বা আইন শিথিল করা

relaxation / ˌriːlækˈseɪʃn ˌরীল্যাক্'সেইশ্ন্ / *noun* **1** [C, U] something that you do in order to rest, especially after work or effort কোনো কাজ বা পরিশ্রমের পর অবসর বিনোদন; শিথিলকরণ *Everyone needs time for rest and relaxation.* **2** [U] making sth less strict, tight or strong কোনো কিছু কম শক্ত, কম কঠিন বা কম শক্তিশালী করা হয় এমন

relaxed / rɪˈlækst রি'ল্যাক্স্ট্ / *adj.* not worried or tense উদ্বিগ্ন বা চিন্তিত নয় এমন *The relaxed atmosphere made everyone feel at ease.*

relaxing / rɪˈlæksɪŋ রি'ল্যাক্সিং / *adj.* pleasant, helping you to rest and become less worried নিশ্চিন্ত, স্বচ্ছন্দ, আরামদায়ক, ভাবনা কমায় এমন *a quiet relaxing holiday*

relay[1] / rɪˈleɪ; ˈriːleɪ রি'লেই; 'রীলেই / *verb* [T] (*pt, pp* **relayed**) **1** to receive and then pass on a signal or message সংকেত অথবা বার্তা গ্রহণ করা এবং অন্যত্র পাঠানো; রিলে করা *Instructions were relayed to us by phone.* **2** (*BrE*) to put a programme on the radio or television রেডিও বা টেলিভিশন থেকে কোনো অনুষ্ঠান সম্প্রচারিত করা

relay[2] / ˈriːleɪ 'রীলেই / (*also* **relay race**) *noun* [C] a race in which each member of a team runs, swims, etc. one part of the race যে ধরনের সাঁতার, দৌড় ইত্যাদি প্রতিযোগিতায় একটি দলের প্রতিটি সদস্য কেবল একটি অংশে অংশগ্রহণ করে; রিলে রেস, বদলি দৌড়

release[1] / rɪˈliːs রি'লীস্ / *verb* [T] **1 release sb/sth (from sth)** to allow sb/sth to be free কোনো ব্যক্তি অথবা বস্তুকে ছেড়ে দেওয়া, মুক্তি দেওয়া *He's been released from prison.* ○ *(figurative) His firm released him for two days a week to go on a training course.* **2** to stop holding sth so that it can move, fly, fall, etc. freely বেঁধে না রেখে মুক্ত করে যথেচ্ছ যেতে, উড়তে বা পড়তে দেওয়া *Thousands of balloons were released at the ceremony.* o *(figurative) Crying is a good way to release pent-up emotions.* **3** to move sth from a fixed position কোনো কিছুর বাঁধন খুলে দেওয়া, নির্দিষ্ট স্থানে আটকে না রাখা *He released the handbrake and drove off.* **4** to allow sth to be known by the public জনসাধারণের মধ্যে খবর প্রকাশ করা, সকলকে জানতে দেওয়া *The identity of the victim has not been released.* **5** to make a film, record, etc. available so the public can see or hear it চলচ্চিত্র, রেকর্ড ইত্যাদি জনসাধারণের শোনার বা দেখার জন্য প্রকাশ করা *Their new single is due to be released next week.*

release² / rɪˈliːs রিˈলীস্ / noun [C, U] **1 (a) release (of sth) (from sth)** the freeing of sth or the state of being freed কোনো কিছুর মুক্তি, বন্ধনমুক্তি, মুক্তিকরণ *The release of the hostages took place this morning.* o *I had a great feeling of release when my exams were finished.* **2** a book, film, record, piece of news, etc. that has been made available to the public; the act of making sth available to the public কোনো বই, চলচ্চিত্র, রেকর্ড, সংবাদ ইত্যাদি যা জনসাধারণের কাছে প্রকাশিত হয়েছে; কোনো কিছু জনসাধারণের কাছে প্রাপ্তিসাধ্য বা প্রকাশিত করার ক্রিয়া *a press release* o *The film won't be/go on release until March.*

relegate / ˈrelɪɡeɪt ˈরেলিগেইট্ / verb [T] to put sb/sth into a lower level or position অপেক্ষাকৃত নীচু পদে কাউকে বা কিছুকে নামিয়ে দেওয়া, পদমর্যাদার অবনমন ঘটানো *The team finished bottom and were relegated to the second division.* ▶ **relegation** / ˌrelɪˈɡeɪʃn ˌরেলিˈগেইশ্‌ন্ / noun [U] অবনমন

relent / rɪˈlent রিˈলেন্ট্ / verb [I] **1** to finally agree to sth that you had refused প্রথমে আপত্তি জানালেও পরে কিছুটা নরম হয়ে তা মেনে নেওয়া; প্রশমিত হওয়া *Her parents finally relented and allowed her to go to the concert.* **2** to become less determined, strong, etc. কোনো সংকল্পিত কাজে আগ্রহ বা শক্তি কমে আসা *The heavy rain finally relented and we went out.*

relentless / rɪˈlentləs রিˈলেন্ট্‌ল্যাস্ / adj. not stopping or changing অবিরাম, অবিশ্রান্ত *the relentless fight against crime* ▶ **relentlessly** adv. কঠোরভাবে, সতেজে *The sun beat down relentlessly.*

relevant / ˈreləvənt ˈরেল্যাভ্যান্ট্ / adj. **relevant (to sb/sth) 1** connected with what is happening or being talked about যা ঘটছে বা যা নিয়ে আলোচনা হচ্ছে সে বিষয়ে প্রাসঙ্গিক *Much of what was said was not*

directly relevant to my case. **2** important and useful গুরুত্বপূর্ণ এবং প্রয়োজনীয় *Many people feel that poetry is no longer relevant in today's world.* ✪ বিপ **irrelevant** ▶ **relevance** noun [U] প্রাসঙ্গিকতা *I honestly can't see the relevance of what he said.*

reliable / rɪˈlaɪəbl রিˈলাইঅ্যাব্‌ল্ / adj. that you can trust বিশ্বাসযোগ্য, বিশ্বাস্য, নির্ভরযোগ্য *Japanese cars are usually very reliable.* o *Is he a reliable witness?* ✪ বিপ **unreliable** ⇨ **rely** verb দেখো। ▶ **reliability** / rɪˌlaɪəˈbɪləti রি,লাইঅ্যাˈবিল্যাটি / noun [U] বিশ্বাসযোগ্যতা, নির্ভরযোগ্যতা ▶ **reliably** / -əbli -অ্যাব্‌লি / adv. নির্ভরযোগ্যভাবে, বিশ্বাসযোগ্যভাবে *I have been reliably informed that there will be no trains tomorrow.*

reliance / rɪˈlaɪəns রিˈলাইঅ্যান্স্ / noun [U] **reliance on sb/sth 1** being able to trust sb/sth (কোনো ব্যক্তি অথবা বস্তুর উপর) বিশ্বাস, নির্ভরতা *Don't place too much reliance on her promises.* **2** not being able to live or work without sb/sth; being dependent on sb/sth কোনো ব্যক্তি অথবা বস্তুকে ছাড়া বাঁচতে বা কাজ করতে পারা যাচ্ছে না এমন; অবলম্বন, আশ্রয়, ভরসা, আস্থা ⇨ **rely** verb দেখো।

reliant / rɪˈlaɪənt রিˈলাইঅ্যান্ট্ / adj. **reliant on sb/sth** not being able to live or work without sb/sth সম্পূর্ণ নির্ভরশীল *They are totally reliant on the state for financial support.* ⇨ **rely** verb দেখো এবং **self-reliant** দেখো।

relic / ˈrelɪk ˈরেলিক্ / noun [C] an object, tradition, etc. from the past that still survives today প্রাচীন বস্তু, ঐতিহ্য যা এখনও বিদ্যমান; অভিজ্ঞান, স্মারক, সংস্কার

relief / rɪˈliːf রিˈলীফ্ / noun **1** [U, sing.] **relief (from sth)** the feeling that you have when sth unpleasant stops or becomes less strong অপ্রীতিকর অবস্থার উপশম হওয়া বা কমে আসার ফলে যে অনুভূতি *It was a great relief to know they were safe.* o *to breathe a sigh of relief* o *To my relief, he didn't argue with me.* **2** [U] the removal or reduction of pain, worry, etc. (দুঃখ, বেদনা, যন্ত্রণা ইত্যাদির) উপশম, লাঘব, মোচন, নিবৃত্তি *These tablets provide pain relief for up to four hours.* **3** [U] money or food that is given to help people who are in trouble or difficulty বিপদের সময়ে মানুষের সাহায্যে যে টাকাপয়সা বা খাদ্য ইত্যাদি দেওয়া হয়; ত্রাণ সাহায্য *disaster relief for the flood victims* **4** [U] a reduction in the amount of tax you have to pay দেয় কর, শুল্ক ইত্যাদিতে ছাড় বা আংশিক মকুব

relief map noun [C] (in geography) a map that uses different colours to show the different heights of hills, valleys, etc. (ভূগোলে) যে মানচিত্রে

রং-এর সাহায্যে পাহাড়, উপত্যকা ইত্যাদির উচ্চতা বোঝানো হয়

relieve / rɪˈliːv রি'লীভ্ / *verb* [T] to make an unpleasant feeling or situation stop or get better অপ্রীতিকর অনুভূতি বা অবস্থার উপশম হওয়া, উদ্বেগ রহিত করা *This injection should **relieve the pain**.* ○ *We played cards to relieve the boredom.*

PHR V **relieve sb of sth** (*formal*) to take sth away from sb কারও কাছ থেকে দায়িত্বভার নিয়ে নেওয়া, ভার কমানো *to relieve sb of responsibility*

relieved / rɪˈliːvd রি'লীভ্ড্ / *adj.* pleased because your fear or worry has been taken away ভয় বা উদ্বেগ দূর হওয়ার ফলে নিশ্চিন্ততার বোধ, আরাম বোধ *I was very relieved to hear that you weren't seriously hurt.*

religion / rɪˈlɪdʒən রি'লিজ্যান্ / *noun* **1** [U] the belief in a god or gods and the activities connected with this ধর্ম, ঈশ্বরের অস্তিত্ব এবং সেই সংক্রান্ত ক্রিয়াকলাপে বিশ্বাস **2** [C] one of the systems of beliefs that is based on a belief in a god or gods বিশেষ কোনো একটি ধর্মবিশ্বাস বা ধর্মমত *Representatives of all the major world religions were present at the talks.*

religious / rɪˈlɪdʒəs রি'লিজ্যাস্ / *adj.* **1** connected with religion ধার্মিক, ধর্ম সম্বন্ধীয় *religious faith* **2** having a strong belief in a religion প্রথমভাবে ধর্মবিশ্বাসী, গভীর ধার্মিক *a deeply religious person*

religiously / rɪˈlɪdʒəsli রি'লিজ্যাসলি / *adv.* **1** very carefully or regularly অত্যন্ত যত্নশীল হয়ে বা নিয়মিতভাবে *She stuck to the diet religiously.* **2** in a religious way ধার্মিকভাবে, ধর্মনিষ্ঠভাবে

relinquish / rɪˈlɪŋkwɪʃ রি'লিংকুইশ্ / *verb* [T] (*formal*) to stop having or doing sth কোনো কিছু বর্জন করা, ছেড়ে দেওয়া, বন্ধ করা

NOTE এই অর্থে **give up** অভিব্যক্তিটি বেশি প্রচলিত।

relish¹ / ˈrelɪʃ 'রেলিশ্ / *verb* [T] to enjoy sth or to look forward to sth very much কোনো কিছু উপভোগ করা বা কাঙ্ক্ষিত কিছুর জন্য অপেক্ষা করা *I don't **relish the prospect** of getting up early tomorrow.*

relish² / ˈrelɪʃ 'রেলিশ্ / *noun* **1** [U] (*written*) great enjoyment প্রবল আনন্দ *She accepted the award with obvious relish.* **2** [U, C] a thick, cold sauce made from fruit and vegetables ফল এবং সবজি থেকে তৈরি ঠান্ডা, ঘন সস

relive / ˌriːˈlɪv ˌরী'লিভ্ / *verb* [T] to remember sth and imagine that it is happening again কোনো কিছু (পুরোনো বা অতীতের অভিজ্ঞতা) পুনরায় মনশ্চক্ষে প্রত্যক্ষ করা বা কল্পনা করা

reload / ˌriːˈləʊd ˌরী'ল্যাউড্ / *verb* [I, T] to put sth into a machine again কোনো মেশিনে আবার কিছু ঢোকানো *to reload a gun* ○ *to reload a disk into a computer*

reluctant / rɪˈlʌktənt রি'লাক্ট্যান্ট্ / *adj.* **reluctant (to do sth)** not wanting to do sth because you are not sure it is the right thing to do সঠিক নয় মনে হয় বলে বিশেষ কোনো কাজে অনিচ্ছুক ▶ **reluctance** *noun* [U] অনিচ্ছা, অনাগ্রহ *Tony left with obvious **reluctance**.* ▶ **reluctantly** *adv.* অনিচ্ছার সঙ্গে

rely / rɪˈlaɪ রি'লাই / *verb* [I] (*pres. part.* **relying**; *3rd person sing. pres.* **relies**; *pt, pp* **relied**) **rely on/upon sb/sth (to do sth) 1** to need sb/sth and not be able to live or work properly without him/her/it কোনো ব্যক্তি বা বস্তুর উপর নির্ভর করা *The old lady had to rely on other people to do her shopping for her.* **2** to trust sb/sth to work or behave well কাজটা ভালোভাবে করবে বলে কাউকে বা কিছুকে বিশ্বাস করা, কারও বা কিছুর আচরণ অথবা কর্মক্ষমতায় আশ্বাস থাকা *Can I rely on you to keep a secret?* ⇨ **reliance** noun দেখো এবং **reliable** ও **reliant** দেখো।

remain / rɪˈmeɪn রি'মেইন্ / *verb* **1** (*linking verb*) to stay or continue in the same place or condition একই জায়গায় বা অবস্থার মধ্যে থাকা *to remain silent/standing/seated* ○ *Jeevan went to live in America but his family remained behind in India.* **2** [I] to be left after other people or things have gone সব লোক বা সব কিছু চলে যাওয়ার পর পড়ে থাকা, থেকে যাওয়া *They spent the two remaining days of their holidays buying presents to take home.* **3** [I] to still need to be done, said or dealt with কিছু করা, বলা ইত্যাদি বাকি বা অবশিষ্ট থাকা ***It remains to be seen*** (= we do not know yet) *whether we've made the right decision.* ○ *Although he seems very pleasant, **the fact remains** that I don't trust him.*

remainder / rɪˈmeɪndə(r) রি'মেইনড্যা(র্) / *noun* [*sing., with sing. or pl. verb*] (*usually* **the remainder**) the people, things, etc. that are left after the others have gone away or been dealt with; the rest অন্যরা চলে যাওয়ার পর কিছু লোক যারা বাকি থেকে যায়, জিনিসপত্র ইত্যাদি ব্যবহার করার পর যা পড়ে থাকে; অবশিষ্টাংশ, বাকি পড়ে-থাকা অংশ

remains / rɪˈmeɪnz রি'মেইন্জ্ / *noun* [*pl.*] **1** what is left behind after other parts have been used or taken away পড়ে-থাকা অংশ, যা বাকি থেকে গেছে; অবশেষ *The builders found the remains of a Roman mosaic floor.* **2** (*formal*) a dead body (sometimes one that has been found somewhere a long time after death) শবদেহ (যা অনেক সময়ে মৃত্যুর অনেক পরে উদ্ধার করা হয়) *Human remains were discovered in the wood.*

remand / rɪˈmɑːnd রি'মা:ন্ড্ / *noun* [U] (*BrE*) the time before a prisoner's trial takes place আসামীর বিচার হওয়ার আগের সময়কাল *a remand prisoner*
► **remand** *verb* [T] তদন্ত সাপেক্ষে আসামীকে হাজতে প্রেরণ করা *The man was **remanded in custody*** (= sent to prison until the trial).
IDM **on remand** (used about a prisoner) waiting for the trial to take place (বন্দি সম্বন্ধে ব্যবহৃত) তদন্তের অপেক্ষায় আছে এমন

remark / rɪˈmɑːk রি'মা:ক্ / *verb* [I, T] **remark (on/upon sb/sth)** to say or write sth; to comment কিছু বলা বা লেখা; মন্তব্য করা, অভিমত প্রকাশ করা *A lot of people have remarked on the similarity between them.* ➪ **observation** এবং **comment** দেখো। ► **remark** *noun* [C] মন্তব্য, টিপ্পনী, বক্তব্য

remarkable / rɪˈmɑːkəbl রি'মা:ক্যাব্ল্ / *adj.* unusual and surprising in a way that people notice উল্লেখযোগ্য, অসাধারণ, লক্ষণীয় *That is a remarkable achievement for someone so young.*
► **remarkably** / -əbli -অ্যাব্লি / *adv.* বিস্ময়করভাবে, উল্লেখযোগ্যভাবে

remedial / rɪˈmiːdiəl রি'মীডিঅ্যাল্ / *adj.* **1** aimed at improving or correcting a situation কোনো পরিস্থিতির উন্নতি বা সংশোধনের উদ্দেশ্যে; প্রতিষেধক **2** helping people who are slow at learning sth কোনো কিছু শেখায় ধীরগতিসম্পন্ন বা পড়াশুনোয় কাঁচা বা পিছিয়ে পড়া মানুষের সাহায্যার্থে *remedial English classes*

remedy[1] / ˈremədi 'রেম্যাডি / *noun* [C] (*pl.* **remedies**) **a remedy (for sth) 1** something that makes you better when you are ill or in pain আরোগ্যদায়ক, রোগযন্ত্রণা প্রতিষেধক *Hot lemon with honey is a good remedy for colds.* **2** a way of solving a problem সমস্যা সমাধানের একটা উপায় *There is no easy remedy for unemployment.*

remedy[2] / ˈremədi 'রেম্যাডি / *verb* [T] (*pres. part.* **remedying**; *3rd person sing. pres.* **remedies**; *pt, pp* **remedied**) to change or improve sth that is wrong or bad খারাপ বা ভুল কোনো কিছু বদলানো, সংশোধন করা

remember / rɪˈmembə(r) রি'মেম্ব্যা(র্) / *verb* [I, T] **1 remember (sb/sth); remember (doing sth); remember that** to have sb/sth in your mind or to bring sb/sth back into your mind কোনো ব্যক্তি বা বস্তুকে মনে করা, মনে রাখা ***As far as I can remember**, I haven't seen him before.* ○ *I'm sorry. I don't remember your name.* **2 remember (sth/to do sth)** to not forget to do what you have to do যা করতে হবে তা ভুলে না যাওয়া, মনে রাখা *I remembered to buy the coffee.* ○ *Remember to turn the lights off before you leave.*

> **NOTE** লক্ষ রেখো যে কোনো বিশেষ কাজ মনে রাখার জন্য **remember** শব্দটির সঙ্গে **to do** অভিব্যক্তিটি ব্যবহার করা হয়। **Remember** শব্দটির সঙ্গে যখন **doing** ব্যবহার করা হয় তখন যে কাজ অতীতে করা হয়েছে তার স্মৃতিচারণ করা হয়—*I remember leaving my keys on the table last night.* ○ *Remember to take your keys when you go out.*

3 [T] to give money, etc. to sb/sth কোনো ব্যক্তি অথবা বস্তুকে টাকা ইত্যাদি দেওয়া *to remember sb in your will* **4** (*formal*) to think about and show respect for sb who is dead মৃতের স্মৃতির উদ্দেশ্যে শ্রদ্ধা জ্ঞাপন করা
IDM **remember me to sb** used when you want to send good wishes to a person you have not seen for a long time যে ব্যক্তির সঙ্গে অনেকদিন দেখা হয়নি তাকে শুভকামনা পাঠাতে চেয়ে ব্যবহার করা অভিব্যক্তিবিশেষ *Please remember me to your wife.* ➪ **remind**-এ নোট দেখো।

remembrance / rɪˈmembrəns রি'মেম্ব্র্যান্স্ / *noun* [U] (*formal*) thinking about and showing respect for sb who is dead কোনো মৃত ব্যক্তির স্মৃতিচারণ *a service **in remembrance of** those killed in the war*

remind / rɪˈmaɪnd রি'মাইন্ড্ / *verb* [T] **1 remind sb (about/of sth); remind sb (to do sth/that)** to help sb to remember sth, especially sth important that he/she has to do কোনো ব্যক্তিকে কিছু মনে করিয়ে দেওয়া, স্মরণ করানো, বিশেষ করে কোনো প্রয়োজনীয় কাজ *Can you remind me of your address?* ○ *He reminded the children to wash their hands.* **2 remind sb of sb/sth** to cause sb to remember sb/sth কোনো ব্যক্তির পুরোনো স্মৃতি জাগিয়ে তোলা *That smell reminds me of school.* ○ *You remind me of your father.*

> **NOTE** নিজে নিজে, অন্য কোনো ব্যক্তির সাহায্য ছাড়া কোনো কিছু মনে করতে পারলে **remember** শব্দটি ব্যবহার করা হয়। কোনো ব্যক্তি অথবা বস্তু যদি কোনো কিছু মনে করাতে সাহায্য করে তাহলে **reminds** শব্দটি ব্যবহার করা যেতে পারে—*Did you remember to phone Ali last night?* ○ *Remind me to phone Ali later.*

reminder / rɪˈmaɪndə(r) রি'মাইন্ড্যা(র্) / *noun* [C] something that makes you remember sth তাগাদা,

মনে করিয়ে দেওয়ার মতো কিছু *We received a reminder that we hadn't paid the electricity bill.*

reminisce / ˌremɪˈnɪs ˌরেমি'নিস্ / *verb* [I] **reminisce (about sb/sth)** to talk about pleasant things that happened in the past সুখস্মৃতির কথা বলা, স্মৃতিচারণ করা

reminiscence / ˌremɪˈnɪsns ˌরেমি'নিস্ন্স্ / *noun* [C, U] *(often pl.)* the act of remembering, talking or writing about events or experiences remembered from the past মুখে বলে বা লিখিতভাবে অতীতের ঘটনা বা অভিজ্ঞতাসমূহের স্মৃতিচারণ; স্মৃতি রোমন্থন *his reminiscences of his early days in Parliament.* ○ *reminiscences of the war*

reminiscent / ˌremɪˈnɪsnt ˌরেমি'নিস্ন্ট্ / *adj. (not before a noun)* that makes you remember sb/sth; similar to স্মৃতিবাহক, স্মারক, স্মৃতি উদ্রেককারী; একই রকম কিছু *His suit was reminiscent of an old army uniform.*

remit / rɪˈmɪt রি'মিট্ / *verb* [T] (**remitting; remitted**) (*formal*) **1 remit sth (to sb)** to send money, etc. as a payment to a person or place কোনো ব্যক্তিকে অথবা স্থানে দেয় অর্থ হিসেবে টাকা পাঠানো *Payment will be remitted to you in full.* **2** to cancel sb's debt or free sb from duty or punishment কোনো ব্যক্তির ঋণ মাফ করা অথবা তাকে কর্তব্য বা সাজা থেকে মুক্তি দেওয়া *to remit somebody's fees* **3** (of God) to forgive sins (ঈশ্বর কর্তৃক) অপরাধ ক্ষমা করা

PHR V remit sth to sb (*usually passive*) (in law) to send a matter for decision to another authority, for example to refer a case to a lower court (আইনে) কোনো মামলার সিদ্ধান্তের জন্য অন্য কোনো কোর্ট অথবা ন্যায়ালয়ে পাঠানো, যেমন কোনো মামলা নিম্ন আদালতে পাঠানো

remittance / rɪˈmɪtns রি'মিট্ন্স্ / *noun* **1** [C] (*formal*) money that is sent to sb in order to pay for sth যে অর্থ কোনো কিছুর দাম বাবদ পাঠানো হয় *Kindly return the completed form with your remittance **at the reception**.* **2** [U] the act of sending money to sb in order to pay for sth কোনো কিছুর মূল্যস্বরূপ অর্থ প্রদান *Remittance can be made by cash or card.*

remnant / ˈremnənt 'রেম্ন্যান্ট্ / *noun* [C] a piece of sth that is left after the rest has gone পড়ে-থাকা জিনিস; বাকি, অবশিষ্ট *These few trees are the remnants of a huge forest.*

remorse / rɪˈmɔːs রি'ম:স্ / *noun* [U] **remorse (for sth/doing sth)** a feeling of sadness because you have done sth wrong কোনো ভুল কাজের জন্য দুঃখের অনুভূতি; অনুশোচনা, খেদ, গভীর অনুতাপ *She was filled with remorse for what she had done.* ▶ **remorseful** / -fl -ফ্ল্ / *adj.* অনুতপ্ত, গভীর অনুশোচনায় পীড়িত

remorseless / rɪˈmɔːsləs রি'ম:স্ল্যাস্ / *adj.* **1** showing no pity অনুশোচনাহীন, নির্দয় **2** not stopping or becoming less strong অবিরাম, নির্মম, কঠোর *a remorseless attack on sb* ▶ **remorselessly** *adv.* কঠোরভাবে, নির্মমভাবে

remote / rɪˈməʊt রি'ম্যাউট্ / *adj.* **1 remote (from sth)** far away from where other people live লোকালয় থেকে অনেক দূরে; প্রত্যন্ত *a remote island in the Bay of Bengal* **2** far away in time বহুদূরকালের, সুদূরকালে *the remote past/future* **3** not very great সামান্য, বিশেষ কিছু নয়, যৎকিঞ্চিৎ *I haven't the **remotest** idea who could have done such a thing.* ○ *a remote possibility* **4** not very friendly or interested in other people অমিশুক, নিঃসঙ্গ, গম্ভীর *He seemed rather remote.* ▶ **remoteness** *noun* [U] নিঃসঙ্গতা, প্রত্যন্ততা, দূরত্ব

remote control *noun* **1** [U] a system for controlling sth from a distance দূর থেকে কোনো যন্ত্র নিয়ন্ত্রণ করা বা চালানোর ব্যবস্থা *The doors can be opened by remote control.* **2** (*also* **remote**) [C] a piece of equipment for controlling sth from a distance দূর থেকে কোনো জিনিস নিয়ন্ত্রণ করার যন্ত্রাংশ; রিমোট

remotely / rɪˈməʊtli রি'ম্যাউট্লি / *adv.* (*used in negative sentences*) to a very small degree; at all (নেতিবাচক বাক্যে ব্যবহৃত) খুবই সামান্য; একেবারেই *I'm not remotely interested in your problems.*

removable / rɪˈmuːvəbl রি'মূভ্যাব্ল্ / *adj.* (*usually before a noun*) that can be taken off or out of sth সরানো বা নাড়ানো যায় এমন; খুলে নেওয়া যায় এমন ✪ সম **detachable**

removal / rɪˈmuːvl রি'মূভ্ল্ / *noun* **1** [U] the action of taking sb/sth away কোনো ব্যক্তি বা বস্তুর অপসারণ, স্থানান্তর *the removal of restrictions/regulations/rights* **2** [C, U] the activity of moving from one house to live in another বাসস্থান পরিবর্তন *a removal van*

remove / rɪˈmuːv রি'মূভ্ / *verb* [T] (*formal*) **1 remove sb/sth (from sth)** to take sb/sth off or away কোনো ব্যক্তি বা বস্তুকে এক জায়গা থেকে সরিয়ে অন্য জায়গায় নেওয়া; সরানো *Remove the saucepan from the heat.* ○ *to remove doubts/fears/problems*

NOTE এই অর্থে **take off, out** ইত্যাদির ব্যবহার কম আলংকারিক।

2 remove sb (from sth) to make sb leave his/her job or position কর্ম অথবা পদ থেকে বরখাস্ত করা

removed / rɪˈmuːvd রি'মুভ্‌ড্ / *adj.* (*not before a noun*) far or different from sth কোনো কিছুর থেকে দূর সম্পর্কিত, স্বতন্ত্র বা সম্পূর্ণ আলাদা *Hospitals today are* ***far removed from*** *what they were fifty years ago.*

remover / rɪˈmuːvə(r) রি'মুভ্যা(র্) / *noun* [C, U] a substance that cleans off paint, dirty marks, etc. যে পদার্থের দ্বারা রং, নোংরা দাগ ইত্যাদি পরিষ্কার করা যায় *make-up/nail polish remover*

the Renaissance / rɪˈneɪsns রি'নেইস্‌ন্‌স্ / *noun* [*sing.*] the period in Europe during the 14th, 15th and 16th centuries when people became interested in the ideas and culture of ancient Greece and Rome and used them in their own art, literature, etc. ১৪শ, ১৫শ এবং ১৬শ শতাব্দীর ইউরোপে প্রাচীন গ্রীস ও রোমের ভাবধারা ও সংস্কৃতি সম্পর্কে উৎসাহিত হয়ে মানুষ তদানীন্তন শিল্প, সাহিত্যে সেই ধারা ব্যবহার করতে শুরু করেছিল; রেনেশাঁস *Renaissance art/drama/music*

renal / ˈriːnl 'রীন্‌ল্ / *adj.* involving or connected to your **kidneys** মূত্রাশয় সম্বন্ধীয়; বৃক্ক সংক্রান্ত *renal failure*

render / ˈrendə(r) 'রেন্‌ড্যা(র্) / *verb* [T] (*written*) **1** to cause sb/sth to be in a certain condition কোনো ব্যক্তি অথবা বস্তুকে কোনো বিশেষ অবস্থায় আনা *She was rendered speechless by the attack.* **2** to give help, etc. to sb কাউকে সাহায্য ইত্যাদি দেওয়া *to render sb a service/render a service to sb*

rendezvous / ˈrɒndɪvuː; -deɪ- 'রণ্ডিভু; -ডেই- / *noun* [C] (*pl.* **rendezvous** / -vuːz -ভুজ্ /) **1 a rendezvous (with sb)** a meeting that you have arranged with sb কোনো ব্যক্তির সঙ্গে পূর্বনির্দিষ্ট সাক্ষাৎ *Sameer had a secret rendezvous with Deeya.* **2** a place where people often meet সাক্ষাতের স্থান *The cafe is a popular rendezvous for students.*

renegade / ˈrenɪgeɪd 'রেনিগেইড্ / *noun* [C] (*formal*) **1** (*often used as an adjective*) a person who leaves one political, religious, etc. group to join another that has very different views (প্রায়ই বিশেষণ হিসেবে ব্যবহৃত হয়) সম্পূর্ণ ভিন্নমতে বিশ্বাসী এমন ব্যক্তি যে রাজনৈতিক বা ধর্মীয় দল ত্যাগ করে সম্পূর্ণ অন্য একটি দলে যোগ দেয় **2** a person who decides to live outside a group or society because he/she has different opinions আলাদা মত থাকার জন্য যে সমাজ বা দলের বাইরে থাকতে চায় *teenage renegades*

renew / rɪˈnjuː রি'নিউ / *verb* [T] **1** to start sth again নতুন করে কিছু শুরু করা *renewed outbreaks of violence* ○ *to renew a friendship* **2** to give sb new strength or energy নতুন শক্তি বা উদ্যম দেওয়া, নতুন জীবন দেওয়া *After a break he set to work with renewed enthusiasm.* **3** to make sth valid for a further period of time নবীকরণ করা, পরবর্তী নির্দিষ্ট কিছু সময়ের জন্য বৈধ করা *to renew a contract/passport/library book* ► **renewal** / -ˈnjuːəl -'নিউঅ্যাল্ / *noun* [C, U] নবীকরণ, পুনরারম্ভ *When is your passport due for renewal?*

renewable / rɪˈnjuːəbl রি'নিউঅ্যাব্‌ল্ / *adj.* **1** (used about sources of energy) that will always exist (শক্তির উৎস সম্বন্ধে ব্যবহৃত) যা চিরস্থায়ী, নবীকরণযোগ্য *renewable resources such as wind and solar power* ✪ বিপ **non-renewable** **2** that can be continued or replaced with a new one for another period of time যা অবিরাম চলতেই থাকবে বা নতুন একটির দ্বারা পরিবর্তিত হয়ে আরও কিছু সময়ের জন্য চলবে; নবীকরণযোগ্য

renounce / rɪˈnaʊns রি'নাউন্স্ / *verb* [T] (*formal*) to say formally that you no longer want to have sth or to be connected with sth আনুষ্ঠানিকভাবে পরিত্যাগ করা বা ছেড়ে দেওয়া ➪ **renunciation** noun দেখো।

renovate / ˈrenəveɪt 'রেন্যাভেইট্ / *verb* [T] to repair an old building and put it back into good condition পুরোনো বাড়ি সারিয়ে নতুনের মতো করা ; নবরূপ দেওয়া, সংস্কার করা ► **renovation** / ˌrenəˈveɪʃn ˌরেন্যা'ভেইশ্‌ন্ / *noun* [C, U] সংস্কার, নতুন করে সারানোর কাজ *The house is in need of complete renovation.*

renown / rɪˈnaʊn রি'নাউন্ / *noun* [U] (*formal*) fame and respect that you get for doing sth especially well ভালো কিছু করার ফলে পাওয়া খ্যাতি, সুনাম ► **renowned** *adj.* **renowned (for/as sth)** খ্যাতনামা, প্রসিদ্ধ *The region is renowned for its food.*

rent[1] / rent রেন্ট্ / *noun* [U, C] money that you pay regularly for the use of land, a house or a building বাড়ি, জমি বা বাড়ির কোনো অংশ ব্যবহারের জন্য নিয়মিতভাবে প্রদত্ত অর্থ; ভাড়া *a high/low rent* ○ *She was allowed to live there* ***rent-free*** *until she found a job.*

rent[2] / rent রেন্ট্ / *verb* [T] **1 rent sth (from sb)** to pay money for the use of land, a building, a machine, etc. জমি, বাড়ি, যন্ত্র ইত্যাদি ব্যবহারের জন্য অর্থ বা ভাড়া দেওয়া *Do you own or rent your television?* ○ *to rent a flat* ➪ **hire**[1] **1**-এ নোট দেখো। **2 rent sth (out) (to sb)** to allow sb to use land, a building, a machine, etc. for money কাউকে বাড়ি, জমি ইত্যাদি অর্থের বিনিময়ে ব্যবহার করতে দেওয়া; ভাড়া দেওয়া *We could rent out the small bedroom to a student.* ➪ **hire**[1] **3** দেখো। **3** (*AmE*) = **hire**[1] **1** **4** (*AmE*) = **hire**[1] **3**

rental / ˈrentl ˈরেন্‌ট্‌ল্ / *noun* [C, U] money that you pay when you rent a telephone, television, etc. টেলিফোন, টেলিভিশন ইত্যাদির জন্য যে অর্থ দিতে হয়; ভাড়া

renunciation / rɪˌnʌnsiˈeɪʃn রি,নান্‌সি'এইশ্‌ন্ / *noun* [U] (*formal*) saying that you no longer want sth or believe in sth স্বত্ব ত্যাগ করা, অধিকার বা বর্জন করার ক্রিয়া ➪ **renounce** verb দেখো।

reorganize (*also* **-ise**) / riˈɔːɡənaɪz রি'অ:গ্যানাইজ্ / *verb* [I, T] to organize sth again or in a new way নতুনভাবে আবার কিছু করা, নতুনভাবে আয়োজন করা ▶ **reorganization** (*also* **-isation**) / riˌɔːɡənaɪˈzeɪʃn রি,অ:গ্যানাই'জেইশ্‌ন্ / *noun* [C, U] পুনর্গঠন, পুনরায়োজন

rep / rep রেপ্ / (*informal*) (*also* **representative**) *noun* [C] a person whose job is to travel round a particular area and visit companies, etc., to sell the products of the firm for which he/she works যে ব্যক্তির কাজ নির্দিষ্ট এলাকায় ঘোরা এবং যেখানে সে কাজ করে সেখানকার জিনিসপত্র বিক্রি করার জন্য বিভিন্ন কোম্পানি ইত্যাদিতে যাওয়া; প্রতিনিধি *a sales rep*

repair¹ / rɪˈpeə(r) রি'পেঅ্যা(র্) / *verb* [T] to put sth old or damaged back into good condition কোনো পুরাতন বা খারাপ হয়ে যাওয়া জিনিস সারানো, ঠিক করা *These cars can be expensive to repair.* ○ *How much will it cost to have the TV repaired?* ✪ সম **fix** or **mend** ➪ **irreparable** দেখো।

repair² / rɪˈpeə(r) রি'পেঅ্যা(র্) / *noun* [C, U] something that you do to fix sth that is damaged সারানোর কাজ, সংস্কারকার্য *The road is in **need of repair**.* ○ *The bridge is **under repair**.* ○ *The bike was damaged **beyond repair**.*

IDM **in good, bad, etc. repair** in a good, bad, etc. condition খারাপ, ভালো ইত্যাদি অবস্থায়

repatriate / ˌriːˈpætrieɪt ˌরী'প্যাট্রিএইট্ / *verb* [T] to send sb back to his/her own country কোনো ব্যক্তিকে তার নিজের দেশে ফেরত পাঠানো ▶ **repatriation** / ˌriːˌpætriˈeɪʃn ˌরী,প্যাট্রি'এইশ্‌ন্ / *noun* [C, U] স্বদেশে প্রেরণ

repay / rɪˈpeɪ রি'পেই / *verb* [T] (*pt, pp* **repaid** / rɪˈpeɪd রি'পেইড্ /) **1 repay sth (to sb); repay (sb) sth** to pay back money that you owe to sb ধার শোধ করা *to repay a debt/loan* **2 repay sb (for sth)** to give sth to sb in return for help, kindness, etc. কোনো ব্যক্তির সাহায্য, উদারতা ইত্যাদির বিনিময়ে কিছু প্রদান করা *How can I ever repay you for all you have done for me?*

repayable / rɪˈpeɪəbl রি'পেইঅ্যাব্‌ল্ / *adj.* that you can or must pay back যা ফেরত দেওয়া যায় বা ফেরত দিতে হবে; পরিশোধনীয় *The loan is repayable over three years.*

repayment / rɪˈpeɪmənt রি'পেইম্যান্ট্ /*noun* **1** [U] paying sth back পরিশোধ, ফেরত *the repayment of a loan* **2** [C] money that you must pay back to sb/sth regularly নিয়মিত যে পরিমাণ অর্থ শোধ করা হয় *I make monthly repayments on my loan.*

repeal / rɪˈpiːl রি'পীল্ / *verb* [T] (*formal*) to officially make a law no longer valid আনুষ্ঠানিকভাবে কোনো আইন বাতিল করা

repeat¹ / rɪˈpiːt রি'পীট্ / *verb* **1** [I, T] **repeat (sth/yourself)** to say, write or do sth again or more than once বারবার বলা, লেখা বা করা; পুনরাবৃত্ত করা *Could you repeat what you just said?* ○ *Raise and lower your left leg ten times, then repeat with the right.* **2** [T] **repeat sth (to sb)** to say or write sth that sb else has said or written or that you have learnt অন্য কোনো ব্যক্তি যা বলেছে বা লিখেছে অথবা যা শেখা হয়েছে তা পুনরায় বলা বা লেখা *Please don't repeat what you've heard here to anyone.* ○ *Repeat each sentence after me.* ➪ **repetition** noun দেখো।

repeat² / rɪˈpiːt রি'পীট্ / *noun* [C] something that is done, shown, given, etc. again পুনর্বার যা করানো, দেখানো, দেওয়া হয়; পুনঃসম্প্রচার *I think I've seen this programme before—it must be a repeat.*

repeated / rɪˈpiːtɪd রি'পীটিড্ / *adj.* (*only before a noun*) done or happening many times বারবার কৃত বা সংঘটিত; পৌনঃপুনিক, পুনরাবৃত্ত *There have been repeated accidents on this stretch of road.* ▶ **repeatedly** *adv.* বারবার, পুনঃপুনঃ, বারংবার *I've asked him repeatedly not to leave his bicycle there.*

repel / rɪˈpel রি'পেল্ / *verb* [T] (**repelling; repelled**) **1** to send or push sb/sth back or away ধাক্কা দিয়ে কোনো ব্যক্তি বা বস্তুকে সরিয়ে দেওয়া **2** to make sb feel disgusted কারও বিতৃষ্ণা জাগানো, বিরক্তি উদ্রেক করা *The dirt and smell repelled her.* ➪ **repulsion** noun দেখো।

repellent¹ / rɪˈpelənt রি'পেল্যান্ট্ / *noun* [C, U] a chemical substance that is used to keep insects, etc. away পোকামাকড় ইত্যাদি তাড়ানোর রাসায়নিক পদার্থ; বিতাড়ক দ্রব্যাদি

repellent² / rɪˈpelənt রি'পেল্যান্ট্ / *adj.* causing a strong feeling of disgust বিতৃষ্ণার উদ্রেক করে এমন; বিশ্রী *a repellent smell*

repent / rɪˈpent রি'পেন্ট্ / *verb* [I, T] (*formal*) **repent (sth); repent of sth** to feel and show that you are sorry about sth bad that you have done খারাপ কিছু করার জন্য দুঃখবোধ করা বা অনুশোচনা করা *to repent of your sins* ○ *He repented his hasty decision.* ▶ **repentance** *noun* [U] / -əns

-অ্যান্স্ / অনুতাপ, অনুশোচনা ▶ **repentant** / -ənt -অ্যান্ট্ / *adj.* অনুতপ্ত

repercussion / ˌriːpəˈkʌʃn ˌরীপ্যাˈকাশ্ন্ / *noun* [C, *usually pl.*] an unpleasant effect or result of sth you do কোনো কিছু করার অপ্রীতিকর প্রতিক্রিয়া বা পরিণাম *His resignation will **have** serious **repercussions**.*

repertoire / ˈrepətwɑː(r) ˈরেপ্যাট্উআ:(র্) / *noun* [C] **1** all the plays or music that an actor or a musician knows and can perform অভিনেতা বা সংগীতকারের জানা সমগ্র নাট্য বা সংগীত সম্ভার *He must have sung every song in his repertoire last night.* **2** all the things that a person is able to do একজন মানুষের ক্ষমতায় যতদূর করা যায়; একজনের পক্ষে যা করা সম্ভব

repetition / ˌrepəˈtɪʃn ˌরেপ্যাˈটিশ্ন্ / *noun* [U, C] doing sth again; sth that you do or that happens again পুনরাবৃত্তি; যা বারবার করা হয় বা বারবার ঘটে *to learn by repetition* ○ *Let's try to avoid a repetition of what happened last Friday.* ➪ **repeat** verb দেখো।

repetitive / rɪˈpetətɪv রিˈপেট্যাটিভ্ / (*also* **repetitious** / ˌrepəˈtɪʃəs ˌরেপ্যাˈটিশ্যাস্ /) *adj.* not interesting because the same thing is repeated many times (বিরক্তিকরভাবে) পুনরাবৃত্তিমূলক, পুনরুক্তিময়

replace / rɪˈpleɪs রিˈপ্লেইস্ / *verb* [T] **1 replace sb/sth (as/with sb/sth)** to take the place of sb/sth; to use sb/sth in place of another person or thing কোনো ব্যক্তি বা বস্তুর জায়গা নেওয়া; অন্য ব্যক্তি বা বস্তুর জায়গায় কাউকে বা কোনো কিছু ব্যবহার করা *Teachers will never be replaced by computers in the classroom.* **2 replace sb/sth (with sb/sth)** to exchange sb/sth for sb/sth that is better or newer উন্নততর বা নতুনতর কোনো ব্যক্তি বা বস্তুর সঙ্গে কাউকে বা কিছু বিনিময় করা, বদলে নেওয়া *We will replace any goods that are damaged.* **3** to put sth back in the place where it was before আগের জায়গায় কোনো কিছু ফেরত রাখা *Please replace the books on the shelves when you have finished with them.*

> **NOTE** এই অর্থে **put back** অভিব্যক্তিটি বেশি সাধারণ এবং কম আলংকারিক ব্যবহার।

replaceable / rɪˈpleɪsəbl রিˈপ্লেইস্যাব্ল্ / *adj.* that can be replaced বদলযোগ্য, পরিবর্তনযোগ্য ✪ বিপ **irreplaceable**

replacement / rɪˈpleɪsmənt রিˈপ্লেইস্ম্যান্ট্ / *noun* **1** [U] exchanging sb/sth for sb/sth that is better or newer কারও বা কিছুর বিনিময় বা পরিবর্তন (উন্নততর বা নতুনতর কিছু বা কারও জন্য) *The carpets are in need of replacement.* **2** [C] a person or thing that will take the place of sb/sth কোনো লোক বা জিনিস যা অন্য ব্যক্তি বা বস্তুর জায়গা নেবে

replay[1] / ˈriːpleɪ ˈরীপ্লেই / *noun* [C] **1** (*BrE*) a sports match that is played again because neither team won the first time প্রথমবার ফল অমীমাংসিত থাকায় দুদলের মধ্যে আর একবার যে খেলা হয় **2** something on the television, on a film or a cassette tape that you watch or listen to again টেলিভিশন, চলচ্চিত্র বা ক্যাসেট চালিয়ে আগের যে অনুষ্ঠান আবার দেখা হয় *Now let's see **an action replay** of that tremendous goal!*

replay[2] / ˌriːˈpleɪ ˌরীˈপ্লেই / *verb* [T] **1** to play a sports match, etc. again because neither team won the first time প্রথমবার কোনো দলই জিততে না পারায় আর একবার দুদলের মধ্যে খেলা হওয়া **2** to play again sth that you have recorded রেকর্ড করে রাখা কোনো অনুষ্ঠান আবার চালানো *They kept replaying the goal over and over again.*

replenish / rɪˈplenɪʃ রিˈপ্লেনিস্ / *verb* [T] (*formal*) **replenish sth (with sth)** to replace what has been used up and make sth full again যা ব্যবহার করা হয়ে গেছে তা পুনরায় ভরা *Food supplies have to be replenished.* ▶ **replenishment** *noun* [U] পুনর্বার পূর্তিকরণ

replete / rɪˈpliːt রিˈপ্লীট্ / *adj.* (*not before a noun*) (*formal*) **replete with sth** filled with sth; full supply of sth পরিপূর্ণ; কোনো কিছুর পর্যাপ্ত সরবরাহ *That dictionary is replete with detailed illustrations.*

replica / ˈreplɪkə ˈরেপ্লিক্যা / *noun* [C] **a replica (of sth)** an exact copy of sth কোনো কিছুর অবিকল প্রতিমূর্তি, নকল

replicate / ˈreplɪkeɪt ˈরেপ্লিকেইট্ / *verb* [T] (*formal*) to copy sth exactly কোনো কিছু নকল করা ▶ **replication** / ˌreplɪˈkeɪʃn ˌরেপ্লিˈকেইশ্ন্ / *noun* [U, C] প্রতিলিপি, নকল

reply / rɪˈplaɪ রিˈপ্লাই / *verb* [I, T] (*pres. part.* **replying;** *3rd person sing. pres.* **replies;** *pt, pp* **replied**) **reply (to sb/sth) (with sth)** to say, write or do sth as an answer to sb/sth মৌখিক বা লিখিতভাবে বা কিছু করে কারও কাছে বা কিছুর প্রতি উত্তর দেওয়া, জবাব দেওয়া *I wrote to Shalini but she hasn't replied.* ○ *'Yes, I will,' Seema replied.* ○ *to reply to a question* ➪ **answer[1]**-এ নোট দেখো। ▶ **reply** *noun* [C, U] (*pl.* **replies**) উত্তর, জবাব *Ali nodded **in reply to** my question.*

report[1] / rɪˈpɔːt রিˈপ:ট্ / *verb* **1** [I, T] **report (on sb/sth) (to sb/sth); report sth (to sb)** to give people information about what you have seen, heard, done, etc. লোককে জানানোর জন্য যা দেখা, শোনা বা করা হয়েছে তার (অভিজ্ঞতালব্ধ ঘটনার) বিবরণ দেওয়া *Several people reported seeing/having seen the boy.* ○ *The company reported huge profits last year.* **2** [I, T] **report (on) sth** (in a newspaper or on the television or radio) to write or speak about sth that has happened (খবরের কাগজ বা টেলিভিশন বা রেডিওতে) কোনো ঘটনা সম্বন্ধে লেখা বা বলা; প্রতিবেদন করা *The paper sent a journalist to report on the events.* **3** [T] **report sb (to sb) (for sth)** to tell a person in authority about an accident, a crime, etc. or about sth wrong that sb has done কর্তৃপক্ষ স্থানীয় কারও কাছে কোনো দুর্ঘটনা, অপরাধ ইত্যাদি বিষয়ে তথ্য জানানো *All accidents must be reported to the police.* ○ *The boy was reported missing early this morning.* **4** [I] **report (to sb/ sth) for sth** to tell sb that you have arrived কাউকে নিজের উপস্থিতি বা আসার খবর দেওয়া; হাজিরা জানানো *On your arrival, please report to the reception desk.* **5** [T] (*formal*) **be reported to be/as sth** used to say that you have heard sth said, but you are not sure if it is true জনশ্রুতি অনুযায়ী, শোনা গেছে কিন্তু সত্য মিথ্যা সঠিকভাবে জানা যায়নি এরকম বোঝানোর জন্য ব্যবহৃত অভিব্যক্তিবিশেষ *The 70-year-old actor is reported to be/as being comfortable in hospital.*

PHR V **report back (on sth) (to sb)** to give information to sb about sth that he/she has asked you to find out about যে খবর আনতে বলা হয়েছিল খোঁজখবর নিয়ে তা সেই ব্যক্তিকে জানানো *One person in each group will then report back to the class on what you've decided.*

report to sb (*not used in the continuous tenses*) to have sb as your manager in the company or organization that you work for যে কোম্পানি বা সংগঠনে কাজ করা হয় সেখানকার কারও কাছে কাজের জবাবদিহি করা

> **NOTE** এই ক্রিয়াপদটির (verb) ব্যবহার ঘটমান বর্তমান (continuous tenses)-এ হয় না কিন্তু '-ing' সহযোগে এর বর্তমান কৃদন্ত (present participle) রূপটি সাধারণভাবে অত্যন্ত প্রচলিত —*A new team was put together for the project, reporting to Michael.*

report² / rɪˈpɔːt রি'প:ট্ / *noun* [C] **1 a report (on/ of sth)** a written or spoken description of what you have seen, heard, done, studied, etc. বিবৃতি, প্রতিবেদন (প্রত্যক্ষদর্শীর) *newspaper reports* ○ *a first-hand report* (= from the person who saw what happened) **2** a written statement about the work of a student at school, college, etc. স্কুল বা কলেজে ছাত্র-ছাত্রীর পড়াশুনোর বিষয়ে শিক্ষকের লিখিত বক্তব্য *to get a good/bad report*

reportedly / rɪˈpɔːtɪdli রি'প:টিড্‌লি / *adv.* (*written*) according to what some people say জনশ্রুতি অনুসারে, লোকের কথামতো *The band have reportedly decided to split up.*

reported speech = **indirect speech**

> **NOTE** আরও জানার জন্য এই অভিধানের শেষে **Quick Grammar Reference** দেখো।

reporter / rɪˈpɔːtə(r) রি'প:ট্যা(র্) / *noun* [C] a person who writes about the news in a newspaper or speaks about it on the television or radio সংবাদপত্র বা অন্যান্য প্রচার মাধ্যমের সংবাদদাতা; প্রতিবেদক; রিপোর্টার ➪ **journalist** দেখো।

represent / ˌreprɪˈzent ˌরেপ্রি'জ়েন্ট্ / *verb* **1** [T] to act or speak in the place of sb else; to be the representative of a group or country অন্য কারও পরিবর্তে কিছু করা বা বলা; প্রতিনিধিত্ব করা, দেশ বা দলের প্রতিনিধি হিসেবে কাজ করা *You will need a lawyer to represent you in court.* ○ *It's an honour for an athlete to represent his or her country.* **2** (*linking verb*) to be the result of sth; to be sth কোনো কিছুর পরিণাম হওয়া; কোনো কিছুর মতো বা সমান হওয়া *These results represent a major breakthrough in our understanding of cancer.* **3** [T] to be a picture, sign, example, etc. of sb/sth কারও বা কোনো কিছুর ছবি, প্রতীক, চিহ্ন, উদাহরণ ইত্যাদি হওয়া *The yellow lines on the map represent minor roads.* **4** [T] to describe sb/sth in a particular way বিশেষভাবে কোনো ব্যক্তি অথবা বস্তুকে বর্ণনা করা

representation / ˌreprɪzenˈteɪʃn ˌরেপ্রিজ়েন্'টেইশ্‌ন্ / *noun* **1** [U, C] the way that sb/sth is shown or described; something that shows or describes sth রূপায়ণ, প্রতিরূপ; বর্ণনা *The article complains about the representation of women in advertising.* **2** [U] (*formal*) having sb to speak for you কারও হয়ে বা তার প্রতিনিধি হিসেবে কথা বলার মতো কেউ আছে এমন ➪ **proportional representation** দেখো।

representative¹ / ˌreprɪˈzentətɪv ˌরেপ্রি'জ়েন্‌ট্যাটিভ্ / *adj.* **representative (of sb/sth)** typical of a larger group to which sb/sth belongs কোনো ব্যক্তি বা বস্তু যে দলের প্রতিভূস্বরূপ *Tonight's audience is not representative of national opinion.*

representative²/ ˌreprɪˈzentətɪv ˌরেপ্রি'জ়েন্‌ট্যাটিভ্ / *noun* [C] **1** a person who has been chosen to act or speak for sb else or for a group দলের হয়ে বা কারও হয়ে কিছু করা বা বলার জন্য বিশেষ যে ব্যক্তিকে বাছা হয়েছে; প্রতিনিধি **2** (*formal*) = **rep**

repress / rɪˈpres রি'প্রেস্ / *verb* [T] **1** to control an emotion or to try to prevent it from being shown or felt আবেগ রুদ্ধ করা অথবা প্রকাশ হতে না দেওয়া; দমন করা *She tried to repress her anger.* **2** to limit the freedom of a group of people কোনো গোষ্ঠীর স্বাধীনতার সীমা নির্দেশ করে দেওয়া ▶ **repression** / rɪˈpreʃn রি'প্রেশ্‌ন্ / *noun* [U] রোধ, দমন, অবদমন *protests against government repression*

repressed / rɪˈprest রি'প্রেস্ট্ / *adj.* **1** (used about a person) having emotions and desires that he/she does not show or express (কোনো ব্যক্তি সম্বন্ধে ব্যবহৃত) আবেগ এবং বাসনা আছে যা দেখাতে বা প্রকাশ করতে চায় না এমন; অবদমিত মনোভাব যার **2** (used about an emotion) that you do not show (কোনো ভাবাবেগ সম্বন্ধে ব্যবহৃত) যা দেখানো হয় না *repressed anger/desire*

repressive / rɪˈpresɪv রি'প্রেসিভ্ / *adj.* that limits people's freedom দমনমূলক, দমনাত্মক *a repressive government*

reprieve / rɪˈpriːv রি'প্রীভ্ / *verb* [T] to stop or delay the punishment of a prisoner who was going to be punished by death প্রাণদণ্ড বা মৃত্যুদণ্ড স্থগিত করা ▶ **reprieve** *noun* [C] কোনো বন্দির প্রাণদণ্ড স্থগিতকরণ *The judge granted him a last-minute reprieve.*

reprimand / ˈreprɪmɑːnd 'রেপ্রিমা:ন্ড্ / *verb* [T] **reprimand sb (for sth)** to tell sb officially that he/she has done sth wrong কোনো ব্যক্তিকে আনুষ্ঠানিকভাবে বলা যে সে কোনো ভুল কাজ করেছে ▶ **reprimand** *noun* [C] কঠোর তিরস্কার *a severe reprimand*

reprisal / rɪˈpraɪzl রি'প্রাইজ্‌ল্ / *noun* [C, U] punishment, especially by military force, for harm that one group of people does to another একটি দলকে অন্য দলের ক্ষতি করার জন্য দেওয়া শাস্তি, বিশেষত সৈন্যবাহিনীর দ্বারা

reproach / rɪˈprəʊtʃ রি'প্র্যাউচ্ / *verb* [T] **reproach sb (for/with sth)** to tell sb that he/she has done sth wrong; to blame sb কাউকে বলা যে সে অন্যায় কাজ করেছে; তিরস্কার করা, বকা; দোষারোপ করা *You've nothing to reproach yourself for. It wasn't your fault.* ▶ **reproach** *noun* [C, U] ভর্ৎসনা, নিন্দা *His behaviour is **beyond reproach*** (= cannot be criticized). ▶ **reproachful** / -fl -ফ্‌ল্ / *adj.* অনুযোগপূর্ণ, তিরস্কারসূচক *a reproachful look* ▶ **reproachfully** / -fəli -ফ্যালি / *adv.* অনুযোগের সঙ্গে

reproduce / ˌriːprəˈdjuːs ˌরীপ্র্যা'ডিউস্ / *verb* **1** [T] to produce a copy of sth কোনো কিছুর প্রতিরূপ বা নকল রচনা করা বা সৃষ্টি করা *It is very hard to reproduce a natural environment in the laboratory.* **2** [I] (used about people, animals and plants) to produce young (ব্যক্তি, পশু এবং উদ্ভিদ সম্বন্ধে ব্যবহৃত) বংশবৃদ্ধি করা, জন্ম দেওয়া

reproduction / ˌriːprəˈdʌkʃn ˌরীপ্র্যা'ডাক্‌শ্‌ন্ / *noun* **1** [U] the process of producing babies or young প্রজনন *sexual reproduction* **2** [U] the production of copies of sth কোনো কিছুর অনুকরণ, প্রতিরূপ, অনুকৃতি *Digital recording gives excellent sound reproduction.* **3** [C] a copy of a painting, etc. চিত্রকলা ইত্যাদির নকল বা পুনরুৎপাদন

reproductive / ˌriːprəˈdʌktɪv ˌরীপ্র্যা'ডাকটিভ্ / *adj.* connected with the production of young animals, plants, etc. (পশু, উদ্ভিদ ইত্যাদির) প্রজনন সংক্রান্ত *the male reproductive organs*

reproof / rɪˈpruːf রি'প্রুফ্ / *noun* [C, U] (*formal*) something that you say to sb when you do not approve of what he/she has done কারও কোনো কাজ পছন্দ না হলে তার নিন্দা; তিরস্কার, দোষারোপ

reptile / ˈreptaɪl 'রেপ্‌টাইল্ / *noun* [C] an animal that has cold blood and a skin covered in scales, and whose young come out of eggs, for example **crocodiles** and snakes শীতল রক্ত এবং চামড়ার উপর আঁশযুক্ত প্রাণীবিশেষ যার ডিম ফুটে ছানা হয়, যেমন কুমীর এবং সাপ, সরীসৃপ ⇨ **amphibian** দেখো।

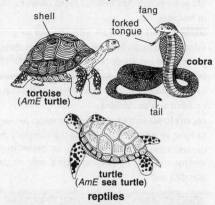

reptiles

republic / rɪˈpʌblɪk রি'পাব্‌লিক্ / *noun* [C] a country that has an elected government and an elected leader (**president**) যে দেশের সরকার নির্বাচিত হয় এবং সর্বোচ্চ পদে থাকেন নির্বাচিত নেতা (রাষ্ট্রপতি); সাধারণতন্ত্র, প্রজাতন্ত্র *the Republic of Ireland* ⇨ **monarchy** দেখো।

republican / rɪˈpʌblɪkən রি'পাব্‌লিক্যান্ / *noun* [C] a person who supports the system of an elected government and leader যে ব্যক্তি প্রজাতান্ত্রিক রাষ্ট্রব্যবস্থায় বিশ্বাসী ▶ **republican** *adj.* সাধারণতন্ত্র বা প্রজাতন্ত্র সম্পর্কিত

repudiate / rɪˈpju:dieɪt রি'পিউডিএইট্ / *verb* [T] to say that you refuse to accept or believe sth কোনো কিছু গ্রহণ বা বিশ্বাসে প্রত্যাখ্যান ব্যক্ত করা বা প্রকাশ করা *to repudiate a suggestion/an accusation* ▶ **repudiation** / rɪˌpju:diˈeɪʃn রি,পিউডি'এইশ্‌ন্ / *noun* [U] অস্বীকৃতি, বর্জন

repugnant / rɪˈpʌgnənt রি'পাগ্‌ন্যান্ট্ / *adj. (usually not before a noun) (formal)* **repugnant (to sb)** making you feel disgust অপ্রীতিকর, বিরক্তি জাগায় এমন *We found his suggestion absolutely repugnant.*

repulsion / rɪˈpʌlʃn রি'পাল্‌শ্‌ন্ / *noun* [U] **1** a strong feeling of not liking sth that you find extremely unpleasant বিতৃষ্ণা, তীব্র ঘৃণা, বিরক্তি **2** the force by which objects push each other away বিকর্ষণ *the forces of attraction and repulsion* ➪ **repel** verb দেখো এবং **magnet**-এ ছবি দেখো।

repulsive / rɪˈpʌlsɪv রি'পাল্‌সিভ্ / *adj.* that causes a strong feeling of disgust বিরক্তিকর, ঘিনঘিনে, জঘন্য ➪ **repel** verb দেখো। ▶ **repulsion** *noun* [U] বিতৃষ্ণা, বিরক্তি

reputable / ˈrepjətəbl 'রেপিঅ্যাট্যাব্‌ল্ / *adj.* that is known to be good খ্যাতনামা, সুখ্যাত, ভালো বলে নামডাক আছে এমন ✪ বিপ **disreputable**

reputation / ˌrepjuˈteɪʃn ˌরেপিউ'টেইশ্‌ন্ / *noun* [C] **a reputation (for/as sth)** the opinion that people in general have about what sb/sth is like সামাজিক পরিচিতি, কোনো ব্যক্তি বা বস্তু সম্বন্ধে সর্বসাধারণের যে ধারণা *to **have a good/bad reputation*** ○ *Adam has a reputation for being late.* ✪ সম **name**

repute / rɪˈpju:t রি'পিউট্ / *noun* [U] *(formal)* the opinion that people have of sb/sth কোনো ব্যক্তি বা বস্তু সম্বন্ধে সাধারণ মানুষের ধারণা; যশ বা অপযশ *I know him only by repute.* ○ *She is a writer of international repute.* ✪ সম **reputation**

reputed / rɪˈpju:tɪd রি'পিউটিড্ / *adj.* generally said to be sth, although it is not certain সাধারণত কোনো কিছুর সম্বন্ধে যা বলা হয়, যদিও সেই ধারণাটা সঠিক নাও হতে পারে *He's reputed to be the highest-paid sportsman in the world.* ▶ **reputedly** *adv.* জনসাধারণের মতানুযায়ী, খ্যাত বা অখ্যাতভাবে

request[1] / rɪˈkwest রি'কুএস্ট্ / *noun* [C, U] **request (for sth/that...)** an act of asking for sth প্রার্থনা, অনুরোধ, আর্জি, নিবেদন *a request for help* ○ ***make a request*** ○ *to grant/turn down a request*

request[2] / rɪˈkwest রি'কুএস্ট্ / *verb* [T] *(formal)* **request sth (from/of sb)** to ask for sth অনুরোধ করা, কোনো কিছু চাওয়া *Passengers are requested not to smoke on this bus.* ○ *to request a loan from the bank*

NOTE **Ask** শব্দটির তুলনায় **request** শব্দটি বেশি আলংকারিক।

require / rɪˈkwaɪə(r) রি'কুআইঅ্যা(র্) / *verb* [T] **1** to need sth কোনো কিছুর প্রয়োজন বোধ করা *a situation that requires tact and diplomacy*

NOTE **Require** শব্দটি **need** শব্দটির তুলনায় বেশি আলংকারিক।

2 *(often passive)* to officially demand or order sth আনুষ্ঠানিকভাবে কোনো কিছু চাওয়া বা আদেশ দেওয়া *Passengers are required by law to wear seat belts.*

requirement / rɪˈkwaɪəmənt রি'কুআইঅ্যাম্যান্ট্ / *noun* [C] something that you need or that you must do or have আবশ্যিক বা অবশ্যপূরণীয় কর্তব্য বা শর্ত *university entrance requirements*

requisite / ˈrekwɪzɪt 'রেকুইজ়িট্ / *adj. (only before a noun) (formal)* necessary for a particular purpose বিশেষ কাজের জন্য দরকারি *She lacks the requisite experience for the job.* ▶ **requisite** *noun* [C] **a requisite (for/of sth)** যোগ্যতা, প্রয়োজনীয়তা *toilet requisites* ○ *A university degree has become a requisite for entry into most professions.* ➪ **prerequisite** দেখো।

rescind / rɪˈsɪnd রি'সিন্ড্ / *verb* [T] *(formal)* to officially state that a law, contract, decision, etc. is no longer valid আনুষ্ঠানিকভাবে কোনো আইন, চুক্তি, সিদ্ধান্ত ইত্যাদি রদ, নাকচ বা বাতিল করা

rescue / ˈreskju: 'রেস্‌কিউ / *verb* [T] **rescue sb/sth (from sb/sth)** to save sb/sth from a situation that is dangerous or unpleasant কোনো অপ্রিয় বা বিপজ্জনক অবস্থা থেকে কোনো ব্যক্তি অথবা বস্তুকে উদ্ধার করা *He rescued a child from drowning.* ▶ **rescue** *noun* [C, U] উদ্ধার *Ten fishermen were saved in a daring sea rescue.* ○ *rescue workers/boats/helicopters* ▶ **rescuer** *noun* [C] উদ্ধারকারী

research / rɪˈsɜ:tʃ রি'স্যচ্ / *noun* [U] **research (into/on sth)** a detailed and careful study of sth to find out more information about it পুঙ্খানুপুঙ্খ ও যত্নশীল অধ্যয়ন; গবেষণা, তত্ত্বানুসন্ধান, অন্বেষণ *scientific/medical/historical research* ○ ***market research*** ▶ **research** *verb* [I, T] **research (into/in/on sth)** গবেষণা করা *They're researching into ways of reducing traffic in the city centre.*

researcher / rɪˈsɜ:tʃə(r) রি'স্যচ্যা(র্) / *noun* [C] a person who does research গবেষক

resemble / rɪˈzembl রি'জ়েম্‌ব্‌ল্ / *verb* [T] to be or look like sb/sth else কোনো ব্যক্তি বা বস্তুর সদৃশ হওয়া, মিল থাকা *Lata resembles her brother.* ▶ **resemblance** / rɪˈzembləns রি'জ়েম্‌ব্ল্যান্স্ / *noun*

[C, U] **(a) resemblance (between A and B); (a) resemblance (to sb/sth)** মিল, সাদৃশ্য *a family resemblance* ○ *The boys* ***bear no resemblance*** *to their father.*

resent / rɪˈzent রি'জেন্ট্ / *verb* [T] to feel angry about sth because you think it is unfair অন্যায্য মনে হওয়ার কারণে কোনো ব্যাপারে অসন্তুষ্ট বা বিরক্ত হওয়া *I resent his criticism.* ○ *Lalita bitterly resented being treated differently from the men.* ▶ **resentful** / -fl -ফ্‌ল্ / *adj.* ক্ষুব্ধ, বিরক্ত ▶ **resentment** *noun* [*sing.*, U] আপত্তি, বিরক্তি *to feel resentment towards sb/sth*

reservation / ˌrezəˈveɪʃn ˌরেজ়্যা'ভেইশ্‌ন্ / *noun* **1** [C] a seat, table, room, etc. that you have booked (বসার জায়গা, টেবিল, ঘর ইত্যাদি) সংরক্ষণ *I'll phone the restaurant to* ***make a reservation.*** **2** [C, U] a feeling of doubt about sth (such as a plan or an idea) কোনো ব্যাপারে সন্দেহ এবং দ্বিধা (যেমন পরিকল্পনা অথবা ধারণা) *I* ***have*** *some* ***reservations*** *about letting Kirti go out alone.*

reserve[1] / rɪˈzɜːv রি'জ্যভ্ / *verb* [T] **reserve sth (for sb/sth) 1** to keep sth for a special reason or to use at a later time কোনো বিশেষ কারণে বা পরে ব্যবহারের জন্য জমিয়ে বা তুলে রাখা *The car park is reserved for hotel guests only.* **2** to ask for a seat, table, room, etc. to be available at a future time; to book ভবিষ্যতে বসার স্থান, টেবিল, ঘর ইত্যাদি যেন পাওয়া যায় তা বলা; সংরক্ষণ করা *to reserve theatre tickets*

reserve[2] / rɪˈzɜːv রি'জ্যভ্ / *noun* **1** [C, *usually pl.*] something that you keep for a special reason or to use at a later date ভবিষ্যতে বা কোনো বিশেষ কারণে ব্যবহারের জন্য যা তুলে রাখা হয়েছে; সঞ্চিত *The US has huge oil reserves.* **2** [C] an area of land where the plants, animals, etc. are protected by law (উদ্ভিদ, পশু ইত্যাদি সমেত) আইনত সংরক্ষিত এলাকা *a nature reserve* ○ *He works as a warden on a* ***game reserve*** *in Kenya.* **3** [U] the quality of being shy or keeping your feelings hidden মুখচোরা ভাব, মনোভাব গোপন রাখে এমন *It took a long time to breakdown her reserve and get her to relax.* **4** [C] (in sport) a person who will play in a game if one of the usual members of the team cannot play (খেলাধুলোয়) দলের অতিরিক্ত খেলোয়াড়, যাকে দরকার পড়লে নামানো হয়

IDM in reserve that you keep and do not use unless you need to খুব দরকার না পড়লে যার ব্যবহার করা হয় না *Keep some money in reserve for emergencies.*

reserved / rɪˈzɜːvd রি'জ্যভ্ড্ / *adj.* shy and keeping your feelings hidden লাজুক, মুখচোরা ✪ বিপ **unreserved**

reservoir / ˈrezəvwɑː(r) 'রেজ়্যাভুআ:(র্) / *noun* [C] a large lake where water is stored to be used by a particular area, city, etc. বড়ো হ্রদ যেখানে কোনো বিশেষ অঞ্চল, শহর ইত্যাদির ব্যবহারের জন্য জল ধরে রাখা হয়; জলাধার

reshuffle / ˌriːˈʃʌfl ˌরী'শাফ্‌ল্ / *verb* [I, T] to change around the jobs that a group of people do, for example in the Government কোনো দলের কাজগুলিকে পুনর্বিন্যস্ত করা, যেমন সরকারের ক্ষেত্রে ▶ **reshuffle** / ˈriːʃʌfl 'রীশাফ্‌ল্ / *noun* [C] পরিবর্তন, পুনর্বিন্যাস *a Cabinet reshuffle*

reside / rɪˈzaɪd রি'জ়াইড্ / *verb* [I] (*formal*) **reside (in/at...)** to have your home in or at a particular place একটি বিশেষ জায়গায় থাকা বা বাস করা

residence / ˈrezɪdəns 'রেজ়িড্যান্স্ / *noun* **1** [U] the state of having your home in a particular place বাসস্থান, বসবাস, গৃহ *The family applied for permanent residence in the United States.* ○ *a* ***hall of residence*** *for college students* **2** [C] =**residency**[4]

residency / ˈrezɪdənsi 'রেজ়িড্যান্সি / *noun* (*pl.* **residencies**) (*formal*) **1** [U, C] = **residence**[1] *She has been granted permanent residency in Britain.* **2** [U, C] the period of time that an artist, a writer or a musician spends working for a particular institution কোনো শিল্পী, লেখক বা সংগীতজ্ঞ যে সময়ে কোনো নির্দিষ্ট প্রতিষ্ঠানে থেকে কাজ করেন **3** [U, C] (*AmE*) the period of time when a doctor working in a hospital receives special advanced training যখন কোনো চিকিৎসক কোনো হাসপাতালে থেকে বিশেষ উচ্চতর প্রশিক্ষণ লাভ করেন সেই সময়কাল **4** (*also* **residence**) [C] (*formal*) the official house of sb important in the government, etc. কোনো বিশিষ্ট সরকারি কর্মীর আনুষ্ঠানিক আবাস

resident / ˈrezɪdənt 'রেজ়িড্যান্ট্ / *noun* [C] **1** a person who lives in a place বসবাসকারী, আবাসিক *local residents* **2** a person who is staying in a hotel যে ব্যক্তি হোটেলে আছেন *The hotel bar is open only to residents.* ▶ **resident** *adj.* বসবাসকারী

residential / ˌrezɪˈdenʃl ˌরেজ়ি'ডেন্‌শ্‌ল্ / *adj.* **1** (used about a place or an area) that has houses rather than offices, large shops or factories (কোনো স্থান বা এলাকা সম্বন্ধে ব্যবহৃত) অফিস, বড়ো দোকান বা কারখানার থেকে বাড়ি বেশি আছে এমন; বসতিপূর্ণ *They live in a quiet residential area.* **2** that provides a place for sb to live যেখানে থাকার জায়গা পাওয়া যায়; বাসের জন্য নির্দিষ্ট, বসতি, বাসস্থানযুক্ত *This home provides residential care for the elderly.*

R

residual / rɪˈzɪdjuəl রি'জ়িডিউঅ্যাল্ / *adj.* (*only before a noun*) (*formal*) left at the end of a process অবশিষ্টাংশ, বাকি *There are still a few residual problems with the computer program.*

residue / ˈrezɪdju: ˈরেজ়িডিউ / *noun* [C, *usually sing.*] (*formal*) what is left after the main part of sth is taken or used প্রধান অংশটি ব্যবহার হয়ে যাওয়ার পর যেটুকু বাকি থেকে গেছে; অবশিষ্টাংশ, অবশেষ, তলানি *The washing powder left a white residue on the clothes.*

resign / rɪˈzaɪn রি'জ়াইন্ / *verb* **1** [I, T] **resign (from/as) (sth)** to leave your job or position পদত্যাগ করা, কাজে ইস্তফা দেওয়া, চাকরি ছেড়ে দেওয়া *He's resigned as chairman of the committee.* **2** [T] **resign yourself to sth/doing sth** to accept sth that is unpleasant but that you cannot change অপ্রীতিকর কোনো কিছু গ্রহণ করা (যা অপরিবর্তনীয়), অনিবার্যকে স্বীকার করে নেওয়া *Hemant resigned himself to the fact that he would not be selected in the team.*

resignation / ˌrezɪgˈneɪʃn ˌরেজ়িগ্ˈনেইশ্ন্ / *noun* **1** [C, U] **resignation (from sth)** a letter or statement that says you want to leave your job or position পদত্যাগপত্র, ইস্তফা *to hand in your resignation* ○ *a letter of resignation* **2** [U] the state of accepting sth unpleasant that you cannot change অপ্রীতিকর কোনো কিছু যা পরিবর্তন করা যায় না তা গ্রহণ করা বা মেনে নেওয়ার মনোভাব

resigned / rɪˈzaɪnd রি'জ়াইন্ড্ / *adj.* **resigned (to sth/doing sth)** accepting sth that is unpleasant but that you cannot change কোনো অপ্রীতিকর অথচ অপ্রতিরোধ্য ঘটনাকে মেনে নেওয়া হচ্ছে বা হয়েছে এমন; হতাশ্বাস, নিরুপায় *Ben was resigned to the fact that he would never be an athlete.*

resilient / rɪˈzɪliənt রি'জ়িলিঅ্যান্ট্ / *adj.* strong enough to deal with illness, a shock, change, etc. অসুস্থতা, বিপর্যয়, পরিবর্তন ইত্যাদির মোকাবিলা করার জন্য যথেষ্ট শক্তিশালী এমন; প্রাণবন্ত, প্রাণোচ্ছল ▶ **resilience** *noun* [U] আগের অবস্থায় ফিরে আসার ক্ষমতা; প্রাণোচ্ছলতা

resin / ˈrezɪn ˈরেজ়িন্ / *noun* [U] **1** a sticky substance that is produced by some trees and is used in making **varnish** medicine, etc. কোনো কোনো গাছের এক ধরনের রস যার থেকে বার্নিশ, ওষুধ ইত্যাদি তৈরি করা হয়; রজন, জতু, সর্জরস **2** an artificial substance that is used in making plastics কৃত্রিম পদার্থ যা দিয়ে প্লাস্টিক তৈরি হয়

resist / rɪˈzɪst রি'জ়িস্ট্ / *verb* **1** [I, T] to try to stop sth happening or to stop sb from doing sth; to fight back against sth/sb বাধা দেওয়া, প্রতিরোধ করা; কোনো ব্যক্তি বা বস্তুর বিরোধিতা করা, আটকানো *The government are resisting pressure to change the law.* ○ *to resist arrest* **2** [T] to stop yourself from having or doing sth that you want to have or do যা করতে ইচ্ছা করছে বা যা পেতে ইচ্ছা করছে তার থেকে বিরত হওয়া *I couldn't resist telling Leela what we'd bought for her.*

resistance / rɪˈzɪstəns রি'জ়িস্ট্যান্স্ / *noun* **1** [U] **resistance (to sb/sth)** trying to stop sth from happening or to stop sb from doing sth; fighting back against sb/sth বিরোধিতা, বাধাদান; কোনো ব্যক্তি বা বস্তুর বিরুদ্ধে লড়াই; প্রতিরোধ *The government troops overcame the resistance of the rebel army.* **2** [U] **resistance (to sth)** the power in a person's body not to be affected by disease রোগ প্রতিরোধ ক্ষমতা **3** [C, U] (*technical*) (*symbol* **R**) the fact of a substance not **conducting** heat or electricity; a measurement of this তাপ অথবা বিদ্যুৎ পরিবহণে যে পদার্থ অপারগ; এর পরিমাপ

resistant / rɪˈzɪstənt রি'জ়িস্ট্যান্ট্ / *adj.* **resistant (to sth)** **1** not wanting sth and trying to prevent sth happening প্রতিরোধধর্মী *resistant to change* **2** not harmed or affected by sth যা অন্য কিছুর দ্বারা ক্ষতিগ্রস্ত বা প্রভাবিত হয় না *This watch is water-resistant.*

resistor / rɪˈzɪstə(r) রি'জ়িস্ট্যা(র্) / *noun* [C] (*technical*) a device that does not allow electric current to flow through it freely in a **circuit** এমন একটা ব্যবস্থা যা একটা সার্কিটের মধ্যে দিয়ে স্বাধীনভাবে বিদ্যুৎপ্রবাহে বাধা দেয়; রোধক; রেজিস্টার

Resistance is measured in ohms (Ω). A resistor of 100 Ω is a much greater obstacle to the flow of current than a resistor of 10 Ω.

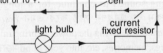

cell
current
light bulb
fixed resistor

Variable resistors have values that can be altered so it is possible to adjust the current flowing in the circuit.

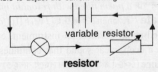

variable resistor

resistor

resolute / ˈrezəlu:t ˈরেজ়্যালুট্ / *adj.* having or showing great determination দৃঢ়প্রতিজ্ঞ, স্থির সংকল্প যার *a resolute refusal to change* ✪ সম **determined** ▶ **resolutely** *adv.* অনমনীয়ভাবে, দৃঢ়প্রতিজ্ঞভাবে

resolution / ˌrezəˈlu:ʃn ˌরেজ়্যা'লুশ্ন্ / *noun* **1** [U] the quality of being firm and determined স্থির প্রতিজ্ঞা, অটল সংকল্প **2** [U] solving or settling a problem, dispute, etc. কোনো সমস্যা, বিতর্ক ইত্যাদির সমাধান বা মীমাংসা করা হচ্ছে এমন **3** [C] a formal decision that is taken after a vote by a group of people ভোটের মধ্যে দিয়ে কোনো সরকারি সিদ্ধান্ত গ্রহণ *The UN resolution condemned the invasion.* **4** [C] a firm decision to do or not to do sth কোনো কিছু করা বা না করার ব্যাপারে স্থির সিদ্ধান্ত

resolve / rɪˈzɒlv রি'জ়ল্ভ্ / *verb* (*formal*) **1** [T] to find an answer to a problem সমস্যা সমাধানের পথ খুঁজে পাওয়া *Most of the difficulties have been resolved.* **2** [I, T] to decide sth and be determined not to change your mind একবার সিদ্ধান্ত নেওয়ার পরে তাতেই মনস্থির করে থাকা *He resolved never to repeat the experience.*

resonance / ˈrezənəns 'রেজ়্যান্যান্স্ / *noun* **1** [U] (*formal*) (used about sound) the quality of being **resonant** (শব্দ সম্বন্ধে ব্যবহৃত) যার মধ্যে অনুরণনের গুণ আছে; প্রতিধ্বনিময় *the strange and thrilling resonance of her voice* **2** [C, U] (*technical*) the sound produced in an object by sound of a similar **frequency** from another object অনুরণন, প্রতিধ্বনি **3** [U, C] (*formal*) (in a piece of writing, music, etc.) the power to bring images, feelings, etc. into the mind of the person reading or listening; the images, etc. produced in this way (কোনো রচনা, সংগীত ইত্যাদি প্রসঙ্গে ব্যবহৃত) শ্রোতা অথবা পাঠকের মনে ছবি আঁকার এবং অনুভব প্রকট করার ক্ষমতা; এইভাবে যে ছবি ইত্যাদি সৃষ্টি করা হয়

resonant / ˈrezənənt 'রেজ়্যান্যান্ট্ / *adj.* **1** (used about a sound) deep, clear and continuing for a long time (শব্দের সম্বন্ধে ব্যবহৃত) গমগমে, পরিষ্কার, দীর্ঘস্থায়ী *a deep resonant voice* **2** (*technical*) causing sounds to continue for a long time প্রতিধ্বনি বা অনুরণন সৃষ্টি করে এমন *resonant frequencies* **3** having the power to bring images, feelings, memories, etc. into your mind মনের মধ্যে ভাবমূর্তি, অনুভূতি, স্মৃতি ইত্যাদি জাগিয়ে তোলার ক্ষমতাসম্পন্ন *a poem filled with resonant imagery*

resonate / ˈrezəneɪt 'রেজ়্যানেইট্ / *verb* [I] (*formal*) **1** (used about a voice, an instrument, etc.) to make a deep, clear sound that continues for a long time (কোনো স্বর, যন্ত্র ইত্যাদি সম্বন্ধে ব্যবহৃত) গমগমে আওয়াজের অনুরণন তোলা *Her voice resonated through the theatre.* **2 resonate (with sth)** (used about a place) to be filled with sound; to make a sound continue longer (জায়গা সম্বন্ধে ব্যবহৃত) গমগমে আওয়াজে ভরে ওঠা; কোনো আওয়াজকে দীর্ঘস্থায়ী করে তোলা *The room resonated with the chatter of 100 people.* **3 resonate (with sb/sth)** to remind sb of sth; to be similar to what sb thinks or believes কাউকে কিছু মনে করিয়ে দেওয়া; কারও চিন্তাভাবনা বা বিশ্বাসের সঙ্গে সাদৃশ্য থাকা *These issues resonated with the voters.*

PHR V **resonate with sth** (*formal*) to be full of a particular quality or feeling কোনো বিশেষ অনুভূতি বা বৈশিষ্ট্যপূর্ণ হওয়া *She makes a simple story resonate with complex themes and emotions.*

resort[1] / rɪˈzɔːt রি'জ়:ট্ / *noun* [C] a place where a lot of people go to on holiday ছুটিতে যে স্থানে অনেক লোকে বেড়াতে যায় *a seaside/ski resort*

IDM **in the last resort; (as) a last resort** ➪ **last[1]** দেখো।

resort[2] / rɪˈzɔːt রি'জ়:ট্ / *verb* [I] **resort to sth/doing sth** to do or use sth bad or unpleasant because you feel you have no choice অন্য আর কোনো উপায় না পেয়ে অপছন্দের বা খারাপ কিছু করতে বা ব্যবহার করতে বাধ্য হওয়া *After not sleeping for three nights I finally resorted to sleeping pills.*

resounding / rɪˈzaʊndɪŋ রি'জাউনডিং / *adj.* (*only before a noun*) **1** very loud খুব চড়া, অত্যন্ত জোরে *resounding cheers* **2** very great খুব বেশি, উল্লেখযোগ্য, কৃতিত্বপূর্ণ *a resounding victory/win/defeat/success*

resource / rɪˈsɔːs; -ˈzɔːs রি'স:স্; -'জ়:স্ / *noun* [C, *usually pl.*] a supply of sth, a piece of equipment, etc. that is available for sb to use ব্যবহারযোগ্য কোনো কিছু, যন্ত্রপাতি ইত্যাদির জোগান বা সরবরাহ *Russia is rich in **natural resources** such as oil and minerals.*

resourceful / rɪˈzɔːsfl; -ˈsɔːs- রি'জ়:স্ফ্‌ল্; -'স:স্- / *adj.* good at finding ways of doing things কাজ হাসিল করতে দক্ষ; করিৎকর্মা

respect[1] / rɪˈspekt রি'স্পেক্ট্ / *noun* **1** [U] **respect (for sb/sth)** the feeling that you have when you admire or have a high opinion of sb/sth কোনো ব্যক্তি বা বস্তুর প্রতি উচ্চ ধারণা থাকার ফলে বা মুগ্ধ হলে যে মনোভাব হয়; শ্রদ্ধা, সমীহ, খাতির *I **have** little **respect** for people who are arrogant.* ○ *to win/lose sb's respect* ➪ **self-respect** দেখো। **2** [U] **respect (for sb/sth)** polite behaviour or care towards sb/sth that you think is important কোনো গুরুত্বপূর্ণ ব্যক্তি অথবা বস্তুর প্রতি ভদ্র সৌজন্যমূলক আচরণ *We should all treat older people with more respect.* ✪ বিপ **disrespect** **3** [C] a detail or point বিষয়, ব্যাপার, দিক ***In what respects** do you think things have changed in the last ten years?* ○ *Her performance was brilliant **in every respect**.*

R

IDM **with respect to sth** (*formal*) about or concerning sth কোনো বিষয়ে, সম্পর্কে, সম্বন্ধে
pay your respects ➪ **pay**[1] দেখো।

respect[2] / rɪˈspekt রি'স্পেক্ট্ / *verb* [T] **1 respect sb/sth (for sth)** to admire or have a high opinion of sb/sth কোনো ব্যক্তি অথবা বস্তুকে শ্রদ্ধা এবং সমীহ করা, উচ্চ ধারণা পোষণ করা *I respect him for his honesty.* **2** to show care for or pay attention to sb/sth কোনো ব্যক্তিকে খাতির করা বা কোনো ব্যক্তি বা বস্তুর প্রতি অধিক মনোযোগ দেওয়া *We should respect other people's cultures and values.* ► **respectful** / -fl -ফ্ল্ / *adj.* **respectful (to/towards sb)** সশ্রদ্ধ, ভক্তিপূর্ণ *The crowd listened in respectful silence.* ✪ বিপ **disrespectful** ► **respectfully** / -fəli -ফ্যালি / *adv.* ভক্তি এবং শ্রদ্ধা সহকারে; সসম্ভ্রমে

respectable / rɪˈspektəbl রি'স্পেক্ট্যাব্‌ল্ / *adj.* **1** considered by society to be good, proper or correct সমাজে সম্মানীয়, সামাজিক খ্যাতি সম্পন্ন; শ্রদ্ধাভাজন *a respectable family* ○ *He combed his hair and tried to look respectable for the interview.* **2** quite good or large যথেষ্ট ভালো অথবা বেশি *a respectable salary* ► **respectability** / rɪˌspektəˈbɪləti রি,স্পেক্ট্যা'বিল্যাটি / *noun* [U] সম্মান, মর্যাদা

respective / rɪˈspektɪv রি'স্পেকটিভ্ / *adj.* (*only before a noun*) belonging separately to each of the people who have been mentioned যার যার, নিজ নিজ, স্ব স্ব, আপন আপন *They all left for their respective destinations.*

respectively / rɪˈspektɪvli রি'স্পেকটিভ্‌লি / *adv.* in the same order as sb/sth that was mentioned যথাক্রমে *Reena and Raju, aged 17 and 19, respectively.*

respiration / ˌrespəˈreɪʃn ,রেস্প্যা'রেইশ্‌ন্ / *noun* [U] **1** (*formal*) breathing নিঃশ্বাস-প্রশ্বাস **2** (*technical*) a process by which living things produce energy from food. Respiration usually needs **oxygen** যে পদ্ধতিতে জীবজগৎ খাদ্য থেকে শক্তি সংগ্রহ করে, এই পদ্ধতিতে অক্সিজেনের প্রয়োজন হয়

respirator / ˈrespəreɪtə(r) 'রেস্প্যারেইট্যা(র্) / *noun* [C] **1** a piece of equipment that makes it possible for sb to breathe over a long period when he/she is unable to do so naturally স্বাভাবিকভাবে নিঃশ্বাস-প্রশ্বাসের কাজ চালানো সম্ভব না হলে যে সরঞ্জামের সাহায্যে দীর্ঘক্ষণ তা করা সম্ভব হয়; কৃত্রিম শ্বাসযন্ত্র *She was put on a respirator.* **2** a device worn over the nose and mouth to allow sb to breathe in a place where there is a lot of smoke, gas, etc. নাক ও মুখের উপর দিয়ে পরা যন্ত্রবিশেষ যা মানুষকে ধোঁয়া, গ্যাস ইত্যাদি পূর্ণ স্থানে স্বাভাবিক শ্বাসপ্রশ্বাস নিতে সাহায্য করে

respiratory / rəˈspɪrətri; ˈrespərətri র‍্যা'স্পিরাট্রি; 'রেসপ্যারাট্রি / *adj.* connected with breathing নিঃশ্বাসপ্রশ্বাস সম্পর্কিত *the respiratory system* ○ *respiratory diseases*

respire / rɪˈspaɪə(r) রি'স্পাইঅ্যা(র্) / *verb* [I] (*technical*) to breathe নিঃশ্বাস নেওয়া ও ফেলা, শ্বাস প্রশ্বাসের কাজ চালানো

respite / ˈrespaɪt 'রেসপাইট্ / *noun* [*sing.*, U] **respite (from sth)** a short period of rest from sth that is difficult or unpleasant কঠিন বা অপ্রীতিকর কোনো জিনিসের হাত থেকে সাময়িক বিরাম; রেহাই *There was a brief respite from the fighting.*

respond / rɪˈspɒnd রি'স্পন্ড্ / *verb* [I] **1** (*formal*) **respond (to sb/sth) (with/by sth)** to say or do sth as an answer or reaction to sth সাড়া দেওয়া, উত্তর দেওয়া *He responded to my question with a nod.* ○ *Ben responded to the manager's criticism by scoring two goals.* ✪ সম **reply 2 respond (to sb/sth)** to have or show a good or quick reaction to sb/sth ভালো অথবা দ্রুত প্রতিক্রিয়া হওয়া বা দেখানো *The patient did not respond well to the new treatment.*

response / rɪˈspɒns রি'স্পন্স্ / *noun* [C, U] **(a) response (to sb/sth)** an answer or reaction to sb/sth কোনো কিছুর উত্তর বা প্রতিক্রিয়া *I've sent out twenty letters of enquiry but I've had no responses yet.* ○ *The government acted **in response to** economic pressure.*

aerobic respiration
anaerobic respiration

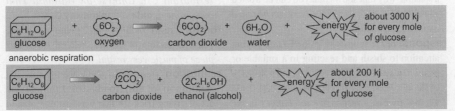

respiration

responsibility / rɪˌspɒnsəˈbɪləti রি,স্পন্‌স্যা-ˈবিল্যাটি / *noun* (*pl.* **responsibilities**) **1** [U, C] **responsibility (for sb/sth); responsibility (to do sth)** a duty to deal with sth so that it is your fault if sth goes wrong কর্তব্য, দায়িত্ব *I refuse to **take responsibility** if anything goes wrong.* ○ *I feel that I **have a responsibility** to help them—after all, they did help me.* **2** [U] the fact of sth being your fault; blame কোনো ভুল কাজের জন্য দোষস্বীকার; দোষারোপ *No group has yet admitted responsibility for planting the bomb.*

IDM shift the blame/responsibility (for sth) (onto sb) ➪ **shift[1]** দেখো।

responsible / rɪˈspɒnsəbl রিˈস্পন্‌স্যাব্‌ল্ / *adj.* **1** (*not before a noun*) **responsible (for sb/sth); responsible (for doing sth)** having the job or duty of dealing with sb/sth, so that it is your fault if sth goes wrong কারও বা কিছুর সঙ্গে মোকাবিলার দায়িত্ব বা কর্তব্য নেওয়া হয়েছে এমন (যাতে ভুল হলে সেই দায়িত্ব নিজের উপরেই বর্তায়) *The school is responsible for the safety of the children in school hours.* ○ *The manager is responsible for making sure the shop is run properly.* **2** (*not before a noun*) **responsible (for sth)** being the person whose fault sth is কোনো ভুলত্রুটির জন্য দায়ী; দায়বদ্ধ *Who was responsible for the accident?* **3** (*not before a noun*) **responsible (to sb/sth)** having to report to sb/sth with authority, or to sb who you are working for, about what you are doing কর্তৃপক্ষের কাছে জবাবদিহির দায় আছে এমন, নিজের কাজের জন্য অন্য কারও কাছে জবাব দিতে হয় এমন *Members of Parliament are responsible to the electors.* **4** (used about a person) that you can trust to behave well and in a sensible way (কোনো ব্যক্তি সম্বন্ধে ব্যবহৃত) দায়িত্বজ্ঞানসম্পন্ন, বিশ্বাসযোগ্য *Manisha is responsible enough to take her little sister to school.* ✪ বিপ **irresponsible** **5** (used about a job) that is important and that should be done by a person who can be trusted (কোনো চাকুরি অথবা কাজ সম্বন্ধে ব্যবহৃত) যা খুব গুরুত্বপূর্ণ এবং যা কোনো নির্ভরশীল ব্যক্তিকেই দেওয়া যেতে পারে

responsibly / rɪˈspɒnsəbli রিˈস্পন্‌স্যাব্‌লি / *adv.* in a sensible way that shows that you can be trusted দায়িত্বভার গ্রহণে সক্ষম এরকমভাবে *They can be relied on to act responsibly.*

responsive / rɪˈspɒnsɪv রিˈস্পন্‌সিভ্ / *adj.* paying attention to sb/sth and reacting in a suitable or positive way কোনো ব্যক্তি অথবা বস্তুর প্রতি মনোযোগ দেওয়া এবং ভালোভাবে বা ইতিবাচকভাবে সাড়া দেওয়া হয় এমন *By being responsive to changes in the market, the company has had great success.*

rest[1] / rest রেস্ট্ / *verb* **1** [I] to relax, sleep or stop after a period of activity or because of illness কাজকর্মের পরে আরাম করা, ঘুমোনো, বিশ্রাম করা; অসুস্থতার পরে কাজকর্ম বন্ধ করে বিশ্রাম নেওয়া *We've been walking for hours. Let's rest here for a while.* **2** [T] to not use a part of your body for a period of time because it is tired or painful শরীরের কোনো শ্রান্ত বা বেদনাদায়ক অঙ্গকে বিশ্রাম দেওয়া *Your knee will get better as long as you rest it as much as you can.* **3** [I, T] **rest (sth) on/against sth** to place sth in a position where it is supported by sth else; to be in such a position কোনো কিছু ভর দিয়ে বা হেলান দিয়ে রাখা; এমন অবস্থায় থাকা *She rested her head on his shoulder and went to sleep.*

IDM let sth rest to not talk about sth any longer কোনো বিশেষ বিষয়ে আলোচনা বন্ধ করা

PHR V rest on sb/sth to depend on sb/sth or be based on sth কারও বা কোনো কিছুর উপর নির্ভর করা বা কিছুর উপর ভিত্তি করে হওয়া *The whole theory rests on a very simple idea.*

rest[2] / rest রেস্ট্ / *noun* **1** [C, U] a period of relaxing, sleeping or doing nothing বিশ্রাম, ঘুম, আরাম, বিশ্রান্তি, কর্মবিরতি *I'm going upstairs to **have a rest**.* ○ *I sat down to **give** my bad leg **a rest**.* **2 the rest (of sb/sth)** [*sing.,with sing. or pl. verb*] the part that is left; the ones that are left শেষাংশ, বাকি অংশ; অবশিষ্ট অংশ, বাদবাকি *We had lunch and spent the rest of the day on the beach.* ○ *She takes no interest in what happens in the rest of the world.* **3** [C, U] (in music) a period of silence between notes; a sign for this (সংগীতে) দুই স্বরের মধ্যবর্তী সময়; বিরামচিহ্ন

IDM at rest not moving যা থেমে আছে, নিষ্কম্প, স্থির, নিশ্চল *At rest the insect looks like a dead leaf.*

come to rest to stop moving থেমে যাওয়া *The car crashed through a wall and came to rest in a field.*

put/set your/sb's mind at rest ➪ **mind[1]** দেখো।

restaurant / ˈrestrɒnt ˈরেস্‌ট্রন্ট্ / *noun* [C] a place where you can buy and eat a meal রেস্তোরাঁ, ভোজনালয়; রেস্টুরেন্ট *a fast food/hamburger restaurant* ○ *a Chinese/an Italian/a Thai restaurant* ➪ **cafe** এবং **takeaway** দেখো।

restful / ˈrestfl ˈরেস্ট্‌ফ্‌ল্ / *adj.* giving a relaxed, peaceful feeling আরামদায়ক, শান্তিপূর্ণ *I find this piece of music very restful.*

restitution / ˌrestɪˈtjuːʃn ˌরেস্‌টিˈটিউশ্‌ন্ / *noun* [U] **restitution (of sth) (to sb/sth)** **1** (*formal*) the act of giving back sth that was lost or stolen to its owner চুরি যাওয়া বা হারানো জিনিস মালিককে ফেরত

দেওয়ার ক্রিয়া; প্রত্যর্পণ **2** (in law) payment, usually money, for some harm or wrong that sb has suffered (আইনে) কোনো ব্যক্তির কিছু ক্ষতি করার কারণে দেয় কিছু, সাধারণত অর্থ; ক্ষতিপূরণ

restless / ˈrestləs ˈরেস্‌ট্‌ল্যাস্ / *adj.* **1** unable to relax or be still because you are bored, nervous or impatient একঘেয়ে, উদ্বিগ্ন বা অধৈর্য লাগার কারণে অস্থির, অশান্ত, চঞ্চল *The children always get restless on long journeys.* **2** (used about a period of time) without sleep or rest (সময়কাল সম্বন্ধে ব্যবহৃত) নিদ্রাহীন, বিশ্রামহীন ▶ **restlessly** *adv.* অশান্তভাবে

restoration / ˌrestəˈreɪʃn ˌরেস্‌ট্যা'রেইশ্‌ন্ / *noun* **1** [C, U] the return of sth to its original condition; the things that are done to achieve this কোনো বস্তুকে তার আসল অবস্থায় ফিরিয়ে দেওয়া হয় এমন; পুনরুদ্ধার; এটি করতে গিয়ে যা যা করা হয় *The house is in need of restoration.* **2** [U] the return of sth to its original owner কোনো বস্তু আসল মালিককে ফেরত দেওয়ার ক্রিয়া; প্রত্যর্পণ *the restoration of stolen property to its owner*

restore / rɪˈstɔː(r) রি'স্ট:(র্) / *verb* [T] **restore sb/sth (to sb/sth)** **1** to put sb/sth back into his/her/its former condition or position কোনো ব্যক্তি অথবা বস্তুকে তার আগের স্বাভাবিক অবস্থায় ফিরিয়ে আনা *She restores old furniture as a hobby.* ○ *In the recent elections, the former president was restored to power.* **2 restore sth to sb** (*formal*) to give sth that was lost or stolen back to sb কারও হারিয়ে যাওয়া অথবা চুরি যাওয়া জিনিস তাকে ফেরত দেওয়া

restrain / rɪˈstreɪn রি'স্ট্রেইন্ / *verb* [T] **restrain sb/sth (from sth/doing sth)** to keep sb or sth under control; to prevent sb or sth from doing sth কোনো ব্যক্তি অথবা বস্তুকে নিয়ন্ত্রিত করে রাখা, সামলানো, বাগে রাখা; কাউকে বা কিছুকে কোনো কাজ থেকে আটকে রাখা, দমন করা, বিরত করা *I had to restrain myself from saying something rude.*

restrained / rɪˈstreɪnd রি'স্ট্রেইন্ড্ / *adj.* not showing strong feelings সংযত হয়ে, প্রকৃত মনোভাব প্রকাশ না করে

restraint / rɪˈstreɪnt রি'স্ট্রেইন্ট্ / *noun* **1** [U] the quality of behaving in a calm or controlled way সংযম, নিয়ন্ত্রণ *It took a lot of restraint on my part not to scold him.* ○ *Soldiers have to exercise* ***self-restraint*** *even when provoked.* **2** [C] **a restraint (on sb/sth)** a limit or control on sth কোনো কিছুর উপর সীমা বা নিয়ন্ত্রণ *Are there any restraints on what the newspapers are allowed to publish?*

restrict / rɪˈstrɪkt রি'স্ট্রিক্ট্ / *verb* [T] **restrict sb/sth (to sth/doing sth)** to put a limit on sb/sth কোনো ব্যক্তি বা বস্তুকে সীমার ভিতর রাখা, গণ্ডি বেঁধে দেওয়া *There is a plan to restrict the use of cars in the area.*

restricted / rɪˈstrɪktɪd রি'স্ট্রিক্‌টিড্ / *adj.* controlled or limited নিয়ন্ত্রিত বা সীমিত *There is only restricted parking available.*

restriction / rɪˈstrɪkʃn রি'স্ট্রিক্‌শ্‌ন্ / *noun* **restriction (on sth)** **1** [C] something (sometimes a rule or law) that limits the number, amount, size, freedom, etc. of sb/sth (কোনো নিয়ম বা আইন) যা কোনো ব্যক্তি বা বস্তুর পরিমাণ, আকার, স্বাধীনতা ইত্যাদি নিয়ন্ত্রণ করে; নিষেধাজ্ঞা, সীমিতকরণ *parking restrictions in the town centre* ○ *The government is to* ***impose*** *tighter* ***restrictions*** *on the number of immigrants permitted to settle in this country.* **2** [U] the action of limiting the freedom of sb/sth কারও স্বাধীনতায় আরোপিত বাধানিষেধ; নিষিদ্ধকরণ *This ticket permits you to travel anywhere, without restriction.*

restrictive / rɪˈstrɪktɪv রি'স্ট্রিকটিভ্ / *adj.* limiting; preventing people from doing what they want নিয়ন্ত্রণমূলক, নিষেধাত্মক; লোকে যা করতে চায় তার উপর নিষেধাজ্ঞামূলক

rest room *noun* [C] (*AmE*) a public toilet in a hotel, shop, restaurant, etc. হোটেল, দোকান, রেস্তোরাঁ ইত্যাদিতে সাধারণের জন্য শৌচালয় ⇨ **toilet**-এ নোট দেখো।

result¹ / rɪˈzʌlt রি'জ়াল্ট্ / *noun* **1** [C] something that happens because of sth else; the final situation at the end of a series of actions কোনো কাজের ফল; ঘটনা পরম্পরার শেষে পরিণাম, পরিণতি *The traffic was very heavy and* ***as a result*** *I arrived late.* ○ *This wasn't really the result that I was expecting.* **2** [C, U] a good effect of an action কোনো কাজের ভালো পরিণাম *He has tried very hard to find a job, until now without result.* ○ *The treatment is beginning to show results.* **3** [C] the score at the end of a game, competition or election কোনো খেলা, প্রতিযোগিতা বা নির্বাচনের শেষে চূড়ান্ত ফলাফল *Have you heard today's football results?* ○ *The results of this week's competition will be published next week.* **4** [C, *usually pl.*] the mark given for an exam or test পরীক্ষায় প্রদত্ত নম্বর *When do you* ***get*** *your exam* ***results****?* **5** [C] something that is discovered by a medical test চিকিৎসাশাস্ত্রের নিয়ম মেনে জানতে পারা কোনো পরীক্ষার ফল *I'm still waiting for the result of my X-ray.* ○ *The result of the test was negative.*

result² / rɪˈzʌlt রি'জ়াল্ট্ / *verb* [I] **result (from sth)** to happen or exist because of sth কোনো কিছুর

ফলে ঘটা *Ninety per cent of the deaths in road accidents resulted from injuries to the head.*

PHR V **result in sth** to cause sth to happen; to produce sth as an effect কোনো ঘটনা ঘটার কারণ হওয়া, ফলস্বরূপ হওয়া; পরিণামে ঘটা *There has been an accident on the highway, resulting in long delays.*

resume / rɪˈzu:m; -ˈzju:- রি'জুম্; -'জ়িউ- / *verb* [I, T] to begin again or continue after a pause or interruption বিরতির পর কাজ শুরু করা বা কাজে যোগ দেওয়া; পুনরারম্ভ করা *Normal service will resume as soon as possible.*

resumé / ˈrezjumeɪ ˈরেজ়িউমেই / (*AmE*) = **CV**

resumption / rɪˈzʌmpʃn রি'জাম্প্শ্ন্ / *noun* [*sing.*, U] (*written*) beginning again or continuing after a pause or interruption পুনরারম্ভ অথবা বিরতির পর আবার চালাতে থাকা

resurgence / rɪˈsɜ:dʒəns রি'স্যজ্যান্স্ / *noun* [C, *usually sing.*] (*formal*) the return and growth of an activity that had stopped কোনো ঘটনা থেমে যাওয়ার পর আবার তার সূচনা ও বৃদ্ধি; পুনরুত্থান, পুনরভ্যুদয় *a resurgence of interest in the artist's work*

resurrect / ˌrezəˈrekt ˌরেজ্যা'রেক্ট্ / *verb* [T] to bring back sth that has not been used or has not existed for a long time কোনো বস্তু যা বহুদিন ব্যবহার হয়নি বা ছিল না তাকে আবার নতুন করে ফেরত আনা; পুনরুজ্জীবিত করা, পুনরুদ্রেক করা

resurrection / ˌrezəˈrekʃn ˌরেজ্যা'রেক্শ্ন্ / *noun* **1** [U] bringing back sth that has not existed or not been used for a long time কোনো বস্তু যা বহুদিন ব্যবহার করা হয়নি বা ছিল না তাকে আবার নতুন করে ফেরত আনার পদ্ধতি; পুনরুত্থান, পুনরুজ্জীবন **2 the Resurrection** [*sing.*] (in the Christian religion) the return to life of Jesus Christ (খ্রিস্ট ধর্মানুসারে) জিশুখ্রিস্টের পুনরুত্থান; পুনরভ্যুত্থানবার্ষিকী

resuscitate / rɪˈsʌsɪteɪt রি'সাসিটেইট্ / *verb* [T] to bring sb who has stopped breathing back to life শ্বাস বন্ধ হয়ে গেছে এমন ব্যক্তিকে পুনর্জীবন দেওয়া, পুনরুজ্জীবিত করা *Unfortunately, all efforts to resuscitate the patient failed.* ▶ **resuscitation** / rɪˌsʌsɪˈteɪʃn রি,সাসি'টেইশ্ন্ / *noun* [U] নবজীবন সঞ্চার, পুনরুজ্জীবন *mouth-to-mouth resuscitation*

retail / ˈri:teɪl 'রীটেইল্ / *noun* [U] the selling of goods to the public in shops, etc. দোকান ইত্যাদিতে সাধারণের কাছে পণ্য বিক্রয় করা ➪ **wholesale** দেখো।

retailer / ˈri:teɪlə(r) 'রীটেইল্যা(র্) / *noun* [C] a person or company who sells goods to the public in a shop যে দোকানি বা কোম্পানি জনসাধারণের কাছে জিনিস বিক্রি করে; খুচরো বিক্রেতা

retain / rɪˈteɪn রি'টেইন্ / *verb* [T] (*formal*) to keep or continue to have sth; not to lose কোনো কিছু ধারণ করে রাখা, বজায় রাখা, ধরে রাখা; হারিয়ে না ফেলা *Despite all her problems, she has managed to retain a sense of humour.* ➪ **retention** noun দেখো।

retaliate / rɪˈtælieɪt রি'ট্যালিএইট্ / *verb* [I] **retaliate (against sb/sth)** to react to sth unpleasant that sb does to you by doing sth unpleasant in return অপ্রীতিকর কোনো ব্যবহারের বদলে অপ্রীতিকর কিছু করা; প্রতিশোধ নেওয়া; বদলা নেওয়া, প্রতিহিংসা চরিতার্থ করা ▶ **retaliation** / rɪˌtæliˈeɪʃn রি,ট্যালি'এইশ্ন্ / *noun* [U] **retaliation (against sb/sth) (for sth)** প্রতিশোধ, বদলা, প্রতিশোধ গ্রহণ, প্রতিফল দান *The terrorist group said that the shooting was* ***in retaliation*** *for the murder of one of its members.*

retarded / rɪˈtɑ:dɪd রি'টা:ডিড্ / *adj.* slower to develop than normal স্বাভাবিকের চেয়ে বিকাশ যার কম

retch / retʃ রেচ্ / *verb* [I] to make sounds and movements as if you are going to vomit, but without bringing any food up from your stomach বমি করার মতো আওয়াজ করা কিন্তু বমি না করা, ওয়াক তোলা অথচ বমি না হওয়া

retention / rɪˈtenʃn রি'টেন্শ্ন্/ *noun* [U] the action of keeping sth or of being kept ধারণ, ধরে রাখা বা বজায় রাখার ক্রিয়া ➪ **retain** verb দেখো।

rethink / ˈri:θɪŋk; ˌri:ˈθɪŋk 'রীথিংক্; ˌরী'থিংক্ / *verb* [I, T] (*pt, pp* **rethought** / -ˈθɔ:t -'থ:ট্ /) to think about sth again because you probably need to change it কোনো কিছু (কারণ তা সম্ভবত পরিবর্তন করতে হতে পারে) পুনর্বিবেচনা করা, নতুন করে আবার ভেবে দেখা *The government has been forced to rethink its economic policy.*

reticent / ˈretɪsnt 'রেটিস্ন্ট্ / *adj.* **reticent (about sth)** not wanting to tell people about things সব কথা সবাইকে জানাতে চায় না এমন; চাপা, স্বল্পভাষী, মিতবাক, স্বল্পোক্তিপ্রবণ *He is extremely reticent about his personal life.* ▶ **reticence** noun [U] স্বল্পভাষিতা, স্বল্পোক্তিপ্রবণতা

retina / ˈretɪnə 'রেটিন্যা / *noun* [C] the area at the back of your eye that is sensitive to light and sends an image of what is seen to your brain চোখের মণির পিছনের আলোকসংবেদী পর্দা যা মস্তিষ্কে সেই দেখা জিনিসটির প্রতিফলন ঘটায়; ঝিল্লি, অক্ষিপট ➪ **eye**-এ ছবি দেখো।

retinue / ˈretɪnju: 'রেটিনিউ / *noun* [C, *with sing. or pl. verb*] a group of people who travel with an important person to provide help and support কোনো গুরুত্বপূর্ণ ব্যক্তির সঙ্গে তাকে সাহায্য করার জন্য যে ব্যক্তিগণ সফর করেন

retire / rɪˈtaɪə(r) রি'টাইঅ্যা(র্) / *verb* [I] **1 retire (from sth)** to leave your job and stop working, usually because you have reached a certain age অবসর নেওয়া; একটা বয়সের পরে কাজ থেকে অবসর নেওয়া *Most people in the company retire at 60.* ○ *Injury forced her to retire from professional athletics.* **2** to leave and go to a quiet or private place লোকালয়ের বাইরে নিরিবিলি জায়গায় চলে যাওয়া

retired / rɪˈtaɪəd রি'টাইঅ্যাড্ / *adj.* having stopped work permanently অবসরপ্রাপ্ত; রিটায়ার্ড *a retired teacher*

retirement / rɪˈtaɪəmənt রি'টাইঅ্যাম্যান্ট্ / *noun* **1** [C, U] the act of stopping working permanently অবসর গ্রহণ *She has decided to* ***take early retirement****.* ○ *The former world champion has announced his retirement from the sport.* **2** [*sing.*, U] the situation or period after retiring from work অবসর গ্রহণের পরবর্তী পরিস্থিতি বা সময় *We all wish you a long and happy retirement.*

> NOTE অবসরপ্রাপ্ত কোনো ব্যক্তি নিয়মিত যে অর্থলাভ করে তাকে **pension** বলা হয়। প্রাক্তন কর্মদাতা বা সরকার থেকে এই অর্থ প্রাপ্ত হতে পারে। ভারতবর্ষে ৬০ বছর বয়সে অবসর প্রাপ্তি হয় এবং এই ব্যক্তিগণকে **pensioner** বলা হয়।

retiring / rɪˈtaɪərɪŋ রি'টাইঅ্যারিং / *adj.* (used about a person) shy and quiet (কোনো ব্যক্তি সম্বন্ধে ব্যবহৃত) লাজুক এবং চুপচাপ

retort¹ / rɪˈtɔːt রি'টঃট্ / *verb* [T] to reply quickly to what sb says, in an angry or amusing way রেগে বা মজা করে সঙ্গে সঙ্গে উত্তর দেওয়া; সমুচিত জবাব দেওয়া *'Who asked you for your opinion?' she retorted.*

retort² / rɪˈtɔːt রি'টঃট্ / *noun* [C] **1** a quick, angry or amusing reply চটপট, উত্তপ্ত অথবা মজাদার উত্তর *an angry retort* **2** a round glass vessel with a long neck bent downwards that is used in a **laboratory** for distilling water তরলকে পাতিত করার জন্য নীচের দিকে বাঁকানো সরু লম্বা গলাওয়ালা গোল কাচের পাত্র যা ল্যাবরেটিতে ব্যবহৃত হয়; পাত্র; বকযন্ত্র ➪ **laboratory**-তে ছবি দেখো।

retrace / rɪˈtreɪs রি'ট্রেইস্ / *verb* [T] to repeat a past journey, series of events, etc. পুরোনো যাত্রাপথে পুনরায় ফিরে যাওয়া অথবা কোনো ঘটনাবলীর স্মৃতিচারণায় রত হওয়া *If you* ***retrace your steps****, you might see where you dropped the ticket.*

retract / rɪˈtrækt রি'ট্র্যাক্ট্ / *verb* [I, T] (*formal*) to say that sth you have said is not true নিজের পূর্ববক্তব্য ফিরিয়ে নেওয়া *When he appeared in court, he retracted the confession he had made to the police.*

retreat¹ / rɪˈtriːt রি'ট্রীট্ / *verb* [I] **1** (used about an army, etc.) to move backwards in order to leave a battle or in order not to become involved in a battle (সৈন্য-সামন্ত ইত্যাদি সম্বন্ধে ব্যবহৃত) পিছু হটা, পশ্চাদপসরণ করা, যুদ্ধে বিরত হওয়া *The order was given to retreat.* ✪ বিপ **advance** **2** to move backwards; to go to a safe or private place পিছিয়ে যাওয়া; নিরাপদ, নিজস্ব জায়গায় চলে যাওয়া *(figurative) She seems to retreat into a world of her own sometimes.*

retreat² / rɪˈtriːt রি'ট্রীট্ / *noun* **1** [C, U] the action of moving backwards, away from a difficult or dangerous situation (বিপজ্জনক অথবা কঠিন পরিস্থিতির থেকে) পশ্চাদপসরণ *The invading forces are now in retreat.* ✪ বিপ **advance** **2** [C] a private place where you can go when you want to be quiet or to rest আলাদা নিভৃত জায়গা যেখানে লোকসমাজের বাইরে নিজের মতো আরামে থাকা যায়; নির্জন অথবা নিভৃত জায়গা *a country retreat*

retrial / ˌriːˈtraɪəl ˌরী'ট্রাইঅ্যাল্ / *noun* [C, *usually sing.*] a new trial for a person whose criminal offence has already been judged once in a court of law যে অপরাধীর একবার বিচার হয়েছে তার সেই অপরাধের পুনর্বিচার *The judge ordered a retrial because new evidence had appeared.*

retribution / ˌretrɪˈbjuːʃn ˌরেট্রি'বিউশ্ন্ / *noun* [U] (*written*) **retribution (for sth)** punishment for a crime অপরাধের শাস্তি

retrieve / rɪˈtriːv রি'ট্রীভ্ / *verb* [T] **1 retrieve sth (from sb/sth)** to get sth back from the place where it was left or lost কোনো বস্তু যেখানে হারিয়ে গিয়েছিল বা যেখানে ফেলে আসা হয়েছিল সেখান থেকে উদ্ধার করা *Police divers retrieved the body from the canal.* **2** (*computing*) to find information that has been stored জমিয়ে রাখা তথ্য থেকে খুঁজে বার করা *The computer can retrieve all the data about a particular customer.* **3** to make a bad situation or a mistake better; to put sth right খারাপ পরিস্থিতি উন্নত করা বা ভ্রম সংশোধন করা; কোনো কিছু ঠিকপথে চালিত করা *The team was losing two-nil at half-time but they managed to* ***retrieve the situation*** *in the second half.* ▶ **retrieval** / -vl -ভ্ল্ / *noun* [U] পুনরুদ্ধার

retro- / ˈretrəʊ 'রেট্র্যাউ / *prefix* (*used in nouns, adjectives and adverbs*) back or backwards পশ্চাৎ, পশ্চাতে, বিপরীতমুখী *retrospective*

retrograde / ˈretrəɡreɪd 'রেট্র্যাগ্রেইড্ / *adj.* (*formal*) (used about an action) making a situation worse or returning to how sth was in the past (কোনো কাজ সম্বন্ধে ব্যবহৃত) অবস্থা খারাপ করে ফেলা হয়েছে

অথবা অতীতে যা ছিল সেই অবস্থায় ফেরা হয়েছে এমন *The closure of the factory is a* ***retrograde step****.*

retrospect / ˈretrəspekt ˈরেট্র্যাস্‌পেক্‌ট্ / *noun*

IDM in retrospect thinking about sth that happened in the past, often seeing it differently from the way you saw it at the time অতীতের কোনো ঘটনার কথা ভেবে বর্তমানে তাকে নতুনভাবে দেখা *In retrospect, I can see what a stupid mistake it was.*

retrospective / ˌretrəˈspektɪv ˌরেট্র্যা ˈস্পেক্‌টিভ্ / *adj.* **1** looking again at the past অতীতের দিকে আবার তাকিয়ে *a retrospective analysis of historical events* **2** (used about laws, decisions, payments, etc.) intended to take effect from a date in the past (আইন, সিদ্ধান্ত, দেয় অর্থ ইত্যাদি সম্বন্ধে ব্যবহৃত) অতীতের কোনো নির্দিষ্ট দিন থেকে বহাল এরকম *Is this new tax law retrospective?* ► **retrospectively** *adv.* পূর্বপ্রভাবিতভাবে, অতীতের প্রভাবে

return[1] / rɪˈtɜːn রিˈটান্ / *verb* **1** [I] **return (to/from)** to come or go back to a place ফেরত আসা, ফিরে যাওয়া, প্রত্যাবর্তন করা *I leave on 10 July and return on 6 August.* ○ *I shall be returning to this country in six months.* **2** [I] **return (to sth/doing sth)** to go back to the former or usual activity, situation, condition, etc. আগের বা যা স্বাভাবিক সেই অবস্থা, কাজ, পরিস্থিতি ইত্যাদিতে ফেরা *The strike is over and they will* ***return to work*** *on Monday.* ○ *It is hoped that train services will* ***return to normal*** *soon.* **3** [I] to come back; to happen again ফেরত আসা; পুনরায় ঘটা *If the pain returns, make another appointment to see me.* **4** [T] **return sth (to sb/sth)** to give, send, put or take sth back কোনো কিছু ফেরত পাঠানো বা দেওয়া, ফেরত নেওয়া *I've stopped lending him things because he never returns them.* ○ *Application forms must be returned by 14 March.* **5** [T] to react to sth that sb does, says or feels by doing, saying or feeling sth similar কারও কোনো কথা, কাজ বা মনোভাবের প্রতি একইরকম জিনিস করে প্রতিক্রিয়া দেখানো *I've phoned them several times and left messages but they haven't returned any of my calls.* ○ *We'll be happy to return your hospitality if you ever come to our country.* **6** [T] (***in tennis***) to hit or throw the ball back (টেনিসে) বল মারা

return[2] / rɪˈtɜːn রিˈটান্ / *noun* **1** [*sing.*] **a return (to/from)** coming or going back to a place or to a former activity, situation or condition আগের কাজে, পরিস্থিতিতে বা অবস্থায় আসা বা ফেরার ক্রিয়া; প্রত্যাবর্তন, পুনরাগমন *I'll contact you* ***on my return*** *from holiday.* ○ *He has recently made a return to form* (= started playing well again). **2** [U] giving, sending, putting or taking sth back দেওয়া, পাঠানো, রাখা অথবা কিছু ফেরত নেওয়ার ক্রিয়া *I demand the immediate return of my passport.* **3** [C] (in tennis) the act of hitting or throwing the ball back (টেনিসে) বল মারার ক্রিয়া *She hit a brilliant return.* **4** [C, U] **(a) return (on sth)** the profit from a business, etc. ব্যাবসা ইত্যাদিতে লাভ *This account offers high returns on all investments.* **5** [C] (*BrE* **return ticket,** *AmE* **round trip; round trip ticket**) a ticket to travel to a place and back again কোনো স্থানে গিয়ে আবার ফিরে আসার জন্য একসঙ্গে ভাড়া দিয়ে কেনা টিকিট *A* ***day return*** *to Delhi, please.* ○ *Is the* ***return fare*** *cheaper than two singles?* ✪ বিপ **single** অথবা **one-way** **6** (*also* **the return key**) [*sing.*] the button on a computer that you press when you reach the end of a line or of an instruction লাইনের শেষে পৌঁছোলে বা নির্দেশ দেওয়া শেষ হলে কম্পিউটারের যে বোতামটি টেপা হয়

IDM by return (of post) (*BrE*) immediately; by the next post অবিলম্বে; ফিরতি ডাকে

in return (for sth) as payment or in exchange (for sth); as a reaction to sth কোনো কিছুর বদলে, তার মূল্যে; কোনো কাজের প্রতিক্রিয়া হিসেবে *Please accept this present in return for all your help.*

returnable / rɪˈtɜːnəbl রিˈট্যান্যাব্‌ল্ / *adj.* that can or must be given or taken back যা ফেরত দেওয়া যায় বা অবশ্যই ফেরত দিতে হবে বা নিতে হবে *a non-returnable deposit*

reunion / riːˈjuːniən রীˈইউনিঅ্যান্ / *noun* **1** [C] a party or occasion when friends or people who worked together meet again after they have not seen each other for a long time যাদের সঙ্গে অনেকদিন দেখা হয়নি সেইসব পুরোনো বন্ধু, কর্মীদের মিলনোৎসব; পুনর্মিলনোৎসব *The college holds an annual reunion for former students.* **2** [C, U] **a reunion (with sb/between A and B)** coming together again after being apart আলাদা হওয়ার পরে আবার মিলিত বা একত্রিত *The released hostages had an emotional reunion with their families at the airport.*

reunite / ˌriːjuːˈnaɪt ˌরীউˈনাইট্ / *verb* [I, T] **reunite (A with/and B)** to come together again; to join two or more people, groups, etc. together again পুনরায় একত্রিত হওয়া; দুই বা ততোধিক ব্যক্তি, দল ইত্যাদির আবার একত্রিত হওয়া *The missing child was found by the police and reunited with his parents.*

Rev. *abbr.* Reverend রেভারেন্ড; পাদরি

rev[1] / rev রেভ্ / *verb* [I, T] (**revving; revved**) **rev (sth) (up)** when an engine revs or when you rev it, it turns quickly and noisily ইঞ্জিনের গতি বৃদ্ধি করা বা আবর্তিত করা (সশব্দে)

rev² / rev রেভ্ / *noun* [C] (*informal*) (used when talking about an engine's speed) one complete turn (ইঞ্জিনের গতি সম্বন্ধে ব্যবহৃত) পুরো একবার ঘোরা; আবর্তন *4000 revs per minute* ➪ **revolution** দেখো।

reveal / rɪˈviːl রি'ভীল্ / *verb* [T] **1 reveal sth (to sb)** to make sth known that was secret or unknown before অজানা বা গোপন কিছু প্রকাশিত করা *He refused to reveal any names to the police.* **2** to show sth that was hidden before যা লুকোনো ছিল তা দেখানো *The X-ray revealed a tiny fracture in her right hand.*

revealing / rɪˈviːlɪŋ রি'ভীলিং / *adj.* **1** allowing sth to be known that was secret or unknown before গোপন বা অজানা কিছু দৃষ্টিগোচর হতে দেওয়া হয় এমন *This book provides a revealing insight into the world of politics.* **2** allowing sth to be seen that is usually hidden, especially sb's body যা সাধারণত দেখানো হয় না তা দেখতে দেওয়া, বিশেষত কোনো ব্যক্তির শরীর *a very revealing swimsuit*

revel / ˈrevl ˈরেভ্‌ল্ / *verb* (**revelling; revelled** *AmE* **reveling; reveled**)

PHR V revel in sth/doing sth to enjoy sth very much কোনো কিছু খুব বেশি পরিমাণে উপভোগ করা *He likes being famous and revels in the attention he gets.*

revelation / ˌrevəˈleɪʃn ˌরেভ্যা'লেইশন্ / *noun* **1** [C] something that is made known, that was secret or unknown before, especially sth surprising গোপন বা অজানা কোনো জিনিস, বিশেষত যা বিস্ময়কর তা প্রকাশ করা হয়েছে এমন *This magazine is full of revelations about the private lives of the stars.* **2** [*sing.*] a thing or a person that surprises you and makes you change your opinion about sb/sth কোনো চমকপ্রদ ব্যক্তি বা বস্তু যা অন্য কোনো ব্যক্তি বা বস্তু সম্বন্ধে ধারণা বদলে দেয়

revenge / rɪˈvendʒ রি'ভেন্জ্ / *noun* [U] **revenge (on sb) (for sth)** something that you do to punish sb who has hurt you, made you suffer, etc. যে আঘাত করেছে বা কষ্ট দিয়েছে তাকে শাস্তি দেওয়ার জন্য যে ব্যবহার করা হয়; প্রতিশোধ, বদলা *He made a fool of me and now I want to **get** my **revenge**.* ○ *to **take revenge*** ○ *The shooting was **in revenge** for an attack by the nationalists.* ➪ **vengeance** দেখো। ▶ **revenge** *verb* [T] **revenge yourself on sb** প্রতিহিংসা চরিতার্থ করা, প্রতিশোধ বা বদলা নেওয়া *She revenged herself on her enemy.* ➪ **avenge** দেখো।

revenue / ˈrevənjuː ˈরেভ্যানিউ / *noun* [U, *pl.*] money regularly received by a government, company, etc. সরকার বা কোনো সংস্থা নিয়মিত যে টাকা পায়; রাজস্ব, শুল্ক, কর *Revenue from income tax rose last year.*

reverberate / rɪˈvɜːbəreɪt রি'ভ্যব্যারেইট্ / *verb* [I] **1** (used about a sound) to be repeated several times as it comes off different surfaces (শব্দ সম্বন্ধে ব্যবহৃত) বিভিন্ন তল থেকে ধ্বনিত হওয়ার কারণে বারবার শব্দ আসা; প্রতিধ্বনিত হওয়া *Her voice reverberated around the hall.* ✪ সম **echo** **2 reverberate (with/to sth)** (used about a place) to seem to shake because of a loud noise (কোনো স্থান সম্বন্ধে ব্যবহৃত) জোরালো আওয়াজে কেঁপে ওঠার মতো হওয়া *The hall reverberated with the sound of music and dancing.*

revere / rɪˈvɪə(r) রি'ভিঅ্যা(র্) / *verb* [T] (*usually passive*) (*formal*) **revere sb/sth (as sth)** to feel great respect or admiration for sb/sth কোনো ব্যক্তি বা বস্তুর প্রতি গভীর শ্রদ্ধা বোধ করা; পরম শ্রদ্ধাসহ দেখা *He is revered as one of the greatest musicians of his generation.*

reverence / ˈrevərəns ˈরেভ্যার‍্যান্স্ / *noun* [U] (*formal*) **reverence (for sb/sth)** a feeling of great respect শ্রদ্ধা, সম্ভ্রম

Reverend (*also* **reverend**) / ˈrevərənd ˈরেভ্যার‍্যান্ড্ / *adj.* (*abbr.* **Rev.**) the title of a Christian priest খ্রিস্টান যাজকদের উপাধি; রেভারেন্ড

reverent / ˈrevərənt ˈরেভ্যার‍্যান্ট্ / *adj.* (*formal*) showing respect শ্রদ্ধাশীল, সম্ভ্রমপূর্ণ

reversal / rɪˈvɜːsl রি'ভ্যসল্ / *noun* [U, C] the action of changing sth to the opposite of what it was before; an occasion when this happens বিপরীতমুখী পরিবর্তন; যখন এইরকম পরিবর্তন ঘটে *The government insists that there will be no reversal of policy.* ○ *The decision taken yesterday was a complete reversal of last week's decision.*

reverse¹ / rɪˈvɜːs রি'ভ্যস্ / *verb* **1** [T] to put sth in the opposite position to normal or to how it was before কোনো কিছু বিপরীত অবস্থা থেকে আগের স্বাভাবিক অবস্থায় অথবা যে পরিস্থিতিতে ছিল সেটিতে ফিরিয়ে দেওয়া *Today's results have reversed the order of the top two teams.* **2** [T] to exchange the positions or functions of two things or people দুটি জিনিস বা ব্যক্তির অবস্থান বা কাজের বিনিময় ঘটানো *Leela and her husband have reversed roles—he stays at home now and she goes to work.* **3** [I, T] to go backwards in a car, etc.; to make a car go backwards গাড়িতে করে পিছন দিকে যাওয়া; গাড়ি পিছন দিকে চালানো *It might be easier to reverse into that* *parking space.* ○ *He reversed his brand new car into a wall.*

IDM **reverse (the) charges** (*BrE*) to make a telephone call that will be paid for by the person who receives it এমনভাবে টেলিফোন করা যে টেলিফোন যে পাচ্ছে সে-ই কলের দাম দেবে *Phone us when you get there, and reverse the charges.* ○ *a reverse charge call*

reverse[2] / rɪˈvɜːs রি'ভ্যস্ / *noun* **1** [*sing.*] **the reverse (of sth)** the complete opposite of what was said just before, or of what is expected সদ্য যা বলা হয়েছে বা যা আশা করা হয়, তার সম্পূর্ণ বিপরীত; সম্পূর্ণ উলটো *Of course I don't dislike you—quite the reverse* (= I like you very much). ○ *This course is the exact reverse of what I was expecting.* **2** (*also* **reverse gear**) [U] the control in a car, etc. that allows it to move backwards গাড়ি পিছনদিকে নিয়ে যাওয়ার জন্য ব্যবহৃত নিয়ন্ত্রণ (গিয়ার) *Leave the car* ***in reverse*** *while it's parked on this hill.*

IDM **in reverse** in the opposite **order**, starting at the end and going backwards to the beginning বিপরীতভাবে, শেষ থেকে শুরু করে প্রথমে ফিরে আসা

reverse[3] / rɪˈvɜːs রি'ভ্যস্ / *adj.* opposite to what is expected or has just been described যা প্রত্যাশা করা হয়েছিল বা যে বর্ণনা দেওয়া হয়েছিল তার সম্পূর্ণ বিপরীত

IDM **in/into reverse order** starting with the last one and going backwards to the first one একেবারে শেষ থেকে শুরু করে পিছন দিকে গিয়ে প্রথমের কাছে পৌঁছোনো, বিপরীত পর্যায়ক্রমে *The results will be announced in reverse order.*

reversible / rɪˈvɜːsəbl রি'ভ্যস্যাব্ল্ / *adj.* **1** (used about clothes) that can be worn with either side on the outside (জামাকাপড় সম্বন্ধে ব্যবহৃত) যা দুপিঠেই পরা যায় *a reversible coat jacket* **2** (used about a process, an action or a disease) that can be changed so that sth returns to its original state or situation (কোনো পদ্ধতি, ক্রিয়া বা রোগ সম্বন্ধে ব্যবহৃত) যা বদলানো বা পুরোনো অবস্থায় ফেরানো যায়; পরিবর্তনযোগ্য ✪ বিপ **irreversible**

revert / rɪˈvɜːt রি'ভ্যট্ / *verb* [I] **revert (to sth)** to return to a former state or activity আগেকার অবস্থায় অথবা পরিস্থিতিতে ফেরত আসা *The land will soon revert to jungle if it is not farmed.* ○ *If the experiment is unsuccessful we will revert to the old system.*

review[1] / rɪˈvjuː রি'ভিউ / *noun* **1** [C, U] the examining or considering again of sth in order to decide if changes are necessary পরিবর্তনের প্রয়োজন আছে কিনা তা খতিয়ে দেখার জন্য কোনো কিছুর পুনর্বার পরীক্ষা; পুনর্বিবেচনা *There will be a review of your contract after the first six months.* ○ *The system is in need of review.* **2** [C] a look back at sth in order to check, remember, or be clear about sth খতিয়ে দেখা, মনে করা বা কোনো বিষয়ে পরিষ্কার হওয়ার জন্য পুনর্বার ভেবে দেখা বা পুনরায় ফিরে দেখার ক্রিয়া *a review of the major events of the year* **3** [C] a newspaper or magazine article, or an item on television or radio, in which sb gives an opinion on a new book, film, play, etc. সংবাদপত্র বা পত্রিকায় কোনো লেখা অথবা কোনো দূরদর্শন বা বেতার অনুষ্ঠান যেখানে কেউ নতুন বই, চলচ্চিত্র, নাটক ইত্যাদি সম্বন্ধে মতামত প্রকাশ করে; সমালোচনা, পর্যালোচনা *The film got bad reviews.*

review[2] / rɪˈvjuː রি'ভিউ / *verb* [T] **1** to examine or consider sth again in order to decide if changes are necessary কোনো পরিবর্তনের প্রয়োজন আছে কিনা তা পুনর্বিবেচনা করে দেখা *Your salary will be reviewed after one year.* **2** to look at or think about sth again to make sure that you understand it ভালো করে বোঝা গেছে কিনা তা পুনরায় বিবেচনা করে দেখা *Let's review what we've done in class this week.* **3** to write an article or to talk on television or radio, giving an opinion on a new book, film, play, etc. কোনো নতুন বই, চলচ্চিত্র, নাটক ইত্যাদি সম্বন্ধে পত্রপত্রিকা বা টেলিভিশন বা রেডিওর জন্য সমালোচনা লেখা বা বক্তব্য রাখা *In this week's edition our film critic reviews the latest films.*

reviewer / rɪˈvjuːə(r) রি'ভিউঅ্যা(র্) / *noun* [C] a person who writes about new books, films, etc. যে নতুন বই, চলচ্চিত্র ইত্যাদি সম্বন্ধে লেখে; সমালোচক

revise / rɪˈvaɪz রি'ভাইজ্ / *verb* **1** [T] to make changes to sth in order to correct or improve it সঠিক বা আরও ভালো করার জন্য কিছু পরিবর্তন করা; সংশোধন করা *The book has been revised for this new edition.* ○ *I revised my opinion of him when I found out that he had lied.* **2** [I, T] (*BrE*) **revise (for sth)** to read or study again sth that you have learnt, especially when preparing for an exam বিশেষত পরীক্ষার প্রস্তুতির জন্য ঝালিয়ে নেওয়া, ভালো করে শেখার জন্য পুনর্বার পঠন, অধ্যয়ন অনুশীলন করা *I can't come out tonight. I'm revising for my exam.* ○ *None of the things I had revised came up in the exam.*

revision / rɪˈvɪʒn রি'ভিজ্ন্ / *noun* **1** [C, U] the changing of sth in order to correct or improve it সংশোধন বা উন্নত করার জন্য পরিবর্তন, পরিমার্জন *It has been suggested that the whole system is in need of revision.* **2** [U] (*BrE*) the work of reading or studying again sth you have learnt, especially when preparing for an exam পরীক্ষার প্রস্তুতির জন্য শেখা হয়ে গেছে এমন কিছুর পুনর্বার পঠন, অধ্যয়ন বা অনুশীলন *I'm going to have to* ***do a lot of revision*** *for History.*

revival / rɪˈvaɪvl রি'ভাইভ্‌ল্ / *noun* **1** [C, U] the act of becoming or making sth strong or popular again কোনো কিছু পুনরায় জোরালো বা জনপ্রিয় করার ক্রিয়া *economic revival* ○ *a revival of interest in traditional farming methods* **2** [C] a new performance of a play that has not been performed for sometime বহুদিন হয়নি এমন কোনো নাটকের পুনঃপ্রদর্শন *a revival of the musical 'The Sound of Music'*

revive / rɪˈvaɪv রি'ভাইভ্ / *verb* [I, T] **1** to become or to make sb/sth strong or healthy again; to come or to bring sb back to life or consciousness কোনো ব্যক্তি বা বস্তুকে পুনরায় শক্তিশালী বা সুস্থ করা বা নিজে সেরকম হওয়া; নতুন জীবন বা চেতনায় আসা বা কাউকে ফিরিয়ে আনা *Hopes have revived for an early end to the fighting.* ○ *Attempts were made to revive him but he was already dead.* **2** to become or to make sth popular again; to begin to do or use sth again নতুন করে জনপ্রিয় করে তোলা বা হওয়া; কোনো কিছু করতে শুরু করা বা কোনো কিছুর আবার ব্যবহার শুরু করা *Public interest in athletics has revived now that the national team is doing well.* ○ *to revive an old custom*

revoke / rɪˈvəʊk রি'ভ্যাউক্ / *verb* [T] (*formal*) to officially cancel sth so that it is no longer valid আনুষ্ঠানিকভাবে কোনো কিছু নাকচ করা, প্রত্যাহার করা

revolt / rɪˈvəʊlt রি'ভ্যাউল্ট্ / *verb* **1** [I] **revolt (against sb/sth)** to protest in a group, often violently, against the person or people in power বিদ্রোহ করা, অনেকে মিলে প্রায়ই সহিংসভাবে প্রতিবাদ জানানো (সাধারণত কর্তৃপক্ষের বিরুধ্বে) *A group of generals revolted against the government.* **2** [T] to make sb feel disgusted or ill কোনো ব্যক্তিকে বিরক্ত বোধ করানো অথবা অসুস্থবোধ করানো *The sight and smell of the meat revolted him.* ➪ **revulsion** noun দেখো। ▸ **revolt** *noun* [C, U] বিদ্রোহ, বিরোধিতা *The people rose* ***in revolt*** *against the corrupt government.*

revolting / rɪˈvəʊltɪŋ রি'ভ্যাউল্টিং / *adj.* extremely unpleasant; disgusting অত্যন্ত অপ্রীতিকর; তীব্রভাবে আপত্তিজনক

revolution / ˌrevəˈluːʃn ˌরেভ্যা'লুশ্‌ন্ / *noun* **1** [C, U] action taken by a large group of people to try to change the government of a country, especially by violent action দেশের সরকার পরিবর্তন করার প্রয়াসে বিপুল পরিমাণ জনতার সহিংস আচরণ; বিপ্লব *the French Revolution of 1789* ○ *a country on the brink of revolution* **2** [C] **a revolution (in sth)** a complete change in methods, opinions, etc., often as a result of progress (উন্নতির ফলে প্রায়ই) পদ্ধতি, মতামত ইত্যাদিতে আমূল পরিবর্তন *the Industrial Revolution* **3** [C, U] a movement around sth; one complete turn around a central point (for example in a car engine) কোনো কিছুকে ঘিরে যে চলন; কোনো কেন্দ্রবিন্দুকে ঘিরে সম্পূর্ণ আবর্তন (যেমন গাড়ির ইঞ্জিনে) *400 revolutions per minute* ➪ **rev[2]** দেখো।

revolutionary[1] / ˌrevəˈluːʃənəri ˌরেভ্যা'লুশ্যান্যারি / *adj.* **1** connected with or supporting political revolution রাজনৈতিক বিপ্লবের সঙ্গে জড়িত বা তাকে সমর্থন করা হয় এমন *the revolutionary leaders* **2** producing great changes; very new and different আমূল পরিবর্তন আনছে এমন; নতুন এবং আলাদা *a revolutionary new scheme to ban cars from the city centre*

revolutionary[2] / ˌrevəˈluːʃənəri ˌরেভ্যা'লুশ্যান্যারি / *noun* [C] (*pl.* **revolutionaries**) a person who starts or supports action to try to change the government of a country, especially by using violent methods এমন ব্যক্তি যে দেশের সরকারের পরিবর্তন আনার জন্য আন্দোলন শুরু করে বা সমর্থন করে, বিশেষত সহিংসভাবে; বিপ্লবী

revolutionize (*also* **-ise**) / ˌrevəˈluːʃənaɪz ˌরেভ্যা'লুশ্যানাইজ্ / *verb* [T] to change sth completely, usually improving it সাধারণত কোনো কিছুর উন্নতি করে সেটির আমূল পরিবর্তন করা *a discovery that could revolutionize the treatment of mental illness*

revolve / rɪˈvɒlv রি'ভল্‌ভ্ / *verb* [I] to move in a circle around a central point কেন্দ্রবিন্দুর চারিপাশে বৃত্তকারে চলা; আবর্তিত হওয়া, আবর্তন করা *The earth revolves around the sun.*

PHR V **revolve around sb/sth** to have sb/sth as the most important part কোনো ব্যক্তি অথবা বস্তুকে সবচেয়ে গুরুত্বপূর্ণ অংশ বলে গণ্য করা *Her life revolves around the family.*

revolver / rɪˈvɒlvə(r) রি'ভল্‌ভ্যা(র্) / *noun* [C] a type of small gun with a container for bullets that turns round ছোটো আগ্নেয়াস্ত্র; রিভলভার

revolving / rɪˈvɒlvɪŋ রি'ভল্‌ভিং / *adj.* that goes round in a circle যা বৃত্তাকারে ঘোরে *revolving doors*

revulsion / rɪˈvʌlʃn রি'ভাল্‌শ্‌ন্ / *noun* [U] a feeling of disgust (because sth is extremely unpleasant) বিতৃষ্ণার ভাব (কোনো কিছু প্রবল অপ্রীতিকর হওয়ার কারণে) ➪ **revolt** verb দেখো।

reward[1] / rɪˈwɔːd রি'উঅ:ড় / *noun* **reward (for sth/doing sth)** **1** [C, U] something that you are given because you have done sth good, worked hard, etc. পুরস্কার, প্রতিদান *Winning the match was **just reward** for all the effort.* **2** [C] an amount of money that is given in exchange for helping the police, returning sth that was lost, etc. যা হারিয়ে গিয়েছিল তা ফেরত দেওয়া, পুলিশকে সাহায্য করা ইত্যাদির বিনিময়ে যে অর্থ দেওয়া হয় *Police are offering a reward for information leading to a conviction.*

reward[2] / rɪˈwɔːd রি'উঅ:ড্ / *verb* [T] **reward sb (for sth/for doing sth)** (*usually passive*) to give sth to sb because he/she has done sth good, worked hard, etc. কোনো ব্যক্তিকে তার ভালো কাজ, শ্রম ইত্যাদির জন্য পুরস্কৃত করা *Eventually her efforts were rewarded and she got a job.*

rewarding / rɪˈwɔːdɪŋ রি'উঅ:ডিং/ *adj.* (used about an activity, job, etc.) giving satisfaction; making you happy because you think it is important, useful, etc. (কোনো কাজকর্ম, চাকুরি ইত্যাদি সম্বন্ধে ব্যবহৃত) পরিতৃপ্তিদায়ক; গুরুত্বপূর্ণ ও প্রয়োজনীয় মনে করা হয় বলে সেটি আনন্দদায়ক

rewind / ˌriːˈwaɪnd ˌরী'উআইন্ড্ / *verb* [T] (*pt, pp* **rewound**) to make a video or cassette tape go backwards কোনো ভিডিও অথবা ক্যাসেট টেপ উলটোদিকে ঘোরানো বা গুটিয়ে নেওয়া *Please rewind the tape at the end of the film.* ► **rewind** *noun* [U] গুটোনো বা উলটোদিকে ঘোরানোর ক্রিয়া ➪ **fast forward** দেখো।

rewrite / ˌriːˈraɪt ˌরী'রাইট্ / *verb* [T] (*pt* **rewrote** / -ˈrəʊt -'র‍্যাউট্ /; *pp* **rewritten** / -ˈrɪtn -'রিট্ন্ /) to write sth again in a different or better way কোনো কিছু অন্যভাবে অথবা আবার ভালোভাবে লেখা

rhetoric / ˈretərɪk 'রেট্যারিক্ / *noun* [U] (*formal*) a way of speaking or writing that is intended to impress or influence people but is not always sincere লোকের মনে রেখাপাত করার উদ্দেশ্যে যেভাবে বলা বা লেখা হয়, কিন্তু সবসময় তা আন্তরিক নয়; অলংকারশাস্ত্র ► **rhetorical** / rɪˈtɒrɪkl রি'টরিক্ল্ / *adj.* অলংকারপূর্ণ, বুলিসর্বস্ব ► **rhetorically** / rɪˈtɒrɪkli রি'টরিক্লি / *adv.* আড়ম্বরপূর্ণভাবে, আলংকারিকভাবে

rhetorical question *noun* [C] a question that does not expect an answer এমন প্রশ্ন যার উত্তর দেওয়ার দরকার নেই

rheumatism / ˈruːmətɪzəm 'রূম্যাটিজ্যাম্ / *noun* [U] an illness that causes pain in muscles and where your bones join together (**the joints**) এমন রোগ যা শরীরের মাংসপেশিতে এবং অস্থিসন্ধিতে ব্যথা সৃষ্টি করে; বাতের অসুখ, বাত

rhino / ˈraɪnəʊ 'রাইন্যাউ / (*pl.* **rhinos**) (*informal*) = **rhinoceros**

rhinoceros / raɪˈnɒsərəs রাই'নস্যার‍্যাস্ / *noun* [C] (*pl.* **rhinoceros** or **rhinoceroses**) a large animal from Africa or Asia, with a thick skin and with one or two horns on its nose আফ্রিকা বা এশিয়া থেকে আগত এবং একটি বা দুটি খড়্গযুক্ত গন্ডার ➪ **pachyderm**-এ ছবি দেখো।

rhomboid / ˈrɒmbɔɪd 'রম্‌বইড্/ *noun* [C] (*technical*) a flat shape with four straight sides, with only the opposite sides and angles equal to each other বিপরীত বাহুগুলি একে অপরের সমান এরকম আকারের চতুর্ভুজ ➪ **parallelogram**-এ ছবি দেখো।

rhombus / ˈrɒmbəs 'রম্‌ব্যাস্ / *noun* [C] (*mathematics*) a flat shape with four equal sides and four angles which are not 90° (গণিত) সমবাহু অসমকোণী চতুর্ভুজ; রম্বস ➪ **parallelogram**-এ ছবি দেখো।

rhubarb / ˈruːbɑːb 'রূবা:ব্ / *noun* [U] a plant with long red parts (**stalks**) that can be cooked and eaten as fruit লাল ডাঁটাওয়ালা গাছ যা রান্না করে খাওয়া যায় আবার ফলের মতো খাওয়া যায়

rhyme[1] / raɪm রাইম্ / *noun* **1** [C] a word that has the same sound as another অন্য আর একটি শব্দের সঙ্গে মিল যুক্ত শব্দ; ছড়া **2** [C] a short piece of writing, or sth spoken, in which the word at the end of each line sounds the same as the word at the end of the line before it একটি ছোটো রচনাংশ বা বক্তৃতা বা বক্তব্য যার প্রতি লাইনের শেষ শব্দের ধ্বনি পূর্বেরটির মতো একইরকম; মিত্রাক্ষর কবিতা ➪ **nursery rhyme** দেখো। **3** [U] the use of words in a poem or song that have the same sound, especially at the ends of lines কবিতায় বা গানে বিশেষত লাইনের শেষে মিলযুক্ত শব্দের ব্যবহার *All of his poetry was written **in rhyme**.*

rhyme[2] / raɪm রাইম্ / *verb* **1** [I] **rhyme (with sth)** to have the same sound as another word; to contain lines that end with words that sound the same দুটি শব্দের মধ্যে আওয়াজের মিল থাকা; অন্ত্যমিলযুক্ত পঙ্‌ক্তি থাকা *'Tough' rhymes with 'stuff'.* **2** [T] **rhyme sth (with sth)** to put together words that have the same sound এক ধ্বনির শব্দ একসঙ্গে সাজানো

rhythm / ˈrɪðəm 'রিদ্যাম্ / *noun* [C, U] a regular repeated pattern of sound or movement ছন্দ, তাল, লয় *He's a terrible dancer because he has no **sense of rhythm**.* ○ *He tapped his foot **in rhythm** with the music.* ► **rhythmic** / ˈrɪðmɪk 'রিদ্‌মিক্ / (*also* **rhythmical** / ˈrɪðmɪkl 'রিদ্‌মিক্ল্ /) *adj.* ছন্দোবন্ধ, ছন্দোময় *the rhythmic qualities of African music* ► **rhythmically** / -kli -ক্লি / *adv.* ছন্দোবন্ধভাবে

ria / ˈriːə 'রীঅ্যা / *noun* [C] (in geography) a long narrow area of water formed when a river valley floods (ভূগোলে) নদী উপত্যকা বন্যা প্লাবিত হওয়ার ফলে যে লম্বা সরু জলাশয় সৃষ্টি হয়

rib / rɪb রিব্ / *noun* [C] one of the curved bones that go round your chest বুকের সরু ঘোরানো হাড়; পর্শুকা, পাঁজর, পঞ্জর, পাঁজরা *He's so thin that you can see his ribs.* ➪ **body**-তে ছবি দেখো।

ribbon / ˈrɪbən ˈরিব্যান্ / *noun* [C, U] a long, thin piece of material that is used for tying or decorating sth একটি সরু, লম্বা, কাপড়ের টুকরো যা কিছু বাঁধা বা সাজানোর জন্য ব্যবহৃত হয়; রিবন, ফিতে

ribbon lake *noun* [C] (in geography) a long narrow lake (ভূগোলে) লম্বা সরু হ্রদ, ফিতে সদৃশ হ্রদ ➪ **glacial**-এ ছবি দেখো।

ribcage / ˈrɪbkeɪdʒ ˈরিব্‌কেইজ্ / *noun* [C] the structure of curved bones **(ribs)** that surrounds and protects the chest সরু হাড় দিয়ে ঘেরা বুকের অংশ; বক্ষপঞ্জর, বুকের খাঁচা, পাঁজরার হাড়সমূহ

rice / raɪs রাইস্ / *noun* [U] short, thin, white or brown grain from a plant that grows on wet land in hot countries. We cook and eat rice চাল, ভাত, চাউল; ধান *boiled/fried/steamed rice* ➪ **cereal**-এ ছবি দেখো।

rich / rɪtʃ রিচ্ / *adj.* **1** having a lot of money or property; not poor অনেক টাকাপয়সা এবং সম্পত্তির অধিকারী; ধনী, বড়োলোক; গরীব নয় *a rich family/country ○ one of the richest women in the world* ➪ **wealthy** দেখো। ✪ বিপ **poor** **2 the rich** *noun* [*pl.*] people with a lot of money or property যে সকল লোক অনেক সম্পত্তির মালিক **3 rich in sth** containing a lot of sth প্রচুর ও বেশি পরিমাণে আছে এমন; সমৃদ্ধ *Oranges are rich in vitamin C.* **4** (used about food) containing a lot of fat, oil, sugar or cream and making you feel full quickly (খাদ্য সম্বন্ধে ব্যবহৃত) প্রচুর বা বেশি করে চর্বি, তেল, চিনি বা ক্রিম থাকার ফলে সেটি খেলে তাড়াতাড়ি পেট ভরে যায় এরকম *a rich chocolate cake* **5** (used about soil) containing the substances that make it good for growing plants in (মৃত্তিকা সম্বন্ধে ব্যবহৃত) উর্বর বা উর্বরা, উৎপাদন ক্ষমতা আছে এমন **6** (used about colours, sounds or smells) strong and deep (রং, শব্দ এবং গন্ধ সম্বন্ধে ব্যবহৃত) তীব্র এবং জোরালো, ভরাট, গাঢ় ► **richness** *noun* [U] সমৃদ্ধি, সমৃদ্ধতা

riches / ˈrɪtʃɪz ˈরিচিজ্ / *noun* [*pl.*] (*formal*) a lot of money or property প্রচুর টাকাপয়সা ও সম্পত্তি ✪ সম **wealth**

richly / ˈrɪtʃli ˈরিচ্‌লি / *adv.* **1** in a generous way উদারভাবে, জমকালোভাবে *She was richly rewarded for her hard work.* **2** in a way that people think is right লোকে যা উপযুক্ত বলে মনে করে *His promotion was* ***richly deserved.***

the Richter scale / ˈrɪktə skeɪl ˈরিক্‌ট্যা স্কেইল্ / *noun* [*sing.*] a system for measuring how strong a movement of the earth's surface (**an earthquake**) is ভূমিকম্প মাপার পদ্ধতি; রিখটার স্কেল *an earthquake measuring 7* ***on the Richter scale***

rickets / ˈrɪkɪts ˈরিকিট্‌স্ / *noun* [U] a disease of children caused by a lack of good food that makes the bones become soft and badly formed, especially in the legs অপুষ্টির কারণে যে অসুখে বাচ্চাদের হাড় নরম এবং বাঁকা হয়ে যায়, বিশেষত পা

rickety / ˈrɪkəti ˈরিক্যাটি / *adj.* likely to break; not strongly made ভঙ্গুর, নড়বড়ে; শক্ত নয় *a rickety old fence ○ rickety furniture*

rickshaw *noun* [C] a small light vehicle with two wheels used in some Asian countries to carry people over short distances. The rickshaw is pulled by a person walking or riding a bicycle (এশিয়ার কোনো কোনো দেশে ব্যবহৃত দু চাকার হালকা যান) রিকশা, সাইকেল রিকশা বা হাতে-টানা রিকশা

ricochet / ˈrɪkəʃeɪ ˈরিক্যাশেই / *verb* [I] (*pt, pp* **ricocheted** / -ʃeɪd -শেইড় /) **ricochet (off sth)** (used about a moving object) to fly away from a surface after hitting it (কোনো ঘূর্ণায়মান বস্তু সম্বন্ধে ব্যবহৃত) ধাক্কা লেগে লাফিয়ে উঠে ঠিকরে যাওয়া; প্রতিক্ষিপ্ত হওয়া *The bullet ricocheted off the wall and grazed his shoulder.*

rid / rɪd রিড্ / *verb* [T] (*pres. part.* **ridding;** *pt, pp* **rid**) (*formal*) **rid yourself/sb/sth of sb/sth** to make yourself/sb/sth free from sb/sth that is unpleasant or not wanted কোনো ব্যক্তি বা বস্তুকে কোনো অপ্রীতিকর বা অবাঞ্ছিত ব্যক্তি বা বস্তুর থেকে অব্যাহতি দেওয়া বা পাওয়া; ভারমুক্ত হওয়া, অব্যাহতি পাওয়া *He was unable to rid himself of his fears and suspicions. ○ He was a nuisance and we're* ***well rid*** *of him* (= it will be much better without him).

IDM get rid of sb/sth to make yourself free of sb/sth that is annoying you or that you do not want; to throw sth away বিরক্তিকর এবং অবাঞ্ছিত ব্যক্তি অথবা বস্তুর থেকে অব্যাহতি বা নিষ্কৃতি পাওয়া; কোনো কিছু ফেলে দেওয়া *Let's get rid of that old chair and buy a new one.*

riddance / ˈrɪdns ˈরিড্‌ন্স্ / *noun*

IDM good riddance (to sb/sth) (*spoken*) used for expressing pleasure or satisfaction that sb/sth that you do not like has gone অপছন্দের কোনো ব্যক্তি বা বস্তুর থেকে রেহাই পেয়ে পরিতৃপ্তি প্রকাশ করতে ব্যবহৃত অভিব্যক্তিবিশেষ, অস্বস্তিকর অবস্থা থেকে মুক্তি, রেহাই অথবা অব্যাহতি

ridden¹ ⇨ **ride¹**-এর past participle

ridden² / ˈrɪdn ˈরিড্‌ন্ / *adj.* (*formal*) (*used in compound adjectives*) full of পীড়িত, জর্জরিত, সমাকীর্ণ *She was guilt-ridden.* ○ *She was ridden with guilt.*

riddle / ˈrɪdl ˈরিড্‌ল্ / *noun* [C] **1** a difficult question that you ask people for fun that has a clever or amusing answer কাউকে জিজ্ঞাসা করা কঠিন প্রশ্ন যার একটি চোখা এবং মজাদার উত্তর হয়; ধাঁধাঁ, হেঁয়ালি, কূট প্রশ্ন **2** a person, thing or event that you cannot understand or explain (ব্যক্তি, বস্তু অথবা ঘটনা) যা বোঝা যায় না বা ব্যাখ্যা করা যায় না; রহস্য, হেঁয়ালি, ধাঁধাঁ, প্রহেলিকা

riddled / ˈrɪdld ˈরিড্‌ল্‌ড্ / *adj.* **riddled with sth** full of sth, especially sth unpleasant কোনো কিছুতে ভরা, অনেক সময় তা অপ্রীতিকর কিছু *This essay is riddled with mistakes.*

ride¹ / raɪd রাইড্ / *verb* (*pt* **rode** / rəʊd র‍্যাউড্ /; *pp* **ridden** / ˈrɪdn ˈরিড্‌ন্ /) **1** [I, T] to sit on a horse, etc. and control it as it moves ঘোড়া ইত্যাদিতে চেপে যাওয়া এবং তাকে নিয়ন্ত্রণ করা *We rode through the forest.* ○ *Which horse is Vinay riding in the next race?*

> **NOTE** বিনোদনের জন্য ঘোড়ায় চাপা বা ঘোড়সওয়ারি করাকে ব্রিটিশ ইংরেজিতে **go riding** বলা হয়—*She goes riding every weekend.* আমেরিকান ইংরেজিতে—*go horseback riding* বলা হয়।

2 [I, T] to sit on a bicycle, motorbike, etc. and control it as it moves সাইকেল, মোটরবাইক ইত্যাদি চালানো *He jumped onto his motorbike and rode off* (= went away). ○ *Can Ravi ride a bike yet?* **3** [I] (*AmE*) to travel as a passenger in a bus, car, etc. বাস, গাড়ি ইত্যাদিতে যাত্রী হিসাবে যাওয়া ▶ **rider** *noun* [C] আরোহী

ride² / raɪd রাইড্ / *noun* [C] **1** a short journey on a horse or bicycle, or in a car, bus, etc. ঘোড়ায়, সাইকেল, গাড়ি, বাস ইত্যাদিতে চড়ে অল্প সময়ের সফর *It's only a short bus/train ride into Karol Bagh.* ○ *We went for a bike ride on Saturday.* **2** used to describe what a journey or trip is like যাত্রার বর্ণনা করতে ব্যবহৃত *a smooth/bumpy/comfortable ride* **3** a large machine at an amusement park which you pay to go on for amusement or excitement; an occasion when you go on one of these যেখানে পয়সা দিয়ে পার্কের মধ্যে ঢুকে কোনো কিছুতে চাপা যায় কেবল আনন্দ এবং উত্তেজনা পাওয়ার জন্য; সেই সময়টি যখন এইরকম কিছুতে চাপা হয় *My favourite fairground ride is the roller coaster.*

IDM take sb for a ride (*informal*) to cheat or trick sb কাউকে ঠকানো, প্রবঞ্চনা করা

ridge / rɪdʒ রিজ্ / *noun* [C] **1** a long, narrow piece of highland along the top of hills or mountains পাহাড়ের উপরে সরু, লম্বা, উঁচু জায়গা; শৈলশিরা **2** a line where two surfaces meet at an angle দুটি সমতলের সংযোগ রেখা

ridicule / ˈrɪdɪkjuːl ˈরিডিকিউল্ / *noun* [U] unkind laughter or behaviour that is intended to make sb/sth appear silly কোনো ব্যক্তি বা বস্তুকে নির্বোধ প্রতিপন্ন করার উদ্দেশ্যে নির্মম হাসি বা ব্যবহার; ঠাট্টা, বিদ্রুপ *He had become an object of ridicule.* ▶ **ridicule** *verb* [T] ঠাট্টা করা, বিদ্রুপ করা *The idea was ridiculed by everybody present.*

ridiculous / rɪˈdɪkjələs রিˈডিকিঅ্যাল্যাস্ / *adj.* very silly or unreasonable বোকা বা অযৌক্তিক *They're asking a ridiculous* (= very high) *price for that house.* ▶ **ridiculously** *adv.* অযৌক্তিকভাবে, বোকার মতো

riding / ˈraɪdɪŋ ˈরাইডিং / (*AmE* **horseback riding**) *noun* [U] the sport or hobby of riding a horse খেলা বা শখের জন্য অশ্বারোহণ *riding boots* ○ *a riding school*

rife / raɪf রাইফ্ / *adj.* (*not before a noun*) (*formal*) (used especially about bad things) very common (বিশেষত খারাপ জিনিসের সম্বন্ধে ব্যবহৃত) অতি সাধারণ *Rumours are rife that his wife has left him.*

rifle¹ / ˈraɪfl ˈরাইফ্‌ল্ / *noun* [C] a long gun that you hold against your shoulder to shoot with এক ধরনের বন্দুক যা কাঁধে রেখে চালানো হয়; রাইফেল

> **NOTE** **Rifle**-এ গুলি **load** (ভরা) করা হয়, **aim** (নিশানা) করা হয় এবং তারপরে **fire** (চালানো) করা হয়।

rifle² / ˈraɪfl ˈরাইফ্‌ল্ / *verb* [I, T] **rifle (through) sth** to search sth usually in order to steal from it সাধারণত চুরি করার বাসনায় খোঁজাখুঁজি করা *I caught him rifling through the papers on my desk.*

rift / rɪft রিফ্ট্ / *noun* [C] **1** a serious disagreement between friends, groups, etc. that stops their relationship from continuing বন্ধুদের বা দলের মধ্যে গুরুতর মতানৈক্য যার ফলে তাদের সম্পর্ক নষ্ট হয়ে যায়; ভাঙন, সম্পর্কচ্ছেদ *a growing rift between the brothers* **2** a very large crack or opening in the ground, a rock, etc. (মাটি, পাথর ইত্যাদিতে) ফাটল, চিড়, ফাঁক

rift valley *noun* [C] (in geography) a valley with steep sides formed when two parallel cracks develop in the earth's surface and the land between them sinks (ভূগোলে) পৃথিবীর উপরে দুদিকে সমান্তরালভাবে ফাটল ধরার কারণে মাঝের জমি বসে গিয়ে যে উপত্যকার সৃষ্টি হয়; গ্রস্ত উপত্যকা

rig¹ / rɪg রিগ্ / *verb* [T] (**rigging; rigged**) to arrange or control an event, etc. in an unfair way, in order to get the result you want জোচ্চুরি করে, অন্যায়ভাবে নিজের ঈপ্সিত ফল পাওয়ার চেষ্টা করে কোনো অনুষ্ঠান ইত্যাদি আয়োজন বা নিয়ন্ত্রণ করা *They claimed that the competition had been rigged.*

PHRV **rig sth up** to make sth quickly, using any materials you can find যেনতেন প্রকারে দাঁড় করানো বা কাজ চালানো *We tried to rig up a shelter using our coats.*

rig² / rɪg রিগ্ / = **oil rig**

rigging / ˈrɪgɪŋ ˈরিগিং / *noun* [U] the ropes, etc. that support a ship's sails জাহাজের পাল দাঁড় করানোর জন্য ব্যবহৃত দড়িদড়া ইত্যাদি

right¹ / raɪt রাইট্ / *adj.* **1** correct; true ঠিক, যথার্থ; সত্য *You were right about the weather—it did rain.* o *'You're Chinese, aren't you?' 'Yes, **that's right**.'* **2 right (for sb/sth)** best; most suitable উত্তম; সর্বাপেক্ষা উপযোগী *I hope I've made **the right decision**.* o *I am sure we've chosen the right person for the job.* o *I would help you to wash the car, but I'm not wearing the right clothes.* **3** (used about behaviour, actions, etc.) fair; morally and socially correct (স্বভাব, কাজ ইত্যাদি সম্বন্ধে ব্যবহৃত) ন্যায়সংগত; সামাজিক ও নৈতিক দিক থেকে যথার্থ *It's not right to treat people so badly.* o *What do you think is **the right thing** to do?* ✪ বিপ **wrong** অর্থ 1, 2 এবং 3-এর জন্য **4** healthy or normal; as it should be স্বাস্থ্যকর বা স্বাভাবিক; ঠিক যেমনটি হওয়া উচিত *The car exhaust doesn't sound right—it's making a funny noise.* o *I don't feel quite right today* (= I feel ill). **5** on or of the side of the body that faces east when a person is facing north উত্তর মুখে দাঁড়ালে শরীরের যে দিকটি পূর্ব দিকে থাকে; ডান দিক, ডাইনে *Most people write with their right hand.* o *He's blind in his right eye.* ✪ বিপ **left** **6** (*BrE spoken*) (used for emphasizing sth bad) real or complete (খারাপ কিছু জোর দিয়ে বোঝাতে ব্যবহৃত) সত্যি, বাস্তব বা সম্পূর্ণ *I'll look a right idiot in that hat!* ▶ **rightness** *noun* [U] যথার্থতা, ন্যায্যতা

IDM **get/start off on the right/wrong foot (with sb)** ⇨ **foot¹** দেখো।

get on the right/wrong side of sb ⇨ **side¹** দেখো।

on the right/wrong track ⇨ **track¹** দেখো।

put/set sth right to correct sth or deal with a problem খারাপ কিছু ঠিক করা বা সমস্যার মোকাবিলা করা *There's something wrong with the lawnmower. Do you think you'll be able to put it right?*

right (you are)! (*spoken*) yes, I will or yes, I agree; OK (কথ্যভাষায় ব্যবহৃত) হ্যাঁ ঠিক আছে, আমি তোমার সঙ্গে একমত! *'See you later.' 'Right you are!'*

(as) right as rain completely healthy and normal সুস্থ, স্বাভাবিক

right² / raɪt রাইট্ / *adv.* **1** exactly; directly ঠিকমতো; একদম সোজাসুজি *The train was right on time.* o *He was sitting right beside me.* **2** correctly; in the way that it should happen or should be done যথার্থভাবে; ন্যায়সংগতভাবে *Have I spelt your name right?* o *Nothing seems to be going right for me at the moment.* ✪ বিপ **wrong** **3** all the way; completely সমস্তটা; সম্পূর্ণভাবে *Did you watch the film right to the end?* o *There's a high wall that goes right round the house.* **4** to the right side দক্ষিণ দিকে *Turn right at the traffic lights.* ✪ বিপ **left** **5** immediately অবিলম্বে *Wait here a minute—I'll be right back.* **6** (*spoken*) (used for preparing sb for sth that is about to happen) get ready; listen (আসন্ন ঘটনা সম্বন্ধে ব্যবহৃত) প্রস্তুত থাকা; শোনা *Have you got your seat belts on? Right, off we go.*

IDM **right/straight away** ⇨ **away** দেখো।

right now at this moment; exactly now এই মুহূর্তে; ঠিক এখনই *We can't discuss this right now.*

serve sb right ⇨ **serve** দেখো।

right³ / raɪt রাইট্ / *noun* **1** [U] what is morally good and fair নৈতিকভাবে ভালো; ন্যায়সংগত, সমীচীন *Does a child of ten really understand the difference between right and wrong?* o *You **did right** to tell me what happened.* ✪ বিপ **wrong** **2** [*sing.*] the right side or direction ডান দিকে *We live in the first house **on the right**.* o *Take the first right and then the second left.* ✪ বিপ **left** **3** [U, C] **the right (to sth/to do sth)** a thing that you are allowed to do according to the law; a moral authority to do sth আইনসম্মত অধিকার; ন্যায্য অধিকার *human rights* o *civil rights* o *animal rights campaigners* **4 the Right** [*sing., with sing. or pl. verb*] the people or political parties who are against social change দক্ষিণপন্থী রাজনৈতিক দল, যারা সাধারণত সামাজিক পরিবর্তনের বিপক্ষে হয়

IDM **be in the right** to be doing what is correct and fair ন্যায়সংগত কাজ করা, সত্য ও ন্যায়ের পক্ষে থাকা *You don't need to apologize. You were in the right and he was in the wrong.*

by rights according to what is fair or correct ন্যায়সংগতভাবে *By rights, half the profit should be mine.*

in your own right because of what you are yourself and not because of other people অন্যের জন্য নয়, নিজের অধিকারের দাবিতে

within your rights (to do sth) acting in a reasonable or legal way ন্যায়সংগতভাবে বা আইনিভাবে আচরণ করা *You are quite within your rights to demand to see your lawyer.*

right[4] / raɪt রাইট্ / *verb* [T] to put sb/sth/yourself back into a normal position (কোনো ব্যক্তি, বস্তু অথবা নিজেকে) স্বাভাবিক অবস্থায় আনা *The boat tipped over and then righted itself again.*

IDM **right a wrong** to do sth to correct an unfair situation or sth bad that you have done অন্যায্য পরিস্থিতি বা মন্দ কোনো কাজ সংশোধন করার জন্য কিছু করা

right angle *noun* [C] (*mathematics*) an angle of 90° (গণিত) ৯০°র কোণ; সমকোণ *A square has four right angles.* ⇨ **acute angle, obtuse angle** এবং **reflex angle** দেখো এবং **angle**-এ ছবি দেখো।

right-angled *adj.* having or consisting of a right angle (= an angle of 90°) সমকোণী, সমকোণ সংক্রান্ত *a right-angled triangle* ⇨ **triangle**-এ ছবি দেখো।

righteous / ˈraɪtʃəs ˈরাইচ্যাস্ / *adj.* (*formal*) that you think is morally good or fair নৈতিকভাবে ভালো এবং ন্যায্য; ন্যায়পরায়ণ, সৎ *righteous anger/ indignation* ⇨ **self-righteous** দেখো।

rightful / ˈraɪtfl ˈরাইট্‌ফ্‌ল্ / *adj.* (*only before a noun*) (*formal*) legally or morally correct; fair আইনের চোখে বা নীতিগত দিক থেকে ঠিক; ন্যায্য ▶ **rightfully** / -fəli -ফ্যালি / *adv.* আইনসম্মতভাবে, যথাযথভাবে

right-hand *adj.* (*only before a noun*) of or on the right of sb/sth কোনো ব্যক্তি বা বস্তুর ডানদিকের বা ডানদিকে *The postbox is on the right-hand side of the road.* ○ *in the top right-hand corner of the screen*

right-handed *adj.* using the right hand for writing, etc. and not the left যে ডান হাতে লেখে, বাঁ হাতে নয়; ডানহাতী

right-hand man *noun* [*sing.*] the person you depend on most to help and support you in your work যার উপর কোনো কাজ অথবা সাহায্যের জন্য সম্পূর্ণ নির্ভর করা যায়; অপরিহার্য ব্যক্তি *the President's right-hand man*

rightly / ˈraɪtli ˈরাইট্‌লি / *adv.* correctly or fairly ঠিকভাবে, যথাযথভাবে *He's been sacked and **quite** rightly, I believe.*

right of way *noun* (*pl.* **rights of way**) **1** [C, U] (*BrE*) a path across private land that the public may use; legal permission to go into or through another person's land ব্যক্তিগত জমির উপর দিয়ে পথ যা সাধারণ মানুষ ব্যবহার করতে পারে; অন্যের সম্পত্তির উপর দিয়ে যাওয়ার আইনসিদ্ধ অধিকার *Walkers have right of way through the farmer's field.* **2** [U] (used in road traffic) the fact that a vehicle in a particular position is allowed to drive into or across a road before another vehicle in a different position (রাস্তার যানবাহন সম্বন্ধে ব্যবহৃত) আগে যাওয়ার অধিকার আছে যে গাড়ির *He should have stopped—I had the right of way.*

right wing *noun* [*sing., with sing. or pl. verb*] the people in a political party who are against social change দক্ষিণপন্থী দল যারা সামাজিক পরিবর্তনের বিরুদ্ধে ▶ **right-wing** *adj.* দক্ষিণপন্থী *a right-wing government* ✪ বিপ **left-wing**

rigid / ˈrɪdʒɪd ˈরিজিড্ / *adj.* **1** not able to or not wanting to change or be changed পরিবর্তন করতে বা পরিবর্তিত হতে চায় না বা তাতে অসমর্থ এমন অনমনীয়, কঠোর, দৃঢ় **2** difficult to bend; stiff যা বাঁকানো শক্ত; অনমনীয় *a rucksack with a rigid frame* ○ *She was rigid with fear.* ▶ **rigidity** / rɪˈdʒɪdəti রিˈজিড্যাটি / *noun* [U] দৃঢ়তা, কঠোরতা; অনমনীয়তা ▶ **rigidly** *adv.* কঠোরভাবে *The speed limit must be rigidly enforced.*

rigor mortis / ˌrɪgə ˈmɔːtɪs ˌরিগ্যা ˈম:টিস্ / *noun* [U] the process by which the body becomes difficult to bend or move after death মৃত্যুর পরে শরীরের আড়ষ্ঠতা বা কাঠিন্য; মরণ-সংকোচ

rigorous / ˈrɪgərəs ˈরিগ্যার্যাস্ / *adj.* done very carefully and with great attention to detail অত্যন্ত যত্নসহকারে এবং পুঙ্খানুপুঙ্খভাবে মনোযোগ দিয়ে করা এমন *Rigorous tests are carried out on the drinking water.* ▶ **rigorously** *adv.* খুবই যত্ন সহকারে

rigour (*AmE* **rigor**) / ˈrɪgə(r) ˈরিগ্যা(র্) / *noun* (*formal*) **1** [U] doing sth carefully with great attention to detail খুঁটিনাটি বিষয়ের প্রতি লক্ষ রেখে করা হয় এমন *The tests were carried out with rigour.* **2** [U] the quality of being strict কড়াকড়ি, কাঠিন্য *the full rigour of the law* **3** [C, *usually pl.*] difficult conditions কঠিন অবস্থা

rim / rɪm রিম্ / *noun* [C] an edge at the top or outside of sth that is round কোনো গোল বস্তুর ধার, কানা *the rim of a cup*

rind / raɪnd রাইন্ড্ / *noun* [C, U] the thick hard skin on the outside of some fruits, some types of cheese, meat, etc. ফলের শক্ত খোসা, কোনো কোনো চীজ, মাংস ইত্যাদির বাইরের দিকের শক্ত অংশ

> NOTE লেবু অথবা কমলালেবুর খোসাকে আমরা **rind** অথবা **peel** বলি। কিন্তু কলার মতো পাতলা খোসার ক্ষেত্রে **skin** শব্দটি ব্যবহার করা হয়।

ring[1] / rɪŋ রিং / *noun* **1** [C] a piece of jewellery that you wear on your finger আংটি, অঙ্গুরীয় *a gold/diamond/wedding ring ○ an engagement ring* **2** [C] (*usually in compound nouns*) a round object of any material with a hole in the middle মাঝে ফুটোওয়ালা গোলাকার বস্তু; রিং *curtain rings ○ a key ring* (= for holding keys) **3** [C] a round mark or shape গোল চিহ্ন *The coffee cup left a ring on the table top. ○ Stand in a ring and hold hands.* **4** [C] the space with seats all around it where a performance, boxing match, etc. takes place কোনো অনুষ্ঠান, বক্সিং ইত্যাদি খেলার জন্য খোলা জায়গা, যা ঘিরে দর্শকদের বসার আসন থাকে *a circus/boxing ring* **5** (*AmE* **burner**) [C] one of the round parts on the top of an electric or gas cooker on which you can put pans গ্যাস বা বৈদ্যুতিক উনুনের উপরকার গোল অংশের একটি যার উপর বাসন বসানো হয়; বার্নার, রিং **6** [C] a number of people who are involved in sth that is secret or not legal ষড়যন্ত্রকারী বা অবৈধ আচরণে লিপ্ত কিছু সংখ্যক মানুষ *a spy/drugs ring* **7** [C] the sound made by a bell; the action of ringing a bell ঘণ্টা বাজার শব্দ, ঝংকার; ঘণ্টা বাজানোর কাজ *There was a ring at the door.* **8** [*sing.*] **a ring of sth** a particular quality that words or sounds have বিশেষ গুণসম্পন্ন কোনো ধ্বনি বা শব্দ *What the man said **had a ring of truth** about it* (= sounded true).

IDM give sb a ring (*BrE, informal*) to telephone sb কাউকে টেলিফোন করা *I'll give you a ring in the morning.*

ring[2] / rɪŋ রিং / *verb* (*pt* **rang** / ræŋ র‍্যাং /; *pp* **rung** / rʌŋ রাং /) **1** [I, T] (*AmE* **call**) **ring (sb/sth) (up)** to telephone sb/sth ফোন করা *What time will you ring tomorrow? ○ I rang up yesterday and booked the hotel.* ✪ সম **phone** **2** [I, T] to make a sound like a bell or to cause sth to make this sound ঘণ্টার মতো আওয়াজ করা অথবা কোনো বস্তুকে এরকম আওয়াজ করানো *Is that the phone ringing? ○ We rang the door bell but nobody answered.* **3** [I] **ring (for sb/sth)** to ring a bell in order to call sb, ask for sth, etc. কাউকে ডাকা বা কিছু চাওয়ার জন্য ঘণ্টা বাজানো *'Did you ring, sir?' asked the stewardess. ○ Could you ring for a taxi, please?* **4** [I] (used about words or sounds) to have a certain effect when you hear them (শব্দগুচ্ছ বা ধ্বনি সম্বন্ধে ব্যবহৃত) শোনার পরে প্রভাব পড়া *Her words didn't **ring true*** (= you felt that you could not believe what she said). **5** [I] **ring (with sth)** to be filled with loud sounds জোরালো শব্দে কান ভোঁ ভোঁ করা; কানো তালা লেগে যাওয়া *The music was so loud it made my ears ring.* **6** [T] (*pt, pp* **ringed**) (*often passive*) to surround sb/sth কোনো ব্যক্তি অথবা বস্তুকে ঘিরে থাকা **7** [T] (*AmE* **circle**) (*pt, pp* **ringed**) to draw a circle around sth কোনো কিছু ঘিরে গোল দাগ টানা

IDM ring a bell to sound familiar or to remind you, not very clearly, of sb/sth অস্পষ্টভাবে কোনো ব্যক্তি বা বস্তুকে মনে পড়া *'Do you know Leela Rai?' 'Well, the name rings a bell.'*

PHR V ring (sb) back (*BrE*) to telephone sb again or to telephone sb who has telephoned you আগে কাউকে ফোন করার পর তাকে আবার ফোন করা বা কেউ টেলিফোন করলে তাকে ফোন করা *I can't talk now—can I ring you back?*

ring in (*BrE*) to telephone a television or radio show, or the place where you work দূরদর্শন বা বেতার অনুষ্ঠানের মধ্যে ফোন করে কথা বলা অথবা কর্মস্থলে ফোন করা *Mandira rang in sick this morning.*

ring out to sound loudly and clearly জোরালো স্পষ্ট আওয়াজ করা

ring binder *noun* [C] (*BrE*) a file for holding papers, in which metal rings go through the edges of the pages, holding them in place গোল গোল রিং দিয়ে আটকানো কাগজ রাখার ফাইল ➪ **stationery**-তে ছবি দেখো।

ringleader / ˈrɪŋliːdə(r) ˈরিংলীড্যা(র্) / *noun* [C] a person who leads others in crime or in causing trouble অপরাধীদলের নেতা; পালের গোদা *The ringleaders were jailed for 15 years.*

ring road *noun* [C] (*BrE*) a road that is built all around a town so that traffic does not have to go into the town centre যানবাহনকে যাতে শহরের কেন্দ্রস্থলে না যেতে হয় তার জন্য শহর ঘিরে গোলাকার আংটির মতো রাস্তা; রিং রোড ➪ **bypass**[1] দেখো।

ringworm / ˈrɪŋwɜːm ˈরিংউঅ্যম্ / *noun* [U] a skin disease that produces round red areas, especially on the head or the feet মাথায় বা পায়ে লাল গোলাকার দাগ সৃষ্টি করে এরকম চর্মরোগবিশেষ; দাদ

rink / rɪŋk রিংক্ / =**skating rink**

rinse / rɪns রিন্স্ / *verb* [T] to wash sth in water in order to remove soap or dirt সাবান বা ময়লা দূর করতে জল দিয়ে ধোয়া, পরিষ্কার জলে ধোয়া *Rinse your hair thoroughly after each shampoo.* ▶ **rinse** *noun* [C] ধোয়ার ক্রিয়া

riot / ˈraɪət ˈরাইঅ্যাট্ / *noun* [C] a situation in which a group of people behave in a violent way in a public place, often as a protest এমন অবস্থা যখন মানুষ দলবধ্বভাবে কোনো কিছুর প্রতিবাদে জনসমক্ষে হিংসাত্মক আচরণ করে; দাঙ্গাহাঙ্গামা, বড়ো ধরনের বিশৃঙ্খলা; রায়ট ▶ **riot** *verb* [I] দাঙ্গা লাগা *There is a* *danger that the prisoners will riot if conditions do not improve.* ▶ **rioter** *noun* [C] দাঙ্গাকারী, দাঙ্গাবাজ

IDM run riot 1 to behave in a wild way without any control নিয়ন্ত্রণ হারিয়ে বিশৃঙ্খল ব্যবহার করা *At the end of the football match, the crowd ran riot.* **2** (used about your imagination, feelings, etc.) to allow sth to develop and continue without trying to control it (কল্পনা, অনুভূতি ইত্যাদি সম্বন্ধে ব্যবহৃত) বেড়ে উঠতে দেওয়া বা অনিয়ন্ত্রিতভাবে চলতে দেওয়া

riotous / ˈraɪətəs ˈরাইঅ্যাট্যাস্ / *adj.* **1** wild or violent; lacking in control বিশৃঙ্খল, উন্মত্ত; লাগামছাড়া **2** wild and full of fun বন্য, উচ্ছৃঙ্খল এবং মজাদার

RIP / ˌɑːr aɪ ˈpiː ˌআর্ আই ˈপী / *abbr.* (used on graves) rest in peace (কবর স্থলে লেখা) শান্তিতে বিশ্রাম নাও

rip¹ / rɪp রিপ্ / *verb* (**ripping; ripped**) **1** [I, T] to tear or be torn quickly and suddenly হঠাৎ ছিঁড়ে যাওয়া বা ছিঁড়ে ফেলা, কেটে ফেলা *He ripped the letter in half/two and threw it in the bin.* o *The blast of the bomb ripped the house apart.* **2** [T] to remove sth quickly and violently often by pulling it তাড়াতাড়ি জোর করে টেনে সরিয়ে ফেলা *He ripped the poster from the wall.*

PHRV rip through sth to move very quickly and violently through sth কোনো কিছুর মধ্য দিয়ে তাড়াতাড়ি এবং উগ্রভাবে ছড়িয়ে যাওয়া বা গতিশীল হওয়া *The house was badly damaged when fire ripped through the first floor.*

rip sb off (*informal*) to cheat sb by charging too much money for sth অন্যায়ভাবে বেশি দাম চেয়ে কাউকে ঠকানো

rip sth up to tear sth into small pieces টুকরো টুকরো করে ছেঁড়া

rip² / rɪp রিপ্ / *noun* [C] a long tear (in material, etc.) লম্বা ছেঁড়া (কোনো কাপড় ইত্যাদিতে)

ripe / raɪp রাইপ্ / *adj.* **1** (used about fruit, grain, etc.) ready to be picked and eaten (ফল, শস্য ইত্যাদি সম্বন্ধে ব্যবহৃত) গাছ থেকে তোলার এবং খাওয়ার যোগ্য, ঠিকমতো পাকা **2** ripe (for sth) ready for sth or in a suitable state for sth কোনো কিছুর জন্য উপযুক্ত; সুপরিণত ▶ **ripen** / ˈraɪpən ˈরাইপ্যান্ / *verb* [I, T] পাকা, পেকে ওঠা, পাকানো

rip-off *noun* [C, *usually sing.*] (*informal*) something that costs a lot more than it should ন্যায্য দামের থেকে বেশি দাম

ripple / ˈrɪpl ˈরিপ্ল্ / *noun* [C] **1** a very small wave or movement on the surface of water জলের উপর ছোটো ছোটো ঢেউ; ঊর্মিমালা **2** [*usually sing.*] a

ripple (of sth) a sound that gradually becomes louder and then quieter again; a feeling that gradually spreads through a person or a group of people এমন ধ্বনি যা ধীরে ধীরে বাড়ে এবং আবার কমে যায়; ধ্বনিস্রোত, এমন অনুভূতি যা কোনো ব্যক্তি বা দলের মধ্যে দিয়ে ধীরে ধীরে সঞ্চারিত হয় *a ripple of laughter* ▶ **ripple** *verb* [I, T] তরঙ্গায়িত বা হিল্লোলিত হওয়া

rise¹ / raɪz রাইজ্ / *noun* **1** [C] **a rise (in sth)** an increase in an amount, a number or a level বৃদ্ধি (পরিমাণ, সংখ্যা বা মাত্রায়) *There has been a sharp rise in the number of people out of work.* ☼ বিপ **drop** অথবা **fall 2** [C] (*AmE* **raise**) an increase in the money you are paid for the work you do বেতন বা মাইনে বৃদ্ধি *I'm hoping to get a rise next April.* o *a 10% pay rise* **3** [*sing.*] **the rise (of sth)** the process of becoming more powerful or important আরও ক্ষমতাশীল বা গুরুত্বপূর্ণ হওয়ার পদ্ধতি *The rise of fascism in Europe.* o *her meteoric rise to fame/power*

IDM give rise to sth (*formal*) to cause sth to happen or exist কোনো ঘটনা ঘটা বা কোনো অস্তিত্বের কারণ হওয়া

rise² / raɪz রাইজ্ / *verb* [I] (*pt* **rose** / rəʊz র‍্যাউজ্ /; *pp* **risen** / ˈrɪzn ˈরিজ়্ন্ /) **1** to move upwards, to become higher, stronger or to increase ঊর্ধ্বমুখী হওয়া, উচ্চতর, শক্তিশালীতর হওয়া বা বৃদ্ধি পাওয়া *Smoke was rising from the chimney.* o *The temperature has risen to nearly 40°C.* ☼ বিপ **fall 2** (*written*) to get up from a chair, bed, etc. চেয়ার, বিছানা ইত্যাদি থেকে ওঠা *The audience rose and applauded the singers.* **3** (used about the sun, moon, etc.) to appear above the horizon সূর্য, চাঁদ ইত্যাদির ওঠা অথবা উদয় হওয়া *The sun rises in the east and sets in the west.* ☼ বিপ **set 4** to become more successful, powerful, important, etc. আরও সফল, শক্তিশালী, গুরুত্বপূর্ণ ইত্যাদি হওয়া *He rose through the ranks to become managing director.* o *She rose to power in the 90s.* **5** to be seen above or higher than sth else কোনো কিছুর উপরে বা আরও উঁচুতে দেখা যাওয়া **6** to come from কোনো জায়গা থেকে আসা *Shouts of protest rose from the crowd.* **7 rise (up) (against sb/sth)** to start fighting against your ruler, government, etc. শাসনকর্তা, সরকার ইত্যাদির বিরুদ্ধে বিদ্রোহ শুরু করা ▶ **rising** *adj.* বৃদ্ধিমান, ঊর্ধ্বগতিসম্পন্ন *the rising cost of living* o *a rising young rock star*

IDM rise to the occasion, challenge, task, etc. to show that you are able to deal with a problem, etc. successfully সমস্যা ইত্যাদির মোকাবিলা করতে পারার ক্ষমতা যে আছে তা দেখানো

risk[1] / rɪsk রিস্ক্ / *noun* 1 [C, U] **(a) risk (of sth/that...); (a) risk (to sb/sth)** a possibility of sth dangerous or unpleasant happening; a situation that could be dangerous or have a bad result বিপজ্জনক বা অপ্রীতিকর কিছু ঘটার সম্ভাবনা; ঝুঁকি, বিপদের ঝুঁকি; বিপদ বা খারাপ ফলাফল হতে পারে এমন আশঙ্কা *Don't **take** any **risks** when you're driving.* ○ *Scientists say pesticides **pose a risk** to wildlife.* ○ *If we don't leave early enough we **run the risk** of missing the plane.* ○ *Small children are most **at risk** from the disease.* 2 [*sing.*] a person or thing that might cause danger এমন ব্যক্তি অথবা বস্তু যে বিপদ ঘটাতে পারে *If he knows your real name he's a security risk.*

IDM at your own risk having the responsibility for whatever may happen নিজের দায়িত্বে *This building is in a dangerous condition—enter at your own risk.*

at the risk of sth/doing sth even though there could be a bad effect or loss খারাপ প্রভাব বা লোকসানের ঝুঁকি সত্ত্বেও *He rescued the girl at the risk of his own life.*

risk[2] / rɪsk রিস্ক্ / *verb* [T] **1** to take the chance of sth unpleasant happening অপ্রীতিকর কোনো কিছু ঘটার সম্ভাবনা সত্ত্বেও ঝুঁকি নেওয়া *If you don't work hard now you risk failing your exams.* **2** to put sth or yourself in a dangerous position কোনো কিছু অথবা নিজেকে বিপজ্জনক অবস্থার মধ্যে ফেলা *The man had to **risk** his **life** to save the little boy.*

risky / ˈrɪski ˈরিস্কি / *adj.* (**riskier; riskiest**) involving the possibility of sth bad happening; dangerous খারাপ কিছু ঘটার সম্ভাবনা আছে এমন; ঝুঁকিবহুল

rite / raɪt রাইট্ / *noun* [C] a ceremony performed by a particular group of people, often for religious purposes কোনো বিশেষ গোষ্ঠীর ধর্মীয় অনুষ্ঠান; ধর্মীয় আচার

ritual / ˈrɪtʃuəl ˈরিচুঅ্যাল্ / *noun* [C, U] an action, ceremony or process which is always done the same way যে কাজ, আচার-অনুষ্ঠান অথবা পদ্ধতি একইভাবে করা হয়ে থাকে *(a) religious ritual* ▶ **ritual** *adj.* শাস্ত্রবিধিসম্মত, ধর্মীয় আচার-অনুষ্ঠান সম্পর্কিত ▶ **ritually** *adv.* ধর্মীয়ভাবে

rival[1] / ˈraɪvl ˈরাইভ্‌ল্ / *noun* [C] a person or thing that is competing with you প্রতিদ্বন্দ্বী *It seems that we're rivals for the sales manager's job.*

rival[2] / ˈraɪvl ˈরাইভ্‌ল্ / *verb* [T] (**rivalling; rivalled** *AmE* **rivaling; rivaled**) **rival sb/sth (for/in sth)** to be as good as sb/sth কারও বা কোনো কিছুর সমতুল্য বা তারই মতো ভালো হওয়া *Nothing rivals skiing for sheer excitement.*

rivalry / ˈraɪvlri ˈরাইভ্‌ল্‌রি / *noun* [C, U] (*pl.* **rivalries) rivalry (with sb); rivalry (between A and B)** competition between people, groups, etc. লোকেদের বা দলের মধ্যে প্রতিদ্বন্দ্বিতা *There was a lot of rivalry between the sisters.*

river / ˈrɪvə(r) ˈরিভ্যা(র্) / *noun* [C] a large, natural flow of water that goes across land and into the sea নদী, নদ *the River Ganga* ○ *He sat down on the bank of the river to fish.*

NOTE নদী সমুদ্রে মিশে যায় এটা বলার জন্য **flows** into the sea অভিব্যক্তিটি ব্যবহার করা হয়। নদীর মোহনাকে নদীর **mouth** বলা হয়। নৌকা নদীর উপর চলার জন্য boat sails **on** the river অভিব্যক্তিটি ব্যবহার করা হয়। নদীতে চলা অথবা নৌকা বাওয়াকে walk, sail, etc. **up** or **down river** অভিব্যক্তিগুলির দ্বারা বর্ণনা করা হয়।

riverside / ˈrɪvəsaɪd ˈরিভ্যাসাইড্ / *noun* [*sing.*] the land next to a river নদীর পাড় বা ধার *a riverside hotel*

rivet[1] / ˈrɪvɪt ˈরিভিট্ / *noun* [C] a metal pin for fastening two pieces of metal or other thick materials together দু টুকরো ধাতুকে বা কোনো মোটা পদার্থকে একত্রে জোড়ার জন্য ব্যবহৃত ধাতুর পিনবিশেষ; রিপিট

rivet[2] / ˈrɪvɪt ˈরিভিট্ / *verb* [T] (*usually passive*) to keep sb very interested কারও মনোযোগ ধরে রাখা *I was riveted by her story.* ▶ **riveting** *adj.* মনোযোগ আকর্ষণ করে এমন

rm *abbr.* room রুম-এর সংক্ষিপ্ত রূপ; ঘর, কামরা

RNA / ˌɑːr en ˈeɪ ˌআ:র্ এন্ ˈএই / *noun* [U] a chemical that is found in the cells of all animals and plants একরকম রাসায়নিক পদার্থ যা সব জীবজন্তু ও গাছগাছড়ার কোষে পাওয়া যায়; আরএনএ

roach / rəʊtʃ র‍্যাউচ্ / (*AmE*) = **cockroach**

road / rəʊd র‍্যাউড্ / *noun* **1** [C] a way between places, with a hard surface which cars, buses, etc. can drive along রাজপথ, পথ, মার্গ, বর্ত্ম, বাট, সরণি, রাস্তা *Turn left off the **main*** (= important) ***road***. ○ *road signs*

NOTE Roads (*AmE* **highways**) সাধারণত বড়ো শহর এবং গ্রামের মধ্যে সংযোগ স্থাপন করে—*a road map of West Bengal.* ছোটো অথবা বড়ো শহরে বা গ্রামে যে রাস্তার দুই ধারে বাড়ি অথবা অট্টালিকা আছে তাকে **street** বলা হয়। কোনো শহরের বাইরে যে রাস্তা থাকে তার জন্য **street** শব্দটি ব্যবহার করা হয় না—*a street map of Kolkata.* দুই ধারে গাছ অথবা অট্টালিকার সারি আছে এমন কোনো চওড়া রাস্তাকে **avenue** বলা হয়। দুটি **carriageway** আছে এমন রাস্তাকে **motorways** (*AmE* **freeways/**

expressways) বলা হয়। এই **carriageways** গুলিতে দুটো অথবা তিনটে **lane** থাকে এবং এখানে দূরপাল্লার গাড়ি শহর এড়িয়ে দ্রুত গতিতে চলে। ভারতবর্ষে *national highway* বড়ো শহরগুলিকে সংযোগ করে। এর সংক্ষিপ্ত রূপ হল **NH**।

2 Road (*abbr.* **Rd**) [*sing.*] used in names of roads, especially in towns রাস্তার নামে, বিশেষত শহরের রাস্তার নামে ব্যবহার করা হয় *Jai Singh Road, New Delhi*

IDM by road in a car, bus, etc. মোটর গাড়ি, বাস ইত্যাদিতে *It's going to be a terrible journey by road—let's take the train.*

on the road travelling পথে, ভ্রমণরত অবস্থায় *We were on the road for 14 hours.*

roadblock / ˈrəʊdblɒk ˈর‍্যাউড্‌ব্লক্ / *noun* [C] a barrier put across a road by the police or army to stop traffic রাস্তায় চলমান যানবাহন অবরোধ করার জন্য পুলিশ বা সামরিক বাহিনীর দ্বারা ব্যবহৃত প্রতিবন্ধক

roadside / ˈrəʊdsaɪd ˈর‍্যাউড্‌সাইড্ / *noun* [C, *usually sing.*] the edge of a road রাস্তার ধার *a roadside cafe*

road tax *noun* [C, U] a tax which the owner of a vehicle has to pay to be allowed to drive it on public roads প্রকাশ্য রাস্তায় গাড়ি চালিয়ে যাওয়ার জন্য গাড়ির মালিককে যে কর দিতে হয়; সড়ক কর

the roadway / ˈrəʊdweɪ ˈর‍্যাউড্‌উএই / *noun* [*sing.*] the part of the road used by cars, etc.; not the side of the road রাস্তার যে অংশে (ধারের দিকে নয়) যানবাহন চলাচল করে

roadworks / ˈrəʊdwɜːks ˈর‍্যাউড্‌উঅ্যক্স্ / *noun* [*pl.*] work that involves repairing or building roads রাস্তা মেরামত করতে অথবা নির্মাণ করার জন্যে যে কাজ করতে হয়

roadworthy / ˈrəʊdwɜːði ˈর‍্যাউড্‌উঅ্যাদি / *adj.* (used about a vehicle) in good enough condition to be driven on the road (গাড়ি সম্বন্ধে ব্যবহৃত) রাস্তায় চলার উপযোগী; পথযোগ্য ▶ **roadworthiness** *noun* [U] পথযোগ্যতা

roam / rəʊm র‍্যাউম্ / *verb* [I, T] to walk or travel with no particular plan or aim বিশেষ উদ্দেশ্য ছাড়া ঘুরে ফিরে বেড়ানো; বেড়িয়ে বেড়ানো *Gangs of youths were roaming the streets looking for trouble.*

roar / rɔː(r) র:(র্) / *verb* 1 [I] to make a loud, deep sound জোরে, গুরুগম্ভীর আওয়াজ করা *She **roared with laughter** at the joke.* ○ *The lion opened its huge mouth and roared.* **2** [I, T] to shout sth very loudly খুব জোরে চিৎকার করে কোনো কিছু বলা **3** [I] **roar along, down, past, etc.** to move in the direction mentioned, making a loud, deep sound জোরে গুরুগম্ভীর আওয়াজ করতে করতে নির্দিষ্ট দিকে যাওয়া *A motorbike roared past us.* ▶ **roar** *noun* [C] গর্জন, নিনাদ, প্রবল আওয়াজ *the roar of heavy traffic on the main road* ○ *roars of laughter*

roaring / ˈrɔːrɪŋ ˈর:রিং / *adj.* **1** making a very loud noise খুব জোরে আওয়াজ করা **2** (used about a fire) burning very well (আগুন সম্বন্ধে ব্যবহৃত) খুব ভালো জ্বলছে এমন **3** very great জোরালো *a roaring success*

roast¹ / rəʊst র‍্যাউস্ট্ / *verb* **1** [I, T] to cook or be cooked in an oven or over a fire খোলা আগুনে বা উনুনে ঝলসানো *a smell of roasting meat* ○ *to roast a chicken* ➪ **cook**-এ নোট দেখো। **2** [T] to heat and dry sth গরম করে শুকনো করা অথবা শুকনো তাপে রান্না করা *roasted peanuts* ▶ **roast** *adj.* (*only before a noun*) ঝলসানো হয়েছে এমন *roast chicken/ potatoes/chestnuts*

roast² / rəʊst র‍্যাউস্ট্ / *noun* **1** [C, U] a piece of meat that has been cooked in an oven ওভেনে রান্না করা মাংসখণ্ড **2** [C] an outdoor meal at which food is cooked over a fire খোলা আগুনে ঘরের বাইরে রাঁধা খাদ্যদ্রব্য ➪ **barbecue** দেখো।

rob / rɒb রব্ / *verb* [T] (**ro<u>bb</u>ing; ro<u>bb</u>ed**) **rob sb/sth (of sth) 1** to take money, property, etc. from a person or place illegally কারও কাছ থেকে বা কোনো জায়গা থেকে বেআইনিভাবে টাকা পয়সা, সম্পত্তি ইত্যাদি নিয়ে নেওয়া; ডাকাতি করা, লুঠ করা *to rob a bank* ➪ **steal**-এ নোট দেখো। **2 rob sb/sth (of sth)** to take sth away from sb/sth that he/she/it should have কোনো ব্যক্তি অথবা বস্তুকে তার প্রাপ্য জিনিস থেকে বঞ্চিত করা; ছিনিয়ে নেওয়া *His illness robbed him of the chance to play for his country.*

robber / ˈrɒbə(r) ˈরব্যা(র্) / *noun* [C] a person who steals from a place or a person, especially using violence or threats যে কারও কাছ থেকে বা কোনো জায়গা থেকে বেআইনিভাবে, বিশেষত সহিংসভাবে বা হুমকি দিয়ে চুরি করে; ডাকাত, ছিনতাইকারি ➪ **thief**-এ নোট দেখো।

robbery / ˈrɒbəri ˈরব্যারি / *noun* [C, U] (*pl.* **robberies**) the crime of stealing from a place or a person, especially using violence or threats ডাকাতি, লুণ্ঠন, ছিনতাই *They were found guilty of **armed robbery*** (= using a weapon).

robe / rəʊb র‍্যাউব্ / *noun* [C] **1** a long, loose piece of clothing, especially one worn at ceremonies আলখাল্লা বা ঐ জাতীয় ঢিলে পোশাক সাধারণত কোনো কোনো অনুষ্ঠানে অথবা সমাবেশে পরা হয় **2** (*AmE*) = **dressing gown**

robin / ˈrɒbɪn ˈরবিন্ / *noun* [C] a small brown bird with a bright red chest বাদামি রঙের ছোটো পাখি যাদের বুকের রং উজ্জ্বল লাল হয়; রবিন পাখি

robot / ˈrəʊbɒt ˈর্যাউবট্ / *noun* [C] a machine that works automatically and can do some tasks that a human can do স্বয়ংক্রিয় এমন যন্ত্র যা মানুষে করে এরকম অনেক কাজ করতে পারে; যন্ত্রমানব; রোবট *These cars are built by robots.*

robust / rəʊˈbʌst রাউˈবাস্ট্ / *adj.* strong and healthy শক্তিশালী এবং স্বাস্থ্যবান

rock[1] / rɒk রক্ / *noun* 1 [U] the hard, solid material that forms part of the surface of the earth পৃথিবীর উপরিভাগের ভূমিস্তর গঠনকারী পাথর; প্রস্তর, শিলা, পাষাণ *layers of rock formed over millions of years* 2 [C, *usually pl.*] a large mass of rock that sticks out of the sea or the ground পাথরের সমষ্টি যা সমুদ্র অথবা মাটির উপর উঠে থাকে; শিলাস্তূপ *The ship hit the rocks and started to sink.* 3 [C] a single large piece of rock বড়ো একখণ্ড পাথর *The beach was covered with rocks that had broken away from the cliffs.* 4 [C] (*AmE*) a small piece of rock that can be picked up; a stone ছোট্টো এক টুকরো পাথর যা হাতে তুলে নেওয়া যায়; নুড়ি *The boy threw a rock at the dog.* 5 (*also* **rock music**) [U] a type of pop music with a very strong beat, played on electric guitars, etc. একধরনের সংগীত যাতে খুব জোরালো তাল থাকে এবং বৈদ্যুতিক গীটারে বাজানো হয়, রক সংগীত *I prefer jazz to rock.* o *a rock singer/band* ⇨ **classical, jazz** এবং **pop** দেখো। 6 [U] (*BrE*) a type of hard sweet made in long, round sticks একধরনের শক্ত লম্বা কাঠির আকারের মিষ্টি

IDM on the rocks 1 (used about a marriage, business, etc.) having problems and likely to fail (দাম্পত্য জীবন, ব্যাবসা ইত্যাদি সম্বন্ধে ব্যবহৃত) যাতে গণ্ডগোল চলছে এবং ভেঙে যাওয়ার সম্ভাবনাপূর্ণ 2 (used about drinks) served with ice but no water (পানীয় সম্বন্ধে ব্যবহৃত) বরফের সঙ্গে মেশানো, জলে নয় *whisky on the rocks*

rock[2] / rɒk রক্ / *verb* 1 [I, T] to move backwards and forwards or from side to side; to make sb/sth do this সামনে পিছনে অথবা পাশাপাশি নড়া, বা দোলা; কাউকে বা কিছুকে এরকম করানো *boats rocking gently on the waves* o *He rocked the baby in his arms to get her to sleep.* 2 [T] to shake sth violently দোলায়িত করা, দুলিয়ে দেওয়া, খুব জোরে *The city was rocked by a bomb blast/earthquake.* 3 [T] to shock sb কোনো ব্যক্তিকে ঘাবড়ে অথবা চমকে দেওয়া

IDM rock the boat to do sth that causes problems or upsets people এমন কিছু করা যা অনেককে অসুবিধায় ফেলে, বিচলিত করে

rock and roll (*also* **rock 'n' roll**) *noun* [U] a type of music with a strong beat that was most popular in the 1950s একধরনের সংগীত যাতে খুব জোরালো তাল থাকে এবং যা ১৯৫০-এ খুব জনপ্রিয় হয়েছিল

rock bottom *noun* [U] the lowest point একেবারে তলার অংশ; নিম্নতম, সর্বনিম্ন *He hit rock bottom when he lost his job.* o *rock-bottom prices*

rock climbing *noun* [U] the sport of climbing rocks and mountains with ropes, etc. দড়ি দড়ার সাহায্যে ছোটো বড়ো পাহাড়ে চড়া বা পর্বতারোহণ করার ক্রীড়া

rocket[1] / ˈrɒkɪt ˈরকিট্ / *noun* [C] 1 a vehicle that is used for travel into space পৃথিবীর বাইরে মহাশূন্যে যাওয়ার জন্য যে বাহন ব্যবহার করা হয়; মহাকাশযান; রকেট *a space rocket* o *to launch a rocket* 2 a weapon that travels through the air and that carries a bomb বোমা নিয়ে আকাশ দিয়ে উড়ে যায় যে ক্ষেপণাস্ত্র ✪ সম **missile** 3 a **firework** that shoots high

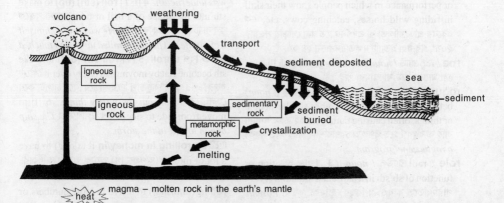

volcano weathering transport sediment deposited sea igneous rock igneous rock sedimentary rock metamorphic rock sediment buried sediment crystallization melting magma – molten rock in the earth's mantle heat

the rock cycle

into the air and explodes in a beautiful way when you light it with a flame যে আতশবাজিতে আগুন দিলে তা আকাশে উড়ে গিয়ে ফেটে পড়ে এবং তখন সুন্দর দেখতে লাগে

rocket² / 'rɒkɪt 'রকিট্ / *verb* [I] to increase or rise very quickly যা খুব দ্রুত বাড়ে বা ওঠে *Property prices have rocketed recently.*

rocky / 'rɒki 'রকি / *adj.* covered with or made of rocks এমন যা পাথরে তৈরি বা পাথর দিয়ে ঢাকা; পাথুরে *a rocky road/coastline*

rod / rɒd রড্ / *noun* [C] (*often in compounds*) a thin straight piece of wood, metal, etc. কাঠের বা ধাতুর পাতলা, ঋজু টুকরো *a fishing rod* ⇨ **laboratory**-তে ছবি দেখো।

rode ⇨ **ride¹**-এর past tense

rodent / 'rəʊdnt 'রাউড্ন্ট্ / *noun* [C] a type of small animal, such as a rat, a rabbit, a mouse, etc., which has strong sharp front teeth খরগোশ, ইঁদুর, ছুঁচো ইত্যাদির মতো জন্তু যাদের সামনের দাঁত খুব শক্ত এবং ধারালো

squirrel   rat

rodents

rodeo / 'rəʊdiəʊ; rəʊ'deɪəʊ 'র্যাউডিঅ্যাউ; র্যাউ- 'ডেইঅ্যাউ / *noun* [C] (*pl.* **rodeos**) a competition or performance in which people show their skill in riding wild horses, catching cows, etc. এক ধরনের প্রতিযোগিতা বা প্রদর্শন যাতে বন্য ঘোড়ায় সওয়ার হওয়া, গরু ধরা ইত্যাদি দক্ষতা দেখানো হয়

roe / rəʊ র্যাউ / *noun* [U] the eggs of a fish that we eat মাছের ডিম যা আমরা খাই

rogue / rəʊg র্যাউগ্ / *adj.* (*only before a noun*) behaving differently from other similar people or things, often causing damage একই রকম অন্যান্য ব্যক্তি বা বস্তুবর্গ হতে পৃথক আচরণবিশিষ্ট (প্রায়ই ক্ষতিকারক) *a rogue gene/program*

role / rəʊl র্যাউল্ / *noun* [C] **1** the position or function of sb/sth in a particular situation (বিশেষ পরিস্থিতিতে কারও বা কিছুর) ভূমিকা, কর্তব্য *Parents play a vital role in their children's education.* **2** a person's part in a play, film, etc. নাটক, সিনেমা ইত্যাদিতে কোনো ব্যক্তির ভূমিকা *She was chosen to play the role of Mumtaz Mahal.* ○ *a leading role in the film*

role play *noun* [C, U] an activity, used especially in teaching, in which a person acts a part বিশেষত শিক্ষায় ব্যবহৃত কোনো ক্রিয়াকলাপ যাতে কোনো ব্যক্তি বিশেষ ভূমিকা গ্রহণ করে

roll¹ / rəʊl র্যাউল্ / *noun* [C] **1** something made into the shape of a tube by turning it round and round itself কোনো কিছু যা ঘুরিয়ে ঘুরিয়ে টিউবের আকারে নিয়ে আসা হয়েছে *a roll of film/wallpaper* **2** bread baked in a round shape for one person to eat গোলাকারে বানানো পাউরুটি যা একজনই খেতে পারে **3** moving or making sth move by turning over and over বারবার গড়িয়ে গড়িয়ে কোনো কিছু গতিশীল করা বা গতিশীল হওয়ার ক্রিয়া *Everything depended on one roll of the dice.* **4** an official list of names আনুষ্ঠানিক নামের তালিকা *the electoral roll* (= the list of people who can vote in an election) **5** a long, low sound দীর্ঘ নীচু স্বরে আওয়াজ *a roll of drums* **6** a movement from side to side পাশাপাশি দোলার ক্রিয়া

roll² / rəʊl র্যাউল্ / *verb* **1** [I, T] to move by turning over and over; to make sth move in this way গড়িয়ে যাওয়া; গড়িয়ে নিয়ে যাওয়া, গড়িয়ে দেওয়া *The apples fell out of the bag and rolled everywhere.* ○ *Delivery men were rolling barrels across the yard.* **2** [I] to move smoothly, often on wheels অনায়াসে সরা বা গতিশীল হওয়া, প্রায়ই চাকার সাহায্যে *The car began to roll back down the hill.* ○ *Tears were rolling down her cheeks.* **3** [I, T] **roll (sth) (over)** to turn over and over; to make sth do this বারবার গড়ানো; কোনো বস্তুকে বারবার গড়ানো *The horse was rolling in the dirt.* ○ *The car rolled over in the crash.* ○ *We rolled the log over to see what was underneath.* **4** [I, T] **roll (sth) (up)** to make sth into the shape of a ball or tube কোনো বস্তুকে বল বা টিউবের আকার দেওয়া *He was rolling himself a cigarette.* ○ *The insect rolled up when I touched it.* ✪ বিপ **unroll 5** [T] **roll sth (out)** to make sth become flat by moving sth heavy over it কোনো বস্তুর উপর ভারী কিছু চাপ দিয়ে গড়িয়ে নিয়ে চ্যাপটা করে ফেলা; বেলা *Roll out the pastry thinly.* **6** [I] to move from side to side এপাশ ওপাশ নড়া *The ship began to roll in the storm.*

IDM **be rolling in money/in it** (*slang*) to have a lot of money (অপপ্রয়োগ) অনেক অর্থের অধিকারী, খুব বড়োলোক

roll in (*informal*) to arrive in large numbers or amounts বহু সংখ্যায় অথবা পরিমাণে হাজির হওয়া *Offers of help have been rolling in.*

roll up (*informal*) (used about a person or a vehicle) to arrive, especially late (কোনো ব্যক্তি অথবা যান সম্বন্ধে ব্যবহৃত) দেরিতে পৌঁছোনো

roller / ˈrəʊlə(r) ˈর্যাউল্যা(র্) / *noun* [C] **1** a piece of equipment or part of a machine that is shaped like a tube and used, for example, to make sth flat or to help sth move টিউবের মতো আকারে তৈরি করা কোনো সরঞ্জাম বা যন্ত্রাংশ যা দিয়ে কোনো কিছু চ্যাপটা করা হয় অথবা সরানো হয় *a roller blind on a window* **2** [*usually pl.*] a small plastic tube that you roll hair around in order to make the hair curly প্লাস্টিকের তৈরি ছোটো একরকম টিউব যার চারিদিকে চুল ঘুরিয়ে ঘুরিয়ে কোঁকড়া করা হয়; রোলার

Rollerblade™ / ˈrəʊləbleɪd ˈর্যাউল্যাব্লেইড্ / *noun* [C] a boot with one row of narrow wheels on the bottom বুট জুতো যার নীচে একসারি সরু সরু চাকা লাগানো থাকে; রোলারব্লেড *a pair of Rollerblades* ▶ **rollerblade** *verb* [I] রোলারব্লেড চালানো

roller coaster *noun* [C] a narrow metal track at a **fairground** that goes up and down and round tight bends, and that people ride on in a special vehicle for fun ধাতুর তৈরি একরকম পথ যা খেলার মাঠের মধ্যে উঁচু-নীচু এবং ঘোরানো ঘোরানোভাবে করা থাকে এবং যেখান দিয়ে বিশেষ ধরনের গাড়িতে চেপে লোকেরা আনন্দ উপভোগ করে

roller skate (*also* **skate**) *noun* [C] a type of shoe with small wheels on the bottom একধরনের জুতো যার তলায় ছোটো ছোটো চাকা লাগানো থাকে *a pair of roller skates* ▶ **roller skate** *verb* [I] রোলার স্কেটিং করা ▶ **roller skating** *noun* [U] রোলার স্কেটিং করার ক্রিয়া

rolling pin *noun* [C] a piece of wood, etc. in the shape of a tube, that you use for making pastry flat and thin before cooking বেলনা ➪ **kitchen**-এ ছবি দেখো।

ROM / rɒm রম্ / *noun* [U] (*computing*) the abbreviation for 'read-only memory' (computer memory that contains instructions or data that cannot be changed or removed) 'রিড ওনলি মেমরি'-এর সংক্ষিপ্ত রূপ (কম্পিউটারের স্মৃতিতে এমন তথ্য অথবা নির্দেশ আছে যা বদলানো বা সরানো যায় না) ➪ **CD-ROM** দেখো।

Roman / ˈrəʊmən ˈর্যাউম্যান্ / *adj.* **1** connected with ancient Rome or the Roman Empire প্রাচীন রোম অথবা রোম সাম্রাজ্য সংক্রান্ত; রোমক, রোমীয়, রোমান *Roman coins* ○ *the Roman invasion of Britain* **2** connected with the modern city of Rome আধুনিক রোম শহর সংক্রান্ত; রোমসম্পর্কিত ▶ **Roman** *noun* [C] রোম দেশে বসবাসকারী ব্যক্তি বা সেখানকার নাগরিক; রোমান জাতি

the Roman alphabet *noun* [*sing.*] the letters A to Z, used especially in Western European languages, A থেকে Z অবধি বর্ণমালা যা বিশেষত পশ্চিম ইউরোপের ভাষাগুলিতে ব্যবহার করা হয়

Roman Catholic (*also* **Catholic**) *noun* [C], *adj.* (a member) of the Christian Church which has the Pope as its head পোপ যে খ্রিস্টিয় সম্প্রদায়ের প্রধান তার একজন সদস্য; রোমান ক্যাথলিক, ক্যাথলিক *She's a Roman Catholic.* ➪ **Protestant** দেখো।

Roman Catholicism (*also* **Catholicism**) *noun* [U] the beliefs of the Roman Catholic Church রোমান ক্যাথলিক চার্চ-এর যে ধর্মীয় বিশ্বাস

romance / rəʊˈmæns র্যাউˈম্যান্স্ / *noun* **1** [C] a love affair প্রেমের ঘটনা, প্রেমোপাখ্যান; রোমান্স *The film was about a teenage romance.* **2** [U] a feeling or atmosphere of love or of sth new, special and exciting নতুন, অসাধারণ এবং উত্তেজনাপূর্ণ কোনো কিছুর অনুভূতি বা আবহ **3** [C] a novel about a love affair প্রেমের উপন্যাস *historical romances*

Roman numeral *noun* [C] one of the letters used by the ancient Romans to represent numbers and still used today, in some situations. In this system I = 1, V = 5, X = 10, L = 50, C = 100, D = 500, M = 1000 and these letters are used in combinations to form other numbers প্রাচীন রোমানদের দ্বারা (কোনো কোনো পরিস্থিতিতে যা আজও ব্যবহৃত হয়) সংখ্যার প্রতীকস্বরূপ ব্যবহৃত বর্ণগুলির একটি। এই পধ্বতিতে I = ১, V = ৫, X = ১০, L = ৫০, C = ১০০, D = ৫০০, M = ১০০০ এবং এই বর্ণগুলি বিভিন্নভাবে সাজিয়ে অন্যান্য সংখ্যা তৈরি হয়; রোমান বা রোমক পধ্বতিতে লেখা সংখ্যা *Henry VIII*

romantic¹ / rəʊˈmæntɪk র্যাউˈম্যান্টিক্ / *adj.* **1** having a quality that strongly affects your emotions or makes you think about love; showing feelings of love আবেগ-অনুভূতিকে যা প্রবলভাবে প্রভাবিত করে অথবা যার দ্বারা হৃদয়ানুরাগ জাগ্রত হয়; আবেগধর্মী *a romantic candlelit dinner* ○ *He isn't very romantic—he never says he loves me.* **2** involving a love affair প্রেমজড়িত *Reports of a romantic relationship between the two film stars have been strongly denied.* **3** having or showing ideas about life that are emotional rather than real or practical জীবনের ধারণাকে কল্পনাময় বা আবেগপূর্ণ রূপে প্রকাশ করে এমন, বাস্তবরূপে নয় *He has a romantic idea that he'd like to live on a farm in Scotland.* ▶ **romantically** / rəʊˈmæntɪkli র্যাউˈম্যান্টিক্লি / *adv.* প্রেমজড়িতভাবে, আবেগপূর্ণভাবে

romantic² / rəʊˈmæntɪk র্যাউˈম্যান্টিক্ / *noun* [C] a person who has ideas that are not based on real life or that are not very practical এমন ব্যক্তি যার সব ধারণা খুব বাস্তবসম্মত নয়; কল্পনাপ্রবণ

romanticize (*also* **-ise**) / rəʊˈmæntɪsaɪz র‍্যাউ'ম্যান্‌টিসাইজ্ / *verb* [I, T] to make sth seem more interesting, exciting, etc. than it really is কোনো বস্তু আসলে যা তার চাইতে তাকে বেশি কৌতূহলোদ্দীপক, উত্তেজক ইত্যাদি করে তোলা; রোমান্টিক করে তোলা

romp / rɒmp রম্প্ / *verb* [I] (used about children and animals) to play in a happy and noisy way বাচ্চা অথবা জন্তুজানোয়ারের হুটোপাটি করে খেলা ▶ **romp** *noun* [C]

IDM **romp home/to victory** to win easily খুব সহজে জিতে যাওয়া *India romped to a 4–0 victory over New Zealand.*

roof / ruːf রূফ্ / *noun* [C] (*pl.* **roofs**) **1** the part of a building, vehicle, etc. which covers the top of it বাড়ি, গাড়ি ইত্যাদির ছাদ; ছাত, আচ্ছাদন *a flat/sloping/tiled roof ○ the roof of a car ○ The library and the sports hall are* ***under one roof*** (= in the same building). **2** the highest part of the inside of sth কোনো বস্তুর ভিতরের সর্বোচ্চ অংশ *The roof of the cave had collapsed. ○ The soup burned the roof of my mouth.*

IDM **a roof over your head** somewhere to live বসবাসযোগ্য যে-কোনো জায়গা *I might not have any money, but at least I've got a roof over my head.*

roof rack *noun* [C] a structure that you fix to the roof of a car and use for carrying luggage or other large objects মোটর গাড়ির ছাদের উপর মালপত্র নেওয়ার জন্য যে ঘেরার মতো কাঠামো লাগানো হয়

rooftop / ˈruːftɒp 'রূফ্‌টপ্ / *noun* [C, *usually pl.*] the outside of the roofs of buildings ছাদের উপরাংশ বা বহিরাংশ *From the tower we looked down over the rooftops of the city.*

room / ruːm; rʊm রুম্; রুম্ / *noun* **1** [C] a part of a house or building that has its own walls, floor and ceiling কক্ষ, ঘর, কামরা *a sitting/dining/living room ○ I sat down in the waiting room until the doctor called me.* **2** [U] **room (for sb/sth); room (to do sth)** space; enough space জায়গা; যথেষ্ট জায়গা *These chairs* ***take up*** *too much* ***room****. ○ How can we* ***make room*** *for all the furniture?* ➪ **space** দেখো এবং **place¹**-এ নোট দেখো। **3** [U] **room for sth** the opportunity or need for sth কোনো কিছুর সুযোগ অথবা প্রয়োজন *There's* ***room for improvement*** *in your work* (= it could be much better). *○ The lack of time gives us very little* ***room for manoeuvre****.*

room cooler = **air cooler**

roomful / ˈruːmfʊl; ˈrʊm- 'রূম্‌ফুল্; 'রুম্- / *noun* [C] a large number of people or things in a room কোনো ঘরে অনেক লোক বা জিনিস; ঘরভর্তি

room-mate *noun* [C] a person that you share a room with in a flat, etc. কোনো ব্যক্তির সঙ্গে একই ঘরে বসবাসকারী; রুমমেট

room service *noun* [U] a service provided in a hotel, by which guests can order food and drink to be brought to their rooms হোটেলের ঘরে অতিথিদের নির্দেশমতো খাদ্য, পানীয় ইত্যাদি এনে দেওয়ার ব্যবস্থা; কক্ষ পরিবেশন পরিষেবা; রুম সার্ভিস *He ordered coffee from room service.*

roomy / ˈruːmi 'রূমি / *adj.* (**roomier; roomiest**) having plenty of space যথেষ্ট জায়গা আছে এমন; প্রশস্ত *a roomy house/car*

roost / ruːst রূস্ট্ / *noun* [C] a place where birds rest or sleep এমন স্থান যেখানে পাখিরা বিশ্রাম করে বা ঘুমোয় ▶ **roost** *verb* [I] দাঁড়ে বসা বা বিশ্রাম করা

rooster / ˈruːstə(r) 'রূস্ট্যা(র্) / (*AmE*) = **cock¹ 1**

root¹ / ruːt রূট্ / *noun* **1** [C] the part of a plant that grows under the ground and takes in water and food from the soil গাছের যে অংশটি মাটির নীচে যায় ও সেখান থেকে জল ও খাদ্য সংগ্রহ করে; শিকড় *The deep roots of these trees can cause damage to buildings. ○* ***root vegetables*** *such as carrots and radishes* ➪ **flower**-এ ছবি দেখো। **2** [C] the part of a hair or tooth that is under the skin and that holds it in place on the body চুল অথবা দাঁতের গোড়া **3 roots** [*pl.*] the feelings or connections that you have with a place because you have lived there or your family came from there যে স্থানে বাস করা হয়েছে অথবা যেখান থেকে কারও পরিবার এসেছে সে জায়গা সম্বন্ধে কারও যে অনুভূতি বা যোগাযোগ *She's proud of her Indian roots.* **4** [C] the basic cause or origin of sth কোনো বস্তুর মূল কারণ বা উৎস *Let's try and get to the* ***root of the problem****.* ➪ **square root** দেখো।

root² / ruːt রূট্ / *verb*

PHR V **root about/around (for sth)** to search for sth by moving things জিনিসপত্র এদিক-ওদিক নাড়িয়ে-চাড়িয়ে কোনো কিছু খোঁজা *What are you rooting around in my desk for?*

root for sb to give support to sb who is in a competition, etc. কোনো প্রতিযোগিতা ইত্যাদিতে যোগ দিয়েছে এমন কাউকে সমর্থন এবং সাহায্য করা

root sth out to find and destroy sth bad completely কোনো কিছু খুঁজে বার করে সম্পূর্ণরূপে ধ্বংস করা

rope¹ / rəʊp র‍্যাউপ্ / *noun* [C, U] very thick, strong string that is used for tying or lifting heavy things, climbing up, etc. কোনো কিছু বাঁধা বা ভারী কিছু তোলা, কোথাও চড়া ইত্যাদির জন্য ব্যবহৃত রজ্জু, দড়ি *We need some rope to tie up the boat with.*

IDM show sb/know/learn the ropes to show sb/ know/learn how a job should be done কিভাবে একটা কাজ করতে হবে তা দেখানো বা শেখানো বা শেখা

rope[2] / rəʊp র‍্যাউপ্ / *verb* [T] **rope A to B; rope A and B together** to tie sb/sth with a rope কাউকে বা কোনো কিছু দড়ি দিয়ে বাঁধা

PHR V rope sb in (to do sth) (*informal*) to persuade sb to help in an activity, especially when he/she does not want to কাউকে কোনো কাজে সাহায্য করার জন্য প্ররোচিত করা (বিশেষত যখন সে চায় না)

rope sth off to put ropes round or across an area in order to keep people out of it কোনো জায়গার চারিদিকে দড়ির বেড়া দিয়ে রাখা যাতে কোনো লোক সেখানে যেতে না পারে

rosary / ˈrəʊzəri ˈর‍্যাউজ্যারি / *noun* [C] (*pl.* **rosaries**) a string of small round pieces of wood, etc. used by some Roman Catholics for counting prayers কাঠ ইত্যাদির গোল দানা দিয়ে তৈরি মালা (যা রোমান ক্যাথলিকগণ প্রার্থনা বা জপের জন্য ব্যবহার করে); জপমালা

rose[1] ⇨ **rise[2]**-এর past tense

rose[2] / rəʊz র‍্যাউজ্ / *noun* [C] a flower with a sweet smell, that grows on a bush that usually has sharp points (**thorns**) growing on it গোলাপ ফুল

rosé / ˈrəʊzeɪ ˈর‍্যাউজেই / *noun* [U] pink wine লাল রঙের মদ

rosette / rəʊˈzet র‍্যাউˈজেট্ / *noun* [C] a decoration made from long pieces of coloured material (**ribbons**) that you wear on your clothes. Rosettes are given as prizes or worn to show that sb supports a particular political party সাজানোর জন্য রঙিন ফিতা যা পোশাকের উপর পরা হয়। রোজেট অনেক সময় পুরস্কার হিসেবে দেওয়া হয় অথবা কেউ কোনো রাজনৈতিক দলের প্রতি তার সমর্থনের নিদর্শন হিসাবে পরে

roster / ˈrɒstə(r) ˈরস্ট্যা(র্) / = **rota**

rostrum / ˈrɒstrəm ˈরস্ট্র্যাম্ / *noun* [C] a platform that sb stands on to make a public speech, etc. বক্তৃতামঞ্চ

rosy / ˈrəʊzi ˈর‍্যাউজি / *adj.* (**rosier; rosiest**) **1** pink and pleasant in appearance গোলাপী এবং মনোরম *rosy cheeks* **2** full of good possibilities উত্তম সম্ভাবনাপূর্ণ, উজ্জ্বল *The future was looking rosy.*

rot / rɒt রট্ / *verb* [I, T] (**rotting; rotted**) to go bad or make sth go bad as part of a natural process পচা, পচানো *Too many sweets will rot your teeth!* ✪ সম **decay** ▶ **rot** *noun* [U] পচা

rota / ˈrəʊtə ˈর‍্যাউট্যা / (*also AmE* **roster**) *noun* [C] a list of people who share a certain job or task and the times that they are each going to do it অনেকে মিলে যে কাজ করছে সেজন্য কে কত সময় দেবে তার তালিকা *We organize the cleaning **on a rota**.*

rotary / ˈrəʊtəri ˈর‍্যাউট্যারি / *adj.* moving in circles round a central point একটা বিন্দুকে ঘিরে বৃত্তাকারে ঘুরছে এমন; ঘূর্ণায়মান

rotate / rəʊˈteɪt র‍্যাউˈটেইট্ / *verb* [I, T] **1** to turn in circles round a central point; to make sth do this অক্ষের বা কেন্দ্রের চারিপাশে আবর্তিত বা ঘূর্ণিত হওয়া; কোনো কিছুকে আবর্তিত করানো *The earth rotates on its axis.* **2** to happen in turn or in a particular order; to make sth do this পরের পর বা বিশেষ কোনো রীতি বা পালাক্রমে ঘটা; ঘটানো *We rotate the duties so that nobody is stuck with a job they don't like.*

rotation / rəʊˈteɪʃn ˈর‍্যাউˈটেইশন্ / *noun* [C, U] **1** movement in circles around a central point কোনো কেন্দ্রীয় বিন্দুকে ঘিরে বৃত্তাকারে আবর্তন, ঘূর্ণন, আবর্তগতি *one rotation every 24 hours* **2** happening or making things happen in a particular order পর্যায়, পালা *The company is chaired by all the members **in rotation**.*

rotor / ˈrəʊtə(r) ˈর‍্যাউট্যা(র্) / *noun* [C] a part of a machine that turns around a central point যন্ত্রের যে অংশ কোনো বিন্দুকে কেন্দ্র করে ঘোরে; আবর্তক *rotor blades on a helicopter*

rotten / ˈrɒtn ˈরট্‌ন্ / *adj.* **1** (used about food and other substances) old and not fresh enough or good enough to use (খাবার এবং অন্য পদার্থ সম্বন্ধে ব্যবহৃত) পচা, একেবারেই টাটকা বা ব্যবহারযোগ্য নয় *rotten vegetables* **2** (*informal*) very unpleasant খুবই বাজে *That was a rotten thing to say!* **3** (*spoken*) used to emphasize that you are angry জোর দিয়ে অসন্তোষ প্রকাশ করতে ব্যবহৃত *You can keep your rotten job!*

rouge / ruːʒ রুজ্ / *noun* [U] (*old-fashioned*) a red powder or cream used for giving more colour to the cheeks গালে ব্যবহৃত লালিমাচুর্ণ; রুজ ⇨ **blusher** দেখো।

rough[1] / rʌf রাফ্ / *adj.* **1** not smooth, soft or level খসখসে, অমসৃণ, কর্কশ *rough ground* **2** violent; not calm or gentle হিংস্র, সহিংস; রূঢ়, অশান্ত *You can hold the baby, but don't be rough with him.* ○ *The sea was rough and half the people on the boat were seasick.* **3** made or done quickly or without much care; approximate তাড়াতাড়ি করে বেশি যত্ন না নিয়ে তৈরি বা করা হয়েছে এমন; মোটামুটি *a rough estimate* ○ *Can you give me a rough idea* *of what time you'll be arriving?* **4** (*informal*) looking or feeling ill অসুস্থ দেখাচ্ছে বা বোধ করা হচ্ছে এমন *You look a bit rough—are you feeling all right?* ► **roughness** *noun* [U] কর্কশতা, অমসৃণতা, রূঢ়তা

IDM be rough (on sb) be unpleasant or unfortunate for sb কারও পক্ষে অপ্রীতিকর বা দুর্ভাগ্যজনক

rough² / rʌf রাফ্ / *noun*

IDM in rough done quickly without worrying about mistakes, as a preparation for the finished piece of work or drawing কোনো কাজ বা নকশার প্রস্তুতি হিসেবে করা হয়েছে এমন; খসড়া

take the rough with the smooth to accept difficult or unpleasant things in addition to pleasant things ভালোমন্দ মিশিয়ে গ্রহণ করা

rough³ / rʌf রাফ্ / *adv.* in a rough way অভব্য, রুক্ষ, রূঢ় ভাবে *One of the boys was told off for playing rough.*

IDM live/sleep rough to live or sleep outdoors, usually because you have no home or money বাড়িঘর বা টাকাপয়সা না থাকার কারণে ঘরের বাইরে থাকা

rough⁴ / rʌf রাফ্ / *verb*

IDM rough it to live without all the comfortable things that you usually have অভ্যস্ত আরাম, সুযোগ-সুবিধা ছাড়াই জীবনযাত্রা চালানো *You have to rough it a bit when you go camping.*

roughage / ˈrʌfɪdʒ ˈরাফিজ্ / *noun* [U] the types or parts of food (**fibre**) which help your stomach to deal with other foods ছিবড়ে বা খোসাপ্রধান খাদ্যবস্তু যা হজম প্রক্রিয়ার সহায়ক; খোসা, ভুসি

roughen / ˈrʌfn ˈরাফ্ন্ / *verb* [T] to make sth less smooth or soft কোনো কিছু খরখরে বা শক্ত করা

roughly / ˈrʌfli ˈরাফ্লি / *adv.* **1** in a violent way; not gently রুক্ষভাবে, কোমলভাবে নয় *He grabbed her roughly by her arm.* **2** not exactly; approximately একেবারে সঠিক নয় মোটামুটি; প্রায়, মোটের উপর *It took roughly three hours I suppose.*

roulette / ruːˈlet রুˈলেট্ / *noun* [U] a game in which a ball is dropped onto a moving wheel that has holes with numbers on them. The players bet on which hole the ball will be in when the wheel stops এক জাতীয় খেলা যেখানে একটি বল গর্তওয়ালা এবং সংখ্যা দ্বারা চিহ্নিত একটা ঘুরন্ত চাকার মধ্যে ফেলে দেওয়া হয়। এই খেলায় অংশগ্রহণকারীরা এই বাজি ধরে যে চাকাটা থামলে বলটি কোন গর্তে পড়ে থাকবে; রুলেট

round¹ / raʊnd রাউন্ড্ / *adj.* having the shape of a circle or a ball গোলাকার *a round table*

IDM in round figures/numbers given to the nearest 10, 100, 1000, etc.; not given in exact numbers নির্দিষ্ট ঠিক সংখ্যার বদলে মোটামুটি সংখ্যা দেওয়া আছে এমন; ঠিক সংখ্যা দেওয়া নেই এমন

round² / raʊnd রাউন্ড্ / *adv., prep.*

NOTE অনেকগুলি ক্রিয়াপদের (verb) সঙ্গে বিশেষ ব্যবহারের জন্য, উদাহরণস্বরূপ **come round, get round, go round**-এর জন্য ক্রিয়াপদের শীর্ষশব্দগুলি দেখো।

1 in a circle or curve; on all sides of sth গোলাকারে; কোনো বস্তুর চারিদিকে *He had a bandage right round his head.* ○ *We were just talking about Ravi and he came* ***round the corner****.* ○ (*figurative*) *It wasn't easy to see a way round the problem* (= a way of solving it). **2** in a full circle সম্পূর্ণ বৃত্তাকারে *The wheels spun* ***round and round*** *but the car wouldn't move.* **3** turning to look or go in the opposite direction উলটোদিকে দেখা অথবা যাওয়ার জন্য ঘোরা হয় এমন *Don't* ***look round*** *but the teacher's just come in.* ○ *She* ***turned*** *the car* ***round*** *and drove off.* **4** from one place, person, etc. to another এক জায়গা, ব্যক্তি ইত্যাদি থেকে অন্য জায়গায়, অন্য ব্যক্তির কাছে ***Pass*** *the photographs* ***round*** *for everyone to see.* **5** in or to a particular area or place কোনো বিশেষ অঞ্চল বা জায়গায় *Do you live round here?* ○ *I'll come round to see you at about 8 o'clock.* **6** in or to many parts of sth কোনো কিছুর মধ্যে বা আশেপাশে *Let me* ***show*** *you* ***round*** *the house.*

IDM round about (sth) in the area near a place; approximately কোনো জায়গায় কাছাকাছি; প্রায় *We hope to arrive round about 6 p.m.*

the other way round in the opposite way or order উলটোদিকে, অন্যদিকে বিপরীত দিকে *My appointment's at 3 o'clock and Leena's is at 3.15—or was it the other way round?*

NOTE Around এবং **round** শব্দ দুটির একই অর্থ, তবে আমেরিকান ইংরেজিতে **round** শব্দটি বেশি ব্যবহার করা হয়।

round³ / raʊnd রাউন্ড্ / *noun* [C] **1** a number or series of events, etc. দফা, পর্যায়, চোট, খেপ *a further round of talks with other European countries* **2** a regular series of visits, etc., often as part of a job নিয়মিত পরিদর্শন, প্রায়ই কোনো কাজের অঙ্গ হিসেবে *The postman's round takes him about three hours.* ○ *Dr Sharma is on his daily round of the wards.* **3** a number of drinks (one for all the people in a group) এক দফা মদ্য পান (দলের সকলের জন্য) *It's my round* (= it's my turn to buy the drinks). **4** one part of a game or competition কোনো খেলা বা

প্রতিযোগিতার এক অংশ *India will play Sri Lanka in the next round.* **5** (*in golf*) one game, usually of 18 holes (গল্ফ খেলায়) এক দফা খেলা, যাতে সাধারণত ১৮টি গর্ত থাকে *to play a round of golf* **6** a bullet or a number of bullets, fired from a gun একটা অথবা কয়েকটা বুলেট যা বন্দুক থেকে ছোড়া হয়েছে *He fired several rounds at us.* **7** a short, sudden period of loud noise হঠাৎ, স্বল্প জোরালো আওয়াজ *The last speaker got the biggest* ***round of applause****.*

round[4] / raʊnd রাউন্ড্ / *verb* [T] to go round sth কোনো কিছুর চারিদিকে ঘোরা *The police car rounded the corner at high speed.*

PHR V **round sth off** to do sth that completes a job or an activity কোনো কাজ শেষ করতে কিছু করা *We rounded off the meal with coffee and chocolates.*

round sb/sth up to bring sb/sth together in one place লোকজন বা জিনিসপত্র একত্র করা *The teacher rounded up the children.*

round sth up/down to increase/decrease a number, price, etc. to the nearest whole number কোনো সংখ্যা, দাম ইত্যাদি বাড়ানো বা কমানো পূর্ণ সংখ্যা করার জন্য

roundabout[1] / ˈraʊndəbaʊt ˈরাউন্ড্অ্যাবাউট্ / *noun* [C] **1** a circle where several roads meet, that all the traffic has to go round in the same direction যে গোলাকৃতি জায়গায় অথবা মোড়ে কয়েকটি রাস্তা গিয়ে মেশে এবং সেইসব রাস্তায় সমস্ত গাড়িকে ঐ গোল রাস্তা দিয়ে যেতে হয়; গোল চত্বর **2** a round platform made for children to play on. They sit or stand on it and sb pushes it round ছোটো ছেলেমেয়েদের খেলার জন্য গোলাকার মঞ্চ যার উপর বাচ্চারা দাঁড়ালে বা বসলে কেউ ঠেলে ঠেলে মঞ্চটিকে ঘোরাতে পারে **3** = **merry-go-round**

roundabout[2] / ˈraʊndəbaʊt ˈরাউন্ড্অ্যাবাউট্ / *adj.* longer than is necessary or usual; not direct প্রয়োজন বা যা স্বাভাবিক তার চাইতে বেশি ঘোরানো বা দীর্ঘ পথ; সরাসরি *We got lost and came by a rather roundabout route.*

rounders / ˈraʊndəz ˈরাউন্ড্যাজ্ / *noun* [U] a British game that is similar to baseball ব্রিটেনের একরকম খেলা যা অনেকটা বেস বলের মতো

round trip *noun* [C] **1** a journey to a place and back again যাওয়া-আসা দুই, যেখান থেকে যাত্রা শুরু সেখানেই আবার ফেরত আসা হয় এমন সফর *It's a four-kilometre round trip to the centre of town.* **2** (*AmE*) = **return**[2] **5**

roundworm / ˈraʊndwɜːm ˈরাউন্ড্উঅ্যম্ / *noun* [C] a **worm** that lives inside the bodies of pigs, humans and some other animals শূকর বা মানুষের দেহে বসবাসকারী ক্রিমি

rouse / raʊz রাউজ্ / *verb* [T] **1** (*formal*) to make sb wake up কাউকে জাগানো, ওঠানো *She was sleeping so soundly that I couldn't rouse her.* **2** to make sb/sth very angry, excited, interested, etc. খুব রাগিয়ে তোলা, উত্তেজিত করা, আগ্রহী করা

rousing / ˈraʊzɪŋ ˈরাউজিং / *adj.* exciting and powerful উত্তেজনাপূর্ণ এবং প্রবল *a rousing speech*

rout / raʊt রাউট্ / *verb* [T] to defeat sb completely কাউকে সম্পূর্ণরূপে পরাজিত করা ► **rout** *noun* [C] সম্পূর্ণ হার

route / ruːt রূট্ / *noun* [C] **1 a route (from A) (to B)** a way from one place to another এক জায়গা থেকে অন্য জায়গায় যাওয়ার রাস্তা *What is the most direct route from Noida to Delhi?* ○ *I got a leaflet about the bus routes from the information office.* **2 a route to sth** a way of achieving sth সফল হওয়ার উপায় *Hard work is the only route to success.*

routine[1] / ruːˈtiːn রূˈটীন্ / *noun* **1** [C, U] the usual order and way in which you regularly do things নিয়মিত যেমনভাবে করা হয় সেরকম, নিয়মমতো কাজ করার অভ্যাস; রুটিন *Make exercise part of your daily routine.* **2** [U] tasks that have to be done again and again and so are boring যে কাজ বারে বারে করতে হয় এবং সেই কারণে একঘেয়ে **3** [C] a series of movements, jokes, etc. that are part of a performance অনেকবার নড়াচড়া, ঘোরাফেরা, ঠাট্টা, রসিকতা ইত্যাদি যা কোনো অনুষ্ঠানের অন্তর্গত *a dance/comedy routine* **4** [C] (*computing*) a list of instructions that make a computer able to perform a particular task কতকগুলি নির্দেশ যা কম্পিউটারে দিলে সেটি বিশেষ কোনো একটা কাজ করতে পারে

routine[2] / ruːˈtiːn রূˈটীন্ / *adj.* **1** normal and regular; not unusual or special সাধারণ, যা নিয়মিত হয়; বিশেষ ধরনের কিছু নয় *The police would like to ask you some routine questions.* **2** boring; not exciting একঘেয়ে; উত্তেজিত করার মতো নয় *It's a very routine job, really.*

routinely / ruːˈtiːnli রূˈটীন্লি / *adv.* regularly; as part of a routine নিয়মিতভাবে; কোনো নিয়মিত পদ্ধতির অঙ্গ হিসেবে *The machines are routinely checked every two months.*

row[1] / rəʊ র‍্যাউ / *noun* [C] **1** a line of people or things একসারি লোক অথবা জিনিসপত্র *a row of books* ○ *The children were all standing* ***in a row*** *at the front of the class.* **2** a line of seats in a theatre, cinema, etc. থিয়েটারহল, সিনেমাহল ইত্যাদিতে একসারি বসার জায়গা *Our seats were in the back row.* ○ *a front-row seat*

IDM in a row one after another; without a break একটার পর আরেকটা; কোনো ছাড় বা বিরতি বাদে *It rained for four days in a row.*

row² / rəʊ র‍্যাউ / *verb* **1** [I, T] to move a boat through the water using long thin pieces of wood with flat parts at the end (**oars**) জলের মধ্যে নৌকা চালানোর জন্য দাঁড় টানা বা বৈঠা বাওয়া *We often go rowing on the lake.* **2** [T] to carry sb/sth in a boat that you row নৌকায় দাঁড় টেনে কাউকে বা কোনো কিছু নিয়ে যাওয়া *Could you row us over to the island?* ➪ **paddle** দেখো। ▶ **row** *noun* [*sing.*] সারি, পঙ্ক্তি, একবার দাঁড় টানা

row³ / raʊ রাউ / *noun* **1** [C] **a row (about/over sth)** a noisy argument or serious disagreement between two or more people, groups, etc. দুই বা ততোধিক লোক বা দলের মধ্যে ঝগড়াঝাঁটি বা গুরুতর মতভেদ *When I **have a row** with my sister, I always try to make up as soon as possible.* ○ *A row has broken out between the main parties over education.* **2** [*sing.*] a loud noise জোরালো আওয়াজ *What a row! Could you be a bit quieter?* ▶ **row** *verb* [I] **row (with sb) (about/over sth)** ঝগড়া করা *Paroma and I are always rowing about money!*

rowdy / ˈraʊdi ˈরাউডি / *adj.* noisy and likely to cause trouble উচ্ছৃঙ্খল *a rowdy group of football fans* ○ *rowdy behaviour* ▶ **rowdily** *adv.* উচ্ছৃঙ্খলভাবে ▶ **rowdiness** *noun* [U] উচ্ছৃঙ্খলতা

rowing boat (*AmE* **rowboat** / ˈrəʊbəʊt ˈর‍্যাউব্যাউট্ /) *noun* [C] a small boat that you move through the water using long thin pieces of wood with flat parts at the end (**oars**) দাঁড় টেনে যাওয়ার জন্য ছোটো নৌকা; ডিঙি নৌকা ➪ **boat**-এ ছবি দেখো।

royal / ˈrɔɪəl ˈরইঅ্যাল্ / *adj.* **1** connected with a king or queen or a member of their family রাজা, রানী বা তাদের পরিবার সম্বন্ধীয়; রাজসিক *the royal family* **2** (used in the names of organizations) supported by a member of the royal family (কোনো প্রতিষ্ঠানের নামের সঙ্গে ব্যবহৃত) রাজপরিবারের কারও দ্বারা সাহায্যপ্রাপ্ত ▶ **royal** *noun* [C] (*informal*) রাজকীয়, মর্যাদাপূর্ণ, প্রথম শ্রেণির *the Queen, the Princes and other royals*

royal blue *adj., noun* (of) deep bright blue ঘন উজ্জ্বল নীল

Royal Highness *noun* [C] **His/Her/Your Royal Highness** used when you are speaking to or about a member of the royal family রাজপরিবারের কোনো সদস্যের সঙ্গে বা তাঁর বিষয়ে কথা বলার সময়ে ব্যবহার করা হয়

royalty / ˈrɔɪəlti ˈরইঅ্যাল্টি / *noun* (*pl.* **royalties**) **1** [U] members of the royal family রাজপরিবারের সদস্য **2** [C] an amount of money that is paid to the person who wrote a book, piece of music, etc. every time his/her work is sold or performed বিক্রিত বই, গান ইত্যাদির উপর লেখক, গানের সুরকার প্রমুখের যতবার বইটি বিক্রি হবে বা যতবার গানটি গাওয়া হবে ততবার প্রাপ্য টাকা; রয়েলটি *The author earns a 2 per cent royalty on each copy sold.*

RP / ˌɑːˈpiː ˌআːˈপী / *noun* [U] received pronunciation; the standard form of British pronunciation ব্রিটেনে যে ইংরেজি উচ্চারণ আদর্শ বলে ধরা হয়; ব্রিটিশ উচ্চারণ

rpm / ˌɑː piː ˈem ˌআː পী ˈএম্ / *abbr.* revolutions per minute এক মিনিটে যতবার ঘোরে *an engine speed of 2500 rpm*

RSI / ˌɑːr es ˈaɪ ˌআːর্ এস্ ˈআই / *noun* [U] repetitive strain injury; pain and swelling, especially in the wrists and hands, caused by doing the same movement many times in a job or an activity পুনঃপুন চাপ পড়ার ফলে যে কষ্ট বা অসুখ; ব্যথা এবং ফোলা, বিশেষত কবজিতে এবং হাতে, যা বারে বারে কোনো কাজ করার জন্য হয়

RSVP / ˌɑːr es viː ˈpiː ˌআːর্ এস্ ভী ˈপী / *abbr.* (used on invitations) please reply (নিমন্ত্রণ পত্রে ব্যবহৃত) অনুগ্রহপূর্বক উত্তর দেবেন

rub / rʌb রাব্ / *verb* (**ru<u>bb</u>ing; ru<u>bb</u>ed**) **1** [I, T] to move your hand, a cloth, etc. backwards and forwards on the surface of sth while pressing firmly ঘষা, ডলা *Raju rubbed his hands together to keep them warm.* ○ *The cat rubbed against my leg.* **2** [T] **rub sth in (to sth)** to put a cream, liquid, etc. onto a surface by rubbing কোনো বস্তুর বহির্ভাগের উপর কিছু, যেমন ক্রিম, তরল পদার্থ ইত্যাদি ঘষা *Apply a little of the lotion and rub it into the skin.* **3** [I, T] **rub (on/against sth)** to press on/against sth, often causing pain or damage কিছুর গায়ে ঘষে ব্যথা দেওয়া, নষ্ট করা *These new shoes are rubbing my heels.* ▶ **rub** *noun* [C] ঘর্ষণ, রগড়ানো

IDM rub salt into the wound/sb's wounds to make a situation that makes sb feel bad even worse খারাপ অবস্থাকে আরও খারাপ করা

rub shoulders with sb to meet and spend time with famous people বিখ্যাত লোকদের সঙ্গে মেলামেশা করা *As a journalist you rub shoulders with the rich and famous.*

PHR V rub it/sth in to keep reminding sb of sth embarrassing that he/she wants to forget ভুলে

যেতে চাওয়ার মতো অস্বস্তির কিছু বারে বারে কাউকে মনে করিয়ে দেওয়া *I know it was a stupid mistake, but there's no need to rub it in!*

rub off (on/onto sb) (used about a good quality) to be passed from one person to another (কোনো ভালো গুণ সম্বন্ধে ব্যবহৃত) একজনের কাছ থেকে অন্য কারও কাছে যাওয়া *Let's hope some of her enthusiasm rubs off onto her brother.*

rub sth off (sth) to remove sth from a surface by rubbing কোনো কিছুর উপর থেকে কিছু ঘষে উঠিয়ে দেওয়া *He rubbed the dirt off his boots.*

rub sth out to remove the marks made by a pencil, chalk, etc. using a rubber, cloth, etc. রাবার, কাপড় ইত্যাদি দিয়ে ঘষে পেনসিল বা চকের দাগ বা চিহ্ন মুছে ফেলা *That answer is wrong. Rub it out.*

rubber / ˈrʌbə(r) ˈরাব্যা(র্) / *noun* **1** [U] a strong substance that can be stretched and does not allow water to pass through it, used for making tyres, boots, etc. Rubber is made from the juice of a tropical tree or is produced using chemicals ক্রান্তীয় অঞ্চলের একধরনের গাছের রস থেকে বা রাসায়নিক পদ্ধতিতে উৎপন্ন রবার যা স্থিতিস্থাপক এবং জলনিরোধক এবং যা টায়ার, বুট ইত্যাদি তৈরিতে ব্যবহৃত হয়; রবার *a rubber ball* ○ *rubber gloves* ○ *foam rubber* **2** [C] (*AmE* **eraser**) a small piece of rubber that you use for removing pencil marks from paper; soft material used for removing chalk marks or pen marks from a board ছোটো রবারের টুকরো বা ঐ জাতীয় কোনো নরম কিছু যা দিয়ে কাগজের উপর পেনসিলের লেখা, দাগ অথবা বোর্ডের উপর কিছু লেখা ইত্যাদি মুছে ফেলার জন্য ব্যবহার করা হয় ➪ **stationery**-তে ছবি দেখো।

rubber band (*also* **elastic band**) *noun* [C] a thin circular piece of rubber that is used for holding things together ছোটোখাটো জিনিসপত্র ধরে বা আটকে রাখতে যে সরু গোল আকারের রবারের টুকরো ব্যবহার করা হয় *Her hair was tied back with a rubber band.* ➪ **stationery**-তে ছবি দেখো।

rubber stamp *noun* [C] **1** a small tool that you hold in your hand and use for printing the date, the name of an organization, etc. on a document (তারিখ, প্রতিষ্ঠানের নাম ইত্যাদি মুদ্রিত করতে ব্যবহৃত) রবারের সীলমোহর; রবারস্ট্যাম্প ➪ **stationery**-তে ছবি দেখো। **2** a person or group who gives official approval to sth without thinking about it first কোনো বিষয়ে ভাবনাচিন্তা না করে আনুষ্ঠানিকভাবে কোনো কিছুকে অনুমোদন দান করে এমন কোনো ব্যক্তি বা দল ▶ **rubber-stamp** *verb* [T] রবারের সীলমোহর দেওয়া; রবার স্ট্যাম্প করা *The committee have no real power—they just rubber-stamp the chairman's ideas.*

rubbery / ˈrʌbəri ˈরাব্যারি / *adj.* like rubber রবারের মতো *This meat is rubbery.*

rubbish / ˈrʌbɪʃ ˈরাবিশ্ / (*AmE* **garbage**; **trash**) *noun* [U] **1** things that you do not want any more; waste material এমন কিছু জিনিস যা বাঞ্ছনীয় নয়; ফেলে দেওয়ার জিনিস; আবর্জনা *The dustmen collect the rubbish every Monday.* ○ *a rubbish bin* ➪ **waste** দেখো। **2** something that you think is bad, silly or wrong এমন যাকে মনে করা হয় বাজে, হাস্যকর অথবা ভুল *I thought that film was absolute rubbish.* ○ *Don't talk such rubbish.*

rubbish tip = **tip**[1] **4**

rubble / ˈrʌbl ˈরাব্‌ল্ / *noun* [U] pieces of broken brick, stone, etc., especially from a damaged building ভাঙাচোরা ইঁট-পাটকেল, পাথরের টুকরো ইত্যাদি যা সাধারণত ভাঙা বাড়ি থেকে আসে

rubella / ruːˈbelə রু'বেল্যা / *noun* [U] = **German measles**

ruby / ˈruːbi ˈরুবি / *noun* [C] (*pl.* **rubies**) a type of precious stone that is red লাল রঙের দামি পাথর; চুনি

ruby wedding *noun* [C] the 40th anniversary of a wedding চল্লিশতম বিবাহবার্ষিকী ➪ **diamond wedding, golden wedding** এবং **silver wedding** দেখো।

rucksack / ˈrʌksæk ˈরাক্স্যাক্ / *noun* [C] (*BrE*) a bag that you use for carrying things on your back পিঠে বয়ে নিয়ে যাওয়ার ব্যাগ ✪ সম **backpack** অথবা **pack**

rudder / ˈrʌdə(r) ˈরাড্যা(র্) / *noun* [C] a piece of wood or metal that is used for controlling the direction of a boat or plane কোনো জলযান বা বিমান কোন দিকে যাবে তা নিয়ন্ত্রণ করার জন্য ব্যবহৃত কাঠ বা ধাতুর তৈরি যন্ত্র ➪ **boat**-এ ছবি দেখো।

rude / ruːd রুড্ / *adj.* **1 rude (to sb) (about sb/sth)** not polite রূঢ়, অমার্জিত *It's rude to interrupt when people are speaking.* ○ *I think it was rude of them not to phone and say that they weren't coming.* ✪ সম **impolite** **2** connected with sex, using the toilet, etc. in a way that might offend people যৌনাচার, শৌচাগারের ব্যবহার ইত্যাদির সঙ্গে এমনভাবে সংযুক্ত যাতে অনেকের আপত্তি হয় *a rude joke/word/gesture* **3** (*written*) sudden and unpleasant হঠাৎ এবং অপ্রীতিকর *If you're expecting any help from him, you're in for a rude shock.* ▶ **rudely** *adv.* অভদ্রভাবে ▶ **rudeness** *noun* [U] অভদ্রতা

rudimentary / ˌruːdɪˈmentri ˌরুডি'মেন্ট্রি / *adj.* (*formal*) very basic or simple প্রাথমিক বা সাদাসিধা

rudiments / ˈruːdɪmənts ˈরুডিম্যান্ট্‌স্ / *noun* [*pl.*] **the rudiments (of sth)** (*formal*) the most basic or important facts of a particular subject, skill, etc. কোনো নির্দিষ্ট বিষয়ের বা দক্ষতার প্রাথমিক বা গোড়ার কথা

ruffle / ˈrʌfl ˈরাফ্‌ল্ / *verb* [T] **1 ruffle sth (up)** to make sth untidy or no longer smooth কোনো কিছু নেড়েচেড়ে অগোছালো বা এলোমেলো করে দেওয়া *to ruffle sb's hair* **2** (*passive*) to make sb annoyed or confused কাউকে বিরক্ত বা বিভ্রান্ত করা

rug / rʌg রাগ্ / *noun* [C] **1** a piece of thick material that covers a small part of a floor মেঝেতে পাতার কম্বল বা কার্পেট জাতীয় জিনিস ➪ **carpet** এবং **mat** দেখো। **2** a large piece of thick cloth that you put over your legs or around your shoulders to keep warm, especially when travelling একটি বড়ো, মোটা কাপড় যা পায়ের উপর বা কাঁধের উপর ফেলে নিজেকে গরম রাখা হয়, বিশেষত সফরের সময়; কম্বল

rugby / ˈrʌgbi ˈরাগ্‌বি / *noun* [U] a form of football that is played by two teams of 13 or 15 players with an **(oval)** ball that can be carried, kicked or thrown লম্বা গোছের ফুটবলের মতো একরকম বল নিয়ে দুই দলের (প্রতি দিকে থাকে ১৩ অথবা ১৫ জন খেলোয়াড়) খেলা, যাতে বলটিকে নিয়ে ছোটা, ছোড়া এবং লাথি মারা চলে; রাগবি

> NOTE **Rugby League**-এর দলে তেরোটি খেলোয়াড় থাকে এবং **Rugby Union**-এর দলে পনেরোটি।

rugged / ˈrʌgɪd ˈরাগিড্ / *adj.* **1** (used about land) rough, with a lot of rocks and not many plants (জমি সম্বন্ধে ব্যবহৃত) উঁচুনীচু, পাথুরে, গাছপালা কম **2** (used about a man) strong and attractive (পুরুষ সম্বন্ধে ব্যবহৃত) বলিষ্ঠ এবং আকর্ষণীয় **3** strong and made for difficult conditions শক্তপোক্ত, টেকসই, জবরদস্ত

ruin¹ / ˈruːɪn ˈরুইন্ / *verb* [T] **1** to damage sth so badly that it loses all its value, pleasure, etc. এমনভাবে কোনো কিছু ক্ষতিগ্রস্ত করা যাতে তার সমস্ত গুরুত্ব বা প্রসাদগুণ হারিয়ে যায়; নষ্ট করা *a ruined building* ○ *That one mistake ruined my chances of getting the job.* **2** to cause sb to lose all his/her money, hope of being successful, etc. কোনো ব্যক্তিকে আর্থিকভাবে নিঃস্ব করে দেওয়া বা তার উন্নতির সমস্ত আশা নষ্ট করে দেওয়া; বিনষ্ট করা *The cost of the court case nearly ruined them.*

ruin² / ˈruːɪn ˈরুইন্ / *noun* **1** [U] the state of being destroyed or very badly damaged ধ্বংস, সর্বনাশ *The city was in a state of ruin.* **2** [U] the cause or state of having lost all your money, hope of being successful, etc. সাফল্য পাওয়ার আশায় নিজের টাকা-পয়সা সব হারিয়ে ফেলার কারণ বা অবস্থা *Many small companies are facing* ***financial ruin***. **3** [C] the parts of a building that are left standing after it has been destroyed or badly damaged ধ্বংসাবশেষ, ধ্বংসস্তূপ *the ruins of the ancient city of Hampi*

IDM **go to rack and ruin** ➪ **rack¹** দেখো।

in ruin(s) badly damaged or destroyed একেবারে ভগ্নদশা *After the accident her life seemed to be in ruins.*

ruinous / ˈruːɪnəs ˈরুইন্যাস্ / *adj.* causing serious problems, especially with money ধ্বংসকারী, সর্বনাশা, বিশেষ করে অর্থের ব্যাপারে

rule¹ / ruːl রুল্ / *noun* **1** [C] an official statement that tells you what you must or must not do in a particular situation or when playing a game একটি সরকারি বিবৃতি যেখানে কোনো বিশেষ পরিস্থিতিতে বা খেলায় কি করা উচিত বা উচিত নয় তা লেখা থাকে; নিয়ম, বিধান *to* ***obey/break a rule*** ○ *It's* ***against the rules*** *to smoke in this area.* ○ *The company has strict* ***rules and regulations*** *governing employees' dress.* **2** [C] a piece of advice about what you should do in a particular situation বিশেষ অবস্থায় কি করতে হবে সে বিষয়ে মন্ত্রণা, উপদেশ *When you run a marathon, the* ***golden rule*** *is—don't start too fast.* **3** [*sing.*] what is usual যা সাধারণত হয়; স্বাভাবিক ***As a general rule****, women live longer than men.* ○ *I don't read much* ***as a rule****.* **4** [C] (in a language) a description of what is usual or correct (কোনো ভাষায়) যা সাধারণ এবং ঠিক তার বিবরণ *What is the rule for forming the past tense?* **5** [U] government; control সরকার; কর্তৃত্ব *The country is* ***under military rule****.*

IDM **bend the rules** ➪ **bend¹** দেখো।

a rule of thumb a simple piece of practical advice, not involving exact details or figures খুঁটিনাটি বা পরিসংখ্যানের পরিবর্তে একটি সাদাসিধা কার্যকর উপদেশ

work to rule to follow the rules of your job in a very strict way in order to cause delay, as a form of protest against your employer or your working conditions সবকিছু খুঁটিনাটি মেনে এমনভাবে কাজ করা যার ফলে কাজ অতি ধীর গতিতে চলে; এক ধরনের কর্মধর্মঘট ➪ **work-to-rule** দেখো।

rule² / ruːl রুল্ / *verb* [I, T] **1 rule (over sb/sth)** to have the power over a country, group of people, etc. দেশ, জনগণ ইত্যাদির উপর শাসন চালানোর ক্ষমতা থাকা; রাজত্ব বা কর্তৃত্ব পাওয়া *Ashoka ruled over a vast empire.* ○ (*figurative*) *His whole life was ruled by his ambition to become President.* **2 rule (on sth); rule (in favour of/against sb/sth); rule (that...)** to make an official decision

সরকারি সিদ্ধান্ত নেওয়া *The judge will rule on whether or not the case can go ahead.*

PHR V **rule sb/sth out** to say that sb/sth is not possible, cannot do sth, etc.; to prevent sth কোনো কিছু সম্ভব নয় বা করা যাবে না ইত্যাদি বলে দেওয়া; কোনো কিছু করতে বাধা দেওয়া *The government has ruled out further increases in train fares next year.*

ruler / ˈruːlə(r) ˈরূল্যা(র্) / *noun* [C] **1** a person who rules a country, etc. শাসক, শাসনকর্তা, শাস্তা **2** a straight piece of wood, plastic, etc. marked in **centimetres** or **inches**, that you use for measuring sth or for drawing straight lines সেন্টিমিটার, ইঞ্চি ইত্যাদি মাপ চিহ্নিত কাঠ বা প্লাস্টিকের লাঠি বা রুলার যা কিছু মাপা বা সোজা দাগ টানার জন্য ব্যবহার করা হয়

ruling¹ / ˈruːlɪŋ ˈরুলিং / *adj. (only before a noun)* with the most power in an organization, country, etc. কোনো প্রতিষ্ঠান, দেশ ইত্যাদিতে সবার চেয়ে বেশি ক্ষমতাসম্পন্ন *the ruling political party*

ruling² / ˈruːlɪŋ ˈরুলিং / *noun* [C] an official decision সরকারি সিদ্ধান্ত

rum / rʌm রাম্ / *noun* [C, U] a strong alcoholic drink that is made from the juice of a plant from which sugar is made (**sugar cane**) আখ গাছ থেকে তৈরি একরকম কড়া মদ; রাম

rumble / ˈrʌmbl ˈরাম্ব্‌ল্ / *verb* [I] to make a deep heavy sound গুরগুর আওয়াজ করা, গর্জন করা *I was so hungry that my stomach was rumbling.* ▶ **rumble** *noun [sing.]* গুরগুর আওয়াজ, গর্জন *a rumble of thunder*

ruminant / ˈruːmɪnənt ˈরুমিন্যান্ট্ / *noun* [C] any animal that brings back food from its stomach and **chews** it again এমন পশু যারা তাদের পাকস্থলী থেকে খাবার উগরে এনে আবার চিবিয়ে নিয়ে খায়; জাবর কাটে যে পশু; রোমন্থনকারী পশু *Cows and sheep are both ruminants.* ▶ **ruminant** *adj.* চিন্তাশীল, চিন্তাপ্রবণ, ভাবুক, রোমন্থক পশু

rummage / ˈrʌmɪdʒ ˈরামিজ্ / *verb* [I] to move things and make them untidy while you are looking for sth তছনছ করে খোঁজা *Nina rummaged through the drawer looking for the tin-opener.*

rumour¹ (*AmE* **rumor**) / ˈruːmə(r) ˈরূম্যা(র্) / *noun* [C, U] **(a) rumour (about/of sb/sth)** (a piece of) news or information that many people are talking about but that is possibly not true এমন খবর যা অনেকে বলাবলি করছে কিন্তু সম্ভবত ঠিক নয়; গুজব ***Rumour has it*** (= people are saying) *that Leena has resigned.* ○ *to confirm/deny a rumour* (= to say that it is true/not true)

rumour² (*AmE* **rumor**) / ˈruːmə(r) ˈরূম্যা(র্) / *verb* [T] (*usually passive*) **be rumoured** to be reported as a rumour and possible but may not be true হয়তো সত্যি নয় কিন্তু সে সম্বন্ধে গুজব রটনা হওয়া ***It's widely rumoured that*** *they are getting married.* ○ *They are rumoured to be getting married.*

rump / rʌmp রাম্প্ / *noun* [C] the back end of an animal কোনো জন্তুর পিছনের শেষ অংশ *rump steak* (= meat from the rump)

run¹ / rʌn রান্ / *verb* [I, T] (*pres. part.* **running;** *pt* **ran** / ræn র‍্যান্ /; *pp* **run**) **1** [I, T] to move using your legs, going faster than a walk দৌড়োনো *I had to run to catch the bus.* ○ *I often* ***go running*** *in the evenings* (= as a hobby). ○ *I ran nearly ten kilometres this morning.* **2** [I, T] to move, or move sth, quickly in a particular direction বিশেষ দিকে ছোটা বা কোনো কিছু ছোটানো *I've been running around after the kids all day.* ○ *The car ran off the road and hit a tree.* ○ *She ran her finger down the list of passengers.* **3** [I] to lead from one place to another; to be in a particular position এক জায়গা থেকে অন্য জায়গায় নিয়ে যাওয়া; বিশেষ একটা অবস্থায় থাকা *The road runs along the side of a lake.* **4** [T] to organize or be in charge of sth; to provide a service সংগঠিত করা বা পরিচালনা করা; কোনো পরিষেবার ব্যবস্থা করা *She runs a restaurant.* ○ *They run English courses all the year round.* **5** [I, T] to operate or function; to make sth do this চালানো বা কাজ করা; কোনো কিছু দিয়ে চালানো, কাজ করানো *The engine is running very smoothly now.* ○ *We're running a new computer program today.* **6** [I] to operate at a particular time নির্দিষ্ট সময়ে চালানো, কাজ করা *All the trains are* ***running late*** *this morning.* ○ *We'd better hurry up—we're running behind schedule.* **7** [T] to use and pay for a vehicle কোনো যান (গাড়ি) ব্যবহার করে তার ভাড়া দেওয়া *It costs a lot to run a car.* **8** [I] to continue for a time কিছু সময়ের জন্য চলা *My contract has two months left to run.* ○ *The play ran for nearly two years in a Kolkata theatre.* **9** [I, T] (used about water or other liquid) to flow; to make water flow (জল বা অন্য তরল পদার্থ সম্বন্ধে ব্যবহৃত) প্রবাহিত হওয়া, বওয়া; জল বইতে দেওয়া *When it's really cold, my nose runs.* ○ *I can hear a tap running somewhere.* ○ *to run a bath/a tap* **10** [I] **run with sth** to be covered with flowing water বয়ে যাওয়া, জলে ঢেকে দেওয়া *My face was running with sweat.* **11** [I] (used about the colour in material, etc.) to spread, for example when the material is washed (কোনো জিনিসের উপরের রং সম্বন্ধে ব্যবহৃত) উঠে যাওয়া বা ছড়িয়ে পড়া (যেমন কাচার সময়ে) *Don't put that red shirt in the washing machine. It might run.* **12** [I] **run (for sth)** to be one of the people hoping to be chosen (**a candidate**) in an election নির্বাচনের মাধ্যমে যারা নির্বাচিত হতে চায় তাদের একজন হওয়া *He's running for president.* **13** [T] to publish sth in a newspaper or magazine সংবাদপত্র অথবা পত্রিকায় কিছু প্রকাশ করা *'The Independent' is running a series of articles on pollution.* **14** [T] **run a test/check (on sth)** to do a test or check on sth কোনো কিছুর ব্যাপারে খোঁজ-খবর নেওয়া বা পরীক্ষা করা *They're running checks on the power supply to see what the problem is.*

IDM **be running at** to be at a certain level একটা বিশেষ কোনো স্তরে পৌঁছোতে গেলে যা করতে হয়

run for it to run in order to escape রক্ষা পেতে ছুটে পালানো

NOTE **Run** শব্দটি ব্যবহার করা হয়েছে যেসব প্রবাদ বা বাগ্‌ধারায় তার জন্য সেই প্রবাদ বা বাগ্‌ধারায় ব্যবহৃত বিশেষ্য (noun), বিশেষণ (adjecive) ইত্যাদি শব্দের শীর্ষশব্দগুলি দেখো। উদাহরণস্বরূপ **run in the family** বাগ্‌ধারাটি পাবে **family** শীর্ষশব্দে।

PHR V **run across sb/sth** to meet or find sb/sth by chance আকস্মিকভাবে কারও সঙ্গে দেখা হওয়া অথবা কোনো ব্যক্তি বা বস্তুকে খুঁজে পাওয়া

run after sb/sth to try to catch sb/sth কাউকে বা কিছু ধরার চেষ্টা করা

run away to escape from somewhere কোনো জায়গা থেকে পালানো *He's run away from home.*

run sb/sth down **1** to hit a person or an animal with your vehicle চালনারত অবস্থায় গাড়ি দিয়ে কোনো মানুষ বা পশুকে ধাক্কা মেরে ফেলে দেওয়া *She was run down by a bus.* **2** to criticize sb/sth কারও বা কোনো কিছুর নিন্দা করা *He's always running her down in front of other people.*

run (sth) down to stop functioning gradually; to make sth do this কোনো বস্তুর চলা বা কাজ করা ধীরে ধীরে বন্ধ হয়ে যাওয়া; কোনো বস্তু দিয়ে এরকম করানো *Turn the lights off or you'll run the battery down.*

run into sb to meet sb by chance কারও সঙ্গে হঠাৎ দেখা হয়ে যাওয়া

run into sth to have difficulties or a problem কোনো অসুবিধা হওয়া অথবা কোনো সমস্যায় পড়া *If you run into any problems, just let me know.*

run (sth) into sb/sth to hit sb/sth with a car, etc. কাউকে বা কোনো বস্তুকে গাড়ি দিয়ে ধাক্কা দেওয়া অথবা মারা *He ran his car into a brick wall.*

run sth off to copy sth, using a machine যন্ত্রের সাহায্যে কোনো কিছু নকল করা

run off with sth to take or steal sth কোনো বস্তু চুরি করে নেওয়া

run out (of sth) to finish your supply of sth; to come to an end কোনো কিছুর জোগান অথবা সরবরাহ শেষ হওয়া; ফুরিয়ে যাওয়া *We've run out of coffee.* ○ *Time is running out.*

run sb/sth over to hit a person or an animal with your vehicle কোনো মানুষ বা পশুকে গাড়ি চাপা দেওয়া *The child was run over as he was crossing the road.*

run through sth to discuss or read sth quickly কোনো বিষয়ে তাড়াতাড়ি আলোচনা করা বা পড়ে ফেলা *She ran through the names on the list.*

run² / rʌn রান্ / *noun* **1** [C] an act of running on foot দৌড় *I go for a three-mile* ***run*** *every morning.* ○ *The prisoner tried to* ***make a run for it*** (= to escape on foot). **2** [C] a journey by car, train, etc. গাড়ি, ট্রেন ইত্যাদিতে ভ্রমণ *The bus driver was picking up kids on the school run.* **3** [*sing.*] a series of similar events or sth that continues for a very long time একই রকমের একটার পর একটা ঘটনা যা অনেক সময় ধরে ঘটে অথবা চলে *We've had a run of bad luck recently.* **4** [*sing.*] **a run on sth** a sudden great demand for sth হঠাৎ কোনো বস্তুর জন্য খুব চাহিদা **5** [C] a point in the games of baseball and cricket বেস বল এবং ক্রিকেট খেলায় পয়েন্ট

IDM **in the long run** ➪ **long¹** দেখো।

on the run hiding or trying to escape from sb/sth কোনো ব্যক্তি বা বস্তুর থেকে পালিয়ে বা লুকিয়ে বেড়ানো হয় এমন *The escaped prisoner is still on the run.*

runaway¹ / ˈrʌnəweɪ ˈরান্‌অ্যাউএই / *adj.* **1** out of control পলাতক; নিয়ন্ত্রণহীন, নিয়ন্ত্রণের বাইরে *a runaway horse/car/train* **2** happening very easily যা খুব সহজেই ঘটে *a runaway victory*

runaway² / ˈrʌnəweɪ ˈরান্‌অ্যাউএই / *noun* [C] a person, especially a child, who has left or escaped from somewhere কোনো ব্যক্তি, বিশেষত কোনো বাচ্চা, যে কোনো জায়গা ছেড়ে দিয়েছে বা সেখান থেকে পালিয়েছে

run-down *adj.* **1** (used about a building or place) in bad condition (কোনো বাড়ি বা জায়গা সম্বন্ধে ব্যবহৃত) দুরবস্থাগ্রস্ত, জীর্ণদশায় *a run-down block of flats* **2** very tired and not healthy অত্যন্ত ক্লান্ত এবং দুর্বল

rung¹ / rʌŋ রাং / *noun* [C] one of the bars that form the steps of a ladder মই-এর এক ধাপ

rung² ➪ **ring²** -এর past participle

runner / ˈrʌnə(r) ˈরান্যা(র্) / *noun* [C] **1** a person or an animal that runs, especially in a race দৌড়ের প্রতিযোগিতায় যে ব্যক্তি অথবা জন্তু দৌড়োয় *a long-*

distance runner **2** a person who takes guns, drugs, etc. illegally from one country to another যে ব্যক্তি বেআইনিভাবে এক দেশ থেকে অন্য দেশে বন্দুক, ড্রাগ ইত্যাদি নিয়ে যায়

runner-up *noun* [C] (*pl.* **runners-up**) the person or team that finished second in a race or competition যে ব্যক্তি অথবা দল কোনো দৌড় বা অন্য কিছুর প্রতিযোগিতায় দ্বিতীয় স্থান পেয়েছে

running¹ / ˈrʌnɪŋ ˈরানিং / *noun* [U] **1** the action or sport of running দৌড়োনো বা দৌড়ের খেলা *How often do you* ***go running****?* ○ *running shoes* **2** the process of managing a business or other organization কোনো ব্যাবসা অথবা অন্য কোনো প্রতিষ্ঠান চালানোর পদ্ধতি *She's not involved in the day-to-day running of the office.* ○ *the* ***running costs*** *of a car* (= petrol, insurance, repairs, etc.)

IDM **in/out of the running (for sth)** (*informal*) having/not having a good chance of getting or winning sth কোনো বস্তু জিতে নেওয়া বা পাওয়ার সম্ভাবনা আছে বা নেই

running² / ˈrʌnɪŋ ˈরানিং / *adj.* **1** used after a number and a noun to say that sth has happened a number of times in the same way without a change কোনো সংখ্যা এবং বিশেষ্যপদের পরে ব্যবহার করা হয় এই বোঝাতে যে একটি বিষয় কোনোরকম পরিবর্তন ছাড়া একইভাবে কয়েকবার ঘটেছে *Our school has won the competition for four years running*. **2** (*only before a noun*) flowing or available from a tap (used about water) (জল সম্বন্ধে ব্যবহৃত) যা কল থেকে বয়ে যায় অথবা পাওয়া যায় *There is no running water in the cottage*. **3** (*only before a noun*) not stopping; continuous যা থামে না; অবিরাম *a running battle between two rival gangs*

running commentary *noun* [C] a spoken description of sth while it is happening ধারাবিবরণী, ধারাভাষ্য

runny / ˈrʌni ˈরানি / *adj.* (*informal*) **1** containing more liquid than is usual or than you expected প্রয়োজনের তুলনায় বেশি তরল পদার্থ আছে এমন; জোলো *runny jam* **2** (used about your eyes or nose) producing too much liquid (চোখ বা নাক সম্বন্ধে ব্যবহৃত) জল পড়ছে বা জল বেরোচ্ছে এমন *Their children always seem to have runny noses.*

run-of-the-mill *adj.* ordinary, with no special or interesting characteristics সাধারণ, যার মধ্যে কোনো বিশেষত্ব বা আকর্ষণীয় কিছু নেই *a run-of-the-mill job*

run-up *noun* [*sing.*] **1** the period of time before a certain event কোনো বিশেষ ঘটনার আগের যে সময় *the run-up to the election* **2** (in sport) a run that people do in order to be going fast enough to do an action (খেলার সময়ে) কোনো কাজ যথেষ্ট তাড়াতাড়ি করার আগে লোকে যে একটু দৌড়ে নেয়

runway / ˈrʌnweɪ ˈরান্‌উএই / *noun* [C] a long piece of ground with a hard surface where aircraft take off and land at an airport উড়োজাহাজ ওঠা-নামার জন্য নির্মিত ক্ষেত্র বা পথ; বিমানপথ; রানওয়ে

rupee *noun* [C] (*pl.* **rupees**) the common name for currencies used in India, Pakistan, Sri Lanka, Nepal, etc. ভারত, পাকিস্তান, শ্রীলংকা, নেপাল ইত্যাদি দেশে ব্যবহৃত মুদ্রার একক; টাকা

rupture / ˈrʌptʃə(r) ˈরাপ্‌চ্যা(র্) / *noun* [C, U] **1** a sudden bursting or breaking হঠাৎ ফেটে বা ভেঙে যাওয়ার ক্রিয়া **2** (*formal*) the sudden ending of good relations between two people or groups দুই ব্যক্তি, অথবা দুটি দলের মধ্যে সম্বন্ধের হঠাৎ সমাপ্তি

▶ **rupture** *verb* [I, T] ফেটে যাওয়া, ভেঙে যাওয়া *Her appendix ruptured and she had to have emergency surgery.*

rural / ˈrʊərəl ˈরুঅ্যার‍্যাল্ / *adj.* connected with the country, not the town গ্রামসম্পর্কিত; গ্রামীণ, পল্লীসম্পর্কিত; শহর সম্পর্কিত নয় ➪ **urban** এবং **rustic** দেখো।

ruse / ruːz রুজ্ / *noun* [C] a trick or clever plan ফন্দি, চালাকি, কৌশল

rush¹ / rʌʃ রাশ্ / *verb* **1** [I, T] to move or do sth with great speed, often too fast তাড়াহুড়ো করে কিছু করা, প্রায়ই খুব দ্রুত *I rushed back home when I got the news.* ○ *Don't rush off—I want to talk to you.* ○ *We had to rush our meal.* **2** [T] to take sb/sth to a place very quickly কাউকে বা কোনো কিছু খুব তাড়াতাড়ি কোথায় নিয়ে যাওয়া *He suffered a heart attack and* ***was rushed to hospital****.* **3** [I, T] **rush (sb) (into sth/into doing sth)** to do sth or make sb do sth without thinking about it first আগে চিন্তাভাবনা না করে কিছু করা অথবা কাউকে দিয়ে কিছু করানো *Don't let yourself be rushed into marriage.* ○ *Don't rush me—I'm thinking!*

IDM **be rushed/run off your feet** ➪ **foot¹** দেখো।

rush² / rʌʃ রাশ্ / *noun* **1** [*sing.*] a sudden quick movement হঠাৎ, দ্রুত চলন *At the end of the match there was a rush for the exits.* ○ *I was so nervous, all my words came out* ***in a rush****.* **2** [*sing.*, U] a situation in which you are in a hurry and need to do things quickly তাড়াহুড়োর কোনো পরিস্থিতি এবং যখন অবিলম্বে কিছু করার প্রয়োজন *I can't stop now. I'm* ***in a*** *terrible* ***rush****.* ○ *Don't hurry your meal. There's no rush.* **3** [*sing.*] **a rush (on sth)** a time when many people try to get sth এমন সময় যখন অনেক লোকে কিছু পেতে চায় *There's been a rush to buy petrol before the price goes up.* **4** [*sing.*] a time when there is a lot of activity and people are very busy এমন সময় যখন প্রচুর কাজকর্ম করা হয় এবং সবাই খুবই ব্যস্ত থাকে *We'll leave early to avoid the rush.* **5** [C] a type of tall grass that grows near water একরকম লম্বা লম্বা ঘাস যা জলের ধারে হয় ➪ **plant**-এ ছবি দেখো।

rush hour *noun* [C] the times each day when there is a lot of traffic because people are travelling to or from work প্রত্যেক দিনের যে সময়ে রাস্তায় গাড়ির ভিড় থাকে কারণ লোকে তখন কর্মস্থলে যায় বা আসে; ভিড়ের সময়, অফিস টাইম *rush-hour traffic*

rust / rʌst রাস্ট্ / *noun* [U] **1** a reddish-brown substance that forms on the surface of iron, etc., caused by the action of air and water লোহা ইত্যাদির উপর জল এবং বাতাসের বিক্রিয়ায় যে মরচে ধরে ▶ **rust** *verb* [I, T] মরচে ধরা *Some parts of the car had rusted.* **2** a reddish-brown colour similar to the colour of rust একধরনের লালচে-বাদামি রং যা মরচের রঙের মতো *a rust-colour sari*

rustic / ˈrʌstɪk ˈরাস্টিক্/ *adj.* typical of the country or of country people; simple গ্রাম্য; সাদামাটা *The whole area is full of rustic charm.* ➪ **rural** এবং **urban** দেখো।

rustle / ˈrʌsl ˈরাস্‌ল্ / *verb* [I, T] to make a sound like dry leaves or paper moving শুকনো পাতা বা কাগজ নড়াচড়া করার মতো খসখস আওয়াজ করা *There was a rustling noise in the bushes.* ▶ **rustle** *noun [sing.]* খসখস আওয়াজ

PHR V rustle sth up (for sb) (*informal*) to make or find sth quickly for sb and without planning কোনো পরিকল্পনা ছাড়াই কোনো ব্যক্তির জন্য কোনো কিছু বানানো বা খুঁজে বার করা *I can rustle you up a quick snack.*

rusty / ˈrʌsti ˈরাস্টি / *adj.* **1** (used about metal objects) covered with a brownish substance (**rust**) as a result of being in contact with water and air (ধাতব বস্তু সম্বন্ধে ব্যবহৃত) জল এবং বাতাসের সংস্পর্শে আসার ফলে মরচে পড়েছে বা জং ধরেছে এমন *rusty tins* **2** (used about a skill) not as good as it was because you have not used it for a long time (দক্ষতা বা নৈপুণ্য সম্বন্ধে ব্যবহৃত) ব্যবহার না করায় যা আগের মতো আর ভালো নেই *My French is rather rusty.*

rut / rʌt রাট্ / *noun* [C] a deep track that a wheel makes in soft ground নরম মাটিতে চাকার গভীর দাগ

IDM be in a rut to have a boring way of life that is difficult to change জীবনযাপনের গতি-প্রকৃতি এমন একঘেয়ে যে তা পরিবর্তন করা কঠিন

ruthless / ˈru:θləs ˈরূথ্‌ল্যাস্ / *adj.* (used about people and their behaviour) hard and cruel; determined to get what you want and showing no pity to others (মানুষ এবং তাদের আচরণ সম্বন্ধে ব্যবহৃত) নির্মম, নিষ্ঠুর, দয়ামায়াহীন; অন্যের প্রতি নির্মম হয়ে নিজের চাহিদা আদায় করার জন্য দৃঢ়সংকল্প *a ruthless dictator* ▶ **ruthlessly** *adv.* নির্মমভাবে ▶ **ruthlessness** *noun*[U] নিষ্ঠুরতা, নির্মমতা, দয়ামায়ার অভাব

rye / raɪ রাই / *noun* [U] a plant that is grown in colder countries for its grain, which is used to make flour and also an alcoholic drink (**whisky**) শীতপ্রধান দেশে চাষ করা হয় একপ্রকার উদ্ভিদ যার শস্য আটা এবং মদ (হুইস্কি) বানানোর জন্য ব্যবহার করা হয় ➪ **cereal**-এ ছবি দেখো।

S s

S[1], **s** / es এস্ / *noun* [C, U] (*pl.* **S's; s's** / ˈesɪz ˈএসিজ্) the nineteenth letter of the English alphabet ইংরেজি বর্ণমালার ঊনবিংশতিতম অক্ষর বা বর্ণ বা অক্ষর *'Sam' begins with (an) 'S'.*

S[2] *abbr.* **1** small (size) ছোটো (আকারে) **2** (*AmE* **So**) south(ern) দক্ষিণ দিকের *S Delhi*

sabbath / ˈsæbəθ ˈস্যাব্যাথ্ / **the Sabbath** *noun* [*sing.*] the day of the week for rest and prayer in certain religions (Sunday for Christians, Saturday for Jews) কোনো কোনো ধর্ম অনুযায়ী সপ্তাহের যে দিনটি বিশ্রাম এবং প্রার্থনার দিন (খ্রিস্টধর্মাবলম্বীদের জন্য রবিবার, ইহুদিদের জন্য শনিবার)

sabotage / ˈsæbətɑːʒ ˈস্যাব্যাটা:জ্ / *noun* [U] damage that is done on purpose and secretly in order to prevent an enemy or a competitor being successful, for example by destroying machinery, roads, bridges, etc. কোনো শত্রু বা প্রতিযোগীর সাফল্য আটকানোর জন্য উদ্দেশ্যমূলকভাবে এবং গোপনে যে ক্ষতি করা হয় (উদাহরণস্বরূপ যন্ত্রাদি, রাস্তা, সেতু ইত্যাদি ধ্বংস করে) নাশকতা; অন্তর্ঘাত *industrial/economic/military sabotage* ► **sabotage** *verb* [T] ধ্বংসসাধন করা, ক্ষতি করা

saccharin / ˈsækərɪn ˈস্যাক্যারিন্ / *noun* [U] a very sweet chemical substance that can be used instead of sugar অতি মিষ্টি একরকম রাসায়নিক পদার্থ যা চিনির বদলে ব্যবহার করা যায়

sachet / ˈsæʃeɪ ˈস্যাশেই / *noun* [C] a small plastic or paper packet that contains a small amount of liquid or powder কোনো তরল বা গুঁড়ো পদার্থ ভরা ছোটো প্লাস্টিক অথবা কাগজের প্যাকেট; স্যাশে *a sachet of shampoo/sugar/coffee*

sack[1] / sæk স্যাক্ / *noun* [C] a large bag made from a rough heavy material, paper or plastic, used for carrying or storing things অমসৃণ, ভারী কোনো উপকরণ বা কাগজ বা প্লাস্টিকের তৈরি বড়ো ব্যাগ বা বস্তা *sacks of flour/potatoes*

IDM **get the sack** (*BrE*) to be told by your employer that you can no longer continue working for him/her (usually because you have done sth wrong) (সাধারণত ভুল কোনো কাজের কারণে) নিয়োগকর্তা বা মালিকের দ্বারা চাকরি থেকে বরখাস্ত অথবা ছাঁটাই হওয়া *Tarun got the sack for poor work.*

give sb the sack (*BrE*) to tell an employee that he/she can no longer continue working for you (because of bad work, behaviour, etc.) (ত্রুটিপূর্ণ কাজ, খারাপ ব্যবহার ইত্যাদির কারণে) কোনো কর্মচারীকে বরখাস্ত করা *Tarun's work wasn't good enough and he was given the sack.*

sack[2] / sæk স্যাক্ / (*AmE* **fire**) *verb* [T] to tell an employee that he/she can no longer work for you (because of bad work, bad behaviour, etc.) (কাজের দোষত্রুটি, খারাপ ব্যবহার ইত্যাদি কারণে) কোনো কর্মচারীকে কাজ করতে নিষেধ করে দেওয়া *Her boss has threatened to sack her if she's late again.*

sackcloth / ˈsækklɒθ ˈস্যাক্‌ক্লথ্ / (*also* **sacking** / ˈsækɪŋ ˈস্যাকিং /) *noun* [U] a rough cloth that is used for making large bags (**sacks**) এক ধরনের মোটা কাপড় যা দিয়ে বস্তা বা বড়ো আকারের ব্যাগ তৈরি করা হয়

sacred / ˈseɪkrɪd ˈসেইক্রিড্ / *adj.* **1** connected with God, a god or religion ঐশ্বরিক, দৈব, ধর্মীয় *The Koran is the sacred book of Muslims.* **2** too important and special to be changed or harmed এতটাই গুরুত্বপূর্ণ এবং অসাধারণ যে তাতে কোনো পরিবর্তন বা ক্ষতি করা যায় না *a sacred tradition*

sacrifice[1] / ˈsækrɪfaɪs ˈস্যাক্রিফাইস্ / *noun* [U, C] **1** giving up sth that is important or valuable to you in order to get or do sth that seems more important; sth that you give up in this way যা আরও গুরুত্বপূর্ণ মনে হয় তা পাওয়া বা করার জন্য গুরুত্বপূর্ণ বা মূল্যবান কোনো কিছু ছেড়ে দেওয়ার ক্রিয়া; ত্যাগ স্বীকার; এইভাবে যা ছেড়ে দেওয়া হয় *If we're going to have a holiday this year, we'll have to **make** some sacrifices.* **2 sacrifice (to sb)** the act of offering sth to a god, especially an animal that has been killed in a special way; an animal, etc. that is offered in this way ঈশ্বরের কাছে কোনো কিছু উৎসর্গ করার ক্রিয়া, বিশেষত কোনো পশু যেটি বিশেষভাবে হত্যা করা হয়েছে; বলিদান, উৎসর্গ; এইভাবে বলি দেওয়া পশু ইত্যাদি; নৈবেদ্য

sacrifice[2] / ˈsækrɪfaɪs ˈস্যাক্রিফাইস্ / *verb* **1** [T] **sacrifice sth (for sb/sth)** to give up sth that is important or valuable to you in order to get or do sth that seems more important যা আরও গুরুত্বপূর্ণ মনে হয় তা পাওয়া বা করার জন্য গুরুত্বপূর্ণ বা মূল্যবান কোনো কিছু ছেড়ে দেওয়া; ত্যাগ স্বীকার করা *She is not willing to sacrifice her career in order to have children.* **2** [I, T] to kill an animal and offer it to a god, in order to please the god দেবতাকে খুশি করার জন্য তার উদ্দেশ্যে পশু বলি দেওয়া

sacrilege / ˈsækrəlɪdʒ ˈস্যাক্র্যালিজ্ / *noun* [U, *sing.*] treating a religious object or place without the respect that it deserves কোনো ধর্মীয় বস্তু বা দেবস্থানের প্রতি অশ্রদ্ধা বা অবজ্ঞা

sad / sæd স্যাড্ / *adj.* (**sadder; saddest**) **1 sad (to do sth); sad (that...)** unhappy or causing sb to feel unhappy অসুখী, দুঃখিত, বিষণ্ন *That's one of the saddest stories I've ever heard!* ○ *a sad poem/song/film* **2** bad or unacceptable খারাপ, মেনে নেওয়া যায় না এমন *It's a sad state of affairs when your best friend doesn't trust you.* ▶ **sadden** / ˈsædn ˈস্যাড্‌ন্ / *verb* [T] (*formal*) বিষণ্ন করে দেওয়া *The news of your father's death saddened me greatly.* **sadness** *noun* [C, U] বিষণ্নতা, বিষাদ, দুঃখ

saddle / ˈsædl ˈস্যাড্‌ল্ / *noun* [C] **1** a seat, usually made of leather, that you put on a horse so that you can ride it সাধারণত চামড়ার তৈরি আসন যা ঘোড়ার পিঠের উপরে চড়ে বসার জন্য রাখা হয়; জিন ⇨ **horse**-এ ছবি দেখো। **2** a seat on a bicycle or motorbike বাইসাইকেল অথবা মোটরবাইকের উপরকার সিট ⇨ **bicycle**-এ ছবি দেখো। ▶ **saddle** *verb* [T] ঘোড়ার জিন পরানো

PHR V **saddle sb with sth** to give sb a responsibility or task that he/she does not want কাউকে এমন কোনো কাজের ভার বা দায়িত্ব দেওয়া যা সে করতে চায় না; কারও উপর বোঝা চাপানো

sadism / ˈseɪdɪzəm ˈসেইডিজ্‌ম্ / *noun* [U] getting pleasure, especially sexual pleasure, from hurting other people অন্যকে পীড়ন করে আনন্দ লাভ, বিশেষত যৌনসুখলাভ; ধর্ষকাম ⇨ **masochism** দেখো।

sadist / ˈseɪdɪst ˈসেইডিস্ট্ / *noun* [C] a person who gets pleasure, especially sexual pleasure, from hurting other people যে ব্যক্তি অন্যকে পীড়ন করে আনন্দ পায়, বিশেষত যৌন সুখ লাভ করে ▶ **sadistic** / səˈdɪstɪk স্যাˈডিস্টিক্ / *adj.* ধর্ষকামী, নিষ্ঠুরতাপ্রিয় ▶ **sadistically** / səˈdɪstɪkli- স্যাˈডিস্টিকলি/ *adv.* ধর্ষকামী মন নিয়ে, নিষ্ঠুরতাপূর্ণভাবে

sadly / ˈsædli স্যাড্‌লি / *adv.* **1** unfortunately দুঃখের বিষয়, দুর্ভাগ্যবশত *Sadly, after eight years of marriage they had grown apart.* **2** in a way that shows unhappiness এমনভাবে যাতে দুখই প্রকাশ পায় **3** in a way that is wrong যা মোটেই ঠিক নয় *If you think that I've forgotten what you did, you're* ***sadly mistaken***.

sae / ˌes eɪ ˈiː ˌএস এই ˈঈ / *abbr.* stamped addressed envelope ঠিকানা লেখা খাম; এসএই

safari / səˈfɑːri স্যাˈফাːরি / *noun* [C, U] (*pl.* **safaris**) a trip to see or hunt wild animals, especially in East Africa বন্য জন্তু দেখা অথবা শিকার করতে যাওয়ার জন্য যে ভ্রমণ, বিশেষত পূর্ব আফ্রিকার জঙ্গলে; সাফারি *to be/go* ***on safari***

safe[1] / seɪf সেইফ্ / *adj.* **1** (*not before a noun*) **safe (from sb/sth)** free from danger; not able to be hurt নিরাপদ; যা থেকে ভয়ের কারণ নেই *She didn't* ***feel safe*** *in the house on her own.* ○ *Keep the papers where they will be safe from fire.* **2 safe (to do sth); safe (for sb)** not likely to cause danger, harm or risk যা থেকে বিপদ বা ক্ষতির আশঙ্কা নেই বললেই চলে *Don't sit on that chair, it isn't safe.* ○ *She's a very safe driver.* ○ *I think* ***it's safe to say*** *that the situation is unlikely to change for sometime.* **3** (*not before a noun*) not hurt, damaged or lost ভাঙাচোরা, ক্ষতিগ্রস্ত, নিখোঁজ নয় এমন *After the accident he checked that all the passengers were safe.* ○ *After five days the child was found,* ***safe and sound***. **4** based on good evidence নির্ভরযোগ্য নজিরের উপর ভিত্তি করে *a safe verdict* ▶ **safely** *adv.* নিরাপদে, নিরাপত্তার সঙ্গে, নিরাপদভাবে *I rang my parents to tell them I had arrived safely.*

IDM **in safe hands** with sb who will take good care of you নির্ভর করা যায় এমন কোনো ব্যক্তির সঙ্গে

on the safe side not taking risks; being very careful বিপদের ঝুঁকি না নিয়ে; খুব সাবধানে

safe[2] / seɪf সেইফ্ / *noun* [C] a strong metal box or cupboard with a special lock that is used for keeping money, jewellery, documents, etc. in বিশেষ ধরনের তালা বা কুলুপওয়ালা ধাতুনির্মিত মজবুত বাক্স যা টাকাকড়ি, মূল্যবান রত্নাদি এবং গুরুত্বপূর্ণ কাগজপত্র ইত্যাদি রাখার জন্য ব্যবহৃত হয়; সিন্দুক, মঞ্জুষা, আলমারি

safeguard / ˈseɪfgɑːd ˈসেইফ্‌গাːড্ / *noun* [C] **a safeguard (against sb/sth)** something that protects against possible dangers যা সম্ভাব্য বিপদ থেকে রক্ষা করে; সুরক্ষা-ব্যবস্থা, রক্ষাকবচ ▶ **safeguard** *verb* [T] সুরক্ষা দেওয়া; নিরাপত্তা রক্ষার ব্যবস্থা করা *to safeguard sb's interests/rights/privacy*

safety / ˈseɪfti ˈসেইফ্‌টি / *noun* [U] the state of being safe; not being dangerous or in danger নিরাপদ অবস্থা; নিরাপত্তা; এমন অবস্থা যাতে বিপদের কোনো আশঙ্কা নেই ***road safety*** (=the prevention of road accidents) ○ *New* ***safety measures*** *have been introduced on trains.*

safety belt = **seat belt**

safety net *noun* [C] **1** a net that is placed to catch sb who is performing high above the ground if he/she falls মাটি থেকে অনেক উঁচু স্থানে যে সব ব্যক্তিরা খেলা দেখায় তাদের সুরক্ষার জন্য মাটির কিছুটা উপরে বিছানো জাল; নিরাপত্তা জাল **2** an arrangement that helps to prevent disaster (usually with money) if sth goes wrong ভুল কোনো কিছু ঘটলে বিপর্যয় আটকানোর জন্য সাহায্যকারী ব্যবস্থা (সাধারণত অর্থের সাহায্যে)

safety pin *noun* [C] a metal pin with a point that is bent back towards the head, which is covered so that it cannot be dangerous সেফটিপিন

safety valve *noun* [C] a device in a machine that allows steam, gas, etc. to escape if the pressure becomes too great কোনো যন্ত্রে যদি বাষ্প, গ্যাস ইত্যাদির চাপ খুব বেড়ে যায় তাহলে নিজের থেকে তা বেরিয়ে যাওয়ার ব্যবস্থা

saffron / ˈsæfrən ˈস্যাফ্র্যান্ / *noun* [U] **1** a bright yellow powder from a flower (**crocus**), that is used in cooking to give colour to food উজ্জ্বল হলুদ রঙের পাউডার যা একরকম ফুলের (ক্রোকাস) থেকে তৈরি হয় এবং রান্নায় রং আনার জন্য ব্যবহৃত হয়; জাফরান, কেশর, কুঙ্কুম **2** a bright orange-yellow colour উজ্জ্বল হলুদ-কমলা রং ▶ **saffron** *adj.* জাফরান রঙের, জাফরান

sag / sæg স্যাগ্ / *verb* [I] (**sagging; sagged**) to hang or to bend down, especially in the middle ঝুলে পড়া বা ঝুঁকে পড়া বিশেষত মাঝেখানে

saga / ˈsɑːgə সা:গ্যা / *noun* [C] a very long story; a long series of events দীর্ঘ গল্প; একটার পর একটা ঘটনা

Sagittarius / ˌsædʒɪˈteəriəs ˌস্যাজি ˈটেঅ্যারিঅ্যাস্ / *noun* [U] the ninth sign of the **zodiac,** the Archer রাশিচক্রের নবম রাশি; ধনু রাশি; সাজিটারিয়াস

sago / ˈseɪgəʊ ˈসেইগ্যাউ / *noun* [U] hard white grains made from the soft inside of a type of tree (**palm**), often cooked with milk to make a sweet dish তালজাতীয় একরকম গাছের ভিতরের নরম অংশ থেকে তৈরি সাদা দানা প্রায়ই যা দুধ দিয়ে রান্না করে মিষ্টি খাবার বানানো হয়; সাগু *sago pudding*

said ➪ **say**[1] এর past tense এবং past participle

sail[1] / seɪl সেইল্ / *verb* **1** [I] (used about a boat or ship and the people on it) to travel on water in a ship or boat of any type (কোনো নৌকো বা জাহাজ এবং তার আরোহী মানুষজন সম্বন্ধে ব্যবহৃত) যে-কোনো ধরনের জাহাজ বা নৌকোয় জলপথে ভ্রমণ করা *I stood at the window and watched the ships sailing by.* ○ *to sail round the world* **2** [I, T] to travel in and control a boat with sails, especially as a sport পালতোলা নৌকো বা জাহাজে ভ্রমণ করা (বিশেষত খেলা হিসাবে) *My father is teaching me to sail.* ○ *I've never sailed this kind of yacht before.*

> **NOTE** আমরা যখন বিনোদনের জন্য নৌকাবিহারের কথা বলি তখন **go sailing** অভিব্যক্তিটি ব্যবহার করা হয়ে থাকে—*we often go sailing at weekends.*

3 [I] to begin a journey on water জলপথে যাত্রা শুরু করা *When does the ship sail?* ○ *We sail for Singapore at six o'clock tomorrow morning.* **4** [I] to move somewhere quickly in a smooth or proud way কোনো জায়গায় দ্রুত সহজভাবে অথবা গর্বিতভাবে যাওয়া *The ball sailed over the fence and into the neighbour's garden.* ○ *Madhuri sailed into the room, completely ignoring all of us.*

IDM **sail through (sth)** to pass a test or exam easily কোনো পরীক্ষা পাস করা বা উত্তীর্ণ হওয়া

sail[2] / seɪl সেইল্ / *noun* **1** [C] a large piece of strong material that is fixed onto a ship or boat. The wind blows against the sail and moves the ship along মজবুত কোনো উপকরণের টুকরো যা জাহাজ বা নৌকোর উপরে আটকানো থাকে (যেটিতে হাওয়া ধাক্কা দেয় এবং জাহাজ বা নৌকোকে তা চালিত করে); পাল, বাতপট্ট, বাদাম **2** [*sing.*] a trip on water in a ship or boat with a sail পালতোলা নৌকো বা জাহাজে জলপথে ভ্রমণ **3** [C] any of the long parts that the wind moves round that are fixed to a building (**windmill**) হাওয়াকলের (windmill) লম্বা অংশগুলির মধ্যে একটি যা হাওয়া দিলে গোল হয়ে ঘোরে

IDM **set sail** ➪ **set**[1] দেখো।

sailboard / ˈseɪlbɔːd ˈসেইল্‌ব:ড্ / = **windsurfer 1**

sailing / ˈseɪlɪŋ ˈসেইলিং / *noun* [U] the sport of being in, and controlling, small boats with sails (নিজে তার মধ্যে থেকে) পালতোলা ছোটো নৌকো চালিয়ে যে খেলা

sailing boat (*AmE* **sailboat** / ˈseɪlbəʊt ˈসেইল্‌ব্যাউট্ /) *noun* [C] a boat with a sail or sails পালতোলা নৌকো

sailor / ˈseɪlə(r) ˈসেইল্যা(র্) / *noun* [C] a person who works on a ship or a person who sails a boat নাবিক, মাল্লা, মাঝি

saint / seɪnt; snt সেইন্ট্; সন্ট্ / *noun* [C] **1** a very good or religious person who is given special respect after death by the Christian church অতি ভালো অথবা ধার্মিক ব্যক্তি যাকে মৃত্যুর পরে খ্রিস্টান গির্জা থেকে বিশেষ শ্রদ্ধা এবং সম্মান দেওয়া হয়; সন্ত, সাধু, ঋষি

> **NOTE** **Saint** যখন বড়ো হাতের অক্ষর ব্যবহার করে লেখা হয় তখন সেটা পদবি হিসাবে ব্যবহার করা হয়—*Saint Patrick.* কোনো গির্জা, স্থান ইত্যাদির নামের ক্ষেত্রে সাধারণত **St** (সংক্ষিপ্তরূপ) ব্যবহার করা হয়—*St Andrew's Church.* নামের পূর্বে **saint** শব্দটির উচ্চারণ হবে / snt সন্ট্ / ।

2 a very good, kind person খুব সদয় ব্যক্তি, দয়ালু

sake / seɪk সেইক্ / *noun* [C]

IDM **for Christ's/God's/goodness'/Heaven's / pity's, etc. sake** (*spoken*) used to emphasize that it is important to do sth or to show that you are annoyed (কথ্য ভাষায় ব্যবহৃত) কোনো কিছু করা যে

খুব গুরুত্বপূর্ণ অথবা নিজের বিরক্তি জোর দিয়ে বোঝানোর জন্য ব্যবহৃত অভিব্যক্তিবিশেষ *For goodness' sake, hurry up!* ○ *Why have you taken so long, for God's sake?*

NOTE **For God's sake** অভিব্যক্তিটি এবং বিশেষত **for Christ's sake** অভিব্যক্তিটি খুবই প্রবল এবং এর ব্যবহারে কোনো কোনো ব্যক্তি আপত্তি প্রকাশ করতে পারে।

for the sake of sb/sth; for sb's/sth's sake in order to help sb/sth কাউকে বা কিছুকে সাহায্য করার জন্যে *Don't go to any trouble for my sake.* ○ *They only stayed together for the sake of their children/for their children's sake.*

for the sake of sth/of doing sth in order to get or keep sth; for the purpose of sth কোনো কিছু পাওয়া বা রাখার জন্য; কোনো কিছুর উদ্দেশ্যে *She gave up her job for the sake of her health.*

salad / ˈsæləd ˈস্যাল্যাড্ / *noun* [C, U] a mixture of vegetables, usually not cooked, that you often eat together with other foods (প্রায়ই অন্য খাবারের সঙ্গে খাওয়ার জন্য) অনেক রকম কাঁচা শাকসবজির মিশ্রণ; স্যালাড *All main courses are served with chips or salad.*

salamander / ˈsæləmændə(r) ˈস্যাল্যাম্যান্ড্যা(র্) / *noun* [C] a small thin animal with four legs and a long tail, of the type that lives both on land and in water (**amphibian**). Salamanders often have bright colours on their skin লম্বা লেজওয়ালা চতুষ্পদ ক্ষুদ্র পাতলা উভচর প্রাণীবিশেষ ⇨ **lizard** দেখো এবং **amphibian**-এ ছবি দেখো।

salary / ˈsæləri ˈস্যাল্যারি / *noun* [C, U] (*pl.* **salaries**) the money that a person receives (usually every month) for the work he/she has done (সাধারণত প্রতি মাসের) বেতন, মাইনে, পারিশ্রমিক, মজুরি *My salary is paid directly into my bank account.* ○ *a high/low salary* ⇨ **pay²** -তে নোট দেখো।

sale / seɪl সেইল্ / *noun* **1** [C, U] the action of selling or being sold; the occasion when sth is sold বিক্রয় করা বা বিক্রিত হওয়ার কাজ; যখন কোনো কিছু বিক্রি করা হয় *The sale of alcohol to any one under the age of 25 is forbidden.* ○ *a sale of used toys* **2 sales** [*pl.*] the number of items sold বিক্রিত দ্রব্যের সংখ্যা *Sales of personal computers have increased rapidly.* ○ *The company reported excellent sales figures.* **3 sales** [U] (*also* **sales department**) the part of a company that deals with selling its products কোনো কোম্পানির যে বিভাগ উৎপন্ন দ্রব্যাদি বিপণনের তত্ত্বাবধান করে *Prachi works in sales/in the sales department.* ○ *a sales representative/sales rep* **4** [C] a time when shops sell things at prices that are lower than usual যখন দোকানে সাধারণ দামের থেকে কম দামে জিনিসপত্র বিক্রি করা হয় *The sale starts on December 28th.* ○ *I got several bargains* ***in the sales***.

IDM **for sale** offered for sb to buy কারও কেনার জন্য, বিক্রি করার জন্য আছে এমন *This painting is not for sale.* ○ *Our neighbours have* ***put*** *their house* ***up for sale***.

on sale 1 available for sb to buy, especially in shops কিনতে পাওয়া যায়, বিশেষত দোকানে *This week's edition is on sale now at your local news agents.* **2** (*AmE*) offered at a lower price than usual সাধারণ দামের চেয়ে কম দামে দেওয়া হচ্ছে এমন

sales clerk (*also* **clerk**) (*AmE*) = **shop assistant**

salesman / ˈseɪlzmən ˈসেইল্জ্ম্যান্ / *noun* [C] (*pl.* **-men** / -men -মেন্ /) a man whose job is selling things to people লোকজনের কাছে জিনিস বিক্রি করা যে ব্যক্তির কাজ; বিক্রয়িক; সেলসম্যান

salesperson / ˈseɪlzpɜːsn ˈসেইলজ্প্যাস্ন্ / *noun* [C] (*pl.* **salespeople** / ˈseɪlzpiːpl ˈসেইলজ্পীপ্ল্ /) a person whose job is selling things to people, especially in a shop দোকানে জিনিসপত্র বিক্রি করা যার কাজ; দোকানদার

saleswoman /ˈseɪlzwʊmən ˈসেইল্জ্ওউ ম্যান্ /*noun* [C] (*pl.* **-women** / -wɪmɪn -উইমিন্ /) a woman whose job is selling things to people যে মহিলার কাজ জিনিসপত্র বিক্রি করা

salient / ˈseɪliənt ˈসেইলিঅ্যান্ট্ / *adj.* (*only before a noun*) most important or noticeable সর্বাপেক্ষা গুরুত্বপূর্ণ, প্রকট, বিশিষ্ট

saline / ˈseɪlaɪn ˈসেইলাইন্ / *adj.* (*technical*) containing salt যাতে লবণ আছে; নোনতা, লোনা, লবণাক্ত *a saline solution*

saliva / səˈlaɪvə স্যাˈলাইভ্যা / *noun* [U] the liquid that is produced in the mouth লালা, নিষ্ঠীবন, থুতু ⇨ **spit** দেখো।

sallow / ˈsæləʊ ˈস্যাল্যাউ / *adj.* (used about a person's skin or face) having a slightly yellow colour that does not look healthy (কোনো ব্যক্তির ত্বক অথবা মুখ সম্বন্ধে ব্যবহৃত) ফ্যাকাশে, কিছুটা হলুদ রঙের আভাস যা স্বাস্থ্যকর মনে হয় না

salmon / ˈsæmən ˈস্যাম্যান্ / *noun* [C, U] (*pl.* **salmon**) a large fish with silver skin and pink meat that we eat উপরটা রুপোলি এবং ভিতরটা গোলাপি রঙের বড়ো আকারের মাছ; স্যামন *smoked salmon*

salmonella / ˌsælməˈnelə ˌস্যাল্ম্যাˈনেলা / *noun* [U] a type of bacteria that causes food poisoning এক রকমের জীবাণু যার ফলে খাদ্য বিষাক্ত হয়

salon / ˈsælɒn ˈস্যালন্ / *noun* [C] a shop where you can have beauty or hair treatment or where you can buy expensive clothes যে জায়গায় বা দোকানে রূপচর্চা বা কেশবিন্যাস করা যেতে পারে বা খুব দামি জামাকাপড় কিনতে পাওয়া যায়

saloon / sə'lu:n স্যা'লূন্ / (*AmE* **sedan**) *noun* [C] a car with a fixed roof and a separate area (**boot**) for luggage স্থায়ী ছাদবিশিষ্ট বড়ো আকারের মোটর গাড়ি যাতে পৃথকভাবে জিনিসপত্র নেওয়ার ব্যবস্থাও থাকে

salt[1] / sɔ:lt (*BrE*) sɒlt স:ল্ট্ / *noun* **1** [U] a common white substance that is found in sea water and the earth. Salt is used in cooking for flavouring food নুন, লবণ *Season with* ***salt and pepper***. ○ *Add a pinch* (=a small amount) *of salt.* **2** [C] (in chemistry) a chemical mixture (**compound**) of a metal and an acid (রসায়ন শাস্ত্রে) ধাতু এবং অ্যাসিডের রাসায়নিক যৌগ ▶ **salt** *adj.* লবণাক্ত, নোনতা *salt water*

IDM rub salt into the wound/sb's wounds ➪ **rub** দেখো।

take sth with a pinch of salt ➪ **pinch**[2] দেখো।

salt[2] / sɔ:lt স:ল্ট্ / *verb* [T] (*usually passive*) to put salt on or in sth কোনো কিছুতে নুন দেওয়া, নুন ছড়ানো *salted peanuts*

saltwater / 'sɔ:ltwɔ:tə(r) 'স:ল্টউঅ:ট্যা(র্) / *adj.* living in the sea সমুদ্রে থাকে এমন *a saltwater fish* ➪ **freshwater** দেখো।

salty / 'sɒlti 'সল্টি / *adj.* having the taste of or containing salt নোনতা, লবণাক্ত, লোনা *I didn't like the meat, it was too salty.*

salute / sə'lu:t স্যা'লূট্ / *noun* [C] **1** an action that a soldier, etc. does to show respect, by holding his/her hand to the forehead (সামরিক কায়দায়) কপালে হাত ঠেকিয়ে অভিবাদন; স্যালুট *to give a salute* **2** something that shows respect for sb এমন কোনো কিছু যার দ্বারা কাউকে সম্মান দেখানো হয় *The next programme is* ***a salute to*** *all the freedom fighters of India.* ▶ **salute** *verb* [I, T] স্যালুট করা; সামরিক কায়দায় অভিবাদন করা *The soldiers saluted as they marched past the general.*

salvage[1] / 'sælvɪdʒ 'স্যাল্‌ভিজ্ / *noun* [U] saving things that have been or are likely to be lost or damaged, especially in an accident or a disaster; the things that are saved দুর্ঘটনা বা কোনো দুর্বিপাকের ফলে হারিয়ে যাওয়া বা ক্ষতিগ্রস্ত হওয়া থেকে জিনিসপত্র বাঁচানো বা রক্ষা করার ক্রিয়া; যেসকল জিনিসপত্র বাঁচানো হয়েছে *a salvage operation/company/team*

salvage[2] / 'sælvɪdʒ 'স্যাল্‌ভিজ্ / *verb* [T] **salvage sth (from sth)** to manage to rescue sth from being lost or damaged; to rescue sth or a situation from disaster হারানো বা ক্ষতিগ্রস্ত হওয়া থেকে কোনো কিছু বাঁচানো; একেবারে বিপর্যয় থেকে কোনো কিছু রক্ষা করা, কোনো অবস্থা সামলানো *They salvaged as much as they could from the house after the fire.*

salvation / sæl'veɪʃn স্যাল্'ভেইশ্ন্ / *noun* **1** [U] (in the Christian religion) being saved from the power of evil (খ্রিস্টান ধর্মে) শয়তানের হাত থেকে উদ্ধার পাওয়া গেছে এমন **2** [U, *sing.*] a thing or person that rescues sb/sth from danger, disaster, etc. যে ব্যক্তি বা বস্তু কাউকে বা কোনো কিছুকে বিপদ, বিপর্যয় ইত্যাদি থেকে রক্ষা করে

sambar (*also* **sambhar**) *noun* [U] a kind of soup from the southern regions of India that is prepared by using **lentils**, vegetables and spices ডাল, সবজি এবং মশলা দিয়ে বানানো দক্ষিণ ভারতীয় এক ধরনের স্যুপ; সম্বর

same / seɪm সেইম্ / *adj., adv., pronoun* **1 the same... (as sb/sth); the same... that...** not different, not another or other; exactly the one or ones that you have mentioned before আলাদা নয়; অন্য একটি বা অন্য নয়; পূর্বোল্লিখিতটির সঙ্গে একই, অভিন্ন *My brother and I had the same teacher at school.* ○ *This one looks* ***exactly the same*** *as that one.* **2 the same... (as sb/sth); the same... that...** exactly like the one already mentioned যেমন বলা হয়েছে ঠিক তেমনি *I wouldn't buy the same car again* (=the same model of car). ○ *We treat all the children in the class the same.*

> **NOTE A same...** অভিব্যক্তিটির ব্যবহার সঠিক নয়। এই অর্থ ব্যক্ত করার জন্য **the same sort of** অভিব্যক্তিটি ব্যবহার করা হয়—*I'd like the same sort of job as my father.*

IDM all/just the same in spite of this/that; anyway তা হলেও; সে যাই হোক *I understand what you're saying. All the same, I don't agree with you.* ○ *I don't need to borrow any money but thanks all the same for offering.*

at the same time 1 together; at one time একই সঙ্গে, একত্রে; একই সময়ে *I can't think about more than one thing at the same time.* **2** on the other hand; however অন্য দিকে; যাইহোক *It's a very good idea but at the same time it's rather risky.*

much the same ➪ **much** দেখো।

on the same wavelength able to understand sb because you have similar ideas and opinions একই ধরনের ভাবধারা এবং মতাদর্শ থাকায় কাউকে বুঝতে সমর্থ

(the) same again (*spoken*) a request to be served or given the same drink as before (কথ্যভাষায় ব্যবহৃত) আগের পানীয়টিই আবার দিতে অনুরোধ করা

same here (*spoken*) the same thing is also true for me আমার ব্যাপারেও তাই অথবা একই *'I'm bored.' 'Same here.'*

(the) same to you (*spoken*) used as an answer when sb says sth rude to you or wishes you sth কেউ রূঢ়ভাবে কিছু বললে অথবা ভাল কিছু অভিবাদনের সুরে বললে এভাবে উত্তর দেওয়া চলে *'Best of luck!' 'Same to you!'* ○ *'Have a good weekend.' 'The same to you.'*

samosa *noun* [C] a popular triangular-shaped fried **snack** stuffed with spiced vegetables or meat মশলাদার সবজি বা মাংসের পুর দিয়ে ভাজা ত্রিভুজাকৃতি এক ধরনের জনপ্রিয় খাবার; সিঙাড়া

sample / ˈsɑːmpl ˈসা:ম্‌প্‌ল্‌; স্যাম্‌প্‌ল্‌ / *noun* [C] a small number or amount of sb/sth that is looked at, tested, examined, etc. to find out what the rest is like নমুনা, নিদর্শন ***a random sample*** *of students/clients* ○ *to take a blood sample* ○ *a free sample of shampoo* ✪ সম **specimen**
▶ **sample** *verb* [T] চেখে দেখা, গুণাগুণ বিচার করা, নমুনা দেখা *I got a chance to sample the local food when I was in Goa.*

sanatorium / ˌsænəˈtɔːriəm ˌস্যান্যাˈট:রিঅ্যাম্‌ / (*AmE* **sanitarium**) *noun* [C] a type of hospital where patients who need a long period of treatment for an illness can stay এমন ধরনের হাসপাতাল যেখানে যেসব রোগীর অনেকদিন ধরে চিকিৎসা করার দরকার তাঁরা থাকতে পারেন; স্বাস্থ্যনিবাস

sanction[1] / ˈsæŋkʃn ˈস্যাংক্‌শ্‌ন্‌ / *noun* **1** [C, *usually pl.*] **sanctions (against sb)** an official order that limits business, contact, etc. with a particular country, in order to make it do sth, such as obeying international law কোনো দেশকে আন্তর্জাতিক আইন ইত্যাদি মান্য করানোর জন্য সরকারিভাবে সেই দেশের বিরুদ্ধে এমন কিছু নির্দেশ জারি করা যা সে দেশের ব্যাবসাবাণিজ্য, অন্য দেশের সঙ্গে যোগাযোগ ইত্যাদি সীমিত করে দেয় *Economic sanctions were imposed on any country that refused to sign the agreement.* **2** [U] (*formal*) official permission to do or change sth কিছু করা অথবা কোনো পরিবর্তন করার জন্য সরকারি অনুমতি **3** [C] a punishment for breaking a rule or law কোনো নিয়ম বা আইন ভাঙার জন্য শাস্তি

sanction[2] / ˈsæŋkʃn ˈস্যাংক্‌শ্‌ন্‌ / *verb* [T] to give official permission for sth কোনো কিছুর জন্য সরকারি অনুমতি দেওয়া

sanctity / ˈsæŋktəti ˈস্যাংক্‌ট্যাটি / *noun* [U] **1 sanctity (of sth)** the quality of being important enough to make it worth protecting and preserving সুরক্ষা এবং সংরক্ষণের উপযুক্ত হওয়ার মতো যথেষ্ট গুরুত্বপূর্ণ হওয়ার গুণ *the sanctity of marriage* **2** the state of being holy পবিত্রতা, নির্মলতা *a life of sanctity, like that of Kabir*

sanctuary / ˈsæŋktʃuəri ˈস্যাংক্‌চুঅ্যারি / *noun* (*pl.* **sanctuaries**) **1** [C] a place where birds or animals are protected from being hunted এমন স্থান যেখানে পাখি অথবা জন্তু-জানোয়ার শিকার করা মানা **2** [C, U] a place where sb can be safe from enemies, the police, etc. এমন স্থান যেখানে কেউ তার শত্রু, পুলিশ ইত্যাদি থেকে নিরাপদ

sand / sænd স্যান্ড্‌ / *noun* **1** [U] a powder consisting of very small grains of rock, found in deserts and on beaches পাথরের ক্ষুদ্রাতিক্ষুদ্র কণা বা গুড়ো; বালি, বালুকা **2 the sands** [*pl.*] a large area of sand বালি দিয়ে ঢাকা অঞ্চল

sandal / ˈsændl স্যান্‌ড্‌ল্‌ / *noun* [C] a type of light, open shoe that people wear when the weather is warm চটি, জুতো

sandalwood / ˈsændlwʊd ˈস্যান্‌ড্‌ল্‌উড্‌ / *noun* [U] a type of light coloured hard wood of an evergreen tree that gives sweet smelling oil which is used to make pleasant smelling liquid (**perfume**) একধরনের চিরহরিৎ বৃক্ষের হালকা রঙের শক্ত কাঠ যা মিষ্টি সুগন্ধি ছড়ায় এবং যা সুন্দর সুগন্ধিযুক্ত তরল তৈরিতে ব্যবহৃত হয়; চন্দনকাঠ

sandbank / ˈsændbæŋk ˈস্যান্ড্‌ব্যাংক্‌ / *noun* [C] an area of sand that is higher than the sand around it in a river or the sea নদী বা সমুদ্রের ধারে বালুকাযুক্ত যে এলাকা; পুলিন, সৈকত, বালুতট

sandbar / ˈsændbɑː(r) ˈস্যান্ড্‌বা:(র্‌) / *noun* [C] (in geography) a long mass of sand at the point where a river meets the sea that is formed by the movement of the water (ভূগোলে) নদী যেখানে সমুদ্রে গিয়ে পড়ে সেখানে জলের আলোড়নের ফলে বালির যে ঢিবি তৈরি হয়

sandcastle / ˈsændkɑːsl ˈস্যান্ড্‌কা:স্‌ল্‌ / *noun* [C] a pile of sand that looks like a castle, made by children playing on a beach সমুদ্রতীরে শিশুরা খেলাচ্ছলে বালির যে বাড়িঘর তৈরি করে

sand dune = **dune**

sandpaper / ˈsændpeɪpə(r) ˈস্যান্ড্‌পেইপ্যা(র্‌) / *noun* [U] strong paper with sand on one side that is used for rubbing surfaces in order to make them smooth (পৃষ্ঠতল ঘষে মসৃণ করার কাজে ব্যবহৃত হয়) শিরিষ কাগজ, বালি কাগজ

sandstone / ˈsændstəʊn ˈস্যান্ড্‌স্ট্যাউন / *noun* [U] a type of stone that is formed of grains of sand tightly pressed together and that is used in building বালির কণাসকল দৃঢ়ভাবে সংলগ্ন থেকে একধরনের যে পাথর তৈরি হয় এবং যা বাড়িঘর তৈরিতে ব্যবহৃত হয়; বেলেপাথর, বালুশিলা

sandstorm / ˈsændstɔːm ˈস্যান্ড্স্ট:ম্ / *noun* [C] a storm in a desert in which sand is blown into the air by strong winds মরুভূমির বালুকাঝড়

sandwich[1] / ˈsænwɪdʒ ˈস্যান্ড্উইচ্ / *noun* [C] two slices of bread with food between them পুর ভরা পাউরুটির দুটো টুকরো; স্যান্ডউইচ *a chicken/cheese sandwich*

sandwich[2] / ˈsænwɪdʒ ˈস্যান্ড্উইচ্ / *verb* [T] **sandwich sb/sth (between sb/sth)** to place sb/ sth in a very narrow space between two other things or people কোনো ব্যক্তি বা বস্তুকে অন্য দুই ব্যক্তি বা বস্তুর মাঝখানে সরু এবং খালি জায়গায় ঠেসে দেওয়া

sandwich course *noun* [C] (*BrE*) a course of study which includes periods of working in business or industry যে পাঠক্রমে কোনো ব্যবসায় অথবা শিল্পে কাজ করার সময়কাল অন্তর্ভুক্ত থাকে

sandy / ˈsændi ˈস্যান্ডি / *adj.* covered with or full of sand বালুকাবৃত, বালুময়

sane / seɪn সেইন্ / *adj.* **1** (used about a person) mentally normal; not crazy (কোনো ব্যক্তি সম্বন্ধে ব্যবহৃত) মানসিকভাবে স্বাভাবিক; প্রকৃতিস্থ *No sane person would do anything like that.* **2** (used about a person or an idea, a decision, etc.) sensible; showing good judgement (কোনো ব্যক্তি অথবা কোনো ভাবধারা, নির্ণয় ইত্যাদি সম্বন্ধে ব্যবহৃত) অনুগ্র, স্থিরমস্তিষ্ক; বিচক্ষণ ✪ বিপ **insane** ➪ **sanity** noun দেখো।

sang ➪ **sing**-এর past tense

sangh *noun* [U] (*IndE*) a society for something; an association or an organization (কোনো বিশেষ প্রয়োজনের জন্য) সংঘ, সমাজ; সংগঠন *Chatra Sangh*

sanitarium / ˌsænəˈteəriəm ˌস্যান্যা'টেঅ্যারিঅ্যাম্ / (*AmE*) = **sanatorium**

sanitary / ˈsænətri ˈস্যান্যাট্রি / *adj.* connected with the protection of health, for example how human waste is removed স্বাস্থ্যবিধান-সংক্রান্ত, উদাহরণস্বরূপ মানুষের দ্বারা ত্যক্ত বর্জ্য বা মল কেমনভাবে সরানো যায় *Sanitary conditions in the refugee camps were terrible.* ➪ **insanitary** দেখো।

sanitary towel (*AmE* **sanitary napkin**) *noun* [C] a thick piece of soft material that women use to take in and hold blood lost during their **period 3** মাসিকের সময়ে ব্যবহৃত মোটা নরম প্যাড ➪ **tampon** দেখো।

sanitation / ˌsænɪˈteɪʃn ˌস্যানি'টেইশ্ন্ / *noun* [U] the equipment and systems that keep places clean, especially by removing human waste যে সরঞ্জাম এবং ব্যবস্থাসমূহ পরিষ্কার রাখে, বিশেষত বর্জ্য পদার্থ বা মল পরিষ্কার করে; নির্মলীকরণ-ব্যবস্থা, পরিচ্ছন্নতার-ব্যবস্থা

sanity / ˈsænəti ˈস্যান্যাটি / *noun* [U] **1** the state of having a normal healthy mind মানসিক সুস্থতা **2** the state of being sensible and reasonable স্থিরমতিত্ব, বিবেচনাবোধ, বিচক্ষণতা ✪ বিপ **insanity** ➪ **sane** adjective দেখো।

sank ➪ **sink[1]**-এর past tense

Sanskrit *noun* [U] an ancient language of India and one of the oldest languages of the Indo-European family ইন্দো-ইউরোপীয়ান ভাষাগোষ্ঠীর প্রাচীনতম ভাষাগুলির একটি এবং ভারতের প্রাচীন ভাষা; সংস্কৃত

Santa Claus / ˈsæntə klɔːz ˈস্যানট্যা ক্ল:জ্ / = **Father Christmas**

sap[1] / sæp স্যাপ্ / *noun* [U] the liquid in a plant or tree কোনো গাছের রস বা আঠা

sap[2] / sæp স্যাপ্ / *verb* [T] (**sapping; sapped**) **sap (sb of) sth** to make sb/sth weaker; to destroy sth gradually কোনো ব্যক্তি অথবা বস্তুকে দুর্বল করে দেওয়া; কোনো বস্তুকে ধীরে ধীরে নষ্ট করা *Years of failure have sapped (him of) his confidence.*

sapling / ˈsæplɪŋ ˈস্যাপ্লিং / *noun* [C] a young tree গাছের চারা, চারাগাছ

sapphire / ˈsæfaɪə(r) ˈস্যাফাইঅ্যা(র্) / *noun* [C, U] a bright blue precious stone ইন্দ্রনীল মণি, নীলকান্তমণি

sarcasm / ˈsɑːkæzəm ˈসা:ক্যাজ্যাম্ / *noun* [U] the use of words or expressions to mean the opposite of what they actually say. People use sarcasm in order to criticize other people or to make them look silly (অন্যান্যদের সমালোচনা করার জন্য বা তাদের বোকা বানানোর জন্য ব্যবহৃত) বিদ্রূপ, ব্যঙ্গ, বক্রোক্তি ➪ **ironic** দেখো ▶ **sarcastic** / sɑːˈkæstɪk সা:'ক্যাস্টিক্ / *adj.* বিদ্রূপাত্মক, ব্যঙ্গাত্মক *a sarcastic comment* ▶ **sarcastically** / -kli কলি / *adv.* বিদ্রূপাত্মকভাবে

sardine / ˌsɑːˈdiːn ˌসা:'ডীন্ / *noun* [C] a type of very small silver-coloured fish that we cook and eat রান্না করে খাওয়া যায় এমন ছোটো রূপোলি রঙের মাছ; সাডিন মাছ *a tin of sardines*

sari / ˈsɑːriː ˈসা:রী / *noun* [C] a garment that consists of a long piece of cloth that women, particularly in the Indian subcontinent, wear draped around their bodies ভারতীয় উপমহাদেশে মহিলারা যে লম্বা বস্ত্রখণ্ড শরীর ঘিরে পরিধান করেন; শাড়ি

sarong / səˈrɒŋ স্যা'রং / *noun* [C] a long piece of material folded around the body from the waist or the chest, worn by Malaysian and Indonesian men and women মালয়েশিয়া এবং ইন্দোনেশিয়া দেশে প্রচলিত পুরুষ এবং স্ত্রী উভয়ের পরিধেয় যা কোমর অথবা বগলের নীচে বাঁধা হয়; সারং

sash / sæʃ স্যাশ্ / *noun* [C] a long piece of material that is worn round the waist or over the shoulder, often as part of a uniform কাঁধের উপর দিয়ে বা কোমরে জড়িয়ে পরা হয় লম্বা আলংকারিক বস্ত্র; উত্তরীয়

Sat. *abbr*. Saturday শনিবার *Sat. 2 May*

sat ➪ **sit**-এর past tense এবং past participle

Satan / ˈseɪtn ˈসেইটন্ / *noun* [*sing.*] a name for the Devil ঈশ্বর-বৈরী শয়তান ➪ **devil** দেখো।

satchel / ˈsætʃəl ˈস্যাচল্ / *noun* [C] a bag, often carried over the shoulder, used by school children for taking books to and from school স্কুলের বইপত্র বহনের জন্য কাঁধে ঝোলানো ব্যাগ

satellite / ˈsætəlaɪt ˈস্যাট্যালাইট্ / *noun* [C] **1** an electronic device that is sent into space and moves around the earth or another planet for a particular purpose কোনো বৈদ্যুতিন যন্ত্র যা নির্দিষ্ট কোনো উদ্দেশ্যে মহাকাশে পাঠানো হয় এবং পৃথিবী বা অন্য কোনো গ্রহের চারিপাশে তা ঘোরে; উপগ্রহ *a weather/communications satellite* **2** a natural object that moves round a bigger object in space উপগ্রহ

satellite dish (*also* **dish**) *noun* [C] a large, circular piece of equipment that people have on the outside of their houses, that receives signals from a **satellite 1** so that they can receive satellite television বড়ো গোলাকৃতি সরঞ্জাম যেটি লোকে তাদের বাড়ির বাইরের দিকে রাখে যাতে সেটি উপগ্রহ থেকে সংকেত গ্রহণ করতে পারে এবং তার ফলে তারা স্যাটেলাইট দূরদর্শনের সুবিধা পেতে পারে

satellite television (*also* **satellite TV**) *noun* [U] television programmes that are sent out using a **satellite 1** উপগ্রহের মাধ্যমে দূরদর্শনের যে কার্যক্রম সম্প্রচার করা হয়; স্যাটেলাইট দূরদর্শন

satin / ˈsætɪn ˈস্যাটিন্ / *noun* [U] a type of cloth that is smooth and shiny একধরনের মসৃণ এবং চকচকে কাপড়; স্যাটিন *a satin dress/ribbon*

satire / ˈsætaɪə(r) ˈস্যাটাইঅ্যা(র্) / *noun* **1** [U] the use of humour to attack a person, an idea or behaviour that you think is bad or silly কোনো ব্যক্তি, ভাবধারা অথবা আচরণ যা খারাপ অথবা হাস্যকর তার বিরুদ্ধে ব্যঙ্গাত্মক আক্রমণ **2** [C] **a satire (on sb/sth)** a piece of writing or a play, film, etc. that uses satire (নাটক, চলচ্চিত্র ইত্যাদি) ব্যঙ্গাত্মক, শ্লেষাত্মক অথবা বিদ্রূপাত্মক রচনা *a satire on political life* ▶ **satirical** / səˈtɪrɪkl স্যাˈটিরিকল্ / *adj*. ব্যঙ্গাত্মক, বিদ্রূপাত্মক, শ্লেষাত্মক *a satirical magazine* ▶ **satirically** / səˈtɪrɪkli স্যাˈটিরিক্লি / *adv*. ব্যঙ্গাত্মকভাবে

satirize (*also* **-ise**) / ˈsætəraɪz ˈস্যাট্যারাইজ্ / *verb* [T] to use satire to show the faults in a person, an organization, a system, etc. কোনো ব্যক্তি, সংগঠন, প্রণালী ইত্যাদির দোষত্রুটি তুলে ধরার জন্য বিদ্রূপ বা ব্যঙ্গ প্রয়োগ করা

satisfaction / ˌsætɪsˈfækʃn ˌস্যাটিস্ˈফ্যাকশ্ন্ / *noun* [U, C] the feeling of pleasure that you have when you have done, got or achieved what you wanted; sth that gives you this feeling যা চাওয়া হয়েছিল তা করা, পাওয়া বা অর্জন করার ফলে যে তৃপ্তিবোধ; সন্তুষ্টি, সন্তোষ, পরিতোষ *We finally found a solution that was **to every one's satisfaction**.* ○ *She was about to **have the satisfaction of** seeing her book in print.* ✪ বিপ **dissatisfaction**

satisfactory / ˌsætɪsˈfæktəri ˌস্যাটিস্ˈফ্যাকট্যারি / *adj*. good enough for a particular purpose; acceptable সন্তোষজনক, পরিতোষজনক; গ্রহণযোগ্য *This piece of work is not satisfactory. Please do it again.* ✪ বিপ **unsatisfactory** ▶ **satisfactorily** / -tərəli -ট্যার্যালি / *adv*. সন্তোষজনকভাবে *Work is progressing satisfactorily.*

satisfied / ˈsætɪsfaɪd ˈস্যাটিস্ফাইড্ / *adj*. **satisfied (with sb/sth)** pleased because you have had or done what you wanted সন্তোষ বোধ করা হচ্ছে এমন; সন্তুষ্ট *a satisfied smile* ✪ বিপ **dissatisfied**

satisfy / ˈsætɪsfaɪ ˈস্যাটিস্ফাই / *verb* [T] (*pres. part*. **satisfying**; *3rd person sing. pres*. **satisfies**; *pt, pp* **satisfied**) **1** to make sb pleased by doing or giving him/her what he/she wants কোনো ব্যক্তিকে সন্তুষ্ট করা, আনন্দ দেওয়া, তৃপ্তি দেওয়া *Nothing satisfies him—he's always complaining*. **2** to have or do what is necessary for sth প্রয়োজন পূরণ হওয়া বা করা *Make sure you **satisfy** the entry **requirements** before you apply to the university.* ○ *I had a quick look inside the parcel just to **satisfy** my **curiosity**.* **3 satisfy sb (that)** to show or give proof to sb that sth is true or has been done কোনো কিছু সত্যি অথবা কোনো কাজ করা হয়েছে বলে কোনো ব্যক্তির কাছে প্রমাণ করা বা তাকে দেখানো *Once the police were satisfied that they were telling the truth, they were allowed to go.*

satisfying / ˈsætɪsfaɪɪŋ ˈস্যাটিস্ফাইইং / *adj*. pleasing, giving satisfaction সন্তোষজনক, তৃপ্তিকর, তুষ্টিদায়ক *I find it satisfying to see people enjoying something I've cooked.*

satsuma / sætˈsuːmə স্যাট্ˈসুম্যা / *noun* [C] a type of small orange এক প্রকারের ছোটো কমলালেবু

saturate / ˈsætʃəreɪt ˈস্যাচ্যারেইট্ / *verb* [T] **1** to make sth extremely wet কোনো কিছু সুসিক্ত করা, জবজবে করে ভেজানো **2** to fill sth so completely that it is impossible to add any more শেষ সীমা পর্যন্ত পূর্ণ করা, পরিপ্লুত করা *The market is saturated with cheap imports.* ▶ **saturation** / ˌsætʃəˈreɪʃn ˌস্যাচ্যাˈরেইশ্ন্ / *noun* [U] সম্পৃক্তি, পরিপৃক্তি

saturated / ˈsætʃəreɪtɪd ˈস্যাচ্যারেইটিড্ / *adj*. **1** completely wet পরিপূর্ণরূপে সিক্ত **2** (*technical*) (used about fats in food) that are not easily dealt with by the body because of their chemical structure (খাদ্যবস্তুর মধ্যেকার স্নেহজাতীয় পদার্থ সম্বন্ধে ব্যবহৃত) রাসায়নিক কাঠামোর জন্য যা হজম করা কঠিন ➪ **polyunsaturated** এবং **unsaturated** দেখো।

saturation point *noun* [U, *sing.*] **1** the stage at which no more of sth can be accepted or added because there is already too much of it or too many of them যে অবস্থায় কোনো কিছুর থেকে বেশি গ্রহণ করা যায় না বা যোগ করা যায় না কারণ ইতিমধ্যেই সেটি অতিরিক্ত পরিমাণে বা সংখ্যায় আছে; গ্রহণ ক্ষমতার চরম বা সীমা, সম্পৃক্তি বিন্দু, পরিপৃক্তি বিন্দু *The market for mobile phones is reaching saturation point.* **2** (in chemistry) the stage at which no more of a substance can be taken in by a liquid or **vapour** (রসায়ন শাস্ত্রে) সম্পৃক্তি-মাত্রা

Saturday / ˈsætədeɪ; -di ˈস্যাট্যাডেই; -ডি / *noun* [C, U] (*abbr.* **Sat.**) the day of the week after Friday শুক্রবারের পরদিন, শনিবার

> **NOTE** সপ্তাহের দিনগুলির নাম সবসময় বড়ো হাতের অক্ষরে (**capital letter**) লেখা হয়ে থাকে। বাক্যে সপ্তাহের বারের বা দিনগুলির নামের ব্যবহার এবং তার উদাহরণ দেখার জন্য **Monday** দেখো।

Saturn / ˈsætɜːn; -tən ˈস্যাট্যান্; -ট্যান্ / *noun* [*sing.*] the planet that is sixth in order from the sun and that has rings around it সৌর মণ্ডলের ষষ্ঠ গ্রহ এবং যার বলয় আছে; শনিগ্রহ ➪ **the solar system**-এ ছবি দেখো।

sauce / sɔːs সস্ / *noun* [C, U] a thick hot or cold liquid that you eat on or with food খাবারের উপরে দিয়ে বা তার সঙ্গে খাওয়া হয় যে গরম বা ঠান্ডা তরল; চাটনি; সস্ *The chicken was served in a delicious sauce.* ○ *ice cream with hot chocolate sauce* ➪ **gravy** দেখো।

saucepan / ˈsɔːspən ˈসস্প্যান্ / *noun* [C] a round metal pot with a handle that is used for cooking things on top of a stove হাতলওয়ালা গোলাকার ধাতব পাত্র যা উনুনের উপর রেখে রান্না করার জন্য ব্যবহার করা হয়; সসপ্যান

saucer / ˈsɔːsə(r) ˈস:স্যা(র্) / *noun* [C] a small round plate that you put under a cup পেয়ালার তলায় রাখার জন্য ছোটো গোল প্লেট; সসার

sauna / ˈsɔːnə ˈস:ন্যা / *noun* [C] **1** a type of bath where you sit in a room that is very hot (উষ্ণস্নানাগারে) এক প্রকারের বাষ্পস্নান *to have a sauna* **2** the room that you sit in to have a sauna যে ঘরে বসে বাষ্পস্নান করা হয়

saunter / ˈsɔːntə(r) স:নট্যা(র্) / *verb* [I] to walk without hurrying ধীরেসুস্থে, হেলতে দুলতে চলা

sausage / ˈsɒsɪdʒ সসিজ্ / *noun* [C, U] a mixture of meat cut into very small pieces, spices, etc. that is made into a long thin shape. Some sausage is eaten cold in slices; other types are cooked and then served whole ছোটো টুকরো টুকরো মাংস, মশলা ইত্যাদির মিশ্রণ যা লম্বা আকারে বানানো হয়। কোনো কোনো সসেজ টুকরো করে ঠান্ডা খাওয়া হয়; অন্য প্রকারের সসেজ রান্না করে গোটা খাওয়া হয় *garlic/liver sausage* ○ *We had sausages and chips for lunch.*

savage / ˈsævɪdʒ ˈস্যাভিজ্ / *adj.* very cruel or violent নির্মম, নিষ্ঠুর, হিংস্র *He was the victim of a savage attack.* ○ *The book received savage criticism.* ▶ **savage** *verb* [T] নিষ্ঠুরতার শিকার হওয়া *The boy died after being savaged by a wolf.* ▶ **savagely** *adv.* নির্মমভাবে ▶ **savagery** / ˈsævɪdʒri ˈস্যাভিজ্রি / *noun* [U] অসভ্যতা, আদিমতা, পাশবিকতা

savannah (*also* **savanna**) /səˈvænə স্যাˈভ্যান্যা / *noun* [U] a wide flat open area of land, especially in Africa, that is covered with grass but has few trees স্বল্পসংখ্যক বৃক্ষযুক্ত উন্মুক্ত সমতল তৃণভূমি (বিশেষত আফ্রিকা); সাভানা

save[1] / seɪv সেইভ্ / *verb* **1** [T] **save sb/sth (from sth/from doing sth)** to keep sb/sth safe from death, harm, loss, etc. মৃত্যু, ক্ষতি, লোকসান ইত্যাদি থেকে কোনো ব্যক্তি বা বস্তুকে বাঁচানো, রক্ষা করা, উদ্ধার করা ইত্যাদি *to* ***save*** *sb's* ***life*** ○ *to save sb from drowning* **2** [I, T] **save (sth) (up) (for sth)** to keep or not spend money so that you can use it later মিতব্যয়ী হয়ে ভবিষ্যতের জন্য অর্থ সঞ্চয় করে রাখা *I'm saving up for a new bike.* ○ *Do you manage to save any of your wages?* **3** [T] to keep sth for future use কোনো কিছু ভবিষ্যতে ব্যবহার করার জন্য তুলে রাখা *I'll be home late so please save me some dinner.* ○ *Save that box. It might come in useful.* **4** [I, T] **save (sb) (sth) (on) sth** to avoid wasting time, money, etc. সময়, অর্থ ইত্যাদির অপচয় না করা *It will save you twenty minutes on the journey if you take the express train.* ○ *This car will save you a lot on petrol.* **5** [T] **save (sb) sth/doing sth** to avoid, or make sb able to avoid, doing sth unpleasant or difficult কোনো অপ্রীতিকর অথবা কঠিন পরিস্থিতি থেকে নিজেকে বাঁচানো বা অন্য কোনো ব্যক্তিকে বাঁচানো *If you make an appointment it will save you waiting.* **6** [T] to store information in a computer by giving it a special instruction বিশেষ কোনো নির্দেশ বা সংকেতের সাহায্যে কম্পিউটারে কোনো তথ্য সংরক্ষিত করা *Don't forget to save the file before you close it.* **7** [T] to stop a goal being scored in sports such as football, **hockey**, etc. ফুটবল, হকি ইত্যাদি খেলায় গোল হওয়া থেকে বাঁচানো

IDM keep/save sth for a rainy day ⇨ **rainy** দেখো।

save face to prevent yourself losing the respect of other people অন্য কোনো ব্যক্তির চোখে সম্মান না হারানো

save² / seɪv সেইভ্ / *noun* [C] (in football, etc.) the action of preventing a goal from being scored (ফুটবল ইত্যাদি খেলায়) গোল হওয়া থেকে বাঁচানোর কাজ *The goalkeeper made a great save.*

saver / ˈseɪvə(r) ˈসেইভ্যা(র্) / *noun* [C] **1** a person who saves money for future use সঞ্চয়ী, মিতব্যয়ী *The rise in interest rates is good news for savers.* **2** (*often used in compounds*) a thing that helps you save time, money, or the thing mentioned সময়, পয়সা অথবা উল্লিখিত বস্তু বাঁচানোর ক্ষেত্রে যে বস্তু সহায়তা করে

saving / ˈseɪvɪŋ ˈসেইভিং / *noun* **1** [C] **a saving (of sth) (on sth)** an amount of time, money, etc. that you do not have to use or spend যে পরিমাণ সময়, অর্থ ইত্যাদি খরচ বা ব্যবহার না করলেও চলে; উদ্‌বৃত্ত *The sale price represents a saving of 25% on the usual price.* **2 savings** [*pl.*] money that you have saved for future use সঞ্চিত অর্থ যা ভবিষ্যতে ব্যবহারের জন্য জমানো থাকে *All our savings are in the bank.*

saviour (*AmE* **savior**) / ˈseɪvjə(r) ˈসেইভিএঅ্যা(র্) / *noun* [C] a person who rescues or saves sb/sth from danger, loss, death, etc. (বিপদ, লোকসান, মৃত্যু ইত্যাদি থেকে) ত্রাণকর্তা, মুক্তিদাতা, ত্রাতা, মোক্ষদাতা

savoury (*AmE* **savory**) / ˈseɪvəri ˈসেইভ্যারি / *adj.* (used about food) having a taste that is not sweet but salty (খাদ্য সম্বন্ধে ব্যবহৃত) মিষ্টি নয়, নোনতা ⇨ **sweet** দেখো।

saw¹ ⇨ **see**-এর past tense

saw² / sɔː সː / *noun* [C] a tool that is used for cutting wood, etc. A saw has a long flat metal part (**a blade**) with sharp teeth on it, and a handle at one or both ends একদিকে বা দুইদিকে হাতলযুক্ত কাঠ ইত্যাদি কাটার যন্ত্র। এতে ধারালো দাঁতযুক্ত লম্বা, চ্যাপটা, ধাতব অংশ আছে; করপত্র, করাত ⇨ **tool**-এ ছবি দেখো।

saw *verb* [I, T] (*pt* **sawed**; *pp* **sawn** / sɔːn সːন্ /) করাত দিয়ে কাটা *to saw through the trunk of a tree* ○ *He sawed the log up into small pieces.*

> **NOTE** আমেরিকান ইংরেজিতে **saw** শব্দটির অতীত কৃদন্ত (past participle) রূপ হল **sawed**।

sawdust / ˈsɔːdʌst ˈসːডাস্ট্ / *noun* [U] very small pieces of wood that fall like powder when you are cutting a large piece of wood বড়ো কাঠের টুকরো কাটার সময়ে কাঠের যে মিহি গুঁড়ো ঝরে পড়ে

saxophone / ˈsæksəfəʊn ˈস্যাক্স্যাফ্যাউন্ / (*informal* **sax**) *noun* [C] a metal musical instrument that you play by blowing into it. Saxophones are especially used for playing modern music, for example **jazz** আধুনিক সংগীত যেমন জ্যাজ ইত্যাদি বাজানোর জন্য একধরনের ধাতুনির্মিত বাদ্যযন্ত্র ব্যবহার করা হয় যা ফুঁ দিয়ে বাজানো হয়; স্যাক্সোফোন *This track features Dexter gordon on the Saxophone.* ⇨ music-এ ছবি দেখো।

say¹/seɪ সেই / *verb* [T] (*3rd person sing. pres.* **says** / sez সেজ্ /; *pt, pp* **said** /sed সেড্ /) **1 say sth (to sb); say that; say sth (about sb)** to speak or tell sb sth using words কথা বলা, বলা *They just sat there without saying anything.* ○ ***It is said that*** *cats have nine lives.*

> **NOTE Say** না **tell?** বক্তার উক্তির সঙ্গে অথবা বক্তার উদ্ধৃত উক্তির পূর্বে ব্যবহৃত **that** শব্দটির পূর্বে **say** প্রায়ই ব্যবহার করা হয়ে থাকে—*'I'll catch the 9 o'clock train,' he said.* ○ *He said that he would catch the 9 o'clock train.* লক্ষ রেখো যে যখন আমরা অন্য কোনো ব্যক্তিকে কোনো কিছু বলতে চাই তখন **say to** অভিব্যক্তিটি ব্যবহার করা হয়ে থাকে—*He said to me that he would catch the 9 o'clock train.* কার সঙ্গে কথা বলা হচ্ছে এরকম উল্লেখ করার সময়ে **tell** শব্দটি কোনো বিশেষ্য (noun) অথবা সর্বনাম (pronoun) পদের পূর্বে ব্যবহার করা হয়—*He told me that he would catch the 9 o'clock train.* কোনো ব্যক্তিকে আদেশ অথবা পরামর্শ দেওয়ার জন্য **say** ব্যবহার না করে **tell** শব্দটি ব্যবহার করা সঠিক—*I told them to hurry up.* ○ *She's always telling me what I ought to do.*

2 to express an opinion on sth কোনো কিছু সম্বন্ধে মতামত প্রকাশ করা *It's* ***hard to say*** *what I like about the book.* ○ *'When will it be finished?'* ***'I couldn't say*** (=I don't know).' **3** (used about a book, notice, etc.) to give information (বই, বিজ্ঞপ্তি ইত্যাদি সম্বন্ধে ব্যবহৃত) তথ্য প্রদান করা *The map says the hotel is just past the railway bridge.* ○ *The sign clearly says 'No pets allowed'*. **4 say sth (to sb)** to show a feeling, a situation, etc. without using words কোনো শব্দ ব্যবহার না করে কোনো অনুভূতি, পরিস্থিতি ইত্যাদি দেখানো বা বোঝানো *His angry look said everything about the way he felt.* **5** to imagine or guess sth about a situation; to suppose কোনো পরিস্থিতি সম্বন্ধে কল্পনা করা অথবা অনুমান করা; ভেবে নেওয়া, আন্দাজ করা *We will need, say, Rs 500,000 for a new car.* ○ *Say you don't get a place at university, what will you do then?*

IDM **go without saying** to be clear, so that you do not need to say it কোনো কথা না বলেই স্পষ্ট করে বোঝানো *It goes without saying that the children will be well looked after at all times.*

have a lot, nothing, etc. to say for yourself to have a lot, nothing, etc. to say in a particular situation কোনো বিশেষ পরিস্থিতি সম্বন্ধে অনেক কিছু বলার থাকা বা না থাকা ইত্যাদি *Late again! What have you got to say for yourself?*

I must say (*spoken*) used to emphasize your opinion (কথ্যভাষায়) নিজের বক্তব্য বা মতামতে জোর দেওয়ার জন্য ব্যবহৃত অভিব্যক্তিবিশেষ *I must say, I didn't believe him at first.*

I wouldn't say no (*spoken*) used to say that you would like sth কোনো কিছু সম্বন্ধে নিজের পছন্দ ব্যক্ত করার জন্য ব্যবহৃত অভিব্যক্তিবিশেষ *'Coffee?' 'I wouldn't say no.'*

Say when (*spoken*) used to tell sb to say when you have poured enough drink in his/her glass or put enough food on his/her plate খাবার অথবা পানীয় সঠিক পরিমাণে প্রাপ্ত হয়েছে এই বোঝাতে ব্যবহৃত অভিব্যক্তিবিশেষ

that is to say which means তার মানে *We're leaving on Friday, that's to say in a week's time.*

say[2] / seɪ সেই / *noun* [*sing.*, U] **(a) say (in sth)** the authority or right to decide sth কোনো সিদ্ধান্ত নেওয়ার অধিকার বা কর্তৃত্ব *I'd like to have some say in the arrangements for the party.*

IDM **have your say** to express your opinion নিজের মতামত প্রকাশ করা *Thank you for your comments. Now let somebody else have their say.*

saying / ˈseɪɪŋ ˈসেইইং / *noun* [C] a well-known phrase that gives advice about sth or says sth that many people believe is true জনশ্রুতি, লোকশ্রুতি, বচন, প্রবচন *'Love is blind' is an old saying.* ➪ **proverb** দেখো।

scab / skæb স্ক্যাব্ / *noun* [C, U] a mass of dried blood that forms over a part of the body where the skin has been cut or broken চামড়ার কোনো কাটা বা ছড়ে যাওয়া অংশে জমে থাকা শুকনো রক্ত ➪ **scar** দেখো।

scabies / ˈskeɪbiːz ˈস্কেইবীজ্ / *noun* [U] a skin disease that causes small red spots and makes your skin feel uncomfortable so that you want to rub or scratch it এক প্রকারের চর্মরোগ যাতে লাল লাল দাগ হয় এবং চুলকানিও হয়; খোস, পাঁচড়া; স্কেবিজ

scaffold / ˈskæfəʊld ˈস্ক্যাফ্যাউল্ড্ / *noun* [C] a platform on which criminals were killed in past times by hanging ফাঁসির মঞ্চ, ফাঁসিকাঠ

scaffolding / ˈskæfəldɪŋ ˈস্ক্যাফ্যাল্ডিং / *noun* [U] long metal poles and wooden boards that form a structure which is put next to a building so that people who are building, painting, etc. can stand and work on it লম্বা ধাতব দণ্ড এবং কাঠের তক্তা দিয়ে বানানো কাঠামো যার উপর দাঁড়িয়ে বাড়িঘর বানানো এবং রং করা যায়; ভারা, মাচান

scalar / ˈskeɪlə(r) ˈস্কেইল্যা(র্) / *adj.* (*mathematics*) (used about a measurement or a quantity) having size but no direction (গণিত) (মাপ অথবা পরিমাণ সম্বন্ধে ব্যবহৃত) কেবল পরিমাপ আছে, অভিমুখ নেই এমন ▶ **scalar** *noun* [C] অদিশ; স্কেলার ➪ **vector**-এ নোট এবং ছবি দেখো।

scald / skɔːld স্ক:ল্ড্ / *verb* [T] to burn sb/sth with very hot liquid খুব উষ্ণ কোনো তরল পদার্থ দ্বারা কোনো ব্যক্তি অথবা বস্তুর পুড়ে যাওয়া *I scalded my arm badly when I was cooking.* ▶ **scald** *noun* [C] ছ্যাঁকা, পোড়া ▶ **scalding** *adj.* ফুটন্ত *scalding hot water*

scale[1] / skeɪl স্কেইল্ / *noun* **1** [C, U] the size of sth, especially when compared to other things (তুলনামূলকভাবে) কোনো বস্তুর আকার *We shall be making the product* ***on a large scale*** *next year.* ○ *At this stage it is impossible to estimate* ***the full scale of*** *the disaster.* **2** [C] a series of marks on a tool or piece of equipment that you use for measuring sth মাপার জন্য কোনো যন্ত্র বা সরঞ্জামের উপর ক্রমপর্যায়ে বিন্যস্ত চিহ্ন *The ruler has one scale in centimetres and one scale in inches.* **3** [C] a series of numbers, amounts, etc. that are used for measuring or fixing the level of sth ক্রমপর্যায়ে বিন্যস্ত সংখ্যাসমূহ, পরিমাণ ইত্যাদি যা কোনো কিছু মাপার জন্য বা তার মাত্রা স্থির করার জন্য ব্যবহৃত হয় *The earthquake measured 6.5 on the Richter scale.* ○ *the new pay scale for nurses* ➪ **Beaufort scale** এবং **the Richter scale** দেখো। **4** [C] the relationship between the actual size of sth and its size on a map or plan মানচিত্র বা নকশায় কোনো কিছুর প্রদর্শিত বা অঙ্কিত আকারের সঙ্গে প্রকৃত আকারের সম্বন্ধ বা অনুপাত *The map has a scale of one centimetre to a kilometre.* ○ *a scale of 1: 50,000* (= one to fifty thousand) **5 scales** [*pl.*] a piece of equipment that is used for weighing sb/sth ওজন করার সরঞ্জাম; দাঁড়িপাল্লা *I weighed it on the kitchen scales.* **6** [C] a series of musical notes which go up or down in a fixed order. People play or sing scales to improve their technical ability ক্রমপর্যায়ে বিন্যস্ত স্বরধ্বনিসমূহ যা নির্দিষ্টভাবে উপরে বা নীচে যায়। প্রয়োগগত দক্ষতা উন্নত করার জন্য মানুষ এইসকল ধ্বনি বাজায় বা গায়। সংগীতের বিশেষ স্বরগ্রাম; স্কেল *the scale of C major* **7** [C] one of the small flat pieces of hard material that cover the body of some fish and animals (কোনো কোনো

মাছ এবং পশুদের গায়ে থাকে) আঁশ, শল্ক *the scales of a snake* ➪ **fish**-এ ছবি দেখো।

scale² / skeɪl স্কেইল্ / *verb* [T] to climb up a high wall, steep cliff, etc. কোনো উঁচু দেয়াল, ঋজু শৃঙ্গ ইত্যাদি আরোহণ করা

PHR V **scale sth up/down** to increase/decrease the size, number, importance, etc. of sth আকার, সংখ্যা, গুরুত্ব ইত্যাদি কমানো বা বাড়ানো *Police have scaled up their search for the missing boy.*

scallop / ˈskɒləp ˈস্কল্যাপ্ / *noun* [C] a shellfish that we eat, with two flat round shells that fit together খাওয়া যায় এমন খোসাযুক্ত মাছ যার খোলা দুটো ভাগে বিভক্ত থাকে

scalp / skælp স্ক্যাল্প্ / *noun* [C] the skin on the top of your head that is under your hair চুলের নীচেকার মস্তিষ্কের ত্বক, মাথার চামড়া; শিরস্ত্বক

scalpel / ˈskælpəl ˈস্ক্যাল্প্যাল্ / *noun* [C] a small knife that is used by doctors (**surgeons**) when they are doing operations শল্যচিকিৎসকের ছোটো ছুরি; শল্যছুরিকা

scam / skæm স্ক্যাম্ / *noun* [C] a clever but dishonest plan for making money অর্থ উপার্জন করার চতুর কিন্তু অসৎ উপায় *stamp paper scam* ○ *share market scam*

scamper / ˈskæmpə(r) ˈস্ক্যাম্প্যা(র্) / *verb* [I] (used especially about a child or small animal) to run quickly (বিশেষত বাচ্চা অথবা ছোটো পশু সম্বন্ধে ব্যবহৃত) খুব দ্রুত দৌড়োনো

scan¹ / skæn স্ক্যান্ / *verb* [T] (**scanning; scanned**) **1** to look at or read every part of sth quickly until you find what you are looking for কোনো কিছুর প্রতিটি অংশ দেখা বা খুব তাড়াতাড়ি পড়া যতক্ষণ পর্যন্ত না যা খোঁজা হচ্ছে তা বেরোয় *Kareena scanned the list until she found her own name.* **2** (used about a machine) to examine what is inside a person's body or inside an object such as a suitcase (কোনো যন্ত্র সম্বন্ধে ব্যবহৃত) মানবদেহের মধ্যে অথবা কোনো বস্তুর ভিতরে যেমন স্যুটকেসের ভিতরে কি আছে তা পরীক্ষা নিরীক্ষা করা *Machines scan all the luggage for bombs and guns.* **3 scan sth (into sth); scan sth (in)** (*computing*) to use a special machine (**a scanner**) to change printed words or pictures into electronic text in order to put them in the memory of a computer কম্পিউটারের স্মৃতিতে বা মেমারিতে স্থাপন করার জন্য মুদ্রিত শব্দ বা ছবিগুলি ইলেকট্রনিক টেক্সটে পরিবর্তিত করার জন্য বিশেষ যন্ত্র (স্ক্যানার) ব্যবহার করা *Text and pictures can be scanned into the computer.*

scan² / skæn স্ক্যান্ / *noun* **1** [C] a medical test in which a machine produces a picture of the inside of a person's body on a computer screen after taking **X-rays** এক প্রকারের ডাক্তারি পরীক্ষা যাতে মানবদেহের ভিতরের ছবি (এক্স-রে) যন্ত্রের সাহায্যে গ্রহণ করে কম্পিউটারে দেখা যায় *to do/have a brain scan* **2** [C] a medical test for pregnant women in which a machine uses **ultrasound** to produce a picture of a baby inside its mother's body গর্ভস্থ শিশুর ছবি তোলার উদ্দেশ্যে গর্ভবতী মহিলাদের জন্য যে ডাক্তারি পরীক্ষায় কোনো যন্ত্র দ্বারা আলট্রাসাউন্ড ব্যবহার করা হয় *The scan showed the baby was in the normal position.* **3** [*sing*.] the act of looking quickly through sth written or printed, usually in order to find sth কিছু খুঁজে পাওয়ার জন্য কোনো লিখিত অথবা মুদ্রিত জিনিস তাড়াতাড়ি দেখার ক্রিয়া *a scan of the newspapers*

scandal / ˈskændl ˈস্ক্যান্ড্ল্ / *noun* **1** [C, U] an action, a situation or behaviour that shocks people; the public feeling that is caused by such behaviour কোনো কাজ, পরিস্থিতি অথবা আচরণ যা জনমানসে প্রবল আঘাত আনে; এইধরনের আচরণের কারণে জনগণের যে মনোভাব *The chairman resigned after being involved in a financial scandal.* ○ *There was no suggestion of scandal in his private life.* **2** [U] talk about sth bad or wrong that sb has or may have done কেচ্ছা, কুৎসা, কুরটনা *to spread scandal about sb*

scandalize (*also* **-ise**) / ˈskændəlaɪz ˈস্ক্যান্ড্যালাইজ্ / *verb* [T] to cause sb to feel shocked by doing sth that he/she thinks is bad or wrong কোনো ব্যক্তি যে কাজ খারাপ অথবা ভুল বলে মনে করে সেই কাজ করে তাকে আঘাত করা

scandalous / ˈskændələs ˈস্ক্যান্ড্যাল্যাস্ / *adj*. very shocking or wrong অত্যন্ত আঘাতজনক বা জঘন্য, কুৎসাপূর্ণ *It is scandalous that so much money is wasted.*

Scandinavia / ˌskændɪˈneɪviə ˌস্ক্যান্‌ডিˈনেইভিঅ্যা / *noun* [*sing*.] the group of countries in northern Europe that consists of Denmark, Norway and Sweden. Sometimes Finland and Iceland are also said to be part of Scandinavia উত্তর ইউরোপের দেশের সমষ্টি যেমন ডেনমার্ক, নরওয়ে এবং সুইডেন। ফিনল্যান্ড এবং আইসল্যান্ডও মাঝেমাঝে এই গোষ্ঠীর অন্তর্ভুক্ত বলে মনে করা হয়; স্ক্যানডিনেভিয়া ▶ **Scandinavian** *adj*., *noun* [C] স্ক্যান্ডিনেভিয়া অঞ্চলের অধিবাসী বা এই অঞ্চল সংক্রান্ত

scanner / ˈskænə(r) ˈস্ক্যান্যা(র্) / *noun* [C] an electronic machine that can look at, record or send images or electronic information বৈদ্যুতিন যন্ত্র যার দ্বারা ছবি এবং বৈদ্যুতিন তথ্য দেখা, রেকর্ড করা এবং পাঠানো যায়; স্ক্যানার *The scanner can detect cancer at an early stage.* ○ *I used the scanner to send the pictures by email.*

scant / skænt স্ক্যান্ট্ / *adj.* (*only before a noun*) not very much; not as much as necessary খুব বেশি নয়; পর্যাপ্ত নয়

scanty / ˈskænti ˈস্ক্যান্টি / *adj.* too small in size or amount পরিমাণ এবং আকারে খুবই কম; অত্যল্প *We didn't learn much from the scanty information they gave us.* ▶ **scantily** *adv.* নিতান্ত অপ্রতুলভাবে *I realized I was too scantily dressed for the cold weather.*

scapegoat / ˈskeɪpɡəʊt ˈস্কেইপ্‌গ্যাউট্ / *noun* [C] a person who is punished for things that are not his/her fault অপরের দোষের বোঝা যে ব্যক্তির ঘাড়ে চাপানো হয়; বলির পাঁঠা *When Akansha was sacked she felt she had been* ***made a scapegoat*** *for all the company's problems.*

scapula / ˈskæpjʊlə ˈস্ক্যাপিউল্যা / (*formal*) = **shoulder blade** ➪ **body**-তে ছবি দেখো।

scar / skɑː(r) স্কা:(র্) / *noun* [C] **1** a mark on the skin that is caused by a cut that skin has grown over ক্ষতচিহ্ন, আঘাতের দাগ *The operation didn't leave a very big scar.* ➪ **scab** দেখো। **2** an area of a hill or cliff where there is rock with nothing covering it and no grass পাহাড়ী অঞ্চল অথবা কোনো পর্বতগাত্র যেখানে কোনো ঘাসের আবরণ নেই *a kilometre-long limestone scar* সম ➪ **limestone**-এ ছবি দেখো। ▶ **scar** *verb* [I, T] (**scar<u>r</u>ing; scar<u>r</u>ed**) ক্ষতচিহ্ন হওয়া বা করা *Wasim's face was* ***scarred for life*** *in the accident.*

scarce / skeəs ˈস্কেঅ্যাস্ / *adj.* not existing in large quantities; hard to find স্বল্প, অপ্রতুল; বিরল, দুর্লভ, দুষ্প্রাপ্য *Food for birds and animals is scarce in the winter.* ✪ বিপ **plentiful** ▶ **scarcity** / ˈskeəsəti ˈস্কেঅ্যাস্যাটি / *noun* [C, U] (*pl.* **scarcities**) বিরলতা, দুষ্প্রাপ্যতা, অভাব *(a) scarcity of food/jobs/resources*

scarcely / ˈskeəsli ˈস্কেঅ্যাস্‌লি / *adv.* **1** only just; almost not খুবই কম; প্রায় নেই *There was scarcely a car in sight.* ○ *She's not a friend of mine. I scarcely know her.* ➪ **hardly** দেখো। **2** used to suggest that sth is not reasonable or likely এই বলার জন্য ব্যবহৃত যে কিছু একটা যুক্তিসম্মত নয় বা সম্ভাব্য নয় *You can scarcely expect me to believe that after all you said before.*

scare¹ / skeə(r) স্কেঅ্যা(র্) / *verb* **1** [T] to make a person or an animal frightened (কোনো ব্যক্তি অথবা জন্তুকে) ভয় দেখানো, ভীত করা *The sudden noise scared us all.* ○ *It scares me to think what might happen.* **2** [I] to become frightened ভয় পাওয়া বা ভীত হওয়া *I don't scare easily, but when I saw the gun I was terrified.*

PHR V **scare sb/sth away/off** to make a person or animal leave or stay away by frightening them ভয় দেখিয়ে কোনো ব্যক্তি অথবা জন্তুকে তাড়িয়ে দেওয়া

scare² / skeə(r) স্কেঅ্যা(র্) / *noun* [C] **1** a feeling of being frightened ভয় বা ভীতিপ্রদ অনুভূতি *It wasn't a serious heart attack but it gave him a scare.* **2** a situation where many people are afraid or worried about sth আতঙ্ক, ত্রাসজনক পরিস্থিতি *Last night there was a* ***bomb scare*** *in the city centre.*

scarecrow / ˈskeəkrəʊ ˈস্কেঅ্যাক্র্যাউ / *noun* [C] a very simple model of a person that is put in a field to frighten away the birds পাখিদের ভয় দেখানোর জন্য কোনো ব্যক্তির অতি সাধারণ মডেল বা মূর্তি যা মাঠের মাঝে রাখা হয়; কাকতাড়ুয়া

scared / skeəd স্কেঅ্যাড্ / *adj.* **scared (of sb/sth); scared (of doing sth/to do sth)** frightened ভীত *Are you scared of the dark?* ○ *Everyone was too scared to move.*

scarf / skɑːf স্কা:ফ্ / *noun* [C] (*pl.* **scarves** / skɑːvz স্কা:ভজ্ / or **scarfs** / skɑːfs স্কা:ফ্‌স্ /) **1** a long thin piece of cloth, usually made of wool, that you wear around your neck to keep warm লম্বা, সরু, সাধারণত উলের তৈরি গরম কাপড় যা গলায় জড়ানো হয়; স্কার্ফ **2** a square piece of cloth that women wear around their neck or shoulders or over their heads চৌকো কাপড় যা মহিলারা গলায়, কাঁধে অথবা মাথায় ব্যবহার করে; স্কার্ফ

scarlet / ˈskɑːlət ˈস্কা:ল্যাট্ / *adj., noun* [U] (of) a bright red colour উজ্জ্বল অথবা টকটকে লাল রঙের বা এই রংবিশিষ্ট

scarlet fever *noun* [U] a serious disease that is passed from one person to another and that makes sb very hot and get red marks on the skin গুরুতর এবং সংক্রামক ব্যাধি যাতে জ্বরের সঙ্গে কোনো ব্যক্তির শরীরে লাল-লাল দাগ দেখা যায়; আরক্ত জ্বর

scarp / skɑːp স্কা:প্ / *noun* [C] (in geography) a very steep piece of land (ভূগোলে) উন্নত দুরারোহ জায়গা; ভৃগুতট

scary / ˈskeəri স্কেঅ্যারি / *adj.* (**scarier; scariest**) (*informal*) frightening ভয়-পাওয়ানো; ভীতিপ্রদ *a scary ghost story* ○ *It was a bit scary driving in the mountains at night.*

scathing / ˈskeɪðɪŋ ˈস্কেইদিং / *adj.* expressing a very strong negative opinion about sb/sth; very critical কোনো ব্যক্তি বা বস্তু সম্বন্ধে জোরালো ভাষায় নিন্দাবাদ করা বা বাক্যবাণে জর্জরিত করা হয় এমন; প্রবল সমালোচনাময় *a scathing attack on the new leader* ○ *scathing criticism*

scatter / ˈskætə(r) ˈস্ক্যাট্যা(র্) / *verb* **1** [I] (used about a group of people or animals) to move away quickly in different directions (এক দল লোক বা জন্তুজানোয়ার সম্বন্ধে ব্যবহৃত) খুব তাড়াতাড়ি এদিক-ওদিক সরিয়ে দেওয়া, হটিয়ে দেওয়া **2** [T] to drop or throw things in different directions over a wide area অনেকটা জায়গার উপর বিভিন্ন দিকে জিনিসপত্র ছড়িয়ে ছিটিয়ে ফেলা; এলোমেলো হয়ে যাওয়া *The wind scattered the papers all over the room.*

scattered / ˈskætəd ˈস্ক্যাট্যাড্ / *adj.* spread over a large area or happening several times during a period of time অনেকটা জায়গা জুড়ে আছে বা অনেকবার ঘটছে এমন *There will be sunny intervals with scattered showers today.*

scavenge / ˈskævɪndʒ ˈস্ক্যাভিন্জ্ / *verb* [I, T] to look for food, etc. among waste and rubbish পরিত্যক্ত বস্তু এবং আবর্জনার মধ্যে খাবার ইত্যাদি খোঁজাখুঁজি করা ▶ **scavenger** *noun* [C] জমাদার, ঝাড়ুদার, মৃত প্রাণীর মাংসভোজী পশু বা পাখি *Scavengers steal the food that the lion has killed.*

scenario / səˈnɑːriəʊ স্যাˈনা:রিঅ্যাউ / *noun* [C] (*pl.* **scenarios**) **1** one way that things may happen in the future ভবিষ্যতে কি ঘটতে বা হতে পারে তার একটি কল্পিত চিত্র *A likely scenario is that the company will get rid of some staff.* **2** a description of what happens in a play or film কোনো নাটক অথবা চলচ্চিত্রে কি ঘটেছে তার বিবরণ

scene / siːn সীন্ / *noun* **1** [C] the place where sth happened যে জায়গায় কিছু ঘটেছে; দৃশ্যপট *the scene of a crime/an accident ○ An ambulance was* ***on the scene*** *in minutes.* **2** [C] an occasion when sb expresses great anger or another strong emotion in public এমন একটা সময় যখন কেউ প্রকাশ্যে খুব রাগ বা অন্য কোনো মানসিক চাঞ্চল্য প্রকাশ করেছে *There was quite a scene when she refused to pay the bill.* **3** [C] one part of a book, play, film, etc. in which the events happen in one place কোনো বই, নাটক, চলচ্চিত্র ইত্যাদির এক অংশ যেখানে ঘটনাগুলি ঘটে *The first scene of 'Hamlet' takes place on the castle walls.* **4** [C, U] what you see around you in a particular place কোনো জায়গায় চারিপাশে যা দেখা যায় *Her new job was no better, but at least it would be a* ***change of scene****.* **5 the scene** [*sing.*] the way of life or the present situation in a particular area of activity বিশেষ কোনো অঞ্চলের কার্যকলাপের মধ্যে যে জীবনযাত্রা অথবা বর্তমান পরিস্থিতি *The political scene in Eastern Europe is very confused. ○ the fashion scene*

IDM set the scene (for sth) 1 to create a situation in which sth can easily happen or develop এমন পরিস্থিতি সৃষ্টি করা যাতে অথবা যার ফলে সহজেই কিছু ঘটতে বা হতে পারে *His arrival set the scene for another argument.* **2** to give sb the information and details that he/she needs in order to understand what comes next কোনো ব্যক্তিকে এমন সব তথ্য এবং খুঁটিনাটি দেওয়া যে যা পেলে সে বুঝতে পারে কি হবে *The first part of the programme was just setting the scene.*

scenery / ˈsiːnəri ˈসীন্যারি / *noun* [U] **1** the natural beauty that you see around you in the country শহরের বাইরে, গ্রামাঞ্চলের প্রাকৃতিক দৃশ্য *The scenery is exquisite in the mountains.* **2** the furniture, painted cloth, boards, etc. that are used on the stage in a theatre প্রেক্ষাগৃহের মঞ্চে দৃশ্যপট হিসাবে ব্যবহৃত হয় যেসকল আসবাবপত্র, রঙিন কাপড়, বোর্ড ইত্যাদি *The scenery is changed during the interval.*

> **NOTE** কোনো অঞ্চলের প্রাকৃতিক দৃশ্য সুন্দর, মনোমুগ্ধকর এবং মনোরম হলে তার **scenery** আকর্ষণীয় বলা হয়। কোনো বিশেষ স্থানের প্রাকৃতিক বৈশিষ্ট্যকে **landscape** বলা হয়—*Trees and hedges are a typical feature of the British landscape. ○ an urban landscape* (= in a city or town). কোনো জানলা দিয়ে বাইরে তাকালে বা কোনো উঁচু জায়গা থেকে যে দৃশ্য দেখা যায় তাকে **view** বলা হয়—*There was a marvellous view of the sea from our hotel room.* ➪ **country 3**-তে নোট দেখো।

scenic / ˈsiːnɪk ˈসীনিক্ / *adj.* having beautiful scenery যাতে সুন্দর দৃশ্য আছে

scent / sent সেন্ট্ / *noun* **1** [C, U] a pleasant smell সুগন্ধ *This flower has no scent.* **2** [C, U] the smell that an animal leaves behind and that some other animals can follow পশুর যে গন্ধ শুঁকে তাকে অন্য পশু অনুসরণ করতে পারে **3** [U] (*BrE*) a liquid with a pleasant smell that you wear on your skin to make it smell nice সুগন্ধি তরল পদার্থ যা তার সুগন্ধের জন্য গায়ে মাখা হয় ✪ সম **perfume** **4** [*sing.*] the feeling that sth is going to happen কিছু যেন ঘটতে চলেছে এমন অনুভূতি *The scent of victory was in the air.* ▶ **scent** *verb* [T] টের পাওয়া *The dog scented a rabbit and shot off.* ▶ **scented** *adj.* গন্ধভরা, গন্ধযুক্ত

sceptic (*AmE* **skeptic**) / ˈskeptɪk ˈস্কেপ্টিক্ / *noun* [C] a person who doubts that sth is true, right, etc. সংশয়বাদী লোক, নাস্তিক ▶ **sceptical** (*AmE* **skeptical**) / -kl -ক্ল্ / *adj.* **sceptical (of/about sth)** সন্দিগ্ধভাবে, সংশয়ের সঙ্গে *Many doctors are sceptical about the value of alternative medicine.*

scepticism (*AmE* **skepticism**) / ˈskeptɪsɪzəm ˈস্কেপ্টিসিজ়্যাম্ / *noun* [U] a general feeling of doubt about sth; a feeling that you are not likely to believe sth কোনো কিছু সম্বন্ধে সন্দেহ করার ঝোঁক; সংশয়বাদ

sceptre (*AmE* **scepter**) / ˈseptə(r) ˈসেপ্ট্যা (র্) / *noun* [C] a decorated rod carried by a king or queen on ceremonial occasions as a symbol of their power রাজদণ্ড, ছত্রদণ্ড

schedule[1] / ˈʃedju:l ˈশেডিউল্ / *noun* **1** [C, U] a plan of things that will happen or of work that must be done যা ঘটবে বা হবে অথবা যেসব কাজ করতে হবে তার খসড়া; কর্মসূচি, কর্মপরিকল্পনা *Madhuri has a busy schedule for the next few days.* ○ *to be ahead of/behind schedule* (= to have done more/less than was planned) **2** (*AmE*) = **timetable**

schedule[2] / ˈʃedju:l ˈশেডিউল্ / *verb* [T] **schedule sth (for sth)** to arrange for sth to happen or be done at a particular time কোনো কিছু বিশেষ সময়ে হওয়ার ব্যবস্থা করা বা করে ফেলা *We've scheduled the meeting for Monday morning.* ○ *The train was scheduled to arrive at 10.07 a.m.*

scheduled flight *noun* [C] a plane service that leaves at a regular time each day or week বিমান-পরিষেবা ব্যবস্থা যা প্রতিদিন বা প্রতি সপ্তাহে বিশেষ সময়ে ছাড়ে ➪ **charter flight** দেখো।

scheme[1] / ski:m স্কীম্ / *noun* [C] **1 a scheme (to do sth/for doing sth)** an official plan or system for doing or organizing sth কোনো কিছু করা অথবা সংগঠিত করার জন্য কর্মপরিকল্পনা বা পদ্ধতি *a new scheme to provide houses in the area* ○ *a local scheme for recycling newspapers* **2** a clever plan to do sth কোনো কিছু করার অভিসন্ধি বা মতলব *He's thought of a new scheme for making money fast.* ➪ **colour scheme** দেখো।

scheme[2] / ski:m স্কীম্ / *verb* [I, T] to make a secret or dishonest plan গোপন অথবা অসৎ পরিকল্পনা করা *She felt that everyone was scheming to get rid of her.*

schist / ʃɪst শিস্ট্ / *noun* [U] (*technical*) a type of rock formed of layers of different minerals, that breaks naturally into thin flat pieces একরকমের পাথর যাতে বিভিন্ন খনিজের স্তর থাকে, যা স্বাভাবিকভাবে পাতলা পাতলা স্তরে ভেঙে যায়

schizophrenia / ˌskɪtsəˈfri:niə ˌস্কিট্স্যাˈফ্রীনিঅ্যা / *noun* [U] a serious mental illness in which a person confuses the real world and the world of the imagination and often behaves in strange and unexpected ways যে অসুখে রোগী বাস্তব এবং কল্পনার জগৎ গুলিয়ে ফেলে এবং অপ্রত্যাশিত ব্যবহার করে; চিত্তভ্রংশ, বাতুলতা; স্কিজোফ্রেনিয়া ▶ **schizophrenic** / ˌskɪtsəˈfrenɪk ˌস্কিট্স্যাˈফ্রেনিক্ / *adj., noun* [C] স্কিজোফ্রেনিয়ায় আক্রান্ত; স্কিজোফ্রেনিয়াসংক্রান্ত

scholar / ˈskɒlə(r) ˈস্কলা(র্) / *noun* [C] **1** a person who studies and has a lot of knowledge about a particular subject বিদ্বান, পণ্ডিত **2** a person who has passed an exam or won a competition and has been given some money (**a scholarship**) to help pay for his/her studies (পরীক্ষা বা প্রতিযোগিতায় উত্তীর্ণ) বৃত্তি, জলপানিভোগী বা স্কলারশিপ পাওয়া ছাত্র *a UGC research scholar* ➪ **student** দেখো।

scholarly / ˈskɒləli ˈস্কল্যালি / *adj.* **1** (used about a person) spending a lot of time studying and having a lot of knowledge about an academic subject (কোনো ব্যক্তি সম্বন্ধে ব্যবহৃত) কোনো পাঠ্য বিষয়ে পাণ্ডিত্যপূর্ণ **2** connected with academic study বিদ্যাচর্চা সম্বন্ধীয়

scholarship / ˈskɒləʃɪp ˈস্কল্যাশিপ্ / *noun* **1** [C] an amount of money that is given to a person who has passed an exam or won a competition, in order to help pay for his/her studies পরীক্ষায় উত্তীর্ণ হওয়া বা প্রতিযোগিতায় জিতে আসার ফলে যে অর্থ ছাত্র বা ছাত্রীকে তার পড়াশোনায় সাহায্যের জন্য দেওয়া হয়; ছাত্রবৃত্তি, জলপানি; স্কলারশিপ *to win a scholarship to Oxford* **2** [U] serious study of an academic subject বিশ্ববিদ্যালয়ের কোনো বিষয়ে গুরুত্বপূর্ণ অধ্যয়ন বা গবেষণা

school / sku:l স্কুল্ / *noun* **1** [C] the place where children go to be educated বিদ্যালয়, শিক্ষালয় *Where did you* ***go to school****?* **2** [U] the time you spend at a school; the process of being educated in a school বিদ্যালয়ে যতটা সময় অতিবাহিত করা হয়; বিদ্যালয়ে শিক্ষালাভের পদ্ধতি *Their children are still* ***at school****.*

NOTE শিক্ষার্থী অথবা শিক্ষক যখন বিদ্যালয়ে শিক্ষা প্রাপ্তি অথবা শিক্ষাদান করতে যায় তখন **school** শব্দটি **the** ছাড়াই ব্যবহার করা হয় —*Where do your children go to school?* ○ *I enjoyed being at school.* School-এর পূর্বে the শব্দটি তখন ব্যবহার করা হয় যখন অন্য কোনো কারণে (যেমন অভিভাবক হিসেবে) সেখানে যাওয়ার কথা বলা হয়।—*I have to go to the school on Thursday to talk to John's teacher.* যখন কোনো স্কুলের সম্বন্ধে আরও তথ্য প্রদান করা হয় তখন স্কুল শব্দটির পূর্বে **a** অথবা **the** শব্দগুলি ব্যবহার করা হয়ে থাকে—*Rani goes to the school in the next village.* ○ *She teaches at a school for children with learning difficulties.*

3 [*sing., with sing. or pl. verb*] all the students and teachers in a school স্কুলের সমস্ত শিক্ষক ও শিক্ষার্থী *The whole school cheered the winner.* **4** (*used to form compounds*) connected with school (যৌগিক শব্দ তৈরিতে ব্যবহৃত) স্কুলের সঙ্গে জড়িত *children* ***of school age*** ○ *The bus was full of* ***schoolchildren****.* ○ ***school teachers*** ○ ***schooldays****.* **5** [C] a place where you go to learn a particular subject যেখানে কেউ বিশেষ বিষয়ে অধ্যয়নের জন্য যায়

a language/driving/drama/business school **6** [C] (*AmE*) a college or university মহাবিদ্যালয়; কলেজ বিশ্ববিদ্যালয় *management school* **7** [C] a department of a university that teaches a particular subject বিশ্ববিদ্যালয়ের একটি বিভাগ যেখানে কোনো বিশেষ বিষয় পড়ানো হয় *the school of languages at Delhi University* **8** [C] a group of writers, painters, etc. who have the same ideas or style একই আদর্শ ও আঙ্গিকে বিশ্বাসী লেখক, শিল্পী ইত্যাদি; ঘরানা, ধারা, পন্থা *the Kangra school of painting* **9** [C] a large group of fish swimming together একসঙ্গে সাঁতার কাটে এমন একঝাঁক মাছ

IDM a school of thought the ideas or opinions that one group of people share একই চিন্তাধারায় বিশ্বাসী, একই ধারার বা একই স্কুলের লেখক *There are various schools of thought on this matter.*

schoolboy / ˈskuːlbɔɪ ˈস্কুল্‌বই / *noun* [C] a boy who goes to school স্কুলের ছেলে; ছাত্র

schoolgirl / ˈskuːlgɜːl ˈস্কুল্‌গ্যল্ / *noun* [C] a girl who goes to school স্কুলের মেয়ে; ছাত্রী

schooling / ˈskuːlɪŋ ˈস্কুলিং / *noun* [U] the time that you spend at school; your education স্কুলে যে সময় ব্যয় করা হয়; শিক্ষার পরিধি

schoolteacher / ˈskuːltiːtʃə(r) ˈস্কুলটীচ্যা(র্) / *noun* [C] a person whose job is teaching in a school স্কুলের বা বিদ্যালয়ের শিক্ষক বা শিক্ষিকা

schooner / ˈskuːnə(r) ˈস্কুন্যা(র্) / *noun* [C] **1** a sailing ship with two or more **masts** দুই বা ততোধিক পাল-খাটানো জাহাজ **2** a tall glass for beer or **sherry** বিয়ার অথবা শেরি পান করার লম্বা গ্লাস

schwa / ʃwɑː শুঅ: / *noun* [C] (*technical*) a vowel sound in parts of words that are not emphasized (**stressed**), for example the 'a' in 'about' or the 'e' in 'moment'; the symbol that represents this sound is ə শব্দের মধ্যে যে স্বরবর্ণের উচ্চারণে জোর দেওয়া হয় না, যেমন about-এর 'a'অথবা moment-এর 'e'; এই ধ্বনির সংকেত বা প্রতীকচিহ্ন হল ə

science / ˈsaɪəns ˈসাইঅ্যান্স্ / *noun* **1** [U] the study of and knowledge about the physical world and natural laws (প্রাকৃতিক জগৎ ও নিয়মসমূহ সম্পর্কিত অধ্যয়ন) বিজ্ঞান *Modern science has discovered a lot about the origin of life.* ○ *Fewer young people are studying science at university.* ⇨ **arts** দেখো। **2** [C] one of the subjects into which science can be divided যেসব ভাগে বিজ্ঞানকে ভাগ করা যায় তার একটি *Biology, chemistry and physics are all sciences.*

> **NOTE** জনগণ এবং জনসমাজের বিভিন্ন দিক নিয়ে আলোচনা অথবা অধ্যয়ন করাকে **social science** বলা হয়।

science fiction (*also* **sci-fi**) *noun* [U] books, films, etc. about events that take place in the future, often involving travel in space ভবিষ্যতের সম্ভাব্য ঘটনাবলী সম্পর্কে বই, চলচ্চিত্র ইত্যাদি (প্রায়শ মহাকাশ ভ্রমণকে জড়িত করে); কল্পবিজ্ঞান বিষয়ক বই, চলচ্চিত্র ইত্যাদি

scientific / ˌsaɪənˈtɪfɪk ˌসাইঅ্যান্ˈটিফিক্ / *adj.* **1** connected with or involving science বিজ্ঞানসম্পর্কিত বা বিজ্ঞানসংক্রান্ত; বৈজ্ঞানিক *We need more funding for scientific research.* ○ *scientific instruments* **2** (used about a way of thinking or of doing sth) careful and logical (কোনো কিছু ভাবা বা করা সম্বন্ধে ব্যবহৃত) সতর্ক এবং যুক্তিসম্মত *a scientific study of the way people use language*
▶ **scientifically** / ˌsaɪənˈtɪfɪkli ˌসাইঅ্যান্ˈটিফিক্‌লি / *adv.* বিজ্ঞানসম্মতভাবে, বৈজ্ঞানিকভাবে *Sorting out the files won't take long if we do it scientifically.*

scientist / ˈsaɪəntɪst ˈসাইঅ্যান্টিস্ট্ / *noun* [C] a person who studies or teaches science, especially biology, chemistry or physics যে ব্যক্তি বিজ্ঞান বিষয়ে, বিশেষত জীববিদ্যা, রসায়ন বা পদার্থবিদ্যা বিষয়ে গবেষণা বা শিক্ষাদান করেন; বিজ্ঞানী, বৈজ্ঞানিক

sci-fi / ˈsaɪ faɪ ˈসাই ফাই / (*informal*) = **science fiction**

scissors / ˈsɪzəz ˈসিজ়্যাজ় / *noun* [*pl.*] a tool for cutting things that consists of two long, flat, sharp pieces of metal that are joined together কাঁচি

> **NOTE Scissors** শব্দটি বহুবচনরূপী (plural) বিশেষ্য (noun) *These scissors are blunt.* **'A scissors'** অভিব্যক্তিটির ব্যবহার ভুল, সঠিক ব্যবহার হল—**a pair of scissors.**

scoff / skɒf স্কফ্ / *verb* **1** [I] **scoff (at sb/sth)** to speak about sb/sth in a way that shows you think that he/she/it is stupid or ridiculous কারও বা কিছুর সম্বন্ধে খোঁচা বা টিটকিরি দিয়ে বলা; বিদ্রূপ করা **2** [T] (*BrE informal*) to eat a lot of sth quickly গবগব করে অনেকটা খাওয়া, গোগ্রাসে গেলা

scold / skəʊld স্ক্যাউল্ড্ / *verb* [I, T] **scold sb (for sth/for doing sth)** to speak angrily to sb because he/she has done sth bad or wrong কোনো কিছু খারাপ বা ভুল করার জন্য কাউকে বকা, তিরস্কার করা

scone / skɒn; skəʊn স্কন্; স্ক্যাউন্ / *noun* [C] a small, simple cake, usually eaten with butter on ছোটো কেক যা সাধারণত মাখন লাগিয়ে খাওয়া হয়

scoop¹ / skuːp স্কুপ্ / *noun* [C] **1** a tool like a spoon used for picking up ice cream, flour, grain, etc. হাতাজাতীয় কিছু যা দিয়ে আইসক্রিম, ময়দা, চাল, ইত্যাদি তোলা হয় **2** the amount that one scoop contains একটি স্কুপে যতটা ধরে **3** an exciting piece of news that is reported by one newspaper, television or radio station before it is reported anywhere else কোনো চিত্তাকর্ষক সংবাদ যা কোনো সংবাদপত্র, টেলিভিশন অথবা রেডিওতে সর্বপ্রথম সম্প্রচারিত হয়

scoop² / sku:p স্কুপ্ / *verb* [T] **1 scoop sth (out/ up)** to make a hole in sth or to take sth out by using a scoop or sth similar কোনো কিছুতে গর্ত করা অথবা হাতার মতো কিছু দিয়ে কোনো কিছু তুলে নেওয়া *Scoop out the middle of the pineapple.* **2 scoop sb/sth (up)** to move or lift sb/sth using a continuous action (ক্রমশ) কোনো ব্যক্তি বা বস্তুকে সরানো বা তুলে নেওয়া *He scooped up the child and ran.* **3** to win a big or important prize খুব বড়ো অথবা গুরুত্বপূর্ণ পুরস্কার পাওয়া *The film has scooped all the awards this year.* **4** to get a story before all other newspapers, television stations, etc. অন্যান্য সব খবরের কাগজ, টেলিভিশন ইত্যাদির আগে কোনো খবর পেয়ে প্রচার করা অথবা করতে সক্ষম হওয়া

scooter / ˈsku:tə(r) ˈস্কুট্যা(র্) / *noun* [C] **1** a light motorbike with a small engine স্কুটার **2** a child's toy with two wheels that you stand on and move by pushing one foot against the ground বাচ্চাদের দু চাকার খেলনা যার উপর দাঁড়িয়ে এক পা মাটিতে রেখে ঠেলে চলানো যায়

scope / skəʊp স্ক্যাউপ্ / *noun* **1** [U] **scope (for sth/to do sth)** the chance or opportunity to do sth কোনো কিছু করার সুযোগ *The job offers plenty of scope for creativity.* **2** [*sing.*] the variety of subjects that are being discussed or considered যেসব বিভিন্ন ধরনের বিষয় নিয়ে আলোচনা অথবা চিন্তাভাবনা করা হচ্ছে *The government was unwilling to extend the scope of the inquiry.*

scorch / skɔ:tʃ স্ক:চ্ / *verb* [T] to burn sth so that its colour changes but it is not destroyed এমনভাবে কোনো কিছু ঝলসানো যাতে তার রং অন্য রকম হয়ে যায় কিন্তু জিনিসটি নষ্ট হয় না *I scorched my blouse when I was ironing it.*

scorching / ˈskɔ:tʃɪŋ ˈস্কচিং / *adj.* very hot খুব গরম *It was absolutely scorching on Tuesday.*

score¹ / skɔ:(r) স্ক:(র্) / *noun* **1** [C] the number of points, goals, etc. that sb/sth gets in a game, competition, exam, etc. কোনো খেলা, প্রতিযোগিতা, পরীক্ষা ইত্যাদিতে কেউ যে পয়েন্ট, গোল ইত্যাদি পায় ○ *The score is 3–2 to Mohun Bagan.* ○ *The top score in the test was 80%.* **2 scores** [*pl.*] very many বহু, অনেক *Scores of people have written to offer their support.* **3** [C] the written form of a piece of music সংগীতের লিখিত রূপ

IDM on that score as far as that is concerned সে দিক থেকে বিবেচনায় *Ritu will be well looked after. Don't worry on that score.*

score² / skɔ:(r) স্ক:(র্) / *verb* [I, T] to get points, goals, etc. in a game, competition, exam, etc. কোনো খেলা, প্রতিযোগিতা, পরীক্ষা ইত্যাদিতে পয়েন্ট, গোল ইত্যাদি পাওয়া *The team still hadn't scored by half-time.* ○ *Varun scored the highest marks in the exam.*

scoreboard / ˈskɔ:bɔ:d স্ক:ব:ড্ / *noun* [C] a large board that shows the score during a game, competition, etc. কোনো খেলা, প্রতিযোগিতা ইত্যাদি চলার সময়ে যে বড়ো বোর্ডে সাফল্যাঙ্ক বা ফলাফল দেখানো হয়; স্কোরবোর্ড

scorn¹ / skɔ:n স্ক:ন্ / *noun* [U] **scorn (for sb/sth)** the strong feeling that you have when you do not respect sb/sth বিতৃষ্ণা, ঘৃণা, অপছন্দ

scorn² / skɔ:n স্ক:ন্ / *verb* [T] **1** to feel or show a complete lack of respect for sb/sth কারও বা কিছুর জন্য বিতৃষ্ণা অথবা বিদ্বেষ অনুভব বা প্রকাশ করা *The President scorned his critics.* **2** to refuse to accept help or advice, especially because you are too proud কোনো সাহায্য অথবা উপদেশ গর্বভরে অগ্রাহ্য করা *The old lady scorned all offers of help.* ▶ **scornful** / -fl -ফ্ল্ / *adj.* অবজ্ঞামিশ্রিত, তাচ্ছিল্যময় *a scornful look/smile/remark* ▶ **scornfully** / -fəli -ফ্যালি / *adv.* ঘৃণাভরে

Scorpio / ˈskɔ:piəʊ ˈস্ক:পিঅ্যাউ / *noun* [U] the eighth sign of the **zodiac**, the Scorpion রাশিচক্রের অষ্টম রাশি; বৃশ্চিক রাশি

scorpion / ˈskɔ:piən ˈস্ক:পিঅ্যান্ / *noun* [C] a creature which looks like a large insect and lives in hot countries. A scorpion has a long curved tail with a poisonous sting in it গ্রীষ্মপ্রধান দেশে পাওয়া যায় বড়ো পতঙ্গের মতো দেখতে একরকমের প্রাণী। এদের বিষাক্ত হুলওয়ালা লম্বা, বাঁকানো লেজ আছে; কাঁকড়া বিছে

Scot / skɒt স্কট্ / *noun* [C] a person who comes from Scotland স্কটল্যান্ডের লোক

Scotch / skɒtʃ স্কচ্ / *noun* [U, C] a strong alcoholic drink (**whisky**) that is made in Scotland; a glass of this বিশেষ এক ধরনের কড়া মদ যা স্কটল্যান্ডে তৈরি করা হয়; এর এক গ্লাস; স্কচ ⇨ **Scottish**-এ নোট দেখো।

Scotch tape™ (*AmE*) = **Sellotape**

Scots / skɒts স্কট্স্ / *adj.* of or connected with people from Scotland স্কটল্যান্ড সম্বন্ধীয়; স্কটল্যান্ডের ⇨ **Scottish**-এ নোট দেখো।

Scottish / ˈskɒtɪʃ স্কটিশ্ / *adj.* of or connected with Scotland, its people, culture, etc. স্কটল্যান্ডের সঙ্গে যার সম্বন্ধ আছে, সেখানকার লোক, রীতিনীতি ইত্যাদি

NOTE Scots শব্দটি সাধারণত স্কটল্যান্ডে বসবাসকারী জনগণের উল্লেখ করতে ব্যবহার করা হয়— *a Scots piper.* স্কটল্যান্ড সম্বন্ধে অথবা সেখানকার লোক বা বস্তু সম্বন্ধে উল্লেখ করতে হলে **Scottish** শব্দটি ব্যবহার করা হয়—*Scottish law/dancing/music* ০ *She speaks with a strong Scottish accent.* **Scotch** শব্দটি কেবলই হুইস্কি এবং খাবার সম্বন্ধে ব্যবহার করা হয়, ব্যক্তি সম্বন্ধে নয়।

scoundrel / ˈskaʊndrəl স্কাউন্ড্র্যাল্ / *noun* [C] (*old-fashioned*) a man who behaves very badly towards other people, especially by being dishonest অন্যদের সঙ্গে যে ব্যক্তি খুব খারাপ ব্যবহার করে, বিশেষত অসৎভাবে ; ইতর, দুর্বৃত্ত

scour / ˈskaʊə(r) স্কাউঅ্যা(র্) / *verb* [T] **1** to clean sth by rubbing it hard with sth rough কোনো কিছু দিয়ে জোরে জোরে ঘষে পরিষ্কার করা; মাজা *to scour a dirty pan* **2** to search a place very carefully because you are looking for sb/sth কোনো ব্যক্তি বা বস্তুর সন্ধানে কোনো স্থান খুব ভালোভাবে খুঁজে দেখা

scourge / skɜːdʒ স্কজ্ / *noun* [C] a person or thing that causes a lot of trouble or suffering এমন কোনো ব্যক্তি বা বস্তু যে খুব অসুবিধা বা ভোগান্তির কারণ *Rahul Dravid was the scourge of the Pakistani bowlers.*

scout / skaʊt স্কাউট্ / *noun* [C] **1 Scout** (*also* **Boy Scout**) a member of an organization (**the Scouts**), originally for boys, that teaches young people how to look after themselves and encourages them to help others. Scouts do sport, learn useful skills, go camping, etc. মূলত ছেলেদের জন্য গঠিত প্রতিষ্ঠানের একজন সভ্য, যা অল্পবয়সি ছেলেদের স্বাবলম্বী হতে এবং অপরকে সাহায্য করতে উৎসাহিত করে। এরা খেলাধুলা করে, প্রয়োজনীয় কাজ শেখে, ক্যাম্পিং করে ইত্যাদি; স্কাউট ⇨ **Guide** দেখো। **2** a soldier who is sent on in front of the rest of the group to find out where the enemy is or which is the best route to take শত্রুপক্ষের খোঁজখবর নিয়ে আসার জন্য অথবা সেই স্থানে পৌঁছোনোর ভালো রাস্তা জানার জন্য প্রেরিত সৈন্য যে অন্য সেনাদের আগে আগে চলে

scowl / skaʊl স্কাউল্ / *noun* [C] a look on your face that shows you are angry or in a bad mood রাগত ভাব; ভ্রূকুটি ▶ **scowl** *verb* [I] ভ্রূকুটি করা

scrabble / ˈskræbl স্ক্র্যাব্ল্ / *verb* [I] to move your fingers or feet around quickly, trying to find sth or get hold of sth আঙুল অথবা পা চটপট এদিক-ওদিক নাড়াচাড়া করে কিছু খোঁজা বা ধরার চেষ্টা করা *She scrabbled about in her purse for some coins.*

scraggy / ˈskrægi স্ক্র্যাগি / *adj.* (*BrE*) (of people or animals) very thin and unhealthy looking (মানুষ এবং অন্যান্য প্রাণী সম্বন্ধে) কঙ্কালসার এবং ভগ্নদেহ; অস্বাস্থ্যকর চেহারা *a scraggy old cat*

scramble / ˈskræmbl স্ক্র্যাম্ব্ল্ / *verb* [I] **1** to climb quickly up or over sth using your hands to help you; to move somewhere quickly হাতের সাহায্যে কোনো কিছু বেয়ে বা কিছুর উপরে ওঠা; কোনো জায়গায় তাড়াতাড়ি যাওয়া *He scrambled to his feet* (=off the ground). ০ *The children scrambled into the car.* **2 scramble (for sth/to do sth)** to fight or move quickly to get sth which a lot of people want অনেকেই চায় এমন কিছু পাওয়ার জন্য ধাক্কাধাক্কি, ঠেলাঠেলি এবং দ্রুত নড়াচড়া করা *People stood up and began scrambling for the exits.* ০ *Everyone was scrambling to get the best bargains.* ▶ **scramble** *noun* [*sing.*] ঠেলাঠেলি, ধাক্কাধাক্কি

scrambled egg *noun* [U] (*also* **scrambled eggs**) [*pl.*] eggs mixed together with milk and then cooked in a pan ডিম এবং দুধ মিশিয়ে প্যানে ভেজে বানানো একধরনের খাবার

scrap¹ / skræp স্ক্র্যাপ্ / *noun* **1** [C] a small piece of sth কোনো কিছুর ছোটো টুকরো *a scrap of paper/cloth* ০ *scraps of food* **2** [U] something that you do not want any more but that is made of material that can be used again এমন কিছু যার আর কোনো দরকার নেই, কিন্তু তা এমন কিছু দিয়ে তৈরি যা আবার ব্যবহার করা যেতে পারে *The old car was sold for scrap.* ০ *scrap paper* **3** [C] (*informal*) a short fight or argument স্বল্পস্থায়ী ঝগড়াঝাঁটি, তর্কবিতর্ক

scrap² / skræp স্ক্র্যাপ্ / *verb* [T] (**scrapping; scrapped**) to get rid of sth that you do not want any more কোনো কিছু ফেলে দেওয়া, বাদ দেওয়া যা আর দরকার নেই *I think we should scrap that idea.*

scrapbook / ˈskræpbʊk স্ক্র্যাপ্বুক্ / *noun* [C] a large book with empty pages that you can stick pictures, newspaper articles, etc. in বড়ো আকারের ফাঁকা পৃষ্ঠার বই বা খাতা যার মধ্যে পাতায় পাতায় ছবি, খবরের কাগজের প্রবন্ধ ইত্যাদি আটকে রাখা যায়

scrape¹ / skreɪp স্ক্রেইপ্ / *verb* **1** [T] **scrape sth (down/out/off)** to remove sth from a surface by moving a sharp edge across it firmly কোনো পৃষ্ঠতল থেকে ধারালো কিছু দিয়ে কোনো কিছু জোরে ঘষে ঘষে ওঠানো *Scrape all the mud off your boots before you come in.* **2** [T] **scrape sth (against/along/on sth)** to damage or hurt sth by rubbing it against sth rough or hard শক্ত বা খরখরে কোনো কিছুতে ঘষা লেগে ক্ষতি বা নষ্ট করা *Mir fell and scraped his knee.* ০ *Sunita scraped the car against the wall.* **3** [I, T] **scrape (sth) against/along/on sth** to rub (sth) against sth and make a sharp unpleasant noise কোনো কিছু দিয়ে কিছু ঘষা এবং জোরালো শ্রুতিকটু আওয়াজ হওয়া *The branches scraped against the window.* **4** [T] to manage to get or win sth with difficulty কষ্ট করে কোনোভাবে জেতা বা পাওয়া *I just scraped a pass in the maths exam.*

PHR V **scrape by** to manage to live on the money you have, but with difficulty যে টাকা আছে তাতে কষ্ট করে চালানো *We can just scrape by on my salary.*

scrape through (sth) to succeed in doing sth with difficulty কোনোভাবে কষ্ট করে কিছু করতে পারা *to scrape through an exam* (= just manage to pass it)

scrape sth together/up to get or collect sth together with difficulty কোনো কিছু কষ্টেসৃষ্টে জোগাড় করা

scrape² / skreɪp স্ক্রেইপ্ / *noun* [C] **1** the action or unpleasant sound of one thing rubbing against another একটা কিছুর উপর আরেকটা কিছু ঘষার ক্রিয়া অথবা তার ফলে বিশ্রী আওয়াজ **2** damage or an injury caused by rubbing against sth rough খরখরে কিছুতে ঘষার ফলে যে ক্ষতি হয় *I got a nasty scrape on my knee.* **3** (*informal*) a difficult situation that was caused by your own stupid behaviour নিজের বোকার মতো ব্যবহারের ফলে সৃষ্ট কঠিন অবস্থা বা পরিস্থিতি

scrap heap *noun* [C] a large pile of objects, especially metal, that are no longer wanted এক রাশি জিনিস, বিশেষত ধাতুর, যার আর কোনো প্রয়োজন নেই

IDM **on the scrap heap** not wanted any more যার আর কোনো প্রয়োজন নেই *Many of the unemployed feel that they are on the scrap heap.*

scrappy / ˈskræpi স্ক্র্যাপি / *adj.* not organized or tidy and so not pleasant to see সাজানো বা গোছানো নয় এবং সেইজন্য সুদৃশ্য নয় *a scrappy essay/football match*

scratch¹ / skrætʃ স্ক্র্যাচ্ / *verb* **1** [I, T] **scratch (at sth)** to rub your skin with your nails, especially because it is irritating you (**itching**) নখ দিয়ে চুলকোনো *Don't scratch at your insect bites or they'll get worse.* ○ *She sat and scratched her head as she thought about the problem.* **2** [I, T] to make a mark on a surface or a slight cut on a person's skin with sth sharp কোনো কিছুর উপর দাগ কাটা অথবা কারও ত্বকের উপর ধারালো কিছু দিয়ে অল্প করে কাটা *The cat will scratch if you annoy it.* ○ *The table was badly scratched.* **3** [I] to make a sound by rubbing a surface with sth sharp ধারালো কিছু দিয়ে কোনো কিছুর উপর ঘষে আওয়াজ করা *The dog was scratching at the door to go outside.* **4** [T] to use sth sharp to make or remove a mark ধারালো কিছু দিয়ে দাগ কাটা অথবা মোছা *He scratched his name on the top of his desk.* ○ *I tried to scratch the paint off the table.*

scratch² / skrætʃ স্ক্র্যাচ্ / *noun* **1** [C] a cut, mark or sound that was made by sb/sth sharp rubbing a surface কোনো কিছুর উপর ধারালো কিছু ঘষার ফলে ক্ষত, দাগ বা শব্দ; আঁচড় *There's a scratch on the car door.* **2** [*sing.*] an act of scratching part of the body because it is irritating you (**itching**) শরীরের কোনো অংশ চুলকোনোর ক্রিয়া *The dog had a good scratch.*

IDM **from scratch** from the very beginning একেবারে প্রথম থেকে *I'm learning Marathi from scratch.*

(be/come) up to scratch (*informal*) (to be/become) good enough (হওয়া) পর্যাপ্ত, প্রচুর

scrawl / skrɔːl স্ক্রল্ / *verb* [I, T] to write sth quickly in an untidy and careless way কোনো কিছু অপরিষ্কারভাবে ও অযত্নে লেখা, আঁকিবুঁকি কাটা *He scrawled his name across the top of the paper.* ▶ **scrawl** *noun* [*sing.*] আঁকিবুকি, হিজিবিজি *Her signature was just a scrawl.* ➪ **scribble** দেখো।

scream¹ / skriːm স্ক্রীম্ / *verb* [I, T] **scream (sth) (out) (at sb)** to cry out loudly in a high voice because you are afraid, excited, angry, in pain, etc. তীক্ষ্ণ আর্তনাদ করা (ভয় পেয়ে, রেগে গিয়ে, বেদনায় ইত্যাদিতে) *She saw a rat and screamed out.* ○ *He screamed with pain.* ○ *He clung to the edge of the cliff, screaming for help.* ➪ **shout** দেখো।

scream² / skriːm স্ক্রীম্ / *noun* **1** [C] a loud cry in a high voice আর্তনাদ; তীক্ষ্ণ জোরালো আওয়াজ *a scream of pain* **2** [*sing.*] (*informal*) a person or thing that is very funny অতি মজার লোক অথবা জিনিস *Sarita's a real scream.*

scree / skriː স্ক্রী / *noun* [U, C] (in geography) a steep area of small loose stones, especially on a mountain (ভূগোলে) আলগা পাথরওয়ালা পাহাড়ের গায়ে খাড়া জায়গা; স্থলস্তূপ

screech / skriːtʃ স্ক্রীচ্ / *verb* [I, T] to make an unpleasant loud, high sound সরু, খ্যানখেনে গলায় বিদঘুটে আওয়াজ করা *'Get out of here,' she screeched at him.* ➪ **shriek** দেখো ▶ **screech** *noun* [*sing.*] বিকট আর্তনাদ, বিভিন্ন ধরনের আওয়াজ *the screech of brakes*

screen¹ / skriːn স্ক্রীন্ / *noun* **1** [C] a flat vertical surface that is used for dividing a room or keeping sb/sth out of sight পর্দা, আড়াল, পার্টিশান *The nurse pulled the screen round the bed.* **2** [C] the glass surface of a television or computer where the picture or information appears টেলিভিশন বা কম্পিউটারে যে কাচের পর্দায় ছবি অথবা

তথ্য ফুটে ওঠে **3** [C] the large flat surface on which films are shown সিনেমায় যে পর্দার উপর ছবি দেখানো হয় **4** [*sing.*, U] films or television in general সাধারণভাবে সিনেমা বা টেলিভিশন বোঝায় *Some actors look better in real life than on screen.*

screen² / skri:n স্ক্রীন্ / *verb* [T] **1 screen sb/sth (off) (from sb/sth)** to hide or protect sb/sth from sb/sth else কোনো ব্যক্তি বা বস্তু থেকে কাউকে বা কিছুকে লুকিয়ে বা আলাদা করে রাখা *The bed was screened off while the doctor examined him.* ○ *to screen your eyes from the sun* **2 screen sb (for sth)** to examine or test sb to find out if he/she has a particular disease or if he/she is suitable for a particular job কাউকে পরীক্ষা-নিরীক্ষা করে দেখা যে তার বিশেষ কোনো অসুখ আছে কি না বা সে বিশেষ কোনো কাজ করার উপযুক্ত কিনা *All women over 50 should be screened for breast cancer.* ○ *The Ministry of Defence screens all job applicants.* **3** to show sth on television or in a cinema কোনো কিছু টেলিভিশন বা সিনেমায় দেখানো

screen saver *noun* [C] a computer program that replaces what is on the screen with a moving image if the computer is not used for certain amount of time কিছু নির্দিষ্ট সময় কম্পিউটার ব্যবহার না করলে কম্পিউটারের পর্দায় যে ছবি (প্রোগ্রাম) ফুটে ওঠে; স্ক্রিনসেভার

screw¹ / skru: স্ক্রু / *noun* [C] a thin pointed piece of metal used for fixing two things, for example pieces of wood, together. You turn a screw with a special tool (**a screwdriver**) দুটি বস্তুকে যার দ্বারা একসঙ্গে আটকানো হয়, যেমন দুটি কাঠের টুকরো। স্ক্রু ড্রাইভার দিয়ে স্ক্রু ঘোরানো হয় ➪ **bolt**-এ ছবি দেখো।

screw² / skru: স্ক্রু / *verb* **1** [T] **screw sth (on, down, etc.)** to fasten sth with a screw or screws স্ক্রু দিয়ে কোনো কিছু লাগানো বা আঁটা *The bookcase is screwed to the wall.* ○ *The lid is screwed down so you can't remove it.* **2** [I, T] to fasten sth, or to be fastened, by turning কোনো কিছু ঘুরিয়ে ঘুরিয়ে আটকানো *The legs screw into holes in the underside of the seat.* ○ *Make sure that you screw the top of the jar on tightly.* **3 screw sth (up) (into sth)** to squeeze sth, especially a piece of paper, into a tight ball কোনো কিছু (বিশেষত কাগজের একটা ফালি বা টুকরো) ঘুরিয়ে ঘুরিয়ে দুমড়ে-মুচড়ে একটা শক্ত বলের মতো করা *He screwed the letter up into a ball and threw it away.*

PHR V **screw (sth) up** (*slang*) to make a mistake and cause sth to fail (অপপ্রয়োগ) একটা কিছু ভুল করা এবং যার ফলে কাজটা সাফল্যমণ্ডিত না হওয়া *You'd better not screw up this deal.*

screw your eyes, face, etc. up to change the expression on your face by nearly closing your eyes, in pain or because the light is strong বেদনায় বা জোরালো আলোর জন্য চোখ প্রায় বন্ধ করে মুখের ভাব পরিবর্তন করা

screwdriver / ˈskru:draɪvə(r) ˈস্ক্রুড্রাইভ্যা(র্) / *noun* [C] a tool that you use for turning screws তিরজুত, তিরজু, প্যাঁচকষা; স্ক্রুড্রাইভার ➪ **tool**-এ ছবি দেখো।

scribble / ˈskrɪbl ˈস্ক্রিব্‌ল্ / *verb* [I, T] **1** to write sth quickly and carelessly কোনো কিছু যেমন-তেমন করে এবং তাড়াতাড়ি লেখা *to scribble a note down on a pad* ➪ **scrawl** দেখো। **2** to make marks with a pen or pencil that are not letters or pictures কলম বা পেনসিল দিয়ে আঁকিবুকি কাটা (লেখা বা ছবি নয়) *The children had scribbled all over the walls.*
▶ **scribble** *noun* [C, U] হিজিবিজি, আঁকিবুকি

script / skrɪpt স্ক্রিপ্ট্ / *noun* **1** [C] the written form of a play, film, speech, etc. নাটক, চলচ্চিত্র, বক্তৃতা ইত্যাদির পরিবেশনযোগ্য লিখিত রূপ *Who wrote the script for the movie?* **2** [C, U] a system of writing লিপি, লিখনরীতি *Hindi/Urdu/Bangla script*

scripture / ˈskrɪptʃə(r) ˈস্ক্রিপ্‌চ্যা(র্) / *noun* [U] (*also* **the scriptures**) [*pl.*] books of religious importance for particular religions, such as the Bible for Christians বিশেষ বিশেষ ধর্মের গুরুত্বপূর্ণ ধর্মপুস্তক, যেমন খ্রিস্টানদের বাইবেল; শাস্ত্র

scroll¹ / skrəʊl স্ক্র্যাউল্ / *noun* [C] a long roll of paper with writing on it গোটানো বা পাকানো লম্বা কাগজ যাতে কিছু লেখা আছে

scroll² / skrəʊl স্ক্র্যাউল্ / *verb* [I] **scroll (up/down)** to move text up and down or left and right on a computer screen কম্পিউটারের পর্দায় কোনো লেখা উপরে-নীচে বা ডাইনে-বাঁয়ে সরানো; স্ক্রোল করা

scroll bar *noun* [C] a tool on a computer screen that you use to move the text up and down or left and right কম্পিউটারের পর্দায় লেখা উপরে-নীচে এবং ডাইনে-বাঁয়ে করার জন্য ব্যবহৃত টুল; স্ক্রোলবার

scrotum / ˈskrəʊtəm ˈস্ক্র্যাউট্যাম্ / *noun* [C] the bag of skin that contains the two roundish male sex organs (**testicles**) পুংজননেন্দ্রিয়ে চামড়ার যে থলির মধ্যে অণ্ডকোষদুটি থাকে; অণ্ডথলি, অন্তাবরণী

scrounge / skraʊndʒ স্ক্রাউনজ্ / *verb* [I, T] (*informal*) **scrounge (sth) (from/off sb)** to get sth by asking another person to give it to you instead of making an effort to get it for yourself নিজে চেষ্টা না করে অন্যের কাছ থেকে চাওয়া বা নেওয়া *Mona is always scrounging money off her friends.*

scrub¹ / skrʌb স্ক্রাব্ / *verb* [I, T] (**scru<u>bb</u>ing; scru<u>bb</u>ed**) **1 scrub (sth) (down/out)** to clean

S

scythe

sth with soap and water by rubbing it hard, often with a brush ব্রাশ এবং সাবানজল দিয়ে ঘষে ঘষে কোনো কিছু ধোয়া *to scrub (down) the floor/walls* **2 scrub (sth) (off/out); scrub (sth) (off sth/out of sth)** to remove sth or be removed by scrubbing ঘষে ঘষে দাগ বা ময়লা ওঠানো বা উঠে যাওয়া *to scrub the dirt off the walls ○ I hope these coffee stains will scrub out.*

scrub² / skrʌb স্ক্রাব্ / *noun* **1** [*sing.*] an act of cleaning sth by rubbing it hard, often with a brush কোনো কিছু জোরে জোরে ঘষে পরিষ্কার করার ক্রিয়া, প্রায়ই কোনো ব্রাশ দিয়ে *This floor needs a good scrub.* **2** [U] small trees and bushes that grow in an area that has very little rain কম বৃষ্টিপাত যে এলাকায় হয় সেই জায়গায় যে ঝোপঝাড় জন্মায় **3** (*also* **scrubland**) / ˈskrʌblənd ˈস্ক্রাব্ল্যান্ড্ / [U] an area of dry land covered with small bushes and trees ঝোপঝাড় ঘেরা শুকনো এলাকা

scruff / skrʌf স্ক্রাফ্ / *noun*

IDM by the scruff (of the/your neck) by the back of the/your neck ঘাড়, গলার পিছনে

scruffy / ˈskrʌfi ˈস্ক্রাফি / *adj.* dirty and untidy ময়লা এবং অগোছালো *He always looks so scruffy. ○ scruffy jeans*

scrum / skrʌm স্ক্রাম্ / *noun* [C] the part of a game of **rugby** when several players put their heads down in a circle and push against each other to try to get the ball রাগবি খেলায় যখন খেলোয়াড়গণ গোলাকারে জমায়েত হয়ে মাথা ঝুঁকিয়ে পরস্পরকে ধাক্কা দিয়ে বলটি পাওয়ার চেষ্টা করে

scruples / ˈskru:plz স্কূপ্ল্জ্ / *noun* [*pl.*] a feeling that stops you from doing sth that you think is morally wrong বিবেক-দংশন, দ্বিধা-সংশয় *I've got no scruples about asking them for money* (= I don't think it's wrong).

scrupulous / ˈskru:pjələs স্কূপ্ইঅ্যাল্যাস্ / *adj.* **1** very careful or paying great attention to detail সামান্য ব্যাপারেও অতি মনোযোগী, সাবধানী এবং খুঁটিনাটির প্রতি সচেতন; সতর্ক, খুঁতখুঁতে *a scrupulous investigation into the causes of the disaster* **2** careful to do what is right or honest নীতিপরায়ণ, সতর্ক এবং যথাযথ ✪ বিপ **unscrupulous** ▶ **scrupulously** *adv.* ন্যায়নিষ্ঠভাবে, নিখুঁতভাবে *scrupulously clean/honest/tidy*

scrutinize (*also* **-ise**) / ˈskru:tɪnaɪz স্ক্রুটিনাইজ্ / *verb* [T] (*written*) to look at or examine sth carefully খুব সূক্ষ্মভাবে কোনো কিছু পরীক্ষা করা, খুঁটিয়ে ভালোভাবে দেখা *The customs official scrutinized every page of my passport.* ▶ **scrutiny** / ˈskru:təni ˈস্ক্রুট্যানি / *noun* [U] সূক্ষ্মভাবে পরীক্ষা, সন্ধানী দৃষ্টি *The police kept all the suspects* ***under close scrutiny.***

scuba-diving / ˈsku:bə daɪvɪŋ ˈস্কুব্যা ডাইভিং / *noun* [U] swimming underwater using special equipment for breathing বিশেষ শ্বাসযন্ত্র ব্যবহার করে জলের নীচে সাঁতার কাটা হয় এমন *to go scuba-diving*

scuff / skʌf স্কাফ্ / *verb* [T] to make a mark on your shoes or with your shoes, for example by kicking sth or by rubbing your feet along the ground মাটিতে ঘষে ঘষে এমনভাবে চলা যে যার ফলে জুতোর উপরে বা জুতোর দ্বারা মাটিতে দাগ হয়ে যায়

scuffle / ˈskʌfl স্কাফ্ল্ / *noun* [C] a short, not very violent fight ছোটোখাটো মারামারি, গুঁতোগুঁতি, মারপিট

sculptor / ˈskʌlptə(r) ˈস্কাল্পট্যা(র্) / *noun* [C] a person who makes figures or objects (**sculptures**) from stone, wood, etc. যে ব্যক্তি পাথর, কাঠ ইত্যাদি থেকে মূর্তি বা বস্তু তৈরি করে; ভাস্কর

sculpture / ˈskʌlptʃə(r) ˈস্কাল্পচ্যা(র্) / *noun* **1** [U] the art of making figures or objects from stone, wood, clay, etc. পাথর, মাটি, কাঠ ইত্যাদি থেকে মূর্তি বা অন্য বস্তু বানানোর শিল্পকলা; ভাস্কর্য-শিল্প **2** [C, U] a work or works of art that are made in this way ভাস্কর্য

scum / skʌm স্কাম্ / *noun* [U] **1** a dirty or unpleasant substance on the surface of a liquid তরল কিছুর উপরে জমা ময়লা গাঁজলা **2** (*slang*) an insulting word for people that you have no respect for (অপপ্রয়োগ) অপদার্থ আজেবাজে লোক, সমাজের আবর্জনা *Drug dealers are scum.*

scurry / ˈskʌri ˈস্কারি / *verb* [I] (*pres. part.* **scurrying;** *3rd person sing. pres.* **scurries;** *pt, pp* **scurried**) to run quickly with short steps; to hurry দ্রুত পায়ে দৌড়ে যাওয়া; তাড়াতাড়ি করা

scurvy / ˈskɜ:vi ˈস্কার্ভি / *noun* [U] a disease caused by a lack of **vitamin C** ভিটামিন সি-র অভাবজনিত অসুস্থতা; স্কার্ভি রোগ

scuttle / ˈskʌtl ˈস্কাট্ল্ / *verb* [I] to run quickly with short steps or with the body close to the ground ছোটো ছোটো পা ফেলে বা শরীর ঝুঁকিয়ে দৌড়ে যাওয়া *The spider scuttled away when I tried to catch it.*

scythe
blade
handle
sickle

scythe / saɪð সাইথ্ / *noun* [C] a tool with a long handle and a long, curved piece of metal with a very sharp edge (**a blade**). You use a scythe to cut long grass, corn, etc. (লম্বা ঘাস, ভুট্টা ইত্যাদি কাটার জন্য ব্যবহৃত) কাস্তে, হাঁসুয়া, হেঁসো

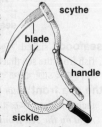

S

SE *abbr.* south-east(ern) দক্ষিণ-পূর্ব *SE Asia*

sea / si: সী / *noun* **1** (*often* **the sea**) [U] the salt water that covers large parts of the surface of the earth সমুদ্র, সাগর *Do you live* ***by the sea****?* ○ *to travel* ***by sea*** ○ *There were several people swimming* ***in the sea****.* **2** (*often* **Sea**) [C] a particular large area of salt water. A sea may be part of the ocean or may be surrounded by land লবণাক্ত জলের বিশাল এবং নির্দিষ্ট এলাকা, সাগর বা সমুদ্র। এটি মহাসমুদ্রের অংশ হতে পারে বা স্থল দ্বারা ঘেরা থাকতে পারে *the Mediterranean Sea* ○ *the Arabian Sea* ➪ **ocean** দেখো। **3** [*sing.*] (*also* **seas**) [*pl.*] the state or movement of the waves of the sea আলোড়িত, তরঙ্গক্ষুব্ধ সমুদ্র *The boat sank in heavy* (= rough) *seas off the Indian coast.* **4** [*sing.*] a large amount of sb/sth close together বৃহৎ পরিমাণ

IDM **at sea 1** sailing in a ship জাহাজে ভাসমান *They spent about three weeks at sea.* **2** not understanding or not knowing what to do কিংকর্তব্যবিমূঢ়

sea anemone *noun* [C] a small, brightly coloured sea creature that lives on rocks and looks like a flower পাথরের উপর বাস করে এমন উজ্জ্বল ছোটো সামুদ্রিক প্রাণী এবং যা ফুলের মতো দেখতে ➪ **anemone** দেখো।

the seabed / ˈsi:bed ˈসীবেড্ / *noun* [*sing.*] the floor of the sea সমুদ্রতল ➪ **wave**-এ ছবি দেখো।

seabird / ˈsi:bɜ:d ˈসীব্যড্ / *noun* [C] any bird that lives close to the sea and gets its food from it যে পাখি সমুদ্রের কাছাকাছি ঘোরাফেরা করে এবং সমুদ্র থেকেই খাদ্য সংগ্রহ করে; সমুদ্রপক্ষী ➪ **waterbird** দেখো।

albatross
puffin
gull

seabirds

seafood / ˈsi:fu:d ˈসীফূড্ / *noun* [U] fish and shell fish from the sea that can be eaten সমুদ্রের যে মাছ বা ঝিনুক ইত্যাদি খাওয়া হয়

the sea front *noun* [*sing.*] the part of a town facing the sea শহরের সমুদ্রমুখী অংশ *The hotel is* ***right on the sea front.*** ○ *to walk* ***along the sea front***

seagull / ˈsi:gʌl ˈসীগাল্ / = **gull**

seal[1] / si:l সীল্ / *noun* [C] **1** a grey animal with short fur that lives in and near the sea and that eats fish. Seals have no legs and swim with the help of short flat arms (**flippers**) ছোটো ছোটো রোঁয়াযুক্ত ধূসর প্রাণী যারা সমুদ্রে বা সমুদ্রের ধারে বাস করে। এদের পা নেই, চওড়া ছোটো হাতের মতো অঙ্গের সাহায্যে সাঁতার কাটে; সীল মাছ **2** an official design or mark that is put on a document, an envelope, etc. to show that it is genuine or that it has not been opened একধরনের আনুষ্ঠানিক নকশা বা চিহ্ন যা কোনো কাগজপত্র, খাম ইত্যাদির সত্যতা বোঝাতে বা সেটির মুখবন্ধ আছে তা বোঝাতে ব্যবহার করা হয়; সীলমোহর **3** a small piece of paper, metal, plastic, etc. on a packet, bottle, etc. that you must break before you can open it কাগজ, ধাতু, প্লাস্টিক ইত্যাদির ছোটো টুকরো যেটি ভেঙে বা খুলে কোনো প্যাকেট, বোতল ইত্যাদি ব্যবহার করা হয় **4** something that stops air or liquid from getting in or out of something কোনো বস্তুর মধ্যে বা তার থেকে যাতে হাওয়া বা তরল পদার্থ বেরোতে বা ঢুকতে পারে তার জন্য ব্যবহৃত কোনো বস্তু *The seal has got worn out and oil is escaping.*

seal[2] / si:l সীল্ / *verb* [T] **1 seal sth (up/down)** to close or fasten a package, envelope, etc. কোনো প্যাকেট, খাম ইত্যাদি আটকে ভালোভাবে বন্ধ করা বা বেঁধে দেওয়া *The parcel was sealed with tape.* ○ *to seal (down) an envelope* **2 seal sth (up)** to fill a hole or cover sth so that air or liquid does not get in or out কোনো ফুটো এমনভাবে বন্ধ করা অথবা কোনো কিছু এমনভাবে ঢাকা যাতে তার মধ্যে বা তার থেকে কোনো তরল পদার্থ বা হাওয়া ঢুকতে বা বেরোতে না পারে *The food is packed in sealed bags to keep it fresh.* **3** (*formal*) to make sth sure, so that it cannot be changed or argued about কোনো কিছু এমনভাবে নিশ্চিত করা, যাতে তা বদলানো না যায় বা সে সম্বন্ধে তর্ক করা না যায় *to seal an agreement*

PHR V **seal sth off** to stop any person or thing from entering or leaving an area or building কোনো এলাকা বা গৃহে কোনো ব্যক্তি বা বস্তুর প্রবেশ বা প্রস্থান নিষিদ্ধ করা *The building was sealed off by the police.*

sea level *noun* [U] the average level of the sea, used for measuring the height of places on land সমুদ্রপৃষ্ঠের উচ্চতা, যার সাহায্যে কোনো জায়গার উচ্চতা মাপা হয় *The town is 500 metres above sea level.*

sea lion *noun* [C] a type of large animal that lives in the sea and on land and uses two flat arms (**flippers**) to move through the water এক ধরনের বৃহৎ প্রাণী যা উভচর এবং চ্যাপটা হাতের মতো ডানার সাহায্যে সাঁতার কাটে

seam / siːm সীম্ / *noun* [C] **1** the line where two pieces of cloth are sewn together দু টুকরো কাপড় যেখানে জোড়া হয় সে জায়গার সেলাই **2** a layer of coal under the ground মাটির তলায় কয়লার পরত

seaman / ˈsiːmən ˈসীম্যান্ / *noun* [C] (*pl.* **-men** /-mən -ম্যান্ /) a sailor জাহাজের খালাসি নাবিক

seance (*also* **séance**) / ˈseɪɒs ˈসেইঅঁস্ / *noun* [C] a meeting at which people try to talk to the spirits of dead people প্রেত-সভা, যেখানে মৃত ব্যক্তিদের আত্মার সঙ্গে কথা বলার চেষ্টা হয়

seaplane / ˈsiːpleɪn ˈসীপ্লেইন্ / (*also AmE* **hydroplane**) *noun* [C] a plane that can take off from and land on water জলপৃষ্ঠ থেকে আকাশে উঠতে এবং জলপৃষ্ঠে অবতরণ করতে সক্ষম যে বিমান; জলবিমান

search¹ / sɜːtʃ স্যচ্ / *verb* [I, T] **search (sb/sth) (for sb/sth); search (through sth) (for sth)** to examine sb/sth carefully because you are looking for sth; to look for sth that is missing কোনো কিছু দেখার জন্য কাউকে বা কিছুকে যত্ন নিয়ে পরীক্ষা করা; অনুসন্ধান করা; হারানো জিনিস খোঁজার চেষ্টা করা *The men were arrested and searched for drugs.* ○ *They are still searching for the missing child.* ○ *I started searching the Web for interesting sites.*

search² / sɜːtʃ স্যচ / *noun* **1** [C, U] an act of trying to find sb/sth, especially by looking carefully for him/her/it কাউকে বা কোনো কিছু খোঁজার কাজ; অনুসন্ধান-কার্য, *the search for the missing boy* ○ *She walked round for hours* ***in search of*** (=looking for) *her missing dog.* **2** [C] (*computing*) an act of looking for information in a computer **database** or **network** কম্পিউটার ডাটাবেস বা নেটওয়ার্কে বিশেষ তথ্য খোঁজার ক্রিয়া *to do a search on the Internet* ○ *a* ***search engine*** (= a program that does searches)

searcher / ˈsɜːtʃə(r) ˈস্যাচ্যা(র্) / *noun* [C] **1** a person who is looking for sb/sth অনুসন্ধানকারী **2** a program that allows you to look for particular information on a computer যে প্রোগ্রামের সাহায্যে কম্পিউটারে বিশেষ তথ্য দেখা যায়

searching / ˈsɜːtʃɪŋ ˈস্যচিং / *adj.* (used about a look, question, etc.) trying to find out the truth (দৃষ্টি, প্রশ্ন ইত্যাদি সম্বন্ধে ব্যবহৃত) সত্য জানার চেষ্টা; অনুসন্ধান *The customs officers asked a lot of searching questions about our trip.*

searchlight / ˈsɜːtʃlaɪt ˈস্যচ্লাইট্ / *noun* [C] a powerful lamp that can be turned in any direction, used, for example, for finding people or vehicles at night (রাত্রিতে মানুষজন বা যানবাহন খোঁজার জন্য ব্যবহৃত) জোরালো সন্ধানী আলো; সার্চলাইট

search party *noun* [C] a group of people who look for sb who is lost or missing (হারিয়ে-যাওয়া ব্যক্তিকে খোঁজার জন্য) অনুসন্ধানকারী দল

search warrant *noun* [C] an official piece of paper that gives the police the right to search a building, etc. আনুষ্ঠানিকভাবে প্রস্তুত যে কাগজ পুলিসকে কোনো বাড়ি ইত্যাদি তল্লাশি করার অনুমতি দেয়; তল্লাশি পরোয়ানা

seashell / ˈsiːʃel ˈসীশেল্ / *noun* [C] the empty shell of a small animal that lives in the sea ঝিনুক ইত্যাদির খোলা

seashore / ˈsiːʃɔː(r) ˈসীশ:(র্) / (*usually* **the seashore**) *noun* [U] the part of the land that is next to the sea সমুদ্রতীর, বেলাভূমি *We were looking for shells* ***on the seashore.***

seasick / ˈsiːsɪk ˈসীসিক্ / *adj.* feeling sick or vomiting because of the movement of a boat or ship সমুদ্রে জাহাজের দোলায় গা বমি বমি করে বা অসুস্থ লাগে এমন *to feel/get/be seasick* ▶ **seasickness** *noun* [U] সমুদ্রপীড়া; সমুদ্রপীড়ন ➪ **airsick, carsick** এবং **travel-sick** দেখো।

seaside / ˈsiːsaɪd ˈসীসাইড্ / *noun* (*usually* **the seaside**) [*sing.*] an area on the coast, especially one where people go on holiday উপকূলবর্তী এলাকা, বিশেষত যেখানে লোকে ছুটি কাটাতে যায় *to go to the seaside* ○ *a seaside town*

season¹ / ˈsiːzn ˈসীজ্‌ন্ / *noun* [C] **1** one of the periods of different weather into which the year is divided আবহাওয়া অনুসারে পুরো বছরটি যেসকল ভাগে বিভক্ত করা হয় তার একটি; ঋতু, মরশুম *In cool countries the four seasons are spring, summer, autumn and winter.* ➪ পৃ ১১৪২-এ ছবি দেখো। **2** the period of the year when sth is common or popular or when sth usually happens or is done বছরের যে সময়ে কোনো কিছু যখন সচরাচরদৃষ্ট বা জনপ্রিয় অথবা যখন কোনো কিছু সাধারণত ঘটে বা করা হয়; মৌসুমি, মরশুমি *the holiday/football season*

IDM **in season 1** (used about fresh foods) available in large quantities (টাটকা খাদ্যদ্রব্য সম্বন্ধে ব্যবহৃত) প্রচুর পরিমাণে পাওয়া যায় **2** (used about a female animal) ready to have sex (স্ত্রী পশু সম্বন্ধে ব্যবহৃত) কামোত্তেজিত, মিলনেচ্ছুক

out of season 1 (used about fresh foods) not available in large quantities (খাদ্যদ্রব্য সম্বন্ধে ব্যবহৃত) পর্যাপ্ত পরিমাণে পাওয়া যায় না **2** (used about a place where people go on holiday) at the time of year when it is least popular with tourists (ছুটি কাটানোর জায়গা সম্বন্ধে ব্যবহৃত) বছরের যে সময়ে পর্যটক কম যায়; অসময়, বে-মরশুম, উপযুক্ত ঋতু না হলে ভ্রমণকারী কম যায়

season² / ˈsiːzn ˈসীজ্‌ন্ / *verb* [T] to add salt, pepper, spices, etc. to food in order to make it taste better নুন, মরিচ, মশলা ইত্যাদি দিয়ে খাবার সুস্বাদু করা ▶ **seasoning** noun [C, U] মশলা, ফোড়ন, সস ইত্যাদি *Add seasoning to the soup and serve with bread.*

seasonal / 'si:zənl 'সীজ়ানল্ / adj. happening or existing at a particular time of the year ঋতুকালীন, মরশুমি *There are a lot of seasonal jobs in the summer.*

seasoned / 'si:znd 'সীজ়ন্ড্ / adj. having a lot of experience of sth কোনো কিছু সম্বন্ধে অভিজ্ঞ, ঝানু *a seasoned traveller*

season ticket noun [C] a ticket that allows you to make a particular journey by bus, train, etc. or to go to a theatre or watch a sports team as often as you like for a fixed period of time প্রায়ই ইচ্ছেমতো যে টিকিটে বাস, ট্রেন ইত্যাদিতে নির্দিষ্টভাবে ভ্রমণ করা যায় অথবা কোনো থিয়েটারে বা খেলা দেখতে যাওয়া যায় (নির্দিষ্ট সময়কালের জন্য); সিজন টিকিট

seat¹ / si:t সীট্ / noun [C] **1** something that you sit on বসার জায়গা; আসন *Please take a seat* (= sit down). o *the back/driving/passenger seat of a car* **2** the part of a chair, etc. that you sit on চেয়ার ইত্যাদিতে যে জায়গায় বসা হয় **3** a place in a theatre, on a plane, etc. where you pay to sit বিমান, থিয়েটার ইত্যাদিতে টিকিট কেটে যে জায়গায় বসার অধিকার পাওয়া যায়; বসার আসন *There are no seats left on that flight.* **4** a place on a council or in a parliament that you win in an election নির্বাচনে জিতে সংসদে বসার যে অধিকার পাওয়া যায়; সংসদের আসন *to win/lose a seat*

IDM **be in the driving seat** to be the person, group, etc. that has the most powerful position in a particular situation বিশেষ পরিস্থিতিতে সর্বাপেক্ষা ক্ষমতাশালী ব্যক্তি, দল ইত্যাদি হওয়া

take a back seat ⇨ **back²** দেখো।

seat² / si:t সীট্ / verb [T] **1** (usually passive) (formal) to sit down বসা, বসে পড়া *Please be seated.* **2** to have seats or chairs for a particular number of people নির্দিষ্ট সংখ্যক ব্যক্তির আসন বা চেয়ার থাকা

seat belt (also **safety belt**) noun [C] a strap that is fixed to the seat in a car or plane and that you wear around your body so that you are not thrown forward if there is an accident বিমান বা গাড়ির সিটের আসনে বাঁধা যে স্ট্র্যাপ নিজের শরীরের সঙ্গে বেঁধে নেওয়া হয় যাতে কোনো দুর্ঘটনা থেকে বাঁচা যায়; সুরক্ষা বন্ধনী; সীট বেল্ট *to fasten / unfasten your seat belt* ⇨ **belt** দেখো। **car**-এ ছবি দেখো।

seating / 'si:tɪŋ 'সীটিং / noun [U] the seats or chairs in a place or the way that they are arranged বসার ব্যবস্থা *The conference hall has seating for 500 people.*

sea turtle (AmE) = **turtle**

seaweed / 'si:wi:d 'সীউঈড্ / noun [U] a plant that grows in the sea. There are many different types of seaweed সামুদ্রিক আগাছা যা নানা ধরনের হয়; সমুদ্র-শৈবাল, সমুদ্র-উদ্ভিদ

seaworthy / 'si:wɜ:ði 'সীউঅ্যদি / adj. (used about a ship) in a suitable condition to sail (জাহাজ সম্বন্ধে ব্যবহৃত) সমুদ্রে যাওয়ার উপযোগী ▶ **seaworthiness** noun [U] সমুদ্রে ভাসার যোগ্যতা

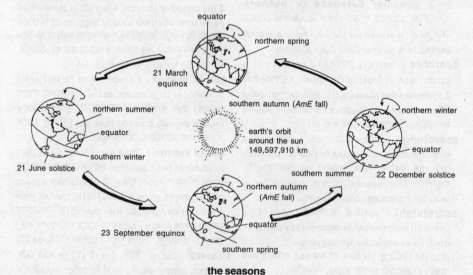

the seasons

equator

northern spring

21 March equinox

southern autumn (AmE fall)

northern summer

equator

21 June solstice

southern winter

earth's orbit around the sun 149,597,910 km

northern winter

equator

22 December solstice

southern summer

northern autumn (AmE fall)

equator

23 September equinox

southern spring

sebaceous / sɪˈbeɪʃəs সি'বেইশ্যাস্ / *adj.* (*usually before a noun*) (*technical*) producing a substance like oil in the body শরীরে তৈলজাতীয় পদার্থ সৃষ্টি করে এমন *the sebaceous glands in the skin*

sec / sek সেক্ / *noun* [C] (*informal*) = **second² 2**

secateurs / ˌsekəˈtɜːz ˌসেক্যা'ট্যজ্ / *noun* [*pl.*] (*BrE*) a garden tool like a pair of strong scissors, used for cutting plants and small branches গাছপালা কাটার কাঁচি *a pair of secateurs* ➪ **gardening**-এ ছবি দেখো।

secede / sɪˈsiːd সি'সীড্ / *verb* [I] **secede (from sth)** (*formal*) (used about a state, country, etc.) to officially leave an organization of states, countries, etc. and become independent (কোনো রাজ্য, দেশ ইত্যাদি সম্বন্ধে ব্যবহৃত) কোনো রাষ্ট্রীয় সংগঠন, দেশসমূহ ইত্যাদি আনুষ্ঠানিকভাবে ত্যাগ করা এবং স্বাধীন হয়ে যাওয়া *The Republic of Panama seceded from Colombia in 1903.*

secluded / sɪˈkluːdɪd সি'ক্লুডিড্ / *adj.* far away from other people, roads, etc.; very quiet লোকচক্ষুর অন্তরালে, রাস্তাঘাট থেকে দূরে; খুব নির্জন বা শান্ত *a secluded beach/garden* ▶ **seclusion** / sɪˈkluːʒn সি'ক্লুজ্‌ন্ / *noun* [U] নির্জনতা, বিজনতা

second¹ / ˈsekənd 'সেক্যান্ড্ / *pronoun, det., adv., noun* 2nd দ্বিতীয়, প্রথমের পরবর্তী *I came* ***second*** *in the competition.* ○ ***the second*** *of January*

IDM **second nature (to sb)** something that has become a habit or that you can do easily because you have done it so many times যে অভ্যাস প্রায় স্বভাবে পরিণত হয়েছে *With practice, typing becomes second nature.*

second thoughts a change of mind or opinion about sth; doubts that you have when you are not sure if you have made the right decision কোনো কিছু সম্বন্ধে মন অথবা মত পরিবর্তন; কোনো সিদ্ধান্ত সঠিক কিনা তার সম্বন্ধে সন্দেহ ***On second thoughts****, let's go today, not tomorrow.* ○ *I'm starting to* ***have second thoughts*** *about accepting their offer.*

second² / ˈsekənd 'সেক্যান্ড্ / *noun* **1** [C] one of the 60 parts into which a minute is divided এক মিনিটের ৬০ ভাগের এক ভাগ **2** (*informal* **sec**) [C] a short time অল্প সময়; খুব কম সময় *Wait a second, please.* **3** [U] the second of the four or five speeds (**gears**) that a car can move forward in গাড়ির গতি পরিবর্তনের চারটি বা পাঁচটি গিয়ারের দ্বিতীয়টি *Once the car's moving, put it* ***in second****.* **4** [C, *usually pl.*] something that has a small fault and that is sold at a lower price অল্প ত্রুটির জন্য কম দামে বিক্রিত বস্তু *The clothes are all seconds.* **5** [C] (*formal*) **a second (in sth)** the second-best result in a university degree বিশ্ববিদ্যালয়ের পরীক্ষায় দ্বিতীয় উৎকৃষ্ট স্থান *to get an upper/a lower second in physics*

second³ / ˈsekənd 'সেক্যান্ড্ / *verb* [T] to support sb's suggestion or idea at a meeting so that it can then be discussed and voted on আনুষ্ঠানিকভাবে সভাসমিতির মধ্যে কোনো ব্যক্তির প্রস্তাব বা ভাবধারা সমর্থন করা

second⁴ / sɪˈkɒnd সি'কন্ড্ / *verb* [T] **second sb (from sth) (to sth)** to move sb from his/her job for a fixed period of time to do another job নির্দিষ্ট সময়ের জন্য অন্য কোনো কাজ করানোর উদ্দেশ্যে কাউকে তার কাজ থেকে সরানো *Our teacher has been seconded to another school for a year.* ▶ **secondment** *noun* [U, C] অস্থায়ীভাবে স্থানপরিবর্তন *to be on secondment*

secondary / ˈsekəndri 'সেক্যান্ড্রি / *adj.* **1** less important than sth else অন্য কোনো কিছুর থেকে কম গুরুত্বপূর্ণ *Other people's opinions are secondary—it's my opinion that counts.* **2** caused by or developing from sth else অন্য কিছুর থেকে তৈরি বা তার উপর নির্ভরশীল

secondary school *noun* [C] a school for children aged from 11 to 18, ১১ থেকে ১৮ বছরের ছেলেমেয়েদের স্কুল; মাধ্যমিক বিদ্যালয়

second-best¹ *adj.* not quite the best but the next one after the best সব থেকে ভালো নয়, তবে সর্বোত্তম কিছুর থেকে পরবর্তী *the second-best time in the 100 metres race* ➪ **best** দেখো।

second-best² *noun* [U] something that is not as good as the best, or not as good as you would like সর্বশ্রেষ্ঠ নয় বা পছন্দমতো নয় *I'm not prepared to accept second-best.*

second class *noun* [U] (*also* **standard class**) ordinary accommodation in a train, boat, etc. নৌকো, ট্রেন ইত্যাদিতে সাধারণ বন্দোবস্ত; দ্বিতীয় শ্রেণি

second-class *adj.* **1** (*also* **standard class**) used about ordinary accommodation in a train, etc. ট্রেন ইত্যাদিতে সাধারণ বন্দোবস্ত বা দ্বিতীয় শ্রেণির সম্বন্ধে ব্যবহৃত *a second-class ticket* ○ *a second-class compartment* **2** (used about a university degree) of the level that is next after first-class (বিশ্ববিদ্যালয়ের ডিগ্রি সম্বন্ধে ব্যবহৃত) প্রথম শ্রেণির পরবর্তী ধাপের *a second-class honours degree in geography* **3** of little importance কম গুরুত্বের *Old people should not be treated as second-class citizens.* ▶ **second-class** *adv.* দ্বিতীয় শ্রেণিতে *to travel second-class*

second cousin *noun* [C] the child of your mother's or father's **cousin** মায়ের বা বাবার

মামাতো, খুড়তুতো, মাসতুতো, পিসতুতো) ভাই বা বোনের সন্তান

second-degree adj. (only before a noun) **1** (AmE) (used about murder) not of the most serious kind (হত্যা সম্বন্ধে ব্যবহৃত) সব থেকে মারাত্মক বা গুরুতর নয় **2** (used about burns) of the second most serious of three kinds, causing the skin to form bubbles (**blisters**) but not leaving any permanent marks (পুড়ে যাওয়া সম্বন্ধে ব্যবহৃত) পুড়ে যাওয়ার তিনজাতীয় অবস্থার এটি দ্বিতীয় অবস্থা যাতে ফোসকা পড়ে কিন্তু কোনো স্থায়ী চিহ্ন থাকে না ⇨ **first-degree** এবং **third-degree** দেখো।

second floor noun [C] the floor in a building that is two floors above the lowest floor কোনো অট্টালিকার তৃতীয় তলা I live on the second floor. o a second-floor flat

the second hand noun [C] the hand on some clocks and watches that shows seconds ঘড়ির যে কাঁটায় সেকেন্ডের হিসেব দেখা যায়

second-hand adj., adv. **1** already used or owned by sb else অন্যের দ্বারা ব্যবহৃত; পুরোনো, হাত ফেরতা a second-hand car o I bought this camera second-hand. ⇨ **old** দেখো। **2** (used about news or information) that you heard from sb else, and did not see or experience yourself (খবর বা তথ্য সম্বন্ধে ব্যবহৃত) যা অন্যের মারফত শোনা এবং যে বিষয়ে প্রত্যক্ষ অভিজ্ঞতা নেই ⇨ **hand** দেখো।

second language noun [C] a language that is not the language that you learned first, as a child, but which you learn because it is used, often for official purposes, in your country মাতৃভাষা থেকে ভিন্ন দ্বিতীয় ভাষা যা প্রায়ই নিজের দেশের সরকারি কাজে ব্যবহৃত হওয়ার কারণে শেখা হয় French is the second language of several countries in Africa.

secondly / 'sekəndli 'সেকন্ডলি / adv. (used when you are giving your second reason or opinion) also (দ্বিতীয় মত অথবা কারণ জানানোর জন্য ব্যবহৃত) তাছাড়াও, দ্বিতীয়ত Firstly, I think it's too expensive and secondly, we don't really need it.

the second person noun [sing.] (grammar) the set of pronouns and verb forms that you use when you talk to sb (ব্যাকরণ) কারও সঙ্গে কথা বলার জন্য ব্যবহৃত সর্বনাম এবং ক্রিয়াপদ সমূহ; মধ্যম পুরুষ In the phrase 'you are', the verb 'are' is in the second person and the word 'you' is a second-person pronoun. ⇨ **the first person** এবং **the third person** দেখো।

second-rate adj. of poor quality মন্দ গুণমানের, মধ্যম মানের a second-rate poet

secrecy / 'si:krəsi 'সীক্র্যাসি / noun [U] being secret or keeping sth secret গোপনীয়তা I must stress the importance of secrecy in this matter.

secret[1] / 'si:krət 'সীক্র্যাট্ / noun **1** [C] something that is not or must not be known by other people গোপন, লুকোনো, অপ্রকাশ্য to keep a secret o to let sb in on/tell sb a secret o It's no secret that they don't like each other (= everybody knows). **2** [sing.] **the secret (of/to sth/doing sth)** the only way or the best way of doing or achieving sth কোনো কিছু করা বা অর্জন করার একমাত্র বা সর্বাপেক্ষা ভালো উপায় What is the secret of your success (=how did you become so successful)?

IDM **in secret** without other people knowing অন্যকে না জানিয়ে, গোপনে, লুকিয়ে লুকিয়ে to meet in secret

secret[2] / 'si:krət সীক্র্যাট্ / adj. **1** secret (from sb) that is not or must not be known by other people গোপন, অন্যের যা জানার অধিকার নেই We have to keep the party secret from Shilpa. o a secret address **2** used to describe actions that you do not tell anyone about যে কাজ অন্যকে বলা হয় না তা বর্ণনা করার জন্য ব্যবহৃত অভিব্যক্তিবিশেষ a secret admirer o secret meeting ▶ **secretly** adv. গোপনে, লুকিয়ে লুকিয়ে The government secretly agreed to pay the kidnappers.

secret agent (also **agent**) noun [C] a person who tries to find out secret information especially about the government of another country যে ব্যক্তি গুপ্ত তথ্যাদি অনুসন্ধানের চেষ্টা করে, বিশেষত অন্য দেশের সরকার সম্বন্ধে; গুপ্তচর; সিক্রেট এজেন্ট ⇨ **spy** দেখো।

secretarial / ˌsekrə'teəriəl ˌসেক্র্যা'টেঅ্যারিঅ্যাল্ / adj. involving or connected with the work that a secretary does সচিবের কাজ সম্বন্ধীয় বা সেই সংক্রান্ত secretarial skills/work

secretariat / ˌsekrə'teəriət ˌসেক্র্যা'টেঅ্যারিঅ্যাট্ / noun [C] the department of a large international or political organization, especially the office of a **Secretary General**, that manages the way the organization is run কোনো আন্তর্জাতিক বা রাজনৈতিক সংগঠনের বিভাগ, বিশেষত মহাসচিবের দপ্তর, যেখানে বসে মহাসচিব সব কিছু নিয়ন্ত্রণ করেন; সেক্রেটারিয়েট

secretary / 'sekrətri 'সেক্র্যাট্রি / noun [C] (pl. **secretaries**) **1** a person who works in an office. A secretary types letters, answers the telephone, keeps records, etc. (অফিসে) যে ব্যক্তি চিঠি টাইপ করে, টেলিফোনের উত্তর দেয়, রেকর্ড রাখে ইত্যাদি; সচিব the director's personal secretary **2** an official of a club or society who is responsible for keeping records, writing letters, etc. কোনো ক্লাব বা সমিতির

আধিকারিক যার কাজ চিঠি-পত্র লেখা, রেকর্ড রাখা ইত্যাদি **3** (*AmE*) the head of a government department, chosen by the President রাষ্ট্রপতি দ্বারা নির্বাচিত সরকারি কোনো বিভাগের প্রধান **4** (*BrE*) = **Secretary of State 1**

Secretary General *noun* [C] the person who is in charge of the department which runs a large international or political organization বৃহৎ আন্তর্জাতিক অথবা রাজনৈতিক সংগঠন চালায় এমন বিভাগের ভারপ্রাপ্ত ব্যক্তি; মহাসচিব; সেক্রেটারি জেনারেল

Secretary of State *noun* [C] **1** (*also* **Secretary**) (in Britain) the head of one of the main government departments (ব্রিটেনে) কোনো প্রধান সরকারি বিভাগের শীর্ষস্থানীয় ব্যক্তি *the Secretary of State for Defence* **2** (in the US) the head of the government department that deals with foreign affairs (আমেরিকায়) যে সরকারি বিভাগ বিদেশের সঙ্গে যুক্ত কাজকর্মের দায়িত্বে থাকে তার প্রধান

secrete / sɪˈkriːt সি'ক্রীট্ / *verb* [T] **1** (used about a part of a plant, animal or person) to produce a liquid (কোনো গাছ, প্রাণী বা মানুষ সম্বন্ধে ব্যবহৃত) তরল পদার্থ নিঃসৃত হওয়া, রস বেরোনো **2** (*formal*) to hide sth in a secret place গোপন কোনো জায়গায় কোনো কিছু লুকিয়ে রাখা

secretion / sɪˈkriːʃn সি'ক্রীশ্ন্ / *noun* (*formal*) [C, U] a liquid that is produced by a plant or an animal; the process by which the liquid is produced কোনো উদ্ভিদ বা প্রাণীদের দ্বারা যে তরল নিঃসৃত হয়; যে পদ্ধতিতে তরল নিঃসৃত হয় *The frog covers itself in a poisonous secretion for protection.*

secretive / ˈsiːkrətɪv 'সীক্র্যাটিভ্ / *adj.* liking to keep things secret from other people অন্যের থেকে যে লুকিয়ে রাখতে চায়; মুখচোরা *Nita is very secretive about her private life.* ▸ **secretively** *adv.* অমিশুকভাবে; লুকিয়ে রাখতে বা লুকিয়ে থাকতে চায় এমন ▸ **secretiveness** *noun* [U] গোপন রাখার প্রবৃত্তি, অমিশুক স্বভাব

secret police *noun* [C, *with sing. or pl. verb*] a police force that works secretly to make sure that people behave as their government wants রাজনৈতিক কারণে গোপনে কর্মরত পুলিশ

the secret service *noun* [*sing.*] the government department that tries to find out secret information about other countries and governments সরকারের যে বিভাগ অন্যদেশের এবং সরকারের গোপন খবর জানার চেষ্টা করে; গোপন পরিষেবা; সিক্রেট সার্ভিস

sect / sekt সেক্ট্ / *noun* [C] a group of people who have a particular set of religious or political beliefs. A sect has often broken away from a larger group বিশেষ কোনো ধর্মীয় বা রাজনৈতিক মতবাদে বিশ্বাসী গোষ্ঠী। অনেক সময়ে মূল গোষ্ঠী থেকে বেরিয়ে আসে এরকম কোনো আলাদা দল ; উপদল

sectarian / sekˈteəriən সেক্'টেঅ্যারিঅ্যান্ / *adj.* connected with the differences that exists between religious groups বিভিন্ন ধর্মীয় গোষ্ঠীর মধ্যেকার পার্থক্য বা বিভেদের সঙ্গে যুক্ত এমন; উপদলীয় *sectarian violence*

section / ˈsekʃn সেক্শ্ন্ / *noun* [C] **1** one of the parts into which sth is divided ভাগ, বিচ্ছিন্ন অংশ *the financial section of a newspaper* ○ *The library has an excellent reference section.* **2** a view or drawing of sth as if it was cut from the top to the bottom so that you can see the inside উপর থেকে নীচ পর্যন্ত এমনভাবে কাটা যাতে ছবিতে বা কাটার পরে ভিতরের অংশ ভালোভাবে দেখা যায় *The illustration shows a section through a leaf.*

sector / ˈsektə(r) 'সেক্ট্যা(র্) / *noun* [C] **1** a part of the business activity of a country কোনো দেশের শিল্পোদ্যোগের অংশ; সেক্টর *The manufacturing sector has declined in recent years.* ○ *the public/private sector* **2** a part of an area or of a large group of people কোনো এলাকা অথবা বড়ো কোনো দলের অংশ *the residential sector of the city* **3** (*mathematics*) a part of a circle that is between two straight lines drawn from the centre to the edge (গণিত) বৃত্তের কেন্দ্র থেকে পরিধি পর্যন্ত টানা দুটি সরলরেখার মধ্যবর্তী অংশ; বৃত্তকলা, বৃত্তচাপ ⇨ **circle**-এ ছবি দেখো।

secular / ˈsekjələ(r) সেকিঅ্যাল্যা(র্) / *adj.* not concerned with religion ধর্মনিরপেক্ষ

secure¹ / sɪˈkjʊə(r) সি'কিউঅ্যা(র্) / *adj.* **1** free from worry or doubt; confident উদ্বেগ বা সন্দেহ মুক্ত; নিশ্চিন্ত *Children need to* ***feel secure.*** ○ *to be financially secure* ✪ বিপ **insecure** **2** not likely to be lost; safe হারানোর ভয় নেই; নিরাপদ *Business is good so his job is secure.* ○ *a secure investment* **3** not likely to fall or be broken; firmly fixed ভাঙার সম্ভাবনা নেই; সুদৃঢ়, *That ladder doesn't look very secure.* **4 secure (against/from sth)** well locked or protected ভালোভাবে বন্ধ বা সুরক্ষিত *Make sure the house is secure before you go to bed.* ▸ **securely** *adv.* সুরক্ষিতভাবে, শক্ত করে *All doors and windows must be securely fastened at night.*

secure² / sɪˈkjʊə(r) সি'কিউঅ্যা(র্) / *verb* [T] **1 secure sth (to sth)** to fix or lock sth firmly কোনো কিছু শক্ত করে লাগানো, চাবি দেওয়া *The load was secured with ropes.* ○ *Secure the rope to a tree or a rock.* **2 secure sth (against/from sth)** to make sth safe কোনো কিছু নিরাপদে সুরক্ষিতভাবে রাখা *The sea wall needs strengthening to secure* *the town against flooding.* **3** to obtain or achieve sth, especially by having to make a big effort খুব চেষ্টা করে কোনো কিছু অর্জন করা *The company has secured a contract to build ten planes.*

security / sɪˈkjʊərəti সি'কিউঅ্যার‍্যাটি / *noun* (*pl.* **securities**) **1** [U] the state of feeling safe and being free from worry; protection against the difficulties of life উদ্বেগের হাত থেকে মুক্তি এবং নিরাপত্তার বোধ; নিরাপত্তা, নির্বিঘ্নতা *Children need the security of a stable home environment.* ○ *financial/job security* ✪ বিপ **insecurity** **2** [U] things that you do to protect sb/sth from attack, danger, thieves, etc. চোর, বিপদ বা কোনো আঘাত থেকে বাঁচার জন্য যে ব্যবস্থা করা হয় *Security was tightened at the airport before the president arrived.* ○ *The robbers were caught on the bank's **security cameras**.* **3** [U] the section of a large company or organization that deals with the protection of buildings, equipment and staff বড়ো কোনো সংস্থার যে বিভাগের উপর তার স্থান, সরঞ্জাম এবং কর্মীদের নিরাপত্তা রক্ষার কার্যভার ন্যস্ত আছে *If you see a suspicious bag, contact airport security immediately.* **4** [C, U] something of value that you use when you borrow money. If you cannot pay the money back then you lose the thing you gave as security ধার নিলে জামানত হিসেবে যা দেওয়া হয়; বন্ধক বা জামিন

sedan / sɪˈdæn সি'ড্যান্ / *noun* [C] (*AmE*) = **saloon**

sedate¹ / sɪˈdeɪt সি'ডেইট্ / *adj.* quiet, calm and well behaved শান্ত, চুপচাপ, সংযত

sedate² / sɪˈdeɪt সি'ডেইট্ / *verb* [T] to give sb a drug or medicine to make him/her feel calm or want to sleep ওষুধ দিয়ে কাউকে শান্ত বা উদ্বেগমুক্ত করা, ঘুম পাড়ানো *The lion was sedated and treated by a vet.* ► **sedation** / sɪˈdeɪʃn সি'ডেইশ্ন্ / *noun* [U] প্রশমন, প্রশান্তি *The doctor put her **under sedation**.*

sedative / ˈsedətɪv 'সেড্যাটিভ্ / *noun* [C] a drug or medicine that makes you feel calm or want to sleep এমন ওষুধ যা উত্তেজনা কমিয়ে দেয়, মানসিক শান্তি আনে অথবা ঘুম পাড়িয়ে রাখে ➪ **tranquillizer** দেখো।

sedentary / ˈsedntri 'সেড্ন্ট্রি / *adj.* involving a lot of sitting down; not active এমন কাজ যাতে খুব বসে থাকতে হয়; ঘোরাফেরা বা শারীরিক পরিশ্রমহীন কাজ (জীবনযাত্রা) *a sedentary lifestyle/job*

sediment / ˈsedɪmənt 'সেডিম্যান্ট্ / *noun* [C, U] a thick substance that forms at the bottom of a liquid কোনো তরল পদার্থের নীচে বা তলায় যে তলানি জমে; তলানি, গাদ

sedimentary / ˌsedɪˈmentri ˌসেডি'মেন্ট্রি / *adj.* (*technical*) (used about rocks) formed from the sand, stones, mud, etc. that are at the bottom of lakes, rivers, etc. লেক, নদী ইত্যাদির তলদেশে বালি, পাথর, কাদা ইত্যাদি জমে যে পাথর হয়; পলি, পলল ➪ **igneous** এবং **metamorphic** দেখো। **rock**-এ ছবি দেখো।

sedimentation / ˌsedɪmenˈteɪʃn ˌসেডিমেন্'টেইশ্ন্ / *noun* [U] (*technical*) the process of leaving **sediment** যে পদ্ধতিতে পলি বা পাথর জমা হয়

sedition / sɪˈdɪʃn সি'ডিশ্ন্ / *noun* [U] (*formal*) the use of words or actions that are intended to encourage people to be or act against a government কথা বা কাজের এমন ব্যবহার যার দ্বারা লোককে সরকারের বিরুদ্ধে যেতে বা রাজদ্রোহের মতো কিছু করতে উদ্বুদ্ধ করা হয় ► **seditious** *adj.* প্রজাবিক্ষোভজনিত

seduce / sɪˈdjuːs সি'ডিউস্ / *verb* [T] **1 seduce sb (into sth/doing sth)** to persuade sb to do sth he/she would not usually agree to do কাউকে দিয়ে এমন কিছু করানো যা সে সাধারণত করে না *Special offers seduce customers into spending their money.* **2** to persuade sb to have sex with you কাউকে যৌন কাজ করতে প্রলুব্ধ করা, ছলাকলার মধ্যে দিয়ে যৌন সম্পর্ক স্থাপন করা ► **seduction** / sɪˈdʌkʃn সি'ডাক্শ্ন্ / *noun* [C, U] যৌন প্রলোভন, যৌন সম্মোহন

seductive / sɪˈdʌktɪv সি'ডাক্টিভ্ / *adj.* **1** sexually attractive যৌন দিক থেকে আকর্ষণীয়; মোহিনী *a seductive smile* **2** attractive in a way that makes you want to have or do sth দুর্দমনীয় আকর্ষণ, অনিবার্য টান *a seductive argument/opinion* (=one which you are tempted to agree with)

see / siː সী / *verb* (*pt* **saw** / sɔː স: /; *pp* **seen** / siːn সীন্ /) **1** [I, T] to become conscious of sth, using your eyes; to use the power of sight দেখা *On a clear day you can see for miles.* ○ *He looked for her but couldn't see her in the crowd.* ➪ **look¹** -এ নোট দেখো। **2** [T] to look at or watch a film, play, television programme, etc. কোনো চলচ্চিত্র, নাটক, টেলিভিশনের অনুষ্ঠান ইত্যাদি দেখা *Did you see that programme on sharks last night?* ○ *Have you seen Ram Gopal Verma's latest film?* **3** [T] to find out sth by looking, asking or waiting তাকিয়ে থেকে, জিজ্ঞাসা করে অথবা অপেক্ষা করার পর কিছু পাওয়া ***Go and see** who is at the door.* ○ *I saw in the paper that they're building a new theatre.* **4** [T] to spend time with sb; to visit sb কারও সঙ্গে সময় কাটানো; কারও সঙ্গে দেখা করা *I saw Arun at the weekend and we had dinner together.* ○ *You should see a doctor about that cough.* **5** [I, T] to understand sth; to realize sth কোনো কিছু বোঝা; কোনো কিছু অনুধাবন করা *Do you **see what I mean**?*

○ *She doesn't* ***see the point in*** *spending so much money on a car.* **6** [T] to have an opinion about sth কোনো কিছু সম্বন্ধে একটা ধারণা থাকা *How do you see the situation developing?* **7** [T] to imagine sth as a future possibility কোনো কিছু ভবিষ্যতে হতে পারে বলে কল্পনা করা *I can't see her changing her mind.* **8** [T] to do what is necessary in a situation; to make sure that sb does sth বিশেষ পরিস্থিতিতে যা করা দরকার তা করা; কোনো ব্যক্তি যেন কিছু করে তা নিশ্চিত করা *I'll see that he gets the letter.* **9** [T] to go with sb, for example to help or protect him/her কাউকে সাহায্য করতে অথবা পাহারা দিতে তার সঙ্গে যাওয়া *He was willing to see me home.* ○ *I'll see you to the door.* **10** [T] to be the time when an event happens কোনো বিশেষ ঘটনার সময় হওয়া *Last year saw huge changes in the education system.*

IDM as far as I can see ➪ **far²** দেখো।

as far as the eye can see ➪ **far²** দেখো।

let me see; let's see ➪ **let** দেখো।

see eye to eye (with sb) to agree with sb; to have the same opinion as sb কারও সঙ্গে রাজি হওয়া; কারও সঙ্গে একমত হওয়া *We don't always see eye to eye on political matters.*

see if to try to do sth কোনো কিছু করার চেষ্টা করা *I'll see if I can find time to do it.* ○ *See if you can undo this knot.*

see you around (*informal*) used for saying goodbye to sb you have made no arrangement to see again যার সঙ্গে আর দেখা হওয়ার কথা নয় তাকে বিদায় জানাতে ব্যবহৃত অভিব্যক্তিবিশেষ

see you (later) used for saying goodbye to sb you expect to see soon or later that day যার সঙ্গে আজই শীঘ্র বা কিছু পরে দেখা হবে তাকে বিদায় জানানোর জন্য ব্যবহৃত অভিব্যক্তিবিশেষ

you see used for giving a reason কোনো কারণ দেখাতে (বলা হয়) *She's very unhappy. She had worked very hard for the test, you see.*

PHR V see about sth/doing sth to deal with sth কোনো কিছু করতে যাওয়া *I've got to go to the bank to see about my credit card.*

see sb off to go with sb to the railway station, the airport, etc. in order to say goodbye to him/her কারও সঙ্গে ট্রেনের স্টেশন, এয়ারপোর্ট ইত্যাদিতে গিয়ে তাকে বিদায় জানানো

see through sb/sth to be able to see that sb/sth is not what he/she/it appears কাউকে বা কোনো কিছু যেমন মনে হয় সে বা সেটি যে তেমন নয় বুঝতে পারা *The police immeditely saw through his story.*

see to sb/sth to do what is necessary in a situation; to deal with sb/sth কোনো পরিস্থিতিতে যা করণীয় তা করা; কাউকে বা কোনো কিছুর সঙ্গে সম্পর্ক স্থাপন করা *I'll see to the travel arrangements and you book the hotel.*

seed / si:d সীড্ / *noun* **1** [C, U] the small hard part of a plant from which a new plant of the same kind can grow বীজ, বীচি, আঁটি *a packet of sunflower seeds* **2** [C] the start of a feeling or event that continues to grow ক্রমবর্ধমান অনুভূতি অথবা ঘটনার সূচনা **3** [C] a good player in a sports competition, especially tennis, who is given a rank and is expected to finish in a high rank বিশেষত টেনিস খেলার প্রতিযোগিতায় যে দক্ষ খেলোয়াড়কে উঁচু স্থানে রাখা হয় এবং শেষপর্যন্ত উচ্চস্থান পাবে বলে আশা করা হয়

seeded / ˈsi:dɪd ˈসীডিড্ / *adj.* (used about a player or a team in a sports competition) of a high rank and expected to finish in a high position (খেলার প্রতিযোগিতায় কোনো খেলোয়াড় অথবা খেলার দল সম্বন্ধে ব্যবহৃত) উচ্চমানের এবং উচ্চ স্থান লাভ করবে এরকম প্রত্যাশিত

seedless / ˈsi:dləs ˈসীড্ল্যাস্ / *adj.* (used about fruit) having no seeds (ফল সম্বন্ধে ব্যবহৃত) বীজহীন; *seedless grapes*

seedling / ˈsi:dlɪŋ ˈসীডলিং/ *noun* [C] a very young plant or tree that has grown from a seed বীজ থেকে কেবল বেরিয়েছে এমন ছোটো গাছ বা চারা গাছ

seedy / ˈsi:di ˈসীডি / *adj.* dirty and unpleasant; possibly connected with illegal or immoral activities নোংরা এবং অপ্রীতিকর; এমন কাজকর্ম যা সম্ভবত অসৎ অথবা বেআইনি কিছুর সঙ্গে জড়িত *a seedy hotel/neighbourhood*

seeing / ˈsi:ɪŋ ˈসীইং / (*also* **seeing that; seeing as**) *conj.* (*informal*) because; as সেই কারণে; যেহেতু *Seeing as we're going the same way, I'll give you a lift.*

seek / si:k সীক্ / *verb* [T] (*pt, pp* **sought** / sɔ:t স:ট্ /) (*formal*) **1** to try to find or get sth কোনো কিছু খোঁজা, পাওয়ার চেষ্টা করা *Politicians are still seeking a peaceful solution.* **2 seek sth (from sb)** to ask sb for sth কোনো ব্যক্তির কাছ থেকে কিছু পাওয়ার জন্য বলা, চাওয়া *You should seek advice from a lawyer.* **3 seek (to do sth)** to try to do sth কোনো কিছু করতে চেষ্টা করা *They are still seeking to find a peaceful solution to the conflict.* **4 -seeking** (*used to form compound adjectives*) looking for or trying to get the thing mentioned উল্লিখিত বস্তু পাওয়ার চেষ্টা *attention-seeking behaviour* ○ *a heat-seeking missile*

seeker / ˈsi:kə(r) ˈসীক্যা(র্) / *noun* [C] (*often used in compounds*) a person who is trying to find or get the thing mentioned এমন কেউ যে উল্লিখিত বস্তু পাওয়ার চেষ্টা করছে *an attention seeker* ○ *asylum seekers*

seem / si:m সীম্ / (*linking verb*) **seem (to sb) (to be) sth; seem (like) sth** (*not used in the continuous tenses*) to give the impression of being or doing sth; to appear ধারণা দেওয়া; মনে হওয়া *It seems to me that we have no choice.* ○ *This machine doesn't seem to work.*

seeming / 'si:mɪŋ 'সীমিং / *adj.* (*only before a noun*) appearing to be sth কোনো কিছু দেখে যা মনে হয় *Despite her seeming enthusiasm, Sulekha didn't really help much.* ▶ **seemingly** *adv.* মনে হয় এমনভাবে *a seemingly endless list of complaints*

seen ⇨ **see**-এর past participle

seep / si:p সীপ্ / *verb* [I] (*used about a liquid*) to flow very slowly through sth (তরল সম্বন্ধে ব্যবহৃত) চুঁইয়ে চুঁইয়ে যাওয়া *Water started seeping in through small cracks.*

see-saw *noun* [C] an outdoor toy for children that consists of a long piece of wood that is balanced in the middle. One child sits on each end of the see-saw and one goes up while the other goes down (শিশুদের খেলার) টেকিকল; সী-স

seethe / si:ð সীদ্ / *verb* [I] **1** to be very angry খুব রেগে যাওয়া *I was absolutely seething.* **2 seethe (with sth)** to be very crowded ভিড়ে ভর্তি হয়ে যাওয়া *The streets were seething with people.*

segment / 'segmənt সেগ্ম্যান্ট্ / *noun* [C] **1** a section or part of sth কোনো কিছুর একটা অংশ বা ভাগ *I've divided the sheet of paper into three segments.* ○ *a segment of the population* ⇨ **circle**-এ ছবি দেখো। **2** one of the parts into which an orange can be divided একটা কমলালেবুর একটি ভাগ; কোয়া

segmentation / ˌsegmen'teɪʃn ˌসেগ্মেন্'টেইশন্ / *noun* [U, C, *usually pl.*] (*technical*) the act of dividing sth into different parts; one of these parts কোনো কিছু বিভিন্ন অংশে ভাগ করার প্রক্রিয়া, বিভাজন প্রক্রিয়া ; এই ভাগের একটা *the segmentation of social classes*

segregate / 'segrɪgeɪt 'সেগ্রিগেইট্ / *verb* [T] **segregate sb/sth (from sb/sth)** to separate one group of people or things from the rest এক দল লোক অথবা এক গুচ্ছ জিনিসপত্র বাকিদের থেকে আলাদা করা *The two groups of football fans were segregated to avoid trouble.* ⇨ **integrate** দেখো। ▶ **segregation** / ˌsegrɪ'geɪʃn ˌসেগ্রি'গেইশন্ / *noun* [U] আলাদা করা বা বাছাই করার কাজ; পৃথককরণ *racial segregation* (=separating people of different races)

seismic / 'saɪzmɪk 'সাইজ়্মিক্ / *adj.* connected with or caused by movements in the earth's surface (**earthquakes**) ভূমিকম্পের সঙ্গে সম্বন্ধযুক্ত; ভূকম্পীয়

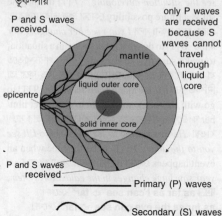

only P waves are received because S waves cannot travel through liquid core

P and S waves received

liquid outer core

mantle

solid inner core

epicentre

P and S waves received

——— Primary (P) waves

〜〜〜 Secondary (S) waves

Timing and strength of seismic waves give us a picture of the interior

paths of seismic waves through the earth

seismograph 'saɪzməgrɑ:f 'সাইজ়্ম্যাগ্রা:ফ্ / *noun* [C] an instrument that measures and records information about **earthquakes** ভূমিকম্পের মাত্রা পরিমাপ এবং সেই সম্বন্ধে তথ্যাদি জানার যন্ত্র

seismology / saɪz'mɒlədʒi সাইজ়্'মল্যাজি / *noun* [U] the scientific study of movements in the earth's surface (**earthquakes**) ভূকম্পবিদ্যা

seize / si:z সীজ় / *verb* [T] **1** to take hold of sth suddenly and firmly; to grab sth হঠাৎ কোনো কিছু দৃঢ়ভাবে ধরা; সবলে আঁকড়ে ধরা *The thief seized her handbag and ran off with it.* ○ (*figurative*) *to seize a chance/an opportunity* **2** to take control or possession of sb/sth কাউকে বা কিছু কবজা করা বা দখলে আনা *The police seized 50 kilograms of illegal drugs.* **3** (*usually passive*) (*used about an emotion*) to affect sb suddenly and very strongly (আবেগ, অনুভূতি ইত্যাদি সম্বন্ধে ব্যবহৃত) কাউকে হঠাৎ প্রবলভাবে প্রভাবিত করা *I felt myself seized by panic.*

PHR V **seize (on/upon) sth** to make use of a good and unexpected chance ভালো এবং অপ্রত্যাশিত সুযোগের সদ্ব্যবহার করা *He seized on a mistake by the goalkeeper and scored.*

seize up (*used about a machine*) to stop working because it is too hot, does not have enough oil, etc. (যন্ত্রপাতি সম্বন্ধে ব্যবহৃত) গরম হয়ে গিয়ে বা তেল ইত্যাদি না থাকার ফলে অচল হয়ে পড়া

seizure / ˈsiːʒə(r) ˈসীজ়্যা(র্) / *noun* **1** [U] using force or legal authority to take control or possession of sth কোনো কিছুর বাজেয়াপ্তকরণ, ক্ষমতা বা আইনগত কর্তৃত্ব খাটিয়ে জবরদখল *the seizure of 30 kilos of heroin by the police* **2** [C] a sudden strong attack of an illness, especially one affecting the brain রোগের আকস্মিক প্রবল আক্রমণ (বিশেষত মস্তিষ্কে)

seldom / ˈseldəm ˈসেল্ড্যাম্ / *adv.* not often; rarely প্রায়ই নয়; কখনও কদাচিৎ *There is seldom snow in Athens.* ○ *I very seldom go to the theatre.*

select[1] / sɪˈlekt সি'লেক্ট্ / *verb* [T] to choose sb/sth from a number of similar things অনেকগুলি একজাতীয় জিনিসের মধ্যে থেকে বেছে নেওয়া *The best candidates will be selected for interview.*

> **NOTE** **Choose** শব্দটির থেকে **select** শব্দটি অনেক বেশি পোশাকি এবং এটির ব্যবহারে বোঝায় যে খুব ভেবেচিন্তে সিদ্ধান্ত নেওয়া হয়েছে।

select[2] / sɪˈlekt সি'লেক্ট্ / *adj.* (*formal*) **1** carefully chosen as the best of a group দলের মধ্যে শ্রেষ্ঠ বলে বিবেচিত এবং নির্বাচিত *A university education is no longer the privilege of **a select few**.* **2** used or owned by rich people ধনীদের দ্বারা ব্যবহৃত বা অধিকৃত

selection / sɪˈlekʃn সি'লেক্শ্ন্ / *noun* **1** [U] choosing or being chosen নির্বাচন, বাছাই *The manager is responsible for team selection.* **2** [C] a number of people or things that have been chosen নির্বাচিত হয়েছে এমন ব্যক্তি বা বস্তুসমূহ *a selection of hits from the fifties and sixties* **3** [C] a number of things from which you can choose বাছাই করা অনেক জিনিস যেখান থেকে পছন্দ করা যায় *This shop has a very good selection of toys.*

selective / sɪˈlektɪv সি'লেক্টিভ্ / *adj.* **1** careful when choosing পছন্দের সময়ে যত্নশীল *She's very selective about who she invites to her parties.* **2** being careful about what or who you choose কাউকে বা কিছুকে নির্বাচন করার সময়ে খুব যত্ন নেয় এমন *selective schools/education* ▶ **selectively** *adv.* বেছে বেছে

self / self সেল্ফ্ / *noun* [C] (*pl.* **selves** / selvz সেল্ভ্জ় /) a person's own nature or qualities ব্যক্তিত্ব, অহং, নিজস্ব স্বভাব *It's good to see you back to **your old self** again* (=feeling well or happy again). ○ *Her spiteful remark revealed her **true self*** (=what she was really like).

self- *prefix* (*used in nouns and adjectives*) of, to or by yourself or itself নিজের দ্বারা, নিজেকে, নিজের *self-control* ○ *self-addressed* ○ *self-taught*

self-addressed envelope = **stamped addressed envelope**

self-assured *adj.* = **assured**

self-assurance *noun* [U] = **assurance 2**

self-catering *adj.* (*BrE*) (used about a holiday or a place to stay) where meals are not provided for you so you cook them yourself (ছুটি বা ছুটি কাটানোর জায়গা সম্বন্ধে ব্যবহৃত) যেখানে খাবার সরবরাহ করার ব্যবস্থা নেই, নিজেকে রান্না করে নিতে হয়

self-centred (*AmE* **self-centered**) *adj.* thinking only about yourself and not about other people স্বার্থপর, আত্মকেন্দ্রিক ➪ **selfish** দেখো।

self-confessed *adj.* admitting that you are sth or do sth that most people consider to be bad নিজেকে স্বীকৃতি দেওয়া অথবা খারাপ কাজ করে স্বীকার করা

self-confident *adj.* feeling sure about your own value and abilities আত্মবিশ্বাসী, আত্মপ্রত্যয়ী ➪ **confident** দেখো। ▶ **self-confidence** *noun* [U] আত্মবিশ্বাস *Many women lack the self-confidence to apply for senior jobs.*

self-conscious *adj.* too worried about what other people think about you আত্মসচেতন, লাজুক ▶ **self-consciously** *adv.* আত্মসচেতনভাবে ▶ **self-consciousness** *noun* [U] আত্মসচেতনতা

self-contained *adj.* (*BrE*) (used about a flat, etc.) having its own private entrance, kitchen and bathroom (কোনো ফ্ল্যাট ইত্যাদি সম্বন্ধে ব্যবহৃত) স্বয়ংসম্পূর্ণ

self-control *noun* [U] the ability to control your emotions and appear calm even when you are angry, afraid, excited, etc. (রাগ, ভয়, উত্তেজনা ইত্যাদি নিয়ন্ত্রণ করার শক্তি) আত্মনিয়ন্ত্রণ, আত্মসংযম *to lose/keep your self-control*

self-defence (*AmE* **self defense**) *noun* [U] the use of force to protect yourself or your property আত্মরক্ষা বা নিজের সম্পত্তি রক্ষার জন্য শক্তির ব্যবহার *Laila is learning karate for self-defence.* ○ *to shoot sb **in self-defence*** (=because they are going to attack you)

self-destruct *verb* [I] to destroy him-/her-/itself নিজের ক্ষতি করা, সর্বনাশ ডেকে আনা ▶ **self-destructive** আত্মনাশী *adj.* ▶ **self-destruction** *noun* [U] আত্মনাশ, আত্মবিনাশ

self-discipline *noun* [U] the ability to make yourself do sth difficult or unpleasant আত্মনিয়ন্ত্রণ, আত্মসংযম *It takes a lot of self-discipline to give up smoking.*

self-employed *adj.* working for yourself and earning money from your own business স্বনিযুক্ত

self-esteem *noun* [U] a good opinion of your own character and abilities আত্মমর্যাদাবোধ *a man with high/low self-esteem*

self-evident *adj.* that does not need any proof or explanation; clear নিজে নিজেই প্রকাশিত, যার কোনো প্রমাণের প্রয়োজন নেই; স্পষ্টভাবে প্রতীয়মান; স্বতঃসিদ্ধ

self-explanatory *adj.* clear and easy to understand; not needing to be explained পরিষ্কার বা স্পষ্ট এবং সহজবোধ্য; ব্যাখ্যা বা প্রমাণের প্রয়োজন নেই *The book's title is self-explanatory.*

self-important *adj.* thinking that you are more important than other people অহংকারী, দাম্ভিক ▶ **self-importance** *noun* [U] আত্মঅহংকার ▶ **self-importantly** *adv.* আত্মঅহংকারীভাবে

self-indulgent *adj.* allowing yourself to have or do things you enjoy (sometimes when it would be better to stop yourself) আত্মসুখপরায়ণ, আরামপ্রিয় ▶ **self-indulgence** *noun* [C, U] আত্মসুখপরায়ণতা, আরামপ্রিয়তা

self-interest *noun* [U] thinking about what is best for yourself rather than for other people অন্যদের বাদ দিয়ে কেবল নিজের ভালো চিন্তা; স্বার্থ

selfish / ˈselfɪʃ ˈসেল্‌ফিশ্ / *adj.* thinking only about your own needs or wishes and not about other people's স্বার্থপর, স্বার্থান্বেষী *a selfish attitude/ selfish behaviour!* ✪ বিপ **unselfish** অথবা **selfless** ➪ **self-centred** দেখো। ▶ **selfishly** *adv.* স্বার্থপরভাবে ▶ **selfishness** *noun* [U] স্বার্থপরতা

selfless / ˈselfləs ˈসেল্‌ফ্‌ল্যাস্ / *adj.* thinking more about other people's needs or wishes than your own স্বার্থশূন্য, পরার্থপর

self-made *adj.* having become rich or successful by your own efforts নিজের চেষ্টায় যে দাঁড়িয়েছে, সাফল্য অর্জন করেছে; স্বপ্রতিষ্ঠ *a self-made millionaire*

self-pity *noun* [U] the state of thinking too much about your own problems or troubles and feeling sorry for yourself আত্মকরুণা

self-portrait *noun* [C] a picture that you draw or paint of yourself নিজে আঁকা নিজের চিত্র; আত্মপ্রতিকৃতি

self-raising flour (*AmE* **self-rising flour**) *noun* [U] flour that contains a substance that makes cakes, etc. rise during cooking যে ময়দা রান্নার সময়ে ফুলে ওঠে ➪ **plain flour** দেখো।

self-reliant *adj.* not depending on help from anyone else স্বয়ম্ভর, আত্মনির্ভর ➪ **reliant** দেখো।

self-respect *noun* [U] a feeling of confidence and pride in yourself নিজের সম্পর্কে বিশ্বাস; আত্মসম্মান *Old people need to keep their dignity and self-respect.* ➪ **respect** দেখো। ▶ **self-respecting** *adj.* আত্মসম্মানযুক্ত (*usually in negative sentences*) *No self-respecting language student* (=nobody who is serious about learning a language) *should be without this book.*

self-restraint *noun* [U] the ability to stop yourself doing or saying sth that you want to because you know it is better not to আত্মসংযম *She **exercised** all her **self-restraint** and kept quiet.*

self-righteous *adj.* believing that you are always right and other people are wrong, so that you are better than other people নিজেকে সাধু মনে করে এমন; পবিত্রমন্য ➪ **righteous** দেখো। ▶ **self-righteously** *adv.* পবিত্রমন্যভাবে ▶ **self-righteousness** *noun* [U] পবিত্রমন্যতা

self-rising flour (*AmE*) = **self-raising flour**

self-sacrifice *noun* [U] giving up what you need or want, in order to help others আত্মোৎসর্গ, আত্মবলিদান

self-satisfied *adj.* too pleased with yourself or with what you have done আত্মতুষ্ট, আত্মতৃপ্ত ✪ সম **smug**

self-service *adj.* (used about a shop, restaurant, etc.) where you serve yourself and then pay at a special desk (**a cash desk**) (দোকান, রেস্তোরাঁ ইত্যাদি সম্বন্ধে ব্যবহৃত) নিজে খাবার নিয়ে নির্দিষ্ট জায়গায় (ক্যাশ ডেস্কে) পয়সা দেওয়ার ব্যবস্থা; নিজে নিজে পরিবেশন

self-study *noun* [U] the activity of learning about sth without a teacher to help you কোনো শিক্ষকের সাহায্য ছাড়া নিজে নিজে শেখা; স্বশিক্ষা ▶ **self-study** *adj.* স্বয়ং শিক্ষা; স্বশিক্ষা বা স্বশিক্ষা বিষয়ক

self-styled *adj.* (*only before a noun*) using a name or title that you have given yourself, especially when you do not have the right to do it বিশেষত যে নাম বা পদবি গ্রহণের অধিকার নেই অথচ সেই নামে বা পদবি দ্বারা নিজেকে ভূষিত করে এমন *the self-styled king of fashion*

self-sufficient *adj.* able to produce or provide everything that you need without help from or having to buy from others আত্মনির্ভর, স্বাবলম্বী

sell / sel সেল্ / *verb* (*pt, pp* **sold** /səʊld স্যাউল্ড্ /) **1** [I, T] **sell (sb) (sth) (at/for sth); sell (sth) (to sb) (at/for sth)** to give sth to sb who pays for it and is then the owner of it অর্থের বিনিময়ে মালিকানা বদল করা, বিক্রি করা, বেচা *We are going to sell our car.* ○ *He sold his guitar for Rs 500.* **2** [T] to offer sth for people to buy জনগণকে কিছু কেনার প্রস্তাব দেওয়া *to sell insurance/advertising space/ stamps* **3** [I, T] to be bought by people in the way or in the numbers mentioned; to be offered at the price mentioned যে ভাবে বা যে সংখ্যায় বলা হয়েছে সেইভাবে জনগণ কর্তৃক ক্রীত হওয়া; উল্লিখিত দামে বিক্রি করা *Her books sell well abroad.* ○ *This newspaper sells over a million copies a day.*

4 [T] to make people want to buy sth লোককে কেনার জন্য উৎসাহিত করা *They rely on advertising to sell their products.* ➪ **sale** noun (অর্থ সংখ্যা **1** থেকে **4** পর্যন্ত) **5** [T] **sell sth/yourself to sb** to persuade sb to accept sth; to persuade sb that you are the right person for a job, position, etc. কাউকে কোনো কিছু গ্রহণের জন্য বিশেষ অনুরোধ করা; কোনো চাকুরি বা কাজের জন্য কারও কাছে নিজের কথা বলা *Now we have to try and sell the idea to the management.*

PHR V **be sold on sth** (*informal*) to be very enthusiastic about sth কোনো কিছু সম্বন্ধে অতি উৎসাহী হওয়া

sell sth off to sell sth in order to get rid of it, often at a low price জিনিসটা বেচে দিয়ে মুক্তি পাওয়া, অনেক সময়ে কম দামেও *The shops sell their remaining winter clothes off in the spring sales.*

sell out; be sold out (used about tickets for a concert, football game, etc.) to be all sold (কোনো সংগীতানুষ্ঠান, ফুটবল খেলা ইত্যাদির টিকিট সম্বন্ধে ব্যবহৃত) সব বিক্রি হয়ে যাওয়া *All the tickets sold out within two hours ○ The concert was sold out weeks ago.*

sell out (of sth); be sold out (of sth) to sell all of sth so that no more is/are available to be bought সমস্ত কিছু বিক্রি হয়ে যাওয়া যাতে কেনার জন্য কিছু পড়ে না থাকে *I'm afraid we've sold out of bread.*

sell up to sell everything you own, especially your house, your business, etc. (in order to start a new life, move to another country, etc.) নিজস্ব যা কিছু, বিশেষত গৃহ, ব্যাবসা ইত্যাদি বিক্রি করা (অন্য জায়গায় গিয়ে নতুন জীবন চালু করার জন্য)

seller / ˈselə(r) ˈসেল্যা(র্) / *noun* [C] **1** (*often in compounds*) a person or business that sells বিক্রেতা (ব্যক্তি বা প্রতিষ্ঠান) *a bookseller ○ a flower seller* **2** something that is sold, especially in the amount or way mentioned কোনো কিছু যা বিক্রি করা হয়েছে, বিশেষত উল্লিখিত পরিমাণে বা পদ্ধতিতে *This magazine is a big seller in the 25–40 age group.* ➪ **best seller** দেখো।

selling price *noun* [C] the price at which sth is sold যে দামে বিক্রি করা হয়; বিক্রয়মূল্য ➪ **asking price** এবং **cost price** দেখো।

SellotapeTM / ˈseləteɪp ˈসেল্যাটেইপ্ / (*AmE* **Scotch tape**TM) *noun* [U] a type of clear tape that is sold in rolls and used for sticking things পরিষ্কার স্বচ্ছ প্লাস্টিকের সরু টেপ বা ফিতে যা গোলাকারে বিক্রি হয় এবং জিনিস আটকাতে ব্যবহার করা হয় ➪ **tape** দেখো এবং **stationery**-তে ছবি দেখো। ▶ **sellotape** *verb* [T] সেলোটেপ দিয়ে কিছু আটকানো

selves ➪ **self**-এর plural

semantic / sɪˈmæntɪk সিˈম্যান্টিক্ / *adj.* connected with the meaning of words and sentences কোনো ভাষার শব্দ এবং বাক্যের অর্থের সঙ্গে সম্পর্কিত ▶ **semantically** / -kli -ক্লি / *adv.* শব্দার্থঘটিত, শব্দার্থ সম্পর্কিত

semantics / sɪˈmæntɪks সিˈম্যান্টিক্স্ / *noun* [U] **1** the study of the meanings of words and phrases শব্দ এবং বাক্যাংশের অর্থের অধ্যয়ন; শব্দার্থতত্ত্ব **2** the meaning of words and phrases শব্দ এবং বাক্যাংশের বাগধারার অর্থ *the semantics of the language*

semblance / ˈsembləns ˈসেমব্ল্যান্স্ / *noun* [*sing.*, U] (*formal*) **(a) semblance of sth** the appearance of being sth or of having a certain quality কোনো কিছুর সঙ্গে সাদৃশ্য থাকা বা বাহ্যিকগুণ থাকার আভাস

semen / ˈsiːmen ˈসীমেন্ / *noun* [U] the liquid that is produced by the male sex organs containing the seed (**sperm**) necessary for producing babies or young পুরুষাঙ্গ থেকে নিঃসৃত শুক্র ধারক তরল যা সন্তান উৎপাদনের জন্য প্রয়োজনীয়; রেতঃ, বীর্য

semester / sɪˈmestə(r) সিˈমেস্ট্যা(র্) / *noun* [C] one of the two periods that the school or college year is divided into বিদ্যালয় বা কলেজে বছরের যে সময় পঠন পাঠনের জন্য দুভাগে ভাগ করা হয় সেই সময়ের বা বছরের এক ভাগ; সেমেস্টার *the first/spring semester*

semi / ˈsemi ˈসেমি / *noun* [C] (*pl.* **semis** / ˈsemiz ˈসেমিজ্ /) (*BrE informal*) a house that is joined to another one with a shared wall between them, forming a pair of houses মাঝখানে একটি দেয়ালযুক্ত বাড়ি, যাতে দুটি বাড়ি তৈরি হয়

semi- / ˈsemi ˈসেমি / *prefix* (*used in adjectives and nouns*) half; partly অর্ধেক; অংশত *semicircular ○ semi-final*

semi-arid *adj.* (*technical*) (used about land or climate) dry; with little rain (জমি বা আবহাওয়া সম্বন্ধে ব্যবহৃত) শুকনো; যেখানে বৃষ্টি প্রায় হয় না

semicircle / ˈsemisɜːkl ˈসেমিস্যক্ল্ / *noun* [C] one half of a circle; something that is arranged in this shape অর্ধবৃত্ত; কোনো কিছু যা এইভাবে সাজানো হয় *They sat in a* ***semicircle***. ➪ **circle**-এ ছবি দেখো। ▶ **semicircular** / ˌsemiˈsɜːkjələ(r) ˌসেমিˈস্যকিঅ্যাল্যা(র্) / *adj.* অর্ধবৃত্তাকার

semicolon / ˌsemiˈkəʊlən ˌসেমিˈক্যাউল্যান্ / *noun* [C] a mark (;) used in writing for separating parts of a sentence or items in a list বাক্যাংশকে আলাদা করা বা কোনো তালিকায় উপাদানগুলি আলাদা করার জন্য ব্যবহৃত (;) যতিচিহ্ন; সেমিকোলন

semiconductor / ˌsemikənˈdʌktə(r) ˌসেমিক্যান্ˈডাক্ট্যা(র্) / *noun* [C] (*technical*) a solid substance that allows heat or electricity to pass through it or along it in particular conditions নির্দিষ্ট অবস্থায় তাপ বা বিদ্যুৎ তার মধ্যে দিয়ে পরিবাহিত হতে পারে এরকম কোনো কঠিন পদার্থ; অর্ধপরিবাহী, ➪ **conductor** দেখো।

semi-detached *adj.* (used about a house) joined to another house with a shared wall on one side forming a pair of houses (বাড়ি সম্বন্ধে ব্যবহৃত) একটি দেয়াল দ্বারা অন্য বাড়ির সঙ্গে যুক্ত, এক জোড়া বাড়ি তৈরি হয় এমন

semi-final *noun* [C] one of the two games in a sports competition which decide which players or teams will play each other in the final সেমি ফাইনাল, শেষ খেলার আগের খেলা যেখানে ঠিক হয় চূড়ান্ত বা ফাইনাল খেলায় কে খেলবে ➪ **quarter-final** এবং **final** দেখো। ▶ **semi-finalist** *noun* [C] সেমি-ফাইনাল খেলে যে দল অথবা ব্যক্তি

seminar / ˈsemɪnɑː(r) ˈসেমিনা:(র্) / *noun* [C] **1** a class at a university, college, etc. in which a small group of students discuss or study a subject with a teacher বিশ্ববিদ্যালয়, কলেজ ইত্যাদির ক্লাসে যেখানে অধ্যাপকের তত্ত্বাবধানে কোনো বিষয় নিয়ে আলোচনা বা অধ্যয়ন হয়; সেমিনার *I've got a seminar on 'Rabindranath Tagore' this morning.* **2** a meeting for business people in which working methods, etc. are taught or discussed যে সমাবেশে ব্যাবসায়িক লোকজনের কর্মপদ্ধতি ইত্যাদি শেখানো বা সেই সম্বন্ধে আলোচনা করা হয় *a one-day management seminar*

semi-skilled *adj.* (used about workers) having some special training or **qualifications**, but less than skilled people (কর্মী সম্বন্ধে ব্যবহৃত) বিশেষ প্রশিক্ষণ বা যোগ্যতা থাকলেও সম্পূর্ণরূপে দক্ষ নয় এমন

semolina / ˌseməˈliːnə ˌসেম্যা'লীন্যা / *noun* [U] large hard grains of wheat used for making sweet dishes and other food (**pasta**) গমের শক্ত দানা যা দিয়ে মিষ্টি খাবার তৈরি করা হয়; সুজি

send / send সেন্ড্ / *verb* [T] (*pt, pp* **sent** / sent সেন্ট্ /) **1 send sth (to sb/sth); send (sb) sth** to make sth go or be taken somewhere, especially by mail, radio, etc. কোনো জিনিস কোনো জায়গায় পাঠানো, বিশেষত ডাক, বেতার ইত্যাদির দ্বারা *to send a letter/parcel/message/fax to sb* ○ *Don't forget to send me a postcard.* **2** to tell sb to go somewhere or to do sth; to arrange for sb to go somewhere কাউকে কোনো জায়গায় বা কোনো কাজে পাঠানো; কারও কোথাও যাওয়ার ব্যবস্থা করা *She **sent** the children **to bed** early.* ○ *to **send sb to prison*** **3** to cause sb/sth to move in a particular direction, often quickly or as a reaction that cannot be prevented বিশেষ দিকে কোনো ব্যক্তি বা বস্তুকে আচমকা বা অনিচ্ছাকৃতভাবে ঠেলে দেওয়া *I accidentally pushed the table and **sent** all the files **flying**.* **4 send sb (to/into sth)** to make sb have a particular feeling or enter a particular state কাউকে নির্দিষ্ট অনুভূতি বোধ করানো বা বিশেষ অবস্থায় ফেলা *The movement of the train sent me to sleep.*

IDM **give/send sb your love** ➪ **love**[1] দেখো।

PHR V **send for sb/sth** to ask for sb to come to you; to ask for sth to be brought or sent to you কাউকে তাড়াতাড়ি আসতে বলা; কোনো কিছু কারও কাছে বা নিজের কাছে আনতে বলা বা পাঠাতে বলা *Send for an ambulance!*

send sth in to send sth to a place where it will be officially dealt with কাউকে এমন জায়গায় পাঠানো যেখানে আনুষ্ঠানিকভাবে তার ব্যবস্থা নেওয়া হবে *I sent my application in last week.*

send off (for sth); send away (to sb) (for sth) to write to sb and ask for sth to be sent to you কোনো কিছু পাঠানোর জন্য কাউকে লেখা *Let's send off for some holiday brochures.*

send sb off (used in a sports match) to order a player who has broken a rule to leave the field and not to return (খেলার ম্যাচ সম্বন্ধে ব্যবহৃত) নিয়ম ভাঙার জন্য কোনো খেলোয়াড়কে মাঠের বাইরে বার করে দেওয়া *The referee had to send off Manoj from the field.*

send sth off to post sth কোনো কিছু ডাকযোগে পাঠানো *I'll send the information off today.*

send sth out 1 to send sth to a lot of different people or places কোনো কিছু অনেকের কাছে পাঠানো, অনেক জায়গায় পাঠানো *We sent out the invitations two months before the wedding.* **2** to produce sth, for example light, heat, sound, etc. আলো, তাপ, শব্দ ইত্যাদি সৃষ্টি করা বা উৎপন্ন করা

send sb/sth up (*informal*) to make sb/sth look ridiculous or silly especially by copying him/her/it in a way that is intended to be amusing কারও নকল করে লোক হাসানো, কাউকে নিয়ে তামাশা করা

sender / ˈsendə(r) ˈসেন্ড্যা(র্) / *noun* [C] a person who sends sth যে কিছু পাঠায়; প্রেরক *The sender's name appears at the top of the email.*

senile / ˈsiːnaɪl ˈসীনাইল্ / *adj.* behaving in a confused and strange way, and unable to remember things because of old age অদ্ভুত ব্যবহার করছে যে; ভীমরতিগ্রস্ত *I think she's **going senile**.* ▶ **senility** / səˈnɪləti স্যা'নিল্যাটি / *noun* [U] বার্ধক্য, ভীমরতি

senior[1] / ˈsiːniə(r) ˈসীনিঅ্যা(র্) / *adj.* **1 senior (to sb)** having a high or higher position in a company, organization, etc. কোম্পানি, কোনো প্রতিষ্ঠান ইত্যাদিতে উচ্চ পদের অধিকারী *a senior lecturer/officer/manager* ○ *He's senior to me.* **2** (*often* **Senior**) (*abbr.* **Snr; Sr**) (*AmE*) used after the name of a man who has the same name as his son, to avoid confusion বাবা ও ছেলের এক নাম হলে (সংশয় এড়ানোর জন্য) বাবার নামের আগে লেখা হয় **3** (used in schools) older (স্কুলে ব্যবহৃত) বয়সে বড়ো অর্থাৎ উঁচু ক্লাসে পড়ে **4** (*AmE*) connected with the final year at high school or college স্কুল বা কলেজে শেষ বছরের ছাত্র-ছাত্রীর বিষয়ের সঙ্গে যুক্ত ⇨ **junior[1]** দেখো।

senior[2] / ˈsiːniə(r) ˈসীনিঅ্যা(র্) / *noun* [C] **1** somebody who is older or of a higher position (than one or more other people) এমন কেউ যে বয়সে বা যোগ্যতায় বড়ো (একজন বা একাধিক লোকের থেকে) *My oldest sister is* ***ten years my senior****.* **2** one of the older students at a school স্কুলের উঁচু ক্লাসের যে-কোনো ছাত্র **3** a student in the final year of school, college or university স্কুল, কলেজ বা বিশ্ববিদ্যালয়ের শেষ বছরের ছাত্র *high school seniors* ⇨ **junior[2]** দেখো।

senior citizen *noun* [C] an elderly person, especially sb who has retired from work বৃদ্ধ ব্যক্তি, বিশেষত যারা অবসরপ্রাপ্ত

seniority / ˌsiːniˈɒrəti ˌসীনিˈঅর‍্যাটি /*noun* [U] the position or importance that a person has in a company, organization, etc. in relation to others কোনো কোম্পানি, সংস্থা ইত্যাদিতে অন্যদের তুলনায় কোনো ব্যক্তির যে পদ বা গুরুত্ব *The names are listed below* ***in order of seniority****.*

sensation / senˈseɪʃn সেন্ˈসেইশ্ন্ / *noun* **1** [C] a feeling that is caused by sth affecting your body or part of your body শরীরে বা শরীরের কোনো অংশে বিশেষ কারণে কোনো অনুভূতি *a pleasant/unpleasant/tingling sensation* **2** [U] the ability to feel when touching or being touched স্পর্শজনিত অনুভূতি *For some time after the accident he had no sensation in his legs.* **3** [C, *usually sing.*] a general feeling or impression that is difficult to explain এমন অনুভূতি বা ধারণা যা বলে বোঝানো কঠিন *I had the peculiar sensation that I was floating in the air.* **4** [C, *usually sing.*] great excitement, surprise or interest among a group of people; sb/sth that causes this excitement এক দল লোকের মধ্যে চরম উত্তেজনা, বিস্ময় বা কৌতূহল; কোনো ব্যক্তি বা বস্তু যা উত্তেজনা জাগায় *The young Indian* ***caused a sensation*** *by beating the top player.*

sensational / senˈseɪʃənl সেন্ˈসেইশ্যান্ল্ / *adj.* **1** causing, or trying to cause, a feeling of great excitement, surprise or interest among people চাঞ্চল্যকর, রোমাঞ্চকর, সাড়া-জাগানো *This magazine specializes in sensational stories about the rich and the famous.* **2** (*informal*) extremely good or beautiful; very exciting খুব ভালো বা সুন্দর; চাঞ্চল্যকর ▶ **sensationally** / -əli -ন্যালি / *adv.* রোমাঞ্চকরভাবে, সাড়া জাগিয়ে

sense[1] / sens সেন্স্ / *noun* **1** [U] the ability to think or act in a reasonable or sensible way; good judgement যুক্তিসম্মত বা বাস্তবসম্মতভাবে বোঝার বা উপলব্ধি করার ক্ষমতা; সুবিবেচনা *He* ***had the sense*** *to stop when he realized he was making a mistake.* ○ *I think there's a lot of sense in what you're saying.* ⇨ **common sense** দেখো। **2** [U, *sing.*] the ability to understand sth; the ability to recognize what sth is or what its value is বোধশক্তি; কোনো জিনিস ঠিকমতো চিনে নেওয়া বা তার দাম বোঝার ক্ষমতা *She seems to have lost all* ***sense of reality****.* ○ *He's got a great* ***sense of humour****.* **3** [U] **sense (in doing sth)** the reason for doing sth; purpose কোনো কিছু করার কারণ; উদ্দেশ্য ***What's the sense*** *in making things more difficult for yourself?* **4** [U, *sing.*] a natural ability to do or produce sth well কোনো কিছু করা বা উৎপন্ন করার সহজাত ক্ষমতা ***business sense/dress sense*** **5** [*sing.*] a feeling or consciousness of sth উপলব্ধি, আন্দাজ, জ্ঞান ***sense of relief/sense of duty*** **6** [C] one of the five natural physical powers of sight, hearing, smell, taste and touch, that people and animals have দর্শন, শ্রবণ, গন্ধ, স্বাদ এবং স্পর্শ এই পাঁচ প্রাকৃতিক শক্তির একটি; পাঁচ জ্ঞানেন্দ্রিয়ের একটি *I've got a cold and I've lost my* ***sense of smell****.* ○ *Dogs have an acute* ***sense of hearing****.* **7** [C] (used about a word, phrase, etc.) a meaning (কোনো শব্দ, বাক্যাংশ ইত্যাদি সম্বন্ধে ব্যবহৃত) অর্থ *This word has two senses.*

IDM **come to your senses** to finally realize that you should do sth because it is the most sensible thing to do এটা করাই সব থেকে বুদ্ধিমানের কাজ শেষ পর্যন্ত তা বুঝতে পারা

in a sense in one particular way but not in other ways; partly নির্দিষ্ট কোনো ভাবে, অন্য ভাবে নয়; অংশত *In a sense you're right, but there's more to the matter than that.*

make sense 1 to be possible to understand; to have a clear meaning বোধগম্য হওয়া; পরিষ্কার অর্থ পাওয়া *What does this sentence mean? It doesn't make sense to me.* **2** (used about an action) to be sensible or logical (কোনো কাজ সম্বন্ধে ব্যবহৃত) বাস্তবসম্মত বা, যুক্তিসংগত হওয়া *I think it would make sense to wait for a while before making a decision.*

make sense of sth to manage to understand sth that is not clear or is difficult to understand দুর্বোধ্য বা কঠিন কিছু বুঝতে পারা *I can't make sense of these instructions.* **talk sense** ⇨ **talk[1] 6** দেখো।

sense[2] / sens সেন্স্ / *verb* [T] (*not used in the continuous tenses*) to realize or become conscious of sth; to get a feeling about sth even though you cannot see it, hear it, etc. কোনো বিষয় উপলব্ধি করা বা সে সম্বন্ধে সচেতন হওয়া; শুনতে বা দেখতে না পেলেও সে সম্বন্ধে অনুভব করা *I sensed that something was wrong as soon as I went in.*

> **NOTE** এই ক্রিয়াপদটির (verb) ব্যবহার ঘটমান কালে (continuous tenses এ) হয় না কিন্তু '-ing' সহযোগে এর বর্তমান কৃদন্ত (present participle) রূপটি সাধারণভাবে অত্যন্ত প্রচলিত—*Sensing a scandal, the tabloid photographers rushed to the star's hotel.*

senseless / ˈsensləs সেন্সল্যাস্ / *adj.* **1** having no meaning or purpose উদ্দেশ্যহীন, অর্থহীন **2** unconscious অজ্ঞান, অচেতন *He was beaten senseless.*

sensibility / ˌsensəˈbɪləti ˌসেন্স্যাˈবিল্যাটি / *noun* (*pl.* **sensibilities**) **1** [U, C] the ability to understand and experience deep feelings, for example in art, literature, etc. কাব্য, কলা ইত্যাদির ব্যাপারে গভীর অনুভূতি এবং বোঝার ক্ষমতা **2 sensibilities** [*pl.*] a person's feelings, especially when sb is easily offended সংবেদনশীলতা

sensible / ˈsensəbl ˈসেনস্যাবল্ / *adj.* (used about people and their behaviour) able to make good judgements based on reason and experience; practical (মানুষ এবং তাদের আচার-ব্যবহার সম্বন্ধে ব্যবহৃত) যুক্তি এবং অভিজ্ঞতার ভিত্তিতে বুঝতে সমর্থ; বাস্তব দৃষ্টি *a sensible person/decision/precaution* ✪ বিপ **silly** অথবা **foolish** ▶ **sensibly** / ˈsensəbli ˈসেনস্যাবলি / *adv.* সুবিবেচকের মতো *Let's sit down and discuss the matter sensibly.*

> **NOTE** **Sensible** এবং **sensitive** শব্দ দুটির তুলনা করো। **Sensible** সাধারণ বুদ্ধি, যুক্তিসংগত কাজ এবং সঠিক সিদ্ধান্তের সঙ্গে জড়িত। **Sensitive** পঞ্চইন্দ্রিয়জাত অনুভূতি ও আবেগের সঙ্গে জড়িত।

sensitive / ˈsensətɪv ˈসেন্স্যাটিভ্ / *adj.* **1 sensitive (to sth)** showing that you are conscious of and able to understand people's feelings, problems, etc. অনুভূতিপ্রবণ, সংবেদনশীল *to be sensitive to sb's feelings/wishes* **2 sensitive (about/to sth)** easily upset, offended or annoyed, especially about a particular subject বিশেষত একটি বিশেষ বিষয়ে বেশি ভাবপ্রবণ (সহজেই বিরক্ত হয় বা রাগ করে যখনই ঐ প্রসঙ্গ আসে) *He's very sensitive to criticism.* ✪ বিপ **insensitive** (অর্থসংখ্যা **1** এবং **2** জন্য) **3** (used about a subject, a situation, etc.) needing to be dealt with carefully because it is likely to cause anger or trouble (কোনো বিষয়, পরিস্থিতি ইত্যাদি সম্বন্ধে ব্যবহৃত) যার সম্বন্ধে যত্নশীল হতে হবে কারণ তা না হলে অসন্তোষ বা সমস্যা দেখা দিতে পারে *This is a sensitive period in the negotiations between the two countries.* **4 sensitive (to sth)** easily hurt or damaged; painful, especially if touched খুব বেশি স্পর্শকাতর; স্পর্শে ক্ষতি বা ব্যথা হতে পারে *a new cream for sensitive skin* ○ *My teeth are very sensitive to hot or cold food.* **5** (used about a scientific instrument, a piece of equipment, etc.) able to measure very small changes (বৈজ্ঞানিক যন্ত্র, যন্ত্রাংশ ইত্যাদি সম্বন্ধে ব্যবহৃত) ছোটোখাটো পরিবর্তন যাতে ধরা পড়ে ➪ **sensible**-এ নোট দেখো। ▶ **sensitively** *adv.* সংবেদনশীলভাবে *The investigation will need to be handled sensitively.* ▶ **sensitivity** / ˌsensəˈtɪvəti ˌসেন্স্যাˈটিভ্যাটি / *noun* [U] সংবেদনশীলতা *I think your comments showed a complete lack of sensitivity.*

sensory / ˈsensəri ˈসেনস্যারি / *adj.* (*usually before a noun*) (*technical*) connected with your physical senses পঞ্চেন্দ্রিয়ের সঙ্গে যুক্ত *sensory organs* ○ *sensory deprivation*

sensual / ˈsenʃuəl ˈসেন্শুঅ্যাল্ / *adj.* connected with physical or sexual pleasure কেবলমাত্র শারীরিক বা ইন্দ্রিয়সুখের সঙ্গে জড়িত *the sensual rhythms of Latin music* ▶ **sensuality** / ˌsenʃuˈæləti ˌসেন্শু-ˈঅ্যাল্যাটি / *noun* [U] ইন্দ্রিয়াসক্তি

sensuous / ˈsenʃuəs ˈসেনশুঅ্যাস্ / *adj.* giving pleasure to the mind or body through the senses ইন্দ্রিয় চেতনাকে উদ্বুদ্ধ করে যার ফলে শরীর ও মন দুই-ই আনন্দ উপভোগ করে *the sensuous feel of pure silk* ▶ **sensuously** *adv.* ইন্দ্রিয়উত্তেজকভাবে ▶ **sensuousness** *noun* [U] ইন্দ্রিয়পরায়ণতা, ইন্দ্রিয়াসক্তি

sent ➪ **send** -এর past tense এবং past participle

sentence[1] / ˈsentəns ˈসেন্ট্যান্স্ / *noun* [C] **1** (*grammar*) a group of words containing a subject and a verb, that expresses a statement, a question, etc. When a sentence is written it begins with a big (**capital**) letter and ends with a full stop (ব্যাকরণ) সাধারণ বিবৃতি, প্রশ্ন ইত্যাদি বোঝানোর জন্য কর্তা ও ক্রিয়াপদবিশিষ্ট একগুচ্ছ শব্দ যা লেখার সময়ে বড়ো অক্ষর দিয়ে শুরু হয় এবং পূর্ণ যতি দিয়ে শেষ হয়; বাক্য ➪ **phrase** দেখো। **2** the punishment given by a judge to sb who has been found guilty of a crime দণ্ডাদেশ, সাজা, শাস্তি *Twenty years in prison was a very harsh sentence.*

sentence² / ˈsentəns ˈসেন্‌ট্যান্স্ / *verb* [T] **sentence sb (to sth)** (used about a judge) to tell sb who has been found guilty of a crime what the punishment will be (কোনো বিচারক সম্বন্ধে ব্যবহৃত) কোনো ব্যক্তিকে দণ্ডাদেশ শোনানো, সাজা দেওয়া *The judge sentenced her to three months in prison for shoplifting.*

sentiment / ˈsentɪmənt ˈসেন্‌টিম্যান্ট্ / *noun* **1** [C, U] (*often plural*) (*formal*) an attitude or opinion that is often caused or influenced by emotion (আবেগতাড়িত) মনোভাব বা মতামত *His comments exactly expressed my sentiments.* **2** [U] feelings such as pity, romantic love, sadness, etc. that influence sb's action or behaviour (sometimes in situations where this is not appropriate) দয়া, প্রেম, দুঃখ ইত্যাদি যা কারও কাজ বা আচরণকে প্রভাবিত করে (এমন অনেক পরিস্থিতি যখন এই ভাবের প্রকাশ অবাঞ্ছিত) *There's no room for sentiment in business.*

sentimental / ˌsentɪˈmentl ˌসেন্‌টিˈমেন্‌ট্‌ল্ / *adj.* **1** producing or connected with emotions such as romantic love, pity, sadness, etc. which may be too strong or not appropriate (অত্যন্ত প্রবল বা উপযুক্ত নয় এমন) প্রেম, ক্ষমা, দুঃখ ইত্যাদি আবেগ উৎপন্ন করে বা তার সঙ্গে যুক্ত এমন *He is sentimental about his old car!* ○ *a sentimental love song* **2** connected with happy memories or feelings of love rather than having any financial value কোনো সুখস্মৃতি বা ভালোবাসা ইত্যাদির সঙ্গে জড়িত থাকায় যা অমূল্য বলে মনে হয় *The jewellery wasn't worth much but it had great* ***sentimental*** *value to me.* ▶ **sentimentality** / ˌsentɪmenˈtæləti ˌসেন্‌টিমেন্‌ˈট্যাল্যাটি / *noun* [U] ভাবপ্রবণতা, অনুভূতিপ্রবণতা ▶ **sentimentally** / -əli ˌ-ট্যালি / *adv.* ভাবপ্রবণতা

sentinel / ˈsentɪnəl ˈসেন্‌টিন্যাল্ / *none* [C] (*literary*) = **sentry**

sentry / ˈsentri ˈসেন্‌ট্রি / *noun* [C] (*pl.* **sentries**) a soldier who stands outside a building and guards it চৌকিদার, পাহারাদার, সান্ত্রি

sepal / ˈsepl ˈসেপ্‌ল্ / *noun* [C] (*technical*) a part of a flower, like a leaf, that lies under and supports the **petals** ফুলের ডাঁটি; বৃত্যংশ ⇨ **calyx** দেখো এবং **flower** -এ ছবি দেখো।

separable / ˈsepərəbl ˈসেপ্যার্যাব্‌ল্ / *adj.* able to be separated যা আলাদা করা যায়; বিভাজ্য ✪ বিপ **inseparable**

separate¹ / ˈseprət ˈসেপ্র্যাট্ / *adj.* **1 separate (from sth/sb)** apart; not together আলাদা; একত্রে নয় *You should always keep your cash and credit cards separate.* **2** different; not connected পৃথক; জড়িত নয় *We stayed in separate rooms in the same hotel.*

separate² / ˈsepəreɪt ˈসেপ্যারেইট্ / *verb* **1** [I, T] **separate (sb/sth) (from sb/sth)** to stop being together; to cause people or things to stop being together ভাগ হওয়া; আলাদা আলাদা দল করা *The friends separated at the airport.* ○ *I got separated from my friends in the crowd.* **2** [T] **separate sb/sth (from sb/sth)** to keep people or things apart; to be between people or things with the result that they are apart লোক বা জিনিস আলাদা করা; মাঝে পড়ে যাওয়ায় দুভাগে ভাগ হওয়া *The two sides of the city are separated by the river.* **3** [I] to stop living together as a couple with your wife, husband or partner যৌথভাবে (স্ত্রী বা স্বামী বা সঙ্গীর সঙ্গে) থাকা বন্ধ করা *His parents separated when he was still a baby.*

separated / ˈsepəreɪtɪd ˈসেপ্যারেইটিড্ / *adj.* not living together as a couple any more দম্পতি হিসাবে বা যুগ্মভাবে একসঙ্গে থাকে না এমন *My wife and I are separated.*

separately / ˈseprətli ˈসেপ্র্যাট্‌লি / *adv.* apart; not together আলাদাভাবে; একসঙ্গে নয় *We shall pay separately or all together?*

separation / ˌsepəˈreɪʃn ˌসেপ্যাˈরেইশ্‌ন্ / *noun* **1** [C, U] the action of separating or being separated; a situation or period of being apart পৃথকীকরণ; বিচ্ছেদ **2** [C] an agreement where a couple decide not to live together any more যখন কোনো নারী-পুরুষের জুটি বা যুগল একত্রে না থাকার সংকল্প নেয় *a trial separation*

Sept. *abbr.* September সেপ্টেম্বর মাস *2 Sept. 1920*

sept- / sept সেপ্ট্ / *prefix* (*used in nouns, adjectives and adverbs*) seven; having seven সাত; সাতটি আছে এমন *septet* ○ *septennial*

September / sepˈtembə(r) সেপ্ˈটেম্ব্যা(র্) / *noun* [U, C] (*abbr.* **Sept.**) the ninth month of the year, coming after August আগস্টের পরের মাস, বছরের নবম মাস; সেপ্টেম্বর

> **NOTE** বাক্যে মাসের নামের ব্যবহার দেখার জন্য **January**-তে দেওয়া উদাহরণ এবং নোট দেখো।

septic / ˈseptɪk ˈসেপ্‌টিক্ / *adj.* infected with poisonous bacteria বিষাক্ত (জীবাণুর দ্বারা) *The wound went septic.*

septicaemia (*AmE* **septicemia**) / ˌseptɪˈsiːmiə ˌসেপ্‌টিˈসীমিঅ্যা / *noun* [U] infection of the blood by poisonous bacteria বিষাক্ত জীবাণু দ্বারা রক্তের দূষণ ✪ সম **blood poisoning**

sepulchre (*AmE* **sepulcher**) / ˈseplkə(r) ˈসেপ্‌ল্‌ক্যা(র্) / *noun* [C] a chamber that is used as a grave. This could either be cut into rock or built of stone পাথর কেটে বা পাথর দিয়ে তৈরি সমাধি বা কবর

sequel / ˈsiːkwəl ˈসীকুউঅ্যাল্ / *noun* [C] **a sequel (to sth)** **1** a book, film, etc. that continues the story of the one before গল্প, চলচ্চিত্র ইত্যাদির পরবর্তী অংশ **2** something that happens after, or is the result of, an earlier event যা পরে ঘটে বা যা আগের ঘটনার পরিণতি

sequence / ˈsiːkwəns ˈসীকুউঅ্যান্স্ / *noun* [C] **1** a number of things (actions, events, etc.) that happen or come one after another একের পর এক বা পরপর ঘটে যাওয়া ঘটনা, কাজ ইত্যাদি *Complete the following sequence 1, 4, 8, 13,...* **2** [U] the order in which a number of things happen or are arranged পর পর যে নিয়মে বস্তুসকল আসে; পর্যায়ক্রম *The photographs are* ***in sequence****.*

sequential / sɪˈkwenʃl সিˈকুএন্শ্ল্ / *adj.* (*formal*) following in order of time or place (সময় বা স্থানের) অনুবর্তী, পরবর্তী *sequential data processing* ► **sequentially** / -ʃəli -শেলি / *adv.* পর্যায়ক্রম অনুযায়ী *data stored sequentially on the computer*

sequin / ˈsiːkwɪn ˈসীক্উইন্ / *noun* [C] a small shiny round piece of metal or plastic that is sewn onto clothing as decoration কাপড়ে সেলাই করে নকশা বানানোর ছোটো ছোটো, গোল গোল ধাতু বা প্লাস্টিকের চাকতি, চুমকি ► **sequinned** *adj.* দেখো।

seraph / ˈserəf ˈসের‍্যাফ্ / *noun* [C] (*pl.* **seraphim** or **seraphs**) an angel of the highest rank according to the Bible দেবদূত (বাইবেলের অনুসারে) ➪ **cherub** দেখো।

serene / səˈriːn স্যাˈরীন্ / *adj.* calm and peaceful শান্ত, অবিক্ষুব্ধ, অচঞ্চল *a serene smile* ►**serenely** *adv.* শান্তভাবে ►**serenity** / səˈrenəti স্যাˈরেন্যাটি / *noun* [U] অচঞ্চলতা, প্রশান্তি

serf / sɜːf স্যফ্ / *noun* [C] (in the past) a person who was forced to live and work on land that belonged to a landowner whom they had to obey (অতীতে) যে ব্যক্তি মালিকের জমিতে কাজ করে এবং বেঁচে থাকার রসদ জোগাড় করে; ভূমিদাস

sergeant / ˈsɑːdʒənt ˈসা:জ্যান্ট্ / *noun* [C] (*abbr.* **Sgt**) **1** an officer with a low position in the army or air force সৈন্যবাহিনী বা বায়ুসেনার নিম্নস্তরের কর্মচারী **2** an officer with a middle position in the police force পুলিশবাহিনীর মধ্য পর্যায়ের কর্মচারী

serial / ˈsɪəriəl ˈসিঅ্যারিঅ্যাল্ / *noun* [C] a story in a magazine or on television or radio that is told in a number of parts over a period of time ম্যাগাজিন, টেলিভিশন, রেডিওতে যখন একই কাহিনি নানা পর্বে ভাগ করে বলা হয়; ধারাবাহিক *the first part of a six-part drama serial* ➪ **series**-এ নোট দেখো। ► **serialize** (*also* **-ise**) / -rɪəlaɪz -রিঅ্যালাইজ্ / *verb* [T] ধারাবাহিকভাবে করা, অনুক্রমিকভাবে করা

serial number *noun* [C] the number marked on sth to identify it and to distinguish it from other things of the same type অন্যান্য একই ধরনের চিহ্নিত বস্তুসমূহ থেকে পৃথকভাবে কোনো কিছু চিহ্নিত করার জন্য তার উপর দেওয়া সংখ্যা; সারিবদ্ধ সংখ্যা, ক্রমিক সংখ্যা

series / ˈsɪəriːz ˈসিঅ্যারীজ্ / *noun* [C] (*pl.* **series**) **1** a number of things that happen one after another and are of the same type or connected একই ধরনের জিনিস যা পরপর ঘটে; ক্রমবিন্যাস *a series of events* ○ *There has been a series of burglaries in this district recently.* **2** a number of programmes on radio or television which have the same main characters and each tell a complete story রেডিও বা টেলিভিশনের অনুষ্ঠানসমূহ যেগুলির প্রধান চরিত্রগুলি একই এবং প্রতিটি একটি সম্পূর্ণ কাহিনি সম্বলিত

> NOTE **Series** এবং **serial** তুলনা করে দেখো। **Series**-এর মধ্যে প্রধান চরিত্রগুলি এক থাকলেও প্রতিবারে সম্পূর্ণ পৃথক কাহিনি থাকে। **Serial** -এ একই গল্প প্রতিটি পর্বে চলতে থাকে।

serious / ˈsɪəriəs ˈসিঅ্যারিঅ্যাস্ / *adj.* **1** bad or dangerous খারাপ, বিপজ্জনক, গম্ভীর *a serious accident/illness/offence* ○ *Pollution is a very serious problem.* **2** needing to be treated as important, not just for fun অত্যন্ত গুরুত্বপূর্ণ, যা ঠাট্টা বা বিদ্রূপের ঊর্ধ্বে *Don't laugh, it's a serious matter.* ○ *a serious discussion* **3 serious (about sth/ about doing sth)** (used about a person) not joking; thinking about things in a careful and sensible way (কোনো ব্যক্তি সম্বন্ধে ব্যবহৃত) যে ঠাট্টা করছে না; সতর্ক এবং যুক্তিসংগতভাবে কোনো কিছু সম্বন্ধে চিন্তা করা হচ্ছে এমন; রাশভারী, গম্ভীর *Are you serious about starting your own business* (= are you really going to do it)? ○ *He's terribly serious. I don't think I've ever seen him laugh.* ► **seriousness** *noun* [U] গাম্ভীর্য

seriously / ˈsɪəriəsli ˈসিঅ্যারিঅ্যাস্লি / *adv.* **1** in a serious way গুরুতরভাবে, সাংঘাতিকভাবে *Three people were seriously injured in the accident.* ○ *My mother is seriously ill.* **2** used at the beginning of a sentence for showing that you are not joking or that you really mean what you are saying বাক্যের সূচনায় এই শব্দটি ব্যবহার করে বোঝানো হয় যে বক্তা ঠাট্টা করছেন না, তাঁর বক্তব্য সম্বন্ধে তিনি আন্তরিক এবং অকপট *Seriously, I do appreciate all your help.* ○ *Seriously, you've got nothing to* *worry about.* **3** used for expressing surprise at what sb has said and asking if it is really true কারও বক্তব্যে বিস্ময় প্রকাশ করা এবং তা সত্য কিনা সেটি জানার জন্য ব্যবহৃত *'I'm 40 today.' 'Seriously? You look a lot younger.'*

IDM **take sb/sth seriously** to treat sb or sth as important গুরুত্বসহকারে কোনো ব্যক্তি বা বস্তুকে গ্রহণ করা, কারও সঙ্গে সেরকম ব্যবহার করা *You take everything too seriously! Relax and enjoy yourself.*

sermon / ˈsɜːmən ˈস্যমান্ / *noun* [C] a speech on a religious or moral subject that is given as part of a service in church চার্চ ইত্যাদিতে ধর্মোপদেশ, নৈতিক উপদেশ

serpent / ˈsɜːpənt ˈস্যপ্যান্ট্ / *noun* [C] a snake, especially a large one বড়ো সাপ

serrated / səˈreɪtɪd স্যাˈরেইটিড্ / *adj.* having a row of points in V-shapes along the edge ধারের দিকে V-আকারে কাটা খাঁজ আছে এমন *a knife with a serrated edge*

serum / ˈsɪərəm ˈসিআ্যার‍্যাম্ / *noun* (*pl.* **sera** / -rə -র‍্যা / or **serums**) **1** [U] (*medical*) the thin liquid that is left after blood has **clotted** (চিকিৎসাশাস্ত্র) রক্তের তরল অংশ; সিরাম **2** [U, C] a liquid that is taken from the blood of an animal and given to people to protect them from disease, poison, etc. (অসুখ, বিষ ইত্যাদি থেকে রক্ষা করার জন্য) প্রাণীদেহ থেকে টিকা হিসেবে ব্যবহারের জন্য গৃহীত তরল সিরাম

servant / ˈsɜːvənt ˈস্যভ্যান্ট / *noun* [C] a person who is paid to work in sb's house, doing work such as cooking, cleaning, etc. ভৃত্য, চাকর, কাজের লোক ⇨ **civil servant** দেখো।

serve / sɜːv স্যভ্ / *verb* **1** [T] to give food or drink to sb during a meal; to take an order and then bring food or drink to sb in a restaurant, bar, etc. কাউকে খাদ্য বা পানীয় দেওয়া; রেস্তোরাঁ, বার ইত্যাদিতে খাদ্য বা পানীয় পরিবেশন করা *Breakfast is served from 7.30 to 9.00 a.m.* **2** [T] (used about an amount of food) to be enough for a certain number of people (খাদ্যের পরিমাণ সম্বন্ধে ব্যবহৃত) নির্দিষ্ট কয়েকজনের জন্য পর্যাপ্ত হওয়া *According to the recipe, this dish serves four.* **3** [I, T] (in a shop) to take a customer's order; to give help, sell goods, etc. (দোকানে) খদ্দেরদের দেখাশোনা করা; সাহায্য করা, জিনিস ইত্যাদি বিক্রি করা *There was a long queue of people waiting to be served.* **4** [I, T] to be useful or suitable for a particular purpose বিশেষ কাজের জন্য দরকারি বা উপযোগী হওয়া *It's an old car but it will **serve our purpose** for a few months.* **5** [I, T] to perform a duty or provide a service for the public or for an organization সেবা করা, কোনো সরকারি বা বেসরকারি প্রতিষ্ঠানের জন্য কাজ করা *During the war, he served in the Army.* ○ *She became a nurse because she wanted to serve the community.* **6** [T] to spend a period of time in prison as punishment জেলে মেয়াদ খাটা *He is currently **serving a** ten-year **sentence** for fraud.* **7** [I, T] (in tennis and similar sports) to start play by hitting the ball (টেনিস বা ঐ জাতীয় খেলায়) বল মেরে খেলা শুরু করা

IDM **first come, first served** ⇨ **first**[2] দেখো।

serve sb right used when sth unpleasant happens to sb and you do not feel sorry for him/her because you think it is his/her own fault কারও পক্ষে নিজের কৃতকর্ম বা কুকর্মের শাস্তি পাওয়া উচিত এরকম বোঝাতে ব্যবহৃত *'I feel sick.' 'It serves you right for eating so much.'*

server / ˈsɜːvə(r) ˈস্যভ্যা(র্) / *noun* [C] a computer that stores information that a number of computers can share যে কম্পিউটারে নানা তথ্য জমা থাকে এবং অন্য কম্পিউটার থেকে সেই সব তথ্য ব্যবহার করা যায় ⇨ **client** দেখো।

service[1] / ˈsɜːvɪs ˈস্যভিস্ / *noun* **1** [C] a system or organization that provides the public with sth that it needs; the job that an organization does যে ব্যবস্থায় জনসাধারণকে কতকগুলি সুবিধা বা পরিষেবা দেওয়া হয়; কোনো সংগঠন যে কাজ করে *There is a regular bus service to the airport.* ○ *the postal service* ⇨ **Civil Service** দেখো। **2** [C, U] a business whose work involves doing sth for customers but not producing goods; the work that such a service does যে ব্যবসায়ের কাজ খরিদ্দারদের জন্য কিছু করা কিন্তু তার উৎপাদন করা নয়; যে কাজে এই ধরনের পরিষেবা পাওয়া যায় *financial/banking/insurance services* ○ *the service sector* (= the part of the economy involved in this type of business) ○ *a service industry* **3** [U] (*also* **the services**) [*pl.*] the armed forces; the army, navy or air force; the work done by the people in them সামরিক বাহিনী; নৌ, বিমান, পদাতিক সেনাবাহিনী; নিজেদের লোকজনের দ্বারা কৃত কাজ *They both joined the services when they left school.* **4** [U, C] work done for sb; help given to sb কারও জন্য করা কাজ; কাউকে দেওয়া সাহায্য *He left the police force after thirty years' service.* **5** [U] the work or the quality of work done by sb when serving a customer খরিদ্দারদের পরিষেবা প্রদানের কাজ বা সেই পরিষেবার মান *I enjoyed the meal but the service was terrible.* ○ *A 10 per cent **service charge** will be added to your bill.* **6** [C] the checks, repairs, etc. that are necessary to make sure that a machine is working properly

কোনো যন্ত্রের ক্রিয়াশীলতা বজায় রাখতে তার নিয়মিত পরিচর্যা *We take our car for a service every six months.* **7** [C] a religious ceremony, usually including prayers, singing, etc. (প্রার্থনা, সংগীত ইত্যাদিসহ) লৌকিক ধর্মীয় আচার অনুষ্ঠান, ধর্মীয় সভা *a funeral service* **8** [C] (in tennis and similar sports) the first hit of the ball at the start of play; a player's turn to **serve 7** (টেনিস এবং ঐ জাতীয় কোনো খেলায়) শুরুতে প্রথম বল মারা; সার্ভ করার পালা বা দান

service² / ˈsɜːvɪs ˈস্যভিস্ / *verb* [T] to examine and, if necessary, repair a car, machine, etc. গাড়ি, যন্ত্রপাতি ইত্যাদি পরীক্ষা করে দেখা এবং প্রয়োজনে তা সারানোর ব্যবস্থা করা *All cars should be serviced at regular intervals.*

serviceman / ˈsɜːvɪsmən ˈস্যভিস্ম্যান্ / *noun* [C] (*pl.* **-men** / -mən -ম্যান /) a man who is a member of the armed forces সৈন্যবাহিনীর অন্তর্ভুক্ত ব্যক্তি বা সদস্য

servicewoman / ˈsɜːvɪswʊmən ˈস্যভিস্‌উম্যান / *noun* [C] (*pl.* **-women** / -wɪmɪn -উইমিন্ /) a woman who is a member of the armed forces সৈন্যবাহিনীর মহিলা সদস্য

serviette / ˌsɜːviˈet ˌস্যভিˈএট্ / *noun* [C] a square of cloth or paper that you use when you are eating to keep your clothes clean and to clean your mouth or hands on খাবার টেবিলের ছোটো তোয়ালে যা দিয়ে হাত মুখ পরিষ্কার করা হয় ✪ সম **napkin**

servile / ˈsɜːvaɪl ˈস্যভাইল্ / *adj.* (*disapproving*) wanting too much to please sb and to obey them চাটুকার, গোলাম ► **servility** / sɜːˈvɪləti স্যˈভিল্যাটি / *noun* [U] চাটুকারিতা

sesame / ˈsesəmi ˈসেস্যামি / *noun* [U] a tropical plant grown for its seeds that are used in cooking and the oil that is made from them (গ্রীষ্মপ্রধান দেশে প্রাপ্ত) তিল গাছ *sesame seeds*

session / ˈseʃn ˈসেশন্ / *noun* **1** [C] a period of doing a particular activity কোনো কাজের বা কর্মকাণ্ডের নির্দিষ্ট সময় বা কাল; সেশন *The whole tape was recorded in one session.* ○ *She has a session at the gym every week.* **2** [C, U] a formal meeting or series of meetings of a court of law, parliament, etc. (আদালত, সংসদ ইত্যাদির) বৈঠক, অধিবেশন

set¹ / set সেট্ / *verb* (*pres. part.* **setting**; *pt, pp* **set**) **1** [T] to put sb/sth or to cause sb/sth to be in a particular place or position নির্দিষ্ট স্থান বা অবস্থায় ঠিকমতো রাখা, স্থাপন করা *I set the box down carefully on the floor.* **2** [T] (*often passive*) to make the action of a book, play, film, etc. take place in a particular time, situation, etc. কোনো বিশেষ সময়, পরিস্থিতি ইত্যাদি কেন্দ্র করে গ্রন্থ, নাটক, চলচ্চিত্র ইত্যাদি রচনা করা *The film is set in 16th century India.* **3** [T] to cause a particular state or event; to start sth happening বিশেষ অবস্থা বা ঘটনার সূত্রপাত হওয়া; বিশেষ কিছু ঘটা *The new government* ***set*** *the prisoners* ***free***. ○ *The rioters* ***set*** *a number of cars* ***on fire***. **4** [T] to prepare or arrange sth for a particular purpose বিশেষ উদ্দেশ্যে কোনো কিছু তৈরি করা বা তার ব্যবস্থা করা *I set my alarm for 6.30 a.m.* ○ *to set the table* (=put the plates, knives, forks, etc. on it) **5** [T] to decide or arrange sth কোনো বিষয়ে সিদ্ধান্ত গ্রহণ করা বা তা ঠিকভাবে সাজিয়ে রাখা *Can we* ***set a limit*** *of two hours for the meeting?* ○ *They haven't* ***set the date*** *for their wedding yet.* **6** [T] to do sth good that people have to try to copy or achieve অন্যের সামনে ভালো দৃষ্টান্ত স্থাপন করা *Try to* ***set a good example*** *to the younger children.* ○ *He has* ***set a*** *new world* ***record***. **7** [T] to give sb a piece of work or a task কাউকে বিশেষ কোনো কাজ দেওয়া *I've* ***set*** *myself* ***a target*** *of four hours' study every evening.* **8** [I] to become firm or hard শক্ত হওয়া, জমে যাওয়া *The concrete will* ***set solid/hard*** *in just a few hours.* **9** [T] to fix a precious stone, etc. in a piece of jewellery গয়নার গায়ে মূল্যবান পাথর ইত্যাদি খচিত করা, বসানো **10** [T] to fix a broken bone in the correct position so that it can get better ভাঙা হাড় জোড়া লাগানো *The doctor set her broken leg.* **11** [I] (used about the sun) to go down below the horizon in the evening (সূর্য সম্বন্ধে ব্যবহৃত) সন্ধেবেলায় অস্ত যাওয়া ✪ বিপ **rise**

IDM set eyes on sb/sth to see sb/sth কারও উপর দৃষ্টিপাত করা *He loved the house the moment he set eyes on it.*

set foot (in/on sth) to visit, enter or arrive at/in a place কোনো জায়গায় বেড়াতে যাওয়া, পৌঁছোনো, প্রবেশ করা *No woman has ever set foot in the temple.*

set your heart on sth; have your heart set on sth ⇨ **heart** দেখো।

put/set your/sb's mind at rest ⇨ **mind¹** দেখো।

put/set sth right ⇨ **right¹** দেখো।

set sail to begin a journey by sea সমুদ্রযাত্রা শুরু করা *Columbus set sail for India.*

set the scene (for sth) ⇨ **scene** দেখো।

PHR V set about sth to start doing sth, especially dealing with a problem or task কোনো কিছু আরম্ভ করা, বিশেষত কোনো সমস্যা বা কাজ *How would you set about tackling this problem?*

set sth aside to keep sth to use later পরে ব্যবহারের জন্য বাঁচিয়ে রাখা *I try to set aside part of my wages every week.*

set sb/sth back to delay sb/sth দেরি করিয়ে দেওয়া *The bad weather has set our plans back six weeks.*

set forth (*formal*) to start a journey যাত্রা শুরু করা

set sth forth (*formal*) to show or tell sth to sb or to make sth known কাউকে কিছু বলা, জানানো

set in to arrive and stay for a period of time কিছুদিনের জন্য আসা, থাকা *I'm afraid that the bad weather has set in.*

set off to leave on a journey রওনা হওয়া, যাত্রা শুরু করা *We set off at 3 o'clock this morning.*

set sth off to do sth which starts a reaction কোনো কিছু ঘটানো, এমন কিছু করা যার প্রতিক্রিয়া চোখে পড়ে *When this door is opened, it sets off an alarm.*

set on/upon sb to attack sb suddenly আচমকা কাউকে আক্রমণ করা *He was set upon by a gang of youths on his way home.*

set out to leave on a journey যাত্রা করা, বেরিয়ে পড়া

set out to do sth to decide to achieve sth কোনো কিছু পাওয়ার বা করার চেষ্টা করা *He set out to prove that his theory was right.*

set (sth) up to start a business, organization, system, etc. ব্যাবসা শুরু করা, সংগঠন, পদ্ধতি ইত্যাদি চালু করা

set² / set সেট্ / *noun* [C] **1 a set (of sth)** a number of things that belong together একই রকম জিনিসের কয়েকটি অথবা কয়েকটি জিনিসের সমষ্টি; একগুচ্ছ *a set of kitchen knives* ০ *a spare set of keys* ০ *a chess set* **2** [*with sing. or pl. verb*] a group of people who have similar interests and spend a lot of time together socially সমমনস্ক ব্যক্তির গোষ্ঠী যারা অনেকটা সময় একসঙ্গে কাটায় ➯ **jet set** দেখো। **3** a piece of equipment for receiving television or radio signals রেডিও বা টেলিভিশনের গ্রাহক যন্ত্র *a television set* **4** the scenery that is made for a play or film চলচ্চিত্র বা নাটকের দৃশ্যপট **5** (used in games such as tennis and volleyball) a group of games forming part of a match (টেনিস এবং ভলিবল খেলায় ব্যবহৃত) কয়েকটি খেলার সেট *She won in straight sets* (=without losing a set). **6** (*mathematics*) a group of things that have a shared quality (গণিত) একই গুণসম্পন্ন বস্তুর সমাবেশ

set³ / set সেট্ / *adj.* **1** placed in a particular position বিশেষ স্থানে অবস্থিত *deep-set eyes* ০ *Our house is quite set back from the road.* **2** fixed and not changing; firm অটল, অনড়, অপরিবর্তনীয়; দৃঢ় *There are no set hours in my job.* ০ *I'll have the set menu* (=with a fixed price and limited choice of dishes). **3** (used about a book, text, etc.) that everyone must study for an exam (কোনো বই, বা

পাঠ্যপুস্তক ইত্যাদি সম্বন্ধে ব্যবহৃত) যা পরীক্ষার জন্য অবশ্যপাঠ্য *We have to study three set texts for English.* **4 set (for sth); set (to do sth)** ready, prepared or likely to do sth প্রস্তুত, কোনো কাজের জন্য (সম্ভবত) তৈরি *I was all set to leave when the phone rang.* ০ *The Indian cricket team look set for victory.*

IDM be set against sth/doing sth to be determined that sth will not happen or that you will not do sth নিশ্চিতভাবে জানা যে এরকম কিছু ঘটবে না বা এরকম কেউ করবে না

be set in your ways to be unable to change your habits, attitudes, etc. অভ্যাস, দৃষ্টিভঙ্গি ইত্যাদি পরিবর্তনে অক্ষম হওয়া

be set on sth/doing sth to be determined to do sth স্থিরপ্রতিজ্ঞ বা দৃঢ়সংকল্প হওয়া *She's set on a career in acting.*

setback / 'setbæk সেট্ব্যাক্ / *noun* [C] a difficulty or problem that stops you progressing as fast as you would like যে অসুবিধা বা সমস্যা কাজ এগিয়ে নিতে বাধা দেয় *She suffered a major setback when she missed the exams through illness.*

set square (*AmE* **triangle**) *noun* [C] an instrument for drawing straight lines and angles, made from a flat piece of plastic or metal in the shape of a triangle with one angle of 90° সরল রেখা এবং কোণ আঁকার যন্ত্র, যা প্লাস্টিক বা ধাতু নির্মিত, তিনকোণা এবং যার একটি কোণ সমকোণ (৯০°); সেট স্কোয়ার

settee / se'ti: সে'টী / *noun* [C] a long soft seat with a back and arms that more than one person can sit on একাধিক ব্যক্তির হেলান দিয়ে বসার মতো হাতলওয়ালা লম্বা সোফা ✪ সম **sofa**

setting / 'setɪŋ সেটিং / *noun* [C] **1** the position sth is in; the place and time in which sth happens কোনো কিছুর অবস্থান; যে স্থান এবং কালে কোনো কিছু ঘটে *The hotel is in a beautiful setting, close to the sea.* **2** one of the positions of the controls of a machine কোনো যন্ত্রের বিশেষ নিয়ন্ত্রণ *Cook it in the oven on a moderate setting.*

settle / 'setl সেট্ল্ / *verb* **1** [I, T] to put an end to an argument or disagreement তর্কবিতর্ক বা মতভেদ শেষ করা *They settled out of court.* ০ *We have settled our differences now.* **2** [T] to decide or arrange sth finally শেষপর্যন্ত একটি সিদ্ধান্তে পৌছোনো, কোনো কিছুর ব্যবস্থা করা *Everything's settled. We leave on the nine o'clock flight on Friday.* **3** [I] to go and live permanently in a new country, area, town, etc. নতুন দেশ, এলাকা, শহর ইত্যাদিতে স্থায়ীভাবে বসবাস শুরু করা *A great many immigrants* *have settled in this part of Canada.* **4** [I, T] to put yourself or sb else into a comfortable position নিজে বা অন্য কারও আরাম করে বসা *I settled in front of the television for the evening.* **5** [I, T] to become or to make sb/sth calm or relaxed শান্ত হওয়া, কাউকে বা কিছুকে চাঞ্চল্যমুক্ত ও শান্ত করা *The baby wouldn't settle.* **6** [T] to pay money that you owe ধার শোধ করা, বাকি টাকা দিয়ে মিটিয়ে ফেলা *to settle a bill/a debt* **7** [I] to land on a surface and stop moving এক জায়গায় আসা এবং নড়াচড়া বন্ধ করা *A flock of birds settled on the roof.*

PHR V **settle down 1** to get into a comfortable position, sitting or lying আরামদায়ক অবস্থায় শুয়ে বা বসে থাকা **2** to start having a quieter way of life, especially by staying in the same place or getting married একই জায়গায় বাস করে বা বিয়ে করে অপেক্ষাকৃত শান্তিতে জীবন কাটানো *She had a number of jobs abroad before she eventually settled down.* **3** to become calm and quiet শান্ত হওয়া *Settle down! It's time to start the lesson.*

settle down to sth to start doing sth which involves all your attention পূর্ণ মনোযোগ সহকারে কাজ করা *Before you settle down to your work, could I ask you something?*

settle for sth to accept sth that is not as good as what you wanted মনের মতো না হলেও কোনো কিছু স্বীকার করে নেওয়া *We're going to have to settle for the second prize.*

settle in/into sth to start feeling comfortable in a new home, job, etc. নতুন বাড়ি, কর্মক্ষেত্র ইত্যাদিতে অভ্যস্ত হতে শুরু করা *How are the children settling in at their new school?*

settle on sth to choose or decide sth after considering many different things অনেকগুলির মধ্যে থেকে বেছে নেওয়া, নির্বাচন করা

settle up (with sb) to pay money that you owe to sb কারও ধারের টাকা শোধ করা

settled / ˈsetld ˈসেট্‌ল্‌ড্ / *adj.* **1** not changing or not likely to change স্থির, অপরিবর্তনশীল বা সম্ভবত বদলাবে না এমন *More settled weather is forecast for the next few days.* **2** comfortable; feeling that you belong (in a home, a job, a way of life, etc.) আরামদায়ক; স্বচ্ছন্দ (গৃহে, চাকুরিতে, জীবনে) *We feel very settled here.*

settlement / ˈsetlmənt ˈসেট্‌ল্‌ম্যান্ট্ / *noun* [C, U] **1** an official agreement that ends an argument; the act of reaching an agreement আনুষ্ঠানিক চুক্তি যা কোনো বিতর্ক শেষ করে; কোনো চুক্তিতে পৌঁছোনোর ক্রিয়া *a divorce settlement* ○ *the settlement of a dispute* **2** a place that a group of people have built and live in, where few or no people lived before; the process of people starting to live in a place এমন কোনো স্থান যা একদল মানুষ মিলে গড়ে তুলেছে এবং সেখানে বাস করে (পূর্বে) যেখানে স্বল্প বসতি ছিল বা কেউই বাস করত না; উপনিবেশ বা বসতি গড়ে তোলার প্রক্রিয়া *There is believed to have been a prehistoric settlement on this site.* ○ *the settlement of the American West*

settler / ˈsetlə(r) সেট্‌ল্যা(র্) / *noun* [C] a person who goes to live permanently in a place where not many people live জনবিরল স্থানে স্থায়ী বসতি স্থাপনকারী ব্যক্তি *the first white settlers in Australia*

seven / ˈsevn ˈসেভ্‌ন্ / *number* **1** 7 সাত ৭, সপ্তম

NOTE বাক্যে সংখ্যার ব্যবহার এবং তার উদাহরণ দেখার জন্য **six** দেখো।

2 (*used to form compound adjectives*) having seven of the thing mentioned উল্লিখিত বস্তুর মধ্যে সাতটি আছে এমন; সাত-বিশিষ্ট *a seven-sided coin*

seventeen / ˌsevnˈtiːn ˌসেভ্‌ন্‌ˈটীন্ / *number* 17 সংখ্যা ১৭

NOTE বাক্যে সংখ্যার ব্যবহার এবং তার উদাহরণ দেখার জন্য **six** দেখো।

seventeenth / ˌsevnˈtiːnθ ˌসেভ্‌ন্‌ˈটীন্থ্ / *det., adv.* 17th ১৭তম সপ্তদশতম ➪ **sixth**-এ উদাহরণ দেখো।

seventh[1] / ˈsevnθ ˈসেভ্‌ন্থ্ / *noun* [C] the fraction $^1/_7$; one of seven equal parts of sth এক সপ্তমাংশ, $^১/_৭$ ভগ্নাংশ ➪ **sixth** উদাহরণ দেখো।

seventh[2] / ˈsevnθ ˈসেভ্‌ন্থ্ / *det., adv.* 7th ৭-ই, সপ্তমতম ➪ **sixth**-এ উদাহরণ দেখো।

seventieth / ˈsevntiəθ ˈসেভন্‌টিঅ্যাথ্ / *det., adv.* 70th ৭০তম, সপ্ততিতম ➪ **sixth** উদাহরণ দেখো।

seventy / ˈsevnti সেভ্‌ন্‌টি / *number* 70 সংখ্যা ৭০, সত্তর, সপ্ততি

NOTE বাক্যে সংখ্যার ব্যবহার এবং তার উদাহরণ দেখার জন্য **six** দেখো।

sever / ˈsevə(r) ˈসেভ্যা(র্) / *verb* [T] (*formal*) **1** to cut sth into two pieces; to cut sth off দু টুকরো করে কোনো কিছু কেটে ফেলা; বিচ্ছিন্ন করা *The builders accidentally severed a water pipe.* ○ *His hand was almost severed in the accident.* **2** to end a relationship or communication with sb কারও সঙ্গে সম্পর্কচ্ছেদ করা বা যোগাযোগ বন্ধ করা *He has severed all links with his former friends.*

several / ˈsevrəl ˈসেভ্‌র্যাল্ / *pronoun, det.* more than two but not very many; a few দুই এর বেশি, কিন্তু অনেক নয়; কতিপয় *It took her several days to* *recover from the shock.* ○ *I don't think it's a good idea for several reasons.*

severe / sɪˈvɪə(r) সি'ভিআ্যা(র্) / *adj.* **1** causing sb to suffer, be upset or have difficulties দুঃসহ, তীব্র, কঠোর *Such terrible crimes deserve the severest punishment.* **2** extremely bad or serious খুব খারাপ বা গুরুতর *severe financial difficulty/injuries/ weather conditions* ▶ **severely** *adv.* গুরুতরভাবে *The roof was severely damaged in the storm.* ▶ **severity** /sɪˈverəti সি'ভেরাটি / *noun* [U] তীব্রতা, দুঃসহতা *I don't think you realize the severity of the problem.*

sew / səʊ স্যাউ / *verb* [I, T] (*pt* **sewed;** *pp* **sewn** / səʊn স্যাউন্ / or **sewed**) **sew (sth) (on)** to join pieces of cloth, or to join sth to cloth, using a needle and thread and forming stitches (ছুঁচ-সুতোর সাহায্যে) সেলাই করা *I can't sew.* ○ *A button's come off my shirt—I'll have to sew it back on.*

PHR V **sew sth up** **1** to join two things by sewing; to repair sth by sewing two things together সেলাই-এর সাহায্যে দুটি বস্তু জোড়া; সেলাই করে কোনো দুটি জিনিস একত্রিত করা *The surgeon sewed up the wound.* **2** to arrange sth so that it is certain to happen or be successful কোনো কিছু ঘটা বা সফল হওয়ার ব্যবস্থা পাকা করা

sewage / ˈsuːɪdʒ 'সুইজ্ / *noun* [U] the waste material from people's bodies that is carried away from their homes in water in large underground pipes (**sewers**) বাড়ি থেকে ভূগর্ভস্থ নলের সাহায্যে মানবশরীর হতে নিঃসৃত যে বর্জ্য পদার্থ জলের সঙ্গে বেরিয়ে আসে

sewer / ˈsuːə(r) 'সুআ্যা(র্) / *noun* [C] an underground pipe that carries human waste to a place where it can be treated রাস্তার নীচের নর্দমা, যার মধ্যে দিয়ে ময়লা বেরিয়ে পয়ঃপ্রণালি শোধনের জায়গায় যায়

sewing / ˈsəʊɪŋ 'স্যাউইং / *noun* [U] **1** using a needle and thread to make or repair things সেলাই, রিপু *a sewing kit/a sewing machine* **2** something that is being sewn সেলাই করা হয়েছে এমন কিছু

sewn ➪ **sew**-এর past participle

sex / seks সেক্স্ / *noun* **1** [U] the state of being either male or female স্ত্রী বা পুরুষ ভেদ; লিঙ্গ *Applications are welcome from anyone, regardless of sex or race.* ○ *Do you mind what sex your baby is?* ✪ সম **gender** **2** [C] one of the two groups consisting of all male people or all female people স্ত্রী জাতি বা পুরুষ জাতির একটি *the male/female sex* ○ *He's always found it difficult to get on with **the opposite sex*** (=women). **3** (*formal*) (**coitus; intercourse; sexual intercourse**) [U] the physical act in which the sexual organs of two people touch and which can result in a woman having a baby যৌন সংগম, সহবাস (যার ফলে মানবশিশুর জন্ম হয়) *sex education in schools*

sexism / ˈseksɪzəm 'সেক্সিজ্যাম্ / *noun* [U] the unfair treatment of people, especially women, because of their sex; the attitude that causes this বিশেষত স্ত্রী জাতির প্রতি অন্যায় ব্যবহার; যে ভাবভঙ্গির জন্য এরকম ঘটে; যৌনবৈষম্যবাদ ▶ **sexist** / ˈseksɪst 'সেক্সিস্ট / *adj.* যৌনবৈষম্যবাদী *a sexist attitude to women* ○ *sexist jokes*

sextuplet / ˈsekstʊplət; sekˈstjuːplət; 'সেক্সটুপ্ল্যাট্; সেক'স্টিউ প্ল্যাট্; -ˈstʌp- / -স্টাপ্- / *noun* [C] one of six children or animals that are born to one mother at the same time মানুষের বা অন্য কোনো প্রাণীর একত্রে একই গর্ভজাত ছয়টি বাচ্চার যে-কোনো একটি

sexual / ˈsekʃuəl 'সেক্শুঅ্যাল্ / *adj.* connected with sex যৌনতা সম্পর্কিত, যৌন *sexual problems* ○ *a campaign for sexual equality* (=to get fair and equal treatment for both men and women) ➪ **sexy** দেখো। ▶ **sexually** / ˈsekʃəli 'সেক্শ্যালি / *adv.* যৌনভাবে; যৌনতাপূর্ণভাবে *to be sexually attracted to sb*

sexual intercourse (*formal*) = **sex 3**

sexuality / ˌsekʃuˈæləti ˌসেক্শু'অ্যাল্যাটি / *noun* [U] the nature of sb's sexual activities or desires কোনো ব্যক্তির যৌন ব্যবহার বা যৌনাকাঙ্ক্ষার ধরন, বিশেষ যৌন স্বভাব

sexy / ˈseksi 'সেক্সি / *adj.* (**sexier; sexiest**) (*informal*) sexually attractive or exciting যৌন আবেদনপূর্ণ, কামোত্তেজক *a sexy dress*

SEZ / ˌes iː ˈzed ˌএস্ ঈ 'জ়েড্ / *abbr.* Special Economic Zone; a geographical region writhin a country which is subject to special economic laws which are less restrictive than those governing the rest of the country. স্পেশাল ইকনমিক জোন-এর সংক্ষিপ্ত রূপ; কোনো দেশ বা কোনো রাষ্ট্রের মধ্যেকার ভৌগোলিক অঞ্চল যেখানে সমগ্র দেশের তুলনায় কম রক্ষণশীল আর্থিক নিয়মনীতিসমূহ প্রযুক্ত হয়ে থাকে; এস.ই.জেড

Sgt *abbr.* sergeant সারজ্যান্ট-এর সংক্ষিপ্ত রূপ

sh /ʃ শ্/ *exclamation* used to tell sb to stop making noise বিস্ময়বোধক ইঙ্গিত যা কাউকে থামানোর জন্য ব্যবহার করা হয় *Sh! People are trying to study in here.*

shabby / ˈʃæbi 'শ্যাবি / *adj.* **1** in bad condition because of having been used or worn too much বহুদিন ব্যবহার বা পরিধান করার কারণে জীর্ণ *shabby* *suit* **2** (used about people) dressed in an untidy way; wearing clothes that are in bad condition (মানুষজন সম্বন্ধে ব্যবহৃত) অপরিচ্ছন্ন পোশাক পরিহিত; জরাজীর্ণ বস্ত্র পরিহিত **3** (used about the way that sb is treated) unfair; not generous (কারও প্রতি যে ব্যবহার করা হয়েছে তা বলার জন্য ব্যবহৃত) অন্যায়; অনুচিত বা অনুদার ▶ **shabbily** /-ɪli -ইলি / *adv.* অপরিচ্ছন্নভাবে, দীনহীনের মতো; অনুচিতভাবে *a shabbily dressed man* o *She felt she'd been treated shabbily by her employers.*

shack / ʃæk শ্যাক্ / *noun* [C] a small building, usually made of wood or metal, that has not been built well কাঠ বা ধাতু দিয়ে যেমন-তেমনভাবে তৈরি ছোটো কুঁড়ে ঘর

shackle¹ / 'ʃækl শ্যাক্ল্ / *noun* [C] one of a pair of metal rings connected with a chain put around a prisoner's wrists or ankles হাতকড়া, শিকল, শৃঙ্খল, বেড়ি

shackle² / 'ʃækl শ্যাক্ল্/ *verb* [T] **1** to put **shackles¹** on sb কাউকে হাতকড়া পরানো, শৃঙ্খলিত করা *The prisoners were kept shackled during the trial.* **2** (*usually passive*) to prevent sb from behaving or speaking as they want ইচ্ছামতো ব্যবহার বা কথা বলা থেকে কাউকে আটকানো *She is opposed to shackling the press with privacy laws.*

shade¹ / ʃeɪd শেইড্ / *noun* **1** [U] an area that is out of direct sunlight and is darker and cooler than areas in the sun ছায়াময় স্থান, ছায়াশীতল এলাকা *It was so hot that I had to go and sit in the shade.* **2** [C] something that keeps out light or makes it less bright যা আলো ঢাকা দিয়ে রাখে অথবা আলোর উজ্জ্বলতা কমায়, আলো আড়াল করে *a lampshade* **3 shades** [pl.] (*informal*) = **sunglasses** **4** [C] **a shade (of sth)** a type of a particular colour নির্দিষ্ট কোনো রং *a shade of green* **5** [C] a small difference in the form or nature of sth কোনো কিছুর রূপগত বা প্রকৃতিগত সামান্য পার্থক্য *a word with various shades of meaning* **6** [sing.] **a shade** a little bit স্বল্প, কম পরিমাণে

shade² / ʃeɪd শেইড্ / *verb* [T] **1** to protect sth from direct light; to give shade to sth আলো আড়াল করা, সরাসরি আলো আসা থেকে বাঁচানো; ছায়া দেওয়া *The sun was so bright that I had to shade my eyes.* **2 shade sth (in)** to make an area of a drawing darker, for example with a pencil কোনো নকশা ইত্যাদির অংশ অপেক্ষাকৃত গাঢ় করে তোলা, যেমন পেনসিল ঘষে *The trees will look more realistic once you've shaded them in.*

shadow¹ / 'ʃædəʊ শ্যাড্যাউ / *noun* **1** [C] a dark shape on a surface that is caused by sth being between the light and that surface (কোনো কিছুর পৃষ্ঠতল এবং আলোর মধ্যে কিছু থাকার ফলে) ছায়া, প্রতিবিম্ব *The dog was chasing its own shadow.* o *The shadows lengthened as the sun went down.* ➪ **penumbra** এবং **umbra** দেখো। **2** [U] an area that is dark because sth prevents direct light from reaching it সোজাসুজি আলো আসা আটকানোর ফলে অন্ধকার এলাকা *His face was in shadow.* **3** [sing.] a very small amount of sth আভাস মাত্র, অল্প পরিমাণে কিছু *I know without a shadow of doubt that he's lying.*

IDM **cast a shadow (across/over sth)** ➪ **cast¹** দেখো।

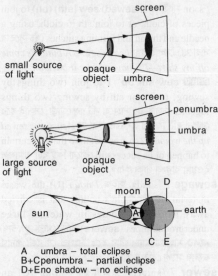

screen
small source of light
opaque object
umbra

screen
penumbra
umbra
large source of light
opaque object

B D
moon
sun
A
earth
C E

A umbra – total eclipse
B+C penumbra – partial eclipse
D+E no shadow – no eclipse

types of shadow

shadow² / 'ʃædəʊ শ্যাড্যাউ / *verb* [T] to follow and watch sb's actions লুকিয়ে কাউকে লক্ষ করা, গোপনে কারও গতিবিধির উপর নজর রাখা *The police shadowed the suspect for three days.*

shadowy / 'ʃædəʊi শ্যাড্যাউই / *adj.* **1** dark and full of shadows ছায়াচ্ছন্ন, অন্ধকার, আবছা *a shadowy forest* **2** difficult to see because there is not much light আলো না থাকায় ভালোভাবে দেখতে পাওয়া কঠিন এমন *A shadowy figure was coming towards me.* **3** that not much is known about; mysterious যার সম্পর্কে বেশি জানা নেই; রহস্যময়, ছায়াবৃত

shady / 'ʃeɪdi শেইডি / *adj.* **1** giving shade; giving protection from the sun ছায়ায় ঘেরা; রোদের আড়ালে *I found a shady spot under the trees and sat down.* **2** (*informal*) not completely honest or legal পুরোপুরি নৈতিক বা আইনসিদ্ধ নয়

shaft / ʃɑ:ft শাফ্ট্ / *noun* [C] **1** a long, narrow hole in which sth can go up and down or enter or leave কোনো কিছুর ভিতরে ঢোকার বা নামার সরু সুড়ঙ্গ পথ *a lift shaft* ○ *a mine shaft* **2** a bar that connects parts of a machine so that power can pass between them বিদ্যুৎ যাতে পরিবাহিত হয় সেজন্য যন্ত্রের বিভিন্ন অংশ সংযুক্ত করে এমন পাটাতন

shaggy / ˈʃæɡi ˈশ্যাগি / *adj.* **1** (used about hair, material, etc.) long, thick and untidy (চুল, উপকরণ ইত্যাদি সম্বন্ধে ব্যবহৃত) লম্বা, পুরু এবং অপরিষ্কার **2** covered with long, thick, untidy hair লম্বা, কোঁচকানো, রুক্ষ, ঝাঁকড়া লোম বা চুলে আবৃত *a shaggy dog*

shake[1] / ʃeɪk শেইক্ / *verb* (*pt* **shook** / ʃʊk শুক্ / ; *pp* **shaken** / ˈʃeɪkən ˈশেইক্যান্ /) **1** [I, T] to move (sb/sth) from side to side or up and down with short, quick movements (কাউকে বা কোনো কিছু) এদিক-ওদিক অথবা উপরে-নীচে কাঁপানো *I was so nervous that I was shaking.* ○ (*figurative*) *His voice shook with emotion as he described the accident.* **2** [T] to disturb or upset sb/sth কাউকে বা কোনো কিছুকে অশান্ত বা চিন্তিত করা *The scandal has shaken the whole country.* **3** [T] to cause sth to be less certain; to cause doubt about sth কোনো কিছু কম নিশ্চিত করা; কোনো কিছু সম্বন্ধে সন্দেহ আনা *Nothing seems to shake her belief that she was right.*

IDM **shake sb's hand/shake hands (with sb); shake sb by the hand** to take sb's hand and move it up and down (when you meet sb, to show that you have agreed on sth, etc.) করমর্দন করা, হ্যান্ডশেক করা

shake your head to move your head from side to side, as a way of saying no এদিক-ওদিক মাথা নেড়ে 'না' বলা

PHR V **shake sb/sth off** to get rid of sb/sth; to remove sth by shaking কারও বা কিছুর থেকে ছাড়া পাওয়া; ঝেড়ে ফেলা *I don't seem to be able to shake off this cold.* ○ *Shake the crumbs off the tablecloth.*

shake[2] / ʃeɪk শেইক্ / *noun* [C] the action of shaking sth or being shaken কোনো কিছু ঝাঁকানোর ক্রিয়া; ঝাঁকুনি

shake-up *noun* [C] a complete change in the structure or organization of sth কোনো কিছুর কাঠামো বা গঠনের আগাগোড়া বদল

shaky / ˈʃeɪki ˈশেইকি / *adj.* (**shakier; shakiest**) **1** shaking or feeling weak because you are frightened or ill দ্বিধাগ্রস্ত, অনিশ্চিত, ভয়ে দুর্বল **2** not firm; weak or not very good সুদৃঢ় নয়, নড়বড়ে; দুর্বল, উন্নত মানের নয় *The table's a bit shaky so don't put anything heavy on it.* ○ *They've had a* ***shaky start*** *to the season losing most of their games.* ▶ **shakily** / -ʃeɪkɪli -শেইকিলি / *adv.* নড়বড়েভাবে

shale / ʃeɪl শেইল্ / *noun* [U] a type of soft stone that splits easily into thin flat layers নরম পাথর যা সহজে ফেটে যায়, পাতলা পাতলা স্তরে ভাগ হয়ে যায়

shall / ʃəl; *strong form* ʃæl *প্রবল রূপ* শ্যাল্ / *modal verb* (*negative*) **shall not;** *short form* **shan't** / ʃɑ:nt শা:ন্ট্/) **1** used for asking for information or advice উপদেশ বা তথ্য জানতে চাওয়ার সময়ে ব্যবহৃত *What time shall I come?* ○ *Where shall we go for our holiday?* **2** used for offering to do sth কোনো কাজের প্রস্তাব দেওয়ার জন্য ব্যবহৃত *Shall I help you carry that box?* ○ *Shall we drive you home?* **3 shall we** used for suggesting that you do sth with the person or people that you are talking to যার সঙ্গে কথা বলা হচ্ছে তার সঙ্গে কোনো কাজ করতে চাওয়ার জন্য ব্যবহৃত *Shall we go out for a meal this evening?*

> **NOTE** **Modal verbs** সম্বন্ধে আরও বিশদভাবে জানার জন্য এই অভিধানের শেষে **Quick Grammar Reference** দেখো।

4 (*formal*) used with 'I' and 'we' in future tenses, instead of 'will', 'I' এবং 'we' এর সঙ্গে ক্রিয়ার ভবিষ্যৎ কালে 'will' এর পরিবর্তে ব্যবহৃত হয় *I shall be very happy to see him again.* ○ *We shan't be arriving until ten o'clock.* **5** (*formal*) used for saying that sth must happen or will definitely happen কোনো কিছু অবশ্য ঘটবে বা ঘটবেই এমন বোঝানোর জন্য ব্যবহৃত অভিব্যক্তিবিশেষ *In the rules it says that a player shall be sent off for using bad language.*

shallot / ʃəˈlɒt শ্যা'লট্ / *noun* [C] a vegetable like a small onion with a very strong taste ছোটো পেঁয়াজের মতো সবজি যার স্বাদ ঝাঁজালো

shallow / ˈʃæləʊ ˈশ্যাল্যাউ / *adj.* **1** not deep; with not much distance between top and bottom অগভীর; কম জল যেখানে *The sea is very shallow here.* ○ *a shallow dish* **2** not having or showing serious or deep thought অগভীর, শূন্যগর্ভ, স্বল্পবুদ্ধি *a shallow person/book* ✪ বিপ **deep** (দুই অর্থের জন্যেই) ▶ **shallowness** *noun* [U] অগভীরতা

sham / ʃæm শ্যাম্ / *noun* (*disapproving*) **1**[*sing.*] a situation, feeling, system, etc. that is not as good or true as it seems to be যে পরিস্থিতি, অনুভূতি পদ্ধতি ইত্যাদি মনে হয় ভালো বা সত্য কিন্তু আসলে নয় *The crime figures are a complete sham.* **2** [C] (*usually sing.*) a person who pretends to be sth that they are not যে ব্যক্তি অন্য কিছু হওয়ার ভান করে

S

যা সে নয় **3** [U] behaviour, feelings, words, etc. that are intended to make sb/sth seem to be better than they really are ব্যবহার, অনুভূতি, শব্দ ইত্যাদি যা কোনো ব্যক্তি অথবা বস্তুকে আসলের থেকে বেশি উন্নততরভাবে দেখায় *Their promises turned out to be full of sham and hypocrisy.* ○ *a sham marriage* ▶ **sham** *verb* [T] (**sha<u>mm</u>ing; sha<u>mm</u>ed**) ভান করা, ছল করা *Is he really sick or is he just shamming?*

shame¹ / ʃeɪm শেইম্ / *noun* **1** [U] the unpleasant feeling of guilt and embarrassment that you get when you have done sth stupid or morally wrong; the ability to have this feeling (বোকার মতো বা অনৈতিক কোনো কাজ করার কারণে) লজ্জা, শরম, ধিক্কার; ধিক্কারবোধ বা অপমানিত হওয়ার বোধ *She was* ***filled with shame*** *at the thought of how she had lied to her mother.* ○ *His actions have* ***brought shame on*** *his whole family.* ⇨ **ashamed** adjective দেখো। **2 a shame** [*sing.*] a fact or situation that makes you feel disappointed লজ্জাদায়ক ঘটনা বা পরিস্থিতি ***It's a shame*** *about Anand failing his exams* ○ ***What a shame*** *you have to leave so soon.*

shame² / ʃeɪm শেইম্ / *verb* [T] to make sb feel shame for sth bad that he/she has done কোনো ভুল কাজ করে লজ্জা পাওয়া, লজ্জায় পড়া, লজ্জায় ফেলা

shameful / ˈʃeɪmfl ˈশেইম্‌ফল্ / *adj.* which sb should feel bad about; shocking লজ্জাকর, অপমানজনক, লজ্জাজনক *a shameful waste of public money* ▶ **shamefully** / -fəli -ফ্যালি / *adv.* লজ্জাজনকভাবে

shameless / ˈʃeɪmləs ˈশেইম্‌ল্যাস্ / *adj.* not feeling embarrassed about doing sth bad; having no shame খারাপ কিছু করেও বিব্রত হয় না এমন; নির্লজ্জ, বেহায়া *a shameless display of greed and bad manners* ▶ **shamelessly** *adv.* নির্লজ্জভাবে

shampoo / ʃæmˈpuː শ্যাম্ˈপু / *noun* **1** [C, U] a liquid that you use for washing your hair; a similar liquid for cleaning carpets, cars, etc. শ্যাম্পু, যা চুল ধোয়ার জন্য ব্যবহৃত হয়; কার্পেট, গাড়ি ইত্যাদি পরিষ্কার করার জন্য ব্যবহৃত তরল পদার্থ *shampoo for greasy/dry/normal hair* **2** [C] the action of washing sth with shampoo কোনো কিছু শ্যাম্পু দিয়ে ধোয়ার কাজ ▶ **shampoo** *verb* [T] (*pres. part.* **shampooing**; *3rd person sing. pres.* **shampoos**; *pt, pp* **shampooed**) শ্যাম্পু করা

shamrock / ˈʃæmrɒk ˈশ্যাম্‌রক্ / *noun* [C, U] a plant with three leaves, which is the national symbol of Ireland তিনপাতার গাছ, যা আয়ার্ল্যান্ডের জাতীয় প্রতীক হিসেবে গণ্য হয়

shandy / ˈʃændi ˈশ্যান্‌ডি / *noun* [C, U] (*pl.* **shandies**) a drink that is a mixture of beer and a sweet, colourless, drink with bubbles that is not alcoholic (**lemonade**) বিয়ার মিশ্রিত মিষ্ট স্বাদের বর্ণহীন এবং বুদ্‌বুদওয়ালা লেমনেড জাতীয় এক ধরনের পানীয়, যা অ্যালকোহলিক নয়

shan't ⇨ **shall not**-এর সংক্ষিপ্ত রূপ

shape¹ / ʃeɪp শেইপ্ / *noun* **1** [C, U] the form of the outer edges or surfaces of sth; an example of sth that has a particular form কোনো কিছুর বহির্প্রান্ত বা পৃষ্ঠতলগুলির রূপ; কিছুর আকার, গঠন *a round/square/rectangular shape* ○ *a cake* ***in the shape of*** *a heart* **2 -shaped** (*used to form compound adjectives*) having the shape mentioned উল্লিখিত আকারের *an L-shaped room* **3** [U] the physical condition of sb/sth; the good or bad state of sb/sth কারও বা কিছুর শারীরিক গঠন; ভালো বা মন্দ অবস্থা *She was* ***in such bad shape*** (=so ill) *that she had to be taken to hospital.* ○ *I go swimming regularly to keep* ***in shape.*** **4** [*sing.*] **the shape (of sth)** the organization, form or structure of sth কোনো কিছুর গঠন, রূপ বা কাঠামো

IDM out of shape 1 not in the usual or correct shape ঠিক মাপের নয় *My sweater's gone out of shape now that I've washed it.* **2** not physically fit শারীরিকভাবে সুস্থ নয় *You're out of shape. You should get more exercise.*

take shape to start to develop well ভালোভাবে বিকাশ লাভ করতে শুরু করা *Plans to expand the company are beginning to take shape.*

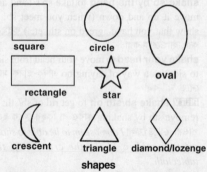

square
circle
oval
rectangle
star
crescent
triangle
diamond/lozenge

shapes

shape² / ʃeɪp শেইপ্ / *verb* [T] **1 shape sth (into sth)** to make sth into a particular form কোনো কিছু বিশেষ আকারে তৈরি করা *Shape the mixture into small balls.* **2** to influence the way in which sth develops; to cause sth to have a particular form or nature কোনো কিছু গড়ে ওঠার পথটি প্রভাবান্বিত করা; নির্দিষ্ট রূপ বা প্রকৃতির কারণ হওয়া *His political ideas were shaped by his upbringing.*

shapeless / ˈʃeɪpləs ˈশেইপ্‌ল্যাস্ / *adj.* not having a clear shape আকারবিহীন, বেঢপ মাপের *a shapeless dress*

share¹ / ʃeə(r) শেআ্যা(র্) / *verb* **1** [T] **share sth (out)** to divide sth between two or more people দুই বা ততোধিক লোকের মধ্যে কোনো কিছু ভাগ করা *We shared the pizza out between the four of us.* **2** [I, T] **share (sth) (with sb)** to have, use, do or pay sth together with another person or other people অন্যের সঙ্গে ভাগাভাগি করে নেওয়া *I share a flat with four other people.* ○ *We share the same interests.* **3** [T] **share sth (with sb)** to tell sb about sth; to allow sb to know sth কাউকে কোনো কিছু সম্বন্ধে বলা; কাউকে কিছু জানতে দেওয়া *Sometimes it helps to share your problems with others.*

share² / ʃeə(r) শেআ্যা(র্) / *noun* **1** [*sing.*] **share (of sth)** a part or amount of sth that has been divided between several people অনেকের মধ্যে ভাগ করা হয়েছে এমন জিনিসের একটা অংশ বা পরিমাণ *We each pay a share of the household bills.* ○ *I'm willing to **take** my **share** of the blame.* **2** [C, *usually pl.*] **share (in sth)** one of many equal parts into which the value of a company is divided, that can be sold to people who want to own part of the company কোনো কোম্পানির সমান অংশসমূহ যার মধ্যে তার মূল্য বা মালিকানা সমান ভাগে বিভক্ত থাকে এবং যা সেই কোম্পানির অংশভাক হতে ইচ্ছুক ব্যক্তিগণের মধ্যে বিক্রয়যোগ্য তার একটি; শেয়ার
IDM the lion's share (of sth) ⇨ **lion** দেখো। **(more than) your fair share of sth** ⇨ **fair¹** দেখো।

shareholder / ˈʃeəhəʊldə(r) ˈশেআ্যাহাউল্‌ড্যা(র্) / *noun* [C] an owner of shares in a company কোম্পানির শেয়ারের মালিক, মালিকানার অংশীদার; শেয়ারহোল্ডার

shark / ʃɑ:k শা:ক্ / *noun* [C] a large, often dangerous, sea fish that has a lot of sharp teeth বৃহৎ আকারের বিপজ্জনক সামুদ্রিক প্রাণী; হাঙর

sharp¹ / ʃɑ:p শা:প্ / *adj.* **1** having a very thin but strong edge or point; that can cut or make a hole in sth easily ধারালো, তীক্ষ্ণ; যা সহজেই কেটে গর্ত করতে পারে *a sharp knife/sharp teeth* ✪ বিপ **blunt** **2** (used about a change of direction or level) very great and sudden (গতিপথে বা মাত্রায় আকস্মিক পরিবর্তন সম্বন্ধে ব্যবহৃত) খুব বেশি এবং আকস্মিক *a sharp rise/fall in inflation* ○ *This is a sharp bend so slow down.* **3** clear and definite স্পষ্ট এবং সুনির্দিষ্ট *the sharp outline of the hills* ○ *a sharp contrast between the lives of the rich and the poor* **4** able to think, act, understand, see or hear quickly প্রখর, বুদ্ধিদীপ্ত *a sharp mind* ○ *You must have sharp eyes if you can read that sign from here.* **5** (used about actions or movements) quick and sudden (কাজ অথবা গতিবিধি সম্বন্ধে ব্যবহৃত) আকস্মিক এবং হঠাৎ *One short sharp blow was enough to end the fight.* **6** (used about words, comments, etc.) said in an angry way; intended to upset sb or be critical (শব্দসমূহ, মন্তব্য ইত্যাদি সম্বন্ধে ব্যবহৃত) রেগে গিয়ে বলা হয়েছে এমন; কোনো ব্যক্তিকে রাগানোর জন্য অথবা তার সমালোচনা করার জন্য বলা হয় এমন **7** (used about pain) very strong and sudden (ব্যথা সম্বন্ধে ব্যবহৃত) প্রবল, হঠাৎ *a sharp pain in the chest* ✪ বিপ **dull** **8** (used about sth that affects the senses) strong; not mild or gentle, often causing an unpleasant feeling (যা ইন্দ্রিয়ানুভূতিকে প্রভাবিত করে এমন কিছু সম্বন্ধে ব্যবহৃত) প্রবল; মৃদু বা কোমল নয়, প্রায়শ যা অপ্রিয় অনুভূতি দেয় *a sharp taste* ○ *a sharp wind* **9** (in music) slightly higher than the correct note (সংগীতে) বর্ণিত স্বরের থেকে আধ পর্দা উঁচু *That last note was sharp. Can you sing it again?* ⇨ **flat¹ 5** দেখো। ▶ **sharply** / ˈʃɑ:pli ˈশা:প্‌লি / *adv.* তীক্ষ্ণভাবে *The road bends sharply to the left.* ○ *Share prices fell sharply this morning.* ▶ **sharpness** *noun* [U] তীক্ষ্ণতা

sharp² / ʃɑ:p শা:প্ / *adv.* **1** (used about a time) exactly, punctually (সময় সম্বন্ধে ব্যবহৃত) ঠিক, একদম সময়মতো *Be here at three o'clock sharp.* **2** turning suddenly হঠাৎ ঘোরা *Go to the traffic lights and turn sharp right.* **3** (in music) slightly higher than the correct note (সংগীতে) সঠিক স্বরের থেকে সামান্য উঁচুতে ⇨ **flat¹ 6** দেখো।

sharpen / ˈʃɑ:pən ˈসা:প্যান্ / *verb* [I, T] to become or to make sth sharp or sharper ধারালো হয়ে ওঠা, ধার দেওয়া, শান দেওয়া *to sharpen a knife* ○ *The outline of the trees sharpened as it grew lighter.*

sharpener / ˈʃɑ:pnə(r) ˈশা'প্‌ন্যা(র্) / *noun* [C] an object or a tool that is used for making sth sharp কোনো কিছুতে ধার দেওয়ার ছোটো যন্ত্র *a pencil/knife sharpener*

shatter / ˈʃætə(r) ˈশ্যাট্যা(র্) / *verb* **1** [I, T] (used about glass, etc.) to break or make sth break into very small pieces (কাচ ইত্যাদি সম্বন্ধে ব্যবহৃত) ভেঙে টুকরো টুকরো হয়ে যাওয়া, খণ্ড খণ্ড করে ভাঙা, চূর্ণবিচূর্ণ হয়ে যাওয়া *I dropped the glass and it shattered on the floor.* ○ *The force of the explosion shattered the windows.* **2** [T] to destroy sth completely কোনো কিছু সম্পূর্ণ ধ্বংস করে ফেলা, একদম ভেঙে ফেলা *Her hopes were shattered by the news.*

shattered / ˈʃætəd ˈশ্যাট্যাড্ / *adj.* **1** very shocked and upset খুবই বিচলিত ও কাতর হয়ে পড়া **2** (*informal*) very tired অত্যন্ত ক্লান্ত *I'm absolutely shattered.*

shave¹ / ʃeɪv শেইভ্ / *verb* [I, T] **shave (sth) (off)** to remove hair from the face or another part of the body with an extremely sharp piece of metal (**a razor**) দাড়ি কামানো, ক্ষৌরকর্ম করা, মুণ্ডন করা *I cut myself shaving this morning.* ○ *When did you shave off your moustache?*

PHR V **shave sth off (sth)** to cut a very small amount from sth কোনো কিছু থেকে ছোটো টুকরো কেটে নেওয়া

shave² / ʃeɪv শেইভ্ / *noun* [C, *usually sing.*] the action of shaving দাড়ি কামানোর কাজ, ক্ষৌরকর্ম, মুণ্ডন *to have a shave* ○ *I need a shave.*

IDM **a close shave/thing** ➪ **close³**

shaven / ˈʃeɪvn ˈশেইভ্ন্ / *adj.* having been shaved কামানো হয়েছে এমন, মুণ্ডিত *clean-shaven* (=not having a beard or moustache)

shaver / ˈʃeɪvə(r) ˈশেইভ্যা(র্) / (*also* **electric razor**) *noun* [C] an electric tool that is used for removing hair from the face or another part of the body যে বৈদ্যুতিক যন্ত্রের সাহায্যে শরীরে মুখমণ্ডল বা অন্য কোনো অংশ থেকে রোম নির্মূল করা হয়

shawl / ˈʃɔːl ˈশ:ল্ / *noun* [C] a large piece of cloth that is worn by a woman round her shoulders or head or that is put round a baby বৃহৎ বস্ত্রখণ্ড যা মহিলারা গায়ে বা মাথায় পরিধান করে বা কোলের শিশুকে তার দ্বারা ঢেকে রাখে; শাল

she / ʃiː শী / *pronoun* (*the subject of a verb*) the female person who has already been mentioned (ক্রিয়ার কর্তা) কোনো নির্দিষ্ট মহিলা বা মেয়ে *'What does your sister do?' 'She's a dentist.'* ○ *I asked her a question but she didn't answer.*

sheaf / ʃiːf শীফ্ / *noun* [C] (*pl.* **sheaves**) **1** a number of pieces of paper held or tied together কাগজের বান্ডিল *She had a sheaf of documents in her hand.* **2** a bunch of corn or wheat tied together after being cut কাটার পরে বেঁধে রাখা একগুচ্ছ শস্য (ভুট্টা বা গম)

shear / ʃɪə(r) শিঅ্যা(র্) / *verb* [T] (*pt* **sheared**; *pp* **shorn** / ʃɔːn শ:ন্ / or **sheared**) to cut the wool off a sheep ভেড়ার লোম ছাঁটা, পশম ছাঁটা

shears / ʃɪəz শিঅ্যাজ্ / *noun* [*pl.*] a tool that is like a very large pair of scissors and that is used for cutting things in the garden বাগানে গাছপালা কাটার বড়ো কাঁচি *a pair of shears* ➪ **gardening**-এ ছবি দেখো।

sheath / ʃiːθ শীথ্ / *noun* [C] (*pl.* **sheaths** / ʃiːðz শীদজ্ /) a cover for a knife or other sharp weapon ছুরি বা কোনো ধারালো যন্ত্রের খাপ

shed¹ / ʃed শেড্ / *noun* [C] a small building that is used for keeping things or animals in জিনিসপত্র বা প্রাণী রাখার ছাউনি; গুদাম; জন্তুজানোয়ার রাখার ছোটো ঢাকা জায়গা; শেড *a garden shed* ○ *a bicycle shed* ○ *a cattle shed*

shed² / ʃed শেড্ / *verb* [T] (*pres. part.* **shedding**; *pt, pp* **shed**) **1** to lose sth because it falls off কোনো কিছু ত্যাগ করা; খসানো, ঝরানো *This snake sheds its skin every year.* ○ *Autumn is coming and the trees are beginning to shed their leaves.* **2** to get rid of or remove sth that is not wanted অবাঞ্ছিত জিনিস ফেলে দেওয়া বা সরিয়ে ফেলা

IDM **shed blood** (*written*) to kill or injure people জনহত্যা করা, আহত করা

shed light on sth to make sth clear and easy to understand কোনো বিষয়ে আলোকপাত করা, স্পষ্ট করে বুঝিয়ে বলা

shed tears to cry কাঁদা

she'd / ʃiːd শীড্ / ➪ **she had, she would**-এর সংক্ষিপ্ত রূপ

sheen / ʃiːn শীন্ / *noun* [*sing.*] [U] a soft smooth shiny quality চমক; চকচকেভাব *Her hair has a healthy sheen.*

sheep / ʃiːp শীপ্ / *noun* [C] (*pl.* **sheep**) an animal that is kept on farms and used for its wool or meat ভেড়া, মেষ

horn
ram
fleece
lamb
ewe

sheep

NOTE পুরুষ জাতীয় ভেড়াকে **ram** বলা হয়। স্ত্রী জাতীয় ভেড়াকে **ewe** বলা হয় ভেড়া শাবককে **lamb** বলা হয়। ভেড়ার ডাককে **bleat** বলা হয়।

sheepdog / ˈʃiːpdɒg ˈশীপ্‌ডগ্ / *noun* [C] a dog that has been trained to control sheep যে কুকুর ভেড়ার পালকে নিয়ন্ত্রণে রাখার তালিম পেয়েছে

sheepish / ˈʃiːpɪʃ ˈশীপিশ্ / *adj.* feeling or showing embarrassment because you have done sth silly লজ্জায় জড়োসড়ো, কাঁচুমাচু *a sheepish grin*
▶ **sheepishly** *adv.* কাঁচুমাচু হয়ে

sheepskin / ˈʃiːpskɪn ˈশীপ্‌স্কিন্ / *noun* [U, C] the skin of a sheep, including the wool, from which coats, etc. are made পশমসমেত মেষের চামড়া যা থেকে কোট ইত্যাদি তৈরি হয় *a sheepskin rug/jacket*

sheer / ʃɪə(r) শিঅ্যা(র্) / *adj.* **1** (*only before a noun*) used to emphasize the size, degree or amount of sth আকার, মাত্রা বা পরিমাণের উপর জোর দেওয়ার জন্য ব্যবহৃত হয় *It's sheer stupidity to drink and drive.* ○ *I only agreed out of sheer desperation.* **2** very steep; almost vertical

S

একেবারে খাড়া; প্রায় উল্লম্ব *Don't walk near the edge. It's a **sheer drop** to the sea.*

sheet / ʃi:t শীট্ / *noun* [C] **1** a large piece of material used on a bed বিছানার চাদর **2** a piece of paper that is used for writing, printing, etc. on লেখার বা ছাপার একটি কাগজ *a sheet of notepaper* ○ *Write each answer on a separate sheet.* ➪ **balance sheet** দেখো। **3** a flat, thin piece of any material, especially a square or rectangular one যে-কোনো কিছুর পাতলা খণ্ড যা বিশেষত চৌকো ধরনের হয় *a sheet of metal/glass* **4** a wide, flat area of sth কোনো কিছুর চওড়া সমতল ক্ষেত্র *The road was covered with **a sheet of ice**.*

sheet lightning *noun* [U] **lightning** that appears as a broad area of light in the sky ঝড়ের সময়ে আকাশের অনেকখানি জায়গা জুড়ে বিদ্যুতের চমকানি ➪ **forked lightning** দেখো।

sheet music *noun* [U] music printed on separate pieces of paper rather than in a book বই-এর পরিবর্তে আলাদা আলাদা কাগজে মুদ্রিত সংগীত

sheikh (*also* **sheik**) / ʃeɪk শেইক্; সীক / *noun* [C] an Arab ruler আরবদেশের শাসক; শেখ

sheikhdom / ˈʃeɪkdəm; ˈʃi:k- ˈশেইকড্যাম্; ˈশীক- / *noun* [C] an area of land ruled by a sheikh শেখ শাসিত রাজ্য বা এলাকা

shelf / ʃelf শেল্ফ্ / *noun* [C] (*pl.* **shelves** / ʃelvz শেলভ্জ্ /) a long flat piece of wood, glass, etc. that is fixed to a wall or in a cupboard, used for putting things on আলমারির মধ্যে বা দেয়ালে লাগানো কাচ বা কাঠের তাক, যা জিনিস রাখার জন্য ব্যবহৃত হয়; শেল্ফ *a bookshelf*

shell¹ / ʃel শেল্ / *noun* **1** [C, U] a hard covering that protects eggs, nuts and some animals ডিম, বাদাম ইত্যাদির উপরের খোসা, কোনো প্রাণীর উপরের শক্ত আবরণ বা খোলস *Some children were collecting shells on the beach.* ○ *egg shell* ➪ **mollusc** এবং **nut**-এ ছবি দেখো। **2** [C] the walls or hard outer structure of sth যে-কোনো জিনিসের বাইরের কাঠামো বা দেয়াল *The body shell of the car is made in another factory.* **3** [C] a metal container that explodes when it is fired from a large gun বন্দুকের গুলি

IDM **come out of your shell** to become less shy and more confident when talking to other people সংকোচ বা লজ্জা ত্যাগ করে নিজের ভিতর থেকে বেরিয়ে আসা, অন্যের সঙ্গে কথা বলা

go, retreat, etc. into your shell to suddenly become shy and stop talking হঠাৎ লজ্জিত হয়ে পড়া, নিজেকে গুটিয়ে নেওয়া, কথা বন্ধ করে দেওয়া

shell² / ʃel শেল্ / *verb* [T] **1** to take the hard outer layer (**shell**) off a nut or other kind of food বাদাম বা অন্য ধরনের খাবারের খোসা ছাড়ানো *to shell peas* **2** to fire metal containers (**shells**) full of explosives from a large gun কামান দাগা

she'll / ʃi:l শীল্ / ➪ **she will**-এর সংক্ষিপ্ত রূপ

shellfish / ˈʃelfɪʃ ˈশেল্‌ফিশ্ / *noun* (*pl.* **shellfish**) **1** [C] a type of animal that lives in water and has a shell এক জাতীয় প্রাণী যা জলে বাস করে এবং যাদের শরীরের বাইরের খোলস শক্ত **2** [U] these animals eaten as food ছবিতে দেখানো শক্ত খোলসওয়ালা প্রাণীগুলি খাওয়ার জন্যেও ব্যবহৃত হয়

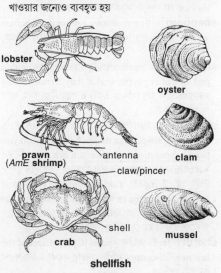

lobster
oyster
prawn
(AmE shrimp)
antenna
clam
claw/pincer
shell
crab
mussel

shellfish

shelter¹ / ˈʃeltə(r) ˈশেল্ট্যা(র্) / *noun* **1** [U] **shelter (from sth)** protection from danger or bad weather (বিপদ, দুর্যোগ, খারাপ আবহাওয়ার হাত থেকে) আশ্রয় *to give somebody food and shelter* ○ *We had to **take shelter** from the storm.* **2** [C] a small building that gives protection, for example from bad weather or attack নিরাপদ আশ্রয়, খারাপ আবহাওয়া বা শত্রুর আক্রমণের হাত থেকে বাঁচার স্থান বা ছোটো কোনো বাড়ি; ছাউনি *a bus shelter* ○ *an air-raid shelter*

shelter² / ˈʃeltə(r) ˈশেল্ট্যা(র্) / *verb* **1** [I] **shelter (from sth)** to find protection or a safe place নিজেকে রক্ষা করা, বাঁচানো, নিরাপদ জায়গায় আশ্রয় নেওয়া *Let's shelter from the rain under that tree.* **2** [T] **shelter sb/sth (from sb/sth)** to protect sb/sth; to provide a safe place away from harm or danger কোনো ব্যক্তি বা বস্তুকে রক্ষা করা; কাউকে বিপদের হাত থেকে, শত্রুর হাত থেকে রক্ষা করা, ক্ষতি থেকে বাঁচানো *The trees shelter the house from the wind.*

sheltered / ˈʃeltəd ˈশেল্ট্যাড্ / *adj.* **1** (used about a place) protected from bad weather (কোনো জায়গা

সম্বন্ধে ব্যবহৃত) ঝড়-জল, খারাপ আবহাওয়া থেকে সুরক্ষিত **2** protected from unpleasant things in your life জীবনের অপ্রীতিকর অভিজ্ঞতা থেকে সুরক্ষিত জীবন *We had a sheltered childhood, living in the town.*

shelve / ʃelv ˈশেলভ্ / *verb* [T] to decide not to continue with a plan, etc., either for a short time or permanently পরিকল্পনা ইত্যাদি মুলতুবি রাখা, ধামা চাপা দিয়ে রাখা *Plans for a new flyover have been shelved.*

shelves ➪ **shelf**-এর plural

shelving / ˈʃelvɪŋ শেল্‌ভিং / *noun* [U] a set of shelves অনেকগুলি তাক অথবা পরপর লাগানো তাক

shepherd¹ / ˈʃepəd ˈশেপ্যাড় / *noun* [C] a person whose job is to look after sheep মেষ পালক, অজজীবক

shepherd² / ˈʃepəd ˈশেপ্যাড় / *verb* [T] to guide and look after people so that they do not get lost জনসাধারণকে পথ দেখিয়ে একত্রিত করে নিয়ে চলা, পথে পরিচালনা করা

sherbet / ˈʃɜːbət ˈশ্যব্যাট্ / *noun* [U] **1** (*BrE*) a flavoured powder that makes bubbles when you put it in your mouth and is eaten as a sweet মিষ্টির মতো খাওয়া হয় একধরনের স্বাদু গুঁড়ো যা মুখে দিয়ে বুদ্‌বুদ তৈরি হয় **2** (*IndE*) a drink made of sweetened fruit juices diluted in water and served with ice মিষ্টি দেওয়া ফলের রস জলের সঙ্গে মিশিয়ে বরফ দিয়ে পরিবেশন করা হয় যে পানীয়; শরবত

sheriff / ˈʃerɪf ˈশেরিফ্ / *noun* [C] an officer of the law in a US county মার্কিন দেশের সরকারি উচ্চপদস্থ কর্মচারী, শেরিফ

sherry / ˈʃeri ˈশেরি / *noun* [C, U] (*pl.* **sherries**) a type of strong Spanish wine; a glass of this wine জোরালো ও তীব্র স্পেনদেশের মদ্য; এক গ্লাস শেরি

she's / ʃiːz; ʃiz শীজ্; শিজ্ / ➪ **she is; she has**-এর সংক্ষিপ্ত রূপ

shield¹ / ʃiːld শীল্ড্ / *noun* [C] **1** (in past times) a large piece of metal or wood that soldiers carried to protect themselves (অতীতে) ধাতু বা কাঠের বড়ো টুকরো যা নিজেদের বাঁচানোর জন্য সৈন্যরা ব্যবহার করত; ঢাল **2 riot shield** a piece of equipment made of strong plastic, that the police use to protect themselves from angry crowds ক্রুদ্ধ জনতার হাত থেকে নিজেদের বাঁচানোর জন্য পুলিশ কর্তৃক ব্যবহৃত প্লাস্টিকের সরঞ্জাম বা ঢালবিশেষ **3** a person or thing that is used to protect sb/sth especially by forming a barrier সুরক্ষার জন্য নির্মিত কোনো কোনো ব্যক্তি বা বস্তুকে রক্ষা করার জন্য অন্য যে ব্যক্তি বা বস্তুকে প্রতিরোধ বা বাধা হিসেবে ব্যবহার করা হয় *The metal door acted as a shield against the explosion.* **4** an object or drawing in the shape of a shield, sometimes used as a prize in a sports competition কোনো বস্তু বা নকশা (শিল্ডের আকারে), কখনো কখনো খেলাধুলোর প্রতিযোগিতায় বিজয়ীকে পুরস্কার দেওয়ার জন্য ব্যবহৃত হয়

shield² / ʃiːld শীল্ড্ / *verb* [T] **shield sb/sth (against/from sb/sth)** to protect sb/sth from danger or damage কাউকে বিপদ থেকে রক্ষা করা, কোনো জিনিস ক্ষতির হাত থেকে বাঁচানো *I shielded my eyes from the bright light with my hand.*

shift¹ / ʃɪft শিফ্ট্ / *verb* [I, T] **1** to move or be moved from one position or place to another জায়গা বা স্থান পরিবর্তন করা, অবস্থান পালটানো *She shifted uncomfortably in her chair.* ○ *He shifted his desk closer to the window.* **2** to change your opinion of or attitude towards sth কোনো কিছুর প্রতি মনোভাব বা দৃষ্টিভঙ্গি বদলানো *Public attitudes towards marriage have shifted over the years.*

IDM **shift the blame/responsibility (for sth) (onto sb)** to make sb else responsible for sth you should do or for sth bad you have done নিজের দোষ অন্যের ঘাড়ে চাপানো

shift² / ʃɪft শিফ্ট্ / *noun* **1** [C] **a shift (in sth)** a change in your opinion of or attitude towards sth কোনো কিছুর প্রতি মনোভাব বা দৃষ্টিভঙ্গির পরিবর্তন *There has been a shift in public opinion away from war.* **2** [C] (in a factory, etc.) one of the periods that the working day is divided into (কারখানা ইত্যাদিতে) কাজের পালা, শিফট *to work in shifts* ○ *shift work/workers* ○ *day/night shift* **3** [C,*with sing. or pl. verb*] the workers who work a particular shift বিশেষ শিফটের কর্মীরা, বিশেষ সময়ে কর্মরত দল *The night shift has/have just gone off duty.* **4** [U] one of the keys that you use for writing on a computer, etc., that allows you to write a big **(capital)** letter ক্যাপিটাল লেটার অর্থাৎ বড়ো হাতের অক্ষর লেখার জন্য কম্পিউটারের যে চাবিটি ব্যবহার করা হয় *the shift key*

shifting cultivation *noun* [U] (*technical*) a way of farming in some tropical countries in which farmers use an area of land until it cannot be used for growing plants any more, then move on to a new area of land কোনো কোনো গরমের দেশে চাষীরা কোনো জমির যতদিন উর্বরা শক্তি থাকে ততদিন তা ব্যবহার করে তারপর আবার কোনো নতুন জায়গায় চাষ করে; স্থানান্তর প্রথায় চাষ

shifty / ˈʃɪfti ˈশিফ্‌টি / *adj.* (used about a person or his/her appearance) giving the impression that you cannot trust him/her (কোনো ব্যক্তি বা তার চেহারা সম্বন্ধে ব্যবহৃত) যাকে বিশ্বাস করা যায় না; ধূর্ত, শঠ *shifty eyes*

shilling / ˈʃɪlɪŋ ˈশিলিং / *noun* [C] **1** the basic unit of money in some countries, for example Kenya কেনিয়া এবং আরও কোনো কোনো দেশের মুদ্রা; শিলিং **2** a British coin worth five pence that was used in past times পাঁচ পেনি মুল্যের ব্রিটিশ মুদ্রা যা অতীতে প্রচলিত ছিল

shimmer / ˈʃɪmə(r) ˈশিম্যা(র্) / *verb* [I] to shine with a soft light that seems to be moving ঝিলমিল করা, চিকচিক করা *Moonlight shimmered on the sea.*

shin/ ʃɪn শিন্ / *noun* [C] the front part of your leg from your knee to your foot হাঁটু থেকে পায়ের পাতা অবধি পায়ের সামনের অংশ ⇨ **body**-তে ছবি দেখো।

shin bone = **tibia**

shine[1] / ʃaɪn শাইন্ / *verb* (*pt, pp* **shone** /ʃɒn শন্ /) **1** [I] to send out or to send back (**reflect**) light; to be bright আলোক বিচ্ছুরিত করা; উজ্জ্বল হওয়া *I could see a light shining in the distance.* ○ *The sea shone in the light of the moon.* **2** [T] to direct a light at sb/sth কারও বা কিছুর উপর আলো ফেলা *The policeman shone a torch on the stranger's face.* **3** [I] **shine (at/in sth)** to be very good at a school subject, a sport, etc. স্কুলের পড়াশুনো, খেলাধুলো ইত্যাদিতে খুব ভালো করা *She has always shone at languages.*

shine[2] / ʃaɪn শাইন্ / *noun* [*sing.*] **1** a bright effect caused by light hitting a polished surface কোনো চকচকে পৃষ্ঠতলের উপর আলো পড়ায় যে উজ্জ্বল ভাব **2** the act of polishing sth so that it shines ঝকমক করার জন্য পালিশ করার ক্রিয়া

shingle / ˈʃɪŋgl ˈশিংগল্ / *noun* [U] small pieces of stone lying in a mass on a beach সমুদ্রতীরে ছোটো ছোটো নুড়ি; উপল

shingles / ˈʃɪŋglz শিংগ্‌লজ্ / *noun* [U] a disease that affects the long thin threads in the body that carry messages to and from the brain (**nerves**) and produces a band of painful spots on the skin নার্ভের একধরনের অসুখ যার ফলে চামড়ায় কোনো কোনো স্থানে দাগ ও ব্যথা হয়

shin pad *noun* [C] a thick piece of material used to protect the front part of your leg from your knee to your foot (**the shin**) when playing some sports কোনো কোনো খেলায় পায়ের সামনের দিক সুরক্ষিত রাখার জন্য যেটি পরা হয়

shiny / ˈʃaɪni ˈশাইনি / *adj.* (**shinier; shiniest**) causing a bright effect when in the sun or in light সূর্যালোকে বা আলোয় ঝলমলে ভাব *a shiny new car/shiny hair*

ship[1] / ʃɪp শিপ্ / *noun* [C] a large boat used for carrying passengers or cargo by sea মালবাহী বা যাত্রীবাহী জাহাজ *to travel **by ship*** ○ *to launch a ship*

ship[2] / ʃɪp শিপ্ / *verb* [T] (**shipping; shipped**) to send or carry sth by ship or by another type of transport জাহাজে বা অন্য কোনোভাবে জিনিস পরিবহণ করা

shipbuilder / ˈʃɪpbɪldə(r) ˈশিপ্‌বিল্ড্যা(র্) / *noun* [C] a person or company who makes or builds ships জাহাজনির্মাণ কোম্পানি বা ব্যক্তি ▶ **ship building** *noun* [U] জাহাজনির্মাণ

shipment / ˈʃɪpmənt ˈশিপ্‌ম্যান্ট্ / *noun* **1** [U] the carrying of goods from one place to another এক জায়গা থেকে অন্য জায়গায় জিনিস বহন করার ক্রিয়া **2** [C] a quantity of goods that are sent from one place to another এক জায়গা থেকে অন্য জায়গায় পাঠানো মালের পরিমাণ

shipping / ˈʃɪpɪŋ ˈশিপিং / *noun* [U] **1** ships in general or considered as a group জাহাজ বা জাহাজসমূহ সংক্রান্ত যাবতীয় অর্থে **2** the carrying of goods from one place to another এক জায়গা থেকে অন্য জায়গায় জিনিস নিয়ে যাওয়ার ক্রিয়া *a shipping company*

shipshape / ˈʃɪpʃeɪp ˈশিপ্‌শেইপ্ / (*adj. not before a noun*) clean and neat; in good condition and ready to use পরিষ্কার এবং পরিচ্ছন্ন; ব্যবহারযোগ্য

shipwreck / ˈʃɪprek ˈশিপ্‌রেক্ / *noun* [C, U] an accident at sea in which a ship is destroyed by a storm, rocks, etc. and sinks সমুদ্রে ঝড়ঝঞ্ঝা ইত্যাদির দ্বারা বা পাহাড়ে ধাক্কা লেগে যে দুর্ঘটনায় জাহাজ ধ্বংস হয়ে যায়; জাহাজডুবি

> **NOTE** জাহাজডুবিতে পড়েছে এমন ব্যক্তি বা জাহাজকে **shipwrecked** বলা হয়।

shipyard / ˈʃɪpjɑːd ˈশিপ্‌ইআ:ড্ / *noun* [C] a place where ships are repaired or built যেখানে জাহাজ তৈরি বা সারানো হয়

shirk / ʃɜːk শ্যক্ / *verb* [I, T] to avoid doing sth that is difficult or unpleasant, especially because you are too lazy (আলস্যের কারণে) দায়িত্ব এড়ানো, পাশ কাটানো *to shirk your responsibilities*

shirt / ʃɜːt শ্যট্ / *noun* [C] a piece of clothing made of cotton, etc. worn on the upper part of the body শরীরের উপরিভাগে পরিধেয় পোশাক; শার্ট

> **NOTE** সাধারণত শার্টের গলায় **collar** থাকে। এটি লম্বা বা ছোটো **sleeves**-এর (হাতার) হতে পারে এবং সামনের দিকে **buttons** থাকে।

shiver / ˈʃɪvə(r) ˈশিভ্যা(র্) / *verb* [I] to shake slightly, especially because you are cold or frightened বিশেষত ঠান্ডায় বা ভয় পেয়ে কাঁপা, শিহরিত হওয়া *shivering with cold/fright* ▶ **shiver** *noun* [C] শিহরণ, কম্পন *The thought sent a shiver down my spine.*

shoal / ʃəʊl 'শ্যাউল্ / *noun* [C] a large group of fish that feed and swim together বিশেষ ধরনের মাছের ঝাঁক যারা একসঙ্গে থাকে, খায়, সাঁতার কাটে

shock¹ / ʃɒk শক্ / *noun* **1** [C, U] the feeling that you get when sth unpleasant happens suddenly; the situation that causes this feeling অপ্রীতিকর কোনো কিছু ঘটার ফলে যে অনুভূতি; প্রচণ্ড ধাক্কা, আঘাত; যে পরিস্থিতির কারণে এরকম অনুভূতি হয় *The bad news* ***came as a shock*** *to her.* ○ *His mother is* ***in a state of shock****.* **2** [U] a serious medical condition of extreme weakness caused by damage to the body দৈহিক ক্ষতির কারণে অত্যন্ত দুর্বলতাজনিত যে গুরুতর অসুস্থতা *He* ***was in/went into shock*** *after the accident.* **3** [C] a violent shaking movement (caused by a crash, explosion, etc.) দুর্ঘটনা, বিস্ফোরণ ইত্যাদি কারণে প্রবল আলোড়ন **4** [C] = **electric shock**

shock² / ʃɒk শক্ / *verb* **1** [T] to cause an unpleasant feeling of surprise in sb দুঃখে বেদনায় কারও বিস্ময়াভিভূত হয়ে যাওয়া *We were shocked by his death.* **2** [I, T] to make sb feel disgusted or offended কোনো ব্যক্তিকে বিরক্ত বা রাগান্বিত করা *These films deliberately set out to shock.* ► **shocked** *adj.* আতঙ্কিত *a shocked expression/look*

shock absorber *noun* [C] a device that is fitted to each wheel of a vehicle in order to reduce the effects of travelling over rough ground, so that passengers can be more comfortable (যাতে যাত্রীরা আরও স্বচ্ছন্দ হতে পারে সেইজন্য) খারাপ রাস্তায় ভ্রমণের কারণে আকস্মিক আঘাত বা ঝটকা বাঁচাতে গাড়ির চাকায় লাগানো ধাক্কা (শক) নিরোধক যান্ত্রিক ব্যবস্থা

shocking / 'ʃɒkɪŋ 'শকিং / *adj.* **1** that offends or upsets people; that is morally wrong আপত্তিকর, কুরুচিপূর্ণ; অনৈতিক *a shocking accident* ○ *shocking behaviour/news* **2** (*informal*) very bad খুব খারাপ

shock wave *noun* [C] a movement of very high air pressure that is caused by an explosion, a movement of the earth's surface (**an earthquake**), etc. কোনো ভূমিকম্প বা বিস্ফোরণের ফলে উচ্চচাপযুক্ত বাতাসের প্রবল আলোড়ন

shod ➪ **shoe²** এর past tense এবং past participle

shoddy / 'ʃɒdi 'শডি / *adj.* **1** made carelessly or with poor quality materials অযত্নে, অবহেলায় নিকৃষ্ট উপকরণ দিয়ে তৈরি *shoddy goods* **2** dishonest or unfair অসাধু, অসৎ ► **shoddily** *adv.* অসৎভাবে

shoe¹ / ʃu: শূ / *noun* [C] **1** a type of covering for the foot, usually made of leather or plastic জুতো, জুতা, পাদুকা *a pair of shoes* ○ *running shoes* **2** = **horseshoe**

IDM in my, your, etc. place/shoes ➪ **place¹** দেখো।

shoe² / ʃu: শূ / *verb* [T] (*pt, pp* **shod** /ʃɒd শড্ /) to fit a shoe on a horse ঘোড়ায় নাল পরানো

shoehorn / 'ʃu:hɔ:n 'শূহ:ন্ / *noun* [C] a curved piece of plastic or metal that you use to help the back of your foot go into your shoe ধাতু বা প্লাস্টিকের তৈরি যে বাঁকানো জিনিস গোড়ালির কাছে দিয়ে সহজে জুতো পরা যায়

shoelace / 'ʃu:leɪs 'শূলেইস্ / (*AmE* **shoestring**) *noun* [C] a long thin piece of material like string used to fasten a shoe জুতোর ফিতে *to tie/untie a shoelace* ➪ **button**-এ ছবি দেখো।

shoestring / 'ʃu:strɪŋ 'শূস্ট্রিং / (*AmE*)= **shoelace**

IDM on a shoestring using very little money খুব কম খরচায় *to live on a shoestring*

shone ➪ **shine¹** এর past tense এবং past participle

shoo¹ / ʃu: শূ / *verb* [T] (*pt, pp* **shooed**) **shoo sb/sth away, off, out, etc.** to make sb/sth go away by saying 'shoo' and waving your hands এইভাবে কাউকে জায়গা ছেড়ে চলে যেতে বলা, শু শু আওয়াজ করে ও হাত নেড়ে সরতে বলা *She shooed the children out of the kitchen.*

shoo² / ʃu: শূ / *exclamation* used to tell a child or an animal to go away কোনো বাচ্চা বা কোনো পশুকে তাড়ানোর জন্য ব্যবহৃত অভিব্যক্তিবিশেষ

shook ➪ **shake¹** -এর past tense

shoot¹ / ʃu:t শূট্ / *verb* (*pt, pp* **shot** / ʃɒt শট্ /) **1** [I, T] **shoot (sth) (at sb/sth)** to fire a gun or another weapon গুলি করা *Don't shoot!* ○ *She shot an arrow at the target, but missed it.* **2** [T] to injure or kill sb/sth with a gun বন্দুক দিয়ে কাউকে বা কিছুকে হত্যা করা *The soldier was* ***shot dead****.* **3** [I, T] to hunt and kill birds and animals with a gun as a sport পাখি বা প্রাণী শিকার করা (বিনোদনের জন্য) *He* ***goes shooting*** *at the weekends.* ➪ **hunting** দেখো। **4** [I, T] to move somewhere quickly and suddenly; to make sth move in this way সাঁ করে পাশ দিয়ে চলে যাওয়া; কাউকে এভাবে তাড়ানো *The car shot past me at 100 kilometres per hour.* **5** [I] (of pain) to go very suddenly along part of your body (ব্যথা বেদনা সম্বন্ধে ব্যবহৃত) হঠাৎ হঠাৎ জেগে উঠে জানান দিয়ে চলে যাওয়া *The pain shot up my leg.* ○ *shooting pains in the chest* **6** [I, T] to make a film or photograph of sth কোনো পরিমাণে ছবি তোলা, সিনেমার জন্য ছবি তোলা *They shot the scene ten times.* **7** [I] **shoot (at sth)** (in football, etc.) to try to kick or hit the ball into the goal (ফুটবল ইত্যাদিতে) গোল লক্ষ্য করে বল ছুড়তে বা মারতে চেষ্টা করা *He should have shot instead of passing.* ➪ **shot** noun দেখো।

PHR V **shoot sb/sth down** to make sb/sth fall to the ground by shooting him/her/it গুলি মেরে মাটিতে নামানো *The helicopter was shot down by a missile.*

shoot up to increase by a large amount; to grow very quickly আকস্মিকভাবে অনেক পরিমাণে বেড়ে যাওয়া; খুব বেশি পরিমাণে বাড়া *Prices have shot up in the past year.*

shoot² / ʃu:t শুট্ / *noun* [C] a new part of a plant or tree গাছের নতুন অংশ; কিশলয়, মুকুল ➪ **flower**-এ ছবি দেখো।

shooting star *noun* [C] a small piece of rock in space (**a meteor**) that travels very fast and burns with a bright light as it enters the earth's atmosphere উল্কা

shooting star

shop¹ / ʃɒp শপ্ / (*AmE* **store**) *noun* [C] a building or part of a building where things are bought and sold দোকান, বিপণি *a cake/shoe shop* ○ *a corner shop* (= a local shop, usually at the corner of a street)

NOTE সাধারণত 'at the' **butcher's shop** না বলে **at the butcher's** বলা হয়।

IDM **talk shop** ➪ **talk¹** দেখো।

shop² / ʃɒp শপ্ / *verb* [I] (**shopping**; **shopped**) **shop (for sth)** to go to a shop or shops in order to buy things জিনিস কেনার জন্য দোকানে দোকানে যাওয়া *He's shopping for some new clothes.*

NOTE কেনাকাটা করার অর্থে **shop** শব্দটির বদলে **go shopping** অভিব্যক্তিটি বেশি প্রচলিত।

► **shopper** *noun* [C] খদ্দের, খরিদ্দার, ক্রেতা

PHR V **shop around (for sth)** to look at the price and quality of an item in different shops before you decide where to buy it নানা জায়গা ঘুরে ঘুরে দরদাম করা, জিনিসপত্র দেখা

shop assistant (*AmE* **sales clerk; clerk**) *noun* [C] a person who works in a shop দোকানের কর্মচারী

shop floor *noun* [*sing.*] (*BrE*) **1** an area of a factory where the goods are made by the workers কারখানার যে জায়গায় জিনিসপত্র তৈরি হয় *to work **on the shop floor*** **2** the workers in a factory, not the managers কারখানার কর্মচারীরা, ম্যানেজার নয়

shopkeeper / ˈʃɒpki:pə(r) ˈশপ্‌কীপ্যা(র্) / (*AmE* **storekeeper**) *noun* [C] a person who owns or manages a small shop দোকানের মালিক; দোকানদার

shoplifter / ˈʃɒplɪftə(r) ˈশপ্‌লিফ্‌ট্যা(র্) / *noun* [C] a person who steals sth from a shop while pretending to be a customer খরিদ্দার হিসেবে দোকানে গিয়ে যে চুরি করে ➪ **thief**-এ নোট দেখো।

shoplifting / ˈʃɒplɪftɪŋ ˈশপ্‌লিফ্‌টিং / *noun* [U] the crime of stealing goods from a shop while pretending to be a customer খরিদ্দার সেজে দোকানে গিয়ে জিনিস চুরি করা *He was arrested for shoplifting.* ➪ **lift¹ 6** দেখো।

shopping / ˈʃɒpɪŋ ˈশপিং / *noun* [U] **1** the activity of going to the shops and buying things বাজার দোকান করা বা দোকানে দোকানে গিয়ে জিনিস কেনার ক্রিয়া *We always **do the shopping** on a Friday night.* ○ *a shopping basket/bag/trolley* **2** the things that you have bought in a shop কেনা জিনিস (দোকান থেকে)

shopping centre (*AmE* **shopping mall; mall**) *noun* [C] a place where there are many shops, either outside or in a covered building চারপাশ ঘিরে অথবা কোনো ঢাকা বাড়ির মধ্যে অনেক দোকানের সমষ্টি; শপিং মল

shore¹ / ʃɔ:(r) শ:(র্) / *noun* [C, U] the land at the edge of a sea or lake সমুদ্রতীর, নদী বা সমুদ্রের ধার *The sailors **went on shore** (=on land).* ➪ **ashore** দেখো।

shore² / ʃɔ:(r) শ:(র্) / *verb*

PHR V **shore sth up** **1** to support part of a building or other large structure by placing large pieces of wood or metal against or under it so that it does not fall down বড়ো অট্টালিকা বা বড়ো কাঠামোর তলায় কাঠ বা ধাতুর ঠেকা দেওয়া যাতে তা পড়ে না যায় **2** to help support sth that is weak or going to fail দুর্বল কোনো কিছুকে ধরে রাখা *The measures were aimed at shoring up the economy.*

shorn ➪ **shear**-এর past participle দেখো।

short¹ / ʃɔ:t শ:ট্ / *adj., adv.* **1** not measuring much from one end to the other ছোটো, সংক্ষিপ্ত *a short line/distance/dress/hair* ○ *This essay is rather short.* ✪ বিপ **long** ➪ **shorten** verb দেখো। **2** less than the average height বেঁটে, খর্বকায় *a short, fat man* ✪ বিপ **tall** **3** not lasting a long time; brief দীর্ঘস্থায়ী নয়; সংক্ষিপ্ত, স্বল্পস্থায়ী *a short visit/film* ○ *to have a short memory* (=to only remember things that have happened recently)

✪ বিপ **long** ➪ **shorten** verb দেখো। **4 short (of/on sth)** not having enough of what is needed কম, প্রত্যাশা বা প্রয়োজন অনুযায়ী কম *Because of illness, the team is two players short.* ○ *Good secretaries are* ***in short supply*** (=there are not enough of them). ➪ **shortage** noun দেখো। **5** suddenly হঠাৎ, আকস্মিক *She* ***stopped short*** *when she saw the accident.* **6 short for sth** used as a shorter way of saying sth or as an abbreviation সংক্ষেপে, ছোটো করে বলার জন্য ব্যবহৃত *Vinnie is short for Vinayak.* **7 short (with sb)** (used about a person) speaking in an impatient and angry way to sb (ব্যক্তি সম্বন্ধে ব্যবহৃত) রেগে গিয়ে বা অধৈর্যভাবে কারও সঙ্গে কথা বলা হচ্ছে এমন ➪ **shortly** adverb দেখো।

IDM cut sth/sb short to not allow sb to finish speaking; to interrupt কাউকে পুরো কথা বলতে না দেওয়া; মাঝখানে থামিয়ে দেওয়া, বাধা দেওয়া

fall short (of sth) to not be enough; to not reach sth পর্যাপ্ত না হওয়া; যতটা হওয়া দরকার ততটা নয়, কম পড়া *The pay rise fell short of the workers' demands.*

for short as a short form সংক্ষিপ্ত রূপে *She's called Urmila or Urmi for short.*

go short (of sth) to be without enough (of sth) ফুরিয়ে যাওয়া, যথেষ্ট না হওয়া *He made sure his family never went short of food.*

in the long/short term ➪ **term¹** দেখো।

in short in a few words; briefly কম কথায়; সংক্ষেপে

run short (of sth) to have used up most of sth so there is not much left ফুরিয়ে যাওয়া, অভাব থাকা *We're running short of coffee.*

short of sth/doing sth apart from; except for এছাড়াও; কেবল এটি বাদে *Nothing short of a miracle will save the business now.*

stop short of sth/doing sth ➪ **stop¹** দেখো।

short² / ʃɔːt শ:ট্ / *noun* [C] (*informal*) =**short circuit**

shortage / ˈʃɔːtɪdʒ ˈশ:টিজ্ / *noun* [C] a situation where there is not enough of sth কোনো কিছুর ঘাটতি, অভাব *a food/housing/water shortage* ○ *a shortage of trained teachers*

shortbread / ˈʃɔːtbred ˈশ:ট্‌ব্রেড্ / *noun* [U] a sweet biscuit made with sugar, flour and butter ময়দা, চিনি এবং মাখনের মিশ্রণে তৈরি মিষ্টি বিস্কুট

short circuit (*informal* **short**) *noun* [C] a bad electrical connection that causes a machine to stop working কোনো খারাপ বৈদ্যুতিক সংযোগের ফলে কোনো মেশিন যখন অকেজো হয়ে যায়; শর্ট সার্কিট ▶ **short-circuit** *verb* [I, T] শর্ট সার্কিট হওয়া *The lights short-circuited.*

shortcoming / ˈʃɔːtkʌmɪŋ ˈশ:ট্‌কামিং / *noun* [C, *usually pl.*] a fault or weakness ত্রুটি বা দুর্বলতা

short cut *noun* [C] a quicker, easier or more direct way to get somewhere or to do sth কোনো কাজ তাড়াতাড়ি, সহজে বা আরও প্রত্যক্ষভাবে করা বা কোনো জায়গায় সহজে তাড়াতাড়ি পৌঁছোনোর উপায় *He* ***took a short cut*** *to school through the park.*

shorten / ˈʃɔːtn ˈশ:ট্‌ন্ / *verb* [I, T] to become shorter or to make sth shorter ছোটো হওয়া, কোনো কিছু ছোটো করা

shortfall / ˈʃɔːtfɔːl ˈশ:ট্‌ফ:ল্ / *noun* [C] **shortfall (in sth)** the amount by which sth is less than you need or expect কমতি, ঘাটতি

shorthand / ˈʃɔːthænd ˈশ:ট্‌হ্যান্ড্ / *noun* [U] a method of writing quickly that uses signs or short forms of words চিহ্ন বা সংক্ষিপ্ত রূপের সাহায্যে তাড়াতাড়ি লেখার পদ্ধতি; শর্টহ্যান্ড *to write* ***in shorthand*** ○ *a shorthand typist* ➪ **longhand** দেখো।

shortlist / ˈʃɔːtlɪst ˈশ:ট্‌লিস্ট্ / *noun* [C] [*usually sing.*] a list of the best people for a job, etc. who have been chosen from all the people who want the job চাকুরি বা কাজের জন্য সমস্ত আবেদনকারীর মধ্যে থেকে বাছাই করা কয়েকটি নামের তালিকা *She's one of the four people on the shortlist.* ▶ **shortlist** *verb* [T] বাছাই করা, পছন্দ করে বেছে নেওয়া *Six candidates were shortlisted for the post.*

short-lived *adj.* lasting only for a short time স্বল্পস্থায়ী, স্বল্পায়ু

shortly / ˈʃɔːtli ˈশ:ট্‌লি / *adv.* **1** soon; not long তাড়াতাড়ি; বেশি লম্বা নয় *The manager will see you shortly.* **2** in an impatient, angry way অধৈর্যভাবে, রেগে গিয়ে

shorts / ʃɔːts শ:ট্‌স্ / *noun* [*pl.*] **1** a type of short trousers ending above the knee that you wear in hot weather, while playing sports, etc. গরমে বা কোনো খেলাধুলোর জন্য পরিধেয় হাঁটু অবধি ছোটো প্যান্ট; শর্টস **2** (*AmE*) = **boxer shorts**

> **NOTE** লক্ষ করো যে **shorts** শব্দটি যেহেতু বহুবচন (plural) তাই 'a new short' অভিব্যক্তিটি ব্যবহার করা যায় না। সঠিক প্রয়োগ হল—*I need to get* ***some*** *new shorts.* ○ *I need to get* ***a new pair of*** *shorts.*

short-sighted *adj.* **1** (*AmE* **near-sighted**) able to see things clearly only when they are very close to you চোখের সামনে ধরলেই তবে দেখা যায়, যার দূরের দৃষ্টিশক্তি ক্ষীণ *I have to wear glasses because I'm short-sighted.* ✪ সম **myopic** ✪ বিপ **long-sighted** **2** not considering what will probably

S

happen in the future ভবিষ্যতের কথা না ভেবে, অদূরদর্শী *a short-sighted attitude/policy* ► **short-sightedness** *noun* [U] অদূরদর্শিতা

short-staffed *adj.* (used about an office, a shop, etc.) not having enough people to do the work (অফিস, দোকান ইত্যাদি সম্বন্ধে ব্যবহৃত) কাজের অনুপাতে কর্মীসংখ্যা যথেষ্ট নেই এমন

short story *noun* [C] a piece of writing that is shorter than a novel ছোটো গল্প (উপন্যাসের থেকে ছোটো)

short-term *adj.* lasting for a short period of time from the present স্বল্পমেয়াদী *short-term plans/ memory*

short wave *noun* [C, U] (*abbr.* **SW**) a system for sending radio signals রেডিও সংকেত পাঠানোর ব্যবস্থা *Short wave is a radio wave of frequency greater than 3 MHz.* ➪ **long wave** এবং **medium wave** দেখো।

shot[1] / ʃɒt শট্ / *noun* [C] **1 a shot (at sb/sth)** an act of firing a gun, etc., or the noise that this makes বন্দুক ছোড়ার ক্রিয়া বা তার আওয়াজ *to* ***take a shot*** *at the target* ○ *The policeman fired* ***a warning shot*** *into the air.* **2** (in sport) the action of kicking, throwing or hitting a ball in order to score a point or a goal (খেলায়) গোল করার উদ্দেশ্যে বলে লাথি মারা, বল ছোড়া বা বল মারার কাজ *Ajay scored with a low shot into the corner of the net.* ○ *Good shot!* **3** a photograph or a picture in a film চলচ্চিত্রের মধ্যস্থ ছবি বা ফোটো *I got some good shots of the runners as they crossed the line.* **4** [*usually sing.*] (*informal*) **a shot (at sth/at doing sth)** a try at doing sth; an attempt কোনো কিছু করার চেষ্টা; প্রয়াস, প্রচেষ্টা *Let me* ***have a shot*** *at it* (=let me try to do it). ○ *Just* ***give it your best shot*** (=try as hard as you can). **5** a small amount of a drug that is put into your body using a needle ছুঁচের সাহায্যে ইনজেকশন দিয়ে শরীরে যে স্বল্প পরিমাণ ড্রাগ নেওয়া হয় **6** (*often* **the shot**) a heavy metal ball that is thrown as a sport (**the shot-put**) বড়ো ভারী ধাতুর বল যা শটপুট-এর ক্ষেত্রে ছোড়া হয়

IDM **a long shot** ➪ **long**[1] দেখো।

call the shots/tune ➪ **call**[1] দেখো।

like a shot (*informal*) very quickly; without stopping to think about it খুব তাড়াতাড়ি; কোনো কিছু সম্বন্ধে ভাবনা চিন্তা ছাড়াই *If someone invited me on a free holiday, I'd go like a shot.*

shot[2] ➪ **shoot**[1]-এর past tense এবং past participle

shotgun / ˈʃɒtgʌn ˈশট্গান্ / *noun* [C] a long gun that is used for shooting small animals and birds ছোটো ছোটো পশু এবং পাখি শিকারে যে বড়ো বন্দুক ব্যবহৃত হয়; শটগান

should / ʃəd; *strong form* ʃʊd শ্যাড্; *প্রবল রূপ শুড্* / *modal verb* (*negative* **should not**; *short form* **shouldn't** / ˈʃʊdnt শুড্ন্ট্ /) **1** (used for saying that it is right or appropriate for sb to do sth, or for sth to happen) ought to (ঔচিত্য বোঝাতে ব্যবহৃত) করা উচিত *The police should do something about street crime in this area.* ○ *Children shouldn't be left on their own.* **2** used for giving or for asking for advice উপদেশ দেওয়ার সময়ে বা চাওয়ার সময়ে ব্যবহৃত *You should try that new restaurant.* ○ *Do you think I should phone him?* **3** used for saying that you expect sth is true or will happen যা সত্য এবং অবশ্যম্ভাবী বলে মনে করা হচ্ছে তা উল্লেখ করার সময়ে ব্যবহৃত অভিব্যক্তিবিশেষ *It's 4.30 a.m. They should be in New Delhi by now.* ○ *It should stop raining soon.* **4** (*BrE formal*) used with 'I/we' instead of 'would' in 'if' sentences (if যুক্ত বাক্যে) 'I/we' এর সঙ্গে 'would' এর জায়গায় ব্যবহৃত হয় *I should be most grateful if you could send me*

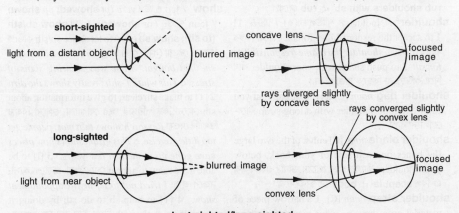

short-sighted
light from a distant object
blurred image
concave lens
focused image
rays diverged slightly by concave lens
rays converged slightly by convex lens
long-sighted
blurred image
light from near object
focused image
convex lens

short-sighted/long-sighted

Rs 10,000. **5** (*formal*) used after 'if' and 'in case' to refer to a possible event or situation কোনো সম্ভাব্য ঘটনা বা পরিস্থিতি সম্বন্ধে বলার জন্য 'if' এবং 'in case'-এর পরে ব্যবহৃত *If you should decide to accept, please phone us.* ○ *Should you decide to accept please call us.* **6** used as the past tense of 'shall' when we report what sb says যখন অন্য কোনো ব্যক্তির বক্তব্য সম্বন্ধে বলা হয় তখন shall-এর অতীত রূপ হিসাবে ব্যবহৃত হয় *He asked me if he should come today* (=he asked 'Shall I come today?'). **7 I should imagine, say, think, etc.** used to give opinions that you are not certain about নিশ্চিত নয় বোঝাতে ব্যবহৃত অভিব্যক্তিবিশেষ

NOTE Modal verbs-এর সম্বন্ধে আরও বিশদভাবে জানার জন্য এই অভিধানের শেষাংশে **Quick Grammar Reference** অংশটি দেখো।

shoulder[1] / ˈʃəʊldə(r) 'শ্যাউল্ড্যা(র্) / *noun* **1** [C] the part of your body between your neck and the top of your arm (শরীরের অংশ) কাঁধ, স্কন্ধ, অংস *I asked him why he'd done it but he just* ***shrugged his shoulders*** (=raised his shoulders to show that he did not know or care). ➪ **body**-তে ছবি দেখো। **2 -shouldered** (*used to form compound adjectives*) having the type of shoulders mentioned উল্লিখিত আকারের কাঁধ বা স্কন্ধবিশিষ্ট *a broad-shouldered man* **3** [C] a part of a dress, coat, etc. that covers the shoulders কাঁধ-ঢাকা পোশাক, কোট ইত্যাদি ➪ **hard shoulder** দেখো।

IDM a shoulder to cry on used to describe a person who listens to your problems and understands how you feel সমস্যা এবং নিজের অনুভূতির কথা শোনানোর মতো কোনো ব্যক্তি সম্পর্কে ব্যবহৃত অভিব্যক্তিবিশেষ

have a chip on your shoulder ➪ **chip**[1] দেখো।

rub shoulders with sb ➪ **rub** দেখো।

shoulder[2] / ˈʃəʊldə(r) 'শ্যাউল্ড্যা(র্) / *verb* [T] **1** to accept the responsibility for sth কোনো কিছুর দায়িত্ব নেওয়া *to* ***shoulder the blame /responsibility*** *for sth* **2** to push sb/sth with your shoulder কাঁধ দিয়ে কাউকে বা কিছুকে ধাক্কা দেওয়া

shoulder bag *noun* [C] a type of bag that you carry over one shoulder with a long strap কাঁধে-ঝোলানো ব্যাগ

shoulder blade *noun* [C] either of the two large flat bones on each side of your back, below your shoulders কাঁধের হাড়, পিঠের ডানা; অংসফলক ✪ বিপ **scapula** ➪ **body**-তে ছবি দেখো।

shoulder strap *noun* [C] **1** a narrow piece of material on a dress or other piece of clothing that goes over your shoulder from the front to the back উর্দি বা কোনো পোশাকের সামনে থেকে পিছন পর্যন্ত কাঁধের উপরে বসানো সরু পটি **2** a long narrow piece of material, leather, etc. that is part of a bag so that you can carry it over your shoulder কাঁধে ঝোলানো ব্যাগের (চামড়া বা কোনো কিছুর তৈরি) স্ট্র্যাপ

shout / ʃaʊt শাউট্ / *verb* **1** [I] **shout (at/to sb); shout out** to speak or cry out in a very loud voice চিৎকার করা, চেঁচিয়ে চেঁচিয়ে কথা বলা *The teacher shouted angrily at the boys.* ○ *to shout out in pain/excitement* **2** [T] **shout sth (at/to sb); shout sth out** to say sth in a loud voice জোরে জোরে কথা বলা *The students kept shouting out the answers, so we stopped playing in the end.* ○ *The captain shouted instructions to his team.* ➪ **scream** দেখো। ▶ **shout** *noun* [C] চিৎকার, জোরে আওয়াজ

PHR V shout sb down to shout so that sb who is speaking cannot be heard জোরে চিৎকার করে কথা শুনতে না দেওয়া *The speaker was shouted down by a group of protesters.*

shove / ʃʌv শাভ্ / *verb* [I, T] (*informal*) to push with a sudden, rough movement হঠাৎ ঠেলা মারা, ধাক্কা দেওয়া *Everybody in the crowd was* ***pushing and shoving****.* ○ *The policeman shoved the thief into the back of the police car.* ▶ **shove** *noun* [C, *usually sing.*] ধাক্কা, আচমকা ধাক্কা মারা *to give sb/sth a shove*

shovel / ˈʃʌvl 'শাভ্‌ল্ / *noun* [C] a tool used for picking up and moving earth, snow, sand, etc. যে বস্তু বা যে যন্ত্র দ্বারা মাটি, বরফ, বালি ইত্যাদি সরানো হয়; কোদাল, কুদাল, বেলচা ➪ **spade** দেখো এবং **gardening**-এ ছবি দেখো। ▶ **shovel** *verb* [I, T] (**shovelling; shovelled** *AmE* **shoveling; shoveled**) কোদাল দিয়ে সরানো

show[1] / ʃəʊ শ্যাউ / *verb* (*pt* **showed;** *pp* **shown** / ʃəʊn শ্যাউন্ / or **showed**) **1** [T] **show sb/sth (to sb); show sb (sth)** to let sb see sb/sth কাউকে দেখতে দেওয়া (কাউকে বা কিছু) *She showed me what she had bought.* ○ *She was showing signs of stress.* ○ *This white T-shirt really shows the dirt.* **2** [T] to make sth clear; to give information about sth কোনো কিছু পরিষ্কার করে বোঝানো; কোনো বিষয়ে তথ্যাদি দেওয়া *Research shows that most people get too little exercise.* ○ *This graph shows how prices have gone up in the last few years.* **3** [I] to be able to be seen; to appear চোখে পড়া, প্রকাশ্যে আসা; নজরে আসা *I tried not to let my disappointment show.* **4** [T] to help sb to do sth by doing it yourself; to explain sth নিজে করে অন্যকে দেখানো;

ব্যাখ্যা করে কোনো কিছু বোঝানো *Can you show me how to put the disk in the computer?* **5** [T] to lead sb to or round a place; to explain how to go to a place কোনো জায়গা ঘুরে ফিরে দেখানো; কোনো জায়গায় পথ দেখিয়ে নিয়ে যাওয়া *A guide showed us round the museum.*

PHR V **show (sth) off** (*informal*) to try to impress people by showing them how clever you are or by showing them sth that you are proud of অন্যকে প্রভাবিত করার জন্য নিজের বুদ্ধি বা নিজের অধিকৃত কোনো বস্তু জাহির করে দেখানো *Jai was showing off by driving his new car very fast.* ⇨ **show-off** noun দেখো।

show up (*informal*) to arrive, especially when sb is expecting you এসে উপস্থিত হওয়া, বিশেষত প্রত্যাশামতো এসে পৌঁছোনো *I thought you'd never show up.*

show (sth) up to allow sth to be seen স্পষ্টভাবে দেখানো, চোখে পড়া *The sunlight shows up those dirty marks on the window.*

show sb up (*informal*) to make sb embarrassed about your behaviour or appearance আচার-ব্যবহার বা চেহারার দ্বারা অন্যকে অস্বস্তিতে ফেলা *He showed her up by shouting at the waiter.*

show² / ʃəʊ শ্যাউ/ *noun* **1** [C] a type of entertainment performed for an audience দর্শকদের জন্য প্রদর্শিত কোনো মনোরঞ্জক অনুষ্ঠান; শো *a TV comedy show* ○ *a quiz show* **2** [C, U] an occasion when a collection of things are brought together for people to look at প্রদর্শনী *a dog show* ○ *Paintings by school children will be* ***on show*** *at Pragati Maidan next week.* **3** [C, U] something that a person does or has in order to make people believe sth that is not true লোক-দেখানো *Although she disliked him, she* ***put on a show of*** *politeness.* ○ *His bravery is* ***all show*** (=he is not as brave as he pretends to be). **4** [*sing.*] an occasion when you let sb see sth (মনোভাবের বা অনুভূতির) কোনো কিছুর প্রকাশ *a show of emotion/gratitude/temper*

show business (*informal* **showbiz** / ˈʃəʊbɪz ˈশ্যাউবিজ়্ /) *noun* [U] the business of entertaining people, in the theatre, in films, on television, etc. থিয়েটার, চলচ্চিত্র, টেলিভিশনে প্রদর্শিত অনুষ্ঠান বা বিনোদনজনিত যে ব্যাবসা *He's been* ***in show business*** *since he was five years old.*

showdown / ˈʃəʊdaʊn ˈশ্যাউডাউন্ / *noun* [C] a final argument, meeting or fight at the end of a long disagreement দীর্ঘ মতবিরোধিতার পর অন্তিম বা চূড়ান্ত বিতর্ক, সমাবেশ অথবা সংঘর্ষ *The management are preparing for a showdown with the union.*

shower¹ / ˈʃaʊə(r) ˈশাউঅ্যা(র্) / *noun* [C] **1** a piece of equipment that produces a spray of water that you stand under to wash; the small room or part of a room that contains a shower একধরনের সরঞ্জাম যা থেকে ফোয়ারার মতো বা বৃষ্টির মতো জল পড়ে, যার নীচে দাঁড়িয়ে চান করা যায়; স্নানের জায়গা *The shower doesn't work.* ○ *She's in the shower.* **2** an act of washing yourself by standing under a shower ফোয়ারাজাতীয় কলের নীচে দাঁড়িয়ে চান করার ক্রিয়া *I'll just* ***have a quick shower****.* **3** a short period of rain অল্পক্ষণ স্থায়ী বৃষ্টি, এক পশলা বৃষ্টি ⇨ **rain** এবং **acid rain** দেখো। **4** a lot of very small objects that fall or fly through the air together বাতাসে উড়ে-আসা ক্ষুদ্রাতিক্ষুদ্র অজস্র কণা *a shower of sparks/broken glass*

shower² / ˈʃaʊə(r) ˈশাউঅ্যা(র্) / *verb* **1** [I, T] **shower (down) on sb/sth; shower sb with sth** to cover sb/sth with a lot of small falling objects উপর থেকে এসে-পড়া ক্ষুদ্র ক্ষুদ্র জিনিসে ঢেকে যাওয়া, আচ্ছাদিত করা *Ash from the volcano showered down on the town.* **2** [I] to wash yourself under a shower ধারাস্নান করা, শাওয়ারের নীচে দাঁড়িয়ে স্নান করা *I came back from my run, showered and got changed.*

showing / ˈʃəʊɪŋ ˈশ্যাউইং / *noun* **1** [C] an act of showing a film, etc. চলচ্চিত্র ইত্যাদির প্রদর্শন *The second showing of the film begins at 8 o'clock.* **2** [*sing.*] how sb/sth behaves; how successful sb/sth is কারও বা কোনো কিছুর যেমন হাবভাব; কেউ বা কোনো কিছু যতটা কৃতকার্য *On its present showing, the party should win the election.*

showjumping / ˈʃəʊdʒʌmpɪŋ ˈশ্যাউজাম্পিং / *noun* [U] a competition in which a person rides a horse over a series of fences (**jumps**) ঘোড়ায় চেপে ক্রমবিন্যস্ত বেড়া টপকে যাওয়ার প্রতিযোগিতা

shown ⇨ **show¹** -এর past participle

show-off *noun* [C] a person who tries to impress others by showing them how clever he/she is, or by showing them sth he/she is proud of যে ব্যক্তি অন্যকে প্রভাবিত করার জন্য নিজের বুদ্ধি বা চাতুর্য অথবা নিজের অধিকৃত বস্তু জাহির করে; শো-অফ *She's such a show-off, always boasting about how good she is at playing chess.*

showroom / ˈʃəʊru:m; -rʊm শ্যাউরূম্; -রুম্ / *noun* [C] a type of large shop where customers can look at goods such as cars, furniture and electrical items that are on sale গাড়ি, আসবাবপত্র এবং বৈদ্যুতিক উপকরণ ইত্যাদি পণ্যসামগ্রীতে সাজানো দোকানঘর যেখানে ক্রেতা সবকিছু দেখে নিতে পারেন; শোরুম

shrank ⇨ **shrink**-এর past tense

shrapnel / ˈʃræpnəl ˈশ্র্যাপ্‌ন্যাল্ / *noun* [U] small pieces of metal that fly around when a bomb explodes ফেটে যাওয়া বোমা থেকে ছোটো ছোটো যে ধাতব টুকরো চারপাশে ছড়িয়ে পড়ে

shred[1] / ʃred শ্রেড্ / *noun* **1** [C] a small thin piece of material that has been cut or torn off টুকরো, ফালি *His clothes were torn to shreds by the rose bushes.* **2 a shred of sth** [*sing.*] (*in negative sentences*) a very small amount of sth (কোনো কিছুর) একটু; অতি ক্ষুদ্র অংশ *There wasn't a shred of truth in her story.*

shred[2] / ʃred শ্রেড্ / *verb* [T] (**shredding; shredded**) to tear or cut sth into shreds কোনো কিছু ফালি ফালি করে কাটা *shredded cabbage*

shrew / ʃruː শ্রূ / *noun* [C] **1** a small animal like a mouse with a long nose লম্বা নাকওয়ালা ছোটো ইঁদুরের মতো প্রাণী **2** (*old-fashioned*) a bad-tempered unpleasant woman উগ্রস্বভাবের, বদমেজাজি মহিলা

shrewd / ʃruːd শ্রূড্ / *adj.* able to make good decisions because you understand a situation well পরিস্থিতি অনুযায়ী সঠিক সিদ্ধান্ত নিতে সক্ষম; তীক্ষ্ণবুদ্ধিধারী *a shrewd thinker/decision* ▶ **shrewdly** *adv.* চতুরভাবে, সুকৌশলে

shriek / ʃriːk শ্রীক্ / *verb* **1** [I] to make a short, loud, noise in a high voice উঁচু গলায় চিৎকার করা *She shrieked in fright.* ○ *The children were shrieking with laughter.* **2** [T] to say sth loudly in a high voice উঁচু গলায় জোর দিয়ে বলা *'Stop it!' she shrieked.* ➪ **screech** দেখো। ▶ **shriek** *noun* [C] শোরগোল, কোলাহল

shrill / ʃrɪl শ্রিল্ / *adj.* (used about a sound) high and unpleasant (শব্দ সম্বন্ধে ব্যবহৃত) উচ্চৈস্বরে, অপ্রিয়ভাবে *a shrill cry/voice*

shrimp / ʃrɪmp শ্রিম্প্ / *noun* [C] **1** a small sea creature with a shell and a lot of legs that turns pink when you cook it বহুপদবিশিষ্ট খোসাওয়ালা ছোটো সামুদ্রিক প্রাণী, যেগুলি রান্না করলে পা-গুলি গোলাপি রঙের হয়ে যায়; শলা চিংড়ি **NOTE** **Prawns**-এর থেকে **Shrimps** ছোটো হয়। **2** (*AmE*) = **prawn** ➪ **shellfish**-এ ছবি দেখো।

shrine / ʃraɪn শ্রাইন্ / *noun* [C] a place that is important to a particular person or group of people for religious reasons or because it is connected with a special person যে স্থান কোনো ব্যক্তি বা জনগোষ্ঠীর কাছে ধর্মীয় কারণে অথবা বিশিষ্ট কোনো ব্যক্তির সঙ্গে সংযোগের কারণে গুরুত্বপূর্ণ পবিত্রস্থান; তীর্থস্থান, পীঠস্থান

shrink / ʃrɪŋk শ্রিংক্ / *verb* (*pt* **shrank** / ʃræŋk শ্র্যাংক্ / or **shrunk** / ʃrʌŋk শ্রাংক্ /; *pp* **shrunk**) **1** [I, T] to become smaller or make sth smaller শুকিয়ে যাওয়া, ছোটো হয়ে যাওয়া, সংকুচিত হওয়া বা করা *My T-shirt shrank in the wash.* ○ *The rate of inflation has shrunk to 4%.* **2** [I] to move back because you are frightened or shocked পিছু হটা, ভয়ে পিছিয়ে যাওয়া *We shrank back against the wall when the dog started to bark.*

PHR V **shrink from sth/doing sth** to not want to do sth because you find it unpleasant অপ্রিয় কোনো কাজ করতে অনিচ্ছুক হওয়া

shrink-wrapped *adj.* covered tightly in a thin sheet of plastic পাতলা প্লাস্টিক দিয়ে ভালো করে ঢাকা *The books are shrink-wrapped so you can't open them in the shop.*

shrivel / ˈʃrɪvl ˈশ্রিভ্‌ল্ / *verb* [I, T] (**shrivelling; shrivelled** *AmE* **shriveling; shriveled**) **shrivel (sth) (up)** to become smaller, especially because of dry conditions ছোটো হয়ে যাওয়া, বিশেষত শুষ্কতার জন্যে *The plants shrivelled up and died in the hot weather.*

shroud[1] / ʃraʊd শ্রাউড্ / *noun* [C] a cloth or sheet that is put round a dead body before it is buried কবর দেওয়ার পূর্বে শবদেহ যে বস্ত্রখণ্ড দ্বারা আচ্ছাদিত করা হয়; কফন

shroud[2] / ʃraʊd শ্রাউড্ / *verb* [T] **shroud sth (in sth)** (*usually passive*) to cover or hide sth কোনো কিছু ঢেকে ফেলা, লুকিয়ে রাখা

shrub / ʃrʌb শ্রাব্ / *noun* [C] a small bush ছোটো ঝোপ, গুল্ম

shrubbery / ˈʃrʌbəri ˈশ্রাব্যারি / *noun* [C] (*pl.* **shrubberies**) an area where a lot of small bushes have been planted ঝোপঝাড় সম্বলিত অঞ্চল; গুল্মাচ্ছাদিত বা গুল্মময় এলাকা

shrug / ʃrʌg শ্রাগ্ / *verb* [I, T] (**shrugging; shrugged**) to lift your shoulders as a way of showing that you do not know sth or are not interested কোনো বিষয়ে অনাগ্রহ বা অজ্ঞতা কাঁধ ঝাঁকিয়ে জানানো *'Who knows?' he said and shrugged.* ○ *'It doesn't matter to me,' he said, **shrugging his shoulders**.* ▶ **shrug** *noun* [C, *usually sing.*] কাঁধ-ঝাঁকানি *I asked him if he was sorry and he just answered with a shrug.*

PHR V **shrug sth off** to not allow sth to affect you in a bad way কোনো কিছুকে খারাপভাবে প্রভাবিত করতে না দেওয়া; মাথায় না নেওয়া *An actor has to learn to shrug off criticism.*

shrunk ➪ **shrink**-এর past tense এবং past participle

shudder / ˈʃʌdə(r) ˈশাড্যা(র্) / *verb* [I] to suddenly shake hard, especially because of an unpleasant

feeling or thought কোনো অপ্রীতিকর মনোভাব বা ভাবনায় হঠাৎ কেঁপে ওঠা *Just to think about the accident makes me shudder.* ○ *The engine shuddered violently and then stopped.*
▶ **shudder** *noun* [C] কম্পন, শিহরণ

shuffle[1] / ˈʃʌfl ˈশাফ্‌ল্ / *verb* **1** [I] to walk by sliding your feet along instead of lifting them off the ground মাটিতে পা ঘষে চলা **2** [I, T] to move your body or feet around because you are uncomfortable or nervous অস্বাচ্ছন্দ্য বা উদ্বেগের কারণে অস্থির হয়ে ওঠা, এপাশ-ওপাশ করা *The audience were so bored that they began to shuffle in their seats.* **3** [I, T] to mix a pack of playing cards before a game খেলার আগে তাস ফাটানো *She shuffled the cards carefully.*

shuffle[2] / ˈʃʌfl ˈশাফ্‌ল্ / *noun* [C, *usually sing.*] **1** a way of walking without lifting your feet off the ground মাটি থেকে পা না তুলে ঘষে ঘষে হাঁটার ধরন **2** an act of shuffling cards তাস ফাটানোর ক্রিয়া

shun / ʃʌn শান্ / *verb* [T] (**shunning; shunned**) (*written*) to avoid sb/sth; to keep away from sb/sth কাউকে বা কিছু পরিহার করা, এড়িয়ে চলা; কাউকে বা কিছু দূরে রাখা *Radha was shunned by her family when she married Rahul.*

shunt / ʃʌnt শান্ট্ / *verb* [T] **1** to move a railway train from one track to another এক লাইন থেকে অন্য লাইনে ট্রেন সরিয়ে নেওয়া **2** to make sb go from one place to another কাউকে এক জায়গা থেকে অন্য জায়গায় সরানো *He was shunted around from one hospital to another.*

shut[1] / ʃʌt শাট্ / *verb* (*pres. part.* **shutting;** *pt, pp* **shut**) **1** [I, T] to make sth close; to become closed কোনো কিছু বন্ধ করা; বন্ধ হওয়া *I can't shut my suitcase.* ○ *He shut his eyes and tried to go to sleep.* **2** [I, T] (used about a shop, restaurant, etc.) to stop doing business for the day; to close (দোকান, রেস্তোরাঁ ইত্যাদি সম্বন্ধে ব্যবহৃত) দিনের শেষে ব্যাবসা গোটানো; কাজ বন্ধ করা *What time do the shops shut on Saturday?* **3** [T] to prevent sb/sth from leaving a place; to close a door on sth কাউকে বা কিছু কোথাও আটকে রাখা; দরজা বন্ধ করে দেওয়া, আটকে যাওয়া *She shut herself in her room and refused to come out.* ○ *Tarun shut his fingers in the door of the car.*

PHR V **shut sb/sth away** to keep sb/sth in a place where people cannot find or see him/her/it কাউকে বা কিছু লুকিয়ে রাখা; বন্ধ করে রাখা

shut (sth) down (used about a factory, etc.) to close for a long time or forever (কারখানা ইত্যাদি সম্বন্ধে ব্যবহৃত) দীর্ঘকালের জন্য বা বরাবরের মতো বন্ধ হয়ে যাওয়া বা বন্ধ করে দেওয়া *Financial problems forced the business to shut down.*

shut sb/sth off (from sth) to keep sb/sth apart from sth কিছুর থেকে কাউকে বা কোনো কিছু সরিয়ে রাখা *He shuts himself off from the rest of the world.*

shut sb/sth out to keep sb/sth out মন থেকে কাউকে বা কিছু সরিয়ে রাখা *He tried to shut out all thoughts of the accident.*

shut (sb) up (*informal*) **1** to stop talking; to be quiet কথা বন্ধ করা; চুপ হওয়া *I wish you'd shut up!* **2** to make sb stop talking কাউকে চুপ করানো

shut sb/sth up (in sth) to put sb/sth somewhere and stop him/her leaving কাউকে বন্দি করে রাখা, কোনো কিছু আটকে রাখা *He was shut up in prison for nearly ten years.*

shut[2] / ʃʌt শাট্ / *adj.* (*not before a noun*) **1** in a closed position বন্ধভাবে, বন্ধ অবস্থায় *Make sure the door is shut properly before you leave.* **NOTE** মনে রেখো যে কোনো বিশেষ্যের (noun) আগে **closed** ব্যবহার করা হয় কিন্তু **shut** নয়। **2** not open to the public সাধারণের জন্য উন্মুক্ত নয় *The restaurant was shut so we went to one round the corner.*

IDM **keep your mouth shut** ➪ **mouth**[1] দেখো।

shutter / ˈʃʌtə(r) ˈশাট্যা(র্) / *noun* [C] **1** a wooden or metal cover that is fixed outside a window and that can be opened or shut. A shop's shutter usually slides down from the top of the shop window কাঠ বা ধাতু দ্বারা নির্মিত ঢাকনা যা জানলার বাইরে আটকানো থাকে এবং খোলা বা বন্ধ করা যায়। দোকানের শাটার সাধারণত সেখানকার জানলার উপর থেকে নীচে টেনে তোলা বা নামানো যায়; খড়খড়ি; শাটার **2** the part at the front of a camera that opens for a very short time to let light in so that a photograph can be taken ছবি তোলার আগে আলো আসতে দেওয়ার জন্য ক্যামেরার সামনের যে অংশ খুব অল্প সময়ের জন্য খোলে; ক্যামেরার শাটার ➪ **camera**-তে ছবি দেখো।

shuttle / ˈʃʌtl ˈশাট্‌ল্ / *noun* [C] a plane, bus or train that travels regularly between two places বিমান, বাস বা ট্রেন ইত্যাদি যানবাহন যা দুই জায়গার মধ্যে নিয়মিত যাতায়াত করে

shuttlecock / ˈʃʌtlkɒk ˈশাট্‌ল্‌কক্ / *noun* [C] (in the sport of badminton) the small, light object that is hit over the net (ব্যাডমিন্টন খেলায়) ছোটো যে হালকা বস্তুটি ব্যবহার করা হয়; কক

shy[1] / ʃaɪ শাই / *adj.* **1** nervous and uncomfortable about meeting and speaking to people; showing that sb feels like this লাজুক; মুখচোরা; কারও এরকম ভাব দেখানো *She's very shy with strangers.* ○ *a shy smile* **2 shy (of/about sth/doing sth)** frightened to do sth or to become involved in sth কোনো কিছুর মধ্যে জড়াতে চায় না এমন *She's not shy of telling* *people what she thinks.* ▶ **shyly** *adv.* লাজুকভাবে, অপ্রতিভভাবে ▶ **shyness** *noun* [U] লাজুকভাব, মুখচোরাভাব

shy² / ʃaɪ শাই / *verb* (*pres. part.* **shying;** *3rd person sing. pres.* **shies;** *pt, pp* **shied**) [I] (used about a horse) to suddenly move back or sideways in fear (ঘোড়া সম্বন্ধে ব্যবহৃত) ভয় পেয়ে পিছিয়ে যাওয়া বা একপাশে সরে যাওয়া

PHR V **shy away from sth/from doing sth** to avoid doing sth because you are afraid ভয়ে কোনো কাজ এড়িয়ে যাওয়া

SI / ˌes ˈaɪ ˌএস্ ˈআই / *abbr.* (used to describe units of measurement) International System (from French 'Système International') (পরিমাপের একক বোঝাতে ব্যবহৃত) আন্তর্জাতিক বিধি (ফরাসী শব্দ থেকে নেওয়া) *SI units* ➪ এই অভিধানের শেষে **Numbers** অংশটি দেখো।

Siamese twin / ˌsaɪəmiːz ˈtwɪn ˌসাইঅ্যামীজ় ˈটুইন্ / (*also* **conjoined twin**) *noun* [C] one of two people who are born with their bodies joined together in some way, sometimes sharing the same organs গায়ে গায়ে জুড়ে থাকা যমজ সন্তান

sibling / ˈsɪblɪŋ সিব্‌লিং / *noun* [C] (*formal*) a brother or a sister সহোদর ভাই বা বোন

> **NOTE** সাধারণত কথা বলার সময়ে **brother(s) and sister(s)** ব্যবহার করা হয় —*Have you got any brothers and sisters?*

sic/ sɪk; siːk সিক্; সীক্ / *adv.* (written after a word that you have copied from somewhere, to show that you know that the word is wrongly spelled or wrong in some other way) কোনো উদ্ধৃতির পরে এটি এই বোঝাতে ব্যবহৃত হয় যে জানা সত্ত্বেও ভুল সংশোধন না করেই হুবহু উদ্ধৃত করা হয়েছে *In the letter to parents it said: 'The school is proud of it's* [*sic*] *record of excellence'.*

sick¹ / sɪk সিক্ / *adj.* **1** not well; ill অসুস্থ; পীড়িত, রোগগ্রস্ত *a sick child* ○ *Do you get paid for days when you're* ***off sick*** (=from work)*?*

> **NOTE** ব্রিটিশ ইংরেজিতে সাধারণত **be sick** অভিব্যক্তিটির অর্থ হল **vomit** বা বমি করা।

2 the sick *noun* [*pl.*] people who are ill রোগগ্রস্ত অসুস্থ লোক **3** feeling ill in your stomach so that you may bring up food through your mouth (**vomit**) পেটে অস্বস্তি হওয়ার জন্য মুখে খাবার উঠে আসে এমন *I feel sick—I think it was that fish I ate.* ○ *Don't eat any more or you'll make yourself sick.* ➪ **airsick, carsick, nausea, seasick** এবং **travel-sick** দেখো। **4 sick of sb/sth** feeling bored or annoyed because you have had too much of sb/sth কারও উপর বিরক্ত বা কারও ব্যবহারে বা সাহচর্যে একঘেয়ে লাগছে এমন *I'm sick of my job.* ○ *I'm sick of tidying up your mess!* **5 sick (at/about sth)** very annoyed or disgusted by sth প্রচণ্ড বিরক্ত বা খুব রেগে গেছে এমন *He felt sick at the sight of so much waste.* **6** (*informal*) mentioning disease, suffering, death, etc. in a cruel or disgusting way খারাপভাবে, অশোভনভাবে মৃত্যু বা রোগের কথা বলা হয় এমন *He offended every one with a sick joke about blind people.*

IDM **be sick** to bring up food from the stomach; vomit খাবার উগরে ফেলা; বমি করা

make sb sick to make sb very angry কাউকে অত্যন্ত রাগিয়ে দেওয়া *Oh, stop complaining. You make me sick!*

sick to death of sb/sth feeling tired of or annoyed by sb/sth কারও বা কোনো কিছুর উপর ক্লান্ত হয়ে পড়া বা বিরক্ত হওয়া *I'm sick to death of his grumbling.*

sick² / sɪk সিক্ / *noun* [U] food that sb has brought up from his/her stomach; vomit ওগরানো খাবার; বমি *There was sick all over the car seat.*

sicken / ˈsɪkən সিক্যান্ / *verb* [T] to make sb feel disgusted কাউকে বিরক্ত করা *The sight of people fighting sickens me.* ▶ **sickening** *adj.* বিরক্তিকর, অস্বস্তিকর *His head made a sickening sound as it hit the road.*

sickle / ˈsɪkl ˈসিক্‌ল্ / *noun* [C] a tool with a short handle and a long, curved metal part with a sharp edge (**a blade**) that is used for cutting long grass, corn, etc. (লম্বা ঘাস, ভুট্টা ইত্যাদি কাটার জন্য ব্যবহৃত) কাস্তে ➪ **scythe** ছবি দেখো।

sick leave *noun* [U] a period spent away from work, etc. because of illness অসুস্থতার কারণে কাজের জায়গা ইত্যাদি থেকে ছুটি নেওয়া *Mitali's been off* ***on sick leave*** *since March.*

sickle cell anaemia *noun* [U] a serious medical condition in which the red blood cells are damaged and change shape একধরনের দুরারোগ্য অসুখ যাতে রক্তের লোহিত কণিকা ক্ষতিগ্রস্ত হওয়ার ফলে তাদের আকারে পরিবর্তন ঘটে

sickly / ˈsɪkli ˈসিক্‌লি / *adj.* **1** (used about a person) weak and often ill (কোনো ব্যক্তি সম্বন্ধে ব্যবহৃত) দুর্বল, রোগা-ভোগা *a sickly child* **2** unpleasant; causing you to feel ill গা-ঘিনঘিনে, অপ্রীতিকর; অস্বাস্থ্যকর; অসুস্থতাজনক *the sickly smell of rotten fruit*

sickness / ˈsɪknəs ˈসিক্‌ন্যাস্ / *noun* **1** [U] the state of being ill অসুস্থতা, রোগ, অসুখবিসুখ *A lot of workers are absent because of sickness.* **2** [U] a feeling in your stomach that may make you bring up food through your mouth বমি বমি ভাব, পেটের মধ্যে অস্বস্তি, বমির ইচ্ছা *Symptoms of the disease include sickness and diarrhoea.* **3** [C, U] a particular type of illness বিশেষ ধরনের কোনো অসুখ *pills for seasickness* ➪ **sleeping sickness** দেখো।

side[1] / saɪd সাইড্ / *noun* [C] **1** one of the flat outer surfaces of sth কোনো কিছুর পাশের দিক *A cube has six sides.* **2 -sided** (*used to form compound adjectives*) having the number of sides mentioned যতগুলি দিক উল্লেখ করা হয়েছে ততগুলি আছে এমন *a six-sided coin* **3** one of the surfaces of sth except the top, bottom, front or back পৃষ্ঠতলের উঁচু, নীচু, সামনে, পিছনে ছাড়া অন্য দিকগুলির একটি *I went round to the side of the building.* ○ *The side of the car was damaged.* **4** the edge of sth, away from the middle ধার, মধ্যস্থল থেকে দূরে সীমায় অবস্থিত; কিনারা, কানা *Make sure you stay* ***at the side*** *of the road when you're cycling.* ○ *We moved* ***to one side*** *to let the doctor get past.* **5** the area to the left or right of sth; the area in front of or behind sth কোনো কিছুর বাঁ বা ডান দিকের জায়গা; কোনো কিছুর সামনে বা পিছনের জায়গা *We live (on)* ***the other side*** *of the main road.* ○ *In Japan they drive on* ***the left-hand side*** *of the road.* **6** either of the two flat surfaces of sth thin পাতলা কোনো কিছুর দুটি চ্যাপটা পৃষ্ঠতলের একটি *Write on both sides of the paper.* **7** the right or the left part of your body, especially from under your arm to the top of your leg শরীরের বাঁ বা ডান দিক, বিশেষত মানুষের বাহুর নীচের থেকে পায়ের আরম্ভের জায়গা পর্যন্ত *She lay on her side.* ○ *The soldier stood with his hands by his sides.* **8** either of two or more people or groups who are fighting, playing, arguing, etc. against each other কোনো লড়াই বা খেলা, তর্ক ইত্যাদির সময়ে দুই ব্যক্তি বা দুটি দলের যে-কোনো একটি *The two sides agreed to stop fighting.* ○ *the winning/losing side* **9** what is said by one person or group that is different from what is said by another কোনো ব্যক্তি বা দল যা বলে অন্য ব্যক্তি বা দলের বক্তব্য তার থেকে আলাদা *I don't know whose* ***side of the story*** *to believe.* **10** your mother's or your father's family মার দিকে বা বাবার দিকের আত্মীয় *There is no history of illness* ***on*** *his mother's* ***side****.*

IDM **get on the right/wrong side of sb** to please/annoy sb কাউকে খুশি করা বা বিরক্ত করা *He tried to get on the right side of his new boss.*

look on the bright side ➪ **look[1]** দেখো।

on/from all sides; on/from every side in/from all directions সমস্ত দিকে বা সমস্ত দিক থেকে

on the big, small, high, etc. side (*informal*) slightly too big, small, high, etc. মোটার দিকে, রোগার দিকে ইত্যাদি

on the safe side ➪ **safe[1]** দেখো।

put sth on/to one side; leave sth on one side to leave or keep sth so that you can use it or deal with it later বর্তমানে ঠেকিয়ে রাখা (পরে এ সম্বন্ধে ভাবা বা করা যাবে এমন) *You should put some money to one side for the future.*

side by side next to each other; close together পাশাপাশি; কাছাকাছি *They walked side by side along the road.*

take sides (with sb) to show that you support one person rather than another in an argument কোনো পক্ষ বা কারও প্রতি অপর পক্ষের থেকে বেশি সমর্থন জানানো *Parents should never take sides when their children are quarrelling.*

side[2] / saɪd সাইড / *verb*

PHR V **side with sb (against sb)** to support sb in an argument তর্কের সময়ে কারও পক্ষ সমর্থন করা

sideboard / ˈsaɪdbɔːd ˈসাইড্‌বːড্ / *noun* [C] a type of low cupboard about as high as a table, that is used for storing plates, etc. in a room that is used for eating (**dining room**) খাবার ঘরের নীচু আলমারি যেটি টেবিলের মতো উচ্চতাবিশিষ্ট এবং যার মধ্যে বাসনপত্র (খাবার প্লেট ইত্যাদি) রাখা যায়; সাইডবোর্ড

sideburns / ˈsaɪdbɜːnz ˈসাইড্‌ব্যনজ্ / *noun* [*pl.*] hair that grows down a man's face in front of his ears গালপাট্টা

side effect *noun* [C] **1** the unpleasant effect that a drug may have in addition to its useful effects ওষুধের পার্শ্বপ্রতিক্রিয়া যেটি প্রয়োজনীয় ফললাভের সঙ্গেই ঘটে *Side effects of the drug include nausea and dizziness.* **2** an unexpected effect of sth that happens in addition to the intended effect প্রত্যাশিত প্রতিক্রিয়ার বাইরে অতিরিক্ত অপ্রত্যাশিত প্রভাব বা প্রতিক্রিয়া *One of the side effects when the chemical factory closed was that fish returned to the river.* ➪ **after effect** এবং **effect** দেখো।

sideline / ˈsaɪdlaɪn ˈসাইড্‌লাইন্ / *noun* **1** [C] something that you do in addition to your regular job, especially to earn extra money নিয়মিত কাজ বা চাকুরির বাইরে, বিশেষত অতিরিক্ত রোজগারের জন্য যা করা হয় *He's an engineer, but he repairs cars* ***as a sideline****.* **2 sidelines** [*pl.*] the lines that mark the two long sides of the area used for playing sports such as football, tennis, etc.; the area behind this ফুটবল, টেনিস ইত্যাদি খেলার মাঠের দুই পাশের লম্বা অংশ চিহ্নিত করা হয় যে লাইনগুলির দ্বারা; এর পিছনদিকের এলাকা

IDM on the sidelines not involved in an activity; not taking part in sth প্রধান কর্মপ্রক্রিয়ায় জড়িত নয়; তাতে অংশগ্রহণ করছে না এমন

sidelong / ˈsaɪdlɒŋ সাইড্‌লং / *adj.* directed from the side; sideways পাশের দিক থেকে; পাশাপাশি *a sidelong glance*

side road *noun* [C] a small road which joins a bigger main road বড়ো রাস্তায় এসে যে ছোটো রাস্তা মেশে

sidestep / ˈsaɪdstep ˈসাইড্‌স্টেপ্ / *verb* (**sidestepping; sidestepped**) **1** [T] to avoid answering a question or dealing with a problem প্রশ্নের উত্তর না দেওয়া বা সমস্যা এড়িয়ে যাওয়া *Did you notice how she neatly sidestepped the question?* **2** [T, I] to avoid sth, for example being hit, by stepping to one side কোনো কিছু এড়িয়ে যাওয়া, যেমন একদিকে সরে গিয়ে নিজেকে বাঁচানো

side street *noun* [C] a narrow or less important street near a main street প্রধান রাস্তার পাশাপাশি অপ্রধান, ছোটো রাস্তা

sidetrack / ˈsaɪdtræk ˈসাইড্‌ট্র্যাক / *verb* [T] (*usually passive*) to make sb forget what he/she is doing or talking about and start doing or talking about sth less important যা করা হচ্ছে তার থেকে সরে আসা বা সরানো, মূল কথা থেকে সরে অন্য কথা বলা

sidewalk / ˈsaɪdwɔːk ˈসাইড্‌উঅ:ক / (*AmE*) = **pavement**

sideways / ˈsaɪdweɪz ˈসাইড্‌উএইজ্ / *adv., adj.* **1** to, towards or from one side পাশের দিকে অথবা পাশের থেকে *He jumped sideways to avoid being hit.* **2** with one of the sides at the top পাশের দিক উপরে করে *We'll have to turn the sofa sideways to get it through the door.*

siding / ˈsaɪdɪŋ ˈসাইডিং / *noun* [C, *usually pl.*] a short track at the side of a main railway line where trains go when they are not being used প্রধান রেল লাইনের পাশে ছোটো লাইন যা ট্রেন চলার জন্য ব্যবহার করা হয় না; গাড়ি শান্টিং করার জন্য পাশের ছোটো লাইন; সাইডিং

sidle / ˈsaɪdl ˈসাইড্‌ল্ / *verb* [I] **sidle up/over (to sb/sth)** to move towards sb/sth in a nervous way, as if you do not want anyone to notice you সংকোচে, পাশ কাটিয়ে চলা বা যাওয়া

siege / siːdʒ সীজ্ / *noun* [C, U] a situation in which an army surrounds a town for a long time or the police surround a building so that nobody can get in or out যে পরিস্থিতিতে সৈন্যবাহিনীর দ্বারা দীর্ঘ সময়ের জন্য নগর অবরোধ অথবা পুলিশ কর্তৃক কোনো বাড়ি ঘেরাও করা হয়

siesta / siˈestə সিˈএস্ট্যা / *noun* [C] a short sleep or rest that people take in the afternoon, especially in hot countries অপরাহ্নের বিশ্রাম বা অল্পস্থায়ী ঘুম, বিশেষত গ্রীষ্মপ্রধান দেশে

sieve / sɪv সিভ্ / *noun* [C] a type of kitchen tool that has a metal or plastic net, used for separating solids from liquids or very small pieces of food from large pieces (রান্নাঘরে ব্যবহৃত) ছাঁকনি, চালুনি *Pour the soup through a sieve to get rid of any lumps.* ➪ **kitchen**-এ ছবি দেখো। ▶ **sieve** *verb* [T] ছাঁকনি দিয়ে ছাঁকা, চালুনি দিয়ে ছাঁকা *to sieve flour*

sift / sɪft সিফ্‌ট্ / *verb* **1** [T] to pass flour, sugar or a similar substance through a **sieve** in order to remove any lumps চালুনির সাহায্যে ময়দা, চিনি বা সেই ধরনের কোনো পদার্থ থেকে শক্ত ডেলা ইত্যাদি ছেঁকে আলাদা করা *to sift flour/sugar* **2** [I, T] **sift (through) sth** to examine sth very carefully কোনো কিছু ভালোভাবে খুঁটিয়ে দেখা *It took weeks to sift through all the evidence.*

sigh / saɪ সাই / *verb* **1** [I] to let out a long, deep breath that shows you are tired, sad, disappointed, etc. (ক্লান্তি, বিষণ্ণতা, হতাশা ইত্যাদি ব্যঞ্জক) দীর্ঘশ্বাস ফেলা *She sighed with disappointment at the news.* **2** [T] to say sth with a sigh দীর্ঘশ্বাস ফেলে কোনো কিছু বলা *'I'm so tired,' he sighed.* **3** [I] to make a long sound like a sigh দীর্ঘশ্বাসের শব্দ করা ▶ **sigh** *noun* [C] দীর্ঘশ্বাস

IDM heave a sigh ➪ **heave**[1] দেখো।

sight[1] / saɪt সাইট্ / *noun* **1** [U] the ability to see দৃষ্টিশক্তি, দেখার ক্ষমতা *He lost his sight in the war* (=he became blind). ○ *My grandmother has very poor sight.* **2 -sighted** (*used to form compound adjectives*) able to see in the way mentioned যে ভাবে উল্লেখ করা হয়েছে সেভাবে দেখতে সমর্থ *a partially sighted child* ➪ **long-sighted** এবং **short sighted** দেখো। **3** [*sing.*] **the sight of sb/sth** the act of seeing sb/sth দর্শন *I feel ill **at the sight of** blood.* **4** [U] a position where sb/sth can be seen যেখান থেকে দ্রষ্টব্য কিছু দেখা যায় *They waited until the plane was **in/within sight** and then fired.* ○ ***come into sight*** ○ ***out of sight*** **5** [C] something that you see যা দেখা যাচ্ছে, দৃশ্য *The burned-out building was a terrible sight.* **6 sights** [*pl.*] places of interest that are often visited by tourists ভ্রমণকারীর দ্রষ্টব্যস্থল, দর্শনীয় স্থান *When you come to Kolkata I'll show you the sights.* **7 a sight** [*sing.*] (*informal*) a person or thing that looks strange or amusing অদ্ভুত বা মজাদার ব্যক্তি বা বস্তু **8** [C, *usually pl.*] the part of a gun that you look through in order to aim it বন্দুক ছোড়ার আগে যে অংশে চোখ রেখে তাক করা হয়

IDM at first glance/sight ➪ **first**[1] দেখো।

catch sight/a glimpse of sb/sth ➪ **catch**[1] দেখো।

in sight likely to happen or come soon অদূরবর্তী, শীঘ্র ঘটার সম্ভাবনা *A peace settlement is in sight.*

lose sight of sb/sth ➪ **lose** দেখো।

on sight as soon as you see sb/sth দেখামাত্র, চোখে পড়া মাত্র *The soldiers were ordered to shoot the enemy on sight.*

sight[2] / saɪt সাইট্ / *verb* [T] to see sb/sth, especially after looking out for him/her/it কাউকে বা কিছু দেখা, দৃষ্টির নাগালে আসা

sighting / ˈsaɪtɪŋ ˈসাইটিং / *noun* [C] an occasion when sb/sth is seen যখন কোনো কিছু দেখা যায় সেই সময়টা *the first sighting of a new star*

sightseeing / ˈsaɪtsiːɪŋ ˈসাইট্সীইং / *noun* [U] visiting the sights of a city, etc. as a tourist ভ্রমণকারী হিসেবে শহর ইত্যাদির দ্রষ্টব্য স্থানগুলি দর্শন করার ক্রিয়া *We did some sightseeing in Mumbai.*

sightseer / ˈsaɪtsiːə(r) ˈসাইট্সীঅ্যা(র্) / *noun* [C] a person who visits the sights of a city, etc. as a tourist শহর ইত্যাদির দর্শনযোগ্য স্থান দেখে বেড়ায় যে ব্যক্তি; ভ্রমণকারী ➪ **tourist** দেখো।

sign[1] / saɪn সাইন্ / *noun* [C] **1 sign (of sth)** something that shows that sb/sth is present, exists or may happen যা দেখে কোনো ব্যক্তি বা বস্তু বর্তমান, তার অস্তিত্ব আছে বা কোনো কিছু ঘটতে পারে এরকম বোঝা যায়; চিহ্ন *The patient was **showing** some **signs** of improvement.* **2** a piece of wood, paper, etc. that has writing or a picture on it that gives you a piece of information, an instruction or a warning কাঠ, কাগজ ইত্যাদির টুকরো যার উপরে কোনো লেখা বা ছবি দেওয়া থাকে যার থেকে কোনো তথ্য, কোনো নির্দেশ বা সতর্কতামূলক বিজ্ঞপ্তি পাওয়া যায়; চিহ্ন, সংকেত *a road sign* ○ *Follow the signs to Agra.* **3** a movement that you make with your head, hands or arms that has a particular meaning হাত, মাথা বা বাহুর সাহায্যে যে ইঙ্গিত দিয়ে বিশেষ অর্থ বোঝানো যায় ***I made a sign** for him to follow me.* **4** a type of shape, mark or symbol that has a particular meaning বিশেষ অর্থবাহী আকার, দাগ বা প্রতীক; চিহ্ন *mathematical signs* (+, –, ×, ÷) **5** (*also* **sign of the zodiac**) one of the twelve divisions or symbols of the **zodiac** রাশিচক্রের দ্বাদশ রাশির যে-কোনো একটি *I'm a Leo.* ○ *What sign are you?*

sign[2] / saɪn সাইন্ / *verb* **1** [I, T] to write your name on a letter, document, etc. to show that you have written it or that you agree with what it says (নিজের সম্মতি দেখানোর জন্য) কোনো চিঠি, দলিল ইত্যাদির উপর নাম সই করা, স্বাক্ষর করা *I have to sign the cheque.* ○ *The two presidents signed the treaty.* ➪ **signature** noun দেখো। **2** [T] **sign sb (up)** to get sb to sign a contract to work for you নিয়োগপত্রে সই করা বা কাজ করার জন্য রাজি হয়ে চুক্তি পত্রে সই করার জন্য কাউকে পাওয়া *East Bengal have signed two new players.* **3** [I] to communicate using sign language সাংকেতিক ভাষায় ভাবের আদান-প্রদান করা

PHR V **sign in/out** to write your name to show you have arrived at or left a hotel, club, etc. হোটেল, ক্লাব ইত্যাদিতে পৌঁছে গিয়ে বা হোটেল ছেড়ে যাওয়ার সময়ে সই করা

sign up (for sth) to agree formally to do sth কোনো কিছু আনুষ্ঠানিকভাবে করতে রাজি হওয়া *I've signed up for driving classes.*

signal / ˈsɪɡnəl ˈসিগ্ন্যাল্ / *noun* [C] **1** a sign, action or sound that sends a particular message চিহ্ন, কাজ বা আওয়াজ যা নির্দিষ্ট কোনো বার্তা বহন করে *When I give (you) the signal, run!* **2** an event, action or fact that shows that sth exists or is likely to happen কোনো ঘটনা, কাজ বা কোনো বিষয় যা কোনো বস্তুর অস্তিত্বের লক্ষণ বা কোনো সম্ভাব্য ঘটনার স্পষ্ট লক্ষণ *The fall in unemployment is a clear signal that the economy is improving.* **3** a set of lights used to give information to train drivers সাংকেতিক আলো যা ট্রেনের চালককে জ্ঞাতব্য বিষয় জানাতে ব্যবহৃত হয় **4** a series of radio waves, etc. that are sent out or received (প্রেরিত বা গৃহীত) বেতার তরঙ্গ, সংকেত ইত্যাদি *a signal from a satellite* ► **signal** *verb* [I, T] (**signalling; signalled** *AmE* **signaling; signaled**) সংকেত পাঠানো, ইশারা করা *She was signalling wildly that something was wrong.*

signatory / ˈsɪɡnətri ˈসিগ্ন্যাট্রি / *noun* [C] (*pl.* **signatories**) **signatory (to sth)** one of the people or countries that sign an agreement, etc. যে সকল মানুষ বা দেশ চুক্তিপত্র ইত্যাদিতে সই করেছে তাদের মধ্যেকার কোনো দেশ বা ব্যক্তি

signature / ˈsɪɡnətʃə(r) ˈসিগ্ন্যাচ্যা(র্) / *noun* [C] a person's name, written by that person and always written in the same way স্বাক্ষর, সই (নামের সই সব সময় একরকম হওয়া বাঞ্ছনীয়) ➪ **sign** verb দেখো।

significance / sɪɡˈnɪfɪkəns সিগ্ˈনিফিক্যান্স্ / *noun* [U] the importance or meaning of sth কোনো কিছুর গূঢ়ার্থ, গুরুত্ব, তাৎপর্য *Few people realized the significance of the discovery.*

significant / sɪɡˈnɪfɪkənt সিগ্ˈনিফিক্যান্ট্ / *adj.* **1** important or large enough to be noticed চোখে পড়ার মতো গুরুত্বপূর্ণ *Police said that the time of the murder was extremely significant.* **2** having a particular meaning বিশেষ অর্থবাহী *It could be significant that he took out life insurance shortly* *before he died.* ▶ **significantly** *adv.* তাৎপর্যপূর্ণভাবে, অর্থময়ভাবে *Attitudes have changed significantly since the 1960s.*

signify / ˈsɪɡnɪfaɪ ˈসিগ্‌নিফাই / *verb* [T] (*pres. part.* **signifying**; *3rd person sing. pres.* **signifies**; *pt, pp* **signified**) (*formal*) **1** to be a sign of sth; to mean কোনো কিছু বোঝানোর চিহ্ন হওয়া; অর্থ বোঝানো *What do those lights signify?* **2** to express or indicate sth কোনো কিছু প্রকাশ করা, তাৎপর্য বোঝানো *They signified their agreement by raising their hands.*

sign language *noun* [U] a language used especially by people who cannot hear or speak, using the hands to make signs instead of spoken words মূক ও বধির ব্যক্তিদের জন্য সাংকেতিক ভাষা

signpost / ˈsaɪnpəʊst সাইন্‌প্যাউস্ট / *noun* [C] a sign at the side of a road that gives information about directions and distances to towns রাস্তার ধারে পথ এবং দূরত্ব নির্দেশক ফলক

Sikh *noun* [C] a member of one of the religions of India (**Sikhism**) that developed from Hinduism but teaches that there is only one god ভারতে প্রচলিত ধর্মগুলির মধ্যে একটি যা হিন্দুধর্ম থেকে উৎপন্ন হলেও একেশ্বরবাদ প্রচার করে; শিখ ধর্মাবলম্বী ▶ **Sikh** *adj.* শিখধর্ম সংক্রান্ত ▶ **Sikhism** *noun* [U] শিখধর্ম ⇨ **Guru Granth Sahib** দেখো।

silage / ˈsaɪlɪdʒ ˈসাইলিজ্ / *noun* [U] grass or other green plants that are stored without being dried and are used to feed farm animals in winter শীতে ব্যবহারের জন্য যা না শুকিয়ে গবাদি পশুর খাদ্য হিসেবে রেখে দেওয়া হয়

silence / ˈsaɪləns ˈসাইল্যান্স্ / *noun* **1** [U] no noise or sound at all নিঃস্তব্ধতা, নির্জনতা, কোলাহলশূন্যতা *There must be silence during examinations.* **2** [C, U] a period when nobody speaks or makes a noise নীরবতা, নিস্তব্ধতা *My question was met with an awkward silence.* ○ *We ate* ***in silence***. **3** [U] not making any comments about sth কোনো বিষয়ে মন্তব্য করা হচ্ছে না এমন ▶ **silence** *verb* [T] নিস্তব্ধতা বা নীরবতা বজায় রাখা

silencer / ˈsaɪlənsə(r) ˈসাইল্যান্স্যা(র্) / (*AmE* **muffler**) *noun* [C] **1** a device which is fixed to the long tube under a vehicle (**exhaust pipe**) to reduce the noise made by the engine গাড়ি ইত্যাদির নীচের দিকে লম্বা নলের মধ্যে আটকানো একরকম যন্ত্র যা ইঞ্জিনের জোর আওয়াজ কমানোর কাজ করে **2** the part of a gun that reduces the noise when it is fired বন্দুকের যে-অংশ গুলি ছোড়ার আওয়াজ কম করে

silent / ˈsaɪlənt ˈসাইল্যান্ট্ / *adj.* **1** where there is no noise; making no noise; very quiet নিস্তব্ধ, শব্দহীন, খুবই চুপচাপ, শান্ত *The house was empty and silent.* **2 silent (on/about sth)** refusing to speak about sth কোনো বিষয়ে কথা বলতে নারাজ *The policeman told her she had the right to* ***remain silent***. **3** not using spoken words কথা না বলে, মনে মনে *a silent prayer/protest* **4** (of a letter) not pronounced (কোনো বিশেষ অক্ষরের) অনুচ্চারণ *The 'b' in 'comb' is silent.* ▶ **silently** *adv.* নিঃশব্দে, চুপচাপভাবে

silhouette / ˌsɪluˈet ˌসিলুˈএট্ / *noun* [C] the dark solid shape of sb/sth seen against a light background আলোর পটভূমিতে দেখা গাঢ় কোনো ছায়া ▶ **silhouetted** *adj.* সিলুয়েটে দেখানো হয়েছে এমন

silica / ˈsɪlɪkə ˈসিলিক্যা / *noun* [U] (*symbol* SiO_2) a chemical compound of silicon found in sand and in rocks such as **quartz**, used in making glass and cement বালি বা পাথরের প্রধান রাসায়নিক উপাদান (যেমন কোয়ার্টজ) যা কাচ বা সিমেন্ট তৈরি করতে ব্যবহৃত হয়; সিলিকা

silicon / ˈsɪlɪkən ˈসিলিক্যান্ / *noun* [U] (*symbol* **Si**) a substance that exists as a grey solid or as a brown powder and is found in rocks and sand. It is used in making glass কঠিন ধূসর পদার্থ অথবা বাদামি রঙের গুঁড়ো যে পদার্থ পাথর এবং বালিতে পাওয়া যায় ও কাচ তৈরির কাজে লাগে; সিলিকন

silicon chip *noun* [C] (*computing*) a very small piece of silicon that is used to carry a complicated electronic **circuit** সিলিকনের অতি সূক্ষ্ম টুকরো যা জটিল বৈদ্যুতিন সার্কিটে ব্যবহার করা হয়

silk / sɪlk সিল্ক্ / *noun* [U] the soft smooth cloth that is made from threads produced by an insect (**a silkworm**) গুটি পোকার লালা থেকে প্রস্তুত; সিল্ক, রেশম *a silk shirt/dress*

silkworm / ˈsɪlkwɜːm সিল্ক্‌উঅ্যম্ / *noun* [C] a small creature with a soft body and legs (**a caterpillar**) that produces very thin thread (**silk**) গুটিপোকা যার থেকে রেশম বা সিল্কের সুতো উৎপন্ন হয়

silky / ˈsɪlki ˈসিল্‌কি / *adj.* smooth, soft and shiny; like silk রেশমি, নরম এবং চকচকে; সিল্কের মতো *silky hair*

sill / sɪl সিল্ / *noun* [C] a shelf that is at the bottom of a window, either inside or outside জানালার নীচে ভিতরে বা বাইরের দিকে কোনো তাক *a window sill*

silly / ˈsɪli ˈসিলি / *adj.* (**sillier; silliest**) **1** not showing thought or understanding; foolish চিন্তা বা বোধশক্তি দেখা যাচ্ছে না এমন; বোকা, অবিবেচক, চিন্তাশক্তিহীন *a silly mistake* ○ *Don't be so silly!* ✪ বিপ **sensible** **2** appearing ridiculous, so that people will laugh হাস্যকর, হাস্যজনক *I'm not wearing that hat—I'd look silly in it.* ▶ **silliness** *noun* [U] বোকামি

silo / ˈsaɪləʊ ˈসাইল্যাউ / *noun* [C] **1** a tall tower on a farm used for storing grain, etc. খাদ্যশস্য সংরক্ষণের জন্য নির্মিত লম্বা গম্বুজবিশেষ (ধানের মরাইয়ের মতো) **2** an underground place where grass or other green plants are made into a substance (**silage**) that is stored until winter to feed the farm animals মাটির নীচে যে স্থানে ঘাস বা সবুজ গাছপালা সাইলেজে রূপান্তরিত করে শীতে গবাদি পশুর খাদ্য হিসেবে ব্যবহারের জন্য সংরক্ষণ করা হয়

silt / sɪlt সিল্ট্ / *noun* [U] sand, soil or mud that collects at the sides or on the bottom of a river বালি, মাটি বা কাদা যা নদীর নীচে বা দুই পাশে জমা হয়; পলি, পঙ্ক ➪ **flood plain**-এ ছবি দেখো।

silver[1] / ˈsɪlvə(r) ˈসিল্ভ্যা(র্) / *noun* [U] **1** (*symbol* **Ag**) a valuable grey-white metal that is used for making jewellery, coins, etc. রজত *a silver spoon/ necklace* **2** coins made from silver or sth that looks like silver রুপো থেকে বা রুপোর মতো দেখতে কোনো ধাতু থেকে তৈরি রৌপ্য, রুপোর মুদ্রা, রুপোর টাকা, রৌপ্যমুদ্রা **3** objects that are made of silver, for example knives, forks, spoons, dishes রুপোর জিনিস যেমন ছুরি, কাঁটা, চামচ, থালা ইত্যাদি বাসনপত্র *The thieves stole some jewellery and some valuable silver.*

IDM **every cloud has a silver lining** ➪ **cloud[1]** দেখো।

silver[2] / ˈsɪlvə(r) ˈসিল্ভ্যা(র্) / *adj.* having the colour of silver রুপোর মতো রঙের *a silver sports car*

silver medal (*also* **silver**) *noun* [C] a small flat round piece of silver that is given to the person or team that comes second in a sports competition (ক্রীড়া-প্রতিযোগিতায় দ্বিতীয় মানের সূচক) রৌপ্য পদক *to win a silver medal at the Asian Games* ➪ **gold medal** এবং **bronze medal** দেখো।
▶ **silver medallist** *noun* [C] রৌপ্য পদক বিজয়ী

silver wedding *noun* [C] the 25th anniversary of a wedding পঞ্চবিংশতিতম বা রজত জয়ন্তী বিবাহ বার্ষিকী ➪ **golden wedding** এবং **diamond wedding** দেখো।

silvery / ˈsɪlvəri ˈসিল্ভ্যারি / *adj.* having the appearance or colour of silver রুপোলি *an old lady with silvery hair*

similar / ˈsɪmələ(r) ˈসিম্যাল্যা(র্) / *adj.* **similar (to sb/sth); similar (in sth)** like sb/sth but not exactly the same অনুরূপ, সদৃশ, একরকম *Our houses are very similar in size.* ○ *Your handwriting is very similar to mine.* ✪ বিপ **different** অথবা **dissimilar** ▶ **similarly** *adv.* একভাবে, তেমনি, সেইরকমই *The plural of 'shelf' is 'shelves'. Similarly, the plural of 'wolf' is 'wolves'.*

similarity / ˌsɪməˈlærəti ˌসিম্যাˈল্যার‍্যাটি / *noun* (*pl.* **similarities**) **1** [U, *sing.*] **similarity (to sb/sth); similarity (in sth)** the state of being like sb/sth but not exactly the same সাদৃশ্য, মিল *She* ***bears a*** *remarkable/striking* ***similarity*** *to her mother.* **2** [C] **a similarity (between A and B); a similarity (in/of sth)** a characteristic that people or things have which makes them similar যে গুণের বা বৈশিষ্ট্যের জন্য মানুষ বা বস্তু এক রকমের হয় *There are some similarities between the two towns.* ○ *similarities in/of style*

simile / ˈsɪməli ˈসিম্যালি / *noun* [C, U] (*technical*) a word or phrase that compares sth to sth else, using the words 'like' or 'as', for example 'a face like a mask' or 'as white as snow'; the use of such words and phrases কোনো কিছুর সঙ্গে আরেকটা তুলনা করে দেখানো বা বোঝানোর জন্য ব্যবহৃত শব্দ বা বাক্যাংশ, যেমন 'a face like mask' অথবা 'as white as snow'; 'like' এবং 'as' শব্দটি ব্যবহার করে তুলনা বা সাদৃশ্য বোঝানো হয়েছে ➪ **metaphor** দেখো।

simmer / ˈsɪmə(r) ˈসিম্যা(র্) / *verb* [I, T] to cook gently in a liquid that is almost boiling প্রায় ফুটন্ত তরল পদার্থের মধ্যে ধীরে ধীরে রান্না করা, অল্প আঁচে ফোটা

simple / ˈsɪmpl ˈসিম্প্ল্ / *adj.* **1** easy to understand, do or use; not difficult or complicated সহজ, যা সহজে বোঝা, করা বা ব্যবহার করা যায়; কঠিন বা জটিল নয় *This dictionary is written in simple English.* ○ *a simple task/method/ solution* **2** without decoration or unnecessary extra things; plain and basic সাজসজ্জা বা অপ্রয়োজনীয় অতিরিক্ত জিনিস ছাড়াই; সাদামাটা, সাধারণ, সাদাসিধে *a simple black dress* ○ *The food is simple but perfectly cooked.* **3** used for saying that the thing you are talking about is the only thing that is important or true প্রধান বা মূল কথা যে এটাই তা বোঝাতে ব্যবহৃত অভিব্যক্তিবিশেষ *I'm not going to buy it* ***for the simple reason that*** (=only because) *I haven't got enough money.* **4** (used about a person or a way of life) natural and not complicated (ব্যক্তি বা তার জীবনযাত্রা সম্বন্ধে ব্যবহৃত) সাদামাটা, সরল, জটিলতা বা জাঁকজমকবিহীন *a simple life in the country* **5** not intelligent; slow to understand ভালোমানুষ; অল্পবুধি সম্পন্ন; ধীরবুধিসম্পন্ন **6** (*grammar*) used to describe the present or past tense of a verb that is formed without using another verb (**an auxiliary verb**), as in 'She loves him' and 'He arrived late.' (ব্যাকরণ) যে ক্রিয়াপদের ব্যবহারে (অতীত বা বর্তমান কালে) অন্য কোনো সাহায্যকারী ক্রিয়াপদের দরকার হয় না 'She loves him' এবং 'He arrived late' ইত্যাদি *the simple present/ past tense*

simplicity / sɪmˈplɪsəti সিম্‌'প্লিস্যাটি / *noun* [U] **1** the quality of being easy to understand, do or use সারল্য, সরলতা, অকপটতা *We all admired the simplicity of the plan.* **2** the quality of having no decoration or unnecessary extra things; being natural and not complicated আড়ম্বরহীনতা, অকৃত্রিমতা; সহজ সরল ভাব *I like the simplicity of her paintings.*

simplify / ˈsɪmplɪfaɪ 'সিম্‌প্লিফাই / *verb* [T] (*pres. part.* **simplifying**; *3rd person sing. pres.* **simplifies**; *pt, pp* **simplified**) to make sth easier to do or understand; to make sth less complicated কোনো কিছু সহজসাধ্য বা সহজবোধ্য করে দেওয়া; সহজ করে বলা বা বোঝানো *The process of applying for visas has been simplified.* ▶ **simplification** / ˌsɪmplɪfɪˈkeɪʃn ˌসিম্‌প্লিফি'কেইশ্‌ন্ / *noun* [C, U] সরলীকরণ

simplistic / sɪmˈplɪstɪk সিম্'প্লিস্‌টিক্ / *adj.* making a problem, situation, etc. seem less difficult and complicated than it really is সমস্যা, পরিস্থিতি ইত্যাদি কঠিন হলেও সেটি সহজ করে তোলা হয় এমন

simply / ˈsɪmpli 'সিম্‌প্লি / *adv.* **1** used to emphasize how easy or basic sth is কোনো কিছু কতটা সহজ বা প্রাথমিক তাতে জোর দেওয়ার জন্য ব্যবহৃত অভিব্যক্তিবিশেষ *Simply add hot water and stir.* **2** (used to emphasize an adjective) completely; absolutely (বিশেষণের উপর জোর দিতে ব্যবহৃত) পুরোপুরি; একেবারে *That meal was simply excellent.* **3** in a way that makes sth easy to understand আরও সহজ করে; সহজবোধ্যভাবে *Could you explain it more simply?* **4** in a simple, basic way; without decoration or unnecessary extra things সাদামাটাভাবে; চাকচিক্যছাড়া, অপ্রয়োজনীয় জিনিস ছাড়া *They live simply, with very few luxuries.* **5** only; just কেবল, মাত্র; শুধু *The whole problem is simply a misunderstanding.*

simulate / ˈsɪmjuleɪt 'সিমিউলেইট্ / *verb* [T] to create certain conditions that exist in real life using computers, models, etc., usually for study or training purposes কম্পিউটার, মডেল ইত্যাদির সাহায্যে (সাধারণত পঠন-পাঠন বা প্রশিক্ষণের উদ্দেশ্যে) বাস্তবের পরিবেশ সৃষ্টি করা *The astronauts trained in a machine that simulates conditions in space.* ▶ **simulation** / ˌsɪmjuˈleɪʃn ˌসিমিউ'লেইশ্‌ন্ / *noun* [C, U] নকল, অনুকরণ *a computer simulation of a nuclear attack*

simultaneous / ˌsɪmlˈteɪniəs ˌসিম্‌ল্'টেইনিঅ্যাস্ / *adj.* happening or done at exactly the same time as sth else সমকালীন, যুগপৎভাবে, একই সঙ্গে ঘটছে এমন ▶ **simultaneously** *adv.* একই সঙ্গে, যুগপৎ

sin / sɪn সিন্ / *noun* [C, U] an action or way of behaving that is not allowed by a religion পাপ, অধর্ম, ধর্মের অনুশাসন লঙ্ঘন *It is a sin to steal.* ▶ **sin** *verb* [I] (**sinning; sinned**) পাপ ▶ **sinner** *noun* [C] পাপী, পাপিষ্ঠ

since / sɪns সিন্স্ / *adv., conj., prep.* **1** from a particular time in the past until a later time in the past or until now তারপর থেকে, পরবর্তীকাল থেকে এখন পর্যন্ত *I've been working in a bank ever since I left school.* ○ *I haven't seen him since last Tuesday.*

> **NOTE** কতদিন ধরে কোনো ঘটনা ঘটছে এমন কথা বলতে **since** এবং **for** দুটি শব্দই ব্যবহার করা হয়। কিন্তু কখন থেকে কাজটি আরম্ভ হয়েছে তা বোঝানোর জন্য কেবলমাত্র **since** আর কতদিন ধরে কাজটি চলছে তার জন্য **for** ব্যবহার হয়—*I've known her since 1997.* ○ *I've known her for three years.*

2 at a time after a particular time in the past অতীতের কোনো বিশেষ সময়ের পরে কোনো এক সময়ে *We were divorced two years ago and she has since married someone else.* **3** because; as কারণ; সেজন্য *Since they did not phone me, I'll have to phone them.*

sincere / sɪnˈsɪə(r) সিন্'সিআ্যা(র্) / *adj.* **1** (used about a person) really meaning or believing what you say; not pretending (ব্যক্তি সম্বন্ধে ব্যবহৃত) আন্তরিক, অকপট; খাঁটি, ছলনামুক্ত *She seems so sincere.* **2** (used about a person's feelings, beliefs or behaviour) true; showing what you really mean or feel (কোনো ব্যক্তির মনোভাব, অনুভূতি, আচরণ বা বিশ্বাস সম্বন্ধে ব্যবহৃত) খাঁটি, আন্তরিক *Please accept our sincere thanks/apologies.* ✪ বিপ **insincere** ▶ **sincerely** *adv.* আন্তরিকভাবে, সত্যি সত্যি *I am sincerely grateful to you for all your help.* ○ *Yours sincerely,* ... (at the end of a formal letter) ▶ **sincerity** / sɪnˈserəti সিন্'সের‍্যাটি / *noun* [U] আন্তরিকতা, অকপটতা ✪ বিপ **insincerity**

sindur (*also* **sindoor**) *noun* [U] a red powder applied by married Indian women to the parting of the hair and sometimes on the forehead as a **bindi** ভারতীয় বিবাহিত নারীদের দ্বারা চুলের সিঁথিতে বা কপালে যে লাল রঙের গুঁড়ো পদার্থ ব্যবহৃত হয়; সিঁদুর

sine / saɪn সাইন্ / *noun* [C] (*abbr.* **sin**) (*mathematics*) the **ratio** of the length of the side opposite one of the angles in a **right-angled** triangle to the length of the longest side (গণিত) সমকোণী ত্রিভুজের বিপরীত বাহু ও অতিভুজের দৈর্ঘ্যের অনুপাত; সাইন ⇨ **cosine** এবং **tangent** দেখো।

sinew / ˈsɪnju: 'সিনিউ / *noun* [C, U] a strong band of substance that joins a muscle to a bone যা পেশি এবং হাড়কে সংযুক্ত করে; পেশিতন্তু

sinful / ˈsɪnfl ˈসিন্‌ফ্‌ল্ / *adj.* breaking a religious law; immoral অনৈতিক, পাপাচারপূর্ণ; অন্যায়

sing / sɪŋ সিং / *verb* [I, T] (*pt* **sang** / sæŋ স্যাং /; *pp* **sung** / sʌŋ সাং /) to make musical sounds with your voice গান করা, গুনগুন করে গান ভাঁজা *He sings well.* ○ *The birds were singing outside my window.*
▶ **singing** *noun* [C] গান গাওয়ার ক্রিয়া *singing lessons*

singe / sɪndʒ সিনজ্ / *verb* [I, T] (*pres. part.* **singeing**) to burn the surface of sth slightly, usually by accident; to be burned in this way সাধারণত দুর্ঘটনার ফলে কোনো কিছুর উপরের অংশ সামান্য পুড়ে যাওয়া; ঝলসে যাওয়া

singer / ˈsɪŋə(r) ˈসিংঅ্যা(র্) / *noun* [C] a person who sings, or whose job is singing, especially in public গায়ক, গায়িকা *a gazal singer*

single[1] / ˈsɪŋgl ˈসিংগ্‌ল্ / *adj.* **1** (*only before a noun*) only one কেবলমাত্র একটি *I managed to finish the whole job in a single afternoon.* ○ **2** (*only before a noun*) used to emphasize that you are talking about each individual item of a group or series কোনো দলের মধ্যে প্রতিটি আলাদা করে বা প্রত্যেকটি আলাদা আলাদাভাবে বোঝানোর জন্য ব্যবহৃত অভিব্যক্তিবিশেষ *He answered* ***every single*** *question correctly. Well done!* **3** not married অবিবাহিত *a single man/woman* **4** (*only before a noun*) for the use of only one person একজনের ব্যবহারের মতো, একজনের জন্য *I'd like to book a single room, please.* ➪ **bed**[1]-এ নোট দেখো। **5** (*also* **one-way**) (*only before a noun*) (used about a ticket or the price of a ticket) for a journey to a particular place, but not back again (টিকিট অথবা তার দাম সম্বন্ধে ব্যবহৃত) একমুখী যাত্রা, যাত্রার এক পিঠের জন্য *How much is the single fare to Shillong?* ➪ **return**[2] **5** দেখো।
IDM in single file ➪ **file**[1] দেখো।

single[2] / ˈsɪŋgl ˈসিংগ্‌ল্ / *noun* **1** [C] a ticket for a journey to a particular place, but not back again কোনো জায়গায় যাওয়ার জন্য টিকিট, ফেরার নয় *Two singles to Goa, please.* ➪ **return**[2] **5** দেখো। **2** [C] a CD, tape, etc. that has only one song on each side; the main song on this tape or CD যে টেপ বা সিডির প্রতি পিঠে একটি মাত্র গান আছে; টেপ বা সিডির প্রধান গান *Shaan's new single* ➪ **album** দেখো। **3** [C] a bedroom for one person in a hotel, etc. হোটেলে একজনের শয্যাবিশিষ্ট কামরা ➪ **double**[3] **5** দেখো। **4 singles** [*pl.*] people who are not married and do not have a romantic relationship with sb else অবিবাহিত এবং অন্য কারও সঙ্গে কোনো রোমান্টিক অথবা প্রেম-ভালোবাসার সম্পর্ক গড়ে ওঠেনি **5 singles** [U] a game of tennis, etc. in which one player plays against one other player টেনিস খেলার একটি ভাগ যাতে এক জন খেলোয়াড় অন্য আর এক জনের বিরুধে খেলে ➪ **doubles** দেখো।

single[3] / ˈsɪŋgl ˈসিংগ্‌ল্ / *verb*
PHR V single sb/sth out (for sth) to give special attention or treatment to one person or thing from a group কোনো দলে বিশেষ একজনের প্রতি বিশেষ মনোযোগ দেওয়া, তার সঙ্গে পক্ষপাতিত্বপূর্ণ ব্যবহার করা *She was singled out for criticism.*

single-breasted *adj.* (used about a jacket or a coat) having only one row of buttons that fasten in the middle (কোট বা জ্যাকেট সম্বন্ধে ব্যবহৃত) মাঝখানে কেবলমাত্র এক সারি বোতাম থাকে এমন ➪ **double-breasted** দেখো।

single-decker *noun* [C] a bus with only one level এক-তলা বাস

single-handed *adj.*, *adv.* on your own with nobody helping you নিজের হাতে, অন্যের সাহায্য ছাড়া

single-minded *adj.* having one clear aim or goal which you are determined to achieve একাগ্রচিত্তে, একমনে, স্থির সংকল্প ▶ **single-mindedness** *noun* [U] একাগ্রতা, স্থির সংকল্প

single parent *noun* [C] a person who looks after his/her child or children without a husband, wife or partner একা এবং সন্তান পালন করছে এমন স্ত্রী-বিচ্ছিন্ন স্বামী বা স্বামী-বিচ্ছিন্ন স্ত্রী অথবা বিচ্ছিন্ন সঙ্গী *a single-parent family*

singlet / ˈsɪŋglət ˈসিংগ্‌ল্যাট্ / *noun* [C] a piece of clothing without sleeves, worn under or instead of a shirt, often worn by runners, etc. শার্টের নীচে বা তার বদলে (প্রায়ই দৌড়বীরগণ যা পরে) পরার জামা; গেঞ্জি, ফতুয়া

singly / ˈsɪŋgli ˈসিংগ্‌লি / *adv.* one at a time; individually এক সময়ে একটি, আলাদা আলাদা ভাবে, এক এক করে *You can buy the tapes either singly or in packs of three.*

singular / ˈsɪŋgjələ(r) ˈসিংগিঅ্যাল্যা(র্) / *adj.* **1** (*grammar*) in the form that is used for talking about one person or thing only (ব্যাকরণ) একবচন, একজন ব্যক্তি বা মাত্র একটি জিনিস বোঝাতে *'Table' is a singular noun; 'tables' is a plural noun.* ➪ **plural** দেখো। **2** (*written*) unusual অস্বাভাবিক, অসাধারণ
▶ **singular** *noun* [*sing.*] (*grammar*) (ব্যাকরণ) একবচন (বিশেষ্য) *The word 'clothes' has no singular.* ○ *What's the singular of 'people'?*

singularly / ˈsɪŋgjələli ˈসিংগিঅ্যাল্যালি / *adv.* (*formal*) very; in an unusual way খুব; অস্বাভাবিকভাবে, অসাধারণ উপায়ে *The government has been singularly unsuccessful in its policy against terrorism.*

sinister / ˈsɪnɪstə(r) ˈসিনিস্ট্যা(র্) / *adj.* seeming evil or dangerous; making you feel that sth bad will happen অমঙ্গলসূচক, ক্ষতিকর; অশুভসূচক *There's something sinister about him. He frightens me.*

sink[1] / sɪŋk সিংক্ / *verb* (*pt* **sank** /sæŋk স্যাংক্ /; *pp* **sunk** /sʌŋk সাংক্ /) **1** [I, T] to go down or make sth go down under the surface of liquid or a soft substance তরল বা নরম কোনো পদার্থের মধ্যে ডুবে যাওয়া বা ডোবানো, নিমজ্জিত হওয়া *If you throw a stone into water, it sinks.* ○ *My feet sank into the mud.* **2** [I] (used about a person) to move downwards, usually by falling or sitting down (ব্যক্তি সম্বন্ধে ব্যবহৃত) নুয়ে পড়া, ধীরে ধীরে বসে পড়া, বসে যাওয়া *I sank into a chair, exhausted.* **3** [I] to get lower; to fall to a lower position or level নীচু হওয়া; নীচে নেমে যাওয়া *We watched the sun sink slowly below the horizon.* **4** [I] to decrease in value, number, amount, strength, etc. মূল্য, সংখ্যা, পরিমাণ, শক্তি ইত্যাদি নেমে যাওয়া, কমে যাওয়া

IDM **your heart sinks** ➪ **heart** দেখো।

PHR V **sink in** (used about information, an event, an experience, etc.) to be completely understood or realized (তথ্যাদি, ঘটনা, অভিজ্ঞতা ইত্যাদি প্রসঙ্গে ব্যবহৃত হয়) পুরোপুরি বোঝা, অনুধাবন করা *It took a long time for the terrible news to sink in.*

sink in; sink into sth (used about a liquid) to go into sth solid; to be absorbed (কোনো তরল পদার্থ সম্বন্ধে ব্যবহৃত) কোনো কঠিন জিনিসের মধ্যে ঢোকা, তার মধ্যে মিশে যাওয়া; শোষিত হওয়া

sink[2] / sɪŋk সিংক্ / *noun* [C] a large open container in a kitchen, with taps to supply water, where you wash things রান্নাঘরে বাসনকোসন ধোয়ার জায়গা যেখানে জলের সরবরাহ আছে ➪ **washbasin** দেখো।

sinus / ˈsaɪnəs ˈসাইন্যাস্ / *noun* [C] (*usually pl.*) one of the spaces in the bones of your face that are connected to your nose নাসারন্ধ্রের সঙ্গে যুক্ত হাড়গুলির মধ্যেকার স্থান; নালিব্রণ; সাইনাস *I've got a terrible cold and my sinuses are blocked.* ○ *a sinus infection*

sip / sɪp সিপ্ / *verb* [I, T] (**sipping**; **sipped**) to drink, taking only a very small amount of liquid into your mouth at a time চুমুক দেওয়া, চুমুক দিয়ে খাওয়া *We sat in the sun, sipping lemonade.*
► **sip** *noun* [C] চুমুক

siphon (*also* **syphon**) / ˈsaɪfn ˈসাইফন্ / *verb* [T] **1 siphon sth into/out of sth; siphon sth off/out** to remove a liquid from a container, often into another container, through a tube কোনো নলের সাহায্যে এক পাত্র থেকে অন্য পাত্রে তরল পদার্থ নিয়ে যাওয়া; সাইফন করা **2 siphon sth off; siphon sth (from/out of sb/sth)** to take money from a company illegally over a period of time অনেকদিন ধরে অন্যায়ভাবে কোম্পানির টাকা আত্মসাৎ করা

sir / sɜ:(r) স্য(র্) / *noun* **1** [*sing.*] used as a polite way of speaking to a man whose name you do not know, for example in a shop or restaurant, or to show respect (কোনো দোকান বা রেস্তোরাঁয় বা সম্মান দেখানোর জন্য) নামের পরিবর্তে সম্ভ্রমসূচক সম্ভাষণ হিসেবে ব্যবহৃত *I'm afraid we haven't got your size, sir.* ➪ **madam** দেখো। **2** [C] used at the beginning of a formal letter to a male person or male people কোনো ব্যাবসায়িক বা পোশাকিভাবে চিঠি লেখার সময়ে চিঠির শুরুতে পুরুষ ব্যক্তিকে এভাবে সম্বোধন করা হয় *Dear Sir...* ○ *Dear Sirs...* ➪ **Madam** দেখো। **3** /sə(r) স্যা(র্) / [*sing.*] the title that is used in front of the name of a man who has received one of the highest British honours ব্রিটেনের যেসব ব্যক্তি উচ্চতম সম্মানে ভূষিত তাঁদের নামের আগেও Sir ব্যবহার করা হয়

siren / ˈsaɪrən ˈসাইর‍্যান্ / *noun* [C] a device that makes a long, loud sound as a warning or signal তীক্ষ্ণ, জোরালো, সতর্কতা-জ্ঞাপক সাংকেতিক আওয়াজ করে যে যন্ত্র; সাইরেন *an air-raid siren* ○ *Three fire engines raced past, sirens wailing.*

sirocco / sɪˈrɒkəʊ সিˈরক্যাউ / (*pl.* **siroccos**) *noun* [C] a hot wind that blows from Africa into Southern Europe আফ্রিকা থেকে দক্ষিণ ইউরোপ পর্যন্ত প্রবাহিত উষ্ম বাতাস

sisal / ˈsaɪsl ˈসাইস্‌ল্ / *noun* [U] strong thin threads made from the leaves of a tropical plant and used for making rope, floor coverings, etc. ক্রান্তীয় অঞ্চলের এক ধরনের বৃক্ষ যার পাতা থেকে শক্ত ও পাতলা তন্তু তৈরি হয় এবং সেগুলি দড়ি, মেঝেয় পাতার মাদুর ইত্যাদি তৈরিতে ব্যবহৃত হয়

sister / ˈsɪstə(r) ˈসিস্ট্যা(র্) / *noun* [C] **1** a girl or woman who has the same parents as another person বোন, ভগিনী *I've got one brother and two sisters.* ○ *We're sisters.* ➪ **half-sister** এবং **step sister** দেখো।

> **NOTE** ইংরেজি ভাষায় এমন কোনো শব্দ নেই যার দ্বারা ভাইবোন দুজনকেই একসঙ্গে বোঝানো যায় *I've got one brother and two sisters.* **'Sibling'** শব্দটি কথ্য ভাষায় তেমন ব্যবহার করা হয় না।

2 (*often* **Sister**) (*BrE*) a female hospital nurse in a high position সেবিকা বা নার্স (উচ্চপদস্থ) **3 Sister** a member of certain female religious groups; a **nun** বিশেষ ধর্মীয় সম্প্রদায়ের সদস্যা; মঠবাসিনী সন্ন্যাসিনী **4** (*usually used as an adjective*) a thing that belongs to the same type or group as sth else একই জাতীয় জিনিস বা দলের কোনো বস্তু *We have a* *sister company in Japan.* **5** (*informal*) a woman who you feel close to because she is a member of the same society, group, etc. as you একই গোষ্ঠী বা সম্প্রদায়ের সদস্য হওয়ার ফলে যে মহিলার সঙ্গে নৈকট্য বোধ করা যায়

sister-in-law *noun* [C] (*pl.* **sisters-in-law**) **1** the sister of your husband or wife শ্যালিকা, ননদ **2** the wife of your brother বৌদি, ভাই-এর স্ত্রী

sit / sɪt সিট্ / *verb* (*pres. part.* **sitting**; *pt, pp* **sat** / sæt স্যাট্ /) **1** [I] to rest your weight on your bottom, for example in a chair বসা, উপবেশন করা (যেমন চেয়ারে) *We sat in the garden all afternoon.* ○ *She was sitting on the sofa, talking to her mother.* **2** [T] **sit sb (down)** to put sb into a sitting position; make sb sit down কাউকে বসানো; বসিয়ে দেওয়া *He picked up his daughter and sat her down on a chair.* ○ *She sat me down and offered me a cup of tea.* **3** [I] to be in a particular place or position বিশেষ জায়গায় থাকা, একই জায়গায় পড়ে থাকা *The letter sat on the table for several days before anybody opened it.* **4** [T] (*BrE*) to take an exam পরীক্ষায় বসা, পরীক্ষা দেওয়া *If I fail, will I be able to* ***sit the exam*** *again?* **5** [I] (*formal*) (used about an official group of people) to have a meeting or series of meetings (সরকারি বা অফিসের ব্যক্তিগণ সম্বন্ধে ব্যবহৃত) এক বা একাধিক মিটিং করা

IDM **sit on the fence** to avoid saying which side of an argument you support কোন দলের সমর্থক তা পরিষ্কারভাবে না বলা

PHR V **sit about/around** (*informal*) to spend time doing nothing active or useful কোনো কাজের মতো কাজ না করে চুপচাপ বসে বসে সময় কাটানো *We just sat around chatting all afternoon.*

sit back to relax and not take an active part in what other people are doing অন্যে কাজ করলেও নিজে চুপ করে, আরামে বসে পড়া *Sit back and take it easy while I make dinner.*

sit down to lower your body into a sitting position বসা, বসে পড়া *He sat down in an armchair.*

sit sth out **1** to stay in a place and wait for sth unpleasant or boring to finish অপ্রিয় বা একঘেয়ে কাজটা হয়ে যাবে তার অপেক্ষায় বসে থাকা **2** to not take part in a dance, game, etc. নাচ-গান খেলাধুলো ইত্যাদিতে অংশ না-নেওয়া

sit through sth to stay in your seat until sth boring or long has finished নিজের জায়গায় বসে থাকা যতক্ষণ না দীর্ঘস্থায়ী, একঘেয়ে ঘটনা শেষ না হয়

sit up **1** to move into a sitting position when you have been lying down or to make your back straight শোয়া বা হেলান দেওয়া অবস্থা থেকে সোজা হয়ে বসা *Sit up straight and concentrate!* **2** to not go to bed although it is very late দেরি হয়ে গেলেও শুতে না যাওয়া, অনেক রাত জেগে বসে থাকা *We sat up all night talking.*

sitar *noun* [C] a musical instrument from India like a guitar, with a long neck and two sets of metal strings ভারতীয় বাদ্যযন্ত্র সেতার ➪ music-এ ছবি দেখো।

sitcom / ˈsɪtkɒm ˈসিট্‌কম্ / (*also* **situation comedy**) *noun* [C, U] a funny programme on television that shows the same characters in different amusing situations each week বিভিন্ন মজাদার পরিস্থিতিতে একই চরিত্র দ্বারা অভিনীত হাস্যোদ্দীপক সাপ্তাহিক টেলিভিশন অনুষ্ঠান / ধারাবাহিক

site / saɪt সাইট্ / *noun* [C] **1** a piece of land where a building was, is or will be situated এমন একটা জায়গা যেখানে কোনো বাড়ি জাতীয় কিছু ছিল, আছে বা হবে *a building/construction site* ○ *The company is looking for a site for its new offices.* **2** a place where sth has happened or that is used for sth যেখানে কোনো উল্লেখযোগ্য ঘটনা ঘটেছিল বা যা কোনো কিছুর জন্য ব্যবহৃত হয় *the site of a famous battle* **3** (*computing*) a place on the Internet where a company, an organization, a university, etc. puts information ইন্টারনেটের যে-অংশে কোনো কোম্পানি, প্রতিষ্ঠান, বিশ্ববিদ্যালয় ইত্যাদি তাদের সম্বন্ধে জ্ঞাতব্য তথ্য দিয়ে রাখে ➪ **website** দেখো। ► **site** *verb* [T] (*written*) নির্মাণস্থান, স্থান বা অবস্থান নির্দেশ করা *They met to discuss the siting of the new school.*

sitting / ˈsɪtɪŋ ˈসিটিং / *noun* [C] **1** a period of time during which a court of law or a parliament meets and does its work সংসদ, আদালত প্রভৃতির অধিবেশনকাল **2** a time when a meal is served in a school, hotel, etc. to a number of people at the same time স্কুল হোটেল, ছাত্রাবাস ইত্যাদিতে যখন একসঙ্গে খাবার পরিবেশন করা হয় *Dinner will be in two sittings.*

sitting room (*BrE*) = **living room**

situated / ˈsɪtʃueɪtɪd ˈসিচুএইটিড্ / *adj.* in a particular place or position অবস্থিত *The hotel is conveniently situated close to the beach.*

situation / ˌsɪtʃuˈeɪʃn ˌসিচুˈএইশন্ / *noun* [C] **1** the things that are happening in a particular place or at a particular time অবস্থা,পরিস্থিতি *Harish is* ***in a*** *difficult* ***situation*** *at the moment.* ○ *the economic/financial/political situation* **2** (*written*) the position of a building, town, etc. in relation to the area around it চারিপাশের জায়গা অনুযায়ী কোনো

অট্টালিকা, শহর ইত্যাদির অবস্থান ক্ষেত্র **3** (*written*) (*old-fashioned*) a job কাজ, চাকুরি *Situations Vacant* (=the part of a newspaper where jobs are advertised)

sit-up *noun* [C] an exercise for the stomach muscles in which you lie on your back with your legs bent, then lift the top half of your body from the floor পেটের পেশির জন্য ব্যায়াম, যাতে মেঝেতে পা গুটিয়ে চিত হয়ে শুয়ে শরীরের উপরের অংশ ওঠানো হয় *to* ***do sit-ups***

six / sɪks সিক্স্ / *number* **1** 6 ছয়, ৬ (সংখ্যা) *The answers are on page six.* ○ *There are six of us for dinner tonight.* **2 six-** (*in compounds*) having six of the thing mentioned উল্লিখিত বস্তুর মধ্যে ছয়টি আছে এমন; ছয়-বিশিষ্ট, ছয় সম্বলিত *She works a six-day week.*

> **NOTE** তারিখ, পরিমাপ, মূল্য ইত্যাদিতে সংখ্যার ব্যবহার সম্বন্ধে আরও বিশদভাবে জানার জন্য এই অভিধানের শেষাংশে সংখ্যা সম্বন্ধীয় বিশেষ অংশটি দেখো।

sixteen / ˌsɪksˈtiːn ˌসিক্স্ˈটীন্ / *number* 16 ষোলো, ১৬ (সংখ্যা)

> **NOTE** বাক্যে সংখ্যার ব্যবহার এবং তার উদাহরণ দেখার জন্য **six** দেখো।

sixteenth / ˌsɪksˈtiːnθ ˌসিক্স্ˈটীন্থ্ / *det., adv.* 16th ১৬তম ষোড়শতম ➪ **sixth**[1]-এ দৃষ্টান্ত দেখো।

sixth[1] / sɪksθ সিক্স্থ্ / *det., adv.* 6th ৬-ই, ষষ্ঠতম *I've had five cups of tea already, so this is my sixth.* ○ *This is the sixth time I've tried to phone him.*

> **NOTE** তারিখ, পরিমাপ, মূল্য ইত্যাদিতে সংখ্যার ব্যবহার সম্বন্ধে আরও বিশদভাবে জানার জন্য এই অভিধানের শেষাংশে সংখ্যা সম্বন্ধীয় বিশেষ অংশটি দেখো।

sixth[2] / sɪksθ সিক্স্থ্ / *noun* [C] the fraction $^1/_6$; one of six equal parts of sth ছয়টি সমান ভাগের এক ভাগ, এক ষষ্ঠাংশ, $^১/_৬$ ভগ্নাংশ

sixtieth / ˈsɪkstiəθ ˈসিক্স্টিঅ্যাথ্ / *det., adv.* 60th ৬০তম, ষষ্ঠিতম ➪ **sixth**-এর উদাহরণ দেখো।

sixty / ˈsɪksti ˈসিক্স্টি / *number* **1** 60, ৬০, ষাট, ষষ্টি *There are sixty pages in the book.* ○ *He retired* ***at sixty***.

> **NOTE** বাক্যে সংখ্যার ব্যবহার এবং তার উদাহরণ দেখার জন্য **six** দেখো।

2 the sixties [*pl.*] the numbers, years or temperatures between 60 and 69; the 60s ৬০ থেকে ৬৯-র মধ্যে কোনো সংখ্যা, বছর অথবা তাপমাত্রা; ষাটের কোঠায় *I don't know the exact number of members, but it's in the sixties.* ○ *My father passed out from school in the early sixties.*

IDM in your sixties between the age of 60 and 69, ৬০ থেকে ৬৯ বছর বয়সের মধ্যে ○ *in your* ***early/mid/late sixties***

> **NOTE** তারিখ, পরিমাপ, মূল্য ইত্যাদিতে সংখ্যার ব্যবহার সম্বন্ধে আরও বিশদভাবে জানার জন্য এই অভিধানের শেষাংশে সংখ্যা সম্বন্ধীয় বিশেষ অংশটি দেখো।

size[1] / saɪz সাইজ্ / *noun* **1** [U] how big or small sth is আকার, পরিমাপ *I was surprised at the size of the hotel. It was enormous!* ○ *The planet Uranus is about four times the size of Earth.*

> **NOTE** কোনো কিছুর মাপ জানতে বলি 'How big...?' যেমন—*How big is your house?* কিন্তু একটা নির্দিষ্ট মাপে যখন কিছু তৈরি করা হয় তার মাপ জানতে 'What size...?' বলা হয়—***What size shoes do you take?*** ○ *What size are you* (= when buying clothes)*?*

2 [C] one of a number of fixed measurements in which sth is made নির্দিষ্ট মাপের কোনো একটা মাপ যাতে কোনো কিছু তৈরি করা হয় *Have you got this dress* ***in a*** *bigger* ***size****?* ○ *What size pizza would you like? Medium or large?* **3 -sized** (*also* **-size**) (*used to form compound adjectives*) of the size mentioned উল্লিখিত মাপের *a medium-sized flat* ○ *a king-size bed*

size[2] / saɪz সাইজ্ / *verb*

PHR V size sb/sth up to form an opinion or judgement about sb/sth কারও বা কিছুর সম্বন্ধে মনোভাব তৈরি করা; তার ক্ষমতা কতটা তা বোঝা

sizeable (*also* **sizable**) / ˈsaɪzəbl ˈসাইজ্যাব্ল্ / quite large বেশ বড়ো, অনেক *a sizeable sum of money*

sizzle / ˈsɪzl ˈসিজ্ল্ / *verb* [I] to make the sound of food frying in hot fat ভাজার সময়ে ছ্যাঁক-ছোঁক শব্দ করা

skate[1] / skeɪt স্কেইট্ / *noun* [C] **1** (*also* **ice skate**) a boot with a thin sharp metal part on the bottom that is used for moving on ice বরফের উপরে ঘোরার জন্য পাতলা, লম্বা ধাতুর পাত লাগানো জুতো **2** = **roller skate** **3** a large flat sea fish that can be eaten বড়ো চ্যাপটা সামুদ্রিক মাছ যা খাওয়া যায়

skate[2] / skeɪt স্কেইট্ / *verb* [I] **1** (*also* **ice-skate**) to move on ice wearing special boots (**ice skates**) স্কেট করা, স্কেট-জুতো পরে বরফের উপর ঘুরে

S

বেড়ানো *Can you skate?* ○ *They skated across the frozen lake.*

> **NOTE** আনন্দ উপভোগের জন্য **skating** করা হলে **go skating** অভিব্যক্তিটি ব্যবহার করা হয়।

2 = **roller skate** ▶ **skater** *noun* [C] যে ব্যক্তি স্কেটিং করে

skateboard / ˈskeɪtbɔːd ˈস্কেইট্‌বঃড্ / *noun* [C] a short narrow board with small wheels at each end that you can stand on and ride as a sport তলায় ছোটো চাকা লাগানো সংকীর্ণ তক্তা যার উপর দু পা রেখে দাঁড়ানো বা নানা ধরনের খেলা খেলতে পারা যায়

skateboard
snowboard
surfboard

▶ **skateboarding** *noun* [U] স্কেটবোর্ডে চড়ার ক্রিয়া *When we were children we used to go **skateboarding** in the park.*

skating / ˈskeɪtɪŋ ˈস্কেইটিং / *noun* [U] **1** (*also* **ice skating**) the activity or sport of moving on ice wearing special boots বিশেষ ধরনের জুতো পরে স্কেট করার যে ক্রীড়া; স্কেটিং *Would you like to **go skating** this weekend?* **2** = **roller skating**

skating rink (*also* **ice rink; rink**) *noun* [C] a large area of ice, or a building containing a large area of ice, that is used for skating on রোলার স্কেটিং করার জন্য বরফ-ঢাকা বড়ো এলাকা বা সেই সম্বলিত বাড়ি

skeleton¹ / ˈskelɪtn ˈস্কেলিট্‌ন্ / *noun* [C] the structure formed by all the bones in a human or animal body মানব অথবা প্রাণীদেহের অস্থিপঞ্জর বা হাড়পাঁজরা; কঙ্কাল *the human skeleton* ○ *a dinosaur skeleton*

skeleton² / ˈskelɪtn ˈস্কেলিট্‌ন্ / *adj.* (used about an organization, a service, etc.) having the smallest number of people that is necessary for it to operate (কোনো প্রতিষ্ঠান, পরিষেবা ইত্যাদি সম্বন্ধে ব্যবহৃত) কোনোমতে কাজ চালানোর মতো নামমাত্র কর্মী সংখ্যা আছে এমন

skeptic, skeptical, skepticism (*AmE*) = **sceptic, sceptical, scepticism**

sketch / sketʃ স্কেচ্ / *noun* [C] **1** a simple, quick drawing without many details দ্রুত আঁকা রেখাচিত্র (বিশদভাবে নয়) *He drew a **rough sketch** of the new building on the back of an envelope.* **2** a short description without any details খুঁটিনাটি ছাড়াই সংক্ষিপ্ত বর্ণনা ▶ **sketch** *verb* [I, T] স্কেচ করা, নকশা আঁকা *I sat on the grass and sketched the castle.*

sketchy / ˈsketʃi ˈস্কেচি / *adj.* not having many or enough details মোটামুটি, সংক্ষিপ্ত

skewer / ˈskjuːə(r) ˈস্কিউঅ্যা(র্) / *noun* [C] a long thin pointed piece of metal or wood that is pushed through pieces of meat, vegetables, etc. to hold them together while they are cooking মাংস, সবজি ইত্যাদি একসঙ্গে গেঁথে নিয়ে রান্না করার জন্য ধাতু বা কাঠের তৈরি লম্বা তীক্ষ্ণ শিক বা কাঠি ▶ **skewer** *verb* [T] শিকে গাঁথা

ski¹ / skiː স্কী / *verb* [I] (*pres. part.* **skiing**; *pt, pp* **skied**) to move over snow on skis বরফের উপর দিয়ে স্কি করা *They **go skiing** every year.* ▶ **ski** *adj.* স্কি সম্বন্ধীয় *a ski resort/instructor/slope/suit* ▶ **skiing** *noun* [U] স্কি খেলার প্রতিযোগিতা *alpine/downhill/ cross-country skiing*

ski² / skiː স্কী / *noun* [C] one of a pair of long, flat, narrow pieces of wood or plastic that are fastened to boots and used for sliding over snow বরফের উপর দিয়ে পিছলে যাওয়ার জন্য কাঠ বা প্লাস্টিকের দুটি লম্বা, চ্যাপটা, সরু ফালির একটি যা জুতোর তলায় লাগানো থাকে *a pair of skis*

skid / skɪd স্কিড্ / *verb* [I] (**ski<u>dd</u>ing; ski<u>dd</u>ed**) (usually used about a vehicle) to suddenly slide forwards or sideways without any control (সাধারণত কোনো যান সম্বন্ধে ব্যবহৃত) নিয়ন্ত্রণ হারিয়ে সামনে বা পাশে হঠাৎ পিছলে যাওয়া *I skidded on a patch of ice and hit a tree.* ▶ **skid** *noun* [C] ভারী জিনিস, গড়িয়ে নামানো বা ওঠানোর তক্তা *The car went into a skid and came off the road.*

skier / ˈskiːə(r) ˈস্কীঅ্যা(র্) / *noun* [C] a person who skis যে স্কি করে *Mina's a good skier.*

skilful (*AmE* **skillful**) / ˈskɪlfl ˈস্কিলফ্‌ল্ / *adj.* **1** (used about a person) very good at doing sth (ব্যক্তি সম্বন্ধে ব্যবহৃত) খুবই দক্ষ, সুদক্ষ, নিপুণ *a skilful painter/politician* ○ *He's very skilful with his hands.* **2** done very well অত্যন্ত ভালোভাবে করা হয়েছে এমন *skilful guitar playing* ▶ **skilfully** / -fəli -ফ্যালি / *adv.* দক্ষতার সঙ্গে, নিপুণতার সঙ্গে

skill / skɪl স্কিল্ / *noun* **1** [U] the ability to do sth well, especially because of training, practice, etc. অভ্যাস ও প্রশিক্ষণলব্ধ দক্ষতা *It takes great skill to make such beautiful jewellery.* **2** [C] an ability that you need in order to do a job, an activity, etc. well কোনো চাকুরি বা কাজের জন্য প্রয়োজনীয় ব্যুৎপত্তি; পারদর্শিতা *management skills*

skilled / skɪld স্কিল্ড্ / *adj.* **1** (used about a person) having skill; skilful (ব্যক্তি সম্বন্ধে ব্যবহৃত) সুদক্ষ; অভিজ্ঞ, ওস্তাদ *a skilled worker* **2** (used about work, a job etc.) needing skill or skills; done by people who have been trained (কোনো কাজ, চাকুরি,

ইত্যাদি প্রসঙ্গে ব্যবহৃত) দক্ষতা বা দক্ষতাসমূহের প্রয়োজন আছে এমন; প্রশিক্ষিত ব্যক্তি দ্বারা সম্পন্ন *a highly skilled job* ○ *Skilled work is difficult to find in this area.* ✪ বিপ **unskilled**

skillet / ˈskɪlɪt ˈস্কিলিট্ / (*AmE*) = **frying pan**

skim / skɪm স্কিম্ / *verb* (**skimming; skimmed**) **1** [T] **skim sth (off/from sth)** to remove sth from the surface of a liquid তরলের উপর থেকে ভাসমান পদার্থ তুলে ফেলা *to skim the cream off the milk* **2** [I, T] to move quickly over or past sth, almost touching it or touching it slightly কোনো কিছুর উপরের অংশ আলতো করে ছুঁয়ে যাওয়া, প্রায় ছুঁয়ে ফেলা অবস্থার মধ্যে দিয়ে যাওয়া *The plane flew very low, skimming the tops of the buildings.* **3** [I, T] **skim (through/over) sth** to read sth quickly in order to get the main idea, without paying attention to the details and without reading every word ভাসা-ভাসা, উপর-উপর দেখে নেওয়া, বিস্তারিত খুঁটিনাটিতে মন না-দিয়ে এবং প্রতিটি শব্দ না দেখে একটা ধারণা করার জন্য পড়া *I usually just skim through the newspaper in the morning.*

skimmed milk *noun* [U] milk from which the cream has been removed মাঠা-তোলা দুধ

skimp / skɪmp স্কিম্প্ / *verb* [I] **skimp (on sth)** to use or provide less of sth than is necessary প্রয়োজনের থেকে কম দেওয়া বা ব্যবহার করা

skimpy / ˈskɪmpi ˈস্কিম্পি / *adj.* using or having less than is necessary; too small or few যৎসামান্য, অপর্যাপ্ত; বেশি ছোটো বা খুব কম সংখ্যায়

skin[1] / skɪn স্কিন্ / *noun* [C, U] **1** the natural outer covering of a human or animal body প্রাণীর গায়ের চামড়া; ত্বক *to have (a) fair/dark/sensitive skin* **2 -skinned** (*used to form compound adjectives*) having the type of skin mentioned উল্লিখিত চর্মবিশিষ্ট *My sister's very dark-skinned.* **3** (*often in compounds*) the skin of a dead animal, with or without its fur, used for making things মৃত পশুর চামড়া, লোমসমেত বা লোমবিহীন অবস্থায়, যা দিয়ে জিনিসপত্র তৈরি হয় *a sheepskin jacket* ○ *a bag made of crocodile skin* **4** the natural outer covering of some fruits or vegetables; the outer covering of a sausage সবজি বা ফলের খোসা; সসেজের বাইরের আবরণ *(a) banana/tomato skin* ➪ **rind** -এ নোট দেখো। **5** the thin solid surface that can form on a liquid যে-কোনো তরল পদার্থের উপর জমা পাতলা আস্তরণ *A skin had formed on top of the milk.*

IDM by the skin of your teeth (*informal*) (used to show that sb almost failed to do sth) only just (প্রায় না-পারার মতো অবস্থা ব্যক্ত করতে ব্যবহৃত) কেবলমাত্র; দাঁতে দাঁত চেপে *I ran into the airport and caught the plane by the skin of my teeth.*

have a thick skin ➪ **thick**[1] দেখো।

skin-deep (used about a feeling or an attitude) not as important or as strongly felt as it appears to be; superficial (অনুভূতি বা দৃষ্টিভঙ্গি সম্বন্ধে ব্যবহৃত) উপর উপর; অগভীর *I knew his concern about me was only skin-deep.*

skin[2] / skɪn স্কিন্ / *verb* [T] (**skinning; skinned**) to remove the skin from sth কোনো কিছুর খোসা ছাড়ানো, চামড়া ছাড়ানো

IDM keep your eyes peeled/skinned (for sb/sth) ➪ **eye**[1] দেখো।

skinhead / ˈskɪnhed ˈস্কিন্‌হেড্ / *noun* [C] a young person with shaved or extremely short hair গোঁফ দাড়ি কামানো বা খুব ছোটো করে চুল কাটা কোনো যুবক

skinny / ˈskɪni ˈস্কিনি / *adj.* (used about a person) too thin (ব্যক্তি সম্বন্ধে ব্যবহৃত) খুব রোগা, অস্থিচর্মসার ➪ **thin**-এ নোট দেখো।

skintight / skɪnˈtaɪt স্কিনˈটাইট্ *adj.* (used about a piece of clothing) fitting very tightly and showing the shape of the body (কোনো পোশাক সম্বন্ধে ব্যবহৃত) খুব বেশি রকমের আঁটসাট, যা পরলে শরীরের গঠন বোঝা যায়

skip[1] / skɪp স্কিপ্ / *verb* (**skipping; skipped**) **1** [I] to move along quickly and lightly in a way that is similar to dancing, with little jumps and steps, from one foot to the other দ্রুতএবং হালকাভাবে লাফিয়ে লাফিয়ে পা ফেলে অনেকটা নৃত্যের মতো চলা বা সরা *A little girl came skipping along the road.* ○ *Lambs were skipping about in the field.* **2** [I] to jump over a rope that you or two other people hold at each end, turning it round and round over the head and under the feet একটা দড়ির দুধার দুহাতে নিজে বা অন্য আরও দুজনকে দিয়ে ধরিয়ে মাথার উপর এবং পায়ের নীচে দিয়ে ঘুরিয়ে ঘুরিয়ে লাফানো *Some girls were skipping in the playground.* **3** [T] to not do sth that you usually do or should do দৈনন্দিন অভ্যাস মতো কাজ না করে তা বাদ দেওয়া *I got up rather late, so I skipped breakfast.* **4** [T] to miss the next thing that you would normally read, do, etc. পরবর্তী অংশ যা সাধারণত পড়া বা করা হয় তা বাদ পড়ে যাওয়া *I accidentally skipped one of the questions in the test.*

skip[2] / skɪp স্কিপ্ / *noun* [C] **1** a small jumping movement স্বল্প লাফ **2** a large, open metal container for rubbish, often used during building work বাড়ি তৈরির সময়ে ভাঙা ইঁটকাঠের আবর্জনা ফেলার জন্য বড়ো, মুখখোলা ধাতব পাত্র

skipper / ˈskɪpə(r) ˈস্কিপ্যা(র্) / *noun* [C] (*informal*) the captain of a boat or ship, or of a sports team জাহাজ, নৌকো বা কোনো খেলার দলের দলপতি; অধিনায়ক

skipping rope *noun* [C] a rope, often with handles at each end, that you turn over your head and then jump over, for fun or for exercise প্রতি প্রান্তে হাতলওয়ালা দড়ি যা মাথার উপর দিয়ে ঘুরিয়ে নিয়ে লাফানো হয় (মজা পাওয়ার জন্য বা ব্যায়ামের জন্য)

skirmish / ˈskɜːmɪʃ স্কমিশ্ / *noun* [C] a short fight between groups of people খণ্ডযুদ্ধ, হাতাহাতি, লড়াই

skirt[1] / skɜːt স্কার্ট্ / *noun* [C] **1** a piece of clothing that is worn by women and girls and that hangs down from the waist কোমর থেকে ঝোলানো পোশাক যা কিশোরী এবং মহিলারা পরিধান করে; স্কার্ট, ঘাগরা ➪ **culottes** দেখো। **2** an outer covering or protective part for the base of a vehicle or machine কোনো গাড়ি বা যন্ত্রের নিম্নাংশে ঢাকা বা সুরক্ষাব্যবস্থা *the rubber skirt around the bottom of a hovercraft* ➪ **boat**-এ ছবি দেখো।

skirt[2] / skɜːt স্কার্ট্ / *verb* [I, T] to go around the edge of sth ধার ঘেঁসে, কিনারা দিয়ে যাওয়া

PHR V **skirt round sth** to avoid talking about sth in a direct way মূল বিষয়ে সোজাসুজি কথা না-বলে এড়িয়ে যাওয়া *The manager skirted round the subject of our pay increase.*

skirting board / ˈskɜːtɪŋ bɔːd স্কার্টিং ব:ড় / (*also* **skirting**, *AmE* **baseboard**) *noun* [C, U] a narrow piece of wood that is fixed along the bottom of the walls in a house ঘরের দেয়ালের নীচ বরাবর তক্তার আচ্ছাদন

skit / skɪt স্কিট্ / *noun* [C] a short funny performance or a piece of writing that mimics sth to show how silly it is ব্যঙ্গাত্মক নাটক বা লেখা

skittles / ˈskɪtlz ˈস্কিট্‌লজ্ / *noun* [U] a game in which players try to knock down as many bottle-shaped objects (**skittles**) as possible by throwing or rolling a ball at them বোতলের মতো বস্তুকে বল দ্বারা গড়িয়ে মারার খেলা; স্কিটল খেলা

skulk / skʌlk স্কাল্ক্ / *verb* [I] to stay somewhere quietly and secretly, hoping that nobody will notice you, especially because you are planning to do sth bad অন্যের চোখ এড়িয়ে লুকিয়ে থাকা (বিশেষত খারাপ কোনো মতলবের কারণে)

skull / skʌl স্কাল্ / *noun* [C] the bone structure of a human or animal head মানুষ বা পশুর মাথার খুলি *She suffered a fractured skull in the fall.* ➪ **body**-তে ছবি দেখো।

sky / skaɪ স্কাই / *noun* [C, *usually sing.*, U] (*pl.* **skies**) the space that you can see when you look up from the earth, and where you can see the sun, moon and stars আকাশ, গগন, অন্তরীক্ষ *a cloudless/clear blue sky*

sky-high *adj., adv.* very high আকাশচুম্বী, গগনচুম্বী

skyline / ˈskaɪlaɪn স্কাইলাইন্ / *noun* [C] the shape that is made by tall buildings, etc. against the sky দিগন্ত, দিকচক্রবাল *the Manhattan skyline*

skyscraper / ˈskaɪskreɪpə(r) ˈস্কাইস্ক্রেইপ্যা(র্) / *noun* [C] an extremely tall building গগনচুম্বী অট্টালিকা, খুব উঁচু বহুতল বাড়িবিশেষ

slab / slæb স্ল্যাব্ / *noun* [C] a thick, flat piece of sth কোনো কিছুর পুরু, সমতল পাতবিশেষ, ফলক *huge concrete slabs*

slack / slæk স্ল্যাক্ / *adj.* **1** loose; not tightly stretched আলগা; শক্ত করে টানা নয় *Leave the rope slack.* **2** (used about a period of business) not busy; not having many customers (ব্যবসায়ের সময়কাল সম্বন্ধে ব্যবহৃত) ব্যস্ত নয়; বেশি খরিদ্দার নেই এমন *Trade is very slack here in winter.* **3** not carefully or properly done যত্নসহকারে ঠিকমতো করা নয় *Slack security made terrorist attacks possible.* **4** (used about a person) not doing your work carefully or properly (কোনো ব্যক্তি সম্বন্ধে ব্যবহৃত) কাজে ঢিলে; অমনোযোগী, অসতর্ক, *You've been rather slack about your homework lately.*

slacken / ˈslækən ˈস্ল্যাক্যান্ / *verb* [I, T] **1** to become or make sth less tight ঢিলে দেওয়া, আলগা করা *The rope slackened and he pulled his hand free.* **2 slacken (sth) (off)** to become or make sth slower or less active গা ছেড়ে দেওয়া, শিথিল হয়ে পড়া, কোনো কিছু ধীরগতিসম্পন্ন করে দেওয়া *He slackened off his pace towards the end of the race.*

slacks / slæks স্ল্যাক্স্ / *noun* [*pl.*] trousers (especially not very formal ones) ট্রাউজার (বিশেষত আনুষ্ঠানিক পরিবেশে পরার মতো নয়) *a pair of slacks*

slag[1] / slæg স্ল্যাগ্ / *verb*

PHR V **slag sb off** (*informal*) to say cruel or critical things about sb কারও সম্বন্ধে নিষ্ঠুর বা সমালোচনাপূর্ণ মন্তব্য করা

slag[2] / slæg স্ল্যাগ্ / *noun* [U] the waste material that is left after metal has been removed from rock ধাতুর গাদ; ধাতুমল

slag heap *noun* [C] a hill made of slag ধাতুগাদ জমে যাওয়ার ফলে তৈরি ছোটো পাহাড়

slain ➪ **slay**-এর past participle

slake / sleɪk স্লেইক্ / *verb* [T] (*literary*) **1 slake your thirst** to drink in a manner that you no longer feel thirsty (আর যেন কখনও তৃষ্ণা পাবে না এমনভাবে) তৃষ্ণা নিবারণ করা ✪ **quench** **2** to satisfy a desire ইচ্ছাপূরণ করা, সাধ মেটানো

slalom / ˈslɑːləm ˈস্লা:ল্যাম্ / *noun* [C] (in skiing, canoeing, etc.) a race along a course on which competitors have to move from side to side between poles (স্কিয়িং, ক্যানোয়িং ইত্যাদিতে যে প্রতিযোগিতায় প্রতিযোগীদের মাঠে এক দিক থেকে অন্য দিকে, খুঁটিগুলির মধ্যবর্তী অংশে ধাবন করতে হয়

slam / slæm স্ল্যাম্ / *verb* (**sla<u>mm</u>ing; sla<u>mm</u>ed**) **1** [I, T] to shut or make sth shut very loudly and with great force আওয়াজ করে সজোরে কিছু বন্ধ করা, দড়াম করে বন্ধ করা *I heard the front door slam.* ○ *She slammed her book shut.* **2** [T] to put sth somewhere very quickly and with great force খুব জোরে তাড়াতাড়ি কিছু নামানো, ঠকাস করে নামানো *He slammed the book down on the table and stormed out.* ➪ **grand slam** দেখো।

slander / ˈslɑːndə(r) ˈস্লা:ন্‌ড্যা(র্) / *noun* [C, U] a spoken statement about sb that is not true and that is intended to damage the good opinion that other people have of him/her; the legal offence of making this kind of statement কাউকে কলঙ্কিত করার চেষ্টায় মিথ্যা অভিযোগ, মিথ্যা বিবৃতি; এই ধরনের অভিযোগের বিরুধ্বে আইনি ব্যবস্থা ▶ **slander** *verb* [T] কোনো ব্যক্তির মিথ্যা নিন্দা করা ▶ **slanderous** / -dərəs -ড্যার‍্যাস্ / *adj.* অখ্যাতিকর, অপবাদজনক

slang / slæŋ স্ল্যাং / *noun* [U] very informal words and expressions that are more common in spoken language. Slang is sometimes used only by a particular group of people (for example students, young people, criminals) and often stays in fashion for a short time. Some slang is not polite কথ্য ভাষায় খুবই ব্যবহৃত কিছু শব্দ বা অভিব্যক্তি। সমাজে বিশেষ সম্প্রদায় (যেমন ছাত্রছাত্রী, অল্পবয়সি ছেলেমেয়ে, অপরাধীর দল) এই সব শব্দ ব্যবহার করে এবং প্রায়ই স্বল্প সময়ের জন্য সেটি ফ্যাশন হিসেবে চালু থাকে। কোনো কোনো স্ল্যাং ভদ্র বা মার্জিত রুচির নয়; অপভাষা, অপপ্রয়োগ (ভাষার) *'Fag' is slang for 'cigarette' in British English.*

slant¹ / slɑːnt স্লা:ন্ট্; / *verb* **1** [I] to be at an angle, not vertical or horizontal ঢালু বা কাত হওয়া, তির্যকভাবে *My handwriting slants backwards.* **2** [T] (*usually passive*) to describe information, events, etc. in a way that supports a particular group or opinion পক্ষপাতদুষ্টভাবে খবর, তথ্য ইত্যাদি পরিবেশন করা ▶ **slanting** *adj.* বাঁকানো, তির্যক *She has beautiful slanting eyes.*

slant² / slɑːnt স্লা:ন্ট্ / *noun* **1** [*sing.*] a position at an angle, not horizontal or vertical তির্যকভাবে, কোণাচেভাবে *The sunlight fell on the table* ***at a slant.*** **2** [C] a way of thinking, writing, etc. about sth, that sees things from a particular point of view কোনো কিছু সম্বন্ধে চিন্তাধারা, লেখা ইত্যাদির বিশেষ দৃষ্টিভঙ্গি

slap¹ / slæp স্ল্যাপ্ / *verb* [T] (**sla<u>pp</u>ing; sla<u>pp</u>ed**) **1** to hit sb/sth with the inside of your hand when it is flat চড় মারা *She* ***slapped*** *him* ***across the face.*** ○ *People slapped him on the back and congratulated him on winning.* **2** to put sth onto a surface quickly and carelessly কোনো বস্তুর উপর দ্রুতভাবে এবং বেপরোয়াভাবে চাপড়ানো; পিঠ চাপড়ানো ▶ **slap** *noun* [C] চড়, থাপ্পড় *I gave him a slap across the face.*

slap² / slæp স্ল্যাপ্ / (*also* **slap bang**) *adv.* (*informal*) used to show that sth happens accidentally at a bad time or place খারাপ সময়ে খারাপ জায়গায় ঘটনাটি হঠাৎ ঘটেছে এটি বোঝাতে ব্যবহৃত *I hurried round the corner and walked slap into someone coming the other way.*

slapdash / ˈslæpdæʃ ˈস্ল্যাপ্‌ড্যাশ্ / *adj.* careless, or done quickly and carelessly তাড়াহুড়ো করে, হেলাফেলা করে করা হয়েছে এমন *slapdash building methods* ○ *He's a bit slapdash about doing his homework on time.*

slapstick / ˈslæpstɪk ˈস্ল্যাপ্‌স্টিক্ / *noun* [U] a type of humour that is based on simple physical jokes, for example people falling over or hitting each other সাধারণ ঘটনা সম্পর্কে হাসিঠাট্টা বা রসিকতা (যেমন লোকে পড়ে গেলে বা একে অন্যকে আঘাত করলে)

slash¹ / slæʃ স্ল্যাশ্ / *verb* **1** [I, T] **slash (at) sb/sth** to make or try to make a long cut in sth with a violent movement কোনো কিছুর সাহায্যে হিংস্রভাবে আঘাত করে কিছু কাটা বা কাটার চেষ্টা করা **2** [T] to reduce an amount of money, etc. very much বেশি পরিমাণে অর্থমূল্য ইত্যাদি কমানো *The price of coffee has been slashed by 20%.*

slash² / slæʃ স্ল্যাশ্ / *noun* [C] **1** a sharp movement made with a knife, etc. in order to cut sb/sth ছুরি ইত্যাদি দিয়ে হঠাৎ জোরে আঘাত করা যাতে কেটে যায় **2** a long narrow wound or cut লম্বা সরু ফালি কাটা **3** (*BrE* **oblique**) the symbol (/) used to show **alternatives**, for example 'lunch and/or dinner', and also to write **fractions**, as in '$^1/_6$' বিপরীত অর্থবোধক চিহ্ন, যেমন 'lunch and/or dinner', ভগ্নাংশ লেখার জন্যও এই চিহ্ন ব্যবহৃত হয় যেমন $^1/_6$ ➪ **backslash** দেখো।

slat / slæt স্ল্যাট্ / *noun* [C] one of a series of long, narrow pieces of wood, metal or plastic, used in furniture, fences etc. কাঠ, ধাতু বা প্লাস্টিকের লম্বা সরু ফালি যা আসবাবপত্র, রেলিং ইত্যাদি নির্মাণে ব্যবহৃত হয়

slate / sleɪt স্লেইট্ / *noun* **1** [U] a type of dark grey rock that can easily be split into thin flat pieces গাঢ় ধূসর রঙের এক প্রকার পাথর যা অতি সহজে পাতলা

পাতলা টুকরোয় বিভক্ত করা যায়; স্লেট পাথর **2** [C] one of the thin flat pieces of slate that are used for covering roofs ছাদ ঢাকার জন্য পাতলা পাতের মতো স্লেট পাথরের টুকরো

slaughter / ˈslɔːtə(r) ˈস্ল:ট্যা(র্) / *verb* [T] **1** to kill an animal, usually for food প্রাণীহত্যা করা, জবাই করা **2** to kill a large number of people at one time, especially in a cruel way নৃশংসভাবে অনেককে একসঙ্গে মারা; গণহত্যা করা *Men, women and children were slaughtered and whole villages destroyed.* ➪ **kill**-এ নোট দেখো। ▶ **slaughter** *noun* [U] গণহত্যা, প্রাণীবধ

slaughterhouse / ˈslɔːtəhaʊs ˈস্ল:ট্যাহাউস্ / (*BrE* **abattoir**) *noun* [C] a place where animals are killed for food যেখানে খাদ্যের জন্য জীবহত্যা করা হয়

slave[1] / sleɪv স্লেইভ্ / *noun* [C] (in past times) a person who was owned by another person and had to work for him/her (অতীতে) কোনো ব্যক্তি অন্য ব্যক্তির দ্বারা অধিকৃত হয়ে তার জন্য কাজ করতে বাধ্য হত; ক্রীতদাস ▶ **slavery** *noun* [U] ক্রীতদাসত্ব বা ক্রীতদাসপ্রথা *the abolition of slavery in America*

slave[2] / sleɪv স্লেইভ্ / *verb* [I] **slave (away)** to work very hard কঠিন পরিশ্রম করা

slay / sleɪ স্লেই / *verb* [T] (*pt* **slew** / sluː স্লু /; *pp* **slain** / sleɪn স্লেইন্ /) (*old-fashioned*) to kill violently; to murder নৃশংসভাবে হত্যা করা; খুন করা

sleazy / ˈsliːzi ˈস্লীজ়ি / *adj.* (used about a place or a person) unpleasant and probably connected with immoral activities (কোনো স্থান বা ব্যক্তি সম্বন্ধে ব্যবহৃত) অপ্রীতিকর এবং অনেক সময়ে অনৈতিক কাজকর্মে জড়িত *a sleazy nightclub*

sledge / sledʒ স্লেজ্ / (*AmE* **sled** / sled স্লেড্ /) *noun* [C] a vehicle without wheels that is used for travelling on snow. Large sledges are often pulled by dogs, and smaller ones are used for going down hills, for fun or as a sport তুষারবৃত অঞ্চলে ভ্রমণের জন্য চাকাবিহীন গাড়ি। বড়ো স্লেজগাড়ি প্রায়ই কুকুরে টেনে নিয়ে যায় এবং ছোটোগুলি পাহাড় থেকে নীচে নামার জন্য (আমোদ বা খেলা হিসাবে) ব্যবহৃত হয় ➪ **bobsleigh** এবং **toboggan** দেখো। ▶ **sledge** *verb* [I] স্লেজ গাড়িতে চড়া

sledgehammer / ˈsledʒhæmə(r) ˈস্লেজহ্যাম্যা(র্) / *noun* [C] a large heavy hammer with a long handle লম্বা হাতলওয়ালা বড়ো হাতুড়ি

sleek / sliːk স্লীক্ / *adj.* **1** (used about hair or fur) smooth and shiny because it is healthy (চুল অথবা পশম সম্বন্ধে ব্যবহৃত) নরম, চিকন, স্বাস্থ্যোজ্জ্বল, মসৃণ, চকচকে **2** (used about a vehicle) having an elegant, smooth shape (গাড়ি সম্বন্ধে ব্যবহৃত) সুন্দর, মসৃণ ও অভিজাত আকারের *a sleek new sports car*

sleep[1] / sliːp স্লীপ্ / *noun* **1** [U] the natural condition of rest when your eyes are closed and your mind and body are not active or conscious ঘুম, নিদ্রা *Most people need at least seven hours' sleep every night.* ○ *I couldn't* ***get to sleep*** *last night.* **2** [*sing.*] a period of sleep ঘুমের সময় *You'll feel better after a good night's sleep.*

IDM go to sleep 1 to start sleeping ঘুমিয়ে পড়া *He got into bed and soon went to sleep.* **2** (used about an arm, a leg, etc.) to lose the sense of feeling in it (হাত, পা ইত্যাদি সম্বন্ধে ব্যবহৃত) বোধশক্তি চলে যাওয়া

put (an animal) to sleep to kill an animal that is ill or injured because you want to stop it suffering অসুস্থ বা আহত পশুর কষ্ট কমানোর জন্য তাকে মেরে ফেলা

sleep[2] / sliːp স্লীপ্ / *verb* (*pt, pp* **slept** /slept স্লেপ্ট /) **1** [I] to rest with your eyes closed and your mind and body not active ঘুমোনো, নিদ্রিত হওয়া *I only slept for a couple of hours last night.*

> **NOTE** কোনো ঘুমন্ত ব্যক্তিকে বর্ণনা করার জন্য **asleep** শব্দটি ব্যবহার করা হয়—*The baby's asleep.* **Go to sleep** ক্রিয়াপদটি (verb) **start to sleep** অর্থে ব্যবহৃত হয়—*I was reading in bed last night, and I didn't go to sleep until about one o'clock.*

2 [T] (used about a place) to have enough beds for a particular number of people (জায়গা সম্বন্ধে ব্যবহৃত) নির্দিষ্ট কিছু লোকের পর্যাপ্ত শোয়ার জায়গা আছে

IDM sleep/live rough ➪ **rough[3]** দেখো।

PHR V sleep in to sleep until later than usual in the morning because you do not have to get up বেশি দেরিতে ঘুম থেকে ওঠা ➪ **oversleep** দেখো।

sleep together; sleep with sb to have sex with sb (usually when you are not married to or living with that person) যৌন সঙ্গমে লিপ্ত হওয়া (সাধারণত সেই ব্যক্তির সঙ্গে যার সঙ্গে বিবাহ হয়নি অথবা যার সঙ্গে একত্র বসবাস করা হয় না)

sleeper / ˈsliːpə(r) ˈস্লীপ্যা(র্) / *noun* [C] **1** (*with an adjective*) a person who sleeps in a particular way. If you are a light sleeper you wake up easily সুপ্ত মানুষের ঘুমোনোর ভঙ্গি বা বৈশিষ্ট্য। যদি কারও ঘুম হালকা হয় তাহলে সহজেই যে জেগে ওঠে *a light/heavy sleeper* **2** a bed on a train; a train with beds ট্রেনে শোয়ার ব্যবস্থা; শোয়ার ব্যবস্থাসহ ট্রেন

sleeping bag *noun* [C] a large soft bag that you use for sleeping in when you go camping, etc. তাঁবুতে ব্যবহারের জন্য ঘুমোনোর ব্যাগ; স্লীপিং ব্যাগ

sleeping car (*also* **sleeper**) *noun* [C] a railway **carriage** with beds for people to sleep in ট্রেনের যে কামরায় যাত্রী সাধারণের শোয়ার ব্যবস্থা থাকে

sleeping pill *noun* [C] a medicine in solid form that you swallow to help you sleep সহজে ঘুমোনোর ওষুধ

sleeping sickness *noun* [U] a tropical disease carried by an insect (**tsetse fly**) that makes you want to go to sleep and usually causes death এক ধরনের মাছির দংশনে ঘুমোনোর ইচ্ছা জাগে যেটি গ্রীষ্মপ্রধান দেশের এক ধরনের অসুস্থতা যার পরিণাম মৃত্যুও হতে পারে

sleepless / ˈsliːpləs স্লীপ্‌ল্যাস্ / *adj.* (used about a period, usually the night) without sleep (বিশেষ সময় সম্বন্ধে, সাধারণত রাতের সম্বন্ধে ব্যবহৃত) নিদ্রাবিহীন ► **sleeplessness** *noun* [U] নিদ্রাহীনতা, অনিদ্রা ➪ **insomnia** দেখো।

sleepwalk / ˈsliːpwɔːk স্লীপ্‌উঅ:ক্ / *verb* [I] to walk around while you are asleep ঘুমন্ত অবস্থায় হেঁটে চলে বেড়ানো

sleepy / ˈsliːpi স্লীপি / *adj.* **1** tired and ready to go to sleep ক্লান্ত শরীরে ঘুমের জন্য প্রস্তুত; নিদ্রালু, তন্দ্রাবিষ্ট *These pills might make you feel a bit sleepy.* **2** (used about a place) very quiet and not having much activity (কোনো স্থান সম্বন্ধে ব্যবহৃত) খুব চুপচাপ, শান্ত, কর্মচাঞ্চল্যমুক্ত ► **sleepily** *adv.* নিদ্রাচ্ছন্নভাবে

sleet / sliːt স্লীট্ / *noun* [U] a mixture of rain and snow যুগপৎ বৃষ্টি ও তুষারপাত ➪ **weather**-এ নোট দেখো।

sleeve / sliːv স্লীভ্ / *noun* [C] **1** one of the two parts of a piece of clothing that cover the arms or part of the arms জামার হাতা *a blouse with long sleeves* **2-sleeved** (*used to form compound adjectives*) with sleeves of a particular kind বিশেষ ধরনের হাতাওয়ালা *a short-sleeved shirt*

sleeveless / ˈsliːvləs স্লীভ্‌ল্যাস্ / *adj.* without sleeves বিনা হাতাওয়ালা *a sleeveless sweater*

sleigh / sleɪ স্লেই/ *noun* [C] a vehicle without wheels that is used for travelling on snow and that is usually pulled by horses বরফে চলার জন্য চাকাবিহীন ঘোড়ায় টানা গাড়ি; স্লেগাড়ি ➪ **bobsleigh** দেখো।

slender / ˈslendə(r) স্লেন্‌ড্যা(র্) / *adj.* **1** (used about a person or part of sb's body) thin in an attractive way (কোনো ব্যক্তি অথবা তার শরীরের একাংশ সম্বন্ধে ব্যবহৃত) আকর্ষণীয়ভাবে সুঠাম; পাতলা, রোগা *long slender fingers* **2** smaller in amount or size than you would like পরিমাণ বা আকারে পছন্দমতো নয়, তার থেকে কম *My chances of winning are very slender.*

slept ➪ **sleep**[1] -এর past tense এবং past participle

slew ➪ **slay**-এর past tense

slice[1] / slaɪs স্লাইস্ / *noun* [C] **1** a flat piece of food that is cut from a larger piece কোনো বড়ো খাবারের টুকরো থেকে একটা ছোটো টুকরো কেটে নেওয়া *a thick/thin slice of bread* **2** a part of sth (কোনো বস্তুর) অংশ, ভাগ *The directors have taken a large slice of the profits.*

slice[2] / slaɪs স্লাইস্ / *verb* **1** [T] to cut into thin flat pieces কোনো বস্তুর পাতলা টুকরো করা *Peel and slice the apples.* ○ *sliced bread* **2** [I, T] to cut sth easily with sth sharp কোনো ধারালো বস্তু দিয়ে কিছু কাটা *He sliced through the rope with a knife.* ○ *The glass sliced into her hand.* **3** [T] (in ball sports) to hit the ball on the bottom or side so that it does not travel in a straight line (বলখেলায়) বলকে এমনভাবে নীচের দিকে বা পাশের দিকে মারা যাতে সেটা সোজা যায় না

slick[1] / slɪk স্লিক্ / *adj.* **1** done smoothly and well, and seeming to be done without any effort সাবলীলভাবে এবং সুন্দরভাবে কৃত যেন অনায়াসে বলে মনে হয় **2** clever at persuading people but perhaps not completely honest লোককে রাজি করাতে পটু কিন্তু সে ব্যাপারে হয়তো সম্পূর্ণ সৎ নয়

slick[2] / slɪk স্লিক্ / = **oil slick**

slide[1] / slaɪd স্লাইড্ / *verb* (*pt, pp* **slid** /slɪd স্লিড্ /) **1** [I, T] to move or make sth move smoothly along a surface কোনো কিছুর উপর দিয়ে নিজে মসৃণভাবে যাওয়া অথবা কিছু নিয়ে যাওয়া *She slid along the ice.* ○ *The doors slide open automatically.* **2** [I, T] to move or make sth move quietly without being noticed নিঃশব্দে অলক্ষ্যে সরে যাওয়া বা কোনো বস্তু সরানো *I slid out of the room quietly.* **3** [I] (used about prices, values, etc.) to go down slowly and continuously (দাম, মূল্য ইত্যাদি সম্বন্ধে ব্যবহৃত) ধীরে ধীরে ক্রমাগত কমা **4** [I] to move gradually towards a worse situation কোনো খারাপ পরিস্থিতির দিকে ধীরে ধীরে এগোনো *The company slid into debt and eventually closed.*

slide[2] / slaɪd স্লাইড্ / *noun* [C] **1** a small piece of glass that you put sth on when you want to examine it under a **microscope** অণুবীক্ষণ যন্ত্রের নীচে কোনো কিছু পরীক্ষা করার জন্য যে কাচের পাতের উপর কোনো বস্তু রাখা হয় ➪ **laboratory**-তে ছবি দেখো। **2** a large toy consisting of a ladder and a long piece of metal, plastic, etc. Children climb up the ladder then slide down the other part একটি মই এবং লম্বা ধাতু অথবা প্লাস্টিকের খণ্ড বা পাটাতন বিশিষ্ট ছোটোদের খেলার ব্যবস্থা যাতে শিশুরা মই দিয়ে উপরে ওঠে এবং অন্য দিকে ঐ ঢালু পাটাতন দিয়ে পিছলে নেমে আসে **3** a continuous slow fall, for example of prices, values, levels, etc. জিনিসপত্রের দাম, মূল্য

ইত্যাদির ক্রমাগত ধীরে ধীরে অধোগতি **4** a small piece of photographic film in a plastic or cardboard frame এক খণ্ড ফটোগ্রাফিক ফিল্ম যা প্লাস্টিক অথবা কার্ডবোর্ডের ফ্রেমে আটকানো ➪ **transparency** দেখো।

slide rule *noun* [C] a long narrow instrument like a ruler, with a middle part that slides backwards and forwards, used for calculating numbers রুলারের মতো একরকম লম্বা ও সরু যন্ত্র যার মাঝের কিছুটা অংশ পিছনে এবং সামনে সরে এবং যা দিয়ে হিসাব কষা হয়

sliding scale *noun* [C] a system in which the rate at which sth is paid varies according to particular conditions এমন ব্যবস্থা যাতে কোনো কিছুর জন্য দেয় অর্থের হার নির্দিষ্ট কতকগুলি অবস্থা অনুযায়ী পরিবর্তিত হয় *Fees are calculated* ***on a sliding scale*** *according to income* (= richer people pay more).

slight / slaɪt স্লাইট্ / *adj.* **1** very small; not important or serious খুব ছোটো; সামান্য, নগণ্য, তুচ্ছ *a slight change/difference/increase improvement* ○ *I haven't the slightest idea* (= no idea at all) *what you're talking about.* **2** (used about a person's body) thin and light (কোনো ব্যক্তির শরীর সম্বন্ধে ব্যবহৃত) রোগা, পাতলা, ছিপছিপে *His slight frame is perfect for a long-distance runner.*

IDM not in the slightest not at all একদমই নয় *'Are you angry with me?' 'Not in the slightest.'*

slightly / ˈslaɪtli ˈস্লাইট্‌লি / *adv.* **1** a little একটু কম, অল্পই কম *I'm slightly older than her.* **2** a slightly built person is small and thin ছোটো এবং রোগা লোকদের বলা হয়

slim[1] / slɪm স্লিম্ / *adj.* (**sli<u>mm</u>er; sli<u>mm</u>est**) **1** thin in an attractive way আকর্ষণীয়ভাবে রোগা-পাতলা; ছিপছিপে *a slim phone* ○ *a slim model* ➪ **thin**-এ নোট দেখো। **2** not as big as you would like যতটা বড়ো হলে বেশ হতো ততটা নয় *Her chances of success are very slim.*

slim[2] / slɪm স্লিম্ / *verb* [I] (**sli<u>mm</u>ing; sli<u>mm</u>ed**) to become or try to become thinner and lighter by eating less food, taking exercise, etc. আরও রোগা হওয়ার জন্য কম খাবার খাওয়া, পরিশ্রম করা ইত্যাদি ➪ **diet** দেখো।

slime / slaɪm স্লাইম্ / *noun* [U] a thick unpleasant liquid কাদা *The pond was covered with slime and had a horrible smell.*

slimy / ˈslaɪmi ˈস্লাইমি / *adj.* **1** covered with slime কাদা মাখা, নরম চটচটে কাদায় ভরা **2** (used about a person) pretending to be friendly, in a way that you do not trust or like (কোনো ব্যক্তি সম্বন্ধে ব্যবহৃত) এমন বন্ধুত্বের ভাব দেখায় যা ভালো লাগে না বা নির্ভরযোগ্যও মনে হয় না

sling[1] / slɪŋ স্লিং / *noun* [C] **1** a piece of cloth that you put under your arm and tie around your neck to support a broken arm, wrist, etc. যে এক টুকরো কাপড়ে হাত, কবজি ইত্যাদি ভেঙে যাওয়ার পর তাকে ধরে রাখতে বগলের নীচ দিয়ে এবং ঘাড়ের উপর দিয়ে বেঁধে রাখা হয়

sling[2] / slɪŋ স্লিং / *verb* [T] (*pt, pp* **slung**) **1** to put or throw sth somewhere in a rough or careless way (কোনো কিছু) যেমন-তেমন ভাবে রাখা বা ছোড়া; গুলতি ছোড়া **2** to put sth into a position where it hangs loosely কোনো কিছু ঝুলিয়ে রাখা

slingback / ˈslɪŋbæk স্লিংব্যাক্ / *noun* [C] a woman's shoe that is open at the back with a strap around the heel মহিলাদের জুতো যা পিছনের দিকে খোলা থাকে আর গোড়ালির কাছে একটা পট্টি থাকে

slingshot / ˈslɪŋʃɒt ˈস্লিংশট্ / (*AmE*) = **catapult[1]**

slink / slɪŋk স্লিংক্ / *verb* [I] (*pt, pp* **slunk**) to move somewhere slowly and quietly because you do not want anyone to see you, often when you feel guilty or embarrassed (প্রায়শ অপরাধবোধের জন্য অথবা লজ্জায়) লুকিয়ে বা চুপি চুপি কোথাও সরে যাওয়া

slip[1] / slɪp স্লিপ্ / *verb* (**sli<u>pp</u>ing; sli<u>pp</u>ed**) **1** [I] **slip (over); slip (on sth)** to slide accidentally and fall or nearly fall হঠাৎ পিছলে পড়ে যাওয়ার মতো হওয়া বা প্রায় পড়ে যাওয়া *She slipped over on the wet floor.* **2** [I] to slide accidentally out of the correct position or out of your hand হাত ফসকে পড়ে যাওয়া, ঠিক জায়গা থেকে সরে যাওয়া *This hat's too big. It keeps slipping down over my eyes.* ○ *The glass slipped out of my hand and fell on the floor.* **3** [I] to move or go somewhere quietly, quickly, and often without being noticed সরে পড়া; কাউকে না জানিয়ে হঠাৎ চলে যাওয়া *While everyone was dancing we slipped away and went home.* **4** [T] **slip sth (to sb); slip (sb) sth** to put sth somewhere or give sth to sb quietly and often without being noticed চুপিচুপি বা লুকিয়ে কোনো কিছু কোথাও রেখে দেওয়া বা কোনো ব্যক্তিকে দেওয়া *She picked up the money and slipped it into her pocket.* **5** [I, T] **slip into/out of sth; slip sth on/off** to put on or take off a piece of clothing quickly and easily কোনো পোশাক তাড়াতাড়ি এবং অনায়াসে খুলে ফেলা বা পরে নেওয়া *I slipped off my shoes.* **6** [I] to fall a little in value, level, etc. মূল্য, স্তর ইত্যাদি অল্প কমে যাওয়া

IDM let sth slip ➪ **let** দেখো।

slip your mind to be forgotten মনে না থাকা *I'm sorry, the meeting completely slipped my mind.*

PHR V **slip out** to accidentally say sth or tell sb sth কোনো ব্যক্তিকে হঠাৎ কোনো কিছু বলে ফেলা *I didn't intend to tell them. It just slipped out.*

slip up (*informal*) to make a mistake কোনো ভুল করে ফেলা

slip² / slɪp স্লিপ্ / *noun* [C] **1** a small mistake, usually made by being careless or not paying attention ছোটোখাটো ভুল যা সাধারণত অসাবধানতা অথবা অমনোযোগের ফলে ঘটে *to make a slip* **2** a small piece of paper ছোটো কাগজের টুকরো *I made a note of her name on **a slip of paper**.* **3** an act of sliding accidentally and falling or nearly falling আচমকা পিছলে পড়ে যাওয়ার মতো হওয়া বা প্রায় পড়ার ক্রিয়া **4** a thin piece of clothing that is worn by a woman under a dress or skirt পাতলা কাপড়ের তৈরি যে অন্তর্বাস মেয়েরা জামা বা স্কার্টের নীচে পরে

IDM **give sb the slip** (*informal*) to escape from sb who is following or trying to catch you যে ধরতে আসছে তার কাছ থেকে পালিয়ে যাওয়া

a slip of the tongue something that you say that you did not mean to say এমন কিছু বলা যা বলতে চাওয়া হয়নি

slipped disc *noun* [C] a painful injury caused when one of the flat things (**discs**) between the bones in your back (**spine**) moves out of its correct position মেরুদণ্ডের দুটি অস্থির মধ্যবর্তী অংশের চ্যাপটা বস্তু বা ডিস্কগুলির মধ্যে একটির সঠিক অবস্থান থেকে সরে যাওয়ার ফলস্বরূপ যে যন্ত্রণা বা বেদনা

slipper / ˈslɪpə(r) ˈস্লিপ্যা(র্) / *noun* [C] a light soft shoe that is worn inside the house চটি *a pair of slippers*

slippery / ˈslɪpəri ˈস্লিপ্যারি / (*informal* **slippy**) *adj.* (used about a surface or an object) difficult to walk on or hold because it is smooth, wet, etc. (কোনো বস্তু বা তার পৃষ্ঠতল সম্বন্ধে ব্যবহৃত) পিছল জায়গা যার উপর দিয়ে হাঁটাচলা করা কঠিন, এমন মসৃণ বা ভেজা যে ধরে রাখা যায় না *a slippery floor*

slipshod / ˈslɪpʃɒd ˈস্লিপ্‌শড্ / *adj.* done without care; doing things without care বেপরোয়াভাবে করা হচ্ছে এমন; যত্ন না নিয়ে করা হচ্ছে এমন *The work was done in a slipshod manner.* ✪ বিপ **careless**

slipway / ˈslɪpweɪ ˈস্লিপ্‌উএই / *noun* [C] a track leading down to water, on which ships are built or pulled up out of the water for repairs, or from which they are **launched** জলাশয়ের ধারে এমন জায়গা যেখানে জাহাজ তৈরি করা হয় অথবা পুরোনো জাহাজ মেরামতের জন্য টেনে তোলা হয় অথবা যেখান থেকে জাহাজের যাত্রা শুরু হয়

slit¹ / slɪt স্লিট্ / *noun* [C] a long narrow cut or opening লম্বা সরু কাটা অথবা ফাটল *a long skirt with a slit up the back*

slit² / slɪt স্লিট্ / *verb* [T] (**slitting**; *pt, pp* **slit**) to make a long narrow cut in sth লম্বা সরু করে কাটা *She slit the envelope open with a knife.*

slither / ˈslɪðə(r) ˈস্লিদ্যা(র্) / *verb* [I] to move by sliding from side to side along the ground like a snake মাটির উপর দিয়ে সাপের চলার মতো এদিক থেকে ওদিক ঘষে ঘষে চলা *I saw a snake slithering down a rock.*

slob / slɒb স্লব্ / *noun* [C] (*informal*) (used as an insult) a very lazy or untidy person (অপমান করার জন্য ব্যবহৃত) অত্যন্ত কুঁড়ে অথবা অপরিচ্ছন্ন

slog¹ / slɒg স্লগ্ / *verb* [I] (**slogging; slogged**) **1** (*informal*) **slog (away) (at sth); slog (through sth)** to work hard for a long period at sth difficult or boring বহু দিন ধরে লেগে থেকে এমন কিছু কাজ করা যা কঠিন অথবা বিরক্তিকর *I've been slogging away at this homework for hours.* **2 slog down, up, along, etc.** to walk or move in a certain direction with a lot of effort নির্দিষ্ট দিকে অনেক চেষ্টা করে এগোনো বা হেঁটে যাওয়া

slog² / slɒg স্লগ্ / *noun* [*sing.*] a period of long, hard, boring work or a long, tiring journey একটা লম্বা, কঠিন, বিরক্তিকর কাজের সময় অথবা লম্বা, কষ্টকর ভ্রমণ

slogan / ˈsləʊgən ˈস্ল্যাউগ্যান্ / *noun* [C] a short phrase that is easy to remember and that is used in politics or advertising (রাজনৈতিক কারণে বা বিজ্ঞাপনের জন্য ব্যবহৃত) এমন কোনো বাক্যাংশ যা মনে রাখা সহজ; স্লোগান, জিগির *Anti-government slogans/ an advertising slogan*

sloop / slu:p স্লুপ্ / *noun* [C] a small sailing ship with one **mast** পাল-খাটানো ছোটো জাহাজ

slop / slɒp স্লপ্ / *verb* [I, T] (**slopping; slopped**) (used about a liquid) to pour over the edge of its container; to make a liquid do this (তরল পদার্থ সম্বন্ধে ব্যবহৃত) পাত্র উপচে ঢালা; উপচে দেওয়া *He filled his glass too full and juice slopped onto the table.*

slope / sləʊp স্ল্যাউপ্ / *noun* **1** [C] a surface or piece of land that goes up or down ঢালু (জমি) *The village is built **on a slope**.* ○ *a steep/gentle slope* **2** [*sing.*] the amount that a surface is not level; the fact of not being level ঢালু; সমান নয়

► **slope** *verb* [I] ঢালুভাবে নেমে যাওয়া *The road slopes down to the river.* ○ *a sloping roof*

sloppy / ˈslɒpi ˈস্লপি / *adj.* **1** that shows lack of care, thought or effort; untidy যত্ন, ভাবনাচিন্তা বা প্রয়াসের অভাব দেখা যায় এমন; অপরিষ্কার *a sloppy worker/writer/dresser* ○ *a sloppy piece of work* **2** (used about clothes) not tight and without much shape (জামাকাপড় সম্বন্ধে ব্যবহৃত) আঁটোসাঁটো নয় এবং

যার বিশেষ ছাঁট বা আকার নেই, বেয়াড়া গড়নের **3** (*BrE informal*) showing emotions in a silly embarrassing way অস্বস্তিকরভাবে মনের আবেগ দেখানো হয় এমন *I can't stand sloppy love songs.* ✪ সম **sentimental**

slosh / slɒʃ স্লশ্ / *verb* (*informal*) **1** [I] (used about a liquid) to move around noisily inside a container (তরল পদার্থ সম্বন্ধে ব্যবহৃত) পাত্রের মধ্যে সশব্দে নাড়ানো বা ঘোরানো **2** [T] to pour or drop liquid somewhere in a careless way অসতর্কভাবে তরল পদার্থ ঢালা বা ফেলা

sloshed / slɒʃt স্লশ্ট্ / *adj.* (*slang*) drunk (অপপ্রয়োগ) নেশাগ্রস্ত

slot[1] / slɒt স্লট্ / *noun* [C] **1** a straight narrow opening in a machine, etc. যন্ত্র ইত্যাদির গায়ে বা উপরে সোজা ফাটল বা চিড় *Put your money into the slot and take the ticket.* **2** a place in a list, system, organization, etc. কোনো তালিকা, ব্যবস্থা, প্রতিষ্ঠান ইত্যাদির মধ্যে স্থান *The single has occupied the Number One slot for the past two weeks.*

slot[2] / slɒt স্লট্ / *verb* [I, T] (**slo<u>tt</u>ing; slo<u>tt</u>ed**) to put sth into a particular space that is designed for it; to fit into such a space কোনো বস্তু নির্দিষ্ট জায়গাটিতে রাখা; এই স্থানের মধ্যে সংকুলান হওয়া *He slotted a tape into the VCR.* ○ *The video slotted in easily.*

IDM **fall/slot into place** ⇨ **place**[1] দেখো।

slot machine *noun* [C] a machine with an opening for coins that sells drinks, cigarettes, etc. or on which you can play games এমন যন্ত্র যাতে একটা ফাটল মতো থাকে যার মধ্যে মুদ্রা ফেলে পানীয়, সিগারেট ইত্যাদি পাওয়া যায়, আবার কিছু কিছু খেলাও খেলতে পারা যায়

slouch / slaʊtʃ স্লাউচ্ / *verb* [I] to sit, stand or walk in a lazy way, with your head and shoulders hanging down অলসভাবে, জবুথবুভাবে বসে বা দাঁড়িয়ে থাকা বা হেঁটে বেড়ানো

slovenly / ˈslʌvnli ˈস্লাভ্ন্লি / *adj.* (*old-fashioned*) lazy, careless and untidy অলস, উদাসীন, অপরিচ্ছন্ন

slow[1] / sləʊ স্লাউ / *adj., adv.* **1** moving, doing sth or happening without much speed; not fast ধীরগতিতে নড়াচড়া করা, কোনো কাজ করা অথবা ধীরে ধীরে কিছু ঘটা; মন্থরভাবে *Progress was slower than expected.* ○ *a slow driver/walker/reader* ✪ বিপ **fast**

> NOTE **Slow** শব্দটি ক্রিয়াবিশেষণ (adverb) রূপে ব্যবহার করা যেতে পারে কিন্তু এই অর্থে **slowly** শব্দটি বেশি প্রচলিত। **Slow** শব্দটি প্রায়শ যৌগিক শব্দে ব্যবহার করা হয় *slow-moving traffic.* এই শব্দটির তুলনামূলক রূপ **slower** এবং **more slowly** দুটিই খুব প্রচলিত—*Could you drive a bit slower/more slowly, please?*

2 slow to do sth; slow (in/about) doing sth not doing sth immediately তৎক্ষণাৎ কিছু না করা *She was rather slow to realize what was going on.* ○ *They've been rather slow in replying to my letter!* **3** not quick to learn or understand তাড়াতাড়ি শিখতে বা বুঝতে অক্ষম *He's the slowest student in the class.* **4** not very busy; with little action ব্যস্ত নয়; কর্মব্যস্ততাহীন *Business is very slow at the moment.* **5** (*not before a noun*) (used about watches and clocks) showing a time that is earlier than the real time (ঘড়ি সম্বন্ধে ব্যবহৃত) যাতে দেরিতে সময় দেখায়; পিছনের সময় দেখায়; স্লো *That clock is five minutes slow* (=it says it is 8.55 when the correct time is 9.00). ✪ বিপ **fast** ▶ **slowness** *noun* [U] মন্থরতা, ঢিলেমি

IDM **quick/slow on the uptake** ⇨ **uptake** দেখো।

slow[2] / sləʊ স্লাউ / *verb* [I, T] to start to move, do sth or happen at a slower speed; to cause sth to do this অপেক্ষাকৃত ধীর গতিতে চলতে, করতে বা ঘটতে শুরু করা; কোনো কিছুকে দিয়ে করানো *He slowed his pace a little.*

PHR V **slow (sb/sth) down/up** to start to move, do sth or happen at a slower speed; to cause sb/sth to do this কোনো কিছু অপেক্ষাকৃত ধীরগতিতে করা বা হওয়া; কাউকে বা কোনো কিছুকে এরকম করানো *Can't you slow down a bit? You're driving much too fast.* ○ *These problems have slowed up the whole process.*

slowly / ˈsləʊli ˈস্লাউলি / *adv.* at a slow speed; not quickly ধীরে, আস্তে আস্তে; তাড়াতাড়ি নয় *He walked slowly along the street.*

slow motion *noun* [U] (in a film or on television) a method of making action appear much slower than in real life (চলচ্চিত্র বা টেলিভিশনে) কোনো ঘটনাকে যে যান্ত্রিক প্রক্রিয়ায় ধীর গতিতে ঘটতে দেখানো হয়; স্লো মোশন *They showed the winning goal again, this time* ***in slow motion***.

slow-worm *noun* [C] a small brownish animal with no legs, like a snake, that is found in Europe and Asia ইউরোপ এবং এশিয়ায় দেখা যায় একরকম ছোটো এবং বাদামি রং-ঘেঁষা সাপের মতো জীব যাদের পা নেই

sludge / slʌdʒ স্লাজ্ / *noun* [U] a thick, soft unpleasant substance; mud থকথকে নোংরা পদার্থ; কাদা

slug / slʌg স্লাগ্ / *noun* [C] a small black or brown animal with a soft body and no legs, that moves slowly along the ground and eats garden plants একরকম ছোটো কালো অথবা বাদামি রঙের জীব যাদের শরীর নরম এবং কোনো পা নেই, এরা আস্তে আস্তে মাটির উপর দিয়ে যায় এবং বাগানের গাছপালা খায় ➪ **mollusc**-এ ছবি দেখো।

sluggish / ˈslʌgɪʃ ˈস্লাগিশ্ / *adj.* moving or working more slowly than normal in a way that seems lazy সাধারণের তুলনায় ধীর গতিতে কাজকর্ম, ঘোরাফেরা করে মনে হয় যেন কুঁড়ে বা অলস

sluice / sluːs স্লুস্ / (*also* **sluice gate**) *noun* [C] a type of gate that you can open or close to control the flow of water out of or into a canal, etc. এক ধরনের ফটক (গেট) যা খুলে অথবা বন্ধ করে কোনো খাল ইত্যাদির জলের স্রোত ভিতরের দিকে বা বাইরের দিকে নিয়ন্ত্রণ করা যায়

slum / slʌm স্লাম্ / *noun* [C] an area of a city where living conditions are extremely bad, and where the buildings are dirty and have not been repaired for a long time বস্তি, দরিদ্রপল্লি

slumber / ˈslʌmbə(r) ˈস্লাম্ব্যা(র্) / *verb* [I] (*old-fashioned*) to be deeply asleep গভীর নিদ্রায় মগ্ন হওয়া, গভীরভাবে ঘুমোনো ▶ **slumber** *noun* [C] গভীর ঘুম, গাঢ় নিদ্রা

slump¹ / slʌmp স্লাম্প্ / *verb* [I] **1** (used about economic activity, prices, etc.) to fall suddenly and by a large amount (অর্থনৈতিক ক্রিয়াকলাপ, দাম ইত্যাদি সম্বন্ধে ব্যবহৃত) হঠাৎ বেশ বেশি পরিমাণে পড়ে যাওয়া *The newspaper's circulation has* ***slumped by*** *30%.* **2** to fall or sit down suddenly when your body feels heavy and weak, usually because you are tired or ill অসুস্থতা হেতু অথবা খুব পরিশ্রান্ত হয়ে হঠাৎ পড়ে যাওয়া বা বসে পড়া

slump² / slʌmp স্লাম্প্ / *noun* [C] **1 a slump (in sth)** a sudden large fall in sales, prices, the value of sth, etc. কোনো কিছুর বিক্রি, দাম মূল্য ইত্যাদির সহসা পতন; স্খলন, মন্দা *a slump in house prices* **2** a period when a country's economy is doing very badly and a lot of people do not have jobs এমন একটা সময় যখন কোনো দেশের আর্থিক পরিস্থিতি অত্যন্ত খারাপ এবং বহু মানুষ কর্মহীন হয়ে পড়ে

slung ➪ **sling²**-এর past tense এবং past participle

slunk ➪ **slink**-এর past tense এবং past participle

slur¹ / slɜː(r) স্ল্য(র্) / *verb* [T] (**slurring; slurred**) to pronounce words in a way that is not clear, often because you are drunk জড়িয়ে জড়িয়ে কথা বলা, অনেক সময়ই মাতাল অবস্থার জন্য

slur² / slɜː(r) স্ল্য(র্) / *noun* [C] **a slur (on sb/sth)** an unfair comment or an insult that could damage people's opinion of sb/sth এমন অন্যায় মন্তব্য অথবা অপমানসূচক কথা যার ফলে কোনো ব্যক্তি অথবা বস্তু সম্বন্ধে জনমতের ক্ষতি হতে পারে

slurp / slɜːp স্ল্যপ্ / *verb* [I, T] (*informal*) to drink noisily আওয়াজ করে পান করা

slurry / ˈslʌri ˈস্লারি / *noun* [U] a thick liquid consisting of water mixed with animal waste that farmers use on their fields to make plants grow better ঘন তরল সার যা জলের সঙ্গে জন্তু-জানোয়ারের মল-মূত্র মিশিয়ে তৈরি হয় এবং যা জমিতে দিলে ফসল ভাল হয়

slush / slʌʃ স্লাশ্ / *noun* [U] **1** snow that has been on the ground for a time and that is now a dirty mixture of ice and water তুষার অনেকক্ষণ মাটিতে পড়ে থাকার ফলে জল এবং বরফের যে নোংরা মিশ্রণ হয়ে যায় **2** (*informal*) films, books, feelings, etc. that are considered to be silly because they are too romantic and emotional যেসব চলচ্চিত্র, বই, অনুভূতি ইত্যাদিকে তাদের অতিমাত্রার রোমান্টিকতা এবং ভাবাবেগের জন্য হাস্যকর মনে করা হয় ▶ **slushy** *adj.* কাদামাখা, কর্দমাক্ত

slush fund *noun* [C] an amount of money that is kept to pay people illegally to do things, especially in politics লোকদের দিয়ে বেআইনিভাবে কিছু করিয়ে নিয়ে তাদের দেওয়ার জন্য যে অর্থ রাখা হয়, বিশেষত রাজনীতির ক্ষেত্রে

sly / slaɪ স্লাই / *adj.* **1** (used about a person) acting or done in a secret or dishonest way, often intending to trick people (কোনো একজন লোকের সম্বন্ধে ব্যবহৃত) যে গোপনে গোপনে অথবা অসৎভাবে কিছু করে, প্রায়ই লোক ঠকানোর উদ্দেশ্যে ✪ সম **cunning** **2** (used about an action) suggesting that you know sth secret (কোনো কাজ সম্বন্ধে ব্যবহৃত) গোপন তথ্য জানা আছে এমন বোঝায় *a sly smile/look* ▶ **slyly** *adv.* ধূর্তভাবে, চতুরতার সঙ্গে

smack / smæk স্ম্যাক্ / *verb* [T] to hit sb with the inside of your hand when it is flat, especially as a punishment কাউকে চড় মারা, বিশেষত শাস্তি হিসাবে *I never smack my children.* ▶ **smack** *noun* [C] চড়, চাঁটি *You're going to get a smack if you don't do as I say!*

PHR V **smack of sth** to make you think that sb/sth has an unpleasant attitude or quality এই রকম ভাবানো যে কারও মনোভাব অপ্রীতিকর বা কোনো বস্তু নিম্নমানের

small / smɔːl স্ম:ল্ / *adj.* **1** not large in size, number, amount, etc. আকার, সংখ্যা, পরিমাণ ইত্যাদিতে বড়ো নয় *a small car/flat/town* ○ *a small amount of money* **2** young যুবক, কমবয়সি *He has a wife and three small children.* ○ *When I was small we* *lived in a big old house.* **3** not important or serious; slight গুরুত্বপূর্ণ বা জরুরি নয়; সামান্য *Don't worry. It's only a small problem.*

> **NOTE** **Big** এবং **large** শব্দ দুটির বিপরীতার্থক শব্দরূপে সাধারণভাবে **small** শব্দটি ব্যবহার করা হয়। **Little** শব্দটি প্রায়ই অন্য কোনো বিশেষণের (adjective) সঙ্গে ব্যবহার করা হয় কোনো অনুভূতি অথবা ক্ষুদ্রতা বোঝানোর জন্য—*a horrible little man* ○ *a lovely little girl* ○ *a nice little house.* **Small** শব্দটির তুলনামূলক রূপ **smaller** এবং **smallest**-এর ব্যবহার খুবই সাধারণ এবং এই শব্দটি **'rather' 'quite'** এবং **'very'** শব্দগুলির সঙ্গে ব্যবহার করা যেতে পারে—*My flat is smaller than yours.* ○ *The village is quite small.* **Little** শব্দটি প্রায়ই এই সকল শব্দের সঙ্গে ব্যবহার করা হয় না এবং এর *Superlative* বা *Comparative* রূপ নেই।

▸ **small** / smɔːl স্ম:ল্ / *adv.* ছোটো, ক্ষুদ্র *She's painted the picture far too small.*

IDM **in a big/small way** ⇨ **way[1]** দেখো।

small ads *noun [pl.]* (*BrE informal*) = **classified advertisements**

small arms *noun* [C, *pl.*] small light weapons that you can carry in your hands ছোটো হালকা অস্ত্র যা হাতে নিয়ে ঘোরাফেরা যায়

small change *noun* [U] coins that have a low value কম মূল্যের মুদ্রা

smallholder / ˈsmɔːlhəʊldə(r) ˈস্ম:লহ্যাউলড্যা(র্) / *noun* [C] a person who owns or rents a small piece of land for farming চাষ করার জন্য যে ব্যক্তির নিজস্ব বা খাজনা-নেওয়া ছোটো আকারের জমি আছে

smallholding / ˈsmɔːlhəʊldɪŋ ˈস্ম:ল্হ্যাউল্ডিং / *noun* [C] a small piece of land that is used for farming ছোটো আকারের জমি যাতে চাষ করা হয়

the small hours *noun [pl.]* the early morning hours soon after midnight মধ্যরাত্রির পরে ভোর অবধি কয়েক ঘণ্টা

smallpox / ˈsmɔːlpɒks ˈস্ম:লপক্স্ / *noun* [U] a serious infectious disease that causes a high temperature and leaves marks on the skin. In past times many people died from smallpox বসন্ত রোগ, গুটি বসন্ত; স্মলপক্স

the small print (*AmE* **the fine print**) *noun* [U] the important details of a legal document, contract, etc. that are usually printed in small type and are therefore easy to miss আইন সংক্রান্ত দলিল, চুক্তি ইত্যাদির গুরুত্বপূর্ণ খুঁটিনাটি যা খুব ছোটো ছোটো অক্ষরে মুদ্রিত এবং তার ফলে সহজে চোখে না-ও পড়তে পারে এরকম *Make sure you read the small print before you sign anything.*

small-scale *adj.* (used about an organization or activity) not large; limited in what it does (কোনো প্রতিষ্ঠান অথবা কাজকর্ম সম্বন্ধে ব্যবহৃত) বড়ো বা বিশাল নয়; কর্মক্ষেত্রের পরিধির মধ্যেই সীমাবদ্ধ

small talk *noun* [U] polite conversation, for example at a party, about unimportant things কিছু লোক একত্রে এলে, যেমন পার্টিতে, যে ধরনের ভদ্র ও সাধারণ কথাবার্তা হয় *We had to* ***make small talk*** *for half an hour.*

smart[1] / smɑːt স্মা:ট্ / *adj.* **1** (*BrE*) (used about a person) having a clean and tidy appearance (কোনো লোকের সম্বন্ধে ব্যবহৃত) বেশ পরিষ্কার-পরিচ্ছন্ন, ফিটফাট দেখতে *You look smart. Are you going somewhere special?* **2** (used about a piece of clothing, etc.) good enough to wear on a formal occasion (জামাকাপড়, পোশাক সম্বন্ধে ব্যবহৃত) কোনো অনুষ্ঠানে পরার মতো যথেষ্ট ভালো) *a smart suit* **3** clever; intelligent চালাক-চতুর; দক্ষ, বুদ্ধিদীপ্ত, *He's not smart enough to be a politician.* **4** (*BrE*) fashionable and usually expensive কেতাদুরস্ত এবং দামি *a smart restaurant/hotel* **5** (used about a movement or action) quick and usually done with force (কোনো চলন অথবা কাজ সম্বন্ধে ব্যবহৃত) দ্রুত এবং সাধারণত বলিষ্ঠভাবে কৃত ▸ **smartly** *adv.* সপ্রতিভভাবে *She's always smartly dressed.*

smart[2] / smɑːt স্মা:ট্ / *verb* [I] **1 smart (from sth)** to feel a stinging pain in your body শরীরে তীক্ষ্ণ বেদনা বোধ করা **2 smart (from/over sth)** to feel upset or offended because of a criticism, failure, etc. সমালোচনা, ব্যর্থতা ইত্যাদির জন্য ভেঙে পড়া অথবা অপমানিত বোধ করা

smart card *noun* [C] a plastic card, for example a **credit card**, on which information can be stored in electronic form একটা প্লাস্টিকের কার্ড, যেমন ক্রেডিট বা ধার দেওয়ার কার্ড, যাতে বৈদ্যুতিনরূপে তথ্য ধরে রাখা যেতে পারে; স্মার্ট কার্ড

smarten / ˈsmɑːtn ˈস্মা:ট্ন্ / *verb*

PHR V **smarten (yourself/sb/sth) up** to make yourself/sb/sth look tidy and more attractive নিজেকে বা আর কাউকে অথবা কোনো কিছুকে ঘসে-মেজে, পরিষ্কার-পরিচ্ছন্ন করে আকর্ষক, সুন্দর করে তোলা

smash[1] / smæʃ স্ম্যাশ্ / *verb* **1** [I, T] to break sth, or to be broken violently and noisily into many pieces সশব্দে অনেক খণ্ডে কোনো কিছু ভেঙে ফেলা বা ভেঙে যাওয়া *The glass smashed into a thousand pieces.* ○ *The police had to smash the door open.* **2** [I, T] **smash (sth) against, into, through, etc.** to move with great force in a particular direction; to hit sth very hard কোনো বিশেষ দিকে খুব জোরে ধেয়ে যাওয়া; কোনো কিছু খুব জোরে মারা বা

আঘাত করা *The car smashed into a tree.* ○ *He smashed his fist through the window.* **3** [T] **smash sth (up)** to crash a vehicle, usually causing a lot of damage কোনো বাহনের দ্বারা এমনভাবে ধাক্কা মারা যার ফলে সাধারণত খুব ক্ষতি হয় **4** [T] (in tennis) to hit a ball that is high in the air downwards very hard over the net (টেনিস খেলায়) বাতাসে উঁচুতে ভেসে-থাকা নিম্নগামী বল খুব জোরে মেরে নেটের উপর দিয়ে অন্য দিকে নীচে ফেলা

smash² / smæʃ স্ম্যাশ্ / *noun* **1** [*sing.*] the action or the noise of sth breaking violently কোনো কিছু সশব্দে, নির্মমভাবে ভাঙার কাজ বা ভেঙে ফেলার আওয়াজ **2** [C] (in tennis, etc.) a way of hitting a ball that is high in the air downwards and very hard over the net (টেনিস ইত্যাদিতে) নেটের উপর দিয়ে খুব উঁচু বলকে সজোরে নীচের দিকে মারার পদ্ধতি **3** (*also* **smash hit**) [C] (*informal*) a song, play, film, etc. that is very successful কোনো গান, নাটক, চলচ্চিত্র ইত্যাদির প্রবল সাফল্য

smashing / ˈsmæʃɪŋ ˈস্ম্যাশিং / *adj.* (*BrE informal*) extremely good; wonderful খুবই ভালো, অতি চমৎকার; আশ্চর্য সুন্দর, বিস্ময়কর

smattering / ˈsmætərɪŋ ˈস্ম্যাট্যারিং / *noun* [U] [*sing.*] **1 a smattering of sth** a small amount of or number of sth কোনো কিছুর কম পরিমাণ বা সংখ্যা *a smattering of raindrops* **2 have a smattering of sth** a slight knowledge of something especially a language কোনো কিছু সম্পর্কে, বিশেষত কোনো ভাষায় কম জ্ঞান *He only has a smattering of French.*

smear¹ / smɪə(r) স্মিঅ্যা(র্) / *verb* [T] **smear sth on/over sth/sb; smear sth/sb with sth** to spread a sticky substance across sth/sb চটচটে কিছু মাখানো *Her face was smeared with blood.*

smear² / smɪə(r) স্মিঅ্যা(র্) / *noun* [C] **1** a dirty mark made by spreading a substance across sth কোনো কিছু মেখে যাওয়ার ফলে নোংরা দাগ **2** something that is not true that is said or written about an important person and that is intended to damage people's opinion about him/her, especially in politics কারও যশহানি ঘটানোর উদ্দেশ্যে (বিশেষত রাজনীতিতে) যা তা বানিয়ে বানিয়ে বলা, কলঙ্কজনক কথাবার্তা রটানো *He was the victim of a* ***smear campaign****.*

smell¹ / smel স্মেল্ / *verb* (*pt, pp* **smelt** / smelt স্মেল্ট্ / or **smelled** / smeld স্মেল্ড্ /) **1** [I] **smell (of sth)** to have a particular smell বিশেষ কোনো গন্ধ বেরোনো *Dinner smells good!* ○ *This perfume smells of roses.* **2** [I] to have a bad smell খারাপ গন্ধ বেরোনো *Your feet smell.* **3** [T] to notice or recognize sb/sth by using your nose গন্ধের দ্বারা কিছু বোঝা বা ধরতে পারা *He could smell something burning.* ○ *Can you smell gas?*

> **NOTE** **Smell** ক্রিয়াপদটি (verb) এবং এরই সমার্থক অন্য ক্রিয়াপদ (যেমন **taste, see, hear**) ঘটমান কালে (continuous tenses) ব্যবহার করা যায় না। এই অর্থ ব্যক্ত করার জন্য **can** শব্দটির ব্যবহার করা হয়—*I can smell smoke.*

4 [T] to put your nose near sth and breathe in so that you can discover or identify its smell কোনো কিছুর কাছে নাক নিয়ে গিয়ে শোঁকা যাতে গন্ধটি সেখান থেকে আসছে কিনা অথবা কিসের গন্ধ তা বুঝতে পারা যায় *I smelt the milk to see if it had gone off.* **5** [I] to be able to smell ঘ্রাণ নিতে পারা; শুঁকতে পারা *I can't smell properly because I've got a cold.*

smell² / smel স্মেল্ / *noun* **1** [C] the impression that you get of sth by using your nose; the thing that you smell ঘ্রাণ; কোনো কিছুর গন্ধ শুঁকে যা অনুভব করা যায় *a sweet/musty/fresh/sickly smell* ○ *a strong/faint smell of garlic* **2** [*sing.*] an unpleasant smell অপ্রীতিকর গন্ধ, দুর্গন্ধ *Ugh! What's that smell?*

> **NOTE** **Stink, stench, odour** এবং **pong** এই শব্দগুলি দুর্গন্ধ বোঝাতে ব্যবহার করা হয়। **Aroma, perfume, fragrance** এবং **scent** শব্দগুলি সুগন্ধ বোঝাতে ব্যবহার করা হয়।

3 [U] the ability to sense things with the nose গন্ধ শুঁকে বোঝার ক্ষমতা *Dogs have a very good* ***sense of smell****.* **4** [C] the action of putting your nose near sth to smell it গন্ধ শোঁকার জন্য তার কাছে নাক নিয়ে যাওয়ার কাজ *Have a smell of this milk; is it all right?*

smelly / ˈsmeli ˈস্মেলি / *adj.* (*informal*) having a bad smell দুর্গন্ধযুক্ত *smelly feet*

smelt¹ / smelt স্মেল্ট্ / *verb* [T] to heat and melt rock containing metal (**ore**) in order to get the metal out আকরিক বা পাথরের মধ্যে ধাতু আছে তা বার করার জন্য সেটি গরম করা এবং গলানো

smelt² ➪ **smell**-এর past tense এবং past participle

smile¹ / smaɪl স্মাইল্ / *noun* [C] an expression on your face in which the corners of your mouth turn up, showing happiness, pleasure, etc. (প্রসন্নতা, খুশি ইত্যাদির প্রকাশ) মৃদু হাসি, স্মিত হাস্য *to have a smile on your face* ○ *'Its nice to see you' he said with a smile.* ➪ **beam, grin** এবং **smirk** দেখো।

smile² / smaɪl স্মাইল্ / *verb* **1** [I] **smile (at sb/ sth)** to make a smile appear on your face মুখে হাসি দেখানো *to smile sweetly/faintly/broadly*

2 [T] to say or express sth with a smile কোনো কিছু স্মিত হাসির মাধ্যমে বলা বা প্রকাশ করা *I smiled a greeting to them.*

smirk / smɜːk স্মাক্ / *noun* [C] an unpleasant smile which you have when you are pleased with yourself or think you are very clever অপ্রীতিকর, চতুর হাসি যা কোনো কিছু করার আত্মতুষ্টি থেকে আসে ▶ **smirk** *verb* [I] নকল হাসি হাসা

smith = **blacksmith**

smog / smɒg স্মগ্ / *noun* [U] dirty, poisonous air that can cover a whole city হাওয়ায় ধোঁয়া এবং কুয়াশার মিশ্রণ; ধোঁয়াশা

smoke[1] / sməʊk স্ম্যাউক্ / *noun* **1** [U] the grey, white or black gas that you can see in the air when sth is burning ধোঁয়া, ধূম্র, ধূম্রজাল *Thick smoke poured from the chimney.* ○ *a room full of cigarette smoke* **2** [C, *usually sing.*] an action of smoking a cigarette, etc. সিগারেট ইত্যাদি থেকে ধূমপান করা

smoke[2] / sməʊk স্ম্যাউক্ / *verb* **1** [I, T] to breathe in smoke through a cigarette, etc. and let it out again; to use cigarettes, etc. in this way, as a habit সিগারেট ইত্যাদির মধ্য দিয়ে ধূমপান করা; অভ্যাস হিসেবে সিগারেট ইত্যাদির নেশা করা *Do you mind if I smoke?* ○ *I used to smoke twenty cigarettes a day.* **2** [I] to send out smoke ধোঁয়া উদ্‌গিরণ করা বা ছাড়া *The oil in the pan started to smoke.* ▶ **smoker** *noun* [C] ধূমপায়ী ✪ বিপ **non-smoker** ▶ **smoking** *noun* [U] ধূমপান *My doctor has advised me to give up smoking.*

smoked / sməʊkt স্ম্যাউক্ট / *adj.* (used of certain types of food) given a special taste by being hung for a period of time in smoke from wood fires (নির্দিষ্ট কয়েক ধরনের খাবার সম্বন্ধে ব্যবহৃত) যেটি কাঠের ধোঁয়ার মধ্যে কিছুক্ষণ ঝুলিয়ে রেখে বিশেষ একরকম আস্বাদ আনা হয় *smoked salmon/ham/cheese*

smoky / ˈsməʊki ˈস্ম্যাউকি / *adj.* **1** full of smoke; producing a lot of smoke ধোঁয়াচ্ছন্ন; ধোঁয়া তৈরি করে এমন *a smoky room/fire* **2** with the smell, taste or appearance of smoke ধোঁয়ার গন্ধযুক্ত, স্বাদযুক্ত বা ধোঁয়া ধোঁয়া ভাব

smolder (*AmE*) = **smoulder**

smooth[1] / smuːð স্মুদ্ / *adj.* **1** having a completely flat surface with no lumps or holes or rough areas মসৃণ, সমতল, অবন্ধুর *smooth skin* ○ *a smooth piece of wood* ✪ বিপ **rough 2** (of a liquid mixture) without lumps (কোনো তরল মিশ্রণ সম্বন্ধে ব্যবহৃত) কোনো রকম দানা ছাড়া, মসৃণ *Stir the sauce until it is smooth.* ✪ বিপ **lumpy 3** without difficulties জটিলতাবিহীন, সহজ, সরল *The transition from the old method to the new has been very smooth.* **4** (of a journey in a car, etc.) with an even, comfortable movement (গাড়িতে যাত্রা ইত্যাদি সম্বন্ধে ব্যবহৃত) আরামদায়ক, সহজ সুন্দর গতিসম্পন্ন *You get a very smooth ride in this car.* ✪ বিপ **bumpy 5** too pleasant or polite to be trusted এত ভদ্র, শান্ত যে সন্দেহ হয়

> **NOTE** সাধারণত এই শব্দটি কোনো ব্যক্তি সম্পর্কে সমালোচনার সুরে বলা হয়—*I don't like him. He's far too smooth.*

▶ **smoothness** *noun* [U] মসৃণতা, কোমলতা

IDM take the rough with the smooth ⇨ **rough**[2] দেখো।

smooth[2] / smuːð স্মুদ্ / *verb* [T] **smooth sth (away, back, down, out, etc.)** to move your hands in the direction mentioned over a surface to make it smooth হাত দিয়ে সমান করে দেওয়া, মসৃণ করা

smoothly / ˈsmuːðli ˈস্মুদ্‌লি / *adv.* without any difficulty সহজে, অনায়াসে, বিনা কষ্টে *My work has been going quite smoothly.*

smother / ˈsmʌðə(r) ˈস্মাদ্যা(র্) / *verb* [T] **1 smother sb (with sth)** to kill sb by covering his/her face so that he/she cannot breathe শ্বাসরুদ্ধ করে মারা, দম আটকে মেরে ফেলা *She was smothered with a pillow.* **2 smother sth/sb in/with sth** to cover sth/sb with too much of sth খুব বেশি করে আচ্ছাদিত করা, কোনো কিছু দিয়ে ঢেকে ফেলা **3** to stop a feeling, etc. from being expressed অনুভূতি ইত্যাদি প্রকাশ না করা **4** to stop sth burning by covering it কিছু চাপা দিয়ে আগুন নেভানো *to smother the flames with a blanket*

smoulder (*AmE* **smolder**) / ˈsməʊldə(r) ˈস্ম্যাউলড্যা(র্) / *verb* [I] to burn slowly without a flame ধিকি ধিকি করে জ্বলা, যাতে আগুনের রশ্মি বা ফুলকি থাকে না *a cigarette smouldering in an ashtray*

SMS / ˌes em ˈes ˌএস্ এম্ ˈএস্ / *abbr.* Short Message (or Messaging) Service. It is a service available on most digital mobile phones and other mobile devices like palmtops, pocket PCs, etc. that permits the sending of short messages or text messages. It is also known as text messaging শর্ট মেসেজ সার্ভিস। সংক্ষিপ্ত বার্তা পাঠানোর এই পরিষেবা ডিজিটাল মোবাইল ফোন, পামটপ, পকেট পি.সি. ইত্যাদিতে পাওয়া যায়। একে টেক্সট্ মেসেজিং ও বলা হয়; এস এম এস

smudge / smʌdʒ স্মাজ্ / *verb* **1** [T] to make sth dirty or untidy by touching it ছোপ ধরানো, ছুঁয়ে ময়লা করা *Leave your painting to dry or you'll smudge it.* **2** [I] to become untidy, without a clean line around it নির্দিষ্ট দাগের মধ্যে না থেকে ধেবড়ে যাওয়া, ছড়িয়ে যাওয়া ▶ **smudge** *noun* [C] ছোপ

smug / smʌg স্মাগ্ / *adj.* too pleased with yourself বেশি রকমের আত্মতৃপ্ত *Don't look so smug.*

NOTE এই শব্দটি সমালোচনা করার জন্য ব্যবহার করা হয়।

▶ **smugly** *adv.* আত্মতৃপ্তভাবে বা নির্বোধের মতো *He smiled smugly as the results were announced.* ▶ **smugness** *noun* [U] আত্মসন্তুষ্টি, নির্বুদ্ধিতা

smuggle / ˈsmʌgl ˈস্মাগ্‌ল্ / *verb* [T] to take things into or out of a country secretly in a way that is not allowed by the law; to take a person or a thing secretly into or out of a place বেআইনিভাবে গোপনে এক দেশ থেকে অন্য দেশে পণ্যসামগ্রী আনা বা পাঠানো; কোনো ব্যক্তি বা বস্তু গোপনে কোনো দেশে আনা বা পাঠানো ; চোরাচালান, চোরাকারবার *The drugs had been smuggled through customs.* ▶ **smuggler** *noun* [C] চোরাচালানকারী, চোরাকারবারী, স্মাগলার *a drug smuggler*

snack / snæk স্ন্যাক্ / *noun* [C] food that you eat quickly between main meals জলখাবার, প্রধান দুটি খাওয়ার মাঝে টুকটাক খাওয়া হয় যেসব খাদ্য; স্ন্যাক *I had a snack on the train.* ▶ **snack** *verb* [I] (*informal*) **snack on sth** টুকিটাকি খাওয়া

snack bar *noun* [C] a type of small cafe where you can buy a small quick meal like a sandwich যেসব ছোটো দোকানে এই সব স্যান্ডউইচ জাতীয় খাবার পাওয়া যায়

snag¹ / snæg স্ন্যাগ্ / *noun* [C] a small difficulty or disadvantage that is often unexpected or hidden অপ্রত্যাশিত বাধা বা অসুবিধা *His offer is very generous—are you sure there isn't a snag?*

snag² / snæg স্ন্যাগ্ / *verb* [T] (**snagging; snagged**) to catch a piece of clothing, etc. on sth sharp and tear it খোঁচায় লেগে বা কিছুতে আটকে কাপড় ইত্যাদি ছেঁড়া

snail / sneɪl স্নেইল্ / *noun* [C] a type of animal with a soft body and no legs that is covered by a shell. Snails move very slowly শক্ত খোলাওয়ালা, পদহীন, ছোটো জীব যা খুব ধীরগতি সম্পন্ন; শামুক, শম্বুক ⇨ **mollusc**-এ ছবি দেখো।

snail mail *noun* [U] (*informal*) used by people who use email to describe the system of sending letters by ordinary post যে সকল ব্যক্তি ই-মেল ব্যবহার করে তারা ডাকযোগে যে পত্র আসে সে সম্পর্কে এই বিশেষণটি প্রয়োগ করে

snake¹ / sneɪk স্নেইক্ / *noun* [C] a type of long thin animal with no legs that slides along the ground by moving its body from side to side সাপ, সর্প, নাগ, পন্নগ

snake² / sneɪk স্নেইক্ / *verb* [I] (*written*) to move like a snake in long curves from side to side সাপের মতো এঁকে বেঁকে এগোনো

snap¹ / snæp স্ন্যাপ্ / *verb* (**snapping; snapped**) **1** [I, T] to break or be broken suddenly, usually with a sharp noise হঠাৎ ভাঙা বা মট করে ভেঙে যাওয়া *The branch snapped.* ○ *I snapped my shoelace when I was tying it.* **2** [I, T] to move or be moved into a particular position, especially with a sharp noise বিশেষত তীব্র আলোড়ন সৃষ্টি করে নির্দিষ্ট অবস্থান থেকে সরে যাওয়া বা সরানো *She snapped the bag shut and walked out.* **3** [I, T] **snap (sth) (at sb)** to speak or say sth in a quick angry way রেগে গিয়ে গরগর করতে করতে বলা *Why do you always snap at me?* **4** [I] to try to bite sb/sth কাউকে বা কিছুকে কামড়ানোর চেষ্টা করা *The dog snapped at the child's hand.* **5** [I, T] (*informal*) to take a quick photograph of sb/sth খুব তাড়াতাড়ি কারও বা কিছুর ফোটো তোলা *A tourist snapped the plane as it crashed.* **6** [I] to suddenly be unable to control your feelings any longer নিজের মনোভাব নিয়ন্ত্রণে রাখতে না পেরে ভেঙে পড়া, মেজাজ খারাপ করা *Suddenly something just snapped and I lost my temper with him.*

IDM **snap your fingers** to make a sharp noise by moving your middle finger quickly against your thumb, especially when you want to attract sb's attention বুড়ো আঙুল ও মধ্যমা ঠেকিয়ে আওয়াজ করা; তুড়ি মারা

PHR V **snap sth up** to buy or take sth quickly, especially because it is very cheap দামে সস্তা হওয়ায় তাড়াতাড়ি নিয়ে নেওয়া অথবা কেনা

snap² / snæp স্ন্যাপ্ / *noun* **1** [C] a sudden sharp sound of sth breaking কোনো কিছু হঠাৎ ভাঙার আওয়াজ **2** (*also* **snapshot** / ˈsnæpʃɒt ˈস্ন্যাপ্‌শট্ /) [C] a photograph that is taken quickly and in an informal way হঠাৎ করে প্রস্তুতি ছাড়াই তোলা ছবি অথবা ফোটো **3** [U] (*BrE*) a card game where players call out 'Snap' when two cards that are the same are put down by different players এক রকমের তাস খেলায় যখন একই তাস দুজন আলাদা খেলোয়াড় রাখেন তখন Snap বলে তাসের দান ডাকা হয়

snap³ / snæp স্ন্যাপ্ / *adj.* (*informal*) (*only before a noun*) done quickly and suddenly, often without any careful thought ভালোভাবে ভাবনাচিন্তা না করেই হঠাৎ তাড়াতাড়ি করে ফেলা *a snap decision/judgement*

snare / sneə(r) স্নেঅ্যা(র্) / *noun* [C] a device (**trap**) used to catch birds or small animals ছোটো পশু বা পাখি ধরার ফাঁদ ▶ **snare** *verb* [T] ফাঁদ পাতা, জালে জড়ানো

snarl / snɑːl স্না:ল্ / *verb* [I, T] **snarl (sth) (at sb)** (used about an animal) to make an angry sound while showing the teeth (পশু সম্বন্ধে ব্যবহৃত) দাঁত বার করে গরগর আওয়াজ করা *The dog snarled at* *the stranger.* ▶ **snarl** *noun* [C, *usually sing.*] গরগর শব্দ, কর্কশ আওয়াজ

snatch[1] / snætʃ স্ন্যাচ্ / *verb* **1** [I, T] to take sth with a quick rough movement কোনো কিছু ছিনিয়ে নেওয়া *A boy snatched her handbag and ran off.* ➪ **grab** দেখো। **2** [T] to take or get sth quickly using the only time or chance that you have সুযোগ পাওয়া মাত্র তার সদ্ব্যবহার করা, চট করে কিছু করা *I managed to snatch some sleep on the train.*

PHR V **snatch at sth** to try to take hold of sth suddenly কোনো কিছু ছিনিয়ে নেওয়ার চেষ্টা করা *The man snatched at my wallet but I didn't let go of it.*

snatch[2] / snætʃ স্ন্যাচ্ / *noun* **1** [*sing.*] a sudden movement that sb makes when trying to take hold of sth ছিনিয়ে নেওয়ার ত্বরিত চেষ্টা **2** [C, *usually pl.*] a short part or period of something কোনো কিছুর টুকরো টুকরো ছাড়া ছাড়া অংশ বা পর্যায় *I heard snatches of conversation from the next room.*

sneak[1] / sni:k স্নীক্ / *verb* (*pt, pp.* **sneaked;** (*informal*) *AmE* **snuck**) **1** [I] **sneak into, out of, past, etc. sth, sneak in, out, away, etc.** to go very quietly in the direction mentioned, so that no one can see or hear you লুকিয়ে লুকিয়ে, অন্যের নজর এড়িয়ে এক দিকে চলে যাওয়া *The prisoner sneaked past the guards.* ○ *He sneaked out of the house to play football.* **2** [T] (*informal*) to do or take sth secretly গোপনে কিছু করা বা নেওয়া *I tried to **sneak a look** at the test results in the teacher's bag.*

PHR V **sneak up (on sb/sth)** to go near sb very quietly, especially so that you can surprise him/her হঠাৎ কাউকে অবাক করে দিতে আগে থেকে জানান না দিয়ে তার কাছে যাওয়া, গোপনে যাওয়া

sneak[2] / sni:k স্নীক্ / *noun* [C] (*informal*) a person, especially a child, who tells sb about the bad things sb has done নালিশ করা (ছোটোরা যেমন নালিশ করে)

NOTE শব্দটির ব্যবহারে তির্যক সমালোচনার ভাব থাকে।

sneaker / ˈsni:kə(r) ˈস্নীক্যা(র্) / (*AmE*) = **plimsoll, trainer 1**

sneaking / ˈsni:kɪŋ ˈস্নীকিং / *adj.* (used about feelings) not expressed; secret (অনুভূতি, মনোভাব সম্বন্ধে ব্যবহৃত) অপ্রকাশিত; গোপন *I've a sneaking suspicion that he's lying.*

sneer / snɪə(r) স্নিঅ্যা(র্) / *verb* [I] **sneer (at sb/sth)** to show that you have no respect for sb/sth by the expression on your face or the way that you speak মুখভঙ্গি করে বা অবজ্ঞাসূচক কথা বলে কারও বা কিছুর প্রতি অশ্রদ্ধা দেখানো *She sneered at his attempts to speak English.* ▶ **sneer** *noun* [C] বাঁকা কথা, মুখভঙ্গি, অবজ্ঞা প্রকাশ

sneeze / sni:z স্নীজ্ / *verb* [I] to make air come out of your nose suddenly and noisily in a way that you cannot control, for example because you have a cold হাঁচা, হাঁচির আওয়াজ করা *Dust makes me sneeze.* ▶ **sneeze** *noun* [C] হাঁচি

snide / snaɪd স্নাইড্ / *adj.* (used about an expression or comment) critical in an unpleasant way (কোনো অভিব্যক্তি বা মন্তব্য সম্বন্ধে ব্যবহৃত) বিদ্রূপাত্মক, কটাক্ষপূর্ণ

sniff / snɪf স্নিফ্ / *verb* **1** [I] to breathe air in through the nose in a way that makes a sound, especially because you have a cold or you are crying নাক টানা, সশব্দে নাকে বাতাস নিয়ে শ্বাস নেওয়া, বিশেষত ঠান্ডা লাগলে বা কাঁদলে যেমন করা হয় *Stop sniffing and blow your nose.* **2** [I, T] **sniff (at) sth** to smell sth by sniffing গন্ধ শুঁকে কিছু ধরতে পারা *The dog sniffed at the bone.* ▶ **sniff** *noun* [C] নিঃশ্বাস টানার শব্দ *Have a sniff of this milk and tell me if it's still all right.*

sniffle / ˈsnɪfl ˈস্নিফ্‌ল্ / *verb* [I] to make noises by breathing air suddenly up your nose, especially because you have a cold or you are crying জোরে নাক টানা (বিশেষত ঠান্ডা লাগলে বা কাঁদলে)

snigger / ˈsnɪgə(r) ˈস্নিগ্যা(র্) / *verb* [I] **snigger (at sb/sth)** to laugh quietly and secretly in an unpleasant way নিঃশব্দে এবং গোপনে ব্যাঙ্গাত্মকভাবে হাসা ▶ **snigger** *noun* [C] ঠাট্টার হাসি

snip[1] / snɪp স্নিপ্ / *verb* [I, T] (**snipping; snipped**) **snip (sth) (off, out, in, etc.)** to cut using scissors, with a short quick action কাঁচির সাহায্যে তাড়াতাড়ি কাটা *He sewed on the button and snipped off the ends of the cotton.* ○ *to snip a hole in sth*

snip[2] / snɪp স্নিপ্ / *noun* [C] **1** a small cut made with scissors কাঁচির সাহায্যে কাটা **2** (*BrE informal*) something that is much cheaper than expected প্রত্যাশিত দামের চেয়েও কম দাম যে জিনিসের

sniper / ˈsnaɪpə(r) ˈস্নাইপ্যা(র্) / *noun* [C] a person who shoots at sb from a hidden position লুকিয়ে গুলি ছোড়ে যে ব্যক্তি

snippet / ˈsnɪpɪt ˈস্নিপিট্ / *noun* [C] a small piece of sth, especially information or news টুকরো টুকরো খবর

snivel / ˈsnɪvl ˈস্নিভ্‌ল্ / *verb* [I] (**snivelling; snivelled** *AmE* **sniveling; sniveled**) to keep crying quietly in a way that is annoying বিরক্তিকরভাবে নিঃশব্দে কাঁদা

snob / snɒb স্নব্ / *noun* [C] a person who thinks he/she is better than sb of a lower social class and who admires people who have a high social position উন্নাসিক ব্যক্তি ▶ **snobbish** *adj.* উন্নাসিক ▶ **snobbishly** *adv.* উন্নাসিকের মতো, নাকউঁচু মনোভাব নিয়ে ▶ **snobbishness** *noun* [U] বড়লোকি চাল, উন্নাসিকতা

snobbery / ˈsnɒbəri ˈস্নব্যারি / *noun* [U] behaviour or attitudes typical of people who think they are better than other people in society, for example because they have more money, better education, etc. (উদাহরণস্বরূপ যথেষ্ট অর্থক্ষমতা বা উচ্চতর শিক্ষাপ্রাপ্তি ইত্যাদি কারণে) এক ধরনের মানুষ নিজেদেরকে সমাজের অন্য মানুষদের তুলনায় শ্রেষ্ঠতর মনে করে এবং ফলস্বরূপ যে উন্নাসিকতাপূর্ণ ব্যবহার করে

snooker / ˈsnu:kə(r) ˈস্নুক্যা(র্) / *noun* [U] a game in which two players try to hit a number of coloured balls into pockets at the edges of a large table using a long stick (**cue**) এক ধরনের খেলা যাতে টেবিলের উপরের নানা রঙের বল লম্বা লাঠি দিয়ে ঘা মেরে টেবিলের ধারের দিকে গর্তে ফেলতে হয়; স্নুকার *to play snooker* ➪ **billiards** এবং **pool** দেখো।

snoop / snu:p স্নুপ্ / *verb* [I] **snoop (around); snoop (on sb)** to look around secretly and without permission in order to find out information, etc. গোপনে অন্যের কার্যকলাপ দেখা (কোনো তথ্য ইত্যাদি জানার জন্য) *She suspected that her neighbours visited just to snoop on her.*

snooty / ˈsnu:ti ˈস্নুটি / *adj.* (*informal*) acting in a rude way because you think you are better than other people গর্বিত বা অহংকারী ব্যবহার করা, নাক উঁচু

snooze / snu:z স্নুজ্ / *verb* [I] (*informal*) to have a short sleep, especially during the day চট করে ঘুমিয়ে নেওয়া বিশেষত দিনের বেলায় ▶ **snooze** *noun* [C, *usually sing.*] এক চটকা ঘুম *I had a bit of a snooze on the train.* ➪ **nap** দেখো।

snore / snɔ:(r) স্ন:(র্) / *verb* [I] to breathe noisily through your nose and mouth while you are asleep ঘুমের মধ্যে নাক ডাকা ▶ **snore** *noun* [C] নাক ডাকার শব্দ *He's got the loudest snore I've ever heard.*

snorkel / ˈsnɔ:kl ˈস্ন:ক্‌ল্ / *noun* [C] a short tube that a person swimming just below the surface of the water can use to breathe through ডুবুরি বা ডুব-সাঁতারুর নিঃশ্বাস নেওয়ার টিউব

> **NOTE** এইভাবে সাঁতার কাটাকে **go snorkelling** বলা হয়।

snort / snɔ:t স্ন:ট্ / *verb* [I] **1** (used about animals) to make a noise by blowing air through the nose and mouth (পশু সম্বন্ধে ব্যবহৃত) নাক ও মুখ দিয়ে সশব্দে হাওয়া নিয়ে জোরে নিঃশ্বাস ফেলা **2** (used about people) to blow out air noisily as a way of showing that you do not like sth, or that you are impatient (ব্যক্তি সম্বন্ধে ব্যবহৃত) অখুশি ও অধৈর্যের মনোভাব প্রকাশ করতে হুঁ করে আওয়াজ করে নিঃশ্বাস ফেলা ▶ **snort** *noun* [C] ঝোড়ো বাতাস, ঝড়

snot / snɒt স্নট্ / *noun* [U] (*informal*) the liquid produced by the nose নাকের জল; সর্দি

snout / snaʊt স্নাউট্ / *noun* [C] the long nose of certain animals কোনো কোনো পশুর লম্বা নাক *a pig's snout*

snow¹ / snəʊ স্ন্যাউ / *noun* [U] small, soft, white pieces of frozen water that fall from the sky in cold weather বরফ, তুষার, হিমানী *Three centimetres of snow fell during the night.* ➪ **weather**-এ নোট দেখো।

snow² / snəʊ স্ন্যাউ / *verb* [I] (used about snow) to fall from the sky (তুষার সম্বন্ধে ব্যবহৃত) আকাশ থেকে ঝরা, পড়া *It snowed all night.*

snowball¹ / ˈsnəʊbɔ:l ˈস্ন্যাউব:ল্ / *noun* [C] a lump of snow that is pressed into the shape of a ball and used by children for playing বরফের দলা দিয়ে তৈরি বল

snowball² / ˈsnəʊbɔ:l ˈস্ন্যাউব:ল্ / *verb* [I] to quickly grow bigger and bigger or more and more important তুষারপিণ্ডের মতো দ্রুত আকারে ও গুরুত্বে বৃদ্ধি পাওয়া

snowboard / ˈsnəʊbɔ:d ˈস্ন্যাউব:ড্ / *noun* [C] a type of board that you fasten to both your feet and use for moving down mountains that are covered with snow বরফে-ঢাকা পাহাড়ে যাওয়ার জন্য পায়ে যে বোর্ডের মতো শক্ত পাটা বাঁধা হয় ➪ **skateboard**-এ ছবি দেখো ▶ **snowboarding** *noun* [U] স্নো-বোর্ড পায়ে আটকে চলা বা খেলা *Have you ever been snowboarding?*

snowdrift / ˈsnəʊdrɪft ˈস্ন্যাউড্রিফ্ট্ / *noun* [C] a deep pile of snow that has been made by the wind হাওয়ার ঠেলায় তৈরি হওয়া উঁচু তুষারের স্তূপ *The car got stuck in a snowdrift.*

snowdrop / ˈsnəʊdrɒp স্ন্যাউড্রপ্ / *noun* [C] a type of small white flower that appears at the end of winter শীতের শেষে ফোটে এমন সাদা ছোটো ছোটো মৌসুমী ফুল

snowed in *adj.* not able to leave home or travel because the snow is too deep তুষারপাতের ফলে বাড়ি থেকে বেরোতে অক্ষম

snowed under *adj.* with more work, etc. than you can deal with অত্যধিক কাজের চাপে জর্জরিত

snowfall / ˈsnəʊfɔ:l ˈস্ন্যাউফ:ল্ / *noun* **1** [C] the snow that falls on one occasion তুষারপাত *heavy snowfalls* **2** [U] the amount of snow that falls in a particular place তুষারপাতের পরিমাণ (কোনো একটি অঞ্চলে)

snowflake / ˈsnəʊfleɪk ˈস্নাউফ্লেইক্ / *noun* [C] one of the small, soft, white pieces of frozen water that fall together as snow তুষারকণা

snowman / ˈsnəʊmæn ˈস্নাউম্যান্ / *noun* [C] (*pl.* **-men** / -men -মেন্ /) the figure of a person made out of snow বরফের তৈরি মানুষের মূর্তি; তুষারমানব

snowplough (*AmE* **snowplow**) / ˈsnəʊplaʊ ˈস্নাউপ্লাউ / *noun* [C] a vehicle that is used to clear snow away from roads or railways রেললাইন, রাস্তা ইত্যাদি থেকে যে গাড়ির সাহায্যে বরফ সরানো হয় ➪ **plough** দেখো।

snowy / ˈsnəʊi ˈস্নাউই / *adj.* with a lot of snow তুষারাবৃত, তুষারে ঢাকা *snowy weather* ○ *a snowy scene*

Snr (*also* **Sr**) *abbr.* (*especially AmE*) Senior সিনিয়ার

snub / snʌb স্নাব্ / *verb* [T] (**snubbing; snubbed**) to treat sb rudely, for example by refusing to look at or speak to him/her কারও সঙ্গে খারাপ ব্যবহার করা, তার দিকে তাকিয়ে না দেখা, কথা বলতে না চাওয়া ▶ **snub** *noun* [C] তিরস্কার, ধমক

snuck / snʌk স্নাক্ / (*informal AmE*) ➪ **sneak[1]** এর past tense এবং past participle

snuff / snʌf স্নাফ্ / *noun* [U] (especially in past times) tobacco which people breathe up into the nose in the form of a powder (বিশেষত অতীতে) নস্যি, নাকে টানার গুঁড়ো তামাক

snuffle / ˈsnʌfl ˈস্নাফ্‌ল্ / *verb* [I] (used about people and animals) to make a noise through your nose (পশু এবং মানুষ সম্বন্ধে ব্যবহৃত) নাক দিয়ে নিঃশ্বাস টানার শব্দ করা, নাসিকা গর্জন করা

snug / snʌg স্নাগ্ / *adj.* **1** warm and comfortable উষ্ম এবং আরামদায়ক *a snug little room* ○ *The children were snug in bed.* **2** fitting sb/sth closely খাপেখাপে, একেবারে মাপ মতো *Adjust the safety belt to give a snug fit.* ▶ **snugly** *adv.* খুব আরামের মধ্যে, সুন্দরভাবে, নিখুঁতভাবে

snuggle / ˈsnʌgl ˈস্নাগ্‌ল্ / *verb* [I] **snuggle (up to sb); snuggle (up/down)** to get into a position that makes you feel safe, warm and comfortable, usually next to another person উষ্মতা, নিরাপত্তা ও আরাম পাওয়ার জন্য কারও গা ঘেঁসে বসা, গুটিশুটি মেরে বসা *She snuggled up to her mother.* ○ *I snuggled down under the blanket to get warm.*

so[1] / səʊ স্যাউ / *adv.* **1** used to emphasize an adjective or adverb, especially when this produces a particular result কোনো বিশেষণ বা ক্রিয়া বিশেষণের উপর জোর দেওয়ার জন্য ব্যবহৃত অভিব্যক্তিবিশেষ, বিশেষত যদি তা বিশেষ ফলদায়ক হয় *She's so ill (that) she can't get out of bed.* ○ *He was driving so fast that he couldn't stop.* ➪ **such**-এ নোট দেখো। **2** used in negative sentences for comparing people or things লোক বা জিনিসের মধ্যে তুলনা করার সময়ে নেতিবাচক বাক্যের মধ্যে ব্যবহৃত *She's not so clever as we thought.* **3** used in place of something that has been said already, to avoid repeating it যে কথা ইতিমধ্যে বলা হয়েছে তার আর পুনরুক্তি না-করার জন্য ব্যবহৃত *'I failed, didn't I?' 'I'm afraid so.'* ○ *Are you coming by plane? If so,* (=if you are coming by plane) *I can meet you at the airport.*

> **NOTE** সাধু অথবা পোশাকি ভাষায় কারও দ্বারা উল্লিখিত কোনো কাজ প্রসঙ্গে বলতে গেলে **do** এবং **so** একসঙ্গে ব্যবহার করা হয়—*He asked me to write to him and **I did so*** (=I wrote to him).

4 (*not with verbs in the negative*) also, too অধিকন্তু, আরও *He's a teacher and **so is** his wife.* ○ *I like singing and **so does** Heena.* **NOTE** নেতিবাচক বাক্যের জন্য **neither** দেখো। **5** used to show that you agree that sth is true, especially when you are surprised কোনো মতের প্রতি সমর্থন জানাতে এটি ব্যবহৃত হয়, বিশেষ করে বিস্মিত হলে *'It's getting late.' 'So it is. We'd better go.'* **6** (*formal*) (used when you are showing sb sth) in this way; like this (কাউকে কোনো কিছু দেখানোর সময়ে ব্যবহৃত) এভাবে; এর মতো *Fold the paper in two diagonally, like so.*

IDM and so on (and so forth) used at the end of a list to show that it continues in the same way এভাবেই চলছে তা বোঝাতে তালিকার শেষে ব্যবহৃত অভিব্যক্তিবিশেষ *They sell pens, pencils, paper and so on.*

I told you so used to tell sb that he/she should have listened to your advice আগেই পরামর্শ মানা উচিত ছিল তা বোঝাতে ব্যবহৃত অভিব্যক্তিবিশেষ *'I missed the bus.' 'I told you so. I said you needed to leave earlier.'*

it (just) so happens (used to introduce a surprising fact) by chance (বিস্ময়ের ঘটনা জানাতে ব্যবহৃত) হঠাৎই, পূর্বনির্দিষ্ট নয় *It just so happened that we were going the same way, so he gave me a lift.*

just so ➪ **just[1]** দেখো।

or so (used to show that a number, time, etc. is not exact) approximately; about (সংখ্যা, সময় ইত্যাদি যথার্থ নয় এরকম বোঝাতে ব্যবহৃত) আনুমানিক; প্রায় *A hundred or so people came to the meeting.*

so as to do sth with the intention of doing

sth; in order to do sth কিছু করার ইচ্ছেয়; কিছু করার জন্য

so much for used for saying that sth was not helpful or successful মোটেই কার্যকরী বা সাহায্যজনক নয় এরকম বোঝাতে ব্যবহৃত অভিব্যক্তিবিশেষ *So much for that diet! I didn't lose any weight at all.*

that is so (*formal*) that is true তা সত্যি, ঠিক

so² / səʊ স্যাউ / *conj.* **1** with the result that; therefore এর ফলে; সে জন্য *She felt very tired so she went to bed early.* **2 so (that)** with the purpose that; in order that এই উদ্দেশ্যে; তার জন্য *She wore dark glasses so (that) nobody would recognize her.* **3** used to show how one part of a story follows another গল্পে কিভাবে একটা অংশ থেকে অন্য অংশ আরম্ভ হল দেখাতে ব্যবহৃত অভিব্যক্তিবিশেষ *So what happened next?*

IDM so what? (*informal*) (showing that you think sth is not important) Who cares? তাতে কি হল বা কি এসে যায় বোঝাতে বলা হয় *'It's late.' 'So what? We don't have to go to school tomorrow.'*

soak / səʊk স্যাউক্ / *verb* **1** [I, T] to become or make sth completely wet কোনো কিছু সম্পূর্ণ ভিজে যাওয়া বা ভেজানো *Leave the dishes to soak for a while.* **2** [I] **soak into/through sth; soak in** (used about a liquid) to pass into or through sth (তরল পদার্থ সম্বন্ধে ব্যবহার করা হয়) ধীরে ধীরে প্রবাহিত হওয়া, চুঁইয়ে আসা *Blood had soaked through the bandage.*

PHR V soak sth up to take sth in (especially a liquid) শুষে নেওয়া (বিশেষত তরল পদার্থ) *I soaked the water up with a cloth.*

soaked / səʊkt স্যাউক্ট্ / *adj.* (*not before a noun*) extremely wet ভিজে জবজবে *I got soaked waiting for my bus in the rain.*

soaking / ˈsəʊkɪŋ ˈস্যাউকিং / (*also* **soaking wet**) *adj.* extremely wet ভিজে জবজবে, সপসপে

so-and-so *noun* [C] (*pl.* **so-and-sos**) (*informal*) **1** a person who is not named যার নাম বলা হয়নি, অনামী *Imagine a Mrs So-and-so telephones. What would you say?* **2** a person that you do not like যাকে পছন্দ হয় না, অপ্রিয় *He's a bad-tempered old so-and-so.*

soap / səʊp স্যাউপ্ / *noun* [U] a substance that you use for washing and cleaning সাবান *He washed his hands with soap. ○ a bar of soap* ▶ **soapy** *adj.* সাবানভর্তি, সাবানের মতো পিছল

soap opera (*informal* **soap**) *noun* [C] a story about the lives and problems of a group of people which continues several times a week on television or radio রেডিও, টেলিভিশনে ধারাবাহিক সামাজিক নাটক, যা সাধারণত প্রতি সপ্তাহে কয়েকবার দেখানো হয় ➪ **opera** দেখো।

soar / sɔː(r) স:(র্) / *verb* [I] **1** to fly high in the air অনেক উঁচুতে আকাশে ওড়া **2** to rise very fast খুব তাড়াতাড়ি ওঠা, বেড়ে যাওয়া *Prices are soaring because of inflation.*

sob / sɒb সব্ / *verb* [I] (**so<u>bb</u>ing; so<u>bb</u>ed**) to cry while taking in sudden, sharp breaths; to speak while you are crying ফুঁপিয়ে ফুঁপিয়ে কাঁদা; কাঁদার সময়ে কথা বলা *The child was sobbing because he'd lost his toy.* ▶ **sob** *noun* [C] ফোঁপানি, দীর্ঘশ্বাসে ভরা কান্না *It was heartbreaking to listen to her sobs.*

sober¹ / ˈsəʊbə(r) ˈস্যাউব্যা(র্) / *adj.* **1** (of a person) not affected by alcohol (ব্যক্তির) মাতাল নয় বা মদের নেশায় আসক্ত নয় *He'd been drunk the first time he'd met her, but this time he was* ***stone-cold sober***. **2** not funny; serious মোটেও মজার নয়; গুরুগম্ভীর *a sober expression ○ Her death is a sober reminder of just how dangerous drugs can be.* **3** (of a colour) not bright or likely to be noticed (রঙের) অনুজ্জ্বল, প্রখর বা চড়া নয়, চোখের আরাম হয় এমন; নয়নসহনীয় *a sober grey suit*

sober² / ˈsəʊbə(r) ˈস্যাউব্যা(র্) / *verb*

PHR V sober (sb) up to become or make sb become normal again after being affected by alcohol মদের নেশা কাটা, অতিরিক্ত পানের পরে স্বাভাবিক হওয়া *I need a cup of black coffee to sober me up.*

sobering / ˈsəʊbərɪŋ ˈস্যাউব্যারিং / *adj.* making you feel serious যা কাউকে গুরুগম্ভীর করে তোলে *It is* ***a sobering thought*** *that over 25 million people have been killed in car accidents.*

Soc. *abbr.* Society সোসাইটি *Housing Soc.*

so-called *adj.* **1** used to show that the words you describe sb/sth with are not correct যেভাবে বর্ণনা করা হচ্ছে তা ঠিক নয় বোঝাতে ব্যবহৃত অভিব্যক্তিবিশেষ *Her so-called friends only wanted her money.* **2** used to show that a special name has been given to sb/sth কাউকে বিশেষ নাম দেওয়া হয়েছে বোঝাতে ব্যবহৃত অভিব্যক্তিবিশেষ

soccer / ˈsɒkə(r) ˈসক্যা(র্) / (*AmE*) = **football 1**

sociable / ˈsəʊʃəbl ˈস্যাউশ্যাবল্ / *adj.* enjoying being with other people; friendly সামাজিক মনোভাব সম্পন্ন, সঙ্গপ্রিয় মানুষ; বন্ধুত্বপূর্ণ

social / ˈsəʊʃl ˈস্যাউশ্‌ল্ / *adj.* **1** connected with society and the way it is organized সামাজিক, সমাজবদ্ধ *social problems/issues/reforms* **2** concerning the position of people in society সমাজের মানুষের অবস্থান বিষয়ে *We share the same social background.* **3** connected with meeting people and enjoying yourself লোকজনের সঙ্গে মেলামেশা করে যে আনন্দ পায় *She has a busy* ***social life***. ○ *Children develop their* ***social skills in*** *school.* **4** (used about animals) living in groups (জীবজন্তু সম্বন্ধে ব্যবহৃত) যারা দলবন্ধ অবস্থায় থাকে ▶ **socially** / -ʃəli -শ্যালি / *adv.* সামাজিকভাবে *We work together but I don't know him socially.*

social democracy *noun* [U, C] a political system that combines the principles of one system (**socialism**) with the greater personal freedom of another system (**democracy**); a country that has this political system of government সমাজতন্ত্রের মূল তত্ত্বগুলির সঙ্গে যখন গণতন্ত্রের মহত্তর ব্যক্তিস্বাধীনতা সংযুক্ত হয়ে একটি রাজনৈতিক ব্যবস্থা তৈরি করে; যে দেশের সরকার এই ব্যবস্থা অনুযায়ী গঠিত হয় ▶ **social democrat** *noun* [C] সমাজের সাধারণ মানুষের সর্ববিধ উন্নতি যার লক্ষ্য সেই রাজনীতিবিদ; সামাজিক গণতন্ত্রবাদী

socialism / ˈsəʊʃəlɪzəm ˈস্যাউস্যালিজ্‌ম্ / *noun* [U] the political idea that is based on the belief that all people are equal and that money and property should be equally divided যে রাজনৈতিক তত্ত্ব অনুযায়ী সমাজে অর্থ এবং সম্পত্তির সমবন্টন হওয়া উচিত কারণ সব মানুষই সমান এবং তাতে সকলের সমান অধিকার; সমাজতত্ত্ববাদ ➪ **communism, Marxism** এবং **capitalism** দেখো। ▶ **socialist** *adj., noun* [C] সমাজতন্ত্রবাদী *socialist beliefs/policies/writers*

social science *noun* [C, U] the study of people in society সমাজবিদ্যা, সমাজবিজ্ঞান

social services *noun* [*pl.*] a group of services organized by local government to help people who have **financial** or family problems আর্থিক বা পারিবারিক সমস্যা আছে এরকম মানুষের সাহায্যার্থে বিভিন্ন ধরনের সরকারি পরিষেবা (স্থানীয়)

social work *noun* [U] paid work that involves giving help and advice to people living in the community who have financial or family problems আর্থিকভাবে বা অন্য কোনো সমস্যা জর্জরিত ব্যক্তিদের সাহায্য ও পরামর্শ দেওয়ার কাজ বা চাকুরি

social worker *noun* [C] a person whose job is **social work** সমাজসেবিকা বা সমাজসেবক

society / səˈsaɪəti স্যা'সাইঅ্যাটি / *noun* (*pl.* **societies**) **1** [C, U] the people in a country or area, thought of as a group, who have shared customs and laws সম্প্রদায়, সংঘ, মানবগোষ্ঠী, সমাজ *a civilized society* ○ *The role of men* ***in society*** *is changing.* **2** [C] an organization of people who share a particular interest or purpose; a club সমিতি, যার সভ্যদের উদ্দেশ্য বা স্বার্থ প্রায় এক; ক্লাব *a drama society*

socio- / ˈsəʊsiəʊ ˈস্যাউসিঅ্যাউ / *prefix* (*used in nouns, adjectives and adverbs*) connected with society or the study of society (বিশেষ্য, বিশেষণ এবং ক্রিয়াবিশেষণের সঙ্গে ব্যবহৃত) সমাজ সম্পর্কিত, সমাজবিদ্যা সম্পর্কিত *socio-economic* ○ *socio-linguistics*

sociologist / ˌsəʊsiˈɒlədʒɪst ˌস্যাউসিˈঅল্যাজিস্ট্ / *noun* [C] a student of or an expert in sociology সমাজতত্ত্ববিদ

sociology / ˌsəʊsiˈɒlədʒi ˌস্যাউসিˈঅল্যাজি / *noun* [U] the study of human societies and social behaviour সমাজতত্ত্ব ▶ **sociological** / ˌsəʊsiəˈlɒdʒɪkl ˌস্যাউসিঅ্যাˈলজিক্‌ল্ / *adj.* সমাজতত্ত্বভিত্তিক

sock / sɒk সক্ / *noun* [C] a piece of clothing that you wear on your foot and lower leg, inside your shoe মোজা *a pair of socks*

IDM **pull your socks up** (*BrE*) to start working harder or better than before আগের থেকে বেশি খেটে বেশি ভালোভাবে কাজ করা

socket / ˈsɒkɪt ˈসকিট্ / *noun* [C] **1** (*also* **power point**) (*informal* **plug**) a place in a wall where a piece of electrical equipment can be connected to the electricity supply দেয়ালের গায়ে এমন ব্যবস্থা (সকেট) যেখান থেকে কোনো বৈদ্যুতিক সরঞ্জামের জন্য বিদ্যুৎ সরবরাহ হতে পারে **2** a hole in a piece of electrical equipment where another piece of equipment can be connected একটি বৈদ্যুতিক সরঞ্জামের মধ্যে যে গর্তে অন্য বৈদ্যুতিক সরঞ্জাম লাগানো যেতে পারে **3** a hole that sth fits into কোনো গর্ত যাতে কিছু মাপমতো বসে *your eye socket*

soda / ˈsəʊdə ˈস্যাউডা / *noun* **1** (*also* **soda water**) [U] water that has bubbles in it and is usually used for mixing with other drinks সোডার জল, যাতে বুদ্‌বুদ থাকে এবং যা সাধারণত অন্য পানীয়ের সঙ্গে মিশিয়ে পান করা হয় *a whisky and soda* **2** [C] (*AmE*) = **fizzy drink** ➪ **caustic soda** দেখো।

sodium / ˈsəʊdiəm ˈস্যাউডিঅ্যাম্ / *noun* [U] (*symbol* **Na**) a soft silver-white metal that is found naturally only in chemical mixtures (**compounds**), such as salt একধরনের রুপোলি-সাদা ধাতু যা নুনের মতো রাসায়নিক মিশ্রণে স্বাভাবিক প্রকৃতির নিয়মেই পাওয়া যায়; সোডিয়াম

sodium bicarbonate (*also* **bicarbonate of soda; baking soda**) *noun* [U] (*symbol* $NaHCO_3$) a white powder that is used in baking to make cakes, etc. rise and become light বেক করার সময়ে কেক ইত্যাদি ফোলানোর জন্যে ও হালকা করার জন্যে যে সাদা গুঁড়ো ব্যবহার করা হয়; বেকিং পাউডার

sodium carbonate (*also* **washing soda**) *noun* [U] (*symbol* Na_2CO_3) a chemical compound in the form of white **crystals** or powder that is used in making glass, soap and paper, and for making hard water soft সাদা দানা বা গুঁড়োর আকারে থাকে এরকম যে রাসায়নিক যৌগ কাচ, সাবান এবং কাগজ তৈরি করতে বা খরজল মৃদু করার কাজে ব্যবহৃত হয়; সোডা

sodium chloride *noun* [U] (*symbol* **NaCl**) common salt (a chemical compound of **sodium** and **chlorine**) সাধারণ লবণ (যা সোডিয়াম এবং ক্লোরিনের রাসায়নিক মিশ্রণের ফল)

sofa / ˈsəʊfə ˈস্যাউফ্যা / *noun* [C] a comfortable seat with a back and arms for two or more people to sit on গদি দেওয়া, পিছনে ঠেসান দিয়ে আরাম করে বসার জায়গা; সোফা *a sofa bed* (=a sofa that you can open out to make a bed) ✪ সম **settee**

soft / sɒft সফ্ট্ / *adj.* **1** not hard or firm নরম, কোমল, মোলায়েম, কঠিন বা দৃঢ় নয় *a soft bed/seat* ○ *The ground is very soft after all that rain.* ✪ বিপ **hard** **2** smooth and pleasant to touch; not rough মোলায়েম; মসৃণ *soft skin/hands* ○ *a soft towel* ✪ বিপ **rough** **3** (used about sounds, voices, words, etc.) quiet or gentle; not loud or angry (শব্দ, গলার স্বর, কথা ইত্যাদি সম্বন্ধে ব্যবহৃত) শান্ত, ভদ্র; মৃদু, মধুর, রাগী নয় *She spoke in a soft whisper.* ✪ বিপ **loud** অথবা **harsh** **4** (used about light, colours etc.) gentle and pleasant (আলো, রং ইত্যাদি সম্বন্ধে ব্যবহৃত) নরম, শান্ত, মনোরম *The room was decorated in soft pinks and greens.* ✪ বিপ **bright** **5** (used about people) kind and gentle, sometimes too much so (ব্যক্তিগণ সম্বন্ধে ব্যবহৃত) দয়ালু এবং ভদ্র, অনেক সময়ে বাড়াবাড়ি রকমের ভদ্র *A good manager can't afford to be too soft.* ✪ বিপ **hard** অথবা **strict** **6** (used about water) not containing mineral salts and therefore good for washing as soap will make a lot of bubbles (জল সম্বন্ধে ব্যবহৃত) মৃদু জল, বেশি ধাতব লবণ না থাকায় সাবান দিয়ে ধোয়ার জন্য ভালো যাতে বেশি ফেনা হয় ✪ বিপ **hard** ▶ **softly** *adv.* নরমভাবে *He closed the door softly behind him.* ▶ **softness** *noun* [U] কোমলতা, নম্রতা

IDM **have a soft spot for sb/sth** (*informal*) to have good or loving feelings towards sb/sth কারও প্রতি ভালোবাসা বা ভালো ধারণা থাকা, বিশেষ দুর্বলতা থাকা

soft drink *noun* [C] a cold drink that contains no alcohol কোনোরকম অ্যালকোহল-ছাড়া ঠান্ডা পানীয়

soft drug *noun* [C] an illegal drug, such as **cannabis**, that some people take for pleasure, that is not considered very harmful or likely to cause **addiction** বেআইনি ড্রাগ যেমন গাঁজা বা চরস যা মানুষ সাময়িক মজা পাওয়ার জন্য ব্যবহার করে এবং যেগুলি বেশি ক্ষতিকর বা আসক্তিজনক নয় ➪ **hard drug** দেখো।

soften / ˈsɒfn ˈসফ্‌ন্ / *verb* **1** [I, T] to become softer or gentler; to make sb/sth softer or gentler অপেক্ষাকৃত কোমল, মোলায়েম হওয়া বা (কোনো ব্যক্তি বা বস্তুকে) করা *a lotion to soften the skin* **2** [T] to make sth less strong and unpleasant কোনো বস্তুর প্রচণ্ডতা এবং অপ্রিয়তা প্রশমিত করা *The air bag softened the impact of the crash.*

soft fruit *noun* [C, U] small fruits without a large seed inside or hard skin ছোটো নরম ফল যার ভিতরে বড়ো বীজ থাকে না, খোসাও শক্ত নয় *raspberries, strawberries and other soft fruits*

soft-hearted *adj.* kind and good at understanding other people's feelings দয়ালু, সহানুভূতিশীল ✪ বিপ **hard-hearted**

soft option *noun* [C] the easier thing to do of two or more possibilities, but not the best one দুই বা ততোধিক সম্ভাবনার মধ্যে সহজতমটি, যদিও সেটি শ্রেষ্ঠ নয় *The government has taken the soft option of agreeing to their demands.*

soft-spoken *adj.* having a gentle, quiet voice মৃদুভাষী, মধুরভাষী *He was a kind, soft-spoken man.*

software / ˈsɒftweə(r) ˈসফ্টউএঅ্যা(র্)/ *noun* [U] (*computing*) the programs and other operating information used by a computer কম্পিউটারে ব্যবহৃত প্রোগ্রাম এবং অন্যান্য তথ্যাবলী; সফটওয়্যার *There's a lot of new educational software available now.* ➪ **hardware** দেখো।

softwood / ˈsɒftwʊd ˈসফ্টউড্ / *noun* [U, C] wood that is cheap to produce and can be cut easily সস্তা, নরম কাঠ যা সহজে উৎপন্ন করা যায় *Pine is a softwood.* ➪ **hardwood** দেখো।

soggy / ˈsɒgi ˈসগি / *adj.* very wet and soft and so unpleasant ভিজে, জবজবে, বিশ্রী রকমের ভিজে

soil[1] / sɔɪl সইল্ / *noun* **1** [C, U] the substance that plants, trees, etc. grow in; earth মাটি, ভূতল, ভূমি *poor/dry/acid/sandy soil* ➪ **ground[1]**-এ নোট দেখো। **2** [U] (*written*) the land that is part of a country কোনো দেশের অন্তর্গত ভূমি

soil[2] / sɔɪl সইল্ / *verb* [T] (*formal*) (*usually passive*) to make sth dirty নোংরা করা, ময়লা করা

solace / ˈsɒləs ˈসল্যাস্ / *noun* [U, *sing.*] (*written*) **solace (in sth)** a person or thing that makes you feel better or happier when you are sad or disappointed সান্ত্বনা, প্রবোধ *to find/seek solace in sb/sth*

solar / ˈsəʊlə(r) ˈস্যাউল্যা(র্) / *adj.* (*only before a noun*) **1** connected with the sun সূর্য সংক্রান্ত *a solar eclipse* (=when the sun is blocked by

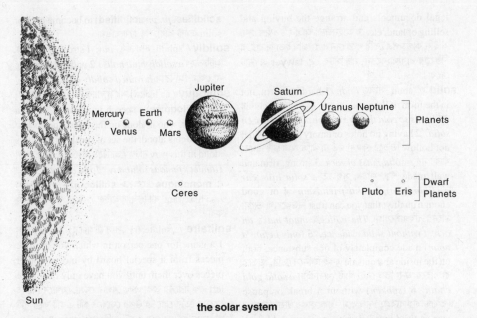

S

Jupiter
Saturn
Uranus Neptune
Planets
Mercury
Earth
Venus
Mars
Ceres
Pluto
Eris
Dwarf Planets
Sun

the solar system

the moon) **2** using the sun's energy সৌরশক্তি ব্যবহার করা হয় এমন *solar heating/power* ○ ***Solar panels** in the roof supply the building's electricity.*

the solar system *noun* [*sing.*] the sun and the planets that move around it সৌরজগৎ, সৌরমণ্ডল

solar year *noun* [C] (*technical*) the time it takes the earth to go around the sun once, approximately 365 ¼ days আনুমানিক ৩৬৫ ¼ দিন, পৃথিবীর সূর্যপ্রদক্ষিণের কালসীমা; সৌরবর্ষ

sold ➪ **sell**-এর past tense অথবা past participle

solder / ˈsəʊldə(r); ˈsɒldə(r) ˈস্যাউল্‌ড্যা(র্); সল্‌ড্যা(র্) / *verb* [T] **solder sth (to/onto sth); solder (A and B together)** to join pieces of metal or wire together using a mixture of metals which is heated and melted উত্তপ্ত, গলিত ধাতব মিশ্রণের সাহায্যে ধাতু বা তার সংযুক্ত করা; ঝালাই করা ▸ **solder** *noun* [U] ঝালাই

soldering iron *noun* [C] a tool that is heated and used for joining metals and wires by **soldering** them যে যন্ত্রাংশ গরম করে ঝালাইয়ের কাজ করা হয়

soldier / ˈsəʊldʒə(r) স্যাউল্‌জ্যা(র্) / *noun* [C] a member of an army সৈনিক, সেনা *The soldiers marched past.*

sole[1] / səʊl স্যাউল্ / *adj.* (*only before a noun*) **1** only; single কেবল, মাত্র; একা, একমাত্র *His sole interest is football.* **2** belonging to one person only; not shared পুরোপুরি একজনের; ভাগ করে নয় ▸ **solely** *adv.* এককভাবে, কেবলমাত্র *I agreed to come solely because of your mother.*

sole[2] / səʊl স্যাউ / *noun* **1** [C] the bottom surface of your foot পায়ের তলা, পায়ের পাতার নীচে ➪ **body**-তে ছবি দেখো। **2** [C] the part of a shoe or sock that covers the bottom surface of your foot মোজা বা জুতোর যে-অংশ দ্বারা পায়ের তলা ঢাকা হয় **3** [C, U] (*pl.* **sole**) a flat sea fish that we eat চ্যাপটা সামুদ্রিক মাছ; শোল

solemn / ˈsɒləm ˈসল্যাম্ / *adj.* **1** (used about a person) very serious; not happy or smiling (কোনো ব্যক্তি সম্বন্ধে ব্যবহৃত) গুরুগম্ভীর; হাসিখুশি নয় *Her solemn face told them that the news was bad.* **2** sincere; done or said in a formal way আন্তরিক; আনুষ্ঠানিকভাবে কৃত বা ব্যক্ত *to make a solemn promise* ▸ **solemnity** / səˈlemnəti স্যাˈলেম্‌ন্যাটি / *noun* [U] গভীর গুরুত্ব ▸ **solemnly** *adv.* গম্ভীরভাবে *'I have something very important to tell you,' she began solemnly.*

solicit / səˈlɪsɪt স্যাˈলিসিট্ / *verb* **1** [T] (*formal*) to ask sb for money, help, support, etc. টাকা, সাহায্য ইত্যাদির জন্য করুণভাবে আবেদন করা *They tried to solicit support for the proposal.* **2** [I, T] (used about a woman who has sex for money) to go to sb, especially in a public place, and offer sex in return for money (বারবণিতা সম্বন্ধে ব্যবহৃত) প্রকাশ্য স্থানে খরিদ্দার ধরা, বিশেষত অর্থের বিনিময়ে যৌনসঙ্গী হতে চাওয়া

solicitor / səˈlɪsɪtə(r) স্যাˈলিসিট্যা(র্) / *noun* [C] a lawyer whose job is to give legal advice, prepare

S

legal documents and arrange the buying and selling of land, etc. যে আইনজীবী আইনি উপদেশ দেন, আইনি কাগজপত্র তৈরি করে দেন এবং জমি ইত্যাদি ক্রয় বা বিক্রয়ের ব্যবস্থা করেন; সলিসিটর ➪ **lawyer**-এ নোট দেখো।

solid[1] / ˈsɒlɪd ˈসলিড্ / *adj.* **1** hard and firm; not in the form of liquid or gas শক্ত, দৃঢ়; তরল বা বায়বীয় নয় *It was so cold that the village pond had* ***frozen solid***. **2** having no holes or empty spaces inside; not hollow ভিতরে কোনো গর্ত বা খালি স্থান নেই এমন; ফাঁকা নয় *a solid mass of rock* **3** strong, firm and well made শক্ত, কঠিন, সুগঠিত *a solid little car* ○ (*figurative*) *a solid friendship* **4** of good enough quality; that you can trust নির্ভরযোগ্য ভালো মানের; বিশ্বাসযোগ্য *The police cannot make an arrest without solid evidence.* **5** (*only before a noun*) made completely of one substance, both on the inside and outside একই জিনিসে তৈরি, ভিতরে বা বাইরে অন্য কিছু নেই; খাঁটি, খাদবিহীন *a* ***solid gold*** *chain* **6** (*spoken*) without a break or pause (কথ্যভাষায় ব্যবহৃত) না থেমে, ফাঁকফোকর ছাড়া, নিয়েই *I was so tired that I slept for twelve solid hours/ twelve hours solid.* ► **solidity** / səˈlɪdəti স্যাˈলিড্যাটি / *noun* [U] কাঠিন্য, দৃঢ়তা, অকৃত্রিমতা

solid[2] / ˈsɒlɪd ˈসলিড্ / *noun* [C] **1** a substance or object that is hard; not a liquid or gas জমাট, কঠিন; তরল বা গ্যাসীয় নয় *Liquids become solids when frozen.* ○ *The baby is not yet on solids* (= solid food). **2** an object that has length, width and height, not a flat shape এমন বস্তু যা সমতল নয়, যার দৈর্ঘ্য, প্রস্থ, উচ্চতা আছে; ত্রিমাত্রিক *A cube is a solid.*

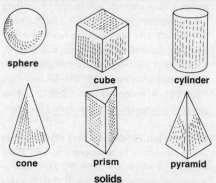

sphere
cube
cylinder
cone
prism
pyramid

solids

solidarity / ˌsɒlɪˈdærəti ˌসলিˈড্যার‍্যাটি / *noun* [U] **solidarity (with sb)** the support of one group of people for another, because they agree with their aims একই উদ্দেশ্যসম্পন্ন হওয়ার কারণে এক দলের অন্য দলের উপর নির্ভরতা; সংহতি

solidify / səˈlɪdɪfaɪ স্যাˈলিডিফাই / *verb* [I] (*pres. part.* **solidifying**; *3rd person sing. pres.* **solidifies**; *pt, pp* **solidified**) to become hard or solid জমাট বাঁধা, শক্ত হয়ে যাওয়া

solidly / ˈsɒlɪdli ˈসলিড্‌লি / *adv.* **1** strongly দৃঢ়ভাবে, অটুটভাবে *a solidly built house* **2** without stopping না থেমে, অবিরাম *It rained solidly all day.*

soliloquy / səˈlɪləkwi স্যাˈলিল্যাকুউই / *noun* [C, U] (*pl.* **soliloquies**) a speech in a play in which a character, who is alone on the stage, speaks his/ her thoughts aloud; the act of speaking thoughts aloud in this way নাটক ইত্যাদিতে স্বগতোক্তি; স্বগতকথন *Hamlet's famous soliloquy, 'To be or not to be...'* ➪ **monologue** দেখো। ► **soliloquize** (*also* **-ise**) / səˈlɪləkwaɪz স্যাˈলিল্যাকুআইজ্ / *verb* [I] স্বগতোক্তি করা

solitaire / ˌsɒlɪˈteə(r) ˌসলিˈটেঅ্যা(র্) / *noun* [U] **1** a game for one person in which you remove pieces from a special board by moving other pieces over them until you have only one piece left এক ধরনের একা একা খেলার খেলা, যেখানে বিশেষ ধরনের তৈরি বোর্ডের উপর থেকে একটি একটি করে ঘুঁটি সরিয়ে যেতে হয় শেষ একটি বাকি থাকা পর্যন্ত **2** (*AmE*) = **patience 2** **3** [C] a single precious stone especially a diamond এককভাবে দামি পাথর, হীরে, হীরক *a diamond solitaire*

solitary / ˈsɒlətri ˈসল্যাট্রি / *adj.* **1** done alone, without other people এককভাবে, একাকী, অন্য কারও সঙ্গ ছাড়া *Writing novels is a solitary occupation.* **2** (used about a person or an animal) enjoying being alone; frequently spending time alone (কোনো ব্যক্তি বা পশু সম্বন্ধে ব্যবহৃত) নির্জনতা প্রিয়; একান্তবাসী, অযূথচর *She was always a solitary child.* **3** (*only before a noun*) one on its/his/her own with no others around নির্জন, নির্জনবাসী, সম্পূর্ণ আত্মনির্ভর, আশপাশে আর কেউ নেই *a solitary figure walking up the hillside* ✪ সম **lone** **4** (*only before a noun*) (*usually in negative sentences or questions*) only one; single কেবল একজনই; কেবল একটি, একা *I can't think of a solitary example* (= not even one).

solitary confinement *noun* [U] a punishment in which a person in prison is kept completely alone in a separate cell away from the other prisoners নির্জন কারাবাস

solitude / ˈsɒlɪtjuːd ˈসলিটিউড্ / *noun* [U] the state of being alone, especially when you find this pleasant নির্জনতা, একাকীত্ব, বিশেষত যে নিঃসঙ্গতা কখনো কখনো ভালো লাগে, উপভোগ করার মতো নির্জনতা *She longed for peace and solitude.* ➪ **loneliness** এবং **isolation** দেখো।

solo[1] / ˈsəʊləʊ ˈস্যাউল্যাউ / *noun* [C] (*pl.* **solos**) a piece of music for only one person to play or sing একক সংগীত, গীত, বাদ্য ⇨ **duet** দেখো।
▶ **soloist** *noun* [C] দেখো।

solo[2] / ˈsəʊləʊ ˈস্যাউল্যাউ / *adj., adv.* **1** (done) alone; by yourself নিজে নিজে কৃত; নিজের দ্বারা *a solo flight* ০ *to fly solo* **2** connected with or played as a musical solo একক গায়ক বা গায়িকা *a solo artist/singer*

solstice / ˈsɒlstɪs ˈসল্স্টিস্ / *noun* [C] either of the two times of the year at which the sun reaches its highest or lowest point in the sky at midday, marked by the longest and shortest days বছরের দুটি সময়ে যখন মধ্যাহ্নকালের সূর্য আকাশের সর্বোচ্চ বা সর্বনিম্ন অবস্থানে থাকে এবং সেই হিসেবে দীর্ঘতম বা সংক্ষিপ্ততম দিন হয় তার একটি; অয়নকাল *the summer/winter solstice* ⇨ **equinox** দেখো এবং **season**-এ ছবি দেখো।

soluble / ˈsɒljəbl ˈসলিঅ্যাব্ল্ / *adj.* **1** soluble (in sth) that will dissolve in liquid তরলের মধ্যে যা দ্রবীভূত হয়; দ্রবণীয়, দ্রাব্য, গলনশীল *These tablets are soluble in water.* **2** (*formal*) (used about a problem, etc.) that has an answer; that can be solved (কোনো সমস্যা ইত্যাদি সম্বন্ধে ব্যবহৃত) যার সমাধান পাওয়া যায়; সমাধানযোগ্য **۞** বিপ **insoluble**

solution / səˈluːʃn স্যা'লূশ্ন্ / *noun* **1** [C] **a solution (to sth)** a way of solving a problem, dealing with a difficult situation, etc. সমস্যা সমাধানের উপায়, মীমাংসা করার পদ্ধতি ইত্যাদি *a solution to the problem of unemployment* **2** [C] **the solution (to sth)** the answer (to a game, competition etc.) কোনো খেলাধুলা, প্রতিযোগিতা ইত্যাদির সমাধান *The solution to the quiz will be published next week.* **3** [C, U] (a) liquid in which sth solid has been dissolved তরল মিশ্রণ *saline solution* **4** [U] the process of dissolving a solid or gas in a liquid তরলের মধ্যে কঠিন বা গ্যাসীয় পদার্থের দ্রবণ-প্রক্রিয়া *the solution of glucose in water* ⇨ **erode**-এ ছবি দেখো।

solve / sɒlv সল্ভ্ / *verb* [T] **1** to find a way of dealing with a problem or difficult situation সমস্যা বা কঠিন পরিস্থিতির সমাধানের উপায় খুঁজে বার করা *The government is trying to solve the problem of inflation.* ০ *The police have not managed to solve the crime/mystery* **2** to find the correct answer to a competition, a problem in mathematics, a series of questions, etc. কোনো প্রতিযোগিতা, গণিতের সমস্যা, প্রশ্নাদির ঠিক উত্তর খুঁজে পাওয়া বা খোঁজা *to solve a puzzle/equation/riddle* ⇨ **solution** *noun* দেখো এবং **soluble** *adjective* দেখো।

solvent / ˈsɒlvənt ˈসল্ভ্যান্ট্ / *noun* [C, U] a liquid that can dissolve another substance যে তরল পদার্থের মধ্যে অন্য কোনো বস্তু দ্রবীভূত হয়; দ্রাবক

sombre (*AmE* **somber**) / ˈsɒmbə(r) ˈসম্ব্যা(র্) / *adj.* **1** dark in colour; dull গাঢ় রং; অনুজ্জ্বল **2** sad and serious বিষণ্ণ, গুরুগম্ভীর, থমথমে ▶ **sombrely** *adv.* বিষণ্ণতার সঙ্গে

some / səm; *strong form* sʌm স্যাম্; *প্রবল রূপ* সাম্ / *det., pronoun* **1** (*before uncountable nouns and plural countable nouns*) a certain amount of or a number of নির্দিষ্ট পরিমাণে অথবা সংখ্যায় *We need some butter and some potatoes. I still have some money.*

NOTE নেতিবাচক বাক্যে বা প্রশ্নের মধ্যে **some** শব্দটির বদলে **any** শব্দটি ব্যবহার করা হয়—*Do we need any butter?* ০ *I need some more money. I haven't got any.* কিন্তু প্রশ্নবোধক বাক্য যেখানে **some** ব্যবহার করা হয়েছে তার উদাহরণের জন্য **2** দেখো।

2 used in questions when you expect or want the answer 'yes' যেসব প্রশ্নের উত্তরে 'yes' বলা হবে বলে আশা করা হয় সেখানে ব্যবহৃত *Would you like some more cake?* ০ *Can I take some of this paper?* **3** **some (of sb/sth)** used when you are referring to certain members of a group or certain types of a thing, but not all of them কোনো দলের বা একজাতীয় জিনিসের মধ্যে থেকে মাত্র কয়েকটির উল্লেখ করতে ব্যবহৃত অভিব্যক্তিবিশেষ *Some pupils enjoy this kind of work, some don't.* ০ *Some of his books are very exciting.* **4** used with **singular countable** nouns for talking about a person or thing without saying any details গণনীয় একবচন বিশেষ্যের সঙ্গে তখনই ব্যবহৃত হয় যখন বিস্তারিত কিছু না বলে কোনো এক ব্যক্তি বা কোনো একটি জিনিসের উল্লেখ করা হয় *I'll see you again sometime, I expect.* ০ *There must be some mistake.*

somebody / ˈsʌmbədi ˈসাম্ব্যাডি / (*also* **someone**) *pronoun* a person who is not known or not mentioned by name কেউ একজন, যার নাম জানা নেই *There's somebody at the door.* ০ *I think you should talk to someone else* (=another person) *about this problem.*

NOTE **Somebody, anybody** এবং **everybody** সাধারণত একবচনের ক্রিয়াপদের (singular verb) সঙ্গে ব্যবহৃত হয় তবে বেশির ভাগ সময়েই তার পরে একটি বহুবচন (plural) সর্বনাম (pronoun) থাকে, কিন্তু শুদ্ধ ভাষায়, আলংকারিকভাবে বলতে হলে 'his/her' or 'him/her' ব্যবহার করতে হবে। **Somebody** এবং **anybody**-র মধ্যে যা পার্থক্য তা **some** অথবা **any**-র মধ্যে দেখা যায়। ⇨ **some**-এ নোট দেখো।

S

some day (*also* **someday**) *adv.* at a time in the future that is not yet known ভবিষ্যতে কোনো একদিন *I hope you'll come and visit me some day.*

somehow / ˈsʌmhaʊ ˈসাম্‌হাউ / *adv.* **1** in a way that is not known or certain কোনোভাবে, কোনো না কোনো প্রকারে *The car's broken down but I'll get to work somehow.* ○ *Somehow we had got completely lost.* **2** for a reason you do not know or understand জানা নেই বা বুঝতে পারা যায় না এমন কারণের জন্য *I somehow get the feeling that I've been here before.*

someone / ˈsʌmwʌn ˈসাম্‌উআন্ / *noun* [C] = **somebody**

someplace / ˈsʌmpleɪs ˈসাম্‌প্লেইস্ / (*AmE*) = **somewhere**

somersault / ˈsʌməsɔːlt ˈসাম্যাস:ল্ট্ / *noun* [C] a movement in which you roll right over with your feet going over your head ডিগবাজি

something / ˈsʌmθɪŋ ˈসামথিং / *pronoun* **1** a thing that is not known or not named অপরিচিত কিছু, অনির্দিষ্ট কিছু *I've got something in my eye.* ○ *Would you like* ***something else*** (=another thing to drink)*?*

> **NOTE** **Something** এবং **anything**-এর মধ্যে যে পার্থক্য সেই পার্থক্যই **some** এবং **any** শব্দ দুটির মধ্যে দেখা যায়। ➪ **some**-এ নোট দেখো।

2 a thing that is important, useful or worth considering গুরুত্বপূর্ণ, দরকারি, ভেবে দেখার মতো *There's* ***something in*** *what your mother says.* **3** (*informal*) used to show that a description, an amount, etc. is not exact কোনো বিবরণ, কোনো পরিমাণ ইত্যাদি সঠিক বা যথার্থ নয় এরকম বোঝানোর জন্য ব্যবহৃত *a new comedy series aimed at* ***thirty-somethings*** (=people between thirty and forty years old).

IDM **or something** (*informal*) used for showing that you are not sure about what you have just said পুরোপুরি নিশ্চিত না হয়ে কথা বলার সময়ে ব্যবহৃত অভিব্যক্তিবিশেষ *'What's his job?' 'I think he's a plumber, or something.'*

something like similar to কাছাকাছি, প্রায়, খানিকটা একরকম *A loganberry is something like a raspberry.*

something to do with connected or involved with এই সম্পর্কীয়, এর সঙ্গে জড়িত *The programme's something to do with the environment.*

sometime (*also* **some time**) / ˈsʌmtaɪm ˈসাম্‌টাইম্ / *adv.* at a time that you do not know exactly or have not yet decided কোনো এক সময়ে *I'll phone you sometime this evening.* ○ *I must go and see her sometime.*

sometimes / ˈsʌmtaɪmz ˈসাম্‌টাইমজ্ / *adv.* on some occasions; now and then কখনো কখনো, মাঝে মধ্যে; সময়ে সময়ে *Sometimes I drive to work and sometimes I go by bus.* ○ *I sometimes watch television in the evenings.*

somewhat / ˈsʌmwɒt ˈসাম্‌উঅট্ / *adv.* rather; to some degree কতকটা, খানিকটা *We missed the train, which was somewhat unfortunate.*

somewhere / ˈsʌmweə(r) ˈসাম্‌উএঅ্যা(র্) / (*AmE* **someplace**) *adv.* **1** at, in, or to a place that you do not know or do not mention by name কোনো অজানা জায়গায় অথবা নাম-না-জানা জায়গায় বা নাম উল্লেখ করা হয় না এমন জায়গায় *I've seen your glasses somewhere downstairs.* ○ *'Have they gone to France?' 'No, I think they've gone* ***somewhere else*** (=to another place) *this year.'*

> **NOTE** **Somewhere** এবং **anywhere**-এর মধ্যে যে পার্থক্য ঠিক সেই পার্থক্যই **some** এবং **any** শব্দ দুটির মধ্যে দেখা যায়। ➪ **some** -এ নোট দেখো।

2 used when you do not know an exact time, number, etc. যখন সঠিক সময়, সংখ্যা ইত্যাদি জানা থাকে না তখন ব্যবহৃত অভিব্যক্তিবিশেষ *Your ideal weight should probably be* ***somewhere around*** *60 kilos.*

son / sʌn সান্ / *noun* [C] a male child ছেলে, পুত্র ➪ **daughter** দেখো।

sonar / ˈsəʊnɑː(r) ˈস্যাউনা:(র্) / *noun* [U] equipment or a system for finding objects under water using sound waves ধ্বনিতরঙ্গ ব্যবহার করে জলের নীচের জিনিস খোঁজার যন্ত্র বা যান্ত্রিক কৌশল ➪ **radar** দেখো।

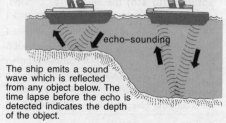

echo–sounding

The ship emits a sound wave which is reflected from any object below. The time lapse before the echo is detected indicates the depth of the object.

sonar

song / sɒŋ সং / *noun* **1** [C] a piece of music with words that you sing গান, কণ্ঠসংগীত *a folk/love/pop song* **2** [U] songs in general; music for singing সব রকমের গান; গাওয়ার জন্য রচিত গান *to burst/break into song* (=to suddenly start singing) **3** [U, C] the musical sounds that birds make পাখির কলকাকলি *bird song*

songwriter / ˈsɒŋraɪtə(r) ˈসংরাইট্যা(র্) / *noun* [C] a person whose job is to write songs সংগীত রচয়িতা, গীতিকার

sonic / ˈsɒnɪk সনিক্ / *adj.* (*technical*) connected with sound waves ধ্বনিতরঙ্গের সঙ্গে জড়িত

son-in-law *noun* [C] (*pl.* **sons-in-law**) the husband of your daughter জামাই, জামাতা

sonnet / ˈsɒnɪt ˈসনিট্ / *noun* [C] a poem that has 14 lines, each usually containing 10 syllables, and a fixed pattern of **rhyme** চতুর্দশপদী কবিতা যার অন্ত্যমিল থাকে (সাধারণত দশটি শব্দাংশ যুক্ত); সনেট

soon / suːn সূন্ / *adv.* **1** in a short time from now; a short time after sth else has happened এখন থেকে স্বল্প সময়ে; কোনো কিছু ঘটার পরে স্বল্প সময় *It will soon be dark.* ○ *He left soon after me.* ○ (*spoken*) *See you soon.* **2** early; quickly তাড়াতাড়ি, শিগগির *Don't leave so soon. Stay for tea.*

IDM **as soon as** at the moment (that); when তখনই, ঠিক সেই সময়ে *Phone me **as soon as** you hear some news.*

no sooner... than (*written*) immediately when or after তার পরে পরেই, একেবারে সঙ্গে সঙ্গে *No sooner had I shut the door than I realized I'd left my keys inside.*

NOTE এখানে শব্দবিন্যাসের প্রতি লক্ষ রাখতে হবে- 'No sooner' এর ঠিক পরেই প্রথমে ক্রিয়াপদ (verb) বসবে তারপরে কর্তা (subject)।

sooner or later at sometime in the future; one day আজই হোক বা কদিন পরেই হোক; ভবিষ্যতে কোনো একদিন

soot / sʊt সুট্ / *noun* [U] black powder that comes from burning things and collects in chimneys ঝুল

soothe / suːð সূদ্ / *verb* [T] **1** to make sb calmer or less upset; to comfort sb কাউকে সান্ত্বনা দেওয়া, ঠান্ডা করা; আরাম দেওয়া **2** to make a part of the body or a feeling less painful শরীরের অংশবিশেষের বেদনা বা অস্বস্তি কমানো *The doctor gave me some skin cream to soothe the irritation.* ▶ **soothing** *adj.* শান্তিদায়ক *soothing music* ○ *a soothing massage* ▶ **soothingly** *adv.* শান্তিদায়কভাবে

sophisticated / səˈfɪstɪkeɪtɪd স্যাˈফিস্টিকেইটিড্ / *adj.* **1** having or showing a lot of experience of the world and social situations; knowing about fashion, culture, etc. অতি পরিশীলিত, জগৎ এবং সমাজ সম্পর্কে অভিজ্ঞ; ফ্যাশন, সংস্কৃতি ইত্যাদি সম্বন্ধে জানে এমন; আধুনিক **2** (used about machines, systems, etc.) advanced and complicated (যন্ত্রপাতি, কলাকৌশল ইত্যাদি সম্বন্ধে ব্যবহৃত) আধুনিক, উন্নত কলকবজা এবং জটিল কলাকৌশল ও ব্যবহার পদ্ধতি সম্বলিত **3** able to understand difficult or complicated things কঠিন ও জটিল বিষয়ে জ্ঞান আছে যার, বাস্তববুদ্ধি সম্পন্ন *Voters are much more sophisticated these days.* ▶ **sophistication** / səˌfɪstɪˈkeɪʃn স্যাˌফিস্টিˈকেইশ্ন্ / *noun* [U] বাস্তবধর্মিতা, আধুনিকতা, উন্নতমনস্কতা

soppy / ˈsɒpi ˈসপি / *adj.* (*informal*) full of unnecessary emotion; silly অনাবশ্যক ভাবালু, প্যানপ্যানে স্বভাবের; বোকার মতো *a soppy romantic film*

soprano / səˈprɑːnəʊ স্যাˈপ্রাːন্যাউ / *noun* [C] (*pl.* **sopranos** / -nəʊz) the highest singing voice; a woman, girl, or boy with this voice উচ্চতম গ্রামের গায়ক কণ্ঠ; এই কণ্ঠস্বরযুক্ত মহিলা, মেয়ে অথবা ছেলে

sorcerer / ˈsɔːsərə(r) ˈসːস্যার্যার্ / *noun* [C] (in stories) a man with magical powers, who is helped by evil spirits (কাহিনিতে) জাদুকর

sorceress / ˈsɔːsərəs ˈসːস্যার্যাস্ / *noun* [C] a female sorcerer জাদুকরী

sorcery / ˈsɔːsəri ˈসːস্যারি / *noun* [U] the art or use of magic in which the power of evil, supernatural forces or black magic is used শয়তানের শক্তি, অতিপ্রাকৃত শক্তি বা কালো জাদু ব্যবহৃত হয় এরকম শিল্প বা জাদুর ব্যবহার; জাদুবিদ্যা

sordid / ˈsɔːdɪd ˈসːডিড্ / *adj.* **1** unpleasant; not honest or moral অপ্রিয়; অসৎ বা অনৈতিক *We discovered the truth about his sordid past.* **2** very dirty and unpleasant নোংরা এবং দূষিত

sore[1] / sɔː(r) সː(র্) / *adj.* (used about a part of the body) painful, especially when touched (শরীরের কোনো অংশ সম্বন্ধে ব্যবহৃত) বেদনাযুক্ত, বিশেষত হাত দিলে ব্যথা লাগে এমন *to have a sore throat* ○ *My feet were sore from walking so far.* ▶ **soreness** *noun* [U] ব্যথা *a cream to reduce soreness and swelling*

IDM **a sore point** a subject that is likely to make sb upset or angry when mentioned যে বিষয় উত্থাপন করলে কেউ রেগে যেতে পারে বা মন খারাপ হতে পারে

stand/stick out like a sore thumb to be extremely obvious, especially in a negative way অতিরিক্ত রকমের স্পষ্ট হয়ে ওঠা, সবের মধ্যে দৃষ্টিকটু লাগা *A big new office block would stand out like a sore thumb in the old part of town.*

sore[2] / sɔː(r) সː(র্) / *noun* [C] a painful, often red place on your body where the skin is cut or infected টাটিয়ে ওঠা ফোলা বা লাল জায়গা (শরীরে); ক্ষত, ঘা ➪ **cold sore** দেখো।

sorely / ˈsɔːli ˈসːলি / *adv.* (*formal*) very much; seriously খুব বেশি; গম্ভীরভাবে, গুরুত্বপূর্ণভাবে *You'll be **sorely missed** when you leave.*

sorrow / ˈsɒrəʊ ˈসর‍্যাউ / *noun* (*formal*) **1** [U] a feeling of great sadness because sth bad has happened দুঃখ, বেদনা, মনোকষ্ট **2** [C] very sad event or situation খুব দুঃখের ঘটনা বা দুঃখজনক, বেদনাদায়ক পরিস্থিতি ▶ **sorrowful** *adj.* দুঃখপূর্ণ ▶ **sorrowfully** *adv.* দুঃখপূর্ণভাবে

sorry[1] / ˈsɒri ˈসরি / *adj.* (**sorrier; sorriest**) 1 (*not before a noun*) **sorry (to see, hear, etc.); sorry that...** sad or disappointed দুঃখিত বা হতাশ *I was sorry to hear that you've been ill.* ○ *I am sorry that we have to leave so soon.* 2 (*not before a noun*) **sorry (for/about sth); sorry (to do sth/ that...)** used for excusing yourself for sth that you have done কৃতকর্মের জন্য দুঃখ প্রকাশ বা ক্ষমা চাওয়ার সময়ে এভাবে ব্যবহৃত হয় *I'm awfully sorry for spilling that coffee.* ○ *I'm sorry I've kept you all waiting.* 3 (*not before a noun*) used for politely saying 'no' to sth, disagreeing with sth or introducing bad news ভদ্রভাবে না বলার জন্য, অমত জানানোর জন্য অথবা খারাপ সংবাদ দেওয়ার জন্য ব্যবহৃত *I'm sorry, I don't agree with you. I think we should accept the offer.* ○ *I'm sorry to tell you that your application has been unsuccessful.* 4 (*only before a noun*) very bad খুবই খারাপ *The house was in a **sorry state** when we first moved in.*

IDM be/feel sorry for sb to feel sadness or pity for sb কারও জন্য দুঃখ বা দয়া বোধ করা *I feel very sorry for the families of the victims.*

sorry[2] / ˈsɒri ˈসরি / *exclamation* 1 used for making excuses, apologizing, etc. ক্ষমা চাইতে, ঠিক কাজ না করার জন্য মাফ চাইতে ব্যবহার করা হয় *Sorry, I didn't see you standing behind me.* ○ *He didn't even **say sorry*** (=apologize)! 2 (used for asking sb to repeat sth that you have not heard correctly) প্রথমবার বলা কথা শুনতে না পেলে আর একবার বলার জন্য অনুরোধ করার সময়ে এই শব্দটি বলা হয় *'My name's Dev Mehta.' 'Sorry? Dev who?'* 3 used for correcting yourself when you have said sth wrong ভুল বলার পরে সংশোধন করে বলা হয় *Take the second turning, sorry, the third turning on the right.*

sort[1] / sɔːt স:ট্ / *noun* 1 [C] **a sort of sb/sth** a type or kind এক ধরনের, এক প্রকারের *She's got **all sorts of** problems at the moment.* ○ *There were snacks—peanuts, olives, **that sort of thing**.* 2 [*sing.*] (*BrE*) a particular type of character; a person বিশেষ ধরনের চরিত্র, বিশেষ রকমের ব্যক্তি; কোনো ব্যক্তি ✪ সম **kind**

IDM a sort of sth (*informal*) a type of sth; sth that is similar to sth শ্রেণি, রকম, প্রকার; অন্য জিনিসটার মতো *Can you hear a sort of ticking noise?*

sort of (*spoken*) rather; in a way কিছুটা একরকম, পুরোপুরি নয়; কিয়দংশে *I'd sort of like to go, but I'm not sure.*

sort[2] / sɔːt স:ট্ / *verb* [T] **1 sort sth (into sth)** to put things into different groups or places, according to their type, etc.; to separate things of one type from others অনেক ধরনের জিনিসের মধ্যে থেকে এক এক ধরনের জিনিস আলাদা করে রাখা; অন্যগুলির থেকে এক ধরনের জিনিস আলাদা করা *I'm just sorting these papers into the correct files.* 2 (*informal*) (*often passive*) to find an answer to a problem or difficult situation; to organize sth/sb সমস্যা বা কোনো কঠিন পরিস্থিতির উত্তর খুঁজে পাওয়া; গুছিয়ে রাখা, সংগঠিত করা *I'll have more time when I've **got things sorted** at home.*

PHR V sort sth out 1 to find an answer to a problem; to organize sth কোনো সমস্যার সমাধান খুঁজে পাওয়া; কোনো কিছুর ব্যবস্থা করা *I haven't found a flat yet but I hope to sort something out soon.* 2 to tidy or organize sth কোনো কিছু পরিষ্কার করে গুছিয়ে রাখা বা ঠিক করে রাখা *The toy cupboard needs sorting out.*

sort through sth to look through a number of things, in order to find sth that you are looking for or to put them in order কোনো কিছু খোঁজার উদ্দেশ্যে বা বাকি জিনিস ঠিক করে রাখার জন্য অনেকগুলি জিনিসের মধ্যে খোঁজা

SOS / ˌes əʊ ˈes ˌএ্যাস্ অ্যাউ ˈএস্ / *noun* (*pl.* **SOSs**) a signal or message that a ship or plane sends when it needs urgent help; an urgent appeal for help কোনো জলযান অথবা বিমান বিপদে পড়লে তাৎক্ষণিক সাহায্যের জন্য তারা যে বার্তা পাঠায়; সংকট বার্তা *to send an SOS*

so-so *adj., adv.* (*informal*) all right but not particularly good/well চলনসই; মোটামুটি *'How are you?' 'So-so.'*

souffle / ˈsuːfleɪ ˈসুফ্লেই / *noun* [C, U] a type of food made mainly from egg whites, flour and milk, beaten together and baked until it rises ডিমের সাদা অংশ, ময়দা ও দুধ একসঙ্গে ভালোভাবে মিশিয়ে নিয়ে যে হালকা এবং সেঁকা সুখাদ্য তৈরি করা হয়; সুফলে

sought ⇨ **seek**-এর past tense অথবা past participle

sought after *adj.* that people want very much, because it is of high quality or rare খুব ভালো বা উন্নতমানের জন্য যার চাহিদা খুব বেশি

soul / səʊl স্যাউল্ / *noun* 1 [C] the spiritual part of a person that is believed to continue to exist after the body is dead আত্মা, অন্তরাত্মা 2 [C, U] the inner part of a person containing his/her deepest thoughts and feelings মানুষের মনের গভীরের সংবেদনশীল, অনুভূতিপ্রবণ সত্তা *There was a feeling of restlessness deep in her soul.* ⇨ **spirit** দেখো।

3 [C] (*old-fashioned*) (*used with adjectives*) a particular type of person (বিশেষণের সঙ্গে ব্যবহৃত) বিশেষ ধরনের মানুষ *She's a kind soul.* 4 [*sing.*] (*in negative statements*) a person (নেতিবাচক বিবৃতিতে) ব্যক্তি *There wasn't a soul in sight* (=there was nobody). ○ *Promise me you won't tell a soul.*

IDM **heart and soul** ⇨ **heart** দেখো।

soulful / ˈsəʊlfl স্যাউল্‌ফ্‌ল্ / *adj.* having or showing deep feeling আন্তরিক, গভীর ও উচ্চভাবপূর্ণ *a soulful expression*

soulless / ˈsəʊlləs স্যাউল্‌ল্যাস্ / *adj.* without feeling, warmth or interest অনুভূতিহীন, আকর্ষণহীন, আন্তরিকতার অভাব যেখানে *soulless industrial towns*

sound¹ / saʊnd সাউন্ড্ / *noun* 1 [C, U] something that you hear or that can be heard শব্দ, আওয়াজ, ধ্বনি *the sound of voices* ○ *a clicking/buzzing/scratching sound* ⇨ **amplitude**-এ ছবি দেখো। 2 [U] what you can hear coming from a television, radio, etc. রেডিও, টেলিভিশন ইত্যাদির আওয়াজ *Can you turn the sound up/down?*

IDM **by the sound of it/things** judging from what sb has said or what you have read about sb/sth কারও কথা শুনে বা কারও সম্বন্ধে শুনে বা কোনো বিষয়ে পড়ে মনে মনে ধারণা গড়ে তোলা হয় এমন *She must be an interesting person, by the sound of it.*

sound² / saʊnd সাউন্ড্ / *verb* 1 *linking verb* (*not usually in the continuous tenses*) to give a particular impression when heard or read about; to seem শুনে বা পড়ে নির্দিষ্ট ধারণা দেওয়া; মনে হওয়া, ধারণা করা *That **sounds like** a child crying.* ○ *She sounded upset and angry on the phone.*

NOTE কথা বলার সময়ে প্রায়ই 'as if' অথবা 'as though'-র জায়গায় 'like' ব্যবহৃত হয়, বিশেষত আমেরিকান ইংরেজিতে, যদিও ব্রিটেনের লিখিত ইংরেজিতে এই ধরনের প্রয়োগ অশুদ্ধ বলে ধরা হয়।

2 **-sounding** (*used to form compound adjectives*) seeming to be of the type mentioned, from what you have heard or read কিছুর সম্বন্ধে শুনে বা পড়ে যে ধারণা তার ভিত্তিতে মনে হয় যেন সেরকম *a Marathi-sounding surname* 3 [T] to cause sth to make a sound; to give a signal by making a sound আওয়াজ করা; আওয়াজের সাহায্যে সংকেত জানানো *A student on one of the upper floors **sounded the alarm**.* 4 [I, T] (*technical*) to measure the depth of the sea or a lake by using a line with a weight on it, or an electronic instrument ওজন সমেত রশি নামিয়ে বা বৈদ্যুতিন যন্ত্রের সাহায্যে সমুদ্র বা হ্রদের গভীরতা মাপা

PHR V **sound sb out (about sth)** to ask sb questions in order to find out what he/she thinks or intends কারও মনোভাব জানার জন্য তাকে প্রশ্ন করা

sound³ / saʊnd সাউন্ড্ / *adj.* 1 sensible; that you can depend on and that will probably give good results বুদ্ধিমান; নির্ভর করা যায় এবং সেখান থেকে ভালো ফল আশা করা যায় এমন *sound advice* ○ *a sound investment* 2 healthy and strong; in good condition স্বাস্থ্যবান এবং শক্তিশালী; শক্তপোক্ত, ভালো অবস্থায়, জোরালো *The structure of the bridge is basically sound.* ✪ বিপ **unsound** ▶ **soundness** *noun* [U] গুরুত্বপূর্ণতা, নির্ভরযোগ্যতা

sound⁴ / saʊnd সাউন্ড্ / *adv.*

IDM **be sound asleep** to be deeply asleep গাঢ়ভাবে নিদ্রিত

the sound barrier *noun* [*sing.*] the point at which an aircraft's speed is the same as the speed of sound যে জায়গায় বিমানের গতি শব্দের গতির সমান *to break the sound barrier* (=to travel faster than the speed of sound)

sound effect *noun* [C, *usually pl.*] a sound that is made artificially, for example the sound of the wind, and used in a play, film or computer game to make it more realistic নাটক, চলচ্চিত্র, কম্পিউটার গেম ইত্যাদিতে ব্যবহারের জন্য বিভিন্ন কৃত্রিম ধ্বনিকৌশল

soundly / ˈsaʊndli ˈসাউন্ড্‌লি / *adv.* completely or deeply পুরোপুরি বা গভীরভাবে, সম্পূর্ণভাবে *The children were sleeping soundly.*

soundproof / ˈsaʊndpruːf ˈসাউন্ড্‌প্রুফ / *adj.* made so that no sound can get in or out শব্দ ঢোকার বা বেরোনোর রাস্তা বন্ধ এমন; শব্দ-নিরোধক *a soundproof room*

soundtrack / ˈsaʊndtræk ˈসাউন্ড্‌ট্র্যাক্ / *noun* [C] the recorded sound and music from a film or computer game সিনেমা বা কম্পিউটার গেম-এর রেকর্ড করা শব্দ, ধ্বনি এবং সংগীত ⇨ **track** দেখো।

soup / suːp সুপ্ / *noun* [U, C] liquid food made by cooking meat, vegetables, etc. in water অনেকরকম তরকারি, মাংস ইত্যাদি মিশিয়ে তৈরি তরল অথবা প্রায়-তরল খাদ্য; সুপ *a tin of chicken soup*

sour / ˈsaʊə(r) ˈসাউঅ্যা(র্) / *adj.* 1 having a sharp taste like that of a lemon টক, অম্লস্বাদযুক্ত *This sauce is quite sour.* 2 (used especially about milk) tasting or smelling unpleasant because it is no longer fresh (দুধ সম্বন্ধে ব্যবহৃত) টকে গেছে বা খারাপ হয়ে গেছে এমন *This cream has **gone sour**.* 3 (used about people) angry and unpleasant (লোকজন সম্বন্ধে ব্যবহৃত) ক্রুদ্ধ, অপ্রীতিকর, কটুভাষী *a sour expression* ○ *a **sour-faced** old woman* ▶ **sour** *verb* [T] (*formal*) সম্পর্ক খারাপ বা তিক্ত করে তোলা *The* *disagreement over trade tariffs has soured relations between the two countries.* ▶ **sourly** *adv.* তিক্তভাবে ▶ **sourness** *noun* [U] তিক্ততা

IDM **go/turn sour** to stop being pleasant or friendly বন্ধুত্বের ভাব নষ্ট হয়ে যাওয়া, মধুর সম্পর্ক কেটে যাওয়া *Their relationship turned sour after a few months.*

sour grapes pretending to not want sth that in fact you secretly want, because you cannot have it যা অপ্রাপণীয় তা মন্দ এরকম ভাব দেখানো, আঙুর ফল টক (প্রবচনে)

source / sɔːs স:স্ / *noun* [C] a place, person or thing where sth comes or starts from or where sth is obtained উৎস, উৎপত্তিস্থল *source of income* ○ *The television is a great source of entertainment.* ○ *Police have refused to reveal the source of their information.*

south[1] / saʊθ সাউথ্ / (*also* **the south**) *noun* [*sing.*] (*abbr.* **S**) **1** the direction that is on your right when you watch the sun rise; one of the four main directions that we give names to (**the points of the compass**) সূর্য যেদিকে ওঠে সেদিকে মুখ করে দাঁড়ালে ডান দিক; দক্ষিণ দিক; চারটি প্রধান দিকের একটি; অবাচী *warm winds from the south* ○ *Which way is south?* ○ *We live to the south of* (= further south than) *Delhi.* ➪ **compass**-এ ছবি দেখো। **2 the South** the southern part of any country, city, region or the world কোনো দেশের, শহরের, অঞ্চলের অথবা পৃথিবীর দক্ষিণ অঞ্চল *Kerala is in the south of India.* ➪ **north, east** এবং **west** দেখো।

south[2] / saʊθ সাউথ্ / *adj., adv.* **1** (*also* **South**) (*only before a noun*) in the south দক্ষিণে, দক্ষিণ দিকে *the south coast of Tamil Nadu* **2** to or towards the south দক্ষিণমুখী, দক্ষিণের দিকে *The house faces south.* **3** (used about a wind) coming from the south (বাতাস সম্বন্ধে ব্যবহৃত) দক্ষিণের বাতাস, যে বাতাস দক্ষিণ থেকে আসে

southbound / ˈsaʊθbaʊnd ˈসাউথ্‌বাউন্ড্ / *adj.* travelling or leading towards the south দক্ষিণগামী, দক্ষিণের যাত্রী

south-east[1] (*also* **the South-East**) *noun* [*sing.*] (*abbr.* **SE**) the direction or a region that is halfway between south and east দক্ষিণ-পূর্ব দিক, অগ্নিকোণ ➪ **compass**-এ ছবি দেখো।

south-east[2] *adj., adv.* in, from or to the southeast of a place or country (কোনো অঞ্চলের) দক্ষিণ-পূর্বে, তার থেকে বা তার প্রতি *the south-east coast of Sri Lanka*

south-easterly *adj.* **1** towards the south-east দক্ষিণ-পূর্বগামী *in a south-easterly direction* **2** (used about a wind) coming from the south-east (বাতাস সম্বন্ধে ব্যবহৃত) দক্ষিণ-পূর্ব থেকে আগত

south-eastern *adj.* (*only before a noun*) connected with the south-east of a place or country কোনো দেশ বা স্থানের দক্ষিণ-পূর্ব সম্পর্কীয়, দক্ষিণ-পূর্ব অঞ্চলের *the south-eastern states of the US*

south-eastward(s) *adv.* towards the south-east দক্ষিণ-পূর্বমুখী

southerly / ˈsʌðəli ˈসাদ্যালি / *adj.* **1** to, towards or in the south দক্ষিণে, দক্ষিণের দিকে, দক্ষিণ মুখে *Keep going in a southerly direction.* **2** (used about a wind) coming from the south (বাতাস সম্বন্ধে ব্যবহৃত) দক্ষিণের, দক্ষিণ থেকে আসছে যা, দক্ষিণা বাতাস

southern (*also* **Southern**) / ˈsʌðən ˈসাদ্যান্ / *adj.* of, in or from the south of a place দক্ষিণ দিকে, দক্ষিণ দিকের, দক্ষিণ দিক হতে *a man with a southern accent*

southerner (*also* **Southerner**) / ˈsʌðənə(r) ˈসাদ্যান্যা(র্) / *noun* [C] a person who was born in or lives in the southern part of a country যে ব্যক্তির জন্ম এবং বাস দেশের দক্ষিণাঞ্চলে; দক্ষিণাঞ্চলবাসী ✪ বিপ **northerner**

the South Pole *noun* [*sing.*] the point on the Earth's surface which is furthest south পৃথিবীর দক্ষিণতম প্রান্ত; দক্ষিণমেরু, কুমেরু ➪ **earth**-এ ছবি দেখো।

southward / ˈsaʊθwəd ˈসাউথ্‌উঅ্যাড্ / (*also* **southwards**) *adj., adv.* towards the south দক্ষিণমুখী

south-west[1] (*also* **the South-West**) *noun* [*sing.*] (*abbr.* **SW**) the direction or region halfway between south and west দক্ষিণ এবং পশ্চিমের মধ্যবর্তী অঞ্চল, দক্ষিণ-পশ্চিম দিক; নৈর্ঋতকোণ ➪ **compass**-এ ছবি দেখো।

south-west[2] *adj., adv.* in, from or to the southwest of a place or country দক্ষিণ-পশ্চিম প্রান্তে বা সেই দিক থেকে আগত অথবা সেই দিকে *Our garden faces south-west.*

south-westerly *adj.* **1** towards the south-west দক্ষিণ-পশ্চিম অভিমুখে, নৈর্ঋত কোণে *in a south-westerly direction* **2** (used about a wind) coming from the south-west (বাতাস সম্বন্ধে ব্যবহৃত) নৈর্ঋত কোণগত, দক্ষিণ পশ্চিম থেকে আগত

south-western *adj.* (*only before a noun*) connected with the south-west of a place or country কোনো দেশ বা স্থানের দক্ষিণ-পশ্চিম সম্পর্কীয়, দক্ষিণ-পশ্চিম অঞ্চলের

south-westward(s) *adv.* towards the south-west দক্ষিণ-পশ্চিম অভিমুখে, নৈর্ঋত কোণের দিকে *Follow the highway south-westward for twenty kilometres.*

souvenir / ˌsuːvəˈnɪə(r) ˌসুভ্যা'নিআ্যা(র্) / *noun* [C] something that you keep to remind you of somewhere you have been on holiday or of a special event স্মারক পুস্তিকা, স্মৃতিচিহ্ন, স্মারক *I brought back a menu as a souvenir of my trip.*

sovereign¹ / ˈsɒvrɪn ˈসভ্‌রিন্ / *noun* [C] a king or queen রাজা বা রাণী

sovereign² / ˈsɒvrɪn ˈসভ্‌রিন্ / *adj.* **1** (used about a country) not controlled by any other country; independent (কোনো দেশ সম্বন্ধে ব্যবহৃত) সার্বভৌম ক্ষমতাসম্পন্ন, অন্য দেশের অধীনে নয়; স্বাধীন **2** having the highest possible authority সর্বোচ্চ ক্ষমতাসম্পন্ন

sovereignty / ˈsɒvrənti ˈসভ্‌র্যান্‌টি / *noun* [U] the power that a country has to control its own government নিজের দেশের সরকারের উপর নিয়ন্ত্রণী ক্ষমতা; সার্বভৌমত্ব

sow¹ / saʊ সাউ / *noun* [C] an adult female pig স্ত্রী শুয়োর, শূকরী ➪ **pig**-এ নোট দেখো।

sow² / səʊ স্যাউ / *verb* [T] (*pt* **sowed**; *pp* **sown** / səʊn স্যাউন্ / or **sowed**) **sow A (in B); sow B (with A)** to plant seeds in the ground বীজ বোনা, বপন করা *to sow seeds in pots* ○ *to sow a field with wheat*

soya / ˈsɔɪə ˈসইঅ্যা / (*AmE* **soy** / sɔɪ সই /) *noun* [U] a plant on which soyabeans grow; the food obtained from those beans সয়াবিনের গাছ; সয়াবিন থেকে প্রাপ্ত খাদ্য *soya flour/milk/oil*

soya bean (*AmE* **soybean**) *noun* [C] a type of bean that can be cooked and eaten or used to make many different kinds of food, for example flour, oil and a sort of milk সয়াবিন, যার থেকে নানা ধরনের খাবার (যথা ময়দা, তেল, দুধ ইত্যাদি) তৈরি করা যায়

soy sauce (*also* **soya sauce**) *noun* [U] a thin dark brown sauce that is made from soya beans and has a salty taste, used in Chinese and Japanese cooking সয়াবিনের থেকে তৈরি গাঢ় বাদামি রঙের পাতলা সস যা জাপানি ও চিনে রান্নায় খুব বেশি ব্যবহৃত হয়; সয়া সস্

spa / spɑː স্পা / *noun* [C] **1** a place where mineral water comes out of the ground and where people go to drink this water because it is considered to be healthy যে স্থানে খনিজ জল মাটির উপরে বেরিয়ে আসে এবং মানুষ স্বাস্থ্যবৃদ্ধির কারণে যে জলপান করতে আগ্রহী হয়; খনিজ জলের উৎসস্থল; ধাতব প্রস্রবণ **2** (*also* **health spa**) a place where people go to become more healthy and beautiful through regular exercices and beauty treatments নিয়মিত ব্যায়াম এবং সৌন্দর্য চর্চা করার জন্য যে স্বাস্থ্যকেন্দ্রে যাওয়া হয়; হেলথ স্পা

space¹ / speɪs স্পেইস্ / *noun* **1** [C, U] **space (for sb/sth) (to do sth)** a place or an area that is empty or not used ফাঁকা জায়গা, খালি জায়গা ➪ **room** এবং **place¹**-এ নোট দেখো। **2** [U] (*also* **outer space**) (*often used to form compound nouns*) the area which surrounds the planet Earth and the other planets and stars মহাকাশ, যেখানে গ্রহ নক্ষত্র এবং পৃথিবীর অবস্থান; ব্যোম, নভঃ, নভোমণ্ডল *space travel* ○ *a spaceman/spacewoman* (=a person who travels in space) **3** [C, *usually sing.*] a period of time কিছুটা সময় *Priti had been ill three times* ***within / in the space*** *of four months.* **4** [U] time and freedom to think and do what you want চিন্তা বা নিজের ইচ্ছামতো কাজের সময় এবং স্বাধীনতা *I need some space to think.*

space² / speɪs স্পেইস্ / *verb* [T] **space sth (out)** to arrange things so that there are empty spaces between them ফাঁক ফাঁক জায়গা রেখে জিনিস সাজানো

spacecraft / ˈspeɪskrɑːft ˈস্পেইস্‌ক্রা:ফ্‌ট্ / *noun* [C] (*pl.* **spacecraft**) a vehicle that travels in space মহাকাশযান

spaceship / ˈspeɪsʃɪp ˈস্পেইস্‌শিপ্ / *noun* [C] a vehicle that travels in space, carrying people যে মহাকাশযানে চড়ে মানুষ মহাকাশে যায়

spacious / ˈspeɪʃəs ˈস্পেইশ্যাস্ / *adj.* having a lot of space; large in size অনেক জায়গা আছে এমন; বিস্তীর্ণ, প্রশস্ত ▶ **spaciousness** *noun* [U] খোলাভাব, প্রশস্ততা

spade / speɪd স্পেইড্ / *noun* **1** [C] a tool that you use for digging কোদাল, বেলচা ➪ **shovel** দেখো এবং **gardening**-এ ছবি দেখো। **2 spades** [*pl.*] the group (**suit**) of playing cards with pointed black symbols on them কালো চিহ্ন দেওয়া তাস, ইস্কাবন *the king of spades* ➪ **card**-এ নোট দেখো। **3** [C] one of the cards from this suit ইস্কাবনের যে-কোনো তাস *Have you got a spade?*

spadework / ˈspeɪdwɜːk ˈস্পেইড্‌উঅ:ক্ / *noun* [U] the hardwork that has to be done in order to prepare for sth কোনো কিছুর জন্য তৈরি হওয়ার সময়ে যে পরিশ্রম করতে হয়

spaghetti / spəˈgeti স্প্যা'গেটি / *noun* [U] a type of Italian food (**pasta**) made from flour and water that looks like long strings একজাতীয় ইটালিয়ান খাবার যা আটা এবং জলের মিশ্রণে তৈরি, সরু এবং লম্বা লম্বা দেখতে; স্প্যাগেটি *How long does spaghetti take to cook?*

span¹ / spæn স্প্যান্ / *noun* [C] **1** the length of sth from one end to the other কোনো কিছুর এক প্রান্ত থেকে অপর প্রান্ত পর্যন্ত দৈর্ঘ্য *the wingspan of a bird* **2** the length of time that sth lasts or continues সময়ের ব্যাপ্তি, যতটা সময় ধরে বা যতক্ষণ *Young children have a short attention span.*

span² / spæn স্প্যান্ / *verb* [T] (**spa<u>nn</u>ing; spa<u>nn</u>ed**) **1** to form a bridge over sth কোনো

কিছুর উপর পুল তৈরি করা **2** to last or continue for a particular period of time নির্দিষ্ট সময়কালব্যাপী *His acting career spanned 30 years.*

spank / spæŋk স্প্যাংক্ / *verb* [T] to hit a child on his/her bottom with an open hand as a punishment পাছায় চড় মারা, শাস্তির জন্য শিশুর পাছায় খালি হাতে মারা

spanner / ˈspænə(r) ˈস্প্যান্যা(র্) / (*AmE* **wrench**) *noun* [C] a metal tool with an end shaped for turning small metal rings (**nuts**) and pins (**bolts**) that are used for holding things together (জিনিসপত্র আটকানোর জন্য ব্যবহৃত হয়) নাট, বল্টু ইত্যাদির আকারের প্রান্তদেশযুক্ত একধরনের ধাতব যন্ত্র যা সেগুলি ঘুরিয়ে ঘুরিয়ে খোলা বা আটকানোর জন্য ব্যবহৃত হয়; স্প্যানার ➪ **adjustable spanner** দেখো এবং **tool**-এ ছবি দেখো।

spare[1] / speə(r) স্পেঅ্যা(র্) / *adj.* **1** not needed now but kept because it may be needed in the future বাড়তি, ভবিষ্যতের প্রয়োজনে তুলে রাখা হয়েছে এমন *spare tyre* ○ *a spare room* **2** not used for work কাজে না লাগানো *What do you do in your spare time?* **3** not being used; free ব্যবহৃত হচ্ছে না; ফাঁকা *There were no seats spare so we had to stand.* ▶ **spare** *noun* [C] বাড়তি যন্ত্রাংশ *The fuse has blown. Where do you keep your spares?*

spare[2] / speə(r) স্পেঅ্যা(র্) / *verb* [T] **1 spare sth (for sb); spare (sb) sth** to be able to give sth to sb কাউকে কিছু দিতে পারা *I suppose I can spare you a few minutes.* **2 spare sb (from) sth/doing sth** to save sb from having an unpleasant experience কাউকে কোনো অপ্রীতিকর অভিজ্ঞতা থেকে বাঁচানো *You could spare yourself waiting if you book in advance.* **3 spare no effort, expense, etc.** to do sth as well as possible without limiting the money, time, etc. involved অর্থ, সময় ইত্যাদির কথা চিন্তা না করেই কাজটা যতদুর সম্ভব ভালো করে করা *No expense was spared at the wedding.* ○ *He spared no effort in trying to find a job.* **4 spare sb/sth (from sth)** to not hurt or damage sb/sth কাউকে আঘাত না করা, কারও ক্ষতি না করা

IDM to spare more than is needed যতটা দরকার তার থেকেও বেশি *There's no time to spare. We must leave straight away.*

spare part *noun* [C] a part for a machine, engine, etc. that you can use to replace an old part which is damaged or broken (মেশিন, ইঞ্জিন ইত্যাদির) খারাপ হলে পুরোনো অংশ বদল করার জন্য নতুন যন্ত্রাংশ

sparing / ˈspeərɪŋ ˈস্পেঅ্যারিং / *adj.* (*formal*) using only a little of sth; careful কোনো কিছুর খুব কম পরিমাণে ব্যবহার করে; হিসেবি, সতর্ক *Doctors now advise only sparing use of such creams.* ▶ **sparingly** *adv.* স্বল্পপরিমাণে, হিসেব করে, সতর্কভাবে

spark[1] / spɑːk স্পা:ক্ / *noun* **1** [C] a very small bright piece of burning material ফুলকি, আগুনের কণা *A spark set fire to the carpet.* **2** [C] a flash of light that is caused by electricity বিদ্যুতে গোলমাল হলে অনেক সময় যে ঝিলিক দেখা যায়; বিদ্যুৎ স্ফুলিঙ্গ *A spark ignites the fuel in a car engine.* **3** [C, U] an exciting quality that sb/sth has কারও বিশেষ কোনো গুণ, বুদ্ধি, স্ফুলিঙ্গ

spark[2] / spɑːk স্পা:ক্ / *verb*

IDM spark sth off to cause sth কোনো কিছু ঘটানো, কারণ হওয়া *Pradeep's comments sparked off a tremendous argument.*

sparkle / ˈspɑːkl ˈস্পা:ক্‌ল্ / *verb* [I] to shine with many small points of light ঝিকমিক বা ঝকমক করা, চকচক করা, উজ্জ্বল হয়ে ওঠা *The river sparkled in the sunlight.* ▶ **sparkle** *noun* [C, U] ঝলমলানি, ঝিকিমিকি

sparkling / ˈspɑːklɪŋ ˈস্পা:ক্লিং / *adj.* **1** shining with many small points of light অনেক আলোয় চমকিত, উজ্জ্বল *sparkling blue eyes* **2** (used about a drink) containing bubbles of gas (পানীয় সম্বন্ধে ব্যবহৃত) সফেন, ফেনিল *sparkling wine/mineral water*

spark plug *noun* [C] a small piece of equipment in an engine that produces a bright flash of electricity (**a spark**) to make the fuel burn and start the engine মোটর গাড়ি ইত্যাদির ইঞ্জিনে বিদ্যুৎ স্ফুলিঙ্গ উৎপন্ন করে ইন্ধন জোগানো এবং ইঞ্জিনে গতিসঞ্চার করে যে ছোটো যন্ত্র; স্পার্ক প্লাগ

sparrow / ˈspærəʊ ˈস্প্যারাউ / *noun* [C] a small brown and grey bird that is common in many parts of the world চড়ুই পাখি

sparse / spɑːs স্পা:স্ / *adj.* small in quantity or amount অল্প পরিমাণ, মাত্র কয়েকটি *a sparse crowd* ○ *He just had a few sparse hairs on his head.* ▶ **sparsely** *adv.* বিরলভাবে, বিক্ষিপ্তভাবে *a sparsely populated area* ▶ **sparseness** *noun* [U] স্বল্পতা, বিরলতা

spartan / ˈspɑːtn ˈস্পা:ট্‌ন্ / *adj.* (*formal*) very simple and not comfortable কঠোর ও অনাড়ম্বর, সরল *spartan living conditions*

spasm / ˈspæzəm ˈস্প্যাজ্যাম্ / *noun* [C, U] a sudden movement of a muscle that you cannot control পেশির অনিয়ন্ত্রিত আকস্মিক সংকোচন; খিঁচুনি *He had painful muscular spasms in his leg.*

spat ➪ **spit[1]**-এর past tense এবং past participle

spate / speɪt স্পেইট্ / *noun* [*sing.*] a large number or amount of sth happening at one time প্রচুর পরিমাণে; অসংখ্য *There has been a spate of burglaries in the area recently.*

spatial / ˈspeɪʃl ˈস্পেইশ্‌ল্ / *adj.* (*formal*) connected with the size or position and area of sth কোনো কিছুর আকার বা অবস্থান এবং এলাকার সঙ্গে সংযুক্ত *spatial measurements*

spatter / ˈspætə(r) ˈস্প্যাট্যা(র্) / *verb* [T] **spatter sb/sth (with sth); spatter sth (on sb/sth)** to cover sb/sth with small drops of sth wet ভিজে কোনো কিছু ছিটিয়ে কাউকে বা কিছু সম্পূর্ণ ভিজিয়ে ফেলা

spatula / ˈspætʃələ ˈস্প্যাচ্যাল্যা / *noun* [C] a tool with a wide flat part used in cooking for mixing and spreading things রান্নায় জিনিসপত্র মেশানোর জন্য ব্যবহৃত চওড়া ও চ্যাপটা অংশযুক্ত বস্তু; খুন্তি ➪ **kitchen**-এ ছবি দেখো।

speak / spiːk স্পীক্ / *verb* (*pt* **spoke** / spəʊk স্প্যাউক /; *pp* **spoken** / ˈspəʊkən ˈস্প্যাউক্যান্ /) **1** [I] **speak (to sb) (about sb/sth); speak (of sth)** to talk or say things কথা বলা বা কথা কওয়া *I'd like to speak to the manager, please.* ○ *I was so angry I could hardly speak.*

> **NOTE** **Talk** এবং **speak** দুটি শব্দের মানে প্রায় এক হলেও সাধারণত দুজনে বা ততোধিক ব্যক্তির মধ্যে কথোপকথন চলতে থাকলে **talk** বলা হয় কিন্তু কোনো একজন একা, বিশেষ কোনো অনুষ্ঠানে কোনো একটি বিশেষ বিষয়ের সম্পর্কে কিছু বললে **speak** শব্দটি ব্যবহার করা হয়—*I'd like to speak to the manager' please.* ○ *We talked all night.* ○ *The head teacher spoke to the class about university courses.*

2 [T] (*not used in the continuous tenses*) to know and be able to use a language কোনো ভাষা জানা এবং তাতে কথা বলতে পারা *Does anyone here speak Urdu?* ○ *a French-speaking guide* **3** [I] **speak (on/about sth)** to make a speech to a group of people একদল শ্রোতার সামনে ভাষণ দেওয়া **4** [I] (*informal*) **be speaking (to sb)** to be friendly with sb again after an argument কোনো মনোমালিন্য বা ঝগড়াঝাঁটির পরে আবার বন্ধুত্বের মনোভাব নিয়ে কথা বলা

IDM **be on speaking terms (with sb)** to be friendly with sb again after an argument মনোমালিন্যের পরে আবার বন্ধুত্বপূর্ণ সম্পর্ক স্থাপিত হওয়া *Thankfully they are back on speaking terms again.*

so to speak used when you are describing sth in a way that sounds strange অদ্ভুত কিছু বলতে হলে এভাবে বলা হয় *She turned green, so to speak, after watching a television programme about the environment.*

speak for itself to be very clear so that no other explanation is needed এতই পরিষ্কার এবং স্পষ্ট হওয়া যে অন্য আর কোনো প্রমাণের দরকারই হয় না *The statistics speak for themselves.*

speak/talk of the devil ➪ **devil** দেখো।

speak your mind to say exactly what you think, even though you might offend sb নিজের মনোভাব সঠিকভাবে জানিয়ে দেওয়া, অন্যের প্রতিক্রিয়ার কথা চিন্তা না করেই

PHR V **speak for sb** to express the thoughts or opinions of sb else অন্যের মুখপাত্র হয়ে তার মনোভাব, মতামত জানানো

speak out (against sth) to say publicly that you think sth is bad or wrong প্রকাশ্যে নিজের মনোভাব জানানো

speak up to speak louder জোরে বলা, উঁচু গলায় বলা

speaker / ˈspiːkə(r) ˈস্পীক্যা(র্) / *noun* [C] **1** a person who makes a speech to a group of people যে বক্তৃতা করে বা কথা বলে; বক্তা; স্পীকার *Tonight's speaker is a well-known writer and journalist.* **2** a person who speaks a particular language বিশেষ একটি ভাষা বলে যে ব্যক্তি *She's a fluent Russian speaker.* **3** = **loudspeaker 1** **4 the Speaker** the presiding officer (= the person whose job is to control and be in charge of the discussions) in many lesgislative assemblies লোকসভা বা বিধানসভার অধ্যক্ষ যিনি সেখানকার আলোচনাসমূহের নিয়ন্ত্রণকর্তা বা কর্ত্রী *the speaker of the Lok Sabha/Legislative Assembly*

spear / spɪə(r) স্পিঅ্যা(র্) / *noun* [C] a long pole with a sharp point at one end, used for hunting or fighting বর্শা, বল্লম

spearhead / ˈspɪəhed ˈস্পিঅ্যাহেড্ / *noun* [C, *usually sing.*] a person or group that begins or leads an attack আক্রমণ শুরু করে বা চালনা করে যে ব্যক্তি বা দল ▶ **spearhead** *verb* [T] আক্রমণ ইত্যাদি পরিচালনা করা, আক্রমণে নেতৃত্ব দেওয়া

spearmint / ˈspɪəmɪnt ˈস্পিঅ্যামিন্ট্ / *noun* [U] a type of leaf with a strong fresh taste that is used in sweets, etc. পুদিনার মতো একধরনের সুগন্ধি পাতা *spearmint chewing gum* ➪ **peppermint** দেখো।

special¹ / ˈspeʃl ˈস্পেশ্‌ল্ / *adj.* **1** not usual or ordinary; important for some particular reason বিশেষ, অসাধারণ; কোনো কারণে গুরুত্বপূর্ণ *a special occasion* ○ *special care* **2** (*only before a noun*) for a particular purpose কোনো বিশেষ উদ্দেশ্যের জন্য *Anil goes to a special school for the deaf.* ○ *There's a special tool for drilling.*

special² / ˈspeʃl ˈস্পেশ্‌ল্ / *noun* [C] something that is not of the usual or ordinary type অস্বাভাবিক, যা সাধারণত হয় না, বিশেষ কিছু *an all-night election* *special on TV* ○ *I'm going to cook one of my specials tonight.*

specialist / ˈspeʃəlɪst ˈস্পেশ্যালিস্ট্ / *noun* [C] a person with special or deep knowledge of a particular subject বিশেষজ্ঞ (কোনো নির্দিষ্ট বিষয়ে) *She's a specialist in diseases of cattle.* ○ *a heart specialist* ○ *specialist advice*

speciality / ˌspeʃiˈæləti ˌস্পেশিˈঅ্যাল্যাটি / *noun* [C] (*pl.* **specialities**) (*AmE* **specialty** *pl.* **specialties**) **1** an area of study or a subject that you know a lot about যে বিষয়ে বিশেষভাবে পড়াশুনো করা হয়েছে **2** something made by a person, place, business, etc. that is very good and that he/she/it is known for কোনো কিছু যার মধ্যে কোনো ব্যক্তি বা জায়গাটি বা কাজের বিশেষত্ব প্রকাশ পায় এবং তার জন্যই সে বা সেই জায়গা বা সেই বস্তুটি পরিচিত *The cheese is a speciality of the region.*

specialize (*also* **-ise**) / ˈspeʃəlaɪz ˈস্পেশ্যালাইজ় / *verb* [I] **specialize (in sth)** to give most of your attention to one subject, type of product, etc. কোনো বিশেষ বিষয়ে, নির্দিষ্ট ধরনের উৎপাদনের প্রতি অধিকাংশ মনোযোগ দেওয়া, যথেষ্ট দক্ষতা অর্জন করা, বিশেষজ্ঞ হওয়া *This shop specializes in clothes for taller men.* ▶ **specialization** (*also* **-isation**) / ˌspeʃəlaɪˈzeɪʃn ˌস্পেশ্যালাইˈজ়েইশ্ন্ / *noun* [U] বিশেষীকরণ

specialized (*also*-**ised**) / ˈspeʃəlaɪzd ˈস্পেশ্যালাইজ়্ড্ / *adj.* **1** to be used for a particular purpose বিশেষ উদ্দেশ্যে ব্যবহৃত হওয়া *a specialized system* **2** having or needing deep or special knowledge of a particular subject সুদক্ষ, অভিজ্ঞ *We have specialized staff to help you with any problems.*

specially / ˈspeʃəli ˈস্পেশ্যালি / (*also* **especially**) *adv.* **1** for a particular purpose or reason বিশেষ উদ্দেশ্যে বা কারণে *I made this specially for you.* **2** particularly; very; more than usual বিশেষত, খুব; সাধারণের থেকে বেশি *It's not an especially difficult exam.*

specialty / ˈspeʃəlti ˈস্পেশ্যাল্টি / (*AmE*) = **speciality**

species / ˈspiːʃiːz ˈস্পীশীজ় / *noun* [C] (*pl.* **species**) a group of plants or animals that are all the same and that can breed together (উদ্ভিদ বা পশুর) প্রজাতি, শ্রেণি, একই ধরনের গুণ বা বৈশিষ্ট্য সম্বলিত *This conservation group aims to protect endangered species.* ○ *a rare species of frog*

specific / spəˈsɪfɪk স্প্যাˈসিফিক্ / *adj.* **1 specific (about sth)** detailed or exact বিস্তারিত, যথাযথ ঠিকঠাক *You must give the class specific instructions on what they have to do.* **2** particular; not general নির্দিষ্ট; সাধারণ নয় *Everyone has been given a specific job to do.* ▶ **specifically** /spəˈsɪfɪkli স্প্যাˈসিফিক্লি / *adv.* বিশেষভাবে, নির্দিষ্টভাবে, আলাদা করে *a play written specifically for radio*

specification / ˌspesɪfɪˈkeɪʃn ˌস্পেসিফিˈকেইশ্ন্ / *noun* [C, U] detailed information about how sth is or should be built or made কোনো কিছু সম্বন্ধে বা তার নির্মাণ সম্বন্ধে খুঁটিনাটি তথ্য

specify / ˈspesɪfaɪ ˈস্পেসিফাই / *verb* [T] (*pres. part.* **specifying;** *3rd person sing. pres.* **specifies;** *pt, pp* **specified**) to say or name sth clearly or in detail কোনো কিছুর নাম বলা, স্পষ্ট বা বিস্তারিতভাবে বলা *The fire regulations specify the maximum number of people allowed in.*

specimen / ˈspesɪmən ˈস্পেসিম্যান্ / *noun* [C] **1** an example of a particular type of thing, especially intended to be studied by experts or scientists নিদর্শন, নমুনা, বিশেষত যেগুলি বিশেষজ্ঞ বা বৈজ্ঞানিকদের গবেষণার কাজে ব্যবহৃত হয় **2** a small amount of sth that is tested for medical or scientific purposes চিকিৎসা সংক্রান্ত বা বৈজ্ঞানিক পরীক্ষার উদ্দেশ্যে গৃহীত কোনো কিছুর নমুনাস্বরূপ স্বল্প পরিমাণ *Specimens of the patient's blood were tested in the hospital laboratory.* ✪ সম **sample**

speck / spek স্পেক্ / *noun* [C] a very small spot or mark বিন্দু, কণা, ছোটো দাগ *a speck of dust/dirt*

specs / speks স্পেক্স্ / (*informal*) = **glasses**

spectacle / ˈspektəkl ˈস্পেকট্যাক্ল্ / *noun* [C] something that is impressive or shocking to look at লক্ষণীয় অথবা চমক লাগানো দৃশ্য

spectacles / ˈspektəklz ˈস্পেকট্যাক্লজ় / (*formal*) = **glasses**

spectacular / spekˈtækjələ(r) ˈস্পেক্ˈট্যাকিঅ্যাল্যা(র্) / *adj.* very impressive to see সুন্দর, দেখার মতো, জমকালো, অপূর্ব *The view from the top of the hill is quite spectacular.* ▶ **spectacularly** *adv.* জমকালোভাবে, দেখার মতো করে

spectator / spekˈteɪtə(r) স্পেক্ˈটেইট্যা(র্) / *noun* [C] a person who is watching an event, especially a sporting event দর্শক, খেলা দেখার দর্শক

spectre (*AmE* **specter**) /ˈspektə(r) ˈস্পেকট্যা(র্) / *noun* [C] **1** something unpleasant that people are afraid might happen in the future আশঙ্কা, ভবিষ্যতে খারাপ কিছু হতে পারে, অমঙ্গল ঘটতে পারে এই জন্য ভয় *the spectre of unemployment* **2** (*old-fashioned*) = **ghost**

spectrum / ˈspektrəm ˈস্পেকট্র্যাম্ / *noun* [C, *usually sing.*] (*pl.* **spectra** / ˈspektrə ˈস্পেকট্র্যা /) **1** the set of seven colours into which white light can be separated সাত রঙের বর্ণালী, যার মধ্যে সাদা আলো

আলাদা করে চিহ্নিত করা সম্ভব *You can see the colours of the spectrum in a rainbow.* **2** all the possible varieties of sth কোনো কিছুর সমস্ত সম্ভাব্য দিকগুলি *The speakers represented the whole spectrum of political opinions.*

speculate / ˈspekjuleɪt ˈস্পেকিউলেইট্ / *verb* **1** [I, T] **speculate (about/ on sth); speculate that...** to make a guess about sth কোনো বিষয়ে ভাবা, অনুমান করা *to speculate about the result of the next election* **2** [I] to buy and sell with the aim of making money but with the risk of losing it অর্থলাভের উদ্দেশ্যে, ঝুঁকি নিয়ে কেনাবেচা করা *to speculate on the stock market* ▶ **speculation** /ˌspekjuˈleɪʃn ˌস্পেকিউˈলেইশ্ন্ / *noun* [U, C] ভাবনাচিন্তা, ভবিষ্যৎকল্পনা ▶ **speculator** *noun* [C] যে ফাটকা খেলে, ঝুঁকি নেয়, ভাবনাচিন্তা করে

speculative / ˈspekjələtɪv ˈস্পেকিঅ্যাল্যাটিভ্ / *adj.* **1** based on guessing without knowing all the facts; showing that you are trying to guess sth সমস্ত কিছু ভালোভাবে না জেনে অনুমান করা হয়েছে এমন; অনুমানভিত্তিক চিন্তা; অনুমান করার চেষ্টা বা প্রয়াস করা হচ্ছে এরকম দেখানো *a speculative look/glance* **2** (in business) done with the aim of making money but also with the risk of losing it (ব্যাবসায়) টাকা বাড়ানোর উদ্দেশ্যে কিন্তু টাকা হারানোর ঝুঁকি নিয়ে করা হয়েছে এমন *speculative investment*

sped ➪ **speed**[2]-এর past tense এবং past participle

speech / spiːtʃ স্পীচ্ / *noun* **1** [C] a formal talk that you give to a group of people ভাষণ, বক্তৃতা *The Chancellor is going to* ***make a speech*** *to city businessmen.* **2** [U] the ability to speak বলার ক্ষমতা; বাগ্মিতা *He lost the* ***power of speech*** *after the accident.* **3** [U] the particular way of speaking of a person or group of people বিশেষ ধরনের শ্রোতার কাছে কথা বলার বিশেষ ভঙ্গি; বাচনভঙ্গি *She's doing a study of children's speech.* **4** [C] a group of words that one person must say in a play নাটকের উক্তি

speechless / ˈspiːtʃləs ˈস্পীচ্ল্যাস্ / *adj.* not able to speak, for example because you are shocked, angry, etc. বিশেষ কারণে (শোক, ক্রোধ ইত্যাদির বশবর্তী হয়ে) কিছুক্ষণের জন্য কথা বলতে অক্ষম; বাক্রুদ্ধ

speech marks = **quotation marks**

speed[1] / spiːd স্পীড্ / *noun* **1** [U] fast movement দ্রুত গতি *The bus began to* ***pick up speed*** *down the hill.* ○ *The bus was travelling* ***at speed*** *when it hit the wall.* **2** [C, U] the rate at which sb/sth moves or travels গতির মাত্রা *to travel* ***at top high full maximum speed***

speed[2] / spiːd স্পীড্ / *verb* [I] (*pt, pp* **sped** / sped স্পেড্ /) **1** to go or move very quickly খুব জোরে যাওয়া, বেগে যাওয়া *He sped round the corner on his bicycle.* **2** (*only used in the continuous tenses*) to drive a car, etc. faster than the legal speed limit আইনসম্মত গতিসীমার থেকে জোরে গাড়ি ইত্যাদি চালানো *The police said she had been speeding.*

PHR V **speed (sth) up** (*pt, pp* **speeded**) to go or make sth go faster গতিবেগ বৃদ্ধি করা, স্পিড বাড়ানো, আরও জোরে চালানো *The new computer system should speed up production in the factory.*

speedboat / ˈspiːdbəʊt ˈস্পীড্ব্যাউট্ / *noun* [C] a small fast boat with an engine ইঞ্জিনযুক্ত দ্রুত গতির নৌকো; স্পিড-বোট

speeding / ˈspiːdɪŋ ˈস্পীডিং / *noun* [U] driving a car, etc. faster than the legal speed limit আইন সম্মত গতিসীমার থেকে জোরে গাড়ি চালানোর ক্রিয়া

speed limit *noun* [C, *usually sing.*] the highest speed that you may drive without breaking the law on a particular road নির্দিষ্ট রাস্তায় গতিবেগের সর্বোচ্চ সীমা (আইনসম্মতভাবে) *He was going way* ***over the speed limit.***

speedometer / spiːˈdɒmɪtə(r) স্পীˈডমিট্যা(র্) / *noun* [C] a piece of equipment in a vehicle that tells you how fast you are travelling গাড়ির মধ্যেকার যে যন্ত্রাংশ দেখে গাড়ির গতি জানা যায়; দ্রুতিমাপক যন্ত্রবিশেষ; স্পীডোমিটার ➪ **car**-এ ছবি দেখো।

speedway / ˈspiːdweɪ ˈস্পীড্উএই / *noun* [U] the sport of racing motorbikes around a track মোটর সাইকেল রেসের জায়গা বা বিশেষ রাস্তা

speedy / ˈspiːdi ˈস্পীডি / *adj.* fast; quick দ্রুতগতিসম্পন্ন; ক্ষিপ্র, দ্রুতগামী *a speedy response/reply/ recovery* ▶ **speedily** *adv.* দ্রুতবেগে, ক্ষিপ্রভাবে ▶ **speediness** *noun* [U] ক্ষিপ্রতা, দ্রুতগামিতা

spell[1] / spel স্পেল্ / *verb* (*pt, pp* **spelled** /speld স্পেল্ড্/or **spelt** /spelt স্পেল্ট্ /) **1** [I, T] to write or say the letters of a word in the correct order বানান করা, বানান লেখা *His name is spelt P-A-R-E-S-H.* **2** [T] (used about a set of letters) to form a particular word (কতকগুলি অক্ষর সম্বন্ধে ব্যবহৃত) অক্ষর সাজিয়ে নির্দিষ্ট শব্দ তৈরি করা *If you add an 'e' to 'car' it spells 'care'.* **3** [T] to mean sth; to have sth as a result কোনো কিছু বোঝানো; ফলস্বরূপ কিছু থাকা *Another poor harvest would* ***spell disaster*** *for the region.*

PHR V **spell sth out** **1** to write or say the letters of a word or name in the correct order নাম বা কোনো শব্দ ঠিকভাবে বানান করে বলা বা লেখা *I have an unusual name, so I always have to spell it out to people.* **2** to express sth in a very clear and direct way সহজবোধ্য করে এবং স্পষ্টভাবে কোনো কিছু বলা

spell[2] / spel স্পেল্ / *noun* [C] **1** a short period of time অল্প সময়, কিছুক্ষণ *a spell of cold weather* **2** (especially in stories) magic words or actions that cause sb to be in a particular state or condition (বিশেষত কাহিনিতে) যে জাদুমন্ত্রের ফলে কেউ সম্মোহিত হয়ে, বিশেষ কোনো অবস্থা বা পরিস্থিতিতে পড়ে

spell check *verb* [I, T] to use a computer program to check your writing to see if your spelling is correct কম্পিউটার দেখে বানান ঠিক করা ▶ **spell check** *noun* [C] = **spellchecker**

spellchecker / ˈspeltʃekə(r) ˈস্পেলচেক্যা(র্) / (*also* **spell check**) *noun* [C] a computer program that checks your writing to see if your spelling is correct কম্পিউটারের যে প্রোগ্রাম কারও লেখার বানান সঠিক কিনা তা দেখে

spelling / ˈspelɪŋ ˈস্পেলিং / *noun* **1** [C, U] the way that letters are arranged to make a word বানান *'Center' is the American spelling of 'centre'.* **2** [U] the ability to write the letters of a word correctly শুধু বানান লেখার যোগ্যতা বা ক্ষমতা *Raghu is very poor at spelling.*

spelt ➪ **spell**[1]-এর past tense এবং past participle

spend / spend স্পেন্ড্ / *verb* (*pt, pp* **spent** /spent স্পেন্ট্ /) **1** [I, T] **spend (sth) (on sth)** to give or pay money for sth খরচ করা, কোনো কিছুর দাম দেওয়া *How much do you spend on food each week?* ○ *You shouldn't go on spending like that.* **2** [T] **spend sth (on sth/doing sth)** to pass time সময় কাটানো *I spent a whole evening writing letters.* ○ *I'm spending the weekend at my parents' house.*

spending / ˈspendɪŋ ˈস্পেনডিং / *noun* [U] the amount of money that is spent by a government or an organization সরকার বা কোনো প্রতিষ্ঠানের খরচের পরিমাণ

sperm / spɜːm স্প্যম্ / *noun* **1** [C] (*pl.* **sperm** or **sperms**) a cell that is produced in the sex organs of a male and that can join with a female egg to produce young পুরুষের লিঙ্গ থেকে নিঃসৃত হওয়ার পরে স্ত্রীডিম্বের সঙ্গে মিলিত হয়ে প্রজনন ঘটায় যে কোষ; শুক্রাণু, শুককীট **2** [U] the liquid that contains sperms যে তরল ঐ শুক্রাণু বহন করে

spew / spjuː স্পিউ /*verb* [I, T] **1** to flow out quickly or to make sth flow out quickly, in large amounts দ্রুত নির্গত হওয়া অথবা কোনো কিছু দ্রুত নিঃসৃত করা, বিশেষত অধিক মাত্রায় *The chimneys were spewing out smoke and flames.* **2 spew (sth) (up)** (*BrE informal*) to vomit বমি করা, বমন করা *She spewed up all the food that she had eaten.*

sphere / sfɪə(r) স্ফিঅ্যা(র্) / *noun* [C] **1** any round object shaped like a ball গোলাকার, বলের আকৃতি, গোলক ➪ **solid**-এ ছবি দেখো। **2** an area of interest or activity কার্যকলাপের অথবা মনোযোগের ক্ষেত্র ▶ **spherical** / ˈsferɪkl ˈস্ফেরিক্ল্ / *adj.* গোলাকার, বর্তুলাকার

spheroid / ˈsfɪərɔɪd ˈস্ফিঅ্যারইড্ / *noun* [C] (*technical*) a solid object that is approximately the same shape as a **sphere** প্রায় গোলাকার কোনো কঠিন বস্তু

sphincter / ˈsfɪŋktə(r) ˈস্ফিংক্ট্যা(র্) / *noun* [C] (*technical*) a ring of muscle that surrounds an opening in the body and that can become tighter in order to close the opening শরীরে কোনো খোলা স্থানে যে গোলাকার পেশি সংকুচিত এবং শক্ত হয়ে জায়গাটিকে বন্ধ করে দিতে সক্ষম *the anal sphincter*

sphinx / sfɪŋks স্ফিংক্স্ / *noun* [C] an ancient Egyptian stone statue of a creature with a human head and the body of a lion lying down প্রাচীন মিশরের পাথরের মূর্তি যাতে মানুষের মাথা এবং সিংহের শোয়ানো শরীর থাকে; স্ফিংকস

spice[1] / spaɪs স্পাইস্ / *noun* **1** [C, U] a substance, especially a powder, that is made from a plant and used to give flavour to food (উদ্ভিদজাত) মশলা বা গুঁড়ো মশলা *Pepper and paprika are two common spices.* ➪ **herb** দেখো। **2** [U] excitement and interest উত্তেজনা এবং কৌতূহল *to **add spice** to a situation* ▶ **spicy** *adj.* মশলাদার, মশলাযুক্ত, ঝাঁজালো *Do you like spicy food?*

spice[2] / spaɪs স্পাইস্ / *verb* [T] **spice sth (up) (with sth) 1** to add spice to food মশলা দিয়ে রান্না করা বা খাবারে মশলা দেওয়া *He always spices his cooking with lots of chilli powder.* **2** to add excitement to sth কোনো কিছু আকর্ষণীয় করার জন্য, উত্তেজনা বাড়ানোর জন্য কিছু যোগ করা

spider / ˈspaɪdə(r) ˈস্পাইড্যা(র্) / *noun* [C] a type of small animal like an insect with eight legs. Spiders make (**spin**) special nets (**webs**) to catch insects for food মাকড়সা, উর্ণনাভ

spike / spaɪk স্পাইক্ / *noun* [C] a piece of metal, wood, etc. that has a sharp point at one end ছুঁচোলো ধাতুখণ্ড বা কাঠের টুকরো

spill / spɪl স্পিল্ / *verb* [I, T] (*pt, pp* **spilt** /spɪlt স্পিল্ট্ / or **spilled**) **1** (used especially about a liquid) to accidentally come out of a container; to make a liquid, etc. do this (বিশেষত তরল পদার্থ সম্বন্ধে ব্যবহৃত) অসতর্কতাবশত ছড়িয়ে পড়া, উপচে পড়া; কোনো তরল পদার্থ ইত্যাদি চলকে ফেলা *The bag split, and sugar spilled everywhere.* **2** [I] **spill out, over, into, etc.** to come out of a place suddenly

S

spiral

and go in different directions কোনো কিছুর ভিতর থেকে এসে চারদিকে ছড়িয়ে পড়া, উপচে পড়া, চমকে পড়া *The train stopped and everyone spilled out.* ▶ **spill** *noun* [C] চলকানো, পতন, ডিগবাজি *Many seabirds died as a result of the oil spill.*

IDM spill the beans (*informal*) to tell a person about sth that should be a secret গোপন রাখা উচিত এমন কথা বলে ফেলা, পেটে কথা রাখতে না পারা

spin[1] / spɪn স্পিন্ / *verb* (**spinning**; *pt, pp* **spun** / spʌn স্পান্ /) **1** [I, T] **spin (sth) (round)** to turn or to make sth turn round quickly ঘোরা, কোনো কিছুকে দ্রুতবেগে ঘোরানো *He spun the globe.* ○ *to spin a ball/coin/wheel* **2** [I, T] to make thread from a mass of wool, cotton, etc. উল, সুতো তৈরি করা; সুতো কাটা *A spider spins a web.* **3** [T] to remove water from clothes that have just been washed by turning them round and round very fast in a machine যন্ত্রের ভিতর ঘুরিয়ে ঘুরিয়ে কাচা কাপড় থেকে জল বার করা; নিংড়ানো

PHR V spin sth out to make sth last as long as possible যতক্ষণ পারা যায় চালিয়ে যাওয়া

spin[2] / spɪn স্পিন্ / *noun* [C, U] **1** an act of making sth spin কোনো কিছু ঘোরানোর ক্রিয়া *She **put** a lot of **spin on** the ball.* **2** (especially in politics) a way of talking publicly about a difficult situation, a mistake, etc. that makes it sound positive for you (বিশেষত রাজনীতিতে) কোনো জটিল সমস্যা বা দোষ ত্রুটির সম্বন্ধে প্রকাশ্যে এমনভাবে বলা যাতে দোষগুলোই লোকের চোখে গুণের মতো হয়ে দাঁড়ায়

IDM go/take sb for a spin to go/take sb out in a car or other vehicle কাউকে গাড়িতে চাপিয়ে ঘুরিয়ে আনা

spinach / ˈspɪnɪtʃ; -ɪdʒ ˈস্পিনিচ্; -ইজ্ / *noun* [U] a plant with large dark green leaves that can be cooked and eaten as a vegetable পালং শাক

spinal / ˈspaɪnl ˈস্পাইনল্ / *adj.* connected with the bones of your back (**the spine**) শিরদাঁড়ার সঙ্গে জড়িত বা ঐ সম্বন্ধে

spinal column = **spine 1**

spinal cord *noun* [C] the mass of nerves inside the **spine** that connects all parts of the body to the brain মেরুদণ্ডের ভিতরের যে স্নায়ুতন্ত্র শরীরের বাকি সকল অংশ মস্তিষ্কের সঙ্গে যুক্ত করে; সুষুম্নাকাণ্ড ➪ **body**-তে ছবি দেখো।

spindle / ˈspɪndl ˈস্পিন্ড্ল্ / *noun* [C] **1** a rod that turns in a machine, or that another part of the machine turns around যে দণ্ড নিজে আবর্তিত হয়ে কোনো যন্ত্রকে ঘোরায় অথবা কোনো যন্ত্রের অংশ ঘুরতে সাহায্য করে **2** a thin pointed rod used for spinning wool into thread by hand ছুঁচোলো পাতলা যে দণ্ড হাতের সাহায্যে উল থেকে সুতো তৈরিতে ব্যবহৃত হয়; চরকার টাকু

spin doctor *noun* [C] (especially in politics) a person who finds ways of talking about difficult situations, mistakes, etc. in a positive way (বিশেষত রাজনীতিতে) যে ব্যক্তি ভুলভ্রান্তি, কঠিন অবস্থা সম্বন্ধে সদর্থকভাবে কথাবার্তার বলার উপায় বার করে

spin dryer *noun* [C] a machine that removes water from wet clothes by turning them round and round very fast যে যন্ত্র জোরে ভিজে কাপড় ঘুরিয়ে সেগুলি শুকোয় ▶ **spin-dry** *verb* [T] ঘোরানো যন্ত্রের মধ্যে কাপড় ঘুরিয়ে ঘুরিয়ে শুকোনো

spine / spaɪn স্পাইন্ / *noun* [C] **1** the bones of the back of a person or animal (ব্যক্তি বা পশুর) শিরদাঁড়া, মেরুদণ্ড ✪ সম **backbone** ➪ **body**-তে ছবি দেখো। **2** one of the sharp points like needles, on some plants and animals প্রাণীর গায়ের বা গাছের কাঁটা *Porcupines use their spines to protect themselves.* ➪ **prickle** দেখো। **3** the narrow part of the cover of a book that you can see when it is on a shelf বইয়ের পুট; স্পাইন

spineless / ˈspaɪnləs ˈস্পাইন্‌ল্যাস্ / *adj.* weak and easily frightened মেরুদণ্ডহীন, যে সহজে ভয় পায়

spinnaker / ˈspɪnəkə(r) ˈস্পিন্যাক্যা(র্) / *noun* [C] a large extra sail on a racing **yacht** that you use when the wind is coming from behind দৌড় প্রতিযোগিতায় ব্যবহৃত নৌকায় অতিরিক্ত বড়ো পাল যা পিছন দিক থেকে আসা হাওয়ার জন্য ব্যবহৃত হয় ➪ **boat**-এ ছবি দেখো।

spin-off *noun* [C] **a spin-off (from/of sth)** something unexpected and useful that develops from sth else আনুষঙ্গিক ফলাফল, যে অপ্রত্যাশিত লাভ অন্য কিছুর থেকে পাওয়া যায়

spinster / ˈspɪnstə(r) ˈস্পিন্স্ট্যা(র্) / *noun* [C] (*old-fashioned*) a woman, especially an older woman, who has never been married অবিবাহিতা, বিশেষত বয়স্কা মহিলা

> **NOTE** আজকাল অবশ্য অবিবাহিত পুরুষ বা অবিবাহিতা মহিলার জন্য **single** শব্দটি সাধারণত ব্যবহার করা হয়। ➪ **bachelor** দেখো।

spiral / ˈspaɪrəl ˈস্পাইর‍্যাল্ / *noun* [C] a long curved line that moves round and round away from a central point কুণ্ডলী, পাক, প্যাঁচ ▶ **spiral** *adj.* বাঁকানো, ঘোরানো *a*

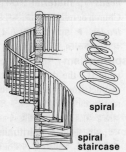

spiral
spiral staircase

spiral staircase ▶ **spiral** *verb* [I] (**spiralling; spiralled** *AmE* **spiraling; spiraled**) কুন্ডলী পাকিয়ে ওঠা, ক্রমান্বয়ে বেড়ে যাওয়া

spire / ˈspaɪə(r) ˈস্পাইঅ্যা(র্) / *noun* [C] a tall pointed tower on the top of a church গির্জা ইত্যাদির মাথায় ক্রমশ সরু হয়ে ওঠা শিখর

spirit[1] / ˈspɪrɪt ˈস্পিরিট্ / *noun* **1** [*sing.*] the part of a person that is not physical; your thoughts and feelings, not your body দেহাতীত, ইন্দ্রিয়াতীত; দেহের অতীত যে সত্তা, অনুভূতি ইত্যাদি *the power of the human spirit to overcome difficulties* **2** [C] the part of a person that many people believe still exists after his/her body is dead; a ghost or a being without a body আত্মা, অনেকেরই বিশ্বাস মৃত্যুর পরে আত্মার বিনাশ হয় না; অশরীরী আত্মা *It was believed that people could be possessed by **evil spirits**.* ➪ **soul** দেখো। **3** [C] the mood, attitude or state of mind of sb/sth কোনো ব্যক্তি অথবা বস্তুর মেজাজ, মনোভাব অথবা মনের অবস্থা *to be **in high/low spirits*** (=in a happy/sad mood) **4 -spirited** (*used to form compound adjectives*) having the mood or attitude of mind mentioned উল্লিখিত মনোভাবাপন্ন *a group of high spirited teenagers* **5 spirits** [*pl.*] (*BrE*) strong alcoholic drinks, for example **whisky** and **vodka** কড়া মদ যেমন হুইস্কি ও ভদকা **6** [U] energy, strength of mind or determination মনের জোর, সাহসিকতা ও দৃঢ়সংকল্প *The group had plenty of **team spirit**.* **7** [*sing.*] the typical or most important quality of sth কোনো কিছুর বিশেষ বৈশিষ্ট্য বা গুরুত্বপূর্ণ গুণ *The painting perfectly captures the spirit of the times.*

spirit[2] / ˈspɪrɪt ˈস্পিরিট্ / *verb*

PHR V spirit sb/sth away/off to take sb/sth away secretly কোনো ব্যক্তি অথবা বস্তুকে গোপনে সরিয়ে নেওয়া

spirited / ˈspɪrɪtɪd ˈস্পিরিটিড্ / *adj.* full of energy, determination and courage শক্তিতে ভরপুর; দৃঢ় সংকল্প এবং সাহসী

spiritual / ˈspɪrɪtʃuəl ˈস্পিরিচুঅ্যাল্ / *adj.* **1** concerning deep thoughts, feelings or emotions rather than the body or physical things শরীর বা প্রাকৃতিক বস্তুসমূহের বাইরে গভীর চিন্তা, অনুভূতি বা আবেগ সম্পর্কিত; আধ্যাত্মিক *spiritual development/growth/needs* ➪ **material** দেখো। **2** concerning the Church or religion গির্জা অথবা ধর্ম সম্বন্ধে *a spiritual leader* ▶ **spiritually** / -tʃuəli -চুঅ্যালি / *adv.* আধ্যাত্মিকভাবে, ধর্মীয়ভাবে

spiritualism / ˈspɪrɪtʃuəlɪzəm ˈস্পিরিচুঅ্যালিজ়াম্ / *noun* [U] the doctrine that the spirit exists as distinet from matters, or that spirit is the only reality পার্থিব বস্তুসমূহ থেকে সম্পূর্ণ পৃথকভাবে আত্মার অস্তিত্ব আছে অথবা আত্মাই একমাত্র সত্য এই বিশ্বাস বা মত; অধ্যাত্মবাদ ▶ **spiritualist** *noun* [C] প্রেততত্ত্বে বিশ্বাসী ব্যক্তি, অধ্যাত্মতত্ত্ব বিশ্বাসী ব্যক্তি

spit[1] / spɪt স্পিট্ / *verb* [I, T] (**spitting**; *pt, pp* **spat** / spæt স্প্যাট্ /)

> **NOTE** আমেরিকান ইংরেজিতে **spit** শব্দটির অতীত কাল (past tense) এবং অতীত কৃদন্ত (past participle) হল **spit**।

spit (sth) (out) to force liquid, food, etc. out from your mouth থুতু ফেলা, জোর করে মুখ থেকে কিছু ফেলা *He took one sip of the wine and spat it out.*

spit[2] / spɪt স্পিট্ / *noun* **1** [U] (*informal*) the liquid in your mouth থুতু, পিক ➪ **saliva** দেখো। **2** [C] a long, thin piece of land that sticks out into the sea, a lake, etc. সরু, লম্বাটে ভূমিখন্ড যা সমুদ্র, জলাশয় ইত্যাদি থেকে বেরিয়ে থাকে **3** [C] a long thin metal stick that you put through meat to hold it when you cook it over a fire আগুনে সেঁকে মাংস রান্না করার সময়ে যে লম্বা ধাতুদন্ডের মধ্যে দিয়ে সেগুলি ধরে রাখার জন্য ঢোকানো হয়; শিককাবাব ইত্যাদি বানানোর শিক *chicken roasted **on a spit***

spite / spaɪt স্পাইট্ / *noun* [U] the desire to hurt or annoy sb বিদ্বেষ, আক্রোশ *He stole her letters out of spite.* ▶ **spite** *verb* [T]

IDM in spite of used to show that sth happened although you did not expect it প্রত্যাশা না থাকলেও ঘটেছে এরকম বোঝানোর জন্য ব্যবহৃত অভিব্যক্তিবিশেষ; এ সত্ত্বেও, এসব করার পরেও, তবুও *In spite of all her hard work, she failed her exam.* ✪ সম **despite**

spiteful / ˈspaɪtfl ˈস্পাইট্ফ্ল্ / *adj.* behaving in a cruel or unkind way in order to hurt or upset sb কারও প্রতি বিদ্বেষপরায়ণ, আক্রোশে ভরা *He's been saying a lot of spiteful things about his ex-boss.* ▶ **spitefully** / -fəli -ফ্যালি / *adv.* বিদ্বেষের মনোভাব নিয়ে, আক্রোশের সঙ্গে

splash[1] / splæʃ স্প্ল্যাশ্ / *verb* [I, T] (used about a liquid) to fall or to make liquid fall noisily or fly in drops onto a person or thing (কোনো তরল পদার্থ সম্বন্ধে ব্যবহৃত) শব্দ করে পড়া; ছিটকানো, ছিটানো *Rain splashed against the windows.* ○ *The children were splashing each other with water.*

PHR V splash out (on sth) (*BrE informal*) to spend money on sth that is expensive and that you do not really need অনাবশ্যকভাবে দামি জিনিসের জন্য টাকা খরচ করা

splash[2] / splæʃ স্প্ল্যাশ্ / *noun* [C] **1** the sound of liquid hitting sth or of sth hitting liquid কোনো তরল পদার্থের মধ্যে কিছু দিয়ে আঘাত করার আওয়াজ; ছপছপ আওয়াজ *Pawan jumped into the pool with a big splash.* **2** a small amount of liquid that falls onto sth স্বল্প পরিমাণ তরল পদার্থ যা কিছুর উপর

পড়েছে *splashes of oil on the cooker* **3** a small bright area of colour উজ্জ্বল রঙে রাঙানো অংশ *Flowers add* ***a splash of colour*** *to a room.*

splatter / ˈsplætə(r) ˈস্প্ল্যাট্যা(র্) / *verb* [I, T] (used about a liquid) to fly about in large drops and hit sb/sth noisily; to throw or drop water, paint etc. on sb/sth in large drops (কোনো তরল পদার্থ সম্বন্ধে ব্যবহৃত) ঝরঝর করে পড়া; কারও উপর জল, রং ইত্যাদি ছিটোনো *The paint was splattered all over the floor.*

splay / spleɪ স্প্লেই / *verb* [I, T] **splay (sth) (out)** (to cause sth) to spread out or become wide apart at one end চওড়া করা, ছড়িয়ে দেওয়া বা একদিকে প্রসারিত *splayed fingers*

spleen / spliːn স্প্লীন্ / *noun* **1** [C] a small organ near the stomach that controls the quality of the blood পাকস্থলীর কাছে যে অঙ্গটি রক্তের যথাযথ অবস্থা বজায় রাখতে সাহায্য করে; প্লীহা *a ruptured spleen* **2** [U] (*written*) anger রাগ, ক্রোধ *He vented his spleen on the assembled crowd.*

splendid / ˈsplendɪd ˈস্প্লেন্ডিড্ / *adj.* **1** very good; excellent খুব ভালো; অতি উৎকৃষ্ট, উজ্জ্বল *What a splendid idea!* **2** very impressive চিত্তাকর্ষক, দেখার মতো, জমকালো *the splendid royal palace* ▶ **splendidly** *adv.* চিত্তাকর্ষকভাবে, উজ্জ্বল ও দীপ্তিশীলভাবে

splendour (*AmE* **splendor**) / ˈsplendə(r) ˈস্প্লেন্ড্যা(র্) / *noun* [U] very impressive beauty দীপ্তিময়তা, অতি উৎকৃষ্ট সৌন্দর্য

splice / splaɪs স্প্লাইস্ /*verb* [T] **1 splice sth (together)** to join the ends of two pieces of film, tape, rope, etc. so that they form one continuous long piece ফিল্ম, টেপ, দড়ি ইত্যাদির দুই মুখ যুক্ত করে লম্বাভাবে বানানো **2 get spliced** (*old-fashioned*) (*BrE, informal*) to get married বিয়ে করা, গাঁটছড়া বাঁধা

splint / splɪnt স্প্লিন্ট্ / *noun* [C] a piece of wood or metal that is tied to a broken arm or leg to keep it in the right position হাত বা পায়ের হাড় ভেঙে গেলে যে কাঠ বা ধাতুর টুকরো দিয়ে তার অবস্থান ঠিক রাখা হয়; বন্ধফলক

splinter / ˈsplɪntə(r) স্প্লিন্ট্যা(র্) / *noun* [C] a small thin sharp piece of wood, metal or glass that has broken off a larger piece কাঠ, ধাতু বা কাচের ছোটো ছোটো টুকরো অথবা কুচি *I've got a splinter in my finger.* ▶ **splinter** *verb* [I, T] ছোটো ছোটো টুকরো হয়ে ভেঙে যাওয়া

split[1] / splɪt স্প্লিট্ / *verb* (*pres. part.* **splitting**; *pt, pp* **split**) **1** [I, T] **split (sb) (up) (into sth)** to divide or to make a group of people divide into smaller groups বড়ো দলকে ছোটো ছোটো দলে ভাগ করা *Let's split into two groups.* **2** [T] **split sth (between sb/sth); split sth (with sb)** to divide or share sth কোনো কিছু ভাগ করা বা ভাগ করে নেওয়া *We split the cost of the meal between the six of us.* **3** [I, T] **split (sth) (open)** to break or make sth break along a straight line সোজা বা লম্বাভাবে ভাঙা বা কোনো কিছু ভেঙে দেওয়া *My jeans have split.*

IDM **split the difference** (used when agreeing on a price) to agree on an amount or figure that is halfway between the two amounts or figures already mentioned (যখন দামের ব্যাপারে কোনো সিদ্ধান্তে আসা হয় তখন ব্যবহৃত) উল্লিখিত দুটি দামের মধ্যবর্তী কোনো জায়গায় রফা হওয়া

split hairs to pay too much attention in an argument to details that are very small and not important অতি সূক্ষ্মভাবে, চুলচেরা বিচার করা NOTE সাধারণত সমালোচনা করে বা সমালোচনার দৃষ্টিতে এটি ব্যবহৃত হয়

split up (with sb) to end a marriage or relationship বিবাহ বা সম্পর্ক ছেদ করা *He's split up with his wife.*

split[2] / splɪt স্প্লিট্ / *noun* [C] **1** a disagreement that divides a group of people দুদলের মধ্যে ফাটল ধরানো সিদ্ধান্ত **2** a long cut or hole in sth কোনো কিছুর মধ্যে গর্ত বা লম্বামতো কাটা

split second *noun* [C] a very short period of time নিমেষে, চোখের পলকে

splutter / ˈsplʌtə(r) ˈস্প্লাট্যা(র্) / *verb* **1** [I, T] to speak with difficulty for example because you are very angry or embarrassed রাগ বা অপ্রতিভতার কারণে অসুবিধাজনকভাবে কথা বলা **2** [I] to make a series of sounds like a person coughing কাশির মতো খকখক আওয়াজ করা ▶ **splutter** *noun* [C] অস্বাভাবিক আওয়াজ, খকখক আওয়াজ

spoil / spɔɪl স্পইল্ / *verb* [T] (*pt, pp* **spoilt** /spɔɪlt স্পইল্ট্ / or **spoiled** / spɔɪld স্পইল্ড্ /) **1** to change sth good into sth bad, unpleasant, useless, etc.; to ruin sth কোনো কিছু খারাপ করা, অকেজো করা; ধ্বংস করা *Our holiday was spoilt by bad weather.* ○ *Eating between meals will* ***spoil your appetite.*** **2** to do too much for sb, especially a child, so that you have a bad effect on his/her character বেশি আদর দিয়ে, বিশেষত ছোটোদের মাথায় তোলা, স্বভাব খারাপ করে দেওয়া *a spoilt child* **3 spoil sb/yourself** to do sth special or nice to make sb/yourself happy নিজের জন্য বিশেষ কিছু বা সুন্দর কিছু করা যাতে নিজেরই ভালো লাগে, নিজেকে খুশি করার জন্য কিছু করা

spoils / spɔɪlz স্পইলজ্ / *noun* [*pl.*] (*written*) things that have been stolen by thieves, or taken in a war or battle চোরাই মাল, যুদ্ধের সময়ে লুঠতরাজ করে নেওয়া জিনিসপত্র *the spoils of war*

spoilsport / ˈspɔɪlspɔːt ˈস্পইল্স্প:ট্ / *noun* [C] (*informal*) a person who tries to stop other people enjoying themselves, for example by not taking part in an activity যে অন্যদের আনন্দ বা স্ফূর্তির মধ্যে বাধা দেয়, উদাহরণস্বরূপ কোনো কাজের মধ্যে সে নিজে যোগ না দেওয়ায় অন্যরাও অপরাধবোধ বা অস্বস্তিতে ভুগে সম্পূর্ণ উপভোগ করতে পারে না

spoke[1] / spəʊk স্প্যাউক্ / *noun* [C] one of the thin pieces of metal that connect the centre of a wheel (**the hub**) to the outside edge (**the rim**) যে সরু তার বা রডের মতো জিনিস চাকার মাঝখানের অংশের সঙ্গে বাইরের গোল ঘোরানো অংশটিকে ধরে রাখে ➪ **bicycle**-এ ছবি দেখো।

spoke[2] ➪ **speak**-এর past tense

spoken ➪ **speak**-এর past participle

spokesman / ˈspəʊksmən ˈস্প্যাউক্স্ম্যান্ / *noun* [C] (*pl.* **-men** /-mən -ম্যান্ /) a person who is chosen to speak for a group or an organization মুখপাত্র, প্রবক্তা (কোনো প্রতিষ্ঠানের বা গোষ্ঠীর)

spokesperson / ˈspəʊkspɜːsn ˈস্প্যাউক্স্প্যস্ন্ / *noun* [C] (*pl.* **spokespersons** or **spokespeople** / ˈspəʊkspiːpl ˈস্প্যাউক্স্পীপ্ল্ /) a person who is chosen to speak for a group or an organization প্রবক্তা, মুখপাত্র (কোন প্রতিষ্ঠানের বা দলের)

> **NOTE** **Spokesman** অথবা **spokeswoman** শব্দ দুটির পরিবর্তে **spokesperson** শব্দটি বেশি প্রচলিত কারণ এই শব্দটি নারী পুরুষ দুই ক্ষেত্রে ব্যবহার করা যেতে পারে।

spokeswoman / ˈspəʊkswʊmən ˈস্প্যাউক্স্উম্যান্ / *noun* [C] (*pl.* -**women** / -wɪmɪn -উইমিন্ /) a woman who is chosen to speak for a group or organization দলের বা প্রতিষ্ঠানের মুখপাত্রী

sponge[1] / spʌndʒ স্পানজ্ / *noun* [C, U] **1** a piece of artificial or natural material that is soft and light and full of holes and can hold water easily, used for washing yourself or cleaning sth এমন জিনিস যা হালকা ও ছিদ্রযুক্ত এবং জল শুষে নিতে পারে এবং কোনো কিছু পরিষ্কার করার কাজে ব্যবহৃত হয়; স্পঞ্জ **2** = **sponge cake**

sponge[2] / spʌndʒ স্পানজ্ / *verb* [T] to remove or clean sth with a wet **sponge**[1] **1** or cloth ভিজে স্পঞ্জ বা কাপড় দিয়ে কোনো কিছু পরিষ্কার করা

PHR V **sponge off sb** (*informal*) to get money, food, etc. from sb without paying or doing anything in return বিনা প্রতিদানে কারও কাছ থেকে অর্থ, খাদ্য ইত্যাদি গ্রহণ করা

sponge bag (*also* **toilet bag**) *noun* [C] (*BrE*) a small bag in which you put soap, toothpaste, etc. (**toiletries**) when you are travelling বেড়াতে গেলে প্রসাধনী জিনিসপত্র, সাবান, টুথপেস্ট ইত্যাদি রাখার ছোটো ব্যাগ

sponge cake (*also* **sponge**) *noun* [C, U] a light cake made with eggs, flour and sugar, and usually no fat ডিম, ময়দা, চিনি দিয়ে এবং সাধারণত কোনো স্নেহ পদার্থ ছাড়া বানানো স্পঞ্জের মতো নরম হালকা কেক; স্পঞ্জকেক

sponsor / ˈspɒnsə(r) ˈস্পন্স্যা(র্) / *noun* [C] **1** a person or an organization that helps to pay for a special sports event, etc. (usually so that it can advertise its products) কোনো বিশেষ খেলাধুলো ইত্যাদির ব্যয়বহনকারী ব্যক্তি বা প্রতিষ্ঠান (সাধারণত যার ফলে এরা নিজেদের উৎপাদন দ্রব্যের বিজ্ঞাপন দেওয়ার সুবিধা পায়) ➪ **patron** দেখো। **2** a person who agrees to pay money to a charity if sb else completes a particular activity (বিশেষ কাজের জন্য) যে ব্যক্তি অর্থদানে বা দাতব্য করতে রাজি থাকেন ▶ **sponsor** *verb* [T] কোনো বিশেষ কাজের পৃষ্ঠপোষকতা করা বা আয়োজন করা *a sponsored walk to raise money for children in need* ▶ **sponsorship** *noun* [U] পৃষ্ঠপোষকতা, বিজ্ঞাপনী উদ্যোগ *Many theatres depend on industry for sponsorship.*

spontaneous / spɒnˈteɪniəs স্পন্ˈটেইনিঅ্যাস্ / *adj.* done or happening suddenly; not planned স্বতঃস্ফূর্ত, স্বাভাবিকভাবে করা হয় বা ঘটে এমন; পূর্ব-পরিকল্পিত নয় *a spontaneous burst of applause* ▶ **spontaneously** *adv.* স্বতঃস্ফূর্ত ভাবে ▶ **spontaneity** / ˌspɒntəˈneɪəti ˌস্পন্ট্যাˈনেইঅ্যাটি / *noun* [U] স্বতঃস্ফূর্ততা, স্বচ্ছন্দতা

spoof / spuːf স্পূফ্ / *noun* [C] an amusing copy of a film, television programme, etc. that exaggerates its typical characteristics ব্যঙ্গ করে কোনো চলচ্চিত্র বা টেলিভিশন অনুষ্ঠানের কিছু বিশেষ বৈশিষ্ট্যের মজাদারভাবে করা নকল *It's a* ***spoof on*** *horror movies.*

spooky / ˈspuːki ˈস্পূকি / *adj.* (*informal*) strange and frightening ভুতুড়ে, অদ্ভুত, ভয়ংকর *It's spooky being in the house alone at night.*

spool / spuːl স্পূল্ / *noun* [C] a round object which thread, film, wire, etc. is put around অল্প লম্বা গোলাকার জিনিস যাতে সুতো, তার, ফিল্ম, ইত্যাদি জড়িয়ে রাখা হয়; লাটাই ➪ **reel** দেখো।

spoon / spuːn স্পূন্ / *noun* [C] an object with a round end and a long handle that you use for eating, mixing or serving food (খাওয়া, মেশানো বা পরিবেশনের জন্য ব্যবহৃত) চামচ, চামচে *Give each person a* ***knife, fork and spoon****.* ➪ **kitchen**-এ ছবি দেখো। ▶ **spoon** *verb* [T] চামচ দিয়ে নাড়া

spoonful / ˈspuːnfʊl ˈস্পূন্‌ফুল্ / *noun* [C] the amount that one spoon can hold এক চামচ ভর্তি, এক চামচে যতটা ধরে ততটা *Add two spoonfuls of sugar.*

sporadic / spəˈrædɪk স্প্যাˈর‌্যাডিক্ / *adj.* not done or happening regularly বিক্ষিপ্ত, ইতস্তত ▶ **sporadically** / spəˈrædɪkli স্প্যাˈর‌্যাডিক্‌লি / *adv.* বিক্ষিপ্তভাবে, মাঝে মাঝে

spore / spɔː(r) স্প:(র্) / *noun* [C] one of the very small cells like seeds that are produced by some plants and that develop into new plants বীজের গুটি, যা থেকে নতুন উদ্ভিদ জন্ম নেয়; রেণু, বীজগুটি

sport / spɔːt স্প:ট্ / *noun* **1** [U] physical games or activity that you do for exercise or because you enjoy it খেলাধুলো বা দৈহিক কাজকর্ম, শারীরিক কসরৎ ইত্যাদি যেগুলি ব্যায়াম বা উপভোগ করার জন্য করা হয় *Mohan* ***did*** *a lot of* ***sport*** *when he was at school.* **2** [C] a particular game or type of sport বিশেষ কোনো ধরনের খেলা ***winter sports*** (= skiing, skating, etc.) ▶ **sporting** *adj.* খেলাধুলোসংক্রান্ত, খেলাধুলোয় আগ্রহী, খেলোয়াড় সুলভ *a major sporting event*

sports car *noun* [C] a low, fast car often with a roof that you can open যা অত্যন্ত দ্রুত চলতে পারে, ছোটো, নীচু ছাদবিশিষ্ট এবং যার মাথার ছাদ সাধারণত খুলে ফেলা যায়; স্পোর্টসকার

sportsman / ˈspɔːtsmən ˈস্প:ট্‌স্‌ম্যান্ / *noun* [C] (*pl.* **-men** /-mən -ম্যান্ /) a man who does a lot of sport or who is good at sport খেলোয়াড় *a keen sportsman*

sportsmanlike / ˈspɔːtsmənlaɪk ˈস্প:ট্‌স্‌ম্যান্‌লাইক্ / *adj.* behaving in a fair, generous and polite way when you are playing a game or doing sport খেলোয়াড়সুলভ, উদার, ভদ্র আচরণ করে এমন

sportsmanship / ˈspɔːtsmənʃɪp ˈস্প:ট্‌স্‌ম্যান্‌শিপ্ / *noun* [U] the quality of being fair, generous and polite when you are playing a game or doing sport (খেলার সময়ে) খেলোয়াড়সুলভ ভদ্রতা, উদারতা প্রভৃতি গুণের সমাবেশ

sportswear / ˈspɔːtsweə(r) ˈস্প:ট্‌স্‌উএঅ্যা(র্) / *noun* [U] clothes that are worn for playing sports or in informal situations খেলার সময়ে বা আটপৌরেভাবে পরার পোশাক

sportswoman / ˈspɔːtswʊmən ˈস্প:টস্‌উউম্যান্ / *noun* [C] (*pl.* **-women** / -wɪmɪn -উইমিন্ /) a woman who does a lot of sport or who is good at sport যে মহিলা খুব বেশি খেলাধুলো করেন অথবা যিনি খেলাধুলোয় ভালো

spot¹ / spɒt স্পট্ / *noun* [C] 1 a small round mark on a surface কোনো কিছুর পৃষ্ঠতলে ছোটো গোল দাগ *Leopards have dark spots.* ○ *a blue skirt with red spots on it* ➪ **spotted** adjective দেখো। **2** a small dirty mark on sth কোনো কিছুর উপর ময়লা লাগার দাগ *grease/rust spots* **3** a small red or yellow lump that appears on your skin তিল, ব্রণ, ফুসকুড়ি ইত্যাদি *Many teenagers* ***get spots.*** ➪ **spotty** adjective দেখো। **4** a particular place or area নির্দিষ্ট স্থান; অকুস্থল, ঘটনাস্থল *a quiet/lonely/secluded spot* **5** [*usually sing.*] **a spot of sth** (*BrE informal*) a small amount of sth স্বল্প পরিমাণে কিছু **6** = **spotlight 1**

IDM have a soft spot for sb/sth ➪ **soft** দেখো।

on the spot 1 immediately তৎক্ষণাৎ, সঙ্গে সঙ্গে *Neeraj was caught stealing money and was dismissed on the spot.* **2** at the place where sth happened or where sb/sth is needed যেখানে কোনো ঘটনা ঘটে বা কারও অথবা কিছুর প্রয়োজন পড়ে *The fire brigade were on the spot within five minutes.*

put sb on the spot to make sb answer a difficult question or make a difficult decision without having much time to think সেই মুহূর্তেই কাউকে কঠিন প্রশ্নের জবাব দিতে বাধ্য করা, ভাবনার সময় না দিয়ে তখনই কোনো সিদ্ধান্ত নিতে বাধ্য করা

spot² / spɒt স্পট্ / *verb* [T] (**spotting; spotted**) (*not used in the continuous tenses*) to see or notice sb/sth, especially suddenly or when it is not easy to do কাউকে বা কিছু দেখতে পাওয়া, চোখে পড়া, বিশেষত আকস্মিকভাবে বা যখন সেটি সহজ নয় *I've spotted a couple of spelling mistakes.*

> **NOTE** এই ক্রিয়াপদটির (verb) ব্যবহার ঘটমান কালে (continuous tenses)-এ হয় না কিন্তু -ing সহযোগে এর বর্তমান কৃদন্ত (present participle) রূপটি সাধারণভাবে অত্যন্ত প্রচলিত—*Spotting a familiar face in the crowd, he began to push his way towards her.*

spot check *noun* [C] a check that is made suddenly and without warning on a few things or people chosen from a group তাৎক্ষণিক তদন্ত, আচমকা এসে সব কিছু দেখার ক্রিয়া

spotless / ˈspɒtləs ˈস্পট্‌ল্যাস্ / *adj.* perfectly clean নিখুঁতভাবে পরিষ্কার; নির্মল

spotlight / ˈspɒtlaɪt ˈস্পট্‌লাইট্ / *noun* **1** (*also* **spot**) [C] a lamp that can send a single ray of bright light onto a small area. Spotlights are often used in theatres প্রায়ই রঙ্গমঞ্চে যে বিশেষ ধরনের উজ্জ্বল আলো আলাদাভাবে কোনো একটি কোণে ফেলা হয় **2 the spotlight** [*sing.*] the centre of public attention or interest সকলের প্রধান আকর্ষণের কেন্দ্রবিন্দু; প্রসিদ্ধি *to be* ***in the spotlight***

spot on *adj.* (*BrE informal*) (*not before a noun*) exactly right সম্পূর্ণ ঠিক, একেবারে যথার্থ *Your estimate was spot on.*

spotted / ˈspɒtɪd ˈস্পটিড্ / *adj.* (used about clothes, cloth, etc.) covered with round shapes of a different colour (জামাকাপড়, পোশাক-পরিচ্ছদ ইত্যাদি সম্বন্ধে ব্যবহৃত) যাতে রঙবেরঙের গোল ছাপ আছে *a spotted blouse*

spotty / ˈspɒti ˈস্পটি / *adj.* having **spots** ত্বকে দাগ আছে এমন *a spotty teenager*

spouse / spaʊs স্পাউস্ / *noun* [C] (*written*) your husband or wife স্বামী অথবা স্ত্রী

> **NOTE** **Spouse** শব্দটি খুবই আনুষ্ঠানিক ব্যবহার। এই শব্দটির ব্যবহার সাধারণত দলিল-দস্তাবেজে, সরকারি নথিপত্রে বা কোনো আবেদনপত্রে ব্যবহার করা হয়।

spout[1] / spaʊt স্পাউট্ / *noun* [C] a tube or pipe through which liquid comes out যে টিউব বা পাইপের মধ্যে দিয়ে তরল পদার্থ বেরিয়ে আসে *the spout of a teapot*

spout[2] / spaʊt স্পাউট্ / *verb* [I, T] **1** to send out a liquid with great force; to make a liquid do this খুব জোরে বা তোড়ে বার হওয়া; নিঃসৃত হওয়া; এভাবে তরল পদার্থ বার করা **2** (*informal*) **spout (on/off) (about sth)** to say sth, using a lot of words, in a way that is boring or annoying গলগল করে এমনভাবে কথা বলা যা শুনতে খারাপ ও একঘেয়ে লাগে

sprain / spreɪn স্প্রেইন্ / *verb* [T] to injure part of your body, especially your wrist or your **ankle** by suddenly bending or turning it মচকানো, মচকে যাওয়া *to sprain your ankle* ▶ **sprain** *noun* [C] মচকানো, মচকানোর ফলে ফোলা

sprang ⇨ **spring**[2] -এর past tense

sprawl / sprɔːl স্প্রঃল্ / *verb* [I] **1** to sit or lie with your arms and legs spread out in an untidy way হাত-পা মেলে, এলোমেলোভাবে শোওয়া বা বসা *People lay sprawled out in the sun.* **2** to cover a large area of land অনেকখানি জায়গা জুড়ে, বিক্ষিপ্তভাবে ছড়িয়ে থাকা ▶ **sprawling** *adj.* বিস্তৃত, বিক্ষিপ্ত, ছাড়া ছাড়া *the sprawling lawns in the city suburbs*

spray[1] / spreɪ স্প্রেই / *noun* **1** [U] liquid in very small drops that is sent through the air হাওয়ার মধ্যে অতি সূক্ষ্ম যে তরল কণাসমষ্টি ছড়িয়ে দেওয়া হয়; স্প্রে *clouds of spray from the waves* **2** [C, U] liquid in a special container (**an aerosol**) that is forced out under pressure when you push a button এ্যারোজাল নামক বিশেষ পাত্রে রাখা তরল পদার্থ যা বোতামে চাপ দিয়ে বার করা যায় *hairspray*

spray[2] / spreɪ স্প্রেই / *verb* [I, T] (used about a liquid) to be forced out of a container or sent through the air in very small drops; to send a liquid out in this way (কোনো তরল পদার্থ সম্বন্ধে ব্যবহৃত) পাত্র থেকে ছিটোনো; ছোটো ছোটো ফোঁটায় বর্ষণ করা; স্প্রে করা *The crops are regularly sprayed with pesticide.*

spread[1] / spred স্প্রেড্ / *verb* (*pt, pp* **spread**) **1** [I, T] to affect a larger area or a bigger group of people; to make sth do this ছড়িয়ে পড়া, অনেকের উপর বা অনেকটা জায়গা জুড়ে প্রভাব পড়া; এইভাবে কোনো কিছু ছড়িয়ে দেওয়া *Rats and flies **spread disease**.* ○ *to **spread rumours** about sb* **2** [T] **spread sth (out) (on/over sth)** to open sth that has been folded so that it covers a larger area; to move things so that they cover a larger area ভাঁজ খুলে পেতে বা বিছিয়ে দেওয়া; কোনো জিনিস ছড়িয়ে দেওয়া *Spread the map out on the table so we can all see it!* **3** [T] **spread A on/over B; spread B with A** to cover a surface with a layer of a soft substance নরম জিনিস দিয়ে কোনো কিছুর উপরিতল ঢাকা *to spread jam on bread* ○ *to spread bread with jam* **4** [T] **spread sth (out) (over sth)** to separate sth into parts and divide them between different times or people কোনো জিনিস বিভিন্ন সময়ে ভাগ করে নেওয়া অথবা বিভিন্ন জনের মধ্যে ভাগ করে নেওয়া *You can spread your repayments over a period of three years.*

PHR V **spread (sb/yourself) out** to move away from the others in a group of people in order to cover a larger area অনেকটা জায়গা জুড়ে দেখা বা কাজ করার জন্য বিভিন্ন দিকে ছড়িয়ে পড়া *The police spread out to search the whole area.*

spread[2] / spred স্প্রেড্ / *noun* **1** [U] an increase in the amount or number of sth that there is, or in the area that is affected by sth কোনো কিছুর পরিমাণ বা সংখ্যায় বৃদ্ধি বা তার প্রভাবযুক্ত এলাকায় বিস্তার, প্রসারণ *Dirty drinking water encourages **the spread of disease**.* **2** [C, U] a soft food that you put on bread রুটির উপর কোনো খাদ্যবস্তু যা মাখানো বা লাগানো যায় *cheese spread* **3** [C] a newspaper or magazine article that covers one or more pages খবরের কাগজ বা পত্রিকার কোনো লেখা এক বা একাধিক পাতা জুড়ে আছে এমন *a double-page spread*

spreadsheet / ˈspredʃiːt ˈস্প্রেড্শীট্ / *noun* [C] (*computing*) a computer program for working with rows of numbers, used especially for doing accounts কম্পিউটারের যে প্রোগ্রাম হিসাবজনিত কাজের জন্য ব্যবহৃত হয়; স্প্রেডশীট

spree / spriː স্প্রী / *noun* [C] (*informal*) a short time that you spend doing sth you enjoy, often doing too much of it স্বল্প সময়ের মধ্যে কিছু উপভোগ করা; হুল্লোড় করা, বেদম স্ফূর্তি করা *to **go on a** shopping/spending **spree***

sprig / sprɪɡ স্প্রিগ্ / *noun* [C] a small piece of a plant with leaves on it পাতাসমেত গাছের ডাল; ক্ষুদ্র শাখা, ফেঁকড়ি

spring[1] / sprɪŋ স্প্রিং / *noun* **1** [C, U] the season of the year between winter and summer when the weather gets warmer and plants begin to grow বছরের সেই সময় বা ঋতু যেটি শীত ও গ্রীষ্মের মধ্যবর্তী সময় যখন আবহাওয়া উষ্ণ হতে শুরু করে এবং উদ্ভিদ ইত্যাদির বৃদ্ধি ঘটে; বসন্তকাল *Daffodils bloom in spring.* ➪ **season**-এ ছবি দেখো। **2** [C] a long piece of thin metal or wire that is bent round and round. After you push or pull a spring it goes back to its original shape and size গোল করে কুন্ডলী পাকানো ধাতুখণ্ড বা তার। এটিকে টানলে বা ছেড়ে দিলে পূর্বের আকার বা মাপে ফিরে যায়; স্প্রিং *bed springs* **3** [C] a place where water comes up naturally from under the ground প্রস্রবণ, ঝর্ণা, জলপ্রপাত *a hot spring* **4** [C] a sudden jump upwards or forwards উপরের দিকে বা সামনের দিকে লাফানো

spring[2] / sprɪŋ স্প্রিং / *verb* [I] (*pt* **sprang** / spræŋ স্প্র্যাং /; *pp* **sprung** /sprʌŋ স্প্রাং /) **1** to jump or move quickly চমকে লাফিয়ে ওঠা *to spring to your feet* (=stand up suddenly) ○ (*figurative*) *to spring to sb's defence/assistance* (=to quickly defend or help sb) **2** (used about an object) to move suddenly and violently (কোনো বস্তু সম্বন্ধে ব্যবহৃত) হঠাৎ প্রচণ্ডভাবে নড়া *The branch sprang back and hit him in the face.* **3** to appear or come somewhere suddenly হঠাৎ উপস্থিত হওয়া *Tears sprang to her eyes.* ○ *Where did you just spring from?*

IDM **come/spring to mind** ➪ **mind**[1] দেখো।

PHR V **spring from sth** (*written*) to be the result of কোনো কিছুর ফলস্বরূপ হওয়া *The idea for the book sprang from an experience she had while travelling in India.*

spring sth on sb (*informal*) to do or say sth that sb is not expecting অপ্রত্যাশিতভাবে করা বা কিছু বলা

spring up to appear or develop quickly or suddenly হঠাৎ আবির্ভূত হওয়া বা বেড়ে যাওয়া

springboard / ˈsprɪŋbɔːd ˈস্প্রিংবঃড্ / *noun* [C] **1** a low board that bends and that helps you jump higher, for example before you jump into a swimming pool লাফ দেওয়ার উপযুক্ত নীচু মাচা যেটি নীচের দিকে বেঁকে গিয়ে বেশি উপর থেকে লাফ দিতে সাহায্য করে, যেমন সাঁতারের জায়গায়; স্প্রিং-বোর্ড **2 a springboard (for/to sth)** something that helps you start an activity, especially by giving you ideas নতুন চিন্তার খোরাক যা কোনো কাজে উৎসাহ আনে

spring-clean *verb* [T] to clean a house, room, etc. very well, including the parts that you do not usually clean সাধারণত যেসব স্থান পরিষ্কার করা হয় না সেগুলি সমেত খুব ভালোভাবে সমস্ত ঘর বাড়ি ধোয়ামোছা করা, পরিষ্কার করা

spring onion *noun* [C, U] a type of small onion with a long green central part and leaves পাতা ও কলি সমেত ছোটো ছোটো পেঁয়াজ, পেঁয়াজকলি

springtime / ˈsprɪŋtaɪm ˈস্প্রিংটাইম্ / *noun* [U] (*written*) the season of spring বসন্তকাল

springy / ˈsprɪŋi ˈস্প্রিংই / *adj.* going quickly back to its original shape or size after being pushed, pulled, etc. টানলে বা ছেড়ে দিলে পূর্বতন আকার বা মাপে ফিরে যায় যে বস্তু; স্থিতিস্থাপকতা গুণ আছে যার *soft springy grass*

sprinkle / ˈsprɪŋkl ˈস্প্রিংক্ল্ / *verb* [T] **sprinkle A (on/onto/ over B); sprinkle B (with A)** to throw drops of liquid or small pieces of sth over a surface ছিটোনো, ছড়ানো *to sprinkle sugar on a cake*

sprinkler / ˈsprɪŋklə(r) ˈস্প্রিংক্ল্যা(র্) / *noun* [C] a device with holes in it that sends out water in small drops. Sprinklers are used in gardens, to keep the grass green, and in buildings, to stop fires from spreading একধরনের উপকরণ যার ছোটো ছোটো ছিদ্র দিয়ে জল ছিটোনো যায়। এগুলি ঘাস ইত্যাদি সবুজ রাখার জন্য বাগানে জল দেওয়ার কাজে ব্যবহৃত হয় এবং বাড়িতে আগুন নেভানো ইত্যাদি কাজের জন্য ব্যবহৃত হয়; ঝাঁঝরি

sprint / sprɪnt স্প্রিন্ট্ / *verb* [I, T] to run a short distance as fast as you can খুব জোরে দৌড়ে স্বল্পদূরত্ব অতিক্রম করা ▶ **sprint** *noun* [C] পূর্ণবেগে দৌড়

sprout[1] / spraʊt স্প্রাউট্ / *verb* [I, T] (used about a plant) to begin to grow or to produce new leaves (কোনো উদ্ভিদ সম্বন্ধে ব্যবহৃত) নতুন পাতা গজানো, অঙ্কুরিত হওয়া, বাড়তে শুরু করা *The seeds are sprouting.*

sprout[2] / spraʊt স্প্রাউট্ / *noun* [C] **1** = **Brussels sprout** **2** a new part that has grown on a plant অঙ্কুরোদ্গম

spruce / spruːs স্প্রুস্ / *verb*

PHR V **spruce (sb/yourself) up** to make sb/ yourself clean and tidy নিজেকে বা অন্যকে পরিষ্কার পরিচ্ছন্ন করা

sprung ➪ **spring**[2]-এর past participle

spun ➪ **spin**[1]-এর past participle

spur[1] / spɜː(r) স্প্য(র্) / *noun* [C] **1** a piece of metal that a rider wears on the back of his/her boots to encourage the horse to go faster অশ্বারোহীর জুতোর নীচে আটকানো কাঁটার মতো ধাতু যার সাহায্যে ঘোড়াকে তাড়াতাড়ি ছোটানো হয়; অশ্বতাড়নী ➪ **horse**-এ ছবি দেখো। **2 a spur (to sth)** something that encourages you to do sth or that makes sth happen more quickly এমন কিছু যা মানুষকে অন্য কিছু করতে বা তাড়াতাড়ি কিছু করতে

উৎসাহিত বা প্রণোদিত করে **3** (in geography) a part of a hill that sticks out from the rest, often with lower ground around it (ভূগোলে) পাহাড়ের যে-অংশ বেরিয়ে থাকে; শৈলশিরা

IDM on the spur of the moment without planning; suddenly হঠাৎ, দুম করে, আচমকা, না-ভেবেচিন্তে, সেই মুহূর্তের প্রেরণার বশে

spur[2] / spɜː(r) স্প্য(র্) / *verb* [T] (**spurring; spurred**) **spur sb/sth (on/onto sth)** to encourage sb or make him/her work harder or faster তাড়াতাড়ি কাজ করতে উৎসাহিত করা *The letter spurred me into action.* ○ *We were spurred on by the positive feedback from customers.*

spurn / spɜːn স্প্যন্ / *verb* [T] (*formal*) to refuse sth that sb has offered to you প্রত্যাখ্যান করা, ফিরিয়ে দেওয়া *to spurn an offer of friendship*

spurt / spɜːt স্প্যট্ / *verb* **1** [I, T] (used about a liquid) to come out quickly with great force; to make a liquid do this (কোনো তরল পদার্থ সম্বন্ধে ব্যবহৃত) খুব জোরে, বেগে, তোড়ে বেরিয়ে আসা অথবা এভাবে বার করে দেওয়া *Blood spurted from the wound.* **2** [I] to suddenly increase your speed or effort হঠাৎ গতিবেগ বা প্রয়াস বৃদ্ধি করা ► **spurt** *noun* [C] আচমকা তোড়, আপ্রাণ চেষ্টা

spy[1] / spaɪ স্পাই / *noun* [C] (*pl.* **spies**) a person who tries to get secret information about another country, person or organization গুপ্তচর, গোয়েন্দা

spy[2] / spaɪ স্পাই / *verb* (*pres. part.* **spying;** *3rd person sing. pres.* **spies;** *pt, pp* **spied**) **1** [I] to try to get secret information about sb/sth গোয়েন্দাগিরি করা, গোপনে তথ্য সংগ্রহ করা ➪ **espionage** দেখো। **2** [T] (*formal*) to see দেখা, দর্শন করা

IDM spy on sb/sth to watch sb/sth secretly গোপনে লক্ষ রাখা, লুকিয়ে লুকিয়ে দেখা *The man next door is spying on us.*

spyhole / ˈspaɪhəʊl ˈস্পাইহ্যাউল্ / *noun* [C] a small hole in a door for looking at the person on the other side before deciding to let him/her in দরজা দিয়ে অন্যদিকে দেখার ফুটো, উঁকি দিয়ে দেখার ফুটো

sq *abbr.* **1 = square[2] 6** *10 sq cm* **2 Sq. = square[1] 2** *6 Wellington Sq.*

squabble / ˈskwɒbl ˈস্কুঅব্ল্ / *verb* [I] **squabble (over/ about sth)** to argue in a noisy way about sth that is not very important তুচ্ছ ব্যাপারে চিৎকার করে কথা কাটাকাটি করা, বিবাদ করা ► **squabble** *noun* [C] তুচ্ছ ব্যাপারে ঝগড়াঝাঁটি

squad / skwɒd স্কুঅড্ / *noun* [C, *with sing. or pl. verb*] a group of people who work as a team কর্মীদলবাহিনী; স্কোয়াড *He's a policeman with the drugs squad.*

squadron / ˈskwɒdrən ˈস্কুঅড্র্যান্ / *noun* [C, *with sing. or pl. verb*] a group of military aircraft or ships সামরিক বাহিনীর সংঘবন্ধ গোষ্ঠী

squalid / ˈskwɒlɪd ˈস্কুঅলিড্ / *adj.* very dirty, untidy and unpleasant খুব খারাপ, নোংরা, অপরিচ্ছন্ন *squalid housing conditions*

squall / skwɔːl স্কুঅ:ল্ / *noun* [C] a sudden storm with strong winds দমকা ঝড়, প্রচণ্ড জোরে হাওয়া

squalor / ˈskwɒlə(r) ˈস্কুঅল্যা(র্) / *noun* [U] the state of being very dirty, untidy or unpleasant গা-ঘিনঘিনে,অপ্রীতিকর নোংরা, দুরবস্থা *to live **in squalor***

squander / ˈskwɒndə(r) ˈস্কুঅন্ডা(র্) / *verb* [T] **squander sth (on sth)** to waste time, money, etc. সময়, অর্থ ইত্যাদি নষ্ট করা, বেহিসেবির মতো খরচ করা *He squanders his time on TV and computer games.*

square[1] / skweə(r) স্কুএঅ্যা(র্) / *noun* [C] **1** a shape that has four straight sides of the same length and four angles of 90 degrees (**right angles**) বর্গক্ষেত্র (যার চারটি বাহু সমান ও চারটি কোণ সমকোণ) *There are 64 squares on a chess board.* ➪ **shape**-এ ছবি দেখো **2** (*also* **Square**) (*abbr.* **Sq.**) an open space in a town or city that has buildings all around it শহরের মধ্যে চারপাশে অট্টালিকা ঘেরা খোলা প্রশস্ত জায়গা; চত্বর *Protesters gathered in the town square.* **3** (*mathematics*) the number that you get when you multiply another number by itself (গণিত) কোনো সংখ্যাকে সেই সংখ্যা দিয়ে গুণ করলে যে সংখ্যা পাওয়া যায়; বর্গফল *Four is the square of two.* ➪ **squared** এবং **square root** দেখো।

square[2] / skweə(r) স্কুএঅ্যা(র্) / *adj., adv.* **1** having four straight sides of the same length and corners of 90° চারটি সমবাহু এবং চারটি সমকোণ বিশিষ্ট; বর্গক্ষেত্রাকার *a square tablecloth* **2** shaped like a square or forming an angle of about 90° চৌকো আকারের বা যাতে সমকোণ আছে *a square face* ○ *square shoulders* **3** (*not before a noun*) not owing any money দেনাপাওনা পুরো মিটিয়ে দেওয়ার পরে আর ধার না-থাকা *Here is the money I owe you. Now we're (all) square.* **4** (*not before a noun*) having equal points (in a game, etc.) সমান সংখ্যা বা পয়েন্টবিশিষ্ট (খেলাধুলা ইত্যাদিতে) *The teams were **all square** at half-time.* **5** fair or honest, especially in business matters ন্যায়সম্মত, আইনি, সৎ বিশেষ করে ব্যাবসার ক্ষেত্রে *a square deal* **6** (*abbr.* **sq**) used for talking about the area of sth কোনো এলাকার সম্বন্ধে ব্যবহৃত *If a room is 5 metres long and 4 metres wide, its area is 20 square metres.* **7** (used about sth that is square in shape) having sides of a particular length (বর্গক্ষেত্রের আকার সম্বন্ধে ব্যবহৃত) বাহুগুলি যে নির্দিষ্ট দৈর্ঘ্যসম্পন্ন *The picture is twenty centimetres square* (=each side is twenty centimetres long). **8** (*also* **squarely**) in an obvious and direct way সোজাসুজি, প্রত্যক্ষ, সরাসরি *to look sb square in the eye* ○ *The blame falls squarely on her.*

IDM **a square meal** a good meal that makes you feel satisfied পরিপূর্ণ খাওয়া যা খেয়ে তৃপ্তি পাওয়া যায়

square³ / skweə(r) স্কুএঅ্যা(র্) / *verb* [I, T] **square (sth) with sb/sth** to agree with sth; to make sure that sb/sth agrees with sth একটির সঙ্গে অন্যটির সংগতি থাকা; কোনো কিছুর সঙ্গে কেউ বা কিছু সম্মত বা রাজি কিনা তা নিশ্চিত করা *Your conclusion doesn't really square with the facts.*

PHR V **square up (with sb)** to pay sb the money that you owe him/her ধারের টাকা শোধ করা

squared / skweəd স্কুএঅ্যাড্ / *adj.* (*mathematics*) (used about a number) multiplied by itself (গণিত) (কোনো সংখ্যা সম্বন্ধে ব্যবহৃত) ঐ একই সংখ্যা দিয়ে গুণ করা *Four squared is sixteen.* ➪ **square¹ 3** এবং **square root** দেখো।

square root *noun* [C] (*mathematics*) a number that produces another particular number when it is multiplied by itself (গণিত) যে সংখ্যাটিকে ঐ সংখ্যা দিয়ে গুণ করে আর একটি সংখ্যা পাওয়া যায় সেই আদি সংখ্যা অথবা মূল সংখ্যা; বর্গমূল *The square root of sixteen is four.* ➪ **square¹ 3, squared, root** এবং **cube root** দেখো।

squash¹ / skwɒʃ স্কুঅশ্ / *verb* **1** [T] to press sth so that it is damaged, changes shape or becomes flat পিষে ফেলা বা পিষে যাওয়া, চ্যাপটা হয়ে যাওয়া বা আকার বদলে যাওয়া *The fruit at the bottom of the bag will **get squashed**.* **2** [I, T] to go into a place, or move sb/sth to a place, where there is not much space কোনোরকমে, ঠেসেঠুসে অল্প জায়গায় স্থান সংকুলান করা *We all squashed into the back of the car.* **3** [T] to destroy sth because it is a problem সমস্যা সৃষ্টিকারী কোনো কিছু ধ্বংস করে ফেলা, নষ্ট করা *to squash sb's suggestion/plan/idea*

squash² / skwɒʃ স্কুঅশ্ / *noun* **1** [C, *sing.*] a lot of people in a small space অল্প জায়গায় অনেক লোক *We can get ten people around the table, but it's **a bit of a squash**.* **2** [U, C] a drink that is made from fruit juice and sugar. You add water to squash before you drink it ফলের রস ও চিনি সহযোগে তৈরি পানীয়, যার সঙ্গে জল মিশিয়ে খাওয়া হয় *orange squash* **3** [U] a game for two people, played in a special room (**court**). You play squash by hitting a small rubber ball against any one of the walls of the room বিশেষ একটি ঘর বা কোর্টের মধ্যে দুজনের জন্য এক ধরনের খেলা যেটিতে ঘরের দেয়ালে ছোটো রবারের বল মেরে খেলা হয়; স্কোয়াশ খেলা *a squash racket* **4** [C, U] (*pl.* **squash**) a type of vegetable that grows on the ground with hard skin and orange flesh inside, or soft yellow or green skin and white flesh inside শক্ত খোসা এবং কমলা শাঁসযুক্ত অথবা নরম হলুদ অথবা সবুজ খোসা এবং সাদা শাঁসযুক্ত এক ধরনের সবজি যা মাটির উপর জন্মায়; স্কোয়াশ

squat¹ / skwɒt স্কুঅট্ / *verb* [I] (**squatting; squatted**) **1** to rest with your weight on your feet, your legs bent and your bottom just above the ground উবু হয়ে বা আসনপিঁড়ি হয়ে বসা **2** to go and live in an empty building without permission from the owner ফাঁকা বাড়ি জবরদখল করে সেখানে বসবাস শুরু করা

squat² / skwɒt স্কুঅট্ / *adj.* short and fat or thick খাটো এবং স্থূল, চওড়া *a squat ugly building*

squatter / ˈskwɒtə(r) ˈস্কুঅট্যা(র্) / *noun* [C] a person who is living in an empty building without the owner's permission খালি বাড়িতে মালিকের অনুমতি ছাড়া বাস করে যে ব্যক্তি; জবরদখলকারী

squawk / skwɔːk স্কুঅক্ / *verb* [I] (used especially about a bird) to make a loud unpleasant noise (বিশেষত কোনো পাখি সম্বন্ধে ব্যবহৃত) কর্কশ আওয়াজ করা ▶ **squawk** *noun* [C] কর্কশ আওয়াজ

squeak / skwiːk স্কুঈক্ / *noun* [C] a short high noise that is not very loud খুব জোরে নয় কিন্তু উচ্চগ্রামে আওয়াজ *the squeak of a mouse* ○ *a squeak of surprise* ▶ **squeak** *verb* [I, T] কিঁচকিঁচ আওয়াজ করা ▶ **squeaky** *adj.* কিঁচকিঁচে *a squeaky floor-board* ○ *a squeaky voice*

squeal / skwiːl স্কুঈল্ / *verb* [I, T] to make a loud high noise because of pain, fear or enjoyment খুব জোরে চিৎকার করে ওঠা (ব্যথা-বেদনা, ভয় বা অতি আনন্দে) *The baby squealed in delight at the new toy.* ▶ **squeal** *noun* [C] তারস্বরে চিৎকার

squeamish / ˈskwiːmɪʃ ˈস্কুঈমিশ্ / *adj.* easily upset by unpleasant sights, especially blood অপ্রিয় বস্তু, বিশেষত রক্ত ইত্যাদি দেখলে সহজেই ঘাবড়ে যায় বা কাহিল হয়ে পড়ে এমন

squeeze¹ / skwiːz স্কুঈজ্ / *verb* **1** [T] **squeeze sth (out); squeeze sth (from/out of sth)** to press sth hard for a particular purpose বিশেষ উদ্দেশ্যে কোনো কিছু নিঙড়ানো *to squeeze a tube of toothpaste* **2** [I, T] **squeeze (sb/sth) into, through, etc. sth; squeeze (sb/sth) through, in, past, etc.** to force sb/sth into or through a small space সংক্ষিপ্ত জায়গায় ঠেলেঠুলে ঢোকানো *We can squeeze another person into the back of the car.*

squeeze² / skwi:z স্কুঈজ্ / *noun* **1** [C] an act of pressing sth firmly কোনো কিছুতে জোরে চাপ দেওয়ার ক্রিয়া *He gave her hand a squeeze to assure her.* **2** [C] the amount of liquid that you get from squeezing an orange, a lemon, etc. কমলালেবু, পাতিলেবু ইত্যাদি থেকে নিংড়োনো, রস *a squeeze of lemon* **3** [*sing.*] a situation where there is not much space স্থান অকুলান হওয়ার যে পরিস্থিতি *It was **a tight squeeze** to get everybody around the table.* **4** [C, *usually sing.*] an effort to use less money, time, etc., especially with the result that there is not enough অর্থ, সময় ইত্যাদি কম ব্যবহার করার প্রয়াস (যার ফলে অভাব বা অপর্যাপ্ততার পরিস্থিতি আসতে পারে)

squelch / skweltʃ স্কুএলচ্ / *verb* [I] to make the sound your feet make when you are walking in deep wet mud ভিজে কাদায় ছপ ছপ করে চলা

squid / skwɪd স্কুইড্ / *noun* [C, U] (*pl.* **squid** or **squids**) a sea animal that we eat with a long soft body and ten **tentacles** দশটি কর্ষিকাযুক্ত নরম শরীরের সামুদ্রিক প্রাণী যা মানুষের খাদ্য; স্কুইড

squiggle / ˈskwɪgl ˈস্কুইগল্ / *noun* [C] (*informal*) a quickly drawn line that goes in all directions তাড়াতাড়ি বানানো আঁকাবাঁকা রেখা

squint / skwɪnt স্কুইন্ট্ / *verb* [I] **1 squint (at sth)** to look at sth with your eyes almost closed চোখ কুঁচকে তাকানো *to squint in bright sunlight* **2** to have eyes that appear to look in different directions at the same time এমন চোখ থাকা যা দিয়ে একই সঙ্গে বিভিন্ন দিকে দেখা যায় এমন মনে হয়; ট্যারা চোখ ▶ **squint** *noun* [C] তির্যকতা; বক্রতা

squirm / skwɜ:m স্কুঅ্যম্ / *verb* [I] to move around in your chair because you are nervous, uncomfortable, etc. উদ্বেগ বা অস্বস্তির কারণে বসে বসে এদিক ওদিক নাড়াচাড়া করা

squirrel / ˈskwɪrəl ˈস্কুইর‍্যাল / *noun* [C] a small red or grey animal with a long thick tail that lives in trees and eats nuts কাঠবিড়ালী জাতীয় প্রাণী ➪ **rodents**-এ ছবি দেখো।

squirt / skwɜ:t স্কুঅ্যট্ / *verb* [I, T] if a liquid squirts or if you squirt it, it is suddenly forced out of sth in a particular direction ফিনকি দিয়ে বেরিয়ে আসা *I cut the orange and juice squirted out.* ○ *She squirted water on the flames.* ▶ **squirt** *noun* [C] ফিনকি, সবেগে বেরোনো ধারা *a squirt of lemon juice*

Sr *abbr.* = **Snr**

St *abbr.* **1** = **saint** *St Peter* **2** = **street** *20 Park St* **3 st** (*BrE*) stone; a measure of weight স্টোন; মাপের মাত্রা

stab¹ / stæb স্ট্যাব্ / *verb* [T] (**stabbing; stabbed**) to push a knife or other pointed object into sb/sth কাউকে বা কোনো কিছুকে ছুরি বা কোনো ছুঁচোলো বস্তু দিয়ে বিদ্ধ করা; গাঁথা *The man had been stabbed in the back.*

stab² / stæb স্ট্যাব্ / *noun* [C] **1** an injury that was caused by a knife, etc. ছুরি ইত্যাদির আঘাত *He received stab wounds to his neck and back.* **2** a sudden sharp pain তীব্র বেদনাবোধ

IDM **have a stab at sth/doing sth** (*informal*) to try to do sth কিছু করার চেষ্টা করা

stabbing¹ / ˈstæbɪŋ ˈস্ট্যাবিং / *noun* [C] an occasion when sb is injured or killed with a knife or other sharp object ছুরিবিদ্ধ অবস্থায় আহত হওয়া অথবা মৃত্যু হওয়ার ঘটনা

stabbing² / ˈstæbɪŋ ˈস্ট্যাবিং / *adj.* (*only before a noun*) (used about a pain) sudden and strong (কোনো ব্যথা সম্বন্ধে ব্যবহৃত) আকস্মিক এবং জোরালো

stability / stəˈbɪləti স্ট্যাˈবিল্যাটি / *noun* [U] the state or quality of being steady and not changing অপরিবর্তনীয়তা, স্থায়ী অবস্থা, অবিচলতা *period of stability* ○ *The ladder is slightly wider at the bottom for greater stability.* ✪ বিপ **instability** ➪ **stable** adjective দেখো।

stabilize (*also* **-ise**) / ˈsteɪbəlaɪz ˈস্টেইব্যালাইজ্ / *verb* [I, T] to become or to make sth firm, steady and unlikely to change স্থিতিশীল করা বা হওয়া এবং পরিবর্তনের সম্ভাবনা কম থাকা *The patient's condition has stabilized.* ➪ **destabilize** দেখো।

stable¹ / ˈsteɪbl ˈস্টেইবল্ / *adj.* steady, firm and unikely to change স্থায়ী, অটল, পাকাপোক্ত *This ladder doesn't seem very stable.* ○ *The patient is **in a stable condition**.* ✪ বিপ **unstable** ➪ **stability** noun দেখো।

stable² / ˈsteɪbl ˈস্টেইবল্ / *noun* [C] a building where horses are kept ঘোড়ার আস্তাবল

stack¹ / stæk স্ট্যাক্ / *noun* [C] **1** a tidy pile of sth অনেকগুলি, বেশি পরিমাণে, গাদা *a stack of plates/books/chairs* **2** (*informal*) (*often plural*) a lot of sth রাশিকৃত, একরাশ *I've still got stacks of work to do.* **3** (in geography) a tall thin part of a cliff that has been separated from the land and stands on its own in the sea (ভূগোলে) যখন খাড়া উঁচু পাহাড়ের কোনো অংশ স্থলবিচ্ছিন্ন হয়ে সমুদ্রের মধ্যে মাথা তুলে থাকে

stack² / stæk স্ট্যাক্ / *verb* [T] **stack sth (up)** to put sth into a tidy pile ভালোভাবে গোছা বেঁধে রাখা বা গাদা করে রাখা *Could you stack those chairs for me?*

stacked / stækt স্ট্যাক্ট্ / *adj.* full of piles of things গাদাগাদা জিনিসে ভরা *The room was stacked high with books.*

stadium / ˈsteɪdiəm ˈস্টেইডিঅ্যাম্ / *noun* [C] (*pl.* **stadiums** or **stadia** /-diə -ডিঅ্যা /) a large structure, usually with no roof, where people can sit and watch sport চারিদিক দর্শকাসনযুক্ত, ছাদবিহীন ঘেরা খেলার জায়গা; স্টেডিয়াম

staff / stɑːf স্টা:ফ্ / *noun* [C, *usually sing.*, U] **1** the group of people who work for a particular organization কোনো একটি প্রতিষ্ঠানের কর্মীবৃন্দ; স্টাফ *hotel/library/medical staff* ○ *Two* ***members of staff*** *will accompany the students on the school trip.* **NOTE** **Staff** শব্দটি একবচন (singular) রূপে কিন্তু ক্রিয়ার বহুবচনের (plural verb) সঙ্গে ব্যবহার করা হয় *The staff all speak good English.* **2** (*AmE*) = **stave**[1] ► **staff** *verb* [T] (*usually passive*) কর্মী বা কর্মচারী থাকা বা রাখা *The office is staffed 24 hours a day.*

stag / stæg স্ট্যাগ্ / *noun* [C] the male of a **deer** পুরুষ হরিণ, মৃগ

stage[1] / steɪdʒ স্টেইজ্ / *noun* **1** [C] one part of the progress or development of sth কোনো কিছুর উন্নতি বা বিকাশের একটি ধাপ *We did the journey* ***in two stages.*** ○ ***At this stage*** *it's too early to say what will happen.* **2** [C] a platform in a theatre, concert hall, etc. on which actors, musicians, etc. perform রঙ্গমঞ্চ; স্টেজ **3** [*sing.*, U] the world of theatre; the profession of acting নাট্যজগৎ; অভিনয় যখন পেশা *an actor of stage and screen*

stage[2] / steɪdʒ স্টেইজ্ / *verb* [T] **1** to organize a performance of a play, concert, etc. for the public নাটক, কনসার্ট ইত্যাদি জনসাধারণের জন্য প্রদর্শন করা, জনসমক্ষে অনুষ্ঠান করা **2** to organize an event কোনো অনুষ্ঠানের ব্যবস্থা করা *They have decided to stage a 24-hour strike.*

stage manager *noun* [C] the person who is responsible for the stage, lights, scenery, etc. during a theatre performance অনুষ্ঠান চলাকালীন অভিনয়মঞ্চের ব্যবস্থাপনা, তার আলোকসজ্জা, দৃশ্যাদির ব্যবস্থা ইত্যাদি যার ব্যবস্থাপনায় হয়, মঞ্চ ব্যবস্থাপক

stagger / ˈstægə(r) ˈস্ট্যাগ্যা(র্) / *verb* [I] to walk with short steps as if you could fall at any moment, for example because you are ill, drunk or carrying sth heavy টলমল করতে করতে বা টলতে টলতে এমনভাবে হাঁটা যেন যে-কোনো মুহূর্তে পতন ঘটতে পারে (উদাহরণস্বরূপ কেউ অসুস্থ বা মত্ত অবস্থায় বা ভারী কোনো জিনিস নিয়ে হাঁটার সময়ে যেমন হয়); স্খলভাবে চলা বা হাঁটা *He staggered across the finishing line and collapsed.*

staggered / ˈstægəd ˈস্ট্যাগ্যাড্ / *adj.* **1** (*informal*) very surprised অতিশয় বিস্মিত, হতবাক করে এমন; আশ্চর্যজনক *I was absolutely staggered when I heard the news.* **2** (used about a set of times, payments, etc.) arranged so that they do not all happen at the same time (সময়সূচি, পারিশ্রমিক ইত্যাদি সম্বন্ধে ব্যবহৃত) এমনভাবে ব্যবস্থা করা হয় যাতে সব কিছু একই সময়ে না করতে হয় *staggered working hours* (=when people start and finish work at different times)

staggering / ˈstægərɪŋ ˈস্ট্যাগ্যারিং / *adj.* that you find difficult to believe অবিশ্বাস্য, যা মেনে নেওয়া যায় না ► **staggeringly** *adv.* আশ্চর্যজনকভাবে

stagnant / ˈstægnənt ˈস্ট্যাগ্ন্যান্ট্ / *adj.* **1** (used about water) not flowing and therefore dirty and having an unpleasant smell (জলের সম্বন্ধে ব্যবহৃত) জমা হয়ে গেছে এবং তার ফলে নোংরা, পচা, দুর্গন্ধময় **2** (used about business, etc.) not active; not developing (ব্যাবসা ইত্যাদি সম্বন্ধে ব্যবহৃত) বৃদ্ধিহীন; বিকাশহীন *a stagnant economy*

stagnate / stægˈneɪt স্ট্যাগ্ˈনেইট্ / *verb* [I] **1** to stop developing, changing or being active বৃদ্ধি বা বিকাশ না ঘটা, পরিবর্তন বা কাজকর্ম বন্ধ হয়ে থাকা *a stagnating economy* **2** (used about water) to be or become stagnant (জল সম্বন্ধে ব্যবহৃত) বদ্ধ হওয়া বা হয়ে পড়া, জমে থাকা ► **stagnation** / stægˈneɪʃn স্ট্যাগ্ˈনেইশ্ন্ / *noun* [U] পরিবর্তনহীন, নিশ্চল অবস্থা

stag night (*also* **stag party**) *noun* [C] a party for men only that is given for a man just before his wedding day বিয়ের ঠিক আগের রাতে বরের জন্য আয়োজিত কেবল পুরুষদের জমায়েত উৎসব ⇨ **hen party** দেখো।

staid / steɪd স্টেইড্ / *adj.* serious, old-fashioned and rather boring অবিচল, গুরুগম্ভীর, রক্ষণশীল, একঘেয়ে

stain / steɪn স্টেইন্ / *verb* [I, T] to leave a coloured mark that is difficult to remove দাগ বা ছোপ লেগে যাওয়া *Don't spill any of that tomato soup—it'll stain the carpet.* ► **stain** *noun* [C] রঙের ছোপ, ময়লা দাগ *The blood had left a stain on his shirt.*

stained glass *noun* [U] pieces of coloured glass that are used in church windows, etc. চার্চের জানলা ইত্যাদিতে ব্যবহৃত রঙিন কাঁচ

stainless steel *noun* [U] a type of steel that does not **rust** যে ইস্পাতে মরচে ধরে না *a stainless steel pan*

stair / steə(r) স্টেঅ্যা(র্) / *noun* **1 stairs** [*pl.*] a series of steps inside a building that lead from one level to another সিঁড়ি, সোপান *a* ***flight of stairs*** ○ ***down the stairs*** ○ ***up the stairs*** ⇨ **downstairs** এবং **upstairs** দেখো।

NOTE **Stair** এবং **step** তুলনা করো। **Stairs** এবং **flights of stairs** সাধারণত অট্টালিকার মধ্যে পাওয়া যায়। **Steps** অট্টালিকার বাইরে পাওয়া যায় এবং সিমেন্ট অথবা পাথরের তৈরি হয়।

2 [C] one of the steps in a series inside a building সিঁড়ির একটি ধাপ

staircase / ˈsteəkeɪs ˈস্টেঅ্যাকেইস্ / (*also* **stairway** / ˈsteəweɪ স্টেঅ্যাউঅ্যাই /) *noun* [C] a set of stairs with rails on each side that you can hold on to দুপাশে ধরার জন্য হাতল দেওয়া এক সারি সিঁড়ি ➪ **escalator** দেখো এবং **spiral**-এ ছবি দেখো।

stake[1] / steɪk স্টেইক্ / *noun* **1** [C] a wooden or metal pole with a point at one end that you push into the ground মাটিতে পোঁতার ধাতু বা কাঠের খুঁটি **2** [C] a part of a company, etc. that you own, usually because you have put money into it. টাকা লগ্নি করে কোনো কোম্পানির অংশীদারি *Foreign investors now* ***have a** 20%* ***stake in*** *the company.* **3 stakes** [*pl.*] the things that you might win or lose in a game or in a particular situation পণ, ঝুঁকি, বাজি *We play cards for money, but never for very high stakes.*

IDM at stake in danger of being lost; at risk ঝুঁকি আছে এমন; বিপদের সম্ভাবনা আছে এমন *He thought very carefully because he knew his future was at stake.*

stake[2] / steɪk স্টেইক্ / *verb* [T] **stake sth (on sth)** to put your future, etc. in danger by doing sth, because you hope that it will bring you a good result লাভের আশায় লোকসানের ঝুঁকি নেওয়া *He is staking his political reputation on this issue.*

IDM stake a/your claim (to sth) to say that you have a right to have sth কোনো কিছু পাওয়ার অধিকার আছে এরকম কথা বলা

PHR V stake sth out 1 to clearly mark an area of land that you are going to use জমির অধিকার স্পষ্টভাবে চিহ্নিত করা **2** to make your position, opinion, etc. clear to everyone প্রত্যেকের কাছে নিজের অবস্থান ও মতামত পরিষ্কারভাবে জানানো *In his speech, the President staked out his position on tax reform.* **3** to watch a place secretly for a period of time বেশ কিছুদিন ধরে গোপনে কোনো জায়গায় লক্ষ রাখা *The police had been staking out the house for months.*

stalactite / ˈstæləktaɪt ˈস্ট্যাল্যাক্টাইট্ / *noun* [C] (in geography) a long thin piece of rock hanging down from the roof of a **cave** (ভূগোলে) গুহার ছাদ থেকে ঝুলে থাকা পাতলা পাথরের টুকরো অথবা ঝুরি ➪ **lime-stone**-এ ছবি দেখো।

stalagmite / ˈstæləgmaɪt ˈস্ট্যাল্যাগ্মাইট্ / *noun* [C] (in geography) a thin piece of rock pointing upwards from the floor of a **cave** (ভূগোলে) গুহার ভূমি থেকে উঠে থাকা ঊর্ধ্বমুখী পাথর ➪ **limestone**-এ ছবি দেখো।

stale / steɪl স্টেইল্ / *adj.* **1** (used about food or air) old and not fresh any more (খাদ্য এবং বাতাসের সম্বন্ধে ব্যবহৃত) পুরোনো, তাজা বা টাটকা নয় *The bread will* ***go stale*** *if you don't put it away.* **2** not interesting or exciting any more ব্যবহারের ফলে আর আকর্ষণীয় নয়; নীরস, একঘেয়ে, নতুনত্বহীন ➪ **fresh** দেখো।

stalemate / ˈsteɪlmeɪt ˈস্টেইল্মেইট্ / *noun* [*sing.*, U] **1** a situation in an argument in which neither side can win or make any progress যে পরিস্থিতিতে দুপক্ষের কারও জয় বা অগ্রগতির কোনো সম্ভাবনা থাকে না; অচলাবস্থা **2** (in chess) a position in which a game ends without a winner because neither side can move (দাবা খেলায়) কিস্তিমাত, চালমাত, দুপক্ষই আর এগোতে পারে না বলে সেই অবস্থাতেই খেলা শেষ করতে হয়

stalk[1] / stɔːk স্ট:ক্ / *noun* [C] one of the long thin parts of a plant which the flowers, leaves or fruit grow on গাছের নরম কাণ্ড, ডাঁটা, ডগা প্রভৃতি যার উপর ফুল ধরে, পাতা হয়, ফলও বেড়ে ওঠে; বৃন্ত

stalk[2] / stɔːk স্ট:ক্ / *verb* **1** [T] to move slowly and quietly towards an animal in order to catch or kill it শিকারের উদ্দেশ্যে সন্তর্পণে, চুপিসারে কোনো পশুর কাছাকাছি যাওয়া *a lion stalking its prey* **2** [T] to follow a person over a period of time in a frightening or annoying way চুপিসারে, বিরক্তিকর বা ভীতিজনকভাবে, বেশ কিছুদিন ধরে কাউকে অনুসরণ করা *The stranger had been stalking her for two years.* **3** [I] to walk in an angry way রেগে গটগট করে, সদর্পে চলা

stall[1] / stɔːl স্ট:ল্ / *noun* **1** [C] a small shop with an open front or a table with things for sale ছোটো দোকানঘর; স্টল *a market stall* ○ *a bookstall* **2 stalls** [*pl.*] the seats nearest the front in a theatre or cinema থিয়েটার বা সিনেমার সামনের দিকের আসনের সারি **3** [C, *sing.*] a situation in which a vehicle's engine suddenly stops because it is not receiving enough power এমন পরিস্থিতি যখন কম জ্বালানি শক্তির কারণে ইঞ্জিনের গতি বন্ধ হয়ে যায় *The plane went into a stall and almost crashed.*

stall[2] / stɔːl স্ট:ল্ / *verb* [I, T] **1** (used about a vehicle) to stop suddenly because the engine is not receiving enough power; to make a vehicle do this accidentally (কোনো গাড়ি সম্বন্ধে ব্যবহৃত) জ্বালানির শক্তি কম পড়ায় হঠাৎ গাড়ির ইঞ্জিন বন্ধ হয়ে যাওয়া; হঠাৎ ইঞ্জিন বন্ধ করে দেওয়া *The bus often stalls on this hill.* **2** to avoid doing sth or to try to stop sth happening until a later time কোনো কাজ এড়িয়ে গিয়ে দেরি করিয়ে দেওয়া

stallion / ˈstæliən ˈস্ট্যালিঅ্যান্ / *noun* [C] an adult male horse, especially one that is kept for breeding পুরুষ ঘোড়া, যা প্রজননের জন্য রাখা হয় ➪ **horse**-এ নোট দেখো।

stalwart / ˈstɔːlwət ˈস্ট:লৃউঅ্যাট্ / *adj.* always loyal to the same organization, team, etc. দৃঢ় সমর্থক (কোনো প্রতিষ্ঠান বা দলের) *a stalwart supporter of the club* ▸ **stalwart** *noun* [C] দৃঢ়চেতা সমর্থক

stamen / ˈsteɪmən ˈস্টেইম্যান্ / *noun* [C] a small thin male part in the middle of a flower that produces a fine powder (**pollen**) ফুলের যে অংশে রেণু থাকে; পুংকেশর ➪ **flower**-এ ছবি দেখো।

stamina / ˈstæmɪnə ˈস্ট্যামিন্যা / *noun* [U] the ability to do sth that involves a lot of physical or mental effort for a long time সহনশক্তি, অধ্যবসায়, মনোবল, টিকে থাকার ক্ষমতা; স্ট্যামিনা *You need a lot of stamina to run long distances.*

stammer / ˈstæmə(r) ˈস্ট্যাম্যা(র্) / *verb* [I, T] to speak with difficulty, repeating sounds and pausing before saying things correctly তোতলানো *He stammered an apology and left quickly.* ▸ **stammer** *noun* [*sing.*] তোতলামি *to have a stammer*

stamp[1] / stæmp স্ট্যাম্প্ / *noun* [C] **1** (*formal* **postage stamp**) a small piece of paper that you stick onto a letter or package to show that you have paid for it to be posted ডাকটিকিট; স্ট্যাম্প *His hobby is collecting stamps.* **2** a small object that prints some words, a design, the date, etc. when you press it onto a surface কোনো শব্দগুচ্ছ, নকশা, তারিখ ইত্যাদি মুদ্রিত করার জন্য ছোটো বস্তু; ব্লক, মোহর *a date stamp* **3** the mark made by stamping sth onto a surface কোনো কিছুর উপর যে ছাপ দেওয়া হয়; সিলমোহর *Have you got any visa stamps in your passport?* ○ (*figurative*) ***stamp of approval*** **4 the stamp of sth** [*usually sing.*] something that shows a particular quality or that sth was done by a particular person যা কোনো কিছুর নির্দিষ্ট গুণ প্রকাশ করে অথবা নির্দিষ্ট ব্যক্তির দ্বারা কোনো কিছু তৈরি হয়েছে তা জানায়

stamp[2] / stæmp স্ট্যাম্প্ / *verb* **1** [I, T] **stamp (on sth)** to put your foot down very heavily and noisily মাটিতে পা ঠুকে জোরে আঘাত করা *It was so cold that I had to stamp my feet to keep warm.* ○ *She stamped her foot in anger.* **2** [I] to walk with loud heavy steps খুব জোরে পা ফেলে ফেলে চলা *She stamped around the room, shouting angrily.* **3** [T] **stamp A (on B); stamp B (with A)** to print some words, a design, the date, etc. by pressing a small object (**a stamp**) onto a surface কিছু শব্দ, নকশা, তারিখ ইত্যাদি কোনো কিছুর উপর মুদ্রিত করা, ছাপ দেওয়া, সিলমোহর মারা *to stamp a passport*

PHR V **stamp sth out** to put an end to sth completely সম্পূর্ণরূপে কোনো কিছু থামানো বা বন্ধ করা *The police are trying to stamp out this kind of crime.*

stamp duty *noun* [U] a tax on some legal documents আইনি কাগজপত্রের উপর যে ট্যাক্স বা কর লাগু হয়

stamped addressed envelope (*also* **self-addressed envelope**) *noun* [C] (*abbr.* **sae**) an empty envelope with your own name and address and a stamp on it that you send to a company, etc. when you want sth sent back to you নিজের নাম ও ঠিকানা লেখা খাম যা কোনো কোম্পানি ইত্যাদিতে পাঠালে সেখান থেকে যা চাওয়া হয়েছিল তা ফেরত আসতে পারে

stampede / stæmˈpiːd স্ট্যাম্ˈপীড / *noun* [C] a situation in which a large number of animals or people start running in the same direction, for example because they are frightened or excited যে পরিস্থিতিতে প্রচুর সংখ্যক জীবজন্তু বা মানুষ আতঙ্কে বা উত্তেজনায় দিশেহারা হয়ে একই দিকে দৌড়োতে শুরু করে ▸ **stampede** *verb* [I] আতঙ্কে দৌড়োনো

stance / stæns; stɑːns স্ট্যান্স; স্টা:ন্স / *noun* [C, *usually sing.*] **1 stance (on sth)** the opinions that sb expresses publicly about sth কোনো কিছু সম্বন্ধে প্রকাশ্যে ব্যক্ত মনোভাব *the Prime Minister's stance on foreign affairs* **2** the position in which sb stands, especially when playing a sport খেলার সময়ে দাঁড়ানোর বিশেষ ভঙ্গি

stand[1] / stænd স্ট্যান্ড্ / *verb* [I, T] (*pt, pp* **stood** /stʊd স্টুড্ /) **1** [I] to be on your feet, not sitting or lying down; to be upright দাঁড়ানো; দাঁড়িয়ে থাকা *to* ***stand still*** ○ *Only a few houses were left standing after the earthquake.* **2** [I] **stand (up)** to rise to your feet from another position উঠে দাঁড়ানো *He stood up when I entered the room.* **3** [T] to put sb/sth in a particular place or position কাউকে বা কোনো কিছু নির্দিষ্ট অবস্থানে বা জায়গামতো রাখা *We stood the mirror against the wall.* **4** [I] to be or to stay in a particular position or situation কোনো নির্দিষ্ট জায়গায় থাকা, অবস্থিত হওয়া *The castle stands on a hill.* ○ *The house has stood empty for ten years.* **5** [I] (used about an offer, a decision, etc.) to stay the same as before, without being changed (কোনো সিদ্ধান্ত, প্রস্তাব ইত্যাদি সম্বন্ধে ব্যবহৃত) আগের মতোই থাকা, বদলে না যাওয়া বা বদল না হওয়া *Does your decision still stand?* **6** [I] **stand (at) sth** to be of a particular height, level, amount, etc. (উচ্চতা, স্তর, মাত্রা ইত্যাদিতে) বিশেষ একটা জায়গায় পৌঁছোনো *The building stands nearly 60 metres high.* **7** [I] **stand (on sth)** to have an opinion or view about sth কোনো বিষয় সম্বন্ধে নিজস্ব নির্ণয় বা মনোভাব থাকা **8** [I] **stand to do sth** to be in a situation where you are likely to do sth কিছু করতে পারা যায় এরকম পরিস্থিতিতে পৌঁছানো *If he has to sell the company, he stands to lose a lot of money.* **9** [I] **stand (for/as sth)** to be one of the people hoping to be chosen in an election (a candidate) নির্বাচনে সম্ভাব্য প্রার্থী হওয়া *She's standing for the European Parliament.* **10** [T] (*in negative sentences and questions, with can/could*) to not like sb/sth at all; to hate sb/sth কাউকে বা কিছু একদম পছন্দ না করা; ঘৃণা করা *I can't stand rude behaviour.* ○ *I couldn't* ***stand the thought of*** *waiting for two hours so I went home.* ✪ সম **bear** **11** [T] (*used especially with can/could*) to be able to survive difficult conditions কঠিন পরিস্থিতিতে টিকে থাকতে পারা *Camels can stand extremely hot and cold temperatures.* ✪ সম **take**

PHR V **stand around** to stand somewhere not doing anything কিছু না করে এদিক ওদিক দাঁড়িয়ে থাকা *A lot of people were just standing around outside.*

stand aside to move to one side একদিকে সরে যাওয়া *People stood aside to let the police pass.*

stand back to move back পিছনে সরে যাওয়া *The policeman told everybody to stand back.*

stand by **1** to be present, but do nothing in a situation উপস্থিত থাকা সত্ত্বেও পরিস্থিতি অনুযায়ী কাজ না-করা, নীরব দর্শক হয়ে থাকা *How can you stand by and let them treat their animals like that?* **2** to be ready to act প্রয়োজনে কাজের জন্য প্রস্তুত থাকা, তৈরি থাকা *The police are standing by in case there's trouble.*

stand for sth **1** to be a short form of sth কোনো কিছুর সংক্ষিপ্ত রূপ হওয়া *What does NDTV stand for?* **2** to support sth (such as an idea or opinion) কোনো মতামত বা আদর্শ সমর্থন করা *I like everything that the party stands for.*

stand in (for sb) to take sb's place for a short time অল্প সময়ের জন্য কারও জায়গা নেওয়া, কারও কাজ চালিয়ে দেওয়া

stand out to be easily seen or noticed স্পষ্টভাবে দৃষ্টিগোচর হওয়া বা নজরে পড়া

stand up to be or become vertical খাড়া, সোজা হয়ে থাকা, ঋজু হয়ে থাকা *You'll look taller if you stand up straight*

stand sb up (*informal*) to not appear when you have arranged to meet sb, especially a boyfriend or girlfriend বিশেষত পুরুষ বন্ধু বা মহিলাবন্ধুকে অপেক্ষা করিয়ে রাখা, ঠিক সময়ে না আসা

stand up for sb/sth to say or do sth which shows that you support sb/sth কারও পক্ষ সমর্থন করে কথা বলা বা কিছু করা *He always stands up for his rights.*

stand up to sb/sth to defend yourself against sb/sth who is stronger or more powerful বেশি শক্তিশালী বা ক্ষমতাসম্পন্ন কারও মুখোমুখি হওয়া (সাহস ও আত্মবিশ্বাসের সঙ্গে)

stand² / stænd স্ট্যান্ড্ / *noun* [C] **1** a table or an object that holds or supports sth, often so that people can buy it or look at it টেবিল বা তাক ইত্যাদি যাতে বিক্রির জিনিস সাজানো থাকে; বিক্রিমঞ্চ; স্ট্যান্ড *a newspaper stand* **2** a large structure where people can watch sport from seats arranged in rows that are low near the front and high near the back খেলার মাঠের দর্শক আসন, যা সামনের দিকে ঢালু ও পিছনের দিকে একটু উঁচু থাকে; দর্শক-স্ট্যান্ড **3 a stand (on/against sth)** a strong effort to defend yourself or sth that you have a strong opinion about জোরালোভাবে আত্মপক্ষ সমর্থন করার মনোভাব অথবা কোনো কিছু সম্বন্ধে জোরালো মতামত আছে এমন *to* ***take/make a stand***

stand-alone *adj.* (*computing*) (used about computer machinery or programs) able to operate without any other machinery or programs (কম্পিউটারের যন্ত্রপাতি বা প্রোগ্রাম সম্বন্ধে ব্যবহৃত) যা অন্য কোনো যন্ত্র বা প্রোগ্রামের সাহায্য ছাড়াই কাজ করতে পারে

standard¹ / ˈstændəd ˈস্ট্যান্ড্যাড্ / *noun* [C] **1** a level of quality কোনো কিছুর উৎকর্ষতা যাচাই করার মান; নিরিখ, মানদণ্ড *This work is not* ***up to*** *your usual* ***standard.*** **2** a level of quality that you compare sth else with অন্য আরও কিছুর সঙ্গে তুলনীয় মান ***By Indian standards*** *this is a very expensive city.* ○ *He is a brilliant player* ***by any standard.*** **3** [*usually pl.*] a level of behaviour that is morally acceptable (সমাজে) যে নীতিবোধ গ্রহণযোগ্য *Many people are worried about falling standards in modern society.*

standard² / ˈstændəd ˈস্ট্যান্ড্যাড় / *adj.* **1** normal or average; not special or unusual সাধারণ, গড়পড়তা; বিশেষ বা অসাধারণ নয় *standard sizes* **2** that people generally accept as normal and correct যথাযথ, সঠিক, স্বাভাবিক, অস্বাভাবিক নয় *standard English*

standardize (*also* **-ise**) / ˈstænddaɪz ˈস্ট্যান্ড্যাডাইজ্ / *verb* [T] to make things that are different the same এক জাতীয় জিনিসের মতো বা তার মানের উপযোগী করা *Safety tests on old cars have been standardized throughout Europe.* ► **standardization** (*also* **-isation**) / ˌstændədaɪˈzeɪʃn ˈস্ট্যান্ড্যাডাইˈজেইশন্ / *noun* [U] নির্দিষ্ট মানে উত্তরণ; প্রমিতকরণ

standard of living *noun* [C] a measure of how comfortable the life of a particular person or group is নির্দিষ্ট ব্যক্তি বা গোষ্ঠীর জীবনযাত্রার মান *The standard of living in the cities is high.*

standby / ˈstændbaɪ ˈস্ট্যান্ড্‌বাই / *noun* **1** [C] (*pl.* **standbys**) a thing or person that can be used if needed, for example if sb/sth is not available or in an emergency প্রয়োজনে ঠিক জিনিসের পরিবর্তে যেটা দিয়ে কাজ চালানো হয় **2** [U] the state of being ready to do sth immediately if needed or if a ticket becomes available জরুরি অবস্থায় প্রস্তুত থাকার মতো অবস্থা, কোনো টিকিট পাওয়া গেলে বা কোনো জরুরি অবস্থা এলে প্রস্তুত থাকার অবস্থা *Ambulances were **on standby** along the route of the marathon.* ○ *We were **put on standby** for the flight to Rome.* ▶ **standby** *adj.* (*only before a noun*) বদলি বা পরিবর্ত অবস্থা সম্পর্কিত *a standby ticket/passenger*

stand-in *noun* [C] **1** a person who does sb's job for a short time when he/she is not available অন্য কারও থাকা সম্ভব না-হওয়ায় তার জায়গায় যে কাজ করে সেই ব্যক্তি **2** a person who replaces an actor in some scenes in a film, especially dangerous ones চলচ্চিত্রে অনেকসময়, বিশেষ করে বিপজ্জনক দৃশ্যে, অভিনেতার বদলে যে কাজ করে

standing[1] / ˈstændɪŋ ˈস্ট্যান্‌ডিং / *noun* [U] **1** the position that sb/sth has, or how people think of him/her/it কোনো কিছুর অবস্থান, কারও সম্বন্ধে জনসাধারণের ধারণা *The agreement has no legal standing.* ✪ সম **status** **2** the amount of time during which sth has continued to exist যতক্ষণ ধরে কোনো কিছু চলতে থাকে বা টিকে থাকে

standing[2] / ˈstændɪŋ ˈস্ট্যান্‌ডিং / *adj.* that always exists; permanent চিরস্থায়ী; স্থায়ী, বরাবরের

standing order *noun* [C] an instruction to your bank to make a regular payment to sb from your account কারও অ্যাকাউন্ট থেকে নিয়মিত পাঠানোর জন্য ব্যাংককে দিয়ে-রাখা নির্দেশ

standpoint / ˈstændpɔɪnt ˈস্ট্যান্ড্‌পইন্ট্ / *noun* [C] a particular way of thinking about sth কোনো কিছু সম্বন্ধে দৃষ্টিভঙ্গি ✪ সম **point of view**

standstill / ˈstændstɪl ˈস্ট্যান্ড্‌স্টিল্ / *noun* [*sing.*] a situation when there is no movement, progress or activity নিশ্চল, গতিহীন, নিষ্ক্রিয় *The traffic **is at/has come to a complete standstill**.*

IDM **grind to a halt/standstill** ➪ **grind**[1] দেখো।

stank ➪ **stink**-এর past tense

stanza / ˈstænzə ˈস্ট্যান্‌জ়্যা / *noun* [C] (used about poetry) a group of lines in a repeated pattern that form a unit in some types of poem (কবিতা বা পদ্য সম্বন্ধে ব্যবহৃত) কবিতার স্তবক ✪ সম **verse**

staple / ˈsteɪpl ˈস্টেইপ্‌ল্ / *noun* [C] a small thin piece of bent wire that you push through pieces of paper using a special tool (**stapler**) in order to fasten them together বিশেষ ধরনের ছোটো পাতলা বাঁকানো সরু তার যা দিয়ে বিশেষ যন্ত্রের সাহায্যে কাগজের কয়েকটি পাতা গেঁথে রাখা যায় ➪ **stationery**-তে ছবি দেখো। ▶ **staple** *verb* [T] কাগজগুলি স্টেপল দিয়ে গাঁথা *Staple the letter to the application form.* ▶ **stapler** *noun* [C] স্টেপল করার যন্ত্র; স্টেপলার ➪ **stationery**-তে ছবি দেখো।

staple diet *noun* [C, *usually sing.*] the main food that a person or animal normally eats মানুষ ও পশুর প্রধান খাদ্য *a staple diet of rice and fish*

star[1] / stɑː(r) স্টা:(র্) / *noun* **1** [C] a large ball of burning gas in outer space that you see as a small point of light in the sky at night রাত্রিকালে মহাকাশে ছোটো ছোটো যে আলোকবিন্দু দেখা যায়, যা আসলে জলন্ত গ্যাসের বড়ো পিণ্ড; তারা, তারকা, নক্ষত্র *It was a clear night and the stars were shining brightly.* **2** [C] a shape, decoration, mark, etc. with five or six points sticking out in a regular pattern তারকা চিহ্ন *I've marked the possible candidates on the list with a star.* ➪ **shape**-এ ছবি দেখো। **3** [C] a mark that represents a star that is used for telling you how good sth is, especially a hotel or restaurant কোনো কিছুর, বিশেষত হোটেলগুলির মান বোঝাতে বিভিন্ন সংখ্যার তারকাচিহ্ন ব্যবহার করা হয় *a five-star hotel* **4** [C] a famous person in acting, music or sport অভিনয়, সংগীত বা খেলাধুলোর জগতের প্রসিদ্ধ ব্যক্তি *a pop/rock/film/movie star* ○ *a football/tennis star* **5 stars** [*pl.*] = **horoscope**

star[2] / stɑː(r) স্টা:(র্) / *verb* (**starring; starred**) **1** [I] **star (in sth)** to be one of the main actors in a play, film, etc. চলচ্চিত্র, নাটক ইত্যাদিতে প্রধান অভিনেতা অভিনেত্রীদের মধ্যে কেউ হওয়া *Aishwarya Rai is to star in a new romantic comedy.* **2** [T] to have sb as a star প্রধান অভিনেতা হিসেবে কাউকে পাওয়া *The film stars Madhuri Dixit.*

starboard / ˈstɑːbəd ˈস্টা:ব্যাড্ / *noun* [U] the side of a ship that is on the right when you are facing towards the front of it জাহাজের সামনের দিকে মুখ করে দাঁড়ালে জাহাজের ডানদিকে ✪ বিপ **port**

starch / stɑːtʃ স্টা:চ্ / *noun* [C, U] **1** a white substance that is found in foods such as potatoes, rice and bread আলু, ভাত, রুটি এইসকল খাবারে পাওয়া যায় যে সাদা পদার্থ; শ্বেতসার **2** a substance that is used for making cloth **stiff** যে বস্তুর সাহায্যে বস্ত্রাদিতে শক্ত ভাব আনা হয়; মাড়

stardom / ˈstɑːdəm ˈস্টা:ড্যাম্ / *noun* [U] the state of being a famous person in acting, music or sport তারকার গৌরব, নাম, যশ *She **shot to stardom** in a Yash Chopra film.*

stare / steə(r) স্টেঅ্যা(র্) / *verb* [I] **stare (at sb/sth)** to look at sb or sth for a long time because you are surprised, shocked, etc. অবাক, বিস্মিত বা শোকাহত হয়ে কারও দিকে বড়ো বড়ো চোখ করে, একদৃষ্টে তাকিয়ে থাকা *Everybody stared at his hat.* ○ *He didn't reply, he just stared into the distance.*

starfish / ˈstɑːfɪʃ ˈস্টা:ফিশ্ / *noun* [C] (*pl.* **starfish**) a flat sea animal in the shape of a star with five or more arms তারার আকারে চার বা পাঁচ বা তার বেশি বাহুবিশিষ্ট ছোটো সামুদ্রিক জীব; তারামাছ

starfruit / ˈstɑːfruːt ˈস্টা:ফ্রুট্ / *noun* [C] (*pl.* **starfruit**) a green or yellow tropical fruit with a shape like a star তারার আকার বিশিষ্ট এক জাতীয় সবুজ বা হলুদ রঙের গ্রীষ্মপ্রধান দেশের ফল; তারাফল

stark[1] / stɑːk স্টা:ক্ / *adj.* **1** very empty and without decoration and therefore not attractive ভীষণ ফাঁকা, নগ্ন, সাজসজ্জাহীন এবং তাই অনাকর্ষণীয় *a stark landscape* **2** unpleasant and impossible to avoid *He now faces the **stark reality** of life in prison.* **3** very different to sth in a way that is easy to see অন্যের থেকে বেশি রকমের আলাদা বলে সহজেই চোখে পড়ে

stark[2] / stɑːk স্টা:ক্ / *adv.* completely; extremely সম্পূর্ণভাবে; চূড়ান্তভাবে *stark empty* ○ *stark raving mad*

starlight / ˈstɑːlaɪt ˈস্টা:লাইট্ / *noun* [U] the light that is sent out by stars in the sky তারার আলো, নক্ষত্র থেকে বিচ্ছুরিত আলো

starry / ˈstɑːri ˈস্টা:রি / *adj.* full of stars তারকাখচিত, নক্ষত্রময় *a starry night*

start[1] / stɑːt স্টা:ট্ / *verb* **1** [I, T] **start (sth/to do sth/doing sth)** to begin doing sth কোনো কিছু আরম্ভ করা, সূচনা করা *We'll have to start* (=leave) *early to catch the bus.* ○ *What time do you have to **start work** in the morning?* **2** [I, T] to begin or to make sth begin to happen কোনো কিছু আরম্ভ করা বা করানো, ঘটনার সূত্রপাত করা *What time does the concert start?* ○ *I'd like to start the meeting now.* ➪ **begin**-এ নোট দেখো। **3** [I, T] **start (sth) (up)** (used about a machine, etc.) to begin to work; to make an engine, a car, etc. begin to work (মেশিন ইত্যাদি সম্বন্ধে ব্যবহৃত) কাজ করতে শুরু করা; ইঞ্জিন, গাড়ি ইত্যাদি চালাতে শুরু করা *The car won't start.* ○ *He got onto his motor bike, started the engine and rode away.* **4** [I, T] **start (sth) (up)** to create a company, an organization, etc.; to begin to exist কোনো কোম্পানি সংস্থা ইত্যাদি স্থাপনা করা; প্রতিষ্ঠা বা গোড়াপত্তন করা *They've decided to start their own business.* **5** [I] to make a sudden, quick movement because you are surprised or afraid হঠাৎ চমকে ওঠা, ভয় পেয়ে, বিস্মিত হয়ে কেঁপে ওঠা *A loud noise outside made me start.*

IDM get/start off on the right/wrong foot (with sb) ➪ **foot**[1] দেখো।

to start (off) with 1 used for giving your first reason for sth কোনো কিছুর কারণ দেখানোর জন্য ব্যবহৃত অভিব্যক্তিবিশেষ *'Why are you so angry?' 'Well, to start off with, you're late, and secondly you've lied to me.'* **2** in the beginning; at first প্রথমে; শুরুতে

set/start the ball rolling ➪ **ball** দেখো।

PHR V start off to begin in a particular way বিশেষভাবে শুরু করা *I'd like to start off by welcoming you all to Lucknow.*

start on sth to begin doing sth that needs to be done যে কাজ করতে হবে তা শুরু করা

start out to begin your life, career, etc. in a particular way that changed later নিজের জীবন, কর্মজীবন ইত্যাদি কোনো বিশেষভাবে শুরু করা যা পরে বদলানো যেতে পারে *She started out as a teacher in Patna.*

start over (*AmE*) to begin again আবার শুরু করা

start[2] / stɑːt স্টা:ট্ / *noun* **1** [C, *usually sing.*] the point at which sth begins কোনো কিছুর আরম্ভ *The chairman made a short speech **at the start of** the meeting.* ○ *It was a bad idea **from the start**.* **2** [C, *usually sing.*] the action or process of starting কোনো কিছু আরম্ভ করার কাজ বা প্রক্রিয়া *to make a fresh start* (= do sth again in a different way) **3 the start** [*sing.*] the place where a race begins কোনো দৌড়ের আরম্ভস্থল *The athletes are now lining up at the start.* **4** [C, *usually sing.*] an amount of time or distance that you give to a weaker person at the beginning of a race, game, etc. দৌড়, খেলা ইত্যাদিতে কোনো দুর্বল ব্যক্তিকে যে সময় অথবা দূরত্ব দেওয়া হয় ➪ **head start** শব্দটির সঙ্গে তুলনা করো। **5** [C, *usually sing.*] a sudden quick movement that your body makes because you are surprised or afraid আশ্চর্য হয়ে অথবা ভয়ে কেঁপে ওঠার ক্রিয়া *She woke up **with a start**.*

IDM for a start (used to emphasize your first reason for sth) (প্রথম কারণ বা যুক্তি দেওয়ার জন্য ব্যবহৃত) প্রথম কথা এই যে *'Why can't we go on holiday?' 'Well, for a start we can't afford it...'*

get off to a good, bad, etc. start to start well, badly, etc. ভালো অথবা খারাপ ইত্যাদি শুরু করা

get off to a flying start ➪ **flying** দেখো।

starter / ˈstɑːtə(r) ˈস্টা:ট্যা(র্) / (*AmE* **appetizer**) *noun* [C] a small amount of food that is served before the main course of a meal শুরুতে যে খাবার পরিবেশন করা হয়

starting point *noun* [C] **starting point (for sth)** **1** an idea or a topic that you use to begin a discussion with কোনো আলোচনা শুরু করার পূর্বে যে চিন্তাধারা বা বিষয় ব্যক্ত করা হয় **2** the place where you begin a journey যাত্রার আরম্ভস্থল; সূচনাস্থল

startle / ˈstɑːtl ˈস্টা:ট্ল্ / *verb* [T] to surprise sb/sth in a way that slightly shocks or frightens him/her/it কাউকে বা কিছু চমকে দেওয়া বা শঙ্কিত করা *The gunshot startled the horses.* ▶ **startled** *adj.* চমকিত, শঙ্কিত ▶ **startling** / ˈstɑːtlɪŋ স্টা:ট্লিং / *adj.* চমকিত বা শঙ্কিত করে যা

starvation / stɑːˈveɪʃn স্টা:ভেইশ্ন্ / *noun* [U] suffering or death because there is not enough food অনাহার, নিরশন, উপবাস, আকাল *to die of starvation*

starve / stɑːv স্টা:ভ্ / *verb* [I, T] to suffer or die because you do not have enough food to eat; to make sb/sth suffer or die in this way অনাহারে ক্লিষ্ট হওয়া বা মৃত্যু ঘটা; কোনো ব্যক্তিকে অনাহারে কষ্ট দেওয়া বা মৃত্যুর দিকে ঠেলে দেওয়া *to* ***starve to death***

IDM **be starved of sth** to suffer because you are not getting enough of sth that you need কোনো বস্তু না পাওয়ার জন্য কষ্ট পাওয়া *The children had been starved of love and affection for years.*

be starving (*informal*) to be extremely hungry ক্ষুধায় পীড়িত হওয়া

state[1] / steɪt স্টেইট্ / *noun* **1** [C] the mental, emotional or physical condition that sb/sth is in at a particular time কোনো ব্যক্তি বা বস্তুর মানসিক, আবেগজাত বা দৈহিক অবস্থা (নির্দিষ্ট সময়ে) *the state of the economy* ○ *He is in a* ***state of shock.*** **2** (*also* **State**) [C] a country considered as an organized political community controlled by one government রাজ্য, দেশ *India has been an independent state since 1947.* ➪ **country**-তে নোট দেখো **3 the State** [U] the government of a country কোনো দেশের সরকার *affairs/matters of state* ○ *a state-owned company* ○ *heads of State* (=government leaders) **4** (*also* **State**) [C] an organized political community forming part of a country প্রদেশ, রাজ্য *the southern States of India* ➪ **county** এবং **province** দেখো। **5** [U] the formal ceremonies connected with high levels of government or with the leaders of countries কোনো সরকারের উচ্চস্তরের অথবা দেশের নেতাদের অনুষ্ঠান বা সমারোহ *The President is going on* ***a state visit*** *to China.* **6 the States** [*pl.*] (*informal*) the United States of America মার্কিন যুক্তরাষ্ট্র *We lived in the States for about five years.*

IDM **be in/get into a state** (*BrE informal*) to be or become very nervous or upset ভয় পাওয়া বা বিপর্যস্ত হওয়া *Now don't get into a state! I'm sure everything will be all right.*

state of affairs a situation কোনো পরিস্থিতি *This state of affairs must not be allowed to continue.*

state of mind mental condition মানসিক অবস্থা *She's in a very confused state of mind.*

state[2] / steɪt ˈস্টেইট্ / *verb* [T] to say or write sth, especially formally কোনো কিছু বলা বা লেখা (বিশেষত আনুষ্ঠানিকভাবে) *Your letter states that you sent the goods on 31 March, but we have not received them.*

stately / ˈsteɪtli ˈস্টেইট্লি / *adj.* formal and impressive মনোহর এবং আকর্ষণীয় *a stately old building*

stately home *noun* [C] (*BrE*) a large old house that has historical interest and can be visited by the public ঐতিহাসিক গুরুত্ব আছে এবং যা জনসাধারণ দেখতে পারে এমন প্রাচীন বাড়ি

statement / ˈsteɪtmənt ˈস্টেইট্ম্যান্ট্ / *noun* [C] **1** something that you say or write, especially formally বিশেষত আনুষ্ঠানিকভাবে যা লেখা বা বলা হয় *The Prime Minister will* ***make a statement*** *about the defence cuts today.* **2** = **bank statement**

statesman / ˈsteɪtsmən ˈস্টেইট্স্‌ম্যান্ / *noun* [C] (*pl.* **-men** /-mən -ম্যান্ /) an important and experienced politician who has earned public respect রাজনীতিজ্ঞ, কূটনীতিবিদ

static[1] / ˈstætɪk ˈস্ট্যাটিক্ / *adj.* not moving, changing or developing থেমে আছে এমন; স্থির *House prices are never static.*

static[2] / ˈstætɪk ˈস্ট্যাটিক্ / *noun* [U] **1** sudden noises that disturb radio or television signals, caused by electricity in the atmosphere বায়ুমণ্ডলে বিদ্যুৎ থাকার কারণে যে আওয়াজ বেতার বার্তার বিঘ্ন ঘটায় **2** (*also* **static electricity**) electricity that collects on a surface যে বিদ্যুৎ কোনো স্তরে স্থিত হয়ে যায়, স্থির বিদ্যুৎ *My hair gets full of static when I brush it.*

station[1] / ˈsteɪʃn ˈস্টেইশ্ন্ / *noun* [C] **1** (*also* **railway station**) a building on a railway line where trains stop so that passengers can get on and off রেল স্টেশন **2** (*usually in compound nouns*) a building from which buses begin and end journeys যেখান থেকে বাস ছাড়ে এবং যেখানে শেষ পর্যন্ত পৌঁছোয়; বাস স্টপ **3** (*usually in compound nouns*)

station²
S

a building where a particular service or activity is based বিশেষ পরিষেবা অথবা কাজ যে স্থান থেকে দেওয়া হয় বা করা হয় *a police/fire/petrol station* ○ *a power station (= Where electricity is generated)* **4** (*often in compound nouns*) a radio or television company and the programmes it sends out রেডিও অথবা টিভি কার্যক্রম যে অনুষ্ঠান সম্প্রচার করে *a local radio/TV station* ⇨ **channel** দেখো

station² / ˈsteɪʃn ˈস্টেইশ্‌ন্ / *verb* [T] (*usually passive*) to send sb, especially members of the armed forces, to work in a place for a period of time কোনো ব্যক্তি (বিশেষত সামরিক বাহিনীর) যাকে কোনো স্থানে নির্দিষ্ট সময়ের জন্য কাজ করতে পাঠানো হয়

stationary / ˈsteɪʃənri ˈস্টেইশ্যান্‌রি / *adj.* not moving স্থির, গতিহীন *He crashed into the back of a stationary vehicle.*

stationer's / ˈsteɪʃənəz ˈস্টেইশ্যান্যাজ্ / *noun* [*sing.*] a shop that sells writing equipment, such as paper, pens, envelopes, etc. লেখনসামগ্রী (যেমন কাগজ, কলম, খাম ইত্যাদি) বিক্রি করে যে দোকান

stationery / ˈsteɪʃənri ˈস্টেইশ্যান্‌রি / *noun* [U] writing equipment, for example pens, pencils, paper, envelopes লেখনসামগ্রী (যেমন কলম, পেনসিল, কাগজ, খাম)

station wagon (*AmE*) = **estate car**

statistics / stəˈtɪstɪks স্ট্যা'টিস্‌টিক্স্ / *noun* **1** [*pl.*] numbers that have been collected in order to provide information about sth পরিসংখ্যান *Statistics indicate that 90% of homes in this country have a television.* ○ *crime statistics* **2** [U] the science of collecting and studying these numbers পরিসংখ্যানবিদ্যা, রাশিবিজ্ঞান ▶ **statistical** / stəˈtɪstɪkl স্ট্যা'টিস্‌টিক্‌ল্ / *adj.* পরিসংখ্যানসংক্রান্ত *statistical information* ▶ **statistically** / stəˈtɪstɪkli স্ট্যা'টিস্‌টিক্‌লি *adv.* পরিসংখ্যানগতভাবে

statue / ˈstætʃuː ˈস্ট্যাচু / *noun* [C] a figure of a person or animal that is made of stone or metal and usually put in a public place মূর্তি, প্রতিকৃতি

statuette / ˌstætʃuˈet ˌস্ট্যাচু'এট্ / *noun* [C] a small statue ছোটো প্রতিকৃতি

stature / ˈstætʃə(r) ˈস্ট্যাচ্যা(র্) / *noun* [U] (*written*) **1** the importance and respect that sb has because people have a high opinion of his/her skill or of what he/she has done খ্যাতির পরিমাণ, পদমর্যাদা এসবের জন্য গুরুত্ব এবং সম্মান **2** the height of a person ব্যক্তির উচ্চতা বা গুণ *He's quite small **in stature**.*

status / ˈsteɪtəs ˈস্টেইট্যাস্ / *noun* **1** [U] the legal position of a person, group or country কোনো ব্যক্তি, গোষ্ঠী বা দেশের আইনগত অবস্থান ***marital status*** ○ *They were granted refugee status.* **2** [*sing.*]

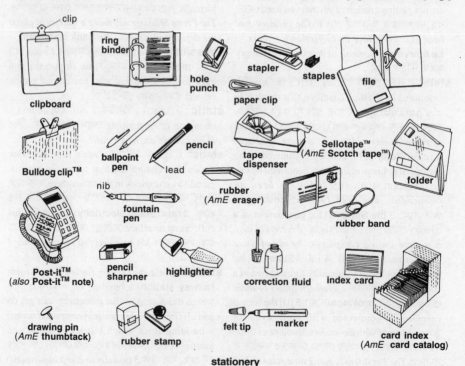

clip
ring binder
hole punch
clipboard
stapler
staples
file
paper clip
Bulldog clip™
ballpoint pen
pencil
lead
tape dispenser
Sellotape™ (AmE Scotch tape™)
folder
nib
fountain pen
rubber (AmE eraser)
rubber band
Post-it™ (also Post-it™ note)
pencil sharpner
highlighter
correction fluid
index card
card index (AmE card catalog)
drawing pin (AmE thumbtack)
rubber stamp
felt tip
marker

stationery

your social or professional position in relation to other people অন্য ব্যক্তির তুলনায় কারও সামাজিক বা ব্যাবসায়িক অবস্থান *Teachers don't have a very high status in this country.* ✪ সম **standing** 3 [U] a high social position উচ্চ সামাজিক মর্যাদা *The new job gave him much more status.*

the status quo / ˌsteɪtəs ˈkwəʊ ˌস্টেইট্যাস্ ˈকুঅ্যাউ / *noun* [*sing.*] the situation as it is now, or as it was before a recent change বর্তমান অবস্থা যেমন আছে তেমনই অথবা সাম্প্রতিক পরিবর্তনের পূর্বে যেখানে ছিল সেরকম; পূর্বস্থিতি

status symbol *noun* [C] something that a person owns that shows that he/she has a high position in society and a lot of money সামাজিক প্রতিষ্ঠা বা পদমর্যাদার প্রতীক

statute / ˈstætʃuːt ˈস্ট্যাচুট্ / *noun* [C] (*formal*) a law or a rule আইন বা বিধিবন্ধ নিয়মাবলী

statute law *noun* [U] (*technical*) all the written laws of a parliament, etc. সংসদ ইত্যাদির লিপিবদ্ধ আইনসমূহ ⇨ **case law** এবং **common law** দেখো।

statutory / ˈstætʃətri ˈস্ট্যাচ্যাট্রি / *adj.* (*formal*) decided by law আইনগত নিয়ম অথবা বিধিবন্ধ *a statutory right*

staunch / stɔːntʃ স্ট:নচ্ / *adj.* believing in sb/sth or supporting sb/sth very strongly; loyal কাউকে প্রবলভাবে সমর্থন বা বিশ্বাস করা হয় এমন; অনুগত, বিশ্বস্ত

stave[1] / steɪv স্টেইভ্ / *noun* [C] **1** a strong stick or pole শক্ত খুঁটি বা দণ্ড *fence staves*

stave[2] / steɪv স্টেইভ্ / *verb*

PHR V **stave sth off** to stop sth unpleasant from happening now, although it may happen at a later time; to delay sth কোনোরকম অকাম্য ঘটনা বা খারাপ কিছু ঠেকিয়ে রাখা, বিলম্বিত করা *to stave off hunger/illness/inflation/bankruptcy*

stay[1] / steɪ স্টেই / *verb* [I] **1** to continue to be somewhere and not go away থাকা, বাস করা *Raju stayed in bed until 11 o'clock.* ○ *Pavan's staying late at the office tonight.* **2** to continue to be in a particular state or situation without change অপরিবর্তিত অবস্থায় একইভাবে থাকা *I can't stay awake any longer.*

> **NOTE** দুটি শব্দেরই অর্থ এক কিন্তু **remain** শব্দটি বেশি পোশাকি ব্যবহার।

3 to live in a place temporarily as a visitor or guest কোনো জায়গায় পর্যটক বা অতিথি হিসেবে থাকা অর্থাৎ কোনো স্থানে সাময়িকভাবে বাস করা *We stayed with friends in France.* ○ *Which hotel are you staying at?*

IDM **stay put** (*informal*) to continue in one place; to not leave একই জায়গা না বদলে দীর্ঘদিন থেকে যাওয়া; ছেড়ে না যাওয়া

PHR V **stay behind** to not leave a place after other people have gone অন্য সকলে চলে যাওয়ার পরেও সেখানেই থাকা *I'll stay behind and help you wash up.*

stay in to be at home and not go out বাড়িতেই থাকা, বাইরে না যাওয়া *I'm going to stay in and watch TV.*

stay on (at...) to continue studying, working, etc. somewhere for longer than expected or after other people have left প্রত্যাশিত সময়ের থেকে বেশি লম্বা সময় ধরে, অন্যেরা চলে যাওয়ার পরেও কাজ করা, পড়াশুনো করা

stay out to continue to be away from your house, especially late at night বাড়ির বাইরে থেকে যাওয়া, বিশেষত রাতে

stay up to go to bed later than usual বেশি দেরি করে শুতে যাওয়া *I'm going to stay up to watch the late film.*

stay[2] / steɪ স্টেই / *noun* [C] a period of time that you spend somewhere as a visitor or guest অতিথি বা পর্যটক হিসেবে কাটানো সময় *Did you enjoy your stay in Goa?*

STD / ˌes tiː ˈdiː ˌএস্টী ˈডী/ *abbr.* **1** subscriber trunk dialling; the system by which you can make long-distance telephone calls direct সাবস্ক্রাইবার ট্রাঙ্ক ডায়ালিং এর সংক্ষিপ্ত রূপ; যে প্রক্রিয়া ও ব্যবস্থার সাহায্যে দূরপাল্লার ফোনে সরাসরি যোগাযোগ করা যায়; এস.টি.ডি **2** sexually transmitted disease যৌনব্যাধি, যৌন মেলামেশার ফলে যে রোগ জন্মায়

steadfast / ˈstedfɑːst ˈস্টেড্‌ফা:স্ট্ / *adj.* **steadfast (in sth)** (*literary*) (*approving*) faithful and loyal; not changing in your attitudes or aims বিশ্বাসী এবং নিষ্ঠাবান; (লক্ষ্য এবং মতি) স্থির, অটল *steadfast loyalty* ○ *He remained steadfast in his determination to bring the criminals to justice* ▸ **steadfastly** / -li লি /*adv.* স্থিরভাবে, নিষ্ঠাভরে ▸ **steadfastness** *noun* [U] স্থিরতা

steady[1] / ˈstedi ˈস্টেডি / *adj.* (**steadier; steadiest**) **1** developing, growing or happening gradually and at a regular rate একরকমভাবে, নিয়মিত হারে *a steady increase/decline* **2** staying the same; not changing and therefore safe অবিচল, অটল; বদলে যায় না এবং সেই কারণে নিরাপদ *a steady job/income* **3** firmly fixed, supported or balanced; not shaking or likely to fall down শক্তভাবে লাগানো বা ঠেকা দেওয়া আছে এমন; দৃঢ়ভাবে স্থাপিত *You need a **steady hand** to take good photographs.*

► **steadily** *adv.* স্থিরভাবে, সমান গতিতে, একভাবে *Unemployment has risen steadily since April 2000.*

steady[2] / ˈstedi ˈস্টেডি / *verb* [I, T] (*pres. part.* **steadying;** *3rd person sing. pres.* **steadies;** *pt, pp* **steadied**) to stop yourself/sb/sth from moving, shaking or falling; to stop moving, shaking or falling স্থির থাকা; নড়া-চড়া না করা, পড়ে না যাওয়া *He had to* ***steady*** *his* ***nerves/voice*** *before beginning his speech.*

steak / steɪk স্টেইক্ / *noun* [C, U] a thick flat piece of meat or fish মাংস বা মাছের পুরু মোটা ফালি বা টুকরো *a piece of steak* ○ *a cod/salmon steak* ➪ **chop**[2] দেখো।

steal / sti:l স্টীল্ / *verb* (*pt* **stole** / stəʊl স্ট্যাউল্ /; *pp* **stolen** / ˈstəʊlən স্ট্যাউল্যান্ /) **1** [I, T] **steal (sth) (from sb/sth)** to take sth from a person, shop, etc. without permission and without intending to return it or pay for it (কোনো ব্যক্তি, দোকান ইত্যাদি থেকে) চুরি করা, অপহরণ করা, অন্যের জিনিস অনুমতি ছাড়া নিয়ে নেওয়া *The terrorists were driving a stolen car.* ○ *We found out she had been stealing from us for years.*

> **NOTE** কোনো স্থান থেকে কোনো বস্তু চুরি করা হলে **steal** শব্দটি ব্যবহার করা হয় কিন্তু কোনো ব্যক্তির থেকে কোনো কিছু ছিনিয়ে নিলে **rob** শব্দটি ব্যবহার করা হয়—*My camera has been stolen!* ○ *I've been robbed!* ○ *to rob a bank* ➪ **thief**-এ নোট দেখো।

2 [I] **steal away, in, out, etc.** to move somewhere secretly and quietly গোপনে, নিঃশব্দে কোনো জায়গায় সরে যাওয়া

stealth / stelθ স্টেলথ্ / *noun* [U] (*formal*) behaviour that is secret or quiet গোপন এবং নিঃশব্দ আচরণ ► **stealthy** *adj.* চুপিচুপি, নিঃশব্দ *a stealthy approach/ movement* ► **stealthily** *adv.* চুপিচুপি, চুপিসারে

steam[1] / sti:m স্টীম্ / *noun* [U] the hot gas that is produced by boiling water জল ফুটলে যে গ্যাসে পরিণত হয়; বাষ্প *Steam was rising from the coffee.* ○ *a steam engine* (= that uses the power of steam)

IDM let off steam (*informal*) to get rid of energy or express strong feeling by behaving in a noisy or wild way রাগারাগি করে মনের ভাব বা উত্তেজনা কিছুটা প্রশমিত করা বা কমানো

run out of steam to gradually lose energy or enthusiasm ক্রমশ সব উৎসাহ ও শক্তি হারানো, শ্রান্ত হয়ে পড়া

steam[2] / sti:m স্টীম্ / *verb* **1** [I] to send out steam বাষ্প বেরোনো বা বার করা; ধোঁয়া বেরোনো *a bowl of steaming hot soup* **2** [I, T] to place food over boiling water so that it cooks in the steam; to cook in this way গরম জলের উপরে রেখে খাবার ভাপিয়ে রান্না করা; ভাপে রান্না করা *steamed vegetables/ fish* ○ *Leave the potatoes to steam for 30 minutes.*

IDM be/get steamed up (*informal*) to be or become very angry or worried about sth কোনো কিছু সম্বন্ধে উত্তেজিত, চিন্তিত এবং ক্রুদ্ধ হওয়া

PHR V steam (sth) up to cover sth or become covered with steam বাষ্পের ফলে কোনো জিনিস ঝাপসা হওয়া *My glasses have steamed up.*

steamer / ˈsti:mə(r) ˈস্টীম্যা(র্) / *noun* [C] **1** a ship that is driven by steam বাষ্পচালিত জাহাজ; স্টীমার **2** a metal container with small holes in it, that is placed over a pan of boiling water in order to cook food in the steam ছিদ্রসহ ধাতুপাত্র যা গরম জলের উপরে বসিয়ে রান্না করা হয়

steamroller/ˈsti:mrəʊlə(r) ˈস্টীম্‌র‍্যাউল্যা(র্) / *noun* [C] a big heavy vehicle with wide heavy wheels that is used for making the surface of a road flat বড়ো বিশাল ভারী চাকাওয়ালা এক ধরনের বড়ো গাড়ি যা রাস্তা তৈরির কাজে ব্যবহৃত হয়; স্টীমরোলার

steel[1] / sti:l স্টীল্ / *noun* [U] a very strong metal that is made from iron mixed with another substance (**carbon**). Steel is used for making knives, tools, machines, etc. ইস্পাত, কার্বন ও লৌহ মিশ্রিত একধরনের সংকরধাতু যা ছুরি, কাঁচি, যন্ত্রপাতি বা মেশিন ইত্যাদি তৈরির কাজে ব্যবহৃত হয়; স্টীল

steel[2] / sti:l স্টীল্ / *verb* [T] **steel yourself** to prepare yourself to deal with sth difficult or unpleasant কঠিন সমস্যার সম্মুখীন হওয়ার জন্য নিজেকে প্রস্তুত করা; দৃঢ় সংকল্প হওয়া, ইস্পাতের মতো কঠিন হওয়া *Steel yourself for a shock.*

steel wool (*also* **wire wool**) *noun* [U] a mass of fine steel threads that you use for cleaning pots and pans, making surfaces smooth, etc. সূক্ষ্ম ইস্পাতের সুতোর মতো পাতলা জিনিসের সমষ্টি, এই বল বাসন মাজা, কিছু ঘষে মসৃণ করা ইত্যাদি কাজে ব্যবহৃত হয়; স্টীল উল

steelworks / ˈsti:lwɜ:ks ˈস্টীল্‌উঅ্যক্স্ / *noun* [C, *with sing. or pl. verb*] (*pl.* **steelworks**) a factory where steel is made যে কারখানায় ইস্পাত বানানো হয়

steep / sti:p স্টীপ্ / *adj.* **1** (used about a hill, mountain, street, etc.) rising or falling quickly; at a sharp angle (টিলা, পাহাড়, রাস্তা ইত্যাদি সম্বন্ধে ব্যবহৃত) দ্রুত ঊর্ধ্বমুখী বা অধোমুখী হয় এমন; তীব্র কোণাচেভাবে *I don't think I can cycle up that hill. It's too steep.* **2** (used about an increase or fall in sth) very big (কোনো কিছুর বাড়া বা কমা সম্বন্ধে ব্যবহৃত) খুব বেশি পরিমাণে **3** (*informal*) too expensive খুব বেশি দামি ▶ **steeply** *adv.* তেজিভাবে, উঁচুর দিকে, বেশি রকমের *House prices have risen steeply this year.* ▶ **steepness** *noun* [U] তেজিভাব, চড়াভাব, খাড়াইভাব

steeped / sti:pt স্টীপ্ট / *adj.* **steeped in sth** having a lot of; full of sth খুব বেশি আছে এমন কিছুতে ভরা; পূর্ণ *a city steeped in history*

steeple / ˈsti:pl ˈস্টীপ্‌ল্ / *noun* [C] a tower on the roof of a church, often with a pointed top (**spire**) গির্জার ছাদের উপর যে গম্বুজ

steer / stɪə(r) স্টিআ্যা(র্) / *verb* **1** [I, T] to control the direction that a vehicle is going in কোনো বাহন ঠিক পথে বা দিকে চালানো *to steer a boat/ship/bicycle/motorbike* **2** [T] to take control of a situation and try to influence the way it develops পরিস্থিতি নিয়ন্ত্রণে আনা এবং তার বিকাশক্রিয়া বা প্রকৃতি প্রভাবিত করার চেষ্টা করা *She tried to steer the conversation away from the subject of money.*

IDM **keep/stay/steer clear (of sb/sth)** ➪ **clear**[2] দেখো।

steering / ˈstɪərɪŋ ˈস্টিআ্যারিং / *noun* [U] the parts of a vehicle that control the direction that it moves in কোনো গাড়ির যে-অংশের দ্বারা গাড়িটি কোন দিকে যাবে তা নিয়ন্ত্রণ করা হয়; স্টিয়ারিং *a car with power steering*

steering wheel (*also* **wheel**) *noun* [C] the wheel that the driver turns in a vehicle to control the direction that it moves in গাড়িতে চাকার মতো গোল যে অংশটি ঘুরিয়ে চালক গাড়িটি কোন দিকে যাবে নিয়ন্ত্রণ করে ➪ **car**-এ ছবি দেখো।

stellar / ˈstelə(r) ˈস্টেল্যা(র্) / *adj.* (*only before a noun*) (*technical*) connected with the stars নক্ষত্রের সঙ্গে সংযুক্ত

stem[1] / stem স্টেম্ / *noun* [C] **1** the main long thin part of a plant above the ground from which the leaves or flowers grow মাটির উপর গাছের যে ছোটো অংশটি থেকে পাতা, ফুল, ছোটো ডালপালা বেরোয়; গাছের কাণ্ড ➪ **flower**-এ ছবি দেখো। **2** (*grammar*) the main part of a word onto which other parts are added (ব্যাকরণ) শব্দের মূল অংশ *'Writ-' is the stem of the words 'write', 'writing', 'written' and 'writer'.*

stem[2] / stem স্টেম্ / *verb* [T] (**ste<u>mm</u>ing; ste<u>mm</u>ed**) to stop sth that is increasing or spreading কোনো কিছু যা বেড়ে চলেছে বা ছড়িয়ে পড়ছে তাকে থামানো

PHR V **stem from sth** (*not used in the continuous tenses*) to be the result of sth কোনো কিছুর ফল বা পরিণাম

> NOTE এই ক্রিয়াপদটির (verb) ব্যবহার ঘটমান কালে (continuous tenses) হয় না কিন্তু '–ing' সহযোগে এর বর্তমান কৃদন্ত (present participle) রূপটি সাধারণভাবে অত্যন্ত প্রচলিত—*He was treated for depression stemming from his domestic and business difficulties.*

stem cell / *noun* [C] a basic type of cell found in human and animals which can divide and develop into cells with particular functions মানুষ এবং প্রাণীদের মধ্যে একধরনের প্রাথমিক কোষ পাওয়া যায় যা নির্দিষ্ট কাজসম্পন্ন বিভিন্ন কোষে বিভক্ত এবং বিবর্তিত হতে পারে

stench / stentʃ স্টেনচ্ / *noun* [C, *sing.*] a very unpleasant smell দুর্গন্ধ

stencil / ˈstensl ˈস্টেন্‌স্‌ল্ / *noun* [C] a thin piece of metal, plastic or card with a design cut out of it, that you put onto a surface and paint over, so that the design is left on the surface; the pattern or design that is produced in this way পাতলা ধাতু, প্লাস্টিক বা কার্ড কেটে বানানো নকশা যা সমান কোনো জায়গায় রেখে তার উপর রং লাগালে ঐ সমান জায়গায় নকশা রয়ে যায়; এই উপায়ে তৈরি করা নকশা ▶ **stencil** *verb* [T] (**stenci<u>ll</u>ing; stenci<u>ll</u>ed** *AmE* **stenci<u>l</u>ing; stenci<u>l</u>ed**) স্টেনসিল দিয়ে করা

stenographer / stəˈnɒɡrəfə(r) স্ট্যাˈনগ্র্যাফ্যা(র্) / (*informal* **steno**) *noun* [C] a person whose job is to write down what sb else says, using a quick system of signs or abbreviations and then to type it যে ব্যক্তি শব্দের সংক্ষিপ্ত রূপ বা চিহ্ন ব্যবহার করে কারও বক্তব্য লিখে নেয় ও পরে টাইপ করে; লঘুলিপিক, দ্রুতলেখক; স্টেনোগ্রাফার

step[1] / step স্টেপ্ / *noun* [C] **1** the action of lifting one foot and putting it down in a different place পা উঠিয়ে অন্য জায়গায় ফেলার ক্রিয়া; পদক্ষেপ *He took a step forward.* ○ *We had to* ***retrace our steps*** (=go back the way we had come). **2** one action in a series of actions that you take in order to achieve sth কোনো কিছু অর্জন করতে হলে যা যা করার দরকার তার দিকে এক ধাপ এগোনোর কাজ; একটি পদক্ষেপ *Government's reforms were* ***a step in the right direction***. **3** one of the surfaces on which you put your foot when you are going up or downstairs সিঁড়ির এক ধাপ *on the top/bottom step* ➪ **stair**-এ নোট দেখো।

IDM **in/out of step (with sb/sth)** moving/not moving your feet at the same time as other people when you are marching, dancing, etc. কুচকাওয়াজ বা নাচের সময়ে অপরের সঙ্গে পা মেলানো বা না মেলানো

step by step (used for talking about a series of actions) moving slowly and gradually from one action or stage to the next (ধারাবাহিকভাবে করা কাজ সম্বন্ধে ব্যবহৃত) আস্তে আস্তে এবং ক্রমান্বয়ে একটার পর আরেকটা, ধাপে ধাপে কাজ করা হয় এমন *clear step-by-step instructions*

take steps to do sth to take action in order to achieve sth কোনো কিছুতে সফল হওয়ার জন্য যা করা দরকার তা করা

watch your step 1 to be careful about where you are walking সাবধানে চলা; দেখে চলা, **2** to be careful about how you behave নিজের আচরণ সম্বন্ধে সাবধান হওয়া

step² / step স্টেপ্ / *verb* [I] (**stepping; stepped**) **1** to lift one foot and put it down in a different place when you are walking পা ফেলে ফেলে চলা *to step forward/back* ○ **2** to move a short distance; to go somewhere কোথাও যাওয়া; কম দূরত্বে যাওয়া *Could you step out of the car please, sir?* ○ *I stepped outside for a minute to get some air.*

PHR V step down to leave an important job or position and let sb else take your place কোনো গুরুত্বপূর্ণ কাজ বা পদ থেকে সরে দাঁড়ানো এবং অন্যের সেই জায়গায় আসার সুবিধা করে দেওয়া

step in to help sb in a difficult situation or to become involved in a dispute কোনো কঠিন অবস্থায় নিজেকে জড়ানো, কোনো ঝামেলার মধ্যে জড়িয়ে পড়া

step sth up to increase the amount, speed, etc. of sth কোনো কিছুর পরিমাণ, গতি ইত্যাদি বৃদ্ধি করা, বাড়ানো *The Army has decided to step up its security arrangements.*

step- / step- স্টেপ্- / *prefix* (*used in compound nouns*) related as a result of one parent marrying again মাতা বা পিতার পুনর্বিবাহের ফলে যে সম্পর্ক; সৎ

stepbrother / ˈstepbrʌðə(r) ˈস্টেপ্‌ব্রাদ্যা(র্) / *noun* [C] the son from an earlier marriage of sb who has married your mother or father সৎ ভাই, বৈমাত্র বা বৈপিত্র ভাই ⇨ **half-brother** দেখো।

stepchild / ˈsteptʃaɪld ˈস্টেপ্‌চাইল্ড্ / *noun* [C] (*pl.* **stepchildren**) the child from an earlier marriage of your husband or wife স্বামী বা স্ত্রীর আগের বিবাহজাত সন্তান

stepdaughter / ˈstepdɔːtə(r) ˈস্টেপ্‌ডট্যা(র্) / *noun* [C] the daughter from an earlier marriage of your husband or wife স্বামী বা স্ত্রীর পূর্ববিবাহজাত কন্যা; সৎ মেয়ে

stepfather / ˈstepfɑːðə(r) ˈস্টেপ্‌ফা:দ্যা(র্) / *noun* [C] the man who has married your mother when your parents are divorced or your father is dead সৎবাবা, সৎপিতা, বিপিতা

stepladder / ˈsteplædə(r) ˈস্টেপ্‌ল্যাড্যা(র্) / *noun* [C] a short ladder with two parts, one with steps, that are joined together at the top so that it can stand on its own and be folded up when you are not using it সাধারণ মইয়ের তুলনায় হালকা এবং যা ভাঁজ করে রাখা যায়

stepmother / ˈstepmʌðə(r) ˈস্টেপ্‌মাদ্যা (র্) / *noun* [C] the woman who has married your father when your parents are divorced or your mother is dead সৎমা, বিমাতা

stepney / ˈstepni ˈস্টেপ্‌নি /*noun* [C] (*IndE*) a spare wheel for a vehicle কোনো বাহনের অতিরিক্ত টায়ার

steppe / step স্টেপ্ / *noun* [C, *usually pl.*, U] a large area of land with grass but few trees, especially in south-east Europe and Siberia দক্ষিণ পূর্ব ইউরোপ এবং সাইবেরিয়ার তৃণাবৃত, প্রায় বৃক্ষহীন দীর্ঘ এলাকা

stepping stone *noun* [C] **1** one of a line of flat stones that you can step on in order to cross a river নদী ইত্যাদি পার হওয়ার উদ্দেশ্যে পেতে রাখা একসারি পাথরের মধ্যে একটি পাথর **2** something that allows you to make progress or helps you to achieve sth মূল লক্ষ্যে পৌঁছোনোর ধাপ বা উপায়

stepsister / ˈstepsɪstə(r) ˈস্টেপ্‌সিস্ট্যা(র্) / *noun* [C] the daughter from an earlier marriage of sb who has married your mother or father সৎ বোন, সৎ ভগিনী ⇨ **half-sister** দেখো।

stepson / ˈstepsʌn ˈস্টেপ্‌সান্ / *noun* [C] the son from an earlier marriage of your husband or wife সৎ ছেলে

stereo / ˈsteriəʊ ˈস্টেরিঅ্যাউ / (*pl.* **stereos**) *noun* **1** (*also* **stereo system**) [C] a machine that plays CDs or cassettes, or a radio that has two boxes (**speakers**) so that you hear separate sounds from each যে যন্ত্রে সিডি বা ক্যাসেট ইত্যাদি চালানো যায় অথবা কোনো রেডিও যার দুদিকে দুটি স্পীকারের বাক্স থাকে যার থেকে আলাদা আলাদা আওয়াজ চিহ্নিত করা যায়; স্টিরিও *a car/personal stereo* **2** [U] the system for playing recorded music, speech, etc. in which the sound is divided in two parts যে ব্যবস্থার মাধ্যমে রেকর্ডের সংগীত, ভাষণ ইত্যাদি শোনা যায় (ওই শব্দ যখন দুভাগে ভাগ হয়ে যায়) *This programme is broadcast in stereo.* ⇨ **mono** দেখো। ▶ **stereo** *adj.* স্টিরিও সংক্রান্ত বা তার সঙ্গে যুক্ত *a stereo television*

stereotype / ˈsteriətaɪp ˈস্টেরিঅ্যাটাইপ্ / *noun* [C] a fixed idea about a particular type of person or thing, which is often not true in reality নির্দিষ্ট এক ধরনের ব্যক্তি বা বস্তু, প্রায়ই যা বাস্তবসম্মত ছাঁচে-ঢালা, এক ধাঁচের ▶ **stereotype** *verb* [T] একইরকম করে তোলা, ছকে ফেলে দেওয়া *In advertisements, women are often stereotyped as housewives.*

sterile / ˈsteraɪl ˈস্টেরাইল্ / *adj.* **1** not able to produce young animals or babies সন্তান উৎপাদনে অক্ষম; বন্ধ্যা, বাঁজা **2** completely clean and free from bacteria জীবাণুমুক্ত *All equipment used during a medical operation must be sterile.* **3** not producing any useful result নিষ্ফল, যার থেকে কোনো ফল পাওয়া যায় না *a sterile discussion/argument* ▶ **sterility** / stəˈrɪləti স্ট্যাˈরিল্যাটি / *noun* [U] বন্ধ্যাত্ব, জীবাণুমুক্ত অবস্থা, অনুর্বরতা

sterilize (*also* **-ise**) / ˈsteəlaɪz ˈস্টের্যালাইজ্ / *verb* [T] **1** to make sb/sth completely clean and free from bacteria কাউকে বা কিছুকে সম্পূর্ণরূপে পরিষ্কার ও জীবাণুমুক্ত করা **2** (*usually passive*) to perform an operation on a person or an animal so that he/she/it cannot have babies সন্তান বা পশুশাবক উৎপন্ন করার ক্ষমতা নষ্ট করে দেওয়া, অস্ত্রোপচারের মাধ্যমে বন্ধ্যা করে দেওয়া ▶ **sterilization** (*also* **-isation**) / ˌsterəlaɪˈzeɪʃn ˌস্টের্যালাই-ˈজ়েইশ্ন্ / *noun* [U] বন্ধ্যাকরণ, নির্বীজকরণ, যে প্রথায় কোনো কিছু জীবাণুমুক্ত করা হয়

sterling[1] / ˈstɜːlɪŋ ˈস্ট্যলিং / *noun* [U] the system of money that is used in Britain, that uses the pound as its basic unit ব্রিটেনে প্রচলিত অর্থব্যবস্থা, যেটির প্রধান একক পাউন্ড; স্টার্লিং

sterling[2] / ˈstɜːlɪŋ ˈস্ট্যলিং / *adj.* of very high quality নিখাদ, বিশুদ্ধ, উচ্চমানের *sterling work*

stern[1] / stɜːn স্ট্যন্ / *adj.* very serious; not smiling কঠোর; গম্ভীর *a stern expression/warning* ▶ **sternly** *adv.* কঠোরতাসহ, কঠোরভাবে

stern[2] / stɜːn স্ট্যন্ / *noun* [C] the back end of a ship or boat কোনো জাহাজ বা নৌকোর পিছনের দিক ➪ **bow[2]** দেখো এবং **boat**-এ ছবি দেখো।

sternum / ˈstɜːnəm ˈস্ট্যন্যাম্ / *noun* [C] (*formal*) the long flat bone in the middle of your chest that the seven top pairs of curved bones (**ribs**) are connected to বুকের সামনের দিকে লম্বা চ্যাপটা হাড় যার সঙ্গে পাঁজরার সাত জোড়া হাড় যুক্ত; উরঃফলক ✪ সম **breastbone** ➪ **body**-তে ছবি দেখো।

steroid / ˈsterɔɪd ˈস্টেরইড্ / *noun* [C] a chemical substance produced naturally in the body. There are several different types of steroids. They can be used to treat various diseases and are also sometimes used illegally by people playing sports to improve their performance প্রাণীদেহে স্বাভাবিকভাবে উৎপাদিত এক রাসায়নিক পদার্থ। স্টেরয়েড নানা ধরনের হয়। অনেক রোগের চিকিৎসায় এর ব্যবহার প্রচলিত। তবে কখনো কখনো পারদর্শিতা বৃদ্ধির জন্য বেআইনিভাবে খেলোয়াড়দের ক্ষেত্রে এটি ব্যবহার করা হয় ➪ **anabolic steroid** দেখো।

stethoscope / ˈsteθəskəʊp ˈস্টেথ্যাস্ক্যাউপ্ / *noun* [C] the piece of equipment that a doctor uses for listening to your breathing and heart রোগীর হৃৎস্পন্দন পরীক্ষা করে দেখার যন্ত্র; স্টেথোস্কোপ

stew / stjuː স্টিউ / *noun* [C, U] a type of food that you make by cooking meat and/or vegetables in liquid for a long time বিভিন্ন সবজি এবং অথবা মাংস একসঙ্গে আলাদা করে অনেকক্ষণ সিদ্ধ করে তৈরি ঝোল; স্টু ▶ **stew** *verb* [I, T] স্টু তৈরি করা, অনেকক্ষণ ধরে কিছু তৈরি করা

steward / ˈstjuːəd ˈস্টিউঅ্যাড্ / *noun* [C] **1** a man whose job is to look after passengers on an aircraft, a ship or a train জাহাজে, বিমানে বা ট্রেনে যাত্রীসাধারণের দেখাশোনার ভার যে ব্যক্তির উপর থাকে **2** (*BrE*) a person who helps to organize a large public event, for example a race যে ব্যক্তি কোনো বড়ো রকমের অনুষ্ঠানের (যেমন রেস খেলা) আয়োজন করতে সাহায্য করেন

stewardess / ˌstjuːəˈdes; ˈstjuːə- ˌস্টিউঅ্যাˈডেস্; স্টিউঅ্যা-/ *noun* [C] **1** a woman whose job is to look after passengers on an aircraft যে মহিলাকর্মী বিমানের মধ্যে যাত্রী দেখাশোনা করে ✪ সম **air hostess** **2** a woman who looks after the passengers on a ship or train যে মহিলাকর্মী জাহাজে বা ট্রেনের মধ্যে যাত্রীদের দেখাশোনা করে

stick[1] / stɪk স্টিক্ / *verb* (*pt, pp* **stuck** / stʌk স্টাক্ /) **1** [I, T] **stick (sth) in/into (sth)** to push a pointed object into sth; to be pushed into sth কোনো কিছু বেঁধা, গাঁথা; ফোটানো, ফুটে যাওয়া *Stick a fork into the meat to see if it's ready.* **2** [I, T] to fix sth to sth else by using a special substance (**glue**); to become fixed to sth else আঠা দিয়ে আটকানো; কোনো কিছুর সঙ্গে ভালোভাবে জুড়ে দেওয়া *I stuck a stamp on an envelope.* **3** [T] (*informal*) to put sth somewhere, especially quickly or carelessly তাড়াতাড়ি, যেমন-তেমন ভাবে কোনো কিছু কোথাও রাখা *Stick your bags in the bedroom.* ○ *Just at that moment Jai stuck his head round the door.* **4** [I] **stick (in sth)** (used about sth that can usually be moved) to become fixed in one position so that it cannot be moved (এমন জিনিসের ক্ষেত্রে ব্যবহৃত যা সাধারণত নাড়ানো যায় বা সরানো যায়) এমনভাবে আটকে যাওয়া যে নাড়ানো যায় না *The car was stuck in the mud.* **5** [T] (*informal*) (*often in negative sentences and questions*) to stay in a difficult or unpleasant situation কঠিন, অপ্রিয়, অবস্থার মধ্যে টিকে থাকা *I can't stick this job much longer.*

IDM **poke/stick your nose into sth** ➪ **nose[1]** দেখো।

stick/put your tongue out ⇨ **tongue** দেখো।

PHR V **stick around** (*informal*) to stay somewhere, waiting for sth to happen or for sb to arrive কোনো কিছুর প্রতীক্ষায় থাকা

stick at sth (*informal*) to continue working at sth even when it is difficult কঠিন অবস্থার মধ্যেও কাজ করে যাওয়া, চালিয়ে যাওয়া

stick by sb (*informal*) to continue to give sb help and support even in difficult times কঠিন অবস্থার মধ্যেও কোনো ব্যক্তিকে সমর্থন করা, সাহায্য করা

stick out (*informal*) to be very noticeable and easily seen সহজে চোখে পড়ার মতো ভাবে থাকা, লক্ষণীয় ভাবে থাকা *The new office block really sticks out from the older buildings around it.*

stick (sth) out to be further out than sth else; to push sth further out than sth else বেরিয়ে থাকা; বার করে দেওয়া, বার করে রাখা *The boy's head was sticking out of the window.*

stick it/sth out (*informal*) to stay in a difficult or unpleasant situation until the end কঠিন বা অপ্রীতিকর অবস্থার মধ্যে শেষ পর্যন্ত টিকে থাকা

stick to sth (*informal*) to continue with sth and not change to anything else বিশ্বস্ত, অনুগত থাকা, নিজেকে না বদলে একই রকম থেকে যাওয়া; কোনো কিছু আগের মতোই চালিয়ে যাওয়া

stick together (*informal*) (used about a group of people) to stay friendly and loyal to each other (কোনো গোষ্ঠী বা দল সম্বন্ধে ব্যবহৃত) পরস্পরের প্রতি বন্ধুভাবাপন্ন ও বিশ্বস্ত থাকা

stick up to point upwards উপর দিকে উঠে থাকা, খাড়া হয়ে থাকা *You look funny. Your hair's sticking up!*

stick up for yourself/sb / sth (*informal*) to support or defend yourself/sb/sth সমর্থন করা, পাশে দাঁড়ানো, আত্মপক্ষ সমর্থন করা *Don't worry. I'll stick up for you if there's any trouble.*

stick² / stɪk স্টিক্ / *noun* [C] **1** a small thin piece of wood from a tree গাছের পাতলা ডাল; ছড়ি **2** (*BrE*) = **walking stick** **3** (in hockey and some other sports) a long thin piece of wood that you use for hitting the ball (হকি এবং অন্যান্য খেলায়) কাঠের যে লম্বা টুকরো বা লাঠি দিয়ে বলটি মারা হয় *a hockey stick* ⇨ **bat¹ 1, club¹ 4** এবং **racket 3** দেখো। **4** a long thin piece of sth কোনো কিছুর লম্বা, পাতলা টুকরো, ডাঁটি *a stick of celery/dynamite*

sticker / ˈstɪkə(r) ˈস্টিক্যা(র্) / *noun* [C] a piece of paper with writing or a picture on one side that you can stick onto sth কাগজে আটকানো ছবি বা লেখা যা কোনো কিছুর উপর লাগানো যায়; স্টিকার

stickler / ˈstɪklə(r) ˈস্টিক্ল্যা(র্) / *noun* [C] **stickler (for sth)** a person who thinks that a particular quality or type of behaviour is very important and expects other people to think and behave in the same way বিশেষ কোনো মান অথবা আচার-আচরণ যার কাছে গুরুত্বপূর্ণ এবং যে মনে করে যে সবারই তা অনুসরণ করা উচিত এমন কোনো ব্যক্তি *a stickler for perfection*

sticky / ˈstɪki ˈস্টিকি / *adj.* (**stickier; stickiest**) **1** used for describing a substance that easily becomes joined to things that it touches, or sth that is covered with this kind of substance আঠালো, চটচটে *sticky tape/sticky sweets* **2** (*informal*) (used about a situation) difficult or unpleasant (কোনো পরিস্থিতি সম্বন্ধে ব্যবহৃত) গোলমেলে, অপ্রিয়

stiff¹ / stɪf স্টিফ্ / *adj.* **1** (used about material, paper, etc.) firm and difficult to bend or move (কোনো বস্তু, কাগজ ইত্যাদি সম্বন্ধে ব্যবহৃত) শক্ত, যা বাঁকানো বা সরানো মুশকিল *My new shoes feel rather stiff.* ○ *The door handle is stiff and I can't turn it.* **2** (used about parts of the body) not easy to move (কোনো অঙ্গ সম্বন্ধে ব্যবহৃত) নাড়ানো মুশকিল, শক্ত, সহজে বেঁকে যায় না, ভাঁজ করতে, মুড়তে অসমর্থ *My arm feels really stiff after playing tennis yesterday.* **3** (used about a liquid) very thick; almost solid (তরল পদার্থ সম্বন্ধে ব্যবহৃত) পুরু; প্রায় জমাট-বাঁধা *Beat the egg whites until they are stiff.* **4** more difficult or stronger than usual স্বাভাবিক অবস্থার থেকে বেশি কঠিন এবং জোরালো *a stiff breeze/wind* **5** (used about sb's behaviour) not relaxed or friendly; formal (কারও আচরণ সম্বন্ধে ব্যবহৃত) সহজ বা বন্ধুভাবাপন্ন নয়; আনুষ্ঠানিক **6** (used about an alcoholic drink) strong (কোনো মদ্যজাতীয় পানীয় সম্বন্ধে ব্যবহৃত) কড়া *a stiff whisky* ▶ **stiffness** *noun* [U] শক্তভাব, অটল, অনড় অবস্থা

stiff² / stɪf স্টিফ্ / *adv.* (*informal*) extremely খুব বেশি পরিমাণে *to be bored/frozen/scared/worried stiff*

stiffen / ˈstɪfn ˈস্টিফ্ন্ / *verb* **1** [I] (used about a person) to suddenly stop moving and hold your body very straight, usually because you are afraid or angry (কোনো ব্যক্তি সম্বন্ধে ব্যবহৃত) হঠাৎ নড়াচড়া বন্ধ করে শক্ত হয়ে ওঠা, শরীর সোজা করে ফেলা, সাধারণত রেগে গেলে বা ভয় পেলে এরকম হয় **2** [I, T] to become rigid; to make sth rigid so that it will not bend শক্ত বা একগুঁয়ে হয়ে যাওয়া; কোনো কিছু এমনভাবে শক্ত করা যা বাঁকানো যাবে না

stiffly / ˈstɪfli ˈস্টিফ্লি / *adv.* in an unfriendly formal way আড়ষ্টভাবে, আনুষ্ঠানিকভাবে *He smiled stiffly.*

stifle / ˈstaɪfl ˈস্টাইফ্ল্ / *verb* **1** [T] to stop sth happening, developing or continuing কোনো কিছু বন্ধ করে দেওয়া, থামানো *to stifle a yawn/cry/giggle* **2** [I, T] to be or to make sb unable to breathe because it is very hot and/or there is no fresh air শ্বাসরোধ করা, দমবন্ধ হওয়া *Rahul was almost stifled by the smoke.* ▶ **stifling** / ˈstaɪflɪŋ ˈস্টাইফ্লিং / *adj.* শ্বাসরোধকারী *The heat was stifling.*

stigma / ˈstɪgmə ˈস্টিগ্ম্যা / *noun* **1** [C, U] bad and often unfair feelings that people in general have about a particular illness, way of behaving, etc. কলঙ্ক চিহ্ন, বদনাম, অন্যায্য এবং খারাপ অনুভূতি *There is still a lot of stigma attached to being unemployed.* **2** [C] the top of the **carpel** where **pollen** is received ফুলের মধ্যভাগে গর্ভকেশরের পরাগগ্রাহী অংশ; গর্ভমুণ্ডের উপরিভাগ ⇨ **flower**-এ ছবি দেখো।

still[1] / stɪl স্টিল্ / *adv.* **1** continuing until now or until the time you are talking about and not finishing এখন পর্যন্ত, এখনও *Do you still live in Delhi?* ○ *I've eaten all the food but I'm still hungry.* **2** in addition; more এর পরেও; বাড়তি আরও *There are still ten days to go until my holiday.* **3** in spite of what has just been said যা বলা হল তা সত্ত্বেও *He had a bad headache but he still went to the party.* **4** used for making a **comparative** adjective stronger সাধারণত তুলনামূলক বিশেষণকে আরও জোরালো করার জন্য ব্যবহৃত অভিব্যক্তিবিশেষ *It was very cold yesterday, but today it's colder still.* ○ *There was still more bad news to come.*

still[2] / stɪl স্টিল্ / *adj., adv.* **1** not moving নিথর, নিশ্চল *Children find it hard to **keep/stay still** for long periods.* **2** quiet or calm শান্ত, নিস্তব্ধ *The water was perfectly still.* **3** (used about a drink) not containing gas (পানীয় সম্বন্ধে ব্যবহৃত) যার মধ্যে বুদ্‌বুদ ওঠে না, কোনোরকম গ্যাস নেই *still mineral water* ⇨ **fizzy** এবং **sparkling** দেখো। ▶ **stillness** *noun* [U] নিস্তব্ধতা, নিথরতা, নৈঃশব্দ্য

still[3] / stɪl স্টিল্ / *noun* [C] a single photograph that is taken from a film or video কোনো কিছুর (চলচ্চিত্র বা ভিডিও) থেকে নেওয়া স্থির চিত্র

stillborn / ˈstɪlbɔːn ˈস্টিল্‌ব:ন্ / *adj.* (used about a baby) dead when it is born (শিশু সম্বন্ধে ব্যবহৃত) মৃতাবস্থায় জাত; মৃতজাত

stilt / stɪlt স্টিল্ট্ / *noun* [C] **1** one of two long pieces of wood, with places to rest your feet on, on which you can walk above the ground পা রাখার জায়গাসমেত লম্বা দুটি কাষ্ঠখণ্ডের মধ্যে একটি যার উপরে পা রেখে মাটির থেকে উপরে হেঁটে বেড়ানো যায় *Have you tried walking **on stilts**?* **2** one of a set of poles that support a building above the ground or water জল বা জমি থেকে বাড়ি উঁচু করার জন্য খুঁটি (অনেকগুলির মধ্যে একটি)

stilted / ˈstɪltɪd ˈস্টিল্‌টিড্ / *adj.* (used about a way of speaking or writing) not natural or relaxed; too formal (বাচনভঙ্গি বা লেখন শৈলী সম্বন্ধে ব্যবহৃত) স্বাভাবিক প্রসাদগুণসম্পন্ন নয়; বেশি আলংকারিক, সাজানো

stimulant / ˈstɪmjələnt ˈস্টিমিঅ্যাল্যান্ট্ / *noun* [C] a drug or medicine that makes you feel more active শরীর বেশি চাঙ্গা ও সক্রিয় করে তোলে যে ওষুধ বা মাদক দ্রব্য; উত্তেজক, সঞ্জীবক

stimulate / ˈstɪmjuleɪt ˈস্টিমিউলেইট্ / *verb* [T] **1** to make sth active or more active উত্তেজিত করা, কর্মপ্রেরণা জোগানো, কাজে উৎসাহ দেওয়া *Exercise stimulates the blood circulation.* **2** to make sb feel interested and excited about sth কাউকে উৎসাহিত, উদ্দীপিত করা *The lessons don't really stimulate him.* ▶ **stimulation** / ˌstɪmjuˈleɪʃn ˌস্টিমিউˈলেইশ্ন্ / *noun* [U] উদ্দীপনা

stimulating / ˈstɪmjuleɪtɪŋ ˈস্টিমিউলেইটিং / *adj.* interesting and exciting চিত্তাকর্ষক, উত্তেজনাজনক *a stimulating discussion*

stimulus / ˈstɪmjələs ˈস্টিমিঅ্যাল্যাস্ / *noun* [C, U] (*pl.* **stimuli** / ˈstɪmjəlaɪ ˈস্টিমিঅ্যালাই /) something that causes activity, development or interest এমন কোনো বস্তু যা কর্মশক্তি বৃদ্ধি করে, বিকাশে সহায়তা করে অথবা আগ্রহ জাগায়; উদ্দীপক কিছু *Books provide children with ideas and a stimulus for play.*

sting[1] / stɪŋ স্টিং / *verb* [I, T] (*pt, pp* **stung** / stʌŋ স্টাং /) **1** (of an insect, a plant, etc.) to prick the skin of a person or animal with a poisonous, sharp-pointed part causing sudden pain (কোনো কীটপতঙ্গ, উদ্ভিদ ইত্যাদির) হুল ফোটানো, কাঁটা বেঁধা *He was stung by a bee!* ○ *Be careful. Those plants sting.* **2** to make sb/sth feel a sudden, sharp pain হঠাৎ তীক্ষ্ণ, তীব্র যন্ত্রণাবোধ করা বা করানো *Soap stings if it gets in your eyes.* **3** to make sb feel very hurt and upset because of sth you say কথার দ্বারা হুল ফোটানো

sting[2] / stɪŋ স্টিং / *noun* [C] **1** the sharp pointed part of some insects and animals that is used for pushing into the skin of a person or an animal and putting in poison কোনো কোনো পতঙ্গ এবং প্রাণীদেহের তীক্ষ্ণ অগ্রভাগ যেটি মানুষ বা অন্য প্রাণীর ত্বকে প্রবেশ করিয়ে শরীর বিষগ্রস্ত করে দেয়; কীটপতঙ্গের হুল বা গাছের কাঁটা ⇨ **insect**-এ ছবি দেখো। **2** the pain that you feel when an animal or insect pushes its sting into you হুল ফোটার যন্ত্রণা *I got a wasp sting on the leg.* **3** a sharp pain that feels like a sting হুল ফোটার মতো তীব্র যন্ত্রণা

stingy / ˈstɪndʒi ˈস্টিন্‌জি /*adj.* (*informal*) not generous, unwilling to give, especially money বিশেষত অর্থদান করতে বা ব্যয় করতে ইচ্ছুক নয়; কৃপণ, ব্যয়কুণ্ঠ, কিপটে *Don't be stingy with friends.* ▶ **stinginess** *noun* [U] কৃপণতা, কিপটেমি ➪ **miser** দেখো।

stink / stɪŋk স্টিংক্ / *verb* [I] (*pt* **stank** / stæŋk স্ট্যাংক্ / or **stunk** /stʌŋk স্টাংক্ /; *pp* **stunk**) (*informal*) **stink (of sth) 1** to have a very strong and unpleasant smell দুর্গন্ধ বেরোনো, কটুগন্ধ ছড়ানো *It stinks in here—open a window!* ○ *to stink of fish* **2** to seem to be very bad, unpleasant or dishonest অত্যন্ত অসৎ বা খারাপ বলে মনে হওয়া *The whole business stinks of corruption.* ▶ **stink** *noun* [C] তীব্র দুর্গন্ধ, কটু গন্ধ

stint / stɪnt স্টিন্ট্ / *noun* [C] a fixed period of time that you spend doing sth কোনো কাজ করার জন্য নির্দিষ্ট কিছুটা সময় *He did a brief stint in the army after leaving school.*

stipend / ˈstaɪpend ˈস্টাইপেন্ড্ / *noun* [C] (*formal*) an amount of money that is paid regularly to sb as wages or an allowance usually for some specific purpose বিশেষ উদ্দেশ্যে ব্যক্তিকে নিয়মিতভাবে যে নির্দিষ্ট পরিমাণ অর্থ ভাতা বা অনুদান হিসাবে দেওয়া হয়; ভাতা, বৃত্তি, বেতন *She has been granted a stipend of Rs 5000 per month by the University Grants Commission (UGC) as scholarship.*

stipulate / ˈstɪpjuleɪt ˌস্টিপিউলেইট্ / *verb* [T] (*formal*) to say exactly and officially what must be done যা করতে হবে সেই করণীয় বিষয় সম্বন্ধে সঠিকভাবে ও আনুষ্ঠানিকভাবে জানানো *The law stipulates that all schools must be inspected every three years.* ▶ **stipulation** /ˌstɪpjuˈleɪʃn ˌস্টিপিউˈলেইশন্ / *noun* [C, U] চুক্তির বিষয়, শর্ত

stir¹ / stɜː(r) স্ট্য(র্) / *verb* (**stirring; stirred**) **1** [T] to move a liquid, etc. round and round, using a spoon, etc. কোনো তরল পদার্থ ইত্যাদি চামচ বা কিছু দিয়ে নাড়া, নাড়ানো, গোল করে ঘোরানো, নেড়েচেড়ে মেশানো *She stirred her coffee with a teaspoon.* **2** [I, T] to move or make sb/sth move slightly হালকাভাবে নড়া বা নাড়ানো, আন্দোলিত হওয়া *She heard the baby stir in the next room.* **3** [T] to make sb feel a strong emotion কোনো ব্যক্তির মধ্যে জোরালো ভাবাবেগের সৃষ্টি করা, জাগিয়ে তোলা *The story stirred Bratati's imagination.* ○ *a stirring speech*

IDM **stir sth up** to cause problems, or to make people feel strong emotions সমস্যার কারণ হওয়া, জনসাধারণের মধ্যে তীব্র মনোভাব গড়ে তোলা *The article stirred up a lot of anger among local residents.*

stir² / stɜː(r) স্ট্য(র্) / *noun* **1** [C] the action of stirring নাড়ানোর কাজ *Give the soup a stir.* **2** [*sing.*] something exciting or shocking that everyone talks about সাড়া জাগানো বিষয় যার সম্বন্ধে সবাই আলোচনা করে

stirrup / ˈstɪrəp ˈস্টির‍্যাপ্ / *noun* [C] one of the two metal objects that you put your feet in when you are riding a horse দুটি ধাতব বস্তুর মধ্যে একটি, ঘোড়ায় চড়ার পর যেটির মধ্যে পা রাখা হয়; রেকাব ➪ **horse**-এ ছবি দেখো।

stitch¹ / stɪtʃ স্টিচ্ / *noun* [C] **1** one of the small lines of thread that you can see on a piece of material after it has been sewn সেলাইয়ের একটি ফোঁড় **2** one of the small pieces of thread that a doctor uses to sew your skin together if you cut yourself very badly, or after an operation অস্ত্রোপ্রচারের পর বা কেটে গেলে ত্বকের উপর চিকিৎসক যে সেলাই দেন তার একটি ফোঁড়; কোনো বস্তুর উপর সেলাই করার পর সুতোর যে ছোটো লাইন দেখা যায় *How many stitches did you have in your leg?* **3** one of the small circles of wool that you put round a needle when you are knitting উলের একটি ঘর, বোনার সময়ে যেটি কাঁটায় পরানো হয় বা তোলা হয় **4** [*usually sing.*] a sudden pain that you get in the side of your body when you are running দৌড়োনোর সময়ে শরীরের পাশের দিকে যে যন্ত্রণা বোধ হয়

IDM **in stitches** (*informal*) laughing so much that you cannot stop যে হাসি থামানো যায় না

stitch² / stɪtʃ স্টিচ্ / *verb* [I, T] to sew সেলাই করা, সীবন করা, বয়ন করা

stock¹ / stɒk স্টক্ / *noun* **1** [U, C] the supply of things that a shop, etc. has for sale বিক্রির জন্য রাখা দোকান ইত্যাদির জিনিসপত্র, পণ্যসামগ্রী ইত্যাদির সরবরাহ *I'm afraid that book's* ***out of stock*** *at the moment.* ○ *I'll see if we have your size* ***in stock***. **2** [C] an amount of sth that has been kept ready to be used ব্যবহারের জন্য রাখা জিনিসের পরিমাণ *Food stocks in the village were very low.* **3** [C, U] a share that sb has bought in a company, or the value of a company's shares কোম্পানির শেয়ার বা তার মূল্য *to invest in stocks and shares* **4** [C, U] a liquid that is made by boiling meat, bones, vegetables, etc. in water, used especially for making soups and sauces স্যুপ বা সস বানানোর জন্য মাংস, হাড়, সবজি ইত্যাদি সিদ্ধ করে যে ক্বাথ বানানো হয়; স্টক

IDM **take stock (of sth)** to think about sth very carefully before deciding what to do next ভালোভাবে পরিস্থিতি বিবেচনা করে দেখা, পরবর্তী কিছু করার আগে বর্তমান অবস্থা ভালোভাবে পর্যালোচনা করা

stock² / stɒk স্টক্ / *verb* [T] **1** (usually used about a shop) to have a supply of sth (সাধারণত দোকানের সম্বন্ধে ব্যবহৃত) পণ্যদ্রব্যের ঠিকমতো সরবরাহ থাকা *They stock food from all over the world.* **2** to fill a place with sth কোনো জায়গা বিশেষ জিনিসে ঠাসা, ভর্তি করা *a well-stocked library*

PHR V **stock up (on/with sth)** to collect a large supply of sth for future use ভবিষ্যতে ব্যবহারের জন্য কোনো জিনিস প্রচুর পরিমাণে সংগ্রহে রাখা *to stock up with food for the winter*

stock³ / stɒk স্টক্ / *adj.* (*only before a noun*) (used for describing sth that sb says) used so often that it does not have much meaning (কারও বক্তব্য সম্বন্ধে বলার সময়ে ব্যবহৃত) নতুনত্ব বর্জিত, বিশেষ অর্থ ছাড়াই প্রায়শ ব্যবহৃত *He always gives the same stock answers.*

stockbroker / ˈstɒkbrəʊkə(r) ˈস্টক্ব্র্যাউক্যা(র্) / (*also* **broker**) *noun* [C] a person whose job it is to buy and sell shares in companies for other people শেয়ার কেনাবেচা করে যে ব্যক্তি; শেয়ারের দালাল

stock exchange *noun* [C] **1** a place where shares in companies are bought and sold শেয়ার বেচাকেনার কেন্দ্র; স্টক এক্সচেঞ্জ *the Mumbai Stock Exchange* **2** (*also* **stock market**) the business or activity of buying and selling shares in companies শেয়ার বেচাকেনার ব্যাবসা বা কাজ ➪ **exchange** দেখো।

stocking / ˈstɒkɪŋ ˈস্টকিং / *noun* [C] one of a pair of thin pieces of clothing that fit tightly over a woman's feet and legs মেয়েদের পায়ে পরার জন্য পাতলা বস্ত্রখণ্ড জোড়ার মধ্যে একটি যেটি পায়ের পাতায় বা পায়ে ঠিকমতো ফিট করে, মেয়েদের পরার লম্বা মোজা *a pair of stockings* ➪ **tights** দেখো।

stockist / ˈstɒkɪst ˈস্টকিস্ট্ / *noun* [C] a shop that sells goods made by a particular company যে দোকানে বিশেষ কোনো কোম্পানির দ্বারা প্রস্তুত পণ্যসামগ্রী বিক্রি করা হয়

stockpile / ˈstɒkpaɪl ˈস্টক্পাইল্ / *noun* [C] a large supply of sth that is kept to be used in the future if necessary প্রয়োজন পড়লে ভবিষ্যতে ব্যবহারের জন্য কোনো জিনিসের প্রচুর সরবরাহ; মজুত পণ্য ▶ **stockpile** *verb* [T] মজুত করা, কিনে জমিয়ে রাখা *to stockpile food/fuel*

stocktaking / ˈstɒkteɪkɪŋ ˈস্টক্টেইকিং / *noun* [U] the activity of counting the total supply of things that a shop or business has at a particular time একটি নির্দিষ্ট সময়ে কোনো দোকান বা ব্যবসায়ের সমগ্র মজুত পণ্যদ্রব্য হিসাব করার কাজ *They close for an hour a month to do the stocktaking.*

stocky / ˈstɒki ˈস্টকি / *adj.* (used about a person's body) short but strong and heavy (কারও শরীর সম্বন্ধে ব্যবহৃত) ছোটোখাটো, গাঁট্টাগোট্টা

stoic / ˈstəʊɪk ˈস্ট্যাউইক্ / (*also* **stoical** / ˈstəʊɪkl ˈস্ট্যাউইক্‌ল্ /) *adj.* (*formal*) suffering pain or difficulty without complaining সুখদুঃখে নির্বিকার, আত্মসংযমী ▶ **stoically** / ˈstəʊɪkli স্ট্যাউইক্‌লি/ *adv.* নির্বিকারভাবে, আত্মসংযমের সঙ্গে ▶ **stoicism** / ˈstəʊɪsɪzəm ˈস্ট্যাউসিজ়্যাম্ / *noun* [U] নিরাসক্তি, আত্মসংযম

stoke / stəʊk স্ট্যাউক্ / *verb* [T] **1 stoke sth (up) (with sth)** to add fuel to a fire, etc. ইন্ধন জোগানো (আগুনে কাঠ, কয়লা ইত্যাদি দেওয়া) *to stoke up a fire with more coal* ○ *to stoke a furnace* **2 stoke sth (up)** to make people feel sth more strongly জোরালোভাবে অনুভব করানো *to stoke up anger/envy* ○ *The publicity was intended to stoke up interest in her music.*

PHR V **stoke up (on/with sth)** (*informal*) to eat or drink a lot of sth, especially so that you do not feel hungry later খুব বেশি পরিমাণে খাদ্য বা পানীয় গ্রহণ করা যাতে পরে (তাড়াতাড়ি) খিদে না পায় *Stoke up for the day on a good breakfast.*

stole ➪ **steal**-এর past tense

stolen ➪ **steal**-এর past participle

stolid / ˈstɒlɪd ˈস্টলিড্ / *adj.* (used about a person) showing very little emotion or excitement (ব্যক্তি সম্বন্ধে ব্যবহৃত) ভাবলেশহীন, নির্বিকার ▶ **stolidly** *adv.* নির্বিকারভাবে, ভাবলেশহীনভাবে

stoma / ˈstəʊmə স্ট্যাউম্যা / *noun* [C] (*pl.* **stomas** or **stomata** / ˈstəʊmətə ˈস্ট্যাউম্যাট্যা /) (*technical*) **1** any of the very small holes in the surface of a leaf or the **stem** of a plant that allow gases to pass in and out পাতা বা কান্ডের গায়ে সূক্ষ্ম ছিদ্র যেখান দিয়ে গাছ কার্বন ডাইঅক্সাইড গ্রহণ করে এবং অক্সিজেন ত্যাগ করে; পত্রছিদ্র **2** a small opening like a mouth in some simple creatures কোনো সাধারণ জীবের গায়ে মুখের মতো ক্ষুদ্র জায়গা যা খোলা যায় **3** (in medicine) a hole that is made from the surface of the body to one of the tubes inside the body (চিকিৎসাশাস্ত্রে) দেহের উপরিভাগ থেকে ভিতরে কোনো নল পর্যন্ত করা ছিদ্র

stomach¹ / ˈstʌmək ˈস্টাম্যাক্ / (*informal* **tummy**) *noun* [C] **1** the organ in your body where food goes after you have eaten it খাদ্যগ্রহণের পর খাবার শরীরের যে অংশে জমা হয়; পাকস্থলী, *He went to the doctor with stomach pains.* ➪ **body**-তে ছবি দেখো। **2** the front part of your body below your chest and above your legs শরীরের সামনের দিকে বুকের নীচে এবং পায়ের উপর পর্যন্ত যে অংশ; পেট, উদর *She turned over onto her stomach.*

stomach² / ˈstʌmək ˈস্টাম্যাক্ / *verb* [T] (*informal*) (*usually in negative sentences and questions*) to be able to watch, listen to, accept, etc. sth that you think is unpleasant অপ্রীতিকর জিনিস দেখতে, শুনতে বা মানতে পারা, হজম করা *I can't stomach too much violence in films.*

stomach-ache *noun* [C, U] a pain in your stomach পেটে ব্যথা *I've got terrible stomach-ache.* ➪ **ache**-এ নোট দেখো।

stomp / stɒmp স্টম্প্ / *verb* [I] (*informal*) to walk with heavy steps ভারী পা ফেলে চলা

stone / stəʊn স্ট্যাউন্ / *noun* **1** [U] a hard solid substance that is found in the ground পাথর, প্রস্তর *a stone wall* ➪ **cornerstone** এবং **foundation stone** দেখো। **2** [C] a small piece of rock পাথরের টুকরো *The boy picked up a stone and threw it into the river.* **3** [C] = **precious stone** **4** [C] the hard seed inside some fruits, for example **peaches, plums, cherries and olives** ফলের মধ্যেকার শক্ত বীজ যেমন পীচ, প্লাম, চেরি, জলপাই ইত্যাদি **5** [C] (*pl.* **stone**) a measure of weight; 6.35 kilograms. There are 14 pounds in a stone ওজনের মাত্রা; ৬. ৩৫ কিলোগ্রাম। ১৪ পাউন্ডে এক স্টোন *I weigh eleven stone two* (=2 pounds).

the Stone Age *noun* [*sing.*] the very early period of human history when tools and weapons were made of stone (মানব ইতিহাসের প্রারম্ভিক সময় যখন পাথর দিয়ে বিভিন্ন উপকরণ এবং অস্ত্র বানানো হত) পাষাণ যুগ; শৈল যুগ

stoned / stəʊnd স্ট্যাউন্ড্ / *adj.* (*slang*) not behaving or thinking normally because of drugs or alcohol (অপপ্রয়োগ) মাদক দ্রব্য অথবা মদের প্রভাবে অস্বাভাবিক আচরণ অথবা চিন্তা করা হয় এমন

stonemason / ˈstəʊnmeɪsn ˈস্ট্যাউন্‌মেইস্‌ন্ / *noun* [C] a person whose job is cutting and preparing stone for buildings ইমারত বা অট্টালিকা বানানোর জন্য পাথর কেটে প্রস্তুত করে যে ব্যক্তি

stonework / ˈstəʊnwɜːk ˈস্ট্যাউন্‌উঅ্যক্ / *noun* [U] the parts of a building that are made of stone অট্টালিকার যে অংশ পাথরের তৈরি হয়; প্রস্তরশিল্প

stony / ˈstəʊni ˈস্ট্যাউনি / *adj.* **1** (used about the ground) having a lot of stones in it, or covered with stones (জমি বা ভূমি সম্বন্ধে ব্যবহৃত) যে জমির ভিতরে পাথর থাকে বা যা পাথর দিয়ে ঢাকা; পাথুরে **2** not friendly বন্ধুভাবাপন্ন নয়, মিত্রতাপূর্ণ নয় *There was a stony silence as he walked into the room.*

stood ➪ **stand¹**-এর past tense এবং past participle

stool / stuːl স্টুল্ / *noun* [C] a seat that does not have a back or arms স্টুল (যে বসার জায়গায় হাতল বা হেলান দেওয়ার ব্যবস্থা থাকে না) *a piano stool*

stoop / stuːp স্টুপ্ / *verb* [I] to bend your head and shoulders forwards and downwards মাথা এবং কাঁধ সামনে এবং নীচের দিকে ঝোঁকানো বা নোয়ানো *He had to stoop to get through the low doorway.* ▶ **stoop** *noun* [*sing.*] আনতভাব, ন্যুব্জতা *to walk with a stoop*

PHR V **stoop to sth/doing sth** to do sth bad or wrong that you would normally not do কোনো কুকর্ম অথবা ভুল কাজ করে ফেলা যা সাধারণত করা হয় না

stop¹ / stɒp স্টপ্ / *verb* (**stopping; stopped**) **1** [I, T] to finish moving or make sth finish moving কোনো কিছু থামা অথবা থামানো (কোনো বস্তুকে) *My watch has stopped.* ○ *Does this train stop at Kanpur?* **2** [I, T] to no longer continue or make sth not continue থেমে যাওয়া, বন্ধ হয়ে যাওয়া অথবা বন্ধ করে দেওয়া বা থামিয়ে দেওয়া *It's stopped raining now.* ○ *The bus service stops at midnight.* ○ *We tied a bandage round his arm to stop the bleeding.*

> **NOTE** **Stop doing** অভিব্যক্তিটি এই অর্থে ব্যবহার করা হয় যে কাজ বন্ধ করা হয়েছে এবং পুনরায় শুরু করা হবে না—*Stop talking and listen to me!* **Stop to do** অভিব্যক্তিটির অর্থ এই হল যে কোনো বিশেষ প্রয়োজনের জন্য কোনো কাজ বন্ধ করা হয়েছে এবং প্রয়োজন শেষ হয়ে গেলে তা পুনরারম্ভ করা হবে—*On the way home I stopped to buy a newspaper.*

3 [T] **stop sb/sth (from) doing sth** to make sb/sth end or finish an activity; prevent sb/sth from doing sth কোনো ব্যক্তি অথবা বস্তুকে কোনো কর্মপ্রক্রিয়া বন্ধ করতে অথবা শেষ করতে বাধ্য করা; কোনো ব্যক্তি অথবা বস্তুকে কোনো কাজ করতে না দেওয়া *They've built a fence to stop the dog getting out.* **4** [I, T] **stop (for sth); stop (and do/to do sth)** to end an activity for a short time in order to do sth কোনো কর্মপ্রক্রিয়া কোনো বিশেষ কাজের জন্য সাময়িকভাবে বা অল্প সময়ের জন্য বন্ধ করা *Let's stop and look at the map.* ○ *We stopped work for half an hour to have a cup of coffee.*

IDM **stop at nothing** to do anything to get what you want, even if it is wrong or dangerous কোনো কিছু পাওয়ার জন্য যে-কোনো কিছু করতে তৈরি থাকা, এমনকি সেটি ভুল অথবা বিপজ্জনক হলেও

stop short of sth/doing sth to almost do sth, but then decide not to do it at the last minute কোনো কিছু প্রায় করে ফেলা কিন্তু শেষ পর্যন্ত সেই কাজ করা থেকে বিরত থাকা

PHR V **stop off (at/in...)** to stop during a journey to do sth কোনো লম্বা যাত্রার মধ্যে কিছু করার জন্য কোনো স্থানে থামা

stop over (at/in...) to stay somewhere for a short time during a long journey কোনো লম্বা যাত্রার কোনো স্থানে অল্প বা সংক্ষিপ্ত সময়ের জন্য থামা বা বিরতি নেওয়া

stop² / stɒp স্টপ্ / *noun* [C] **1** an act of stopping or state of being stopped থেমে যাওয়ার কাজ অথবা থামিয়ে দেওয়ার অবস্থা; বিরাম, বিরতি *Our first stop will be in Rohtak.* ○ *Production at the factory will **come to a stop** at midnight tonight.* **2** the place where a bus, train, etc. stops so that people can get on and off যে স্থানে বাস, ট্রেন ইত্যাদি থামে যাতে যাত্রী উঠতে বা নামতে পারে *a bus stop* ○ *I'm getting off at the next stop.*

IDM pull out all the stops ➪ **pull¹** দেখো।

put a stop to sth to prevent sth bad or unpleasant from continuing কোনো খারাপ অথবা অপ্রীতিকর জিনিস চলা বন্ধ করা

stopgap / ˈstɒpɡæp ˈস্টপ্‌গ্যাপ্ / *noun* [C] a person or a thing that does a job for a short time until sb/sth permanent can be found কোনো স্থায়ী চাকুরি পাওয়ার পূর্বে কোনো ব্যক্তি বা বস্তু যে অস্থায়ী কাজ করে

stopover / ˈstɒpəʊvə(r) ˈস্টপ্‌অ্যাউভ্যা(র্) / *noun* [C] a short stop in a journey কোনো যাত্রায় কিছুক্ষণের জন্য বিরতি; সংক্ষিপ্ত বিরতি

stoppage / ˈstɒpɪdʒ ˈস্টপিজ্ / *noun* [C] **1** a situation in which people stop working as part of a protest কোনো কিছুর প্রতিবাদে ব্যক্তিগণের কর্মবিরতি **2** (in sport) an interruption in a game for a particular reason (খেলায়) কোনো বিশেষ কারণে বিরতি বা বাধা

stopper / ˈstɒpə(r) ˈস্টপ্যা(র্) / *noun* [C] an object that you put into the top of a bottle in order to close it (বোতল বন্ধ করার জন্য ব্যবহৃত) ছিপি ➪ **Thermos**-এ ছবি দেখো।

stopwatch / ˈstɒpwɒtʃ ˈস্টপ্‌ওয়াচ্ / *noun* [C] a watch which can be started and stopped by pressing a button, so that you can measure exactly how long sth takes একধরনের ঘড়ি যেটির বোতাম টিপে চালানো বা বন্ধ করা যায় এবং সেই কারণে তার দ্বারা কোনো কাজে কতটা সময় লাগছে তা যথাযথভাবে মাপা যায়; বিরাম ঘড়ি; স্টপওয়াচ

storage / ˈstɔːrɪdʒ ˈস্ট:রিজ্ / *noun* [U] the keeping of things until they are needed; the place where they are kept (প্রয়োজন হওয়া পর্যন্ত) কোনো বস্তু সঞ্চয় করে রাখার ক্রিয়া; যে স্থানে সঞ্চয় করে রাখা হয় *This room is being used for storage at the moment.* ➪ **cold storage** দেখো।

store¹ / stɔː(r) স্ট:(র্) / *noun* [C] **1** a large shop কোনো বড়ো দোকান; বিপণি স্টোর, *a furniture store/ departmental store* ➪ **chain store** দেখো। **2** (*AmE*) = **shop¹ 1** **3** a supply of sth that you keep for future use; the place where it is kept ভবিষ্যতে ব্যবহারের জন্য মজুত কোনো বস্তুর সরবরাহ; যে স্থানে তা রাখা হয় *a good store of food for the winter* ○ *Police discovered a weapons store in the house.*

IDM in store (for sb/sth) going to happen in the future যা ভবিষ্যতে ঘটতে চলেছে *There's a surprise in store for you when you get home!*

set... store by sth to consider sth to be important কোনো কিছু গুরুত্বপূর্ণ বলে গণ্য করা *Nitin sets great store by his mother's opinion.*

store² / stɔː(r) স্ট:(র্) / *verb* [T] to keep sth or a supply of sth for future use ভবিষ্যতে ব্যবহার করার জন্য কোনো বস্তু রেখে দেওয়া *to store information on a computer*

storekeeper / ˈstɔːkiːpə(r) ˈস্ট:কীপ্যা(র্) / = **shopkeeper**

storeroom / ˈstɔːruːm;-rʊm ˈস্ট:রূম্;-রুম্ / *noun* [C] a room where things are kept until they are needed প্রয়োজন না হওয়া পর্যন্ত দ্রব্যাদি যেখানে সঞ্চিত করে রাখা হয়; ভাণ্ডার ঘর, ভাঁড়ার ঘর

storey (*AmE* **story**) / ˈstɔːri ˈস্ট:রি / *noun* [C] (*pl.* **storeys** *AmE* **stories**) one floor or level of a building (অট্টালিকার) একটি তলা *The building will be five storeys high.* ○ *a multi-storey house*

stork / stɔːk স্ট:ক্ / *noun* [C] a large white bird with a long beak, neck and legs. Storks often make their homes (**nests**) on the top of buildngs লম্বা ঠোঁট, গলা এবং পা আছে এমন বড়ো সাদা পক্ষিবিশেষ যারা নিজেদের বাসা প্রায়ই উঁচু অট্টালিকার উপর বানায়; সারস পাখি

storm¹ / stɔːm স্ট:ম্ / *noun* [C] very bad weather, with a lot of rain, strong winds, etc. প্রবল ঝড়বৃষ্টি সহ খারাপ আবহাওয়া; ঝড়জল *a hailstorm snowstorm/ sandstorm/thunderstorm*

> **NOTE** খুব খারাপ ঝড়জলপূর্ণ আবহাওয়াকে **storm** বলা হয়। প্রচণ্ড জোর হাওয়াকে **gale** বলে। ঝড়জলের সঙ্গে খুব জোরে হাওয়া দিলে তাকে **hurricane** বলা হয়। ঘূর্ণিঝড় বিভিন্ন নামে পরিচিত যেমন— **cyclone, tornado, typhoon** অথবা **whirl-wind**। প্রবল বরফের বৃষ্টিকে **blizzard** বলা হয়।

storm² / stɔːm স্ট:ম্ / *verb* **1** [I] to enter or leave somewhere in a very angry and noisy way খুব রেগে গিয়ে অথবা আওয়াজ করে কোনো স্থানে ঢোকা বা বেরোনো *He threw down the book and stormed out of the room.* **2** [T] to attack a building, town, etc. suddenly and violently in order to take control of it কোনো অট্টালিকা, শহর ইত্যাদিকে নিয়ন্ত্রণে আনার জন্য আচমকা হিংস্রভাবে আক্রমণ করা

stormy / ˈstɔːmi ˈস্ট:মি / *adj.* **1** used for talking about very bad weather, with strong winds, heavy rain, etc. প্রবল হাওয়া, বৃষ্টিসমেত খারাপ আবহাওয়া সম্বন্ধে বলার জন্য ব্যবহৃত *a stormy night* ○ *stormy weather* **2** involving a lot of angry argument and strong feeling জোর এবং প্রবল অনুভূতি জড়িয়ে আছে এমন; উত্তাল *a stormy relationship*

story / ˈstɔ:ri ˈস্ট:রি / *noun* [C] (*pl.* **stories**) **1 a story (about sb/sth)** a description of people and events that are not real মানুষ এবং ঘটনাসমূহের বিবরণ যা বাস্তব নয়; গল্প, কাহিনি ***a bedtime story*** ○ *a detective/fairy/ghost/love story* **2** an account, especially a spoken one, of sth that has happened কোনো ঘটনার উপাখ্যান, মৌখিক বিবরণ, বিশেষত যা কথিত *The police didn't believe his story.* **3** a description of true events that happened in the past অতীতের কোনো সত্যি ঘটনার বিবরণ *He's writing his life story.* **4** an article or report in a newspaper or magazine খবরের কাগজ অথবা পত্রিকায় কোনো প্রবন্ধ বা প্রতিবেদন *The plane crash was the front-page story in most newspapers.* **5** (*AmE*) = **storey**

stout / staʊt স্টাউট্ / *adj.* **1** (used about a person) rather fat (কোনো ব্যক্তি সম্বন্ধে ব্যবহৃত) মোটা **2** strong and thick মজবুত এবং মোটা *stout walking boots*

stove / stəʊv স্ট্যাউভ্ / *noun* [C] **1** the top part of a cooker that has gas or electric rings গ্যাসের উনুন *He put a pan of water to boil on the stove.* **2** a closed metal box in which you burn wood, coal, etc. for heating বন্ধ ধাতব বাক্স যার মধ্যে কাঠ, কয়লা ইত্যাদি জ্বালানো হয় ঘর গরম করার জন্য *a wood-burning stove*

stow / stəʊ স্ট্যাউ / *verb* [T] **stow sth (away)** to put sth away in a particular place until it is needed প্রয়োজন হওয়া পর্যন্ত কোনো বস্তু কোনো বিশেষ স্থানে সরিয়ে রাখা

stowaway / ˈstəʊəweɪ ˈস্ট্যাউঅ্যাওএই / *noun* [C] a person who hides in a ship or plane so that he/she can travel without paying যে ব্যক্তি বিনা ভাড়ায় ভ্রমণের উদ্দেশ্যে কোনো জাহাজ বা বিমানের মধ্যে লুকিয়ে থাকে

straddle / ˈstrædl ˈস্ট্র্যাড্ল্ / *verb* [T] **1** (used about a person) to sit or stand with your legs on each side of sb/sth (কোনো ব্যক্তি সম্বন্ধে ব্যবহৃত) কোনো ব্যক্তি অথবা বস্তুর দুইদিকে পা দিয়ে দাঁড়ানো বা বসা; পা ফাঁক করে দাঁড়ানো বা বসা *to straddle a chair* **2** (used about a building, bridge, etc.) to cross, or exist on both sides of, a river, a road or an area of land (কোনো অট্টালিকা, সেতু ইত্যাদি সম্বন্ধে ব্যবহৃত) কোনো নদী, রাস্তা অথবা কোনো জমির দুইদিকে বর্তমান থাকা

straggle / ˈstrægl ˈস্ট্র্যাগ্ল্ / *verb* [I] **1** to walk, etc. more slowly than the rest of the group দলের অন্য ব্যক্তিগণের তুলনায় ধীরে হাঁটা বা কিছু করা *The children straggled along behind their parents.* **2** to grow, spread or move in an untidy way or in different directions বিভিন্ন দিকে অগোছালোভাবে বৃদ্ধি পাওয়া, ছড়িয়ে থাকা অথবা চলাচল করা *Her wet hair straggled across her forehead.* ▶ **straggler** *noun* [C] বিশৃঙ্খল বা বিক্ষিপ্ত ব্যক্তি বা বস্তু ▶ **straggly** *adj.* বিক্ষিপ্তভাবে *long straggly hair*

straight[1] / streɪt স্ট্রেইট্ / *adj.* **1** with no bends or curves; going in one direction only কোনো বাঁক ছাড়া, বক্রতাহীন; সোজা, ঋজু, সরল *a straight line* ○ *Keep your back straight!* **2** (*not before a noun*) in an exactly horizontal or vertical position অনুভূমিক বা উল্লম্বভাবে *That picture isn't straight.* **3** honest and direct অকপট, ন্যায়নিষ্ঠ; সোজাসুজি, সৎ, খোলামেলা *Politicians never give* ***a straight answer.*** **4** tidy or organized as it should be সুবিন্যস্ত, ছিমছাম, সুসমঞ্জস, সুষম *It took ages to* ***put*** *the room* ***straight*** *after we'd decorated it.* **5** (*informal*) attracted to people of the opposite sex স্বাভাবিক যৌনবৃত্তিসম্পন্ন, বিপরিত লিঙ্গের প্রতি আকৃষ্ট ব্যক্তি ➪ **heterosexual** দেখো। ✪ বিপ **gay** **6** (*informal*) used to describe a person who you think is too serious and boring কোনো রাশভারী ব্যক্তির বর্ণনা দেওয়ার জন্য ব্যবহৃত

IDM get sth straight to make sure that you understand sth completely কোনো জিনিস পুরোপুরি বোঝা

keep a straight face to stop yourself from smiling or laughing গম্ভীর হয়ে থাকা (না হেসে)

put/set the record straight ➪ **record**[1] দেখো।

straight[2] / streɪt স্ট্রেইট্ / *adv.* **1** not in a curve or at an angle; in a straight line সোজাভাবে, সরলভাবে; সরল রৈখিকভাবে *He was looking* ***straight ahead.*** ○ *to sit up straight* (=with a straight back) **2** without stopping; directly না থেমে; সোজা *I took the children straight home after school.* ○ *He joined the army straight from school.* **3** in an honest and direct way সৎভাবে, ন্যায়নিষ্ঠভাবে, সোজাসুজিভাবে, অকপটভাবে *Tell me straight, doctor—is it serious?*

IDM go straight to become honest after being a criminal অপরাধী জীবনযাপন করার পরে সৎ হয়ে যাওয়া

right/straight away ➪ **away** দেখো।

straight out in an honest and direct way সৎ এবং সোজাসুজিভাবে *I told Asif straight out that I didn't want to see him any more.*

straighten / ˈstreɪtn ˈস্ট্রেইট্‌ন্ / *verb* [I, T] **straighten (sth) (up/out)** to become straight or to make sth straight সোজা হওয়া বা কোনো কিছু সোজা

করা বা ঋজু করা *The road straightens out at the bottom of the hill.* ○ *to straighten your tie*

PHR V **straighten sth out** to remove the confusion or difficulties from a situation কোনো পরিস্থিতি থেকে দ্বিধা এবং জটিলতা দূর করা

straighten up to make your body straight and vertical সোজা হয়ে দাঁড়ানো

straightforward/ ˌstreɪtˈfɔːwəd ˌস্ট্রেইট্ˈফ:ওঅ্যাড্/ *adj.* **1** easy to do or understand; simple সহজবোধ্য বা সহজসাধ্য ; সোজা, সরল *straightforward instructions* **2** honest and open সৎ এবং অকপট *a straightforward person*

strain[1] / streɪn স্ট্রেইন্ / *noun* **1** [U] pressure that is put on sth when it is pulled or pushed by a physical force কোনো কিছু টানতে বা ঠেলতে যে দৈহিক শক্তির প্রয়োজন হয় *Running downhill puts strain on the knees.* ○ *The rope finally broke* ***under the strain***. **2** [C, U] worry or pressure caused by having too much to deal with কোনো কাজ করার জন্য যে উদ্বেগ বা হয়রানি বা ধকল সহ্য করতে হয় *to be* ***under*** *a lot of* ***strain*** *at work* **3** [C] something that makes you feel worried and tense যে জিনিস চিন্তা বা উদ্বেগ উৎপন্ন করে *I always find exams a terrible strain.* **4** [C, U] an injury to part of your body that is caused by using it too much শ্রান্তি, ক্লান্তি, অবসাদ **5** [C] one type of animal, plant or disease that is slightly different from the other types যে-কোনো পশু, উদ্ভিদ অথবা অসুখের একটি প্রকার যেটি অন্য প্রকারগুলির থেকে একটু আলাদা

strain[2] / streɪn স্ট্রেইন্ / *verb* **1** [I, T] to make a great mental or physical effort to do sth কোনো কিছু করার জন্য মানসিক বা শারীরিক শ্রম দেওয়া *I was straining to see what was happening.* ○ *She strained her ears* (=listened very hard) *to catch what they were saying.* **2** [T] to injure a part of your body by using it too much শরীরের কোনো অংশের অত্যধিক ব্যবহারের জন্য ক্লান্ত হয়ে পড়া *Don't read in the dark. You'll strain your eyes.* ○ *I think I have strained a muscle.* **3** [T] to put a lot of pressure on sth কোনো বস্তুর উপর প্রচণ্ড চাপ দেওয়া *Money problems have strained their relationship.* **4** [T] to separate a solid and a liquid by pouring them into a special container with small holes in it ছাঁকা, ছেঁকে নেওয়া, ঝাড়াই বাছাই করা *to strain tea/ vegetables/spaghetti*

strainer / ˈstred ˈস্ট্রেইনা(র্) / *noun.* [C) a kitchen with small holes to separate solids from liquids তরল থেকে কঠিন পদার্থ আলাদা করে নেওয়ার জন্য ছোটো ছোটো ছিদ্রযুক্ত কোনো সরঞ্জাম যা রান্নাঘরে ব্যবহৃত হয়; ছাঁকনি

strained / streɪnd স্ট্রেইন্ড্ / *adj.* **1** not natural or friendly সহজ বা বন্ধুত্বপূর্ণ নয়; মনোমালিন্যপূর্ণ *Relations between the two countries are strained.* **2** worried because of having too much to deal with অনেক কিছু করতে হবে বলে চিন্তিত *Madhuri looked tired and strained.*

strait / streɪt স্ট্রেইট্ / *noun* **1** [C, *usually pl.*] a narrow piece of sea that joins two larger seas প্রণালী *the straits of Gibraltar* **2 straits** [*pl.*] a very difficult situation, especially one caused by having no money খুব কঠিন পরিস্থিতি, বিশেষত অর্থাভাবের সময় *The company is in financial straits.*

IDM **be in dire straits** ➪ **dire** দেখো।

straitjacket (*also* **straightjacket**) / ˈstreɪtdʒækɪt ˈস্ট্রেইটজ্যাকিট / *noun* [C] a piece of clothing like a jacket with long arms which is put on people who are considered dangerous to prevent them from behaving violently কোনো বিপজ্জনক ব্যক্তিকে হিংস্র আচরণ থেকে বিরত রাখার জন্য তাদেরকে লম্বা হাতাওয়ালা জ্যাকেটের মতো যে জামা পরানো হয়; স্ট্রেটজ্যাকেট

strand / strænd স্ট্র্যান্ড্ / *noun* [C] **1** a single piece of cotton, wool, hair, etc. তুলো, উল, চুল ইত্যাদির একটা তন্তু বা আঁশ বা ফেঁসো **2** one part of a story, situation or idea কোনো গল্প, পরিস্থিতি অথবা মতের একটি অংশ

stranded / ˈstrændɪd স্ট্র্যান্ডিড্ / *adj.* left in a place that you cannot get away from সহায়সম্বলহীন অবস্থায় পরিত্যক্ত *We were left stranded when our car broke down in the mountains.*

strange / streɪndʒ স্ট্রেইন্জ্ / *adj.* **1** unusual or unexpected বিচিত্র এবং অপ্রত্যাশিত *a strange noise* **2** that you have not seen, visited, met, etc. before যা আগে দেখা হয়নি বা যেখানে যাওয়া হয়নি *a strange town* ○ *strange men*

> NOTE কোনো বিদেশি ব্যক্তি অথবা ভিনদেশ থেকে আগত ব্যক্তির জন্য **strange** শব্দটি ব্যবহৃত হয় না। ➪ **foreign** দেখো।

▶ **strangely** *adv.* অদ্ভুতভাবে, বিচিত্রভাবে *The streets were strangely quiet.* ○ *He's behaving very strangely at the moment.* ▶ **strangeness** *noun* [U] বিচিত্রতা, অদ্ভুতত্ব

stranger / ˈstreɪndʒə(r) ˈস্ট্রেইন্জ্যা(র্) / *noun* [C] **1** a person that you do not know অপরিচিত ব্যক্তি, আগন্তুক *I had to ask a* ***complete stranger*** *to help me with my suitcase.*

> NOTE বিদেশ থেকে আগত ব্যক্তির জন্য **stranger** শব্দটি ব্যবহৃত হয় না। ➪ **foreigner** দেখো।

2 a person who is in a place that he/she does not know কোনো অপরিচিত স্থান অথবা ব্যক্তি *I'm a stranger to this part of the country.*

strangle / ˈstræŋgl ˈস্ট্র্যাংগ্‌ল্ / *verb* [T] **1** to kill sb by squeezing his/her neck or throat with your hands, a rope, etc. হাত, দড়ি ইত্যাদি দিয়ে কোনো ব্যক্তির গলা টিপে মেরে ফেলা ✪ সম **throttle** ➪ **choke** দেখো। **2** to prevent sth from developing কোনো বস্তুকে বিকশিত হতে না দেওয়া

strap / stræp স্ট্র্যাপ্ / *noun* [C] a long narrow piece of leather, cloth, plastic, etc. that you use for carrying sth or for keeping sth in position চামড়া, কাপড়, প্লাস্টিক ইত্যাদির ফিতে, যা বস্তুসমূহ বহন করার জন্য বা ঠিক অবস্থায় বেঁধে রাখার জন্য ব্যবহৃত হয়; স্ট্র্যাপ *I managed to fasten my watch strap but now I can't undo it.* ▶ **strap** *verb* [T] (**strapping; strapped**) কাউকে স্ট্র্যাপ দিয়ে বাঁধা *The racing driver was securely strapped into the car.*

strata ➪ **stratum**-এর plural

strategic / strəˈtiːdʒɪk স্ট্র্যা'টীজিক্ / (*also* **strategical** / -dʒɪkl -জিক্‌ল্ /) *adj.* **1** helping you to achieve a plan; giving you an advantage কোনো পরিকল্পনা বা লক্ষ্য প্রাপ্ত করতে সাহায্য করে এমন; সুবিধা প্রদান করে এমন *They made a strategic decision to sell off part of the company.* **2** connected with a country's plans to achieve success in a war or in its defence system কোনো দেশের রণনীতি অথবা সুরক্ষা প্রণালী সংক্রান্ত **3** (used about bombs and other weapons) intended to be fired at the enemy's country rather than be used in battle (বোমা এবং অন্য অস্ত্র সম্বন্ধে ব্যবহৃত) শত্রু রাষ্ট্রের উপরে ব্যবহারের জন্য, যুদ্ধে নয় ▶ **strategically** / strəˈtiːdʒɪkli স্ট্র্যা'টীজিক্‌লি / *adv.* রণনীতির দিক থেকে *The island is strategically important.*

strategy / ˈstrætədʒi 'স্ট্র্যাট্যাজি / *noun* (*pl.* **strategies**) **1** [C] a plan that you use in order to achieve sth কোনো কিছু লাভ বা অর্জন করার জন্য যে পরিকল্পনা করা হয় **2** [U] the action of planning how to do or achieve sth কোনো কিছু লাভ করার জন্য কোনো পরিকল্পনা গ্রহণ করার ক্রিয়া *military strategy*

stratification / ˌstrætɪfɪˈkeɪʃn ˌস্ট্র্যাটিফি'কেইশ্‌ন্ / *noun* [U] (*technical*) the division of sth into different layers or groups বিভিন্ন স্তর অথবা গোষ্ঠীতে বিভক্ত *social stratification*

stratosphere / ˈstrætəsfɪə(r) 'স্ট্র্যাট্যাস্‌ফিঅ্যা(র্) / *noun* [*sing.*] **the stratosphere** the layer of the earth's atmosphere between about 10 and 50 kilometres above the surface of the earth ভূপৃষ্ঠ ছাড়িয়ে দশ থেকে পঞ্চাশ কিলোমিটারের মধ্যবর্তী বায়ুস্তর; স্ট্র্যাটোস্ফিয়ার ➪ **ionosphere** এবং **troposphere** দেখো। ▶ **stratospheric** / ˌstrætəˈsferɪk ˌস্ট্র্যাট্যা'স্ফেরিক্ / *adj.* স্ট্র্যাটোস্ফিয়ার সম্বন্ধীয় *stratospheric clouds/ozone*

stratum / ˈstrɑːtəm 'স্ট্রাট্যাম্ / *noun* [C] (*pl.* **strata** / -tə -ট্যা /) (*technical*) a layer or set of layers of rock, earth, etc. in the ground পাথর, মাটি ইত্যাদির স্তর অথবা স্তরসমূহ

stratus / ˈstreɪtəs; ˈstrɑːtəs 'স্ট্রেইট্যাস্; 'স্ট্রাট্যাস্ / *noun* [U] (*technical*) a type of cloud that forms a continuous grey sheet covering the sky ধূসর রঙের ঘন মেঘ

straw / strɔː স্ট্রঃ / *noun* **1** [U] the long, straight, central parts (**stems**) of plants, for example wheat, that are dried and then used for animals to sleep on or for making baskets, covering a roof, etc. উদ্ভিদ যেমন গম ইত্যাদির মধ্যবর্তী লম্বা, সোজা অংশ (কাণ্ড), যেগুলি শুকিয়ে নিয়ে পশুদের শয়ন ইত্যাদি কাজে বা ঝুড়ি ইত্যাদি তৈরিতে অথবা ছাদ আচ্ছাদিত করার কাজে ব্যবহার করা হয়; খড়, বিচালি *a straw hat* **2** [C] one piece of straw তৃণদণ্ড; ঘাসের ডাঁটি **3** [C] a long plastic or paper tube that you can use for drinking through কোনো তরল পদার্থ পান করার জন্য ব্যবহৃত কাগজ অথবা প্লাস্টিকের নল; স্ট্র

IDM **the last/final straw** the last in a series of bad things that happen to you and that makes you decide that you cannot accept the situation any longer পর্যায়ক্রমে খারাপ ঘটনা ঘটতে ঘটতে এমন কিছু ঘটা যাতে আর সেই পরিস্থিতি সহ্য করা যায় না; ধৈর্যশক্তির বা সহনক্ষমতার শেষ সীমা

strawberry / ˈstrɔːbəri 'স্ট্রঃব্যারি / *noun* [C] (*pl.* **strawberries**) a small soft red fruit with small white seeds on it ছোটো নরম লাল ফল যার বাইরে সাদা বীজ থাকে; স্ট্রবেরি *strawberries and cream* ➪ **fruit**-এ ছবি দেখো।

stray¹ / streɪ স্ট্রেই / *verb* [I] **1** to go away from the place where you should be যেখানে থাকা উচিত সেই স্থান থেকে চলে যাওয়া; বিপথগামী হওয়া *The sheep had strayed onto the road.* **2** to not keep to the subject you should be thinking about or discussing যে বিষয় সম্বন্ধে চিন্তা করা বা বিচার করা উচিত তা না করা *My thoughts strayed for a few moments.*

stray² / streɪ স্ট্রেই / *noun* [C] a dog, cat, etc. that does not have a home বিড়াল, কুকুর ইত্যাদি যার ঘর নেই ▶ **stray** *adj.* (*only before a noun*) ঘরছাড়া *a stray dog*

streak¹ / striːk স্ট্রীক্ / *noun* [C] **1 streak (of sth)** a thin line or mark সরু রেখা বা দাগ; ডোরা *The cat had brown fur with streaks of white in it.* **2** a part of a person's character that sometimes shows in the way he/she behaves কোনো ব্যক্তির চারিত্রিক লক্ষণ বা চরিত্রের প্রতিফলন *Vinita is a very caring girl, but she does have a selfish streak.* **3** a continuous period of bad or good luck in a game of sport কোনো খেলায় দীর্ঘ সময়ব্যাপী সৌভাগ্য বা দুর্ভাগ্য *The team is **on a losing/winning streak** at the moment.*

streak[2] / stri:k স্ত্রীক্ / *verb* [I] (*informal*) to run fast খুব দ্রুতগতিতে দৌড়োনো

streaked / stri:kt স্ট্রীক্ট্ / *adj.* **streaked (with sth)** having lines of a different colour বিভিন্ন রঙের ডোরাকাটা *black hair streaked with grey*

stream[1] / stri:m স্ট্রীম্ / *noun* [C] **1** a small river ছোটো নদী *I waded across the shallow stream.* **2** the continuous movement of a liquid or gas কোনো তরল বা বায়বীয় পদার্থের নিরন্তর ধারা *a stream of blood* **3** a continuous movement of people or things চলমান ব্যক্তিসকল বা বস্তুসমূহের অবিরাম প্রবাহ *a stream of traffic* **4** a large number of things which happen one after another একটির পরে আর একটি ঘটনা ঘটার প্রবাহ *a stream of letters/telephone calls/questions*

stream[2] / stri:m স্ট্রীম্ / *verb* [I] **1** (used about a liquid, gas or light) to flow in large amounts (গ্যাস, আলো অথবা তরল সম্বন্ধে ব্যবহৃত) প্রচুর পরিমাণে প্রবাহিত হওয়া *Tears were streaming down his face.* ○ *Sunlight was streaming in through the windows.* **2** (used about people or things) to move somewhere in a continuous flow (ব্যক্তি অথবা বস্তু সম্বন্ধে ব্যবহৃত) ক্রমাগত চলমান বা প্রবাহিত হওয়া *People were streaming out of the station.*

streamer / ˈstri:mə(r) ˈস্ট্রীম্যা(র্) / *noun* [C] a long piece of coloured paper that you use for decorating a room before a party, etc. পার্টি ইত্যাদিতে কক্ষসজ্জার জন্য ব্যবহৃত লম্বা রঙিন কাগজ

streamline / ˈstri:mlaɪn স্ট্রীম্লাইন্ / *verb* [T] **1** to give a vehicle, etc. a long smooth shape so that it will move easily through air or water কোনো বাহন ইত্যাদিকে এমন লম্বা ও মসৃণ আকৃতিতে বানানো যাতে তা বাতাস অথবা জলের মধ্যে দিয়ে সহজে চলতে পারে **2** to make an organization, process, etc. work better by making it simpler কোনো সংস্থা, প্রণালী ইত্যাদিকে আরও ভালোভাবে কাজ করানোর জন্য তাকে সরল করে তোলা ► **streamlined** *adj.* সরল এবং কার্যকর

stream of consciousness *noun* [U] a continuous flow of ideas, thoughts and feelings, as they are experienced by a person; a style of writing that expresses this without using the usual methods of description and conversation মত, চিন্তাধারা এবং অনুভূতির অবিরাম প্রবাহ যা কোনো ব্যক্তি অনুভব করে; এক প্রকার লেখনশৈলী যা সাধারণ বর্ণনা বা কথোপকথন থেকে আলাদা

street / stri:t স্ট্রীট্ / *noun* [C] **1** a road in a town, village or city that has shops, houses, etc. on one or both sides শহর বা নগর অথবা গ্রামের একটি রাস্তা যার দুইধারে দোকান, বাড়িঘর ইত্যাদি আছে; রাস্তা, গলি; স্ট্রীট *to walk **along/down the street*** ○ *to **cross the street*** ➪ **road**-এ নোট দেখো। **2 Street** (*abbr.* **St**) [*sing.*] used in the names of streets রাস্তার নামের সঙ্গে ব্যবহৃত *Parliament Street.*

IDM **the man in the street** ➪ **man**[1] দেখো।

streets ahead (of sb/sth) (*informal*) much better than sb/sth কোনো বস্তু অথবা ব্যক্তির থেকে অনেক ভালো বা উৎকৃষ্ট

(right) up your street (*informal*) (used about an activity, subject, etc.) exactly right for you because you know a lot about it, like it very much, etc. (কোনো কার্যক্রম, বিষয় ইত্যাদি সম্বন্ধে ব্যবহৃত) নিজের জন্য একদম ঠিক কারণ সেই সম্বন্ধে অনেক কিছু জানা আছে বা তা খুবই পছন্দের ইত্যাদি

strength / streŋθ স্ট্রেংথ্ / *noun* **1** [U] the quality of being physically strong; the amount of this quality that you have দৈহিক শক্তি থাকার যে গুণ; শারীরিক শক্তি, বল, ক্ষমতা; এই গুণের মাত্রা বা পরিমাণ *He pulled with all his strength but the rock would not move.* ○ *I didn't have the strength to walk any further.* **2** [U] the ability of an object to hold heavy weights or not to break or be damaged easily সহজে ক্ষতিগ্রস্ত না হয়ে বা ভেঙে না গিয়ে কোনো বস্তুর ভারবহনের ক্ষমতা *All our suitcases are tested for strength before they leave the factory.* **3** [U] the power and influence that sb has কোনো ব্যক্তির ক্ষমতা এবং প্রভাব *China's economic strength* **4** [U] how strong a feeling or opinion is কোনো মনোভাব বা মতের শক্তি বা প্রভাব **5** [C, U] a good quality or ability that sb/sth has কোনো ব্যক্তি বা বস্তুর ভালো গুণ বা ক্ষমতা *His greatest strength is his communication skills.* ○ *the strengths and weaknesses of a plan* ✪ বিপ **weakness**

IDM **at full strength** (used about a group) having all the people it needs or usually has (কোনো গোষ্ঠী সম্বন্ধে ব্যবহৃত) পূর্ণশক্তি সম্পন্ন, পূর্ণজনবলসম্পন্ন *Nobody is injured, so the team will be at full strength for the game.*

below strength (used about a group) not having the number of people it needs or usually has (কোনো গোষ্ঠী সম্বন্ধে ব্যবহৃত) প্রয়োজনের তুলনায় বা সাধারণভাবে কম লোকবল সম্পন্ন

on the strength of as a result of information, advice, etc. কোনো তথ্য, উপদেশ ইত্যাদির ফল অনুসারে

strengthen / ˈstreŋθn স্ট্রেথ্‌ন্‌থ্ / *verb* [I, T] to become stronger or to make sth stronger কোনো কিছু আরও শক্তিশালী করা বা হওয়া *exercises to strengthen your muscles* ✪ বিপ **weaken**

strenuous / ˈstrenjuəs ˈস্ট্রেনিউঅ্যাস্ / *adj.* needing or using a lot of effort or energy প্রচুর পরিশ্রমসাধ্য ***strenuous exercise*** ○ ***strenuous effort***
▶ **strenuously** *adv.* আয়াসসাধ্যভাবে

stress¹ / stres স্ট্রেস্ / *noun* **1** [C, U] worry and pressure that is caused by having too much to deal with (অত্যন্ত বেশি কাজ অথবা চাপ থেকে উৎপন্ন) দুশ্চিন্তা, নিষ্পেষণ *He's been **under** a lot of **stress** since his wife went into hospital.* ➪ **trauma** দেখো। **2** [U] **stress (on sth)** the special attention that you give to sth because you think it is important কোনো কিছুকে গুরুত্বপূর্ণ ভেবে তাকে যে বিশেষ মনোযোগ দেওয়া হয় *We should **put** more **stress** on preventing crime.* **3** [C, U] **(a) stress (on sth)** the force that you put on a particular word or part of a word when you speak (শব্দ বা শব্দাংশে) কথা বলার সময়ে প্রদত্ত ঝোঁক; স্বরাঘাত, শ্বাসাঘাত *In the word 'dictionary' the stress is on the first syllable, 'dic'.* **4** [C, U] a physical force that may cause sth to bend or break প্রাকৃতিক শক্তি বা চাপ যার দ্বারা কোনো বস্তু ভেঙে বা বেঁকে যেতে পারে; টান, চাপ, আততি, ভার *Heavy lorries **put** too much **stress** on this bridge.*

stress² / stres স্ট্রেস্ / *verb* [T] to give sth special force or attention because it is important কোনো বস্তুকে গুরুত্বপূর্ণ বলে মনে করে তার উপর বিশেষ মনোযোগ দেওয়া *The minister stressed the need for a peaceful solution.* ○ *Which syllable is stressed in this word?*
✪ সম **emphasize**

stressful / ˈstresfl ˈস্ট্রেস্‌ফ্‌ল্ / *adj.* causing worry and pressure চাপপূর্ণ, পীড়নময়, পীড়ক *a stressful job*

stress mark *noun* [C] a mark used to show which part of a particular word or syllable is pronounced with more force than others কোনো চিহ্ন যেটি বিশেষ শব্দ বা শব্দাংশের যে অংশটি বেশি শ্বাসাঘাত বা ঝোঁক দিয়ে উচ্চারণ করা হয় সেটি নির্দিষ্ট করে; শ্বাসাঘাত চিহ্ন

stretch¹ / stretʃ স্ট্রেচ্ / *verb* **1** [I, T] to pull sth so that it becomes longer or wider; to become longer or wider in this way কোনো বস্তুকে টেনে দৈর্ঘ্য বা প্রস্থে বাড়ানো ; এইভাবে লম্বা বা চওড়া হওয়া *The artist stretched the canvas tightly over the frame.* ○ *My T-shirt stretched when I washed it.* **2** [I, T] **stretch (sth) (out)** to push out your arms, legs, etc. as far as possible টানটান করে হাত ও পা ছড়িয়ে দেওয়া; আড়মোড়া নেওয়া *He switched off the alarm clock, yawned and stretched.* ○ *She stretched out her arm to take the book.* **3** [I] to cover a large area of land or a long period of time বিস্তৃত ভূমিখণ্ড আচ্ছাদিত করে রাখা অথবা দীর্ঘ সময় ধরে ব্যাপ্ত থাকা *The long white beaches stretch for miles along the coast.* **4** [T] to make use of all the money, ability, time, etc. that sb has available for use অর্থ, ক্ষমতা, সময় ইত্যাদি যা কিছু প্রাপ্তিযোগ্য তা ব্যবহার করা *The test has been designed to really stretch students' knowledge.*

IDM **stretch your legs** to go for a walk after sitting down for a long time অনেকক্ষণ বসে থাকার পরে একটু হেঁটে নেওয়া

stretch² / stretʃ স্ট্রেচ্ / *noun* [C] **1 a stretch (of sth)** an area of land or water ভূখণ্ড বা জলাশয়ের বিস্তার *a dangerous stretch of road* **2** [*usually sing.*] the action of making the muscles in your arms, legs, back, etc. as long as possible শরীরের হাত-পা, পিঠ ইত্যাদির পেশিগুলি প্রসারিত করার ক্রিয়া; আড়মোড়া *Stand up, everybody, and have a good stretch.*

IDM **at a stretch** without stopping না থেমে, অবিরাম *We travelled for six hours at a stretch.*

at full stretch ➪ **full¹** দেখো।

stretcher / ˈstretʃr ˈস্ট্রেচ্যা(র্) / *noun* [C] a piece of cloth supported by two poles that is used for carrying a person who has been injured পীড়িত ব্যক্তিকে বহন করার জন্য দুটি খুটিতে বাঁধা বস্ত্রখণ্ড যেটি আহত ব্যক্তিকে বহন করার জন্য ব্যবহৃত হয়; স্ট্রেচার

stricken / ˈstrɪkn ˈস্ট্রিক্‌ন্ /*adj.* (*formal*) **1 stricken with (sb/sth)** seriously affected by an unpleasant feeling or disease or by a difficult situation কোনো অপ্রিয় অনুভব বা অসুখ অথবা কঠিন পরিস্থিতির দ্বারা পীড়িত বা আর্ত *We went to the aid of the stricken boat.* **2** (*in compounds*) seriously affected by the thing mentioned আক্রান্ত, পীড়িত, গ্রস্ত *poverty-stricken families/grief-stricken widow*

strict / strɪkt স্ট্রিক্ট্ / *adj.* **1** not allowing people to break rules or behave badly লোকজনকে নিয়ম ভাঙতে বা খারাপ আচরণ করতে দেওয়া হয় না এমন; কঠোর, যথাযথ *Samir's very strict with his children.* ○ *I went to a very strict school.* **2** that must be obeyed completely যা পুরোপুরিভাবে পালন করা উচিত *I gave her strict instructions to be home before 9 p.m.* **3** exactly correct; accurate একদম ঠিক; যথাযথ *a strict interpretation of the law*

strictly / ˈstrɪktli ˈস্ট্রিক্ট্‌লি / *adv.* in a strict way দৃঢ়ভাবে; কঠোরভাবে *Smoking is strictly forbidden.*

IDM **strictly speaking** to be exactly correct or accurate একদম ঠিক বা যথার্থ হওয়া *Strictly speaking, the tomato is not a vegetable. It's a fruit.*

stride[1] / straɪd স্ট্রাইড্ / *verb* [I] (*pt* **strode** /strəʊd স্ট্র্যাউড্ / (*not used in the perfect tenses*) to walk with long steps, often because you feel very confident or determined আত্মবিশ্বাস অথবা দৃঢ় সংকল্পের সঙ্গে লম্বা লম্বা পা ফেলে হাঁটা *He strode up to the house and knocked on the door.*

stride[2] / straɪd স্ট্রাইড্ / *noun* [C] a long step একটা লম্বা পদক্ষেপ

IDM **get into your stride** to start to do sth in a confident way and well after an uncertain beginning অনিশ্চিত আরম্ভের পরে কোনো কিছু আত্মবিশ্বাসের সঙ্গে করা

make great strides to make very quick progress দ্রুত গতিতে উন্নতি করা

take sth in your stride to deal with a new or difficult situation easily and without worrying দুশ্চিন্তা না করে কোনো নতুন বা কঠিন পরিস্থিতির সঙ্গে অনায়াসে মোকাবিলা করে নেওয়া

strident / ˈstraɪdnt ˈস্ট্রাইড্ন্ট / *adj.* (used about a voice or a sound) loud and unpleasant (গলার স্বর বা কোনো আওয়াজ সম্বন্ধে ব্যবহৃত) জোরে এবং অপ্রিয়

strife / straɪf স্ট্রাইফ্ / *noun* [U] (*written*) trouble or fighting between people or groups ব্যক্তি অথবা গোষ্ঠীর মধ্যে সংঘর্ষ বা ঝগড়া বা বিবাদ

strike[1] / straɪk স্ট্রাইক্ / *noun* [C] **1** a period of time when people refuse to go to work, usually because they want more money or better working conditions কোনো একটি সময়ে জনগণ যখন আরও বেশি অর্থ অথবা উন্নততর শর্তাদির দাবিতে কাজে যোগ দিতে প্রত্যাখ্যান করে বা কর্ম বিরতি ঘোষণা করে; হরতাল, ধর্মঘট *a one-day strike* ○ *Union members voted to* ***go on strike****.* **2** a sudden military attack, especially by aircraft আকস্মিক সামরিক হামলা, বিশেষত বিমান দ্বারা

strike[2] / straɪk স্ট্রাইক্ / *verb* (*pt, pp* **struck** / strʌk স্ট্রাক্ /) **1** [T] (*formal*) to hit sb/sth আঘাত করা, মারা (কোনো ব্যক্তি অথবা বস্তুকে) *The stone struck her on the head.* ○ *The boat struck a rock and began to sink.* **NOTE** এই অর্থে **hit** শব্দটি বেশি প্রচলিত—*The stone hit her on the head.* **2** [I, T] to attack and harm sb/sth suddenly কাউকে বা কিছুকে আক্রমণ এবং ক্ষতিগ্রস্ত করা *The earthquake struck Latur in 1993.* ○ *to be* ***struck by lightning*** **3** [I] to stop work as a protest প্রতিবাদ হিসেবে ধর্মঘট করা বা কাজ বন্ধ করা *The workers voted to strike for more money.* **4** [T] **strike sb (as sth)** to give sb a particular impression কাউকে বিশেষ কোনো রকম ধারণা দেওয়া *He strikes me as a very caring man.* **5** [T] (used about a thought or an idea) to come suddenly into sb's mind (কোনো চিন্তা বা ভাবনার ব্যাপারে ব্যবহৃত) হঠাৎ মনে হওয়া বা আসা *It suddenly struck me that she would be the ideal person for the job.* **6** [T] to produce fire by rubbing sth, especially a match, on a surface কোনো কিছুর উপর ঘষে আগুন বার করা, যেমন দেশলাই *She struck a match and lit her cigarette.* **7** [I, T] (used about a clock) to ring a bell so that people know what time it is (ঘড়ির ব্যাপারে ব্যবহৃত) লোকদের সময় জানানোর জন্য ঘণ্টা বাজানো *The clock struck eight* (= 8 o'clock). **8** [T] to discover gold, oil, etc. in the ground মাটির নীচে সোনা, তেল ইত্যাদির সন্ধান বা খোঁজ পাওয়া

IDM **strike a balance (between A and B)** to find a middle way between two extremes দু দিকের সীমার মধ্যে মাঝামাঝি পথ খুঁজে পাওয়া

strike a bargain (with sb) to make an agreement with sb কারও সঙ্গে বোঝাপড়ায় আসা

within striking distance near enough to be reached or attacked easily এত কাছে যে সহজে আক্রমণ করা অথবা পৌঁছোনো যায়

PHR V **strike back** to attack sb/sth that has attacked you প্রতি আক্রমণ করা

strike up sth (with sb) to start a conversation or friendship with sb কারও সঙ্গে কথাবার্তা আরম্ভ করা অথবা বন্ধুত্ব শুরু করা

striker / ˈstraɪkə(r) ˈস্ট্রাইক্যা(র্) / *noun* [C] **1** a person who has stopped working as a protest যে ব্যক্তি প্রতিবাদস্বরূপ কাজ করা বন্ধ করে দিয়েছে; ধর্মঘটকারী, হরতালকারী **2** (in football) a player whose job is to score goals ফুটবল খেলায় যে খেলোয়াড়ের কাজ গোল দেওয়া

striking / ˈstraɪkɪŋ ˈস্ট্রাইকিং / *adj.* very noticeable; making a strong impression যা সহজে চোখে পড়ে; দৃষ্টি আকর্ষণ করে *There was a striking similarity between the two men.* ▶ **strikingly** *adv.* চোখে পড়ার মতো

string[1] / strɪŋ স্ট্রিং / *noun* **1** [C, U] a piece of long, strong material like very thin rope, that you use for tying things খুব পাতলা দড়ির মতো লম্বা শক্ত বস্তু যা জিনিসপত্র বাঁধার কাজে ব্যবহৃত হয়; সুতো, রশি, রজ্জু, দড়ি *a ball/piece/length of string* ○ *The key is hanging on a string.* **2** [C] one of the pieces of thin wire, etc. that produce the sound on some musical instruments কোনো কোনো বাদ্যযন্ত্রের যে তার ইত্যাদি থেকে আওয়াজ বেরোয় *A guitar has six strings.* ➪ music-এ ছবি দেখো। **3** [C] one of the tightly stretched pieces of **nylon,** etc. in a **racket** খেলার র‍্যাকেট ইত্যাদির মধ্যে যে টেনে বাঁধা নাইলন থাকে তার যে-কোনো একটি অংশ **4 the strings** [*pl.*] the instruments in an orchestra that have strings অর্কেস্ট্রার যেসব বাদ্যযন্ত্রে তার আছে **5** [C] **a string of sth** a line of things that are joined together on the same piece of thread একই সুতোয় গাঁথা অনেকগুলি জিনিস *a string of beads* **6** [C] **a string of sth** a series of people, things or events that follow one after another একের পর এক কোনো কিছু যেমন মানুষ, বস্তু, ঘটনা ইত্যাদির সারি *a string of visitors* **7** [C] (*computing*) a series of letters, numbers, words, etc. এক সারি অক্ষর বা বর্ণ, সংখ্যা, শব্দ ইত্যাদি

IDM **(with) no strings attached; without strings** with no special conditions কোনো শর্ত ছাড়াই, শর্তহীন, নিঃশর্ত

pull strings ➪ **pull¹** দেখো।

string² / strɪŋ স্ট্রিং / *verb* [T] (*pt, pp* **strung** / strʌŋ স্ট্রাং /) **string sth (up)** to hang up a line of things with a piece of string, etc. এক সারি কোনো জিনিস দড়িতে বা সুতোয় টাঙানো বা ঝোলানো

PHR V **string sb/sth out** to make people or things form a line with spaces between each person or thing প্রতিটি লোক অথবা জিনিসের মধ্যে ফাঁক রেখে রেখে একরেখায় সাজানো

string sth together to put words or phrases together to make a sentence, speech, etc. শব্দ অথবা শব্দবন্ধ সাজিয়ে বাক্য গঠন করা, কথা বলা

stringed instrument / ˌstrɪŋd ˈɪnstrəmənt ˌস্ট্রিংড্‌ ˈইন্‌স্ট্রাম্যান্ট্ / *noun* [C] any musical instrument with strings that you play with your fingers or with a **bow** যে-কোনো বাদ্যযন্ত্র যাতে তার থাকে এবং যা আঙুল অথবা ছড়ি দিয়ে বাজানো হয়

stringent / ˈstrɪndʒənt ˈস্ট্রিন্‌জ্যান্ট্ / *adj.* (used about a law, rule, etc.) very strict (আইন, নিয়মকানুন ইত্যাদি সম্বন্ধে ব্যবহৃত) কড়াকড়ি, কঠোর

strip¹ / strɪp স্ট্রিপ্ / *noun* [C] a long narrow piece of sth (কোনো কিছুর) এক ফালি *a strip of paper*

strip² / strɪp স্ট্রিপ্ / *verb* (**stripping; stripped**) **1** [I, T] **strip (sth) (off)** to take off your clothes; to take off sb else's clothes বিবস্ত্র হওয়া; কাউকে বিবস্ত্র করা *The doctor asked him to strip to the waist.* ○ *He was stripped and searched at the airport by two customs officers.* **2** [T] **strip sb/sth (of sth)** to take sth away from sb/sth কারও কাছ থেকে কোনো কিছু থেকে কেড়ে নেওয়া *They stripped the house of all its furniture.* **3** [T] **strip sth (off)** to remove sth that is covering a surface যা কোনো কিছুর উপরিতল ঢেকে রেখেছে সেটি সরিয়ে নেওয়া *to strip the paint off a door* ○ *to strip wallpaper*

stripe / straɪp স্ট্রাইপ্ / *noun* [C] a long narrow line of colour লম্বা সরু রঙিন দাগ, ডোরা *Zebras have black and white stripes.* ▶ **striped** / straɪpt স্ট্রাইপ্‌ট্ / *adj.* ডোরাকাটা *a red and white striped dress*

stripper / ˈstrɪpə(r) ˈস্ট্রিপা (র্) / *noun* [C] a person whose job is to take off his/her clothes in order to entertain people যে ব্যক্তির কাজ অন্যদের আনন্দ দেওয়ার জন্য পোশাক পরিচ্ছদ খুলে ফেলা

striptease / ˈstrɪptiːz ˈস্ট্রিপটীজ্ / *noun* [C,U] entertainment in which sb takes off his/her clothes, usually to music যে প্রমোদানুষ্ঠানে কোনো নারী বা পুরুষ বাজনার তালে তালে পোশাক খুলে ফেলে বা বিবস্ত্র হয়

strive / straɪv স্ট্রাইভ্ / *verb* [I] (*pt* **strove** /strəʊv স্ট্র্যাউভ্ /; *pp* **striven** / ˈstrɪvn ˈস্ট্রিভ্‌ন্ /) (*formal*) **strive (for sth/to do sth)** to try very hard to do or get sth কিছু করার অথবা পাওয়ার জন্য খুব চেষ্টা করা *to strive for perfection*

strode ➪ **stride¹**-এর past tense

stroke¹ / strəʊk স্ট্র্যাউক্ / *noun* **1** [C] one of the movements that you make when you are writing or painting লেখার সময়ে বা ছবি আঁকার সময়ে কলম বা তুলির একটি আঁচড় *a brush stroke* **2** [C] one of the movements that you make when you are swimming, rowing, playing golf, etc. সাঁতার কাটা, গল্ফ, খেলা, নৌকো বাওয়া ইত্যাদির সময়ে যেসব অঙ্গ সঞ্চালন করতে হয় তার যে-কোনো একটি *Ravi won by three strokes* (= hits of the ball in golf). **3** [C, U] (*used in compounds*) one of the styles of swimming এক ধরনের সাঁতার কাটার শৈলী *I can do backstroke and breaststroke.* ➪ **crawl** দেখো এবং **swim**-এ ছবি দেখো। **4** [C] a sudden illness which attacks the brain and can leave a person unable to move part of his/her body, speak clearly, etc. অকস্মাৎ কোনো অসুস্থতা যা মস্তিষ্ক আক্রমণ করে ব্যক্তির শরীরের কোনো কোনো স্থান অসাড় ও অচল করে দেয়, কথা বলার শক্তি নষ্ট করে ইত্যাদি; সন্ন্যাস রোগ *to have a stroke* **5** [*sing.*] **a stroke of sth** a sudden successful action or event হঠাৎ কোনো সফল কাজ বা ঘটনা *It was **a stroke of luck** finding your ring on the beach, wasn't it?*

IDM **at a/one stroke** with a single action এক ধাক্কায়, এক চোটে

not do a stroke (of work) to not do any work at all একটুও কাজ না করা

stroke² / strəʊk স্ট্র্যাউক্ / *verb* [T] **1** to move your hand gently over sb/sth কারও বা কোনো কিছুর উপর হাত বোলানো *She stroked his hair affectionately.* ○ *to stroke a dog* **2** to move sth somewhere with a smooth movement কোনো কিছু কোনো জায়গায় অনায়াসে সরানো

stroll / strəʊl স্ট্র্যাউল্ / *noun* [C] a slow walk for pleasure পায়চারি *to **go for a stroll** along the beach* ▶ **stroll** *verb* [I] পায়চারি করা

strong / strɒŋ স্ট্রং / *adj.* **1** (used about a person) physically powerful; able to lift or carry heavy things (মানুষ সম্বন্ধে ব্যবহৃত) বলশালী; ভারী জিনিস তুলতে অথবা বয়ে নিয়ে যেতে সক্ষম *I need someone strong to help me move this bookcase.* ○ *to have strong arms/muscles* **2** (used about an object) not easily broken or damaged (জিনিস সম্বন্ধে ব্যবহৃত) সহজে ভাঙে না অথবা ক্ষতিগ্রস্ত হয় না *That chair isn't strong enough for you to stand on.* **3** (used about a natural force) powerful (প্রাকৃতিক শক্তি সম্বন্ধে ব্যবহৃত) জোরালো, প্রচণ্ড *strong winds/currents/sunlight* **4** having a big effect on the mind, body or senses মনে, শরীরে অথবা অনুভূতির উপর জোরালো প্রভাবসম্পন্ন *a **strong smell** of garlic* ○ *I have the **strong impression** that they don't like us.* **5** (used about opinions and beliefs) very firm; difficult to fight against (ধারণা এবং বিশ্বাস সম্বন্ধে ব্যবহৃত) খুব জোরালো, দৃঢ়; যার বিরুধ্বে লড়াই করা বা যুধ্ব করা কঠিন ***strong opposition/strong support** for an idea* **6** powerful and likely to succeed জোরালো এবং সফল হওয়ার সম্ভাবনাপূর্ণ *She's a strong candidate for the job.* ○ *a strong team* **7** (*used after a noun*) having a particular number of people বিশেষ কিছু লোক নিয়ে গঠিত ➪ **strength** noun দেখো। **8** used to describe the way some words are pronounced when they are emphasized. For example, the strong form of *and* is /ænd/ কোনো কোনো শব্দে জোর দেওয়ার সময়ে যেভাবে উচ্চারণ করা হয় যেমন, and-এর strong রূপ /ænd অ্যান্ড্ / ▶ **strongly** *adv.* বেশিরকমভাবে, জোরালোভাবে *to feel very strongly about sth*

IDM **going strong** (*informal*) continuing, even after a long time অনেক দিন বা অনেক কাল ধরে চলছে বা টিকে আছে এমন *The company was formed in 1851 and is still going strong.*

sb's strong point something that a person is good at যে বিষয়ে কেউ খুব পারদর্শী, যে দিকে কারও দক্ষতা আছে *Maths is not my strong point.*

stronghold / ˈstrɒŋhəʊld স্ট্রংহ্যাউল্ড্ / *noun* [C] **1** an area in which there is a lot of support for a particular belief or group of people especially a political party কোনো বিশেষ বিশ্বাস অথবা গোষ্ঠী, বিশেষত কোনো রাজনৈতিক দলের এলাকা *a communist stronghold* **2** a castle or a place that is strongly built and difficult to attack দুর্গ, কেল্লা

strong-minded *adj.* having firm ideas or beliefs জোরালো চিন্তাভাবনা অথবা বিশ্বাস থাকা

strontium / ˈstrɒntiəm; ˈstrɒnʃ- ˈস্ট্রন্টিঅ্যাম্; ˈস্ট্রন্শ্ / *noun* [U] (*symbol* **Sr**) a soft silver-white metal রুপোলি-সাদা রঙের একরকম নরম ধাতু

strove ➪ **strive**-এর past tense

struck ➪ **strike**[2]-এর past tense এবং past participle।

structure[1] / ˈstrʌktʃə(r) ˈস্ট্র্যাক্চ্যা(র্)/ *noun* **1** [C, U] the way that the parts of sth are put together or organized যেভাবে কোনো বস্তুর বিভিন্ন ভাগ বা অংশ একত্র করে দাঁড় করানো হয়; কাঠামো, গঠনপদ্ধতি *the political and social structure of a country* ○ *the grammatical structures of a language* **2** [C] a building or sth that has been built or made from a number of parts কোনো বাড়ি অথবা অন্য কিছু যা অনেকগুলি অংশ নিয়ে বা একত্র করে তৈরি করা হয়েছে *The old office block had been replaced by a modern glass structure.* ▶ **structural** / ˈstrʌktʃərəl ˈস্ট্রাকচ্যার‍্যাল্ / *adj.* কাঠামোগত, গঠন সংক্রান্ত

structure[2] / ˈstrʌktʃə(r) ˈস্ট্রাক্চ্যা(র্) / *verb* [T] to arrange sth in an organized way কোনো কিছু সুচিন্তিতভাবে তৈরি করা, ভেবেচিন্তে দাঁড় করানো *a carefully-structured English course*

struggle[1] / ˈstrʌgl ˈস্ট্রাগ্ল্ / *verb* [I] **1 struggle (with sth/for sth/to do sth)** to try very hard to do sth, especially when it is difficult কোনো কিছু করার জন্য খুব চেষ্টা করা, বিশেষত যখন সেটা করা কঠিন *We struggled up the stairs with our heavy suitcases.* **2 struggle (with sb/sth); struggle (against sth)** to fight in order to prevent sth or to escape from sb কোনো কিছু ঠেকিয়ে রাখা অথবা তা থেকে পালিয়ে যাওয়ার জন্য চেষ্টা বা যুধ্ব করা *He shouted and struggled but he couldn't get free.* ○ *He has been struggling against cancer for years.*

PHR V **struggle on** to continue to do sth although it is difficult কঠিন হলেও কোনো কিছু করে চলা বা করতে থাকা *I felt terrible but managed to struggle on to the end of the day.*

struggle[2] / ˈstrʌgl ˈস্ট্রাগ্ল্ / *noun* [C] **1** a fight in which sb tries to do or get sth when this is difficult যে সংগ্রাম বা প্রয়াস লোকে করে কঠিন কিছু করা বা পাওয়ার জন্য *All countries should join together in the struggle against terrorism.* ○ *a struggle for independence* **2** [*usually sing.*] sth that is difficult to achieve এমন কিছু যাতে সফল হওয়া কঠিন *It will be a struggle to get there on time.*

strum / strʌm স্ট্রাম্ / *verb* [I, T] (**strumming; strummed**) to play a guitar by moving your hand up and down over the strings গিটারের তারের উপরে-নীচে হাত চালিয়ে বাজানো

strung ➪ **string²**-এর past tense এবং past participle
strut / strʌt স্ট্রাট্ / *verb* [I] (**strutting; strutted**) to walk in a proud way গর্বিতভাবে চলাফেরা করা
strychnine / ˈstrɪkni:n ˈস্ট্রিক্নীন্ / *noun* [U] a poisonous substance that can be used in very small amounts as a medicine একরকমের বিষাক্ত পদার্থ অল্প একটু করে যা ওষুধে ব্যবহার করা যায়
stub / stʌb স্টাব্ / *noun* [C] the short piece of a cigarette or pencil that is left after the rest of it has been used ব্যবহার করার পর সিগারেট অথবা পেনসিলের অবশিষ্ট অংশ
stubble / ˈstʌbl ˈস্টাব্‌ল্ / *noun* [U] **1** the short parts of corn, wheat, etc. that are left standing after the rest has been cut ভুট্টা, গম ইত্যাদি গাছ জমি থেকে কেটে নেওয়ার পর যে ছোটো ছোটো অংশ থেকে যায় বা পড়ে থাকে **2** the short hairs that grow on a man's face when he has not shaved for some time কয়েকদিন না-কামানোর ফলে যে খোঁচা-খোঁচা দাড়ি হয়
stubborn / ˈstʌbən ˈস্টাব্যান্ / *adj.* not wanting to do what other people want you to do; refusing to change your plans or decisions অন্যের চাহিদামতো কাজ করতে চায় না এমন; নিজস্ব চিন্তাভাবনা অথবা সিদ্ধান্তের বদল প্রত্যাখ্যান করে এমন; একরোখা, গোঁয়ার *She's too stubborn to apologize.* ✪ সম **obstinate** ➪ **pig-headed** দেখো। ► **stubbornly** *adv.* একগুঁয়েভাবে, জেদিভাবে *He stubbornly refused to apologize so he was sacked.* ► **stubbornness** *noun* [U] জেদ, একগুঁয়েমি
stuck¹ ➪ **stick²** এর past tense এবং past participle
stuck² / stʌk স্টাক্ / *adj.* **1** not able to move আটকে গেছে এমন, নড়তে অসমর্থ *This drawer's stuck. I can't open it at all.* ○ *We were stuck in traffic for over two hours.* **2** not able to continue with an exercise, etc. because it is too difficult যা অনুশীলন করা হচ্ছে তা অতি কঠিন হওয়ার জন্য আটকে গেছে এমন *If you **get stuck**, ask your teacher for help.*
stud / stʌd স্টাড্ / *noun* **1** [C] a small piece of metal that sticks out from the rest of the surface that it is fixed to কোনো কিছুর সমতল গা থেকে উঁচু হয়ে আটকে থাকা ধাতুর ছোটো টুকরো *a black leather jacket with studs all over it* **2** [C] a small, round, solid piece of metal that you wear through a hole in your ear or other part of the body ছোটো এবং গোল, শক্ত ধাতুটুকরো যা কর্ণছিদ্রে বা শরীরের অন্য কোনো অংশে পরা যায়; স্টাড **3** [C] one of the pieces of plastic or metal that stick out from the bottom of football, etc. boots used for playing and that help you stand up on wet ground প্লাস্টিক অথবা ধাতুটুকরো সমূহের মধ্যে একটি যেটি ফুটবল ইত্যাদি খেলায় যে বুটজুতো ব্যবহৃত হয় তার নীচে লাগানো থাকে যেটি ভিজে মাটিতে দাঁড়িয়ে থাকতে সাহায্য করে **4** [C, U] a number of high quality horses or other animals that are kept for breeding young animals; the place where these horses, etc. are kept প্রজননের জন্য যেসকল উচ্চস্তরের ঘোড়া বা অন্যান্য প্রাণী রেখে দেওয়া হয়; প্রজননের জন্য ব্যবহৃত পুরুষ ঘোড়ার আস্তাবল *a stud farm*
studded / ˈstʌdɪd স্টাডিড্ / *adj.* **1** covered or decorated with studs উঁচু বা ডুমো কিছু দ্বারা শোভিত **2 studded (with sth)** containing a lot of sth ভর্তি; কোনো কিছুর অনেকগুলো বা অনেকটা আছে যাতে *a star-studded party*
student / ˈstju:dnt ˈস্টিউড্‌ন্ট্ / *noun* [C] a person who is studying at a college or university কলেজ বা ইউনিভার্সিটিতে পাঠরত; ছাত্র বা ছাত্রী *a full time/part-time student* ○ *a postgraduate/research student* ➪ **pupil, scholar, graduate** এবং **undergraduate** দেখো।
studied / ˈstʌdid ˈস্টাডিড্ / *adj.* (*formal*) carefully planned or done, especially when you are trying to give a particular impression যত্নসহকারে পরিকল্পিত অথবা কৃত, বিশেষত যখন কোনো বিশেষ ধারণা তৈরি করার ইচ্ছা থাকে; গভীরভাবে ভেবেচিন্তে কৃত, সুপরিকল্পিত
studio / ˈstju:diəʊ ˈস্টিউডিঅ্যাউ / *noun* [C] (*pl.* **studios**) **1** a room where an artist or photographer works শিল্পী বা আলোকচিত্রশিল্পীর কাজের ঘর; স্টুডিও **2** a room or building where films or television programmes are made, or where music, radio programmes, etc. are recorded যেখানে চলচ্চিত্র বা দূরদর্শনের অনুষ্ঠানগুলি তৈরি হয় অথবা যেখানে গান বাজনা বা বেতারের অনুষ্ঠান রেকর্ড করা হয়; স্টুডিও *a film/TV/recording studio*
studious / ˈstju:diəs ˈস্টিউডিঅ্যাস্ / *adj.* (used about a person) spending a lot of time studying (কোনো ব্যক্তি সম্বন্ধে ব্যবহৃত) পাঠাসক্ত, যে অনেক পড়াশুনো করে; অধ্যয়নশীল
studiously / ˈstju:diəsli ˈস্টিউডিঅ্যাস্‌লি / *adv.* with great care যত্নসহকারে
study¹ / ˈstʌdi ˈস্টাডি / *noun* (*pl.* **studies**) **1** [U] the activity of learning about sth পড়াশুনো, বিদ্যাচর্চা করার কাজ *One hour every afternoon is left free for individual study.* ○ *Physiology is the study of how living things work.* **2 studies** [*pl.*] the subjects that you study পাঠ্যবিষয় *business/media/Japanese studies* **3** [C] a piece of research that examines a question or a subject in detail গবেষণার একটি অংশ যাতে কোনো প্রশ্ন বা বিষয়কে বিস্তারিতভাবে

পরীক্ষা করা হয় *They are doing a study of the causes of heart disease.* **4** [C] a room in a house where you go to read, write or study পাঠকক্ষ, পড়ার ঘর

study[2] / ˈstʌdi ˈস্টাডি / *verb* (*pres. part.* **studying**; *3rd person sing. pres.* **studies**; *pt, pp* **studied**) **1** [I, T] **study (sth/for sth)** to spend time learning about sth পড়া, পড়াশুনো করা, অধ্যয়ন করা *to study English at university* ○ *Harish has been studying hard for his exams.* **2** [T] to look at sth very carefully মনোযোগ দিয়ে কোনো কিছু দেখা *to study a map*

stuff[1] / stʌf স্টাফ্ / *noun* [U] (*informal*) **1** used to refer to sth without using its name নামোল্লেখ না করে কোনো বিষয়ের সম্বন্ধে বলা বা উল্লেখ করার জন্য ব্যবহৃত *What's that green stuff at the bottom of the bottle?* ○ *The shop was burgled and a lot of stuff was stolen.* **2** used to refer in general to things that people do, say, think, etc. মানুষ যা করে, বলে বা ভাবে ইত্যাদি সাধারণ জিনিস সম্বন্ধে উল্লেখের সময়ে ব্যবহৃত হয় *I've got lots of stuff to do tomorrow so I'm going to get up early.*

stuff[2] / stʌf স্টাফ্ / *verb* **1** [T] **stuff sth (with sth)** to fill sth with sth কোনো কিছু দিয়ে ভরা, ভর্তি করা *The pillow was stuffed with feathers.* ○ *red peppers stuffed with paneer* **2** [T] (*informal*) **stuff sth into sth** to put sth into sth else quickly or carelessly যেমন-তেমন করে ভরে নেওয়া *He quickly stuffed a few clothes into a suitcase.* **3** [T] (*informal*) **stuff sb/yourself (with sth)** to eat too much of sth; to give sb too much to eat খুব বেশি পরিমাণে কিছু খেয়ে ফেলা; কাউকে অতিরিক্ত খেতে দেওয়া *Rahul just sat there stuffing himself with sandwiches.* **4** [T] to fill the body of a dead bird or animal with special material so that it looks as if it is alive মৃত জন্তু বা পাখির চামড়ার খোলে বিশেষ দ্রব্য পুরে তাকে জীবন্ত আকৃতি দেওয়া *They've got a stuffed crocodile in the museum.*

stuffing / ˈstʌfɪŋ ˈস্টাফিং / *noun* [U] **1** a mixture of small pieces of food that you put inside a chicken, vegetable, etc. before you cook it মুরগী বা কোনো সবজি রান্না করার আগে খাদ্যদ্রব্যের যে মিশ্রণ তার মধ্যে ভরা হয়; পুর **2** the material that you put inside cushions, soft toys, etc. কুশন, খেলনা ইত্যাদির ভিতরে ভরে দেওয়ার জিনিস

stuffy / ˈstʌfi ˈস্টাফি / *adj.* **1** (used about a room) too warm and having no fresh air (কোনো কক্ষ সম্বন্ধে ব্যবহৃত) গরম, দম-আটকানো, ভালোভাবে হাওয়া চলাচল করে না যেখানে **2** (*informal*) (used about a person) formal and old-fashioned (ব্যক্তি সম্বন্ধে ব্যবহৃত) সাবেকি, আনুষ্ঠানিক, প্রাচীনপন্থী

stumble / ˈstʌmbl স্টাম্‌বল্ / *verb* [I] **1 stumble (over/on sth)** to hit your foot against sth when you are walking or running and almost fall over হোঁচট খেয়ে প্রায় পড়ে যাওয়া **2 stumble (over/through sth)** to make a mistake when you are speaking, playing music, etc. কথা বলতে বা গান গাইতে গিয়ে ভুল করা *The newsreader stumbled over the name of the Russian tennis player.*

PHR V **stumble across/on sb/sth** to meet or find sb/sth by chance হঠাৎ কারও দেখা পাওয়া

stumbling block *noun* [C] something that causes trouble or a difficulty, so that you cannot achieve what you want যা অসুবিধার সৃষ্টি করে, আর যার ফলে প্রত্যাশিত ফল পেতে বাধা দেখা দেয় *Money is still the stumbling block to settling the dispute.*

stump[1] / stʌmp স্টাম্প্ / *noun* [C] **1** the part that is left after sth has been cut down, broken off, etc. কোনো কিছুর মূল অংশ কেটে নেওয়ার পর যে অংশটুকু পড়ে থাকে, যেমন গাছের গুঁড়ি *a tree stump* ➩ **erode**-এ ছবি দেখো। **2 the stumps** (in cricket) a set of three upright wooden sticks that form the **wicket** (ক্রিকেট খেলায়) তিনটি লম্বা, সোজা কাষ্ঠদণ্ড যাদের একত্রে উইকেট বলা হয়

stump[2] / stʌmp স্টাম্প্ / *verb* [T] (*informal*) to cause sb to be unable to answer a question or find a solution for a problem শক্ত প্রশ্ন করে (যার উত্তর দেওয়া প্রায়শই সম্ভব হয় না) অস্বস্তিতে ফেলা *I was completely stumped by question 14.*

stun / stʌn স্টান্ / *verb* [T] (**stu<u>nn</u>ing; stu<u>nn</u>ed**) **1** to make a person or animal unconscious or confused, especially by hitting him/her/it on the head মাথায় আঘাত করে ব্যক্তি বা পশুকে অজ্ঞান করে ফেলা বা দিশাহারা করে দেওয়া **2** to make a person very surprised by telling him/her some unexpected news অপ্রত্যাশিত সংবাদ জানিয়ে কাউকে হতচকিত, বিহ্বল করে দেওয়া *His sudden death stunned his friends and colleagues.* ► **stunned** *adj.* হতচকিত, বিহ্বল

stung ➩ **sting**[1]-এর past tense এবং past participle

stunk ➩ **stink** এর past participle

stunning / ˈstʌnɪŋ ˈস্টানিং / *adj.* (*informal*) very attractive, impressive or surprising চমৎকার, আকর্ষণীয়, অতীব মনোরম, চিত্তাকর্ষক *a stunning view*

stunt[1] / stʌnt স্টান্ট্ / *noun* [C] **1** something that you do to get people's attention যেসব কলাকৌশল লোকের মনোরঞ্জনের ও দৃষ্টি আকর্ষণের জন্য করে দেখানো হয় *a publicity stunt* **2** a very difficult or dangerous thing that sb does to entertain people or as part of a film লোকের মনোরঞ্জনার্থে বা সিনেমার অংশ হিসেবে যে ব্যক্তি দুঃসাহসিক কঠিন খেলা দেখিয়ে থাকে *Some actors do their own stunts, others use a stuntman.*

stunt² / stʌnt স্টান্ট্ / *verb* [T] to stop sb/sth growing or developing properly কোনো ব্যক্তি বা বস্তুর বাড়বৃদ্ধি ঠিকমতো না হওয়া বা থেমে যাওয়া *A poor diet can stunt a child's growth.*

stuntman / ˈstʌntmæn ˈস্টান্ট্ম্যান্ / *noun* [C] (*pl.* **-men** / -men -মেন্ /) a person who does sth dangerous in a film in the place of an actor সিনেমায় নায়কের বিকল্প হিসেবে যে ব্যক্তি বিপদসংকুল খেলা দেখান

stupa *noun* [C] a dome-shaped structure erected as a Buddhist shrine গম্বুজের আকারে নির্মিত বৌদ্ধ পীঠস্থান; স্তূপ

stupendous / stju:ˈpendəs স্টিউˈপেন্ড্যাস্ / *adj.* very large or impressive বিশাল, প্রকাণ্ড, আশ্চর্যজনক *a stupendous achievement*

stupid / ˈstju:pɪd ˈস্টিউপিড্ / *adj.* **1** not intelligent or sensible বোকা, মূর্খ, বুদ্ধিহীন *a stupid mistake/suggestion/question* **2** (*only before a noun*) (*informal*) used to show that you are angry or do not like sb/sth কোনো ব্যক্তি বা জিনিসের প্রতি বিরূপ মনোভাব বোঝাতে ব্যবহৃত হয় *I'm tired of hearing about his stupid car.* ▶ **stupidity** / stju:ˈpɪdəti স্টিউˈপিড্যাটি / *noun* [U] মুর্খামি, বুদ্ধিহীনতা, বোকামি ▶ **stupidly** *adv.* বোকার মতো, অবিবেচকের মতো

stupor / ˈstju:pə(r) ˈস্টিউপ্যা(র্) / *noun* [*sing.*, U] the state of being nearly unconscious or being unable to think properly প্রায় অচৈতন্য ভাব, চিন্তাক্ষমতা হারিয়ে যাওয়ার মতো; সংজ্ঞাহীন

sturdy / ˈstɜ:di ˈস্ট্যডি / *adj.* (**sturdier; sturdiest**) strong and healthy; that will not break easily শক্তিশালী, স্বাস্থ্যবান; কঠিন, দৃঢ় *sturdy legs* ○ *sturdy shoes* ▶ **sturdily** *adv.* শক্তভাবে, দৃঢ়ভাবে ▶ **sturdiness** *noun* [U] তেজ, কঠিনতা, দৃঢ়তা

stutter / ˈstʌtə(r) স্টাট্যা(র্) / *verb* [I, T] to have difficulty when you speak, so that you keep repeating the first sound of a word কথা বলতে অসুবিধা হওয়া যার ফলে শব্দের প্রথম অক্ষর বার বার বলা হয়; তোতলামি ▶ **stutter** *noun* [C] তোতলা *to have a stutter*

sty (*also* **stye**) / staɪ স্টাই / *noun* [C] (*pl.* **sties** or **styes**) **1** a painful spot on the **eyelid** আঞ্জুনি, আঞ্জুনি **2** = **pigsty**

style / staɪl স্টাইল্ / *noun* **1** [C, U] the way that sth is done, built, etc. বিশেষ শৈলী, ধারা; স্টাইল *a new style of architecture* ○ *The writer's style is very clear and simple.* **2** [C, U] the fashion, shape or design of sth রীতি, ঢং, বিশেষ বৈশিষ্ট্যপূর্ণ নকশা *We stock all the latest styles.* ○ *I like your new hairstyle.* **3** [U] the ability to do things in a way that other people admire এমনভাবে কিছু করার ক্ষমতা অন্যরা যার প্রশংসা করে *He's got no sense of style.* **4** [C] (*technical*) the long thin part of the **carpel** that supports the **stigma** ফুলের অংশবিশেষ ➪ **flower** -এ ছবি দেখো।

stylish / ˈstaɪlɪʃ ˈস্টাইলিশ্ / *adj.* fashionable and attractive কেতাদুরস্ত, চটকদার *She's a stylish dresser.*

stylus / ˈstaɪləs ˈস্টাইল্যাস্ /*noun* [C] (*pl.* **styluses**) **1** a device on a **record player** that looks like a small needle and is placed on the record in order to play it গ্রামোফোনের উপরকার একটি ছোটো যন্ত্র যেটি ছুঁচের মতো দেখতে এবং বাজার জন্য রেকর্ডের উপরে সেটি লাগাতে হয়; গ্রামাফোনের সূক্ষ্মাগ্র পিন **2** writing **implement**, like a small rod with a pointed end for writing on wax-covered tablets, on metal or on certain special computer screens মোমের উপর, ধাতু অথবা বিশেষ কম্পিউটারের পর্দায় লেখার জন্য ব্যবহৃত ছোটো ছুঁচোলো ডাণ্ডা বা কাঠি; লেখনী

stymie / ˈstaɪmi ˈস্টাইমি / *verb* [T] (*pres. part.* **stymieing** or **stymying**; *3rd person sing. pres.* **stymies**; *pt, pp* **stymied**) (*informal*) to prevent sb from doing sth that he/she has planned or wants to do; to prevent sth from happening কোনো ব্যক্তিকে কোনো পরিকল্পিত কাজে বাধা দেওয়া; আটকানো ✪ সম **foil²**

suave / swɑ:v সুআভ্ / *adj.* (usually used about a man) confident, elegant and polite, sometimes in a way that does not seem sincere (সাধারণত ব্যক্তি সম্বন্ধে ব্যবহৃত) আত্মবিশ্বাসী, ভদ্র, নম্র, এমনভাবে যে কখনো কখনো মনে হয় আন্তরিক নয়

sub- / sʌb সাব্ / *prefix* **1** (*used in nouns and adjectives*) below; less than নীচে; তার থেকে কম, পরবর্তী *a Subtropical* (= almost tropical) *climate* *sub-zero temperatures* ○ *a sub lieutenant* **2** (*used in nouns and adjectives*) under নিম্নস্থ, -নিম্ন *subway* ○ *submarine* **3** (*used in verbs and nouns*) making a smaller part of sth কোনো কিছুর ক্ষুদ্র অংশ বোঝাতে, উপ-, অনু-ইত্যাদি *subdivide* ○ *subset*

subconscious / ˌsʌbˈkɒnʃəs ˌসাব্ˈকন্শ্যাস্ / (*also* **unconscious**) *noun* [*sing.*] **the subconscious** the hidden part of your mind that can affect the way that you behave without you realizing মনের কোণের গভীরতম অংশ যেটি বোধের অগোচরেই কোনো ব্যক্তির আচরণকে প্রভাবিত করে; অবচেতনা, মগ্নচৈতন্য ▶ **subconscious** *adj.* অবচেতন *the subconscious mind* ○ *Many advertisements work at a subconscious level.* ▶ **subconsciously** *adv.* অবচেতনভাবে

subcontinent / ˌsʌbˈkɒntɪnənt ˌসাব্ˈকন্টিন্যান্ট্ / *noun* [*sing.*] a large land mass that forms part of a continent, especially the part of Asia that includes India, Pakistan and Bangladesh বৃহৎ ভূমিখন্ড যেটি মহাদেশের অংশ, বিশেষত এশিয়া মহাদেশের যার মধ্যে ভারত, পাকিস্তান এবং বাংলাদেশ অন্তর্ভুক্ত

subcutaneous / ˌsʌbkjuˈteɪniəs ˌসাব্‌কিউˈটেইনিঅ্যাস্ / *adj.* (*usually before a noun*) (*technical*) under the skin চামড়ার নীচে, ত্বকের নিম্নবর্তী *a subcutaneous injection*

subdivide / ˌsʌbdɪˈvaɪd ˌসাব্‌ডিˈভাইড্ / *verb* [I, T] to divide or be divided into smaller parts ছোটো ছোটো অংশে ভাগ করা ▶ **subdivision** / ˈsʌbdɪvɪʒn ˈসাব্‌ডিভিজ্‌ন্ / *noun* [C, U] মহকুমা

subdue / səbˈdjuː স্যাব্ˈডিউ / *verb* [T] to defeat sb/sth or bring sb/sth under control কোনো ব্যক্তিকে হারিয়ে দেওয়া অথবা কাউকে নিয়ন্ত্রণে আনা; বশীভূত করা, দমন করা

subdued / səbˈdjuːd ˈস্যাব্ˈডিউড্ / *adj.* **1** (used about a person) quieter and with less energy than usual (ব্যক্তি সম্বন্ধে ব্যবহৃত) চাপা, চুপচাপ, ঝিমিয়ে-পড়া ভাব **2** not very loud or bright খুব উজ্জ্বল বা জোরালো নয় *subdued laughter/lighting*

subject[1] / ˈsʌbdʒɪkt ˈসাব্‌জিক্ট্ / *noun* [C] **1** a person or thing that is being considered, shown or talked about আলোচনার বিষয় বা ব্যক্তি, কথাবার্তা বা কোনো কিছুর মূল *I've tried several times to **bring up/raise the subject** of money.* **2** an area of knowledge that you study at school, university, etc. পাঠ্যবিষয় (স্কুল কলেজ), পাঠ্যক্রমের অন্তর্ভুক্ত বিষয় *My favourite subjects at school are Biology and English.* **3** (*grammar*) the person or thing that does the action described by the verb in a sentence (ব্যাকরণ)বাক্যের মধ্যে ক্রিয়ার দ্বারা বর্ণিত কর্ম যে ব্যক্তি বা বস্তু দ্বারা সাধিত হয়; উদ্দেশ্যপদ *In the sentence 'The cat sat on the mat', 'the cat' is the subject.* ➪ **object** দেখো। **4** a person from a particular country, especially one with a king or queen; a citizen প্রজা, নাগরিক *a British subject*

IDM **change the subject** ➪ **change[1]** দেখো।

subject[2] / səbˈdʒekt স্যাব্ˈজেক্ট্ / *verb*

PHR V **subject sb/sth to sth** to make sb/sth experience sth unpleasant কাউকে বা কিছুকে কোনো অপ্রীতিকর অভিজ্ঞতার মধ্যে ঠেলে দেওয়া *He was subjected to verbal and physical abuse from the other boys.*

subject[3] / ˈsʌbdʒɪkt ˈসাব্‌জিক্ট্ / *adj.* **1 subject to sth** likely to be affected by sth কোনো কিছুর দ্বারা সহজেই প্রভাবিত হয় এমন *The area is subject to regular flooding.* ○ *Smokers are more subject to heart attacks than non-smokers.* **2 subject to sth** depending on sth as a condition নির্ভরশীল, শর্তাধীন *The plan for new housing is still subject to approval by the minister.* **3** controlled by or having to obey sb/sth নিয়ন্ত্রিত, অধীনস্থ

subjective / səbˈdʒektɪv স্যাব্ˈজেক্টিভ্ / *adj.* based on your own tastes and opinions instead of on facts মনগড়া, ব্যক্তিগত রুচি ও মতামত ভিত্তিক, তথ্যভিত্তিক নয় ✪ বিপ **objective** ▶ **subjectively** *adv.* মনগড়া মনোভাবের মধ্যে, আত্মগতভাবে

subject matter *noun* [U] the ideas or information contained in a book, speech, painting, etc. পুস্তক, বক্তৃতা, ছবি ইত্যাদির বিষয়বস্তু

sub judice / ˌsʌbˈdʒuːdɪsi ˌসাব্ˈজুডিসি / *adj.* (*not usually before a noun*) (*law*) when something is sub judice, it is under judicial consideration and therefore is illegal for anyone to talk about it publicly (আইন) আইনি বিবেচনার অধীন থাকার ফলে যে বস্তুর সম্পর্কে প্রকাশ্যে কথা বলা বেআইনি; বিচারাধীন বা ন্যায়াধীন তাই তার সম্বন্ধে কথা বলা বেআইনি

subjugate / ˈsʌbdʒugeɪt ˈসাব্‌জুগেইট্ / *verb* [T] (*usually passive*) (*formal*) to defeat sb/sth and make them obey you; to gain control over sb/sth কোনো ব্যক্তি অথবা বস্তুকে পরাজিত করে তাকে অনুগত বানানো; কোনো ব্যক্তি অথবা বস্তুকে নিয়ন্ত্রণ করা *The original inhabitants of the area were subjugated by the conquerors from Spain.* ▶ **subjugation** *noun* [U] বশীকরণ, দমন *the subjugation of women*

subjunctive / səbˈdʒʌŋktɪv স্যাব্ˈজাংক্‌টিভ্ / *noun* [*sing.*] the form of a verb in certain languages that expresses doubt, possibility, a wish, etc. কোনো কোনো ভাষায় ক্রিয়াপদের একটি রূপ যা সন্দেহ, সম্ভাবনা, ইচ্ছা ইত্যাদি প্রকাশ করে; সম্ভাবনাসূচক বা সন্দেহ ও ইচ্ছেপ্রকাশক ক্রিয়াপদ ▶ **subjunctive** *adj.* সম্ভাবনা বা ইচ্ছের সূচক

sublime / səˈblaɪm স্যাˈব্লাইম্ / *adj.* (*formal*) of extremely high quality that makes you admire sth very much মহান, সর্বোচ্চমানের, শ্রদ্ধা জাগায় এমন ▶ **sublimely** *adv.* মহানভাবে

submarine / ˌsʌbməˈriːn ˌসাব্‌ম্যাˈরীন্ / *noun* [C] a type of ship that can travel under the water as well as on the surface একধরনের জাহাজ যা একই সঙ্গে জলের নীচে এবং উপরে চলতে পারে; ডুবোজাহাজ; সাবমেরিন

submerge / səbˈmɜːdʒ স্যাব্ˈম্যজ্ / *verb* [I, T] to go or make sth go under water ডুবে যাওয়া, ডুবিয়ে দেওয়া, জলের তলায় চলে যাওয়া *The fields were submerged by the floods.* ▶ **submerged** *adj.* জলমগ্ন

submission / səbˈmɪʃn স্যাব্ˈমিশ্‌ন্ / *noun* **1** [U] the accepting of sb else's power or control because he/she has defeated you আনুগত্য, অধীনতা

স্বীকার **2** [U, C] the action of giving a plan, document, etc. to an official organization so that it can be studied and considered; the plan, document, etc. that you send দলিল, পরিকল্পনা-লিপি, ইত্যাদি সরকারি সংস্থায় জমা করা বা দাখিল করার কাজ যাতে সেটি পঠিত বিবেচিত হতে পারে; জমা করার জন্য প্রস্তুত পরিকল্পনার খসড়া, নথিপত্র ইত্যাদি

submissive / səbˈmɪsɪv স্যাব্‌'মিসিভ্ / *adj.* ready to obey other people and do whatever they want বশংবদ, ভীরু, অনুগত

submit / səbˈmɪt স্যাব্‌'মিট্ / *verb* (**submitting; submitted**) **1** [T] **submit sth (to sb/sth)** to give a plan, document, etc. to an official organization so that it can be studied and considered দাখিল করা, জমা দেওয়া (বিবেচনার জন্য) *to submit an application/complaint/claim* **2** [I] **submit (to sb/sth)** to accept sb/sth's power or control because he/she has defeated you কারও শ্রেষ্ঠত্ব ও নিয়ন্ত্রণ মেনে নেওয়া, বশ্যতা স্বীকার করা

subordinate[1] / səˈbɔːdɪnət স্যা'বঃডিন্যাট্ / *adj.* **subordinate (to sb/sth)** having less power or authority than sb else; less important than sth else পদমর্যাদা বা ক্ষমতায় অন্যের থেকে ছোটো; কম গুরুত্বপূর্ণ ▶ **subordinate** *noun* [C] অধীনস্থ কর্মচারী *the relationship between superiors and their subordinates*

subordinate[2] / səˈbɔːdɪneɪt স্যা'বঃডিনেইট্ / *verb* [T] to treat one person or thing as less important than another গুরুত্বে খাটোভাবে দেখা, সেই রকম ব্যবহার করা

subordinate clause *noun* [C] (*grammar*) a group of words that is not a sentence but that adds information to the main part of the sentence (ব্যাকরণ) শব্দসমষ্টি বা বাক্যাংশ যা সম্পূর্ণ বাক্য না হয়ে মূল বাক্যের মধ্যে তথ্যসংযোগ করে *In the sentence 'We left early because it was raining', 'because it was raining' is the subordinate clause.*

subpoena / səˈpiːnə স্যা'পীন্যা / *noun* [C] (*law*) a written order to attend a court of law to give evidence (আইন) আদালতে সাক্ষী দেওয়ার জন্য লিখিত নির্দেশ; সমন বা পরোয়ানা *She is appearing today* ***under subpoena.*** (= she has been given a subpoena to appear in court) ▶ **subpoena** *verb* [T] সমন জারি করা *The court subpoenaed her to appear as a witness.*

subscribe / səbˈskraɪb স্যাব্‌'স্ক্রাইব্ / *verb* [I] **1 subscribe (to sth)** to pay for a newspaper or magazine to be sent to you regularly চাঁদা দেওয়া, গ্রাহক হওয়া (কোনো পত্রিকা, জার্নাল প্রভৃতির) **2** (*formal*) **subscribe to sth** to agree with an idea, belief, etc. কোনো বিশ্বাস বা ভাবনার সঙ্গে সহমত হওয়া *I don't subscribe to the view that all war is wrong.*

subscriber / səbˈskraɪbə(r) স্যাব্‌'স্ক্রাইব্যা(র্) / *noun* [C] a person who pays to receive a newspaper or magazine regularly or to use a particular service নিয়মিতভাবে সংবাদপত্র বা পত্রিকা পাওয়ার জন্য বা নির্দিষ্ট পরিষেবা পাওয়ার জন্য যে ব্যক্তি চাঁদা বা তার দাম দেন; গ্রাহক *subscribers to satellite and cable television*

subscription / səbˈskrɪpʃn স্যাব্‌'স্ক্রিপ্‌শ্‌ন / *noun* [C] an amount of money that you pay, usually once a year, to receive a newspaper or magazine regularly or to belong to an organization (সাধারণত বার্ষিক) গ্রাহক চাঁদা (কোনো প্রতিষ্ঠানে সভ্য হওয়ার জন্য বা নিয়মিত খবরের কাগজ, পত্রিকা ইত্যাদি পাওয়ার জন্য দেয় অর্থ)

subsequent / ˈsʌbsɪkwənt 'সাব্‌সিকুঅ্যান্ট্ / *adj.* (*formal*) (*only before a noun*) coming after or later পরবর্তী, পরে *I thought that was the end of the matter but subsequent events proved me wrong.* ▶ **subsequently** *adv.* পরবর্তীকালে *The rumours were subsequently found to be untrue.*

subservient / səbˈsɜːviənt স্যাব্‌'স্যভিঅ্যান্ট্ / *adj.* **1 subservient (to sb/sth)** too ready to obey other people অনুগত, বশংবদ **2** (*formal*) **subservient (to sth)** considered to be less important than sth else কম গুরুত্বপূর্ণ ▶ **subservience** *noun* [U] মোসাহেবি, আনুগত্য

subside / səbˈsaɪd স্যাব্‌'সাইড্ / *verb* [I] **1** to become calmer or quieter কমে আসা, শান্ত হওয়া, *The storm seems to be subsiding.* **2** (used about land, a building, etc.) to sink down into the ground (ভূমি, গৃহ ইত্যাদি সম্বন্ধে ব্যবহৃত) নীচে ধসে যাওয়া, মাটিতে বসে যাওয়া ▶ **subsidence** / ˈsʌbsɪdns; səbˈsaɪdns 'সাব্‌সিড্‌ন্স্; স্যাব্‌'সিড্‌ন্স্ / *noun* [U] নিমজ্জন; নিম্নে পতন

subsidiary[1] / səbˈsɪdiəri স্যাব্‌' সিডিঅ্যারি / *adj.* connected with sth but less important than it কোনো কিছুর সঙ্গে সংযুক্ত কিন্তু সেটির থেকে কম গুরুত্বপূর্ণ; গৌণ

subsidiary[2] / səbˈsɪdiəri স্যাব্‌' সিডিঅ্যারি / *noun* [C] (*pl.* **subsidiaries**) a business company that belongs to and is controlled by another larger company কোনো ব্যাবসায়িক সংগঠন বা কোম্পানি যেটি অন্য বৃহত্তর কোম্পানির দ্বারা নিয়ন্ত্রিত এবং তার অন্তর্ভুক্ত

subsidize (*also* **-ise**) / ˈsʌbsɪdaɪz 'সাব্‌সিডাইজ্ / *verb* [T] (used about a government, etc.) to give money in order to keep the cost of a service low (সরকার ইত্যাদি সম্বন্ধে ব্যবহৃত) কোনো

পরিষেবার মূল্য বা দেয় কর ইত্যাদি কম রাখার জন্য অর্থ ভরতুকি দেওয়া; সরকারি অনুদান বা আর্থিক সাহায্য দেওয়া *Public transport should be subsidized.*

subsidy / 'sʌbsədi 'স্যাব্স্যাডি / *noun* [C, U] (*pl.* **subsidies**) money that the government, etc. pays to help an organization or to keep the cost of a service low কোনো সংগঠন বা সংস্থাকে সাহায্য করার জন্য অথবা কোনো পরিষেবার মূল্য কম রাখার জন্য সরকার ইত্যাদি কর্তৃক প্রদত্ত আর্থিক সহায়তা; ভরতুকি, আর্থিক অনুদান *agricultural/state/housing subsidies*

subsist / səb'sɪst স্যাব'সিস্ট্ / *verb* [I] (*formal*) **subsist (on sth)** to manage to live with very little food or money অত্যন্ত অল্প পরিমাণ খাদ্য অথবা অর্থের মাধ্যমে জীবন যাপন করা, স্বল্প পুঁজিতে বা স্বল্প ভোজনের দ্বারা জীবন ধারণ করা বা বেঁচে থাকা; কৃচ্ছসাধন করা ▶ **subsistence** *noun* [U] নামমাত্র ভোজনে বা পুঁজির মাধ্যমে জীবনধারণ; কৃচ্ছসাধন

subsistence crops / səb'sɪstəns krɒps স্যাব'সিস্ট্যান্সক্রপ্স্ / *noun* [C] plants that people grow to eat or use themselves, not to sell নিজের জীবনধারণের জন্য যে কৃষিকাজ করা হয়, নিজের ব্যবহারের জন্য উৎপন্ন ফসল যা বিক্রি করা হয় না ➪ **cash crop** দেখো।

subsoil / 'sʌbsɔɪl 'সাবসইল্ / *noun* [U] (in geography) the layer of soil between the surface of the ground and the hard rock underneath it (ভূগোলে) ভূমিতল এবং তার নীচে শক্ত পাথরের যে স্তর এই দুইয়ের মধ্যবর্তী স্তর; নীচের মাটি, অন্তর্ভূমি ➪ **topsoil** দেখো।

substance / 'sʌbstəns 'সাব্স্ট্যান্স্ / *noun* **1** [C] a solid or liquid material কোনো কঠিন অথবা তরল পদার্থ *poisonous substances* **2** [U] importance, value or truth গুরুত্ব, মূল্য অথবা সততা *The commissioner's report **gives substance to** these allegations.* **3** [U] the most important or main part of sth কোনো বস্তুর সব থেকে বেশি গুরুত্বপূর্ণ অথবা প্রধান অংশ; সারাংশ, সারবস্তু *What was the substance of his argument?*

sub-standard *adj.* of poor quality; not as good as usual or as it should be খারাপ গুণমানসম্পন্ন অথবা খারাপ গুণমানের; সাধারণত যত ভালো হওয়া উচিত তত ভালো নয়

substantial / səb'stænʃl স্যাব্'স্ট্যান্শ্ল্ / *adj.* **1** large in amount খুব বেশি পরিমাণে, অধিক পরিমাণে *The storms caused substantial damage.* ○ *a substantial sum of money* **2** large or strong বৃহৎ এবং মজবুত বা টেকসই, বড়ো এবং দৃঢ় বা শক্ত ✪ বিপ **insubstantial**

substantially / səb'stænʃəli স্যাব্'স্ট্যানশ্যালি / *adv.* **1** very much; greatly খুব বেশি রকম; মহৎভাবে; বৃহৎভাবে *House prices have fallen substantially.* **2** generally; in most points সাধারণত; অধিকাংশ সময়ে

substitute / 'sʌbstɪtju:t 'সাব্স্টিটিউট্ / *noun* [C] **a substitute (for sb/sth)** a person or thing that takes the place of sb/sth else কোনো ব্যক্তি বা বস্তুর স্থান যে ব্যক্তি বা বস্তুর দ্বারা পূরণ হয়; পরিবর্ত, প্রতিকল্প, বিকল্প *One player was injured so the substitute was sent on to play.* ▶ **substitute** *verb* [T] **substitute sb/sth (for sb/sth)** কোনো ব্যক্তি বা বস্তুর স্থান অধিকৃত করা, প্রতিকল্প হওয়া *You can substitute margarine for butter.* ▶ **substitution** / ˌsʌbstɪ'tju:ʃn / *noun* [C, U] প্রতিস্থাপন, প্রতিকল্প স্থাপন

subterranean / ˌsʌbtə'reɪniən ˌসাব্ট্যা'রেইনিঅ্যান / *adj.* (*usuall y before a noun*) (*formal*) under the ground ভূগর্ভস্থ, ভূমির নীচেকার, ভূমিতলস্থ *a subterranean cave/passage/tunnel*

subtitle / 'sʌbtaɪtl 'সাবটাইট্ল্ / *noun* [C, *usually pl.*] the words at the bottom of the picture on television or at the cinema. The subtitles translate the words of a foreign film or programme or show the words that are spoken, to help people with hearing problems চলচ্চিত্রের নীচে ছাপানো সংলাপ প্রেক্ষাগৃহে বা দূরদর্শনে ছবির নীচে দেওয়া শব্দসমষ্টি। একে উপশিরোনাম বলা যায়। এর দ্বারা বিদেশি ভাষায় নির্মিত চলচ্চিত্রের শব্দানুবাদ দেওয়া হয় বা কানে কম শোনেন যাঁরা তাঁদের সাহায্যার্থে কথ্য শব্দসমূহ প্রদর্শন করা হয়; চলচ্চিত্রের ধারালিখন; চিত্রপরিচায়ক ধারালিখন; সাবটাইট্ল্ *a Hindi film with English subtitles* ➪ **dub 2** দেখো। ▶ **subtitle** *verb* [T] (*usually passive*) ধারালিখন দেওয়া, উপশিরোনাম দেওয়া *a Hindi film subtitled in English*

subtle / 'sʌtl 'সাট্ল্ / *adj.* **1** not very noticeable; not very strong or bright সহজে চোখে পড়ে না এমন; সূক্ষ্ম, কোমল *subtle colours* ○ *I noticed a subtle difference in her.* **2** very clever; and using indirect methods to achieve sth সুচতুর; আসল উদ্দেশ্য গোপন করে ঘুরিয়ে ফিরিয়ে কিছু করার চেষ্টা *Advertisements persuade us to buy things in very subtle ways.* ▶ **subtlety** / 'sʌtlti 'সাট্ল্টি / *noun* [C, U] (*pl.* **subtleties**) অতি সূক্ষ্ম প্রভেদ, চুলচেরা বিচার ▶ **subtly** / 'sʌtli 'সাট্লি / *adv.* সূক্ষ্মভাবে, সুপরিকল্পিতভাবে

subtract / səb'trækt স্যাব্'ট্র্যাক্ট্ *verb* [T] **subtract sth (from sth)** to take one number or quantity away from another বিয়োগ করা *If you subtract five from nine you get four.* ✪ বিপ **add** ▶ **subtraction** / səb'trækʃn স্যাব্'ট্র্যাক্শ্ন্ / *noun* [C, U] বিয়োগ

subtropical / ˌsʌbˈtrɒpɪkl ˌসাব্'ট্রপিক্‌ল্ / *adj.* (in geography) in or connected with regions that are near tropical parts of the world (ভূগোলে) গ্রীষ্মপ্রধান দেশের নিকটবর্তী বা তার সঙ্গে সংযুক্ত *subtropical forests*

suburb / ˈsʌbɜːb 'সাব্যব্ / *noun* [C] an area where people live that is outside the central part of a town or city শহরতলি; উপনগর *Most people live **in the suburbs** and work in the centre of town.* ▶ **suburban** / səˈbɜːbən স্যা'ব্যব্যান্ / *adj.* শহরের কেন্দ্র থেকে দূরবর্তী; শহরতলি সুলভ

> **NOTE** শহরতলির মানুষ অনেক সময় মনে করেন তাঁদের জীবনযাত্রা নিস্তরঙ্গ, বৈচিত্র্যহীন, সেই কারণেই **suburban** শব্দটি একঘেয়ে, নিস্তরঙ্গ, বৈচিত্র্যহীন ইত্যাদি অর্থেও কখনো কখনো ব্যবহৃত হয়।

▶ **suburbia** / səˈbɜːbiə স্যা'ব্যবিআ্যা / *noun* [U] শহরতলিতে বা উপনগরের বাসিন্দা, জীবনযাত্রা শহরতলি সংক্রান্ত

subversive / səbˈvɜːsɪv স্যাব্'ভ্যসিভ্ / *adj.* trying to destroy or damage a government, religion or political system by attacking it secretly and in an indirect way সরকার, ধর্ম বা রাজনীতি ব্যবস্থাকে ধ্বংস বা ক্ষতিগ্রস্ত করার উদ্দেশ্যে গোপনে পরোক্ষভাবে আক্রমণ করে এমন; নাশকতামূলক, ধ্বংসাত্মক ▶ **subversive** *noun* [C] নাশকতামূলক ▶ **subversion** / səbˈvɜːʃn স্যাব্'ভ্যশন্ / *noun* [U] ধ্বংস, নাশকতা

subvert / səbˈvɜːt স্যাব্'ভ্যট্ / *verb* [T] to try to destroy or damage a government, religion or political system by attacking it secretly and in an indirect way দেশের সরকার, পরোক্ষভাবে ধর্ম, রাজনীতি প্রভৃতি ব্যবস্থা গোপনে ধ্বংস বা ক্ষতিগ্রস্ত করার চেষ্টা করা

subway / ˈsʌbweɪ 'সাবউএই / *noun* [C] **1** a tunnel under a busy road or railway that is for people who are walking (**pedestrians**) ভূগর্ভস্থ রাস্তা, বড়ো রাস্তার নীচ দিয়ে লোকজনের পারাপারের যে ব্যবস্থা **2** (*AmE*) = **underground**[3]

succeed / səkˈsiːd স্যাক্'সীড্ / *verb* **1** [I] **succeed (in sth/doing sth)** to manage to achieve what you want; to do well সাফল্য লাভ করা, উদ্দেশ্য সফল হওয়া *Our plan succeeded.* ○ *A good education will help you succeed in life.* ✪ বিপ **fail** **2** [I, T] to have a job or important position after sb else পরবর্তী সময়ে বা পরম্পরা অনুযায়ী চাকুরি বা পদপ্রাপ্তি হওয়া *Dr Manmohan Singh, succeeded Shri Atal Bihari Vajpayee as Prime Minister of India in 2004.*

success / səkˈses স্যাক্'সেস্ / *noun* **1** [U] the fact that you have achieved what you want; doing well and becoming famous, rich, etc. আকাঙ্ক্ষিত বস্তুর অর্জন; কাজ ভালো করে খ্যাতি ও সমৃদ্ধি লাভ; সাফল্য, সফলতা *Hardwork is **the key to success**.* ○ *Her attempts to get a job for the summer have not **met with** much **success*** (= she hasn't managed to do it). **2** [C] the thing that you achieve; sth that becomes very popular সফল হয়ে যা পাওয়া যায়; অত্যন্ত জনপ্রিয়তা লাভ *He really tried to **make a success** of the business.* ✪ বিপ **failure**

successful / səkˈsesfl স্যাক্'সেস্‌ফ্‌ল্ / *adj.* having achieved what you wanted; having become popular, rich, etc. সফল, প্রতিষ্ঠিত; জনপ্রিয় ঈপ্সিত বস্তুর প্রাপ্তি *a successful attempt to climb Mount Everest* ○ *a successful actor* ▶ **successfully** / -fəli -ফ্যালি / *adv.* সফলভাবে, সফলতার সঙ্গে

succession / səkˈseʃn স্যাক্'সেশন্ / *noun* **1** [C] a number of people or things that follow each other in time or order; a series ধারাবাহিকতা; পর্যায়ক্রম *a succession of events/problems/visitors* **2** [U] the right to have an important position after sb else পশ্চাতে বা পরম্পরাক্রমে একজন কোনো গুরুত্বপূর্ণ পদ ছেড়ে গেলে তার জায়গাটি পাওয়ার অধিকার

IDM **in succession** following one after another একের পর এক, পর পর *There have been three deaths in the family in quick succession.*

successive / səkˈsesɪv স্যাক্'সেসিভ্ /*adj.* (*only before a noun*) following immediately one after the other ক্রমিক পর্যায়, ক্রমান্বয়, ধারাবাহিক, একের অব্যবহিত পরেই, পরপর *This was their fifth successive win.* ▶ **successively** *adv* ধারাবাহিকভাবে; ক্রমপর্যায়ে

successor / səkˈsesə(r) স্যাক্'সেস্যা(র্) / *noun* [C] a person or thing that comes after sb/sth else and takes his/her/its place অন্যের জায়গাটি নেওয়ার উপযুক্ত ব্যক্তি বা যে সেই জায়গা নেয়; উত্তরাধিকারী, উত্তরসূরী ➪ **predecessor** দেখো।

succinct / səkˈsɪŋkt স্যাক্'সিংক্ট্ / *adj.* said clearly, in a few words সংক্ষিপ্ত, স্বচ্ছ, বাহুল্যবর্জিত ▶ **succinctly** *adv.* স্বচ্ছভাবে, পরিমিতভাবে

succulent / ˈsʌkjələnt 'সাকিআ্যল্যান্ট্ / *adj.* (used about fruit, vegetables and meat) containing a lot of juice and tasting very good (ফল, সবজি এবং মাংস সম্বন্ধে ব্যবহৃত) রসালো, রসভরা, সুস্বাদু, শুকনো নয়

succumb / səˈkʌm স্যা'কাম্ / *verb* [I] (*formal*) **succumb (to sth)** to stop fighting against sth নতিস্বীকার করা, বশীভূত হওয়া

such / sʌtʃ সাচ্ / *det., pronoun* **1** (used for referring to sb/sth that you mentioned earlier) of this or that type (আগে যে ব্যক্তি বা বস্তুর কথা ব্যবহৃত হয়েছে তা উল্লেখ করে) এ রকম, ঐ ধরনের *There's **no such thing**.* ○ **2** used for emphasizing the degree of sth কোনো কিছুর উপর জোর দেওয়ার জন্য এই শব্দটি ব্যবহৃত হয় *such a fascinating book/such a long time.*

> **NOTE** সাধারণত **such** কোনো বিশেষ্য (noun) অথবা বিশেষ্যের কোনো বিশেষণ (adjective) থাকলে তার আগে বসে—*Sameer is such a bore!* আর বিশেষ্য ছাড়া কোনো বিশেষণ থাকলে **so** ব্যবহার করা হয়—*Don't be so boring.* এই বাক্যদুটির তুলনা করো *It was so cold we stayed at home.* ○ *It was such a cold night that we stayed at home.*

3 used to describe the result of sth কোনো কিছুর ফলাফল জানাতে ব্যবহৃত *The statement was worded **in such a way that it** did not upset anyone.*

IDM **as such** as the word is usually understood; exactly কোনো শব্দের সাধারণ অর্থ অনুযায়ী; একদম ঠিক, সঠিক অর্থে *It's not a promotion as such, but it will mean more money.*

such as for example যেমন, এমন যে, উদাহরণস্বরূপ *Fatty foods such as chips are bad for you.*

suck / sʌk সাক্ / *verb* **1** [I, T] to pull a liquid into your mouth চোষা, চুষে মুখে নেওয়া; চোষণ করা *to suck milk up through a straw* **2** [I, T] to have sth in your mouth and keep touching it with your tongue মুখের মধ্যে নিয়ে চোষা বা চাটা *The boy was noisily sucking (on) a sweet.* **3** [T] to pull sth in a particular direction, using force সজোরে আকর্ষণ করা, বিশেষ দিকে টেনে নেওয়া, শোষণ করা *Vacuum cleaners suck up the dirt.*

sucker / ˈsʌkə(r) ˈসাক্যা(র্) / *noun* [C] **1** (*informal*) a person who believes everything that you tell him/her and who is easy to trick or persuade to do sth যে বোকার মতো সব কথা বিশ্বাস করে, যাকে ঠকানো সহজ **2** a part of some plants, animals or insects that is used for helping them stick onto a surface কোনো গাছ, প্রাণী বা কীটপতঙ্গের যে অংশের সাহায্যে তারা সমতল বা উপরিভাগ আঁকড়ে ধরে

sucrose / ˈsuːkrəʊz; -krəʊs ˈসুক্র্যাউজ্; -ক্র্যাউস্ / *noun* [U] (*technical*) the form of sugar that comes from **sugar cane** or **sugar beet**, and which is used to make food sweet আখ, বীট থেকে পাওয়া শর্করা যা খাদ্যবস্তু সুমিষ্ট করতে ব্যবহৃত হয় ➪ **dextrose, fructose, glucose** এবং **lactose** দেখো।

suction / ˈsʌkʃn ˈসাক্শ্ন্ / *noun* [U] the action of removing air or liquid from a space or container so that sth else can be pulled into it or so that two surfaces can stick together কোনো স্থান বা পাত্র থেকে বাতাস বা তরল বার করে নেওয়ার কাজ যার ফলে অন্য বস্তু টেনে এর মধ্যে নেওয়া যায় অথবা পাত্রের দুটি দিক একসঙ্গে আটকে থাকে; শোষণ পদ্ধতি, চোষণ পদ্ধতি *A vacuum cleaner works by suction.*

sudden / ˈsʌdn ˈসাড্ন্ / *adj.* done or happening quickly, or when you do not expect it হঠাৎ, আকস্মিক, অপ্রত্যাশিত *a sudden decision/change* ▶ **suddenly** *adv.* আকস্মিকভাবে *Suddenly, everybody started shouting.* ▶ **suddenness** *noun* [U] আকস্মিকতা

IDM **all of a sudden** quickly and unexpectedly হঠাৎই, আকস্মিক, আচমকা *All of a sudden the lights went out.*

sudden death a way of deciding who wins a game where the score is equal by playing one more point or game কোনো খেলায় দুই প্রতিপক্ষেরই পয়েন্ট এক হলে আর একটি বাড়তি পয়েন্ট কে বা কোন দল পায় এবং জয়লাভ করে সেই সিদ্ধান্তের জন্য যে খেলা

suds / sʌdz সাড্জ্ / *noun* [*pl.*] the bubbles that you get when you mix soap and water সাবান জলের বুদ্‌বুদ; ফেনা

sue / suː সূ/ *verb* [I, T] **sue (sb) (for sth)** to go to a court of law and ask for money from sb because he/she has done sth bad to you, or said sth bad about you আদালতে গিয়ে কারও বিরুদ্ধে মামলা দায়ের করে জরিমানাস্বরূপ অর্থ দাবি করা *to sue sb for libel/breach of contract/damages*

suede / sweɪd সুএইড্ / *noun* [U] a type of soft leather which does not have a smooth surface and feels a little like cloth একধরনের নরম চামড়া যার পৃষ্ঠতল মসৃণ নয় এবং কিছুটা কাপড়ের মতো মনে হয়; নরম চামড়া; সোয়েড

suet / ˈsuːɪt ˈসূইট্ / *noun* [U] a type of hard animal fat that is used in cooking পশুর শক্ত চর্বি যা রান্নায় ব্যবহার করা হয়

suffer / ˈsʌfə(r) ˈসাফ্যা(র্) / *verb* **1** [I, T] **suffer (from sth); suffer (for sth)** to experience sth unpleasant, for example pain, sadness, difficulty, etc. কষ্ট পাওয়া, যন্ত্রণা সহ্য করা, দুঃখ হওয়া *She often suffers from severe headaches.* ○ *Our troops suffered heavy losses.* **2** [I] to become worse in quality গুণমানে খারাপ হয়ে যাওয়া *My work is suffering as a result of problems at home.* ▶ **sufferer** *noun* [C] যন্ত্রণাভোগী, ভুক্তভোগী *asthma sufferers* ▶ **suffering** *noun* [U] দুঃখকষ্ট, যন্ত্রণা, বেদনা

suffice / səˈfaɪs স্যাˈফাইস্ / *verb* [I] (*formal*) **1** (*not used in the continuous tense*) to be enough for sb/sth কোনো ব্যক্তি অথবা বস্তুর জন্য যথেষ্ট বা পর্যাপ্ত

হওয়া *One example will suffice to illustrate the point.* **2 suffice (it) to say (that)...** used to suggest that although you could say more, what you do say will be enough to explain what you mean আরও বিশদভাবে বলা যেতে পারে কিন্তু যেটুকু বলা হচ্ছে তাই যথেষ্ট এই বলার জন্য ব্যবহৃত শব্দ

sufficient / səˈfɪʃnt স্যা'ফিশ্‌ন্ট্ / *adj.* (*formal*) as much as is necessary; enough প্রয়োজনমতো; পর্যাপ্ত *We have sufficient oil reserves to last for three months.* ✪ বিপ **insufficient** ► **sufficiently** *adv.* পর্যাপ্ত পরিমাণে, যথোপযুক্তভাবে

suffix / ˈsʌfɪks 'সাফিক্স্ / *noun* [C] (*grammar*) a letter or group of letters that you add at the end of a word, and that changes the meaning of the word or the way it is used (ব্যাকরণ) শব্দের শেষে যোগ করা শব্দগুচ্ছ যা তার অর্থ অথবা ব্যবহার পদ্ধতি পরিবর্তন করে; প্রত্যয়, বিভক্তি ইত্যাদি *To form the noun from the adjective 'sad', add the suffix 'ness'.* ➪ **affix²** এবং **prefix** দেখো।

suffocate / ˈsʌfəkeɪt 'সাফ্যাকেইট্ / *verb* [I, T] to die because there is no air to breathe; to kill sb in this way শ্বাসরোধের ফলে মৃত্যু ঘটা; শ্বাসরোধ করে হত্যা করা ► **suffocating** *adj.* শ্বাসরুদ্ধকারী ► **suffocation** / ˌsʌfəˈkeɪʃn ˌসাফ্যা'কেইশ্‌ন্ / *noun* [U] শ্বাসরুদ্ধতা

suffrage / ˈsʌfrɪdʒ 'সাফ্রিজ্ / *noun* [U] the right to vote in political elections (রাজনৈতিক) ভোট দানের অধিকার *universal suffrage* (= the right of all adults to vote) ○ *women's suffrage*

sugar / ˈʃʊgə(r) 'শুগ্যা(র্) / *noun* **1** [U] a sweet substance that you get from certain plants চিনি, শর্করা *Do you* ***take sugar*** *in tea?* **2** [C] (in a cup of tea, coffee, etc.) the amount of sugar that a small spoon can hold; a lump of sugar (চায়ের বা কফির কাপে) এক চামচ চিনি; চিনির দলা **3** [C] any of various sweet substances that are found naturally in plants, fruit, etc. বৃক্ষাদি, ফল ইত্যাদি থেকে পাওয়া শর্করা *Glucose and fructose are sugars.*

sugar beet (*BrE* **beet**) *noun* [U] a plant with a large round root that sugar is made from বীট ; যে বীট থেকে চিনি পাওয়া যায়

sugar cane *noun* [U] a tall tropical plant with thick **stems** that sugar is made from আখ, ইক্ষু

sugary / ˈʃʊgəri 'শুগ্যারি / *adj.* very sweet অত্যন্ত মিষ্টি, চিনির মতো, অত্যন্ত মধুর

suggest / səˈdʒest স্যা'জেস্ট্ / *verb* [T] **1 suggest sth (to sb); suggest doing sth; suggest that...** to mention a plan or an idea that you have for sb to discuss or consider পরামর্শ দেওয়া, যা করা ঠিক বলে মনে হয় তা অন্যকে বলা *Can anybody suggest ways of raising more money?* **2 suggest sb/sth (for/as sth)** to say that a person, thing or place is suitable কোনো ব্যক্তি, স্থান বা বস্তু ঠিক বলে মনে হলে তা জানানো *Who would you suggest for the job?* ➪ **recommend** দেখো। **3** to say or show sth in an indirect way ঘুরিয়ে বলা, সরাসরি না বলে পরোক্ষে বলা *Are you suggesting the accident was my fault?*

suggestion / səˈdʒestʃən স্যা'জেসচ্যান্ / *noun* **1** [C] a plan or idea that sb mentions for sb else to discuss and consider পরামর্শ, যুক্তি, প্রস্তাব *May I* ***make a suggestion****?* **2** [U] putting an idea into a person's mind; giving advice about what to do কারও মনে কোনো মত ঢোকানোর ক্রিয়া; কি করা উচিত সে বিষয়ে পরামর্শ দেওয়ার ক্রিয়া **3** [*sing.*] a slight amount or sign of sth আভাস, ইঙ্গিত

suggestive / səˈdʒestɪv স্যা'জেস্টিভ্ / *adj.* **1 suggestive (of sth)** making you think of sth; being a sign of sth কোনো কিছু যা মনে করায়; ইঙ্গিতবাহী *Your symptoms are more suggestive of an allergy than a virus.* **2** making you think about sex যৌনতার কথা মনে পড়িয়ে দেয়, অর্থপূর্ণ (যৌনভাবে) চাহনি ইত্যাদি *a suggestive dance/remark/posture* ► **suggestively** *adv.* ইঙ্গিতপূর্ণভাবে

suicidal / ˌsuːɪˈsaɪdl ˌসুই'সাইড্‌ল্ / *adj.* **1** (used about a person) wanting to kill himself/herself (কোনো ব্যক্তি সম্বন্ধে ব্যবহৃত) আত্মহত্যার প্রবণতা আছে এমন *to be/feel suicidal* **2** likely to have a very bad result; extremely dangerous খুব খারাপ ফলের সম্ভাবনা, ভয়ানক বিপজ্জনক *a suicidal attempt*

suicide / ˈsuːɪsaɪd 'সূইসাইড্ / *noun* [U, C] the act of killing yourself deliberately আত্মহনন, আত্মহত্যা *to* ***commit suicide*** ○ *There have been three suicides by farmers this year.*

suit¹ / suːt সূট্ / *noun* [C] **1** a formal set of clothes that are made of the same material, consisting of a jacket and either trousers or a skirt একই উপকরণে তৈরি কোট এবং প্যান্ট বা স্কার্ট যা একসঙ্গে পরা হয় *He always wears a suit and tie to work.* **2** an article of clothing or set of clothes that you wear for a particular activity বিশেষ কোনো কাজের জন্য পরিহিত পোশাক *a tracksuit/swimsuit* **3** one of the four sets of 13 playing cards (**hearts, clubs, diamonds** and **spades**) that form a pack একধরনের ১৩টি তাস (যেমন রুইতন, হরতন, ইস্কাবন বা চিড়িতন ➪ **card**-এ নোট দেখো।

IDM **follow suit** ➪ **follow** দেখো।

suit² / suːt সূট্ / *verb* [T] (*not used in the continuous tenses*) **1** to be convenient or useful for sb/sth কারও পক্ষে উপযুক্ত বা প্রয়োজনীয় হওয়া *Would Thursday at 9.30 suit you?* ○ *He will help but* *only when it suits him.* **2** (used about clothes, colours, etc.) to make you look attractive (কাপড়জামা, রং ইত্যাদি সম্বন্ধে ব্যবহৃত) মানানো, ভালো দেখানো, সুন্দর দেখানো *That dress really suits you.*

suitable / ˈsuːtəbl ˈসূট্যাব্‌ল্ / *adj.* **suitable (for sb/sth); suitable (to do sth)** right or appropriate for sb/sth কারও বা কিছুর পক্ষে উপযুক্ত, মানানসই *The film isn't suitable for children.* ○ *I've got nothing suitable to wear for a wedding.* ✪ বিপ **unsuitable** ▶ **suitability** / ˌsuːtəˈbɪləti ˌসূট্যাˈবিল্যাটি / *noun* [U] যোগ্যতা, মানানসই হওয়ার গুণ ▶ **suitably** *adv.* উপযুক্তভাবে, যোগ্যতার সঙ্গে, ঠিকমতো

suitcase / ˈsuːtkeɪs ˈসূট্‌কেইস্ / (*also* **case**) *noun* [C] a box with a handle that you use for carrying your clothes, etc. in when you are travelling ভ্রমণকালে জামাকাপড় নেওয়ার বাক্স বা পেটিকা; স্যুটকেশ

suite / swiːt সুইট্ / *noun* [C] **1** a set of rooms, especially in a hotel হোটেলের মধ্যে অনেকগুলি ঘর নিয়ে (প্রায় ফ্ল্যাটের মতো) *the honeymoon/penthouse suite* ○ *a suite of rooms/offices* ➪ **en suite** দেখো। **2** a set of two or more pieces of furniture of the same style or covered in the same material দুই বা ততোধিক একই রকমের ফার্নিচার বা আসবাব *a three-piece suite* (= a sofa and two armchairs)

suited / ˈsuːtɪd ˈসূটিড্ / *adj.* **suited (for/to sb/sth)** appropriate or right for sb/sth কারও বা কিছুর জন্য উপযুক্ত; মানানসই

sulfur (*AmE*) = **sulphur**

sulk / sʌlk সাল্ক্ / *verb* [I] to refuse to speak or smile because you want people to know that you are angry about sth মুখ গোমড়া করে থাকা, কথা বলতে বা হাসতে না চাওয়া যাতে অন্যকে রাগ দেখানো যায়; বিরস বদনে বিরক্তমুখে থাকা ▶ **sulky** *adj.* গোমড়া, অসামাজিক, মনমরা ▶ **sulkily** /-ili -ইলি / *adv.* মনমরাভাবে, অসামাজিকের মতো

sullen / ˈsʌlən ˈসাল্যান্ / *adj.* looking bad-tempered and not wanting to speak to people থমথমে, কারও সঙ্গে কথা বলার অনিচ্ছায় গোমড়া মুখ *a sullen face/expression/glare* ▶ **sullenly** *adv.* ভারাক্রান্তভাবে, থমথমেভাবে

sulphide (*AmE* **sulfide**) / ˈsʌlfaɪd ˈসাল্‌ফাইড্ / *noun* [C, U] a compound of sulphur with another chemical element সালফার মিশ্রিত যৌগিক রাসায়নিক পদার্থ

sulphur (*AmE* **sulfur**) / ˈsʌlfə(r) ˈসাল্‌ফ্যা(র্) / *noun* [U] (*symbol* **S**) a natural yellow substance with a strong unpleasant smell হলুদ রঙের প্রাকৃতিক পদার্থ, যার গন্ধ ঝাঁজালো এবং অপ্রীতিকর; গন্ধক

sulphur dioxide (*AmE* **sulfur dioxide**) *noun* [U] (*symbol* SO_2) a poisonous gas with a strong smell, that is used in industry and causes air **pollution** কারখানায় ব্যবহৃত হয় এরকম ঝাঁজালো গন্ধের বিষাক্ত গ্যাস, যা বায়ু দূষিত করে; সালফার ডাইঅক্সাইড

sulphuric acid (*AmE* **sulfuric acid**) / sʌlˌfjʊərɪk ˈæsɪd সাল্ˌফিউঅ্যারিক্ ˈঅ্যাসিড্ / *noun* [U] (*symbol* H_2SO_4) a strong colourless acid বর্ণহীন শক্তিশালী অম্ল বা অ্যাসিড; সালফিউরিক অ্যাসিড

sultan (*also* **Sultan**) *noun* [C] the ruler in some Muslim countries কোনো মুসলমান রাজ্যের শাসনকর্তা; সুলতান

sultana / sʌlˈtɑːnə সাল্ˈটা:ন্যা / *noun* [C] a dried grape with no seeds in it that is used in cooking এক ধরনের বীজবিহীন শুকনো আঙুর যা রান্নায় ব্যবহৃত হয়; কিশমিশ ➪ **raisin** দেখো।

sultry / ˈsʌltri ˈসাল্‌ট্রি / *adj.* **1** (used about the weather) hot and uncomfortable (আবহাওয়া সম্বন্ধে ব্যবহৃত) গরম, অসহ্য, ভ্যাপসা **2** (used about a woman) behaving in a way that makes her sexually attractive (মহিলা সম্বন্ধে ব্যবহৃত) আবেগতাড়িত, কামাতুর

sum[1] / sʌm সাম্ / *noun* [C] **1** an amount of money নির্দিষ্ট পরিমাণ টাকাকড়ি *The industry has spent huge **sums of money** modernizing its equipment.* **2** [*usually sing.*] **the sum (of sth)** the amount that you get when you add two or more numbers together যোগফল *The sum of two and five is seven.* **3** a simple problem that involves calculating numbers সাধারণ অঙ্ক যেখানে সংখ্যার হিসাব করা হয়; যোগ বা সমষ্টি তৈরি করার কাজ *to do sums in your head*

sum[2] / sʌm সাম্ / *verb* (**su<u>mm</u>ing; su<u>mm</u>ed**)

PHR V **sum (sth) up** to describe in a few words the main ideas of what sb has said or written সংক্ষেপে মূল বক্তব্য তুলে ধরা ***To sum up**, there are three options here for you.*

sum sb/sth up to form an opinion about sb/sth কোনো ধারণা জন্মানো (কারও বা কোনো কিছু সম্বন্ধে), মতামত গঠন করা *He summed the situation up immediately.*

summary[1] / ˈsʌməri ˈসাম্যারি / *noun* [C] (*pl.* **summaries**) a short description of the main ideas or points of sth but without any details সংক্ষিপ্তসার, সারাংশ *A brief summary of the experiment is given at the beginning of the report.* ✪ সম **précis** ▶ **summarize** (*also* **-ise**) / ˈsʌməraɪz ˈসাম্যারাইজ্ / *verb* [I, T] সারাংশ করা, সংক্ষেপে মূল কথা বলা *Could you summarize the story so far?*

summary[2] / ˈsʌməri ˈসাম্যারি / *adj.* (*formal*) done quickly and without taking time to consider whether it is the right thing to do or following the right process কোনো কিছু সঠিক কিনা বা সঠিক পদ্ধতি অনুসরণ করা হচ্ছে কিনা তা খুব তাড়াতাড়ি, বেশি সময় না নিয়ে বিবেচনা করা হয় এমন *a summary judgment*

summer / ˈsʌmə(r) ˈসাম্যা(র্) / *noun* [C, U] one of the four seasons of the year, after spring and before autumn. Summer is the warmest season of the year গ্রীষ্মকাল, গরমকাল *Is it very hot here* ***in summer****?* ○ *a summer's day* ➪ **season**-এ ছবি দেখো। ▶ **summery** *adj.* বছরের চারটি ঋতুর মধ্যে একটি যেটি বসন্তের পর এবং শরতের আগে আসে; গ্রীষ্মকালীন, গরমকালের মতো বা তার উপযুক্ত *summery weather* ○ *a summery dress/colour*

summer house *noun* [C] a small building in a park or garden where you can sit and relax in good weather গরমের দিনে ছুটি কাটানোর বাগান ঘেরা ছোটো বাড়ি

summer school *noun* [C, U] courses that are held in the summer at a university or college গ্রীষ্মের ছুটিতে কলেজ বা বিশ্ববিদ্যালয়ে আয়োজিত বিশেষ অধ্যয়ন-ব্যবস্থা

summertime / ˈsʌmətaɪm ˈসাম্যাটাইম্ / *noun* [U] the season of summer গরমের সময়; গ্রীষ্মঋতু *It's busy here in the summertime.*

summing-up *noun* [C] (*pl.* **summings-up**) a speech in which a judge gives a short description (**summary**) of what has been said in a court of law before a decision (**verdict**) is reached বিচারালয়ে যা যা ঘটেছে বা বলা হয়েছে সে বিষয়ে রায় শোনানোর আগে বিচারক সংক্ষেপে যে বক্তব্য রাখেন

summit / ˈsʌmɪt ˈসামিট্ / *noun* [C] **1** the top of a mountain পর্বত শিখর, শীর্ষদেশ, চূড়া **2** an important meeting or series of meetings between the leaders of two or more countries রাষ্ট্রনেতাদের শীর্ষসম্মেলন

summon / ˈsʌmən ˈসাম্যান্ / *verb* [T] **1** (*formal*) to order a person to come to a place ডেকে পাঠানো, কোনো জায়গায় আসার জন্য আদেশ দেওয়া *The boys were summoned to the head teacher's office.* **2 summon sth (up)** to find strength, courage or some other quality that you need even though it is difficult to do so প্রয়োজনের সময়ে শক্তি, সাহস সঞ্চয় করা বা মনোবল সংগ্রহ করা *She couldn't summon up the courage to ask her boss for leave.*

summons / ˈsʌmənz ˈসাম্যানজ্ / *noun* [C] (*pl.* **summonses**) an order to appear in a court of law আদালতে উপস্থিত হওয়ার আদেশ, সমন

sumptuous / ˈsʌmptʊs ˈসাম্পচুআস্ / *adj* (*written*) very expensive and impressive; lavish খুব দামি এবং বর্ণাঢ্য; রাজকীয়

sun¹ / sʌn সান্ / *noun* **1 the sun** [*sing.*] the star that shines in the sky during the day and that gives the earth heat and light সূর্য, ভানু, রবি *The sun rises in the east and sets in the west.* ○ *the rays of the sun* ➪ **the solar system**-এ ছবি দেখো। **2** [*sing.*, U] light and heat from the sun দিনের বেলা আকাশে যে তারা ঝলমল করে এবং পৃথিবীকে তাপ ও আলোক প্রেরণ করে; সূর্যতাপ, সূর্যকিরণ, সূর্যালোক *Don't sit* ***in the sun*** *too long.* ○ *Too much sun can be harmful.*

IDM catch the sun ➪ **catch¹** দেখো।

sun² / sʌn সান্ / *verb* [T] (**sunning; sunned**) **sun yourself** sit or lie outside when the sun is shining in order to enjoy the heat রোদ পোহানো, রোদে আরাম করে বসে বা শুয়ে থাকা

Sun. *abbr.* Sunday রবিবার *Sun. 5 April*

sunbathe / ˈsʌnbeɪð ˈসান্বেইদ্ / *verb* [I] to take off most of your clothes and sit or lie in the sun in order to make your skin go darker (**get a tan**) ত্বকের বর্ণ গাঢ় করার উদ্দেশ্যে প্রায় বিবস্ত্র অবস্থায় সূর্যালোকে বসে থাকা বা শুয়ে থাকা; রৌদ্রস্নান করা ➪ **bathe** দেখো।

sunbeam / ˈsʌnbi:m সানবীম্ / *noun* [C] a **ray** of sunlight রৌদ্রকিরণরেখা

sunburn / ˈsʌnbɜ:n ˈসান্ব্যন্ / *noun* [U] red painful skin caused by spending too long in the sun রোদে পুড়ে-যাওয়া ত্বক

sunburned / ˈsʌnbɜ:nd ˈসান্ব্যন্ড্ / (*also* **sunburnt** / ˈsʌnbɜ:nt ˈসান্ব্যন্ট্ /) *adj.* **1** suffering from sunburn অতিরিক্ত রোদে পুড়ে অস্বস্তিবোধ হচ্ছে এমন **2** (used about a person or his/her skin) having an attractive brown colour from being in the sun (কোনো ব্যক্তি বা তার গায়ের চামড়া সম্বন্ধে ব্যবহৃত) রৌদ্রস্নানের কারণে ত্বকের রং আকর্ষণীয়ভাবে তাম্রবর্ণের হয়ে যাওয়া; রৌদ্রস্নানজনিত যে ত্বক

Sunday / ˈsʌndeɪ; -di ˈসান্ডেই; -ডি / *noun* [C, U] (*abbr.* **Sun.**) the day of the week after Saturday শনিবারের পরবর্তী দিন; রবিবার

> **NOTE** সপ্তাহের দিনগুলির নাম সবসময় বড়ো হাতের অক্ষরে (capital letter) লেখা হয়ে থাকে। বাক্যে সপ্তাহের বারের বা দিনগুলির নামের ব্যবহার এবং তার উদাহরণ দেখার জন্য **Monday** দেখো।

sundial / ˈsʌndaɪəl ˈসান্ডাইইঅ্যাল্ / *noun* [C] a type of clock used in past times that uses the dark shape (**shadow**) caused by a pointed piece of metal being between the sun and the clock surface to show what the time is অতীতে ব্যবহৃত হত একধরনের ঘড়ি যেটিতে সূর্য এবং ঘড়ির মধ্যে রাখা তীক্ষ্ণাগ্র ধাতুখণ্ডের ছায়া অনুযায়ী সময় মাপা যেত; সূর্যঘড়ি

sundry / ˈsʌndri ˈসান্‌ড্রি / *adj.* (*only before a noun*) of various kinds that are not important enough to be named separately নানা ধরনের, বিচিত্র, রকমারি **IDM** **all and sundry** (*informal*) everyone প্রত্যেককে; সকলে

sunflower / ˈsʌnflaʊə(r) সান্‌ফ্লাউঅ্যা(র্) / *noun* [C] a very tall plant with large yellow flowers, often grown for its seeds and their oil, which is used in cooking হলুদ ফুলওয়ালা লম্বা গাছ প্রায়ই বীজ ও তেলের জন্য যার চাষ করা হয় এবং রান্নায় সেই তেল ব্যবহৃত হয়; সূর্যমুখী ফুল

sung ➪ **sing**-এর past participle

sunglasses / ˈsʌŋglɑːsɪz ˈসান্‌গ্লাসিজ্ / (*also* **dark glasses**) (*informal* **shades**) *noun* [*pl.*] a pair of glasses with dark glass in them to protect your eyes from bright sunlight রোদের তেজ থেকে চোখ বাঁচানোর রঙিন চশমা

sunk ➪ **sink**[1]-এর past participle

sunken / ˈsʌŋkən ˈসাংক্যান্ / *adj.* **1** below the water জলের নীচে; জলমগ্ন; নিমজ্জিত *a sunken ship* **2** (used about cheeks or eyes) very far into the face as a result of illness or age (গাল এবং চোখ সম্বন্ধে ব্যবহৃত) বসে-যাওয়া চোখ, গাল; চুপসে-যাওয়া গাল **3** at a lower level than the surrounding area আশেপাশের থেকে বেশি নীচে *a sunken bath/garden*

sunlight / ˈsʌnlaɪt ˈসান্‌লাইট্ / *noun* [U] the light from the sun সূর্যালোক, রৌদ্র

sunlit / ˈsʌnlɪt ˈসান্‌লিট্ / *adj.* having bright light from the sun রৌদ্রস্নাত, রৌদ্রালোকিত *a sunlit terrace*

sunny / ˈsʌni ˈসানি / *adj.* (**sunnier; sunniest**) having a lot of light from the sun রৌদ্রালোকিত, রোদে-ভাসা *a sunny garden* ○ *a sunny day*

sunrise / ˈsʌnraɪz ˈসান্‌রাইজ্ / *noun* [U] the time when the sun comes up in the morning সূর্যোদয়, ব্রাহ্মমুহূর্ত, ভোর *to get up* ***at sunrise*** ➪ **dawn** এবং **sunset** দেখো।

sunset / ˈsʌnset ˈসান্‌সেট্ / *noun* [C, U] the time when the sun goes down in the evening সূর্য ডোবার সময়; গোধূলি; সূর্যাস্ত *The park closes* ***at sunset.*** ○ *a beautiful sunset*

sunshine / ˈsʌnʃaɪn ˈসান্‌শাইন্ / *noun* [U] heat and light from the sun সূর্যালোক, রৌদ্র, সূর্যের তাপ এবং আলো *We sat down* ***in the sunshine*** *and had lunch.*

sunspot / ˈsʌnspɒt ˈসান্‌স্পট্ / *noun* [C] a dark area that sometimes appears on the sun's surface সৌরকলঙ্ক, সূর্যকলঙ্ক

sunstroke / ˈsʌnstrəʊk ˈসান্‌স্ট্র্যাউক্ / *noun* [U] an illness that is caused by spending too much time in very hot, strong sunlight অত্যন্ত চড়া রোদে ও গরমে বেশিক্ষণ থাকার ফলে যে অসুস্থতা; সর্দিগর্মি *Keep your head covered or you'll* ***get sunstroke.***

suntan / ˈsʌntæn ˈসান্‌ট্যান্ / (*also* **tan**) *noun* [C] when you have a suntan, your skin is darker than usual because you have spent time in the sun বেশিক্ষণ রোদে থাকার ফলে গায়ের তামাটে রং *to have/get a suntan* ○ *suntan oil* ▶ **suntanned** (*also* **tanned**) *adj.* রোদে-পোড়া

super / ˈsuːpə(r) ˈসুপ্যা(র্) / *adj.* (*informal*) **1** especially; particularly বিশেষত; বিশেষ করে *He's been super understanding.* **2** (*old-fashioned*) very good; wonderful খুব ভালো; চমৎকার *We had a super time.*

super- / ˈsuːpə(r) ˈসুপ্যা(র্) / *prefix* **1** (*used in adjectives, adverbs and nouns*) extremely; more or better than normal খুব বেশি; শ্রেষ্ঠতর *super-rich* ○ *superhuman* ○ *superglue* **2** (*used in nouns and verbs*) above; over উপরে; মাথায় উঁচুতে *superstructure* ○ *superimpose*

superb / suːˈpɜːb সুˈপ্যব্ / *adj.* extremely good, excellent অত্যন্ত ভালো; চমৎকার ▶ **superbly** *adv.* খুব ভালোভাবে

supercilious / ˌsuːpəˈsɪliəs ˌসুপ্যাˈসিলিঅ্যাস্ / *adj.* showing that you think that you are better than other people অন্যের থেকে নিজেকে যে শ্রেষ্ঠ মনে করে; নাকউঁচু, দাম্ভিক *a supercilious smile* ▶ **superciliously** *adv.* দাম্ভিকের মতো, দেমাকিভাবে

superconductor / ˈsuːpəkəndʌktə(r) ˈসুপ্যাক্যান্‌ডাক্ট্যা(র্) / *noun* [C] a substance which, at very low temperatures, allows electricity to flow completely freely through it যার মধ্যে দিয়ে, খুবই কম তাপমাত্রায় বাধাহীনভাবে বিদ্যুৎ পরিবাহিত হয়

superficial / ˌsuːpəˈfɪʃl ˌসুপ্যাˈফিশ্‌ল্ / *adj.* **1** not studying or thinking about sth in a deep or complete way ভাসাভাসা, উপর উপর, অগভীর *a superficial knowledge of the subject* **2** only on the surface, not deep অগভীর, উপরের দিকেই আবদ্ধ *a superficial wound/cut/burn* **3** (used about people) not caring about serious or important things (ব্যক্তি সম্বন্ধে ব্যবহৃত) গুরুত্ব বা গুরুত্বপূর্ণ কিছু সম্বন্ধে মনোযোগী নয় *He's a very superficial sort of person.* ▶ **superficiality** / ˌsuːpəˌfɪʃiˈæləti ˌসুপ্যাˌফিশিˈঅ্যাল্যাটি / *noun* [U] অগভীরতা ▶ **superficially** / ˌsuːpəˈfɪʃəli ˌসুপ্যাফিˈশ্যালি / *adv.* ভাসাভাসাভাবে, উপর উপর

superfluous / suːˈpɜːfluəs সুˈপ্যফ্লুঅ্যাস্ / *adj.* more than is wanted; not needed প্রয়োজনাতিরিক্ত; প্রয়োজনের অতিরিক্ত

superhuman / ˌsuːpəˈhjuːmən ˌসুপ্যাˈহিউম্যান্ / *adj.* greater than is usual for human beings অতিমানব *superhuman strength*

superimpose / ˌsu:pərɪmˈpəʊz ˌসুপ্যারিম্'প্যাউজ্/ *verb* [T] **superimpose sth (on sth)** to put sth on top of sth else so that what is underneath can still be seen একটি বস্তুর উপর আর একটি বস্তু এমনভাবে বসানো যে নীচেরটি তখনও দেখা যায়; অধ্যারোপ করা *The old street plan was superimposed on a map of the modern city.*

superintendent / ˌsu:pərɪnˈtendənt ˌসুপ্যারিন্-'টেন্ড্যান্ট্ / *noun* [C] **1** a police officer with a high position উচ্চপদের পুলিশ অফিসার বা কর্মচারী *Detective Superintendent Mishra* **2** a person who looks after a large building এমন কোনো ব্যক্তি যিনি কোনো বড়ো বাড়ির দেখাশোনা করেন

superior[1] / su:ˈpɪəriə(r) সু'পিঅ্যারিঅ্যা(র্) / *adj.* **1 superior (to sb/sth)** better than usual or than sb/sth else সাধারণের চেয়ে ভালো অথবা কারও বা কোনো কিছুর চেয়ে ভালো *He is clearly superior to all the other candidates.* ✪ বিপ **inferior** **2 superior (to sb)** having a more important position দুই বা ততোধিক ব্যক্তির মধ্যে যে জন তুলনামূলকভাবে উচ্চপদের অধিকারী *a superior officer* **3** thinking that you are better than other people অন্যের তুলনায় নিজেকে বেশি ভালো মনে করা হয় এমন ▶ **superiority** / su:ˌpɪəriˈɒrəti সু,পিঅ্যারি'অর‌্যাটি / *noun* [U] শ্রেষ্ঠত্ব, আপেক্ষিক উৎকর্ষতা

superior[2] / su:ˈpɪəriə(r) সু'পিঅ্যারিঅ্যা(র্) / *noun* [C] a person of higher position উচ্চতর পদাধিকারী *Report any accidents to your superior.* ✪ বিপ **inferior**

superlative / suˈpɜ:lətɪv সু'পাল্যাটিভ্ / *noun* [C] the form of an adjective or adverb that expresses its highest degree সর্বোচ্চ মাত্রাসূচক *'Most beautiful', 'best' and 'fastest' are all superlatives.*

supermarket / ˈsu:pəmɑ:kɪt 'সুপ্যামাকিট্ / *noun* [C] a very large shop that sells food, drink, goods used in the home, etc. খুব বড়ো দোকান যেখানে খাদ্য পানীয় এবং অন্যান্য অনেক গৃহস্থালীর জিনিসপত্র কেনা যায়; সুপার মার্কেট

supernatural / ˌsu:pəˈnætʃrəl ˌসুপ্যা'ন্যাচর‌্যাল্ / *adj.* **1** that cannot be explained by the laws of science বিজ্ঞানের ব্যখ্যাতীত; আধিভৌতিক *a creature with supernatural powers* **2 the supernatural** *noun* [*sing.*] events, forces or powers that cannot be explained by the laws of science অতিপ্রাকৃত ঘটনা শক্তি ইত্যাদি বুদ্ধি দিয়ে যা বোঝা যায় না, বিজ্ঞান দ্বারা যার ব্যাখ্যা হয় না *I don't believe in the supernatural.*

supernova / ˌsu:pəˈnəʊvə ˌসুপ্যা'ন্যাউভ্যা / *noun* [C] (*pl.* **supernovae** / -vi: -ভী / or **supernovas**) (*technical*) a star that suddenly becomes much brighter because it is exploding বিস্ফোরণের আগে যে তারা অতিরিক্ত উজ্জ্বল হয়ে ওঠে; সুপারনোভা ➪ **nova** দেখো।

superpower / ˈsu:pəpaʊə(r) 'সুপ্যাপাউঅ্যা(র্) / *noun* [C] one of the countries in the world that has very great military or economic power and a lot of influence, for example the US পৃথিবীতে উচ্চমানের সামরিক বা অর্থনৈতিক সম্পদে বলীয়ান রাষ্ট্রগুলির যে-কোনো একটি, যেমন মার্কিন যুক্তরাষ্ট্র ➪ **power**[1] **4** এবং **world power** দেখো।

supersede / ˌsu:pəˈsi:d ˌসুপ্যা'সীড্ / *verb* [T] to take the place of sb/sth which existed or was used before and which has become old-fashioned যা পুরোনো হয়ে গেছে এবং অনেকদিন ধরে আছে তার জায়গা নেওয়া, কোনো কিছুর স্থলাভিষিক্ত হওয়া *Steam trains were gradually superseded by electric trains.*

supersonic / ˌsu:pəˈsɒnɪk ˌসুপ্যা'সনিক্ / *adj.* faster than the speed of sound শব্দের চেয়েও দ্রুতগামী

superstar / ˈsu:pəstɑ:(r) 'সুপ্যাস্টা:(র্) / *noun* [C] a singer, film star, etc. who is very famous and popular অতি বিখ্যাত, খ্যাতনামা ও জনপ্রিয় গায়ক, অভিনেতা ইত্যাদি

superstition / ˌsu:pəˈstɪʃn ˌসুপ্যা'স্টিশ্ন্ / *noun* [C, U] a belief that cannot be explained by reason or science কুসংস্কার, অন্ধবিশ্বাস *According to superstition, it's unlucky to walk under a ladder.* ▶ **superstitious** / ˌsu:pəˈstɪʃəs ˌসুপ্যা-'স্টিশ্যাস্ / *adj.* কুসংস্কারাচ্ছন্ন *I never do anything important on Friday the 13th—I'm superstitious.*

superstore / ˈsu:pəstɔ:(r) সুপ্যাস্ট:(র্) / *noun* [C] a very large shop that sells food or a wide variety of one particular type of goods খুব বড়ো দোকান যেখানে খাবার ছাড়াও বিশেষ কোনো জিনিস বিভিন্ন আকারে, বিভিন্ন ধরনে পাওয়া যায়; মহাবিপণি

supervise / ˈsu:pəvaɪz 'সুপ্যাভাইজ্ / *verb* [I, T] to watch sb/sth to make sure that work is being done properly or that people are behaving correctly কাজকর্মের তদারকি করা, তত্ত্বাবধান করা, কাজ ঠিকমতো হচ্ছে কিনা, লোকেরা ঠিক ব্যবহার করছে কিনা এসব দেখা *Your job is to supervise the building work.* ▶ **supervision** / ˌsu:pəˈvɪʒn ˌসুপ্যা'ভিজ্ন্ / *noun* [U] তত্ত্বাবধান, তদারকি *Children should not burst crackers without adult supervision.* ▶ **supervisor** *noun* [C] তত্ত্বাবধায়ক, সুপারভাইজার

supper / ˈsʌpə(r) 'সাপ্যা(র্) / *noun* [C, U] (*old-fashioned*) the last meal of the day, either the main meal of the evening or a small meal that you eat quite late, not long before you go to bed প্রধান সান্ধ্য খাবার অথবা শুতে যাওয়ার আগে অল্প কিছু খাবার, হালকা ভোজন

supple / ˈsʌpl ˈসাপ্‌ল্ / *adj.* that bends or moves easily; not stiff নমনীয়, কোমল; শক্ত নয় এমন *Children are generally far more supple than adults.* ▶ **suppleness** *noun* [U] নমনীয়তা

supplement / ˈsʌplɪmənt ˈসাপ্‌লিম্যান্ট্ / *noun* [C] something that is added to sth else কোনো কিছু যা অন্য কিছুর সঙ্গে যুক্ত করা হয়; সম্পূরক *You have to pay a small supplement if you travel on a Saturday.* ▶ **supplement** / ˈsʌplɪment ˈসাপ্‌লিমেন্ট্ / *verb* [T] **supplement sth (with sth)** বাড়তি বস্তু যোগ করা, অন্য কিছুর সম্পূরক হওয়া *to supplement your diet with vitamins* ▶ **supplementary** / ˌsʌplɪˈmentri ˌসাপ্‌লিˈমেন্ট্রি / *adj.* বাড়তি, অতিরিক্ত *supplementary exercises at the back of the book*

supplier / səˈplaɪə(r) স্যাˈপ্লাইঅ্যা(র্) / *noun* [C] a person or company that supplies goods জোগানদার, সরবরাহকারী

supply[1] / səˈplaɪ স্যাˈপ্লাই / *verb* [T] (*pres. part.* **supplying**; *3rd person sing. pres.* **supplies**; *pt, pp* **supplied**) **supply sth (to sb); supply sb (with sth)** to give or provide sth জোগান দেওয়া, সরবরাহ করা *The farmer supplies eggs to the surrounding villages.* ○ *He supplies the surrounding villages with eggs.*

supply[2] / səˈplaɪ স্যাˈপ্লাই / *noun* [C] (*pl.* **supplies**) a store or amount of sth that is provided or available to be used সরবরাহ, জোগান, মাল রাখার গুদাম *Food supplies were dropped by helicopter during floods.* ○ *In many parts of the country water is* ***in short supply*** (=there is not much of it).

support[1] / səˈpɔːt স্যাˈপ:ট্ / *verb* [T] **1** to help sb by saying that you agree with him/her/it, and sometimes giving practical help such as money সাহায্য করা, সমর্থন করা, ভারবহন করা, অর্থ দিয়ে সাহায্য করা *Several large companies are supporting the project.* ○ *Which political party do you support?* **2** to give sb the money he/she needs for food, clothes, etc. অন্নবস্ত্রের জন্য অর্থ সাহায্য করা, ভরণপোষণ দেওয়া, প্রতিপালন করা *Javed has to support three children from his previous marriage.* **3** to carry the weight of sb/sth কোনো কিছুর ভার বহন করা, ওজন ধরে রাখা *Large columns support the roof.* **4** to show that sth is true or correct কোনো কিছু সত্য বা ঠিক এরকম দেখানো *What evidence do you have to support what you say?* **5** to have a particular sports team as your favourite কোনো বিশেষ ক্রীড়াদলকে সমর্থন করা *Which football team do you support?*

support[2] / səˈpɔːt স্যাˈপ:ট্ / *noun* **1** [U] **support (for sb/sth)** help and encouragement that you give to a person or thing কোনো ব্যক্তিকে সাহায্য এবং উৎসাহ দান; জনমতের সমর্থন *public support for the campaign* ○ *Surya spoke* ***in support of*** *the proposal.* **2** [C, U] something that carries the weight of sb/sth or holds sth firmly in place কোনো কিছুর ভার ধরে রাখে যা; ঠেকনো, আলম্ব *a roof support* **3** [U] money to buy food, clothes, etc. খাবার, জামাকাপড় ইত্যাদি কেনার অর্থ *She has no job, no home and no means of support.*

IDM **moral support** ⇨ **moral**[1] দেখো।

supporter / səˈpɔːtə(r) স্যাˈপ:ট্যা(র্) / *noun* [C] a person who supports a political party, sports team, etc. সমর্থক, সহায়ক *football supporters*

supportive / səˈpɔːtɪv স্যাˈপ:টিভ্ / *adj.* giving help or support to sb in a difficult situation সমর্থনসূচক, বিপদের দিনে সাহায্যকারী *Everyone was very supportive when I lost my job.*

suppose / səˈpəʊz স্যাˈপ্যাউজ্ / *verb* [T] **1** to think that sth is probable অনুমান করা, ঠিক হবে বলে ভাবা *What do you suppose could have happened?* ○ *I don't suppose that they're coming now.* **2** to pretend that sth will happen or is true যা ঘটবে তা সত্য বলে ভাবা, সম্ভাব্য ঘটনা ঘটবে বলে মনে করা *Suppose you won the lottery. What would you do?* **3** used to make a suggestion, request or statement less strong প্রস্তাব, অনুরোধ বা নরমভাবে কোনো বিবৃতি দেওয়ার জন্য ব্যবহৃত *I don't suppose you'd lend me your car tonight, would you?* **4** used when you agree with sth, but are not very happy about it আপত্তি সহকারে বা অখুশি মনে কোনো কিছুতে রাজি হওয়ার জন্য ব্যবহৃত *'Can we give Anand a lift?' 'Yes, I suppose so, if we must.'*

IDM **be supposed to do sth** **1** to be expected to do sth or to have to do sth প্রত্যাশিত ছিল, কথা ছিল এরকম বোঝানো *The train was supposed to arrive ten minutes ago.* **2** (*informal*) to be considered or thought to be sth মনে করা, সব দিক থেকে তাই মনে হওয়া *This is supposed to be the oldest building in the city.*

supposedly / səˈpəʊzɪdli স্যাˈপ্যাউজ়িড্‌লি / *adv.* according to what many people believe অনেকের মতে, বেশির ভাগ লোক যা বিশ্বাস করে

supposing / səˈpəʊzɪŋ স্যাˈপ্যাউজ়িং / *conj.* if sth happens or is true; what if যদি কিছু ঘটে বা সত্যি হয়; যদি *Supposing the plan goes wrong, what will we do then?*

supposition / ˌsʌpəˈzɪʃn ˌসাপ্যাˈজ়িশ্‌ন্ / *noun* [C, U] an idea that a person thinks is true but which has not been shown to be true আন্দাজ, মনগড়া ধারণা

suppress / səˈpres স্যাˈপ্রেস্ / *verb* [T] **1** to stop sth by using force জোর করে কোনো কিছু বন্ধ করা, দমন করা **2** to stop sth from being seen or known কোনো কিছু দেখা বা জানা বন্ধ করে লুকিয়ে রাখা *to suppress the truth* **3** to stop yourself from expressing your feelings, etc. মনোভাব গোপন করা বা চেপে রাখা *to suppress laughter/a yawn* ▶ **suppression** / səˈpreʃn স্যাˈপ্রেশ্‌ন্ / *noun* [U] দমন, নিরোধ

supremacy / suːˈpreməsi সুˈপ্রেম্যাসি / *noun* [U] **supremacy (over sb/sth)** the state of being the most powerful সর্বময় কর্তৃত্ব

supreme / suːˈpriːm সুˈপ্রীম্ / *adj.* the highest or greatest possible সর্বোচ্চ, সর্বোত্তম

supremely / suːˈpriːmli সুˈপ্রীম্‌লি / *adv.* extremely চরমভাবে, শ্রেষ্ঠভাবে

Supt *abbr.* (in the police force) Superintendent (পুলিশের) সুপারিনটেনডেন্ট

surcharge / ˈsɜːtʃɑːdʒ ˈস্যচাːজ্ / *noun* [C] an extra amount of money that you have to pay for sth অতিরিক্ত দেয় মাশুল

sure / ʃɔː(r) শː(র্) / *adj., adv.* **1** (*not before a noun*) having no doubt about sth; certain নিঃসন্দেহ; নিশ্চিত *I'm not sure what to do next.* ○ *He was sure that he'd made the right decision.* **2** (*not before a noun*) **sure of sth; sure to do sth** that you will definitely get or do, or that will definitely happen নিশ্চিত হওয়া, কি ঘটবে তার বিষয়ে নিশ্চিত থাকা *If you work hard you are sure to pass the exam.* ✪ বিপ **unsure** **3** that you can be certain of নিশ্চিত লক্ষণ *A noise like that is a sure sign of engine trouble.* **4** (*informal*) used to say 'yes' to sb কাউকে হ্যাঁ বলতে ব্যবহৃত *'Can I have a look at your newspaper?' 'Sure.'*

IDM Be sure to do sth Don't forget to do sth ভুলে না গিয়ে নিশ্চিতভাবে করা *Be sure to write and tell me what happens.*

for sure without doubt নিঃসন্দেহে, সঠিকভাবে *Nobody knows for sure what happened.*

make sure **1** to find out whether sth is in a particular state or has been done নিশ্চিত হওয়া, সন্দেহের অবকাশ না রেখে *I must go back and make sure I closed the window.* **2** to take the action that is necessary প্রয়োজনীয় কাজ নিশ্চিতভাবে করা *Make sure you are back home by 11 o'clock.*

sure enough as was expected প্রত্যাশানুযায়ী, নিশ্চিতভাবে *I expected him to be early, and sure enough he arrived five minutes before the others.*

sure of yourself confident about your opinions, or about what you can do আত্মবিশ্বাসী, নিজের মতবাদে স্থির

sure (thing) (*AmE informal*) yes হ্যাঁ, অবশ্যই *'Can I borrow this book?' 'Sure thing.'*

surely / ˈʃɔːli ˈশːলি / *adv.* **1** without doubt নিঃসন্দেহে *This will surely cause problems.* **2** used for expressing surprise at sb else's opinions, plans, actions, etc. (অন্য কারও মতামত, পরিকল্পনা, কাজ ইত্যাদি সম্বন্ধে) বিস্ময় বোঝানোর জন্য *Surely you're not going to walk home in this rain?* **3** (*AmE informal*) yes; of course হ্যাঁ; নিশ্চয়ই, কোনো সন্দেহই নেই

surety / ˈʃuərəti; ˈʃɔːr- শুঅ্যার্যাটি; ˈশর্- /*noun* [C, U] (*pl.* **sureties**) (*law*) **1** money given as a promise that you will pay a debt, appear in a court of law, etc. ঋণশোধ, আদালতে হাজিরা ইত্যাদির জন্য প্রদত্ত প্রতিশ্রুতি বা নিশ্চয়তা; জামানত *He was granted bail with a surety of Rs 10,000.* **2** a person who takes the responsibility for sb else in case they do not pay a debt, appear in a court of law, etc. কোনো ব্যক্তি তার ঋণ মেটাতে না পারলে, আদালতে উপস্থিত হতে না পারলে যে ব্যক্তি তার দায়িত্ব নেয়

surf[1] / sɜːf স্যফ্ / *noun* [U] the white part on the top of waves in the sea সমুদ্রের ঢেউএর ফেনা

surf[2] / sɜːf স্যফ্ / *verb* [I] to stand or lie on a special board (**a surfboard**) and ride on a wave towards the beach বিশেষ নৌকায় চেপে, ঢেউ এর সাহায্যে তীরের দিকে আসা

IDM surf the net to use the Internet ইন্টারনেট ব্যবহার করা

surface[1] / ˈsɜːfɪs ˈস্যফিস্ / *noun* **1** [C] the outside part of sth কোনো কিছুর বহির্ভাগ *the earth's surface* ○ *Teeth have a hard surface called enamel.* **2 the surface** [*sing.*] the top part of an area of water জলের উপরিভাগ *leaves floating on the surface of a pond* **3** [C] the flat top part of a piece of furniture, used for working on কোনো আসবাবের উপরিভাগ যার উপরে জিনিসপত্র রেখে কাজ করা যায় *a work surface* ○ *kitchen surfaces* **4** [*sing.*] the qualities of sb/sth that you see or notice, that are not hidden কারও বা কিছুর যে গুণাবলী চোখে পড়ে, বাইরের চেহারা ***below/beneath the surface***

surface[2] / ˈsɜːfɪs ˈস্যফিস্ / *verb* **1** [I] to come up to the surface of water জলের উপরে ভেসে ওঠা **2** [I] to suddenly appear again or become obvious after having been hidden for a while অনেকদিন চাপা থাকার পর আবার নতুন করে উপস্থিত হওয়া *All the old arguments surfaced again in the discussion.* **3** (*informal*) to wake up or get up after being asleep ঘুম থেকে জাগা, নিদ্রাভঙ্গ হওয়া **4** [T] to cover the surface of sth, especially a road or a path কোনো কিছুর, বিশেষত রাস্তাদির উপরিভাগ আস্তরণ দিয়ে ঢাকা

surface mail *noun* [U] letters, packages, etc. that go by road, rail or sea, not by air স্থলপথে, রেলযোগে বা জাহাজ দ্বারা ডাকযোগাযোগ ব্যবস্থা, বিমান যোগে নয় ➪ **airmail** দেখো।

surfboard / ˈsɜːfbɔːd ˈস্যফ্‌ব:ড্ / *noun* [C] a long narrow board used for the sport of riding on waves (**surfing**) যে লম্বা শক্ত পাটাতনে চেপে ঢেউয়ের সঙ্গে খেলা যায়; ঢেউ-পাটাতন

surfeit / ˈsɜːfɪt ˈস্যাফিট্ / *noun* [*sing.*] (*written*) **a surfeit (of sth)** too much of sth বিশাল পরিমাণ

surfer / ˈsɜːfə(r) ˈস্যফ্যা(র্) / *noun* [C] a person who rides on waves standing on a special board (**a surfboard**) যে ব্যক্তি সার্ফবোর্ডে-এ চেপে তরঙ্গের সঙ্গে ওঠানামা করে

surfing / ˈsɜːfɪŋ ˈস্যফিং / *noun* [U] **1** the sport of riding on waves while standing on a narrow board (**a surfboard**) সার্ফবোর্ড-এ চেপে ঢেউ-এর সঙ্গে নামা-ওঠার খেলা *to go surfing* **2** the activity of looking at different things on the Internet in order to find sth interesting আগ্রহজনক কিছু খুঁজে পাওয়ার জন্য ইন্টারনেটে নানান অংশ দেখার কাজ

surge / sɜːdʒ স্যজ্ / *noun* [C, *usually sing.*] **a surge (of/in sth)** **1** a sudden strong movement in a particular direction by a large number of people or things বিশাল, বিক্ষুব্ধ জনতা বা জনসমুদ্র *a surge forward* ○ *a surge* (=an increase) *in the demand for electricity* **2** a sudden strong feeling প্রবল উচ্ছ্বাস ▶ **surge** *verb* [I] ভিড় করে এগিয়ে যাওয়া, বিক্ষুব্ধভাবে এগিয়ে যাওয়া *The crowd surged forward.*

surgeon / ˈsɜːdʒən ˈস্যজ্যান্ / *noun* [C] a doctor who performs medical operations (**surgery**) শল্যচিকিৎসক *a brain surgeon*

surgery / ˈsɜːdʒəri ˈস্যজ্যারি / *noun* (*pl.* **surgeries**) **1** [U] medical treatment in which your body is cut open so that part of it can be removed or repaired শল্যচিকিৎসা, অস্ত্রোপচার *to undergo surgery* ➪ **plastic surgery** এবং **operation** দেখো। **2** [C, U] the place or time when a doctor or dentist sees patients যে সময় বা স্থানে চিকিৎসক রোগী দেখেন *Surgery hours are from 9.00 to 11.30.*

surgical / ˈsɜːdʒɪkl ˈস্যজিক্‌ল্ / *adj.* connected with medical operations শল্যচিকিৎসা সংক্রান্ত, অস্ত্রোপচার সংক্রান্ত, *surgical instruments* ▶ **surgically** / ˈsɜːdʒɪkli ˈস্যজিক্‌লি / *adv.* শল্য-চিকিৎসার মাধ্যমে

surly / ˈsɜːli ˈস্যলি / *adj.* unfriendly and rude অমিশুক, অভদ্র, কর্কশ, অসভ্য *a surly expression*

surmount / səˈmaʊnt স্যাˈমাউন্ট্ / *verb* [T] to deal successfully with a problem or difficulty অবলীলায় বাধাবিপত্তি কাটিয়ে ওঠা ➪ **insurmountable** দেখো।

surname / ˈsɜːneɪm ˈস্যনেইম্ / (*also* **last name**) *noun* [C] the name that you share with other people in your family যে নাম বা পদবি পরিবারের অন্য সদস্যদের সঙ্গে ব্যবহার করা হয় বা ভাগ করে নেওয়া হয়; নাম, পদবি *'What's your surname?' 'Rai.'* ➪ **name**-নোট দেখো।

surpass / səˈpɑːs স্যˈপ্যা:স্ / *verb* [T] (*formal*) to do sth better than sb/sth else or better than expected ছাপিয়ে যাওয়া, যা ভাবা হয়েছিল তার থেকেও ভালো হওয়া *The success of the film surpassed all expectations.*

surplus / ˈsɜːpləs ˈস্যপ্ল্যাস্ / *noun* [C, U] an amount that is extra or more than you need অতিরিক্ত, বাড়তি *the food surplus in Western Europe* ▶ **surplus** *adj.* বাড়তি, অতিরিক্ত *They sell their surplus grain to other countries.*

surprise[1] / səˈpraɪz স্যাˈপ্রাইজ্ / *noun* **1** [U] the feeling that you have when sth happens that you do not expect বিস্ময়, চমক *They looked up* ***in surprise*** *when she walked in.* **2** [C] something that you did not expect or know about বিস্ময়কর, অপ্রত্যাশিত *The news came as a complete surprise.* ○ *a surprise visit/attack/party*

IDM **take sb by surprise** to happen or do sth when sb is not expecting it কাউকে অবাক করে দেওয়া

surprise[2] / səˈpraɪz স্যাˈপ্রাইজ্ / *verb* [T] **1** to make sb feel surprised কাউকে বিস্মিত করা, চমকে দেওয়া *It wouldn't surprise me if you get the job.* **2** to attack or find sb suddenly and unexpectedly কাউকে অতর্কিতে আচমকা আক্রমণ করা, খুঁজে বার করা

surprised / səˈpraɪzd স্যাˈপ্রাইজ়ড্ / *adj.* feeling or showing surprise বিস্মিত, হতচকিত *I was very surprised to see Tara there. I thought she was still abroad.*

surprising / səˈpraɪzɪŋ স্যাˈপ্রাইজ়িং / *adj.* that causes surprise বিস্ময়জনক, আশ্চর্যজনক *It's surprising how many adults can't read or write.* ▶ **surprisingly** *adv.* আশ্চর্যজনকভাবে, বিস্ময়করভাবে *Surprisingly few people got the correct answer.*

surreal / səˈriːəl স্যাˈরীঅ্যাল্ / (*also* **surrealistic** / səˌriːəˈlɪstɪk স্যা,রীঅ্যাˈলিস্‌টিক্ /) *adj.* very strange; with images mixed together in a strange way like in a dream পরাবস্তুবাদী; কল্পনা ও বাস্তবের ছবি যা স্বপ্নের মতো অদ্ভুতভাবে মিলেমিশে থাকে *a surreal film/painting/situation*

surrender / səˈrendə(r) স্যা'রেন্ড্যা(র্) / *verb* **1** [I, T] **surrender (yourself) (to sb)** to stop fighting and admit that you have lost আত্মসমর্পণ করা, হার স্বীকার করা *The hijackers eventually surrendered themselves to the police.* ✪ সম **yield** **2** [T] (*formal*) **surrender sb/sth (to sb)** to give sb/sth to sb else অন্যের হাতে তুলে দেওয়া *The police ordered them to surrender their weapons.* ▶ **surrender** *noun* [C, U] আত্মসমর্পণ

surreptitious / ˌsʌrəpˈtɪʃəs ˌসার‍্যাপ্'টিশ্যাস্ / *adj.* done secretly গোপনে কৃত *I had a surreptitious look at what she was writing.* ▶ **surreptitiously** *adv.* গোপনভাবে, চুপিচুপি

surrogate / ˈsʌrəgət 'সার‍্যাগ্যাট্ / *noun* [C], *adj.* (a person or thing) that takes the place of sb/sth else (কোনো ব্যক্তি বা বস্তু) যখন অন্যের জায়গা নেয়; প্রতিনিধি *a surrogate mother* (= a woman who has a baby and gives it to another woman who cannot have children)

surround / səˈraʊnd স্যা'রাউন্ড্ / *verb* [T] **surround sb/sth (by/with sth)** to be or go all around sb/sth কাউকে বা কোনো কিছু ঘিরে ফেলা, ঘিরে থাকা *The garden is surrounded by a high wall.* ○ *Troops have surrounded the parliament building.*

surrounding / səˈraʊndɪŋ 'স্যা'রাউন্‌ডিং / *adj.* (*only before a noun*) that is near or around sth কোনো কিছুর চারপাশে, নিকটে

surroundings / səˈraʊndɪŋz স্যা'রাউন্‌ডিংজ্ / *noun* [*pl.*] everything that is near or around you; the place where you live বাসস্থানের চারপাশের, কাছের সবকিছু; পরিবেশ *pleasant surroundings* ○ *animals living in their natural surroundings* (= not in zoos) ➪ **environment** দেখো।

surveillance / sɜːˈveɪləns স্য'ভেইল্যান্স্ / *noun* [U] the careful watching of sb who may have done sth wrong কড়া নজর, খবরদারি *The building is protected by surveillance cameras.*

survey[1] / ˈsɜːveɪ 'স্যভেই / *noun* [C] **1** a study of the opinions, behaviour, etc. of a group of people কোনো বিষয়ে একটি দলের স্বভাব চরিত্র ইত্যাদির সমীক্ষা; জরিপ *to carry out/conduct/do a survey* **2** the action of examining an area of land and making a map of it জমি ইত্যাদি জরিপ করার কাজ **3** the action of examining a building in order to find out if it is in good condition কোনো অট্টালিকা, বাড়ি ইত্যাদির সাধারণ অবস্থা পরিদর্শন করে দেখার কাজ

survey[2] / səˈveɪ স্যা'ভেই / *verb* [T] **1** to look carefully at the whole of sth কোনো কিছু ভালোভাবে, সামগ্রিকভাবে পর্যবেক্ষণ করা *We stood at the top of the hill and surveyed the countryside.* **2** to carefully measure and make a map of an area of land ভালোভাবে মাপজোপ করে কোনো একটি অঞ্চলের মানচিত্র তৈরি করা **3** to examine a building carefully in order to find out if it is in good condition বাড়িটির অবস্থা ভালো আছে কিনা তা যত্নসহকারে পরীক্ষা করা

surveyor / səˈveɪə(r) স্যা'ভেইঅ্যা(র্) / *noun* [C] **1** a person whose job is to examine a building to make sure its structure is in good condition or to examine and record the details of a piece of land জমি, বাড়ি ইত্যাদির সরকারি পরিদর্শক; জরিপকার, পরীক্ষক; সার্ভেয়র ➪ **quantity surveyor** দেখো। **2** (*BrE*) an official whose job is to check that sth is accurate, of good quality, etc. সঠিক গুণাবলীর বিচার করেন যে সরকারি কর্মচারী; মানপরীক্ষক

survive / səˈvaɪv স্যা'ভাইভ্ / *verb* **1** [I, T] to continue to live or exist in or after a difficult or dangerous situation অনেক বিপদের পরেও টিকে থাকা বা বেঁচে থাকা, জীবিত থাকা *to survive a plane crash* ○ *Not many buildings survived the earthquake.* **2** [T] to live longer than sb/sth অন্যের বা অন্য কিছুর থেকে বেশি দিন ধরে টিকে থাকা ▶ **survival** / səˈvaɪvl স্যা'ভাইভ্‌ল্ / *noun* [U] টিকে থাকা, বেঁচে থাকার অবস্থা *A heart transplant was his only chance of survival.* ▶ **survivor** *noun* [C] প্রাণে বেঁচে যাওয়া ব্যক্তি, যে টিকে থাকে বা বেঁচে থাকে *There were five survivors of the crash.*

susceptible / səˈseptəbl স্যা'সেপ্ট্যাব্‌ল্/ *adj.* (*not before a noun*) **susceptible to sth** easily influenced, damaged or affected by sb/sth যে সহজেই প্রভাবিত হয়, আক্রান্ত ও ক্ষতিগ্রস্ত হয়; স্পর্শকাতর

suspect[1] / səˈspekt স্যা'স্পেক্ট্ / *verb* [T] **1** to believe that sth may happen or be true, especially sth bad সন্দেহ করা, আশঙ্কা করা *The situation is worse than we first suspected.* ○ *Nobody suspected that she was thinking of leaving.* ➪ **unsuspecting** দেখো। **2** to not be sure that you can trust sb or believe sth কাউকে বিশ্বাস করা যায় কিনা সে বিষয়ে মনস্থির করতে না পারা *I rather suspect his motives for offering to help.* **3 suspect sb (of sth/of doing sth)** to believe that sb is guilty of sth মনে মনে কাউকে অভিযুক্ত করা *She strongly suspected that he was lying.* ➪ **suspicion** noun দেখো।

suspect[2] / ˈsʌspekt 'সাস্‌পেক্ট্ / *noun* [C] a person who is thought to be guilty of a crime সন্দেহজনক ব্যক্তি; অভিযুক্ত *The suspects are being questioned by police.*

suspect[3] / ˈsʌspekt 'সাস্‌পেক্ট্ / *adj.* possibly not true or not to be trusted সন্দেহজনক *to have* *suspect motives* ○ *a suspect parcel* (=that may contain a bomb)

suspend / səˈspend ˈস্যাˈস্পেন্ড্ / *verb* [T] **1 suspend sth (from sth) (by/on sth)** to hang sth from sth else ঝুলে থাকা, ঝুলিয়ে রাখা **2** to stop or delay sth for a time কিছুক্ষণের জন্য মুলতুবি রাখা, ফেলে রাখা *Some rail services were suspended during the strike.* ○ *The young man was given a* ***suspended sentence*** (*=he will not go to prison unless he commits another crime*). **3 suspend sb (from sth)** to send sb away from his/her school, job, position, etc. for a period of time, usually as a punishment সাময়িকভাবে কাউকে স্কুল ইত্যাদি থেকে বহিষ্কার করা ➪ **suspension** noun দেখো।

suspender / səˈspendə(r) স্যাˈস্পেন্ড্যা(র্) / *noun* **1** [C, *usually pl.*] (*BrE*) a short piece of elastic that women use to hold up their **stockings** মেয়েদের মোজার ইলাস্টিক পটি **2 suspenders** [*pl.*] (*AmE*) = **brace[1] 2**

suspense / səˈspens স্যাˈস্পেন্স্ / *noun* [U] the feeling of excitement or worry that you have when you feel sth is going to happen, when you are waiting for news, etc. উৎকণ্ঠাপূর্ণ অপেক্ষা, কোনো খবরের জন্য অপেক্ষা করার যে অনুভূতি *Don't keep us in suspense. Tell us what happened.*

suspension / səˈspenʃn স্যাˈস্পেন্শন্ / *noun* **1** [C, U] not being allowed to do your job or go to school for a period of time, usually as a punishment (শাস্তি হিসেবে চাকুরি বা কাজ থেকে) সাময়িক বহিষ্কার বা খারিজ বা বরখাস্ত *suspension on full pay* **2** [U] delaying sth for a period of time কিছু সময়ের জন্য বিলম্বিত করা ➪ **suspend** verb দেখো। **3 the suspension** [U] the parts that are connected to the wheels of a car, etc. that make it more comfortable to ride in গাড়ির চাকা ইত্যাদির সঙ্গে লাগানো অংশ ইত্যাদি যার দ্বারা গাড়িতে চড়া আরামদায়ক হয় **4** [C, U] (*technical*) a liquid with very small pieces of solid matter floating in it; the state of such a liquid কোনো কঠিন পদার্থ যার মধ্যে তরল পদার্থের ছোটো ছোটো কণা ভেসে থাকে

suspension bridge *noun* [C] a bridge that hangs from thick steel wires that are supported by towers at each end যে সেতু দুই প্রান্তের টাওয়ার থেকে মোটা তারে বাঁধা অবস্থায় ঝোলানো থাকে

suspicion /səˈspɪʃn স্যাˈস্পিশ্ন্ / *noun* **1** [C, U] a feeling or belief that sth is wrong or that sb has done sth wrong সন্দেহ, অবিশ্বাস *She was arrested* ***on suspicion of*** *murder.* ○ *He is* ***under suspicion*** *of being involved in drug smuggling.* **2** [C] a feeling that sth may happen or be true অনুমান, আন্দাজ *I have a suspicion that he's forgotten he invited us.* ➪ **suspect** verb দেখো।

suspicious / səˈspɪʃəs স্যাˈস্পিশ্যাস্ / *adj.* **1 suspicious (of/about sb/sth)** feeling that sb has done sth wrong, dishonest or illegal (ভুল, অসৎ বা বেআইনি কিছু করার কারণে) কাউকে সন্দেহ করার মনোভাব, সন্দেহপ্রবণ *We became suspicious of his behaviour and alerted the police.* **2** that makes you feel that sth is wrong, dishonest or illegal যা মনে সন্দেহ জাগায় *The old man died* ***in suspicious circumstances.*** ○ *a suspicious-looking person* ▶ **suspiciously** *adv.* সন্দেহপূর্ণভাবে, সন্দেহজনকভাবে *to behave suspiciously*

sustain / səˈsteɪn স্যাˈস্টেইন্ / *verb* [T] **1** to keep sb/sth alive or healthy সুস্থ রাখা, বাঁচিয়ে রাখা, দেহে বল দেওয়া *Oxygen sustains life.* **2** to make sth continue for a long period of time without becoming less কমে না গিয়ে দীর্ঘকাল একভাবে থাকা *It's hard to sustain interest for such a long time.* **3** (*formal*) to experience sth bad ক্ষতি বা খারাপ কিছুর অভিজ্ঞতা হওয়া *to sustain damage/an injury/a defeat*

sustainable / səˈsteɪnəbl স্যাˈস্টেইন্যাব্ল্ / *adj.* **1** involving the use of natural products and energy in a way that does not harm the environment পরিবেশের যাতে কোনো ক্ষতি না হয় সেইভাবে প্রাকৃতিক উৎপাদনের ও শক্তির ব্যবহার *sustainable forest management* **2** that can continue or be continued for a long time যা টিকে থাকতে পারে এবং দীর্ঘদিন চলবে ✪ বিপ **unsustainable**

sustenance / ˌsʌstənəns ˌস্যাস্ট্যান্যান্স্/*noun* [U] (*formal*) **1** the food and drink that people, animals and plants need in order to live and stay healthy মানুষ, উদ্ভিদ ও প্রাণীসকলের বেঁচে থাকার রসদ; খাদ্য পানীয় যা বাঁচিয়ে রাখে ও সুস্বাস্থ্য বজায় রাখে *In some regions rice is the basis of daily sustenance.* **2 sustenance (of sth)** the process of making sth continue to exist অস্তিত্ব টিকিয়ে রাখার পদ্ধতি *Regular elections are essential for the sustenance of democracy.*

Sutra *noun* [U] (*IndE*) **1** a rule or a formula from Sanskrit literature, or a set of these on a particular topic like grammar, Hindu Law, philosophy, etc. সংস্কৃতসাহিত্য অথবা কোনো নির্দিষ্ট বিষয় যেমন ব্যাকরণ, হিন্দু আইন বা দর্শনের একটি বা একগুচ্ছনিয়ম বা সূত্র *Dharmasutra* **2** a Buddhist or Jain holy text বৌদ্ধ অথবা জৈন ধর্মের গ্রন্থ

SW *abbr.* **1 = short wave** ➪ **wavelength** দেখো। **2** south-west(ern) দক্ষিণ-পশ্চিম *SW Australia*

swab / swɒb সুঅব্ / *noun* [C] **1** a piece of soft material used by a doctor, nurse, etc. for cleaning a place where your body has been injured or cut, or for taking a substance from your body to test it (ডাক্তার, নার্স প্রমুখের দ্বারা ব্যবহৃত) নরম কোনো জিনিসের টুকরো যা দিয়ে রোগীর ক্ষতস্থান পরিষ্কার করা হয় অথবা পরীক্ষার জন্য শরীরের কোনো অংশ থেকে রস সংগৃহীত করা হয় **2** an act of taking a substance from sb's body for testing, with a swab কাপড়ের বা স্পঞ্জের টুকরো ব্যবহার করার ক্রিয়া *to take a throat swab* ▶ **swab** *verb* [T] (*pres. part.* **swabbing**; *pt, pp* **swabbed**) এইভাবে কাপড় বা স্পঞ্জের টুকরো ব্যবহার করা

swagger / ˈswæɡə(r) ˈসুঅ্যাগ্যা(র্) / *verb* [I] to walk in a way that shows that you are too confident or proud অত্যন্ত গর্বিতভাবে ও আত্মবিশ্বাসের সঙ্গে হাঁটা ▶ **swagger** *noun* [*sing.*] দেমাকি; মেজাজি চালচলন

swallow / ˈswɒləʊ ˈসুঅল্যাউ / *verb* **1** [T] to make food, drink, etc. go down your throat to your stomach গেলা, গিলে ফেলা, গলাধঃকরণ করা *It's easier to swallow pills if you take them with water.* **2** [I] to make a movement in your throat, often because you are afraid or surprised, etc. ভয়ে বা বিস্ময়ে ঢোক গিলে কথা বলার চেষ্টা করা *She swallowed hard and tried to speak, but nothing came out.* **3** [T] to accept or believe sth too easily সহজে বিশ্বাস করা, মেনে নেওয়া *You shouldn't swallow everything they tell you!* **4** [T] to accept an insult, etc. without complaining বিনা প্রতিবাদে অপমান ইত্যাদি হজম করা *I find her criticisms very hard to swallow.* **5** [T] **swallow sth (up)** to use all of sth, especially money সমস্তটাই (বিশেষ করে অর্থ) খরচ করে ফেলা *The rent swallows up most of our monthly income.* ▶ **swallow** *noun* [C] গলাধঃকরণ
IDM **hard to swallow** ➪ **hard**[1] দেখো।

swallow hole *noun* [C] (in geography) a large hole in the ground that a river flows into, created over a long period of time by water that has fallen as rain (ভূগোলে) অনেকদিন ধরে বৃষ্টির জল জমে বিরাট গর্ত হয় এবং তার মধ্যে যখন কোনো নদী এসে পড়ে ➪ **limestone**-এ ছবি দেখো।

swam ➪ **swim**-এর past tense

swamp[1] / swɒmp সুঅম্প্ / *noun* [C, U] an area of soft wet land জলাভূমি, জলা

swamp[2] / swɒmp সুঅম্প্ / *verb* [T] **1** to cover or fill sth with water জল ভরে যাওয়া, প্লাবিত করা, ভাসানো *The fishing boat was swamped by enormous waves.* **2** **swamp sb/sth (with sth)** (*usually passive*) to give sb so much of sth that he/she cannot deal with it পরিমাণ অত্যন্ত বেশি হওয়ার কারণে বিহ্বল, কিংকর্তব্যবিমূঢ় হয়ে যাওয়া *We've been swamped with applications for the job.* ✪ সম **inundate**

swan / swɒn সুঅন্ / *noun* [C] a large, usually white, bird with a very long neck that lives on lakes and rivers শ্বেতবর্ণ বিশিষ্ট লম্বা গলার পাখি যারা নদী বা সরোবরে বাস করে; রাজহংস, মরাল ➪ **duck** দেখো।

swap (*also* **swop**) / swɒp সুঅপ্ / *verb* [I, T] (**swapping; swapped**) **swap (sth) (with sb); swap A for B** to give sth for sth else; to exchange একটার পরিবর্তে একটা নেওয়া বা দেওয়া; বদলা বদলি করা *When we finish these books shall we swap* (=you have my book and I'll have yours)? ▶ **swap** *noun* [*sing.*] বদল, বিনিময় *Let's do a swap.*
IDM **change/swap places (with sb)** ➪ **place**[1] দেখো।

swarm[1] / swɔːm সুঅ:ম্ / *noun* [C] **1** a large group of insects, especially bees, moving around together একঝাঁক পোকামাকড়, বিশেষত মৌমাছির একটি বড়ো দল যারা দলবধ্বভাবে উড়ে বেড়ায় *a swarm of bees/locusts/flies* **2** a large number of people together বিপুল জনতা, গিজগিজ করা, থিকথিক করা জনসমষ্টি

swarm[2] / swɔːm সুঅ'ম্ / *verb* [I] to fly or move in large numbers দলে দলে ওড়া
PHR V **swarm with sb/sth** to be too crowded or full ভিড়ে থিকথিক করা, ভরে যাওয়া

swash / swɒʃ সুঅশ্ / *noun* [*sing.*] the flow of water up the beach after a wave has broken ঢেউ ভাঙার পরে তীরে যে জল চলে আসে ➪ **backwash** এবং **wave**-এ ছবি দেখো।

swat / swɒt সুঅট্ / *verb* [T] (**swatting; swatted**) to hit sth, especially an insect, with sth flat চ্যাপটা কিছু দিয়ে আঘাত করা, বিশেষত কোনো পোকাকে

swathe[1] / sweɪð সুএইদ্ / (*also* **swathswd** ০ সুআথ্) *noun* [C] (*written*) a large strip or area of sth কোনো বস্তুর চওড়া পট্টি বা বড়ো টুকরো *a swathe of hair/ fabric/sunlight*
IDM **cut a swathe through sth** (of a person, fire, etc.) to pass through a particular area destroying a large part of it (কোনো ব্যক্তি, আগুন ইত্যাদির) কোনো নির্দিষ্ট স্থান দিয়ে যাওয়া এবং তার অনেক অংশ নষ্ট করে দেওয়া

swathe[2] / sweɪð সুএইদ্ / *verb* [T] (*usually passive*) (*written*) **swathe sb/sth (in sth)** to wrap or cover sb/sth in sth কোনো ব্যক্তি অথবা বস্তুকে কোনো বস্তু দিয়ে জড়ানো *He was lying on the hospital bed, swathed in bandages.*

sway / sweɪ সুএই / *verb* 1 [I] to move slowly from side to side একপাশ থেকে অন্যপাশে যাওয়া, আন্দোলিত হওয়া *The trees were swaying in the wind.* **2** [T] to influence sb (কাউকে) প্রভাবিত করা *Many people were swayed by his convincing arguments.*

swear / sweə(r) সুএঅ্যা(র্) / *verb* (*pt* **swore** /swɔ:(r) সুঅ:(র্) /; *pp* **sworn** /swɔ:n সুঅ'ন্ /) **1** [I] **swear (at sb/sth)** to use rude or bad language গালাগালি করা, দিব্যি দেওয়া, মুখ খারাপ করা *He hit his thumb with the hammer and swore loudly.* ➪ **curse** দেখো **2** [I, T] **swear (to do sth); swear that...** to make a serious promise শপথ করা *When you give evidence in court you have to swear to tell the truth.*

PHR V **swear by sth** to believe completely in the value of sth গভীরভাবে কোনো কিছুর উপর বিশ্বাস থাকা বা রাখা

swear sb in (*usually passive*) to make sb say officially that he/she will accept the responsibility of a new position আনুষ্ঠানিকভাবে কাউকে শপথবাক্য পাঠ করানো (নতুন পদের দায়িত্ব গ্রহণ সম্বন্ধে) *The President will be sworn in next week.*

swear word (*old-fashioned* **oath**) *noun* [C] a word that is considered rude or bad and that may offend people গালাগালি

sweat / swet সুএট্ / *verb* [I] **1** to produce liquid through your skin because you are hot, ill or afraid ঘামা **2 sweat (over sth)** to work hard খুব পরিশ্রম করা, মাথার ঘাম পায়ে ফেলা *I've been sweating over that problem all day.* ▶ **sweat** *noun* [C, U] ঘাম, ঘর্ম *He wiped the sweat from his forehead.* ○ *He woke up* ***in a sweat.*** ➪ **perspiration** দেখো।

IDM **work/sweat your guts out** ➪ **gut**[1] দেখো।

sweater / ˈswetə(r) ˈসুএট্যা(র্) / *noun* [C] a warm piece of clothing with long sleeves, often made of wool, which you wear on the top half of your body , শরীরের উপর অংশে পরার পুরো হাতা গরম জামা; সোয়েটার

> **NOTE** **Sweater, jumper, pullover** এবং **jersey** এইসব শব্দের দ্বারা একই ধরনের গরম জামা বোঝায় সাধারণত এগুলি উল বা ঐ ধরনের কোনো গরম কাপড়ে তৈরি হয় আর **sweatshirt** সাধারণত সুতিবস্ত্র থেকে তৈরি করা হয় এবং খেলার জন্য বা বেড়াতে গেলে সাধারণভাবে পরা হয়। সামনে বোতাম বা অন্য কোনো ভাবে বন্ধ করা যায় এমন বুকখোলা জামা হল **cardigan**।

sweatshirt / ˈswetʃɜ:t ˈসুএট্শ্যট্ / *noun* [C] a warm piece of cotton clothing with long sleeves, which you wear on the top half of your body সুতির এক ধরনের গরম পুরোহাতা শার্ট; সোয়েটশার্ট

sweaty / ˈsweti ˈসুএটি / *adj.* **1** wet with sweat ঘর্মাক্ত, ঘামে জ্যাবজেবে, ঘেমো *I was hot and sweaty after the match and needed a shower.* **2** causing you to sweat যা ঘামায়, যার কারণে ঘাম হয় *a hot sweaty day*

swede / swi:d সুঈড্ / *noun* [C, U] a large, round, yellow vegetable that grows under the ground বড়ো, গোল, হলুদ-রঙা সবজি যা মাটির নীচে জন্মায়

sweep[1] / swi:p সুঈপ্ / *verb* (*pt, pp* **swept** / swept সুএপ্ট্ /) **1** [I, T] to clean the floor, etc. by moving dust, dirt, etc. away with a brush ঘরের মেঝে ইত্যাদি ঝাঁট দিয়ে পরিষ্কার করা *to sweep the floor* ➪ **clean**[2]-এ নোট দেখো। **2** [T] to remove sth from a surface using your hand, etc. হাত ইত্যাদি দিয়ে কোনো কিছুর উপর থেকে জিনিস সরানো, ঠেলে সরিয়ে দেওয়া *He swept the books angrily off the table.* **3** [I, T] to move quickly and smoothly over the area or in the direction mentioned খুব তাড়াতাড়ি, বিনা বাধায় কোনো বিশেষ দিকে সরে যাওয়া *Fire swept through the building.* **4** [T] to move or push sb/sth with a lot of force গায়ের জোরে কাউকে ঠেলা, কোনো কিছুকে সজোরে ধাক্কা দেওয়া *The huge waves swept her overboard.* ○ *He was swept along by the huge crowd.* **5** [I] to move in a way that impresses or is intended to impress people অন্যের মনে ছাপ পড়ার মতো করে দ্রুত চলে যাওয়া, লক্ষণীয়ভাবে, সবার দৃষ্টি আকর্ষণ করে যাওয়া *Five big black Mercedes swept past us.* **6** [I, T] to move over an area, especially in order to look for sth অনুসন্ধান করার জন্য কোনো এলাকায় ঘুরে বেড়ানো *The army were sweeping the fields for mines.*

PHR V **sweep (sb/sth) aside** to not allow sb/sth to affect your progress or plans অগ্রগতি বা পরিকল্পনায় কাউকে বাধা সৃষ্টি করতে না দেওয়া

sweep sth out to remove dirt and dust from the floor of a room or building using a brush ঝাড়ু, ব্রাশ ইত্যাদি দিয়ে ঘরের মেঝের ধুলোবালি পরিষ্কার করা, ঝাঁটানো, পরিমার্জনা করা

sweep over sb (used about a feeling) to suddenly affect sb very strongly (কোনো অনুভূতি সম্বন্ধে ব্যবহৃত) হঠাৎ কাউকে গভীরভাবে প্রভাবিত করা, অভিভূত হওয়া

sweep (sth) up to remove dirt, dust, leaves, etc. using a brush ঝাঁটানো

sweep[2] / swi:p সুঈপ্ / *noun* [C] **1** [*usually sing.*] the action of moving dirt and dust from a floor or surface using a brush পরিমার্জনা, ঝাঁট *I'd better give the floor a sweep.* **2** a long, curving shape or movement বিশেষ ধরনের অঙ্গভঙ্গি *He showed us which way to go with a sweep of his arm.* **3** a movement over an area, especially in order to look for sth অনুসন্ধানের কাজে বিশেষ অঞ্চলে ভ্রমণ **4** = **chimney sweep**

IDM **a clean sweep** ➪ **clean**[1] দেখো।

sweeper / ˈswi:pə(r) ˈসুঈপ্যা(র্) / *noun* [C] **1** a person or thing that cleans surfaces with a brush

ঝাড়ুদার, ঝাড়ন *He's a road sweeper.* ○ *Do you sell carpet sweepers?* **2** (in football) the defending player who plays behind the other defending players (ফুটবলে) যে খেলোয়াড় অন্যান্য প্রতিরোধকারীর পিছনে থেকে খেলে

sweeping / ˈswiːpɪŋ ˈসুঈপিং / *adj.* **1** (used about statements, etc.) too general and not accurate enough (কোনো মন্তব্য, বক্তব্য ইত্যাদি সম্বন্ধে ব্যবহৃত) অতি সাধারণ এবং যথেষ্ট তথ্যযুক্ত বা সঠিক নয় *He made a sweeping statement about all politicians being dishonest.* **2** having a great and important effect সুদূরপ্রসারী, ব্যাপক *sweeping reforms*

sweet[1] / swiːt সুঈট্ / *adj.* **1** containing, or tasting as if it contains, a lot of sugar যা খেতে মিষ্টি আর যার মধ্যে যথেষ্ট পরিমাণ চিনি থাকে *Children usually like sweet things.* ○ *This cake's too sweet.* ➪ **savoury** দেখো। **2** (used especially about children and small things) attractive (বিশেষত বাচ্চা বা ছোটোখাটো জিনিস সম্বন্ধে ব্যবহৃত) মনোরম, চিত্তাকর্ষক, সুন্দর *a sweet little kitten* ○ *Isn't that little girl sweet?* ✪ সম **cute** **3** having or showing a kind character নরম, মিষ্টি, মধুর *a sweet smile* ○ *It's very sweet of you to remember my birthday!* **4** (used about a smell or a sound) pleasant (কোনো গন্ধ সম্বন্ধে ব্যবহৃত) সুগন্ধিত, সুরভিত, মনোরম সুন্দর, মধুর ▶ **sweetness** *noun* [U] মিষ্টত্ব

IDM **have a sweet tooth** to like eating sweet things মিষ্টি খেতে ভালোবাসা

sweet[2] / swiːt সুঈট্ / *noun* **1** [C, *usually pl.*] (*AmE* **candy** [U]) a small piece of boiled sugar, chocolate, etc., often sold in a packet চিনি, চকোলেট ইত্যাদির ছোটো টুকরো যা প্রায়ই একটি প্যাকেটে বিক্রি হয়; ক্যান্ডি *a sweet shop* **2** [C, U] sweet food served at the end of a meal খাবার পরে খাওয়ার মিষ্টি ➪ **pudding** এবং **dessert** দেখো।

sweetcorn / ˈswiːtkɔːn ˈসুঈট্কːন্ / (*AmE* **corn**) *noun* [U] yellow grains from a tall plant (**maize**) that taste sweet and are eaten as a vegetable মিষ্টশস্য, মিষ্ট ভুট্টার দানা, যা সবজি হিসেবে খাওয়া হয়; সুইটকর্ন

sweeten / ˈswiːtn ˈসুঈট্ন্ / *verb* [T] to make sth sweet by adding sugar, etc. কোনো কিছু মিষ্টি করে তোলা, চিনি ইত্যাদি মিশিয়ে মিষ্টির স্বাদ বাড়ানো

sweetener / ˈswiːtnə(r) ˈসুঈট্ন্যা(র্) / *noun* [C, U] a substance used instead of sugar for making food or drink sweet (খাদ্য বা পানীয় মিষ্টি করার জন্য) চিনির বিকল্প হিসেবে ব্যবহৃত এক জাতীয় পদার্থ *artificial sweeteners*

sweetheart / ˈswiːthɑːt ˈসুঈট্হাːট্ / *noun* [C] **1** used when speaking to sb, especially a child, in a very friendly way মধুরভাবে, আদর করে সম্বোধন করার সময়ে বলা হয়, বিশেষত কোনো ছোটো বাচ্চাকে *Do you want a drink, sweetheart?* **2** (*old-fashioned*) a boyfriend or girlfriend পুরুষবন্ধু বা মেয়েবন্ধু, প্রণয়ী, প্রেমিক

sweetly / ˈswiːtli ˈসুঈট্লি / *adv.* in an attractive, kind or pleasant way সুন্দরভাবে, মনোরমভাবে, মিষ্টভাবে *She smiled sweetly.* ○ *sweetly-scented flowers*

sweet potato *noun* [C, U] a vegetable that grows under the ground and looks like a red potato, but is yellow inside and tastes sweet মাটির নীচে জন্মায় লাল রঙের আলু যার ভিতরটা হলুদ ও স্বাদ মিষ্টি; মিষ্টি আলু, রাঙা আলু

swell[1] / swel ˈসুএল্ / *verb* (*pt* **swelled** /sweld ˈসুএল্ড্ /; *pp* **swollen** / ˈswəʊlən ˈসুঅ্যাউল্যান্ / or **swelled**) **1** [I, T] **swell (up)** to become or to make sth bigger, fuller or thicker ফোলানো, বাড়ানো বা বাড়া, বৃদ্ধি পাওয়া, ফেঁপে ওঠা *After the fall her ankle began to swell up.* ○ *Heavy rain had swollen the rivers.* **2** [I, T] to increase or make sth increase in number or size সংখ্যায় বা আকারে বেড়ে ওঠা বা কোনো কিছু বাড়িয়ে দেওয়া *The crowd swelled to 600 by the end of the evening.* **3** [I] (*written*) (used about feelings or sound) to suddenly become stronger or louder (অনুভূতি বা শব্দ সম্বন্ধে ব্যবহৃত) ফুলে ওঠা, বেড়ে যাওয়া, প্রচণ্ড জোরে হওয়া, শব্দের জোর ধীরে ধীরে বাড়া *Hatred swelled inside him.*

swell[2] / swel সুএল্ / *noun* [*sing.*] the slow movement up and down of the surface of the sea ধীরগতিতে সমুদ্রের তরঙ্গস্ফীতি

swelling / ˈswelɪŋ ˈসুএলিং / *noun* **1** [C] a place on your body that is bigger or fatter than usual because of an injury or illness আঘাত বা অসুখের কারণে শরীরের কোনো ফুলে-ওঠা অংশ *I've got a nasty swelling under my eye.* **2** [U] the process of becoming swollen ফুলতে থাকা বা ফোলার প্রক্রিয়া *The disease often causes swelling of the ankles and knees.*

sweltering / ˈsweltərɪŋ ˈসুএল্ট্যারিং / *adj.* (*informal*) much too hot বিশ্রী রকমের গরম, যা গলদঘর্ম করে তোলে *It was sweltering in the office today.*

swept ➪ **sweep[1]** এর past tense এবং past participle

swerve / swɜːv সুঅ্যভ্ / *verb* [I] to change direction suddenly হঠাৎ দিক পরিবর্তন করা *The car swerved to avoid the child.* ▶ **swerve** *noun* [C] পথ-পরিবর্তন

swift / swɪft সুইফ্ট্ / *adj.* happening without delay; quick ক্ষিপ্র, দ্রুত, দ্রুতগামী, ত্বরিত *a swift reaction/decision/movement* ○ *a swift runner* ▶ **swiftly** *adv.* দ্রুতগতিতে

swill / swɪl সুইল্ / *verb* [T] **swill sth (out/down)** to wash sth by pouring large amounts of water, etc. into, over or through it খুব বেশি পরিমাণে জল ঢেলে, পুরো জিনিসটি খুব ভালোভাবে ধোয়া

swim / swɪm সুইম্ / *verb* (*pres. part.* **swimming**; *pt* **swam** / swæm সুঅ্যাম্ /; *pp* **swum** / swʌm সুআম্ /) **1** [I, T] to move your body through water জলের মধ্যে দিয়ে সাঁতার কাটা *How far can you swim? ০ Hundreds of tiny fish swam past.*

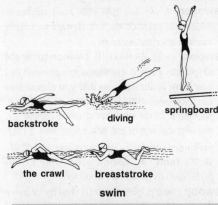

backstroke

diving

springboard

the crawl

breaststroke

swim

NOTE আনন্দের জন্য, অবসর বিনোদনের জন্য সাঁতার কাটার সময় **go swimming** বলা হয়। এছাড়া বিশেষ কোনো দিন বা সময়ে সাঁতার কাটতে গেলে **go for a swim** বলা হয়।

2 [I] **be swimming (in/with sth)** to be covered with a lot of liquid তরল পদার্থে আচ্ছাদিত *The salad was swimming in oil.* **3** [I] to seem to be moving or turning মাথা ঘোরা (নিজের চারপাশ যেন পাক খেতে বা দুলতে থাকে এমন) *The floor began to swim before my eyes and I fainted.* **4** [I] (used about your head) to feel confused (মাথা সম্বন্ধে ব্যবহৃত) বিভ্রান্ত বোধ করা *My head was swimming with so much new information.* ▶ **swim** *noun* [*sing.*] সাঁতার, সন্তরণ *to go for/have a swim* ▶ **swimmer** *noun* [C] সাঁতারু, সন্তরণকারী *a strong/weak swimmer*

swimming bath *noun* [C] (*also* **swimming baths**) [*pl.*] a public swimming pool, usually indoors স্নান করার বা সাঁতার কাটার ঢাকা জায়গা (সর্বসাধারণের জন্য)

swimming pool (*also* **pool**) *noun* [C] a pool that is built especially for people to swim in কৃত্রিম উপায়ে বানানো সন্তরণপুষ্করিনী; সাঁতার কাটার পুকুর; সুইমিং পুল *an indoor/outdoor/open-air swimming pool*

swimming trunks *noun* [*pl.*] a piece of clothing like shorts that a man wears to go swimming ছেলেদের সাঁতারের পোশাক *a pair of swimming trunks*

swimsuit / 'swɪmsuːt 'সুইম্সুট্ / (*also* **swimming costume**) *noun* [C] a piece of clothing that a woman wears to go swimming মেয়েদের সাঁতারের পোশাক ⇨ **bikini** দেখো।

swindle / 'swɪndl 'সুইন্ড্ল্ / *verb* [T] **swindle sb/sth (out of sth)** to trick sb in order to get money, etc. জোচ্চুরি করা, ঠকানো, কাউকে ঠকিয়ে টাকা হাতানো ▶ **swindle** *noun* [C] জোচ্চুরি, ধোঁকাবাজি *a tax swindle*

swine / swaɪn সুআইন্ / *noun* **1** [C] (*informal*) a very unpleasant person (গালাগালি) শুয়োর, শুয়োরের বাচ্চা, খুব জঘন্য লোক **2** [*pl.*] (*old-fashioned*) pigs শুয়োর, শূকর

swing¹ / swɪŋ সুইং / *verb* (*pt, pp* **swung** / swʌŋ সুআং /) **1** [I, T] to move backwards and forwards or from side to side while hanging from sth; to make sb/sth move in this way ঝুলন্ত কোনো বস্তুর পিছন থেকে সামনে অথবা এপাশ থেকে ওপাশে দোলা বা আন্দোলিত হওয়া; কোনো ব্যক্তি বা বস্তুকে দোলানো *The rope was swinging from a branch.* **2** [I, T] to move or make sb/sth move in a curve কিছু বা কাউকে বাঁকাভাবে আন্দোলিত করা *The door swung open and Ravi walked in.* **3** [I] to move or change from one position or situation towards the opposite one অবস্থার বা পরিস্থিতির পরিবর্তন করা, আন্দোলিত হওয়া, বিপরীত দিকে ঘুরে যাওয়া *She swung round when she heard the door open.* ০ *His moods swing from one extreme to the other.* **4** [I, T] **swing (sth) (at sb/sth)** to try to hit sb/sth কোনো কিছু বা কাউকে ছুড়ে মারার চেষ্টা করা

swing² / swɪŋ সুইং / *noun* **1** [*sing.*] a swinging movement or rhythm একটি বিশেষ দিকে ঘোরার গতি বা ছন্দ *He took a swing at the ball.* **2** [C] a seat, a piece of rope, etc. that is hung from above so that you can swing backwards and forwards on it দোলনা, ঝুলনা, হিন্দোলা *Some children were playing on the swings.* **3** [C] a change from one position or situation towards the opposite one সম্পূর্ণ বিপরীত দিকে দিক পরিবর্তন

IDM **in full swing** ⇨ **full¹** দেখো।

swipe / swaɪp সুআইপ্ / *verb* **1** [I, T] (*informal*) **swipe (at) sb/sth** to hit or try to hit sb/sth by moving your arm in a curve হাত বাঁকিয়ে বা ঘুরিয়ে মারা বা মারার চেষ্টা করা, ঝাপ্টা মারা *He swiped at the wasp with a newspaper but missed.* **2** [T] (*informal*) to steal sth কোনো কিছু চুরি করা **3** [T] to pass the part of a plastic card on which information is stored through a special machine for reading it তথ্য সম্বলিত দিকটি দেখার বা পড়ার জন্য মেশিনের মধ্যে প্লাস্টিক কার্ড ঢোকানো *The receptionist* *swiped my credit card and handed me the slip to sign.* ▶ **swipe** *noun* [C] ঝাপটা, আঘাত *She took a swipe at him with her handbag.*

swipe card *noun* [C] a small plastic card on which information is stored which can be read by an electronic machine যে প্লাস্টিক কার্ডের মধ্যে খুঁটিনাটি তথ্য জমা থাকে এবং যা কোনো বৈদ্যুতিন যন্ত্রের সাহায্যে পড়া যায়

swirl / swɜːl সুঅ্যল্ / *verb* [I, T] to make or cause sth to make fast circular movements কোনো কিছু দ্রুত গোল গোল করে ঘোরানো *Her long skirt swirled round her legs as she danced.* ▶ **swirl** *noun* [C] ঘূর্ণিপাক, ঘূর্ণি

swish[1] / swɪʃ সুইশ / *verb* [I, T] to move quickly through the air in a way that makes a soft sound; to make sth do this হাওয়ায় হালকা আওয়াজ করে চলে যাওয়া; কোনো বস্তুকে এইভাবে আওয়াজ করানো *Her dress swished as she walked past us.*

swish[2] / swɪʃ সুইশ্ / *noun* [*sing.*] the movement or soft sound made by sth moving quickly, especially through the air কোনো বস্তুর দ্রুত হাওয়ার মধ্যে দিয়ে চলে যাওয়ার যে আওয়াজ *She turned away with a swish of her skirt.*

switch[1] / swɪtʃ সুইচ্ / *noun* [C] **1** a small button or sth similar that you press up or down in order to turn on electricity বিদ্যুৎ চালনা শুরু করার জন্য যে ছোটো বোতাম বা সেরকম কিছুতে চাপ দেওয়া হয়; ইলেকট্রিকের সুইচ *a light switch* **2** a sudden change আকস্মিক পরিবর্তন *a switch in policy*

switch[2] / swɪtʃ সুইচ্ / *verb* [I, T] **1 switch (sth) (over) (to sth); switch (between A and B)** to change or be changed from one thing to another কোনো কিছু বদলে যাওয়া বা বদলানো *The match has been switched from Saturday to Sunday.* **2 switch (sth) (with sb/sth); switch (sth) (over/round)** to exchange positions, activities, etc. অবস্থা, কাজকর্ম ইত্যাদির পরিবর্তন করা *Someone switched the signs round and everyone went the wrong way.*

PHR V **switch (sth) off/on** to press a switch in order to start/stop electric power বাতি জ্বালাতে বা নেভাতে সুইচ টেপা, সুইচ টিপে বৈদ্যুতিক আলো জ্বালানো বা নেভানো, বৈদ্যুতিক যন্ত্র চালু বা বন্ধ করা *Don't forget to switch off the cooker.*

switch (sth) over to change to a different television programme টেলিভিশনের অনুষ্ঠান বদলে অন্য অনুষ্ঠানে যাওয়া

switchboard / ˈswɪtʃbɔːd ˈসুইচ্‌ব:ড্ / *noun* [C] the place in a large company, etc. where all the telephone calls are connected কোনো বড়ো কোম্পানি ইত্যাদিতে যেখানে সমস্ত টেলিফোন কলগুলি সংযুক্ত থাকে; সুইচবোর্ড

swivel / ˈswɪvl ˈসুইভ্‌ল্ / *verb* [I, T] (**swivelling; swivelled** *AmE* **swiveling; swiveled**) **swivel (sth) (round)** to turn around a central point; to make sth do this কেন্দ্রবিন্দুর চারপাশে ঘোরা, কোনো কিছু বিশেষ দিকে নিয়ে যাওয়া *She swivelled round to face me.*

swollen[1] ➪ **swell**[1]-এর past participle

swollen[2] / ˈswəʊlən ˈসুঅ্যাউল্যান্ / *adj.* thicker or wider than usual ফোলা, স্ফীত *Her leg was badly swollen after the accident.*

swoon / swuːn সূন্ / *verb* [I] **1 swoon (over sb)** to feel very excited, emotional, etc. about sb that you think is attractive so that you almost lose consciousness কোনো জিনিস সম্বন্ধে এত উত্তেজিত বা আবেগাপ্লুত ইত্যাদি হওয়া অথবা কোনো ব্যক্তিকে এত আকর্ষণীয় মনে করা যে প্রায় জ্ঞান হারিয়ে ফেলা **2** (*old-fashioned*) to lose consciousness মূর্ছা যাওয়া ✪ সম **faint** ▶ **swoon** *noun* [*sing.*] (*old-fashioned*) to go into a swoon মূর্ছা

swoop / swuːp সুউপ্ / *verb* [I] **1** to fly or move down suddenly উড়ে এসে ছোঁ মারা *The bird swooped down on its prey.* **2** (used especially about the police or the army) to visit or capture sb/sth without warning (বিশেষত পুলিশ বা সৈন্যবাহিনী সম্বন্ধে ব্যবহৃত) অতর্কিতে হানা দেওয়া *Police swooped at dawn and arrested the man.* ▶ **swoop** *noun* [C] সবেগে অবতরণ **a swoop (on sb/sth)**

swop = **swap**

sword / sɔːd স:ড্ / *noun* [C] a long, very sharp metal weapon, like a large knife তলোয়ার, তরবারি

swordfish / ˈsɔːdfɪʃ ˈস:ড্‌ফিশ্ / *noun* [C, U] (*pl.* **swordfish**) a large sea fish that you can eat, with a very long thin sharp upper jaw তরোয়াল মাছ, বড়ো ধরনের সামুদ্রিক মাছ যার উপরের চোয়াল সরু লম্বা, এই মাছ খাওয়া হয়; সোর্ডফিশ

swore ➪ **swear**-এর past tense

sworn ➪ **swear**-এর past participle

swot[1] / swɒt সুঅট্ / *verb* [I, T] (**swotting; swotted**) (*informal*) **swot (up) (for/on sth); swot sth up** to study sth very hard, especially to prepare for an exam পরীক্ষা ইত্যাদির জন্য খুব পরিশ্রম করে, খেটেখুটে পড়া *She's swotting for her final exams.*

swot[2] / swɒt সুঅট্ / *noun* [C] (*informal*) a person who studies too hard যে খুব খেটে পড়াশুনো করে, পড়া ইত্যাদির জন্য যে খুব খাটে

swum ➪ **swim**-এর past participle

swung ➪ **swing**[1]-এর past tense এবং past participle

sycophant / ˈsɪkəfænt ˈসিক্যাফ্যা'ন্ট্ / *noun* [C] (*formal*) (*disapproving*) a person who praises important or powerful people too much and in a way that is not sincere, especially in order to get sth from them কিছু পাওয়ার জন্য গুরুত্বপূর্ণ বা ক্ষমতাশালী ব্যক্তিদের খুব বেশি প্রশংসা করা, যা আন্তরিক নয়; মোসাহেব; চাটুকার; স্তাবক *The leader is surrounded by sycophants.* ▶ **sycophancy** / ˈsɪkəfənsi সাইক্যাফ্যানসি / *noun* (*formal*) (*disapproving*) মোসাহেবি, স্তাবকতা, চাটুকারিতা

syllable / ˈsɪləbl ˈসিল্যাব্‌ল্ / *noun* [C] a word or part of a word which contains one vowel sound যে শব্দ বা শব্দাংশে একটিমাত্র স্বরবর্ণ থাকে *'Mat' has one syllable and 'mattress' has two syllables.* ○ *The stress in 'international' is on the third syllable.*

syllabus / ˈsɪləbəs ˈসিল্যাব্যাস্ / *noun* [C] (*pl.* **syllabuses**) a list of subjects, etc. that are included in a course of study পাঠ্যসূচি; সিলেবাস ➪ **curriculum** দেখো।

symbol / ˈsɪmbl ˈসিম্‌বল্ / *noun* [C] **1 a symbol (of sth)** a sign, object, etc. which represents sth চিহ্ন, প্রতীক, সংকেত চিহ্ন *The cross is the symbol of Christianity.* **2 a symbol (for sth)** a letter, number or sign that has a particular meaning এমন কোনো সংখ্যা, অক্ষর বা চিহ্ন যা বিশেষ অর্থ বহন করে *O is the symbol for oxygen.*

symbolic / sɪmˈbɒlɪk সিম্ˈবলিক / (*also* **symbolical** / sɪmˈbɒlɪkl সিম্ˈবলিক্‌ল্ /) *adj.* used or seen to represent sth কোনো কিছুর চিহ্নরূপে ব্যবহৃত বা গৃহীত; প্রতীকী, দ্যোতক, প্রতীকাশ্রয়ী *The white dove is symbolic of peace.* ▶ **symbolically** / -bɒlɪkli/ ি-বলিক্‌লি / *adv.* প্রতীকীভাবে, সাংকেতিকভাবে

symbolism / ˈsɪmbəlɪzəm ˈসিম্‌ব্যালিজ্‌ম্ / *noun* [U] the use of symbols to represent things, especially in art and literature শিল্প, সাহিত্য প্রতীকের সাহায্যে উপস্থাপনা; প্রতীকীবাদ

symbolize (*also* **-ise**) / ˈsɪmbəlaɪz ˈসিম্‌ব্যালাইজ্ / *verb* [T] to represent sth কোনো কিছু প্রতীকের মাধ্যমে প্রকাশ করা *The deepest notes in music are often used to symbolize danger or despair.*

symmetrical / sɪˈmetrɪkl সিˈমেট্রিক্‌ল্ / (*also* **symmetric** / sɪˈmetrɪk সিˈমেট্রিক্ /) *adj.* having two halves that match each other exactly in size, shape, etc. এমন গঠনসম্পন্ন যাতে কোনো একটি বস্তুকে দুটি এমনভাবে ভাগ করা চলে ও দুটি অংশের আকার গঠন ইত্যাদি হুবহু একরকম দেখায় ✪ বিপ **asymmetric** ▶ **symmetrically** / -kli -ক্‌লি / *adv.* সুসংগত ও সুষমভাবে

symmetry / ˈsɪmətri ˈসিম্যাট্রি / *noun* [U] the state of having two halves that match each other exactly in size, shape, etc. একই আকার ও গঠনের দুটি সমান ভাগে বিভক্ত হওয়ার অবস্থা

sympathetic / ˌsɪmpəˈθetɪk ˌসিম্‌প্যাˈথেটিক / *adj.* **1 sympathetic (to/towards sb)** showing that you understand other people's feelings, especially their problems সহানুভূতিশীল, সংবেদনশীল *When Shamma was ill, everyone was very sympathetic.*

> **NOTE** ইংরেজি ভাষায় সহৃদয়, মধুর বা বন্ধুত্বপূর্ণ বোঝাতে **sympathetic** ব্যবহার করা হয় না, এরকম মনোভাব প্রকাশের ক্ষেত্রে **nice** বলা হয়।

2 sympathetic (to sb/sth) being in agreement with or supporting sb/sth কারও প্রতি সমর্থনসূচক মনোভাবসম্পন্ন; সহমর্মী *I explained our ideas but she wasn't sympathetic to them.* ✪ বিপ **unsympathetic** ▶ **sympathetically** / ˌsɪmpəˈθetɪkli ˌসিম্‌প্যাˈথেটিকলি/ *adv.* সহানুভূতি বা সংবেদনশীলতার সঙ্গে

sympathize (*also* **-ise**) / ˈsɪmpəθaɪz ˈসিম্‌প্যাথাইজ্ / *verb* [I] **sympathize (with sb/sth) 1** to feel sorry for sb; to show that you understand sb's problems কারও জন্য দুঃখ বোধ করা, সহমর্মী হওয়া; অপরের দুঃখে কষ্টে সমবেদনা প্রকাশ করা *I sympathize with her, but I don't know what I can do to help.* **2** to support sb/sth কাউকে বা কিছু সমর্থন করা *I find it difficult to sympathize with his opinions.*

sympathizer (*also* **-iser**) / ˈsɪmpəθaɪzə(r) ˈসিম্‌প্যাথাইজ়্যা(র্) / *noun* [C] a person who agrees with and supports an idea or aim কোনো চিন্তা বা উদ্দেশ্যকে যে ব্যক্তি সমর্থন জানান বা মতৈক্য জ্ঞাপন করেন; দরদী, সমানুভবী, সমব্যথী

sympathy / ˈsɪmpəθi ˈসিম্‌প্যাথি / *noun* (*pl.* **sympathies**) **1** [U] **sympathy (for/towards sb)** an understanding of other people's feelings, especially their problems অন্যের দুঃখকষ্ট সমস্যা মনোভাব বোঝার ক্ষমতা; সমবেদনা *Everyone feels great sympathy for the victims of the attack.* **2 sympathies** [*pl.*] feelings of support or agreement সহানুভূতি, সমবেদনা

IDM in sympathy (with sb/sth) in agreement, showing that you support or approve of sb/sth সমর্থনে, একমত হয়ে, অনুমোদন করে *Train drivers stopped work in sympathy with the striking bus drivers.*

symphony / ˈsɪmfəni ˈসিম্‌ফ্যানি / *noun* [C] (*pl.* **symphonies**) a long piece of music written for a large orchestra সমবেত যন্ত্রসংগীত; ঐকতান

symposium / sɪmˈpəʊziəm সিম্ˈপ্যাউজ়িঅ্যাম্ /*noun* (*pl.* **symposia** or **symposiums**) **symposium (on sth)** a meeting at which experts have discussions about a particular subject; a conference কোনো বিষয়ে আলোচনা সভা বা আলোচনা-চক্র; কনফারেন্স

symptom / ˈsɪmptəm সিম্প্‌ট্যাম্ / *noun* [C] **1** a change in your body that is a sign of illness রোগচিহ্ন, শরীরে রোগের লক্ষণ, উপসর্গ *The symptoms of flu include a headache, a high temperature and aches in the body.* **2** a sign (that sth bad is happening or exists) বিশেষ চিহ্ন (অশুভের অস্তিত্ব বা সম্ভাবনাসূচক) ▶ **symptomatic** / ˌsɪmptəˈmætɪk ˌসিম্প্‌ট্যাˈম্যাটিক্ / *adj.*লক্ষ্মণাত্মক, পরিচায়ক

synagogue / ˈsɪnəgɒg ˈসিন্যাগগ্ / *noun* [C] a building where Jewish people go to pray or to study their religion ইহুদিদের উপাসনা গৃহ; ধর্মস্থান

synchronize (*also* **-ise**) / ˈsɪŋkrənaɪz ˈসিংক্র্যানাইজ়্ / *verb* [T] to make sth happen or work at the same time or speed (একই সময়ে বা একই গতিতে) কোনো কিছু চালানো বা ঘটানো *We synchronized our watches to make sure we agreed what the time was.*

syncline / ˈsɪŋklaɪn ˈসিংক্লাইন্ / *noun*[C] (*technical*) (in geology) an area of ground where layers of rock in the earth's surface have been folded into a curve that is lower in the middle than at the ends (ভূতত্ত্বে) পৃথিবীপৃষ্ঠের যে অংশে পাথরের স্তরসমূহ ভাঁজ হয়ে মাঝখান থেকে বসে গেছে; অবতলভঙ্গ, নিম্নভঙ্গ ➩ **anticline** দেখো।

syndicate / ˈsɪndɪkət ˈসিন্‌ডিক্যাট্ / *noun* [C] a group of people or companies that work together in order to achieve a particular aim একই লক্ষ্য সাধনের জন্য একই সঙ্গে কাজ করে এমন বক্তিবর্গ বা কোম্পানিসমূহ; সিন্ডিকেট

syndrome / ˈsɪndrəʊm ˈসিন্‌ড্র্যাউম্ / *noun* [C] **1** a group of signs or changes in the body that are typical of an illness কোনো রোগে একসঙ্গে দেখা-দেওয়া লক্ষণগুলি; উপসর্গসমূহ *Down's syndrome* ○ *Acquired Immune Deficiency Syndrome (AIDS)* **2** a set of opinions or a way of behaving that is typical of a particular type of person, attitude or social problem কারও মতামত বা আচরণ বা সামাজিক সমস্যার সমন্বয়; ব্যক্তিত্ব প্রকাশ

synonym / ˈsɪnənɪm ˈসিন্যানিম্ / *noun* [C] a word or phrase that has the same meaning as another word or phrase in the same language একই ভাষার অন্তর্গত যে শব্দ বা বাক্যাংশ অন্য শব্দের সঙ্গে, একই অর্থ বহন করে; সমার্থশব্দ, প্রতিশব্দ *'Big' and 'large' are synonyms.* ➩ **antonym** দেখো।
▶ **synonymous** / sɪˈnɒnɪməs সিˈননিম্যাস্ / *adj.* **synonymous (with sth)** সমার্থবোধক, একার্থবোধক

synopsis / sɪˈnɒpsɪs সিˈনপ্‌সিস্ / *noun* [C] (*pl.* **synopses** /-si:z -সীজ়্ /) a **summary** of a piece of writing, a play, etc. সংক্ষিপ্তসার (কোনো রচনা, নাটক ইত্যাদির) ▶ **synoptic** / sɪˈnɒptɪk সিˈনপ্‌টিক্ / *adj.* (*formal*) সারসংক্ষেপবিষয়ক

synovial / saɪˈnəʊviəl সাইˈন্যাউভিঅ্যাল্ / *adj.* (*technical*) connected with a type of **joint** that has a piece of very thin skin (**membrane**) containing liquid between the bones, which allows the joint to move freely যে তরলপদার্থ সমৃদ্ধ ঝিল্লির দ্বারা শরীরের কোনো সন্ধিস্থলের গতি স্বচ্ছন্দ ও মুক্ত থাকে *a synovial joint/membrane* ➩ **arm**-এ ছবি দেখো।

syntax / ˈsɪntæks সিন্‌ট্যাক্স / *noun* [U] the system of rules for the structure of a sentence in a language বাক্য গঠনের ব্যাকরণসম্মত নিয়মাবলী

synthesis / ˈsɪnθəsɪs ˈসিন্‌থ্যাসিস্ / *noun* (*pl.* **syntheses** / -si:z -সীজ়্ /) **1** [U, C] **(a) synthesis (of sth)** the act of combining separate ideas, beliefs, styles, etc.; a mixture or combination of ideas, beliefs, styles, etc. বিভিন্ন ভাব, বিশ্বাস, রীতি ইত্যাদির একত্রকরণ; নানান ভাবনার সমাবেশ; সমন্বয়, সংশ্লেষ *the synthesis of traditional and modern values* ○ *a synthesis of art with everyday life* **2** [U] (*technical*) the natural chemical production of a substance in animals and plants প্রাণী ও বৃক্ষের মধ্যে স্বাভাবিক রাসায়নিক উৎপাদন *protein synthesis* **3** [U] (*technical*) the artificial production of a substance that is present naturally in animals and plants যে পদার্থ প্রাণীদেহে ও গাছপালার মধ্যে স্বাভাবিকভাবে পাওয়া যায় তার কৃত্রিম উৎপাদন *the synthesis of penicillin* **4** [U] the production of sounds, music or speech by electronic means বৈদ্যুতিন প্রক্রিয়ায় সংগীত, ধ্বনি বা কথার কৃত্রিম উৎপাদন পদ্ধতি *digital/sound/speech synthesis*

synthesize (*also* **-ise**) / ˈsɪnθəsaɪz ˈসিন্‌থ্যাসাইজ়্ / *verb* [T] **1** (*technical*) to produce a substance by artificial means কৃত্রিমভাবে কোনো পদার্থ উৎপন্ন করা **2** to produce sounds, music or speech using electronic equipment কোনো বৈদ্যুতিন যন্ত্রের সাহায্যে সংগীত, ধ্বনি বা কথার সৃষ্টি করা **3** to combine separate ideas, beliefs, styles, etc. বিভিন্ন ধরনের ধারণা, বিশ্বাস, আঙ্গিক প্রভৃতির সমন্বয় সাধন করা

synthesizer (*also* **-iser**) / ˈsɪnθəsaɪzə(r) ˈসিন্‌থ্যাসাইজ্যা(র্) / *noun* [C] an electronic musical instrument that can produce a wide variety of different sounds বৈদ্যুতিন বাদ্যযন্ত্র যার মধ্যে বিভিন্ন ধরনের ধ্বনি সৃষ্টি করা যায়; সিনথেসাইজার

synthetic / sɪnˈθetɪk সিন্ˈথেটিক্ / *adj.* made by a chemical process; not natural রাসায়নিক পদ্ধতিতে উৎপন্ন; স্বাভাবিকভাবে নয় *synthetic materials/fibres* ▶ **synthetically** / sɪnˈθetɪkli সিন্ˈথেটিক্লি / *adv.* কৃত্রিমভাবে

syphilis / ˈsɪfɪlɪs ˈসিফিলিস্ / *noun* [U] a serious disease that passes from one person to another by sexual contact গুরুতর যৌন রোগ যা যৌন সম্পর্কের মাধ্যমে সংক্রামিত হয়; উপদংশ রোগ; সিফিলিস

syphon = **siphon**

syringe / sɪˈrɪndʒ সিˈরিন্জ্ / *noun* [C] **1** a plastic or glass tube with a needle that is used for taking a small amount of blood out of the body or for putting drugs into the body ছুঁচওয়ালা প্লাস্টিক অথবা কাচের নল যা শরীর থেকে অল্পপরিমাণ রক্ত টেনে নেওয়ার জন্য অথবা ওষুধ শরীরের মধ্যে প্রবেশ করানোর জন্য ব্যবহৃত হয়; সিরিঞ্জ **2** a plastic or glass tube with a rubber part at the end, used for sucking up liquid and then pushing it out প্রান্তদেশ রাবারের এরকম কাচের বা প্লাস্টিকের পিচকিরির মতো টিউব যার মাধ্যমে কোনো কিছু থেকে তরল পদার্থ টেনে নিয়ে পরে তা ঠেলে বা চাপ দিয়ে পরিমাণমতো বার করা যায় ⇨ **laboratory**-তে ছবি দেখো।

syrup / ˈsɪrəp সির‍্যাপ্ / *noun* [U] a thick sweet liquid, often made by boiling sugar with water or fruit juice চিনি এবং ফলের রসে তৈরি মিষ্ট তরল পদার্থ; সিরাপ *peaches in syrup* ⇨ **treacle** দেখো।

system / ˈsɪstəm ˈসিস্ট্যাম্ / *noun* **1** [C] a set of ideas or rules for organizing sth; a particular way of doing sth একগুচ্ছ ভাবধারা বা নিয়মসমূহ; প্রণালী, রীতি, পদ্ধতি *We have a new computerized system in the library.* ○ *the education system* **2** [C] a group of things or parts that work together বিভিন্ন বস্তু বা দল সমন্বিত সুসমন্বিত ব্যবস্থা যার দ্বারা সবাই একসঙ্গে কাজ করে *a central heating system* ○ *a transport system* **3** [C] the body of a person or animal; parts of the body that work together মানুষ অথবা প্রাণী দেহের গঠনতন্ত্র; মানব বা পশুদেহের অঙ্গসমূহ যেগুলি একসঙ্গে কাজ করে *the central nervous system* **4 the system** [*sing.*] (*informal*) the traditional methods and rules of a society সমাজব্যবস্থা বা সমাজের চিরন্তন রীতিনীতি, কায়দাকানুন *You can't **beat the system*** (=you must accept these rules).

IDM **get sth out of your system** (*informal*) to do sth to free yourself of a strong feeling or emotion কোনো কিছুর প্রতিক্রিয়া, মনোভাব বা প্রভাব থেকে নিজেকে বার করে আনা, মুক্ত করা

systematic / ˌsɪstəˈmætɪk ˌসিস্ট্যাˈম্যাটিক / *adj.* done using a fixed plan or method সুসম্বন্ধ, শৃঙ্খলাবদ্ধ *a systematic search* ▶ **systematically** / -kli -কলি / *adv.* সুশৃঙ্খলভাবে

systemic / sɪˈstemɪk; sɪˈstiːmɪk সিˈস্টেমিক্; সিˈস্টীমিক্/ *adj.* (*technical*) **1** affecting or connected with the whole of sth, especially the human body বিশেষত মানবদেহের সমগ্র দেহযন্ত্রের সঙ্গে যুক্ত **2** systemic chemicals or drugs that are used to treat diseases in plants or animals which enter the body of the plant or animal and spread to all parts of it সর্বপ্রসারী রাসায়নিক দ্রব্য বা ঔষধ যা গাছপালা বা পশুর কোনো রোগের চিকিৎসার জন্য প্রয়োগ করলে তার সমগ্র অংশে ছড়িয়ে পড়ে *systemic weedkillers* ▶ **systemically** / -kli কলি / *adv.* সামগ্রিকভাবে

systems analyst *noun* [C] (*computing*) a person whose job is to look carefully at the needs of a business company or an organization and then design the best way of working and completing tasks using computer programs যে ব্যক্তির কাজ কোনো ব্যাবসা প্রতিষ্ঠান বা অন্য প্রতিষ্ঠানের কাগজপত্র এবং প্রয়োজন খুঁটিয়ে দেখে নিয়ে কম্পিউটার প্রোগ্রামে তার কর্মপদ্ধতি ঠিক করা এবং কার্যসাধন করা

T t

T, t[1] / ti: টী / *noun* [C, U] (*pl.* **T's; t's** / ti:z টীজ্ /) the twentieth letter of the English alphabet ইংরেজি বর্ণমালার বিংশতিতম অক্ষর বা বর্ণ *'Table' begins with a 'T'.*

t[2] (*AmE* **tn**) *abbr.* ton(s), tonne(s) টন *5t coal*

ta / tɑ: টা: / *exclamation* (*BrE informal*) thank you ধন্যবাদ প্রশংসা ও কৃতজ্ঞতাবাচক উক্তি

tab / tæb ট্যাব্ / *noun* [C] **1** a small piece of cloth, metal or paper that is fixed to the edge of sth to help you open, hold or identify it কাপড়, ধাতু বা কাগজের ছোটো টুকরো যা কোনো বস্তুর প্রান্তে আটকানো থাকে এবং যেটির সাহায্যে জিনিসটি খুলতে এবং ধরতে বা চিহ্নিত করতে সুবিধা হয় *You open the tin by pulling the metal tab.* **2** the money that you owe for food, drink, etc. in a bar, cafe or restaurant; the bill রেস্তোরাঁ বা পানশালায় খাদ্য, পানীয় ইত্যাদির জন্য দেয় অর্থ; বিল

IDM **keep tabs on sb/sth** (*informal*) to watch sb/sth carefully; to check sth কারও প্রতি মনোযোগ সহকারে লক্ষ করা, কারও গতিবিধির উপর নজর রাখা; কোনো কিছু পরীক্ষা করা বা খুঁটিয়ে দেখা

tabla *noun* [C] a pair of small hand drums, one of which is slightly larger than the other, used in Indian classical music ভারতীয় ধ্রুপদী সংগীতে ব্যবহৃত হয় একরকম হস্ততালবাদ্য যার একটি অন্যটির থেকে বড়ো; তবলা ⇨ **music**-এ ছবি দেখো।

table / ˈteɪbl ˈটেইব্‌ল্ / *noun* [C] **1** a piece of furniture with a flat top supported by legs মেজ, টেবিল *a dining/bedside/coffee/kitchen table*

> NOTE আমরা জিনিসপত্র টেবিলের উপরে রাখার জন্য **on the table** অভিব্যক্তিটি ব্যবহার করি এবং টেবিলের চারিদিকে চেয়ারে বসার জন্য **at the table** অভিব্যক্তিটি ব্যবহৃত হয়।

2 a list of facts or figures, usually arranged in rows and columns down a page সাধারণত সারিবন্ধভাবে এবং স্তম্ভাকারে সাজানো তথ্য অথবা সংখ্যার তালিকা; সারণি *Table 3 shows the results.*

tableau / ˈtæbləʊ ˈট্যাব্‌ল্যাউ / *noun* [C] (*pl.* **tableaux** / ˈtæbləʊz ˈট্যাব্‌ল্যাউজ্ /) **1** a scene showing for example, events and people from history, that is presented by a group of actors who do not move or speak কোনো দৃশ্যপট, যেমন ঐতিহাসিক চরিত্র এবং ঘটনা সম্বলিত, যা কোনো অভিনয় ছাড়াই নির্বাকভাবে শিল্পীবর্গের দ্বারা উপস্থাপিত হয়; ট্যাবলো *The procession included a tableau of the Battle of Panipat.* **2** a work of art showing a group of people, animals, etc. often carved out of stone পাথরে খোদাই করা মানুষ, পশু ইত্যাদি সম্বলিত শিল্পকর্ম

tablecloth / ˈteɪblklɒθ ˈটেইব্‌ল্‌ক্লথ্ / *noun* [C] a piece of cloth that you use for covering a table, especially when having a meal টেবিল-ঢাকা, টেবিলের আচ্ছাদনী; টেবিল-ক্লথ

table manners *noun* [*pl.*] behaviour that is considered correct while you are having a meal at a table with other people অনেকের সঙ্গে একত্র খেতে বসে যেসব রীতি ও সৌজন্যবোধ মেনে চলা ঠিক বলে মনে করা হয়

tablespoon / ˈteɪblspu:n ˈটেইব্‌ল্‌স্পুন্ / *noun* [C] **1** a large spoon used for serving or measuring food খাবার পরিবেশন বা পরিমাপ করার জন্য ব্যবহৃত বড়ো চামচ **2** (*also* **tablespoonful**) the amount that a tablespoon holds একটি বড়ো চামচে যতটা ধরে তার পরিমাণ *Add two tablespoons of sugar.*

tablet / ˈtæblət ˈট্যাব্‌ল্যাট্ / *noun* [C] a small amount of medicine in solid form that you swallow ওষুধের বড়ি, বটিকা; ট্যাবলেট *Take two tablets every four hours.*

table tennis (*informal* **ping-pong**) *noun* [U] a game with rules like tennis in which you hit a light plastic ball across a table with a small round bat টেনিস খেলার নিয়মসম্বলিত যে খেলায় একটি ছোটো গোল ব্যাটের দ্বারা প্লাস্টিকের হালকা বল টেবিলের এদিকে থেকে ওদিকে মেরে খেলা হয়; পিংপং; টেবিল টেনিস

tabloid / ˈtæblɔɪd ˈট্যাব্‌লইড্ / *noun* [C] a newspaper with small pages, a lot of pictures and short articles ছোটো আকারের পাতাওয়ালা খবরের কাগজ যার মধ্যে অনেক ছবি ও সংক্ষিপ্ত নিবন্ধসমূহ থাকে; ট্যাবলয়েডসমূহ

taboo / təˈbu: ট্যাˈবু / *noun* [C] (*pl.* **taboos**) something that you must not say or do because it might shock, offend or make people embarrassed নিষিদ্ধ, বর্জিত শব্দসমূহ বা কাজকর্ম যা মানুষকে আঘাত দিতে পারে, বিরক্ত বা বিব্রত করতে পারে; ট্যাবু ▶ **taboo** *adj.* নিষিদ্ধ, ট্যাবু সম্পর্কিত *a taboo subject/word*

tabular / ˈtæbjələ(r) ˈট্যাবিঅ্যাল্যা(র্) / *adj.* (*usually before a noun*) presented or arranged in a **table** টেবিল বা সারণির মধ্যে উপস্থাপিত বা বিন্যস্ত *tabular data* ○ *The results are presented* ***in tabular form.***

tabulate / ˈtæbjuleɪt ˈট্যাবিউলেইট্ / *verb* [T] to arrange facts or figures in columns or lists so that they can be read easily তথ্য এবং সংখ্যা স্তম্ভাকারে সাজানো বা তালিকাবন্ধ করা যাতে সেগুলি সহজপাঠ্য হয় ▶ **tabulation** / ˌtæbjuˈleɪʃn ˌট্যাবিউˈলেইশ্‌ন্ / *noun* [U, C] সারিবন্ধকরণ, সারণিবিন্যাস

tacit / ˈtæsɪt ˈট্যাসিট্ / *adj.* (*formal*) understood but not actually said ব্যঞ্জিত, উহ্য ▶ **tacitly** *adv.* ব্যঞ্জিতভাবে

tack[1] / tæk ট্যাক্ / *noun* **1** [*sing.*] a way of dealing with a particular situation বিশেষ পরিস্থিতিতে মোকাবিলা করার উপায় *If people won't listen we'll have to try a different tack.* **2** [C] a small nail with a sharp point and a flat head তীক্ষ্ণ ফলা এবং চওড়া মাথাওয়ালা ছোটো পেরেক

tack[2] / tæk ট্যাক্ / *verb* [T] **1** to fasten sth in place with **tacks**[1] **2** গোঁজ বা পেরেক দিয়ে কোনো কিছু আটকানো **2** to fasten cloth together temporarily with long stitches that can be removed easily সাময়িকভাবে কোনো কাপড় লম্বা লম্বা সেলাই দিয়ে আটকে রাখা যা সহজে খুলে ফেলা যায়; টাক সেলাই দেওয়া

PHR V **tack sth on (to sth)** to add sth extra on the end of sth কোনো কিছুর শেষের দিকে বাড়তি কিছু যোগ করা

tackle[1] / ˈtækl ˈট্যাক্‌ল্ / *verb* **1** [T] to make an effort to deal with a difficult situation or problem কঠিন সমস্যা বা পরিস্থিতি সামলানোর চেষ্টা করা *The government must tackle the problem of rising unemployment.* **2** [I, T] (used in football, etc.) to try to take the ball from sb in the other team (ফুটবল ইত্যাদিতে ব্যবহৃত) অন্যদলের খেলোয়াড়ের কাছ থেকে বল কেড়ে নেওয়ার চেষ্টা করা **3** [T] to stop sb running away by pulling him/her down পিছন থেকে টেনে ধরে কাউকে দৌড়ে এগিয়ে যাওয়া থেকে আটকানো বা তাকে থামানো **4** [T] **tackle sb about sth** to speak to sb about a difficult subject কারও সঙ্গে কোনো কঠিন বিষয় নিয়ে কথা বলা *I'm going to tackle him about the money he owes me.*

tackle[2] / ˈtækl ˈট্যাক্‌ল্ / *noun* **1** [C] the action of trying to get the ball from another player in football, etc. ফুটবল ইত্যাদি খেলায় প্রতিপক্ষের কাছ থেকে বল দখলে নেওয়ার চেষ্টা **2** [U] the equipment you use in some sports, especially fishing কোনো খেলায়, বিশেষত মাছ ধরার সময়ে ব্যবহৃত ছোটো সরঞ্জাম *fishing tackle*

tacky / ˈtæki ˈট্যাকি / *adj.* (*informal*) **1** cheap and of poor quality and/or not in good taste সস্তা, নিম্নমানের, নিম্নরুচির *a shop selling tacky souvenirs* **2** (used about paint, etc.) not quite dry; sticky (রং ইত্যাদি সম্বন্ধে ব্যবহৃত) পুরোপুরি শুকনো নয়; চটচটে, ভিজে ভিজে

tact / tækt ট্যাক্ট্ / *noun* [U] the ability to deal with people without offending or upsetting them লোকজনকে বিরক্ত না করে বা আঘাত না দিয়ে তাদের সঙ্গে কাজ করার ক্ষমতা *She handled the situation with great tact and diplomacy.*

tactful / ˈtæktfl ˈট্যাক্ট্‌ফ্‌ল্ / *adj.* careful not to say or do things that could offend people পরের মন বুঝে চলার ক্ষমতা আছে এমন; বিচক্ষণ, সুকৌশলী, ▶ **tactfully** / -fəli -ফ্যালি / *adv.* বুদ্ধি খাটিয়ে, সুকৌশলে, বিচক্ষণভাবে

tactic / ˈtæktɪk ˈট্যাক্‌টিক্ / *noun* **1** [C, *usually pl.*] the particular method you use to achieve sth কোনো কিছু লাভ করা বা অর্জন করার বিশেষ পদ্ধতি *We must decide what our tactics are going to be at the next meeting.* **2** **tactics** [*pl.*] the skilful arrangement and use of military forces in order to win a battle যুদ্ধে জয়লাভের জন্য সুদক্ষ ব্যবস্থাপনা এবং সামরিক শক্তি ব্যবহার; রণকৌশল

tactical / ˈtæktɪkl ˈট্যাক্‌টিকল্ / *adj.* **1** connected with the particular method you use to achieve sth কোনো কিছু লাভ বা অর্জন করার বিশেষ পদ্ধতির সঙ্গে সম্পর্কিত; সুপরিকল্পিত রণকৌশলজাত *a tactical error* ○ *tactical discussions/planning* **2** designed to bring a future advantage ভবিষ্যতে লাভবান হওয়ার উদ্দেশ্যে পরিকল্পিত *a tactical decision* ▶ **tactically** / ˈtæktɪkli ˈট্যাক্‌টিক্‌লি / *adv.* সুকৌশলে, সুচতুরভাবে, পরিকল্পনা করে

tactless / ˈtæktləs ˈট্যাক্‌ট্‌ল্যাস্ / *adj.* saying and doing things that are likely to offend and upset other people যাতে অন্যলোক বিরক্ত এবং আহত হয় সেইভাবে কিছু বলা এবং করা হচ্ছে এমন; নির্বোধ, কাণ্ডজ্ঞানহীন *It was rather tactless of you to ask her how old she was.* ▶ **tactlessly** *adv.* কাণ্ডজ্ঞানহীনের মতো, নির্বোধভাবে

tadpole / ˈtædpəʊl ˈট্যাড্‌প্যাউল্ / *noun* [C] a young form of a **frog** when it has a large black head and a long tail ব্যাঙের বাচ্চা যার কালো মাথা আর লম্বা লেজ; ব্যাঙাচি ⇨ **amphibian**-এ ছবি দেখো।

tag[1] / tæg ট্যাগ্ / *noun* [C] **1** (*often used to form compound nouns*) a small piece of card, material, etc. fastened to sth to give information about it; a label কোনো কিছুতে বাঁধা কার্ড বা অন্য কিছুর ছোটো টুকরো যা তার সম্বন্ধে তথ্য প্রদান করার জন্য ব্যবহৃত হয়; চিরকুট, লেবেল *How much is this dress? There isn't a price tag on it.* **2** =**question tag**

tag[2] / tæg ট্যাগ্ / *verb* [T] (**tagging; tagged**) to fasten a tag onto sb/sth লেবেল লাগানো, চিরকুট আঁটা

PHR V **tag along** to follow or go somewhere with sb, especially when you have not been invited লেজুড়ের মতো সঙ্গে যাওয়া (বিশেষত কোনো রকম আমন্ত্রণ ছাড়াই)

tahr *noun* [C] a kind of a wild goat-like animal found in the Himalayas and the Nilgiris হিমালয় এবং নীলগিরিতে পাওয়া যায় এক ধরনের বন্য ছাগলজাতীয় প্রাণী

tail[1] / teɪl টেইল্ / *noun* **1** [C] the part at the end of the body of an animal, bird, fish, etc. (পশু, পাখি, মাছ ইত্যাদির) লেজ, শরীরের শেষ অংশ *The dog barked and wagged its tail.* ➪ **fish**-এ ছবি দেখো। **2** [C] the back part of an aircraft, spacecraft, etc. বিমান, মহাকাশযান ইত্যাদির পিছনের অংশ ➪ **plane**-এ ছবি দেখো। **3 tails** [*pl.*] a man's formal coat that is short at the front but with a long, divided piece at the back, worn especially at weddings কোনো অনুষ্ঠানে (বিশেষ করে বিবাহে) পুরুষদের পরার জন্য বিশেষ কোট যা সামনে ছোটো কিন্তু পিছনের অংশ লম্বা এবং বিভক্ত **4 tails** [*pl.*] the side of a coin that does not have the head of a person on it মুদ্রার উলটো পিঠে কারও মাথার ছাপ থাকে না, মুদ্রার উলটো পিঠ *'We'll toss a coin to decide,' said my father.* ***'Heads or tails?'*** **5** [C] (*informal*) a person who is sent to follow sb secretly to get information about him/her যে ব্যক্তিকে কারও পিছনে গোপনে লাগানো হয় গোপন তথ্য সংগ্রহের উদ্দেশ্যে

IDM make head or tail of sth ➪ **head**[1] দেখো।

tail[2] / teɪl টেইল্ / *verb* [T] to follow sb closely, especially to watch where he/she goes ঘনিষ্ঠভাবে কারও গতিবিধির উপর নজর রাখা

PHR V tail away/off to become smaller and weaker একটু একটু করে ছোটো এবং দুর্বল হয়ে যাওয়া, কমে যাওয়া, হ্রাস পাওয়া

tailback / ˈteɪlbæk ˈটেইল্ব্যাক্ / *noun* [C] a long line of traffic that is moving slowly or not moving at all, because sth is blocking the road in front সামনে কিছু থাকার ফলে রাস্তায় থমকে-যাওয়া যানবাহনের লম্বা সারি যা ধীরে ধীরে চলছে বা মোটেই এগোচ্ছে না

tailor[1] / ˈteɪlə(r) ˈটেইল্যা(র্) / *noun* [C] a person whose job is to make clothes, especially for men বিশেষত পুরুষদের, পোশাকপরিচ্ছদ তৈরি করা যার কাজ; দর্জি

tailor[2] / ˈteɪlə(r)ˈটেইল্যা(র্) / *verb* [T] (*usually passive*) **1 tailor sth to/for sb/sth** to make or design sth for a particular person or purpose বিশেষ কোনো ব্যক্তির জন্য বা বিশেষ কোনো উদ্দেশ্যে কোনো কিছু তৈরি করা বা তার নকশা বানানো *programmes tailored to the needs of specific groups* **2** to make clothes জামা তৈরি করা *a well-tailored coat*

tailorbird *noun* [C] a small South Asian bird of the **warbler** family that stitches leaves together with fibres to hold its nest গায়কপক্ষী পরিবারের অন্তর্ভুক্ত দক্ষিণ এশিয়ায় প্রাপ্ত ছোটো পাখি যারা আঁশ বা তন্তুর সাহায্যে পাতা সেলাই করে বাসা তৈরি করে; দর্জিপাখি, বাবুইপাখি

tailor-made *adj.* **tailor-made (for sb/sth)** made for a particular person or purpose and therefore very suitable ঠিক যেমনটি চাওয়া হয়েছে তেমন, সম্পূর্ণ উপযোগী, মাপমতো, মনের মতো

tailplane / ˈteɪlpleɪn ˈটেইল্প্লেইন্ / *noun* [C] a small horizontal wing at the back of an aircraft বিমানের পিছনের অংশের ছোটো সমান্তরাল ডানা ➪ **plane**-এ ছবি দেখো।

tailwind / ˈteɪlwɪnd ˈটেইল্উইন্ড / *noun* [C] a wind that blows from behind a moving vehicle, a runner, etc. কোনো চলন্ত গাড়ির পিছন থেকে যে হাওয়া বেরোয়, ছুটন্ত মানুষের পিছনের দিকের হাওয়া ➪ **headwind** দেখো।

taint / teɪnt টেইন্ট্ / *noun* [C, *usually sing.*] (*formal*) the effect of sth bad or unpleasant that spoils the quality of sb/sth কোনো কিছুর খারাপ বা অপ্রীতিকর প্রভাব যা কারও বা কিছুর গুণ নষ্ট করে; কলুষিত প্রভাব, অবক্ষয়ের চিহ্ন, কালিমা *the taint of corruption* ▶ **taint** *verb* [T] (*usually passive*) খারাপ বা কলুষিত করা, অবক্ষয় ঘটানো, কালিমালিপ্ত হওয়া *Her reputation was tainted by the scandal.*

take / teɪk টেইক্ / *verb* [T] (*pt* **took** / tʊk টুক্ /; *pp* **taken** / ˈteɪkən ˈটেইক্যান্ /) **1** to carry or move sb/sth; to go with sb from one place to another কোনো কিছু বা কাউকে সঙ্গে বহন করে নিয়ে যাওয়া বা সঙ্গে নেওয়া; এক জায়গা থেকে অন্য জায়গায় যাওয়ার সময়ে কাউকে সঙ্গে নেওয়া *Take your coat with you—it's cold.* ○ *I'm taking the children swimming this afternoon.* **2** to put your hand round sth and hold it (and move it towards you) কোনো কিছুতে হাত রাখা, হাত দিয়ে কিছু ধরা (এবং নিজের দিকে নিয়ে আসা) *She **took** my **hand**.* **3** to remove sth from a place or a person, often without permission অনুমতি ছাড়াই কোনো স্থান বা ব্যক্তির কাছ থেকে জিনিস সরানো *The burglars took all my jewellery.* **4** to accept or receive sth কোনো কিছু গ্রহণ করা বা মেনে নেওয়া *If you **take** my **advice** you'll forget all about him.* ○ ***take the blame*** ○ ***take the job*** **5** to capture a place by force; to get control of sb/sth জোর করে কোনো স্থানের দখল নেওয়া; কাউকে বা কিছু নিয়ন্ত্রণে আনা, অধিকার করা *The state will **take control of** the company.* **6** to understand sth or react to sth in a particular way বিশেষভাবে বোঝা অথবা প্রতিক্রিয়া করা *I wish you would **take** things more **seriously**.* **7** to get a particular feeling from sth বিশেষ অনুভূতি জাগা *He **takes great pleasure in** his grandchildren.* **8** to be able to deal with sth difficult or unpleasant কঠিন বা অপ্রীতিকর পরিস্থিতি সহ্য করতে পারা *I can't take much more of this heat.* ✪ সম **stand** **9** to need sth/sb কোনো ব্যক্তি বা বস্তুর প্রয়োজন বোধ করা, দরকার হওয়া *It took three people to move the piano.* ○ *It took a lot of courage to say that.* **10** to swallow sth কোনো কিছু গিলে খাওয়া ***Take** two **tablets** four times a day.* **11** to write or record sth কোনো কিছু লেখা, লিপিবদ্ধ করা, টুকে নেওয়া, রেকর্ড করা *She **took notes** during the lecture.* **12** to photograph sth

কোনো কিছুর ছবি তোলা *I **took** some nice **photos** of the wedding.* **13** to measure sth মাপা, মাপজোখ নেওয়া *The doctor **took** my **temperature** /pulse/ blood pressure.* **14** (*not used in the continuous tenses*) to have a certain size of shoes or clothes জুতো বা জামার বিশেষ মাপ থাকা *What size shoes do you take?* **15** (*not used in the continuous tenses*) to have enough space for sb/sth কারও বা কিছুর জন্য যথেষ্ট জায়গা থাকা, *How many passengers can this bus take?* **16** used with nouns to say that sb is performing an action কেউ কোনো কাজে অংশ নিচ্ছে বোঝানোর জন্য বিশেষ্যপদের সঙ্গে ব্যবহৃত হয় ***Take a look** at this article* (=look at it). ○ *We have to **take a decision*** (=decide). **17** to study a subject for an exam; to do an exam পরীক্ষা দেওয়ার জন্য অধ্যয়ন করা; পরীক্ষা দেওয়া *I'm taking the advanced exam this summer.* **18 take sb (for sth)** to give lessons to sb কাউকে শিক্ষাদান করা, শেখানো *Who takes you for English* (= who is your teacher)? **19** to use a form of transport; to use a particular route বিশেষ ধরনের গাড়ি নেওয়া; বিশেষ কোনো যাত্রা পথ নেওয়া *I always **take the train** to Chandigarh.* **20** (*not used in the continuous tenses*) to have or need a word to go with it in a sentence or other structure (বাক্যে বা অন্য কোনো শব্দবন্ধে ঠিকমতো খাপ খাওয়ানোর জন্য বিশেষ কোনো শব্দ আনা বা তার প্রয়োজন পড়া *The verb 'depend' takes the preposition 'on'.*

IDM be taken with sb/sth to find sb/sth attractive or interesting কোনো ব্যক্তি বা বস্তুকে আকর্ষণীয় বা আগ্রহজনক লাগা

take it (that...) (used to show that you understand sth from a situation, even though you have not been told) I imagine; I guess; I suppose (বলা না হলেও কোনো পরিস্থিতি থেকে কিছু বোঝা গেছে এই বোঝাতে ব্যবহৃত হয়) আমার তো মনে হয়; আমার অনুমান; আমি মনে করি *I take it that you're not coming?*

take it from me believe me বিশ্বাস করো

take a lot out of sb to make sb very tired কাউকে খুব পরিশ্রান্ত করে তোলা, ক্লান্ত করা

take a lot of/some doing to need a lot of work or effort বেশি পরিমাণে পরিশ্রম ও চেষ্টার প্রয়োজন হওয়া

> **NOTE Take** শব্দটি প্রয়োগ করা হয়েছে যেসব প্রবাদ বা বাগ্‌ধারায় তার জন্য সেই প্রবাদ বা বাগ্‌ধারায় ব্যবহৃত বিশেষ্য (noun), বিশেষণ (adjective) ইত্যাদি শব্দের শীর্ষশব্দগুলি দেখো। উদাহরণস্বরূপ **take place** বাগ্‌ধারাটি পাবে **place** শীর্ষশব্দে।

PHR V take sb aback to surprise or shock sb কাউকে চমকে দেওয়া, অবাক করা

take after sb (*not used in the continuous tenses*) to look or behave like an older member of your family, especially a parent পরিবারের অন্য কোনো গুরুজন, বিশেষত পিতামাতার মতো ব্যবহার করা

take sth apart to separate sth into the different parts it is made of কোনো কিছুর অংশগুলি আলাদা করে খুলে ভাগ ভাগ করা

take sth away 1 to cause a feeling, etc. to disappear অনুভূতি ইত্যাদি চলে যাওয়া *These aspirins will take the pain away.* **2** to buy cooked food at a restaurant, etc. and carry it out to eat somewhere else, for example at home রান্না-করা খাবার রেস্তোরাঁ ইত্যাদি থেকে কিনে নেওয়া এবং বাড়িতে বা অন্য কোথাও খাওয়ার জন্য সঙ্গে আনা ⇨ **takeaway** noun দেখো।

take sb/sth away (from sb) to remove sb/sth কাউকে বা কিছু সরিয়ে ফেলা *She took the scissors away from the child.*

take sth back 1 to return sth to the place that you got it from পুরোনো জায়গায় কোনো কিছু ফেরত দেওয়া **2** to admit that sth you said was wrong ভুল বলা হয়েছে স্বীকার করা

take sth down 1 to remove a structure by separating it into the pieces it is made of যে খণ্ড খণ্ড অংশ দিয়ে কাঠামো তৈরি হয় সেগুলি খুলে ফেলা *They took the tent down and started the journey home.* **2** to write down sth that is said বক্তব্য লিখে নেওয়া

take sb in 1 to make sb believe sth that is not true মিথ্যে কথা কাউকে সত্য বলে বিশ্বাস করানো *I was completely taken in by her story.* **2** to invite sb who has no home to live with you গৃহহীন কোনো ব্যক্তিকে নিজের বাড়িতে থাকার জন্যে আমন্ত্রণ জানানো

take sth in to understand what you see, hear or read দেখে, শুনে বা পড়ে বোঝা *There was too much in the museum to take in at one go.*

take off 1 (used about an aircraft) to leave the ground and start flying (কোনো বিমান সম্বন্ধে ব্যবহৃত) মাটি ছেড়ে উপরে উঠে ওড়া শুরু করা ✪ বিপ **land** **2** (used about an idea, a product, etc.) to become successful or popular very quickly or suddenly (কোনো মতাদর্শ, উৎপন্ন দ্রব্য ইত্যাদি সম্বন্ধে ব্যবহৃত) দ্রুত বা আকস্মিকভাবে সফল বা জনপ্রিয় হওয়া

take sb off to copy the way sb speaks or behaves in an amusing way কারও কথা বলার ধরন অনুকরণ করা অথবা অদ্ভুত আচরণ করা

take sth off 1 to remove sth, especially clothes কাপড় ছাড়া, পোশাক খুলে ফেলা *Come in and take your coat off.* **2** to have the period of time mentioned as a holiday নির্দিষ্ট সময়ের জন্য কাজ থেকে ছুটি নেওয়া *I'm going to take a week off.*

take sb on to start to employ sb কাউকে নিযুক্ত করা, চাকুরিতে লোক নেওয়া *The firm is taking on new staff.*

take sth on to accept a responsibility or decide to do sth কোনো দায়িত্বভার গ্রহণ করা অথবা কোনো কিছু করার সিদ্ধান্ত গ্রহণ করা *He's taken on a lot of extra work.*

take sb out to go out with sb (for a social occasion) (বিশেষ কোনো সামাজিক উপলক্ষ্যে) কারও সঙ্গে বাইরে যাওয়া *I'm taking Smita out for a meal tonight.*

take sth out to remove sth from inside your body শরীরের কোনো অংশ বাইরে বার করে নেওয়া (যেমন খারাপ দাঁত তোলা) *He's having two teeth taken out.*

take sth out (of sth) to remove sth from sth কোনো কিছুর থেকে কিছু বার করা *He took a notebook out of his pocket.*

take it out on sb to behave badly towards sb because you are angry or upset about sth, even though it is not this person's fault লোকটির কোনো দোষ না থাকলেও তার সঙ্গে অন্য কোনো ব্যাপারে রেগে গিয়ে খারাপ ব্যবহার করা

take (sth) over to get control of sth or responsibility for sth কোনো কিছুর দায়িত্বভার বা নিয়ন্ত্রণ হাতে নেওয়া *The firm is being taken over by a large company.*

take to sb/sth to start liking sb/sth কারও আসক্ত বা ভক্ত হয়ে পড়া, মজে যাওয়া

take to sth/doing sth to begin doing sth regularly as a habit অভ্যাসের মতো নিয়মিত শুরু করা

take sth up to start doing sth regularly (for example as a hobby) (যেমন কোনো শখ বা হবির কারণে) কোনো কিছু নিয়মিতভাবে করতে শুরু করা *I've taken up yoga recently.*

take up sth to use or fill an amount of time or space কোনো কাজে সময় চলে যাওয়া; নির্দিষ্ট সময় বা স্থান ভরে যাওয়া *All her time is taken up looking after the new baby.* ✪ সম **occupy**

take sb up on sth 1 to say that you disagree with sth that sb has just said, and ask him/her to explain it কোনো ব্যক্তির তাৎক্ষণিক বক্তব্যের সঙ্গে মতৈক্য না হওয়ায় সেই ব্যক্তিকে সেটি ব্যাখ্যা করতে বলা *I must take you up on that last point.* 2 (*informal*) to accept an offer that sb has made কারও দ্বারা প্রদত্ত প্রস্তাব গ্রহণ করা

take sth up with sb to ask or complain about sth কোনো বিষয়ে জানতে চাওয়া, অভিযোগ জানানো *I'll take the matter up with my MP.*

takeaway / ˈteɪkəweɪ ˈটেইক্অ্যাউএই / (*AmE* **takeout; carry-out**) *noun* [C] 1 a restaurant that sells food that you can eat somewhere else খাবার কিনে অন্য জায়গায় নিয়ে গিয়ে খাওয়ার জন্য বিক্রি করে এমন রেস্তোরাঁ 2 the food that such a restaurant sells ঐ জাতীয় রেস্তোরাঁয় বিক্রি হয় এমন খাবার *Let's have a takeaway.*

take-off *noun* [U, C] the moment when an aircraft leaves the ground and starts to fly যে মুহূর্তে কোনো বিমান মাটি ছাড়ে সেই সময়; উড়ান শুরু করার মুহূর্ত *The plane is ready for take-off.* ✪ বিপ **landing**

takeover / ˈteɪkəʊvə(r) ˈটেইক্অ্যাউভ্যা(র্) *noun* [C] the act of taking control of sth কারও কাছ থেকে কোনো কিছুর নিয়ন্ত্রণ গ্রহণ করার ক্রিয়া *They made a take-over bid for the company.* ○ *a military takeover of the government*

takings / ˈteɪkɪŋz ˈটেইকিংজ্ / *noun* [*pl.*] the amount of money that a shop, theatre, etc. gets from selling goods, tickets, etc. পণ্যসামগ্রী বিক্রি, টিকিট বিক্রি ইত্যাদি থেকে কোনো দোকান, প্রেক্ষাগৃহ ইত্যাদি যে পরিমাণ অর্থ পায়

talcum powder / ˈtælkəm paʊdə(r) ˈট্যাল্ক্যাম্ পাউড্যা(র্) / (*also* **talc** / tælk ট্যাল্ক্ /) *noun* [U] a soft powder which smells nice. People often put it on their skin after a bath মসৃণ সুগন্ধি পাউডার স্নানের পর যা গায়ে মাখা হয়

tale / teɪl টেইল্ / *noun* [C] 1 a story about events that are not real যা সত্য নয় এমন; গল্প, কাহিনি *fairy tales* 2 a report or description of sb/sth that may not be true কারও বা কিছুর সম্বন্ধে রিপোর্ট বা বিবরণ যা সত্য নাও হতে পারে *I've heard tales of people seeing ghosts in that house.*

talent / ˈtælənt ˈট্যাল্যান্ট্ / *noun* [C, U] **(a) talent (for sth)** a natural skill or ability প্রতিভা, স্বাভাবিক দক্ষতা ; ঐশী শক্তি *She has a talent for painting.* ○ *His work shows great talent.* ▶ **talented** *adj.* প্রতিভাবান, ঈশ্বরপ্রদত্ত ক্ষমতার অধিকারী; স্বাভাবিক দক্ষতাসম্পন্ন; *a talented musician*

talk[1] / tɔːk ট:ক্ / *verb* 1 [I] **talk (to/with sb) (about/of sb/sth)** to say things; to speak in order to give information or to express feelings, ideas, etc. কথা বলা; তথ্য প্রদানের জন্য বা অনুভূতি, চিন্তাভাবনা ব্যক্ত করার জন্য কথাবার্তা বলা *I could hear them talking downstairs.* ○ *Can I talk to you for a minute?* ➪ **speak**-এ নোট দেখো। 2 [I, T] to discuss sth serious or important কোনো গুরুতর বা গুরুত্বপূর্ণ প্রয়োজনীয় বিষয় আলোচনা করা *Could we* ***talk business*** *after dinner?* 3 [I] to discuss people's private lives লোকজনের ব্যক্তিগত জীবন সম্বন্ধে আলোচনা করা *His strange lifestyle started the local people talking.* ✪ সম **gossip** 4 [I] to give information to sb, especially when you do not want to ইচ্ছের বিরুদ্ধে কাউকে খবর দেওয়া

IDM **know what you are talking about** ➪ **know**[1] দেখো।

talk sense to say things that are correct or sensible সঠিক বা কাণ্ডজ্ঞানসম্পন্ন কথা বলা, বুদ্ধিমানের মতো কথা বলা *He's the only politician who talks any sense.*

talk/speak of the devil ➪ **devil** দেখো।

talk shop to talk about your work with the people you work with, outside working hours কাজের সময়ের বাইরে সহকর্মীদের কাছে নিজের কাজের বিষয়ে কথা বলা

PHR V **talk down to sb** to talk to sb as if he/she is less intelligent or important than you কারও সঙ্গে এমনভাবে কথা বলা যেন সে অপেক্ষাকৃত কম বুদ্ধিমান বা কম গুরুত্বপূর্ণ; মুরুব্বিয়ানার সুরে কথা বলা

talk sb into/out of doing sth to persuade sb to do/not to do sth কোনো কিছু করতে বা না করতে কাউকে প্ররোচিত করা *She tried to talk him into buying a new car.*

talk sth over (with sb) to discuss sth with sb, especially in order to reach an agreement or make a decision বিশেষত কোনো চুক্তিতে বা সিদ্ধান্তে আসার জন্য আলোচনা করা

talk² / tɔ:k টːক্ / *noun* **1** [C] **a talk (with sb) (about sth)** a conversation or discussion বাক্যালাপ, আলোচনা, কথা *Raman and I had a long talk about the problem.* **2 talks** [*pl.*] formal discussions between governments বিভিন্ন সরকারের মধ্যে আনুষ্ঠানিক আলোচনা *arms/pay/peace talks* **3** [C] **a talk (on sth)** a formal speech on a particular subject নির্দিষ্ট বিষয়ে আনুষ্ঠানিক ভাষণ *He's giving a talk on 'Our changing world'.* ✪ সম **lecture 4** [U] (*informal*) things that people say that are not based on facts or reality কথার কথা, বাস্তব নয় *He says he's going to resign but it's just talk.* ➪ **small talk** দেখো।

talkative / ˈtɔ:kətɪv ˈটːক্যাটিভ্ / *adj.* liking to talk a lot বেশি কথা বলতে ভালোবাসে; বাচাল

tall / tɔ:l টːল্ / *adj.* **1** (used about people or things) of more than average height; not short (ব্যক্তি অথবা জিনিস সম্বন্ধে ব্যবহৃত) লম্বা, দীর্ঘ; সংক্ষিপ্ত বা ছোটো নয় *a tall young man ○ a tall tree/tower/chimney* ✪ বিপ **short 2** used to describe the height of sb/sth কারও বা কিছুর উচ্চতা, দৈর্ঘ্য ইত্যাদি বোঝাতে ব্যবহৃত *How tall are you? ○ Rahul is taller than his brother.* ➪ **height** noun দেখো।

NOTE **Tall** এবং **high** এই দুটি শব্দের অর্থ এক। তবে সাধারণত মানুষ এবং বৃক্ষের দৈর্ঘ্য বোঝাতে **tall** শব্দটি ব্যবহার করা হয়—*He is six foot three inches tall. ○ A tall oak tree stands in the garden.* তাছাড়া কোনো সরু বস্তুর সম্বন্ধে **tall** শব্দটি ব্যবহার করা হয়—*the tall sky scrapers of Manhattan.* কোনো জিনিসের মাপ বা জমি থেকে সেটি কতটা উঁচু তা বলার জন্য **high** শব্দটি ব্যবহার করা হয়—*The fence is two metres high.* মাটি থেকে উচ্চতা উল্লেখ করার জন্য **high** শব্দটি ব্যবহার করা হয়—*a room with high ceilings.*

talon / ˈtælən ˈট্যাল্যান্ / *noun* [C] a long sharp curved nail on the feet of some birds, especially ones that kill other animals and birds for food বড়ো কোনো শিকারি পাখির দীর্ঘ তীক্ষ্ণ বাঁকানো নখ

taluka *noun* [C] an administrative unit in India below a district. It is called tehsil/tahsil in northern India ভারতে প্রচলিত জেলাস্তরের নীচেকার প্রশাসনিক ব্যবস্থা যেটিকে উত্তর ভারতে তেহেসিল বলা হয়; তালুক

tamarind *noun* [U, C] **1** sticky brown acidic pulp from the pod of a tree of the pea family, used as a flavouring in Asian cookery শুঁটিজাতীয় বৃক্ষকুলের অন্তর্ভুক্ত একজাতীয় বৃক্ষের শুঁটি থেকে যে চটচটে, বাদামি আম্লিক শাঁস এশিয় দেশের রান্নায় স্বাদযুক্ত করতে ব্যবহৃত হয়; তেঁতুল **2** the large tropical tree which yields tamarind pods গ্রীষ্মপ্রধান দেশের বৃক্ষ যাতে তেঁতুলের শুঁটি জন্মায়; তেঁতুল গাছ

tambourine / ˌtæmbəˈri:n ˌট্যাম্‌ব্যাˈরীন্ / *noun* [C] a musical instrument that has a circular frame covered with plastic or skin, with metal discs round the edge. To play it, you hit it or shake it with your hand প্লাস্টিক অথবা চামড়ায় আবৃত গোলাকৃতি কাঠামোযুক্ত বাদ্যযন্ত্র যেটির গোল প্রান্ত ঘিরে ধাতব চাকতিসমূহ থাকে। এটি বাজাতে গেলে এটিতে আঘাত করতে হয় বা হাত দিয়ে নাড়াতে হয়; ট্যামবোরিন ➪ **music**-এ ছবি দেখো।

tame¹ / teɪm টেইম্ / *adj.* **1** (used about animals or birds) not wild or afraid of people (পশু বা পাখি সম্বন্ধে ব্যবহৃত) পোষ-মানা, গৃহপালিত *The birds are so tame they will eat from your hand.* **2** boring; not interesting or exciting একঘেয়ে; অনুত্তেজক এবং অনাকর্ষক ; বোরিং *After the big city, you must find village life very tame.*

tame² / teɪm টেইম্ / *verb* [T] to bring sth wild under your control; to make sth tame পোষ মানানোর জন্য কোনো কিছুকে বশে আনা; কোনো কিছু গৃহপালিত করে তোলা

tamper / ˈtæmpə(r) ট্যাম্প্যা(র্) / *verb*

PHR V **tamper with sth** to make changes to sth without permission, especially in order to damage it অনুমতি ছাড়াই অদলবদল করা, বিশেষত নষ্ট করার উদ্দেশ্যে

tan[1] / tæn ট্যান্ / *noun* 1 [C] = **suntan** 2 [U] a colour between yellow and brown হলুদ এবং বাদামির মাঝামাঝি রং; তামাটে, রোদে পোড়া রং ▶ **tan** *adj*. রোদে পোড়া, তামাটে

tan[2] / tæn ট্যান্ / *verb* [I, T] (**tanning; tanned**) (used about a person's skin) to become or make sth brown as a result of spending time in the sun (মানুষের ত্বক সম্বন্ধে ব্যবহৃত) রোদে পুড়ে চামড়া তামাটে করা বা করানো *Do you tan easily?* ▶ **tanned** *adj*. রোদে পুড়ে তামাটে; ট্যানড্ *You're looking very tanned—have you been on holiday?*

tandem / ˈtændəm ট্যান্ড্যাম্ / *noun* [C] a bicycle with seats for two people, one behind the other দুজনের বসার জায়গাসমেত সাইকেল, একজনের পিছনে আর একজন বসে

IDM **in tandem (with sb/sth)** working together with sth/sb else; happening at the same time as sth else অন্য কারও বা কিছুর সঙ্গে একত্রে কাজ করা হয় এমন; একই সময়ে ঘটছে এমন

tandoor *noun* [C] a large clay oven used in the Middle East and in South Asia মধ্যপ্রাচ্য ও দক্ষিণ এশিয়ায় ব্যবহৃত হয় একধরনের বড়ো মাটির উনুন; তন্দুর ▶ **tandoori** *adj*. তন্দুর সংক্রান্ত *tandoori chicken*

tangent / ˈtændʒənt ট্যান্জ্যান্ট্ / *noun* [C] 1 a straight line that touches a curve but does not cross it কোনো বক্ররেখাকে যে সরলরেখা স্পর্শ করে মাত্র কিন্তু তাকে পেরিয়ে যায় না; স্পর্শক ➪ **circle**-এ ছবি দেখো। 2 (*mathematics*) (*abbr*. **tan**) the **ratio** of the length of the side opposite an angle in a **right-angled** triangle to the length of the side next to it (গণিত) কোনো সমকোণী ত্রিভুজের একটি কোণের বিপরীত রেখাটির দৈর্ঘ্য ও পাশের রেখাটির দৈর্ঘ্যের অনুপাত ➪ **cosine** ও **sine** দেখো।

IDM **go off at a tangent**; (*AmE*) **go off on a tangent** to suddenly start saying or doing sth that seems to have no connection with what has gone before হঠাৎ কিছু বলতে বা করতে শুরু করা যার সঙ্গে আগের কোনো কিছুর কোনো সম্পর্ক নেই বলে মনে হয়

tangerine / ˌtændʒəˈriːn ˌট্যান্জ্যা'রীন্ / *noun* 1 [C] a fruit like a small sweet orange with a skin that is easy to take off একধরনের মিষ্টি ছোটো কমলালেবু যার খোসা সহজেই ছাড়ানো যায় 2 [U], *adj*. (of) a deep orange colour গাঢ় কমলা রং

tangible / ˈtændʒəbl ট্যান্জ্যাব্ল্ / *adj*. that can be clearly seen to exist যা সহজে বোঝা যায় এমন, যা আছে বলে স্পষ্ট প্রতীয়মান *There are tangible benefits in the new system.* ✪ বিপ **intangible**

tangle / ˈtæŋgl ট্যাংগ্ল্ / *noun* [C] a confused mass, especially of threads, hair, branches, etc. that cannot easily be separated from each other জট (সুতো, চুল, গাছের ডালপালা ইত্যাদির), জটা *My hair's full of tangles.* ○ *This string's* ***in a tangle****.* ▶ **tangled** *adj*. জট পাকানো অবস্থা, জটিল, জটযুক্ত *The wool was all tangled up.*

tango / ˈtæŋgəʊ ট্যাংগ্যাউ / *noun* [C] (*pl*. **tangos**) a fast South American dance with a strong rhythm, in which two people hold each other closely; a piece of music for this dance দক্ষিণ আমেরিকার বিশেষ ধরনের জোরালো তালের নাচ যাতে দুজনে পরস্পরকে ঘনিষ্ঠভাবে ধরে নাচে; ট্যাংগো; এই নাচের বাজনা বা সুর ▶ **tango** *verb* [I] (*pres. part*. **tangoing**; *pp* **tangoed**) ট্যাংগো নাচা

tank / tæŋk ট্যাংক্ / *noun* [C] 1 a container for holding liquids or gas; the amount that a tank will hold গ্যাস বা তরল পদার্থ ধরার পাত্র; কোনো ট্যাংকে যতখানি গ্যাস বা তরল ধরে *a water/fuel/petrol/fish tank* ○ *We drove there and back on one tank of petrol.* 2 a large, heavy military vehicle covered with strong metal and armed with guns, that moves on special wheels শক্ত বা দৃঢ় ধরনের ধাতু আচ্ছাদিত বন্দুক বা অস্ত্রশস্ত্রে সুসজ্জিত সামরিক যান যা বিশেষ চাকার সাহায্যে চলে; ট্যাংক

tanker / ˈtæŋkə(r) ট্যাংক্যা(র্) / *noun* [C] a ship or lorry that carries oil, petrol, etc. in large amounts প্রচুর পরিমাণে তেল, পেট্রোল ইত্যাদি বহনকারী জাহাজ বা লরি; ট্যাংকার *an oil tanker*

tantalizing (*also*-**ising**) ˈtæntəlaɪzɪŋ ট্যান্ট্যালাইজ়িং / *adj*. making you want sth that you cannot have or do; tempting যা পাওয়া যাবে না বা করা যাবে না তার জন্য আশা-আকাঙ্ক্ষা, ইচ্ছে জাগিয়ে তোলে এমন; লোভ-জনক, লোভনীয় *A tantalizing aroma of cooking was coming from the kitchen.* ▶ **tantalizingly** (*also* **-isingly**) *adv*. লোভনীয়ভাবে

tantrum / ˈtæntrəm ট্যান্ট্র্যাম্ / *noun* [C] a sudden explosion of anger, especially by a child বিশেষত শিশুর ক্রোধের আকস্মিক প্রকাশ

tap[1] / tæp ট্যাপ্ / *verb* (**tapping**; **tapped**) 1 [I, T] **tap (at/on sth); tap sb/sth (on/with sth)** to touch or hit sb/sth quickly and lightly কাউকে বা কিছুকে আলতো করে ছোঁয়া বা আঘাত করা; টোকা মারা *Their feet were tapping in time to the music.* ○ *She tapped me on the shoulder.* 2 [I, T] **tap (into) sth** to make use of a source of energy, knowledge, etc. that already exists ইতিমধ্যে যা বিদ্যমান সেই উৎস থেকে শক্তি, জ্ঞান ইত্যাদি ব্যবহার করা *to tap the skills of young people* 3 [T] to fit a device to sb's telephone so that his/her calls can be listened to secretly টেলিফোনে গোপন কথা শোনা বা আড়ি পাতার জন্য বিশেষ ব্যবস্থা করা

tap² / tæp ট্যাপ্ / *noun* [C] **1** (*AmE* **faucet**) a type of handle that you turn to let water, gas, etc. out of a pipe or container একধরনের হাতল যা ঘুরিয়ে জল, গ্যাস ইত্যাদি নল বা কোনো পাত্রের বাইরে আনা যায় *Turn the hot/cold tap on/off.* **2** a light hit with your hand or fingers টোকা, হালকা আঘাত (আঙুল বা হাত দ্বারা) **3** a device that is fitted to sb's telephone so that his/her calls can be listened to secretly আড়ি পেতে শোনার উদ্দেশ্যে অন্য কারও টেলিফোনে লাগানো বিশেষ কল

tap dance *noun* [C] a style of dancing in which you tap the rhythm of the music with your feet, wearing special shoes with pieces of metal on them একটি বিশেষ নৃত্যশৈলী যাতে বাজনার তালের সঙ্গে (ধাতু টুকরো লাগানো বিশেষ জুতো পরে) তাল মিলিয়ে নাচা হয়; ট্যাপ-নাচ ► **tap-dance** *verb* [I] ঐ ধরনের নাচ নাচা, ট্যাপ-ডান্স করা

tape¹ / teɪp টেইপ্ / *noun* **1** [U] a thin band of plastic material used for recording sound, pictures or information পাতলা প্লাস্টিকের ফিতে যাতে আওয়াজ, ছবি বা তথ্য সংগ্রহ করে জমিয়ে রাখা যায়; টেপ *I've got the whole concert **on tape*** (=recorded). **2** [C] a cassette which is used for recording or playing music, videos, etc. এক ধরনের ক্যাসেট যা গান, ছবি ইত্যাদি রেকর্ড করে রাখা এবং পরে ইচ্ছেমতো বাজানোর জন্য ব্যবহৃত হয় *a **blank tape*** (=a tape which is empty) ○ *to rewind a tape* **3** [U] a long narrow band of plastic, etc. with a sticky substance on one side that is used for sticking things together, covering electric wires, etc. প্লাস্টিক ইত্যাদির একদিকে আঠা দেওয়া টেপ যা জিনিসপত্র আটকানো, বৈদ্যুতিক তার জড়ানো ইত্যাদি কাজে লাগে *sticky/adhesive tape* ➪ **insulating tape** এবং **Sellotape** দেখো। **4** [C, U] a narrow piece of cloth that is used for tying things together or as a label কাপড়ের পাতলা সরু ফিতে যা একসঙ্গে বাঁধা বা চিহ্নিত করার কাজে লাগে ➪ **red tape** দেখো। **5** [C] a piece of material stretched across a race track to mark where the race finishes দৌড় প্রতিযোগিতার শেষাংশে (অর্থাৎ যেখানে গিয়ে প্রতিযোগিরা থামবে) সেখানে টেনে বেঁধে-রাখা ফিতে

tape² / teɪp টেইপ্ / *verb* [T] **1** to record sound, music, television programmes, etc. using a cassette ক্যাসেটে শব্দ, বাজনা, টেলিভিশনের অনুষ্ঠান ইত্যাদি ক্যাসেটে ধরে রাখা বা রেকর্ড করা **2 tape sth (up)** to fasten sth by sticking or tying sth with **tape¹ 3** কোনো বস্তুতে টেপ লাগিয়ে আটকানো (টেপ দিয়ে সাঁটা বা বাঁধা)

tape deck *noun* [C] the part of a music system (**stereo**) on which you play cassettes or tapes বাদ্যযন্ত্রের (স্টিরিও) যে অংশটিতে ক্যাসেট বা টেপ চালানো বা বাজানো হয়; টেপ ডেক

tape measure (*also* **measuring tape**) *noun* [C] a long thin piece of plastic, cloth or metal with centimetres, etc. marked on it. It is used for measuring things সেন্টিমিটার ইত্যাদি দ্বারা চিহ্নিত প্লাস্টিক, কাপড় বা ধাতুর লম্বা, পাতলা টুকরো যা দিয়ে জিনিসপত্র মাপা হয়; মাপার ফিতে ➪ **tape** দেখো।

tape recorder *noun* [C] a machine that is used for recording and playing sounds on tape শব্দ ইত্যাদি ধরে রাখা এবং তা বাজিয়ে শোনার যন্ত্র; টেপ-রেকর্ডার

tapestry / ˈtæpəstri ট্যাপ্যাস্ট্রি / *noun* [C, U] (*pl.* **tapestries**) a piece of heavy cloth with pictures or designs sewn on it in coloured thread রঙিন সুতোর দ্বারা করা ছবি এবং নকশাখচিত ভারী কাপড়; ট্যাপেস্ট্রি

tapeworm / ˈteɪpwɜːm ˈটেইপউঅ্যম্ / *noun* [C] **1** a long flat creature with a soft body and no legs (**a worm**) that lives in the tube that carries food out of the stomach (**the intestines**) of humans and animals লম্বা, চ্যাপটা নরম শরীরের প্রাণী যার কোনো পা নেই এবং যা মানুষ ও পশুদের দেহের অন্ত্রের মধ্যে থাকে; টেপওয়ার্ম

tapioca / ˌtæpiˈəʊkə ˌট্যাপিˈঅ্যাউক্যা / noun [U] hard white grains obtained from a plant (**cassava plant**) often cooked with milk to make a sweet dish (কাসাভা) উদ্ভিদজাত সাদা শস্য যা দুধের সঙ্গে মিশিয়ে মিষ্টি হয় ➪ **cassava**- তে ছবি দেখো।

tap water *noun* [U] water that comes through pipes and out of taps, not water sold in bottles কলের জল

tar / tɑː(r) টা:(র্) / *noun* [U] **1** a thick black sticky liquid that becomes hard when it is cold. Tar is obtained from coal and is used for making roads, etc. ঘন, কালো, চটচটে পদার্থ যা ঠান্ডা হয়ে গেলে শক্ত হয়ে যায়। কয়লা থেকে এটি পাওয়া যায় এবং রাস্তা ইত্যাদি তৈরি করতে ব্যবহৃত হয়; আলকাতরা ➪ **Tarmac** দেখো। **2** a similar substance formed by burning tobacco তামাক পোড়ালেও ঐ রকমের জিনিস তৈরি হয় *low-tar cigarettes*

tarantula / təˈræntʃələ ট্যাˈর্যান্চ্যাল্যা / *noun* [C] a large hairy spider that lives in hot countries. Some tarantulas are poisonous গ্রীষ্মপ্রধান দেশের বড়ো লোমশ একধরনের মাকড়সা

target¹ / ˈtɑːgɪt ˈটা:গিট্ / *noun* [C] **1** a result that you try to achieve লক্ষ্য, নিশানা *to be **on target*** (=making the progress we expected) ○ *a target area/audience/group* (=the particular area, audience, etc. that a product, programme, etc. is aimed at) **2** a person, place or thing that you try to hit when shooting or attacking যে ব্যক্তি, বস্তু বা স্থানের দিকে তাক করে গুলি ছোড়া বা আক্রমণ করা হয়; নিশানা *Doors and windows are **an easy target** for burglars.* **3** a person or thing that people criticize, laugh at, etc. কোনো ব্যক্তি বা বস্তু লোকে যার সমালোচনা করে, যাকে দেখে হাসে ইত্যাদি; সমালোচনার পাত্র *The education system has been the target of heavy criticism.* **4** an object, often a round board with circles on it, that you try to hit in shooting practice গুলি ছোড়া অভ্যাস করার লক্ষ্য হিসেবে তৈরি গোলাকার বোর্ড যাতে গোল চিহ্ন থাকে *to aim at/hit/miss a target*

target² / ˈtɑːgɪt ˈটা:গিট্ / *verb* [T] (*usually passive*) **target sb/sth; target sth at/on sb/sth** to try to have an effect on a particular group of people; to try to attack sb/sth বিশেষ কোনো দল বা মানুষকে প্রভাবিত করার চেষ্টা করা; কাউকে বা কিছু আক্রমণ করার চেষ্টা করা *The product is targeted at teenagers.*

tariff / ˈtærɪf ˈট্যারিফ্ / *noun* [C] **1** a tax that has to be paid on goods coming into a country আমদানি করা জিনিসের উপর দেয় শুল্ক; মাশুল **2** a list of prices, especially in a hotel নির্ধারিত দাম বা মূল্যের তালিকা (বিশেষ করে হোটেলে)

Tarmac™ / ˈtɑːmæk ˈটা:ম্যাক্ / *noun* **1** [U] a black material used for making the surfaces of roads কালো কোনো উপাদান যা দিয়ে রাস্তা তৈরি হয় ⇨ **tar** দেখো। **2 the tarmac** [*sing.*] an area covered with a Tarmac surface, especially at an airport টারম্যাক ঢাকা কোনো এলাকা, বিশেষত বিমানবন্দরে

tarnish / ˈtɑːnɪʃ ˈটা:নিশ্ / *verb* **1** [I, T] (used about metal, etc.) to become or to make sth less bright and shiny (ধাতু ইত্যাদি সম্বন্ধে ব্যবহৃত) কোনো কিছুর উজ্জ্বলতা কমে যাওয়া বা কমানো, ম্যাটমেটে ভাব আনা **2** [T] to spoil the good opinion people have of sb/sth কারও বা কিছুর সম্বন্ধে কোনো জনমতখারাপ করে তোলা; কালিমালিপ্ত করা

tarpaulin / tɑː ˈpɔːlɪn টা: ˈপ:লিন্ / *noun* [C, U] strong material that water cannot pass through, which is used for covering things to protect them from the rain শক্ত, মজবুত একধরনের পদার্থ যার মধ্যে দিয়ে জল বাহিত হতে পারে না এবং যেটি বৃষ্টি থেকে জিনিসপত্র বাঁচানোর জন্য তার উপর ঢাকা দেওয়ার কাজে ব্যবহৃত হয়; ত্রিপল, তেরপল

tarragon / ˈtærəgən ˈট্যার‍্যাগ্যান্ / *noun* [U] a plant with leaves that have a strong taste and are used in cooking to flavour food এক ধরনের ছোটো গাছ যার পাতার স্বাদ খুবই জোরালো এবং খাবার স্বাদযুক্ত করতে যা রান্নায় ব্যবহৃত হয়

tart¹ / tɑːt টা:ট্ / *noun* **1** [C, U] an open pie filled with sweet food such as fruit or jam খোলা খোলের মধ্যে মিষ্টি পুর, যেমন ফল, জ্যাম ইত্যাদি দিয়ে তৈরি খাবারবিশেষ **2** [C] (*informal*) a woman who dresses or behaves in a way that people think is immoral এমন স্ত্রীলোক যার পোশাক-আশাক অথবা হাবভাব লোকেদের কাছে অনৈতিক বলে মনে হয়

tart² / tɑːt টা:ট্ / *verb*

PHR V tart sb/sth up (*informal*) to decorate and improve the appearance of sb/sth কোনো ব্যক্তি বা বস্তুকে ভালো দেখানোর জন্য তাকে বা সেটি সজ্জিত করা, শোভিত করা

tart³ / tɑːt টা:ট্ / *adj.* (especially in fruit) tasting unpleasantly sour (বিশেষত ফল) অত্যন্ত বেশি পরিমাণে অম্ল স্বাদযুক্ত; টক *tart oranges*

tartan / ˈtɑːtn ˈটা:ট্ন্ / *noun* [U, C] **1** a traditional Scottish pattern of coloured squares and lines that cross each other স্কটল্যান্ডের ঐতিহ্যময় রংবেরঙের চৌখুপি এবং রেখা দিয়ে করা নকশা যার একটি অন্যটিকে ছেদ করে **2** material made from wool with this pattern on it ঐ নকশা সম্বলিত বস্ত্র (উলের)

task / tɑːsk টা:স্ক্ / *noun* [C] a piece of work that has to be done, especially an unpleasant or difficult one অবশ্যকরণীয় কাজ, বিশেষত যা অপ্রীতিকর বা কঠিন *to perform/carry out undertake a task*

tassel / ˈtæsl ˈট্যাস্ল্ / *noun* [C] a group of threads that are tied together at one end and hang from cushions, curtains, clothes, etc. as a decoration কুশন, পর্দা, কোনো পোশাক থেকে ঝুলে থাকা সৌন্দর্যবর্ধক সুতোর গুচ্ছ; ট্যাসেল

taste¹ / teɪst টেইস্ট্ / *noun* **1** [*sing.*] the particular quality of different foods or drinks that allows you to recognize them when you put them in your mouth; flavour যে বিশেষ গুণের দ্বারা বিভিন্ন খাদ্য ও পানীয় মুখে দিয়ে আলাদা আলাদাভাবে চেনা যায়; স্বাদ, আস্বাদ *I don't like the taste of this coffee.* ○ *a sweet/bitter/sour/salty taste* **2** [U] the ability to recognize the flavour of food or drink খাদ্য ও পানীয়ের স্বাদ চেনার ক্ষমতা *I've got such a bad cold that I seem to have lost my sense of taste.* **3** [C, *usually sing.*] **a taste (of sth)** a small amount of sth to eat or drink that you have in order to see what it is like খাবার কেমন তা জানার জন্য চেখে দেখার মতো অল্প একটু পরিমাণ *Have a taste of this cheese to see if you like it.* **4** [*sing.*] a short experience of sth (কোনো কিছুর) সামান্য অভিজ্ঞতা বা নমুনা *That was my **first taste** of success.* **5** [U] the ability to decide if things are suitable, of good quality, etc. দ্রব্যাদির উপযোগিতা, মান ইত্যাদি যাচাই করার ক্ষমতা *He* *has excellent* **taste in** *music.* **6** [*sing.*] **a taste (for sth)** what a person likes or prefers অনুরাগ, আসক্তি *She has developed a taste for modern art.*

IDM (be) in bad, poor, etc. taste (used about sb's behaviour) (to be) unpleasant and not suitable (কারও আচরণ সম্বন্ধে ব্যবহৃত হয়) নিম্নমানের এবং অনুপযুক্ত *Some of his comments were in very bad taste.*

taste² / teɪst টেইস্ট্ / *verb* **1** *linking verb* **taste (of sth)** to have a particular flavour বিশেষ স্বাদ থাকা *to taste sour/sweet/delicious* **2** [T] to notice or recognize the flavour of food or drink খাদ্য বা পানীয়ের স্বাদ পাওয়া, খেয়ে বুঝতে পারা *Can you taste the garlic in this soup?* **3** [T] to try a small amount of food and drink; to test the flavour of sth খাদ্য এবং পানীয়ের অল্প একটু নিয়ে চেখে দেখা; কোনো কিছুর স্বাদ বোঝার চেষ্টা করা *Can I taste a piece of that cheese to see what it's like?*

taste bud *noun* [C, *usually pl.*] one of the small cells on your tongue that allow you to recognize the flavours of food and drink খাদ্য বা পানীয়ের স্বাদ বোঝার জন্য জিভের উপরে অবস্থিত কোষসমূহ; স্বাদ কোষ

tasteful / ˈteɪstfl ˈটেইস্ট্‌ফ্‌ল্ / *adj.* (used especially about clothes, furniture, decorations, etc.) attractive and well chosen (বস্ত্র, সাজসজ্জা, আসবাবপত্র ইত্যাদি সম্বন্ধে ব্যবহৃত) সুনির্ধারিত, সুন্দর, আকর্ষণীয় *tasteful furniture* ✪ বিপ **tasteless** ► **tastefully** / -fəli ফ্যালি / *adv.* সুরুচিপূর্ণভাবে

tasteless / ˈteɪstləs ˈটেইস্ট্‌ল্যাস্ / *adj.* **1** having little or no flavour বিস্বাদ, খেতে খারাপ, জোলো *This sauce is rather tasteless.* ✪ বিপ **tasty 2** likely to offend people অশোভন, অমার্জিত *His joke about the funeral was particularly tasteless.* **3** (used especially about clothes, furniture, decorations, etc.) not attractive; not well chosen (বিশেষত জামাকাপড়, আসবাবপত্র, সাজসজ্জা সম্বন্ধে ব্যবহৃত) অনাকর্ষণীয়; সুনির্বাচিত নয় ✪ বিপ **tasteful**

tasty / ˈteɪsti ˈটেইস্টি / *adj.* (**tastier; tastiest**) having a good flavour সুস্বাদু, মুখরোচক, খেতে ভালো *spaghetti with a tasty mushroom sauce*

tattered / ˈtætəd ˈট্যাট্যাড্ / *adj.* old and torn; in bad condition জরাজীর্ণ, ছিন্নভিন্ন *a tattered coat*

tatters / ˈtætəz ˈট্যাট্যাজ্ / *noun*

IDM in tatters badly torn or damaged; ruined খুব বিশ্রীভাবে ছিঁড়ে গেছে বা ক্ষতিগ্রস্ত হয়েছে এমন; তছনছ অবস্থা *Her dress was in tatters.*

tattoo / təˈtu: ট্যাˈটু / *noun* [C] (*pl.* **tattoos**) a picture or pattern that is marked permanently on sb's skin কারও গায়ের উপর যে চিরস্থায়ী ছবি বা নকশা এঁকে দেওয়া হয়; উলকি, ট্যাটু ► **tattoo** *verb* [T] (**tattooing; tattooed**) উলকি করা বা ট্যাটু বানানো *She had his name tattooed on her left hand.*

tatty / ˈtæti ˈট্যাটি / *adj.* (**tattier; tattiest**) (*informal*) in bad condition খারাপ, হতকুচ্ছিত অবস্থায় *tatty old clothes*

taught ➪ **teach**-এর past tense এবং past participle

taunt / tɔ:nt ট:ন্ট্ / *verb* [T] to try to make sb angry or upset by saying unpleasant or cruel things অপ্রীতিকর বা নিষ্ঠুর কথা বলে কাউকে বিরক্ত বা বিপর্যস্ত করার চেষ্টা করা; ঠাট্টা করা, বিদ্রূপ করা ► **taunt** *noun* [C] ঠাট্টা; ব্যঙ্গ, বিদ্রূপ

Taurus / ˈtɔ:rəs ˈট:র‍্যাস্ / *noun* [U] the second sign of the **zodiac**, the Bull বৃষরাশি; রাশিচক্রের দ্বিতীয় রাশি

taut / tɔ:t ট:ট্ / *adj.* (used about rope, wire, etc.) stretched very tight; not loose (দড়ি, তার ইত্যাদি সম্বন্ধে ব্যবহৃত) টানটান, টাইট; আলগা নয়

tavern / ˈtævən ˈট্যাভ্যান্ / *noun* [C] (*old fashioned*) a pub সরাইখানা

tax / tæks ট্যাক্স্ / *noun* [C, U] **(a) tax (on sth)** the money that you have to pay to the government so that it can provide public services জনপরিষেবা প্রদানের জন্য সরকারকে জনসাধারণ কর্তৃক দেয় অর্থ; কর, খাজনা, শুল্ক *income tax* ► **tax** *verb* [T] (*usually passive*) কর চালু বা লাগু করা *Alcohol, cigarettes and petrol are heavily taxed.*

taxable / ˈtæksəbl ˈট্যাক্স্যাবল্ / *adj.* on which you have to pay tax করযোগ্য, যার জন্য কর দিতে হবে *taxable income*

taxation / tækˈseɪʃn ট্যাক্ˈসেইশ্‌ন্ / *noun* [U] **1** the system by which a government takes money from people so that it can pay for public services জনপরিষেবা প্রদানের জন্য সরকার জনতার কাছ থেকে যে কর আদায় করে তার পদ্ধতি বা ব্যবস্থা *direct/indirect taxation* **2** the amount of money that people have to pay in tax জনগণ কর্তৃক যে পরিমাণ অর্থ কর হিসেবে দেওয়া হয় *to increase/reduce taxation* ○ *high/low taxation*

tax-free *adj.* on which you do not have to pay tax যার জন্য কোনো কর দিতে হয় না; করমুক্ত, নিঃশুল্ক

taxi¹ / ˈtæksi ˈট্যাক্সি / (*also* **taxicab** *AmE* **cab**) *noun* [C] a car with a driver whose job is to take you somewhere in exchange for money চালক সমেত যে মোটর গাড়ি অর্থের বিনিময়ে কোথাও নিয়ে যায় *Shall we go by bus or **get/take a taxi**?*

NOTE ট্যাক্সিকে যে অর্থ দিতে হয় ভাড়া বাবদ তা ট্যাক্সির গায়ে লাগানো মিটারে দেখা যায়।

taxi² / ˈtæksi ˈট্যাক্সি / *verb* [I] (used about an aircraft) to move slowly along the ground before or after flying (বিমান সম্বন্ধে ব্যবহৃত) উড়ানের আগে বা পরে মাটির উপর দিয়ে আস্তে আস্তে যাওয়া

taxing / ˈtæksɪŋ ˈট্যাক্‌সিং / *adj.* difficult; needing a lot of effort কঠিন; পরিশ্রমসাধ্য *a taxing exam*

taxi rank *noun* [C] a place where taxis park while they are waiting for passengers যাত্রীদের অপেক্ষায় ট্যাক্সি দাঁড় করানোর জায়গা

taxonomist / tækˈsɒnəmɪst ট্যাক্‌ˈসন্যামিস্ট্ / *noun* [C] a scientist who arranges things into groups যে বিজ্ঞানী জিনিসপত্র সারিবধ্ব বা দলবধ্ব করতে পারেন; বর্গীকরণে দক্ষ বিজ্ঞানী

taxonomy / tækˈsɒnəmi ট্যাক্‌ˈসন্যামি / *noun* **1** [U] the scientific process of arranging things into groups জিনিসপত্র বিভিন্ন বর্গে বিন্যস্ত করার বৈজ্ঞানিক পশ্ধতি **2** [C] (*pl.* **taxonomies**) one particular system of groups that things have been arranged in জিনিসপত্র বর্গীকরণ করার কোনো একটি নির্দিষ্ট পশ্ধতি

taxpayer / ˈtækspeɪə(r) ˈট্যাক্‌স্‌পেইআ্য(র্) / *noun* [C] a person who pays tax to the government, especially on the money that he/she earns যে ব্যক্তি সরকারকে কর দেয় বিশেষত সে যে অর্থ রোজগার করে তার উপর; করদাতা

TB / ˌtiː ˈbiː ˌটী ˈবী / *abbr.* tuberculosis টিউবারক্যুলোসিস-এর সংক্ষিপ্ত রূপ; যক্ষা, যক্ষারোগ; টিবি

tbsp *abbr.* tablespoonful(s) টেবিলচামচ ভরা *Add three tbsp sugar.*

tea / tiː টী / *noun* **1** [U, C] a hot drink made by pouring boiling water onto the dried leaves of the tea plant or of some other plants; a cup of this drink চা গাছ বা অন্য কোনো গাছের পাতা এবং গরম জল দিয়ে তৈরি পানীয়; এক কাপ চা *a cup/pot of tea* ○ *herb/mint/camomile tea* **2** [U] the dried leaves that are used for making tea চা তৈরিতে ব্যবহৃত শুকনো পাতা **3** [C, U] a small afternoon meal of sandwiches, cakes, etc. and tea to drink, or a cooked meal eaten at 5 or 6 o'clock বিকেলে চা এবং স্যান্ডুউইচ, কেক ইত্যাদির সঙ্গে হালকা খাবার অথবা সন্ধে ৫টা থেকে ৬টার মধ্যে রান্না-করা যে খাবার খাওয়া হয় *The kids have their tea as soon as they get home from school.*

IDM **(not) sb's cup of tea** ➪ **cup**[1] দেখো।

tea bag *noun* [C] a small paper bag with tea leaves in it, that you use for making tea চা-পাতার ছোটো কাগজের মোড়ক যেটি গরম জলে ডুবিয়ে চা তৈরি করা হয়; টী ব্যাগ

teach / tiːtʃ টীচ্ / *verb* (*pt, pp* **taught** / tɔːt ট:ট্/) **1** [I, T] **teach sb (sth/to do sth); teach sth (to sb)** to give sb lessons or instructions so that he/she knows how to do sth শিক্ষা দেওয়া, শেখানো *Jai is teaching us how to use the computer.* ○ *He teaches English to foreign students.* **2** [T] to make sb believe sth or behave in a certain way কোনো জিনিসে বিশ্বাস করানো, কোনো আচরণ ঠিকমতো করানো *My parents taught me always to tell the truth.* **3** [T] to make sb have a bad experience so that he/she is careful not to do the thing that caused it again খারাপ কোনো অভিজ্ঞতার মধ্যে দিয়ে কোনো ব্যক্তিকে যেতে দেওয়া যাতে সে সেইরকম কাজ না করার ব্যাপারে সতর্ক থাকে *All the seats are taken. That'll teach you to turn up half an hour late.*

IDM **teach sb a lesson** to make sb have a bad experience so that he/she will not do the thing that caused it again কাউকে সাজা দেওয়া বা (খারাপ কোনো অভিজ্ঞতার মধ্য দিয়ে যেতে দেওয়া) এমনভাবে কিছু শিক্ষা দেওয়া যাতে ভবিষ্যতে সে ওরকম কাজ আর যেন না করে

teacher / ˈtiːtʃə(r) ˈটীচ্যা(র্) / *noun* [C] a person whose job is to teach, especially in a school or college যে ব্যক্তির কাজ শিক্ষকতা করা, বিশেষত স্কুল বা কলেজে; শিক্ষক; টীচার *a maths/chemistry/music teacher* ➪ **head**[1] **6** দেখো।

teaching / ˈtiːtʃɪŋ ˈটীচিং / *noun* **1** [U] the work of a teacher শিক্ষকের কাজ, শিক্ষকতা *My son went into teaching and my daughter became a doctor.* ○ *teaching methods* **2** [C, *usually pl.*] ideas and beliefs that are taught by sb/sth কোনো ব্যক্তির দ্বারা শেখানো শিক্ষাদর্শ, বিশ্বাস, ধ্যানধারণা *the teachings of Mahatma Gandhi*

tea cloth (*BrE*) = **tea towel**

teacup / ˈtiːkʌp ˈটীকাপ্ / *noun* [C] a cup that you drink tea from চায়ের কাপ

teak / tiːk টীক্ / *noun* [U] the strong hard wood of a tall Asian tree, used especially for making furniture এশিয় দেশে পাওয়া যায় দীর্ঘ বৃক্ষের শক্ত, মজবুত কাঠ যা বিশেষত আসবাবপত্র তৈরির কাজে লাগে; সেগুন গাছের কাঠ

tea leaves *noun* [*pl.*] the small leaves that are left in a cup after you have drunk the tea চা পানের পরে কাপের মধ্যে পড়ে থাকা চায়ের পাতা; চা-পাতা

team[1] / tiːm টীম্ / *noun* [C] **1** a group of people who play a sport or game together against another group খেলার দল, পক্ষ *a football team* ○ *Are you* ***in/on the team****?* **2** a group of people who work together একসঙ্গে কাজ করে এমন একটি দল *a team of doctors*

> NOTE **Team** শব্দটি সব সময় একবচনে (singular) ব্যবহৃত হয়। এর সঙ্গে একবচন বা বহুবচন (plural) দুরকম ক্রিয়াপদই (verb) ব্যবহার করা চলে—*The team play/plays two matches every week.*

team² / tiːm টীম্ / *verb*

PHR V **team up (with sb)** to join sb in order to do sth together একসঙ্গে কাজ করার উদ্দেশ্যে কারও সঙ্গে একত্রিত হওয়া *I teamed up with Leena to plan the project.*

teamwork / ˈtiːmwɜːk টীম্উঅ্যক্ / *noun* [U] the ability of people to work together একসঙ্গে কাজ করার ক্ষমতা বা পারদর্শিতা *Teamwork is a key feature of the training programme.*

teapot / ˈtiːpɒt ˈটীপট্ / *noun* [C] a container that you use for making tea in and for serving it চা বানানোর বা পরিবেশন করার পাত্র; টীপট

tear¹ / tɪə(r) টিঅ্যা(র্) / *noun* [C, *usually pl.*] a drop of water that comes from your eye when you are crying, etc. চোখের জল, অশ্রু *I was* ***in tears*** (=crying) *at the end of the film.* ○ *The little girl* ***burst into tears*** (=suddenly started to cry).

IDM **shed tears** ⇨ **shed²** দেখো।

tear² / teə(r) টেঅ্যা(র্) / *verb* (*pt* **tore** / tɔː(r) ট:(র্) কোনো কিছু নষ্ট করার জন্য; *pp* **torn** / tɔːn ট:ন্ /) **1** [I, T] to damage sth by pulling it apart or into pieces; to become damaged in this way কোনো কিছু নষ্ট করার জন্য টেনে ফালাফালা করে ছিঁড়ে ফেলা; এভাবে নষ্ট হয়ে যাওয়া *I tore a page out of my notebook.* ○ *This material doesn't tear easily.* **2** [T] to remove sth by pulling violently and quickly হিংস্রভাবে টেনে দ্রুত ছিঁড়ে ফেলা, ছিঁড়ে খুঁড়ে ফেলা *Payal tore the poster down from the wall.* ○ *He tore the bag out of her hands.* **3** [T] to make a hole in sth by force জোর করে কোনো কিছুর উপর গর্ত বা ফুটো করা **4** [I] **tear along, up, down, past, etc.** to move very quickly in a particular direction নির্দিষ্ট দিকে বা লক্ষ্যে খুব তাড়াতাড়ি এগোনো *An ambulance went tearing past.* ► **tear** *noun* [C] ছেঁড়া, ফাটা *You've got a tear in the back of your trousers.*

IDM **wear and tear** ⇨ **wear²** দেখো।

PHR V **tear sth apart 1** to pull sth violently into pieces নির্মমভাবে টান দিয়ে কোনো বস্তু টুকরো টুকরো করে ফেলা **2** to destroy sth completely কোনো কিছু সম্পূর্ণভাবে বিনষ্ট করা *The country has been torn apart by the war.*

tear yourself away (from sb/sth) to make yourself leave sb/sth or stop doing sth কোনো ব্যক্তি বা বস্তুর কাছ থেকে সরে আসা বা কোনো কাজ থেকে বেরিয়ে আসা

be torn between A and B to find it difficult to choose between two things or people দুটি জিনিস বা দুটি মানুষের মধ্যে কোনটি বেশি গ্রহণযোগ্য ঠিক করতে না পারা; দ্বিধাগ্রস্ত হওয়া

tear sth down (used about a building) to destroy it (অট্টালিকা বা বাড়ি সম্বন্ধে ব্যবহৃত) ধ্বংস করা, ভেঙে ফেলা *They tore down the old houses and built a shopping centre.*

tear sth up to pull sth into pieces, especially sth made of paper কোনো বস্তু টেনে ফালাফালা করে ছিঁড়ে ফেলা, বিশেষত কাগজের তৈরি *'I hate this photograph,' she said, tearing it up.*

tearful / ˈtɪəfl ˈটিঅ্যাফ্‌ল্ / *adj.* crying or nearly crying ক্রন্দনরত বা কান্নার ভাব

tear gas / ˈtɪə gæs ˈটিঅ্যা গ্যাস্ / *noun* [U] a type of gas that hurts the eyes and throat, and is used by the police, etc. to control large groups of people একধরনের গ্যাস যাতে দৃষ্টি ও কণ্ঠ রুদ্ধ হয়ে যায় এবং পুলিস ইত্যাদির দ্বারা গোষ্ঠীবদ্ধ বৃহৎ জনশক্তি নিয়ন্ত্রণে আনতে যা ব্যবহার করা হয়; কাঁদুনে গ্যাস

tease / tiːz টীজ্ / *verb* [I, T] to laugh at sb either in a friendly way or in order to upset him/her কোনো ব্যক্তিকে উত্যক্ত করা, বন্ধুভাবে বা তাকে খ্যাপানোর জন্য *They teased her about being fat.*

teaspoon / ˈtiːspuːn ˈটীস্পূন্ / *noun* [C] **1** a small spoon used for putting sugar in tea, coffee, etc. চা কফি ইত্যাদিতে চিনি দেওয়ার ছোটো চামচ, চা-চামচ **2** (**teaspoonful** / -fʊl -ফুল্ /) the amount that a teaspoon can hold এক চা-চামচে যতটা ধরে সেই পরিমাণ

teat / tiːt টীট্ / *noun* [C] **1** the rubber part at the end of a baby's bottle that the baby sucks in order to get milk, etc. from the bottle শিশুর দুধ খাওয়া বোতলের রাবারের মুখ বা চুষি যেটির দ্বারা শিশুটি বোতলের দুধ ইত্যাদি পান করে **2** one of the parts of a female animal's body that the babies drink milk from পশুদের স্তনবৃন্ত বা বাঁটগুলির একটি যা থেকে তাদের শাবক দুধ পান করে

tea towel (*also* **tea cloth**) *noun* [C] a small towel that is used for drying plates, knives, forks, etc. থালা, ছুরি, কাঁটা ইত্যাদি মোছার ছোটো তোয়ালে

technical / ˈteknɪkl ˈটেক্‌নিক্‌ল্ / *adj.* **1** connected with the practical use of machines, methods, etc. in science and industry বিজ্ঞান ও শিল্পে যন্ত্র, প্রযুক্তি ইত্যাদির ব্যবহারের সঙ্গে সংযুক্ত; প্রযুক্তিগত, প্রায়োগিক *The train was delayed owing to a technical problem.* **2** connected with the skills involved in a particular activity or subject বিশেষ কোনো কাজ অথবা কোনো বিষয়ের সম্বন্ধে দক্ষতা সংক্রান্ত *This computer magazine is too technical for me.*

technicality / ˌteknɪˈkæləti ˌটেক্‌নিˈক্যাল্যাটি / *noun* [C] (*pl.* **technicalities**) one of the details of a particular subject or activity কোনো বিশেষ বিষয় বা কাজের খুঁটিনাটির একটি

technically / ˈteknɪkli ˈটেক্‌নিক্‌লি / *adv.* **1** according to the exact meaning, facts, etc. একদম সঠিক অর্থ, বিষয় ইত্যাদি অনুসারে *Technically, you should pay by May 1st, but it doesn't matter if it's a few days late.* **2** in a way that involves detailed knowledge of the machines, etc. that are used in industry or science এমনভাবে যা শিল্প বা বিজ্ঞানে ব্যবহৃত হয় এরকম যন্ত্র ইত্যাদির বিশদ জ্ঞানকে জড়িত করে; প্রযুক্তিগতভাবে *The country is technically not very advanced.* **3** used about sb's practical ability in a particular activity বিশেষ কোনো কাজে কোনো ব্যক্তির ব্যাবহারিক দক্ষতা সম্পর্কে ব্যবহৃত *He's a technically brilliant dancer.*

technician / tekˈnɪʃn টেক্‌ˈনিশ্‌ন্ / *noun* [C] a person whose work involves practical skills, especially in industry or science কোনো ব্যক্তি যার কাজ ব্যাবহারিক দক্ষতা সংক্রান্ত (বিশেষত শিল্প ও বিজ্ঞান বিষয়ে); যন্ত্রবিৎ, প্রকর্মী *a laboratory technician*

technique / tekˈniːk টেক্‌ˈনীক্ / *noun* **1** [C] a particular way of doing sth কোনো কাজ করার বিশেষ ধরন; প্রকরণ, প্রবিধি *new techniques for teaching languages ○ marketing/management techniques* **2** [U] the practical skill that sb has in a particular activity কোনো বিশেষ ধরনের কাজে কারও ব্যাবহারিক দক্ষতা *He's a naturally talented runner, but he needs to work on his technique.*

techno- / ˈteknəʊ ˈটেক্‌ন্যাউ / *prefix* (*used in nouns, adjectives and adverbs*) connected with technology প্রযুক্তিবিদ্যার সঙ্গে জড়িত বা সম্পর্কিত *technophobe* (=a person who is afraid of technology)

technology / tek ˈnɒlədʒi টেক্‌ˈনল্যাজি / *noun* [C, U] (*pl.* **technologies**) the scientific knowledge and/or equipment that is needed for a particular industry, etc. বিশেষ শিল্প ইত্যাদিতে প্রয়োজনীয় বিজ্ঞানসম্মতজ্ঞান ও যন্ত্রপাতি; কারিগরি ও প্রযুক্তিগত বিদ্যা *developments in computer technology* ▶ **technological** / ˌteknə ˈlɒdʒɪkl ˌটেক্‌ন্যাˈলজিক্‌ল্ / *adj.* প্রযুক্তি ও কারিগরি বিষয়ক *technological-developments* ▶ **technologist** / tek ˈnɒlədʒɪst টেক্‌ˈনল্যাজিস্ট্ / *noun* [C] প্রযুক্তিবিদ, প্রযুক্তিবিশারদ *Technologists are developing a computer that can perform surgery.*

tectonic / tekˈtɒnɪk টেক্‌ˈটনিক্ / *adj.* (in geology) connected with the structure of the earth's surface (ভূতত্ত্বে) ভূত্বকের গঠন সংক্রান্ত ➪ **plate tectonics** দেখো।

teddy / ˈtedi ˈটেডি / (*also* **teddy bear**) *noun* [C] (*pl.* **teddies**) a toy for children that looks like a bear ভালুকের অনুকরণে তৈরি খেলনা; টেডি

tedious / ˈtiːdiəs ˈটীডিঅ্যাস্ / *adj.* boring and lasting for a long time একঘেয়ে, দীর্ঘস্থায়ী, লম্বা *a tedious train journey*

teem / tiːm টীম্ / *verb* [I] **teem with sth** (used about a place) to have a lot of people or things moving about in it (কোনো স্থান সম্বন্ধে ব্যবহৃত) অনেক জিনিসপত্রে ঠাসা, মানুষে ভরে থাকা, থিকথিক করা *The streets were teeming with people. ○ river teeming with fish*

teenage / ˈtiːneɪdʒ ˈটীন্‌এইজ্ / *adj.* (*only before a noun*) **1** between 13 and 19 years old ১৩ থেকে ১৯ বছরের মধ্যবর্তী বয়সের কিশোর-কিশোরী *teenage children* **2** typical of or suitable for people between 13 and 19 years old, ১৩ থেকে ১৯ বছর বয়সি ছেলেমেয়েদের মতো বা তাদের উপযোগী *teenage magazines/fashion*

teenager / ˈtiːneɪdʒə(r) ˈটীন্‌এইজ্যা(র্) / *noun* [C] a person aged between 13 and 19 years old ১৩ থেকে ১৯ বছর বয়সের ছেলে বা মেয়ে, কিশোর বা কিশোরী *Her music is very popular with teenagers.* ➪ **adolescent** দেখো।

teens / tiːnz টীন্‌জ্ / *noun* [*pl.*] the period of a person's life between the ages of 13 and 19 কোনো ব্যক্তির জীবনের ১৩ থেকে ১৯ বছর পর্যন্ত বয়সকাল; কৈশোর, বয়ঃসন্ধি *to be* ***in your*** *early/late* ***teens***

teeshirt / ˈtiːʃɜːt ˈটীশ্যট্ / = **T-shirt**

teeth ➪ **tooth**-এর **plural**

teethe / tiːð টীদ্ / / *verb* [I] (*usually* **be teething**) (used about a baby) to start growing its first teeth (শিশুর বিষয়ে ব্যবহৃত) প্রথম দাঁত বেরোনো

teething problems (*also* **teething troubles**) *noun* [*pl.*] the problems that can develop when a person, system, etc. is new কোনো নতুন (ব্যক্তি, পদ্ধতি ইত্যাদি) কিছুর সূচনাপর্বের সমস্যা *We've just installed this new software and are having a few teething problems with it.*

teetotal / ˌtiːˈtəʊtl ˌটীˈট্যাউট্‌ল্ / *adj.* (*not before a noun*) (used about a person) never drinking alcohol (ব্যক্তি সম্বন্ধে ব্যবহৃত) মদ্যপান করে না এমন

teetotaller (*AmE* **teetotaler**) / ˈtiː ˈtəʊtlə(r) টীˈট্যাউˈট্‌ল্যা(র্) / *noun* [C] a person who does not drink alcohol যে ব্যক্তি মদ্যপান করে না

TEFL / ˈtefl ˈটেফ্‌ল্ / *abbr.* Teaching English as a Foreign Language টীচিং ইংলিশ অ্যাজ এ ফরেন ল্যাঙ্গুয়েজ-এর সংক্ষিপ্ত রূপ; টেফল

tel. *abbr.* telephone (number) টেলিফোন নাম্বার এর সংক্ষিপ্ত রূপ *tel. 01865 56767*

tele- / ˈteli ˈটেলি / *prefix* (*used in nouns, verbs, adjectives and adverbs*) **1** over a long distance; far দূরস্থিত, বহুদূর থেকে দূরে *telepathy ○ telescopic*

2 connected with television টেলিভিশনের সঙ্গে জড়িত বা সেই সম্পর্কীয়; দূরদর্শন সম্পর্কীয় *teletext* **3** done using a telephone টেলিফোনের মাধ্যমে কৃত *telesales*

telecast / ˈtelikɑːst ˈটেলিকা:স্ট্ / *noun* [C] a broadcast on television দূরদর্শনে সম্প্রসারণ ▶ **telecast** *verb* [T] (*pt, pp* **telecast**) (*usually passive*) to broadcast on television দূরদর্শনে সম্প্রসারণ করা *The event will be telecast simultaneously to nearly 200 cities around the world.*

telecommunications / ˌtelikəˌmjuːnɪˈkeɪʃnz ˌটেলিক্যা,মিউনি'কেইশ্‌ন্জ্ / *noun* [*pl.*] the technology of sending signals, images and messages over long distances by radio, telephone, television, etc. বেতার, দূরভাষ, দূরদর্শন ইত্যাদির সাহায্যে দূরে বা দূরস্থিত কাউকে সংকেত, ছবি এবং বার্তা প্রেরণের প্রযুক্তি বা পদ্ধতি; টেলিযোগাযোগ ব্যবস্থা

telegram / ˈtelɪɡræm ˈটেলিগ্র্যাম্ / *noun* [C] a message that is sent by a system (**telegraph**) that uses electrical signals and that is then printed and given to sb বৈদ্যুতিক সংকেত ব্যবহার করে এরকম কোনো পদ্ধতির (টেলিগ্রাফ) সাহায্যে প্রেরিত হয় যে তারবার্তা এবং তারপরে তা মুদ্রিত করে কাউকে দেওয়া হয়; টেলিগ্রাম

telegraph / ˈtelɪɡrɑːf ˈটেলিগ্রা:ফ্ / *noun* [U] a method of sending messages over long distances, using wires that carry electrical signals তারের মধ্য দিয়ে বৈদ্যুতিক সংকেতের সাহায্যে দূরে সংবাদ বা বার্তা পাঠানোর ব্যবস্থা; টেলিগ্রাফ

telegraph pole *noun* [C] a tall wooden pole that is used for supporting telephone wires লম্বা কাঠের দণ্ড যা টেলিফোন তার ধরে রাখার কাজে ব্যবহৃত হয়; টেলিগ্রাফের খুঁটি

telemarketing / ˈtelimɑːkɪtɪŋ ˈটেলিমাকিটিং / = **telesales**

telepathy / təˈlepəθi ট্যা'লেপ্যাথি / *noun* [U] the communication of thoughts between people's minds without using speech, writing or other normal methods কোনো কথা না বলে, না লিখে, সাধারণ প্রচলিত কোনো পদ্ধতি ছাড়া একজনের মন থেকে অন্যের মনে ভাব বিনিময়; টেলিপ্যাথি

telephone / ˈtelɪfəʊn ˈটেলিফ্যাউন্ / (*informal* **phone**) *noun* **1** [U] an electrical system for talking to sb in another place by speaking into a special piece of equipment বিশেষ সরঞ্জামের সাহায্যে অন্যত্রস্থিত কোনো ব্যক্তির সঙ্গে কথা বলার জন্য যে বৈদ্যুতিক পদ্ধতি; দূরভাষ যন্ত্র; টেলিফোন *Can I contact you* ***by telephone****?* ○ *to* ***make a phone call*** ○ ***telephone number*** **2** [C] the piece of equipment that you use when you talk to sb by telephone টেলিফোনে কোনো ব্যক্তির সঙ্গে কথা বলার সময়ে ব্যবহৃত যন্ত্র বা সরঞ্জাম *a mobile phone/a public telephone*

NOTE **Telephone**-এর জায়গায় কথ্য ভাষায় সাধারণত **phone** শব্দটি ব্যবহৃত হয়

> **NOTE** যখন ফোন করা হয় তখন প্রথমে টেলিফোন নাম্বারটা **dial** করা হয়। যেখানে ফোন করা হয়েছে সেখানে ফোন **ring** হলে অন্য দিকে কোনো ব্যক্তি ফোনটা তোলে বা **answer** করে। ফোন ব্যস্ত থাকলে **engaged** শব্দটি ব্যবহার করা হয়। কথা বলা শেষ হয়ে গেলে ফোন **hang up** করা হয় অথবা **put the phone down** করা হয়। কোনো অঞ্চল অথবা অন্য কোনো দেশে ফোন করলে যে নম্বর টেলিফোন নম্বরের পূর্বে ডায়াল করা হয় তাকে **code** বলা হয়—*'What's the code for Spain?'*

▶ **telephone** (*also* **phone**) *verb* [I, T] টেলিফোন করা *Seema phoned. She's going to be late.*

IDM **on the phone/telephone** ➪ **phone** দেখো।

telephone box (*also* **phone box**; **call box**) *noun* [C] a small covered place in a street, etc. that contains a telephone for public use রাস্তা ইত্যাদির ধারে টেলিফোনসমেত ছোটো ঘেরা জায়গা যেখানে সাধারণ মানুষ ফোন করতে পারে

telephone directory (*informal* **phone book**) *noun* [C] a book that gives a list of the names, addresses and telephone numbers of the people in a particular area টেলিফোনের নম্বর ও ঠিকানাসহ গ্রাহক-তালিকা

telephone exchange (*also* **exchange**) *noun* [C] a place belonging to a telephone company where telephone lines are connected to each other টেলিফোন কোম্পানির অফিস যেখানে ফোন-লাইনের মধ্যে যোগাযোগব্যবস্থা আছে; টেলিফোন এক্সচেঞ্জ

telesales / ˈteliseɪlz ˈটেলিসেইলজ্ / (*also* **telemarketing**) *noun* [U] a method of selling things by telephone টেলিফোনের মাধ্যমে জিনিস বিক্রির ব্যবস্থা *He works in telesales.*

telescope / ˈtelɪskəʊp ˈটেলিস্ক্যাউপ্ / *noun* [C] an instrument in the shape of a tube with special pieces of glass (**lenses**) inside it. You look through it to make things that are far away appear bigger and nearer ভিতরে কাচের লেন্স লাগানো নলের মতো যন্ত্র যার মধ্যে চোখ রাখলে দূরের জিনিস আকারে বড়ো ও কাছে দেখায়; দূরবীন, দূরবীক্ষণ; টেলিস্কোপ

teletext / ˈtelitekst ˈটেলিটেক্স্ট্ / *noun* [U] a service that provides news and other information in written form on television যে পরিষেবার মাধ্যমে টেলিভিশনের পর্দায় খবর ও তথ্যাদি লিখিতভাবে দেখা যায়

televise / ˈtelɪvaɪz ˈটেলিভাইজ্ / *verb* [T] to show sth on television দূরদর্শনে দেখানো, দূরদর্শনের মাধ্যমে সম্প্রচার করা *a televised concert*

television / ˈtelɪvɪʒn ˈটেলিভিজ্‌ন্ / (*also* **TV** *informal* **telly**) *noun* **1** (*also* **television set**) [C] a piece of electrical equipment in the shape of a box. It has a glass screen which shows programmes with moving pictures and sounds বাক্সের আকারে বৈদ্যুতিক সরঞ্জাম যেটিতে কাচের পর্দায় চলন্ত ছবি ও শব্দ সমন্বিত অনুষ্ঠান দেখা যায়; টেলিভিশন বা দূরদর্শন যন্ত্র *to turn the television on/off* **2** [U] the programmes that are shown on a television set দূরদর্শনে যে সকল অনুষ্ঠান দেখানো হয় *Pia's watching television.* **3** [U] the electrical system and business of sending out programmes so that people can watch them on their television sets লোকে যাতে তাদের টেলিভিশন সেটের মধ্যে দেখতে পায় সেজন্য অনুষ্ঠান সম্প্রচারের বৈদ্যুতিক ব্যবস্থা এবং ব্যাবসা *a television presenter/series/documentary* ○ *cable/satellite/terrestrial/digital television*

IDM **on television** being shown by television; appearing in a television programme টেলিভিশনে দেখানো হচ্ছে এমন, দূরদর্শনের অনুষ্ঠানে আসে এমন *What's on television tonight?*

tell / tel টেল্ / *verb* (*pt, pp* **told** / təʊld ট্যাউল্ড্ /) **1** [T] **tell sb (sth/that...); tell sb (about sth); tell sth to sb** to give information to sb by speaking or writing কাউকে লিখে বা বলে জানানো, বলা *She told me her address but I've forgotten it.* ○ *to* ***tell the truth/a lie*** ⇨ **say**-তে নোট দেখো। **2** [T] **tell sb to do sth** to order or advise sb to do sth কাউকে কিছু করার জন্য আদেশ বা উপদেশ দেওয়া *The policewoman told us to get out of the car.* **3** [I, T] to know, see or judge (sth) correctly দেখা, জানা, ঠিকমতো কোনো কিছু বিচার করা *I could tell that he had enjoyed the evening.* ○ ***You can never tell*** *what he's going to say next.* ○ *I can't* ***tell the difference between*** *Dinesh's sisters.* **4** [T] (used about a thing) to give information to sb (কোনো জিনিস সম্বন্ধে ব্যবহৃত) কাউকে কোনো তথ্য জানানো *This book will tell you all you need to know.* **5** [I] to not keep a secret গোপন না রাখা *Promise you won't tell!* **6** [I] **tell (on sb/sth)** to have a noticeable effect চোখে পড়ার মতো প্রভাব পড়া বা থাকা *I can't run as fast as I could—my age is beginning to tell!*

IDM **all told** with everyone or everything counted and included সবাইকে বা সবকিছু শুনে নিয়ে এবং সব অন্তর্ভুক্ত করে

(I'll) tell you what informed) used to introduce a suggestion নতুন প্রস্তাব আনার জন্য ব্যবহৃত *I'll tell you what—let's ask Manoj to take us.*

I told you (so) (*informal*) I warned you that this would happen (কথ্যভাষায় ব্যবহৃত হয়) তখনই সাবধান করেছিলাম, এমনটা হবে

tell A and B apart ⇨ **apart** দেখো।

tell the time to read the time from a clock or watch ঘড়ি দেখে সময় বলা

PHR V **tell sb off (for sth/for doing sth)** to speak to sb angrily because he/she has done sth wrong ভুল করার জন্য রেগে গিয়ে কাউকে কিছু বলা *The teacher told me off for not doing my homework.*

tell on sb to tell a parent, teacher, etc. about sth bad that sb has done (কারও অন্যায় আচরণ সম্বন্ধে) শিক্ষক, পিতামাতা, অভিভাবক এমন কাউকে বলা

telling / ˈtelɪŋ ˈটেলিং / *adj.* **1** showing, without intending to, what sb/sth is really like ইচ্ছে করে না হলেও যে সত্য বা বাস্তবতা প্রকাশ হয়ে পড়ে *The number of homeless people is a telling comment on today's society.* **2** having a great effect বিশেষ প্রভাব ফেলে এমন *That's quite a telling argument.*

tell-tale *adj.* giving information about sth secret or private গোপন তথ্য প্রকাশ করে, মনের কথা বোঝায় এমন *He said he was fine, but there were tell-tale signs of worry on his face.*

temp[1] / temp টেম্প্ / *noun* [C] (*informal*) a temporary employee, especially in an office, who works somewhere for a short period of time when sb else is ill or on holiday অস্থায়ী কর্মচারী, বিশেষত যখন কেউ অসুস্থ হয় বা ছুটিতে থাকে তখন অস্থায়ীভাবে সেই স্থানে কাজ করে এমন

temp[2] *abbr.* temperature তাপমাত্রা *temp 15°C*

temper / ˈtempə(r) ˈটেম্প্যা(র্) / *noun* **1** [C, U] if you have a temper you get angry very easily মেজাজ, বদমেজাজ *You must learn to control your temper.* **2** [C] the way you are feeling at a particular time বিশেষ সময়ে যে মনোভাব *It's no use talking to him when he's* ***in a bad temper***. ✪ সম **mood**

IDM **in a temper** feeling very angry and not controlling your behaviour রাগতভাবে এবং নিজেকে সামলানোর চেষ্টা না করে ; রগচটাভাবে

keep/lose your temper to stay calm/to become angry মেজাজ ঠিক রাখা, শান্ত থাকা, মেজাজ সামলাতে না পারা, মাথা গরম করা, রেগে যাওয়া ⇨ **bad-tempered** দেখো।

temperament / ˈtemprəmənt ˈটেম্প্র্যাম্যান্ট্ / *noun* [C, U] a person's character, especially as it affects the way he/she behaves and feels কোনো ব্যক্তির চরিত্র বা ব্যক্তিত্ব যা তার আচরণ ও অনুভূতিকে প্রভাবিত করে; মানসিক গঠন, প্রকৃতি, স্বভাব *to have an artistic/a fiery/a calm temperament*

temperamental / ˌtemprəˈmentl ˌটেম্প্র্যা'মেন্ট্‌ল্ / *adj.* often and suddenly changing the way you behave or feel যার আচরণ ও অনুভূতি হঠাৎ এবং ঘনঘন বদলায়; অস্থিরচিত্ত

temperate / ˈtempərət ˈটেম্প্যার‍্যাট্ / *adj.* (used about a climate) not very hot and not very cold আবহাওয়া সম্বন্ধে ব্যবহৃত) নাতিশীতোষ্ণ

temperature / ˈtemprətʃə(r) ˈটেম্প্র্যাচ্যা(র্) / *noun* **1** [C, U] how hot or cold sth is তাপমাত্রা *Heat the oven to a temperature of 200°C.* ○ *a high/low temperature* **2** [C] how hot or cold a person's body is দেহের তাপ

IDM have a temperature (used about a person) to be hotter than normal because you are ill (ব্যক্তি সম্বন্ধে ব্যবহৃত) অসুস্থতার কারণে শরীরের তাপমাত্রা বৃদ্ধি হওয়া

take sb's temperature to measure the temperature of sb's body with a special instrument (**a thermometer**) কারও দেহের তাপমাত্রা থার্মোমিটার বা তাপমাপক যন্ত্রের সাহায্যে মাপা

template / ˈtempleɪt ˈটেম্প্লেইট্ / *noun* [C] **1** a shape cut out of a hard material, used as a model for producing exactly the same shape many times in another material কোনো শক্ত উপকরণ থেকে কেটে নেওয়া ছাঁদ যার থেকে আরও অনেক ঐ আকারে জিনিস অন্য উপকরণ দিয়ে তৈরি করা যায়; নমুনা, ফলক **2** a thing that is used as a model for producing other similar examples যে আদর্শটি সামনে রেখে ঐ ধরনের আরও জিনিস তৈরি করা যায় *If you need to write a lot of similar letters, set up a template on your computer.*

temple / ˈtempl ˈটেম্প্‌ল্ / *noun* [C] **1** a building where people pray to a god or gods মন্দির, উপাসনা গৃহ *a Buddhist/Hindu temple* **2** one of the flat parts on each side of your forehead কপালের পাশ; শঙ্খদেশ, রগ ⇨ **body**-তে ছবি দেখো।

tempo / ˈtempəʊ ˈটেম্প্যাউ / *noun* (*pl.* **tempos** / ˈtempəʊz ˈটেম্প্যাউজ্) **1** [*sing.*, U] the speed of an activity or event কোনো কাজ বা ঘটনার গতি **2** [C, U] the speed of a piece of music সংগীতের লয় *a fast/slow tempo* **3** [C] (in India) a three-wheeled vehicle for carrying goods ভারতে জিনিসপত্র পরিবহণের কাজে ব্যবহৃত তিন-চাকাওয়ালা যান

temporary / ˈtemprəri ˈটেম্প্র্যারি / *adj.* lasting for a short time; not permanent ক্ষণস্থায়ী; অস্থায়ী, সাময়িক *a temporary job* ○ *This arrangement is only temporary.* ▶ **temporarily** / ˈtemprərəli ˈটেম্প্র্যার‍্যালি / *adv.* ক্ষণস্থায়ীভাবে, সাময়িকভাবে

tempt / tempt ˈটেম্প্ট্ / *verb* [T] **tempt sb (into sth/into doing sth); tempt sb (to do sth)** to try to persuade or attract sb to do sth, even if it is wrong লোভে ফেলা, প্রলুব্ধ করা, প্ররোচিত করা (এমনকি যদি তা ভুল হয়) *His dream of riches had tempted him into a life of crime.*

temptation / tempˈteɪʃn টেম্প্'টেইশন্ / *noun* **1** [U] a feeling that you want to do sth, even if you know that it is wrong ভুল জেনেও, অন্যায় অনুচিত জেনেও, লোভে পড়ে তা করার ইচ্ছে; প্রলোভন *I managed to **resist the temptation** to tell him what I really thought.* **2** [C] a thing that attracts you to do sth wrong or silly পাপকর্মে প্ররোচিত করে বা অন্যায় কাজে উস্কানি দেয় এমন *All that money is certainly a big temptation.*

tempting / ˈtemptɪŋ ˈটেম্প্টিং / *adj.* attractive in a way that makes you want to do or have sth লোভনীয়, আকর্ষণীয় *a tempting offer*

ten / ten টেন্ / *number* 10 ১০ , দশ

> **NOTE** বাক্যে সংখ্যার ব্যবহার এবং তার উদাহরণ দেখার জন্য **six** দেখো।

tenacious / təˈneɪʃəs ট্যা'নেইশ্যাস্ / *adj.* not likely to give up or let sth go; determined নাছোড়বান্দা, সংসক্ত, অবিচল; দৃঢ়সংকল্প ▶ **tenacity** / təˈnæsəti ট্যা'ন্যাস্যাটি / *noun* [U] দৃঢ়তা, সংসক্তি

tenancy / ˈtenənsi ˈটেন্যান্সি / *noun* [C, U] (*pl.* **tenancies**) the use of a room, flat, building or piece of land, for which you pay rent to the owner মালিকের কাছে ভাড়া দিয়ে ঘর, বাড়ি বা জমির অংশের ব্যবহার *a six-month tenancy* ○ *It says in the tenancy agreement that you can't keep pets.*

tenant / ˈtenənt ˈটেন্যান্ট্ / *noun* [C] a person who pays money (**rent**) to the owner of a room, flat, building or piece of land so that he/she can live in it or use it যে ব্যক্তি ঘর বা ফ্ল্যাট বা বাড়ি অথবা জমি ব্যবহারের জন্য ভাড়া নেয়; ভাড়াটে ⇨ **landlady** এবং **landlord** দেখো।

tend / tend টেন্ড্ / *verb* **1** [I] **tend to do sth** to usually do or be sth কোনো কিছু করা বা হওয়ার প্রবণতা থাকা *There tends to be a lot of heavy traffic on that road.* ○ *My brother tends to talk a lot when he's nervous.* **2** [I] used for giving your opinion in a polite way ভদ্রভাবে মনোভাব প্রকাশ করার জন্য ব্যবহৃত অভিব্যক্তিবিশেষ *I tend to think that we shouldn't interfere.* **3** [I, T] (*formal*) **tend (to) sb/sth** to look after sb/sth সেবাযত্ন করা, দেখাশুনো করা *Paramedics tended (to) the injured.*

tendency / ˈtendənsi ˈটেন্ড্যান্সি / *noun* [C] (*pl.* **tendencies**) **a tendency (to do sth/towards sth)** something that a person or thing usually does; a way of behaving প্রবণতা, ঝোঁক; এক ধরনের আচরণ-পদ্ধতি *They both **have a tendency** to be late for appointments.* ○ *The animal began to show vicious tendencies.*

tender[1] / ˈtendə(r) ˈটেন্‌ড্যা(র্) / *adj.* **1** kind and loving নরম, দয়ালু, কোমল *tender words/looks* **2** (used about food) soft and easy to cut or bite; not tough (খাদ্য সম্বন্ধে ব্যবহৃত) নরম, শক্ত নয়, সহজে কাটা যায় এমন; সুসিদ্ধ *The meat should be nice and tender.* **3** (used about a part of the body) painful when you touch it (শরীরের কোনো অংশ সম্বন্ধে ব্যবহৃত) হাত দিলে ব্যথা লাগে এমন

IDM **at a tender age; at the tender age of...** when still young and without much experience কমবয়সি, অনভিজ্ঞ *She went to live in London at the tender age of 15.* ▶ **tenderly** *adv.* আলতো করে, কোমলভাবে ▶ **tenderness** *noun* [U] কোমলতা, স্নিগ্ধতা

tender[2] / ˈtendə(r) ˈটেন্‌ড্যা(র্) / *verb* [I, T] (*written*) to offer or give sth formally আনুষ্ঠানিকভাবে কোনো কিছু দাখিল করা, পেশ করা *After the scandal the Foreign Minister was forced to tender her resignation.* ▶ **tender** (*also* **bid**) *noun* [C] দর-দাম পত্র; টেন্ডার; *Several firms submitted a tender for the catering contract.*

tendon / ˈtendən ˈটেন্‌ড্যান্ / *noun* [C] a strong, thin part inside your body that joins a muscle to a bone শক্ত, সরু যে অংশ দেহের পেশিকে হাড়ের সঙ্গে যুক্ত রাখে; কণ্ডরা, পেশিবন্ধনী ⇨ **arm**-এ ছবি দেখো।

tendril / ˈtendrəl ˈটেন্‌ড্র্যাল্ / *noun* [C] a long thin part that grows from a climbing plant. A plant uses tendrils to fasten itself to a wall, etc. লতানে গাছের যে সরু অংশ দেয়াল ইত্যাদি আঁকড়ে ধরে; আকর্ষ

tendu (*also* **tendu leaf**) *noun* [C] the leaf of an Asian tree used to make **beedis** (in India) ভারতবর্ষে বিড়ি বানানোর জন্য ব্যবহৃত (এশিয়ায় জাত) একপ্রকার গাছের পাতা

tenement / ˈtenəmənt ˈটেন্যাম্যান্ট্ / *noun* [C] a large building that is divided into small flats, especially in a poor area of a city অনেকগুলি ছোটো ছোটো ফ্ল্যাট সম্বলিত বড়ো একটা বাড়ি, বিশেষত যা দরিদ্র পাড়ায় চোখে পড়ে

tenet / ˈtenɪt ˈটেনিট্ / *noun* [C] (*formal*) one of the principles or beliefs that a theory or larger set of beliefs is based on কোনো তত্ত্ব বা বৃহত্তর মতবাদ বা বিশ্বাসের মূল নিয়ম নীতিগুলির একটি; নীতি, তত্ত্ব, বিশ্বাস, মতবাদ *one of the basic tenets of Christianity*

tennis / ˈtenɪs ˈটেনিস্ / *noun* [U] a game for two or four players who hit a ball over a net using a piece of equipment (**a racket**) that is held in one hand, যে খেলায় দুই বা চারজন খেলোয়াড় নেটের দুপাশে দাঁড়িয়ে র‍্যাকেট দিয়ে একটি ছোটো বল মারে; টেনিস খেলা *to have a game of tennis* ○ *a tennis match*

> **NOTE** **Singles**-এ একজন প্রতিপক্ষের বিরুদ্ধে একজন খেলে থাকে, দুজন প্রতিপক্ষের বিরুদ্ধে দুজন **doubles**-এ খেলে থাকে।

tenor / ˈtenə(r) ˈটেন্যা(র্) / *noun* [C] a fairly high singing voice for a man; a man with this voice পুরুষের উচ্চগ্রামের কণ্ঠস্বর; উঁচু গলার অধিকারী পুরুষ গায়ক *Pavarotti is a famous Italian tenor.* ▶ **tenor** *adj* (only before a noun) উচ্চগ্রামের কণ্ঠস্বর বা সেই ধরনের কণ্ঠস্বরযুক্ত পুরুষগায়ক সংক্রান্ত *a tenor sanophone*

tenpin bowling / ˈtenpɪn ˈbəʊlɪŋ ˌটেন্‌পিন্ ˈব্যাউলিং / *noun* [U] a game in which you roll a heavy ball towards ten objects (**tenpins**) and try to knock them down যে খেলায় একটি ভারী বল দশটি জিনিসের দিকে ছুড়ে তাদের ফেলে দেওয়ার চেষ্টা করা হয়; টেনপিন বোলিং

tense[1] / tens টেন্স্ / *adj.* **1** (used about a person) not able to relax because you are worried or nervous (ব্যক্তি সম্বন্ধে ব্যবহৃত) অশান্ত, উত্তেজিত, উৎকণ্ঠিত *She looked pale and tense.* **2** (used about a muscle or a part of the body) tight; not relaxed (শরীরের পেশি বা কোনো অংশ সম্বন্ধে ব্যবহৃত) টানটান, শক্ত; আলগা নয় **3** (used about an atmosphere or a situation) in which people feel worried and not relaxed (কোনো পরিস্থিতি বা আবহাওয়া সম্বন্ধে ব্যবহৃত) যেখানে মানুষ উদ্বিগ্ন বোধ করে এবং নিশ্চিন্ত থাকতে পারে না

tense[2] / tens টেন্স্ / *verb* [I, T] **tense (up)** to have muscles that have become hard and not relaxed পেশি টানটান হয়ে যাওয়া

tense[3] / tens টেন্স্ / *noun* [C, U] (*grammar*) a form of a verb that shows if sth happens in the past, present or future (ব্যাকরণ) ক্রিয়ার কাল যা কোনো ঘটনার সময় অতীতে, বর্তমানে বা ভবিষ্যতে কিনা তা নির্দেশ করে

> **NOTE** ক্রিয়াপদের কাল (tense) সম্বন্ধে বিশদভাবে জানার জন্য এই অভিধানের শেষাংশ **Quick Grammar Reference** অংশ দেখো।

tension / ˈtenʃn ˈটেন্‌শ্‌ন্ / *noun* **1** [U] the condition of not being able to relax because you are worried or nervous উৎকণ্ঠা, চাপা উত্তেজনা *I could hear the tension in her voice as she spoke.* **2** [C, U] bad feeling and lack of trust between people, countries, etc. (দেশের মধ্যে, মানুষের মধ্যে) অবিশ্বাস ও অসন্তোষ; অশান্ত মনোভাব *There are signs of growing tensions between the two countries.* **3** [U] (used about a rope, muscle, etc.) the state of being stretched tight; how tightly sth is stretched (দড়ি, পেশি ইত্যাদি সম্বন্ধে ব্যবহৃত) টানটান ভাব; কিভাবে বা কতটা টানটানভাবে আছে *The massage relieved the tension in my neck.*

tent / tent টেন্ট্ / *noun* [C] a small structure made of cloth that is held up by poles and ropes. You use a tent to sleep in when you go camping দড়ি ও খুঁটিতে টাঙানো কাপড় যা শিবিরে গেলে ঘুমোনোর জন্য ব্যবহৃত হয়; তাঁবু, শিবির *to put up/take down a tent*

tentacle / ˈtentəkl ˈটেন্ট্যাক্‌ল্ / *noun* [C] one of the long thin soft parts like legs that some sea animals have কোনো কোনো সামুদ্রিক প্রাণীর শরীরে যে লম্বা, ছোটো, পাতলা সরু পায়ের মতো অংশ থাকে; শুঁড় *An octopus has eight tentacles.* ➪ **jellyfish**-এ ছবি দেখো।

tentative / ˈtentətɪv ˈটেন্ট্যাটিভ্ / *adj.* **1** (used about plans, etc.) uncertain; not definite (পরিকল্পনা ইত্যাদি সম্বন্ধে ব্যবহৃত) অনিশ্চিত; পাকাপাকি বা স্থির নয় এমন **2** (used about a person or his/her behaviour) not confident about what you are saying or doing (কোনো ব্যক্তি বা তার আচরণ সম্বন্ধে ব্যবহৃত) আত্মবিশ্বাসের অভাব আছে এমন *a tentative smile suggestion*
▶ **tentatively** *adv.* আপাতত, মোটামুটিভাবে

tenterhooks / ˈtentəhʊks ˈটেন্ট্যাহুক্স্ / *noun* [*pl.*]
IDM (be) on tenterhooks to be in a very nervous or excited state because you are waiting to find out what is going to happen কি ঘটতে চলেছে তা জানার জন্য অনিশ্চয়তার মধ্যে থাকা, উদ্বিগ্ন থাকা

tenth[1] / tenθ টেন্থ্ / *pronoun, det., adv.* 10th দশম ➪ **sixth**-এ উদাহরণ দেখো।

tenth[2] / tenθ টেন্থ্ / *noun* [C] the fraction $^1/_{10}$; one of ten equal parts of sth $^1/_{10}$ ভগ্নাংশ, এক দশমাংশ; দশটি সমান ভাগের এক ভাগ ➪ **sixth**-এ উদাহরণ দেখো।

tenuous / ˈtenjuəs ˈটেন্ইউঅ্যাস্ / *adj.* very weak or uncertain খুব দুর্বল বা অনিশ্চিত, শীর্ণ *The connection between Mohit's story and what actually happened was tenuous.*

tenure / ˈtenjə(r) ˈটেন্ইঅ্যা(র্) / *noun* [U] a legal right to live in a place, hold a job, use land, etc. for a certain time কোনো স্থানে বসবাস, কোনো চাকরি অথবা জমি ইত্যাদির উপর আইনত অধিকার; মেয়াদ

tepid / ˈtepɪd ˈটেপিড্ / *adj.* (used about liquids) only slightly warm (তরল পদার্থ সম্বন্ধে ব্যবহৃত) হালকা গরম; ঈষদুষ্ণ

Terai *noun* (in India, Nepal and Bhutan) an area of marshy jungle near the Himalayan foothills (ভারত, নেপাল এবং ভুটানে) হিমালয় পর্বতমালার পাদদেশে জলাজঙ্গল; তরাই

term[1] / tɜːm ট্যম্ / *noun* **1** [C] a word or group of words with a particular meaning বিশেষ অর্থবাহী কোনো শব্দ বা শব্দসমষ্টি *What exactly do you mean by the term 'racist'? ○ a technical term in computing* **2 terms** [*pl.*] **in terms of...; in... terms** used for showing which particular way you are thinking about sth or from which point of view কোনো বস্তু সম্পর্কে নির্দিষ্ট চিন্তাধারা বা দৃষ্টিভঙ্গি সম্বন্ধে ব্যবহৃত অভিব্যক্তিবিশেষ *The flat would be ideal in terms of size, but it is very expensive.* **3 terms** [*pl.*] the conditions of an agreement চুক্তির শর্তাবলী *Both sides agreed to the peace terms.* **4** [C] a period of time into which a school or university year is divided বিদ্যালয় অথবা বিশ্ববিদ্যালয়ের বাৎসরিক পঠনকালের এক একটি ভাগ *the autumn/spring/summer term ○ an end-of-term test* **5** [C] a period of time for which sth lasts ব্যাপ্তিকাল, যতদিন ধরে চলে *The US President is now in his second term of office.*

IDM be on equal terms (with sb) ➪ **equal**[1] দেখো।

be on good, friendly, etc. terms (with sb) to have a friendly relationship with sb কারও সঙ্গে ভালো, বন্ধুত্বপূর্ণ সম্পর্ক থাকা

come to terms with sth to accept sth unpleasant or difficult অপ্রীতিকর বা কঠিন কোনো কিছু মেনে নেওয়া, সমঝোতায় আসা

in the long/short term over a long/short period of time in the future ভবিষ্যতে দীর্ঘ সময় ধরে বা অল্প কিছুটা সময় ধরে

term[2] / tɜːm ট্যম্ / *verb* [T] to describe sb/sth by using a particular word or expression বিশেষ শব্দ বা অভিব্যক্তি দ্বারা কাউকে বা কিছু বর্ণনা করা *the period of history that is often termed the 'Dark Ages'*

terminal[1] / ˈtɜːmɪnl ˈট্যমিনল্ / *adj.* (used about an illness) slowly causing death (অসুস্থতা সম্বন্ধে ব্যবহৃত) অন্তিম, মৃত্যুমুখী *terminal cancer*
▶ **terminally** / -nəli ন্যালি / *adv.* চরমরোগে আক্রান্ত, মৃত্যুপথযাত্রী রোগী *a terminally ill patient*

terminal[2] / ˈtɜːmɪnl ˈট্যমিনল্ / *noun* [C] **1** a large railway station, bus station or building at an airport where journeys begin and end রেল বা বাস স্টেশন অথবা বিমানবন্দর যেখান থেকে যাত্রা শুরু ও শেষ হয় *the bus terminal ○ Which terminal are you flying from?* **2** (*computing*) the computer that one person uses for getting information from a central computer or for putting information into it কেন্দ্রীয় বা মূল কম্পিউটার থেকে খবর সংগ্রহ বা পাঠানোর জন্য ব্যক্তিগত যে কম্পিউটারটি ব্যবহার করা হয়

terminate / ˈtɜːmɪneɪt ˈট্যমিনেইট্ / *verb* [I, T] (*formal*) to end or to make sth end কোনো কিছু শেষ করা, সমাপ্ত করা বা হওয়া *to terminate a contract/an agreement* ▶ **termination** *noun* [U] সমাপ্তি, পরিসমাপ্তি

terminology / ˌtɜːmɪˈnɒlədʒi ˌট্যমি'নল্যাজি / *noun* [U] the special words and expressions that are used in a particular profession, subject or activity বিশেষ শব্দ এবং অভিব্যক্তি সমূহ যা নির্দিষ্ট পেশা, বিষয়, কাজকর্ম ইত্যাদিতে ব্যবহৃত হয়; পরিভাষা বিজ্ঞান

terminus / ˈtɜːmɪnəs 'ট্যঃমিন্যাস্ / *noun* [C] (*pl.* **terminuses** / -nəsɪz ন্যাসিজ্ /) the last stop or station at the end of a bus route or railway line রেল বা বাসের রুটের শেষ স্টেশন; প্রান্তিক স্টেশন

termite / ˈtɜːmaɪt 'ট্যমাইট্ / *noun* [C] a small insect that lives in large groups, mainly in hot countries. Termites eat the wood of trees and buildings গ্রীষ্মপ্রধান দেশের পোকা যেগুলি গুচ্ছাকারে থাকে। এরা গাছ বা বাড়িঘর ইত্যাদির কাঠ বা কাঠের গুঁড়ো খায়; উইপোকা

terrace / ˈterəs 'টের্যাস্ / *noun* **1** [C] a flat area of stone next to a restaurant or large house where people can have meals, sit in the sun, etc. রেস্তোরাঁ বা বাড়ির পাশে বা সামনে খোলা জায়গা যেখানে বসে লোকে খেতে, রোদ পোহাতে পারে; প্রাঙ্গণ ➪ **patio, veranda**, **balcony** দেখো। **2** (*BrE*) [C] a line of similar houses that are all joined together একই ধরনের বাড়ি যেগুলি একে অপরের সঙ্গে সংযুক্ত **3** [C, *usually pl.*] one of the series of steps that are cut into the side of a hill so that crops can be grown there পাহাড়ের ধারে চাষের জন্য তৈরি সিঁড়ির মতো ধাপের সারি **4 terraces** [*pl.*] the wide steps that people stand on to watch a football match ফুটবল খেলা দেখার জন্য চওড়া ধাপের মতো জায়গা

terraced / ˈterəst 'টের্যাস্ট্ / *adj.* **1** (*BrE*) (used about a house) forming part of a line of similar houses that are all joined together (বাড়ি, গৃহ সম্বন্ধে ব্যবহৃত) একসঙ্গে যুক্ত, একই ধরনের গৃহের সারি **2** (used about a hill) having steps cut out of it so that crops can be grown there (পাহাড় সম্বন্ধে ব্যবহৃত) চাষের জন্য ধাপ ধাপ করে সিঁড়ির মতো কাটা আছে এমন জমি

terracotta / ˌterəˈkɒtə ˌটের্যা'কট্যা / *noun* [U] reddish-brown clay that has been baked but not covered in a shiny transparent substance (**glaze**), and is used for making pots, ornaments etc. লালচে-বাদামি রঙের মাটি যা পুড়িয়ে কোনো পাত্র, গয়না ইত্যাদি তৈরিতে ব্যবহৃত হয় কিন্তু তাতে চকচকে পালিশ দেওয়া হয় না; পোড়া মাটির কাজ; টেরাকোটা

terrain / təˈreɪn ট্যা'রেইন্ / *noun* [U] land of the type mentioned প্রাকৃতিক বিশেষ বৈশিষ্ট্যসহ ভূখণ্ড *mountainous/steep/rocky terrain*

terrestrial / təˈrestriəl ট্যা'রেস্ট্রিঅ্যাল্ / *adj.* **1** connected with the planet Earth পৃথিবীর সঙ্গে সম্পর্কিত *terrestrial life* **2** (*technical*) (of animals and plants) living on the land rather than in water or air (প্রাণী ও উদ্ভিদ সম্বন্ধে ব্যবহৃত) মাটিতে বাস করে, জলে বা বাতাসে নয় **3** (of television and broadcasting) operating on earth rather than from a satellite (টেলিভিশন এবং প্রসারণ প্রণালীর) পৃথিবী থেকে পরিচালিত, স্যাটেলাইট থেকে নয়

terrible / ˈterəbl 'টের্যাব্ল্ / *adj.* **1** very unpleasant; causing great shock or injury অত্যন্ত অপ্রীতিকর; ভয়ানক; মারাত্মক, সাংঘাতিক *a terrible accident* ○ *terrible news* **2** ill or very upset অসুস্থ বা খুবই মন খারাপ *I feel terrible I'm going to be sick.* **3** very bad; of poor quality ভয়ানক খারাপ; খারাপ মানের *a terrible hotel/book/memory/driver* **4** (*only before a noun*) used to emphasize how bad sth is কোনো কিছু কতটা খারাপ তা জোর দিয়ে বোঝানোর জন্য ব্যবহৃত হয় *in terrible pain/trouble* ○ *The room was in a terrible mess.*

terribly / ˈterəbli 'টের্যাব্লি / *adv.* **1** very খুবই, অত্যন্ত, ভয়ানক *I'm terribly sorry.* **2** very badly খুব খারাপভাবে, বিচ্ছিরিভাবে *I played terribly.* ○ *The experiment went terribly wrong.*

terrier / ˈteriə(r) 'টেরিঅ্যা(র্) / *noun* [C] a type of small dog একধরনের ছোটো কুকুর; টেরিয়ার

terrific / təˈrɪfɪk ট্যা'রিফিক্ / *adj.* **1** (*informal*) extremely nice or good; excellent খুব সুন্দর; ভীষণ ভালো *You're doing a terrific job!* **2** (*only before a noun*) very great দারুণ, চমৎকার, প্রচণ্ড *I've got a terrific amount of work to do.* ► **terrifically** / -kli -কলি / *adv.* খুব বেশি রকমের *terrifically expensive*

terrified / ˈterɪfaɪd 'টেরিফাইড্ / *adj.* **terrified (of sb/sth)** very afraid ভীত, আতঙ্কিত, প্রচণ্ডভাবে সন্ত্রস্ত *I'm absolutely terrified of snakes.*

terrify / ˈterɪfaɪ 'টেরিফাই *verb* [T] (*pres. part.* **terrifying**; *3rd person sing. pres.* **terrifies**; *pt, pp* **terrified**) to frighten sb very much কোনো ব্যক্তিকে ভয় দেখানো, আতঙ্কিত করা

territorial / ˌterəˈtɔːriəl ˌটের্যা'টঃরিঅ্যাল্ / *adj.* (*only before a noun*) connected with the land or area of sea that belongs to a country কোনো ভূখণ্ড বা সামুদ্রিক এলাকা যা কোনো দেশের অন্তর্গত

territorial waters *noun* [*pl.*] the parts of a sea or an ocean which are near a country's coast and are legally under its control সমুদ্র বা মহাসমুদ্রের অংশ বা জলসীমা যা কোনো দেশের উপকূলের কাছে এবং আইনত সেই দেশের নিয়ন্ত্রণাধীন

territory / ˈterətri 'টের্যাট্রি / *noun* (*pl.* **territories**) **1** [C, U] an area of land that belongs to one country কোনো দেশের অধিকারভুক্ত ভূখণ্ড *to fly over enemy territory* **2** [C, U] an area that an animal has as its own কোনো পশুর নিজস্ব এলাকা **3** [U] an area of knowledge or responsibility জ্ঞানের বা

দায়িত্বের ক্ষেত্র *Computer programming is Leela's territory.*

terror / ˈterə(r) ˈটের‍্যা (র্) / *noun* **1** [U] very great fear খুব বেশি রকমের ভয়; আতঙ্ক, সন্ত্রাস *He screamed **in terror** as the rats came towards him.* **2** [C] a person or thing that makes you feel afraid আতঙ্কজনক ব্যক্তি বা বস্তু *the terrors of the night* **3** [U] violence and the killing of ordinary people for political purposes রাজনৈতিক উদ্দেশ্যে সন্ত্রাস সৃষ্টি *a campaign of terror* **4** [C] a person or animal, especially a child, that is difficult to control কোনো মানুষ বা প্রাণী, বিশেষত বাচ্চা যাকে সহজে বাগে আনা যায় না; সাংঘাতিক, পাজী *Rahul's a little terror.*

terrorism / ˈterərɪzəm ˈটের‍্যারিজ়্যাম্ / *noun* [U] the killing of ordinary people for political purposes সন্ত্রাসবাদ, আতঙ্কবাদ *an act of terrorism* ▶ **terrorist** / ˈterərɪst ˈটের‍্যারিস্ট্ / *noun* [C], *adj.* আতঙ্কবাদী, সন্ত্রাসবাদী

terrorize (*also* **-ise**) / ˈterəraɪz ˈটের‍্যারাইজ়্ / *verb* [T] to make sb feel frightened by using or threatening to use violence against him/her কাউকে আতঙ্কিত করা, সন্ত্রাসের সৃষ্টি করা, ভয় পাওয়ানো *The gang has terrorized the neighbourhood for months.*

terse / tɜːs ট্যস্ / *adj.* said in few words and in a not very friendly way স্বল্প কথায় ব্যক্ত, কাঠ কাঠ ভাবে বলা হয়েছে এমন *a terse reply*

tertiary / ˈtɜːʃəri ˈট্যশ্যারি / *adj.* (used about education) at university or college level (শিক্ষা সম্বন্ধে ব্যবহৃত) উত্তর-মাধ্যমিক, স্কুলের পরে কলেজ বা বিশ্ববিদ্যালয় পর্বে *a tertiary college*

TESL / ˈtesl ˈটেস্‌ল্ / *abbr.* Teaching English as a Second Language টীচিং ইংলিশ অ্যাজ আ সেকেন্ড ল্যাঙ্গুয়েজ-এর সংক্ষিপ্ত রূপ; টিইএসএল

test¹ / test টেস্ট্ / *noun* [C] **1** a short exam to measure sb's knowledge or skill in sth কারও জ্ঞান বা দক্ষতা মাপার ছোটোখাটো পরীক্ষা *We have a spelling test every Friday.* **2** a short medical examination of a part of your body দেহের কোনো অংশের ছোটোখাটো পরীক্ষা-নিরীক্ষা *to have an eye test* **3** an experiment to find out if sth works or to find out more information about it ঠিকমতো কাজ হচ্ছে কিনা তা আরও ভালোভাবে জানার জন্য বা সেই সম্বন্ধে আরও তথ্য খোঁজার জন্য যাচাই বা পরীক্ষা *to carry out/perform/do a test* **4** a situation or an event that shows how good, strong, etc. sb/sth is কারও বা কিছুর যোগ্যতা পরীক্ষার ব্যবস্থা, ভালোমন্দ বেছে নেওয়ার পরীক্ষা

IDM put sb/sth to the test to do sth to find out how good, strong, etc. sb/sth is কতটা ভালো বা মন্দ, শক্ত, মজবুত কিনা এসব গুণমানের বিচার করার পরীক্ষা নেওয়া

test² / test টেস্ট্ / *verb* [T] **1 test sb/sth (for sth); test sth (on sb/sth)** to try, use or examine sth carefully to find out if it is working properly or what it is like ঠিকমতো কাজ করছে কিনা তা খুঁটিয়ে দেখা, ভালোভাবে পরীক্ষা করা, যাচাই করা, বাজিয়ে দেখা *These cars have all been tested for safety.* **2** to examine a part of the body to find out if it is healthy শরীরের কোনো অংশের পরীক্ষানিরীক্ষা করা *to have your eyes tested* **3 test sb (on sth)** to examine sb's knowledge or skill in sth যোগ্যতার পরীক্ষা নেওয়া *We're being tested on irregular verbs this morning.*

testament / ˈtestəmənt ˈটেস্ট্যাম্যান্ট্ / *noun* [C, *usually sing.*] (*written*) **a testament (to sth)** something that shows that sth exists or is true সাক্ষ্য, যা কোনো কিছুর অস্তিত্ব বা সত্য তুলে ধরে ➪ **the New Testament** এবং **the Old Testament** দেখো।

test drive *noun* [C] an occasion when you drive a vehicle that you are thinking of buying so that you can see how well it works and if you like it কোনো গাড়ি কেনার কথা ভেবে যখন সেটি চালিয়ে দেখা হয় বা যাচাই করে নেওয়া হয় ▶ **testdrive** *verb* [T] কোনো গাড়ি চালিয়ে দেখা

testes ➪ **testis**-এর plural

testicle / ˈtestɪkl ˈটেস্‌টিকল্ / *noun* [C] one of the two roundish male sex organs that produce the male cells (**sperm**) that are needed for making young পুং জননাঙ্গের যেখানে শুক্রাণু উৎপন্ন হয়; অণ্ডকোষ, শুক্রাশয়

testify / ˈtestɪfaɪ ˈটেস্‌টিফাই / *verb* [I, T] (*pres. part.* **testifying;** *3rd person sing. pres.* **testifies;** *pt, pp* **testified**) to make a formal statement that sth is true, especially in a court of law শপথ নিয়ে আদালতে সাক্ষ্য দেওয়া

testimony / ˈtestɪməni ˈটেস্‌টিম্যানি / *noun* (*pl.* **testimonies**) **1** [C, U] a formal statement that sth is true, especially one that is made in a court of law কোনো বিষয়ের সত্যতা সম্বন্ধে আদালতে দেওয়া প্রামাণিক সাক্ষ্য; এজাহার, জবানবন্দি, বিবৃতি **2** [U, *sing.*] (*formal*) something that shows that sth else exists or is true কোনো কিছুর অস্তিত্ব বা সত্যতা সম্বন্ধে প্রমাণ

testis / ˈtestɪs ˈটেস্‌টিস্ / (*pl.* **testes** / -tiːz -টীজ় /) (*technical*) =**testicle**

testosterone / teˈstɒstərəʊn টে'স্টস্ট্যার্যাউন্ / *noun* [U] a substance (**hormone**) produced in men's bodies that makes them develop male physical and sexual characteristics পুরুষদেহে উৎপন্ন হরমোন যার ফলে শরীরে যৌনলক্ষণ প্রকাশ পায় ⇨ **oestrogen** এবং **progesterone** দেখো।

test tube *noun* [C] a thin glass tube that is used in chemical experiments রাসায়নিক পরীক্ষায় ব্যবহারের জন্য তৈরি পাতলা কাচের নল; টেস্ট টিউব ⇨ **laboratory**-তে ছবি দেখো।

tetanus / ˈtetənəs ˈটেট্যান্যাস্ / *noun* [U] a serious disease that makes your muscles, especially the muscles of your face, hard and impossible to move. It is caused by bacteria entering the body through cuts or wounds যে অসুখে পেশিসমূহ, বিশেষত মুখের পেশি শক্ত হয়ে যায়, মুখ নাড়ানো অসম্ভব হয়ে পড়ে। কোনো ক্ষত বা কাটা জায়গা দিয়ে জীবাণু শরীরে প্রবেশ করলে এই রোগের সম্ভাবনা থাকে; ধনুষ্টংকার রোগ; টিটেনাস

tether¹ / ˈteðə(r) ˈটেদ্যা(র্) / *verb* [T] to tie an animal to sth with a rope, etc. দড়ি ইত্যাদি দিয়ে কোনো পশুকে বাঁধা (কোনো খুঁটি ইত্যাদিতে)

tether² / ˈteðə(r) ˈটেদ্যা(র্) / *noun* a rope chain used to tie an animal to a fixed object so as to confine it to a small area ছোটো কোনো জায়গায় পশুকে আটকে রাখার জন্য সেটিকে (খুঁটি ইত্যাদির সঙ্গে) বেঁধে রাখার দড়ি

IDM **at the end of your tether** ⇨ **end¹** দেখো।

text¹ / tekst টেক্স্ট্ / *noun* **1** [U] the main written part of a book, newspaper, etc. (not the pictures, notes, index, etc.) কোনো বইয়ের মূল পাঠ্যবিষয় (ছবি, টিপ্পনী, নির্ঘণ্ট-এসব বাদ দিয়ে) **2** [C] the written form of a speech, **interview**, etc. কোনো বক্তৃতা, সাক্ষাৎকার ইত্যাদির লিখিত রূপ বা ছাপানো বিবৃতি *The newspaper printed the complete text of the interview.* **3** [C] a book or a short piece of writing that people study as part of a literature or language course ভাষা বা সাহিত্য বিষয়ের পাঠ্যপুস্তক বা রচনাংশ *a set text* (=slight one that has to be studied for an examination)

text² / tekst টেক্স্ট্ / *verb* [T] to send sb a written message using a **mobile phone** কাউকে মোবাইল ফোনে মেসেজ পাঠানো *Text me when you reach home.*

textbook / ˈtekstbʊk ˈটেক্স্ট্বুক্ / *noun* [C] a book that teaches a particular subject and that is used especially in schools পাঠ্যপুস্তক (বিশেষত স্কুলে ব্যবহৃত *a history textbook*

textile / ˈtekstaɪl ˈটেক্স্টাইল্ / *noun* [C] any cloth made in a factory কারখানায় প্রস্তুত বস্ত্র *cotton textiles* ○ *the textile industry*

text message *noun* [C] a written message that is sent from one **mobile phone** to another এক মোবাইল থেকে আর এক মোবাইলে (mobile) পাঠানো লিখিত বার্তা ▶ **text messaging** *noun* [U] ঐভাবে বার্তা পাঠানোর কাজ

texture / ˈtekstʃə(r) ˈটেক্স্চ্যা(র্) / *noun* [C, U] the way that sth feels when you touch it স্পর্শ করলে যে অনুভূতি হয় বা জিনিসটা যেমন হাতে ঠেকে, বয়নের বিন্যাস *a rough/smooth/coarse/creamy texture*

than / ðən; *strong form* ðæn দ্যান্ ; *প্রবলরূপ* দ্যান্ *conj., prep.* **1** used when you are comparing two things দুটি বস্তুর মধ্যে তুলনা করার সময়ে ব্যবহৃত অভিব্যক্তিবিশেষ *He's taller than me.* ○ *You speak French much better than she does/than her.* **2** used with 'more' and 'less' before numbers, expressions of time, distance, etc. সংখ্যা, সময়, দূরত্ব ইত্যাদি বোঝানোর জন্য তাদের আগে 'more' অথবা 'less' বসানো হয় *I've worked here for more than three years.* **3** used after 'would rather' to say that you prefer one thing to another কোনো একটা জিনিস অন্যটির থেকে বেশি পছন্দ তা বোঝানোর জন্য 'would rather' এর পরে ব্যবহৃত হয় *I'd rather play tennis than football.*

thank / θæŋk থ্যাংক্ / *verb* [T] **thank sb (for sth/for doing sth)** to tell sb that you are grateful কৃতজ্ঞতা জানানো, কিছু পাওয়ার পরে ধন্যবাদ জানানো *I'll go and thank him for offering to help.*

> **NOTE** **Thank you** এবং **thanks** দুটি অভিব্যক্তি কোনো ব্যক্তিকে কৃতজ্ঞতা জানানোর জন্য ব্যবহার করা হয়। **Thanks** শব্দটি কথা ভাষায় বেশি প্রচলিত — *Thank you very much for your letter.* ○ *How are you, Siddharth? 'Much better, Thanks.'* কোনো ব্যক্তির কাছ থেকে কোনো বস্তু গ্রহণ করে **thank you** অথবা **thanks** বলা যেতে পারে— *'Stay for dinner.' 'Thank you. That would be nice.'* কোনো জিনিস গ্রহণ না করতে চাইলে **no, thank you** অথবা **no, thanks** ব্যবহার করা হয়— *'Would you like some more tea?' 'No, thanks.'*

IDM **thank God/goodness/heavens** used for expressing happiness that sth unpleasant has stopped or will not happen খারাপ বা অপ্রিয় কোনো কিছু বন্ধ হলে বা না ঘটলে সন্তোষ প্রকাশের জন্য ব্যবহৃত হয় *Thank goodness it's stopped raining.*

thankful / ˈθæŋkfl ˈথ্যাংক্ফ্ল্ / *adj.* **thankful (for sth/to do sth/that...)** (*not before a noun*) pleased and grateful (ভালো কিছু ঘটার জন্য) খুশি এবং কৃতজ্ঞ *I was thankful to hear that you got home safely.*

thankfully / ˈθæŋkfəli ˈথ্যাংক্ফ্যালি / *adv.* **1** used for expressing happiness that sth unpleasant did not or will not happen মনের খুশি ভাব-(অপ্রিয় ঘটনা ঘটেনি বা ঘটবে না এরকম) বোঝাতে শব্দটি ব্যবহার করা

হয়; ভাগ্যক্রমে ✪ সম **fortunately** *Thankfully, no one was injured in the accident.* **2** in a pleased or grateful way খুশি মনে, কৃতজ্ঞ চিত্তে *I accepted her help thankfully.*

thankless / ˈθæŋkləs ˈথ্যাংক্ল্যাস্ / *adj.* involving hard work that other people do not notice or thank you for যে কাজের জন্য প্রশংসা পাওয়া যায় না, কারও চোখেও পড়ে না

thanks / θæŋks থ্যাংক্স্ / *noun* [*pl.*] words which show that you are grateful কৃতজ্ঞতা প্রকাশের ভাষা; ধন্যবাদ *I'd like to express my thanks to all of you for coming here today.*

IDM **thanks to sb/sth** because of sb/sth কোনো কিছু বা কারও জন্য, কোনো কারণে *We're late, thanks to you!*

a vote of thanks ➪ **vote**[1] দেখো।

Thanksgiving (Day) / ˌθæŋks ˈɡɪvɪŋ deɪ ˌথ্যাংক্স্ˈগিভিং ডেই / *noun* [U, C] a public holiday in the US and in Canada আমেরিকা এবং কানাডায় সরকারি ছুটির দিন

> **NOTE** **Thanksgiving Day** মার্কিন দেশে প্রতি নভেম্বর মাসের চতুর্থ বৃহস্পতিবার আর কানাডায় অক্টোবর মাসের দ্বিতীয় সোমবার এই দিনটি পালিত হয়। ভালো ফসলের জন্য ঈশ্বরের উদ্দেশ্যে ধন্যবাদ ও স্তুতি জানাতে এই দিনটি পালন করা শুরু হয়।

thank you *noun* [C] an expression of thanks ধন্যবাদ জ্ঞাপনের অভিব্যক্তিবিশেষ

that / ðæt / দ্যাট্ / *det., pronoun, conj., adv.* **1** (*pl.* **those** / ðəʊz / দ্যাউজ্ /) used to refer to a person or thing, especially when he/she/it is not near the person speaking এই শব্দটি কোনো ব্যক্তি বা বস্তু সম্পর্কে উল্লেখ করতে ব্যবহৃত হয়, বিশেষত যখন সেই ব্যক্তি বা জিনিস বক্তার কাছাকাছি নেই *I like that house over there.* ○ *What's that in the box?* **2** (*pl.* **those** / ðəʊz / দ্যাউজ্ /) used for talking about a person or thing already known or mentioned যে ব্যক্তি বা বস্তু ইতিমধ্যে পরিচিত বা উল্লিখিত তার সম্বন্ধে বলার জন্য ব্যবহৃত; ওটা, সেটা *That was the year we went to Nepal, wasn't it?* ○ *Can you give me back that money I lent you last week?* **3** /ðət দ্যাট্ *strong form* ðæt *প্রবলরূপ* দ্যাট্ / (*used for introducing a relative clause*) the person or thing already mentioned পূর্বে উল্লিখিত ব্যক্তি বা বস্তু *I'm reading the book that won the Sahitya Academy Award.*

> **NOTE** অনেক সময় সম্বন্ধবাচক উপবাক্যের (relative clause) ক্রিয়ার (verb) কর্ম হিসেবে যখনই **that**-এর প্রয়োগ হয় প্রায়ই তা উহ্য থাকে—*I want to see the doctor (that) I saw last week.* ○ *I wore the dress (that) I bought in Pune.*

4 /ðət; *strong form* ðæt / দ্যাট্ *প্রবলরূপ* দ্যাট্ / used after certain verbs, nouns and adjectives to introduce a new part of the sentence নতুন বাক্যাংশ বা উপবাক্য গঠনের ক্ষেত্রে কিছু কিছু ক্রিয়াপদ, বিশেষ্য এবং বিশেষণের পরে ব্যবহৃত হয় *She told me that she was leaving.* ○ *I'm certain that he will come.*

> **NOTE** এইধরনের বাক্যগুলিতে **that** অনেক সময়ই উহ্য থাকে—*I thought you would like it.*

5 (*used with adjectives, adverbs*) as much as that (বিশেষণ এবং ক্রিয়া বিশেষণের সঙ্গে ব্যবহৃত) এতটা, অতটা, অতখানি *Ten kilometres? I can't walk that far.*

IDM **that is (to say)** used when you are giving more information about sb/sth কোনো ব্যক্তি বা বস্তু সম্বন্ধে আরও বেশি খবর জানাতে, আরও কিছু বলতে গেলে ব্যবহৃত অভিব্যক্তিবিশেষ *I'm on holiday next week. That's to say, from Tuesday.*

that's that there is nothing more to say or do আর কিছু বলা বা করার নেই *I'm not going and that's that.*

thatched / θætʃt থ্যাচ্ট্ / *adj.* (used about a building) having a roof made of dried grass (**straw**) or a similar material (বাড়ি সম্বন্ধে ব্যবহৃত) খড়ের চালবিশিষ্ট বা ঐরকম উপকরণ দিয়ে তৈরি ছাদবিশিষ্ট

thaw / θɔː থ: / *verb* [I, T] **thaw (sth) (out)** to become or to make sth become soft or liquid again after freezing ঠান্ডা হয়ে জমে যাওয়ার পরে কোনো কিছু নরম বা তরল করা বা হওয়া *Is the snow thawing?* ➪ **melt** দেখো। ▶ **thaw** *noun* [C, *usually sing.*] কিছু গলানোর ক্রিয়া; গমন

the / ðə; ði; *strong form* ðiː দ্যা; দি; *প্রবল রূপ* / দী / *definite article* **1** used for talking about a person or thing that is already known or that has already been mentioned নির্দিষ্ট বা উল্লিখিত কোনো ব্যক্তি বা বস্তু বোঝাতে ব্যবহৃত *I took the children to the dentist.* ○ *We met the man who bought your house.* **2** used when there is only one of sth কেবলমাত্র একটিকে বোঝাতে ব্যবহৃত *the sun/the moon* ○ *the World Cup* ○ *the government* **3** used with numbers and dates সংখ্যা এবং তারিখের সঙ্গে ব্যবহৃত *This is the third time I've seen this film.* ○ *Friday the thirteenth* **4** used with adjectives to name a group of people একটি জনগোষ্ঠী বোঝাতে বিশেষণের

সঙ্গে ব্যবহৃত *the Punjabis* ○ *the poor* **5** (*formal*) used with a **singular** noun when you are talking generally about sth কোনো কিছু সম্বন্ধে সাধারণভাবে কথা বলার সময়ে একবচন বিশেষ্যের সঙ্গে ব্যবহৃত *The dolphin is an intelligent animal.* **6** with units of measurement, meaning 'every' পরিমাপের মাত্রার সঙ্গে, 'প্রতি' এই অর্থে *Our car does twelve kilometres to the litre.* **7** with musical instruments বাদ্যযন্ত্রের সঙ্গে *Do you play the piano?* **8** the well-known or important one বিখ্যাত বা গুরুত্বপূর্ণ বিষয়ের সঙ্গে *'My best friend at school was Rahul Gandhi.' 'You mean the Rahul Gandhi?'*

NOTE এই অর্থে 'the' শব্দটির উচ্চারণ /ðiː / দী/ হবে।

9 the... the... used for saying that the way in which two things change is connected দুটি জিনিসের বদল পরেও কিভাবে যুক্ত থাকে তা বোঝাতে ব্যবহৃত হয় *The more you eat, the fatter you get.*

NOTE **Articles** সম্বন্ধে আরও বিশদভাবে জানার জন্য এই অভিধানের শেষে **Quick Grammar Reference** অংশটি দেখো।

theatre (*AmE* **theater**) / ˈθɪətə(r) ˈথিঅ্যাট্যা(র্) / *noun* **1** [C] a building where you go to see plays, shows, etc. থিয়েটার, প্রেক্ষাগৃহ *How often do you go to the theatre?* **2** [U] plays in general; drama যে-কোনো ধরনের নাটক *He's studying modern Indian theatre.* **3** [*sing.,* U] the work of acting in or producing plays অভিনয় অথবা নাটক ইত্যাদি প্রযোজনা করার কাজ *He's worked in (the) theatre for thirty years.* **4** [C, U] = **operating theatre**

theatrical / θiˈætrɪkl থি'অ্যাট্রিক্‌ল্ / *adj.* **1** (*only before a noun*) connected with the theatre থিয়েটারের সঙ্গে জড়িত **2** (used about behaviour) dramatic and exaggerated because you want people to notice it (আচরণ সম্বন্ধে ব্যবহৃত) নাটকীয় এবং লোকের দৃষ্টি আকর্ষণের জন্য অতিশয়িত

theft / θeft থেফ্ট্ / *noun* [C, U] the crime of stealing sth চুরি, চৌর্যবৃত্তি *There have been a lot of thefts in this area recently.* ➪ **thief**-এ নোট দেখো।

their / ðeə(r) / দেআ্যা(র্) / *det.* **1** of or belonging to them তাদের,তার *The children picked up their books and walked to the door.* **2** (*informal*) used instead of his or her, 'his' অথবা 'her'-এর পরিবর্তে ব্যবহৃত *Has everyone got their book?*

theirs / ðeəz / দেঅ্যাজ্ / *pronoun* of or belonging to them তাদের, তাহাদের *Our flat isn't as big as theirs.*

them / ðəm; *strong form* ðem / দ্যাম্; *প্রবল রূপ* / দেম্ *pronoun* (the object of a verb or preposition) **1** the people or things mentioned earlier পূর্বে উল্লিখিত ব্যক্তি বা বস্তু *'I've got the keys here.' 'Oh good. Give them to me.'* ○ *We have students from several countries but* **most of them** *are French.* **2** (*informal*) him or her তার, তাহার, তাঁর, তাঁহার *If anyone phones, tell them I'm busy.*

NOTE কথ্য ভাষায় যেভাবে উচ্চারণ করা হয় তা ব্যক্ত করার জন্য **'them'** শব্দটি সংক্ষিপ্ত করে কেবল **'em** লেখা হয়।

thematic / θɪˈmætɪk; θiː- থি'ম্যাটিক্; থী/ *adj.* connected with the subject or subjects of sth কোনো কিছুর বিষয়বস্তু সংক্রান্ত *the thematic structure of a text* ▶ **thematically** / θɪˈmætɪkli থি'ম্যাটিক্‌লি / *adv.* বিষয়ানুযায়ী *The books have been grouped thematically.*

theme / θiːm থীম্ / *noun* [C] the subject of a talk, a piece of writing or a work of art বক্তৃতা, ভাষণ, রচনা ইত্যাদির বিষয় অথবা কোনো শিল্পসৃষ্টি *The theme of today's discussion will be 'Our changing cities'.*

theme park *noun* [C] a park with a lot of things to do, see, ride on, etc., which are all based on a single idea একটি আদর্শ বা চিন্তাকে ভিত্তি করে গড়ে তোলা কোনো পার্ক ; প্রমোদ-বাগান; থীম পার্ক

themselves / ðəmˈselvz / দ্যাম্'সেল্‌ভ্‌জ্ / *pronoun* **1** used when the people or things who do an action are also affected by it কোনো কাজের দ্বারা কর্মকর্তারাও যখন প্রভাবিত হয়; তাঁরা, তাঁরা নিজেরাই, তারা স্বয়ং *Hema and Esha are enjoying themselves.* ○ *People often talk to themselves when they are worried.* **2** used to emphasize 'they' 'they' শব্দটির উপর জোর দেওয়ার জন্য ব্যবহৃত *Did they paint the house themselves* (=or did sb else do it for them)*?*
IDM **(all) by themselves 1** alone তারা নিজেরাই, একা একা *The boys are too young to go out by themselves.* ➪ **alone**-এ নোট দেখো। **2** without help সাহায্য ছাড়া, অন্য কারও সাহায্য না নিয়ে *The children cooked the dinner all by themselves.*

then / ðen /দেন্ / *adv.* **1** (at) that time তখন, সেই সময়ে *I spoke to him on Wednesday, but I haven't seen him* **since then**. ○ *They met in 1998 and remained close friends* **from then on**. **2** next; after that পরবর্তী; তার পরে *There was silence for a minute. Then he replied.* **3** used to show the logical result of a statement or situation কোনো বিবৃতি বা পরিস্থিতির যুক্তিসংগত ফল দেখাতে ব্যবহৃত *'I don't feel at all well.' 'Why don't you go to the doctor then?'* ○ *If you don't do any work then* *you'll fail the exam.* **4** (*spoken*) (used after words like now, okay, right, etc. to show the beginning or end of a conversation or statement) কথোপকথন বা কোনো মন্তব্যের সূচনা বা শেষ বোঝানোর জন্য now, okay, right ইত্যাদি শব্দের পরে ব্যবহৃত হয় *Now then, are we all ready to go?* ○ *Right then, I'll see you tomorrow.*

IDM **then/there again** ⇨ **again** দেখো।

there and then; then and there ⇨ **there** দেখো।

thence / ðens / দেন্স্ / *adv.* (*old-fashioned*) from there সেখান থেকে

theo- / ˈθiːəʊ ˈথীঅ্যাউ / *prefix* (*used in nouns, adjectives and adverbs*) connected with God or a god ঈশ্বর বা বিশেষ কোনো দেব বা দেবীর সঙ্গে জড়িত *theology*

theodolite / θiˈɒdəlaɪt থিˈঅড্যালাইট্ / *noun* [C] a piece of equipment that is used for measuring angles কোণ-মাপক যন্ত্রবিশেষ; থিওডোলাইট

theology / θiˈɒlədʒi থিˈঅল্যাজি / *noun* [U] the study of religion ধর্মতত্ত্ব ▶ **theological** /ˌθiːəˈlɒdʒɪkl ˌথীঅ্যাˈলজিক্‌ল্ / *adj.* ধর্মতাত্ত্বিক

theorem / ˈθɪərəm ˈথিঅ্যার‍্যাম্ / *noun* [C] (*technical*) a rule or principle, especially in mathematics, that can be shown to be true, গণিতের মূলনীতি বা নিয়ম যা প্রমাণ করা সম্ভব; উপপাদ্য; থিওরেম *Pythagoras' theorem*

theoretical / ˈθɪəˈretɪkl ˈথিঅ্যাˈরেটিক্‌ল্ / *adj.* **1** based on ideas and principles, not on practical experience তাত্ত্বিক, ব্যাবহারিক অভিজ্ঞতাপ্রসূত নয়, অনুমান নির্ভর *A lot of university courses are still too theoretical these days.* **2** that may possibly exist or happen, although it is unlikely সম্ভাবনা না থাকলেও থাকা বা ঘটার সম্ভাবনাই বেশি *There is a theoretical possibility that the world will end tomorrow.* ⇨ **practical** দেখো। ▶ **theoretically** / ˈθɪəˈretɪkli ˈথিঅ্যাˈরেটিক্‌লি / *adv.* অনুমানের ভিত্তিতে, ধারণা অনুযায়ী, তাত্ত্বিকভাবে

theorist / ˈθɪərɪst ˈথিঅ্যারিস্ট্ / (*also* **theoretician** / ˌθɪərəˈtɪʃn ˌথিঅ্যার‍্যাˈটিশ্‌ন্ /) *noun* [C] a person who develops ideas and principles about a particular subject in order to explain why things happen or exist ঘটনা বা অস্তিত্বের কারণ বিশ্লেষণের জন্য যে ব্যক্তি কোনো নির্দিষ্ট বিষয়ের ভাবধারা এবং মূলনীতি তৈরি করেন; তত্ত্ববিশারদ, তত্ত্বজ্ঞানী

theory / ˈθɪəri ˈথিঅ্যারি / *noun* (*pl.* **theories**) **1** [C] an idea or set of ideas that tries to explain sth যে ধারণা কোনো কিছু ব্যাখা করার চেষ্টা করে; তত্ত্ব *the theory about how life on earth began* **2** [U] the general idea or principles of a particular subject বিশেষ বিষয়ে ধারণা, মতাদর্শ, মতবাদ *political theory* ○ *the theory and practice of language teaching* **3** [C] an opinion or a belief that has not been shown to be true বিশ্বাস বা মতবাদ যা সত্য বলে প্রমাণিত হয়নি

IDM **in theory** as a general idea which may not be true in reality সাধারণ মতবাদ যা বাস্তব ক্ষেত্রে সত্য হয় না *Your plan sounds fine in theory, but I don't know if it'll work in practice.*

therapeutic / ˌθerəˈpjuːtɪk ˌথেরাˈপিউটিক্ / *adj.* **1** helping you to relax and feel better শান্তিদায়ক, যা মনের প্রশান্তি, শরীরের আরাম দেয় *I find listening to music very therapeutic.* **2** helping to cure an illness রোগ নিরাময় করতে সাহায্য করে এমন; *therapeutic drugs*

therapy / ˈθerəpi ˈথের‍্যাপি / *noun* [C, U] treatment to help or cure a mental or physical illness, usually without drugs or medical operations মানসিক ও শারীরিক রোগের বিকল্প চিকিৎসাব্যবস্থা *to have/undergo therapy* ▶ **therapist** / ˈθerəpɪst ˈথের‍্যাপিস্ট্ / *noun* [C] চিকিৎসাবিশেষজ্ঞ *a speech therapist*

there / ðeə(r) / দেঅ্যা(র্) / *adv., pronoun* **1** used as the subject of 'be', 'seem', 'appear', etc. to say that sth exists কোনো কিছুর অস্তিত্ব বোঝাতে 'be', 'seem', 'appear' এইসব ক্রিয়াপদের কর্তারূপে ব্যবহৃত হয় *There's a man at the door.* ○ *There seems to be a mistake here.* **2** in, at or to that place সেখানে, ওখানে, ঐ জায়গায় *Could you put the table there, please?* ○ *Have you been to Mumbai? We're going there next week.* **3** used for calling attention to sth কারও মনোযোগ আকর্ষণ করতে ব্যবহৃত *Hello there! Can anyone hear me?* **4** at that point (in a conversation, story, etc.) (কথোপকথন বা কাহিনি ইত্যাদিতে ব্যবহৃত) সেই সময়ে, সেই মুহূর্তে *Could I interrupt you there for a minute?* **5** available if needed প্রয়োজনে প্রাপ্তিসাধ্য *Her parents are always there if she needs help.*

IDM **be there for sb** to be available to help and support sb when he/she has a problem কারও সমস্যার সময়ে তাকে সহযোগিতা করা, সাহায্য করা, তার জন্য থাকা *Whenever I'm in trouble, my sister is always there for me.*

then/there again ⇨ **again** দেখো।

there and then; then and there immediately; at that time and place তৎক্ষণাৎ, একেবারে সঙ্গে সঙ্গে; সেই জায়গায়, সেই সময়ে

there you are 1 used when you give sth to sb কাউকে কিছু দেওয়ার সময়ে এভাবে বলা হয় *There you are. I've bought you a newspaper.* **2** used when you are explaining sth to sb কাউকে কিছু বোঝাতে গেলে ব্যবহৃত *Just press the switch and there you are!*

T

thereabouts / ˌðeərəˈbaʊts / ˌদেঅ্যার‍্যাˈবাউট্স্ / (*AmE* **thereabout** / ˌðeərəˈbaʊt ˌদেঅ্যার‍্যাˈবাউট্) *adv.* (usually after 'or') somewhere near a number, time or place (সাধারণত 'or' শব্দটির পরে ব্যবহৃত হয়) সংখ্যা, সময় বা জায়গার প্রসঙ্গে কোথাও শব্দটি বসে *There are 100 students, or thereabouts.* ○ *She lives in Shimla, or thereabouts.*

thereafter / ˌðeərˈɑːftə(r) / ˌদেঅ্যার্ ˈআ:ফ্‌ট্যা(র্) / *adv.* (*written*) after that তারপরে, অতঃপর

thereby / ˌðeə ˈbaɪ / ˌদেঅ্যা ˈবাই *adv.* (*written*) in that way এই কারণে, ফলস্বরূপ, এরকমভাবে

therefore / ˈðeəfɔː(r) ˈদেঅ্যাফ:(র্) / *adv.* for that reason সেই কারণে, এই জন্য, তার ফলে *The new trains have more powerful engines and are therefore faster.* ✪ সম **thus**

therein / ˈðeərˈɪn / দেঅ্যার্ˈইন্ / *adv.* (*written*) because of sth that has just been mentioned ঐ প্রসঙ্গে , ঐ ব্যাপারে

thereupon / ˈðeərəˈpɒn / ˈদেঅ্যার‍্যাˈপন্ / *adv.* (*written*) immediately after that and often as the result of sth অব্যবহিত পরেই; পরিণামে, প্রায়ই কোনো ঘটনার পরে এবং তারই ফলস্বরূপ

thermal¹ / ˈθɜːml ˈথ্যমল্ / *adj.* **1** connected with heat তাপসম্পর্কীয়, তাপঘটিত, তাপীয় *thermal energy* **2** (used about clothes) made to keep you warm in cold weather (পোশাক-পরিচ্ছদ সম্বন্ধে ব্যবহৃত) ঠান্ডায় উষ্ম রাখার জন্য তৈরি *thermal underwear*

thermal² / ˈθɜːml ˈথ্যমল্ / *noun* **1 thermals** [*pl.*] clothes, especially underwear, made to keep you warm in cold weather শীতে পরার উষ্ম বস্ত্র, বিশেষ করে অন্তর্বাস **2** [C] a flow of rising warm air উর্ধ্বমুখী গরম হাওয়া

thermo- / ˈθɜːməʊ- ˈথ্যমাউ- / *prefix* (*used in nouns, adjectives and adverbs*) connected with heat তাপসম্পর্কিত *thermonuclear*

thermometer / θəˈmɒmɪtə(r) থ্যাˈমমিট্যা(র্) / *noun* [C] an instrument for measuring temperature তাপ মাপার যন্ত্রবিশেষ; তাপমানযন্ত্র

Thermos™ / ˈθɜːməs ˈথ্যম্যাস্ / (*also* **Thermos flask**) *noun* [C] a type of **vacuum flask** তরল পদার্থ ঠান্ডা বা গরম রাখার জন্য ব্যবহৃত ; ফ্লাস্ক;

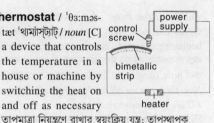

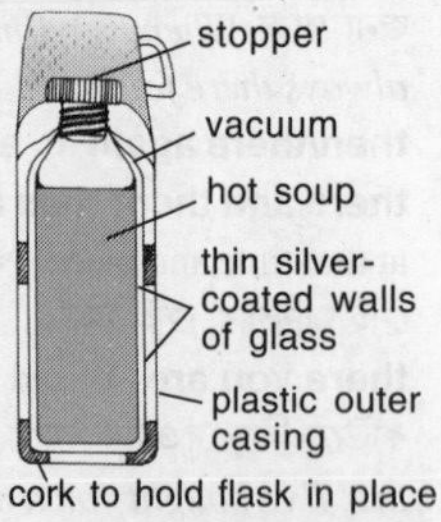

stopper
vacuum
hot soup
thin silver-coated walls of glass
plastic outer casing
cork to hold flask in place

thermosphere / ˈθɜːməsfɪə(r) ˈথ্যম্যাস্‌ফিঅ্যা(র্) / *noun* [*sing.*] **the thermosphere** the region of the atmosphere above the **mesosphere** মেসোসস্ফিয়ারের উপরিতলের বায়ুমণ্ডল; থার্মোস্ফিয়ার

thermostat / ˈθɜːməstæt ˈথ্যম্যাস্ট্যাট্ / *noun* [C] a device that controls the temperature in a house or machine by switching the heat on and off as necessary তাপমাত্রা নিয়ন্ত্রণে রাখার স্বয়ংক্রিয় যন্ত্র; তাপস্থাপক

power supply
control screw
bimetallic strip
heater

thesaurus /θɪˈsɔːrəs থিˈস:র‍্যাস্ / *noun* [C] (*pl.* **thesauruses**) a book that contains lists of words and phrases with similar meanings সমার্থ শব্দকোষ

these ➪ **this** দেখো।

thesis / ˈθiːsɪs ˈথীসিস্ / *noun* [C] (*pl.* **theses** / ˈθiːsiːz ˈথীসীজ্ /) **1** a long piece of writing on a particular subject that you do as part of a university degree বিশেষ বিষয়ের উপর দীর্ঘ রচনা যা বিশ্ববিদ্যালয়ে কোনো ডিগ্রি বা উপাধির পঠনক্রিয়ার অংশ; গবেষণা পত্র; থিসিস *He did his thesis on Indian writing in English.* ➪ **dissertation** দেখো। **2** an idea that is discussed and presented with evidence in order to show that it is true প্রমাণসিদ্ধ তত্ত্বসমৃদ্ধ কোনো মত

they / ðeɪ দেই / / *pronoun* (*the subject of a verb*) **1** the people or things that have been mentioned ব্যক্তি বা বস্তু যাদের কথা আগে বলা হয়েছে *We've got two children. They're both boys.* ○ *'Have you seen my keys?' 'Yes, they're on the table.'* **2** people in general or people whose identity is not known or stated তারা, ওরা, সাধারণ লোকজন, যাদের পরিচয় জানা নেই বা বলা হয়নি *They say it's going to be a mild winter.* **3** (*informal*) used instead of he or she সর্বনাম 'he' অথবা 'she'-এর পরিবর্তে ব্যবহৃত *Somebody phoned for you but they didn't leave their name.*

they'd / ðeɪd দেইড্ / ➪ **they had, they would**-এর সংক্ষিপ্ত রূপ

they'll / ðeɪl দেইল্ / ➪ **they will**-এর সংক্ষিপ্ত রূপ।

they're / ðeə(r) দেঅ্যা(র্) / ➪ **they are**-এর সংক্ষিপ্ত রূপ।

they've / ðeɪv দেইভ্ / ➪ **they have**-এর সংক্ষিপ্ত রূপ।

thick¹ / θɪk থিক্ / *adj.* **1** (used about sth solid) having a large distance between its opposite sides; not thin (কোনো কঠিন পদার্থ সম্বন্ধে ব্যবহৃত) পুরু, মোটা; পাতলা নয় *a thick black line* ○ *a thick coat/book/walls* **2** used for saying what the distance is between the two opposite sides of something কোনো কিছুর দুই বিপরীত দিকের দূরত্ব বোঝাতে ব্যবহৃত *The ice was six centimetres thick.* **3** having a lot of things close together ঘন, পুঞ্জীভূত *a thick forest*

○ *thick hair* **4** (used about a liquid) that does not flow easily (কোনো তরল পদার্থ সম্বন্ধে ব্যবহৃত) যা সহজে গড়িয়ে যায় না; থকথকে *thick cream* ○ *This paint is too thick.* **5** (used about fog, smoke, etc.) difficult to see through (ধোঁয়া, কুয়াশা ইত্যাদি সম্বন্ধে ব্যবহৃত) গাঢ়, দুর্ভেদ্য, ঘন, অস্বচ্ছ *thick fog/thick clouds of smoke* ✪ বিপ **thin** (অর্থ সংখ্যা **1** থেকে **5**-এর জন্য) **6 thick (with sth)** containing a lot of sth/sb close together অন্য কোনো জিনিসে ভরে আছে, থিকথিক বা গিজগিজ করছে এমন *The air was thick with dust.* ○ *The streets were thick with shoppers.* **7** (used about sb's accent) very strong (কোনো ব্যক্তির উচ্চারণ সম্বন্ধে ব্যবহৃত) অত্যন্ত জোরালো **8** (*informal*) slow to learn or understand; stupid শিখতে বা বুঝতে সময় লাগে এমন; মাথামোটা; বোকা, স্থূলবুধি ▶ **thick** *adv.* ঘন, পুরু *Snow lay thick on the ground.* ▶ **thickly** *adv.* ঘনভাবে, গাঢ়ভাবে *Spread the butter thickly.* ○ *a thickly wooded area*

IDM **have a thick skin** to be not easily upset or worried by what people say about you ভর্ৎসনা বা লোকের কথায় কান না দেওয়া, গায়ে না মাখা

thick² / θɪk থিক্ / *noun*

IDM **in the thick of sth** in the most active or crowded part of sth; very involved in sth জনাকীর্ণ, কর্মচঞ্চল অঞ্চল; কোনো কিছুতে পুরোপুরি লিপ্ত

through thick and thin through difficult times and situations সুখে দুঃখে, বিপদের দিনে

thicken / ˈθɪkən ˈথিক্যান্ / *verb* [I, T] to become or to make sth thicker জমাট বাঁধানো, ঘন করা

thickness / ˈθɪknəs ˈথিক্ন্যাস্ / *noun* [C, U] the quality of being thick or how thick sth is গাঢ়ত্ব, ঘনত্ব

thick-skinned *adj.* not easily worried or upset by what other people say about you মোটা চামড়ার লোক (যাকে সহজে বিচলিত করা যায় না)

thief / θiːf থীফ্ / *noun* [C] (*pl.* **thieves** /θiːvz থীভ্জ্) a person who steals things from another person যে অন্যের জিনিস চুরি করে; চোর

thigh / θaɪ থাই *noun* [C] the top part of your leg, above your knee উরু ➪ **body**-তে ছবি দেখো।

thigh bone *noun* [C] the large thick bone in the top part of your leg above your knee উরুতে অবস্থিত লম্বা মোটা হাড়; উর্বস্থি ✪ সম **femur** ➪ **body**-তে ছবি দেখো।

thimble / ˈθɪmbl ˈথিম্ব্‌ল্ / *noun* [C] a small metal or plastic object that you wear on the end of your finger to protect it when you are sewing , একটি ছোটো ধাতু অথবা প্লাস্টিক নির্মিত বস্তু যেটি ছুঁচের খোঁচা থেকে আঙুল বাঁচানোর জন্য সেলাই করার সময়ে আঙুলে পরা হয়; অঙ্গুলিত্রাণ

thin¹ / θɪn থিন্ / *adj.* (**thinner; thinnest**) **1** (used about sth solid) having a small distance between the opposite sides; not thick (কোনো কঠিন পদার্থ সম্বন্ধে ব্যবহৃত) পাতলা; পুরু নয় *a thin book/shirt* ○ *a thin slice of meat* **2** having very little fat on the body; not fat রোগা, শীর্ণকায়; স্থূল বা মোটা নয় *You need to eat more. You're too thin!*

3 (used about a liquid) that flows easily; not thick (কোনো তরল পদার্থ সম্বন্ধে ব্যবহৃত) যা সহজে প্রবাহিত হয়, গড়িয়ে যায়; বেশি ঘন নয় *a thin sauce* **4** (used about mist, smoke, etc.) not difficult to see through (কুয়াশা, ধোঁয়া ইত্যাদি সম্বন্ধে ব্যবহৃত) গাঢ় নয় পাতলা, হালকা, মিহি **5** having only a few people or things with a lot of space between them ফাঁকা ফাঁকা, খুব বেশি লোক নেই এমন *The population is rather thin in this part of the country.* ✪ বিপ **thick** (অর্থ সংখ্যা **1, 3** এবং **4**-এর জন্য) ▶ **thin** *adv.* পাতলাভাবে, মিহি করে *Don't slice the onion too thin.* ▶ **thinly** *adv.* পাতলা করে, হালকাভাবে *thinly sliced bread* ○ *thinly populated areas*

IDM **thin on the ground** ➪ **ground¹** দেখো।

through thick and thin ➪ **thick²** দেখো।

vanish, etc. into thin air to disappear completely সম্পূর্ণভাবে অদৃশ্য হওয়া

wear thin ➪ **wear¹** দেখো।

thin² / θɪn থিন্ / *verb* [I, T] (**thinning; thinned**) **thin (sth) (out)** to become thinner or fewer in number; to make sth thinner সংখ্যায় কমে পাতলা হয়ে আসা; পাতলা করা *The trees thin out towards the edge of the forest.* ০ *Thin the sauce by adding milk.*

thing / θɪŋ থিং / *noun* **1** [C] an object that is not named বস্তু, পদার্থ, সামগ্রী *A pen is a thing you use for writing with.* ০ *I need to get a few things at the shops.* **2** [C] a quality or state কোনো গুণ বা অবস্থা *There is **no such thing** as a ghost* (=it does not exist). **3** [C] an action, event or statement কাজ, ঘটনা বা বিবৃতি *A strange thing happened to me yesterday.* ০ *What a nice thing to say!* **4** [C] a fact, subject, etc. কোনো বাস্তব ঘটনা, বিষয় ইত্যাদি *He told me a few things that I didn't know before.* **5 things** [pl.] clothes or tools that belong to sb or are used for a particular purpose জিনিসপত্র, কাপড়চোপড় *I'll just go and pack my things.* ০ *We keep all the cooking things in this cupboard.* **6 things** [pl.] the situation or conditions of your life জীবনযাত্রার অবস্থা, পরিস্থিতি *How are things with you?* **7** [C] used for expressing how you feel about a person or an animal ব্যক্তি বা কোনো পশু সম্বন্ধে ধারণা, মনোভাব ব্যক্ত করতে ব্যবহৃত *You've broken your finger? You poor thing!* **8 the thing** [sing.] exactly what is wanted or needed ঠিক যে জিনিসটির প্রয়োজন বা যা খোঁজা হচ্ছিল *That's just the thing I was looking for!*

IDM a close shave/thing ⇨ **close³** দেখো।

be a good thing (that) to be lucky that ভাগ্যক্রমে, ভাগ্যিস *It's a good thing you remembered your umbrella.*

do your own thing to do what you want to do, independently of other people অন্যের কথা না ভেবে নিজের খেয়াল খুশিমতো কাজ করা

first/last thing as early/late as possible যত তাড়াতাড়ি বা যত দেরিতে সম্ভব *I'll telephone her first thing tomorrow morning.* ০ *I saw him last thing on Friday evening.*

for one thing used for introducing a reason for something কোনো কিছুর কারণ দেখানোর জন্য ব্যবহৃত *I think we should go by train. For one thing it's cheaper.*

have a thing about sb/sth (*informal*) to have strong feelings about sb/sth কাউকে বা কিছু নিয়ে মজে থাকা

to make matters/things worse ⇨ **worse** দেখো।

take it/things easy ⇨ **easy²** দেখো।

think / θɪŋk থিংক্ / *verb* (*pt, pp* **thought** / θɔːt থ:ট্ /) **1** [I, T] **think (sth) (of/about sb/sth); think that...** to have a particular idea or opinion about

sth/sb; to believe কারও বা কিছুর সম্বন্ধে বিশেষ মনোভাব বা ধারণা থাকা; বিশ্বাস করা *'Do you think (that) we'll win?' 'No, I don't think so.'* ০ *What did you think of the film?* ০ *Gagan's on holiday, I think.* **2** [I] **think (about sth)** to use your mind to consider sth or to form connected ideas ভাবনাচিন্তা করা, ভেবে স্থির করা *Think before you speak.* ০ *He had to think hard* (= a lot) *about the questions.* **3** [I] **think of/about doing sth; think that...** to intend or plan to do sth কোনো কিছুর পরিকল্পনা করা, মনে মনে ঠিক করা *We're thinking of buying a house.* ০ *I think I'll go for a swim.* **4** [T] to form an idea of sth; to imagine sth কোনো কিছু সম্বন্ধে ধারণা করা; কোনো কিছু কল্পনা করা *Just think what we could do with all that money!* **5** [I] **think about/of sb** to consider the feelings of sb else অন্যের কথা ভাবা *She never thinks about anyone but herself.* **6** [T] to remember sth; to have sth come into your mind কোনো কিছু মনে করা; মনে আসা *Can you think where you left the keys?* **7** [T] to expect sth আশা করা, ভাবা *The job took longer than we thought.* **8** [I] to think in a particular way বিশেষভাবে ভাবা *If you want to be successful, you have to **think big**.* ০ *to **think positive*** ▶ **think** *noun* [sing.] ভাবনা-চিন্তা *I'm not sure. I'll have to **have a think** about it.*

IDM think better of (doing) sth to decide not to do sth; to change your mind শেষ পর্যন্ত না করার সিদ্ধান্ত নেওয়া; পূর্ব পরিকল্পনা বিষয়ে মত পালটানো

think highly, a lot, not much, etc. of sb/sth to have a good, bad, etc. opinion of sb/sth কারও বা কিছু সম্বন্ধে ভালো মন্দ ইত্যাদি ভাবা *I didn't think much of that film.*

think the world of sb to love and admire sb very much কাউকে ভালোবাসা, শ্রদ্ধা করা

PHR V think of sth to create an idea in your imagination বিবেচনা করা, ভেবে দেখা *Who first thought of the plan?*

think sth out to consider carefully all the details of a plan, idea, etc. কোনো মতবাদ, পরিকল্পনা ইত্যাদি খুব ভালোভাবে বিবেচনা করা *a well-thought-out scheme*

think sth over to consider sth carefully খুব ভালোভাবে ভাবা, বিবেচনা করা *I'll think your offer over and let you know tomorrow.*

think sth through to consider every detail of sth carefully প্রতিটি খুঁটিনাটি বিষয়ে ভালোভাবে বিবেচনা করা *He made a bad decision because he didn't think it through.*

think sth up to create sth in your mind; to invent মনের মধ্যে নতুন চিন্তা তৈরি করা; ভেবে বার করা *to think up a new advertising slogan*

thinker / ˈθɪŋkə(r) ˈথিংক্যা(র্) / *noun* [C] **1** a person who thinks about serious and important subjects ভাবুক, চিন্তাশীল, মননশীল **2** a person who thinks in a particular way যে ব্যক্তি বিশেষভাবে ভাবে *a quick/creative/clear thinker*

thinking[1] / ˈθɪŋkɪŋ ˈথিংকিং / *noun* [U] **1** using your mind to think about sth চিন্তা, চিন্তন, মত *We're going to have to do some quick thinking.* **2** ideas or opinions about sth কোনো কিছু সম্বন্ধে মত, ধারণা *This accident will make them change their thinking on safety matters.* ➪ **wishful thinking** দেখো।

thinking[2] / ˈθɪŋkɪŋ ˈথিংকিং / *adj.* intelligent and using your mind to think about important subjects যুক্তিনির্ভর চিন্তা; বিচার

third[1] / θɜːd থ্যড্ / *det., adv.* 3rd ৩-য়, তৃতীয় ➪ **sixth**-এর উদাহরণ দেখো।

third[2] / θɜːd থ্যড্ / *noun* [C] **1** the fraction $^1/_3$; one of three equal parts of sth ভগ্নাংশ $^১/_৩$; তিনটি সমান ভাগের একভাগ, এক-তৃতীয়াংশ **2** (*BrE*) a result in final university exams, below first and second class degrees বিশ্ববিদ্যালয়ের পরীক্ষায় তৃতীয় ➪ **sixth** -এর উদাহরণ দেখো।

third-degree *adj.* (*only before a noun*) **1** (*AmE*) (used about murder) of the least serious of three kinds (হত্যা বা খুনের সম্বন্ধে ব্যবহৃত) তিনটির মধ্যে সবচেয়ে কম গুরুত্বপূর্ণ **2** (used about burns) of the most serious of three kinds, affecting the flesh under the skin and leaving permanent marks (পোড়া সম্বন্ধে ব্যবহৃত) সর্বাপেক্ষা মারাত্মক যাতে দেহত্বকের নিম্নবর্তী স্তরও ক্ষতিগ্রস্ত হয় এবং স্থায়ী চিহ্ন থেকে যায় ➪ **first-degree** এবং **second-degree** দেখো।

thirdly / ˈθɜːdli ˈথ্যড্‌লি / *adv.* used to introduce the third point in a list তৃতীয়ত *We have made savings in three areas: firstly, defence; secondly, education and thirdly, health.*

third party *noun* [C] a person who is involved in a situation in addition to the two main people involved প্রধান দুটি পক্ষ ছাড়া বাড়তি তৃতীয় পক্ষ

the third person *noun* [*sing.*] **1** (*grammar*) the set of pronouns and verb forms used by a speaker to refer to other people and things (ব্যাকরণ) অন্যান্য লোক এবং জিনিসের সম্বন্ধে বলার সময়ে বক্তার দ্বারা ব্যবহৃত সর্বনাম এবং ক্রিয়াপদের রূপসমূহ *'They are' is the third person plural of the verb 'to be'.* **2** the style of writing a novel, telling a story, etc. as the experience of sb else, using third person forms উপন্যাস রচনার শৈলী বা গল্প বলার ভঙ্গি যাতে কোনো ব্যক্তির অভিজ্ঞতা প্রথম পুরুষ ব্যবহার করে বর্ণনা করা হয় *a book written* ***in the third person*** ➪ **the first person** এবং **the second person** দেখো।

the Third World *noun* [*sing.*] a way of referring to the poor or developing countries of Africa, Asia and Latin America আফ্রিকা, এশিয়া এবং ল্যাটিন আমেরিকার উন্নতিশীল দেশগুলি; তৃতীয় বিশ্ব

> **NOTE** এই অভিব্যক্তিটি অনেক সময়েই আপত্তিজনক বলে মনে করা হয়। ➪ **the First World** দেখো।

thirst / θɜːst থ্যস্ট্ / *noun* **1** [U, *sing.*] the feeling that you have when you want or need a drink তৃষ্ণা, তেষ্টা *Cold tea really quenches your thirst.* ○ *to die of thirst* **2** [*sing.*] **a thirst for sth** a strong desire for sth কোনো কিছুর জন্য প্রবল আকাঙ্ক্ষা, আকুল বাসনা ➪ **hunger** দেখো।

thirsty / ˈθɜːsti ˈথ্যস্‌টি / *adj.* (**thirstier; thirstiest**) wanting or needing a drink তৃষ্ণার্ত, পিয়াসী *I'm thirsty. Can I have a drink of water, please?* ➪ **hungry** দেখো। ► **thirstily** *adv.* তৃষ্ণার্ত করার মতো; তৃষ্ণার্তভাবে

thirteen / ˌθɜːˈtiːn ˌথ্যˈটীন্ / *number* 13 তেরো, (সংখ্যা) ১৩, এয়োদশ

> **NOTE** বাক্যে সংখ্যার ব্যবহার এবং তার উদাহরণ দেখার জন্য **six** দেখো।

thirteenth / ˌθɜːˈtiːnθ ˌথ্যˈটীন্থ্ / *det., adv.* 13th ১৩তম, ত্রয়োদশতম ➪ **sixth**-এ উদাহরণ দেখো।

thirtieth / ˈθɜːtiəθ ˈথ্যটিঅ্যাথ্ / *det., adv.* 30th ৩০তম, ত্রিশতম ➪ **sixth**-এ উদাহরণ দেখো।

thirty / ˈθɜːti ˈথ্যটি / *number* 30 ৩০, তিরিশ, ত্রিশ

> **NOTE** বাক্যে সংখ্যার ব্যবহার এবং তার উদাহরণ দেখার জন্য **sixty** দেখো।

this / ðɪs দিস্ / *det., pronoun* (*pl.* **these** / ðiːz দীজ্ /) **1** used for talking about sb/sth that is close to you in time or space এমন কোনো ব্যক্তি বা বস্তু সম্বন্ধে ব্যবহার করা হয় যে বা যা কাছেই আছে *Is this the book you asked for?* ○ *These are the letters to be filed, not those over there.* **2** used for talking about sth that was mentioned or talked about earlier যা সম্বন্ধে আগে উল্লেখ বা আলোচনা হয়েছে তার ক্ষেত্রে ব্যবহৃত *Where did you hear about this?* **3** used for introducing sb or showing sb sth কোনো ব্যক্তিকে পরিচয় করানো বা কাউকে কিছু দেখানোর সময়ে ব্যবহৃত *This is my wife, Nisha, and these are our children, Anshul and Rahul.* **4** (used with days of the week or periods of time) of today or the present week, year, etc. (সপ্তাহের দিন বা সময় বা পর্যায়ের সঙ্গে ব্যবহৃত)

আজ, এই সপ্তাহ বা বছর ইত্যাদি *Are you busy this afternoon?* ○ *this Friday* (= the Friday of this week) **5** (*informal*) (used when you are telling a story) a certain (বর্ণনা বা কাহিনির মধ্যে ব্যবহৃত) নির্দিষ্ট কিছু *Then this woman said that she did not see me before.* ▶ **this** *adv.* ততটা, এরকম *The road is not usually this busy.*

IDM this and that; this, that and the other various things অনেক কিছু সম্বন্ধে *We chatted about this and that.*

thistle / ˈθɪsl ˈথিস্‌ল্ / *noun* [C] a wild plant with purple flowers and sharp points (**prickles**) on its leaves বেগুনি রঙের ছোটো ছোটো ফুলের বন্য কাঁটা গাছ

thong / θɒŋ থং / (*AmE*) = **flip-flop**

thorax / ˈθɔːræks ˈথ:র‍্যাক্স্ / *noun* [C] **1** (*medical*) the middle part of your body between your neck and your waist (চিকিৎসাশাস্ত্র) ঘাড় ও কোমরের মধ্যবর্তী অংশ; বক্ষোদেশ, বক্ষ, বুক **2** the middle section of an insect's body, to which the legs and wings are connected কীটপতঙ্গের শরীরের মধ্যবর্তী অংশ যার সঙ্গে পা এবং ডানা যুক্ত থাকে ➪ **abdomen** দেখো এবং **insect**-এ ছবি দেখো। ▶ **thoracic** / θɔːˈræsɪk থ:ˈর‍্যাসিক্ /*adj.* বুক বা বক্ষোদেশ সংক্রান্ত

thorn / θɔːn থ:ন্ / *noun* [C] one of the hard sharp points on some plants and bushes, for example on rose bushes কাঁটা, কণ্টক (কোনো কোনো উদ্ভিদ এবং ঝোপের, যেমন গোলাপ গাছের) ➪ **flower**-এ ছবি দেখো।

thorny / ˈθɔːni ˈথ:নি / *adj.* **1** causing difficulty or disagreement সমস্যাকণ্টকিত, বিতর্কমূলক *a thorny problem/question* **2** having thorns কণ্টকিত, কণ্টকাকীর্ণ, কাঁটাওয়ালা

thorough / ˈθʌrə ˈথার‍্যা / *adj.* **1** careful and complete পুঙ্খানুপুঙ্খভাবে, সযত্নভাবে, সম্পূর্ণ *The police made a thorough search of the house.* **2** doing things in a very careful way, making sure that you look at every detail খুঁটিনাটি প্রভৃতি বিষয়ে খেয়াল রেখে, যত্ন ও মনোযোগের সঙ্গে করা হয়েছে এমন *Anjali is slow but she is very thorough.* ▶ **thoroughness** *noun* [U] সম্পূর্ণতা, ব্যাপকতা

thoroughbred / ˈθʌrəbred ˈথার‍্যাব্রেড্ / *noun* [C] an animal, especially a horse, of high quality, that has parents that are both of the same type বিশুদ্ধ বংশজাত কোনো পশু, বিশেষত যেটির পিতামাতা একই গোত্রের ▶ **thoroughbred** *adj.* বিশুদ্ধ, খাঁটি বংশোদ্ভূত

thoroughly / ˈθʌrəli ˈথার‍্যালি / *adv.* **1** in a careful and complete way খুব ভালো করে, কোনো রকম ফাঁকি না দিয়ে *to study a subject thoroughly* **2** completely; very much সম্পূর্ণভাবে; খুব বেশি পরিমাণে, পুরোপুরি *We thoroughly enjoyed our holiday.*

those ➪ **that 1, 2** এর plural

though / ðəʊ / দ্যাউ / *conj., adv.* **1** in spite of the fact that; although তবে, তা হলেও, তা সত্ত্বেও; যদিও *Though he had very little money, Ajay always managed to dress smartly.* ○ *She still loved him* ***even though*** *he had treated her so badly.* **2** but কিন্তু *I'll come as soon as I can, though I can't promise to be on time.* **3** (*informal*) however যাই হোক *I quite like him. I don't like his wife, though.* ➪ **although**-তে নোট দেখো।

IDM as if ➪ **as** দেখো।

as though ➪ **as** দেখো।

thought¹ ➪ **think**-এর past tense এবং past participle

thought² /θɔːt থ:ট্ / *noun* **1** [C] an idea or opinion চিন্তা, মতামত, ভাবনাচিন্তা, বিবেচনা *The thought of living alone filled her with fear.* **2** [U] the power or process of thinking চিন্তাশক্তি, চিন্তনপদ্ধতি, চিন্তাধারা *I need to* ***give*** *this problem* ***some thought****.* **3 thoughts** [*pl.*] a person's mind and all the ideas that are in it মনন, চিন্তন, ধ্যান ধারণা *anxious thoughts* ○ *She had spoken her thoughts aloud.* ○ *You are always in my thoughts.* **4** [*sing.*] a feeling of care or worry শুভেচ্ছার অনুভূতি, কারও জন্য উদ্বেগের অনুভূতি *They sent me flowers. What a kind thought!* **5** [U] particular ideas or a particular way of thinking বিশেষ চিন্তাধারা বা চিন্তাপদ্ধতি *a change in medical thought on the subject*

IDM deep in thought/conversation ➪ **deep¹** দেখো।

a school of thought ➪ **school** দেখো।

second thoughts ➪ **second¹** দেখো।

thoughtful / ˈθɔːtfl ˈথ:ট্‌ফ্‌ল্ / *adj.* **1** thinking deeply গভীর চিন্তামগ্ন, চিন্তাশীল *a thoughtful expression* **2** thinking about what other people want or need অন্যের সুবিধা অসুবিধা বা চাহিদার কথা ভাবা হচ্ছে এমন *It was very thoughtful of you to send her some flowers.* ▶ **thoughtfully** / ˈθɔːtfəli ˈথ:ট্‌ফ্যালি / *adv.* সুবিবেচকের মতো ▶ **thoughtfulness** *noun* [U] বিচক্ষণতা, পরিণামদর্শিতা

thoughtless / ˈθɔːtləs ˈথট্‌ল্যাস্ / *adj.* not thinking about what other people want or need or what the result of your actions will be বেপরোয়া, অবিবেচক, অন্যের কথা মাথায় রাখে না এমন ✪ সম **inconsiderate** ▶ **thoughtlessly** *adv.* অবিবেচকের মতো, না ভেবেচিন্তে অগ্রপশ্চাৎ বিবেচনা না করে ▶ **thoughtlessness** *noun* [U] অপরিণামদর্শিতা

thousand / ˈθaʊznd ˈথাউজ্‌ন্‌ড্ / *number* 1000 হাজার

NOTE খেয়াল রেখো যে কোনো সংখ্যা সম্বন্ধে বলার সময়ে **thousand** একবচনে (singular) ব্যবহৃত হবে আর অনেক অনেক বেশি বোঝাতে **thousands** অর্থাৎ বহুবচন (plural) ব্যবহার করতে হবে—*There were over 70,000 spectators at the match.* ○ *Thousands of people attended the meeting.*
বাক্যের মধ্যে সংখ্যার ব্যবহার জানার জন্য **six** দেখো। আর সংখ্যা সম্বন্ধে আরও বিশদ জানতে এই অভিধানের শেষাংশে বিশেষ অংশ দেখো।

thousandth[1] / θaʊznθ 'থাউজ়্ন্‌থ / *det.* 1000th ১০০০তম, হাজারতম, সহস্রতম

thousandth[2] / 'θaʊznθ 'থাউজ়্ন্‌থ / *noun* [C] the fraction $^1/_{1000}$; one of a thousand equal parts of sth $^১/_{১০০০}$ ভগ্নাংশ; এক হাজারটি সমান ভাগের এক ভাগ

thrash / θræʃ থ্র্যাশ্ / *verb* **1** [T] to hit sb/sth many times with a stick, etc. as a punishment (শাস্তি হিসাবে) কাউকে বা কিছু লাঠি দিয়ে মারা, পেটানো **2** [I, T] **thrash (sth) (about/around)** to move or make sth move wildly without any control পাগলের মতো কোনো কিছু সরানো বা নড়ানো **3** [T] to defeat sb easily in a game, competition, etc. খেলা, প্রতিযোগিতা ইত্যাদিতে কাউকে গোহারান হারানো; সহজে হারিয়ে দেওয়া
PHR V **thrash sth out** to talk about sth with sb until you reach an agreement সিদ্ধান্তে না আসা পর্যন্ত কারও সঙ্গে কথা চালিয়ে যাওয়া

thrashing / 'θræʃɪŋ 'থ্র্যাশিং / *noun* [C] **1** the action of hitting sb/sth many times with a stick, etc. as a punishment শাস্তিস্বরূপ লাঠি দিয়ে বারবার মারার কাজ **2** (*informal*) a bad defeat in a game খেলায় বিশ্রী রকমের হার

thread[1] / θred থ্রেড্ / *noun* **1** [C, U] a long thin piece of cotton, wool, etc. that you use for sewing or making cloth সুতো, সূত্র *a needle and thread* **2** [C] the connection between ideas, the parts of a story, etc. চিন্তাধারা, কাহিনির অংশ ইত্যাদির মধ্যেকার যোগসূত্র *I've lost the thread of this argument.*

thread[2] / θred থ্রেড্ / *verb* [T] **1** to put sth long and thin, especially thread, through a narrow opening or hole ছুঁচে সুতো পরানো *to thread a needle* ○ *He threaded the belt through the loops on the trousers.* **2** to join things together by putting them onto a string, etc. সুতো ইত্যাদি দিয়ে গাঁথা
IDM **thread your way through sth** to move through sth with difficulty, going around things or people that are in your way ঠেলেঠুলে, লোক বা জিনিসপত্র সরিয়ে নিজের পথ বার করে চলা

threadbare / 'θredbeə(r) 'থ্রেড্‌বেঅ্যা(র্) / *adj.* (used about material or clothes) old and very thin (কোনো পদার্থ বা কাপড় সম্বন্ধে ব্যবহৃত) পুরোনো, জীর্ণ

threat / θret থ্রেট্ / *noun* **1** [C] a warning that sb may hurt, kill or punish you if you do not do what he/she wants হুমকি, শাসানি *to **make threats** against sb* ○ ***to carry out a/his threat*** **2** [U, *sing.*] the possibility of trouble or danger বিপদের আশঙ্কা বা সম্ভাবনা *The forest is **under threat** from building developments.* **3** [C] a person or thing that may damage sth or hurt sb; something that indicates future danger এমন কোনো লোক বা জিনিস যার দ্বারা কারও ভবিষ্যতে ক্ষতি হতে পারে; যা ভবিষ্যৎ বিপদের নির্দেশ করে

threaten / 'θretn 'থ্রেট্ন্ / *verb* **1** [T] **threaten sb (with sth); threaten (to do sth)** to warn that you may hurt, kill or punish sb if he/she does not do what you want কাউকে ভয় দেখানো যে চাহিদা মতো কাজ না করলে তাকে আঘাত বা শাস্তি পেতে হতে পারে বা মেরে ফেলা হতে পারে; হুমকি দেওয়া, ভয় দেখানো *The boy threatened him with a knife.* ○ *She was threatened with dismissal.* **2** [I, T] to seem likely to do sth unpleasant খারাপ কিছু ঘটার সম্ভাবনা আছে বলে মনে হওয়া *The wind was threatening to destroy the bridge.* ▶ **threatening** *adj.* আসন্ন বিপদের সম্ভাবনা সূচক ▶ **threateningly** *adv.* বিপদের ভয় দেখিয়ে

three / θri: থ্রী / *number* **1** 3 তিন **2** (*used to form compound adjectives*) having three of the thing mentioned তিনটি আছে এমন; ত্রিযুক্ত, তিন-বিশিষ্ট *a three-legged stool* ⇨ **third** দেখো।

NOTE বাক্যে সংখ্যার ব্যবহার এবং তার উদাহরণ দেখার জন্য **six**-দেখো।

three-dimensional (*also* **3-D**) *adj.* having length, width and height দৈর্ঘ্য, প্রস্থ এবং উচ্চতাবিশিষ্ট; ত্রিমাত্রিক *a three-dimensional model/design*

thresh / θreʃ থ্রেশ্ / *verb* [T] to separate grains of corn, rice, etc. from the rest of the plant using a machine or, especially in the past, by hitting it with a special tool কোনো যন্ত্র বা অতীতে ঝাড়াইয়ের জন্য ব্যবহৃত হত এমন কোনো বিশেষ কল ব্যবহার করে ভুট্টা, চাল ইত্যাদির দানাগুলি গাছ থেকে আলাদা করা ▶ **threshing** *noun* [U] শস্যাদি ঝাড়াই বা মাড়াই; বেশি রকমের মার (প্রহার) *a threshing machine*

threshold / 'θreʃhəʊld 'থ্রেশ্‌হ্যাউল্ড্ / *noun* [C] **1** the ground at the entrance to a room or building বাড়িতে ঢোকার মুখে প্রবেশ দ্বারের সামনে যে ভূমি; চৌকাঠ **2** the level at which sth starts to happen সূচনার সীমা, সূত্রপাত, আরম্ভ *Young children have a low boredom threshold.* **3** the time when you are just about to start sth or find sth কোনো কিছু আরম্ভ অথবা খোঁজার প্রারম্ভকাল *We could be **on the threshold** of a scientific breakthrough.*

threw ➪ **throw**-এর past tense

thrift / θrɪft থ্রিফ্‌ট্ / *noun* [U] the quality of being careful not to spend too much money মিতব্যয়িতা ▶ **thrifty** *adj.* মিতব্যয়ী

thrill / θrɪl থ্রিল্ / *noun* [C] a sudden strong feeling of pleasure or excitement উত্তেজনা, পুলক ▶ **thrill** *verb* [T] উত্তেজনা বা পুলক অনুভব করা *His singing thrilled the audience.* ▶ **thrilled** *adj.* শিহরিত, রোমাঞ্চিত *He was absolutely thrilled with my present.* ▶ **thrilling** *adj.* শিহরিত করার মতো, রোমাঞ্চকর

thriller / ˈθrɪlə(r) ˈথ্রিল্যা(র্) / *noun* [C] a play, film, book, etc. with a very exciting story, often about a crime রোমাঞ্চকর (অনেক সময় অপরাধ সংক্রান্ত) কাহিনি

thrive / θraɪv থ্রাইভ্ / *verb* [I] (*pt* **thrived** or (*old-fashioned*) **throve** /θrəʊv থ্র্যাউভ্ /; *pp* **thrived**) to grow or develop well ভালোভাবে বেড়ে ওঠা, উন্নতি হওয়া ▶ **thriving** *adj.* উন্নতশীল *a thriving industry*

throat / θrəʊt থ্র্যাউট্ / *noun* [C] **1** the front part of your neck গলা, কণ্ঠ, গলার সামনের দিক *The attacker grabbed the man by the throat.* ➪ **body**-তে ছবি দেখো। **2** the back part of your mouth and the passage down your neck through which air and food pass কণ্ঠনালী *She got a piece of bread stuck in her throat.* ○ *I've got a sore throat.*

IDM clear your throat ➪ **clear**[3] দেখো।

have/feel a lump in your throat ➪ **lump**[1] দেখো।

throb / θrɒb থ্রব্ / *verb* [I] (**throbbing; throbbed**) to make strong regular movements or noises; to beat strongly দপদপ করা, ধকধক করা; তাড়াতাড়ি স্পন্দিত হওয়া *Her finger throbbed with pain.* ▶ **throb** *noun* [C] স্পন্দন, ধড়ফড়ানি

thrombosis / θrɒmˈbəʊsɪs থ্রম্ˈব্যাউসিস্ / *noun* [C, U] (*pl.* **thromboses** / -si:z -সীজ্ /) a serious medical condition caused by a lump of thick blood (**clot**) forming in a tube (**blood vessel**) or in the heart হৃৎপিণ্ডে বা ধমনিতে রক্ত জমাট বেঁধে যাওয়ার ফলে যে গুরুতর অসুস্থতা

throne / θrəʊn থ্র্যাউন্ / *noun* **1** [C] the special chair where a king or queen sits সিংহাসন **2 the throne** [*sing.*] the position of being king or queen রাজপদ

throng[1] / θrɒŋ থ্রং / *noun* [C] (*written*) a large crowd of people বিশাল জনতা

throng[2] / θrɒŋ থ্রং / *verb* [I, T] (*written*) (used about a crowd of people) to move into or fill a particular place (বিরাট জমায়েত সম্বন্ধে ব্যবহৃত) ভীড় করা; নির্দিষ্ট কোনো স্থান ভরে ফেলা

throttle[1] / ˈθrɒtl ˈথ্রট্‌ল্ / *verb* [T] to hold sb tightly by the throat and stop him/her breathing গলা টিপে শ্বাস বন্ধ করা ✪ সম **strangle**

throttle[2] / ˈθrɒtl ˈথ্রট্‌ল্ / *noun* [C] the part in a vehicle that controls the speed by controlling how much fuel goes into the engine কোনো গাড়ির গতিনিয়ন্ত্রক অংশ

through / θru: থ্রূ / *prep., adv.* **1** from one end or side of sth to the other একধার থেকে অন্যধার, এপাশ থেকে ওপাশ *to look through a telescope* ○ *She cut through the rope.* ○ *to push through a crowd of people* **2** from the beginning to the end of sth কোনো কিছুর আরম্ভ থেকে শেষ পর্যন্ত, সূচনা থেকে সমাপ্তি *Food supplies will not last through the winter.* ○ *We're halfway through the book.* **3** past a limit, stage or test সীমা, স্তর বা পরীক্ষা অতিক্রম করে *She didn't get through the first interview.* **4** because of; with the help of এর জন্য, এই কারণে; কারও সাহায্যে *Errors were made through bad organization.* ○ *He got the job through his uncle.* **5** (*AmE* **thru**) until, and including পর্যন্ত, এই দিনটি সুদ্ধ *They are staying Monday through Friday.* **6** connected by telephone টেলিফোনের মাধ্যমে সংযোজিত *Can you put me through to extension 5678, please?*

PHR V be through (with sb/sth) to have finished with sb/sth কারও বা কিছুর সঙ্গে সম্পর্কচ্ছেদ করা

throughout / θru:ˈaʊt থ্রূˈআউট্ / *adv., prep.* **1** in every part of sth কোনো কিছুর সর্বত্র বা সর্বাংশে *The house is beautifully decorated throughout.* ○ *The match can be watched live on television throughout the world.* **2** from the beginning to the end of sth কোনো কিছুর আরম্ভ থেকে শেষ পর্যন্ত, আগাগোড়াই, পুরোটাই *We didn't enjoy the holiday because it rained throughout.*

throve ➪ **thrive**-এর past tense

throw / θrəʊ থ্র্যাউ / *verb* (*pt*, **threw** / θru: থ্রূ /; *pp* **thrown** / θrəʊn থ্র্যাউন্ /) **1** [I, T] **throw (sth) (to/at sb); throw sb sth** to send sth from your hand through the air by moving your hand or arm quickly ছোড়া, ছুড়ে ফেলা *Throw the ball to me.* ○ *Throw me the ball.* **2** [T] to put sth somewhere quickly or carelessly যেমন তেমন করে রাখা, ছুড়ে ফেলা বা দেওয়া *He threw his bag down in a corner.* ○ *She threw on a sweater and ran out of the door.* **3** [T] to move your body or part of it quickly or suddenly শরীর বা শরীরের কোনো অংশ হঠাৎ এবং তাড়াতাড়ি আন্দোলিত করা বা নাড়ানো *She threw herself onto the bed and sobbed.* ○ *Rohit threw back his head and roared with laughter.* **4** [T] to cause sb to fall down quickly or violently কারও পড়ে যাওয়ার কারণ হওয়া, ধাক্কা মেরে বা ঝাঁকুনি দিয়ে ফেলে দেওয়া *The bus braked and we were thrown to the floor.* **5** [T] to put sb in a particular (usually unpleasant) situation কাউকে বিশেষ অবস্থার (সাধারণত অপ্রীতিকর) মধ্যে ফেলা *We were thrown into confusion by the news.* **6** [T] (*informal*) to make sb feel upset, confused or surprised কোনো ব্যক্তিকে বিচলিত করা, সংশয়িত করা অথবা চমকে দেওয়া *The question threw me and I didn't know what to reply.* **7** [T] to send light or shade onto sth কোনো বস্তুর উপরে ছায়া অথবা আলো ফেলা *The tree threw a long shadow across the lawn.* ▶ **throw** *noun* [C] ছোড়া বা ফেলার ক্রিয়া *a throw of 97 metres*

PHR V **throw sth away** **1** (*also* **throw sth out**) to get rid of rubbish or sth that you do not want অবাঞ্ছিত আবর্জনা ফেলে দেওয়া *I threw his letters away.* **2** to waste or not use sth useful কোনো জিনিস অপচয় করা *to throw away an opportunity*

throw sth in (*informal*) to include sth extra without increasing the price দাম না বাড়িয়ে বাড়তি কিছু দেওয়া

throw sb out to force sb to leave a place কোনো জায়গা ছেড়ে যেতে বাধ্য করা, তাড়িয়ে দেওয়া

throw sth out **1** to decide not to accept sb's idea or suggestion অন্যের মতামতের মূল্য না দেওয়া, পরামর্শ না শোনা **2** =**throw sth away 1**

throw up (*informal*) to vomit; to be sick বমি করা; অসুস্থ হওয়া

throw sth up **1** to vomit food খাদ্যাদি তুলে ফেলা; বমি করা **2** to produce or show sth কোনো কিছু দেখানো বা বার করা **3** to leave your job, career, studies, etc. চাকুরি, পদ, পড়াশুনো ইত্যাদি পরিত্যাগ করা

throwaway / ˈθrəʊəweɪ থ্রাউঅ্যাউএই / *adj.* (*only before a noun*) **1** used to describe sth that you say quickly without careful thought, sometimes in order to be funny না ভেবেচিন্তেই কোনো কিছু তাড়াতাড়ি বর্ণনা করার জন্য অনেক সময় কৌতুকপ্রদভাবে ব্যবহৃত *a throwaway line/remark/comment* **2** (used about goods, etc.) produced at a low cost and intended to be thrown away as rubbish after being used (জিনিসপত্র ইত্যাদি সম্বন্ধে ব্যবহৃত) ব্যবহারের পরে ফেলে দেওয়া হবে এই কথা মাথায় রেখে কম খরচে তৈরি

thru (*AmE*) =**through 5**

thrust[1] / θrʌst থ্রাস্ট্ / *verb* [I, T] (*pt, pp* **thrust**) **1** to push sb/sth suddenly or violently; to move quickly and suddenly in a particular direction কোনো ব্যক্তি বা বস্তুকে জোরে, হঠাৎ বা হিংস্রভাবে ধাক্কা দেওয়া; বিশেষ অভিমুখে খুব তাড়াতাড়ি সরা বা যাওয়া *The man thrust his hands deeper into his pockets.* ○ *She thrust past him and ran out of the room.* **2** to make a sudden forward movement with a knife, etc. ছুরি ইত্যাদি হাতে তেড়ে যাওয়া

PHR V **thrust sb/sth upon sb** to force sb to accept or deal with sb/sth কারও উপর জোর করে নিজের মত চাপানো, তা মানতে বাধ্য করা

thrust[2] / θrʌst থ্রাস্ট্ / *noun* **1** **the thrust** [*sing.*] the main part or point of an argument, policy, etc. কোনো তর্ক, নীতি ইত্যাদির মূল কথা, মূল বিষয় বা লক্ষ্য **2** [C] a sudden strong movement forward হঠাৎ সামনের দিকে প্রবল অগ্রগতি

thud / θʌd থাড় / *noun* [C] the low sound that is made when a heavy object hits sth else (ভারী কিছুতে ধাক্কা লাগার ফলে উৎপন্ন) ধুপধাপ শব্দ *Her head hit the floor with a dull thud.* ▶ **thud** *verb* [I] (**thu<u>dd</u>ing; thu<u>dd</u>ed**) ধুপ করে পড়া

thug / θʌg থাগ্ / *noun* [C] a violent person who may harm other people ঠগ, দুর্বৃত্ত

thumb[1] / θʌm থাম্ / *noun* [C] **1** the short thick finger at the side of each hand বুড়ো আঙুল(হাতের) ➪ **body**-তে ছবি দেখো। **2** the part of a glove, etc. that covers your **thumb 1** দস্তানার যে অংশে বুড়ো আঙুল ঢাকা যায়

IDM **a rule of thumb** ➪ **rule**[1] দেখো।

stand/stick out like a sore thumb ➪ **sore**[1] দেখো।

the thumbs up/down a sign or an expression that shows approval/disapproval আঙুল তুলে নিজের সম্মতি বা অসম্মতি জানানোর ইঙ্গিত বা অভিব্যক্তি

under sb's thumb (used about a person) completely controlled by sb (ব্যক্তি সম্বন্ধে ব্যবহৃত) সম্পূর্ণভাবে কারও বশে, হাতের মুঠোয় *She's got him under her thumb.*

thumb[2] / θʌm থাম্ / *verb* [I, T] **thumb (through) sth** to turn the pages of a book, etc. quickly তাড়াতাড়ি বই ইত্যাদির পাতা ওলটানো

IDM **thumb a lift** to hold out your thumb to cars going past, to ask sb to give you a free ride আঙুল তুলে চলন্ত গাড়ি থামিয়ে কিছুটা এগিয়ে দেওয়ার অনুরোধ করা, লিফ্ট্ চাওয়া ➪ **hitch-hike**-এ নোট দেখো।

thumbtack / ˈθʌmtæk ˈথাম্ট্যাক্ / (*AmE*) = **drawing pin**

thump / θʌmp থাম্প্ / *verb* **1** [T] to hit sb/sth hard with sth, usually your closed hand (**fist**) কাউকে ঘুষি মারা *Anand started coughing and Jai thumped him on the back.* **2** [I, T] to make a loud sound by hitting sth or by beating hard জোরে ধাক্কা মেরে আওয়াজ করা *His heart was thumping with excitement.* ▶ **thump** *noun* [C] জোর আঘাত, ঘুষি

thunder[1] / ˈθʌndə(r) ˈথান্ড্যা(র্) / *noun* [U] the loud noise in the sky that you can hear when there is a storm and that usually comes after a flash of light (**lightning**) বজ্র-নির্ঘোষ, বাজ *a clap/crash/roll of thunder*

thunder[2] / ˈθʌndə(r) ˈথান্ড্যা(র্) / *verb* [I] **1** (used with it) to make a loud noise in the sky during a storm ঝড়ের সময়ে বাজ পড়ার আওয়াজ হওয়া *The rain poured down and it started to thunder.* **2** to make a loud deep noise like thunder বজ্রের মতো আওয়াজ করা, বাজ পড়ার মতো আওয়াজ করা *Traffic thundered across the bridge.*

thunderbolt / ˈθʌndəbəʊlt ˈথান্ড্যাব্যাউল্ট্ / *noun* [C] (*written*) a flash of **lightning** that comes at the same time as the noise of **thunder** and that hits sth বাজ পড়ার আওয়াজ এবং বিদ্যুতের ঝলকানি যা প্রায় একসঙ্গে হয়; বজ্রপাত

thunderclap / ˈθʌndəklæp ˈথান্ড্যাক্ল্যাপ্ / *noun* [C] a loud crash made by **thunder** বাজ পড়ার প্রচণ্ড আওয়াজ; কড়কড় শব্দ

thunderstorm / ˈθʌndəstɔːm ˈথান্ড্যাস্ট:ম্ / *noun* [C] a storm with loud noises and flashes of light in the sky (**thunder** and **lightning**) বজ্রবিদ্যুৎসহ ঝোড়ো বৃষ্টি

Thur. (*also* **Thurs.**) *abbr.* Thursday বৃহস্পতিবার *Thur. 26 June*

Thursday / ˈθɜːzdeɪ; -di ˈথ্যজডেই; -ডি / *noun* [C, U] (*abbr.* **Thur.; Thurs.**) the day of the week after Wednesday বুধবারের পরের দিন; বৃহস্পতিবার

> **NOTE** সপ্তাহের দিনগুলির নামের প্রথম অক্ষরটি সবসময় বড়ো হাতের অক্ষরে **(capital letters)** লেখা হয়ে থাকে। বাক্যে সপ্তাহের বারের বা দিনগুলির নামের ব্যবহার এবং তার উদাহরণ দেখার জন্য **Monday** দেখো।

thus / ðʌs / দাস্ / *adv.* (*formal*) **1** like this; in this way এরকমই; এভাবে *Thus began the series of incidents which changed her life.* **2** because of or as a result of this এরজন্য, এই কারণে, এর ফলে ✪ সম **therefore**

thwart / θwɔːt থ্:অট্ / *verb* [T] **thwart sth; thwart sb (in sth)** to stop sb doing what he/she planned to do; to prevent sth happening কাউকে বাধা দেওয়া, বানচাল করা; কোনো কিছু আটকানো, ব্যর্থ করা *to thwart sb's plans/ambitions/efforts*

thyme / taɪm টাইম্ / *noun* [U] a plant that is used in cooking (**a herb**) and that has small leaves and a sweet smell এক ধরনের ছোটো সুগন্ধি গাছ, যার পাতা রান্নায় ব্যবহার করা হয়; থাইম

thyroid / ˈθaɪrɔɪd ˈথাইরইড্ / (*also* **thyroid gland**) *noun* [C] a small organ at the front of your neck that produces substances (**hormones**) that control the way in which your body grows and works গলার সামনে দিকের ছোটো অংশ (গ্রন্থি) যার থেকে নিঃসৃত গ্রন্থিরস (হরমোন) শরীরের বাড়বৃদ্ধি ও কর্মক্ষমতাকে নিয়ন্ত্রণ করে; থাইরয়েড গ্রন্থি

tibia / ˈtɪbiə ˈটিবিঅ্যা / *noun* [C] (*technical*) the inner and larger bone of the two bones in the lower part of the leg between your knee and foot পায়ের নীচের অংশে হাঁটু ও পায়ের পাতার মধ্যবর্তী দুটি হাড়ের বড়ো হাড়টি; জঙ্ঘাস্থি ✪ সম **shin bone** ➪ **fibula** দেখো এবং **body**-তে ছবি দেখো।

tic / tɪk টিক্ / *noun* [C] a sudden quick movement of a muscle, especially in your face or head, that you cannot control খিঁচুনি, পেশির টান *He has a nervous tic.*

tick[1] / tɪk টিক্ / *verb* **1** [I] (used about a clock or watch) to make regular short sounds (ঘড়ি সম্বন্ধে ব্যবহৃত) টিকটিক আওয়াজ করা **2** (*AmE* **check**) [T] to put a mark (✓) next to a name, an item on a list, etc. to show that sth has been dealt with or chosen, or that it is correct কোনো তালিকা ইত্যাদিতে নাম বা কোনো কিছুর পাশে টিক চিহ্ন বসানো, টিক মার্ক দেওয়া *Please tick the appropriate box.*

IDM what makes sb/sth tick the reasons why sb behaves or sth works in the way he/she/it does যে কারণে কেউ কোনো কাজের উৎসাহ পায়, অনুপ্রাণিত হয়ে কোনো কাজ করে *He has a strong interest in people and what makes them tick.*

PHR V tick away/by (used about time) to pass (সময় সম্বন্ধে ব্যবহৃত) বয়ে যাওয়া, কাটানো, অতিবাহিত হওয়া

tick sb/sth off to put a mark (✓) next to a name an item on a list, etc. to show that sth has been done or sb has been dealt with কোনো কিছুর পাশে টিক চিহ্ন (✓) দিয়ে বোঝানো যে তার বিষয়ে যা করার ছিল তা হয়ে গেছে

tick over (*informal*) (*usually used in the continuous tenses*) **1** (used about an engine) to run slowly while the vehicle is not moving (কোনো গাড়ির ইঞ্জিন সম্বন্ধে ব্যবহৃত) গাড়ি থামিয়ে রেখে কেবলমাত্র ইঞ্জিন চালানো **2** to keep working slowly without producing or achieving very much বিশেষ কিছু তৈরি না করে বা কোনো বিশেষ ফল না পেয়ে ধীরে ধীরে কাজ করে যাওয়া

tick[2] / tɪk টিক্ / *noun* [C] **1** (*AmE* **check mark; check**) a mark (✓) next to an item on a list that shows that sth has been done or is correct করা হয়ে গেছে বা সেটি সঠিক এরকম বোঝানোর জন্য তালিকায়

কোনো কিছুর পাশে দেওয়া টিক চিহ্ন *Put a tick after each correct answer.* **2** (*also* **ticking**) the regular short sound that a watch or clock makes when it is working যে-কোনো রকমের ঘড়ি চলার টিক টিক ধ্বনি **3** (*BrE informal*) a moment মুহূর্ত **4** a small animal with eight legs, like an insect, that bites humans and animals and sucks their blood (আটটি পা বিশিষ্ট পতঙ্গ) এঁটুলি পোকা

ticket / ˈtɪkɪt ˈটিকিট্ / *noun* [C] **1 a ticket (for/to sth)** a piece of paper or card that shows you have paid for a journey, or that allows you to enter a theatre, cinema, etc. যাত্রাকালে গাড়িতে ওঠার জন্য বা চলচ্চিত্র ইত্যাদি দেখার জন্য কোনো প্রেক্ষাগৃহে ঢুকতে হলে পয়সা দিয়ে যে টিকিট বা ছাড়পত্র কিনতে হয়; প্রবেশানুমতিপত্র *a single/return ticket to Chennai* ○ *a ticket office/machine/collector* ➪ **season ticket** দেখো। **2** a piece of paper or a label in a shop that shows the price, size, etc. of sth that is for sale জিনিসের গায়ে দাম ইত্যাদি লেখা কাগজ বা লেবেল বা টিকিট **3** an official piece of paper that you get when you have parked illegally or driven too fast telling you that you must pay money as a punishment (**a fine**) খুব দ্রুত গাড়ি চালালে বা বেআইনিভাবে কোথাও গাড়ি দাঁড় করালে শাস্তিস্বরূপ জরিমানা দিতে হবে এই নির্দেশ সম্বলিত সরকারি কাগজ *a parking ticket*

IDM just the job/ticket ➪ **job** দেখো।

tickle / ˈtɪkl ˈটিক্ল্ / *verb* **1** [T] to touch sb lightly with your fingers or with sth soft so that he/she laughs কাউকে সুড়সুড়ি দেওয়া, কাতুকুতু দেওয়া *She tickled the baby's toes.* **2** [I, T] to produce or to have an uncomfortable feeling in a part of your body সুড়সুড়ি লাগা, সুড়সুড় করায় অস্বস্তি লাগা *My nose tickles/is tickling.* ○ *The woollen scarf tickled her neck.* **3** [T] (*informal*) to amuse and interest sb কাউকে মজা বা আনন্দ দেওয়া *That joke really tickled me.* ▶ **tickle** *noun* [C] সুড়সুড়ি

ticklish / ˈtɪklɪʃ ˈটিক্লিশ্ / *adj.* if a person is ticklish, he/she laughs when sb touches him/her in a sensitive place কাতুকুতুপ্রবণ *Are you ticklish?*

tidal / ˈtaɪdl ˈটাইড্ল্ / *adj.* connected with the regular rise and fall of the sea (**tides**) সমুদ্রের জোয়ার-ভাটা সংক্রান্ত

tidal wave *noun* [C] a very large wave in the sea which destroys things when it reaches the land, and is often caused by movements under the surface of the earth (**an earthquake**) ভূমিকম্পের ফলে প্রায়ই যে বিশাল তরঙ্গ সৃষ্টি হয় এবং যা তীরে এসে আছড়ে পড়ে বহু জিনিসের হানি করে **NOTE** এই অর্থে **tsunami** শব্দটি বেশি প্রচলিত।

tidbit / ˈtɪdbɪt ˈটিড্‌বিট্ / (*AmE*) = **titbit**

tide[1] / taɪd টাইড্ / *noun* [C] **1** the regular change in the level of the sea caused by the moon and the sun. At **high tide** the sea is closer to the land, at **low tide** it is farther away and more of the beach can be seen চন্দ্র এবং সূর্যের কারণে সমুদ্রের জলস্তরের নিয়মিত পরিবর্তন। সমুদ্রের জল যখন তীরের কাছাকাছি চলে আসে তখন জোয়ার, আর যখন তা তীর থেকে দূরে সরে যায় এবং আরও বেশি তট বা বেলাভূমি দেখা যায় তখন ভাটা *The tide is **coming in/going out**.* ➪ **ebb** দেখো। **2** [*usually sing.*] the way that most people think or feel about sth at a particular time জনমত যখন একদিকে থাকে, বেশিরভাগ লোক যখন একইরকম ভাবে বা বোধ করে, জনমতের হাওয়া *It appears that **the tide has turned** in the government's favour.*

tide[2] / taɪd টাইড্ / *verb*

PHR V tide sb over to give sb sth to help him/her through a difficult time বিপদের দিনে কাউকে সাহায্য করা যাতে সে বিপদ থেকে বেরিয়ে আসতে পারে

tidy[1] / ˈtaɪdi ˈটাইডি/ *adj.* (**tidier; tidiest**) **1** arranged with everything in good order পরিচ্ছন্ন, সুবিন্যস্ত *If you keep your room tidy it is easier to find things.* **2** (used about a person) liking to keep things in good order (ব্যক্তি সম্বন্ধে ব্যবহৃত) ছিমছাম, পরিচ্ছন্ন, গোছানো *Mihir is a very tidy boy.* ✪ সম **neat** ✪ বিপ **untidy** ▶ **tidily** *adv.* পরিচ্ছন্ন বা সুবিন্যস্তভাবে, পরিপাটি ভাবে ▶ **tidiness** *noun* [U] সুবিন্যস্ততা, পরিচ্ছন্নতা, সুবিন্যস্ত অবস্থা

tidy[2] / ˈtaɪdi ˈটাইডি/ *verb* [I, T] (*pres. part.* **tidying;** *3rd person sing. pres.* **tidies;** *pt, pp* **tidied**) **tidy (sb/sth/yourself) (up)** to make sb/sth/yourself look in order and well arranged কোনো কিছুকে বা কাউকে বা নিজেকে সুশৃঙ্খল এবং সুবিন্যস্ত করা *We must tidy this room up before the guests arrive.*

PHR V tidy sth away to put sth into the drawer, cupboard, etc. where it is kept so that it cannot be seen কোনো বস্তুকে আলমারি, দেরাজ ইত্যাদিতে ঢুকিয়ে রাখা যাতে দেখা না যায়

tie[1] / taɪ টাই *noun* [C] **1** (*AmE* **necktie**) a long thin piece of cloth worn round the neck, especially by men, with a knot at the front. A tie is usually worn with a shirt টাই, নেকটাই (সাধারণত শার্টের সঙ্গে পরা হয়) *a striped silk tie* ➪ **bow tie** দেখো। **2** [*usually pl.*] a strong connection between people or organizations মানুষজন অথবা সংগঠনসমূহের মধ্যে সম্বন্ধ *personal/emotional ties* ○ *family ties* **3** something that limits your freedom যা স্বাধীনতা খর্ব করে **4** a situation in a game or competition in which two or more teams or players get the same score কোনো প্রতিদ্বন্দ্বিতামূলক খেলায় যখন দুই বা ততোধিক

ব্যক্তি বা দল একই রকম নম্বর পায় *There was a tie for first place.*

tie² / taɪ টাই *verb (pres. part.* **tying;** *3rd person sing. pres.* **ties;** *pt, pp* **tied**) **1** [T] to fasten sb/sth or fix sb/sth in position with rope, string, etc.; to make a knot in sth দড়ি ইত্যাদি দিয়ে কাউকে বা কিছু বাঁধা; কোনো কিছুতে গিঁট বাঁধা *to tie sth in a knot ○ to tie your shoelaces* ✪ বিপ **untie** **2** [T] **tie sb (to sth/to doing sth)** (*usually passive*) to limit sb's freedom and make him/her unable to do everything he/she wants to এমনভাবে আটকে দেওয়া যাতে কেউ ইচ্ছেমতো কাজ করতে না পারে, কারও স্বাধীনতা খর্ব করা *I don't want to be tied to staying in this country permanently.* **3** [I] **tie (with sb) (for sth)** to have the same number of points as another player or team at the end of a game or competition খেলা বা প্রতিযোগিতার শেষে দুই প্রতিপক্ষের সমান সমান পয়েন্ট পাওয়া বা সমান ফল হওয়া; টাই হওয়া *England tied with Italy for third place.*

IDM your hands are tied ➪ **hand¹** দেখো।

PHR V tie sb/yourself down to limit sb's/your freedom এমনভাবে জড়িয়ে পড়া যাতে কারও বা নিজের স্বাধীনতা বাধাপ্রাপ্ত হয় *Having young children really ties you down.*

tie in (with sth) to agree with other facts or information that you have; to match অন্য কিছুর সঙ্গে ঠিকঠাক মিলে যাওয়া; অন্য তথ্যের সঙ্গে ঠিকমতো খাপ খাওয়া *The new evidence seems to tie in with your theory.*

tie sb/sth up **1** to fix sb/sth in position with rope, string, etc. দড়ি, সুতো ইত্যাদির সাহায্যে ঠিক জায়গায় কাউকে বা কিছু বাঁধা বা বেঁধে রাখা *The dog was tied up in the back garden.* **2** (*usually passive*) to keep sb busy কাউকে ব্যস্ত রাখা *Mr Mitra is tied up in a meeting.*

tier / tɪə(r) টিঅ্যা(র্) / *noun* [C] one of a number of levels বিভিন্ন স্তরের যে-কোনো একটি

tiffin / ˈtɪfɪn ˈটিফিন্ / *noun* [C] (*IndE*) a **snack** or light meal জলখাবার; টিফিন

tiffin carrier *noun* [C] (*IndE*) a set of circular metal containers stacked one on top of another for carrying food (ভারতে) টিফিন কৌটো

tiger / ˈtaɪɡə(r) ˈটাইগ্যা(র্)/ *noun* [C] a large wild cat that has yellow fur with black lines (**stripes**). Tigers live in parts of Asia বাঘ; ব্যাঘ্র ➪ **lion** -এ ছবি দেখো।

> **NOTE** স্ত্রী জাতীয় বাঘকে **tigress** এবং বাঘের শাবককে **cub** বলা হয়।

tight / taɪt টাইট্ / *adj., adv.* **1** fixed firmly in position and difficult to move or remove শক্ত, জোরালো, আঁটোসাঁটো *a tight knot ○ a **tight grip/hold** ○ **Hold tight** so that you don't fall off.*

> **NOTE** অতীত কৃদন্ত (past participle)-এর পূর্বে **tightly** শব্দটি ব্যবহার করতে হবে **tight** নয়—*The van was packed tight with boxes. ○ The van was tightly packed with boxes.*

2 (used about clothes) fitting very closely in a way that is often uncomfortable (পোশাক বা কাপড়চোপড় সম্বন্ধে ব্যবহৃত) বেশি রকমের আঁটোসাঁটো হওয়ার জন্য অসুবিধা বোধ হয়; অস্বস্তিজনক *These shoes hurt. They're too tight. ○ a tight-fitting skirt* ✪ বিপ **loose** **3** controlled very strictly and firmly দৃঢ়ভাবে, জোরালোভাবে নিয়ন্ত্রিত *Security is very tight at the airport.* **4** stretched or pulled hard so that it cannot be stretched further যতটা সম্ভব ততটাই টানা হয়েছে এমন *The rope was stretched tight.* **5** not having much free time or space জমাট, ফাঁকবিহীন *My schedule this week is very tight.* **6 -tight** (*used to form compound adjectives*) not allowing sth to get in or out (এমনভাবে শক্ত করে বন্ধ যে) কোনো কিছু ঢোকা সম্ভব নয়; নিশ্ছিদ্র, দুর্ভেদ্য *an airtight/watertight container* ▶ **tightly** *adv.* শক্তভাবে, জোর করে *Screw the lid on tightly. ○ She kept her eyes tightly closed.* ▶ **tightness** *noun* [U] দৃঢ়তা, শক্ত ভাব

tighten / ˈtaɪtn ˈটাইট্ন্ / *verb* [I, T] **tighten (sth) (up)** to become or to make sth tight or tighter টাইট করা, শক্ত করে এঁটে দেওয়া, টাইট হওয়া *He tightened the screws as far as they would go.*

IDM tighten your belt to spend less money because you have less than usual available হাতে কম অর্থ থাকায় বুঝে শুনে খরচ করা, খুব টেনে খরচ করা

PHR V tighten up (on) sth to cause sth to become stricter আরও কঠিন এবং শক্ত হওয়া বা করা *to tighten up security/a law*

tightrope / ˈtaɪtrəʊp ˈটাইট্র্যাউপ্ / *noun* [C] a rope or wire that is stretched high above the ground on which people walk, especially as a form of entertainment মাটি থেকে উঁচুতে টানটান করে যে দড়ি টাঙানো হয় যার উপর দিয়ে লোকে হেঁটে যায়, বিশেষত বিনোদনের জন্য

tights / taɪts টাইট্স্ / (*AmE* **pantyhose**) *noun* [*pl.*] a piece of thin clothing, usually worn by women, that fits tightly from the waist over the legs and feet (সাধারণত মেয়েদের) কোমর থেকে পা পর্যন্ত পরার আঁটোসাঁটো অন্তর্বাস; টাইটস *a pair of tights* ➪ **stocking** দেখো

tilapia / tɪˈleɪpiə; - ˈlæpiə টিˈলেইপিঅ্যা; -ˈল্যাপিঅ্যা / *noun* [C] an African fish that lives in fresh water and that we can eat আফ্রিকায় প্রাপ্ত একধরনের মিষ্টি জলের মাছ যা খাওয়া যায়; তেলাপিয়া

tile / taɪl টাইল্ / *noun* [C] one of the flat, square objects that are arranged in rows to cover roofs, floors, bathroom walls, etc. চ্যাপটা চৌকো বস্তু যা সারি দিয়ে একের পর এক লাগিয়ে ছাদ, মেঝে বাথরুমের দেয়াল ইত্যাদি ঢেকে দেওয়া হয়; টালি ▶ **tile** *verb* [T] টালি লাগানো *a tiled bathroom*

till[1] / tɪl টিল্ / (*informal*) = **until**

till[2] / tɪl টিল্ / (*also* **cash register**) *noun* [C] the machine or drawer where money is kept in a shop, etc.দোকান ইত্যাদিতে টাকা রাখার যন্ত্র বা বাক্স; মুদ্রাধার *Please pay at the till.*

tilt / tɪlt টিল্ট্ / *verb* [I, T] to move, or make sth move, into a position with one end or side higher than the other হেলা, ঝোঁকা, হেলানো, ঝোঁকানো, ঝুঁকে পড়া *The front seats of the car tilt forward.* ○ *She tilted her head to one side.* ▶ **tilt** *noun* [*sing.*] একদিকে হেলানো আছে এমন

timber / ˈtɪmbə(r) ˈটিম্ব্যা(র্) / *noun* **1** (*AmE* **lumber**) [U] wood that is going to be used for building বাড়ি তৈরির কাজে লাগে এমন কাঠ **2** [C] a large piece of wood বড়ো কাঠের টুকরো *roof timbers*

timbre / ˈtæmbə(r) ˈট্যাম্ব্যা(র্) / *noun* [C] (*formal*) the quality of sound that is produced by a particular voice or musical instrument কোনো বাদ্যযন্ত্র বা কারও কণ্ঠের বৈশিষ্ট্যমণ্ডিত ধ্বনি

time[1] / taɪm টাইম্ / *noun* **1** [U, *sing.*] a period of minutes, hours, days, etc. (মিনিট, ঘণ্টা, দিন ইত্যাদিতে মাপা যায়) সময়, কাল *free/spare time* ○ *you're wasting time-get on with your work* ○ *I'll go by car to save time* ○ *I've been waiting a long time.* ○ *Learning a language takes time.* **2** [U, C] **time (to do sth); time (for sth)** the time in hours and minutes shown on a clock; the moment when sth happens or should happen ঘড়িতে দেখানো সময় যা ঘণ্টা ও মিনিটের দ্বারা বোঝানো হয়; কোনো কিছু ঘটা বা করার উপযুক্ত সময় *What's the time?/What time is it?* ○ *It's time to go home.* **3** [U, *sing.*] a system for measuring time in a particular part of the world পৃথিবীর কোনো নির্দিষ্ট অঞ্চলের সময় মাপার পদ্ধতি *eleven o'clock* ***local time*** **4** [C] an occasion when you do sth or when sth happens কোনো একটা সময়, বার, দফা *I phoned them three times.* ○ *I'll do it better* ***next time***. ○ ***Last time*** *I saw him, he looked ill.* **5** [C] an event or an occasion that you experience in a certain way কোনো ঘটনা বা সময় যা বিশেষ অভিজ্ঞতা সমৃদ্ধ ***Have a good time*** *tonight.* ○ *We had a terrible time at the hospital.* **6** [C] a period in the past; a part of history অতীতে যে সময় কেটেছে; ইতিহাসের নির্দিষ্ট সময়, আমল *The 19th century was a time of great industrial change.* **7** [C, U] the number of minutes, etc., taken to complete a race or an event কোনো কাজ বা খেলাধুলোয় (যেমন দৌড় প্রতিযোগিতা) যতটা সময় লেগেছে *What was his time in the hundred metres?*

IDM **(and) about time (too); (and) not before time** (*spoken*) used to say that sth should already have happened কোনো ঘটনা ঘটা উচিত ছিল বা ঘটতে পারত এরকম বোঝাতে ব্যবহৃত অভিব্যক্তিবিশেষ

ahead of your time ➪ **ahead** দেখো।

all the time/the whole time during the period that sb was doing sth or that sth was happening সমস্তক্ষণ, সব সময় ধরে *I searched everywhere for my keys and they were in the door all the time.*

at the same time ➪ **same** দেখো।

at a time on each occasion প্রতিবারে, প্রত্যেক সময় *The lift can hold six people at a time.* ○ *She ran down the stairs two at a time.*

at one time in the past; previously অতীতে; পূর্বকালে, পুরোনো দিনে

at the time at a particular moment or period in the past; then অতীতের কোনো নির্দিষ্ট মুহূর্ত বা সময়ে; সেই সময়, তখন *I agreed at the time but later changed my mind.*

at times sometimes; occasionally কখনো কখনো; মাঝে মধ্যে, সময়ে সময়ে *At times I wish we'd never moved house.*

before your time before you were born তোমার জন্মের আগে

behind the times not modern or fashionable সেকেলে, অনাধুনিক, পুরোনোপন্থী

bide your time ➪ **bide** দেখো।

buy time ➪ **buy[1]** দেখো।

for the time being just for the present; not for long বর্তমানের জন্য; এই সময়ের জন্য

from time to time sometimes; not often কখনো কখনো, মাঝেসাঝে; ঘন ঘন নয়

give sb a hard time ➪ **hard[1]** দেখো।

have a hard time doing sth ➪ **hard[1]** দেখো।

have no time for sb/sth to not like sb/sth কাউকে বা কিছুকে অপছন্দ করা, সময় না দেওয়া, সময় দেওয়ার ইচ্ছে না হওয়া *I have no time for lazy people.*

have the time of your life to enjoy yourself very much খুব ভালোভাবে, আশ মিটিয়ে উপভোগ করা

in the course of time ➪ **course** দেখো।

in good time early; at the right time সময় থাকতে; ঠিক সময় মতো, ঠিক সময়ে

in the nick of time ➪ **nick[1]** দেখো।

in time (for sth/to do sth) not late; with enough time to be able to do sth ঠিক সময়ে; যথেষ্ট সময় থাকতে *Don't worry. We'll get to the station in time for your train.*

It's about/high time (*spoken*) used to say that you think sb should do sth very soon (কথ্য ভাষায় ব্যবহৃত) অবিলম্বে করা দরকার, এইটাই উপযুক্ত সময়, আর দেরি করা ঠিক নয় *It's about time you told him what's going on.*

kill time, an hour, etc. ➪ **kill**[1] দেখো।

once upon a time ➪ **once** দেখো।

on time not too late or too early; punctual আগেও নয় পরেও নয়, একদম সময়মতো; নির্দিষ্ট সময়ে *The train left the station on time.*

one at a time ➪ **one**[1] দেখো।

take your time to do sth without hurrying তাড়াহুড়ো না করে করা

tell the time ➪ **tell** দেখো।

time after time; time and (time) again again and again; repeatedly বারবার, ঘনঘন, একাধিক বার; পুনঃপুনভাবে

time² / taɪm টাইম্ / *verb* [T] **1** (*often passive*) to arrange to do sth or arrange for sth to happen at a particular time কোনো কিছু করা বা কোনো কিছুর ব্যবস্থা করার জন্য সময় ঠিক করা *Their request was badly timed* (=it came at the wrong time). **2** to measure how long sb/sth takes কতক্ষণ সময় লেগেছে তা মাপা *Try timing yourself when you write your essay.*

time-consuming *adj.* that takes or needs a lot of time অনেকখানি সময় লাগা

time lag = **lag²**

timeless / ˈtaɪmləs ˈটাইম্ল্যাস্ / *adj.* (*formal*) that does not seem to be changed by time or affected by changes in fashion সময়ের বদলের সঙ্গে সঙ্গে বা ফ্যাশানের বদলের সঙ্গে সঙ্গে যা বদলায় না; চিরকালীন, অক্ষয়

time limit *noun* [C] a time during which sth must be done যে সময়ের মধ্যে কোনো কিছু শেষ করতে হবে; সময়সীমা *We have to **set a time limit** for the work.*

timely / ˈtaɪmli ˈটাইম্লি / *adj.* happening at exactly the right time সময়মতো, উপযুক্ত সময়ে, কালোচিত

timeout / taɪmˈaʊt টাইম্ˈআউট্ / *noun* [C] a short period of rest during a sports game খেলাধুলোর মাঝে স্বল্প বিশ্রামের সময়

timer / ˈtaɪmə(r) ˈটাইম্যা(র্) / *noun* [C] a person or machine that measures time যে মানুষ বা যন্ত্র কোনো কিছুর সময় মাপে; সময়-মাপক *an oven timer*

times¹ / taɪmz টাইমজ্ / *prep.* used when you are multiplying one figure by another একটি সংখ্যাকে অন্য সংখ্যা দিয়ে গুণ করার সময়ে ব্যবহৃত *Three times four is twelve.*

times² / taɪmz টাইমজ্ / *noun* [*pl.*] used for comparing things কোনো বস্তুসমূহের তুলনা করার সময়ে ব্যবহৃত *Tea is **three times as/more** expensive in England than in India.*

timetable / ˈtaɪmteɪbl ˈটাইম্টেইবল্ / (*AmE* **schedule**) *noun* [C] a list that shows the times at which sth happens সময় নির্দেশক তালিকা, সময় সারণি; টাইম টেবল *a bus/train/school timetable*

timid / ˈtɪmɪd ˈটিমিড্ / *adj.* easily frightened; shy and nervous সহজে ভয় পায়; ভীরু, লাজুক, ভীত ▶ **timidity** *noun* [U] ভীরুতা ▶ **timidly** *adv.* লাজুকভাবে, ভীরুভাবে

timing / ˈtaɪmɪŋ ˈটাইমিং / *noun* [U] **1** the time when sth is planned to happen যে সময়ে কোনো ঘটনা পরিকল্পনা অনুযায়ী ঘটানো হয় *The manager was very careful about the timing of his announcement.* **2** the skill of doing sth at exactly the right time কোনো ঘটনা বা কাজ ঠিক সময়মতো করতে পারার দক্ষতা বা ক্ষমতা *The timing of her speech was perfect.*

tin / tɪn টিন্ / *noun* **1** [U] (*symbol* **Sn**) a soft silver-white metal that is often mixed with other metals নরম রুপোলি-সাদা ধাতু যা প্রায়ই অন্যান্য ধাতুর সঙ্গে মেশানো যায়; টিন **2** (*also* **tin can** *AmE* **can**) [C] a closed metal container in which food, paint, etc. is stored and sold; the contents of one of these containers খাবার, রং ইত্যাদি রাখার টিনের পাত্র বা বাক্স; এই ধরনের টিনের কৌটোয় যা থাকে *a tin of peas/beans/soup* ○ *a tin of paint/varnish* **3** [C] a metal container with a lid for keeping food in খাবার রাখার জন্য ঢাকা সমেত টিনের কৌটো *a biscuit/cake tin* ▶ **tinned** *adj.* টিনে-ভরা *tinned peaches/peas/soup*

tinfoil / ˈtɪnfɔɪl ˈটিন্ফইল্ / = **foil¹**

tinge / tɪndʒ টিন্জ্ / *noun* [C, *usually sing.*] a small amount of a colour or a feeling হালকা রঙের ছোঁয়া, সূক্ষ্ম মনোভাব ও অনুভূতির ঈষৎ প্রকাশ *a tinge of sadness* ▶ **tinged** *adj.* **tinged (with sth)** হালকা রং বা সূক্ষ্ম অনুভূতি সম্পন্ন *Her joy at leaving was tinged with regret.*

tingle / ˈtɪŋgl ˈটিংগল্ / *verb* [I] (used about a part of the body) to feel as if a lot of small sharp points are pushing into it (শরীরের কোনো অংশ সম্বন্ধে ব্যবহৃত) এরকম অনুভূতি হওয়া যে অনেক কিছু কাঁটার মতো বিঁধছে *His cheeks tingled as he came in from the cold.* ▶ **tingle** *noun* [C, *usually sing.*] চিনচিনে অনুভূতি, শিরশিরানি *a tingle of excitement/anticipation/fear*

tinker / ˈtɪŋkə(r) ˈটিংক্যা(র্) / *verb* [I] **tinker (with sth)** to try to repair or improve sth without having the proper skill or knowledge উপযুক্ত দক্ষতা বা জ্ঞান ছাড়া আনাড়ির মতো কোনো কিছু সারানোর বা উন্নত করার চেষ্টা করা

tinkle / ˈtɪŋkl ˈটিংক্‌ল্ / verb [I] to make a light high ringing sound, like that of a small bell ছোটো ঘণ্টা বাজানোর মতো আওয়াজ করা ; ঠুনঠুন শব্দ করা ▶ **tinkle** noun [C, usually sing.] টুংটাং বা ঠুনঠুন শব্দ

tin-opener (AmE **can-opener**) noun [C] a tool that you use for opening a tin of food টিনের কৌটো খোলার যন্ত্রবিশেষ; টিন ওপেনার ➪ **kitchen**-এ ছবি দেখো।

tinsel / ˈtɪnsl ˈটিন্‌স্‌ল্ / noun [U] long strings of shiny coloured paper, used as a decoration to hang on a Christmas tree চকচকে রঙিন কাগজের পাতলা, সরু টুকরো, 'ক্রিসমাস ট্রি' সাজাতে যেগুলি ব্যবহার করা হয়

tint / tɪnt টিন্‌ট্ / noun [C] a shade or a small amount of a colour কোনো রঙের ছোঁয়া বা স্বল্প পরিমাণে রং; আভা; হালকা ছোপ white paint with a pinkish tint ▶ **tint** verb [T] কোনো রঙের বিশেষ আভা জাগানো tinted glasses o She had her hair tinted.

tiny / ˈtaɪni ˈটাইনি / adj. (**tinier; tiniest**) very small খুব ছোটো, অতি ক্ষুদ্র the baby's tiny fingers

tip¹ / tɪp টিপ্ / noun [C] **1** the thin or pointed end of sth কোনো কিছুর ডগা, সরু প্রান্ত the tips of your toes/fingers o the southernmost tip of India **2** a tip (on/for sth/doing sth) a small piece of useful advice about sth practical বাস্তব বিষয়ে প্রয়োজনীয়, সংক্ষিপ্ত কোনো পরামর্শ বা উপদেশ useful tips on how to save money **3** a small amount of extra money that you give to sb who serves you, for example in a restaurant বখশিস, টিপস (যেমন কোনো রেস্তোরাঁয়) to leave a tip for the waiter **4** (also **rubbish tip**) a place where you can take rubbish and leave it জঞ্জাল ফেলার জায়গা ✪ সম **dump** **5** (informal) a place that is very dirty or untidy অত্যন্ত নোংরা, অগোছালো জায়গা (**have sth**) **on the tip of your tongue** to be sure you know sth but to be unable to remember it for the moment নিশ্চিতভাবে জানা জিনিস মনে না আসা

the tip of the iceberg only a small part of a much larger problem বড়ো কোনো সমস্যার একটুখানি অংশ

tip² / tɪp টিপ্ / verb (**tipping; tipped**) **1** [I, T] **tip (sth) (up)** to move so that one side is higher than the other; to make sth move in this way এমন ভাবে নড়া বা চলা যাতে একদিক থেকে অন্যদিকে উঁচু হয়ে যায়; এইভাবে কোনো কিছু নাড়ানো When I stood up, the bench tipped up and the person on the other end fell off. **2** [T] to make sth come out

of a container by holding or lifting it at an angle পাত্রটি কাত করে ধরে ভিতরের জিনিস বার করা Tip the dirty water down the drain. o The child tipped all the toys onto the floor. **3** [I, T] to give a **waiter**, etc. a small amount of extra money (in addition to the normal charge) to thank him/her ওয়েটার ইত্যাদিকে টিপস দেওয়া, দেয় টাকার উপর ধন্যবাদজ্ঞাপক অতিরিক্ত সামান্য বাড়তি টাকা দেওয়া She tipped the taxi driver generously. **4** [T] **tip sb/ sth (as sth/to do sth)** to think or say that sb/sth is likely to do sth কোনো সম্ভাব্য কাজের বিষয়ে ভাবা বা বলা He is widely tipped as the next Prime Minister.

PHRV **tip sb off** to give sb secret information কাউকে গোপন তথ্য জানানো

tip (sth) up/over to fall or turn over; to make sth do this পড়ে যাওয়া; ফেলে দেওয়া An enormous wave crashed into the little boat and it tipped over.

tip-off noun [C] secret information that sb gives, for example to the police, about an illegal activity that is going to happen কোনো ব্যক্তি যে গোপন খবর দেয়, যেমন বেআইনি কোনো কাজ হতে চলেছে এই সম্বন্ধে পুলিশকে যখন জানানো হয় Acting on a tip-off, the police raided the house.

tiptoe¹ / ˈtɪptəʊ ˈটিপ্‌ট্যাউ / noun

IDM **on tiptoe** standing or walking on the ends of your toes with your heels off the ground, in order not to make any noise or to reach sth high up পায়ের আঙুলের উপর ভর দিয়ে গোড়ালি তুলে দাঁড়ানো বা হাঁটার ক্রিয়া যাতে কোনো শব্দ না হয় বা উঁচুতে পৌঁছোনো যায়

tiptoe² / ˈtɪptəʊ ˈটিপ্‌ট্যাউ / verb [I] to walk on your toes with your heels off the ground পায়ের আঙুলে ভর দিয়ে গোড়ালি তুলে হাঁটা

tire¹ / ˈtaɪə(r) ˈটাইআ(র্)/ verb [I, T] to feel that you need to rest or sleep; to make sb feel like this ক্লান্তি বোধ করা, বিশ্রাম বা ঘুমের প্রয়োজন আছে এমন বোধ করা ; কাউকে এমন বোধ করানো

PHRV **tire of sth/sb** to become bored or not interested in sth/sb any more কাউকে বা কোনো কিছু একঘেয়ে লাগা, সে বিষয়ে সমস্ত উৎসাহ হারিয়ে ফেলা

tire sb/yourself out to make sb/yourself very tired; to exhaust sb/yourself কাউকে বা নিজেকে ক্লান্ত করে ফেলা; নিঃশেষ করে ফেলা বা নিঃশেষ হয়ে যাওয়া The long walk tired us all out.

tire² (AmE) = **tyre**

tired / ˈtaɪəd ˈটাইঅ্যাড় / adj. feeling that you need to rest or sleep ক্লান্ত, পরিশ্রান্ত She was tired after a hard day's work. o I was completely **tired out** (= exhausted) after all that. ▶ **tiredness** noun [U] অবসন্নতা, ক্লান্তি, শ্রান্তি

IDM be tired of sb/sth/doing sth to be bored with or annoyed by sb/sth/doing sth কারও বা কিছুর সঙ্গে বা কিছু করতে ক্লান্ত হয়ে পড়া, বিরক্ত বোধ করা *I'm **sick and tired** of listening to the same thing again and again.*

tireless / ˈtaɪələs ˈটাইঅ্যাল্যাস্ / *adj.* putting a lot of hard work and energy into sth over a long period of time without stopping or losing interest দীর্ঘসময় ধরে অবিরাম বা অক্লান্তভাবে কোনো কিছুতে কঠিন পরিশ্রম এবং শক্তি দেওয়া হচ্ছে এমন; ক্লান্তিহীন

tiresome / ˈtaɪəsəm ˈটাইঅ্যাস্যাম্ / *adj.* (*formal*) that makes you angry or bored; annoying এমন কিছু যার সংস্পর্শে রাগ হয়; একঘেয়ে, বিরক্তিকর

tiring / ˈtaɪərɪŋ ˈটাইঅ্যারিং / *adj.* making you want to rest or sleep ক্লান্তিকর, ক্লান্তিজনক *a tiring journey/job*

tissue / ˈtɪʃuː; ˈtɪsjuː ˈটিশু; ˈটিসিউ / *noun* **1** [U, *pl.*] the mass of cells that form the bodies of humans, animals and plants মানুষ, জীবজন্তু ইত্যাদির (শরীরের) বা গাছপালার কোষসমূহ; কলা; টিসু *muscle/brain/nerve/scar tissue* ○ *Radiation can destroy the body's tissues.* **2** [C] a thin piece of soft paper that you use to clean your nose and throw away after you have used it এক টুকরো নরম কাগজ যা নাক ইত্যাদি মুছে ফেলে দেওয়া হয়; টিস্যু পেপার *a box of tissues* **3 tissue paper** [U] thin soft paper that you use for putting around things that may break যে পাতলা কাগজ মুড়ে ভঙ্গুর জিনিস রাখা হয়; টিস্যু পেপার

tit / tɪt টিট্ / *noun* [C] a small European bird that eats insects and seeds. There are several types of tit ইউরোপ মহাদেশে পাওয়া যায় এক ধরনের ছোটো পাখি যা কীটপতঙ্গ খেয়ে বাঁচে এবং যাদের মধ্যে বিভিন্ন ধরন চোখে পড়ে; টিট

IDM tit for tat something unpleasant that you do to sb because he/she has done sth to you প্রতিশোধ, ঠিকমতো জবাব, ইটের বদলে পাটকেল

titanium / tɪˈteɪniəm টিˈটেইনিঅ্যাম্ / *noun* [U] (*symbol* **Ti**) a hard silver-grey metal that is combined with other metals to make strong, light materials that do not easily **rust** রুপোলি-ধূসর ধাতুবিশেষ, যা অন্য ধাতুর সঙ্গে মিশিয়ে শক্ত, হালকা উপকরণ তৈরি করা হয় যাতে সহজে মরচে পড়ে না; টিটেনিয়ম

titbit / ˈtɪtbɪt ˈটিট্‌বিট্ / (*AmE* **tidbit**) *noun* [C] **1** a small but very nice piece of food খুবই ভালো খাবারের স্বল্প অংশ; মুখরোচক খাবার **2** an interesting piece of information কৌতূহলোদ্দীপক, মজাদার কোনো সংবাদ

title / ˈtaɪtl ˈটাইট্‌ল্ / *noun* [C] **1** the name of a book, play, film, picture, etc. বই, নাটক, চলচ্চিত্র, ছবি ইত্যাদির শিরোনাম *I know the author's name but I can't remember the title of the book.* **2** a word that shows a person's position, profession, etc. কোনো ব্যক্তির পদ, পেশা ইত্যাদির পরিচয়জ্ঞাপক খেতাব *'Lord', 'Doctor', 'Reverend', 'Mrs' and 'General' are all titles.* **3** the position of being the winner of a competition, especially a sports competition খেলাধুলোর প্রতিযোগিতায় শ্রেষ্ঠত্বের খেতাব *Sania is playing this match to defend her title* (= to remain champion).

titled / ˈtaɪtld ˈটাইট্‌ল্ড্ / *adj.* having a word, for example 'Nawab', etc. before your name that shows that your family has an important position in society কোনো শব্দ, যেমন নবাব ইত্যাদি, নামের আগে যা যুক্ত থাকে এবং যার সাহায্যে পরিবারের সামাজিক গুরুত্ব বোঝা যায় (খেতাবধারী ব্যক্তির); খেতাবযুক্ত

title-holder *noun* [C] the person or team who won a sports competition the last time it took place; the current champion যে ব্যক্তি বা দল শেষ খেলায় জিতে বর্তমানে সর্বশ্রেষ্ঠ বলে স্বীকৃত ; খেতাবধারী, বর্তমানে চ্যাম্পিয়ন

title role *noun* [C] the main character in a film, book, etc. whose name is the same as the title সিনেমা, বই ইত্যাদির প্রধান চরিত্র, যার নামে সিনেমা, বই ইত্যাদির নাম দেওয়া হয়

titration / taɪˈtreɪʃn টাইˈট্রেইশ্‌ন্ / *noun* [U] (*technical*) the process of finding out how much of a particular substance is in a liquid by measuring how much of another substance is needed to react with it কোনো দ্রবণের মধ্যে কতটা অন্য পদার্থ মেশালে প্রতিক্রিয়া ঘটবে তা পরিমাপের দ্বারা কোনো নির্দিষ্ট পদার্থ ঐ দ্রবণে কতটা আছে তা বার করার পদ্ধতি

titter / ˈtɪtə(r)ˈ টিট্যা(র্) / *verb* [I] to laugh quietly, especially in an embarrassed or nervous way অপ্রতিভভাবে চাপা হাসি হাসা ▶ **titter** *noun* [C] অপ্রতিভ নিঃশব্দ হাসি

T-junction *noun* [C] a place where two roads join to form the shape of a T যেখানে দুটি রাস্তা এসে মিলিত হয় এবং ফলে T-এর মতো দেখায়

tn (*AmE*) = **t**[2]

TNT / ˌtiː en ˈtiː ˌটী এন্ ˈটী / *noun* [U] a highly explosive substance উচ্চশক্তিসম্পন্ন বিস্ফোরক পদার্থ

to / tə; *before vowels* tu; *strong form* tuː ট্যা; *স্বরবর্ণের পূর্বে টু; প্রবল রূপ টূ* / *prep., adv.* **1** in the direction of; as far as দিকে, অভিমুখে; যতদূর সম্ভব *She's going to Chennai.* ○ *Turn to the left.* **2** used to show the end or limit of a series of things or period of time পর্যায়ক্রমিক ঘটনা বা সময়কালের অন্ত বা সীমা বোঝাতে ব্যবহৃত ; পর্যন্ত, অবধি ***from** Monday **to** Friday* ○ *from beginning to end* **3** used to show the person or thing that receives sth গ্রাহককে বোঝাতে ব্যবহৃত *I am very grateful to my parents.* ○ *What have you done to your hair?* **4** (nearly) touching sth; directed towards sth কোনো কিছু প্রায় ছুঁয়ে; কোনো কিছুর প্রতি বা উদ্দেশ্যে *They sat back to back.* ○ *She made no reference to her personal problems.* **5** reaching a particular state বিশেষ স্তরে পৌঁছে যাওয়া *The meat was cooked to perfection.* ○ *His speech reduced her to tears* (=made her cry). **6** used to introduce the second part of a comparison তুলনা করার সময়ে তুলনীয় দ্বিতীয় বস্তুটির আগে ব্যবহৃত *I prefer theatre to opera.* **7** (used for expressing quantity) for each unit of money, measurement, etc. (পরিমাণ বোঝাতে ব্যবহৃত) মুদ্রা, মাপ ইত্যাদির প্রতি এককের জন্য *How many paise are there to a rupee?* **8** (used to say what time it is) before (সময় কত হয়েছে তা বলার জন্য ব্যবহৃত) আগে, পূর্বে *It's ten to three* (=ten minutes before three o'clock). **9** used to express sb's opinion or feeling about sth কোনো কিছু সম্বন্ধে কারও মনোভাব বোঝাতে ব্যবহৃত *To me, it was the wrong decision.* ○ *It sounded like a good idea to me.* **10** used for expressing a reaction or attitude to sth কোনো প্রতিক্রিয়া বা দৃষ্টিভঙ্গি বোঝাতে ব্যবহৃত *To my surprise, I saw two strangers coming out of my house.* **11** used with verbs to form the **infinitive** অসমাপিকা ক্রিয়াপদ গঠনে ক্রিয়ার সঙ্গে ব্যবহৃত হয় *I want to go home now.* ○ *Don't forget to write.* **12** / tu: টু / (used about a door) in or into a closed position (দরজার সম্বন্ধে ব্যবহৃত) বন্ধ *Push the door to.*

IDM to and fro backwards and forwards সামনে পিছনে, আগে-পরে

toad / təʊd ট্যাউড্ / *noun* [C] a small cold-blooded animal that has a rough skin and lives both on land and in water শীতল রক্তযুক্ত ছোটো উভচর প্রাণী; ব্যাং ➪ **amphibian** -এ ছবি দেখো।

toadstool / ˈtəʊdstu:l ˈট্যাউড্স্টুল্ / *noun* [C] a type of small wild plant **(a fungus)** that is usually poisonous, with a round top and a thin supporting part উপরিভাগ গোল ও নীচে পাতলা ডাঁটিওয়ালা এক ধরনের বুনো উদ্ভিদ (ছত্রাক) যেগুলি সাধারণত বিষাক্ত হয়; ব্যাঙের ছাতা ➪ এছাড়া **mushroom** এবং **fungus** দেখো।

toast / təʊst ট্যাউস্ট্ / *noun* **1** [U] a thin piece of bread that is heated on both sides to make it brown দুইপাশ ভালোভাবে সেঁকে নেওয়া পাউরুটি; টোস্ট *a piece/slice of toast* **2** [C] **a toast (to sb/sth)** an occasion at which a group of people wish sb happiness, success, etc., by drinking a glass of wine, etc. at the same time বিশেষ কোনো উপলক্ষ্যে কারও সুখ, সাফল্য ইত্যাদি কামনা করে সকলে মিলে একসঙ্গে ওয়াইন বা মদ্য পান করা *I'd like to **propose a toast to** the bride and groom.* ➪ **drink** দেখো।

▶ **toast** *verb* [T] টোস্ট করা; সেঁকে নেওয়া

toaster / ˈtəʊstə(r) ˈট্যাউস্-ট্যা(র্) / *noun* [C] an electrical machine for making bread turn brown by heating it on both sides যে বৈদ্যুতিক যন্ত্রে এক বা একাধিক টুকরো পাঁউরুটি সেঁকে নেওয়া যায়; টোস্টার

tobacco / təˈbækəʊ ট্যাˈব্যাক্যাউ / *noun* [U] the substance that people smoke in cigarettes and pipes (the dried leaves of the tobacco plant) শুকনো তামাক পাতা যার ধোঁয়া মানুষ সিগারেট বা পাইপের সাহায্যে পান করে; তামাক

tobacconist / təˈbækənɪst ট্যাˈব্যাক্যানিস্ট্ / *noun* **1** [C] a person who sells cigarettes, matches, etc. সিগারেট, দেশলাই ইত্যাদি বিক্রয়কারী **2** (*also* **the tobacconist's**) [*sing.*] a shop where you can buy cigarettes, matches, etc. সিগারেট, দেশলাই ইত্যাদির দোকান

toboggan / təˈbɒgən ট্যাˈবগ্যান্ / *noun* [C] a type of flat board with flat pieces of metal underneath, that people use for travelling down hills on snow for fun তুষারের উপর দিয়ে পাহাড় থেকে নীচে নামার ছোটো স্লেজ গাড়ি

NOTE Toboggan একরকম ছোটো **sledge** গাড়ি। ➪ **bobsleigh** দেখো।

today / təˈdeɪ ট্যাˈডেই / *noun* [U], *adv.* **1** (on) this day আজকের দিনে, এই দিনে *Today is Monday.* ○ *School ends **a week today*** (= on this day next week). **2** (in) the present age; these days বর্তমানে; সম্প্রতি, আজকাল *Young people today have far more freedom.* ✪ সম **nowadays**

toddle / ˈtɒdl ˈটড্ল্ / *verb* [I] **1** to walk with short steps like a very young child ছোটো বাচ্চার মতো টলমল করে হাঁটা **2** (*informal*) to walk or go somewhere হাঁটা বা কোথাও যাওয়া

toddler / ˈtɒdlə(r) ˈটড্ল্যা(র্) / *noun* [C] a young child who has only just learnt to walk যে শিশু সবে হাঁটতে শিখেছে

toddy / ˈtɒdi ˈটডি / *noun* [C, U] (in India) the fermented sap of palm trees used as a drink (ভারতবর্ষে) গাঁজিয়ে তোলা তালের রস যা পানীয় হিসেবে ব্যবহৃত হয়; তাড়ি

toe[1] / təʊ ট্যাউ / *noun* [C] **1** one of the small parts like fingers at the end of each foot পায়ের আঙুল *the big/little toe* (= the largest/smallest toe) ⇨ **body**-তে ছবি দেখো। **2** the part of a sock, shoe, etc. that covers your toes মোজা, জুতো ইত্যাদির যে অংশে পায়ের আঙুল ঢাকা থাকে

toe[2] / təʊ ট্যাউ/ *verb* (*pres. part.* **toeing;** *pt, pp* **toed**)

IDM **toe the (party) line** to do what sb in authority tells you to do, even if you do not agree with him/her ইচ্ছে না হলেও কর্তৃপক্ষের কথামতো কাজ করা বা করতে বাধ্য হওয়া

TOEFL / ˈtəʊfl ˈট্যাউফ্‌ল্ / *abbr.* Test of English as a Foreign Language; the examination for foreign students who want to study at an American university টেস্ট অফ-ইংলিশ অ্যাজ এ-ফরেন ল্যাংগুয়েজ -এর সংক্ষিপ্ত রূপ; মার্কিন যুক্তরাষ্ট্রের কোনো বিশ্ববিদ্যালয়ে পড়াশুনা করতে ইচ্ছুক হলে যে পরীক্ষা বিদেশি ছাত্রছাত্রীকে দিতে হয়; টোয়েফ্‌ল্

toenail / ˈtəʊneɪl ˈট্যাউনেইল্ / *noun* [C] one of the hard flat parts that cover the end of your toes পায়ের আঙুলের নখ ⇨ **body**-তে ছবি দেখো।

toffee / ˈtɒfi ˈটফি / *noun* [C, U] a hard sticky sweet that is made by cooking sugar and butter together চিনি ও মাখন দিয়ে তৈরি এক ধরনের চটচটে মিষ্টি; টফি

together[1] / təˈgeðə(r) ট্যাˈগেদ্যা(র্) / *adv.* **1** with or near each other একসঙ্গে, একে অপরের কাছে *They walked home together.* ○ *Stand with your feet together.* **2** so that two or more things are mixed or joined to each other দুই বা ততোধিক জিনিস যা মেশানো বা যুক্ত করা হয় *Mix the butter and sugar together.* ○ *Tie the two ends together.* **3** at the same time একই সময়ে, এক সঙ্গে *Don't all talk together.*

IDM **get your act together** ⇨ **act[2]** দেখো।

together with in addition to; as well as এছাড়া, এই সঙ্গে; একসঙ্গে *I enclose my order together with a cheque for Rs 150.*

together[2] / təˈgeðə(r) ট্যাˈগেদ্যা(র্) / *adj.* (*informal*) (used about a person) organized, capable (ব্যক্তি সম্বন্ধে ব্যবহৃত) নিয়ন্ত্রিত, সুসংগঠিত *I'm not very together this morning.*

togetherness / təˈgeðənəs ট্যাˈগেদ্যান্যাস্ / *noun* [U] a feeling of friendship একতা, সখ্যতা

toil / tɔɪl টইল্ / *verb* [I] (*formal*) to work very hard or for a long time at sth দীর্ঘ সময় ধরে কঠোর পরিশ্রম করা ▶ **toil** *noun* [U] কঠোর পরিশ্রম

toilet / ˈtɔɪlət ˈটইল্যাট্ / *noun* [C] a large bowl with a seat, connected to a water pipe, that you use when you need to get rid of waste material from your body; the room containing this পায়খানা, শৌচাগার *I need to* ***go to the toilet*** (= use the toilet).

> NOTE বাড়িতে যে শৌচাগার বা শৌচালয় থাকে তাকে **toilet** অথবা কথ্য ভাষায় **loo** বলা হয়। এই অর্থে **lavatory** এবং **WC** শব্দ দুটি প্রাচীন আলংকারিক শব্দ। জনসাধারণের ব্যবহারের জন্য শৌচাগারকে **Ladies** এবং **Gents** বলা হয়। আমেরিকান ইংরেজিতে বাড়ির শৌচাগারকে **bathroom** এবং জনসাধারণের ব্যবহার্য শৌচালয়কে **restroom, ladies' room** অথবা **men's room** বলা হয়।

toilet bag (*also* **sponge bag**) *noun* [C] a bag that you use when travelling to carry things such as soap, toothpaste, etc. (**toiletries**) ভ্রমণের সময়ে নিত্যব্যবহার্য সাবান, টুথ ব্রাশ, পেস্ট ইত্যাদি নেওয়ার ব্যাগ; প্রসাধন-বটুয়া

toilet paper (*also* **toilet tissue**) *noun* [U] soft, thin paper that some people use to clean themselves after going to the toilet শৌচালয়ে যাওয়ার পরে ব্যবহৃত হয় পাতলা টিস্যু পেপার; শৌচ-কাগজ

toiletries / ˈtɔɪlətriz ˈটইল্যাট্রিজ্ / *noun* [*pl.*] things such as soap or toothpaste that you use for washing, cleaning your teeth, etc. সাবান বা মাজন যা গা-হাত পরিষ্কার বা দাঁত মাজা ইত্যাদি কাজে ব্যবহৃত হয়; প্রসাধন সামগ্রী

toilet roll *noun* [C] a long piece of toilet paper rolled round a tube টয়লেটে ব্যবহার করার কাগজের রোল যা কোনো গোল টিউবে জড়ানো থাকে

token[1] / ˈtəʊkən ˈট্যাউক্যান্ / *noun* [C] **1** a round piece of metal, plastic, etc. that you use instead of money to operate some machines or as a form of payment প্লাস্টিক ইত্যাদি ধাতু দ্বারা নির্মিত চাকতি যা মুদ্রার পরিবর্তে কখনো কখনো কোনো মেশিন চালানোর জন্য বা দেয় অর্থের পরিবর্তে ব্যবহৃত হয়; টোকেন **2** a piece of paper that you can use to buy sth of a certain value in a particular shop. Tokens are often given as presents কাগজের টুকরো যা কোনো নির্দিষ্ট দোকানে নির্দিষ্ট মূল্যের কিছু কেনার সময়ে ব্যবহার করা যায়। টোকেন প্রায়ই উপহার হিসেবে দেওয়া হয় *CD/gift token* ⇨ **voucher** দেখো। **3** something that represents or is a symbol of sth যা বিকল্প হিসেবে কোনো কিছুর পরিবর্তে ব্যবহৃত হয় *Please accept this gift* ***as a token of*** *our gratitude.*

token[2] / ˈtəʊkən ˈট্যাউক্যান্ / *adj.* (*only before a noun*) **1** done, chosen, etc. in a very small quantity, and only in order not to be criticized স্বল্প পরিমাণে কৃত, নির্বাচিত ইত্যাদি, কেবলমাত্র সমালোচনা এড়ানোর জন্য *There is a token woman on the board of directors.* **2** small, but done or given to show that you are serious about sth and will keep a promise or an agreement ছোটো হলেও কোনো কিছু

সম্বন্ধে সচেতন এবং কোনো প্রতিজ্ঞা বা চুক্তি রাখা হবে এরকম বোঝানোর জন্য কৃত বা প্রদত্ত *a token payment*

told ➪ **tell**-এর past tense এবং past participle

tolerable / ˈtɒlərəbl ˈটল্যার‍্যাব্‌ল্ / *adj.* **1** quite good, but not of the best quality মোটামুটি ভালো, চলনসই, মেনে নেওয়া যায় **2** of a level that you can accept or deal with, although unpleasant or painful পুরোপুরি ভালো না হলেও সহ্য করা যায় এমন; সহনযোগ্য *Drugs can reduce the pain to a tolerable level.* ✪ বিপ **intolerable**

tolerant / ˈtɒlərənt ˈটল্যার‍্যান্ট্ / *adj.* **tolerant (of/ towards sb/sth)** the ability to allow or accept sth that you do not like or agree with সহনশীল, সহ্য বা বরদাস্ত করার ক্ষমতাসম্পন্ন ✪ বিপ **intolerant**
▶ **tolerance** *noun* [U] **tolerance (of/for sb/sth)** সহনশীলতা, সহিষ্ণুতা *religious/racial tolerance* ✪ বিপ **intolerance**

tolerate / ˈtɒləreɪt ˈটল্যারেইট্ / *verb* [T] **1** to allow or accept sth that you do not like or agree with মেনে নেওয়া, ভালো না লাগলে বা পছন্দ না হলেও সহ্য করা *In a democracy we must tolerate opinions that are different from our own.* **2** to accept or be able to deal with sb/sth unpleasant without complaining অপ্রিয় ব্যক্তি বা অপ্রিয় বস্তু বা কাজ সম্বন্ধে কোনো প্রতিবাদ না জানিয়ে চুপচাপ মেনে নেওয়া, সহ্য করা *The noise was more than she could tolerate.*
▶ **toleration** / ˈtɒləˈreɪʃn ˌটল্যা'রেইশ্‌ন্ / *noun* = **tolerance**

toll / təʊl ট্যাউল্ / *noun* **1** [C] money that you pay to use a road or bridge রাস্তা বা ব্রিজ ব্যবহারের জন্য দেয় শুল্ক বা কর *highway tolls* ○ *a toll bridge* **2** [C, *usually sing.*] the amount of damage done or the number of people who were killed or injured by sth হতাহতের সংখ্যা এবং ক্ষয় ক্ষতির পরিমাণ *The official death toll has now reached 5000.*
IDM **take a heavy toll/take its toll (on sth)** to cause great loss, damage, suffering, etc. বেশি পরিমাণে ক্ষয়ক্ষতি এবং সাধারণ মানুষের দুঃখকষ্টের কারণ হওয়া

tom / tɒm টম্ / = **tomcat**

tomato / təˈmɑːtəʊ ট্যা'মা:ট্যাউ / *noun* [C] (*pl.* **tomatoes**) a soft red fruit that is often eaten without being cooked in salads, or cooked as a vegetable স্যালাডে কাঁচা খাওয়া হয় বা সবজি হিসেবে রান্না করে খাওয়া হয়; টম্যাটো; *tomato juice/soup/sauce* ➪ **vegetable**-এ ছবি দেখো।

tomb / tuːm টুম্ / *noun* [C] a large place, usually built of stone under the ground, where the body of an important person is buried সমাধিস্থান, কবর (সাধারণত মাটির নীচে পাথরের তৈরি) *the tombs of the Nawabs* ➪ **grave** দেখো।

tomboy / ˈtɒmbɔɪ ˈটম্‌বই / *noun* [C] a young girl who likes the same games and activities that are traditionally considered to be for boys গেছো মেয়ে, ডানপিটে, যে মেয়ের আচার-ব্যবহার, অনেকটাই ছেলেদের মতো

tombstone / ˈtuːmstəʊn ˈটুম্‌স্ট্যাউন্ / *noun* [C] a large flat stone that lies on or stands at one end of a **grave** and shows the name, dates, etc. of the dead person সমাধির প্রান্তে শায়িত বড়ো চ্যাপটা পাথর যাতে মৃত ব্যক্তির নাম, তারিখ ইত্যাদি লেখা থাকে ; সমাধিস্তম্ভ, সমাধিপ্রস্তর ➪ **gravestone** এবং **headstone** দেখো।

tomcat / ˈtɒmkæt ˈটম্‌ক্যাট্ / (*also* **tom**) *noun* [C] a male cat হুলো বেড়াল

tomorrow / təˈmɒrəʊ ট্যা'মর‍্যাউ / *noun* [U] *adv.* **1** (on) the day after today কাল, আগামীকাল *Today is Friday so tomorrow is Saturday.* ○ *I'm going to bed. I've got to get up early tomorrow morning.* **NOTE** লক্ষ করো আমরা tomorrow morning, tomorrow afternoon ইত্যাদি ব্যবহার করি, tomorrow in the morning ইত্যাদি বলি না। morning -এ note দেখো। **2** the future আগামীদিন, ভবিষ্যৎ *The schoolchildren of today are tomorrow's workers.*

tom-tom *noun* [C] a tall narrow drum with a small head, that is played with hands হাত দিয়ে বাজানো যায় এরকম লম্বা ও সরু তালবাদ্যযন্ত্র যার উপরিতল ছোটো; ঢোল, টমটম

ton / tʌn টান্ / *noun* **1** [C] a measure of weight; 2240 pounds ওজনের মাপ; ২২৪০ পাউন্ড **NOTE** **Ton** এবং **tonne** শব্দ দুটি আলাদা।এক ton -এ ১.০১৬ tonnes এবং আমেরিকান ইংরেজিতে এক ton-এ ২০০০ **pound** হয় **2 tons** [*pl.*] (*informal*) a lot অনেক, প্রচুর *I've got tons of homework to do.*

tone¹ / təʊn ট্যাউন্ / *noun* **1** [C, U] the quality of a sound or of sb's voice, especially expressing a particular emotion শব্দ বা কারও কণ্ঠস্বরের বিশেষ ধ্বনি, যা কোনো নির্দিষ্ট আবেগ অভিব্যক্ত করে *'Do you know each other?' she asked in a casual tone of voice.* **2** [*sing.*] the general quality or style of sth কোনো কিছুর সাধারণ গুণ অথবা শৈলী *The tone of the meeting was optimistic.* **3** [C] a shade of a colour বর্ণাভা, রঙের পোঁচ *warm tones of red and orange* **4** [C] a sound that you hear on the telephone টেলিফোনের মধ্যে যে আওয়াজ পাওয়া যায় *Please speak after the tone* (= an instruction on an answering machine).

tone² / təʊn ট্যাউন্ / *verb* [T] **tone sth (up)** to make your muscles, skin, etc. firmer, especially by doing exercise বিশেষত ব্যায়ামের সাহায্যে দেহ, চর্ম, পেশি ইত্যাদি টানটান করে তোলা

PHR V **tone sth down** to change sth that you have said, written, etc., to make it less likely to offend বক্তৃতা বা যা বলা হয়েছে বা কোনো লেখা ইত্যাদি কিছু পরিবর্তন করে সেটি মোলায়েম করা

tone-deaf *adj.* not able to sing or hear the difference between notes in music সুরকানা, তালকানা

tongs / tɒŋz টংজ্ / *noun* [*pl.*] a tool that looks like a pair of scissors but that you use for holding or picking things up কোনো সরঞ্জাম যা কাঁচির মতো দেখতে কিন্তু যেটি কোনো বস্তু তুলতে বা ধরতে ব্যবহৃত হয়; চিমটে, সাঁড়াশি ➪ **laboratory**-তে ছবি দেখো।

tongue / tʌŋ টাং / *noun* **1** [C] the soft part inside your mouth that you can move. You use your tongue for speaking, tasting things, etc. জিভ, জিহ্বা ➪ **epiglottis**-এ ছবি দেখো। **2** [C] (*formal*) a language কোনো ভাষা *your **mother tongue*** (=the language you learned as a child)

IDM **on the tip of your tongue** ➪ **tip**[1] দেখো।

put/stick your tongue out to put your tongue outside your mouth as a rude sign to sb জিভ ভ্যাঙানো

a slip of the tongue ➪ **slip**[2] দেখো।

(with) tongue in cheek done or said as a joke; not intended seriously দুষ্টুমি করে বা মজা করে বলা হয়েছে এমন; গুরুতরভাবে নয়

tongue-tied *adj.* not saying anything because you are shy or nervous বাকভীরু, মুখচোরা

tongue-twister *noun* [C] a phrase or sentence with many similar sounds that is difficult to say correctly when you are speaking quickly উচ্চারণ করতে অসুবিধা এমন দাঁতভাঙা শব্দসমষ্টি বা বাক্য যা তাড়াতাড়ি ঠিকভাবে উচ্চারণ করা কঠিন

tonic / ˈtɒnɪk ˈটনিক্ / *noun* **1** (*also* **tonic water**) [U, C] a type of water with bubbles in it and a rather bitter taste that is often added to alcoholic drinks বুদ্‌বুদ আছে এমন একজাতীয় তিক্ত স্বাদের জল, যা অ্যালকোহলের সঙ্গে মেশানো হয় *a gin and tonic* **2** [C, U] a medicine or sth you do that makes you feel stronger, healthier, etc., especially when you are very tired বলবর্ধক ওষুধ, যা প্রাণ মন চাঙ্গা করে তোলে বিশেষত যখন কেউ ক্লান্ত থাকে; শক্তিদায়ক ওষুধ *A relaxing holiday is a wonderful tonic.*

tonight / təˈnaɪt ট্যাˈনাইট্ / *noun* [U], *adv.* (on) the evening or night of today আজকের রাতে ,অদ্যকার রজনী, আজকের রাত বা সন্ধ্যা *Tonight is the last night of our holiday.* ○ *What's on TV tonight?*

tonne / tʌn টান্ / (*also* **metric ton**) *noun* [C] (*pl.* **tonnes** or **tonne**) a measure of weight; 1000 kilograms ওজনের মাত্রা; ১০০০ কিলোগ্রাম ➪ **ton** দেখো।

tonsil / ˈtɒnsl ˈটন্‌স্‌ল্ / *noun* [C] one of the two soft lumps in your throat at the back of your mouth মুখের পিছনদিকে গলায় দুটি নরম পিণ্ডের একটি; টনসিল *She had to **have** her **tonsils out*** (= removed in a medical operation). ➪ **epiglottis**-এ ছবি দেখো।

tonsillitis / ˌtɒnsəˈlaɪtɪs ˌটন্‌স্যাˈলাইটিস্ / *noun* [U] an illness in which the tonsils become very sore and swollen টনসিলের অসুখ যাতে টনসিলে প্রদাহ ও স্ফীতি দেখা যায়; টনসিলাইটিস

too / tuː টু / *adv.* **1** (*used before adjectives and adverbs*) more than is good, allowed, possible, etc. অতিরিক্ত, অধিকন্তু ,এছাড়াও *These boots are too small.* ○ *It's far too cold to go out without a coat.*

> **NOTE** লক্ষ করো যে *'It's a too long journey'* অভিব্যক্তিটির প্রয়োগ সঠিক নয়। সঠিক প্রয়োগ হল—*It's too long a journey for you to make alone.*

2 (*not with negative statements*) in addition; also আরও, এছাড়া, এর সঙ্গে *Red is my favourite colour but I like blue, too.* ○ *Praveen thinks you're right and I do too.*

> **NOTE** লক্ষ করো যে কোনো উপবাক্যের **too** শব্দটি ইতিবাচক বাক্যে ব্যবহার করা হয় এবং **either** শব্দটি নেতিবাচক বাক্যে ব্যবহৃত হয়—*I like eating out and Rakesh does too.* ○ *I don't like cooking and Rakesh doesn't either.*

3 used to add sth which makes a situation even worse এমন কিছু শব্দের সঙ্গে যোগ করার জন্য ব্যবহৃত হয় যাতে পরিস্থিতি আরও খারাপ এরকম বোঝায় *Her purse was stolen. And on her birthday too.* **4** (*usually used in negative sentences*) very খুব, বেশি *The weather is not too bad today.*

took ➪ **take**-এর past tense

tool / tuːl টুল্ / *noun* [C] a piece of equipment such as a hammer, that you hold in your hand(s) and use to do a particular job (নির্দিষ্ট কাজ করার জন্য ব্যবহৃত) প্রধানত হাত দিয়ে ব্যবহার করার যন্ত্রপাতি, যেমন হাতুড়ি ইত্যাদি *Hammers, screwdrivers and saws are all carpenter's tools.* ○ *a tool kit* (= a set of tools in a box or a bag)

> **NOTE** হাতে ধরে কাজ করা যায়, যেমন স্প্যানার অথবা হাতুড়ি, এমন কোনো যন্ত্রকে tool বলা হয়। বাড়ির বাইরে যেসব যন্ত্রপাতি ব্যবহার করা হয়, যেমন চাষবাস বা বাগানের জন্য, তাকে **implement** বলা হয়। **Machine**

T

-এর চলমান যন্ত্রাংশ থাকে এবং এটি বিদ্যুতের দ্বারা, ইঞ্জিনের সাহায্যে কাজ করে। কারিগরি অথবা কোনো সূক্ষ্ম কাজের জন্য **instrument** ব্যবহার করা হয়—*a dentist's instruments*. **Device** শব্দটি একটি সাধারণ শব্দ যা কোনো বিশেষ কাজ বিশেষভাবে করার প্রসঙ্গে ব্যবহৃত হয়—*The machine has a safety device which switches the power off if there is a fault.*

hammer
mallet
spanner
(AmE wrench)
nail
chisel
file
pliers
screw-
driver
drill
plane
saw
adze
hacksaw

tools

toolbar / ˈtu:lbɑ:(r) ˈটুল্‌বা:(র্) *noun* [C] a row of symbols on a computer screen that show the different things that the computer can do কম্পিউটারের পর্দায় পঙ্‌ক্তিবদ্ধ প্রতীকী চিহ্ন যার দ্বারা বোঝানো হয় কম্পিউটার কি কি কাজ করতে পারে

toot / tu:t টুট্ / *noun* [C] the short high sound that a car horn makes গাড়ির হর্নের আওয়াজ ▶ **toot** *verb* [I, T] হর্ন বাজানো, পিপ পিপ শব্দ করা *Toot your horn to let them know we're here.*

tooth / tu:θ টুথ্ / *noun* [C] (*pl.* **teeth** / ti:θ টীথ্ /) **1** one of the hard white things in your mouth that you use for biting দাঁত, দন্ত *She's got strong teeth.*

NOTE খাওয়ার পরে দাঁতের থেকে অবশিষ্ট খাবার পরিষ্কার করার জন্য দাঁত **brush** অথবা **clean** করা হয়। কোনো দাঁত যদি **decayed** (ক্ষয়ে) হয়ে যায় তাহলে **dentist** দাঁতটিকে **fill** করে দেয় অথবা **extract/take out** (তুলে) করে। সব দাঁত তুলে ফেললে **false teeth** অথবা **dentures** (নকল দাঁত) লাগানো যেতে পারে।

➪ **wisdom tooth** দেখো।

2 one of the long narrow pointed parts of an object such as a comb চিরুনির দাঁড়া অথবা কাঁটা

IDM by the skin of your teeth ➪ **skin**[1] দেখো।

gnash your teeth ➪ **gnash** দেখো।

grit your teeth ➪ **grit**[2] দেখো।

have a sweet tooth ➪ **sweet**[1] দেখো।

toothache / ˈtu:θeɪk ˈটুথ্‌এইক্ / *noun* [U, C, *usually sing.*] a pain in your tooth or teeth দাঁতে ব্যথা, দন্তশূল ➪ **ache** দেখো।

toothbrush / ˈtu:θbrʌʃ টুথ্‌ব্রাশ্ / *noun* [C] a small brush with a handle that you use for cleaning your teeth টুথব্রাশ

toothpaste / ˈtu:θpeɪst ˈটুথ্‌পেইস্ট্ / *noun* [U] a substance that you put on your toothbrush and use for cleaning your teeth দাঁতের মাজন; দাঁত পরিষ্কার করার মাজন; টুথপেস্ট

toothpick / ˈtu:θpɪk ˈটুথ্‌পিক্ / *noun* [C] a short pointed piece of wood that you use for getting pieces of food out from between your teeth খড়কে কাঠি, দাঁত পরিষ্কার করার জন্য যে কাঠি

top[1] / tɒp টপ্ / *noun* **1** [C] the highest part or point of sth কোনো কিছুর শীর্ষ, মাথা, চূড়া *The flat is at the top of the stairs.* ○ *Snow was falling on the mountain tops.* ✪ বিপ **foot** **2** [C] the flat upper surface of sth (কোনো বস্তুর) উপরিভাগ *a desk/table/bench top* **3** [*sing.*] **the top (of sth)** the highest or most important position সর্বোচ্চ এবং সর্বাপেক্ষা গুরুত্বপূর্ণ পদ বা স্থান *to be at the top of your profession* **4** [C] the cover that you put onto sth in order to close it ঢাকা, ঢাকনা *Put the tops back on the pens or they will dry out.*

NOTE Top অথবা **cap** প্রায়ই আকারে ছোটো এবং গোল হয়। এই ধরনের ঢাকনা বা ছিপি প্যাঁচ ঘুরিয়ে খুলতে হয়—*a bottle top* ○ *Unscrew cap to open.* বড়ো ঢাকনাকে **lid** বলা হয় যা তুলে নেওয়া যায়—*a saucepan lid* ○ *Put the lid back on the box.*

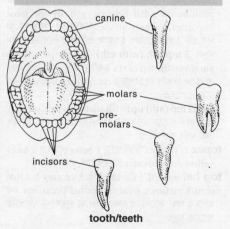

canine
molars
pre-
molars
incisors

tooth/teeth

5 [C] a piece of clothing that you wear on the upper part of your body শরীরের উপরিভাগে পরিধান করা হয় এমন জামা *a tracksuit/bikini/pyjama top* **6** [C] a child's toy that turns round very quickly on a point লাট্টু, লাঠিম

IDM at the top of your voice as loudly as possible যতদূর সম্ভব ততটাই জোরে, খুব উঁচু গলায়

get on top of sb (*informal*) to be too much for sb to manage or deal with কারও পক্ষে সাধ্যাতিরিক্ত হওয়া *I've got so much work to do. It's really getting on top of me.*

off the top of your head (*informal*) just guessing or using your memory without preparing or thinking about sth first আগে ভেবেচিন্তে ঠিক না করে, মনে যা আসে তাই বলা বা অনুমান করা

on top 1 on or onto the highest point শীর্ষে, উপরে, মাথায় *a mountain with snow on top* **2** in control; in a leading position নিয়ন্ত্রণে; শ্রেষ্ঠতর বা সুবিধাজনক অবস্থানে *Janaki always seems to come out on top.*

on top of sb/sth 1 on, over or covering sb/sth else একের উপর এক, পর পর, মাথায় মাথায় *Books were piled on top of one another.* ○ *The remote control is on top of the TV.* **2** in addition to sb/sth else এ সবের পরে আবার *On top of everything else, the car's broken down.* **3** (*informal*) very close to sb/sth গায়ে গায়ে; গাদাগাদি করে *We were all living on top of each other in that tiny flat.*

over the top (*BrE informal*) exaggerated or done with too much effort. অত্যন্ত বেশি প্রয়াসের সাহায্যে অতিরঞ্জিত বা কৃত

top² / tɒp টপ্ / *adj.* highest in position or degree শীর্ষস্থান, শীর্ষমাত্রা *the top floor* ○ *one of India's top businessmen* ○ *at top speed*

top³ / tɒp টপ্ / *verb* [T] (**topping; topped**) **1** to be higher or greater than a particular amount কোনো কিছুকে ছাড়িয়ে যাওয়া **2** to be in the highest position on a list because you are the most important, successful, etc. সর্বাপেক্ষা গুরুত্বপূর্ণ বা সর্বশ্রেষ্ঠ বলে বিবেচিত হওয়ায় তালিকার শীর্ষদেশে নাম থাকা **3 top sth (with sth)** (*usually passive*) to put sth on the top of sth একটার উপর অন্য কিছু রাখা বা ঢেলে দেওয়া বা চাপানো *cauliflower topped with tomato sauce*

PHR V top (sth) up to fill sth that is partly empty আধাভর্তি পাত্রের খালি জায়গা ভরা, কিছুটা খালি থাকলে সেই খালি অংশ ভরা

topaz / ˈtəʊpæz ট্যাউপ্যাজ্ / *noun* [C, U] a clear yellow precious stone পোখরাজ, মূল্যবান রত্ন

top hat *noun* [C] the tall black or grey hat that men sometimes wear on formal occasions এক ধরনের লম্বা কালো বা ধূসর টুপি যা পুরুষদের পোশাকি সাজের অঙ্গ

top-heavy *adj.* heavier at the top than the bottom and likely to fall over উপরের অংশ ভারী হওয়ার ফলে তা পড়ে যাওয়ার সম্ভাবনা আছে এমন

topic / ˈtɒpɪk টপিক্ / *noun* [C] a subject that you talk, write or learn about আলোচনা, লেখা বা অধ্যয়নের বিষয়, প্রসঙ্গ

topical / ˈtɒpɪkl টপিক্‌ল্ / *adj.* connected with sth that is happening now; that people are interested in at the present time সাম্প্রতিক ঘটনা, সাময়িক, প্রাসঙ্গিক; মানুষ বর্তমানে যেসবের প্রতি আগ্রহী

topmost / ˈtɒpməʊst টপ্‌ম্যাউস্ট্ / *adj.* (*only before a noun*) highest সর্বোচ্চ, মগডাল *the topmost branches of the tree*

topography / təˈpɒgrəfi ট্যা'পগ্র্যাফি / *noun* [U] (*technical*) the physical characteristics of an area of land, especially the position of its rivers, mountains, etc. কোনো অঞ্চলের প্রাকৃতিক বৈশিষ্ট্য বিশেষত নদী পাহাড় ইত্যাদির অবস্থান

topping / ˈtɒpɪŋ টপিং / *noun* [C, U] something such as cream or a sauce that is put on the top of food to decorate it or make it taste nicer কোনো কোনো খাবারের (যেমন কেক ইত্যাদি) উপরাংশ সুদৃশ্য ও সুস্বাদু করার জন্য যেসব উপকরণ যোগ করা হয়

topple / ˈtɒpl টপ্‌ল্ / *verb* **1** [I] **topple (over)** to become less steady and fall down উলটে পড়া, টলমল করতে করতে পড়ে যাওয়া *Don't add another book to the pile or it will topple over.* **2** [T] to cause a leader of a country, etc. to lose his/her position of power or authority দেশের নেতা ইত্যাদির পদমর্যাদা বা কর্তৃত্ব হারানোর কারণ হওয়া

top secret *adj.* that must be kept very secret, especially from other governments বিশেষ গোপনীয়, বিশেষত অন্যান্য সরকার থেকে

topsoil / ˈtɒpsɔɪl টপ্‌সইল্ / *noun* [U] (in geography) the layer of soil nearest the surface of the ground (ভূগোলে) উপরের স্তরের মাটি ⇨ **subsoil** দেখো।

torch / tɔːtʃ টːচ্ / *noun* [C] **1** (*AmE* **flashlight**) a small electric light that you carry in your hand ছোটো বৈদ্যুতিক আলো যা হাতে ধরা যায়; টর্চলাইট; টর্চ **2** a long piece of wood with burning material at the end that you carry to give light লম্বা লাঠির প্রান্তে জ্বলন্ত আগুন যা হাতে ধরে আলো দেখানো যায়; মশাল *the Olympic torch*

tore ⇨ **tear²**-এর past tense

torment / ˈtɔːment টːমেন্ট্ / *noun* [U, C] great pain and suffering in your mind or body; sb/sth that causes this তীব্র দৈহিক ও মানসিক যন্ত্রণা; এর কারণ *to be in torment* ▶ **torment** / tɔːˈment টːˈমেন্ট্ / *verb* [T] প্রচণ্ড যন্ত্রণা বা দুঃখ দেওয়া, পীড়ন করা

torn ⇨ **tear**² এর past participle

tornado / tɔːˈneɪdəʊ টːˈনেইড্যাউ / *noun* [C] (*pl.* **tornadoes**) a violent storm with a very strong wind that blows in a circle ঘূর্ণিঝড় ⇨ **storm**-এ নোট দেখো।

torpedo / tɔːˈpiːdəʊ টːˈপীড্যাউ / *noun* [C] (*pl.* **torpedoes**) a bomb, shaped like a long narrow tube,that is fired from a **submarine** and explodes when it hits another ship লম্বা সরু টিউবের মতো বোমা যা সাবমেরিন থেকে নিক্ষেপ করা হয় এবং অন্য জাহাজে ধাক্কা লেগে তা ফেটে যায়; টর্পেডো

torque / tɔːk টːক্ / *noun* [U] (*technical*) a force that causes machinery, etc. to turn round (**rotate**) যে শক্তির ফলে যন্ত্রপাতি ইত্যাদি ঘোরে *The more torque an engine has, the bigger the load it can pull in the same gear.*

torrent / ˈtɒrənt ˈটর‍্যান্ট্ / *noun* [C] a strong fast flow of sth, especially water প্রচণ্ড বেগে ধেয়ে আসা জলের তীব্র স্রোত; খরস্রোত *The rain was coming down in torrents.*

torrential / təˈrenʃl ট্যাˈরেন্‌শ্‌ল্ / *adj.* (used about rain) very great in amount (বৃষ্টি সম্বন্ধে ব্যবহৃত) প্রবলবেগে, মুষলধারে

torsion / ˈtɔːʃn ˈটːশ্‌ন্ / *noun* [U] (*technical*) the action of **twisting** sth, especially one end of sth while the other end is held fixed যার একটি দিক আটকানো আছে তার অন্যদিক প্যাঁচানো বা পাকানোর কাজ

torso / ˈtɔːsəʊ ˈটːস্যাউ / *noun* [C] (*pl.* **torsos**) the main part of your body, not your head, arms and legs মাথা, হাত এবং পা ছাড়া দেহের বাকি অংশ; ধড়

tortilla / tɔːˈtiːə টːˈটীঅ্যা / *noun* [C] a type of very thin, round Mexican bread made with eggs and flour. It is usually eaten hot and filled with meat, cheese, etc. ভিতরে মাংস, চীজ ইত্যাদির পুর দেওয়া ময়দা এবং ডিম দিয়ে বানানো পাতলা গোল মেক্সিকান রুটি

tortoise / ˈtɔːtəs ˈটːট্যাস্ / (*AmE* **turtle**) *noun* [C] a small animal with a hard shell that moves very slowly. A tortoise can pull its head and legs into its shell to protect them (শক্ত খোলাযুক্ত ছোটো প্রাণী) কচ্ছপ ⇨ **reptile**-এ ছবি দেখো।

tortuous / ˈtɔːtʃuəs ˈটːচুঅ্যাস্ / *adj.* **1** complicated, not clear and simple জটিল, আঁকাবাঁকা, প্যাঁচালো **2** (used about a road, etc.) with many bends (রাস্তা ইত্যাদি সম্বন্ধে ব্যবহৃত) আঁকাবাঁকা, অসরল

torture / ˈtɔːtʃə(r) ˈটːচ্যা(র্) / *noun* [U, C] **1** the action of causing sb great pain either as a punishment or to make him/her say or do sth নির্যাতন করা, প্রচণ্ড অত্যাচার করা, শারীরিক ও মানসিক কষ্ট দেওয়া (শাস্তি বা আদেশ স্বরূপ) *His confession was extracted* ***under torture***. **2** mental or physical suffering মানসিক বা দৈহিক নিপীড়ন বা অত্যাচার *It's torture having to sit here and listen to him complaining for hours.* ▶ **torture** *verb* [T] অত্যাচার করা, যন্ত্রণা দেওয়া *Most of the prisoners were tortured into making a confession.* ○ *She was tortured by the thought that the accident was her fault.* ▶ **torturer** *noun* [C] অত্যাচারী, পীড়নকারী

toss / tɒs টস্ / *verb* **1** [T] to throw sth lightly and carelessly যেমন-তেমনভাবে ছুড়ে ফেলা, অবজ্ঞা করে ছুড়ে দেওয়া *Bobby opened the letter and tossed the envelope into the bin.* **2** [I, T] to move, or to make sb/sth move up and down or from side to side উপর-নীচে বা এপাশ ওপাশ করা বা করানো *He lay* ***tossing and turning*** *in bed, unable to sleep.* ○ *The ship was tossed about by huge waves.* **3** [T] to move your head back quickly especially to show you are annoyed or impatient বিরক্তি বা অধীরতা প্রকাশ করতে পিছন দিকে মাথা সরানো *I tried to apologize but she just* ***tossed*** *her* ***head*** *and walked away.* **4** [I, T] **toss (up) (for sth)** to throw a coin into the air in order to decide sth, by guessing which side of the coin will land facing upwards কোনো বিষয় সম্বন্ধে সিদ্ধান্ত নেওয়ার জন্য উপরে মুদ্রা ছুড়ে কোন দিকটা পড়ে তা দেখা *to toss a coin* ⇨ **heads** এবং **tails** দেখো। এগুলি মুদ্রার দুই পিঠের নাম এবং যখন আমাদের অনুমান করতে হয় কোনটি উপরদিকে থাকবে তখন আমরা বলি 'heads or tails?' ▶ **toss** *noun* [C] বিক্ষেপণ, ছোড়া, ঝাঁকুনি

IDM **win/lose the toss** to guess correctly/wrongly which side of a coin will face upwards when it lands পয়সার বা মুদ্রার কোন দিকটি পড়বে সেটি সঠিকভাবে বা ভুলভাবে অনুমান করা; টসে জেতা বা হারা *Rahul Dravid won the toss and chose to bat first.*

tot¹ / tɒt টট্ / *noun* [C] **1** (*informal*) a very small child অতি কচি শিশু **2** (*BrE*) a small glass of a strong alcoholic drink ছোটো পানপাত্র

tot² / tɒt টট্ / *verb* (**totting; totted**)

PHR V **tot (sth) up** (*informal*) to add numbers together to form a total পরপর সংখ্যা সাজিয়ে যোগফল বার করা

total¹ / ˈtəʊtl ˈট্যাউট্‌ল্ / *adj.* being the amount after everyone or everything is counted or added together; complete গোটা, সামগ্রিক; সম্পূর্ণ সমষ্টি *What was the total number of people there?* ○ *a total failure* ○ *They ate in total silence.*

total² / ˈtəʊtl ˈট্যাউট্‌ল্ / *noun* [C] the number that you get when you add two or more numbers or amounts together যোগফল ▶ **total** *verb* [T] (**totalling; totalled** *AmE* **totaling; totaled**) যোগ করা, মোট সংখ্যা বার করা *His debts totalled more than Rs 10,000.*

IDM in total when you add two or more numbers or amounts together সামগ্রিক যোগফল, সব মিলিয়ে *The appeal raised Rs 40 lakh in total.*

totally / ˈtəʊtəli ট্যাউট্যালি / *adv.* completely সম্পূর্ণভাবে, পুরোপুরি *I totally agree with you.*

totter / ˈtɒtə(r) ˈটট্যা(র্)/ *verb* [I] to stand or move in a way that is not steady, as if you are going to fall, especially because you are drunk, ill or weak মত্ত অবস্থা, দুর্বলতা বা অসুস্থতার কারণে টলতে টলতে চলা; টলমল করা

toucan / ˈtuːkæn ˈটুক্যান্ / *noun* [C] a tropical American bird with bright feathers and a very large beak আমেরিকার নাতিশীতোষ্ণ অঞ্চলের উজ্জ্বল রঙের পালকযুক্ত লম্বা ঠোঁটওয়ালা পাখি

touch[1] / tʌtʃ টাচ্ / *verb* **1** [T] to put your hand or fingers onto sb/sth স্পর্শ করা, ছুঁয়ে দেওয়া *Don't touch that plate—it's hot!* ○ *The police asked us not to touch anything.* **2** [I, T] (used about two or more things, surfaces, etc.) to be or move so close together that there is no space between them (দুই বা ততোধিক বস্তু, কোনো কিছুর পৃষ্ঠতল ইত্যাদি সম্বন্ধে ব্যবহৃত) এত কাছাকাছি হওয়া যে একে অন্যের গায়ে ঠেকে যাচ্ছে, গায়ে গায়ে লেগে থাকা *This bicycle is too big. My feet don't* ***touch the ground***. **3** [T] to make sb feel sad, sorry for sb, grateful, etc. বেদনা বা দুঃখ জাগানো, কারও জন্য দুঃখ বোধ করা ➪ **touched** adjective দেখো। **4** [T] (*in negative sentences*) to be as good as sb/sth in skill, quality, etc. দক্ষতা, গুণমান ইত্যাদিতে কোনো ব্যক্তি বা বস্তুর মতোই ভালো হওয়া *He's a much better player than all the others. No one else can touch him.*

IDM touch wood; knock on wood ➪ **wood** দেখো।

PHR V touch down (used about an aircraft) to land (কোনো বিমানপোত সম্বন্ধে ব্যবহৃত) মাটি ছোঁয়া, অবতরণ করা, নীচে নামা

touch on/upon sth to mention or refer to a subject for only a short time কোনো বিষয়ে কেবলমাত্র উল্লেখ করা, অল্প সময়ের জন্য প্রসঙ্গের অবতারণা করা

touch[2] / tʌtʃ টাচ্ / *noun* **1** [C, *usually sing.*] the action of putting your hands or fingers onto sb/sth স্পর্শ, ছোঁয়া *I felt the touch of her hand on my arm.* **2** [U] the way sth feels when you touch it কোনো কিছু স্পর্শের অনুভূতি *Marble is cold* ***to the touch***. **3** [U] one of the five senses: the ability to feel things and know what they are like by putting your hands or fingers on them পঞ্চইন্দ্রিয়ের একটি: বস্তুসমূহ স্পর্শ করে বোঝার ক্ষমতা *The* ***sense of touch*** *is very important to blind people.* **4** [C] a small detail that is added to improve sth কোনো কিছু আরও ভালো করে তুলতে ছোটোখাটো, খুঁটিনাটি কিছু যোগ করা *The flowers in our room were* ***a nice touch***. ○ *She's just* ***putting the finishing touches to*** *the cake*. **5** [*sing.*] a way or style of doing sth কাজ করার পদ্ধতি বা শৈলী *She prefers to write her letters by hand for a more* ***personal touch***. **6** [*sing.*] **a touch (of sth)** a small amount of sth কোনো কিছুর খুব কম পরিমাণ

IDM in/out of touch (with sb) being/not being in contact with sb by speaking or writing to him/her কথা বলে বা লিখিতভাবে কারও সঙ্গে যোগাযোগ রাখা বা না রাখা *During the year she was abroad, they* ***kept in touch*** *by email.*

in/out of touch with sth having/not having recent information about sth কোনো কিছু সম্বন্ধে সাম্প্রতিকতম খবর জানা আছে বা নেই *We're out of touch with what's going on.*

lose touch ➪ **lose** দেখো।

lose your touch ➪ **lose** দেখো।

touched / tʌtʃt টাচ্‌ট্/ *adj.* (*not before a noun*) **touched (by sth); touched that...** made to feel sad, sorry for sb, grateful, etc. দুঃখিত, বিষণ্ণ, কৃতজ্ঞ, ব্যাকুল ইত্যাদি *I was touched that he offered to help.*

touching / ˈtʌtʃɪŋ ˈটাচিং / *adj.* that makes you feel sad, sorry for sb, grateful, etc. কারও জন্য করুণা বা সহানুভূতি, দুঃখ, কৃতজ্ঞতা ইত্যাদি জাগায় এমন

touch screen *noun* [C] (*computing*) electronic devices which show information when you touch them কম্পিউটারের পর্দা যা ছোঁয়ামাত্র চালু হয়; টাচ স্ক্রীন

touchy / ˈtʌtʃi ˈটাচি / *adj.* **1 touchy (about sth)** easily upset or made angry স্পর্শকাতর, অভিমানী *He's a bit touchy about his weight.* **2** (used about a subject, situation, etc.) that may easily upset people or make them angry (কোনো বিষয়, পরিস্থিতি ইত্যাদি সম্বন্ধে ব্যবহৃত) যা লোকের মনে অশান্তি বা ক্রোধ জাগায় *Don't mention the exam. It's a very touchy subject.*

tough / tʌf টাফ্ / *adj.* **1** difficult; having or causing problems শক্ত, কঠিন; সমস্যাসংকুল *It will be a tough decision to make.* ○ *He's had* ***a tough time of it*** (=a lot of problems) *recently*. **2 tough (on/with sb/sth)** strict; not feeling sorry for anyone কঠোর; অন্যের জন্য কোনো করুণা বা সহানুভূতি বোধ হয় না এমন *The government plans to* ***get tough with*** *people who drink and drive*. **3** strong enough to deal with difficult conditions or situations কঠিন সমস্যার সম্মুখীন হতে ভয় পায় না যে; কড়া, পোড়-খাওয়া *You need to be tough to go climbing in winter.* **4** (used especially about meat) difficult to cut and eat (বিশেষ করে মাংস সম্বন্ধে ব্যবহৃত) শক্ত, যা সহজে কাটা বা খাওয়া যায় না **5** not easily broken, torn or cut; very strong যা সহজে ছেঁড়া বা ভাঙা যায় না এমন; শক্ত *a tough pair of boots* **6** (*informal*) **tough (on sb)** unfortunate for sb in a way that seems unfair দুর্ভাগ্যজনক *It's tough on her that she lost her job.* ▶ **toughness** *noun* [U] কঠোরতা, দৃঢ়তা

toughen / ˈtʌfn ˈটাফ্‌ন্ / *verb* [I, T] **toughen (sb/sth) (up)** to make sb/sth tough কাউকে বা কিছু শক্ত, কঠোর বা দৃঢ়ায়ত করা

toupee / ˈtuːpeɪ ˈটুপেই / *noun* [C] a small section of artificial hair, worn by a man to cover an area of his head where hair no longer grows মাথার টাক ঢাকার জন্য যে কৃত্রিম চুল পরা হয়; পরচুলা

tour / tʊə(r) টুঅ্যা(র্)/ *noun* **1** [C] **a tour (of/round/around sth)** a journey that you make for pleasure during which you visit many places আনন্দের জন্য ভ্রমণ, দর্শনীয় স্থানে ভ্রমণ; পর্যটন *a sightseeing tour* ○ *a tour operator* (=a person or company that organizes tours) ➪ **travel**-এ **note** দেখো। **2** [C] a short visit around a city, famous building, etc. কোনো শহর, বিখ্যাত কোনো বাড়ি ইত্যাদি স্বল্প সময়ের জন্য দর্শন *a **guided tour** round Akshardham Temple* **3** [C, U] an official series of visits that singers, musicians, sports players, etc. make to different places to perform, play, etc. এক স্থান থেকে আর এক স্থানে (সরকারি অনুমোদন সাপেক্ষে) কোনো গায়ক, সুরশিল্পী, খেলোয়াড় প্রমুখের নিজস্ব দক্ষতা প্রদর্শনের জন্য ভ্রমণ *a concert/cricket tour* ▶ **tour** *verb* [I, T] পরিদর্শন করা, ঘুরে বেড়ানো *We toured southern India for three weeks.*

tourism / ˈtʊərɪzəm ˈটুঅ্যারিজ়্যাম্/ *noun* [U] the business of providing and arranging holidays and services for people who are visiting a place কোনো স্থানে আগত পর্যটকদের পরিষেবা প্রদান এবং ছুটি কাটানোর ব্যবস্থা করে দেওয়ার যে ব্যাবসা; পর্যটন ব্যাবসা, সুপরিচালিত ভ্রমণ ব্যাবসা *The country's economy relies heavily on tourism.*

tourist / ˈtʊərɪst ˈটুঅ্যারিস্ট্ / *noun* [C] a person who visits a place for pleasure পর্যটক, ভ্রমণকারী ➪ **sightseer** দেখো।

tournament / ˈtɔːnəmənt ˈট:ন্যাম্যান্ট্ / *noun* [C] a competition in which many players or teams play games against each other নানা পর্যায়ে বিভক্ত ক্রীড়া প্রতিযোগিতা; টুর্নামেন্ট

tourniquet / ˈtʊənɪkeɪ ˈটুঅ্যানিকেই / *noun* [C] a piece of cloth, etc. that is tied tightly around an arm or a leg to stop a cut or an injury from bleeding শরীরের কোনো অংশ, হাত বা পা কেটে গেলে রক্তপাত বন্ধ করার উদ্দেশ্যে বেঁধে দেওয়ার জন্য ব্যবহৃত নরম কাপড় ইত্যাদির টুকরো

tousled / ˈtaʊzld ˈটাউজ়্‌ল্‌ড্ / *adj.* (used about hair) untidy, often in an attractive way (চুল সম্বন্ধে ব্যবহৃত) আলুথালু, এলোমেলো, অবিন্যস্ত

tout / taʊt টাউট্ / *verb* **1** [T] **tout sb/sth (as sth)** to try to persuade people that sb/sth is important or valuable by praising them/it কোনো ব্যক্তি অথবা বস্তুকে প্রশংসা করে তার গুরুত্ব অথবা মূল্য সম্বন্ধে বিশ্বাস করানো *She's being touted as the next Prime Minister.* **2** [I, T] **tout (for sth)** (*BrE*) to try to persuade people to buy certain goods or services, especially by going to them and asking them directly জনসাধারণকে কোনো বিশেষ পণ্য অথবা পরিষেবা ব্যবহার করার জন্য অনুরোধ করা (সাধারণত তাদের কাছে গিয়ে বা সরাসরি তাদের সঙ্গে কথা বলে) *unlicensed autorickshaw drivers touting for business at stations* **3** [T] (*AmE* **scalp**) to sell tickets unofficially, at a much higher price than the official price, especially outside a theatre, stadium, railway station, etc. প্রেক্ষাগৃহ, স্টেডিয়াম, রেলওয়ে স্টেশন ইত্যাদির বাইরে বেআইনিভাবে অপেক্ষাকৃত অনেক বেশি দামে টিকিট বিক্রি করা

tow / təʊ ট্যাউ / *verb* [T] to pull a car or boat behind another vehicle, using a rope or chain দড়ি বা শিকল দিয়ে গাড়ি বা নৌকো টেনে নিয়ে যাওয়া (অন্য আর একটি গাড়ির সাহায্যে) *My car was towed away by the police.* ▶ **tow** *noun* [*sing.*, U] দড়ি দিয়ে কোনো গাড়িকে অন্য গাড়ির সাহায্যে টেনে নিয়ে যাওয়ার ক্রিয়া

IDM **in tow** (*informal*) following closely behind পিছু পিছু যাওয়া *He arrived with his wife and five children in tow.*

towards / təˈwɔːdz ট্যাˈউঅ:ড্‌জ্ / (*also* **toward** / təˈwɔːd ট্যাˈউঅ:ড্ /) *prep.* **1** in the direction of sb/sth কোনো কিছুর বা কারও অভিমুখে বা উদ্দেশ্যে *I saw Kamal walking towards the station.* ○ *a first step towards world peace* **2** near or nearer a time or date কোনো সময় বা দিনের কাছাকাছি *It gets cool towards evening.* ○ *The shops get very busy towards Diwali.* **3** (used when you are talking about your feelings about sb/sth) in relation to (কারও বা কিছুর সম্বন্ধে মনোভাব বোঝাতে ব্যবহৃত) বিষয়ে, সম্পর্কে *What is your attitude towards this government?* **4** as part of the payment for sth কোনো দেয় অর্থের আংশিক ভাগ হিসাবে *The money will **go towards** the cost of a new minibus.*

towel / ˈtaʊəl ˈটাউঅ্যাল্ / *noun* [C] a piece of cloth or paper that you use for drying sb/sth/yourself কাপড় বা কাগজের টুকরো বা খণ্ড, তোয়ালে *a bath/hand/beach towel* ○ *kitchen/paper towels* ➪ **sanitary towel** এবং **tea towel** দেখো।

towelling (*AmE* **toweling**) / ˈtaʊəlɪŋ 'টাউঅ্যালিং / *noun* [U] a thick soft cotton cloth that is used especially for making bath towels স্নান করার তোয়ালে তৈরির জন্য ব্যবহৃত হয় যে নরম সুতির কাপড়

tower / ˈtaʊə(r) 'টাউঅ্যা(র্)/ *noun* [C] a tall narrow building or part of a building such as a church or castle সরু উঁচু অট্টালিকা অথবা গির্জা বা দুর্গের উঁচু অংশ; টাওয়ার *the Eiffel Tower* ○ *a church tower*

tower block *noun* [C] (*BrE* **towers**) a very tall building consisting of flats or offices অনেক ফ্ল্যাট বা অফিস সমেত উঁচু অট্টালিকা

town / taʊn টাউন্ / *noun* **1** [C] a place with many streets and buildings. A town is larger than a village but smaller than a city ছোটো শহর *After ten years away, she decided to move back to her home town* (=the town where she was born and spent her childhood). **2 the town** [*sing.*] all the people who live in a town সমস্ত শহরবাসী, অধিবাসীবৃন্দ *The whole town is talking about it.* **3** [U] the main part of a town, where the shops, etc. are শহরের প্রধান অঞ্চল, যেখানে দোকানপাট আছে *I've got to go into town this afternoon.*

IDM go to town (on sth) (*informal*) to do sth with a lot of energy and enthusiasm; to spend a lot of money on sth উদ্যম ও উৎসাহের সঙ্গে কোনো কিছু করা; অনেক টাকা খরচ করা

(out) on the town (*informal*) going to restaurants, theatres, clubs, etc., for entertainment, especially at night বিনোদনের জন্য রেস্তোরাঁ, ক্লাব, থিয়েটার ইত্যাদিতে যাওয়া, বিশেষ করে রাত্রিতে

town council *noun* [C] (*BrE*) a group of people who are responsible for the local government of a town যে জনগোষ্ঠী আঞ্চলিক প্রশাসনের দায়িত্বে থাকে; পুরসভা

town hall *noun* [C] a large building that contains the local government offices and often a large room for public meetings, concerts, etc. যে বৃহৎ বাড়িটিতে আঞ্চলিক প্রশাসনের অফিস থাকে এবং জনসমাবেশ, অনুষ্ঠান ইত্যাদির জন্য বড়ো ঘর থাকে; পুরভবন; টাউন হল ➪ **hall** দেখো।

tow truck (*AmE*) = **breakdown truck**

toxic / ˈtɒksɪk 'টক্সিক্ / *adj.* poisonous বিষাক্ত

toxicity / tɒkˈsɪsəti টক্'সিস্যাটি / *noun* **1** [U] the quality of being poisonous; the degree to which sth is poisonous বিষণ; বিষক্রিয়ার মাত্রা *substances with high/low levels of toxicity* **2** [C] the effect that a poisonous substance has বিষের পরিণাম *Minor toxicities of this drug include nausea and vomiting.*

toxicology / ˌtɒksɪˈkɒlədʒi টক্সি'কল্যাজি / *noun* [U] the scientific study of poisons বিষ বা গরল সম্পর্কিত বিজ্ঞান ▶ **toxicological** *adj.* বিষবিজ্ঞান সংক্রান্ত ▶ **toxicologist** *noun* [C] বিষবিজ্ঞানবিদ

toxin / ˈtɒksɪn 'টক্সিন্ / *noun* [C] a poisonous substance, especially one that is produced by bacteria in plants and animals কোনো বিষাক্ত পদার্থ বিশেষত যা উদ্ভিদ বা প্রাণীদেহের জীবাণু থেকে উৎপন্ন হয়; টক্সিন

toy[1] / tɔɪ টই / *noun* [C] an object for a child to play with খেলনা *a toy car/farm/soldier* ○ *a toyshop*

toy[2] /tɔɪ টই *verb*

PHR V toy with sth 1 to think about doing sth, perhaps not very seriously কোনো কিছু করার কথা হালকাভাবে ভাবা *She's* ***toying with the idea of*** *going abroad for a year.* **2** to move sth about without thinking about what you are doing, often because you are nervous or upset অনেক সময়ে উদ্বিগ্ন বা চিন্তাগ্রস্ত থাকার ফলে অন্যমনস্কভাবে কিছু নিয়ে নাড়াচাড়া করা *He toyed with his food but hardly ate any of it.*

trace[1] / treɪs ট্রেইস্ / *noun* **1** [C, U] a mark, an object or a sign that shows that sb/sth existed or happened চিহ্ন, কোনো কিছুর প্রমাণ, কোনো ঘটনার ছাপ, দাগ *traces of an earlier civilization* ○ *The man* ***disappeared/vanished without trace***. **2** [C] **a trace (of sth)** a very small amount of sth কোনো কিছুর স্বল্প পরিমাণ *Traces of blood were found under her fingernails.*

trace[2] / treɪs ট্রেইস্ / *verb* [T] **1 trace sb/sth (to sth)** to find out where sb/sth is by following marks, signs or other information কোনো চিহ্ন, দাগ বা অন্যান্য তথ্য অনুসরণ করে কোনো খবর জানা *The wanted man was traced to an address in Sundernagar.* **2 trace sth (back) (to sth)** to find out where sth came from or what caused it; to describe the development of sth কোনো কিছুর উৎপত্তিস্থল খুঁজে বার করা; কোনো কিছুর বিকাশ বা বিবর্তন বর্ণনা করা *She traced her family tree back to the 16th century.* **3** to make a copy of a map, plan, etc. by placing a piece of transparent paper (**tracing paper**) over it and drawing over the lines কোনো মানচিত্র, নকশা ইত্যাদির উপর স্বচ্ছ কাগজের টুকরো রেখে ওই ছবিটির নকল করা

trachea / trəˈkiːə ট্র্যা'কীঅ্যা / *noun* [C] (*pl.* **tracheae** / -kiːiː -কীঈ / or **tracheas**) (*medical*) the tube in your throat that carries air to the lungs শ্বাসনালি, বায়ুবিল, কণ্ঠনালি ✪ সম **windpipe** ➪ **body**-তে ছবি দেখো।

track[1] / træk ট্র্যাক্ / *noun* **1** [C] a natural path or rough road নিয়মিত চলার ফলে তৈরি পথ, এবড়োখেবড়ো রাস্তা *Follow the dirt track through the wood.* **2** [C, *usually pl.*] marks that are left on the ground by a person, an animal or a moving vehicle চলার পথে মানুষের, পশুর বা চলন্ত গাড়ির চিহ্ন, ছাপ *The hunter followed the tracks of a deer.* ○ *tyre tracks* ➪ **foot print** দেখো। **3** [C, U] the two metal rails on which a train runs রেললাইন দুটি যার উপর দিয়ে ট্রেন চলে *The train stopped because there was a tree across the track.* **4** [C] a piece of ground, often in a circle, for people, cars, etc. to have races on মানুষ, গাড়ি ইত্যাদির দৌড়ের জন্য তৈরি (অনেক সময়ে) গোলাকৃতি পথ *a running track* **5** [C] one song or piece of music on a cassette, CD or record ক্যাসেট বা রেকর্ডে কোনো একটি সংগীত বা তার অংশ *the first track from her latest album* ➪ **soundtrack** দেখো।

IDM **keep/lose track of sb/sth** to have/not have information about what is happening or where sb/sth is কারও সঙ্গে যোগাযোগ রাখা বা না রাখা

off the beaten track ➪ **beat**[1] দেখো।

on the right/wrong track having the right/ wrong idea about sth কোনো বিষয় ঠিক বা ভুল সেই ধারণা হওয়া *That's not the answer but you're on the right track.*

track[2] / træk ট্র্যাক্/ *verb* [T] to follow the movements of sb/sth কারও বা কিছুর গতিবিধি অনুসরণ করা *to track enemy planes on a radar screen*

PHR V **track sb/sth down** to find sb/sth after searching for him/her/it অনুসন্ধান করা, চিহ্ন দেখে খুঁজে বার করা

track event *noun* [C] a sports event that consists of running round a track in a race, rather than throwing sth or jumping যে খেলা নির্দিষ্ট পথে দৌড়ে খেলা হয় (ছোড়া বা লাফানো হয় না) ➪ **field event** দেখো।

track record *noun* [*sing.*] all the past successes or failures of a person or an organization কোনো ব্যক্তি বা প্রতিষ্ঠানের অতীতের সাফল্য বা ব্যর্থতাসমূহ; ট্র্যাক রেকর্ড

tracksuit / ˈtræksuːt ˈট্র্যাক্সুট্ / *noun* [C] a warm pair of soft trousers and a matching jacket that you wear for sports practice প্রশিক্ষণ বা অভ্যাসের সময়ে খেলোয়াড়দের পরার হালকা গরম এবং নরম পোশাক

tract / trækt ট্র্যাক্ট্ / *noun* [C] a system of organs or tubes in the body that are connected and that have a particular purpose পারস্পরিকভাবে সম্পর্কিত অঙ্গসমূহ ও নালিসমূহের বিন্যাস বা ব্যবস্থা যেগুলি একসঙ্গে বিশেষ কোনো কাজ করে *the respiratory/digestive tract*

traction / ˈtrækʃn ˈট্র্যাক্শ্ন্ / *noun* [U] **1** the action of pulling sth along a surface; the power that is used for doing this কোনো কিছুর উপর দিয়ে কিছু টানার কাজ; এই টেনে নেওয়ার কাজে যে শক্তি লাগে *diesel/ electric/steam traction* **2** a way of treating a broken bone in the body that involves using special equipment to pull the bone gradually back into its correct place এক ধরনের চিকিৎসাপদ্ধতি যাতে বিশেষ সরঞ্জাম ব্যবহার করে ভাঙা হাড় ক্রমশ পিছন দিকে তার সঠিক স্থানে টেনে আনা *He spent six weeks* ***in traction*** *after he broke his leg.* **3** the force that stops sth, for example the wheels of a vehicle, from sliding on the ground পিছনে যাওয়া থেকে আটকায় বা থামায় যে শক্তি, যেমন কোনো গাড়ির চাকা

tractor / ˈtræktə(r) ˈট্র্যাক্ট্যা(র্) / *noun* [C] a large vehicle that is used on farms for pulling heavy pieces of machinery ভারী যন্ত্রপাতি নিয়ে যাওয়ার গাড়ি যা সাধারণত চাষের কাজে ব্যবহৃত হয়; ট্রাকটর

trade[1] / treɪd ট্রেইড্ / *noun* **1** [U] the buying or selling of goods or services between people or countries লোকজনের মধ্যে বা কয়েকটি দেশের মধ্যে পণ্য দ্রব্যাদি বা পরিষেবা বেচাকেনা; ব্যাবসাবাণিজ্য *an international trade agreement* **2** [C] a particular type of business বিশেষ কোনো ব্যাবসা *the tourist/ building/retail trade* **3** [C, U] a job for which you need special skill, especially with your hands বৃত্তি, পেশা *Jatin is a plumber* ***by trade***. ○ *to learn a trade* ➪ **work**-এ নোট দেখো।

trade[2] / treɪd ট্রেইড্ / *verb* **1** [I] **trade (in sth) (with sb)** to buy or sell goods or services জিনিসপত্র বা পরিষেবা কেনাবেচা *to trade in stocks and shares* **2** [T] **trade sth (for sth)** to exchange sth for sth else একটির বিনিময়ে অন্য কোনো জিনিস সংগ্রহ করা *He traded his CD player for his friend's bicycle.* ▶ **trading** *noun* [U] ব্যাবসা

PHR V **trade sth in (for sth)** to give sth old in part payment for sth new or newer নতুন জিনিসের দামের অংশ হিসেবে পুরোনো কোনো জিনিস দেওয়া *We traded in our old car for a van.*

trade balance = **balance of trade**

trademark / ˈtreɪdmɑːk ˈট্রেইড্মা:ক্ / *noun* [C] (*abbr.* **TM**) a special symbol, design or name that a company puts on its products and that cannot be used by any other company নিজস্ব উৎপাদনের উপরে যে বিশেষ চিহ্ন, নকশা বা নাম কোনো কোম্পানি দেয় এবং যা অন্য কোনো কোম্পানির দ্বারা ব্যবহৃত হতে পারে না; ট্রেডমার্ক

trader / ˈtreɪdə(r) ˈট্রেইড্যা(র্) / *noun* [C] a person who buys and sells things, especially goods in a market or company shares যে ব্যক্তি দ্রব্যাদি ক্রয় বিক্রয় করে, বিশেষত কোনো বাজারে; ব্যবসায়ী, ব্যাপারী

trade secret *noun* [C] a piece of information, for example about how a particular product is made, that is known only to the company that makes it কোনো গোপন তথ্য যেমন কোনো বিশেষ দ্রব্যের উৎপাদন পদ্ধতি বা কৌশল যা কেবল এর উৎপাদক কোম্পানিরই জানা থাকে; ব্যাবসার গোপন তথ্য বা কলাকৌশল

tradesman / ˈtreɪdzmən 'ট্রেইড্জ্ম্যান্ / *noun* [C] (*pl.* **men** / -mən -ম্যান্ /) a person who brings goods to people's homes to sell them or who has a shop যে ব্যক্তি লোকের বাড়িতে পণ্যদ্রব্য বিক্রির জন্য নিয়ে যায় অথবা যার দোকান আছে

trade union (*also* **trades union**; **union**) *noun* [C] an organization for people who all do the same type of work. Trade unions try to get better pay and working conditions for their members সভ্যদের ভালো রোজগার ও অন্যান্য সুবিধার ব্যবস্থা করা যে সংগঠনের উদ্দেশ্য; শ্রমিক সংগঠন; ট্রেড ইউনিয়ন

trade wind *noun* [C] a strong wind that blows all the time towards the **equator** and then to the west যে বায়ু সবসময় বিষুবরেখার দিকে যায় এবং সেখান থেকে পশ্চিমের দিকে বয়ে যায়; আয়ন বায়ু

tradition / trəˈdɪʃn ট্র্যা'ডিশ্ন্ / *noun* [C, U] a custom, belief or way of doing sth that has continued from the past to the present প্রবহমান ঐতিহ্য, বিশ্বাস, জীবনধারা, পরম্পরা *religious/cultural/literary traditions* ▶ **traditional** / -ʃənl -শ্যান্ল্ / *adj.* ঐতিহ্যবাহী *A sari is one of the traditional garments of India.* ▶ **traditionally** /-ʃənəli -শ্যান্যালি / *adv.* ঐতিহ্যমণ্ডিতভাবে, পরম্পরাগতভাবে

traffic / ˈtræfɪk 'ট্র্যাফিক্ / *noun* [U] **1** all the vehicles that are on a road at a particular time রাস্তার যানবাহন *heavy/light traffic* ○ *We got stuck **in traffic** and were late for the meeting.* **2** the movement of ships, aircraft, etc. জাহাজ, বিমান ইত্যাদির যাতায়াত *air traffic control* **3 traffic (in sth)** the illegal buying and selling of sth কোনো কিছুর বেআইনিভাবে কেনাবেচা *the traffic in drugs/fire arms* ▶ **traffic** *verb* [I] (*pres. part.* **trafficking;** *pt, pp* **trafficked**) **traffic (in sth)** বেআইনি ব্যাবসা করা *He was arrested for trafficking in drugs.* ▶ **trafficker** *noun* [C] অবৈধ ব্যাবসাদার *a drugs trafficker*

traffic island (*also* **island**) *noun* [C] a higher area in the middle of the road, where you can stand and wait for the traffic to pass when you want to cross রাস্তা পার হওয়ার সময়ে রাস্তার মাঝখানে উঁচু জায়গা

traffic jam *noun* [C] a long line of cars, etc. that cannot move or that can only move very slowly যানজট; ট্রাফিক জ্যাম *to be stuck in a traffic jam.*

traffic light *noun* [C, *usually pl.*] a sign with three coloured lights (**red, amber** and **green**) that is used for controlling the traffic where two or more roads meet যানবাহন নিয়ন্ত্রণকারী তিনটি আলো (লাল, হলুদ ও সবুজ) যেগুলি দুই বা ততোধিক রাস্তার সংযোগে থাকে

tragedy / ˈtrædʒədi 'ট্র্যাজ্যাডি / *noun* (*pl.* **tragedies**) **1** [C, U] a very sad event or situation, especially one that involves death কোনো দুঃখজনক ঘটনা বা পরিস্থিতি, বিশেষত মৃত্যু সংক্রান্ত *It's a tragedy that he died so young.* **2** [C] a serious play that has a sad ending গুরুগম্ভীর ভাবের বিয়োগান্তক নাটক, ট্র্যাজেডি *Shakespeare's 'King Lear' is a tragedy.* ➪ **comedy** দেখো।

tragic / ˈtrædʒɪk 'ট্র্যাজিক্ / *adj.* **1** that makes you very sad, especially because it involves death দুঃখজনক, মর্মান্তিক, শোকাবহ (বিশেষত মৃত্যু সংক্রান্ত হওয়ার কারণে) *It's tragic that she lost her only child.* ○ *a tragic accident* **2** (*written*) (*only before a noun*) (used about literature) in the style of tragedy (সাহিত্য সম্বন্ধে ব্যবহৃত) ট্র্যাজডির ঢঙে, ট্র্যাজেডি সম্বন্ধীয় *a tragic actor/hero* ▶ **tragically** / -kli -ক্লি / *adv.* দুঃখজনকভাবে, শোকাবহরূপে

trail¹ / treɪl ট্রেইল্ / *noun* [C] **1** a series of marks in a long line that is left by sb/sth as he/she/it moves যে চলে গেছে তার রেখে যাওয়া চিহ্ন-রেখা *a trail of blood/foot-prints* **2** a track, sign or smell that is left behind and that you follow when you are hunting sb/sth রেখে যাওয়া চিহ্ন, ছাপ বা গন্ধ যা অনুসরণ করে শিকার করতে সুবিধা হয় *The dogs ran off **on the trail of** the fox.* **3** a path through the country বুনো রাস্তা, বন্ধুর গ্রাম্য পথ, অরণ্যপথ

trail² / treɪl ট্রেইল্ / *verb* **1** [I, T] to pull or be pulled along behind sb/sth টানা, কারও বা কোনো কিছুর পিছনে ঘষতে ঘষতে যাওয়া *The skirt was too long and trailed along the ground.* **2** [I] to move or walk slowly behind sb/sth else, usually because you are tired or bored কোনোমতে, ক্লান্ত শরীর টানতে টানতে নিয়ে কোনো কিছুর পিছনে চলতে থাকা *It was impossible to do any shopping with the kids trailing around after me.* **3** [I, T] **trail (by/in sth)** (*usually used in the continuous tenses*) to be in the process of losing a game or a competition প্রতিযোগিতা বা খেলায় হেরে যাওয়ার মতো অবস্থায় আসা *At half-time Liverpool were trailing by two goals to three.* **4** [I] (used about plants or sth long and thin) to grow over sth and hang downwards; to lie across

a surface (উদ্ভিদ বা লম্বা পাতলা কোনো কিছু সম্বন্ধে ব্যবহৃত) কোনো কিছুর উপর বেড়ে উঠে ঝুলে থাকা; মেঝেতে পড়ে থাকা *Computer wires trailed across the floor.*
PHR V **trail away/off** (used about sb's voice) to gradually become quieter and then stop (কারও গলার আওয়াজ সম্বন্ধে ব্যবহৃত) ধীরে ধীরে চুপ হয়ে যাওয়া

trailer / ˈtreɪlə(r) ˈট্রেইল্যা(র্) / *noun* [C] **1** a type of container with wheels that is pulled by a vehicle গাড়ির পিছনে টেনে নিয়ে যাওয়া হয় এমন মালগাড়ি *a car towing a trailer with a boat on it* **2** (*AmE*) = **caravan 1** **3** a series of short pieces taken from a film and used to advertise it কোনো সিনেমার ছোটো ছোটো ছবির পর্যায়ক্রমিক টুকরো যা তার বিজ্ঞাপনের জন্য ব্যবহৃত হয় ➪ **clip** দেখো।

train[1] / treɪn ট্রেইন্ / *noun* [C] **1** a type of transport that is pulled by an engine along a railway line. A train is divided into sections for people (**carriages** and **coaches**) and for goods (**wagons**) রেললাইনের উপর দিয়ে ইঞ্জিনের সাহায্যে টেনে নিয়ে যাওয়া হয় একধরনের যান যা দুটি ভাগে বিভক্ত, যাত্রীদের জন্য এবং মালপত্রের জন্য; রেলগাড়ি; ট্রেন *a passenger/goods/freight train ○ a fast/slow/express train ○ to get on/off a train*

> **NOTE** সাধারণভাবে আমরা **by train** কথাটি ব্যবহার করি। যখন নির্দিষ্ট ট্রেনযাত্রার কথা বলা হয় তখন **on the train** কথাটি ব্যবহার করা হয়—*Meenakshi travel to work went by train yesterday she fell asleep on the train.*

2 [*usually sing.*] a series of thoughts or events that are connected চিন্তাপ্রবাহ, চিন্তাধারা *A knock at the door interrupted my **train of thought**.*

train[2] / treɪn ট্রেইন্ / *verb* **1** [T] **train sb (as sth/to do sth)** to teach a person to do sth which is difficult or which needs practice কাউকে জটিল এবং অনুশীলন সাপেক্ষ কাজে প্রশিক্ষণ দেওয়া *The organization trains guide dogs for the blind.* **2** [I, T] **train (as/in sth) (to do sth)** to learn how to do a job কোনো কাজ করতে শেখা, প্রশিক্ষণ নেওয়া *She trained as an engineer. ○ He's training to be a doctor.* **3** [I, T] **train (for sth)** to prepare yourself, especially for a sports event, by practising; to help a person or an animal to do this অনুশীলন করা, বড়ো কোনো খেলার জন্য অভ্যাসের মাধ্যমে নিজেকে তৈরি করা; এই কাজ করার জন্য কোনো ব্যক্তি বা পশুকে সাহায্য করা *I'm training for the Olympics. ○ to train race horses* **4** [T] **train sth (at/on sb/sth)** to point a gun, camera, etc. at sb/sth বন্দুক ছুড়তে, ক্যামেরা ব্যবহার করতে শেখানো ▶ **training** *noun* [U] প্রশিক্ষণ *to be **in training** for the Olympics*

trainee / ˌtreɪˈniː ˌট্রেই'নী / *noun* [C] a person who is being taught how to do a particular job প্রশিক্ষণরত, অনুশীলনরত

trainer / ˈtreɪnə(r) ˈট্রেইন্যা(র্) / *noun* [C] **1** (*AmE* **sneaker**) [*usually pl.*] a shoe that you wear for doing sport or as informal clothing খেলার জুতো; স্নিকার **2** a person who teaches people or animals how to do a particular job or skill well, or to do a particular sport (মানুষের অথবা পশুর) প্রশিক্ষক *teacher trainers ○ a racehorse trainer*

trainspotter / ˈtreɪnspɒtə(r) ˈট্রেইন্‌স্পট্যা (র্) / *noun* [C] (*BrE*) **1** a person who collects the numbers of railway engines as a hobby যে ব্যক্তির শখ ট্রেন ইঞ্জিনের সংখ্যা সংগ্রহ করা **2** a person who has a boring hobby or who is interested in the details of a subject that other people find boring যে ব্যক্তির একঘেয়ে কোনো শখ আছে অথবা অন্যদের কাছে যা একঘেয়ে সেই বস্তুর বিস্তারিত বিবরণে যার আগ্রহ ▶ **trainspotting** *noun* [U] কোনো একঘেয়ে শখ, ট্রেন ইঞ্জিন গণনার শখ

trait / treɪt ট্রেইট্ / *noun* [C] a quality that forms part of your character or personality চরিত্র, স্বভাব, আচার ব্যবহারের বৈশিষ্ট্য; ব্যক্তিত্ব-প্রকাশক গুণাবলী

traitor / ˈtreɪtə(r) ˈট্রেইট্যা(র্) / *noun* [C] **a traitor (to sb/sth)** a person who is not loyal to his/her country, friends, etc. দেশদ্রোহী, বিশ্বাসঘাতক

tram / træm ট্র্যাম্ / (*AmE* **streetcar**; **trolley**) *noun* [C] a type of bus that works by electricity and that moves along special rails in the road (বিদ্যুতের সাহায্যে রেলের উপর দিয়ে চলে) ট্রামগাড়ি

tramp[1] / træmp ট্র্যাম্প্ / *noun* **1** [C] a person who has no home or job and who moves from place to place ভবঘুরে, নিরাশ্রয়, বেকার ব্যক্তি **2** [*sing.*] the sound of people walking with heavy or noisy steps ভারী পদক্ষেপে চলার আওয়াজ

tramp[2] / træmp ট্র্যাম্প্/ *verb* [I, T] to walk with slow heavy steps, especially for a long time ভারী পা ফেলে, অনেকক্ষণ ধরে, ধীরে ধীরে হাঁটা

trample / ˈtræmpl ˈট্র্যাম্প্‌ল্ / *verb* [I, T] **trample on/over sb/sth** to walk on sb/sth and damage or hurt him/her/it মাড়িয়ে দেওয়া, পদদলিত করা *The boys trampled on the flowers.*

trampoline / ˈtræmpəliːn ˈট্র্যাম্প্যালীন্ / *noun* [C] a piece of equipment for jumping up and down on, made of a piece of strong material fixed to a metal frame by springs ধাতব ফ্রেমে স্প্রিং দ্বারা

আটকানো শক্ত কোনো বস্তু দিয়ে তৈরি এক ধরনের সরঞ্জাম যার উপর লাফানো যায়

trance / trɑːns ট্রা:ন্স্ / *noun* [C] a mental state in which you do not notice what is going on around you মানসিক আবেশ, আচ্ছন্ন অবস্থা *to go/fall into a trance*

tranquil / ˈtræŋkwɪl ট্র্যাংকুইল্ / *adj.* (*formal*) calm and quiet শান্ত, প্রশান্ত, চুপচাপ

tranquillize (*also* **-ise;** *AmE* **tranquilize**) / ˈtræŋkwəlaɪz ট্র্যাংকুঅ্যালাইজ্ / *verb* [T] to make a person or an animal calm or unconscious, especially by giving him/her/it a drug ওষুধ ইত্যাদির সাহায্যে প্রাণীকে অচেতন, অজ্ঞান করা

tranquillizer (*also* **-iser;** *AmE* **tranquilizer**) / ˈtræŋkwəlaɪzə(r) ট্র্যাংকুঅ্যালাইজ়্যা (র্) / *noun* [C] a drug that is used for making people feel calm or to help them sleep উত্তেজনা কমানো বা ঘুম পাড়ানোর ওষুধ ➪ **sedative** দেখো।

trans- / trænz; træns ট্র্যান্জ্; ট্র্যান্স্ / *prefix* **1** (*used in adjectives*) across; beyond -ব্যাপ্ত, -পরবর্তী, পার হয়ে *transatlantic* ○ *transcontinental* **2** (*used in verbs*) into another place or state অন্য জায়গায়, অন্য অঞ্চলে বা অবস্থায় *transplant* ○ *transform*

transaction / trænˈzækʃn ট্র্যান্'জ্যাক্শ্ন্ / *noun* [C] a piece of business that is done between people ব্যাবসায়িক লেনদেন *financial transactions*

transatlantic / ˌtrænzətˈlæntɪk ˌট্র্যান্জ্যাট্'ল্যান্টিক্ / *adj.* to or from the other side of the Atlantic Ocean; across the Atlantic আটলান্টিক মহাসাগরের দিকে বা তার অন্য দিক থেকে; আটলান্টিক মহাসাগরের ওপারে *a transatlantic flight/voyage*

transcend / trænˈsend ট্র্যান্'সেন্ড্/ *verb* [T] (*formal*) to go further than the usual limits of sth সাধারণ সীমা ছাড়িয়ে যাওয়া

transcribe / trænˈskraɪb ট্র্যান্'স্ক্রাইব্ / *verb* [T] **1 transcribe sth (into sth)** to record thoughts, speech or data in a written form, or in a different written form from the original লিখিতভাবে বা মূল থেকে পৃথক কোনো লিখিত রূপে চিন্তা, বক্তব্য বা তথ্য ধরে রাখা; তার রেকর্ড রাখা *Clerks transcribe everything that is said in court.* ○ *The interview was recorded and then transcribed.* **2** (*technical*) to show the sounds of speech using a special **phonetic** alphabet বিশেষ ধ্বনিযুক্ত বর্ণমালা ব্যবহার করে বক্তব্যের ধ্বনি প্রদর্শন করা বা লিখিতভাবে দেখানো ➪ **phonetic** দেখো। **3 transcribe sth (for sth)** to write a piece of music in a different form so that it can be played by another musical instrument or sung by another voice অন্য কারও গলায় গাওয়া বা অন্য যন্ত্রে বাজানোর জন্য গানের স্বরলিপি নতুন করে লেখা, এক যন্ত্রের সংগীত অন্য যন্ত্রের উপযোগী করে তোলা *a piano piece transcribed for the guitar*

transcript / ˈtrænskrɪpt ট্র্যান্স্ক্রিপ্ট্ / (*also* **transcription**) *noun* [C] a written or printed copy of what sb has said কারও বক্তব্যের লিখিত বা মুদ্রিত প্রতিলিপি *transcript of the interview/trial*

transcription / trænˈskrɪpʃn ট্র্যান্'স্ক্রিপ্শ্ন্ / *noun* **1** [U] the act or process of representing sth in a written or printed form লিখিত বা মুদ্রিতভাবে কোনো কিছু উপস্থাপিত করার পদ্ধতি; লিপ্যন্তর *errors made in transcription* ○ *phonetic transcription* **2** [C] =**transcript** *The full transcription of the interview is attached.* **3** [C] something that is represented in writing লিপ্যন্তরিত পাঠ *This dictionary gives phonetic transcriptions of all headwords.* **4** [C] a change in the written form of a piece of music so that it can be played on a different instrument or sung by a different voice অন্য বাদ্যযন্ত্রে বাজানো বা অন্য কারও গলার উপযোগী করে তোলার জন্য গানের লিখিত রূপের মধ্যে পরিবর্তন

transducer / ˌtrænzˈdjuːsə(r) ˌট্র্যান্জ়্'ডিউস্যা(র্) / *noun* [C] (*technical*) a device for producing an electrical signal from another form of energy such as pressure অন্য কোনো রকম শক্তি থেকে (যেমন চাপ) বৈদ্যুতিক সংকেত উৎপন্ন করার পদ্ধতি

transfer[1] / trænsˈfɜː(r) ট্র্যান্স্'ফ্য(র্)/ *verb* (**transferring; transferred**) **1** [I, T] **transfer (sb/sth) (from...) (to...)** to move, or to make sb/sth move, from one place to another এক জায়গা থেকে অন্য জায়গায় সরে যাওয়া অথবা কাউকে বা কোনো জিনিস সরানো; স্থানান্তরিত করা *I'd like to transfer Rs 1000 from my deposit account* (=in a bank). ○ *Transfer the data onto a disk.* **2** [T] to officially arrange for sth to belong to, or be controlled by, sb else আইনসম্মতভাবে অন্য কাউকে কোনো কিছুর অধিকার দেওয়া *She transferred the property to her son.* ▶ **transferable** /-ˈfɜːrəbl -'ফ্যর‍্যাব্ল্ / *adj.* হস্তান্তরিত বা স্থানান্তরিত করার যোগ্য *This ticket is not transferable* (=may only be used by the person who bought it).

transfer[2] / ˈtrænsfɜː(r) 'ট্র্যান্স্ফ্য(র্) / *noun* **1** [C, U] moving or being moved from one place, job or state to another একটি স্থান, চাকুরি বা রাজ্য থেকে অন্যত্র বদলি *Pulkit is not happy here and has asked for a transfer.* **2** [U] changing to a different vehicle or route during a journey যাত্রাকালে পথ বা গাড়ি বদল *Transfer from the airport to the hotel is included.* **3** [C] (*AmE*) a ticket that allows you to continue your journey on another bus or train যে টিকিটের সাহায্যে অন্য বাস বা ট্রেনেও যাওয়া যায়

transform / træns'fɔ:m ট্র্যান্স্'ফ:ম্ / *verb* [T] **transform sb/sth (from sth) (into sth)** to change sb/sth completely, especially in a way which improves him/her/it সম্পূর্ণরূপে কাউকে বা কিছু বদলে ফেলা, রূপান্তর ঘটানো (আরও সুন্দর বা উন্নত করার জন্য) ▶ **transformation** / ˌtrænsfə'meɪʃn ˌট্র্যান্স্ফ্যা'মেইশ্ন্ / *noun* [C, U] রূপান্তর, আমূল পরিবর্তন

transformer / træns'fɔ:mə(r) ট্র্যান্স্'ফ:ম্যা(র্) / *noun* [C] a device for reducing or increasing the electrical force (**voltage**) that goes into a piece of electrical equipment বৈদ্যুতিক সরঞ্জামের মধ্যে দিয়ে যে বৈদ্যুতিক শক্তিপ্রবাহ বা ভোল্টেজ যায় তা কমানো বা বাড়ানোর যন্ত্র; ট্রান্সফর্মার ➪ **generator**-এ ছবি দেখো।

transfusion / træns'fju:ʒn ট্র্যান্স্'ফিউজ্ন্ / *noun* [C] the action of putting new blood into a person's body instead of his/her own because he/she is ill রোগীর শরীরে নতুন রক্তদান *a blood transfusion*

transistor / træn'zɪstə(r); - 'sɪst- ট্র্যান্'জিস্টা(র্); -'সিস্ট্ / *noun* [C] a small piece of electronic equipment that is used in computers, radios, televisions, etc. কম্পিউটার, রেডিও, টেলিভিশন ইত্যাদিতে ব্যবহৃত একটি বৈদ্যুতিন ছোটো যন্ত্রাংশ

transit / 'trænzɪt; - 'sɪt 'ট্র্যান্জিট্; - 'সিট্ / *noun* [U] **1** the act of being moved or carried from one place to another স্থানান্তরিত অথবা এক স্থান থেকে অন্যত্র বাহিত হওয়ার ক্রিয়া *The goods had been damaged **in transit**.* **2** going through a place on the way to somewhere else কোনো নির্দিষ্ট জায়গায় যাওয়ার পথে অন্য কোনো জায়গায় হয়ে যাওয়ার ক্রিয়া ***transit visa*** (= permission to pass through a country but not to stay there)

transition / træn'zɪʃn; - 'sɪʃn ট্র্যান্'জিশ্ন্; -'সিশ্ন্ / *noun* [C, U] **(a) transition (from sth) (to sth)** a change from one state or form to another এক অবস্থা থেকে অন্য অবস্থায় পরিবর্তন; অবস্থান্তর *the transition from childhood to adolescence* ▶ **transitional** / -ʃənl -শ্যান্ল্ / *adj.* অন্তবর্তী *a transitional stage/period*

transition metal (*also* **transition element**) *noun* [C] one of the group of metals in the centre of **the periodic table**. Transition metals are heavy, they melt only at high temperatures, they form coloured compounds, they can combine with another element to form more than one compound, and they often act as a **catalyst** পর্যায়সারণির মধ্যবর্তী বিশেষ ধরনের কয়েকটি ধাতু যেগুলি ভারী, কেবল উচ্চ তাপমাত্রায় গলনশীল, যেগুলি রঙিন যৌগ তৈরি করে এবং অন্য মৌল পদার্থের সঙ্গে মিলে যেগুলি একটির থেকে বেশি যৌগ তৈরি করতে পারে এবং প্রায়শ যেগুলি অনুঘটক হিসাবে কাজ করে

transitive / 'trænsətɪv ট্র্যান্স্যাটিভ্/ *adj.* (*grammar*) (*used about a verb*) that has a direct object (ব্যাকরণ) (ক্রিয়াপদ সম্বন্ধে ব্যবহৃত) যার কর্ম আছে, যে সকর্মক *In this dictionary transitive verbs are marked* [T]. ✪ বিপ **intransitive**

> **NOTE** Transitive verbs (সকর্মক ক্রিয়া) সম্বন্ধে আরও বিশদভাবে জানার জন্য এই অভিধানের শেষে **Quick Grammar Reference** অংশ দেখো।

translate / træns'leɪt; trænz- ট্র্যান্স্'লেইট্; ট্র্যানজ্- / *verb* [I, T] **translate (sth) (from sth) (into sth)** to change sth written or spoken from one language to another ভাষান্তরিত করা, অনুবাদ করা *This book has been translated from Hindi into English.* ➪ **interpret** দেখো। ▶ **translation** /træns'leɪʃn; trænz- ট্র্যান্স্'লেইশ্ন্; ট্র্যানজ্ / *noun* [C, U] অনুবাদ, ভাষান্তরকরণ *a word-for-word translation* ○ *an error in translation*

translator / træns'leɪtə(r); trænz- ট্র্যান্স্'লেইট্যা (র্); ট্র্যানজ্ -/ *noun* [C] a person who changes sth that has been written or spoken from one language toanother অনুবাদক ➪ **interpreter** দেখো।

translucent / træns'lu:snt; trænz- ট্র্যান্স্'লুস্ন্ট্; -ট্র্যানজ্ / *adj.* (*written*) allowing light to pass through but not transparent যার মধ্যে দিয়ে আলো গেলেও তা স্বচ্ছ নয় *The sky was a pale translucent blue.* ○ *His skin was translucent with age.* ▶ **translucence** / -sns স্ন্স / (**translucency** / -snsi -স্ন্সি /) *noun* [U] ঈষদস্বচ্ছতা

transmission / træns'mɪʃn; trænz- ট্র্যান্স্'মিশ্ন্; ট্র্যানজ্- / *noun* **1** [U] sending sth out or passing sth on from one person, place or thing to another বার্তাপ্রেরণ, সম্প্রচার, সম্প্রসারণ *the transmission of television pictures by satellite* ○ *the transmission of a disease/virus* **2** [C] a television or radio programme রেডিও বা টেলিভিশনের অনুষ্ঠান **3** [U, C] the system in a car, etc. by which power is passed from the engine to the wheels গাড়ি ইত্যাদিতে ইঞ্জিন থেকে চাকায় শক্তি পৌঁছে দেওয়ার উপায়

transmit / træns'mɪt; trænz- ট্র্যান্স্'মিট্; ট্র্যানজ্- / *verb* [T] (**transmitting; transmitted**) **1** to send out television or radio programmes, electronic signals, etc. টেলিভিশন ও বেতার অনুষ্ঠান, বৈদ্যুতিন সংকেত ইত্যাদি সম্প্রচার করা *The match was transmitted live all over the world.* **2** to send or pass sth from one person or place to another সংক্রামিত করা, একজনের কাছ থেকে আর একজনের কাছে বা এক জায়গা থেকে আর এক জায়গায় যাওয়া *a sexually transmitted disease*

transmitter / træns'mɪtə(r); trænz- ট্র্যান্স্'মিট্যা(র্); ট্র্যানজ়্- / *noun* [C] a piece of equipment that sends out electronic signals, television or radio programmes, etc. বৈদ্যুতিন সংকেত, টেলিভিশন বা রেডিওর অনুষ্ঠান ইত্যাদি প্রেরণের যন্ত্র

transparency / træns'pærənsi ট্র্যান্স্'প্যার্যান্সি / *noun* [C] (*pl.* **transparencies**) a piece of plastic on which you can write or draw or that has a picture, etc. on it that you look at by putting it on a special machine (**projector**) and shining light through it প্লাস্টিকের টুকরো যার উপরে কোনো ছবি লেখা বা আঁকা আছে সেটিকে প্রোজেক্টারের উপর রেখে বা তার সাহায্যে আলো ফেললে তা দৃশ্যমান হয়ে ওঠে *a transparency for the overhead projector* ➪ **slide**[2] 4-এ দেখো।

transparent / træns'pærənt ট্র্যান্স্'প্যার্যান্ট্ / *adj.* that you can see through স্বচ্ছ, যার মধ্যে দিয়ে আলো যায় *Glass is transparent.* ✪ বিপ **opaque**

transpiration / ˌtrænspɪ'reɪʃn ˌট্র্যান্স্পি'রেইশ্ন্ / *noun* [U] the process of water passing out from the surface of a plant or leaf গাছপালা বা পাতার গা থেকে বাষ্প নিঃসরণ হওয়ার প্রক্রিয়া; বাষ্পমোচন, স্বেদন

transpire / træn 'spaɪə(r) ট্র্যান্'স্পাইঅ্যা(র্) / *verb* [I] **1** (*not usually used in the progressive tenses*) to become known; to be shown to be true ক্রমশঃ প্রকাশ পাওয়া; ফাঁস হয়ে যাওয়া ***It transpired that*** *the gang had had a contact inside the bank.* ○ *This story, it later transpired, was untrue.* **2** to happen ঘটা *You're meeting him tomorrow? Let me know what transpires.* **3** (*technical*) when plants or leaves **transpire**, water passes out from their surface যখন পাতা এবং গাছ **transpire** করে বা বাষ্পমোচন করে তখন তাদের উপর থেকে জল বেরোয়

transplant[1] / træns'plɑːnt; trænz- ট্র্যান্স্'প্লা:ন্ট্; ট্র্যানজ়্- / *verb* [T] **1** to take out an organ or other part of sb's body and put it into another person's body (অস্ত্রোপচারের সাহায্যে) কারও শরীর থেকে কোনো অঙ্গ তুলে নিয়ে অন্যের শরীরে স্থাপন করা **2** to move a growing plant and plant it somewhere else শিকড় সমেত তুলে নিয়ে গিয়ে গাছ অন্য জায়গায় লাগানো ➪ **graft**-দেখো।

transplant[2] / 'trænsplɑːnt; 'trænz- 'ট্র্যান্স্প্লা:ন্ট্; 'ট্র্যানজ়্- / *noun* [C] a medical operation in which an organ, etc. is taken out of sb's body and put into another person's body অঙ্গ সংস্থাপনের চিকিৎসা পদ্ধতি *to have a heart/liver/kidney transplant*

transport / 'trænspɔːt 'ট্র্যান্স্পːট্/ (*AmE* **transportation** / ˌtrænspɔː'teɪʃn ˌট্র্যান্স্পː'টেইশ্ন্/) *noun* [U] **1** the action of carrying or taking people or goods from one place to another মালপত্র, মানুষজন এক জায়গা থেকে অন্য জায়গায় স্থানান্তরিত করার কাজ; পরিবহণ *road/rail/sea transport* **2** vehicles that you travel in; a method of travel যানবাহন ব্যবস্থা; যাতায়াতের ব্যবস্থা *I travel to school by public transport.* ○ *His bike is his only* ***means of transport***. ▶ **transport** / træn'spɔːt ট্র্যান্'স্পːট্ / *verb* [T] পরিবহণ করা, স্থানান্তরিত করা

transpose / træn'spəʊz ট্র্যান্'স্প্যাউজ় / *verb* [T] (*often passive*) **1** (*formal*) to change the order of two or more things দুই বা ততোধিক জিনিসের পরস্পরের স্থান বদলানো ✪ সম **reverse** **2** (*formal*) to move or change sth to a different place or environment or into a different form কোনো কিছু আলাদা কোনো স্থান বা পরিবেশ বা রূপে নিয়ে আসা বা বদলানো ✪ সম **transfer** ▶ **transposition** / ˌtrænspə'zɪʃn ˌট্র্যান্স্প্যা'জ়িশ্ন্ / *noun* [C, U] পারস্পরিক স্থান পরিবর্তন

transverse / 'trænzvɜːs; 'træns- 'ট্র্যানজ়্ভ্যস্; 'ট্র্যান্স্- / *adj.* (*usually before a noun*) (*technical*) situated across sth আড়াআড়িভাবে অবস্থিত *A transverse bar joins the two posts.*

transverse wave *noun* [C] (*technical*) a wave that **vibrates** at an angle of 90 degrees to the direction that it is moving যে দিকে গতি তার ৯০° কোণে বা সমকৌণিকভাবে কম্পিত হয় যে তরঙ্গ; অনুপ্রস্থ তরঙ্গ, তির্যক তরঙ্গ ➪ **longitudinal wave** দেখো।

trap[1] / træp ট্র্যাপ্ / *noun* [C] **1** a piece of equipment that you use for catching animals পশুপাখি ধরার জাল বা ফাঁদ; বিতংস *a mousetrap* ○ *The rabbit's leg was caught in the trap.* **2** a clever plan that is designed to trick sb কাউকে ঠকানোর সুপরিকল্পিত কৌশল *She* ***walked straight into the trap.*** **3** an unpleasant situation from which it is hard to escape ফাঁদ, জাল ➪ **death trap** দেখো।

trap[2] / træp ট্র্যাপ্ / *verb* [T] (**trapping; trapped**) **1** (*often passive*) to keep sb in a dangerous place or a bad situation from which he/she cannot escape কাউকে ফাঁদে আটকে রাখা (যেখান থেকে পালানোর পথ নেই) *The door closed behind them and they were trapped.* ○ *Many people are trapped in low-paid jobs.* **2** to catch and keep or store sth ধরা, রাখা বা জমিয়ে রাখা, ধরে রাখা *Special glass panels trap heat from the sun.* **3** to force sb/sth into a place or situation from which he/she cannot escape কোনো ব্যক্তি বা বস্তুকে কোনো স্থান বা পরিস্থিতির মধ্যে থাকতে বাধ্য করা যা সে এড়িয়ে যেতে পারে না *Police believe this new evidence could help trap the killer.* **4** to catch an animal, etc. in a trap কোনো পশু ইত্যাদিকে জালের মধ্যে বা ফাঁদ পেতে ধরা **5 trap**

sb (into sth/into doing sth) to make sb do sth by tricking him/her কাউকে ঠকিয়ে বা বোকা বানিয়ে কিছু করানো *she had been trapped into revealing her true identity.*

trapdoor / ˈtræpdɔ:(r) ˈট্র্যাপ্‌ড:(র্) / *noun* [C] a small door in a floor or ceiling ঘরের ছাদে বা মেঝেয় ছোটো দরজা, চোরা দরজা

trapeze / trəˈpi:z ট্র্যাˈপীজ্; / *noun* [C] a wooden or metal bar hanging from two ropes high above the ground, used by performers (**acrobats**) কাঠ বা ধাতুখণ্ড যা দুটি দড়ি দিয়ে মাটি থেকে উঁচুতে ঝোলানো থাকে যা অ্যাক্রোব্যাটরা ব্যবহার করে

trapezium / trəˈpi:ziəm ট্র্যাˈপীজ়িঅ্যাম্ / *noun* [C] **1** (*AmE* **trapezoid**) a flat shape with four straight sides, one pair of opposite sides being parallel and the other pair not parallel যে চতুর্ভুজের দুটি মাত্র বাহু সমান্তরাল; বিষম চতুর্ভুজ **2** (*AmE*) = **trapezoid**

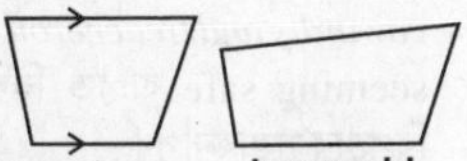

trapezium (*AmE* **trapezoid**) **trapezoid** (*AmE* **trapezium**)

trapezoid / ˈtræpəzɔɪd ˈট্র্যাপ্যাজ়ইড্ / *noun* [C] **1** (*AmE* **trapezium**) a flat shape with four straight sides, none of which are parallel যে চতুর্ভুজের কোনো বাহুই কোনোটির সমান্তরাল নয় **2** (*AmE*) = **trapezium**

trappings / ˈtræpɪŋz ˈট্র্যাপিংজ্ / *noun* [*pl.*] clothes, possessions, etc. which are signs of a particular social position কোনো নির্দিষ্ট সামাজিক পদমর্যাদার অবস্থা পরিচায়ক পোশাক-আশাক, দ্রব্যাদি ইত্যাদি

trash / træʃ ট্র্যাশ্ / (*AmE*) = **rubbish**

trash can (*AmE*) = **dustbin**

trashy / ˈtræʃi ˈট্র্যাশি / *adj.* of poor quality খারাপ মানের, নিকৃষ্ট *trashy novels/clothes*

trauma / ˈtrɔ:mə ˈট্র:ম্যা / *noun* [C, U] (an event that causes) a state of great shock or sadness (যে ঘটনার ফলে এরকম ঘটে) তীব্র মানসিক আঘাত, গভীর শোক, শোকাবহ অভিজ্ঞতা *the trauma of losing your parents* ➪ **stress** দেখো। ▶ **traumatic** / trɔ:ˈmætɪk ট্র:ˈম্যাটিক্ / *adj.* আতঙ্কজনক

traumatize (*also* **-ise**) / ˈtrɔ:mətaɪz ˈট্র:ম্যাটাইজ্ / *verb* [T] (*usually passive*) to shock and upset sb very much, often making him/her unable to think or work normally কাউকে খুব বড়ো রকমের মানসিক আঘাত দেওয়া যার ফলে অনেক সময় স্বাভাবিক চিন্তাক্ষমতা বা কর্মক্ষমতা কমে আসে

travel[1] / ˈtrævl ˈট্র্যাভ্‌ল্/ *verb* (**travelling; travelled** *AmE* **traveling; traveled**) **1** [I] to go from one place to another, especially over a long distance বেড়ানো, দূরে কোথাও ভ্রমণ করা, এক জায়গা থেকে এক জায়গায় যাওয়া *to travel to work* ○ *travelling expenses* **2** [T] to make a journey of a particular distance নির্দিষ্ট দূরত্বের রাস্তা পরিক্রমা করা *They travelled 60 kilometres to come and see us.*

IDM **travel light** to take very few things with you when you travel সঙ্গে কম মাল বা জিনিসপত্র নিয়ে বেড়ানো

travel[2] / ˈtrævl ˈট্র্যাভ্‌ল্ / *noun* **1** [U] the action of going from one place to another ভ্রমণ, যাত্রা *air/rail/space travel* ○ *a travel bag/clock/iron* (=designed to be used when travelling) **2 travels** [*pl.*] time spent travelling, especially to places that are far away যাত্রা সময়, এক জায়গা থেকে আর এক জায়গা যেতে যতটা সময় লেগেছে

> NOTE **Travel** শব্দটি অগণনীয় এবং সাধারণ যাতায়াতের জন্য ব্যবহার করা হয়—*Foreign travel is very popular these days.* কোনো বিশেষ স্থান থেকে অন্য স্থানে যাওয়ার জন্য **journey** শব্দটি ব্যবহার করা হয়। **journey** লম্বা হতে পারে—*journey across Canada* কিংবা বারংবার হতে পারে—*the journey to work.* কোনো চক্রভ্রমণ অথবা পায়ে হেঁটে অনেক স্থান দেখাকে **tour** বলা হয়। কোনো দেশ, শহর, আকর্ষণীয় স্থান ইত্যাদির ভ্রমণকেও **tour** বলা হয়—*a three-week tour around Italy* ○ *a guided tour of the castle.* কোনো স্থানে ভ্রমণ (সেখানে যাওয়া আসা এবং থাকা) করলে তার জন্য **trip** শব্দটি ব্যবহার করা হয়—*They're just back from a trip to Japan.* কিন্তু নিম্নলিখিত বাক্যে **trip** শব্দটি ব্যবহার করা হয় না—*'How was the journey back?' 'Awful–the plane was delayed!'* 'Trip' ছোটো হতে পারে—*a day trip* অথবা লম্বা হতে পারে—*a trip round the world* এবং ব্যাবসা অথবা বিনোদনের জন্য হতে পারে—*How about a shopping trip to London this summer?* ○ *He's on a business trip to New York to meet a client.* কোনো গোষ্ঠীর সঙ্গে ছোটো পূর্বপরিকল্পিত যাত্রাকে **excursion** বলা হয়—*The holiday includes a full-day excursion to the Red Fort.* **Journey, tour trip** অথবা **excursion**-এ যাওয়ার কথা বলতে হলে **go on** অভিব্যক্তিটি ব্যবহার করা হয়—*You go on a journey/tour/trip/excursion.*

travel agency *noun* [C] (*pl.* **travel agencies**) a company that makes travel arrangements for people (booking tickets, flights, hotels, etc.) যে সংস্থা ভ্রমণপিপাসু ব্যক্তিদের বেড়ানোর জন্য প্রয়োজনীয় ব্যবস্থা করে দেয় (টিকিট, ফ্লাইট, হোটেল ইত্যাদির বুকিং)

travel agent *noun* **1** [C] a person whose job is to make travel arrangements for people যে ব্যক্তি ঐ জাতীয় ভ্রমণ সংস্থায় কাজ করে **2 the travel agent's** [*sing.*] the shop where you can go to make travel arrangements, buy tickets, etc. ভ্রমণের ব্যবস্থা, টিকিট কেনা ইত্যাদির জন্য যে দোকানে যেতে হয়

traveller (*AmE* **traveler**) / ˈtrævələ(r) ট্র্যাভ্যাল্যা(র্) / *noun* [C] **1** a person who is travelling or who often travels পর্যটক, ভ্রমণবিলাসী **2** (*BrE*) a person who travels around the country in a large vehicle and does not have a permanent home anywhere যে ব্যক্তি কোনো জায়গায় স্থায়ীভাবে বাস না করে ভ্রাম্যমাণ গাড়িতে ঘুরে বেড়ায় ➪ **gypsy** দেখো।

traveller's cheque (*AmE* **traveler's check**) *noun* [C] a cheque that you can change into foreign money when you are travelling in other countries ভ্রমণকারীদের জন্য বিশেষ চেক যা অন্য দেশে সেই দেশের মুদ্রায় ভাঙানো যায়; ট্র্যাভেলার্স চেক

travel-sick *adj.* feeling sick or vomiting because of the movement of the vehicle you are travelling in গাড়িতে গেলে গাড়ির গতির জন্য গা বমি বমি করে এমন ➪ **airsick, carsick** এবং **seasick** দেখো।

travesty / ˈtrævəsti ট্র্যাভ্যাস্টি / *noun* [C] (*pl.* **travesties**) **travesty of sth** something that does not have the qualities or values that it should have, in a way that is often shocking or offensive বিস্ময়করভাবে বা বিরক্তিজনকভাবে নিম্নগুণমানসম্পন্ন *This trial has proved to be a* ***travesty of justice***.

trawl¹ / trɔ:l ট্র:ল্ / *verb* [I, T] **1 trawl (through sth) (for sth/sb); trawl sth (for sth/sb)** to search through a large amount of information or a large number of people, places, etc. looking for a particular thing or person অনেক (তথ্য, মানুষ স্থান ইত্যাদি) কিছুর মধ্যে বিশেষ জিনিসটি তন্ন তন্ন করে খোঁজা *Major companies trawl the universities for potential employees.* ○ *The police are trawling through their files for a similar case.* **2 trawl (for sth)** to fish for sth by pulling a large net with a wide opening through the water জলের মধ্য দিয়ে চওড়া মুখওয়ালা বড়ো টানা জাল টেনে মাছ ধরা

trawl² / trɔ:l ট্র:ল্ / *noun* [C] **1** a search through a large amount of information, documents, etc. অনেক তথ্য বা কাগজপত্রের মধ্যে তন্ন তন্ন করে অনুসন্ধান বা তল্লাশি *A trawl through the newspapers yielded two possible jobs.* **2** (*also* **trawl net**) a large net with a wide opening, that is pulled along the bottom of the sea by a boat in order to catch fish সমুদ্রে মাছ ধরার চওড়া মুখের জাল যা দিয়ে সমুদ্রের তলদেশ থেকে টেনে মাছ ধরা হয় (নৌকো থেকে)

trawler / ˈtrɔ:lə(r) ট্র:ল্যা(র্)/ *noun* [C] a fishing boat that uses large nets that it pulls through the sea behind it মাছ ধরার নৌকো যেটি তার পিছনে আটকানো বড়ো জাল সমুদ্রের মধ্যে দিয়ে টেনে নিয়ে যায় (মাছ ধরার জন্য); ট্রলার ➪ **boat**-এ ছবি দেখো।

tray / treɪ ট্রেই / *noun* [C] **1** a flat piece of wood, plastic, metal, etc. with slightly higher edges that you use for carrying food, drink, etc. on খাদ্য, পানীয় ইত্যাদি পরিবেশনের জন্য কানা উঁচু ধাতু, প্লাস্টিক বা কাঠের সমতল পাত্র; ট্রে **2** a flat container with low edges in which you put papers, etc. on a desk কাগজপত্র রাখার স্বল্প কানা উঁচু পাত্রবিশেষ যা টেবিলের উপর রাখা যায়

treacherous / ˈtretʃərəs ট্রেচ্যার‍্যাস্ / *adj.* **1** (used about a person) that you cannot trust and who may do sth to harm you (ব্যক্তি সম্বন্ধে ব্যবহৃত) বিশ্বাসঘাতক, যে ক্ষতি করতে পারে *He was weak, cowardly and treacherous.* **2** dangerous, although seeming safe বাহ্যত নিরাপদ মনে হলেও আসলে বিপদের সম্ভাবনাপূর্ণ

treachery / ˈtretʃəri ট্রেচ্যারি / *noun* [U] the act of causing harm to sb who trusts you বিশ্বাসঘাতকতা

treacle / ˈtri:kl ট্রীক্ল্ / (*AmE* **molasses**) *noun* [U] a thick, dark, sticky liquid that is made from sugar চিনি থেকে তৈরি ঘন, গাঢ়, চটচটে পদার্থ; রস ➪ **syrup** দেখো।

tread¹ / tred ট্রেড্ / *verb* (*pt* **trod** / trɒd ট্রড্; *pp* **trodden** / ˈtrɒdn ট্রড্ন্ /) **1** [I] **tread (on/in/over sb/sth)** to put your foot down while you are walking পা দিয়ে মাড়ানো, পা ফেলা *Don't tread in the puddle!* ○ *He trod on my foot and didn't even say sorry!* **2** [T] **tread sth (in/into/down)** to press down on sth with your foot পা দিয়ে কোনো কিছু চাপা, মাড়ানো, পদদলিত করা *This wine is still made by treading grapes in the traditional way.*

tread² / tred ট্রেড্ / *noun* **1** [*sing.*] the sound you make when you walk; the way you walk চলার শব্দ, পায়ের শব্দ; চলার ভঙ্গি **2** [C, U] the pattern on the surface of a tyre on a vehicle which is slightly higher than the rest of the surface গাড়ির চাকার একটু উঠে থাকা অংশ

treason / ˈtri:zn ট্রীজ্ন্ / *noun* [U] the criminal act of causing harm to your country, for example by helping its enemies দেশদ্রোহিতা, রাষ্ট্রদ্রোহিতা ➪ **traitor**-এ নোট দেখো।

treasure¹ / ˈtreʒə(r) ট্রেজ্যা(র্)/ *noun* **1** [U] a collection of very valuable objects, for example gold, silver, jewellery, etc. সঞ্চিত মূল্যবান সম্পদ সোনা, রুপো ইত্যাদি *to find buried treasure* **2** [C] something that is very valuable বহুমূল্য, মহার্ঘ, অমূল্য

treasure² / ˈtreʒə(r) ট্রেজ্যা(র্) / *verb* [T] to consider sb/sth to be very special or valuable কাউকে বা কিছু অত্যন্ত বিশিষ্ট বা মহার্ঘ হিসেবে বিবেচনা করা *I will treasure those memories forever.*

T

treasure hunt *noun* [C] a game in which people try to find a hidden prize by following special signs (**clues**) which have been left in different places লুকোনো পুরস্কার খুঁজে বার করার খেলা (বিভিন্ন জায়গায় ছড়িয়ে থাকা সূত্র বা চিহ্ন ধরে)

treasurer / ˈtreʒərə(r) ˈট্রেজ্যার্যা(র্) / *noun* [C] the person who looks after the money and accounts of a club or an organization (ক্লাব বা প্রতিষ্ঠানের) কোষাধ্যক্ষ, খাজাঞ্চি

the Treasury / ˈtreʒəri ˈট্রেজ্যারি / *noun* [*sing.,with sing. or pl. verb*] the government department that controls public money রাজকোষ, রাজস্ববিভাগ

treat¹ / triːt ট্রীট্ / *verb* [T] **1 treat sb/sth (with/as/like sth)** to act or behave towards sb/sth in a particular way কোনো বিশেষ কাজ বা ধরনের আচরণ করা *You should treat older people with respect.* ○ *to treat sb badly/fairly/well* **2 treat sth as sth** to consider sth in a particular way বিবেচনা করা, ধরে নেওয়া *I decided to treat his comment as a joke.* **3** to deal with or discuss sth in a particular way কোনো কিছু বিশেষভাবে মোকাবিলা বা আলোচনা করা *The article treats this question in great detail.* **4 treat sb/sth (for sth)** to use medicine or medical care to try to make a sick or injured person well again ওষুধ বা সেবা শুশ্রূষার দ্বারা চিকিৎসা করা *The boy was treated for burns at the hospital.* **5 treat sth (with sth)** to put a chemical substance onto sth in order to protect it from damage, clean it, etc. কোনো কিছুর উপরে রাসায়নিক পদার্থ সংযোগ করা (ক্ষয়ক্ষতির হাত থেকে বাঁচাতে বা পরিষ্কার করতে) **6 treat sb/yourself (to sth)** to pay for sth or give sb/yourself sth that is very special or enjoyable নিজে অর্থ ব্যয় করে, কাউকে বিশেষ কিছু বা আনন্দদায়ক কিছু কিনে দেওয়া বা নিজে কেনা *Chandni treated the children to an ice cream* (=she paid for them).

treat² / triːt ট্রীট্ / *noun* [C] something special or enjoyable that you pay for or give to sb/yourself বিশেষ কিছু বা আনন্দদায়ক কিছু যা নিজে কেনা হয় বা অন্যকে কিনে দেওয়া হয় *I've brought some cream cakes as a treat.* ○ *It's a real treat for me to stay in bed late.*

IDM trick or treat ➪ **trick** দেখো।

treatment / ˈtriːtmənt ˈট্রীটম্যান্ট / *noun* **1** [U, C] **treatment (for sth)** the use of medicine or medical care to cure an illness or injury; sth that is done to make sb feel and look good কোনো বিশেষ অসুখ বা ক্ষত সারিয়ে তুলতে ওষুধ বা সেবা-শুশ্রূষার ব্যবহার; কাউকে ভালো বোধ করানো বা দেখানোর জন্য যা করা হয় *to require hospital/medical treatment* **2** [U] the way that you behave towards sb or deal with sth কারও বা কিছুর প্রতি আচরণ, ব্যবহার *The treatment of the prisoners of war was very harsh.* **3** [U, C] **treatment (for sth)** a process by which sth is cleaned, protected from damage, etc. যে বিশেষ প্রক্রিয়ায় পরিষ্কার করে বস্তুটি ক্ষয়ক্ষতি ইত্যাদি থেকে রক্ষা করা হয়

treaty / ˈtriːti ˈট্রীটি / *noun* [C] (*pl.* **treaties**) a written agreement between two or more countries দুই বা ততোধিক রাষ্ট্রের মধ্যে লিখিত চুক্তিপত্র *to sign a peace treaty*

treble¹ / ˈtrebl ˈট্রেব্‌ল্ / *verb* [I, T] to become or to make sth three times bigger তিনগুণ বড়ো করা বা বড়ো হওয়া *Prices have trebled in the past ten years.* ▶ **treble** *det.* তিনগুণ *This figure is treble the number five years ago.*

treble² / ˈtrebl ˈট্রেব্‌ল্ / *noun* [C] **1** a high singing voice, especially that of a young boy অল্পবয়সি কারও তীব্র চড়া কণ্ঠস্বর, বিশেষত কোনো বালকের **2** a boy who has a high singing voice তীব্র কণ্ঠস্বরসম্পন্ন বালক যে উচ্চগ্রামে গান গাইতে পারে

tree / triː ট্রী / *noun* [C] a tall plant that can live for a long time. Trees have a thick wooden central part from which branches grow গাছ, বৃক্ষ *an oak/apple/elm tree*

tree line *noun* [*sing.*] (in geography) the level of land, for example on a mountain, above which trees will not grow (ভূগোলে) পাহাড়ের যে উচ্চতার পরে কোনো গাছ জন্মায় না

peepul
trunk
branch
gulmohar
bamboo
coconut
neem
pine
banyan

trees

trek / trek ট্রেক্ / *noun* [C] **1** a long hard walk, lasting several days or weeks, usually in the mountains সাধারণত পার্বত্য পথে কয়েকদিন বা কয়েক সপ্তাহ ধরে হেঁটে লম্বা পথ পাড়ি, দীর্ঘ কষ্টকর যাত্রা **2** (*informal*) a long walk লম্বা হাঁটা, দীর্ঘ পদযাত্রা *It's quite a trek to the shops.* ▶ **trek** *verb* [I] (**trekking; trekked**) লম্বা পদযাত্রায় যাওয়া

NOTE আনন্দের জন্য এভাবে হাঁটাকে **go trekking** বলা হয়।

trellis / 'trelɪs 'ট্রেলিস্ / *noun* [C] a light frame made of long thin pieces of wood that cross each other, used to support climbing plants লতানে গাছ ওঠানোর জন্য কাঠের তৈরি জাফরি

tremble / 'trembl 'ট্রেম্ব্ল্ / *verb* [I] **tremble (with sth)** to shake, for example because you are cold, frightened, etc. শীত বা ভয়ের জন্য কাঁপা *She was pale and trembling with shock.* ▶ **tremble** *noun* [C] কম্পন

tremendous / trə'mendəs ট্র্যা'মেন্ড্যাস্ / *adj.* **1** very large or great দারুণ, ভীষণরকম, অত্যন্ত *a tremendous amount of work* **2** (*informal*) very good দারুণ, ফাটাফাটি, খুব ভালো *It was a tremendous experience.*

tremendously / trə'mendəsli ট্র্যা'মেন্ড্যাস্লি / *adv.* very; very much খুব বেশি রকমের; ভীষণভাবে *tremendously exciting* ○ *Prices vary tremendously from one shop to another.*

tremor / 'tremə(r) 'ট্রেম্যা(র্) / *noun* [C] a slight shaking movement কাঁপুনি, মৃদু কম্পন *an earth tremor* (=a small earthquake) ○ *There was a tremor in his voice.*

trench / trentʃ ট্রেন্চ্ / *noun* [C] **1** a long narrow hole dug in the ground for water to flow along পরিখা, নালা **2** a long deep hole dug in the ground for soldiers to hide in during enemy attacks শত্রু আক্রমণের সময়ে আত্মগোপনের জন্য মাটিতে খোঁড়া গভীর গর্ত; ট্রেঞ্চ

trend / trend ট্রেন্ড্ / *noun* [C] **a trend (towards sth)** a general change or development সাধারণ পরিবর্তন বা বিবর্তন; প্রচলিত ধারা *The current trend is towards smaller families.* ○ *He always followed the latest trends in fashion.*

IDM set a/the trend to start a new style or fashion নতুন ধারার বা কেতার বা ফ্যাশনের প্রবর্তন করা

trendy / 'trendi 'ট্রেন্ডি / *adj.* (**trendier; trendiest**) (*informal*) fashionable হালফ্যাশনের, কেতাদুরস্ত

trespass / 'trespəs 'ট্রেস্প্যাস্ / *verb* [I] to go onto sb's land or property without permission অন্যের জায়গায় অবৈধভাবে প্রবেশ করা ▶ **trespasser** *noun* [C] অনধিকার প্রবেশকারী, সীমালঙ্ঘনকারী

tri- / traɪ- ট্রাই- / *prefix* (*used in nouns and adjectives*) three; having three তিন; তিনটি আছে এমন *tricycle* ○ *triangular*

trial / 'traɪəl ট্রাইঅ্যাল্ / *noun* [C, U] **1** the process in a court of law where a judge, etc. listens to evidence and decides if sb is guilty of a crime or not (বিচারালয়ে) বিচার, মামলা *a fair trial* ○ *He was on trial for murder.* **2** an act of testing sb/sth কাউকে বা কিছু পরীক্ষা নিরীক্ষা বা যাচাইয়ের কাজ *New drugs must go through extensive trials.* ○ *a trial period* of three months

IDM trial and error trying different ways of doing sth until you find the best one অনেক পরীক্ষা ও যাচাইয়ের মাধ্যমে খুঁজে পাওয়ার চেষ্টা করা হয় এমন

trial run *noun* [C] an occasion when you practise doing sth in order to make sure you can do it correctly later on যখন কোনো কিছু ঠিকভাবে কাজ করবে কিনা সে বিষয়ে নিশ্চিত হওয়ার জন্য আগে একবার তা করে দেখা হয়; কোনো জিনিস ব্যবহার করে ভালোমন্দ বোঝার প্রচেষ্টা

triangle / 'traɪæŋgl ট্রাইঅ্যাংগ্ল্ / *noun* [C] **1** a shape that has three straight sides ত্রিকোণ, ত্রিভুজ *a right-angled triangle* **2** a metal musical instrument in the shape of a triangle that you play by hitting it with a metal stick তিনকোনা বাদ্যযন্ত্র (ধাতব দণ্ড দিয়ে আঘাত করে যা বাজানো হয়) ⇨ music-এ ছবি দেখো।

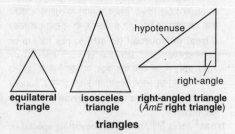

equilateral triangle isosceles triangle right-angled triangle (*AmE* right triangle)

hypotenuse

right-angle

triangles

triangular / traɪ 'æŋgjələ(r) ট্রাই'অ্যাংগিঅ্যাল্যা(র্) / *adj.* shaped like a triangle ত্রিভুজাকৃতি, তেকোনা

tribe / traɪb ট্রাইব্ / *noun* [C] a group of people that have the same language and customs and that have a leader (**a chief**) উপজাতি, আদিবাসী গোষ্ঠীসম্প্রদায় (যাদের নেতা আছে) *tribes living in the Andamans* ▶ **tribal** / 'traɪbl ট্রাইব্ল্ / *adj.* আদিবাসী সংক্রান্ত *tribal art*

tribulation / ˌtrɪbju'leɪʃn ট্রিবিউ'লেইশ্ন্ / *noun* [C, U] (*written*) great trouble or suffering দারুণ দুঃখকষ্ট, দুর্গতি, দুর্দশা *the tribulations of modern life*

tribunal / traɪ'bjuːnl ট্রাই'বিউন্ল্ / *noun* [C] a type of court with the authority to decide who is right in particular types of dispute or disagreement

কোনো নির্দিষ্ট ধরনের মতবিরোধ বা বিবাদের বিচার করার অধিকারী (সরকারি অনুমতিপ্রাপ্ত) বিশেষ ধরনের বিচারালয়; ট্রাইব্যুনাল *an industrial tribunal*

tributary / ˈtrɪbjətri ˈট্রিবিঅ্যাট্রি / *noun* [C] (*pl.* **tributaries**) a small river that flows into a larger river উপনদী, যেসব ছোটো নদী বড়ো নদীতে এসে মেশে

tribute / ˈtrɪbju:t ˈট্রিবিউট্ / *noun* **1** [C, U] **tribute (to sb)** something that you say or do to show that you respect or admire sb/sth, especially sb who has died (বিশেষত) মৃত ব্যক্তির প্রতি শ্রদ্ধা প্রদর্শনের জন্য কোনো বক্তৃতা অনুষ্ঠান ইত্যাদির মাধ্যমে প্রদত্ত শ্রদ্ধাঞ্জলি *A special concert was held as a tribute to Raj Kapoor.* **2** [*sing.*] **a tribute (to sb/sth)** a sign of how good sb/sth is ভালো কিছুর পরিচায়ক *The success of the festival is a tribute to the organizers.*
IDM **pay tribute to sb/sth** ⇨ **pay**[1] দেখো।

triceps / ˈtraɪseps ˈট্রাইসেপ্স্ / *noun* [C] (*pl.* **triceps**) the large muscle at the back of the top part of your arm বাহুর উপরাংশের পিছনদিকে যে বড়ো পেশি; ত্রিশিরা ⇨ **biceps** দেখো এবং **arm**-এ ছবি দেখো।

trick[1] / trɪk ট্রিক্ / *noun* [C] **1** something that you do to make sb believe sth that is not true or a joke that you play to annoy sb কৌশল, মিথ্যাকে সত্য বলে চালানোর চেষ্টা, ছলচাতুরি *The thieves used a trick to get past the security guards.* **2** something that confuses you so that you see, remember, understand, etc. things in the wrong way যা কাউকে সংশয়িত করে দেয় (তখন ভুল হয়ে যেতে পারে) *It was a* ***trick question*** (=one in which the answer looks easy, but actually is not). **3** an action that uses special skills to make people believe sth which is not true or real as a form of entertainment কৌতুক করে বা লোককে আনন্দ দেওয়ার জন্য মিথ্যাকে সত্য বলে চালানোর চেষ্টা *The magician* ***performed a trick*** *in which he made a rabbit disappear.* ○ *a card trick* **4** [*usually sing.*] a clever or the best way of doing sth চালাকি, চতুরতা, চাতুর্য
IDM **do the job/trick** ⇨ **job** দেখো।
play a joke/trick on sb ⇨ **joke**[1] দেখো।
trick or treat (*AmE*) a tradition in which children dressed as ghosts, etc. go to people's houses on the evening of October 31st (**Hallowe'en**) and threaten to do sth bad to them if they do not give them sweets, etc. আমেরিকার পুরোনো ঐতিহ্য অনুযায়ী ৩১শে অক্টোবরে (হ্যালোইন) ছোটোরা ভূতপ্রেত সেজে বাড়ি বাড়ি যায় এবং ভয় দেখায় এবং তাদের মিষ্টি ইত্যাদি না দিলে পরিণাম খারাপ হবে এরকম বলে থাকে *to go trick or treating*

trick[2] / trɪk ট্রিক্ / *verb* [T] to make sb believe sth that is not true কাউকে ঠকানো, মিথ্যাকে সত্য বলে চালানো *I'd been tricked and I felt like a fool.*
✪ সম **deceive**
IDM **trick sb into sth/doing sth** to persuade sb to do sth by making him/her believe sth that is not true মিথ্যা কিছু বলে কাউকে দিয়ে কোনো কাজ করিয়ে নেওয়া *He tricked me into lending him money.*
trick sb out of sth to get sth from sb by making him/her believe sth that is not true কাউকে ঠকিয়ে কিছু নিয়ে নেওয়া *Smita was tricked out of her share of the money.*

trickery / ˈtrɪkəri ˈট্রিক্যারি / *noun* [U] the use of dishonest methods to trick sb in order to get what you want প্রতারণা, জোচ্চুরি, ফাঁকি, চালাকি

trickle / ˈtrɪkl ˈট্রিক্‌ল্ / *verb* [I] **1** (used about a liquid) to flow in a thin line (তরল পদার্থ সম্বন্ধে ব্যবহৃত) ফোঁটায় ফোঁটায় পড়া, কিছুর উপর দিয়ে ধারা বয়ে যাওয়া *Rain drops trickled down the window.* **2** to go somewhere slowly and gradually আস্তে আস্তে কোনো কিছু বেয়ে নেমে আসা বা যাওয়া ▶ **trickle** *noun* [C, *usually sing.*] কোনো তরল পদার্থের বয়ে যাওয়া ধারা *a trickle of water*

tricky / ˈtrɪki ˈট্রিকি / *adj.* (**trickier; trickiest**) difficult to do or deal with কঠিন, সমস্যাজর্জরিত, দুরূহ *a tricky situation*

tricycle / ˈtraɪsɪkl ˈট্রাইসিক্‌ল্ / *noun* [C] a bicycle that has one wheel at the front and two at the back তিনচাকার সাইকেল

trident / ˈtraɪdənt ˈট্রাইড্যান্ট্ / *noun* [C] a weapon used in the past that looks like a long pole with three sharp metal points at one of its ends (অতীতে ব্যবহৃত হত এরকম অস্ত্র) ত্রিশূল

trifle / ˈtraɪfl ˈট্রাইফ্‌ল্ / *noun* **1 a trifle** [*sing.*] (*formal*) slightly; rather তুচ্ছ; নামমাত্র **2** [C] something that is of little value or importance তুচ্ছ বিষয়, যার বিশেষ মূল্য বা গুরুত্ব নেই **3** [C, U] a type of **dessert** made from cake and fruit covered with a sweet yellow sauce (**custard**) and cream এক ধরনের কেক যার উপরে ফল এবং কাস্টার্ড ও ক্রিম দেওয়া থাকে

trifling / ˈtraɪflɪŋ ˈট্রাইফ্‌লিং / *adj.* very small or unimportant খুবই ক্ষুদ্র, নগণ্য

trigger[1] / ˈtrɪgə(r) ˈট্রিগ্যা(র্) / *noun* [C] **1** the part of a gun that you press to fire it বন্দুক ইত্যাদির থেকে গুলি ছোড়ার সময়ে যে অংশ টেপা বা টানা হয় *to pull the trigger* **2** the cause of a particular reaction or event, especially a bad one বিশেষ কোনো ঘটনা বা প্রতিক্রিয়ার কারণ, বিশেষত খারাপ কিছু

trigger[2] / ˈtrɪɡə(r) ˈট্রিগ্যা(র্) / *verb* [T] **trigger sth (off)** to make sth happen suddenly হঠাৎ কোনো কিছু ঘটানো *Her cigarette smoke had triggered off the fire alarm.*

trigonometry / ˌtrɪɡəˈnɒmətri ˌট্রিগ্যা'নম্যাট্রি / *noun* [U] the type of mathematics that deals with the relationship between the sides and angles of triangles অঙ্কের যে বিভাগ ত্রিভুজের বাহু ও কোণের সম্বন্ধ বিচার করে; ত্রিকোণমিতি ▶ **trigonometric** / ˈtrɪɡənəˈmetrɪk ট্রি গ্যান্যা'মেট্রিক্ / *adj.* ত্রিকোণমিতি, বিষয়ক ▶ **trigonometrical** / -kl ক্ল্/ *adj.* ত্রিকোণমিতি সংক্রান্ত

trillion / ˈtrɪljən ˈট্রিলিঅ্যান্ / *number* one million million এক লক্ষ কোটি

> **NOTE** বাক্যে সংখ্যার ব্যবহার এবং তার উদাহরণ দেখার জন্য **six** দেখো। সংখ্যার সম্বন্ধে আরও বিশদ জানার জন্য এই অভিধানের শেষাংশে সংখ্যার উপর সংকলিত বিশেষ বিভাগটি দেখো।

trilogy / ˈtrɪlədʒi ˈট্রিল্যাজি / *noun* [C] (*pl.* **trilogies**) a group of three novels, plays, etc. that form a set পরস্পর সম্পর্ক আছে এমন তিনটি উপন্যাস বা নাটক ইত্যাদি

trim[1] / trɪm ট্রিম্ / *verb* [T] (**trimming; trimmed**) **1** to cut a small amount off sth so that it is tidy ভালো দেখানোর জন্য কোনো জিনিসের বাড়তি অংশ কাটছাঁট করা *to trim your hair/fringe/beard* ○ *The hedge needs trimming.* **2 trim sth (off sth)** to cut sth off because you do not need it অপ্রয়োজনীয় অংশ কেটে বাদ দেওয়া *Trim the fat off the meat.* **3 trim sth (with sth)** to decorate the edge of sth with sth ধারের অংশে আরও কিছু লাগিয়ে সুসজ্জিত করা ▶ **trim** *noun* [C, *usually sing.*] কাটছাঁট, ছাঁট *My hair needs a trim.*

trim[2] / trɪm ট্রিম্ / *adj.* **1** (used about a person) looking thin, healthy and attractive (ব্যক্তি সম্বন্ধে ব্যবহৃত) ছিমছাম, ফিটফাট, স্বাস্থ্যোজ্জ্বল, আর্কষণীয় **2** well cared for; tidy সুসজ্জিত; পরিচ্ছন্ন

trimming / ˈtrɪmɪŋ ˈট্রিমিং / *noun* **1 trimmings** [*pl.*] extra things which you add to sth to improve its appearance, taste, etc. চেহারা, রূপ বা স্বাদের উন্নতির জন্য বাড়তি যে জিনিস যোগ করা হয় **2** [C, U] material that you use for decorating the edge of sth কোনো বস্তুর প্রান্তসীমা সুসজ্জিত করার জন্য যা লাগানো হয়

trinket / ˈtrɪŋkɪt ˈট্রিংকিট্ / *noun* [C] a piece of jewellery or small object for decoration that is not worth much money সামান্য কম দামি তুচ্ছ অলংকার বা ঐ জাতীয় কিছু

trio / ˈtriːəʊ ˈট্রীঅ্যাউ / *noun* (*pl.* **trios**) **1** [C, *with sing. or pl. verb*] a group of three people who play music or sing together তিনজনের একটি দল যারা একসঙ্গে গান গায়, যন্ত্র বাজায় **2** [C] a piece of music for three people to play or sing তিনজনের একত্রে গাওয়া বা বাজানোর মতো কোনো সংগীত

trip[1] / trɪp ট্রিপ্ / *noun* [C] a journey to a place and back again, either for pleasure or for a particular purpose (নিছক আনন্দ বা নির্দিষ্ট উদ্দেশ্যে) কোনো জায়গায় গিয়ে আবার ফেরত আসার ক্রিয়া *to* ***go on a*** *business/shopping* ***trip*** ⇨ **travel**-এ নোট দেখো। ▶ **tripper** *noun* [C] পর্যটক *Kasauli was full of* ***day trippers*** (=people on trips that last for one day) *from Chandigarh.*

trip[2] / trɪp ট্রিপ্ / *verb* (**tripping; tripped**) **1** [I] **trip (over/up); trip (over/on sth)** to catch your foot on sth when you are walking and fall or nearly fall হোঁচট খাওয়া, পা লেগে পড়ে যাওয়া *Don't leave your bag on the floor. Someone might trip over it.* **2** [T] **trip sb (up)** to catch sb's foot and make him/her fall or nearly fall পা বাড়িয়ে অন্যকে ফেলে দেওয়া *Leena stuck out her foot and tripped Vikram up.*

PHR V trip (sb) up to make a mistake; to make sb say sth that he/she did not want to say ভুল করা; কেউ ভুল করেছে বা বলেছে এটা অন্যকে মানতে বাধ্য করা *The journalist asked a difficult question to try to trip the politician up.*

tripartite / traɪˈpɑːtaɪt ট্রাই ˈপা:টাইট্ / *adj.* (*formal*) having three parts or involving three people, groups, etc. যাতে তিনটি দল বা তিনটি ব্যক্তি জড়িত থাকে; ত্রিপক্ষীয় *tripartite discussions*

tripe/ traɪp ট্রাইপ্ / *noun* [U] (*informal*) something that sb says or writes that you think is nonsense or not of good quality আজেবাজে, বোকার মতো কথাবার্তা

triple / ˈtrɪpl ˈট্রিপ্ল্ / *adj.* (*only before a noun*) having three parts, happening three times or containing three times as much as usual তিনটি অংশ আছে এমন, তিনবার ঘটছে বা সাধারণের থেকে তিনগুণ বেশি আছে এমন *You'll receive triple pay if you work over the New Year.* ▶ **triple** *verb* [I, T] তিনগুণ করা বা হওয়া

triple jump *noun* [*sing.*] a sporting event in which people try to jump as far forward as possible with three jumps. The first jump lands on one foot, the second on the other foot, and the third on both feet যে খেলায় তিনবার লাফ দিয়ে লোকে সাধ্যমতো সামনে এগোনোর চেষ্টা করে। প্রথম বার একপায়ে, দ্বিতীয় বার অন্য পায়ে, তৃতীয় বা শেষবারে দুপায়ে

triplet / ˈtrɪplət ˈট্রিপ্ল্যাট্ / *noun* [C] one of three children or animals that are born to one mother at the same time একই সঙ্গে জাত একই মায়ের তিনটি সন্তান ➪ **twin** দেখো।

triplicate / ˈtrɪplɪkət ˈট্রিপ্‌লিক্যাট্ / *noun* [U]
IDM in triplicate **1** done three times তিনবার কৃত *Each sample was tested in triplicate.* **2** with three copies (for example of an official piece of paper) that are exactly the same তিনটি নকল সহ (যেমন কোনো সরকারি কাগজ) *Fill out the forms in triplicate.* ➪ **duplicate** দেখো।

tripod / ˈtraɪpɒd ট্রাইপড্ / *noun* [C] a piece of equipment with three legs that you use for putting a camera, etc. on ক্যামেরা ইত্যাদি রাখার জন্য ব্যবহৃত তেপায়া স্ট্যান্ড; ট্রাইপড্ ➪ **laboratory**-তে ছবি দেখো।

triumph[1] / ˈtraɪʌmf ট্রাইআম্ফ্ / *noun* [C, U] a great success or victory; the feeling of happiness that you have because of this প্রভূত সাফল্য, জয়োল্লাস; চরম আনন্দ *The team returned home* ***in triumph***.

triumph[2] / ˈtraɪʌmf ট্রাইআম্ফ / *verb* [I] **triumph (over sb/sth)** to achieve success; to defeat sb/sth সাফল্য লাভ করা; কাউকে হারানো *India triumphed over Australia in the final.*

triumphal / traɪ ˈʌmfl ট্রাইˈআম্‌ফ্‌ল্ / *adj.* (*usually before a noun*) done or made in order to celebrate a great success or victory সাফল্য বা জয়ের জন্য কৃত; বিজয়সূচক

triumphant / traɪˈʌmfənt ট্রাইˈগাম্‌ফ্যান্ট্ / *adj.* feeling or showing great happiness because you have won or succeeded at sth বিজয়ী হওয়ায় উল্লসিত, অত্যন্ত প্রসন্ন ▶ **triumphantly** *adv.* উল্লসিতভাবে

trivia / ˈtrɪviə ˈট্রিভিঅ্যা / *noun* [U] **1** unimportant matters, details or information গুরুত্বপূর্ণ নয় এমন ব্যাপার, বিবরণ বা তথ্য *He has a fantastic knowledge of cricket trivia.* **2** (*usually in compounds*) facts about many subjects that are used in a game to test people's knowledge অনেক বিষয়ের উপর তথ্য যা কোনো খেলায় লোকের জ্ঞান পরীক্ষা করার জন্য ব্যবহৃত হয় *a trivia quiz*

trivial / ˈtrɪviəl ˈট্রিভিঅ্যাল্ / *adj.* of little importance; not worth considering তুচ্ছ, বিশেষ মূল্য নেই, অকিঞ্চিৎকর *a trivial detail/problem* ▶ **triviality** / ˌtrɪvi ˈæləti ˌট্রিভিˈঅ্যাল্যাটি / *noun* [C, U] (*pl.* **trivialities**) অকিঞ্চিৎকরতা

trivialize (*also* **-ise**) / ˈtrɪviəlaɪz ˈট্রিভিঅ্যালাইজ্/ *verb* [T] to make sth seem less important, serious, etc. than it really is বাস্তবে যা তার থেকে কোনো কিছু ছোটো বা তুচ্ছ করে তোলা বা দেখানো

trod ➪ **tread**[1] এর past tense

trodden ➪ **tread**[1] এর past participle

trolley / ˈtrɒli ট্রলি / *noun* [C] **1** (*AmE* **cart**) a piece of equipment on wheels that you use for carrying things ঠেলাগাড়ি *a supermarket/shopping/luggage trolley* **2** a small table with wheels that is used for carrying or serving food and drinks খাদ্য এবং পানীয় পরিবেশনের উদ্দেশ্যে ব্যবহৃত চাকা লাগানো ছোটো টেবিল; ট্রলি *a tea/sweet/drinks trolley* **3** =**tram**

trombone / trɒmˈbəʊn ট্রম্ˈব্যাউন্ / *noun* [C] a large metal (**brass**) musical instrument that you play by blowing into it and moving a long tube backwards and forwards পিতলের শিঙার মতো বড়ো বাদ্যযন্ত্র যা ফুঁ দিয়ে বাজায়

troop / truːp ট্রুপ্ / *noun* **1 troops** [*pl.*] soldiers সৈন্যসামন্ত **2** [C] a large group of people or animals মানুষ বা পশুর বিরাট, বিশাল দল ▶ **troop** *verb* [I] জোট বাঁধা *When the bell rang everyone trooped into the hall.*

trophic level / ˈtrɒfɪk ˈlevl ˈট্রফিক্ ˈলেভ্‌ল্ / *noun* [C] each of several levels in an **ecosystem**. Each level consists of living creatures that share the same function in the **food chain** and get their food from the same source একই পরিবেশ-পদ্ধতির বিভিন্ন স্তরের প্রতিটি স্তর যার মধ্যে বসবাসকারী জীবিত প্রাণীসমূহ একই উৎস থেকে খাদ্য সংগ্রহ করে এবং একই খাদ্যশৃঙ্খলের মধ্যে থাকে

trophy / ˈtrəʊfi ˈট্র্যাউফি / *noun* [C] (*pl.* **trophies**) a large silver cup, etc. that you get for winning a competition or race প্রতিযোগিতায় জয়লাভের পর বৃহৎ রৌপ্য-কাপ ইত্যাদি পুরস্কার যা জয়ের জন্য পাওয়া যায়; ট্রফি

tropic / ˈtrɒpɪk ˈট্রপিক্ / *noun* **1** [C, *usually sing.*] one of the two lines around the earth that are 23° 27' north (**the Tropic of Cancer**) and south (**the Tropic of Capricorn**) of the line around the middle of the earth (**the equator**) পৃথিবীকে ঘিরে আছে যে দুটি কাল্পনিক রেখা তার যে-কোনো একটি। বিষুবরেখার ২৩° ২৭' উত্তরে অবস্থিত কর্কটক্রান্তি আর একইরকমভাবে দক্ষিণে মকরক্রান্তি ➪ **earth**-এ ছবি দেখো। **2 the tropics** [*pl.*] the part of the world that is between these two lines, where the climate is hot and wet এই দুই রেখার মধ্যবর্তী দেশসমূহ, যেখানে আবহাওয়া গরম এবং স্যাঁতসেঁতে ▶ **tropical** / ˈtrɒpɪkl ˈট্রপিক্‌ল্ / *adj.* ক্রান্তীয়অঞ্চল *tropical fruit*

troposphere / ˈtrɒpəsfɪə(r) ˈট্রপ্যাস্‌ফিঅ্যা(র্) / *noun* [*sing.*] **the troposphere** (*technical*) the lowest layer of the earth's atmosphere, between the surface of the earth and about 6 to 10 kilometres above the surface পৃথিবীর সর্বনিম্ন বায়ুমণ্ডল, পৃথিবীর পৃষ্ঠের ৬ থেকে ১০ কিলোমিটার উপর পর্যন্ত যার অবস্থান ➪ **ionosphere** এবং **stratosphere** দেখো ও **mesosphere**-এ ছবি দেখো।

trot¹ / trɒt ট্রট্ / *verb* (**tro<u>t</u>ting; tro<u>t</u>ted**) [I] **1** (used about a horse and its rider) to move forward at a speed that is faster than a walk (ঘোড়া এবং তার আরোহী সম্বন্ধে ব্যবহৃত) হাঁটার চেয়ে জোরে চলা, দুলকি চালে চলা ➪ **canter** এবং **gallop** দেখো। **2** (used about a person or an animal) to walk fast, taking short quick steps (মানুষ এবং পশু সম্বন্ধে ব্যবহৃত) ছোটো ছোটো পা ফেলে তাড়াতাড়ি চলা

PHR V **trot sth out** (*informal*) to repeat an old idea rather than thinking of sth new to say নতুনের পরিবর্তে পুরোনো চিন্তাকেই তুলে ধরা *to trot out the same old story*

trot² / trɒt ট্রট্ / *noun* [*sing.*] a speed that is faster than a walk দুলকি চাল (সাধারণ হাঁটার থেকে জোর গতিতে)

IDM **on the trot** (*informal*) one after another; without stopping একের পর এক; অবিরাম *We worked for six hours on the trot.*

trotter / ˈtrɒtə(r) ট্রট্যা(র্)/ *noun* [C] a pig's foot শুয়োরের পা

trouble¹ / ˈtrʌbl ট্রাব্ল্ / *noun* **1** [U, C] **trouble (with sb/sth)** (a situation that causes) a problem, difficulty or worry যে পরিস্থিতি কোনো সমস্যা, জটিলতা অথবা চিন্তা উৎপন্ন করে *be in trouble* ○ *I'm having trouble getting the car started.* ○ *financial troubles* **2** [U] extra work or effort অতিরিক্ত কাজ অথবা শ্রম *Let's eat out tonight. It will* ***save*** *you* ***the trouble*** *of cooking.* ○ *I'm sorry to* ***put you to*** *so much* ***trouble.*** **3** [C, U] a situation where people are fighting or arguing with each other এমন খারাপ অবস্থা যখন লোকেরা নিজেদের মধ্যে তর্ক বা মারামারি করে *There's often trouble in town on Saturday night after the shops have closed.* **4** [U] illness or pain অসুস্থতা, ব্যথা, অসুখ *back/heart trouble*

IDM **ask for trouble** ➪ **ask** দেখো।

get into trouble to get into a situation which is dangerous or in which you may be punished বিপদের মধ্যে পড়া যার জন্য কারও শাস্তিও হতে পারে

go to a lot of trouble (to do sth) to put a lot of work or effort into sth কষ্ট স্বীকার করা, যথেষ্ট পরিশ্রম করা *They went to a lot of trouble to make us feel welcome.*

take trouble over/with sth; take trouble to do sth/doing sth to do sth with care যত্নশীলভাবে কিছু করা, কোনো কাজে যত্ন নেওয়া

take the trouble to do sth to do sth even though it means extra work or effort অতিরিক্ত শ্রমসাধ্য হলেও কাজটি করা

trouble² / ˈtrʌbl ট্রাব্ল্ / *verb* [T] **1** to make sb worried, upset, etc. কোনো ব্যক্তিকে চিন্তিত অথবা বিষণ্ণ করে তোলা *Is there something troubling you?* **2** (*formal*) **trouble sb (for sth)** (used when you are politely asking sb for sth or to do sth) to disturb sb (কোনো ব্যক্তিকে নম্রভাবে কোনো কিছু করতে বলার জন্য ব্যবহৃত) কোনো ব্যক্তিকে বিরক্ত করা *Sorry to trouble you, but would you mind answering a few questions?* ✪ সম **bother**

troublemaker / ˈtrʌblmeɪkə(r) ট্রাব্ল্‌মেইক্যা(র্) / *noun* [C] a person who often deliberately causes trouble যে ব্যক্তি সমস্যা তৈরি করে

troubleshoot / ˈtrʌblʃuːt ট্রাব্ল্‌শূট্ / *verb* [I] **1** to solve problems for an organization কোনো প্রতিষ্ঠানের বা সংস্থার সমস্যা সমাধান করা **2** to find and correct faults in an electronic system or a machine কোনো বৈদ্যুতিন ব্যবস্থা বা যন্ত্রের দোষ খুঁজে বার করা এবং তা সারানো ▶ **troubleshooter** *noun* [C] সমস্যা সমাধানকারী

troublesome / ˈtrʌblsəm ট্রাব্ল্‌স্যাম্ / *adj.* causing trouble, pain, etc. over a long period of time অসুবিধা সৃষ্টি করে এমন; বিরক্তিকর, কষ্টকর

trough / trɒf ট্রাফ্ / *noun* [C] **1** a long narrow container from which farm animals eat or drink পশুদের জল ও খাবার দেওয়ার মুখখোলা বড়ো পাত্র **2** a low area or point, between two higher areas দুটি উচ্চ অঞ্চলের মধ্যবর্তী নিম্ন অঞ্চল ➪ **glacial**-এ ছবি দেখো।

trounce / ˈtraʊns ট্রাউন্স্ / *verb* [T] (*written*) to defeat sb completely কোনো ব্যক্তিকে সম্পূর্ণভাবে পরাস্ত করা *Italy trounced France 6–1 in the World Cup finals.*

trousers / ˈtraʊzəz ট্রাউজ্যার্জ্ / (*AmE* **pants**) *noun* [*pl.*] a piece of clothing that covers the whole of both your legs প্যান্ট, পাতলুন

> **NOTE** **Trousers** শব্দটি বহুবচন (plural) এবং 'a new trouser' অভিব্যক্তিটি সঠিক নয়। নিম্নলিখিত অভিব্যক্তিগুলি সঠিক প্রয়োগ—*I need some new trousers.* ○ *I need a new pair of trousers.* অন্য কোনো বিশেষ্যপদের (noun) পূর্বে **trouser** শব্দটি ব্যবহার করা হয়—*a trouser suit* (=a woman's suit consisting of a jacket and trousers).

trout / traʊt ট্রাউট্ / *noun* [C, U] (*pl.* **trout**) a type of fish that lives in rivers and that we eat একধরনের নদীর মাছ যেগুলি খাওয়া হয়; ট্রাউট

trowel / ˈtraʊəl ট্রাউঅ্যাল্ / *noun* [C] **1** a small garden tool with a short handle and a curved part for lifting plants, digging small holes, etc. বাগানে ছোটো গাছ তোলা, গাছের গোড়া খোঁড়া, এই সব কাজের

জন্য কাঠের ছোটো হাতলওয়ালা সামনে বাঁকানো এক ধরনের যন্ত্র (tool) ➪ **gardening**-এ ছবি দেখো। **2** a small tool with a short handle and a flat metal part used in building for spreading cement, etc. কর্ণিক

truant / ˈtruːənt ট্রুঅ্যান্ট্ / *noun* [C] a child who stays away from school without permission বিনা অনুমতিতে যে ছাত্র স্কুলে কামাই করে ► **truancy** / -ənsi ˈ-অ্যান্সি / *noun* [U] পলায়নমনোবৃত্তি

IDM **play truant;** (*AmE* **play hooky**) to stay away from school without permission স্কুলে বিনা অনুমতিতে কামাই করা বা অনুপস্থিত থাকা

truce / truːs ট্রুস্ / *noun* [C] an agreement to stop fighting for a period of time যুদ্ধে অস্থায়ী বিরতির চুক্তি ➪ **ceasefire** দেখো।

truck / trʌk ট্রাক্ / *noun* [C] **1** (*AmE* **lorry**) ট্রাক *a truck driver* **2** (*BrE*) a section of a train that is used for carrying goods or animals যাত্রীবাহী গাড়ির যে অংশে মাল ও পশু নিয়ে যাওয়া হয় *a cattle truck*

trudge / trʌdʒ ট্রাজ্ / *verb* [I] to walk with slow, heavy steps, for example because you are very tired ক্লান্তির কারণে পা টেনে টেনে চলা, শ্রান্ত দেহে কোনো মতে মন্থর পায়ে চলা

true / truː ট্রু / *adj.* **1** right or correct ঠিক, ভুল নয়, যথার্থ *I didn't think the film was at all **true to life*** (=it didn't show life as it really is). ○ *Read the statements and decide if they are true or false.* ✪ বিপ **untrue** অথবা **false** **2** real or genuine, often when this is different from how sth seems প্রকৃত, সত্য, দেখে যা মনে হয় তা ঠিক নয় *The novel was based on **a true story**.* ✪ বিপ **false** **3** having all the typical qualities of the thing mentioned যথার্থ, প্রকৃত গুণ সম্বলিত *How do you know when you have found **true love**?* **4 true (to sb/sth)** behaving as expected or as promised কথামতো, প্রত্যাশামতো আচরণ করা হয় এমন *He was **true to his word*** (=he did what he had promised). ○ *a true friend* ➪ **truth** noun দেখো।

IDM **come true** to happen in the way you hoped or dreamed স্বপ্নে বা কল্পনায় যেমনটি ভাবা তেমনটি ঘটা *My dream has come true!*

too good to be true used to say that you cannot believe that sth/sb is as good as it/he/she seems এতই ভালো যে সত্যি বলে মানতে মন চায় না এরকম বোঝাতে ব্যবহৃত অভিব্যক্তিবিশেষ

true to form typical; as usual বিশেষ ধরনের বা প্রকৃতির; নিয়মমাফিক

true north *noun* [U] (*technical*) north according to the earth's **axis** পৃথিবীর কক্ষপথ থেকে উত্তরদিকে ➪ **magnetic north** দেখো।

truly / ˈtruːli ট্রুলি / *adv.* **1** (used to emphasize a feeling, statement) really; completely (কোনো অনুভূতি বা বিবৃতির উপর জোর দিতে ব্যবহৃত) সত্যি সত্যি; পুরোপুরি *We are truly grateful to you for your help.* **2** used to emphasize that sth is correct or accurate কোনো কিছু যে যথার্থ তাতে জোর দেওয়ার জন্য ব্যবহৃত *I cannot truly say that I was surprised at the news.*

IDM **well and truly** ➪ **well[1]** দেখো।

trump / trʌmp ট্রাম্প্ / *noun* [C] (in some card games) a card of the chosen set (**suit**) that has a higher value than cards of the other three sets during a particular game (তাসের কোনো কোনো খেলায়) রঙের তাস যার মূল্য বা গুরুত্ব অন্য কোনো তাসের তুলনায় বেশি হয়; তুরুপের তাস *Spades are trumps.*

trump card *noun* [C] a special advantage you have over other people that you keep secret until you can surprise them with it মোক্ষম চাল, ব্রহ্মাস্ত্র *It was time for her to **play** her **trump card**.*

trumpet[1] / ˈtrʌmpɪt ট্রাম্পিট্ / *noun* [C] a metal (**brass**) musical instrument that you play by blowing into it. There are three buttons on it which you press to make different notes পিতলের বাদ্যযন্ত্র যা ফুঁ দিয়ে বাজায় এবং যার তিনটি বোতাম টিপে বিভিন্ন ধরনের সুরের সৃষ্টি করা হয়; শিঙা ➪ music-এ ছবি দেখো।

trumpet[2] / ˈtrʌmpɪt ট্রাম্পিট্ / *verb* **1** [I] to play a trumpet শিঙা বাজানো **2** [T] **trumpet sth (as sth)** to talk about sth publicly in a proud or an enthusiastic way কোনো কিছু সম্বন্ধে সর্বসমক্ষে গর্ব করে বা উত্তেজিতভাবে বলা; নিজের ঢাক নিজে বাজানো *to trumpet sb's achievements* **3** [I] (of a large animal, especially an elephant) to make a loud noise (কোনো বড়ো জানোয়ার, বিশেষত হাতির) ডাক বা আওয়াজ; বৃংহণ, বৃংহিত

truncate / trʌŋˈkeɪt ট্রাংˈকেইট্ / *verb* [T] (*usually passive*) (*formal*) to make sth shorter, especially by cutting off the top or end সামনে বা পিছনে কেটে ছোটো করা, আগা এবং ডগা কাটা

truncheon / ˈtrʌntʃən ট্রান্চ্যান্ / (*BrE*) (*also* **baton**) *noun* [C] (*old-fashioned*) a short thick stick that a police officer carries as a weapon পুলিশ অফিসার অস্ত্র হিসাবে যে ছোটো লাঠি বহন করে; ব্যাটন

trundle / ˈtrʌndl ট্রান্ড্ল / *verb* [I, T] to move, or make sth heavy move, slowly and noisily কোনো ভারী বস্তু ধীরে ধীরে এবং আওয়াজ করে সরা বা সরানো *A lorry trundled down the hill.*

trunk / trʌŋk ট্রাংক্ / *noun* **1** [C] the thick central part of a tree that the branches grow from গাছের গুঁড়ি বা কাণ্ড **2** [C] (*AmE*) = **boot[1] 2** **3** [C] an elephant's long nose হাতির লম্বা নাক **4 trunks** [*pl.*] = **swimming trunks** **5** [C] a large box that you use for storing or transporting things বড়ো বাক্স, ট্রাংক **6** [C, *usually sing.*] the main part of your body (not including your head, arms and legs) (মানুষের শরীরের) দেহকাণ্ড; ধড়

trunk call *noun* [C] (*old-fashioned*) a long distance phone call দূরের জায়গায় টেলিফোন কল

trunk road *noun* [C] (*BrE*) an important main road; a highway গুরুত্বপূর্ণ প্রধান রাস্তা; হাইওয়ে

trust¹ / trʌst ট্রাস্ট্ / *noun* **1** [U] **trust (in sb/sth)** the belief that sb is good, honest, sincere, etc. and will not try to harm or trick you বিশ্বাস, আস্থা, ভরসা *Our marriage is based on love and trust. I should never have* ***put my trust in*** *him.* ⇨ **distrust** এবং **mistrust** দেখো। **2** [C, U] a legal arrangement by which a person or organization looks after money and property for sb else until that person is old enough to control it যে আইনি ব্যবস্থায় সম্পত্তির অধিকারী প্রাপ্তবয়স্ক না হওয়া পর্যন্ত তার রক্ষণাবেক্ষণের দায়িত্ব কোনো ব্যক্তি বা সংস্থার উপর ন্যস্ত করা হয়

IDM **take sth on trust** to believe what sb says without having proof that it is true প্রমাণ ছাড়াই বিশ্বাস করা *I can't prove it. You must take it on trust.*

trust² / trʌst ট্রাস্ট্ / *verb* [T] **trust sb (to do sth); trust sb (with sth)** to believe that sb is good, sincere, honest, etc. and that he/she will not trick you or try to harm you আস্থা রাখা, বিশ্বাস করা, ভরসা রাখা *You can't trust her with money.* ○ *I don't trust that dog. It looks dangerous.* ⇨ **mistrust** এবং **distrust** দেখো।

IDM **Trust sb (to do sth)** (*spoken*) it is typical of sb to do sth কারও বৈশিষ্ট্য-ই এটা, সব সময়েই যে এরকম করে *Trust Amisha to be late. She's never on time!*

trustee / trʌˈstiː ট্রা'স্টী / *noun* [C] a person who looks after money or property for sb else যে ব্যক্তি অন্যের সম্পত্তি, অর্থ ইত্যাদির দেখাশোনা করে

trusting / ˈtrʌstɪŋ ট্রাস্টিং / *adj.* believing that other people are good, sincere, honest, etc. বিশ্বাসপ্রবণ, অন্যকে যে বিশ্বাস করে, ভালো বলে মনে করে

trustworthy / ˈtrʌstwɜːði ট্রাস্ট্উঅ্যদি / *adj.* that you can depend on to be good, sincere, honest, etc. বিশ্বাসী, নির্ভরযোগ্য, সৎ

truth / truːθ ট্রুথ্ / *noun* (*pl.* **truths** / truːðz ট্রুদ্জ্) **1 the truth** [*sing.*] what is true; the facts সত্য; যথাযথ, প্রকৃত তথ্য *Please* ***tell me the truth.*** ○ ***the whole truth*** **2** [U] the state or quality of being true সত্যের গুণ *There's a lot of truth in what she says.* **3** [C] a fact or an idea that is believed by most people to be true বেশির ভাগ মানুষ যে তথ্য বা ধারণাকে সত্য বলে মনে করে *scientific/universal truths* ⇨ **true** adjective দেখো।

truthful / ˈtruːθfl ট্রুথ্ফ্ল্ / *adj.* **1 truthful (about sth)** (used about a person) who tells the truth; honest সত্যবাদী; সত্যনিষ্ঠ, সৎ *I don't think you're being truthful with me.* **2** (used about a statement) true or correct (কোনো বিবৃতি সম্বন্ধে ব্যবহৃত) সত্যি বা ঠিক *a truthful account* ▶**truthfully** / -fəli -ফ্যালি/ *adv.* প্রকৃতপক্ষে, বাস্তবসম্মতভাবে, যথাযথভাবে

try¹ / traɪ / ট্রাই *verb* (*pres. part.* **trying;** *3rd person sing. pres.* **tries;** *pt, pp* **tried**) **1** [I] **try (to do sth)** to make an effort to do sth কোনো কিছু করার চেষ্টা করা *I tried to phone you but I couldn't get through.* ○ *She was* ***trying hard*** *not to laugh.*

> NOTE **Try to** অভিব্যক্তিটি **try and** অভিব্যক্তিটির তুলনায় বেশি পোশাকি। দ্বিতীয় অভিব্যক্তিটি কিন্তু অতীতকালে (past tense) ব্যবহার করা যায় না—*I'll try and get there on time.* ○ *I tried to get there on time, but I was too late.*

2 [T] **try (doing) sth** to do, use or test sth in order to see how good or successful it is কোনো কিছু পরীক্ষা করে দেখা, চেষ্টা করা, প্রয়াস চালানো *Have you ever tried raw fish?* ○ *We tried the door but it was locked.* **3** [T] **try sb (for sth)** to examine sb in a court of law in order to decide if he/she is guilty of a crime or not বিচার করা (আদালতে) *He was tried for murder.*

IDM **try your hand at sth** to do sth such as an activity or a sport for the first time কোনো বিশেষ ধরনের খেলা বা বিশেষ কাজ প্রথম বার করার চেষ্টা করা

PHR V **try sth on** to put on a piece of clothing to see if it fits you properly কোনো পোশাক পরে দেখা যে ঠিকঠাক গায়ে লাগছে কি না *Can I try these jeans on, please?*

try sb/sth out to test sb/sth to find out if he/she/it is good enough কোনো ব্যক্তি বা বস্তু উপযুক্ত কিনা তা বোঝার জন্য পরীক্ষা করা

try² / traɪ ট্রাই / *noun* [C] (*pl.* **tries**) an occasion when you try to do sth; an attempt যখন কোনো কিছু করার প্রচেষ্টা করা হয়; প্রয়াস, প্রচেষ্টা *I don't know if I can move it by myself, but I'll* ***give it a try.***

trying / ˈtraɪɪŋ ট্রাইইং / *adj.* that makes you tired or angry যে জিনিস ক্লান্ত করে তোলে অথবা বিরক্তি উদ্রেক করে *a trying journey*

tryst / trɪst ট্রিস্ট্ / *noun* [C] (*literary* or *humorous*) an appointed meeting especially between lovers বিশেষত প্রেমিক প্রেমিকার মধ্যে পূর্বপরিকল্পিত মিলন

tsar (*also* **tzar, czar**) / zɑ:(r) জ়া:(র্)/ *noun* [C] the title of the **emperor** of Russia in the past অতীতের রুশ সম্রাট বা তার পদবি

tsarina (*also* **tzarina, czarina**) / zɑ:ˈri:nə জ়া:ˈরীন্যা / *noun* [C] the title of the **empress** of Russia in the past অতীতের রুশ সম্রাজ্ঞী বা তার পদবি

tsetse / ˈtsetsi ˈট্সেট্সি / (*also* **tsetse fly**) *noun* [C] an African fly that bites humans and animals and drinks their blood and can spread a serious disease (**sleeping sickness**) আফ্রিকা মহাদেশের এক ধরনের মাছি যেগুলি মানুষ এবং জীবজন্তুর রক্ত চোষে এবং সেই কামড়ের ফলে স্লিপিং সিকনেস জাতীয় গুরুতর রোগের সংক্রমণ ঘটে

T-shirt (*also* **teeshirt**) / ˈti:ʃɜ:t ˈটীশ্যট্ / *noun* [C] a shirt with short sleeves and without buttons or a collar কলার বা বোতাম ছাড়া হাফ হাতা শার্ট; টি শার্ট

tsp *abbr.* teaspoonful(s) এক চা-চামচ *Add 1 tsp salt.*

T-square *noun* [C] a plastic or metal instrument in the shape of a T for drawing or measuring **right angles** T-আকারের ধাতু বা প্লাস্টিকনির্মিত একটি জিনিস যা আঁকা বা মাপার কাজে লাগে

tsunami / tsu:ˈnɑ:mi সুˈনা:মি/ *noun* [C] (*technical*) a very large wave in the sea which destroys things when it reaches the land, and is often caused by movements under the surface of the earth (**an earthquake**) ভূমিকম্প ইত্যাদির কারণে সৃষ্ট বিশাল যে সমুদ্রতরঙ্গ তীরের উপর আছড়ে পড়ে বহু জিনিস ধ্বংস করে; সুনামি

NOTE সাধারণভাবে একে **tidal wave** বলা হয়।

tub / tʌb টাব্ / *noun* [C] **1** a large round container বড়ো গোলাকার পাত্র **2** a small plastic container with a lid that is used for holding food ছোটো ঢাকনা সমেত প্লাস্টিকের পাত্র যা খাবার রাখার কাজে ব্যবহৃত হয় *a tub of margarine/ice cream*

tuba / ˈtju:bə ˈটিউব্যা / *noun* [C] a large metal (**brass**) musical instrument that makes a low sound বড়ো পিতলের বাদ্যযন্ত্রবিশেষ যা খুবই নিম্ন স্বরে বাজে

tube / tju:b টিউব্ / *noun* **1** [C] a long empty pipe লম্বা খালি নল *Blood flowed along the tube into the bottle.* ○ *the inner tube of a bicycle tyre* ➪ **test tube** দেখো। **2** [C] **a tube (of sth)** a long thin container made of soft plastic or metal with a lid at one end. Tubes are used for holding thick liquids that can be squeezed out of them নরম প্লাস্টিক বা ধাতু দিয়ে তৈরি তরল পদার্থ রাখার পাত্র যার একদিকে ঢাকনা লাগানো যায়। এগুলি ঘন তরল পদার্থ রাখার কাজে ব্যবহৃত হয় যাতে চাপ দিয়ে ঐ পদার্থটি বার করা যায় *a tube of toothpaste* **3 the tube** [*sing.*] (*BrE informal*) =**under-ground**[3]

tuber / ˈtju:bə(r) ˈটিউব্যা(র্)/ *noun* [C] the short thick round part of some plants, such as potatoes, which grows under the ground মাটির নীচের স্ফীতকন্দ (যেমন আলুর মোটা অংশ)

tuberculosis / tju:ˌbɜ:kju ˈləʊsɪs টিউˌব্যকিউ ˈল্যাউসিস্ / *noun* [U] (*abbr.* **TB**) a serious disease that affects the lungs যক্ষ্মারোগ, যে রোগে ফুসফুস আক্রান্ত

tubing / ˈtju:bɪŋ ˈটিউবিং / *noun* [U] a long piece of metal, rubber, etc. in the shape of a tube পাইপের আকারে লম্বা ধাতু, রবার ইত্যাদি ➪ **laboratory**-তে ছবি দেখো।

tuck / tʌk টাক্ / *verb* [T] **1 tuck sth in, under, round, etc. (sth)** to put or fold the ends or edges of sth into or round sth else so that it looks tidy যাতে ভালো দেখায় তার জন্য কোনো কিছুর ধারের দিকের অংশ একসঙ্গে টেনে এনে ভিতরে গুঁজে দেওয়া বা ঢোকানো *Tuck your shirt in—it looks untidy like that.* **2 tuck sth (away)** to put sth into a small space, especially to hide it or to keep it safe লুকোনোর জন্য বা নিরাপদে রাখার জন্য ছোটো জায়গার মধ্যে কোনো কিছু ঢুকিয়ে রাখা *The letter was tucked behind a pile of books.*

PHR V **tuck sth away** **1** (*only in the passive form*) to be situated in a quiet place; to be hidden শান্ত স্থানে অবস্থিত হওয়া; লুকিয়ে থাকা; ঢাকা পড়ে যাওয়া *The house was tucked away among the trees.* **2** to hide sth somewhere; to keep sth in a safe place লুকিয়ে রাখা; নিরাপদে রাখা *He tucked his wallet away in his inside pocket.*

tuck sb in/up to make sb feel comfortable in bed by pulling the covers up around him/her কাউকে আরাম দেওয়ার জন্য বিছানায় ভালোভাবে ঢেকে শুইয়ে দেওয়া

tuck in; tuck into sth (*BrE*) (*spoken*) to eat with pleasure মনের সুখে খাওয়া

Tue. (*also* **Tues.**) *abbr.* Tuesday মঙ্গলবার *Tue. 9 March*

Tuesday / ˈtju:zdeɪ; -di ˈটিউজ়্ডেই; -ডি/ *noun* [C, U] (*abbr.* **Tue., Tues.**) the day of the week after Monday সোমবারের পরের দিন; মঙ্গলবার

NOTE সপ্তাহের দিনগুলির নামের প্রথম অক্ষর সবসময় বড়ো হাতের অক্ষরে (Capital letter) লেখা হয়ে থাকে। বাক্যে সপ্তাহের বারের বা দিনগুলির নামের ব্যবহার এবং তার উদাহরণ দেখার জন্য **Monday** দেখো।

tuft / tʌft টাফ্‌ট্ / *noun* [C] a small amount of hair, grass, etc. growing together চুল, ঘাস ইত্যাদির গুচ্ছ যা একসঙ্গে বেড়ে ওঠে

tug[1] / tʌg টাগ্ / *verb* [I, T] (**tugging; tugged**) **tug (at/on sth)** to pull sth hard and quickly, often several times হঠাৎ সজোরে টানা, প্রায়ই একাধিকবার *The little boy tugged at his father's trouser leg.*

tug[2] / tʌg টাগ্ / *noun* [C] **1** a sudden hard pull আচমকা জোর টান বা আকর্ষণ *She gave the rope a tug.* **2** (*also* **tugboat**) a small powerful boat that is used for pulling ships into a port, etc. যে শক্তিশালী নৌকো, বড়ো জাহাজ ইত্যাদি বন্দরে টেনে নেওয়ার কাজে ব্যবহৃত হয়

tuition / tjuˈɪʃn টিউ'ইশ্‌ন্ / *noun* [U] **tuition (in sth)** teaching, especially to a small group of people শিক্ষাদান, বিশেষত ছোটো এক দল ছাত্রছাত্রীকে *tuition fees/private tuition*

tulip / ˈtjuːlɪp 'টিউলিপ্ / *noun* [C] a brightly coloured flower, shaped like a cup, that grows in the spring পেয়ালার মতো আকারের উজ্জ্বল রঙের ফুল যা বসন্তকালে ফোটে; টিউলিপ

tulsi *noun* [C] a kind of basil (**herb**) cultivated in India and considered sacred by the Hindus ভারতে পাওয়া যায় একধরনের গাছ যা হিন্দুদের কাছে পবিত্র; তুলসী

tumble / ˈtʌmbl 'টাম্‌ব্‌ল্ / *verb* [I] **1** to fall down suddenly but without serious injury পড়ে যাওয়া (তবে বেশি চোট না পাওয়া) *He tripped and tumbled all the way down the steps.* **2** to fall suddenly in value or amount মূল্য অথবা পরিমাণ হঠাৎ হ্রাস পাওয়া *House prices have tumbled.* **3** to move in a particular direction in an untidy way কোনো বিশেষ দিকে এলোমেলোভাবে এগিয়ে যাওয়া *She opened her suitcase and all her things tumbled out of it.*

▶ **tumble** *noun* [C] স্খলিত চলন, বিশৃঙ্খল চলন

PHR V **tumble down** to fall down; to collapse পড়ে যাওয়া; ভেঙে পড়া *The walls of the old house were tumbling down.*

tumble-dryer (*also* **tumble-drier**) *noun* [C] (*BrE*) a machine that dries clothes by moving them about in hot air গরম হাওয়ার দ্বারা কাপড় শোকায় যে যন্ত্র

tumbler / ˈtʌmblə(r) 'টাম্বল্যা(র্) / *noun* [C] a tall glass for drinking out of with straight sides and no handle জল পান করার লম্বা কাচের হাতল ছাড়া গেলাস

tummy / ˈtʌmi 'টামি / *noun* [C] (*pl.* **tummies**) (*informal*) =**stomach[1]**

tumour (*AmE* **tumor**) / ˈtjuːmə(r) 'টিউম্যা(র্) / *noun* [C] a mass of cells that are not growing normally in the body as the result of a disease কোনো অসুস্থতার জন্য দেহের কোনো অংশের অস্বাভাবিক কোষবৃদ্ধি; টিউমার *a brain tumour*

tumultuous / tjuːˈmʌltʃuəs টিউ'মালচুঅ্যাস্ / *adj.* very noisy, because people are excited হৈ চৈ চ্যাঁচামেচি *tumultuous applause*

tuna / ˈtjuːnə 'টিউন্যা / (*also* **tuna fish**) *noun* [C, U] (*pl.* **tuna**) a large sea fish that we eat টুনাফিশ, সমুদ্রের মাছ, খাদ্য হিসেবে ব্যবহৃত হয় *a tin of tuna*

tundra / ˈtʌndrə 'টান্‌ড্র্যা / *noun* [U] (in geography) the large flat Arctic regions of northern Europe, Asia and North America where no trees grow and where the soil below the surface of the ground is always frozen (ভূগোলে) উত্তর ইউরোপে এশিয়া এবং উত্তর আমেরিকার বিস্তীর্ণ জমাট বাঁধা তুষারবৃত মেরু অঞ্চল যেখানে কোনো গাছপালা জন্মায় না; তুন্দ্রা অঞ্চল

tune[1] / tjuːn টিউন্ / *noun* [C, U] a series of musical notes that are sung or played to form a piece of music সংগীতের অনেক সুর; রাগ *Reena played us a tune on the piano.*

IDM **call the shots/tune** ⇨ **call[1]** দেখো

change your tune ⇨ **change[1]** দেখো।

in/out of tune **1** at/not at the correct musical level (**pitch**) ঠিক বা বেঠিক লয়ে *You're singing out of tune.* **2** having/not having the same opinions, interests, feelings, etc. as sb/sth অন্য কোনো ব্যক্তি অথবা বস্তুর মত, রুচি, অনুভূতি ইত্যাদির সঙ্গে একমত হওয়া বা না হওয়া

tune[2] / tjuːn টিউন্ / *verb* **1** [T] to make small changes to the sound a musical instrument makes so that it is at the correct musical level (**pitch**) বাদ্যযন্ত্রের সুর ঠিক করা *to tune a piano/guitar* **2** [T] to make small changes to an engine so that it runs well ভালোভাবে চলার জন্য গাড়ির ইঞ্জিনে ছোটোখাটো পরিবর্তন করা বা সারানো **3** [T] (*usually passive*) **tune sth (in) (to sth)** to move the controls on a radio or television so that you can receive a particular station রেডিও, টেলিভিশনের নব ঘুরিয়ে ইচ্ছেমতো স্টেশন ধরা *The radio was tuned (in) to All India Radio.* ○ (*spoken*) ***Stay tuned for the latest news.***

PHR V **tune in (to sth)** to listen to a radio programme or watch a television programme কোনো বিশেষ অনুষ্ঠান রেডিওর মধ্যে শোনা বা দূরদর্শনে দেখা

tune (sth) up to make small changes to a group of musical instruments so that they sound pleasant when played together বিভিন্ন বাদ্যযন্ত্রের মধ্যে অল্পবিস্তর সুরের তারতম্য ঘটানো যাতে বাজানোর সময়ে তা শ্রুতিমধুর হয়

tuneful / ˈtjuːnfl ˈটিউন্‌ফ্‌ল্ / *adj.* (used about music) pleasant to listen to (সংগীত সম্বন্ধে বলা হয়) শ্রুতিমধুর

tungsten / ˈtʌŋstən ˈটাংস্ট্যান্ / *noun* [U] (*symbol* **W**) a very hard silver-grey metal, used especially in making steel and in **filaments** for **light bulbs** এক রকম খুব শক্ত রূপোলি-ধূসর রঙের ধাতু, বিশেষত ইস্পাত তৈরি করতে এবং আলোর বাল্‌বের ফিলামেন্ট তৈরি করতে ব্যবহার করা হয় ➪ **bulb**-এ ছবি দেখো।

tunic / ˈtjuːnɪk ˈটিউনিক *noun* [C] **1** a piece of women's clothing, usually without sleeves, that is long and not tight হাতকাটা ঢিলেঢালা মেয়েদের পোশাক **2** (*BrE*) the jacket that is part of the uniform of a police officer, soldier, etc. পুলিশ কর্মী, সৈন্য ইত্যাদির ইউনিফর্ম; জ্যাকেট

tuning fork *noun* [C] a U-shaped metal device that produces a fixed tone when struck ইউ-আকৃতির ধাতুনির্মিত সরঞ্জাম

tunnel / ˈtʌnl ˈটান্‌ল্ / *noun* [C] a passage under the ground সুড়ঙ্গ, মাটির নীচের পথ *The train disappeared into a tunnel.* ▶ **tunnel** *verb* [I, T] (**tunnelling; tunnelled** *AmE* **tunneling; tunneled**) সুড়ঙ্গ কাটা

turban / ˈtɜːbən ˈট্যব্যান্ / *noun* [C] a covering for the head worn especially by Sikh and Muslim men. A turban is made by folding a long piece of cloth around the head (বিশেষত শিখ এবং মুসলমানদের পরিধেয়) পাগড়ি, উষ্ণীষ

turbine / ˈtɜːbaɪn ˈট্যবাইন্ / *noun* [C] a machine or an engine that receives its power from a wheel that is turned by the pressure of water, air or gas জল, বায়ু বা বাষ্পচালিত চাকার ঘূর্ণনের মধ্যে দিয়ে যে যন্ত্র বা ইঞ্জিনে শক্তি সঞ্চালিত হয় *a wind turbine* ➪ **generator**-এ ছবি দেখো।

turbocharger / ˈtɜːbəʊtʃɑːdʒə(r) ˈট্যব্যাউচা:জ্যা (র্) / (*also* **turbo** ˈtɜːbəʊ ˈট্যব্যাউ/) *noun* [C] a system in a car that sends a mixture of petrol and air into the engine at high pressure, making it more powerful গাড়ির ভিতরে যে পদ্ধতিতে পেট্রোল এবং হাওয়ার সংমিশ্রণে জোর চাপের সৃষ্টি হয়ে ইঞ্জিনকে শক্তিশালী করে তোলে

turbot / ˈtɜːbət ˈট্যব্যাট্ / *noun* [C, U] (*pl.* **turbot** or **turbots**) a large flat European sea fish that some people eat ইউরোপে পাওয়া যায় একধরনের বড়ো ও চ্যাপটা সামুদ্রিক মাছ যা কিছু লোক খায়; টারবোট

turbulent / ˈtɜːbjələnt ˈট্যবিঅ্যাল্যান্ট্ / *adj.* **1** in which there is a lot of change, disorder and disagreement, and sometimes violence অশান্ত, বিক্ষুব্ধ, বিশৃঙ্খল, এলোমেলো **2** (used about water or air) moving in a violent way (হাওয়া বা জল সম্বন্ধে ব্যবহৃত) উত্তালভাবে, অশান্তভাবে প্রবাহিত ▶ **turbulence** ˈ*noun* [U] বিক্ষোভ, বিশৃঙ্খলা

turf¹ / tɜːf ট্যফ্ / *noun* [U, C] (a piece of) short thick grass and the layer of soil underneath it ঘাসের চাপড়া, কিছুটা ঘাস এবং সঙ্গে কিছুটা মাটিও *newly laid turf*

turf² / tɜːf ট্যফ্ / *verb* [T] to cover ground with turf ঘাসের চাপড়া দিয়ে জমি ঢাকা

PHR V turf sb out (of sth) (*BrE informal*) to force sb to leave a place কাউকে জায়গা ছাড়তে বাধ্য করা

turkey / ˈtɜːki ˈটাকি / *noun* [C, U] a large bird that is kept on farms. Turkeys are usually eaten at Christmas in Britain and at Thanksgiving in the US বড়ো আকারের পাখি যা পালন করা হয় এবং ব্রিটেনে ক্রিসমাসের সময়ে এবং মার্কিন যুক্তরাষ্ট্রে থ্যাঙ্কস্‌গিভিং-এর সময়ে সাধারণত খাওয়া হয়; টার্কি

IDM cold turkey ➪ **cold¹** দেখো।

turmeric / ˈtɜːmərɪk ˈট:ম্যারিক্ / *noun* [U] an essential spice used in South-Asian cooking usually sold in dried or powdered form. It lends a yellow colour to the food (দক্ষিণ এশিয়ায় রান্নায় ব্যবহৃত) হলুদ

turmoil / ˈtɜːmɔɪl ˈট্যমইল্ / *noun* [U, *sing.*] a state of great noise or confusion খুব গণ্ডগোল বা ওলটপালটের সময় *His mind was* ***in (a) turmoil.***

turn¹ / tɜːn ট্যন্ / *verb* **1** [I, T] to move or make sth move round a fixed central point আবর্তিত হওয়া, কোনো কিছু মাঝে রেখে ঘোরা *She turned the key in the lock.* ○ *Turn the steering wheel to the right.* **2** [I, T] to move your body, or part of your body, so that you are facing in a different direction শরীর বাঁকানো, ঘুরে যাওয়া *He turned round when he heard my voice.* ○ *She* ***turned*** *her* ***back on*** *me* (=she deliberately moved her body to face away from me). **3** [I, T] to change the position of sth কোনো কিছুর অবস্থান বদলানো *I turned the box upside down.* ○ *He turned the page and started the next chapter.* **4** [T] to point or aim sth in a particular direction নির্দিষ্ট লক্ষ্যে নিশানা করা *She turned her attention back to the television.* **5** [I, T] to change direction when you are moving ঘোরার সময়ে দিক পরিবর্তন করা *The car* ***turned the corner***. **6** [I, T] (to cause) to become হওয়া (কোনো কিছুর জন্য, কোনো কারণে) *He* ***turned very red*** *when I asked him about the money.* ○ *These caterpillars will turn into butterflies.* **7** [T] (*not used in the continuous tenses*) to reach or pass a particular age or time বিশেষ বয়স বা সময়ে পৌঁছোনো বা তা পার হয়ে যাওয়া *It's turned midnight.*

NOTE **Turn** শব্দটি প্রয়োগ করা হয়েছে যেসব প্রবাদ বা বাগধারায় তার জন্য সেই প্রবাদ বা বাগ্‌ধারায় ব্যবহৃত বিশেষ্য (noun) বিশেষণ (adjective) ইত্যাদি শব্দের শীর্ষশব্দগুলি দেখো। উদাহরণস্বরূপ **turn a blind eye** বাগ্‌ধারাটি পাবে **blind** শীর্ষশব্দে।

PHR V **turn (sth) around/round** to change position or direction in order to face the opposite way, or to return the way you came ঘুরে দাঁড়ানো, ঘুরে যাওয়া, ঘোরা *He turned the car around and drove off.*

turn away to stop looking at sb/sth মুখ ঘুরিয়ে নেওয়া, কারও বা কিছুর দিকে তাকানো বন্ধ করা *She turned away in horror at the sight of the blood.*

turn sb away to refuse to allow a person to go into a place কাউকে কোনো জায়গায় যাওয়ার বা ঢোকার অনুমতি না দেওয়া

turn back to return the same way that you came আসার পথেই আবার ফিরে যাওয়া *We've come so far already, we can't turn back now.*

turn sb/sth down to refuse an offer, etc. or the person who makes it প্রস্তাব ইত্যাদি অস্বীকার করা, কারও কথা না শুনে তাকে ফিরিয়ে দেওয়া *He asked her to marry him, but she turned him down.*

turn sth down to reduce the sound or heat that sth produces আওয়াজ বা তাপ ইত্যাদি কমানো *Turn the television down!*

turn off (sth) to leave one road and go on another একটা রাস্তা ছেড়ে অন্য রাস্তায় যাওয়া

turn sth off to stop the flow of electricity, water, etc. by moving a switch, tap, etc. বিদ্যুতের সুইচ, জলের কল ইত্যাদি বন্ধ করা *He turned the TV off.*

turn sth on to start the flow of electricity, water, etc. by moving a switch, tap, etc. আলো জ্বালানো, জলের কল খোলা *to turn the lights on*

turn out (for sth) to be present at an event ঘটনাস্থলে উপস্থিত থাকা, হাজির হওয়া

turn out (to be sth) to be in the end শেষ পর্যন্ত, পরে যে রকম লাগে *The weather turned out fine.* ○ *The house that they had promised us turned out to be a tiny flat.*

turn sth out to move the switch, etc. on a light or a source of heat to stop it আলো ইত্যাদি বন্ধ করে দেওয়া, নেভানো *Turn the lights out before you go to bed.*

turn over 1 to change position so that the other side is facing out or upwards সম্পূর্ণ ঘুরে যাওয়া, পাশ ফেরা, উলটে যাওয়া *He turned over and went back to sleep.* **2** (used about an engine) to start or to continue to run (ইঞ্জিন সম্বন্ধে ব্যবহৃত) চালু হওয়া, চলতে থাকা **3** (*BrE*) to change to another programme when you are watching television টেলিভিশন দেখতে দেখতে পালটে অন্য আর একটি অনুষ্ঠান দেখা

turn sth over 1 to make sth change position so that the other side is facing out or upwards সম্পূর্ণ ঘুরিয়ে দেওয়া যাতে সামনের দিক পিছনে বা উপরের অংশ নীচে চলে যায়, উলটে দেওয়া *You may now turn over your exam papers and begin.* **2** to keep thinking about sth carefully মনোযোগ দিয়ে কিছু ভাবা *She kept turning over what he'd said in her mind.*

turn to sb/sth to go to sb/sth to get help, advice, etc. সাহায্য চাওয়া, সাহায্য বা উপদেশের জন্য কারও কাছে যাওয়া

turn up 1 to arrive; to appear উপস্থিত হওয়া; সামনে আসা *What time did they finally turn up?* **2** to be found, especially by chance দৈবাৎ চোখে পড়া, হঠাৎই খুঁজে পাওয়া *I lost my glasses a week ago and they haven't turned up yet.*

turn sth up to increase the sound or heat that sth produces তাপ বা আওয়াজ বাড়ানো *Turn the heating up—I'm cold.*

turn² / tɜːn ট্যর্ন্ / *noun* [C] **1** the action of turning sb/sth round আবর্তন, ঘূর্ণন *Give the screw another couple of turns to make sure it is really tight.* **2** a change of direction in a vehicle গাড়ির দিক পরিবর্তন *to make a **left/right turn*** ○ *a **U-turn*** **3** (*BrE* **turning**) a bend or corner in a road, river, etc. মোড়, বাঁক (নদী, রাস্তা ইত্যাদির) *Take the next turn on the left.* **4** [*usually sing.*] the time when sb in a group of people should or is allowed to do sth কোনো দল বা ব্যক্তির জন্য কোনো কিছু করার নির্দিষ্ট সময় *Please wait in the queue until it is your turn.* ○ *Whose turn is it to do the cleaning?* ✪ সম **go** **5** an unusual or unexpected change অপ্রত্যাশিত, অস্বাভাবিক পরিবর্তন *The patient's condition has **taken a turn for the worse*** (=suddenly got worse).

IDM **(do sb) a good turn** to do sth helpful for sb কারও যাতে ভালো হয় এমন কিছু করা

in turn one after the other একের পর এক, ক্রমানুসারে *I spoke to each of the children in turn.*

take turns (at sth) to do sth one after the other to make sure it is fair যার সময় বা পালা আসবে তাকেই দেওয়া বা তার জন্য করা যাতে কারও প্রতি অন্যায় না হয়

the turn of the century/year the time when a new century/year starts নতুন শতাব্দী বা বৎসরের সূচনালগ্ন

wait your turn ➪ **wait**[1] দেখো।

turning / ˈtɜːnɪŋ ট্যর্নিং / (*BrE* **turn**) *noun* [C] a place where one road leads off from another দুই বা ততোধিক রাস্তার মিলনস্থল; মোড় *We must have taken a wrong turning.*

turning point *noun* [C] **a turning point (in sth)** a time when an important change happens, usually a good one যে বিশেষ মুহূর্তে কোনো বিরাট পরিবর্তন ঘটে (এবং বেশির ভাগ সময় তা ভালোর দিকে); সন্ধিক্ষণ

turnip / ˈtɜːnɪp ˈট্যনিপ্ / *noun* [C, U] a round white vegetable that grows under the ground শালগম

turn-off *noun* [C] the place where a road leads away from a larger or more important road যেখান থেকে একটি রাস্তা ধরে আরও বড়ো এবং গুরুত্বপূর্ণ রাস্তায় পড়া যায় *This is the turn-off for Shimla.*

turnout / ˈtɜːnaʊt ˈট্যনাউট্ / *noun* [C, *usually sing.*] the number of people who go to a meeting, sports event, etc. যারা কোনো সভা, খেলার অনুষ্ঠান ইত্যাদিতে যোগ দিতে আসে তাদের সংখ্যা, উপস্থিতি

turnover / ˈtɜːnəʊvə(r) ˈট্যন্যাউভ্যা(র্) / *noun* [C] [*sing.*] **a turn over (of sth)** **1** the amount of business that a company does in a particular period of time ব্যবসায়ের লেনদেন, মোট আয়ব্যয় (নির্দিষ্ট সময়সীমার মধ্যে) *The firm has an annual turnover of Rs 100 crores.* **2** the rate at which workers leave a company and are replaced by new ones কর্মী ছাঁটাই বা বদলের হার *a high turnover of staff*

turnstile / ˈtɜːnstaɪl ˈট্যনস্টাইল্ / *noun* [C] a metal gate that moves round in a circle when it is pushed, and allows one person at a time to enter a place যে ধাতব গেট সরিয়ে বা ঘুরিয়ে একবারে একজনেই প্রবেশ করতে পারে

turntable / ˈtɜːnteɪbl ˈট্যনটেইব্‌ল্ / *noun* [C] **1** the round surface on a **record player** that you place the record on to be played রেকর্ড প্লেয়ার-এ যে গোল জায়গায় রেকর্ডটি রাখা হয় (বাজানোর জন্য) **2** a large round surface that is able to move in a circle and onto which a railway engine is driven in order to turn it to go in the opposite direction রেলের ইঞ্জিন ইত্যাদির মুখ সম্পূর্ণ বিপরীত দিকে ঘোরানোর জন্য বিশাল গোলাকার জায়গা

turpentine / ˈtɜːpəntaɪn ˈট্যপ্যান্টাইন্ / *noun* [U] a clear liquid with a strong smell that you use for removing paint or for making paint thinner তারপিন তেল, যা সাধারণত রং তোলা বা রং পাতলা করার জন্য ব্যবহৃত হয়

turquoise / ˈtɜːkwɔɪz ˈট্যকুঅইজ্ / *adj., noun* **1** [C, U] a blue or greenish-blue precious stone নীল বা সবজে-নীল নীলকান্ত মণি **2** [U] (of) a greenish-blue colour সবজে-নীল রং

turret / ˈtʌrət ˈটার‍্যাট্ / *noun* [C] a small tower on the top of a large building বড়ো অট্টালিকার মাথায় ছোটো গম্বুজ

turtle / ˈtɜːtl ˈট্যট্‌ল্ / *noun* [C] **1** (*AmE* **sea turtle**) a reptile with a thick shell that lives in the sea সামুদ্রিক কচ্ছপ ➪ **reptile**-এ ছবি দেখো। **2** (*AmE*) =**tortoise**

tusk / tʌsk টাস্ক্ / *noun* [C] one of the two very long pointed teeth of an elephant, etc. Tusks are made of a hard, white substance like bone **(ivory)** হাতির দাঁত; গজদন্ত

tussle / ˈtʌsl ˈটাস্‌ল্ / *noun* [C] (*informal*) **a tussle (for/over sth)** a fight, for example between two or more people who want to have the same thing লড়াই, ধস্তাধস্তি, দুজনের মধ্যে দ্বন্দ্বযুদ্ধ

tut / tʌt টাট্ / **(also tut-tut)** *exclamation* the way of writing the sound that people make to show disapproval of sb/sth কারও বা কিছুর প্রতি অননুমোদন বোঝাতে লিখিত অভিব্যক্তিবিশেষ (দূরদূর, ছি ছি প্রভৃতি শব্দ) ▶ **tut** *verb* [I] **(tutting; tutted)** ছি ছি করা

tutor / ˈtjuːtə(r) ˈটিউট্যা(র্) / *noun* [C] **1** a private teacher who teaches one person or a very small group গৃহশিক্ষক **2** a teacher who is responsible for a small group of students at school, college or university. A tutor advises students on their work or helps them if they have problems in their private life কলেজ বা বিশ্ববিদ্যালয়ে গুটিকয়েক ছাত্রছাত্রীর পড়াশুনোর দায়িত্ব যে শিক্ষকের উপর থাকে, তিনি প্রয়োজনে তাদের ব্যক্তিগত সমস্যা সমাধানেরও চেষ্টা করেন

tutorial / tjuːˈtɔːriəl টিউˈট:রিঅ্যাল্ / *noun* [C] a lesson at a college or university for an individual student or a small group of students কলেজ বা বিশ্ববিদ্যালয়ে এক বা একাধিক ছাত্রদের পড়ানোর জন্য ক্লাস বা শিক্ষাদান

tuxedo / tʌkˈsiːdəʊ টাক্ˈসীড্যাউ / (*pl.* **tuxedos** / -dəʊz -ড্যাউজ্ /) (*informal* **tux**) =**dinner jacket**

TV / ˌtiː ˈviː ˌটীˈভী / *abbr.* =**television**

twang / twæŋ টুঅ্যাং / *noun* [C] the sound that is made when you pull a tight piece of string, wire or elastic and then let it go suddenly টং করে আওয়াজ, কোনো শক্ত দড়ি, সুতো ইত্যাদি টেনে ছেড়ে দিলে যে আওয়াজ হয় ▶ **twang** *verb* [I, T] তারের টুং টুং আওয়াজ করা

tweed / twiːd টুঈড্ / *noun* [U] thick woollen cloth with a rough surface used for making clothes খসখসে উলের কাপড় যা দিয়ে জ্যাকেট ইত্যাদি পোশাক তৈরি হয়

tweezers / ˈtwiːzəz টুইজ়্যাজ় / *noun* [*pl.*] a small tool consisting of two pieces of metal that are joined at one end. You use tweezers for picking up or pulling out very small things খুব ছোটো জিনিস তোলার ছোট চিমটে; সন্না *a pair of tweezers*

twelfth / twelfθ টুএলফ্‌থ্ / *det., adv.* 12th ১২তম, দ্বাদশ ➪ **sixth**-এ দৃষ্টান্ত দেখো।

twelve / twelv টুএল্‌ভ্ / *number* 12 বারো, ১২, দ্বাদশতম ➪ **dozen** দেখো NOTE বাক্যের মধ্যে সংখ্যার ব্যবহার কিভাবে হয় তা জানার জন্য **six** দেখো।

twentieth / ˈtwentiəθ ˈটুএনটিঅ্যাথ্ / *det., adv.* 20th বিংশতিতম ➪ **sixth**-এ দৃষ্টান্ত দেখো।

twenty / ˈtwenti ˈটুএন্‌টি / *number* 20 ২০ কুড়ি, বিংশ

NOTE বাক্যে সংখ্যার ব্যবহার এবং তার উদাহরণ দেখার জন্য **sixty** দেখো।

twice / twaɪs টুআইস্ / *adv.* two times দ্বিগুণ, দুবার *The film will be shown twice daily.* ○ *Prices have risen twice as fast in this country as in Japan.*

twiddle / ˈtwɪdl ˈটুইড্‌ল্ / *verb* [I, T] **twiddle (with) sth** to keep turning or moving sth with your fingers, often because you are nervous or bored উদ্দেশ্যহীনভাবে কোনো কিছু আঙুল দিয়ে নাড়াচাড়া করা (প্রায়ই স্নায়বিক উত্তেজনা বা একঘেয়েমির কারণে)

twig / twɪg টুইগ্ / *noun* [C] a small thin branch on a tree or bush গাছের ছোটো ডাল

twilight / ˈtwaɪlaɪt ˈটুআইলাইট্ / *noun* [U] the time after the sun has set and before it gets completely dark সূর্য ডোবার পরের অবস্থা; গোধূলি বেলা, সন্ধ্যালোক ➪ **dusk** দেখো।

twin / twɪn টুইন্ / *noun* [C] **1** one of two children or animals that are born to one mother at the same time যমজ সন্তান *a twin brother/sister* ○ *identical twins* ➪ **Siamese twin** এবং **triplet** দেখো। **2** one of a pair of things that are the same or very similar একই রকমের দেখতে এক জোড়া জিনিসের যে-কোনো একটি *twin engines* ○ *twin beds*

twinge / twɪndʒ টুইন্‌জ্ / *noun* [C] **1** a sudden short pain আকস্মিক স্বল্পস্থায়ী ব্যথা *He suddenly felt a twinge in his back.* **2 a twinge (of sth)** a sudden short feeling of an unpleasant emotion বিবেকের দংশন

twinkle / ˈtwɪŋkl ˈটুইংকল্ / *verb* [I] **1** to shine with a light that seems to go on and off চকচক করা, ঝিকমিক করা *Stars twinkled in the night sky.* **2** (used about your eyes) to look bright because you are happy (চোখ সম্বন্ধে ব্যবহৃত) খুশিতে জ্বলজ্বল করা, চকমক করা ▶ **twinkle** *noun* [*sing.*] চকমকে

twin town *noun* [C] one of two towns in different countries that have a special relationship দুই দেশের দুটি ভিন্ন শহর অথচ তাদের মধ্যে বিশেষ সম্পর্ক আছে

twirl / twɜːl টুঅ্যল্ / *verb* [I, T] **twirl (sb/sth) (around/round)** to turn round and round quickly; to make sb/sth do this ঘুরপাক খাওয়া বা ঘোরানো, আবর্তিত হওয়া, চরকির মতো ঘোরা বা ঘোরানো

twist[1] / twɪst টুইস্ট্ / *verb* **1** [I, T] to bend or turn sth into a particular shape, often one it does not go in naturally; to be bent in this way পাকানো, পাক খাওয়া বা দেওয়া, জোর করে ঘুরিয়ে দেওয়া; এইভাবে বাঁকিয়ে দেওয়া *She twisted her long hair into a knot.* ○ *He* ***twisted*** *his* ***ankle*** *while he was playing cricket.* **2** [I, T] to turn a part of your body while the rest stays still শরীরের কোনো একটি অংশ বাঁকানো, ঘোরানো *She twisted round to see where the noise was coming from.* ○ *He kept twisting his head from side to side.* **3** [T] to turn sth around in a circle with your hand হাত দিয়ে ঘোরানো, প্যাঁচ ঘোরানো, গোল করে ঘোরানো *She twisted the ring on her finger nervously.* ○ *Most containers have twist-off caps.* **4** [I] (used about a road, etc.) to change direction often (রাস্তা ইত্যাদি সম্বন্ধে ব্যবহৃত) এঁকে বেঁকে যাওয়া *a narrow twisting lane* ○ *The road* ***twists and turns*** *along the coast.* **5** [I, T] **twist (sth) (round/around sth)** to put sth round another object; to be round another object কোনো কিছুকে পাকিয়ে ওঠা; গোল করে ঘিরে থাকা *The telephone wire has* ***got twisted*** *round the table leg.* **6** [T] to change the meaning of what sb has said কথার মানে বদলে দেওয়া, ঘুরিয়ে অর্থ করা *Journalists often* ***twist your words****.*

IDM **twist sb's arm** (*informal*) to force or persuade sb to do sth কিছু করার জন্য জোর দেওয়া, চাপাচাপি করা

twist[2] / twɪst টুইস্ট্ / *noun* [C] **1** the action of turning sth with your hand, or of turning part of your body মুচড়ে দেওয়া *She opened the bottle cap with one twist of its neck.* **2** an unexpected change or development in a story or situation কাহিনি বা পরিস্থিতির অপ্রত্যাশিত পরিবর্তন বা পরিণতি **3** a place where a road, river, etc. bends or changes direction নদীর বাঁক, রাস্তার মোড় বা বাঁক *the twists* ***and turns*** *of the river* **4** something that has become or been bent into a particular shape দুমড়ে মুচড়ে অন্য আকার নিয়েছে এমন *Straighten out the wire so that there are no twists in it.*

twit / twɪt টুইট্ / *noun* [C] (*informal*) a stupid person বোকা লোক, গাধা

twitch / twɪtʃ টুইচ্ / *verb* [I, T] to make a quick sudden movement, often one that you cannot control; to cause sth to make a sudden movement আচমকা অনিচ্ছাকৃতভাবে কাঁপতে থাকা; কোনো কিছুকে

হঠাৎ নাড়ানো *The rabbit twitched and then lay still.* ○ *He twitched his nose.* ▶ **twitch** *noun* [C] খিঁচুনি *He has a nervous twitch.*

twitter / ˈtwɪtə(r) 'টুইট্যা(র্) / *verb* [I] (used about birds) to make a series of short high sounds (পাখি সম্বন্ধে ব্যবহৃত) কিচির মিচির শব্দ করা

two / tu: টু / **1** *number* 2 দুই, ২ ➪ **second** দেখো। NOTE বাক্যের সংখ্যার ব্যবহার এবং তার উদাহরণ দেখার জন্য **six** দেখো। **2 two-** (*used to form compound adjectives*) having two of the things mentioned দুই সংখ্যক, উল্লিখিত বস্তু দুটি করে আছে এমন *a two-week holiday*

IDM **be in two minds (about sth/about doing sth)** ➪ **mind**[1] দেখো।

in two in or into two pieces দুভাগে বিভক্ত, দ্বিখণ্ডিত *The plate fell on the floor and broke in two.*

two-faced *adj.* (*informal*) not sincere; not acting in a way that supports what you say or what you believe; saying different things to different people about a particular subject আন্তরিক নয়; দুমুখো, মনে এক মুখে এক; একই বিষয়ে নানা জনের কাছে নানা রকম বলা ✪ সম **hypocritical**

two-ply *adj.* (used about wool, wood, etc.) with two threads or thicknesses (উল, কাঠ ইত্যাদি সম্বন্ধে ব্যবহৃত) দুই সুতো মিলিয়ে অথবা দ্বিগুণ ঘনত্ব আছে যার

two-way *adj.* (*usually before a noun*) **1** moving in two different directions; allowing sth to move in two different directions দুই দিকে যাচ্ছে; দ্বিমুখী *two-way traffic* **2** (used about communication between people) needing equal effort from both people or groups involved (লোকের মধ্যে যোগাযোগ স্থাপন সম্বন্ধে ব্যবহৃত) পারস্পরিক, দুপক্ষের সমান প্রয়াস দরকার এমন *Friendship is a two-way process.* **3** (used about radio equipment, etc.) used both for sending and receiving signals (রেডিওর সরঞ্জাম ইত্যাদি সম্বন্ধে ব্যবহৃত) সংকেত পাঠানো এবং গ্রহণ করা দুই ক্ষেত্রেই ব্যবহৃত

tycoon / taɪˈku:n টাই'কূন্ / *noun* [C] a person who is very successful in business or industry and who has become rich and powerful ধনী ও সফল ব্যবসায়ী; শিল্পপতি

type[1] / taɪp টাইপ্ / *noun* **1** [C] **a type (of sth)** a group of people or things that share certain qualities and that are part of a larger group; a kind or sort একই ধরনের লোকজন যাদের সাধারণ বৈশিষ্ট্য এক ও যারা বৃহত্তর গোষ্ঠীর অন্তর্ভুক্ত; একটি ধরন *Which type of paint should you use on metal?* ○ *You meet all types of people in this job.* **2** [C] a person of a particular kind বিশেষ ধরনের লোক *He's the careful type.* ○ *She's* ***not the type to*** *do anything silly.* ➪ **typical** দেখো। **3 -type** (*used to form compound adjectives*) having the qualities, etc. of the group, person or thing mentioned উল্লিখিত গোষ্ঠী, ব্যক্তি বা বস্তুর গুণ সম্বলিত; যা বলা হচ্ছে সেই ধরনের *a ceramic-type material* ○ *a police-type badge* **4** [U] letters that are printed or typed ছাপানো বা টাইপ করা অক্ষর

type[2] / taɪp টাইপ্ / *verb* [I, T] to write sth by using a **word processor** or **typewriter** ওয়ার্ড প্রসেসর বা টাইপরাইটার ব্যবহার করে লেখা *to type a letter* ▶ **typing** *noun* [U] টাইপ করার ক্রিয়া *typing skills*

typeing *noun* [U] টাইপিং দক্ষতা *typing skills*

typeface / ˈtaɪpfeɪs 'টাইপ্‌ফেইস্ / *noun* [C] a set of letters, numbers, etc. of a particular design, used in printing মুদ্রণকার্যে ব্যবহৃত বিশেষ নকশার অক্ষর, সংখ্যা ইত্যাদি *I'd like the heading to be in a different typeface from the text.*

typewriter / ˈtaɪpraɪtə(r) 'টাইপ্‌রাইট্যা(র্) / *noun* [C] a machine that you use for writing in print টাইপ-যন্ত্র, টাইপরাইটার

typewritten / ˈtaɪprɪtn 'টাইপ্‌রিট্‌ন্ / *adj.* written using a typewriter or computer টাইপরাইটার বা কম্পিউটারের সাহায্যে লিখিত

typhoid / ˈtaɪfɔɪd 'টাইফইড্ / *noun* [U] a serious disease that can cause death. People get typhoid from bad food or water (খারাপ খাবার বা জল গ্রহণের কারণে) সান্নিপাতিক জ্বর; টাইফয়েড রোগ

typhoon / taɪ ˈfu:n টাই'ফূন্ / *noun* [C] a violent tropical storm with very strong winds প্রবল ঘূর্ণিঝড় ➪ **storm**-এ নোট দেখো।

typical / ˈtɪpɪkl 'টিপিক্‌ল্ / *adj.* **typical (of sb/sth)** **1** having or showing the usual qualities of a particular person, thing or type প্রতিনিধিস্থানীয়, নির্দিষ্ট কোনো চরিত্রের বা বৈশিষ্ট্যের *a typical Indian village* ✪ বিপ **untypical** এবং **atypical** দেখো। **2** behaving in the way you expect প্রত্যাশামতোই ব্যবহার করা হয় এমন *It was absolutely typical of him not to reply to my letter.*

typically / ˈtɪpɪkli 'টিপিক্‌লি / *adv.* **1** in a typical case; that usually happens in this way বৈশিষ্ট্যমূলক; বৈশিষ্ট্য অনুযায়ী ঘটে এমন *Typically it is the girls who offer to help, not the boys.* **2** in a way that shows the usual qualities of a particular person, type or thing যা নির্দিষ্ট ব্যক্তি, ধরন বা বস্তুর নিজস্ব বা জাতিগত বৈশিষ্ট্য তুলে ধরে *typically British humour*

typify / ˈtɪpɪfaɪ 'টিপিফাই / *verb* [T] (*pres. part.* **typifying;** *3rd person sing. pres.* **typifies;** *pt, pp* **typified**) to be a typical mark or example of sb/sth প্রকৃষ্ট উদাহরণ বা নিদর্শনস্বরূপ হওয়া *This film typified the Hollywood westerns of that time.*

typist / ˈtaɪpɪst ˈটাইপিস্ট্ / *noun* [C] a person who works in an office typing letters, etc. চিঠি ইত্যাদি টাইপ করা যার কাজ; (অফিসে) টাইপিস্ট

tyranny / ˈtɪrəni ˈটির‍্যানি / *noun* [U] the cruel and unfair use of power by a person or small group to control a country or state স্বেচ্ছাচার, অত্যাচার, জুলুম ► **tyrannical** / tɪˈrænɪkl টি'র‍্যানিক্‌ল্ / *adj.* স্বেচ্ছাচার করে এমন *a tyrannical ruler* ► **tyrannize** (*also* **-ise**) / ˈtɪrənaɪz ˈটির‍্যানাইজ্ / *verb* [I, T] জুলুম করা, অত্যাচার করা

tyrant / ˈtaɪrənt ˈটাইর‍্যান্ট্ / *noun* [C] a cruel ruler who has complete power over the people in his/her country স্বৈরাচারী ➪ **dictator** দেখো।

tyre (*AmE* **tire**) / ˈtaɪə(r) ˈটাইঅ্যা(র্) / *noun* [C] the thick rubber ring that fits around the outside of a wheel গাড়ির চাকায় বাইরের দিকে যে গোলাকৃতি রাবার লাগানো হয়; টায়ার *a flat tyre* (=a tyre with no air in it)

tzar =**tsar**

tzarina =**tsarina**

U u

U, u[1] / juː ইউ / *noun* [C, U] (*pl.* **U's; u's** / juːz; juːz ইউজ্ /) the twenty-first letter of the English alphabet ইংরেজি বর্ণমালার একবিংশতিতম অক্ষর বা বর্ণ *'University' begins with (a) 'U'.*

U[2] / juː ইউ / *abbr. (BrE)* (used about films that are suitable for anyone, including children) universal (যে সকল চলচ্চিত্র প্রত্যেকে, এমন কি শিশুরাও দেখতে পারে সেগুলি সম্বন্ধে ব্যবহৃত) সর্বজনীন

ubiquitous / juːˈbɪkwɪtəs ইউˈবিকুইট্যাস্ / *adj.* (*usually before a noun*) (*formal*) seeming to be everywhere or in several places at the same time; very common একই সময়ে যে বস্তু সবক্ষেত্রে দেখা যায় বলে মনে হয়; সর্বব্যাপী; অতি সাধারণ *the ubiquitous bicycles of university towns* ○ *the ubiquitous movie star, Tom Cruise.* ▶ **ubiquitously** *adv.* সর্বব্যাপীভাবে ▶ **ubiquity** / juːˈbɪkwəti ইউˈবিকুঅ্যাটি / *noun* [U] সর্বব্যাপকতা, সাধারণত্ব

udder / ˈʌdə(r) ˈআড্যা(র্) / *noun* [C] the part of a female cow, etc. that hangs under its body and produces milk স্ত্রী পশু, যেমন গরু ইত্যাদির স্তন বা বাঁট

UEFA / jueiˈfə ইউ এই ˈএইফ্ অ্যা / *abbr.* the Union of European Football Associations ইউনিয়ন অফ ইউরোপীয়ান ফুটবল এসোসিয়েশন-এর সংক্ষিপ্ত রূপ; ইউ ই এফ এ *the UEFA cup*

UFO (*also* **ufo**) / ˌjuː ef ˈəʊ ˌইউ এইফ ˈঅ্যাউ / *abbr.* an unidentified flying object অজানা উড়ন্ত বস্তু; উড়ন্ত চাকী ⇨ **flying saucer** দেখো।

UGC / ˌjuː dʒiː ˈsiː ˌইউ জী ˈসী / *abbr.* University Grants Commission; a central government body in India that provides funds for government-recognized universities and colleges ইউনিভার্সিটি গ্রান্টস্ কমিশন-এর সংক্ষিপ্ত রূপ; ভারতের কেন্দ্রীয় সরকারের অন্তর্গত একটি বিভাগ যারা সরকার অনুমোদিত বিশ্ববিদ্যালয় এবং কলেজগুলিতে অর্থ সাহায্য করে; বিশ্ববিদ্যালয় মঞ্জুরি কমিশন; ইউ জি সি

ugh / ɜː অ্য / *exclamation* used in writing to express the sound that you make when you think sth is disgusting বিতৃষ্মাসূচক মনোভাব বোঝাতে উঃ, আঃ যে আওয়াজ বেরোয় তা অভিব্যক্ত করার জন্য এভাবে লেখা হয়

ugly / ˈʌgli ˈআগ্লি / *adj.* (**uglier; ugliest**) **1** unpleasant to look at or listen to; not attractive কুৎসিত, কুদর্শন, কুশ্রী, অপ্রীতিকর; মোটেই আকর্ষণীয় নয় *The burn left an ugly scar on her face.* ○ *an ugly modern office block* **2** (used about a situation) dangerous or threatening (পরিস্থিতি সম্বন্ধে ব্যবহৃত) বিপজ্জনক, ভীতিসূচক, সাংঘাতিক ▶ **ugliness** *noun* [U] কদর্যতা, কুরূপতা, বীভৎসতা

UHF / ˌjuː eɪtʃ ˈef ˌইউ এইচ্ ˈএফ্ / *abbr.* ultra-high frequency; radio waves that move up and down at a particular speed and which are used to send out radio and television programmes আলট্রা-হাই-ফ্রিকোয়েন্সির সংক্ষিপ্ত রূপ; যে বেতার তরঙ্গ বিশেষ গতিতে ওঠানামা করে এবং যার সাহায্যে রেডিও ও টেলিভিশনের অনুষ্ঠান সম্প্রচারিত হয়; ইউ এইচ এফ ⇨ **wavelength** -এ ছবি দেখো।

UHT / ˌjuː eɪtʃ ˈtiː ˌইউ এইচ্ ˈটী / *abbr.* ultra heat treated (used about foods such as milk that are treated to last longer) আলট্রা হীট ট্রীটেড-এর সংক্ষিপ্ত রূপ; বিশেষ প্রক্রিয়ার মাধ্যমে সংরক্ষিত দুগ্ধ জাতীয় খাদ্যদ্রব্য সম্বন্ধে ব্যবহৃত; ইউ এইচ টি *UHT milk*

UK / ˌjuː ˈkeɪ ˌইউ ˈকেই / *abbr.* the United Kingdom; England, Scotland, Wales and N Ireland ইউনাইটেড কিংডমস এর সংক্ষিপ্ত রূপ; ইংল্যান্ড, স্কটল্যান্ড, ওয়েলস এবং উত্তর আয়ার্ল্যান্ড; যুক্তরাজ্য; ইউ কে *a UK citizen*

ulcer / ˈʌlsə(r) ˈআল্স্যা(র্) / *noun* [C] a painful area on your skin or inside your body. Ulcers may produce a poisonous substance and sometimes bleed শরীরের বর্হিত্বকে বা ভিতরের অংশে ক্ষত; এই জাতীয় ক্ষত থেকে অনেক সময় বিষাক্ত পুঁজ বা রক্তক্ষরণ হয়; ঘা *a mouth/stomach ulcer*

ulna / ˈʌlnə ˈআল্ন্যা / *noun* [C] (*medical*) the longer bone of the two bones in the lower part of your arm between your wrist and your elbow (চিকিৎসাশাস্ত্র) কনুই এবং কবজির মধ্যবর্তী দুটি হাড়ের বড়োটি; অন্তঃপ্রকোষ্ঠাস্থি ⇨ **radius** দেখো এবং **body** এবং **arm**-এ ছবি দেখো।

ulterior / ʌlˈtɪəriə(r) আল্ˈটিঅ্যারিঅ্যা(র্) / *adj.* that you keep hidden or secret গোপন, প্রচ্ছন্ন, লুক্কায়িত *Why is he suddenly being so nice to me? He must have an* ***ulterior motive****.*

ultimate[1] / ˈʌltɪmət ˈআল্টিম্যাট্ / *adj.* (*only before a noun*) **1** being or happening at the end; last or final শেষ, সর্বশেষ; চূড়ান্ত, অন্তিম *Our ultimate goal is complete independence.* **2** the greatest, best or worst মহত্তম, সর্বোত্তম বা নিকৃষ্টতম

ultimate[2] / ˈʌltɪmət ˈআল্টিম্যাট্ / *noun* [*sing.*] (*informal*) **the ultimate (in sth)** the greatest or best মহত্তম বা সর্বোত্তম *This new car is the ultimate in comfort.*

ultimately / ˈʌltɪmətli ˈআল্টিম্যাট্লি / *adv.* **1** in the end শেষ পর্যন্ত, পরিশেষে *Ultimately, the decision is yours.* **2** at the most basic level; most importantly মৌলিকভাবে; সর্বাধিক গুরুত্বপূর্ণ

ultimatum / ˌʌltɪˈmeɪtəm ˌঅল্‌টি'মেইট্যাম্ / *noun* [C] (*pl.* **ultimatums**) a final warning to sb that, if he/she does not do what you ask, you will use force or take action against him/her কোনো ব্যক্তির প্রতি শেষ সাবধানবাণী যে কথামতো ঠিকঠাক কাজ না করলে বলপ্রয়োগ করা হবে অথবা তার বিরুদ্ধে কোনো ব্যবস্থা নেওয়া হবে; চরম প্রস্তাব, শেষ কথা, চরমপত্র *I gave him an ultimatum—either he paid his rent or he was out.*

ultra- / ˈʌltrə 'আলট্র্যা / (*in compounds*) extremely বাড়াবাড়ি রকমের, খুব বেশি *ultra-modern*

ultrasonic / ˌʌltrəˈsɒnɪk ˌআলট্র্যা'সনিক্ / *adj.* (*usually before a noun*) (used about sounds) higher than human beings can hear (শব্দ সম্বন্ধে ব্যবহৃত) মানুষের কানে যা শোনা যায় তার থেকে উচ্চতর শব্দতরঙ্গ সমন্বিত; অতিধ্বনক, অতিস্বনক, শ্রবণোত্তোর *ultrasonic frequencies/waves/signals*

ultrasound / ˈʌltrəsaʊnd 'আলট্র্যাসাউন্ড্ / *noun* **1** [U] sound that is higher than human beings can hear কানে মানুষ যে শব্দ শোনে তার থেকে বেশ জোরে, শ্রবণসাধ্য শব্দাঙ্কের বাইরে **2** [U, C] a medical process that produces an image of what is inside your body চিকিৎসা বিদ্যার যে পদ্ধতিতে শরীরের ভিতরের ছবি দেখা যায়; আলট্রাসাউন্ড *Ultrasound showed she was expecting twins.*

ultraviolet / ˌʌltrəˈvaɪələt ˌআলট্র্যা'ভাইঅ্যাল্যাট্ / *adj.* used about light that causes your skin to turn darker and that can be dangerous in large amounts (আলোর সম্বন্ধে ব্যবহৃত) যে রশ্মি ত্বকের রং গাঢ় করে এবং পরিমাণে বেশি হলে তা ক্ষতিকারক হয়; অতিবেগুনি রশ্মি ➪ **infrared** দেখো এবং **wavelength** -এ ছবি দেখো।

umbilical cord /ʌmˌbɪlɪkl ˈkɔːd আম্ˌবিলিক্‌ল্ 'কːড্ / *noun* [C] the tube that connects a baby to its mother before it is born গর্ভাবস্থায় মা ও শিশুর সংযোগ গ্রন্থি; নাভিরজ্জু

umbra / ˈʌmbrə 'আম্‌ব্র্যা / *noun* [C] (*technical*) **1** the central part of a **shadow** where it is completely dark কোনো ছায়ার ঘন কালো মধ্যভাগ **2** a completely dark area on the earth caused by the moon, or a completely dark area on the moon caused by the earth, during an **eclipse** গ্রহণের সময়ে চন্দ্রের ছায়া পৃথিবীতে পড়ে তার যে অংশ ঘন কালো দেখায় অথবা পৃথিবীর ছায়া চাঁদে পড়ে তার যে অংশ ঘন কালো দেখায়; প্রচ্ছায়া, উপচ্ছায়া ➪ **penumbra** দেখো এবং **shadow**-তে ছবি দেখো।

umbrage / ˈʌmbrɪdʒ 'আম্‌ব্রিজ্ / *noun* [U] a sense of slight injury or offence, often without reason অল্প আঘাত বা বিরক্তির অনুভুতি, বস্তুত কোনো কারণ ছাড়াই

umbrella / ʌmˈbrelə আম্'ব্রেল্যা / *noun* [C] an object that you open and hold over your head to protect yourself from the rain or from the hot sun (বৃষ্টি বা রোদ থেকে বাঁচায়) ছাতা, ছত্র *to put an umbrella up/down*

umpire / ˈʌmpaɪə(r) 'আম্‌পাইঅ্যা(র্) / *noun* [C] a person who watches a game such as tennis or cricket to make sure that the players obey the rules যে ব্যক্তি মাঠে ক্রিকেট বা টেনিস খেলার সময়ে পরিচালক রুপে থেকে খেলোয়াড়গণ যাতে নিয়ম মেনে খেলে সেদিকে লক্ষ রাখেন; আম্পায়ার ➪ **referee** দেখো। ▶ **umpire** *verb* [I, T] কোনো খেলায় আম্পায়ার হওয়া বা আম্পায়ারের কাজ করা

umpteen / ˌʌmpˈtiːn ˌআম্প্'টীন্ / *pronoun, det.* (*informal*) very many; a lot বহু, অনেক, অজস্র, অসংখ্য ▶ **umpteenth** / ˌʌmpˈtiːnθ ˌআম্প্'টীন্থ্ / *pronoun, det.* বহুবার *For the umpteenth time—phone if you're going to be late!*

UN / ˌjuː ˈen ˌইউ 'এন্ / *abbr.* the United Nations Organization ইউনাইটেড নেশনস্ অর্গানাইজেশন-এর সংক্ষিপ্ত রূপ; ইউ এন *It's UN peacekeeping plan.*

un- / ʌn আন্ / *prefix* **1** (*used in adjectives, adverbs and nouns*) not; the opposite of (বিশেষণ, ক্রিয়াবিশেষণ এবং বিশেষ্যের সঙ্গে ব্যবহৃত) না, নয়; কোনো কিছুর বিপরীত বোঝানোর জন্য ব্যবহৃত অভিব্যক্তিবিশেষ *unable* ○ *unconsciously* ○ *untruth* **2** used in verbs that describe the opposite of a process কোনো ক্রিয়া অথবা প্রক্রিয়ার বিপরীত ক্রিয়া বোঝাতে ক্রিয়াপদের সঙ্গে যুক্ত করা হয় *unlock/undo/unfold*

unable /ʌnˈeɪbl আন্'এইবল্ / *adj.* **unable to do sth** not having the time, knowledge, skill, etc. to do sth; not able to do sth সময়, জ্ঞান, দক্ষতা ইত্যাদির অভাবে করতে অসমর্থ; অপারগ *She lay there, unable to move.* ➪ **inability** noun দেখো।

unacceptable / ˌʌnəkˈseptəbl ˌআন্অ্যাক্-'সেপ্ট্যাবল্ / *adj.* that you cannot accept or allow যা গ্রহণযোগ্য নয়, মেনে নেওয়া যায় না এমন ✪ বিপ **acceptable** ▶ **unacceptably** / -bli -ব্লি / *adv.* অগ্রহণযোগ্যভাবে, অগ্রহণীয়ভাবে

unaccompanied / ˌʌnəˈkʌmpənid ˌআন্অ্যা-'কাম্প্যানিড্ / *adj.* alone, without sb/sth else with you সঙ্গীহীন, একা *Unaccompanied children are not allowed in the bar.*

unaffected / ˌʌnəˈfektɪd ˌআন্অ্যা'ফেক্টিড্ / *adj.* **1** not changed by sth নির্বিকার, অপরিবর্তিত, অপ্রভাবিত **2** behaving in a natural way without trying to impress anyone অবিচলিত, কারও কাছে কোনোরকম বাহাদুরি বা প্রশংসা পাওয়ার চেষ্টা না করে স্বাভাবিক আচরণ করা হচ্ছে এমন ✪ বিপ **affected**

unaided / ʌnˈeɪdɪd আন্'এইডিড্ / *adv.* without any help সাহায্য ব্যতিরেকে, সহায়তা বা সাহায্য ছাড়া, সহায়তাহীন

unanimous / juˈnænɪməs ইউ'ন্যানিম্যাস্ / *adj.* **1** (used about a group of people) all agreeing about sth (একদল ব্যক্তি সম্বন্ধে ব্যবহৃত) কোনো কিছু সম্বন্ধে একমত হয়ে, সর্বসম্মতভাবে *The judges were unanimous in their decision.* **2** (used about a decision, etc.) agreed by everyone (কোনো সিদ্ধান্ত ইত্যাদি সম্বন্ধে ব্যবহৃত) সর্বসম্মত, সর্ববাদিসম্মত *The jury reached a unanimous verdict of guilty.* ▶ **unanimously** *adv.* সর্ববাদিসম্মতভাবে

unarmed / ˌʌnˈɑːmd ˌআন্'আ:ম্ড / *adj.* having no guns, knives, etc.; not armed কোনো বন্দুক, ছোরা ইত্যাদি না-থাকা অবস্থায়; অস্ত্রহীন, নিরস্ত্র ✪ বিপ **armed**

unashamed / ˌʌnəˈʃeɪmd ˌআন্অ্যা'শেইম্ড / *adj.* not feeling sorry or embarrassed about sth bad that you have done কোনো খারাপ কাজ করেও দুঃখ বা লজ্জাবোধ হয় না এমন; নির্লজ্জ, বেহায়া ✪ বিপ **ashamed** ▶ **unashamedly** / -ˈʃeɪmɪdli -'শেইমিড্লি / *adv.* নির্লজ্জভাবে

unassuming / ˌʌnəˈsjuːmɪŋ ˌআন্অ্যা'সিউমিং / *adj.* not wanting people to notice how good, important, etc. you are সাদাসিধে, অনাড়ম্বর, নিজের গুণাবলী বা নিজে কতটা গণ্যমান্য তা প্রকাশে অনাগ্রহী

unattached / ˌʌnəˈtætʃt ˌআন্অ্যা'ট্যাচ্ট / *adj.* **1** not connected to sb/sth else কোনো ব্যক্তি বা বস্তুর সঙ্গে অসম্বন্ধিত; অন্য কারও সঙ্গে যুক্ত নয় **2** not married; without a regular partner অবিবাহিত; যার কোনো বাঁধা সঙ্গী নেই

unattended / ˌʌnəˈtendɪd ˌআন্অ্যা'টেন্ডিড্ / *adj.* not watched or looked after লক্ষ রাখা বা দেখাশোনা করা হচ্ছে না এমন *Do not leave children unattended.*

unauthorized (*also* **-ised**) / ʌnˈɔːθəraɪzd আন্-'অ:থ্যারাইজ্‌ড্/ *adj.* done without permission যথাযোগ্য স্বীকৃতি বা অনুমতি ছাড়াই যা করা হয়েছে; অস্বীকৃত

unavailable / ˌʌnəˈveɪləbl ˌআন্অ্যা'ভেইল্যাব্ল্ / *adj.* (*not usually before a noun*) **unavailable (to sb/sth) 1** that cannot be obtained যা পাওয়া যাবে না এমন; অপ্রাপণীয় *Such luxury items were unavailable to ordinary people.* **2** not able or not willing to see, meet or talk to sb যার সঙ্গে দেখা করা বা কথা বলা সম্ভব নয় বা ইচ্ছাও নেই *The minister was unavailable for comment.* ✪ বিপ **available** ▶ **unavailability** / ˌʌnəˌveɪləˈbɪləti ˌআন্অ্যা-ˌভেইল্যা'বিল্যাটি / *noun* [U] অপ্রাপণীয়তা

unavoidable / ˌʌnəˈvɔɪdəbl ˌআন্অ্যা'ভইড্যাব্ল্ / *adj.* that cannot be avoided or prevented অবশ্যম্ভাবী, অপরিহার্য ✪ বিপ **avoidable** ▶ **unavoidably** / -əbli -অ্যাব্লি / *adv.* অপরিহার্যভাবে

unaware / ˌʌnəˈweə(r) ˌআন্অ্যা'উএঅ্যা(র্) / *adj.* (*not before a noun*) **unaware (of sb/sth)** not knowing about or not noticing sb/sth কোনো ব্যক্তি বা বস্তু সম্বন্ধে জানা নেই বা তাকে অথবা সেটি লক্ষ করা হয়নি এমন; অজ্ঞাত, অজানা, অদেখা *She seemed unaware of all the trouble she had caused.* ✪ বিপ **aware**

unawares / ˌʌnəˈweəz ˌআন্অ্যা'উএঅ্যাজ্ / *adv.* by surprise; without expecting sth or being prepared for it যার জন্য প্রস্তুতি ছিল না, অপ্রত্যাশিতভাবে, না জেনে *I was **taken** completely **unawares** by his suggestion.*

unbalanced / ˌʌnˈbælənst ˌআন্'ব্যাল্যান্স্ট / *adj.* **1** (used about a person) slightly crazy (ব্যক্তি সম্বন্ধে ব্যবহৃত) ছিটগ্রস্ত, ভারসাম্যহীন **2** not fair to all ideas or sides of an argument যে সবদিক ভালোভাবে বিচার করে না ✪ বিপ **balanced**

unbearable / ʌnˈbeərəbl আন্'বেঅ্যার্যাব্ল্ / *adj.* too unpleasant, painful, etc. for you to accept অসহ্য, অসহনীয় ✪ সম **intolerable** ✪ বিপ **bearable** ▶ **unbearably** / -əbli -অ্যাব্লি / *adv.* অসহনীয়ভাবে *It was unbearably hot.*

unbeatable / ʌnˈbiːtəbl আন্'বীট্যাব্ল্ / *adj.* that cannot be defeated or improved on যাকে হারানো যায় না বা যাকে প্রতিরোধ করা যায় না বা যার উন্নতি করা যায় না; অদমনীয়, অদম্য, অপরাজেয় *unbeatable prices*

unbeaten / ʌnˈbiːtn আন্'বীট্ন্ / *adj.* that has not been beaten or improved on যাকে রুখতে পারা যায়নি; অপ্রতিরোধ্য

unbelievable / ˌʌnbɪˈliːvəbl ˌআন্বি'লীভ্যাব্ল্ / *adj.* very surprising; difficult to believe অবিশ্বাস্য; বিশ্বাস করা কঠিন ✪ বিপ **believable** ➪ **incredible** দেখো। ▶ **unbelievably** / -əbli -অ্যাব্লি / *adj.* অবিশ্বাস্যভাবে *His work was unbelievably bad.*

unblemished / ʌnˈblemɪʃt আন্'ব্লেমিশ্ট / *adj.* not spoiled, damaged or marked in any way নির্দোষ, ত্রুটিশূন্য, নিষ্কলঙ্ক, দাগশূন্য *The new party leader has an unblemished reputation.*

unblock / ˌʌnˈblɒk ˌআন্'ব্লক্ / *verb* [T] to clean sth, for example a pipe, by removing sth that is blocking it কোনো কিছু পরিষ্কার করা যেমন পাইপে ময়লা জমে গেলে সেটি সরিয়ে তা খুলে পরিষ্কার করা

unborn / ˌʌnˈbɔːn ˌআন্'ব:ন্ / *adj.* not yet born যার এখনও জন্ম হয়নি; অজাত

unbreakable / ʌnˈbreɪkəbl আন্'ব্রেইক্যাব্ল্ / *adj.* impossible to break অভঙ্গুর *unbreakable glasses*

unbroken / ʌnˈbrəʊkən আন্'ব্র্যাউক্যান্ / *adj.* **1** continuous; not interrupted অবিরাম, অবিচ্ছিন্ন;

বিরামহীন *a period of unbroken silence* **2** that has not been beaten যা ভাঙা যায়নি, অলঙ্ঘিত, অনতিক্রান্ত *His record for the 1500 metres remains unbroken.*

uncalled for / ʌn'kɔ:ld fɔ:(r) আন্'ক:ল্ড্ ফ:(র্) / *adj.* (used about behaviour or comments) not fair and not appropriate (আচার-ব্যবহার বা মন্তব্য সম্বন্ধে ব্যবহৃত) অনাহুত, অযাচিত, গায়ে-পড়া *That comment was quite uncalled for.*

uncanny / ʌn'kæni আন্'ক্যানি / *adj.* very strange; that you cannot easily explain অত্যন্ত অস্বাভাবিক; অদ্ভুত, ব্যাখ্যার অতীত বা সহজে ব্যাখ্যা করা যায় না; অলৌকিক *an uncanny coincidence*

unceasing / ʌn'si:sɪŋ আন্'সীসিং / *adj.* (*written*) continuing all the time একটানা, বিরামহীন, অবিরত *unceasing efforts* ○ *the country's history of unceasing conflict and division* ▶ **unceasingly** *adv.* বিরামহীনভাবে *The rain fell unceasingly.*

uncertain / ʌn'sɜ:tn আন্'স্যট্ন্ / *adj.* **1 uncertain (about/of sth)** not sure; not able to decide অনিশ্চিত; সিদ্ধান্ত নিতে অসমর্থ *She was still uncertain of his true feelings for her.* **2** not known exactly or not decided ঠিকভাবে জানা যায়নি, অজ্ঞাত বা যা এখনও ঠিক করা হয়নি *He's lost his job and his future seems very uncertain.* ✪ বিপ **certain** ▶ **uncertainly** *adv.* অনিশ্চিতভাবে ▶ **uncertainty** *noun* [C, U] (*pl.* **uncertainties**) অনিশ্চয়তা *Today's decision will put an end to all the uncertainty.* ✪ বিপ **certainty**

unchanged / ʌn'tʃeɪndʒd আন্'চেইন্জ্ড্ / *adj.* staying the same; not changed অপরিবর্তনশীল; অপরিবর্তিত

uncharacteristic / ˌʌnˌkærəktə'rɪstɪk ˌআন্ˌক্যার্যাক্ট্যা'রিস্টিক্ / *adj.* not typical or usual বৈশিষ্ট্যহীন, সাধারণ ✪ বিপ **characteristic** ▶ **uncharacteristically** / -kli -ক্লি / *adv.* বৈশিষ্ট্যহীনভাবে

unchecked / ˌʌn'tʃekt ˌআন্'চেক্ট্ / *adj.* if sth harmful is unchecked, it is not controlled or stopped from getting worse এমন কিছু যা সময়মতো না আটকালে বা নিয়ন্ত্রণে আনতে না পারলে ক্ষতিকারক হতে পারে, আরও বেশি খারাপ হয়ে পড়তে পারে *The rise in violent crime must not go* ***unchecked.*** ○ *The plant will soon choke ponds and waterways* ***if left unchecked.***

uncle / 'ʌŋkl 'আংকল্ / *noun* [C] the brother of your father or mother; the husband of your aunt বাবা বা মায়ের ভাই; কাকা, জেঠা, পিসি বা মাসির স্বামী; মামা, মেসো, পিসে প্রভৃতি *Uncle Rishi*

unclean / ˌʌn'kli:n ˌআন্'ক্লীন্ / *adj.* **1** dirty নোংরা, অপরিষ্কার **2** considered to be bad, immoral or not pure in a religious sense, and therefore not to be touched, eaten, etc. খারাপ, অনৈতিক, ধর্মীয়ভাবে অশুদ্ধ, অস্পৃশ্য, অখাদ্য ইত্যাদি ✪ বিপ **clean** দেখো।

unclear / ˌʌn'klɪə(r) ˌআন্'ক্লিঅ্যা(র্) / *adj.* **1** not clear or definite; difficult to understand or be sure about অপরিষ্কার, অস্বচ্ছ; যার সম্বন্ধে নিশ্চিত নয় এমন; অবোধ্য *His motives are unclear.* ○ *Some of the diagrams are unclear.* **2 unclear (about sth); unclear (as to sth)** not fully understanding sth; uncertain about sth যা ঠিকমতো বোঝা যাচ্ছে না; যে বিষয়ে পুরোপুরি নিশ্চিত হওয়া যাচ্ছে না *I'm unclear about what you want me to do.*

uncomfortable / ʌn'kʌmftəbl আন্'কাম্ফ্ট্যাব্ল্ / *adj.* **1** not pleasant to wear, sit in, lie on, etc. যা পরে বা যেখানে শুয়ে বা বসে আরাম পাওয়া যায় না; অস্বস্তিকর, অসুবিধাজনক *uncomfortable shoes* **2** not able to sit, lie, etc. in a position that is pleasant কোনো অবস্থাতেই যখন আরাম পাওয়া যায় না; অস্বস্তিজনক **3** feeling or causing worry or embarrassment উদ্বেগ বা অপ্রতিভতার কারণবশত অথবা সেরকম বোধ হচ্ছে এমন *I felt very uncomfortable when they started arguing in front of me.* ✪ বিপ **comfortable** ▶ **uncomfortably** / -əbli -অ্যাব্লি / *adv.* অস্বস্তিকরভাবে

uncommon / ʌn'kɒmən আন্'কম্যান্ / *adj.* unusual অসাধারণ, অস্বাভাবিক, বিরল ✪ বিপ **common**

uncompromising / ʌn'kɒmprəmaɪzɪŋ আন্'কমপ্র্যামাইজিং / *adj.* refusing to discuss or change a decision যার মনোভাব, সিদ্ধান্ত বদলানো যায় না অথবা যে বদলাতে অনিচ্ছুক; অনমনীয়, আপোষহীন

unconcerned / ˌʌnkən'sɜ:nd ˌআন্ক্যান্'স্যন্ড্ / *adj.* **unconcerned (about/by/with sth)** not interested in sth or not worried about it কোনো বিষয়ে উদাসীন, নির্লিপ্ত ✪ বিপ **concerned**

unconditional / ˌʌnkən'dɪʃənl ˌআন্ক্যান্'ডিশ্যান্ল্ / *adj.* without limits or conditions শর্ত বা সীমাহীন *an unconditional surrender* ✪ বিপ **conditional** ▶ **unconditionally** / -ʃənəli -শ্যান্যালি / *adv.* শর্তহীনভাবে

unconscious / ʌn'kɒnʃəs আন্'কন্শ্যাস্ / *adj.* **1** in a state that is like sleep, for example because of injury or illness অজ্ঞান, অচেতন (অনেক সময় অসুস্থতা ও আঘাতের ফলে), চেতনাহীন *He was found lying unconscious on the kitchen floor.* **2 unconscious of sb/sth** not knowing sth; not aware of sb/sth অনবহিত; কোনো ব্যক্তি বা বস্তু সম্বন্ধে অসর্তক **3** (used about feelings, thoughts, etc.) existing or happening without your realizing; not deliberate (অনুভূতি, চিন্তাধারা ইত্যাদি সম্বন্ধে ব্যবহৃত)

অজ্ঞাত আছে বা অজ্ঞাতে ঘটছে এমন; অনিচ্ছাকৃত *The article was full of unconscious humour.* ✪ বিপ **conscious** **4 the unconscious** *noun* [*sing.*] = **subconscious** ▶ **unconsciously** *adv.* অজ্ঞান বা অচেতনভাবে, অবচেতনে ▶ **unconsciousness** *noun* [U] চেতনাহীনতা, অবচেতনা

uncontrollable / ˌʌnkənˈtrəʊləbl ˌআনক্যান্‌ˈট্র্যাউল্যাব্‌ল্ / *adj.* that you cannot control অনিয়ন্ত্রিত, উচ্ছৃঙ্খল, অবাধ্য *I suddenly had an uncontrollable urge to laugh.* ▶ **uncontrollably** / -əbli -অ্যাব্‌লি / *adv.* অনিয়ন্ত্রিতভাবে

uncountable / ʌnˈkaʊntəbl আন্‌ˈকাউনট্যাব্‌ল্ / *adj.* (*grammar*) an uncountable noun cannot be counted and so does not have a plural. In this dictionary uncountable nouns are marked '[U]' (ব্যাকরণ) অগণনীয় বিশেষ্যপদ গোনা যায় না এবং সেই কারণে এর বহুবচন হয় না। এই অভিধানে অগণনীয় বিশেষ্য '[U]' চিহ্ন দ্বারা নির্দিষ্ট করা হয়েছে ✪ বিপ **countable**

> **NOTE** Uncountable noun সম্বন্ধে আরও বিশদভাবে জানার জন্য এই অভিধানের শেষাংশে **Quick Grammar Reference** অংশটি দেখো।

uncouth / ʌnˈku:θ আন্‌ˈকূথ্ / *adj.* (used about a person or his/her behaviour) rude or socially unacceptable (কোনো ব্যক্তি বা তার আচরণ সম্বন্ধে ব্যবহৃত) রূঢ় বা অসামাজিক, সামাজিকভাবে গ্রহণযোগ্য নয় এমন

uncover / ʌnˈkʌvə(r) আন্‌ˈকাভ্যা(র্) / *verb* [T] **1** to remove the cover from sth কোনো কিছুর ঢাকনি খোলা, আচ্ছাদন সরানো ✪ বিপ **cover** **2** to find out or discover sth বার করা, উদ্‌ঘাটিত করা, উন্মোচন করা *Police have uncovered a plot to murder a top politician.*

undecided / ˌʌndɪˈsaɪdɪd ˌআন্‌ডিˈসাইডিড্ / *adj.* **1** not having made a decision সিদ্ধান্ত গ্রহণ করা যায়নি এমন; অনিশ্চিত *I'm still undecided about whether to take the job or not.* **2** without any result or decision যে বিষয়ে মীমাংসা হয়নি, যার ফল জানা যায়নি, অমীমাংসিত ✪ বিপ **decided**

undemocratic / ˌʌndeməˈkrætɪk ˌআন্‌ডেম্যাˈক্র্যাটিক্ / *adj.* against or not acting according to the principles of a system which supports equal rights for all people (**a democracy**) যেখানে সকল মানুষের সমান অধিকার এই আদর্শ বা গণতন্ত্রের নিয়ম মানা হয় না; অগণতান্ত্রিক ✪ বিপ **democratic**

undeniable / ˌʌndɪˈnaɪəbl ˌআন্‌ডিˈনাইঅ্যাব্‌ল্ / *adj.* clear, true or certain অনস্বীকার্য, যথার্থভাবেই নিশ্চিত, সত্য ▶ **undeniably** / -əbli -অ্যাব্‌লি / *adv.* অনস্বীকার্যভাবে, সংশয়হীনভাবে

under / ˈʌndə(r) ˈআন্‌ড্যা(র্) / *prep., adv.* **1** in or to a position that is below sth নীচে, কোনো কিছুর তলায় *We found him hiding under the table.* ○ *The dog crawled under the gate and ran into the road.*

> **NOTE** **Under, below, beneath** এবং **underneath** শব্দগুলি তুলনা করো। কোনো জিনিসের ঠিক নীচে অন্য কোনো বস্তু থাকলে **under** শব্দটি ব্যবহার করা হয়। দুটো বস্তুর মধ্যে খালি জায়গা থাকতে পারে—*The cat is asleep under the table.* অথবা দুটি বস্তু একে অপরকে স্পর্শ করে অথবা ঢাকা থাকতে পারে—*I think your letter is under that book.* কোনো একটা বস্তু অন্য কোনো বস্তুর থেকে নীচু স্থানে থাকলে **below** শব্দটি ব্যবহার করা হয় —*They live on the floor below us.* ○ *The skirt comes down to just below the knee.* কোনো বস্তুর নীচে দিয়ে এক প্রান্ত থেকে অন্য প্রান্তে গেলে **under** শব্দটি ব্যবহার করা হয় **below** নয়—*We swam under the bridge.* আনুষ্ঠানিকভাবে লেখার সময়ে কোনো বস্তুর নীচে অন্য কোনো বস্তু আছে এই বোঝানোর জন্য **beneath** শব্দটি ব্যবহার করা হয়, কিন্তু এই অর্থে **under** শব্দটি বেশি প্রচলিত। **Underneath** শব্দটি **under** শব্দটির সমার্থক কিন্তু কোনো কিছুর দ্বারা অন্য কোনো বস্তু ঢাকা বা লুকোনো আছে এটা জোর দিয়ে বলার জন্য ব্যবহৃত হয়—*Have you looked underneath the sofa as well as behind it?*

2 below the surface of sth; covered by sth উপরিতল বা পৃষ্ঠতল হতে নীচে, তলদেশ; আচ্ছাদিত *Most of an iceberg is under the water.* ○ *He was wearing a vest under his shirt.* **3** less than a certain number; younger than a certain age নির্দিষ্ট কোনো সংখ্যার থেকে কম; নির্দিষ্ট বয়সের থেকে কম *People working under 20 hours a week will pay no extra tax.* ○ *Nobody under eighteen is allowed to buy alcohol.* **4** governed or controlled by sb/sth কোনো ব্যক্তি বা বস্তুর অধীনে, নিয়ন্ত্রণে, শাসিত, চালিত *The country is now under martial law.* **5** according to a law, agreement, system, etc. আইন, চুক্তি ইত্যাদি অনুসারে, ব্যবস্থা *Under Indian law you are innocent until you are proved guilty.* **6** experiencing a particular feeling, process or effect বিশেষ কোনো আবেগ, প্রক্রিয়া অথবা প্রভাব অনুভব করা হচ্ছে এমন *He was jailed for driving under the influence of alcohol.* ○ *The manager is* ***under pressure*** *to resign.* ○ *I was* ***under the impression that*** *Tarun was not very happy there.* **7** using a particular name কোনো বিশেষ নাম ব্যবহার করে *to travel under a false name* **8** found in a particular part of a book, list, etc. কোনো বই, তালিকা ইত্যাদির

বিশেষ জায়গায় প্রাপ্ত *You'll find some information on cricket under 'team sports'.*

under- / ˈʌndə(r) 'আন্ড্যা(র্) / *prefix* **1** (*used in nouns and adjectives*) below নীচে, নিম্নস্থ *underground ○ undergrowth* **2** (*used in nouns*) lower in age, level or position বয়স, মাত্রা বা পদমর্যাদায় কম *the under-fives ○ an under-secretary* **3** (*used in adjectives and verbs*) not enough যথেষ্ট নয়, কম *undercooked food*

underarm[1] / ˈʌndərɑːm 'আনড্যারা:ম / *adj.* **1** (*only before a noun*) connected with a person's **armpit** কনুই থেকে বগল পর্যন্ত হাতের নীচে বা সেই সংক্রান্ত *underarm deodorant/sweating* **2** an **underarm** throw of a ball is done with the hand kept below the level of the shoulder কাঁধ বা কনুই-এর নীচে হাত এনে বল করা হয় এমন

underarm[2] / ˈʌndərɑːm 'আন্ড্যারা:ম্ / *adv.* if you throw, etc. **underarm**, you throw keeping your hand below the level of your shoulder কাঁধের নীচে হাত এনে বল ছোড়া হয় এমনভাবে

undercarriage / ˈʌndəkærɪdʒ 'আন্ড্যাক্যারিজ্ / (*also* **landing gear**) *noun* [C] the part of an aircraft, including the wheels, that supports it when it is landing and taking off বিমান নামার বা ওঠার সময়ে যে অংশ (চাকাসমেত) তাকে খাড়া থাকতে সাহায্য করে ➩ **plane**-এ ছবি দেখো।

underclothes / ˈʌndəkləʊðz 'আনড্যাক্ল্যাউদজ্ / *noun* [*pl.*] = **underwear**

undercook / ˌʌndəˈkʊk ˌআনড্যা'কুক্ / *verb* [T] to not cook food for long enough (সুসিদ্ধ না করে) কম সময়ে রাঁধা ✪ বিপ **overcook**

undercover / ˌʌndəˈkʌvə(r) ˌআন্ড্যা'কাভ্যা(র্) / *adj.* working or happening secretly গোপনে কাজ করা হচ্ছে বা গোপনে ঘটছে এমন *an undercover reporter/detective*

undercurrent / ˈʌndəkʌrənt 'আন্ড্যাকার‍্যান্ট্ / *noun* [C] **undercurrent (of sth)** a feeling, especially a negative one, that is hidden but whose effects are felt (বিশেষত নেতিবাচক) অপ্রত্যক্ষ প্রভাব বা অনুভূতি; চোরাস্রোত, অন্তঃপ্রবাহ *I detect an undercurrent of resentment towards the new proposals.*

undercut / ˌʌndəˈkʌt ˌআন্ড্যা'কাট্ / *verb* [T] (*pres. part.* **undercutting;** *pt, pp* **undercut**) to sell sth at a lower price than other shops, etc. অন্য দোকান থেকে অপেক্ষাকৃত কম দামে জিনিসপত্র বিক্রি করে দেওয়া

undercutting / ˌʌndəˈkʌtɪŋ ˌআনড্যা'কাটিং / *noun* [U] (in geography) the destruction by water of a softer layer of rock below a hard top layer so that after a long period of time the top layer is not supported and falls down (ভূগোলে) ভূপৃষ্ঠের শক্ত ও দৃঢ় উপরিতলের নীচে নরম পাথরের অংশ যখন জল পড়ে ক্ষয়প্রাপ্ত হয় তখন উপরের অংশের ভার সেটি ঠিকমতো ধরে রাখতে পারে না ফলে উপরাংশও দীর্ঘদিন পর ধ্বংসপ্রাপ্ত হয় বা ধসে যায়

underdeveloped / ˌʌndədɪˈveləpt ˌআন্ড্যাডি'ভেল্যাপ্ট্ / *adj.* (used about a country, society, etc.) having few industries and a low standard of living (কোনো দেশ সমাজ ইত্যাদি সম্বন্ধে ব্যবহৃত) যেখানে খুব কম শিল্প আছে এবং জনসাধারণের জীবনযাত্রার মানও বেশ নীচুতে; অনুন্নত

> **NOTE** **Developing country** অভিব্যক্তিটি খুবই প্রচলিত ব্যবহার।

▶ **underdevelopment** *noun* [U] অনুন্নত অবস্থা

underdog / ˈʌndədɒɡ 'আন্ড্যাডগ্ / *noun* [C] a person, team, etc. who is weaker than others, and not expected to be successful কোনো প্রতিযোগিতায় যে দল বা ব্যক্তি অন্যদের থেকে দুর্বল, যারা বা যে সফল হবে বলে আশা করা হয় না *Bangladesh were the underdogs, but managed to win the match by two wickcts.*

underestimate / ˌʌndərˈestɪmeɪt ˌআন্ড্যার্'এস্টিমেইট্ / *verb* [T] **1** to guess that the amount, etc. of sth will be less than it really is প্রকৃতপক্ষে কোনো বস্তুর পরিমাণ ইত্যাদি যা তার থেকে কম অনুমান করা **2** to think that sb/sth is not as strong, good, etc. as he/she/it really is কোনো ব্যক্তি বা বস্তু যতটা ভালো বা ক্ষমতাসম্পন্ন তাকে তার থেকে কম ভাবা *Don't underestimate your opponent. He's a really good player.* ✪ বিপ **overestimate** ▶ **underestimate** / -mət -ম্যাট্ / *noun* [C] প্রকৃত মূল্যের থেকে কম করে হিসেব; অবমূল্যায়ন

underfoot / ˌʌndəˈfʊt ˌআন্ড্যা'ফুট্ / *adv.* under your feet; where you are walking পায়ের নীচে, পদদলিত অবস্থায়; যেখান দিয়ে হাঁটা হচ্ছে *It's very wet underfoot.*

undergo / ˌʌndəˈɡəʊ ˌআন্ড্যা'গ্যাউ / *verb* [T] (*pt* **underwent** / -ˈwent -'উএন্ট্ /; *pp* **undergone** / -ˈɡɒn -'গন্ /) to have a difficult or unpleasant experience কঠিন বা অপ্রীতিকর অভিজ্ঞতার মধ্যে দিয়ে যাওয়া *She underwent a five-hour operation.*

undergraduate / ˌʌndəˈɡrædʒuət ˌআন্ড্যা'গ্র্যাজুঅ্যাট্ / *noun* [C] a university student who has not yet taken his/her first degree স্নাতক উপাধি লাভের জন্য পড়ছে বিশ্ববিদ্যালয়ের যেসব ছাত্রছাত্রী ➩ **graduate** এবং **postgraduate** দেখো।

underground[1] / ˈʌndəgraʊnd ˈআন্ড্যাগ্রাউন্ড্ / *adj.* 1 under the surface of the ground মাটির তলায়, ভূগর্ভস্থ; অন্তর্ভৌম *an underground car park* 2 secret or illegal গোপন, বেআইনি, গুপ্ত *an underground radio station*

underground[2] / ˌʌndəˈgraʊnd ˌআন্ড্যাˈগ্রাউন্ড্ / *adv.* 1 under the surface of the ground মাটির নীচে দিয়ে, মাটির তলায় *The cables all run underground.* 2 into a secret place গুপ্ত স্থানে, লুকোনো জায়গায় *She went underground to escape from the police.*

underground[3] / ˈʌndəgraʊnd ˈআন্ড্যাগ্রাউন্ড্ / (*AmE* **subway**) *noun* [*sing.*] a railway system under the ground ভূগর্ভস্থ রেল ব্যবস্থা

undergrowth / ˈʌndəgrəʊθ ˈআনড্যাগ্র্যাউথ্ / *noun* [U] bushes and plants that grow around and under trees বড়ো গাছের চারিপাশে এবং নীচে যে গুল্মরাজি বা ঝোপঝাড় বেড়ে ওঠে

underhand / ˌʌndəˈhænd ˌআন্ড্যাˈহ্যান্ড্ / *adj.* secret or not honest চুপিচুপি, অসদুপায়ে, গোপনে

underlie / ˌʌndəˈlaɪ ˌআন্ড্যাˈলাই / *verb* [T] (*pres. part.* **underlying;** *pt* **underlay** / -ˈleɪ -ˈলেই /; *pp* **underlain** / -ˈleɪn -ˈলেইন্ /) (*formal*) to be the basis or cause of sth কোনো কিছুর মূল বা ভিত্তি হওয়া *It is a principle that underlies all the party's policies.*

underline / ˌʌndəˈlaɪn ˌআন্ড্যাˈলাইন্ / (*AmE* **underscore**) *verb* [T] 1 to draw a line under a word, etc. শব্দ ইত্যাদির নীচে কোনো রেখা টানা 2 to show sth clearly or to emphasize sth পরিষ্কারভাবে কোনো কিছু দেখানো, কোনো বিষয়ের উপর জোর দেওয়া *This accident underlines the need for greater care.*

underlying / ˌʌndəˈlaɪɪŋ ˌআনড্যাˈলাইইং / *adj.* important but hidden গুরুত্বপূর্ণ কিন্তু প্রচ্ছন্ন *the underlying causes of the disaster*

undermine / ˌʌndəˈmaɪn ˌআন্ড্যাˈমাইন্ / *verb* [T] to make sth weaker কোনো কিছু ক্রমশ দুর্বল করে দেওয়া *The public's confidence in the government has been undermined by the crisis.*

underneath / ˌʌndəˈni:θ ˌআন্ড্যাˈনীথ্ / *prep., adv.* under; below নীচে; তলায় *The coin rolled underneath the chair.* ➪ **under**-এ নোট দেখো।

the underneath / ˌʌndəˈni:θ ˌআন্ড্যাˈনীথ্ / *noun* [*sing.*] the bottom or lowest part of something তলদেশ, কোনো কিছুর একদম নীচের অংশ, তলায় *There is a lot of rust on the underneath of the car.*

undernourished / ˌʌndəˈnʌrɪʃt ˌআন্ড্যাˈনারিশ্ট্ / *adj.* in bad health because of not having enough food or enough of the right type of food যথেষ্ট পরিমাণে খাদ্য বা যথেষ্ট পরিমাণে সুষম খাদ্য না পাওয়ার কারণে অস্বাস্থ্যকর অবস্থায়; অপুষ্ট, ভালোভাবে পুষ্টি হয়নি যার

underpants / ˈʌndəpænts ˈআন্ড্যাপ্যান্ট্স্ / (*BrE* **pants**) *noun* [*pl.*] a piece of clothing that men or boys wear under their trousers পুরুষদের ট্রাউজারের নীচে পরার অন্তর্বাস

underpass / ˈʌndəpɑ:s ˈআন্ড্যাপাːস্ / *noun* [C] a road or path that goes under another road, railway, etc. কোনো রাস্তা বা রেল লাইনের তলা দিয়ে যে রাস্তা যায়; তলপথ; আন্ডারপাস

underpay / ˌʌndəˈpeɪ ˌআন্ড্যাˈপেই / *verb* [T] (*pt, pp* **underpaid**) to pay sb too little কাউকে কাজ করিয়ে কম পারিশ্রমিক দেওয়া ✪ বিপ **overpay**

underprivileged / ˌʌndəˈprɪvəlɪdʒd ˌআন্ড্যা-ˈপ্রিভ্যালিজ্‌ড্ / *adj.* having less money, and fewer rights, opportunities, etc. than other people in society সমাজের অন্যান্য মানুষদের তুলনায় কম অধিকার, সুবিধা অথবা অর্থ যাদের কাছে আছে; বঞ্চিত, অবহেলিত ✪ বিপ **privileged**

underrate / ˌʌndəˈreɪt ˌআন্ড্যাˈরেইট্ / *verb* [T] to think that sb/sth is less clever, important, good, etc. than he/she/it really is কোনো ব্যক্তি বা বস্তুকে তার প্রকৃত মূল্যে গ্রহণ না করা, ছোটো করে ভাবা, যথার্থ মূল্য না দেওয়া ✪ বিপ **overrate**

underscore / ˌʌndəˈskɔ:(r) ˌআন্ড্যাˈস্কːর্) / (*AmE*) = **underline**

undershirt / ˈʌndəʃɜ:t ˈআন্ড্যাশ্যট্ / (*AmE*) = **vest**[1]

underside / ˈʌndəsaɪd ˈআন্ড্যাসাইড্ / *noun* [C] the side or surface of sth that is underneath কোনো বস্তুর যে দিকটা নীচের দিকে আছে ✪ বিপ **bottom**[1] **2**

the undersigned / ˌʌndəˈsaɪnd ˌআন্ড্যাˈসাইন্ড্ / *noun* [*pl.*] the person or people who have signed a particular legal document কোনো নির্দিষ্ট আইনি কাগজপত্র যে ব্যক্তি অথবা ব্যক্তিগণ সই করেছে; নিম্নস্বাক্ষরকারী *We, the undersigned, agree to the terms and conditions mentioned in the contract.*

understand / ˌʌndəˈstænd ˌআন্ড্যাˈস্ট্যান্ড্ / *verb* (*pt, pp* **understood** / -ˈstʊd -ˈস্টুড্ /) 1 [I, T] to know or realize the meaning of sth কোনো কিছু বোঝা, বুঝতে পারা, অর্থ উদ্ধার করা *I'm not sure that I really understand.* ○ *Please speak more slowly. I can't understand you.* 2 [T] to know how or why sth happens or why it is important কোনো বস্তু কিভাবে বা কেন ঘটে বা কেন গুরুত্বপূর্ণ সেটি বোঝা *I can't understand why the engine won't start.* ○ *As far as I understand it, the changes won't affect us.* 3 [T] to know sb's character and why he/she behaves in a particular way কারও চরিত্র এবং তার আচরণের কারণ জানা অথবা বোঝা *It's easy* *to understand why she felt so angry.* **4** [T] (*formal*) to have heard or been told sth শুনতে পাওয়া, শোনা

IDM give sb to believe/understand (that) ➪ **believe** দেখো।

make yourself understood to make your meaning clear নিজের কথার মানে পরিষ্কারভাবে, ঠিকমতো বোঝানো *I can just about make myself understood in Russian.*

understandable / ˌʌndəˈstændəbl ˌআন্ড্যা-ˈস্ট্যান্ড্যাব্‌ল্ / *adj.* that you can understand যা বোঝা যায়; বোধগম্য ▶ **understandably** / -əbli -অ্যাব্‌লি / *adv.* বোঝা যায় এমন; কারণসংগত, যুক্তিসংগত *She was understandably angry at the decision.*

understanding[1] / ˌʌndəˈstændɪŋ ˌআন্ড্যা-ˈস্ট্যান্ডিং / *noun* **1** [U, *sing.*] the knowledge that sb has of a particular subject or situation (কোনো বিষয় অথবা পরিস্থিতি সম্বন্ধে) কোনো ব্যক্তির জ্ঞান বা বিচারবুদ্ধি *A basic understanding of physics is necessary for this course.* ○ *He has little understanding of how computers work.* **2** [C, *usually sing.*] an informal agreement বোঝাপড়া, আইনের বাইরে দুপক্ষের সমঝোতা *I'm sure we can **come to/reach an understanding** about the money I owe him.* **3** [U] the ability to know why people behave in a particular way and to forgive them if they do sth wrong or bad লোকের আচরণ বা ব্যবহারের কারণ বোঝার এবং ভুল বা খারাপ কিছু করলেও তাকে ক্ষমা করে দেওয়ার ক্ষমতা **4** [U] the way in which you think sth is meant কোনো ব্যাপার নিজে যেভাবে বোঝা যায় *My understanding of the arrangement is that he will only phone if there is a problem.*

IDM on the understanding that... only if...; because it was agreed that... কেবলমাত্র এই কারণে যে এইভাবেই ব্যাপারটা ঠিক করা হয়েছিল *We let them stay in our house on the understanding that it was only for a short period.*

understanding[2] / ˌʌndəˈstændɪŋ ˌআন্ড্যা-ˈস্ট্যান্ডিং / *adj.* showing kind feelings towards sb; sympathetic অন্যের অসুবিধা বোঝে এমন; সহানুভূতিশীল, সমঝদার

understate / ˌʌndəˈsteɪt ˌআন্ড্যাˈস্টেইট্ / *verb* [T] to say that sth is smaller or less important than it really is কোনো জিনিস আসলে যা তার থেকে কম মূল্য দেওয়া, ছোটো করে দেখানো ✪ বিপ **overstate** ▶ **understatement** *noun* [C] ন্যূনোক্তি *'Is she pleased?' 'That's an understatement. She's delighted.'*

understudy / ˈʌndəstʌdi ˈআন্ড্যাস্টাডি / *noun* [C] (*pl.* **understudies**) an actor who learns the role of another actor and replaces him/her if he/she is ill একজন অভিনেতা যে অন্য আর একজন অভিনেতার ভূমিকাটি শিখে রাখে যাতে প্রয়োজনে সে সেই চরিত্রে অভিনয় করতে পারে; বিকল্প অভিনেতা

undertake / ˌʌndəˈteɪk ˌআন্ড্যাˈটেইক্ / *verb* [T] (*pt* **undertook** / -ˈtʊk -ˈটুক /; *pp* **undertaken** / -ˈteɪkən -ˈটেইক্যান্ /) **1** to decide to do sth and start doing it কোনো কাজ করতে রাজি হওয়া এবং তা শুরু করে দেওয়া *The company is undertaking a major programme of modernization.* **2** to agree or promise to do sth কোনো কিছু করতে রাজি হওয়া, কথা দেওয়া, প্রতিশ্রুতিবন্ধ হওয়া

undertaker / ˈʌndəteɪkə(r) ˈআন্ড্যাটেইক্যা(র্) / (*also* **funeral director;** *AmE* **mortician**) *noun* [C] a person whose job is to prepare dead bodies to be buried and to arrange funerals যে ব্যক্তি মৃতদেহ সৎকারের ব্যবস্থাদি করে

undertaking / ˌʌndəˈteɪkɪŋ ˌআন্ড্যাˈটেইকিং / *noun* [C, *usually sing.*] **1** a piece of work or business কোনো কাজ বা ব্যাবসা *Buying the company would be a risky undertaking.* **2 undertaking (that.../to do sth)** a formal or legal promise to do sth কোনো কিছু করার জন্য আনুষ্ঠানিক অথবা আইনসম্মতভাবে করা প্রতিজ্ঞা

undertone / ˈʌndətəʊn ˈআন্ড্যাট্যাউন্ / *noun* [C] a feeling, quality or meaning that is not expressed in a direct way সোজাসুজিভাবে প্রকাশ করা হয়নি এমন অনুভূতি, গুণ অথবা অর্থ

IDM in an undertone; in undertones in a quiet voice আস্তে, শান্ত গলায়

undervalue / ˌʌndəˈvælju: ˌআন্ড্যাˈভ্যালিউ / *verb* [T] to place too low a value on sb/sth কোনো ব্যক্তি অথবা বস্তুর খুব কম মূল্য দেওয়া বা ধার্য করা

underwater / ˌʌndəˈwɔ:tə(r) ˌআন্ড্যাˈউঅ:ট্যা(র্) / *adj., adv.* existing, happening or used below the surface of water জলের উপরের স্তরের নীচে বর্তমান, ঘটমান অথবা ব্যবহৃত হয় এমন *underwater exploration* ○ *an underwater camera*

underwear / ˈʌndəweə(r) ˈআন্ড্যাউএঅ্যা(র্) / *noun* [U] clothing that is worn next to the skin under other clothes পোশাকের নীচে যা পরা হয়; অন্তর্বাস

> **NOTE** এই অর্থে বহুবচন (plural) রূপে **underclothes** ব্যবহার করা হয়।

underweight / ˌʌndəˈweɪt ˌআন্ড্যাˈউএইট্ / *adj.* weighing less than is normal or correct স্বাভাবিক বা সঠিক ওজনের থেকে কম ➪ **thin**-এ নোট দেখো। ✪ বিপ **overweight**

the underworld / ˈʌndəwɜːld ˈআন্ড্যাউঅ্যাল্ড্ / *noun* [*sing.*] people who are involved in organized crime সংঘবন্ধ সমাজবিরোধীর দল; অপরাধ জগৎ

underwrite / ˌʌndəˈraɪt ˌআনড্যা'রাইট্ / *verb* [T] (*pt* **underwrote** / -ˈrəʊt -'র‍্যাউট্ /; *pp* **underwritten** / -ˈrɪtn -'রিটন্ /) to accept responsibility for an insurance policy by agreeing to pay if there is any damage or loss বিমাপত্রের দায়িত্ব স্বীকার করা, তার মধ্যে উল্লিখিত সমস্ত দাবি মেনে তার জন্য ক্ষতিপূরণ দিতে রাজি হওয়া ▶ **underwriter** *noun* [C] বিমাকর্তা

undesirable / ˌʌndɪˈzaɪərəbl ˌআন্‌ডি'জাই-অ্যার‍্যাব্‌ল্ / *adj.* unpleasant or not wanted; likely to cause problems অপ্রীতিকর বা অনাকাঙ্ক্ষিত; সমস্যা সৃষ্টি করতে পারে এমন; যার মধ্যে সমস্যার সম্ভাবনা আছে ✪ বিপ **desirable**

undid ➪ **undo** এর past tense

undignified / ʌnˈdɪgnɪfaɪd আন্'ডিগ্‌নিফাইড্ / *adj.* causing you to look foolish and to lose the respect of other people মর্যাদাহানিকর, বোকার মতো, যে কাজে সম্মান নষ্ট হয় ✪ বিপ **dignified**

undisputed / ˌʌndɪˈspjuːtɪd ˌআন্‌ডি'স্পিউটিড্ / *adj.* **1** that cannot be questioned or shown to be false; that cannot be argued against যা নিয়ে কোনো প্রশ্ন করা চলে না বা ভুল প্রমাণ করা যায় না; যা নিয়ে কোনোরকম কথা, আলোচনা অথবা তর্ক চলে না *undisputed facts/evidence* **2** that everyone accepts or recognizes সর্বজনগ্রাহ্য বা সর্বজনস্বীকৃত *the undisputed champion of the world*

undisturbed / ˌʌndɪˈstɜːbd ˌআন্‌ডি'স্ট্যাবড্ / *adj.* **1** (*not usually before a noun*) not moved or touched by anyone or anything কারও বা কিছুর দ্বারা স্পর্শ করা হয়নি বা সরানো হয়নি এমন ✪ সম **untouched** **2** not interrupted by anyone কারও দ্বারা বাধাপ্রাপ্ত হয়নি এমন **3** (*not usually before a noun*) **undisturbed (by sth)** not affected or upset by sth অপ্রভাবিত, চিন্তামুক্ত *He seemed undisturbed by the news of her death.* ✪ সম **unconcerned**

undivided / ˌʌndɪˈvaɪdɪd ˌআন্‌ডি'ভাইডিড্ / *adj.*

IDM **get/have sb's undivided attention** to receive all sb's attention পুরোপুরি মনোযোগ পাওয়া **give your undivided attention (to sb/sth)** to give all your attention to sb/sth সম্পূর্ণ মনোযোগ দেওয়া

undo / ʌnˈduː আন্'ডু / *verb* [T] (*3rd person sing. pres.* **undoes;** *pt* **undid;** *pp* **undone**) **1** to open sth that was tied or fastened বন্ধ বা শক্ত করে বাঁধা কিছু খোলা, গিঁট খোলা, জট খোলা *to undo a knot/zip/button* **2** to destroy the effect of sth that has already happened ঘটে যাওয়া কোনো কাজের প্রভাব নষ্ট করা *His mistake has undone all our good work.*

undone / ʌnˈdʌn আন্'ডান্ / *adj.* **1** open; not fastened or tied খোলা; আটকানো নয় *I realized that my zip was undone.* **2** not done যা করা হয়নি, অসম্পন্ন *I left the housework undone.*

undoubted / ʌnˈdaʊtɪd আন্'ডাউটিড্ / *adj.* definite; accepted as being true নিশ্চিত; সত্য হিসেবে গৃহীত ▶ **undoubtedly** *adv.* নিঃসন্দেহে, অবিসংবাদিতরূপে

undress / ʌnˈdres আন্'ড্রেস্ / *verb* **1** [I] to take off your clothes জামাকাপড় ছাড়া অথবা খোলা

> NOTE **Undress**-এর স্থানে **get undressed** অভিব্যক্তিটি বেশি প্রচলিত—*He got undressed and had a shower.*

2 [T] to take off sb's clothes কারও পোশাক খুলে নেওয়া ✪ বিপ **dress** ▶ **undressed** *adj.* ভালোভাবে পোশাক পরিহিত নয় এমন, নগ্ন বা অর্ধনগ্ন অবস্থা

undue / ˌʌnˈdjuː ˌআন্'ডিউ / *adj.* more than is necessary or reasonable দরকার বা প্রয়োজনের থেকে বেশি; অসংগত *The police try not to use undue force when arresting a person.* ▶ **unduly** *adv.* অসংগতভাবে, মিছিমিছি, অনাবশ্যকভাবে *She didn't seem unduly worried by their unexpected arrival.*

unearth / ʌnˈɜːθ আন্'অ্যথ / *verb* [T] to dig sth up out of the ground; to discover sth that was hidden মাটি খুঁড়ে বার করা; লুকোনো জিনিস খুঁজে বার করা *Archaeologists have unearthed a Roman tomb.*

unearthly / ʌnˈɜːθli আন্'অ্যথ্‌লি / *adj.* strange or frightening অতিপ্রাকৃত, অলৌকিক, ভীতিজনক *an unearthly scream*

IDM **at an unearthly hour** (*informal*) extremely early in the morning খুব বেশি ভোরে, ভালোভাবে সকাল হওয়ার আগেই; কাকভোরে, কাক-পক্ষী জেগে ওঠার আগেই

unease / ʌnˈiːz আন্'ঈজ্ / (*also* **uneasiness**) *noun* [U] a worried or uncomfortable feeling অস্বস্তি, উদ্বেগ, উৎকণ্ঠা ✪ বিপ **ease**

uneasy / ʌnˈiːzi আন্'ঈজি / *adj.* **1 uneasy (about sth/doing sth)** worried; not feeling relaxed or comfortable চিন্তিত; অস্থির, উদ্বিগ্ন **2** not settled; unlikely to last অস্থির বা অস্থায়ী; যা স্থায়ী হওয়ার সম্ভাবনা কম *an uneasy compromise* ▶ **uneasily** *adv.* অস্বস্তির মধ্যে, অস্থিরভাবে

uneconomic / ˌʌnˌiːkəˈnɒmɪk; ˈʌnˌek- ˌআন্‌ˌঈক্যা'নমিক্; 'আন্‌ˌএক্- / *adj.* (used about a company, etc.) not making or likely to make a profit (কোনো কোম্পানি ইত্যাদি সম্বন্ধে ব্যবহৃত) যার মধ্যে কোনো লাভ হচ্ছে না বা হওয়ার সম্ভাবনা নেই, লাভদায়ক নয় ✪ সম **unprofitable** ✪ বিপ **economic**

uneconomical / ˌʌniːkəˈnɒmɪkl; ˌʌnek- ˌআন্ঈক্যা'নমিক্ল্; ˌআনএক্- / *adj.* wasting money, time, materials, etc. যাতে অর্থ, সময়, জিনিসপত্র সবই নষ্ট হয়ে যাচ্ছে এমন; বেহিসেবি ✪ বিপ **economical** ▶ **uneconomically** / -kli -ক্লি / *adv.* বেহিসেবিভাবে, নয়ছয় করে

unemployed / ˌʌnɪmˈplɔɪd ˌআন্ইম্'প্লইড্ / *adj.* **1** not able to find a job; out of work কাজ পাচ্ছে না এমন; বেকার, কর্মহীন *She has been unemployed for over a year.* ✪ সম **jobless** ✪ বিপ **employed** **2 the unemployed** *noun* [*pl.*] people who cannot find a job যে ব্যক্তি কোনো ধরনেরই কাজ পায়নি, কর্মহীন ব্যক্তি; বেকার লোক

unemployment / ˌʌnɪmˈplɔɪmənt ˌআন্ইম্-'প্লইম্যান্ট / *noun* [U] **1** the situation of not being able to find a job বেকার সমস্যা, বেকারত্ব, কর্মহীনতা *The number of people claiming* ***unemployment benefit*** (=money given by the state) *has gone up.* ✪ বিপ **employment** **2** the number of people who are unemployed বেকারের সংখ্যা *The economy is doing very badly and unemployment is rising.* ✪ সম **joblessness** ➪ **the dole** দেখো।

unending / ʌnˈendɪŋ আন্'এন্ডিং / *adj.* having or seeming to have no end যার শেষ আছে বলে মনে হয় না অথবা সত্যি শেষ নেই; অশেষ, অন্তহীন

unequal / ʌnˈiːkwəl আন্'ঈকুঅ্যাল্ / *adj.* **1** not fair or balanced অসম, অসমান *an unequal distribution of power* **2** different in size, amount, level, etc. আকার, পরিমাণ, মাত্রা ইত্যাদি সর্বক্ষেত্রেই পৃথক ✪ বিপ **equal** ▶ **unequally** *adv.* অসমভাবে

UNESCO (*also* **Unesco**) / juːˈneskəʊ ইউ'নেস্ক্যাউ / *abbr.* United Nations Educational, Scientific and Cultural Organization ইউনাইটেড নেশন্স্ এডুকেশনাল সায়েন্টিফিক্ অ্যান্ড কালচারাল অর্গানাইজেশন-এর সংক্ষিপ্ত রূপ; ইউনেস্কো

unethical / ʌnˈeθɪkl আন্'এথিক্ল্ / *adj.* not morally acceptable নীতিহীন, অনৈতিক, নীতির দিক থেকে মানা যায় না এমন *unethical behaviour/conduct* ✪ বিপ **ethical** ▶ **unethically** / -kli -ক্লি / *adv.* অনৈতিকভাবে

uneven / ʌnˈiːvn আন্'ঈভ্ন্ / *adj.* **1** not completely smooth, level or regular অসম, অসমতল, উঁচুনীচু *The sign was painted in rather uneven letters.* ✪ বিপ **even** **2** not always of the same level or quality সর্বদা একই মানের নয় ▶ **unevenly** *adv.* অসমানভাবে *The country's wealth is unevenly distributed.*

unexceptional / ˌʌnɪkˈsepʃənl ˌআন্ইক্-'সেপ্শ্যান্ল্ / *adj.* not interesting or unusual আগ্রহজনক বা অসাধারণ নয়; অতি সাধারণ মানের ➪ **exceptional** দেখো।

unexpected / ˌʌnɪkˈspektɪd ˌআন্ইক্'স্পেক্টিড্ / *adj.* not expected and therefore causing surprise অপ্রত্যাশিত, যা আশা করা হয়নি, হঠাৎ, বিস্ময়কর ▶ **unexpectedly** *adv.* অপ্রত্যাশিতভাবে, হঠাৎই *I got there late because I was unexpectedly delayed.*

unfailing / ʌnˈfeɪlɪŋ আন্'ফেইলিং / *adj.* that you can depend on to always be there and always be the same সর্বদা নির্ভরযোগ্য, যা সব সময় একরকম থাকে, যার উপর নির্ভর করা চলে *unfailing devotion/support* ○ *She fought the disease with unfailing good humour.* ▶ **unfailingly** *adv.* হতাশ না করে, অবিচলিতভাবে *unfailingly loyal/polite*

unfair / ˌʌnˈfeə(r) ˌআন্'ফেঅ্যা(র্) / *adj.* **1 unfair (on/to sb)** not dealing with people as they deserve; not treating each person equally অন্যায্য; পক্ষপাতদুষ্ট *This law is unfair to women.* ○ *The tax is unfair on people with low incomes.* **2** not following the rules and therefore giving an advantage to one person, team, etc. নিয়মকানুনের অপেক্ষা না করে কোনো একটি দল বা একজনকে বেশি সুবিধা দেওয়া হচ্ছে এমন ✪ বিপ **fair** ▶ **unfairly** *adv.* অন্যায়ভাবে ▶ **unfairness** *noun* [U] অন্যায্যতা, অসাধুতা

unfaithful / ʌnˈfeɪθfl আন্'ফেইথ্ফ্ল্ / *adj.* **unfaithful (to sb/sth)** having a sexual relationship with sb who is not your husband, wife or partner বিবাহের বাইরে অবৈধ যৌন সম্পর্ক আছে এমন ✪ বিপ **faithful** ▶ **unfaithfulness** *noun* [U] ব্যভিচারিতা, বিশ্বাসঘাতকতা

unfamiliar / ˌʌnfəˈmɪliə(r) ˌআন্ফ্যা'মিলিঅ্যা(র্) / *adj.* **1 unfamiliar (to sb)** that you do not know well অপরিচিত, অচেনা *an unfamiliar part of town* **2 unfamiliar (with sth)** not having knowledge or experience of sth অনভ্যস্ত, অনভিজ্ঞ *I'm unfamiliar with this author.* ✪ বিপ **familiar**

unfashionable / ʌnˈfæʃnəbl আন্'ফ্যাশ্ন্যাব্ল্ / *adj.* not popular at a particular time যা আধুনিক রীতি অনুযায়ী নয়; নির্দিষ্ট সময়ের প্রচলন বা জনপ্রিয়তা অনুযায়ী নয় *unfashionable ideas/clothes* ✪ বিপ **fashionable** ➪ **old-fashioned** দেখো।

unfasten / ʌnˈfɑːsn আন্'ফা:স্ন্ / *verb* [T] to open sth that was fastened আটকানো জিনিস খোলা, বাঁধন খোলা *to unfasten a belt/button/chain/lock* ✪ সম **undo** ✪ বিপ **fasten**

unfavourable (*AmE* **unfavorable**) / ʌnˈfeɪvərəbl আন্'ফেইভ্যার্যাব্ল্ / *adj.* **1** showing that you do not like or approve of sb/sth প্রতিকূল, অসন্তোষজনক, আপত্তিজনক **2** not good and likely to cause problems or make sth difficult অমঙ্গলজনক, অশুভ, যা পরে সমস্যার সৃষ্টি করতে পারে ✪ বিপ **favourable** ➪ **adverse** দেখো।

unfinished / ʌnˈfɪnɪʃt আন্ˈফিনিশ্ট্ / *adj.* not complete; not finished অসম্পূর্ণ; অসম্পন্ন *We have some **unfinished business** to settle.* ○ *an unfinished drink/game/book*

unfit / ʌnˈfɪt আন্ˈফিট্ / *adj.* **1 unfit (for sth/to do sth)** not suitable or not good enough for sth অনুপযুক্ত, অক্ষম *His criminal past makes him unfit to be a politician.* **2** not in good physical health, especially because you do not get enough exercise যথেষ্ট শারীরিক ব্যায়ামের অভাবে শরীর যার ঠিকমতো গড়ে ওঠেনি এমন; অক্ষম, দুর্বল, অযোগ্য ✪ বিপ **fit**

unfold / ʌnˈfəʊld আন্ˈফ্যাউল্ড্ / *verb* [I, T] **1** to open out and become flat; to open out sth that was folded ভাঁজ খোলা এবং ছড়িয়ে দেওয়া; পাট খোলা, ভাঁজ খুলে দেওয়া *The sofa unfolds into a spare bed.* ○ *I unfolded the letter and read it.* ✪ বিপ **fold (up)** **2** to become known, or to allow sth to become known, a little at a time আস্তে আস্তে পরিচিত হওয়া বা পরিচিতি করানো

unforeseen / ˌʌnfɔːˈsiːn ˌআনফ:ˈসীন্ / *adj.* not expected অপ্রত্যাশিত, অভাবিত *an unforeseen problem*

unforgettable / ˌʌnfəˈgetəbl ˌআনফ্যাˈগেট্যাবল্ / *adj.* making such a strong impression that you cannot forget it যা ভোলা যায় না এমন; অবিস্মরণীয়

unforgivable / ˌʌnfəˈgɪvəbl ˌআনফ্যাˈগিভ্যাবল্ / *adj.* if sb's behaviour is unforgivable, it is so bad or unacceptable that you cannot forgive the person ক্ষমার অযোগ্য; অমার্জনীয় ✪ সম **inexcusable** ✪ বিপ **forgivable** ▶ **unforgivably** / -əbli -অ্যাবলি / *adv.* নির্মমভাবে, ক্ষমাহীনভাবে

unfortunate / ʌnˈfɔːtʃənət আন্ˈফ:চ্যান্যাট্ / *adj.* **1** not lucky দুঃখজনক, দুর্ভাগ্যজনক ✪ বিপ **fortunate** **2** that you feel sorry about যার জন্যে দুঃখ হয় ▶ **unfortunately** *adv.* দুর্ভাগ্যবশত, দুর্ভাগ্যজনকভাবে *I'd like to help you but unfortunately there's nothing I can do.*

unfounded / ʌnˈfaʊndɪd আন্ˈফাউন্ডিড্ / *adj.* not based on or supported by facts অযৌক্তিক, ভিত্তিহীন, অমূলক *unfounded allegations*

unfriendly / ʌnˈfrendli আন্ˈফ্রেন্ড্লি / *adj.* **unfriendly (to/towards sb)** unpleasant or not polite to sb রূঢ়, যার ব্যবহার বন্ধুর মতো নয়, অপ্রিয়, সহানুভূতিহীন ✪ বিপ **friendly**

ungainly / ʌnˈgeɪnli আন্ˈগেইন্লি / *adj.* moving in a way that is not smooth or elegant অমসৃণভাবে, অমর্যাদাকরভাবে

ungrateful / ʌnˈgreɪtfl আন্ˈগ্রেইট্ফ্ল্ / *adj.* not feeling or showing thanks to sb অকৃতজ্ঞ, কৃতঘ্ন, নিমকহারাম ✪ বিপ **grateful** ▶ **ungratefully** / -fəli -ফ্যালি / *adv.* অকৃতজ্ঞের মতো

unguarded / ʌnˈgɑːdɪd আন্ˈগা:ডিড্ / *adj.* **1** not protected or guarded অরক্ষিত, অসতর্ক **2** saying more than you wanted to ইচ্ছের থেকে বেশি কথা বলা হচ্ছে এমন ✪ বিপ **guarded**

unhappily / ʌnˈhæpɪli আন্ˈহ্যাপিলি / *adv.* **1** sadly দুঃখিতভাবে **2** unfortunately দুর্ভাগ্যবশত ✪ বিপ **happily**

unhappy / ʌnˈhæpi আন্ˈহ্যাপি / *adj.* (**unhappier; unhappiest**) **1 unhappy (about sth)** sad দুঃখিত, অখুশি *She's terribly unhappy about losing her job.* ○ *He had a very unhappy childhood.* **2 unhappy (about/at/with sth)** not satisfied or pleased; worried অসন্তুষ্ট, অখুশি; চিন্তিত *They're unhappy at having to accept a pay cut.* ✪ বিপ **happy** ▶ **unhappiness** *noun* [U] অপ্রসন্নতা, দুঃখ

unharmed / ʌnˈhɑːmd আন্ˈহা:ম্ড্ / *adj.* not injured or damaged; not harmed আহত বা ক্ষতিগ্রস্ত হয়নি এমন; অক্ষত *The hostages were released unharmed.*

unhealthy / ʌnˈhelθi আন্ˈহেল্থি / *adj.* **1** not having or showing good health রুগ্ণ, অসুস্থ *He looks pale and unhealthy.* **2** likely to cause illness or poor health অস্বাস্থ্যকর *unhealthy conditions* **3** not natural অস্বাভাবিক *an unhealthy interest in death* ✪ বিপ **healthy**

unheard / ʌnˈhɜːd আন্ˈহ্যড্ / *adj.* (*not before a noun*) not listened to or given any attention কোনোরকম মনোযোগ দেওয়া হয়নি এমন; অশ্রুত *My suggestions **went unheard**.*

unheard-of *adj.* not known; never having happened before অজানা, অশ্রুতপূর্ব; নজিরবিহীন, যা আগে কখনও ঘটেনি

unhelpful / ʌnˈhelpfl আন্ˈহেল্পফ্ল্ / *adj.* not helpful or useful; not wanting to help sb অকেজো, যা কোনো কাজে বা সাহায্যে লাগবে না; যে অন্যকে সাহায্য করতে চায় না *an unhelpful response/reply* ✪ বিপ **helpful** ▶ **unhelpfully** / -fəli -ফ্যালি / *adv.* সহানুভূতি ছাড়াই, সাহায্য ছাড়াই

unhurt / ʌnˈhɜːt আন্ˈহ্যট্ / *adj.* (*not before a noun*) not injured or harmed আহত বা ক্ষতিগ্রস্ত নয়; অক্ষত, ক্ষতিগ্রস্ত না হয়েই *He escaped from the crash unhurt.* ✪ সম **unharmed** ✪ বিপ **hurt**

uni- / ˈjuːni ˈইউনি / *prefix* (*used in nouns, adjectives and adverbs*) one; having one এক; একটাই আছে এমন *uniform* ○ *unilaterally*

UNICEF / ˈjuːnɪsef ˈইউনিসেফ্ / *abbr.* United Nations Children's Fund; an organization within the United Nations that helps to look after the health and education of children all over the world ইউনাইটেড নেশনস্ চিলড্রেন্স ফান্ড-এর সংক্ষিপ্ত রূপ; যে

সংস্থা পৃথিবীব্যাপী শিশুদের স্বাস্থ্য ও শিক্ষা বিষয়ে দেখাশোনা করা বা যত্ন নেওয়ার জন্য সাহায্য করে; ইউনিসেফ

unicorn / ˈjuːnɪkɔːn ˈইউনিক:ন্ / *noun* [C] an animal that only exists in stories, that looks like a white horse with one horn growing out of its forehead যে প্রাণীর অস্তিত্ব কেবলমাত্র গল্পকাহিনিতেই, এই প্রাণী সাদা ঘোড়ার মতো দেখতে, কপালে একটি শিং থাকে

unidentified / ˌʌnaɪˈdentɪfaɪd ˌআন্‌আই'ডেন্‌টি-ফাইড্ / *adj.* whose identity is not known অশনাক্ত, যার পরিচয় জানা যায়নি *An unidentified body has been found in the river.*

uniform¹ / ˈjuːnɪfɔːm ˈইউনিফ:ম্ / *noun* [C, U] the set of clothes worn at work by the members of certain organizations or groups and usually by school children কোনো নির্দিষ্ট প্রতিষ্ঠানের বা কোনো গোষ্ঠীর সদস্যদের কর্মরত অবস্থায় পরিধানের জন্য নির্দিষ্ট পোশাক অথবা বিদ্যালয়ে পাঠরত শিশুদের ব্যবহারের জন্য নির্দিষ্ট পোশাক; উর্দি; ইউনিফর্ম *I didn't know he was a policeman because he wasn't* ***in uniform***.
▶ **uniformed** *adj.* উর্দি পরিহিত, ইউনিফর্ম পরিহিত

uniform² / ˈjuːnɪfɔːm ˈইউনিফ:ম্ / *adj.* not varying; the same in all cases or at all times অপরিবর্তনশীল; যা সবসময় সবক্ষেত্রে একই রকম থাকে
▶ **uniformity** / ˌjuːnɪˈfɔːməti ˌইউনি'ফ:ম্যাটি / *noun* [U] অভিন্নতা, সামঞ্জস্য

unify / ˈjuːnɪfaɪ ˈইউনিফাই / *verb* [T] (*pres. part.* **unifying;** *3rd person sing. pres.* **unifies;** *pt, pp* **unified**) to join separate parts together to make one unit, or to make them similar to each other আলাদা আলাদা অংশ জুড়ে এক করা অথবা সেগুলিকে এক ধরনের করা ▶ **unification** / ˌjuːnɪfɪˈkeɪʃn ˌইউনিফি'কেইশ্‌ন্ / *noun* [U] একত্রীকরণ, মিলন

unilateral / ˌjuːnɪˈlætrəl ˌইউনি'ল্যাট্র্যাল্ / *adj.* done or made by one person who is involved in sth without the agreement of the other person or people অন্য ব্যক্তির বা ব্যক্তিসমূহের সম্মতি ছাড়াই (কোনো কিছুর সঙ্গে জড়িত ব্যক্তির) এককভাবে করা কোনো কাজ; এক পাক্ষিক *a unilateral declaration of independence* ➪ **multilateral** দেখো।
▶ **unilaterally** / -rəli -র‍্যালি / *adv.* একপাক্ষিক

unimportant / ˌʌnɪmˈpɔːtnt ˌআন্‌ইম্'প:ট্‌ন্ট্ / *adj.* not important যার গুরুত্ব নেই; অপ্রয়োজনীয়, তুচ্ছ *unimportant details* ○ *They dismissed the problem as unimportant.*

uninhabitable / ˌʌnɪnˈhæbɪtəbl ˌআন্‌ইন্-'হ্যাবিট্যাব্‌ল্ / *adj.* not possible to live in বাসযোগ্য নয় এমন, বসবাসের অনুপযুক্ত ✪ বিপ **habitable**

uninhabited / ˌʌnɪnˈhæbɪtɪd ˌআন্‌ইন্'হ্যাবিটিড্ / *adj.* (used about a place or a building) with nobody living in it (কোনো জায়গা অথবা বাড়ি সম্বন্ধে ব্যবহৃত) যেখানে কেউ থাকে না বা বাস করে না ✪ বিপ **inhabited**

uninhibited / ˌʌnɪnˈhɪbɪtɪd ˌআন্‌ইন্'হিবিটিড্ / *adj.* behaving in a free and natural way, without worrying what other people think of you কুণ্ঠাহীন, সহজ, মুক্ত, সংকোচ বা সংস্কার মুক্ত (অন্যে কি ভাববে, কি বলবে এ নিয়ে যার কোনো চিন্তা নেই) ✪ বিপ **inhibited**

unintelligible / ˌʌnɪnˈtelɪdʒəbl আন্‌ইন্'টেলিজ্যাব্‌ল্ / *adj.* impossible to understand বোধগম্যতার অতীত, অবোধগম্য, দুর্বোধ্য ✪ বিপ **intelligible**

uninterested / ʌnˈɪntrəstɪd আন্'ইন্‌ট্র্যাস্টিড্ / *adj.* **uninterested (in sb/sth)** having or showing no interest in sb/sth অনাগ্রহী, যার কোনো ব্যক্তি বা বস্তুর ব্যাপারে উৎসাহ বা আগ্রহ নেই *She seemed uninterested in anything I had to say.* ✪ বিপ **interested** ➪ **disinterested** দেখো।

uninteresting / ʌnˈɪntrəstɪŋ আন্'ইন্‌ট্র্যাস্টিং / *adj.* boring; not interesting একঘেয়ে; আগ্রহজনক নয় *I found the novel uninteresting.* ✪ বিপ **interesting**

union / ˈjuːniən ˈইউনিঅ্যান্ / *noun* **1** [U, *sing.*] the action of joining or the situation of being joined মিলন, যোগ **2** [C] a group of states or countries that have joined together to form one country or group অনেকগুলি রাজ্য অথবা দেশ মিলে যখন একটি দেশ গড়ে *the European Union* **3 = trade union** **4** [C] an organization for a particular group of people বিশেষ কোনো দলের সম্মিলিত প্রতিষ্ঠান; ইউনিয়ন *the Labour Union*

the Union Jack *noun* [*sing.*] the national flag of the United Kingdom, with red and white crosses on a dark blue background যুক্তরাজ্যের জাতীয় পতাকা, ঘন নীল রঙের উপর লাল এবং সাদা রঙের ক্রসযুক্ত ইউনিয়নজ্যাক

unique / juˈniːk ইউ'নীক্ / *adj.* **1** not like anything else; being the only one of its type অসাধারণ; অদ্বিতীয় *Shakespeare made a unique contribution to the world of literature.* **2 unique to sb/sth** connected with only one place, person or thing কেবলমাত্র একটি বিশেষ জায়গা, ব্যক্তি বা বস্তুর সঙ্গে জড়িত *This dance is unique to this region.* **3** very unusual একেবারেই অস্বাভাবিক

unisex / ˈjuːnɪseks ˈইউনিসেক্স্ / *adj.* designed for and used by both sexes নারী ও পুরুষ উভয়ের পরার মতো *unisex fashions*

unison / ˈjuːnɪsn ˈইউনিস্‌ন্ / *noun*

IDM **in unison** saying, singing or doing the same thing at the same time as sb else একই সময়ে

একসঙ্গে বলা, গাওয়া বা করা হচ্ছে এমন; সামঞ্জস্য, ঐক্য সংগতি *'No, thank you,' they said in unison.*

unit / ˈjuːnɪt ˈইউনিট্ / *noun* [C] **1** a single thing which is complete in itself, although it can be part of sth larger একক, মাত্রা (যা নিজে নিজেই সম্পূর্ণ), কখনও সেটি বড়ো কিছুর অংশও হতে পারে *The book is divided into ten units.* **2** a fixed amount or number used as a standard of measurement কোনো নির্দিষ্ট সংখ্যা বা পরিমাণ, যা মাপের এককরূপে ব্যবহৃত হয় *a unit of currency* **3** a group of people who perform a certain function within a larger organization কোনো বৃহত্তর প্রতিষ্ঠানের ভিতরের যে গোষ্ঠী কোনো বিভাগীয় কাজ দেখে *the intensive care unit of a hospital* **4** a small machine that performs a particular task or that is part of a larger machine কোনো ছোটো যন্ত্র যা বিশেষ কোনো কাজ করে অথবা যা বৃহত্তর যন্ত্রের অংশবিশেষ *The heart of a computer is the central processing unit.* **5** a piece of furniture that fits with other pieces of furniture and has a particular use নির্দিষ্ট কোনো কাজে ব্যবহারের উদ্দেশ্যে নির্মিত আসবাবপত্রের একটি অংশ যা অন্যান্য অংশগুলির সঙ্গে সংগতিপূর্ণ *matching kitchen units*

unite / juˈnaɪt ইউˈনাইট্ / *verb* **1** [I, T] to join together and act in agreement; to make this happen একত্রিত হওয়া এবং চুক্তিবদ্ধভাবে কাজ করা; কোনো কিছু ঘটানো *Unless we unite, our enemies will defeat us.* **2** [I] **unite (in sth/in doing sth)** to join together for a particular purpose বিশেষ উদ্দেশ্যে একসঙ্গে মিলিত হওয়া *We should all unite in seeking a solution to this terrible problem.*

united / juˈnaɪtɪd ইউˈনাইটিড্ / *adj.* joined together by a common feeling or aim উদ্দেশ্য বা মনোভাব এক হওয়ার কারণে একত্রিত বা সংঘবদ্ধ

the United Kingdom *noun* [*sing.*] (*abbr.* **UK**) England, Scotland, Wales and Northern Ireland ইংল্যান্ড, স্কটল্যান্ড, ওয়েলস এবং উত্তর আয়ার্ল্যান্ড

> **NOTE** ইংল্যান্ড, স্কটল্যান্ড, ওয়েলস এবং উত্তর আয়ার্ল্যান্ড এই দেশগুলিকে একসঙ্গে **the UK** বলা হয়। কিন্তু রিপাবলিক অফ আয়ার্ল্যান্ড একটি আলাদা দেশ। ইংল্যান্ড, স্কটল্যান্ড, ওয়েলস মিলে **Great Britain** হয়। উত্তর আয়ার্ল্যান্ড, রিপাবলিক অফ আয়ার্ল্যান্ড এবং **England, Scotland, Wales**-কে একত্রে **the British Isles** বলা হয়।

the United Nations *noun* [*sing., with sing. or pl. verb*] (*abbr.* **UN**) the organization formed to encourage peace in the world and to deal with problems between countries যে প্রতিষ্ঠানটি সমস্ত পৃথিবীতে শান্তি রক্ষা এবং বিভিন্ন দেশের মধ্যে সমস্যার সমাধানে সাহায্য করার উদ্দেশ্যে গঠিত; দি ইউনাইটেড নেশনস্; ইউ.এন.

the United States (of America) *noun* [*sing., with sing. or pl. verb*] (*abbr.* **US; USA**) a large country in North America made up of 50 states and the District of Columbia উত্তর আমেরিকার বিশাল দেশ যা ৫০টি রাজ্য এবং কলম্বিয়া অঞ্চল সমেত যুক্তভাবে গড়ে উঠেছে

unity / ˈjuːnəti ˈইউন্যাটি / *noun* [U] the situation in which people are in agreement and working together একতা, ঐক্য

universal / ˌjuːnɪˈvɜːsl ˌইউনিˈভ্যস্ল্ / *adj.* connected with, done by or affecting everyone in the world or everyone in a particular group সর্বজনীন, সর্বপ্রসারী, বিশ্বজনীন ▶ **universally** / -səli -স্যালি / *adv.* সার্বিকভাবে, ব্যাপকভাবে, বিশ্বজনীনভাবে

universal indicator *noun* [C] a substance that changes to different colours according to whether another substance that touches it is an acid or an **alkali** যে পদার্থের সঙ্গে অ্যালকালি বা কোনো অ্যাসিড যোগ করলে তার রং বদলায় ➪ **pH**-এ ছবি দেখো।

the universe / ˈjuːnɪvɜːs ˈইউনিভ্যস্ / *noun* [*sing.*] everything that exists, including the planets, stars, space, etc. সকল গ্রহনক্ষত্র, মহাকাশ ইত্যাদি যা কিছুর অস্তিত্ব আছে সর্বসমেত; বিশ্বব্রহ্মান্ড, বিশ্বলোক, মহাবিশ্ব

university / ˌjuːnɪˈvɜːsəti ˌইউনিˈভ্যস্যাটি / *noun* [C] (*pl.* **universities**) an institution that provides the highest level of education, in which students study for degrees and in which academic research is done যে প্রতিষ্ঠানে ছাত্র-ছাত্রীরা উচ্চতম শিক্ষা লাভের জন্য ও উপাধি লাভের জন্য অধ্যয়ন করে এবং যেখানে বিদ্যাচর্চা ও গবেষণা করা হয়; বিশ্ববিদ্যালয় *I did History* ***at university****.* ○ *a university lecturer*

> **NOTE** ছাত্র হিসাবে কোনো ব্যক্তি বিশ্ববিদ্যালয়ে গেলে 'a' অথবা 'the' ছাড়া **at university** অথবা **go to university** অভিব্যক্তিগুলি ব্যবহৃত হয়—*He's hoping to go to university next year.* অন্য কোনো কাজে কোনো ব্যক্তি বিশ্ববিদ্যালয়ে গেলে 'the' অথবা 'a' ব্যবহৃত হয়—*I'm going to a conference at the university in July.*

unjust / ˌʌnˈdʒʌst ˌআন্ˈজাস্ট্ / *adj.* not fair or deserved অন্যায়, অনুচিত, এরকম হওয়া ঠিক নয় *an unjust accusation/law/punishment* ○ *The system is corrupt and unjust.* ✪ বিপ **just** ▶ **unjustly** *adv.* অন্যায়ভাবে

unkempt / ˌʌnˈkempt ˌআন্ˈকেম্প্ট্ / *adj.* (used especially about sb's hair or general appearance) not well cared for; not tidy (কারও চুল বা সাধারণ চেহারা সম্বন্ধে ব্যবহৃত) অমার্জিত, শিথিল, এলোমেলো; অপরিচ্ছন্ন, অগোছালো *greasy, unkempt hair*

unkind / ˌʌnˈkaɪnd ˌআন্ˈকাইন্ড / *adj.* unpleasant and not friendly নির্দয়, নিষ্ঠুর, সহানুভূতিহীন *That was an unkind thing to say.* ○ *The zoo was accused of being unkind to its animals.* ✪ বিপ **kind** ▶ **unkindly** *adv.* নির্দয় বা নির্মমভাবে ▶ **unkindness** *noun* [U] হৃদয়হীনতা, নির্মমতা

unknown[1] / ˌʌnˈnəʊn ˌআন্ˈন্যাউন্ / *adj.* **1 unknown (to sb)** that sb does not know; without sb knowing অজানা, অজ্ঞাত; অনবহিত *Unknown to the boss, she went home early.* **2** not famous or familiar to other people অবিখ্যাত, অচেনা, অপরিচিত *an unknown actress* ✪ বিপ **well known** অথবা **famous**

IDM an unknown quantity a person or thing that you know very little about কোনো ব্যক্তি বা বিষয় যার সম্বন্ধে খুব কম জানা গেছে

unknown[2] / ˌʌnˈnəʊn ˌআন্ˈন্যাউন্ / *noun* **1** (*usually* **the unknown**) [*sing.*] a place or thing that you know nothing about অজানা, অপরিচিত, অজ্ঞাত *a fear of the unknown* **2** [C] a person who is not well known অজ্ঞাত, সুপরিচিত নয় এমন ব্যক্তি, বিখ্যাত নয়

unlawful / ʌnˈlɔːfl আন্ˈল:ফ্ল্ / *adj.* (*formal*) not allowed by the law বেআইনি ✪ সম **illegal**

unleaded / ˌʌnˈledɪd ˌআন্ˈলেডিড্ / *adj.* not containing lead যার মধ্যে সীসা নেই, সীসামুক্ত *unleaded petrol*

unleash / ʌnˈliːʃ আন্ˈলীশ্ / *verb* [T] **unleash sth (on/upon sb/sth)** (*written*) to suddenly let a strong force, emotion, etc. be felt or have an effect প্রবল শক্তি বা আবেগের হঠাৎ লাগাম ছেড়ে দেওয়া; হঠাৎ আবেগ বেরিয়ে আসা *The government's proposals unleashed a storm of protest in the press.*

unleavened / ˌʌnˈlevnd ˌআন্ˈলেভ্‌ন্ড্ / *adj.* (used about bread) made without any of the substance that makes bread rise (**yeast**) and therefore flat and heavy (পাউরুটি সম্বন্ধে ব্যবহৃত) রুটি তৈরি করার সময়ে ইস্ট না মেশানোর ফলে যখন সেটি হালকাভাবে ফুলে ওঠে না এবং তার ফলে সেটি চ্যাপটা ও ভারী হয়

unless / ənˈles অ্যান্ˈলেস্ / *conj.* if... not; except if যদি না; তবে, না হলে, তাহলে *I was told that unless my work improved, I would lose the job.* ○ *'Would you like a cup of coffee?' 'Not unless you've already made some.'*

unlike / ˌʌnˈlaɪk ˌআন্ˈলাইক্ / *adj., prep.* **1** in contrast to; different from একরকম নয়; আলাদা *He's extremely ambitious, unlike me.* ○ *This is an exciting place to live, unlike my home town.* **2** not typical of; unusual for আর কারও মতো নয়; অস্বাভাবিক *It's unlike him to be so rude—he's usually very polite.*

unlikely / ʌnˈlaɪkli আন্ˈলাইক্‌লি / *adj.* (**unlikelier; unlikeliest**) **1 unlikely (to do sth/that...)** not likely to happen; not expected; not probable যার সম্ভাবনা নেই; প্রত্যাশিত নয়; সম্ভব নয় *I suppose she might win but I think it's very unlikely.* ○ *It's **highly unlikely** that I'll have any free time next week.* ✪ বিপ **likely 2** difficult to believe যা মেনে নেওয়া বা বিশ্বাস করা কঠিন; অবিশ্বাস্য *an unlikely excuse* ✪ সম **improbable**

unlimited / ʌnˈlɪmɪtɪd আন্ˈলিমিটিড্ / *adj.* without limit; as much or as great as you want অপরিমিত; ইচ্ছেমতো, খুশিমতো ✪ বিপ **limited**

unload / ˌʌnˈləʊd ˌআন্ˈল্যাউড্ / *verb* **1** [I, T] **unload (sth) (from sth)** to take things that have been transported off or out of a vehicle গাড়ি ইত্যাদি করে যে মাল আনা হয়েছে তা নামানো *We unloaded the boxes from the back of the van.* **2** [I, T] (used about a vehicle) to have the things removed that have been transported (কোনো বাহন সম্বন্ধে ব্যবহৃত) পরিবাহিত দ্রব্য নামিয়ে গাড়ি খালি করা *Parking here is restricted to vehicles that are loading or unloading.* ✪ বিপ **load 3** [T] (*informal*) **unload sb/sth (on/onto sb)** to get rid of sth you do not want or to pass it to sb else ভারমুক্ত হওয়া, নিজের কাছে না রেখে অন্যের ঘাড়ে চাপানো *He shouldn't try and unload the responsibility onto you.*

unlock / ˌʌnˈlɒk ˌআন্ˈলক্ / *verb* [I, T] to open the lock on sth using a key; to be opened with a key চাবির সাহায্যে তালা খোলা; চাবি দিয়ে খোলা *I can't unlock this door.* ○ *This door won't unlock.* ✪ বিপ **lock**

unlucky / ʌnˈlʌki আন্ˈলাকি / *adj.* (**unluckier; unluckiest**) having or causing bad luck দুর্ভাগা, মন্দভাগ্য যার, যার ফলে মন্দ কিছু ঘটে; অপয়া *They were unlucky to lose because they played so well.* ○ *Thirteen is often thought to be an unlucky number.* ✪ বিপ **lucky** ▶ **unluckily** *adv.* দুর্ভাগ্যবশত

unmanageable / ʌnˈmænɪdʒəbl আন্ˈম্যানিজ্যাব্‌ল্ / *adj.* difficult or impossible to control or deal with যা সহজে বাগ মানানো বা আয়ত্তে আনা যায় না; দুর্দান্ত, অনিয়ন্ত্রিত

unmanned / ˌʌnˈmænd ˌআন্ˈম্যান্ড্ / *adj.* if a machine, vehicle or place is **unmanned** it does not have or need a person to control or operate it যদি কোনো যন্ত্র, যান বা কোনো স্থান সম্পর্কে এই অভিব্যক্তিটি ব্যবহার করা হয় তাহলে বোঝায় যে সেগুলি

নিয়ন্ত্রণের জন্য বা চালানোর জন্য কোনো লোক নেই বা তার জন্য কোনো লোকের দরকার নেই; স্বচালিত বা স্বনিয়ন্ত্রিত কিছু

unmarried / ˌʌnˈmærid ˌআন্‌ˈম্যারিড্ / *adj.* not married; single অবিবাহিত; একা ✪ বিপ **married**

unmistakable / ˌʌnmɪˈsteɪkəbl ˌআন্‌মি-ˈস্টেইক্যাব্‌ল্ / *adj.* that cannot be confused with anything else; easy to recognize যে জিনিস অন্য কিছুর সঙ্গে গুলিয়ে ফেলা যায় না; যা সহজে চেনা যায় *She had an unmistakable French accent.* ▶ **unmistakably** / -əbli -অ্যাব্‌লি / *adv.* অভ্রান্তভাবে, পরিষ্কারভাবে, সংশয় ছাড়াই

unmoved / ˌʌnˈmuːvd ˌআন্‌ˈমুভ্‌ড্ / *adj.* not affected emotionally অটল, স্থিরচিত্ত, অবিচল *The judge was unmoved by the boy's sad story, and sent him to jail.*

unnatural / ʌnˈnætʃrəl আন্‌ˈন্যাচ্যাল্ / *adj.* different from what is normal or expected অস্বাভাবিক, প্রকৃতিবিরুধ, কৃত্রিম ✪ বিপ **natural** ▶ **unnaturally** / -rəli -র‍্যালি / *adv.* প্রকৃতিবিরুধভাবে *It's unnaturally quiet in here.*

unnecessary / ˌʌnˈnesəsəri ˌআন্‌ˈনেস্যাস্যারি / *adj.* more than is needed or acceptable অপ্রয়োজনীয়, অনাবশ্যক, যার দরকার নেই *We should try to avoid all unnecessary expense.* ➪ **needless** দেখো। ✪ বিপ **necessary** ▶ **unnecessarily** / ˌʌnˈnesəsərəli; ˌʌnˌnesəˈserəli ˌআন্‌ˈনেস্যাস্যার‍্যালি; ˌআন্‌ˌনেস্যাˈসের‍্যালি / *adv.* অনাবশ্যকভাবে *His explanation was unnecessarily complicated.*

unnerve / ˌʌnˈnɜːv ˌআন্‌ˈন্যভ্ / *verb* [T] to make sb feel nervous or frightened or lose confidence দুর্বল করা, ঘাবড়ে দেওয়া, ভয় পাওয়ানো *His silence unnerved us.* ▶ **unnerving** *adj.* ভীতিজনক, ঘাবড়ে দেওয়ার মতো সাংঘাতিক *an unnerving experience* ▶ **unnervingly** *adv.* ঘাবড়ে দিয়ে, ভয় দেখিয়ে

unnoticed / ˌʌnˈnəʊtɪst ˌআন্‌ˈন্যাউটিস্ট্ / *adj.* not noticed or seen অলক্ষিত, অগোচরীভূত *He didn't want his hard work to* ***go unnoticed****.*

unobtrusive / ˌʌnəbˈtruːsɪv ˌআন্‌অ্যাব্‌ˈট্রুসিভ্ / *adj.* avoiding being noticed; not attracting attention নিজেকে নজরে আনে না; অন্যের মনোযোগ আকর্ষণ করে না ▶ **unobtrusively** *adv.* চুপচাপ, লোকচক্ষুর আড়ালে *He tried to leave as unobtrusively as possible.*

unofficial / ˌʌnəˈfɪʃl ˌআন্‌অ্যাˈফিশ্‌ল্ / *adj.* not accepted or approved by a person in authority যা সরকার বা কোনো কর্তাব্যক্তি বা সংস্থার দ্বারা স্বীকৃত নয়; বেসরকারি, অনানুষ্ঠানিক *an unofficial strike* ○ *Unofficial reports say that four people died in the explosion.* ✪ বিপ **official** ➪ **unofficially** / -ʃəli -শ্যালি / *adv.* অনানুষ্ঠানিকভাবে, বেসরকারিভাবে

unorthodox / ʌnˈɔːθədɒks আন্‌ˈঅːথ্যাডক্স্ / *adj.* different from what is generally accepted, usual or traditional গোঁড়া নয়, মুক্ত মনের অধিকারী; অরক্ষণশীল ✪ বিপ **orthodox**

unpack / ˌʌnˈpæk ˌআন্‌ˈপ্যাক্ / *verb* [I, T] to take out the things that were in a bag, suitcase, etc. বাক্স বা ব্যাগ বা থলি থেকে জিনিসপত্র বার করা *When we arrived at the hotel we unpacked and went to the beach.* ✪ বিপ **pack**

unpaid / ˌʌnˈpeɪd ˌআন্‌ˈপেইড্ / *adj.* **1** not yet paid যার দাম দেওয়া হয়নি, যে বিলের দাম দিতে হবে *an unpaid bill* **2** not receiving money for work done কাজ করে মূল্য অথবা পারিশ্রমিক পাওয়া যাচ্ছে না এমন *an unpaid assistant* **3** (used about work) done without payment (কাজ সম্বন্ধে ব্যবহৃত) বিনা পারিশ্রমিকে কৃত *unpaid overtime*

unpleasant / ʌnˈpleznt আন্‌ˈপ্লেজ়ন্ট্ / *adj.* **1** causing you to have a bad feeling; not nice অপ্রীতিকর; যা ভালো লাগে না *This news has come as an unpleasant surprise.* ✪ বিপ **pleasant** **2** unfriendly; not polite বন্ধুত্বভাবাপন্ন নয় এমন; রূঢ়, অভদ্র, অসন্তোষজনক *There's no need to be unpleasant; we can discuss this in a friendly way.* ▶ **unpleasantly** *adv.* অভদ্র ও রূঢ়ভাবে

unplug / ˌʌnˈplʌg ˌআন্‌ˈপ্লাগ্ / *verb* [T] (**unplugging; unplugged**) to remove a piece of electrical equipment from the electricity supply কোনো বৈদ্যুতিক সরবরাহের সংযোগ থেকে কোনো সরঞ্জাম খুলে দিয়ে বিদ্যুৎ সরবরাহ বন্ধ করে দেওয়া *Could you unplug the cassette recorder, please?* ✪ বিপ **plug sth in**

unpopular / ʌnˈpɒpjələ(r) আন্‌ˈপপিঅ্যাল্যা(র্) / *adj.* **unpopular (with sb)** not liked by many people অপ্রিয়, জনপ্রিয় নয় এমন, জনগণের অপছন্দ *Her methods made her very unpopular with the staff.* ✪ বিপ **popular** ▶ **unpopularity** / ˌʌnˌpɒpjuˈlærəti ˌআন্‌ˌপপিউˈল্যার‍্যাটি / *noun* [U] জনপ্রিয়তার অভাব

unprecedented / ʌnˈpresɪdentɪd আন্‌ˈপ্রেসি-ডেন্‌টিড্ / *adj.* never having happened or existed before অভূতপূর্ব, অতুলনীয় ➪ **precedent** দেখো।

unpredictable / ˌʌnprɪˈdɪktəbl ˌআন্‌প্রিˈডিক্ট্যাব্‌ল্ / *adj.* **1** that cannot be predicted because it changes a lot or depends on too many different things অনিশ্চিত, যার সম্বন্ধে আগে থেকে বলা সম্ভব নয় এই কারণে যে ঐ ঘটনা অনেক কিছুর উপর নির্ভর করে *unpredictable weather* ○ *The result is entirely unpredictable.* **2** if a person is **unpredictable** you cannot predict how he/she will behave in a particular situation এমন কোনো ব্যক্তি কখন কোন পরিস্থিতিতে কি করবে তা আগে থেকে অনুমান করা যায়

না ✪ বিপ **predictable** ▶ **unpredictability** / ˌʌnprɪˌdɪktəˈbɪləti ˌআন্প্রি,ডিক্ট্যা'বিল্যাটি / *noun* [U] অনিশ্চয়তা *the unpredictability of Delhi weather* ▶ **unpredictably** *adv.* অনিশ্চিতভাবে

unpretentious / ˌʌnprɪˈtenʃəs ˌআন্প্রি'টেন্শ্যাস্ / *adj.* (*approving*) not trying to appear more special or important than you really are যে ব্যক্তি ভান করে না বা নিজেকে জাহির করে না; ছলনাহীন ✪ বিপ **pretentious**

unprofessional / ˌʌnprəˈfeʃənl ˌআন্প্র্যা'ফেশ্যান্ল্ / *adj.* not reaching the standard expected in a particular profession কোনো পেশায় যার প্রত্যাশিত মানে পৌঁছানোর ক্ষমতা নেই; অপেশাদারি ✪ বিপ **professional**

unprovoked / ˌʌnprəˈvəʊkt ˌআন্প্র্যা'ভ্যাউক্ট্ / *adj.* (used especially about an attack) not caused by anything the person who is attacked has said or done (বিশেষত কোনো আক্রমণের ক্ষেত্রে ব্যবহৃত) আক্রান্ত ব্যক্তির কোনো কথা বা আচরণের জন্য নয়; অপ্ররোচিত, অনুত্তেজিত ✪ বিপ **provoked**

unqualified / ˌʌnˈkwɒlɪfaɪd ˌআন্'কুঅলিফাইড্ / *adj.* **1** not having the knowledge or not having passed the exams that you need for sth প্রয়োজনীয় জ্ঞান ছাড়া বা পরীক্ষায় উত্তীর্ণ না হয়ে; যোগ্যতাহীন, অযোগ্য, অনুপযুক্ত *I'm unqualified to offer an opinion on this matter.* ✪ বিপ **qualified** **2** complete; absolute সম্পূর্ণ; পুরোপুরি, একেবারে *an unqualified success*

unquestionable / ʌnˈkwestʃənəbl আন্'কুএস্চ্যান্যাব্ল্ / *adj.* certain; that cannot be doubted নিশ্চিত; প্রশ্নাতীত ✪ বিপ **questionable** ▶ **unquestionably** / -əbli -অ্যাব্লি / *adv.* প্রশ্নাতীতভাবে *She is unquestionably the most famous opera singer in the world.*

unravel / ʌnˈrævl আন্'র‍্যাভ্ল্ / *verb* (**unravelling; unravelled** *AmE* **unraveling; unraveled**) [I, T] **1** to remove the knots from a piece of string, thread, etc.; to come unfastened in this way সুতোর পাক খোলা, জট ছাড়ানো; এইভাবে জট খুলে যাওয়া *I unravelled the tangled string and wound it into a ball.* **2** (used about a complicated story, etc.) to become or to make sth become clear (জটিল কাহিনি ইত্যাদি সম্বন্ধে ব্যবহৃত) স্পষ্ট করে বলা, সরল ও স্পষ্ট করা বা স্পষ্ট হয়ে ওঠা

unreal / ˌʌnˈrɪəl ˌআন্'রিঅ্যাল্ / *adj.* **1** very strange and seeming more like a dream than reality অবাস্তব, কাল্পনিক যা স্বপ্নের মতো মনে হয় *Her voice had an unreal quality about it.* **2** not connected with reality বাস্তবের সঙ্গে যার কোনো যোগসূত্র নেই *Some people have unreal expectations of marriage.*

unrealistic / ˌʌnrɪəˈlɪstɪk ˌআন্রিঅ্যা'লিস্টিক্ / *adj.* not showing or accepting things as they are বাস্তববোধহীন, অবাস্তবিক *unrealistic expectations* ○ ***It is unrealistic to** expect them to be able to solve the problem immediately.* ✪ বিপ **realistic** ▶ **unrealistically** / -kli -ক্লি / *adv.* অস্বাভাবিকভাবে, অসম্ভব রকমের *They're asking unrealistically high prices.*

unreasonable / ʌnˈriːznəbl আন্'রীজ্ন্যাব্ল্ / *adj.* unfair; expecting too much অযৌক্তিক; যুক্তিসংগত নয়, খুব বেশি রকমের কিছু আশা *I think she is being totally unreasonable.* ○ *He makes unreasonable demands on his staff.* ✪ বিপ **reasonable** ▶ **unreasonably** / -əbli -অ্যাবলি / *adv.* যুক্তিহীনভাবে

unrelenting / ˌʌnrɪˈlentɪŋ ˌআনরি'লেনটিং / *adj.* continuously strong, not becoming weaker or stopping নির্মম, বিরতিহীন

unreliable / ˌʌnrɪˈlaɪəbl ˌআন্রি'লাইঅ্যাব্ল্ / *adj.* that cannot be trusted or depended on অনির্ভরযোগ্য, অবিশ্বাস্য অথবা যাকে বিশ্বাস করা যায় না, যার উপর নির্ভর করা যায় না *Trains here are notoriously unreliable.* ○ *He's totally unreliable as a source of information.* ✪ বিপ **reliable** ▶ **unreliability** / ˌʌnrɪˌlaɪəˈbɪləti ˌআন্রি,লাইঅ্যা'বিল্যাটি / *noun* [U] নির্ভরযোগ্যতার অভাব, বিশ্বাসহীনতা *the unreliability of some statistics*

unreserved / ˌʌnrɪˈzɜːvd ˌআন্রি'জ়্ভড় / *adj.* **1** (used about seats in a theatre, etc.) not kept for the use of a particular person (থিয়েটারে দর্শকাসন ইত্যাদি সম্বন্ধে ব্যবহৃত) অসংরক্ষিত, বিশেষ কারও জন্য রাখা নেই; যে কেউ ব্যবহার করতে পারে ✪ বিপ **reserved** **2** without limit; complete সীমিত নয়; সম্পূর্ণ *The government's action received the unreserved support of all parties.* ▶ **unreservedly** / ˌʌnrɪˈzɜːvɪdli ˌআন্রি'জ়্যভিড্লি / *adv.* সম্পূর্ণভাবে, অকপটভাবে

unrest / ʌnˈrest আন্'রেস্ট্ / *noun* [U] a situation in which people are angry or not happy and likely to protest or fight যে পরিস্থিতিতে জনগণ রেগে থাকে বা অখুশি থাকে এবং প্রতিবাদ বা লড়াইয়ের মনোভাবাপন্ন হয়ে থাকে; অশান্ত পরিস্থিতি, চাঞ্চল্য, বিক্ষোভ *social unrest*

unrivalled (*AmE* **unrivaled**) / ʌnˈraɪvld আন্'রাইভ্ল্ড্ / *adj.* much better than any other of the same type অদ্বিতীয়, যার কোনো প্রতিদ্বন্দ্বী নেই *His knowledge of Greek theology is unrivalled.*

unroll / ʌnˈrəʊl আন্'র‍্যাউল্ / *verb* [I, T] to open (sth) from a rolled position গোল করে পাকানো কোনো জিনিস খোলা, গোটানো অবস্থা থেকে সোজা করা *He unrolled the poster and stuck it on the wall.* ✪ বিপ **roll (sth) (up)**

unruly / ʌnˈru:li আন্'রুলি / *adj.* difficult to control; without discipline নিয়ন্ত্রণ করা কঠিন; বিশৃঙ্খল; এলোমেলো, অবাধ্য *an unruly crowd* ▶ **unruliness** *noun* [U] অবাধ্যতা, বিশৃঙ্খলা

unsafe / ʌnˈseɪf আন্'সেইফ্ / *adj.* **1** (used about a thing, a place or an activity) not safe; dangerous (বস্তু, স্থান বা কোনো ক্রিয়া সম্বন্ধে ব্যবহৃত) অনিরাপদ; বিপজ্জনক *The roof was declared unsafe.* ○ *It was considered unsafe to release the prisoners.* **2** (used about people) in danger of being harmed (ব্যক্তি সম্বন্ধে ব্যবহৃত) যার বিপদের বা ক্ষতির আশঙ্কা আছে *He felt unsafe and alone.* **3** (*law*) (used about a decision in a court of law) based on evidence that may be false or is not good enough (আদালতের সিদ্ধান্ত সম্বন্ধে ব্যবহৃত) যার ভিত্তিতে সেটি মিথ্যা প্রমাণিত হতে পারে অথবা যা যথেষ্ট নির্ভরযোগ্য নয় *Their convictions were declared unsafe.* ✪ বিপ **safe**

unsaid / ʌnˈsed আন্'সেড্ / *adj.* (*not before a noun*) thought but not spoken অকথিত, যদিও বিষয়টি নিয়ে ভাবা হয়েছে *Some things are better **left unsaid**.*

unsatisfactory / ˌʌnˌsætɪsˈfæktəri ˌআন ˌস্যাটিস্'ফ্যাক্ট্যারি / *adj.* not acceptable; not good enough যা সন্তোষজনক নয়; অসন্তোষজনক ✪ সম **unacceptable** ▶ **unsatisfactorily** / -tərəli -ট্যার্যালি / *adv.* অসন্তুষ্টভাবে, অসন্তোষজনক অবস্থায়

unsaturated / ʌnˈsætʃəreɪtɪd আন্'স্যাচ্যারেইটিড্ / *adj.* (*technical*) (used about fats in food) that are easily dealt with by the body because of their chemical structure (খাদ্যে চর্বি ইত্যাদি স্নেহ পদার্থ সম্বন্ধে ব্যবহৃত) যে স্নেহ পদার্থের রাসায়নিক গঠনের কারণে শরীর সহজে আয়ত্তে আনতে পারে ➪ **polyunsaturated** এবং **saturated** দেখো।

unsavoury (*AmE* **unsavory**) / ʌnˈseɪvəri আন্'সেইভ্যারি / *adj.* unpleasant; not morally acceptable অপ্রীতিকর, আপত্তিজনক; যা মানা যায় না, নীতিগতভাবে গ্রহণযোগ্য নয় *His friends are all unsavoury characters.*

unscathed / ʌnˈskeɪðd আন্'স্কেইদ্ড্ / *adj.* not hurt, without injury অক্ষত, যার গায়ে কোনো আঁচড় লাগেনি *He came out of the fight unscathed.*

unscrew / ˌʌnˈskru: ˌআন্'স্ক্রু / *verb* [T] **1** to remove the screws from sth কোনো কিছু থেকে স্ক্রু খুলে ফেলা **2** to open or remove sth by turning it ঘুরিয়ে ঘুরিয়ে কোনো কিছু খোলা অথবা সরানো *Could you unscrew the top of this bottle for me?*

unscrupulous / ʌnˈskru:pjələs আন্'স্ক্রুপিঅ্যাল্যাস্ / *adj.* being dishonest, cruel or unfair in order to get what you want নীতিজ্ঞানহীন হয়ে অন্যায় করতে প্রস্তুত কেবলমাত্র যে-কোনো প্রকারে নিজের কাজ গোছানোর জন্য ✪ বিপ **scrupulous**

unseemly / ʌnˈsi:mli আন্'সীম্‌লি / *adj.* *old-fashioned* or *formal*) (used about behaviour, etc.) not polite; not right in a particular situation (আচরণ ইত্যাদি সম্বন্ধে ব্যবহৃত) অভদ্র; অসমীচীন, অশোভন, অনুচিত

unseen / ˌʌnˈsi:n ˌআন্'সীন্ / *adj.* **1** that cannot be seen অদৃশ্য, অদেখা *unseen forces/powers* ○ *I managed to get out of the room unseen.* **2** not seen before যা আগে দেখা যায়নি; অদৃষ্টপূর্ব *unseen dangers/difficulties*

unselfish / ʌnˈselfɪʃ আন্'সেল্‌ফিশ্ / *adj.* if you are unselfish you care about other people's feelings and needs more than your own স্বার্থহীন, পরার্থপর, নিজের চেয়ে অপরের অনুভূতি বা প্রয়োজন সম্পর্কে বেশি যত্নশীল ✪ সম **selfless** ✪ বিপ **selfish** ▶ **unselfishly** *adv.* পরার্থপরতার সঙ্গে, স্বার্থহীনভাবে

unsettle / ˌʌnˈsetl ˌআন্'সেট্ল্ / *verb* [T] to make sb feel upset or worried, especially because a situation has changed পরিস্থিতি ও অবস্থার পরিবর্তনে কাউকে অস্থির বা বিপর্যস্ত বা উদ্বিগ্ন করে তোলা *Changing schools might unsettle the kids.*

unsettled / ʌnˈsetld আন্'সেট্ল্ড্ / *adj.* **1** (used about a situation) that may change; making people uncertain about what might happen (পরিস্থিতি সম্বন্ধে ব্যবহৃত) যা পরিবর্তিত হতে পারে; পরিবর্তনের সম্ভাবনা যখন সকলকে ভবিষ্যতের আশঙ্কায় অনিশ্চিত করে তোলে *These were difficult and unsettled times.* ○ *The weather has been very unsettled* (=it has changed a lot). **2** not calm or relaxed অশান্ত, অস্থির *They all felt restless and unsettled.* **3** (used about an argument, etc.) that continues without any agreement being reached (কোনো বিতর্ক ইত্যাদি সম্বন্ধে ব্যবহৃত) কোনো সিদ্ধান্তে না পৌঁছেও চলছে এমন **4** (used about a bill, etc.) not yet paid (কোনো বিল ইত্যাদি সম্বন্ধে ব্যবহৃত) যা এখনও দেওয়া হয়নি

unsettling / ʌnˈsetlɪŋ আন্'সেট্লিং / *adj.* making you feel upset, nervous or worried কাউকে চিন্তিত, মানসিকভাবে ভারাক্রান্ত এবং উদ্বিগ্ন করে তোলে এমন

unshaven / ˌʌnˈʃeɪvn ˌআন্'শেইভ্ন্ / *adj.* not having shaved or been shaved recently যে কিছুদিনের মধ্যে দাড়ি কামায়নি *He looked pale and unshaven.* ○ *his unshaven face*

unsightly / ʌnˈsaɪtli আন্'সাইট্‌লি / *adj.* very unpleasant to look at; ugly খুব বিশ্রী দেখতে; কুশ্রী, জঘন্য, কদাকার *an unsightly new building*

unskilled / ˌʌnˈskɪld ˌআন্'স্কিল্ড্ / *adj.* not having or needing special skill or training বিশেষ প্রশিক্ষণ পায়নি এমন; অদক্ষ *an unskilled job/worker* ✪ বিপ **skilled**

unsolicited / ˌʌnsəˈlɪsɪtɪd ˌআন্স্যা'লিসিটিড্ / *adj.* not asked for না চাইতেই; অযাচিত *unsolicited praise/advice*

unsound / ˌʌnˈsaʊnd ˌআন্'সাউন্ড্ / *adj.* **1** in poor condition; weak নড়বড়ে; দুর্বল *The building is structurally unsound.* **2** based on wrong ideas and therefore mistaken ভুল ভাবনাচিন্তার উপর গড়ে উঠেছে ফলে ত্রুটিপূর্ণ ✪ বিপ **sound**

unspoiled / ˌʌnˈspɔɪld ˌআন্'স্পইল্ড্ / (*also* **unspoilt** / ˌʌnˈspɔɪlt ˌআন্'স্পইল্ট্ /) *adj.* **1** (used about a place) beautiful because it has not been changed or built on (কোনো স্থান সম্বন্ধে ব্যবহৃত) কোনো কিছু তৈরি না হওয়ায় এবং ফাঁকা থাকার ফলে সুন্দর **2** (used about a person) not made unpleasant, bad-tempered, etc. by being treated too well (ব্যক্তি সম্বন্ধে ব্যবহৃত) অতিরিক্ত প্রশংসা যার স্বভাব নষ্ট করতে পারেনি; অতিরিক্ত প্রশংসা সত্ত্বেও যে এখনও সকলের সঙ্গে সুন্দর ব্যবহার করে *Despite being one of the best-known singers in the world, she has remained unspoiled.* ✪ বিপ **spoilt**

unspoken / ˌʌnˈspəʊkən ˌআন্'স্প্যাউক্যান্ / *adj.* (*formal*) not stated; not said in words but understood or agreed between people অকথিত, অনুক্ত, অব্যক্ত; অকথিত থাকা সত্ত্বেও যা বোঝা যায় বা সহমত গড়ে তোলা যায় *an unspoken assumption*

unstable / ʌnˈsteɪbl আন্'স্টেইব্ল্ / *adj.* **1** likely to fall down or move; not firmly fixed নড়বড়ে, ভারসাম্যহীন; ঠিকভাবে লাগানো নেই যা **2** likely to change or fail পরিবর্তনশীল, পড়ে যাওয়া বা বদলানোর সম্ভাবনা আছে যার *a period of unstable government* **3** (used about a person's moods or behaviour) likely to change suddenly or often (কারও মেজাজ বা আচরণ সম্বন্ধে ব্যবহৃত) পরিবর্তনশীল, অস্থিরচিত্ত, হঠাৎ হঠাৎ বদলে যাওয়ার সম্ভাবনা আছে এমন ✪ বিপ **stable** ➪ **instability** noun দেখো।

unsteady / ʌnˈstedi আন্'স্টেডি / *adj.* **1** not completely in control of your movements so that you might fall নড়বড়ে, যা দৃঢ় বা অটল নয়, টলমল করছে এমন *She is still a little* ***unsteady on her feet*** *after the operation.* **2** shaking or moving in a way that is not controlled এমনভাবে নড়ছে যাকে বাগে আনা যায় না, যা নিয়ন্ত্রণের মধ্যে নয় *an unsteady hand/voice/step* ✪ বিপ **steady** ▶ **unsteadily** / -ɪli -ইলি / *adv.* অস্থিরভাবে, নড়বড়েভাবে ▶ **unsteadiness** *noun* [U] অস্থিরতা, নড়বড়েভাব

unstuck / ˌʌnˈstʌk ˌআন্'স্টাক্ / *adj.* no longer stuck together or stuck down যা আর একসঙ্গে লাগানো নেই; আটকানো নয় *The label on the parcel had* ***come unstuck.***

IDM **come unstuck** to fail badly; to be unsuccessful ভেস্তে যাওয়া, ভেঙে যাওয়া; অসফল হওয়া *His plan came unstuck when he realized he didn't have enough money.*

unsuccessful / ˌʌnsəkˈsesfl ˌআন্স্যাক্'সেস্ফ্ল্ / *adj.* not successful; not achieving what you wanted to অসফল, অকৃতকার্য; কোনো ঈপ্সিত বস্তু অর্জন করতে পারা যাচ্ছে না এমন *His efforts to get a job proved unsuccessful.* ○ *They were unsuccessful in meeting their objectives for the year.* ▶ **unsuccessfully** / -fəli -ফ্যালি / *adv.* অসফলভাবে, ব্যর্থভাবে

unsuitable / ʌnˈsuːtəbl আন্'সুট্যাব্ল্ / *adj.* not right or appropriate for sb/sth কোনো ব্যক্তি বা বস্তুর অনুপযুক্ত; অনুপযোগী, অযোগ্য *This film is unsuitable for children under 12.* ✪ বিপ **suitable**

unsure / ˌʌnˈʃɔː(r) ˌআন্'শ:(র্) / *adj.* **1 unsure of yourself** not feeling confident about yourself নিজের সম্বন্ধে অনিশ্চিত, সন্দেহগ্রস্ত, দ্বিধাগ্রস্ত *He's young and still quite unsure of himself.* **2 unsure (about/of sth)** not certain; having doubts অনিশ্চিত; সন্দেহগ্রস্ত *I didn't argue because I was unsure of the facts.* ✪ বিপ **sure** অথবা **certain**

unsuspecting / ˌʌnsəˈspektɪŋ ˌআন্স্যা'স্পেকটিং / *adj.* not realizing that there is danger বিপদের আশঙ্কা না করে, বিপদ আছে বলে সন্দেহ না করে ➪ **suspect** এবং **suspicious** দেখো।

unsustainable / ˌʌnsəˈsteɪnəbl ˌআন্স্যা-'স্টেইন্যাব্ল্ / *adj.* (*written*) that cannot be continued at the same level, rate, etc. যা একভাবে চলতে পারে না ✪ বিপ **sustainable**

unsympathetic / ˌʌnˌsɪmpəˈθetɪk ˌআন্ˌসিম্প্যা-'থেটিক্ / *adj.* **1 unsympathetic (towards sb)** not feeling or showing any **sympathy** অন্যের ব্যথাবেদনা বুঝতে পারে না এমন; সহানুভূতিহীন **2 unsympathetic (to/towards sth)** not in agreement with sth; not supporting an idea, aim, etc. সমধর্মী নয়; কোনো মতামত, আদর্শের প্রতি যার সমর্থন নেই *How can you trust a government that is unsympathetic to public opinion?* **3** (used about a person) not easy to like; unpleasant (ব্যক্তি সম্বন্ধে ব্যবহৃত) যা ভালো লাগে না; অপ্রীতিকর, অপছন্দের, *I found all the characters in the film unsympathetic.* ✪ বিপ **sympathetic**

untangle / ˌʌnˈtæŋgl ˌআন্'ট্যাংগ্ল্ / *verb* [T] to separate threads which have become tied together in a confused way অনেকগুলি সুতো একসঙ্গে জড়িয়ে গেলে তা ছাড়ানো, জট খোলা *The wires got mixed up and it took me ages to untangle them.*

unthinkable / ʌnˈθɪŋkəbl আন্ˈথিংক্যাব্ল্ / *adj.* impossible to imagine or accept অচিন্তনীয়, অভাবনীয় *It was unthinkable that he would never see her again.*

unthinking / ʌnˈθɪŋkɪŋ আন্ˈথিংকিং / *adj.* done, said, etc. without thinking carefully ভালোভাবে না ভেবেচিন্তে কৃত, ব্যক্ত ইত্যাদি ▶ **unthinkingly** *adv.* ভাবনাচিন্তা না করেই; চিন্তাহীনভাবে, যত্নহীনভাবে

untidy / ʌnˈtaɪdi আন্ˈটাইডি / *adj.* (**untidier; untidiest**) **1** not tidy or well arranged অগোছালো, অবিন্যস্ত, এলোমেলো *an untidy bedroom* ○ *untidy hair* **2** (used about a person) not keeping things tidy or in good order (ব্যক্তি সম্বন্ধে ব্যবহৃত) অগোছালো, অপরিচ্ছন্ন *My flatmate is so untidy!* ✪ বিপ **tidy** অথবা **neat** ▶ **untidily** / -ɪli -ইলি / *adv.* অগোছালোভাবে ▶ **untidiness** *noun* [U] অপরিচ্ছন্নতা

untie / ʌnˈtaɪ আন্ˈটাই / *verb* [T] (*pres. part.* **untying;** *3rd person sing. pres.* **unties;** *pt, pp* **untied**) to remove a knot; to free sb/sth that is tied by a rope, etc. গাঁট খোলা; কোনো ব্যক্তি বা বস্তু যা দড়ি ইত্যাদি দিয়ে বাঁধা আছে তার বাঁধন খোলা ✪ বিপ **tie up** অথবা **fasten**

until / ənˈtɪl অ্যান্ˈটিল্ / (*also* **till**) *prep., conj.* up to the time or the event mentioned উল্লিখিত সময় বা ঘটনা পর্যন্ত, ততক্ষণ পর্যন্ত *The restaurant is open until midnight.* ○ *We won't leave until the police get here* (=we won't leave before they come).

untimely / ʌnˈtaɪmli আন্ˈটাইম্লি / *adj.* **1** happening before the normal or expected time স্বাভাবিক অথবা প্রত্যাশিত সময়ের পূর্বেই ঘটছে এমন *an untimely death* **2** happening at a time or situation that is not suitable অনুপযুক্ত সময় অথবা পরিস্থিতিতে ঘটছে এমন *Her interruption was untimely.* ✪ সম **premature** ✪ সম **ill- timed** ✪ বিপ **timely**

untold / ˌʌnˈtəʊld ˌআন্ˈট্যাউল্ড্ / *adj.* very great; so big, etc. that you cannot count or measure it খুবই বেশি; অবর্ণনীয়, যা মাপা বা গোনা যায় না *untold suffering*

untouchable / ʌnˈtʌtʃəbl আন্ˈটাচ্যাব্ল্ / *adj.* **1** in a position where sb is unlikely to be punished or criticized কোনো ব্যক্তির এমন পরিস্থিতি যেখানে তার সমালোচনা অথবা শাস্তি হতে পারে না *He thought he was untouchable because of his political connections.* **2** which cannot be touched or changed by other people যাকে কেউ ছুঁতে বা পরিবর্তন করতে পারে না *This year's budget is untouchable.*

untouched / ʌnˈtʌtʃt আন্ˈটাচ্ট্ / *adj.* (*not usually before a noun*) **1 untouched (by sth)** not affected by sth, especially sth bad or unpleasant; not damaged অপ্রভাবিত, বিশেষত খারাপ বা অপ্রীতিকর কিছুর দ্বারা অস্পর্শিত; অক্ষত *The area has remained relatively untouched by commercial development.* **2** (used about food or drink) not eaten or drunk (খাদ্য অথবা পানীয় সম্বন্ধে ব্যবহৃত) যা খাওয়া বা পান করা হয়নি, না ছোঁয়া অবস্থাতেই আছে *She left her meal untouched.* **3** not changed in any way অপরিবর্তিত *The final clause in the contract will be left untouched.*

untoward / ˌʌntəˈwɔːd ˌআন্ট্যাˈউঅ:ড্ / *adj.* (used about an event, etc.) unexpected and unpleasant (কোনো ঘটনা ইত্যাদি সম্বন্ধে ব্যবহৃত) অপ্রত্যাশিত এবং অপ্রীতিকর, অভব্য, অবাঞ্ছিত *The security guard noticed* ***nothing untoward.***

untrue / ʌnˈtruː আন্ˈট্রু / *adj.* **1** not true; not based on facts সত্য নয়; মিথ্যা, তথ্যভিত্তিক নয় *These accusations are totally untrue.* ○ *an untrue claim/ statement* **2 untrue (to sb/sth)** not loyal to sb/ sth কোনো ব্যক্তি বা বস্তুর প্রতি অবিশ্বস্ত, মিথ্যাবাদী *If he agreed to their demands, he would have to be untrue to his principles.* ✪ সম **unfaithful**

untruth / ˌʌnˈtruːθ ˌআন্ˈট্রুথ / *noun* [C] (*pl.* **untruths** / -truːðz -ট্রুদ্জ় /) (*written*) something that is not true; a lie এমন কিছু যা সত্য নয়; মিথ্যা ▶ **untruthful** / -fl -ফ্ল্ / *adj.* মিথ্যাবাদী, মিথ্যুক

untypical / ʌnˈtɪpɪkl আন্ˈটিপিক্ল্ / *adj.* not typical or usual যা স্বাভাবিক বা সাধারণ নয়; বিশেষ ধাঁচের নয় *an untypical example* ✪ বিপ **typical** ⇨ **atypical** দেখো।

unused[1] / ˌʌnˈjuːzd ˌআন্ˈইউজ্‌ড্ / *adj.* that has not been used অব্যবহৃত

unused[2] / ʌnˈjuːst আন্ˈইউস্ট্ / *adj.* **unused to sth/to doing sth** not having any experience of sth অনভ্যস্ত, অনভিজ্ঞ *She was unused to getting such a lot of attention.*

unusual / ʌnˈjuːʒuəl; -ʒəl আন্ˈইউজুঅ্যাল্; -জ্যাল্ / *adj.* **1** not expected or normal অস্বাভাবিক, প্রত্যাশানুযায়ী নয়, বিরল *It's unusual for Juhi to be late.* ✪ বিপ **usual** **2** interesting because it is different অন্যরকমের বলেই চিত্তাকর্ষক *What an unusual hat!*

unusually / ʌnˈjuːʒuəli; -ʒəli আন্ˈইউজুঅ্যালি;-জ্যালি / *adv.* **1** in a way that is not normal or typical of sb/sth এমনভাবে যা সাধারণ নয়; কারও বা কিছুর স্বভাববিরুদ্ধভাবে *Unusually for her, she forgot his birthday.* **2** more than is common; extremely বিরল, অসাধারণ, উল্লেখযোগ্য; খুব বেশি রকমের

unveil / ˌʌnˈveɪl ˌআন্ˈভেইল্ / *verb* [T] to show sth new to the public for the first time জনগণের সামনে প্রথমবার কোনো কিছু উন্মোচন করা, উদ্ঘাটন করা *The President unveiled a memorial to those who died in the war.*

unwanted / ˌʌnˈwɒntɪd ˌআন্ˈউঅন্টিড্ / *adj.* not wanted অবাঞ্ছিত, অপ্রার্থিত, গায়ে-পড়া *an unwanted gift*

unwarranted / ʌnˈwɒrəntɪd আন্ˈউঅর‍্যান্টিড্ / *adj.* that is not deserved or for which there is no good reason অন্যায়, অকাম্য, কোনো কারণ নেই যার *unwarranted criticism*

unwelcome / ʌnˈwelkəm আন্ˈউএল্ক্যাম্ / *adj.* not wanted অবাঞ্ছিত, যাকে সাদরে ডাকা বা অভ্যর্থনা জানানো হচ্ছে না এমন কেউ *To avoid attracting unwelcome attention he spoke quietly.* ✪ বিপ **welcome**

unwell / ʌnˈwel আন্ˈউএল্ / *adj.* (*not before a noun*) ill; sick অসুস্থ; রোগগ্রস্ত, রুগ্ন *to feel unwell*

unwieldy / ʌnˈwiːldi আন্ˈউঈল্ডি / *adj.* difficult to move or carry because it is too big, heavy, etc. খুব বেশি বড়ো, ভারী ইত্যাদি হওয়ার ফলে নাড়াচাড়া করা কঠিন; বেঢপ

unwilling / ʌnˈwɪlɪŋ আন্ˈউইলিং / *adj.* not wanting to do sth but often forced to do it by other people অনিচ্ছুক, রাজি নয়, অনাগ্রহী কিন্তু অন্যদের চাপে পড়ে করতে হয় ✪ বিপ **willing**

unwind / ˌʌnˈwaɪnd ˌআন্ˈউআইন্ড্ / *verb* (*pt, pp* **unwound** / -ˈwaʊnd -ˈউআউন্ড্ /) **1** [I, T] if you unwind sth or if sth unwinds, it comes away from sth that it had been put round পাক খোলা, গোল করে পাকিয়ে রাখা কোনো জিনিস খোলা *The bandage had unwound.* **2** [I] (*informal*) to relax, especially after working hard খুব পরিশ্রমের পরে বিশ্রাম নেওয়া, আরাম করা *After a busy day, it takes me a while to unwind.* ➪ **wind³** দেখো।

unwise / ˌʌnˈwaɪz ˌআন্ˈউআইজ্ / *adj.* showing a lack of good judgement; foolish অপরিণামদর্শী, বিবেচনাহীন; বোকার মতো *It would be unwise to tell anyone about our plan yet.* ✪ বিপ **wise** ▶ **unwisely** *adv.* বিবেচনাহীন বা বুদ্ধিহীনভাবে

unwitting / ʌnˈwɪtɪŋ আন্ˈউইটিং / *adj.* not realizing sth; not intending to do sth যে কোনো কিছু বুঝতে পারে না; যে কোনো কিছু করতে ইচ্ছুক নয় *an unwitting accomplice to the crime* ▶ **unwittingly** *adv.* অনিচ্ছাকৃতভাবে, না জেনে

unwrap / ʌnˈræp আন্ˈর‍্যাপ্ / *verb* [T] (**unwrapping; unwrapped**) to take off the paper, etc. that covers or protects sth কোনো কিছুর উপরের কাগজ বা মোড়ক খুলে ফেলা

unzip / ˌʌnˈzɪp ˌআন্ˈজ়িপ্ / *verb* [I, T] (**unzipping; unzipped**) if a bag, piece of clothing, etc. unzips, or you unzip it, you open it by pulling on the device that fastens the opening (**the zip**) জামাকাপড় ইত্যাদির জিপ খোলা; নীচের দিকে টেনে নামিয়ে জিপ খোলা ✪ বিপ **zip (up)**

up¹ /ʌp আপ্ / *prep., adv.* উপর

> **NOTE** অনেক ক্রিয়াপদের (verb) সঙ্গে **up** সংযুক্ত করে যে বিশেষ প্রয়োগ ঘটে, (যেমন **pick sth up** ইত্যাদি) সেগুলির জন্য ক্রিয়াপদজনিত শীর্ষশব্দগুলি দেখো।

1 at or to a high or higher level or position উচ্চ অথবা উচ্চতর স্থান বা অবস্থানে বা তার প্রতি *The monkey* ***climbed up*** *the tree.* ○ *I carried her suitcase up to the third floor.* ○ ***Put your hand up*** *if you know the answer.* **2** in or into a vertical position দণ্ডায়মান অবস্থায় ***Stand up****, please.* ○ *Is he up* (=out of bed) *yet?* **3** used for showing an increase in sth কোনো কিছুর বৃদ্ধি বোঝাতে *Prices have* ***gone up****.* ○ *Turn the volume up.* **4** used with verbs of closing or covering বন্ধ করা বা ঢাকা দেওয়া বোঝায় যেসব ক্রিয়াপদ তাদের সঙ্গে ব্যবহৃত ***Do up*** *your coat. It's cold.* ○ *I found some wood to* ***cover up*** *the hole.* **5** to the place where sb/sth is কোনো ব্যক্তি বা বস্তুর কাছ পর্যন্ত *A car drove up and two men got out.* **6** coming or being put together একসঙ্গে করা হচ্ছে বা একত্রিত হচ্ছে এমন *The teacher collected up our exam papers.* ○ *Asif and Jai teamed up in the doubles competition.* **7** (used about a period of time) finished (সময় বোঝাতে ব্যবহৃত) ফুরিয়ে-যাওয়া, শেষ *Stop writing. Your time's up.* **8** into pieces খণ্ড খণ্ড করে *We chopped the old table up and used it for firewood.* ○ *She* ***tore up*** *the letter and threw it away.* **9** used for showing that an action continues until it is completed কোনো কাজ শেষ না হওয়া পর্যন্ত করা হচ্ছে এরকম বোঝাতে ব্যবহৃত অভিব্যক্তিবিশেষ ***Eat up****, children, I want you to finish everything on the table.* ○ *Can you help me* ***clean up*** *the kitchen?* **10** in a particular direction কোনো বিশেষ দিকে, অভিমুখে *I live just* ***up the road****.* ○ ***Move up*** *a little and let me sit down.* **11** in or to the north উত্তরমুখী, উত্তরে *My parents have just moved* ***up north****.* **12** (used about computers) working; in operation (কম্পিউটার সম্বন্ধে ব্যবহৃত) কাজ হচ্ছে, চালু অবস্থায় *Do the computers have back up yet?* **13** (*informal*) used for showing that sth is spoiled কোনো বস্তু যে নষ্ট হয়ে গেছে তা বোঝাতে ব্যবহৃত অভিব্যক্তি বিশেষ *I really messed up when I told the interviewer I liked sleeping.*

IDM be up for sth 1 to be available to be bought or chosen ক্রীত অথবা নির্ণীত হওয়ার জন্য প্রস্তুত থাকা *That house is up for sale.* ○ *How many candidates are up for election?* **2** (*informal*) to be ready to do sth and enthusiastic about doing it কোনো কিছু

করার জন্য প্রস্তুত থাকা, উৎসাহী, আগ্রহী *Is anyone up for a swim?*
be up to sb to be sb's responsibility কারও দায়িত্ব বলে বিবেচিত হওয়া *I can't take the decision. It's not up to me.*
not up to much (*informal*) not very good খুব ভালো নয়, আশানুযায়ী নয় *The programme wasn't up to much.*
up against sth/sb facing sth/sb that causes problems যা সমস্যার সৃষ্টি করে এমন কোনো ব্যক্তি বা বস্তুর মুখোমুখি
up and down backwards and forwards, or rising and falling উপর নীচ, এদিক ওদিক, ওঠা নামা *He was nervously walking up and down outside the interview room.*
up and running (used about sth new) working well (নতুন কিছু সম্বন্ধে ব্যবহৃত) ভালোভাবে কাজ করছে এমন
up to sth **1** as much/many as অন্ততপক্ষে এত দূর, এত পর্যন্ত *We're expecting up to 100 people at the meeting.* **2** as far as now এখন পর্যন্ত, আজ অবধি *Up to now, things have been easy.* **3** capable of sth করার ক্ষমতা আছে এমন; কার্যক্ষম *I don't feel up to cooking this evening. I'm too tired.* **4** doing sth secret and perhaps bad গোপন কিছু (অনেক সময়েই তা ভালো নয়) করা হচ্ছে এমন *What are the children up to? Go and see.*
what's up? (*informal*) what's the matter? কি ব্যাপার? কি হয়েছে?

up² /ʌp আপ্ / *noun*
IDM **ups and downs** the mixture of good and bad things in life or in a particular situation or relationship জীবনের ভালো-মন্দ, বিশেষ পরিস্থিতিতে বা সম্পর্কের মধ্যে ভালোমন্দের মিশ্রণ *Every marriage has its ups and downs.*

up- / ʌp- আপ্- / *prefix* (*used in adjectives, verbs and nouns*) higher; upwards; towards the top of sth উঁচুতে, উঁচুর দিকে; কোনো কিছুর উপরের দিকে *upland ○ upturned ○ upgrade ○ uphill*

upbringing / ˈʌpbrɪŋɪŋ ˈআপ্‌ব্রিংইং / *noun* [*sing.*] the way a child is treated and taught how to behave by his/her parents শিশুকে তার পিতামাতার শিক্ষাদীক্ষা, আচরণ, সহবত শেখা বা শেখানোর উপায় *a strict upbringing*

update / ˌʌpˈdeɪt ˌআপ্ˈডেইট্ / *verb* [T] **1** to make sth more modern আধুনিকীকরণ করা, কোনো কিছু আরও কেতাদুরস্ত করে তোলা, কালানুগ করা **2** to put the latest information into sth; to give sb the latest information (যন্ত্র ইত্যাদিতে) সর্বশেষতম তথ্য সংযোজন করা; কাউকে সর্বশেষতম খবর অথবা তথ্য জানানো, নতুনতম খবর দেওয়া *Our database of addresses is updated regularly.* ▶ **update** / ˈʌpdeɪt ˈআপ্‌ডেইট্ / *noun* [C] নতুনতম বা আধুনিকতম বা সর্বশেষতম তথ্য সংযোজন; আধুনিকীকরণ *an update on a news story* (=the latest information)

upgrade / ˌʌpˈɡreɪd ˌআপ্ˈগ্রেইড্ / *verb* [T] to change sth so that it is of a higher standard কোনো কিছুকে পরিবর্তন করে আরও উন্নত করা, মান বাড়ানো *Upgrading your computer software can be expensive.* ▶ **upgrade** / ˈʌpɡreɪd ˈআপ্‌গ্রেইড্ / *noun* [C] উন্নতিকরণ

upheaval / ʌpˈhiːvl আপ্ˈহীভ্‌ল্ / *noun* [C, U] a sudden big change, especially one that causes a lot of trouble বৈপ্লবিক উত্থান বা বিরাট পরিবর্তন বিশেষত যা বিশৃঙ্খলা ও দুঃখকষ্টের সৃষ্টি করে

uphill / ˌʌpˈhɪl ˌআপ্ˈহিল্ / *adj., adv.* **1** going towards the top of a hill পাহাড়ে চড়া হচ্ছে এমন, ক্রমশ চড়াই ধরে যাওয়া হচ্ছে এমন ✪ বিপ **downhill** **2** needing a lot of effort পরিশ্রমসাধ্য, কষ্টকর *It was an uphill struggle to find a job.*

uphold / ʌpˈhəʊld আপ্ˈহ্যাউল্ড্ / *verb* [T] (*pt, pp* **upheld** / -ˈheld -ˈহেল্ড্ /) to support a decision, etc. especially when other people are against it অন্য অনেকে বিরোধিতা করলেও কোনো মত বা সিদ্ধান্ত ইত্যাদি সমর্থন করা, অনুমোদন করা

upholstered / ʌpˈhəʊlstəd আপ্ˈহ্যাউল্‌স্ট্যাড্ / *adj.* (used about a chair, etc.) covered with a soft thick material (চেয়ার ইত্যাদি সম্বন্ধে ব্যবহৃত) নরম পুরু কাপড় দিয়ে ঢাকা, আচ্ছাদিত

upholstery / ʌpˈhəʊlstəri আপ্ˈহ্যাউল্‌স্ট্যারি / *noun* [U] the thick soft materials used to cover chairs, car seats, etc. চেয়ার, গাড়ি ইত্যাদির গদি ঢাকার মোটা নরম উপকরণ

upkeep / ˈʌpkiːp ˈআপ্‌কীপ্ / *noun* [U] **1** the cost or process of keeping sth in a good condition কোনো কিছু রক্ষণাবেক্ষণের খরচা বা পদ্ধতি *The landlord pays for the upkeep of the building.* **2** the cost or process of providing children or animals with what they need to live শিশু বা বাচ্চা বা জীবজন্তুর দেখাশোনা ও দায়িত্ব পালনের খরচা বা পদ্ধতি

upland / ˈʌplənd ˈআপ্‌ল্যান্ড্ / *noun* [C, *usually pl.*] an area of high land that is situated away from the coast দেশের অপেক্ষাকৃত উঁচু অঞ্চল, যা সমুদ্রোপকূল থেকে দূরে ▶ **upland** *adj.* (*only before a noun*) উচ্চ অঞ্চলবর্তী *upland agriculture*

uplifting / ˌʌpˈlɪftɪŋ ˌআপ্ˈলিফ্‌টিং / *adj.* producing a feeling of hope and happiness উঁচুতে তোলা, আশা ও আনন্দের মনোভাব সৃষ্টি করা *an uplifting speech*

upload¹ / ˌʌpˈləʊd ˌআপ্ˈল্যাউড্ / *verb* [T] (*computing*) to copy a computer file from a small computer system to a larger one ছোটো কম্পিউটার থেকে বড়োতে ফাইল তুলে নেওয়া বা কপি করা ✪ বিপ **download**[1]

upload[2] / ˈʌpləʊd ˈআপ্‌ল্যাউড্ / *noun* [U] (*computing*) the act or process of copying a computer file from a small computer system to a larger one ছোটো কম্পিউটার থেকে বড়োতে ফাইল তুলে নেওয়া বা কপি করার ক্রিয়া বা পদ্ধতি ➪ **download**[2] দেখো।

upon / əˈpɒn অ্যা'পন্ / *prep.* (*formal*) = **on**

upper / ˈʌpə(r) ˈআপ্যা(র্) / *adj.* (*only before a noun*) in a higher position than sth else; situated above sth অন্য কিছুর থেকে অপেক্ষাকৃত উঁচুতে; কোনো কিছুর থেকে আরও উঁচুতে অবস্থিত *He had a cut on his upper lip.* ✪ বিপ **lower** ➪ **body**-তে ছবি দেখো।

IDM **get, have, etc. the upper hand** to get into a stronger position than another person; to gain control over sb অন্যের উপর অধিকার ফলানো; কর্তৃত্ব করার সুযোগ পাওয়া

upper case *noun* [U] letters that are written or printed in their large form; capital letters বড়ো হরফের অক্ষর অথবা লেখা; বড়ো হাতের অক্ষর *'BBC' is written in upper case.* ✪ বিপ **lower case**

the upper class *noun* [*sing.*] (*also* **the upper classes**) [*pl.*] the group of people in a society who are considered to have the highest social position and who have more money and/or power than other people সমাজের উপর তলার মানুষ, যারা অর্থ, প্রতিপত্তি, সামাজিক প্রতিষ্ঠা সব বিষয়েই সাধারণ মানুষের থেকে শ্রেষ্ঠ বলে বিবেচিত; অভিজাত সম্প্রদায়, অভিজন *a member of the upper class/upper classes*
▶ **upper class** *adj.* আভিজাত্যবিশিষ্ট, সম্ভ্রান্ত *They're upper class.* ○ *an upperclass accent* ➪ **the middle class** এবং **the working class** দেখো।

uppermost / ˈʌpəməʊst ˈআপ্যাম্যাউস্ট্ / *adj.* in the highest or most important position সর্বোচ্চে, সব থেকে গুরুত্বপূর্ণ বা উচ্চতম অবস্থানে *Concern for her family was* ***uppermost in her mind.***

upright / ˈʌpraɪt ˈআপ্‌রাইট্ / *adj., adv.* **1** in or into a vertical position খাড়া, লম্বায়মান বা উল্লম্ব অবস্থায় *I was so tired I could hardly stay upright.* **2** honest and responsible সাধু, সৎ, ন্যায়পরায়ণ, সত্যনিষ্ঠ

IDM **bolt upright** ➪ **bolt**[3] দেখো।

uprising / ˈʌpraɪzɪŋ ˈআপ্‌রাইজিং / *noun* [C] a situation in which a group of people start to fight against the people in power in their country যে পরিস্থিতিতে কোনো জনগোষ্ঠী দেশের ক্ষমতাসীন জনসমূহের বিরুদ্ধে বিদ্রোহ বা লড়াই শুরু করে; বৈপ্লবিক অভ্যুত্থান, বিপ্লব, বিদ্রোহ

uproar / ˈʌprɔː(r) ˈআপ্রঃ(র্) / *noun* [U, *sing.*] a lot of noise, confusion, anger, etc.; an angry discussion about sth গোলমাল, হৈ চৈ, চ্যাঁচামেচি, রাগারাগি ইত্যাদি; কোনো বিষয়ে বিক্ষোভপূর্ণ আলোচনা *The meeting ended* ***in uproar.***

uproot / ˌʌpˈruːt ˌআপ্ˈরুট্ / *verb* [T] to pull up a plant by the roots গোড়া থেকে উপড়ে ফেলা, গাছ ইত্যাদি শিকড়সুদ্ধ তুলে ফেলা *Strong winds had uprooted the tree.*

upset[1] / ˌʌpˈset ˌআপ্ˈসেট্ / *verb* [T] (*pres. part.* **upsetting;** *pt, pp* **upset**) **1** to make sb worry or feel unhappy কাউকে বিচলিত করা, দুঃখিত করা, মেজাজ খারাপ করা *The pictures of starving children upset her.* **2** to make sth go wrong ভুল করা, গণ্ডগোল করে দেওয়া *to upset someone's plans* **3** to knock sth over কারও উপর বা কিছুর উপর উলটে ফেলা *I upset a cup of tea all over the tablecloth.* **4** to make sb ill in the stomach পেট খারাপ হওয়া বা করা, বদহজম হওয়া

upset[2] / ˌʌpˈset ˌআপ্ˈসেট্ / *adj.* **1** worried and unhappy বিপর্যস্ত এবং চিন্তিত *She was looking very upset about something.* **2** slightly ill সামান্য অসুস্থ ***I've got an upset stomach.***

upset[3] / ˈʌpset ˈআপ্‌সেট্ / *noun* **1** [C, U] a situation in which there are unexpected problems or difficulties অপ্রত্যাশিত সমস্যা, নানা ধরনের কঠিন পরিস্থিতি *The company survived the recent upset in share prices.* **2** [C] a slight illness in your stomach পেট খারাপ *a stomach upset* **3** [C, U] a situation that causes worry and sadness যে অবস্থা মন খারাপ করিয়ে দেয়, যার ফলে চিন্তা, দুর্ভাবনা দেখা দেয় *She's had a few upsets recently.* ○ *It had been the cause of much emotional upset.*

upshot / ˈʌpʃɒt ˈআপ্‌শট্ / *noun* [*sing.*] **the upshot (of sth)** the final result, especially of a conversation or an event চরম ফল অথবা সিদ্ধান্ত, বিশেষত কোনো ঘটনা বা কথোপকথনের শেষে

upside down / ˌʌpsaɪd ˈdaʊn ˌআপ্‌সাইড্ ˈডাউন্ / *adv., adj.* with the top part turned to the bottom উলটানো অবস্থায়, উলটোভাবে, মাথা নীচের দিকে করা আছে এমন *You're holding the picture upside down.*

IDM **turn sth upside down 1** to make a place untidy when looking for sth কোনো কিছু খোঁজার সময়ে এলোমেলো, অগোছালো করে দেওয়া *I had to turn the house upside down looking for my keys.* **2** to cause large changes and confusion in a person's life কারও জীবনে প্রচণ্ড পরিবর্তন আনা *His sudden death turned her world upside down.*

upstairs / ˌʌpˈsteəz ˌআপ্ˈস্টেঅ্যাজ্ / *adv.* to or on a higher floor of a building উপর তলায় *to go* *upstairs* ○ *She's sleeping upstairs.* ✪ বিপ **downstairs** ▶ **upstairs** / ˈʌpsteəz ˈআপ্‌স্টেঅ্যাজ্ / *adj.* উপর তলার, উপরের তলায় *an upstairs window* ▶ **the upstairs** *noun* [*sing.*] (*informal*) উপর তলা *We're going to paint the upstairs.*

upstream / ˌʌpˈstriːm ˌআপ্‌ˈস্ট্রীম্ / *adv., adj.* in the direction that a river flows from স্রোতের বিপরীতে; উজানে *He found it hard work swimming upstream.* ✪ বিপ **downstream**

upsurge / ˈʌpsɜːdʒ ˈআপ্‌স্যজ্ / *noun* [C, *usually sing.*] **an upsurge (in sth)** a sudden increase of sth কোনো কিছুর হঠাৎ বেড়ে যাওয়া অথবা বেশি বৃদ্ধি

uptake / ˈʌpteɪk ˈআপ্‌টেইক / *noun*

IDM **quick/slow on the uptake** quick/slow to understand the meaning of sth কোনো কিছুর অর্থ তাড়াতাড়ি অথবা দেরিতে বোঝা *I gave him a hint but he's slow on the uptake.*

upthrust / ˈʌpθrʌst ˈআপ্‌থ্রাস্ট্ / *noun* [U] (*technical*) the force with which a liquid or gas pushes up against an object that is floating in it কোনো তরল অথবা বাষ্পীয় পদার্থর উপর যে বস্তু ভাসছে তাকে উপরের দিকে যে শক্তি ঠেলে তোলে

uptight / ˌʌpˈtaɪt ˌআপ্‌ˈটাইট্ / *adj.* (*informal*) nervous and not relaxed স্নায়ুচাপে আক্রান্ত, অত্যন্ত চিন্তিত এবং অশান্ত *He gets uptight before an exam.*

up to date *adj.* **1** modern আধুনিক **2** having the most recent information সাম্প্রতিকতম খবরে সমৃদ্ধ; হাল ফ্যাশানের, হালনাগাদ

up to the minute *adj.* having the most recent information possible অত্যাধুনিক খবরে সমৃদ্ধ

upturn / ˈʌptɜːn ˈআপ্‌ট্যন্ / *noun* [C] **an upturn (in sth)** an improvement in sth কোনো কিছুতে উন্নতি, অভ্যুত্থান *an upturn in support for the government* ✪ বিপ **downturn**

upturned / ˌʌpˈtɜːnd ˌআপ্‌ˈট্যন্ড্ / *adj.* **1** pointing upwards উপরের দিকে মুখ করে আছে এমন *an upturned nose* **2** turned upside down নীচের দিকে মুখ করে আছে এমন

upward / ˈʌpwəd ˈআপ্‌উঅ্যাড্ / *adj.* moving or directed towards a higher place উপরের কোনো জায়গার দিকে যাওয়া অথবা তাক করা *an upward trend in exports* (=an increase) ✪ বিপ **downward** ▶ **upward** (*also* **upwards** / -wədz -উঅ্যাড্‌জ্ /) *adv.* ঊর্ধ্বমুখী, উপরের দিকে

upwards of *prep.* more than the number mentioned যে সংখ্যা উল্লেখ করা হয়েছে তার বেশি *They've invited upwards of a hundred guests.*

uranium / juˈreɪniəm ইউˈরেইনিঅ্যাম্ / *noun* [U] (*symbol* **U**) a metal that can be used to produce nuclear energy একরকম ধাতু যা ব্যবহার করে পারমাণবিক শক্তি উৎপন্ন করা হয় *Uranium is highly radioactive.*

Uranus / ˈjʊərənəs; jʊˈreɪnəs ˈইউঅ্যার্‌যান্যাস্; ইউˈরেইন্যাস্ / *noun* [*sing.*] the planet that is seventh in order from the sun সৌরজগতের সপ্তম গ্রহ; ইউরেনাস ➪ **the solar system**-এ ছবি দেখো।

urban / ˈɜːbən ˈঅ্যব্যান্ / *adj.* connected with a town or city শহুরে, নাগরিক, শহরকেন্দ্রিক, পৌর *urban development* ➪ **rural** দেখো।

urbane / ɜːˈbeɪn অ্যˈবেইন্ / *adj.* (*written*) (used especially about a man) good at knowing what to say and how to behave in social situations; appearing relaxed and confident (বিশেষত পুরুষ মানুষ সম্বন্ধে ব্যবহার করা হয়) বিশেষ সামাজিক পরিস্থিতিতে কেমনভাবে কথাবার্তা বলতে হয়, চলাফেরা করতে হয় যার ভালোভাবে জানা; যাকে দেখে মনে হয় সে খুব নিশ্চিন্ত এবং আত্মনির্ভর ▶ **urbanely** *adv.* ভদ্রতাপূর্ণভাবে, সৌজন্যতাপূর্ণভাবে ▶ **urbanity** / ɜːˈbænəti অ্যˈব্যান্যাটি / *noun* [U] ভদ্রতা, সৌজন্য, নাগরিক জীবনযাত্রা

urbanized (*also* **-ised**) / ˈɜːbənaɪzd ˈঅ্যব্যানাইজ্‌ড্ / *adj.* (used about an area, a country, etc.) having a lot of towns, streets, factories, etc. rather than countryside (কোনো অঞ্চল, দেশ ইত্যাদি সম্বন্ধে ব্যবহৃত) যেখানে গ্রামাঞ্চলের চেয়ে অনেক বেশি শহর, রাস্তা, কারখানা ইত্যাদি আছে ▶ **urbanization** (*also* **-isation**) ˌɜːbənaɪˈzeɪʃn ˌঅ্যব্যানাইˈজেইশ্‌ন্ / *noun* [U] নগরায়িতকরণ, নগরায়ণ

Urdu *noun* [U] the official language of Pakistan, which is also one of the main languages of India পাকিস্তানের জাতীয় ভাষা, ভারতেও এটি প্রধান ভাষাগুলির মধ্যে একটি; উর্দু

urea / jʊˈriːə ইউˈরীঅ্যা / *noun* [U] a colourless substance that is found especially in the liquid waste that is passed from your body when you go to the toilet **(urine)** একরকম বর্ণহীন পদার্থ যা মানুষের মূত্রের সঙ্গে শরীর থেকে বেরোয়; মূত্রীয়; ইউরিয়া

ureter / juˈriːtə(r); ˈjʊərɪtə(r) ইউˈরীট্যা(র্); ˈইউঅ্যারিট্যা(র্) / *noun* [C] (*technical*) the tube that **urine** passes through to get from the **kidneys** to the **bladder** কিডনি থেকে যে টিউবটি দিয়ে মূত্র নির্গত হয়ে মূত্রাশয়ে যায়

urethra / jʊˈriːθrə ইউˈরীথ্র্যা / *noun* [C] the tube that carries liquid waste out of the body. In men and male animals male seed **(sperm)** also flows along this tube যে টিউবের মধ্য দিয়ে মূত্র শরীর থেকে বাইরে বেরিয়ে আসে, পুরুষ মানুষ এবং পুরুষ প্রাণীর শুক্রও এই টিউব দিয়ে বেরোয়; মূত্রথলি ▶ **urethral** *adj.* মূত্রনালির, মূত্রনালি সংক্রান্ত

urge[1] / ɜ:dʒ অ্যজ্ / *verb* [T] **1 urge sb (to do sth); urge sth** to advise or try hard to persuade sb to do sth কাউকে কিছু করতে পরামর্শ দেওয়া অথবা উদ্বুদ্ধ করা; পীড়াপীড়ি করা *I urged him to fight the decision.* ○ *Drivers are urged to take care on icy roads.* **2** to force sb/sth to go in a certain direction কাউকে অথবা কোনো কিছুকে বিশেষ কোনো দিকে যেতে বাধ্য করা, জোরের সঙ্গে চালনা করা *He urged his horse over the fence.*

PHR V **urge sb on** to encourage sb কাউকে উৎসাহিত করা *The captain urged his team on.*

urge[2] / ɜ:dʒ অ্যজ্ / *noun* [C] a strong need or desire খুব প্রয়োজন অথবা ইচ্ছা *sexual/creative urges*

urgent / ˈɜ:dʒənt ˈঅ্যজ্যান্ট্ / *adj.* needing immediate attention এখনি যে কাজের প্রতি মনোযোগ দেওয়া প্রয়োজন; জরুরি *an urgent message* ▶ **urgency** / -dʒənsi -জ্যান্সি / *noun* [U] জরুরি অবস্থা, তাড়া, আশু প্রয়োজনীয়তা *a matter of the greatest urgency* ▶ **urgently** *adv.* অত্যন্ত দরকারি, অবিলম্বে, একটুও দেরি না করে *I must see you urgently.*

urinary / ˈjʊərɪnəri ˈইউঅ্যারিন্যারি / *adj.* (*usually before a noun*) (*medical*) connected with urine or the parts of the body through which it passes (চিকিৎসাশাস্ত্র) মূত্রের সঙ্গে সম্বন্ধযুক্ত অথবা শরীরের যেসব স্থান দিয়ে মূত্র নির্গত হয় তার কোনো একটা অংশের সঙ্গে জড়িত

urinate / ˈjʊərɪneɪt ˈইউঅ্যারিনেইট্ / *verb* [I] (*formal*) to pass urine from the body মূত্র ত্যাগ করা, প্রস্রাব করা

urine / ˈjʊərɪn; -raɪn ˈইউঅ্যারিন্; -রাইন্ / *noun* [U] the yellowish liquid that is passed from your body when you go to the toilet মূত্র, প্রস্রাব, পেচ্ছাপ

URL / ˌju: ɑ:r ˈel ˌইউ আ:র ˈএল্ / *abbr.* (*computing*) uniform/universal resource locator (the address of a **World Wide Web** page) ইউনিফর্ম/ইউনিভার্সাল রিসোর্স লোকেটর-এর সংক্ষিপ্ত রূপ, যেটি একটি **World Wide Web**-এর ঠিকানা; ইউ আর এল

urn / ɜ:n অ্যন্ / *noun* [C] **1** a special container, used especially to hold the powder (**ashes**) that is left when a dead person has been burnt (**cremated**) বিশেষ এক ধরনের পাত্র যাতে মৃতের ভস্মাবশেষ রাখা হয়;. ভস্মাধার **2** a large metal container used for making a large quantity of tea or coffee and for keeping it hot বড়ো আকারের ধাতব পাত্র যাতে অনেকটা পরিমাণ চা বা কফি বানানো হয় এবং তাতে গরম রাখা হয়

US / ˌju: ˈes ˌইউ ˈএস্ / *abbr.* the United States (of America) ইউনাইটেড স্টেট্স অফ আমেরিকার সংক্ষিপ্ত রূপ; মার্কিন যুক্তরাষ্ট্র; ইউ এস

us / əs; *strong form* ʌs অ্যাস্; *প্রবল রূপ* আস্ / *pronoun* (*used as the object of a verb, or after be*) me and another person or other people; me and you আমরা, আমাদের *Come with us.* ○ *Leave us alone.*

USA / ˌju: es ˈeɪ ˌইউ এস্ ˈএই / *abbr.* the United States of America আমেরিকা যুক্তরাষ্ট্র; ইউ এস এ

usable / ˈju:zəbl ˈইউজ়্যাব্ল্ / *adj.* that can be used এমন যা ব্যবহার করা যায়; ব্যবহারযোগ্য

usage / ˈju:sɪdʒ ˈইউসিজ্ / *noun* **1** [U] the way that sth is used; the amount that sth is used কোনো কিছু ব্যবহার করার পদ্ধতি; কোনো কিছু যে পরিমাণে ব্যবহৃত হয় **2** [C, U] the way that words are normally used in a language ভাষায় শব্দের ব্যবহার, যেভাবে কোনো ভাষায় শব্দকে ব্যবহার করা হয় *a guide to English grammar and usage*

use[1] / ju:z ইউজ় / *verb* [T] (*pres. part.* **using;** *pt, pp* **used** / ju:zd ইউজ়্ড্/) **1 use sth (as/for sth); use sth (to do sth)** to do sth with a machine, an object, a method, etc. for a particular purpose বিশেষ উদ্দেশ্যে কোনো যন্ত্র বা বস্তুর সাহায্যে অথবা বিশেষ উপায়ে কিছু করা *Could I use your phone?* ○ *The building was used as a shelter for homeless people.* **2** to need or to take sth কিছুর প্রয়োজন হওয়া অথবা তা নেওয়া *Don't use all the milk.* **3** to treat sb/sth in an unfair way in order to get sth that you want কিছু লাভের আশায় কোনো ব্যক্তি বা বস্তুকে অন্যায়ভাবে কাজে লাগানো

PHR V **use sth up** to use sth until no more is left শেষ পর্যন্ত সবটা ব্যবহার করা; সবটাই খরচ বা ব্যবহার করে ফেলা

use[2] / ju:s ইউস্ / *noun* **1** [U] the action of using sth or of being used কোনো কিছু ব্যবহার করা অথবা ব্যবহৃত হওয়ার কাজ *The use of computers is now widespread.* ○ *She kept the money for use in an emergency.* **2** [C, U] the purpose for which sth is used যে উদ্দেশ্যে কোনো বস্তু ব্যবহৃত হয়; উপযোগিতা *This machine has many uses.* **3** [U] the ability or permission to use sth কিছু ব্যবহার করার জন্য দক্ষতা অথবা অনুমতি *He lost the use of his hand after the accident.* ○ *She offered them the use of her car.* **4** [U] the advantage of sth; how useful sth is কোনো বস্তু থাকার সুবিধা; কোনো বস্তুর প্রয়োজনীয়তা ***It's no use** studying for an exam at the last minute.* ○ *Will this jumper **be of use to** you or should I get rid of it?*

IDM **come into/go out of use** to start/stop being used regularly or by a lot of people নিয়মিতভাবে অনেকের দ্বারা ব্যবহৃত হতে থাকা অথবা ব্যবহার কমে আসা *Email came into widespread use in the 1990s.*

make use of sth/sb to use sth/sb in a way that will give you an advantage কোনো ব্যক্তি বা বস্তুকে এমনভাবে ব্যবহার করা যাতে নিজের সুবিধা হয়, কিছু বা কাউকে কাজে লাগানো

used / ju:zd ইউজ়্ড্ / *adj.* **1** that has had another owner before যা আগে ব্যবহার করা হয়েছে; ব্যবহৃত *a garage selling used cars* ✪ সম **second-hand** **2** / ju:st ইউস্ট্ / **used to sth/ to doing sth** familiar with sth; accustomed to sth চেনা, পরিচিত; কিছুতে অভ্যস্ত *He's used to the heat.* ○ *I'll never **get used to** getting up so early.*

used to / ˈju:st tə ˈইউস্ট্ ট্যা / (*before a vowel and in the final position* / ˈju:st tu: ˈইউস্ট্ টু /) (*modal verb*) for talking about sth that happened often or continuously in the past or about a situation which existed in the past এমন কোনো বিষয় নিয়ে বলা, যা আগে ছিল, আগে সব সময়ই হত, কোনো পরিস্থিতি অতীতে যা দেখা যেত *She used to live with her parents* (=but she doesn't now). ○ *Did you use to smoke?*

> **NOTE** সাধারণত নেতিবাচক এবং প্রশ্নসূচক বাক্যে **use to**-র সঙ্গে **did** ব্যবহার করা হয়—*I didn't use to like jazz.* ○ *Did she use to be in your class?* মনে রাখতে হবে যে **used to**-এর সঙ্গে অসমাপিকা ক্রিয়া (infinitive verb) যুক্ত হয়ে কেবল অতীত কালই (past tense) বোঝায়, কিন্তু **be used to (doing) sth**-এইধরনের অভিব্যক্তিটি অতীত, বর্তমান, ভবিষ্যৎ তিন কালই (past, present, future tense) বোঝায়। এই বাক্যগুলির তুলনা করো—*I used to live on my own* (=but now I don't) ○ *I'm used to living on my own* (=I am accustomed to it)

useful / ˈju:sfl ˈইউস্ফ্‌ল্ / *adj.* having some practical use; helpful দরকারি, কার্যকর, কাজের উপযোগী; সহায়ক *a useful tool* ○ *useful advice* ► **usefully** / -fəli -ফ্যালি / *adv.* কার্যকররূপে ► **usefulness** *noun* [U] কার্যকারিতা

IDM **come in useful** to be of practical help in a certain situation কোনো বিশেষ পরিস্থিতিতে কাজে লাগা, কাজে আসা *Don't throw that box away—it might come in useful for something.*

useless / ˈju:sləs ˈইউস্ল্যাস্ / *adj.* **1** that does not work well, that does not achieve anything অকেজো, যার কোনো কার্যকারিতা গুণ নেই, যার দ্বারা কিছু হবে না *This new machine is useless.* ○ *It's useless complaining/to complain—you won't get your money back.* **2** (*informal*) **useless (at sth/at doing sth)** (used about a person) weak or not successful at sth (ব্যক্তি সম্বন্ধে ব্যবহৃত) দুর্বল বা অসফল, অযোগ্য *I'm useless at sport.* ► **uselessly** *adv.* অযোগ্যভাবে ► **uselessness** *noun* [U] অসফলতা, অকার্যকারিতা

user / ˈju:zə(r) ˈইউজ়্যা(র্) / *noun* [C] (*often in compounds*) a person who uses a service, machine, place, etc. যে-কোনো পরিষেবা গ্রহণ অথবা ব্যবহার করা, যন্ত্রপাতি বা জায়গা ইত্যাদির সদ্ব্যবহার করা, অনেকদিন ধরে একভাবে ভোগ করা *users of public transport* ○ *drug users*

user-friendly *adj.* (used about computers, books, machines, etc.) easy to understand and use (বই, কম্পিউটার, যন্ত্রপাতি ইত্যাদি সম্বন্ধে ব্যবহৃত) সহজবোধ্য, সহজে ব্যবহার্য

usher[1] / ˈʌʃə(r) ˈআশ্যা(র্) / *noun* [C] a person who shows people to their seats in a theatre, church, etc. কোনো নাট্যালয়, প্রেক্ষাগৃহ, গির্জা ইত্যাদিতে দর্শকদের নির্দিষ্ট আসন দেখিয়ে বসানো যার কাজ

usher[2] / ˈʌʃə(r) ˈআশ্যা(র্) / *verb* [T] to take or show sb where to go কাউকে ঠিক জায়গায় পৌঁছে দেওয়া বা পথ প্রদর্শন করা *I was ushered into an office.*

PHR V **usher sth in** to be the beginning of sth new or to make sth new begin কোনো কিছুর সূচনা করা, নুতন কিছুর আবির্ভাব বা সূচনাপর্ব আসায় সাহায্য করা *The agreement ushered in a new period of peace for the two countries.*

USSR / ˌju: es es ˈɑ:(r) ˌইউ এস্ এস্ ˈআ:(র্) / *abbr.* (until 1991) Union of Soviet Socialist Republics (১৯৯১ সাল পর্যন্ত) ইউনিয়ন অফ্ সোভিয়েট সোস্যালিস্ট রিপাবলিক-এর সংক্ষেপিত রূপ; ইউ এস এস আর ➪ **CIS** দেখো।

usual / ˈju:ʒuəl; -ʒəl ˈইউজুঅ্যাল্; -জ্যাল্ / *adj.* **usual (for sb/sth) (to do sth)** happening or used most often প্রায়ই, সাধারণত, সচরাচর ঘটে এমন *It's usual for her to work at weekends.* ○ *He got home later than usual.* ○ *I sat in my usual seat.* ✪ বিপ **unusual**

IDM **as usual** in the way that has often happened before যেভাবে আগে প্রায়ই ঘটেছে সেভাবেই; যথারীতি *Here's Dharam, late as usual!*

usually / ˈju:ʒuəli; -ʒəli ˈইউজুঅ্যালি; -জ্যালি / *adv.* in the way that is usual; most often সাধারণত, স্বাভাবিকভাবে; প্রায়ই, বেশির ভাগ সময় *She's usually home by six.* ○ *We usually go out on Saturdays.*

usurp / ju:ˈzɜ:p ইউˈজ়্যপ্ / *verb* [T] (*formal*) to take sb's position and/or power without having the right to do this অন্যায়ভাবে অন্যের ক্ষমতা, অধিকার, স্থান ইত্যাদি দখল করা ► **usurpation** / ˌju:zɜ:ˈpeɪʃn ˌইউজ়্যˈপেইশ্‌ন্ / *noun* [U, C] অন্যায় অধিকার গ্রহণ ► **usurper** *noun* [C] অন্যায় অধিকারী

utensil / ju:ˈtensl ইউˈটেন্স্‌ল্ / *noun* [C] a type of tool that is used in the home বাসনপত্র, যন্ত্রপাতি,

বাড়িতে বিবিধ কাজকর্ম করার সাজসরঞ্জাম *kitchen/ cooking utensils* ➪ **kitchen**-এ ছবি দেখো।

uterus / ˈjuːtərəs ˈইউট্যার‍্যাস্ / *noun* [C] (*pl.* **uteruses** *or, in scientific use,* **uteri** / -raɪ -রাই /) (*formal*) the part of a woman or female animal where a baby develops before it is born (মহিলা বা স্ত্রী প্রাণীর শরীরের অংশ) জন্মের আগে শিশু যেখানে বৃদ্ধি পায়; জরায়ু, গর্ভাশয় ✪ সম **womb**

utility / juːˈtɪləti ইউˈটিল্যাটি / *noun* (*pl.* **utilities**) **1** [C] a service provided for the public, such as a water, gas or electricity supply পরিষেবা; জনগণের কাছে জল, গ্যাস, বিদ্যুৎ ইত্যাদির নিয়মিত সরবরাহ ব্যবস্থা; উপযোগ, উপযোগিতা *the administration of **public utilities*** **2** [U] (*formal*) the quality of being useful কাজে লাগার গুণবিশিষ্ট, উপযোগী **3** [C] (*computing*) a program or part of a program that does a particular task কম্পিউটারের কোনো সম্পূর্ণ বা আংশিক প্রোগ্রাম যা নির্দিষ্ট কোনো একটি কাজ করে

utility room *noun* [C] a small room in some houses, often next to the kitchen, where people keep large pieces of kitchen equipment, such as a washing machine রান্নাঘরের পাশে যে ছোটো ঘরটিতে লোকে বড়ো ধরনের রান্নার সরঞ্জামগুলি বা ওয়াশিং মেশিন রাখে

utilize (*also* **-ise**) / ˈjuːtəlaɪz ˈইউট্যালাইজ্ / *verb* [T] (*formal*) to make use of sth কোনো কিছু কাজে লাগানো, ব্যবহার করা *to utilize natural resources*

utmost[1] / ˈʌtməʊst ˈআট্ম্যাউস্ট্ / *adj.* (*formal*) (*only before a noun*) greatest অধিকতম, সর্বাপেক্ষা গুরুত্বপূর্ণ *a message **of the utmost importance***

utmost[2] / ˈʌtməʊst ˈআট্ম্যাউস্ট্ / *noun* [*sing.*] the greatest amount possible প্রাণপণ, যতদূর সম্ভব, যৎপরোনাস্তি *Resources have been exploited **to the utmost**.* ○ *I will **do my utmost*** (=try as hard as possible) *to help.*

Utopia (*also* **utopia**) / juːˈtəʊpiə ইউˈট্যাউপিঅ্যা / *noun* [C, U] a place or state that exists only in the imagination, where everything is perfect স্বপ্নরাজ্য, কল্পরাজ্য, যে রাজ্যে সবকিছুই যেমনটি হওয়া উচিত তেমনই ঘটে; ইউটোপিয়া ► **Utopian** (*also* **utopian**) / -piən -পিঅ্যান্ / *adj.* কাল্পনিক, অবাস্তব, অসম্ভব

utter[1] / ˈʌtə(r) ˈআট্যা(র্) / *adj.* (*only before a noun*) complete; total পুরো, সম্পূর্ণ; সমগ্র *He felt an utter fool.* ► **utterly** *adv.* সম্পূর্ণভাবে, একবারেই, পুরোপুরি *It's utterly impossible.*

utter[2] / ˈʌtə(r) ˈআট্যা(র্) / *verb* [T] to say sth or make a sound with your voice গলা দিয়ে আওয়াজ বার করা, উচ্চারণ করা বা কিছু বলা *She did not **utter a word*** (=she did not say anything) *in the meeting.* ► **utterance** / ˈʌtərəns ˈআট্যার‍্যান্স্ / *noun* [C] (*formal*) উক্তি, শব্দোচ্চারণ

U-turn *noun* [C] **1** a type of movement where a car, etc. turns round so that it goes back in the direction it came from গাড়ি ইত্যাদি যেদিক থেকে এসেছিল সেদিকেই ঘুরে যায় যখন; উলটো দিকে ঘোরা; ইউ-টার্ন **2** (*informal*) a sudden change from one plan or policy to a completely different or opposite one কোনো পরিকল্পনা বা নীতি থেকে সম্পূর্ণ পৃথক বা বিপরীত কিছুতে অকস্মিক পরিবর্তন ➪ **about turn** দেখো।

uvula / ˈjuːvjələ ˈইউভিঅ্যাল্যা / *noun* [C] (*pl.* **uvulae** / -liː -লী /) a small piece of flesh that hangs from the top of the inside of the mouth just above the throat উপজিহ্বা, অলিজিহ্বা, আলজিভ ➪ **body**-তে ছবি দেখো।

V v

V, v¹ / vi: ভী / *noun* [C, U] (*pl.* **V's; v's** / vi:z ভীজ্ /) **1** the twenty-second letter of the English alphabet ইংরেজি বর্ণমালার দ্বাবিংশতিতম অক্ষর বা বর্ণ *'Velvet' begins with (a) 'V'.* **2** the shape of a V, V আকারের *(a) V-neck sweater*

v² *abbr.* **1** (*also* **vs**) versus; against বনাম; বিরুধ *India vs Pakistan* **2 V** volt(s) ভোল্ট *a 9V battery* **3** verse পদ্য **4** (*informal*) very খুব, অনেক, যথেষ্ট *v good*

vacancy / ˈveɪkənsi ˈভেইক্যান্সি / *noun* [C] (*pl.* **vacancies**) **1 a vacancy (for sb/sth)** a job that is available for sb to do কোনো কাজের জন্য ফাঁকা জায়গা, কর্মখালি, ফাঁকা, শূন্যপদ *We have a vacancy for a secretary in our office.* **2** a room in a hotel, etc. that is available হোটেল ইত্যাদিতে খালি ঘর *The sign outside the hotel said 'No Vacancies'.*

vacant / ˈveɪkənt ˈভেইক্যান্ট্ / *adj.* **1** (used about a house, hotel room, seat, etc.) not being used; empty (বাড়ি, হোটেলের ঘর, বসার আসন ইত্যাদি সম্বন্ধে ব্যবহৃত) কারও দ্বারা অধিকৃত নয়; খালি **2** (used about a job in a company, etc.) that is available for sb to take (কোনো কোম্পানিতে কাজ ইত্যাদি সম্বন্ধে ব্যবহৃত) খালি কোনো পদ যেখানে কেউ এসে যোগ দিতে পারে *the 'Situations Vacant' page* (=the page of a newspaper where jobs are advertised) **3** showing no sign of intelligence or understanding ভাবলেশহীন, বোকার মতো, ফ্যালফেলে *a vacant expression* ▶ **vacantly** *adv.* ফ্যালফ্যাল করে, ভাবলেশহীনভাবে *She stared at him vacantly.*

vacate / veɪˈkeɪt; vəˈk- ভেইˈকেইট্; ভ্যাˈক্- / *verb* [T] (*formal*) to leave a building, a seat, a job, etc. so that it is available for sb else কোনো বাড়ি, বসার আসন, চাকরি ইত্যাদি খালি করা, ছেড়ে চলে যাওয়া যাতে অন্য কেউ সেটি ব্যবহার করতে পারে

vacation / vəˈkeɪʃn ভ্যাˈকেইশ্ন্ / *noun* **1** [C] any of the periods of time when universities or courts of law are closed বিশ্ববিদ্যালয়, স্কুল ও বিচারালয় যখন বন্ধ থাকে; অবকাশ *the Dusserah vacation* **2** [C, U] (*AmE*) (a) holiday ছুটি, অবকাশ *The boss is **on vacation**.* ➪ **holiday**-তে নোট দেখো।

vacillate / ˈvæsəleɪt ˈভ্যাস্যালেইট্ / *verb* [I] to keep changing your ideas or opinions about sth, especially in a way that annoys other people দোলাচলচিত্ত হওয়া, দ্বিধাগ্রস্ত হওয়া এমনভাবে যাতে অন্য লোক বিরক্ত হয় ✪ সম **waver** ▶ **vacillation** / ˌvæsəˈleɪʃn ˌভ্যাস্যাˈলেইশ্ন্ / *noun* [U, C] দোলাচলচিত্ততা, দ্বিধাগ্রস্ততা

vaccinate / ˈvæksɪneɪt ˈভ্যাক্সিনেইট্ / *verb* [T] **vaccinate sb (against sth)** (*often passive*) to protect a person or an animal against a disease by giving him/her/it a mild form of the disease with a needle which is put under the skin (**an injection**) কোনো রোগ থেকে কোনো ব্যক্তি বা পশুকে রক্ষা করার জন্য ছুঁচের সাহায্যে সেই রোগের স্বল্প পরিমাণে সংক্রমণ ঘটানো, সেই ব্যক্তি বা পশুর দেহে টীকা দেওয়া *Were you vaccinated against measles as a child?* ✪ সম **immunize** এবং **inoculate** ▶ **vaccination** / ˌvæksɪˈneɪʃn ˌভ্যাক্সিˈনেইশ্ন্ / *noun* [C, U] টীকাদান, টীকাকরণ

vaccine / ˈvæksi:n ˈভ্যাক্সীন্ / *noun* [C] a mild form of a disease that is put (**injected**) into a person or an animal's blood using a needle (**an injection**) in order to protect the body against that disease ক্ষীণভাবে কোনো রোগ (তার জীবাণু) যা ছুঁচের সাহায্যে কোনো ব্যক্তি অথবা প্রাণীর দেহে প্রবেশ করানো হয় সেই রোগ থেকে তাদের রক্ষা করার জন্য; টীকার ওষুধ; ভ্যাকসিন

vacuole / ˈvækjuəʊl ˈভ্যাকিউঅ্যাউল্ / *noun* [C] (*technical*) an empty space inside a living cell জীবন্ত কোষের মধ্যে ফাঁকা জায়গা

vacuum¹ / ˈvækjuəm ˈভ্যাকিউঅ্যাম্ / *noun* [C] **1** a space that is completely empty of all substances, including air or other gases সম্পূর্ণ শূন্যস্থান যেখানে বাতাস বা অন্য কোনো গ্যাসের অস্তিত্ব নেই; নির্বাত *vacuum-packed foods* (=in a pack from which the air has been removed) **2** [*usually sing.*] a situation from which sth is missing or lacking কোনো কিছুর অভাব **3** (*informal*) =**vacuum cleaner** **4** [*usually sing.*] the act of cleaning sth with a vacuum cleaner ভ্যাকুয়াম ক্লীনার দিয়ে পরিষ্কার করার ক্রিয়া *to give a room a quick vacuum*

vacuum² / ˈvækjuəm ˈভ্যাকিউঅ্যাম্ / *verb* [I, T] to clean sth using a vacuum cleaner ভ্যাকুয়াম ক্লীনার দিয়ে কোনো কিছু পরিষ্কার করা ✪ সম **hoover**

vacuum cleaner (*informal* **vacuum**) *noun* [C] an electric machine that cleans carpets, etc. by sucking up dirt যে বৈদ্যুতিক যন্ত্রের সাহায্যে ধুলোবালি টেনে নিয়ে কার্পেট ইত্যাদি পরিষ্কার করা যায় ✪ সম **Hoover™** ➪ **cleaner** দেখো।

vacuum flask (*also* **flask** *AmE* **vacuum bottle**) *noun* [C] a container like a bottle with double walls with an empty space (**vacuum**) between them, used for keeping liquids hot or cold মাঝখানে ফাঁকযুক্ত দুটি আবরণ সমেত একধরনের পাত্র যেটি

গরম বা ঠান্ডা তরল রাখার কাজে ব্যবহৃত হয়; ভ্যাকুয়াম ফ্লাস্ক ➪ **Thermos**-এ ছবি দেখো।

vada *noun* [C] an Indian snack made from ground lentils or mashed potatoes, that is deep fried in oil ডাল বাটা অথবা সেদ্ধ করা মাখা আলু দিয়ে বানানো কড়াভাবে-ভাজা হালকা ধরনের ভারতীয় খাবার; বড়া

vagabond / ˈvægəbɒnd ˈভ্যাগ্যাবন্ড্ / *noun* [C] (*old-fashioned, disapproving*) a person without a home or a job who keeps travelling from one place to another গৃহহীন বা কর্মহীন ব্যক্তি যে এক স্থান থেকে অন্য স্থানে ঘুরে ঘুরে বেড়ায়; বাউন্ডুলে, ভবঘুরে

vagina / vəˈdʒaɪnə ভ্যাˈজাইন্যা / *noun* [C] the passage in the body of a woman or female animal that connects the outer sex organs to the part where a baby grows (**womb**) স্ত্রী প্রজননের বহিরাঙ্গ; যোনি, যোনিপথ

vagrant / ˈveɪgrənt ˈভেইগ্র্যান্ট্ / *noun* [C] a person who has no home and no job, especially one who asks people for money কাজকর্ম না থাকায় লোকের কাছে পয়সা চায় যে; ছন্নছাড়া

vague / veɪg ভেইগ্ / *adj.* **1** not clear or definite অস্বচ্ছ, অনিশ্চিত, যা বোঝা যায় না, ঝাপসা ঝাপসা *He was very vague about how much money he'd spent.* ○ *a vague shape in the distance* **2** (used about a person) not thinking or understanding clearly (কোনো ব্যক্তি সম্বন্ধে ব্যবহৃত) ভালোভাবে চিন্তা না করে বা পরিষ্কার না বুঝে *She looked vague when I tried to explain.* ▶ **vagueness** *noun* [U] অস্পষ্টতা, আবছা আবছা ভাব

vaguely / ˈveɪgli ˈভেইগ্লি / *adv.* **1** in a way that is not clear; slightly অস্পষ্টভাবে, আবছা আবছা; স্বল্পভাবে *Her name is vaguely familiar.* **2** without thinking about what is happening যা ঘটছে সেই সম্বন্ধে না ভেবেই *He smiled vaguely and walked away.*

vain / veɪn ভেইন্ / *adj.* **1** useless; failing to produce the result you want অপ্রয়োজনীয়, অকেজো, অকাজের; প্রত্যাশামতো ফল দিচ্ছে না এমন *She turned away **in a vain attempt to** hide her tears.* **2** (used about a person) too proud of your own appearance, abilities, etc. (ব্যক্তি সম্বন্ধে ব্যবহৃত) নিজের চেহারা, কর্মক্ষমতা ইত্যাদি সম্বন্ধে অহংকারী, দাম্ভিক *He's so vain—he looks in every mirror he passes.* ➪ **vanity** noun দেখো। ▶ **vainly** *adv.* অসফলভাবে, ব্যর্থভাবে

IDM **in vain** without success সাফল্যবিহীন, অসফল *The firemen tried in vain to put out the fire.*

vale / veɪl ভেইল্ / *noun* [C] a valley উপত্যকা *the Vale of Kashmir*

NOTE এই শব্দটি কোনো অঞ্চলের নামের ক্ষেত্রে বা কবিতায় ব্যবহৃত হয়।

valediction / ˌvælɪˈdɪkʃn ˌভ্যালিˈডিক্শ্ন্ / *noun* [C, U] (*formal*) the act of saying goodbye, especially by making a formal speech বিদায় সম্ভাষণ জানানোর ক্রিয়া, বিশেষত কোনো বক্তৃতার মাধ্যমে ▶ **valedictory** ˌvælɪˈdɪktəri ˌভ্যালিˈডিক্ট্যারি / *adj.* (*usually before a noun*) বিদায়কালীন বক্তৃতা *a valedictory speech*

valency / ˈveɪlənsi ˈভেইল্যান্সি / *noun* [C, U] (*pl.* **valencies**) (*technical*) **1** a measurement of the power of an atom to combine with others, by the number of **hydrogen** atoms it can combine with or take the place of যতগুলি হাইড্রোজেন পরমাণুর সঙ্গে অন্য পদার্থের পরমাণু মিলিত হয় অথবা স্থান বিনিময় করতে পারে তার দ্বারা কোনো পরমাণুর অন্য পরমাণুর মিলিত হওয়ার ক্ষমতার পরিমাপ; যোজ্যতা, যোজনী, ধৃতি *Carbon has a valency of 4.* **2** the number of elements that a word, especially a verb, combines with in a sentence কোনো শব্দ, বিশেষত ক্রিয়া ইত্যাদি মৌলিক পদের সংখ্যা যা একটা বাক্যের সঙ্গে যুক্ত হয়

valentine / ˈvæləntaɪn ˈভ্যাল্যান্টাইন্ / *noun* [C] **1** (*also* **valentine card**) a card that you send, usually without putting your name on it, to sb you love কোনো কার্ড যাতে সাধারণত প্রেরকের নাম না লিখে ভালোবাসার পাত্র-পাত্রীর কাছে পাঠানো হয়; ভ্যালেন্টাইন কার্ড

NOTE প্রথানুযায়ী ১৪ই ফেব্রুয়ারি সেন্ট ভ্যালেন্টাইনের দিনে এই কার্ড পাঠানো হয়।

2 the person you send this card to যে ব্যক্তির কাছে এই কার্ড পাঠানো হয়

valiant / ˈvæliənt ˈভ্যালিঅ্যান্ট্ / *adj.* (*formal*) full of courage and not afraid সাহসী, বীরত্বপূর্ণ, শৌর্যবীর্যপূর্ণ ▶ **valiantly** *adv.* সাহসের সঙ্গে, বীরত্বপূর্ণভাবে

valid / ˈvælɪd ˈভ্যালিড্ / *adj.* **1 valid (for sth)** that is legally or officially acceptable আইনসিদ্ধ, আইনত বা সরকারিভাবে স্বীকার্য *This passport is valid for one year only.* **2** based on what is logical or true; acceptable বৈধ, যুক্তিসংগত; গ্রহণযোগ্য *I could raise no valid objections to the plan.* ✪ বিপ **invalid** ▶ **validity** / vəˈlɪdəti ভ্যাˈলিড্যাটি / *noun* [U] আইনসিদ্ধতা, বৈধতা

validate / ˈvælɪdeɪt ˈভ্যালিডেইট্ / *verb* [T] (*formal*) **1** to show that sth is true প্রমাণ করা, সত্য বলে দেখানো *to validate a claim/theory* ✪ বিপ **invalidate** **2** to make sth legally valid কোনো কিছু আইনত সিদ্ধ করা *to validate a contract* ✪ বিপ

invalidate 3 to state officially that sth is useful and of an acceptable standard সরকারিভাবে কোনো কিছুর মান গ্রহণযোগ্য বলে মেনে নেওয়া *Check that their courses have been validated by a reputable organization.* ▶ **validation** / ˌvælɪˈdeɪʃn ˌভ্যালি'ডেইশ্ন্ / *noun* [U] বলবৎকরণ, সিদ্ধকরণ

valley / ˈvæli ˈভ্যালি / *noun* [C] the low land between two mountains or hills, which often has a river flowing through it দুই পাহাড়ের মধ্যবর্তী নীচু জায়গা, অনেক সময় তার মধ্যে দিয়ে নদীও বয়ে যায়; উপত্যকা ➪ **hanging valley** এবং **rift valley** দেখো।

valour (*AmE* **valor**) / ˈvælə(r) ˈভ্যাল্যা(র্) / *noun* [U] (*written*) (*old-fashioned*) great courage and lack of fear, especially in war শৌর্য, বিক্রম, যুদ্ধে নির্ভয় মনোভাব *the soldiers' valour in battle*

valuable / ˈvæljuəbl ˈভ্যালিউঅ্যাব্ল্ / *adj.* **1** worth a lot of money মূল্যবান, দামি *Is this ring valuable?* **2** very useful খুবই দরকারি, অত্যন্ত প্রয়োজনীয় *a valuable piece of information* ✪ বিপ **valueless** অথবা **worthless** ➪ **invaluable** দেখো।

valuables / ˈvæljuəblz ˈভ্যালিউঅ্যাব্ল্জ় / *noun* [*pl.*] the small things that you own that are worth a lot of money, such as jewellery, etc. নিজের কোনো ছোটো কিন্তু খুবই দামি সামগ্রী, যেমন মূল্যবান গয়না ইত্যাদি *Please put your valuables in the hotel safe.*

valuation / ˌvæljuˈeɪʃn ˌভ্যালিউ'এইশ্ন্ / *noun* [C] a professional judgement about how much money sth is worth পেশাদারি মূল্যনির্ধারণ; মূল্যায়ন

value[1] / ˈvælju: ˈভ্যালিউ / *noun* **1** [U, C] the amount of money that sth is worth মূল্য, দাম *The thieves stole goods with a total value of Rs 10,000.* ○ *to go up/down in value* ➪ **face value** দেখো। **2** [U] (*BrE*) how much sth is worth compared with its price কোনো জিনিস ব্যয়িত অর্থের মতো উপযুক্ত মূল্যের কিনা *The hotel was **good/excellent value*** (=well worth the money it cost). ○ *Package holidays give the best **value for money**.* **3** [U] the importance of sth কোনো কিছুর গুরুত্ব *to be of great/little/no value to sb* ○ *This bracelet is of great **sentimental value** to me.* **4 values** [*pl.*] beliefs about what is the right and wrong way for people to behave; moral principles মূল্যবোধ, নীতিবোধ; নৈতিক আদর্শসমূহ *a return to traditional values* ○ *Young people have a different **set of values**.*

value[2] / ˈvælju: ˈভ্যালিউ / *verb* [T] (*pres. part.* **valuing**) **1 value sb/sth (as sth)** to think sb/sth is very important কোনো ব্যক্তি বা বস্তুকে মূল্য দেওয়া, গুরুত্ব স্বীকার করা *I really value her as a friend.* **2** (*usually passive*) **value sth (at sth)** to decide the amount of money that sth is worth কোনো কিছুর দাম ঠিক করা, মূল্যায়ন করা *The house was valued at Rs 750,000.*

valueless / ˈvælju:ləs ˈভ্যালিউল্যাস্ / *adj.* without value or use মূল্যহীন, যার কোনো দাম বা কার্যকারিতা নেই ✪ সম **worthless** ✪ বিপ **valuable** ➪ **invaluable** দেখো।

valve / vælv ভ্যাল্ভ্ / *noun* [C] **1** a device in a pipe or tube which controls the flow of air, liquid or gas, letting it move in one direction only কোনো পাইপ বা টিউবে এমন ব্যবস্থা যা বায়ু, বাষ্প বা কোনো তরল পদার্থের প্রবাহ একটি মাত্র দিকে প্রবাহিত হতে দিয়ে তাকে নিয়ন্ত্রণ করে *a radiator valve* ○ *the valve on a bicycle tyre* ➪ **bicycle**-এ ছবি দেখো। **2** a structure in your heart or in a **vein** that lets blood flow in one direction only হৃৎপিণ্ড বা শিরায় যে ব্যবস্থার ফলে রক্ত একইদিকে প্রবাহিত হয় ➪ **heart** -এ ছবি দেখো।

vampire / ˈvæmpaɪə(r) ˈভ্যাম্পাইঅ্যা(র্) / *noun* [C] (in horror stories) a dead person who comes out at night and drinks the blood of living people (ভয়ের কাহিনিতে) রাতে ঘুমন্ত মানুষের রক্ত চোষে যে পিশাচ; ভ্যাম্পায়ার

van / væn ভ্যান্ / *noun* [C] a road vehicle that is used for transporting things জিনিসপত্র বহন করার গাড়ি

> **NOTE** **Van** থেকে **lorry** আকারে ছোটো হয় এবং সবসময় ঢাকা থাকে।

vanadium / vəˈneɪdiəm ভ্যা'নেইডিঅ্যাম্ / *noun* [U] (*symbol* **V**) a hard grey metal, used in making special types of steel বিশেষ ধরনের ইস্পাত তৈরি করার সময়ে ব্যবহৃত শক্ত, ধূসর বর্ণের ধাতু; ভ্যানাডিয়াম

vandal / ˈvændl ˈভ্যানড্ল্ / *noun* [C] a person who damages sb else's property deliberately and for no purpose উদ্দেশ্যবিহীনভাবে যে অন্যের মূল্যবান সম্পত্তি নষ্ট করে; দুর্বৃত্ত, ধ্বংসকারী ▶ **vandalism** / -dəlɪzəm -ড্যালিজ্যাম্ / *noun* [U] অন্যের জিনিস নষ্ট করার বাসনা; ধ্বংসোন্মাদনা *acts of vandalism* ▶ **vandalize** (*also* **-ise**) / ˈvændəlaɪz ˈভ্যান্ড্যালাইজ় / *verb* [T] (*usually passive*) জেনেশুনে কারও জিনিস ধ্বংস করা, কারও দ্বারা নষ্ট হওয়া *All the phone boxes in this area have been vandalized.*

vane / veɪn ভেইন্ / *noun* [C] a flat blade that is a part of the machinery in a **windmill** and is moved by wind or water উইন্ডমিলের যন্ত্রাংশ, একটি চ্যাপটা ফলক, যা হাওয়া বা জলের সাহায্যে নড়ে ➪ **weathervane** দেখো।

vanguard / ˈvæŋgɑ:d ˈভ্যান্গা:ড্ / *noun* [*sing.*] (*usually* **the vanguard**) **1** the leaders of a movement in society, for example in politics, art, industry, etc. সমাজে বিশেষ ধরনের (যেমন রাজনৈতিক, শিল্পকলা, শিল্প ইত্যাদি) আন্দোলনের নেতৃস্থানীয় ব্যক্তিরা *The company is proud to be* ***in the vanguard of*** *scientific progress.* **2** the part of an army, etc. that is at the front when moving forward to attack the enemy শত্রু আক্রমণের সময়ে সৈন্যবাহিনীর যে দলটি সর্বাগ্রে থাকে

vanilla / vəˈnɪlə ভ্যা'নিল্যা / *noun* [U] a substance from a plant that is used for giving flavour to sweet food লতানে গাছের থেকে সংগৃহীত একরকম পদার্থ যা সুগন্ধির জন্য মিষ্টি খাদ্যে ব্যবহার করা হয়; ভ্যানিলা *vanilla ice cream*

vanish / ˈvænɪʃ ˈভ্যানিশ্ / *verb* [I] **1** to disappear suddenly or in a way that you cannot explain হঠাৎ করে উধাও হওয়া, অদৃশ্য হওয়া যা ব্যাখ্যা করা যায় না *When he turned round, the two men had* ***vanished without trace****.* **2** to stop existing লোপ পাওয়া, অস্তিত্ব না থাকা *This species of plant is vanishing from our countryside.*

vanity / ˈvænəti ˈভ্যান্যাটি / *noun* [U] the quality of being too proud of your appearance or abilities নিজের চেহারা বা কর্মক্ষমতার অহংকার, দেমাকিভাব, আত্মম্ভরিতা ⇨ **vain** adjective দেখো।

vanquish / ˈvæŋkwɪʃ ˈভ্যাংকুইশ্ / *verb* [T] (*literary*) to defeat sb completely in a contest, war, etc. কোনো প্রতিযোগিতা, যুদ্ধ ইত্যাদিতে সম্পূর্ণরূপে পরাস্ত করা, পরাজিত করা ✪ সম **conquer**

vantage point / ˈvɑːntɪdʒ pɔɪnt ˈভা:ন্‌টিজ্ পইন্ট্ / *noun* [C] a place from which you have a good view of sth যেখান থেকে কোনো কিছু খুব ভালোভাবে দেখা যায় (*figurative*) *From our modern vantage point, we can see why the Mughal Empire collapsed.*

vaporize (*also* **-ise**) / ˈveɪpəraɪz ˈভেইপ্যারাইজ্ / *verb* [I, T] (*technical*) to change into gas; to make sth change into gas বাষ্পীভূত করা; বাষ্পে পরিণত করা ▶ **vaporization** (*also* **-isation**) / ˌveɪpəraɪˈzeɪʃn ˌভেইপ্যারাই'জেইশ্‌ন্ / *noun* [U] বাষ্পীভবন

vapour (*AmE* **vapor**) / ˈveɪpə(r) ˈভেইপ্যা(র্) / *noun* [C, U] a mass of very small drops of liquid in the air, for example steam বাষ্প, ভাপ *water vapour*

variable[1] / ˈveəriəbl ˈভেঅ্যারিঅ্যাব্‌ল্ / *adj.* not staying the same; often changing পরিবর্তনসাপেক্ষ, পরিবর্তনশীল, যা বদলে যায়, একরকম থাকে না ▶ **variability** / ˌveəriəˈbɪləti ˌভেঅ্যারিঅ্যা'বিল্যাটি / *noun* [U] পরিবর্তনশীলতা

variable[2] / ˈveəriəbl ˈভেঅ্যারিঅ্যাব্‌ল্ / *noun* [C] a situation, number or quantity that can vary or be varied পরিস্থিতি, সংখ্যা বা পরিমাণ যার সবকিছুই বদলে যেতে পারে বা বদলে দেওয়া যেতে পারে *With so many variables to consider, it is difficult to calculate the cost.* ○ *The temperature was kept constant throughout the experiment while pressure was a variable.*

variance / ˈveəriəns ˈভেঅ্যারিঅ্যান্স্ / *noun* [U, C] (*formal*) the amount by which sth changes or is different from sth else পরিবর্তনের পরিমাণ যার সাহায্যে একটার থেকে একটাকে আলাদা করা যায় *variance in temperature/pay*

IDM at variance (with sb/sth) (*formal*) disagreeing with sb/sth কোনো ব্যক্তি বা বস্তুর সঙ্গে মতের অমিল হওয়া, একমত না হওয়া

variant / ˈveəriənt ˈভেঅ্যারিঅ্যান্ট্ / *noun* [C] a slightly different form or type of sth একটু অন্য রকমের, সামান্য বৈষম্য আছে

variation / ˌveəriˈeɪʃn ˌভেঅ্যারি'এইশ্‌ন্ / *noun* **1** [C, U] **(a) variation (in sth)** a change or difference in the amount or level of sth নির্দিষ্ট কোনো মান থেকে পরিবর্তন বা ভিন্নতা *There was a lot of variation in the examination results.* ○ *There may be a slight variation in price from shop to shop.* **2** [C] **a variation (on/of sth)** a thing that is slightly different from another thing in the same general group একই জাতীয় জিনিসের মধ্যে যেটা একটু আলাদা; বাত্যয় *All her films are just variations on a basic theme.*

varicose vein / ˌværɪkəʊsˈveɪn ˌভ্যারিক্যাউস্'ভেইন্/ *noun* [C] a **vein** especially one in the leg, which has become swollen and painful কোনো একটি পায়ের শিরা যখন ফুলে গিয়ে যন্ত্রণাদায়ক হয়ে পড়ে; শিরাস্ফীতি

varied / ˈveərid ˈভেঅ্যারিড্ / *adj.* having many different kinds of things or activities বিচিত্র ধরনের, অনেক রকমের জিনিসপত্র বা কাজকর্ম *I try to make my classes as varied as possible.*

variety / vəˈraɪəti ভ্যা'রাইঅ্যাটি / *noun* (*pl.* **varieties**) **1** [*sing.*] **a variety (of sth)** a number of different types of the same thing একই জিনিসের বিভিন্ন রূপ, একই জাতের কিন্তু আলাদা আলাদা বৈশিষ্ট্যযুক্ত *There is a* ***wide variety*** *of dishes to choose from.* **2** [U] the quality of not being or doing the same all the time বিভিন্নতা, বৈচিত্র্য *There's so much variety in my new job. I do something different every day!* **3** [C] **a variety (of sth)** a type of sth কোনো কিছুর ধরন বা বৈশিষ্ট্য *a new variety of apple called 'Perfection'*

various / ˈveəriəs ˈভেঅ্যারিঅ্যাস্ / *adj.* several different একাধিক ধরনের, বিচিত্র, বিভিন্ন, নানারকম *I decided to leave Chennai for various reasons.*

varnish / ˈvɑːnɪʃ ˈভা:নিশ্ / *noun* [U] a clear liquid that you paint onto hard surfaces, especially

V

wood, to protect them and make them shine কাঠ ইত্যাদির জিনিসপত্র চকচক করতে এবং সেগুলি রক্ষা করতে যে বর্ণহীন স্বচ্ছ রং লাগানো হয়; বার্নিশ ⇨ **nail varnish** দেখো। ▶ **varnish** *verb* [T] বার্নিশ করা

vary / ˈveəri ˈভেঅ্যারি / *verb* (*pres. part.* **varying;** *3rd person sing. pres.* **varies;** *pt, pp* **varied**) **1** [I] **vary (in sth)** (used about a group of similar things) to be different from each other (একই জাতীয় জিনিসের একগুচ্ছ বা দল সম্বন্ধে ব্যবহৃত) একে অন্যটির থেকে আলাদা হওয়া *The hotel bedrooms vary in size from medium to very large.* **2** [I] **vary (from... to...)** to be different or to change according to the situation, etc. পরিস্থিতি ইত্যাদি অনুযায়ী বদলে যাওয়া, পরিবর্তন হওয়া *The price of the holiday varies from Rs 500 to Rs 1200, depending on the time of year.* **3** [T] to make sth different by changing it often in some way কোনো না কোনোভাবে বদলে নিয়ে বৈচিত্র্য আনা, বদলানো *I try to vary my work as much as possible so I don't get bored.*

vascular / ˈvæskjələ(r) ˈভ্যাস্‌কিঅ্যাল্যা(র্) / *adj.* (*usually before a noun*) (*technical*) of or containing **veins** শিরা সংক্রান্ত বা শিরা বিষয়ক

vase / vɑːz ভা:জ্ / *noun* [C] a container that is used for holding cut flowers ফুল রাখার জায়গা; ফুলদানি

vasectomy / vəˈsektəmi ভ্যাˈসেক্‌ট্যামি / *noun* [C] (*pl.* **vasectomies**) (*medical*) a medical operation to stop a man being able to have children (চিকিৎসাশাস্ত্র) পুরুষদের নির্বীজ করার জন্য যে অস্ত্রোপচার; পুরুষের বন্ধ্যাত্বকরণ

vast / vɑːst ভা:স্ট্ / *adj.* extremely big খুব বড়ো, বিশাল, বিরাট *a vast sum of money* ○ *a vast country* ▶ **vastly** *adv.* বেশি রকমের, যথেষ্ট পরিমাণে *a vastly improved traffic system*

VAT (*also* **Vat**) / ˌviː eɪ ˈtiː; væt ˌভী এই ˈটী; ভ্যাট্ / *abbr.* value added tax কোনো উৎপন্ন বস্তুর বিভিন্ন ধাপে মূল্য যে পরিমাণে বৃদ্ধি পেয়েছে সেই অনুযায়ী নির্ধারিত কর; ভ্যাট *Prices include VAT.*

vat / væt ভ্যাট্ / *noun* [C] a large container for storing and mixing liquids, especially used in industrial processes কোনো শিল্প উৎপাদন প্রক্রিয়াতে তরল পদার্থ রাখা বা মেশানোর জন্য ব্যবহৃত বড়ো পাত্র *a vat of whisky/distilling vats*

vault[1] / vɔːlt ভ:ল্ট্ / *noun* [C] **1** a room with a strong door and thick walls in a bank, etc. that is used for keeping money and other valuable things safe ব্যাংক ইত্যাদির মধ্যে শক্ত দরজা এবং দেয়ালযুক্ত সুরক্ষিত একটি ঘর, যেখানে টাকাপয়সা এবং অন্যান্য দামি জিনিস নিরাপদে রাখা হয়; ভল্ট **2** a room under a church where dead people are buried চার্চের নীচে ভূগর্ভস্থ কবরগৃহ *a family vault* **3** a high roof or ceiling in a church, etc., made from a number of arches joined together at the top চার্চ ইত্যাদির উঁচু ছাদ যা অনেকগুলি খিলান যুক্ত করে বানানো হয়

vault[2] / vɔːlt ভ:ল্ট্ / *verb* [I, T] **vault (over) sth** to jump over or onto sth in one movement, using your hands or a pole to help you হাত দিয়ে ডিগবাজি খেয়ে বা লম্বা লাঠির সাহায্যে একবারে কোনো কিছুর উপর দিয়ে বা কোনো কিছুর উপর লাফানো; ডিগবাজি খাওয়া বা দেওয়া

VCR / ˌviː siː ˈɑː(r) ˌভী সী ˈআ:(র্) / *abbr.* video cassette recorder ভিডিও ক্যাসেট রেকর্ডারের সংক্ষিপ্ত রূপ; ভিসিআর

VD / ˌviː ˈdiː ˌভী ˈডী / *abbr.* venereal disease যৌন রোগ

VDU / ˌviː diː ˈjuː ˌভী ডী ˈইউ / *noun* [C] visual display unit; a screen on which you can see information from a computer কম্পিউটারের পর্দা যেখানে নানা তথ্যসমৃদ্ধ ছবি ফুটে ওঠে

veal / viːl ভীল্ / *noun* [U] the meat from a young cow (**calf**) খাওয়ার জন্য ব্যবহৃত বাছুরের মাংস

vector / ˈvektə(r) ˈভেক্‌ট্যা(র্) / *noun* [C] **1** (*mathematics*) a measurement or a quantity that has both size and direction (গণিত) যুগপৎ আকার এবং অভিমুখযুক্ত মাপ বা পরিমাণ

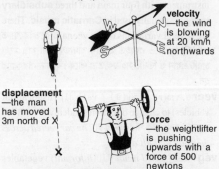

velocity
—the wind is blowing at 20 km/h northwards
W
N
S
E
displacement
—the man has moved 3m north of X
X
force
—the weightlifter is pushing upwards with a force of 500 newtons

examples of vectors

NOTE **Scalars**-এর মাধ্যমে দূরত্ব, গতি, বস্তুর পরিমাণ ইত্যাদির সম্বন্ধে জানা যায়। **Vectors**-এর মাধ্যমে দুটি তথ্য বিস্তৃতি এবং অভিমুখ, (যেমন বেগ, ত্বরণ, বল ইত্যাদি) পাওয়া যায়।

2 (*medical*) an insect, etc. that carries a particular disease from one living thing to another (চিকিৎসাশাস্ত্র) কোনো রোগের বাহক পোকামাকড় *Mosquitoes are the vectors in malaria.* **3** (*technical*) the course taken by an aircraft বিমানের যাত্রাপথ, নির্দিষ্ট উড়ানপথ

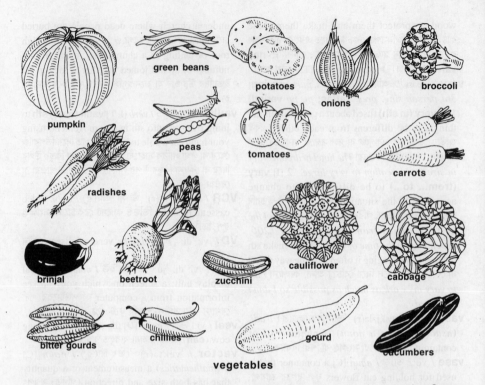

green beans

potatoes

broccoli

onions

pumpkin

peas

tomatoes

carrots

radishes

brinjal

beetroot

zucchini

cauliflower

cabbage

bitter gourds

chillies

gourd

cucumbers

vegetables

veena (*also* **vina**) *noun* [C] an Indian stringed instrument with four main and three **subsidiary** strings, especially used in **Carnatic music**. There are several variations of the veena ভারতে বিশেষত কর্ণাটকী সংগীতে ব্যবহৃত তারের বাদ্যযন্ত্র বীণা যার মধ্যে চারটি প্রধান ও তিনটি সহায়ক তার থাকে। বীণা নানারকমের হয়

veer / vɪə(r) ভিঅ্যা(র) / *verb* [I] (used about vehicles) to change direction suddenly (গাড়ি সম্বন্ধে ব্যবহৃত) হঠাৎ দিক পরিবর্তন করা *The car veered across the road and hit a tree.*

veg / vedʒ ভেজ / *noun* [U] (*informal*) vegetables শাকপাতা, আনাজ, তরিতরকারি *a fruit and veg stall*

vegan / 'viːgən 'ভীগ্যান্ / *noun* [C] a person who does not eat meat or any other animal products at all (যে ব্যক্তি) আমিষ এবং কোনোরকম প্রাণীজাত দ্রব্য গ্রহণ করে না ⇨ **vegetarian** দেখো। ▶ **vegan** *adj.* নিরামিষাশী

vegetable / 'vedʒtəbl 'ভেজ্‌ট্যাব্‌ল্ / (*informal* **veg**; **veggie**) *noun* [C] a plant or part of a plant that we eat. Potatoes, beans and onions are vegetables শাকসবজি বা উদ্ভিদ বা গাছপালার যে অংশ আমরা খাদ্য হিসেবে গ্রহণ করি, যথা আলু, পেঁয়াজ, বীনস সবই এর মধ্যে পড়ে *vegetable soup*

vegetarian / ˌvedʒə'teəriən ভেজ্যা'টেঅ্যারিঅ্যান্ / (*informal* **veggie**) *noun* [C] a person who does not eat meat or fish নিরামিষাশী ⇨ **vegan** দেখো। ▶ **vegetarian** *adj.* নিরামিষ সংক্রান্ত *a vegetarian cookery book*

vegetation / ˌvedʒə'teɪʃn ভেজ্যা'টেইশ্‌ন্ / *noun* [U] (*formal*) plants in general; all the plants that are found in a particular place উদ্ভিদজগৎ, বিশেষ অঞ্চলের যাবতীয় গাছপালা *tropical vegetation*

veggie / 'vedʒi 'ভেজি / *noun* [C] (*informal*) **1** (*BrE*) = **vegetarian** **2** = **vegetable** ▶ **veggie** *adj.* নিরামিষ *a veggie burger*

vehement / 'viːəmənt 'ভীঅ্যাম্যান্ট্ / *adj.* showing very strong (often negative) feelings, especially anger প্রচণ্ড, প্রবল, তীব্র (প্রায়ই নেতিবাচক) মনোভাব বিশেষ করে ক্রোধ *a vehement attack on the government*

vehicle / 'viːəkl 'ভীঅ্যাক্‌ল্ / *noun* [C] **1** something which transports people or things from place to place, especially on land, for example cars, bicycles, lorries and buses বাস, লরি, বাইসাইকেল, মোটর গাড়ি ইত্যাদি যেসব যানে চেপে মানুষ স্থান থেকে স্থানান্তরে যাতায়াত করে বা জিনিসপত্র নিয়ে যাওয়া হয় *Are you the owner of this vehicle?* **2** something which is used for communicating particular ideas or opinions বিশেষ মতবাদের প্রচার মাধ্যম, ভাবধারার বাহন *This newspaper has become a vehicle for public opinion.*

veil / veɪl ভেইল্ / *noun* [C] a piece of thin material for covering the head and face of a woman ওড়না, ঘোমটা *a bridal veil*

veiled / veɪld ভেইল্ড্ / *adj.* **1** not expressed directly or clearly because you do not want your meaning to be obvious সরাসরি বা স্পষ্টভাবে না করে আড়াল রেখে মনোভাব অভিব্যক্ত করা হয় এমন *a thinly **veiled** threat/warning/criticism* **2** wearing a **veil** হালকাভাবে ঘোমটা বা ওড়না পরিহিত এমন *a veiled woman*

vein / veɪn ভেইন্ / *noun* **1** [C] one of the tubes which carry blood from all parts of your body to your heart শরীরের ভিতরের রক্তবাহী শিরা; নালি ➪ **artery, jugular** এবং **varicose vein** দেখো। **2** [*sing.*, U] a particular style or quality বিশেষ শৈলী বা গুণমান *After a humorous beginning, the programme continued in a more serious vein.*

Velcro™ / ˈvelkrəʊ ˈভেলক্র্যাউ / *noun* [U] a material for fastening parts of clothes together. Velcro is made of a man-made material (**nylon**) and is used in small pieces, one rough and one smooth, that can stick together and be pulled apart কৃত্রিম উপায়ে তৈরি নাইলনের এই বস্তুটি দিয়ে দুটি কাপড় একসঙ্গে জোড়া যায় এবং এগুলি খণ্ড হিসেবে ব্যবহৃত হয়, এই জিনিসটির একদিক মসৃণ, অন্যদিকটি খসখসে, দুটি একসঙ্গে জুড়ে দেওয়া যায় এবং খোলার সময়ে টেনে আলাদা করে নিতে হয়; ভেলক্রো ➪ **button**-এ ছবি দেখো।

veld / velt ভেল্ট্ / *noun* [U] (in geography) flat open land in South Africa with grass and no trees (ভূগোলে) দক্ষিণ আফ্রিকার বৃক্ষহীন তৃণপ্রান্তর

velocity / vəˈlɒsəti ভ্যাˈলস্যাটি / *noun* [U] (*technical*) the speed at which sth moves in a particular direction গতিবেগ, বেগের মাত্রা (নির্দিষ্ট অভিমুখে) *a high-velocity rifle/bullet*

velour /vəˈlʊə(r) ভ্যাˈলুঅ্যা(র্) / *noun* [U] cotton or **silk** cloth with a thick soft surface similar to another type of cloth (**velvet**) ভেলভেট বা মখমলের মতো মোটা এবং নরম পৃষ্ঠযুক্ত সুতি বা সিল্কের কাপড়

velvet / ˈvelvɪt ˈভেলভিট্ / *noun* [U] a kind of cloth made of cotton or other material, with a soft thick surface on one side only এক জাতীয় নরম সুতি কাপড় যার একদিক পুরু এবং নরম; ভেলভেট *black velvet trousers*

vena cava / ˌviːnəˈkeɪvə ˌভীন্যাˈকেইভ্যা / *noun* [C] (*pl.* **venae cavae** / ˌviːniːˈkeɪviː ˌভীনী-ˈকেইভী /) a **vein** that takes blood without **oxygen** in it into the heart যে শিরা হৃৎপিণ্ডে অক্সিজেন ছাড়া রক্ত বহন করে; মহাশিরা ➪ **heart**-এ ছবি দেখো।

vendetta / venˈdetə ভেন্ˈডেট্যা / *noun* [C] a serious argument or dispute between two people or groups which lasts for a long time দুজন মানুষ বা দুই দলের মধ্যে খুব বড়োরকম বিবাদ যা খুব দীর্ঘস্থায়ী; দীর্ঘস্থায়ী শত্রুতা, বিবাদ

vending machine *noun* [C] a machine from which you can buy drinks, cigarettes, etc. by putting coins in it যে যন্ত্রে পয়সা দিয়ে নিজেই নরম পানীয়, সিগারেট ইত্যাদি কিনতে পারা যায়

vendor / ˈvendə(r) ˈভেন্ড্যা(র্) / *noun* [C] (*formal*) a person who is selling sth যে ব্যক্তি কোনো জিনিস বিক্রি করে; ফেরিওয়ালা; হকার; ➪ **purchaser** দেখো।

veneer / vəˈnɪə(r) ভ্যাˈনিঅ্যা(র্) / *noun* **1** [C, U] a thin layer of wood or plastic that is stuck onto the surface of a cheaper material, especially wood, to give it a better appearance সুদৃশ্য দেখানোর জন্য অপেক্ষাকৃত সস্তা আসবাবপত্রের উপরে কাঠ বা প্লাস্টিকের যে পাতলা আস্তরণ লাগানো হয় **2** [*sing.*] (*formal*) **a veneer (of sth)** a part of sb's behaviour or of a situation which hides what it is really like underneath ছদ্ম আচরণ, প্রকৃত মনোভাব লুকিয়ে বাইরে অন্যরকম আচরণ *a thin veneer of politeness*

venerate / ˈvenəreɪt ˈভেন্যারেইট্ / *verb* [T] **venerate sb/sth (as sth)** (*formal*) to have and show a lot of respect for sb/sth that is considered to be old, holy or very important পুরোনো, পবিত্র অথবা অত্যন্ত গুরুত্বপূর্ণ কোনো ব্যক্তি অথবা বস্তুর জন্য শ্রদ্ধা থাকা বা শ্রদ্ধা দেখানো ✪ সম **revere** ▶ **veneration** / ˌvenəˈreɪʃn ˌভেন্যাˈরেইশ্ন্ / *noun* [U] কারও সম্বন্ধে সসম্মান ভক্তিবোধ; শ্রদ্ধা *The relics were objects of veneration.*

venereal disease / vəˌnɪəriəl dɪˈziːz ভ্যাˈনিআরিঅ্যাল্ ডিˈজ়ীজ় / *noun* [C, U] (*abbr.* **VD**) any disease caught by having sex with a person who has it যৌনব্যাধি যা যৌন সংগমের মাধ্যমে সংক্রামিত হয়

venetian blind / vəˌniːʃnˈblaɪnd ভ্যাˌনীশ্ন্-ˈব্লাইন্ড্ / *noun* [C] a covering for a window that is made of horizontal pieces of flat plastic, etc. which can be turned to let in as much light as you want আড়াআড়িভাবে সাজানো চ্যাপটা প্লাস্টিকের টুকরো দিয়ে তৈরি জানলার আচ্ছাদনী যা ঘুরিয়ে নিয়ে জানলা দিয়ে আলোর প্রবেশ বাড়ানো যায়; জানলার খড়খড়ি

vengeance / ˈvendʒəns ˈভেন্জ্যান্স্ / *noun* [U] (*written*) **vengeance (on sb)** the act of punishing or harming sb in return for sth bad he/she has done to you, your friends or family নিজের বন্ধু বা পরিবারের সঙ্গে খারাপ কিছু করার প্রতিফল হিসাবে কোনো ব্যক্তিকে শাস্তি দেওয়া বা তার ক্ষতি করার ক্রিয়া; তীব্র

প্রতিহিংসা, প্রতিশোধ নেওয়ার বাসনা *He felt a terrible desire for vengeance on the people who had destroyed his career.* ➪ **revenge** দেখো।

IDM **with a vengeance** to a greater degree than is expected or usual প্রবলভাবে, বাড়াবাড়ি রকমের, তীব্রভাবে *After a week of good weather winter returned with a vengeance.*

venison / ˈvenɪsn ˈভেনিস্‌ন্ / *noun* [U] the meat from a large wild animal (**deer**) হরিণের মাংস; মৃগমাংস

venom / ˈvenəm ˈভেন্যাম্ / *noun* [U] **1** the poisonous liquid that some snakes, spiders, etc. produce when they bite or sting you সাপের বা মাকড়সার বিষ; গরল, আশীবিষ **2** extreme anger or hatred and a desire to hurt sb (কারও প্রতি) তীব্র বিদ্বেষ, প্রচণ্ড ঘৃণা এবং আঘাত করার ইচ্ছা *She shot him a look of pure venom.* ▶ **venomous** / ˈvenəməs ˈভেন্যাম্যাস্ / *adj.* বিষাক্ত

vent / vent ভেন্ট্ / *noun* [C] an opening in the wall of a room or machine which allows air to come in, and smoke, steam or smells to go out কোনো যন্ত্রে বা ঘরের দেয়ালে হাওয়া আসার এবং ধোঁয়া, বাষ্প, দুর্গন্ধ ইত্যাদি বেরোনোর রন্ধ্রপথ *an air vent* ○ *a heating vent*

ventilate / ˈventɪleɪt ˈভেন্টিলেইট্ / *verb* [T] to allow air to move freely in and out of a room or building একটি ঘর বা বাড়ির মধ্যে বায়ু চলাচল করতে দেওয়া বা তার ব্যবস্থা রাখা *The office is badly ventilated.* ▶ **ventilation** / ˌventɪˈleɪʃn ˌভেন্টিˈলেইশ্‌ন্ / *noun* [U] বায়ু চলাচল, বীজন *There was no ventilation in the room except for one tiny window.*

ventilator / ˈventɪleɪtə(r) ˈভেন্টিলেইট্যা(র্) / *noun* [C] **1** a device or an opening that allows air to move freely in and out of a building, room, etc. কোনো যন্ত্র বা একরকম ব্যবস্থা যার ফলে কোনো বাড়ি, ঘর ইত্যাদির মধ্যে বায়ু চলাচল করতে পারে **2** a machine in a hospital that helps sb to breathe হাসপাতালে ব্যবহৃত হয় একরকম যন্ত্র যা কাউকে নিঃশ্বাস-প্রশ্বাস অথবা দম নিতে সাহায্য করে

ventral / ˈventrəl ˈভেন্ট্রাল্ / *adj.* (*technical*) (*only before a noun*) on or connected with the underside of a fish or an animal মাছ বা জন্তুর শরীরের তলদেশ বা উদর সংক্রান্ত ➪ **dorsal** এবং **pectoral** দেখো এবং **fish**-এ ছবি দেখো।

ventricle / ˈventrɪkl ˈভেন্ট্রিক্‌ল্ / *noun* [C] **1** either of the two lower spaces in the heart হৃৎপিণ্ডের নীচে যে দুটো ফাঁকা জায়গা তার একটা; নিলয় ➪ **heart**-এ ছবি দেখো। **2** any space in the body that does not contain anything, especially one of the four main empty spaces in the brain শরীরের মধ্যে যেসব ফাঁকা জায়গা আছে, বিশেষত মাথার মধ্যে যে চারটি ফাঁক রয়েছে, তার একটি; মস্তিষ্কের গহ্বর

venture[1] / ˈventʃə(r) ˈভেন্চ্যা(র্) / *noun* [C] a project which is new and possibly dangerous, because you cannot be sure that it will succeed নতুন এবং কিছুটা ঝুঁকিপূর্ণ উদ্যোগ, কারণ তার ফলাফল কি হবে তা সঠিক জানা নেই *a business venture*

venture[2] / ˈventʃə(r) ˈভেন্চ্যা(র্) / *verb* [I] to do sth or go somewhere new and dangerous, when you are not sure what will happen বিপদের ঝুঁকি নিয়ে, ফল কি হবে না জেনে, নতুন কিছু করা অথবা কোনো জায়গায় যাওয়া *He ventured out into the storm to look for the lost child.* ○ *The company has decided to venture into computer production as well as design.*

venue / ˈvenju: ˈভেনইউ / *noun* [C] the place where people meet for an organized event, for example a concert or a sporting event এমন জায়গা যেখানে কোনো নাচগান, খেলাধুলা, মিটিং ইত্যাদি হবে বলে ঠিক করা হয়েছে

Venus / ˈvi:nəs ˈভীন্যাস্ / *noun* [*sing.*] the planet that is second in order from the sun and nearest to the earth সৌরজগতে দ্বিতীয় এবং পৃথিবীর সবচেয়ে নিকটবর্তী গ্রহ; শুক্রগ্রহ ➪ **the solar system**-এ ছবি দেখো।

veranda (*also* **verandah**) / vəˈrændə ভ্যাˈর্যান্ড্যা / (*AmE* **porch**) *noun* [C] a platform joined to the side of a house, with a roof and floor but no outside wall বারান্দা ➪ **balcony, patio** এবং **terrace** দেখো।

verb / vɜ:b ভ্যব / *noun* [C] (*grammar*) a word or group of words that is used to indicate that sth happens or exists, for example **bring**, **happen**, **be**, **do** (ব্যাকরণ) কোনো একটি শব্দ বা শব্দগোষ্ঠী যেটি কোনো কিছু ঘটা বা তার অস্তিত্ব বোঝায় যেমন 'bring', 'happen', 'be', 'do' ➪ **phrasal verb** দেখো।

verbal / ˈvɜ:bl ˈভ্যব্‌ল্ / *adj.* (*formal*) **1** connected with words, or the use of words শব্দের সঙ্গে সম্বন্ধযুক্ত অথবা শব্দের ব্যবহার সম্পর্কিত *verbal skills* **2** spoken, not written কথিত, লিখিত নয় *a verbal agreement/warning* **3** (*grammar*) connected with verbs, or the use of verbs (ব্যাকরণ) ক্রিয়াপদের সঙ্গে জড়িত অথবা তার ব্যবহারের সঙ্গে সম্বন্ধযুক্ত ▶ **verbally** / ˈvɜ:bəli ˈভ্যব্যালি / *adv.* মৌখিকভাবে

verbatim / vɜ:ˈbeɪtɪm ভ্যˈবেইটিম্ / *adj., adv.* exactly as it was spoken or written ঠিক যেমন বলা এবং লেখা হয়েছিল *a verbatim report* ○ *He reported the speech verbatim.*

verdant / ˈvɜ:dnt ˈভ্যড্যান্ট্ / *adj.* (*literary*) (of fields, etc.) covered with green plants or grass (মাঠ ইত্যাদি) শ্যামল, হরিৎ, তাজা

verdict / ˈvɜːdɪkt ˈভ্যডিক্ট্ / *noun* [C] **1** the decision that is made by a specially chosen group of people (**the jury**) in a court of law, which states if a person is guilty of a crime or not আদালতে মনোনীত ব্যক্তিগণের (জুরি) দ্বারা গৃহীত সিদ্ধান্ত যা কোনো ব্যক্তি অপরাধী কিনা সে সম্বন্ধে মত প্রদান করে; রায় *The jury **returned a verdict** of 'not guilty'.* ○ *Has the jury **reached a verdict**?* **2 a verdict (on sb/sth)** a decision that you make or an opinion that you give after testing sth or considering sth carefully অনেক ভেবেচিন্তে, দেখে যে সিদ্ধান্ত নেওয়া হয়; সুচিন্তিত অভিমত *The general verdict was that the restaurant was too expensive.*

verge¹ / vɜːdʒ ভ্যজ্ / *noun* [C] (*BrE*) the narrow piece of land at the side of a road, path, etc. that is usually covered in grass রাস্তা সড়ক ইত্যাদির ধার দিয়ে সরু ঘাসে ঢাকা জমি

IDM on the verge of sth/doing sth very near to doing sth, or to sth happening খুব শীঘ্রই ঘটতে বা হতে চলেছে এমন *Scientists are on the verge of discovering a cure to cancer.*

verge² / vɜːdʒ ভ্যজ্ / *v erb*

PHR V verge on sth to be very close to an extreme state or condition বিশেষ বা চরম অবস্থার কাছাকাছি হওয়া *What they are doing verges on the illegal.*

verify / ˈverɪfaɪ ˈভেরিফাই / *verb* [T] (*pres. part.* **verifying;** *3rd person sing. pres.* **verifies;** *pt, pp* **verified**) (*formal*) to check or state that sth is true কোনো কিছু ঠিক কিনা পরীক্ষা করে দেখা বা বলা, সত্য প্রতিপাদন করা *to verify a statement*

▶ **verification** / ˌverɪfɪˈkeɪʃn ˌভেরিফিˈকেইশ্ন্ / *noun* [U] যাচাই, সত্য প্রতিপাদন

veritable / ˈverɪtəbl ˈভেরিট্যাব্ল্ / *adj.* (*only before a noun*) (*formal*) a word used to emphasize that sb/sth can be compared to sb/sth else that is more exciting, more impressive, etc. কোনো ব্যক্তি অথবা বস্তুকে আরও বেশি চিত্তাকর্ষক, উত্তেজনাপূর্ণ ব্যক্তি বা বস্তুর সঙ্গে তুলনা করার ক্ষেত্রে জোর দেওয়ার জন্য ব্যবহৃত শব্দ *The meal was a veritable banquet.*

vermicelli / ˌvɜːmɪˈtʃeli ˌভ্যমিˈচেলি / *noun* [C] very fine noodle-like things used in cooking সিমুই

vermillion / vəˈmɪliən ভ্যাˈমিলিঅ্যান্ / *adj.* of a bright red colour উজ্জ্বল লাল রঙের সিঁদুর

▶ **vermillion** *noun* [U] **1** a bright red colour উজ্জ্বল লাল রং **2** (*also* **sindoor**) a kind of red-coloured powder used by married women in India এক ধরনের লাল রঙের গুঁড়ো বস্তু যা ভারতীয় বিবাহিত মহিলাগণ ব্যবহার করেন; সিঁদুর

vermin / ˈvɜːmɪn ˈভ্যমিন্ / *noun* [*pl.*] small wild animals (e.g. rats) that carry disease and destroy plants and food ছোটো আকারের বন্য পশু, যেমন ইঁদুর যারা রোগ ব্যাধি বহন করে এবং গাছপালা ও খাবারদাবার নষ্ট করে

vernacular / vəˈnækjələ(r) ভ্যাˈন্যাকিঅ্যাল্যা(র্) / *noun* [C] (*usually* **the vernacular**) [*sing.*] the language spoken in a particular area or by a particular group of people, especially one that is not the official or written language যে ভাষা বিশেষ অঞ্চলে বলা হয় অথবা বিশেষ গোষ্ঠীর লোকে বলে থাকে, বিশেষত যা সরকারি বা লিখিত ভাষা নয়; লৌকিক ভাষা

versatile / ˈvɜːsətaɪl ˈভ্যস্যাটাইল্ / *adj.* **1** (used about an object) having many different uses (কোনো বস্তু সম্বন্ধে ব্যবহৃত) যা অনেক রকম ব্যবহারে লাগে *a versatile tool that drills, cuts or polishes* **2** (used about a person) able to do many different things (কোনো ব্যক্তি সম্বন্ধে ব্যবহৃত) যে অনেক কিছু করতে পারে, বহুমুখী প্রতিভাসম্পন্ন *She's so versatile! She can dance, sing, act and play the guitar!*

verse / vɜːs ভ্যস্ / *noun* **1** [U] writing arranged in lines which have a definite rhythm and often finish with the same sound (**rhyme**) নির্দিষ্ট ছন্দ সমন্বিত পঙ্ক্তিবন্ধ রচনা যা প্রায়ই শেষ হয় একই ধ্বনিতে; পদ্য, কবিতা *He wrote his valentine's message in verse.* **2** [C] a group of lines which form one part of a song or poem একগুচ্ছ পঙ্ক্তি যা একত্রে কোনো গান অথবা কবিতার এক অংশ *This song has five verses.* ✪ সম **stanza**

version / ˈvɜːʃn ˈভ্যশ্ন্ / *noun* [C] **1** a thing which has the same basic contents as sth else but which is presented in a different way এমন জিনিস বা কিছু যাতে অন্যটির মতো মূল বিষয় একই তবে অন্যভাবে বা আকারে পরিবেশিত *Have you heard the live version of this song?* **2** a person's description of sth that has happened কোনো ব্যক্তির দ্বারা প্রদত্ত কোনো ঘটনার বর্ণনা বা বিবরণ *The two drivers gave very different versions of the accident.*

versus / ˈvɜːsəs ˈভ্যস্যাস্ / *prep.* **1** (*abbr.* **v, vs**) used in sport for showing that two teams or people are playing against each other খেলাধুলায় দুই বিরুদ্ধ দলের মধ্যে খেলা বোঝাতে ব্যবহৃত; বনাম *India versus Australia* **2** used for showing that two ideas or things that are opposite to each other, especially when you are trying to choose one of them দুরকম ভাবনা বা মতধারা অথবা দুধরনের জিনিস যে পরস্পর বিরোধী তা দেখানো, বিশেষ করে যখন তাদের মধ্যে একটিকে বেছে নেওয়ার চেষ্টা করা হচ্ছে *It's a question of quality versus price.*

vertebra / ˈvɜːtɪbrə ˈভ্যটিব্র্যা / *noun* [C] (*pl.* **vertebrae** /-breɪ; -briː -ব্রেই; -ব্রী /) any of the small bones that are connected together to form the column of bones down the middle of your back (**spine**) যে ছোটো ছোটো অস্থি জুড়ে মেরুদণ্ড হয় তার একটি; কশেরুকা ➪ **body**-তে ছবি দেখো। ▶ **vertebral** *adj.* কশেরুকা সংক্রান্ত বা ঘটিত

vertebrate / ˈvɜːtɪbrət ˈভ্যটিব্র্যাট্ / *noun* [C] an animal, bird or fish that has a bone along its back (**a backbone**) এমন জন্তু, পাখি বা মাছ যার মেরুদণ্ড আছে; মেরুদণ্ডী প্রাণী ✪ বিপ **invertebrate**

vertical / ˈvɜːtɪkl ˈভ্যটিক্ল্ / *adj.* going straight up at an angle of 90 degrees from the ground সোজাসুজি উপরের দিকে, উল্লম্ব *a vertical line* ○ *The cliff was almost vertical.* ➪ **horizontal** এবং **perpendicular** দেখো। ▶ **vertically** / -kli -ক্লি / *adv.* উল্লম্বভাবে, লম্বালম্বিভাবে

verve / vɜːv ভ্যভ্ / *noun* [U, *sing.*] (*written*) energy, excitement or enthusiasm উদ্দীপনা, তেজ, উৎসাহ *It was a performance of verve and vitality.*

very[1] / ˈveri ˈভেরি / *adv.* (used to emphasize an adjective or an adverb) extremely; in a high degree খুব বেশি; অত্যন্ত *I don't like milk very much.* ○ *'Are you hungry?' 'Not very.'*

> **NOTE** সর্বোত্তমসূচক বিশেষণের (superlative adjective) সঙ্গে **very** শব্দটি ব্যবহার করা হয়—very best, youngest, etc. তুলনামূলক বিশেষণে (comparative adjective) **much** এবং **very much** ব্যবহার করা হয়—*much better; very much younger.*

very[2] / ˈveri ˈভেরি / *adj.* (*only before a noun*) **1** used to emphasize that you are talking about a particular thing or person and not about another বিশেষ একটা কিছু বা কারও সম্বন্ধে জোর দিয়ে বলার জন্য ব্যবহার করা হয় *Those were his very words.* ○ *You're the very person I wanted to talk to.* **2** extreme চরম; চূড়ান্ত; একেবারে *We climbed to the very top of the mountain.* **3** used to emphasize a noun কোনো বিশেষ্যপদে জোর দিতে ব্যবহৃত *The very **thought of** the murder made her feel sick.*

IDM **before sb's very eyes** ➪ **eye**[1]

vessel / ˈvesl ˈভেস্ল্ / *noun* [C] **1** (written) a ship or large boat (লিখিত) জাহাজ বা বড়ো নৌকা **2** (*old-fashioned*) a container for liquids, for example a bottle, cup or bowl তরল পদার্থ রাখার পাত্র, জায়গা, যেমন বোতল, বাটি ইত্যাদি *ancient drinking vessels*

vest / vest ভেস্ট্ / *noun* [C] **1** (*AmE* **undershirt**) a piece of clothing that you wear under your other clothes, on the top part of your body এমন কিছু, যেমন গেঞ্জি, যা উপরের জামার নীচে পরা হয় **2** (*AmE*) =**waistcoat**

vested interest / ˌvestɪd ˈɪntrest ˌভেস্টিড্ ˈইন্ট্রেস্ট্ / *noun* [C] a strong and often secret reason for doing sth that will bring you an advantage of some kind, for example more money or power কোনো কিছু করার প্রবল এবং প্রায়ই গোপন কারণ যার জন্য কারও বেশ সুবিধা হয়, যেমন অর্থ অথবা ক্ষমতা বৃদ্ধি

vestige / ˈvestɪdʒ ˈভেস্টিজ্ / *noun* [C] a small part of sth that is left after the rest of it has gone কোনো কিছুর পড়ে থাকা ক্ষুদ্র অংশ, যার বাকিটা নেই; নমুনা, চিহ্ন *the last vestige of the old system* ✪ সম **trace**

vet[1] / vet ভেট্ / (*formal* **veterinary surgeon**) (*AmE* **veterinarian**) *noun* [C] a doctor for animals পশু চিকিৎসক *We took the cat to the vet/to the vet's.*

vet[2] / vet ভেট্ / *verb* [T] (**vetting; vetted**) to do careful and secret checks before deciding if sb/sth can be accepted or not কাউকে বা কোনো কিছু ভালোভাবে, কিন্তু গোপনে পরীক্ষা করে দেখা যে তাকে গ্রহণ করা হবে কিনা *All new employees at the Ministry of Defence are carefully vetted* (=somebody examines the details of their past lives).

veteran / ˈvetərən ˈভেট্যার‍্যান্ / *noun* [C] **1** a person who has served in the army, navy or air force, especially during a war এমন কেউ যে সৈন্য দলে অথবা নৌ বা বিমানবাহিনীতে কাজ করেছে, বিশেষ করে যুদ্ধ চলার সময়ে **2** a person who has very long experience of a particular job or activity এমন কেউ যার বিশেষ ধরনের কাজ করার দীর্ঘ অভিজ্ঞতা আছে

veterinarian / ˌvetərɪˈneəriən ˌভেট্যারিˈনেঅ্যারিঅ্যান / (*AmE*) = **vet**[1]

veterinary / ˈvetnri ˈভেট্‌ন্রি / *adj.* connected with the medical treatment of sick or injured animals অসুস্থ অথবা আহত জীবজন্তুর চিকিৎসা সংক্রান্ত *a veterinary practice* ➪ **vet** দেখো।

veto / ˈviːtəʊ ˈভীট্যাউ / *verb* [T] (*pres. part.* **vetoing;** *3rd person sing. pres.* **vetoes;** *pt, pp* **vetoed**) to refuse to give official permission for an action or plan, when other people have agreed to it যখন অন্য লোকেরা কোনো কাজ করতে অথবা কোনো পরিকল্পনাতে রাজি হয়েছে তখন তাতে সরকারি অনুমতি না দেওয়া *The Prime Minister vetoed the proposal to reduce taxation.* ▶ **veto** *noun* [C, U] (*pl.* **vetoes**) ভেটো দেওয়ার অধিকার *the right of veto*

vex / veks ভেক্স্ / *verb* [T] (*old-fashioned*) to annoy or to make sb feel worried রাগানো, ক্রোধান্বিত করা, চিন্তান্বিত করা ▶ **vexing** *adj.* ক্রোধান্বিত করে বা রাগিয়ে দেয় এমন *a vexing question*

vexation / vekˈseɪʃn ভেক্ˈসেইশ্যান্ / *noun* **1** [U] (*formal*) the feeling of being annoyed or worried

V

রাগ, ক্রোধ চিন্তা **2** [C] (*old-fashioned*) sth that annoys or worries you যে বস্তু রাগিয়ে তোলে বা চিন্তায় ফেলে

vexed / vekst ভেক্স্ট্ / *adj.* causing difficulty, worry, and a lot of discussion কষ্ট বা ক্লেশ দেয় এমন, হয়রানি করে যা অথবা যা বহু বিতর্কিত; সমস্যাসংকুল *the vexed question of our growing prison population*

VHF / ˌviː eɪtʃ ˈef ˌভী এইচ্ ˈএফ্ / *abbr.* very high frequency; a band of radio waves used for sending out a high quality signal ভেরি হাই ফ্রিকোয়েন্সির সংক্ষিপ্ত রূপ; যে বেতার তরঙ্গের মাধ্যমে উচ্চশক্তিবিশিষ্ট সংকেত পাঠানো হয়; ভি এইচ এফ *a VHF transmitter* ⇨ **wavelength**-এ ছবি দেখো।

via / ˈvaɪə ˈভাইআ্যা / *prep.* **1** going through a place হয়ে, ঘুরে, বিশেষ কোনো জায়গা হয়ে *We flew from India to Australia via Bangkok.* **2** by means of sth; using sth মাধ্যমে; কোনো কিছুর সাহায্যে *These pictures come to you via our satellite link.*

viable / ˈvaɪəbl ˈভাইআ্যাব্‌ল্ / *adj.* that can be done; that will be successful সাধ্য, সম্ভবপর, করা যাবে এমন; সফল হবে এমন *I'm afraid your idea is just not commercially viable.* ▶ **viability** / ˌvaɪəˈbɪləti ˌভাইআ্যাˈবিল্যাটি / *noun* [U] সম্ভবপরতা, সাধ্যতা

viaduct / ˈvaɪədʌkt ˈভাইআ্যাডাক্ট্ / *noun* [C] a long, high bridge which carries a railway or road across a valley উপত্যকার উপর দিয়ে রেলগাড়ি বা গাড়ি চলাচলের উঁচু লম্বা সেতু বা দীর্ঘ রাস্তা

via media / ˌvaɪə ˈmiːdɪə ˌভাইআ্যা ˈমীডিআ্যা / *noun* [U] (*literary*) a middle way; midway between two extremes মধ্যপন্থা; দুই চরম পন্থার মধ্যেকার পথ

vibrant / ˈvaɪbrənt ˈভাইব্র্যান্ট্ / *adj.* **1** full of life and energy; exciting প্রাণোচ্ছল, জীবনীশক্তিতে ভরপুর, টগবগে; উত্তেজনাপূর্ণ *a vibrant city/atmosphere/personality* **2** (used about colours) bright and strong (রং সম্বন্ধে ব্যবহৃত) উজ্জ্বল এবং টেকসই, জোরালো

vibrate / vaɪˈbreɪt ভাইˈব্রেইট্ / *verb* [I] to make continuous very small and fast movements from side to side আন্দোলিত হওয়া, অনুরণিত হওয়া *When a guitar string vibrates it makes a sound.* ▶ **vibration** / vaɪˈbreɪʃn ভাইˈব্রেইশ্‌ন্ / *noun* [C, U] অনুরণন, কম্পন, শিহরণ

vicar / ˈvɪkə(r) ˈভিক্যা(র্) / *noun* [C] a priest of the Church of England. A vicar looks after a church and the people in the surrounding area (**parish**) চার্চ অফ ইংল্যান্ডের পাদ্রী; এঁর উপর নিকটবর্তী স্থানীয় লোকজনের এবং চার্চের দায়িত্বভার থাকে ⇨ **minister** দেখো।

vicarage / ˈvɪkərɪdʒ ˈভিক্যারিজ্ / *noun* [C] the house where a vicar lives ভিকারের বাসস্থান

vicarious / vɪˈkeəriəs ভিˈকেঅ্যারিঅ্যাস্ / *adj.* (*only before a noun*) felt or experienced by watching or reading about sb else doing sth, rather than by doing it yourself নিজে না করলেও অন্যের কাজ দেখে, শুনে বা পড়ে যখন সেই অভিজ্ঞতা লাভ করা যায়; পরোক্ষ উপলব্ধি *He got a vicarious thrill out of watching his son score the winning goal.*

vice / vaɪs ভাইস্ / *noun* **1** [U] criminal activities involving sex or drugs যৌন অপরাধ, মাদক দ্রব্যের সঙ্গে জড়িত অপরাধ **2** [C] a moral weakness or bad habit বদভ্যাস, চারিত্রিক ত্রুটি *Greed and envy are terrible vices.* ○ *My only vice is smoking.* ⇨ **virtue** দেখো। **3** (*AmE* **vise**) [C] a tool that you use to hold a piece of wood, metal, etc. firmly while you are working on it সাঁড়াশির মতো একধরনের জিনিস যা দিয়ে কাজ করার সময়ে কাঠ, ধাতু ইত্যাদি ধরা হয় (*figurative*) *He held my arm in a vice-like* (=very firm) *grip.*

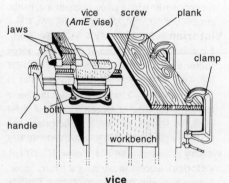

vice
(AmE vise)
screw
plank
jaws
clamp
bolt
handle
workbench

vice

vice- / vaɪs ভাইস্ / (*used to form compound nouns*) having a position second in importance to the position mentioned সহ-, উপসরকারি; যে পদমর্যাদার কথা বলা হচ্ছে তাতে দ্বিতীয় স্থানাধিকারী *Vice-President* ○ *the vice-captain*

vice versa / ˌvaɪs ˈvɜːsə ˌভাইস্ ˈভ্যস্যা / *adv.* in the opposite way to what has just been said যা বলা হয়েছে সম্পূর্ণ উলটো বা বিপরীতভাবে *Anu ordered fish and Meena chicken—or was it vice versa?*

vicinity / vəˈsɪnəti ভ্যাˈসিন্যাটি / *noun*

IDM **in the vicinity (of sth)** (*formal*) in the surrounding area নিকটবর্তী, আশেপাশে, চারিদিকে *There's no bank in the immediate vicinity.*

vicious / ˈvɪʃəs ˈভিশ্যাস্ / *adj.* **1** cruel; done in order to hurt sb/sth নৃশংস, খারাপ, বিদ্বেষপূর্ণ, মারাত্মক; কোনো ব্যক্তি বা বস্তুকে আঘাত করার জন্য করা হয়েছে এমন *a vicious attack* **2** (used about an animal) dangerous; likely to hurt sb (পশু সম্বন্ধে ব্যবহৃত) বিপজ্জনক; আক্রমণাত্মক, পাগলাটে, দামাল ▶ **viciously** *adv.* বিপজ্জনকভাবে, খারাপভাবে

PHR V **a vicious circle** a situation in which one problem leads to another and the new problem makes the first problem worse এমন পরিস্থিতি যখন একটি সমস্যা থেকে আর একটি নূতন সমস্যার সৃষ্টি হয় এবং সেটি আবার প্রথম সমস্যাটিকে গুরুতর করে তোলে; দুষ্টচক্র, পাপচক্র

victim / ˈvɪktɪm ˈভিক্‌টিম্ / *noun* [C] a person or animal that is injured, killed or hurt by sb/sth বলি, শিকার, আহত বা হত *a murder victim* ○ *The children are often the innocent victims of a divorce.*

victimize (*also* **-ise**) / ˈvɪktɪmaɪz ˈভিক্‌টিমাইজ্ / *verb* [T] to punish or make sb suffer unfairly অকারণে কাউকে কষ্ট দেওয়া, অন্যায়ভাবে কাউকে পীড়ন করা ▶ **victimization** (*also* **-isation**) / ˌvɪktɪmaɪˈzeɪʃn ˌভিক্‌টিমাইˈজ়েইশন্ / *noun* [U] অন্যায় শাস্তিদান, অন্যায় নিপীড়ন

victor / ˈvɪktə(r) ˈভিক্‌ট্যা(র্) / *noun* [C] (*formal*) the person who wins a game, competition, battle, etc. খেলা, প্রতিযোগিতা, যুদ্ধ প্রভৃতিতে বিজেতা, জয়ী

Victorian /vɪkˈtɔːriən ভিক্ˈটːরিঅ্যান্ / *adj.* **1** connected with the time of the British queen Victoria (1837–1901) ব্রিটিশ রাণী ভিক্টোরিয়ার সময়কালীন বা তার সঙ্গে সম্পর্কযুক্ত (১৮৩৭-১৯০১) *Victorian houses* **2** having attitudes that were typical in the time of Queen Victoria ঐ যুগের বৈশিষ্ট্যসূচক, মনোভাব, ধারণা ইত্যাদি ▶ **Victorian** *noun* [C] ভিক্টোরিয়ার যুগের বৈশিষ্ট্যসূচক মনোভাবসম্পন্ন ব্যক্তি

victory / ˈvɪktəri ˈভিক্‌ট্যারি / *noun* [C, U] (*pl.* **victories**) success in winning a battle, game, competition, etc. যুদ্ধ, খেলা, প্রতিযোগিতা ইত্যাদিতে জয়, জয়লাভ *Dhoni led his team to victory in the final.* ▶ **victorious** / vɪkˈtɔːriəs ভিক্ˈটːরিঅ্যাস্ / *adj.* বিজয়ী, জয়যুক্ত *the victorious team*

IDM **romp home/to victory** ➪ **romp** দেখো।

video / ˈvɪdiəʊ ˈভিডিঅ্যাউ / *noun* (*pl.* **videos**) **1** [U] the system of recording moving pictures and sound by using a camera, and showing them using a machine (**a video recorder**) connected to a television যে ব্যবস্থায় ক্যামেরার সাহায্যে চলমান ছবি এবং শব্দ রেকর্ড করে নিয়ে পরে তা দূরদর্শনের সঙ্গে যুক্ত যন্ত্রের (ভিডিও রেকর্ডার) মাধ্যমে দেখার বা দেখানোর ব্যবস্থা করা যায় *We recorded the wedding* ***on video.*** **2 video cassette** (*also* **videotape**) [C] a tape or cassette on which you record moving pictures and sound, or on which a film or television programme has been recorded যে টেপ বা ক্যাসেটে চলমান ছবি এবং শব্দ রেকর্ড করা হয় বা যার মধ্যে সিনেমা বা দূরদর্শনের অনুষ্ঠান ধরে রাখা হয়েছে *Would you like to see the video we made on holiday?* ○ *to rent a video* **3** =**video recorder** ▶ **video** *verb* [T] (*3rd person sing. pres.* **videos;** *pres. part.* **videoing;** *pt, pp* **videoed**) ভিডিও টেপে অনুষ্ঠান ইত্যাদি তুলে রাখা *We hired a camera to video the school play.*

videoconferencing / ˈvɪdiəʊkɒnfərənsɪŋ ˈভিডিঅ্যাউকন্‌ফ্যার্যান্‌সিং / *noun* [U] a system that allows people in different parts of the world to have a meeting by watching and listening to each other using video screens যে ব্যবস্থার মাধ্যমে পৃথিবীর বিভিন্ন প্রান্তের মানুষ ভিডিও পর্দায় ছবি দেখে এবং একে অপরের কথাবার্তা শুনে মীটিং বা নিজেদের মধ্যে আলোচনা ইত্যাদি করতে পারে

video recorder (*also* **video; video cassette recorder**) *noun* [C] (*abbr.* **VCR**) a machine that is connected to a television on which you can record or play back a film or television programme টেলিভিশনের সঙ্গে সংযুক্ত যে যন্ত্রের সাহায্যে কোনো চলচ্চিত্র বা টেলিভিশনের অনুষ্ঠান রেকর্ড করে রেখে পরে ইচ্ছেমতো দেখা যায়; ভিডিও রেকর্ডার

videotape / ˈvɪdiəʊteɪp ˈভিডিঅ্যাউটেইপ্ / *noun* [C] = **video 2** ▶ **videotape** *verb* [T] (*formal*) = **video** *a videotaped interview*

view[1] / vjuː ভিউ / *noun* **1** [C] **a view (about/on sth)** an opinion or a particular way of thinking about sth মত, ধারণা ***In my view,*** *she has done nothing wrong.* ○ *She has* ***strong views*** *on the subject.* **2** [U] the ability to see sth or to be seen from a particular place দেখা, দৃশ্য, দৃষ্টিশক্তি *The garden was hidden from view behind a high wall.* ○ *Just then, the sea* ***came into view.*** **3** [C] what you can see from a particular place, especially beautiful natural scenery কোনো স্থানের বিশেষত প্রকৃতির ছবি; প্রাকৃতিক দৃশ্য, নৈসর্গিক দৃশ্য *There are* ***breathtaking views*** *from the top of the mountain.* ○ *a room with* ***a sea view*** ➪ **scenery**-তে নোট দেখো।

IDM **have, etc. sth in view** (*formal*) to have sth as a plan or idea in your mind মনে আসা, কোনো বিশেষ পরিকল্পনা মনে থাকা, মতামত থাকা

in full view (of sb/sth) ➪ **full**[1] দেখো।

in view of sth because of sth; as a result of sth এই কারণে; এর ফলে, এই জন্য *In view of her apology we decided to take no further action.*

a point of view ➪ **point**[1] দেখো।

with a view to doing sth (*formal*) with the aim or intention of doing sth কোনো কিছু করার ইচ্ছেয় বা বাসনায়, উদ্দেশ্যে

view[2] / vjuː ভিউ / *verb* [T] (*formal*) **1 view sth (as sth)** to think about sth in a particular way

কোনো বিষয়কে বিশেষ দৃষ্টিভঙ্গিতে দেখা *She viewed holidays as a waste of time.* **2** to watch or look at sth কোনো কিছু লক্ষ করা, তাকিয়ে থাকা, দেখা *Viewed from this angle, the building looks much taller than it really is.*

viewer / ˈvjuːə(r) ˈভিউঅ্যা(র্) / *noun* [C] a person who watches television টেলিভিশন দেখে যে, দূরদর্শনের দর্শক

viewpoint / ˈvjuːpɔɪnt ˈভিউপইন্ট্ / *noun* [C] a way of looking at a situation; an opinion কোনো পরিস্থিতিকে বিবেচনা করার পদ্ধতি; দৃষ্টিকোণ, দৃষ্টিভঙ্গি *Let's look at this problem from the customer's viewpoint.* ✪ সম **point of view**

vigil / ˈvɪdʒɪl ˈভিজিল্ / *noun* [C, U] a period when you stay awake all night for a special purpose বিশেষ উদ্দেশ্যে সারারাত জেগে থাকার সময়, রাত্রি জাগরণের কাল *All night she **kept vigil** over the sick child.*

vigilant / ˈvɪdʒɪlənt ˈভিজিল্যান্ট্ / *adj.* (*formal*) careful and looking out for danger সতর্ক প্রহরারত, সাবধান ▸ **vigilance** / -əns -অ্যান্স্ / *noun* [U] পাহারা, সতর্কতা, সতর্ক নজরদারি

vigilante / ˌvɪdʒɪˈlænti ˌভিজিˈল্যানটি / *noun* [C] a member of a group of people who try to prevent crime or punish criminals in a community, especially because they believe the police are not doing this যে দল বা গোষ্ঠী নিজের পাড়ায় বা সম্প্রদায়ের মধ্যে অপরাধ আটকানোর জন্য নজরদারি করে, (বিশেষত তারা বিশ্বাস করে যে পুলিশ একাজ করছে না) সেই দল বা গোষ্ঠীর একজন সদস্য

vigour (*AmE* **vigor**) / ˈvɪɡə(r) ˈভিগ্যা(র্) / *noun* [U] strength or energy প্রাণশক্তি, কর্মশক্তি *After the break we started work again with renewed vigour.* ▸ **vigorous** / ˈvɪɡərəs ˈভিগ্যার্যাস্ / *adj.* প্রাণশক্তিতে ভরপুর, সতেজ *vigorous exercise* ▸ **vigorously** *adv.* খুব জোরের সঙ্গে, তেজোদ্দীপ্তভাবে

vile / vaɪl ভাইল্ / *adj.* very bad or unpleasant ইতর, জঘন্য, অপ্রীতিকর *She's in a vile mood.* ○ *a vile smell*

villa / ˈvɪlə ˈভিল্যা / *noun* [C] **1** a house that people rent and stay in on holiday যে বড়ো বাড়ি সাধারণত ছুটি কাটানোর জন্য ভ্রমণার্থীদের ভাড়া দেওয়া হয়; ভিলা **2** a large house in the country, especially in Southern Europe শহরের বাইরে অবস্থিত বড়ো বড়ো বাড়ি, বিশেষত দক্ষিণ ইউরোপে

village / ˈvɪlɪdʒ ˈভিলিজ্ / *noun* **1** [C] a group of houses with other buildings, for example a shop, school, etc., in a country area. A village is smaller than a town দোকান, স্কুল ইত্যাদি সমন্বিত গৃহসমূহ যা শহরের বাইরে অবস্থিত এবং যা শহরের থেকে ছোটো; গ্রাম, পাড়াগাঁ, পল্লীগ্রাম *a small fishing village* ○ *the village shop* **2** [*sing., with sing. or pl. verb*] all the people who live in a village গ্রামবাসী, কোনো গ্রামের সমস্ত অধিবাসী *All the village is/are taking part in the carnival.*

villager / ˈvɪlɪdʒə(r) ˈভিলিজ্যা(র্) / *noun* [C] a person who lives in a village যে গ্রামে থাকে, গ্রামের মানুষ, গ্রামবাসী

villain / ˈvɪlən ˈভিল্যান্ / *noun* [C] **1** an evil person, especially in a book or play দুর্বৃত্ত, খলনায়ক যাদের সাধারণত গল্প, কাহিনি বা নাটকে পাওয়া যায়; ভিলেন *In most of his films he has played villains, but in this one he's a good guy.* ➪ **hero** দেখো। **2** (*informal*) a criminal অপরাধী, দুষ্কর্মকারী *The police caught the villains who robbed the bank.*

villus / ˈvɪləs ˈভিল্যাস্ / *noun* [C] (*pl.* **villi** / ˈvɪlaɪ; -liː ˈভিলাই; -লী /) (*technical*) any one of the many small thin parts that stick out from some surfaces on the inside of the body (for example in the **intestine**) শরীরের ভিতরে ঝিল্লির সঙ্গে আটকানো ছোটো পাতলা অংশ (যেমন অন্ত্রে আছে)

vindicate / ˈvɪndɪkeɪt ˈভিন্ডিকেইট্ / *verb* [T] (*formal*) **1** to prove that sth is true or that you were right about doing sth, especially when other people thought differently কোনো কিছু সত্যি অথবা যা করা হয়েছে তা ঠিক প্রমাণ করা, বিশেষত যখন অন্যরা অন্যরকম চিন্তা করে ✪ সম **justify** *Today's events partially vindicated our fears of conflict.* **2** to prove that sb is not guilty when they have been accused of doing sth wrong or illegal কোনো অন্যায় বা অপরাধ করেছে এমন সন্দেহভাজন ব্যক্তিকে নির্দোষ প্রমাণ করা ▸ **vindication** *noun* [U, *sing.*] আরোপিত সন্দেহের অপনোদন

vindictive / vɪnˈdɪktɪv ভিন্ˈডিক্টিভ্ / *adj.* wanting or trying to hurt sb without good reason বিশেষ কোনো কারণ ছাড়াই কোনো ব্যক্তিকে আঘাত করতে চায় এমন; প্রতিহিংসাপরায়ণ *a vindictive comment/person* ▸ **vindictiveness** *noun* [U] প্রতিহিংসাপরায়ণতা

vine / vaɪn ভাইন্ / *noun* [C] the plant that grapes grow on আঙুর লতা, আঙুরের গাছ

vinegar / ˈvɪnɪɡə(r) ˈভিনিগ্যা(র্) / *noun* [U] a liquid with a strong sharp taste that is made from wine. Vinegar is often mixed with oil and put onto salads তীব্র স্বাদযুক্ত তরল পদার্থ যা মদ থেকে তৈরি হয়। ভিনিগার প্রায়ই তেলের সঙ্গে মিশিয়ে স্যালাডে দেওয়া হয়; ভিনিগার

vineyard / ˈvɪnjəd ˈভিন্‌ইঅ্যাড্ / *noun* [C] a piece of land where grapes are grown আঙুরের ক্ষেত, দ্রাক্ষাকুঞ্জ

vintage[1] / ˈvɪntɪdʒ ˈভিন্টিজ্ / *noun* [C] the wine that was made in a particular year কোনো বিশেষ বছরে তৈরি মদ *1999 was an excellent vintage.*

vintage² / ˈvɪntɪdʒ ˈভিন্‌টিজ্ / *adj.* (*only before a noun*) **1** vintage wine is of very good quality and has been stored for several years সাধারণত পুরোনো মদ মানেই ভালো জাতের, কেননা তৈরি করার পরে অনেক বছর সেটা ব্যবহার না করে রাখা ছিল *vintage champagne/port/wine* **2** (used about a vehicle) made between 1917 and 1930 and admired for its style and interest (কোনো গাড়ি সম্বন্ধে ব্যবহৃত) ১৯১৭ থেকে ১৯৩০ সালের মধ্যে তৈরি এবং তার বিশিষ্ট গঠনশৈলীর জন্য প্রশংসিত **3** typical of a period in the past and of high quality; the best work of the particular person অতীতের কোনো একটি সময়ের বৈশিষ্ট্য সম্বলিত; বিশেষ কোনো শিল্পীর শ্রেষ্ঠ সৃষ্টি *a vintage performance by Ustad Bismillah Khan on the shehnai*

vinyl / ˈvaɪnl ˈভাইনল্ / *noun* [C, U] a strong plastic that can bend easily and is used for making wall and floor covers, etc. দেয়াল বা মেঝে তৈরির কাজে ব্যবহৃত এক ধরনের শক্ত প্লাস্টিক

viola / viˈəʊlə ভিˈঅ্যাউল্যা / *noun* [C] a musical instrument with strings, that you hold under your chin and play with a long thin object (**a bow**) made of wood and hair বড়ো আকারের বেহালা যা চিবুকের তলায় চেপে ধরে ছড়ের সাহায্যে বাজানো হয় *A viola is like a large violin.*

violate / ˈvaɪəleɪt ˈভাইঅ্যালেইট্ / *verb* [T] (*formal*) **1** to break a rule, an agreement, etc. নিয়ম, চুক্তি ইত্যাদি না মানা, ভঙ্গ করা, অমান্য করা *to violate a peace treaty* **2** to not respect sth; to spoil or damage sth কোনো কিছুকে শ্রদ্ধা না করা; কোনো কিছু নষ্ট বা ক্ষতিসাধন করা, মূল্য না দেওয়া *to violate sb's privacy/rights* ▶ **violation** *noun* [C, U] লঙ্ঘন, অমান্যকরণ, বিঘ্নসাধন *a violation of human rights*

violence / ˈvaɪələns ˈভাইঅ্যাল্যান্স্ / *noun* [U] **1** behaviour which harms or damages sb/sth physically হিংসাত্মক ঘটনা বা আচরণ, দাঙ্গা-হাঙ্গামা, জোরজবরদস্তি যা কোনো ব্যক্তি বা বস্তুর ক্ষতি করে *They threatened to* ***use violence*** *if we didn't give them the money.* ○ *an* ***act of violence*** **2** great force or energy অত্যন্ত জোরালো শক্তি, তীব্রতা *the violence of the storm*

violent / ˈvaɪələnt ˈভাইঅ্যাল্যান্ট্ / *adj.* **1** using physical strength to hurt or kill sb; caused by this behaviour প্রচণ্ড উগ্র, হিংসাত্মক, হিংসাশ্রয়ী, আঘাত করা বা মারার জন্য দৈহিক শক্তি ব্যবহার করা হচ্ছে এমন; এই ধরনের ব্যবহারের কারণে *The demonstration started peacefully but later turned violent.* ○ *a violent death* ○ *violent crime* **2** very strong and impossible to control অত্যন্ত তীব্র, চড়া, নিয়ন্ত্রণের বাইরে *He has a violent temper.* ○ *a violent storm/collision* ▶ **violently** *adv.* তীব্রভাবে, প্রচণ্ড রকমের জোরে, হিংস্রভাবে *The ground shook violently and buildings collapsed in the earthquake.*

violet / ˈvaɪələt ˈভাইঅ্যাল্যাট্ / *noun* **1** [C] a small plant that grows wild or in gardens and has purple or white flowers and a pleasant smell বেগুনি বা সাদা সুগন্ধিযুক্ত ফুলের ছোটো গাছ যেগুলি বনে বা বাগানে জন্মায় **2** [U] a bluish purple colour হালকা বেগুনি রং ▶ **violet** *adj.* হালকা বেগুনি রঙের

violin / ˌvaɪəˈlɪn ˌভাইঅ্যাˈলিন্ / *noun* [C] a musical instrument with strings, that you hold under your chin and play with a long thin object (**a bow**) তারের এই বাদ্যযন্ত্রটি চিবুকের নীচে ধরে ছড়ের সাহায্যে বাজানো হয়; বেহালা, ভায়োলিন ➪ **piano** -তে নোট দেখো।

> **NOTE** কথ্য ভাষায় অনেক সময় **violin** কে **fiddle** বলা হয়। ➪ **music**-এ ছবি দেখো।

VIP / ˌviː aɪ ˈpiː ˌভী আই ˈপী / *abbr.* (*informal*) very important person অত্যন্ত গুরুত্বপূর্ণ ব্যক্তি *They were treated like VIPs.* ○ *give someone the VIP treatment* (=treat sb especially well)

viper / ˈvaɪpə(r) ˈভাইপ্যা(র্) / *noun* [C] a small poisonous snake এক ধরনের ছোটো বিষাক্ত সাপ

viral ➪ **virus** দেখো।

Vir Chakra *noun* [C] a gallantry award presented by the Government of India for great courage and bravery on the battlefield যুদ্ধে সাহস ও বীরত্ব দেখানোর জন্য ভারত সরকার দ্বারা প্রদত্ত সম্মান; বীর চক্র

virgin¹ / ˈvɜːdʒɪn ˈভ্যজিন্ / *noun* [C] a person who has never had sex কুমার, কুমারী, যার জীবনে কখনো কোনো যৌনসংগম ঘটেনি

virgin² / ˈvɜːdʒɪn ˈভ্যজিন্ / *adj.* that has not yet been used, touched, damaged, etc.যা তখনও পর্যন্ত ব্যবহৃত হয়নি বা যা স্পর্শ করা হয়নি বা যার ক্ষতি হয়নি *virgin forest*

virginity / vəˈdʒɪnəti ভ্যাˈজিন্যাটি / *noun* [U] the state of never having had sex কৌমার্য, কুমারীত্ব *to lose your virginity*

virgin olive oil *noun* [U] good quality oil obtained from **olives** the first time that they are pressed প্রথমবার পিষে জলপাই থেকে যে তেলটি বার করা হয়

Virgo / ˈvɜːɡəʊ ˈভ্যগ্যাউ / *noun* [U] the sixth sign of the **zodiac**, the Virgin রাশিচক্রের ষষ্ঠ রাশি, কন্যা রাশি

virile / ˈvɪraɪl ˈভিরাইল্ / *adj.* (used about a man) strong and having great sexual energy (পুরুষ সম্বন্ধে ব্যবহৃত) শক্তিশালী, পরাক্রমশালী, বিশেষ যৌনশক্তিসম্পন্ন

virility / vəˈrɪləti ভ্যা'রিল্যাটি / *noun* [U] a man's sexual power and energy যৌনক্ষমতা, যৌনশক্তি

virtual / ˈvɜːtʃuəl ˈভ্যচুঅ্যাল্ / *adj.* (*only before a noun*) **1** being almost or nearly sth কোনো কিছুর কাছাকাছি; প্রকৃত বা আসলের মতোই *The country is in a state of virtual civil war.* **2** made to appear to exist by computer কম্পিউটারের মাধ্যমে কোনো বস্তুর অস্তিত্ব দেখানো বা প্রতীয়মান হওয়ার জন্য সৃষ্ট

virtually / ˈvɜːtʃuəli ˈভ্যচুঅ্যালি / *adv.* **1** almost, or very nearly, so that any slight difference is not important প্রকৃতপক্ষে, আসলে, প্রায় *The building is virtually finished.* **2** (*computing*) by the use of computer programs, etc. that make sth appear to exist কম্পিউটার প্রোগ্রাম ইত্যাদি ব্যবহার করে কোনো বিষয় বা বস্তুর অস্তিত্বের আভাস পাওয়া যায় এমন *Check out our new hotel rooms virtually by visiting our website at www.rooms.com.*

virtual reality *noun* [U] (*computing*) images created by a computer that appear to surround the person looking at them and seem almost real কম্পিউটারের ছবি, যখন মানুষের চারপাশের পরিবেশকে একেবারে সত্যি বলে মনে হয়

virtue / ˈvɜːtʃuː ˈভ্যচু / *noun* **1** [U] behaviour which shows high moral standards ন্যায়পরায়ণতা, সদাচার *to lead a life of virtue* ✪ সম **goodness** **2** [C] a good quality or habit সুঅভ্যাস, সদাচার *Patience is a great virtue.* ➪ **vice** দেখো। **3** [C, U] **the virtue (of sth/of being/doing sth)** an advantage or a useful quality of sth কোনো কিছুর সদ্‌গুণ, কার্যকারিতা বা তা ব্যবহারের সুবিধা *This new material **has the virtue** of being strong as well as very light.*

IDM **by virtue of sth** (*formal*) by means of sth or because of sth দৌলতে, কল্যাণে

virtuoso / ˌvɜːtʃuˈəʊsəʊ ˌভ্যচু'অ্যাউস্যাউ / *noun* [C] (*pl.* **virtuosos** or **virtuosi** / -siː; -ziː -সী; -জ়ী / a person who is extremely skilful at sth, especially playing a musical instrument সুদক্ষ, ওস্তাদ, কোনো বাদ্যযন্ত্রে বিশেষ পারদর্শী

virtuous / ˈvɜːtʃuəs ˈভ্যচুঅ্যাস্ / *adj.* behaving in a morally good way ধার্মিক, ন্যায়পরায়ণ, সৎ

virulent / ˈvɪrələnt; ˈvɪrjələnt ˈভির্যাল্যান্ট্; ˈভিরিঅ্যাল্যান্ট্ / *adj.* **1** (used about a poison or a disease) very strong and dangerous (বিষ অথবা কোনো রোগ সম্বন্ধে ব্যবহৃত) খুব তীব্র এবং বিপজ্জনক, ছোঁয়াচে, ক্ষতিকর *a particularly virulent form of influenza* **2** (*formal*) very strong and full of anger অত্যন্ত জোরালো এবং ক্রোধে অন্ধ *a virulent attack on the leader*

virus / ˈvaɪrəs ˈভাইর‍্যাস্ / *noun* [C] (*pl.* **viruses**) **1** a living thing, too small to be seen without a special instrument (**microscope**), that causes disease in people, animals and plants প্রাণী ও উদ্ভিদের রোগ সৃষ্টিকারী অতি ক্ষুদ্র প্রাণী, যা অণুবীক্ষণ যন্ত্র ছাড়া দেখা যায় না; ভাইরাস *HIV, the virus that is thought to cause AIDS* ○ *to catch a virus* ➪ **bacteria** এবং **germ** দেখো। **2** (*computing*) instructions that are put into a computer program in order to stop it working properly and destroy information কম্পিউটার প্রোগ্রামের মধ্যে দেওয়া সেই নির্দেশ যাতে তাকে ঠিকমতো কাজ করতে বারণ করা এবং তথ্য ধ্বংস করতে বলা হয় ▶ **viral** / ˈvaɪrəl ˈভাইর‍্যাল্ / *adj.* ভাইরাসঘটিত *a viral infection*

visa / ˈviːzə ˈভীজ়্যা / *noun* [C] an official mark or piece of paper that shows you are allowed to enter, leave or travel through a country কোনো রাষ্ট্রে ঢোকা, বেরোনো বা ভ্রমণের অনুমতি চিহ্নসহ সরকারি ছাপ দেওয়া অনুমতিপত্র; ভিসা *His passport was full of visa stamps.* ○ *a tourist/work/student visa*

vis-à-vis / ˌviːz aː ˈviː ˌভীজ় আ: ˈভী / *prep.* (*from French*) (*formal*) **1** in relation to someone or sth কারও বা কিছুর পরিপ্রেক্ষিতে *He spoke to the Sports Minister vis-à-vis the arrangement for the World Cup.* **2** in comparison with কারও বা কিছুর তুলনায় *income vis-à-vis expenditure*

viscous / ˈvɪskəs ˈভিস্ক্যাস্ / *adj.* (*technical*) (used about liquids) thick and sticky; not flowing easily (তরল পদার্থ সম্বন্ধে ব্যবহৃত) আঠালো, গাঢ়, পুরু; সহজে প্রবাহিত হয় না এমন ▶ **viscosity** / vɪˈskɒsəti ভিˈস্কস্যাটি / *noun* [U] থকথকে ভাব, গাঢ়তার মাত্রা

vise (*AmE*) = **vice 3**

visibility / ˌvɪzəˈbɪləti ˌভিজ়্যা'বিল্যাটি / *noun* [U] the distance that you can see in particular light or weather conditions নির্দিষ্ট আলোতে বা নির্দিষ্ট আবহাওয়ার মধ্যে যতটা দূর পর্যন্ত দেখতে পাওয়া সম্ভব; দৃষ্টিসীমা, দৃশ্যমানতা *In the fog visibility was down to 50 metres.* ○ *poor/good visibility*

visible / ˈvɪzəbl ˈভিজ়্যাবল্ / *adj.* that can be seen or noticed যা দেখা বা খেয়াল করা যায়, যা চোখে পড়ে; দৃষ্টিগোচর *The church tower was visible from the other side of the valley.* ○ *a visible improvement in his work* ✪ বিপ **invisible** ▶ **visibly** / -əbli -অ্যাব্‌লি / *adv.* স্পষ্টভাবে, চোখে পড়ার মতো, স্পষ্টত *Rama was visibly upset.*

vision / ˈvɪʒn ˈভিজ়্ন্ / *noun* **1** [U] the ability to see; sight দেখার ক্ষমতা; যা দেখা যায়; দৃষ্টিশক্তি *to have good/poor/normal/perfect vision* **2** [C] a picture in your imagination কল্পনায় যে ছবি ফুটে ওঠে, স্বপ্নে দেখা জিনিস *They have a vision of a world without* *weapons.* **3** [C] a dream or similar experience often connected with religion ধর্মের সঙ্গে সম্বন্ধযুক্ত কল্পনা, স্বপ্ন অথবা অভিজ্ঞতা **4** [U] the ability to make great plans for the future ভবিষ্যতের জন্য বড়ো আকারের পরিকল্পনা করার ক্ষমতা বা শক্তি; দূরদৃষ্টি *a leader of great vision* **5** [U] the picture on a television or cinema screen টেলিভিশনে অথবা সিনেমার পর্দায় ছবি *a temporary loss of vision*

visionary / ˈvɪʒənri ˈভিজ্যান্রি / *adj.* (*pl.* **-ies**) having great plans for the future ভবিষ্যতের জন্য অনেক বড়ো বড়ো পরিকল্পনা আছে এমন *a visionary leader* ▶ **visionary** *noun* [C] (*pl.* **visionaries**) দূরদর্শী, দূরদৃষ্টিসম্পন্ন

visit / ˈvɪzɪt ˈভিজ়িট্ / *verb* [I, T] to go to see a person or place for a period of time অল্প সময়ের জন্য কাউকে দেখতে অথবা কোনো জায়গায় যাওয়া, দেখা করতে বা সময় কাটাতে যাওয়া *I don't live here. I'm just visiting.* ○ *We often visit relatives at the weekend.* ▶ **visit** *noun* [C] দেখা, সাক্ষাৎ *The Prime Minister is **on a visit** to Germany.* ○ *We had **a flying*** (=very short) *visit from Rohit on Sunday.*

visitor / ˈvɪzɪtə(r) ˈভিজ়িট্যা(র্) / *noun* [C] a person who visits sb/sth এমন কেউ যে অল্প সময়ের জন্য কাউকে দেখতে বা কোনো জায়গায় এসেছে; দর্শনার্থী, অভ্যাগত *visitors to London from overseas*

visor / ˈvaɪzə(r) ˈভাইজ্যা(র্) / *noun* [C] **1** the part of a hard hat (**a helmet**) that you can pull down to protect your eyes or face শক্ত টুপির যে অংশ যা টেনে নামিয়ে চোখ বা মুখ রক্ষা করা যায় **2** a piece of plastic, cloth, etc. on a hat or in a car, which stops the sun shining into your eyes টুপির উপর অথবা গাড়ির মধ্যে লাগানো প্লাস্টিক, কাপড় ইত্যাদির এমন কিছুটা যা রৌদ্রের ঝলকানি থেকে চোখ আড়াল করতে পারে

vista / ˈvɪstə ˈভিস্ট্যা / *noun* [C] (*written*) **1** a beautiful view, for example of the countryside, a city, etc. কোনো গ্রামাঞ্চল, শহর ইত্যাদির সুন্দর মনোরম দৃশ্য **2** a variety of things that might happen or be possible in the future অনেক ধরনের ব্যাপার যা হয়তো ভবিষ্যতে ঘটতে বা সম্ভবপর হতে পারে *This job could open up whole new vistas for her.*

visual / ˈvɪʒuəl ˈভিজুঅ্যাল্ / *adj.* connected with seeing দেখার সঙ্গে সম্বন্ধযুক্ত; চাক্ষুষ, দৃষ্টিসংক্রান্ত *the visual arts* (=painting, sculpture, cinema, etc.) ▶ **visually** *adv.* দৃশ্যত *The film is visually stunning.*

visual aid *noun* [C] a picture, film, map, etc. that helps a student to learn sth ছবি, ফিল্ম, ম্যাপ ইত্যাদি যা একজন ছাত্রকে কিছু শিখতে বা জানতে সাহায্য করে

visualize (*also* **-ise**) / ˈvɪʒuəlaɪz ˈভিজুঅ্যালাইজ্ / *verb* [T] to imagine or have a picture in your mind of sb/sth কোনো ব্যক্তি বা বস্তুর একটা ছবি কল্পনায় আনা *It's hard to visualize what this place looked like before the factory was built.*

vital / ˈvaɪtl ˈভাইট্ল্ / *adj.* **1** very important or necessary খুব গুরুত্বপূর্ণ, দরকারি *Practice is vital if you want to speak a language well.* ○ *vital information* **2** full of energy; lively প্রাণবন্ত; চটপটে ▶ **vitally** / ˈvaɪtəli ˈভাইট্যালি / *adv.* গুরুত্বপূর্ণভাবে *vitally important*

vitality / vaɪˈtæləti ভাইˈট্যাল্যাটি / *noun* [U] the state of being full of energy কর্মশক্তি, উদ্যম

vitamin / ˈvɪtəmɪn ˈভিট্যামিন্ / *noun* [C] one of several substances that are found in certain types of food and that are important for growth and good health শরীরের বৃদ্ধি এবং সুস্বাস্থ্যের জন্য নির্দিষ্ট ধরনের যে কয়েকরকম পদার্থ খাদ্যের মধ্যে থাকে তার যে-কোনো একটি; ভিটামিন *Oranges are rich in vitamin C.*

vivacious / vɪˈveɪʃəs ভিˈভেইশ্যাস্ / *adj.* (used about a person, usually a woman) full of energy; lively and happy (কোনো মানুষ, বিশেষত মহিলা সম্বন্ধে ব্যবহৃত) জীবনীশক্তিপূর্ণ; প্রাণচঞ্চল এবং আমুদে

viva voce / ˌvaɪvə ˈvəʊtʃi ˌভাইভ্যা ˈভ্যাউচি / (*BrE* **viva**) *noun* (*formal*) (from Latin) the oral part of an examination especially in an Indian or British university (ল্যাটিন আগত) মৌখিক পরীক্ষা বিশেষত কোনো ভারতীয় অথবা ব্রিটিশ বিশ্ববিদ্যালয়ে

vivid / ˈvɪvɪd ˈভিভিড্ / *adj.* **1** having or producing a strong, clear picture in your mind মনের ভিতর পরিষ্কার, স্পষ্ট ছবি ভেসে ওঠে এমন *vivid dreams/memories* **2** (used about light or a colour) strong and very bright (আলো অথবা রং সম্বন্ধে ব্যবহৃত) জোরালো, উজ্জ্বল *the vivid reds and yellows of the flowers* ▶ **vividly** *adv.* অত্যন্ত স্পষ্টভাবে, পরিষ্কারভাবে

viviparous / vɪˈvɪpərəs ভিˈভিপ্যার‍্যাস্ / *adj.* (*technical*) (used about animals) that produce live babies from their bodies rather than eggs (জন্তু-জানোয়ার সম্বন্ধে ব্যবহৃত) যারা একেবারে বাচ্চার জন্ম দেয়, ডিম পাড়ে না ⇨ **oviparous** দেখো।

vivisection / ˌvɪvɪˈsekʃn ˌভিভিˈসেক্শ্ন্ / *noun* [U] doing scientific experiments on live animals জীবিত পশুর উপর বৈজ্ঞানিক পরীক্ষা-নিরীক্ষা করার ক্রিয়া

vixen / ˈvɪksn ˈভিক্স্ন্ / *noun* [C] the female of a type of reddish wild dog (**fox**) স্ত্রী খ্যাঁকশিয়াল; শিয়ালি

viz. / vɪz ভিজ্ / *abbr.* (often read out as 'namely') that is to say; in other words (প্রায়ই জোরে পড়ার সময় 'namely' বলা হয়) তার মানে; অন্য কথায় বলতে গেলে

vocabulary / vəˈkæbjələri ভ্যাˈক্যাবিঅ্যাল্যারি / *noun* (*pl.* **vocabularies**) **1** [C, U] all the words that sb knows or that are used in a particular book, subject, etc. যেসব শব্দ কেউ জানে অথবা কোনো বিশেষ বই, বিষয় ইত্যাদিতে ব্যবহার করা হয়েছে; কোনো ভাষার সমস্ত শব্দ; শব্দ-সমষ্টি *He has an amazing vocabulary for a five year-old.* ○ *There are many ways to increase your English vocabulary.* **2** [*sing.*] all the words in a language কোনো ভাষায় যেসব শব্দ আছে *New words are always coming into the vocabulary.*

vocal / ˈvəʊkl ˈভ্যাউক্‌ল্ / *adj.* **1** (*only before a noun*) connected with the voice গলার স্বর সংক্রান্ত **2** expressing your ideas or opinions loudly or freely নিজের চিন্তাধারা অথবা মতামত খোলাখুলিভাবে খুব জোর দিয়ে অভিব্যক্ত করা হয় এমন *a small but vocal group of protesters*

vocal cords *noun* [C] the thin bands of muscle in the back of your throat that move to produce the voice গলার মধ্যে পিছনের দিকে পাতলা যে পেশিগুচ্ছ নড়েচড়ে শব্দ সৃষ্টি করে; স্বরতন্ত্রী, স্বররজ্জু

vocalist / ˈvəʊkəlɪst ˈভ্যাউক্যালিস্ট্ / *noun* [C] a singer, especially in a band কোনো গায়ক, বিশেষত যে কোনো দলে গায় *a lead/backing vocalist*

vocally / ˈvəʊkəli ˈভ্যাউক্যালি / *adv.* **1** in a way that uses the voice এমনভাবে যাতে কণ্ঠস্বরের ব্যবহার হয় *to communicate vocally* **2** by speaking in a loud and confident way জোর দিয়ে, দৃঢ় বিশ্বাসের সঙ্গে বলার দ্বারা *They protested vocally.*

vocation / vəʊˈkeɪʃn ভ্যাউˈকেইশ্‌ন্ / *noun* [C, U] a type of work or a way of life that you believe to be especially suitable for you এমন ধরনের কাজ বা জীবন যাপনের পথ যা কেউ নিজের জন্য বিশেষ উপযুক্ত বলে বিশ্বাস করে; বৃত্তি *Pankaj has finally found his vocation in life.*

vocational / vəʊˈkeɪʃənl ভ্যাউˈকেইশ্যান্‌ল্ / *adj.* connected with the skills, knowledge, etc. that you need to do a particular job বিশেষ কোনো কাজ করতে যে দক্ষতা, জ্ঞান ইত্যাদির প্রয়োজন তার সঙ্গে সম্বন্ধযুক্ত; বৃত্তিমুলক *vocational training*

vocative / ˈvɒkətɪv ˈভক্যাটিভ্ / *noun* [C] (*grammar*) (in some languages) the form of a noun, a pronoun or an adjective used when addressing a person or thing (ব্যাকরণ) (কোনো কোনো ভাষায়) বিশেষ্য, সর্বনাম বা বিশেষণের যে রূপ কোনো ব্যক্তি বা বস্তুকে সম্বোধন করতে ব্যবহৃত হয় ▶ **vocative** *adj.* সম্বোধনসূচক *the vocative case* ➪ **accusative, dative, genitive** এবং **nominative** দেখো

vociferous / vəˈsɪfərəs ভ্যাˈসিফ্যার্যাস্ / *adj.* (*formal*) expressing your opinions or feelings in a loud and confident way নিজের মতামত অথবা অনুভূতি জোর গলায় দৃঢ় বিশ্বাসের সঙ্গে বলা হয় এমন ▶ **vociferously** *adv.* জোর গলায়, জোরালোভাবে

vodka / ˈvɒdkə ˈভড্‌ক্যা / *noun* [C, U] a strong clear alcoholic drink originally from Russia একরকম কড়া মদ যা প্রথমে রাশিয়ায় তৈরি করা হয়; ভদকা

vogue / vəʊg ভ্যাউগ্ / *noun* [C, U] **a vogue (for sth)** a fashion for sth কোনো কিছুর জন্য যে ফ্যাশন চালু; চলতি কেতা, হালফ্যাশন *a vogue for large cars* ○ *That hairstyle is* ***in vogue*** *at the moment.*

voice¹ / vɔɪs ভইস্ / *noun* **1** [C] the sounds that you make when you speak or sing; the ability to make these sounds কথা বলতে, গান গাইতে গলা দিয়ে যে আওয়াজ বার হয়; আওয়াজ করা বা স্বর বার করার শক্তি বা ক্ষমতা; গলার স্বর, কণ্ঠস্বর *He had a bad cold and* ***lost his voice*** (=could not speak for a period of time). ○ *Alan is 13 and his* ***voice is breaking*** (=becoming deep and low like a man's). **2 voiced** (*used to form compound adjectives*) having a voice of the type mentioned উল্লিখিত ধরনের কণ্ঠস্বর সম্পন্ন *husky-voiced* **3** [*sing.*] **a voice (in sth)** (the right to express) your ideas or opinions (প্রকাশ করা বা বলার অধিকার) কারও চিন্তাভাবনা অথবা মতামত *The workers want more of a voice in the running of the company.* **4** [C] a particular feeling, attitude or opinion that you have or express বিশেষ কোনো অনুভূতি, মনোভাব অথবা মতামত যা কারও আছে অথবা কেউ প্রকাশ করে *You should listen to the voice of reason and apologize.* **5** [*sing.*] (*grammar*) the form of a verb that shows if a sentence is **active** or **passive** (ব্যাকরণ) ক্রিয়াপদের যে রূপ দ্বারা বোঝা যায় বাক্যটি active কিংবা passive; বাচ্য *'Keats wrote this poem' is in the* ***active voice***. ○ *'This poem was written by Keats' is in the* ***passive voice***.

> **NOTE** কর্মবাচ্য (passive voice) সম্বন্ধে আরও বিশদভাবে জানতে হলে এই অভিধানটির শেষাংশে **Quick Grammar Reference** দেখো

IDM **at the top of your voice** ➪ **top¹** দেখো

voice² / vɔɪs ভইস্ / *verb* [T] to express your opinions or feelings নিজের মতামত অথবা অনুভূতি জানানো, প্রকাশ করা *to voice complaints/criticisms*

voice box = **larynx**

voicemail / ˈvɔɪsmeɪl ˈভইস্‌মেইল্ / *noun* [U] an electronic system which can store telephone messages, so that sb can listen to them later এমন বৈদ্যুতিন ব্যবস্থা যাতে টেলিফোনে বলা কথা ধরে রেখে পরে কেউ তা শুনতে পারে; ভয়েসমেল

V

void[1] / vɔɪd ভইড্ / *noun* [C, *usually sing.*] (*formal*) a large empty space বিরাট শূন্যস্থান, বিরাট ফাঁক *Her death left a void in their lives.*

void[2] / vɔɪd ভইড্ / *adj.* **1** (used about a ticket, contract, decision, etc.) that can no longer be accepted or used (কোনো টিকিট, চুক্তিপত্র, সিদ্ধান্ত ইত্যাদি সম্বন্ধে ব্যবহৃত) যা আর এখন ঠিক নেই, মানা যায় না, বাতিল, নাকচ *The agreement was declared void.* **2** (*formal*) **void (of sth)** completely lacking sth কোনো কিছু একেবারেই নেই এমন *This book is totally void of interest for me.*

vol. *abbr.* **1** (*pl.* **vols.**) volume (of a book) বই এর খণ্ড *The Complete Works of Rabindranath Tagore, Vol. 2* **2** volume খণ্ড *vol. 333 ml*

volatile / ˈvɒlətaɪl ˈভল্যাটাইল্ / *adj.* **1** that can change suddenly and unexpectedly যা হঠাৎ এবং অপ্রত্যাশিতভাবে বদলে যেতে পারে *a highly volatile situation which could easily develop into rioting* ○ *a volatile personality* **2** (used about a substance) that can easily change into a gas (কোনো পদার্থ সম্বন্ধে ববহৃত) যা সহজেই বাষ্পীভূত হতে পারে; উদ্বায়ী পদার্থ ▶ **volatility** / ˌvɒləˈtɪləti ˌভল্যাˈটিল্যাটি / *noun* [U] চট করে উবে যাওয়ার ক্ষমতাযুক্ত; উদ্বায়িতা

volcano / vɒlˈkeɪnəʊ ভল্ˈকেইন্যাউ / *noun* [C] (*pl.* **volcanoes; volcanos**) a mountain with a hole (**crater**) at the top through which steam, hot melted rock (**lava**), fire, etc. sometimes come out উপরে বড়ো মুখওয়ালা পর্বত যেটির মধ্যে থেকে মাঝেমাঝে বাষ্প, ধোঁয়া, আগুন, গলিত পাথর বা লাভা ইত্যাদি বেরিয়ে আসে; আগ্নেয়গিরি *an active/dormant/ extinct volcano* ○ *When did the volcano last erupt?* ▶ **volcanic** / vɒlˈkænɪk ভল্ˈক্যানিক্ / *adj.* আগ্নেয়গিরিজাত, আগ্নেয়গিরিসংক্রান্ত *volcanic rock/ash*

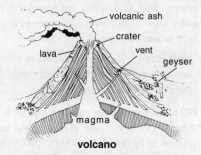

volcanic ash
crater
vent
geyser
lava
magma

volcano

vole / vəʊl ভ্যাউল্ / *noun* [C] a small animal like a mouse or rat that lives in fields or near rivers ইঁদুরের মতো একরকম ছোটো জন্তু যারা মাঠে অথবা নদীর ধারে থাকে

volition / vəˈlɪʃn ভ্যাˈলিশ্ন্ / *noun* [U] (*formal*) the power to choose sth freely or to make your own decisions কোনো কিছু নিজে বেছে নেওয়ার ক্ষমতা; নিজে সিদ্ধান্ত নেওয়ার ক্ষমতা *They left entirely **of their own volition*** (=because they wanted to).

volley / ˈvɒli ˈভলি / *noun* [C] **1** (in tennis, football, etc.) a hit or kick of the ball before it touches the ground (টেনিস, ফুটবল ইত্যাদি খেলায়) মাটিতে পড়ার আগে বলে মারা আঘাত বা লাথি *a forehand/backhand volley* **2** a number of stones, bullets, etc. that are thrown or shot at the same time একসঙ্গে ছোড়া বা মারা কয়েকটি পাথর, বুলেট ইত্যাদি *The soldiers fired a volley over the heads of the crowd.* **3** a lot of questions, insults, etc. that are directed at one person very quickly, one after the other কোনো ব্যক্তির দিকে ছুড়ে দেওয়া একের পর এক অনেকগুলি প্রশ্ন, অপমানকর উক্তি ইত্যাদি *a volley of abuse* ▶ **volley** *verb* [I, T] ভলি করা, মাটিতে পড়ার আগেই বলটি মারা *Nandini volleyed the ball into the net.*

volleyball / ˈvɒlibɔːl ˈভলিবঃল্ / *noun* [U] a game in which two teams of six players hit a ball over a high net with their hands while trying not to let the ball touch the ground on their own side এক রকমের খেলা যাতে ছয়জনের দুই দল উঁচুতে টাঙানো একটা জালের উপর দিয়ে একবারও বল যাতে তাদের দলের দিকের মাটিতে না পড়ে সেই চেষ্টায় খালি হাতে এদিক-ওদিক মেরে খেলে; ভলিবল

volt / vəʊlt ভ্যাউল্ট্ / *noun* [C] (*abbr.* **V**) a unit for measuring electrical force বিদ্যুৎশক্তি পরিমাপের একক; ভোল্ট

voltage / ˈvəʊltɪdʒ ˈভ্যাউল্টিজ্ / *noun* [C, U] an electrical force measured in units (**volts**) ভোল্টের হিসেবে পরিমিত বৈদ্যুতিক শক্তি বা প্রবাহ; ভোল্টেজ

voltmeter / ˈvəʊltmiːtə(r) ˈভ্যাউল্ট্মীট্যা(র্) / *noun* [C] an instrument for measuring voltage ভোল্টেজ মাপার যন্ত্র; ভোল্টমিটার

volume / ˈvɒljuːm ˈভলিউম্ / *noun* **1** [U, C] (*abbr.* **vol.**) the amount of space that sth contains or fills কোনো কিছু যে পরিমাণ জায়গা পূরণ করে অথবা কোনো কিছুর ভিতরে যে পরিমাণ জায়গা থাকে; আয়তন *What is the volume of this sphere?* ➪ **area 2** দেখো। **2** [C, U] the large quantity or amount of sth কোনো কিছুর অনেকটা, বিশাল পরিমাণ *the **sheer volume*** (=the large amount) *of traffic on the roads* **3** [U, *sing.*] how loud a sound is ধ্বনির মাত্রা *to turn the volume on a radio up/down* ○ *a low/ high volume* **4** [C] (*abbr.* **vol.**) a book, especially one of a set or series একটা বই, বিশেষত এক সেট (set) অথবা একসারি কয়েকটি বই-এর একটি *That dictionary comes in three volumes.*

voluminous / vəˈluːmɪnəs ভ্যাˈলুমিন্যাস্ / *adj.* (*formal*) **1** (used about clothing) very large; having a lot of cloth (পোশাক সম্বন্ধে ব্যবহৃত) খুব

বড়ো; যাতে অনেক কাপড় লেগেছে *a voluminous skirt* **2** (used about a piece of writing, a book, etc.) very long and detailed (কোনো লেখা, বই ইত্যাদি সম্বন্ধে ব্যবহৃত) খুব লম্বা এবং বিস্তারিত **3** (used about a container, piece of furniture, etc.) very large (আধার, আসবাবপত্র ইত্যাদি সম্বন্ধে ব্যবহৃত) বিশাল, খুব বড়ো *a voluminous armchair*

voluntary / ˈvɒləntri ˈভল্যান্ট্রি / *adj.* **1** done or given because you want to do it, not because you have to do it নিজের ইচ্ছায় করা বা দেওয়া হয়েছে এমন, করতে হবে বলে চাপে পড়ে নয়; স্বেচ্ছাকৃত, ঐচ্ছিক *He took* ***voluntary redundancy*** *and left the firm last year.* ✪ বিপ **compulsory** **2** done or working without payment বিনা পারিশ্রমিকে কাজ করা হচ্ছে এমন *She does some* ***voluntary work*** *at the hospital.* **3** (used about movements of the body) that you can control (শরীরের নড়াচড়া, ঘোরানো-ফেরানো সম্বন্ধে ব্যবহৃত) যা নিজে নিয়ন্ত্রণ করা যায় ✪ বিপ **involuntary** ▶ **voluntarily** / ˈvɒləntrəli; ˌvɒlənˈterəli ˈভল্যান্ট্র্যালি; ˌভল্যান্ˈটের‍্যালি / *adv.* স্বেচ্ছায়, স্বতঃপ্রবৃত্তভাবে *She left the job voluntarily; she wasn't sacked.*

volunteer[1] / ˌvɒlənˈtɪə(r) ˌভল্যান্ˈটিঅ্যা(র্) / *noun* [C] **1** a person who offers or agrees to do sth without being forced or paid to do it এমন কেউ যে স্বেচ্ছায় কিছু করতে চায় বা রাজি হয়, কোনো চাপের ফলে বা অর্থের বিনিময়ে নয়; স্বেচ্ছাকর্মী *Are there any volunteers to do the washing up?* **2** a person who joins the armed forces without being ordered to এমন কেউ যে বিনা আদেশেই স্বেচ্ছায় সৈন্যদলে যোগ দেয় ➪ **conscript[2]** দেখো।

volunteer[2] / ˌvɒlənˈtɪə(r) ˌভল্যান্ˈটিঅ্যা(র্) / *verb* **1** [I, T] **volunteer (sth); volunteer (to do sth)** to offer sth or to do sth which you do not have to do or for which you will not be paid কোনো কিছু দিতে বা করতে চাওয়া যা বাধ্যতামূলক নয় বা যার জন্য রোজগারও হয় না; স্বেচ্ছায় কিছু করতে চাওয়া বা এগিয়ে যাওয়া *They volunteered their services free.* ○ *One of my friends volunteered to take us all in his car.* **2** [I] **volunteer (for sth)** to join the armed forces without being ordered আদেশ ছাড়াই সৈন্যদলে যোগ দেওয়া; স্বেচ্ছায় সৈন্যদলে যোগদান করা **3** [T] to give information, etc. or to make a comment or suggestion without being asked to কেউ জিজ্ঞাসা না-করলেও তথ্য ইত্যাদি সরবরাহ করা বা কোনো মন্তব্য করা বা পরামর্শ ইত্যাদি দেওয়া *I volunteered a few helpful suggestions.*

vomit / ˈvɒmɪt ˈভমিট্ / *verb* [I, T] to bring food, etc. up from the stomach and out of the mouth বমি করা **NOTE** সাধারণত, ব্রিটিশ ইংরাজিতে বমি করাকে **be sick** বলা হয় ▶ **vomit** *noun* [U] বমি, বমন

voracious / vəˈreɪʃəs ভ্যাˈরেইশ্যাস্ / *adj.* (*written*) **1** eating or wanting large amounts of food অধিক পরিমাণে খায় বা খেতে চায় এমন *a voracious eater* ○ *to have a* ***voracious appetite*** **2** wanting a lot of new information and knowledge অনেক রকম নতুন তথ্য এবং খবর জানতে বা জ্ঞান লাভ করতে চায় এমন *a voracious reader* ▶ **voraciously** *adv.* বুভুক্ষুর মতো, লোভীর মতো ▶ **voracity** / vəˈræsəti ভ্যাˈর‍্যাস্যাটি / *noun* [U] উদরসর্বস্বতা, জ্ঞানাগ্রহ, খাদ্যলোলুপতা, জ্ঞানলোলুপতা

vortex / ˈvɔːteks ˈভ:টেক্স্ / *noun* [C] (*pl.* **vortexes** or **vortices** / -tɪsiːz -টিসীজ় /) a mass of air, water, etc. that turns around very fast and pulls things into its centre বায়ু, জল ইত্যাদির খুব দ্রুত ঘূর্ণন এবং চারিদিক থেকে জিনিসপত্র কেন্দ্রের দিকে আকর্ষণ; ঘূর্ণিঝড়, ঘূর্ণিবায়ু, আবর্ত

vote[1] / vəʊt ভ্যাউট্ / *noun* **1** [C] **a vote (for/against sb/sth)** a formal choice in an election or at a meeting, which you show by holding up your hand or writing on a piece of paper নির্বাচন অথবা কোনো সমাবেশে হাত উপরে করে অথবা কাগজে লিখে আনুষ্ঠানিকভাবে নিজের মতপ্রদান; ভোট, মতদান *The votes are still being counted.* ○ *There were 10* ***votes for****, and 25* **against** *the motion.* **2** [C] **a vote (on sth)** a method of deciding sth by asking people to express their choice and finding out what most people want লোকদের জিজ্ঞাসা করে, বেশির ভাগ লোক কি চায় তা জেনে সিদ্ধান্ত নেওয়ার পদ্ধতি *The democratic way to decide this would be to* ***take a vote****.* ○ *Let's* ***have a vote/put it to the vote****.* **3 the vote** [*sing.*] the total number of votes in an election কোনো নির্বাচনে মোট ভোট সংখ্যা *She obtained 30 per cent of the vote.* **4 the vote** [*sing.*] the legal right to vote in political elections রাজনৈতিক নির্বাচনে ভোট দেওয়ার আইনসংগত অধিকার *Women did not get the vote in that country until the 1920s.*

IDM **cast a/your vote** ➪ **cast[1]** দেখো।

a vote of thanks a short speech to thank sb, usually a guest, at a meeting, dinner, etc. কোনো মিটিং, ভোজসভা ইত্যাদিতে কাউকে, সাধারণত আমন্ত্রিত কোনো ব্যক্তিকে ধন্যবাদ জানানোর জন্য যে বক্তব্য রাখা হয় *The club secretary proposed a vote of thanks to the guest speaker.*

vote[2] / vəʊt ভ্যাউট্ / *verb* **1** [I, T] **vote (for/against sb/sth); vote (on sth); vote to do sth** to show formally a choice or opinion by marking a piece of paper or by holding up your hand এক টুকরো

কাগজে কোনো চিহ্ন দিয়ে অথবা হাত তুলে আনুষ্ঠানিকভাবে নিজের পছন্দ অথবা মত জানানো *Forty-six per cent **voted in favour of** (=for) the proposed change.* ○ *After the debate we'll vote on the motion.* **2** [T] (*usually passive*) to choose sb for a particular position or prize কোনো ব্যক্তিকে কোনো বিশেষ পদ অথবা পুরস্কারের জন্য মনোনীত করা *He was voted best actor at the Oscars.* ▶ **voter** *noun* [C] ভোটদাতা, নির্বাচক

vouch / vaʊtʃ ভাউচ্ / *verb*

PHR V **vouch for sb/sth** to say that a person is honest or good or that sth is true or genuine কেউ যে সৎ অথবা ভালো অথবা কোনো বস্তু খাঁটি তা বলা *I can vouch for her ability to work hard.*

voucher / ˈvaʊtʃə(r) ˈভাউচ্যা(র্) / *noun* [C] a piece of paper that you can use instead of money to pay for all or part of sth এক টুকরো কাগজ যা অর্থের পরিবর্তে ব্যবহার করে সবটা বা কিছু অংশের দাম মেটানো চলে ➪ **token** দেখো।

vouchsafe / ˌvaʊtʃˈseɪf ˌভাউচ্ˈসেইফ্ / *verb* [T] (*old-fashioned* or *formal*) **1** to give or offer sth to sb or tell sth to sb, especially as a privilege অনুগ্রহ করে কাউকে কোনো কিছু দেওয়া বা বলা *They vouchsafed his safe return from the jungle.*

vow / vaʊ ভাউ / *noun* [C] a formal and serious promise (especially in a religious ceremony) শপথ (বিশেষত যা ধর্মীয় অনুষ্ঠানের উপর ভিত্তি করে করা) *to keep/break your **marriage vows*** ▶ **vow** *verb* [T] শপথ নেওয়া *We vowed never to discuss the subject again.*

vowel / ˈvaʊəl ˈভাউঅ্যাল্ / *noun* [C] any of the sounds represented in English by the letters a, e, i, o, or u ইংরাজিতে a, e, i, o, এবং u-এর ধ্বনিগুলির কোনো একটি; স্বরধ্বনি, স্বরবর্ণ; ➪ **consonant** দেখো।

voyage / ˈvɔɪɪdʒ ˈভইইজ্ / *noun* [C] a long journey by sea or in space সমুদ্র অথবা শূন্যাকাশে লম্বা যাত্রা *a voyage to Jupiter* ▶ **voyager** *noun* [C] সমুদ্রযাত্রী

VPP / ˌviː piː ˈpiː ˌভী পী ˈপী / *abbr.* (in India and Pakistan) value payable post. The postal system in which the cost of the contents of the parcel and the postage must be paid by the receiver (ভারতবর্ষে এবং পাকিস্তানে) ভিপিপি; এমন ডাক যেখানে প্রাপক পার্সেলে পাঠানো জিনিসগুলির দাম এবং ডাকমাশুল দেয়

vulgar / ˈvʌlgə(r) ˈভাল্গ্যা(র্) / *adj.* **1** not having or showing good judgement about what is attractive or appropriate; not polite or well behaved অমার্জিত; যার কথাবার্তা, হাবভাবে শিষ্টাচারের অভাব চোখে পড়ে *vulgar furnishings* ○ *a vulgar man/woman* **2** rude or likely to offend people রূঢ় অথবা এমন যে লোকে অসন্তুষ্ট হয় *a vulgar joke* ▶ **vulgarity** /vʌlˈgærəti ভাল্ˈগ্যার‍্যাটি / *noun* [C, U] (*pl.* **vulgarities**) অসভ্যতা, অশ্লীলতা, রুচিহীনতা

vulgar fraction *noun* [C] (*BrE*) a **fraction** that is shown as numbers above and below a line সাধারণ ভগ্নাংশ যেমন লেখা হয় লাইনের উপরে ও নীচে; সামান্য ভগ্নাঙ্ক $^{3}/_{4}$ *and* $^{5}/_{8}$ *are vulgar fractions.* ➪ **decimal fraction** দেখো।

vulnerable / ˈvʌlnərəbl ˈভাল্ন্যার‍্যাবল্ / *adj.* **vulnerable (to sth/sb)** weak and easy to hurt physically or emotionally দুর্বল এবং সহজেই শারীরিকভাবে অথবা মানসিক আবেগে আঘাত পেতে পারে; সহজে কোনো কিছুর দ্বারা প্রভাবিত বা আক্রান্ত হয় এমন *Poor organization left the troops vulnerable to enemy attack.* ✪ বিপ **invulnerable** ▶ **vulnerability** / ˌvʌlnərəˈbɪləti ˌভাল্ন্যার‍্যাˈবিল্যাটি / *noun* [U] নিরাপত্তাহীনতা, সহজে আঘাত পাওয়ার প্রবণতা

vulture / ˈvʌltʃə(r) ˈভাল্চ্যা(র্) / *noun* [C] a large bird with no feathers on its head or neck that eats dead animals শকুন, গৃধ্র

W w

W[1], **w** / ˈdʌblju: ˈডাব্‌লিউ / *noun* [C, U] (*pl.* **W's; w's**/ ˈdʌblju:z ˈডাব্‌লিউজ্ /) the twenty-third letter of the English alphabet ইংরেজি বর্ণমালার ত্রয়োবিংশতিতম অক্ষর বা বর্ণ *'Water' begins with (a) 'W'.*

W[2] *abbr.* **1** watt(s) ওয়াট *a 60W light bulb* **2** west(ern) পশ্চিম দিকের, পশ্চিম *W Delhi*

wacky (*also* **whacky**) / ˈwæki ˈউঅ্যাকি / *adj.* (*informal*) amusing or funny in a slightly crazy way মজাদার অথবা হাস্যকর, কিছুটা খ্যাপাটে গোছের

wad / wɒd উঅড্ / *noun* [C] **1** a large number of papers, paper money, etc. folded or rolled together একগোছা ভাঁজ করা অথবা গোল করে গোটানো কাগজ, টাকার নোট ইত্যাদি *He pulled a wad of Rs 20 notes out of his pocket.* **2** a mass of soft material that is used for blocking sth or keeping sth in place খানিকটা নরম পদার্থ যা দিয়ে কিছু আটকে রাখা অথবা ঠিক জায়গায় ধরে রাখার কাজ চলে *The nurse used a wad of cotton wool to stop the bleeding.*

waddle / ˈwɒdl ˈউঅড্‌ল্ / *verb* [I] to walk with short steps, moving the weight of your body from one side to the other, like a duck ধপ ধপ করে, ছোটো ছোটো পা ফেলে, হেলেদুলে, হাঁসের মতো চলা, হংসগতিতে চলা

wade / weɪd উএইড্ / *verb* [I] to walk with difficulty through fairly deep water, mud, etc. গভীর জল, কাদা ইত্যাদির মধ্যে দিয়ে কষ্ট করে হাঁটা

PHR V **wade through sth** to deal with or read sth that is boring and takes a long time একঘেয়ে কোনো কিছুর মোকাবিলা করা বা কঠিন, নীরস কোনো বই অনেকক্ষণ ধরে জোর করে পড়া

wadi / ˈwɒdi ˈউঅডি / *noun* [C] (in geography) a valley or passage in the Middle East and North Africa that is dry except when it rains (ভূগোলে) মধ্য প্রাচ্য এবং উত্তর আফ্রিকায় উপত্যকা অথবা পাহাড়ে ঘেরা সরু পথ যা বৃষ্টির সময় ছাড়া শুকনো থাকে; সরুনালা

wafer / ˈweɪfə(r) ˈউএইফ্যা(র্) / *noun* [C] a very thin, dry biscuit often eaten with ice cream খুবই পাতলা একরকম শুকনো বিস্কুট যা প্রায়ই আইসক্রীমের সঙ্গে খাওয়া হয়

waffle[1] / ˈwɒfl ˈউঅফ্‌ল্ / *noun* **1** [C] a flat cake with a pattern of squares on it that is often eaten warm with a sweet sauce (**syrup**) একরকম ছোটো কেক যার উপর চারকোনা গোছের নকশা থাকে এবং যা প্রায়ই গরম অবস্থায় কোনো মিষ্টি সস বা সিরাপ লাগিয়ে খাওয়া হয় **2** [U] (*BrE informal*) language that uses a lot of words but that does not say anything important or interesting এমন ভাষা যাতে বহু শব্দ ব্যবহার করা হয়েছে কিন্তু গুরুত্বপূর্ণ অথবা চিত্তাকর্ষক কিছুই বলা হয়নি *The last two paragraphs of your essay are just waffle.*

waffle[2] / ˈwɒfl ˈউঅফ্‌ল্ / *verb* [I] (*BrE informal*) **waffle (on) (about sth)** to talk or write for much longer than necessary without saying anything important or interesting গুরুত্বপূর্ণ বা চিত্তাকর্ষক নয় এমন কথা বাড়িয়ে-টাড়িয়ে বলা, অনাবশ্যক বাগবিস্তার করা, ফাঁকা কথা বলা; বাগাড়ম্বর করা

waft / wɒft উঅফ্‌ট্ / *verb* [I, T] to move, or make sth move, gently through the air হাওয়ায় অনায়াসে ভেসে যাওয়া অথবা কোনো কিছুকে ভাসিয়ে নেওয়া *The smell of her perfume wafted across the room.*

wag / wæg উঅ্যাগ্ / *verb* [I, T] (**wagging; wagged**) to shake up and down or move from side to side; to make sth do this উপরে নীচে এবং এপাশ-ওপাশ নড়ানো; কাউকে এরকম করানো *The dog wagged its tail.*

wage[1] / weɪdʒ উএইজ্ / *noun* [*sing.*] (*also* **wages;** *pl.*) the regular amount of money that you earn for a week's work এক সপ্তাহ কাজ করে যে টাকা পাওয়া যায়, সাধারণত সাপ্তাহিক কাজের নিয়মিত পারিশ্রমিক ***minimum wage*** (=the lowest wage that an employer is allowed to pay by law)

> **NOTE** **Wage** শব্দটি একবচনে (singular) ব্যবহার করলে সাধারণত নির্দিষ্ট পারিশ্রমিক বোঝায় এবং অন্য কোনো শব্দের সঙ্গেও এই শব্দটি জুড়লে তার অর্থ বদলায় না যেমন 'wage packet', 'wage rise' ইত্যাদি। **Wages** শব্দটি বহুবচনে (plural) কেবলমাত্র পারিশ্রমিক হিসাবে প্রদত্ত অর্থ বোঝায়—*I have to pay the rent out of my wages.* ➪ **pay**[2]-তে নোট দেখো।

wage[2] / weɪdʒ উএইজ্ / *verb* [T] **wage sth (against/on sb/sth)** to begin and then continue a war, battle, etc. যুদ্ধ, লড়াই ইত্যাদি আরম্ভ করে চালিয়ে যাওয়া *to wage war on your enemy*

waggle / ˈwægl ˈউঅ্যাগ্‌ল্ / *verb* [I, T] (*informal*) to move up and down or from side to side with quick, short movements; to make sth do this উপরে এবং নীচে অথবা এপাশে-ওপাশে নাড়ানো বা ঝাঁকানো; কাউকে দিয়ে এরকম করানো

wagon / ˈwægən ˈউঅ্যাগ্যান্ / *noun* [C] (*AmE* **freight car**) an open section of a railway train that is used for carrying goods or animals ট্রেনের ছাদখোলা এক অংশ যাতে মালপত্র বা জীবজন্তু নিয়ে যাওয়া হয়; ওয়াগন

waif / weɪf উএইফ্ / *noun* [C] a small thin person, usually a child, who seems to have nowhere to live রোগা পাতলা ছোটো মানুষ সাধারণত ছোটো ছেলে যাকে দেখে মনে হয় থাকার কোনো জায়গা নেই; গৃহহীন শিশু

wail / weɪl উএইল্ / *verb* **1** [I, T] to cry or complain in a loud, high voice, especially because you are sad or in pain দুঃখ-কষ্ট এবং বেদনায় কান্নাকাটি বা আর্তনাদ করা, নালিশ জানানো **2** [I] (used about things) to make a sound like this (জিনিসপত্র সম্বন্ধে ব্যবহৃত) এরকম আওয়াজ করা *sirens wailing in the streets outside* ► **wail** *noun* [C] করুণ আর্তনাদ

waist / weɪst উএইস্ট্ / *noun* [C, *usually sing.*] **1** the narrowest part around the middle of your body কোমর *She put her arms around his waist.* ➪ **body**-তে ছবি দেখো। **2** the part of a piece of clothing that goes round the waist কোমরবন্ধনী

waistband / ˈweɪstbænd ˈউএইস্ট্ব্যান্ড্ / *noun* [C] the narrow piece of material at the waist of a piece of clothing, especially trousers or a skirt কোনো পোশাকের, বিশেষত প্যান্ট অথবা স্কার্টের যে সরু অংশটি কোমর ঘিরে থাকে, পোশাকের কোমরবন্ধ

waistcoat / ˈweɪskəʊt ˈউএইস্ক্যাউট্ / (*AmE* **vest**) *noun* [C] a piece of clothing with buttons down the front and no sleeves that is often worn over a shirt and under a jacket as part of a man's suit হাতকাটা সামনে বোতাম লাগানো ছেলেদের জন্য একরকম কোটের মতো পোশাক যা প্রায়ই শার্টের উপর এবং জ্যাকেট বা কোটের নীচে (স্যুটের অংশ হিসেবে) পরা হয়

waistline / ˈweɪstlaɪn ˈউএইস্ট্লাইন্ / *noun* [C, *usually sing.*] **1** (used to talk about how fat or thin a person is) the measurement or size of the body around the waist (একজন মানুষ কতটা মোটা বা রোগা সেটা বোঝাতে ব্যবহৃত) কোমরের ঘেরের মাপ **2** the place on a piece of clothing where your waist is কোনো পোশাকের যে জায়গায় কোমর থাকে

wait[1] / weɪt উএইট্ / *verb* [I] **1 wait (for sb/sth) (to do sth)** to stay in a particular place, and not do anything until sb/sth arrives or until sth happens কোনো জায়গায় কিছু না করে কারও বা কিছুর জন্য অথবা কিছু ঘটার জন্য অপেক্ষা করা *Wait here. I'll be back in a few minutes.* ○ *I'm waiting to see the doctor.*

> **NOTE** **Wait** এবং **expect** শব্দ দুটির তুলনা করো—*I was expecting him to be there at 7.30 but at 8.30, I was still waiting.* ○ *I'm waiting for the exam results but I'm not expecting to pass.* **Wait** করার অর্থ হল নিজে কিছু না করে কোনো ব্যক্তির আসার জন্য অথবা কোনো কিছু ঘটার জন্য অপেক্ষা করা—*I waited outside the theatre until they arrived.* **Expect** করার অর্থ এই হল যে কোনো জিনিসের জন্য প্রত্যাশা করা কিন্তু সেই সময়ে নিজে অন্য কাজ করা—*I'm expecting you to get a good grade in your exam.*

2 to be left or delayed until a later time পরে কখনও করার জন্য ছেড়ে দেওয়া অথবা দেরি করা *Is this matter urgent or can it wait?*

IDM **can't wait/can hardly wait** used when you are emphasizing that sb is very excited and enthusiastic about doing sth কেউ যে কোনো ব্যাপারে খুব উত্তেজিত এবং উৎসাহী তা জোর দিয়ে বলা বা বোঝানোর জন্য ব্যবহৃত অভিব্যক্তিবিশেষ *The kids can't wait to see their father again.*

keep sb waiting to make sb wait or be delayed, especially because you arrive late কাউকে বসিয়ে রেখে অপেক্ষা করানো, বিশেষত দেরি করে এসেছে বলে

wait and see used to tell sb to be patient and to wait to find out about sth later কাউকে ধৈর্য ধরে থেকে পরে কি হয় দেখতে বলার জন্য ব্যবহৃত অভিব্যক্তিবিশেষ

wait your turn to wait until the time when you are allowed to do sth যতক্ষণ না নিজের কিছু করার সময় আসে ততক্ষণ অপেক্ষা করা

PHR V **wait behind** to stay in a place after others have left it অন্যরা চলে যাওয়ার পরে কোথাও থেকে যাওয়া *She waited behind after class to speak to her teacher.*

wait in to stay at home because you are expecting sb to come or sth to happen কেউ আসবে অথবা কিছু হবে বলে, সেই প্রত্যাশায় বাড়িতে থাকা

wait on sb to serve food, drink etc. to sb, usually in a restaurant কাউকে খাদ্য পানীয় ইত্যাদি পরিবেশন করা, সাধারণত কোনো রেস্তোরাঁতে

wait up (for sb) to not go to bed because you are waiting for sb to come home কেউ বাড়িতে আসবে বলে শুতে না যাওয়া

wait[2] / weɪt উএইট্ / *noun* [C, *usually sing.*] **a wait (for sth/sb)** a period of time when you wait অপেক্ষা করার সময়টা; অপেক্ষাকাল

IDM **lie in wait (for sb)** ➪ **lie**[2] দেখো।

waiter / ˈweɪtə(r) ˈউএইট্যা(র্) / *noun* [C] a man whose job is to serve customers at their tables in a restaurant, etc. রেস্তোরাঁ ইত্যাদিতে যে ব্যক্তি খাবার টেবিলে খাবার দেয়; ওয়েটার

waiting list *noun* [C] a list of people who are waiting for sth, for example a service or medical treatment, that will be available in the future সেইসব লোকের তালিকা যাঁরা কিছুর জন্য, যেমন চিকিৎসা বা অন্য কোনো পরিষেবার জন্য অপেক্ষা করছেন (যা পরে পাওয়া যাবে) *to put your name **on a waiting list***

waiting room *noun* [C] a room where people can sit while they are waiting, for example for a train, or to see a doctor এমন ঘর যেখানে লোকে অপেক্ষা করে কিছুর জন্য, যেমন ট্রেন ধরা বা ডাক্তার দেখানো; প্রতীক্ষালয়; ওয়েটিং রুম

waitress / ˈweɪtrəs ˈউএইট্র্যাস্ / *noun* [C] a woman whose job is to serve customers at their tables in a restaurant, etc. এমন মহিলা যাঁর কাজ রেস্তোরাঁ ইত্যাদিতে টেবিলে খাবার পরিবেশন করা

waive / weɪv উএইভ্ / *verb* [T] (*formal*) to say officially that a rule, etc. need not be obeyed; to say officially that you no longer have a right to sth আনুষ্ঠানিকভাবে ঘোষণা করা যে কোনো নিয়ম ইত্যাদি মান্য করার প্রয়োজন নেই; সরকারিভাবে ঘোষণা করা যে কোনো বিশেষ অধিকার আর রইল না

wake¹ / weɪk উএইক্ / *verb* [I, T] (*pt* **woke** /wəʊk উঅ্যাউক্ /; *pp* **woken** / ˈwəʊkən উঅ্যাউক্যান্ /) **wake (sb) (up)** to stop sleeping; to make sb stop sleeping ঘুম থেকে ওঠা; কাউকে ঘুম থেকে ওঠানো *I woke early in the morning and got straight out of bed.* ○ *Could you wake me at 7.30, please?* ➪ **awake** adjective দেখো।

PHR V **wake sb up** to make sb become more active or full of energy কাউকে আরও বেশি কর্মঠ বা উদ্যমী করে তোলা

wake up to sth to realize sth; to notice sth কোনো কিছু উপলব্ধি করা; কিছু লক্ষ করা

wake² / weɪk উএইক্ / *noun* [C] **1** an occasion before a funeral when people meet to remember the dead person, traditionally held at night to watch over the body before it is buried শেষকৃত্যের আগে যখন মৃতব্যক্তিকে স্মরণ করার জন্য মানুষজন সমবেত হয়, সাধারণত এটি রাত্রিকালে মৃত ব্যক্তিকে কবর দেওয়ার পূর্বে তাঁর মরদেহ ঘিরে পাহারা দেওয়ার সময়ে ঘটে **2** the track that a moving ship leaves behind on the surface of the water জাহাজ চলে গেলে জলের উপর তার যে ছাপ রেখে যায়

IDM **in the wake of sb/sth** following or coming after sb/sth কারও বা কিছুর পরে যা আসছে, পরিণামে, কোনো কিছুর পথ ধরে বা অনুকরণ করে *The earthquake left a trail of destruction in its wake.*

waken / ˈweɪkən ˈউএইক্যান্ / *verb* [I, T] (*formal, old-fashioned*) to stop sleeping or to make sb/sth stop sleeping ঘুম থেকে জাগা অথবা কাউকে বা কিছুকে ঘুম থেকে জাগানো *She wakened from a deep sleep.*

walk¹ / wɔːk উঅ:ক্ / *verb* **1** [I] to move or go somewhere by putting one foot in front of the other on the ground, but without running হাঁটা, পদব্রজে চলা, পদচারণা করা *He walks with a limp.* ○ *Are the shops* ***within walking distance*** (=near enough to walk to)*?* **2** [I] to move in this way for exercise or pleasure ব্যায়াম করার জন্য অথবা ভালো লাগে বলে হাঁটা

> **NOTE** বিনোদনের জন্য লম্বা সময় নিয়ে বেড়াতে বা হাঁটতে গেলে **go walking** বলা হয়—*We often go walking in the park in the summer.* ➪ **walk²**-তে নোট দেখো।

3 [T] to go somewhere with sb/sth on foot, especially to make sure he/she gets there safely কারও বা কিছুর সঙ্গে পায়ে হেঁটে কোথাও যাওয়া, বিশেষত তার বা সেটির নিরাপদে পৌঁছোনো নিশ্চিত করার জন্য *I'll* ***walk you home*** *if you don't want to go on your own.* ○ *He walked me to my car.* **4** [T] to take a dog out for exercise ব্যায়ামের জন্য কুকুরকে বেড়াতে নিয়ে যাওয়া *I'm just going to walk the dog.* ▶ **walker** *noun* [C] পদচারী *She's a fast walker.* ○ *This area is very popular with walkers.*

PHR V **walk off with sth** **1** to win sth easily কোনো কিছু সহজেই জিতে নেওয়া *She walked off with all the prizes.* **2** to steal sth; to take sth that does not belong to you by mistake কোনো বস্তু চুরি করা; নিজের নয় এমন কিছু ভুল করে নিয়ে যাওয়া

walk out (of sth) to leave suddenly and angrily রাগ করে হঠাৎ চলে যাওয়া *She walked out of the meeting in disgust.*

walk out on sb (*informal*) to leave sb forever কাউকে চিরকালের জন্য পরিত্যাগ করা *He walked out on his wife and children after 15 years of marriage.*

walk (all) over sb (*informal*) **1** to treat sb badly, without considering his/her needs or feelings কারও সঙ্গে মন্দ ব্যবহার করা, তাঁর ইচ্ছা-অনিচ্ছা, তাঁর ভালো-মন্দ লাগার কথা গ্রাহ্য না করে **2** to defeat sb completely কাউকে সম্পূর্ণ পরাস্ত করা, একেবারে হারিয়ে দেওয়া *He played brilliantly and walked all over his opponent.*

walk up (to sb/sth) to walk towards sb/sth, especially in a confident way কাউকে বা কোনো কিছুর দিকে বেশ আত্মবিশ্বাসের সঙ্গে এগিয়ে যাওয়া

walk² / wɔːk উঅ: ক্ / *noun* **1** [C] going somewhere on foot for pleasure, exercise, etc. বিনোদন বা ব্যায়ামের জন্য হাঁটা, পদচারণা *I'm just going to take the dog for a walk.* ○ *The beach is five minutes' walk/a five-minute walk from the hotel.*

> **NOTE** কোনো বিশেষ কাজ ছাড়াই কেবল বিনোদনের জন্য স্বল্প দূরত্ব পর্যন্ত হাঁটাকে **go for a walk** বলা হয়। কয়েক ঘণ্টা অথবা দিন ধরে চলার কথা বলতে হলে **go walking** অভিব্যক্তিটি ব্যবহার করা হয়।

2 [C] a path or route for walking for pleasure বিনোদনের জন্য হাঁটা-পথ, পায়ে-চলা রাস্তা *From here there's a lovely walk through the woods.* 3 [*sing.*] a way or style of walking হাঁটার ধরন, হাঁটার ভঙ্গি *He has a funny walk.* 4 [*sing.*] the speed of walking হাঁটার গতি *She slowed to a walk.*

IDM a walk of life a person's job or position in society পেশা, কর্ম, বৃত্তি, জীবিকা

walkie-talkie / ˌwɔ:ki ˈtɔ:ki ˌউঅ: কি'ট: কি / *noun* [C] (*informal*) a small radio that you can carry with you to send or receive messages সংবাদ প্রেরণ ও গ্রহণের জন্য ছোটো রেডিও যন্ত্র যা সঙ্গে নিয়ে চলাফেরা করা যায়; ওয়াকি-টকি

walking stick (*also* **stick**) *noun* [C] a stick that you carry and use as a support to help you walk হাঁটার লাঠি, ছড়ি ➪ **crutch** দেখো।

walkover / ˈwɔ:kəʊvə(r) 'উঅ: ক্অ্যাউভ্যা(র্) / *noun* [C] an easy win or victory in a game or competition কোনো খেলা বা প্রতিযোগিতায় অতি সহজে পাওয়া জয়

wall / wɔ:l উঅ: ল্ / *noun* [C] 1 a solid, vertical structure made of stone, brick, etc. that is built round an area of land to protect it or to divide it (জমি সুরক্ষার জন্য বা সেটি বিভক্ত করার জন্য) পাথর, ইঁট ইত্যাদির তৈরি কাঠামো, প্রাচীর *There is a high wall all around the prison.* 2 one of the sides of a room or building joining the ceiling and the floor ঘরের যে-কোনো এক পাশের দেয়াল *He put the picture up on the wall.*

IDM up the wall (*informal*) crazy or angry পাগল, ক্রুদ্ধ, বিরক্ত, *That noise is driving me up the wall.*

wallaby /ˈwɒləbi ˈউঅল্যাবি / *noun* [C] (*pl.* **wallabies**) an Australian animal that moves by jumping on its strong back legs and keeps its young in a pocket of skin (**a pouch**) on the front of the mother's body. A wallaby looks like a small **kangaroo** অনেকটা ছোটো ক্যাঙারুর মতো দেখতে অস্ট্রেলিয়ার এক ধরনের পশু যারা পিছনের শক্ত পা দুটি দিয়ে লাফিয়ে লাফিয়ে চলে এবং শাবককে তার মায়ের পেটের কাছে থলির মধ্যে রাখে; ওয়ালবি

walled / wɔ:ld উঅ:ল্ড্ / *adj.* surrounded by a wall প্রাচীর বেষ্টিত, দেয়াল দিয়ে ঘেরা

wallet / ˈwɒlɪt 'উঅলিট্ / (*AmE* **billfold**) *noun* [C] a small, flat, folding case in which you keep paper money, plastic cards, etc. চ্যাপটা ছোটো ব্যাগ যার মধ্যে টাকা পয়সা, প্লাস্টিকের কার্ড ইত্যাদি রাখা হয় ➪ **purse** দেখো।

wallop / ˈwɒləp 'উঅল্যাপ্ / *verb* [T] (*informal*) to hit sb/sth very hard কোনো ব্যক্তি বা বস্তুকে পেটানো, খুব বিশ্রীভাবে মারা

wallow / ˈwɒləʊ 'উঅল্যাউ / *verb* [I] **wallow (in sth) 1** (used about people and large animals) to lie and roll around in water, etc. in order to keep cool or for pleasure (মানুষ এবং বড়ো আকারের প্রাণীর সম্বন্ধে ব্যবহৃত) জলের মধ্যে গড়াগড়ি করা, এইভাবে তৃপ্তি ও আনন্দ পাওয়া *I spent an hour wallowing in the bath.* 2 to take great pleasure in sth (a feeling, situation, etc.) কোনো কিছুর মধ্যে চরম আনন্দ পাওয়া (অনুভূতি, পরিস্থিতি ইত্যাদিতে) *to wallow in self-pity* (=to think about your unhappiness all the time and seem to be enjoying it)

wallpaper / ˈwɔ:lpeɪpə(r) 'উঅ: ল্পেইপ্যা(র্) / *noun* [U] 1 paper that you stick to the walls of a room to decorate or cover them দেয়াল ঢাকার বা সাজানোর জন্য বিশেষ ধরনের কাগজ; ওয়ালপেপার ► **wallpaper** *verb* [I,T] দেয়ালে কাগজ লাগানো 2 (*computing*) a picture, pattern or design that you choose to display as a background on your computer screen কম্পিউটার স্ক্রীনে নেপথ্য চিত্র হিসাবে যে ছবি, প্যাটার্ন বা নকশা পছন্দ করা হয়; ওয়ালপেপার

wall-to-wall *adj.* (*only before a noun*) (used especially about a carpet) covering the floor of a room completely (বিশেষত কার্পেটের ক্ষেত্রে ব্যবহৃত) পুরো ঘর ঢেকে, সম্পূর্ণ মেঝে আচ্ছাদিত করে

wally / ˈwɒli 'উঅলি / *noun* [C] (*pl.* **wallies**) a silly person; a fool বোকা, নির্বোধ, ভাঁড়

walnut / ˈwɔ:lnʌt 'উঅ: ল্নাট্ / *noun* 1 [C] a nut that we eat, with a hard brown shell that is in two halves আখরোট ➪ **nut**-এ ছবি দেখো। 2 (*also* **walnut tree**) [C] the tree on which these nuts grow আখরোট গাছ 3 [U] the wood of the walnut tree, used in making furniture আসবাবপত্র বানাতে ব্যবহৃত আখরোট গাছের কাঠ

walrus

seal

walrus / ˈwɔ:lrəs 'উঅ: ল্র্যাস্ / *noun* [C] a large animal that lives in or near the sea in Arctic regions. It is similar to another sea animal (**seal**) but the walrus has two long outer teeth (**tusks**) সুমেরু অঞ্চলে সমুদ্রে বা সমুদ্রতীরে বাস করে, সামনে দুটি

বড়ো দাঁত আছে, অনেকটা সিলমাছের মতো দেখতে এক রকমের জন্তু; সিন্ধুঘোটক

waltz[1] / wɔːls উঅ: ল্স্ / *noun* [C] an elegant dance that you do with a partner, to music which has a rhythm of three beats; the music for this dance তিন মাত্রার সুললিত সংগীতের তালে তালে অভিজাত নৃত্য, যা একজন সঙ্গীর সঙ্গে নাচতে হয়; ওয়ালজ নাচের সুর বা বাজনা *a Strauss waltz*

waltz[2] / wɔːls উঅ: ল্স্ / *verb* **1** [I, T] to dance a waltz ওয়ালজ নাচা বা করা *They waltzed around the floor.* **2** [I] (*informal*) to go somewhere in a confident way আত্মবিশ্বাসীভাবে কোনো স্থানে যাওয়া *You can't just waltz in and expect your meal to be ready for you.*

WAN / wæn উঅ্যান্ / *abbr.* (*computing*) wide area network (a system in which computers in different places are connected, usually over a large area) যে ব্যবস্থার দ্বারা বিস্তৃত এলাকা জুড়ে বিভিন্ন কম্পিউটার পরস্পরের সঙ্গে যুক্ত করা সম্ভব; ওঅ্যান ➪ **LAN** দেখো।

wan / wɒn উঅন্ / *adj.* looking pale and ill or tired ফ্যাকাশে, পাণ্ডুর, ক্লান্ত দেখাচ্ছে এমন

wand / wɒnd উঅন্ড্ / *noun* [C] a thin stick that people hold when they are doing magic tricks ম্যাজিক লাঠি; জাদুদণ্ড *I wish I could* ***wave a magic wand*** *and make everything better.*

wander / ˈwɒndə(r) ˈউঅন্ড্যা(র্) / *verb* **1** [I, T] to walk somewhere slowly with no particular sense of direction or purpose এলোমেলোভাবে, উদ্দেশ্যহীনভাবে এধার ওধার ঘুরে বেড়ানো *We spent a pleasant day wandering around the town.* ○ *He was found in a confused state, wandering the streets.* **2** [I] **wander (away/off) (from sb/sth)** to walk away from a place where you ought to be or the people you were with যেখানে বা যে দলের সঙ্গে থাকার কথা সেখান থেকে আলাদা হওয়া অথবা দলছাড়া হওয়া *We must stay together while visiting the town so I don't want anybody to wander off.* **3** [I] (used about sb's mind, thoughts, etc.) to stop paying attention to sth; to be unable to stay on one subject (কোনো ব্যক্তির মন, চিন্তাভাবনা ইত্যাদি সম্বন্ধে ব্যবহৃত) মনোযোগ অন্যদিকে যাওয়া; অমনোযোগী হওয়া, বিষয় থেকে সরে যাওয়া *The lecture was so boring that my attention began to wander.*

wane[1] / weɪn উএইন্ / *verb* [I] **1** (*written*) to become gradually weaker or less important আস্তে আস্তে দুর্বলতর হয়ে পড়া অথবা গুরুত্ব কমে আসা *My enthusiasm was waning rapidly.* **2** (used about the moon) to appear slightly smaller each day after being full and round (চাঁদ সম্বন্ধে ব্যবহৃত) প্রতিদিন একটু করে হ্রাস পাওয়া, পূর্ণিমার দিন থেকে রোজ ধীরে ধীরে ক্ষয় পাওয়া ✪ বিপ **wax[2]**

wane[2] / weɪn উএইন্ / *noun*

IDM on the wane (*written*) becoming smaller, less important or less common ক্ষীয়মাণ, ক্ষয়িষ্ণু

wangle / ˈwæŋɡl ˈউঅ্যাংগ্ল্ / *verb* [T] (*informal*) to get sth that you want by persuading sb or by having a clever plan ছলে বলে অথবা কোনো ব্যক্তিকে বুঝিয়ে নিজের ইচ্ছামতো কিছু আদায় করা *Somehow he wangled a day off to meet me.*

wanna / ˈwɒnə ˈউঅন্যা / a way of writing 'want to' or 'want a', which is considered to be bad style, to show that sb is speaking in an informal way, 'want to' বা 'want a'- শব্দগুলি এইভাবে কথ্য ভাষায় অনেক সময় ঘরোয়াভাবে বলা হয় লিখিত ভাষায় যেটি খারাপ শৈলী বলে গণ্য করা হয় *I wanna go home now.* ➪ **gonna**-তে নোট দেখো।

want[1] / wɒnt উঅন্ট্ / *verb* [T] (*not used in the continuous tenses*) **1 want sth (for sth); want (sb) to do sth; want sth (to be) done** to have a desire or a wish for sth কোনো কিছু চাওয়া, কোনো কিছু পাওয়ার আকাঙ্ক্ষা বা বাসনা জাগা *He wants a new bike.* ○ *What do they want for breakfast?* ○ *I don't want to discuss it now.*

> **NOTE** **Want** এবং **would like** শব্দ দুটি সমার্থক কিন্তু **would like**-এর ব্যবহার পোশাকি এবং এটি ভদ্রতার খাতিরে ব্যবহার করা হয়—*'I want a drink!' screamed the child.* ○ *'Would you like some more tea, Mrs Sen?'*

2 (*informal*) used to say that sth needs to be done কিছু করা দরকার এটি বোঝাতে ব্যবহৃত অভিব্যক্তিবিশেষ *The house wants a new coat of paint.* **3** (*informal*) (used to give advice to sb) should or ought to (কোনো পরামর্শ দেওয়ার সময়ে ব্যবহৃত) উচিত, করা দরকার *He wants to be more careful about what he tells people.* **4** (*usually passive*) to need sb to be in a particular place or for a particular reason নির্দিষ্ট স্থানে বা নির্দিষ্ট কারণবশত কারও প্রয়োজন হওয়া *She is* ***wanted by the police*** (=the police are looking for her because she is suspected of committing a crime). **5** to feel sexual desire for sb যৌনভাবে কারও সঙ্গ কামনা করা

> **NOTE** এই ক্রিয়াপদটির (verb) ব্যবহার ঘটমান কালে (continuous tense) হয় না, কিন্তু 'ing' সহযোগে এর অতীত কৃদন্ত (past participle) রূপটি সাধারণভাবে অত্যন্ত প্রচলিত—*She kept her head down, not wanting to attract attention.*

want² / wɒnt উঅন্ট্ / *noun (formal)* **1 wants** [*pl.*] sth you need or want চাহিদা, কামনার বস্তুসকল *All our wants were satisfied.* **2** [*sing.*] a lack of sth কোনো কিছুর অভাব *He's suffering due to a want of care.*

IDM for (the) want of sth because of a lack of sth; because sth is not available বিশেষ কোনো কিছুর অভাবে; জিনিসটা পাওয়া যাচ্ছিল না সেই কারণে *I took the job for want of a better offer.*

wanting / ˈwɒntɪŋ ˈউঅন্‌টিং / *adj. (formal)* **wanting (in sth)** (*not before a noun*) **1** not having enough of sth; lacking যথেষ্ট পরিমাণে কোনো কিছু না থাকা; অপ্রতুল *The children were certainly not wanting in enthusiasm.* **2** not good enough যথেষ্ট ভালো নয় *The new system* ***was found wanting.***

wanton / ˈwɒntən ˈউঅন্‌ট্যান্ / *adj. (formal)* (used about an action) done in order to hurt sb or damage sth for no good reason (কোনো কাজ সম্বন্ধে ব্যবহৃত) কোনো ব্যক্তিকে অকারণে আঘাত বা কিছুর ক্ষতি করার উদ্দেশ্যে কৃত; উচ্ছৃঙ্খল, অনিয়ন্ত্রিত *wanton vandalism*

WAP / wæp উঅ্যাপ্ / *abbr.* wireless application protocol; a technology that connects devices such as **mobile phones** to the Internet. It consists of rules for changing Internet information so that it can be shown on a very small screen যে প্রযুক্তির মাধ্যমে মোবাইল ফোন ইত্যাদি ইন্টারনেটের সঙ্গে যুক্ত করা যায়। এটি ইন্টারনেটের তথ্যকে এমনভাবে পরিবর্তিত করে দেওয়ার নিয়মসমূহ যাতে তা মোবাইলের ছোটো পর্দায় দেখা যায় *a WAP phone*

war / wɔː(r) উঅ: (র্) / *noun* **1** [U, C] a state of fighting between different countries or groups within countries using armies and weapons সৈন্য এবং অস্ত্রশস্ত্র ব্যবহার করে বিভিন্ন দেশ অথবা গোষ্ঠীর মধ্যে যুদ্ধাবস্থা; যুদ্ধ, সংগ্রাম, প্রকাশ্য সংঘর্ষ *The Prime Minister announced that the country was* ***at war.*** ○ *to* ***declare war on*** *another country* (=announce that a war has started) **2** [C, U] very aggressive competition between groups of people, companies, countries, etc. বিভিন্ন দল, প্রতিষ্ঠান বা দেশের মধ্যে প্রতিদ্বন্দ্বিতামূলক সংঘর্ষ *a price war among oil companies* **3** [U, *sing.*] **war (against/on sb/sth)** efforts to end or get rid of sth কোনো কিছু বন্ধ করা বা তার থেকে মুক্তি পাওয়ার জন্য চেষ্টা বা প্রয়াস *We seem to be winning the war against organized crime.*

warbler / ˈwɔːblə(r) ˈউঅ:ব্ল্যা(র্) / *noun* [C] any of the various **species** of small birds, some of which have a musical call ছোটো পাখির বিভিন্ন ধরনের মধ্যে একধরনের ছোটো পাখি, যাদের মধ্যে অনেকেই গান গায়; শিস দেওয়া পাখি

war crime *noun* [C] a cruel act that is committed during a war and that is against the international rules of war যুদ্ধের সময়ে আন্তর্জাতিক নিয়মাবলী অমান্য করে যে নিষ্ঠুর কাজ করা হয়; যুদ্ধাপরাধ

ward¹ / wɔːd উঅ: ড্ / *noun* [C] **1** a separate part or room in a hospital for patients with the same kind of medical condition হাসপাতালের যে অংশে বা যে বড়ো ঘরে একাধিক একধরনের রোগী রাখা হয়; হাসপাতালের ওয়ার্ড *the maternity/psychiatric/surgical ward* **2** one of the sections into which a town is divided for elections নির্বাচনের জন্য বিভিন্ন ভাগে বিভক্ত শহরের একটি ভাগ; নির্দিষ্ট পৌর এলাকা **3** a child who is under the protection of a court of law; a child whose parents are dead and who is cared for by another adult (**guardian**) আদালতের কোনো ব্যক্তির তত্ত্বাবধানে থাকা শিশু; কোনো শিশু যার পিতামাতা মৃত এবং যে অন্য অভিভাবকের তত্ত্বাবধানে আছে *The child was made a ward of court.*

ward² / wɔːd উঅ: ড্ / *verb*

PHR V ward sb/sth off to protect or defend yourself against danger, illness, attack, etc. বিপদ, অসুস্থতা বা আক্রমণ ইত্যাদির হাত থেকে আত্মরক্ষা করা

warden / ˈwɔːdn ˈউঅ: ড্‌ন্ / *noun* [C] **1** a person whose job is to check that rules are obeyed or to look after the people in a particular place তত্ত্বাবধায়ক, যার কাজ কোনো বিশেষ স্থানের লোকজনের রক্ষণাবেক্ষণ করা বা সেখানে ঠিকমতো নিয়মাদি মানা হচ্ছে কিনা সেদিকে লক্ষ রাখা; ওয়ার্ডেন *a* ***traffic warden*** (=a person who checks that cars are not parked in the wrong place) **2** (*AmE*) the person in charge of a prison কারাধ্যক্ষ

warder / ˈwɔːdə(r) ˈউঅ: ড্যা(র্) / *noun* [C] (*BrE*) a person whose job is to guard prisoners কারারক্ষী, জেলের প্রহরী ⇨ **guard** দেখো।

wardrobe / ˈwɔːdrəʊb ˈউঅ:ড্র্যাউব্ / *noun* [C] **1** a large cupboard in which you can hang your clothes বড়ো যে আলমারির মধ্যে জামাকাপড় টাঙিয়ে রাখা যায় **2** a person's collection of clothes কারও সমস্ত পোশাকের সম্ভার বা সংগ্রহ *I need a new summer wardrobe.*

ware / weə(r) উএঅ্যা(র্) / *noun* **1** [U] (*used in compounds*) objects made from a particular type of material or suitable for a particular use বিশেষ কোনো উপাদান দিয়ে তৈরি এবং বিশেষ ধরনের কাজে লাগে এরকম বস্তুসকল *glassware* ○ *kitchenware* **2 wares** [*pl.*] (*old-fashioned*) goods offered for sale পণ্যদ্রব্য

warehouse / ˈweəhaʊs ˈউএঅ্যাহাউস্ / *noun* [C] a building where large quantities of goods are stored before being sent to shops বড়ো গুদাম বাড়ি যেখানে দোকানে পাঠানোর আগে জিনিসপত্র রাখা হয়, খুব বড়ো ধরনের গুদাম ঘর; পণ্যাগার

warfare / ˈwɔːfeə(r) ˈউঅঃফেঅ্যা(র্) / *noun* [U] methods of fighting a war; types of war বিশেষ ধরনের যুদ্ধকৌশল; বিভিন্ন ধরনের যুদ্ধ *guerrilla warfare*

warhead / ˈwɔːhed ˈউঅঃহেড্ / *noun* [C] the explosive part of a **missile** ক্ষেপণাস্ত্রের বিস্ফোরণযোগ্য সম্মুখভাগ

warily, wariness ⇨ **wary** দেখো।

warlike / ˈwɔːlaɪk ˈউঅঃ লাইক্ / *adj.* liking to fight or good at fighting যুদ্ধপ্রিয়, যুদ্ধবাজ, লড়াকু *a warlike nation*

warm[1] / wɔːm উঅঃ ম্ / *adj.* **1** having a pleasant temperature that is fairly high, between cool and hot ঈষদুষ্ণ, আরামদায়ক গরম *It's quite warm in the sunshine.* ○ *I jumped up and down to keep my feet warm.* ⇨ **cold**[1]-এ নোট দেখো। **2** (used about clothes) preventing you from getting cold (পোশাক সম্বন্ধে ব্যবহৃত) ঠান্ডা লাগার হাত থেকে বাঁচায় এমন গরম *Take plenty of warm clothes.* **3** friendly, kind and pleasant বন্ধুভাবাপন্ন এবং আন্তরিক *I was given a very warm welcome.* **4** creating a pleasant, comfortable feeling প্রীতিকর, আরামদায়ক অনুভূতি বা আবহাওয়ার সৃষ্টি করে এমন *warm colours* ▶ **the warm** *noun* [*sing.*] উষ্ম আবহাওয়া, গরম জায়গা *It's awfully cold out here—I want to go back into the warm.* ▶ **warmly** *adv.* আদুরে, আন্তরিকভাবে, সহৃদয়তাপূর্ণভাবে *warmly dressed* ○ *She thanked him warmly for his help.*

warm[2] / wɔːm উঅঃ ম্ / *verb* [I, T] **warm (sb/sth) (up)** to become or to make sb/sth become warm or warmer কোনো ব্যক্তি বা বস্তুকে গরম অথবা উষ্ণতর করা অথবা হওয়া *It was cold earlier but it's beginning to warm up now.* ○ *I sat in front of the fire to warm up.*

PHR V **warm to/towards sb** to begin to like sb that you did not like at first প্রথমে ভালো না লাগলেও পরে ভালো লাগা, আস্তে আস্তে অনুকূল মনোভাব হওয়া

warm to sth to become more interested in sth কোনো কিছুর প্রতি আগ্রহ জাগা, আরও বেশিরকম পছন্দ করা

warm up to prepare to do an activity or sport by practising gently কোনো কাজ বা খেলার প্রস্তুতির জন্য হালকা অনুশীলন করা *The team warmed up before the match.*

warm-blooded *adj.* (used about animals) having a blood temperature that does not change if the temperature of the surroundings changes (পশুদের সম্বন্ধে ব্যবহৃত) বাইরের তাপমাত্রার পরিবর্তনে যাদের রক্তের তাপমাত্রায় কোনো পরিবর্তন হয় না; উষ্ণশোণিত ✪ বিপ **cold-blooded**

warm-hearted *adj.* kind and friendly সহৃদয়, ভালোমানুষ, বন্ধুভাবাপন্ন, অমায়িক

warmonger / ˈwɔːmʌŋgə(r) ˈউঅঃ মাংগ্যা(র্) / *noun* [C] (*formal*) a person, especially a politician or leader, who wants to start a war or encourages people to start a war যুদ্ধবাজলোক; যে যুদ্ধ লাগাতে চায় বা মানুষকে যুদ্ধ করার জন্য উৎসাহ জোগায়, যুদ্ধে যে ইন্ধন জোগায় (বিশেষত রাজনৈতিক নেতাস্থানীয় কেউ) ▶ **warmongering** *noun* [U] যুদ্ধপ্রিয়তা, যুদ্ধবাজি

warmth / wɔːmθ উঅঃ ম্থ্ / *noun* [U] **1** a fairly high temperature or the effect created by this, especially when it is pleasant তাপ, আরামদায়ক উষ্ণতা *She felt the warmth of the sun on her face.* **2** the quality of being kind and friendly বন্ধুভাবাপন্নতা, স্নেহশীলতা, আন্তরিকতা *I was touched by the warmth of their welcome.*

warn / wɔːn উঅঃ ন্ / *verb* [T] **1 warn sb (of sth); warn sb (about sb/sth)** to tell sb about sth unpleasant or dangerous that exists or might happen, so that he/she can avoid it অপ্রীতিকর কিছু বা বিপজ্জনক কিছু আছে বা ঘটতে পারে সে বিষয়ে কাউকে সতর্ক করা যাতে সে তা এড়িয়ে যেতে পারে *When I saw the car coming I tried to warn him, but it was too late.* ○ *The government is warning the public of possible terrorist attacks.* **2 warn (sb) against doing sth; warn sb (not to do sth)** to advise sb not to do sth কাউকে কোনো কাজ করতে বারণ করা, কাজটা না করার জন্য উপদেশ দেওয়া *The radio warned people against going out during the storm.* ○ *I warned you not to trust him.*

warning / ˈwɔːnɪŋ ˈউঅঃনিং / *noun* [C, U] something that tells you to be careful or tells you about sth, usually sth bad, before it happens সতর্কীকরণ, সাবধান বাণী উচ্চারণ, হুঁশিয়ারি *Your employers can't dismiss you **without warning**.*

warp / wɔːp উঅঃপ্ / *verb* **1** [I, T] to become bent into the wrong shape, for example as a result of getting hot or wet; to make sth become like this দুমড়ে, মুচড়ে, কুঁচকে যাওয়া, বিশেষ করে গরম হয়ে বা ভিজে গিয়ে; কোনো কিছুকে বিকৃত আকার দেওয়া *The window frame was badly warped and wouldn't shut.* **2** [T] to influence sb so that he/she starts behaving in an unusual or shocking way কাউকে বা কোনো কিছু এমনভাবে প্রভাবিত করা যাতে সে

অস্বাভাবিক বা অদ্ভুত আচরণ শুরু করে *His experiences in the war had warped him.* ▶ **warped** *adj.* বাঁকা, দোমড়ানো, অদ্ভুত (আচরণ)

warpath / ˈwɔːpɑːθ ˈউঅ:পা:থ্ / *noun*

IDM (be/go) on the warpath (*informal*) to be very angry and want to fight or punish sb খুব রেগে গিয়ে কারও সঙ্গে যুদ্ধ করতে বা তাকে শাস্তি দিতে চাওয়া

warrant[1] / ˈwɒrənt ˈউঅর‍্যান্ট্ / *noun* [C] an official written statement that gives sb permission to do sth আজ্ঞাপত্র, হুকুমনামা, পরোয়ানা *a search warrant* (= a document that allows the police to search a house)

warrant[2] / ˈwɒrənt ˈউঅর‍্যান্ট্ / *verb* [T] (*formal*) to make sth seem right or necessary; to deserve sth কোনো কিছু সঠিক বা প্রয়োজনীয় বলে মনে হয় এমন করা; কোনো কিছু পাওয়ার যোগ্য হওয়া *I don't think her behaviour warrants such criticism.*

warranty / ˈwɒrənti ˈউঅর‍্যান্টি / *noun* [C, U] (*pl.* **warranties**) a written statement that you get when you buy sth, which promises to repair or replace it if it is broken or does not work কোনো জিনিস কিনলে দরকারে তা সারিয়ে বা বদলে দেওয়ার প্রতিশ্রুতি-জ্ঞাপক কাগজ *Fortunately my stereo is still under warranty.* ➪ **guarantee** দেখো।

warren / ˈwɒrən ˈউঅর‍্যান্ / = **rabbit warren**

warrior / ˈwɒriə(r) ˈউঅরিঅ্যা(র্) / *noun* [C] (*old-fashioned*) a person who fights in a battle; a soldier যোদ্ধা; সৈনিক

warship / ˈwɔːʃɪp ˈউঅ: শিপ্ / *noun* [C] a ship for use in war যুদ্ধজাহাজ, রণতরী

wart / wɔːt উঅ:ট্ / *noun* [C] a small hard dry lump that sometimes grows on the face or body আঁচিল, আব, চর্মকীল

warthog / ˈwɔːthɒg ˈউঅ:ট্হগ্ / *noun* [C] an African wild pig with two large outer teeth (**tusks**) and lumps on its face দুটি বড়ো দাঁত বিশিষ্ট এবং মুখের উপর পিণ্ডযুক্ত আফ্রিকার বন্য শূকর

wartime / ˈwɔːtaɪm ˈউঅ: টাইম্ / *noun* [U] a period of time during which there is a war যুদ্ধের সময়, রণকাল

wary / ˈweəri ˈউএঅ্যারি / *adj.* **wary (of sb/sth)** careful because you are uncertain or afraid of sb/sth অনিশ্চয়তা অথবা কারও বা কিছুর থেকে ভীতির কারণে সতর্ক বা সাবধান *Since becoming famous, she has grown wary of journalists.* ▶ **warily** / -rəli র‍্যালি / *adv.* সতর্কভাবে, সচেতনভাবে

was / wəz; *strong form* wɒz উঅ্যাজ়; *প্রবল রূপ* ˈউআজ্ / = **be**

wash[1] / wɒʃ উঅশ্ / *verb* **1** [I, T] to clean sb/sth/ yourself with water and often soap জল এবং সাবান দিয়ে নিজেকে অথবা কোনো ব্যক্তি বা বস্তুকে পরিষ্কার করা; ধোয়া, কাচা *to wash your hands/face/hair* **clean** ➪ **clean[2]** -এ নোট দেখো। **2** [I, T] (used about water) to flow or carry sth/sb in the direction mentioned (জল সম্বন্ধে ব্যবহৃত) নির্দিষ্ট দিকে ভাসিয়ে নিয়ে যাওয়া, জলস্রোতের সঙ্গে নিয়ে যাওয়া *I let the waves wash over my feet.* ○ *The current washed the ball out to sea.* **3** [I] to be able to be washed without being damaged ক্ষতি না করে ধুতে বা কাচতে পারা *Does this material wash well, or does the colour come out?*

IDM wash your hands of sb/sth to refuse to be responsible for sb/sth any longer কারও বা কিছুর দায়িত্বভার থেকে সরে আসা, দায়িত্ব অস্বীকার করা *They washed their hands of their son when he was sent to prison.*

PHR V wash sb/sth away (used about water) to carry sb/sth away (জল সম্বন্ধে ব্যবহৃত) সঙ্গে ধুয়ে নিয়ে যাওয়া *The floods had washed away the path.*

wash (sth) off to (make sth) disappear by washing ধুয়ে নষ্ট বা অদৃশ্য করা, মুছে ফেলা *The writing has washed off and now I can't read it.* ○ *Go and wash that make-up off!*

wash out to be removed from a material by washing উঠে যাওয়া, উঠিয়ে ফেলা, ধুয়ে পরিষ্কার করা, ধুয়ে উঠিয়ে ফেলা *These grease marks won't wash out.*

wash sth out to wash sth or the inside of sth in order to remove dirt ময়লা ওঠানোর জন্য কোনো কিছু বা তার ভিতর পর্যন্ত ভালো করে ধোয়া *I'll just wash out this bowl and then we can use it.*

wash (sth) up **1** (*BrE*) to wash the plates, knives, forks, etc. after a meal খাওয়ার পরে থালা, ছুরি, কাঁটা ইত্যাদি সব ধুয়ে রাখা *Whose turn is it to wash up?* **2** (*AmE*) to wash your face and hands হাত এবং মুখ ধোয়া, *Go and wash up quickly and put on some clean clothes.* **3** (*often passive*) (used about water) to carry sth to land and leave it there (জল সম্বন্ধে ব্যবহৃত) জলের সঙ্গে উঠে এসে ডাঙায় পড়ে থাকা, জলে যা ডাঙায় এনে ফেলে *Police found the girl's body washed up on the beach.*

wash[2] / wɒʃ উঅশ্ / *noun* **1** [C, *usually sing.*] an act of cleaning or being cleaned with water জল দিয়ে পরিষ্কার করার বা পরিষ্কৃত হওয়ার ক্রিয়া; প্রক্ষালন *I'd better go and* ***have a wash*** *before we go out.* **2** [*sing.*] the waves caused by the movement of a ship through water জলে জাহাজ চলার কারণে যে তরঙ্গের সৃষ্টি হয়

IDM **in the wash** (used about clothes) being washed (কাপড়জামা সম্বন্ধে ব্যবহৃত) যা কাচতে গেছে বা কাচা হচ্ছে *'Where's my red T-shirt?' 'It's in the wash.'*

washable / ˈwɒʃəbl ˈউঅশ্যাব্‌ল্ / *adj.* that can be washed without being damaged ধোয়া যায়, ধুলে নষ্ট হয় না এমনকিছু, কাচার যোগ্য

washbasin / ˈwɒʃbeɪsn ˈউঅশ্‌বেইস্‌ন্ / (*also* **basin**) *noun* [C] a large bowl for water that has taps and is fixed to a wall, in a bathroom, etc. দেয়ালের গায়ে স্নানঘর ইত্যাদিতে আটকানো কলওয়ালা হাত-মুখ ধোয়ার বেসিন ⇨ **sink** দেখো।

washed out *adj.* tired and pale ক্লান্ত, পাণ্ডুর, পরিশ্রান্ত, ফ্যাকাশে *They arrived looking washed out after their long journey.*

washer / ˈwɒʃə(r) ˈউঅশ্যা(র্) / *noun* [C] a small flat ring made of rubber, metal or plastic placed between two surfaces to make a connection tight রবার, ধাতু বা প্লাস্টিকের আংটির মতো গোল বস্তু যা দুটি জিনিস শক্ত করে লাগানোর জন্য লাগে; ওয়াশার ⇨ **bolt**-এ ছবি দেখো।

washing / ˈwɒʃɪŋ ˈউঅশিং / *noun* [U] **1** clothes that need to be washed or are being washed যেসব জামাকাপড় কাচা প্রয়োজন বা কাচতে পাঠানো জামা-কাপড় *a pile of dirty washing* **2** the act of cleaning clothes, etc. with water জল দিয়ে জামাকাপড় ইত্যাদি ধোয়ার ক্রিয়া *I usually* ***do the washing*** *on Mondays.*

washing machine *noun* [C] an electric machine for washing clothes ধোয়ার মেশিন, কাপড় কাচার বৈদ্যুতিক যন্ত্র; ওয়াশিং মেশিন

washing powder *noun* [U] soap in the form of powder for washing clothes জামাকাপড় কাচার গুঁড়ো সাবান

washing-up *noun* [U] **1** the work of washing the plates, knives, forks, etc. after a meal খাওয়ার পরে থালা, কাঁটা, ছুরি বা বাসনপত্র ধোয়ার কাজ *I'll do the washing-up.* **2** plates, etc. that need washing after a meal এঁটো থালাবাসন যা ধোয়া দরকার *Put the washing-up next to the sink.*

washout / ˈwɒʃaʊt ˈউঅশ্‌আউট্ / *noun* [C] (*informal*) an event that is a complete failure, especially because of rain বৃষ্টিতে নষ্ট বা সম্পূর্ণ ব্যর্থ হয়ে গেছে এমন কোনো অনুষ্ঠান

washroom / ˈwɒʃruːm; -rʊm ˈউঅশ্‌রূম্; -রুম্ / *noun* [C] (*AmE*) a toilet, especially in a public building জনসাধারণের হাত মুখ ধোয়ার জায়গা; শৌচাগার

wasn't / ˈwɒznt ˈউঅজ্‌ন্ট্ / ⇨ **be** দেখো।

wasp / wɒsp উঅস্প্ / *noun* [C] a small black and yellow flying insect that can sting ছোটো হলুদ এবং কালো রঙের উড়ন্ত পোকা যা হুল ফোটায়; বোলতা ⇨ **hornet** দেখো এবং **insect**-এ ছবি দেখো।

wastage / ˈweɪstɪdʒ ˈউএইস্‌টিজ্ / *noun* [U] (*formal*) using too much of sth in a careless way; the amount of sth that is wasted অপচয়; আবর্জনা, বাতিল বা ফালতু জিনিস

waste[1] / weɪst উএইস্ট্ / *verb* [T] **1 waste sth (on sb/sth); waste sth (in doing sth)** to use or spend sth in a careless way or for sth that is not necessary অনাবশ্যকভাবে বাজে খরচ করা, অপচয় করা, নষ্ট করা *He wasted his time at university because he didn't work hard.* ○ *She wasted no time in decorating her new room* (=she did it immediately). **2** (*usually passive*) to give sth to sb who does not value it যার কাছে কোনো মূল্য নেই তাকে দেওয়া, কাউকে বৃথা দেওয়া *Expensive wine is wasted on me. I don't even like it.*

waste[2] / weɪst উএইস্ট্ / *noun* **1** [*sing.*] **a waste (of sth)** using sth in a careless and unnecessary way কোনো কিছু অযত্নসহকারে বা অপ্রয়োজনে খরচ করা, বাজে খরচ করা, অপব্যয় করা, কাজে লাগাতে না পারা *The seminar was* ***a waste of time****—I'd heard it all before.* **2** [U] material, food, etc. that is not needed and is therefore thrown away কোনো উপকরণ, খাবার দাবার ইত্যাদি যার আর কোনো দরকার নেই বলে ফেলে দেওয়া হয় *nuclear waste* ○ *A lot of household waste can be recycled and reused.* ⇨ **rubbish** দেখো। **3 wastes** [*pl.*] (*formal*) large areas of land that are not lived in and not used জনমানবশূন্য, পতিত, পোড়ো, পাণ্ডববর্জিত *the wastes of the Sahara desert*

IDM **go to waste** to not be used and so thrown away and wasted অপচয় করা, অপচিত হওয়া, নষ্ট হওয়া *I can't bear to see good food going to waste!*

waste[3] / weɪst উএইস্ট্ / *adj.* (*only before a noun*) **1** (used about land) not used or not suitable for use; not looked after (জমি সম্বন্ধে ব্যবহৃত) পোড়ো, পাণ্ডববর্জিত, ব্যবহারের অযোগ্য বলে পতিত; কেউই আর দেখাশোনা করে না *There's an area of waste ground outside the town where people dump their rubbish.* **2** no longer useful; that is thrown away অপ্রয়োজনীয়; যা ফেলে দেওয়া হয়; বর্জ্য পদার্থ *waste paper* ○ *waste material*

wasted / ˈweɪstɪd ˈউএইস্‌টিড্ / *adj.* **1** not necessary or successful অনাবশ্যক বা অসফল *a wasted journey* **2** very thin, especially because of illness খুবই রোগা, রোগে জীর্ণশীর্ণ **3** (*slang*) suffering from the effects of drugs or alcohol (অপপ্রয়োগ) মাদক বা মদের নেশায় আসক্ত

wasteful / ˈweɪstfl ˈউএইস্‌ট্‌ফ্‌ল্ / *adj.* using more of sth than necessary; causing waste অপচয় ঘটায় এমন, প্রয়োজনের অতিরিক্ত থাকায় বাকিটা নষ্ট হয়

wasteland / ˈweɪstlænd ˈউএইস্‌ট্‌ল্যান্ড্ / *noun* [U, C] an area of land that cannot be used or that is no longer used for building or growing things on যেখানে চাষবাস করা বা ঘরবাড়ি তোলা সম্ভব নয়; পতিত ভূমি

waste-paper basket *noun* [C] a basket, etc. in which you put paper, etc. which is to be thrown away কাজে না-লাগা কাগজ ইত্যাদি যে ঝুড়ির মধ্যে ফেলা হয়; ছেঁড়া কাগজের ঝুড়ি

watch[1] / wɒtʃ উঅচ্ / *verb* **1** [I, T] to look at sb/sth for a time, paying attention to what happens কোনো ব্যক্তি বা বস্তুকে অনেকক্ষণ ধরে দেখা, কি ঘটছে তা মনোযোগ দিয়ে দেখা, লক্ষ করা *I* ***watched in horror*** *as the car swerved and crashed.* ○ *I'm watching to see how you do it.* **2** [T] to take care of sth for a short time অল্প সময়ের জন্য কোনো কিছু তত্ত্বাবধানে রাখা, পাহারা দেওয়া *Could you watch my bag for a second while I go and get a drink?* **3** [T] **watch sb/sth (for sth)** to be careful about sb/sth; to pay careful attention to sth/sb কোনো ব্যক্তি বা বস্তুর সম্বন্ধে মনোযোগী হওয়া; কারও বা কিছুর প্রতি সযত্ন মনোযোগ দেওয়া *You'd better* ***watch what you say*** *to her. She gets upset very easily.*

IDM **watch your step** ➪ **step**[1] দেখো।

PHR V **watch out** to be careful because of possible danger or trouble আসন্ন বিপদ সম্বন্ধে সাবধান বা হুঁশিয়ার থাকা *Watch out! There's a car coming.* ○ *If you don't watch out you'll lose your job.*

watch out for sb/sth to look carefully and be ready for sb/sth কোনো ব্যক্তি বা বস্তুর প্রতি সাবধানে লক্ষ রেখে নিজেকে প্রস্তুত রাখা *Watch out for snakes if you walk through the fields.*

watch over sb/sth to look after or protect sb/sth কোনো ব্যক্তি বা বস্তুর দেখাশোনা করা, রক্ষা করা *For two weeks she watched over the sick child.*

watch[2] / wɒtʃ উঅচ্ / *noun* **1** [C] a type of small clock that you usually wear around your wrist হাতঘড়ি; রিস্টওয়াচ *My watch is a bit fast/slow* (=shows a time that is later/earlier than the correct time). ➪ **clock** দেখো। **2** [*sing.*, U] the action of watching sb/sth in case of possible danger or problems বিপদ বা ঝামেলার আশঙ্কায় কোনো ব্যক্তি বা বস্তুকে একটানা পর্যবেক্ষণ, নজরদারি, চোখে চোখে রাখা *Tour companies have to* ***keep a close watch on*** *the political situation in the region.*

watchdog / ˈwɒtʃdɒg ˈউঅচ্‌ডগ্ / *noun* [C] a person or group whose job is to make sure that large companies respect people's rights কোনো ব্যক্তি বা গোষ্ঠী যার কাজ হল যে বড়ো বড়ো প্রতিষ্ঠানগুলিতে যাতে মানবাধিকার ভঙ্গ না হয় তা নিশ্চিত করা *a consumer watchdog*

watchful / ˈwɒtʃfl ˈউঅচ্‌ফ্‌ল্ / *adj.* careful to notice things সজাগ, সতর্ক, পর্যবেক্ষণ শক্তির অধিকারী

watchman / ˈwɒtʃmən ˈউঅচ্‌ম্যান্ / *noun* [C] (*pl.* **watchmen** / -mən -ম্যান্ /) (*old-fashioned*) a man whose job is to guard a building, for example a bank, an office building or a factory, especially at night বড়ো বাড়ি যেমন ব্যাংক, অফিস বা কারখানা যে ব্যক্তি পাহারা দেয়; পাহারাদার, চৌকিদার ➪ **nightwatchman** দেখো।

water[1] / ˈwɔːtə(r) ˈউঅ:ট্যা(র্) / *noun* **1** [U] the clear liquid that falls as rain and is in rivers, seas and lakes জল, অম্বু, সলিল, নীর, বারি *drinking water* ○ *tap water*

> NOTE জল 100° সেলসিয়াস তাপমাত্রায় গরম করলে **boil** হয়ে **steam** এ পরিণত হয়। এই **steam** (বাষ্প) যখন কোনো ঠান্ডা পৃষ্ঠতলের সংস্পর্শে আসে তখন আবার **condense** করে গিয়ে জলে পরিণত হয়। জল 0° সেলসিয়াস তাপমাত্রায় নিয়ে গেলে **freeze** করে গিয়ে **ice** (বরফ) হয়ে যায়।

2 [U] a large amount of water, especially the water in a lake, river or sea জলরাশি; হ্রদ নদী বা সমুদ্রের জল *After the heavy rain several fields were* ***under water****.* **3** [U] the surface of an area of water জলের উপরিভাগ; জলের মাথায় *I can see my reflection in the water.* **4 waters** [*pl.*] the water in a particular sea, lake, etc. or near a particular country বিশেষ কোনো সমুদ্র, হ্রদ ইত্যাদির জল, বিশেষ দেশের নিকটস্থ জলভাগ *The ship was still in Indian waters.*

IDM **keep your head above water** ➪ **head**[1] দেখো।

IDM **pass water** ➪ **pass**[1] দেখো।

water[2] / ˈwɔːtə(r) ˈউঅ: ট্যা(র্) / *verb* **1** [T] to give water to plants গাছে জল দেওয়া, বারি সিঞ্চন করা **2** [I] (used about the eyes or mouth) to fill with liquid (চোখ অথবা মুখ সম্বন্ধে ব্যবহৃত) জলে ভরে যাওয়া, জল আসা *The smoke in the room was starting to* ***make my eyes water****.* ○ *These menus will really* ***make your mouth water****.*

PHR V **water sth down 1** to add water to a liquid in order to make it weaker জল মিশিয়ে কোনো কিছু পাতলা করা, ঘনত্ব কমানো **2** to change a statement, report, etc. so that the meaning is less strong or direct বিবৃতি, খবর ইত্যাদির বদল ঘটানো যাতে তা অপেক্ষাকৃত লঘু বা নরম হয়ে যায়

waterbird / ˈwɔːtəbɜːd ˈউঅ: ট্যাব্যড্ / *noun* [C] a bird that lives near and walks or swims in water,

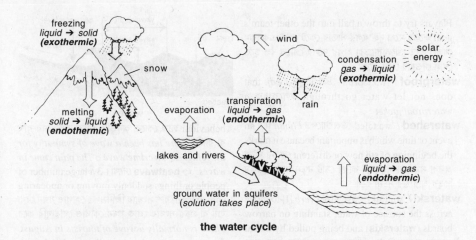

the water cycle

(diagram labels: freezing liquid → solid (exothermic); snow; wind; condensation gas → liquid (exothermic); solar energy; melting solid → liquid (endothermic); evaporation; transpiration liquid → gas (endothermic); rain; lakes and rivers; evaporation liquid → gas (endothermic); ground water in aquifers (solution takes place))

especially rivers or lakes জলের আশেপাশে যেসব পাখি থাকে, বিশেষ করে নদী ও সরোবরে, এরা জলের উপর হাঁটে এবং জলে সাঁতার দেয়; জলের পাখি ⇨ **seabird** দেখো।

water-borne *adj.* spread or carried by water জলবাহিত *cholera and other water-borne diseases* ⇨ **airborne** দেখো।

water buffalo *noun* [C] a large animal of the cow family, used for pulling vehicles and farm equipment in Asia গো-প্রজাতির অন্তর্গত যে পশু এশিয়া অঞ্চলে দেখা যায় যারা যানবাহন এবং কৃষিকাজের সরঞ্জাম টেনে নিয়ে যাওয়ার জন্য ব্যবহৃত হয়; মোষ

watercolour (*AmE* **watercolor**) / 'wɔːtəkʌlə(r) 'উঅ:ট্যাকাল্যা(র্) / *noun* **1 watercolours** [*pl.*] paints that are mixed with water, not oil যেসকল রং জলের সঙ্গে মেশানো হয়, তেলে নয়; জল রং **2** [C] a picture that has been painted with water colours জলরঙে আঁকা ছবি

watercourse / 'wɔːtəkɔːs 'উঅ:ট্যাক:স্ / *noun* [C] (*technical*) a small river (**a stream**) or an artificial passage for water ছোটো নদী বা কৃত্রিম কোনো জলপথ

watercress / 'wɔːtəkres 'উঅ:ট্যাক্রেস্ / *noun* [U] a type of plant with small round green leaves which have a strong taste and are often eaten in salads তীব্র স্বাদের, গোল গোল পাতাসমেত এক ধরনের শাক অনেক সময় যা স্যালাডের মধ্যে খাওয়া হয়

waterfall / 'wɔːtəfɔːl 'উঅ:ট্যাফ:ল্ / *noun* [C] a river that falls down from a cliff, rock, etc. জলপ্রপাত; নির্ঝরিণী ⇨ **glacial**-এ ছবি দেখো।

waterfront / 'wɔːtəfrʌnt 'উঅ:ট্যাফ্রান্ট / *noun* [C, *usually sing.*] a part of a town or an area that is next to the sea, a river or a lake কোনো শহর বা এলাকার যে দিক বা অংশটি সমুদ্র, নদী অথবা হ্রদের ধারে

waterhole / 'wɔːtəhəʊl 'উঅ:ট্যাহ্যাউল্ / (*also* **watering hole**) *noun* [C] a place in a hot country where animals go to drink গরমের দেশে যে জায়গায় পশুরা জল খেতে যায়

watering can *noun* [C] a container with a long tube on one side which is used for pouring water on plants এমন পাত্র যার একদিকে লাগানো লম্বা নলের মধ্যে দিয়ে গাছপালায় জল ঢালা হয়; ঝারি, ঝাঁজরি ⇨ **gardening**-এ ছবি দেখো।

watering hole = waterhole

water lily *noun* [C] a plant that floats on the surface of water, with large round flat leaves and white, yellow or pink flowers জলের উপর ভাসমান বড়ো গোল পাতাযুক্ত সাদা, হলুদ বা গোলাপি রঙের ফুল বিশেষ; শালুকফুল, কুমুদ

waterlogged / 'wɔːtəlɒɡd 'উঅ:ট্যালগ্‌ড্ / *adj.* **1** (used about the ground) extremely wet (জমি সম্বন্ধে ব্যবহৃত) জলমগ্ন জমি, ভিজে, স্যাঁতসেঁতে *Our boots sank into the waterlogged ground.* **2** (used about a boat) full of water and likely to sink (নৌকো সম্বন্ধে ব্যবহৃত) জলে ভর্তি এবং যার ফলে ডুবে যাওয়ার সম্ভাবনাপূর্ণ

watermark / 'wɔːtəmɑːk 'উঅ:ট্যামা:ক্ / *noun* [C] a symbol or design in some types of paper, which can be seen when the paper is held against the light কোনো কোনো কাগজের এমন কোনো বিশেষ নকশা বা চিহ্ন যেগুলি কাগজটি আলোর সামনে ধরলে তা ফুটে ওঠে

watermelon / 'wɔːtəmelən 'উঅ:ট্যামেল্যান্ / *noun* [C, U] a large, round fruit with a thick, green skin. It is pink or red inside with a lot of black seeds (পুরু খোসাযুক্ত ফলবিশেষ) তরমুজ ⇨ **fruit**-এ ছবি দেখো।

water polo *noun* [U] a game played by two teams of people swimming in a swimming pool.

Players try to throw a ball into the other team's goal জলের মধ্যে দুই দলের সাঁতার কেটে কেটে একরকম খেলা। এতে খেলোয়াড়েরা অপর দলের গোলে বল ছুড়ে গোল দেওয়ার চেষ্টা করে

waterproof / ˈwɔːtəpruːf ˈউঅ:ট্যাপ্রুফ্ / *adj.* that does not let water go through জলরোধক *a waterproof jacket*

watershed / ˈwɔːtəʃed ˈউঅ:ট্যাশেড্ / *noun* [C] an event or time which is important because it marks the beginning of sth new or different কোনো ঘটনা অথবা সময় যা গুরুত্বপূর্ণ কারণ সেটি নতুন বা অন্যরকম কিছুর আরম্ভের সূচনা করে

waterski / ˈwɔːtəskiː ˈউঅ:ট্যাস্কী / *verb* [I] to move across the surface of water standing on narrow boards (**waterskis**) and being pulled by a boat পাতলা তক্তার উপর দাঁড়িয়ে জলের উপর দিয়ে ঘুরে বেড়ানো, ঐ তক্তাটি নৌকো টেনে নিয়ে যায়; ওয়াটারস্কি

the water table *noun* [*sing.*] the level at and below which water is found in the ground মাটির যে স্তরে এবং তার নীচে জল পাওয়া যায়

watertight / ˈwɔːtətaɪt ˈউঅ:ট্যাটাইট্ / *adj.* **1** made so that water cannot get in or out যার ভিতর দিয়ে জল ঢোকে না বা বেরোয় না এমন *a watertight container* **2** (used about an excuse, opinion, etc.) impossible to show to be wrong; without any faults (কোনো কৈফিয়ত, মনোভাব ইত্যাদি সম্বন্ধে ব্যবহৃত) মোক্ষম, অখণ্ডনীয়; ত্রুটিশূন্য *His alibi was absolutely watertight.*

water vapour *noun* [U] water in the gaseous state resulting from heating water or ice জল বা বরফ গরম করার ফলে যে বাষ্প

waterway / ˈwɔːtəweɪ ˈউঅ:ট্যাউএই / *noun* [C] a canal, river, etc. along which boats can travel খাল, নদী ইত্যাদি যার উপর দিয়ে জলযান যাতায়াত করতে পারে

watery / ˈwɔːtəri ˈউঅ:ট্যারি / *adj.* **1** containing mostly water যাতে বা যেখানে প্রচুর জল আছে অথবা রয়েছে; জলময়, জলে ভরা *watery soup* ○ *A watery liquid came out of the wound.* **2** weak and pale দুর্বল এবং ফ্যাকাশে *watery sunshine* ○ *a watery smile*

watt / wɒt উঅট্ / *noun* [C] (*abbr.* **W**) a unit of electrical power বৈদ্যুতিক শক্তির পরিমাপের একক বা মাত্রা; ওয়াট *a 60-watt light bulb*

wave¹ / weɪv উএইভ্ / *noun* [C] **1** a line of water moving across the surface of water, especially the sea, that is higher than the rest of the surface জলের, বিশেষত সমুদ্রের ঢেউ, তরঙ্গ *We watched the waves roll in and break on the shore.* ➪ **diffract** দেখো এবং **tidal wave**-এ ছবি দেখো। **2** a sudden increase or spread of a feeling or type of

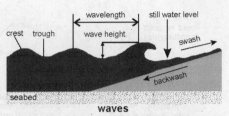

waves

behaviour হঠাৎ কোনো অনুভূতি অথবা আচরণের বৃদ্ধি বা ব্যাপ্তি *There has been a wave of sympathy for the refugees.* ○ *a* ***crime wave*** ○ *The pain came* ***in waves****.* ➪ **heatwave** দেখো। **3** a large number of people or things suddenly moving or appearing somewhere বেশি সংখ্যায় জিনিসপত্র কোথাও যখন দেখা যায় বা প্রচুর সংখ্যক লোক যখন কোথাও ঘোরাঘুরি করে *There is normally a wave of tourists in August.* **4** a movement of sth, especially your hand, from side to side in the air একপাশ থেকে অন্যপাশে কোনো কিছু, বিশেষত হাত সঞ্চালন *With a wave of his hand, he said goodbye and left.* **5** the form that some types of energy such as sound, light, heat, etc. take when they move যেভাবে শব্দ, আলো, তাপ ইত্যাদি শক্তি অগ্রসর হয় অথবা চলে *sound waves* ➪ **long wave, medium wave** এবং **short wave** দেখো। **6** a gentle curve in your hair থাক থাক ঢেউ-খেলানো চুল; কোঁকড়ানো ➪ **perm** দেখো।

wave² / weɪv উএইভ্ / *verb* **1** [I, T] to move your hand from side to side in the air, usually to attract sb's attention or as you meet or leave sb একপাশ থেকে অন্যপাশে হাত নেড়ে কারও দৃষ্টি আকর্ষণ করা অথবা কারও সঙ্গে যখন দেখা হয় অথবা বিদায় দেওয়ার সময়ে হাত নাড়া *I leant out of the window and waved goodbye to my friends.* **2** [T] **wave sth (at sb); wave sth (about)** to hold sth in the air and move it from side to side কোনো বস্তুকে ধরে একপাশ থেকে অন্য পাশে শূন্যে নাড়ানো, আন্দোলিত করা *The crowd waved flags as the President came out.* ○ *She was talking excitedly and waving her arms about.* **3** [T] **wave sb/sth away, on, through, etc.** to move your hand in a particular direction to show sb/sth which way to go বিশেষ দিকে হাত নাড়িয়ে বোঝানো যে কেউ বা কোনো কিছু সেদিকে যাবে *There was a policeman in the middle of the road, waving us on.* **4** [I] to move gently up and down or from side to side আস্তে আস্তে উপরে-নীচে অথবা একপাশ থেকে অন্যপাশে নড়া *The branches of the trees waved gently in the breeze.*

PHR V **wave sth aside** to decide not to pay attention to sb/sth because you think he/she/it is not important কেউ বা কিছু যে গুরুত্বপূর্ণ নয় সেই কারণে তার বা সেটির প্রতি মনোযোগ না দেওয়ার সিদ্ধান্ত নেওয়া

wave sb off to wave to sb who is leaving যে চলে যাচ্ছে তাকে হাত নেড়ে বিদায় দেওয়া

waveband / ˈweɪvbænd ˈউএইভ্‌ব্যান্ড্ / *noun* [C] a set of radio waves of similar length একই দৈর্ঘ্যের কয়েকটি রেডিও তরঙ্গ

wave-cut platform *noun* [C] (in geography) an area of land between the cliffs and the sea which is covered by water when the sea is at its highest level (ভূগোলে) পাহাড়ের উঁচু অংশ এবং সমুদ্রের মধ্যে এমন জায়গা যা সমুদ্রের জল বাড়লে জলমগ্ন হয়ে যায়

wavelength / ˈweɪvleŋθ ˈউএইভ্‌লেংথ্ / *noun* [C] **1** the distance between two sound waves শব্দের দুটি তরঙ্গের মধ্যের দূরত্ব ➪ **amplitude** -এ ছবি দেখো। **2** the length of wave on which a radio station sends out its programmes তরঙ্গের যে দৈর্ঘ্যে বেতার থেকে অনুষ্ঠান প্রেরণ করা হয়

IDM **on the same wavelength** ➪ **same** দেখো।

waver / ˈweɪvə(r) ˈউএইভ্যা(র্) / *verb* [I] **1** to become weak or uncertain, especially when making a decision or choice বিশেষত কিছু বেছে নেওয়া অথবা সিদ্ধান্ত নেওয়ার সময়ে দুর্বল অথবা অনিশ্চিত হয়ে পড়া *He never wavered in his support for her.* **2** to move in a way that is not firm or steady এমনভাবে চলা যা দৃঢ় এবং সুনিশ্চিত নয়; টলে টলে অথবা কেঁপে কেঁপে চলা *His hand wavered as he reached for the gun.*

wavy / ˈweɪvi ˈউএইভি / *adj.* having curves; not straight ঢেউ খেলানো; সমতল নয়, সমান নয় *wavy hair* ○ *a wavy line*

wax[1] / wæks উঅ্যাক্স্ / *noun* [U] **1** a substance made from fat or oil that melts easily and is used for making candles, polish, etc. চর্বি বা তেল থেকে তৈরি একধরনের পদার্থ যা সহজে গলে যায় এবং যা মোমবাতি, পালিশ ইত্যাদি তৈরি করতে ব্যবহৃত হয়; মোম **2** a yellow substance that is found in your ears কানের খোল অথবা ময়লা

wax[2] / wæks উঅ্যাক্স্ / *verb* **1** [T] to polish sth with wax কোনো বস্তু মোম দিয়ে ঘষে চকচকে করা **2** [T] (*often passive*) to remove hair from a part of the body using wax শরীরের কোনো অংশে মোম ব্যবহার করে সেখানকার লোম পরিষ্কার করা *to wax your legs/ have your legs waxed* **3** [I] (used about the moon) to seem to get gradually bigger until its full form can be seen (চাঁদ সম্বন্ধে ব্যবহৃত) পূর্ণ আকার না পাওয়া পর্যন্ত আস্তে আস্তে বড়ো হচ্ছে বলে মনে হওয়া ✪ বিপ **wane**

wax paper (*AmE*) = **greaseproof paper**

waxwork / ˈwækswɜːk ˈউঅ্যাক্স্‌উঅ্যক্ / *noun* [C] **1** a model of sb/sth, especially of a famous person, made of wax কোনো ব্যক্তি বা বস্তুর মূর্তি, বিশেষত মোমের তৈরি বিখ্যাত কোনো ব্যক্তির মূর্তি **2 waxworks** [*sing.*] a place where wax models of famous people are shown to the public এমন জায়গা যেখানে বিখ্যাত ব্যক্তিদের মোমের তৈরি মূর্তি জনগণের দেখার জন্য রাখা থাকে

way[1] / weɪ উএই / *noun* **1** [C] **a way (to do sth/of doing sth)** a particular method, style or manner of doing sth কোনো কিছু করার বিশেষ পদ্ধতি, কায়দা অথবা ধরন *What is **the best way** to learn a language?* ○ *He always **does things his own way**.* **2** [C, *usually sing.*] the route you take to reach somewhere; the route you would take if nothing were stopping you কোনো জায়গায় পৌঁছোতে যে পথে যাওয়া হয়; কোনো বাধা না থাকলে যে পথ ধরা হবে *We stopped **on the way to** Jaipur for a meal.* ○ *Can I drive you home? It's on my way.* **3** [*sing.*] a direction or position পথ নির্দেশ অথবা অবস্থান *Look this way!* ○ *He thought I was older than my sister but in fact it's **the other way round*** (=the opposite of what he thought). ➪ **back to front** দেখো। **4** [C] a path, road, route, etc. that you can travel along পথ, রাস্তা বা সড়ক ইত্যাদি যা দিয়ে ভ্রমণ করা যায় ➪ **highway, motorway** এবং **railway** দেখো। **5** [*sing.*] a distance in space or time স্থান অথবা কালের অথবা সময়ের দূরত্ব *The exams are still **a long way off**.* ○ *We came all this way to see him and he's not at home!*

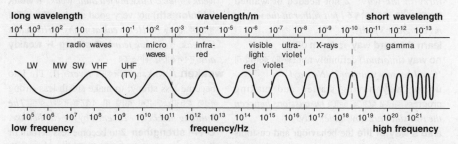

long wavelength
wavelength/m
short wavelength
radio waves
micro waves
infra-red
visible light
ultra-violet
X-rays
gamma
LW
MW
SW
VHF
UHF (TV)
red
violet
low frequency
frequency/Hz
high frequency

wavelength

IDM **be set in your ways** ⇨ **set³** দেখো।

by the way (used for adding sth to the conversation) on a new subject (কথা বলতে বলতে কিছু নতুন বিষয় যোগ দেওয়ার সময়ে ব্যবহৃত) নতুন কোনো বিষয়ে *Oh, by the way, I saw Manoj in town yesterday.*

change your ways ⇨ **change¹** দেখো।

get/have your own way to get or do what you want, although others may want sth else নিজে কিছু চাওয়া এবং সেইমতো পাওয়া বা করা, যদিও অন্যেরা অন্য কিছু চাইতে পারে

give way to break or fall down ভেঙে বা পড়ে যাওয়া *The branch of the tree suddenly gave way and he fell.*

give way (to sb/sth) 1 to stop or to allow sb/sth to go first অন্য ব্যক্তিকে অথবা বস্তুকে পথ দেওয়া অথবা না দেওয়া *Give way to traffic coming from the right.* **2** to allow sb to have what he/she wants although you did not at first agree with it প্রথমে রাজি না থাকলেও পরে কেউ যা চাইছে তা পেতে তাকে বাধা না দেওয়া *We shall not give way to the terrorists' demands.*

go a long way ⇨ **long¹** দেখো।

go out of your way (to do sth) to make a special effort to do sth কোনো কিছু করার জন্য বিশেষ চেষ্টা করা

have a long way to go ⇨ **long¹** দেখো।

the hard way ⇨ **hard¹** দেখো।

in a/one/any way; in some ways to a certain degree but not completely কিছুটা পরিমাণে তবে সম্পূর্ণভাবে নয় *In some ways I prefer working in a small office.*

in a big/small way used for expressing the size or importance of an activity কোনো কাজের আকার অথবা পরিমাণ অথবা গুরুত্ব বোঝাতে ব্যবহৃত অভিব্যক্তিবিশেষ *'Have you done any acting before?' 'Yes, but in a very small way* (=not very much)*.'*

in the way 1 blocking the road or path পথ আটকানো হচ্ছে এমন *I can't get past. There's a big lorry in the way.* **2** not needed or wanted অপ্রয়োজনীয় বা অবাঞ্ছিত *I felt rather in the way at my daughter's party.*

learn the hard way ⇨ **learn** দেখো।

no way (*informal*) definitely not (কথ্য) কখনই না *'Can I borrow your car?' 'No way!'*

under way having started and making progress আরম্ভ হয়েছে, চলছে *Discussions between the two sides are now under way.*

a/sb's way of life the behaviour and customs that are typical of a person or group of people কোনো একজনের অথবা একদল লোকের বৈশিষ্ট্যপূর্ণ আচার-আচরণ এবং রীতিনীতি

way² / weɪ উএই / *adv.* (*informal*) very far; very much অনেক পরে, দূরে; অনেক বেশি *I finally found his name way down at the bottom of the list.* ○ *Mandira's got way more experience than me.*

wayward / ˈweɪwəd ˈউএইউঅ্যাড্ / *adj.* (*written*) difficult to control যাকে নিয়ন্ত্রণ করা কঠিন, জেদি, একগুঁয়ে, উচ্ছৃঙ্খল *a wayward child/animal* ▶ **waywardness** *noun* [U] একগুঁয়েমি, স্বেচ্ছাচারিতা, উচ্ছৃঙ্খলতা

we / wiː উঈ / *pronoun* (the subject of a verb) used for talking about the speaker and one or more other people (ক্রিয়াপদের কর্তা) বক্তা এবং আরও এক বা একাধিক ব্যক্তি সম্বন্ধে বলার জন্য ব্যবহৃত; আমরা (সর্বনাম) *We're going to the cinema.* ○ *We are both very pleased with the house.*

weak / wiːk উঈক্ / *adj.* **1** (used about the body) having little strength or energy; not strong (শরীর সম্বন্ধে ব্যবহৃত) দুর্বল; নিস্তেজ *The child was weak with hunger.* ○ *Her legs felt weak.* **2** that cannot support a lot of weight; likely to break যা বেশি ভার নিতে পারে না; ভেঙে যাওয়ার ভয় অথবা সম্ভাবনা আছে এমন *That bridge is too weak to take heavy traffic.* **3** not having economic success আর্থিক দিক থেকে কমজোরি, দুর্বল *a weak currency/economy/market* **4** easy to influence; not firm or powerful সহজে প্রভাবিত হয় এমন; দৃঢ় অথবা শক্তিশালী নয়; দুর্বল *He is too weak to be a good leader.* ○ *a weak character* **5** (used about an argument, excuse, etc.) not easy to believe (কোনো যুক্তি, ওজর ইত্যাদি সম্বন্ধে ব্যবহৃত) যা সহজে মানা বা বিশ্বাস করা যায় না *She made some weak excuse about washing her hair tonight.* **6** not easy to see or hear; not definite or strong সহজে দেখা বা শোনা যায় না; স্পষ্ট বা জোরালো নয় *a weak voice* ○ *She gave a weak smile.* **7** (used about liquids) containing a lot of water, not strong in taste (তরল পদার্থ সম্বন্ধে ব্যবহৃত) এমন যাতে জলের ভাগ বেশি এবং জোরালো স্বাদযুক্ত নয়; পাতলা *weak coffee* ○ *I like my tea quite weak.* **8 weak (at/in/on sth)** not very good at sth কোনো বিষয়ে খুব দক্ষ বা পটু নয় *He's weak at maths.* ○ *His maths is weak.* ○ *a weak team* ✪ **strong** ▶ **weakly** *adv.* দুর্বলভাবে, ক্ষীণভাবে

weaken / ˈwiːkən ˈউঈক্যান্ / *verb* [I, T] **1** to become less strong; to make sb/sth less strong দুর্বল হওয়া; কোনো ব্যক্তি বা বস্তুকে দুর্বল করা *The building had been weakened by the earthquake.* ✪ বিপ **strengthen 2** to become less certain or firm about sth কোনো বিষয়ে বা ব্যাপারে সুনিশ্চিত না

হওয়া বা দুর্বল হয়ে পড়া *She eventually weakened and allowed him to stay.*

weak form *noun* [C] a way of pronouncing a word when it is not emphasized কোনো শব্দে জোর না দিয়ে আস্তে বিশেষভাবে উচ্চারণ করার ধরন

weakness / ˈwiːknəs ˈউঈক্‌ন্যাস্ / *noun* **1** [U] the state of being weak দুর্বল অবস্থা, দুর্বলতা *He thought that crying was a sign of weakness.* **2** [C] a fault or lack of strength, especially in a person's character দোষ বা দৃঢ়তার অভাব বিশেষত কারও চরিত্রে *It's important to know your own strengths and weaknesses.* ✪ বিপ **strength** অর্থ সংখ্যা **1** এবং **2**-এর জন্য **3** [C, *usually sing.*] **a weakness for sth/sb** a particular and often foolish liking for sth/sb কোনো কিছু অথবা কারও ব্যপারে একটু বেশি ভালো লাগার মনোভাব, কারও প্রতি বোকার মতো দুর্বলতা *I have a weakness for chocolate.*

wealth / welθ উএল্‌থ্ / *noun* **1** [U] a lot of money, property, etc. that sb owns; the state of being rich বিত্ত, ধনসম্পত্তি; বিত্তবান, ধনী *They were a family of enormous wealth.* ✪ সম **riches** **2** [*sing.*] **a wealth of sth** a large number or amount of sth কোনো বস্তুর প্রাচুর্য *a wealth of information/ experience/talent*

wealthy / ˈwelθi ˈউএল্‌থি / *adj.* (**wealthier; wealthiest**) having a lot of money, property, etc. ধনবান, বিত্তবান, অর্থবান ✪ সম **rich**

wean / wiːn উঈন্ / *verb* [T] to gradually stop feeding a baby or young animal with its mother's milk and start giving it solid food মানব শিশু অথবা পশুশাবককে আস্তে আস্তে মায়ের দুধ খাওয়া ছাড়িয়ে শক্ত খাদ্য খেতে অভ্যাস করানো

weapon / ˈwepən ˈউএপ্যান্ / *noun* [C] an object which is used for fighting or for killing people, such as a gun, knife, bomb, etc. অস্ত্রশস্ত্র, যেমন বন্দুক, কামান, ছোরা, বোমা ইত্যাদি যা যুদ্ধে বা মানুষকে মেরে ফেলতে ব্যবহার করা হয়

wear¹ / weə(r) উএঅ্যা(র্) / *verb* (*pt* **wore** /wɔː(r) উঅ: (র্) /; *pp* **worn** / wɔːn উঅ: ন্ /) **1** [T] to have clothes, jewellery, etc. on your body জামাকাপড়, গয়নাগাটি ইত্যাদি পরা *He was wearing a suit and tie.* ○ *I wear glasses for reading.* **2** [T] to have a certain look on your face মুখে বিশেষ একটা ভাবের প্রকাশ করা *His face wore a puzzled look.* **3** [I, T] to become or make sth become thinner, smoother or weaker because of being used or rubbed a lot কৃশ হয়ে যাওয়া অথবা কোনো কিছুকে বেশি ব্যবহার করা অথবা ঘষার ফলে পাতলা, মসৃণ অথবা দুর্বল করে ফেলা *These tyres are badly worn.* ○ *The soles of his shoes had worn smooth.* **4** [T] to make a hole, path, etc. in sth by rubbing, walking, etc. কোনো কিছুর মধ্যে ঘর্ষণ, হাঁটা ইত্যাদির ফলে গর্ত, পথ ইত্যাদি তৈরি হওয়া *I'd worn a hole in my sock.* **5** [I] to last for a long time without becoming thinner or damaged টেকসই হওয়া; পাতলা হয়ে বা ক্ষয়ে না গিয়ে দীর্ঘ সময় টিকে থাকা *This material wears well.*

IDM **wear thin** to have less effect because of being used too much অতি ব্যবহারের ফলে ক্ষমতা বা প্রভাব কমে যাওয়া *We've heard that excuse so often that it's beginning to wear thin.*

PHR V **wear (sth) away** to damage sth or to make it disappear over a period of time, by using or touching it a lot; to disappear or become damaged in this way খুব বেশি ব্যবহার অথবা নাড়ানাড়ি করে কোনো কিছুর ক্ষতি করা অথবা হটিয়ে দেওয়া; এইভাবে হটে যাওয়া; ক্ষতিগ্রস্ত হওয়া *The wind had worn the soil away.*

wear (sth) down to become or to make sth smaller or smoother ছোটো এবং মসৃণ হওয়া বা করা *The heels on these shoes have worn right down.*

wear sb/sth down to make sb/sth weaker by attacking, persuading, etc. কোনো ব্যক্তি অথবা বস্তুকে আক্রমণ করে, বুঝিয়ে সুজিয়ে বা অন্য উপায়ে দুর্বল করে ফেলা *They wore him down with constant arguments until he changed his mind.*

wear off to become less strong or to disappear completely দুর্বল হয়ে পড়া অথবা একেবারে চলে যাওয়া *The effects of the drug wore off after a few hours.*

wear (sth) out to become too thin or damaged to use any more; to cause sth to do this এত বেশি পাতলা হয়ে পড়া অথবা ক্ষয়ে যাওয়া যে আর ব্যবহার করা চলে না; কোনো বস্তুর এই অবস্থা করা *Children's shoes wear out very quickly.*

wear sb out to make sb very tired কাউকে খুব পরিশ্রান্ত করা *She wore herself out walking home with the heavy bags.* ➪ **worn-out** দেখো।

wear² / weə(r) উএঅ্যা(র্) / *noun* [U] **1** wearing or being worn; use as clothing পরছে অথবা পরা হচ্ছে; পরিধেয় বস্ত্র হিসেবে ব্যবহৃত *You'll need jeans and jumpers for everyday wear.* **2** (*usually in compounds*) used especially in shops to describe clothes for a particular purpose or occasion দোকানে সাধারণত বিশেষ কোনো কাজের জন্য বা অনুষ্ঠানের জন্য ব্যবহৃত হয় এমন বস্ত্র বোঝাতে ব্যবহৃত হয় *casual/ evening wear* ○ *children's wear* **3** long use which damages the quality or appearance of sth বহু ব্যবহারের ফলে কোনো কিছুর যে ক্ষতি হয় বা সেটি দেখতে খারাপ হয়ে যায় *The engine is checked regularly for signs of wear.*

IDM **wear and tear** the damage to objects, furniture, etc. that is the result of normal use সাধারণ ব্যবহারের ফলে জিনিসপত্র, আসবাবপত্র ইত্যাদির যে ক্ষতি হয়

the worse for wear ➪ **worse** দেখো।

weary / ˈwɪəri ˈউইঅ্যারি / *adj.* very tired, especially after you have been doing sth for a long time খুব পরিশ্রান্ত, বিশেষত অনেকক্ষণ ধরে কিছু করার ফলে চরম পরিশ্রান্ত *He gave a weary smile.* ► **wearily** / ˈwɪərəli ˈউইঅ্যার‍্যালি / *adv.* পরিশ্রান্ত অবস্থায়, ক্লান্তির মধ্যে ► **weariness** *noun* [U] পরিশ্রান্তি, ক্লান্তি

weasel / ˈwi:zl ˈউঈজ়্ল্ / *noun* [C] a small wild animal with reddish-brown fur, a long thin body and short legs. Weasels eat smaller animals লম্বা, সরু দেহ এবং লালচে-বাদামি রঙের রোমযুক্ত ছোটো ছোটো পা-ওয়ালা ক্ষুদ্র, বন্য প্রাণী, ক্ষুদ্রতর প্রাণী যাদের খাবার; উইজল্

weather[1] / ˈweðə(r) ˈউএদ্যা(র্) / *noun* [U] the climate at a certain place and time, how much wind, rain, sun, etc. there is and how hot or cold it is কোনো নির্দিষ্ট স্থানে ও সময়ে সেখানকার বায়ু, বৃষ্টিপাত, সূর্যালোক ইত্যাদির বাড়া বা কমা এবং তা কতখানি গরম বা ঠান্ডা ইত্যাদি বিষয়; জলবায়ু, আবহাওয়া *hot/warm/sunny/fine weather ○ cold/wet/windy/wintry weather*

> NOTE মেঘ থেকে যে জল পড়ে তাকে **rain** বলে। জমে যাওয়া বৃষ্টিকে **snow** বলা হয় যা নরম এবং সাদা হয় এবং প্রায়ই মাটিতে জমে যায়। সম্পূর্ণ জমা নয় এমন বৃষ্টিকে **sleet** বলে এবং **hail** হল শিলাবৃষ্টি। হালকা বৃষ্টিকে বলা হয় **drizzling** এবং প্রবল বর্ষণকে বলা হয় **pouring**। মাটির উপর জমা কুয়াশাকে **Fog** বলা হয় আর হালকা কুয়াশা হল **mist**। ➪ **storm**-এ নোট দেখো।

IDM **make heavy weather of sth** ➪ **heavy** দেখো।

under the weather (*informal*) not very well খুব ভালো নয়

weather[2] / ˈweðə(r) ˈউএদ্যা(র্) / *verb* **1** [I, T] to change or make sth change in appearance because of the effect of the sun, air or wind সূর্যালোক ও আবহাওয়ার কারণে কোনো কিছুর চেহারায় পরিবর্তন আসা বা ঘটানো *This stone weathers to a warm pinkish-brown colour.* ➪ **erode**-এ ছবি দেখো। **2** [T] to come safely through a difficult time or experience কঠিন সময় অথবা অভিজ্ঞতার মধ্য দিয়ে নিরাপদ অবস্থায় আসা *Their company managed to weather the recession and recover.*

weather-beaten *adj.* (used especially about a person's face or skin) made rough and damaged by the sun and wind (কারও মুখ অথবা ত্বক সম্বন্ধে বলা হয়) রোদ এবং হাওয়ায় যা খসখসে এবং শুকনো হয়ে গেছে

weather forecast (*also* **forecast**) *noun* [C] a description of the weather that is expected for the next day or next few days পরদিন অথবা কয়েকদিন পরে আবহাওয়া কেমন হতে পারে তার বিবরণ; আবহাওয়ার পূর্বাভাস; আবহবার্তা ➪ **weather** দেখো।

weathervane / ˈweðəveɪn ˈউএদ্যাভেইন্ / *noun* [C] a metal object on the roof of a building that turns easily in the wind and shows which direction the wind is blowing from বাড়ির ছাদের উপর লাগানো হয় একরকম ধাতুর তৈরি পাতলা জিনিস যা সহজে হাওয়ায় এদিক-ওদিক ঘোরে এবং তা দেখে কোনদিকে হাওয়া বইছে বোঝা যায়; বাতপতাকা ➪ **vector** দেখো।

weave / wi:v উঈভ্ / *verb* [I, T] (*pt* **wove** /wəʊv উঅ্যাউভ্ / or in sense **2 weaved;** *pp* **woven** / ˈwəʊvn ˈউঅ্যাউভ্ন্ / or in sense **2 weaved**) **1** to make cloth, etc. by passing threads under and over a set of threads that is fixed to a frame (**loom**) কাপড় ইত্যাদি বোনা, বয়ন করা *woven cloth* **2** to change direction often when you are moving so that you are not stopped by anything এগিয়ে যাওয়ার সময়ে প্রায়ই এদিক-ওদিক ঘোরা যাতে কিছু সামনে এলেও থামতে না হয়; এঁকে বেঁকে চলা *The cyclist weaved in and out of the traffic.*

weaver / ˈwi:və(r) ˈউঈভ্যা(র্) / *noun* [C] a person whose job is weaving cloth তাঁতী, তন্তুবায়, বয়নকারী

weaver-bird *noun* [C] a small bird of tropical Africa and Asia, that builds elaborately woven nests আফ্রিকা এবং এশিয়ার ক্রান্তীয় অঞ্চলের একরকম ছোটো পাখি যা বয়ন করে বাসা তৈরি করে; দর্জি পাখি, বাবুই পাখি

web / web উএব্ / *noun* **1** [C] a type of fine net that a spider makes in order to catch small insects একরকমের সূক্ষ্ম জাল যা মাকড়সারা তৈরি করে যাতে ছোটো পোকামাকড় ধরা পড়ে; মাকড়সার জাল *A spider spins webs.* ➪ **cobweb** দেখো। **2** (*computing*) (*usually* **the Web**) [*sing.*] = **World Wide Web** *a Web browser/page*

webbed / webd উএব্ড্ / *adj.* (of the feet of a bird or an animal) having pieces of skin between the toes পাখি এবং জন্তুর পায়ের আঙুলের মধ্যে জুড়ে থাকা চামড়া

webmaster / ˈwebmɑ:stə(r) ˈউএব্মা: স্ট্যা(র্) / *noun* [C] (*computing*) a person who is responsible for particular pages of information on the **World Wide Web** এমন ব্যক্তি যে **World Wide Web**-এ বিশেষ বিশেষ পৃষ্ঠার জন্য দায়ী

website / ˈwebsaɪt ˈউএব্‌সাইট্ˈ / *noun* [C] (*computing*) a place connected to the Internet, where a company, organization, etc. puts information that can be found on the **World Wide Web** ইন্টারনেট বা আন্তর্জালের সঙ্গে সংযোজিত যেখানে বিভিন্ন প্রতিষ্ঠান, সংস্থা সকলে নিজেদের তথ্য দেয় যাতে তা **World Wide Web**-এ দেখতে পাওয়া যায়; ওয়েবসাইট

Wed. *abbr.* Wednesday বুধবার-এর সংক্ষিপ্ত রূপ *Wed. 4 May*

we'd / wi:d উঈড্ / ➪ **we had, we would**-এর সংক্ষিপ্ত রূপ

wedding / ˈwedɪŋ ˈউএডিং / *noun* [C] a marriage ceremony and often the meal or party that follows it (**the reception**) বিয়ের অনুষ্ঠান এবং তারপর খাওয়াদাওয়া ইত্যাদি; বিবাহ অনুষ্ঠান ও তৎসংক্রান্ত প্রীতিভোজ *I've been invited to their wedding.* ○ *a wedding dress/guest/present*

> **NOTE** বিবাহের পরিস্থিতি বোঝাতে **marriage** শব্দটি ব্যবহার করা হয়। এই শব্দটি **wedding** শব্দটির সমার্থে বিয়ের অনুষ্ঠান বোঝাতে ব্যবহার করা যেতে পারে। বরকে বলা হয় **bridegroom** আর কনেকে বলা হয় **bride**। পঁচিশতম বিবাহবার্ষিকীকে **silver wedding**, পঞ্চাশতম বিবাহবার্ষিকীকে **golden wedding** এবং ষাটতমকে **diamond wedding** বলা হয়।

wedge¹ / wedʒ উএজ্ / *noun* [C] a piece of wood, etc. with one thick and one thin pointed end that you can push into a small space, for example to keep things apart কাঠের বা অন্য কিছুর গোঁজ, যার একদিক পুরু এবং অন্য দিক পাতলা হয় এবং ঐ পাতলা দিকটা কোনো কিছুর মধ্যে গুঁজে দিলে দুদিক আলাদা করে রাখা যায় *The door was kept open with a wedge.*

wedge² / wedʒ উএজ্ / *verb* [T] **1** to force sth apart or to prevent sth from moving by using a wedge কোনো কিছু জোর দিয়ে আলাদা করা অথবা কোনো কিছু যাতে সরে না যায় তার জন্য গোঁজ ব্যবহার করা *to wedge a door open* **2** to force sth/sb to fit into a small space কোনো ব্যক্তি অথবা বস্তুকে জোর করে অল্প জায়গার মধ্যে ধরানো *The cupboard was wedged between the table and the door.*

Wednesday / ˈwenzdeɪ; -di ˈউএন্জ্‌ডেই;-ডি / *noun* [C, U] (*abbr.* **Wed.**) the day of the week after Tuesday বুধবার; মঙ্গলবারের পরের দিন

> **NOTE** সপ্তাহের দিনগুলির নামের প্রথম অক্ষরটি সবসময়ে বড়ো হাতের অক্ষরে (capital letter) লেখা হয়ে থাকে। বাক্যে সপ্তাহের বারের দিনগুলির নামের ব্যবহার এবং তার উদাহরণ দেখার জন্য **Monday** দেখো।

weed¹ /wi:d উঈড্/ *noun* **1** [C] a wild plant that is not wanted in a garden because it prevents other plants from growing properly যে গাছ বাগানের অন্যান্য গাছপালা বাড়তে দেয় না বলে বাগান থেকে সেগুলি বাদ দেওয়া হয়; আগাছা **2** [U] a mass of very small green plants that floats on the surface of an area of water অতি ক্ষুদ্র আকারের সবুজ রঙের গুচ্ছ গুচ্ছ চারাগাছ যা জলের উপর ভেসে বেড়ায় অথবা থাকে; গুল্ম, (শ্যাওলা) শৈবাল

weed² / wi:d উঈড্ / *verb* [I, T] to remove weeds from a piece of ground, etc. জমি থেকে আগাছা সরানো, উপড়ে ফেলে দেওয়া

PHR V **weed sth/sb out** to remove the things or people that you do not think are good enough অবাঞ্ছিত সব জিনিস অথবা লোকজন ছেঁটে ফেলা অথবা ছেঁটে বাদ দেওয়া *He weeded out all the letters with spelling mistakes in them.*

weedy / ˈwi:di ˈউঈডি / *adj.* (*informal*) small and weak ছোটো আকারের এবং দুর্বল *a small weedy man*

week / wi:k উঈক্ / *noun* [C] **1** a period of seven days, especially from Monday to Sunday or from Sunday to Saturday এক সপ্তাহ; বিশেষত সোমবার থেকে রবিবার অথবা রবিবার থেকে শনিবার *We arrived last week.* ○ *He left two weeks ago.*

> **NOTE** ব্রিটিশ ইংরেজিতে দু-সপ্তাহ লম্বা সময়কে সাধারণত **a fortnight** বলা হয়।

2 the part of the week when people go to work, etc., usually from Monday to Friday সপ্তাহের যে সময়টায় লোকে কাজ করে, সাধারণত সোম থেকে শুক্রবার *She works hard during the week so that she can enjoy herself at the weekend.*

IDM **today, tomorrow, Monday, etc. week** seven days after today, tomorrow, Monday, etc. আজ থেকে সাতদিন পরে, কাল থেকে, সোমবার ইত্যাদি থেকে সাতদিন পরে

week in, week out every week without a rest or change কোনো বিরাম অথবা পরিবর্তন ছাড়া প্রতি সপ্তাহ *He's played for the same team week in, week out for 20 years.*

a week yesterday, last Monday, etc. seven days before yesterday, Monday, etc. গতকালের সাতদিন আগে, সোমবার ইত্যাদির সাতদিন আগে

weekday / ˈwi:kdeɪ ˈউঈক্‌ডেই / *noun* [C] any day except Saturday or Sunday শনি বা রবিবার ছাড়া সপ্তাহের অন্যদিন *I only work on weekdays.*

weekend / ˌwi:kˈend ˌউঈক্ˈএন্ড্ / *noun* [C] Saturday and Sunday (সপ্তাহ শেষে) শনি এবং রবিবার *What are you doing **at the weekend**?* ✪ সম **at the weekend** (ব্রিটিশ ইংরেজিতে) এবং **on the weekend** (আমেরিকান ইংরেজিতে)

weekly[1] / ˈwiːkli ˈউঈক্‌লি / *adj., adv.* happening or appearing once a week or every week সপ্তাহে একবার অথবা প্রতি সপ্তাহেই ঘটছে এমন; সাপ্তাহিক *a weekly report* ○ *We are paid weekly.*

weekly[2] / ˈwiːkli ˈউঈক্‌লি / *noun* [C] (*pl.* **weeklies**) a newspaper or magazine that is published every week সাপ্তাহিক খবরের কাগজ বা পত্রিকা

weep / wiːp উঈপ্ / *verb* [I, T] (*pt, pp* **wept** /wept উএপ্ট্ /) (*formal*) to let tears fall because of strong emotion; to cry গভীর আবেগে চোখের জল ফেলা; কাঁদা *She wept at the news of his death.*

weigh / weɪ উএই / *verb* **1** [T] to measure how heavy sth is, especially by using a machine (**scales**) কোনো কিছুর ওজন মাপা, বিশেষত কোনো যন্ত্র ব্যবহার করে *I weigh myself every week.* ○ *Can you weigh this parcel for me, please?* **2** (*linking verb*) to have or show a certain weight ওজন দেখানো, বিশেষ ওজনের অধিকারী হওয়া *I weigh 56 kilos.* ○ *How much does this weigh?* **3** [T] **weigh sth (up)** to consider sth carefully কোনো কিছু ভালোভাবে ভেবেচিন্তে, বিবেচনা করে দেখা *You need to weigh up your chances of success.* **4** [T] **weigh sth (against sb/sth)** to consider if one thing is better, more important, etc. than another or not অন্যটা আরও ভালো, গুরুত্বপূর্ণ ইত্যাদি কিনা তা ভেবে দেখা, বিচার করা *We shall weigh the advantages of the plan against the risks.* **5** [I] **weigh against sb/sth** to be considered as a disadvantage when sb/sth is being judged কোনো ব্যক্তি বা বস্তুকে যাচাই বা জরিপ করার সময়ে তার বিরুদ্ধে যাচ্ছে এরকম বলে বিবেচিত হওয়া *She didn't get the job because her lack of experience weighed against her.*

PHR V **weigh sb down** to make sb feel worried and sad কাউকে চিন্তা ও দুঃখের মধ্যে ফেলা *He felt weighed down by all his responsibilities.*

weigh sb/sth down to make it difficult for sb/sth to move (by being heavy) বেশি ভারী হওয়ার কারণে কোনো ব্যক্তি বা বস্তুর চলাফেরা কঠিন হওয়া *I was weighed down by heavy shopping.*

weigh on sb/sth to make sb worry কাউকে ভাবিয়ে তোলা *The problem has been **weighing on my mind** (=I have felt worried about it).*

weigh sb/sth up to consider sb/sth carefully and form an opinion কাউকে বা কোনো কিছু ভালোভাবে অথবা মনোযোগ দিয়ে বিবেচনা করে সে সম্বন্ধে একটা ধারণায় আসা *I weighed up my chances and decided it was worth applying.*

weight[1] / weɪt উএইট্ / *noun* **1** [U] how heavy sth/sb is; the fact of being heavy কোনো ব্যক্তি বা বস্তুর ওজন; ভার *The doctor advised him to **lose weight*** (=become thinner and less heavy). ○ *He's **put on weight*** (=got fatter). **2** [C] a heavy object ভারী জিনিস *The doctor has told me not to lift heavy weights.* **3** [C] a piece of metal that weighs a known amount that can be used to measure an amount of sth, or that can be lifted as a form of exercise একখণ্ড নির্ধারিত ওজনের ধাতু যা অন্য কিছু ওজন করতে ব্যবহার করা চলে (যেমন বাটখারা) অথবা যা তুলে বা নামিয়ে ব্যায়াম করা যায় *a 500-gram weight* ○ *She lifts weights in the gym.* **4** [*sing.*] something that you are worried about এমন কিছু যা নিয়ে কেউ চিন্তিত *Telling her the truth took **a weight off his mind.***

IDM **carry weight** ➪ **carry** দেখো।

pull your weight ➪ **pull[1]** দেখো।

weight[2] / weɪt উএইট্ / *verb* [T] **1 weight sth (down) (with sth)** to hold sth down with a heavy object or objects কোনো কিছুর সঙ্গে ভারী জিনিস আটকে ঝুলিয়ে রাখা *to weight down a fishing net* **2** (*usually passive*) to organize sth so that a particular person or group has an advantage/disadvantage কোনো কিছু এমনভাবে সংগঠিত করা যাতে বিশেষ কারও বা কোনো দলের কিছু সুবিধা বা অসুবিধা হয় *The system is **weighted in favour of/against** people with children.*

weightless / ˈweɪtləs ˈউএট্‌ল্যাস্ / *adj.* having no weight, for example when travelling in space ওজনহীন ভারশূন্য অবস্থা, শূন্যে ভ্রমণ করার সময়ে ► **weightlessness** *noun* [U] ওজনহীনতা, ভারশূন্য অবস্থা

weightlifting / ˈweɪtlɪftɪŋ ˈউএইট্‌লিফ্‌টিং / *noun* [U] the sport or activity of lifting heavy metal objects ভারী ওজনের ধাতব পদার্থ উত্তোলন করার খেলা; ভারোত্তোলন ► **weightlifter** *noun* [C] ভারোত্তোলক

weight training *noun* [U] the activity of lifting heavy objects (**weights**) as a form of exercise ভারী জিনিস তোলার ব্যায়াম *I do **weight training** to keep fit.*

weighty / ˈweɪti ˈউএইটি / *adj.* (**weightier; weightiest**) serious and important গুরুতর এবং গুরুত্বপূর্ণ *a weighty question*

weir / wɪə(r) উইঅ্যা(র্) / *noun* [C] a type of wall that is built across a river to stop or change the direction of the flow of water নদীর উপর এদিক থেকে ওদিকে গড়া দেয়াল যার উদ্দেশ্য নদীর জল আটকানো অথবা জল বয়ে যাওয়ার দিক পরিবর্তন করা; বাঁধ বা ড্যাম

weird / wɪəd উইঅ্যাড্ / *adj.* strange and unusual অদ্ভুত এবং অস্বাভাবিক *a weird noise/experience* ► **weirdly** *adv.* ভুতুড়েভাবে, রহস্যময়ভাবে

welcome¹ / ˈwelkəm ˈউএল্‌ক্যাম্ / *verb* [T] **1** to be friendly to sb when he/she arrives somewhere কেউ কোথাও গেলে তাকে বন্ধুভাবে, আনন্দের সঙ্গে স্বাগত করা *Everyone came to the door to welcome us.* **2** to be pleased to receive or accept sth কোনো কিছু আনন্দের সঙ্গে নেওয়া বা গ্রহণ করা *I've no idea what to do next, so I'd welcome any suggestions.* ▶ **welcome** *noun* [C] স্বাগতম, সাদর অভ্যর্থনা, সাদর সম্ভাষণ *Let's give a warm welcome to our next guest.*

welcome² / ˈwelkəm ˈউএল্‌ক্যাম্ / *adj.* **1** received with pleasure; giving pleasure সাদর অভ্যর্থনা করা হয় এমন; খুশি দেয় এমন *You're always welcome here.* ○ *welcome news* ✪ বিপ **unwelcome** **2 welcome to sth/to do sth** allowed to do sth কিছু করতে (অনুমতি) দেওয়া হয়েছে এমন *You're welcome to use my bicycle.* **3** used to say that sb can have sth that you do not want yourself এই বোঝাতে ব্যবহার করা হয় যে কেউ এমন কিছু নিতে পারে যা নিজের চাই না *Take the car if you want. You're welcome to it. It's always breaking down.* ▶ **welcome** *exclamation* সু-স্বাগতম; স্বাগতম *Welcome to Delhi!* ○ *Welcome home!*

IDM **make sb welcome** to receive sb in a friendly way কাউকে বন্ধুভাবে আহ্বান অথবা অভ্যর্থনা করা

you're welcome (*spoken*) used as a polite reply when sb thanks you for sth কেউ ধন্যবাদ দিলে এই বলে ভদ্রভাবে উত্তর দেওয়ার জন্য ব্যবহৃত *'Thank you for your help.' 'You're welcome.'*

weld / weld উএল্ড্ / *verb* [I, T] to join pieces of metal by heating them and pressing them together খণ্ড খণ্ড ধাতু গরম করে একত্রে চেপে ধরে জোড়া দেওয়া

welfare / ˈwelfeə(r) ˈউএল্‌ফেঅ্যা(র্) / *noun* [U] **1** the general health, happiness of a person, an animal or a group কোনো মানুষ, জন্তু অথবা দলের স্বাস্থ্য, সুখ, স্বাচ্ছন্দ্য *The doctor is concerned about the child's welfare.* **2** the help and care that is given to people who have problems with health, money, etc. যেসব লোকদের স্বাস্থ্য, অর্থ ইত্যাদির ব্যাপারে অসুবিধা, সমস্যা আছে তাঁদের যে সাহায্য দেওয়া হয় এবং দেখাশোনা করা হয় *education and welfare services*

welfare state *noun* [*sing.*] a system organized by a government to provide free services and money for people who have no job, who are ill, etc.; a country that has this system যে রাষ্ট্রের সরকার অভাবী, বেকার, রোগগ্রস্ত ইত্যাদি মানুষকে নানা ধরনের পরিষেবা এবং অর্থ দিয়ে সাহায্য করার ব্যবস্থা করে; যে দেশে এই ব্যবস্থা চালু আছে সেই দেশ; কল্যাণরাষ্ট্র

well¹ / wel উএল্ / *adv.* **(better; best)** **1** in a good way বেশ ভালোভাবে *I hope your work is* ***going well.*** ○ *You passed your exam!* ***Well done!*** ✪ বিপ **badly** **2** completely or fully সম্পূর্ণরূপে বা একেবারে, পুরোপুরি *Shake the bottle well before opening.* ○ *How well do you know Hema?* **3** very much খুব বেশি *They arrived home well past midnight.* ○ *This book is* ***well worth*** *reading.* **4** (*used with can, could, may or might*) probably or possibly (can, could, may অথবা might শব্দগুলির সঙ্গে ব্যবহৃত) সম্ভবত অথবা হয়তো *He might well be right.* **5** (*used with can, could, may or might*) with good reason (can, could, may অথবা might-এর সঙ্গে ব্যবহৃত) যুক্তিসংগত কারণসহ *'Where's Bani?' 'You may well ask* (=I don't know either)*!'*

IDM **as well (as sb/sth)** in addition to sb/sth কেউ বা কোনো কিছু ছাড়াও, তার উপরেও *Can I come as well?* ○ *He's worked in Japan as well as in Italy.* ➪ **also** -তে নোট দেখো।

augur well/ill for sb/sth ➪ **augur** দেখো।

bode well/ill (for sb/sth) ➪ **bode** দেখো।

do well **1** to be successful ভালো করা, সফল হওয়া *Their daughter has done well at university.* **2** to be getting better after an illness কোনো অসুখের পরে ভালো হয়ে ওঠা *Mr Singh is doing well after his operation.*

do well to do sth used to say that sth is the right and sensible thing to do কিছু করা যে ঠিক এবং বুদ্ধিমানের কাজ হবে তা বোঝাতে ব্যবহৃত *He would do well to check the facts before accusing people.*

may/might (just) as well used for saying that sth is the best thing you can do in the situation, even though you may not want to do it এই বলতে ব্যবহার করা হয় যে এই পরিস্থিতিতে এরকম কিছু করা সব থেকে ভালো হবে (তা কেউ না করতে চাইলেও) *I may as well tell you the truth—you'll find out anyway.*

mean well ➪ **mean¹** দেখো।

well and truly completely সম্পূর্ণরূপে *We were well and truly lost.*

well/badly off ➪ **off¹** দেখো।

well² / wel উএল্ / *adj.* **(better; best)** (*not before a noun*) **1** in good health শরীর-স্বাস্থ্য ভালো আছে *'How are you?' I'm very well, thanks.* ○ ***Get well soon*** (=written in a card that you send to somebody who is ill). **2** in a good state ভালো অবস্থায় *I hope all is well with you.*

NOTE **Well** শব্দটি দিয়ে শুরু কোনো যৌগিক বিশেষণ পদ (compound adjective) যখন কোনো ক্রিয়াপদের (verb) পরে এককভাবে ব্যবহৃত হয় তখন হাইফেন

ছাড়াই ব্যবহার করা হয়, কিন্তু যখন এই বিশেষণ পদ (adjective) কোনো বিশেষ্য পদের (noun) পূর্বে ব্যবহৃত হয় তখন হাইফেন ব্যবহার করা হয়—*She is well dressed.* ○ *a well-dressed woman.*

IDM all very well (for sb) (*informal*) used for showing that you are not happy or do not agree with sth কোনো কিছুতে অখুশি হওয়া অথবা রাজি না হওয়া বোঝাতে কথ্য ভাষায় ব্যবহৃত অভিব্যক্তিবিশেষ *It's all very well for her to criticize* (=it's easy for her to criticize) *but it doesn't help the situation.*

(just) as well (to do sth) sensible; a good idea বেশ বুদ্ধিমানের মতো; বেশ ভালো ভাবনা *It would be just as well to ask his permission.* ➪ **it is just as well (that) just** দেখো।

well³ / wel উএল্ / *exclamation* **1** used for showing surprise বিস্ময় প্রকাশ করতে ব্যবহৃত অভিব্যক্তিবিশেষ *Well, thank goodness you've arrived.* **2** used for expressing uncertainty অনিশ্চয়তা প্রকাশ করতে ব্যবহৃত অভিব্যক্তিবিশেষ *'Do you like it?' 'Well, I'm not really sure.'* **3** used when you begin the next part of a story or when you are thinking about what to say next কাহিনির পরবর্তী ধাপ শুরু করার আগে অথবা এরপর কি বলা যাবে তা ভাবার সময়ে ব্যবহৃত অভিব্যক্তিবিশেষ *Well, the next thing that happened was that the girl vanished.* ○ *Well now, let me see what I can do for you.* **4** used to show that you are waiting for sb to say sth কেউ কিছু বলবে আশা করে অপেক্ষা করা হচ্ছে এরকম বোঝাতে ব্যবহৃত অভিব্যক্তিবিশেষ *Well? Are you going to tell us what happened?* **5** used to show that you want to finish a conversation কথোপকথন শেষ এরকম দেখানোর জন্য ব্যবহৃত অভিব্যক্তিবিশেষ *Well, it's been nice talking to you.* **6** (*also* **oh well**) used for showing that you know there is nothing you can do to change a situation অবস্থা পরিবর্তন করতে আর কিছু করার নেই তা জানা আছে এইটি বোঝাতে ব্যবহৃত অভিব্যক্তিবিশেষ *Oh well, there's nothing we can do about it.*

well⁴ / wel উএল্ / *noun* [C] **1** a deep hole in the ground from which water is obtained মাটির মধ্যে গভীর গর্ত যেখানে থেকে জল সংগ্রহ করা হয়; কুয়ো, কূপ *to draw water from a well* **2** = **oil well**

well⁵ / wel উএল্ / *verb* [I] **well (out/up)** (used about a liquid) to come to the surface (তরল পদার্থ সম্বন্ধে ব্যবহৃত) বাইরে বেরিয়ে আসা *Tears welled up in her eyes*

we'll / wi:l উঈল্ / ➪ **we shall, we will** -এর সংক্ষিপ্ত রূপ

well balanced *adj.* **1** (used about a person) calm and sensible (কোনো ব্যক্তি সম্বন্ধে ব্যবহৃত) শান্ত ও বাস্তব বুদ্ধিসম্পন্ন **2** (used about a meal, etc.) containing enough of the healthy types of food your body needs (কোনো আহার ইত্যাদি সম্বন্ধে ব্যবহৃত) যাতে শরীরের জন্য দরকারি স্বাস্থ্যকর খাদ্য যথেষ্ট পরিমাণে আছে *a well-balanced diet*

well behaved *adj.* behaving in a way that most people think is correct আচরণ, ব্যবহার এমন যা বেশির ভাগ লোকই ঠিক বলে মনে করে; রুচিসম্মত, প্রীতিজনক আচরণসম্পন্ন

well-being *noun* [U] a state of being healthy and happy সুখস্বাচ্ছন্দ্য, আরাম, ভালো-থাকা

well done *adj.* (used about meat, etc.) cooked for a long time (মাংস ইত্যাদি সম্বন্ধে ব্যবহৃত) সুসিদ্ধ; অনেক সময় দিয়ে রান্না-করা ➪ **rare** এবং **medium** দেখো।

well dressed *adj.* wearing attractive and fashionable clothes আকর্ষণীয় এবং কেতাদুরস্ত পোশাক পরিহিত

well earned *adj.* that you deserve, especially because you have been working hard বিশেষ করে পরিশ্রম করা হয়েছে বলে অর্জিত; পরিশ্রমলব্ধ *a well-earned holiday*

well fed *adj.* having good food regularly ভালো খাওয়া-দাওয়ায় অভ্যস্ত

well informed *adj.* knowing a lot about one or several subjects যে অনেক কিছু জানে; খবরাখবর রাখে যে

wellington / ˈwelɪŋtən ˈউএলিংট্যান্ / (*also informal* **welly** / ˈweli ˈউএলি /) *noun* [C] (*pl.* **wellingtons; wellies**) (*BrE*) one of a pair of long rubber boots that you wear to keep your feet and the lower part of your legs dry পায়ের পাতা এবং পায়ের নিম্নাংশ শুকনো রাখার জন্য রবারের তৈরি যে বড়ো জুতো পরা হয় তার একটি; বড়ো গামবুট *a pair of wellingtons*

well kept *adj.* looked after very carefully so that it has a tidy appearance সযত্নে রাখা এবং তার ফলে পরিষ্কার পরিচ্ছন্ন দেখাচ্ছে এমন; যত্নে প্রতিপালিত *a well-kept garden*

well known *adj.* known by a lot of people; famous এমন কেউ যাকে বহু লোকে জানে; বিখ্যাত ✪ বিপ **unknown**

well meaning *adj.* (used about a person) wanting to be kind or helpful, but often not having this effect এমন কেউ যাঁর মনোভাব ভালো, লোকের ভালো করতে চান, কিন্তু সে ব্যাপারে সবসময় সফল হন না

well meant *adj.* intended to be kind or helpful but not having this result ভালো করতে চান, সাহায্য করতে চান কিন্তু ফল পাচ্ছেন না এমন

well read *adj.* having read many books and therefore having a lot of knowledge যিনি অনেক পড়াশুনা করেছেন এবং তাই জ্ঞানী, বিদ্বান

well-to-do *adj.* having a lot of money, property, etc. অনেক টাকা পয়সা, সম্পত্তি ইত্যাদি আছে এমন; অবস্থাপন্ন, স্বচ্ছল ✪ সম **rich**

well-wisher *noun* [C] somebody who hopes that a person or thing will be successful হিতাকাঙ্ক্ষী, শুভাকাঙ্ক্ষী *She received lots of letters from well-wishers before the competition.*

went ➪ **go**[1] এর past tense

wept ➪ **weep** এর past tense এবং past participle

were / wə(r) উঅ্যা(র্) / ➪ **be** দেখো।

we're / wɪə(r) উইঅ্যা(র্) / ➪ **we are**-এর সংক্ষিপ্ত রূপ

west[1] / west উএস্ট্ / *noun* [*sing.*] (*abbr.* **W**) **1** (*also* **the west**) the direction you look towards in order to see the sun go down; one of the four main directions that we give names to (**the points of the compass**) যেদিকে সূর্য ডোবে, দিকনির্ণয়ের যে চারটি নাম দেওয়া হয়েছে সেই চারটি দিকের একটি দিক; পশ্চিম দিক; প্রতীচী, প্রতীচ্য *Which way is west?* ○ *There's a road to the west of here.* ➪ **compass**-এ ছবি দেখো। **2 the west; the West** the part of any country, city, etc. that is further to the west than other parts কোনো দেশ, শহর ইত্যাদির যে অংশটি তার অন্যান্য অংশগুলির চেয়ে বেশি পশ্চিমে; পশ্চিমাঞ্চল *The climate in the West is much wetter than the East.* **3 the West** [*sing.*] the countries of North America and Western Europe উত্তর আমেরিকা এবং পশ্চিম ইউরোপের দেশগুলি ➪ **north, south** এবং **east** দেখো।

west[2] / west উএস্ট্ / *adj., adv.* in, to or towards the west পশ্চিমে, পশ্চিম দিকে *The island is twenty kilometres west of here.* ○ *to travel west*

westbound / ˈwestbaʊnd ˈউএস্ট্বাউন্ড্ / *adj.* travelling or leading towards the west পশ্চিমমুখো, পশ্চিমমুখী *the westbound*

westerly / ˈwestəli ˈউএস্ট্যালি / *adj.* **1** to, towards or in the west পশ্চিমে, পশ্চিমের দিকে *in a westerly direction* **2** (used about winds) coming from the west (হাওয়া সম্বন্ধে ব্যবহৃত) পশ্চিম দিক থেকে আসছে; পশ্চিমী

western (*also* **Western**) / ˈwestən ˈউএস্ট্যান্ / *adj.* **1** in or of the west পশ্চিমে, পাশ্চাত্য *western India* **2** from or connected with the western part of the world, especially Europe or North America পৃথিবীর পশ্চিমাঞ্চল, বিশেষ করে ইউরোপ বা উত্তর আমেরিকার সঙ্গে যুক্ত বা ঐ দেশগুলির সঙ্গে সম্পর্কিত

westerner / ˈwestənə(r) ˈউএস্ট্যান্যা(র্) / *noun* [C] a person who was born or who lives in the western part of the world, especially Europe or North America পৃথিবীর পশ্চিম অঞ্চল, বিশেষত ইউরোপ অথবা উত্তর আমেরিকার লোক; পশ্চিমের অধিবাসী *Westerners arriving in China usually experience culture shock.*

westernize (*also* **-ise**) / ˈwestənaɪz ˈউএস্ট্যানাইজ্ / *verb* [T] (*usually passive*) to make a country or people more like Europe and North America কোনো দেশ অথবা সেখানকার অধিবাসীদের ইউরোপ এবং উত্তর আমেরিকানদের মতো করে তোলা

the West Indies *noun* [*pl., with sing. or pl. verb*] a group of islands in the Caribbean Sea that consists of the Bahamas, the Antilles and the Leeward and Windward Islands ক্যারিবিয়ান সমুদ্রের একগুচ্ছ দ্বীপ যার মধ্যে আছে বাহামা দ্বীপপুঞ্জ, অ্যানটিলেস, লীওয়ার্ড এবং উইন্ডওয়ার্ড দ্বীপসমূহ; ওয়েস্ট ইন্ডিজ ► **West Indian** *noun* [C] ঐসব দ্বীপের অধিবাসী *The West Indians won their match against Australia.* ► **West Indian** *adj.* ঐ অঞ্চলের সংস্কৃতি সম্পন্ন, ঐ অঞ্চলের আদিবাসীদের মতো

westward / ˈwestwəd ˈউএস্ট্উঅ্যাড্ / *adj.* towards the west পশ্চিমের দিকে *in a westward direction* ► **westward** (*also* **westwards**) *adv.* পশ্চিমমুখো, পশ্চিম দিকে *to fly westwards*

wet[1] / wet উএট্ / *adj.* (**wetter; wettest**) **1** covered in a liquid, especially water ভেজা, বিশেষত জলে ভেজা *wet clothes/hair/grass/roads* ○ *Don't* ***get*** *your feet* ***wet.***

> **NOTE** অল্প ভেজা ভাবকে **moist** বলা হয়। **Damp** শব্দটি অপছন্দের ভেজা ভাব ব্যক্ত করার জন্য ব্যবহৃত—*Don't sit on the grass. It's damp.*

2 (used about the weather, etc.) with a lot of rain (আবহাওয়া ইত্যাদি সম্বন্ধে ব্যবহৃত) যখন খুব বৃষ্টি হচ্ছে, বৃষ্টি-ভেজা *a wet day* **3** (used about paint, etc.) not yet dry or hard (রং লাগানো, পেন্টিং ইত্যাদি সম্বন্ধে ব্যবহৃত) যখন ভিজে-ভিজে রয়েছে, শুকোয়নি *The ink is still wet.* ✪ বিপ **dry** (অর্থসংখ্যা 1, 2 এবং 3-এর জন্য) **4** (*informal*) (used about a person) without energy or enthusiasm (কোনো ব্যক্তি সম্বন্ধে ব্যবহৃত) যার কিছু করার ক্ষমতা বা উৎসাহ নেই, নিরুৎসাহী, নিরুদ্যমী ► **the wet** *noun* [*sing.*] জলসিক্ত, বাদলাদিন, বর্ষাকাল *Come in out of the wet* (=the rainy weather).

IDM a wet blanket (*informal*) a person who spoils other people's fun, especially because he or she refuses to take part in sth এমন কেউ যে অপরের মজা বা স্ফুর্তি নষ্ট করে, বিশেষত নিজে কোনো কিছুতে যোগ দিতে না চেয়ে বা অনিচ্ছা প্রকাশ করে

wet through extremely wet সম্পূর্ণ ভিজে

wet[2] / wet উএট্ / *verb* [T] (*pres. part.* **wetting;** *pt, pp* **wet** or **wetted**) **1** to make sth wet কোনো কিছু ভেজানো **2** (used especially of young children) to make yourself or your bed, clothes, etc. wet by **urinating** (বিশেষ করে ছোটো বাচ্চাদের সম্বন্ধে ব্যবহৃত) যারা হিসি করে বিছানা, জামাকাপড় ইত্যাদি ভেজায়; বিছানায় মূত্রত্যাগ করা

wetland / ˈwetlənd ˈউএট্ল্যান্ড্ / *noun* [C] (*also* **wetlands** [*pl.*]) (in geography) an area of land that is always wet (ভূগোলে) এমন অঞ্চল যা সব সময় ভিজে থাকে; জলাভূমি

wet suit *noun* [C] a rubber suit that covers the whole of the body, used by people doing sports in the water or swimming under the water রাবারের পোশাক যা সমস্ত শরীর ঢেকে রাখে, যারা জলে খেলাধুলা করে, জলের নীচে সাঁতার কাটে তারা ব্যবহার করে

we've / wiːv উঈভ্ / ➪ **we have**-এর সংক্ষিপ্ত রূপ

whack / wæk উঅ্যাক্ / *verb* [T] (*informal*) to hit sb/sth hard কাউকে বা কোনো কিছুকে সজোরে আঘাত করা

whacky = **wacky**

whale / weɪl উএইল / *noun* [C] a very large animal that lives in the sea and looks like a very large fish বিশাল সামুদ্রিক প্রাণী যা অনেকটা বড়ো মাছের মতো দেখতে; তিমিমাছ, তিমি

whaling / ˈweɪlɪŋ ˈউএইলিং / *noun* [U] the hunting of whales তিমি মাছ শিকার

wharf / wɔːf উঅ:ফ্ / *noun* [C] (*pl.* **wharves** / wɔːvz উঅ:ভ্জ্ /) a platform made of stone or wood at the side of a river where ships and boats can be tied up নদীর ধারে পাথর বা কাঠের তৈরি ঘাটের মতো জায়গা যাতে নৌকো এবং জাহাজ বেঁধে রাখা যায়; জেটি

what / wɒt উঅট্ / *det., pronoun* **1** used for asking for information about sb/sth কোনো বিষয়ে প্রশ্ন করে জানতে চাওয়ার জন্য ব্যবহৃত অভিব্যক্তিবিশেষ; কি *What kind of music do you like?* ○ *She asked him what he was doing.* ➪ **which**-এ নোট দেখো। **2** the thing or things that have been mentioned or said যে জিনিস বা যেসব জিনিস উল্লেখ করা হয়েছে *What he says is true.* ○ *I haven't got much, but you can borrow what money I have.* **3 used for emphasizing sth** কোনো বিষয়ে জোর দিতে ব্যবহৃত *What a kind thing to do!* **4** used to express surprise or to tell sb to say or repeat sth বিস্ময় প্রকাশ করতে অথবা কাউকে পুনরায় বলার জন্য অনুরোধ জানাতে ব্যবহৃত অভিব্যক্তিবিশেষ *'I've asked Anindita to marry me.' 'What!'*

IDM how/what about ...? ➪ **about²** দেখো।

what for for what purpose or reason কি জন্য বা কি কারণে *What's this little switch for?* ○ *What did you say that for* (=why did you say that)?

what if ...? what would happen if ...? হলে কি হবে *What if the car breaks down?*

whatever / wɒtˈevə(r) উঅট্ˈএভ্যা(র্) / *det., pronoun, adv.* **1** any or every; anything or everything যাই হোক, যে-কোনো একটা বা অন্যকিছু; যা কিছু সবই, যে-কোনো কিছু *You can say whatever you like.* ○ *He took whatever help he could get.* **2** used to say that it does not matter what happens or what sb does, because the result will be the same এই বোঝাতে ব্যবহার করা হয় যে, যাই হোক না কেন, যাই করা হোক না কেন, তাতে এসে যায় না, কারণ ফল সেই একই হবে *I still love you, whatever you may think.* ○ *Whatever she says, she doesn't really mean it.* **3** (used for expressing surprise or worry) what (বিস্ময় বা উদ্বেগ প্রকাশে ব্যবহৃত) কি *Whatever could have happened to them?* **4** (*also* **whatsoever**) at all কোনোই, মোটেই *I've no reason whatever to doubt him.* ○ *'Any questions?' 'None whatsoever.'*

IDM or whatever (*informal*) or any other or others of a similar kind অথবা এইরকম আর কিছু *You don't need to wear anything smart—jeans and a sweater or whatever.*

whatever you do used to emphasize that sb must not do sth কোনো ব্যক্তি কোনো একটি কাজ যেন না করে সে কথা জোর দিয়ে বোঝাতে ব্যবহৃত *Don't touch the red switch, whatever you do.*

wheat / wiːt উঈট্ / *noun* [U] **1** a type of grain which can be made into flour এক ধরনের শস্য যা থেকে আটা তৈরি হয়; গম **2** the plant which produces this grain যে গাছ থেকে গম হয় *a field of wheat* ➪ **cereal**-এ ছবি দেখো।

wheel¹ / wiːl উঈল্ / *noun* [C] **1** one of the circular objects under a car, bicycle, etc. that turns when it moves গাড়ি, সাইকেল ইত্যাদির চাকা *You should carry a spare wheel in your car.* **2** [*sing.*] = **steering wheel** *Her husband was* **at the wheel** (=he was driving) *when the accident happened.* ➪ **bicycle**-এ ছবি দেখো।

wheel² / wiːl উঈল্ / *verb* **1** [T] to push along an object that has wheels; to move sb about in/on a vehicle with wheels কোনো কিছু যাতে চাকা লাগানো আছে তা ঠেলে নিয়ে যাওয়া; কাউকে চাকা লাগানো গাড়িতে বসিয়ে নিয়ে যাওয়া *He wheeled his bicycle up the hill.* ○ *She was wheeled back to her bed on a trolley.* **2** [I] to fly round in circles গোলাকারে চারিদিকে ওড়া, পাক খাওয়া *Birds wheeled above the ship.* **3** [I] to turn round suddenly হঠাৎ ঘোরা *Esha wheeled round, with a look of horror on her face.*

wheelbarrow / ˈwiːlbærəʊ ˈউঈল্ব্যার্যাউ / (*also* **barrow**) *noun* [C] a type of small open container with one wheel and two handles that you use outside for carrying things একরকম ঢাকনাহীন একটি চাকা লাগানো বাক্সের মতো যার দুদিকে ধরার জন্য হাতল লাগানো এবং যাতে করে খোলা জায়গায় জিনিসপত্র নিয়ে যাওয়া হয় ➪ **garden**-এ ছবি দেখো।

wheelchair / ˈwiːltʃeə(r) ˈউঈল্‌চেঅ্যা(র্) / *noun* [C] a chair with large wheels that a person who cannot walk can move or be pushed about in দুদিকে বড়ো চাকা লাগানো চেয়ার যার মধ্যে বসে যে হাঁটতে পারে না সে নিজে চাকা ঘুরিয়ে অথবা অন্য কারও দ্বারা চেয়ারটি ঠেলে নিয়ে ঘুরে ফিরে বেড়াতে পারে; চাকা-চেয়ার; হুইলচেয়ার

wheel clamp (*BrE*) = **clamp**[1] **2**

wheeze / wiːz উঈজ্ / *verb* [I] to breathe noisily, for example if you have a chest illness বিশেষ ধরনের আওয়াজ করে নিশ্বাস-প্রশ্বাস নেওয়া, যেমন বুকে কোনো রোগ থাকলে হয়

when / wen উএন্ / *adv., conj.* **1** at what time কখন; কোন সময়ে *When did she arrive?* ○ *I don't know when she arrived.* **2** used for talking about the time at which sth happens or happened যে সময়ে কিছু হয় বা হয়েছিল সেই সময় সম্বন্ধে বলতে গেলে ব্যবহার করা হয় *Sunday is the day when I can relax.* ○ *He jumped up when the phone rang.*

> **NOTE** লক্ষ রেখো যে, ভবিষ্যতের কোনো কথা বলতে হলে আমরা **when**-এর পরে বর্তমান কাল (present tense) ব্যবহার করি—*I'll call you when I'm ready.*

3 since; as; considering that যেহেতু, যখন, এই ভেবে অথবা মনে করে যে *Why do you want more money when you've got enough already?*

> **NOTE** যে ঘটনা অবশ্যম্ভাবী তার জন্য **when** শব্দটি ব্যবহার করা হয়, কিন্তু **if** শব্দটি কোনো অনিশ্চিত ঘটনার জন্য ব্যবহার করা হয়। এই দুটি বাক্যকে তুলনা করো—*I'll ask her when she comes* (=you are sure that she will come). ○ *I'll ask her if she comes* (=you are not sure whether she will come or not).

whence / wens উএন্স্ / *adv.* (*old-fashioned*) (from) where কোথা থেকে, কোন জায়গা থেকে *They returned whence they came.*

whenever / wenˈevə(r) উএন্ˈএভ্যা(র্) / *conj., adv.* **1** at any time; no matter when যে-কোনো সময়; যে-কোনো সময়ে হোক না *You can borrow my car whenever you want.* ○ *Don't worry. You can give it back the next time you see me, or whenever.* **2** (used when you are showing that you are surprised or impatient) when (বিস্ময় অথবা অসহিষ্ণুতা প্রকাশ করতে ব্যবহৃত) কখন, কোন সময়ে *Whenever did you find time to do all that cooking?*

where /weə(r) উএঅ্যা(র্) / *adv., conj.* **1** in or to what place or position কোথায়, কোন জায়গায়, কোন স্থানে *Where can I buy a newspaper?* ○ *I asked him where he lived.* **2** in or to the place or situation mentioned উল্লিখিত স্থান বা পরিস্থিতিতে বা তার প্রতি *We came to a village, where we stopped for lunch.* ○ ***Where** maths **is concerned**, I'm hopeless.*

whereabouts[1] ˌweərəˈbaʊts ˌউএঅ্যার্যাˈবাউট্স্ / *adv.* where; in or near what place কোথায়; কোন জায়গার আশেপাশে *Whereabouts did you lose your purse?*

whereabouts[2] ˈweərəbaʊts ˌউঅ্যার্যাবাউট্স্ / *noun* [*pl.*] the place where sb/sth is কারও বা কোনো কিছুর ঠিকানা; হদিশ *The whereabouts of the stolen painting are unknown.*

whereas / ˌweərˈæz ˈউএঅ্যারˈঅ্যাজ় / *conj.* used for showing a fact that is different পক্ষান্তরে, অন্যদিকে, অন্য তথ্য জানাতে *He eats meat, whereas she's a vegetarian.* ✪ সম **while**

whereby / weəˈbaɪ উএঅ্যাˈবাই / *adv.* (*written*) by which; because of which যার দ্বারা, যে কারণে; যেহেতু *These countries have an agreement whereby foreign visitors can have free medical care.*

whereupon /ˌweərəˈpɒn ˌউএঅ্যার্যাˈপন্ / *conj.* (*written*) after which যার পরে; যার ফলে *He fell asleep, whereupon she walked quietly from the room.*

wherever / weərˈevə(r) উএঅ্যারˈএভ্যা(র্) / *conj., adv.* **1** in or to any place যেখানেই, যেখানে *You can sit wherever you like.* **2** everywhere, in all places that সব জায়গাতেই, সর্বত্র *Wherever I go, he goes.* **3** used for showing surprise বিস্ময় প্রকাশ করতে ব্যবহৃত *Wherever did you learn to cook like that?*

IDM or wherever or any other place অথবা অন্য যে-কোনো জায়গা *The students might be from Sweden, Denmark or wherever.*

whet / wet উএট্ / *verb* (**whetting; whetted**)

IDM whet sb's appetite to make sb want more of sth কারও মধ্যে কিছু পাওয়ার আকাঙ্ক্ষা বাড়ানো *Our short stay in Goa whetted our appetite to spend more time there.*

whether / ˈweðə(r) ˈউএদ্যা(র্) / *conj.* **1** (used after verbs like 'ask', 'doubt', 'know', etc.) if (এই রকম সব ক্রিয়াপদের পরে ব্যবহার করা হয়, যেমন 'ask', 'doubt', 'know' ইত্যাদি) যদি *He asked me whether we would be coming to the party.* **2** used for expressing a choice or doubt between two or more possibilities দুই বা ততোধিক সম্ভাবনার মধ্যে বাছতে অথবা সন্দেহ প্রকাশ করতে ব্যবহার করা হয় *I can't make up my mind **whether** to go **or not**.*

NOTE **whether** এবং **if** একই অর্থে ব্যবহার করা যায় অর্থ **1** এর জন্য। **whether** এর সঙ্গে 'to'-এর পূর্বে ব্যবহার করা যায়—*Have you decided **whether to** accept the offer yet?* এককভাবে **whether** (preposition) অবশ্যই পরে ব্যবহার করা যায়—*the problem **of whether** to accept the offer.*

IDM **whether or not** used to say that sth will be true in either of the situations that are mentioned যে একাধিক পরিস্থিতির কথা উল্লেখ করা হয়েছে, তার মধ্যে কোনো কিছু সত্য হবেই এরকম বোঝাতে ব্যবহৃত *We shall play on Saturday whether it rains or not.* ○ *Whether or not it rains, we shall play on Saturday.*

whey / weɪ উএই / *noun* [U] the thin liquid that is left from sour milk after the solid parts (**curds**) have been removed ঘোল; ছাঁচ

which / wɪtʃ উইচ্ / *det., pronoun* **1** used in questions to ask sb to be exact, when there are a number of people or things to choose from যখন অনেকগুলি বস্তু বা ব্যক্তি থাকে তার মধ্যে থেকে সঠিক একজন বা একটি বস্তু পছন্দ করার জন্য বা নির্দিষ্ট করার জন্য কাউকে প্রশ্ন করতে ব্যবহৃত হয়; কোনটি বা কোনজন বা কে *Which hand do you write with?* ○ *She asked me which book I preferred.*

NOTE **Which** এবং **what**-এর মধ্যে যখন স্বল্প কোনো ব্যক্তি অথবা বস্তুর জন্য আমরা কথা বলি তখন **which** ব্যবহার করা হয়—*Which car is yours? The Ford or the Volvo* (=there are only two cars there)*?* **what** তখনই ব্যবহৃত হয় যখন এমন কোনো শ্রেণির থেকে বেছে নেওয়া হয় যেটা সীমিত বা স্বল্পসংখ্যক নয়—*What car would you choose* (=of all the makes of car that exist), *if you could have anyone you wanted?* ○ *What is your name?*

2 used for saying exactly what thing or things you are talking about একেবারে ঠিক কোন জিনিসটি বা জিনিসগুলির কথা বলা হচ্ছে তা বোঝাতে ব্যবহৃত *Cars which use unleaded petrol are more eco-friendly.* ○ (*formal*) *The situation **in which** he found himself was very difficult.*

NOTE চলতি ইংরেজিতে এইভাবে লেখা হবে—*The situation **which** he found himself **in** was very difficult.* এই শেষের উদাহরণটিতে প্রায়ই which শব্দটি বাদ দেওয়া হয়—*The situation he found himself in was very difficult.*

3 used for giving more information about a thing or animal কোনো জিনিস অথবা পশু সম্বন্ধে আরও অতিরিক্ত কিছু জানাতে ব্যবহৃত করা হয় *My first car, which I bought as a student, was a Maruti 800.*

NOTE **'which'**-এর পূর্বে এবং বাক্যাংশের পরে কমা (,) ব্যবহৃত হয়েছে।

4 used for making a comment on what has just been said এখনই যা বলা হয়েছে সে বিষয়ে কোনো মন্তব্য করার জন্য ব্যবহৃত *We had to wait 16 hours for our plane, which was really annoying.*

NOTE **'which'**-এর পূর্বে কমা (,) ব্যবহার করা হয়

whichever / wɪtʃˈevə(r) উইচ্ˈএভ্যা(র্) / *det., pronoun* **1** any person or thing; it does not matter which one you choose যে-কোনো ব্যক্তি অথবা জিনিস; কি বাছা হচ্ছে তাতে কিছু যায় আসে না *You can choose whichever book you want.* **2** (used for expressing surprise) which (বিস্ময় প্রকাশ করতে ব্যবহৃত) কি, কোনটা, কাকে *You're very late. Whichever way did you come?*

whiff / wɪf উইফ্ / *noun* [C, *usually sing.*] **a whiff (of sth)** a smell, especially one which only lasts for a short time স্বল্পস্থায়ী গন্ধ *He **caught a whiff** of her perfume.*

while[1] / waɪl উআইল্ / (*formal* **whilst** / waɪlst উআইলস্ট্ /) *conj.* **1** during the time that; when সেই সময়ে; যখন *He always phones while we're having lunch.* **2** at the same time as একই সময়ে *He always listens to the radio while he's driving to work.* **3** (*formal*) used when you are contrasting two ideas দুটো ভাবনার পার্থক্য দেখাতে ব্যবহৃত *Some countries are rich, while others are extremely poor.* ✪ সম **whereas**

while[2] / waɪl উআইল্ / *noun* [*sing.*] a (usually short) period of time (সাধারণত) একটু সময়, স্বল্পক্ষণ, কিছু সময় *Let's sit down here for a while.*

IDM **once in a while** ➪ **once** দেখো।

worth sb's while ➪ **worth**[1] দেখো।

while[3] /waɪl উআইল্ / *verb*

PHR V **while sth away** to pass time in a lazy or relaxed way রয়ে বসে, আলস্যে, আরাম করে সময় কাটানো *We whiled away the evening chatting and listening to music.*

whim / wɪm উইম্ / *noun* [C] a sudden idea or desire to do sth (often sth that is unusual or not necessary) হঠাৎ কিছু করার ইচ্ছা বা বাসনা (প্রায়ই এমন কিছু যা স্বাভাবিক বা প্রয়োজনীয় নয়); খেয়াল *We bought the house **on a whim**.*

whimper / ˈwɪmpə(r) ˈউইম্প্যা(র্) / *verb* [I] to cry softly, especially with fear or pain ঘ্যানঘ্যান করে কাঁদা, বিশেষত ভয়ে বা যন্ত্রণায় ► **whimper** *noun* [C] ঘ্যানঘ্যানানি, আপত্তিসূচক একটানা নাকিসুরে আওয়াজ

whine / waɪn উআইন্ / *verb* **1** [I, T] to complain about sth in an annoying, crying voice বিরক্তিকর, কাঁদোকাঁদো স্বরে কোনো বিষয়ে অভিযোগ জানানো *The children were whining all afternoon.* **2** [I] to make a long high unpleasant sound because you are in pain or unhappy যন্ত্রণা বা দুঃখের কারণে খুব উচ্চস্বরে একটানা অপ্রীতিকর আর্তনাদ করা *The dog is whining to go out.* ▶ **whine** *noun* [C] ঘ্যানঘ্যানানি, দীর্ঘ কান্নার মতো আওয়াজ

whip¹ / wɪp উইপ্ / *noun* [C] a long thin piece of leather, etc. with a handle, that is used for making animals go faster and for hitting people as a punishment লম্বা,পাতলা চামড়া ইত্যাদির টুকরো যাতে হাতল থাকে এবং যেটি পশুর গতি দ্রুত করার জন্য অথবা শাস্তি হিসাবে কাউকে মারার জন্য ব্যবহার করা হয়; চাবুক, কশা *He **cracked the whip** and the horse leapt forward.*

whip² / wɪp উইপ্ / *verb* (**whipping; whipped**) **1** [T] to hit a person or an animal hard with a whip, as a punishment or to make him/her/it go faster or work harder কোনো মানুষ বা জন্তুকে আরও দ্রুত যাওয়ার জন্য অথবা বেশি কাজ করার জন্য মারা বা শাস্তি দেওয়া; কশাঘাত করা **2** [I] (*informal*) to move quickly, suddenly or violently হঠাৎ জোরে ঘুরে যাওয়া *She whipped round to see what had made the noise behind her.* **3** [T] to remove or pull sth quickly and suddenly ঝট করে টানা, বার করা বা সরিয়ে ফেলা *He whipped out a pen and made a note of the number.* **4** [T] **whip sth (up)** to mix the white part of an egg or cream until it is light and thick ডিম বা দুধের সর ফেটানো *whipped cream* **5** [T] (*informal*) to steal sth কোনো কিছু চুরি করা, হাতিয়ে নেওয়া *Who's whipped my pen?*

PHR V **whip through sth** (*informal*) to do or finish sth very quickly কোনো কিছু খুব তাড়াতাড়ি শেষ করা

whip sb/sth up to deliberately try to make people excited or feel strongly about sth লোকদের উত্তেজিত করা অথবা তারা যাতে কোনো ব্যাপারে খুব বিচলিত হয় সেই চেষ্টা করা *to whip up excitement*

whip sth up (*informal*) to prepare food quickly তাড়াতাড়ি কোনো খাদ্য তৈরি করা *to whip up a quick snack*

whir = (*AmE*) **whirr**

whirl¹ / wɜːl উঅ্যল্ / *verb* [I, T] to move, or to make sb/sth move round and round very quickly in a circle কোনো ব্যক্তি বা বস্তুকে জোরে জোরে গোল করে ঘোরা অথবা ঘোরানো, পাক খাওয়া অথবা খাওয়ানো *The dancers whirled round the room.* ○ (*figurative*) *I couldn't sleep. My mind was whirling after all the excitement.*

whirl² / wɜːl উঅ্যল্ / *noun* [*sing.*] **1** the action or sound of sth moving round and round very quickly ঘূর্ণিপাক, ঘূর্ণিপাকের আওয়াজ, জোরে কোনো কিছু ঘোরার আওয়াজ *the whirl of the helicopter's blades* **2** a state of confusion or excitement মহা গণ্ডগোলের পরিস্থিতি, বিশৃঙ্খল বা উত্তেজনাপূর্ণ অবস্থা *My head's **in a whirl**—I'm so excited.* **3** a number of events or activities happening one after the other একের পর এক ঘটে যাওয়া, ঘটনা বা কোনো কর্মকাণ্ড; পর পর ঘটা একাধিক ঘটনা *The next few days passed in a whirl of activity.*

IDM **give sth a whirl** (*informal*) to try sth to see if you like it or can do it কোনো বস্তু পছন্দ হয় কিনা তা দেখা বা কোনো কাজ করতে পারা যাবে কিনা তা দেখা

whirlpool / ˈwɜːlpuːl ˈউঅ্যলপূল্ / *noun* [C] a place in a river or the sea where currents in the water move very quickly round in a circle সমুদ্র বা নদীতে জল যখন প্রবল স্রোতে গোলাকারভাবে ঘূর্ণিত হয়; ঘূর্ণি, ঘূর্ণাবর্ত (সমুদ্র বা নদীতে)

whirlwind / ˈwɜːlwɪnd ˈউঅ্যল্উইন্ড্ / *noun* [C] a very strong circular wind that forms a tall column of air moving round and round in a circle as it travels across the land or the sea স্থলভাগে বা সমুদ্রে বাতাস যখন প্রবল শক্তিশালী হয়ে গোলাকৃতি ঘূর্ণায়মান লম্বা স্তম্ভের মতো এদিক থেকে ওদিকে প্রবাহিত হয়; ঘূর্ণিঝড়, ঘূর্ণিবাত্যা ➪ **storm**-এ নোট দেখো।

whirr (*AmE* **whir**) / wɜː(r) উঅ্য(র্) / *verb* [I] to make a continuous low sound like the parts of a machine moving মেশিনের কোনো অংশ চলার মতো ঘর্ঘর আওয়াজ করা অথবা হওয়া *The noise of the fan whirring kept me awake.* ▶ **whirr** (*AmE* **whir**) *noun* [C, *usually sing.*] শাঁই শাঁই, ঘর্ঘর শব্দ

whisk¹ / wɪsk উইস্ক্ / *noun* [C] a tool that you use for beating eggs, cream, etc. very fast ডিম, ক্রিম ইত্যাদি দ্রুত ফেটানোর যন্ত্র ➪ **kitchen**-এ ছবি দেখো।

whisk² / wɪsk উইস্ক্ / *verb* [T] **1** to beat or mix eggs, cream, etc. very fast using a fork or a whisk ডিম, ক্রিম ইত্যাদি কাঁটা অথবা উইস্ক দিয়ে ফেটানো বা মেশানো *Whisk the egg whites until stiff.* **2** to take sb/sth somewhere very quickly কোনো ব্যক্তি বা কোনো বস্তুকে দ্রুত অন্য কোথাও সরিয়ে নেওয়া *The actor was whisked away in a black limousine.*

whisker / ˈwɪskə(r) ˈউইস্ক্যা(র্) / *noun* [C] one of the long hairs that grow near the mouth of some animals such as a mouse, cat, etc. ইঁদুর, বেড়াল জাতীয় পশুদের মুখের কাছে যে লম্বা চুল গজায় তার একটি, এদের গোঁফ ➪ **lion**-এ ছবি দেখো।

whisky / ˈwɪski ˈউইস্‌কি / *noun* (*pl.* **whiskies**) **1** [U] a strong alcoholic drink that is made from grain and is sometimes drunk with water and/or ice এক ধরনের কড়া মদ যা শস্যকণা থেকে তৈরি করা হয় এবং কখনো কখনো জল এবং/অথবা বরফের সঙ্গে খাওয়া হয় *Scotch whisky* **2** [C] a glass of whisky এক গ্লাস হুইসকি

whisper / ˈwɪspə(r) ˈউইস্প্যা(র্) / *verb* [I, T] to speak very quietly into sb's ear, so that other people cannot hear what you are saying ফিস ফিস করে বলা যাতে অন্য কেউ শুনতে না পায়, কানাকানি করা ▶ **whisper** *noun* [C] ফিসফিসানি, মর্মর ধ্বনি *to speak in a whisper*

whistle¹ / ˈwɪsl ˈউইস্‌ল্ / *noun* [C] **1** a small metal or plastic tube that you blow into to make a long high sound or music ছোটো ধাতু অথবা প্লাস্টিকের নল যাতে ফুঁ দিয়ে জোরালো আওয়াজ বা সুর বার করা যায় *The referee blew his whistle to stop the game.* **2** the sound made by blowing a whistle or by blowing air out between your lips হুইস্‌ল বাজানো অথবা শিস দেওয়া *United scored just moments before the final whistle*.

whistle² / ˈwɪsl ˈউইস্‌ল্ / *verb* **1** [I, T] to make a musical or a high sound by forcing air out between your lips or by blowing a whistle শিস দিয়ে উঁচু পর্দায় আওয়াজ করা অথবা সুর তোলা; হুইস্‌ল বাজানো *He whistled a tune to himself.* **2** [I] to move somewhere quickly making a sound like a whistle কোনো জায়গায় খুব তাড়াতাড়ি হুইসলের মতো আওয়াজ তুলে সরে যাওয়া *A bullet whistled past his head.*

whistle-blower *noun* [C] a person who informs on someone engaged in illegal activities বেআইনি কাজকর্মে জড়িত কোনো ব্যক্তি সম্পর্কে সংবাদ দেয় যে ব্যক্তি ▶ **whistle-blowing** *noun, adj.* বেআইনি কাজ সম্পর্কে জানানোর ক্রিয়া

whistle-stop *adj.* (*only before a noun*) visiting a lot of different places in a very short time খুব কম সময়ের মধ্যে অনেকগুলি জায়গা দর্শন করা হয়েছে এমন *a whistle-stop election campaign*

white¹ / waɪt উআইট্ / *adj.* **1** of the very light colour of fresh snow or milk দুধ বা টাটকা তুষারের মতো হালকা রঙের *a white shirt* ○ *white coffee* (=with milk) **2** (used about a person) belonging to or connected with a race of people who have pale skin (কোনো ব্যক্তি সম্বন্ধে ব্যবহৃত) যে জাতীয় লোকদের গায়ের চামড়া সাদাটে তাদের একজন; শ্বেত চামড়ার লোক, শ্বেতকায় ব্যক্তি **3 white (with sth)** (used about a person) very pale because you are ill, afraid, etc. (কোনো ব্যক্তি সম্বন্ধে ব্যবহৃত) অতি ফ্যাকাশে, অসুস্থতা বা ভীতির কারণে *to be white with shock/anger/fear* ○ *She went* ***white as a sheet*** *when they told her.*

IDM **black and white** ➪ **black¹** দেখো।

white² / waɪt উআইট্ / *noun* **1** [U] the very light colour of fresh snow or milk টাটকা তুষার অথবা দুধের যে হালকা রং; সাদা *She was dressed* ***in white****.* **2** [C, *usually pl.*] a member of a race of people with pale skin সেই জাতির একজন যাদের গায়ের চামড়া সাদাটে **3** [C, U] the part of an egg that surrounds the yellow part (**yolk**) and that becomes white when it is cooked ডিমের সেই অংশ যা কুসুম ঘিরে থাকে এবং রান্নার পরে সাদা হয়ে যায় *Beat the whites of four eggs.* **4** [C] the white part of the eye চোখের সাদা অংশ

IDM **in black and white** ➪ **black²** দেখো।

whitebait / ˈwaɪtbeɪt ˈউআইট্‌বেইট্ / *noun* [*pl.*] very small young fish of several types that are fried and eaten whole কয়েক রকমের অতি ছোটো ছোটো মাছ যা ভেজে নিয়ে আস্ত খাওয়া হয়

white-collar *adj.* (used about work) done in an office not a factory; (used about people) who work in an office (কাজ সম্বন্ধে ব্যবহৃত) যা অফিসে করা হয়, কারখানায় নয়; (লোক সম্বন্ধে ব্যবহৃত) যারা অফিসে কাজ করে ➪ **blue-collar** দেখো।

white elephant *noun* [*sing.*] something that you no longer need and that is not useful any more, although it cost a lot of money এমন কিছু যার কোনো প্রয়োজন নেই এবং যা আর কোনো কাজে আসে না, যদিও যার জন্য অনেক খরচ করতে হয়; শ্বেতহস্তী

white-hot *adj.* (of sth burning) so hot that it looks white (যা পুড়ছে সে সম্বন্ধে ব্যবহৃত) এতো গরম যে সাদা দেখায়

the White House *noun* [*sing.*] **1** the large building in Washington D.C. where the US president lives and works ওয়াশিংটনে যে বড়ো সাদা বাড়িতে মার্কিন যুক্তরাষ্ট্রের রাষ্ট্রপতি বাস করেন এবং কাজ করেন; হোয়াইট হাউস **2** used to refer to the US president and the other people in the government who work with him/her মার্কিন যুক্তরাষ্ট্রের রাষ্ট্রপতি এবং আর যেসব সরকারি কর্মচারী তাঁর সঙ্গে কাজ করেন

white lie *noun* [C] a lie that is not very harmful or serious, especially one that you tell because the truth would hurt sb কোনো ছোটোখাটো মিথ্যা (কথা) যার বিশেষ গুরুত্ব নেই, যা ক্ষতিকর নয়, বিশেষত সত্য বললে কারও ব্যথা লাগবে, এই কারণে যে মিথ্যা বলা হয়

white light *noun* [U] ordinary light that is colourless সাধারণ আলো যাতে কোনো রং নেই ➪ **prism**-এ ছবি দেখো।

whitewash¹ / ˈwaɪtwɒʃ ˈউআইট্‌উঅশ্ / *noun* [U] **1** a white liquid that you use for painting walls

দেয়ালে রং করার জন্য ব্যবহৃত সাদা তরল **2** [*sing.*] trying to hide unpleasant facts about sb/sth কারও বা কোনো কিছুর ব্যাপারে অপ্রীতিকর সত্য ঢাকা দেওয়া বা গোপন রাখার চেষ্টা *The opposition claimed the report was a whitewash.*

whitewash² / ˈwaɪtwɒʃ ˈউআইট্‌উঅশ্ / *verb* [T] **1** to paint whitewash onto a wall দেয়ালের উপর চুনকাম বা সাদা রং করা **2** to try to hide sth bad or wrong that you have done কোনো কিছু খারাপ বা অন্যায় করে তা গোপন রাখার চেষ্টা করা

white-water rafting *noun* the sport of travelling down a fast rough section of a river, lake, etc. in a rubber boat নদী বা লেক ইত্যাদির যেদিক দিয়ে খুব বেগে জল বয়ে যায় তার উপর দিয়ে রবারের নৌকো করে যাওয়ার এক ধরনের খেলা

whizz¹ (*AmE* **whiz**) / wɪz উইজ্ / *verb* [I] (*informal*) to move very quickly, often making a high continuous sound প্রায়ই জোরে ক্রমাগত আওয়াজ করে তাড়াতাড়ি যাওয়া *The racing cars went whizzing by.*

whizz² (*AmE* **whiz**) / wɪz উইজ্ / *noun* [*sing.*] (*informal*) a person who is very good and successful at sth এমন কোনো ব্যক্তি যে কিছু করতে খুব পটু এবং তাতে সফল *She's a whizz at crosswords.* ○ *He's our new marketing **whizz-kid*** (=a young person who is very good at sth).

WHO/ˌdʌblju: eɪtʃ ˈʊ ˌডাবলিউ এইচ্ ˈঅ্যাউ / *abbr.* World Health Organization; an international organization that tries to fight and control disease ওয়ার্ল্ড হেল্‌থ অর্গানাইজেশন-এর সংক্ষিপ্ত রূপ ; আন্তর্জাতিক সংস্থা যার কাজ সারা পৃথিবীতে রোগের নিয়ন্ত্রণ ও মোকাবিলা করা; বিশ্ব স্বাস্থ্য সংস্থা; ডব্লিউ এইচ ও

who / hu: হু / *pronoun* **1** used in questions to ask sb's name, identity, position, etc কারও নাম, পরিচয়, সে কি করে ইত্যাদি জানতে প্রশ্নসূচকভাবে ব্যবহৃত *Who was on the phone?* ○ *She wondered who he was.* **2** used for saying exactly which person or what kind of person you are talking about যার সম্বন্ধে কথা বলা হচ্ছে তিনি কে বা কোন ধরনের মানুষ তা বোঝানোর জন্য ব্যবহৃত অভিব্যক্তিবিশেষ *The woman who I work for is very nice.*

> **NOTE** শেষের দুটি উদাহরণে (= যখন **who** শব্দটি object হয় অথবা preposition-এর সঙ্গে ব্যবহার করা হয়) **who** উল্লেখ না করলেও চলে—*That's the man I met at Rohit's party.* ○ *The woman I work for is very nice.*

3 used for giving extra information about sb কারও বিষয়ে কিছু অতিরিক্ত খবর দিতে ব্যবহার করা হয়

> **NOTE** কোনো বাক্যে অতিরিক্ত কোনো তথ্য প্রদান করার জন্য প্রধান বাক্যাংশের পরে কমা (,) ব্যবহার করা হয়। ➪ **whom**-এ নোট দেখো।

who'd / hu:d হুড্ / ➪ **who had, who would**-এর সংক্ষিপ্ত রূপ

whoever / hu:ˈevə(r) হুˈএভ্যা(র্) / *pronoun* **1** the person or people who; any person who যে-কোনো ব্যক্তি অথবা ব্যক্তিগণ; যে ব্যক্তিই হোক *I want to speak to whoever is in charge.* **2** it does not matter who কোন ব্যক্তি তাতে কিছু এসে যায় না *I don't want to see anybody—whoever it is.* **3** (used for expressing surprise) who (বিস্ময় প্রকাশ করতে ব্যবহৃত) কে *Whoever could have done that?*

whole¹ / həʊl হ্যাউল্ / *adj.* **1** complete; full সম্পূর্ণ; পুরোপুরি, গোটা, সমগ্র *I drank a whole bottle of water.* ○ *She wasn't telling me the **whole truth**.* **2** not broken or cut ভাঙা বা কাটা নয় *Snakes swallow their prey whole* (=in one piece) ➪ **wholly** adverb দেখো।

whole² / həʊl হ্যাউল্ / *noun* [*sing.*] **1** a thing that is complete or full in itself এমন কিছু যা নিজেই সম্পূর্ণ বা সমগ্র *Two halves make a whole.* **2 the whole of sth** all that there is of sth কোনো কিছুর সবটা *I spent the whole of the morning cooking.*

IDM as a whole as one complete thing or unit and not as separate parts সম্পূর্ণ অংশ, কোনো কিছুর সবটা অথবা পুরো কোনো মাত্রা, খণ্ড খণ্ড হিসেবে নয় *This is true in India, but also in Asia as a whole.*

on the whole generally, but not true in every case সাধারণত, তবে সব ক্ষেত্রে সত্য নয় *On the whole I think it's a very good idea.*

wholefood / ˈhəʊlfu:d ˈহ্যাউল্‌ফুড্ / *noun* [U] **wholefoods** [*pl.*] food that is considered healthy because it does not contain artificial substances and is produced as naturally as possible যে খাদ্যকে স্বাস্থ্যকর বলে মনে করা হয় যেহেতু এতে কৃত্রিম কিছু থাকে না এবং যতটা সম্ভব প্রাকৃতিকভাবে তৈরি করা হয়

wholehearted ˌhəʊlˈhɑ:tɪd ˌহ্যাউল্ˈহা:টিড্ / *adj.* complete and enthusiastic আন্তরিক এবং উৎসাহী *to give sb your wholehearted support*
▶ **wholeheartedly** *adv.* পুরো মন দিয়ে

wholemeal / ˈhəʊlmi:l ˈহ্যাউল্‌মীল্ / (*also* **wholewheat**) *adj.* (made from) flour that contains all the grain including the outside layer (**husk**) ময়দা যাতে দানার সবটুকু, উপরের খোসা বা ভুষি অবধি থাকে; আটা *wholemeal bread/flour*

wholesale / ˈhəʊlseɪl ˈহ্যাউল্‌সেইল্ / *adv., adj.* (*adjective only before a noun*) **1** connected with buying and selling goods in large quantities, especially in order to sell them again and make a profit অনেকটা পরিমাণে জিনিসপত্র কেনা-বেচা, বিশেষ করে আবার বিক্রি করে মুনাফা করার জন্য; পাইকারি *They get all their building materials wholesale.* ○ *wholesale goods/prices* ⇨ **retail** দেখো। **2** (usually about sth bad) very great; on a very large scale (সাধারণত খারাপ কিছু সম্বন্ধে ব্যবহৃত) অত্যন্ত বেশি; খুব বড়ো আকারের *the wholesale slaughter of wildlife*

wholesome / ˈhəʊlsəm ˈহ্যাউল্স্যাম্ / *adj.* **1** good for your health স্বাস্থ্যকর *simple wholesome food* **2** having a moral effect that is good একটা ভালো নৈতিক প্রভাব আছে এমন *clean wholesome fun*

who'll / huːl হুল্ / ⇨ **who will**-এর সংক্ষিপ্ত রূপ

wholly / ˈhəʊlli ˈহ্যাউল্লি / *adv.* completely; fully সম্পূর্ণরূপে; একেবারে *Gautam is not wholly to blame for the situation.*

whom / huːm হুম্ / *pronoun* (*formal*) used instead of 'who' as the object of a verb or preposition 'verb' বা 'preposition'-এর কর্ম হিসেবে 'who'-এর পরিবর্তে ব্যবহৃত *Whom did you meet there?* ○ *To whom am I speaking?*

> **NOTE** **Who**-এর পরিবর্তে **whom** আলংকারিকভাবে ব্যবহৃত হয়। নিম্নলিখিত বাক্যে **'who'** শব্দটির কথ্য ব্যবহার দেখে নাও—*He asked me who I had discussed it with.* লক্ষ করো যে এই বাক্যে preposition বাক্যের শেষে বসে।

whooping cough / ˈhuːpɪŋ kɒf ˈহুপিং কফ্ / *noun* [U] a serious disease, especially of children, which makes them cough loudly and not be able to breathe easily ছোটো ছেলেমেয়েদের একধরনের গুরুতর অসুখ যাতে তারা খুব আওয়াজ করে কাশে এবং সহজে নিশ্বাস নিতে পারে না; হুপিং কাশি

whoops / wʊps উউপ্স্ / *exclamation* used when you have, or nearly have, a small accident যখন কোনো ছোটোখাটো দুর্ঘটনা হয় অথবা হতে হতে বেঁচে যায় তখন ব্যবহৃত করা হয় এমন অভিব্যক্তিবিশেষ *Whoops! I nearly dropped the cup.*

whoosh / wʊʃ উউশ্ / *noun* [C, *usually sing.*] the sudden movement and sound of air or water going past very fast হঠাৎ পাশ দিয়ে জোরে জল বা হাওয়া বেরিয়ে যাওয়ার শব্দ ▶ **whoosh** *verb* [I] হুস করে শব্দ করা

who're / ˈhuːə(r) ˈহুঅ্যা(র্) / ⇨ **who are**-এর সংক্ষিপ্ত রূপ

who's / huːz হুজ্ / ⇨ **who is, who has** -এর সংক্ষিপ্ত রূপ

whose / huːz হুজ্ / *det., pronoun* **1** (used in questions to ask who sth belongs to) of whom? (কোনো বস্তু কার প্রশ্ন করতে ব্যবহৃত) এটা কার? *Whose car is that?* ○ *Those are nice shoes—I wonder whose they are.* **2** (used to say exactly which person or thing you mean, or to give extra information about a person or thing) of whom; of which (ঠিক কোন ব্যক্তি বা জিনিসটি তা বোঝাতে অথবা কোনো ব্যক্তি বা জিনিস সম্বন্ধে বাড়তি খবর দিতে ব্যবহার করা হয়) কারও; কিছুর *That's the boy whose mother I met.* ○ *My neighbours, whose house is up for sale, are moving to another city.*

> **NOTE** যখন **'whose'** ব্যবহার করে কারও বা কিছুর সম্বন্ধে বাড়তি তথ্য বা খবর দেওয়া হয় তখন বাক্যের ঐ অংশটিকে প্রধান বাক্য থেকে দুটি কমার সাহায্যে আলাদা করা উচিত।

who've / huːv হুভ্ / ⇨ **who have** -এর সংক্ষিপ্ত রূপ

why / waɪ উআই / *adv.* **1** for what reason কেন; কি কারণে *Why was she so late?* ○ *I wonder why they went.* **2** used for giving or talking about a reason for sth কোনো কিছুর একটা কারণ দিতে অথবা সে বিষয়ে কথা বলতে ব্যবহৃত

IDM **why ever** used to show that you are surprised or angry কেউ যে বিস্মিত হয়েছে বা রেগে গেছে তা প্রকাশ করতে ব্যবহৃত *Why ever didn't you phone?*

why not? used for making or agreeing to a suggestion পরামর্শ দিতে অথবা তা মেনে নিতে ব্যবহৃত *Why not phone her tonight?* ○ *'Shall we go out tonight?' 'Yes, why not?'*

wick / wɪk উইক্ / *noun* [C] the piece of string that burns in the middle of a candle মোমবাতির সলতে

wicked / ˈwɪkɪd ˈউইকিড্ / *adj.* **1** morally bad; evil নৈতিকভাবে খারাপ; বদলোক, পাজি **2** (*informal*) slightly bad but in a way that is amusing and/or attractive দুষ্টু, কিন্তু মজার লোক, যাকে মন্দ লাগে না *a wicked sense of humour* ▶ **wickedly** *adv.* দুষ্টুভাবে ▶ **wickedness** *noun* [U] দুষ্টুমি

wicker / ˈwɪkə(r) ˈউইক্যা(র্) / *noun* [U] long thin sticks of wood that are used to make baskets, furniture, etc. বাস্কেট, আসবাবপত্র বানানোর পাতলা সরু বেত, কাঠি

wicket / ˈwɪkɪt ˈউইকিট্ / *noun* [C] **1** (in cricket) either of the two sets of three upright sticks with pieces of wood lying across the top (ক্রিকেটে) ক্রিকেট খেলার উইকেট, তিনটি লম্বা কাঠের উপর আড়াআড়িভাবে রাখা দুটি কাঠের টুকরো **2** the area of ground between the two wickets দু দিকের উইকেটের মাঝের মাটি

wide[1] / waɪd উআইড্ / *adj.* **1** measuring a lot from one side to the other চওড়া, বিস্তৃত, একদিক থেকে আর একদিক পর্যন্ত *The road was not wide* *enough for two cars to pass.* ✪ বিপ **narrow** ➪ **width** noun এবং **broad**-এ নোট দেখো। **2** measuring a particular distance from one side to the other একদিক থেকে অন্যদিকের দূরত্ব মাপা হচ্ছে এমন *The box was only 20 centimetres wide.* **3** including a large number or variety of different people or things; covering a large area বিপুল, বিশাল, বহুজনসমৃদ্ধ; অনেক ধরনের অনেক লোকজন নিয়ে বহুদূর বিস্তৃত, বিস্তীর্ণ এলাকা জুড়ে *You're the nicest person in* ***the whole wide world!*** ○ ***a wide range/choice/variety*** *of goods* **4** fully open সম্পূর্ণ খোলা *The children's eyes were wide with excitement.* **5** not near what you wanted to touch or hit যেখানে ছুঁতে বা মারতে চাওয়া হয়েছিল তার কাছে নয় *His first serve was wide* (=the ball did not land inside the tennish court). ▶ **widely** *adv.* নানা ধরনের, আলাদা আলাদাভাবে, বিস্তীর্ণ এলাকা জুড়ে *Their opinions differ widely.*

wide² / waɪd উআইড্ / *adv.* as far or as much as possible; completely যতটা বেশি সম্ভব; সম্পূর্ণ *It was late but she was still* ***wide awake.*** ○ *The front door was* ***wide open.***

widen / ˈwaɪdn ˈউআইড্‌ন্ / *verb* [I, T] to become wider; to make sth wider চওড়া হওয়া; কোনো কিছু চওড়া করা *The road widens just up ahead.*

wide-ranging *adj.* covering a large area or many subjects অনেকটা জায়গা নিয়ে অথবা অনেকগুলি বিষয় নিয়ে *a wide-ranging discussion*

widespread / ˈwaɪdspred ˈউআইড্‌স্প্রেড্ / *adj.* found or happening over a large area; affecting a large number of people বিস্তীর্ণ এলাকায় পাওয়া যায় অথবা ঘটে; বহু লোককে প্রভাবিত করে এমন *The storm has caused widespread damage.*

widow / ˈwɪdəʊ ˈউইড্যাউ / *noun* [C] a woman whose husband has died and who has not married again যে মহিলার স্বামী মৃত এবং যিনি আর বিবাহ করেন নি; বিধবা ▶ **widowed** / ˈwɪdəʊd ˈউইড্যাউড্ / *adj.* বিধবা হয়েছে এমন *She's been widowed for ten years now.*

widower / ˈwɪdəʊə(r) ˈউইড্যাউঅ্যা(র্) / *noun* [C] a man whose wife has died and who has not married again যে ব্যক্তির স্ত্রী মৃত এবং যিনি আর বিবাহ করেন নি; বিপত্নীক

width / wɪdθ; wɪtθ উইড্‌থ্; উইট্‌থ্ / *noun* **1** [C, U] the amount that sth measures from one side or edge to the other প্রস্থ; একদিক থেকে অন্য দিকের মাপ, দূরত্ব *The room is eight metres* ***in width.*** ○ *The carpet is available in two different widths.* ➪ **wide** adjective দেখো। **2** [C] the distance from one side of a swimming pool to the other সুইমিং পুলের একদিক থেকে অন্যদিকের দূরত্ব ➪ **length** এবং **breadth** দেখো।

wield / wiːld উঈল্ড্ / *verb* [T] **1** to have and use power, authority, etc. কর্তৃত্ব, ক্ষমতা ইত্যাদি থাকা এবং তা কাজে লাগানো *She wields enormous power in the company.* **2** to hold and be ready to use a weapon অস্ত্র ধরা এবং তা ব্যবহার করতে প্রস্তুত থাকা *Some of the men were wielding knives.*

wife / waɪf উআইফ্ / *noun* [C] (*pl.* **wives** /waɪvz উআইভ্‌জ্ /) the woman to whom a man is married স্ত্রী, পত্নী

wig /wɪg উইগ্ / *noun* [C] a covering made of real or false hair that you wear on your head পরচুলা

wiggle / ˈwɪgl ˈউইগ্‌ল্ / *verb* [I, T] (*informal*) to move from side to side with small quick movements; to make sth do this সংক্ষিপ্ত এবং দ্রুতভাবে এপাশ-ওপাশ নড়াচড়া করা; কোনো কিছুকে এরকম করানো *You have to wiggle your hips in time to the music.* ▶ **wiggle** *noun* [C] ইতস্ততঃ আন্দোলিত হওয়ার প্রক্রিয়া বা কাজ

wiggly / ˈwɪgli ˈউইগ্‌লি / *adj.* (of a line) having many curves in it (কোনো রেখা সম্বন্ধে ব্যবহৃত) যার মধ্যে অনেক আঁকাবাঁকা রয়েছে

wild¹ / waɪld উআইল্ড / *adj.* **1** (used about animals or plants) living or growing in natural conditions, not looked after by people (জীবজন্তু এবং গাছপালা সম্বন্ধে ব্যবহৃত) যারা স্বাভাবিক প্রকৃতির মধ্যে থাকে এবং বড়ো হয়, মানুষের দ্বারা পালিত হয় না; বুনো,বন্য *wild animals/flowers/strawberries* **2** (used about an area of land) in its natural state; not changed by people (কোনো অঞ্চল সম্বন্ধে ব্যবহৃত) যা অকৃত্রিম বা প্রাকৃতিক অবস্থায় আছে; মানুষের দ্বারা যেখানে কোনো পরিবর্তন হয়নি *wild moorland* **3** (used about a person or his/her behaviour or emotions) without control or discipline; slightly crazy (কোনো ব্যক্তি অথবা তার হাবভাব বা আবেগ ইত্যাদি সম্বন্ধে ব্যবহৃত) অনিয়ন্ত্রিত, শৃঙ্খলাপরায়ণ নয়; কিছুটা পাগলের মতো *The crowd* ***went wild*** *with excitement.* ○ *They let their children* ***run wild*** (=behave in an uncontrolled way). **4** not carefully planned; not sensible or accurate যা যত্ন নিয়ে পরিকল্পনা করা নয়; বাস্তব বুদ্ধিসম্মত বা যথাযথ নয় *She made* ***a wild guess.*** ○ *wild accusations/rumours* **5** (*informal*) **wild (about sb/sth)** liking sb/sth very much কাউকে বা কোনো কিছু খুব পছন্দ করা হয় এমন *I'm not wild about their new house.* **6** (used about the weather) with strong winds; stormy (আবহাওয়া সম্বন্ধে ব্যবহৃত) খুব জোরে হাওয়া বইছে এমন; ঝোড়ো *It was a wild night last night.* ▶ **wildly** *adv.* বন্যভাবে; পাগলের মতো, বুনোভাবে ▶ **wildness** *noun* [U] পাগলামি, বেপরোয়া ভাব, বন্যতা

wild² /waɪld উআইল্ড্ / *noun* **1 the wild** [*sing.*] a natural environment that is not controlled by people স্বাভাবিক পরিবেশ যাতে মানুষের নিয়ন্ত্রণ নেই *the thrill of seeing elephants* ***in the wild*** **2 the wilds** [*pl.*] places that are far away from towns, where few people live যেসব জায়গা শহর থেকে অনেক দূরে, যেখানে খুব কম লোকের বাস *They live somewhere out in the wilds.*

wilderness / ˈwɪldənəs ˈউইল্ড্যান্যাস্ / *noun* [C, *usually sing.*] **1** a large area of land that has never been used for building on or for growing things এমন একটা বড়ো অঞ্চল যেখানে কোনো ঘরবাড়ি করা হয়নি অথবা কোনো কিছু উৎপন্ন করার জন্য ব্যবহারও করা হয়নি *The Antarctic is the world's last great wilderness.* **2** a place that people do not take care of or control এমন জায়গা যার কেউ যত্ন বা দেখাশোনা করে না *Their garden is a wilderness.*

wildlife / ˈwaɪldlaɪf ˈউআইল্ড্লাইফ্ / *noun* [U] birds, plants, animals, etc. that are wild and live in a natural environment বন্য উদ্ভিদসমূহ এবং জীবজন্তু, পশুপক্ষী ইত্যাদি যারা প্রাকৃতিক পরিবেশে বাস করে; বন্যজগৎ

wilful (*AmE* **willful**) / ˈwɪlfl ˈউইল্ফ্ল্ / *adj.* **1** done deliberately although the person doing it knows that it is wrong ইচ্ছা করে করা যদিও যে তা করছে সে জানে যে সে ঠিক করছে না *wilful damage/ neglect* **2** doing exactly what you want, no matter what other people think or say লোকে যাই ভাবুক বা বলুক তার পরোয়া না করে একদম নিজের খুশিমতো কাজ করা হচ্ছে এমন *a wilful child* ▶ **wilfully** / -fəli -ফ্যালি / *adv.* ইচ্ছে করেই, জেনেশুনে

will¹ / wɪl উইল্ / *modal verb* (*short form* **'ll**; *negative* **will not;** *short form* **won't** /wəʊnt উঅ্যাউন্ট্ /) **1** used in forming the future tenses ভবিষ্যৎ কাল বোঝাতে ব্যবহৃত অভিব্যক্তিবিশেষ *He'll be here soon.* ○ *I'm sure you'll pass your exam.* **2** used for showing that sb is offering sth or wants to do sth, or that sth is able to do sth কেউ কিছু দিতে চাইছে অথবা কিছু করতে চাইছে অথবা কোনো কিছু করতে সক্ষম এইসব বোঝাতে ব্যবহৃত অভিব্যক্তিবিশেষ *'We need some more milk.' 'I'll get it.'* ○ *My car won't start.* **3** used for asking sb to do sth কাউকে কিছু করতে বলার জন্য ব্যবহৃত অভিব্যক্তিবিশেষ *Will you sit down, please?* **4** used for ordering sb to do sth কাউকে কিছু করতে বা আদেশ দিতে বলার জন্য ব্যবহৃত অভিব্যক্তিবিশেষ *Will you all be quiet!* **5** used for saying that you think sth is probably true কোনো কিছু সম্ভবত সত্য একথা বলার জন্য ব্যবহার করা হয় *That'll be the postman at the door.* ○ *He'll have left work by now, I suppose.* **6** (*only in positive sentences*) used for talking about sth annoying that sb always or very often does যদি কেউ সব সময় অথবা প্রায়ই বিরক্তিকর কিছু করেন সে সম্বন্ধে বলার জন্য ব্যবহৃত অভিব্যক্তিবিশেষ

> **NOTE** বিরক্তি প্রকাশ করার জন্য **will** শব্দটির উপর বেশি জোর দিয়ে বলতে হয় এবং এর সংক্ষিপ্ত রূপটি (**'ll**) ব্যবহার করা যায় না—*He will keep interrupting me when I'm trying to work.* **Modal verbs**-এর সম্বন্ধে বিশদ জানার জন্য এই অভিধানের শেষে **Quick Grammar Reference** দেখো।

will² / wɪl উইল্ / *noun* **1** [C, U] the power of the mind to choose what to do; a feeling of strong determination ইচ্ছাশক্তি; মনের জোর *Both her children have got very strong wills.* ○ *He seems to have lost* ***the will to live.*** **2 -willed** (*used to form compound adjectives*) having the type of will mentioned (যৌগিক বিশেষণ গঠনে ব্যবহৃত) ইচ্ছাশক্তিসমন্বিত *a strong-willed/weak-willed person* **3** [*sing.*] what sb wants to happen in a particular situation বিশেষ একটা পরিস্থিতিতে কিছু ঘটুক বলে কেউ যা চায় *My mother doesn't want to sell the house and I don't want to* ***go against*** *her* ***will.*** **4** [C] a legal document in which you write down who should have your money and property after your death আইনানুযায়ী লিখিত যে পত্রে বলা হয় যে কারও মৃত্যুর পর কে বা কারা তার সম্পত্তি অথবা টাকাপয়সার মালিক হবে *You really ought to* ***make a will.*** ○ *Granny left us some money* ***in her will.***
IDM of your own free will ⇨ **free¹** দেখো।

will³ / wɪl উইল্ / *verb* [T] to use the power of your mind to do sth or to make sth happen মনের শক্তি দিয়ে কিছু করা অথবা কিছু ঘটানো *He willed himself to carry on to the end of the race.*

willing / ˈwɪlɪŋ ˈউইলিং / *adj.* **1 willing (to do sth)** (*not before a noun*) happy to do sth; having no reason for not doing sth করতে ইচ্ছুক; কোনো কিছু করতে অনিচ্ছুক হওয়ার কারণ নেই ***She's perfectly willing*** *to lend me her car.* ○ *I'm not willing to take any risks.* **2** ready or pleased to help and not needing to be persuaded; enthusiastic কাউকে সাহায্য করতে খুবই রাজি এবং খুশি; যাকে বারবার অনুরোধ করতে হয় না; খুবই উৎসাহী *a willing helper/volunteer* ✪ বিপ **unwilling** ▶ **willingly** *adv.* স্বেচ্ছায়, খুশিমনে ▶ **willingness** *noun* [U, *sing.*] আগ্রহ, ইচ্ছা, সম্মতি

willow / ˈwɪləʊ ˈউইল্যাউ / (*also* **willow tree**) *noun* [C] a tree with long thin branches that hang down which grows near water এক শ্রেণির বড়ো গাছ যা জলের ধারে হয় এবং যার সরু লম্বা ডাল নীচে ঝুলে পড়ে; উইলো

will power *noun* [U] determination to do sth; strength of mind কিছু করার সংকল্প; মনের জোর *It takes a lot of will power to give up smoking.*

willy / ˈwɪli ˈউইলি / *noun* [C] (*pl.* **willies**) (*informal*) a word used to refer to the male sex organ পুরুষাঙ্গ বোঝাতে ব্যবহৃত শব্দ ✪ সম **penis**

willy-nilly / ˌwɪli ˈnɪli ˌউইলি ˈনিলি / *adv.* (*informal*) **1** in a careless way without planning ভাবনাচিন্তা বা পরিকল্পনা না করে, যে-কোনো ভাবে *Don't spend your money willy-nilly.* **2** if you want to or not চাও কি না চাও

wilt / wɪlt উইল্ট্ / *verb* [I] (used about a plant or flower) to bend and start to die, because of heat or a lack of water (কোনো চারাগাছ বা ফুল সম্বন্ধে ব্যবহৃত) গরমের ফলে, মুষড়ে শুকিয়ে যাওয়া, জলের অভাবে নেতিয়ে পড়া, সতেজভাব হারিয়ে ফেলা

wily / ˈwaɪli ˈউআইলি / *adj.* clever at getting what you want যা চাওয়া হচ্ছে তা জোগাড় করার ব্যাপারে চালাক ✪ সম **cunning**

wimp / wɪmp উইম্প্ / *noun* [C] (*informal*) a weak person who has no courage or confidence দুর্বল চিত্তের মানুষ যার না আছে সাহস, না আত্মবিশ্বাস ▶ **wimpish** *adj.* ভীতু, মিনমিনে

win / wɪn উইন্ / *verb* (*pres. part.* **winning;** *pt, pp* **won** / wʌn উআন্ /) **1** [I, T] to be the best, first or strongest in a race, game, competition, etc. দৌড়, বা যে-কোনো খেলায় বা যে-কোনো প্রতিযোগিতায় প্রথম বা সর্বশ্রেষ্ঠ বিবেচিত হওয়া *to win a game/match/championship* **2** [T] to get money, a prize, etc. as a result of success in a competition, race, etc. কোনো প্রতিযোগিতা, দৌড় ইত্যাদিতে সাফল্য লাভ করে টাকা-পয়সা, পুরস্কার ইত্যাদি লাভ করা *We won a trip to Australia.* ○ *Who won the gold medal?* **3** [T] to get sth by hard work, great effort, etc. খুব পরিশ্রম করে, অনেক চেষ্টার পরে কিছু পাওয়া *Her brilliant performance won her a great deal of praise.* ○ *to win support for a plan* ▶ **win** *noun* [C] জয়, জিৎ, সাফল্য *We have had two wins and a draw so far this season.* ▶ **winning** *adj.* জয়ী, জয় করে নেয় যে বা যা *The winning ticket is number 65.*

IDM **win/lose the toss** ⇨ **toss** দেখো।

you can't win (*informal*) there is no way of being completely successful or of pleasing everyone সম্পূর্ণ সফল হওয়া বা সকলকে খুশি করার কোনো উপায় নেই *Whatever you do you will upset somebody. You can't win.*

PHR V **win sb over/round (to sth)** to persuade sb to support or agree with you সাহায্য করার জন্য অথবা একমত হওয়ার জন্য কাউকে বুঝিয়ে সুজিয়ে রাজি করানো *They're against the proposal at the moment, but I'm sure we can win them over.*

wince / wɪns উইন্স্ / *verb* [I] to make a sudden quick movement (usually with a part of your face) to show you are feeling pain or embarrassment মুখ বিকৃতি করা বা চমকে উঠে ব্যথা লাগা অথবা অস্বস্তি প্রকাশ করা

winch / wɪntʃ উইন্চ্ / *noun* [C] a machine that lifts or pulls heavy objects using a thick chain, rope, etc. একরকম যন্ত্র যা মোটা চেন, রশি ইত্যাদির সাহায্যে ভারী বস্তু তোলে অথবা টেনে নিয়ে যায় ▶ **winch** *verb* [T] উঁচুতে তোলা, যন্ত্রের সাহায্যে ওঠানো *The injured climber was winched up into a helicopter.*

wind¹ / wɪnd উইন্ড্ / *noun* **1** [C, U] air that is moving across the surface of the earth হাওয়া; বাতাস, বায়ু *A **gust of wind** blew his hat off.* ○ *gale-force/strong/high winds* **2** [U] the breath that you need for doing exercise or playing a musical instrument নিশ্বাস যা ব্যায়াম করতে, অথবা খেলার সময়ে বা কোনো কোনো বাদ্যযন্ত্র বাজাতে দরকার; দম *She stopped running to get her wind back.* **3** [U] gas that is formed in your stomach পেটে জমা গ্যাস, বাতাস *The baby cries when he has wind.* **4** [U] the group of instruments in an orchestra that you blow into to produce the sound অর্কেস্ট্রাতে যেসকল বাদ্যযন্ত্র ফুঁ দিয়ে বাজানো হয়

IDM **get wind of sth** (*informal*) to hear about sth that is secret গোপন কিছুর আভাস পাওয়া

wind² / wɪnd উইন্ড্ / *verb* [T] **1** to cause sb to have difficulty in breathing নিশ্বাস নিতে কষ্ট হওয়া *The punch in the stomach winded her.* **2** to help a baby get rid of painful gas in the stomach by rubbing or gently hitting its back ছোটো বাচ্চাদের পেটে গ্যাস হয়ে কষ্ট পেলে পিঠ চাপড়ে বা ঘষে তা বার করতে সাহায্য করা

wind³ / waɪnd উআইন্ড্ / *verb* (*pt, pp* **wound** / waʊnd উআউন্ড্ /) **1** [I] (used about a road, path, etc.) to have a lot of bends or curves in it (রাস্তা, পথ ইত্যাদি সম্বন্ধে ব্যবহৃত) বহু বাঁক বা মোড় থাকা *The path winds down the cliff to the sea.* **2** [T] to put sth long round sth else several times জড়ানো, পেঁচানো; লম্বা কোনো কিছুকে কিছু দিয়ে জড়ানো *She wound the bandage around his arm.* **3** [T] to make sth work or move by turning a key, handle, etc. চাবি, হ্যান্ডেল ইত্যাদি ঘুরিয়ে কোনো কিছু চালু করা বা চালাতে আরম্ভ করা *He wound the car window down.* ○ *Wind the tape a bit to the next song.*

PHR V **wind down** (about a person) to rest and relax after a period of hard work, worry, etc. (কোনো লোক সম্বন্ধে ব্যবহৃত) অনেক শক্ত কাজ, হয়রানি

হাঙ্গামার পর বিশ্রাম নেওয়া, আরাম করা ➪ **unwind** দেখো।

wind up to find yourself in a place or situation that you did not intend to be in এমন জায়গা অথবা অবস্থায় পড়া যা ইচ্ছাকৃত নয় *We got lost and wound up in a dangerous-looking part of town.*

wind sb up to annoy sb until he/she becomes angry কাউকে বিরক্ত করে চলা যতক্ষণ না সে রেগে ওঠে

wind sth up to finish, stop or close sth কোনো কিছু শেষ করা, থামানো বা বন্ধ করে দেওয়া

wind chill / ˈwɪnd tʃɪl ˈউইন্ড্ চিল্ / *noun* [U] the effect of low temperature combined with wind on sb/sth কোনো ব্যক্তি বা বস্তুর উপর নিম্ন তাপমাত্রার সঙ্গে বাতাস যুক্ত হওয়ায় যে প্রভাব পড়ে *Take the wind-chill factor into account.*

windfall / ˈwɪndfɔːl ˈউইন্ড্ফ:ল্ / *noun* [C] an amount of money that you win or receive unexpectedly অপ্রত্যাশিতভাবে পাওয়া বা জেতা অর্থ

winding / ˈwaɪndɪŋ ˈউআইন্ডিং / *adj.* with bends or curves in it ঘোরানো, সোজা নয়, আঁকাবাঁকা *a winding road through the hills*

wind instrument *noun* [C] a musical instrument that you play by blowing through it এমন বাদ্যযন্ত্র যা ফুঁ-দিয়ে বাজাতে হয়

windmill / ˈwɪndmɪl ˈউইন্ড্মিল্ / *noun* [C] a tall building or structure with long parts (**sails**) that turn in the wind. In past times windmills were used for making flour from grain, but now they are used mainly for producing electricity উঁচু বাড়ি অথবা কাঠামো, যাতে এমন লম্বা লম্বা পাখার মতন ব্যবস্থা আছে, যা হাওয়া দিলে ঘোরে। অতীতে সেগুলি গম ভাঙার কাজে লাগত, এখন ঐসব হাওয়াকলগুলি প্রধানত বিদ্যুৎ উৎপাদনের কাজে ব্যবহৃত হয়; বায়ু চালিত কল, হাওয়া কল; উইন্ডমিল

window / ˈwɪndəʊ ˈউইন্ড্যাউ / *noun* [C] **1** the opening in a building, car, etc. that you can see through and that lets light in. A window usually has glass in it বাড়ি, গাড়ি ইত্যাদিতে আলো আসার জন্য যে খোলা জায়গা, যার মধ্যে দিয়ে দেখা যায়, এগুলিতে সাধারণত কাচ থাকে; বাতায়ন, গবাক্ষ, জানালা *a shop window* ○ *These windows need cleaning.* **2** (*computing*) an area inside a frame on a computer screen, that has a particular program operating in it, or shows a particular type of information কম্পিউটার স্ক্রীনের উপর কিছুটা ঘেরা জায়গা যার মধ্যে বিশেষ কোনো প্রোগ্রাম চলে অথবা বিশেষ ধরনের তথ্য দেখা যায় *to create/open/close a window* **3** a time when you have not arranged to do anything and so are free to meet sb, etc. এমন একটা সময় যা কিছু না করে ফাঁকা রাখা হয় যাতে সে সময় কারও সঙ্গে দেখা ইত্যাদি করতে পারা যায়

windowpane / ˈwɪndəʊpeɪn ˈউইন্ড্যাউপেইন্ / *noun* [C] one piece of glass in a window জানালার শার্সি

window-shopping *noun* [U] looking at things in shop windows without intending to buy anything ঘোরাফেরা করে দোকানের জিনিসপত্র দেখে বেড়ানো (কিছু কেনাকাটার ইচ্ছে না থাকলেও)

window sill (*also* **window ledge**) *noun* [C] the narrow shelf at the bottom of a window, either inside or outside জানালার নীচে, ভিতরে বা বাইরে সরু সেলফের মতো জায়গা

windpipe / ˈwɪndpaɪp ˈউইন্ড্পাইপ্ / *noun* [C] the tube that takes air from your throat to the lungs শ্বাসনালী ✪ সম **trachea** ➪ **body**-তে ছবি দেখো।

windscreen / ˈwɪndskriːn ˈউইন্ড্স্ক্রীন্ / (*AmE* **windshield** / ˈwɪndʃiːld ˈউইন্ড্শীল্ড্ /) *noun* [C] the window in the front of a vehicle কোনো গাড়ির সামনে যে জানালা ➪ **car**-এ ছবি দেখো।

windscreen wiper (*also* **wiper;** *AmE* **windshield wiper**) *noun* [C] one of the two moving arms (**blades**) that remove water, snow, etc. from the front window of a car (**the windscreen**) গাড়ির সামনে কাচের উপর যে দুটো হাতের মতো জিনিস এদিক ওদিক নড়া-চড়া করে জল, বৃষ্টি, তুষার ইত্যাদি সরায় তার একটা ➪ **car**-এ ছবি দেখো।

windsurf / ˈwɪndsɜːf ˈউইন্ড্স্যফ্ / *verb* [I] to move over water standing on a special board with a sail পাল-খাটানো বিশেষ একরকম কাঠের পাটাতনের উপর দাঁড়িয়ে জলের উপর দিয়ে এদিক-ওদিক যাওয়া **NOTE** এই ক্রিয়ার (verb) জন্য আমরা প্রায় **go windsurfing** অভিব্যক্তিটি ব্যবহার করি—*Have you ever been windsurfing?* ▶ **windsurfing** *noun* [U] উইন্ডসার্ফ করার ক্রিয়া

windsurfer / ˈwɪndsɜːfə(r) ˈউইন্ড্স্যফ্যা(র্) / *noun* [C] **1** (*also* **sailboard**) a board with a sail that you stand on as it moves over the surface of the water, pushed by the wind কাঠের পাটাতনের উপর দাঁড়িয়ে জলে ঘুরে বেড়ানোর খেলা, এই পাটাতনটি বায়ু চালিত **2** a person who rides on a board like this যে ব্যক্তি এইরকম খেলা খেলে

windswept / ˈwɪndswept ˈউইন্ড্সুএপ্ট্ / *adj.* **1** (used about a place) that often has strong winds (কোনো অঞ্চল সম্বন্ধে ব্যবহৃত) ঝোড়ো আবহাওয়ার মধ্যে থাকার ফলে এলোমেলো চেহারা; ঝোড়ো *a windswept coastline* **2** looking untidy because you have been in a strong wind ঝোড়ো কাকের মতো চেহারা *windswept hair*

windward / ˈwɪndwəd ˈউইন্ড্উঅ্যাড় / *adj.* on the side of a hill, building, etc. towards which the wind is blowing কোনো পাহাড়, বাড়ি ইত্যাদির যে দিকটায় হাওয়া বইছে ➪ **lee** এবং **leeward** দেখো।

windy / ˈwɪndi ˈউইন্‌ডি / *adj.* (**windier; windiest**) with a lot of wind ঝোড়ো, যথেষ্ট বাতাসযুক্ত *a windy day*

wine / waɪn উআইন্‌ / *noun* [C, U] an alcoholic drink that is made from grapes, or sometimes other fruit আঙুর অথবা কখনো কখনো অন্য ফল থেকে তৈরি একরকম মদ্য বা মদ *sweet/dry wine* ○ *German wines*

NOTE ওয়াইন তিন রঙের হয়, **red, white** এবং **rosé**.

wing / wɪŋ উইং / *noun* **1** [C] one of the two parts that a bird, insect, etc. uses for flying ডানা; পাখা (পাখি বা পতঙ্গাদির) *The chicken ran around flapping its wings.* ➪ **insect**-এ ছবি দেখো। **2** [C] one of the two long parts that stick out from the side of a plane and support it in the air এরোপ্লেনের দুটি লম্বা অংশের মধ্যে একটি যা তার পাশের দিক থেকে বেরিয়ে থাকে এবং বাতাসের মধ্যে যা তাকে ধারণ করে রাখে; এরোপ্লেনের ডানা ➪ **plane**-এ ছবি দেখো। **3** [C] a part of a building that sticks out from the main part or that was added on to the main part কোনো (বড়ো) বাড়ির যে দিক বাড়িটির প্রধান অংশ থেকে বেরিয়ে থাকে অথবা যে দিকটি পরে যোগ করা হয়েছে *the maternity wing of the hospital* **4** (*AmE* **fender**) [C] the part of the outside of a car that covers the top of the wheels কোনো গাড়ির বাইরের যে অংশ চাকার উপরের ভাগ ঢেকে রাখে *a wing mirror* (=fixed to the side of the car) **5** [C, *usually sing.*] a group of people in a political party that have particular beliefs or opinions রাজনৈতিক পার্টির মধ্যে একটি বিশেষ দলের লোক যারা বিশেষ মতবাদ অথবা বিশ্বাস পোষণ করে *the right wing of the Conservative Party* ➪ **left-wing** এবং **right-wing** দেখো। **6** [C] (in football, etc.) the part at each side of the area where the game is played (ফুটবল ইত্যাদি খেলায়) মাঠের দুইধার যেখানে খেলা হয় *to play on the wing* **7** (also **winger**) [C] (in football, etc.) a person who plays in an attacking position at one of the sides of the field (ফুটবল ইত্যাদি খেলায়) মাঠের দু-দিকের যে-কোনো এক দিকে যে খেলোয়াড় আক্রমণাত্মক জায়গায় খেলে **8 the wings** [*pl.*] (in a theatre) the area at the sides of the stage where you cannot be seen by the audience (থিয়েটারে) মঞ্চের ধারের যে জায়গায় থাকলে অভিনয়কারী ব্যক্তিকে দর্শকরা দেখতে পায় না

IDM take sb under your wing to take care of and help sb who has less experience than you যার অভিজ্ঞতা কম তাকে নিজের তত্ত্বাবধানে রেখে সাহায্য করা

wingspan / ˈwɪŋspæn ˈউইংস্প্যান্‌ / *noun* [C] the distance between the end of one wing and the end of the other when the wings are fully stretched ডানা মেললে একটি ডানার একপ্রান্ত থেকে অন্য ডানার প্রান্তসীমা পর্যন্ত দূরত্ব; দুই ডানার ব্যবধান

wink / wɪŋk উইংক্‌ / *verb* [I] **wink (at sb)** to close and open one eye very quickly, usually as a signal to sb চোখ মারা; চোখ মেরে ইশারা করা, দ্রুত এক চোখ খোলাবন্ধ করে কোনো ইঙ্গিত করা ➪ **blink** দেখো। ▶ **wink** *noun* [C] চোখ পিটপিটানি, চোখের ইশারা *He smiled and gave the little girl a wink.* ○ *I didn't sleep a wink* (=not at all).

IDM forty winks ➪ **forty** দেখো।

winner / ˈwɪnə(r) ˈউইন্যা(র্‌) / *noun* [C] **1** a person or animal that wins a competition, game, race, etc. এমন ব্যক্তি অথবা পশু যে কোনো প্রতিযোগিতা, খেলা, দৌড়ঝাঁপ ইত্যাদিতে জয়ী হয়েছে *The winner of the competition will be announced next week.* **2** (*informal*) something that is likely to be successful এমন কিছু যেটির সফল হওয়ার সম্ভাবনা আছে *I think your idea is a winner.* **3** (in sport) a goal that wins a match, a hit that wins a point, etc. (খেলায়) যে গোলটি ম্যাচ জেতায়, এমন চাল বা মার (hit) যার ফলে একটা নম্বর (point) ইত্যাদি পাওয়া যায় *Dhyan Chand scored the winner in the last minute.*

winning ➪ **win** দেখো।

winnings / ˈwɪnɪŋz ˈউইনিংজ্‌ / *noun* [*pl.*] money that sb wins in a competition, game, etc. কোনো প্রতিযোগিতা, খেলা ইত্যাদিতে যে পরিমাণ অর্থ কেউ জেতে

winnow / ˈwɪnəʊ ˈউইন্যাউ / *verb* [T] to blow through grain in order to remove its outer covering বায়ুপ্রবাহের দ্বারা বা বাতাস দিয়ে খোসা থেকে শস্যদানা আলাদা করা

PHR V winnow sb/sth out (of sth) (*written*) to remove people or things from a group so that only the best ones are left দলের মধ্যে কাটছাঁট করে কিছু লোক বাদ দেওয়া যাতে সবচেয়ে ভালো কিছু লোকই বাকি থাকে

winter / ˈwɪntə(r) ˈউইন্‌ট্যা(র্‌) / *noun* [C, U] the coldest season of the year between autumn and spring শরৎ এবং বসন্তের মধ্যবর্তী সময়; শীতকাল *It snows a lot here **in winter**.* ○ *a cold winter's day* ➪ **season**-এ ছবি দেখো। ▶ **wintry** / ˈwɪntri ˈউইনট্রি / *adj.* শীতকালের বৈশিষ্ট্যযুক্ত, ঠান্ডা, কনকনে *wintry weather*

winter sports *noun* [*pl.*] sports which take place on snow or ice, for example **skiing** and **skating** যেসব খেলা তুষার বা বরফের উপর খেলা হয় যেমন স্কি বা স্কেটিং

wintertime / ˈwɪntətaɪm 'উইন্‌ট্যাটাইম্ / *noun* [U] the period or season of winter শীতের সময়, শীত ঋতু

wipe[1] / waɪp উআইপ্ / *verb* [T] **1** to clean or dry sth by rubbing it with a cloth, etc. কাপড় দিয়ে ঘষে কোনো কিছু পরিষ্কার বা শুকনো করা *She stopped crying and wiped her eyes with a tissue.* ○ *Could you wipe the table, please?* ➪ **clean**[2]-এ নোট দেখো। **2 wipe sth from/off sth; wipe sth away/off/up** to remove sth by rubbing it কোনো কিছু ঘষে পরিষ্কার করা *He wiped the sweat from his forehead.* ○ *Wipe up the milk you spilled.* **3 wipe sth (off) (sth)** to remove sound, information or images from sth কোনো কিছু থেকে শব্দ, তথ্য বা ছবি ইত্যাদি বাদ দেওয়া *I accidentally wiped the tape.* ○ *I tried to wipe the memory from my mind.*

PHR V wipe sth out to destroy sth completely কোনো কিছু একেবারে ধ্বংস করা *Whole villages were wiped out in the bombing raids.*

wipe[2] / waɪp উআইপ্ / *noun* [C] **1** the action of wiping মোছার কাজ *He gave the table a quick wipe.* **2** a piece of paper or thin cloth that has been made wet with a special liquid and is used for cleaning sth একখণ্ড কাগজ অথবা পাতলা কাপড় যা বিশেষ কোনো তরল পদার্থে ভিজিয়ে নিয়ে মুছে পরিষ্কার করার জন্য ব্যবহার করা হয় *a box of baby wipes*

wiper / ˈwaɪpə(r) 'উআইপ্যা(র্) / = **windscreen wiper**

wire[1] / ˈwaɪə(r) 'উআইঅ্যা(র্) / *noun* [C, U] **1** metal in the form of thin thread; a piece of this সুতার মতো আকারে করা ধাতু; তার; টুকরো তার *Twist those two wires together.* ○ *a wire fence* **2** a piece of wire that is used to carry electricity বিদ্যুৎশক্তি চলাচলের জন্য তার *telephone wires*

wire[2] / ˈwaɪə(r) 'উআইঅ্যা(র্) / *verb* [T] **1 wire sth (up) (to sth)** to connect sth to a supply of electricity or to a piece of electrical equipment by using wires তারের সাহায্যে কোনো কিছুকে বিদ্যুৎ সরবরাহ বা কোনো বৈদ্যুতিক যন্ত্রের সঙ্গে যুক্ত করা *to wire a plug* ○ *The microphone was wired up to a loudspeaker.* **2 wire sth (to sb); wire sb sth** to send money to sb's bank account using an electronic system কারও ব্যাংক অ্যাকাউন্টে বৈদ্যুতিন ব্যবস্থা মারফত টাকা পাঠানো *The bank's going to wire me the money.* **3** to join two things together using wire তার দিয়ে কোনো দুটি বস্তু যোগ করা

wire wool = **steel wool**

wiring / ˈwaɪərɪŋ 'উআইঅ্যারিং / *noun* [U] the system of wires that supplies electricity to rooms in a building যেসব তারের মধ্যে দিয়ে বাড়ির বিভিন্ন ঘরে বিদ্যুৎ প্রবাহ যায়

wiry / ˈwaɪəri 'উআইঅ্যারি / *adj.* (used about a person) small and thin but strong (কোনো লোক সম্বন্ধে ব্যবহৃত) ছোটোখাটো, রোগা-পাতলা কিন্তু জোরালো অথবা শক্তিশালী

wisdom / ˈwɪzdəm 'উইজ্‌ড্যাম্ / *noun* [U] the ability to make sensible decisions and judgements because of your knowledge or experience বিচক্ষণতা; সুবুদ্ধি, কাণ্ডজ্ঞান *I don't see the wisdom of this plan* (=I do not think that it is a good idea). ➪ **wise** adjective দেখো।

wisdom tooth *noun* [C] one of the four teeth at the back of your mouth that appear when you are about 20 years old প্রায় বিশ বছর বয়সকালে বেরোনো মুখের পিছনদিকের চারটি দাঁতের মধ্যে একটি; আক্কেল দাঁত ➪ **tooth**-এ নোট দেখো।

wise / waɪz উআইজ্ / *adj.* having the knowledge or experience to make good and sensible decisions and judgements জ্ঞান এবং অভিজ্ঞতা থাকার কারণে বিচক্ষণ; বিজ্ঞ *a wise choice* ○ *It would be wiser to wait for a few days.* ► **wisely** *adv.* বুদ্ধিমানের মতো, বিচক্ষণতার সঙ্গে

wish[1] / wɪʃ উইশ্ / *verb* **1** [T] **wish (that)** (*often with a verb in the past tense*) to want sth that cannot now happen or that probably will not happen কোনো বস্তু চাওয়া যা বর্তমানে ঘটতে পারে না বা ভবিষ্যতেও সম্ভবত ঘটবে না এই অর্থে ব্যবহৃত হয় *I wish I had listened more carefully.* ○ *I wish that I knew what was going to happen.*

> **NOTE** আনুষ্ঠানিকভাবে ইংরাজিতে 'I' অথবা 'he/she' -এর সঙ্গে **were** ব্যবহার করা হয়, **was** ব্যবহার করা হয় না—*I wish I were rich* ○ *She wishes she were in a different city.*

2 [I] **wish for sth** to say to yourself that you want sth that can only happen by good luck or chance নিজের মনে বলা যে যা চাওয়া হচ্ছে তা একমাত্র সৌভাগ্যবশত বা কপালজোরেই ঘটতে পারে *She wished for her mother to get better.* **3** [I, T] (*formal*) **wish (to do sth)** to want to do sth কিছু করতে চাওয়া *I wish to make a complaint about one of the doctors.* **4** [T] to say that you hope sb will have sth কারও জন্য কিছু কামনা বা আশা করে কিছু বলা *I rang him up to* ***wish him a happy birthday.*** ○ *We* ***wish you all the best*** *for your future career.*

wish[2] / wɪʃ উইশ্ / *noun* **1** [C] a feeling that you want to have sth or that sth should happen একটা কিছু পাওয়ার ইচ্ছা বা ঘটানোর ইচ্ছা *I have no wish to see her ever again.* ○ *Doctors should respect the patient's wishes.* **2** [C] a try at making sth happen by thinking hard about it, especially in stories when it often happens by magic প্রবলভাবে চেয়ে কোনো কিছু ঘটানোর চেষ্টা; মানসিক, মানত (বিশেষত গল্পে যখন জাদুর সাহায্যে কিছু করা হয়) *Throw a coin into the fountain and **make a wish**.* ○ *My wish came true* (=I got what I asked for). **3 wishes** [*pl.*] a hope that sb will be happy or have good luck শুভেচ্ছা, অন্যের সৌভাগ্য কামনা *Please **give** your parents **my best wishes**.*

wishful thinking *noun* [U] ideas that are based on what you would like, not on facts আকাঙ্ক্ষার বা মনোকামনার বশবর্তী চিন্তা যার সঙ্গে বাস্তবের কোনো যোগ নেই

wisp / wɪsp উইস্প্ / *noun* [C] **1** a few pieces of hair that are together কয়েকটি চুলের গুচ্ছ অথবা গোছা **2** a small amount of smoke একটু ধোঁয়া, ধোঁয়ার রেশ ▶ **wispy** *adj.* হালকা, পাতলা

wistful / ˈwɪstfl ˈউইস্ট্ফ্ল্ / *adj.* feeling or showing sadness because you cannot have what you want ব্যথাতুর; ইচ্ছামতো না পাওয়ায় দুঃখভাবাপন্ন *a wistful sigh* ▶ **wistfully** / -fəli -ফ্যালি / *adv.* বিষাদের সঙ্গে, ব্যাথাতুর মনে

wit / wɪt উইট্ / *noun* [U] **1** the ability to use words in a clever and amusing way বুদ্ধিদীপ্ত রসিকতা; মজা করে কথা বলার ক্ষমতা ➪ **witty** adjective দেখো। **2 -witted** (*used to form compound adjectives*) having a particular type of intelligence বিশেষ ধরনের বুদ্ধিসম্পন্ন *quick-witted* ○ *slow-witted* **3** (*also* **wits** [*pl.*]) the fact of being clever; intelligence চালাকচতুর, বুদ্ধিমান *The game of chess is essentially **a battle of wits**.*

IDM at your wits' end not knowing what to do or say because you are very worried চিন্তিত হওয়ার কারণে কি করতে বা বলতে হবে বুঝতে না পারা; ভ্যাবাচাকা খেয়ে যাওয়া

keep your wits about you to be ready to act in a difficult situation কঠিন অবস্থাতেও কাজ করতে প্রস্তুত হওয়া; হাল না ছেড়ে দেওয়া

witch / wɪtʃ উইচ্ / *noun* [C] (in past times and in stories) a woman who is thought to have magic powers (পুরাকালে এবং গল্পে) ডাইনি; মায়াবিনী ➪ **wizard** দেখো।

witchcraft / ˈwɪtʃkrɑːft ˈউইচ্ক্রা:ফ্ট্ / *noun* [U] the use of magic powers, especially evil ones ডাকিনীবিদ্যা

witch-hunt *noun* [C] the activity of trying to find and punish people who hold opinions that are thought to be unacceptable or dangerous to society যারা এমন মত পোষণ করে যা সমাজের পক্ষে ক্ষতিকর এবং যাদের মতামতও মেনে নেওয়া যায় না সেই সব লোকদের খুঁজে বার করে শাস্তি দেওয়ার ব্যবস্থাদি

with / wɪð; wɪθ উইদ্; উইথ্ / *prep.* **1** in the company of sb/sth; in or to the same place as sb/sth সঙ্গে; কোনো ব্যক্তি বা বস্তুর সঙ্গে একই স্থানে *I live with my parents.* ○ *I talked about the problem with my tutor.* **2** having or carrying sth কোনো কিছু আছে বা সঙ্গে নিয়ে যাচ্ছে এমন *a girl with red hair* ○ *the man with the suitcase* **3** using sth কোনো কিছু ব্যবহার করছে এমন *Cut it with a knife.* ○ *I did it with his help.* **4** used for saying what fills, covers, etc. sth কোনো কিছু কি দিয়ে ভর্তি-করা, ঢাকা ইত্যাদি আছে বোঝানোর জন্য ব্যবহৃত *Fill the bowl with water.* ○ *His hands were covered with oil.* **5** in competition with sb/sth; against sb/sth কোনো ব্যক্তি অথবা বস্তুর সঙ্গে প্রতিযোগিতায়; কোনো ব্যক্তি অথবা বস্তুর বিপরীতে *He's always arguing with his brother.* ○ *I usually play tennis with my sister.* **6** towards, concerning or compared with sb/sth কারও বা কিছুর দিকে, তাদের সম্বন্ধে অথবা তাদের সঙ্গে তুলনা করে *Is he angry with us?* ○ *There's a problem with my visa.* **7** including sth কোনো কিছু ধরে নিয়ে, অন্তর্ভুক্ত করে, যোগ করে *The price is for two people with all meals.* **8** used to say how sth happens or is done কেমন করে কোনো কিছু ঘটে অথবা করা হয় তা বলতে ব্যবহৃত অভিব্যক্তিবিশেষ *Open this parcel with care.* ○ *to greet sb with a smile* **9** because of sth; as a result of sth কারণে; কোনো কিছুর ফলে *We were shivering with cold.* ○ *With all the problems we've got, we're not going to finish on time.* **10** in the care of sb কারও কাছে, আওতায় *We left the keys with the neighbours.* **11** agreeing with or supporting sb/sth কারও বা কোনো কিছুর সঙ্গে একমত অথবা তাদের সমর্থন করা বা মদত দেওয়া হচ্ছে এমন *We've got everybody with us on this issue.* ✪ বিপ **against** **12** at the same time as sth একই সময় আর কিছুর মতো অন্য কিছু যখন হচ্ছে তখন *I can't concentrate with you watching me all the time.*

IDM be with sb to be able to follow what sb is saying কেউ যা বলছে তা ঠিকমতো বোঝা *I'm not quite with you. Say it again.*

withdraw / wɪðˈdrɔː উইদ্ ˈড্র: / *verb* (*pt* **withdrew** /-ˈdruː -ˈড্রু /; *pp* **withdrawn** / -ˈdrɔːn -ˈড্র:ন্ /) **1** [I, T] **withdraw (sb/sth) (from sth)** to move or order sb to move back or away from a place কোনো জায়গা থেকে নিজে সরে বা পিছিয়ে যাওয়া অথবা আর কাউকে তা করতে বলা *The troops withdrew from the town.* **2** [T] to remove sth or take sth away কোনো কিছু সরানো অথবা নিয়ে যাওয়া *to withdraw an offer/a statement* **3** [T] to take money out of a bank account ব্যাংক থেকে টাকা তোলা *How much would you like to withdraw?* ➪ **deposit** দেখো।

4 [I] to decide not to take part in sth কোনো কিছুতে অংশ গ্রহণ না করার সিদ্ধান্ত নেওয়া *P.T. Usha withdrew from the race at the last minute.*

withdrawal / wɪðˈdrɔːəl উইদ্ˈড্র:অ্যাল্ / *noun* **1** [C, U] moving or being moved back or away from a place কোনো জায়গা থেকে সরে বা পিছিয়ে আসা বা সেখান থেকে চলে যাওয়ার ক্রিয়া *the withdrawal of troops from the war zone* **2** [C] taking money out of your bank account; the amount of money that you take out নিজের ব্যাংক অ্যাকাউন্ট থেকে টাকা তোলার ক্রিয়া; যে পরিমাণ অর্থ অথবা টাকা তোলা হয় *to **make a withdrawal*** **3** [U] the act of stopping doing sth, especially taking a drug কোনো কিছু, বিশেষত ড্রাগ খাওয়া বন্ধ করার ক্রিয়া *When he gave up alcohol he suffered severe **withdrawal symptoms**.*

withdrawn / wɪðˈdrɔːn উইদ্ˈড্র:ন্ / *adj.* (used about a person) very quiet and not wanting to talk to other people (কোনো ব্যক্তি সম্বন্ধে ব্যবহৃত) চুপচাপ এবং যে লোকজনের সঙ্গে খুব বেশি কথাবার্তা বলতে চায় না

wither / ˈwɪðə(r)ˈউইদ্যা(র্) / *verb* **1** [I, T] **wither (sth) (away)** (used about plants) to become dry and die; to make a plant do this (গাছপালা সম্বন্ধে ব্যবহৃত) শুকিয়ে গিয়ে মরা; চারাগাছকে শুকিয়ে মারা *The plants withered in the hot sun.* **2** [I] **wither (away)** to become weaker and then disappear দুর্বল হয়ে পড়ে শেষ হয়ে যাওয়া *This type of industry will wither away in the years to come.*

withering / ˈwɪðərɪŋ ˈউইদ্যারিং / *adj.* done to make sb feel silly or embarrassed কাউকে বোকা অথবা অপ্রস্তুত বোধ করানো *a withering look*

withhold / wɪðˈhəʊld উইদ্ˈহ্যাউল্ড্ / *verb* [T] (*pt, pp* **withheld** /- ˈheld -ˈহেল্ড্ /) (*formal*) **withhold sth (from sb/sth)** to refuse to give sth to sb কাউকে কিছু না দিতে চাওয়া *to withhold information from the police*

within / wɪˈðɪn উইˈদিন্ / *prep., adv.* **1** in a period not longer than a particular length of time নির্দিষ্ট সময়সীমার ভিতরে *I'll be back within an hour.* **2 within sth (of sth)** not further than a particular distance from sth কোনো কিছুর থেকে বিশেষ দূরত্বের মধ্যে; বেশি নয় *The house is within a kilometre of the station.* **3** not outside the limits of sb/sth কারও বা কোনো কিছুর সীমার বাইরে নয় *Each department must keep within its budget.* **4** (*formal*) inside sb/sth কোনো ব্যক্তি বা বস্তুর মধ্যে *The anger was still there deep within him.*

without / wɪˈðaʊt উইˈদাউট্ / *prep., adv.* **1** not having or showing sth কিছু ছাড়া; ব্যতীত, ব্যতিরেকে *Don't go out without a coat on.* ○ *He spoke without much enthusiasm.* **2** not using or being with sb/sth কোনো ব্যক্তি বা বস্তুকে ব্যবহার না করে বা তার সঙ্গে না থেকে *Can you see without your glasses?* ○ *Don't leave without me.* **3** used with a verb in the *-ing* form to mean 'not', ing-যুক্ত ক্রিয়ার সঙ্গে না অর্থে ব্যবহার করা হয় *She left without saying goodbye.* ○ *I used her phone without her knowing.*

withstand / wɪðˈstænd উইদ্ˈস্ট্যান্ড্ / *verb* [T] (*pt, pp* **withstood** / -ˈstʊd -ˈস্টুড্ /) (*formal*) to be strong enough not to break, give up, be damaged, etc. সহ্য করার ক্ষমতা থাকা, ভেঙে না পড়া *These animals can withstand very high temperatures.*

witness[1] / ˈwɪtnəs ˈউইট্ন্যাস্ / *noun* [C] **1** (*also* **eyewitness**) **a witness (to sth)** a person who sees sth happen and who can tell other people about it later যে ব্যক্তি কোনো ঘটনা চাক্ষুষ করেছে এবং অন্যদের সে কথা বলতে পারে; সাক্ষী; প্রত্যক্ষদর্শী *There were two witnesses to the accident.* **2** a person who appears in a court of law to say what he/she has seen or what he/she knows about sb/sth এমন ব্যক্তি যে আদালতে গিয়ে বলে সে কি দেখেছে বা কোনো কিছু সম্পর্কে কি জানে *a witness for the defence/prosecution* **3** a person who sees sb sign an official document and who then signs it himself/herself এমন কেউ যে কাউকে কোনো সরকারি দলিল বা নথিপত্র সই করতে দেখে পরে নিজে তাতে সই করে

IDM **bear witness (to sth)** ➩ **bear[2]** দেখো।

witness[2] / ˈwɪtnəs ˈউইট্ন্যাস্ / *verb* [T] **1** to see sth happen and be able to tell other people about it later কিছু ঘটতে দেখে পরে সে সম্বন্ধে অন্য লোকদের বলতে পারা *to witness a murder* **2** to see sb sign an official document and then sign it yourself কাউকে কোনও সরকারি দলিলে সই করতে দেখার পর তাতে নিজে সই করা *to witness a will*

witness box (*AmE* **witness-stand**) *noun* [C] the place in a court of law where a witness stands when he/she is giving evidence আদালতে সাক্ষীর কাঠগড়া, যেখানে দাঁড়িয়ে সাক্ষী সাক্ষ্য দেয়

witty / ˈwɪti ˈউইটি / *adj.* (**wittier; wittiest**) clever and amusing; using words in a clever way চালাকচতুর এবং রসিক; শব্দকুশলী *a very witty speech* ➩ **wit** noun দেখো।

wives ➩ **wife** -এর plural

wizard / ˈwɪzəd ˈউইজ়্যাড্ / *noun* [C] (in stories) a man who is believed to have magic powers (কাহিনিতে) এমন ব্যক্তি যার অলৌকিক বা জাদুবিদ্যার ক্ষমতা আছে বলে মনে করা হয় ➩ **witch** এবং **magician** দেখো।

wk *abbr.* (*pl.* **wks**) week সপ্তাহ

wobble / ˈwɒbl ˈউঅব্‌ল্ / *verb* [I, T] to move from side to side in a way that is not steady; to make sb/sth do this টলমল করে এমনভাবে চলা যে পড়ে যেতে পারে বলে মনে হয়; কোনো ব্যক্তি বা বস্তুকে এরকম করা *Put something under the leg of the table. It's wobbling.* ○ *Stop wobbling the desk. I can't write.* ▶ **wobbly** / ˈwɒbli ˈউঅবলি / *adj.* দ্বিধাগ্রস্ত, টলমলভাবে

woe / wəʊ উঅ্যাউ / *noun* (*formal*) **1 woes** [*pl.*] the problems that sb has কারও দুঃখ, সমস্যা, কষ্ট **2** [U] (*old-fashioned*) great unhappiness গভীর দুঃখ

IDM woe betide sb used as a warning that there will be trouble if sb does/does not do a particular thing সাবধান করে দিতে বলা হয় যে যদি কেউ বিশেষ একটা কিছু করে বা না করে তাহলে ভোগান্তি আছে *Woe betide anyone who yawns while the boss is talking.*

wok / wɒk উঅক্ / *noun* [C] a large pan that is shaped like a bowl and used for cooking Chinese food বড়ো আকারের প্যান যা অনেকটা বড়ো বাটির (বোল) আকারের যাতে চীনা খাবার রান্না করা হয়; অনেকটা হাতলবিহীন কড়াই-এর মতো পাত্র ➪ **pan** দেখো।

woke ➪ **wake**[1] -এর past tense

woken ➪ **wake**[1] -এর past participle

wolf / wʊlf উউল্‌ফ্ / *noun* [C] (*pl.* **wolves** / wʊlvz উউল্‌ভ্‌জ্ /) a wild animal that looks like a dog and that lives and hunts in a group (**pack**) বন্য জন্তু যা অনেকটা কুকুরের মতো দেখতে এবং যারা দলবদ্ধ হয়ে বাস করে বা শিকার করে; নেকড়ে বাঘ

woman / ˈwʊmən ˈউউম্যান্ / *noun* [C] (*pl.* **women** / ˈwɪmɪn ˈউইমিন্ /) **1** an adult female person স্ত্রীলোক, মেয়েমানুষ *men, women and children* **2 woman** (*in compounds*) a woman who does a particular activity এমন স্ত্রীলোক যে বিশেষ কোনো কাজ করে *a businesswoman*

womanhood / ˈwʊmənhʊd ˈউউম্যান্‌হুড্ / *noun* [U] the state of being a woman নারীত্ব, নারীজাতি

womanly / ˈwʊmənli ˈউউম্যান্‌লি / *adj.* having qualities considered typical of a woman মেয়েদের, স্ত্রী-জাতির যে বিশেষ গুণাবলী, বৈশিষ্ট্য বলে ধরা হয় তা থাকা; নারীত্ব, মেয়েলিভাব

womb / wu:m উউম্ / *noun* [C] the part of a woman or female animal where a baby grows before it is born কোনো মহিলা বা স্ত্রী-পশুর শরীরের সেই অংশ যেখানে জন্মের আগে শিশু বড়ো হয়; জরায়ু, গর্ভাশয়, গর্ভ ✪ সম **uterus**

won ➪ **win** -এর past tense এবং past participle

wonder[1] / ˈwʌndə(r) ˈউআন্‌ড্যা(র্) / *verb* **1** [I, T] **wonder (about sth)** to want to know sth; to ask yourself questions about sth কিছুর সম্বন্ধে জানার ইচ্ছা; সে বিষয়ে নিজেই নিজেকে প্রশ্ন করা, নিজের মনে ভাবা *I wonder what the new teacher will be like.* ○ *It was something that she had been wondering about for a long time.* **2** [T] used as a polite way of asking a question or of asking sb to do sth খুব ভদ্রভাবে প্রশ্ন করা অথবা কাউকে কিছু করতে বলার জন্য ব্যবহৃত *I wonder if you could help me.* ○ *I was wondering if you'd like to come to dinner at our house.* **3** [I, T] **wonder (at sth)** to feel great surprise or admiration খুব বিস্মিত হওয়া অথবা তারিফ করা *We wondered at the speed with which he worked.* ○ *'She was very angry.' 'I don't wonder* (=I'm not surprised). *She had a right to be.'*

wonder[2] / ˈwʌndə(r) ˈউআন্‌ড্যা(র্) / *noun* **1** [U] a feeling of surprise and admiration বিস্মিত হওয়া এবং তারিফ করার মনোভাব *The children just stared in wonder at the acrobats.* **2** [C] something that causes you to feel surprise or admiration যা একই সঙ্গে বিস্ময় ও শ্রদ্ধার ভাব জাগায় *the wonders of modern technology*

IDM do wonders (for sb/sth) to have a very good effect on sb/sth কারও বা কিছুর উপর খুব ভালো প্রভাব পড়া *Working in Mumbai did wonders for my Marathi.*

it's a wonder (that)... it's surprising that... বিস্ময়কর যে *It's a wonder we managed to get here on time, with all the traffic.*

no wonder it is not surprising বিস্মিত বা অবাক হওয়ার কিছু নেই *You've been out every evening this week. No wonder you're tired.*

wonderful / ˈwʌndəfl ˈউআন্‌ড্যাফ্‌ল্ / *adj.* extremely good; fantastic অতি ভালো, সুন্দর; বিস্ময়কর *What wonderful weather!* ○ *It's wonderful to see you again.* ▶ **wonderfully** / -fəli -ফ্যালি / *adv.* দারুণ, অতি ভালোভাবে, সুন্দরভাবে

won't ➪ **will not**-এর সংক্ষিপ্ত রূপ

wood / wʊd উউড্ / *noun* **1** [U, C] the hard substance that trees are made of কাঠ, কাষ্ঠ *He chopped some wood for the fire.* ○ *Pine is a soft wood.* **2** [C] (*often pl.*) an area of land that is covered with trees. A wood is smaller than a forest কিছুটা এলাকা যা গাছে ভর্তি। wood বললে forest-এর থেকে ছোটো বন বোঝায় *a walk in the woods*

IDM touch wood; (*AmE* **knock on wood**) an expression that people use (often while touching a piece of wood) to prevent bad luck অনেকে মন্দ ভাগ্য এড়াতে (প্রায়ই কোনও কাঠ ছুঁয়ে) এ শব্দগুলি বলে *I've been driving here for 20 years and I haven't had an accident yet—touch wood!*

woodcutter / ˈwʊdkʌtə(r) ˈউড্‌কাট্যা(র্) / *noun* [C] (*old-fashioned*) a person whose job is cutting down trees কাঠুরিয়া, কাঠুরে

wooded / ˈwʊdɪd ˈউউডিড্ / *adj.* (used about an area of land) having a lot of trees growing on it এমন জায়গা যেখানে বহু গাছপালায় ভর্তি; জঙ্গলাকীর্ণ

wooden / ˈwʊdn ˈউউড্‌ন্ / *adj.* made of wood কাঠের তৈরি

woodland / ˈwʊdlənd ˈউউড্‌ল্যান্ড্ / *noun* [C, U] land that has a lot of trees growing on it এমন জায়গা যেখানে অনেক গাছ আছে *The village is surrounded by woodland.* ○ *woodland birds*

woodpecker / ˈwʊdpekə(r) ˈউউড্‌পেক্যা(র্) / *noun* [C] a bird with a strong beak that it uses to make holes in trees and to look for insects কাঠঠোকরা (শক্ত ঠোঁটের পাখি)

wood pulp *noun* [U] wood that has been broken into small pieces and pressed until it is soft. It is used for making paper ছোটো ছোটো টুকরো কাঠ ভেঙে নিয়ে এবং নরম না হওয়া পর্যন্ত সেটি পিষে ফেলে তারপর কাগজ তৈরিতে ব্যবহৃত হয়; কাষ্ঠমণ্ড

woodwind / ˈwʊdwɪnd ˈউউড্‌উইন্ড্ / *noun* [*sing., with sing.or pl.verb*] the set of musical instruments that you play by blowing into them বাদ্যযন্ত্রবিশেষ যা ফুঁ-দিয়ে বাজাতে হয়

woodwork / ˈwʊdwɜːk ˈউউড্‌উঅ্যক্ / *noun* [U] **1** the parts of a building that are made of wood such as the doors, stairs, etc. বাড়ির যেসব অংশ কাঠের তৈরি, যেমন দরজা, সিঁড়ি ইত্যাদি **2** the activity or skill of making things out of wood কাঠ থেকে বা কাঠ দিয়ে জিনিসপত্র তৈরি করার কাজকর্ম

woodworm / ˈwʊdwɜːm ˈউউড্‌উঅ্যম্ / *noun* **1** [C] a small, soft, fat creature, the young form of a **beetle**, that eats wood, making a lot of small holes in it উইপোকা (কাঠই যাদের খাদ্য) **2** [U] the damage to wood caused by these creatures উইপোকা কাঠে যে ক্ষতি করে

woof / wʊf উউফ্ / *noun* [C] (*informal*) used for describing the sound that a dog makes (**a bark**) কুকুরের ডাকের আওয়াজ

wool / wʊl উউল্ / *noun* [U] **1** the soft thick hair of sheep ভেড়ার গায়ের লোম; উল, পশম **2** thick thread or cloth that is made from wool উলের সুতো *The sweater is 50% wool and 50% acrylic.*
⇨ **cotton wool** দেখো।

woollen (*AmE* **woolen**) / ˈwʊlən ˈউউল্যান্ / *adj.* made of wool উলের তৈরি, পশম দিয়ে বানানো *a warm woollen jumper*

woolly (*AmE* **wooly**) / ˈwʊli ˈউউলি / *adj.* like wool or made of wool উলের মতো অথবা উল থেকে তৈরি *The dog had a thick woolly coat.* ○ *long woolly socks*

word[1] / wɜːd উঅ্যড্ / *noun* **1** [C] a sound or letter or group of sounds or letters that expresses a particular meaning একটি ধ্বনি অথবা অক্ষর বা ধ্বনিসমূহ বা অক্ষরসমূহ যা বিশেষ অর্থ প্রকাশ করে *What does this word mean?* **2** [C] a thing that you say; a short statement or comment যা বলা হয়; ছোট্টো কোনো বক্তব্য বা টিপ্পনী *Could **I have a word** with you in private?* ○ *Don't say a word about this to anyone.* **3** [*sing.*] a promise প্রতিজ্ঞা; কথা দেওয়া *I **give you my word** that I won't tell anyone.* ○ *You'll just have to trust him not to **go back on his word**.*

IDM a dirty word ⇨ **dirty**[1] দেখো।

not breathe a word (of/about sth) (to sb) ⇨ **breathe** দেখো।

not get a word in edgeways to not be able to interrupt when sb else is talking so that you can say sth yourself কেউ যখন কথা বলছে তাতে বাধা দিয়ে কিছু না বলতে পারা

have, etc. the last word ⇨ **last**[1] দেখো।

in other words ⇨ **other** দেখো।

lost for words ⇨ **lost**[2] দেখো।

put in a (good) word for sb to say sth good about sb to sb else কাউকে কারও বিষয়ে ভালো কিছু বলা *If you could put in a good word for me I might stand a better chance of getting the job.*

take sb's word for it to believe what sb says without any proof কেউ যা বলছে তা প্রমাণ ছাড়াই ঠিক বলে ধরে নেওয়া, বিশ্বাস করা

word for word 1 repeating sth exactly পুনরাবৃত্তি করা; যা বলেছে আবার ঠিক তাই বলা *Shama repeated word for word what he had told her.* **2** translating each word separately, not looking at the general meaning প্রত্যেকটি শব্দ আলাদা আলাদা ভাবে অনুবাদ করা, তাদের মোট অর্থের কথা না ভেবে *a word-for-word translation*

word[2] / wɜːd উঅ্যড্ / *verb* [T] (*often passive*) to write or say sth using particular words কোনো কিছু বিশেষ শব্দ ব্যবহার করে লেখা বা বলা *The statement was carefully worded so that nobody would be offended by it.*

wording / wɜːdɪŋ ˈউঅ্যডিং / *noun* [*sing.*] the words that you use to express sth কোনো কিছু বলার সময়ে যেসব শব্দ ব্যবহার করা হয় *The wording of the contract was vague.*

word-perfect *adj.* able to say sth that you have learnt from memory, without making a mistake যা শেখা তা স্মৃতি থেকে অভ্রান্তভাবে বলতে পারে এমন

word processing *noun* [U] (*computing*) the use of a computer to write, store and print a piece of text কোনো বিষয় লেখা, সেটি ধরে রাখা এবং ছেপে নেওয়ার জন্য কম্পিউটারের ব্যবহার *I mainly use the computer for word processing.*

word processor *noun* [C] A type of small computer that you can use for writing letters, reports, etc. You can correct or change what you have written before you print it out ছোটো একরকম কম্পিউটার যার সাহায্যে চিঠি, রিপোর্ট ইত্যাদি লেখা যায়, এতে যা লেখা হয়েছে তা ছেপে বার করার আগে সংশোধন অথবা পরিবর্তন করাও যায়

wore ⇨ **wear¹**-এর past tense

work¹ / wɜːk উঅ্যক্ / *verb* 1 [I, T] **work (as sth) (for sb); work (at/on sth); work (to do sth)** to do sth which needs physical or mental effort, in order to earn money or to achieve sth অর্থ উপার্জন করার জন্য বা কোনো বস্তু অর্জন করার জন্য শারীরিক বা মানসিক পরিশ্রমসাধ্য কিছু করা *Doctors often work extremely long hours.* o *I hear she's working on a new novel.* 2 [T] to make yourself/sb work, especially very hard নিজেকে বা কাউকে খুব পরিশ্রমের মধ্যে রাখা *The coach works the players very hard in training.* 3 [I, T] (used about a machine, etc.) to function; to make sth function; to operate (যন্ত্র ইত্যাদি সম্বন্ধে ব্যবহৃত) চলা; চলানো; কোনো কিছু চালনা করা *Our telephone hasn't been working for several days.* o *We still don't really understand how the brain works.* 4 [I] to have the result or effect that you want; to be successful যে ফল বা প্রভাব আশা করা হয় তা পাওয়া; সফল হওয়া *Your idea sounds good but I don't think it will really work.* o *The heat today could work in favour of the Indian runners.* 5 [I, T] to move gradually to a new position or state আস্তে আস্তে কোনো নতুন অবস্থা অথবা পরিস্থিতিতে যাওয়া *Engineers check the plane daily, because nuts and screws can **work loose**.* o *I watched the snail **work its way** up the wall.* 6 [I, T] to use materials to make a model, a picture, etc. উপাদান ব্যবহার করে কোনো মডেল, মূর্তি, ছবি ইত্যাদি বানানো *He worked the clay into the shape of a horse.* o *She usually works in/with oils or acrylics.*

IDM **work/perform miracles** ⇨ **miracle** দেখো।

work/sweat your guts out ⇨ **gut¹** দেখো।

work to rule ⇨ **rule¹** দেখো।

PHR V **work out** 1 to develop or progress, especially in a good way ভালোভাবে উন্নতি হওয়া, বেড়ে ওঠা *I hope things work out for you.* 2 to do physical exercises in order to keep your body fit শরীর সুস্থ এবং সবল রাখতে ব্যায়াম করা *We work out to music at my exercise class.*

work out (at) to come to a particular result or total after everything has been calculated সবকিছু হিসাবপত্র করার পর বিশেষ একটা সিদ্ধান্তে আসা *If we divide the work between us it'll work out at about four hours each.*

work sb out to understand sb কাউকে জানা, বোঝা *I've never been able to work her out.*

work sth out 1 to find the answer to sth; to solve sth কোনো কিছুর সমাধান করা; হিসেব কষে উত্তর বার করা *I can't work out how to do this.* 2 to calculate sth কোনো কিছু হিসেব কষে বার করা *I worked out the total cost.* 3 to plan sth কোনো কিছু পরিকল্পনা করা *Have you worked out the route through Delhi?*

work up to sth to develop or progress to sth কোনো বিষয়ে উন্নতি করা, বৃদ্ধি বা বিকাশ করা *Start with 15 minutes' exercise and gradually work up to 30.*

work sth up to develop or improve sth with effort চেষ্টা করে কোনো কিছুর উন্নতি করা, ভালো করা *I'm trying to work up the energy to go out.*

work sb/yourself up (into sth) to make sb/ yourself become angry, excited, upset, etc. কাউকে বা নিজেকে রাগানো, উত্তেজিত, বিচলিত ইত্যাদি করা বা হওয়া *He had worked himself up into a state of anxiety about his interview.*

work² / wɜːk উঅ্যক্ / *noun* 1 [U] the job that you do, especially in order to earn money; the place where you do your job অর্থ উপার্জনের জন্য যে কাজ, চাকুরি করতে হয়; সেই জায়গাটা যেখানে কাজ করা হয়; কর্মস্থল; কাজের জায়গা *It is very difficult to **find work** in this city.* o *He's been **out of work** (=without a job) for six months.* o *When do you **start work**?*

NOTE **Work** শব্দটি অগণনীয় বিশেষ্য পদ (uncountable noun)। কোনো কোনো ক্ষেত্রে এই অর্থে **job** শব্দটিও ব্যবহার করা হয়—*I've found work at the hospital.* o *I've got a new job at the hospital.* উপার্জন করা হয় এমন কোনো চাকুরি বা কাজকে **employment** বলা যায় এবং **work** অথবা **job**-এর থেকে এটি অনেক বেশি আনুষ্ঠানিক—*Many married women are in parttime employment.* পেশা বোঝানোর জন্য **occupation** শব্দটি ব্যবহার করা হয়—*Occupation: student. Occupation: bus driver.* যে কাজের জন্য কোনো বিশেষ প্রশিক্ষণ লাগে অথবা উচ্চ শিক্ষা প্রয়োজন তাকে **profession** বলা হয়—*the medical profession.* কোনো বিশেষ প্রশিক্ষণ লাগে এবং হাত দিয়ে করতে হয় এমন কাজকে **trade** বলা হয়—*He's a carpenter by trade.*

2 [U] something that requires physical or mental effort that you do in order to achieve sth এমন কিছু যার জন্য শারীরিক বা মানসিক চেষ্টার প্রয়োজন হয়, কিছু অর্জন করার জন্য যা করা হয় *Her success is due to sheer hard work.* ○ *We hope to start work on the project next week.* 3 [U] something that you are working on or have produced এমন কিছু যার উপর কাজ করা হচ্ছে অথবা যা করা হয়ে গেছে *a piece of written work* ○ *The teacher marked their work.* 4 [C] a book, painting, piece of music, etc. বই, ছবি, গান, সংগীত ইত্যাদি *the complete works of Kalidasa* 5 **works** [*pl.*] the act of building or repairing sth তৈরি করার, গড়ার অথবা সারানোর কাজ *The roadworks are causing long traffic jams.* 6 **works** [C, *with sing. or pl. verb*] (*often in compounds*) a factory কারখানা *The steel works is/are closing down.* 7 [U] (*technical*) the use of force to produce movement গতি উৎপাদনের জন্য শক্তির প্রয়োগ বা ব্যবহার

IDM **get/go/set to work (on sth)** to begin; to make a start (on sth) কোনো কিছু আরম্ভ করা; সূচনা করা, শুরু করা, শুভারম্ভ হওয়া

workable / ˈwɜːkəbl ˈউঅ্যক্যাব্‌ল্ / *adj.* that can be used successfully; practical কার্যোপোযোগী; ব্যবহারযোগ্য *a workable plan/solution*

workaholic / ˈwɜːkəˈhɒlɪk ˈউঅ্যক্যাˈহলিক্ / *noun* [C] a person who loves work and does too much of it কর্মপ্রেমী, কর্মনিষ্ঠ ; কাজপাগল

workbench / ˈwɜːkbentʃ ˈউঅ্যক্‌বেন্চ্ / *noun* [C] a long heavy table used for doing practical jobs, working with tools, etc. যন্ত্রপাতি ইত্যাদি ব্যবহার করে হাতে কলমে কাজ করার জন্য, লম্বা, ভারী টেবিল ➪ **vice**-এ ছবি দেখো।

workbook / ˈwɜːkbʊk ˈউঅ্যক্‌বুক্ / *noun* [C] a book with questions and exercises in it that you use when you are studying sth প্রশ্ন এবং অনুশীলনীসহ কোনো বই যা কোনো বিষয়ে পড়াশোনা করার সময়ে ব্যবহৃত হয়

worker / ˈwɜːkə(r) ˈউঅ্যক্যা(র্) / *noun* [C] 1 (*often in compounds*) a person who works, especially one who does a particular kind of work কর্মী, কর্মচারী, বিশেষ ধরনের কাজের জন্য নিযুক্ত কর্মী *factory/office/farm workers* ○ *skilled/manual workers* 2 a person who is employed to do physical work rather than organizing things or managing people শ্রমিক; কায়িক শ্রম করে যে, যাকে পরিচালনা বা নিয়ন্ত্রণ করার জন্য নিয়োগ করা হয়নি *Workers' representatives will meet management today to discuss the pay dispute.* 3 a person who works in a particular way বিশেষ পদ্ধতিতে কাজ করে এমন ব্যক্তি *a slow/fast worker*

workforce / ˈwɜːkfɔːs ˈউঅ্যক্‌ফ:স্ / *noun* [C, *with sing. or pl. verb*] 1 the total number of people who work in a company, factory, etc. কোনো প্রতিষ্ঠান বা কারখানায় নিযুক্ত শ্রমিক দল বা তাদের মোট সংখ্যা 2 the total number of people in a country who are able to work দেশের কর্মক্ষম ব্যক্তির সংখ্যা *Ten per cent of the workforce is/are unemployed.*

working / ˈwɜːkɪŋ ˈউঅ্যকিং / *adj.* (*only before a noun*) 1 employed; having a job কাজে নিযুক্ত; কোনো ধরনের কাজ আছে যার *the problems of childcare for working mothers* 2 connected with your job কর্মসংক্রান্ত, কাজের সঙ্গে জড়িত *He stayed with the same company for the whole of his **working life**.* 3 good enough to be used, although it could be improved যথেষ্টই ভালো, যদিও আরও ভালো করা যায় *We are looking for someone with **a working knowledge** of Hindi.*

IDM **in working order** ➪ **order**[1] দেখো।

the working class *noun* [*sing.*] (*also* **the working classes**) [*pl.*] the group of people in a society who do not have much money or power and who usually do physical work, especially in industry সমাজের যেসব মানুষ বেশি ধনী বা ক্ষমতাশালী নয়, শারীরিক পরিশ্রম করে রোজগার করে, বিশেষ করে কোনো শিল্পে; শ্রমজীবী সম্প্রদায়; মেহনতি মানুষ *unemployment among the working class*

► **working class** *adj.* মেহনতি শ্রমিক, শ্রমজীবী *They're working class.* ○ *a working-class family* ➪ **the middle class** এবং **the upper class** দেখো।

workings / ˈwɜːkɪŋz ˈউঅ্যকিংস্ / *noun* [*pl.*] the way in which a machine, an organization, etc. operates (যন্ত্রপাতি, প্রতিষ্ঠান ইত্যাদি) ক্রিয়াকলাপ, কার্যপ্রণালী *It's very difficult to understand the workings of the legal system.*

workload / ˈwɜːkləʊd ˈউঅ্যক্‌ল্যাউড্ / *noun* [C] the amount of work that you have to do কারও নির্দিষ্ট কাজের পরিমাণ, কাজের ভার, একজনের উপর যতটা কাজের দায়িত্ব আছে *She often gets home late when she has a **heavy workload**.*

workman / ˈwɜːkmən ˈউঅ্যক্‌ম্যান্ / *noun* [C] (*pl.* **-men** /-mən -ম্যান্ /) a man who works with his hands, especially at building or making things যে নিজের হাতে কাজ করে, বিশেষত বাড়ি বা কোনো কিছু তৈরি করতে; শ্রমজীবী, কারিগর

workmanlike / ˈwɜːkmənlaɪk ˈউঅ্যক্‌ম্যান্‌লাইক্ / *adj.* done, made, etc. very well, but not original or exciting কাজটা খুব ভালোভাবে করা হলেও তার মধ্যে কোনো নিজস্ব বৈশিষ্ট্য নেই *The leading actor gave a workmanlike performance.*

workmanship / ˈwɜːkmənʃɪp ˈউঅ্যকম্যান্শিপ্ / *noun* [U] the skill with which sth is made কর্মদক্ষতা

work of art *noun* [C] (*pl.* **works of art**) a very good painting, book, piece of music, etc. শিল্পকর্ম যথা বই, ছবি, সংগীত ইত্যাদি ➪ **art** দেখো।

workout / ˈwɜːkaʊt ˈউঅ্যক্আউট্ / *noun* [C] a period of physical exercise, for example when you are training for a sport or keeping fit শারীরিক ব্যায়ামের সময়কাল, বিশেষত কোনো খেলার প্রশিক্ষণের সময়ে বা নিজেকে সুস্থ রাখতে *She does a twenty-minute workout every morning.*

worksheet / ˈwɜːkʃiːt ˈউঅ্যক্শীট্ / *noun* [C] a piece of paper with questions or exercises on it that you use when you are studying sth প্রশ্ন বা অনুশীলনী লেখা কাগজ যা পড়ার সময়ে বা অধ্যয়নের সময়ে ব্যবহৃত হয়

workshop / ˈwɜːkʃɒp ˈউঅ্যক্শপ্ / *noun* [C] **1** a place where things are made or repaired কর্মশালা, কারখানা; ওয়ার্কশপ **2** a period of discussion and practical work on a particular subject, when people share their knowledge and experience কোনো নির্দিষ্ট বিষয়ে বিস্তারিত আলোচনা ও হাতের কাজ করার জন্য একটি নির্দিষ্ট সময়ে যখন অনেকে একত্রিত হয়ে তাদের অভিজ্ঞতা ও মতামত বিনিময় করে; কর্মশালা; ওয়ার্কশপ *a drama/writing workshop*

workstation / ˈwɜːksteɪʃn ˈউঅ্যক্স্টেইশ্ন্ / *noun* [C] (*computing*) the desk and computer that a person works at; one computer that is part of a **network** কোনো ব্যক্তির কাজ করার জন্য ডেস্ক এবং কম্পিউটার; নেটওয়ার্কের অংশ হিসেবে কোনো কম্পিউটার

worktop / ˈwɜːktɒp ˈউঅ্যকটপ্ / (*also* **work surface**) *noun* [C] a flat surface in a kitchen, etc. that you use for preparing food, etc. on রান্নাঘরে যে সমতল উঁচু জায়গার খাবার তৈরি ইত্যাদিতে ব্যবহৃত হয়

work-to-rule *noun* [*usually sing.*] a situation in which workers refuse to do any work that is not in their contracts, in order to protest about sth কোনো কিছুর প্রতিবাদের সময়ে যে পরিস্থিতিতে কর্মীগণ চুক্তির বাইরে কোনো কাজ করতে প্রত্যাখ্যান করে

world / wɜːld উঅ্যল্ড্ / *noun* **1 the world** [*sing.*] the earth with all its countries and people পৃথিবী, জগৎ, দুনিয়া *I took a year off work to travel* ***round the world.*** ○ *She is famous* ***all over the world.*** **2** [*sing.*] a particular part of the earth or group of countries সব দেশ এবং মানুষ সমেত পৃথিবীর বিশেষ কোনো অঞ্চল বা দেশসমূহ *the western world* ○ *the Third World* **3** [*sing.*] the life and activities of people; their experience জনজীবন; জনসাধারণের নানা ধরনের অভিজ্ঞতা *It's time you learned something about the real world!* ○ *the modern world* **4** [C] (*often in compounds*) a particular area of activity or group of people or things কোনো বিশেষ ধরনের কাজের সঙ্গে যুক্ত ব্যক্তি বা দল বা বস্তু *the world of sport/fashion/politics* ○ *the medical/business/animal/natural world* **5** [*sing.*] the people in the world পৃথিবীর জনসমাজ ***The whole world*** *seemed to know the news before me!* **6** [C] a planet with life on it অন্য কোনো গ্রহ যেখানে জীবনের অস্তিত্ব আছে *Do you believe there are other worlds out there, like ours?*

IDM do sb a/the world of good (*informal*) to have a very good effect on sb কারও উপর ভালো প্রভাব ফেলা *The holiday has done her the world of good.*

in the world used to emphasize what you are saying বক্তব্যের উপর জোর দিতে ব্যবহৃত *Everyone else is stressed but he doesn't seem to have a care in the world.* ○ *There's no need to rush—we've got all the time in the world.*

the outside world ➪ **outside**[2] দেখো।

think the world of sb/sth ➪ **think** দেখো।

the World Bank *noun* [*sing.*] an international organization that lends money to countries who are members at times when they are in danger or difficulty and need more money আন্তর্জাতিক সংস্থা যা তার সদস্য দেশগুলিকে বিপদের সময়ে বা অসুবিধার সময়ে প্রয়োজনে অর্থ সাহায্য করে বা ঋণ দেয়; বিশ্ব ব্যাংক; ওয়ার্ল্ড ব্যাংক

world-famous *adj.* known all over the world বিশ্ববিখ্যাত, পৃথিবীখ্যাত

worldly / ˈwɜːldli ˈউঅ্যল্ড্লি / *adj.* **1** connected with ordinary life, not with the spirit জাগতিক, পার্থিব, আত্মা সম্বন্ধীয় নয় *He left all his worldly possessions to his nephew.* **2** having a lot of experience and knowledge of life and people অভিজ্ঞতাসম্পন্ন এবং জীবন ও মানুষ সম্পর্কে জ্ঞানসম্পন্ন *a sophisticated and worldly man*

world power *noun* [C] a powerful country that has a lot of influence in international politics বিশ্ব রাজনীতিতে প্রভাবশালী রাষ্ট্র ➪ **power**[1] **4** এবং **superpower** দেখো।

world war *noun* [C] a war that involves a lot of different countries বিশ্বযুদ্ধ *the Second World War* ○ *World War One*

worldwide / ˌwɜːldwaɪd ˌউঅ্যল্ড্উআইড্ / *adv.*, ˈwɜːldwaɪd ˈউঅ্যল্ড্উআইড্ / *adj.* (happening) in the whole world পৃথিবীজুড়ে, বিশ্বব্যাপী *The product will be marketed worldwide.* ○ *The situation has caused worldwide concern.*

the World Wide Web (*also* **the Web**) *noun* [*sing.*] (*abbr.* **WWW**) the international system of computers that makes it possible for you to see information from around the world on your computer কম্পিউটারের আন্তর্জাতিক ব্যবস্থা যার মাধ্যমে বিশ্বের বিভিন্ন স্থানে থাকা কম্পিউটারের তথ্যগুলি নিজের কম্পিউটারে দেখা সম্ভব *a Web browser/page* ➪ **the Internet** দেখো।

worm¹ / wɜːm উঅ্যম্ / *noun* [C] **1** a small animal with a long thin body and no eyes, bones or legs এক ধরনের পোকা, যাদের শরীর পদহীন, অস্থিহীন, চক্ষুবিহীন, লম্বা, সরু ও নরম কৃমি *an earthworm* **2 worms** [*pl.*] one or more worms that live inside a person or an animal and may cause disease এক বা একাধিক কৃমিজাতীয় পোকা যারা অনেক সময়ে মানুষের বা জীব-জন্তুর শরীরে থাকে এবং নানা ধরনের রোগের কারণ হয় *He's got worms.*

worm² / wɜːm উঅ্যম্ / *verb* [T] **worm your way/yourself along, through, etc.** to move slowly or with difficulty in the direction mentioned ধীরে ধীরে কোনোরকমে নির্দেশিত পথ ধরে চলা *I managed to worm my way through the crowd.*

PHR V **worm your way/yourself into sth** to make sb like you or trust you, in order to dishonestly gain an advantage for yourself কৌশলে কারও বিশ্বাস অর্জন করা, উদ্দেশ্য ভবিষ্যতে কোনো অন্যায়ভাবে সুবিধা নেওয়া

worn ➪ **wear¹** এর past participle

worn-out *adj.* **1** too old or damaged to use any more জরাজীর্ণ, ব্যবহারের অযোগ্য, বহু ব্যবহারের ফলে ক্ষয়ে গেছে এমন *My shoes are completely worn-out.* **2** extremely tired অত্যন্ত ক্লান্ত, পরিশ্রান্ত *I'm absolutely worn-out. I think I'll go to bed early.* ➪ **wear** দেখো।

worried / ˈwʌrid ˈউআরিড্ / *adj.* **worried (about sb/sth); worried (that...)** thinking that sth bad might happen or has happened খারাপ কিছু ঘটায় বা ঘটার আশঙ্কায় উদ্বিগ্ন *I'm* ***worried sick*** *about the exam.* ○ *We were* worried stiff (=extremely worried) *that you might have had an accident.*

worry¹ / ˈwʌri ˈউআরি / *verb* (*pres. part.* **worrying;** *3rd person sing. pres.* **worries;** *pt, pp* **worried**) **1** [I] **worry (about sb/sth)** to think that sth bad might happen or has happened খারাপ কিছু ঘটেছে বলে বা ঘটতে পারে বলে দুশ্চিন্তা করা, উদ্বিগ্ন হওয়া *There's nothing to worry about.* ○ *He worries if I don't phone every weekend.* **2** [T] **worry sb/ yourself (about sb/sth)** to make sb/yourself think that sth bad might happen or has happened খারাপ কিছু ঘটেছে বা ঘটতে চলেছে বলে অন্য কারও মনে উদ্বেগ জাগানো *What worries me is how are we going to get home?* **3** [T] **worry sb (with sth)** to disturb sb; to bother sb কাউকে দুশ্চিন্তায় ফেলা; জ্বালানো, ভোগানো *I'm sorry to worry you with my problems but I really do need some advice.*

IDM **not to worry** it is not important; it doesn't matter গুরুত্বপূর্ণ কিছু নয়; এতে কিছু আসে যায় না, তেমন চিন্তার কিছু নেই ► **worrying** *adj.* দুশ্চিন্তাপূর্ণ, উদ্বেগজনক *a worrying situation*

worry² / ˈwʌri ˈউআরি / *noun* (*pl.* **worries**) **1** [U] the state of worrying about sth উদ্বেগ, উৎকণ্ঠা, দুশ্চিন্তা *His son has caused him a lot of worry recently.* **2** [C] something that makes you worry; a problem যা দুশ্চিন্তায় ফেলে, উদ্বেগের কারণ; সমস্যা *Crime is a real worry for old people.* ○ *financial worries*

worse / wɜːs উঅ্যাস্ / *adj., adv.* (*the comparative of* **bad** *or of* **badly**) **1** not as good or as well as sth else অন্যের মতো ভালো নয়, তুলনামূলকভাবে বেশি খারাপ *My exam results were* ***far/much worse*** *than I thought they would be.* **2** (*not before a noun*) more ill; less well বেশি অসুস্থ; তুলনামূলকভাবে কম ভালো *If you* ***get*** *any* ***worse*** *we'll call the doctor.* ► **worse** *noun* আরও খারাপ অবস্থা বা কিছু [U] *The situation was already bad but there was worse to come.*

IDM **to make matters/things worse** to make a situation, problem, etc. even more difficult or dangerous than before পরিস্থিতি, সমস্যা ইত্যাদি আরও খারাপের দিকে নিয়ে যাওয়া

none the wiser/worse ➪ **none²** দেখো।

the worse for wear (*informal*) damaged; not in good condition ক্ষতিগ্রস্ত, দীর্ঘ ব্যবহারে জীর্ণ; ভালো অবস্থায় নেই *This suitcase looks a bit the worse for wear.*

worsen / ˈwɜːsn ˈউঅ্যাসন্ / *verb* [I, T] to become worse or to make sth worse আরও খারাপ হওয়া, আরও খারাপ করা *Relations between the two countries have worsened.*

worship / ˈwɜːʃɪp ˈউঅ্যাশিপ্ / *verb* (**worshipping; worshipped** *AmE* **worshiping; worshiped**) **1** [I, T] to pray to and show respect for God or a god পুজো করা, দেবতার উদ্দেশ্যে ভক্তি প্রকাশ করা *People travel from all over the world to worship at this shrine.* **2** [T] to love or admire sb/sth very much কোনো ব্যক্তি বা বস্তুকে ভক্তিশ্রদ্ধা করা, দেবতাজ্ঞান করা, অতি ভালোবাসায় আপ্লুত হওয়া *She worshipped her parents.* ► **worship** *noun* [U] দেবার্চনা, দেবতার উদ্দেশ্যে নিবেদিত পুজোপাঠ *Different religions have* *different forms of worship.* ▶ **worshipper** *noun* [C] পূজারী, ভক্ত

worst[1] / wɜːst উঅ্যাস্ট্ / *adj., adv.* (*the superlative of* **bad** *or of* **badly**) the least pleasant or suitable; the least well নিকৃষ্টতম, সব থেকে খারাপ *It's been the worst winter that I can remember.* ○ *A lot of the children behaved badly but my son behaved worst of all!*

worst[2] / wɜːst উঅ্যাস্ট্ / *noun* [*sing.*] something that is as bad as it can be সব থেকে খারাপ, এর থেকে বেশি খারাপ কিছু হতেই পারে না *My parents always expect the worst if I'm late.*

IDM **at (the) worst** if the worst happens or if you consider sb/sth in the worst way খুব বেশি খারাপ হলে, কোনো ব্যক্তি বা বস্তুকে খুব খারাপভাবে চিন্তা করলে *The problem doesn't look too serious. At worst we'll have to make a few small changes.*

if the worst comes to the worst if the worst possible situation happens যদি খারাপ কিছু ঘটে বা অবস্থা আরও খারাপ হয়ে দাঁড়ায়

worth[1] / wɜːθ উঅ্যাথ্ / *adj.* **1** having a particular value (in money) নির্দিষ্ট মূল্য বা দামের যোগ্য, এই মূল্যের *How much do you think that house is worth?* **2 worth doing, etc.** used as a way of recommending or advising উপদেশ দিতে বা সুপারিশ করতে ব্যবহৃত *That museum's **well worth** visiting if you have time.* ○ *The library closes in 5 minutes—it's not worth going in.*

> **NOTE** নিম্নলিখিত দুটি প্রয়োগই সঠিক—*It isn't worth repairing the car.* ○ *The car isn't worth repairing.*

3 enjoyable or useful to do or have, even if it means extra cost, effort, etc. বাড়তি পরিশ্রম বা খরচ করতে হলেও যেটা করার মানে আছে, যা উপভোগ্য বা প্রয়োজনীয় এমন *It takes a long time to walk to the top of the hill but it's worth the effort.* ○ *Don't bother cooking a big meal. It isn't **worth it**—we're not hungry.*

IDM **get your money's worth** ⇨ **money** দেখো।

worth sb's while helpful, useful or interesting to sb সাহায্যে লাগতে পারে, কাজে লাগতে পারে বা ভালো লাগতে পারে এমন

worth[2] / wɜːθ উঅ্যাথ্ / *noun* [U] **1** the value of sb/sth; how useful sb/sth is কোনো ব্যক্তি বা বস্তুর মূল্য; সে বা তা কতোটা কাজে লাগতে পারে তার মাপ *She has proved her worth as a member of the team.* **2** the amount of sth that the money mentioned will buy জিনিসের দাম, কোনো জিনিস সংগ্রহ করতে যে অর্থ দিতে হয় *hundred rupees' worth of petrol* **3** the amount of sth that will last for the time mentioned যতদিন চলতে পারে ততটা, উল্লিখিত বা নির্দিষ্ট কদিন চলার মতো *two days' worth of food*

worthless / ˈwɜːθləs ˈউঅ্যাথ্ল্যাস্ / *adj.* **1** having no value or use যার বিশেষ কিছু দাম নেই, যার বিশেষ কোনো ব্যবহার বা মূল্য নেই; মূল্যহীন; তুচ্ছ *It's worthless—it's only a bit of plastic!* **2** (used about a person) having bad qualities (কোনো ব্যক্তি সম্বন্ধে ব্যবহৃত) অসৎ, বাজে ⇨ **priceless, valuable** এবং **invaluable** দেখো।

worthwhile / ˌwɜːθˈwaɪl ˌউঅ্যাথ্ˈউআইল্ / *adj.* enjoyable, useful or satisfying enough to be worth the cost or effort মূল্য বা প্রয়াস অনুযায়ী উপভোগ্য, প্রয়োজনীয় বা সন্তোষজনক *Working for so little money just isn't worthwhile.*

worthy / ˈwɜːði ˈউঅ্যাদি / *adj.* (**worthier; worthiest**) **1 worthy of sth/to do sth** good enough for sth or to have sth কারও বা কোনো কিছু পাওয়ার যোগ্য; উপযুক্ত *He felt he was not worthy to accept such responsibility.* **2** that should receive respect, support or attention শ্রদ্ধা বা সম্মানের যোগ্য, মনোযোগ পাওয়ার মতো *a worthy leader* ○ *a worthy cause*

would / wəd; *strong form* wʊd; উঅ্যাড; *প্রবল রূপ* উউড্ / *modal verb* (*short form* **'d**; *negative* **would not;** *short form* **wouldn't** / ˈwʊdnt ˈউউড্‌ন্ট্ /) **1** used when talking about the result of an event that you imagine যে ঘটনার কথা কল্পনায় ভাবা হয়েছে তার ফল সম্বন্ধে বলতে হলে ব্যবহৃত অভিব্যক্তিবিশেষ *He would be delighted if you went to see him.* ○ *I would have done more, if I'd had the time.* **2** used for asking sb politely to do sth ভদ্রভাবে কাউকে কিছু করতে অনুরোধ করার সময়ে ব্যবহৃত অভিব্যক্তিবিশেষ *Would you come this way, please?* **3** used with 'like' or 'love' as a way of asking or saying what sb wants কোনো কিছু প্রয়োজন আছে কিনা জানার জন্য 'like' অথবা 'love' ক্রিয়াপদের সঙ্গে ব্যবহৃত অভিব্যক্তিবিশেষ ***Would you like*** *to come with us?* ○ ***I'd love*** *a piece of cake.* **4** to agree or be ready to do sth কোনো কাজ করতে স্বীকার করা বা প্রস্তুত হওয়া *She just wouldn't do what I asked her.* **5** used as the past form of 'will' when you report what sb says or thinks কেউ কিছু বলছে বা ভাবছে সে সম্বন্ধে বলার সময়ে 'will' এর অতীত রূপ হিসেবে ব্যবহৃত অভিব্যক্তিবিশেষ *They said that they would help us.* ○ *She didn't think that he would do a thing like that.* **6** used after 'wish', 'wish'-এর পরে ব্যবহৃত *I wish the sun would come out.* **7** used for talking about things that often happened in the past অতীতে যে ঘটনা প্রায়ই ঘটত সে সম্বন্ধে বলার সময় ব্যবহৃত

অভিব্যক্তিবিশেষ *When he was young he would often walk in these woods.* **8** used for commenting on behaviour that is typical of sb কারও চারিত্রিক বৈশিষ্ট্য সম্বন্ধে মন্তব্য করার সময় ব্যবহৃত অভিব্যক্তিবিশেষ *You would say that. You always support him.* **9** used when you are giving your opinion but are not certain that you are right পুরোপুরি নিশ্চিত না হয়েও নিজের মতামত জানানোর সময়ে ব্যবহৃত অভিব্যক্তিবিশেষ *I'd say she's about 40.*

> **NOTE** **Modal verbs** সম্বন্ধে আরও বিশদ জানার জন্য এই অভিধানের শেষাংশে **Quick Grammar Reference** দেখো।

would-be *adj.* (*only before a noun*) used to describe sb who is hoping to become the type of person mentioned হবু, ভবিষ্যতে সে কেমন বৈশিষ্ট্যের হবে তা বলার সময়ে ব্যবহৃত অভিব্যক্তিবিশেষ *advice for would-be parents*

wound¹ / wu:nd উউন্ড্ / *noun* [C] an injury to part of your body, especially a cut, often one received in fighting বিশেষত লড়াই ইত্যাদির সময়ে শরীরের কোনো কেটে-যাওয়া অংশ বা ক্ষত *a bullet wound*

IDM **rub salt into the wound/sb's wounds** ⇨ **rub** দেখো।

wound² / wu:nd উউন্ড্ / *verb* [T] (*usually passive*) **1** to injure sb's body with a weapon অস্ত্র দিয়ে কাউকে আঘাত করা *He was wounded in the leg during the war.* ⇨ **hurt**-এ নোট দেখো। **2** (*formal*) to hurt sb's feelings deeply কারও মনে খুব গভীর আঘাত দেওয়া, মর্মপীড়া দেওয়া *I was wounded by his criticism.* ▶ **wounded** / ˈwu:ndɪd ˈউউনডিড্ / *adj.* আহত *a wounded soldier* ▶ **the wounded** *noun* [*pl.*] আহত ব্যক্তিগণ *Paramedics tended to the wounded at the scene of the explosion.*

wound³ ⇨ **wind³** এর past tense এবং past participle

wove ⇨ **weave** এর past tense

woven ⇨ **weave** এর past participle

wow / waʊ উআউ / *exclamation* (*informal*) used for saying that you are very impressed and surprised by sth বিস্ময়, প্রশংসাসূচক শব্দ *Wow! What a fantastic boat!*

WP *abbr.* word processing; word processor ওয়ার্ড প্রসেসিং; ওয়ার্ড প্রসেসর

wrangle / ˈræŋgl ˈর‍্যাংগল্ / *noun* [C] a noisy or complicated argument উচ্চৈস্বরে তর্কাতর্কি, কথা কাটাকাটি *The company is involved in* ***a legal wrangle*** *over copyrights.* ▶ **wrangle** *verb* [I] কথা কাটাকাটি করা, তর্ক করা, ঝগড়া করা

wrap / ræp র‍্যাপ্ / *verb* [T] (**wrapping; wrapped**) **1 wrap sth (up) (in sth)** to put paper or cloth around sb/sth as a cover কাগজ বা কাপড় দিয়ে কোনো ব্যক্তি বা বস্তুকে মোড়া, জড়ানো *to wrap up a present* ○ *The baby was found wrapped in a blanket.* **2 wrap sth round/around sb/sth** to tie sth such as paper or cloth around an object or a part of the body শরীরের কোনো অংশ বা কোনো জিনিস কাপড় বা কাগজ দিয়ে মুড়ে ফেলা *The man had a bandage wrapped round his head.*

IDM **be wrapped up in sth** to be very involved and interested in sb/sth কোনো ব্যক্তি বা বস্তুতে মগ্ন থাকা, ডুবে থাকা *They were completely wrapped up in each other. They didn't notice I was there.*

PHR V **wrap (sb/yourself) up** to put warm clothes on sb/yourself গরম চাদরে কাউকে মুড়ে নেওয়া, গরম কাপড়ে নিজেকে বা অন্য কাউকে জড়ানো

wrapper / ˈræpə(r) ˈর‍্যাপ্যা(র্) / *noun* [C] the piece of paper or plastic which covers sth when you buy it কোনো জিনিস কিনলে তার কাগজ বা প্লাস্টিক; মোড়ক *a sweet/chocolate wrapper*

wrapping / ˈræpɪŋ ˈর‍্যাপিং / *noun* [C, U] paper, plastic, etc. that is used for covering sth in order to protect it প্যাক করা বা মোড়ক বানানোর কাজে ব্যবহৃত কাগজ, প্লাস্টিক ইত্যাদি *Remove the wrapping before heating the pie.*

wrapping paper *noun* [U] paper which is used for putting round presents উপহারের জিনিস জড়ানোর কাগজ, উপহার বা ঐ ধরনের কোনো জিনিস মোড়ার কাগজ

wrath / rɒθ রথ্ / *noun* [U] (*written*) very great anger বিদ্বেষ, ক্রোধ, রোষ, প্রচন্ড রাগ

wreak / ri:k রীক্ / *verb* [T] (*formal*) **wreak sth (on sb/sth)** to cause great damage or harm to sb/sth কোনো ব্যক্তি অথবা বস্তুকে একেবারে ধ্বংস করে ফেলা, প্রভূত ক্ষতিসাধন করা *Fierce storms* ***wreak havoc*** *at this time of year.*

wreath / ri:θ রীথ্ / *noun* [C] (*pl.* **wreaths** / ri:ðz রীদ্‌জ্ /) a circle of flowers and leaves, especially one that you give to the family of sb who has died ফুল ও পাতা দিয়ে গাঁথা গোড়েমালা, মৃতের উদ্দেশ্যে তার পরিবারকে অনেক সময় এই জাতীয় মালা দেওয়া হয়

wreck / rek রেক্ / *noun* [C] **1** a ship that has sunk or been badly damaged at sea দুর্ঘটনায় ডুবে যাওয়া বা ক্ষতিগ্রস্ত জাহাজ বা নৌকো *Divers searched the wreck.* **2** a car, plane, etc. which has been badly damaged, especially in an accident দুর্ঘটনায় ভেঙে যাওয়া গাড়ি, উড়োজাহাজ প্রভৃতি *The car was a wreck but the lorry escaped almost without damage.* **3** [*usually sing.*] (*informal*) a person or thing that is in a very bad condition খুব ক্ষতিগ্রস্ত কোনো কিছু ভেঙে-পড়া, ভগ্ন স্বাস্থ্যের মানুষ, হতাশ, ভগ্নচিত্ত *He drove so badly I was **a nervous wreck** when we got there.* ▶ **wreck** *verb* [T] ধ্বংস করা, বিনষ্ট করা, ভেঙেচুরে ফেলা *Vandals had wrecked the school hall.* ○ *The strike wrecked all our holiday plans.*

wreckage / ˈrekɪdʒ ˈরেকিজ্ / *noun* [U] the broken pieces of sth that has been destroyed কোনো কিছুর ধ্বংসাবশেষ; অবশিষ্টাংশ *Investigators searched the wreckage of the plane for evidence.*

wrench¹ / rentʃ রেন্চ্ / *verb* [T] **1 wrench sb/sth (away, off, etc.)** to pull or turn sb/sth strongly and suddenly কোনো ব্যক্তি বা বস্তুর সঙ্গে প্রচণ্ড জোরে হ্যাঁচকা টান মারা *They had to wrench the door off the car to get the driver out.* ○ *(figurative) The film was so exciting that I could hardly wrench myself away.* **2** to injure part of your body by turning it suddenly মুচকে যাওয়া, মোচড় লেগে ব্যথা পাওয়া

wrench² / rentʃ রেন্চ্ / *noun* **1** [C] a sudden, violent pull or turn মোচড়, হ্যাঁচকা টান *With a wrench I managed to open the door.* **2** [*sing.*] the sadness you feel because you have to leave sb/sth কোনো ব্যক্তি বা বস্তুর সঙ্গে বিচ্ছেদের আশঙ্কায় মনোবেদনা **3** [C] (*AmE*) = **spanner** ➪ **monkey wrench** এবং **adjustable spanner** দেখো এবং **tool**-এ ছবি দেখো।

wrestle / ˈresl ˈরেস্ল্ / *verb* [I] **1 wrestle (with) sb** to fight by trying to get hold of your opponent's body and throw him/her to the ground. People wrestle as a sport দুজন খেলোয়াড় লড়াই করে একে অপরকে মাটিতে ফেলে দেয়ার চেষ্টা করা, কুস্তি করা, মল্লযুদ্ধ করা *He managed to wrestle the man to the ground and take the knife from him.* **2 wrestle (with sth)** to try hard to deal with sth that is difficult সমস্যার সমাধানের জন্য কষ্ট করা, প্রচণ্ড লড়াই করা

wrestling / ˈreslɪŋ ˈরেস্লিং / *noun* [U] a sport in which two people fight and try to throw each other to the ground যে খেলায় দুজন খেলোয়াড় লড়াই করে এবং একে অপরকে মাটিতে ফেলে দেওয়ার চেষ্টা করে; কুস্তি, মল্লযুদ্ধ *a wrestling match* ▶ **wrestler** *noun* [C] মল্লযোদ্ধা, কুস্তিগীর

wretch / retʃ রেচ্ / *noun* [C] (*old-fashioned*) a poor, unhappy person চরম দুর্দশাগ্রস্ত, হতভাগ্য, দুঃখী-ব্যক্তি *The poor wretch was clearly starving.*

wretched / ˈretʃɪd ˈরেচিড্ / *adj.* **1** very unhappy অত্যন্ত অসুখী, বেচারা **2** (*informal*) used for expressing anger ক্রোধ প্রকাশের সময়ে ব্যবহৃত *That wretched dog has chewed up my slippers again!*

wriggle / ˈrɪgl ˈরিগ্ল্ / *verb* [I, T] **1 wriggle (sth) (about/ around)** to move about, or to move a part of your body, with short, quick movements, especially from side to side এঁকেবেঁকে কিলবিল করে চলা বা নড়া *The baby was wriggling around on my lap.* ○ *She wriggled her fingers about in the sand.* **2** to move in the direction mentioned by making quick turning movements মোচড় দিয়ে এঁকেবেঁকে উল্লিখিত পথের দিকে চলা *The worm wriggled back into the soil.*

PHR V **wriggle out of sth/doing sth** (*informal*) to avoid sth by making clever excuses বুদ্ধিমানের মতো দোহাই দেওয়া, কৌশলে বিপন্মুক্ত হওয়া *It's your turn to wash the car—you can't wriggle out of it this time!*

wring / rɪŋ রিং / *verb* [T] (*pt, pp* **wrung** / rʌŋ রাং /) **wring sth (out)** to press and squeeze sth in order to remove water from it নিংড়ানো; চিপে জল বার করা, মোচড়ানো

wringing wet *adj.* extremely wet জবজবে, ভিজে, ভিজে সপসপে

wrinkle¹ / ˈrɪŋkl ˈরিংকল্ / *noun* [C] a small line in sth, especially one on the skin of your face which you get as you grow older বলিরেখা, মুখে বয়সের দাগ *She's got fine wrinkles around her eyes.* ○ *Smooth out the wrinkles in the fabric.* ➪ **furrow** দেখো।

wrinkle² / ˈrɪŋkl ˈরিংকল্ / *verb* [I, T] **wrinkle (sth) (up)** to form small lines and folds in sth কোঁচকানো, ভাঁজ পড়া *She wrinkled her nose at the nasty smell.* ○ *My skirt had wrinkled up on the journey.* ▶ **wrinkled** / ˈrɪŋkld ˈরিংকল্ড্ / *adj.* কোঁচকানো, বলিরেখাগ্রস্ত

wrist / rɪst রিস্ট্ / *noun* [C] the narrow part at the end of your arm where it joins your hand কবজি, মণিবন্ধ ➪ **body**-তে ছবি দেখো।

wristwatch / ˈrɪstwɒtʃ ˈরিস্টউঅচ্ / *noun* [C] a watch on a strap which you wear round your arm near your hand হাতঘড়ি

writ / rɪt রিট্ / *noun* [C] a legal order to do or not to do sth, given by a court of law আদালতের বিশেষ পরোয়ানা, যাতে কি করতে হবে বা হবে না তা লেখা থাকে

write / raɪt রাইট্ / *verb* (*pt* **wrote** / rəʊt র‌্যাউট্ /; *pp* **written** / ˈrɪtn ˈরিট্‌ন্ /) **1** [I, T] to make words, letters, etc., especially on paper using a pen or pencil পেন অথবা পেনসিলের সাহায্যে লেখা; লেখা *Write your name and address on the form.* **2** [T] to create a book, story, song, etc. in written form for people to read or use কোনো বই গল্প, গান ইত্যাদি রচনা করা যাতে লোকে তা পাঠ করতে পারে বা সেটি ব্যবহার

করতে পারে *Tolstoy wrote 'War and Peace'.* ○ *Who wrote the music for that film?* **3** [I, T] **write (sth) (to sb); write (sb) sth** to write and send a letter, etc. to sb চিঠি লেখা এবং চিঠি ইত্যাদি পাঠানো *I've written a letter to my son.* ○ *I've written my son a letter.* ○ *She wrote that they were all well and would be home soon.* **4** [T] **write sth (out) (for sb)** to fill or complete a form, cheque, document, etc. with the necessary information ফর্ম, চেক, নথিপত্র ইত্যাদিতে প্রয়োজনীয় তথ্য লিখে জানানো *I wrote out a cheque for Rs 1000.*

PHR V write back (to sb) to send a reply to sb কারও চিঠির উত্তর দেওয়া

write sth down to write sth on paper, especially so that you can remember it মনে রাখার জন্য কাগজে লিখে রাখা

write in (to sb/sth) (for sth) to write a letter to an organization, etc. to ask for sth, give an opinion, etc. কোনো প্রতিষ্ঠানে কিছু জানতে চেয়ে বা নিজস্ব মতামত জানাতে চিঠি লেখা

write off/away (to sb/sth) (for sth) to write a letter to an organization, etc. to order sth or ask for sth কোনো কোনো প্রতিষ্ঠানকে চিঠি লিখে জিনিস পাঠানোর জন্য অর্ডার দেওয়া

write sb/sth off to accept or decide that sb/sth will not be successful or useful কোনো ব্যক্তি বা বস্তু আর কাজে লাগবে না বলে মেনে নেওয়া, বাতিল করা *Don't write him off yet. He could still win.*

write sth off to accept that you will not get back an amount of money you have lost or spent খরচের খাতায় লেখা *to write off a debt*

write sth out to write the whole of sth on paper সবটা পুরোপুরি লিখে ফেলা *Can you write out that recipe for me?*

write sth up to write sth in a complete and final form, often using notes that you have made কিছুর পূর্ণাঙ্গ বিস্তারিত বিবরণ ঠিকভাবে লেখা, প্রায়ই নোট ইত্যাদির সাহায্য নিয়ে

write-off *noun* [C] a thing, especially a vehicle, that is so badly damaged that it is not worth repairing যে জিনিস আর কাজে লাগবে না, বিশেষ করে গাড়ি, যা আর সারানোও যাবে না

writer / ˈraɪtə(r) ˈরাইট্যা(র্) / *noun* [C] a person who writes, especially one whose job is to write books, stories, etc. লেখক, রচনাকার, যার জীবিকাই বই, গল্প ইত্যাদি লেখা

writhe / raɪð রাইদ্ / *verb* [I] to turn and roll your body about ছটফট করা, বেদনায় গড়াগড়ি দেওয়া *She was writhing in pain.*

writing / ˈraɪtɪŋ ˈরাইটিং / *noun* **1** [U] words that have been written or printed; the way a person writes মুদ্রিত বা লিপিবদ্ধ হয়েছে এমন; কারও হাতের লেখা, হস্তলিপি *This card's got no writing inside. You can put your own message.* ○ *I can't read your writing, it's too small.* **2** [U] the skill or activity of writing words লিখতে পারা, লেখার ক্ষমতা *He had problems with his reading and writing at school.* **3** [U] the activity or job of writing books, etc. বই লেখা, সাহিত্যকর্ম, লেখার কাজ *It's difficult to earn much money from writing.* **4** [U] the books, etc. that sb has written or the style in which sb writes লেখকের বই ইত্যাদির রচনাশৈলী, রচনা বৈশিষ্ট্য *Love is a common theme in his early writing.* **5 writings** [*pl.*] a group of pieces of writing, especially by a particular person or on a particular subject বিশেষত একই লোকের একটি বিশেষ বিষয়ে লেখা রচনাসমূহ, একসঙ্গে অনেক লেখা, সাহিত্যকর্ম, গ্রন্থাদি *the writings of Rabindranath Tagore*

IDM in writing in written form লিখিতভাবে, লেখার মাধ্যমে *I'll confirm the offer in writing next week.*

writing paper *noun* [U] paper for writing letters on চিঠি লেখার কাগজ

written¹ ➪ **write** এর past participle

written² / ˈrɪtn ˈরিট্ন্ / *adj.* expressed on paper; not just spoken লিখিত; কেবলমাত্র মৌখিক নয় *a written agreement*

wrong¹ / rɒŋ রং / *adj., adv.* **1** not correct; in a way that is not correct ভুল; ঠিকভাবে নয়, অশুদ্ধভাবে *the wrong answer* ○ *You've got the wrong number* (=on the telephone). ✪ বিপ **right** **2** not the best; not suitable সর্বোত্তম নয়; অনুপযুক্ত *That's the wrong way to hold the bat.* ✪ বিপ **right** **3** (*not before a noun*) **wrong (with sb/sth)** causing problems or difficulties; not as it should be আশানুরূপ হওয়ার পরিবর্তে যা সমস্যা বা অসুবিধার সৃষ্টি করছে; যেমন হওয়া উচিত তেমন নয় *You look upset. Is something wrong?* ○ ***What's wrong** with the car this time?* **4 wrong (to do sth)** not morally right or honest অন্যায়, অসৎ, ন্যায়সংগত নয় *It's wrong to tell lies.* ○ *The man said that he had done nothing wrong.*

IDM get on the right/wrong side of sb ➪ **side¹** দেখো।

get sb wrong (*informal*) to not understand sb কাউকে ভুল বোঝা *Don't get me wrong! I don't dislike him.*

go wrong **1** to make a mistake ভুল করা *I'm afraid we've gone wrong. We should have taken the other road.* **2** to stop working properly or to stop developing well ঠিকমতো কাজ না করা, ভালো কাজের রাস্তা বন্ধ হয়ে যাওয়া, ঠিকমতো বিকাশ না হওয়া *My computer's gone wrong and I've lost all my work.*

get/start off on the right/wrong foot (with sb) ➩ **foot**[1] দেখো।

on the right/wrong track ➩ **track**[1] দেখো।

wrong[2] / rɒŋ রং / *noun* **1** [U] things that are morally bad or dishonest অন্যায়, অন্যায় কাজ, নীতি বহির্ভূত আচরণ *Children quickly learn the difference between* ***right and wrong****.* **2** [C] an action or situation which is not fair অন্যায়, অবিচার, অন্যায় কাজ *A terrible wrong has been done. Those men should never have gone to prison.*

IDM in the wrong (used about a person) having made a mistake; whose fault sth is (ব্যক্তি সম্বন্ধে ব্যবহৃত) ভুল করেছে; অন্যায়ের জন্য দায়ী

wrong[3] / rɒŋ রং / *verb* [T] to do sth to sb which is bad or unfair কারও প্রতি অন্যায় করা *I wronged her when I said she was lying.*

wrong-foot *verb* [T] (*BrE*) to put sb in a difficult or embarrassing situation by doing sth that he/she does not expect অপ্রত্যাশিতভাবে কোনো কাজ করে একজনকে ঝামেলা বা অস্বস্তির মধ্যে ফেলা, ভুল করে অন্যকে বিপদে ফেলা

wrongful / ˈrɒŋfl ˈরংফ্‌ল্ / *adj.* (*formal*) (*only before a noun*) not fair, not legal or not moral অন্যায়, অবৈধ, অনৈতিক *He sued the company for wrongful dismissal.*

wrongly / ˈrɒŋli ˈরংলি / *adv.* in a wrong or mistaken way অন্যায়ভাবে, ভুল করে *He was wrongly accused of stealing money.*

NOTE বিশেষত কথাবার্তার সময়ে **wrong** শব্দটি কোনোও ক্রিয়াপদের (verb) অথবা ক্রিয়াপদের কর্মের (object) পরে ব্যবহৃত হয়—*He's spelt my name wrong.* **Wrongly** কোনো ক্রিয়াপদের অতীত কৃদন্ত (past participle) রূপে ব্যবহার করা হয়—*My name's been wrongly spelt.*

wrote ➩ **write** এর past tense

wrought iron / ˌrɔːt ˈaɪən ˌর:ট্ ˈআইআ্যান্ / *noun* [U] a type of iron that is used for making fences, gates, etc. পেটাই করা লোহা সাধারণত যা বেড়া বড়ো গেট, ইত্যাদি তৈরির কাজে ব্যবহার করা হয়

wrung ➩ **wring** এর past tense এবং past participle

wry / raɪ রাই / *adj.* expressing both disappointment and amusement হতাশা ও আমোদ একই সঙ্গে প্রকাশ করা *'Never mind,' she said with a wry grin. 'At least we got one vote.'* ▶ **wryly** *adv.* নিরাশভাবে

wt *abbr.* weight ভার, ওজন *net wt 500g*

WTO / ˌdʌbljuː tiː ˌəʊ ˈডাব্‌লিউ টী'অ্যাউ / *abbr.* the World Trade Organization; an organization that encourages economic development and international **trade** ওয়ার্ল্ড ট্রেড অর্গানাইজেশন-এর সংক্ষিপ্ত রূপ, বিশ্ব বাণিজ্য সংস্থা, যারা বিভিন্ন দেশের মধ্যে অর্থনৈতিক উন্নতি ও আন্তর্জাতিক বাণিজ্যে উৎসাহ দান করে; ডব্লিউটিও

WWW / ˌdʌbljuː dʌbljuːˈdʌbljuː ˌডাব্‌লিউ ডাব্‌লিউ ˈডাব্‌লিউ / *abbr.* the World Wide Web ওয়ার্ল্ড ওয়াইড ওয়েব-এর সংক্ষিপ্ত রূপ; ডব্লিউ ডব্লিউ ডব্লিউ

X x

X, x /eks এক্স্ / *noun* **1** [C, U] (*pl.* **X's; x's** / ˈeksɪz ˈএক্সিজ্ /) the twenty-fourth letter of the English alphabet ইংরেজি বর্ণমালার চতুর্বিংশতিতম অক্ষর বা বর্ণ; এক্স *'Xylophone' begins with (an) 'X'.* **2** [U] (*mathematics*) used to represent a number whose value is not mentioned (গণিত) যে সংখ্যার মূল্য উল্লেখ করা হয়নি এমন সংখ্যার জায়গায় ব্যবহৃত *The equation is impossible for any value of x greater than 2.* **3** [U] a person, a number, an influence, etc. that is not known or not named ব্যক্তি, সংখ্যা, প্রভাব ইত্যাদি যা অপরিচিত এবং অনামী *Let's suppose X knows what Y is doing.*

> **NOTE** রোমান সংখ্যালিপিতে ১০, শিক্ষকগণ কোনো উত্তর ভুল বোঝাতে **X**-এই চিহ্ন ব্যবহার করেন, চিঠির শেষে এই চিহ্ন দ্বারা চুম্বন বোঝানো হয়

X chromosome *noun* [C] a part of a **chromosome** that exists in pairs in female cells and that exists by itself in male cells স্ত্রী কোষে যে ক্রোমোজোম পুরুষ কোষের ক্রোমোজোমের মাত্রার দুগুণ হিসেবে থাকে ➪ **Y chromosome** দেখো।

xenon / ˈziːnɒn; ˈzen- ˈজীনন্; ˈজেন্- / *noun* [U] (*symbol* **Xe**) a gas that is present in air and that is sometimes used in electric lamps যে গ্যাস বাতাসে থাকে আবার কখনও বৈদ্যুতিক আলোতেও ব্যবহার করা হয়

xenophobia / ˌzenəˈfəʊbiə ˌজ়েন্যাˈফ্যাউবিঅ্যা / *noun* [U] a fear or hatred of foreign people and cultures বিদেশি সংস্কৃতি বা বিদেশি ব্যক্তি বা বিদেশি কোনো কিছুতে ভীতি; বিদেশি-ভীতি ► **xenophobic** *adj.* বিদেশভীত ব্যক্তি

Xerox™ / ˈzɪərɒks ˈজ়িঅ্যারক্স্/ *noun* [C] **1** a machine that produces copies of letters, documents, etc. (চিঠি, কাগজপত্র ইত্যাদির) প্রতিলিপি-যন্ত্র **2** a copy produced by such a machine ঐ যন্ত্রের সাহায্যে করা প্রতিলিপি ✪ সম **photocopy** ► **xerox** *verb* [T] ফোটোকপি বা প্রতিলিপি করা

XL *abbr.* extra large (size) খুব বড়ো

Xmas / ˈkrɪsməs; ˈeksməs ˈক্রি স্ম্যাস্; ˈএক্স্ম্যাস্ / *noun* [C, U] (*informal*) (used as a short form in writing) **Christmas** ক্রিসমাস সংক্ষেপে লেখার পদ্ধতি

X-ray *noun* [C] **1** [*usually pl.*] a kind of light that makes it possible to see inside solid objects, for example the human body, so that they can be examined and a photograph of them can be made এক জাতীয় রশ্মি যার দ্বারা কঠিন পদার্থের ভিতরেও দেখা সম্ভব হয়, যেমন মানবদেহ এবং সেইভাবে সেগুলি পরীক্ষা-নিরীক্ষা করাও সম্ভব হয় ও তার ছবিও তোলা যায়; এক্স রে **2** a photograph that is made with an X-ray machine এক্সরে মেশিনে তোলা ছবি *The X-ray showed that the bone was not broken.* ➪ **ray** দেখো এবং **wavelength**-এ ছবি দেখো। ► **X-ray** *verb* [T] এক্স-রে মেশিনের দ্বারা ছবি তোলা *She had her chest X-rayed.*

xylem / ˈzaɪləm ˈজাইল্যাম্ / *noun* [U] (*technical*) the material in plants that carries water and food upwards from the root উদ্ভিদের মধ্যে এই পদার্থ শিকড় থেকে রস এবং জল টেনে উপরে উদ্ভিদের মধ্যে নিয়ে যায়; জাইলেম ➪ **flower**-এ ছবি দেখো।

xylophone / ˈzaɪləfəʊn ˈজাইল্যাফ্যাউন্ / *noun* [C] a musical instrument that usually consists of two rows of wooden bars of different lengths. You play it by hitting these bars with two small hammers এক ধরনের বাদ্যযন্ত্র যাতে দুই সারিতে বিভিন্ন আকারের কাঠের টুকরো থাকে, ছোটো দুটি হাতুড়ির সাহায্যে এই কাঠে আঘাত করে বাজনা বাজানো হয়; জাইলোফোন ➪ **music**-এ ছবি দেখো।

Y y

Y, y / waɪ উআই / *noun* **1** [C, U] (*pl.* **Y's; y's** / waɪz উআইজ্ /) the twenty-fifth letter of the English alphabet ইংরেজি বর্ণমালার পঞ্চবিংশতিতম অক্ষর বা বর্ণ *'Yawn' begins with a 'Y'.* **2** [U] (*mathematics*) used to represent a number whose value is not mentioned (গণিত) যার মূল্য উল্লেখ করা হয়নি এরকম রাশি বোঝাতে ব্যবহৃত অজ্ঞাত রাশি *Can the value of y be predicted from the value of x?* **3** [U] a person, a number, an influence, etc. that is not known or not named অনামী, অজ্ঞাত, অনির্দিষ্ট ব্যক্তি, সংখ্যা, প্রভাব ইত্যাদি *Let's suppose X knows what Y is doing.* ➪ **Y chromosome** দেখো।

yacht / jɒt ইঅট্ / *noun* [C] **1** a boat with sails used for pleasure প্রমোদ জলযান, আনন্দের জন্য ব্যবহৃত পালতোলা নৌকা *a yacht race* **2** a large boat with a motor, used for pleasure মোটর চালিত প্রমোদ জলযান অথবা নৌকো যা বেড়ানো, খেলা এবং আনন্দের জন্য ব্যবহৃত হয় ➪ **dinghy** দেখো এবং **boat**-এ ছবি দেখো।

yachting / ˈjɒtɪŋ ˈইঅটিং / *noun* [U] the activity or sport of sailing or racing yachts নৌকো চালিয়ে খেলা অথবা প্রতিযোগিতা

yachtsman / ˈjɒtsmən ˈইঅট্স্‌ম্যান্ / *noun* [C] (*pl.* **-men** / -mən -ম্যান্ /) a person who sails a yacht in races or for pleasure যে ব্যক্তি প্রতিযোগিতার জন্য বা প্রমোদ ভ্রমণের জন্য অথবা আনন্দের জন্য এই জাতীয় নৌকো চালায়

yachtswoman / ˈjɒtswʊmən ˈইঅট্‌সউউম্যান্ / *noun* [C] (*pl.* **-women** / -wɪmɪn -উইমিন্ /) a woman who sails a yacht in races or for pleasure যে মহিলা আনন্দের জন্য বা প্রতিযোগিতায় যোগ দিয়ে এই নৌকো চালায়

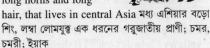

yak / jæk ইঅ্যাক্ / *noun* [C] an animal of the cow family, with long horns and long hair, that lives in central Asia মধ্য এশিয়ার বড়ো শিং, লম্বা লোমযুক্ত এক ধরনের গরুজাতীয় প্রাণী; চমর, চমরী; ইয়াক

yam / jæm ইঅ্যাম্ / *noun* [C, U] the large brownish root of a tropical plant that is cooked as a vegetable মিষ্টি আলু, রাঙা আলু

yank / jæŋk ইঅ্যাংক্ / *verb* [I, T] (*informal*) to pull sth suddenly, quickly and hard খুব জোরে হ্যাঁচকা টান মারা ▶ **yank** *noun* [C] হ্যাঁচকা টান

yap / jæp ইঅ্যাপ্ / *verb* [I] (**yapping; yapped**) (used about dogs, especially small ones) to make short, loud noises in an excited way (সাধারণত ছোটো কুকুর সম্বন্ধে বলা হয়) উত্তেজিতভাবে ঘেউ ঘেউ আওয়াজ করা, জোরে চ্যাঁচানো

yard / jɑːd ইআড্ / *noun* [C] **1** (*BrE*) an area outside a building, usually with a hard surface and a wall or fence around it বাড়ির বাইরে বেড়া বা দেয়াল দিয়ে ঘেরা বাঁধানো জায়গা; চত্বর, উঠোন *a school/prison yard* ➪ **courtyard** এবং **churchyard** দেখো। **2** (*AmE*) = **garden**[1] **1** **3** (*usually in compounds*) an area, usually without a roof, used for a particular type of work or purpose (যুগ্ম শব্দে ব্যবহৃত) কোনো বিশেষ কাজের জন্য ব্যবহৃত খোলা জায়গা *a shipyard/boatyard* ○ *a builder's yard*

NOTE ব্রিটেনে বাড়ির মধ্যে খোলা জায়গায় ঘাস, ফুলগাছ এসব থাকলে তাকে **garden** বলে। আর যদি তা ইঁট সিমেন্ট দিয়ে বাঁধানো হয় তবে তাকে **yard** বলে। আর আমেরিকায় এরকম খোলা জায়গা, তাতে ঘাস থাকুক বা তা বাঁধানো হোক, তাকে **yard** বলে।

4 (*abbr.* **yd**) a measure of length; 0.914 of a metre. There are 3 feet in a yard গজ, দৈর্ঘ্য মাপার মাত্রা যা এক মিটার-এর ০.৯১৪; আর তিন ফিট-এ এক yd বা গজ হয় *Our house is 100 yards from the supermarket.*

yardstick / ˈjɑːdstɪk ˈইআ: ড্‌স্টিক্ / *noun* [C] a standard with which things can be compared কোনো কিছুর মানদণ্ড, মাপকাঠি *Exam results should not be the only yardstick by which pupils are judged.*

yarn / jɑːn ইআ: ন্ / *noun* **1** [U] thread (usually of wool or cotton) that has been prepared (**spun**) and is used for knitting, etc. সুতো, তন্তু (সাধারণত উল বা তুলো থেকে) যা তৈরি করা হয় এবং বোনা ইত্যাদি কাজে যা ব্যবহার করা হয় **2** [C] (*informal*) a long story that sb tells, especially one that is invented or exaggerated বানানো গল্প, বাড়িয়ে বাড়িয়ে বলা কাহিনি

yashmak / ˈjæʃmæk ˈইঅ্যাশ্‌ম্যাক্ / *noun* [C] a piece of material covering most of the face, worn by some Muslim women কোনো কোনো মুসলমান মহিলাগণ পরিধান করেন একখণ্ড বস্ত্র যা মুখের অধিকাংশ আবৃত করে রাখে; মুসলমান মহিলাদের ঢাকা অবগুণ্ঠন; মুখচ্ছদ

yatra *noun* (*IndE*) a journey, a procession; a pilgrimage যাত্রা, মিছিল; তীর্থ

yawn / jɔ:n ইঅ: ন্ / *verb* [I] to open your mouth wide and breathe in deeply, especially when you are tired or bored মুখ খুলে গভীরভাবে নিঃশ্বাস নেওয়া, বিশেষত যখন কারও ক্লান্তি অথবা একঘেয়েমি লাগে; হাই তোলা ▶ **yawn** *noun* [C] হাই *'How much longer will it take?' he said with a yawn.*

yaws / jɔ:z ইঅ:জ্ / *noun* [U] a tropical skin disease that causes large red swellings ক্রান্তীয় অঞ্চলের চর্মরোগ যেখানে ত্বকের মধ্যে বড়ো বড়ো লাল ফুলে ওঠা চাকা দেখা যায়

Y chromosome *noun* [C] a part of a **chromosome** that exists by itself and only in male cells কেবলমাত্র পুরুষ কোষেই থাকে যে ক্রোমোজোম ➪ **X chromosome** দেখো।

yd (*pl.* **yds**) *abbr.* yard, a measure of length, yard এর সংক্ষিপ্তরূপ, দৈর্ঘ্য মাপার মাত্রা

yeah / jeə ইএঅ্যা / *exclamation* (*informal*) yes হ্যাঁ

year / jeə(r); jɜ:(r) ইএঅ্যা(র্); ইঅ্য(র্) / *noun* **1** [C] (*also* **calendar year**) the period from 1 January to 31 December, 365 or 366 days divided into 12 months or 52 weeks (ক্যালেন্ডার ইয়ার-ও বলা হয়) পয়লা জানুয়ারী থেকে একত্রিশে ডিসেম্বর পর্যন্ত সময়কাল যা ৩৬৫ বা ৩৬৬ দিন অথবা ৫২ সপ্তাহ বা ১২ মাসে বিভক্ত; বৎসর, বছর, বারোমাস, *last year/this year/next year* ○ *Interest is paid on this account once a year.* **2** [C] any period of 12 months, measured from any date যে-কোনো তারিখ থেকে হিসেব করে বারোমাস পর্যন্ত সময় *He left school just over a year ago.* ○ *In a year's time, you'll be old enough to vote.* **3** [C] a period of 12 months in connection with schools, the business world, etc. (বিদ্যালয়, শিক্ষা-প্রতিষ্ঠান বা ব্যবসায় জগতের সঙ্গে সম্পর্কিত) বারো মাস সময়, শিক্ষাবর্ষ, আর্থিক বৎসর *the academic/school year* ○ *the tax/financial year* **4** [C] (used in schools, universities, etc.) the level that a particular student is at (বিদ্যালয়, বিশ্ববিদ্যালয় ইত্যাদি ব্যবহৃত) ছাত্র বা ছাত্রীটি যে শ্রেণিতে পড়ছে *He was a year below me at school.* **5** [C, *usually pl.*] (used in connection with the age of sb/sth) a period of 12 months (কারও বয়স সম্বন্ধে ব্যবহৃত) বছর, এক বছর সময় *He's ten years old today.* ○ *The company is now in its fifth year.*

> **NOTE** *'He's ten.'* অথবা *'He's ten years old.'* সঠিক প্রয়োগ। *'He's ten years.'* সঠিক প্রয়োগ নয়। *'a ten-years-old boy,'* ➪ **age**-এ নোট দেখো।

6 years [*pl.*] a long time অনেক দিন, দীর্ঘদিন *It happened years ago.* ○ *I haven't seen him for years.*

IDM all year round for the whole year সারা বছর ব্যাপী

donkey's years ➪ **donkey** দেখো।

year after year; year in year out every year for many years দীর্ঘদিন ধরে প্রতি বছরই, বহু বছর ধরে

yearly / ˈjɪəli; ˈjɜ:li ˈইঅ্যালি; ˈইঅ্যলি / *adj., adv.* (happening) every year or once a year বার্ষিক, বাৎসরিক, বছর বছর, বছরে একবার, প্রতি বছর *The conference is held yearly.*

yearn / jɜ:n ইঅ্যন্ / *verb* [I] (*written*) **yearn (for sb/sth); yearn (to do sth)** to want sb/sth very much, especially sth that you cannot have আকুলভাবে কামনা করা, প্রবলভাবে চাওয়া ▶ **yearning** *noun* [C, U] লালসা

yeast / ji:st ইঈস্ট্ / *noun* [U] a substance used for making bread rise and for making beer, wine, etc. মদ বা বিয়ার তৈরি করতে বা পাউরুটি ফোলানোর জন্য ব্যবহৃত একজাতীয় পদার্থ; ইস্ট

yell / jel ইএল্ / *verb* [I, T] **yell (out) (sth); yell (sth) (at sb/sth)** to shout very loudly, often because you are angry, excited or in pain প্রচণ্ড জোরে চিৎকার করা (রেগে গিয়ে, ব্যথা পেয়ে বা উত্তেজিত হয়ে) *She yelled out his name.* ▶ **yell** *noun* [C] চিৎকার

yellow / ˈjeləʊ ˈইএল্যাউ / *noun* [C, U], *adj.* (of) the colour of lemons or butter লেবু বা মাখনের রং; হলুদ রং *a pale/light yellow dress* ○ *the yellows and browns of the autumn leaves*

yellow card *noun* [C] (used in football) a card that is shown to a player as a warning that he/she will be sent off the field if he/she behaves badly again (ফুটবল খেলায়) ফুটবল খেলার মাঠে সতর্ক করে কোনো খেলোয়াড়কে এই রঙের কার্ড দেখানোর অর্থ যে সে পুনরায় আপত্তিজনক আচরণ করলে তাকে মাঠের বাইরে বার করে দেওয়া হবে; ইয়েলো কার্ড ➪ **red card** দেখো।

yellow fever *noun* [U] a tropical disease that is passed from one person to another and that makes the skin turn yellow and often causes death উষ্ণ অঞ্চলের এই অসুখে ত্বক হলুদ বর্ণ হয়ে যায়, অনেক সময় মৃত্যুও হতে পারে, সাধারণত এক ব্যক্তি থেকে অন্য ব্যক্তির শরীরে এই রোগ সংক্রামিত হয়; পীত জ্বর

yellowish / ˈjeləʊɪʃ ˈইএল্যাউইশ্ / *adj.* (*also* **yellowy** / ˈjeləʊi ˈইএল্যাউই /) slightly yellow in colour হলদেটে, পীতাভ

the Yellow Pages™ *noun* [*pl.*] a telephone book (on yellow paper) that lists all the business companies, etc. in a certain area in sections according to the goods or services they provide টেলিফোন-তালিকা নির্দেশক গ্রন্থ যেখানে বিশেষ বিভাগের

নির্দিষ্ট অংশে হলুদ পাতায় বিভিন্ন ব্যাবসায়িক প্রতিষ্ঠান যে সমস্ত পণ্যদ্রব্য বা পরিষেবা প্রদান করে তার তালিকা থাকে; টেলিফোন নির্দেশিকার মধ্যেকার হলুদ পাতা, দূরভাষের হলুদ পত্রগুচ্ছ

yelp / jelp ইএল্প্ / *verb* [I] to give a sudden short cry, especially of pain হঠাৎ চিৎকার করে ওঠা, বিশেষত ব্যথার জন্য ▶ **yelp** *noun* [C] চিৎকার

yeoman / ˈjəʊmən ˈইএউম্যান্ / *noun* [C] (*pl.* **yeomen**) **1** (in Britain, in the past) a farmer who owned the land on which he worked (অতীতে ব্রিটেনে) কোনো কৃষক **2** an officer in the US navy who mainly does office work মার্কিন নৌবাহিনীতে কার্যালয়ে কর্মরত ব্যক্তি

yes / jes ইএস্ / *exclamation* **1** used to give a positive answer to a question, for saying that sth is true or correct or for saying that you want sth হ্যাঁ, হাঁ, কোনো কিছু ঠিক বলার জন্য, প্রয়োজনে কিছু চাইতে হলে ব্যবহৃত অভিব্যক্তিবিশেষ *'Are you having a good time?' 'Yes, thank you.'* ○ *'May I sit here?' 'Yes, of course.'* **2** used for showing you have heard sb or will do what he/she asks কারও কথা শুনতে পেয়ে অথবা কোনো একটা কাজ করতে রাজি এ কথা জানাতে ব্যবহৃত অভিব্যক্তিবিশেষ *'Waiter!' 'Yes, madam.'* **3** used when saying that a negative statement that sb has made is not true নেতিবাচক মন্তব্য অগ্রাহ্য করে বা তা যে সত্যি নয় তা জানাতে ব্যবহৃত অভিব্যক্তিবিশেষ *'You don't care about anyone but yourself.' 'Yes I do.'* ✪ বিপ **no** ▶ **yes** *noun* [C] (*pl.* **yeses** / ˈjesɪz ˈইএসিজ্ /) সহমত *Was that a yes or a no?*

yesterday / ˈjestədeɪ; ˈjestədi ˈইএস্ট্যাডেই ˈইএস্ট্যাডি/ *adv., noun* [C, U] (on) the day before today গতকাল *yesterday morning/afternoon/evening* ○ *I posted the form* ***the day before yesterday*** (= if I am speaking on Wednesday, I posted it on Monday). ○ *Have you still got yesterday's paper?*

yet / jet ইএট্ / *adv., conj.* **1** used with negative verbs or in questions for talking about sth that has not happened but that you expect to happen নেতিবাচক ক্রিয়াপদ অথবা প্রশ্নের মধ্যে কোনো বস্তু যা ঘটেনি কিন্তু যা প্রত্যাশিত এ সম্পর্কে ব্যবহৃত অভিব্যক্তিবিশেষ *Has it stopped raining yet?* ○ *I haven't seen that film yet.* **2** (*used with negative verbs*) now; as early as this নেতিবাচক ক্রিয়াপদের সঙ্গে ব্যবহৃত বর্তমানে, এখনই *You don't have to leave yet—your train isn't for another hour.* **3** from now until the period of time mentioned has passed যতক্ষণ বলা হচ্ছে এখন থেকে তখন পর্যন্ত, এ যাবৎ *She isn't that old; she'll live for years yet.* **4** (used especially with **may** or **might**) at sometime in the future ভবিষ্যতে কোনো এক সময়, আগামী দিনে কখনও *With a bit of luck, they may yet win.* **5** (*used with superlatives*) until now/until then; so far এখন পর্যন্ত, তখন পর্যন্ত, যতদূর দেখা যায় *This is her best film yet.* **6** used with **comparatives** to emphasize an increase in the degree কোনো কিছুর মাত্রার বৃদ্ধির উপর জোর দিতে তুলনামূলকভাবে ব্যবহৃত of sth *a recent and yet more improbable theory* **7** but; in spite of that কিন্তু; তা সত্ত্বেও, তবুও *He seems pleasant, yet there's something about him I don't like.*

IDM **as yet** until now এখন পর্যন্ত, এ পর্যন্ত *As yet little is known about the disease.*

yet again (used for expressing surprise or anger that sth happens again) once more; another time (আবার ঘটা বা হওয়ার জন্য রাগ বা বিস্ময় প্রকাশ করে ব্যবহৃত), আবার; এবারও, পুনরায় *I found out that he had lied to me yet again.*

yet another used for expressing surprise that there is one more of sth একটার বেশি হওয়ায় বিস্ময় প্রকাশ করে ব্যবহৃত; আর একটা! আবার আরও একটা *They're opening yet another fast food restaurant in the square.*

yet to do, etc. that has not been done and is still to do in the future যা হয়নি, ভবিষ্যতে করতে হবে, এখনও বাকি, এখনও করতে হবে *The final decision has yet to be made.*

yew / ju: ইউ / (*also* **yew tree**) *noun* [U] a small tree with dark green leaves and small red berries; the wood of this tree গাঢ় সবুজ রঙের পাতাওয়ালা একধরনের গাছ যাতে ছোটো ছোটো লাল বেরিফল হয়; ইউ গাছ অথবা গাছের জঙ্গল

yield[1] / ji:ld ইঈল্ড্ / *verb* **1** [T] to produce or provide crops, profits or results ফল, ফসল বা লাভ হওয়া, উৎপন্ন করা *How much wheat does each field yield?* ○ *Did the experiment yield any new information?* **2** [I] **yield (to sb/sth)** (*formal*) to stop refusing to do sth or to obey sb কোনো কিছু করতে অস্বীকার করা, কাউকে মান্য না করা *The government refused to yield to the hostage takers' demands.*

> **NOTE** কথ্য ভাষায় **give in** বলা হয়।

3 [T] **yield sb/sth (up) (to sb/sth)** to allow sb to have control of sth that you were controlling নিজের নিয়ন্ত্রণক্ষমতা কারও উপর ছেড়ে দেওয়া *The army has yielded power to the rebels.* **4** [I] (*formal*) to move, bend or break because of pressure চাপের ভারে বেঁকে, ভেঙে বা সরে যাওয়া *The dam finally yielded under the weight of the water.*

NOTE কথ্য ভাষায় **give way** বেশি ব্যবহৃত

5 [I] **yield (to sb/sth)** to allow other vehicles on a bigger road to go first অন্য গাড়িকে পথ ছেড়ে দেওয়া *You have to yield to traffic from the left here.*

NOTE কথ্য ভাষায় **give way** বেশি প্রচলিত।

PHR V **yield to sth** (*formal*) to be replaced by sth, especially sth newer নতুন কিছু পালটে দেওয়া, অন্যের জন্য জায়গা করে দেওয়া *Old-fashioned methods have yielded to new technology.*

NOTE কথ্য ভাষায় **give way** বেশি প্রচলিত।

yield² / ji:ld ইঈল্ড্ / *noun* [C] the amount that is produced উৎপাদনের পরিমাণ *Wheat yields were down 5% this year.*

yo / jəʊ ইঅ্যাউ / *exclamation* (*slang*) used by some people when they see a friend; hello বন্ধুদের সঙ্গে দেখা হলে অনেকে বলে; হ্যালো

yob / jɒb ইঅব্ / *noun* [C] (*BrE slang*) a boy or young man who is rude, loud and sometimes violent or aggressive উদ্ধত, অসভ্য, অশালীন কমবয়সি যুবক, কখনও যে হিংস্র বা আক্রমণাত্মক হয়ে ওঠে ➪ **lout** এবং **hooligan** দেখো।

yoga *noun* [U] **1** (Indian in origin) a system of exercises for the body that involves breath control and helps relax both your mind and body (ভারতবর্ষে উদ্ভূত) শারীরিক ব্যায়ামের পদ্ধতি যা শ্বাস-নিয়ন্ত্রণের সঙ্গে সম্পর্কিত, শরীর ও মন দুই-ই যা আরামে রাখে; যোগাভ্যাস, যোগব্যায়াম **2** a Hindu philosophy which aims to unite the self with the spirit of the universe হিন্দু দর্শনে যখন জীবাত্মা ও পরমাত্মার মিলনের কথা বলা হয়; যোগ

yoghurt (*also* **yogurt**) / ˈjɒgət ˈইঅগ্যাট্ / *noun* [C, U] a slightly sour, thick liquid food made from milk দুধ থেকে তৈরি ঘন তরল পদার্থ যা অল্প টক স্বাদযুক্ত; দই জাতীয় খাদ্য *plain/banana/strawberry yoghurt*

yoke / jəʊk ইঅ্যাউক্ / *noun* **1** [C] a long piece of wood fixed across the necks of two animals so that they can pull heavy loads together দুটি পশুর গলায় আটকানো যে লম্বা কাঠের টুকরো লাগানো হয় (যাতে তারা ভারী মাল বইতে পারে); জোয়াল **2** [*sing.*] something that limits your freedom and makes your life difficult যা স্বাধীনতা খর্ব করে জীবন দুর্বিসহ করে

yolk / jəʊk ইঅ্যাউক্ / *noun* [C, U] the yellow part in the middle of an egg ডিমের কুসুম

yonks / jɒŋks ইঅংক্স্ / *noun* [U] a very long time অনেকদিন, দীর্ঘ সময়

you / jə; ju: ইঅ্যা; ইউ / *pronoun* **1** used as the subject or object of a verb, or after a preposition to refer to the person or people being spoken or written to ক্রিয়াপদের কর্তা বা কর্ম হিসাবে অথবা পদান্বয়ী অব্যয়ের পরে কোনো ব্যক্তি বা ব্যক্তিসমূহকে নির্দিষ্টভাবে বোঝাতে ব্যবহৃত হয়; তুমি, তোমরা, তোমাকে, তোমাদের, আপনি, আপনারা, আপনাকে, আপনাদের, তুই, তোরা, তোকে *You can play the guitar, can't you?* ○ *Bring your photos with you.* **2** used with a noun, adjective or phrase when calling sb sth কাউকে কিছু গালাগালি করার সময়ে বিশেষ্য, বিশেষণ এবং বাক্যাংশের সঙ্গে ব্যবহৃত হয় *You idiot! What do you think you're doing?* **3** used for referring to people in general সাধারণ লোক সম্বন্ধে উল্লেখ করতে ব্যবহৃত *The more you earn, the more tax you pay.*

NOTE **One** শব্দটিরও অর্থ এক তবে এটি কথ্য ভাষায় তেমন চলে না; তাছাড়াও বর্তমানে এর ব্যবহার অপ্রচলিত হয়ে পড়ছে—*The more one earns, the more tax one pays.*

you'd / ju:d ইউড্ / ➪ **you had, you would**-এর সংক্ষিপ্ত রূপ

you'll / ju:l ইউল্ / ➪ **you will**-এর সংক্ষিপ্ত রূপ

young¹ / jʌŋ ইআং / *adj.* (**younger** / ˈjʌŋgə(r) ˈইআংগ্যা(র্) /; **youngest** / ˈjʌŋgɪst ˈইআংগিস্ট্ /) not having lived or existed for very long; not old অল্পবয়স্ক, কচি, কমবয়সি; নবীন, কনিষ্ঠ *They have two young children.* ○ *My father was the youngest of eight children.* ○ *my younger brothers* ✪ বিপ **old**

IDM **young at heart** behaving or thinking like a young person, although you are old বয়স হওয়া সত্ত্বেও চিন্তাভাবনায় নবীন

young² / jʌŋ ইআং / *noun* [*pl.*] **1** young animals পশুপক্ষীর শাবক বা বাচ্চা *Swans will attack to protect their young.* **2 the young** young people considered as a group তরুণ সম্প্রদায় *The young of today are more ambitious than their parents.*

youngish / ˈjʌŋɪʃ ˈইআংইশ্ / *adj.* quite young বেশ অল্পবয়সি

youngster / ˈjʌŋstə(r) ˈইআংস্ট্যা(র্) / *noun* [C] a young person যুবক, অল্পবয়সি কেউ

your / jə(r); jɔ:(r) ইঅ্যা(র্); ইঅ: (র্) / *det.* **1** of or belonging to the person or people being spoken to যে ব্যক্তি বা ব্যক্তিগণের সঙ্গে কথা বলা হচ্ছে তাদের সঙ্গে সম্পর্কিত; তোমার, আপনাদের, তোর *What's your flat like?* ○ *Thanks for all your help.*

2 belonging to or connected with people in general সাধারণ মানুষের বা সাধারণ মানুষ সম্পর্কিত *When your life is as busy as mine, you have little time to relax.* **3** (*informal*) used for saying that sth is well known to people in general সাধারণভাবে বহুল পরিচিত, প্রচলিত অনেকের চেনাজানা-এই অর্থে *So this is your typical English food?* **4** (*also* **Your**) used in some titles কোনো উচ্চস্থানীয় ব্যক্তির খেতাবের সঙ্গে ব্যবহৃত *Your Highness*

you're / jɔ:(r); jʊə(r) ইঅ:(র্) ইউঅ্যা(র্) / ➪ **you are**-এর সংক্ষিপ্ত রূপ

yours / jɔ:z ইঅ:জ্ / *pronoun* **1** of or belonging to you তোমাদের, আপনাদের, তোদের *Is this bag yours or mine?* ○ *I was talking to a friend of yours the other day.* **2 Yours** used at the end of a letter চিঠির শেষে লেখা হয় *Yours sincerely .../ faithfully ...* ○ *Yours ...*

yourself / jɔ:ˈself; jəˈself ইঅ:'সেল্ফ্; ইঅ্যা'সেল্ফ্/ *pronoun* (*pl.* **yourselves** / -ˈselvz -'সেল্ভ্জ্ /) **1** used when the person or people being spoken to do an action are also affected by it যাকে উদ্দেশ্য করে কথা বলা হচ্ছে তার উপর জোর দিতেই ব্যবহৃত হয়, আপনি স্বয়ং, তুমি স্বয়ং বা নিজেই *Be careful or you'll hurt yourself.* ○ *Here's some money. Buy yourselves a present.* ○ *You're always talking about yourself!* **2** used to emphasize sth কোনো কিছুতে জোর দিতে ব্যবহৃত *You yourself told me there was a problem last week.* ○ *Did you repair the car yourselves* (= or did sb else do it for you)*?* **3** you তুমি *'How are you?' 'Fine, thanks. And yourself?'* **4** in your normal state; healthy স্বাভাবিক অবস্থায়; সুস্থ *You don't look yourself today.*

IDM (all) by yourself/yourselves 1 alone একা *Do you live by yourself?* ➪ **alone** দেখো। **2** without help কারও বা কোনো সাহায্য ছাড়া, বিনা সাহায্যে *You can't cook dinner for ten people by yourself.*

youth / ju:θ ইউথ্ / *noun* (*pl.* **youths** / ju:ðz ইউদ্জ্ /) **1** [U] the period of your life when you are young, especially the time before a child becomes an adult যৌবন, বয়ঃসন্ধিকাল, কৈশোর, তারুণ্য *He was quite a good sportsman* ***in his youth.*** **2** [U] the fact or state of being young তারুণ্য, কমবয়স *I think that her youth will be a disadvantage in this job.* **3** [C] a young person (usually a young man, and often one that you do not have a good opinion of) তরুণ কমবয়সি কেউ (সাধারণত কোনো যুবক এবং অনেক সময়েই যার সম্বন্ধে উচ্চ ধারণা থাকে না) *a gang of youths* **4 the youth** [U] young people considered as a group যুবসম্প্রদায় *the youth of today* ➪ **age** এবং **old age** দেখো।

youthful / ˈju:θfl 'ইউথ্ফ্ল্ / *adj.* **1** typical of young people যৌবনের বৈশিষ্ট্যমন্ডিত, যৌবনোচিত, তারুণ্যে ভরা *youthful enthusiasm* **2** seeming younger than you are বয়সে ছোটো মনে হওয়া *She's a youthful fifty-year-old.*

youth hostel *noun* [C] a cheap and simple place to stay, especially for young people, when they are travelling যেখানে কম খরচে সাধারণভাবে থাকা যায়, কমবয়সি ভ্রমণকারীদের জন্য বিশেষভাবে নির্মিত; যুব হস্টেল

you've / ju:v ইউভ্ / ➪ **you have**-এর সংক্ষিপ্ত রূপ

Yo Yo™ (*also* **yo-yo**) *noun* [C] (*pl.* **Yo Yos; yo-yos**) a toy which is a round piece of wood or plastic with a string round the middle. You put the string round your finger and can make the yo-yo go up and down it একটি গোলাকার খেলনা, যার মাঝখানে সুতো বাঁধা থাকে। সুতোর একটি দিক আঙুলে জড়িয়ে ইয়ো ইয়ো উপরে এবং নীচে করতে হয়

yr (*pl.* **yrs**) *abbr.* year বর্ষ, বছর

yuck / jʌk ইআক্ / *exclamation* (*informal*) used for saying that you think sth is disgusting or very unpleasant জঘন্য বা ঘিনঘিনে কিছু বোঝাতে বলা হয় *It's filthy! Yuck!* ▶ **yucky** *adj.* জঘন্য *What a yucky colour!*

yummy / ˈjʌmi 'ইআমি / *adj.* (*informal*) tasting very good; delicious মুখরোচক; জিভে জল এনে দেয় এমন *a yummy cake*

yuppie (*also* **yuppy**) / ˈjʌpi 'ইআপি / *noun* [C] (*pl.* **yuppies**) a successful young professional person who lives in a city, earns a lot of money and spends it on fashionable things যে সমস্ত নব্য, পেশাদার, কমবয়সি যুবক জীবনে সাফল্যমণ্ডিত হয়ে ভালো চাকুরি ও অনেক উপার্জন করে, বড়ো শহরে থাকে এবং সেইভাবেই নতুন নতুন কায়দাদুরস্ত জিনিসপত্র কেনে

Z z

Z, z / zed জেড্ / *noun* [C, U] (*pl.* **Z's; z's** /zedz জেড্জ্/) the twenty-sixth letter and last letter of the English alphabet ইংরেজি বর্ণমালার ষষ্ঠবিংশতিতম অক্ষর বা বর্ণ *'Zero' begins with (a) 'Z'.*

zany / ˈzeɪni ˈজেইনি / *adj.* funny in an unusual and crazy way হাস্যকর, বোকার মতো, খ্যাপাটে *a zany comedian*

zap / zæp জ্যাপ্ / *verb* (**zapping; zapped**) (*informal*) **1** [T] **zap sb/sth (with sth)** to destroy, hit or kill sb, usually with a gun or other weapon ধ্বংস করা, মারা, হত্যা করা (সাধারণত বন্দুক বা অন্য কোনো অস্ত্র দ্বারা) *It's a computer game where you have to zap aliens with a laser.* **2** [I, T] to change television programmes very quickly using an electronic device (**remote control**) কোনো বৈদ্যুতিক যন্ত্র (রিমোট কন্ট্রোল) ব্যবহার করে তাড়াতাড়ি টিভির অনুষ্ঠান পালটানো

zeal / ziːl জীল্ / *noun* [U] (*written*) great energy or enthusiasm প্রবল উৎসাহ, উদ্যম, উদ্দীপনা *religious zeal*

zealous / ˈzeləs ˈজেল্যাস্ / *adj.* using great energy and enthusiasm উদ্দীপনাময়, প্রাণশক্তিতে ভরপুর ▶ **zealously** *adv.* উদ্দীপ্তভাবে

zebra / ˈzebrə ˈজেব্র্যা / *noun* [C] (*pl.* **zebra** or **zebras**) an African wild animal that looks like a horse, with black and white lines (**stripes**) all over its body আফ্রিকা মহাদেশের ঘোড়ার মতো প্রাণী যার সারা গায়ে সাদা কালো ডোরা থাকে ; জেব্রা

zebra crossing *noun* [C] (*BrE*) a place where the road is marked with black and white lines and people can cross safely because cars must stop to let them do so গাড়ি চলাচলের রাস্তার মধ্যে সাদা কালোয় দাগ কাটা থাকে যা দেখে গাড়ি থেমে যায় ও পথচারী রাস্তা পার হতে পারে; জেব্রা ক্রসিং ⇨ **pedestrian crossing** দেখো।

Zen / zen জেন্ / *noun* [U] a Japanese form of Buddhism বৌদ্ধ ধর্মের একটি বিশেষ জাপানী রূপ

Zend-Avesta *noun* the **Zoroastrian** sacred writings, consisting of the **Avesta** (the text) and the **Zend** (the commentary) জরথুস্ত্রবাদীদের পবিত্র রচনাসমূহ যার মধ্যে আবেস্তা (মূল বস্তু) এবং জেন্দ (ধারাবিবরণী) অন্তর্ভুক্ত থাকে; পার্শিদের ধর্মগ্রন্থ; জেন্দাবেস্তা

zenith / ˈzenɪθ ˈজেনিথ্ / *noun* [*sing.*] (*technical*) the highest point that the sun or moon reaches in the sky, directly above you সূর্য বা চন্দ্র যখন পর্যবেক্ষণকারীর ঠিক মাথার উপর যায় সেই বিন্দু; মধ্যগগন, তুঙ্গ ✪ সম **peak** ✪ বীপ **nadir**

zero / ˈzɪərəʊ ˈজ়িঅ্যার্যাউ / *noun* **1** [C] 0 শূন্য, জিরো সংখ্যা

> **NOTE** বাক্যের মধ্যে সংখ্যার ব্যবহার এবং তার উদাহরণ দেখার জন্য **six** দেখো।

2 [U] freezing point; 0°C যাতে বরফ জমে; ০°c *The temperature is likely to fall to five degrees below zero* (= –5°C). **3** [U] the lowest possible amount or level; nothing at all সর্বনিম্ন স্তর বা মাত্রা; কিছুই না *zero growth/inflation/profit*

> **NOTE** ব্রিটিশ ইংরেজি ভাষায় 0 সংখ্যাটি বিভিন্ন নামে পরিচিত। **zero** সবচেয়ে বেশি বৈজ্ঞানিক বা কারিগরি প্রয়োগে ব্যবহার করা হয়। কোনো খেলায় কত স্কোর হয়েছে, (বিশেষত ফুটবলে) বলার জন্য **nil** শব্দটি ব্যবহার করা হয় (কথ্য ভাষায়)। বড়ো কোনো সংখ্যার মধ্যে শূন্য উল্লেখ করার সময়ে **nought** ব্যবহার করা হয়—*a million is one followed by six noughts.* টেলিফোন বা বিমানের সংখ্যা বলার সময়ে শূন্যের বদলে (O উচ্চারণ) **oh** বলা হয়।

zero tolerance *noun* [U] the act of following the law very strictly so that people are punished even when what they have done wrong is not very serious কঠোরভাবে আইনের বিধিনিষেধ মানা এবং কেউ অন্যায় করলে তা সে যতই সামান্য হোক না কেন, তার জন্য শাস্তি দেওয়ার ক্রিয়া

zest / zest জেস্ট্ / *noun* [U, *sing.*] **zest (for sth)** a feeling of enjoyment, excitement and enthusiasm উৎসাহ, উদ্দীপনা, প্রবল উদ্যম, আনন্দ *She has a great zest for life*

zigzag / ˈzɪɡzæɡ ˈজ়িগ্জ্যাগ্ / *noun* [C], *adj.* (consisting of) a line with left and right turns, like a lot of letter W's, one after the other পাশাপাশি অসংখ্য W অক্ষরের মতো ডানদিক ও বাঁদিকে ঘোরানো কোনো রেখা, আঁকা বাঁকা, ট্যারা ব্যাঁকা রেখা *The skier came down the slope in a series of zigzags.* ○ *a zigzag pattern/line* ▶ **zigzag** *verb* [I] (**zigzagging; zigzagged**) আঁকাবাঁকাভাবে করা

zilla *noun* [C] an administrative district in India ভারতের প্রশাসনিক বিভাগ; জেলা

zinc / zɪŋk জ়িংক্ / *noun* [U] (*symbol* **Zn**) a whitish metal, often put on the surface of iron and steel as protection against water সাদাটে ধাতু যা প্রায়ই জল থেকে রক্ষা করার জন্য লোহা এবং ইস্পাতের উপর লাগানো হয়; দস্তা

zip / zɪp জ়িপ্ / (*AmE* **zipper** / ˈzɪpə(r) ˈজ়িপ্যা(র্)/) *noun* [C] a device for fastening clothes, bags, etc. কাপড়, ব্যাগ ইত্যাদি লাগানোর বা আটকানোর জন্য ব্যবহৃত সরঞ্জাম; জিপ *to do up/undo a zip* ⇨ **button**-এ ছবি দেখো। ▶ **zip** *verb* [T] (**zipping; zipped**) **zip sth (up)** জিপ লাগানো, চেন লাগানো *There was so much in the bag that it was difficult to zip it up.* ✪ বিপ **unzip**

ZIP code (*also* **zip code**) = **postcode**

the zodiac / ˈzəʊdiæk ˈজ়্যাউডিঅ্যাক্ / *noun* [*sing.*] a diagram of the positions of the sun, moon and planets, which is divided into twelve equal parts, each with a special name and symbol (**the signs of the zodiac**) সূর্য, চন্দ্র এবং বিভিন্ন গ্রহের অবস্থান সম্বলিত নকশা যা বারোটি সমান ভাগে বিভক্ত এবং যার মধ্যে প্রতিটি বিশেষ নাম ও চিহ্ন অর্থাৎ জোডিয়াক চিহ্ন আছে

> NOTE সংবাদপত্র বা পত্রিকায় জ্যোতিষ ও রাশিচক্রের মধ্যে (প্রায়ই গ্রহ-অবস্থান বলা হয়) জোডিয়াক চিহ্ন ব্যবহৃত হয় এবং সাধারণ মানুষ এর মধ্যে নিজেদের ভাগ্য ও ভবিষ্যৎ জানতে পারা যায় বলে মনে করে। *Which sign (of the zodiac) are you?*

zone / zəʊn জ়্যাউন্ / *noun* [C] an area that is different from those around it for example because sth special happens there এমন এলাকা যেখানে বিশেষ কিছু ঘটে এবং সেই কারণেই তা আশেপাশের থেকে আলাদা, যেমন কোনো বিশেষ অঞ্চল, যার নিজস্ব বৈশিষ্ট্য আছে এমন জায়গা *a war zone*

zoo / zuː জ়্ / *noun* [C] (*pl.* **zoos**) a park where many kinds of wild animals are kept so that people can look at them and where they are bred, studied and protected কোনো পার্ক যেখানে অনেক ধরনের বন্য প্রাণীকে সুরক্ষিতভাবে রাখা হয় যাতে জনসাধারণ তাদের দেখতে পায় এবং তাদের সেখানে প্রজনন করানো হয়, তাদের সম্পর্কে গবেষণা করা হয়; চিড়িয়াখানা

zoology / zəʊˈɒlədʒi; zuˈɒl- জ়্যাউˈঅল্যাজি; জ়ুˈঅল্- / *noun* [U] the scientific study of animals প্রাণীদের সম্পর্কে বিজ্ঞানসম্মত চর্চা; প্রাণীবিদ্যা ⇨ **botany** এবং **biology** দেখো। ▶ **zoological** /ˌzəʊəˈlɒdʒɪkl; ˌzuːəˈl- ˌজ়্যাউঅ্যাˌলজিক্ল্; ˌজ়ুঅ্যাˈল্-/ *adj.* প্রাণীবিদ্যা সংক্রান্ত ▶ **zoologist** / zəʊˈɒlədʒɪst; zuˈɒl- জ়্যাউˈঅল্যাজিস্ট্; জ়ুˈঅল্- / *noun* [C] প্রাণীবিদ্যাবিশেষজ্ঞ

zoom / zuːm জ়ুম্ / *verb* [I] to move or go somewhere very fast খুব তাড়াতাড়ি যাওয়া বা সরা, হুশ করে চলে যাওয়া

PHR V **zoom in (on sb/sth)** (used in photography) to give a closer view of the object/person being photographed by fixing a special device to the camera (**a zoom lens**) (ফোটোগ্রাফিতে ব্যবহৃত) ক্যামেরায় জুম লেনস লাগিয়ে ছবি তোলা যাতে যার ছবি তোলা হচ্ছে তাকে আরও কাছে দেখায় *The camera zoomed in on the actor's face.*

zoom lens *noun* [C] a device on a camera that can make an object being photographed appear gradually bigger or smaller so that it seems to be getting closer or further away দূরের বস্তু ইচ্ছেমতো কাছে, দূরে রেখে, ছোটো বা বড়ো করে ইচ্ছেমতো ছবি তোলা যায় যে লেনসের সাহায্যে; জুম লেনস

Zoroaster (*also* **Zarathustra**) *noun* an ancient Persian prophet and founder of **Zoroastrianism** প্রাচীন পার্শি ধর্মগুরু এবং জরথুস্ত্র ধর্মের স্থাপক

Zoroastrian *noun* [C] a person who is a follower of **Zoroastrianism** জরথুস্ত্র পন্থী ▶ **Zoroastrian** *adj.* relating to or connected with **Zoroastrianism** জরথুস্ত্রীয়

Zoroastrianism *noun* [U] a religion founded in ancient Persia by **Zoroaster,** that teaches that there is one god and a continuing struggle in the world between the forces of good and evil প্রাচীন পারস্যের প্রতিষ্ঠিত ধর্মমত জরথুস্ত্রবাদ যা পৃথিবীতে ঈশ্বরের একত্ব এবং সৎ ও অসৎ-এর মধ্যে ক্রমাগত লড়াইয়ের কথা প্রচার করে; জরথুস্ত্রপন্থা

zucchini / zuˈkiːni জ়ুˈকীনি / *noun* [C] (*pl.* **zucchini** or **zucchinis**) a long vegetable with dark green skin that is white inside গাঢ় সবুজ রঙের সবজি যার ভিতরটা সাদা; জুকিনি ⇨ **vegetable**-এ ছবি দেখো।

zygote / ˈzaɪgəʊt ˈজ়াইগ্যাউট্ / *noun* [C] a cell that starts the process of forming a baby person or animal, formed by the joining together of a male and a female **gamete** পুরুষ ও স্ত্রী জননকোষের মিলনে গঠিত ভ্রূণবীজ; ভ্রূণানু; জাইগোট

APPENDIX 1: QUICK GRAMMAR REFERENCE

Verbs (ক্রিয়াপদ)
The Tenses of Regular Verbs (নিয়মিত ক্রিয়াপদের কাল)

The Simple Tenses (সাধারণ কাল)

NOTE I, you, we অথবা they-র ক্রিয়াপদের রূপ একই প্রকার।

He, she এবং it-এর ক্রিয়াপদের রূপও একই প্রকার হয়।

The present simple (সাধারণ বা নিত্য বর্তমান)

I look	do I look?	I do not look (**don't look**)
he looks	does he look?	he does not look (**doesn't look**)

The simple past (সাধারণ বা নিত্য অতীত)

I looked	did I look?	I did not look (**didn't look**)
he looked	did he look?	he did not look (**didn't look**)

The present perfect (পুরাঘটিত বর্তমান)

I have looked (**I've looked**)	have I looked?	I have not looked (**haven't looked**)
he has looked (**he's looked**)	has he looked?	he has not looked (**hasn't looked**)

The past perfect (pluperfect) (পুরাঘটিত অতীত)

I had looked (**I'd looked**)	had I looked?	I had not looked (**hadn't looked**)
he had looked (**he'd looked**)	had he looked?	he had not looked (**hadn't looked**)

The future simple (সাধারণ ভবিষ্যৎ)

I will look (**I'll look**)	will I look?	I will not look (**won't look**)
he will look (**he'll look**)	will he look?	he will not look (**won't look**)

The future perfect (পুরাঘটিত ভবিষ্যৎ)

I will have looked (**I'll have looked**)	will I have looked?	I will not have looked (**won't have looked**)
he will have looked (**he'll have looked**)	will he have looked?	he will not have looked (**won't have looked**)

The conditional (শর্তসাপেক্ষ)

I would look (**I'd look**)	would I look?	I would not look (**wouldn't look**)
he would look (**he'd look**)	would he look?	he would not look (**wouldn't look**)

The conditional perfect (শর্তসাপেক্ষ পুরাঘটিত)

I would have looked (**would've looked**)	would I have looked?	I would not have looked (**wouldn't have looked**)
he would have looked (**would've looked**)	would he have looked?	he would not have looked (**wouldn't have looked**)

The Continuous Tenses (ঘটমান কাল)

NOTE কখনো কখনো Continuous Tenses (ঘটমান কাল) কে **progressive tenses** ও বলা হয়।

I, you, we এবং **they** -র ক্রিয়াপদের রূপ এক। যেখানে **you**-র ক্ষেত্রে ক্রিয়াপদের রূপ আলাদা সেখানে বলে দেওয়া হয়েছে। **He, she** এবং **it**-এর ক্ষেত্রে ক্রিয়াপদের রূপ এক।

The present continuous (ঘটমান বর্তমান)

I am looking (**I'm looking**)	am I looking?	I am not looking (**I'm not looking**)
you are looking (**you're looking**)	are you looking?	you are not looking (**aren't looking**)
he is looking (**he's looking**)	is he looking?	he is not looking (**isn't looking**)

The past continuous (ঘটমান অতীত)

I was looking	was I looking?	I was not looking (**wasn't looking**)
you were looking	were you looking?	you were not looking (**weren't looking**)
he was looking	was he looking?	he was not looking (**wasn't looking**)

The present perfect continuous (পুরাঘটিত ঘটমান বর্তমান)

I have been looking (**I've been looking**)	have I been looking?	I have not been looking (**haven't been looking**)
he has been looking (**he's been looking**)	has he been looking?	he has not been looking (**hasn't been looking**)

The past perfect continuous (পুরাঘটিত ঘটমান অতীত)

I had been looking (**I'd been looking**)	had I been looking?	I had not been looking (**hadn't been looking**)
he had been looking (**he'd been looking**)	had he been looking?	he had not been looking (**hadn't been looking**)

The future continuous (ঘটমান ভবিষ্যৎ)

I will be looking (**I'll be looking**)	will I be looking?	I will not be looking (**won't be looking**)
he will be looking (**he'll be looking**)	will he be looking?	he will not be looking (**won't be looking**)

The future perfect continuous (পুরাঘটিত ঘটমান ভবিষ্যৎ)

I will have been looking (**I'll have been looking**)	will I have been looking?	I will not have been looking (**won't have been looking**)
he will have been looking (**he'll have been looking**)	will he have been looking?	he will not have been looking (**won't have been looking**)

The conditional continuous (শর্তসাপেক্ষ ঘটমান)

I would be looking (**I'd be looking**)	would I be looking?	I would not be looking (**wouldn't be looking**)
he would be looking (**he'd be looking**)	would he be looking?	he would not be looking (**wouldn't be looking**)

The conditional perfect continuous (শর্তসাপেক্ষ পুরাঘটিত ঘটমান)

I would have been looking	would I have been	I would not have been looking
(**would've been looking**)	looking?	(**wouldn't have been looking**)
he would have been looking	would he have been	he would not have been looking
(**would've been looking**)	looking?	(**wouldn't have been looking**)

Verbs (ক্রিয়াপদ)

Talking About the Present প্রসঙ্গ : বর্তমান কাল

এই সময় যা ঘটছে তা বোঝাতে **present continuous** (ঘটমান বর্তমান) ব্যবহার হয়:	—*We're just **having** breakfast.* —*What **are** you **reading**?* —*She **isn't listening** to me.*
যে ক্রিয়া এখনও সম্পূর্ণ হয় নি সেটি বোঝানোর জন্য, (এমন কি যখন বলা হচ্ছে তখনও সেই কাজ করা হচ্ছে না সেক্ষেত্রেও **present continuous** (ঘটমান বর্তমান) ব্যবহার হয়:	—*I'm **learning** English.* —*She's **writing** a book about snails.*
যখন কোনো ঘটনা প্রায়ই ঘটতে থাকে এবং তাতে এক ধরনের বিরক্তি উৎপাদন হয় তখন ঘটমান বর্তমান কালের প্রয়োগ **always**-এর সঙ্গে করা হয়:	—*He's always **asking** silly questions.* —*They're always **coming** round here to borrow something.*
Need, want, know ইত্যাদি কতকগুলি ক্রিয়াপদ **continuous tense** (ঘটমান কাল)-এ ব্যবহার করা যায় না: ⇨ **promise, agree, seem, appear, understand, appreciate** ক্রিয়াপদগুলি দেখো। এগুলির দ্বারা অবস্থা বোঝায়, কোনো কাজ নয়:	—*I **need** some new shoes.* —*She **hates** her job.* —*He **wants** to go home.* —***Do** you **know** Tania Singh?*
অন্য সমস্ত ক্রিয়াপদের দ্বারা যখন কোনো কাজ বোঝানো হয় তখন **present continuous** (ঘটমান বর্তমান) রূপের ব্যবহার হয়। আর কেবলমাত্র অবস্থান বা স্থিতি বোঝাতে **present simple** (সাধারণ বর্তমান) ব্যবহার করা হয়:	—*He's **tasting** the soup.* —*The soup **tastes** salty.* —*She's **being** difficult again.* —*What **are** you **thinking** about?* —*Do you **think** I should leave?*
যা চিরকালীন সত্য তা বোঝানোর জন্য **present simple** (সাধারণ বর্তমান) ব্যবহার করা হয়:	—*Whales **are** mammals.* —*Rice **doesn't grow** in this climate.* —*What temperature **does** water **boil** at?*
যা প্রায়ই ঘটে বা নিয়মিত হয় তা বলার জন্য সাধারণ বর্তমান ব্যবহার করা হয়:	—*She **leaves** for school at 8 o'clock.* —***Does** he **work** in a factory?* —*We **don't** often **go** out for a meal.*

Talking About the Past প্রসঙ্গ : অতীত কাল

অতীতে ঘটে গেছে এমন কোনো ঘটনা বোঝানোর জন্যে **past simple** (সাধারণ অতীত) ব্যবহার করা হয়:	—*He got up, **paid** the bill, and **left**.* —*I **didn't read** the letter. I just **gave** it to Leela.* —*What **did** you **say** to him?*

প্রায়ই নির্দিষ্ট সময়ের উল্লেখ করা হয়:	—*Did* you *speak* to Anu yesterday?
যা কিছুদিন ধরে চলছিল এবং এখন শেষ হয়ে গেছে সেটি বোঝানোর জন্যও সাধারণ অতীত ব্যবহৃত হয়:	—I *went* to school in Kolkata. —*Did* she really *work* there for ten years? —He *didn't grow* up in Chennai—he went there as an adult.
অতীতে যে ঘটনা নিয়মিত ঘটত তা বর্ণনা করার জন্য সাধারণ অতীত কাল ব্যবহার করা হয়:	—I often *played* tennis with her. —She always *won.* —They never *went* to the cinema when they *lived* in the village.
যা অতীতে শুরু হয়ে এখনও চলেছে তা বর্ণনা করতে **present perfect** (পুরাঘটিত বর্তমান) প্রয়োগ করা হয়:	—I've *worked* here since 1998. —I've *known* Tara for years.
পুরাঘটিত বর্তমান তখন ব্যবহার করা হয় যখন সময়ের কোনো উল্লেখ থাকে না বা ঘটনাটিও গুরুত্বপূর্ণ নয়:	—He's *written* a book. —We've *bought* a new computer.
যখন কোনো কাজ অতীতে শুরু হয়ে থাকলেও ফলশ্রুতি এখনও চলছে:	—He's *lost* his calculator (and he still hasn't found it).
Since এবং **for** এর সঙ্গে **present perfect** (পুরাঘটিত বর্তমান) তখন ব্যবহার হয় যখন কোনো কাজের স্থিতিকাল অথবা এখন পর্যন্ত যতটুকু হয়েছে তার অবস্থা বোঝানো হয়। এই ব্যবহার লক্ষ কর:	—I've *known* about it since Christmas. How long *have* you *known*? —She *hasn't bought* any new clothes for years.
ব্রিটিশ ইংরেজিতে **just, ever, already, yet**-এর সঙ্গে প্রায়ই পুরাঘটিত বর্তমান ব্যবহার হয়:	—I've just *arrived.* —*Have* you ever *been* here before? —He's *already packed* his suitcases. —*Haven't* you *finished* yet?
এছাড়াও কোনো কাজ একটা সময়ে ঘটে থাকলেও এখনও চলছে অর্থাৎ শেষ হয়ে যায়নি তা বোঝানোর জন্য ক্রিয়াপদের এই রূপ ব্যবহার করা হয়:	—The train *has been* late three times this week.
যে কাজ অতীতে শুরু হয়েছে এবং এখনও চলছে অথবা সবেমাত্র শেষ হয়েছে এবং তার ফলাফলও চোখে পড়ছে সেক্ষেত্রে **present perfect continuous** (পুরাঘটিত ঘটমান বর্তমান কাল) ব্যবহৃত হয়:	—I've *been working* since eight o'clock—can I have a break now? —My hands are dirty because I've *been gardening.* —They *haven't been learning* English very long.
অন্য কোনো কাজ চলার সঙ্গে সঙ্গে যখন আর একটি কাজ সম্পন্ন বা সমাপ্ত হয় তখন **past continuous** (ঘটমান অতীত) ব্যবহার করা হয়:	—It *was raining* when I left the house. —*Was* he *cooking* dinner when you got home? —I *wasn't wearing* a coat and I got very wet.
ঘটমান বর্তমানের মতো ক্রিয়ার এই কালটিও **state** বা অবস্থা প্রকাশক ক্রিয়াপদের সঙ্গে ব্যবহার করা হয় না:	—The fresh bread *smelled* wonderful (*was smelling* নয়).
অতীতে কোনো একটি কাজের আগেই অন্য আর একটি ঘটনা ঘটেছে তা বলতে **past perfect** (পুরাঘটিত অতীত) ব্যবহার করা হয়:	—When I got to the station, the train *had left.* —I *had* never *met* Raman before he came to Pune. —They *had moved* into the flat three months before Jai lost his job.

অন্য কোনো ঘটনার থেকে বেশি সময় ধরে চলেছিল এমন ক্রিয়া বা কর্মকাণ্ড বর্ণনা করার সময়ে, **past perfect continuous** (পুরাঘটিত ঘটমান অতীত) ব্যবহার করা হয়:

—*My hands were dirty because I **had been gardening**.*
—*She **hadn't been working** at the shop very very long when they sacked her.*

Talking About the Future প্রসঙ্গ : ভবিষ্যৎ কাল

ক্রিয়াপদের ভবিষ্যৎ কাল **'the future'** এর কথা নানাভাবে বলা যায়।

নির্দিষ্ট সময়ে ভবিষ্যৎ পরিকল্পনার কথা বোঝানোর সময়ে **present continuous** (ঘটমান বর্তমান) ব্যবহার করা হয়:	—*What **are** you **doing** this evening?* —*I'm not **starting** my new job till next Monday.*
ভবিষ্যতে যা করার কথা ভাবা হচ্ছে অথচ যে বিষয়ে এখনও সিদ্ধান্ত নেওয়া হয়নি সেই কথা বোঝানোর জন্য ক্রিয়াপদের **infinitive** (অসমাপিকা) রূপের সঙ্গে **be going to** লাগাতে হবে:	—*What **are** you **going to do** when you leave college?* —*I'm not **going to be** as strict with my children as my parents were with me.*
যাইহোক, কথামতো কোনো সিদ্ধান্ত নেওয়ার কথা বলার সময়ে ক্রিয়াপদের **infinitive** (অসমাপিকা) রূপের সঙ্গে **will** যুক্ত হবে:	—*I can't do this. I'll **ask** the teacher.* —*We'll **have** the salad, please.*
যা জানা আছে বা ভবিষ্যতে যা ঘটবে (কিন্তু সেটি নিজের ইচ্ছা বা পরিকল্পনানুযায়ী নয়) তা বোঝাতে **infinitive** (অসমাপিকা) -এর সঙ্গে **will** যুক্ত হবে:	—*It **will be** 25° tomorrow.* —*She'll **be** in the office on Monday.* —***Will** he **pass** the exam, do you think?* —*This job **won't take** long.*
When, as soon as, before, until ইত্যাদি শব্দের পরে ভবিষ্যতের কথা উল্লেখ করতে চাইলে **simple present** (সাধারণ বর্তমান) ব্যবহৃত হয়:	—*Ring me as soon as you **hear** any news.* —*I'll look after Jai until you **get** back.* —*You'll recognize the street when you **see** it.*
অনুরোধ, প্রতিশ্রুতি, প্রস্তাবের ক্ষেত্রে **infinitive** (অসমাপিকা) এর সঙ্গে **will** শব্দটি ব্যবহার করা দরকার:	—***Will** you **buy** some bread on your way home?* —*We'll **be** back early, don't worry.* —*I'll **help** you with your maths.*
নিকট ভবিষ্যৎ বোঝাতে **infinitive** এর সঙ্গে **about to** প্রয়োগ করতে হবে:	—*Go and ask him quickly. He's **about to go** out.*
ভবিষ্যতে কোনো সময়কাল পর্যন্ত চলবে এমন কাজের কথা বোঝানোর সময়ে **future continuous** (ঘটমান ভবিষ্যৎ) ব্যবহার করতে হবে:	—*I'll **be waiting** near the ticket office.* —*I'll **be wearing** a green hat.* —*This time next week you'll **be relaxing** in the sun!*
কাউকে তার পরিকল্পনা বা অভিপ্রায় বিষয়ে জিজ্ঞেস করার সময়ে **will be + -ing** ব্যবহার করতে হয়:	—*How many nights **will** you **be staying**?* —***Will** you **be flying** back or going by train?*
ভবিষ্যতে যে কাজ একটি নির্দিষ্ট সময়ে সম্পন্ন হবে তার বিষয়ে বলার জন্য **future perfect** (পুরাঘটিত ভবিষ্যৎ) ব্যবহার করা হয়:	—*I will **have finished** this work by 3 o'clock.* —*They'll **have lived** here for four years in May?*

সরকারিভাবে যার ক্রিয়াকর্ম পূর্ব নির্ধারিত হয়ে আছে যেমন টাইমটেবল বা কোনো অনুষ্ঠান তার বিষয়ে বলার সময়ে **present simple** (সাধারণ বর্তমান) ব্যবহার করতে হবে:

—*We **leave** Kasauli at 10 and **arrive** in Chandigarh at 12.30.*
—*School **starts** on 9 January.*

Transitive and Intransitive Verbs (সকর্মক ও অকর্মক ক্রিয়াপদ)

[T] যে ক্রিয়াপদের কর্ম আছে তাকে **transitive verbs** (সকর্মক ক্রিয়াপদ) বলা হয়। এই অভিধানে এই ক্রিয়াপদগুলিকে [T] দ্বারা চিহ্নিত করা হয়েছে। এর জন্য (ক্রিয়াপদ) **include** -এর শীর্ষশব্দটি দেখো।
—*He included four new names on the list.*
কেবল *He included*-এভাবে বলা যাবে না।

[I] যে ক্রিয়াপদের কর্ম নেই সেই ক্রিয়াপদগুলিকে **intransitive verbs** (অকর্মক ক্রিয়াপদ) বলা হয়। এই অভিধানে এই ক্রিয়াপদগুলিকে [I] দ্বারা চিহ্নিত করা হয়েছে। **arrive** ক্রিয়াপদের শীর্ষশব্দটি দেখো।
—*We arrived very late at the hotel.*
We arrived the hotel কেবল এভাবে বলা যাবে না।

[I, T] অনেক ক্রিয়াপদই একই সঙ্গে intrasitive এবং transitive (অকর্মক এবং সকর্মক) দুই-ই হতে পারে। তাদের [I, T] দ্বারা চিহ্নিত করা হয়েছে।
—*[I] He spoke for two hours.*   —*[T] Do you speak Hindi?*
—*[I] This door only locks from the outside.*   —*[T] Have you locked the door?*

কোনো কোনো ক্রিয়াপদের দুটি কর্ম থাকে : মুখ্য ও গৌণ। এটি বোঝার জন্য **give** ক্রিয়াপদটি দেখো এবং তার ব্যবহার ভালো করে লক্ষ করো।
—**give sb sth; give sth to sb**
কোনো একটি বাক্যে এভাবে বলতে পারা যায় :
—*He gave his mother the CDs.*
অথবা *He gave the CDs to his mother.*
দুটি কর্মের মধ্যে দুটিই বা যে-কোনো একটি সর্বনাম হবে:
—*He gave her the CDs.*   —*He gave them to her.*
—*He gave the CDs to her.*   —*He gave her them. (informal)*
—*He gave them to his mother.*

Conditionals (শর্তসাপেক্ষ)

If সহযোগে তৈরি বাক্য সম্ভাবনা বোঝায়। তা প্রধানত তিন প্রকার :

1. *If I **write** my essay this afternoon, I **will have** time to go out tonight.* (= It is still morning, and it is probable that I will do this)
   —**If**-এর পরে **present tense** (বর্তমান কাল) এবং প্রধান বাক্যাংশে **future tense** (ভবিষ্যৎ কাল) হয়।

2. *If I **wrote** my essay this afternoon, I **would have** time to go out tonight.* (= It is still morning, but I think it is less likely that I will do this)
   —**If**-এর পরে **simple past** (সাধারণ অতীত) এবং প্রধান বাক্যাংশে **conditional tense** (শর্তসাপেক্ষ কাল) হয়।

3. *If I **had written** my essay this afternoon, I **would have had** time to go out tonight.* (= It is now evening, and I haven't written my essay: it is now impossible for me to go out)
   —**if**-এর পরে **past perfect** (পুরাঘটিত অতীত) এবং প্রধান বাক্যাংশে **conditional perfect** (শর্তসাপেক্ষ পুরাঘটিত) হয়।

তাছাড়া '**If**' সহযোগে সৃষ্ট আরও কিছু অন্য রকমের বাক্যের নমুনা দেওয়া হল নীচে :
যা সব সময়ে সত্য, অতীতে যা সব সময়ে সত্য ছিল
—*If you **mix** blue and red, you **get** purple.*
এখানে বাক্যের দুই অংশেই **present simple** (সাধারণ বর্তমান) ব্যবহার করা হয়েছে:
—*If I **asked** her to come with us, she always **said** no.*
বাক্যের দুটি অংশেই **simple past** (সাধারণ অতীত) ব্যবহৃত হয়েছে:

Reported Speech (উদ্ধৃতি-বাচক বাক্য / বক্তব্য)

Direct Speech to Reported Speech প্রত্যক্ষ বক্তব্য থেকে উদ্ধৃত বক্তব্য

যখন **said** এবং **asked** ইত্যাদি শব্দ ব্যবহার করে অন্য কারও বিবৃতি উল্লেখ করা হয় তখন ক্রিয়ার কাল এক ধাপ পিছিয়ে নেওয়া (past বা অতীতের দিকে) দরকার:

RAJESH: 'I'm coming home.'
→ *Rajesh said he was coming home.*

'I **don't know** whether Leena **wants** to come.'
→ *He said he **didn't know** whether Leena **wanted** to come.*

'She **is thinking** of staying at home tomorrow.'
→ *He said she **was thinking** of staying at home the following day.*

'**Have** you **booked** your ticket?'
→ *He asked whether she **had booked** her ticket.*

'I **finished** my exams yesterday.'
→ *He said he **had finished** his exams the day before.*

'I**'ll ring** from the station.'
→ *He told me he **would ring** from the station.*

তবে **should, would, might, could, must** এবং ought—এই modal verbs গুলি সাধারণত বদলায় না:

'We **might go** to the cinema.'
→ *They said they **might go** to the cinema.*

যদি উদ্ধৃতিবাচক ক্রিয়া (**say, ask,** ইত্যাদি) **present** (বর্তমান) বা **present perfect** (পুরাঘটিত বর্তমান) এ থাকে তবে বাক্যের কাল সাধারণত বদলায় না:

BEN: 'I'm going home.'
→ *Ben says he's **going** home.*
Ben's just told me he's going home.

Reporting Requests and Commands (অনুজ্ঞা এবং অনুরোধ জানানোর রীতি)

অনুজ্ঞা বা অনুরোধ জানানোর কথা যখন বলা হয় তখন সাধারণত **infinitive** (অসমাপিকা) রূপ ব্যবহার করা হয়:

'Please will you do the dishes?'
→ *She **asked me to do** the dishes.*

'Don't touch the stove!'
→ *She **told** the children **not to touch** the stove.*

Reporting Questions (প্রশ্নাদির রীতি)

খেয়াল রেখো যে হ্যাঁ বা না-র কথা জানাতে গেলে **if** অথবা **whether** ব্যবহার করা প্রয়োজন:

'Are you ready?'
→ *She asked **if/whether I was ready**.*

Wh- প্রশ্নের ক্ষেত্রে **wh-** শব্দটি বাক্যের মধ্যেও থাকবে
'When are you leaving?'
→ *She asked me **when I was leaving**.*

এখানে শব্দ বিন্যাস সাধারণ বাক্যের মতো হবে, প্রশ্নসূচক বাক্যে যেমন হয় তেমন হবে না:

'Did you see them?'
→ *He asked me **if I had seen** them.*

Reporting Verbs (উদ্ধৃতি-বাচক বাক্যে ক্রিয়ার ব্যবহার)

বিভিন্ন উদ্ধৃতিবাচক বাক্যে **reporting verbs**-এর ব্যবহারসহ নীচে কয়েকটি উদাহরণ দেওয়া হল :

'Will you come with me?' 'All right.'
→ *She **agreed** to come with me.*

'Sorry I didn't phone you'.
→ *She **apologized** for not phoning me.*

'Did you steal the money?' 'Yes, I did.'
→ *She **admitted** (to) stealing the money.*
→ *She **admitted** that she'd stolen the money.*

'Shall we take a break now?'
→ *She **suggested** taking a break.*

'You should have a holiday.'
→ *She **advised** me to have a holiday.*

'I'm freezing!'
→ *She **complained** that she was freezing.*

The Passive (কর্মবাচ্য)

Active (কর্তৃবাচ্য) বাক্যে কর্তা (উদ্দেশ্য) অর্থাৎ কোনো ব্যক্তি বা বস্তু কার্য নিষ্পন্ন করে:
—*Masked thieves stole a valuable painting from the museum last night.*

কিন্তু এই বাক্যটিকে **passive sentence** (কর্মবাচ্য)-এ বদল করার সময়ে ক্রিয়াপদের কর্ম (বিধেয়) কর্তায় (উদ্দেশ্য) পরিণত হয়:
—*A valuable painting was stolen from the museum last night.*

সাধারণ ক্রিয়া বা **to be**-র একটি রূপ এবং ক্রিয়াপদের **past participle** (অতীত কৃদন্ত রূপ) এর সাহায্যে **passive** (কর্মবাচ্য) করা হয়:
—*The painting is valued by experts at two million dollars.*
—*The theft is being investigated by the police.*
—*Other museums have been warned to take extra care.*
—*The painting was kept in a special room.*
—*The lock had been broken and the cameras had been switched off.*
—*This morning everything possible was being done to find the thieves.*
—*Staff at the museum will be questioned tomorrow.*
—*An international search is to be started.*
—*The theft must have been planned with the help of someone inside the museum.*

যখন কাজটা কার দ্বারা সম্পন্ন হয়েছে জানা যায় না অথবা কে করেছে তা জানা তত গুরুত্বপূর্ণ নয় তখনই আমরা কর্মবাচ্য ব্যবহার করি। তবে আনুষ্ঠানিক লেখার ক্ষেত্রেও (যেমন বিজ্ঞানসংক্রান্ত রচনা) এটাই বেশি চলে:
—*The liquid was heated to 60°C and then filtered.*

আর কর্তার উল্লেখ করতে চাইলে বাক্যের শেষে **by** ব্যবহার করে তা উল্লেখ করতে হয়:
—*The painting was stolen by masked thieves.*

কর্মবাচ্য বেছে নেওয়ার আর একটি কারণ সূচনার প্রথমেই কর্মকর্তার নাম না বলে একেবারে বাক্যের শেষে বলা যাতে তথ্যটির উপর জোর পড়ে:
—*The picture was painted by Constable.*

দ্বিকর্মক ক্রিয়াপদকেও কর্মবাচ্যে পরিণত করা যায়:
—An American millionaire gave **the museum the painting**.
   →*The museum was given the painting by an American millionaire.*
—The director told the **staff the news** this morning.
   →*The staff were told the news this morning by the director.*

Modal Verbs (মোডাল ক্রিয়াপদ)

Ability   **can   could   be able to**

যোগ্যতা, ক্ষমতা
   —*Can he swim?*
   —*My brother could swim when he was two.*
   —*I couldn't find my keys this morning.*
   —*I could have run faster, but I didn't want the others to get tired.*
   —*She has not been able to walk since the accident.*
   —*He was able to speak to Anita before she left.*
   —*Will people be able to live on the moon one day?*

⇨ 'Could' এবং **managed** to -এর পার্থক্য বোঝার জন্য **could**-এ note দেখো।

Possibility   **could   may   might**

সম্ভাবনা
   —*Could/Might you have lost it on the way home?*
   —*She may/might/could be ill. I'll phone her.*
   —*I may have/might have left my purse in the shop.*
   —*Anita might/may know the answer.*
   —*I might/may not go if I'm tired.*
   —*He might have enjoyed the party if he'd gone.*

Permission অনুজ্ঞা, অনুমতি	**can could may may not must not** —*Can we come in?* —*You can't get up until you're better.* —*Could we possibly stay at your flat?* —*(written) Staff may take their break between 12 and 2.* —*(formal) May I sit here?* —*(written) Crockery may not be taken out of the canteen.* —*(formal) You must not begin until I tell you.*
Obligation করণীয়, করা দরকার	**ought to/should** (mild) **have (got) to/must** (strong) —*I ought to/should go on a diet.* —*I ought to have/should have asked her first.* —*(written) All visitors must report to reception on arrival.* —*I must get that report finished today.* —*Do you have to write your name on the form?* —*She had to throw that burnt cake away.* —*You will have to wait, I'm afraid.*
Advice পরামর্শ, উপদেশ	**ought to should** —*Ought I to/Should I write and thank him?* —*She ought to/should go out more often.* —*You ought to have/should have gone to bed earlier.* —*You shouldn't borrow the car without asking.*
No necessity অনাবশ্যক	**don't have to shouldn't have didn't need to needn't have** —*You don't have to pick us up; we can take a taxi.* —*They didn't have to go through customs.* —*You shouldn't have bothered making lunch; we could have bought a sandwich.* —*He didn't need to have any fillings at the dentist's.* —*They needn't have waited.*

⇨ 'Didn't need to' এবং 'needn't have' এর মধ্যে পার্থক্য বোঝার জন্য **need²**-র note দেখো।

Requests অনুরোধ	**can/will** (*informal*) —*Can you pass me the dictionary?* —*Will you buy me an ice cream, Mum?*	**could/would** (*formal*) —*Could you help me with my translation?* —*Would you type this letter for me, please?*
Offers and suggestions প্রস্তাব এবং পরামর্শ	**shall will** —*Shall I do the dusting?* —*I'll take you to the airport.* —*Shall we go now?*	

Nouns (বিশেষ্যপদ)

Countable and Uncountable Nouns (গণনীয় এবং অগণনীয় বিশেষ্যপদ)

[C] countable nouns (গণনীয় বিশেষ্য পদ) একবচন বা বহুবচন দুই-ই হতে পারে:

—*a friend/two friends*   — *one book/five books*

এই অভিধানে এগুলিকে [C] দ্বারা চিহ্নিত করা হয়েছে:

[U] **uncountable nouns** (অগণনীয় বিশেষ্যপদ)-এর বহুবচন হয় না এবং এদের সঙ্গে **a/an** ব্যবহার করা চলে না। এই জাতীয় শব্দগুলিকে এই অভিধানে [U] দ্বারা চিহ্নিত করা হয়েছে।

➪ নিম্নলিখিত শীর্ষশব্দগুলি দেখো:

rice money water information advice furniture

some rice কথাটি ব্যবহৃত হয় কিন্তু ~~***a rice***~~ বা ~~***two rices***~~ নয়

Importance, luck, happiness ইত্যাদি গুণবাচক বিশেষ্যপদগুলি প্রধানত অগণনীয়।

[C, U] কতকগুলি বিশেষ্যপদ আবার গণনীয় এবং অগণনীয় অর্থবহনকারী। এই অভিধানে ঐ শ্রেণির শব্দ [C, U] অথবা [U, C] দ্বারা চিহ্নিত করা হয়েছে

➪ এছাড়া নিম্নলিখিত শীর্ষপদগুলি দেখো:

cheese coffee paper friendship

—**[U]** *Have some cheese!*

—**[C]** *They sell a variety of cheeses.* (= types of cheese)

—**[U]** *I don't drink much coffee.*

—**[C]** *She ordered too many coffees.* (= cups of coffee)

—**[U]** *I haven't got any more paper.*

—**[C]** *Can you buy me a paper?* (= a newspaper)

—**[U]** *Friendship is more important than wealth.*

—**[C]** *None of these were lasting friendships.* (= relationships)

[sing.] কিছু শব্দের কেবলমাত্র একবচন হয়। সেগুলি [*sing.*] দ্বারা চিহ্নিত করা হয়েছে।

➪ নিম্নলিখিত শীর্ষপদগুলি দেখো:

aftermath dearth brink

এগুলি বহুবচন হিসেবে ব্যবহার করা যায় না। কিন্তু **a/an** বা **the**-র সঙ্গে ব্যবহার করা যায়।

—in the aftermath of the earthquake

—There was a dearth of fresh food.

—We are on the brink of disaster.

[pl.] কিছু কিছু শব্দের কেবলমাত্র বহুবচন (**plural**) হয়। এই অভিধানে তাদের [*pl.*] দ্বারা চিহ্নিত করা হয়েছে।

➪ নিম্নলিখিত শীর্ষপদগুলি দেখো:

jeans sunglasses scissors

sunglasses বলা চলে না। আলাদা করে বোঝাতে হলে বলতে হবে ***a pair of:***

—a pair of sunglasses *—two pairs of sunglasses*

Headphones, clothes, and **goods** ইত্যাদি শব্দ কেবলমাত্র বহুবচন হিসেবেই ব্যবহৃত হয়।

—I need to buy some new clothes.

যেসকল বিশেষ্যপদ কেবলমাত্র বিশেষ ধরনের লোকদের বোঝায়, যেমন **the poor** এর ক্ষেত্রে শব্দটি বহুবচন হিসেবে গৃহীত হবে:

—The poor are getting poorer and the rich are getting richer.

The Use of Articles with Nouns (বিশেষ্যপদের সঙ্গে আর্টিক্‌লের সম্পর্ক)

The Definite Article (নির্দিষ্টসূচক আর্টিক্‌ল)

তখনই **definite** (নির্দিষ্ট) আর্টিক্‌ল **'the'** ব্যবহার করা হয় যখন বক্তা আশা করে যে সে যে ব্যক্তি বা বস্তুর কথা বলছে তা শ্রোতার পরিচিত:

*—Thank you for **the** flowers* (= the ones that you brought me).

*—**The** teacher said my essay was the best* (= our teacher).

নদী এবং দ্বীপের নামের সঙ্গেও **the** ব্যবহার করা হয়:

*—Which is longer, **the** Bramhaputra or **the** Ganga?*

—*Where are **the** Seychelles?*
—*Menorca is one of **the** Balearic Islands.*

The Indefinite Article (অনির্দিষ্ট আর্টিক্‌ল)

যখন বক্তা জানে যে সে যে বিষয়ে কথা বলছে সে সম্বন্ধে শ্রোতার কোনো ধারণা নেই অথবা সে নিজেও কোনো নির্দিষ্ট একটি বিষয়ে কথা বলছে না তখনই **indefinite article** (অনির্দিষ্ট আর্টিক্‌ল) **a** (এবং স্বরধ্বনির পূর্বে) **an** ব্যবহার করা হয়:

—*He's got **a** new bike.* (I haven't mentioned it before.)
—*Could you bring me **a** knife?* (Any knife will be ok.)

অনেক সময়ে আবার একই ধরনের ব্যক্তি বা বস্তু সম্বন্ধে বলতে গেলে যেমন কোনো ব্যক্তির পেশা বা কাজের কথা বলতে **a/an** ব্যবহার করা হয়:

—*She's **an** accountant.*

মূল্য, গতি ইত্যাদির ক্ষেত্রে **a/an** প্রয়োগ করা হয়:

—*$100 **a** day*
—*70 kilometres **an** hour*
—*50 cents **a** pack*
—*three times **a** week*

No Article (আর্টিক্‌ল বিহীন)

সাধারণভাবে কোনো কথা বলতে হলে আর্টিক্‌ল ব্যবহার করা হয় না:

—*I love flowers (all flowers).*
—*Honey is sweet (all honey).*
—*Are nurses well paid here? (nurses in general)*

সাধারণত বেশির ভাগ দেশ, শহর, রাজ্য, রাস্তা বা হ্রদ ইত্যাদির নামের আগে **the** লাগানো হয় না:

—*I'm going to Paris.*
—*She's from Kanpur.*
—*They live in Shimla.*
—*a house in Park Street*
—*Lake Chilka*

অথবা কোনো ব্যক্তির পদবির সঙ্গে নাম উল্লেখ করলেও **the** বসে না:

—*President Kennedy* **BUT** ***the** President of the United States*

➪ আর্টিক্‌লসংক্রান্ত আরও তথ্য জানার জন্য নিম্নলিখিত শীর্ষশব্দগুলি দেখো:

school university college hospital prison piano

The Possessive with 's ('s-সহ সম্বন্ধসূচক রূপ)

সম্বন্ধ বোঝাতে শব্দ বা নামের সঙ্গে 's যোগ করা যায়। প্রায়ই এটি মানুষ, দেশ এবং পশুদের বোঝায় যেসকল শব্দ সেগুলির সঙ্গে যুক্ত হয়:

—*Amrita's job*
—*the manager's secretary*
—*my brother's computer*
—*the children's clothes*
—*the dog's basket*
—*Goa's beaches*

যদি শব্দটি বহুবচন হওয়ার কারণে তার শেষে **s** থাকে তবে তার পরে কেবলমাত্র apostrophe (') যোগ হয়:

—*the boys' rooms*
—*the Smiths' house*

The Use of Determiners with Nouns (বিশেষ্যপদের সঙ্গে নির্ধারক শব্দের ব্যবহার)

much শব্দটি অগণনীয় বিশেষ্যপদের সঙ্গে সাধারণত নেতিবাচক এবং প্রশ্নসূচক বাক্যে ব্যবহৃত হয়:

—*I haven't got **much** money left.*
—*Did you watch **much** television?*

much শব্দটির ব্যবহার ইতিবাচক বাক্যে একেবারেই পোশাকি:

—*There will be **much** discussion before a decision is made.*

many শব্দটি গণনীয় বিশেষ্যপদ-এর সঙ্গে সাধারণত নেতিবাচক এবং প্রশ্নসূচক বাক্যে ব্যবহৃত হয়:

—*There aren't **many** tourists here in December.*
—*Are there **many** opportunities for young people?*

ইতিবাচক বাক্যে এই শব্দটি **'a lot of'**-এর থেকে অনেক বেশি পোশাকি:

—***Many*** *people prefer to stay at home.*

A lot of অথবা (informal) **lots of** গণনীয় বা অগণনীয় দুই জাতীয় বিশেষ্যপদের সঙ্গেই ব্যবহার করা যায়:

—***A lot of*** *tourists visit the temple.*
—*I've spent* ***a lot of*** *money.*
—*He's been here* ***lots of*** *times.*
—*You need* ***lots of*** *patience to make model aircraft.*

A little অগণনীয় বিশেষ্যপদের সঙ্গে ব্যবহার হয়:

—*Add* ***a little*** *vinegar.*

আর **A few** গণনীয় বিশেষ্যপদের সঙ্গে ব্যবহার হয়:

—*I've got* ***a few*** *letters to write.*

NOTE উপরের দুটি বাক্যেরই অর্থ ইতিবাচক। কিন্তু **'few'** এবং **little** যখন **a** ছাড়া ব্যবহার করা হয় তখন তার অর্থ হয় নেতিবাচক:

—***Few*** *people* (= not many) *have ever seen these animals in the wild.*
—*There is now* ***little*** *hope* (= not much) *that they can win the championship.*

Adjectives (বিশেষণ)

Comparatives and Superlatives তুলনামূলক ও সর্বোচ্চ মাত্রাসূচক বিশেষণপদ

নীচের অংশটি দেখো। এর মধ্যে অনেক তুলনামূলক ও সর্বোচ্চ মাত্রাসূচকের নমুনা পাওয়া যায়।

— *Temperatures yesterday were* ***highest*** *in the south-east. The* ***sunniest*** *place was Chennai, and the* ***wettest*** *was Shillong. Tomorrow will be* ***cooler*** *than today, but in Delhi it will be a* ***drier*** *day.* ***Better*** *weather is expected for the weekend, but it will become* ***more changeable*** *again next week.*

তুলনামূলক ও সর্বোচ্চমাত্রাসূচক শব্দ এইভাবে তৈরি হয়:

এক সিলেবল-এর বিশেষণপদের সঙ্গে **-er** এবং **-est** যোগ হয়:

cool **cooler** **coolest**
high **higher** **highest**

অন্তে -e থাকলে বিশেষণপদের সঙ্গে **-r** এবং **-st** যুক্ত হয়:

nice **nicer** **nicest**

কোনো কোনো বিশেষণপদের ক্ষেত্রে অন্ত্য ব্যঞ্জন দ্বিত্ব হয়ে যায়:

wet **wetter** **wettest**
big **bigger** **biggest**

তিন বা তার অধিক সিলেব্‌লের শব্দের সঙ্গে **more** এবং **most** ব্যবহৃত হয়:

changeable **more changeable** **most changeable**
interesting **more interesting** **most interesting**

দুই সিলেব্‌লের বিশেষণ, বিশেষ করে যেগুলি **-er,- y** আর **-ly** দিয়ে শেষ হয়, তাদের সঙ্গে **-er,** এবং **-est** যোগ হয়:

clever **cleverer** **cleverest**

বিশেষণের অন্ত্যে **-y** থাকলে সেটা **-i**-এ বদলে যায়:

sunny **sunnier** **sunniest**
friendly **friendlier** **friendliest**

দুই সিলেব্‌লের অন্যান্য বিশেষণপদের সঙ্গে **more** এবং **most** যুক্ত হয়:

harmful **more harmful** **most harmful**

কতকগুলি বিশেষণপদের ক্ষেত্রে ব্যতিক্রমী রূপ চোখে পড়ে:

good **better** **best**
bad **worse** **worst**

Adjectives with Nouns (বিশেষ্যপদের সঙ্গে বিশেষণপদ)

যে বিশেষ্যপদের কথা বলা হচ্ছে অধিকাংশ বিশেষণপদ তার আগে অথবা সম্পর্ক স্থাপনকারী ক্রিয়াপদের পরে বসে।

*—I need a **new** bike.* *—This bike isn't **new**.*

*—It's an **interesting** book.* *—She said the film sounded **interesting**.*

*—Don't wake him—he's **asleep**.*

কিছু কিছু বিশেষণপদ বিশেষ্যপদের আগে ব্যবহার করা যায় না। এজন্য **asleep** শীর্ষপদটি দেখো এবং এটাও খেয়াল করো যে এই তথ্য অভিধানের মধ্যে কিভাবে দেওয়া হয়েছে।

এভাবে বলা যায় *Don't wake him—he's **asleep**.* কিন্তু ~~*an asleep child*~~ সঠিক ব্যবহার নয়

➪ নিম্নলিখিত শীর্ষপদগুলি দেখো।

afraid **alive** **ashamed** **certain** **pleased**

কোনো কোনো বিশেষণপদ আবার কেবলমাত্র বিশেষ্যপদের পূর্বেই ব্যবহার করা যায়। **chief** বিশেষণপদটি দেখে বোঝার চেষ্টা করো অভিধানের মধ্যে এবিষয়ে কিভাবে বলা হয়েছে:

বলা যেতে পারে *That was the **chief** disadvantage.* কিন্তু ~~*This disadvantage was chief.*~~ ভুল প্রয়োগ

➪ নিম্নলিখিত শীর্ষশব্দগুলি দেখো :

downright **flagrant** **former** **main**

Relative Clauses (সম্বন্ধসূচক উপবাক্যসমূহ)

Defining Relative Clauses (নির্দিষ্ট সম্বন্ধসূচক উপবাক্যসমূহ)

এই উপবাক্যগুলি আমাদের সেই ব্যক্তি বা বস্তুকে চিনিয়ে দেয় এবং তাদের সম্বন্ধে বলে যাদের কথা আমরা বলছি:

—Which of them is the boss?

*—The man **who came in late** is the boss.*

NOTE সম্বন্ধসূচক উপবাক্যের আগে কোনো কমা (,) বসে না।

যেসব সর্বনাম এই উপবাক্যগুলিতে ব্যবহৃত হয় সেগুলি **who, whom, that** এবং **which.**

যখন **subject** (কর্তা) কোনো ব্যক্তি হয় :

*—the man **who** came in late or the man **that** came in late*

যখন **object** (কর্ম) কোনো ব্যক্তি হয় :

*—the girl **that** I saw or the girl I saw or the girl **whom** I saw (formal)*

যখন **subject** (কর্তা) কোনো বস্তু হয় :

*—the chair **that** is in the corner or the chair **which** is in the corner (formal)*

যখন **object** (কর্ম) কোনো বস্তু হয় :

*—the book **that** I'm reading or the book I'm reading or the book which I'm reading (formal)*

NOTE ক্রিয়াপদের কর্ম হিসাবে কোনো ব্যক্তি বা বস্তু ব্যবহৃত হলে সেক্ষেত্রে **that, who** আর **which** ব্যবহৃত হয় না:

whose এর দ্বারা বোঝা যায় যে কোনো বস্তু কোনো ব্যক্তির (অধিকৃত):

*—the woman **whose** car broke down* *—the people **whose** house was burgled*

whose সাধারণত কোনো বস্তুর উল্লেখ করতে ব্যবহার করা হয় না:

— ~~*the chair whose leg is broken*~~ ভুল প্রয়োগ

তার থেকে এভাবে বলাই স্বাভাবিক :

—the chair with the broken leg

Non-defining Relative Clauses (অনির্দিষ্ট সম্বন্ধসূচক উপবাক্যসমূহ)

এই উপবাক্যগুলি কোনো ব্যক্তি বা বস্তু সম্বন্ধে অতিরিক্ত কিছু তথ্য জানায়। এই বাড়তি তথ্যগুলি বাদ দিলেও বাক্য অর্থবহ থাকবে। এই উপবাক্য বা বাক্যাংশগুলি কমার দ্বারা আলাদা করা হয়ে থাকে।

—The film, which was shot in Mexico, has won an Oscar.

অনির্দিষ্ট সম্বন্ধসূচক উপবাক্যে নিম্নলিখিত সর্বনামগুলি ব্যবহৃত হয় : কোনো ব্যক্তির জন্য **who**, কোনো বস্তুর জন্য **which** এবং সম্বন্ধ বোঝানোর জন্য **whose**:

—*My sister, **who** is a vegetarian, ordered a cheese salad.*
—*The tickets, **which** can be bought at the station, are valid for one day.*
—*Leena, **whose** car had broken down, arrived by bus.*

APPENDIX 2: PREFIXES AND SUFFIXES

উপসর্গ এবং প্রত্যয়

অনেক সময়েই ছোটো শব্দের পূর্বে বা অন্তে শব্দ বা শব্দাংশ যোগ করে শব্দটি বড়ো করা হয়। শব্দের পূর্বে অর্থ-সংযোগকারী বা পরিবর্তনকারী শব্দ বা শব্দাংশকে উপসর্গ এবং শব্দের অন্তে যোগ করা ঐ জাতীয় শব্দকে প্রত্যয় বলে।

উপসর্গ যুক্ত হয়ে সাধারণত মূল শব্দটির অর্থ বদলে দেয়। আর প্রত্যয়ের ক্ষেত্রে শব্দের পদ-পরিবর্তন ঘটে। নিম্নলিখিত তালিকার অর্থ ও ব্যবহার সহ কিছু উপসর্গ ও প্রত্যয়ের উদাহরণ দেওয়া হল :

Prefixes
উপসর্গ

a- not; without না, নি, ছাড়া *atypical, amoral*

aero- connected with air or aircraft নভঃ, বায়ু বা বায়ুযান সম্বন্ধীয় *aerodynamic, aerospace*

agro-, agri connected with farming কৃষি সম্পর্কিত *agroindustry, agricultural*

all- **1** completely সম্পূর্ণভাবে, সব মিলিয়ে *an all-inclusive price* **2** in the highest degree সর্বোচ্চ স্তরে *all-important, all-powerful*

ambi- referring to both of two উভয়কে বোঝাতে *ambivalent*

Anglo- connected with England or Britain (and another country or countries) ইংল্যান্ড বা ব্রিটেন (এবং অন্য দেশ বা দেশসমূহ)-এর সঙ্গে যুক্ত

ante- before; in front of পূর্বে; সামনে *antenatal, ante-room*

anthropo- connected with human মনুষ্য সম্পর্কিত *anthropology*

anti- **1** against বিরুদ্ধ, বিপরীত **2** the opposite of বিপরীতধর্মী *anti-war* **3** preventing প্রতিরোধ করে বা আটকায় *anti-freeze*

arch- main; most important or most extreme প্রধান; সর্বাপেক্ষা গুরুত্বপূর্ণ, সব থেকে উঁচুতে *archbishop*

astro- connected with the stars or outer space তারকামণ্ডলী বা মহাকাশ সংক্রান্ত *astrophysics*

audio- connected with hearing or sound শ্রুতি, শ্রবণ বা শব্দ সংক্রান্ত *audio-visual*

auto- **1** about or by yourself নিজের সম্বন্ধে বা দ্বারা *autobiography* (the story of the writer's own life) **2** by itself, without a person to operate it স্বচালিত, কোনো ব্যক্তি দ্বারা নয় *automatic*

be-1 to make or treat sb/sth as কাউকে বা কিছুকে বোধ করানো, বোঝানো *They be-friended him* **2** wearing or covered with বেশি পরিমাণে সজ্জিত *bejewelled* **3** to cause sth to be কোনো কিছু ঘটার কারণ হওয়া *The rebels besieged the fort*. **4** used to turn INTRANSITIVE verbs অকর্মক ক্রিয়াকে সকর্মকে পরিণত করতে ব্যবহৃত *She is always bemoaning her lot.*

bi- two; twice; double দুই; দুবার; দ্বিগুণ *bilingual, bicentenary*

HELP **Bi-**নির্দিষ্ট সময়ের সূচক এই অর্থে যে ঐ পর্বে বা সময়ে দুবার ঘটে অথবা প্রতি দুই পর্বে (সময়ে) একবার ঘটে

biblio- connected with books বই-এর সঙ্গে যুক্ত, বই সম্পর্কিত *bibliography*

bio- connected with living things or human life সজীব বস্তুসমূহ বা মনুষ্য সংক্রান্ত; জৈব *biodegradable*

by- **1** less important কম গুরুত্ব যার *a by-product* **2** near নিকটে, কাছে *a bystander*

cardio- connected with the heart হৃদয় সংক্রান্ত *cardiology*

centi- **1** hundred; hundredth শত; শততম *centipede, centimetre* (= one hundredth of a metre) **2** one hundredth একশততম *centimetre*

chrono- connected with time সময় সংক্রান্ত *chronology*

co- together with একসঙ্গে জড়িত *co-pilot, coexist*

contra- **1** against; opposite বিরুদ্ধ; বিপরীত *contradict* (= say the opposite) **2** (music) having a PITCH AN OCTAVE below অষ্টকের থেকে নিম্নগ্রামের স্বর সম্পন্ন *a contra-basson*

counter- **1** against; opposite বিরুদ্ধ, বিপরীত *counter-terrorism, counter-productive* (= producing the opposite of the desired effect) **2** corresponding অনুরূপ *counterpart*

cross- involving movement or action from one thing to another or between two things দুটি বস্তুর মধ্যে অথবা একটি থেকে অন্যটিতে চলন বা কাজ সম্বলিত *cross-fertilize*

crypto- hidden; secret লুকোনো, লুক্কায়িত; গোপন *crypto-communist*

cyber- connected with electronic communication, especially the Internet বৈদ্যুতিন যোগাযোগ ব্যবস্থা, বিশেষত ইন্টারনেটের সঙ্গে জড়িত *cybercafe*

de- **1** the opposite of কোনো কিছুর বিপরীত *decompress* **2** taking sth away সরিয়ে ফেলা (ফ্রিজ থেকে বরফের স্তর ফেলে দেওয়া) *decaffeinated coffee*

deca- ten; having ten দশ; দশটি আছে এমন *decathlon*

deci- one tenth এক দশমাংশ *decilitre*

demi- half; partly অর্ধেক; অংশত *demi-god*

demo- connected with people or population জনসাধারণ বা জনসংখ্যার সঙ্গে সংযুক্ত *democracy*

di- used in chemistry to refer to substances that contain two atoms of the type mentioned (রসায়ন শাস্ত্র) সেইসকল পদার্থ যেগুলির মধ্যে উল্লিখিত দুই ধরনের অ্যাটমের সংমিশ্রণ ঘটেছে *dioxide*

dis- not; the opposite of না, নেই; বিপরীত *discontinue, disarmament*

e- connected with the use of electronic communication, especially the Internet, for sending information, doing business, etc. তথ্য আদানপ্রদান বা ব্যাবসাকার্যে ব্যবহৃত বৈদ্যুতিন যোগাযোগ ব্যবস্থা, বিশেষত ইন্টারনেটের সঙ্গে জড়িত *e-commerce*

eco- connected with the environment পরিবেশের সঙ্গে জড়িত *eco-friendly*

electro- connected with electricity বিদ্যুতের সঙ্গে সংযুক্ত; বৈদ্যুতিক *electromagnetism*

en- (em)- **1** to put into the thing or condition mentioned উল্লিখিত বস্তু বা অবস্থার মধ্যে থাকা বা রাখা *endanger, empower* **2** to cause to be হওয়ার বা ঘটার কারণ হওয়া *enlarge, embolden*

equi- equal; equally সমান; সমানভাবে *equidistant*

ex- former পূর্বতন *ex-wife*

extra- **1** outside; beyond বাইরে; সীমানা ছাড়িয়ে *extraterrestrial* (=coming from somewhere beyond the earth) **2** very; more than usual খুব বেশি; স্বাভাবিকের থেকে বেশি *extra-thin*

fore- **1** before; in advance আগে; অগ্রিম *foreword* (= at the beginning of a book) **2** in front of সামনে *foreground* (= the front part of a picture)

geo- of the earth পৃথিবীর *geoscience*

haemo- hemo- connected with blood রক্ত সংক্রান্ত *heptatholon* (an atheletics competition, usually one for women, that consists of seven defferent events)

hepta- seven; having seven সাত; সাতটি আছে এমন *hectometre*

hetero- other; different অন্য; আলাদা *heterogeneous*

hexa- six; having six ছয়; ছয়টি আছে এমন *hexagonal*

homo- the same একই রকম *homogeneous*

hydro- **1** connected with water জল সংক্রান্ত *hydroelectricity* **2** connected with or mixed with hydrogen হাইড্রোজেনের সঙ্গে সম্পর্কিত বা তার সঙ্গে মিশ্রিত *hydroxide*

hyper- more than normal; too much স্বাভাবিকের থেকে বেশি; খুব বেশি *hyper-sensitive*

hypo- under; below normal নীচে; স্বাভাবিকের থেকে কম *hypodermic*

in- (il, im-, ir) **1** not; the opposite of না কোনো কিছুর বিপরীত *incorrect, illegal, immoral, impatient, irregular* **2** to put into the condition mentioned উল্লিখিত অবস্থায় রাখা বা থাকা *inflame, imperil, import*

info-connected with information **an info sheet**

infra- below a particular limit নির্দিষ্ট সীমার বাইরে বা তার থেকে কম *infrared*

inter- between; from one to another মধ্যবর্তী; একটি থেকে অন্যটিতে *interaction*

intra- inside; within মধ্যবর্তী; ভিতরে *intravenous*

iso- equal সমান *isotope*

kilo- thousand এক হাজার *kilogram*

macro- large; on a large scale বড়ো; বড়ো আকারে *macroeconomics*

mal- bad or badly; not correct or correctly খারাপ বা খারাপভাবে; ঠিক নয় বা ঠিকভাবে নয় *malnutrition*

mega- **1** very large or great খুব বড়ো বা গুরুত্বপূর্ণ *megastore* **2** one million দশ লক্ষ *a megawatt* **3** (*computing*) 1 048 576 (=2^{20}) (কম্পিউটার) ১ ০৪৮ ৫৭৬ ($২^{২০}$) *megabyte*

meta- **1** connected with a change of position or state অবস্থান বা অবস্থার পরিবর্তন সংক্রান্ত *metamorphosis* **2** higher; beyond উচ্চতর; সীমানা ছাড়িয়ে *metaphysics*

micro- **1** small; on a small scale ছোটো; ছোটো আকারে *microchip* **2** one millionth দশলক্ষ ভাগের একভাগ *a microlitre*

mid- in the middle মধ্যবর্তী *mid-afternoon*

milli- one thousandth সহস্র ভাগের একভাগ *millisecond*

mini- very small ক্ষুদ্র *mini-skirt*

mis- bad or wrong; badly or wrongly খারাপ বা ভুল; খারাপভাবে বা ভুলভাবে *misbehaviour, misunderstand*

mono- one; single এক; একক *monolingual* (= using one language), *monorail*

multi- many; more than one অনেক; একাধিক *multicoloured, a multimillionaire*

nano- (especially in units of measurement) one billionth (= one of one thousand million equal parts of sth) (বিশেষত পরিমাপের এককে) এক বিলিয়নের একভাগ *nanosecond*

neo- new; in a later form নতুন; পরবর্তী আকারে *neo-fascist*

neuro- connected with the nerves স্নায়ুকেন্দ্রিক, স্নায়ুসম্বন্ধীয় *neuroscience*

non- not না, শূন্য HELP এই উপসর্গটি দিয়ে তৈরি সমস্ত যৌগিক শব্দ ব্রিটিশ ইংরেজিতে হাইফেন দিয়ে লেখা হয় আর আমেরিকান ইংরেজিতে হাইফেন ছাড়া এক শব্দ হিসেবে ব্যবহার করা হয়। *non-biodegradable*

octo- eight; having eight আট; আটটি আছে এমন *octogenarian*
off- not on; away from সঙ্গে নয়; দূরে *offstage*
oft- often প্রায়ই *an oft-repeated claim*
omni- of all things; in all ways or places সকল জিনিসের; সকল উপায়ে বা স্থানে *omnivore*
ortho- correct; standard নির্ভুল; মান *orthography*
osteo- connected with bones হাড় সংক্রান্ত *osteopath*
out- **1** greater, better, further, longer, etc. আরও ভালো, আরও দূরে, আরও লম্বা ইত্যাদি *outdo, outrun* **2** outside; away from বাইরে, বাইরের দিকে; (কোনো কিছুর থেকে) দূরে *outpatient*
over- **1** more than normal; too much স্বাভাবিকের থেকে বেশি; খুব বেশি *overeat* **2** completely পরিপূর্ণভাবে, সম্পূর্ণভাবে *overjoyed* **3** upper; outer; extra তার উপরে; তার বাইরে; বাড়তি *overcoat, overtime* **4** over; above উপরে; ঊর্ধ্বে *overhang*
paed-, ped connected with children শিশু সম্পর্কিত *paediatrics*
palaeo-, paleo- connected with ancient time পুরাকালের সঙ্গে জড়িত *palaeontology*
pan- including all of sth; connected with the whole of sth কোনো কিছুর সবটা নিয়ে; কোনো কিছুর সমগ্রের সঙ্গে জড়িত *pan-African*
para- **1** beyond সীমা ছাড়িয়ে, বাইরে *paranormal* **2** similar to but not official or not fully qualified সরকারি বা পুরোপুরি যোগ্য না হলেও সদৃশ *a paramedic*
patho- connected with disease ব্যাধি বা অসুস্থতার সঙ্গে জড়িত *pathology*
penta- five; having five পাঁচ; পাঁচটি আছে এমন *pentagon, pentathlon* (= a competition involving five different sports)
petro- **1** connected with rocks প্রস্তর সংক্রান্ত *petrology* **2** connected with petrol পেট্রোল বা গ্যাস সম্বন্ধীয় *petrochemical*
philo- liking পছন্দ *philanthropist*
phono- connected with sound or sounds শব্দ বা শব্দসমূহের সঙ্গে জড়িত *phonetic, phonology*
photo- **1** connected with light আলোকসংক্রান্ত, আলোর সঙ্গে জড়িত *photosynthesis* **2** connected with photography আলোকচিত্র বা ফোটোগ্রাফির সঙ্গে জড়িত *photocopier*
physio- **1** connected with nature প্রাকৃতিক বা প্রকৃতির সঙ্গে জড়িত **2** connected with physiology (=the way in which living things function, and the scientific study of this) শারীরবিজ্ঞানের সঙ্গে জড়িত
poly- many অনেক *polygamy*
post- after পরে, পরবর্তী তুলনীয় *post war*
pre- before অগ্রবর্তী, আগে (খেলার মরশুম শুরু হওয়ার আগে) তুলনীয় *pre-pay, preview*
pro- in favour of; supporting সপক্ষে; সমর্থনে *pro-democracy*
proto- original; from which others develop আদি; যার থেকে অন্যান্যরা উদ্ভূত *prototype*
pseudo- not genuine; false or pretended প্রকৃত নয়; কৃত্রিম, মিথ্যা বা ভান, ছদ্ম *pseudonym*
psycho- connected with the mind মননসংক্রান্ত *psychology*
quad-, quadri- four; having four quad-, চার; চারটি আছে এমন *quadruple* (=multiply by four), *quadrilateral*
quasi- **1** that appears to be sth but is not really so যা দেখে কিছু মনে হয় কিন্তু আসলে তা নয় *a quasi-scientific explanation* **2** partly; almost প্রায়, আংশিক, অংশত; কাছাকাছি *quasi-official body*
radio- **1** connected with radio waves or the activity of sending out radio or television programmes (= broadcasting) বেতার তরঙ্গ অথবা বেতার বা দূরদর্শনের অনুষ্ঠান সম্প্রসারণের সঙ্গে জড়িত *a radio-controlled car* **2** connected with radioactivity তেজস্ক্রিয়তা-র সঙ্গে জড়িত *radiographer*
re- again পুনরায় *rewrite, reappearance*
retro- back or backwards পশ্চাৎ বা পশ্চাদ্‌বর্তী *retrospective*
self- of, to or by yourself or itself স্ব-, স্বয়ং (-এর, প্রতি বা দ্বারা) *self-control*
semi- half অর্ধেক; অংশত *semicircle, semi-final*
socio- connected with society or the study of society সমাজ বা সমাজবিজ্ঞান বিষয়ক *socio-economic*
step- related as a result of one parent marrying again পিতা বা মাতা কোনো একজনের পুনর্বিবাহের সঙ্গে সম্পর্কিত; সৎ *stepmother*
sub- below; less than নীচে; অপেক্ষাকৃত কম *sub-zero* **2** a smaller part অপেক্ষাকৃত ছোটো অংশ *subdivide*
super- **1** extremely; more or better than normal চরমভাবে; স্বাভাবিকের থেকে ভালো বা বেশি *superhuman* **2** above; over ঊর্ধ্বে; উপরে *superstructure, superimpose*
techno- connected with technology প্রযুক্তির সঙ্গে সম্পর্কিত *technophobe* (= a person who is afraid of technology)
tele- **1** over a long distance; far বেশ দূর পর্যন্ত, অনেক দূর ছাড়িয়ে; দূরে *telepathy, telescopic* **2** connected with television দূরদর্শনের সঙ্গে জড়িত *teletext*
theo- connected with God or a god ধর্ম সংক্রান্ত বা ঈশ্বর সংক্রান্ত *theology*
thermo- connected with heat তাপ সংক্রান্ত *thermo-nuclear*

trans- 1 across; beyond ব্যাপী; পেরিয়ে, ছাড়িয়ে *transatlantic* 2 into another place or state অন্য রাজ্যে বা জায়গায় *transplant*

tri- three; having three তিন; তিনটি আছে এমন *triangle*

ultra- extremely; beyond a certain limit অতি; নির্দিষ্ট সীমা ছাড়িয়ে *ultra-modern*

un- 1 not; the opposite of না; (কোনো কিছুর) বিপরীত *unable, unlock* 2 (in verbs that describe the opposite of a process) যেসব ক্রিয়াপদে কোনো প্রক্রিয়ার বিপরীত বোঝায় *undo*

under- 1 below নীচে, তলায় *underground* 2 lower in age, level or position বয়স, স্তর বা পদমর্যাদায় কম বা ছোটো under-fives 3 not enough যথেষ্ট নয় *under-cooked food*

uni- one; having one এক; একটি আছে এমন *uniform, unilaterally*

up- higher; upwards; towards the top of sth উচ্চতর; উর্ধ্বমুখী; কোনো কিছুর শীর্ষের দিকে *upturned*

vice- next in rank to sb and able to represent them or act for them কোনো পদে অধিষ্ঠিত ব্যক্তির পরবর্তী পদাধিকারী যে ঐ প্রথম ব্যক্তির প্রতিনিধিত্ব বা তার হয়ে কাজ করতে পারে *vice-captain*

Suffixes
প্রত্যয়

-able -ible, -ble (to make adjectives) possible to (বিশেষণপদ তৈরি করতে) যা হতে পারে বা হওয়া উচিত *acceptable, divisible* (= possible to divide), *irresistible* (= that you can not resist) **2** having the quality of নির্দিষ্ট গুণ আছে বা বৈশিষ্ট্য আছে এমন *fastionable, comfortable*

-age 1 (to make nouns) a process or state (বিশেষ্যপদ তৈরি করতে) পদ্ধতি বা অবস্থা *storage, shortage* **2** a state or condition of (কোনো কিছুর) অবস্থা বা শর্ত *bondage* **3** a set or group of গুচ্ছ বা দল *baggage* **4** an amount of কোনো কিছুর পরিমাপ *mileage* **5** The cost of মূল্য *postage* **6** a place where কোনো স্থান যেখানে *anchorage*

-aholic liking sth very much and unable to stop doing or using it কোনো কিছু বেশি রকমের পছন্দ করার কারণে তার থেকে বিরত হতে অক্ষম *a shopaholic, a chocaholic*

-al 1 (to make adjectives) connected with (বিশেষণপদ তৈরি করতে) কোনো কিছুর সঙ্গে জড়িত *experimental, environmental* **2** a process or state of (কোনো কিছুর) পদ্ধতি বা অবস্থা *magically, sensationally*

-ance, -ence, ancy, ency (to make nouns) an action, process or state (বিশেষ্যপদ তৈরি করতে) কাজ, পদ্ধতি বা অবস্থা *appearance, existence, frequency, efficiency*

-ant, -ent 1 that is or does sth সেরকম বা কোনো কিছু করা হয়েছে এমন *different, significant* **2** a person or thing that কোনো লোক বা বস্তু যেরকম *inhabitant, deterrent*

-arian believing in বিশ্বাসী; অভ্যস্ত *humanitarian, disciplinarian*

-ary connected with জড়িত *planetary, budgetary*

-ate 1 full of or having the quality of পুরোপুরি অথবা গুণ সম্পন্ন *passionate, italiante* **2** to give the thing or quality mentioned to উল্লিখিত বস্তু বা গুণ যুক্ত করা *hyphenate, activate* **3** the status function of স্তর বা কাজের *a doctorate* **4** a group with the status or function of বিশেষ স্তর বা কর্মপদ্ধতি সম্পন্ন গোষ্ঠী *the electrorate* **5** (*chemistry*) a salt formed by the action of a particular acid (রসায়নশাস্ত্র) কোনো বিশেষ একটি অ্যাসিডের প্রতিক্রিয়ায় যে লবণ তৈরি হয় *sulphate*

-ation (to make nouns) a state on an action (বিশেষ্যপদ তৈরি করতে) কোনো অবস্থা বা কাজ examination, organization

-ative doing or tending to do sth কোনো কিছু করা হচ্ছে বা কোনো কিছু করার প্রবণতাসম্পন্ন *illustrative, talkative*

-ator a person or thing that does sth কোনো ব্যক্তি বা বস্তু যে বা যা কিছু করছে *creator, percilator*

-built made in the particular way that is mentioned যেভাবে উল্লেখ করা হয়েছে সেই বিশেষভাবে তৈরি *a newly built station, American-built car*

-centric (to make adjectives) **1** having a particular centre নির্দিষ্ট কেন্দ্র আছে এমন *geocentric* **2** (*often disapproving*) based in a particular way of thinking বিশেষ চিন্তাধারার উপর প্রতিষ্ঠিত *Eurocentric, ethnocentric*

-cide 1 the act of killing হত্যা করার ক্রিয়া *suicide, genocide* **2** a person or thing that kills খুনী, খুনের সহায়ক *insecticide* ➪ *cidal* (in adjective) (বিশেষণে ব্যবহৃত) *homicidal*

-cracy the government or rule of সরকার, সরকারের শাসন *democracy, bureaucracy*

-crat a member or support of a particular type of government or system বিশেষ ধরনের সরকার অথবা ব্যবস্থার সভ্য বা সমর্থক *democrat, bureacrat, aristrocratic*

-cy (also -acy) **1** the state or quality of কোনো (কিছুর) অবস্থা বা গুণ *accuracy* **2** the status or position of (কোনো কিছুর) স্বরূপ বা অবস্থান *chaplaincy*

-dimensional having the number of dimensions mentioned উল্লিখিত সংখ্যক মাত্রাসম্পন্ন *threedimentional*

-dom 1 the condition or state of অবস্থা বা স্বরূপ *freedom, martyrdom* **2** the rank of, an area ruled by কারও পদমর্যাদা, কারও দ্বারা শাসিত কোনো অঞ্চল *kingdom* **3** the group of কোনো দল *officialdom*

-ectomy (to make nouns) a medical operation in which part of the body is removed (বিশেষ্যপদ তৈরি করতে) কোনো ধরনের অস্ত্রোপচার যাতে শরীরের কোনো অঙ্গ বা প্রত্যঙ্গ বার করে নেওয়া হয় *appendectomy* (=removal of the APPENDIX)

-ed 1 having; having the characteristics of আছে এমন; ঐ বৈশিষ্ট্যগুলি আছে এমন *talented, bearded, diseased* **2** (makes the past tense and past participle of regular verbs) (এই দুটি বর্ণ যুক্ত করে নিয়মিত ক্রিয়াপদের অতীতকাল এবং অতীত কৃদন্ত তৈরি হয়) *hated, walked, loved*

-ee 1 a person affected by an action কোনো ঘটনার প্রভাব যে ব্যক্তির উপর পড়ে *employee* **2** a person described as or concerned with বর্ণিত অথবা সংশ্লিষ্ট ও জড়িত ব্যক্তি *absentee, refugee*

-eer 1 a person concerned with যে ব্যক্তি এই নিয়ে চিন্তিত বা সংশ্লিষ্ট *auctioneer, mountaineer* **2** (*often disapproving*) to be concerned with বিষয়টি নিয়ে চিন্তিত হওয়া *profiteer, commandeer*

-en **1** to make or become তৈরি করা বা হওয়া *blacken, sadden* **2** made of; looking like যার দ্বারা বা যা দিয়ে তৈরি; ঐরকম দেখাচ্ছে এমন *wooden, golden*

-er **1** a person or thing that কোনো ব্যক্তি বা বিষয় যা *lover, computer* **2** a person or thing that has the thing or quality mentioned কোনো ব্যক্তি বা বস্তু যাতে উল্লিখিত বিষয় বা গুণ আছে *three-wheeler, foreigner* **3** a person concerned with যে ব্যক্তি এর সঙ্গে জড়িত *astronomer, philosopher* **4** a person belonging to সে জায়গার লোক New Yorker **5** (makes comparative adjectives and adverbs) তুলনামূলক বিশেষণ এবং ক্রিয়াবিশেষণ তৈরি করে *wider, bigger, happier, sooner*

-ery, -ry **1** the group or class of কোনো কিছুর কোনো বিশেষ দল বা শ্রেণি *greenery, gadgetry* **2** the state or character of অবস্থা বা স্বভাব *bravery, rivalry* **3** the art or practice of কোনো কিছুর অভ্যাস অথবা শিল্প *cookery, archery* **4** a place where sth is made, grows, lives, etc, যে জায়গায় জিনিসটি তৈরি হয়েছে, বৃদ্ধি পেয়েছে বা থাকে ইত্যাদি *bakery, orangery*

-ese **1** of a country or city; a person who lives in a country or city; the language spoken there কোনো দেশের বা শহরের; যে ব্যক্তি কোনো দেশ বা শহরে বাস করে; যে ভাষায় সেখানে কথা বলা হয় *Chinese, Viennese* **2** (*often disapproving*) the style or language of কোনো কিছুর শৈলী বা ভাষা *journalese, officialese*

-esque in the style of সেই ধারায়, সেই রীতিতে *statuesque, Kafkaesque, picturesque*

-ess female স্ত্রীলিঙ্গ *lioness, actress*

-est (makes superlative adjectives and adverbs) (চরমোৎকর্ষসূচক বিশেষণ ও ক্রিয়া বিশেষণ তৈরি করে) *widest, biggest, happiest, soonest*

-ette **1** small ছোটো, ক্ষুদ্র *kitchenette* **2** female স্ত্রীলিঙ্গ *usherette*

-fest a festival or large meeting involving a particular activity or with a particular atmosphere বিশেষ পরিবেশ বা পরিমণ্ডলে আয়োজিত কোনো বড়ো উৎসব বা সমাবেশ বা যেখানে নির্দিষ্ট অনুষ্ঠানই প্রাধান্য পায় *ajazzfest, a talkfest, a lovefest*

-fold multiplied by; having the number of parts mentioned অনেকগুণ; উল্লিখিত অংশগুলি আছে এমন *to increase tenfold*

-ful **1** full of; having the qualities of; tending to ভর্তি; নির্দিষ্ট গুণগুলি আছে এমন; প্রবণতা আছে এমন *sorrowful, masterfu, forgetful* **2** an amount that fills sth এমন পরিমাণ যা কিছু ভরে দিতে পারে *handful, spoonful*

-graphy **1** a type of art or science বিজ্ঞান বা কলার একটি বিশেষ ধারা *choreography, geography* **2** a method of producing images; a form of writing or drawing ভাব, ধারণা বা প্রতিচ্ছবি সৃষ্টির প্রক্রিয়া; প্রতিবিম্ব লেখা বা আঁকার একটি ধরন *radiography, calligraphy, biography*

-hood **1** the state or quality of অবস্থা বা গুণ *childhood, falsehood* **2** a group of people of the type mentioned উল্লিখিত ধরনের ব্যক্তি সমুদয় *the priesthood*

-ial typical of বৈশিষ্ট্যপূর্ণ, প্রতিনিধিমূলক *dictaterial*
▶ **ially** *officially*

-ian, -an **1** from; typical of থেকে; কোনো কিছুর বিশেষ গুণসহ *Bostonian, Brazilian, Shakespearian, Libran* **2** a specialist in কোনো বিষয়ে বিশেষজ্ঞ *mathematician*

-ible, -able দেখো।

-ic **1** connected with সম্পর্কযুক্ত *scenic, economic, Arabic* **2** that performs the action mentioned উল্লিখিত ক্রিয়াটি যে সম্পন্ন করে *horrific, specific*

-ics the science, art or activity of কোনো কিছুর বিজ্ঞান, শিল্পকলা অথবা ক্রিয়াদি *physics, dramatics, athletics*

-ide (*chemistry*) a compound of (রসায়ন শাস্ত্র) কোনো কিছুর যৌগ *chloride*

-ify, -fy to make or become তৈরি করা বা হওয়া *purify, solidify*

-in an activity in which many people take part যে কাজে অনেকে অংশ নেয় *a sit-in, a teach-in*

-ing used to make the present participle of regular verbs নিয়মিত ক্রিয়াপদের বর্তমান কৃদন্তরূপ তৈরি করতে ব্যবহৃত হয় *hating, walking, loving*

-ion (also -ation, -ition, -sion, -tion, -xion) the action or state of (কোনো কিছুর) কাজ বা অবস্থা *hesitation, competition, confession*

-ish **1** from the country mentioned যে দেশের উল্লেখ করা হয়েছে সেখান থেকে *Turkish, Irish* **2** (*sometimes disapproving*) having the nature of; like সেই স্বভাব বা প্রকৃতিসম্পন্ন; মতো, অনুরূপ *childish* **3** fairly; approximately মোটামুটি; আনুমানিক *reddish, thirtyish*

-ism **1** the action or result of কাজ বা কাজের ফল *criticism* **2** the state or quality of কিছুর অবস্থা বা গুণ ও শিক্ষা *heroism* **3** the teaching, system or movement of কোনো কারণের জন্য শিক্ষা, পদ্ধতি বা আন্দোলন *Buddhism* **4** unfair treatment or hatred for the reason mentioned উল্লিখিত কারণে অন্যায় আচরণ বা ঘৃণা *racism* **5** a feature of language of the type mentioned উল্লিখিত ধরনের ভাষার বৈশিষ্ট্য *Americanism, colloquialism*

-ist **1** a person who believes or practises যে ব্যক্তি বিশ্বাস বা অভ্যাস করে *atheist* **2** a member of a profession or business activity পেশাদারি বা ব্যাবসায়িক কাজকর্মের সদস্য *dentist* **3** a person who uses a thing যে ব্যক্তিটি জিনিসটি ব্যবহার করে *violinist*

4 a person who does sth যে কিছু করে *plagiarist*

-ite (*often disapproving*) a person who follows or supports যে অনুসরণ বা সমর্থন করে *Blairite, Trotskyite*

-itis 1 (*medical*) a disease of (চিকিৎসাশাস্ত্র) (কোনো অঙ্গের) অসুখ *tonsillitis* **2** (*informal, especially humorous*) too much of; too much interest in খুব বেশি (ধরনের); অতি উৎসাহী *World Cup-itis*

-ity the quality or state of গুণ বা অবস্থা *purity, oddity*

-ive tending to; having the nature of ঝোঁক আছে এমন; (সেরকম) স্বভাব আছে এমন *explosive, descriptive*

-ize, -ise 1 to become, make or make like হওয়া, তৈরি করা বা ঐ ধরনের করা *privatize, fossilize, Americanize* **2** to speak, think, act, treat, etc in the way mentioned উল্লিখিতভাবে বলা, ভাবা, কাজ করা, আচরণ করা ইত্যাদি *criticize, heorize, deputize, pasteurize* **3** to place in কোথাও রাখা *pospitalize*

-less 1 without শূন্য, ব্যতীত *treeless, meaningless* **2** not doing; not affected by না-করে; প্রভাবিত না হয়ে *tireless, selfless*

-let small; not very important ক্ষুদ্র; বেশি গুরুত্বপূর্ণ নয় *booklet, piglet o starlet*

-like similar to; typical of একই রকমের; বৈশিষ্ট্যপূর্ণ *childlike, shell-like*

-ling (*sometimes disapproving*) small; not important ক্ষুদ্র; গুরুত্বপূর্ণ নয় *duckling, princeling*

-logue (*N AmE* also **-log**) talk or speech উক্তি বা বক্তব্য *a monologue*

-ly 1 in the way mentioned উল্লিখিতভাবে *happily, stupidly* **2** having the qualities of নির্দিষ্ট গুণগুলি আছে এমন *cowardly, scholarly* **3** at intervals of সময়ান্তরে *hourly, daily*

-mania mental illness of a particular type বিশেষ ধরনের মানসিক অসুস্থতা *kleptomania*

-ment the action or result of (কিছুর) কর্ম বা তার ফল *arrangement, development*

-most the furthest দূরতম *southmost, inmost* (= the furthest in)

-ness the quality, state or character of গুণ, অবস্থা বা স্বরূপ *dryness, blindness, silliness*

-oid similar to প্রায় একইরকম *humanoid, rhomboid*

-ology (*BrE* also **-logy**) **1** a subject of study পাঠ্যবিষয় *sociology, genealogy* **2** a characteristic of speech or writing লেখা বা বলার বিশেষ বৈশিষ্ট্য *phraseology, trilogy*

-or a person or thing that কোনো ব্যক্তি বা বিষয় *actor*— ⇨ **-ee, -er** দেখো।

-ory 1 that does যা করা হয় *explanatory* **2** a place for (কিছুর জন্য) স্থান *observatory*

-ous having the nature or quality of প্রকৃতি বা গুণ আছে যার *poisonous, mountainous*

-phile liking a particular thing; a person who likes a particular thing বিশেষ কোনো কিছু পছন্দ করে এমন; যে ব্যক্তি একটি বিশেষ জিনিস পছন্দ করে *Anglophile, bibliophile*

-philia a love of sth, especially connected with a sexual attraction that is not considered normal কোনো কিছুর প্রতি আকর্ষণ বা ভালোবাসা, যার সঙ্গে এমন কোনো যৌন সম্পর্ক জড়িত থাকে যা স্বাভাবিক নয় *paedophilia* ⇨ **-phobe** দেখো।

-phobe a person who dislikes a particular thing or particular people যে ব্যক্তি বিশেষ কোনো দ্রব্য বা ব্যক্তিকে পছন্দ করে না *Anglophobe, xenophobe* ⇨ **-phile** দেখো।

-phobia a strong unreasonable fear or hatred of a particular thing কোনো বিশেষ জিনিসের প্রতি অহেতুক ভয় বা বিতৃষ্ণা *claustrophobia, xenophobia* ⇨ **-philia** দেখো।

-scape a view or scene of কোনো কিছুর দৃশ্য *landscape, seascape, moonscape*

-ship 1 the state or quality of কিছুর অবস্থা বা গুণ *ownership, friendship* **2** the status or office of অবস্থান বা দক্ষতা অথবা ক্ষমতা, কাজের জায়গা *citizenship, professorship*

-some 1 producing; likely to সৃষ্টিকারক; সম্ভবত *fearsome, quarrelsome* **2** a group of the number mentioned নির্দিষ্ট সংখ্যক *a foursome*

-ster a person who is connected with or has the quality of যে ব্যক্তির সেই বিষয়ে দক্ষতা আছে অথবা যে তার সঙ্গে জড়িত *gangster, youngster*

-th 1 (in ordinal numbers) (ক্রমপর্যায় সূচক সংখ্যায়) *sixth, fifteenth, hundredth* **2** the action or process of কাজ বা পদ্ধতি *growth*

-ure the action, process or result of (কোনো কিছুর) কাজ, পদ্ধতি বা ফল *closure, failure*

-ward , -wards (to make adverbs) in a particular direction (ক্রিয়াবিশেষণ তৈরিতে) নির্দিষ্ট দিকে *backward, upwards eastward, homeward*

-ways in the direction of সেই মুখে, গন্তব্যের দিকে *lengthway, sideways*

-wise (to make adjectives and adverbs) (বিশেষণ এবং ক্রিয়াবিশেষণ তৈরিতে) **1** in the manner or direction of সেই মুখে বা সেই পদ্ধতিতে *likewise, clockwise* **2** (*informal*) concerning সেই সম্পর্কে, সম্বন্ধে *Things aren't too good businesswise*

-y 1 (also **-ey**) full of; having the quality of পরিপূর্ণ; ঐ গুণ সম্বলিত *dusty o clayey* **2** tending to সেই দিকে প্রবণতা আছে এমন *runny o sticky* **3** the action or process of কাজ বা পদ্ধতি *inquiry* **4** (also **-ie**) (in nouns, showing affection) (এছাড়াও **-ie**) (স্নেহ ভালোবাসা প্রকাশ করতে বিশেষ্যপদের সঙ্গে যুক্ত করা হয়) *doggy, daddy*

APPENDIX 3: EXPRESSIONS USING NUMBERS
সংখ্যার ভাষা

Cardinal Numbers পরিমাণবাচক সংখ্যা, অঙ্কবাচক সংখ্যা

1	one
2	two
3	three
4	four
5	five
6	six
7	seven
8	eight
9	nine
10	ten
11	eleven
12	twelve
13	thirteen
14	fourteen
15	fifteen
16	sixteen
17	seventeen
18	eighteen
19	nineteen
20	twenty
21	twenty-one
22	twenty-two
30	thirty
40	forty
50	fifty
60	sixty
70	seventy
80	eighty
90	ninety
100	a/one hundred*
101	a/one hundred and one*
200	two hundred
1000	a/one thousand*
10,000	ten thousand
100,000	a/one hundred thousand*
1,000,000	a/one million*

Ordinal Numbers ক্রমসূচক, পূরণবাচক

1st	first
2nd	second
3rd	third
4th	fourth
5th	fifth
6th	sixth
7th	seventh
8th	eighth
9th	ninth
10th	tenth
11th	eleventh
12th	twelfth
13th	thirteenth
14th	fourteenth
15th	fifteenth
16th	sixteenth
17th	seventeenth
18th	eighteenth
19th	nineteenth
20th	twentieth
21st	twenty-first
22nd	twenty-second
30th	thirtieth
40th	fortieth
50th	fiftieth
60th	sixtieth
70th	seventieth
80th	eightieth
90th	ninetieth
100th	hundredth
101st	hundred and first
200th	two hundredth
1000th	thousandth
10,000th	ten thousandth
100,000th	hundred thousandth
1,000,000th	millionth

697 *six hundred and ninety-seven*

3402 *three thousand, four hundred and two*

80,534 *eighty thousand, five hundred and thirty-four*

* যখন বিশেষভাবে **one** শব্দটির উপর জোর দেওয়া হয় (অর্থাৎ **two** নয়) তখন **a hundred, a thousand**-এর জায়গায় **one hundred, one thousand** বলা হয়। এছাড়া **thousand**-এর বেশি হলে সেই সংখ্যার পরে কমা দেওয়া হয় অথবা সামান্য জায়গা ছাড়া হয় যেমন ১,২০০ অথবা ১ ২০০

APPENDIX 4: MEASUREMENTS AND SI UNITS

Metric measures (with approximate non-metric equivalents)

	Metric					Non-metric
Length	10	millimetres (mm)	= 1	centimetre (cm)	=	0.394 inch
	100	centimetres	= 1	metre (m)	=	39.4 inches/1.094 yards
	1000	metres	= 1	kilometre (km)	=	0.6214 mile
Area	100	square metres (m²)	= 1	are (a)	=	0.025 acre
	100	ares	= 1	hectare (ha)	=	2.471 acres
	100	hectares	= 1	square kilometre (km²)	=	0.386 square mile
Weight	1000	milligrams (mg)	= 1	gram (g)	=	15.43 grains
	1000	grams	= 1	kilogram (kg)	=	2.205 pounds
	1000	kilograms	= 1	tonne	=	19.688 hundredweight
Capacity	10	millilitres (ml)	= 1	centilitre	=	0.018 pint (0.021 US pint)
	100	centilitres (cl)	= 1	litre (l)	=	1.76 pints (2.1 US pints)
	10	litres	= 1	decalitre (dal)	=	2.2 gallons (2.63 US gallons)

S I Units

	Physical Quantity	Name	Symbol
Base units	length	metre	m
	mass	kilogram	kg
	time	second	s
	electric current	ampere	A
	thermodynamic temperature	kelvin	K
	luminous intensity	candela	cd
	amount of substance	mole	mol

APPENDIX 5: ROMAN NUMERALS

I	=	1	XIV	=	14	XC	=	90
II	=	2	XV	=	15	C	=	100
III	=	3	XVI	=	16	CC	=	200
IV	=	4	XVII	=	17	CCC	=	300
V	=	5	XVIII	=	18	CCD	=	400
VI	=	6	XIX	=	19	D	=	500
VII	=	7	XX	=	20	DC	=	600
VIII	=	8	XXX	=	30	DCC	=	700
IX	=	9	XL	=	40	DCCC	=	800
X	=	10	L	=	50	CM	=	900
XI	=	11	LX	=	60	M	=	1000
XII	=	12	LXX	=	70	MM	=	2000
XIII	=	13	LXXX	=	80			

APPENDIX 6: CHEMICAL ELEMENTS

Element	Symbol	Atomic Number	Element	Symbol	Atomic Number
actinium	Ac	89	mercury	Hg	80
aluminium	Al	13	molybdenum	Mo	42
americium	Am	95	neodymium	Nd	60
antimony	Sb	51	neon	Ne	10
argon	Ar	18	neptunium	Np	93
arsenic	As	33	nickel	Ni	28
astatine	At	85	niobium	Nb	41
barium	Ba	56	nitrogen	N	7
berkelium	Bk	97	nobelium	No	102
beryllium	Be	4	osmium	Os	76
bismuth	Bi	83	oxygen	O	8
boron	B	5	palladium	Pd	46
bromine	Br	35	phosphorus	P	15
cadmium	Cd	48	platinum	Pt	78
caesium	Cs	55	plutonium	Pu	94
calcium	Ca	20	polonium	Po	84
californium	Cf	98	potassium	K	19
carbon	C	6	praseodymium	Pr	59
cerium	Ce	58	promethium	Pm	61
chlorine	Cl	17	protactinium	Pa	91
chromium	Cr	24	radium	Ra	88
cobalt	Co	27	radon	Rn	86
copper	Cu	29	rhenium	Re	75
curium	Cm	96	rhodium	Rh	45
dysprosium	Dy	66	rubidium	Rb	37
einsteinium	Es	99	ruthenium	Ru	44
erbium	Er	68	rutherfordium	Rf	104
europium	Eu	63	samarium	Sm	62
fermium	Fm	100	scandium	Sc	21
fluorine	F	9	selenium	Se	34
francium	Fr	87	silicon	Si	14
gadolinium	Gd	64	silver	Ag	47
gallium	Ga	31	sodium	Na	11
germanium	Ge	32	strontium	Sr	38
gold	Au	79	sulphur	S	16
hafnium	Hf	72	tantalum	Ta	73
hahnium	Ha	105	technetium	Tc	43
helium	He	2	tellurium	Te	52
holmium	Ho	67	terbium	Tb	65
hydrogen	H	1	thallium	Tl	81
indium	In	49	thorium	Th	90
iodine	I	53	thulium	Tm	69
iridium	Ir	77	tin	Sn	50
iron	Fe	26	titanium	Ti	22
krypton	Kr	36	tungsten	W	74
lanthanum	La	57	uranium	U	92
lawrencium	Lr	103	vanadium	V	23
lead	Pb	82	xenon	Xe	54
lithium	Li	3	ytterbium	Yb	70
lutetium	Lu	71	yttrium	Y	39
magnesium	Mg	12	zinc	Zn	30
manganese	Mn	25	zirconium	Zr	40
mendelevium	Md	101			

APPENDIX 7: IRREGULAR VERBS

This appendix lists all the verbs with irregular forms except for those formed with a hyphenated prefix and the modal verbs (e.g. can, must). Irregular forms that are only used in certain senses are marked with an asterisk (e.g. *abode).

Infinitive	Past tense	Past participle	Infinitive	Past tense	Past participle
abide	abided, *abode	abided, *abode	draw	drew	drawn
			dream	dreamt, dreamed	dreamt, dreamed
arise	arose	arisen	drink	drank	drunk
awake	awoke	awoken	drip-feed	drip-fed	drip-fed
babysit	babysat	babysat	drive	drove	driven
bear	bore	borne	dwell	dwelt, dwelled	dwelt, dwelled
beat	beat	beaten	eat	ate	eaten
become	became	become	fall	fell	fallen
befall	befell	befallen	feed	fed	fed
beget	begot, *begat	begot, *begotten	feel	felt	felt
begin	began	begun	fight	fought	fought
behold	beheld	beheld	find	found	found
bend	bent	bent	fit	fitted	fitted
beseech	beseeched, besought	beseeched, besought		(AmE fit)	(AmE fit)
			flee	fled	fled
beset	beset	beset	fling	flung	flung
bespeak	bespoke	bespoken	floodlight	floodlit	floodlit
bet	bet	bet	fly	flew, *flied	flown, *flied
betake	betook	betaken	forbear	forbore	forborne
bid¹	bid	bid	forbid	forbade	forbidden
bid²	bade, bid	bidden, bid	forecast	forecast, forecasted	forecast, forecasted
bind	bound	bound			
bite	bit	bitten	foresee	foresaw	foreseen
bleed	bled	bled	foretell	foretold	foretold
blow	blew	blown, *blowed	forget	forgot	forgotten
break	broke	broken	forgive	forgave	forgiven
breastfeed	breastfed	breastfed	forgo	forwent	forgone
breed	bred	bred	forsake	forsook	forsaken
bring	brought	brought	forswear	forswore	forsworn
broadcast	broadcast	broadcast	freeze	froze	frozen
browbeat	browbeat	browbeaten	gainsay	gainsaid	gainsaid
build	built	built	get	got	got (AmE, spoken gotten)
burn	burnt, burned	burnt, burned			
burst	burst	burst	give	gave	given
bust	bust, busted	bust, busted	go	went	gone,*been
buy	bought	bought	grind	ground	ground
cast	cast	cast	grow	grew	grown
catch	caught	caught	hamstring	hamstrung	hamstrung
choose	chose	chosen	hang	hung, *hanged	hung, *hanged
cleave	cleaved, *cleft, *clove	cleaved, *cleft, *cloven	hear	heard	heard
			heave	heaved, *hove	heaved, *hove
			hew	hewed	hewed, hewn
cling	clung	clung	hide	hid	hidden
come	came	come	hit	hit	hit
cost	cost, *costed	cost, *costed	hold	held	held
creep	crept	crept	hurt	hurt	hurt
cut	cut	cut	inlay	inlaid	inlaid
deal	dealt	dealt	input	input, inputted	input, inputted
dig	dug	dug	inset	inset	inset
dive	dived (AmE dove)	dived	intercut	intercut	intercut
			interweave	interwove	interwoven

Infinitive	Past tense	Past participle	Infinitive	Past tense	Past participle
keep	kept	kept	overtake	overtook	overtaken
kneel	knelt	knelt	overthrow	overthrew	overthrown
	(*AmE* kneeled)	(*AmE* kneeled)	overwrite	overwrote	overwritten
knit	knitted, *knit	knitted, *knit	partake	partook	partaken
know	knew	known	pay	paid	paid
lay	laid	laid	plead	pleaded	pleaded
lead	led	led		(*AmE* pled)	(*AmE* pled)
lean	leaned	leaned	preset	preset	preset
	(*BrE* leant)	(*BrE* leant)	proofread	proofread	proofread
leap	leapt, leaped	leapt, leaped	/ˈpruːfriːd/	/ˈpruːfred/	/ˈpruːfred/
learn	learnt, learned	learnt, learned	prove	proved	proved
leave	left	left			(*AmE* proven)
lend	lent	lent	put	put	put
let	let	let	quit	quit	quit
lie[1]	lay	lain		(*BrE* quitted)	(*BrE* quitted)
light	lit, *lighted	lit, *lighted	read /riːd/	read /red/	read /red/
lose	lost	lost	rebuild	rebuilt	rebuilt
make	made	made	recast	recast	recast
mean	meant	meant	redo	redid	redone
meet	met	met	redraw	redrew	redrawn
miscast	miscast	miscast	rehear	reheard	reheard
mishear	misheard	misheard	remake	remade	remade
mishit	mishit	mishit	rend	rent	rent
mislay	mislaid	mislaid	rerun	reran	rerun
mislead	misled	misled	resell	resold	resold
/ˌmisˈliːd/	/ˌmisˈled/	/ˌmisˈled/	reset	reset	reset
misread	misread	misread	resit	resat	resat
/ˌmisˈriːd/	/ˌmisˈred/	/ˌmisˈred/	restring	restrung	restrung
misspell	misspelled,	misspelled,	retake	retook	retaken
	misspelt	misspelt	retell	retold	retold
misspend	misspent	misspent	rethink	rethought	rethought
mistake	mistook	mistaken	rewind	rewound	rewound
misunderstand	misunderstood	misunderstood	rewrite	rewrote	rewritten
mow	mowed	mown, mowed	rid	rid	rid
offset	offset	offset	ride	rode	ridden
outbid	outbid	outbid	ring[2]	rang	rung
outdo	outdid	outdone	rise	rose	risen
outgrow	outgrew	outgrown	run	ran	run
output	output	output	saw	sawed	sawn
outrun	outran	outrun			(*AmE* sawed)
outsell	outsold	outsold	say	said	said
outshine	outshone	outshone	see	saw	seen
overcome	overcame	overcome	seek	sought	sought
overdo	overdid	overdone	sell	sold	sold
overdraw	overdrew	overdrawn	send	sent	sent
overeat	overate	overeaten	set	set	set
overfeed	overfed	overfed	sew	sewed	sewn, sewed
overfly	overflew	overflown	shake	shook	shaken
overhang	overhung	overhung	shear	sheared	shorn, sheared
overhear	overheard	overheard	shed	shed	shed
overlay	overlaid	overlaid	shine	shone, *shined	shone, *shined
overlie	overlay	overlain	shit	shit, shat	shit, shat
overpay	overpaid	overpaid		(*BrE* shitted)	(*BrE* shitted)
override	overrode	overridden	shoe	shod	shod
overrun	overran	overrun	shoot	shot	shot
oversee	oversaw	overseen	show	showed	shown, *showed
oversell	oversold	oversold	shrink	shrank, shrunk	shrunk
overshoot	overshot	overshot	shut	shut	shut
oversleep	overslept	overslept	simulcast	simulcast	simulcast
overspend	overspent	overspent	sing	sang	sung

Infinitive	Past tense	Past participle	Infinitive	Past tense	Past participle
sink	sank, *sunk	sunk	swim	swam	swum
sit	sat	sat	swing	swung	swung
slay	slew	slain	take	took	taken
sleep	slept	slept	teach	taught	taught
slide	slid	slid	tear	tore	torn
sling	slung	slung	telecast	telecast	telecast
slink	slunk	slunk	tell	told	told
slit	slit	slit	think	thought	thought
smell	smelled	smelled	throw	threw	thrown
	(BrE smelt)	(BrE smelt)	thrust	thrust	thrust
smite	smote	smitten	tread	trod	trodden, trod
sow	sowed	sown, sowed	typecast	typecast	typecast
speak	spoke	spoken	typeset	typeset	typeset
speed	speeded, *sped	speeded, *sped	unbend	unbent	unbent
spell	spelt, spelled	spelt, spelled	underbid	underbid	underbid
spend	spent	spent	undercut	undercut	undercut
spill	spilled	spilled	undergo	underwent	undergone
	(BrE spilt)	(BrE spilt)	underlie	underlay	underlain
spin	spun	spun	underpay	underpaid	underpaid
spit	spat (AmE spit)	spat (AmE spit)	undersell	undersold	undersold
split	split	split	understand	understood	understood
spoil	spoiled	spoiled	undertake	undertook	undertaken
	(BrE spoilt)	(BrE spoilt)	underwrite	underwrote	underwritten
spotlight	spotlit,	spotlit,	undo	undid	undone
	*spotlighted	*spotlighted	unfreeze	unfroze	unfrozen
spread	spread	spread	unwind	unwound	unwound
spring	sprang	sprung	uphold	upheld	upheld
	(AmE sprung)		upset	upset	upset
stand	stood	stood	wake	woke	woken
stave	staved, *stove	staved, *stove	waylay	waylaid	waylaid
steal	stole	stolen	wear	wore	worn
stick	stuck	stuck	weave	wove, *weaved	woven, *weaved
sting	stung	stung	wed	wedded, wed	wedded, wed
stink	stank, stunk	stunk	weep	wept	wept
strew	strewed	strewed, strewn	wet	wet, wetted	wet, wetted
stride	strode	—	win	won	won
strike	struck	struck	wind²/wamd/	wound /waʊnd/	wound /waʊnd/
		(AmE stricken)	withdraw	withdrew	withdrawn
string	strung	strung	withhold	withheld	withheld
strive	strove, *strived	striven, *strived	withstand	withstood	withstood
sublet	sublet	sublet	wring	wrung	wrung
swear	swore	sworn	write	wrote	written
sweep	swept	swept			
swell	swelled	swollen, swelled			